조세법전

삼일인포마인

머리말

　오늘날과 같이 복잡한 조세제도하에서는 신속하고 정확한 조세정보의 수집과 분석을 통한 최적의 조세의사결정이 정보이용자의 효익을 극대화하는 필수요건일 것입니다. 이에, 삼일피더블유씨솔루션은 지난 50여 년간 국내 Business 분야에서 최정상을 지켜온 삼일회계법인과 협력하여 그들의 축적된 세무지식을 바탕으로 조세에 관한 국내 최고의 종합해설서인 「삼일총서」를 발간하였고, 디지털시대에 적시성 있는 정보를 제공하기 위하여 국내 최정상의 세무·회계·법률·재경실무 정보 서비스를 제공하는 삼일아이닷컴(samili.com) 인터넷 및 모바일 서비스, 조세총서 CD 서비스를 개발하여 전문 조세·회계정보 서비스 분야에서 선구자적인 역할을 하고 있습니다.

　이번 2025년 세법개정의 기본방향은 경제의 역동성 확보를 위한 투자·고용·지역발전 촉진 및 자본시장 활성화, 민생 안정을 위한 결혼·출산·양육 부담 완화 및 서민·소상공인 등 지원, 합리적인 조세체계 구축을 위한 세부담 적정화 및 조세제도 효율화 추진 등입니다. 그 주요 내용으로는 성실신고확인대상 소규모 법인에 대한 법인세 과표 구간 및 세율을 조정하고, 인구감소지역 주택 취득자에 대한 과세특례와 혼인 세액공제를 신설하며, 기업의 출산지원금에 대해 근로소득 비과세를 도입하고, 납세자의 세액공제액에 대한 경정청구를 허용합니다. 한편, 2025년 시행 예정이었던 금융투자소득세가 폐지되고, 가상자산에 대한 과세는 2027년으로 2년 유예되었습니다.

　이에 따라 개정세법 내용을 체계적으로 해석하기 위하여는 법령의 가독성과 체계적인 배열이 필수적이라고 판단하여 조문간의 Hyper-Link와 경과부칙 등에 대한 상세한 편주 등을 대폭 보강하였습니다. 본 법전의 특장점을 요약하면 다음과 같습니다.

- 복잡하게 엮어진 법·영·규칙·통칙 등을 조문간에 체계적·논리적으로 수록하여 관련된 일체의 조문을 쉽게 참고할 수 있도록 하였고,
- 조문의 이해를 돕기 위한 관계법령·관련법령, 그리고 최신 예규·판례와 편주를 대폭 보강하고 개정취지를 수록하였습니다.
- 스마트폰 앱(QR코드)을 통해 주요세법의 부칙, 국세·지방세 세무조견표, 법전에서 언급된 예판 전문 등의 정보를 볼 수 있도록 하였습니다.

　편집자의 노력에도 불구하고 부족한 부분은 독자제현의 비판을 경청하여 개정증보할 것을 약속드리면서 독자 여러분의 조세의사결정에 소중한 반려자가 되기를 기원합니다.

2025년 4월

삼일피더블유씨솔루션

凡例

대사식 편집

상호관련된 법·영·규칙을 3단대사식으로 배열하고 편주·관련기본통칙·관련법령을 가급적 동일면에 군청색 수록함.

신·구 조문의 대비

최근 개정된 법령은 현행법령과 구법령을 식별할 수 있도록 구법령을 음영 ▧ 처리하고, 부분개정조문은 신·구법 해당부분에 밑줄을 치고, 그 이외의 경우 및 신설조문의 경우 일자에 밑줄을 그어 개정 및 신설된 조문임을 파악하기 쉽도록 함.

법령 근거표시 : (2025. 3. 1. 개정)

법·영·규칙의 조문하단에 개정 또는 신설된 연월일을 괄호안에 표시하고, 각 세목별 첫째면에 법령제정 및 개정연혁을 공포번호와 함께 수록함.

편주, 예판 및 개정취지 수록 : 편주, ·예판, 개정취지

법조문내용의 이해를 돕기 위해 편주란에 경과규정과 해설을 수록하고, 최신의 예규판례 및 개정취지를 추가로 수록함.

관계조문, 관계법령, 관련법령

- 관계조문 : 예 법인세법에서 법인세법을 인용하는 경우
- 관계법령 : 예 법인세법에서 소득세법을 인용하는 경우
- 관련법령 : 예 법인세법에서 민법을 인용하는 경우

기본통칙, 운영예규 : 통칙, 운영예규

- 기본통칙, 운영예규 목차는 일련번호와 제목을 순서에 따라 찾기 쉽게 각 세목별로 수록함.
- 기본통칙, 운영예규의 배열은 법령조문 하단에 수록함을 원칙으로 하고, 편집상 ☜으로 표기하여 관련법령 여백에 군청색 수록함.

농어촌특별세의 비과세 : 농특비

농어촌특별세 비과세조문(농특법 제4조·시행령 제4조)과 관련된 조문임을 약어로 표기한 것임.

QR코드 활용

- 2025년 주요세법의 부칙, 국세·지방세 세무조견표, 법전에서 언급된 예판 전문 등과 관련된 내용은 QR코드 활용함.
- QR코드는 스마트폰에 QR코드리더 어플을 설치한 후 이용 가능함. 해당 어플은 'Play스토어' 또는 '앱스토어'에서 무료 설치 가능함.

2027년 시행 조문(푸른 음영 처리)

가상자산 과세의 시행이 2027년으로 2년 유예됨에 따라, 일부 조문에 한해 2025년 현재 적용 조문과 2027년 시행 예정 조문으로 구분하여 2번 표시하고, 2027년 시행 예정 조문에 푸른 음영 ▧ 처리하였음. (한편, 2025년 시행 예정이었던 금융투자소득세가 폐지됨에 따라, 현재 적용 조문에 맞게 구법을 표시함)

총 목 차

간추린개정세법　　조세분야개정사항　　세무조견표

색   인

조세법전에 수록된 법 중 주요 10대법인 국세기본법, 국세징수법, 법인세법, 소득세법, 조세특례제한법, 상속세 및 증여세법, 부가가치세법, 지방세법, 지방세특례제한법 및 종합부동산세법을 보다 쉽게 찾아볼 수 있도록 주요 단어를 가나다순으로 색인화하였습니다.

주요 단어를 색인화함에 있어서 다음과 같은 약어를 사용하였습니다.

법　　　　　　　\ 　　구분	법	영	규 칙
국 세 기 본 법	기법	기령	기칙
국 세 징 수 법	징법	징령	징칙
법 인 세 법	법법	법령	법칙
소 득 세 법	소법	소령	소칙
조 세 특 례 제 한 법	조법	조령	조칙
상 속 세 및 증 여 세 법	상증법	상증령	상증칙
부 가 가 치 세 법	부법	부령	부칙
종 합 부 동 산 세 법	종부법	종부령	종부칙
지 방 세 법	지법	지령	지칙
지 방 세 특 례 제 한 법	지특법	지특령	지특칙

색인에는 법명 등의 조문을 수록하였고 주요 단어를 다음과 같이 세분류하여 찾고자 하는 내용을 보다 쉽게 찾을 수 있도록 하였습니다.

(예) 지방세법상 취득세에 대한 가산세를 찾고자 하는 경우 색인에서 "가산세"를 찾으면 다음과 같이 세분류로 표시하고 있습니다.

가산세

◆ 법 인 세 ······························· 법법75－2~9
- 증명서류 수취 불성실 가산세 ······· 법법75－5
- 계산서 등 제출 불성실 가산세 ······ 법법75－8

◆ 부가가치세 ································· 부법 60

◆ 상속세 및 증여세 ························· 상증법 78

◆ 소 득 세 ··························· 소법81－2~13

◆ 양도소득세 ································· 소법 115

◆ 지 방 세
- 레 저 세 ······························· 지법 45
- 담배소비세 ······························· 지법 61
- 등록면허세 ······························· 지법 31
- 지방교육세 ······························· 지법 153
- 취 득 세 ······························· 지법 21

1

나

국세기본법

국기법 부칙

국기법 예규판례

국기법

제 2 장   국세 부과와 세법 적용

제 1 절   국세 부과의 원칙

제 2 절   세법 적용의 원칙

제 3 절   중장기 조세정책운용계획

제 3 장   납세의무

제 1 절   납세의무의 성립과 확정

제 2 절   납세의무의 승계

제 2 장   납세의무

제 2 장   납세의무

제 9 장 벌 칙

제 8 장 벌 칙

<table>
<tr><td>국세기본법</td><td>국세기본법 시행령</td><td>국세기본법
시행규칙</td></tr>
<tr><td>

개정 2025. 3. 14. 법률 제20774호
2024. 12. 31. 법률 제20611호
2023. 12. 31. 법률 제19926호
2022. 12. 31. 법률 제19189호
2021. 12. 21. 법률 제18586호
(세무사법 부칙) 2021. 11. 23. 법률 제18521호
(국세징수법 부칙) 2020. 12. 29. 법률 제17758호
(국제조세조정에 관한 법률 부칙) 2020. 12. 22. 법률 제17651호
2020. 12. 22. 법률 제17650호
(전자서명법 부칙) 2020. 6. 9. 법률 제17354호
(법률용어정비를~법률) 2020. 6. 9. 법률 제17339호
2019. 12. 31. 법률 제16841호
2018. 12. 31. 법률 제16097호
2017. 12. 19. 법률 제15220호
2016. 12. 20. 법률 제14382호
2015. 12. 15. 법률 제13552호
2014. 12. 23. 법률 제12848호
2014. 1. 1. 법률 제12162호
(부가가치세법 부칙) 2013. 6. 7. 법률 제11873호
(자본시장과~법률 부칙) 2013. 5. 28. 법률 제11845호
2013. 1. 1. 법률 제11604호
(전자거래기본법 부칙) 2012. 6. 1. 법률 제11461호
2011. 12. 31. 법률 제11124호
2011. 5. 2. 법률 제10621호
(부동산등기법 부칙) 2011. 4. 12. 법률 제10580호
2010. 12. 27. 법률 제10405호
(지방세기본법 부칙) 2010. 3. 31. 법률 제10219호
(행정심판법 부칙) 2010. 1. 25. 법률 제9968호
2010. 1. 1. 법률 제9911호
2009. 2. 6. 법률 제9412호
(교통·에너지·환경세법 부칙) 2009. 1. 30. 법률 제9346호
2008. 12. 26. 법률 제9263호
(개별소비세법 부칙) 2008. 12. 26. 법률 제9259호
(조세특례제한법 부칙) 2008. 9. 26. 법률 제9131호
2008. 2. 29. 법률 제8860호
2007. 12. 31. 법률 제8830호
(부당이득세법 부칙) 2007. 7. 19. 법률 제8521호
(근로기준법 부칙) 2007. 4. 11. 법률 제8372호

</td><td>

개정 2025. 2. 28. 대통령령 제35345호
(주민등록법 시행령 부칙) 2024. 12. 3. 대통령령 제35038호
(종이 없는~대통령령) 2024. 11. 12. 대통령령 제34989호
2024. 2. 29. 대통령령 제34261호
2023. 2. 28. 대통령령 제33276호
2022. 2. 15. 대통령령 제32424호
2021. 2. 17. 대통령령 제31452호
(어려운 법령용어~대통령령) 2021. 1. 5. 대통령령 제31380호
2020. 10. 5. 대통령령 제31082호
(공직자윤리법 시행령 부칙) 2020. 6. 2. 대통령령 제30753호
2020. 6. 2. 대통령령 제30724호
2020. 2. 11. 대통령령 제30400호
2019. 2. 12. 대통령령 제29534호
2018. 6. 26. 대통령령 제28989호
2018. 2. 13. 대통령령 제28644호
(행정안전부와 그 소속기관 직제 부칙) 2017. 7. 26. 대통령령 제28211호
2017. 2. 7. 대통령령 제27833호
(감정평가 및 감정평가사에 관한 법률 시행령 부칙)
2016. 8. 31. 대통령령 제27472호
(행정기관 소속 위원회~일부 개정령) 2016. 5. 10. 대통령령 제27129호
2016. 2. 5. 대통령령 제26946호
2015. 2. 3. 대통령령 제26066호
(행정자치부와~직제 부칙) 2014. 11. 19. 대통령령 제25751호
2014. 2. 21. 대통령령 제25201호
(공무원임용령 부칙) 2013. 11. 20. 대통령령 제24852호
(자본시장과~시행령 부칙) 2013. 8. 27. 대통령령 제24697호
(부가가치세법 시행령 부칙) 2013. 6. 28. 대통령령 제24638호
2013. 6. 11. 대통령령 제24573호
(기획재정부와~직제 부칙) 2013. 3. 23. 대통령령 제24441호
2013. 2. 15. 대통령령 제24366호
2012. 6. 26. 대통령령 제23878호
2012. 2. 2. 대통령령 제23592호
(민감정보 및 고유식별정보~시행령 등 일부 개정령)
2012. 1. 6. 대통령령 제23488호
2010. 12. 30. 대통령령 제22572호
2010. 2. 18. 대통령령 제22038호
2009. 12. 31. 대통령령 제21937호
(신용정보의 이용 및 보호에 관한 법률 시행령 부칙)

</td><td>

개정 2025. 3. 21. 기획재정부령 제1122호
2024. 3. 22. 기획재정부령 제1044호
2023. 3. 20. 기획재정부령 제967호
2022. 3. 18. 기획재정부령 제903호
(어려운 법령용어~일부개정령)
2021. 10. 28. 기획재정부령 제867호
2021. 3. 16. 기획재정부령 제833호
2020. 3. 13. 기획재정부령 제771호
2019. 3. 20. 기획재정부령 제715호
2018. 3. 19. 기획재정부령 제665호
2017. 3. 15. 기획재정부령 제611호
2016. 3. 7. 기획재정부령 제543호
2015. 3. 6. 기획재정부령 제467호
2014. 3. 14. 기획재정부령 제404호
(부가가치세법 시행규칙 부칙)
2013. 6. 28. 기획재정부령 제355호
2013. 2. 23. 기획재정부령 제320호
2012. 2. 28. 기획재정부령 제262호
2011. 4. 11. 기획재정부령 제205호
2010. 3. 31. 기획재정부령 제142호
2009. 12. 31. 기획재정부령 제116호
2009. 4. 16. 기획재정부령 제72호
2008. 5. 1. 기획재정부령 제22호
2008. 3. 20. 기획재정부령 제7호
(행정정보공동이용 및~일부 개정령)
2007. 10. 29. 재정경제부령 제579호
2007. 4. 4. 재정경제부령 제551호
2006. 2. 14. 재정경제부령 제488호
2005. 3. 19. 재정경제부령 제426호
2004. 3. 11. 재정경제부령 제360호
2003. 1. 24. 재정경제부령 제296호
2001. 3. 31. 재정경제부령 제190호
2000. 3. 27. 재정경제부령 제130호
1999. 3. 23. 재정경제부령 제71호
1997. 4. 4. 총 리 령 제624호
(국제조세조정에 관한 법률시행규칙 부칙)
1996. 3. 30. 총 리 령 제564호
1995. 3. 30. 총 리 령 제491호

</td></tr>
</table>

2006. 12. 30. 법률 제 8139호
2006. 4. 28. 법률 제 7930호
(국가공무원법 부칙) 2005. 12. 29. 법률 제 7796호
2005. 7. 13. 법률 제 7582호
2005. 1. 5. 법률 제 7329호
(세무사법 부칙) 2003. 12. 31. 법률 제 7032호
2003. 12. 30. 법률 제 7008호
2002. 12. 18. 법률 제 6782호
2000. 12. 29. 법률 제 6303호
(전화세법 부칙) 2000. 12. 29. 법률 제 6299호
1999. 12. 31. 법률 제 6070호
1999. 8. 31. 법률 제 5993호
1998. 12. 28. 법률 제 5579호
(정부부처〜법률) 1997. 12. 13. 법률 제 5454호
(상속세 및 증여세법 부칙) 1996. 12. 30. 법률 제 5193호
1996. 12. 30. 법률 제 5189호
(국제조세조정에 관한 법률 부칙) 1995. 12. 6. 법률 제 4981호
1994. 12. 22. 법률 제 4810호
(농어촌특별세법 부칙) 1994. 3. 24. 법률 제 4743호
1993. 12. 31. 법률 제 4672호
(중기관리법 부칙) 1993. 6. 11. 법률 제 4561호
1990. 12. 31. 법률 제 4277호
(토지초과이득세법 부칙) 1989. 12. 30. 법률 제 4177호
(행정심판법 부칙) 1984. 12. 15. 법률 제 3755호
(행정소송법 부칙) 1984. 12. 15. 법률 제 3754호
1984. 8. 7. 법률 제 3746호
1981. 12. 31. 법률 제 3471호
1979. 12. 28. 법률 제 3199호
1978. 12. 5. 법률 제 3097호
(부가가치세 실시에 따른 세무조정에 관한 임시조치법 부칙)
1976. 12. 22. 법률 제 2932호
1976. 12. 22. 법률 제 2925호
제정 1974. 12. 21. 법률 제 2679호

2009. 10. 1. 대통령령 제21765호
2009. 2. 6. 대통령령 제21316호
2008. 2. 29. 대통령령 제20654호
2008. 2. 22. 대통령령 제20622호
(특별소비세법 시행령 부칙) 2007. 12. 31. 대통령령 제20516호
2007. 2. 28. 대통령령 제19893호
(고위공무원단 인사규정 부칙) 2006. 6. 12. 대통령령 제19513호
2006. 4. 28. 대통령령 제19461호
2005. 5. 31. 대통령령 제18849호
2004. 5. 10. 대통령령 제18385호
(전자적 민원처리를 위한〜개정령) 2004. 3. 17. 대통령령 제18312호
2003. 12. 30. 대통령령 제18172호
2002. 12. 30. 대통령령 제17830호
(전화세법시행령 부칙) 2000. 12. 29. 대통령령 제17047호
2000. 12. 29. 대통령령 제17036호
1999. 12. 28. 대통령령 제16622호
1998. 12. 31. 대통령령 제15968호
1996. 12. 31. 대통령령 제15189호
1996. 6. 4. 대통령령 제15014호
(지방세법시행령 부칙) 1996. 4. 27. 대통령령 제14988호
(국제조세조정에 관한 법률시행령 부칙) 1995. 12. 30. 대통령령 제14870호
(소득세법시행령 부칙) 1995. 12. 30. 대통령령 제14860호
1994. 12. 31. 대통령령 제14473호
1993. 12. 31. 대통령령 제14076호
1993. 5. 27. 대통령령 제13895호
1991. 12. 31. 대통령령 제13539호
1990. 12. 31. 대통령령 제13192호
(토지초과이득세법시행령 부칙) 1989. 12. 30. 대통령령 제12882호
1984. 12. 31. 대통령령 제11577호
1981. 12. 31. 대통령령 제10696호
1980. 12. 31. 대통령령 제10118호
1979. 12. 31. 대통령령 제 9693호
1978. 12. 30. 대통령령 제 9228호
1977. 11. 21. 대통령령 제 8749호
1977. 8. 20. 대통령령 제 8650호
1976. 12. 31. 대통령령 제 8352호
제정 1974. 12. 31. 대통령령 제 7459호

(특별소비세법 시행규칙 부칙)
1994. 12. 31. 총 리 령 제 479호
(교통세법 시행규칙 부칙)
1993. 12. 31. 재 무 부 령 제1954호
1993. 6. 3. 재 무 부 령 제1934호
1992. 12. 31. 재 무 부 령 제1900호
1991. 3. 6. 재 무 부 령 제1847호
(서식중본전란〜시행규칙 중 개정령)
1988. 12. 6. 재 무 부 령 제1761호
1988. 1. 13. 재 무 부 령 제1742호
1984. 12. 31. 재 무 부 령 제1638호
1983. 3. 3. 재 무 부 령 제1559호
1982. 2. 17. 재 무 부 령 제1515호
1979. 2. 14. 재 무 부 령 제1382호
1977. 11. 26. 재 무 부 령 제1304호
1977. 8. 25. 재 무 부 령 제1281호
1976. 12. 31. 재 무 부 령 제1216호
제정 1975. 3. 6. 재 무 부 령 제1087호

기본통칙

개정 2024. 3. 15.
2019. 12. 23.
2011. 3. 21.
2007. 1. 1.
2004. 2. 19.
1995. 8. 14.
1991. 3. 27.
1988. 2. 5.
시행 1985. 2. 1.

제 1 절 통 칙

제1조【목 적】이 법은 국세에 관한 기본적이고 공통적인 사항과 납세자의 권리·의무 및 권리구제에 관한 사항을 규정함으로써 국세에 관한 법률관계를 명확하게 하고, 과세(課稅)를 공정하게 하며, 국민의 납세의무의 원활한 이행에 이바지함을 목적으로 한다. (2016. 12. 20. 개정)

제2조【정 의】(2007. 12. 31. 제목개정)
이 법에서 사용하는 용어의 뜻은 다음과 같다. (2010. 1. 1. 개정)
1. "국세"(國稅)란 국가가 부과하는 조세 중 다음 각 목의 것을 말한다. (2011. 12. 31. 개정)
   가. 소득세 (2011. 12. 31. 개정)
   나. 법인세 (2011. 12. 31. 개정)
   다. 상속세와 증여세 (2011. 12. 31. 개정)
   라. 종합부동산세 (2011. 12. 31. 개정)
   마. 부가가치세 (2011. 12. 31. 개정)
   바. 개별소비세 (2011. 12. 31. 개정)
   사. 교통·에너지·환경세 (2011. 12. 31. 개정)
   아. 주세(酒稅) (2011. 12. 31. 개정)
   자. 인지세(印紙稅) (2011. 12. 31. 개정)
   차. 증권거래세 (2011. 12. 31. 개정)
   카. 교육세 (2011. 12. 31. 개정)
   타. 농어촌특별세 (2011. 12. 31. 개정)
2. "세법"(稅法)이란 국세의 종목과 세율을 정하고 있는 법률과 「국세징수법」, 「조세특례제한법」, 「국제조세조정에 관한 법률」, 「조세범처벌법」 및 「조세범 처벌절차법」을 말한다. (2010. 1. 1. 개정)
3. "원천징수"(源泉徵收)란 세법에 따라 원천징수의무자가 국세(이와 관계되는 가산세는 제외한다)를 징수하는 것을 말한다. (2020. 6. 9.

제1조【목 적】(2010. 2. 18. 제목개정)
이 영은 「국세기본법」에서 위임된 사항과 그 시행에 필요한 사항을 규정함을 목적으로 한다. (2010. 2. 18. 개정)

편주 ┈┈┈┈┈┈┈┈┈┈┈┈┈┈┈┈┈┈┈┈┈┈┈

조세는 과세권의 주체에 따라 국세와 지방세로 구분되며 국세는 다시 내국세와 관세로 구분되는 바, 국세기본법상 국세는 내국세를 말함.

┈┈┈┈┈┈┈┈┈┈┈┈┈┈┈┈┈┈┈┈┈┈┈

편주 ┈┈┈┈┈┈┈┈┈┈┈┈┈┈┈┈┈┈┈┈┈┈┈

국세기본법상 세법에는 국세기본법, 관세법, 임시수입부가세법, 지방세기본법, 지방세징수법, 지방세법, 지방세특례제한법이 포함되지 않음.

┈┈┈┈┈┈┈┈┈┈┈┈┈┈┈┈┈┈┈┈┈┈┈

통칙 1-0…1【목 적】
「국세기본법 기본통칙」은 모든 세법의 기본이 되는 「국세기본법」에 관한 합리적이고 객관적인 해석기준을 정립함으로써 과세의 공정을 기하고 국민이 납세의무를 이행하는데 편의를 도모함을 목적으로 한다. (2011. 3. 21. 개정)

개정 ; 법률용어 정비를~법률)

4. "가산세"(加算稅)란 이 법 및 세법에서 규정하는 의무의 성실한 이행을 확보하기 위하여 세법에 따라 산출한 세액에 가산하여 징수하는 금액을 말한다. (2018. 12. 31. 개정)

5. "가산금"(加算金)이란 국세를 납부기한까지 납부하지 아니한 경우에 「국세징수법」에 따라 고지세액(告知稅額)에 가산하여 징수하는 금액과 납부기한이 지난 후 일정 기한까지 납부하지 아니한 경우에 그 금액에 다시 가산하여 징수하는 금액을 말한다. (2010. 1. 1. 개정)

5. 삭   제 (2018. 12. 31.)

6. 강제징수비(强制徵收費)란 「국세징수법」 중 강제징수에 관한 규정에 따른 재산의 압류, 보관, 운반과 매각에 든 비용(매각을 대행시키는 경우 그 수수료를 포함한다)을 말한다. (2020. 12. 22. 개정)

7. "지방세"(地方稅)란 「지방세기본법」에서 규정하는 세목을 말한다. (2013. 1. 1. 개정)

8. "공과금"(公課金)이란 「국세징수법」에서 규정하는 강제징수의 예에 따라 징수할 수 있는 채권 중 국세, 관세, 임시수입부가세, 지방세와 이와 관계되는 강제징수비를 제외한 것을 말한다. (2020. 12. 22. 개정)

9. "납세의무자"란 세법에 따라 국세를 납부할 의무(국세를 징수하여 납부할 의무는 제외한다)가 있는 자를 말한다. (2010. 1. 1. 개정)

10. "납세자"란 납세의무자(연대납세의무자와 납세자를 갈음하여 납부할 의무가 생긴 경우의 제2차 납세의무자 및 보증인을 포함한다)와 세법에 따라 국세를 징수하여 납부할 의무를 지는 자를 말한다. (2010. 1. 1. 개정)

11. "제2차 납세의무자"란 납세자가 납세의무를 이행할 수 없는 경우에 납세자를 갈음하여 납세의무를 지는 자를 말한다. (2010. 1. 1. 개정)

12. "보증인"이란 납세자의 국세 또는 강제징수비의 납부를 보증한 자를 말한다. (2020. 12. 22. 개정)

13. "과세기간"이란 세법에 따라 국세의 과세표준 계산의 기초가 되는 기간을 말한다. (2010. 1. 1. 개정)

14. "과세표준"(課稅標準)이란 세법에 따라 직접적으로 세액산출의 기초가 되는 과세대상의 수량 또는 가액(價額)을 말한다. (2011. 12. 31. 개정)

15. "과세표준신고서"란 국세의 과세표준과 국세의 납부 또는 환급에 필요한 사항을 적은 신고서를 말한다. (2010. 1. 1. 개정)

15의 2. "과세표준수정신고서"란 당초에 제출한 과세표준신고서의 기재사항을 수정하는 신고서를 말한다. (2010. 1. 1. 개정)

편주 ▶

각 세법의 법정신고기한 요약

① 법인세 : 각 사업연도 종료일이 속하는 달의 말일부터 3개월

② 소득세 : 익년 5월 31일

③ 부가가치세 : 예정신고기간 또는 과세기간 종료 후 25일

④ 상속세(증여세) : 상속개시일(증여받은 날)이 속하는 달의 말일부터 6개월(3개월)

⑤ 개별소비세 : 매 분기 종료 후 25일(단, 과세유흥장소는 익월 25일, 과세영업 장소는 다음해 3월 말일, 유류 또는 담배는 익월 말일)

⑥ 주세 : 매 분기 종료 후 25일

⑦ 증권거래세 : 익월 10일(단, 납세의무자가 주권 등의 양도자 또는 양수자인 경우 양도일이 속하는 반기 말일부터 2개월)

⑧ 교육세 : 금융보험업자 : 각 과세기간 종료일이 속하는 달의 말일부터 3개월

　　기타 : 당해 세액신고납부시

16. "법정신고기한"이란 세법에 따라 과세표준신고서를 제출할 기한을 말한다. (2010. 1. 1. 개정)

17. "세무공무원"이란 다음 각 목의 사람을 말한다. (2010. 1. 1. 개정)

가. 국세청장, 지방국세청장, 세무서장 또는 그 소속 공무원 (2010. 1. 1. 개정)

나. 세법에 따라 국세에 관한 사무를 세관장(稅關長)이 관장하는 경우의 그 세관장 또는 그 소속 공무원 (2010. 1. 1. 개정)

다. 「국세징수법」에 따라 국세를 시장·군수·구청장(자치구의 구청장을 말한다. 이하 같다)에게 위탁하여 징수하는 경우의 해당 시장·군수·구청장 또는 그 소속 공무원 (2010. 1. 1. 개정)

다. 삭   제 (2011. 12. 31.)

18. "정보통신망"이란 「전기통신기본법」 제2조 제2호에 따른 전기통신설비를 활용하거나 전기통신설비와 컴퓨터 및 컴퓨터의 이용기술을 활용하여 정보를 수집, 가공, 저장, 검색, 송신 또는 수신하는 정보통신체계를 말한다. (2010. 1. 1. 개정)

19. "전자신고"란 과세표준신고서 등 이 법 또는 세법에 따른 신고 관련 서류를 국세청장이 정하여 고시하는 정보통신망(이하 "국세정보통신망"이라 한다)을 이용하여 신고하는 것을 말한다. (2010. 1. 1. 개정)

20. "특수관계인"이란 본인과 다음 각 목의 어느 하나에 해당하는 관계에 있는 자를 말한다. 이 경우 이 법 및 세법을 적용할 때 본인도 그 특수관계인의 특수관계인으로 본다. (2011. 12. 31. 신설)

☞ p.49 1단 연결

가. 혈족·인척 등 대통령령으로 정하는 친족관계 (2011. 12. 31.
　　신설)

나. 임원·사용인 등 대통령령으로 정하는 경제적 연관관계 (2011.
　　12. 31. 신설)

다. 주주·출자자 등 대통령령으로 정하는 경영지배관계 (2011. 12.
　　31. 신설)

21. "세무조사"란 국세의 과세표준과 세액을 결정 또는 경정하기 위하
여 질문을 하거나 해당 장부·서류 또는 그 밖의 물건(이하 "장부
등"이라 한다)을 검사·조사하거나 그 제출을 명하는 활동을 말한
다. (2018. 12. 31. 신설)

제3조【세법 등과의 관계】 ① 국세에 관하여 세법에 별도의 규정
이 있는 경우를 제외하고는 이 법에서 정하는 바에 따른다. (2019. 12.
31. 개정)
② 「관세법」과 「수출용 원재료에 대한 관세 등 환급에 관한 특례법」에
서 세관장이 부과·징수하는 국세에 관하여 이 법에 대한 특례규정을
두고 있는 경우에는 「관세법」과 「수출용 원재료에 대한 관세 등 환급

제1조의 2【특수관계인의 범위】 ① 법 제2조 제20호 가목에서
"혈족·인척 등 대통령령으로 정하는 친족관계"란 다음 각 호의 어느
하나에 해당하는 관계(이하 "친족관계"라 한다)를 말한다. (2012. 2. 2.
신설)
1. 4촌 이내의 혈족 (2023. 2. 28. 개정)
2. 3촌 이내의 인척 (2023. 2. 28. 개정)
3. 배우자(사실상의 혼인관계에 있는 자를 포함한다) (2012. 2. 2. 신설)
4. 친생자로서 다른 사람에게 친양자 입양된 자 및 그 배우자·직계비
　 속 (2012. 2. 2. 신설)
5. 본인이 「민법」에 따라 인지한 혼인 외 출생자의 생부나 생모(본인의
　 금전이나 그 밖의 재산으로 생계를 유지하는 사람 또는 생계를 함께
　 하는 사람으로 한정한다) (2023. 2. 28. 신설)
② 법 제2조 제20호 나목에서 "임원·사용인 등 대통령령으로 정하는
경제적 연관관계"란 다음 각 호의 어느 하나에 해당하는 관계(이하 "경
제적 연관관계"라 한다)를 말한다. (2012. 2. 2. 신설)
1. 임원과 그 밖의 사용인 (2012. 2. 2. 신설)
2. 본인의 금전이나 그 밖의 재산으로 생계를 유지하는 자 (2012. 2.
　 2. 신설)
3. 제1호 및 제2호의 자와 생계를 함께하는 친족 (2012. 2. 2. 신설)
③ 법 제2조 제20호 다목에서 "주주·출자자 등 대통령령으로 정하는
경영지배관계"란 다음 각 호의 구분에 따른 관계(이하 "경영지배관계"
라 한다)를 말한다. (2012. 2. 2. 신설)
1. 본인이 개인인 경우 (2012. 2. 2. 신설)
　 가. 본인이 직접 또는 그와 친족관계 또는 경제적 연관관계에 있는
　　　자를 통하여 법인의 경영에 대하여 지배적인 영향력을 행사하고
　　　있는 경우 그 법인 (2012. 2. 2. 신설)
　 나. 본인이 직접 또는 그와 친족관계, 경제적 연관관계 또는 가목의
　　　관계에 있는 자를 통하여 법인의 경영에 대하여 지배적인 영향력
　　　을 행사하고 있는 경우 그 법인 (2012. 2. 2. 신설)
2. 본인이 법인인 경우 (2012. 2. 2. 신설)
　 가. 개인 또는 법인이 직접 또는 그와 친족관계 또는 경제적 연관관계
　　　에 있는 자를 통하여 본인인 법인의 경영에 대하여 지배적인 영향

민 법
제156조【기간의 기산점】 기간을 시·
분·초로 정한 때에는 즉시로부터 기산한다.
제157조【기간의 기산점】 기간을 일·
주·월 또는 연으로 정한 때에는 기간의 초

에 관한 특례법」에서 정하는 바에 따른다. (2014. 1. 1. 개정)

제 2 절　기간과 기한

제4조 【기간의 계산】 이 법 또는 세법에서 규정하는 기간의 계산은 이 법 또는 그 세법에 특별한 규정이 있는 것을 제외하고는 「민법」에 따른다. (2010. 1. 1. 개정)

통칙 4-0…1 【기간의 기산점】
기간을 일, 주, 월 또는 연으로 정한 때에는 초일은 산입하지 아니한다. 그러나 그 기간이 오전 영시로부터 시작하는 때와 「국세기본법」 또는 세법에 특별한 규정이 있는 경우에는 그러하지 아니한다. (2011. 3. 21. 개정)

4-0…2 【기간의 만료점】
1. 기간을 일, 주, 월 또는 연으로 정한 때에는 기간말일의 종료로 기간이 만료한다. (2004. 2. 19. 개정)
2. 기간을 주, 월 또는 연으로 정한 때에는 역에 의하여 계산한다. (2004. 2. 19. 개정)
3. 주, 월 또는 연의 처음으로부터 기간을 기산하지 아니하는 때에는 최후의 주, 월 또는 연에서 그 기산일에 해당한 날의 전일로 기간이 만료한다. (2004. 2. 19. 개정)
4. 월 또는 연으로 기간을 정한 경우에 최종의 월에 해당일이 없는 때에는 그 월의 말일로 기간이 만료한다. (2004. 2. 19. 개정)
5. 기간의 말일이 공휴일에 해당하는 때에는 기간은 그 다음날로 만료한다. (2011. 3. 21. 개정)

제5조 【기한의 특례】 ① 이 법 또는 세법에서 규정하는 신고, 신청, 청구, 그 밖에 서류의 제출, 통지, 납부 또는 징수에 관한 기한이 다음 각 호의 어느 하나에 해당하는 경우에는 그 다음날을 기한으로 한다. (2022. 12. 31. 개정)
1. 토요일 및 일요일 (2022. 12. 31. 신설)
2. 「공휴일에 관한 법률」에 따른 공휴일 및 대체공휴일 (2022. 12. 31. 신설)

력을 행사하고 있는 경우 그 개인 또는 법인 (2012. 2. 2. 신설)
나. 본인이 직접 또는 그와 경제적 연관관계 또는 가목의 관계에 있는 자를 통하여 어느 법인의 경영에 대하여 지배적인 영향력을 행사하고 있는 경우 그 법인 (2012. 2. 2. 신설)
다. 본인이 직접 또는 그와 경제적 연관관계, 가목 또는 나목의 관계에 있는 자를 통하여 어느 법인의 경영에 대하여 지배적인 영향력을 행사하고 있는 그 법인 (2012. 2. 2. 신설)
라. 본인이 「독점규제 및 공정거래에 관한 법률」에 따른 기업집단에 속하는 경우 그 기업집단에 속하는 다른 계열회사 및 그 임원 (2012. 2. 2. 신설)

④ 제3항 제1호 각 목, 같은 항 제2호 가목부터 다목까지의 규정을 적용할 때 다음 각 호의 구분에 따른 요건에 해당하는 경우 해당 법인의 경영에 대하여 지배적인 영향력을 행사하고 있는 것으로 본다. (2012. 2. 2. 신설)
1. 영리법인인 경우 (2012. 2. 2. 신설)
　가. 법인의 발행주식총수 또는 출자총액의 100분의 30 이상을 출자한 경우 (2012. 2. 2. 신설)
　나. 임원의 임면권의 행사, 사업방침의 결정 등 법인의 경영에 대하여 사실상 영향력을 행사하고 있다고 인정되는 경우 (2012. 2. 2. 신설)
2. 비영리법인인 경우 (2012. 2. 2. 신설)
　가. 법인의 이사의 과반수를 차지하는 경우 (2012. 2. 2. 신설)
　나. 법인의 출연재산(설립을 위한 출연재산만 해당한다)의 100분의 30 이상을 출연하고 그 중 1인이 설립자인 경우 (2012. 2. 2. 신설)

일은 산입하지 아니한다. 그러나 그 기간이 오전 영시로부터 시작하는 때에는 그러하지 아니한다.

제158조 【나이의 계산과 표시】 (2022. 12. 27. 제목개정)
나이는 출생일을 산입하여 만(滿) 나이로 계산하고, 연수(年數)로 표시한다. 다만, 1세에 이르지 아니한 경우에는 월수(月數)로 표시할 수 있다. (2022. 12. 27. 개정)

제159조 【기간의 만료점】 기간을 일·주·월 또는 연으로 정한 때에는 기간 말일의 종료로 기간이 만료한다.

제160조 【역에 의한 계산】 ① 기간을 주·월 또는 연으로 정한 때에는 역에 의하여 계산한다.
② 주·월 또는 연의 처음으로부터 기간을 기산하지 아니하는 때에는 최후의 주·월 또는 연에서 그 기산일에 해당한 날의 전일로 기간이 만료한다.
③ 월 또는 연으로 정한 경우에 최종의 월에 해당일이 없는 때에는 그 월의 말일로 기간이 만료한다.

제161조 【공휴일 등과 기간의 만료점】 (2007. 12. 21. 제목개정)
기간의 말일이 토요일 또는 공휴일에 해당한 때에는 기간은 그 익일로 만료한다. (2007. 12. 21. 개정)

관계법령 ▶▶

관공서의 공휴일에 관한 규정

제1조 【목　적】 이 영은 「국가공무원법」 및 「공휴일에 관한 법률」에 따라 관공서의 공휴일에 관한 사항을 규정함을 목적으로 한다. (2021. 8. 4. 개정)

제2조 【공휴일】 관공서의 공휴일은 다음각

3. 「근로자의 날 제정에 관한 법률」에 따른 근로자의 날 (2022. 12. 31. 신설)

② 삭 제 (2006. 4. 28.)

③ 이 법 또는 세법에서 규정하는 신고기한 만료일 또는 납부기한 만료일에 국세정보통신망이 대통령령으로 정하는 장애로 가동이 정지되어 전자신고나 전자납부(이 법 또는 세법에 따라 납부할 국세를 정보통신망을 이용하여 납부하는 것을 말한다)를 할 수 없는 경우에는 그 장애가 복구되어 신고 또는 납부할 수 있게 된 날의 다음날을 기한으로 한다. (2019. 12. 31. 개정)

　제5조의 2 【우편신고 및 전자신고】 ① 우편으로 과세표준신고서, 과세표준수정신고서, 경정청구서 또는 과세표준신고·과세표준수정신고·경정청구와 관련된 서류를 제출한 경우 「우편법」에 따른 우편날짜도장이 찍힌 날(우편날짜도장이 찍히지 아니하였거나 분명하지 아니한 경우에는 통상 걸리는 배송일수를 기준으로 발송한 날로 인정되는 날)에 신고되거나 청구된 것으로 본다. (2019. 12. 31. 개정)

② 제1항의 신고서 등을 국세정보통신망을 이용하여 제출하는 경우에는 해당 신고서 등이 국세청장에게 전송된 때에 신고되거나 청구된 것으로 본다. (2019. 12. 31. 개정)

③ 제2항에 따라 전자신고 또는 전자청구된 경우 과세표준신고 또는 과세표준수정신고와 관련된 서류 중 대통령령으로 정하는 서류에 대해서는 대통령령으로 정하는 바에 따라 10일의 범위에서 제출기한을 연장할 수 있다. (2019. 12. 31. 개정)

④ 전자신고에 의한 과세표준 등의 신고 절차 등에 관한 세부적인 사항은 기획재정부령으로 정한다. (2010. 1. 1. 개정)

제1조의 3 【전자신고의 특례 등】 (2012. 2. 2. 조번개정)
① 「국세기본법」(이하 “법”이라 한다) 제5조 제3항에서 “대통령령으로 정하는 장애”란 정전, 통신상의 장애, 프로그램의 오류, 그 밖의 부득이한 사유로 국세정보통신망의 가동이 정지되어 전자신고 또는 전자납부를 할 수 없게 되는 경우를 말한다. (2010. 12. 30. 개정)

② 법 제5조의 2 제3항에서 “대통령령으로 정하는 서류”란 수출대금입금증명서 등 전자신고를 할 때 제출하여야 하는 관련 서류로서 국세청장이 지정하여 고시하는 서류를 말한다. (2010. 2. 18. 개정)

편주 ▶ ⋯⋯⋯⋯⋯⋯⋯⋯⋯⋯⋯⋯⋯⋯⋯⋯⋯⋯⋯⋯⋯⋯⋯⋯⋯⋯⋯
• 전자신고시 제출기한을 연장하는 서류 고시 (국세청고시 제2024−32호, 2024. 9. 20.)
• 부가가치세 전자신고시 제출기한을 연장하는 서류 (국세청고시 제2021−41호, 2021. 8. 24.)
• 법인세 전자신고시 제출기한이 연장되는 서류 (국세청고시 제2025−1호, 2025. 2. 1.)
• 종합소득세 전자신고시 제출기한을 연장하는 서류 (국세청고시 제2024−11호, 2024. 4. 30.)
⋯⋯⋯⋯⋯⋯⋯⋯⋯⋯⋯⋯⋯⋯⋯⋯⋯⋯⋯⋯⋯⋯⋯⋯⋯⋯⋯⋯⋯⋯⋯

호와 같다. 다만, 재외공관의 공휴일은 우리나라의 국경일 중 공휴일과 주재국의 공휴일로 한다. (2017. 10. 17. 개정)
1. 일요일
2. 국경일 중 3·1절, 광복절, 개천절 및 한글날 (2012. 12. 28. 개정)
3. 1월 1일
4. 설날 전날, 설날, 설날 다음날(음력 12월 말일, 1월 1일, 2일)
5. 삭 제 (2005. 6. 30.)
6. 부처님오신날(음력 4월 8일) (2017. 10. 17. 개정)
7. 5월 5일(어린이날)
8. 6월 6일(현충일)
9. 추석 전날, 추석, 추석 다음날(음력 8월 14일, 15일, 16일)
10. 12월 25일(기독탄신일)
10의 2. 「공직선거법」 제34조에 따른 임기만료에 의한 선거의 선거일 (2006. 9. 6. 신설)
11. 기타 정부에서 수시 지정하는 날

제1조 【전자신고등의 방법·절차 등】
(2020. 3. 13. 제목개정)
「국세기본법」 (이하 “법”이라 한다) 제5조의 2 제2항에 따라 전자신고 또는 전자청구(이하 이 조에서 “전자신고등”이라 한다)로 과세표준 등을 신고할 수 있는 국세의 종목, 전자신고등의 방법 및 절차는 국세의 종목별 특성, 전자신고등에 필요한 기술적·지리적 여건 등을 고려하여 국세청장이 정하여 고시한다. (2021. 3. 16. 개정)

편주 ▶
부가가치세를 전자신고하는 사업자가 조기환급에 필요한 첨부서류의 제출기한 (국세청고시 제2022-10호, 2022. 5. 27.)

제6조【천재 등으로 인한 기한의 연장】관할 세무서장은 천재지변이나 그 밖에 대통령령으로 정하는 사유로 이 법 또는 세법에서 규정하는 신고, 신청, 청구, 그 밖에 서류의 제출 또는 통지를 정하여진 기한까지 할 수 없다고 인정하는 경우나 납세자가 기한 연장을 신청한 경우에는 대통령령으로 정하는 바에 따라 그 기한을 연장할 수 있다. (2020. 12. 22. 개정)

③ 법 제5조의 2 제3항에 따라 제출기한을 연장하는 경우 「부가가치세법」 제59조 제2항에 따른 조기환급에 필요한 서류의 제출기한의 연장은 국세청장이 따로 정하여 고시한다. (2013. 6. 28. 개정 ; 부가가치세법 시행령 부칙)

제2조【기한연장의 사유】(2021. 2. 17. 제목개정)
법 제6조에서 "대통령령으로 정하는 사유"란 다음 각 호의 경우를 말한다. (2021. 2. 17. 개정)
1. 납세자가 화재, 전화(戰禍), 그 밖의 재해를 입거나 도난을 당한 경우 (2021. 2. 17. 개정)
2. 납세자 또는 그 동거가족이 질병이나 중상해로 6개월 이상의 치료가 필요하거나 사망하여 상중(喪中)인 경우 (2021. 2. 17. 개정)
3. 정전, 프로그램의 오류나 그 밖의 부득이한 사유로 한국은행(그 대리점을 포함한다) 및 체신관서의 정보통신망의 정상적인 가동이 불가능한 경우 (2021. 2. 17. 개정)
4. 금융회사 등(한국은행 국고대리점 및 국고수납대리점인 금융회사 등만 해당한다) 또는 체신관서의 휴무나 그 밖의 부득이한 사유로 정상적인 세금납부가 곤란하다고 국세청장이 인정하는 경우 (2021. 2. 17. 개정)
5. 권한 있는 기관에 장부나 서류가 압수 또는 영치된 경우 (2021. 2. 17. 개정)
6. 「세무사법」 제2조 제3호에 따라 납세자의 장부 작성을 대행하는 세무사(같은 법 제16조의 4에 따라 등록한 세무법인을 포함한다) 또는 같은 법 제20조의 2에 따른 공인회계사(「공인회계사법」 제24조에 따라 등록한 회계법인을 포함한다)가 화재, 전화, 그 밖의 재해를 입거나 도난을 당한 경우 (2021. 2. 17. 개정)
7. 그 밖에 제1호, 제2호 또는 제5호에 준하는 사유가 있는 경우 (2021. 2. 17. 개정)

제2조의 2【기한연장의 기간】(2021. 2. 17. 제목개정)
① 제2조 각 호에 따른 기한연장은 3개월 이내로 하되, 해당 기한연장

통칙 6-2…1【재해의 범위】
영 제2조 제1호에서 "그 밖의 재해"라 함은 화약류·가스류 등의 폭발사고, 광해, 교통사고, 건물의 도괴 기타 이에 준하는 물리적인 재해를 말한다. 다만, 조세포탈목적의 고의적인 행동에 의한 재해는 제외한다. (2024. 3. 15. 개정)

제2조의 3 【납부기한 연장과 분납한도의 특례】 삭 제 (2021. 2. 17.)

제3조 【기한연장의 신청】 법 제6조에 따라 기한의 연장을 받으려는 자는 기한 만료일 3일 전까지 다음 각 호의 사항을 적은 문서로 해당 행정기관의 장에게 신청하여야 한다. 이 경우 해당 행정기관의 장은 기한연장을 신청하는 자가 기한 만료일 3일 전까지 신청할 수 없다고 인정하는 경우에는 기한의 만료일까지 신청하게 할 수 있다. (2010. 2. 18. 개정)
1. 기한의 연장을 받으려는 자의 주소 또는 거소와 성명 (2010. 2. 18. 개정)
2. 연장을 받으려는 기한 (2010. 2. 18. 개정)
3. 연장을 받으려는 사유 (2010. 2. 18. 개정)
4. 그 밖에 필요한 사항 (2010. 2. 18. 개정)

제4조 【기한연장의 승인】 ① 행정기관의 장은 법 제6조에 따라 기한을 연장하였을 때에는 제3조 각 호에 준하는 사항을 적은 문서로 지체 없이 관계인에게 통지하여야 하며, 제3조 전단에 따른 신청에 대해서는 기한 만료일 전에 그 승인 여부를 통지하여야 한다. (2010. 2. 18. 개정)
② 행정기관의 장은 다음 각 호의 어느 하나에 해당하는 경우에는 제1항에도 불구하고 관보 또는 일간신문에 공고하는 방법으로 통지를 갈음할 수 있다. (2010. 2. 18. 개정)
1. 제2조 제3호에 해당하는 사유가 전국적으로 일시에 발생하는 경우 (2021. 2. 17. 개정)
2. 기한연장의 통지대상자가 불특정 다수인 경우 (2010. 2. 18. 개정)
3. 기한연장의 사실을 그 대상자에게 개별적으로 통지할 시간적 여유가 없는 경우 (2010. 2. 18. 개정)

의 사유가 소멸되지 않는 경우 관할 세무서장은 1개월의 범위에서 그 기한을 다시 연장할 수 있다. (2021. 2. 17. 개정)
② 제1항에도 불구하고 신고와 관련된 기한연장은 9개월을 넘지 않는 범위에서 관할 세무서장이 할 수 있다. (2021. 2. 17. 개정)
③ 제2항에 따라 기한이 연장된 기간 중의 분납기한 및 분납금액은 관할 세무서장이 정할 수 있다. 이 경우 관할 세무서장은 기한연장의 기간이 6개월을 초과할 때에는 가능하면 6개월이 지난 날부터 3개월 이내에 균등액을 분납할 수 있도록 정하여야 한다. (2010. 2. 18. 개정)
③ 삭 제 (2021. 2. 17.)

제2조의 3 【납부기한 연장과 분납한도의 특례】 ① 관할 세무서장은 제2조의 2에도 불구하고 다음 각 호의 요건을 모두 갖춘 자가 제2조 제1항 제1호부터 제3호까지 및 제7호의 사유로 납부와 관련된 기한연장(소득세, 법인세, 부가가치세 및 이에 부가되는 세목에 대한 기한연장으로 한정한다)을 신청하는 경우 6개월 이내에서 기한을 연장할 수 있다. 다만, 해당 기한연장의 사유가 소멸되지 아니하는 경우에는 제3항에 따른 기간의 범위에서 3개월마다 그 기한을 다시 연장할 수 있다. (2018. 6. 26. 신설)
1. 「조세특례제한법 시행령」 제2조에 따른 중소기업에 해당할 것 (2018. 6. 26. 신설)
2. 다음 각 목의 어느 하나에 해당하는 지역에 사업장이 소재할 것 (2018. 6. 26. 신설)
　가. 「고용정책 기본법」 제32조의 2 제2항에 따라 선포된 고용재난지역 (2018. 6. 26. 신설)
　나. 「고용정책 기본법 시행령」 제29조 제1항에 따라 지정·고시된 지역 (2018. 6. 26. 신설)
　다. 「국가균형발전 특별법」 제17조 제2항에 따라 지정된 산업위기대응특별지역 (2018. 6. 26. 신설)
　라. 「재난 및 안전관리 기본법」 제60조 제2항에 따라 선포된 특별재난지역(선포된 날부터 2년으로 한정한다) (2018. 6. 26. 신설)
② 제1항 각 호 외의 부분 본문에 따른 납부기한 연장은 제2조 제1항 제1호부터 제3호까지 및 제7호의 사유로 제2조의 2에 따라 납부 관련 기한연장을 받고 그 연장된 기간 중에 있는 경우에도 신청할 수 있다. (2018. 6. 26. 신설)
③ 제1항 각 호 외의 부분 단서(제2항에 따라 신청한 경우를 포함한다)에 따른 납부기한을 최대로 연장할 수 있는 기간은 2년으로 하되, 다음 각 호의 기간을 포함하여 산정한다. (2018. 6. 26. 신설)
1. 제1항 각 호 외의 부분 본문에 따라 연장된 기간 (2018. 6. 26. 신설)
2. 제2조의 2 및 이 조 제2항에 따라 연장된 기간 (2018. 6. 26. 신설)
④ 제1항 또는 제2항에 따라 기한이 연장된 기간 중의 분납기한 및 분납금액은 관할 세무서장이 정할 수 있다. (2018. 6. 26. 신설)

제1조의 2 【기한연장신청】 (2001. 3. 31. 조번개정) 「국세기본법 시행령」(이하 "영"이라 한다) 제3조에 따른 기한연장의 신청은 별지 제1호 서식의 기한연장 승인 신청서에 따른다. (2012. 3. 16. 개정)

제2조 【기한연장 승인·기각의 통지】 (2012. 2. 28. 제목개정) 영 제4조에 따른 기한연장 승인(기각)의 통지는 별지 제2호 서식의 기한연장 승인(기각) 통지서에 따른다. (2021. 3. 16. 개정)

제6조의 2【납부기한 연장의 취소】① 세무서장은 제6조에 따라 납부기한을 연장한 경우에 해당 납세자가 다음 각 호의 어느 하나에 해당하게 되면 납부기한의 연장을 취소하고, 납부기한의 연장이 취소된 국세를 즉시 징수할 수 있다. (2010. 1. 1. 개정)

1. 담보 제공 등 세무서장의 요구를 따르지 아니한 경우 (2020. 6. 9. 개정 ; 법률용어 정비를~법률)

2. 「국세징수법」 제14조 제1항 각 호의 어느 하나의 사유에 해당되어 그 연장한 납부기한까지 그 국세 전액을 징수할 수 없다고 인정되는 경우 (2010. 1. 1. 개정)

3. 재산상황의 변동 등 대통령령으로 정하는 사유로 납부기한을 연장할 필요가 없다고 인정되는 경우 (2010. 1. 1. 개정)

② 세무서장은 제1항에 따라 납부기한의 연장을 취소하였을 때에는 납세자에게 그 사실을 통지하여야 한다. (2010. 1. 1. 개정)

제6조의 2【납부기한 연장의 취소】삭　제 (2020. 12. 22.)

제7조【송달 지연에 따른 납부기한의 연장】① 납세고지서, 납부통지서, 독촉장 또는 납부최고서를 송달한 경우에 다음 각 호의 어느 하나에 해당하는 경우에는 도달한 날부터 14일이 지난 날을 납부기한으로 한다. (2010. 1. 1. 개정)

1. 도달한 날에 이미 납부기한이 지난 경우 (2010. 1. 1. 개정)

2. 도달한 날부터 14일 이내에 납부기한이 되는 경우 (2010. 1. 1. 개정)

② 제1항의 규정에도 불구하고 「국세징수법」 제14조 제2항에 따른 고지의 경우 다음 각 호의 어느 하나에 해당하는 날을 납부기한으로 한다. (2010. 1. 1. 개정)

1. 고지서가 납부기한 전에 도달한 경우: 납부기한 만료일 (2019. 12. 31. 개정)

2. 고지서가 납부기한이 지난 후에 도달한 경우: 고지서가 도달한 날 (2019. 12. 31. 개정)

제7조【송달 지연에 따른 납부기한의 연장】삭　제 (2020. 12. 22.)

제3절　서류의 송달

제8조【서류의 송달】① 이 법 또는 세법에서 규정하는 서류는 그 명의인(그 서류에 수신인으로 지정되어 있는 자를 말한다. 이하 같다)의 주소, 거소(居所), 영업소 또는 사무소[정보통신망을 이용한 송달(이하 "전자송달"이라 한다)인 경우에는 명의인의 전자우편주소(국세정보통신망에 저장하는 경우에는 명의인의 사용자확인기호를 이용하여 접근할 수 있는 곳을 말한다)를 말하며, 이하 "주소 또는 영업소"라 한다]에 송달한다. (2010. 1. 1. 개정)

제4조의 2【납부기한 연장의 취소】법 제6조의 2 제1항 제3호에서 "대통령령으로 정하는 사유"란 제2조 제1항 제4호 및 제5호에 해당하는 사유로 납부기한이 연장된 경우에 그 사유가 소멸되어 정상적인 세금납부가 가능한 경우를 말한다. (2010. 2. 18. 개정)

제4조의 2【납부기한 연장의 취소】삭　제 (2021. 2. 17.)

제4조의 3【납부기한 연장의 취소통지】법 제6조의 2 제2항에 따른 납부기한 연장의 취소통지는 다음 각 호의 사항을 적은 문서로 한다. (2010. 2. 18. 개정)

1. 취소 연월일 (2010. 2. 18. 개정)

2. 취소의 이유 (2010. 2. 18. 개정)

제4조의 3【납부기한 연장의 취소통지】삭　제 (2021. 2. 17.)

☞
통칙 8-0…1【주　소】

1. 법 제8조에서 "주소"란 생활의 근거가 되는 곳을 말하며, 이는 생계를 같이하는 가족 및 자산의 유무 등 생활관계의 객관적 사실에 따라 판정된다. 이 경우 주소가 2 이상인 때에는 「주민등록법」상 등록된 곳을 말한다. (2011. 3. 21. 개정)

2. 법인의 주소는 본점 또는 주사무소의 소재지에 있는 것으로 한다. (2004. 2. 19. 개정)

8-0…2【거　소】

제2조의 2【납부기한 연장의 취소통지】영 제4조의 3에 따른 납부기한 연장의 취소통지는 별지 제2호의 3 서식의 납부기한 연장 취소통지서에 따른다. (2012. 2. 28. 개정)

제2조의 2【납부기한 연장의 취소통지】삭　제 (2021. 3. 16.)

☞
통칙 8-0…4【제한능력자에 대한 송달】
(2019. 12. 23. 제목개정)

송달을 받아야 할 자가 제한능력자인 경우에는 그 법정대리인의 주소 또는 영업소에 서류를 송달한다. (2019. 12. 23. 개정)

※ 제한능력자라 함은 단독으로 완전유효한 법률

② 연대납세의무자에게 서류를 송달할 때에는 그 대표자를 명의인으로 하며, 대표자가 없을 때에는 연대납세의무자 중 국세를 징수하기에 유리한 자를 명의인으로 한다. 다만, 납부의 고지와 독촉에 관한 서류는 연대납세의무자 모두에게 각각 송달하여야 한다. (2020. 12. 29. 단서개정 ; 국세징수법 부칙)
③ 상속이 개시된 경우 상속재산관리인이 있을 때에는 그 상속재산관리인의 주소 또는 영업소에 송달한다. (2010. 1. 1. 개정)
④ 납세관리인이 있을 때에는 납부의 고지와 독촉에 관한 서류는 그 납세관리인의 주소 또는 영업소에 송달한다. (2020. 12. 29. 개정 ; 국세징수법 부칙)
⑤ 제1항에도 불구하고 송달받아야 할 사람이 교정시설 또는 국가경찰관서의 유치장에 체포·구속 또는 유치(留置)된 사실이 확인된 경우에는 해당 교정시설의 장 또는 국가경찰관서의 장에게 송달한다. (2018. 12. 31. 신설)

제9조【송달받을 장소의 신고】(2010. 1. 1. 제목개정)
제8조에 따른 서류의 송달을 받을 자가 주소 또는 영업소 중에서 송달받을 장소를 대통령령으로 정하는 바에 따라 정부에 신고한 경우에는 그 신고된 장소에 송달하여야 한다. 이를 변경한 경우에도 또한 같다. (2010. 1. 1. 개정)

제10조【서류 송달의 방법】① 제8조에 따른 서류 송달은 교부, 우편 또는 전자송달의 방법으로 한다. (2010. 1. 1. 개정)
② 납부의 고지·독촉·강제징수 또는 세법에 따른 정부의 명령과 관계되는 서류의 송달을 우편으로 할 때에는 등기우편으로 하여야

① 거소라 함은 다소의 기간 계속하여 거주하는 장소로서 주소와 같이 밀접한 일반적 생활관계가 발생하지 아니하는 장소를 말한다. (2004. 2. 19. 개정)
② 주소를 알 수 없는 때와 국내에 주소가 없는 경우에는 거소를 주소로 한다. (2004. 2. 19. 개정)
8-0…3【소재불명의 법인에 대한 서류송달】
법인의 소재가 불명한 때에는 법인 대표자(청산중인 경우에는 청산인으로 하되, 청산법인이 청산종결등기를 하였더라도 채권·채무가 남아있는 이상 청산은 종료되지 않은 것으로 본다)의 주소지를 확인하여 서류를 송달하고, 대표자의 주소지도 불명하여 송달이 불가능한 때에는 공시송달한다. (2024. 3. 15. 개정)

제5조【송달받을 장소의 신고】(2010. 2. 18. 제목개정)
① 법 제9조에 따라 송달받을 장소를 신고 또는 변경신고하려는 자는 다음 각 호의 사항을 적은 문서를 해당 행정기관의 장에게 제출해야 한다. (2020. 2. 11. 개정)
1. 납세자의 성명 (2010. 2. 18. 개정)
2. 납세자의 주소·거소 또는 영업소의 소재지 (2010. 2. 18. 개정)
3. 서류를 송달받을 장소 (2010. 2. 18. 개정)
4. 서류를 송달받을 장소를 정하는 이유 (2010. 2. 18. 개정)
5. 그 밖에 필요한 사항 (2010. 2. 18. 개정)
② 서류를 송달받을 장소로 「주민등록법」상 주소를 신고한 자가 제1항에 따른 신고서를 제출하면서 같은 법에 따른 주소가 이전하는 때에 송달받을 장소도 변경되는 것에 동의한 경우에는 같은 법 제16조에 따른 전입신고를 제1항에 따른 송달받을 장소의 변경신고로 본다. (2020. 2. 11. 신설)

제5조의 2【일반우편 송달의 범위】법 제10조 제2항 단서에서 "대통령령으로 정하는 금액"이란 50만원을 말한다. (2010. 2. 18. 개정)

행위를 할 수 있는 능력(행위능력)이 없는 자, 즉 미성년자, 성년후견 및 한정후견이 개시된 자를 말한다. (2019. 12. 23. 개정)
8-0…5【파산자에 대한 송달】
송달을 받을 자가 파산선고를 받은 때에는 파산관재인의 주소 또는 영업소에 서류를 송달한다. (2004. 2. 19. 개정)

제3조【송달받을 장소의 신고】(2012. 2. 28. 제목개정)
영 제5조에 따른 송달받을 장소의 신고(변경신고를 포함한다)는 별지 제3호 서식의 송달 장소(변경) 신고서에 따른다. (2012. 2. 28. 개정)

제4조【송달서】법 제10조에 따른 송달과 영 제7조의 2에 따른 부재중 확인은 별지 제4호 서식의 송달서에 따른다. (2012. 2. 28. 개정)

한다. 다만, 「소득세법」 제65조 제1항에 따른 중간예납세액의 납부고지서, 「부가가치세법」 제48조 제3항에 따라 징수하기 위한 납부고지서 및 제22조 제2항 각 호의 국세에 대한 과세표준신고서를 법정신고기한까지 제출하였으나 과세표준신고액에 상당하는 세액의 전부 또는 일부를 납부하지 아니하여 발급하는 납부고지서로서 대통령령으로 정하는 금액 미만에 해당하는 납부고지서는 일반우편으로 송달할 수 있다. (2020. 12. 22. 개정)

③ 교부에 의한 서류 송달은 해당 행정기관의 소속 공무원이 서류를 송달할 장소에서 송달받아야 할 자에게 서류를 교부하는 방법으로 한다. 다만, 송달을 받아야 할 자가 송달받기를 거부하지 아니하면 다른 장소에서 교부할 수 있다. (2010. 1. 1. 개정)

④ 제2항과 제3항의 경우에 송달할 장소에서 서류를 송달받아야 할 자를 만나지 못하였을 때에는 그 사용인이나 그 밖의 종업원 또는 동거인으로서 사리를 판별할 수 있는 사람에게 서류를 송달할 수 있으며, 서류를 송달받아야 할 자 또는 그 사용인이나 그 밖의 종업원 또는 동거인으로서 사리를 판별할 수 있는 사람이 정당한 사유 없이 서류 수령을 거부할 때에는 송달할 장소에 서류를 둘 수 있다. (2010. 1. 1. 개정)

⑤ 제1항부터 제4항까지의 규정에 따라 서류를 송달하는 경우에 송달받아야 할 자가 주소 또는 영업소를 이전하였을 때에는 주민등록표 등으로 이를 확인하고 이전한 장소에 송달하여야 한다. (2010. 1. 1. 개정)

⑥ 서류를 교부하였을 때에는 송달서에 수령인이 서명 또는 날인하게 하여야 한다. 이 경우 수령인이 서명 또는 날인을 거부하면 그 사실을 송달서에 적어야 한다. (2010. 1. 1. 개정)

⑦ 일반우편으로 서류를 송달하였을 때에는 해당 행정기관의 장은 다음 각 호의 사항을 확인할 수 있는 기록을 작성하여 갖춰 두어야 한다. (2010. 1. 1. 개정)

1. 서류의 명칭 (2010. 1. 1. 개정)
2. 송달을 받아야 할 자의 성명 (2010. 1. 1. 개정)
3. 송달 장소 (2010. 1. 1. 개정)
4. 발송연월일 (2010. 1. 1. 개정)
5. 서류의 주요 내용 (2010. 1. 1. 개정)

⑧ 전자송달은 대통령령으로 정하는 바에 따라 서류를 송달받아야 할

통칙 10-0…1【종업원】
법 제10조 제4항에서 "종업원"이라 함은 송달을 받아야 할 자와 고용관계에 있는 자를 말한다. (2004. 2. 19. 개정)

10-0…2【동거인】
법 제10조 제4항에서 "동거인"이라 함은 송달을 받을 자와 동일장소 내에서 공동생활을 하고 있는 자를 말하며, 생계를 같이 하는 것을 요하지 않는다. (2004. 2. 19. 개정)

제6조【송달서】 법 제10조 제6항에 따른 송달서는 다음 각 호의 사항을 적은 것이어야 한다. (2010. 2. 18. 개정)
1. 서류의 명칭 (2010. 2. 18. 개정)
2. 송달받아야 할 자의 성명 (2010. 2. 18. 개정)
3. 수령한 자의 성명 (2010. 2. 18. 개정)
4. 교부 장소 (2010. 2. 18. 개정)
5. 교부 연월일 (2010. 2. 18. 개정)
6. 서류의 주요 내용 (2010. 2. 18. 개정)

제6조의 2【전자송달의 신청】 ① 법 제10조 제8항에 따라 전자

통칙 10-0…3【사리를 판별할 수 있는 자】
법 제10조 제4항에서 "사리를 판별할 수 있는 사람"이라 함은 서류의 송달취지를 이해하고, 수령한 서류를 송달받아야 할 자에게 교부할 것이라고 기대될 수 있는 능력이 있는 자를 말한다. (2024. 3. 15. 개정)

10-0…4【서류의 수령을 거부할 때】
　　　　(2024. 3. 15. 제목개정)
법 제10조 제4항에서 "서류 수령을 거부할 때"라 함은 적법한 방법으로 서류를 송달하고자 하였으나 고의로 그 수령을 거부한 때를 말한다. (2024. 3. 15. 개정)

제3조의 2【전자송달의 신청 등】

자가 신청한 경우에만 한다. 다만, 납부고지서가 송달되기 전에 대통령
령으로 정하는 바에 따라 납세자가 이 법 또는 세법에서 정하는 바에
따라 세액을 자진납부한 경우 납부한 세액에 대해서는 자진납부한 시
점에 전자송달을 신청한 것으로 본다. (2020. 12. 29. 개정 ; 국세징수
법 부칙)

⑨ 납세자가 3회 연속하여 전자송달(국세정보통신망에 송달된 경우에
한정한다)된 서류를 열람하지 아니하는 경우에는 대통령령으로 정하는
바에 따라 전자송달의 신청을 철회한 것으로 본다. 다만, 납세자가 전
자송달된 납부고지서 또는 독촉장에 따른 세액을 그 납부기한까지 전
액 납부한 경우에는 그러하지 아니하다. (2024. 12. 31. 개정)

편주 ▶

2025. 1. 1. 전에 납세자가 2회 연속하여 전자송달된 서류를 열람하지 아
니한 경우에는 법 10조 9항의 개정규정에도 불구하고 종전의 규정에 따름.
(법 부칙(2024. 12. 31.) 10조)

송달을 신청하거나 그 신청을 철회하려는 자는 다음 각 호의 사항을
적은 문서를 관할 세무서장에게 제출하여야 한다. (2010. 2. 18. 개정)
1. 납세자의 성명, 주민등록번호 등 인적사항 (2010. 2. 18. 개정)
2. 납세자의 주소 또는 본점 소재지 및 사업장 소재지 (2010. 2. 18.
   개정)
3. 전자송달과 관련한 안내를 받을 수 있는 전자우편주소 또는 연락처
   (2010. 2. 18. 개정)
4. 전자송달의 안내방법 및 신청(철회)사유 (2010. 2. 18. 개정)
5. 그 밖에 기획재정부령으로 정하는 사항 (2010. 2. 18. 개정)
② 전자송달의 개시 및 철회는 제1항에 따른 신청서를 접수한 날의 다
음 날부터 적용한다. (2010. 2. 18. 개정)
③ 전자송달의 신청을 철회한 자가 전자송달을 재신청하는 경우에는
철회 신청일부터 30일이 지난 날 이후에 신청할 수 있다. (2010. 2. 18.
개정)
④ 법 제10조 제8항 단서에서 "대통령령으로 정하는 바에 따라 납세자
가 이 법 또는 세법에서 정하는 바에 따라 세액을 자진납부한 경우"란
납세자가 국세정보통신망을 통해 다음 각 호의 어느 하나에 해당하는
세액을 「국세징수법 시행령」 제9조 제1항에 따른 계좌이체 또는 같은
영 제9조 제4항에 따른 신용카드등으로 국세를 전액 납부하는 것을 말
한다. (2023. 2. 28. 항번개정)
1. 「소득세법」 제65조 제1항 및 제2항에 따른 소득세액 (2013. 2. 15.
   신설)
2. 「부가가치세법」 제48조 제3항 및 제66조 제1항에 따른 부가가치세
   액 (2013. 6. 28. 개정 ; 부가가치세법 시행령 부칙)

⑤ 국세청장이 제6조의 4 제2항에 따라 국세정보통신망에 접속하여
서류를 열람할 수 있게 하였음에도 불구하고 해당 납세자가 3회 연속
하여 전자송달된 서류를 다음 각 호의 기한까지 열람하지 않은 경우에

(2007. 4. 4. 제목개정)
영 제6조의 2 제1항에 따른 전자송달의 신
청 및 신청철회, 그 밖에 법 제5조의 2 제2
항에 따른 국세정보통신망의 이용신청은
별지 제3호의 2 서식의 홈택스 이용신청
서에 따른다. (2021. 3. 16. 개정)

⑩ 제8항에도 불구하고 국세정보통신망의 장애로 전자송달을 할 수 없는 경우나 그 밖에 대통령령으로 정하는 사유가 있는 경우에는 교부 또는 우편의 방법으로 송달할 수 있다. (2022. 12. 31. 항번개정)

⑪ 제8항에 따라 전자송달을 할 수 있는 서류의 구체적인 범위 및 송달 방법 등에 관하여 필요한 사항은 대통령령으로 정한다. (2022. 12. 31. 항번개정)

　제11조【공시송달】① 서류를 송달받아야 할 자가 다음 각 호의 어느 하나에 해당하는 경우에는 서류의 주요 내용을 공고한 날부터 14일이 지나면 제8조에 따른 서류 송달이 된 것으로 본다. (2010. 1. 1. 개정)

1. 주소 또는 영업소가 국외에 있고 송달하기 곤란한 경우 (2010. 1. 1. 개정)

2. 주소 또는 영업소가 분명하지 아니한 경우 (2010. 1. 1. 개정)

3. 제10조 제4항에서 규정한 자가 송달할 장소에 없는 경우로서 등기

는 법 제10조 제9항에 따라 <u>세 번째</u>로 열람하지 않은 서류에 대한 다음 각 호의 구분에 따른 날의 다음 날에 전자송달 신청을 철회한 것으로 본다. (2025. 2. 28. 개정)

1. 해당 서류에 납부기한 등 기한이 정하여진 경우 : 정하여진 해당 기한 (2015. 2. 3. 신설)

2. 제1호 외의 경우 : 국세정보통신망에 해당 서류가 저장된 때부터 1개월이 되는 날 (2015. 2. 3. 신설)

　제6조의 3【전자송달이 불가능한 경우】법 제10조 제10항에서 "대통령령으로 정하는 사유"란 다음 각 호의 어느 하나에 해당하는 경우를 말한다. (2023. 2. 28. 개정)

1. 정보통신망의 장애로 전자송달이 불가능한 경우 (2010. 2. 18. 개정)

2. 그 밖에 전자송달이 불가능한 경우로서 국세청장이 정하는 경우 (2010. 2. 18. 개정)

　제6조의 4【전자송달서류의 범위 등】① 법 제10조 제11항에 따라 전자송달할 수 있는 서류는 납부고지서, 독촉장 국세환급금통지서, 신고안내문, 그 밖에 국세청장이 정하는 서류로 한다. (2024. 2. 29. 개정)

② 국세청장이 제1항에 따른 서류 중 납부고지서, 독촉장 및 국세환급금통지서를 전자송달하는 경우에는 해당 납세자로 하여금 국세정보통신망에 접속하여 해당 서류를 열람할 수 있게 해야 한다. (2024. 2. 29. 개정)

③ 국세청장이 제2항에 따른 서류 외의 서류를 전자송달하는 경우에는 해당 납세자가 지정한 전자우편주소로 송달하여야 한다. (2010. 2. 18. 개정)

　제7조【주소 불분명의 확인】법 제11조 제1항 제2호에서 "주소 또는 영업소가 분명하지 아니한 경우"란 주민등록표, 법인등기부 등에 의해서도 주소 또는 영업소를 확인할 수 없는 경우를 말한다. (2010. 2. 18. 개정)

　제7조의 2【공시송달】법 제11조 제1항 제3호에서 "등기우편으

편주 ▶ ‥‥‥‥‥‥‥‥‥‥

영 6조의 4 제1항 및 2항의 개정규정은 2024. 7. 1.부터 시행함. (영 부칙(2024. 2. 29.) 1조 단서)

‥‥‥‥‥‥‥‥‥‥‥‥

　제5조【공시송달】법 제11조 제1항에 따른 공고는 별지 제5호 서식의 공시송달서에 따른다. (2012. 2. 28. 개정)

통칙 11 - 7…1【주소 또는 영업소가 분명하지 아니한 경우】(2024. 3. 15. 제목개정)

법 제11조 제1항 제2호에서 "주소 또는 영업소가 분명하지 아니한 경우"라 함은 선량한 관리

우편으로 송달하였으나 수취인 부재로 반송되는 경우 등 대통령령으로 정하는 경우 (2010. 1. 1. 개정)

② 제1항에 따른 공고는 다음 각 호의 어느 하나에 게시하거나 게재하여야 한다. 이 경우 국세정보통신망을 이용하여 공시송달을 할 때에는 다른 공시송달 방법과 함께 하여야 한다. (2010. 1. 1. 개정)

1. 국세정보통신망 (2010. 1. 1. 개정)
2. 세무서의 게시판이나 그 밖의 적절한 장소 (2010. 1. 1. 개정)
3. 해당 서류의 송달 장소를 관할하는 특별자치시·특별자치도·시·군·구(자치구를 말한다. 이하 같다)의 홈페이지, 게시판이나 그 밖의 적절한 장소 (2013. 1. 1. 개정)
4. 관보 또는 일간신문 (2010. 1. 1. 개정)

제12조 【송달의 효력 발생】 ① 제8조에 따라 송달하는 서류는 송달받아야 할 자에게 도달한 때부터 효력이 발생한다. 다만, 전자송달의 경우에는 송달받을 자가 지정한 전자우편주소에 입력된 때(국세정보통신망에 저장하는 경우에는 저장된 때)에 그 송달을 받아야 할 자에게 도달한 것으로 본다. (2010. 1. 1. 개정)

제4절 인 격

제13조 【법인으로 보는 단체 등】 (2019. 12. 31. 제목개정)
① 법인(「법인세법」 제2조 제1호에 따른 내국법인 및 같은 조 제3호에 따른 외국법인을 말한다. 이하 같다)이 아닌 사단, 재단, 그 밖의 단체(이하 "법인 아닌 단체"라 한다) 중 다음 각 호의 어느 하나에 해당하는 것으로서 수익을 구성원에게 분배하지 아니하는 것은 법인으로 보아 이 법과 세법을 적용한다. (2018. 12. 31. 개정)

1. 주무관청의 허가 또는 인가를 받아 설립되거나 법령에 따라 주무관청에 등록한 사단, 재단, 그 밖의 단체로서 등기되지 아니한 것 (2010. 1. 1. 개정)
2. 공익을 목적으로 출연(出捐)된 기본재산이 있는 재단으로서 등기되지 아니한 것 (2010. 1. 1. 개정)

로 송달하였으나 수취인 부재로 반송되는 경우 등 대통령령으로 정하는 경우"란 다음 각 호의 어느 하나에 해당하는 경우를 말한다. (2010. 2. 18. 개정)

1. 서류를 등기우편으로 송달하였으나 수취인이 부재중(不在中)인 것으로 확인되어 반송됨으로써 납부기한 내에 송달이 곤란하다고 인정되는 경우 (2010. 2. 18. 개정)
2. 세무공무원이 2회 이상 납세자를 방문[처음 방문한 날과 마지막 방문한 날 사이의 기간이 3일(기간을 계산할 때 공휴일, 대체공휴일, 토요일 및 일요일은 산입하지 않는다) 이상이어야 한다]해 서류를 교부하려고 하였으나 수취인이 부재중인 것으로 확인되어 납부기한까지 송달이 곤란하다고 인정되는 경우 (2023. 2. 28. 개정)

통칙 12-0…1 【송달서류의 효력발생】
법 제12조 제1항에서 "도달"이라 함은 송달을 받아야 할 자에게 직접 수교할 것임을 요하는 것이 아니고, 상대방의 지배권 내에 들어가 사회통념상 일반적으로 그 사실을 알 수 있는 상태에 있는 때(예컨대, 우편이 수신함에 투입된 때 또는 동거하는 가족·친족이나 고용인이 수령한 때)를 말하며, 일단 유효하게 송달된 서류가 후에 반송되더라도 송달의 효력에는 영향이 없다. (2004. 2. 19. 개정)

자의 주의로 송달을 받아야 할 자의 주소 또는 영업소를 조사(시·읍·면·동의 주민등록사항, 인근자, 거래처 및 관계자 탐문, 등기부 등의 조사)하였으나 그 주소 또는 영업소를 알 수 없는 경우를 말한다. (2024. 3. 15. 개정)

② 제1항에 따라 법인으로 보는 사단, 재단, 그 밖의 단체 외의 법인 아닌 단체 중 다음 각 호의 요건을 모두 갖춘 것으로서 대표자나 관리인이 관할 세무서장에게 신청하여 승인을 받은 것도 법인으로 보아 이 법과 세법을 적용한다. 이 경우 해당 사단, 재단, 그 밖의 단체의 계속성과 동질성이 유지되는 것으로 본다. (2010. 12. 27. 개정)

1. 사단, 재단, 그 밖의 단체의 조직과 운영에 관한 규정(規程)을 가지고 대표자나 관리인을 선임하고 있을 것 (2010. 1. 1. 개정)
2. 사단, 재단, 그 밖의 단체 자신의 계산과 명의로 수익과 재산을 독립적으로 소유·관리할 것 (2010. 1. 1. 개정)
3. 사단, 재단, 그 밖의 단체의 수익을 구성원에게 분배하지 아니할 것 (2010. 1. 1. 개정)

③ 제2항에 따라 법인으로 보는 법인 아닌 단체는 그 신청에 대하여 관할 세무서장의 승인을 받은 날이 속하는 과세기간과 그 과세기간이 끝난 날부터 3년이 되는 날이 속하는 과세기간까지는 「소득세법」에 따른 거주자 또는 비거주자로 변경할 수 없다. 다만, 제2항 각 호의 요건을 갖추지 못하게 되어 승인취소를 받는 경우에는 그러하지 아니하다. (2011. 12. 31. 개정)

④ 제1항과 제2항에 따라 법인으로 보는 법인 아닌 단체(이하 "법인으로 보는 단체"라 한다)의 국세에 관한 의무는 그 대표자나 관리인이 이행하여야 한다. (2010. 12. 27. 개정)

⑤ 법인으로 보는 단체는 국세에 관한 의무 이행을 위하여 대표자나 관리인을 선임하거나 변경한 경우에는 대통령령으로 정하는 바에 따라 관할 세무서장에게 신고하여야 한다. (2010. 1. 1. 개정)

제8조 【법인으로 보는 단체의 신청·승인 등】 ① 법 제13조 제2항에 따라 승인을 받으려는 법인(「법인세법」 제2조 제1호 및 제3호에 따른 내국법인 및 외국법인을 말한다. 이하 같다)이 아닌 사단, 재단, 그 밖의 단체(이하 "법인 아닌 단체"라 한다)의 대표자 또는 관리인은 다음 각 호의 사항을 적은 문서를 관할 세무서장에게 제출하여야 한다. (2019. 2. 12. 개정)

1. 단체의 명칭 (2010. 2. 18. 개정)
2. 주사무소의 소재지 (2010. 2. 18. 개정)
3. 대표자 또는 관리인의 성명과 주소 또는 거소 (2010. 2. 18. 개정)
4. 고유사업 (2010. 2. 18. 개정)
5. 재산상황 (2010. 2. 18. 개정)
6. 정관 또는 조직과 운영에 관한 규정 (2010. 2. 18. 개정)
7. 그 밖에 필요한 사항 (2010. 2. 18. 개정)

② 관할 세무서장은 제1항에 따라 법인 아닌 단체의 대표자 또는 관리인이 제출한 문서에 대하여 그 승인 여부를 신청일부터 10일 이내에 신청인에게 통지하여야 한다. (2010. 12. 30. 개정)

③ 제2항에 따라 승인을 받은 법인 아닌 단체에 대해서는 승인과 동시에 「부가가치세법 시행령」 제12조 제2항에 따른 고유번호를 부여하여야 한다. 다만, 해당 단체가 수익사업을 하려는 경우로서 「법인세법」 제111조에 따라 사업자등록을 하여야 하는 경우에는 그러하지 아니하다. (2013. 6. 28. 개정 ; 부가가치세법 시행령 부칙)

④ 제2항에 따라 승인을 받은 법인 아닌 단체가 법 제13조 제2항 각 호의 요건을 갖추지 못하게 되었을 때에는 관할 세무서장은 지체 없이 그 승인을 취소하여야 한다. (2010. 12. 30. 개정)

통칙 13-0…1 【법인격 없는 사단의 재산】
법인격 없는 사단의 사원이 집합체로서 물건을 소유할 때에는 총유로 보아 세법을 적용한다. (2004. 2. 19. 개정)
(※ 총유물의 관리 및 처분은 사원총회의 결의에 의한다)

제9조 【법인으로 보는 단체의 대표자 등의 신고】 법 제13조 제1항 및 제2항에 따라 법인으로 보는 법인 아닌 단체(이하 "법인으로 보는 단체"라 한다)가 법 제13조 제5항에 따른 대표자 또는 관리인의 선

제5조의 2 【법인으로 보는 단체의 신청·승인 등】 ① 영 제8조 제1항에 따른 법인으로 보는 단체의 승인신청은 별지 제6호 서식의 법인으로 보는 단체의 승인신청서에 따른다. (2012. 2. 28. 개정)

② 영 제8조 제2항에 따른 법인으로 보는 단체의 승인 여부 통지는 별지 제6호의 2 서식의 법인으로 보는 단체의 승인 여부 통지서에 따른다. (2012. 2. 28. 개정)

③ 영 제8조 제4항에 따른 법인으로 보는 단체의 승인 취소의 통지는 별지 제6호의 3 서식의 법인으로 보는 단체의 승인 취소 통지서에 따른다. (2012. 2. 28. 개정)

제6조 【법인으로 보는 단체의 대표자 등의 선임신고】 영 제9조에 따른 법인으로 보는 단체의 대표자등의 선임신고 또

임신고 또는 변경신고를 하려는 경우에는 대표자 또는 관리인(변경의 경우에는 변경 전 및 변경 후의 대표자 또는 관리인)의 성명과 주소 또는 거소, 그 밖에 필요한 사항을 적은 문서를 관할 세무서장에게 제출하여야 한다. (2010. 12. 30. 개정)

⑥ 법인으로 보는 단체가 제5항에 따른 신고를 하지 아니한 경우에는 관할 세무서장은 그 단체의 구성원 또는 관계인 중 1명을 국세에 관한 의무를 이행하는 사람으로 지정할 수 있다. (2010. 1. 1. 개정)
⑦ 법인으로 보는 단체의 신청·승인과 납세번호 등의 부여 및 승인취소에 필요한 사항은 대통령령으로 정한다. (2010. 1. 1. 개정)
⑧ 세법에서 규정하는 납세의무에도 불구하고 전환 국립대학 법인(「고등교육법」 제3조에 따른 국립대학 법인 중 같은 법 제3조, 제18조 및 제19조에 따른 국립학교 또는 공립학교로 운영되다가 법인별 설립근거가 되는 법률에 따라 국립대학 법인으로 전환된 법인을 말한다. 이하 이 항에서 같다)에 대한 국세의 납세의무(국세를 징수하여 납부할 의무는 제외한다. 이하 이 항에서 같다)를 적용할 때에는 전환 국립대학 법인을 별도의 법인으로 보지 아니하고 국립대학 법인으로 전환되기 전의 국립학교 또는 공립학교로 본다. 다만, 전환 국립대학 법인이 해당 법인의 설립근거가 되는 법률에 따른 교육·연구 활동에 지장이 없는 범위 외의 수익사업을 하는 경우의 납세의무에 대해서는 그러하지 아니하다. (2019. 12. 31. 신설)

제 2 장 국세 부과와 세법 적용

제 1 절 국세 부과의 원칙

제14조 【실질과세】 ① 과세의 대상이 되는 소득, 수익, 재산, 행위 또는 거래의 귀속이 명의(名義)일 뿐이고 사실상 귀속되는 자가 따로 있을 때에는 사실상 귀속되는 자를 납세의무자로 하여 세법을 적용한다. (2010. 1. 1. 개정)

제9조의 2 【법인으로 보는 단체의 대표자 등의 지정통지】 (2009. 2. 6. 조번개정)
관할 세무서장은 법 제13조 제6항에 따라 국세에 관한 의무를 이행하는 사람을 지정하였을 때에는 다음 각 호의 사항을 적은 문서로 지체 없이 해당 법인으로 보는 단체에 통지하여야 한다. (2010. 2. 18. 개정)
1. 국세에 관한 의무를 이행하는 사람의 성명과 주소 또는 거소 (2010. 2. 18. 개정)
2. 지정 연월일 (2010. 2. 18. 개정)
3. 지정 사유 (2010. 2. 18. 개정)
4. 그 밖에 필요한 사항 (2010. 2. 18. 개정)

는 변경신고는 별지 제6호의 4 서식의 법인으로 보는 단체의 대표자등의 선임(변경)신고서에 따른다. (2012. 2. 28. 개정)

제7조 【법인으로 보는 단체의 국세에 관한 의무를 이행하는 사람의 지정통지】 (2012. 2. 28. 제목개정)
영 제9조의 2에 따른 국세에 관한 의무를 이행하는 사람의 지정통지는 별지 제7호 서식의 법인으로 보는 단체의 국세에 관한 의무 이행자 지정통지서에 따른다. (2012. 2. 28. 개정)

② 세법 중 과세표준의 계산에 관한 규정은 소득, 수익, 재산, 행위 또는 거래의 명칭이나 형식과 관계없이 그 실질 내용에 따라 적용한다. (2020. 6. 9. 개정 ; 법률용어 정비를~법률)
③ 제3자를 통한 간접적인 방법이나 둘 이상의 행위 또는 거래를 거치는 방법으로 이 법 또는 세법의 혜택을 부당하게 받기 위한 것으로 인정되는 경우에는 그 경제적 실질 내용에 따라 당사자가 직접 거래를 한 것으로 보거나 연속된 하나의 행위 또는 거래를 한 것으로 보아 이 법 또는 세법을 적용한다. (2010. 1. 1. 개정)

통칙 14-0…1【사업자등록명의자와 실제사업자가 상이한 경우】
사업자명의등록자와는 별도로 사실상의 사업자가 있는 경우에는 사실상의 사업자를 납세의무자로 본다. (2004. 2. 19. 개정)
14-0…2【1인명의로 사업자등록을 하고 수인이 동업하는 경우】
1인명의로 사업자등록을 하고 2인 이상이 동업하여 그 수익을 분배하는 경우에는 외관상의 사업명의인이 누구이냐에 불구하고 실질과세의 원칙에 따라 국세를 부과한다. (2004. 2. 19. 개정)
14-0…3【명의상 주주에 대한 과세문제】
회사의 주주로 명부상 등재되어 있더라도 회사의 대표자가 임의로 등재한 것일 뿐 회사의 주주로서 권리행사를 한 사실이 없는 경우에는 그 명의자인 주주를 세법상 주주로 보지 않는다. (2004. 2. 19. 개정)
14-0…4【공부상 명의자와 실질소유자가 다른 경우】
공부상 등기·등록 등이 타인의 명의로 되어 있더라도 사실상 당해 사업자가 취득하여 사업에 공하였음이 확인되는 경우에는 이를 그 사실상 사업자의 사업용자산으로 본다. (2004. 2. 19. 개정)
14-0…5【거래의 실질내용 판단기준】
거래의 실질내용은 형식상의 기록내용이나 거래명의에 불구하고 상거래관례, 구체적인 증빙, 거래당시의 정황 및 사회통념 등을 고려하여 판단한다. (2004. 2. 19. 개정)
14-0…6【명의신탁자에 대한 과세】
명의신탁부동산을 매각처분한 경우에는 양도의 주체 및 납세의무자는 명의수탁자가 아니고 명의신탁자이다. (2004. 2. 19. 개정)

　제15조【신의·성실】납세자가 그 의무를 이행할 때에는 신의에 따라 성실하게 하여야 한다. 세무공무원이 직무를 수행할 때에도 또한 같다. (2010. 1. 1. 개정)

•예판
행정규칙에 불과한 예규는 과세관청의 공적 견해표명에 해당하지 아니하며, 이를 믿고 할증평가하지 않는 것에 정당한 사유가 있다고 볼 수 없음. (부산고법 2011누3463, 2012. 7. 13.)

　제16조【근거과세】① 납세의무자가 세법에 따라 장부를 갖추어 기록하고 있는 경우에는 해당 국세 과세표준의 조사와 결정은 그 장부와 이와 관계되는 증거자료에 의하여야 한다. (2020. 6. 9. 개정 ; 법률용어 정비를~법률)
② 제1항에 따라 국세를 조사·결정할 때 장부의 기록 내용이 사실과 다르거나 장부의 기록에 누락된 것이 있을 때에는 그 부분에 대해서만 정부가 조사한 사실에 따라 결정할 수 있다. (2010. 1. 1. 개정)
③ 정부는 제2항에 따라 장부의 기록 내용과 다른 사실 또는 장부기록에 누락된 것을 조사하여 결정하였을 때에는 정부가 조사한 사실과 결정의 근거를 결정서에 적어야 한다. (2010. 1. 1. 개정)
④ 행정기관의 장은 해당 납세의무자 또는 그 대리인이 요구하면 제3항의 결정서를 열람 또는 복사하게 하거나 그 등본 또는 초본이 원본과 일치함을 확인하여야 한다. (2010. 1. 1. 개정)
⑤ 제4항의 요구는 구술(口述)로 한다. 다만, 해당 행정기관의 장이 필요하다고 인정할 때에는 열람하거나 복사한 사람의 서명을 요구할 수 있다. (2010. 1. 1. 개정)

　제17조【조세감면의 사후관리】① 정부는 국세를 감면한 경우에 그 감면의 취지를 성취하거나 국가정책을 수행하기 위하여 필요하다고 인정하면 세법에서 정하는 바에 따라 감면한 세액에 상당하는 자금 또는 자산의 운용 범위를 정할 수 있다. (2010. 1. 1. 개정)
② 제1항에 따른 운용 범위를 벗어난 자금 또는 자산에 상당하는 감면세액은 세법에서 정하는 바에 따라 감면을 취소하고 징수할 수 있다. (2010. 1. 1. 개정)

제 2 절　세법 적용의 원칙

제18조【세법 해석의 기준 및 소급과세의 금지】(2010. 1. 1. 제목개정)

① 세법을 해석·적용할 때에는 과세의 형평(衡平)과 해당 조항의 합목적성에 비추어 납세자의 재산권이 부당하게 침해되지 아니하도록 하여야 한다. (2010. 1. 1. 개정)

② 국세를 납부할 의무(세법에 징수의무자가 따로 규정되어 있는 국세의 경우에는 이를 징수하여 납부할 의무. 이하 같다)가 성립한 소득, 수익, 재산, 행위 또는 거래에 대해서는 그 성립 후의 새로운 세법에 따라 소급하여 과세하지 아니한다. (2010. 1. 1. 개정)

③ 세법의 해석이나 국세행정의 관행이 일반적으로 납세자에게 받아들여진 후에는 그 해석이나 관행에 의한 행위 또는 계산은 정당한 것으로 보며, 새로운 해석이나 관행에 의하여 소급하여 과세되지 아니한다. (2010. 1. 1. 개정)

통칙 18-0…1【세법해석의 기준】

법 제18조 제3항에서 "세법의 해석이나 국세행정의 관행이 일반적으로 납세자에게 받아들여진 후"라 함은 성문화의 여부에 관계없이 행정처분의 선례가 반복됨으로써 납세자가 그 존재를 일반적으로 확신하게 된 것을 말하며 명백히 법령위반인 경우는 제외한다. (2024. 3. 15. 개정)

18-0…2【새로운 세법해석의 적용시점】

새로운 세법해석이 종전의 해석과 상이한 경우에는 새로운 해석이 있는 날 이후에 납세의무가 성립하는 분부터 새로운 해석을 적용한다. (2004. 2. 19. 개정)

18-0…3【행정처분 취소처분의 취소】

행정처분은 일단 취소한 후에는, 그 취소처분의 위법이 중대하고 명백하여 무효선언으로서 취소와 행정쟁송절차에 의한 취소의 경우를 제외하고는, 그 취소처분 자체의 위법을 이유로 다시 그 취소처분을 취소함으로써 시초의 행정처분의 효력을 회복시킬 수 없다. (2004. 2. 19. 개정)

④ 삭　제 (93. 12. 31)

⑤ 세법 외의 법률 중 국세의 부과·징수·감면 또는 그 절차에 관하여 규정하고 있는 조항은 제1항부터 제3항까지의 규정을 적용할 때에는 세법으로 본다. (2010. 1. 1. 개정)

•예판 ……………………………………………………

개정 법률이 전문개정인 경우에는 기존 법률을 폐지하고 새로운 법률을 제정하는 것과 마찬가지이므로 종전의 본칙은 물론 부칙 규정도 모두 소멸하는 것이므로 특별한 사정이 없는 한 종전의 법률 부칙의 경과규정도 모두 실효되는 것임. (대법 2002두 10780, 2004. 6. 24.)

…………………………………………………………………

제7조의 2【국세예규심사위원회】① 영 제9조의 3 제3항 제6호의 위원은 다음 각 호의 어느 하나에 해당하는 사람 중에서 기획재정부장관이 위촉한다. (2013. 2. 23. 개정)

1. 변호사·공인회계사·세무사 또는 관세사 자격이 있는 사람 (2012. 2. 28. 개정)
2. 「고등교육법」 제2조 제1호 또는 제3호에 따른 학교에서 법률·회계 등을 가르치는 부교수 이상으로 재직하고 있거나 재직하였던 사람 (2012. 2. 28. 개정)
3. 법률·회계 또는 경제 전반에 대한 학식과 경험이 풍부한 사람 (2012. 2. 28. 개정)

제18조의 2【국세예규심사위원회】① 다음 각 호의 사항을 심의하기 위하여 기획재정부에 국세예규심사위원회를 둔다. (2011. 12. 31. 개정)
1. 제18조 제1항부터 제3항까지의 기준에 맞는 세법의 해석 및 이와 관련되는 이 법의 해석에 관한 사항 (2017. 12. 19. 개정)
2. 「관세법」 제5조 제1항 및 제2항의 기준에 맞는 「관세법」의 해석 및 이와 관련되는 「자유무역협정의 이행을 위한 관세법의 특례에 관한 법률」 및 「수출용 원재료에 대한 관세 등 환급에 관한 특례법」의 해석에 관한 사항 (2017. 12. 19. 개정)
② 국세예규심사위원회의 위원은 공정한 심의를 기대하기 어려운 사정이 있다고 인정될 때에는 대통령령으로 정하는 바에 따라 위원회 회의에서 제척(除斥)되거나 회피(回避)하여야 한다. (2014. 12. 23. 신설)
③ 제1항에 따른 국세예규심사위원회의 설치·구성 및 운영방법, 세법 해석에 관한 질의회신의 처리 절차 및 방법 등에 관하여 필요한 사항은 대통령령으로 정한다. (2014. 12. 23. 항번개정)

제19조【세무공무원의 재량의 한계】세무공무원이 재량으로 직무를 수행할 때에는 과세의 형평과 해당 세법의 목적에 비추어 일반적으로 적당하다고 인정되는 한계를 엄수하여야 한다. (2010. 1. 1. 개정)

제20조【기업회계의 존중】세무공무원이 국세의 과세표준을 조사·결정할 때에는 해당 납세의무자가 계속하여 적용하고 있는 기업회계의 기준 또는 관행으로서 일반적으로 공정·타당하다고 인정되는 것은 존중하여야 한다. 다만, 세법에 특별한 규정이 있는 것은 그러하지 아니하다. (2010. 1. 1. 개정)

제9조의 3【국세예규심사위원회】① 법 제18조의 2에 따른 국세예규심사위원회(이하 "국세예규심사위원회"라 한다)는 다음 각 호의 사항 중 위원장이 위원회의 회의에 부치는 사항을 심의한다. (2022. 2. 15. 개정)
1. 세법 및 이와 관련되는 이 법의 입법취지에 따른 해석이 필요한 사항과 「관세법」 및 이와 관련되는 「자유무역협정의 이행을 위한 관세법의 특례에 관한 법률」·「수출용 원재료에 대한 관세 등 환급에 관한 특례법」의 입법 취지에 따른 해석이 필요한 사항 (2018. 2. 13. 개정)
2. 기존의 세법 및 이와 관련되는 이 법의 해석 또는 일반화된 국세행정의 관행을 변경하는 사항과 「관세법」 및 이와 관련되는 「자유무역협정의 이행을 위한 관세법의 특례에 관한 법률」·「수출용 원재료에 대한 관세 등 환급에 관한 특례법」 해석 또는 일반화된 관세행정의 관행을 변경하는 사항 (2018. 2. 13. 개정)
3. 그 밖에 납세자의 권리 및 의무에 중대한 영향을 미치는 사항 (2010. 2. 18. 개정)
② 국세예규심사위원회는 위원장 1명을 포함한 50명 이내의 위원으로 구성한다. (2018. 2. 13. 개정)
③ 위원장은 기획재정부 세제실장이 되고, 위원은 다음 각 호의 사람이 된다. (2010. 2. 18. 개정)
1. 다음 각 목의 직위 중 기획재정부장관이 지정하는 직위에 근무하는 사람 각 1명 (2024. 2. 29. 개정)
　가. 기획재정부의 고위공무원단에 속하는 공무원이 근무하는 직위 (2024. 2. 29. 개정)
　나. 법제처의 고위공무원단에 속하는 공무원이 근무하는 직위로서 법제처장이 추천하는 직위 (2024. 2. 29. 개정)
　다. 국세청의 고위공무원단에 속하는 공무원이 근무하는 직위로서 국세청장이 추천하는 직위 (2024. 2. 29. 개정)
　라. 관세청의 고위공무원단에 속하는 공무원이 근무하는 직위로서 관세청장이 추천하는 직위 (2024. 2. 29. 개정)
　마. 조세심판원의 고위공무원단에 속하는 공무원이 근무하는 직위로서 조세심판원장이 추천하는 직위 (2024. 2. 29. 개정)

제7조의 2【국세예규심사위원회】
① 삭 제 (2020. 3. 13.)
② 위원장은 영 제9조의 3 제1항의 사항을 심의하기 위하여 필요하면 관련 전문가 등의 의견을 들을 수 있다. (2012. 2. 28. 개정)

제20조의 2【중장기 조세정책운용계획의 수립 등】① 기획재정부장관은 효율적인 조세정책의 수립과 조세부담의 형평성 제고를 위하여 매년 해당 연도부터 5개 연도 이상의 기간에 대한 중장기 조세정책운용계획(이하 이 조에서 "중장기 조세정책운용계획"이라 한다)을 수립하여야 한다. 이 경우 중장기 조세정책운용계획은 「국가재정법」 제7조에 따른 국가재정운용계획과 연계되어야 한다. (2014. 1. 1. 신설)

② 중장기 조세정책운용계획에는 다음 각 호의 사항이 포함되어야 한다. (2014. 1. 1. 신설)

1. 조세정책의 기본방향과 목표 (2014. 1. 1. 신설)

2. 주요 세목별 조세정책 방향 (2014. 1. 1. 신설)

3. 비과세·감면 제도 운용 방향 (2014. 1. 1. 신설)

4. 조세부담 수준 (2014. 1. 1. 신설)

5. 그 밖에 대통령령으로 정하는 사항 (2014. 1. 1. 신설)

③ 기획재정부장관은 중장기 조세정책운용계획을 수립할 때에는 관계 중앙관서의 장과 협의하여야 한다. (2014. 1. 1. 신설)

④ 기획재정부장관은 수립한 중장기 조세정책운용계획을 국회 소관 상임위원회에 보고하여야 한다. (2014. 1. 1. 신설)

⑤ 제1항부터 제4항까지 규정된 사항 외에 중장기 조세정책운용계획의 수립에 관하여 필요한 사항은 대통령령으로 정한다. (2014. 1. 1. 신설)

2. 제55조의 2 제1항 각 호의 어느 하나에 해당하는 자격을 가진 사람 중에서 기획재정부장관이 위촉하는 사람 (2024. 2. 29. 개정)

④ 위원장은 국세예규심사위원회를 대표하고, 그 업무를 총괄한다. (2010. 2. 18. 개정)

⑤ 위원장이 부득이한 사유로 직무를 수행할 수 없는 경우에는 제3항 제1호 가목의 위원 중 위원장이 미리 지명한 위원이 그 직무를 대리한다. (2024. 2. 29. 개정)

⑥ 제3항 제2호의 위원의 임기는 2년으로 하며, 한 차례만 연임할 수 있다. (2024. 2. 29. 개정)

⑦ 위원장은 제3항 제6호의 위원이 그 직무수행에 지장이 있다고 인정되는 경우에는 임기 중이라도 해촉할 수 있다. (2010. 12. 30. 개정)

⑦ 삭 제 (2016. 5. 10. ; 행정기관 소속 위원회~일부 개정령)

⑧ 위원장은 국세예규심사위원회의 회의를 소집하고, 그 의장이 된다. (2010. 2. 18. 개정)

⑨ 국세예규심사위원회의 회의는 공개하지 아니한다. 다만, 위원장이 필요하다고 인정하는 경우에는 공개할 수 있다. (2010. 2. 18. 개정)

⑩ 국세예규심사위원회의 회의는 위원장과 위원장이 회의마다 지정하는 12명 이상 20명 이내의 위원으로 구성하되, 제3항 제2호의 위원 2분의 1 이상을 포함해야 한다. (2024. 2. 29. 개정)

⑪ 국세예규심사위원회의 회의는 제10항에 따른 구성원 과반수의 출석으로 개의하고, 출석위원 과반수의 찬성으로 의결한다. (2010. 2. 18. 개정)

⑫ 국세예규심사위원회의 위원은 다음 각 호의 어느 하나에 해당하는 경우에는 위원회의 심의·의결에서 제척(除斥)된다. (2015. 2. 3. 신설)

1. 질의자(세법 해석 등에 관하여 질의를 한 자를 말하며, 국세청장 또는 관세청장이 해석을 요청한 경우 국세청장 또는 관세청장에게 질의한 자를 포함한다. 이하 이 항에서 같다) 또는 질의자의 위임을 받아 질의 업무를 수행하거나 수행하였던 자인 경우 (2024. 2. 29. 개정)

2. 제1호에 규정된 사람의 친족이거나 친족이었던 경우 (2015. 2. 3.

신설)

3. 제1호에 규정된 사람의 사용인이거나 사용인이거나 사용인이었던 경우(질의일 전 최근 5년 이내에 사용인이었던 경우로 한정한다) (2024. 2. 29. 개정)

편주 ▸▸▸▸▸▸▸▸▸▸▸▸▸▸▸▸▸▸▸▸▸
영 9조의 3 제12항 3호의 개정규정은 2024. 2. 29. 이후 국세예규심사위원회, 납세자보호위원회 및 국세정보위원회의 회의를 소집하는 경우부터 적용함. (영 부칙 (2024. 2. 29.) 2조)
▸▸▸▸▸▸▸▸▸▸▸▸▸▸▸▸▸▸▸▸▸

4. 질의의 대상이 되는 처분이나 처분에 대한 이의신청, 심사청구 또는 심판청구에 관하여 증언 또는 감정을 한 경우 (2015. 2. 3. 신설)

5. 질의일 전 최근 5년 이내에 질의의 대상이 되는 처분, 처분에 대한 이의신청·심사청구·심판청구 또는 그 기초가 되는 세무조사에 관여하였던 경우 (2015. 2. 3. 신설)

6. 제4호 또는 제5호에 해당하는 법인 또는 단체에 속하거나 질의일 전 최근 5년 이내에 속하였던 경우 (2015. 2. 3. 신설)

7. 그 밖에 질의자 또는 질의자의 위임을 받아 질의 업무를 수행하는 자의 업무에 관여하거나 관여하였던 경우 (2015. 2. 3. 신설)

⑬ 국세예규심사위원회의 위원은 제12항

☞ p.66 2단 연결

해석을 요청하여야 한다. (2013. 2. 15. 개정)

④ 국세청장은 제3항에 따른 기획재정부장관의 해석에 이견이 있는 경우에는 그 이유를 붙여 재해석을 요청할 수 있다. (2010. 2. 18. 개정)

⑤ 기획재정부장관에게 제출된 세법 해석과 관련된 질의는 국세청장에게 이송하고 그 사실을 민원인에게 통지하여야 한다. 다만, 다음 각 호의 어느 하나에 해당하는 경우에는 기획재정부장관이 직접 회신할 수 있으며, 이 경우 회신한 문서의 사본을 국세청장에게 송부하여야 한다. (2010. 2. 18. 개정)

1. 제9조의 3 제1항 각 호의 어느 하나에 해당하여 국세예규심사위원회의 심의를 거쳐야 하는 질의 (2010. 2. 18. 개정)

2. 국세청장의 세법 해석에 대하여 다시 질의한 사항으로서 국세청장의 회신문이 첨부된 경우의 질의(사실판단과 관련된 사항은 제외한다) (2010. 2. 18. 개정)

3. 세법이 새로 제정되거나 개정되어 이에 대한 기획재정부장관의 해석이 필요한 경우 (2010. 2. 18. 개정)

4. 그 밖에 세법의 입법 취지에 따른 해석이 필요한 경우로서 납세자의 권리보호를 위하여 필요하다고 기획재정부장관이인정하는 경우 (2016. 2. 5. 신설)

⑥ 제1항부터 제5항까지에서 규정한 사항 외에 세법 해석에 관한 질의회신 등에 필요한 사항은 기획재정부령으로 정한다. (2010. 2. 18. 개정)

각 호의 어느 하나에 해당하는 경우에는 스스로 해당 안건의 심의·의결에서 회피(回避)하여야 한다. (2015. 2. 3. 신설)

⑭ 제1항부터 제13항까지에서 규정한 사항 외에 국세예규심사위원회의 구성·운영 등에 필요한 사항은 기획재정부령으로 정한다. (2015. 2. 3. 개정)

제9조의 4 【국세예규심사위원회 위원의 해촉】 (2024. 2. 29. 제목개정)

기획재정부장관은 제9조의 3 제3항 제2호에 따른 위원이 다음 각 호의 어느 하나에 해당하는 경우에는 해당 위원을 해촉(解囑)할 수 있다. (2024. 2. 29. 개정)

1. 심신쇠약 등으로 장기간 직무를 수행할 수 없게 된 경우 (2024. 2. 29. 개정)

2. 직무와 관련된 비위사실이 있는 경우 (2024. 2. 29. 개정)

3. 직무태만, 품위손상이나 그 밖의 사유로 인하여 위원으로 적합하지 않다고 인정되는 경우 (2024. 2. 29. 개정)

4. 제9조의 3 제12항 각 호의 어느 하나에 해당하는 데에도 불구하고 회피하지 않은 경우 (2024. 2. 29. 개정)

5. 위원 스스로 직무를 수행하는 것이 곤란하다고 의사를 밝히는 경우 (2024. 2. 29. 개정)

제10조 【세법 해석에 관한 질의회신의 절차와 방법】 (2010. 2. 18. 제목개정)

① 기획재정부장관 및 국세청장은 세법의 해석과 관련된 질의에 대하여 법 제18조에 따른 세법해석의 기준에 따라 해석하여 회신하여야 한다. (2010. 2. 18. 개정)

② 국세청장은 제1항에 따라 회신한 문서의 사본을 해당 문서의 시행일이 속하는 달의 다음 달 말일까지 기획재정부장관에게 송부하여야 한다. (2013. 2. 15. 단서삭제)

③ 국세청장은 제1항의 질의가 제9조의 3 제1항 각 호의 어느 하나에 해당하는 경우에는 기획재정부장관에게 의견을 첨부하여

제 1 절   납세의무의 성립과 확정

제21조【납세의무의 성립시기】① 국세를 납부할 의무는 이 법 및 세법에서 정하는 과세요건이 충족되면 성립한다. (2020. 6. 9. 개정 ; 법률용어 정비를~법률)

② 제1항에 따른 국세를 납부할 의무의 성립시기는 다음 각 호의 구분에 따른다. (2018. 12. 31. 개정)

1. 소득세·법인세 : 과세기간이 끝나는 때. 다만, 청산소득에 대한 법인세는 그 법인이 해산을 하는 때를 말한다. (2018. 12. 31. 개정)
2. 상속세 : 상속이 개시되는 때 (2018. 12. 31. 개정)
3. 증여세 : 증여에 의하여 재산을 취득하는 때 (2018. 12. 31. 개정)
4. 부가가치세 : 과세기간이 끝나는 때. 다만, 수입재화의 경우에는 세관장에게 수입신고를 하는 때를 말한다. (2018. 12. 31. 개정)
5. 개별소비세·주세 및 교통·에너지·환경세 : 과세물품을 제조장으로부터 반출하거나 판매장에서 판매하는 때, 과세장소에 입장하거나 과세유흥장소에서 유흥음식행위를 하는 때 또는 과세영업장소에서 영업행위를 하는 때. 다만, 수입물품의 경우에는 세관장에게 수입신고를 하는 때를 말한다. (2018. 12. 31. 개정)
6. 인지세 : 과세문서를 작성한 때 (2018. 12. 31. 개정)
7. 증권거래세 : 해당 매매거래가 확정되는 때 (2018. 12. 31. 개정)
8. 교육세 : 다음 각 목의 구분에 따른 시기 (2018. 12. 31. 개정)
   가. 국세에 부과되는 교육세 : 해당 국세의 납세의무가 성립하는 때 (2018. 12. 31. 개정)
   나. 금융·보험업자의 수익금액에 부과되는 교육세 : 과세기간이 끝나는 때 (2018. 12. 31. 개정)
9. 농어촌특별세 :「농어촌특별세법」 제2조 제2항에 따른 본세의 납세의무가 성립하는 때 (2018. 12. 31. 개정)
10. 종합부동산세 : 과세기준일 (2018. 12. 31. 개정)
11. 가산세 : 다음 각 목의 구분에 따른 시기. 다만, 나목과 다목의 경우

●예판●

법인소득금액을 결정 또는 경정함에 있어서 처분되는 상여는 소득금액변동통지서의 통지가 없으면 납세의무가 성립하지 아니하며, 당해 법인에 통지서를 송달할 수 없는 경우 당해 소득자에 직접 통지하는 것임. (서면1팀-20, 2006. 1. 6.)

통칙 21－0…1【납세의무의 성립】

납세의무는 각 세법이 정하는 과세요건의 충족, 즉 특정의 시기에 특정사실 또는 상태가 존재함으로써 과세대상(물건 또는 행위)이 납세의무자에게 귀속됨으로써 세법이 정하는 바에 따라 과세표준의 산정 및 세율의 적용이 가능하게 되는 때에 성립하며, 그 구체적인 성립시기는 법 제21조에 규정하는 바와 같다. (2004. 2. 19. 개정)

제39조를 적용할 때에는 이 법 및 세법에 따른 납부기한(이하 "법정납부기한"이라 한다)이 경과하는 때로 한다. (2019. 12. 31. 개정)

가. 제47조의 2에 따른 무신고가산세 및 제47조의 3에 따른 과소신고·초과환급신고가산세 : 법정신고기한이 경과하는 때 (2019. 12. 31. 개정)

나. 제47조의 4 제1항 제1호·제2호에 따른 납부지연가산세 및 제47조의 5 제1항 제2호에 따른 원천징수 등 납부지연가산세 : 법정납부기한 경과 후 1일마다 그 날이 경과하는 때 (2020. 12. 22. 개정)

다. 제47조의 4 제1항 제3호에 따른 납부지연가산세 : 납부고지서에 따른 납부기한이 경과하는 때 (2020. 12. 29. 개정 ; 국세징수법 부칙)

라. 제47조의 5 제1항 제1호에 따른 원천징수 등 납부지연가산세 : 법정납부기한이 경과하는 때 (2020. 12. 22. 개정)

마. 그 밖의 가산세 : 가산할 국세의 납세의무가 성립하는 때 (2019. 12. 31. 개정)

③ 다음 각 호의 국세를 납부할 의무의 성립시기는 제2항에도 불구하고 다음 각 호의 구분에 따른다. (2018. 12. 31. 개정)

1. 원천징수하는 소득세·법인세 : 소득금액 또는 수입금액을 지급하는 때 (2018. 12. 31. 개정)

2. 납세조합이 징수하는 소득세 또는 예정신고납부하는 소득세 : 과세표준이 되는 금액이 발생한 달의 말일 (2018. 12. 31. 개정)

3. 중간예납하는 소득세·법인세 또는 예정신고기간·예정부과기간에 대한 부가가치세 : 중간예납기간 또는 예정신고기간·예정부과기간이 끝나는 때 (2018. 12. 31. 개정)

4. 수시부과(隨時賦課)하여 징수하는 국세 : 수시부과할 사유가 발생한 때 (2018. 12. 31. 개정)

제22조【납세의무의 확정】① 국세는 이 법 및 세법에서 정하는 절차에 따라 그 세액이 확정된다. (2020. 6. 9. 개정 ; 법률용어 정비를~법률)

② 다음 각 호의 국세는 납세의무자가 과세표준과 세액을 정부에 신고

제10조의 2【납세의무의 확정】법 제22조 제1항에서 규정하는 해당 세법의 절차에 따라 그 세액이 확정되는 때는 다음 각 호와 같다. (2010. 2. 18. 개정)

1. 소득세, 법인세, 부가가치세, 개별소비세, 주세, 증권거래세, 교육세 또는 교통·에너지·환경세 : 해당 국세의 과세표준과 세액을 정부에 신고하는 때. 다만, 제2호에 해당하는 경우는 제외한다. (2010. 2. 18. 개정)

2. 제1호의 국세의 과세표준과 세액을 정부가 결정하는 경우 : 그 결정하는 때 (2010. 2. 18. 개정)

3. 종합부동산세 : 정부가 종합부동산세의 과세표준과 세액을 결정하는 때. 다만, 제4호에 해당하는 경우는 제외한다. (2010. 2. 18. 개정)

4. 납세의무자가 「종합부동산세법」 제16조 제3항에 따라 종합부동산세의 과세표준과 세액을 정부에 신고하는 경우 : 그 신고하는 때 (2010. 2. 18. 개정)

5. 제1호 및 제3호 외의 국세 : 해당 국세의 과세표준과 세액을 정부가 결정하는 때 (2010. 2. 18. 개정)

제10조의 2【납세의무의 확정】삭 제 (2019. 2. 12.)

통칙 22-0…1【납세의무의 확정】

납세의무의 확정이라 함은 조세의 납부 또는 징수를 위하여 세법이 정하는 바에 따라 납부할 세

했을 때에 확정된다. 다만, 납세의무자가 과세표준과 세액의 신고를 하지 아니하거나 신고한 과세표준과 세액이 세법에서 정하는 바와 맞지 아니한 경우에는 정부가 과세표준과 세액을 결정하거나 경정하는 때에 그 결정 또는 경정에 따라 확정된다. (2020. 6. 9. 단서개정 ; 법률용어 정비를∼법률)

1. 소득세 (2018. 12. 31. 신설)
2. 법인세 (2018. 12. 31. 신설)
3. 부가가치세 (2018. 12. 31. 신설)
4. 개별소비세 (2018. 12. 31. 신설)
5. 주세 (2018. 12. 31. 신설)
6. 증권거래세 (2018. 12. 31. 신설)
7. 교육세 (2018. 12. 31. 신설)
8. 교통·에너지·환경세 (2018. 12. 31. 신설)
9. 종합부동산세(납세의무자가 「종합부동산세법」 제16조 제3항에 따라 과세표준과 세액을 정부에 신고하는 경우에 한정한다) (2018. 12. 31. 신설)

③ 제2항 각 호 외의 국세는 해당 국세의 과세표준과 세액을 정부가 결정하는 때에 확정된다. (2018. 12. 31. 신설)

④ 다음 각 호의 국세는 제1항부터 제3항까지의 규정에도 불구하고 납세의무가 성립하는 때에 특별한 절차 없이 그 세액이 확정된다. (2018. 12. 31. 개정)

1. 인지세 (2018. 12. 31. 호번개정)
2. 원천징수하는 소득세 또는 법인세 (2018. 12. 31. 호번개정)
3. 납세조합이 징수하는 소득세 (2018. 12. 31. 호번개정)
4. 중간예납하는 법인세(세법에 따라 정부가 조사·결정하는 경우는 제외한다) (2018. 12. 31. 호번개정)
5. 제47조의 4에 따른 납부지연가산세 및 제47조의 5에 따른 원천징수 등 납부지연가산세(납부고지서에 따른 납부기한 후의 가산세로 한정한다) (2020. 12. 29. 개정 ; 국세징수법 부칙)

　　제22조의 2【수정신고의 효력】① 제22조 제2항 각 호에 따른 국세의 수정신고(과세표준신고서를 법정신고기한까지 제출한 자의 수

액을 납세의무자 또는 세무관청의 일정한 행위나 절차를 거쳐서 구체적으로 확정하는 것을 말하며, 납세의무의 성립과 동시에 법률상 당연히 확정되는 것(예 : 인지세)과 납세의무 성립 후 특별한 절차가 요구되는 것으로서 납세자의 신고에 의하여 확정되는 것(예 : 소득세·부가가치세·법인세)과 정부의 결정에 의하여 확정되는 것(예 : 상속세·증여세)이 있다. (2004. 2. 19. 개정)

22 – 2…2【과세처분 존재의 요구】(2024. 3. 15. 번호개정)

과세처분(행정처분)이 그 효력을 발생하기 위하여는 해당 납세의무자에 대한 납세의 고지가 있어야 하며, 세무서장은 납세의무자를 명시하여 「국세징수법」 제6조 제1항에 따른 납부고지서를 발급하여야 한다. (2024. 3. 15. 개정)

정신고로 한정한다)는 당초의 신고에 따라 확정된 과세표준과 세액을 증액하여 확정하는 효력을 가진다. (2019. 12. 31. 개정)
② 제1항에 따른 국세의 수정신고는 당초 신고에 따라 확정된 세액에 관한 이 법 또는 세법에서 규정하는 권리·의무관계에 영향을 미치지 아니한다. (2018. 12. 31. 신설)

제22조의 3 【경정 등의 효력】 (2018. 12. 31. 조번개정)
① 세법에 따라 당초 확정된 세액을 증가시키는 경정(更正)은 당초 확정된 세액에 관한 이 법 또는 세법에서 규정하는 권리·의무관계에 영향을 미치지 아니한다. (2010. 1. 1. 개정)
② 세법에 따라 당초 확정된 세액을 감소시키는 경정은 그 경정으로 감소되는 세액 외의 세액에 관한 이 법 또는 세법에서 규정하는 권리·의무관계에 영향을 미치지 아니한다. (2010. 1. 1. 개정)

제 2 절　납세의무의 승계

제23조 【법인의 합병으로 인한 납세의무의 승계】 법인이 합병한 경우 합병 후 존속하는 법인 또는 합병으로 설립된 법인은 합병으로 소멸된 법인에 부과되거나 그 법인이 납부할 국세 및 강제징수비를 납부할 의무를 진다. (2020. 12. 22. 개정)

제24조 【상속으로 인한 납세의무의 승계】 ① 상속이 개시된 때에 그 상속인[「민법」 제1000조, 제1001조, 제1003조 및 제1004조에 따른 상속인을 말하고, 「상속세 및 증여세법」 제2조 제5호에 따른 수유자(受遺者)를 포함한다. 이하 이 조에서 같다] 또는 「민법」 제1053조에 규정된 상속재산관리인은 피상속인에게 부과되거나 그 피상속인이 납부할 국세 및 강제징수비를 상속으로 받은 재산의 한도에서 납부할 의무를 진다. (2020. 12. 22. 개정)

통칙 24-0…1 【상속으로 인한 납세의무 승계범위】
상속으로 인한 납세의무의 승계는 피상속인이 부담할 제2차 납세의무도 포함하며, 이러한 제2차 납세의무의 승계에는 반드시 피상속인의 생전에 「국세징수법」 제7

예판

증액경정처분에 대해 불복청구하는 경우 당초 확정분과 경정된 세액을 다툴 수 있으나, 취소가능한 세액의 범위는 경정으로 인하여 증액된 세액임. (재조세 - 1150, 2010. 12. 16.)

☞

통칙 23-0…2 【부과되거나 납부할 국세 등】
법 제23조 및 제24조에서 “부과되거나 납부할 국세 및 강제징수비”라 함은 합병(상속)으로 인하여 소멸된 법인(피상속인)에게 귀속되는 국세 및 강제징수비와 세법에 정한 납세의무의 확정절차에 따라 장차 부과되거나 납부하여야 할 국세 및 강제징수비를 말한다. (2024. 3. 15. 개정)

☞

제11조 【상속재산의 가액】 ① 법 제24조 제1항에 따른 상속으로 받은 재산은 다음 계산식에 따른 가액(價額)으로 한다. (2010. 2. 18. 개정)
상속받은 자산총액 - (상속받은 부채총액 + 상속으로 인하여 부과되거나 납부할 상속세)

통칙 24-11…1 【자산총액과 부채총액】
영 제11조 제1항에 규정하는 “자산총액”과 “부채총액”을 계산함에 있어서는 다음 사항에 유의한다. (2004. 2. 19. 개정)
1. 상속재산에는 사인증여 및 유증의 목적이 된 재산을 포함한다.
2. 생명침해 등으로 인한 피상속인의 손해배상청구권도 상속재산에 포함된다.

☞

통칙 23-0…3 【납세유예 등에 관한 효력의 승계】
소멸법인에 대하여 다음의 경우에는 합병 후 존속법인 또는 합병으로 인한 신설법인은 당해 처분 등이 있는 상태로 그 국세 등을 승계한다. (2004. 2. 19. 개정)
1. 납부기한 등의 연장 신청, 납부고지의 유예 신청 또는 물납의 신청 (2024. 3. 15. 개정)
2. 납부기한 등의 연장, 납부고지의 유예, 압류·매각의 유예 (2024. 3. 15. 개정)
3. 물납의 승인
4. 담보의 제공 등

관련법령

민 법
제1053조 【상속인 없는 재산의 관리인】
① 상속인의 존부가 분명하지 아니한 때에는 법원은 제777조의 규정에 의한 피상속인의 친족 기타 이해관계인 또는 검사의 청구에 의하여 상속재산관리인을 선임하고 지체 없이 이를 공고하여야 한다. (90. 1. 13 개정)
② 제24조 내지 제26조의 규정은 전항의 재

조에 따른 납부고지가 있어야 하는 것은 아니다. (2024. 3. 15. 개정)

24-0…2【납세의무 승계에 관한 처리절차】

상속이 개시된 때에 피상속인에게 부과되거나 피상속인이 납부할 국세 및 강제징수비는 상속인 또는 상속재산관리인에게 납세의무에 대한 별도의 지정조치없이 「국세기본법」에 의하여 당연히 승계되며, 피상속인의 생전에 피상속인에게 행한 처분 또는 절차는 상속인 또는 상속재산관리인에 대하여도 효력이 있다. 그러나 피상속인이 사망한 후 그 승계되는 국세 등의 부과징수를 위한 잔여절차는 상속인 또는 상속재산관리인을 대상으로 하여야 한다. (2024. 3. 15. 개정)

24-0…3【수유자】

수유자란 유언에 의하여 유증을 받을 자로 정하여진 자를 말하며, 법 제24조 제1항에 규정하는 "수유자"에는 사인증여(「민법」 제562조)를 받는 자를 포함한다. (2011. 3. 21. 개정)

(※ 사인증여라 함은 증여자의 사망으로 효력을 발생하는 증여를 말한다)

24-0…4【태 아】

태아에게 상속이 된 경우에는 그 태아가 출생한 때에 상속으로 인한 납세의무가 승계된다. (2004. 2. 19. 개정)

24-0…5【상속인이 명료하지 아니한 경우】

피상속인의 혼인무효의 소 또는 조정이 계속중에 있거나 기타 상속의 효과를 가지는 신분관계의 존부확정에 관하여 쟁송중인 경우 등 상속인이 명확하지 아니한 경우에는, 원칙적으로 그 무효의 소 기타 그 쟁송사유가 없는 것으로 보는 경우의 상속인에 대하여 법 제24조의 규정을 적용한다. (2019. 12. 23. 개정)

※ (참고)
- 이혼무효심판중 : 이혼한 상태로 봄.
- 친생자부인심판중 : 친생자로 봄.
- 상속신분부존재청구중 : 상속신분존재로 봄.
- 상속신분존재확인청구중 : 상속신분부존재로 봄.

② 제1항에 따른 납세의무 승계를 피하면서 재산을 상속받기 위하여 피상속인이 상속인을 수익자로 하는 보험계약을 체결하고 상속인은 「민법」 제1019조 제1항에 따라 상속을 포기한 것으로 인정되는 경우로서 상속포기자가 피상속인의 사망으로 인하여 보험금(「상속세 및 증여세법」 제8조에 따른 보험금을 말한다. 이하 이 조에서 같다)을 받는 때에는 상속포기자를 상속인으로 보고, 보험금을 상속받은 재산으로 보아 제1항을 적용한다. (2021. 12. 21. 개정)

② 제1항에 따른 납세의무 승계를 피하면서 재산을 상속받기 위하여 피상속인이 상속인을 수익자로 하는 보험계약을 체결하고 피상속인의 사망으로 상속인이 보험금(「상속세 및 증여세법」 제8조에 따른 보험금을 말한다. 이하 이 조에서 같다)을 받은 경우에는 다음 각 호의 구분에 따른 금액을 상속인이 상속받은 재산으로 보아 제1항을 적용한다. (2024. 12. 31. 개정)

---

3. 피상속인의 일신에 전속하는 권리의무는 제외한다.

〈예〉· 대리권(상행위의 위임으로 인한 것 제외)
- 부양청구권(이행지체분 제외)
- 상속개시 전에 구체화되지 아니한 신원보증채무와 신용보증채무
- 피상속인이 예술가, 저술가인 경우 예술, 저술의 행위채무 등
- 피상속인이 부담하는 벌금, 과료

4. 피상속인이 수탁하고 있는 신탁재산은 수탁자의 상속재산에 속하지 아니한다.

② 제1항에 따른 자산총액과 부채총액의 가액은 「상속세 및 증여세법」 제60조부터 제66조까지의 규정을 준용하여 평가한다. (2010. 2. 18. 개정)

③ 제1항을 적용할 때 법 제24조 제1항에 따른 상속인이 받은 자산·부채 및 납부할 상속세와 같은 조 제2항에 따라 상속재산으로 보는 보험금 및 그 보험금을 받은 자가 납부할 상속세를 포함하여 상속으로 받은 재산의 가액을 계산한다. (2015. 2. 3. 신설)

④ 법 제24조 제3항 전단에서 "대통령령으로 정하는 비율"이란 각각의 상속인(법 제24조 제1항에 따른 수유자와 같은 조 제2항에 따른 상속포기자를 포함한다. 이하 이 항에서 같다)이 제1항에 따라 계산한 상속으로 받은 재산의 가액을 각각의 상속인이 상속으로 받은 재산 가액의 합계액으로 나누어 계산한 비율을 말한다. (2016. 2. 5. 개정)

편주 ●●

법 24조 2항의 개정규정은 2025. 1. 1. 이후 상속이 개시되는 경우부터 적용함. (법 부칙(2024. 12. 31.) 2조)

☞

산관리인에 준용한다.

② 제1항에 따른 납세의무 승계를 피하면서 재산을 상속받기 위하여 피상속인이 상속인을 수익자로 하는 보험계약을 체결하고 피상속인의 사망으로 상속인이 보험금(「상속세 및 증여세법」 제8조에 따른 보험금을 말한다. 이하 이 조에서 같다)을 받은 경우에는 다음 각 호의 구분에 따른 금액을 상속인(제1호에 따른 상속을 포기한 사람은 상속인으로 본다)이 상속받은 재산으로 보아 제1항을 적용한다. (2025. 3. 14. 개정)

1. 「민법」 제1019조 제1항에 따라 상속을 한정승인 또는 포기한 상속인이 보험금을 받은 경우: 상속인이 받은 보험금 전액 (2024. 12. 31. 신설)

2. 피상속인이 국세 또는 강제징수비를 체납한 상태에서 해당 보험의 보험료를 납입한 경우로서 상속인(「민법」 제1019조 제1항에 따라 상속을 한정승인 또는 포기한 상속인은 제외한다)이 보험금을 받은 경우: 다음의 계산식에 따라 계산한 금액 (2024. 12. 31. 신설)

$$\text{상속받은 재산으로 보는 보험금} = A \times \frac{B}{C}$$

A: 상속인이 받은 보험금
B: 피상속인이 최초로 보험료를 납입한 날부터 마지막으로 보험료를 납입한 날까지의 기간 중 국세를 체납한 일수
C: 피상속인이 최초로 보험료를 납입한 날부터 마지막으로 보험료를 납입한 날까지의 일수

③ 제1항의 경우에 상속인이 2명 이상일 때에는 각 상속인은 피상속인에게 부과되거나 그 피상속인이 납부할 국세 및 강제징수비를 「민법」 제1009조·제1010조·제1012조 및 제1013조에 따른 상속분(다음 각 호의 어느 하나에 해당하는 경우에는 대통령령으로 정하는 비율로 한다)에 따라 나누어 계산한 국세 및 강제징수비를 상속으로 받은 재산의 한도에서 연대하여 납부할 의무를 진다. 이 경우 각 상속인은 그들 중에서 피상속인의 국세 및 강제징수비를 납부할 대표자를 정하여 대통령령으로 정하는 바에 따라 관할 세무서장에게 신고하여야 한다. (2021. 12. 21. 개정)

제12조 【상속인 대표자의 신고】 ① 법 제24조 제3항 후단에 따른 상속인 대표자의 신고는 상속 개시일부터 30일 이내에 대표자의 성명과 주소 또는 거소, 그 밖에 필요한 사항을 적은 문서(전자문서를 포함한다)로 하여야 한다. (2016. 2. 5. 개정)
② 세무서장은 법 제24조 제3항 후단에 따른 신고가 없는 경우에는 상속인 중 1명을 대표자로 지정할 수 있다. 이 경우 세무서장은 그 뜻을 적은 문서로 지체 없이 각 상속인에게 통지하여야 한다. (2016. 2. 5. 개정)

제8조 【상속인 대표자 신고 등】 ① 영 제12조 제1항에 따른 대표자신고는 별지 제8호 서식의 상속인 대표자 신고서에 따른다. (2012. 2. 28. 개정)
② 영 제12조 제2항에 따른 상속인 대표자 지정통지는 별지 제9호 서식의 상속인 대표자 지정통지서에 따른다. (2012. 2. 28. 개정)

1. 상속인 중 수유자가 있는 경우 (2021. 12. 21. 신설)
2. 상속인 중 「민법」 제1019조 제1항에 따라 상속을 포기한 사람이 있는 경우 (2021. 12. 21. 신설)
3. 상속인 중 「민법」 제1112조에 따른 유류분을 받은 사람이 있는 경우 (2021. 12. 21. 신설)
4. 상속으로 받은 재산에 보험금이 포함되어 있는 경우 (2021. 12. 21. 신설)

통칙 24-0…6 【상속재산 분할방법의 지정이 명백하지 아니한 경우】
상속재산 분할방법의 지정에 관한 유언의 효력에 대하여 분쟁이 있는 등 상속재산의 분할방법이 명백하지 아니한 경우와 상속재산의 분할방법을 정할 것을 위탁받은 자가 그 위탁을 승낙하지 않는 경우에는 「민법」 제1009조에 따른 법정상속분에 대하여 법 제24조 제3항을 적용한다. (2019. 12. 23. 개정)

④ 제1항의 경우에 상속인이 있는지 분명하지 아니할 때에는 상속인에게 하여야 할 납부의 고지·독촉이나 그 밖에 필요한 사항은 상속재산관리인에게 하여야 한다. (2020. 12. 29. 개정 ; 국세징수법 부칙)
⑤ 제1항의 경우에 상속인이 있는지 분명하지 아니하고 상속재산관리인도 없을 때에는 세무서장은 상속개시지를 관할하는 법원에 상속재산관리인의 선임을 청구할 수 있다. (2014. 12. 23. 항번개정)
⑥ 피상속인에게 한 처분 또는 절차는 제1항에 따라 상속으로 인한 납세의무를 승계하는 상속인이나 상속재산관리인에 대해서도 효력이 있다. (2014. 12. 23. 항번개정)

제 3 절 연대납세의무

제25조 【연대납세의무】 ① 공유물(共有物), 공동사업 또는 그 공동사업에 속하는 재산과 관계되는 국세 및 강제징수비는 공유자 또는 공동사업자가 연대하여 납부할 의무를 진다. (2020. 12. 22. 개정)
② 법인이 분할되거나 분할합병된 후 분할되는 법인(이하 이 조에서 "분할법인"이라 한다)이 존속하는 경우 다음 각 호의 법인은 분할등기일 이전에 분할법인에 부과되거나 납세의무가 성립한 국세 및 강제징

통칙 24-0…9 【상속인 등에게 변동이 생길 경우】
인지, 태아의 출생, 지정상속인의 판명, 유산의 분할 및 기타 사유에 의하여 상속인, 상속지분 또는 상속재산에 변동이 있는 경우라도 그 이전에 발생한 승계국세 및 납부책임에 대하여는 영향을 미치지 아니한다. (2004. 2. 19. 개정)

통칙 24-0…8 【상속절차 중의 강제징수】 (2024. 3. 15. 제목개정)
상속재산에 대하여는 「민법」 제1032조(채권자에 대한 공고·최고) 및 제1056조(상속인없는 재산의 청산)에 따른 채권신청기간 내라도 강제징수를 할 수 있다. (2024. 3. 15. 개정)

통칙 24-0…7 【피상속인에게 독촉된 국세의 납부촉구】
피상속인이 사망하기 전에 독촉을 한 체납액에 관하여 그 상속인의 재산을 압류하려는 경우에는 「국세징수법」 제31조 제2항에 해당하는 경우를 제외하고는, 사전에 그 상속인에 대하여 승계세액의 납부를 촉구하여야 한다. (2024. 3. 15. 개정)

통칙 25-0…1 【공유물】
법 제25조 제1항에서 "공유물"이란 「민법」 제262조(물건의 공유)에 따른 공동소유의 물건을 말한다. (2011. 3. 21. 개정)

25-0…2 【공동사업】
"공동사업"이라 함은 그 사업이 당사자 전원의 공동의 것으로서, 공동으로 경영되고 따라서 당사자 전원이 그 사업의 성공여부에 대하여 이해관계를 가지는

관련법령

민 법
제1009조 【법정상속분】 ① 동순위의 상속인이 수인인 때에는 그 상속분은 균분으로 한다. (90. 1. 13. 개정)
② 피상속인의 배우자의 상속분은 직계비속과 공동으로 상속하는 때에는 직계비속의 상속분의 5할을 가산하고, 직계존속과 공동으로 상속하는 때에는 직계존속의 상속분의 5할을 가산한다. (90. 1. 13. 개정)
③ 삭 제 (90. 1. 13.)
제1010조 【대습상속】 ① 제1001조의 규정에 의하여 사망 또는 결격된 자에 갈음하여 상속인이 된 자의 상속분은 사망 또는 결격된 자의 상속분에 의한다. (2014. 12. 30. 개정)
② 전항의 경우에 사망 또는 결격된 자의 직계비속이 수인인 때에는 그 상속분은 사망 또는 결격된 자의 상속분의 한도에서 제1009조의 규정에 의하여 이를 정한다. 제1003조 제2항의 경우에도 또한 같다.
제1012조 【유언에 의한 분할 방법의 지정, 분할금지】 피상속인은 유언으로 상속재산의 분할방법을 정하거나 이를 정할 것을 제3자에게 위탁할 수 있고 상속개시의 날로부터 5년을 초과하지 아니하는 기간내의 그 분할을 금지할 수 있다.
제1013조 【협의에 의한 분할】 ① 전조의 경우 외에는 공동상속인은 언제든지 그 협의에 의하여 상속재산을 분할할 수 있다.
② 제269조의 규정은 전항의 상속재산의 분할에 준용한다.

수비에 대하여 분할로 승계된 재산가액을 한도로 연대하여 납부할 의무가 있다. (2020. 12. 22. 개정)
1. 분할법인 (2018. 12. 31. 개정)
2. 분할 또는 분할합병으로 설립되는 법인(이하 이 조에서 "분할신설법인"이라 한다) (2018. 12. 31. 개정)
3. 분할법인의 일부가 다른 법인과 합병하는 경우 그 합병의 상대방인 다른 법인(이하 이 조에서 "분할합병의 상대방 법인"이라 한다) (2018. 12. 31. 개정)
③ 법인이 분할 또는 분할합병한 후 소멸하는 경우 다음 각 호의 법인은 분할법인에 부과되거나 분할법인이 납부하여야 할 국세 및 강제징수비에 대하여 분할로 승계된 재산가액을 한도로 연대하여 납부할 의무가 있다. (2020. 12. 22. 개정)
1. 분할신설법인 (2018. 12. 31. 개정)
2. 분할합병의 상대방 법인 (2018. 12. 31. 개정)
④ 법인이 「채무자 회생 및 파산에 관한 법률」 제215조에 따라 신회사를 설립하는 경우 기존의 법인에 부과되거나 납세의무가 성립한 국세 및 강제징수비는 신회사가 연대하여 납부할 의무를 진다. (2020. 12. 22. 개정)

　　제25조의 2 【연대납세의무에 관한 「민법」의 준용】 이 법 또는 세법에 따라 국세 및 강제징수비를 연대하여 납부할 의무에 관하여는 「민법」 제413조부터 제416조까지, 제419조, 제421조, 제423조 및 제425조부터 제427조까지의 규정을 준용한다. (2020. 12. 22. 개정)

제 4 절　납부의무의 소멸

　　제26조 【납부의무의 소멸】 국세 및 강제징수비를 납부할 의무는 다음 각 호의 어느 하나에 해당하는 때에 소멸한다. (2020. 12. 22. 개정)
1. 납부ㆍ충당되거나 부과가 취소된 때 (2010. 1. 1. 개정)
2. 제26조의 2에 따라 국세를 부과할 수 있는 기간에 국세가 부과되지 아니하고 그 기간이 끝난 때 (2010. 1. 1. 개정)
3. 제27조에 따라 국세징수권의 소멸시효가 완성된 때 (2010. 1. 1. 개정)

사업을 말한다. (2004. 2. 19. 개정)

관련법령 ▶▶

민 법
제413조 【연대채무의 내용】 수인의 채무자가 채무전부를 각자 이행할 의무가 있고 채무자 1인의 이행으로 다른 채무자도 그 의무를 면하게 되는 때에는 그 채무는 연대채무로 한다.
제414조 【각 연대채무자에 대한 이행청구】 채권자는 어느 연대채무자에 대하여 또는 동시나 순차로 모든 연대채무자에 대하여 채무의 전부나 일부의 이행을 청구할 수 있다.
제415조 【채무자에 생긴 무효, 취소】 어느 연대채무자에 대한 법률행위의 무효나 취소의 원인은 다른 연대채무자의 채무에 영향을 미치지 아니한다.
제416조 【이행청구의 절대적 효력】 어느 연대채무자에 대한 이행청구는 다른 연대채무자에게도 효력이 있다.
제419조 【면제의 절대적 효력】 어느 연대채무자에 대한 채무면제는 그 채무자의 부담부분에 한하여 다른 연대채무자의 이익을 위하여 효력이 있다.
제421조 【소멸시효의 절대적 효력】 어느 연대채무자에 대하여 소멸시효가 완성한 때에는 그 부담부분에 한하여 다른 연대채무자도 의무를 면한다.
제423조 【효력의 상대성의 원칙】 전 7조의 사항 외에는 어느 연대채무자에 관한 사항은 다른 연대채무자에게 효력이 없다.
제425조 【출재채무자의 구상권】 ① 어느 연대채무자가 변제 기타 자기의 출재로 공동면책이 된 때에는 다른 연대채무자의 부담부분에 대하여 구상권을 행사할 수 있다.
② 전항의 구상권은 면책된 날 이후의 법정이자 및 피할 수 없는 비용 기타의 손해배상을 포함한다.

☞
통칙 26-0…1 【납 부】
법 제26조 제1호에서 "납부"라 함은 당해 납세의무자는 물론 연대납세의무자, 제2차 납세의무자, 납세보증인, 물적납세의무자 및 기타 이해관계가 있는 제3자 등에 의한 납부를 말한다. (2004. 2. 19. 개정)
26-0…2 【충 당】

관련법령 ▶▶

민 법
제426조 【구상요건으로서의 통지】 ① 어느 연대채무자가 다른 연대채무자에게 통지하지 아니하고 변제 기타 자기의 출재로 공동면책이 된 경우에 다른 연대채무자가 채권자에게 대항할 수 있는 사유가 있었을 때에는 그 부담부분에 한하여 이 사유로 면책행위를 한 연대채무자에게 대항할 수 있고 그 대항사유가 상계인 때에는 상계로 소멸할 채권은 그 연대채무자에게 이전된다.
② 어느 연대채무자가 변제 기타 자기의 출재로 공동면책되었음을 다른 연대채무자에게 통지하지 아니한 경우에 다른 연대채무자가 선의로 채권자에게 변제 기타 유상의 면책행위를 한 때에는 그 연대채무자는 자기의 면책행위의 유효를 주장할 수 있다.
제427조 【상환무자력자의　부담부분】 ① 연대채무자 중에 상환할 자력이 없는 자가 있는 때에는 그 채무자의 부담부분은 구상권자 및 다른 자력이 있는 채무자가 그 부담부분에 비례하여 분담한다. 그러나 구상권자에게 과실이 있는 때에는 다른 연대채무자에 대하여 분담을 청구하지 못한다.
② 전항의 경우에 상환할 자력이 없는 채무자의 부담부분을 분담할 다른 채무자가 채권자로부터 연대의 면제를 받은 때에는 그 채무자의 분담할 부분은 채권자의 부담으로 한다.

제26조의 2 【국세의 부과제척기간】 (2019. 12. 31. 제목개정)
① 국세를 부과할 수 있는 기간(이하 "부과제척기간"이라 한다)은 국세를 부과할 수 있는 날부터 5년으로 한다. 다만, 역외거래[「국제조세 조정에 관한 법률」 제2조 제1항 제1호에 따른 국제거래(이하 "국제거래"라 한다) 및 거래 당사자 양쪽이 거주자(내국법인과 외국법인의 국내사업장을 포함한다)인 거래로서 국외에 있는 자산의 매매·임대차, 국외에서 제공하는 용역과 관련된 거래를 말한다. 이하 같다]의 경우에는 국세를 부과할 수 있는 날부터 7년으로 한다. (2019. 12. 31. 개정)
② 제1항에도 불구하고 다음 각 호의 어느 하나에 해당하는 경우에는 다음 각 호의 구분에 따른 기간을 부과제척기간으로 한다. (2019. 12. 31. 신설)
1. 납세자가 법정신고기한까지 과세표준신고서를 제출하지 아니한 경우: 해당 국세를 부과할 수 있는 날부터 7년(역외래의 경우 10년) (2019. 12. 31. 신설)
2. 납세자가 대통령령으로 정하는 사기나 그 밖의 부정한 행위(이하 "부정행위"라 한다)로 국세를 포탈(逋脫)하거나 환급·공제를 받은 경우: 그 국세를 부과할 수 있는 날부터 10년(역외거래에서 발생한 부정행위로 국세를 포탈하거나 환급·공제받은 경우에는 15년). 이 경우 부정행위로 포탈하거나 환급·공제받은 국세가 법인세이면 이와 관련하여 「법인세법」 제67조에 따라 처분된 금액에 대한 소득세 또는 법인세에 대해서도 또한 같다. (2019. 12. 31. 신설)

통칙 26의 2-0…3 【사기나 그밖의 부정한 행위 적용범위】
납세자가 부정행위로 국세를 포탈하거나 환급·공제받은 경우에는 그 부정행위를 한 부분만 「국세기본법」 제26조의 2 제2항 제2호의 규정을 적용한다. (2024. 3. 15. 개정)

26의 2-0…4 【대리납부의 국세부과 제척기간】
외국법인 또는 비거주자로부터 국내에서 용역 또는 권리를 공급받은 자가 부가가치세법 제52조에 따라 부가가치세 대리납부 의무를 이행하지 아니한 경우에는 법 제26조의 2 제1항에 따른 국세 부과의 제척기간이 적용된다. (2024. 3. 15. 개정)

"충당"이라 함은 법 제51조의 규정에 의한 국세환급금을 당해 납세의무자가 납부할 국세 및 강제징수비 상당액과 상계시키는 것을 말한다. (2024. 3. 15. 개정)

통칙 26의 2-0…1 【국세부과 제척기간의 의의】
국세부과의 제척기간은 권리관계를 조속히 확정시키려는 것이므로 국세징수권 소멸시효와는 달리 진행기간의 중단이나 정지가 없으므로 법 제26조의 2 제1항 내지 제8항의 기간이 경과하면 정부의 부과권은 소멸되어 과세표준이나 세액을 변경하는 어떤 결정(경정)도 할 수 없다. (2024. 3. 15. 개정)

26의 2-0…2 【국세부과의 제척기간과 원천징수의무】
「법인세법」에 의하여 처분되는 상여는 「소득세법」 제135조 제4항 및 동법 시행령 제192조 제1항에 따라 법인이 소득금액변동통지서를 받은 날에 그 소득금액을 지급한 것으로 의제되어 법인의 원천징수의무가 성립하나 그 소득금액의 귀속사업연도 소득에 대한 국세부과의 제척기간이 만료되면 원천징수의무도 소멸한다. (2019. 12. 23. 개정)

제12조의 2 【부정행위의 유형 등】 (2012. 2. 2. 제목개정)
① 법 제26조의 2 제2항 제2호 전단에서 "대통령령으로 정하는 사기나 그 밖의 부정한 행위"란 「조세범 처벌법」 제3조 제6항에 해당하는 행위를 말한다. (2020. 2. 11. 개정)

관계법령

조세범 처벌법
제3조 【조세 포탈 등】 ⑥ 제1항에서 "사기나 그 밖의 부정한 행위"란 다음 각 호의 어느 하나에 해당하는 행위로서 조세의 부과와 징수를 불가능하게 하거나 현저히 곤란하게 하는 적극적 행위를 말한다. (2010. 1. 1. 개정)
1. 이중장부의 작성 등 장부의 거짓 기장 (2010. 1. 1. 개정)
2. 거짓 증빙 또는 거짓 문서의 작성 및 수취 (2010. 1. 1. 개정)
3. 장부와 기록의 파기 (2010. 1. 1. 개정)
4. 재산의 은닉, 소득·수익·행위·거래의 조작 또는 은폐 (2010. 1. 1. 개정)
5. 고의적으로 장부를 작성하지 아니하거나 비치하지 아니하는 행위 또는 계산서, 세금계산서 또는 계산서합계표, 세금계산서합계표의 조작 (2010. 1. 1. 개정)
6. 「조세특례제한법」 제5조의 2 제1호에 따른 전사적 기업자원관리설비의 조작 또는 전자세금계산서의 조작 (2015. 12. 29. 개정)
7. 그 밖에 위계(僞計)에 의한 행위 또는 부정한 행위 (2010. 1. 1. 개정)

---

3. 납세자가 부정행위를 하여 다음 각 목에 따른 가산세 부과대상이 되는 경우: 해당 가산세를 부과할 수 있는 날부터 10년 (2019. 12. 31. 신설)

　　가. 「소득세법」 제81조의 10 제1항 제4호 (2019. 12. 31. 신설)
　　나. 「법인세법」 제75조의 8 제1항 제4호 (2019. 12. 31. 신설)
　　다. 「부가가치세법」 제60조 제2항 제2호, 같은 조 제3항 및 제4항 (2019. 12. 31. 신설)

③ 제1항 및 제2항 제1호의 기간이 끝난 날이 속하는 과세기간 이후의 과세기간에 「소득세법」 제45조 제3항, 「법인세법」 제13조 제1항 제1호, 제76조의 13 제1항 제1호 또는 제91조 제1항 제1호에 따라 이월결손금을 공제하는 경우 그 결손금이 발생한 과세기간의 소득세 또는 법인세의 부과제척기간은 제1항 및 제2항 제1호에도 불구하고 이월결손금을 공제한 과세기간의 법정신고기한으로부터 1년으로 한다. (2019. 12. 31. 신설)

③ 제1항 및 제2항 제1호의 기간이 끝난 날이 속하는 과세기간 이후의 과세기간에 다음 각 호의 금액(이하 이 항에서 "이월결손금등"이라 한다)을 공제하는 경우 해당 이월결손금등이 발생한 과세기간의 소득세 또는 법인세의 부과제척기간은 제1항 및 제2항 제1호에도 불구하고 이월결손금등을 공제한 과세기간의 법정신고기한으로부터 1년으로 한다. (2024. 12. 31. 개정)

1. 「소득세법」 제45조 제3항, 「법인세법」 제13조 제1항 제1호, 제76조의 13 제1항 제1호 또는 제91조 제1항 제1호에 따른 이월결손금 (2024. 12. 31. 신설)

2. 「조세특례제한법」 제144조 제1항에 따라 이월된 세액공제액 (2024. 12. 31. 신설)

④ 제1항 및 제2항에도 불구하고 상속세·증여세의 부과제척기간은 국세를 부과할 수 있는 날부터 10년으로 하고, 다음 각 호의 어느 하나에 해당하는 경우에는 15년으로 한다. 부담부증여에 따라 증여세와 함께 「소득세법」 제88조 제1호 각 목 외의 부분 후단에 따른 소득세가 과세되는 경우에 그 소득세의 부과제척기간도 또한 같다. (2019. 12. 31. 개정)

1. 납세자가 부정행위로 상속세·증여세를 포탈하거나 환급·공제받은 경우 (2019. 12. 31. 개정)

2. 「상속세 및 증여세법」 제67조 및 제68조에 따른 신고서를 제출하지

되는 것임. (서면1팀 - 775, 2006. 6. 13.)

☞

개정취지

이월된 세액공제액의 부과제척기간 특례 신설
• 부과제척기간이 만료된 이후의 과세기간에 세액공제액을 이월하여 공제하는 경우 그 이월된 세액공제액이 발생한 과세기간의 소득세 또는 법인세의 부과제척기간은 해당 세액공제액을 공제한 과세기간의 법정신고기한으로부터 1년으로 함. (법 26조의 2 제3항 개정 ; 2024. 12. 31.)
• 법 26조의 2 제3항의 개정규정은 2025. 1. 1. 이후 개시하는 과세기간에 세액공제액이 발생하는 경우부터 적용함. (법 부칙(2024. 12. 31.) 3조)

아니한 경우 (2019. 12. 31. 개정)

3. 「상속세 및 증여세법」 제67조 및 제68조에 따라 신고서를 제출한 자가 대통령령으로 정하는 거짓신고 또는 누락신고를 한 경우 (그 거짓신고 또는 누락신고를 한 부분만 해당한다) (2019. 12. 31. 개정)

⑤ 납세자가 부정행위로 상속세·증여세(제7호의 경우에는 해당 명의신탁과 관련한 국세를 포함한다)를 포탈하는 경우로서 다음 각 호의 어느 하나에 해당하는 경우 과세관청은 제4항에도 불구하고 해당 재산의 상속 또는 증여가 있음을 안 날부터 1년 이내에 상속세 및 증여세를 부과할 수 있다. 다만, 상속인이나 증여자 및 수증자(受贈者)가 사망한 경우와 포탈세액 산출의 기준이 되는 재산가액(다음 각 호의 어느 하나에 해당하는 재산의 가액을 합친 것을 말한다)이 50억원 이하인 경우에는 그러하지 아니하다. (2019. 12. 31. 개정)

1. 제3자의 명의로 되어 있는 피상속인 또는 증여자의 재산을 상속인이나 수증자가 취득한 경우 (2019. 12. 31. 개정)

2. 계약에 따라 피상속인이 취득할 재산이 계약이행기간에 상속이 개시됨으로써 등기·등록 또는 명의개서가 이루어지지 아니하고 상속인이 취득한 경우 (2010. 1. 1. 개정)

3. 국외에 있는 상속재산이나 증여재산을 상속인이나 수증자가 취득한 경우 (2010. 1. 1. 개정)

4. 등기·등록 또는 명의개서가 필요하지 아니한 유가증권, 서화(書畵), 골동품 등 상속재산 또는 증여재산을 상속인이나 수증자가 취득한 경우 (2010. 1. 1. 개정)

5. 수증자의 명의로 되어 있는 증여자의 「금융실명거래 및 비밀 보장에 관한 법률」 제2조 제2호에 따른 금융자산을 수증자가 보유하고 있거나 사용·수익한 경우 (2013. 1. 1. 신설)

6. 「상속세 및 증여세법」 제3조 제2호에 따른 비거주자인 피상속인의 국내재산을 상속인이 취득한 경우 (2016. 12. 20. 신설)

7. 「상속세 및 증여세법」 제45조의 2에 따른 명의신탁재산의 증여의제에 해당하는 경우 (2019. 12. 31. 신설)

② 법 제26조의 2 제4항 제3호에서 "대통령령으로 정하는 거짓 신고 또는 누락신고를 한 경우"란 다음 각 호의 어느 하나에 해당하는 경우를 말한다. (2020. 2. 11. 개정)

1. 상속재산가액 또는 증여재산가액에서 가공(架空)의 채무를 빼고 신고한 경우 (2010. 2. 18. 개정)

2. 권리의 이전이나 그 행사에 등기, 등록, 명의개서 등(이하 이 호에서 "등기등"이라 한다)이 필요한 재산을 상속인 또는 수증자의 명의로 등기등을 하지 아니한 경우로서 그 재산을 상속재산 또는 증여재산의 신고에서 누락한 경우 (2010. 2. 18. 개정)

3. 예금, 주식, 채권, 보험금, 그 밖의 금융자산을 상속재산 또는 증여재산의 신고에서 누락한 경우 (2010. 2. 18. 개정)

8. 상속재산 또는 증여재산인 「특정 금융거래정보의 보고 및 이용 등에 관한 법률」에 따른 가상자산을 같은 법에 따른 가상자산사업자(같은 법 제7조에 따라 신고가 수리된 자로 한정한다)를 통하지 아니하고 상속인이나 수증자가 취득한 경우 (2022. 12. 31. 신설)

⑥ 제1항부터 제5항까지의 규정에도 불구하고 지방국세청장 또는 세무서장은 다음 각 호의 구분에 따른 기간이 지나기 전까지 경정이나 그 밖에 필요한 처분을 할 수 있다. (2019. 12. 31. 개정)

1. 제7장에 따른 이의신청, 심사청구, 심판청구, 「감사원법」에 따른 심사청구 또는 「행정소송법」에 따른 소송에 대한 결정이나 판결이 확정된 경우 : 결정 또는 판결이 확정된 날부터 1년 (2016. 12. 20. 개정)

1의 2. 제1호의 결정이나 판결이 확정됨에 따라 그 결정 또는 판결의 대상이 된 과세표준 또는 세액과 연동된 다른 세목(같은 과세기간으로 한정한다)이나 연동된 다른 과세기간(같은 세목으로 한정한다)의 과세표준 또는 세액의 조정이 필요한 경우 : 제1호의 결정 또는 판결이 확정된 날부터 1년 (2022. 12. 31. 개정)

1의 3. 「형사소송법」에 따른 소송에 대한 판결이 확정되어 「소득세법」 제21조 제1항 제23호 또는 제24호의 소득이 발생한 것으로 확인된 경우 : 판결이 확정된 날부터 1년 (2021. 12. 21. 신설)

2. 조세조약에 부합하지 아니하는 과세의 원인이 되는 조치가 있는 경우 그 조치가 있음을 안 날부터 3년 이내(조세조약에서 따로 규정하는 경우에는 그에 따른다)에 그 조세조약의 규정에 따른 상호합의가 신청된 것으로서 그에 대하여 상호합의가 이루어진 경우 : 상호합의 절차의 종료일부터 1년 (2016. 12. 20. 개정)

3. 제45조의 2 제1항·제2항·제5항 및 제6항 또는 「국제조세조정에 관한 법률」 제19조 제1항 및 제33조 제2항에 따른 경정청구 또는 같은 법 제20조 제2항에 따른 조정권고가 있는 경우 : 경정청구일 또는 조정권고일부터 2개월 (2022. 12. 31. 개정)

4. 제3호에 따른 경정청구 또는 조정권고가 있는 경우 그 경정청구 또는 조정권고의 대상이 된 과세표준 또는 세액과 연동된 다른 과세기간의 과세표준 또는 세액의 조정이 필요한 경우 : 제3호에 따른 경정청구일 또는 조정권고일부터 2개월 (2017. 12. 19. 신설)

5. 최초의 신고·결정 또는 경정에서 과세표준 및 세액의 계산 근거가 된 거래 또는 행위 등이 그 거래·행위 등과 관련된 소송에 대한 판결(판결과 같은 효력을 가지는 화해나 그 밖의 행위를 포함한다. 이하 이 호에서 같다)에 의하여 다른 것으로 확정된 경우 : 판결이 확정된 날부터 1년 (2017. 12. 19. 신설)

6. 역외거래와 관련하여 제1항에 따른 기간이 지나기 전에 「국제조세조정에 관한 법률」 제36조 제1항에 따라 조세의 부과와 징수에 필요한 조세정보(이하 이 호에서 "조세정보"라 한다)를 외국의 권한 있는 당국에 요청하여 조세정보를 요청한 날부터 2년이 지나기 전까지 조세정보를 받은 경우 : 조세정보를 받은 날부터 1년 (2020. 12. 22. 개정 ; 국제조세조정에 관한 법률 부칙)

6. 역외거래와 관련하여 제1항 및 제2항에 따른 기간이 지나기 전에 「국제조세조정에 관한 법률」 제36조 제1항에 따라 조세의 부과와 징수에 필요한 조세정보(이하 이 호에서 "조세정보"라 한다)를 외국의 권한 있는 당국에 요청하여 조세정보를 요청한 날부터 2년이 지나기 전까지 조세정보를 받은 경우 : 조세정보를 받은 날부터 1년 (2024. 12. 31. 개정)

편주▶ ·······················
법 26조의 2 제6항 6호의 개정규정은 2025. 1. 1. 이후 발생하는 역외거래에 대한 조세정보를 외국의 권한 있는 당국에 요청하는 경우부터 적용함. (법 부칙(2024. 12. 31.) 4조)
·······················

7. 「국제조세조정에 관한 법률」 제69조 제2항에 따른 국가별 실효세율이 변경된 경우 : 국가별 실효세율의 변경이 있음을 안 날부터 1년 (2023. 12. 31. 신설)

⑦ 제1항부터 제5항까지의 규정에도 불구하고 제6항 제1호의 결정 또는 판결에 의하여 다음 각 호의 어느 하나에 해당하게 된 경우에는 당초의 부과처분을 취소하고 그 결정 또는 판결이 확정된 날부터 1년 이내에 다음 각 호의 구분에 따른 자에게 경정이나 그 밖에 필요한 처분을 할 수 있다. (2019. 12. 31. 신설)

1. 명의대여 사실이 확인된 경우 : 실제로 사업을 경영한 자 (2019. 12. 31. 신설)

☞ p.79 1단 연결

2. 과세의 대상이 되는 재산의 귀속이 명의일 뿐이고 사실상 귀속되는 자가 따로 있다는 사실이 확인된 경우 : 재산의 사실상 귀속자 (2022. 12. 31. 신설)

3. 「소득세법」 제119조 및 「법인세법」 제93조에 따른 국내원천소득의 실질귀속자(이하 이 항에서 "국내원천소득의 실질귀속자"라 한다)가 확인된 경우: 국내원천소득의 실질귀속자 또는 「소득세법」 제156조 및 「법인세법」 제98조에 따른 원천징수의무자 (2022. 12. 31. 호번개정)

⑧ 제1항부터 제5항까지의 규정에도 불구하고 국세의 부과제척기간에 관하여 조세의 이중과세를 방지하기 위하여 체결한 조약(이하 "조세조약"이라 한다)에 따라 상호합의 절차가 진행 중인 경우에는 「국제조세조정에 관한 법률」 제51조에서 정하는 바에 따른다. (2020. 12. 22. 개정 ; 국제조세조정에 관한 법률 부칙)

⑨ 제1항부터 제4항까지의 규정에 따른 국세를 부과할 수 있는 날은 대통령령으로 정한다. (2019. 12. 31. 개정)

국세부과의 제척기간과 국세징수권의 소멸시효 비교

구 분	국세부과의 제척기간	국세징수권의 소멸시효
대 상	국세부과권 (형성권의 일종)	국세징수권 (청구권의 일종)
기 간	5년, 7년, 10년, 15년, 평생	5년, 10년
기산일	국세를 부과할 수 있는 날	국세징수권을 행사할 수 있는 날
중단과 정지	없음.	징수권 행사로 인해 중단 징수권 행사가 불가능한 기간에는 정지
기간만료 의 효과	장래를 향해 부과권 소멸	기산일에 소급하여 징수권 소멸

제27조 【국세징수권의 소멸시효】 ① 국세의 징수를 목적으로 하는 국가의 권리(이하 이 조에서 "국세징수권"이라 한다)는 이를 행사할 수 있는 때부터 다음 각 호의 구분에 따른 기간 동안 행사하지 아

법 26조의 2 제7항 2호의 개정규정은 2023. 1. 1. 이후 7장에 따른 이의신청, 심사청구, 심판청구, 「감사원법」에 따른 심사청구 또는 「행정소송법」에 따른 소송에 대한 결정이나 판결이 확정되어 재산의 사실상 귀속자가 따로 있다는 사실이 확인되는 경우(2023. 1. 1. 전에 종전의 법 26조의 2에 따라 부과제척기간이 만료된 경우는 제외함)부터 적용함. (법 부칙(2022. 12. 31.) 2조 2항)

제12조의 3 【국세 부과제척기간의 기산일】 (2020. 2. 11. 제목개정)

① 법 제26조의 2 제9항에 따른 국세를 부과할 수 있는 날은 다음 각 호의 날로 한다. (2020. 2. 11. 개정)

1. 과세표준과 세액을 신고하는 국세(「종합부동산세법」 제16조 제3항에 따라 신고하는 종합부동산세는 제외한다)의 경우 해당 국세의 과세표준과 세액에 대한 신고기한 또는 신고서 제출기한(이하 "과세표준신고기한"이라 한다)의 다음 날. 이 경우 중간예납·예정신고기한과 수정신고기한은 과세표준신고기한에 포함되지 아니한다. (2010. 2. 18. 개정)

2. 종합부동산세 및 인지세의 경우 해당 국세의 납세의무가 성립한 날 (2010. 2. 18. 개정)

② 다음 각 호의 날은 제1항에도 불구하고 국세를 부과할 수 있는 날로 한다. (2010. 2. 18. 개정)

1. 원천징수의무자 또는 납세조합에 대하여 부과하는 국세의 경우 해당 원천징수세액 또는 납세조합징수세액의 법정 납부기한의 다음 날 (2010. 2. 18. 개정)

2. 과세표준신고기한 또는 제1호에 따른 법정 납부기한이 연장되는 경우 그 연장된 기한의 다음 날 (2010. 2. 18. 개정)

통칙 26의 2 - 12의 3…1 【예정신고분 등의 과세표준과 세액에 대한 국세부과 제척기간의 기산일】

영 제12조의 3 제1항 제1호 후단에서 「중간예납·예정신고기한과 수정신고기한은 과세표준신고기한에 포함되지 아니한다」라 함은 중간예납·중간예납·예정신고 및 수정신고기한의 다음날은 국세부과제척기간의 기산일로 보지 아니하고, 당해 국세의 과세표준과 세액에 대한 정기분 확정신고기한의 다음날을 기산일로 보는 것을 말한다. (2024. 3. 15. 개정)

니하면 소멸시효가 완성된다. 이 경우 다음 각 호의 국세의 금액은 가산세를 제외한 금액으로 한다. (2019. 12. 31. 개정)
1. 5억원 이상의 국세 : 10년 (2013. 1. 1. 신설)
2. 제1호 외의 국세 : 5년 (2013. 1. 1. 신설)
② 제1항의 소멸시효에 관하여는 이 법 또는 세법에 특별한 규정이 있는 것을 제외하고는 「민법」에 따른다. (2010. 1. 1. 개정)
③ 제1항에 따른 국세징수권을 행사할 수 있는 때는 다음 각 호의 날을 말한다. (2019. 12. 31. 개정)
1. 과세표준과 세액의 신고에 의하여 납세의무가 확정되는 국세의 경우 신고한 세액에 대해서는 그 법정 신고납부기한의 다음 날 (2019. 12. 31. 개정)
2. 과세표준과 세액을 정부가 결정, 경정 또는 수시부과결정하는 경우 납부고지한 세액에 대해서는 그 고지에 따른 납부기한의 다음 날 (2020. 12. 29. 개정 ; 국세징수법 부칙)
④ 제3항에도 불구하고 다음 각 호의 날은 제1항에 따른 국세징수권을 행사할 수 있는 때로 본다. (2019. 12. 31. 신설)
1. 원천징수의무자 또는 납세조합으로부터 징수하는 국세의 경우 납부고지한 원천징수세액 또는 납세조합징수세액에 대해서는 그 고지에 따른 납부기한의 다음 날 (2020. 12. 29. 개정 ; 국세징수법 부칙)
2. 인지세의 경우 납부고지한 인지세액에 대해서는 그 고지에 따른 납부기한의 다음 날 (2020. 12. 29. 개정 ; 국세징수법 부칙)
3. 제3항 제1호의 법정 신고납부기한이 연장되는 경우 그 연장된 기한의 다음 날 (2019. 12. 31. 신설)

통칙 27－0…1【소멸시효완성의 효과】
법 제27조 제1항에서 "소멸시효가 완성한다"함은 소멸시효기간이 완성하면 국세징수권이 당연히 소멸하는 것을 말한다. (2004. 2. 19. 개정)
27－0…2【종속된 권리의 소멸시효】
① 국세의 소멸시효가 완성한 때에는 그 국세의 강제징수비 및 이자상당세액에도 그 효력이 미친다. (2024. 3. 15. 개정)
② 주된 납세자의 국세가 소멸시효의 완성에 의하여 소멸한 때에는 제2차납세의무자, 납세보증인과 물적납세의무자에도 그 효력이 미친다. (2019. 12. 23. 개정)

3. 공제, 면제, 비과세 또는 낮은 세율의 적용 등에 따른 세액(소득공제를 받은 경우에는 공제받은 소득금액에 상당하는 세액을 말하고, 낮은 세율을 적용받은 경우에는 일반세율과의 차이에 상당하는 세액을 말한다. 이하 이 호에서 "공제세액등"이라 한다)을 의무불이행 등의 사유로 징수하는 경우 해당 공제세액등을 징수할 수 있는 사유가 발생한 날 (2010. 2. 18. 개정)

편주 민법 1편 7장 소멸시효 162조 내지 184조 참조

제12조의 4【국세징수권 소멸시효의 기산일】 ① 법 제27조 제3항에서 "국세의 징수를 목적으로 하는 국가의 권리를 행사할 수 있는 때"란 다음 각 호의 날을 말한다. (2010. 2. 18. 개정)
1. 과세표준과 세액의 신고에 의하여 납세의무가 확정되는 국세의 경우 신고한 세액에 대해서는 그 법정 신고납부기한의 다음 날 (2010. 2. 18. 개정)
2. 과세표준과 세액을 정부가 결정, 경정 또는 수시부과결정하는 경우 납부고지한 세액에 대해서는 그 고지에 따른 납부기한의 다음 날 (2010. 2. 18. 개정)
② 다음 각 호의 날은 제1항에도 불구하고 국세의 징수를 목적으로 하는 국가의 권리를 행사할 수 있는 때로 한다. (2010. 2. 18. 개정)
1. 원천징수의무자 또는 납세조합으로부터 징수하는 국세의 경우 납세고지한 원천징수세액 또는 납세조합징수세액에 대해서는 그 고지에 따른 납부기한의 다음 날 (2010. 2. 18. 개정)
2. 인지세의 경우 납세고지한 인지세액에 대해서는 그 고지에 따른 납부기한의 다음 날 (2010. 2. 18. 개정)
3. 제1항 제1호의 법정 신고납부기한이 연장되는 경우 그 연장된 기한의 다음 날 (2010. 2. 18. 개정)

제12조의 4【국세징수권 소멸시효의 기산일】 삭 제 (2020. 2. 11.)

제28조【소멸시효의 중단과 정지】(2010. 1. 1. 제목개정)

① 제27조에 따른 소멸시효는 다음 각 호의 사유로 중단된다. (2010. 1. 1. 개정)

1. 납부고지 (2020. 12. 29. 개정 ; 국세징수법 부칙)

2. 독촉 (2020. 12. 29. 개정 ; 국세징수법 부칙)

3. 교부청구 (2010. 1. 1. 개정)

4. 압류(「국세징수법」 제57조 제1항 제5호 및 제6호의 사유로 압류를 즉시 해제하는 경우는 제외한다) (2023. 12. 31. 개정)

② 제1항에 따라 중단된 소멸시효는 다음 각 호의 기간이 지난 때부터 새로 진행한다. (2010. 1. 1. 개정)

1. 고지한 납부기간 (2010. 1. 1. 개정)

2. 독촉에 의한 납부기간 (2020. 12. 29. 개정 ; 국세징수법 부칙)

3. 교부청구 중의 기간 (2010. 1. 1. 개정)

4. 압류해제까지의 기간 (2010. 1. 1. 개정)

③ 제27조에 따른 소멸시효는 다음 각 호의 어느 하나에 해당하는 기간에는 진행되지 아니한다. (2010. 1. 1. 개정)

1. 세법에 따른 분납기간 (2010. 1. 1. 개정)

2. 세법에 따른 납부고지의 유예, 지정납부기한·독촉장에서 정하는 기한의 연장, 징수 유예기간 (2020. 12. 29. 개정 ; 국세징수법 부칙)

3. 세법에 따른 압류·매각의 유예기간 (2020. 12. 29. 개정 ; 국세징수법 부칙)

4. 세법에 따른 연부연납(年賦延納)기간 (2010. 1. 1. 개정)

5. 세무공무원이 「국세징수법」 제25조에 따른 사해행위(詐害行爲) 취소소송이나 「민법」 제404조에 따른 채권자대위 소송을 제기하여 그 소송이 진행 중인 기간 (2020. 12. 29. 개정 ; 국세징수법 부칙)

6. 체납자가 국외에 6개월 이상 계속 체류하는 경우 해당 국외 체류기간 (2017. 12. 19. 신설)

④ 제3항에 따른 사해행위 취소소송 또는 채권자대위 소송의 제기로 인한 시효정지의 효력은 소송이 각하·기각 또는 취하된 경우에는 효력이 없다. (2010. 1. 1. 개정)

통칙 28-0…1【시효의 중단】

"시효의 중단"이라 함은 법 제28조 제1항에 정한 사유의 발생으로 인하여 이미 경과한 시효기간의 효력이 상실되는 것을 말한다. (2004. 2. 19. 개정)

28-0…2【시효중단후의 시효진행】

시효가 중단된 때에는 중단까지에 경과한 시효기간은 효력을 상실하고 중단사유가 종료한 때로부터 새로이 시효가 진행한다. (2004. 2. 19. 개정)

28-0…3【시효의 정지】

"시효의 정지"란 일정한 기간동안 시효의 완성을 유예하는 것을 말하며, 이 경우에는 그 정지사유가 종료한 후 잔여기간이 경과하면 시효가 완성한다. (2004. 2. 19. 개정)

제 5 절　납세담보

제29조【담보의 종류】 세법에 따라 제공하는 담보(이하 "납세담보"라 한다)는 다음 각 호의 어느 하나에 해당하는 것이어야 한다. (2010. 1. 1. 개정)
1. 금전 (2010. 1. 1. 개정)
2. 「자본시장과 금융투자업에 관한 법률」 제4조 제3항에 따른 국채증권 등 대통령령으로 정하는 유가증권(이하 이 절에서 "유가증권"이라 한다) (2011. 12. 31. 개정)
3. 삭 제 (2011. 12. 31.)
4. 납세보증보험증권 (2010. 1. 1. 개정)
5. 「은행법」에 따른 은행 등 대통령령으로 정하는 자의 납세보증서 (2011. 12. 31. 개정)
6. 토지 (2010. 1. 1. 개정)
7. 보험에 든 등기·등록된 건물, 공장재단, 광업재단, 선박, 항공기 또는 건설기계 (2010. 1. 1. 개정)

제30조【담보의 평가】 납세담보의 가액은 다음 각 호의 구분에 따른다. (2010. 1. 1. 개정)
1. 유가증권 : 대통령령으로 정하는 바에 따라 시가(時價)를 고려하여 결정한 가액 (2011. 12. 31. 개정)
2. 삭 제 (2011. 12. 31.)
3. 납세보증보험증권 : 보험금액 (2010. 1. 1. 개정)
4. 납세보증서 : 보증금액 (2010. 1. 1. 개정)
5. 토지·건물·공장재단·광업재단·선박·항공기·건설기계 : 대통령령으로 정하는 가액 (2010. 1. 1. 개정)

제31조【담보의 제공 방법】 ① 금전이나 유가증권을 납세담보로 제공하려는 자는 이를 공탁(供託)하고 그 공탁수령증을 세무서장(세법에 따라 국세에 관한 사무를 세관장이 관장하는 경우에는 세관장을 말한다. 이하 같다)에게 제출하여야 한다. 다만, 등록된 유가증권의 경우에는 담보 제공의 뜻을 등록하고 그 등록확인증을 제출하여야 한다. (2011. 12. 31. 개정)
② 납세보증보험증권이나 납세보증서를 납세담보로 제공하려는 자는 그 보험증권이나 보증서를 세무서장에게 제출하여야 한다. (2010. 1. 1. 개정)
③ 토지, 건물, 공장재단(工場財團), 광업재단(鑛業財團), 선박, 항공기 또는 건설기계를 납세담보로 제공하려는 자는 그 등기필증, 등기완료통지서 또는 등록필증을 세무서장에게 제시하여야 하며, 세무서장은 이에 의하여 저당권 설정을 위한 등기 또는 등록 절차를 밟아야 한다. (2011. 4. 12. 개정 ; 부동산등기법 부칙)

제32조【담보의 변경과 보충】 ① 납세담보를 제공한 자는 세무서장의 승인을 받아 그 담보를 변경할 수 있다. (2010. 1. 1. 개정)

제13조【납세담보의 종류 및 평가】 (2012. 2. 2. 제목개정)
① 법 제29조 제2호에서 "대통령령으로 정하는 유가증권"이란 다음 각 호의 것을 말한다. (2012. 2. 2. 개정)
1. 「자본시장과 금융투자업에 관한 법률」 제4조 제3항에 따른 국채증권, 지방채증권 및 특수채증권 (2012. 2. 2. 개정)
2. 「자본시장과 금융투자업에 관한 법률」 제9조 제13항에 따른 증권시장(이하 이 조에서 "증권시장"이라 한다)에 주권을 상장한 법인이 발행한 사채권 중 보증사채 및 전환사채 (2012. 2. 2. 개정)
3. 증권시장에 상장된 유가증권으로서 매매사실이 있는 것 (2012. 2. 2. 개정)
4. 「자본시장과 금융투자업에 관한 법률」 제4조 제5항에 따른 수익증권으로서 무기명 수익증권 및 환매청구가 가능한 수익증권 (2012. 2. 2. 개정)
5. 양도성 예금증서 (2012. 2. 2. 개정)
② 법 제29조 제5호에서 "대통령령으로 정하는 자"란 다음 각 호의 어느 하나에 해당하는 자를 말한다. (2012. 2. 2. 개정)
1. 「은행법」에 따른 은행 (2012. 2. 2. 개정)
2. 「신용보증기금법」에 따른 신용보증기금 (2012. 2. 2. 개정)
3. 보증채무를 이행할 수 있는 자금능력이 충분하다고 세무서장이 인정하는 자 (2012. 2. 2. 개정)
③ 법 제30조 제1호에서 "대통령령으로 정하는 바에 따라 시가(時價)를 고려하여 결정한 가액"이란 담보로 제공하는 날의 전날을 평가기준일로 하여 「상속세 및 증여세법 시행령」 제58조 제1항을 준용하여 계산한 가액을 말한다. (2012. 2. 2. 개정)
④ 법 제30조 제5호에서 "대통령령으로 정하는 가액"이란 다음 각 호의 구분에 따른 가액을 말한다. (2012. 2. 2. 개정)
1. 토지 또는 건물 : 「상속세 및 증여세법」 제60조 및 제61조에 따라 평가한 가액 (2019. 2. 12. 개정)
2. 공장재단, 광업재단, 선박, 항공기 또는 건설기계 : 「감정평가 및 감정평가사에 관한 법률」에 따른 감정평가업자의 평가액 또는 「지방세법」에 따른 시가표준액 (2016. 8. 31. 개정 ; 감정평가 및 감정평가사에 관한 법률 시행령 부칙)

제13조【납세담보의 종류 및 평가】 삭 제 (2021. 2. 17.)

제14조【납세담보의 제공】 ① 법 제31조에 따라 납세담보를 제공할 때에는 담보할 국세의 100분의 120(현금, 납세보증보험증권 또는 「은행법」에 따른 은행의 납세보증서의 경우에는 100분의 110) 이상의 가액에 상당하는 담보를 제공하여야 한다. 다만, 그 국세가 확정되지 아니한 경우에는 국세청장이 정하는 가액으로 하여야 한다. (2012. 6. 26. 개정)
② 세무서장은 납세자가 토지, 건물, 공장재단, 광업재단, 선박, 항공기 또는 건설기계를 납세담보로 제공하려는 경우에는 법 제31조 제3항에 따라 제시된 등기필증 또

② 세무서장은 납세담보물의 가액 감소, 보증인의 자력(資力) 감소 또는 그 밖의 사유로 그 납세담보로는 국세 및 체납처분비의 납부를 담보할 수 없다고 인정할 때에는 담보를 제공한 자에게 담보물의 추가제공 또는 보증인의 변경을 요구할 수 있다. (2018. 12. 31. 개정)

제33조【담보에 의한 납부와 징수】① 납세담보로서 금전을 제공한 자는 그 금전으로 담보한 국세 및 체납처분비를 납부할 수 있다. (2018. 12. 31. 개정)
② 세무서장은 납세담보를 제공받은 국세 및 체납처분비가 담보의 기간에 납부되지 아니하면 대통령령으로 정하는 바에 따라 그 담보로써 그 국세·가산금과 체납처분비를 징수한다. (2018. 12. 31. 개정)

제34조【담보의 해제】세무서장은 납세담보를 제공받은 국세 및 체납처분비가 납부되면 지체 없이 담보 해제 절차를 밟아야 한다. (2018. 12. 31. 개정)

제 5 절 납세담보 삭 제 (2020. 12. 22.)

는 등록필증이 사실과 부합하는지를 조사하여 다음 각 호의 어느 하나에 해당하는 경우에는 다른 담보를 제공하게 하여야 한다. (2010. 2. 18. 개정)
1. 법령에 따라 담보제공이 금지되거나 제한된 경우. 다만, 주무관서의 허가를 받아 제공하는 경우는 제외한다. (2010. 2. 18. 개정)
2. 법령에 따라 사용·수익이 제한된 것으로서 담보의 목적을 달성할 수 없다고 인정된 경우 (2010. 2. 18. 개정)
3. 그 밖에 담보의 목적을 달성할 수 없다고 인정된 경우 (2010. 2. 18. 개정)
③ 보험에 든 건물, 공장재단, 광업재단, 선박, 항공기 또는 건설기계를 납세담보로 제공하려는 자는 그 화재보험증권을 제출하여야 한다. 이 경우 그 보험기간은 납세담보를 필요로 하는 기간에 30일 이상을 더한 것이어야 한다. (2010. 2. 18. 개정)
④ 삭 제 (2012. 2. 2.)
⑤ 법 제31조 제2항에 따라 납세담보로 제공하는 납세보증보험증권은 그 보험증권의 보험기간이 납세담보를 필요로 하는 기간에 30일 이상을 더한 것이어야 한다. 다만, 납부기한이 확정되지 아니한 국세의 경우에는 국세청장이 정하는 기간으로 하여야 한다. (2010. 2. 18. 개정)
⑥ 법 제31조 제3항에 따라 저당권을 설정하기 위한 등기 또는 등록을 하려는 경우에는 다음 각 호의 사항을 적은 문서로 관계 관서에 촉탁하여야 한다. (2010. 2. 18. 개정)
1. 재산의 표시 (2010. 2. 18. 개정)
2. 등기 또는 등록의 원인과 그 연월일 (2010. 2. 18. 개정)
3. 등기 또는 등록의 목적 (2010. 2. 18. 개정)
4. 저당권의 범위 (2010. 2. 18. 개정)
5. 등기 또는 등록 권리자 (2010. 2. 18. 개정)
6. 등기 또는 등록 의무자의 주소와 성명 (2010. 2. 18. 개정)

제14조【납세담보의 제공】삭 제 (2021. 2. 17.)

제15조【납세담보의 변경과 보충】① 세무서장은 법 제32조 제1항에 따라 납세자가 이미 제공한 납세담보를 변경하려는 경우에 다음 각 호의 어느 하나에 해당하면 이를 승인하여야 한다. (2010. 2. 18. 개정)
1. 보증인의 납세보증서를 갈음하여 다른 담보재산을 제공한 경우 (2010. 2. 18. 개정)
2. 제공한 납세담보의 가액이 변동되어 과다하게 된 경우 (2010. 2. 18. 개정)
3. 납세담보로 제공한 유가증권 중 상환기간이 정해진 것이 그 상환시기에 이른 경우 (2010. 2. 18. 개정)
② 법 제32조 제1항에 따른 납세담보의 변경승인신청 또는 법 제32조 제2항에 따른 납세담보물의 추가 제공이나 보증인의 변경 요구는 문서로 하여야 한다. (2010. 2. 18. 개정)

제15조【납세담보의 변경과 보충】삭 제 (2021. 2. 17.)

제16조【납세담보에 의한 납부와 징수】① 법 제33조 제1항에 따라 납세담보로 제공한 금전으로 국세 및 체납처분비를 납부하려는 자는 그 뜻을 적은 문서로 관할 세

제9조【담보의 제공】① 세법에 따라 납세담보를 제공하는 자는 별지 제10호 서식의 납세담보 제공서를 제출하여야 한다. (2012. 2. 28. 개정)
② 법 제31조 제2항의 납세보증서는 별지 제11호 서식에 따른다. (2012. 2. 28. 개정)
③ 영 제14조 제6항에 따른 저당권설정을 위한 등기 또는 등록의 촉탁은 별지 제11호의 2 서식의 납세담보에 따른 저당권설정등기(등록) 촉탁서에 따른다. (2012. 2. 28. 개정)
④ 영 제17조 제2항에 따른 저당권말소를 위한 등기 또는 등록의 촉탁은 별지 제11호의 3 서식의 납세담보에 따른 저당권말소등기(등록) 촉탁서에 따른다. (2012. 2. 28. 개정)

제9조【담보의 제공】삭 제 (2021. 3. 16.)

제10조【납세담보의 변경과 보충】① 영 제15조 제2항에 따른 납세담보의 변경승인신청은 별지 제12호 서식의 납세담보 변경 승인신청서에 따른다. (2012. 2. 28. 개정)
② 영 제15조 제2항에 따른 납세담보물의 추가 제공이나 보증인의 변경요구는 별지 제13호 서식의 납세담보 변경 요구서에 따른다. (2012. 2. 28. 개정)

제10조【납세담보의 변경과 보충】삭 제 (2021. 3. 16.)

제 1 열　국세기본법

제35조 【국세의 우선】 ① 국세 및 강제징수비는 다른 공과금이나 그 밖의 채권에 우선하여 징수한다. 다만, 다음 각 호의 어느 하나에 해당하는 공과금이나 그 밖의 채권에 대해서는 그러하지 아니하다. (2020. 12. 22. 개정)

무서장에게 신청하여야 한다. 이 경우 신청한 금액에 상당하는 국세 및 체납처분비를 납부한 것으로 본다. (2019. 2. 12. 개정)

② 세무서장은 법 제33조 제2항에 따라 납세담보로 국세 및 체납처분비를 징수하려는 경우 납세담보가 금전이면 그 금전을 해당 국세 및 체납처분비에 충당하고, 납세담보가 금전 외의 것이면 다음 각 호의 구분에 따른 방법으로 징수하거나 환가(換價)한 금전을 해당 국세 및 체납처분비에 충당한다. (2019. 2. 12. 개정)

1. 국채, 지방채, 그 밖의 유가증권, 토지, 건물, 공장재단, 광업재단, 선박, 항공기 또는 건설기계인 경우 :「국세징수법」에서 정하는 공매절차에 따라 매각 (2010. 2. 18. 개정)
2. 납세보증보험증권인 경우 : 해당 납세보증보험사업자에게 보험금의 지급을 청구 (2010. 2. 18. 개정)
3. 납세보증서인 경우 :「국세징수법」에서 정하는 납세보증인으로부터의 징수 절차에 따라 징수 (2010. 2. 18. 개정)

③ 제2항에 따라 납세담보를 환가한 금액이 징수할 국세 및 체납처분비에 충당하고 남은 경우에는「국세징수법」에서 정하는 공매대금의 배분방법에 따라 배분한 후 납세자에게 지급한다. (2019. 2. 12. 개정)

제16조 【납세담보에 의한 납부와 징수】 삭 제 (2021. 2. 17.)

제17조 【납세담보의 해제】 ① 법 제34조에 따른 납세담보의 해제는 그 뜻을 적은 문서를 납세담보를 제공한 자에게 통지함으로써 한다. 이 경우 납세담보를 제공할 때 제출한 관계 서류가 있으면 그 서류를 첨부하여야 한다. (2010. 2. 18. 개정)

② 제1항을 적용할 때 제14조 제6항에 따라 저당권의 등기 또는 등록을 촉탁한 경우에는 같은 항 각 호에 준하는 사항을 적은 문서로 관계 관서에 저당권 말소의 등기 또는 등록을 촉탁하여야 한다. (2010. 2. 18. 개정)

제17조 【납세담보의 해제】 삭 제 (2021. 2. 17.)

제 3 장　국세와 일반채권과의 관계

제18조 【국세의 우선】 ① 삭 제 (2003. 12. 30.)

② 법 제35조 제1항 제3호 각 목 외의 부분 후단에 따라 같은 호 각 목에 해당하는 권리가 설정된 사실은 다음 각 호의 어느 하나에 해당하는 방법으로 증명한다. (2020. 2. 11. 개정)

제11조 【납세담보에 의한 납부】 ① 영 제16조 제1항에 따른 납세담보에 의한 납부의 신청은 별지 제14호 서식의 납세담보에 의한 납부신청서에 따른다. (2012. 2. 28. 개정)

② 세무서장은 영 제16조 제1항 및 제2항에 따라 납세담보로 국세와 체납처분비를 징수하였을 때에는 그 사실을 별지 제15호 서식의 납세담보에 의한 징수 통지서에 따라 지체 없이 해당 납세자에게 통지하여야 한다. (2019. 3. 20. 개정)

제11조 【납세담보에 의한 납부】 삭 제 (2021. 3. 16.)

통칙 35 - 0…1 【국세의 우선징수】

법 제35조에서 “우선하여 징수한다”라고 함은 납세자의 재산을 강제매각절차에 의하여 매각하

✍

제 4 장　국세와 일반채권의 관계

(2010. 1. 1. 제목개정)

제 1 절　국세의 우선권

제35조 【국세의 우선】 ① 국세 및 강제징수비는 다른 공과금이나 그 밖의 채권에 우선하여 징수한다. 다만, 다음 각 호의 어느 하나에 해당하는 공과금이나 그 밖의 채권에 대해서는 그러하지 아니하다. (2020. 12. 22. 개정)

●예 판● ···
납세담보를 제공하고 담보의 기간 내에 국세·가산금과 체납처분비를 납부하지 않은 경우, 별도의 고지나 압류 등의 절차 없이 담보권의 행사로서 납세담보물을 매각하여 징수할 수 있음. (서면1팀 - 284, 2005. 3. 11.)

1. 지방세나 공과금의 체납처분 또는 강제징수를 할 때 그 체납처분 또는 강제징수비 금액 중에서 국세 및 강제징수비를 징수하는 경우의 그 지방세나 공과금의 체납처분비 또는 강제징수비 (2020. 12. 22. 개정)
2. 강제집행·경매 또는 파산 절차에 따라 재산을 매각할 때 그 매각금액 중에서 국세 및 강제징수비를 징수하는 경우의 그 강제집행, 경매 또는 파산 절차에 든 비용 (2020. 12. 22. 개정)
3. 제2항에 따른 법정기일 전에 다음 각 목의 어느 하나에 해당하는 권리가 설정된 재산이 국세의 강제징수 또는 경매 절차 등을 통하여 매각(제3호의 2에 해당하는 재산의 매각은 제외한다)되어 그 매각금액에서 국세를 징수하는 경우 그 권리에 의하여 담보된 채권 또는 임대차보증금반환채권. 이 경우 다음 각 목에 해당하는 권리가 설정된 사실은 대통령령으로 정하는 방법으로 증명한다. (2023. 12. 31. 개정)
가. 전세권, 질권 또는 저당권 (2019. 12. 31. 개정)
나. 「주택임대차보호법」 제3조의 2 제2항 또는 「상가건물 임대차보호법」 제5조 제2항에 따라 대항요건과 확정일자를 갖춘 임차권 (2019. 12. 31. 개정)
다. 납세의무자를 등기의무자로 하고 채무불이행을 정지조건으로 하는 대물변제(代物辨濟)의 예약에 따라 채권 담보의 목적으로 가등기(가등록을 포함한다. 이하 같다)를 마친 가등기 담보권 (2019. 12. 31. 개정)
3의 2. 제3호 각 목의 어느 하나에 해당하는 권리(이하 이 호에서 "전세권등"이라 한다)가 설정된 재산이 양도, 상속 또는 증여된 후 해당 재산이 국세의 강제징수 또는 경매 절차 등을 통하여 매각되어 그 매각금액에서 국세를 징수하는 경우 해당 재산에 설정된 전세권등에 의하여 담보된 채권 또는 임대차보증금반환채권. 다만, 해당 재산의 직전 보유자가 전세권등의 설정 당시 체납하고 있었던 국세 등을 고려하여 대통령령으로 정하는 방법에 따라 계산한 금액의 범위에서는 국세(제2항에 따른 법정기일이 전세권등의 설정일보다 빠른 국세로 한정한다)를 우선하여 징수한다. (2023. 12. 31. 개정)
4. 「주택임대차보호법」 제8조 또는 「상가건물 임대차보호법」 제14조

---

1. 부동산등기부 등본 (2010. 2. 18. 개정)
2. 공증인의 증명 (2010. 2. 18. 개정)
3. 질권에 대한 증명으로서 세무서장이 인정하는 것 (2010. 2. 18. 개정)
4. 공문서 또는 금융회사 등의 장부상의 증명으로서 세무서장이 인정하는 것 (2010. 2. 18. 개정)

통칙 35－18…1【당해 재산에 부과된 국세의 우선】
① 법 제35조 제5항에서 규정한 당해 재산에 대하여 부과된 국세인 상속세·증여세 및 종합부동산세는 전세권·질권·저당권 또는 가등기의 설정을 등기 또는 등록한 일자에 관계없이 항상 다른 공과금이나 그 밖의 채권에 우선한다. (2011. 3. 21. 개정)
② 제1항을 적용함에 있어서 당해 재산 중 일부를 매각하는 경우 우선징수하는 금액은 상속세·증여세 및 종합부동산세의 합계액에 총재산가액 중 매각재산가액이 차지하는 비율을 곱하여 산출한 금액으로 한다. (2019. 12. 23. 개정)
③ 제1항의 규정에 불구하고 상속세 등 당해 재산에 부과되는 국세는 피상속인(증여인 포함)이 조세의 체납이 없는 상태에서 설정한 저당권 등에 담보된 채권보다는 우선하지 않고, 본래의 납세의무자인 상속인(수증인 포함)이 설정한 저당권 등에 담보된 채권보다는 법정기일에 관계없이 항상 국세채권이 우선한다. (2019. 12. 23. 개정)

③ 법 제35조 제1항 제3호의 2 단서에서 "대통령령으로 정하는 방법에 따라 계산한 금액"이란 다음 각 호의 구분에 따른 금액을 말한다. (2023. 2. 28. 신설)
1. 직전 보유자가 해당 재산을 보유하기 전에 해당 재산에 설정된 법 제35조 제1항 제3호 각 목의 어느 하나에 해당하는 권리(이하 "전세권등"이라 한다)가 없는 경우: 직전 보유자 보유기간 중의 전세권등 설정일 중 가장 빠른 날보다 법정기일이 빠른 직전 보유자의 국세 체납액을 모두 더한 금액 (2023. 2. 28. 신설)
2. 직전 보유자가 해당 재산을 보유하기 전에 해당 재산에 설정된 전세권등이 있는 경우 : 0원 (2023. 2. 28. 신설)

거나 추심하는 경우에 그 매각대금 중에서 국세를 우선하여 징수하는 것을 말한다. (2004. 2. 19. 개정)
35－0…14【국세우선징수권의 예외】
국세우선징수에 대하여 타법에 따라 다음과 같은 예외가 인정된다. (2011. 3. 21. 개정)
1. 「채무자 회생 및 파산에 관한 법률」 제180조(공익채권의 변제 등) 및 제477조(재단부족의 경우 변제방법)에 따라 공익채권 또는 재단채권으로 있는 국세가 타의 공익채권 또는 재단채권과 동등 변제되는 것이 있다. (2011. 3. 21. 개정)
2. 「관세법」 제3조(관세징수의 우선)에 따른 관세를 납부하여야 할 물품에 대하여는 관세가 다른 조세 등에 우선한다. (2011. 3. 21. 개정)

가 적용되는 임대차관계에 있는 주택 또는 건물을 매각할 때 그 매각금액 중에서 국세를 징수하는 경우 임대차에 관한 보증금 중 일정 금액으로서 「주택임대차보호법」 제8조 또는 「상가건물 임대차보호법」 제14조에 따라 임차인이 우선하여 변제받을 수 있는 금액에 관한 채권 (2019. 12. 31. 개정)

5. 사용자의 재산을 매각하거나 추심(推尋)할 때 그 매각금액 또는 추심금액 중에서 국세를 징수하는 경우에 「근로기준법」 제38조 또는 「근로자퇴직급여 보장법」 제12조에 따라 국세에 우선하여 변제되는 임금, 퇴직금, 재해보상금, 그 밖에 근로관계로 인한 채권 (2019. 12. 31. 개정)

② 이 조에서 "법정기일"이란 다음 각 호의 어느 하나에 해당하는 기일을 말한다. (2019. 12. 31. 개정)

1. 과세표준과 세액의 신고에 따라 납세의무가 확정되는 국세[중간예납하는 법인세와 예정신고납부하는 부가가치세 및 소득세(「소득세법」 제105조에 따라 신고하는 경우로 한정한다)를 포함한다]의 경우 신고한 해당 세액: 그 신고일 (2019. 12. 31. 개정)

2. 과세표준과 세액을 정부가 결정·경정 또는 수시부과 결정을 하는 경우 고지한 해당 세액(제47조의 4에 따른 납부지연가산세 중 납부고지서에 따른 납부기한 후의 납부지연가산세와 제47조의 5에 따른 원천징수 등 납부지연가산세 중 납부고지서에 따른 납부기한 후의 원천징수 등 납부지연가산세를 포함한다) : 그 납세고지서의 발송일 (2020. 12. 29. 개정 ; 국세징수법 부칙)

3. 인지세와 원천징수의무자나 납세조합으로부터 징수하는 소득세·법인세 및 농어촌특별세 : 그 납세의무의 확정일 (2019. 12. 31. 개정)

4. 제2차 납세의무자(보증인을 포함한다)의 재산에서 징수하는 국세: 「국세징수법」 제7조에 따른 납부고지서의 발송일 (2020. 12. 29. 개정 ; 국세징수법 부칙)

5. 제42조에 따른 양도담보재산에서 징수하는 국세: 「국세징수법」 제7조에 따른 납부고지서의 발송일 (2020. 12. 29. 개정 ; 국세징수법 부칙)

6. 「국세징수법」 제31조 제2항에 따라 납세자의 재산을 압류한 경우에 그 압류와 관련하여 확정된 국세: 그 압류등기일 또는 등록일 (2020.

④ 세무서장은 법 제35조 제1항 제4호 및 제5호에 따른 국세 등에 우선하는 채권과 관계있는 재산을 압류한 경우에는 그 사실을 해당 채권자에게 다음 각 호의 사항을 적은 문서로 통지하여야 한다. 다만, 법 제35조 제1항 제5호에 따른 채권을 가진 사람이 여러 명인 경우에는 세무서장이 선정하는 대표자에게 통지할 수 있으며 통지를 받은 대표자는 공고 또는 게시의 방법으로 그 사실을 해당 채권의 다른 채권자에게 알려야 한다. (2023. 2. 28. 항번개정)

통칙 35 – 18…2【압류사실통지를 받지 못한 우선채권】
영 제18조 제4항에 규정하는 통지를 받지 못한 자라도 국세보다 우선하는 채권임이 확인되는 경우에는 국세보다 우선변제된다. (2024. 3. 15. 개정)

1. 체납자의 성명과 주소 또는 거소 (2010. 2. 18. 개정)
2. 압류와 관계되는 국세의 과세기간, 세목, 세액과 납부기한 (2013. 2. 15. 개정)
3. 압류재산의 종류, 수량, 품질과 소재지 (2010. 2. 18. 개정)
4. 압류 연월일 (2010. 2. 18. 개정)

제11조의 2【국세 등에 우선하는 채권을 가진 자에 대한 통지】영 제18조 제4항에 따른 압류사실 통지는 별지 제15호의 2 서식의 압류사실 통지서에 따른다. (2023. 3. 20. 개정)

12. 29. 개정 ; 국세징수법 부칙)

7. 「부가가치세법」 제3조의 2에 따라 신탁재산에서 징수하는 부가가치
세등 : 같은 법 제52조의 2 제1항에 따른 납부고지서의 발송일
(2020. 12. 29. 개정 ; 국세징수법 부칙)

8. 「종합부동산세법」 제7조의 2 및 제12조의 2에 따라 신탁재산에서
징수하는 종합부동산세등: 같은 법 제16조의 2 제1항에 따른 납부
고지서의 발송일 (2020. 12. 22. 신설)

③ 제1항 제3호에도 불구하고 해당 재산에 대하여 부과된 상속세, 증
여세 및 종합부동산세는 같은 호에 따른 채권 또는 임대차보증금반환
채권보다 우선하며, 제1항 제3호의 2에도 불구하고 해당 재산에 대하
여 부과된 종합부동산세는 같은 호에 따른 채권 또는 임대차보증금반
환채권보다 우선한다. (2022. 12. 31. 개정)

④ 법정기일 후에 제1항 제3호 다목의 가등기를 마친 사실이 대통령령
으로 정하는 바에 따라 증명되는 재산을 매각하여 그 매각금액에서 국
세를 징수하는 경우 그 재산을 압류한 날 이후에 그 가등기에 따른 본
등기가 이루어지더라도 그 국세는 그 가등기에 의해 담보된 채권보다
우선한다. (2019. 12. 31. 개정)

⑤ 세무서장은 제1항 제3호 다목의 가등기가 설정된 재산을 압류하거
나 공매(公賣)할 때에는 그 사실을 가등기권리자에게 지체 없이 통지
하여야 한다. (2019. 12. 31. 개정)

⑥ 세무서장은 납세자가 제3자와 짜고 거짓으로 재산에 다음 각 호의
어느 하나에 해당하는 계약을 하고 그 등기 또는 등록을 하거나 「주택
임대차보호법」 제3조의 2 제2항 또는 「상가건물 임대차보호법」 제5조
제2항에 따른 대항요건과 확정일자를 갖춘 임대차 계약을 체결함으로
써 그 재산의 매각금액으로 국세를 징수하기가 곤란하다고 인정할 때
에는 그 행위의 취소를 법원에 청구할 수 있다. 이 경우 납세자가 국세
의 법정기일 전 1년 내에 특수관계인 중 대통령령으로 정하는 자와 전
세권·질권 또는 저당권 설정계약, 임대차 계약, 가등기 설정계약 또는
양도담보 설정계약을 한 경우에는 짜고 한 거짓 계약으로 추정한다.
(2019. 12. 31. 개정)

1. 제1항 제3호 가목에 따른 전세권·질권 또는 저당권의 설정계약
(2019. 12. 31. 개정)

⑤ 법 제35조 제5항에 따른 가등기권리자에 대한 압류의 통지에 관한
사항과 제3항에 따른 직전 보유자 국세 체납액의 구체적인 범위 등에
필요한 사항은 기획재정부령으로 정한다. (2023. 2. 28. 개정)

제18조의 2 【짜고 한 거짓 계약으로 추정되는 계약의 특수관계
인의 범위】 (2012. 2. 2. 제목개정)
법 제35조 제6항 각 호 외의 부분 후단에서 "특수관계인 중 대통령령
으로 정하는 자"란 해당 납세자와 다음 각 호의 어느 하나에 해당하는
관계에 있는 자를 말한다. (2020. 2. 11. 개정)
1. 친족관계 (2012. 2. 2. 개정)

통칙 35 − 18···1 【당해 재산에 부과된 국세의 우선】
① 법 제35조 제3항에서 규정한 당해 재산에 대하여 부과된 국세인 상속세·증여
세 및 종합부동산세는 전세권·질권·저당권 또는 가등기의 설정을 등기 또는 등
록한 일자에 관계없이 항상 다른 공과금이나 그 밖의 채권에 우선한다. 다만, 대항

제11조의 3 【가등기권리자에 대한 압
류 통지 등】 (2023. 3. 20. 제목개정)
① 영 제18조 제5항에 따른 가등기권리자
에 대한 압류의 통지에 관하여는 「국세징
수법 시행규칙」 제30조를 준용한다. (2023.
3. 20. 개정)
② 영 제18조 제5항에 따른 직전 보유자
국세 체납액의 구체적인 범위 설정을 위한
계산 기준일은 공매의 배분기일 또는 경매
의 배당기일로 한다. (2023. 3. 20. 신설)
③ 제2항에 따라 계산된 금액으로 국세 체
납액 징수를 하는 경우 그 징수 요구에 관
하여는 「국세징수법 시행규칙」 제48조를
준용한다. (2023. 3. 20. 신설)

2. 제1항 제3호 나목에 따른 임대차 계약 (2019. 12. 31. 개정)

3. 제1항 제3호 다목에 따른 가등기 설정계약 (2019. 12. 31. 개정)

4. 제42조 제3항에 따른 양도담보 설정계약 (2020. 12. 22. 개정)

⑦ 제3항에도 불구하고 「주택임대차보호법」 제3조의 2 제2항에 따라 대항요건과 확정일자를 갖춘 임차권에 의하여 담보된 임대차보증금반환채권 또는 같은 법 제2조에 따른 주거용 건물에 설정된 전세권에 의하여 담보된 채권(이하 이 항에서 "임대차보증금반환채권등"이라 한다)은 해당 임차권 또는 전세권이 설정된 재산이 국세의 강제징수 또는 경매 절차 등을 통하여 매각되어 그 매각금액에서 국세를 징수하는 경우 그 확정일자 또는 설정일보다 법정기일이 늦은 해당 재산에 대하여 부과된 상속세, 증여세 및 종합부동산세의 우선 징수 순서에 대신하여 변제될 수 있다. 이 경우 대신 변제되는 금액은 우선 징수할 수 있었던 해당 재산에 대하여 부과된 상속세, 증여세 및 종합부동산세의 징수액에 한정하며, 임대차보증금반환채권등보다 우선 변제되는 저당권 등의 변제액과 제3항에 따라 해당 재산에 대하여 부과된 상속세, 증여세 및 종합부동산세를 우선 징수하는 경우에 배분받을 수 있었던 임대차보증금반환채권등의 변제액에는 영향을 미치지 아니한다. (2023. 12. 31. 개정)

🔵통칙 35－0…2 【강제집행 등에 든 비용】 (2024. 3. 15. 제목개정)

법 제35조 제1항 제2호에서 규정하는 "그 강제집행, 경매 또는 파산절차에 든 비용"에는 다음 각 호의 어느 하나에 해당하는 비용이 포함된다. (2024. 3. 15. 개정)

1. 강제집행의 경우에는 강제집행의 준비비용인 집행문의 부여, 판결의 송달, 집행 신청을 하기 위한 출석에 필요한 비용(재판 외의 비용에 한함) 등과 강제집행의 개시에 의하여 발생한 비용인 집행관의 수수료, 체당금, 감정 비용, 담보공여의 비용, 압류재산의 보존비용 등에서 채무자가 부담하여야 할 비용 (2004. 2. 19. 개정)

2. 「민사소송법」에 의한 경매절차의 경우에는 전호에 준하는 비용 (2011. 3. 21. 개정)

3. 파산절차의 경우에는 「채무자 회생 및 파산에 관한 법률」 제473조(재단채권의 범위) 제3호에 규정한 관리, 환가 및 배당에 관한 비용, 동법 제348조(강제집행 및 보전처분에 대한 효력) 제1항 단서의 규정에 의거 파산관재인이 파산재단을 위한 강제집행 등의 절차를 속행하는 경우의 비용 등 (2019. 12. 23. 개정)

요건을 갖춘 주택임차보증금의 경우 그 확정일자보다 법정기일이 늦은 당해세에 대한 배분 예정액은 해당 주택임차보증금 채권자(세입자에 한한다)에게 배분한다. (2024. 3. 15. 개정)

② 제1항을 적용함에 있어서 당해 재산 중 일부를 매각하는 경우 우선징수하는 금액은 상속세·증여세 및 종합부동산세의 합계액에 총재산가액 중 매각재산가액이 차지하는 비율을 곱하여 산출한 금액으로 한다. (2019. 12. 23. 개정)

③ 제1항의 규정에 불구하고 상속세 등 당해 재산에 부과되는 국세는 피상속인(증여인 포함)이 조세의 체납이 없는 상태에서 설정한 저당권 등에 담보된 채권보다는 우선하지 않고, 본래의 납세의무자인 상속인(수증인 포함)이 설정한 저당권 등에 담보된 채권보다는 법정기일에 관계없이 항상 국세채권이 우선한다. (2019. 12. 23. 개정)

2. 경제적 연관관계 (2012. 2. 2. 개정)

3. 경영지배관계 중 제1조의 2 제3항 제1호 가목 및 같은 항 제2호 가목 및 나목의 관계. 이 경우 같은 조 제4항을 적용할 때 같은 항 제1호 가목 및 제2호 나목 중 "100분의 30"은 "100분의 50"으로 본다. (2012. 2. 2. 개정)

35-0…3【법정기일】
법 제35조 제2항 제3호에서 규정하는 "법정기일"이라 함은 국세채권과 저당권 등에 의하여 담보된 채권간의 우선 여부를 결정하는 기준일을 말하며, 구체적인 사항은 다음과 같다. (2024. 3. 15. 개정)
1. 제1호에서 「신고일」이라 함은 신고서 접수일을 말한다. 다만, 우편신고의 경우에는 법 제5조의 2에 의하여 우편날짜도장이 찍힌 날, 전자신고의 경우에는 국세정보통신망에 입력된 날을 말한다. (2024. 3. 15. 개정)
2. 2호, 4호, 5호, 7호, 8호에서의 「발송일」이라 함은 다음 각호의 구분에 의한 날을 말한다. (2024. 3. 15. 개정)
　가. 우편송달의 경우 : 우편발송일 (2004. 2. 19. 개정)
　나. 교부송달의 경우 : 납부고지서 등의 교부를 위한 출장일 (2024. 3. 15. 개정)
　다. 공시송달의 경우 : 반송 또는 수령거부된 당초 납부고지서 등의 발송일. 다만, 주소불명 등으로 처음부터 공시송달에 의하는 경우에는 법 제11조의 규정에 의한 공고일 (2024. 3. 15. 개정)
　라. 전자송달의 경우: 국세정보통신망에 저장된 때 (2004. 2. 19. 신설)
3. 바목에서의 「압류등기일 또는 등록일」이라 함은 등기부 또는 등록부에 기재된 압류서류의 접수일 (1995. 8. 14. 신설)

35-0…4【전세권】
법 제35조 제1항 제3호 가목에서 "전세권"이라 함은 전세금을 지급하고 타인의 부동산을 점유하여 그 부동산의 용도에 좇아 사용·수익하는 것을 내용으로 하는 권리로서 등기된 것을 말한다. (2024. 3. 15. 개정)

35-0…5【전세권에 의하여 담보되는 채권액의 범위】
전세권에 의하여 담보되는 채권액의 범위는 전세금외에 위약금이나 배상금 등으로 등기된 금액을 포함한다. (2004. 2. 19. 개정)

35-0…6【질 권】
법 제35조 제1항 제3호 가목의 질권에는 납세자에 대한 채권으로 납세자의 재산에 질권을 설정하고 있는 경우와 납세자 이외의 자에 대한 채권으로 납세자의 재산에 질권을 설정하고 있는 경우(납세자가 물상보증인이 되고 있는 경우 등)를 포함한다. (2024. 3. 15. 개정)

35-0…7【질권에 의하여 담보되는 채권액의 범위】
질권에 의하여 담보되는 채권액의 범위에는 설정행위에 특별한 규정이 없는 한 「민법」 제334조에서 규정하는 원본, 이자, 위약금, 질권실행비용, 질물보존의 비용 및 채무불이행 또는 질물의 하자로 인한 손해배상금 등이 포함된다. (2011. 3. 21. 개정)

35-0…8【등기 또는 등록하는 질권】
① 등기하는 질권이란 저당권으로 담보한 채권을 질권의 목적으로 한 때에 그 저당권 등기에 질권의 부기등기를 함으로써 그 효력이 제3자에 대한 대항요건으로 되어 있는 질권을 말한다. (2004. 2. 19. 개정)
② 등록하는 질권이란 무체재산질, 기명사채질, 기타 등록이 제3자에 대한 대항요건 또는 효력요건으로 되어 있는 질권을 말한다. (2004. 2. 19. 개정)

35-0…9【저당권】
① 저당권이란 채무자 또는 제3자(물상보증인)가 채무의 담보로 제공한 부동산 기타의 목적물을 채권자가 인도받지 아니하고 담보제공자의 사용·수익에 맡겨두면서 변제가 없을 때에 그 목적물로부터 우선변제를 받는 것을 목적으로 하는 담보물권을 말하며 저당권에는 「민법」 제357조의 근저당을 포함한다. (2011. 3. 21. 개정)
② 법 제35조 제1항 제3호 가목에 규정하는 국세채권보다 우선하는 국세의 법정기일 전에 설정등기된 저당권의 범위에는 본인의 채무를 담보하기 위해 설정등기한 저당권은 물론, 제3자를 위한 연대보증채무를 담보하기 위해 설정등기한 저당권도 포함된다. (2024. 3. 15. 개정)

35-0…10【저당권설정의 등기】
법 제35조 제1항 제3호 가목에 규정하는 "저당권이 설정된 사실"에는 납세자에 대한 채권의 담보로서 납세자의 재산상에 저당권을 설정하는 경우와 납세자 이외의 자에 대한 채권의 담보로서 납세자의 재산상에 저당권을 설정하는 경우(납세자가 물상보증인인 경우)를 포함한다. (2024. 3. 15. 개정)

35-0…11【저당권의 목적물가액】
국세에 우선하는 채권액은 저당권이 설정된 재산의 가액을 한도로 하며, 그 "매각대금"에는 부합물, 종물, 과실 등 저당권의 효력이 미치는 것의 매각대금을 포함한다. (2004. 2. 19. 개정)

35-0…12【저당권에 의하여 담보되는 채권액의 범위】
저당권에 의하여 담보되는 채권액의 범위에는 채권의 원금, 이자, 위약금, 채무불이행으로 인한 손해배상 및 저당권실행비용을 포함하되 등기된 채권최고액의 범위 이내에 한한다. (2004. 2. 19. 개정)

35-0…13【후순위저당채권등에의 배당】
저당채권 등에 우선하는 국세채권에 대한 배당없이 저당권자 등이 경락대금 등을 배당받았으면 국세채권을 부당이득한 것으로 본다. (2019. 12. 23. 개정)

35-0…15【임대차에 관한 보증금 중 일정액의 범위】
① 법 제35조 제1항 제4호에서 "보증금 중 일정액"이란 다음과 같다. (2024. 3. 15. 개정)
1. 「주택임대차보호법」 제8조의 경우
　• 서울특별시 : 보증금 1억6,500만원 이하인 경우에 대하여 5,500만원 이하의 금액
　• 「수도권정비계획법」에 따른 과밀억제권역(서울특별시 제외), 세종특별자치시, 용인시, 화성시 및 김포시 : 보증금 1억원 4,500만원 이하인 경우에 대하여 4,800만원 이하의 금액
　• 광역시(「수도권정비계획법」에 따른 과밀억제권역에 포함된 지역과 군지역 제외), 안산시, 광주시, 파주시, 이천시 및 평택시 : 보증금 8,500만원 이하인 경우에 대하여 2,800만원 이하의 금액
　• 그 밖의 지역 : 보증금 7,500만원 이하인 경우에 대하여 2,500만원 이하의 금액
2. 「상가건물 임대차 보호법」 제14조의 경우
　• 서울특별시 : 보증금 6,500만원 이하인 경우에 대하여 2,200만원 이하의 금액
　• 「수도권정비계획법」에 따른 과밀억제권역(서울특별시 제외) : 보증금 5,500만원 이하인 경우에 대하여 1,900만원 이하의 금액
　• 광역시(「수도권정비계획법」에 따른 과밀억제권역과 포함된 지역과 군지역 제외), 안산시, 용인시, 김포시 및 광주시 : 보증금 3,800만원 이하인 경우에 대하여 1,300만원 이하의 금액
　• 그밖의 지역 : 보증금 3,000만원 이하인 경우에 대하여 1,000만원 이하의 금액
② 「주택 임대차 보호법」 제8조 또는 「상가건물 임대차 보호법」 제14조에 의한 소액임차보증금이 국세보다 우선하기 위하여는 「국세징수법」 제72조의 공매공고일 이전에 「주택 임대차 보호법」 제3조 또는 「상가건물 임대차 보호법」 제3조에 의한 대항력을 갖추어야 한다. (2024. 3. 15. 개정)

35-0…16【임금채권 등의 우선변제】
국세 또는 강제징수비와 임차인의 보증금 중 일정액, 임금채권 등 그밖의 다른 채권과의 우선순위에 관하여는 법 제35조 제1항 제4호 및 제5호, 「주택임대차 보호법」 제8조, 「근로기준법」 제38

 p.90 1단 연결

조 및 「근로자퇴직급여 보장법」 제12조를 종합하여 판단하여야 하는 바, 그 우선순위는 다음과 같다. (2024. 3. 15. 개정)

1. 압류재산에 법 제35조 제1항 제3호에 규정하는 국세의 법정기일(이하 "법정기일"이라 한다) 전에 질권 또는 저당권에 의하여 담보된 채권이 있는 경우 (1997. 3. 27. 개정)

   (1순위) 임차인의 보증금 중 일정액, 최종 3개월분의 임금과 최종 3년간의 퇴직금 및 재해보상금 (2024. 3. 15. 개정)

   (2순위) 질권 또는 저당권에 의하여 담보된 채권

   (3순위) 최종 3개월분 이외의 임금 및 기타 근로관계로 인한 채권 (2024. 3. 15. 개정)

   (4순위) 국세

   (5순위) 일반채권

2. 압류재산에 국세의 법정기일 이후에 질권 또는 저당권에 의하여 담보된 채권이 있는 경우 (1991. 3. 27. 개정)

   (1순위) 임차인의 보증금 중 일정액, 최종 3개월분의 임금과 최종 3년간의 퇴직금 및 재해보상금 (2024. 3. 15. 개정)

   (2순위) 국세

   (3순위) 질권 또는 저당권에 의하여 담보된 채권

   (4순위) 최종 3개월분 이외의 임금 및 기타 근로관계로 인한 채권 (2024. 3. 15. 개정)

   (5순위) 일반채권

3. 압류재산에 질권 또는 저당권에 의하여 담보된 채권이 없는 경우 (1988. 2. 5. 신설)

   (1순위) 임차인의 보증금 중 일정액, 최종 3개월분의 임금과 최종 3년간의 퇴직금 및 재해보상금 (2024. 3. 15. 개정)

   (2순위) 최종 3개월분 이외의 임금 및 기타 근로관계로 인한 채권 (2024. 3. 15. 개정)

   (3순위) 국세

   (4순위) 일반채권

35－0…17【대물변제의 예약】
법 제35조 제1항 제3호 다목에서 "채무불이행을 정지 조건으로 하는 대물변제(代物辨濟)의 예약'이라 함은 소비대차의 당사자간에서 채무자가 기한 내에 변제를 하지 않으면 채권담보의 목적물의 소유권이 당연히 채권자에게 이전된다고 미리 약정하는 것을 말한다. (2024. 3. 15. 개정)

35－0…18【가등기, 가등록】
"가등기 또는 가등록"이란 본등기 또는 본등록을 할 수 있는 형식적 또는 실질적 요건을 완비하지 못한 경우에 장래의 본등기 또는 본등록의 순위보존을 위하여 하는 등기, 등록을 말하며 가등기, 가등록에 기초한 본등기, 본등록의 순위는 가등기, 가등록의 순위에 의한다. (2011. 3. 21. 개정)

제35조의 2【압류의 경우의 국세의 법정기일】삭 제 (1993. 12. 31)

제36조【압류에 의한 우선】① 국세 강제징수에 따라 납세자의 재산을 압류한 경우에 다른 국세 및 강제징수비 또는 지방세의 교부청구(「국세징수법」 제61조 또는 「지방세징수법」 제67조에 따라 참가압류를 한 경우를 포함한다. 이하 이 조에서 같다)가 있으면 압류와 관계되는 국세 및 강제징수비는 교부청구된 다른 국세 및 강제징수비 또는 지방세보다 우선하여 징수한다. (2020. 12. 29. 개정 ; 국세징수법 부칙)

② 지방세 체납처분에 의하여 납세자의 재산을 압류한 경우에 국세 및 강제징수비의 교부청구가 있으면 교부청구된 국세 및 강제징수비는 압류에 관계되는 지방세의 다음 순위로 징수한다. (2020. 12. 22. 개정)

통칙 36－0…1【교부청구】
법 제36조에서 "교부청구'란 「국세징수법」 제59조(교부청구), 제61조(참가압류) 등에 의한 교부청구를 말한다. (2024. 3. 15. 개정)

제37조【담보 있는 국세의 우선】납세담보물을 매각하였을 때에는 제36조에도 불구하고 그 국세 및 강제징수비는 매각대금 중에서 다른 국세 및 강제징수비와 지방세에 우선하여 징수한다. (2020. 12. 22. 개정)

통칙 37－0…1【납세담보물】
법 제37조에서 "납세담보물"이라 함은 국세징수법 제18조(담보의 종류) 제2호, 제5호, 제6호의 재산으로 국세에 관한 법률의 규정에 의하여 담보로 제공된 재산(물상보증으로 제공된 제3자의 재산도 포함)을 말한다. (2024. 3. 15. 개정)

제38조【청산인 등의 제2차 납세의무】① 법인이 해산하여 청산하는 경우에 그 법인에 부과되거나 그 법인이 납부할 국세 및 강제징수비를 납부하지 아니하고 해산에 의한 잔여재산을 분배하거나 인도하였을 때에 그 법인에 대하여 강제징수를 하여도 징수할 금액에 미치지 못하는 경우에는 청산인 또는 잔여재산을 분배받거나 인도받은 자는 그 부족한 금액에 대하여 제2차 납세의무를 진다. (2020. 12. 22. 개정)

통칙 38 - 0…1【청산인】
청산인이란 정관의 규정, 주주총회의 결의 또는 법원에 의하여 선임(법정청산인)되어, 다음과 같은 해산법인의 청산사무를 집행하는 자를 말한다. (2011. 3. 21. 개정)
1. 현존사무의 종결
2. 채권의 추심과 채무의 변제
3. 재산의 환가처분
4. 잔여재산의 분배 등
38 - 0…2【법인이 해산한 경우】
법 제38조에서 "법인이 해산한 경우"라 함은 해산등기의 유무에 관계없이 다음 각호의 경우를 말한다. (2004. 2. 19. 개정)
① 주주총회 기타 이에 준하는 총회 등에서 해산한 날을 정한 경우에는 그 날이 경과한 때
② 해산할 날을 정하지 아니한 경우에는 해산결의를 한 때
③ 해산사유(존립기간의 만료, 정관에 정한 사유의 발생, 파산, 합병 등)의 발생으로 해산하는 경우에는 그 사유가 발생한 때
④ 법원의 명령 또는 판결에 의하여 해산하는 경우에는 그 명령 또는 판결이 확정된 때
⑤ 주무관청이 설립허가를 취소한 경우에는 그 취소의 효력이 발생하는 때 등
38 - 0…3【해산법인에 부과되거나 해산법인이 납부할 국세】(2024. 3. 15. 제목개정)
법 제38조 제1항에서 "그 법인에 부과되거나 그 법인이 납부할 국세"라 함은 당해 법인이 결과적으로 납부하여야 할 모든 국세를 말하며, 해산할 때나 잔여재산을 분배 또는 인도하는 때에 이미 납세의무가 성립된 국세에 한하지 아니한다. (2024. 3. 15. 개정)

통칙 38 - 0…4【배분 또는 인도】
법 제38조에서 "분배"란 법인이 청산하는 경우에 있어서 잔여재산을 사원, 주주, 조합원, 회원 등에게 원칙적으로 출자액에 따라 배분하는 것을 말하며(「민법」 제724조 제2항, 「상법」 제260조, 제269조, 제538조, 제612조 참조), "인도"란 법인이 청산하는 경우에 있어서 잔여재산을 「민법」 제80조(잔여재산의 귀속) 등에 따라 처분하는 것을 말한다. (2019. 12. 23. 개정)
38 - 0…5【청산인등의 제2차 납세의무의 한계】
법 제38조 제1항에서 "징수할 금액에 미치지 못하는 경우"란 주된 납세자에게 귀속하는 재산(제3자 소유의 납세담보재산 및 보증인의 납세보증을 포함한다)을 강제징수(교부청구 및 참가압류를 포함한다)으로 징수할 수 있는 가액이 그 법인이 부담할 국세총액에 부족한 경우를 말하며, 이 경우에 그 부족여부의 판정은 납부고지를 하는 때의 현황에 의한다. 또한 상기의 재산가액산정에 있어서는 다음 사항을 유의하여야 한다. (2024. 3. 15. 개정)
1. 매각하여 국세 등을 징수하려는 재산 (이하 "재산"이라 한다)에 「국세기본법」 또는 기타 법률의 규정에 의하여 국세에 우선하는 채권, 공과금, 지방세 등이 있는 경우에는 그 우선하는 채권액에 상당하는 금액을 그 재산의 처분예정가액에서 공제하여 그 재산가액을 산정한다. (2011. 3. 21. 개정)
2. 교부청구 등을 한 경우에는 장차 배분받을 수 있다고 인정되는 금액을 기준으로 하여 재산가액을 산정한다.
3. 재산 중에 「국세징수법」 제41조(압류금지 재산)의 규정 등에 의하여 강제징수를 할 수 없는 재산이 있을 때에는 이를 제외하여 재산가액을 산정한다. (2024. 3. 15. 개정)
4. 재산의 종류가 채권인 경우에는 그 채권을 환가하는 경우의 평가액을 기준으로 하고, 장래의 채권 또는 계속수입 등의 채권은 장래의 그 이행가능성을 고려한 금액을 재산가액으로 산정한다.
5. 강제징수비가 필요하다고 인정하는 경우에는 그 징수예상가액은 강제징수비를 공제하여 재산가액을 산정한다. (2024. 3. 15. 개정)
38 - 0…6【임의청산의 경우】
「상법」 제247조 제1항(상법 제269조의 준용규정 포함)에 따라 임의청산을 하는 경우에는 청산인을 두지 않을 수 있는 바, 이 경우에도 분배 등을 받은 자에 대하여는 법 제38조를 적용한다. (2011. 3. 21. 개정)
38 - 0…7【청산종결등기와의 관계】
주식회사 등이 "부과되거나 납부할 국세"를 완납하지 아니하고 청산종결의 등기를 한 경우 그 등기는 적법한 청산종결에 기초한 것이 아니기 때문에 회사는 청산

통칙 38 - 0…8【회사계속의 특별결의가 있는 경우】
주식회사, 유한회사 등이 해산하고 잔여재산을 분배한 후에 「상법」 제519조(회사의 계속) 및 제610조 (회사의 계속) 등에 따라 회사를 계속하는 경우에는 계속의 특별결의에 의하여 잔여재산 분배의 효과는 장래에 향하여 소멸한다. 따라서 회사계속의 특별결의 후에는 제2차 납세의무를 지울 수 없다. (2011. 3. 21. 개정)
38 - 0…10【제2차 납세의무자 상호간의 관계】
제2차 납세의무자가 2인 이상인 경우에 제2차 납세의무자 상호간의 관계는 다음과 같다. (2004. 2. 19. 개정)
1. 제2차 납세의무자 1인에 대하여 발생한 이행(납부, 충당 등) 이외의 사유는 다른 제2차 납세의무자의 제2차 납세의무에는 영향을 미치지 아니한다.
2. 제2차 납세의무자 1인이 그의 제2차 납세의무를 이행한 경우에는 그 이행에 의하여 제2차 납세의무가 소멸된 세액이 다른 제2차 납세의무자의 제2차 납세의무의 범위에 포함되어 있으면 그 제2차 납세의무도 소멸한다. 이 경우 "범위에 포함되어 있는자"에 관하여는 분배 등을 한 재산의 가액을 기준으로 하여 판정한다.
38 - 0…11【상법 제248조등과의 관계】
임의청산중의 합명회사가 「상법」 제247조(임의청산) 제3항에서 준용하고 있는 제232조(채권자의 이의) 제1항 또는 제3항을 위반하여 재산처분을 한 경우에 있어서도 그 처분이 잔여재산의 분배에 해당될 때에는 법 제38조를 적용한다. 그리고 분배이외에 기타의 처분을 한 때에는 세무서장은 「상법」 제248조(임의청산과 채권자보호)에 따라 그 처분의 취소를 법원

② 제1항에 따른 제2차 납세의무의 한도는 다음 각 호의 구분에 따른다. (2019. 12. 31. 개정)
1. 청산인: 분배하거나 인도한 재산의 가액 (2019. 12. 31. 개정)
2. 잔여재산을 분배받거나 인도받은 자: 각자가 받은 재산의 가액 (2019. 12. 31. 개정)

제39조【출자자의 제2차 납세의무】법인(대통령령으로 정하는 증권시장에 주권이 상장된 법인은 제외한다. 이하 이 조에서 같다)의 재산으로 그 법인에 부과되거나 그 법인이 납부할 국세 및 강제징수비에 충당하여도 부족한 경우에는 그 국세의 납세의무 성립일 현재 다음 각 호의 어느 하나에 해당하는 자는 그 부족한 금액에 대하여 제2차 납세의무를 진다. 다만, 제2호에 따른 과점주주의 경우에는 그 부족한 금액을 그 법인의 발행주식 총수(의결권이 없는 주식은 제외한다. 이하 이 조에서 같다) 또는 출자총액으로 나눈 금액에 해당 과점주주가 실질적으로 권리를 행사하는 주식 수(의결권이 없는 주식은 제외한다) 또는 출자액을 곱하여 산출한 금액을 한도로 한다. (2020. 12. 22. 개정)

제39조【출자자의 제2차 납세의무】법인(대통령령으로 정하는 증권시장에 주권이 상장된 법인은 제외한다. 이하 이 조에서 같다)의 재산으로 그 법인에 부과되거나 그 법인이 납부할 국세 및 강제징수비에 충당하여도 부족한 경우에는 그 국세의 납세의무 성립일 현재 다음 각 호의 어느 하나에 해당하는 자는 그 부족한 금액에 대하여 제2차 납세의무를 진다. 다만, 제2호에 따른 과점주주 또는 제3호에 따른 과점조합원의 경우에는 그 부족한 금액을 그 법인의 발행주식 총수(의결권이 없는 주식은 제외한다. 이하 이 조에서 같다) 또는 출자총액으로 나눈 금액에 해당 과점주주 또는 과점조합원이 실질적으로 권리를 행사하는 주식 수(의결권이 없는 주식은 제외한다) 또는 출자액을 곱하여 산출한 금액을 한도로 한다. (2024. 12. 31. 단서개정)

제39조【출자자의 제2차 납세의무】법인(대통령령으로 정하는 증권시장에 주권이 상장된 법인은 제외한다. 이하 이 조에서 같다)의 재산으로 그 법인에 부과되거나 그 법인이 납부할 국세 및 강제징수비에 충당하여도 부족한 경우에는 그 국세의 납세의무 성립일 현재 다음 각 호의 어느 하나에 해당하는 자는 그 부족한 금액에 대하여 제2차 납세의무를 진다. 다만, 제2호에 따른 과점주주 또는 제3호에 따른 과점조합원의 경우에는 그 부족한 금액을 그 법인의 발행주식 총수(의결권이 없는 주식은 제외한다. 이하 이 조에서 같다) 또는 출자총액으로 나눈 금액에 해당 과점주주 또는 과점조합원이 실질적으로 권리를 행사하는 주식 수

을 위하여 필요한 범위 내에서 존속하는 것으로 보며, "부과되거나 납부할 국세"에 대한 납부의무는 소멸하지 아니한다. (2011. 3. 21. 개정)

제19조【청산인 등의 제2차 납세의무의 한도】(2010. 2. 18. 제목개정)
법 제38조 제2항 각 호에 따른 재산의 가액은 청산 후 남은 재산을 분배하거나 인도한 날 현재의 시가로 한다. (2020. 2. 11. 개정)

▶ 관련법령

민 법
제777조【친족의 범위】친족관계로 인한 법률상 효력은 이 법 또는 다른 법률에 특별한 규정이 없는 한 다음 각호에 해당하는 자에 미친다. (90. 1. 13. 개정)
1. 8촌 이내의 혈족 (90. 1. 13. 개정)
2. 4촌 이내의 인척 (90. 1. 13. 개정)
3. 배우자 (90. 1. 13. 개정)

▶ 편주
법 39조 각 호 외의 부분 단서 및 같은 조 3호의 개정규정은 2025. 1. 1. 이후 법인의 납세의무가 성립하는 경우부터 적용함. (법 부칙(2024. 12. 31.) 5조)

제20조【출자자의 제2차 납세의무의 적용 범위】(2021. 2. 17. 제목개정)
① 법 제39조 각 호 외의 부분 본문에서 "대통령령으로 정하는 증권시장"이란 「자본시장과 금융투자업에 관한 법률 시행령」 제176조의 9 제1항에 따른 유가증권시장 및 대통령령 제24697호 자본시장과 금융투자업에 관한 법률 시행령 일부개정령 부칙 제8조에 따른 코스닥시장을 말한다. (2021. 2. 17. 신설)

통칙 39 - 0…1【주 주】
법 제39조에서 "주주"라 함은 주식의 소유자로서 주주명부등에 기재유무와 관

에 청구하여야 한다. 이는 합자회사의 경우에도 또한 같다. (2011. 3. 21. 개정)

통칙 38 - 0…9【청산인이 2인 이상인 경우】
청산인이 2인 이상 있는 경우에는 제2차 납세의무의 범위는 다음과 같다. (2004. 2. 19. 개정)
1. 각 청산인이 각각 별도로 분배 등을 한 경우에는 그 분배 등을 한 재산가액을 각각 그 한도로 한다.
2. 분배 등에 관한 청산인회의 결의에 찬성한 청산인의 경우에는 그 결의에 의하여 분배 등을 한 재산가액 전액을 각각 그 한도로 한다.
3. 공동행위에 의하여 분배 등을 한 청산인의 경우에는 그 분배 등을 한 재산가액 전액을 각각 그 한도로 한다.

통칙 39 - 0…3【과점주주의 판정】
과점주주의 판정은 국세의 납세의무성립일 현재

(의결권이 없는 주식은 제외한다) 또는 출자액을 곱하여 산출한 금액(제3호 단서의 경우 그 부족한 금액과 과점조합원 간에 정한 손익분배비율을 곱한 금액으로 한다)을 한도로 한다. (2025. 3. 14. 개정)

1. 무한책임사원으로서 다음 각 목의 어느 하나에 해당하는 사원 (2020. 12. 22. 개정)

　가. 합명회사의 사원 (2020. 12. 22. 개정)

　나. 합자회사의 무한책임사원 (2020. 12. 22. 개정)

2. 주주 또는 다음 각 목의 어느 하나에 해당하는 사원 1명과 그의 특수관계인 중 대통령령으로 정하는 자로서 그들의 소유주식 합계 또는 출자액 합계가 해당 법인의 발행 주식 총수 또는 출자총액의 100분의 50을 초과하면서 그 법인의 경영에 대하여 지배적인 영향력을 행사하는 자들(이하 "과점주주"라 한다) (2020. 12. 22. 개정)

　가. 합자회사의 유한책임사원 (2020. 12. 22. 개정)

　나. 유한책임회사의 사원 (2020. 12. 22. 개정)

　다. 유한회사의 사원 (2020. 12. 22. 개정)

3. 「농어업경영체 육성 및 지원에 관한 법률」 제16조에 따른 영농조합법인 또는 영어조합법인의 조합원 1명과 그의 특수관계인 중 대통령령으로 정하는 자로서 그들의 출자액의 합계가 해당 조합의 출자총액의 100분의 50을 초과하는 자들(이하 "과점조합원"이라 한다). 다만, 조합원 간에 손익분배비율을 정한 경우로서 그 손익분배비율이 출자액의 비율과 다른 경우에는 조합원 1명과 그의 특수관계인 중 대통령령으로 정하는 자로서 그들의 손익분배비율의 합계가 100분의 50을 초과하는 자들을 과점조합원으로 한다. (2024. 12. 31. 신설)

관계조문 》》

법 21조 ⇒ 납세의무의 성립시기

제40조【법인의 제2차 납세의무】 ① 국세(둘 이상의 국세의 경우에는 납부기한이 뒤에 오는 국세)의 납부기간 만료일 현재 법인의 무한책임사원 또는 과점주주(이하 "출자자"라 한다)의 재산(그 법인

계없이 사실상 주주권을 가진 자를 말하며, 주권의 발행 전에 주식 또는 주주권이 양도된 경우에는 그의 양수인을 말한다. (2004. 2. 19. 개정)

② 법 제39조 제2호 각 목 외의 부분에서 "특수관계인 중 대통령령으로 정하는 자"란 해당 주주 또는 법 제39조 제2호 각 목의 어느 하나에 해당하는 사원과 제18조의 2 각 호의 어느 하나에 해당하는 관계에 있는 자를 말한다. (2025. 2. 28. 개정)

③ 법 제39조 제3호 본문 및 단서에서 "특수관계인 중 대통령령으로 정하는 자"란 각각 법 제39조 제3호에 따른 조합원과 제18조의 2 각 호의 어느 하나에 해당하는 관계에 있는 자를 말한다. (2025. 2. 28. 신설)

　제20조의 2【임원의 정의】삭　제 (98. 12. 31.)

통칙 **39－0…2【과점주주의 요건】**
① 법인의 주주에 대하여 제2차 납세의무를 지우기 위해서는 과점주주가 주금을 납입하는 등 출자한 사실이 있거나 주주총회에 참석하는 등 운영에 참여하여 그 법인을 실질적으로 지배할 수 있는 위치에 있음을 요하며, 형식상 주주명부에 등재되어 있는 것만으로는 과점주주라 할 수 없다. (2004. 2. 19. 개정)
② 삭　제 (2024. 3. 15.)

통칙 **40－0…2【주권 미발행 법인에 대한 제2차 납세의무】**
① 법인이 「상법」 제355조에 정한 주권의 발행시기가 경과하였음에도 불구하고 주권을 발행하지 아니한 경우, 세무서장은 체납자인 주주가 회사에 대하여 가지는

주주 또는 유한책임사원과 그 친족 기타 특수관계에 있는 자의 소유주식 또는 출자액을 합계하여 그 점유비율이 50%를 초과하는 지를 계산하는 것이며, 이 요건에 해당되면 당사자 개개인을 전부 과점주주로 본다. (2011. 3. 21. 개정)

통칙 **40－0…1【합명회사등의 지분양도의 제한】**
합명회사 및 합자회사의 지분은 「상법」 제197조,

의 발행주식 또는 출자지분은 제외한다)으로 그 출자자가 납부할 국세 및 강제징수비에 충당하여도 부족한 경우에는 그 법인은 다음 각 호의 어느 하나에 해당하는 경우에만 그 부족한 금액에 대하여 제2차 납세의무를 진다. (2020. 12. 22. 개정)

1. 정부가 출자자의 소유주식 또는 출자지분을 재공매(再公賣)하거나 수의계약으로 매각하려 하여도 매수희망자가 없는 경우 (2010. 1. 1. 개정)
2. 그 법인이 외국법인인 경우로서 출자자의 소유주식 또는 출자지분이 외국에 있는 재산에 해당하여 「국세징수법」에 따른 압류 등 강제징수가 제한되는 경우 (2022. 12. 31. 신설)
3. 법률 또는 그 법인의 정관에 의하여 출자자의 소유주식 또는 출자지분의 양도가 제한된 경우(「국세징수법」 제66조 제5항에 따라 공매할 수 없는 경우는 제외한다) (2022. 12. 31. 개정)

② 제1항에 따른 법인의 제2차 납세의무는 다음 계산식에 따라 계산한 금액을 한도로 한다. (2019. 12. 31. 개정)

$$\text{한도액} = (A - B) \times \frac{C}{D}$$

A: 법인의 자산총액
B: 법인의 부채총액
C: 출자자의 소유주식 금액 또는 출자액
D: 발행주식 총액 또는 출자총액

제41조 【사업양수인의 제2차 납세의무】 ① 사업이 양도·양수된 경우에 양도일 이전에 양도인의 납세의무가 확정된 그 사업에 관한 국세 및 강제징수비를 양도인의 재산으로 충당하여도 부족할 때에는 대통령령으로 정하는 사업의 양수인은 그 부족한 금액에 대하여 양수한 재산의 가액을 한도로 제2차 납세의무를 진다. (2020. 12. 22. 개정)
② 제1항에 규정된 양수한 재산의 가액은 대통령령으로 정한다. (2010. 1. 1. 개정)

통칙 41-0…1 【사업의 양도·양수】
① 법 제41조에 규정하는 "사업이 양도·양수된 경우"란 계약의 명칭이나 형식에 관계없이 실질상 사업에 관한 권리와 의무 일체를 포괄적으로 양도·양수하는 것

주주권을 압류하고 일정기간 내에 주권을 발행하여 세무공무원에게 인도하라는 뜻을 통지하여야 한다.
② 제1항의 기간 내에 주권을 발행하지 아니하고 「상법」 제335조 제3항 후단(회사성립후 또는 신주의 납입기일후 6월이 경과한 때)의 규정에 해당하는 때에는 주식에 대한 매각절차를 진행하여야 하며, 그 결과 매수 희망자가 없고 해당 체납자가 과점주주인 경우에는 법 제40조에 따른 제2차 납세의무를 지울 수 있다. (2011. 3. 21. 개정)

제21조 【법인의 제2차 납세의무의 한도】 (2010. 2. 18. 제목개정) 법 제40조 제2항에 따른 자산총액과 부채총액의 평가는 해당 국세(해당 국세가 둘 이상이면 납부기한이 뒤에 도래한 국세)의 납부기간 종료일 현재의 시가로 한다. (2010. 2. 18. 개정)

통칙 40-21…1 【부채총액의 계산】
영 제21조의 규정에 의한 평가일 현재 납세의무가 성립한 당해 법인의 국세는 이를 부채총액에 산입한다. (2004. 2. 19. 개정)

제22조 【사업의 양도·양수의 범위】 법 제41조 제1항에서 "대통령령으로 정하는 사업의 양수인"이란 사업장별로 그 사업에 관한 모든 권리(미수금에 관한 것은 제외한다)와 모든 의무(미지급금에 관한 것은 제외한다)를 포괄적으로 승계한 자로서 다음 각 호의 어느 하나에 해당하는 자를 말한다. (2019. 2. 12. 개정)
1. 양도인과 특수관계인인 자 (2019. 2. 12. 신설)
2. 양도인의 조세회피를 목적으로 사업을 양수한 자 (2019. 2. 12. 신설)

제23조 【사업양수인의 제2차 납세의무의 한도】 (2010. 2. 18. 제목개정)

제269조, 제276조의 규정에 의하여 다른 무한책임사원 전원의 동의가 없으면 양도할 수 없으므로, 환가 전에 무한책임사원 중 1인이라도 환가에 의한 지분양도에 대하여 반대의사를 표시하는 경우는 법 제40조 제1항 제3호에 따른 "양도가 제한된 경우"에 해당한다. (2024. 3. 15. 개정)

40-0…3 【법인의 제2차 납세의무의 한도】
법 제40조 제2항의 규정에 의하여 제2차 납세의무를 지는 한도는 다음과 같이 계산한다. (2004. 2. 19. 개정)

$$\text{자산총액} - \text{부채총액}) \times \frac{\text{출자자의 소유주식금액(출자금액)}}{\text{발행주식총액(출자총액)}} = \text{한도액}$$

통칙 41-0…2 【사업의 양도·양수로 보지 아니하는 경우】
다음 각호의 "1"에 해당하는 경우에는 사업의 양도·양수로 보지 아니한다. (2004. 2. 19. 개정)
1. 영업에 관한 일부의 권리와 의무만을 승계한 경우
2. 강제집행절차에 의하여 경락된 재산을 양수한 경우
3. 보험업법에 의한 자산 등의 강제이전의 경우

을 말하며, 개인간 및 법인간은 물론 개인과 법인 사이에도 사업의 양도·양수가 이루어질 수 있다. (2024. 3. 15. 개정)
② 사업의 양도·양수계약이 그 사업장내의 시설물, 비품, 재고상품, 건물 및 대지 등 대상목적에 따라 부분별, 시차별로 별도로 이루어졌다 하더라도 결과적으로 사회통념상 사업전부에 관하여 행하여진 것이라면 사업의 양도·양수에 해당한다. (2004. 2. 19. 개정)
③ 사업의 양도에 대하여는 다음 사항에 유의하여야 한다. (2004. 2. 19. 번호개정)
1. 합명회사, 합자회사의 영업의 일부나 전부를 양도함에는 총사원 과반수의 결의가 필요하다.
2. 주식회사의 영업의 양도에는 특별결의가 필요하다.
3. 유한회사의 영업의 양도에는 특별결의가 필요하다.
4. 보험회사는 그 영업을 양도하지 못한다.

41－0…3【그 사업에 관한 국세】 (2019. 12. 23. 제목개정)
법 제41조에 규정하는 "그 사업에 관한 국세"에는 사업용 부동산을 양도함으로 인하여 발생한 양도소득세 및 「법인세법」 제55조의 2에 따라 납부하는 법인세를 포함하지 아니한다. (2019. 12. 23. 개정)

41－0…5【사업을 재차 양도·양수한 경우】
① 법인의 사업을 갑이 양수하고, 갑이 다시 그 사업을 을에게 양도한 경우에 을은 법인의 제2차 납세의무를 지지 않는다. 그러나 갑이 을에게 사업을 양도할 당시에 법인에 대한 제2차 납세의무의 지정을 받았을 경우에는 그러하지 않는다. (2004. 2. 19. 개정)
② 사업의 양도로 인한 제2차 납세의무는 사업의 양도·양수 사실이 발생할 때마다 그 요건에 해당되면 제2차 납세의무의 지정을 해야 한다. (2004. 2. 19. 개정)

제 3 절 물적납세 의무

제42조【양도담보권자의 물적납세 의무】 ① 납세자가 국세 및 강제징수비를 체납한 경우에 그 납세자에게 양도담보재산이 있을 때에는 그 납세자의 다른 재산에 대하여 강제징수를 하여도 징수할 금액에 미치지 못하는 경우에만 「국세징수법」에서 정하는 바에 따라 그 양도담보재산으로써 납세자의 국세 및 강제징수비를 징수할 수 있다. 다만, 그 국세의 법정기일 전에 담보의 목적이 된 양도담보재산에 대해서는 그러하지 아니하다. (2020. 12. 22. 개정)
② 「국세징수법」 제7조 제1항에 따라 양도담보권자에게 납부고지가

---

① 법 제41조 제1항에 따른 사업의 양도인에게 둘 이상의 사업장이 있는 경우에 하나의 사업장을 양수한 자의 제2차 납세의무는 양수한 사업장과 관계되는 국세 및 강제징수비(둘 이상의 사업장에 공통되는 국세 및 강제징수비가 있는 경우에는 양수한 사업장에 배분되는 금액을 포함한다)에 대해서만 진다. (2021. 2. 17. 개정)
② 법 제41조 제2항에서 "양수한 재산의 가액"이란 다음 각 호의 가액을 말한다. (2010. 2. 18. 개정)
1. 사업의 양수인이 양도인에게 지급하였거나 지급하여야 할 금액이 있는 경우에는 그 금액 (2010. 2. 18. 개정)
2. 제1호에 따른 금액이 없거나 불분명한 경우에는 양수한 자산 및 부채를 「상속세 및 증여세법」 제60조부터 제66조까지의 규정을 준용하여 평가한 후 그 자산총액에서 부채총액을 뺀 가액 (2010. 2. 18. 개정)
③ 제2항에도 불구하고 같은 항 제1호에 따른 금액과 시가의 차액이 3억원 이상이거나 시가의 100분의 30에 상당하는 금액 이상인 경우에는 같은 항 제1호의 금액과 제2호의 금액 중 큰 금액으로 한다. (2010. 2. 18. 개정)

통칙 42－0…2【양도담보의 목적물】
동산, 유가증권, 채권, 부동산, 무체재산권 등과 그 이외에 법률상으로 아직 권리로 인정되어 있지 않은 것이라도 양도할 수 있는 것은 모두 양도담보의 목적물이 된다. (2004. 2. 19. 개정)

42－0…3【양도담보의 공시방법】
양도담보의 공시는 다음 각호의 방법에 의하여 목적물의 권리를 이전함에 의한다. (2004. 2. 19. 개정)
1. 동산 … 인도 또는 점유개정

통칙 41－0…4【양도소득세등에 대한 제2차 납세의무】
사업용 부동산(토지·건물 등)을 양도함으로써 납부하여야 할 양도소득세 또는 「법인세법」 제55조의 2에 따라 납부하는 법인세는 당해 사업에 관한 국세가 아니므로 동 양수자는 사업양수인으로서의 제2차납세의무를 지지 않는다. (2019. 12. 23. 개정)

41－23…1【양수한 사업장에 배분되는 금액의 계산】
영 제23조에서 규정하는 "양수한 사업장에 배분되는 금액"의 계산은 구체적인 사례에 따라 그 계산방법을 달리하여야 할 것이나, 일반적으로는 다음의 예에 의하여 계산한다. (2004. 2. 19. 개정)
1. 사업장별로 소득금액을 계산할 수 있는 경우

$$\text{공통되는 국세 등} \times \frac{\text{양수한 사업장의 소득금액}}{\text{각 사업연도의 소득금액}}$$

2. 사업장별로 소득금액을 계산할 수 없는 경우

$$\text{공통되는 국세 등} \times \frac{\text{양수한 사업장의 수입금액}}{\text{공통하는 사업자의 수입금액 합계액}}$$

통칙 42－0…1【양도담보재산】
법 제42조에서 "양도담보재산"이란 납세자가 자기 또는 제3자의 채무를 담보하기 위하여 채권자 또는 제3자에게 양도한 재산을 말하며, 다음 각 호의 어느 하나에 해당하는 양도담보설정계약에 의하는 것이 일반적이다. (2011. 3. 21. 개정)
1. 채권의 담보목적을 위하여 담보의 목적물을 채권자에게 양도하고 그 담보된 채무를 이행

있은 후 납세자가 양도에 의하여 실질적으로 담보된 채무를 불이행하여 해당 재산이 양도담보권자에게 확정적으로 귀속되고 양도담보권이 소멸하는 경우에는 납부고지 당시의 양도담보재산이 계속하여 양도담보재산으로서 존속하는 것으로 본다. (2020. 12. 22. 신설)
③ 제1항 및 제2항에서 "양도담보재산"이란 당사자 간의 계약에 의하여 납세자가 그 재산을 양도하였을 때에 실질적으로 양도인에 대한 채권담보의 목적이 된 재산을 말한다. (2020. 12. 22. 개정)

●통칙 42-0…6 【양도담보재산의 양도의 경우】
양도담보재산이 양도담보권자로부터 다시 제3자에게 양도가 된 경우에는 법 제42조 제2항의 고지 후에 양도가 된 경우에도 압류가 되기 전에 양도된 때에는 동조의 물적납세의무는 소멸한다. (2024. 3. 15. 신설)

제5장 과　　세

제1절　관할 관청

　제43조 【과세표준신고의 관할】 ① 과세표준신고서는 신고 당시 해당 국세의 납세지를 관할하는 세무서장에게 제출하여야 한다. 다만, 전자신고를 하는 경우에는 지방국세청장이나 국세청장에게 제출할 수 있다. (2010. 1. 1. 개정)
② 과세표준신고서가 제1항의 세무서장 외의 세무서장에게 제출된 경우에도 그 신고의 효력에는 영향이 없다. (2010. 1. 1. 개정)

　제44조 【결정 또는 경정결정의 관할】 국세의 과세표준과 세액의 결정 또는 경정결정은 그 처분 당시 그 국세의 납세지를 관할하는 세무서장이 한다. (2010. 1. 1. 개정)

●통칙 44-0…1 【결정 또는 경정결정의 관할세무서장】 (2019. 12. 23. 제목개정)

2. 부동산 … 등기
3. 무기명채권 및 지시채권 … 증서의 교부
4. 지명채권 … 양도인으로부터 통지 또는 채무자의 승낙
5. 기타 … 인도, 등기 또는 등록 등 위 각호에 준함.
42-0…4 【제2차 납세의무자의 재산에 대한 양도담보권자의 물적납세의무】
제2차 납세의무자도 법 제2조 제10호의 규정에 의하여 납세자에 해당하므로 그 소유재산에 대한 양도담보권자는 물적납세의무를 진다. (2004. 2. 19. 개정)
42-0…5 【양도담보권의 실행과 물적납세의무】
법 제42조에 의한 양도담보권자의 물적납세의무에 해당되어 납세고지를 받기 전에 양도담보권을 실행하여 소유권을 취득하고 양도담보권자의 대금채무와 양도담보설정자의 피담보채무를 상계하였으면 양도담보권은 이미 소멸한 것이므로 물적납세의무를 지울 수 없다. (2004. 2. 19. 개정)

제4장 과　　세

　제24조 【관할을 위반한 신고서의 처리】 ① 법 제43조 제1항에 따른 관할 세무서장 외의 세무서장에게 제출되는 과세표준신고서에 대해서는 관할 세무서를 밝혀 그 세무서장에게 제출하도록 하여야 한다. (2010. 2. 18. 개정)
② 제1항의 경우에 해당 과세표준신고서를 접수한 후 소관이 아님을 알게 되었을 때에는 그 신고서를 관할 세무서장에게 지체 없이 송부하고, 그 뜻을 적은 문서로 해당 납세자에게 통지하여야 한다. (2010. 2. 18. 개정)

●통칙 44-0…3 【관할세무서장 이외의 세무서장이 한 결정의 효력】

하는 경우에는 채권자로부터 그 목적물을 반환받고 불이행하는 경우에는 채권자가 그 재산을 매각하여 우선변제를 받거나 그 재산을 확정적으로 취득한다는 취지의 양도담보설정계약(협의의 양도담보)
2. 담보를 위한 권리이전을 매매형식에 의하고 매도인이 약정기간 내에 매매대가를 반환하면 매수인으로부터 목적물을 되돌려 받을 수 있는 권리를 유보한 매매(환매약관부매매)의 형식을 취한 양도담보설정계약 또는 매도한 목적물에 대하여 매도인이 장래 예약완결권을 행사함으로써 재차 매매계약이 성립하여 목적물을 다시 매도인에게 돌려준다는 취지의 예약(재매매의 예약)의 형식을 취한 양도담보설정계약(매도담보)

제3장 과　　세

●통칙 43-0…1 【국세의 납세지 관할세무서장】
법 제43조 제1항에서 "해당 국세의 납세지를 관할하는 세무서장"이란 다음 각호의 세무서장을 말한다. (2011. 3. 21. 개정)
1. 소득세·법인세·부가가치세 또는 증권거래세에 있어서는 「소득세법」 제6조 내지 제10조, 「법인세법」 제9조, 「부가가치세법」 제6조 및 「증권거래세법」 제4조에 따른 납세지를 관할하는 세무서장 (2019. 12. 23. 개정)
2. 상속세 및 증여세에 있어서는 「상속세 및 증여세법」 제6조에 따른 관할세무서장 (2011. 3. 21. 개정)

법 제44조에서 "그 처분 당시 그 국세의 납세지를 관할하는 세무서장"이라 함은 결정 또는 경정결정하는 때의 그 국세의 납세지를 관할하는 세무서장을 말한다. (2019. 12. 23. 개정)

44-0…2【관할구역이 변경되거나 주소지 등이 이전되는 경우의 관할세무서】

「국세청과 그 소속기관 직제」에 의하여 관할구역이 변경된 이후에는 변경 후 납세지를 관할하는 세무서장이 국세의 과세표준과 세액을 경정 또는 결정한다. 주소지·사업장의 이전 또는 납세지의 지정에 따라 납세지가 변경된 경우도 또한 같다. (2011. 3. 21. 개정)

제 2 절 수정신고와 경정 등의 청구

제45조【수정신고】① 과세표준신고서를 법정신고기한까지 제출한 자(「소득세법」 제73조 제1항 제1호부터 제7호까지의 어느 하나에 해당하는 자를 포함한다) 및 제45조의 3 제1항에 따른 기한후과세표준신고서를 제출한 자는 다음 각 호의 어느 하나에 해당할 때에는 관할 세무서장이 각 세법에 따라 해당 국세의 과세표준과 세액을 결정 또는 경정하여 통지하기 전으로서 제26조의 2 제1항부터 제4항까지의 규정에 따른 기간이 끝나기 전까지 과세표준수정신고서를 제출할 수 있다. (2019. 12. 31. 개정)

1. 과세표준신고서 또는 기한후과세표준신고서에 기재된 과세표준 및 세액이 세법에 따라 신고하여야 할 과세표준 및 세액에 미치지 못할 때 (2019. 12. 31. 개정)
2. 과세표준신고서 또는 기한후과세표준신고서에 기재된 결손금액 또는 환급세액이 세법에 따라 신고하여야 할 결손금액이나 환급세액을 초과할 때 (2019. 12. 31. 개정)

국세의 과세표준과 세액의 결정 또는 경정결정하는 때에 그 국세의 납세지를 관할하는 세무서장 이외의 세무서장이 행한 결정 또는 경정결정처분은 그 효력이 없다. 다만, 세법 또는 다른 법령 등에 의하여 권한있는 세무서장이 결정 또는 경정결정하는 경우에는 그러하지 아니하다. (2004. 2. 19. 개정)

제25조【과세표준수정신고】① 법 제45조에 따른 과세표준수정신고서에는 다음 각 호의 사항을 적어야 하며, 수정한 부분에 관하여 당초의 과세표준신고서에 첨부하여야 할 서류가 있는 경우에는 이를 수정한 서류를 첨부하여야 한다. (2010. 2. 18. 개정)
1. 당초 신고한 과세표준과 세액 (2010. 2. 18. 개정)
2. 수정신고하는 과세표준과 세액 (2010. 2. 18. 개정)
3. 그 밖에 필요한 사항 (2010. 2. 18. 개정)

3. 자산재평가세에 있어서는 「자산재평가법」 제9조에 따른 납세의무자가 개인인 경우에는 소득세의 납세지를 관할하는 세무서장, 법인의 경우에는 법인세의 납세지를 관할하는 세무서장 (2011. 3. 21. 개정)
4. 개별소비세에 있어서는 「개별소비세법」 제9조에 따라 제조장, 과세장소, 과세유흥장소 또는 과세영업장소를 관할하는 세무서장 (2024. 3. 15. 개정)
5. 주세에 있어서는 「주세법」 제9조에 따른 제조장 관할세무서장 (2024. 3. 15. 개정)
6. 교육세에 있어서는 「교육세법」 제6조에 따른 납세지를 관할하는 세무서장. 다만, 동법 제3조 제2호 내지 제4호의 경우에는 당해 개별소비세, 교통·에너지·환경세 또는 주세의 납세지를 관할하는 세무서장 (2024. 3. 15. 개정)
7. 교통·에너지·환경세에 있어서는 「교통·에너지·환경세법」 제7조 제1항에 따른 제조장을 관할하는 세무서장 (2024. 3. 15. 개정)
8. 농어촌특별세에 있어서는 「농어촌특별세법」 제6조에 따른 당해 본세의 납세지를 관할하는 세무서장 (2011. 3. 21. 개정)

팀-59, 2006. 1. 10.)

3. 제1호 및 제2호 외에 원천징수의무자의 정산 과정에서의 누락, 세무
  조정 과정에서의 누락 등 대통령령으로 정하는 사유로 불완전한 신
  고를 하였을 때(제45조의 2에 따라 경정 등의 청구를 할 수 있는 경
  우는 제외한다) (2010. 1. 1. 개정)

통칙 45-0…1 【법정신고기한】
법 제45조, 제45조의 2 및 제48조 제2항에서 "법정신고기한" 이라 함은 각 세법
에 규정하는 과세표준과 세액에 대한 신고기한 또는 신고서의 제출기한을 말한다.
다만, 법 제5조 및 제6조의 규정에 의하여 신고기한이 연장된 경우에는 그 연장된
기한을 법정신고기한으로 본다. (2019. 12. 23. 개정)

② 삭　제 (94. 12. 22)
③ 과세표준수정신고서의 기재사항 및 신고 절차에 관한 사항은 대통
령령으로 정한다. (2010. 1. 1. 개정)

제45조의 2 【경정 등의 청구】 ① 과세표준신고서를 법정신고기한까지 제출한
자 및 제45조의 3 제1항에 따른 기한후과세표준신고서를 제출한 자는 다음 각 호의 어
느 하나에 해당할 때에는 최초신고 및 수정신고한 국세의 과세표준 및 세액의 결정 또
는 경정을 법정신고기한이 지난 후 5년 이내에 관할 세무서장에게 청구할 수 있다. 다
만, 결정 또는 경정으로 인하여 증가된 과세표준 및 세액에 대하여는 해당 처분이 있음
을 안 날(처분의 통지를 받은 때에는 그 받은 날)부터 90일 이내(법정신고기한이 지난
후 5년 이내로 한정한다)에 경정을 청구할 수 있다. (2019. 12. 31. 개정)

제45조의 2 【경정 등의 청구】 ① 과세표준신고서를 법정신고기
한까지 제출한 자 및 제45조의 3 제1항에 따른 기한후과세표준신고서
를 제출한 자는 다음 각 호의 어느 하나에 해당할 때에는 최초신고 및
수정신고한 국세의 과세표준 및 세액의 결정 또는 경정을 법정신고기
한이 지난 후 5년 이내에 관할 세무서장에게 청구할 수 있다. 다만, 결
정 또는 경정으로 인하여 증가된 과세표준 및 세액에 대하여는 해당
처분이 있음을 안 날(처분의 통지를 받은 때에는 그 받은 날)부터 3개
월 이내(법정신고기한이 지난 후 5년 이내로 한정한다)에 경정을 청구
할 수 있다. (2024. 12. 31. 단서개정)
1. 과세표준신고서 또는 기한후과세표준신고서에 기재된 과세표준 및

② 법 제45조 제1항 제3호에서 "원천징수의무자의 정산 과정에서의
누락, 세무조정 과정에서의 누락 등 대통령령으로 정하는 사유"란 다
음 각 호의 어느 하나에 해당하는 것을 말한다. (2014. 2. 21. 개정)
1. 원천징수의무자가 정산 과정에서 「소득세법」 제73조 제1항 제1호
  부터 제7호까지의 어느 하나에 해당하는 자의 소득을 누락한 것
  (2014. 2. 21. 개정)
2. 세무조정 과정에서 「법인세법」 제36조 제1항에 따른 국고보조금등
  과 같은 법 제37조 제1항에 따른 공사부담금에 상당하는 금액을 익
  금(益金)과 손금(損金)에 동시에 산입(算入)하지 아니한 것 (2014.
  2. 21. 개정)
3. 제2호와 유사한 사유로서 기획재정부령으로 정하는 것 (2014. 2.
  21. 개정)

편주
법 45조의 2 제1항 각 호 외의 부분 단서의 개정규정은 2025. 1. 1. 당시
처분이 있음을 안 날부터 3개월이 지나지 아니한 경우에도 적용함. (법 부
칙(2024. 12. 31.) 6조 1항)

예판
최초신고 및 수정신고한 국세의 과세표준 및 세액의 결정 또는 경정을 청구
한 자는 관할 세무서장으로부터 그 과세표준 및 세액을 결정 또는 경정하여
야 할 이유가 없다는 뜻을 통지받은 경우에도 법정신고기한이 지난 후 5년
이내에는 동일한 내용으로 그 과세표준 및 세액의 결정 또는 경정을 다시
청구할 수 있는 것임. (기획재정부 조세법령운용과-18, 2021. 1. 4.)

제12조 【과세표준수정신고서 등】 ①
영 제25조 제2항 제3호에서 "기획재정부
령으로 정하는 것"이란 「법인세법」 제44
조, 제46조, 제47조 및 제47조의 2에 따라
합병, 분할, 물적분할 및 현물출자에 따른
양도차익[「법인세법」(법률 제9898호 법인
세법 일부개정법률로 개정되기 전의 것을
말한다) 제44조 및 제46조에 따른 합병평
가차익 또는 분할평가차익을 포함한다. 이
하 이 항에서 같다]에 대하여 과세를 이연
(移延)받는 경우로서 세무조정 과정에서
양도차익의 전부 또는 일부에 상당하는 금
액을 익금과 손금에 동시에 산입하지 아니
한 것을 말한다. 다만, 다음 각 호의 모두
에 해당하는 경우는 제외한다. (2014. 3.
14. 개정)
1. 정당한 사유 없이 「법인세법 시행령」
  제80조, 제82조, 제83조의 2, 제84조
  및 제84조의 2에 따라 과세특례를 신
  청하지 아니한 경우「법인세법 시행령」

세액(각 세법에 따라 결정 또는 경정이 있는 경우에는 해당 결정 또는 경정 후의 과세표준 및 세액을 말한다)이 세법에 따라 신고하여야 할 과세표준 및 세액을 초과할 때 (2019. 12. 31. 개정)

2. 과세표준신고서 또는 기한후과세표준신고서에 기재된 결손금액 또는 환급세액(각 세법에 따라 결정 또는 경정이 있는 경우에는 해당 결정 또는 경정 후의 결손금액 또는 환급세액을 말한다)이 세법에 따라 신고하여야 할 결손금액 또는 환급세액에 미치지 못할 때 (2019. 12. 31. 개정)

2. 과세표준신고서 또는 기한후과세표준신고서에 기재된 결손금액, 세액공제액 또는 환급세액(각 세법에 따라 결정 또는 경정이 있는 경우에는 해당 결정 또는 경정 후의 결손금액, 세액공제액 또는 환급세액을 말한다)이 세법에 따라 신고하여야 할 결손금액, 세액공제액 또는 환급세액에 미치지 못할 때 (2024. 12. 31. 개정)

② 과세표준신고서를 법정신고기한까지 제출한 자 또는 국세의 과세표준 및 세액의 결정을 받은 자는 다음 각 호의 어느 하나에 해당하는 사유가 발생하였을 때에는 제1항에서 규정하는 기간에도 불구하고 그 사유가 발생한 것을 안 날부터 3개월 이내에 결정 또는 경정을 청구할 수 있다. (2015. 12. 15. 개정)

1. 최초의 신고·결정 또는 경정에서 과세표준 및 세액의 계산 근거가 된 거래 또는 행위 등이 그에 관한 제7장에 따른 심사청구, 심판청구, 「감사원법」에 따른 심사청구에 대한 결정이나 소송에 대한 판결(판결과 같은 효력을 가지는 화해나 그 밖의 행위를 포함한다)에 의하여 다른 것으로 확정되었을 때 (2022. 12. 31. 개정)

2. 소득이나 그 밖의 과세물건의 귀속을 제3자에게로 변경시키는 결정 또는 경정이 있을 때 (2010. 1. 1. 개정)

3. 조세조약에 따른 상호합의가 최초의 신고·결정 또는 경정의 내용과 다르게 이루어졌을 때 (2010. 1. 1. 개정)

4. 결정 또는 경정으로 인하여 그 결정 또는 경정의 대상이 된 과세표준 및 세액과 연동된 다른 세목(같은 과세기간으로 한정한다)이나 연동된 다른 과세기간(같은 세목으로 한정한다)의 과세표준 또는 세액이 세법에 따라 신고하여야 할 과세표준 또는 세액을 초과할 때 (2022. 12. 31. 개정)

5. 제1호부터 제4호까지와 유사한 사유로서 대통령령으로 정하는 사유

① 손익의 귀속시기를 변경하는 경정으로 인하여 그 경정의 대상이 되는 과세기간 외의 과세기간에 대하여 최초에 신고한 국세의 과세표준 및 세액이 세법에 따라 신고하여야 할 과세표준 및 세액을 초과하는 것은 법 제45조의 2 제2항 제4호의 사유에 해당한다. (2024. 3. 15. 항번개정)
② 회계분식 목적 등으로 손익귀속시기를 임의로 조정·조작한 경우는 법 제45조의 2 제2항 제4호의 사유에 해당하지 않는다. (2024. 3. 15. 신설)

☞

편주 ▶
• 법 45조의 2 제1항 2호의 개정규정은 2025. 1. 1. 이후 결정 또는 경정을 청구하는 경우부터 적용함. (법 부칙(2024. 12. 31.) 6조 2항)
• 「조세특례제한법」 144조 1항, 「법인세법」 57조 2항 본문 및 「소득세법」 57조 2항 본문에 따라 이월하여 공제받는 세액공제액이 법 45조의 2 제1항 2호의 개정규정에 해당하여 결정 또는 경정을 청구하는 경우에는 같은 항 각 호 외의 부분 본문에 따른 청구기간이 지난 경우에도 2025. 12. 31.까지 관할 세무서장에게 결정 또는 경정을 청구할 수 있음. (법 부칙(2024. 12. 31.) 6조 3항)

예판 ▶
처분청이 변경된 예규에 따라 부과제척기간이 경과하지 아니한 사업연도의 손익귀속시기를 수정하여 과세표준과 세액을 경정하였는바, 후발적 경정청구의 대상이 되는 사업연도의 당기 매출조정분의 감액경정을 넘어서 전기 매출 조정분까지 경정하여야 한다고 볼 만한 사정이 없으므로 해당 사업연도의 전기매출 조정분까지 경정하는 경우 납부세액이 발생한다는 사유로 경정청구를 거부한 처분은 잘못임. (조심 2019서2414, 2021. 2. 17.)

☞

제25조의 2 【후발적 사유】 법 제45조의 2 제2항 제5호에서 "대

(대통령령 제22184호 법인세법 시행령 일부개정령으로 개정되기 전의 것을 말한다) 제80조, 제82조, 제83조 및 제83조의 2에 따라 과세특례를 적용받기 위한 관련 명세서를 제출하지 아니한 경우를 포함한다] (2014. 3. 14. 개정)

2. 영 제29조 각 호의 어느 하나에 해당하는 경우 (2014. 3. 14. 개정)

② 영 제25조에 따른 과세표준수정신고서와 영 제26조에 따른 추가자진납부계산서는 별지 제16호 서식과 같다. 다만, 다음 각 호의 어느 하나에 해당하는 경우에는 각 호의 구분에 따른 서식에 원래 신고한 내용과 수정신고의 내용을 함께 적고 납부세액란 옆에 추가자진납부세액을 부기(附記)한 후 이에 각각 수정신고서 또는 추가자진납부 세액계산서로 표시함으로써 별지 제16호 서식을 대신한다. (2021. 10. 28. 단서개정 ; 어려운 법률용어~일부개정령)

1. 부가가치세 : 「부가가치세법 시행규칙」 별지 제21호 서식 (2014. 3. 14. 개정)

2. 개별소비세 : 「개별소비세법 시행규칙」 별지 제6호 서식(부표를 포함한다), 별지 제7호 서식, 별지 제7호의 2 서식 또는 별지 제7호의 3 서식 (2014. 3. 14. 개정)

3. 교통·에너지·환경세 : 「교통·에너지·환경세법 시행규칙」 별지 제4호 서식 (2014. 3. 14. 개정)

가 해당 국세의 법정신고기한이 지난 후에 발생하였을 때 (2010. 1. 1. 개정)

③ 제1항과 제2항에 따라 결정 또는 경정의 청구를 받은 세무서장은 그 청구를 받은 날부터 2개월 이내에 과세표준 및 세액을 결정 또는 경정하거나 결정 또는 경정하여야 할 이유가 없다는 뜻을 그 청구를 한 자에게 통지하여야 한다. 다만, 청구를 한 자가 2개월 이내에 아무런 통지(제4항에 따른 통지를 제외한다. 이하 이 항에서 같다)를 받지 못한 경우에는 통지를 받기 전이라도 그 2개월이 되는 날의 다음 날부터 제7장에 따른 이의신청, 심사청구, 심판청구 또는 「감사원법」에 따른 심사청구를 할 수 있다. (2020. 12. 22. 단서개정)

④ 제1항과 제2항에 따라 청구를 받은 세무서장은 제3항 본문에 따른 기간 내에 과세표준 및 세액의 결정 또는 경정이 곤란한 경우에는 청구를 한 자에게 관련 진행상황 및 제3항 단서에 따라 제7장에 따른 이의신청, 심사청구, 심판청구 또는 「감사원법」에 따른 심사청구를 할 수 있다는 사실을 통지하여야 한다. (2020. 12. 22. 신설)

⑤ 「소득세법」 제73조 제1항 각 호에 해당하는 소득이 있는 자, 「소득세법」 제119조 제1호·제2호, 제4호부터 제8호까지, 제8호의 2 및 제10호부터 제12호까지의 규정에 해당하는 소득이 있는 자 또는 「법인세법」 제93조 제1호·제2호, 제4호부터 제6호까지 및 제8호부터 제10호까지의 규정에 해당하는 국내 원천소득이 있는 자(이하 이 항 및 제52조에서 "원천징수대상자"라 한다)의 경우에는 제1항부터 제

통령령으로 정하는 사유"란 다음 각 호의 어느 하나에 해당하는 경우를 말한다. (2010. 2. 18. 개정)

1. 최초의 신고·결정 또는 경정을 할 때 과세표준 및 세액의 계산 근거가 된 거래 또는 행위 등의 효력과 관계되는 관청의 허가나 그 밖의 처분이 취소된 경우 (2010. 2. 18. 개정)
2. 최초의 신고·결정 또는 경정을 할 때 과세표준 및 세액의 계산 근거가 된 거래 또는 행위 등의 효력과 관계되는 계약이 해제권의 행사에 의하여 해제되거나 해당 계약의 성립 후 발생한 부득이한 사유로 해제되거나 취소된 경우 (2010. 2. 18. 개정)

● 예 판 ●

• 일반적인 경정청구기간이 경과하기 전에 후발적 사유가 발생한 경우에는 후발적 사유 등이 발생한 것을 안 날부터 2월 내에 후발적 경정청구를 하지 않더라도 당초 경정청구기간 내에는 경정청구할 수 있는 것임. (재조세 – 868, 2006. 8. 16.)
• 국세기본법에 의한 경정청구기한이 경과한 경우에는 후발적 사유가 발생한 경우에 한하여 경정 등의 청구가 가능함. (서면1팀 – 1244, 2006. 9. 12.)
• 납세자의 질의에 대한 과세관청의 회신 또는 유권해석은 후발적 경정청구사유에 해당하지 아니함. (서면1팀–1518, 2007. 11. 5.)

3. 최초의 신고·결정 또는 경정을 할 때 장부 및 증거서류의 압수, 그 밖의 부득이한 사유로 과세표준 및 세액을 계산할 수 없었으나 그 후 해당 사유가 소멸한 경우 (2010. 2. 18. 개정)
4. 제1호부터 제3호까지의 규정과 유사한 사유에 해당하는 경우 (2019. 2. 12. 개정)

제25조의 3 【경정 등의 청구】 ① 법 제45조의 2 제1항·제2항 및 제5항에 따라 결정 또는 경정의 청구를 하려는 자는 다음 각 호의 사항을 적은 결정 또는 경정 청구서를 제출해야 한다. (2021. 2. 17. 개정)
1. 청구인의 성명과 주소 또는 거소 (2010. 2. 18. 개정)
2. 결정 또는 경정 전의 과세표준 및 세액 (2010. 2. 18. 개정)

제12조의 2 【경정 등의 청구】 영 제25조의 3에 따른 결정 또는 경정의 청구는 별지 제16호의 2 서식의 과세표준 및 세액의 결정(경정) 청구서에 최초의 과세표준 및 세액신고서 사본과 경정청구 사유를 객관적으로 증명할 수 있는 서류

4항까지의 규정을 준용한다. 이 경우 제1항 각 호 외의 부분 본문 중 "과세표준신고서를 법정신고기한까지 제출한 자 및 제45조의 3 제1항에 따른 기한후과세표준신고서를 제출한 자" 및 제2항 각 호 외의 부분 중 "과세표준신고서를 법정신고기한까지 제출한 자 또는 국세의 과세표준 및 세액의 결정을 받은 자"는 "연말정산 또는 원천징수하여 소득세 또는 법인세를 납부하고 「소득세법」 제164조, 제164조의 2 및 「법인세법」 제120조, 제120조의 2에 따라 지급명세서를 제출기한까지 제출한 원천징수의무자 또는 원천징수대상자(「소득세법」 제1조의 2 제1항 제2호에 따른 비거주자 및 「법인세법」 제2조 제3호에 따른 외국법인은 제외한다. 다만, 원천징수의무자의 폐업 등 대통령령으로 정하는 사유가 발생하여 원천징수의무자가 경정을 청구하기 어렵다고 인정되는 경우에는 그러하지 아니하다)"로, 제1항 각 호 외의 부분 본문·단서 및 제2항 제5호 중 "법정신고기한이 지난 후"는 "연말정산세액 또는 원천징수세액의 납부기한이 지난 후"로, 제1항 제1호 중 "과세표준신고서 또는 기한후과세표준신고서에 기재된 과세표준 및 세액"은 "원천징수영수증에 기재된 과세표준 및 세액"으로, 제1항 제2호 중 "과세표준신고서 또는 기한후과세표준신고서에 기재된 결손금액 또는 환급세액"은 "원천징수영수증에 기재된 환급세액"으로 본다. (2022. 12. 31. 개정)

1. 원천징수의무자가 「소득세법」 제137조, 제138조, 제143조의 4, 제144조의 2에 따른 연말정산에 의하여 소득세를 납부하고 같은 법 제164조 또는 제164조의 2에 따라 지급명세서를 제출기한까지 제출한 경우 (2010. 1. 1. 개정)
2. 원천징수의무자가 「소득세법」 제146조 및 제156조에 따라 원천징수한 소득세를 납부하고 같은 법 제164조 또는 제164조의 2에 따라 지급명세서를 제출기한까지 제출한 경우 (2010. 1. 1. 개정)
3. 원천징수의무자가 「법인세법」 제98조에 따라 원천징수한 법인세를 납부하고 같은 법 제120조 또는 제120조의 2에 따라 지급명세서를 제출기한까지 제출한 경우 (2010. 1. 1. 개정)

1.~3. 삭　제 (2019. 12. 31.)

⑥ 「종합부동산세법」 제7조 및 제12조에 따른 납세의무자로서 종합부동산세를 부과·고지받은 자의 경우에는 제1항부터 제4항까지의 규정을 준용한다. 이 경우 제1항 각 호 외의 부분 본문 중 "과세표준신고서를 법정신고기한까지 제출한 자 및 제45조의 3 제1항에 따른 기한후과

---

3. 결정 또는 경정 후의 과세표준 및 세액 (2010. 2. 18. 개정)
4. 결정 또는 경정의 청구를 하는 이유 (2010. 2. 18. 개정)
5. 그 밖에 필요한 사항 (2010. 2. 18. 개정)

② 법 제45조의 2 제5항 후단에서 "원천징수의무자의 폐업 등 대통령령으로 정하는 사유"란 다음 각 호의 어느 하나에 해당하는 사유를 말한다. (2021. 2. 17. 개정)
1. 원천징수의무자의 부도·폐업 또는 그 밖에 이에 준하는 경우 (2020. 2. 11. 신설)
2. 원천징수대상자가 정당한 사유로 원천징수의무자에게 경정을 청구하도록 요청했으나 원천징수의무자가 이에 응하지 않은 경우 (2020. 2. 11. 신설)

③ 다음 각 호의 어느 하나에 해당하는 원천징수대상자가 법 제45조의 2 제5항에 따라 준용되는 같은 조 제1항 및 제2항에 따라 경정을 청구하려는 경우에는 제1항에 따른 경정 청구서를 원천징수의무자의 납세지 관할 세무서장에게 제출해야 한다. (2021. 2. 17. 개정)
1. 「소득세법」 제73조 제1항 제8호 또는 제9호에 해당하는 원천징수대상자가 해당 소득에 대해 경정을 청구하는 경우 (2021. 2. 17. 개정)
2. 비거주자 또는 외국법인이 제2항 각 호의 어느 하나에 해당하여 경정을 청구하는 경우 (2021. 2. 17. 개정)

④ 제3항 제2호의 경우에는 제1항에 따른 경정 청구서에 다음 각 호의 서류를 첨부하여 제출해야 한다. (2021. 2. 17. 신설)
1. 제2항 각 호의 어느 하나에 해당한다는 것을 입증하는 자료 (2021. 2. 17. 신설)
2. 국내원천소득의 실질귀속자임을 입증할 수 있는 해당 실질귀속자 거주지국의 권한 있는 당국이 발급하는 거주자증명서 (2021. 2. 17. 신설)

⑤ 제3항 각 호 외의 부분에도 불구하고 원천징수대상자가 경정 청구서를 원천징수의무자의 납세지 관할 세무서장이 아닌 세무서장에게 제출한 경우 그 경정 청구서를 제출받은 세무서장은 이를 원천징수의무자의 납세지 관할 세무서장에게 지체 없이 송부하고, 그 사실을 적은 문서로 해당 원천징수대상자에게 통지해야 한다. (2021. 2. 17. 신설)

⑥ 제3항에 따라 경정 청구서를 제출받은 세무서장이나 제5항에 따라

를 첨부하여 하여야 한다. (2012. 2. 28. 개정)

세표준신고서를 제출한 자” 및 제2항 각 호 외의 부분 중 “과세표준신고서를 법정신고기한까지 제출한 자 또는 국세의 과세표준 및 세액의 결정을 받은 자”는 “과세기준일이 속한 연도에 종합부동산세를 부과·고지받은 자”로, 제1항 각 호 외의 부분 본문·단서 및 제2항 제5호 중 “법정신고기한이 지난 후”는 “종합부동산세의 납부기한이 지난 후”로, 제1항 제1호 중 “과세표준신고서 또는 기한후과세표준신고서에 기재된 과세표준 및 세액”은 “납부고지서에 기재된 과세표준 및 세액”으로 본다. (2022. 12. 31. 신설)

[편주] ···
법 45조의 2 제6항의 개정규정은 다음 각 호의 구분에 따른 경우부터 적용함. (법 부칙(2022. 12. 31.) 5조 3항)
1. 법 45조의 2 제1항이 준용되는 경우: 2023. 1. 1. 전에 종합부동산세 납세의무가 성립한 자로서 2023. 1. 1. 당시 종합부동산세 납부기한이 지난 날부터 5년이 경과하지 아니한 경우
2. 법 45조의 2 제2항이 준용되는 경우: 2023. 1. 1. 당시 종합부동산세 납부기한이 지난 날부터 5년이 경과하지 아니한 경우로서 2023. 1. 1. 이후 같은 항 각 호의 어느 하나에 해당하는 사유가 발생하는 경우
···

⑦ 결정 또는 경정의 청구 및 통지 절차에 관하여 필요한 사항은 대통령령으로 정한다. (2022. 12. 31. 항번개정)

제45조의 3 【기한 후 신고】 ① 법정신고기한까지 과세표준신고서를 제출하지 아니한 자는 관할 세무서장이 세법에 따라 해당 국세의 과세표준과 세액(이 법 및 세법에 따른 가산세를 포함한다. 이하 이 조에서 같다)을 결정하여 통지하기 전까지 기한후과세표준신고서를 제출할 수 있다. (2016. 12. 20. 단서삭제)
② 제1항에 따라 기한후과세표준신고서를 제출한 자로서 세법에 따라 납부하여야 할 세액이 있는 자는 그 세액을 납부하여야 한다. (2014. 12. 23. 개정)
③ 제1항에 따라 기한후과세표준신고서를 제출하거나 제45조 제1항에 따라 기한후과세표준신고서를 제출한 자가 과세표준수정신고서를 제출한 경우 관할 세무서장은 세법에 따라 신고일부터 3개월 이내에 해당 국

다른 세무서장으로부터 경정청구서를 송부받은 세무서장은 그 경정청구의 내용에 대해 보정할 필요가 있다고 인정되는 때에는 30일 이내의 기간을 정하여 보정할 것을 요구할 수 있다. 이 경우 보정기간은 법 제45조의 2 제3항에 따른 기간에 산입하지 않는다. (2021. 2. 17. 개정)
⑦ 제6항에 따른 보정요구는 다음 각 호의 사항을 모두 기재한 문서로 해야 한다. (2021. 2. 17. 개정)
1. 보정할 사항 (2020. 2. 11. 신설)
2. 보정을 요구하는 이유 (2020. 2. 11. 신설)
3. 보정할 기간 (2020. 2. 11. 신설)
4. 그 밖의 필요한 사항 (2020. 2. 11. 신설)

제25조의 4 【기한 후 과세표준신고】 ① 법 제45조의 3에 따라 기한 후 과세표준신고를 하려는 자는 기한후과세표준신고서를 관할 세무서장에게 제출하여야 한다. (2010. 2. 18. 개정)
② 법 제45조의 3에 따른 기한후과세표준신고서는 세법에서 정하는 바에 따른다. (2010. 2. 18. 개정)

세의 과세표준과 세액을 결정 또는 경정하여 신고인에게 통지하여야 한다. 다만, 그 과세표준과 세액을 조사할 때 조사 등에 장기간이 걸리는 등 부득이한 사유로 신고일부터 3개월 이내에 결정 또는 경정할 수 없는 경우에는 그 사유를 신고인에게 통지하여야 한다. (2019. 12. 31. 개정)
④ 기한후과세표준신고서의 기재사항 및 신고 절차 등에 관하여 필요한 사항은 대통령령으로 정한다. (2010. 1. 1. 개정)

제46조【추가자진납부】① 세법에 따라 과세표준신고액에 상당하는 세액을 자진납부하는 국세에 관하여 제45조에 규정된 과세표준수정신고서를 제출하는 납세자는 이미 납부한 세액이 과세표준수정신고액에 상당하는 세액에 미치지 못할 때에는 그 부족한 금액과 이 법 또는 세법에서 정하는 가산세를 추가하여 납부하여야 한다. (2014. 12. 23. 개정)
② 제1항에 따라 국세를 추가하여 납부하여야 할 자가 납부하지 아니한 경우에는 제48조 제2항 제1호를 적용하지 아니한다. (2010. 1. 1. 개정)
② 삭　제 (2014. 12. 23)
③ 과세표준신고서를 법정신고기한까지 제출하였으나 과세표준신고액에 상당하는 세액의 전부 또는 일부를 납부하지 아니한 자는 그 세액과 이 법 또는 세법에서 정하는 가산세를 세무서장이 고지하기 전에 납부할 수 있다. (2010. 1. 1. 개정)

제46조의 2【신용카드 등으로 하는 국세납부】 (2010. 1. 1. 제목개정)
① 납세자는 세법에 따라 신고하거나 과세관청이 결정 또는 경정하여 고지한 세액을 대통령령으로 정하는 국세납부대행기관을 통하여 신용카드, 직불카드, 통신과금서비스 등(이하 이 조에서 "신용카드 등"이라 한다)으로 납부할 수 있다. (2017. 12. 19. 개정)
② 제1항에 따라 신용카드등으로 국세를 납부하는 경우에는 국세납부대행기관의 승인일을 납부일로 본다. (2010. 1. 1. 개정)
③ 국세납부대행기관의 지정 및 운영, 납부대행 수수료 등에 관한 사항은 대통령령으로 정한다. (2010. 1. 1. 개정)

제26조【추가자진납부】법 제46조에 따라 국세를 추가하여 납부하는 자는 세법에서 정하는 자진납부계산서에 당초의 납부계산서의 기재 내용을 함께 기록하여 작성한 추가자진납부계산서를 제출하여야 한다. (2010. 2. 18. 개정)

제26조의 2【신용카드 등에 의한 국세납부】① 삭　제 (2015. 2. 3.)
② 법 제46조의 2 제1항에서 "대통령령으로 정하는 국세납부대행기관"이란 정보통신망을 이용하여 신용카드, 직불카드, 통신과금서비스 등(이하 이 조에서 "신용카드 등"이라 한다)에 의한 결제를 수행하는 기관으로서 기획재정부령으로 정하는 바에 따라 국세납부대행기관으로 지정받은 자를 말한다. (2018. 2. 13. 개정)
③ 삭　제 (2009. 12. 31.)
④ 국세납부대행기관은 납세자로부터 신용카드 등에 의한 국세납부 대행용역의 대가로 해당 납부세액의 1천분의 10 이내에서 기획재정부령으로 정하는 바에 따라 납부대행수수료를 받을 수 있다. (2013. 2. 15. 개정)
⑤ 국세청장은 신용카드 등에 의한 국세납부에 필요한 사항을 정할 수 있다. (2008. 2. 22. 신설)

제12조의 3【신용카드 등에 의한 국세납부】
① 영 제26조의 2 제2항에서 "기획재정부령으로 정하는 바에 따라 국세납부대행기관으로 지정받은 자"란 다음 각 호의 어느 하나에 해당하는 자를 말한다. (2012. 2. 28. 개정)
1. 「민법」 제32조 및 「기획재정부 및 그 소속청 소관 비영리법인의 설립 및 감독에 관한 규칙」에 따라 설립된 금융결제원 (2012. 2. 28. 개정)
2. 시설, 업무수행능력, 자본금 규모 등을 고려하여 국세청장이 국세납부대행기관으로 지정하는 자 (2012. 2. 28. 개정)
② 영 제26조의 2 제4항에 따른 납부대행수수료는 국세청장이 국세납부대행기관의 운영경비 등을 종합적으로 고려하여 승인하여야 한다. (2013. 2. 23. 개정)

제46조의 2 【신용카드 등으로 하는 국세납부】삭　제 (2020. 12. 22.)

제 3 절　가산세의 부과와 감면

제47조 【가산세 부과】 (2010. 1. 1. 제목개정)
① 정부는 세법에서 규정한 의무를 위반한 자에게 이 법 또는 세법에서 정하는 바에 따라 가산세를 부과할 수 있다. (2010. 1. 1. 개정)
② 가산세는 해당 의무가 규정된 세법의 해당 국세의 세목(稅目)으로 한다. 다만, 해당 국세를 감면하는 경우에는 가산세는 그 감면대상에 포함시키지 아니하는 것으로 한다. (2010. 1. 1. 개정)
③ 가산세는 납부할 세액에 가산하거나 환급받을 세액에서 공제한다. (2011. 12. 31. 신설)

제47조의 2 【무신고가산세】 ① 납세의무자가 법정신고기한까지 세법에 따른 국세의 과세표준 신고(예정신고 및 중간신고를 포함하며, 「교육세법」 제9조에 따른 신고 중 금융·보험업자가 아닌 자의 신고와 「농어촌특별세법」 및 「종합부동산세법」에 따른 신고는 제외한다)를 하지 아니한 경우에는 그 신고로 납부하여야 할 세액(이 법 및 세법에 따른 가산세와 세법에 따라 가산하여 납부하여야 할 이자상당 가산액이 있는 경우 그 금액은 제외하며, 이하 "무신고납부세액"이라 한다)에 다음 각 호의 구분에 따른 비율을 곱한 금액을 가산세로 한다. (2016. 12. 20. 개정)
1. 부정행위로 법정신고기한까지 세법에 따른 국세의 과세표준 신고를 하지 아니한 경우 : 100분의 40(역외거래에서 발생한 부정행위인 경우에는 100분의 60) (2019. 12. 31. 개정)
2. 제1호 외의 경우 : 100분의 20 (2016. 12. 20. 개정)
② 제1항에도 불구하고 다음 각 호의 어느 하나에 해당하는 경우에는 해당 호에 따른 금액을 가산세로 한다. (2016. 12. 20. 개정)

제26조의 2 【신용카드 등에 의한 국세납부】삭　제 (2021. 2. 17.)

📖 통칙 47-0…1 【가산세】
법 제47조에서 "가산세"란 세법에 규정하는 의무를 태만히 함으로써 이 법 또는 각 세법이 규정하는 바에 따라 본세에 가산하여 부과하는 것을 말한다. (2011. 3. 21. 개정)

제27조 【무신고가산세】 ① 삭　제 (2015. 2. 3.)
② 법 제47조의 2를 적용하는 경우 수입금액은 다음 각 호의 어느 하나에 해당하는 수입금액으로 한다. (2012. 2. 2. 개정)
1. 개인 : 「소득세법」 제24조부터 제26조까지 및 제122조의 규정에 따라 계산한 사업소득에 대한 해당 개인의 총수입금액 (2012. 2. 2. 개정)
2. 법인 : 「법인세법」 제60조·제76조의 17·제97조에 따라 법인세 과세표준 및 세액 신고서에 적어야 할 해당 법인의 수입금액 (2012. 2. 2. 개정)
제27조 【무신고가산세】 삭　제 (2020. 2. 11.)

제12조의 3 【신용카드 등에 의한 국세 납부】삭　제 (2021. 3. 16.)

1. 「소득세법」 제70조 및 제124조 또는 「법인세법」 제60조, 제76조의
   17 및 제97조에 따른 신고를 하지 아니한 자가 「소득세법」 제160
   조 제3항에 따른 복식부기의무자(이하 "복식부기의무자"라 한다)
   또는 법인인 경우 : 다음 각 목의 구분에 따른 금액과 제1항 각 호
   의 구분에 따른 금액 중 큰 금액 (2016. 12. 20. 개정)
   가. 제1항 제1호의 경우 : 다음 구분에 따른 수입금액(이하 이 조에
       서 "수입금액"이라 한다)에 1만분의 14를 곱한 금액 (2019.
       12. 31. 개정)
       1) 개인: 「소득세법」 제24조부터 제26조까지 및 제122조에 따
          라 계산한 사업소득에 대한 해당 개인의 총수입금액 (2019.
          12. 31. 신설)
       2) 법인: 「법인세법」 제60조, 제76조의 17, 제97조에 따라 법인
          세 과세표준 및 세액 신고서에 적어야 할 해당 법인의 수입
          금액 (2019. 12. 31. 신설)
   나. 제1항 제2호의 경우 : 수입금액에 1만분의 7을 곱한 금액
       (2016. 12. 20. 개정)
2. 「부가가치세법」에 따른 사업자가 같은 법 제48조 제1항, 제49조 제
   1항 및 제67조에 따른 신고를 하지 아니한 경우로서 같은 법 또는
   「조세특례제한법」에 따른 영세율이 적용되는 과세표준(이하 "영세
   율과세표준"이라 한다)이 있는 경우 : 제1항 각 호의 구분에 따른
   금액에 영세율과세표준의 1천분의 5에 상당하는 금액을 더한 금액
   (2016. 12. 20. 개정)
③ 제1항 및 제2항에도 불구하고 다음 각 호의 어느 하나에 해당하는
경우에는 제1항 및 제2항을 적용하지 아니한다. (2011. 12. 31. 개정)
1. 「부가가치세법」 제53조의 2에 따라 전자적 용역을 공급하는 자가 부가가치세를 납
   부하여야 하는 경우 (2014. 12. 23. 개정)
1. 삭   제 (2020. 12. 22.)
2. 「부가가치세법」 제69조에 따라 납부의무가 면제되는 경우 (2013.
   6. 7. 개정 ; 부가가치세법 부칙)
④ 제1항 또는 제2항을 적용할 때 「부가가치세법」 제45조 제3항 단서
에 따른 대손세액에 상당하는 부분에 대해서는 제1항 또는 제2항에
따른 가산세를 적용하지 아니한다. (2013. 6. 7. 개정 ; 부가가치세

법 부칙)
⑤ 제1항 또는 제2항을 적용할 때 예정신고 및 중간신고와 관련하여
이 조 또는 제47조의 3에 따라 가산세가 부과되는 부분에 대해서는
확정신고와 관련하여 제1항 또는 제2항에 따른 가산세를 적용하지 아
니한다. (2014. 12. 23. 항번개정)
⑥ 제1항 또는 제2항을 적용할 때 「소득세법」 제81조의 5, 제115조
또는 「법인세법」 제75조의 3이 동시에 적용되는 경우에는 그 중 가산
세액이 큰 가산세만 적용하고, 가산세액이 같은 경우에는 제1항 또는
는 제2항의 가산세만 적용한다. (2019. 12. 31. 개정)
⑦ 제1항부터 제6항까지에서 규정한 사항 외에 가산세 부과에 필요한
사항은 대통령령으로 정한다. (2019. 12. 31. 개정)

제47조의 3【과소신고·초과환급신고가산세】(2011. 12. 31. 제목개정)

① 납세의무자가 법정신고기한까지 세법에 따른 국세의 과세표준 신고(예정신고 및 중간신고를 포함하며, 「교육세법」 제9조에 따른 신고 중 금융·보험업자가 아닌 자의 신고와 「농어촌특별세법」에 따른 신고는 제외한다)를 한 경우로서 납부할 세액을 신고하여야 할 세액보다 적게 신고(이하 이 조 및 제48조에서 "과소신고"라 한다)하거나 환급받을 세액을 신고하여야 할 금액보다 많이 신고(이하 이 조 및 제48조에서 "초과신고"라 한다)한 경우에는 과소신고한 납부세액과 초과신고한 환급세액을 합한 금액(이 법 및 세법에 따른 가산세와 세법에 따라 가산하여 납부하여야 할 이자 상당 가산액이 있는 경우 그 금액은 제외하며, 이하 "과소신고납부세액등"이라 한다)에 다음 각 호의 구분에 따른 산출방법을 적용한 금액을 가산세로 한다. (2017. 12. 19. 개정)

1. 부정행위로 과소신고하거나 초과신고한 경우 : 다음 각 목의 금액을 합한 금액 (2016. 12. 20. 개정)

　가. 부정행위로 인한 과소신고납부세액등의 100분의 40(역외거래에서 발생한 부정행위로 인한 경우에는 100분의 60)에 상당하는 금액 (2019. 12. 31. 개정)

　나. 과소신고납부세액등에서 부정행위로 인한 과소신고납부세액등을 뺀 금액의 100분의 10에 상당하는 금액 (2016. 12. 20. 개정)

2. 제1호 외의 경우 : 과소신고납부세액등의 100분의 10에 상당하는 금액 (2016. 12. 20. 개정)

② 제1항에도 불구하고 다음 각 호의 어느 하나에 해당하는 경우에는 해당 호에 따른 금액을 가산세로 한다. (2011. 12. 31. 개정)

1. 부정행위로 「소득세법」 제70조 및 제124조 또는 「법인세법」 제60조, 제76조의 17 및 제97조에 따른 신고를 과소신고한 자가 복식부기의무자 또는 법인인 경우 : 다음 각 목의 금액 중 큰 금액에 제1항 제1호 나목에 따른 금액을 더한 금액 (2016. 12. 20. 개정)

　가. 제1항 제1호 가목에 따른 금액 (2016. 12. 20. 개정)

　나. 부정행위로 과소신고된 과세표준관련 수입금액에 1만분의 14를 곱하여 계산한 금액 (2016. 12. 20. 개정)

제27조의 2【과소신고·초과환급신고가산세】(2012. 2. 2. 제목개정)

① 법 제47조의 3을 적용할 때 소득세 또는 법인세의 과세표준을 결손으로 신고한 때에는 신고한 과세표준이 없는 것으로 보아 과소신고분 과세표준을 계산한다. (2012. 2. 2. 개정)

① 삭　제 (2015. 2. 3.)

과세관청이 납세자의 경정청구를 받아들여 감액경정을 한 후 경정청구와는 다른 사유로 증액재경정을 하여 경정된 과세표준이 당초 납세자가 신고한 과세표준에 미달된다고 하더라도 과세관청의 재경정을 통하여 증가된 과세표준은 과소신고가산세의 적용대상임. (징세-1039, 2012. 9. 27.)

1의 2. 삭 제 (2014. 12. 23.)

2. 「부가가치세법」에 따른 사업자가 같은 법 제48조 제1항·제4항, 제
   49조 제1항, 제66조 및 제67조에 따른 신고를 한 경우로서 영세율
   과세표준을 과소신고하거나 신고하지 아니한 경우: 제1항 각 호의
   구분에 따른 금액에 그 과소신고되거나 무신고된 영세율과세표준의
   1천분의 5에 상당하는 금액을 더한 금액 (2016. 12. 20. 개정)

③ 제1항 및 제2항은 「부가가치세법」에 따른 사업자가 아닌 자가 환
급세액을 신고한 경우에도 적용한다. (2011. 12. 31. 개정)

④ 제1항 또는 제2항을 적용할 때 다음 각 호의 어느 하나에 해당하
는 경우에는 이와 관련하여 과소신고하거나 초과신고한 부분에 대
해서는 제1항 또는 제2항의 가산세를 적용하지 아니한다. (2011. 12.
31. 개정)

1. 다음 각 목의 어느 하나에 해당하는 사유로 상속세·증여세 과세표
   준을 과소신고한 경우 (2011. 12. 31. 개정)

   가. 신고 당시 소유권에 대한 소송 등의 사유로 상속재산 또는 증여
       재산으로 확정되지 아니하였던 경우 (2011. 12. 31. 개정)

   나. 「상속세 및 증여세법」 제18조, 제18조의 2, 제18조의 3, 제19조
       부터 제23조까지, 제23조의 2, 제24조, 제53조, 제53조의 2 및
       제54조에 따른 공제의 적용에 착오가 있었던 경우 (2023. 12.
       31. 개정)

   다. 「상속세 및 증여세법」 제60조 제2항·제3항 및 제66조에 따라
       평가한 가액으로 과세표준을 결정한 경우(부정행위로 상속세 및
       증여세의 과세표준을 과소신고한 경우는 제외한다) (2022. 12.
       31. 개정)

   라. 「법인세법」 제66조에 따라 법인세 과세표준 및 세액의 결
       정·경정으로 「상속세 및 증여세법」 제45조의 3부터 제45조
       의 5까지의 규정에 따른 증여의제이익이 변경되는 경우(부정
       행위로 인하여 법인세의 과세표준 및 세액을 결정·경정하는
       경우는 제외한다) (2015. 12. 15. 개정)

1의 2. 「상속세 및 증여세법」 제60조 제2항·제3항 및 제66조에 따라
   평가한 가액으로 「소득세법」 제88조 제1호 각 목 외의 부분 후단에
   따른 부담부증여 시 양도로 보는 부분에 대한 양도소득세 과세표준

② 「부가가치세법 시행령」 제101조 제1항의 표 제1호에 따라 제출한
수출실적명세서, 같은 항의 표 제3호 가목에 따라 제출한 내국신용
장·구매확인서 전자발급명세서와 같은 조 제2항부터 제4항까지의 규
정에 따라 제출한 영세율첨부서류제출명세서의 기재사항이 착오로 기
재되었으나 관련 증명자료 등에 의하여 그 사실이 확인되는 경우에는
법 제47조의 3 제2항 제2호를 적용하지 아니한다. (2017. 2. 7. 개정)

③ 법 제47조의 3에 따른 신고 중 부정행위로 과소신고·초과신고한
경우 같은 조 제1항 각 호 외의 부분에 따른 과소신고납부세액등 중에
부정행위로 인한 과소신고납부세액등(이하 이 항에서 "부정과소신고납
부세액"이라 한다)과 그 외의 과소신고납부세액등(이하 이 항에서 "일
반과소신고납부세액"이라 한다)이 있는 경우로서 부정과소신고납부세
액과 일반과소신고납부세액을 구분하기 곤란한 경우 부정과소신고납부
세액은 다음 계산식에 따라 계산한 금액으로 한다. (2017. 2. 7. 개정)

$$\text{과소신고 납부세액등} \times \frac{\text{부정행위로 인하여 과소신고한 과세표준}}{\text{과소신고한 과세표준}}$$

편주 ▶ ···

법 47조의 3 제4항 1호의 2의 개정규정은 2024. 1. 1. 이후 양도소득세
과세표준을 결정 또는 경정하는 경우부터 적용함. (법 부칙(2023. 12. 31.)
2조 1항)

···

☞

을 결정·경정한 경우(부정행위로 양도소득세의 과세표준을 과소신고한 경우는 제외한다) (2023. 12. 31. 신설)

2. 「부가가치세법」 제45조 제3항 단서가 적용되는 경우 (2013. 6. 7. 개정 ; 부가가치세법 부칙)

3. 제1호 라목에 해당하는 사유로 「소득세법」 제88조 제2호에 따른 주식등의 취득가액이 감소된 경우 (2017. 12. 19. 신설)

4. 「조세특례제한법」 제24조에 따라 세액공제를 받은 후 대통령령으로 정하는 부득이한 사유로 해당 세액공제 요건을 충족하지 못하게 된 경우 (2023. 12. 31. 신설)

편주 ▶ ··
법 47조의 3 제4항 4호의 개정규정은 2024. 1. 1. 이후 소득세 또는 법인세 과세표준을 신고하는 경우부터 적용함. (법 부칙(2023. 12. 31.) 2조 2항)
··

⑤ 기납부세액이 있는 경우에는 다음 각 호와 같이 계산한다. (2011. 12. 31. 개정)

1. 제1항을 적용할 때에는 같은 항 각 호에 따른 금액에서 기납부세액을 뺀다. (2011. 12. 31. 개정)

2. 제2항 제1호를 적용할 때에는 일반과소신고산출세액에서 기납부세액을 뺀다. (2011. 12. 31. 개정)

3. 제2항 제2호를 적용할 때에는 일반과소신고납부세액등에서 기납부세액을 뺀다. (2011. 12. 31. 개정)

⑤ 삭 제 (2014. 12. 23.)

⑥ 이 조에 따른 가산세의 부과에 대해서는 제47조의 2 제5항 및 제6항을 준용한다. (2020. 12. 22. 개정)

⑦ 부정행위로 인한 과소신고납부세액등의 계산과 그 밖에 가산세의 부과에 필요한 사항은 대통령령으로 정한다. (2014. 12. 23. 개정)

제47조의 4 【납부지연가산세】 (2018. 12. 31. 제목개정)

① 납세의무자(연대납세의무자, 납세자를 갈음하여 납부할 의무가 생긴 제2차 납세의무자 및 보증인을 포함한다)가 법정납부기한까지 국세(「인지세법」 제8조 제1항에 따른 인지세는 제외한다)의 납부(중간예납·예정신고납부·중간신고납부를 포함한다)를 하지 아니하거나 납부하여야 할 세액보다 적게 납부(이하 "과소납부"라 한다)하거나 환급받아야 할 세액보다 많이 환급(이하 "초과환급"이라 한다)받은 경우에는

④ 법 제47조의 3 제4항 제4호에서 "대통령령으로 정하는 부득이한 사유"란 「조세특례제한법 시행령」 제21조 제13항 후단에 따라 신성장사업화시설 또는 국가전략기술사업화시설의 인정을 받을 것을 조건으로 그 인정을 받기 전에 세액공제를 신청하여 세액공제를 받았으나, 그 이후 인정 대상 시설의 일부 또는 전부에 대해 그 인정을 받지 못한 경우를 말한다. (2024. 2. 29. 신설)

　　제27조의 3 【초과환급신고가산세】 ① 법 제47조의 4를 적용하는 경우 초과환급신고한 세액은 납세자가 신고한 환급세액과 세법에 따라 신고하여야 할 환급세액과의 차액을 한도로 한다. (2010. 2. 18. 개정)

② 법 제47조의 4 제2항 제1호에 따른 초과환급신고한 세액 중 부당한 방법으로 초과환급신고한 세액은 납세자가 환급신고한 세액에 제27조의 2 제4항 제2호의 비율을 곱하여 산정한다. 이 경우 비율이 1보다 큰 경우에는 1로 하고, 0보다 작은 경우에는 0으로 한다. (2010. 2. 18. 개정)

③ 법 제47조의 4 제2항 제2호에 따른 초과환급신고한 세액 중 부당한 방법으로 초과환급신고한 세액 외의 세액은 납세자가 환급신고한 세액에 제27조의 2 제4항 제3호의 비율을 곱하여 산정한다. 이 경우 비율이 1보다 큰 경우에는 1로 하고, 0보다 작은 경우에는 0으로 한다. (2010. 2. 18. 개정)

　　제27조의 3 【초과환급신고가산세】 삭 제 (2012. 2. 2.)

☞

통칙 47의 4 - 0…1 【미달납부세액에서 차감하는 기납부세액】
양도소득세 또는 법인세 감면을 추가로 인정하는 과세관청의 경정결정으로 인하여 양도소득세 또는 법인세는 일부 환급되고 농어촌특별세는 추가 고지되는 경우 양도소득세 또는 법인세 환급세액은 농어촌특별세의 납부지연가산세 계산 시 기납부세액으로 공제한다. (2024. 3. 15. 신설)

다음 각 호의 금액을 합한 금액을 가산세로 한다. (2019. 12. 31. 개정)
1. 납부하지 아니한 세액 또는 과소납부분 세액(세법에 따라 가산하여
   납부하여야 할 이자 상당 가산액이 있는 경우에는 그 금액을 더한
   다) × 법정납부기한의 다음 날부터 납부일까지의 기간(납부고지일
   부터 납부고지서에 따른 납부기한까지의 기간은 제외한다) × 금융
   회사 등이 연체대출금에 대하여 적용하는 이자율 등을 고려하여 대
   통령령으로 정하는 이자율 (2020. 12. 29. 개정 ; 국세징수법 부칙)
2. 초과환급받은 세액(세법에 따라 가산하여 납부하여야 할 이자상당
   가산액이 있는 경우에는 그 금액을 더한다) × 환급받은 날의 다음
   날부터 납부일까지의 기간(납부고지일부터 납부고지서에 따른 납부
   기한까지의 기간은 제외한다) × 금융회사 등이 연체대출금에 대하
   여 적용하는 이자율 등을 고려하여 대통령령으로 정하는 이자율
   (2020. 12. 29. 개정 ; 국세징수법 부칙)
3. 법정납부기한까지 납부하여야 할 세액(세법에 따라 가산하여 납부하
   여야 할 이자 상당 가산액이 있는 경우에는 그 금액을 더한다) 중 납
   부고지서에 따른 납부기한까지 납부하지 아니한 세액 또는 과소납부
   분 세액 × 100분의 3(국세를 납세고지서에 따른 납부기한까지 완납하
   지 아니한 경우에 한정한다) (2020. 12. 29. 개정 ; 국세징수법 부칙)
② 제1항은 「부가가치세법」에 따른 사업자가 아닌 자가 부가가치세
액을 환급받은 경우에도 적용한다. (2011. 12. 31. 개정)
③ 다음 각 호의 어느 하나에 해당하는 경우에는 제1항 제1호 및 제2호
의 가산세(법정납부기한의 다음 날부터 납부고지일까지의 기간에 한정
한다)를 적용하지 아니한다. (2020. 12. 29. 개정 ; 국세징수법 부칙)
1. 「부가가치세법」에 따른 사업자가 같은 법에 따른 납부기한까지 어
   느 사업장에 대한 부가가치세를 다른 사업장에 대한 부가가치세에
   더하여 신고납부한 경우 (2014. 12. 23. 신설)
2. 「부가가치세법」 제45조 제3항 단서에 따른 대손세액에 상당하는 부
   분 (2014. 12. 23. 신설)
3. 「부가가치세법」 제53조의 2에 따라 전자적 용역을 공급하는 자가 부가가치세를 납
   부하여야 하는 경우 (2014. 12. 23. 신설)
3. 삭　제 (2020. 12. 22.)
4. 「법인세법」 제66조에 따라 법인세 과세표준 및 세액의 결정·경정으로

　　　제27조의 4 【납부지연가산세 및 원천징수 등 납부지연가산세의
이자율】(2021. 2. 17. 제목개정)
법 제47조의 4 제1항 제1호·제2호 및 제47조의 5 제1항 제2호에서
"대통령령으로 정하는 이자율"이란 1일 10만분의 22의 율을 말한다.
(2022. 2. 15. 개정)

「상속세 및 증여세법」 제45조의 3부터 제45조의 5까지의 규정에 따른 증여의제이익이 변경되는 경우(부정행위로 인하여 법인세의 과세표준 및 세액을 결정·경정하는 경우는 제외한다) (2015. 12. 15. 개정)

5. 제4호에 해당하는 사유로 「소득세법」 제88조 제2호에 따른 주식등의 취득가액이 감소된 경우 (2017. 12. 19. 신설)

6. 「상속세 및 증여세법」 제67조 또는 제68조에 따라 상속세 또는 증여세를 신고한 자가 같은 법 제70조에 따라 법정신고기한까지 상속세 또는 증여세를 납부한 경우로서 법정신고기한 이후 대통령령으로 정하는 방법에 따라 상속재산 또는 증여 재산을 평가하여 과세표준과 세액을 결정·경정한 경우 (2020. 12. 22. 신설)

7. 「소득세법」 제88조 제1호 각 목 외의 부분 후단에 따른 부담부증여 시 양도로 보는 부분에 대하여 같은 법 제105조 또는 제110조에 따라 양도소득세 과세표준을 신고한 자가 같은 법 제106조 또는 제111조에 따라 법정신고기한까지 양도소득세를 납부한 경우로서 법정신고기한 이후 대통령령으로 정하는 방법에 따라 부담부증여 재산을 평가하여 양도소득세의 과세표준과 세액을 결정·경정한 경우 (2023. 12. 31. 신설)

④ 제47조의 5에 따른 가산세가 부과되는 부분에 대해서는 국세의 납부와 관련하여 제1항에 따른 가산세를 부과하지 아니한다. (2018. 12. 31. 개정)

⑤ 중간예납, 예정신고납부 및 중간신고납부와 관련하여 제1항에 따른 가산세가 부과되는 부분에 대해서는 확정신고납부와 관련하여 제1항에 따른 가산세를 부과하지 아니한다. (2018. 12. 31. 개정)

⑥ 국세(소득세, 법인세 및 부가가치세만 해당한다)를 과세기간을 잘못 적용하여 신고납부한 경우에는 제1항을 적용할 때 실제 신고납부한 날에 실제 신고납부한 금액의 범위에서 당초 신고납부하였어야 할 과세기간에 대한 국세를 자진납부한 것으로 본다. 다만, 해당 국세의 신고가 제47조의 2에 따른 신고 중 부정행위로 무신고한 경우 또는 제47조의 3에 따른 신고 중 부정행위로 과소신고·초과신고 한 경우에는 그러하지 아니하다. (2016. 12. 20. 단서개정)

⑦ 제1항을 적용할 때 납부고지서에 따른 납부기한의 다음 날부터 납부일까지의 기간(「국세징수법」 제13조에 따라 지정납부기한과 독촉

제27조의 5【납부지연가산세 적용 제외】법 제47조의 4 제3항 제6호 및 제7호에서 "대통령령으로 정하는 방법"이란 각각 「상속세 및 증여세법 시행령」 제49조 제1항 각 호 외의 부분 단서에 따라 평가심의위원회를 거치는 방법을 말한다. (2024. 2. 29. 개정)

☞

편주 ▶ ··

법 47조의 4 제3항 7호의 개정규정은 2024. 1. 1. 이후 양도소득세의 과세표준과 세액을 결정 또는 경정하는 경우부터 적용함. (법 부칙(2023. 12. 31.) 3조)
··

장에서 정하는 기한을 연장한 경우에는 그 연장기간은 제외한다)이 5
년을 초과하는 경우에는 그 기간은 5년으로 한다. (2020. 12. 29. 개정
; 국세징수법 부칙)

⑧ 체납된 국세의 납부고지서별·세목별 세액이 150만원 미만인 경우
에는 제1항 제1호 및 제2호의 가산세를 적용하지 아니한다. (2021. 12.
21. 개정)

⑨ 「인지세법」 제8조 제1항에 따른 인지세(같은 법 제3조 제1항 제
1호의 문서 중 부동산의 소유권 이전에 관한 증서에 대한 인지세는
제외한다)의 납부를 하지 아니하거나 과소납부한 경우에는 납부하
지 아니한 세액 또는 과소납부분 세액의 100분의 300에 상당하는
금액을 가산세로 한다. 다만, 다음 각 호의 어느 하나에 해당하는
경우(과세표준과 세액을 경정할 것을 미리 알고 납부하는 경우는
제외한다)에는 해당 호에 따른 금액을 가산세로 한다. (2022. 12.
31. 개정)

1. 「인지세법」에 따른 법정납부기한이 지난 후 3개월 이내에 납부한
   경우: 납부하지 아니한 세액 또는 과소납부분 세액의 100분의 100
   (2020. 12. 22. 신설)

2. 「인지세법」에 따른 법정납부기한이 지난 후 3개월 초과 6개월 이
   내에 납부한 경우: 납부하지 아니한 세액 또는 과소납부분 세액의
   100분의 200 (2020. 12. 22. 신설)

　　　제47조의 5 【원천징수 등 납부지연가산세】 (2020. 12. 22. 제
목개정)

① 국세를 징수하여 납부할 의무를 지는 자가 징수하여야 할 세액
(제2항 제2호의 경우에는 징수한 세액)을 법정납부기한까지 납부
하지 아니하거나 과소납부한 경우에는 납부하지 아니한 세액 또는
과소납부분 세액의 100분의 50(제1호의 금액과 제2호 중 법정납부
기한의 다음 날부터 납부고지일까지의 기간에 해당하는 금액을 합
한 금액은 100분의 10)에 상당하는 금액을 한도로 하여 다음 각 호
의 금액을 합한 금액을 가산세로 한다. (2020. 12. 29. 개정 ; 국세
징수법 부칙)

1. 납부하지 아니한 세액 또는 과소납부분 세액의 100분의 3에 상당하
   는 금액 (2011. 12. 31. 개정)

2. 납부하지 아니한 세액 또는 과소납부분 세액 × 법정납부기한의 다
   음 날부터 납부일까지의 기간(납부고지일부터 납부고지서에 따른
   납부기한까지의 기간은 제외한다) × 금융회사 등이 연체대출금에
   대하여 적용하는 이자율 등을 고려하여 대통령령으로 정하는 이자
   율 (2020. 12. 29. 개정 ; 국세징수법 부칙)

② 제1항에서 "국세를 징수하여 납부할 의무"란 다음 각 호의 어느 하
나에 해당하는 의무를 말한다. (2011. 12. 31. 개정)

1. 「소득세법」 또는 「법인세법」에 따라 소득세 또는 법인세를 원천징
   수하여 납부할 의무 (2011. 12. 31. 개정)

2. 「소득세법」 제149조에 따른 납세조합이 같은 법 제150조부터 제
   152조까지의 규정에 따라 소득세를 징수하여 납부할 의무 (2011.
   12. 31. 개정)

3. 「부가가치세법」 제52조에 따라 용역등을 공급받는 자가 부가가치
   세를 징수하여 납부할 의무 (2013. 6. 7. 개정 ; 부가가치세법 부칙)

③ 제1항에도 불구하고 다음 각 호의 어느 하나에 해당하는 경우에는
제1항을 적용하지 아니한다. (2011. 12. 31. 개정)

1. 「소득세법」에 따라 소득세를 원천징수하여야 할 자가 우리나라에
   주둔하는 미군인 경우 (2011. 12. 31. 개정)

2. 「소득세법」에 따라 소득세를 원천징수하여야 할 자가 같은 법 제20
   조의 3 제1항 제1호 또는 같은 법 제22조 제1항 제1호의 소득을
   지급하는 경우 (2013. 1. 1. 개정)

3. 「소득세법」 또는 「법인세법」에 따라 소득세 또는 법인세를 원천징
   수하여야 할 자가 국가, 지방자치단체 또는 지방자치단체조합인 경우
   (「소득세법」 제128조의 2에 해당하는 경우는 제외한다) (2011. 12.
   31. 개정)

④ 제1항을 적용할 때 납부고지서에 따른 납부기한의 다음 날부터 납
부일까지의 기간(「국세징수법」 제13조에 따라 지정납부기한과 독촉장
에서 정하는 기한을 연장한 경우에는 그 연장기간은 제외한다)이 5년
을 초과하는 경우에는 그 기간은 5년으로 한다. (2020. 12. 29. 개정

; 국세징수법 부칙)

⑤ 체납된 국세의 납부고지서별·세목별
세액이 150만원 미만인 경우에는 제1항
제2호의 가산세를 적용하지 아니한다.
(2021. 12. 21. 개정)

⑥ 제1항에도 불구하고 2025년 1월 1일 및 2026년
1월 1일이 속하는 각 과세기간에 발생한 「소득세법」
제4조 제1항 제2호의 2에 따른 금융투자소득의 원
천징수세액에 대한 납부지연가산세는 제1항 각 호
외의 부분에서 정하는 한도에서 같은 항 각 호의 금
액을 합한 금액의 100분의 50에 해당하는 금액으로
한다. (2022. 12. 31. 신설)

⑥ 삭 제 (2024. 12. 31.)

제48조【가산세 감면 등】(2010. 1. 1. 제목개정)

① 정부는 이 법 또는 세법에 따라 가산세를 부과하는 경우 그 부과의 원인이 되는 사유가 다음 각 호의 어느 하나에 해당하는 경우에는 해당 가산세를 부과하지 아니한다. (2018. 12. 31. 개정)

1. 제6조에 따른 기한 연장 사유에 해당하는 경우 (2020. 12. 22. 개정)
2. 납세자가 의무를 이행하지 아니한 데에 정당한 사유가 있는 경우 (2018. 12. 31. 개정)
3. 그 밖에 제1호 및 제2호와 유사한 경우로서 대통령령으로 정하는 경우 (2018. 12. 31. 개정)

② 정부는 다음 각 호의 어느 하나에 해당하는 경우에는 이 법 또는 세법에 따른 해당 가산세액에서 다음 각 호에서 정하는 금액을 감면한다. (2010. 12. 27. 개정)

☞ 통칙 48－0…1【기한연장의 승인과 가산세의 감면】
시행령 제4조에 의한 기한연장의 승인이 있는 때에는 그 승인된 기한까지는 법 제47조의 가산세는 부과하지 아니한다. (2004. 2. 19. 개정)

제28조【가산세의 감면 등】(2019. 2. 12. 제목개정)

① 법 제48조 제1항 제3호에서 "대통령령으로 정하는 경우"란 다음 각 호의 어느 하나에 해당하는 경우를 말한다. (2019. 2. 12. 신설)

1. 제10조에 따른 세법해석에 관한 질의·회신 등에 따라 신고·납부하였으나 이후 다른 과세처분을 하는 경우 (2019. 2. 12. 신설)
2. 「공익사업을 위한 토지 등의 취득 및 보상에 관한 법률」에 따른 토지등의 수용 또는 사용, 「국토의 계획 및 이용에 관한 법률」에 따른 도시·군계획 또는 그 밖의 법령 등으로 인해 세법상 의무를 이행할 수 없게 된 경우 (2019. 2. 12. 신설)
3. 「소득세법 시행령」 제118조의 5 제1항에 따라 실손의료보험금(같은 영 제216조의 3 제7항 각 호의 어느 하나에 해당하는 자로부터 지급받은 것을 말한다)을 의료비에서 제외할 때에 실손의료보험금 지급의 원인이 되는 의료비를 지출한 과세기간과 해당 보험금을 지급받은 과세기간이 달라 해당 보험금을 지급받은 후 의료비를 지출한 과세기간에 대한 소득세를 수정신고하는 경우(해당 보험금을 지급받은 과세기간에 대한 종합소득 과세표준 확정신고기한까지 수정신고하는 경우로 한정한다) (2021. 2. 17. 신설)

② 법 제48조 제1항 또는 제2항에 따라 가산세의 감면 등을 받으려는 자는 다음 각 호의 사항을 적은 신청서를 관할 세무서장(세관장 또는 지방자치단체의 장을 포함한다. 이하 이 조에서 같다)에게 제출하여야 한다. (2019. 2. 12. 항번개정)

1. 감면을 받으려는 가산세와 관계되는 국세의 세목 및 부과연도와 가산세의 종류 및 금액 (2010. 2. 18. 개정)
2. 해당 의무를 이행할 수 없었던 사유(법 제48조 제1항의 경우만 해당한다) (2010. 2. 18. 개정)

☞ 통칙 48－0…2【가산세 감면사유의 발생시기】
가산세의 부과원인이 되는 기한 즉, 세법의 규정에 의한 의무의 이행기한 내에 법 제6조에 규정하는 사유가 발생한 경우에 한하여 가산세를 감면할 수 있다. (2024. 3. 15. 개정)

48－0…3【가산세의 감면배제】
조세포탈을 위한 증거인멸목적 또는 납세자의 고의적인 행동에 의하여 법 제6조에 규정하는 사유가 발생한 경우에는 법 제48조의 규정을 적용하지 아니한다. (2024. 3. 15. 개정)

48－0…4【직권에 의한 가산세의 감면】
법 제6조 제1항에 규정하는 사유가 집단적으로 발생한 경우에는 납세자의 신청이 없는 경우에도 세무서장이 조사하여 직권으로 가산세를 감면할 수 있다. (2004. 2. 19. 개정)

제13조【가산세의 감면 등 신청】① 영 제28조 제2항에 따른 가산세의 감면 등의 신청은 별지 제17호 서식의 가산세 감면 등 신청서에 따른다. (2019. 3. 20. 개정)

② 영 제28조 제4항에 따른 가산세 감면 등의 승인 여부 통지는 별지 제18호 서식의 가산세 감면 등에 대한 승인 여부 통지서에 따른다. (2019. 3. 20. 개정)

1. 과세표준신고서를 법정신고기한까지 제출한 자가 법정신고기한이 지난 후 제45조에 따라 수정신고한 경우(제47조의 3에 따른 가산세만 해당하며, 과세표준과 세액을 경정할 것을 미리 알고 과세표준수정신고서를 제출한 경우는 제외한다)에는 다음 각 목의 구분에 따른 금액 (2019. 12. 31. 개정)
   가. 법정신고기한이 지난 후 1개월 이내에 수정신고한 경우 : : 해당 가산세액의 100분의 90에 상당하는 금액 (2019. 12. 31. 개정)
   나. 법정신고기한이 지난 후 1개월 초과 3개월 이내에 수정신고한 경우 : 해당 가산세액의 100분의 75에 상당하는 금액 (2019. 12. 31. 개정)
   다. 법정신고기한이 지난 후 3개월 초과 6개월 이내에 수정신고한 경우: 해당 가산세액의 100분의 50에 상당하는 금액 (2019. 12. 31. 신설)
   라. 법정신고기한이 지난 후 6개월 초과 1년 이내에 수정신고한 경우: 해당 가산세액의 100분의 30에 상당하는 금액 (2019. 12. 31. 신설)
   마. 법정신고기한이 지난 후 1년 초과 1년 6개월 이내에 수정신고한 경우: 해당 가산세액의 100분의 20에 상당하는 금액 (2019. 12. 31. 신설)
   바. 법정신고기한이 지난 후 1년 6개월 초과 2년 이내에 수정신고한 경우 : 해당 가산세액의 100분의 10에 상당하는 금액 (2019. 12. 31. 개정)
2. 과세표준신고서를 법정신고기한까지 제출하지 아니한 자가 법정신고기한이 지난 후 제45조의 3에 따라 기한 후 신고를 한 경우(제47조의 2에 따른 가산세만 해당하며, 과세표준과 세액을 결정할 것을 미리 알고 기한후과세표준신고서를 제출한 경우는 제외한다)에는 다음 각 목의 구분에 따른 금액 (2019. 12. 31. 개정)

③ 제2항의 경우에 같은 항 제2호의 사유를 증명할 수 있는 서류가 있을 때에는 이를 첨부하여야 한다. (2019. 2. 12. 개정)
④ 관할 세무서장은 제2항에 따른 신청서를 제출받은 경우에는 그 승인여부를 통지하여야 한다. (2019. 2. 12. 개정)

제29조【가산세 감면 제외 사유】(2013. 2. 15. 제목개정)
법 제48조 제2항 제1호 및 제2호에 따른 경정할 것을 미리 알고 제출한 경우는 다음 각 호의 어느 하나에 해당하는 경우를 말한다. (2013. 2. 15. 개정)
1. 해당 국세에 관하여 세무공무원이 조사에 착수한 것을 알고 과세표준수정신고서 또는 기한후과세표준신고서를 제출한 경우 (2013. 2. 15. 개정)
2. 해당 국세에 관하여 관할 세무서장으로부터 과세자료 해명 통지를 받고 과세표준수정신고서를 제출한 경우 (2013. 2. 15. 개정)

통칙 45-0…2【추가자진납부세액 중 일부 납부의 효력】
추가자진납부하여야 할 세액 중 일부만 추가자진납부한 경우에는 일부 추가자진납부에 의하여 수정된 범위 안에서 법 제48조를 적용한다. (2011. 3. 21. 개정)
48-0…5【수정신고에 따른 가산세 면제의 배제】
당초 신고한 과세표준과 세액의 과소신고로 인하여 부과되는 가산세가 아니고 과세표준신고에 있어서 필수적인 첨부서류 등을 제출하지 아니하여 신고된 것으로 보지 않음으로써 부과되는 가산세는 수정신고서를 제출하더라도 감면되지 아니한다. (2019. 12. 23. 개정)

가. 법정신고기한이 지난 후 1개월 이내에 기한 후 신고를 한 경우
: 해당 가산세액의 100분의 50에 상당하는 금액 (2014. 12. 23.
개정)

나. 법정신고기한이 지난 후 1개월 초과 3개월 이내에 기한 후 신고
를 한 경우: 해당 가산세액의 100분의 30에 상당하는 금액
(2019. 12. 31. 신설)

다. 법정신고기한이 지난 후 3개월 초과 6개월 이내에 기한 후 신고
를 한 경우 : 해당 가산세액의 100분의 20에 상당하는 금액
(2019. 12. 31. 개정)

3. 다음 각 목의 어느 하나에 해당하는 경우에는 해당 가산세액의 100
분의 50에 상당하는 금액 (2010. 12. 27. 개정)

가. 제81조의 15에 따른 과세전적부심사 결정·통지기간에 그 결과
를 통지하지 아니한 경우(결정·통지가 지연됨으로써 해당 기
간에 부과되는 제47조의 4에 따른 가산세만 해당한다) (2011.
12. 31. 개정)

나. 세법에 따른 제출, 신고, 가입, 등록, 개설(이하 이 목에서 "제출
등"이라 한다)의 기한이 지난 후 1개월 이내에 해당 세법에 따른
제출등의 의무를 이행하는 경우(제출등의 의무위반에 대하여 세
법에 따라 부과되는 가산세만 해당한다) (2010. 12. 27. 개정)

다. 제1호 라목부터 바목까지의 규정에도 불구하고 세법에 따른
예정신고기한 및 중간신고기한까지 예정신고 및 중간신고
를 하였으나 과소신고하거나 초과신고한 경우로서 확정신
고기한까지 과세표준을 수정하여 신고한 경우(해당 기간에
부과되는 제47조의 3에 따른 가산세만 해당하며, 과세표준
과 세액을 경정할 것을 미리 알고 과세표준신고를 하는 경
우는 제외한다) (2019. 12. 31. 개정)

라. 제2호에도 불구하고 세법에 따른 예정신고기한 및 중간신고기
한까지 예정신고 및 중간신고를 하지 아니하였으나 확정신고기
한까지 과세표준신고를 한 경우(해당 기간에 부과되는 제47조
의 2에 따른 가산세만 해당하며, 과세표준과 세액을 경정할 것
을 미리 알고 과세표준신고를 하는 경우는 제외한다) (2017. 12.
19. 신설)

③ 제1항이나 제2항에 따른 가산세 감면 등을 받으려는 자는 대통령령으로 정하는 바에 따라 감면 등을 신청할 수 있다. (2010. 1. 1. 개정)

　　제49조【가산세 한도】① 다음 각 호의 어느 하나에 해당하는 가산세에 대해서는 그 의무위반의 종류별로 각각 5천만원(「중소기업기본법」 제2조 제1항에 따른 중소기업이 아닌 기업은 1억원)을 한도로 한다. 다만, 해당 의무를 고의적으로 위반한 경우에는 그러하지 아니하다. (2010. 12. 27. 개정)
1. 「소득세법」 제81조, 제81조의 3, 제81조의 6, 제81조의 7, 제81조의 10, 제81조의 11 및 제81조의 13에 따른 가산세 (2019. 12. 31. 개정)
2. 「법인세법」 제75조의 2, 제75조의 4, 제75조의 5, 제75조의 7, 제75조의 8(같은 조 제1항 제4호에 따른 가산세는 같은 호 가목에 해당하는 가산세 중 계산서의 발급시기가 지난 후 해당 재화 또는 용역의 공급시기가 속하는 사업연도 말의 다음 달 25일까지 계산서를 발급한 경우에 부과되는 가산세만 해당한다) 및 제75조의 9에 따른 가산세 (2023. 12. 31. 개정)
3. 「부가가치세법」 제60조 제1항(같은 법 제68조 제2항에서 준용되는 경우를 포함한다), 같은 조 제2항 제1호·제3호부터 제5호까지 및 같은 조 제5항부터 제8항까지의 규정에 따른 가산세 (2013. 6. 7. 개정 ; 부가가치세법 부칙)
4. 「상속세 및 증여세법」 제78조 제3항·제5항(같은 법 제50조 제1항 및 제2항에 따른 의무를 위반한 경우만 해당한다)·제12항·제13항 및 제14항에 따른 가산세 (2020. 12. 22. 개정)
5. 「조세특례제한법」 제30조의 5 제5항 및 제90조의 2 제1항에 따른 가산세 (2010. 1. 1. 개정)
② 제1항을 적용하는 경우 의무위반의 구분, 가산세 한도의 적용기간 및 적용 방법, 그 밖에 필요한 사항은 대통령령으로 정한다. (2010. 1. 1. 개정)

　　제50조【추가납부에 의한 경감】삭　제 (94. 12. 22)

　　제29조의 2【가산세 한도】① 법 제49조 제1항에 따른 가산세 한도는 세법에 따라 부과된 의무의 내용에 따라 구분한다. (2010. 2. 18. 개정)
② 법 제49조 제1항 각 호에 따른 가산세 한도의 적용기간은 다음 각 호의 구분에 따른다. (2010. 2. 18. 개정)
1. 「소득세법」, 「법인세법」 및 「부가가치세법」에 따른 가산세 : 과세기간 단위 (2010. 2. 18. 개정)
2. 「상속세 및 증여세법」에 따른 가산세 : 같은 법에 따라 의무를 이행하여야 할 기간 단위 (2010. 2. 18. 개정)
3. 「조세특례제한법」 제30조의 5 제5항에 따른 가산세 : 같은 법에 따라 의무를 이행하여야 할 기간 단위 (2010. 2. 18. 개정)
4. 「조세특례제한법」 제90조의 2 제1항에 따른 가산세 : 소득세의 과세기간 단위 (2010. 2. 18. 개정)

편주 ┄┄┄┄┄┄┄┄┄┄┄┄┄┄┄┄┄┄┄┄┄┄┄┄┄┄┄┄┄
법 49조 1항 2호의 개정규정은 2024. 1. 1. 이후 가산세를 부과하는 경우부터 적용함. (법 부칙(2023. 12. 31.) 4조)
┄┄┄┄┄┄┄┄┄┄┄┄┄┄┄┄┄┄┄┄┄┄┄┄┄┄┄┄┄

제 6 장　국세환급금과 국세환급가산금

제51조【국세환급금의 충당과 환급】① 세무서장은 납세의무자가 국세 및 강제징수비로서 납부한 금액 중 잘못 납부하거나 초과하여 납부한 금액이 있거나 세법에 따라 환급하여야 할 환급세액(세법에 따라 환급세액에서 공제하여야 할 세액이 있을 때에는 공제한 후에 남은 금액을 말한다)이 있을 때에는 즉시 그 잘못 납부한 금액, 초과하여 납부한 금액 또는 환급세액을 국세환급금으로 결정하여야 한다. 이 경우 착오납부·이중납부로 인한 환급청구는 대통령령으로 정하는 바에 따른다. (2020. 12. 22. 개정)

통칙 51-0…1【국세환급금의 환급대상자】
① 국세환급금은 환급하여야 할 국세 또는 강제징수비를 납부한 해당 납세자에게 환급함을 원칙으로 한다. 다만, 세법 또는 다른 법령에 특별한 규정이 있는 때에는 그러하지 아니하다. (2024. 3. 15. 개정)
② 삭 제 (2019. 12. 23.)
51-0…2【제2차 납세의무자에의 환급】
① 제2차 납세의무자가 국세 등을 납부한 후에 제2차 납세의무가 없는 것이 밝혀진 때에는 세무서장이 제2차 납세의무자가 실지로 납부한 국세 등을 확인하여 제2차 납세의무자에게 충당 또는 환급한다. (2004. 2. 19. 개정)
② 제2차 납세의무자가 체납자의 국세 등을 납부한 후에 체납자에게 환급할 국세환급금이 발생한 경우에 제2차 납세의무자가 동 환급금의 환급을 청구하는 때에는 세무서장은 구상권행사여부를 조사하여 제2차 납세의무자가 승계납부한 한도 내에서 환급할 수 있다. (2004. 2. 19. 개정)
③ 2인 이상의 제2차 납세의무자가 납부한 국세 등에 대하여 발생한 국세환급금은 체납자와의 구상권행사 여부를 조사하여 각자가 납부한 금액에 비례하여 안분 계산한 환급금을 각자에게 충당 또는 환급한다. (2004. 2. 19. 개정)
51-0…3【물적납세의무자에의 환급】
세무서장이 법 제42조의 규정에 의한 물적납세의무자에게 환급하는 경우에는 제2차 납세의무자에의 환급규정을 준용한다. (2004. 2. 19. 개정)
51-0…4【보증인이 납부한 국세등의 환급】
세법에 의한 보증인이 납부한 국세 등에 대하여 국세환급금이 발생한 때에는 피보증인인 납세자에게 충당 또는 환급한다. 다만, 보증인이 보증채무의 금액을 초과하여 납부함으로써 발생한 국세환급금은 당해 보증인에게 충당 또는 환급한다.

제 5 장　국세환급금과 국세환급가산금

통칙 51-0…7【합병법인에의 환급】
법인이 합병한 후에 합병으로 인하여 소멸한 법인에 국세환급금이 발생한 경우에는 합병 후 존속하는 법인 또는 합병으로 인하여 신설된 법인에게 충당 또는 환급한다. (2004. 2. 19. 개정)
51-0…8【청산인에의 환급】
청산중인 법인에 발생한 국세환급금은 대표청산인에게 환급한다. (2004. 2. 19. 개정)
51-0…9【제한능력자등에의 환급】
국세환급금의 환급을 받을 납세자가 제한능력자 또는 한정후견개시자인 경우에도 당해 납세자에게 환급한다. 다만, 법정대리인이 명백히 존재하는 경우에는 환급받을 자를 명시하여 법정대리인에게 환급한다. (2019. 12. 23. 개정)
51-0…10【전부명령이 있는 경우의 환급】
국세환급금의 청구권이 「민사집행법」 제227조(금전채권의 압류)에 따라 압류되어 전부명령 또는 추심명령이 있는 경우에는 세무서장은 동 명령에 관한 국세환급금을 그 압류채권자에게 충당 또는 환급한다. (2011. 3. 21. 개정)
51-0…11【국내사업장 없는 외국법인에 대한 원천징수세액의 환급】
내국법인이 국내에 사업장이 없는 외국법인(부동산 소득이 있는 외국법인을 제외한다)에 대하여 착오로 「법인세법」 제98조 제1항 제3호에 따라 법인세를 원천징수납부함으로써 과오납부된 금액은 법 제51조에 따라 원천징수의무자의 관할세무서장이 해당 법인에 환급한다. (2011. 3. 21. 개정)
51-0…12【강제징수에 의한 압류채권자에의 환급】(2024. 3. 15. 제목개정)
국세환급금의 청구권이 「국세징수법」에 따른 강제징수(강제징수의 예에 의한 처

제 4 장　국세환급금과 국세환급가산금

제13조의 2【국세환급가산금의 이율】삭 제 (2012. 2. 28.)

통칙 51-0…13【청산종료법인에의 환급】
법인이 해산된 후 경정결정 등으로 환급금이 발생한 경우에 법인이 청산종결등기를 필한 때에는 법인격이 소멸하고 실체 또한 존재하지 아니하며 권리능력을 상실하게 되므로 청산종결등기를 필한 법인에게는 국세환급금을 환급할 수 없다. 다만, 「법인세법」에 따라 납세의무가 존속하는 때에는 충당 또는 환급할 수 있다. (2011. 3. 21. 개정)
51-0…14【채권·질권자에의 환급】
세무서장이 압류한 체납자의 채권에 제3자의 질권이 설정되어 있는 경우에 있어서 그 채무자로부터 국세를 우선 지급받은 후 당해 국세의 감액결정으로 국세환급금이 발생한 경우에, 채권·질권자가 질권에 의하여 담보된 채권 중 변제받지 못한 금액의 범위 안에서 동 환급금의 지급을 청구한 때에는 세무서장은 이를 확인하여 당해 질권자에게 충당 또는 환급할 수 있다. (2004. 2. 19. 개정)
51-0…15【인지세 과오납분의 환급】
「인지세법」에 따라 현금으로 납부한 인지세의 과오납금은 법 제51조에 따라 환급할 수 있으나, 수입인지를 과다 첨부하여 납부함으로써 발생한

(2004. 2. 19. 개정)

51 – 0…5【연대납세의무자에의 환급】
① 연대납세의무자로서 납부한 후 연대납세의무자가 아닌 것이 밝혀진 때에는 당해 연대납세의무자가 실지로 부담납부한 국세 등을 세무서장이 구체적으로 확인하여 충당 또는 환급한다. (2004. 2. 19. 개정)
② 2인 이상의 연대납세의무자가 납부한 국세 등에 대하여 발생한 국세환급금은 각자가 납부한 금액에 따라 안분한 금액을 각자에게 충당 또는 환급할 수 있다. (2004. 2. 19. 개정)

51 – 0…6【상속인에의 환급】
상속이 개시된 후에 피상속인에게 국세환급금이 발생한 때에는 상속인 또는 상속재산관리인에게 충당 또는 환급한다. 이 경우 상속인이 2인 이상인 때에는 다음 각호의 규정에 의하여 충당 또는 환급한다. (2004. 2. 19. 개정)
1. 국세환급금이 상속재산으로 분할된 때에는 그 분할된 바에 의하여 각 상속인에게 충당 또는 환급한다. (2004. 2. 19. 개정)
2. 국세환급금이 상속재산으로 분할되지 아니한 경우에는 「민법」 제1009조 내지 제1013조(법정상속분 등)의 규정에 의한 상속분에 따라 안분한 국세환급금을 각 상속인에게 충당 또는 환급한다. (2011. 3. 21. 개정)

② 세무서장은 국세환급금으로 결정한 금액을 대통령령으로 정하는 바에 따라 다음 각 호의 국세 및 강제징수비에 충당하여야 한다. 다만, 제1호(「국세징수법」 제9조에 따른 납부기한 전 징수 사유에 해당하는 경우는 제외한다) 및 제3호의 국세에의 충당은 납세자가 그 충당에 동의하는 경우에만 한다. (2020. 12. 29. 단서개정 ; 국세징수법 부칙)

통칙 51 – 0…17【국세환급금의 충당시기】
세무서장은 국세환급금을 결정한 후에는 법 제51조 제2항의 규정에 의하여 국세 등에 충당할 수 있으나, 영 제33조 규정에 의하여 국세환급금의 환급결정을 하고 이를 한국은행에 통지한 후에는 납세자가 국세의 충당에 동의하거나 체납된 국세가 있더라도 그 환급금으로 충당할 수 없다. (2004. 2. 19. 개정)

51 – 0…18【다른 세무서장의 체납세액에 충당여부】
국세환급금을 결정한 세무서장은 다른 세무서장이 소관 체납액에 충당을 요구하는 경우 그 국세환급금을 법 제51조의 규정에 의하여 그 체납액에 충당할 수 있다. (2004. 2. 19. 개정)

1. 납부고지에 의하여 납부하는 국세 (2020. 12. 29. 개정 ; 국세징수법 부칙)

분을 포함한다)에 의하여 압류된 경우에는 국세환급금을 그 압류채권자에게 환급한다. (2024. 3. 15. 개정)

제30조【국세환급가산금의 결정】 ① 세무서장은 국세환급금을 법 제51조에 따라 충당하거나 환급하려는 경우에는 법 제52조에 따른 국세환급가산금을 결정하여야 한다. (2010. 2. 18. 개정)
② 법 제52조 각 호 외의 부분 전단에서 "대통령령으로 정하는 이자율"이란 시중은행의 1년 만기 정기예금 평균 수신금리를 고려하여 기획재정부령으로 정하는 이자율을 말한다. (2010. 2. 18. 개정)
제30조【국세환급가산금의 결정】 삭 제 (2012. 2. 2.)

제31조【국세환급금의 충당】 (2018. 2. 13. 제목개정)
① 세무서장은 법 제51조 제2항 및 제8항에 따라 국세환급금(국세환급가산금을 포함한다)을 다른 국세 또는 강제징수비에 충당한 경우에는 그 뜻을 적은 문서로 해당 납세자에게 통지해야 한다. (2021. 2. 17. 개정)
② 법 제51조 제2항에 따라 국세환급금을 충당할 경우에는 같은 항 제2호의 체납된 국세 및 강제징수비에 우선 충당해야 한다. 다만, 납세자가 같은 항 제1호의 납부고지에 따라 납부하는 국세에 충당하는 것을 동의하거나 신청한 경우에는 납부고지에 따라 납부하는 국세에 우선 충당해야 한다. (2021. 2. 17. 개정)
③ 법 제51조 제8항에 따른 국세환급금은 국세환급금이 발생한 세목과 같은 세목이 있는 경우 같은 세목에 우선 충당한다. (2018. 2. 13. 신설)
④ 법 제51조 제2항 및 제8항에 따라 충당할 국세환급금이 2건 이상인 경우에는 소멸시효가 먼저 도래하는 것부터 충당하여야 한다. (2018. 2. 13. 신설)

인지세의 과오납금은 환급할 수 없다. (2011. 3. 21. 개정)

제14조【국세환급금의 충당통지 등】
① 영 제31조에 따른 충당통지는 별지 제19호 서식의 국세환급금 충당통지서에 따른다. (2012. 2. 28. 개정)
② 법 제51조 제2항에 따른 국세환급금의 충당동의 및 같은 조 제4항에 따른 충당청구는 별지 제19호의 2 서식의 국세환급금 충당 청구서(동의서)에 따른다. (2012. 2. 28. 개정)

2. 체납된 국세 및 강제징수비(다른 세무서에 체납된 국세 및 강제징
수비를 포함한다) (2020. 12. 22. 개정)
3. 세법에 따라 자진납부하는 국세 (2010. 1. 1. 개정)
③ 제2항 제2호에의 충당이 있는 경우 체납된 국세 및 강제징수비와
국세환급금은 체납된 국세의 법정납부기한과 대통령령으로 정하는 국
세환급금 발생일 중 늦은 때로 소급하여 대등액에 관하여 소멸한 것으
로 본다. (2020. 12. 22. 개정)
④ 납세자가 세법에 따라 환급받을 환급세액이 있는 경우에는 그 환급
세액을 제2항 제1호 및 제3호의 국세에 충당할 것을 청구할 수 있다.
이 경우 충당된 세액의 충당청구를 한 날에 해당 국세를 납부한 것으로
본다. (2010. 12. 27. 항번개정)
⑤ 원천징수의무자가 원천징수하여 납부한 세액에서 환급받을 환급세
액이 있는 경우 그 환급액은 그 원천징수의무자가 원천징수하여 납부
하여야 할 세액에 충당(다른 세목의 원천징수세액에의 충당은 「소득세
법」에 따른 원천징수이행상황신고서에 그 충당·조정명세를 적어 신
고한 경우에만 할 수 있다)하고 남은 금액을 환급한다. 다만, 그 원천징
수의무자가 그 환급액을 즉시 환급해 줄 것을 요구하는 경우나 원천징
수하여 납부하여야 할 세액이 없는 경우에는 즉시 환급한다. (2010.
12. 27. 항번개정)
⑥ 국세환급금 중 제2항에 따라 충당한 후 남은 금액은 국세환급금
의 결정을 한 날부터 30일 내에 대통령령으로 정하는 바에 따라 납
세자에게 지급하여야 한다. (2010. 12. 27. 항번개정)
⑦ 제6항에 따라 국세환급금을 환급할 때에는 대통령령으로 정하는 바
에 따라 한국은행이 세무서장의 소관 수입금 중에서 지급한다. (2010.
12. 27. 개정)
⑧ 제6항에도 불구하고 국세환급금 중 제2항에 따라 충당한 후 남은 금액이 10만원
이하이고, 지급결정을 한 날부터 1년 이내에 환급이 이루어지지 아니하는 경우에는 대
통령령으로 정하는 바에 따라 제2항 제1호의 국세에 충당할 수 있다. 이 경우 제2항
단서의 동의가 있는 것으로 본다. (2017. 12. 19. 신설)
⑧ 제6항에도 불구하고 국세환급금 중 제2항에 따라 충당한 후 남은
금액이 20만원 이하이고, 지급결정을 한 날부터 1년 이내에 환급이 이
루어지지 아니하는 경우에는 대통령령으로 정하는 바에 따라 같은 항

제32조【국세환급금 발생일】법 제51조 제3항에서 "대통령령으
로 정하는 국세환급금 발생일"이란 다음 각 호의 구분에 따른 날을 말
한다. (2010. 12. 30. 신설)
1. 착오납부, 이중납부 또는 납부의 기초가 된 신고 또는 부과의 취
소·경정에 따라 환급하는 경우 : 그 국세 납부일(세법에 따른 중간
예납액 또는 원천징수에 따른 납부액인 경우에는 그 세목의 법정신
고기한의 만료일). 다만, 그 국세가 2회 이상 분할납부된 것인 경우
에는 그 마지막 납부일로 하되, 국세환급금이 마지막에 납부된 금액
을 초과하는 경우에는 그 금액이 될 때까지 납부일의 순서로 소급하
여 계산한 국세의 각 납부일로 한다. (2010. 12. 30. 신설)
2. 적법하게 납부된 국세의 감면으로 환급하는 경우 : 그 감면 결정일
(2010. 12. 30. 신설)
3. 적법하게 납부된 후 법률이 개정되어 환급하는 경우 : 그 개정된 법
률의 시행일 (2010. 12. 30. 신설)
4. 「소득세법」, 「법인세법」, 「부가가치세법」, 「개별소비세법」, 「주
세법」 또는 「조세특례제한법」에 따른 환급세액의 신고, 환급신청
또는 신고한 환급세액의 경정으로 인하여 환급하는 경우: 그 신
고·신청일. 다만, 환급세액을 신고하지 않은 경우(법정신고기한
이 지난 후 법 제45조의 3에 따라 기한 후 신고를 한 경우를 포함
한다)로서 결정에 의하여 환급세액을 환급하는 경우에는 해당 결
정일로 한다. (2022. 2. 15. 단서개정)
5. 원천징수의무자가 연말정산 또는 원천징수하여 납부한 세액을 법
제45조의 2 제5항에 따른 경정청구에 따라 환급하는 경우 : 연말정
산세액 또는 원천징수세액 납부기한의 만료일 (2021. 2. 17. 개정)
6. 「조세특례제한법」 제100조의 8에 따라 근로장려금을 환급하는 경
우 : 근로장려금의 결정일 (2013. 2. 15. 신설)

제33조【국세환급금 등의 환급】① 세무서장은 법 제51조에 따
라 국세환급금(국세환급가산금을 포함한다)을 충당하고, 남은 금액이

제1호의 국세에 충당할 수 있다. 이 경우 제2항 단서의 동의가 있는 것으로 본다. (2024. 12. 31. 개정)

법 51조 8항의 개정규정은 2025. 1. 1. 이후 같은 조 2항 1호의 국세에 충당하는 경우부터 적용함. (법 부칙(2024. 12. 31.) 7조)

⑨ 세무서장이 국세환급금의 결정이 취소됨에 따라 이미 충당되거나 지급된 금액의 반환을 청구하는 경우에는 「국세징수법」의 고지·독촉 및 강제징수의 규정을 준용한다. (2020. 12. 22. 개정)
⑩ 제1항에도 불구하고 제47조의 4 제6항 본문에 해당하는 경우에는 제1항을 적용하지 아니한다. (2017. 12. 19. 항번개정)
⑪ 과세의 대상이 되는 소득, 수익, 재산, 행위 또는 거래의 귀속이 명의일 뿐이고 사실상 귀속되는 자(이하 이 항에서 "실질귀속자"라 한다)가 따로 있어 명의대여자에 대한 과세를 취소하고 실질귀속자를 납세의무자로 하여 과세하는 경우 명의대여자 대신 실질귀속자가 납부한 것으로 확인된 금액은 실질귀속자의 기납부세액으로 먼저 공제하고 남은 금액이 있는 경우에는 실질귀속자에게 환급한다. (2019. 12. 31. 신설)

통칙 51-0…19【별과금의 환급】
별과금을 환급할 때에는 별도예산(별과금환부예산)에서 환급한다. 다만, 당해 연도의 별과금수입금이 있어서 수납금의 과목경정을 할 수 있는 경우에는 국세 등에 충당할 수 있다. (2004. 2. 19. 개정)

있는 경우에는 이를 해당 연도의 소관 세입금 중에서 납세자에게 지급하도록 한국은행에 통지하여야 한다. (2010. 2. 18. 개정)
② 한국은행은 제1항에 따른 통지를 받았을 때에는 지체 없이 환급에 필요한 절차를 밟아야 한다. (2010. 2. 18. 개정)
③ 법 제51조 제1항 후단에 따른 환급청구를 하려는 자는 기획재정부령으로 정하는 환급신청서를 관할 세무서장에게 제출하여야 한다. (2010. 2. 18. 개정)

제33조의 2【세무서장 소관 세입금계정 간의 조정】① 국세청장 또는 지방국세청장은 세무서장의 소관 세입금이 국세환급금을 지급하기에 부족하거나 부족할 염려가 있다고 인정되는 경우에는 해당 세무서장의 신청에 의하여 다른 세무서장의 소관 세입금계정으로부터 필요한 금액을 이체하도록 지시할 수 있다. 이 경우 이체지시는 세입금이체명령서로 하며, 그 내용은 이체를 신청한 세무서장에게도 통지하여야 한다. (2010. 2. 18. 개정)
② 제1항의 이체지시를 받은 세무서장은 소관 세입금계정으로부터 해당 금액을 다른 세무서장의 세입금계정으로 이체할 것을 내용으로 하는 세입금이체청구서를 작성하여 한국은행에 청구하여야 한다. (2010. 2. 18. 개정)
③ 한국은행은 제2항의 청구를 받았을 때에는 지체 없이 이체하고, 이체한 사실을 해당 세무서장에게 각각 통지하여야 한다. (2010. 2. 18. 개정)

제14조의 2【착오·이중납부에 대한 환급청구】영 제33조 제3항에 따른 환급청구는 별지 제20호 서식의 국세환급금 환급신청서에 따른다. (2012. 2. 28. 개정)

제16조【세입금의 이체지시 및 이체통지】삭 제 (2001. 3. 31)

제16조의 2【세무서장 소관 세입금계정 간의 조정】① 영 제33조의 2 제1항 전단에 따른 세입금 이체 수입 신청은 별지 제44호 서식의 세입금 이체 수입 신청서에 따른다. (2012. 2. 28. 개정)
② 영 제33조의 2 제1항 후단에 따른 세입금이체명령서는 별지 제45호 서식에 따른다. (2012. 2. 28. 개정)
③ 영 제33조의 2 제1항 후단에 따른 세입금 이체 명령 통지는 별지 제46호 서식의 세입금 이체 명령 통지서에 따른다. (2012. 2. 28. 개정)
④ 영 제33조의 2 제2항에 따른 세입금이체청구서는 별지 제47호 서식에 따른다. (2012. 2. 28. 개정)
⑤ 영 제33조의 2 제3항에 따른 세입금 이체사실의 통지는 별지 제48호 서식의 세입금 이체사실 통지서 및 별지 제49호 서식의 세입금 이체사실 통지서에 따른다. (2012. 2. 28. 개정)

제34조 【국세환급금의 계좌이체 지급】 (2000. 12. 29 제목개정)
① 세무서장은 금융회사 등 또는 체신관서에 계좌를 개설하고 세무서장에게 그 계좌를 신고한 납세자에게는 계좌이체방식으로 국세환급금을 지급할 수 있다. (2010. 2. 18. 개정)
② 세무서장은 제1항에 따라 국세환급금을 지급하려는 경우에는 한국은행 또는 체신관서에 국세환급금계좌이체입금요구서(이하 “계좌이체입금요구서”라 한다)를 송부하여야 한다. (2010. 2. 18. 개정)
③ 한국은행 또는 체신관서는 계좌이체입금요구서를 받았을 때에는 환급에 필요한 금액을 납세자의 계좌에 입금하고 그 내용을 해당 세무서장에게 통지하여야 한다. 다만, 계좌불명 등으로 입금이 불가능한 경우에는 계좌이체입금요구서를 받은 날의 다음 날까지 그 사실을 세무서장에게 통지하여야 한다. (2010. 2. 18. 개정)
④ 세무서장은 제3항 단서에 따른 통지를 받았을 때에는 지체 없이 납세자의 계좌번호 등을 확인하여 한국은행 또는 체신관서에 계좌이체입금요구서를 다시 송부하여야 한다. 다만, 세무서장은 납세자의 계좌번호 등을 제3항 단서에 따른 통지를 받은 날부터 30일이 지날 때까지 알 수 없는 경우에는 제35조에 따른 현금지급방식으로 국세환급금을 지급할 수 있다. (2010. 2. 18. 개정)

제34조의 2 【국세환급금 계좌이체 지급】 삭 제 (2000. 12. 29)

제43조의 2 【물납재산의 환급】 ① 법 제51조의 2 제1항 전단에 따라 물납(物納)재산을 환급하는 경우 환급의 순서에 관하여 납세자의 신청이 있는 경우에는 그 신청에 따라 관할 세무서장이 환급하고, 납세자의 신청이 없는 경우에는 「상속세 및 증여세법 시행령」 제74조 제2항에 따른 물납에 충당하는 재산에 대한 허가 순서의 역순(逆順)으로 환급한다. (2017. 2. 7. 개정)
1. 「상속세 및 증여세법」에 따라 물납(物納)한 재산을 환급하는 경우 : 「상속세 및 증여세법 시행령」 제74조 제2항에 따른 물납충당재산의 허가순서의 역순(逆順)으로 환급 (2010. 2. 18. 개정)
2. 「소득세법」 또는 「법인세법」에 따라 물납한 재산을 환급하는 경우 : 「소득세법」 제112조의 2 또는 「법인세법」 제65조에 따라 물납하는 재산으로 환급 (2010. 2. 18. 개정)
1·2. 삭 제 (2017. 2. 7.)

제16조의 3 【계좌개설신고】 영 제34조 제1항에 따른 계좌개설신고(계좌변경신고를 포함한다)는 별지 제22호 서식의 계좌개설(변경) 신고서에 따른다. 다만, 법 및 세법에 따른 과세표준신고서에 납세자 명의의 환급계좌를 기재한 경우 해당 환급신고분에 대해서는 계좌개설을 신고한 것으로 본다. (2023. 3. 20. 단서신설)

제51조의 2 【물납재산의 환급】 ① 납세자가 「상속세 및 증여세법」 제73조에 따라 상속세를 물납(物納)한 후 그 부과의 전부 또는 일부를 취소하거나 감액하는 경정 결정에 따라 환급하는 경우에는 해당 물납재산으로 환급하여야 한다. 이 경우 제52조에 따른 국세환급가산금은 지급하지 아니한다. (2016. 12. 20. 개정)

제19조의 2 【물납재산의 환급신청】 영 제43조의 2 제1항에 따른 물납(物納)재산의 환급신청은 별지 제25호 서식의 물납재산 환급신청서에 따른다. (2012. 2. 28. 개정)

제15조 【국세환급금의 환급】 다음 각 호의 국세환급금의 지급통지 등은 별지 제21호 서식의 국세환급금지급통지·계좌이체입금(현금지급) 요구 및 지급내역통지서에 따른다. (2012. 2. 28. 개정)

② 제1항에도 불구하고 그 물납재산이 매각되었거나 다른 용도로 사용되고 있는 경우 등 대통령령으로 정하는 경우에는 제51조에 따라 금전으로 환급하여야 한다 (2016. 12. 20. 개정)
③ 물납재산의 환급 순서, 물납재산을 수납할 때부터 환급할 때까지의 관리비용 부담 주체 등 물납재산의 환급에 관한 세부적인 사항은 대통령령으로 정한다. (2016. 12. 20. 개정)

 **예판** ┄┄┄┄┄┄┄┄┄┄┄┄┄┄┄┄┄┄┄┄┄┄┄┄┄┄┄

세무서장이 납세자가 물납한 비상장주식을 물납재산의 환급규정(국기법 §51의 2 ① 본문)에 의하여 환급하는 경우에 물납시점 이후에 배당되어 국고에 귀속된 비상장주식의 배당금은 동 물납주식과 함께 주주에게 환급함. (재조세 – 524, 2007. 4. 23.)
┄┄┄┄┄┄┄┄┄┄┄┄┄┄┄┄┄┄┄┄┄┄┄┄┄┄┄┄┄┄┄┄┄

② 법 제51조의 2 제2항에서 "그 물납재산이 매각되었거나 다른 용도로 사용되고 있는 경우 등 대통령령으로 정하는 경우"란 다음 각 호의 어느 하나에 해당하는 경우를 말한다. (2017. 2. 7. 개정)
1. 해당 물납재산의 성질상 분할하여 환급하는 것이 곤란한 경우 (2010. 2. 18. 개정)
2. 해당 물납재산이 임대 중이거나 다른 행정용도로 사용되고 있는 경우 (2010. 2. 18. 개정)
3. 사용계획이 수립되어 해당 물납재산으로 환급하는 것이 곤란하다고 인정되는 경우 등 국세청장이 정하는 경우 (2010. 2. 18. 개정)
③ 제1항에 따라 환급하는 경우에 국가가 물납재산을 유지 또는 관리하기 위하여 지출한 비용은 국가의 부담으로 한다. 다만, 국가가 물납재산에 대하여 「법인세법 시행령」 제31조 제2항에 따른 자본적 지출을 한 경우에는 이를 납세자의 부담으로 한다. (2010. 2. 18. 개정)
④ 제1항에 따라 환급하는 경우 물납재산이 수납된 이후 발생한 법정과실 및 천연과실은 납세자에게 환급하지 아니하고 국가에 귀속된다. (2017. 2. 7. 개정)

제35조【국세환급금의 현금지급】 (2000. 12. 29. 제목개정)
① 세무서장은 국세환급금을 제34조에 따른 계좌이체방식으로 지급할 수 없는 납세자에게는 현금지급방식으로 지급할 수 있다. (2010. 2. 18. 개정)
② 세무서장은 제1항에 따라 국세환급금을 지급하는 경우에는 국세환급금현금지급요구서(이하 "현금지급요구서"라 한다)를 체신관서에 송부하여야 한다. (2010. 2. 18. 개정)
③ 체신관서는 현금지급요구서를 받았을 때에는 제37조에 따라 국세환급금을 납세자에게 지급하고, 그 내용을 해당 세무서장에게 통지하여야 한다. (2010. 2. 18. 개정)
④ 세무서장은 현금지급방식에 의한 국세환급금 지급 절차 진행 중에 납세자가 계좌이체방식의 입금을 요구하는 경우에는 제34조에 따른 계좌이체방식으로 국세환급금을 지급하게 할 수 있다. (2010. 2. 18. 개정)

제36조【납세자에 대한 환급통지】 (2000. 12. 29. 제목개정)

1. 영 제33조 제1항에 따른 국세환급금의 지급통지 (2012. 2. 28. 개정)
2. 영 제34조 제2항 및 제4항 본문에 따른 국세환급금의 계좌이체입금 요구 (2012. 2. 28. 개정)
3. 영 제34조 제3항에 따른 국세환급금의 계좌이체 입금통지 또는 계좌이체 입금 불가능사실의 통지 (2012. 2. 28. 개정)
4. 영 제35조 제2항에 따른 국세환급금의 현금지급 요구 (2012. 2. 28. 개정)
5. 영 제35조 제3항에 따른 국세환급금의 지급명세 통지 (2012. 2. 28. 개정)

제17조【납세자에 대한 환급통지】

관서가 국세환급금을 납세자에게 지급할 수 있도록 환급에 필요한 금액을 체신관서에 지급하여야 한다. (2010. 2. 18. 개정)

제39조【체신관서의 미지급자금 정리】체신관서는 제35조에 따른 환급금액 중 세무서장의 지급요구일부터 1년 이내에 지급하지 못한 금액이 있는 경우에는 그 지급을 취소하고, 지급하지 못한 금액을 그 취소한 날이 속하는 연도의 세입에 납입하여야 한다. (2010. 2. 18. 개정)

제40조【국세환급금송금통지서에 의한 지급의 절차】삭　제 (2000. 12. 29)

제41조【국세환급에 관한 장부】삭　제 (2000. 12. 29)

제42조【국세환급금의 양도】① 법 제53조에 따라 국세환급금에 관한 권리를 타인에게 양도하려는 납세자는 세무서장이 국세환급금통지서를 발급하기 전에 다음 각 호의 사항을 적은 문서로 관할 세무서장에게 요구하여야 한다. (2010. 2. 18. 개정)
1. 양도인의 주소와 성명 (2010. 2. 18. 개정)
2. 양수인의 주소와 성명 (2010. 2. 18. 개정)
3. 양도하려는 권리의 내용 (2010. 2. 18. 개정)
② 세무서장은 제1항의 요구가 있는 경우에 양도인이 납부할 다른 국세·가산금 또는 체납처분비가 있으면 그 국세·가산금 또는 체납처분비에 충당하고, 남은 금액에 대해서는 양도의 요구에 지체 없이 따라야 한다. (2010. 2. 18. 개정)
제42조【국세환급금의 양도】삭　제 (2012. 2. 2.)

제43조【국세환급금지급액계산서】(2000. 12. 29 제목개정)
세무서장은 국세환급금지급액계산서에 증거서류를 첨부하여 감사원장에게 제출하여야 한다. (2010. 2. 18. 개정)

세무서장은 제35조에 따라 한국은행 또는 체신관서에 국세환급금의 지급을 요구한 경우에는 지급금액, 지급이유, 수령방법, 지급장소, 지급요구일, 그 밖에 필요한 사항을 명시한국세환급금통지서(이하 "국세환급금통지서"라 한다)를 납세자에게 송부해야 한다. (2021. 2. 17. 개정)

제37조【국세환급금의 현금지급 절차】(2000. 12. 29. 제목개정)
① 체신관서는 제35조에 따라 국세환급금을 현금지급방식으로 받게 되는 납세자가 국세환급금통지서를 제시하였을 때에는 지급하여야 한다. 다만, 국세환급금통지서에 표시된 지급요구일부터 1년이 지난 경우에는 그러하지 아니하다. (2010. 2. 18. 개정)
② 체신관서는 제1항에 따라 국세환급금을 지급할 때에는 납세자로 하여금 주민등록증이나 그 밖의 신분증을 제시하게 하여 그 납세자가 정당한 권리자인지를 확인하여야 한다. (2010. 2. 18. 개정)
② 체신관서는 제1항에 따라 국세환급금을 지급할 때에는 납세자로 하여금 주민등록증(모바일 주민등록증을 포함한다)이나 그 밖의 신분증을 제시하게 하여 그 납세자가 정당한 권리자인지를 확인하여야 한다. (2024. 12. 3. 개정 ; 주민등록법~부칙)
③ 제2항의 경우에는 국세환급금통지서의 여백에 수령인의 주민등록번호를 적고, 그 서명을 받아야 한다. (2010. 2. 18. 개정)
④ 납세자는 제1항 단서의 경우에 국세환급금을 환급받으려면 다음 각 호의 사항을 적은 문서에 해당 국세환급금통지서를 첨부하여 관할 세무서장에게 신청해야 한다. 이 경우 세무서장은 다시 이 장의 규정에 따른 환급 절차를 밟아 환급해야 한다. (2021. 2. 17. 개정)
1. 환급받으려는 국세 또는 강제징수비의 연도 및 금액 (2021. 2. 17. 개정)
2. 국세환급금통지서를 받고 1년이 지나도록 수령하지 아니한 사유 (2010. 2. 18. 개정)

제38조【체신관서에 대한 환급자금 지급 등】(2010. 2. 18. 제목개정)
세무서장은 체신관서에 계좌이체입금요구서 또는 현금지급요구서를 송부하는 경우에는 한국은행을 거쳐야 한다. 이 경우 한국은행은 체신

① 영 제36조에 따른 국세환급금통지서는 별지 제24호 서식에 따른다. (2012. 2. 28. 개정)
② 제1항에 따른 국세환급금통지서의 송달은 등기우편으로 해야 한다. 다만, 국세환급금이 5만원 미만인 경우에는 일반우편으로 송달할 수 있다. (2021. 3. 16. 개정)
② 제1항에 따른 국세환급금통지서의 송달을 우편으로 하는 경우에는 등기우편으로 해야 한다. 다만, 국세환급금이 5만원 미만인 경우에는 일반우편으로 송달할 수 있다. (2025. 3. 21. 개정)
1. 국세환급금을 영 제34조 제1항에 따라 계좌이체 방식으로 지급하는 경우 (2012. 2. 28. 개정)
2. 5만원 미만의 국세환급금을 영 제35조 제1항에 따라 현금지급방식으로 지급하는 경우 (2012. 2. 28. 개정)
1.~2. 삭　제 (2021. 3. 16)

제18조【미지급자금의 세입편입】(2012. 2. 28 제목개정)
영 제39조에 따른 지급하지 못한 금액의 세입납입은 지급기간이 지난 날이 속하는 달의 다음 달 말일까지 일반회계 잡수입(雜收入)으로 소관 세입징수관계정에 납입하는 방법으로 한다. (2012. 2. 28. 개정)

제52조【국세환급가산금】(2007. 12. 31. 제목개정)

① 세무서장은 국세환급금을 제51조에 따라 충당하거나 지급할 때에는 대통령령으로 정하는 국세환급가산금 기산일부터 충당하는 날 또는 지급결정을 하는 날까지의 기간과 금융회사 등의 예금이자율 등을 고려하여 대통령령으로 정하는 이자율에 따라 계산한 금액(이하 "국세환급가산금"이라 한다)을 국세환급금에 가산하여야 한다. (2017. 12. 19. 항번개정)

② 제51조 제8항에 따라 국세에 충당하는 경우 국세환급가산금은 지급결정을 한 날까지 가산한다. (2017. 12. 19. 신설)

③ 제1항 및 제2항에도 불구하고 다음 각 호의 어느 하나에 해당하는 사유 없이 대통령령으로 정하는 고충민원의 처리에 따라 국세환급금을 충당하거나 지급하는 경우에는 국세환급가산금을 가산하지 아니한다. (2020. 12. 22. 신설)

1. 제45조의 2에 따른 경정 등의 청구 (2020. 12. 22. 신설)

2. 제7장에 따른 이의신청, 심사청구, 심판청구, 「감사원법」에 따른 심사청구 또는 「행정소송법」에 따른 소송에 대한 결정이나 판결 (2020. 12. 22. 신설)

▣ 예 판

• 경정 청구기간 또는 불복 청구기간 경과 등으로 과세표준과 세액이 확정된 후에 처분청이 납세자의 고충민원으로 환급하는 세액은 국세환급가산금의 지급대상이 아님. (재조세-716, 2007. 6. 11.)

• 국세를 부동산으로 물납하는 경우 그 납부일은 소유권이전등기가 완료된 날로 보므로, 물납에 관한 국세를 현금으로 환급하는 경우 그 환급가산금은 소유권이전등기가 완료된 날의 다음날부터 기산하는 것임. (징세-4174, 2004. 10. 29.)

▣ 통칙 52-0…1【국세환급가산금의 계산 대상금액】

법 제52조의 규정에 의한 국세환급가산금의 계산에 있어서 그 대상이 되는 금액에는 본세, 강제징수비 및 연부연납이자세액이 포함된다. (2024. 3. 15. 개정)

제43조의 3【국세환급가산금】① 법 제52조 제1항에서 "대통령령으로 정하는 국세환급가산금 기산일"이란 다음 각 호의 구분에 따른 날의 다음 날로 한다. (2020. 2. 11. 개정)

1. 착오납부, 이중납부 또는 납부 후 그 납부의 기초가 된 신고 또는 부과를 경정하거나 취소함에 따라 발생한 국세환급금 : 국세 납부일. 다만, 그 국세가 2회 이상 분할납부된 것인 경우에는 그 마지막 납부일로 하되, 국세환급금이 마지막에 납부된 금액을 초과하는 경우에는 그 금액이 될 때까지 납부일의 순서로 소급하여 계산한 국세의 각 납부일로 하며, 세법에 따른 중간예납액 또는 원천징수에 의한 납부액은 해당 세목의 법정신고기한 만료일에 납부된 것으로 본다. (2021. 2. 17. 개정)

2. 적법하게 납부된 국세의 감면으로 발생한 국세환급금 : 감면 결정일 (2012. 2. 2. 신설)

3. 적법하게 납부된 후 법률이 개정되어 발생한 국세환급금 : 개정된 법률의 시행일 (2012. 2. 2. 신설)

4. 「소득세법」·「법인세법」·「부가가치세법」·「개별소비세법」·「주세법」, 「교통·에너지·환경세법」 또는 「조세특례제한법」에 따른 환급세액의 신고, 환급신청, 경정 또는 결정으로 인하여 환급하는 경우 : 신고를 한 날(신고한 날이 법정신고기일 전인 경우에는 해당 법정신고기일) 또는 신청을 한 날부터 30일이 지난 날(세법에서 환급기한을 정하고 있는 경우에는 그 환급기한의 다음 날). 다만, 환급세액을 법정신고기한까지 신고하지 않음에 따른 결정으로 인하여 발생한 환급세액을 환급할 때에는 해당 결정일부터 30일이 지난 날로 한다. (2021. 2. 17. 개정)

5. 법 제45조의 2에 따른 경정의 청구에 따라 납부한 세액 또는 환급한 세액을 경정함으로 인하여 환급하는 경우 : 경정청구일(경정청구일이 국세 납부일보다 빠른 경우에는 국세 납부일) (2015. 2. 3. 개정)

5. 삭 제 (2021. 2. 17.)

② 법 제52조 제1항에서 "대통령령으로 정하는 이자율"이란 시중은행의 1년 만기 정기예금 평균 수신금리를 고려하여 기획재정부령으로 정하는 이자율(이하 이 항에서 "기본이자율"이라 한다)을 말한다. 다만, 납세자가 법 제7장에 따른 이의신청, 심사청구, 심판청구, 「감사원법」

제19조의 3【국세환급가산금의 이율】영 제43조의 3 제2항 본문에서 "기획재정부령으로 정하는 이자율"이란 연 1천분의 35를 말한다. (2024. 3. 22. 개정)

◤ 편주 ▶

법 52조 1항에 따른 국세환급가산금 기산일이 2024. 3. 20. 전인 경우로서 2024. 3. 22. 이후 같은 조에 따라 국세환급가산금을 충당 또는 지급하는 경우 그 기산일부터 2024. 3. 20. 전일까지의 기간에 대한 이율은 규칙 19조의 3의 개정규정에도 불구하고 종전의 규정에 따름. (규칙 부칙(2024. 3. 22.) 3조)

제19조의 3【국세환급가산금의 이율】영 제43조의 3 제2항 본문에서 "기획재정부령으로 정하는 이자율"이란 연 1천분의 31을 말한다. (2025. 3. 21. 개정)

에 따른 심사청구 또는 「행정소송법」에 따른 소송을 제기하여 그 결정 또는 판결에 따라 세무서장이 국세환급금을 지급하는 경우로서 그 결정 또는 판결이 확정된 날부터 40일 이후에 납세자에게 국세환급금을 지급하는 경우에는 기본이자율의 1.5배에 해당하는 이자율을 적용한다. (2020. 2. 11. 개정)

③ 법 제52조 제3항 각 호 외의 부분에서 "대통령령으로 정하는 고충민원"이란 국세와 관련하여 납세자가 법 제52조 제3항 각 호의 어느 하나에 해당하는 불복청구 등을 그 기한까지 제기하지 않은 사항에 대해 과세관청에 직권으로 이 법 또는 세법에 따른 처분의 취소, 변경이나 그 밖의 필요한 처분을 해 줄 것을 요청하는 민원을 말한다. (2021. 2. 17. 신설)

제43조의 4 【국세환급금의 양도】 ① 법 제53조에 따라 국세환급금에 관한 권리를 타인에게 양도하려는 납세자는 세무서장이 국세환급금통지서를 발급하기 전에 다음 각 호의 사항을 적은 문서로 관할 세무서장에게 양도를 요구하여야 한다. (2012. 2. 2. 신설)
1. 양도인의 주소와 성명 (2012. 2. 2. 신설)
2. 양수인의 주소와 성명 (2012. 2. 2. 신설)
3. 양도하려는 권리의 내용 (2012. 2. 2. 신설)

② 세무서장은 제1항의 요구가 있는 경우에 양도인이 납부할 다른 국세 또는 체납처분비가 있거나 양수인이 납부할 국세 또는 체납처분비가 있으면 그 국세 또는 체납처분비에 충당하고, 남은 금액에 대해서는 양도의 요구에 지체 없이 따라야 한다. (2019. 2. 12. 개정)

② 삭 제 (2020. 2. 11.)

통칙 53 – 43의 4…1 【국세환급금의 양도요구】 (2024. 3. 15. 번호개정)
영 제43조의 4 및 규칙 제19조에 따라 국세환급금의 양도요구를 할 때에는 양도인의 인감증명서를 첨부하여야 한다. 다만, 양도인이 인감증명서를 첨부할 수 없는 외국인인 때에는 「민법」 제450조 (지명채권양도의 대항요건)에 따른 통지서를 첨부하거나, 법 제82조에 따른 납세관리인이 납세관리인증명서와 인감증명서를 첨부하여야 한다. (2019. 12. 23. 개정)

53 – 43의 4…2 【국세환급금의 양수인에의 환급】 (2024. 3. 15. 번호개정)
세무서장이 영 제43조의 4의 규정에 의하여 국세환급금의 양도요구에 응한 때에는 이 법 제51조의 규정에 따라 국세환급금을 양수인에게 충당 또는 환급한다. (2019. 12. 23. 개정)

제53조 【국세환급금에 관한 권리의 양도와 충당】 (2019. 12. 31. 제목개정)
① 납세자는 국세환급금에 관한 권리를 대통령령으로 정하는 바에 따라 타인에게 양도할 수 있다. (2019. 12. 31. 항번개정)
② 세무서장은 국세환급금에 관한 권리의 양도 요구가 있는 경우에 양도인 또는 양수인이 납부할 국세 및 강제징수비가 있으면 그 국세 및 강제징수비에 충당하고, 남은 금액에 대해서는 양도의 요구에 지체 없이 따라야 한다. (2020. 12. 22. 개정)

통칙 53 – 0…1 【국세환급금에 관한 권리의 양도】
법 제53조에 따라 국세환급금에 관한 권리를 양도한 경우에, 양도인과 양수인 간에 국세환급가산금에 관한 특별한 약정이 없는 때에는 다음 각호에 따라 환급한다. (2011. 3. 21. 개정)
1. 국세환급금 전액을 양도한 때에는 양수인에게 국세환급가산금을 충당 또는 환급한다.
2. 국세환급금 중 일부를 양도·양수한 때에는 그 양도·양수한 금액에 대하여 양도한 날을 기준으로 양도일까지의 가산금은 양도인에게 충당 또는 환급하고, 양도일의 다음날부터 지급일까지의 가산금은 양수인에게 충당 또는 환급한다. (2011. 3. 21. 개정)

제19조 【국세환급금 등의 양도 요구】
영 제43조의 4 제1항에 따른 국세환급금 등의 양도 요구는 별지 제24호의 2 서식의 국세환급금 양도 요구서에 따른다. (2012. 2. 28. 개정)

제20조 【준용규정】 이 장의 규정 외에 국세환급금 등의 환급에 필요한 사항은 「국고금관리법 시행규칙」을 준용한다. (2012. 2. 28. 개정)

편주
법 52조 1항에 따른 국세환급가산금 기산일이 2025. 3. 21. 전인 경우로서 2025. 3. 21. 이후 같은 조에 따라 국세환급가산금을 충당 또는 지급하는 경우 그 기산일부터 2025. 3. 21. 전일까지의 기간에 대한 이율은 규칙 19조의 3의 개정규정에도 불구하고 종전의 규정에 따름. (규칙 부칙(2025. 3. 21.) 3조)

제54조【국세환급금의 소멸시효】① 납세자의 국세환급금과 국세환급가산금에 관한 권리는 행사할 수 있는 때부터 5년간 행사하지 아니하면 소멸시효가 완성된다. (2010. 1. 1. 개정)
② 제1항의 소멸시효에 관하여는 이 법 또는 세법에 특별한 규정이 있는 것을 제외하고는 「민법」에 따른다. 이 경우 국세환급금과 국세환급가산금을 과세처분의 취소 또는 무효확인청구의 소 등 행정소송으로 청구한 경우 시효의 중단에 관하여 「민법」 제168조 제1호에 따른 청구를 한 것으로 본다. (2014. 12. 23. 후단신설)
③ 제1항의 소멸시효는 세무서장이 납세자의 환급청구를 촉구하기 위하여 납세자에게 하는 환급청구의 안내·통지 등으로 인하여 중단되지 아니한다. (2016. 12. 20. 신설)

제 7 장 심사와 심판

제 1 절 통 칙

제55조【불 복】① 이 법 또는 세법에 따른 처분으로서 위법 또는 부당한 처분을 받거나 필요한 처분을 받지 못함으로 인하여 권리나 이익을 침해당한 자는 이 장의 규정에 따라 그 처분의 취소 또는 변경을 청구하거나 필요한 처분을 청구할 수 있다. 다만, 다음 각 호의 처분에 대해서는 그러하지 아니하다. (2016. 12. 20. 단서신설)
1. 「조세범 처벌절차법」에 따른 통고처분 (2016. 12. 20. 신설)
2. 「감사원법」에 따라 심사청구를 한 처분이나 그 심사청구에 대한 처분 (2016. 12. 20. 신설)
3. 이 법 및 세법에 따른 과태료 부과처분 (2019. 12. 31. 신설)

통칙 55－0…1【국세기본법 또는 세법에 의한 처분】
「국세기본법」 또는 세법에 의한 처분에 관하여 「감사원법」 제33조에 따른 감사원장의 시정요구에 따라 행한 처분은 법 제55조 제1항의 처분으로 본다. (2011. 3. 21. 개정)
55－0…2【세관장의 국세 처분에 대한 불복】

통칙 54－0…1【국세환급금 등의 소멸시효기산일】
법 제54조 제1항에서 「국세환급금과 국세환급가산금에 관한 권리를 행사할 수 있는 때」라 함은 시행령 제43조의 3 제1항 각호의 날을 말한다. 다만, 납부 후 그 납부의 기초가 된 신고 또는 부과를 경정하거나 취소하는 경우에는 경정결정일 또는 부과취소일을 말한다. (2024. 3. 15. 개정)
54－0…2【소멸시효의 중단과 정지】
국세환급금 및 국세환급가산금의 소멸시효의 중단과 정지에 관하여는 「민법」 제168조 내지 제182조의 규정을 준용한다. (2011. 3. 21. 개정)
54－0…3【국세환급가산금의 소멸시효】
국세환급가산금의 결정원인이 되는 국세환급금의 소멸시효가 완성한 때에 국세환급가산금의 소멸시효도 완성하는 것으로 본다. (2004. 2. 19. 개정)

제 6 장 심사와 심판

제 1 절 통 칙

통칙 55－0…4【권리 또는 이익의 침해를 당한 자】
① 「권리나 이익을 침해당한 자」라 함은 위법부당한 처분을 받거나 필요한 처분을 받지 못한 직접적인 당사자를 말한다. (2024. 3. 15. 개정)
② 제3자적 지위에 있는 자도 당해 위법부당한 처분으로 권리 또는 이익의 침해를 당한 경우에는 불복청구할 수 있다. 다만, 단순히 반사적인 권리 또는 이익의 침해를 받은 자는 불복청구를 할 수 없다. (2004. 2. 19. 개정)
55－0…8【인정상여소득자의 법인세에 대한 불복】
법인세의 결정 또는 경정에 있어서 그 소득을 상여처분함으로써 소득세의 과세처분을 받은 소득자는 그 원천이 된 법인세의 과세처분의 확정 여부에 관계없이 독립하여 상여처분된 내용에 관하여 다툴 수 있다. (2004. 2. 19. 개정)
55－0…9【부가가치세 경정에 따른 소득세·법인세에 대한 불복】
부가가치세를 경정한 처분에 대하여 불복청구를 하지 아니한 경우에도 그 경정에 의거 소득세 또는 법인세를 결정 또는 경정한 경우 소득세 또는 법인세에 대하여는 불복청구를 할 수 있다. (2004. 2. 19. 개정)
55－0…11【사업자등록 등에 관한 불복】

편주 민법 1편 7장 소멸시효 162조 내지 184조 참조

제 5 장 심사와 심판

통칙 55－0…5【이의신청·심사청구와 감사원 심사청구와의 관계】
① 동일한 처분에 대한 이의신청을 세무서장과 지방국세청장에게 중복제기한 경우에는 지방국세청장에게 이의신청을 제기한 것으로 본다. 다만, 지방국세청장에게 제기한 이의신청이 청구기간을 경과하였을 때에는 청구기간 내에 세무서장에게 제기된 이의신청을 심리한다. (2004. 2. 19. 개정)
② 동일한 처분에 대하여 이의신청과 심사청구를 중복제기하였을 경우에는 심사청구를 제기한 것으로 본다. 다만, 심사청구가 청구기간을 경과한 때에는 청구기간 내에 제기된 이의신청을 심리한다. (2004. 2. 19. 개정)
③ 동일한 처분에 대하여 이의신청 또는 심사청구

세법에 의한 처분 중 수입물품에 부과하는 국세의 부과·징수·감면·환급 등에 관한 세관장의 처분에 대하여 불복을 제기하는 경우에는 세관장에게 이의신청을 하고 그 결과에 따라 관세청장에게 심사청구를 하거나 조세심판원장에게 심판청구를 할 수 있다. 이 경우 세관장에 대한 이의 신청은 생략할 수 있다. (2011. 3. 21. 개정)

55－0…3【필요한 처분을 받지 못한 경우】
「법 제55조 제1항에서 필요한 처분을 받지 못한 경우」라 함은 처분청이 다음 각 호의 사항을 명시적 또는 묵시적으로 거부하는 것을 말한다. (2004. 2. 19. 개정)
1. 공제·감면신청에 대한 결정
2. 국세의 환급
3. 사업자등록신청에 대한 등록증 교부
4. 허가·승인
5. 압류해제
6. 법 제45조의 2의 청구에 대한 결정 또는 경정 (1995. 8. 14. 신설)
7. 기타 전 각호에 준하는 것

② 이 법 또는 세법에 따른 처분에 의하여 권리나 이익을 침해당하게 될 이해관계인으로서 다음 각 호의 어느 하나에 해당하는 자는 위법 또는 부당한 처분을 받은 자의 처분에 대하여 이 장의 규정에 따라 그 처분의 취소 또는 변경을 청구하거나 그 밖에 필요한 처분을 청구할 수 있다. (2010. 1. 1. 개정)
1. 제2차 납세의무자로서 납부고지서를 받은 자 (2020. 12. 29. 개정 ; 국세징수법 부칙)
2. 제42조에 따라 물적납세 의무를 지는 자로서 납부고지서를 받은 자 (2020. 12. 29. 개정 ; 국세징수법 부칙)
2의 2. 「부가가치세법」 제3조의 2에 따라 물적납세의무를 지는 자로서 같은 법 제52조의 2 제1항에 따른 납부고지서를 받은 자 (2020. 12. 29. 개정 ; 국세징수법 부칙)
2의 3. 「종합부동산세법」 제7조의 2 및 제12조의 2에 따라 물적납세의무를 지는 자로서 같은 법 제16조의 2 제1항에 따른 납부고지서를 받은 자 (2020. 12. 22. 신설)
3. 보증인 (2010. 1. 1. 개정)
4. 그 밖에 대통령령으로 정하는 자 (2010. 1. 1. 개정)

③ 제1항과 제2항에 따른 처분이 국세청장이 조사·결정 또는 처리하거나 하였어야 할 것인 경우를 제외하고는 그 처분에 대하여 심사청구

「부가가치세법」 제8조, 「소득세법」 제168조에 따른 사업자등록과 관련하여 다음의 경우에 불복청구를 할 수 있다. (2019. 12. 23. 개정)
1. 사업자등록을 신청한 날로부터 7일 내(연장된 교부기한 별도)에 등록증을 교부받지 못한 때 (2004. 2. 19. 개정)
2. 교부받은 사업자등록증의 등록사항에 이의가 있는 때 (2004. 2. 19. 개정)
3.~4. 삭 제 (2004. 2. 19.)

55－0…12【불이익변경금지원칙】
① 이의신청 또는 심사청구에 있어서는 청구인이 주장하지 아니한 내용에 대하여도 불이익한 변경이 아닌 한도 내에서 심리·결정할 수 있다. (2004. 2. 19. 개정)
② 동일한 처분내용에 대한 불복청구인 경우 이의신청 과정에서 주장하지 아니한 불복의 이유를 추가하여 심사청구를 하였을 경우에도 그 추가이유를 심리하여야 한다. (2004. 2. 19. 개정)

제44조【불복을 할 수 있는 이해관계인의 범위】법 제55조 제2항에서 "대통령령이 정하는 이해관계인"이라 함은 다음 각호의 1에 해당하는 자를 말한다. (96. 12. 31 신설)
1. 제2차 납세의무자로서 납부통지서를 받은 자 (96. 12. 31 신설)
2. 법 제42조의 규정에 의하여 물적납세의무를 지는 자로서 납부통지서를 받은 자 (96. 12. 31 신설)
3. 납세보증인 (96. 12. 31 신설)
4. 기타 기획재정부령이 정하는 자 (2008. 2. 29. 직제개정)

제44조【불복을 할 수 있는 이해관계인의 범위】삭 제 (2010. 2. 18.)

제44조의 2【이의신청이 배제되는 처분】법 제55조 제3항에 따른 국세청장이 조사·결정 또는 처리하거나 하였어야 할 것은 다음 각

와 감사원 심사청구를 중복제기한 경우에는 감사원 심사청구를 제기한 것으로 본다. 다만, 감사원 심사청구가 「감사원법」 제44조 제1항의 청구기간을 경과한 때에는 청구기간 내에 제기된 이의신청 또는 심사청구를 심리한다. (2024. 3. 15. 개정)

55－0…6【제2차 납세의무자의 불복】
제2차 납세의무자, 물적납세의무자 또는 납세보증인은 납부고지된 처분에 대하여 불복하는 경우 그 납부고지의 원천이 된 본래 납세의무자에 대한 처분의 확정 여부에 관계없이 독립하여 납부고지된 세액의 내용에 관하여 다툴 수 있다. (2024. 3. 15. 개정)

55－0…7【강제징수에 대한 불복】(2024. 3. 15. 제목개정)
① 납세자에 대한 재산의 압류·매각 및 청산(배분)의 강제징수는 불복청구의 대상이 된다. (2024. 3. 15. 개정)
② 강제징수로 압류한 재산이 제3자의 소유인 경우 제3자는 압류처분에 대하여 불복청구를 할 수 있다. (2024. 3. 15. 개정)

통칙 55－44의 2…2【이의신청이 배제되는 처분에 대한 불복】
영 제44조의 2에 규정하는 이의신청이 배제되는 처분에 대하여 불복청구인이 이의신청서에 의하여 불복을 제기한 경우에는 국세청장에게 심사청구를 한 것으로 본다. (2004. 2. 19. 개정)

또는 심판청구에 앞서 이 장의 규정에 따른 이의신청을 할 수 있다. (2010. 1. 1. 개정)

④ 삭　제 (99. 8. 31)

⑤ 이 장의 규정에 따른 심사청구 또는 심판청구에 대한 처분에 대해서는 이의신청, 심사청구 또는 심판청구를 제기할 수 없다. 다만, 제65조 제1항 제3호 단서(제80조의 2에서 준용하는 경우를 포함한다)의 재조사 결정에 따른 처분청의 처분에 대해서는 해당 재조사 결정을 한 재결청에 대하여 심사청구 또는 심판청구를 제기할 수 있다. (2022. 12. 31. 단서개정)

⑥ 이 장의 규정에 따른 이의신청에 대한 처분과 제65조 제1항 제3호 단서(제66조 제6항에서 준용하는 경우를 말한다)의 재조사 결정에 따른 처분청의 처분에 대해서는 이의신청을 할 수 없다. (2016. 12. 20. 신설)

⑦ 제5항 제3호의 심사청구를 거친 처분에 대한 행정소송은 「행정소송법」 제18조 제2항·제3항 및 동법 제20조의 규정에 불구하고 그 심사청구에 대한 결정의 통지를 받은 날부터 90일 이내에 처분청을 당사자로 하여 제기하여야 한다. (2006. 12. 30. 개정)

⑧ 제6항과 제7항의 기간은 불변기간으로 한다. (96. 12. 30 개정)

⑦·⑧ 삭　제 (2010. 1. 1.)

⑨ 동일한 처분에 대해서는 심사청구와 심판청구를 중복하여 제기할 수 없다. (2010. 1. 1. 개정)

　제55조의 2【국제거래가격에 대한 과세의 조정절차 등 진행 시 기간 계산의 특례】(2011. 12. 31. 제목개정)

「국제조세조정에 관한 법률」 제20조에 따른 국제거래가격에 대한 과세의 조정절차 및 조세조약에 따른 상호합의절차 진행 시 기간 계산의 특례는 「국제조세조정에 관한 법률」 제20조 제4항 및 제50조에서 정하는 바에 따른다. (2020. 12. 22. 개정 ; 국제조세조정에 관한 법률 부칙)

　제56조【다른 법률과의 관계】① 제55조에 규정된 처분에 대해서는 「행정심판법」의 규정을 적용하지 아니한다. 다만, 심사청구 또는 심판청구에 관하여는 「행정심판법」 제15조, 제16조, 제20조부터 제22조까지, 제29조, 제36조 제1항, 제39조, 제40조, 제42조 및 제51조를 준용하며, 이 경우 "위원회"는 "국세심사위원회", "조세심판관회의" 또는 "조세심판관합동회의"로 본다. (2013. 1. 1. 단서개정)

호의 어느 하나에 해당하는 것으로 한다. (2010. 2. 18. 개정)

1. 국세청의 감사결과로서의 시정지시에 따른 처분 (2019. 2. 12. 호번개정)

2. 세법에 따라 국세청장이 하여야 할 처분 (2019. 2. 12. 호번개정)

3. 국세청의 세무조사 결과에 따른 처분 (2016. 2. 5. 개정)

4. 제1호부터 제3호까지의 처분 외에 국세청장의 특별한 지시에 따른 처분 (2010. 2. 18. 개정)

3.～4. 삭　제 (2019. 2. 12.)

　제48조【국세청장 등이 한 처분의 통지】세무서장은 제44조의 2에 따른 처분 또는 「감사원법」에 의한 시정요구에 따른 처분을 하는 경우에는 해당 처분의 통지서에 그 뜻을 덧붙여 적어야 한다. (2010. 2. 18. 개정)

② 제55조에 규정된 위법한 처분에 대한 행정소송은 「행정소송법」 제18조 제1항 본문, 제2항 및 제3항에도 불구하고 이 법에 따른 심사청구 또는 심판청구와 그에 대한 결정을 거치지 아니하면 제기할 수 없다. 다만, 심사청구 또는 심판청구에 대한 제65조 제1항 제3호 단서(제80조의 2에서 준용하는 경우를 포함한다)의 재조사 결정에 따른 처분청의 처분에 대한 행정소송은 그러하지 아니하다. (2022. 12. 31. 단서개정)

③ 제2항 본문에 따른 행정소송은 「행정소송법」 제20조에도 불구하고 심사청구 또는 심판청구에 대한 결정의 통지를 받은 날부터 90일 이내에 제기하여야 한다. 다만, 제65조 제2항 또는 제80조의 2에 따른 결정기간에 결정의 통지를 받지 못한 경우에는 결정의 통지를 받기 전이라도 그 결정기간이 지난 날부터 행정소송을 제기할 수 있다. (2022. 12. 31. 단서개정)

④ 제2항 단서에 따른 행정소송은 「행정소송법」 제20조에도 불구하고 다음 각 호의 기간 내에 제기하여야 한다. (2016. 12. 20. 신설)

1. 이 법에 따른 심사청구 또는 심판청구를 거치지 아니하고 제기하는 경우 : 재조사 후 행한 처분청의 처분의 결과 통지를 받은 날부터 90일 이내. 다만, 제65조 제5항(제80조의 2에서 준용하는 경우를 포함한다)에 따른 처분기간(제65조 제5항 후단에 따라 조사를 연기하거나 조사기간을 연장하거나 조사를 중지한 경우에는 해당 기간을 포함한다. 이하 이 호에서 같다)에 처분청의 처분 결과 통지를 받지 못하는 경우에는 그 처분기간이 지난 날부터 행정소송을 제기할 수 있다. (2022. 12. 31. 단서개정)

2. 이 법에 따른 심사청구 또는 심판청구를 거쳐 제기하는 경우 : 재조사 후 행한 처분청의 처분에 대하여 제기한 심사청구 또는 심판청구에 대한 결정의 통지를 받은 날부터 90일 이내. 다만, 제65조 제2항(제80조의 2에서 준용하는 경우를 포함한다)에 따른 결정기간에 결정의 통지를 받지 못하는 경우에는 그 결정기간이 지난 날부터 행정소송을 제기할 수 있다. (2022. 12. 31. 단서개정)

⑤ 제55조 제1항 제2호의 심사청구를 거친 경우에는 이 법에 따른 심사청구 또는 심판청구를 거친 것으로 보고 제2항을 준용한다. (2017. 12. 19. 개정)

⑥ 제3항의 기간은 불변기간(不變期間)으로 한다. (2016. 12. 20. 항번개정)

관계법령 》》

행정심판법 15조 ⇒ 선정대표자
행정심판법 16조 ⇒ 청구인의 지위 승계
행정심판법 20조 ⇒ 심판참가
행정심판법 21조 ⇒ 심판참가의 요구
행정심판법 22조 ⇒ 참가인의 지위
행정심판법 29조 ⇒ 청구의 변경
행정심판법 36조 ⇒ 증거조사
행정심판법 39조 ⇒ 직권심리
행정심판법 40조 ⇒ 심리의 방식
행정심판법 42조 ⇒ 심판청구 등의 취하
행정심판법 51조 ⇒ 행정심판 재청구의 금지

제45조 【처분집행중지】 법 제57조 단서에 따른 처분의 집행중지는 이의신청인, 심사청구인 또는 심판청구인이 심각한 재해를 입은 경우에 이를 정부가 조사하기 위하여 상당한 시일이 필요하다고 인정되는 경우에만 할 수 있다. (2010. 2. 18. 개정)

제57조【심사청구 등이 집행에 미치는 효력】 ① 이의신청, 심사청구 또는 심판청구는 세법에 특별한 규정이 있는 것을 제외하고는 해당 처분의 집행에 효력을 미치지 아니한다. 다만, 해당 재결청(裁決廳)이 처분의 집행 또는 절차의 속행 때문에 이의신청인, 심사청구인 또는 심판청구인에게 중대한 손해가 생기는 것을 예방할 필요성이 긴급하다고 인정할 때에는 처분의 집행 또는 절차 속행의 전부 또는 일부의 정지(이하 "집행정지"라 한다)를 결정할 수 있다. (2018. 12. 31. 개정)
② 재결청은 집행정지 또는 집행정지의 취소에 관하여 심리·결정하면 지체 없이 당사자에게 통지하여야 한다. (2018. 12. 31. 신설)

제58조【관계 서류의 열람 및 의견진술권】 이의신청인, 심사청구인, 심판청구인 또는 처분청(처분청의 경우 심판청구에 한정한다)은 그 신청 또는 청구에 관계되는 서류를 열람할 수 있으며 대통령령으로 정하는 바에 따라 해당 재결청에 의견을 진술할 수 있다. (2014. 12. 23. 개정)

제59조【대리인】 ① 이의신청인, 심사청구인 또는 심판청구인과 처분청은 변호사, 세무사 또는 「세무사법」에 따른 세무사등록부 또는 공인회계사 세무대리업무등록부에 등록한 공인회계사를 대리인으로 선임할 수 있다. (2021. 11. 23. 개정 ; 세무사법 부칙)
② 이의신청인, 심사청구인 또는 심판청구인은 신청 또는 청구의 대상이 제78조 제1항 단서에 따른 소액인 경우에는 그 배우자, 4촌 이내의 혈족 또는 그 배우자의 4촌 이내의 혈족을 대리인으로 선임할 수 있다. (2010. 12. 27. 신설)
③ 대리인의 권한은 서면으로 증명하여야 한다. (2010. 12. 27. 항번개정)
④ 대리인은 본인을 위하여 그 신청 또는 청구에 관한 모든 행위를 할 수 있다. 다만, 그 신청 또는 청구의 취하는 특별한 위임을 받은 경우에만 할 수 있다. (2010. 12. 27. 항번개정)
⑤ 대리인을 해임하였을 때에는 그 사실을 서면으로 해당 재결청에 신고하여야 한다. (2010. 12. 27. 항번개정)

통칙 59-0…1【법정대리인의 불복청구】
친권자, 후견인, 법원이 선임한 부재자의 재산관리인, 상속재산관리인 등의 법정

제45조【처분집행중지】 삭 제 (2019. 2. 12.)

제46조【관계 서류의 열람신청】 ① 법 제58조에 따라 이의신청, 심사청구 또는 심판청구와 관계되는 서류를 열람하거나 그 내용에 동조(同調)하려는 자는 이를 구술로 해당 재결청에 요구할 수 있다. (2010. 2. 18. 개정)
② 제1항의 요구를 받은 재결청은 그 서류를 열람 또는 복사하게 하거나 그 등본 또는 초본이 원본과 다르지 않음을 확인하여야 한다. (2010. 2. 18. 개정)
② 제1항의 요구를 받은 재결청은 그 서류를 열람 또는 복사하게 하거나 그 등본 또는 초본이 원본(「전자문서 및 전자거래 기본법」 제5조 제2항에 따른 전자화문서로 보관하고 있는 경우에는 그 전자화문서를 포함한다)과 다르지 않음을 확인하여야 한다. (2024. 11. 12. 개정 ; 종이 없는~대통령령)
③ 제1항의 요구를 받은 재결청은 필요하다고 인정하는 경우에는 열람하거나 복사하는 자의 서명을 요구할 수 있다. (2010. 2. 18. 개정)

제47조【의견진술】 ① 법 제58조에 따라 의견을 진술하려는 자는 진술자의 주소 또는 거소 및 성명(진술자가 처분청인 경우 처분청의 소재지와 명칭을 말한다)과 진술하려는 내용의 대강을 적은 문서로 해당 재결청에 신청하여야 한다. (2015. 2. 3. 개정)
② 제1항의 신청을 받은 재결청은 심판청구인이 의견진술을 신청하지 아니하고 처분청만 의견진술을 신청한 경우로서 심판청구의 목적이 된 사항의 내용 등을 고려할 때 처분청의 의견진술이 필요하지 아니하다고 인정하는 경우를 제외하고는 출석 일시 및 장소와 필요하다고 인정

제21조【의견진술】 ① 영 제47조 제1항에 따른 의견진술신청은 별지 제26호 서식의 의견진술 신청서에 따른다. (2012. 2. 28. 개정)
② 영 제47조 제2항 및 제6항에 따라 출석통지를 서면으로 하는 경우에는 별지 제27호 서식의 출석통지서에 따른다. (2013. 2. 23. 개정)

대리인은 본인을 대리하여 불복청구를 할 수 있다. 이 경우 법정대리인임을 입증하는 서면을 제출하여야 한다. (2004. 2. 19. 개정)

제59조의 2 【국선대리인】 ① 이의신청인, 심사청구인, 심판청구인 및 과세전적부심사 청구인(이하 이 조에서 "이의신청인등"이라 한다)은 재결청(제81조의 15에 따른 과세전적부심사의 경우에는 같은 조 제2항 각 호에 따른 통지를 한 세무서장이나 지방국세청장을 말한다. 이하 이 조에서 같다)에 다음 각 호의 요건을 모두 갖추어 대통령령으로 정하는 바에 따라 변호사, 세무사 또는 「세무사법」에 따른 세무사등록부 또는 공인회계사 세무대리업무등록부에 등록한 공인회계사를 대리인(이하 "국선대리인"이라 한다)으로 선정하여 줄 것을 신청할 수 있다. (2021. 11. 23. 개정 ; 세무사법 부칙)
1. 이의신청인등이 다음 각 목의 어느 하나에 해당할 것 (2023. 12. 31. 개정)
　가. 개인인 경우: 「소득세법」 제14조 제2항에 따른 종합소득금액과 소유 재산의 가액이 각각 대통령령으로 정하는 금액 이하일 것 (2023. 12. 31. 개정)

되는 진술시간을 정하여 국세심사위원회, 조세심판관회의 또는 조세심판관합동회의의 회의개최일(이의신청의 경우에는 결정을 하는 날) 3일 전까지 신청인에게 통지하여 의견진술의 기회를 주어야 한다. 다만, 이의신청, 심사청구 또는 심판청구를 최초로 심의하는 경우에는 국세심사위원회 또는 조세심판관회의 회의개최일 7일 전까지 통지하여야 한다. (2018. 2. 13. 개정)
③ 제2항의 경우에 의견진술이 필요 없다고 인정될 때에는 재결청은 이유를 구체적으로 밝혀 그 뜻을 해당 신청인에게 통지하여야 한다. (2013. 2. 15. 개정)
④ 법 제58조에 따른 의견진술은 간단하고 명료하게 하여야 하며 필요한 경우에는 관련 증거, 그 밖의 자료를 제시할 수 있다. (2010. 2. 18. 개정)
⑤ 제4항의 의견진술은 진술하려는 의견을 기록한 문서의 제출로 갈음할 수 있다. (2010. 2. 18. 개정)
⑥ 제2항 또는 제3항의 통지는 서면으로 하거나 심사청구서 및 심판청구서에 적힌 전화, 휴대전화를 이용한 문자전송, 팩시밀리 또는 전자우편 등 간편한 통지 방법으로 할 수 있다. (2013. 2. 15. 신설)

제48조의 2 【국선대리인】 ① 법 제59조의 2 제1항에 따라 국선대리인의 선정을 신청하려는 자는 다음 각 호의 사항을 적은 문서를 재결청(법 제81조의 15에 따른 과세전적부심사의 경우에는 같은 조 제2항 각 호에 따른 통지를 한 세무서장이나 지방국세청장을 말한다. 이하 이 조에서 같다)에 제출해야 한다. (2020. 2. 11. 개정)
1. 이의신청인, 심사청구인, 심판청구인 및 과세전적부심사 청구인(이하 이 조에서 "이의신청인등"이라 한다)의 성명과 주소 또는 거소 (2020. 2. 11. 개정)
2. 법 제59조의 2 제1항 각 호의 요건을 충족한다는 사실 (2015. 2. 3. 신설)
3. 재결청이 법 제59조의 2 제1항 각 호의 요건 충족여부를 확인할 수 있다는 것에 대한 동의에 관한 사항 (2017. 2. 7. 신설)
② 법 제59조의 2 제1항 제1호 가목에서 "대통령령으로 정하는 금액"이란 다음 각 호의 구분에 따른 금액을 말한다. (2024. 2. 29. 개정)
1. 종합소득금액의 경우 : 5천만원. 이 경우 「소득세법」 제70조에 따

③ 영 제47조 제3항 및 제6항에 따라 의견진술신청의 기각(각하)통지를 서면으로 하는 경우에는 별지 제28호 서식의 의견진술신청 기각(각하) 통지서에 따른다. (2013. 2. 23. 개정)

제21조의 2 【국선대리인의 선정신청】 영 제48조의 2 제1항에 따른 국선대리인 선정의 신청은 별지 제28호의 2 서식의 국선대리인 선정 신청서에 따른다. (2015. 3. 6. 신설)

편주 ▶ ‥‥‥‥‥‥‥‥‥‥
영 48조의 2 제2항부터 6항까지의 개정규정은 2024. 4. 1.부터 시행함. (영 부칙 (2024. 2. 29.) 1조 단서)
‥‥‥‥‥‥‥‥‥‥

나. 법인인 경우: 수입금액과 자산가액(「법인세법」 제43조의 기업회계기준에 따라 계산한 매출액과 자산을 말한다)이 각각 대통령령으로 정하는 금액 이하일 것 (2023. 12. 31. 개정)
2. 이의신청인등이 법인이 아닐 것 (2014. 12. 23. 신설)
2. 삭 제 (2023. 12. 31.)

편주 ▶ ••
법 59조의 2 제1항의 개정규정은 2024. 4. 1. 이후 국선대리인의 선정을 신청하는 경우부터 적용함. (법 부칙(2023. 12. 31.) 5조)
••

3. 대통령령으로 정하는 금액 이하인 신청 또는 청구일 것 (2014. 12. 23. 신설)
4. 상속세, 증여세 및 종합부동산세가 아닌 세목에 대한 신청 또는 청구일 것 (2014. 12. 23. 신설)
② 재결청은 제1항에 따른 신청이 제1항 각 호의 요건을 모두 충족하는 경우 지체 없이 국선대리인을 선정하고, 신청을 받은 날부터 5일 이내에 그 결과를 이의신청인등과 국선대리인에게 각각 통지하여야 한다. (2014. 12. 23. 신설)

른 신고기한 이전에 국선대리인의 선정을 신청하는 경우 그 신청일이 속하는 과세기간의 전전 과세기간의 종합소득금액을 대상으로 하고, 그 신고기한 이후에 신청하는 경우 그 신청일이 속하는 과세기간의 직전 과세기간의 종합소득금액을 대상으로 한다. (2015. 2. 3. 신설)
2. 소유 재산의 가액의 경우 : 다음 각 목에 따른 재산의 평가 가액 합계액이 5억원 (2015. 2. 3. 신설)
    가. 「소득세법」 제94조 제1항 제1호에 따른 토지와 건물 (2015. 2. 3. 신설)
    나. 「지방세법 시행령」 제123조 제1호 및 제2호에 따른 승용자동차 (2015. 2. 3. 신설)
    다. 전세금(임차보증금을 포함한다) (2015. 2. 3. 신설)
    라. 골프회원권 및 콘도미니엄회원권 (2015. 2. 3. 신설)
    마. 주식 또는 출자지분 (2015. 2. 3. 신설)
③ 법 제59조의 2 제1항 제1호 나목에서 "대통령령으로 정하는 금액"이란 다음 각 호의 구분에 따른 금액을 말한다. 이 경우 「법인세법」 제60조에 따른 신고기한 이전에 국선대리인의 선정을 신청하는 경우에는 그 신청일이 속하는 사업연도의 전전 사업연도의 수입금액과 그 사업연도말의 자산가액을 대상으로 하고, 해당 신고기한 후에 신청하는 경우에는 그 신청일이 속하는 사업연도의 직전 사업연도의 수입금액과 그 사업연도말 자산가액을 대상으로 한다. (2024. 2. 29. 신설)
1. 수입금액의 경우 : 3억원 (2024. 2. 29. 신설)
2. 자산가액의 경우 : 5억원 (2024. 2. 29. 신설)

④ 법 제59조의 2 제1항 제3호에서 "대통령령으로 정하는 금액"이란 5천만원을 말한다. (2024. 2. 29. 항번개정)
⑤ 조세심판원장은 심판청구인이 국선대리인의 선정을 신청한 경우 국세청장에게 법 제59조의 2 제1항 각 호의 요건을 충족하는지 여부를 확인하여 줄 것을 요청할 수 있다. (2024. 2. 29. 항번개정)
⑥ 제1항부터 제5항까지에서 규정한 사항 외에 이의신청인등이 소유한 재산의 평가 방법, 국선대리인의 임기·위촉, 국선대리인 선정 신청의 방법·절차 등 국선대리인 제도 운영에 필요한 사항은 이의신청, 심

③ 국선대리인의 권한에 관하여는 대리인에 관한 제59조 제4항을 준용한다. (2014. 12. 23. 신설)
④ 국선대리인의 자격, 관리 등 국선대리인 제도의 운영에 필요한 사항은 대통령령으로 정한다. (2014. 12. 23. 신설)

제60조【불복 방법의 통지】① 이의신청, 심사청구 또는 심판청구의 재결청은 결정서에 그 결정서를 받은 날부터 90일 이내에 이의신청인은 심사청구 또는 심판청구를, 심사청구인 또는 심판청구인은 행정소송을 제기할 수 있다는 내용을 적어야 한다. (2010. 1. 1. 개정)
② 이의신청, 심사청구 또는 심판청구의 재결청은 그 신청 또는 청구에 대한 결정기간이 지나도 결정을 하지 못하였을 때에는 이의신청인은 심사청구 또는 심판청구를, 심사청구인 또는 심판청구인은 행정소송 제기를 결정의 통지를 받기 전이라도 그 결정기간이 지난 날부터 할 수 있다는 내용을 서면으로 지체 없이 그 신청인 또는 청구인에게 통지하여야 한다. (2010. 1. 1. 개정)

제60조의 2【정보통신망을 이용한 불복청구】① 이의신청인, 심사청구인 또는 심판청구인은 국세청장 또는 조세심판원장이 운영하는 정보통신망을 이용하여 이의신청서, 심사청구서 또는 심판청구서를 제출할 수 있다. (2018. 12. 31. 신설)
② 제1항에 따라 이의신청서, 심사청구서 또는 심판청구서를 제출하는 경우에는 국세청장 또는 조세심판원장에게 이의신청서, 심사청구서 또는 는 심판청구서가 전송된 때에 이 법에 따라 제출된 것으로 본다. (2018. 12. 31. 신설)

사청구 및 과세전적부심사 청구의 경우에는 국세청장이, 심판청구의 경우에는 조세심판원장이 각각 정한다. (2024. 2. 29. 개정)

제49조【불복방법의 통지를 잘못한 경우의 구제】① 법 제60조와 이 영 제48조에 따라 불복방법 등을 통지할 때 불복을 할 기관을 잘못 통지하여 신청인 또는 청구인이 그 통지된 기관에 신청 또는 청구를 한 경우에는 정당한 기관에 해당 이의신청, 심사청구 또는 심판청구를 한 것으로 본다. (2010. 2. 18. 개정)
② 제1항의 경우에 통지의 잘못으로 그 신청 또는 청구를 받은 기관은 정당한 기관에 지체 없이 이송하고 그 뜻을 해당 신청인 또는 청구인에게 통지하여야 한다. (2010. 2. 18. 개정)

제 2 절　심　　사

제61조【청구기간】① 심사청구는 해당 처분이 있음을 안 날(처분의 통지를 받은 때에는 그 받은 날)부터 90일 이내에 제기하여야 한다. (2010. 1. 1. 개정)

제 2 절　심　　사

제50조【심사청구서】① 심사청구는 다음 각 호의 사항을 적은 심사청구서에 의하여 관할 세무서장을 거쳐 하여야 한다. 이 경우 관계 증거서류 또는 증거물이 있을 때에는 심사청구서에 이를 첨부하여야

제22조【심사청구서】영 제50조에 따른 심사청구서는 별지 제29호 서식에 따른다. (2012. 2. 28. 개정)

② 이의신청을 거친 후 심사청구를 하려면 이의신청에 대한 결정의 통지를 받은 날부터 90일 이내에 제기하여야 한다. 다만, 다음 각 호의 어느 하나에 해당하는 경우에는 해당 호에서 정하는 날부터 90일 이내에 심사청구를 할 수 있다. (2022. 12. 31. 단서개정)
1. 제66조 제7항에 따른 결정기간 내에 결정의 통지를 받지 못한 경우: 그 결정기간이 지난 날 (2022. 12. 31. 신설)
2. 이의신청에 대한 재조사 결정이 있은 후 제66조 제6항에 따라 준용되는 제65조 제5항 전단에 따른 처분기간 내에 처분 결과의 통지를 받지 못한 경우: 그 처분기간이 지난 날 (2022. 12. 31. 신설)
③ 제1항과 제2항 본문의 기한까지 우편으로 제출(제5조의 2에서 정한 날을 기준으로 한다)한 심사청구서가 청구기간을 지나서 도달한 경우에는 그 기간의 만료일에 적법한 청구를 한 것으로 본다. (2010. 1. 1. 개정)
④ 심사청구인이 제6조에 따른 사유로 제1항에서 정한 기간에 심사청구를 할 수 없을 때에는 그 사유가 소멸한 날부터 14일 이내에 심사청구를 할 수 있다. 이 경우 심사청구인은 그 기간에 심사청구를 할 수 없었던 사유, 그 사유가 발생한 날과 소멸한 날, 그 밖에 필요한 사항을 기재한 문서를 함께 제출하여야 한다. (2020. 12. 22. 개정)

제62조 【청구 절차】 ① 심사청구는 대통령령으로 정하는 바에 따라 불복의 사유를 갖추어 해당 처분을 하였거나 하였어야 할 세무서장을 거쳐 국세청장에게 하여야 한다. (2010. 1. 1. 개정)

청구인이 이의신청·심사청구 또는 심판청구를 취하한 경우에도 청구기간 내에는 이의신청·심사청구 또는 심판청구를 할 수 있다. (2004. 2. 19. 개정)

② 제61조에 따른 심사청구기간을 계산할 때에는 제1항에 따라 세무서장에게 해당 청구서가 제출된 때에 심사청구를 한 것으로 한다. 해당 청구서가 제1항의 세무서장 외의 세무서장, 지방국세청장 또는 국세청장에게 제출된 때에도 또한 같다. (2010. 1. 1. 개정)
③ 제1항에 따라 해당 청구서를 받은 세무서장은 이를 받은 날부터 7일 이내에 그 청구서에 처분의 근거·이유, 처분의 이유가 된 사실 등이 구체적으로 기재된 의견서를 첨부하여 국세청장에게 송부하여야 한

한다. (2010. 2. 18. 개정)
1. 청구인의 주소 또는 거소와 성명 (2010. 2. 18. 개정)
2. 처분이 있은 것을 안 연월일(처분통지를 받은 경우에는 통지를 받은 연월일) (2010. 2. 18. 개정)
3. 통지된 사항 또는 처분의 내용 (2010. 2. 18. 개정)
4. 불복의 이유 (2010. 2. 18. 개정)

법 61조 2항 2호의 개정규정(법 68조 2항에 따라 준용되는 경우를 포함함)은 2023. 1. 1. 전에 이의신청을 제기한 경우로서 2023. 1. 1. 당시 같은 개정규정에 따른 청구기간이 경과하지 아니한 경우에도 적용함. (법 부칙 (2022. 12. 31.) 8조)

② 심사청구서가 법 제62조 제1항의 세무서장 외의 세무서장, 지방국세청장 또는 국세청장에게 제출된 경우에는 그 심사청구서를 관할 세무서장에게 지체 없이 송부하고, 그 뜻을 해당 청구인에게 통지하여야 한다. (2010. 2. 18. 개정)

제51조 【지방국세청장을 경유하는 심사청구】 법 제62조 제3항 단서에 따른 지방국세청장이 조사·결정 또는 처리하였거나 하였어야 할 것의 범위에 관하여는 제44조의 2를 준용한다. 이 경우 제44조의

이의신청 또는 심사청구기간의 기산일은 다음 각 호와 같다. (2004. 2. 19. 개정)
1. 삭 제 (2019. 12. 23.)
2. 법 제11조 제1항 각호의 사유에 해당하여 공시송달한 처분에 대하여 이의가 있을 때에는 공시송달공고한 날부터 14일이 경과한 날 (2004. 2. 19. 개정)
3. 삭 제 (2024. 3. 15.)
4. 처분의 통지서를 사용인, 기타 종업원 또는 동거인이 받은 경우는 사용인, 기타 종업원 또는 동거인이 처분의 통지를 받은 날의 다음날 (2004. 2. 19. 개정)
5. 피상속인 사망 전에 피상속인에게 행하여진 처분에 대하여 상속인이 불복청구를 하는 경우에는 피상속인이 해당 처분의 통지를 받은 날의 다음날 (2011. 3. 21. 개정)

다. 다만, 다음 각 호의 어느 하나에 해당하는 심사 청구의 경우에는 그 지방국세청장의 의견서를 첨부하여야 한다. (2015. 12. 15. 개정)
1. 해당 심사청구의 대상이 된 처분이 지방국세청장이 조사·결정 또는 처리하였거나 하였어야 할 것인 경우 (2010. 1. 1. 개정)
2. 지방국세청장에게 이의신청을 한 자가 이의신청에 대한 결정에 이의가 있거나 그 결정을 받지 못한 경우 (2010. 1. 1. 개정)
④ 제3항의 의견서가 제출되면 국세청장은 지체 없이 해당 의견서를 심사청구인에게 송부하여야 한다. (2015. 12. 15. 신설)

제63조 【청구서의 보정】 ① 국세청장은 심사청구의 내용이나 절차가 이 법 또는 세법에 적합하지 아니하나 보정(補正)할 수 있다고 인정되면 20일 이내의 기간을 정하여 보정할 것을 요구할 수 있다. 다만, 보정할 사항이 경미한 경우에는 직권으로 보정할 수 있다. (2010. 1. 1. 개정)

통칙 63-0…1 【청구서의 보정사항】
이의신청서·심사청구서 또는 심판청구서의 형식을 취하지 아니하고 처분의 취소·경정 또는 필요한 처분을 요구하는 서면이 제출되었을 경우에는 보정을 요구하여 심리할 수 있다. (2004. 2. 19. 개정)
63-0…2 【보정요구의 당사자】
대리인을 선임하여 불복청구를 한 경우 보정요구서의 송달은 본인 또는 법 제59조에 규정한 대리인 중 누구에게도 할 수 있다. (2004. 2. 19. 개정)

② 제1항의 요구를 받은 심사청구인은 보정할 사항을 서면으로 작성하여 국세청장에게 제출하거나, 국세청에 출석하여 보정할 사항을 말하고 그 말한 내용을 국세청 소속 공무원이 기록한 서면에 서명 또는 날인함으로써 보정할 수 있다. (2018. 12. 31. 개정)
③ 제1항의 보정기간은 제61조에 규정된 심사청구기간에 산입하지 아니한다. (2010. 1. 1. 개정)

제63조의 2 【증거서류 또는 증거물】 ① 심사청구인은 제62조 제4항에 따라 송부받은 의견서에 대하여 항변하기 위하여 국세청장에게 증거서류나 증거물을 제출할 수 있다. (2017. 12. 19. 신설)

---

2 중 "국세청장"은 "지방국세청장"으로 본다. (2010. 2. 18. 개정)

제52조 【보정 요구】 ① 법 제63조 제1항(법 제66조 제6항 및 제80조의 2에서 준용하는 경우를 포함한다)에 따른 심사청구의 내용 또는 절차의 보정 요구는 다음 각 호의 사항을 적은 문서로 하여야 한다. (2023. 2. 28. 개정)
1. 보정할 사항 (2010. 2. 18. 개정)
2. 보정을 요구하는 이유 (2010. 2. 18. 개정)
3. 보정할 기간 (2010. 2. 18. 개정)
4. 그 밖에 필요한 사항 (2010. 2. 18. 개정)
② 재결청은 법 제63조 제1항 단서에 따라 직권으로 보정을 한 경우에는 그 뜻을 적은 문서로 해당 이의신청인, 심사청구인 또는 심판청구인에게 통지하여야 한다. (2010. 2. 18. 개정)

통칙 63-0…3 【경미한 사항의 직권보정】
불복청구서가 법정양식과 상위(구양식, 지방세법의 양식사용등)하거나 경미한 사항에 착오 또는 누락 등이 있는 경우에는 직권으로 보정할 수 있다. (2004. 2. 19. 개정)

제23조 【보정요구】 영 제52조에 따른 보정요구는 별지 제30호 서식의 보정요구서에 따른다. (2012. 2. 28. 개정)

② 심사청구인은 국세청장이 제1항에 따른 증거서류나 증거물에 대하여 기한을 정하여 제출할 것을 요구하는 경우 그 기한까지 해당 증거서류 또는 증거물을 제출하여야 한다. (2017. 12. 19. 신설)
③ 국세청장은 제1항 및 제2항에 따라 증거서류가 제출되면 증거서류의 부본(副本)을 지체 없이 해당 세무서장 및 지방국세청장에게 송부하여야 한다. (2017. 12. 19. 신설)

　　제64조【결정 절차】 ① 국세청장은 심사청구를 받으면 국세심사위원회의 의결에 따라 결정을 하여야 한다. 다만, 심사청구기간이 지난 후에 제기된 심사청구 등 대통령령으로 정하는 사유에 해당하는 경우에는 그러하지 아니하다. (2019. 12. 31. 개정)
② 국세청장은 제1항에 따른 국세심사위원회 의결이 법령에 명백히 위반된다고 판단하는 경우 구체적인 사유를 적어 서면으로 국세심사위원회로 하여금 한 차례에 한정하여 다시 심의할 것을 요청할 수 있다. (2019. 12. 31. 신설)
③ 국세심사위원회의 회의는 공개하지 아니한다. 다만, 국세심사위원회 위원장이 필요하다고 인정할 때에는 공개할 수 있다. (2019. 12. 31. 항번개정)

　　제65조【결　정】 ① 심사청구에 대한 결정은 다음 각 호의 규정에 따라 하여야 한다. (2010. 1. 1. 개정)
1. 심사청구가 다음 각 목의 어느 하나에 해당하는 경우에는 그 청구를 각하하는 결정을 한다. (2016. 12. 20. 개정)
　　가. 심판청구를 제기한 후 심사청구를 제기(같은 날 제기한 경우도 포함한다)한 경우 (2016. 12. 20. 개정)
　　나. 제61조에서 규정한 청구기간이 지난 후에 청구된 경우 (2016. 12. 20. 개정)
　　다. 심사청구 후 제63조 제1항에 규정된 보정기간에 필요한 보정을 하지 아니한 경우 (2016. 12. 20. 개정)
　　라. 심사청구가 적법하지 아니한 경우 (2016. 12. 20. 개정)
　　마. 가목부터 라목까지의 규정에 따른 경우와 유사한 경우로서 대통령령으로 정하는 경우 (2016. 12. 20. 개정)

통칙 65-0…1【각하결정사유】
① 법 제65조 제1항 제1호에 규정하는 각하결정을 하여야 하는 때에는 다음의 경우를 포함한다. (2024. 3. 15. 개정)
1. 불복청구의 대상이 된 처분이 존재하지 않을 때(처분의 부존재)
2. 불복청구의 대상이 된 처분에 의하여 권리 또는 이익의 침해를 당하지 않은 자의 불복(당사자 부적격)
3. 불복청구의 대상이 되지 아니하는 처분에 대한 불복
4. 대리권 없는 자의 불복
② 심판청구·심사청구 또는 이의신청을 한 동일한 처분에 대하여 감사원심사청구가 불복제기 기간 내에 중복제기되었을 때에는 심판청구·심사청구 또는 이의신청을 각하한다. (2004. 2. 19. 개정)
③ 동일한 처분에 대하여 청구기간 내에 이의신청·심사청구 또는 심판청구가 중복제기되었을 때에는 청구인의 의사를 확인하여 처리한다. 이 경우 청구인이 선택하지 않은 불복청구는 각하한다. (2004. 2. 19. 개정)
④ 이의신청이 각하결정된 사항에 대하여 심사청구 또는 심판청구를 하였을 경우에는 전심(이의신청)의 각하결정에 흠이 없는 한 심사청구 또는 심판청구도 각하한다. (2004. 2. 19. 개정)
☞

　　제52조의 2【각하 결정 사유】법 제65조 제1항 제1호 마목에서 "대통령령으로 정하는 경우"란 다음 각 호의 경우를 말한다. (2021. 2.

2. 심사청구가 이유 없다고 인정될 때에는 그 청구를 기각하는 결정을 한다. (2010. 1. 1. 개정)
3. 심사청구가 이유 있다고 인정될 때에는 그 청구의 대상이 된 처분의 취소·경정 결정을 하거나 필요한 처분의 결정을 한다. 다만, 취소·경정 또는 필요한 처분을 하기 위하여 사실관계 확인 등 추가적으로 조사가 필요한 경우에는 처분청으로 하여금 이를 재조사하여 그 결과에 따라 취소·경정하거나 필요한 처분을 하도록 하는 재조사 결정을 할 수 있다. (2016. 12. 20. 단서신설)
② 제1항의 결정은 심사청구를 받은 날부터 90일 이내에 하여야 한다. (2010. 1. 1. 개정)
③ 제1항의 결정을 하였을 때에는 제2항의 결정기간 내에 그 이유를 기재한 결정서로 심사청구인에게 통지하여야 한다.
④ 제63조 제1항에 규정된 보정기간은 제2항의 결정기간에 산입하지 아니한다. (2010. 1. 1. 개정)
⑤ 제1항 제3호 단서에 따른 재조사 결정이 있는 경우 처분청은 재조사 결정일로부터 60일 이내에 결정서 주문에 기재된 범위에 한정하여 조사하고, 그 결과에 따라 취소·경정하거나 필요한 처분을 하여야 한다. 이 경우 처분청은 제81조의 7 및 제81조의 8에 따라 조사를 연기하거나 조사기간을 연장하거나 조사를 중지할 수 있다. (2016. 12. 20. 신설)
⑥ 처분청은 제1항 제3호 단서 및 제5항 전단에도 불구하고 재조사 결과 심사청구인의 주장과 재조사 과정에서 확인한 사실관계가 다른 경우 등 대통령령으로 정하는 경우에는 해당 심사청구의 대상이 된 당초의 처분을 취소·경정하지 아니할 수 있다. (2022. 12. 31. 신설)
⑦ 제1항 제3호 단서, 제5항 및 제6항에서 규정한 사항 외에 재조사 결정에 필요한 사항은 대통령령으로 정한다. (2022. 12. 31. 개정)

17. 신설)
1. 심사청구의 대상이 되는 처분이 존재하지 않는 경우 (2021. 2. 17. 신설)
2. 심사청구의 대상이 되는 처분으로 권리나 이익을 침해당하지 않는 경우 (2021. 2. 17. 신설)
3. 법 제59조에 따른 대리인이 아닌 자가 대리인으로서 불복을 청구하는 경우 (2021. 2. 17. 신설)

　　제52조의 3【재조사 결과에 따른 처분의 통지 등】(2023. 2. 28. 제목개정)
① 처분청은 법 제65조 제5항(법 제66조 제6항, 제80조의 2 및 제81조의 15 제6항에서 준용하는 경우를 포함한다)에 따른 재조사 결과에 따라 청구의 대상이 된 처분의 취소·경정을 하거나 필요한 처분을 하였을 때에는 그 처분결과를, 법 제65조 제6항에 따라 당초의 처분을 취소·경정하지 않았을 때에는 그 사실을 지체 없이 서면으로 심사청구인(법 제66조 제6항, 제80조의 2 및 제81조의 15 제5항에서 준용하는 경우에는 이의신청인, 심판청구인 또는 과세전적부심사 청구인을 말한다)에게 통지하여야 한다. (2023. 2. 28. 개정)
② 법 제65조 제6항(법 제66조 제6항, 제80조의 2 및 제81조의 15 제6항에서 준용하는 경우를 포함한다)에서 "심사청구인의 주장과 재조사 과정에서 확인한 사실관계가 다른 경우 등 대통령령으로 정하는 경우"란 다음 각 호의 어느 하나에 해당하는 경우를 말한다. (2023. 2. 28. 신설)
1. 심사청구인의 주장과 재조사 과정에서 확인한 사실관계가 달라 당초의 처분을 유지할 필요가 있는 경우 (2023. 2. 28. 신설)
2. 심사청구인의 주장에 대한 사실관계를 확인할 수 없는 경우 (2023. 2. 28. 신설)

　　제24조【심사결정】법 제65조 제3항에 따른 결정서는 별지 제31호 서식에 따른다. (2012. 2. 28. 개정)

제65조의 2【결정의 경정】① 심사청구에 대한 결정에 잘못된 기재, 계산착오, 그 밖에 이와 비슷한 잘못이 있는 것이 명백할 때에는 국세청장은 직권으로 또는 심사청구인의 신청에 의하여 경정할 수 있다. (2010. 1. 1. 개정)
② 제1항에 따른 경정의 세부적인 절차는 대통령령으로 정한다. (2010. 1. 1. 개정)

제65조의 3【불고불리·불이익변경 금지】① 국세청장은 제65조에 따른 결정을 할 때 심사청구를 한 처분 외의 처분에 대해서는 그 처분의 전부 또는 일부를 취소 또는 변경하거나 새로운 처분의 결정을 하지 못한다. (2018. 12. 31. 신설)
② 국세청장은 제65조에 따른 결정을 할 때 심사청구를 한 처분보다 청구인에게 불리한 결정을 하지 못한다. (2018. 12. 31. 신설)

제66조【이의신청】(2007. 12. 31. 제목개정)
① 이의신청은 대통령령으로 정하는 바에 따라 불복의 사유를 갖추어 해당 처분을 하였거나 하였어야 할 세무서장에게 하거나 세무서장을 거쳐 관할 지방국세청장에게 하여야 한다. 다만, 다음 각 호의 경우에는 관할 지방국세청장에게 하여야 하며, 세무서장에게 한 이의신청은 관할 지방국세청장에게 한 것으로 본다. (2019. 12. 31. 단서개정)
1. 지방국세청장의 조사에 따라 과세처분을 한 경우 (2010. 1. 1. 개정)
2. 세무서장에게 제81조의 15에 따른 과세전적부심사를 청구한 경우 (2019. 12. 31. 호번개정)
② 세무서장은 이의신청의 대상이 된 처분이 지방국세청장이 조사·결정 또는 처리하였거나 하였어야 할 것인 경우에는 이의신청을 받은 날부터 7일 이내에 해당 신청서에 의견서를 첨부하여 해당 지방국세청장에게 송부하고 그 사실을 이의신청인에게 통지하여야 한다. (2010. 1. 1. 개정)
③ 제1항에 따라 지방국세청장에게 하는 이의신청을 받은 세무서장은 이의신청을 받은 날부터 7일 이내에 해당 신청서에 의견서를 첨부하여 지방국세청장에게 송부하여야 한다. (2010. 1. 1. 개정)
④ 제1항 및 제2항에 따라 이의신청을 받은 세무서장과 지방국세청장

제53조의 2【결정의 경정】국세청장은 법 제65조의 2에 따른 결정의 경정을 한 경우에는 경정서를 작성하여 지체 없이 심사청구인에게 통지하여야 한다. (2013. 2. 15. 개정)

통칙 66-0…1【이의신청의 재결청】
① 세무서의 관할구역 변경으로 처분의 통지를 한 세무서와 불복청구할 때의 세무서가 다른 경우에는 불복청구를 할 당시의 납세지를 관할하는 세무서장이 이의신청의 재결청이 된다. (2004. 2. 19. 번호개정)
② 납세자가 부과처분의 통지를 받은 후 납세지를 변경한 경우에는 처분의 통지를 한 세무서장(납세지변경전 세무서장)이 이의신청의 재결청이 된다. (2004. 2. 19. 개정)

제54조【이의신청】① 이의신청에 관하여는 제50조를 준용한다. (2010. 2. 18. 개정)
② 법 제66조 제2항에 따른 지방국세청장이 조사·결정 또는 처리하였거나 하였어야 할 것의 범위에 관하여는 제44조의 2를 준용한다. 이 경우 제44조의 2 중 "국세청장"은 "지방국세청장"으로 본다. (2010. 2. 18. 개정)

편주 ▶
이의신청 또는 심사청구의 기산일은 통칙 61-0…1 참조

제54조의 2【이의신청심의위원회】① 세무서에 두는 이의신청심의위원회는 위

제24조의 2【결정의 경정신청】(2012. 2. 28. 제목개정)
법 제65조의 2 제1항(법 제81조에 따라 준용되는 경우를 포함한다)에 따른 결정의 경정신청은 별지 제31호의 2 서식의 국세심사·조세심판 결정 경정신청서에 따른다. (2012. 2. 28. 개정)

제25조【이의신청】① 영 제54조 제1항에 따른 이의신청은 별지 제32호 서식의 이의신청서에 따른다. (2012. 2. 28. 개정)
② 법 제66조 제2항에 따른 이의신청서의 이송 통지는 별지 제33호 서식의 이의신청서 이송 통지서에 따른다. (2012. 2. 28. 개정)

은 각각 국세심사위원회의 심의를 거쳐 결정하여야 한다. (2010. 1. 1. 개정)

⑤ 제4항의 규정에 의한 이의신청심의위원회는 세무서와 지방국세청에 두며 그 조직과 운영 기타 필요한 사항은 대통령령으로 정한다. (98. 12. 28. 신설)

⑤ 삭　제 (2008. 12. 26.)

⑥ 이의신청에 관하여는 제61조 제1항·제3항 및 제4항, 제62조 제2항, 제63조, 제63조의 2, 제64조 제1항 단서 및 같은 조 제3항, 제65조 제1항 및 제3항부터 제7항까지, 제65조의 2 및 제65조의 3을 준용한다. (2022. 12. 31. 개정)

⑦ 제6항에서 준용하는 제65조 제1항의 결정은 이의신청을 받은 날부터 30일 이내에 하여야 한다. 다만, 이의신청인이 제8항에 따라 송부받은 의견서에 대하여 이 항 본문에 따른 결정기간 내에 항변하는 경우에는 이의신청을 받은 날부터 60일 이내에 하여야 한다. (2016. 12. 20. 신설)

⑧ 제1항의 신청서를 받은 세무서장 또는 제1항부터 제3항까지의 신청서 또는 의견서를 받은 지방국세청장은 지체 없이 이의신청의 대상이 된 처분에 대한 의견서를 이의신청인에게 송부하여야 한다. 이 경우 의견서에는 처분의 근거·이유, 처분의 이유가 된 사실 등이 구체적으로 기재되어야 한다. (2016. 12. 20. 항번개정)

　　　제66조의 2【국세심사위원회】① 제64조에 따른 심사청구, 제66조에 따른 이의신청 및 제81조의 15에 따른 과세전적부심사 청구사항을 심의 및 의결(제64조에 따른 심사청구에 한정한다)하기 위하여 세무서, 지방국세청 및 국세청에 각각 국세심사위원회를 둔다. (2019. 12. 31. 개정)

② 국세심사위원회의 위원 중 공무원이 아닌 위원은 법률 또는 회계에 관한 학식과 경험이 풍부한 사람(국세청에 두는 국세심사위원회의 위원 중 공무원이 아닌 위원의 경우에는 대통령령으로 정하는 자격을 갖

원장 1인을 포함한 15인 이내의 위원으로 구성하며, 위원장은 세무서장이 되고, 위원은 다음 각 호의 자가 된다. (2007. 2. 28. 개정)

1. 세무서장이 소속 5급 또는 6급 공무원 중에서 임명하는 자 : 4인 이내 (2007. 2. 28. 개정)

2. 법률 또는 회계에 관한 학식과 경험이 풍부한 자 중에서 세무서장이 위촉하는 자 : 10인 이내 (2007. 2. 28. 개정)

② 지방국세청에 두는 이의신청심의위원회는 위원장 1인을 포함한 22인 이내의 위원으로 구성하며, 위원장은 지방국세청장이 되고, 위원은 다음 각 호의 자가 된다. (2007. 2. 28. 개정)

1. 지방국세청장이 그 기관의 3급 공무원, 4급 공무원 또는 고위공무원단에 속하는 일반직공무원 중에서 임명하는 자 : 6인 이내 (2007. 2. 28. 개정)

2. 법률 또는 회계에 관한 학식과 경험이 풍부한 자 중에서 지방국세청장이 위촉하는 자 : 15인 이내 (2007. 2. 28. 개정)

③ 세무서에 두는 이의신청심의위원회 회의는 위원장과 위원장이 매 회의마다 지정하는 6인으로 구성하되, 제1항 제2호의 자가 4인 이상 포함되어야 한다. (2007. 2. 28. 신설)

④ 지방국세청에 두는 이의신청심의위원회 회의는 위원장과 위원장이 매 회의마다 지정하는 8인으로 구성하되, 제2항 제2호의 자가 5인 이상 포함되어야 한다. (2007. 2. 28. 신설)

⑤ 제1항 제2호 및 제2항 제2호의 규정에 의한 위원의 임기는 2년으로 한다. (2007. 2. 28. 항번개정)

⑥ 제53조 제4항 내지 제8항 및 제10항 내지 제14항의 규정은 이의신청심의위원회의 위원의 해촉, 회의소집 및 통지, 의결방법, 수당의 지급, 간사의 임명 등에 관하여 이를 준용한다. 이 경우 제53조 제4항 내지 제8항 및 제10항 내지 제14항 중 "국세청장"은 "세무서장 또는 지방국세청장"으로, "심사청구"는 "이의신청"으로, "국세심사위원회"는 "이의신청심의위원회"로 본다. (2007. 2. 28. 개정)

　　제54조의 2【이의신청심의위원회】삭　제 (2009. 2. 6.)

　　　제53조【국세심사위원회】① 법 제66조의 2에 따른 국세심사위원회의 심의 및 의결사항(법 제64조에 따른 심사청구에 한정한다)은 다음 각 호의 구분에 따른다. (2020. 2. 11. 개정)

1. 세무서 및 지방국세청에 두는 국세심사위원회 : 법 제66조에 따른 이의신청 및 법 제81조의 15 제2항 각 호 외의 부분 본문에 따른 과세전적부심사 청구사항 (2019. 2. 12. 개정)

2. 국세청에 두는 국세심사위원회 : 법 제64조에 따른 심사청구 및 법 제81조의 15 제2항 각 호 외의 부분 단서에 따른 과세전적부심사

③ 법 제66조 제6항에 따른 결정의 통지는 별지 제34호 서식에 따른다. (2022. 3. 18. 개정)

춘 사람) 중에서 다음 각 호의 구분에 따른 사람이 된다. (2019. 12. 31. 개정)

1. 세무서에 두는 국세심사위원회 : 지방국세청장이 위촉하는 사람 (2017. 12. 19. 신설)

2. 지방국세청 및 국세청에 두는 국세심사위원회 : 국세청장이 위촉하는 사람 (2017. 12. 19. 신설)

③ 국세심사위원회의 위원 중 공무원이 아닌 위원은 「형법」 제127조 및 제129조부터 제132조까지의 규정을 적용할 때에는 공무원으로 본다. (2017. 12. 19. 신설)

④ 국세심사위원회의 위원은 공정한 심의를 기대하기 어려운 사정이 있다고 인정될 때에는 대통령령으로 정하는 바에 따라 위원회 회의에서 제척되거나 회피하여야 한다. (2017. 12. 19. 항번개정)

⑤ 국세심사위원회의 조직과 운영, 각 위원회별 심의사항과 그 밖에 필요한 사항은 대통령령으로 정한다. (2017. 12. 19. 항번개정)

청구사항 (2019. 2. 12. 개정)

② 국세심사위원회는 위원장 1명을 포함하여 다음 각 호의 구분에 따른 위원으로 구성한다. (2010. 2. 18. 개정)

1. 세무서에 두는 국세심사위원회 : 25명 이내의 위원 (2023. 2. 28. 개정)

2. 지방국세청에 두는 국세심사위원회 : 32명 이내의 위원 (2023. 2. 28. 개정)

3. 국세청에 두는 국세심사위원회 : 41명 이내의 위원 (2023. 2. 28. 개정)

③ 각 국세심사위원회의 위원장은 다음 각 호의 구분에 따른 사람이 된다. (2010. 2. 18. 개정)

1. 세무서에 두는 국세심사위원회 : 세무서장 (2010. 2. 18. 개정)

2. 지방국세청에 두는 국세심사위원회 : 지방국세청장 (2010. 2. 18. 개정)

3. 국세청에 두는 국세심사위원회 : 국세청차장 (2010. 2. 18. 개정)

④ 국세심사위원회의 위원은 다음 각 호의 구분에 따른 사람이 된다. (2010. 2. 18. 개정)

1. 세무서에 두는 국세심사위원회 : 지방국세청장이 해당 세무서 소속 공무원 중에서 임명하는 4명 이내의 사람과 법률 또는 회계에 관한 학식과 경험이 풍부한 사람 중에서 위촉하는 20명 이내의 사람 (2023. 2. 28. 개정)

2. 지방국세청에 두는 국세심사위원회 : 국세청장이 해당 지방국세청 소속 공무원 중에서 임명하는 6명 이내의 사람과 법률 또는 회계에 관한 학식과 경험이 풍부한 사람 중에서 위촉하는 25명 이내의 사람 (2023. 2. 28. 개정)

3. 국세청에 두는 국세심사위원회 : 국세청장이 소속 공무원 중에서 임명하는 10명 이내의 사람과 제55조의 2 제1항 각 호의 어느 하나에 해당하는 자격(같은 항 제2호 나목의 관세사는 제외한다)을 가진 사람 중에서 위촉하는 30명 이내의 사람 (2023. 2. 28. 개정)

⑤ 국세심사위원회의 위원장은 국세심사위원회를 대표하고 국세심사위원회의 업무를 총괄한다. (2010. 2. 18. 개정)

세청장이 정하는 사람 (2019. 2. 12. 신설)

⑨ 국세청장(세무서에 두는 국세심사위원회는 지방국세청장을 말한다)은 위원이 다음 각 호의 어느 하나에 해당하는 경우에는 임명을 철회하거나 해촉할 수 있다. (2019. 2. 12. 항번개정)

1. 심신장애로 인하여 직무를 수행할 수 없게 된 경우 (2018. 2. 13. 개정)

2. 직무와 관련된 비위사실이 있는 경우 (2018. 2. 13. 개정)

3. 직무태만, 품위손상이나 그 밖의 사유로 인하여 위원으로 적합하지 아니하다고 인정되는 경우 (2018. 2. 13. 개정)

4. 위원 스스로 직무를 수행하는 것이 곤란하다고 의사를 밝히는 경우 (2018. 2. 13. 개정)

5. 제15항 각 호의 어느 하나의 사유에 해당하는 데에도 불구하고 회피하지 아니한 경우 (2019. 2. 12. 개정)

⑩ 국세심사위원회의 위원장은 제1항에 따른 심의 및 의결이 필요한 경우 기일을 정하여 국세심사위원회의 회의를 소집하고, 그 의장이 된다. (2020. 2. 11. 개정)

⑪ 국세심사위원회의 회의는 위원장과 다음 각 호의 구분에 따라 위원장이 회의마다 지정하는 사람으로 구성하되, 민간위원이 과반수 이상 포함되어야 한다. (2019. 2. 12. 항번개정)

1. 세무서에 두는 국세심사위원회 : 6명 (2010. 2. 18. 개정)

2. 지방국세청에 두는 국세심사위원회 : 8명 (2010. 2. 18. 개정)

3. 국세청에 두는 국세심사위원회 : 10명 (2010. 2. 18. 개정)

⑫ 국세심사위원회의 위원장은 제10항의 기일을 정하였을 때에 는 그 기일 7일 전에 제11항에 따라 지정된 위원 및 해당 청구인 또는 신청인에게 통지하여야 한다. (2019. 2. 12. 개정)

⑬ 국세심사위원회의 회의는 구성원 과반수의 출석으로 개의하고, 출석위원 과반수의 찬성으로 의결한다. (2019. 2. 12. 항번개정)

⑭ 법 제64조 제1항 단서에서 "심사청구기간이 지난 후에 제기된 심사청구 등 대통령령으로 정하는 사유에 해당하는 경우"란 다음 각 호의 어느 하나에 해당하는 경우를 말한다. (2019. 2. 12. 항번개정)

☞ p.141 2단 연결

⑥ 국세심사위원회의 위원장이 부득이한 사유로 직무를 수행할 수 없는 경우에는 제4항 각 호의 위원 중 국세심사위원회의 위원장(국세청에 두는 국세심사위원회의 경우에는 국세청장을 말한다)이 미리 지명한 위원이 그 직무를 대리한다. (2010. 2. 18. 개정)

⑦ 제4항 각 호의 위원 중 국세청장(세무서에 두는 국세심사위원회는 지방국세청장을 말한다)이 위촉하는 위원(이하 "민간위원"이라 한다)의 임기는 2년으로 하며, 한 차례만 연임할 수 있다. (2020. 2. 11. 개정)

⑧ 다음 각 호의 어느 하나에 해당하는 사람은 민간위원이 될 수 없다. (2019. 2. 12. 신설)

1. 「공직자윤리법」 제17조 제1항 제3호부터 제6호까지의 규정에 따른 취업심사대상기관에 소속되어 있거나 취업심사대상기관에서 퇴직한 지 3년이 지나지 않은 사람 (2024. 2. 29. 개정)

2. 최근 3년 이내에 해당 국세심사위원회를 둔 세무서, 지방국세청 또는 국세청에서 공무원으로 근무한 사람 (2019. 2. 12. 신설)

2. 최근 3년 이내에 국세청과 그 소속기관에서 공무원으로 근무한 사람 (2025. 2. 28. 개정)

편주 ▶
2025. 2. 28. 전에 위촉되어 임기 중에 있는 국세심사위원회 및 납세자보호위원회 민간위원의 결격사유에 관하여는 영 53조 8항 2호 및 3호의 개정규정에도 불구하고 그 임기가 끝날 때까지는 종전의 규정에 따름. (영 부칙(2025. 2. 28.) 2조)

3. 「세무사법」 제17조에 따른 징계처분을 받은 날부터 5년이 지나지 않은 사람 (2019. 2. 12. 신설)

3. 다음 각 목에 해당하는 법률의 규정에 따른 징계처분(견책은 제외한다)을 받은 날부터 5년이 지나지 않은 사람 (2025. 2. 28. 개정)

　가. 「공인회계사법」 제48조 (2025. 2. 28. 개정)

　나. 「변호사법」 제90조 (2025. 2. 28. 개정)

　다. 「세무사법」 제17조 (2025. 2. 28. 개정)

4. 그 밖에 공정한 직무수행에 지장이 있다고 인정되는 사람으로서 국

편주 ▶
2024. 2. 29. 전에 위촉되어 임기 중에 있는 국세심사위원회 및 납세자보호위원회 민간위원의 결격사유에 관하여는 영 53조 8항 1호의 개정규정에도 불구하고 그 임기가 끝날 때까지는 종전의 규정에 따름. (영 부칙(2024. 2. 29.) 9조)

1. 법 제65조 제1항 제1호의 각하결정사유에 해당하는 경우 (2024. 2. 29. 개정)
2. 심사청구금액이 5천만원 미만인 경우로서 해당 심사청구의 내용이 사실판단과 관련된 사항이거나 해당 심사청구의 내용과 유사한 심사청구에 대해 국세심사위원회의 심의를 거쳐 결정된 사례가 있는 경우. 다만, 다음 각 목의 어느 하나에 해당하는 경우는 제외한다. (2024. 2. 29. 개정)
  가. 국세심사위원회의 결정사항과 배치되는 새로운 조세심판, 법원 판결, 헌법재판소 결정, 기획재정부장관의 세법해석, 그 밖에 이에 준하는 심판·결정 또는 해석이 있는 경우 (2024. 2. 29. 개정)
  나. 국세청장이 국세심사위원회의 심의를 거쳐 결정할 필요가 있다고 인정하는 경우 (2024. 2. 29. 개정)

편주 ▶ ·····························
영 53조 14항의 개정규정은 2024. 2. 29. 당시 국세청장 또는 조세심판원에 청구되어 있는 심사청구 또는 심판청구 사건에 대해서도 적용함. (영 부칙(2024. 2. 29.) 3조)
·······································

⑮ 국세심사위원회의 위원은 다음 각 호의 어느 하나에 해당하는 경우에는 심사관여로부터 제척된다. (2019. 2. 12. 항번개정)
1. 심사청구인 또는 법 제59조에 따른 대리인이거나 대리인이었던 경우 (2015. 2. 3. 신설)
2. 제1호에 규정된 사람의 친족이거나 친족이었던 경우 (2015. 2. 3. 신설)
3. 제1호에 규정된 사람의 사용인이거나 사용인이었던 경우(심사청구일을 기준으로 최근 5년 이내에 사용인이었던 경우로 한정한다) (2023. 2. 28. 개정)
4. 불복의 대상이 되는 처분이나 처분에 대한 이의신청에 관하여 증언 또는 감정을 한 경우 (2015. 2. 3. 신설)
5. 심사청구일 전 최근 5년 이내에 불복의 대상이 되는 처분, 처분에 대한 이의신청 또는 그 기초가 되는 세무조사에 관여하였던 경

우 (2015. 2. 3. 신설)
6. 제4호 또는 제5호에 해당하는 법인 또는 단체에 속하거나 심사청구일 전 최근 5년 이내에 속하였던 경우 (2015. 2. 3. 신설)
7. 그 밖에 심사청구인 또는 그 대리인의 업무에 관여하거나 관여하였던 경우 (2015. 2. 3. 신설)
⑯ 국세심사위원회의 위원은 제15항 각 호의 어느 하나에 해당하는 경우에는 스스로 해당 안건의 심의·의결에서 회피하여야 한다. (2019. 2. 12. 항번개정)
⑰ 국세심사위원회의 회의에서 의결한 사항은 위원장이 국세청장에게 보고하여야 한다. (2019. 2. 12. 항번개정)
⑱ 국세심사위원회에 그 서무를 처리하게 하기 위하여 간사 1명을 두고, 간사는 위원장이 소속 공무원 중에서 지명한다. (2019. 2. 12. 항번개정)

제23조의 2 【국세심사위원회】 ① 영 제53조 제14항 제1호에서 "심사청구의 내용이 기획재정부령으로 정하는 경미한 사항에 해당하는 경우"란 다음 각 호의 어느 하나에 해당하는 경우를 말한다. (2019. 3. 20. 개정)
1. 심사청구금액이 3천만원 미만으로서 사실판단과 관련된 사항이거나 유사한 심사청구에 대하여 국세심사위원회의 심의를 거쳐 결정된 사례가 있는 경우 (2012. 2. 28. 개정)
2. 법 제65조 제1항 제1호의 각하결정사유에 해당하는 경우 (2012. 2. 28. 개정)
② 심사청구의 내용이 다음 각 호의 어느 하나에 해당하는 경우에는 제1항 제1호에도 불구하고 국세심사위원회의 심의를 거쳐 결정한다. (2012. 2. 28. 개정)
1. 국세심사위원회의 결정사항과 배치되는 새로운 조세심판, 법원 판결 또는 기획재정부장관의 세법해석 등이 있는 경우 (2012. 2. 28. 개정)
2. 국세심사위원회의 위원장이 국세심사위원회의 심의를 거쳐 결정할 필요가 있다고 인정하는 경우 (2012. 2. 28. 개정)

제23조의 2 【국세심사위원회】 삭 제 (2024. 3. 22.)

제 3 절 심　　판

제67조【조세심판원】① 심판청구에 대한 결정을 하기 위하여 국무총리 소속으로 조세심판원을 둔다. (2010. 1. 1. 개정)
② 조세심판원은 그 권한에 속하는 사무를 독립적으로 수행한다. (2010. 1. 1. 개정)
③ 조세심판원에 원장과 조세심판관을 두되, 원장과 원장이 아닌 상임조세심판관은 고위공무원단에 속하는 일반직공무원 중에서 국무총리의 제청으로 대통령이 임명하고, 비상임조세심판관은 대통령령으로 정하는 바에 따라 위촉한다. 이 경우 원장이 아닌 상임조세심판관(경력직공무원으로서 전보 또는 승진의 방법으로 임용되는 상임조세심판관은 제외한다)은 임기제공무원으로 임용한다. (2014. 12. 23. 개정)

④ 조세심판관은 조세 · 법률 · 회계분야에 관한 전문지식과 경험을 갖춘 사람으로서 대통령령으로 정하는 자격을 가진 사람이어야 한다. (2010. 1. 1. 개정)
⑤ 상임조세심판관의 임기는 3년으로 하며, 한 차례만 중임할 수 있다. (2023. 12. 31. 신설)
⑥ 비상임조세심판관의 임기는 3년으로 하며, 한 차례만 연임할 수 있다. (2023. 12. 31. 신설)

▶편주◀ ··
① 법 67조 6항의 개정규정은 2024. 1. 1. 전에 위촉되어 2024. 1. 1. 당시 그 임기가 만료되지 아니한 비상임조세심판관에 대해서도 적용함. (법 부칙(2023. 12. 31.) 6조 1항)
② 위 1항에 따라 법 67조 6항의 개정규정을 적용할 때 2024. 1. 1. 전에 한 차례 연임되어 임기 중에 있는 비상임조세심판관은 그 임기 만료 후에는 연임할 수 없고, 그 밖의 비상임조세심판관은 그 임기 만료 후 한 차례만 연임할 수 있음. (법 부칙(2023. 12. 31.) 6조 2항)
··

⑦ 조세심판관이 다음 각 호의 어느 하나에 해당하는 경우를 제외하고는 그 의사에 반하여 임명을 철회하거나 해촉할 수 없다. (2023. 12.

제 3 절 심　　판

제55조의 4【조세심판관의 임명 및 위촉】① 법 제67조 제3항에 따라 국무총리가 원장 또는 상임조세심판관을 제청하는 경우 기획재정부장관 또는 행정안전부장관의 의견을 들을 수 있다. (2017. 7. 26. 직제개정 ; 행정안전부와~직제 부칙)
② 법 제67조 제3항에 따라 심판업무에 필요한 비상임조세심판관은 원장의 제청으로 국무총리가 예산의 범위에서 위촉한다. (2008. 2. 29. 신설)

제55조의 2【조세심판관의 자격요건】(2008. 2. 29. 제목개정)
① 법 제67조 제4항에 따른 조세심판관은 다음 각 호의 어느 하나에 해당하는 자격을 가진 사람이어야 한다. (2010. 2. 18. 개정)
1. 조세에 관한 사무에 4급 이상의 국가공무원 · 지방공무원 또는 고위공무원단에 속하는 일반직공무원으로서 3년 이상 근무한 사람 또는 5급 이상의 국가공무원 · 지방공무원으로서 5년 이상 근무한 사람 (2010. 2. 18. 개정)
2. 다음 각 목의 어느 하나에 해당하는 직에 재직한 기간을 합해 10년 이상인 사람 (2019. 2. 12. 개정)
　가. 판사 · 검사 또는 군법무관 (2019. 2. 12. 개정)
　나. 변호사 · 공인회계사 · 세무사 또는 관세사 (2019. 2. 12. 개정)
　다. 조세 관련 분야를 전공하고 「고등교육법」 제2조에 따른 학교의 조교수 이상에 해당하는 직 (2019. 2. 12. 개정)
3. 변호사 · 공인회계사 · 세무사 · 관세사 또는 감정평가사의 직에 6년 이상 재직한 사람 (2010. 2. 18. 개정)
4. 공인된 대학에서 법률학 · 회계학 · 무역학 · 재정학 또는 부동산평가학의 부교수 이상의 직에 재직한 사람 (2010. 2. 18. 개정)
3.~4. 삭　제 (2019. 2. 12.)
② 다음 각 호의 어느 하나에 해당하는 상임조세심판관은 3명, 비상

31. 개정)

1. 심신쇠약 등으로 장기간 직무를 수행할 수 없게 된 경우 (2023. 12. 31. 개정)
2. 직무와 관련된 비위사실이 있는 경우 (2023. 12. 31. 개정)
3. 직무태만, 품위손상이나 그 밖의 사유로 조세심판관으로서 적합하지 아니하다고 인정되는 경우 (2023. 12. 31. 개정)
4. 제73조 제1항 각 호의 어느 하나에 해당하는데도 불구하고 회피하지 아니한 경우 (2023. 12. 31. 개정)

법 67조 7항의 개정규정은 2024. 1. 1. 이후 임명 철회 또는 해촉 사유에 해당하게 되는 사람부터 적용함. (법 부칙(2023. 12. 31.) 7조)

⑧ 원장인 조세심판관에 대해서는 제5항 및 제7항을 적용하지 아니한다. (2023. 12. 31. 개정)
⑨ 조세심판관 중 공무원이 아닌 사람은 「형법」 제127조 및 제129조부터 제132조까지의 규정을 적용할 때에는 공무원으로 본다. (2023. 12. 31. 항번개정)

⑩ 조세심판원에 심판청구사건에 대한 조사사무를 담당하는 심판조사관 및 이를 보조하는 직원을 두며 그 자격은 대통령령으로 정한다. (2023. 12. 31. 항번개정)
⑪ 조세심판원의 정원, 조직, 운영, 그 밖에 필요한 사항은 대통령령으로 정한다. (2023. 12. 31. 항번개정)

제68조 【청구기간】 ① 심판청구는 해당 처분이 있음을 안 날(처분의 통지를 받은 때에는 그 받은 날)부터 90일 이내에 제기하여야 한다. (2010. 1. 1. 개정)
② 이의신청을 거친 후 심판청구를 하는 경우의 청구기간에 관하여는

임조세심판관은 6명을 각각 초과할 수 없다. (2022. 2. 15. 개정)
1. 관세 또는 지방세에 관한 사무에 근무한 기간을 포함한 경력으로 제1항 제1호에 따른 자격요건에 해당되어 조세심판관이 된 사람 (2010. 2. 18. 개정)
2. 관세사의 직에 6년 이상 재직한 경력으로 조세심판관이 된 사람 (2019. 2. 12. 개정)
③ 다음 각 호의 어느 하나에 해당하는 사람은 비상임조세심판관이 될 수 없다. (2024. 2. 29. 신설)
1. 「공직자윤리법」 제17조 제1항 제3호부터 제6호까지의 규정에 따른 취업심사대상기관에 소속되어 있거나 취업심사대상기관에서 퇴직한 지 3년이 지나지 않은 사람 (2024. 2. 29. 신설)
2. 최근 3년 이내에 조세심판원에서 공무원으로 근무한 사람 (2024. 2. 29. 신설)
3. 「세무사법」 제17조 또는 「관세사법」 제27조에 따른 징계처분을 받은 날부터 5년이 지나지 않은 사람 (2024. 2. 29. 신설)
3. 다음 각 목에 해당하는 법률의 규정에 따른 징계처분(견책은 제외한다)을 받은 날부터 5년이 지나지 않은 사람 (2025. 2. 28. 개정)
  가. 「공인회계사법」 제48조 (2025. 2. 28. 개정)
  나. 「관세사법」 제27조 (2025. 2. 28. 개정)
  다. 「변호사법」 제90조 (2025. 2. 28. 개정)
  라. 「세무사법」 제17조 (2025. 2. 28. 개정)

제55조의 3 【심판조사관의 자격요건】 (2018. 2. 13. 제목개정)
법 제67조 제10항에 따른 심판조사관은 3급 공무원 또는 4급 공무원으로서 다음 각 호의 어느 하나에 해당하는 자격을 갖춘 사람이어야 한다. (2024. 2. 29. 개정)
1. 국세(관세를 포함한다) 또는 지방세에 관한 사무에 2년 이상 근무한 사람 (2010. 2. 18. 개정)
2. 변호사ㆍ공인회계사ㆍ세무사 또는 관세사의 직에 5년 이상 재직한 사람 (2019. 2. 12. 개정)

제55조 【심판청구】 ① 심판청구에 관하여는 제50조를 준용한다.

영 55조의 2 제3항의 개정규정은 2024. 2. 29. 이후 비상임조세심판관을 위촉하는 경우부터 적용함. (영 부칙(2024. 2. 29.) 4조)

2025. 2. 28. 전에 위촉되어 임기 중에 있는 비상임조세심판관의 결격사유에 관하여는 영 55조의 2 제3항 3호의 개정규정에도 불구하고 그 임기가 끝날 때까지는 종전의 규정에 따름. (영 부칙(2025. 2. 28.) 3조)

제26조 【심판청구】 영 제55조에 따

제61조 제2항을 준용한다. (2010. 1. 1. 개정)

　제69조【청구 절차】① 심판청구를 하려는 자는 대통령령으로 정하는 바에 따라 불복의 사유 등이 기재된 심판청구서를 그 처분을 하였거나 하였어야 할 세무서장이나 조세심판원장에게 제출하여야 한다. 이 경우 심판청구서를 받은 세무서장은 이를 지체 없이 조세심판원장에게 송부하여야 한다. (2018. 12. 31. 개정)
② 제68조에 따른 심판청구기간을 계산할 때에는 심판청구서가 제1항 전단에 따른 세무서장 외의 세무서장, 지방국세청장 또는 국세청장에게 제출된 경우에도 심판청구를 한 것으로 본다. 이 경우 심판청구서를 받은 세무서장, 지방국세청장 또는 국세청장은 이를 지체 없이 조세심판원장에게 송부하여야 한다. (2018. 12. 31. 개정)
③ 조세심판원장은 제1항 전단 또는 제2항 후단에 따라 심판청구서를 받은 경우에는 지체 없이 그 부본을 그 처분을 하였거나 하였어야 할 세무서장에게 송부하여야 한다. (2018. 12. 31. 신설)
④ 제1항 전단에 따라 심판청구서를 받거나 제3항에 따라 심판청구서의 부본을 받은 세무서장은 이를 받은 날부터 10일 이내에 그 심판청구서에 대한 답변서를 조세심판원장에게 제출하여야 한다. 다만, 제55조 제3항 및 제62조 제3항 단서에 해당하는 처분의 경우에는 국세청장 또는 지방국세청장의 답변서를 첨부하여야 한다. (2018. 12. 31. 개정)
⑤ 제4항의 답변서에는 이의신청에 대한 결정서(이의신청에 대한 결정을 한 경우에만 해당한다), 처분의 근거·이유 및 처분의 이유가 된 사실을 증명할 서류, 청구인이 제출한 증거서류 및 증거물, 그 밖의 심리자료 전부를 첨부하여야 한다. (2020. 6. 9. 개정 ; 법률용어 정비를~법률)
⑥ 제4항의 답변서가 제출되면 조세심판원장은 지체 없이 그 부본(副本)을 해당 심판청구인에게 송부하여야 한다. (2018. 12. 31. 개정)
⑦ 조세심판원장은 제4항 본문에 따른 기한까지 세무서장이 답변서를 제출하지 아니하는 경우에는 기한을 정하여 답변서 제출을 촉구할 수 있다. (2018. 12. 31. 신설)
⑧ 조세심판원장은 세무서장이 제7항에 따른 기한까지 답변서를 제출하지 아니하는 경우에는 제56조 제1항 단서에 따른 증거조사 등을 통하여 심리절차를 진행하도록 할 수 있다. (2018. 12. 31. 신설)

(2010. 2. 18. 개정)
②·③ 삭　제 (2019. 2. 12.)

른 심판청구는 별지 제35호 서식의 조세심판청구서에 따른다. (2019. 3. 20. 개정)

　제27조【답변서】(2000. 3. 27. 제목개정)
법 제69조 제4항에 따른 답변서는 별지 제36호 서식에 따른다. (2019. 3. 20. 개정)

　제27조의 2【증거목록】법 제69조 제1항 및 제4항에 따라 심판청구서 및 답변서를 제출하거나 법 제71조 제1항에 따른 항변서를 제출할 때 증거서류 또는 증거물이 있는 경우에는 별지 제36호의 2 서식의 증거목록을 함께 제출해야 한다. (2019. 3. 20. 신설)

　제28조【사건배정 및 심리개시 통지서】(2019. 3. 20. 제목개정)
법 제69조 제6항에 따른 답변서의 부본송부, 영 제56조에 따른 항변자료의 제출요

제70조【국세청장 의견서】삭　제 (99. 8. 31.)

제71조【증거서류 또는 증거물】① 심판청구인은 제69조 제6항에 따라 송부받은 답변서에 대하여 항변하기 위하여 조세심판원장에게 증거서류나 증거물을 제출할 수 있다. (2018. 12. 31. 개정)
② 조세심판원장이 심판청구인에게 제1항의 증거서류나 증거물을 기한을 정하여 제출할 것을 요구하면 심판청구인은 그 기한까지 제출하여야 한다. (2010. 1. 1. 개정)
③ 제1항에 따라 증거서류가 제출되면 조세심판원장은 증거서류의 부본을 지체 없이 피청구인에게 송부하여야 한다. (2010. 1. 1. 개정)

제72조【조세심판관회의】① 조세심판원장은 심판청구를 받으면 이에 관한 조사와 심리(審理)를 담당할 주심조세심판관 1명과 배석조세심판관 2명 이상을 지정하여 조세심판관회의를 구성하게 한다. (2010. 1. 1. 개정)
② 제1항의 조세심판관회의는 주심조세심판관이 그 의장이 되며, 의장은 그 심판사건에 관한 사무를 총괄한다. 다만, 주심조세심판관이 부득이한 사유로 직무를 수행할 수 없을 때에는 조세심판원장이 배석조세심판관 중에서 그 직무를 대행할 사람을 지정한다. (2010. 1. 1. 개정)
③ 조세심판관회의는 담당 조세심판관 3분의 2 이상의 출석으로 개의(開議)하고, 출석조세심판관 과반수의 찬성으로 의결한다. (2010. 1. 1. 개정)
④ 조세심판관회의는 공개하지 아니한다. 다만, 조세심판관회의 의장이 필요하다고 인정할 때에는 공개할 수 있다. (2010. 1. 1. 개정)
⑤ 조세심판관회의의 운영과 그 밖에 필요한 사항은 대통령령으로 정한다. (2010. 1. 1. 개정)

제73조【조세심판관의 제척과 회피】① 조세심판관은 다음 각 호의 어느 하나에 해당하는 경우에는 심판관여로부터 제척된다. (2014. 12. 23. 개정)
1. 심판청구인 또는 제59조에 따른 대리인인 경우(대리인이었던 경우를 포함한다) (2010. 12. 27. 개정)

제56조【항변자료의 제출 요구】(2010. 2. 18. 제목개정)
법 제71조 제2항에 따른 증거서류 또는 증거물의 제출 요구는 문서로 하여야 한다. (2010. 2. 18. 개정)

제57조【조세심판관 지정통지】조세심판원장은 법 제72조 제1항에 따라 담당 조세심판관을 지정한 경우 또는 담당 조세심판관을 변경한 경우에는 지체 없이 그 뜻을 적은 문서로 해당 조세심판관과 심판청구인에게 통지하여야 한다. 다만, 당초 지정통지한 담당 조세심판관 중 일부를 제외하는 경우는 그러하지 아니하다. (2013. 2. 15. 개정)

제58조【조세심판관회의의 운영】(2020. 2. 11. 제목개정)
① 주심조세심판관은 조세심판관회의 개최일 14일 전까지 조세심판관회의의 일시 및 장소를 심판청구인과 처분청에 각각 통지해야 한다. (2020. 2. 11. 개정)
② 주심조세심판관은 조세심판관회의(동일한 심판청구사건에 대해 조세심판관회의가 1회 이상 개최되는 경우에는 첫 번째 개최되는 조세심판관회의를 말한다)가 개최되기 전에 심판청구인 또는 처분청의 요청이 있는 경우 심판청구인 또는 처분청에 해당 심판청구와 관련된 처분개요, 심판청구인의 주장, 처분청의 의견 및 사실관계를 정리한 심리자료를 열람하게 해야 한다. 다만, 주심조세심판관은 심판청구인이 심리자료 열람을 요청하지 않고 처분청만 심리자료 열람을 요청한 경우로서 해당 심판청구가 다음 각 호의 어느 하나에 해당하여 처분청의 심리자료 열람이 필요하지 않다고 인정하는 경우에는 처분청의 심리자료 열람 요청을 거부할 수 있다. (2024. 2. 29. 단서신설)
1. 법 제80조의 2에 따라 준용되는 법 제65조 제1항 제1호 각 목의 어

구와 영 제57조 본문에 따른 담당조세심판관의 지정 또는 변경통지는 별지 제37호 서식의 사건배정 및 심리개시 통지서에 따른다. (2019. 3. 20. 개정)

제28조의 2【항변 및 추가답변】① 법 제71조 제1항에 따른 항변은 별지 제37호의 2 서식의 항변서에 따른다. (2019. 3. 20. 신설)
② 법 제71조 제3항에 따라 증거서류의 부본을 받은 피청구인은 별지 제37호의 3 서식의 청구인 항변에 대한 추가답변서를 조세심판원장에게 제출할 수 있다. (2019. 3. 20. 신설)

2. 제1호에 규정된 사람의 친족이거나 친족이었던 경우 (2010. 12. 27. 개정)
3. 제1호에 규정된 사람의 사용인이거나 사용인이었던 경우(심판청구일을 기준으로 최근 5년 이내에 사용인이었던 경우로 한정한다) (2022. 12. 31. 개정)

편주 ▶
법 73조 1항 3호의 개정규정은 2023. 1. 1. 전에 제기된 심판청구에 대하여 2023. 1. 1. 이후 심판관을 지정하는 경우에도 적용함. (법 부칙(2022. 12. 31.) 9조)

4. 불복의 대상이 되는 처분이나 처분에 대한 이의신청에 관하여 증언 또는 감정을 한 경우 (2010. 12. 27. 개정)
5. 심판청구일 전 최근 5년 이내에 불복의 대상이 되는 처분, 처분에 대한 이의신청 또는 그 기초가 되는 세무조사(「조세범 처벌절차법」에 따른 조세범칙조사를 포함한다)에 관여하였던 경우 (2018. 12. 31. 개정)
6. 제4호 또는 제5호에 해당하는 법인 또는 단체에 속하거나 심판청구일 전 최근 5년 이내에 속하였던 경우 (2014. 12. 23. 신설)
7. 그 밖에 심판청구인 또는 그 대리인의 업무에 관여하거나 관여하였던 경우 (2014. 12. 23. 호번개정)
② 조세심판관은 제1항 각 호의 어느 하나에 해당하는 경우에는 제72조 제1항에 따른 주심조세심판관 또는 배석조세심판관의 지정에서 회피하여야 한다. (2014. 12. 23. 개정)

　제74조 【담당 조세심판관의 기피】 ① 담당 조세심판관에게 공정한 심판을 기대하기 어려운 사정이 있다고 인정될 때에는 심판청구인은 그 조세심판관의 기피(忌避)를 신청할 수 있다. (2010. 1. 1. 개정)
② 제1항의 기피 신청은 대통령령으로 정하는 바에 따라 조세심판원장에게 하여야 한다. (2010. 1. 1. 개정)
③ 조세심판원장은 기피 신청이 이유 있다고 인정할 때에는 기피 신청을 승인하여야 한다. (2010. 1. 1. 개정)

느 하나에 해당하는 각하결정사유 (2024. 2. 29. 신설)
2. 제62조 각 호의 어느 하나에 해당하는 소액심판사유 (2024. 2. 29. 신설)
③ 심판청구인 또는 처분청은 조세심판관회의 개최일 7일 전까지 주심조세심판관에게 해당 심판청구와 관련한 주장과 그 이유 등을 정리한 요약 서면자료를 제출할 수 있다. 이 경우 주심조세심판관은 조세심판관회의를 할 때 요약 서면자료를 심리자료의 일부로 포함해야 한다. (2020. 2. 11. 개정)
④ 조세심판관회의에 그 서무를 처리하게 하기 위해 간사 1명을 두고, 간사는 조세심판원장이 심판조사관 중에서 임명한다. (2020. 2. 11. 개정)
⑤ 제1항의 통지는 서면으로 하거나 심판청구서에 적힌 전화, 휴대전화를 이용한 문자전송, 팩시밀리 또는 전자우편 등 간편한 통지 방법으로 할 수 있다. (2024. 2. 29. 신설)

　제59조 【국세심판관회의의 의결】 삭　제 (99. 12. 28.)

　제60조 【담당 조세심판관의 기피 신청】 (2008. 2. 29. 제목개정)
법 제74조 제1항에 따른 담당 조세심판관의 기피 신청은 다음 각 호의 사항을 적은 문서로 제57조에 따른 담당 조세심판관의 지정 또는 변경 통지를 받은 날부터 7일 이내에 하여야 한다. (2010. 2. 18. 개정)
1. 기피하려는 담당 조세심판관의 성명 (2010. 2. 18. 개정)
2. 기피의 이유 (2010. 2. 18. 개정)
3. 담당 조세심판관의 지정 또는 변경 통지를 받은 연월일 (2010. 2.

　제29조 【담당조세심판관의 기피신청】 (2008. 3. 20. 제목개정)
① 영 제60조에 따른 담당조세심판관의 기피신청은 별지 제38호 서식의 담당 조세심판관 기피 신청서에 따른다. (2012. 2. 28. 개정)
② 제1항의 담당조세심판관 기피신청서

제74조의 2 【심판조사관의 제척·회피 및 기피】 심판에 관여하는 심판조사관에 대하여도 제73조 및 제74조를 준용한다. (2010. 12. 27. 신설)

제75조 【사건의 병합과 분리】 담당 조세심판관은 필요하다고 인정하면 여러 개의 심판사항을 병합하거나 병합된 심판사항을 여러 개의 심판사항으로 분리할 수 있다. (2010. 1. 1. 개정)

제76조 【질문검사권】 ① 담당 조세심판관은 심판청구에 관한 조사와 심리를 위하여 필요하면 직권으로 또는 심판청구인의 신청에 의하여 다음 각 호의 행위를 할 수 있다. (2010. 1. 1. 개정)
1. 심판청구인, 처분청(심판청구사건의 쟁점 거래사실과 직접 관계있는 자를 관할하는 세무서장 또는 지방국세청장을 포함한다), 관계인 또는 참고인에 대한 질문 (2019. 12. 31. 개정)
2. 제1호에 열거한 자의 장부, 서류, 그 밖의 물건의 제출 요구 (2010. 1. 1. 개정)
3. 제1호에 열거한 자의 장부, 서류, 그 밖의 물건의 검사 또는 감정기관에 대한 감정 의뢰 (2010. 1. 1. 개정)
② 담당 조세심판관 외의 조세심판원 소속 공무원은 조세심판원장의 명에 따라 제1항 제1호 및 제3호의 행위를 할 수 있다. (2010. 1. 1. 개정)
③ 조세심판관이나 그 밖의 조세심판원 소속 공무원이 제1항 제1호 및 제3호의 행위를 할 때에는 그 신분을 표시하는 증표를 지니고 관계자에게 보여야 한다. (2010. 1. 1. 개정)
④ 담당 조세심판관은 심판청구인이 제1항 각 호의 행위 또는 제71조 제2항의 요구를 정당한 사유 없이 따르지 아니하여 해당 심판청구의 전부 또는 일부에 대하여 심판하는 것이 현저히 곤란하다고 인정할 때에는 그 부분에 관한 심판청구인의 주장을 인용(認容)하지 아니할 수 있다. (2020. 6. 9. 개정 ; 법률용어 정비를~법률)

제77조 【사실 판단】 조세심판관은 심판청구에 관한 조사 및 심리의 결과와 과세의 형평을 고려하여 자유심증(自由心證)으로 사실을

18. 개정)

제61조 【질문·검사의 신청】 법 제76조 제1항에 따른 질문·검사의 신청은 다음 각 호의 사항을 적은 문서로 제57조에 따른 담당 조세심판관의 지정통지를 받은 날부터 14일 이내에 하여야 한다. (2010. 2. 18. 개정)
1. 요구하는 행위 (2010. 2. 18. 개정)
2. 요구의 이유 (2010. 2. 18. 개정)
3. 그 밖에 필요한 사항 (2010. 2. 18. 개정)

에 대한 승인 또는 기각통지 및 재지정통지는 별지 제39호 서식의 담당 조세심판관 기피 신청에 대한 통지서에 따른다. (2012. 2. 28. 개정)

제30조 【신분증명서】 법 제76조 제3항에 따른 증표는 별지 제40호 서식의 신분증명서에 따른다. (2012. 2. 28. 개정)

판단한다. (2010. 1. 1. 개정)

　제78조【결정 절차】① 조세심판원장이 심판청구를 받았을 때에는 조세심판관회의가 심리를 거쳐 결정한다. 다만, 심판청구의 대상이 대통령령으로 정하는 금액에 미치지 못하는 소액이거나 경미한 것인 경우나 청구기간이 지난 후에 심판청구를 받은 경우에는 조세심판관회의의 심리를 거치지 아니하고 주심조세심판관이 심리하여 결정할 수 있다. (2010. 1. 1. 개정)

② 조세심판원장과 상임조세심판관 모두로 구성된 회의가 대통령령으로 정하는 방법에 따라 제1항에 따른 조세심판관회의의 의결이 다음 각 호의 어느 하나에 해당한다고 의결하는 경우에는 조세심판관합동회의가 심리를 거쳐 결정한다. (2019. 12. 31. 개정)
1. 해당 심판청구사건에 관하여 세법의 해석이 쟁점이 되는 경우로서 이에 관하여 종전의 조세심판원 결정이 없는 경우 (2016. 12. 20. 개정)
2. 종전에 조세심판원에서 한 세법의 해석·적용을 변경하는 경우 (2016. 12. 20. 개정)
3. 조세심판관회의 간에 결정의 일관성을 유지하기 위한 경우 (2016. 12. 20. 개정)
4. 그 밖에 국세행정이나 납세자의 권리·의무에 중대한 영향을 미칠 것으로 예상되는 등 대통령령으로 정하는 경우 (2016. 12. 20. 개정)
③ 제2항의 조세심판관합동회의는 조세심판원장과 조세심판원장이 회의마다 지정하는 12명 이상 20명 이내의 상임조세심판관 및 비상임조

　제62조【소액심판】법 제78조 제1항 단서에서 "대통령령으로 정하는 금액에 미치지 못하는 소액이거나 경미한 것"이란 다음 각 호의 어느 하나에 해당하는 것을 말한다. (2010. 2. 18. 개정)
1. 심판청구금액이 5천만원(지방세의 경우는 2천만원) 미만인 것으로 다음 각 목의 어느 하나에 해당하는 것 (2024. 2. 29. 개정)
　가. 청구사항이 법령의 해석에 관한 것이 아닌 것 (2010. 2. 18. 개정)
　나. 청구사항이 법령의 해석에 관한 것으로서 유사한 청구에 대하여 이미 조세심판관회의의 의결에 따라 결정된 사례가 있는 것 (2010. 2. 18. 개정)
　다. 법 제65조 제1항 제1호 각 목의 어느 하나에 해당하는 경우(같은 호 나목은 제외한다) (2021. 2. 17. 신설)
2. 심판청구가 과세표준 또는 세액의 결정에 관한 것 외의 것으로서 유사한 청구에 대하여 이미 조세심판관회의의 의결에 따라 결정된 사례가 있는 것 (2010. 2. 18. 개정)

　제62조의 2【조세심판관합동회의】① 법 제78조 제2항 각 호 외의 부분에 따른 조세심판원장과 상임심판관 모두로 구성된 회의(이하 "합동회의상정심의위원회"라 한다)는 구성원 3분의 2 이상 출석으로 개의하고, 출석위원 과반수의 찬성으로 의결한다. 이 경우 합동회의상정심의위원회의 의장은 조세심판원장이 된다. (2020. 2. 11. 신설)
② 법 제78조 제2항 제4호에서 "국세행정이나 납세자의 권리·의무에 중대한 영향을 미칠 것으로 예상되는 등 대통령령으로 정하는 경우"란 다음 각 호의 어느 하나에 해당하는 경우를 말한다. (2020. 2. 11. 개정)
1. 해당 심판청구사건에 대한 결정이 다수의 납세자에게 동일하게 적용되는 등 국세행정에 중대한 영향을 미칠 것으로 예상되어 국세청장이 조세심판원장에게 조세심판관합동회의에서 심리하여 줄 것을 요청하는 경우 (2017. 2. 7. 개정)
2. 그 밖에 해당 심판청구사건에 대한 결정이 국세행정이나 납세자의 권리·의무에 중대한 영향을 미칠 것으로 예상되는 경우 (2017. 2. 7. 개정)

편주 ▶
영 62조 1호의 개정규정은 2024. 2. 29. 당시 국세청장 또는 조세심판원에 청구되어 있는 심사청구 또는 심판청구 사건에 대해서도 적용함. (영 부칙(2024. 2. 29.) 3조)

세심판관으로 구성하되, 상임조세심판관과 같은 수 이상의 비상임조세심판관이 포함되어야 한다. (2023. 12. 31. 개정)

④ 제2항의 조세심판관합동회의에 관하여는 제72조 제2항부터 제4항까지의 규정을 준용한다. 이 경우 같은 조 제2항 중 "주심조세심판관"은 "조세심판원장"으로, "조세심판관회의"는 "조세심판관합동회의"로 본다. (2010. 1. 1. 개정)
⑤ 심판결정은 문서로 하여야 하고, 그 결정서에는 주문(主文)과 이유를 적고 심리에 참석한 조세심판관의 성명을 밝혀 해당 심판청구인과 세무서장에게 송달하여야 한다. (2010. 1. 1. 개정)
⑥ 조세심판관합동회의의 운영, 결정서의 송달 등에 필요한 사항은 대통령령으로 정한다. (2010. 1. 1. 개정)

제79조 【불고불리·불이익변경금지】 ① 조세심판관회의 또는 조세심판관합동회의는 제80조의 2에서 준용하는 제65조에 따른 결정을 할 때 심판청구를 한 처분 외의 처분에 대해서는 그 처분의 전부 또는 일부를 취소 또는 변경하거나 새로운 처분의 결정을 하지 못한다. (2022. 12. 31. 개정)
② 조세심판관회의 또는 조세심판관합동회의는 제80조의 2에서 준용하는 제65조에 따른 결정을 할 때 심판청구를 한 처분보다 청구인에게 불리한 결정을 하지 못한다. (2022. 12. 31. 개정)

제80조 【결정의 효력】 ① 제80조의 2에서 준용하는 제65조에 따른 결정은 관계 행정청을 기속(羈束)한다. (2022. 12. 31. 개정)
② 심판청구에 대한 결정이 있으면 해당 행정청은 결정의 취지에 따라 즉시 필요한 처분을 하여야 한다. (2010. 1. 1. 개정)

통칙 80-0…1 【재결의 효력】

③ 주심조세심판관은 조세심판관회의에서 심판청구사건에 대한 심리(제5항에 따라 심리를 재개하는 경우를 포함하며, 이하 이 조에서 같다)가 종료되었을 때에는 지체 없이 그 심리 내용을 조세심판원장에게 통보해야 한다. (2020. 2. 11. 개정)
④ 조세심판원장은 제3항에 따라 통보받은 날부터 30일 이내에 합동회의상정심의위원회의 의결에 따라 해당 심판청구사건이 법 제78조 제2항에 따라 조세심판관합동회의의 심리를 거쳐야 하는 사건인지 여부를 결정해야 한다. (2020. 2. 11. 개정)
⑤ 조세심판원장은 조세심판관회의의 심리내용이 다음 각 호의 어느 하나에 해당하는 경우에는 제3항에 따라 통보받은 날부터 30일 이내에 구체적인 사유를 적은 서면으로 주심조세심판관에게 다시 심리할 것을 요청할 수 있다. (2022. 2. 15. 개정)
1. 중요한 사실관계를 누락했거나 사실관계의 판단이나 법령해석에 명백한 오류가 있는 경우 (2022. 2. 15. 신설)
2. 심판청구의 대상이 되는 처분의 근거 법령이나 심리내용과 관련된 다른 법령에 대한 해석이 그와 동일하거나 유사한 법령에 대한 해석으로서 종전의 헌법재판소 결정, 대법원 판결, 국세예규심사위원회의 심의를 거친 기획재정부장관의 질의회신이나 조세심판관합동회의의 결정에서 이루어진 해석과 다른 경우 (2022. 2. 15. 신설)
3. 심판청구의 대상이 되는 처분의 직접적인 근거 법령이나 사실관계에 관하여 종전의 법원 판결 또는 조세심판원 결정과 다른 해석을 하거나 사실관계를 달리 판단한 경우 (2022. 2. 15. 신설)
⑥ 국세청장은 제2항 제1호에 따라 조세심판관합동회의에서의 심리를 요청하는 경우에는 제58조 제1항에 따른 조세심판관회의의 개최 통지(동일한 심판청구사건에 대해 조세심판관회의가 1회 이상 개최되는 경우에는 첫 번째 조세심판관회의의 개최 통지를 말한다)를 받기 전까지 기획재정부령으로 정하는 조세심판관합동회의의 심리요청서를 조세심판원장에게 제출해야 한다. (2020. 2. 11. 개정)
⑦ 국세청장은 제2항 제1호에 따른 요청을 한 경우에는 이를 철회할 수 없다. (2020. 2. 11. 개정)
⑧ 조세심판관합동회의에 관하여는 제58조 제1항, 제3항 및 제4항을 준용한다. 이 경우 "주심조세심판관"은 "조세심판원장"으로, "조세심

제31조 【결정서 등】 (2017. 3. 15. 제목개정)
① 법 제78조 제5항에 따른 결정서는 별지 제41호 서식, 별지 제41호의 2 서식 및 별지 제41호의 3 서식에 따른다. (2012. 2. 28. 개정)
② 영 제62조의 2 제6항에 따른 심리요청서는 별지 제41호의 4 서식과 같다. (2020. 3. 13. 개정)
③ 영 제63조에서 "기획재정부령으로 정하는 방법"이란 「우편법 시행규칙」 제25조 제1항 제6호에 따른 특별송달방법을 말한다. (2017. 3. 15. 항번개정)

제32조 【심판결정의 처리결과 보고】 (2012. 2. 28. 제목개정)
조세심판원장으로부터 심판결정의 통지를 받은 관계행정기관의 장은 그 받은 날부터 14일내에 처리결과를 별지 제42호 서식의 조세심판결정 처리결과 보고서에 따라 조세심판원장에게 보고하여야 한다. (2012.

① 「국세기본법」에 의한 불복청구에 대한 재결청의 결정은 관계행정청을 기속한다. (2011. 3. 21. 개정)
② 해당 행정청은 청구를 인용하는 재결청의 결정에 어긋나는 처분을 할 수 없다. (2011. 3. 21. 개정)

제80조의 2 【심사청구에 관한 규정의 준용】 (2022. 12. 31. 조번개정)
심판청구에 관하여는 제61조 제3항·제4항, 제63조, 제65조(제1항 제1호 가목 중 심사청구와 심판청구를 같은 날 제기한 경우는 제외한다) 및 제65조의 2를 준용한다. 이 경우 제63조 제1항 중 "20일 이내의 기간"은 "상당한 기간"으로 본다. (2016. 12. 20. 개정)

통칙 81−0…1 【심사청구에 관한 규정의 준용】
본 기본통칙 중 62−0…1, 63−0…1, 63−0…2, 63−0…3, 65−0…1의 규정은 심판청구에 관하여 이를 준용한다. (2019. 12. 23. 개정)

제81조 【항고소송 제기사건의 통지】 국세청장, 지방국세청장, 세무서장은 제7장에 따른 심판청구를 거쳐 「행정소송법」에 따른 항고소송이 제기된 사건에 대하여 그 내용이나 결과 등 대통령령으로 정하는 사항을 반기마다 그 다음 달 15일까지 조세심판원장에게 알려야 한다. (2022. 12. 31. 신설)

판관회의"는 "조세심판관합동회의"로 본다. (2020. 2. 11. 개정)

제62조의 3 【결정서의 송달】 (2023. 2. 28. 조번개정)
① 심판청구인에 대한 심판결정서의 송달은 심판청구인 또는 그 대리인이 조세심판원에서 심판결정서를 직접 수령하는 경우를 제외하고는 기획재정부령으로 정하는 방법으로 하여야 한다. (2024. 2. 29. 항번개정)
② 제1항에도 불구하고 심판결정서를 송달받아야 할 심판청구인 또는 그 대리인이 다음 각 호의 어느 하나에 해당하는 경우에는 공시송달의 방법으로 할 수 있다. (2024. 2. 29. 신설)

편주 ▶
영 62조의 3 제2항부터 4항까지의 개정규정은 2024. 2. 29. 이후 심판결정서를 송달하는 경우부터 적용함. (영 부칙(2024. 2. 29.) 6조)

1. 주소 또는 영업소가 국외에 있어 송달하기 곤란한 경우 (2024. 2. 29. 신설)
2. 주소 또는 영업소가 분명하지 않은 경우 (2024. 2. 29. 신설)
③ 제2항의 공시송달은 주심조세심판관이 송달할 심판결정서를 보관하고, 그 사유를 다음 각 호의 어느 하나에 해당하는 방법으로 게시 또는 게재한다. (2024. 2. 29. 신설)
1. 조세심판원의 게시판 또는 인터넷 홈페이지에 게시 (2024. 2. 29. 신설)
2. 관보 또는 일간신문에 게재 (2024. 2. 29. 신설)
④ 제2항의 공시송달은 제3항의 방법에 따라 공시한 날부터 14일이 지나면 효력이 발생한다. (2024. 2. 29. 신설)

제63조 【항고소송 제기사건의 통지】 법 제81조에서 "항고소송이 제기된 사건에 관하여 그 내용이나 결과 등 대통령령으로 정하는 사항"이란 다음 각 호의 사항을 말한다. (2023. 2. 28. 신설)
1. 항고소송이 제기된 사건 목록과 해당 사건의 처리 상황 및 결과 (2023. 2. 28. 신설)
2. 항고소송 결과 원고의 승소판결이 확정된 경우 그 판결문 사본

---

2. 28. 개정)

· 예판
심판청구에 대한 결정이 있는 때에는 당해 과세관청은 결정의 취지에 따라 필요한 처분을 하여야 하는 것이며, 그 결정에 오류가 있음을 이유로 결정의 취지에 어긋나는 처분을 할 수 없음. (서면1팀−436, 2005. 4. 22.)

제 7 장의 2   납세자의 권리

제81조의 2【납세자권리헌장의 제정 및 교부】① 국세청장은 제81조의 3부터 제81조의 16까지, 제81조의 18 및 제81조의 19에 규정된 사항과 그 밖에 납세자의 권리보호에 관한 사항을 포함하는 납세자권리헌장을 제정하여 고시하여야 한다. (2017. 12. 19. 개정)
② 세무공무원은 다음 각 호의 어느 하나에 해당하는 경우에는 제1항에 따른 납세자권리헌장의 내용이 수록된 문서를 납세자에게 내주어야 한다. (2010. 1. 1. 개정)
1. 세무조사(「조세범 처벌절차법」에 따른 조세범칙조사를 포함한다. 이하 이 조에서 같다)를 하는 경우 (2018. 12. 31. 개정)
2. 삭 제 (2011. 12. 31.)
3. 사업자등록증을 발급하는 경우 (2010. 1. 1. 개정)
4. 그 밖에 대통령령으로 정하는 경우 (2010. 1. 1. 개정)
③ 세무공무원은 세무조사를 시작할 때 조사원증을 납세자 또는 관련인에게 제시한 후 납세자권리헌장을 교부하고 그 요지를 직접 낭독해 주어야 하며, 조사사유, 조사기간, 제81조의 18 제1항에 따른 납세자보호위원회에 대한 심의 요청사항·절차 및 권리구제 절차 등을 설명하여야 한다. (2017. 12. 19. 개정)

제81조의 3【납세자의 성실성 추정】세무공무원은 납세자가 제81조의 6 제3항 각 호의 어느 하나에 해당하는 경우를 제외하고는 납세자가 성실하며 납세자가 제출한 신고서 등이 진실한 것으로 추정하여야 한다. (2014. 1. 1. 개정)

제81조의 4【세무조사권 남용 금지】① 세무공무원은 적정하고 공평한 과세를 실현하기 위하여 필요한 최소한의 범위에서 세무조사(「조세범 처벌절차법」에 따른 조세범칙조사를 포함한다. 이하 이 조에서 같다)를 하여야 하며, 다른 목적 등을 위하여 조사권을 남용해서는 아

제 4 절   납세자의 권리 (96. 12. 31 신설)

니 된다. (2018. 12. 31. 개정)
② 세무공무원은 다음 각 호의 어느 하나에 해당하는 경우가 아니면 같은 세목 및 같은 과세기간에 대하여 재조사를 할 수 없다. (2010. 1. 1. 개정)
1. 조세탈루의 혐의를 인정할 만한 명백한 자료가 있는 경우 (2010. 1. 1. 개정)
2. 거래상대방에 대한 조사가 필요한 경우 (2010. 1. 1. 개정)
3. 2개 이상의 과세기간과 관련하여 잘못이 있는 경우 (2013. 1. 1. 개정)
4. 제65조 제1항 제3호 단서(제66조 제6항과 제80조의 2에서 준용하는 경우를 포함한다) 또는 제81조의 15 제5항 제2호 단서에 따른 재조사 결정에 따라 조사를 하는 경우(결정서 주문에 기재된 범위의 조사에 한정한다) (2022. 12. 31. 개정)
5. 납세자가 세무공무원에게 직무와 관련하여 금품을 제공하거나 금품 제공을 알선한 경우 (2015. 12. 15. 신설)
6. 제81조의 11 제3항에 따른 부분조사를 실시한 후 해당 조사에 포함되지 아니한 부분에 대하여 조사하는 경우 (2017. 12. 19. 신설)
7. 그 밖에 제1호부터 제6호까지와 유사한 경우로서 대통령령으로 정하는 경우 (2017. 12. 19. 개정)
③ 세무공무원은 세무조사를 하기 위하여 필요한 최소한의 범위에서 장부등의 제출을 요구하여야 하며, 조사대상 세목 및 과세기간의 과세표준과 세액의 계산과 관련 없는 장부등의 제출을 요구해서는 아니 된다. (2017. 12. 19. 신설)
④ 누구든지 세무공무원으로 하여금 법령을 위반하게 하거나 지위 또는 권한을 남용하게 하는 등 공정한 세무조사를 저해하는 행위를 하여서는 아니 된다. (2017. 12. 19. 항번개정)

제81조의 5 【세무조사 시 조력을 받을 권리】 (2010. 1. 1. 제목개정)
납세자는 세무조사(「조세범 처벌절차법」에 따른 조세범칙조사를 포함한다)를 받는 경우에 변호사, 공인회계사, 세무사로 하여금 조사에 참여하게 하거나 의견을 진술하게 할 수 있다. (2018. 12. 31. 개정)

●예 판

청구법인이 중복세무조사의 근거로 제시한 ○○국세청장의 서면확인 경위를 보면 청구법인에 추가자료를 요구하거나 별도의 현장출장조사 없이 단순한 사실관계의 확인이나 통상적으로 이에 수반되는 간단한 질문조사를 통해서만 서면확인이 이루어지는 등 청구법인의 영업의 자유 등에 큰 영향을 미칠 수 있는 별도 독립된 세무조사로 보기는 어려움. (조심 2019구 211, 2021. 5. 20.)

제63조의 2 【세무조사를 다시 할 수 있는 경우】 (2014. 2. 21. 제목개정)
법 제81조의 4 제2항 제7호에서 "대통령령으로 정하는 경우"란 다음 각 호의 어느 하나에 해당하는 경우를 말한다. (2018. 2. 13. 개정)
1. 부동산투기, 매점매석, 무자료거래 등 경제질서 교란 등을 통한 세금탈루 혐의가 있는 자에 대하여 일제조사를 하는 경우 (2016. 2. 5. 개정)
2. 과세관청 외의 기관이 직무상 목적을 위해 작성하거나 취득해 과세관청에 제공한 자료의 처리를 위해 조사하는 경우 (2019. 2. 12. 개정)
3. 국세환급금의 결정을 위한 확인조사를 하는 경우 (2019. 2. 12. 신설)
4. 「조세범 처벌절차법」 제2조 제1호에 따른 조세범칙행위의 혐의를 인정할 만한 명백한 자료가 있는 경우. 다만, 해당 자료에 대하여 「조세범 처벌절차법」 제5조 제1항 제1호에 따라 조세범칙조사심의위원회가 조세범칙조사의 실시에 관한 심의를 한 결과 조세범칙행위의 혐의가 없다고 의결한 경우에는 조세범칙행위의 혐의를 인정

제81조의 6【세무조사 관할 및 대상자 선정】(2014. 1. 1. 제목개정)

① 세무조사는 납세지 관할 세무서장 또는 지방국세청장이 수행한다. 다만, 납세자의 주된 사업장 등이 납세지와 관할을 달리하거나 납세지 관할 세무서장 또는 지방국세청장이 세무조사를 수행하는 것이 부적절한 경우 등 대통령령으로 정하는 사유에 해당하는 경우에는 국세청장(같은 지방국세청 소관 세무서 관할 조정의 경우에는 지방국세청장)이 그 관할을 조정할 수 있다. (2014. 1. 1. 신설)

② 세무공무원은 다음 각 호의 어느 하나에 해당하는 경우에 정기적으로 신고의 적정성을 검증하기 위하여 대상을 선정(이하 "정기선정"이라 한다)하여 세무조사를 할 수 있다. 이 경우 세무공무원은 객관적 기준에 따라 공정하게 그 대상을 선정하여야 한다. (2014. 1. 1. 항번개정)

1. 국세청장이 납세자의 신고 내용에 대하여 과세자료, 세무정보 및 「주식회사의 외부감사에 관한 법률」에 따른 감사의견, 외부감사 실시 내용 등 회계성실도 자료 등을 고려하여 정기적으로 성실도를 분석한 결과 불성실 혐의가 있다고 인정하는 경우 (2017. 12. 19. 개정)

2. 최근 4과세기간 이상 같은 세목의 세무조사를 받지 아니한 납세자에 대하여 업종, 규모, 경제력 집중 등을 고려하여 대통령령으로 정하는 바에 따라 신고 내용이 적정한지를 검증할 필요가 있는 경우 (2014. 1. 1. 개정)

3. 무작위추출방식으로 표본조사를 하려는 경우 (2010. 1. 1. 개정)

③ 세무공무원은 제2항에 따른 정기선정에 의한 조사 외에 다음 각 호의 어느 하나에 해당하는 경우에는 세무조사를 할 수 있다. (2014. 1. 1. 개정)

1. 납세자가 세법에서 정하는 신고, 성실신고확인서의 제출, 세금계산서 또는 계산서의 작성·교부·제출, 지급명세서의 작성·제출 등의 납세협력의무를 이행하지 아니한 경우 (2011. 5. 2. 개정)

2. 무자료거래, 위장·가공거래 등 거래 내용이 사실과 다른 혐의가 있는 경우 (2010. 1. 1. 개정)

할 만한 명백한 자료로 인정하지 아니한다. (2019. 2. 12. 단서개정)

제63조의 3【세무조사의 관할 조정】법 제81조의 6 제1항 단서에서 "납세자의 주된 사업장 등이 납세지와 관할을 달리하거나 납세지 관할 세무서장 또는 지방국세청장이 세무조사를 수행하는 것이 부적절한 경우 등 대통령령으로 정하는 사유에 해당하는 경우"란 다음 각 호의 어느 하나에 해당하는 경우를 말한다. (2014. 2. 21. 신설)

1. 납세자가 사업을 실질적으로 관리하는 장소의 소재지와 납세지가 관할을 달리하는 경우 (2014. 2. 21. 신설)

2. 일정한 지역에서 주로 사업을 하는 납세자에 대하여 공정한 세무조사를 실시할 필요가 있는 경우 등 납세지 관할 세무서장 또는 지방국세청장이 세무조사를 수행하는 것이 부적절하다고 판단되는 경우 (2014. 2. 21. 신설)

3. 세무조사 대상 납세자와 출자관계에 있는 자, 거래가 있는 자 또는 특수관계인에 해당하는 자 등에 대한 세무조사가 필요한 경우 (2014. 2. 21. 신설)

4. 세무관서별 업무량과 세무조사 인력 등을 고려하여 관할을 조정할 필요가 있다고 판단되는 경우 (2014. 2. 21. 신설)

제63조의 4【장기 미조사자에 대한 세무조사기준】법 제81조의 6 제2항 제2호에 따라 실시하는 세무조사는 납세자의 이력이나 세무정보 등을 고려하여 국세청장이 정하는 기준에 따른다. (2014. 2. 21. 개정)

3. 납세자에 대한 구체적인 탈세 제보가 있는 경우 (2010. 1. 1. 개정)
4. 신고 내용에 탈루나 오류의 혐의를 인정할 만한 명백한 자료가 있는 경우 (2010. 1. 1. 개정)
5. 납세자가 세무공무원에게 직무와 관련하여 금품을 제공하거나 금품 제공을 알선한 경우 (2015. 12. 15. 신설)
④ 세무공무원은 과세관청의 조사결정에 의하여 과세표준과 세액이 확정되는 세목의 경우 과세표준과 세액을 결정하기 위하여 세무조사를 할 수 있다. (2014. 1. 1. 항번개정)
⑤ 세무공무원은 다음 각 호의 요건을 모두 충족하는 자에 대해서는 제2항에 따른 세무조사를 하지 아니할 수 있다. 다만, 객관적인 증거자료에 의하여 과소신고한 것이 명백한 경우에는 그러하지 아니하다. (2014. 1. 1. 개정)
1. 업종별 수입금액이 대통령령으로 정하는 금액 이하인 사업자 (2010. 1. 1. 개정)

2. 장부 기록 등이 대통령령으로 정하는 요건을 충족하는 사업자 (2010. 1. 1. 개정)

　　제63조의 5【소규모 성실사업자에 대한 세무조사 면제】① 법 제81조의 6 제5항 제1호에서 "업종별 수입금액이 대통령령으로 정하는 금액 이하인 사업자"란 다음 각 호의 어느 하나에 해당하는 자를 말한다. (2014. 2. 21. 개정)
1. 개인 : 「소득세법」 제160조 제3항에 따른 간편장부대상자 (2010. 2. 18. 개정)
2. 법인 : 「법인세법」 제60조에 따라 법인세 과세표준 및 세액 신고서에 적어야 할 해당 법인의 수입금액(과세기간이 1년 미만인 경우에는 1년으로 환산한 수입금액을 말한다)이 3억원 이하인 자 (2023. 2. 28. 개정)
② 법 제81조의 6 제5항 제2호에서 "장부 기록 등이 대통령령으로 정하는 요건을 충족하는 사업자"란 다음 각 호의 요건을 모두 갖춘 사업자를 말한다. 다만, 제4호의 3의 요건은 최초 사업연도의 종료일 이후 1년 이상 경과한 법인으로서 법인세 과세표준 및 세액 신고서에 적어야 할 직전 사업연도의 수입금액이 1억원을 초과하는 법인의 경우에만 해당한다. (2023. 2. 28. 단서신설)
1. 모든 거래사실이 객관적으로 파악될 수 있도록 복식부기방식으로 장부를 기록·관리할 것 (2010. 2. 18. 개정)
2. 과세기간 개시 이전에 「여신전문금융업법」에 따른 신용카드가맹점으로 가입하고 해당 과세기간에 법 제84조의 2 제1항 제3호 각 목

의 행위를 하지 아니할 것(「소득세법」 제162조의 3 제1항 및 「법
인세법」 제117조의 2 제1항에 따라 현금영수증가맹점으로 가입하
여야 하는 사업자만 해당한다) (2013. 2. 15. 개정)
3. 과세기간 개시 이전에 「조세특례제한법」 제126조의 3에 따른 현
금영수증가맹점으로 가입하고 해당 과세기간에 법 제84조의 2 제1
항 제4호 각 목의 행위를 하지 아니할 것(「소득세법」 제162조의
3 제1항 및 「법인세법」 제117조의 2 제1항에 따라 현금영수증가
맹점으로 가입하여야 하는 사업자만 해당한다) (2013. 2. 15. 개정)
4. 「소득세법」 제160조의 5에 따른 사업용계좌를 개설하여 사용할 것
(개인인 경우만 해당한다) (2010. 2. 18. 개정)
4의 2. 재화나 용역을 공급하는 경우 「부가가치세법」 제32조 제2항에
따른 전자세금계산서 또는 「소득세법」 제163조 제1항 각 호 외의
부분 후단에 따른 전자계산서를 발급하고, 「부가가치세법」 제60조
또는 「소득세법」 제81조의 10에 따른 가산세(세금계산서 및 계산서
관련 가산세로 한정한다)의 부과 대상이 되는 행위를 하지 않을 것
(2023. 2. 28. 신설)
4의 3. 「법인세법 시행령」 제158조 제6항에 따른 지출증명서류 합계표
를 작성하여 보관할 것 (2023. 2. 28. 신설)
5. 업종별 평균 수입금액 증가율 등을 고려하여 국세청장이 정하여 고
시하는 수입금액 등의 신고기준에 해당할 것 (2010. 2. 18. 개정)
6. 해당 과세기간의 법정신고납부기한 종료일 현재 최근 3년간 조세범
으로 처벌받은 사실이 없을 것 (2013. 2. 15. 개정)
7. 해당 과세기간의 법정신고납부기한 종료일 현재 국세의 체납사실이
없을 것 (2013. 2. 15. 개정)

편주 ▶ ┄┄┄┄┄┄┄┄┄┄┄┄┄┄┄┄┄┄┄┄
소규모 성실사업자에 대한 정기조사 면제시
적용하는 성실신고기준 고시 (국세청고시 제
2024-21호, 2024. 8. 19.)
┄┄┄┄┄┄┄┄┄┄┄┄┄┄┄┄┄┄┄┄┄┄┄┄┄┄

제81조의 7 【세무조사의 통지와 연기신청 등】 (2021. 12. 21.
제목개정)

① 세무공무원은 세무조사를 하는 경우에는 조사를 받을 납세자(납세자가 제82조에 따라 납세관리인을 정하여 관할 세무서장에게 신고한 경우에는 납세관리인을 말한다. 이하 이 조에서 같다)에게 조사를 시작하기 15일 전에 조사대상 세목, 조사기간 및 조사사유, 그 밖에 대통령령으로 정하는 사항을 통지(이하 이 조에서 "사전통지"라 한다)하여야 한다. 다만, 사전통지를 하면 증거인멸 등으로 조사 목적을 달성할 수 없다고 인정되는 경우에는 그러하지 아니하다. (2018. 12. 31. 개정)

제63조의 6 【세무조사의 통지】 (2018. 2. 13. 제목개정)

① 법 제81조의 7 제1항에 따라 납세자 또는 납세관리인에게 세무조사에 관한 사전통지를 하는 경우에는 다음 각 호의 사항을 적은 문서로 해야 한다. (2021. 2. 17. 개정)

1. 납세자 또는 납세관리인의 성명과 주소 또는 거소 (2010. 2. 18. 개정)
2. 조사기간 (2010. 2. 18. 개정)
3. 조사대상 세목, 과세기간 및 조사 사유 (2021. 2. 17. 개정)

제35조 【세무조사의 통지】 (2018. 3. 19. 제목개정)

① 영 제63조의 6 제1항에 따른 세무조사에 관한 사전 통지는 별지 제54호 서식의 세무조사 사전 통지서에 따른다. (2018. 3. 19. 개정)

② 법 제81조의 7 제6항에 따른 세무조사

① 세무공무원은 세무조사를 하는 경우에는 조사를 받을 납세자(납세자가 제82조에 따라 납세관리인을 정하여 관할 세무서장에게 신고한 경우에는 납세관리인을 말한다. 이하 이 조에서 같다)에게 조사를 시작하기 20일[제65조 제1항 제3호 단서(제66조 제6항과 제80조의 2에서 준용하는 경우를 포함한다) 또는 제81조의 15 제5항 제2호 단서에 따른 재조사 결정으로 재조사를 하는 경우에는 7일] 전에 조사대상 세목, 조사기간 및 조사 사유, 그 밖에 대통령령으로 정하는 사항을 통지(이하 이 조에서 "사전통지"라 한다)하여야 한다. 다만, 사전통지를 하면 증거인멸 등으로 조사 목적을 달성할 수 없다고 인정되는 경우에는 그러하지 아니하다. (2024. 12. 31. 개정)

편주 ▶
법 81조의 7 제1항 본문의 개정규정은 2025. 1. 1. 이후 세무조사를 사전 통지하는 경우부터 적용함. (법 부칙(2024. 12. 31.) 8조)

② 사전통지를 받은 납세자가 천재지변이나 그 밖에 대통령령으로 정하는 사유로 조사를 받기 곤란한 경우에는 대통령령으로 정하는 바에 따라 관할 세무관서의 장에게 조사를 연기해 줄 것을 신청할 수 있다. (2017. 12. 19. 개정)

③ 제2항에 따라 연기신청을 받은 관할 세무관서의 장은 연기신청 승인 여부를 결정하고 그 결과(연기 결정 시 연기한 기간을 포함한다)를 조사 개시 전까지 통지하여야 한다. (2021. 12. 21. 개정)

④ 관할 세무관서의 장은 다음 각 호의 어느 하나에 해당하는 사유가 있는 경우에는 제3항에 따라 연기한 기간이 만료되기 전에 조사를 개시할 수 있다. (2021. 12. 21. 신설)

1. 제2항에 따른 연기 사유가 소멸한 경우 (2021. 12. 21. 신설)

2. 조세채권을 확보하기 위하여 조사를 긴급히 개시할 필요가 있다고 인정되는 경우 (2021. 12. 21. 신설)

⑤ 관할 세무관서의 장은 제4항 제1호의 사유로 조사를 개시하려는 경우에는 조사를 개시하기 5일 전까지 조사를 받을 납세자에게 연기 사유가 소멸한 사실과 조사기간을 통지하여야 한다. (2021. 12. 21. 신설)

⑥ 세무공무원은 제1항 단서에 따라 사전통지를 하지 아니하고 조사

4. 법 제81조의 11 제3항에 따른 부분조사를 실시하는 경우에는 해당 부분조사의 범위 (2018. 2. 13. 신설)

5. 그 밖에 필요한 사항 (2018. 2. 13. 호번개정)

② 법 제81조의 7 제6항 각 호 외의 부분 단서에서 "폐업 등 대통령령으로 정하는 경우"란 다음 각 호의 어느 하나에 해당하는 경우를 말한다. (2022. 2. 15. 개정)

1. 납세자가 세무조사 대상이 된 사업을 폐업한 경우 (2018. 2. 13. 신설)

2. 납세자가 납세관리인을 정하지 아니하고 국내에 주소 또는 거소를 두지 아니한 경우 (2018. 2. 13. 신설)

3. 납세자 또는 납세관리인이 세무조사통지서의 수령을 거부하거나 회피하는 경우 (2018. 2. 13. 신설)

제63조의 7 【세무조사의 연기신청】 (2007. 2. 28. 조번개정)

① 법 제81조의 7 제2항에서 "대통령령으로 정하는 사유"란 다음 각 호의 어느 하나에 해당하는 사유를 말한다. (2010. 2. 18. 개정)

1. 화재, 그 밖의 재해로 사업상 심각한 어려움이 있을 때 (2010. 2. 18. 개정)

2. 납세자 또는 납세관리인의 질병, 장기출장 등으로 세무조사가 곤란하다고 판단될 때 (2010. 2. 18. 개정)

3. 권한 있는 기관에 장부, 증거서류가 압수되거나 영치되었을 때 (2010. 2. 18. 개정)

4. 제1호부터 제3호까지의 규정에 준하는 사유가 있을 때 (2010. 2. 18. 개정)

② 법 제81조의 7 제2항에 따라 세무조사의 연기신청을 하려는 자는 다음 각 호의 사항을 적은 문서를 해당 행정기관의 장에게 제출하여야 한다. (2010. 2. 18. 개정)

1. 세무조사의 연기를 받으려는 자의 성명과 주소 또는 거소 (2010. 2. 18. 개정)

2. 세무조사의 연기를 받으려는 기간 (2010. 2. 18. 개정)

통지서는 별지 제54호의 2 서식과 같다. (2024. 3. 22. 개정)

제36조 【세무조사의 연기신청】 ① 영 제63조의 7 제2항에 따른 세무조사의 연기신청은 별지 제55호 서식의 세무조사 연기신청서에 따른다. (2012. 2. 28. 개정)

② 법 제81조의 7 제3항에 따른 세무조사의 연기신청에 관한 결과 통지는 별지 제

를 개시하거나 제4항 제2호의 사유로 조사를 개시할 때 다음 각 호의 구분에 따른 사항이 포함된 세무조사통지서를 세무조사를 받을 납세자에게 교부하여야 한다. 다만, 폐업 등 대통령령으로 정하는 경우에는 그러하지 아니하다. (2021. 12. 21. 개정)

1. 제1항 단서에 따라 사전통지를 하지 아니하고 조사를 개시하는 경우 : 사전통지 사항, 사전통지를 하지 아니한 사유, 그 밖에 세무조사의 개시와 관련된 사항으로서 대통령령으로 정하는 사항 (2021. 12. 21. 개정)

2. 제4항 제2호의 사유로 조사를 개시하는 경우 : 조사를 긴급히 개시하여야 하는 사유 (2021. 12. 21. 개정)

제81조의 8【세무조사 기간】 ① 세무공무원은 조사대상 세목·업종·규모, 조사 난이도 등을 고려하여 세무조사 기간이 최소한이 되도록 하여야 한다. 다만, 다음 각 호의 어느 하나에 해당하는 경우에는 세무조사 기간을 연장할 수 있다. (2010. 1. 1. 개정)

1. 납세자가 장부·서류 등을 은닉하거나 제출을 지연하거나 거부하는 등 조사를 기피하는 행위가 명백한 경우 (2010. 1. 1. 개정)

2. 거래처 조사, 거래처 현지확인 또는 금융거래 현지확인이 필요한 경우 (2010. 1. 1. 개정)

3. 세금탈루 혐의가 포착되거나 조사 과정에서 「조세범 처벌절차법」에 따른 조세범칙조사를 개시하는 경우 (2018. 12. 31. 개정)

4. 천재지변이나 노동쟁의로 조사가 중단되는 경우 (2010. 1. 1. 개정)

5. 제81조의 16 제2항에 따른 납세자보호관 또는 담당관(이하 이 조에서 "납세자보호관등"이라 한다)이 세금탈루혐의와 관련하여 추가적인 사실 확인이 필요하다고 인정하는 경우 (2014. 1. 1. 개정)

6. 세무조사 대상자가 세금탈루혐의에 대한 해명 등을 위하여 세무조사 기간의 연장을 신청한 경우로서 납세자보호관등이 이를 인정하는 경우 (2014. 1. 1. 신설)

② 세무공무원은 제1항에 따라 세무조사 기간을 정할 경우 조사대상 과세기간 중 연간 수입금액 또는 양도가액이 가장 큰 과세기간의 연간 수입금액 또는 양도가액이 100억원 미만인 납세자에 대한 세무조사 기간은 20일 이내로 한다. (2010. 1. 1. 신설)

---

3. 세무조사의 연기를 받으려는 사유 (2010. 2. 18. 개정)

4. 그 밖에 필요한 사항 (2010. 2. 18. 개정)

제63조의 8【세무조사 기간의 연장사유】 삭 제 (2014. 2. 21.)

55호의 2 서식의 세무조사 연기신청 결과 통지서에 따른다. (2012. 2. 28. 개정)

제36조의 3【세무조사 기간의 연장사유】 삭 제 (2012. 2. 28.)

제36조의 4【세무조사 기간 제한의 예외】 삭 제 (2012. 2. 28.)

③ 제2항에 따라 기간을 정한 세무조사를 제1항 단서에 따라 연장하는 경우로서 최초로 연장하는 경우에는 관할 세무관서의 장의 승인을 받아야 하고, 2회 이후 연장의 경우에는 관할 상급 세무관서의 장의 승인을 받아 각각 20일 이내에서 연장할 수 있다. 다만, 다음 각 호에 해당하는 경우에는 제2항의 세무조사 기간의 제한 및 이 항 본문의 세무조사 연장기간의 제한을 받지 아니한다. (2014. 1. 1. 단서개정)

1. 무자료거래, 위장 · 가공거래 등 거래 내용이 사실과 다른 혐의가 있어 실제 거래 내용에 대한 조사가 필요한 경우 (2014. 1. 1. 신설)
2. 역외거래를 이용하여 세금을 탈루(脫漏)하거나 국내 탈루소득을 해외로 변칙유출한 혐의로 조사하는 경우 (2019. 12. 31. 개정)
3. 명의위장, 이중장부의 작성, 차명계좌의 이용, 현금거래의 누락 등의 방법을 통하여 세금을 탈루한 혐의로 조사하는 경우 (2014. 1. 1. 신설)
4. 거짓계약서 작성, 미등기양도 등을 이용한 부동산 투기 등을 통하여 세금을 탈루한 혐의로 조사하는 경우 (2014. 1. 1. 신설)
5. 상속세 · 증여세 조사, 주식변동 조사, 범칙사건 조사 및 출자 · 거래관계에 있는 관련자에 대하여 동시조사를 하는 경우 (2014. 1. 1. 신설)

④ 세무공무원은 납세자가 자료의 제출을 지연하는 등 대통령령으로 정하는 사유로 세무조사를 진행하기 어려운 경우에는 세무조사를 중지할 수 있다. 이 경우 그 중지기간은 제1항부터 제3항까지의 세무조사 기간 및 세무조사 연장기간에 산입하지 아니한다. (2010. 1. 1. 신설)

⑤ 세무공무원은 제4항에 따른 세무조사의 중지기간 중에는 납세자에 대하여 국세의 과세표준과 세액을 결정 또는 경정하기 위한 질문을 하거나 장부등의 검사 · 조사 또는 그 제출을 요구할 수 없다. (2017. 12. 19. 신설)

⑥ 세무공무원은 제4항에 따라 세무조사를 중지한 경우에는 그 중지사유가 소멸하게 되면 즉시 조사를 재개하여야 한다. 다만, 조세채권의 확보 등 긴급히 조사를 재개하여야 할 필요가 있는 경우에는 세무조사를 재개할 수 있다. (2017. 12. 19. 항번개정)

⑦ 세무공무원은 제1항 단서에 따라 세무조사 기간을 연장하는 경우에는 그 사유와 기간을 납세자에게 문서로 통지하여야 하고, 제4항 및 제6항에 따라 세무조사를 중지 또는 재개하는 경우에는 그 사유를 문서로 통지하여야 한다. (2017. 12. 19. 개정)

제63조의 9 【세무조사의 중지】 (2018. 2. 13. 조번개정)

법 제81조의 8 제4항에서 "납세자가 자료의 제출을 지연하는 등 대통령령으로 정하는 사유"란 다음 각 호의 어느 하나에 해당하는 경우를 말한다. (2010. 2. 18. 신설)

1. 법 제81조의 7 제2항에 따른 세무조사 연기신청 사유에 해당하는 사유가 있어 납세자가 조사중지를 신청한 경우 (2010. 2. 18. 신설)
2. 국외자료의 수집 · 제출 또는 상호합의절차 개시에 따라 외국 과세기관과의 협의가 필요한 경우 (2010. 2. 18. 신설)
3. 다음 각 목의 어느 하나에 해당하여 세무조사를 정상적으로 진행하기 어려운 경우 (2013. 2. 15. 개정)
　가. 납세자의 소재가 불명한 경우 (2013. 2. 15. 개정)
　나. 납세자가 해외로 출국한 경우 (2013. 2. 15. 개정)
　다. 납세자가 장부 · 서류 등을 은닉하거나 그 제출을 지연 또는 거부한 경우 (2013. 2. 15. 개정)
　라. 노동쟁의가 발생한 경우 (2013. 2. 15. 개정)
　마. 그 밖에 이와 유사한 사유가 있는 경우 (2013. 2. 15. 개정)

10 제4호에서 "기획재정부령으로 정하는 경우"란 다음 각 호의 어느 하나에 해당하는 경우를 말한다. (2010. 3. 31. 신설)
1. 노동쟁의 등이 발생하여 세무조사를 정상적으로 진행하기 어려운 경우 (2010. 3. 31. 신설)
2. 영 제63조의 15 제2항 제4호 및 같은 조 제3항에 따라 납세자보호관 또는 담당관이 세무조사의 일시중지를 요청하는 경우 (2010. 3. 31. 신설)
3. 그 밖에 세무조사를 중지하여야 할 특별한 사유가 있는 경우로서 국세청장이 정하는 경우 (2010. 3. 31. 신설)

제36조의 5 【세무조사의 중지】 삭제 (2012. 2. 28.)

제36조의 2 【세무조사 기간 연장 통지】 (2011. 4. 11. 제목개정)

법 제81조의 8 제7항에 따른 세무조사 기간 연장 통지는 별지 제55호의 3 서식의

⑧ 세무공무원은 세무조사 기간을 단축하기 위하여 노력하여야 하며, 장부기록 및 회계처리의 투명성 등 납세성실도를 검토하여 더 이상 조사할 사항이 없다고 판단될 때에는 조사기간 종료 전이라도 조사를 조기에 종결할 수 있다. (2017. 12. 19. 항번개정)

제81조의 9【세무조사 범위 확대의 제한】① 세무공무원은 구체적인 세금탈루 혐의가 여러 과세기간 또는 다른 세목까지 관련되는 것으로 확인되는 경우 등 대통령령으로 정하는 경우를 제외하고는 조사진행 중 세무조사의 범위를 확대할 수 없다. (2010. 1. 1. 신설)
② 세무공무원은 제1항에 따라 세무조사의 범위를 확대하는 경우에는 그 사유와 범위를 납세자에게 문서로 통지하여야 한다. (2010. 1. 1. 신설)

제81조의 10【장부등의 보관 금지】(2017. 12. 19. 제목개정)
① 세무공무원은 세무조사(「조세범 처벌절차법」에 따른 조세범칙조사를 포함한다. 이하 이 조에서 같다)의 목적으로 납세자의 장부등을 세무관서에 임의로 보관할 수 없다. (2018. 12. 31. 개정)
② 제1항에도 불구하고 세무공무원은 제81조의 6 제3항 각 호의 어느 하나의 사유에 해당하는 경우에는 조사 목적에 필요한 최소한의 범위에서 납세자, 소지자 또는 보관자 등 정당한 권한이 있는 자가 임의로 제출한 장부등을 납세자의 동의를 받아 세무관서에 일시 보관할 수 있다. (2017. 12. 19. 개정)
③ 세무공무원은 제2항에 따라 납세자의 장부등을 세무관서에 일시 보관하려는 경우 납세자로부터 일시 보관 동의서를 받아야 하며, 일시 보관증을 교부하여야 한다. (2017. 12. 19. 개정)
④ 세무공무원은 제2항에 따라 일시 보관하고 있는 장부등에 대하여 납세자가 반환을 요청한 경우에는 그 반환을 요청한 날부터 14일 이내에 장부등을 반환하여야 한다. 다만, 조사 목적을 달성하기 위하여 필요한 경우에는 제81조의 18 제1항에 따른 납세자보호위원회의 심의를 거쳐 14일 이내의 범위에서 보관 기간을 연장할 수 있다. (2017. 12. 19. 개정)
⑤ 제4항에도 불구하고 세무공무원은 납세자가 제2항에 따라 일시 보

4. 노동쟁의 등이 발생하여 세무조사를 정상적으로 진행하기 어려운 경우 (2012. 2. 2. 개정)
4. 삭 제 (2013. 2. 15.)
5. 제63조의 16 제1항 제1호(같은 조 제2항에서 위임한 경우를 포함한다)에 따라 법 제81조의 16 제2항에 따른 납세자 보호관 또는 담당관이 세무조사의 일시중지를 요청하는 경우 (2020. 2. 11. 개정)

제63조의 10【세무조사 범위의 확대】(2018. 2. 13. 조번개정)
법 제81조의 9 제1항에서 "구체적인 세금탈루 혐의가 여러 과세기간 또는 다른 세목까지 관련되는 것으로 확인되는 경우 등 대통령령으로 정하는 경우"란 다음 각 호의 어느 하나에 해당하는 경우를 말한다. (2019. 2. 12. 개정)
1. 다른 과세기간·세목 또는 항목에 대한 구체적인 세금탈루 증거자료가 확인되어 다른 과세기간·세목 또는 항목에 대한 조사가 필요한 경우 (2019. 2. 12. 개정)
2. 명백한 세금탈루 혐의 또는 세법 적용의 착오 등이 있는 조사대상 과세기간의 특정 항목이 다른 과세기간에도 있어 동일하거나 유사한 세금탈루 혐의 또는 세법 적용 착오 등이 있을 것으로 의심되어 다른 과세기간의 그 항목에 대한 조사가 필요한 경우 (2019. 2. 12. 개정)

제63조의 11【장부등의 일시 보관 방법 및 절차】① 세무공무원은 법 제81조의 10 제2항에 따라 법 제81조의 2 제2항 제1호에 따른 장부등(이하 "장부등"이라 한다)을 일시 보관하려는 경우 장부등의 일시 보관 전에 납세자, 소지자 또는 보관자 등 정당한 권한이 있는 자(이하 이 조에서 "납세자등"이라 한다)에게 다음 각 호의 사항을 고지하여야 한다. (2018. 2. 13. 신설)
1. 법 제81조의 6 제3항 각 호의 사유 중 장부등을 일시 보관하는 사유 (2018. 2. 13. 신설)
2. 납세자등이 동의하지 아니하는 경우에는 장부등을 일시 보관할 수 없다는 내용 (2018. 2. 13. 신설)
3. 납세자등이 임의로 제출한 장부등에 대해서만 일시 보관할 수 있다

세무조사 기간 연장 통지서에 따른다. (2019. 3. 20. 개정)

관하고 있는 장부등의 반환을 요청한 경우로서 세무조사에 지장이 없다고 판단될 때에는 요청한 장부등을 즉시 반환하여야 한다. (2017. 12. 19. 개정)

⑥ 제4항 및 제5항에 따라 납세자에게 장부등을 반환하는 경우 세무공무원은 장부등의 사본을 보관할 수 있고, 그 사본이 원본과 다름없다는 사실을 확인하는 납세자의 서명 또는 날인을 요구할 수 있다. (2017. 12. 19. 개정)

⑦ 제1항부터 제6항까지에서 규정한 사항 외에 장부등의 일시 보관 방법 및 절차 등에 관하여 필요한 사항은 대통령령으로 정한다. (2017. 12. 19. 개정)

　제81조의 11【통합조사의 원칙】① 세무조사는 납세자의 사업과 관련하여 세법에 따라 신고·납부의무가 있는 세목을 통합하여 실시하는 것을 원칙으로 한다. (2017. 12. 19. 개정)

② 제1항에도 불구하고 다음 각 호의 어느 하나에 해당하는 경우에는 특정한 세목만을 조사할 수 있다. (2017. 12. 19. 신설)

1. 세목의 특성, 납세자의 신고유형, 사업규모 또는 세금탈루 혐의 등을 고려하여 특정 세목만을 조사할 필요가 있는 경우 (2017. 12. 19. 신설)

2. 조세채권의 확보 등을 위하여 특정 세목만을 긴급히 조사할 필요가 있는 경우 (2017. 12. 19. 신설)

3. 그 밖에 세무조사의 효율성 및 납세자의 편의 등을 고려하여 특정 세목만을 조사할 필요가 있는 경우로서 대통령령으로 정하는 경우 (2017. 12. 19. 신설)

③ 제1항 및 제2항에도 불구하고 다음 각 호의 어느 하나에 해당하는 경우에는 해당 호의 사항에 대한 확인을 위하여 필요한 부분에 한정한 조사(이하 "부분조사"라 한다)를 실시할 수 있다. (2017. 12. 19. 신설)

1. 제45조의 2 제3항, 「소득세법」 제156조의 2 제5항 및 제156조의 6 제5항, 「법인세법」 제98조의 4 제5항 및 제98조의 6 제5항에 따른 경정 등의 청구에 대한 처리 또는 제51조 제1항에 따른 국세환급금의 결정을 위하여 확인이 필요한 경우 (2018. 12. 31. 개정)

2. 제65조 제1항 제3호 단서(제66조 제6항 및 제80조의 2에서 준용하

는 내용 (2018. 2. 13. 신설)

4. 납세자등이 요청하는 경우 일시 보관 중인 장부등을 반환받을 수 있다는 내용 (2018. 2. 13. 신설)

② 납세자등은 조사목적이나 조사범위와 관련이 없는 등의 사유로 일시 보관에 동의하지 아니하는 장부등에 대해서는 세무공무원에게 일시 보관할 장부등에서 제외할 것을 요청할 수 있다. 이 경우 세무공무원은 정당한 사유 없이 해당 장부등을 일시 보관할 수 없다. (2018. 2. 13. 신설)

③ 법 제81조의 10 제4항 및 제5항에 따라 장부등을 반환한 경우를 제외하고 세무공무원은 해당 세무조사를 종결할 때까지 일시 보관한 장부등을 모두 반환하여야 한다. (2018. 2. 13. 신설)

는 경우를 포함한다) 또는 제81조의 15 제5항 제2호 단서에 따른 재조사 결정에 따라 사실관계의 확인 등이 필요한 경우 (2022. 12. 31. 개정)
3. 거래상대방에 대한 세무조사 중에 거래 일부의 확인이 필요한 경우 (2017. 12. 19. 신설)
4. 납세자에 대한 구체적인 탈세 제보가 있는 경우로서 해당 탈세 혐의에 대한 확인이 필요한 경우 (2017. 12. 19. 신설)
5. 명의위장, 차명계좌의 이용을 통하여 세금을 탈루한 혐의에 대한 확인이 필요한 경우 (2017. 12. 19. 신설)
6. 그 밖에 세무조사의 효율성 및 납세자의 편의 등을 고려하여 특정 사업장, 특정 항목 또는 특정 거래에 대한 확인이 필요한 경우로서 대통령령으로 정하는 경우 (2017. 12. 19. 신설)
④ 제3항 제3호부터 제6호까지에 해당하는 사유로 인한 부분조사는 같은 세목 및 같은 과세기간에 대하여 2회를 초과하여 실시할 수 없다. (2017. 12. 19. 신설)

제81조의 12【세무조사의 결과 통지】 (2010. 1. 1. 조번·제목개정)
① 세무공무원은 세무조사를 마쳤을 때에는 그 조사를 마친 날부터 20일(제11조 제1항 각 호의 어느 하나에 해당하는 경우에는 40일) 이내에 다음 각 호의 사항이 포함된 조사결과를 납세자에게 설명하고, 이를 서면으로 통지하여야 한다. 다만, 납세관리인을 정하지 아니하고 국내에 주소 또는 거소를 두지 아니한 경우 등 대통령령으로 정하는 경우에는 그러하지 아니하다. (2019. 12. 31. 항번개정)
1. 세무조사 내용 (2017. 12. 19. 신설)
2. 결정 또는 경정할 과세표준, 세액 및 산출근거 (2017. 12. 19. 신설)
3. 그 밖에 대통령령으로 정하는 사항 (2017. 12. 19. 신설)
② 제1항에도 불구하고 세무공무원은 다음 각 호의 어느 하나에 해당하는 사유로 제1항에 따른 기간 이내에 조사결과를 통지할 수 없는 부분이 있는 경우에는 납세자가 동의하는 경우에 한정하여 조사결과를 통지할 수 없는 부분을 제외한 조사결과를 납세자에게 설명하고, 이를 서면으로 통지할 수 있다. (2019. 12. 31. 신설)

제63조의 12【부분조사 사유】 (2018. 2. 13. 제목개정)
① 법 제81조의 11 제3항 제6호에서 "대통령령으로 정하는 경우"란 다음 각 호의 어느 하나에 해당하는 경우를 말한다. (2018. 2. 13. 개정)
1. 법인이 주식 또는 출자지분을 시가보다 높거나 낮은 가액으로 거래하거나「법인세법 시행령」제88조 제1항 제8호 각 목 및 같은 항 제8호의 2의 자본거래로 인하여 해당 법인의 특수관계인인 다른 주주 등에게 이익을 분여(分與)하거나 분여받은 구체적인 혐의가 있는 경우로서 해당 혐의에 대한 확인이 필요한 경우 (2018. 2. 13. 개정)
2. 무자료거래, 위장·가공 거래 등 특정 거래 내용이 사실과 다른 구체적인 혐의가 있는 경우로서 조세채권의 확보 등을 위하여 긴급한 조사가 필요한 경우 (2018. 2. 13. 개정)
3. 과세관청 외의 기관이 직무상 목적을 위해 작성하거나 취득하여 과세관청에 제공한 자료의 처리를 위해 조사하는 경우 (2021. 2. 17. 신설)
4.「소득세법」제156조의 2 제1항·제2항 및「법인세법」제98조의 4 제1항·제2항에 따른 조세조약상의 비과세·면제 적용 신청의 내용을 확인할 필요가 있는 경우 (2022. 2. 15. 신설)

제63조의 13【세무조사의 결과 통지 및 예외】 (2018. 2. 13. 제목개정)
① 법 제81조의 12 제1항 제3호에서 "대통령령으로 정하는 사항"이란 다음 각 호의 사항을 말한다. (2020. 2. 11. 개정)
1. 세무조사 대상 세목 및 과세기간 (2018. 2. 13. 신설)

제37조【세무조사의 결과 통지】 (2011. 4. 11. 제목개정)
법 제81조의 12에 따른 세무조사의 결과 통지는 별지 제56호 서식의 세무조사 결과 통지서에 따른다. (2012. 2. 28. 개정)

1. 「국제조세조정에 관한 법률」 및 조세조약에 따른 국외자료의 수집·제출 또는 상호합의절차 개시에 따라 외국 과세기관과의 협의가 진행 중인 경우 (2019. 12. 31. 신설)
2. 해당 세무조사와 관련하여 세법의 해석 또는 사실관계 확정을 위하여 기획재정부장관 또는 국세청장에 대한 질의 절차가 진행 중인 경우 (2019. 12. 31. 신설)
③ 상호합의절차 종료, 세법의 해석 또는 사실관계 확정을 위한 질의에 대한 회신 등 제2항 각 호에 해당하는 사유가 해소된 때에는 그 사유가 해소된 날부터 20일(제11조 제1항 각 호의 어느 하나에 해당하는 경우에는 40일) 이내에 제2항에 따라 통지한 부분 외에 대한 조사결과를 납세자에게 설명하고, 이를 서면으로 통지하여야 한다. (2019. 12. 31. 신설)

　　제81조의 13 【비밀 유지】 (2010. 1. 1. 조번개정)
① 세무공무원은 납세자가 세법에서 정한 납세의무를 이행하기 위하여 제출한 자료나 국세의 부과·징수를 위하여 업무상 취득한 자료 등(이하 "과세정보"라 한다)을 타인에게 제공 또는 누설하거나 목적 외의 용도로 사용해서는 아니 된다. 다만, 다음 각 호의 어느 하나에 해당하는 경우에는 그 사용 목적에 맞는 범위에서 납세자의 과세정보를 제공할 수 있다. (2010. 1. 1. 개정)
1. 국가행정기관, 지방자치단체 등이 법률에서 정하는 조세, 과징금의 부과·징수 등을 위하여 사용할 목적으로 과세정보를 요구하는 경우 (2019. 12. 31. 개정)
2. 국가기관이 조세쟁송이나 조세범 소추(訴追)를 위하여 과세정보를

2. 과세표준 및 세액을 결정 또는 경정하는 경우 그 사유(근거 법령 및 조항, 과세표준 및 세액 계산의 기초가 되는 구체적 사실관계 등을 포함한다) (2021. 2. 17. 개정)
2의 2. 가산세의 종류, 금액 및 그 산출근거 (2021. 2. 17. 신설)
3. 관할세무서장이 해당 국세의 과세표준과 세액을 결정 또는 경정하여 통지하기 전까지 법 제45조에 따른 수정신고가 가능하다는 사실 (2018. 2. 13. 신설)
4. 법 제81조의 15에 따른 과세전적부심사를 청구할 수 있다는 사실 (2018. 2. 13. 신설)
② 법 제81조의 12 제1항 각 호 외의 부분 단서에서 "납세관리인을 정하지 아니하고 국내에 주소 또는 거소를 두지 아니한 경우 등 대통령령으로 정하는 경우"란 다음 각 호의 어느 하나에 해당하는 경우를 말한다. (2020. 2. 11. 개정)
1. 납세관리인을 정하지 아니하고 국내에 주소 또는 거소를 두지 아니한 경우 (2019. 2. 12. 호번개정)
2. 법 제65조 제1항 제3호 단서(법 제66조 제6항 및 제80조의 2에서 준용하는 경우를 포함한다) 및 제81조의 15 제5항 제2호 단서에 따른 재조사 결정에 의한 조사를 마친 경우 (2023. 2. 28. 개정)
3. 세무조사결과통지서 수령을 거부하거나 회피하는 경우 (2019. 2. 12. 호번개정)

　　제63조의 14 【과세정보의 안전성 확보조치】 ① 법 제81조의 13 제1항 단서에 따라 과세정보를 제공받은 자(이하 이 조에서 "과세정보를 제공받은 자"라 한다)는 과세정보의 안전성을 확보하기 위해 다음 각 호의 조치를 해야 한다. (2020. 2. 11. 신설)
1. 과세정보의 유출, 변조 등을 방지하기 위한 정보보호시스템의 구축 (2020. 2. 11. 신설)
2. 과세정보 이용이 가능한 업무담당자 지정 및 업무담당자 외의 자에 대한 과세정보 이용 금지 (2020. 2. 11. 신설)
2의 2. 과세정보 이용이 가능한 업무담당자가 해당 과세정보를 타인에게 제공 또는 누설하거나 목적 외의 용도로 사용한 사실이 있는지 여부를 확인 (2024. 2. 29. 신설)

요구하는 경우 (2010. 1. 1. 개정)

3. 법원의 제출명령 또는 법관이 발부한 영장에 의하여 과세정보를 요구하는 경우 (2010. 1. 1. 개정)

4. 세무공무원 간에 국세의 부과·징수 또는 질문·검사에 필요한 과세정보를 요구하는 경우 (2010. 1. 1. 개정)

5. 통계청장이 국가통계작성 목적으로 과세정보를 요구하는 경우 (2010. 1. 1. 개정)

6. 「사회보장기본법」 제3조 제2호에 따른 사회보험의 운영을 목적으로 설립된 기관이 관계 법률에 따른 소관 업무를 수행하기 위하여 과세정보를 요구하는 경우 (2014. 1. 1. 신설)

7. 국가행정기관, 지방자치단체 또는 「공공기관의 운영에 관한 법률」에 따른 공공기관이 급부·지원 등을 위한 자격의 조사·심사 등에 필요한 과세정보를 당사자의 동의를 받아 요구하는 경우 (2014. 1. 1. 신설)

8. 「국정감사 및 조사에 관한 법률」 제3조에 따른 조사위원회가 국정조사의 목적을 달성하기 위하여 조사위원회의 의결로 비공개회의에 과세정보의 제공을 요청하는 경우 (2017. 12. 19. 신설)

9. 다른 법률의 규정에 따라 과세정보를 요구하는 경우 (2017. 12. 19. 호번개정)

② 제1항 제1호·제2호 및 제5호부터 제9호까지의 규정에 따라 과세정보의 제공을 요구하는 자는 납세자의 인적사항, 과세정보의 사용목적, 요구하는 과세정보의 내용 및 기간 등을 기재한 문서로 해당 세무관서의 장에게 요구하여야 한다. (2023. 12. 31. 개정)

③ 세무공무원은 제1항 및 제2항을 위반하여 과세정보의 제공을 요구받으면 그 요구를 거부하여야 한다. (2010. 1. 1. 개정)

④ 제1항에 따라 과세정보를 알게 된 사람은 이를 타인에게 제공 또는 누설하거나 그 목적 외의 용도로 사용해서는 아니 된다. (2010. 1. 1. 개정)

⑤ 이 조에 따라 과세정보를 제공받아 알게 된 사람 중 공무원이 아닌 사람은 「형법」이나 그 밖의 법률에 따른 벌칙을 적용할 때에는 공무원으로 본다. (2010. 1. 1. 개정)

⑥ 제1항 단서에 따라 과세정보를 제공받은 자는 과세정보의 유출을

3. 과세정보 보관기간 설정 및 보관기간 경과 시 과세정보 의 파기 (2020. 2. 11. 신설)

② 과세정보를 제공받은 자는 제1항 각 호에 해당하는 조치의 이행 여부를 주기적으로 점검해야 한다. (2020. 2. 11. 신설)

③ 국세청장은 과세정보를 제공받은 자에게 제2항에 따른 점검결과의 제출을 요청할 수 있으며, 해당 요청을 받은 자는 그 점검결과를 국세청장에게 제출해야 한다. (2020. 2. 11. 신설)

제37조의 2 【과세정보제공요구서】
법 제81조의 13 제2항에 따라 같은 조 제1항 제1호·제2호 및 제5호부터 제9호까지의 어느 하나에 해당하여 과세정보의 제공을 요구하는 자는 별지 제56호의 2 서식(1)의 과세정보제공요구서를 해당 세무관서의 장에게 제출해야 한다. 다만, 둘 이상의 납세자의 과세정보의 제공을 요구하는 경우에는 별지 제56호의 2 서식(2)을 함께 제출해야 한다. (2022. 3. 18. 신설)

방지하기 위한 시스템의 구축 등 대통령령으로 정하는 바에 따라 과세정보의 안전성 확보를 위한 조치를 하여야 한다. (2019. 12. 31. 신설)

제81조의 14 【납세자의 권리 행사에 필요한 정보의 제공】 (2014. 12. 23. 제목개정)

① 납세자 본인의 권리 행사에 필요한 정보를 납세자(세무사 등 납세자로부터 세무업무를 위임받은 자를 포함한다)가 요구하는 경우 세무공무원은 신속하게 정보를 제공하여야 한다. (2014. 12. 23. 개정)

② 제1항에 따라 제공하는 정보의 범위와 수임대상자 등 필요한 사항은 대통령령으로 정한다. (2014. 12. 23. 개정)

제81조의 15 【과세전적부심사】 (2010. 1. 1. 조번개정)

① 세무서장 또는 지방국세청장은 다음 각 호의 어느 하나에 해당하는 경우에는 미리 납세자에게 그 내용을 서면으로 통지(이하 이 조에서 "과세예고통지"라 한다)하여야 한다. (2018. 12. 31. 신설)

1. 세무서 또는 지방국세청에 대한 지방국세청장 또는 국세청장의 업무감사 결과(현지에서 시정조치하는 경우를 포함한다)에 따라 세무서장 또는 지방국세청장이 과세하는 경우 (2018. 12. 31. 신설)

2. 세무조사에서 확인된 것으로 조사대상자 외의 자에 대한 과세자료 및 현지 확인조사에 따라 세무서장 또는 지방국세청장이 과세하는 경우 (2018. 12. 31. 신설)

3. 납부고지하려는 세액이 100만원 이상인 경우. 다만, 「감사원법」 제33조에 따른 시정요구에 따라 세무서장 또는 지방국세청장이 과세처분하는 경우로서 시정요구 전에 과세처분 대상자가 감사원의 지적사항에 대한 소명안내를 받은 경우는 제외한다. (2020. 12. 29. 개정 ; 국세징수법 부칙)

3. 납부고지하려는 세액이 100만원 이상인 경우. 다만, 다음 각 목의 경우는 제외한다. (2024. 12. 31. 단서개정)

▶편주 ⋯⋯⋯⋯⋯⋯⋯⋯⋯⋯⋯⋯⋯⋯⋯⋯⋯⋯⋯⋯⋯⋯⋯

법 81조의 15 제1항 3호의 개정규정은 2025. 1. 1. 이후 납부고지하는 경우부터 적용함. (법 부칙(2024. 12. 31.) 9조)

⋯⋯⋯⋯⋯⋯⋯⋯⋯⋯⋯⋯⋯⋯⋯⋯⋯⋯⋯⋯⋯⋯⋯

　가. 「감사원법」 제33조에 따른 시정요구에 따라 세무서장 또는 지

제63조의 19 【납세자 권리 행사에 필요한 정보의 제공】 (2020. 2. 11. 조번개정)

① 법 제81조의 14 제1항에 따라 세무공무원이 제공하는 정보의 범위는 다음 각 호의 구분에 따른다. (2015. 2. 3. 신설)

1. 납세자 본인이 요구하는 경우 : 납세자 본인의 납세와 관련된 정보 (2015. 2. 3. 신설)

2. 납세자로부터 세무업무를 위임받은 자가 요구하는 경우 : 제1호에 따른 정보로서 「개인정보 보호법」 제23조에 따른 민감정보에 해당하지 아니하는 정보 (2015. 2. 3. 신설)

② 세무공무원은 법 제81조의 14 제1항에 따라 정보를 제공하는 경우에는 주민등록증 등 신분증명서에 의하여 정보를 요구하는 자가 납세자 본인 또는 납세자로부터 세무업무를 위임받은 자임을 확인하여야 한다. 다만, 세무공무원이 정보통신망을 통하여 정보를 제공하는 경우에는 전자서명 등을 통하여 그 신원을 확인하여야 한다. (2015. 2. 3. 신설)

② 세무공무원은 법 제81조의 14 제1항에 따라 정보를 제공하는 경우에는 주민등록증(모바일 주민등록증을 포함한다) 등 신분증명서에 의하여 정보를 요구하는 자가 납세자 본인 또는 납세자로부터 세무업무를 위임받은 자임을 확인하여야 한다. 다만, 세무공무원이 정보통신망을 통하여 정보를 제공하는 경우에는 전자서명 등을 통하여 그 신원을 확인하여야 한다. (2024. 12. 3. 개정 ; 주민등록법~부칙)

③ 제1항 및 제2항에서 규정한 사항 외에 납세자의 권리 행사에 필요한 정보의 제공 방법·절차 등에 관하여 필요한 사항은 국세청장이 정한다. (2015. 2. 3. 신설)

방국세청장이 과세처분하는 경우로서 시정요구 전에 과세처분 대상자가 감사원의 지적사항에 대한 소명안내를 받은 경우 (2024. 12. 31. 신설)
나. 제45조의 3 제1항에 따른 기한후과세표준신고서를 제출한 자가 납부하여야 할 세액을 납부하지 아니하거나 과소납부한 경우로서 세무서장 또는 지방국세청장이 해당 기한후과세표준신고서에 기재된 과세표준 및 세액과 동일하게 과세표준 및 세액을 결정하는 경우 (2024. 12. 31. 신설)

② 다음 각 호의 어느 하나에 해당하는 통지를 받은 자는 통지를 받은 날부터 30일 이내에 통지를 한 세무서장이나 지방국세청장에게 통지 내용의 적법성에 관한 심사[이하 이 조에서 "과세전적부심사"(課稅前適否審査)라 한다]를 청구할 수 있다. 다만, 법령과 관련하여 국세청장의 유권해석을 변경하여야 하거나 새로운 해석이 필요한 경우 등 대통령령으로 정하는 사항에 대해서는 국세청장에게 청구할 수 있다. (2018. 12. 31. 항번개정)

1. 제81조의 12에 따른 세무조사 결과에 대한 서면통지 (2010. 1. 1. 개정)

2. 제1항 각 호에 따른 과세예고통지 (2018. 12. 31. 개정)

③ 다음 각 호의 어느 하나에 해당하는 경우에는 제2항을 적용하지 아니한다. (2018. 12. 31. 개정)

1. 「국세징수법」 제9조에 규정된 납부기한 전 징수의 사유가 있거나 세법에서 규정하는 수시부과의 사유가 있는 경우 (2020. 12. 29. 개정 ; 국세징수법 부칙)

2. 「조세범 처벌법」 위반으로 고발 또는 통고처분하는 경우. 다만, 고발 또는 통고처분과 관련 없는 세목 또는 세액에 대해서는 그러하지 아니하다. (2023. 12. 31. 개정)

3. 세무조사 결과 통지 및 과세예고통지를 하는 날부터 국세부과 제척기간의 만료일까지의 기간이 3개월 이하인 경우 (2018. 12. 31. 개정)

4. 그 밖에 대통령령으로 정하는 경우 (2010. 1. 1. 개정)

④ 과세전적부심사 청구를 받은 세무서장, 지방국세청장 또는 국세청장은 각각 국세심사위원회의 심사를 거쳐 결정을 하고 그 결과를 청구를 받은 날부터 30일 이내에 청구인에게 통지하여야 한다. (2018. 12.

제63조의 15 【과세전적부심사의 범위 및 청구 절차 등】 (2020. 2. 11. 조번개정)

① 법 제81조의 15 제2항 각 호 외의 부분 단서에서 "법령과 관련하여 국세청장의 유권해석을 변경하여야 하거나 새로운 해석이 필요한 경우 등 대통령령으로 정하는 사항"이란 다음 각 호의 어느 하나에 해당하는 것을 말한다. (2019. 2. 12. 개정)

1. 법령과 관련하여 국세청장의 유권해석을 변경하여야 하거나 새로운 해석이 필요한 것 (2010. 2. 18. 개정)

2. 국세청장의 훈령·예규·고시 등과 관련하여 새로운 해석이 필요한 것 (2010. 2. 18. 개정)

3. 세무서 또는 지방국세청에 대한 국세청장의 업무감사 결과(현지에서 시정조치하는 경우를 포함한다)에 따라 세무서장 또는 지방국세청장이 하는 과세예고 통지에 관한 것 (2017. 2. 7. 개정)

4. 제1호부터 제3호까지의 규정에 해당하지 아니하는 사항 중 과세전적부심사 청구금액이 5억원 이상인 것 (2024. 2. 29. 개정)

편주 ▶ ···

영 63조의 15 제1항 4호의 개정규정은 2024. 2. 29. 당시 국세청장에게 청구되어 있는 과세전적부심사 사건에 대해서도 적용함. (영 부칙(2024. 2. 29.) 7조)

···

5. 「감사원법」 제33조에 따른 시정요구에 따라 세무서장 또는 지방국세청장이 과세처분하는 경우로서 시정 요구 전에 과세처분 대상자가 감사원의 지적사항에 대한 소명안내를 받지 못한 것 (2018. 2. 13. 신설)

제37조의 3 【과세전적부심사의 청구 절차 등】 (2022. 3. 18. 조번개정)

① 법 제81조의 15 제2항에 따른 과세전적부심사의 청구는 다음 각 호의 구분에 따른 서식에 따른다. (2019. 3. 20. 개정)

1. 세무서장이나 지방국세청장에게 청구하는 경우 : 별지 제56호의 3 서식의 과세전적부심사 청구서 (2022. 3. 18. 개정)

2. 국세청장에게 청구하는 경우 : 별지 제56호의 4 서식의 과세전적부심사 청구서(국세청용) (2022. 3. 18. 개정)

② 법 제81조의 15 제8항에 따른 과세표준 및 세액의 조기 결정 또는 경정결정의 신청은 별지 제56호의 5 서식의 조기결정 신청서에 따른다. (2022. 3. 18. 개정)

31. 항번개정)

⑤ 과세전적부심사 청구에 대한 결정은 다음 각 호의 구분에 따른다. (2018. 12. 31. 항번개정)

1. 청구가 이유 없다고 인정되는 경우 : 채택하지 아니한다는 결정 (2010. 1. 1. 개정)

2. 청구가 이유 있다고 인정되는 경우 : 채택하거나 일부 채택하는 결정. 다만, 구체적인 채택의 범위를 정하기 위하여 사실관계 확인 등 추가적으로 조사가 필요한 경우에는 제2항 각 호의 통지를 한 세무서장이나 지방국세청장으로 하여금 이를 재조사하여 그 결과에 따라 당초 통지 내용을 수정하여 통지하도록 하는 재조사 결정을 할 수 있다. (2018. 12. 31. 단서개정)

3. 청구가 다음 각 목의 어느 하나에 해당하는 경우: 심사하지 아니한다는 결정 (2023. 12. 31. 개정)

　가. 제2항에 따른 청구기간이 지난 후에 청구된 경우 (2023. 12. 31. 개정)

　나. 과세전적부심사 청구 후 제6항에 따라 준용되는 제63조 제1항에 따른 보정기간에 필요한 보정을 하지 아니한 경우 (2023. 12. 31. 개정)

　다. 그 밖에 청구가 적법하지 아니한 경우 (2023. 12. 31. 개정)

⑥ 과세전적부심사에 관하여는 제58조, 제59조, 제60조의 2, 제61조 제3항, 제62조 제2항, 제63조, 제64조 제1항 단서, 제64조 제3항 및 제65조 제4항부터 제7항까지의 규정을 준용한다. (2022. 12. 31. 개정)

⑦ 과세전적부심사에 관하여는 「행정심판법」 제15조·제16조·제20조부터 제22조까지·제29조·"제36조 제1항·제39조·제40조 및 제42조"를 준용한다. 이 경우 "심판청구"는 "과세전적부심사 청구"로, "제7조 제6항 또는 제8조 제7항에 따른 의결"은 "제4항에 따른 과세전적부심사 청구에 대한 결정"으로, "위원회"는 "국세심사위원회"로 본다. (2018. 12. 31. 항번개정)

⑧ 제2항 각 호의 어느 하나에 해당하는 통지를 받은 자는 과세전적부심사를 청구하지 아니하고 통지를 한 세무서장이나 지방국세청장에게 통지받은 내용의 전부 또는 일부에 대하여 과세표준 및 세액을 조기에 결정하거나 경정결정해 줄 것을 신청할 수 있다. 이 경우 해당 세무서

② 법 제81조의 15 제1항 제2호에서 "대통령령으로 정하는 과세예고 통지"란 다음 각 호의 어느 하나에 해당하는 것을 말한다. (2010. 2. 18. 개정)

1. 세무서 또는 지방국세청에 대한 지방국세청장 또는 국세청장의 업무감사 결과(현지에서 시정조치하는 경우를 포함한다)에 따라 세무서장 또는 지방국세청장이 하는 과세예고 통지 (2010. 2. 18. 개정)

2. 세무조사에서 확인된 해당 납세자 외의 자에 대한 과세자료 및 현지 확인조사에 따라 세무서장 또는 지방국세청장이 하는 과세예고 통지 (2013. 6. 11. 개정)

3. 납세고지하려는 세액이 1백만원 이상인 과세예고 통지. 다만, 「감사원법」 제33조에 따른 시정요구에 따라 세무서장 또는 지방국세청장이 과세처분하는 경우로서 시정요구 전에 과세처분 대상자가 감사원의 지적사항에 대한 소명안내를 받은 경우는 제외한다. (2017. 2. 7. 개정)

② 삭 제 (2019. 2. 12.)

③ 법 제81조의 15 제3항 제4호에서 "대통령령으로 정하는 경우"란 다음 각 호의 어느 하나에 해당하는 경우를 말한다. (2019. 2. 12. 개정)

1. 「국제조세조정에 관한 법률」에 따라 조세조약을 체결한 상대국이 상호합의 절차의 개시를 요청한 경우 (2017. 2. 7. 신설)

2. 법 제65조 제1항 제3호 단서(법 제66조 제6항 및 제80조의 2에서 준용하는 경우를 포함한다) 및 제81조의 15 제5항 제2호 단서에 따른 재조사 결정에 따라 조사를 하는 경우 (2023. 2. 28. 개정)

④ 법 제81조의 15 제2항에 따라 과세전적부심사 청구를 받은 세무서장·지방국세청장 또는 국세청장은 그 청구부분에 대하여 같은 조 제4항에 따른 결정이 있을 때까지 과세표준 및 세액의 결정이나 경정결정을 유보(留保)하여야 한다. 다만, 법 제81조의 15 제3항 각 호의 어느 하나에 해당하는 경우 또는 같은 조 제8항에 따른 신청이 있는 경우에는 그러하지 아니하다. (2019. 2. 12. 개정)

⑤ 법 제81조의 15 제2항 각 호의 어느 하나에 해당하는 통지를 받은 자는 과세전적부심사 청구를 할 때 해당 통지를 한 세무서장·지방국세청장(같은 항 단서에 해당하는 경우에는 국세청장을 말한다)에게 다음 각 호의 사항을 적은 과세전적부심사청구서를 제출하여야 한다. 이 경우 증거서류나 증거물이 있으면 첨부하여야 한다. (2019. 2. 12. 개정)

1. 청구인의 주소 또는 거소와 성명 (2010. 2. 18. 개정)

2. 세무조사 결과 통지 또는 법 제81조의 15 제1항 각 호의 통지를 받은 날짜 (2019. 2. 12. 개정)

제20조의 2 【「행정심판법」의 준용】

(2005. 3. 19. 제목개정)

법 제56조 제1항 단서 및 제81조의 15 제7항에 따라 심사청구, 심판청구 또는 과세전적부심사(課稅前適否審査)에 대하여 「행정심판법」을 준용하는 경우에 사용하는 서식은 다음 각 호와 같다. (2019. 3. 20. 개정)

1. 「행정심판법」 제15조 제1항에 따른 선정대표자 선정 : 별지 제25호의 2 서식의

의 6 제2항에 따라 일반 국민에게 정기적으로 공개하여야 한다. (2016. 12. 20. 신설)

⑤ 납세자보호관 및 담당관의 자격ㆍ직무ㆍ권한 등 납세자보호관 제도의 운영에 필요한 사항은 대통령령으로 정한다. (2016. 12. 20. 항번개정)

　　제81조의 17【납세자의 협력의무】납세자는 세무공무원의 적법한 질문ㆍ조사, 제출명령에 대하여 성실하게 협력하여야 한다. (2014. 1. 1. 신설)

5. 납세자의 권리보호업무에 관하여 세무서 및 지방국세청의 담당관(법 제81조의 16 제2항에 따라 세무서 및 지방국세청에 납세자 권리보호업무를 수행하기 위하여 두는 담당관을 말한다. 이하 "납세자보호담당관"이라 한다)에 대한 지도ㆍ감독 (2018. 2. 13. 개정)

6. 세금 관련 고충민원의 해소 등 납세자 권리보호에 관한 사항 (2018. 2. 13. 개정)

7. 그 밖에 납세자의 권리보호와 관련하여 국세청장이 정하는 사항 (2018. 2. 13. 개정)

② 납세자보호관은 제1항에 따른 업무를 효율적으로 수행하기 위하여 납세자보호담당관에게 그 직무와 권한의 일부를 위임할 수 있다. (2018. 2. 13. 개정)

③ 납세자보호담당관은 국세청 소속 공무원 중에서 그 직급ㆍ경력 등을 고려하여 국세청장이 정하는 기준에 해당하는 사람으로 한다. (2018. 2. 13. 개정)

④ 납세자보호담당관의 직무 및 권한은 다음 각 호와 같다. (2018. 2. 13. 개정)

1. 세금 관련 고충민원의 해소 등 납세자 권리보호에 관한 사항 (2010. 2. 18. 신설)

2. 세무조사 과정에서 세무공무원의 법 제81조의 4 제1항부터 제3항까지의 규정 준수 여부에 대한 점검 (2020. 2. 11. 신설)

3. 조사대상 과세연도의 수입금액이 「소득세법 시행령」 제131조의 2 제1항 제1호 각 목의 업종별 기준수입금액 이하인 개인사업자 및 내국법인에 대한 세무조사 참관 (2021. 1. 5. 개정 ; 어려운 법령용어~대통령령)

4. 제2항에 따라 위임받은 업무 (2020. 2. 11. 호번개정)

5. 그 밖에 납세자 권리보호에 관하여 국세청장이 정하는 사항 (2020. 2. 11. 호번개정)

⑤ 납세자보호담당관은 제4항 제2호에 따라 규정 준수 여부를 점검한 결과 세무공무원의 세무조사권 남용 행위가 발견된 경우에는 납세자보호위원회의 심의를 거쳐 이를 납세자보호관에게 보고해야 한다. (2020. 2. 11. 신설)

⑥ 제5항에 따라 보고를 받은 납세자보호관은 납세자보호위원회의 심

출석 요청 : 별지 제25호의 10 서식의 국세심사위원회ㆍ조세심판관(합동)회의 출석 요청서 (2012. 2. 28. 개정)

10. 「행정심판법」 제40조 제1항 단서 및 같은 법 시행령 제27조에 따른 구술심리신청 : 별지 제25호의 11 서식의 구술심리 신청서 (2012. 2. 28. 개정)

11. 「행정심판법」 제40조 제2항에 따른 구술심리 허가 여부 통지 : 별지 제25호의 12 서식의 국세심사위원회ㆍ조세심판관(합동)회의 구술심리 허가 여부 통지서 (2012. 2. 28. 개정)

장이나 지방국세청장은 신청받은 내용대로 즉시 결정이나 경정결정을 하여야 한다. (2018. 12. 31. 개정)

⑨ 과세전적부심사의 신청, 방법, 그 밖에 필요한 사항은 대통령령으로 정한다. (2018. 12. 31. 항번개정)

• 개인사업자 '갑'과 거래관계에 있는 '을'이 세무조사결과 자료상으로 확정된 후 '갑'의 관할세무서가 갑의 매입세액 불공제를 결정고지한 경우, 갑은 과세전적부심사청구 대상임. (서삼 46019-10022, 2004. 1. 6.)
• 과세예고통지가 없어 과세적부심사청구 절차를 거치지 못하였다면 이는 취소사유에 해당하므로 부과처분을 취소함. (국심 2003중 1369, 2004. 10. 18.)
• 과세전적부심사에 대한 채택 또는 일부 채택의 결정효력은 명백히 위법·부당한 경우가 아니라면 그 결정내용은 존중됨. (서면1팀-1381, 2006. 10. 2.)

제81조의 16【국세청장의 납세자 권리보호】 ① 국세청장은 직무를 수행할 때에 납세자의 권리가 보호되고 실현될 수 있도록 성실하게 노력하여야 한다. (2020. 6. 9. 개정 ; 법률용어 정비를~법률)
② 납세자의 권리보호를 위하여 국세청에 납세자 권리보호업무를 총괄하는 납세자보호관을 두고, 세무서 및 지방국세청에 납세자 권리보호업무를 수행하는 담당관을 각각 1인을 둔다. (2010. 1. 1. 신설)
③ 국세청장은 제2항에 따른 납세자보호관을 개방형직위로 운영하고 납세자보호관 및 담당관이 업무를 수행할 때에 독립성이 보장될 수 있도록 하여야 한다. 이 경우 납세자보호관은 조세·법률·회계 분야의 전문지식과 경험을 갖춘 사람으로서 다음 각 호의 어느 하나에 해당하지 아니하는 사람을 대상으로 공개모집한다. (2020. 6. 9. 개정 ; 법률용어 정비를~법률)
1. 세무공무원 (2017. 12. 19. 신설)
2. 세무공무원으로 퇴직한 지 3년이 지나지 아니한 사람 (2017. 12. 19. 신설)
④ 국세청장은 납세자 권리보호업무의 추진실적 등의 자료를 제85조

3. 청구 세액 (2010. 2. 18. 개정)
4. 청구 내용 및 이유 (2010. 2. 18. 개정)
⑥ 과세전적부심사청구서가 법 제81조의 15 제2항 각 호의 어느 하나에 해당하는 통지를 한 세무서장·지방국세청장 외의 세무서장·지방국세청장 또는 국세청장에게 제출된 경우에는 해당 과세전적부심사청구서를 소관 세무서장·지방국세청장 또는 국세청장에게 지체 없이 송부하고, 그 뜻을 해당 청구인에게 통지하여야 한다. (2019. 2. 12. 개정)
⑦ 제1항 및 제3항부터 제6항까지에서 규정한 사항 외에 과세전적부심사청구의 결정 통지 등에 필요한 사항은 기획재정부령으로 정한다. (2019. 2. 12. 개정)

제63조의 16【납세자보호관 및 담당관의 자격·직무 등】 (2020. 2. 11. 조번개정)
① 법 제81조의 16 제2항에 따른 납세자보호관(이하 "납세자보호관"이라 한다)의 직무 및 권한은 다음 각 호와 같다. (2018. 2. 13. 개정)
1. 위법·부당한 세무조사 및 세무조사 중 세무공무원의 위법·부당한 행위에 대한 일시중지 및 중지 (2018. 2. 13. 개정)
1의 2. 세무조사 과정에서 위법·부당한 행위를 한 세무공무원 교체 명령 및 징계 요구 (2020. 2. 11. 신설)
2. 위법·부당한 처분(세법에 따른 납세의 고지는 제외한다)에 대한 시정요구 (2018. 2. 13. 개정)
3. 위법·부당한 처분이 행하여 질 수 있다고 인정되는 경우 그 처분 절차의 일시중지 및 중지 (2018. 2. 13. 개정)
4. 납세서비스 관련 제도·절차 개선에 관한 사항 (2018. 2. 13. 개정)

선정대표자 선정서 (2012. 2. 28. 개정)
2. 「행정심판법」 제15조 제5항에 따른 선정대표자 해임 : 별지 제25호의 3 서식의 선정대표자 해임서 (2012. 2. 28. 개정)
3. 「행정심판법」 제16조 제1항부터 제3항까지의 규정에 따른 청구인지위 승계신고 : 별지 제25호의 4 서식의 청구인 지위 승계신고서 (2012. 2. 28. 개정)
4. 「행정심판법」 제16조 제5항에 따른 청구인지위 승계허가신청 : 별지 제25호의 5 서식의 청구인 지위 승계허가신청서 (2012. 2. 28. 개정)
5. 「행정심판법」 제20조 제1항 및 제2항에 따른 심사·심판참가 신청 : 별지 제25호의 6 서식의 (심사·심판)참가 신청서 (2012. 2. 28. 개정)
6. 「행정심판법」 제20조 제6항 및 같은 법 시행령 제17조에 따른 심사·심판참가 신청 거부에 대한 이의신청 : 별지 제25호의 7 서식의 (심사·심판)참가 신청 거부에 대한 이의신청서 (2012. 2. 28. 개정)
7. 「행정심판법」 제21조 제1항 및 같은 법 시행령 제18조에 따른 참가 요구 : 별지 제25호의 8 서식의 국세심사위원회·조세심판관(합동)회의 참가 요구서 (2012. 2. 28. 개정)
8. 「행정심판법」 제29조 제1항부터 제3항까지의 규정에 따른 청구변경신청 : 별지 제25호의 9 서식의 청구변경 신청서 (2012. 2. 28. 개정)
9. 「행정심판법」 제36조 제1항에 따른

의과정에서 중요 사실관계의 누락 등이 있는 경우 해당 납세자보호위원회에 다시 심의할 것을 요청할 수 있으며, 세무조사권 남용행위가 인정되는 세무공무원을 해당 세무조사에서 배제시키는 명령을 해야 한다. (2020. 2. 11. 신설)

제81조의 18【납세자보호위원회】① 납세자 권리보호에 관한 사항을 심의하기 위하여 세무서, 지방국세청 및 국세청에 납세자보호위원회(이하 "납세자보호위원회"라 한다)를 둔다. (2017. 12. 19. 개정)

② 제1항에 따라 세무서에 두는 납세자보호위원회(이하 "세무서 납세자보호위원회"라 한다) 및 지방국세청에 두는 납세자보호위원회(이하 "지방국세청 납세자보호위원회"라 한다)는 다음 각 호의 사항을 심의한다. (2017. 12. 19. 개정)

1. 세무조사의 대상이 되는 과세기간 중 연간 수입금액 또는 양도가액이 가장 큰 과세기간의 연간 수입금액 또는 양도가액이 100억원 미만(부가가치세에 대한 세무조사의 경우 1과세기간 공급가액의 합계액이 50억원 미만)인 납세자(이하 이 조에서 "중소규모납세자"라 한다) 외의 납세자에 대한 세무조사(「조세범 처벌절차법」 제2조 제3호에 따른 "조세범칙조사"는 제외한다. 이하 이 조에서 같다) 기간의 연장. 다만, 제81조의 8 제1항 제6호에 따라 조사대상자가 해명 등을 위하여 연장을 신청한 경우는 제외한다. (2017. 12. 19. 개정)

2. 중소규모납세자 이외의 납세자에 대한 세무조사 범위의 확대 (2017. 12. 19. 개정)

3. 제81조의 8 제3항에 따른 세무조사 기간 연장 및 세무조사 범위 확대에 대한 중소규모납세자의 세무조사 일시중지 및 중지 요청 (2017. 12. 19. 개정)

4. 위법·부당한 세무조사 및 세무조사 중 세무공무원의 위법·부당한 행위에 대한 납세자의 세무조사 일시중지 및 중지 요청 (2017. 12. 19. 개정)

5. 제81조의 10 제4항 단서에 따른 장부등의 일시 보관 기간 연장 (2017. 12. 19. 개정)

6. 그 밖에 납세자의 권리보호를 위하여 납세자보호담당관이 심의가

제63조의 17【납세자보호위원회】(2020. 2. 11. 조번개정)

① 법 제81조의 18에 따른 납세자보호위원회(이하 이 조에서 "위원회"라 한다)는 위원장 1명을 포함하여 다음 각 호의 구분에 따른 위원으로 구성한다. (2014. 2. 21. 신설)

1. 세무서에 두는 위원회 : 14명 이내의 위원 (2014. 2. 21. 신설)

2. 지방국세청에 두는 위원회 : 18명 이내의 위원 (2014. 2. 21. 신설)

3. 국세청에 두는 위원회 : 18명 이내의 위원 (2018. 2. 13. 신설)

② 위원회의 위원은 다음 각 호의 구분에 따른 사람이 된다. (2014. 2. 21. 신설)

1. 세무서에 두는 위원회 : 다음 각 목의 사람 (2014. 2. 21. 신설)

　　가. 지방국세청장이 세무서 소속 공무원 중에서 임명하는 5명 이내의 사람 (2014. 2. 21. 신설)

　　가. 삭 제 (2018. 2. 13.)

　　나. 세무서에 납세자 권리보호 업무를 수행하기 위해 두는 납세자보호담당관 1명 (2018. 2. 13. 개정)

　　다. 세무서장이 추천하는 변호사, 세무사, 교수 등으로서 법률 또는 회계에 관한 학식과 경험이 풍부한 사람 중에서 지방국세청장이 위촉하는 13명 이내의 사람 (2018. 2. 13. 개정)

2. 지방국세청에 두는 위원회 : 다음 각 목의 사람 (2014. 2. 21. 신설)

　　가. 국세청장이 지방국세청 소속 공무원 중에서 임명하는 7명 이내의 사람 (2014. 2. 21. 신설)

　　가. 삭 제 (2018. 2. 13.)

　　나. 지방국세청에 납세자 권리보호 업무를 수행하기 위해 두는 납세자보호담당관 1명 (2018. 2. 13. 개정)

　　다. 지방국세청장이 추천하는 변호사, 세무사, 교수 등으로서 법률 또는 회계에 관한 학식과 경험이 풍부한 사람 중에서 국세청장이 위촉하는 17명 이내의 사람 (2018. 2. 13. 개정)

필요하다고 인정하는 안건 (2017. 12. 19. 개정)

③ 제1항에 따라 국세청에 두는 납세자보호위원회(이하 "국세청 납세자보호위원회"라 한다)는 다음 각 호의 사항을 심의한다. (2017. 12. 19. 개정)

1. 제2항 제1호부터 제4호까지의 사항에 대하여 세무서 납세자보호위원회 또는 지방국세청 납세자보호위원회의 심의를 거친 세무서장 또는 지방국세청장의 결정에 대한 납세자의 취소 또는 변경 요청 (2017. 12. 19. 개정)

2. 그 밖에 납세자의 권리보호를 위한 국세행정의 제도 및 절차 개선 등으로서 납세자보호위원회의 위원장 또는 납세자보호관이 심의가 필요하다고 인정하는 사항 (2019. 12. 31. 개정)

④ 납세자보호위원회는 위원장 1명을 포함한 18명 이내의 위원으로 구성한다. (2017. 12. 19. 신설)

⑤ 납세자보호위원회의 위원장은 다음 각 호의 구분에 따른 사람이 된다. (2017. 12. 19. 신설)

1. 세무서 납세자보호위원회 : 공무원이 아닌 사람 중에서 세무서장의 추천을 받아 지방국세청장이 위촉하는 사람 (2017. 12. 19. 신설)

2. 지방국세청 납세자보호위원회 : 공무원이 아닌 사람 중에서 지방국세청장의 추천을 받아 국세청장이 위촉하는 사람 (2017. 12. 19. 신설)

3. 국세청 납세자보호위원회 : 공무원이 아닌 사람 중에서 기획재정부장관의 추천을 받아 국세청장이 위촉하는 사람 (2017. 12. 19. 신설)

⑥ 납세자보호위원회의 위원은 세무 분야에 전문적인 학식과 경험이 풍부한 사람과 관계 공무원 중에서 국세청장(세무서 납세자보호위원회의 위원은 지방국세청장)이 임명 또는 위촉한다. (2017. 12. 19. 개정)

⑦ 납세자보호위원회의 위원은 업무 중 알게 된 과세정보를 타인에게 제공 또는 누설하거나 목적 외의 용도로 사용해서는 아니 된다. (2017. 12. 19. 항번개정)

⑧ 납세자보호위원회의 위원은 공정한 심의를 기대하기 어려운 사정이 있다고 인정될 때에는 대통령령으로 정하는 바에 따라 위원회 회의에서 제척되거나 회피하여야 한다. (2017. 12. 19. 항번개정)

⑨ 납세자보호위원회의 위원 중 공무원이 아닌 사람은 「형법」 제127조 및 제129조부터 제132조까지의 규정을 적용할 때에는 공무원으로

3. 국세청에 두는 위원회 : 다음 각 목의 사람 (2018. 2. 13. 신설)

가. 납세자보호관 1명 (2018. 2. 13. 신설)

나. 기획재정부장관이 추천하는 조세·법률·회계분야의 전문가로서 국세청장이 위촉하는 사람 7명 (2023. 2. 28. 개정)

다. 「세무사법」 제18조에 따른 한국세무사회의 장이 추천하는 5년 이상 경력을 가진 세무사로서 국세청장이 위촉하는 사람 2명 (2018. 2. 13. 신설)

라. 「공인회계사법」 제41조에 따른 한국공인회계사회의 장이 추천하는 5년 이상의 경력을 가진 공인회계사로서 국세청장이 위촉하는 사람 2명 (2018. 2. 13. 신설)

마. 「변호사법」에 따른 대한변호사협회의 장이 추천하는 5년 이상의 경력을 가진 변호사로서 국세청장이 위촉하는 사람 2명 (2018. 2. 13. 신설)

바. 「비영리민간단체 지원법」 제2조에 따른 비영리민간단체가 추천하는 5년 이상의 경력을 가진 조세·법률 또는 회계 분야의 전문가 중 국세청장이 위촉하는 사람 4명 (2018. 2. 13. 신설)

③ 위원회의 위원장(이하 이 조에서 "위원장"이라 한다)은 위원회를 대표하고 위원회의 업무를 총괄한다. (2014. 2. 21. 신설)

④ 위원장이 부득이한 사유로 직무를 수행할 수 없을 때에는 제2항 각 호의 구분에 따른 위원 중 국세청장(세무서에 두는 위원회의 경우에는 지방국세청장을 말한다)이 위촉하는 위원(이하 이 조에서 "민간위원"이라 한다) 중 위원장이 미리 지명한 위원이 그 직무를 대행한다. (2019. 2. 12. 개정)

⑤ 위원장과 민간위원의 임기는 2년으로 하며, 한 차례만 연임할 수 있다. (2019. 2. 12. 개정)

⑥ 다음 각 호의 어느 하나에 해당하는 사람은 민간위원이 될 수 없다. (2019. 2. 12. 신설)

1. 「공직자윤리법」 제17조 제1항 제3호부터 제6호까지의 규정에 따른 취업심사대상기관에 소속되어 있거나 취업제한기관에서 퇴직한 지 3년이 지나지 않은 사람 (2024. 2. 29. 개정)

2. 최근 3년 이내에 해당 위원회를 둔 세무서, 지방국세청 또는 국세청에서 공무원으로 근무한 사람 (2019. 2. 12. 신설)

〔편주〕
2024. 2. 29. 전에 위촉되어 임기 중에 있는 국세심사위원회 및 납세자보호위원회 민간위원의 결격사유에 관하여는 영 63조의 17 제6항 1호의 개정규정에도 불구하고 그 임기가 끝날 때까지는 종전의 규정에 따름. (영 부칙(2024. 2. 29.) 9조)

본다. (2017. 12. 19. 신설)
⑩ 납세자보호위원회의 구성 및 운영 등에 관하여 필요한 사항은 대통령령으로 정한다. (2017. 12. 19. 항번개정)
⑪ 납세자보호관은 납세자보호위원회의 의결사항에 대한 이행여부 등을 감독한다. (2017. 12. 19. 항번개정)

2. 최근 3년 이내에 국세청과 그 소속기관에서 공무원으로 근무한 사람 (2025. 2. 28. 개정)
3. 「세무사법」 제17조에 따른 징계처분을 받은 날부터 5년이 지나지 않은 사람 (2019. 2. 12. 신설)
3. 다음 각 목에 해당하는 법률의 규정에 따른 징계처분(견책은 제외한다)을 받은 날부터 5년이 지나지 않은 사람 (2025. 2. 28. 개정)
　　가. 「공인회계사법」 제48조 (2025. 2. 28. 개정)
　　나. 「변호사법」 제90조 (2025. 2. 28. 개정)
　　다. 「세무사법」 제17조 (2025. 2. 28. 개정)
4. 그 밖에 공정한 직무수행에 지장이 있다고 인정되는 사람으로서 국세청장이 정하는 사람 (2019. 2. 12. 신설)
⑦ 국세청장(세무서에 두는 위원회의 경우에는 지방국세청장을 말한다)은 위원장과 민간위원이 다음 각 호의 어느 하나에 해당하는 경우에는 해당 위원을 해촉할 수 있다. (2019. 2. 12. 개정)
1. 심신장애로 인하여 직무를 수행할 수 없게 된 경우 (2018. 2. 13. 개정)
2. 직무와 관련된 비위사실이 있는 경우 (2018. 2. 13. 개정)
3. 직무태만, 품위손상이나 그 밖의 사유로 인하여 위원으로 적합하지 아니하다고 인정되는 경우 (2018. 2. 13. 개정)
4. 위원 스스로 직무를 수행하는 것이 곤란하다고 의사를 밝히는 경우 (2018. 2. 13. 개정)
5. 제13항 각 호의 어느 하나에 해당하는 데에도 불구하고 회피하지 아니한 경우 (2019. 2. 12. 개정)
⑧ 위원장은 법 제81조의 18 제2항 각 호 또는 같은 조 제3항 각 호의 안건에 대한 심의가 필요하다고 인정하거나 납세자보호관 또는 납세자보호담당관인 위원의 요구가 있는 경우 기일을 정하여 위원회의 회의를 소집하고, 그 의장이 된다. (2019. 2. 12. 항번개정)
⑨ 위원회의 회의는 위원장 및 납세자보호관 또는 납세자보호담당관인 위원과 다음 각 호에 따른 사람으로 구성한다. (2019. 2. 12. 항번개정)
1. 세무서에 두는 위원회 : 위원장이 납세자보호담당관인 위원의 의견을 들어 회의마다 지정하는 사람 5명 (2018. 2. 13. 개정)

2025. 2. 28. 전에 위촉되어 임기 중에 있는 국세심사위원회 및 납세자보호위원회 민간위원의 결격사유에 관하여는 영 63조의 17 제6항 2호 및 3호의 개정규정에도 불구하고 그 임기가 끝날 때까지는 종전의 규정에 따름. (영 부칙(2025. 2. 28.) 2조)

2. 지방국세청에 두는 위원회 : 위원장이 납세자보호담당관인위원의 의견을 들어 회의마다 지정하는 사람 7명 (2018. 2. 13. 개정)

3. 국세청에 두는 위원회 : 위원장이 납세자보호관인 위원의 의견을 들어 회의마다 지정하는 사람 7명 (2018. 2. 13. 개정)

⑩ 위원회의 회의는 제9항에 따라 구성된 위원 과반수의 출석으로 개의하고, 출석위원 과반수의 찬성으로 의결한다. (2019. 2. 12. 개정)

⑪ 위원회의 회의는 공개하지 아니한다. 다만, 위원장이 필요하다고 인정하는 경우에는 납세자보호담당관인 위원의 의견을 들어 공개할 수 있다. (2019. 2. 12. 항번개정)

⑫ 위원회에 그 사무를 처리하게 하기 위하여 간사 1명을 두고, 간사는 다음 각 호의 구분에 따른 사람이 된다. (2019. 2. 12. 항번개정)

1. 세무서에 두는 위원회 : 세무서장이 소속 공무원 중에서 지명하는 사람 (2018. 2. 13. 신설)

2. 지방국세청에 두는 위원회 : 지방국세청장이 소속 공무원 중에서 지명하는 사람 (2018. 2. 13. 신설)

3. 국세청에 두는 위원회 : 국세청장이 소속 공무원 중에서 임명하는 사람 (2018. 2. 13. 신설)

⑬ 위원회의 위원은 다음 각 호의 어느 하나에 해당하는 경우에는 위원회의 심의ㆍ의결에서 제척된다. (2019. 2. 12. 항번개정)

1. 세무조사를 받는 자(이하 이 항에서 "조사대상자"라 한다) 또는 법 제81조의 5에 따라 조사대상자의 세무조사에 대하여 조력을 제공하거나 제공하였던 자인 경우 (2015. 2. 3. 신설)

2. 제1호에 규정된 사람의 친족이거나 친족이었던 경우 (2015. 2. 3. 신설)

3. 제1호에 규정된 사람의 사용인이거나 사용인이었던 경우(세무조사 착수일 전 최근 5년 이내에 사용인이었던 경우로 한정한다) (2024. 2. 29. 개정)

▶편주　⋯⋯⋯⋯⋯⋯⋯⋯⋯⋯⋯⋯⋯⋯⋯⋯⋯⋯⋯⋯⋯⋯⋯⋯⋯⋯⋯
영 63조의 17 제13항 3호의 개정규정은 2024. 2. 29. 이후 국세예규심사위원회, 납세자보호위원회 및 국세정보위원회의 회의를 소집하는 경우부

터 적용함. (영 부칙(2024. 2. 29.) 2조)

4. 심의의 대상이 되는 세무조사에 관하여 증언 또는 감정을 한 경우 (2015. 2. 3. 신설)

5. 세무조사 착수일 전 최근 5년 이내에 조사대상자의 법 또는 세법에 따른 신고ㆍ신청ㆍ청구에 관여하였던 경우 (2015. 2. 3. 신설)

6. 제4호 또는 제5호에 해당하는 법인 또는 단체에 속하거나 세무조사 착수일 전 최근 5년 이내에 속하였던 경우 (2015. 2. 3. 신설)

7. 그 밖에 조사대상자 또는 법 제81조의 5에 따라 조사대상자의 세무조사에 대하여 조력을 제공하는 자의 업무에 관여하거나 관여하였던 경우 (2015. 2. 3. 신설)

⑭ 위원회의 위원은 제13항 각 호의 어느 하나에 해당하는 경우에는 스스로 해당 안건의 심의ㆍ의결에서 회피하여야 한다. (2019. 2. 12. 개정)

⑮ 제1항부터 제14항까지에서 규정한 사항 외에 위원회의 구성 및 운영 등에 필요한 사항은 국세청장이 정한다. (2019. 2. 12. 개정)

제81조의 19【납세자보호위원회에 대한 납세자의 심의 요청 및 결과 통지 등】① 납세자는 세무조사 기간이 끝나는 날까지 세무서장 또는 지방국세청장에게 제81조의 18 제2항 제3호 또는 제4호에 해당하는 사항에 대한 심의를 요청할 수 있다. (2017. 12. 19. 신설)
② 세무서장 또는 지방국세청장은 제81조의 18 제2항 제1호부터 제5호까지의 사항에 대하여 세무서 납세자보호위원회 또는 지방국세청 납세자보호위원회의 심의를 거쳐 결정을 하고, 납세자에게 그 결과를 통지하여야 한다. 이 경우 제81조의 18 제2항 제3호 또는 제4호에 대한 결과는 제1항에 따른 요청을 받은 날부터 20일 이내에 통지하여야 한다. (2017. 12. 19. 신설)
③ 납세자는 제2항에 따라 통지를 받은 날부터 7일 이내에 제81조의 18 제2항 제1호부터 제4호까지의 사항으로서 세무서 납세자보호위원회 또는 지방국세청 납세자보호위원회의 심의를 거친 세무서장 또는 지방국세청장의 결정에 대하여 국세청장에게 취소 또는 변경을 요청할 수 있다. (2017. 12. 19. 신설)
④ 제3항에 따른 납세자의 요청을 받은 국세청장은 국세청 납세자보호위원회의 심의를 거쳐 세무서장 및 지방국세청장의 결정을 취소하거나 변경할 수 있다. 이 경우 국세청장은 요청받은 날부터 20일 이내에 그 결과를 납세자에게 통지하여야 한다. (2017. 12. 19. 신설)
⑤ 제81조의 16 제2항에 따른 납세자보호관 또는 담당관은 납세자가 제1항 또는 제3항에 따른 요청을 하는 경우에는 납세자보호위원회의 심의 전까지 세무공무원에게 세무조사의 일시중지 등을 요구할 수 있다. 다만, 납세자가 세무조사를 기피하려는 것이 명백한 경우 등 대통령령으로 정하는 경우에는 그러하지 아니하다. (2017. 12. 19. 신설)
⑥ 납세자보호위원회는 제81조의 18 제2항 제3호 또는 제4호에 따른 요청이 있는 경우 그 의결로 세무조사의 일시중지 및 중지를 세무공무원에게 요구할 수 있다. 이 경우 납세자보호위원회는 정당한 사유 없이 위원회의 요구에 따르지 아니하는 세무공무원에 대하여 국세청장에게 징계를 건의할 수 있다. (2017. 12. 19. 신설)
⑦ 제1항 및 제3항에 따른 요청을 한 납세자는 대통령령으로 정하는 바에 따라 세무서장, 지방국세청장 또는 국세청장에게 의견을 진술할 수 있다. (2017. 12. 19. 신설)

제63조의 18【납세자보호위원회에 대한 납세자의 심의 등의 요청 및 결과 통지 등】(2020. 2. 11. 조번개정)
① 납세자가 법 제81조의 19 제1항에 따라 심의를 요청하는 경우 및 같은 조 제3항에 따라 취소 또는 변경 요청을 하는 경우에는 서면으로 하여야 한다. (2018. 2. 13. 신설)
② 세무서장 또는 지방국세청장이 법 제81조의 19 제2항에 따른 결과를 통지하거나 국세청장이 같은 조 제4항에 따른 결과를 통지하는 경우에는 서면으로 하여야 한다. (2018. 2. 13. 신설)
③ 법 제81조의 19 제5항에서 "납세자가 세무조사를 기피하려는 것이 명백한 경우 등 대통령령으로 정하는 경우"란 다음 각 호의 경우를 말한다. (2018. 2. 13. 신설)
1. 납세자가 장부·서류 등을 은닉하거나 제출을 지연하거나 거부하는 등 조사를 기피하는 행위가 명백한 경우 (2018. 2. 13. 신설)
2. 납세자의 심의 요청 및 취소 또는 변경 요청이 세무조사를 기피하려는 행위임을 세무공무원이 자료·근거 등으로 명백하게 입증하는 경우 (2018. 2. 13. 신설)
④ 법 제81조의 19 제7항에 따라 의견 진술을 신청하려는 납세자는 다음 각 호의 사항을 적은 문서를 관할 세무서장, 지방국세청장 또는 국세청장에게 제출하여야 한다. (2018. 2. 13. 신설)
1. 진술자의 성명(법인인 경우 법인의 대표자 성명) (2018. 2. 13. 신설)
2. 진술자의 주소 또는 거소 (2018. 2. 13. 신설)
3. 진술하려는 내용 (2018. 2. 13. 신설)
⑤ 제4항의 신청을 받은 관할 세무서장, 지방국세청장 또는 국세청장은 출석 일시 및 장소와 필요하다고 인정하는 진술시간을 정하여 회의 개최일 3일 전까지 납세자에게 통지하여야 한다. (2018. 2. 13. 신설)
⑥ 제1항부터 제5항까지에서 규정한 사항 이외에 납세자보호위원회에 대한 납세자의 심의 요청 및 결과 통지 등에 필요한 사항은 국세청장이 정한다. (2018. 2. 13. 신설)

제37조의 4【납세자보호위원회에 대한 납세자의 심의 등의 요청 및 결과 통지 등】(2022. 3. 18. 조번개정)
① 법 제81조의 19 제1항에 따른 납세자의 심의 요청 및 같은 조 제3항에 따른 취소 또는 변경 요청은 별지 제56호의 6 서식의 권리보호 심의 요청서에 따른다. (2022. 3. 18. 개정)
② 법 제81조의 19 제2항 및 같은 조 제4항에 따른 결과의 통지는 별지 제56호의 7 서식의 권리보호 심의 요청 결과 통지서에 따른다. (2022. 3. 18. 개정)

③ 법 제81조의 19 제7항에 따른 의견 진술의 신청은 별지 제56호의 8 서식의 의견 진술 신청서에 따른다. (2022. 3. 18. 개정)

⑧ 제1항부터 제7항까지에서 규정한 사항 외에 납세자보호위원회에 대한 납세자의 심의 요청 및 결과 통지 등에 필요한 사항은 대통령령으로 정한다. (2017. 12. 19. 신설)

제 8 장 보　칙

제82조【납세관리인】① 납세자가 국내에 주소 또는 거소를 두지 아니하거나 국외로 주소 또는 거소를 이전할 때에는 국세에 관한 사항을 처리하기 위하여 납세관리인을 정하여야 한다. (2010. 1. 1. 개정)
② 납세자는 국세에 관한 사항을 처리하게 하기 위하여 변호사, 세무사 또는 「세무사법」에 따른 세무사등록부 또는 공인회계사 세무대리업무등록부에 등록한 공인회계사를 납세관리인으로 둘 수 있다. (2021. 11. 23. 개정 ; 세무사법 부칙)
③ 제1항과 제2항에 따라 납세관리인을 정한 납세자는 대통령령으로 정하는 바에 따라 관할 세무서장에게 신고하여야 한다. 납세관리인을 변경하거나 해임할 때에도 또한 같다. (2010. 1. 1. 개정)
④ 관할 세무서장은 납세자가 제3항에 따른 신고를 하지 아니할 때에는 납세자의 재산이나 사업의 관리인을 납세관리인으로 정할 수 있다. (2010. 1. 1. 개정)
⑤ 세무서장이나 지방국세청장은 「상속세 및 증여세법」에 따라 상속세를 부과할 때에 납세관리인이 있는 경우를 제외하고 상속인이 확정되지 아니하였거나 상속인이 상속재산을 처분할 권한이 없는 경우에는 특별한 규정이 없으면 추정상속인, 유언집행자 또는 상속재산관리인에 대하여 「상속세 및 증여세법」 중 상속인 또는 수유자(受遺者)에 관한 규정을 적용할 수 있다. (2010. 1. 1. 개정)
⑥ 비거주자인 상속인이 금융회사 등에 상속재산의 지급·명의개서 또는 명의변경을 청구하려면 제1항에 따라 납세관리인을 정하여 납세지 관할 세무서장에게 신고하고, 그 사실에 관한 확인서를 발급받아 금융회사 등에 제출하여야 한다. (2010. 1. 1. 개정)

제 7 장 보　칙

제64조【납세관리인 설정 신고】① 법 제82조 제3항 전단에 따라 납세관리인의 설정을 신고하려는 자는 다음 각 호의 사항을 적은 문서를 관할 세무서장에게 제출하여야 한다. (2010. 2. 18. 개정)
1. 납세자의 성명과 주소 또는 거소 (2010. 2. 18. 개정)
2. 납세관리인의 성명과 주소 또는 거소 (2010. 2. 18. 개정)
3. 설정의 이유 (2010. 2. 18. 개정)
② 법 제82조 제3항 후단에 따라 납세관리인을 변경신고하려는 자는 다음 각 호의 사항을 적은 문서를 관할 세무서장에게 제출하여야 한다. (2010. 2. 18. 개정)
1. 제1항 제1호 및 제2호에 열거된 사항 (2010. 2. 18. 개정)
2. 변경 후 납세관리인의 성명과 주소 또는 거소 (2010. 2. 18. 개정)
3. 변경의 이유 (2010. 2. 18. 개정)
③ 법 제82조 제4항에 따라 관할 세무서장이 납세자의 재산이나 사업의 관리인을 납세관리인으로 정한 경우에는 해당 납세자와 납세관리인에게 지체 없이 그 사실을 통지하여야 한다. (2010. 2. 18. 개정)

제64조의 2【납세관리인의 업무 범위】납세관리인은 다음 각

제 6 장 보　　칙

제33조【납세관리인설정신고】영 제64조에 따른 납세관리인설정신고 또는 변경신고는 별지 제43호 서식의 납세관리인 설정·변경·해임신고서에 따른다. (2012. 2. 28. 개정)

제33조의 3【납세관리인 지정 통지】
(2011. 4. 11. 제목개정)
영 제64조 제3항에 따른 납세관리인 지정통지는 별지 제43호의 3 서식에 따른다. (2011. 4. 11. 개정)

통칙 82-0…1 【납세관리인의 권한소멸】
다음 각 호의 어느 하나에 해당하는 사유가 발생한 때에는 납세관리인의 권한이
소멸한다. (2011. 3. 21. 개정)
1. 납세자의 해임행위(「민법」 제128조) (2011. 3. 21. 개정)
2. 납세자의 사망
3. 납세관리인의 사망, 금치산 또는 파산 등
82-0…2 【납세관리인의 권한소멸후의 효과】
납세관리인의 권한소멸 후 그 소멸한 사실을 모르고 그 납세관리인에게 행한 행위
또는 그 납세관리인이 행한 행위는 당해 납세자(납세의무승계자 포함)에게 효력이
있다. (2004. 2. 19. 개정)

　제83조 【고지금액의 최저한도】 (2010. 1. 1. 제목개정)
고지할 국세(인지세는 제외한다) 및 강제징수비를 합친 금액이 대통령
령으로 정하는 금액 미만일 때에는 그 금액은 없는 것으로 본다.
(2020. 12. 22. 개정)

통칙 83-0…1 【고지금액의 최저한】
법 제83조에서 「고지할 국세」라 함은 본세와 함께 고지하는 교육세, 농어촌특별
세를 본세와 합한 것을 말한다. (2024. 3. 15. 개정)

　제84조 【국세행정에 대한 협조】 ① 세무공무원은 직무를 집행할
때 필요하면 국가기관, 지방자치단체 또는 그 소속 공무원에게 협조를
요청할 수 있다. (2010. 1. 1. 개정)
② 제1항의 요청을 받은 자는 정당한 사유가 없으면 협조하여야 한다.
(2010. 1. 1. 개정)
③ 정부는 납세지도(納稅指導)를 담당하는 단체에 그 납세지도 경비
의 전부 또는 일부를 대통령령으로 정하는 바에 따라 교부금으로 지급
할 수 있다. (2010. 1. 1. 개정)

　제84조의 2 【포상금의 지급】 ① 국세청장은 다음 각 호의 어느

호의 사항에 관하여 납세자를 대리할 수 있다. (2010. 2. 18. 개정)
1. 이 법 및 세법에 따른 신고, 신청, 청구, 그 밖의 서류의 작성 및
　 제출 (2010. 2. 18. 개정)
2. 세무서장 등이 발급한 서류의 수령 (2010. 2. 18. 개정)
3. 국세 등의 납부 또는 국세환급금의 수령 (2010. 2. 18. 개정)

　제65조 【납세관리인의 변경 조치】 ① 세무서장은 납세관리인이
부적당하다고 인정될 때에는 기한을 정하여 납세자에게 그 변경을 요
구할 수 있다. (2010. 2. 18. 개정)
② 제1항의 요구를 받은 납세자가 정해진 기한까지 납세관리인 변경의
신고를 하지 아니하면 납세관리인의 설정은 없는 것으로 본다. (2010.
2. 18. 개정)

　제65조의 3 【고지금액의 최저한도】 (2010. 2. 18. 제목개정)
법 제83조에서 "대통령령으로 정하는 금액"이란 1만원을 말한다.
(2012. 2. 2. 개정)

　제65조의 2 【납세지도교부금】 ① 법 제84조 제3항에 따른 납세
지도교부금(이하 "교부금"이라 한다)을 받으려는 단체는 다음 각 호의
사항을 적은 교부금지급신청서를 교부금을 받으려는 연도의 1월 31일
까지 국세청장에게 제출하여야 한다. (2010. 2. 18. 개정)
1. 신청단체의 명칭, 주소 및 대표자의 성명 (2010. 2. 18. 개정)

제33조의 2 【납세관리인신고확인서】
법 제82조 제6항에 따른 확인서는 별지 제
43호의 2 서식에 따른다. (2012. 2. 28. 개정)

　제34조 【납세지도교부금】 ① 영 제
65조의 2 제1항에 따른 교부금지급신청서
는 별지 제50호 서식에 따른다. (2012. 2.
28. 개정)

하나에 해당하는 자에게는 20억원(제1호에 해당하는 자에게는 40억원으로 하고, 제2호에 해당하는 자에게는 30억원으로 한다)의 범위에서 포상금을 지급할 수 있다. 다만, 탈루세액, 부당하게 환급·공제받은 세액, 은닉재산의 신고를 통하여 징수된 금액 또는 해외금융계좌 신고의무 불이행에 따른 과태료가 대통령령으로 정하는 금액 미만인 경우 또는 공무원이 그 직무와 관련하여 자료를 제공하거나 은닉재산을 신고한 경우에는 포상금을 지급하지 아니한다. (2021. 12. 21. 개정)

1. 조세를 탈루한 자에 대한 탈루세액 또는 부당하게 환급·공제받은 세액을 산정하는 데 중요한 자료를 제공한 자 (2011. 12. 31. 개정)
2. 체납자의 은닉재산을 신고한 자 (2010. 1. 1. 개정)
3. 다음 각 목의 어느 하나에 해당하는 경우로서 해당 각 목의 행위를 한 신용카드가맹점(「여신전문금융업법」에 따른 신용카드가맹점으로서 「소득세법」 제162조의 2 제1항 및 「법인세법」 제117조 제1항에 따라 가입한 신용카드가맹점을 말한다)을 신고한 자. 다만, 신용

2. 납세지도 사업 내용 (2010. 2. 18. 개정)
3. 납세지도에 필요한 경비와 지급받으려는 교부금액 (2010. 2. 18. 개정)
4. 납세지도 실시기간 (2010. 2. 18. 개정)
5. 지급되는 교부금이 필요한 경비보다 적은 경우 그 대책 (2010. 2. 18. 개정)

② 국세청장은 제1항에 따라 교부금지급신청서가 제출된 경우에는 사업의 적정성, 실현 가능성 및 그 효과 등을 고려하여 해당 연도 2월 말까지 교부금의 지급 여부를 결정하여야 한다. (2010. 2. 18. 개정)

③ 국세청장은 제2항에 따라 교부금의 지급을 결정할 때 교부금의 지급목적을 달성하는 데 필요하다고 인정되는 조건을 붙일 수 있다. (2010. 2. 18. 개정)

④ 국세청장은 제2항에 따라 교부금 지급 여부를 결정하거나, 제3항에 따라 교부금 지급의 조건을 붙인 경우에는 이를 교부금 지급신청자에게 지체 없이 통지하여야 한다. (2010. 2. 18. 개정)

⑤ 교부금을 받은 납세지도단체는 교부금을 받은 연도의 다음 연도 1월 20일까지 납세지도 사업실적 보고서를 국세청장에게 제출하여야 한다. (2010. 2. 18. 개정)

⑥ 국세청장은 납세지도단체가 교부금을 다른 용도로 사용하거나, 교부금의 지급조건을 위반한 경우에는 교부금 지급결정의 전부 또는 일부를 취소하거나 이미 지급된 교부금의 반환을 명하여야 한다. (2010. 2. 18. 개정)

⑦ 제1항부터 제6항까지에서 규정한 사항 외에 교부금의 신청, 결정, 지급, 반환 등에 필요한 사항은 기획재정부령으로 정한다. (2010. 2. 18. 개정)

제65조의 4【포상금의 지급】 ① 법 제84조의 2 제1항 제1호에 해당하는 자(이하 "조세탈루제보자"라 한다) 또는 같은 항 제2호에 해당하는 자(이하 "은닉재산신고자"라 한다)가 제1호의 지급 요건을 갖춘 경우에는 탈루하였거나 부당하게 환급·공제받은 세액(「조세범 처벌법」 제10조 제1항부터 제4항까지의 규정에 따른 세금계산서의 발급의무 위반 등에 대하여 포상금을 지급하는 경우에는 공급가액에 부가가치세의 세율을 적용하여 계산한 세액의 100분의 30에 해당하는 금

② 영 제65조의 2 제4항에 따른 교부금 지급 여부 결정 통지는 별지 제51호 서식의 교부금 지급 여부 결정 통지서에 따른다. (2012. 2. 28. 개정)

③ 영 제65조의 2 제5항에 따른 납세지도 사업실적 보고서는 별지 제52호 서식에 따른다. (2012. 2. 28. 개정)

카드(신용카드와 유사한 것으로서 대통령령으로 정하는 것을 포함
한다. 이하 이 조에서 같다) 결제 대상 거래금액이 5천원 미만인 경
우는 제외한다. (2010. 1. 1. 개정)

　　가. 신용카드로 결제할 것을 요청하였으나 이를 거부하는 경우
　　　　(2010. 1. 1. 개정)

　　나. 신용카드매출전표(신용카드매출전표와 유사한 것으로서 대통
　　　　령으로 정하는 것을 포함한다)를 사실과 다르게 발급하는 경우
　　　　로서 대통령령으로 정하는 경우 (2010. 1. 1. 개정)

4. 다음 각 목의 어느 하나에 해당하는 경우로서 해당 각 목의 행위를
　　한 현금영수증가맹점(「조세특례제한법」 제126조의 3 제1항에 따른
　　현금영수증가맹점을 말한다)을 신고한 자. 다만, 「조세특례제한법」
　　제126조의 3 제4항에 따른 현금영수증(이하 "현금영수증"이라 한
　　다) 발급 대상 거래금액이 5천원 미만인 경우는 제외한다. (2010. 1.
　　1. 개정)

　　가. 현금영수증의 발급을 거부하는 경우 (2010. 1. 1. 개정)

　　나. 현금영수증을 사실과 다르게 발급하는 경우로서 대통령령으로
　　　　정하는 경우 (2010. 1. 1. 개정)

4의 2. 「소득세법」 제162조의 3 제4항 또는 「법인세법」 제117조의 2
　　제4항에 따른 현금영수증 발급의무를 위반한 자를 신고한 자 (2014.
　　12. 23. 신설)

5. 타인의 명의를 사용하여 사업을 경영하는 자를 신고한 자 (2010. 1.
　　1. 개정)

6. 「국제조세조정에 관한 법률」 제53조에 따른 해외금융계좌 신고의무
　　위반행위를 적발하는 데 중요한 자료를 제공한 자 (2020. 12. 22.
　　개정 ; 국제조세조정에 관한 법률 부칙)

7. 타인 명의로 되어 있는 다음 각 목의 어느 하나에 해당하는 사업자
　　의 「금융실명거래 및 비밀보장에 관한 법률」 제2조 제2호에 따른
　　금융자산을 신고한 자 (2013. 1. 1. 신설)

　　가. 법인 (2013. 1. 1. 신설)

　　나. 복식부기의무자 (2016. 12. 20. 개정)

② 제1항 제1호 및 제6호에 따른 중요한 자료는 다음 각 호의 구분에
따른 것으로 한다. (2011. 12. 31. 개정)

액을 말하며, 이하 이 조에서 "탈루세액등"이라 한다) 또는 은닉재산의
신고를 통하여 징수된 금액(이하 이 조에서 "징수금액"이라 한다)에 제
2호에 따른 지급률을 각각 적용하여 계산한 금액(조세탈루제보자에 대
해서는 40억원, 은닉재산신고자에 대해서는 30억원을 한도로 한다)을
포상금으로 지급할 수 있다. 다만, 탈루세액등이 일부 납부된 경우에
는 전단의 포상금 지급금액 범위에서 제3호의 지급기준에 따라 포
상금을 지급할 수 있다. (2022. 2. 15. 개정)

1. 지급 요건: 다음 각 목의 기간이 모두 지나 해당 불복 절차가 모두
　　종료되고, 탈루세액등이 납부(「조세범 처벌법」에 따른 조세범칙행
　　위로 인한 탈루세액등에 따라 포상금을 지급하는 경우에는 「조세범
　　처벌절차법」 제15조에 따른 통고의 이행이나 재판에 의한 형의 확
　　정을 말하며, 이하 이 항에서 같다)되었거나 재산은닉자의 체납액에
　　해당하는 금액이 징수되었을 것 (2022. 2. 15. 개정)

　　가. 법 제61조에 따른 심사청구기간과 법 제68조에 따른 심판청구
　　　　기간 (2021. 2. 17. 개정)

　　나. 「감사원법」 제44조에 따른 심사청구의 제척기간과 같은 법 제
　　　　46조의 2에 따른 행정소송 제기기간 (2021. 2. 17. 개정)

　　다. 「행정소송법」 제20조에 따른 제소기간 (2021. 2. 17. 개정)

2. 지급률: 다음 표의 구분에 따를 것 (2022. 2. 15. 개정)

탈루세액등 또는 징수금액	지급률
5천만원 이상 5억원 이하	100분의 20
5억원 초과 20억원 이하	1억원＋5억원 초과 금액의 100분의 15
20억원 초과 30억원 이하	3억2천5백만원＋20억원 초과 금액의 100분의 10
30억원 초과	4억2천5백만원＋30억원 초과 금액의 100분의 5

3. 탈루세액등이 일부 납부된 경우의 포상금 지급 기준: 다음 각 목에
　　따라 지급할 것 (2021. 2. 17. 개정)

1. 제1항 제1호의 경우 : 다음 각 목의 어느 하나에 해당하는 것 (2011. 12. 31. 개정)

　가. 조세탈루 또는 부당하게 환급·공제받은 내용을 확인할 수 있는 거래처, 거래일 또는 거래기간, 거래품목, 거래수량 및 금액 등 구체적 사실이 기재된 자료 또는 장부[자료 또는 장부 제출 당시에 세무조사(「조세범 처벌절차법」에 따른 조세범칙조사를 포함한다)가 진행 중인 것은 제외한다. 이하 이 조에서 "자료"라 한다] (2018. 12. 31. 개정)

　나. 가목에 해당하는 자료의 소재를 확인할 수 있는 구체적인 정보 (2011. 12. 31. 개정)

　다. 그 밖에 조세탈루 또는 부당하게 환급·공제받은 수법, 내용, 규모 등의 정황으로 보아 중요한 자료로 인정할 만한 자료로서 대통령령으로 정하는 자료 (2011. 12. 31. 개정)

2. 제1항 제6호의 경우 : 「국제조세조정에 관한 법률」 제52조 제3호에 따른 해외금융계좌정보를 제공함으로써 같은 법 제62조에 따른 과태료 부과 또는 「조세범 처벌법」 제16조에 따른 처벌의 근거로 활용할 수 있는 자료 (2020. 12. 22. 개정 ; 국제조세조정에 관한 법률 부칙)

③ 제1항 제2호에서 "은닉재산"이란 체납자가 은닉한 현금, 예금, 주식, 그 밖에 재산적 가치가 있는 유형·무형의 재산을 말한다. 다만, 다음 각 호의 어느 하나에 해당하는 재산은 제외한다. (2010. 1. 1. 개정)

1. 「국세징수법」 제25조에 따른 사해행위(詐害行爲) 취소소송의 대상이 되어 있는 재산 (2020. 12. 29. 개정 ; 국제징수법 부칙)

2. 세무공무원이 은닉사실을 알고 조사 또는 강제징수 절차를 시작한 재산 (2020. 12. 22. 개정)

3. 그 밖에 체납자의 은닉재산을 신고받을 필요가 없다고 인정되는 재산으로서 대통령령으로 정하는 것 (2010. 1. 1. 개정)

④ 제1항 각 호에 따른 자료 제공 또는 신고는 문서, 팩스, 전화자동응답시스템 또는 인터넷 홈페이지를 통하여 하여야 한다. 이 경우 다음 각 호의 요건을 모두 갖추어야 한다. (2015. 12. 15. 개정)

1. 본인의 성명과 주소를 적거나 진술할 것 (2015. 12. 15. 신설)

2. 서명[「전자서명법」 제2조 제2호에 따른 전자서명(서명자의 실지명

　가. 일부 납부된 탈루세액등(이미 납부된 탈루세액등이 있는 경우에는 그 탈루세액등을 누적한 금액을 말한다. 이하 이 목에서 같다)에 제2호의 지급률(일부 납부된 탈루세액등의 금액을 기준으로 한 지급률을 말한다)을 적용하여 계산한 금액을 지급. 이 경우 이미 지급한 포상금이 있는 경우에는 이를 차감한다. (2021. 2. 17. 개정)

　나. 최종적으로 탈루세액등이 완납된 경우에는 탈루세액등이 전부 납부된 경우에 지급하는 포상금액과 가목에 따라 지급한 포상금의 차액을 지급 (2021. 2. 17. 개정)

② 제1항에 따라 과세관청이 포상금을 지급(같은 항 제3호를 적용하여 지급하는 경우도 포함한다)하려는 경우에는 조세탈루제보자 또는 은닉재산신고자에게 제1항 제1호의 요건을 갖춘 날부터 15일 이내에 포상금 지급대상이라는 사실과 지급 절차, 포상금을 지급하기 위해 제보자 또는 신고자가 제출해야 하는 서류 등을 안내해야 한다. (2022. 2. 15. 개정)

③ 제2항에 따른 통지를 받은 제보자는 탈루세액등이 납부된 금액에 대해 포상금의 지급을 신청할 수 있다. (2021. 2. 17. 신설)

③ 삭 제 (2022. 2. 15.)

④ 탈루세액등에는 다음 각 호의 사유로 세액의 차이가 발생한 경우 그 차액을 포함하지 아니한다. (2021. 2. 17. 항번개정)

1. 세무회계와 기업회계간의 차이로 인하여 세액의 차이가 발생한 경우 (2010. 2. 18. 개정)

2. 「상속세 및 증여세법」에 따른 평가가액의 착오로 인하여 세액의 차이가 발생한 경우 (2010. 2. 18. 개정)

3. 소득, 거래 등에 대한 귀속연도의 착오로 인하여 세액의 차이가 발생한 경우 (2010. 2. 18. 개정)

⑤ 법 제84조의 2 제1항 제2호에 해당하는 자에게는 은닉재산의 신고를 통하여 징수된 금액(이하 이 조에서 "징수금액"이라 한다)에 다음 표의 지급률을 적용하여 계산한 금액을 포상금으로 지급할 수 있다. 다만, 포상금이 20억원을 초과하는 경우 그 초과하는 부분은 지급하지 아니한다. (2021. 2. 17. 항번개정)

징수금액	지급률
5천만원 이상 5억원 이하	100분의 20
5억원 초과 20억원 이하	1억원 + 5억원 초과 금액의 100분의 15
20억원 초과 30억원 이하	3억 2천 5백만원 + 20억원 초과 금액의 100분의 10
30억원 초과	4억 2천 5백만원 + 30억원 초과 금액의 100분의 5

의를 확인할 수 있는 것을 말한다)을 포함한다], 날인 또는 그 밖에 본인임을 확인할 수 있는 인증을 할 것 (2020. 6. 9. 개정 ; 전자서명법 부칙)

3. 객관적으로 확인되는 증거자료 등을 제출할 것 (2015. 12. 15. 신설)

⑤ 제1항에 따른 포상금 지급과 관련된 업무를 담당하는 공무원은 신고자 또는 자료 제공자의 신원 등 신고 또는 제보와 관련된 사항을 그 목적 외의 용도로 사용하거나 타인에게 제공 또는 누설해서는 아니 된다. (2010. 1. 1. 개정)

⑥ 제1항에 따른 포상금의 지급기준, 지급 방법 및 신고기간과 제4항에 따른 신고의 방법 및 증거자료 제출 등에 관하여 필요한 사항은 대통령령으로 정한다. (2015. 12. 15. 개정)

제84조의 3【세무공무원에 대한 포상금 지급】 ① 국세청장은 국세의 부과·징수·송무에 특별한 공로가 인정되는 사람에 대하여 포상금을 지급할 수 있다. (2025. 3. 14. 신설)

② 제1항에 따른 포상금의 지급 대상, 지급 한도, 선정 기준 및 지급 방법 등에 관하여 필요한 사항은 대통령령으로 정한다. (2025. 3. 14. 신설)

편주▶

법 84조의 3의 개정규정은 2025. 6. 15.부터 시행함. (법 부칙(2025. 3. 14.) 1조 단서)

⑤ 삭　제 (2022. 2. 15.)

⑥ 법 제84조의 2 제1항 제3호 또는 제4호에 해당하는 자에게는 신용카드·현금영수증의 결제·발급을 거부하거나 사실과 다르게 발급한 금액(사실과 다르게 발급한 경우 발급하여야 할 금액과의 차액을 말한다. 이하 이 항에서 "거부금액"이라 한다)에 따라 다음의 금액을 포상금으로 지급할 수 있다. 다만, 포상금으로 지급할 금액 중 1천원 미만의 금액은 없는 것으로 하고, 동일인이 받을 수 있는 포상금은 연간 200만원을 한도로 한다. (2021. 2. 17. 항번개정)

거부금액	지급금액
5천원 이상 5만원 이하	1만원
5만원 초과 250만원 이하	거부금액의 100분의 20에 해당하는 금액
250만원 초과	50만원

⑥ 법 제84조의 2 제1항 제3호 또는 제4호에 해당하는 자에게는 신용카드·현금영수증의 결제·발급을 거부하거나 사실과 다르게 발급한 금액(사실과 다르게 발급한 경우 발급하여야 할 금액과의 차액을 말한다. 이하 이 항에서 "거부금액"이라 한다)에 따라 다음의 금액을 포상금으로 지급할 수 있다. 다만, 포상금으로 지급할 금액 중 1천원 미만의 금액은 없는 것으로 하고, 동일인이 받을 수 있는 포상금은 연간 100만원을 한도로 한다. (2025. 2. 28. 개정)

거부금액	지급금액
5천원 이상 5만원 이하	1만원
5만원 초과 125만원 이하	거부금액의 100분의 20에 해당하는 금액
125만원 초과	25만원

⑦ 법 제84조의 2 제1항 각 호 외의 부분 단서에서 "대통령령으로 정하는 금액"이란 다음 각 호의 구분에 따른 금액을 말한다. (2021. 2. 17. 항번개정)

1. 탈루세액등 또는 징수금액 : 5천만원 (2016. 2. 5. 개정)

2. 해외금융계좌 신고의무 불이행에 따른 과태료 금액(이하 이 조에서 "과태료금액"이라 한다) : 2천만원 (2016. 2. 5. 개정)

⑧ 법 제84조의 2 제1항 제3호 각 목 외의 부분 단서에서 "대통령령으로 정하는 것"이란 「여신전문금융업법」에 따른 직불카드와 선불카드를 말한다. (2021. 2. 17. 항번개정)

☞ p.180 3단 연결

편주▶

2025. 2. 28. 전에 법 84조의 2 제1항 3호 또는 4호에 따른 신고를 한 경우에 지급 (2025. 2. 28. 이후 지급하는 경우를 포함함)하는 포상금의 금액 및 연간 한도액에 관하여는 영 65조의 4 제6항의 개정규정에도 불구하고 종전의 규정에 따름. (영 부칙(2025. 2. 28.) 4조)

신고 대상 계좌별 미신고·과소신고한 금액의 합계액이 50억원 초과인 경우의 과태료 부과기준을 준용하여 산출한 금액)에 다음의 지급률을 곱하여 계산한 금액을 포상금으로 지급할 수 있다. 다만, 20억원을 초과하는 부분은 지급하지 않는다. (2023. 2. 28. 개정)

과태료금액 또는 벌금액	지급률
2천만원 이상 2억원 이하	100분의 15
2억원 초과 5억원 이하	3천만원 + 2억원을 초과하는 금액의 100분의 10
5억원 초과	6천만원 + 5억원을 초과하는 금액의 100분의 5

⑰ 법 제84조의 2 제1항 제6호에 해당하는 자에게는 과태료금액 또는 벌금액(징역형에 해당하는 경우에는 「국제조세조정에 관한 법률 시행령」 제147조 제1항 제1호의 과태료 부과기준을 준용하여 산출한 금액)에 다음의 지급률을 곱하여 계산한 금액을 포상금으로 지급할 수 있다. 다만, 20억원을 초과하는 부분은 지급하지 않는다. (2025. 2. 28. 개정)

과태료금액 또는 벌금액	지급률
2천만원 이상 2억원 이하	100분의 15
2억원 초과 5억원 이하	3천만원 + 2억원을 초과하는 금액의 100분의 10
5억원 초과	6천만원 + 5억원을 초과하는 금액의 100분의 5

편주 ▶
2025. 2. 28. 전에 법 84조의 2 제6호에 따른 신고를 한 경우에 지급 (2025. 2. 28. 이후 지급하는 경우를 포함함)하는 포상금의 금액 및 연간 한도액에 관하여는 영 65조의 4 제17항의 개정규정에도 불구하고 종전의 규정에 따름. 이 경우 종전의 영 65조의 4 제17항을 적용할 때 「국제조세조정에 관한 법률 시행령」 103조 1항 1호 다목"은 「국제조세조정에 관한 법률 시행령」 147조 1항 1호 다목"으로 봄. (영 부칙(2025. 2. 28.) 4조)

⑱ 법 제84조의 2 제1항 제7호에 해당하는 자에게는 해당 금융자산을 통한 탈루세액등이 1천만원 이상인 신고 건별로 100만원을 포상금으로 지급할 수 있다. 다만, 동일인이 지급받을 수 있는 포상금은 연간 5천만원을 한도로 한다. (2021. 2. 17. 항번개정)

⑲ 법 제84조의 2 제1항 제4호의 2에 해당하는 자에게는 다음 표의 구분에 따른 포상

☞ p.181 2단 연결

3. 조세탈루와 관련된 밀수·마약 등 공공의 안전을 위협하는 행위에 관한 자료 (2010. 2. 18. 개정)
4. 그 밖에 조세탈루 또는 부당한 환급·공제의 수법, 내용, 규모 등 정황으로 보아 중요한 자료로 보는 것이 타당하다고 인정되는 자료 (2010. 2. 18. 개정)

⑭ 법 제84조의 2 제3항 제3호에서 "대통령령으로 정하는 것"이란 체납자 본인의 명의로 등기된 국내에 있는 부동산을 말한다. (2021. 2. 17. 항번개정)

⑮ 법 제84조의 2 제1항 제3호에 따른 신고는 같은 호 각 목의 행위가 있은 날부터 1개월 이내에, 같은 항 제4호에 따른 신고는 같은 호 각 목의 행위가 있은 날부터 5년 이내에, 같은 항 제4호의 2에 따른 신고는 「소득세법」 제162조의 3 제4항 또는 「법인세법」 제117조의 2 제4항에 따른 현금영수증 발급의무를 위반한 날부터 5년 이내에 관할 세무서장, 관할 지방국세청장 또는 국세청장에게 하여야 한다. (2024. 2. 29. 개정)

편주 ▶
영 65조의 4 제15항의 개정규정은 2024. 2. 29. 이후 현금영수증 발급의무 위반을 신고하는 경우부터 적용함. (영 부칙(2024. 2. 29.) 8조)

⑯ 법 제84조의 2 제1항 제5호에 해당하는 자에게는 신고 건별로 200만원을 포상금으로 지급할 수 있다. 다만, 타인의 명의를 사용하여 사업을 경영하는 자가 다음 각 호의 어느 하나에 해당하는 경우로서 조세를 회피할 목적이 없거나 강제집행을 면탈(免脫)할 목적이 없다고 인정되면 포상금을 지급하지 아니한다. (2022. 2. 15. 개정)
1. 배우자, 직계존속 또는 직계비속의 명의로 사업자등록을 하고 사업을 경영하거나 배우자, 직계존속 또는 직계비속 명의의 사업자등록을 이용하여 사업을 경영하는 경우 (2016. 2. 5. 개정)
2. 약정한 기일 내에 채무를 변제하지 아니하여 「신용정보의 이용 및 보호에 관한 법률」 제25조 제2항 제1호에 따른 종합신용정보집중기관에 등록된 경우 (2012. 2. 2. 개정)

⑰ 법 제84조의 2 제1항 제6호에 해당하는 자에게는 과태료금액 또는 벌금액(징역형에 해당하는 경우에는 「국제조세조정에 관한 법률 시행령」 제103조 제1항 제1호 다목의

⑨ 법 제84조의 2 제1항 제3호 나목에서 "대통령령으로 정하는 것"이란 직불카드 영수증과 선불카드 영수증을 말한다. (2021. 2. 17. 항번개정)

⑩ 법 제84조의 2 제1항 제3호 나목에서 "대통령령으로 정하는 경우"란 신용카드에 의한 거래를 이유로 재화나 용역의 대가를 현금에 의한 거래(현금영수증을 발급받은 경우는 제외한다)보다 재화나 용역을 공급받은 자에게 불리하게 기재하여 신용카드매출전표를 발급하는 경우를 말한다. (2021. 2. 17. 항번개정)

⑪ 현금영수증을 발급한 후 재화나 용역을 공급받은 자의 의사에 반하여 그 발급을 취소하는 경우에는 법 제84조의 2 제1항 제4호 가목의 현금영수증 발급을 거부하는 것으로 본다. (2021. 2. 17. 항번개정)

⑫ 법 제84조의 2 제1항 제4호 나목에서 "대통령령으로 정하는 경우"란 현금영수증의 발급을 이유로 재화나 용역의 대가를 다르게 기재하여 현금영수증을 발급하는 경우를 말한다. (2021. 2. 17. 항번개정)

⑬ 법 제84조의 2 제2항 제1호 다목에서 "대통령령으로 정하는 자료"란 다음 각 호의 어느 하나에 해당하는 자료를 말한다. (2021. 2. 17. 항번개정)
1. 조세탈루 또는 부당한 환급·공제와 관련된 회계부정 등에 관한 자료 (2010. 2. 18. 개정)
2. 조세탈루와 관련된 토지 및 주택 등 부동산투기거래에 관한 자료 (2010. 2. 18. 개정)

금을 지급할 수 있다. 다만, 포상금으로 지급할 금액 중 1천원 미만의 금액은 없는 것으로 하고, 동일인에게 지급할 수 있는 포상금은 연간 200만원을 한도로 한다. (2021. 2. 17. 항번개정)

현금영수증을 발급하지 않은 금액	지급금액
5만원 이하	1만원
5만원 초과 250만원 이하	현금영수증을 발급하지 않은 금액의 100분의 20
250만원 초과	50만원

편주 ▶

현금영수증 발급 의무 위반자를 신고한 자에 대한 포상금 지급 규정 (국세청고시 제2023-9호, 2023. 6. 15.)

른 포상금 지급에 관한 안내 기한의 종료일 (2022. 2. 15. 개정)

2. 법 제84조의 2 제1항 제2호에 따른 포상금 : 재산은닉 체납자의 체납액에 해당하는 금액을 현금으로 징수한 날 (2012. 2. 2. 개정)

2. 삭   제 (2022. 2. 15.)

3. 법 제84조의 2 제1항 제3호부터 제5호까지의 규정에 따른 포상금 : 신고내용이 사실로 확인된 날 (2012. 2. 2. 개정)

4. 법 제84조의 2 제1항 제6호에 따른 포상금 (2013. 2. 15. 개정)

가. 과태료 부과처분에 해당하는 경우에는 과태료금액이 납부되고 「질서위반행위규제법」 제20조에 따른 이의제기기간이 지났거나 「비송사건절차법」에 따른 불복청구 절차가 종료되어 과태료 부과처분이 확정된 날 (2013. 2. 15. 개정)

나. 징역형 또는 벌금형에 해당하는 경우에는 재판에 의하여 형이 확정된 날 (2013. 2. 15. 개정)

5. 법 제84조의 2 제1항 제7호에 따른 포상금 : 탈루세액등이 확인된 날 (2013. 2. 15. 신설)

㉑ 법 제84조의 2 제1항 각 호의 어느 하나에 해당하는 자에게 포상금을 지급하는 경우 같은 사안에 대하여 중복신고가 있으면 최초로 신고한 자에게만 포상금을 지급한다. (2021. 2. 17. 항번개정)

㉒ 포상금의 세부적인 지급방법 등에 관하여 필요한 사항은 국세청장이 정한다. (2021. 2. 17. 항번개정)

⑲ 법 제84조의 2 제1항 제4호의 2에 해당하는 자에게는 다음 표의 구분에 따른 포상금을 지급할 수 있다. 다만, 포상금으로 지급할 금액 중 1천원 미만의 금액은 없는 것으로 하고, 동일인에게 지급할 수 있는 포상금은 연간 100만원을 한도로 한다. (2025. 2. 28. 개정)

현금영수증을 발급하지 않은 금액	지급금액
5만원 이하	1만원
5만원 초과 125만원 이하	현금영수증을 발급하지 않은 금액의 100분의 20에 해당하는 금액
125만원 초과	25만원

편주 ▶

2025. 2. 28. 전에 법 84조의 2 제4호의 2에 따른 신고를 한 경우에 지급(2025. 2. 28. 이후 지급하는 경우를 포함함)하는 포상금의 금액 및 연간 한도액에 관하여는 영 65조의 4 제19항의 개정규정에도 불구하고 종전의 규정에 따름. (영 부칙(2025. 2. 28.) 4조)

⑳ 국세청장은 다음 각 호의 구분에 따른 날이 속하는 달의 말일부터 2개월 이내에 포상금을 지급해야 한다. (2021. 2. 17. 개정)

1. 법 제84조의 2 제1항 제1호 및 제2호에 따른 포상금 : 제2항에 따

제85조【과세자료의 제출과 그 수집에 대한 협조】① 세법에 따라 과세자료를 제출할 의무가 있는 자는 과세자료를 성실하게 작성하여 정해진 기한까지 소관 세무서장에게 제출하여야 한다. 다만, 국세정보통신망을 이용하여 제출하는 경우에는 지방국세청장이나 국세청장에게 제출할 수 있다. (2010. 1. 1. 개정)
② 국가기관, 지방자치단체, 금융회사 등 또는 전자계산·정보처리시설을 보유한 자는 과세와 관계되는 자료 또는 통계를 수집하거나 작성하였을 때에는 국세청장에게 통보하여야 한다. (2020. 6. 9. 개정 ; 법률용어 정비를~법률)

제85조의 2【지급명세서 자료의 이용】「금융실명거래 및 비밀보장에 관한 법률」 제4조 제4항에도 불구하고 세무서장(지방국세청장, 국세청장을 포함한다)은 「소득세법」 제164조 및 「법인세법」 제120조에 따라 제출받은 이자소득 또는 배당소득에 대한 지급명세서를 다음 각 호의 어느 하나에 해당하는 용도에 이용할 수 있다. (2010. 1. 1. 개정)
1. 상속·증여 재산의 확인 (2010. 1. 1. 개정)
2. 조세탈루의 혐의를 인정할 만한 명백한 자료의 확인 (2010. 1. 1. 개정)
3. 「조세특례제한법」 제100조의 3에 따른 근로장려금 신청자격의 확인 (2010. 1. 1. 개정)

제85조의 3【장부 등의 비치와 보존】① 납세자는 각 세법에서 규정하는 바에 따라 모든 거래에 관한 장부 및 증거서류를 성실하게 작성하여 갖춰 두어야 한다. 이 경우 장부 및 증거서류 중 「국제조세조정에 관한 법률」 제16조 제4항에 따라 과세당국이 납세의무자에게 제출하도록 요구할 수 있는 자료의 경우에는 「소득세법」 제6조 또는 「법인세법」 제9조에 따른 납세지(「소득세법」 제9조 또는 「법인세법」 제10조에 따라 국세청장이나 관할지방국세청장이 지정하는 납세지를 포함한다)에 갖춰 두어야 한다. (2022. 12. 31. 후단신설)
② 제1항에 따른 장부 및 증거서류는 그 거래사실이 속하는 과세기간에 대한 해당 국세의 법정신고기한이 지난 날부터 5년간(역외거래의 경우 7년간) 보존하여야 한다. 다만, 제26조의 2 제3항에 해당하는 경

제65조의 5【과세자료의 제출협조 등】(2003. 12. 30. 조번개정)
① 법 제85조 제1항에 따라 과세자료를 제출할 의무가 있는 자와 같은 조 제2항에 따라 과세와 관계되는 자료 또는 통계를 통보할 의무가 있는 자가 전자계산조직을 운영하고 있는 경우에 국세청장은 국세행정의 효율적인 집행을 위하여 해당 자료를 국세정보통신망을 활용하여 전송하거나 디스켓 또는 자기테이프 등 전자기록매체로 제출할 것을 요청할 수 있다. (2010. 2. 18. 개정)
② 제1항의 요청을 받은 자는 정당한 사유가 없으면 이에 따라야 한다. (2010. 2. 18. 개정)

제65조의 6【세무조사의 연기신청】삭　제 (96. 12. 31)

☞
통칙 85의 3-0…1【전자기록 등에 의한 장부 등의 보존】
법 제85조의 3 제1항의 규정에 의한 장부 및 증빙서류를 영 제65조의 7 및 국세청장이 정하는 방법(전자기록의 보전방법 등에 관한 고시)에 따라 정보보존장치에 의하여 보존하는 다음의 경우 실물을 보관하지 않을 수 있다. (2007. 1. 1 신설)
1. 당초부터 전산조직을 이용하여 장부 및 증빙서류를 생산한 경우 (2007. 1. 1 신설)
2. 「여신전문금융업법」에 의한 신용카드업자로부터 신용카드 거래정보를 전송받아 보관하는 경우 (2007. 1. 1 신설)

우에는 같은 항에서 규정한 날까지 보존하여야 한다. (2022. 12. 31. 개정)

③ 납세자는 제1항에 따른 장부와 증거서류의 전부 또는 일부를 전산조직을 이용하여 작성할 수 있다. 이 경우 그 처리과정 등을 대통령령으로 정하는 기준에 따라 자기테이프, 디스켓 또는 그 밖의 정보보존 장치에 보존하여야 한다. (2010. 1. 1. 개정)

④ 제1항을 적용하는 경우 「전자문서 및 전자거래 기본법」 제5조 제2항에 따른 전자화문서로 변환하여 같은 법 제31조의 2에 따른 공인전자문서센터에 보관한 경우에는 제1항에 따라 장부 및 증거서류를 갖춘 것으로 본다. 다만, 계약서 등 위조·변조하기 쉬운 장부 및 증거서류로서 대통령령으로 정하는 것은 그러하지 아니하다. (2012. 6. 1. 개정 ; 전자거래기본법 부칙)

제85조의 4【서류접수증 발급】(2010. 1. 1. 제목개정)

① 납세자 또는 세법에 따라 과세자료를 제출할 의무가 있는 자(이하 "납세자등"이라 한다)로부터 과세표준신고서, 과세표준수정신고서, 경정청구서 또는 과세표준신고·과세표준수정신고·경정청구와 관련된

제65조의 7【장부 등의 비치와 보존】① 법 제85조의 3 제3항에서 "대통령령으로 정하는 기준"이란 다음 각 호의 요건을 말한다. (2010. 2. 18. 개정)

1. 자료를 저장하거나 저장된 자료를 수정·추가 또는 삭제하는 절차·방법 등 정보보존 장치의 생산과 이용에 관련된 전자계산조직의 개발과 운영에 관한 기록을 보관할 것 (2010. 2. 18. 개정)
2. 정보보존 장치에 저장된 자료의 내용을 쉽게 확인할 수 있도록 하거나 이를 문서화할 수 있는 장치와 절차가 마련되어 있어야 하며, 필요시 다른 정보보존 장치에 복제가 가능하도록 되어 있을 것 (2010. 2. 18. 개정)
3. 정보보존 장치가 거래 내용 및 변동사항을 포괄하고 있어야 하며, 과세표준과 세액을 결정할 수 있도록 검색과 이용이 가능한 형태로 보존되어 있을 것 (2010. 2. 18. 개정)

② 제1항에 따른 전자기록의 보전방법(保全方法), 그 밖에 필요한 사항은 국세청장이 정한다. (2010. 2. 18. 개정)

③ 법 제85조의 3 제4항 단서에서 "대통령령으로 정하는 것"이란 다음 각 호의 어느 하나에 해당하는 문서를 말한다. (2010. 2. 18. 개정)

1. 「상법 시행령」 등 다른 법령에 따라 원본을 보존하여야 하는 문서 (2010. 2. 18. 개정)
2. 등기·등록 또는 명의개서가 필요한 자산의 취득 및 양도와 관련하여 기명날인 또는 서명한 계약서 (2010. 2. 18. 개정)
3. 소송과 관련하여 제출·접수한 서류 및 판결문 사본. 다만, 재발급이 가능한 서류는 제외한다. (2010. 2. 18. 개정)
4. 인가·허가와 관련하여 제출·접수한 서류 및 인·허가증. 다만, 재발급이 가능한 서류는 제외한다. (2010. 2. 18. 개정)

제65조의 8【서류접수증의 발급】(2010. 2. 18. 제목개정)

① 법 제85조의 4 제1항 본문에서 "대통령령으로 정하는 서류"란 다음 각 호의 어느 하나에 해당하는 서류를 말한다. (2010. 2. 18. 개정)

1. 이의신청서, 심사청구서 및 심판청구서 (2010. 2. 18. 개정)

편주

전자기록의 보전방법 등에 관한 고시 (국세청고시 제2023-8호, 2023. 5. 1.)

서류 및 그 밖에 대통령령으로 정하는 서류를 받는 경우에는 세무공무원은 납세자등에게 접수증을 발급하여야 한다. 다만, 우편신고 등 대통령령으로 정하는 경우에는 접수증을 발급하지 아니할 수 있다. (2010. 1. 1. 개정)

② 납세자등으로부터 제1항의 신고서 등을 국세정보통신망을 통해 받은 경우에는 그 접수사실을 전자적 형태로 통보할 수 있다. (2010. 1. 1. 개정)

제85조의 5 【불성실기부금수령단체 등의 명단 공개】 (2020. 12. 22. 제목개정)

① 국세청장은 제81조의 13과 「국제조세조정에 관한 법률」 제57조에도 불구하고 다음 각 호의 어느 하나에 해당하는 자의 인적사항 등을 공개할 수 있다. 다만, 체납된 국세가 이의신청·심사청구 등 불복청구 중에 있거나 그 밖에 대통령령으로 정하는 사유가 있는 경우에는 그러하지 아니하다. (2020. 12. 22. 개정 ; 국제조세조정~부칙)

1. 체납발생일부터 1년이 지난 국세가 2억원 이상인 체납자의 인적사항, 체납액 등 (2016. 12. 20. 개정)

1. 삭 제 (2020. 12. 22.)

2. 대통령령으로 정하는 불성실기부금수령단체(이하 이 조에서 "불성실기부금수령단체"라 한다)의 인적사항, 국세추징명세 등 (2010. 1. 1. 개정)

3. 「조세범 처벌법」 제3조 제1항, 제4조 및 제5조에 따른 범죄로 유죄판결이 확정된 자로서 「조세범 처벌법」 제3조 제1항에 따른 포탈세액 등이 연간 2억원 이상인 자(이하 "조세포탈범"이라 한다)의 인적사항, 포탈세액 등 (2016. 12. 20. 개정)

4. 「국제조세조정에 관한 법률」 제53조 제1항에 따른 계좌신고의무자로서 신고기한 내에 신고하지 아니한 금액이나 과소 신고한 금액이 50억원을 초과하는 자(이하 이 조에서 "해외금융계좌신고의무위반자"라 한다)의 인적사항, 신고의무 위반금액 등 (2021. 12.

2. 세법상 제출기한이 정해진 서류 (2010. 2. 18. 개정)

3. 그 밖에 국세청장이 납세자의 권익보호에 필요하다고 인정하여 지정한 서류 (2010. 2. 18. 개정)

② 법 제85조의 4 제1항 단서에서 "우편신고 등 대통령령으로 정하는 경우"란 다음 각 호의 어느 하나에 해당하는 경우를 말한다. (2010. 2. 18. 개정)

1. 납세자가 과세표준신고서 등의 서류를 우편이나 팩스로 제출하는 경우 (2010. 2. 18. 개정)

2. 납세자가 과세표준신고서 등의 서류를 세무공무원을 거치지 아니하고 지정된 신고함에 직접 투입하는 경우 (2010. 2. 18. 개정)

제66조 【불성실기부금수령단체 등의 명단 공개】 (2021. 2. 17. 제목개정)

① 법 제85조의 5 제1항 각 호 외의 부분 단서에서 "대통령령으로 정하는 사유"란 다음 각 호의 구분에 따른 사유를 말한다. (2022. 2. 15. 개정)

1. 법 제85조의 5 제1항 제1호에 따른 고액·상습 체납자 명단공개 (2013. 2. 15. 개정)

　가. 체납액의 100분의 30 이상을 납부한 경우 (2013. 2. 15. 개정)

　나. 「채무자 회생 및 파산에 관한 법률」 제243조에 따른 회생계획인가의 결정에 따라 체납된 세금의 징수를 유예받고 그 유예기간 중에 있거나 체납된 세금을 회생계획의 납부일정에 따라 납부하고 있는 경우 (2013. 2. 15. 개정)

　다. 재산상황, 미성년자 해당 여부 및 그 밖의 사정 등을 고려할 때 법 제85조의 5 제2항에 따른 국세정보위원회(이하 이 조에서 "위원회"라 한다)가 공개할 실익이 없거나 공개하는 것이 부적절하다고 인정하는 경우 (2020. 2. 11. 개정)

　라. 「부가가치세법」 제3조의 2에 따른 물적납세의무가 있는 수탁자가 물적납세의무와 관련된 부가가치세를 체납한 경우 (2018. 2. 13. 신설)

1. 삭 제 (2021. 2. 17.)

2. 법 제85조의 5 제1항 제2호에 따른 불성실기부금수령단체 명단공개 (2015. 2. 3. 신설)

　가. 제10항 각 호의 어느 하나에 해당하는지에 대하여 법 제7장에 따른 이의신청·심사청구·심판청구, 「감사원법」에 따른 심사청구 또는 「행정소송법」에 따른 행정소송 중에 있는 경우 (2019. 2. 12. 개정)

　나. 법 제85조의 5 제2항에 따른 국세정보위원회(이하 이 조에서

제38조 【불성실기부금수령단체 등 명단공개 사전통지】 (2021. 3. 16. 제목개정)

① 법 제85조의 5 제1항 제2호에 따른 불성실기부금수령단체에 같은 조 제4항에 따라 명단공개 대상자임을 통지하는 경우에는 별지 제57호 서식의 불성실기부금수령단체 명단공개 사전통지서에 따른다. (2021. 3. 16. 개정)

② 법 제85조의 5 제1항 제4호에 따른 해외금융계좌 신고의무 위반자에게 같은 조 제4항에 따라 명단공개 대상자임을 통지

21. 개정)

5. 「특정범죄 가중처벌 등에 관한 법률」 제8조의 2에 따른 범죄로 유죄판결이 확정된 사람(이하 "세금계산서발급의무등위반자"라 한다)의 인적사항, 부정 기재한 공급가액 등의 합계액 등 (2021. 12. 21. 신설)

② 제1항에 따른 불성실기부금수령단체, 조세포탈범, 해외금융계좌신고의무위반자 또는 세금계산서발급의무등위반자의 인적사항, 국세추징명세, 포탈세액, 신고의무 위반금액, 부정 기재한 공급가액 등의 합계액 등에 대한 공개 여부를 심의하고 「국세징수법」 제115조의 5 제1항 제3호에 따른 체납자에 대한 감치 필요성 여부를 의결하기 위하여 국세청에 국세정보위원회(이하 이 조에서 "위원회"라 한다)를 둔다. (2021. 12. 21. 개정)

③ 위원회의 위원은 공정한 심의를 기대하기 어려운 사정이 있다고 인정될 때에는 대통령령으로 정하는 바에 따라 위원회 회의에서 제척되거나 회피하여야 한다. (2019. 12. 31. 개정)

④ 국세청장은 위원회의 심의를 거친 공개 대상자에게 불성실기부금수령단체 또는 해외금융계좌신고의무위반자 명단 공개 대상자임을 통지하여 소명 기회를 주어야 하며, 통지일부터 6개월이 지난 후 위원회로 하여금 기부금영수증 발급명세의 작성·보관 의무 이행 또는 해외금융계좌의 신고의무 이행 등을 고려하여 불성실기부금수령단체 또는 해외금융계좌신고의무위반자 명단 공개 여부를 재심의하게 한 후 공개대상자를 선정한다. (2021. 12. 21. 개정)

⑤ 제1항에 따른 공개는 관보에 게재하거나 국세정보통신망 또는 관할 세무서 게시판에 게시하는 방법으로 한다. (2014. 12. 23. 항번개정)

⑥ 제1항부터 제4항까지의 규정에 따른 불성실기부금수령단체, 조세포탈범, 해외금융계좌신고의무위반자 또는 세금계산서발급의무등위반자 명단 공개와 관련하여 필요한 사항 및 위원회의 구성·운영 등에 필요한 사항은 대통령령으로 정한다. (2021. 12. 21. 개정)

제85조의 6 【통계자료의 작성 및 공개 등】 (2019. 12. 31. 제목개정)

① 국세청장은 조세정책의 수립 및 평가 등에 활용하기 위하여 과세정

"위원회"라 한다)가 공개할 실익이 없거나 공개하는 것이 부적절하다고 인정하는 경우 (2021. 2. 17. 개정)

3. 법 제85조의 5 제1항 제3호에 따른 조세포탈범 및 같은 항 제5호에 따른 세금계산서발급의무등위반자 명단공개 : 위원회가 공개할 실익이 없거나 공개하는 것이 부적절하다고 인정하는 경우 (2022. 2. 15. 개정)

4. 법 제85조의 5 제1항 제4호에 따른 해외금융계좌신고의무위반자 명단공개 (2022. 2. 15. 개정)

가. 위원회가 신고의무자의 신고의무 위반에 정당한 사유가 있다고 인정하는 경우 (2015. 2. 3. 신설)

나. 「국제조세조정에 관한 법률」 제55조에 따라 수정신고 및 기한 후 신고를 한 경우(해당 해외금융계좌와 관련하여 세무공무원이 세무조사에 착수한 것을 알았거나 과세자료 해명 통지를 받고 수정신고 및 기한 후 신고를 한 경우는 제외한다) (2021. 2. 17. 개정)

② 위원회는 위원장 1명을 포함하여 다음 각 호의 구분에 따른 위원 20명으로 구성하고, 위원장은 제2호의 위원 중 국세청장이 지명하는 자가 된다. (2015. 2. 3. 개정)

1. 국세청장이 국세청의 고위공무원단에 속하는 일반직공무원 중에서 임명하는 사람 8명 (2015. 2. 3. 개정)

2. 법률 또는 회계에 관한 학식과 경험이 풍부한 사람 중에서 국세청장이 위촉하는 사람 12명 (2015. 2. 3. 개정)

③ 제2항 제2호에 따른 위원의 임기는 2년으로 한다. (2010. 2. 18. 개정)

④ 위원회의 회의는 위원장과 위원장이 지정하는 제2항 제1호의 위원 5명과 같은 항 제2호의 위원 5명으로 구성한다. (2015. 2. 3. 신설)

⑤ 위원회의 회의는 위원장을 포함한 구성원 과반수의 출석으로 개의하고, 출석위원 과반수의 찬성으로 의결한다. (2016. 2. 5. 개정)

⑥ 위원회의 위원은 다음 각 호의 어느 하나에 해당하는 경우에는 위원회의 심의·의결에서 제척된다. (2015. 2. 3. 신설)

1. 법 제85조의 5 제1항 제2호부터 제5호까지의 규정에 따른 인적사항

하는 경우에는 별지 제57호의 2 서식의 해외금융계좌 신고의무 위반자 명단공개 사전통지서에 따른다. (2021. 3. 16. 개정)

보를 분석·가공한 통계자료(이하 "통계자료"라 한다)를 작성·관리하여야 한다. 이 경우 통계자료는 납세자의 과세정보를 직접적 방법 또는 간접적인 방법으로 확인할 수 없도록 작성되어야 한다. (2015. 12. 15. 개정)

② 세원의 투명성, 국민의 알권리 보장 및 국세행정의 신뢰증진을 위하여 국세청장은 통계자료를 제85조의 5 제2항에 따른 국세정보위원회의 심의를 거쳐 일반 국민에게 정기적으로 공개하여야 한다. (2019. 12. 31. 개정)

③ 국세청장은 제2항에 따라 국세정보를 공개하기 위하여 예산의 범위 안에서 국세정보시스템을 구축·운용할 수 있다. (2014. 1. 1. 신설)

④ ☞ p.188

등의 공개 대상자(이하 이 항에서 "명단공개대상자"라 한다)인 경우 (2022. 2. 15. 개정)

2. 제1호에 규정된 사람의 친족이거나 친족이었던 경우 (2015. 2. 3. 신설)

3. 제1호에 규정된 사람의 사용인이거나 사용인이었던 경우(명단 공개일 전 최근 5년 이내에 사용인이었던 경우로 한정한다) (2024. 2. 29. 개정)

4. 명단공개의 직접적인 원인이 된 세무조사에 관여하였던 경우 (2015. 2. 3. 신설)

5. 명단공개일 전 최근 5년 이내에 명단공개대상자에 관한 법 또는 세법에 따른 신고·신청·청구에 관여하였던 경우 (2015. 2. 3. 신설)

6. 제4호 또는 제5호에 해당하는 법인 또는 단체에 속하거나 명단공개일 전 최근 5년 이내에 속하였던 경우 (2015. 2. 3. 신설)

7. 그 밖에 명단공개대상자의 업무에 관여하거나 관여하였던 경우 (2015. 2. 3. 신설)

⑦ 위원회의 위원은 제6항 각 호의 어느 하나에 해당하는 경우에는 스스로 해당 안건의 심의·의결에서 회피하여야 한다. (2015. 2. 3. 신설)

⑧ 제2항부터 제7항까지에서 규정한 사항 외에 위원회의 구성 및 운영에 필요한 사항은 국세청장이 정한다. (2015. 2. 3. 신설)

⑨ 법 제85조의 5 제1항 제1호의 국세가 체납발생일부터 1년이 지났는지 여부는 명단공개일이 속하는 연도의 직전 연도 12월 31일을 기준으로 판단한다. (2016. 2. 5. 신설)

⑨ 삭 제 (2021. 2. 17.)

⑩ 법 제85조의 5 제1항 제2호에서 "대통령령으로 정하는 불성실기부금수령단체"란 기부금을 수령한 단체로서 다음 각 호의 단체를 말한다. (2022. 2. 15. 개정)

1. 명단 공개일이 속하는 연도의 직전 연도 12월 31일을 기준으로 최근 2년 이내(제1항 제2호 가목의 기간은 제외한다)에 「상속세 및 증여세법」에 따른 의무의 불이행으로 추징당한 세액의 합계액이 1천만원 이상인 경우 (2019. 2. 12. 개정)

2. 명단 공개일이 속하는 연도의 직전 연도 12월 31일을 기준으로 최

☞ p.187 3단 연결

☜

편주 ▶

영 66조 6항 3호의 개정규정은 2024. 2. 29. 이후 국세예규심사위원회, 납세자보호위원회 및 국세정보위원회의 회의를 소집하는 경우부터 적용함. (영 부칙(2024. 2. 29.) 2조)

할 때 공개할 사항은 단체의 명칭, 대표자, 국세추징 건수 또는 세액, 거짓영수증 발급 건수, 발급금액 또는 의무불이행 내역 등으로 한다. (2018. 2. 13. 개정)

⑫ 법 제85조의 5 제4항에 따라 공개대상자에게 명단 공개대상자임을 통지하는 경우에는 체납된 세금을 납부하도록 촉구하고, 공개 제외 사유에 해당되는 경우에는 이에 관한 소명자료를 제출하도록 안내하여야 한다. (2017. 2. 7. 개정)

⑬ 체납자의 명단을 공개할 때 공개할 사항은 체납자의 성명·상호(법인의 명칭을 포함한다), 나이, 직업, 주소, 체납액의 세목·납부기한 및 체납 요지 등으로 하고, 체납자가 법인인 경우에는 법인의 대표자를 함께 공개한다. (2016. 2. 5. 항번개정)

⑬ 삭 제 (2021. 2. 17.)

⑭ 법 제85조의 5 제1항 제3호에 따라 조세포탈범의 명단을 공개할 때 공개할 사항은 조세포탈범의 성명·상호(법인의 명칭을 포함한다), 나이, 직업, 주소, 포탈세액 등의 세목·금액, 판결 요지 및 형량 등으로 한다. 이 경우 조세포탈범의 범칙행위가 「조세범 처벌법」 제18조 본문에 해당하는 경우에는 해당 법인의 명칭·주소·대표자 또는 해당 개인의 성명·상호, 주소를 함께 공개한다. (2016. 2. 5. 항번개정)

⑮ 법 제85조의 5 제1항 제4호에 따라 해외금융계좌신고의무위반자의 명단을 공개할 때 공개할 사항은 신고의무 위반자(법인인 경우에는 법인 대표자를 포함한다)의 성명·법인명, 나이, 직업, 주소, 신고의무 위반금액 등으로 한다. (2022. 2. 15. 개정)

⑯ 법 제85조의 5 제1항 제5호에 따라 세금계산서발급의무등위반자의 명단을 공개할 때 공개할 사항은 세금계산서발급의무등위반자의 성명·상호(소속 법인의 명칭을 포함한다), 나이, 직업, 주소, 「특정범죄 가중처벌 등에 관한 법률」 제8조의 2 제1항 제1호에 따른 공급가액등의 합계액, 판결 요지와 형량 등으로 한다. (2022. 2. 15. 신설)

⑰ 국세청장이 법 제85조의 5 제5항에 따라 명단을 국세정보통신망 또는 관할세무서 게시판에 게시하는 방법으로 공개하는 경우 그 공개 기간은 게시일부터 다음 각 호의 구분에 따른 기간이 만료하는 날까지로 한다. (2023. 2. 28. 개정)

1. 법 제85조의 5 제1항 제2호에 따른 불성실기부금수령단체의 경우: 3년 (2023. 2. 28. 개정)

2. 법 제85조의 5 제1항 제3호에 따른 조세포탈범의 경우: 다음 각 목의 구분에 따른 기간 (2023. 2. 28. 개정)

　가. 「조세범 처벌법」 제3조 제1항에 따른 범죄(같은 조 제4항에 따른 상습범은 제외한다)로 유죄판결이 확정된 자 : 5년 (2023. 2. 28. 개정)

　나. 「조세범 처벌법」 제3조 제1항에 따른 범죄(같은 조 제4항에 따른 상습범만 해당한다), 같은 법 제4조 또는 제5조에 따른 범죄로 유죄판결이 확정된 자 : 10년 (2023. 2. 28. 개정)

3. 법 제85조의 5 제1항 제4호에 따른 해외금융계좌신고의무위반자의 경우 : 5년 (2023. 2. 28. 개정)

4. 법 제85조의 5 제1항 제5호에 따른 세금계산서발급의무등위반자의 경우 : 5년 (2023. 2. 28. 개정)

⑱ 제17항에도 불구하고 같은 항 각 호에 따른 자가 그 공개 기간의 만료일 현재 다음 각 호의 어느 하나에 해당하는 경우에는 해당 호에서 정하는 날까지 계속하여 공개한다. (2023. 2. 28. 신설)

1. 세법에 따라 납부해야 할 세액, 과태료 또는 벌금을 납부하지 않은 경우: 그 세액 등을 완납하는 날 (2023. 2. 28. 신설)

2. 형의 집행이 완료되지 않은 경우: 그 형의 집행이 완료되는 날 (2023. 2. 28. 신설)

근 3년 간(제1항 제2호 가목의 기간은 제외한다)의 「소득세법」 제160조의 3 또는 「법인세법」 제112조의 2에 따른 기부자별 발급명세를 작성하여 보관하고 있지 아니한 경우 (2019. 2. 12. 개정)

3. 명단 공개일이 속하는 연도의 직전 연도 12월 31일을 기준으로 최근 3년 이내(제1항 제2호 가목의 기간은 제외한다)에 기부금액 또는 기부자의 인적사항이 사실과 다르게 발급된 기부금영수증(이하 이 조에서 "거짓영수증"이라 한다)을 5회 이상 발급하였거나 그 발급금액의 합계액이 5천만원 이상인 경우 (2019. 2. 12. 개정)

4. 명단 공개일이 속하는 연도의 직전 연도 12월 31일을 기준으로 「법인세법 시행령」 제39조 제1항 제1호 가목부터 라목까지의 규정에 따른 공익법인등이 다음 각 목에 해당하는 사실이 2회 이상 확인되는 경우 (2021. 2. 17. 개정)

　가. 「법인세법 시행령」 제39조 제5항 각 호(같은 항 제1호는 제외한다)의 의무를 위반한 사실 (2019. 2. 12. 개정)

　나. 「법인세법 시행령」 제39조 제6항 후단에 따른 국세청장의 요구에도 불구하고 의무이행 여부를 보고하지 아니한 사실 (2022. 2. 15. 개정)

⑪ 불성실기부금수령단체의 명단을 공개

〈제85조의 6〉

④ 국세청장은 다음 각 호의 경우에 그 목적의 범위에서 통계자료를 제공하여야 하고 제공한 통계자료의 사본을 기획재정부장관에게 송부하여야 한다. (2014. 1. 1. 항번개정)

1. 국회 소관 상임위원회가 의결로 세법의 제정법률안·개정법률안, 세입예산안의 심사 및 국정감사, 그 밖의 의정활동에 필요한 통계자료를 요구하는 경우 (2020. 6. 9. 개정 ; 법률용어 정비를~법률)

2. 국회예산정책처장이 의장의 허가를 받아 세법의 제정법률안·개정법률안에 대한 세수추계 또는 세입예산안의 분석을 위하여 필요한 통계자료를 요구하는 경우 (2010. 1. 1. 개정)

⑤ 국세청장은 제81조의 13 제1항 각 호 외의 부분 본문에도 불구하고 국회 소관 상임위원회가 의결로 국세의 부과·징수·감면 등에 관한 자료를 요구하는 경우에는 그 사용목적에 맞는 범위에서 과세정보를 납세자 개인정보를 직접적인 방법 또는 간접적인 방법으로 확인할 수 없도록 가공하여 제공하여야 한다. (2020. 12. 22. 개정)

⑥ 국세청장은 「정부출연연구기관 등의 설립·운영 및 육성에 관한 법률」 제8조 제1항에 따라 설립된 연구기관의 장이 조세정책의 연구를 목적으로 통계자료를 요구하는 경우 그 사용 목적에 맞는 범위안에서 제공할 수 있다. 이 경우 통계자료의 범위, 제공 절차, 비밀유지 등에 관하여 필요한 사항은 대통령령으로 정한다. (2017. 12. 19. 개정)

　제67조【통계자료의 공개】① 법 제85조의 6 제4항에 따라 국회 소관 상임위원회로부터 법 제85조의 6 제1항에 따른 통계자료(이하 "통계자료"라 한다)의 제공을 요청받은 국세청장은 제출기간이 따로 명시되지 아니한 경우에는 요청받은 날부터 10일 이내에 제공하여야 한다. 다만, 그 기간에 통계자료를 작성하여 제공하기 곤란한 경우에는 소관 상임위원회와 협의하여 그 기간을 연장할 수 있다. (2014. 2. 21. 개정)

② 국세청장은 제1항에 따라 소관 상임위원회로부터 제공을 요청받은 통계자료가 보관·관리되지 아니하거나 생산할 수 없는 것인 경우에는 그 사유를 첨부하여 소관 상임위원회에 통보하여야 한다. (2014. 2. 21. 개정)

③ 국세청장은 제1항에 따라 소관 상임위원회에 통계자료를 제공한 경우 그 사본을 7일 이내에 기획재정부장관에게 송부하여야 한다. (2014. 2. 21. 개정)

④ 법 제85조의 6 제6항에 따라 「정부출연연구기관 등의 설립·운영 및 육성에 관한 법률」 제8조 제1항에 따라 설립된 연구기관의 장(이하 "정부출연연구기관의 장"이라 한다)은 다음 각 호의 사항을 적은 문서를 국세청장에게 제출하는 방식으로 통계자료를 요구할 수 있다. (2021. 2. 17. 개정)

1. 통계자료의 명칭 (2015. 2. 3. 신설)

2. 통계자료의 사용 목적 (2015. 2. 3. 신설)

3. 통계자료의 내용과 범위 (2015. 2. 3. 신설)

4. 통계자료의 제공방법 (2015. 2. 3. 신설)

⑤ 제4항에 따라 정부출연연구기관의 장으로부터 통계자료의 제공을 요청받은 국세청장은 요청받은 날부터 30일 이내에 제공하여야 한다. 다만, 그 기간에 통계자료를 작성하여 제공하기 곤란한 경우에는 정부출연연구기관의 장과 협의하여 그 기간을 연장할 수 있다. (2018. 2. 13. 개정)

⑥ 국세청장은 제4항에 따라 정부출연연구기관의 장으로부터 제공을 요청받은 통계자료가 보관·관리되지 아니하거나 생산할 수 없는 것인 경우에는 요청받은 날부터 30일 이내에 그 사유를 첨부하여 정부출연

⑦ 국세청장은 다음 각 호의 어느 하나에 해당하는 자가 조세정책의 평가 및 연구 등에 활용하기 위하여 통계자료 작성에 사용된 기초자료(이하 "기초자료"라 한다)를 직접 분석하기를 원하는 경우 제81조의 13 제1항 각 호 외의 부분 본문에도 불구하고 국세청 내에 설치된 대통령령으로 정하는 시설 내에서 기초자료를 그 사용목적에 맞는 범위에서 제공할 수 있다. 이 경우 기초자료는 개별 납세자의 과세정보를 직접적 또는 간접적 방법으로 확인할 수 없는 상태로 제공하여야 한다. (2019. 12. 31. 신설)
1. 국회의원 (2021. 12. 21. 신설)
2. 「국회법」에 따른 국회사무총장·국회도서관장·국회예산정책처장·국회입법조사처장 및 「국회미래연구원법」에 따른 국회미래연구원장 (2021. 12. 21. 호번개정)
3. 「정부조직법」 제2조에 따른 중앙행정기관의 장 (2021. 12. 21. 호번개정)
4. 「지방자치법」 제2조에 따른 지방자치단체의 장 (2021. 12. 21. 호번개정)
5. 그 밖에 「정부출연연구기관 등의 설립·운영 및 육성에 관한 법률」 제2조에 따른 정부출연연구기관의 장 등 대통령령으로 정하는 자 (2021. 12. 21. 호번개정)

연구기관의 장에게 통보하여야 한다. (2018. 2. 13. 개정)
⑦ 제5항에 따라 정부출연연구기관의 장에게 통계자료를 제공하는 경우 국세청장은 정부출연연구기관의 장에게 통계자료의 사용 목적, 사용 방법 등을 제한하거나 통계자료의 안전성 확보를 위하여 필요한 조치를 마련하도록 요청할 수 있다. (2018. 2. 13. 개정)
⑧ 제4항부터 제7항까지에서 규정한 사항 외에 정부출연연구기관의 장에 대한 통계자료의 제공방법 등 통계자료의 제공에 필요한 사항은 국세청장이 정부출연연구기관의 장과 협의하여 정한다. (2018. 2. 13. 개정)

제67조의 2 【기초자료의 제공】 ① 법 제85조의 6 제7항 각 호 외의 부분 전단에서 "대통령령으로 정하는 시설"이란 해당 시설 외부에서 내부통신망 등에 접근·침입하는 것을 방지하기 위한 정보보호시스템 및 기초자료를 분석할 수 있는 설비 등을 갖춘 시설(이하 "국세통계센터"라 한다)을 말한다. (2020. 2. 11. 신설)
② 법 제85조의 6 제7항 제5호에서 "「정부출연연구기관 등의 설립·운영 및 육성에 관한 법률」 제2조에 따른 정부출연연구기관의 장 등 대통령령으로 정하는 자"란 다음 각 호의 자를 말한다. (2022. 2. 15. 개정)
1. 「정부출연연구기관 등의 설립·운영 및 육성에 관한 법률」 제2조에 따른 정부출연연구기관의 장 (2020. 2. 11. 신설)
2. 「고등교육법」에 따른 학교의 장 (2022. 2. 15. 개정)
3. 「공공기관의 운영에 관한 법률」에 따른 공공기관의 장 (2022. 2. 15. 신설)
4. 제1호에 준하는 민간 연구기관의 장 (2022. 2. 15. 신설)
5. 조세정책의 평가 및 연구를 목적으로 기초자료의 적정성 점검 등을 수행하는 기관의 장 (2022. 2. 15. 신설)
③ 법 제85조의 6 제7항에 따른 기초자료의 제공에 관하여는 제67조 제4항부터 제7항까지의 규정을 준용한다. 이 경우 "법 제85조의 6 제6항"은 "법 제85조의 6 제7항"으로, "「정부출연연구기관 등의 설립·운영 및 육성에 관한 법률」 제8조 제1항에 따라 설립된 연구기관의 장(이하 "정부출연연구기관의 장"이라 한다)"은 "같은 항 각 호의 어느 하나에 해당하는 자(이하 "정부출연연구기관등의 장"이라 한다)"로,

⑧ 국세청장은 조세정책의 평가 및 연구를 목적으로 기초자료를 이용하려는 자가 소득세 관련 기초자료의 일부의 제공을 요구하는 경우에는 제7항 및 제81조의 13 제1항 각 호 외의 부분 본문에도 불구하고 소득세 관련 기초자료의 일부를 검증된 통계작성기법을 적용하여 표본형태로 처리한 기초자료(이하 "표본자료"라 한다)를 대통령령으로 정하는 방법에 따라 제공할 수 있다. 이 경우 표본자료는 그 사용 목적에 맞는 범위에서 개별 납세자의 과세정보를 직접적 또는 간접적 방법으로 확인할 수 없는 상태로 가공하여 제공하여야 한다. (2020. 12. 22. 신설)

⑨ 제4항 및 제6항에 따라 제공되거나 송부된 통계자료(제2항에 따라 공개된 것은 제외한다), 제7항에 따라 제공된 기초자료 및 제8항에 따라 제공된 표본자료를 알게 된 자는 그 통계자료, 기초자료 및 표본자료를 목적 외의 용도로 사용해서는 아니 된다. (2020. 12. 22. 개정)

⑩ 제4항에 따른 통계자료, 제7항에 따른 기초자료 및 제8항에 따른 표본자료의 제공 절차 등에 관하여 필요한 사항은 대통령령으로 정한다. (2020. 12. 22. 개정)

제85조의 7【이행강제금】① 관할 지방국세청장은 납세자가 세무조사 과정에서 세법상 장부등의 제출 의무를 정당한 사유 없이 이행하지 아니하는 경우 해당 납세자에 대하여 제85조의 8에 따른 이행강제금심의위원회의 심의를 거쳐 이행강제금을 부과할 수 있다. 다만, 동일한 사유에 대하여 이 법 및 세법에 따른 과태료와 중복하여 부과할 수 없다. (2025. 3. 14. 신설)

② 관할 지방국세청장은 이행강제금을 부과하기 전에 납세자의 장부등 제출에 필요한 상당한 이행기한을 정하고, 그 기한까지 장부등을 제출하지 아니하는 경우 이행강제금이 부과될 수 있음을 통지하여야 한다.

"정부출연연구기관의 장"은 "정부출연연구기관등의 장"으로, "통계자료"는 "기초자료"로 본다. (2021. 2. 17. 후단개정)

④ 제1항부터 제3항까지에서 규정한 사항 외에 국세통계센터의 이용방법 등 국세통계센터의 운영에 필요한 세부적인 사항은 국세청장이 정한다. (2020. 2. 11. 신설)

제67조의 3【표본자료의 제공】① 법 제85조의 6 제8항에 따라 표본자료를 이용하려는 자(이하 이 조에서 "표본자료이용자"라 한다)는 다음 각 호의 사항을 적은 문서로 국세청장에게 표본자료의 제공을 요청해야 한다. (2021. 2. 17. 신설)

1. 표본자료이용자의 이름(기관, 법인 또는 단체 등의 경우에는 그 명칭) 및 주소 (2021. 2. 17. 신설)
2. 표본자료의 사용목적 (2021. 2. 17. 신설)
3. 표본자료의 종류 및 범위 (2021. 2. 17. 신설)
4. 표본자료의 제공방법(제3항에 따른 제공방법으로 한정한다) (2021. 2. 17. 신설)

② 제1항에 따라 표본자료의 제공을 요청받은 국세청장은 그 요청받은 날부터 30일 이내에 표본자료를 표본자료이용자에게 제공해야 한다. 다만, 그 기간에 표본자료를 제공하기 곤란한 경우에는 표본자료이용자와 협의하여 그 기간을 연장할 수 있다. (2021. 2. 17. 신설)

③ 법 제85조의 6 제8항 전단에서 "대통령령으로 정하는 방법"이란 표본자료를 전자매체에 수록하거나 정보통신망을 통해 제공하는 방법을 말한다. (2021. 2. 17. 신설)

☞

편주 ▶
법 85조의 7의 개정규정은 2025. 9. 15. 이후 시작된 세무조사에서 장부 등의 제출 의무를 정당한 사유 없이 이행하지 아니한 경우부터 적용함. (법 부칙(2025. 3. 14.) 2조)

이 경우 이행기한은 통지하는 날로부터 30일 이상 경과한 날로 정하여야 한다. (2025. 3. 14. 신설)

③ 관할 지방국세청장은 제2항에 따른 이행기한까지 장부등을 제출하지 아니한 납세자에게 이행기한이 지난 날부터 1일당 대통령령으로 정하는 1일 평균수입금액의 1천분의 3의 범위에서 이행강제금을 부과할 수 있다. 다만, 평균수입금액이 없거나 평균수입금액의 산정이 곤란한 경우에는 1일당 500만원의 범위에서 이행강제금을 부과할 수 있다. (2025. 3. 14. 신설)

④ 관할 지방국세청장은 장부등의 제출이행을 위한 노력과 불이행의 정도 · 사유 또는 세무조사 결과 등을 고려하여 이행강제금심의위원회의 심의를 거쳐 제1항에 따른 이행강제금 부과금액을 감경하거나 면제할 수 있다. (2025. 3. 14. 신설)

⑤ 제1항부터 제4항까지에 따른 이행강제금의 부과 · 납부 · 징수 · 환급 및 감면 절차 등 그 밖에 필요한 사항은 대통령령으로 정한다. (2025. 3. 14. 신설)

　　제85조의 8 【이행강제금심의위원회】 ① 제85조의 7에 따른 이행강제금의 부과에 관한 사항을 심의하기 위하여 지방국세청에 이행강제금심의위원회를 둔다. (2025. 3. 14. 신설)

② 이행강제금심의위원회는 위원장 1명을 포함하여 20명 이내의 위원으로 구성한다. (2025. 3. 14. 신설)

③ 이행강제금심의위원회의 위원 중 공무원이 아닌 사람은 「형법」 제127조 및 제129조부터 제132조까지를 적용할 때에는 공무원으로 본다. (2025. 3. 14. 신설)

④ 이행강제금심의위원회의 구성 및 운영 등에 필요한 사항은 대통령령으로 정한다. (2025. 3. 14. 신설)

　　제86조 【가족관계등록 전산정보의 공동이용】 국세청장, 지방국세청장, 세무서장 및 조세심판원장은 심사 · 심판 및 과세전적부심사 업무를 처리할 때 제56조 제1항 단서 및 제81조의 15 제7항에 따라 「행정심판법」 제16조에 따른 청구인 지위 승계의 신고 또는 허가 업무를 처리하기 위하여 「전자정부법」에 따라 「가족관계의 등록 등

편주 ▶ ···
법 85조의 8의 개정규정은 2025. 9. 15.부터 시행함. (법 부칙(2025. 3. 14.) 1조 단서)
··

　　제68조 【민감정보 및 고유식별정보의 처리】 ① 세무공무원은 법 및 세법에 따른 국세에 관한 사무를 수행하기 위하여 불가피한 경우 「개인정보 보호법」 제23조에 따른 건강에 관한 정보 또는 같은 법 시행령 제18조 제2호에 따른 범죄경력자료에 해당하는 정보나 같은 영 제19조에 따른 주민등록번호(「정보통신망 이용촉진 및 정보보호 등에

에 관한 법률」 제11조 제4항에 따른 전산정보자료를 공동이용(「개인정보 보호법」 제2조 제2호에 따른 처리를 포함한다)할 수 있다. (2018. 12. 31. 개정)

　제87조【금품 수수 및 공여에 대한 징계 등】① 세무공무원이 그 직무와 관련하여 금품을 수수(收受)하였을 때에는 「국가공무원법」 제82조에 따른 징계절차에서 그 금품 수수액의 5배 이내의 징계부가금 부과 의결을 징계위원회에 요구하여야 한다. (2018. 12. 31. 신설)
② 징계대상 세무공무원이 제1항에 따른 징계부가금 부과 의결 전후에 금품 수수를 이유로 다른 법률에 따라 형사처벌을 받거나 변상책임 등을 이행한 경우(몰수나 추징을 당한 경우를 포함한다)에는 징계위원회에 감경된 징계부가금 부과 의결 또는 징계부가금 감면을 요구하여야 한다. (2018. 12. 31. 신설)
③ 제1항 및 제2항에 따른 징계부가금 부과 의결의 요구(감면요구를 포함한다)는 5급 이상 공무원 및 고위공무원단에 속하는 일반직공무원은 국세청장(세법에 따라 국세에 관한 사무를 세관장이 관장하는 경우에는 관세청장)이, 6급 이하의 공무원은 소속 기관의 장 또는 소속 상급기관의 장이 한다. (2018. 12. 31. 신설)
④ 제1항에 따라 징계부가금 부과처분을 받은 세무공무원이 납부기간 내에 그 부가금을 납부하지 아니한 때에는 징계권자는 국세강제징수의 예에 따라 징수할 수 있다. (2020. 12. 22. 개정)

제 9 장　벌　　　칙 (2018. 12. 31. 신설)

　제88조【직무집행 거부 등에 대한 과태료】① 관할 세무서장은 세법의 질문·조사권 규정에 따른 세무공무원의 질문에 대하여 거짓으로 진술하거나 그 직무집행을 거부 또는 기피한 자에게 5천만원 이하의 과태료를 부과·징수한다. (2022. 12. 31. 개정)
② 제1항에 따른 과태료의 부과기준은 대통령령으로 정한다. (2021. 12. 21. 신설)

관한 법률」 제23조의 3에 따른 본인확인기관이 같은 법 제2조 제3호에 따른 정보통신서비스 제공자의 온·오프라인 서비스 연계를 위해 같은 조 제4호에 따른 이용자의 주민등록번호와 연계해 생성한 정보를 포함한다), 여권번호, 운전면허의 면허번호 또는 외국인등록번호가 포함된 자료를 처리할 수 있다. (2020. 2. 11. 개정)
② 조세심판원장, 조세심판관, 심판조사관 및 이를 보조하는 공무원은 법 제55조, 제67조부터 제69조까지, 제71조부터 제74조까지, 제74조의 2, 제75조부터 제80조까지 및 제80조의 2에 따른 심판청구 및 심판청구에 대한 결정 등에 관한 사무를 수행하기 위하여 불가피한 경우 제1항에 따른 개인 정보가 포함된 자료를 처리할 수있다. (2023. 2. 28. 개정)
③ 세법에 따른 원천징수의무자는 원천징수 사무를 수행하기 위하여 불가피한 경우 제1항에 따른 개인정보가 포함된 자료를 처리할 수 있다. (2012. 1. 6. 신설 ; 민감정보 및 고유식별정보~개정령)
④ 세법에 따른 소득공제 증명서류를 발급하는 자와 자료집중기관은 소득공제 증명서류의 발급 및 제출을 위하여 불가피한 경우 제1항에 따른 개인정보가 포함된 자료를 처리할 수 있다. (2012. 1. 6. 신설 ; 민감정보 및 고유식별정보~개정령)

제 8 장　벌　　　칙 (2022. 2. 15. 신설)

　제69조【과태료의 부과기준】① 법 제88조 제1항에 따른 과태료의 부과기준은 별표 1과 같다. (2022. 2. 15. 신설)
② 법 제89조 제1항 본문에 따른 과태료의 부과기준은 별표 2와 같다. (2022. 2. 15. 신설)
③ 법 제90조 제1항 본문에 다른 과태료의 부과기준은 별표 3과 같다. (2022. 2. 15. 신설)

제89조【금품 수수 및 공여에 대한 과태료】① 관할 세무서장 또는 세관장은 세무공무원에게 금품을 공여한 자에게 그 금품 상당액의 2배 이상 5배 이하의 과태료를 부과·징수한다. 다만, 「형법」 등 다른 법률에 따라 형사처벌을 받은 경우에는 과태료를 부과하지 아니하고, 과태료를 부과한 후 형사처벌을 받은 경우에는 과태료 부과를 취소한다. (2021. 12. 21. 항번개정)
② 제1항 본문에 따른 과태료의 부과기준은 대통령령으로 정한다. (2021. 12. 21. 신설)

제90조【비밀유지 의무 위반에 대한 과태료】① 국세청장은 제81조의 13 제1항에 따라 알게 된 과세정보를 타인에게 제공 또는 누설하거나 그 목적 외의 용도로 사용한 자에게 2천만원 이하의 과태료를 부과·징수한다. 다만, 「형법」 등 다른 법률에 따라 형사처벌을 받은 경우에는 과태료를 부과하지 아니하고, 과태료를 부과한 후 형사처벌을 받은 경우에는 과태료 부과를 취소한다. (2021. 12. 21. 항번개정)
② 제1항 본문에 따른 과태료의 부과기준은 대통령령으로 정한다. (2021. 12. 21. 신설)

부 칙 (2025. 3. 14. 법률 제20774호)

　제1조【시행일】이 법은 공포한 날부터 시행한다. 다만, 제84조의 3의 개정규정은 공포 후 3개월이 경과한 날부터 시행하고, 제85조의 7 및 제85조의 8의 개정규정은 공포 후 6개월이 경과한 날부터 시행한다.

　제2조【이행강제금의 부과에 관한 적용례】제85조의 7의 개정규정은 같은 개정규정 시행 이후 시작된 세무조사에서 장부등의 제출 의무를 정당한 사유 없이 이행하지 아니한 경우부터 적용한다.

부 칙 (2024. 12. 31. 법률 제20611호)

　제1조【시행일】이 법은 2025년 1월 1일부터 시행한다.

　제2조【상속으로 인한 납세의무의 승계에 관한 적용례】제24조 제2항의 개정규정은 이 법 시행 이후 상속이 개시되는 경우부터 적용한다.

　제3조【이월세액공제 부과제척기간 특례에 관한 적용례】제26조의 2 제3항의 개정규정은 이 법 시행 이후 개시하는 과세기간에 세액공제액이 발생하는 경우부터 적용한다.

　제4조【역외거래 관련 국세 부과제척기간에 관한 적용례】제26조의 2 제6항 제6호의 개정규정은 이 법 시행 이후 발생하는 역외거래에 대한 조세정보를 외국의 권한 있는 당국에 요청하는 경우부터 적용한다.

　제5조【출자자의 제2차 납세의무에 관한 적용례】제39조 각 호 외의 부분 단서 및 같은 조 제3호의 개정규정은 이 법 시행 이후 법인의 납세의무가 성립하는 경우부터 적용한다.

　제6조【경정 등의 청구에 관한 적용례 등】① 제45조의 2 제1항 각 호 외의 부분 단서의 개정규정은 이 법 시행 당시 처분이 있음을 안 날부터 3개월이 지나지 아니한 경우에도 적용한다.

② 제45조의 2 제1항 제2호의 개정규정은 이 법 시행 이후 결정 또는 경정을 청구하는 경우부터 적용한다.

③「조세특례제한법」제144조 제1항,「법인세법」제57조 제2항 본문 및「소득세법」제57조 제2항 본문에 따라 이월하여 공제받는 세액공제액이 제45조의 2 제1항 제2호의 개정규정에 해당하여 결정 또는 경정을 청구하는 경우에는 같은 항 각 호 외의 부분 본문에 따른 청구기간이 지난 경우에도 2025년 12월 31일까지 관할 세무서장에게 결정 또는 경정을 청구할 수 있다.

　제7조【국세환급금의 국세 충당에 관한 적용례】제51조 제8항의 개정규정은 이 법 시행 이후 같은 조 제2항 제1호의 국세에 충당하는 경우부터 적용한다.

부 칙 (2025. 2. 28. 대통령령 제35345호)

　제1조【시행일】이 영은 공포한 날부터 시행한다.

　제2조【국세심사위원회 민간위원 등의 결격사유에 관한 경과조치】이 영 시행 전에 위촉되어 임기 중에 있는 국세심사위원회 및 납세자보호위원회 민간위원의 결격사유에 관하여는 제53조 제8항 제2호·제3호 및 제63조의 17 제6항 제2호·제3호의 개정규정에도 불구하고 그 임기가 끝날 때까지는 종전의 규정에 따른다.

　제3조【비상임조세심판관의 결격사유에 관한 경과조치】이 영 시행 전에 위촉되어 임기 중에 있는 비상임조세심판관의 결격사유에 관하여는 제55조의 2 제3항 제3호의 개정규정에도 불구하고 그 임기가 끝날 때까지는 종전의 규정에 따른다.

　제4조【포상금 지급금액 및 연간 한도액에 관한 경과조치】이 영 시행 전에 법 제84조의 2 제1항 제3호·제4호·제4호의 2 또는 제6호에 따른 신고를 한 경우에 지급(이 영 시행 이후 지급하는 경우를 포함한다)하는 포상금의 금액 및 연간 한도액에 관하여는 제65조의 4 제6항·제17항 및 제19항의 개정규정에도 불구하고 종전의 규정에 따른다. 이 경우 종전의 제65조의 4 제17항을 적용할 때 "「국제조세조정에 관한 법률 시행령」 제103조 제1항 제1호 다목"은 "「국제조세조정에 관한 법률 시행령」 제147조 제1항 제1호 다목"으로 본다.

부 칙 (2024. 12. 3. 대통령령 제35038호 ; 주민등록법 시행령 부칙)

　제1조【시행일】이 영은 2024년 12월 27일부터 시행한다. (단서 생략)

　제2조【다른 법령의 개정】①~⑤ 생　략

⑥ 국세기본법 시행령 일부를 다음과 같이 개정한다.

　제37조 제2항 및 제63조의 19 제2항 본문 중 "주민등록증"을 각각 "주민등록증(모바일 주민등록증을 포함한다)"으로 한다.

⑦~㉓ 생　략

부 칙 (2024. 11. 12. 대통령령 제34989호 ; 종이 없는 행정 구현을 위한 13개 법령의 일부개정에 관한 대통령령)

이 영은 공포한 날부터 시행한다.

부 칙 (2024. 2. 29. 대통령령 제34261호)

　제1조【시행일】이 영은 공포한 날부터 시행한다. 다만, 제6조의 4 제1항 및 제2항의 개정규정은 2024년 7월 1일부터 시행하고, 제48조의 2 제2항부터 제6항까지의 개정

부 칙 (2025. 3. 21. 기획재정부령 제1122호)

　제1조【시행일】이 규칙은 공포한 날부터 시행한다.

　제2조【서식에 관한 적용례】서식의 개정규정은 이 규칙 시행 이후 통지하거나 제출하는 경우부터 적용한다.

　제3조【국세환급가산금의 이율 변경에 관한 경과조치】법 제52조 제1항에 따른 국세환급가산금 기산일이 이 규칙 시행 전인 경우로서 이 규칙 시행 이후 같은 조에 따라 국세환급가산금을 충당 또는 지급하는 경우 그 기산일부터 이 규칙 시행일 전일까지의 기간에 대한 이율은 제19조의 3의 개정규정에도 불구하고 종전의 규정에 따른다.

부 칙 (2024. 3. 22. 기획재정부령 제1044호)

　제1조【시행일】이 규칙은 공포한 날부터 시행한다. 다만, 다음 각 호의 개정규정은 해당 호에서 정한 날부터 시행한다.

1. 별지 제3호의 2 서식의 개정규정 : 2024년 7월 1일
2. 별지 제28호의 2 서식, 별지 제29호 서식, 별지 제32호 서식, 별지 제35호 서식(뒤쪽으로 한정한다), 별지 제56호의 3 서식 및 별지 제56호의 4 서식(뒤쪽으로 한정한다)의 개정규정 : 2024년 4월 1일

　제2조【서식에 관한 적용례】서식의 개정규정은 이 규칙 시행 이후 통지하거나 제출하는 경우부터 적용한다.

　제3조【국세환급가산금의 이율 변경에 관한 경과조치】법 제52조 제1항에 따른 국세환급가산금 기산일이 이 규칙 시행 전인 경우로서 이 규칙 시행 이후 같은 조에 따라 국세환급가산금을 충당 또는 지급하는 경우 그 기산일부터 이 규칙 시행일 전일까지의 기간에 대한 이율은 제19조의 3의 개정규정에도 불구하고 종전의 규정에 따른다.

제8조 【세무조사의 통지에 관한 적용례】 제81조의 7 제1항 본문의 개정규정은 이 법 시행 이후 세무조사를 사전통지하는 경우부터 적용한다.

제9조 【과세예고통지에 관한 적용례】 제81조의 15 제1항 제3호의 개정규정은 이 법 시행 이후 납부고지하는 경우부터 적용한다.

제10조 【전자송달 신청 철회에 관한 경과조치】 이 법 시행 전에 납세자가 2회 연속하여 전자송달된 서류를 열람하지 아니한 경우에는 제10조 제9항의 개정규정에도 불구하고 종전의 규정에 따른다.

부 칙 (2023. 12. 31. 법률 제19926호)

제1조 【시행일】 이 법은 2024년 1월 1일부터 시행한다. 다만, 제59조의 2 제1항의 개정규정은 2024년 4월 1일부터 시행한다.

제2조 【과소신고·초과환급신고가산세의 적용 제외에 관한 적용례】 ① 제47조의 3 제4항 제1호의 2의 개정규정은 이 법 시행 이후 양도소득세 과세표준을 결정 또는 경정하는 경우부터 적용한다.

② 제47조의 3 제4항 제4호의 개정규정은 이 법 시행 이후 소득세 또는 법인세 과세표준을 신고하는 경우부터 적용한다.

제3조 【납부지연가산세의 적용 제외에 관한 적용례】 제47조의 4 제3항 제7호의 개정규정은 이 법 시행 이후 양도소득세의 과세표준과 세액을 결정 또는 경정하는 경우부터 적용한다.

제4조 【가산세 한도의 적용 범위 확대에 관한 적용례】 제49조 제1항 제2호의 개정규정은 이 법 시행 이후 가산세를 부과하는 경우부터 적용한다.

제5조 【국선대리인의 신청 자격 확대에 관한 적용례】 제59조의 2 제1항의 개정규정은 2024년 4월 1일 이후 국선대리인의 선정을 신청하는 경우부터 적용한다.

제6조 【비상임조세심판관의 연임에 관한 적용례】 ① 제67조 제6항의 개정규정은 이 법 시행 전에 위촉되어 이 법 시행 당시 그 임기가 만료되지 아니한 비상임조세심판관에 대해서도 적용한다.

② 제1항에 따라 제67조 제6항의 개정규정을 적용할 때 이 법 시행 전에 한 차례 연임되어 임기 중에 있는 비상임조세심판관은 그 임기 만료 후에는 연임할 수 없고, 그 밖의 비상임조세심판관은 그 임기 만료 후 한 차례만 연임할 수 있다.

제7조 【조세심판관의 임명 철회 또는 해촉 사유 확대에 관한 적용례】 제67조 제7항의 개정규정은 이 법 시행 이후 임명 철회 또는 해촉 사유에 해당하게 되는 사람부터 적용한다.

제8조 【조세심판관합동회의의 구성에 관한 적용례】 제78조 제3항의 개정규정은 이 법 시행 이후 조세심판관합동회의를 구성하는 경우부터 적용한다.

(1974. 12. 21. 법률 제2679호~
2022. 12. 31. 법률 제19189호) 생략

규정은 2024년 4월 1일부터 시행한다.

제2조 【국세예규심사위원회 위원 등의 제척사유에 관한 적용례】 제9조의 3 제12항 제3호, 제63조의 17 제13항 제3호 및 제66조 제6항 제3호의 개정규정은 이 영 시행 이후 국세예규심사위원회, 납세자보호위원회 및 국세정보위원회의 회의를 소집하는 경우부터 적용한다.

제3조 【소액심판 등의 기준 완화에 관한 적용례】 제53조 제14항 및 제62조 제1호의 개정규정은 이 영 시행 당시 국세청장 또는 조세심판원에 청구되어 있는 심사청구 또는 심판청구 사건에 대해서도 적용한다.

제4조 【비상임조세심판관의 결격사유에 관한 적용례】 제55조의 2 제3항의 개정규정은 이 영 시행 이후 비상임조세심판관을 위촉하는 경우부터 적용한다.

제5조 【심리자료 열람 요청의 거부에 관한 적용례】 제58조 제2항 단서 및 같은 항 각 호의 개정규정은 이 영 시행 이후 처분청이 심리자료 열람을 요청하는 경우부터 적용한다.

제6조 【심판결정서의 공시송달에 관한 적용례】 제62조의 3 제2항부터 제4항까지의 개정규정은 이 영 시행 이후 심판결정서를 송달하는 경우부터 적용한다.

제7조 【국세청장에 대한 과세전적부심사 청구금액의 기준 완화에 관한 적용례】 제63조의 15 제1항 제4호의 개정규정은 이 영 시행 당시 국세청장에게 청구되어 있는 과세전적부심사 사건에 대해서도 적용한다.

제8조 【현금영수증 발급의무 위반의 신고기한에 관한 적용례】 제65조의 4 제15항의 개정규정은 이 영 시행 이후 현금영수증 발급의무 위반을 신고하는 경우부터 적용한다.

제9조 【국세심사위원회 민간위원 등의 결격사유에 관한 경과조치】 이 영 시행 전에 위촉되어 임기 중에 있는 국세심사위원회 및 납세자보호위원회 민간위원의 결격사유에 관하여는 제53조 제8항 제1호 및 제63조의 17 제6항 제1호의 개정규정에도 불구하고 그 임기가 끝날 때까지는 종전의 규정에 따른다.

부 칙 (2023. 2. 28. 대통령령 제33276호)

제1조 【시행일】 이 영은 공포한 날부터 시행한다. 다만, 제1조의 2 제1항의 개정규정은 2023년 3월 1일부터 시행하고, 제18조의 개정규정은 2023년 4월 1일부터 시행한다.

제2조 【국선대리인 선정 신청에 관한 적용례】 제48조의 2 제3항의 개정규정은 이 영 시행 이후 국선대리인의 선정을 신청하는 경우부터 적용한다.

제3조 【국세심사위원회 위원의 제척 및 회피에 관한 적용례】 제53조 제15항 제3호의 개정규정은 이 영 시행 이후 국세심사위원회의 회의를 소집하는 경우부터 적용한다.

제4조 【불성실기부금수령단체 등의 명단 공개에 관한 적용례 등】 제66조 제17항 및 제18항의 개정규정은 이 영 시행 전에 국세정보통신망 또는 관할세무서 게시판에 게시된 명단에 대해서도 적용한다. 다만, 이 영 시행 당시 같은 개정규정에 따른 공개 기간이 경과한 경우에는 이 영 시행일을 만료일로 본다.

(1974. 12. 31. 대통령령 제7459호~
2022. 2. 15. 대통령령 제32424호) 생략

부 칙 (2023. 3. 20. 기획재정부령 제967호)

제1조 【시행일】 이 규칙은 공포한 날부터 시행한다. 다만, 제11조의 2 및 제11조의 3의 개정규정은 2023년 4월 1일부터 시행한다.

제2조 【서식에 관한 적용례】 서식에 관한 개정규정은 이 규칙 시행 이후 통지하거나 제출하는 경우부터 적용한다.

제3조 【국세환급가산금의 이율에 관한 경과조치】 법 제52조 제1항에 따른 국세환급가산금 기산일이 이 규칙 시행 전인 경우로서 이 규칙 시행 이후 같은 조에 따라 국세환급가산금을 충당 또는 지급하는 경우 그 기산일부터 이 규칙 시행일 전일까지의 기간에 대한 이율은 제19조의 3의 개정규정에도 불구하고 종전의 규정에 따른다.

(1975. 3. 6. 재무부령 제1087호~
2022. 3. 18. 기획재정부령 제903호) 생략

① 【시행일】이 통칙은 2024년 3월 15일부터 시행한다.

② 【일반적 적용례】이 통칙 시행당시 종전의 규정에 의하여 부과하였거나 부과할 국세에 관하여는 종전의 예에 따른다. 다만, 이 통칙 시행일 이전에 관련법률 등의 개정으로 이미 시행되는 규정은 관련법률 등의 적용례에 따른다.

③ 【종전예규와의 관계】이 통칙 시행 전의 예규로서 이 통칙과 상치되는 경우에는 이 통칙에 의한다.

부 칙 (2019. 12. 23.)

① 【시행일】이 통칙은 2019년 12월 23일부터 시행한다. 다만, 제23－0…2, 24－0…2, 26－0…2, 27－0…2, 29－0…3, 32－0…1, 35－0…16, 35－18…1, 51－0…1, 52－0…1의 개정규정은 2020년 1월 1일부터 시행한다.

② 【일반적 적용례】이 통칙 시행당시 종전의 규정에 의하여 부과하였거나 부과할 국세에 관하여는 종전의 예에 따른다. 다만, 이 통칙 시행일 이전에 관련법률 등의 개정으로 이미 시행되는 규정은 관련법률 등의 적용례에 따른다.

③ 【종전예규와의 관계】이 통칙 시행 전의 예규로서 이 통칙과 상치되는 경우에는 이 통칙에 의한다.

부 칙 (2011. 3. 21.)

① 【시행일】이 통칙은 2011년 3월 21일부터 시행한다.

② 【일반적 적용례】이 통칙 시행당시 종전의 규정에 의하여 부과하였거나 부과할 국세에 관하여는 종전의 예에 따른다. 다만, 이 통칙 시행일 이전에 관련법률 등의 개정으로 이미 시행되는 규정은 관련법률 등의 적용례에 따른다.

③ 【종전예규와의 관계】이 통칙 시행 전의 예규로서 이 통칙과 상치되는 경우에는 이 통칙에 의한다.

[별표 1] (2023. 2. 28. 개정)

과태료의 부과기준(제69조 제1항 관련)

1. 일반기준

　가. 부과권자는 다음의 어느 하나에 해당하는 경우 제2호의 개별기준에 따른 과태료의 2분의 1 범위에서 그 금액을 줄여 부과할 수 있다. 다만, 과태료를 체납하고 있는 위반행위자에 대해서는 그렇지 않다.

　　1) 위반행위가 사소한 부주의나 오류로 인한 것으로 인정되는 경우

　　2) 그 밖에 위반행위의 정도, 위반행위의 동기와 그 결과 등을 고려하여 줄일 필요가 있다고 인정되는 경우

　나. 부과권자는 다음의 구분에 따른 범위에서 제2호의 개별기준에 따른 과태료를 늘려 부과할 수 있다. 다만, 늘려 부과하는 경우에도 법 제88조 제1항에 따른 과태료의 상한을 넘을 수 없다.

　　1) 다음의 어느 하나에 해당하는 경우 (2)에 해당하는 경우는 제외한다): 해당 과태료의 2분의 1의 범위

　　　가) 위반행위가 고의나 중대한 과실에 따른 것으로 인정되는 경우

　　　나) 그 밖에 위반행위의 정도, 위반행위의 동기와 그 결과 등을 고려하여 늘릴 필요가 있다고 인정되는 경우

　　2) 다음의 어느 하나에 해당하는 경우: 500만원의 범위

　　　가) 제2호 가목에 해당하는 자가 법 제26조의 2 제2항 제2호에 따른 부정행위(이하 이 표에서 "부정행위"라 한다)로 국세를 포탈한 경우

　　　나) 제2호 나목에 해당하는 자가 국세를 포탈한 납세의무자의 부정행위에 참여한 경우

2. 개별기준 (2023. 2. 28. 개정)

위반행위	근거 법조문	과태료 금액 (단위 : 만원)
세법의 질문·조사권 규정에 따른 세무공무원의 질문에 대해 거짓으로 진술하거나 그 직무집행을 거부 또는 기피한 경우 　가. 납세의무자(질문·조사 과정에서 납세의무 여부가 의심되어 질문·조사 후 납세의무가 있다고 인정된 자를 포함하며, 이하 이 표에서 같다)인 경우	법 제88조 제1항	
1) 수입금액 등이 100억원 이하인 경우		500
2) 수입금액 등이 100억원 초과 200억원 이하인 경우		1,000
3) 수입금액 등이 200억원 초과 300억원 이하인 경우		2,000
4) 수입금액 등이 300억원 초과 400억원 이하인 경우		3,000
5) 수입금액 등이 400억원 초과 500억원 이하인 경우		4,000
6) 수입금액 등이 500억원 초과인 경우		5,000
나. 납세의무자가 아닌 경우		500

비고

1. 이 표에서 "수입금액 등"이란 세법의 질문·조사권의 대상이 되는 세목에 대한 수입금액, 과세가액 등으로서 다음의 구분에 따른 금액을 말한다.

　가. 「법인세법」 제122조에 따른 질문·조사권의 대상인 경우: 수입금액

　나. 「소득세법」 제170조에 따른 질문·조사권의 대상인 경우: 종합소득세 신고 대상자인 경우는 총수입금액(사업소득 외 소득이 있는 경우에는 해당 소득금액을 모두 합한 금액을 말한다), 퇴직소득세 신고 대상자인 경우는 퇴직소득금액, 양도소득세 신고 대상자인 경우는 양도가액

　다. 「부가가치세법」 제74조에 따른 질문·조사권의 대상인 경우: 제1기 및 제2기 과세기간에 대한 과세표준(면세사업 수입금액을 포함한다)을 합산한 금액

　라. 「상속세 및 증여세법」 제84조에 따른 질문·조사권의 대상인 경우: 상속세 및 증여세 과세가액

　마. 「종합부동산세법」 제23조, 「개별소비세법」 제26조, 「주세법」 제25조, 「인지세법」 제11조, 「증권거래세법」 제17조, 「교통·에너지·환경세법」 제22조 등에 따른 질문·조사권의 대상인 경우: 100억원 이하

　바. 가목부터 라목까지의 규정에 따른 금액이 확인되지 않는 경우: 100억원 이하

2. 수입금액 등을 계산할 때에는 다음의 기준을 따라야 한다.

　가. 비고 제1호 가목 및 나목에 따른 수입금액 등은 질문·조사의 대상이 되는 과세기간 1년에 대한 수입금액 등으로 하고, 2개 이상의 과세기간에 대하여 질문·조사권이 행사되는 경우에는 각 과세기간 중 1년의 수입금액 등이 가장 큰 것으로 할 것

　나. 비고 제1호 다목에 따른 수입금액 등은 질문·조사의 대상이 되는 과세기간이 속하는 연도의 1기 및 2기 과세기간에 대한 수입금액 등의 합계액으로 하고, 2개 연도 이상의 과세

기간에 대하여 질문·조사권이 행사되는 경우에는 각 연도에 속하는 과세기간 수입금액 등의 합계액이 가장 큰 것으로 할 것
다. 가목 또는 나목의 과세기간(나목의 경우에는 해당 연도의 1기 및 2기 과세기간을 합한 기간을 말한다)이 1년이 되지 못하는 경우에는 수입금액 등을 1년으로 환산하여 계산할 것
라. 수입금액 등은 신고한 금액으로 하되, 결정·경정된 금액이 있는 경우에는 그 결정·경정된 금액으로 할 것

[별표 2] (2022. 2. 15. 신설)

과태료의 부과기준(제69조 제2항 관련)

1. 일반기준
   가. 부과권자는 위반행위의 정도, 위반행위의 동기와 그 결과 등을 고려하여 과태료를 줄일 필요가 있다고 인정되는 경우에는 제2호의 개별기준에 따른 과태료의 2분의 1 범위에서 그 금액을 줄여 부과할 수 있다. 다만, 과태료를 체납하고 있는 위반행위자에 대해서는 그렇지 않다.
   나. 부과권자는 위반행위의 정도, 위반행위의 동기와 그 결과 등을 고려하여 과태료를 늘릴 필요가 있다고 인정되는 경우에는 제2호의 개별기준에 따른 과태료 의 2분의 1 범위에서 그 금액을 늘려 부과할 수 있다. 다만, 늘려 부과하는 경우에도 법 제89조 제1항 본문에 따른 과태료의 상한을 넘을 수 없다.

2. 개별기준

위반행위	근거 법조문	과태료
세무공무원에게 금품을 공여한 경우 중 다음 각 목의 어느 하나에 해당하는 경우	법 제88조 제1항 본문	
가. 업무편의를 제공받은 사실이 없이 세무공무원에게 다음의 금액에 해당하는 금품을 공여한 경우		
1) 공여한 금품 상당액이 200만원 미만인 경우		공여한 금품 상당액의 2배
2) 공여한 금품 상당액이 200만원 이상 500만원 미만인 경우		공여한 금품 상당액의 2배
3) 공여한 금품 상당액이 500만원 이상인 경우		공여한 금품 상당액의 3배
나. 업무편의를 제공받은 대가로 세무공무원에게 다음의 금액에 해당하는 금품		

위반행위	근거 법조문	과태료
을 공여한 경우		
1) 공여한 금품 상당액이 200만원 미만인 경우		공여한 금품 상당액의 2배
2) 공여한 금품 상당액이 200만원 이상 500만원 미만인 경우		공여한 금품 상당액의 3배
3) 공여한 금품 상당액이 500만원 이상인 경우		공여한 금품 상당액의 4배
다. 세무공무원에게 금품을 공여한 행위로 과태료를 부과받거나 형사처벌을 받은 자가 그 부과처분일 또는 확정판결일부터 3년 이내에 같은 위반행위를 한 경우		공여한 금품 상당액의 5배

[별표 3] (2022. 2. 15. 신설)

과태료의 부과기준(제69조 제3항 관련)

1. 일반기준
   가. 부과권자는 다음의 어느 하나에 해당하는 경우 제2호의 개별기준에 따른 과태료의 2분의 1 범위에서 그 금액을 줄여 부과할 수 있다. 다만, 과태료를 체납하고 있는 위반행위자에 대해서는 그렇지 않다.
   1) 위반행위가 사소한 부주의나 오류로 인한 것으로 인정되는 경우
   2) 위반의 내용·정도가 경미하여 그 피해가 적다고 인정되는 경우
   3) 위반행위자가 법 위반상태를 시정하거나 해소하기 위해 노력한 것이 인정되는 경우
   4) 그 밖에 위반행위의 정도, 위반행위의 동기와 그 결과 등을 고려하여 줄일 필요가 있다고 인정되는 경우
   나. 부과권자는 다음의 어느 하나에 해당하는 경우 제2호의 개별기준에 따른 과태료의 2분의 1 범위에서 그 금액을 늘려 부과할 수 있다. 다만, 늘려 부과하는 경우에도 법 제90조 제1항 본문에 따른 과태료의 상한을 넘을 수 없다.
   1) 위반행위가 고의나 중대한 과실에 따른 것으로 인정되는 경우
   2) 위반행위의 내용·정도가 중대하여 그 피해가 크다고 인정되는 경우
   3) 그 밖에 위반행위의 정도, 위반행위의 동기와 그 결과 등을 고려하여 늘릴 필요가 있다고 인정되는 경우

2. 개별기준

위반행위	근거 법조문	과태료
법 제81조의 13 제1항에 따라 알게 된 과세정보를 타인에게 제공 또는 누설하거나 그 목적 외의 용도로 사용한 경우	법 제90조 제1항 본문	타인에게 제공 또는 누설하거나 그 목적 외의 용도로 사용한 과세정보의 건수에 50만원을 곱한 금액과 500만원 중 큰 금액(2천만원을 한도로 한다)

비고
위 표에서 "과세정보의 건수"를 계산할 때 1인의 과세정보는 1건으로 하며, 1인의 과세정보가 2개 이상의 전자적 파일, 종이문서 등의 형태로 분리되어 있는 경우에는 분리된 각각의 과세정보를 1건으로 보아 과태료를 산정한다.

법인세법

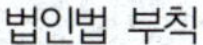
법인법 부칙

법인법 예규판례

법인세법

제 2 장의 2　법인과세 신탁재산의 각 사업연도의 소득에 대한 법인세 과세특례

제 1 절　통 칙

제 2 장의 2　법인과세 신탁재산의 각 사업연도의 소득에 대한 법인세 과세특례

제 1 절　통 칙

제 3 장　내국법인의 청산소득에 대한 법인세

제 3 장　내국법인의 청산소득에 대한 법인세

제 3 장　내국법인의 청산소득에 대한 법인세

제 5 장　토지 등 양도에 대한 특별부가세
<삭　제>

제 1 절　과세표준 및 계산 <삭　제>

제 2 절　세액의 계산 <삭　제>

제 3 절　신고·납부·결정·경정 및 징수
<삭　제>

제 4 절　내국법인의 국외토지 등의 양도에
대한 특별부가세 <삭　제>

제 5 장　토지 등 양도에 대한 특별부가세
<삭　제>

제 1 절　과세표준과 그 계산 <삭　제>

제 2 절　세액의 계산 <삭　제>

제 3 절　신고·납부·결정·경정 및 징수
<삭　제>

제 4 절　내국법인의 국외토지 등의 양도에
대한 특별부가세 <삭　제>

제 5 장　토지 등 양도에 대한 특별부가세
<삭　제>

기본통칙

<table>
<tr><th>법인세법</th><th>법인세법 시행령</th><th>법인세법
시행규칙</th></tr>
<tr><td>

개정 2025. 3. 14. 법률 제20775호
2024. 12. 31. 법률 제20613호
(교통·에너지~부칙) 2024. 12. 31. 법률 제20609호
2023. 12. 31. 법률 제19930호
2022. 12. 31. 법률 제19193호
2021. 12. 21. 법률 제18590호
(교통·에너지·환경세법 부칙) 2021. 12. 21. 법률 제18584호
(세무사법 부칙) 2021. 11. 23. 법률 제18521호
(근로자직업능력 개발법 부칙) 2021. 8. 17. 법률 제18425호
2021. 3. 16. 법률 제17924호
(독점규제 및~부칙) 2020. 12. 29. 법률 제17799호
(국세징수법 부칙) 2020. 12. 29. 법률 제17758호
2020. 12. 22. 법률 제17652호
2020. 8. 18. 법률 제17476호
2019. 12. 31. 법률 제16833호
(교통·에너지·환경세법 부칙) 2018. 12. 31. 법률 제16096호
2018. 12. 24. 법률 제16008호
2017. 12. 19. 법률 제15222호
(주식회사의 외부감사에 관한 법률 부칙) 2017. 10. 31. 법률 제15022호
2016. 12. 20. 법률 제14386호
2015. 12. 15. 법률 제13555호
(교통·에너지·환경세법 부칙) 2015. 12. 15. 법률 제13550호
(임대주택법 부칙) 2015. 8. 28. 법률 제13499호
(자본시장과~법률 부칙) 2015. 7. 24. 법률 제13448호
(제주특별자치도 설치 및~특별법 부칙) 2015. 7. 24. 법률 제13426호
(국립대학법인~법률 부칙) 2015. 3. 27. 법률 제13230호
2014. 12. 23. 법률 제12850호
(공익신탁법 부칙) 2014. 3. 18. 법률 제12420호
2014. 1. 1. 법률 제12166호
(지방세법 부칙) 2014. 1. 1. 법률 제12153호
(부가가치세법 부칙) 2013. 6. 7. 법률 제11873호
2013. 1. 1. 법률 제11607호
(교통·에너지·환경세법 부칙) 2013. 1. 1. 법률 제11603호
2011. 12. 31. 법률 제11128호
(산업교육진흥 및 산학협력촉진에 관한 법률 부칙) 2011. 7. 25. 법률 제10907호
(보조금의 예산 및 관리에 관한 법률 부칙) 2011. 7. 25. 법률 제10898호
2010. 12. 30. 법률 제10423호
(근로자복지기본법 부칙) 2010. 6. 8. 법률 제10361호

</td><td>

개정 2025. 2. 28. 대통령령 제35350호
2024. 12. 31. 대통령령 제35122호
2024. 11. 12. 대통령령 제34991호
(기부금품의~부칙) 2024. 7. 23. 대통령령 제34728호
(벤처기업육성에~부칙) 2024. 7. 2. 대통령령 제34657호
(문화재보호법 시행령 부칙) 2024. 5. 7. 대통령령 제34488호
2024. 2. 29. 대통령령 제34266호
(벤처투자~부칙) 2023. 12. 19. 대통령령 제34011호
(소재·부품~시행령 부칙) 2023. 12. 5. 대통령령 제33899호
(민간임대주택에~부칙) 2023. 9. 26. 대통령령 제33764호
2023. 9. 26. 대통령령 제33734호
(지방자치분권~부칙) 2023. 7. 7. 대통령령 제33621호
2023. 2. 28. 대통령령 제33265호
(수산업법 시행령 부칙) 2023. 1. 10. 대통령령 제33225호
2022. 12. 31. 대통령령 제33210호
2022. 10. 27. 대통령령 제32965호
(벤처투자촉진에 관한 법률 시행령 부칙) 2022. 8. 23. 대통령령 제32881호
2022. 8. 2. 대통령령 제32829호
2022. 3. 8. 대통령령 제32517호
(금융회사~부칙) 2022. 2. 17. 대통령령 제32449호
(근로자직업~부칙) 2022. 2. 17. 대통령령 제32447호
2022. 2. 15. 대통령령 제32418호
(독점규제 및~시행령 부칙) 2021. 12. 28. 대통령령 제32274호
(한국광해광업공단법 시행령 부칙) 2021. 8. 31. 대통령령 제31961호
(지방자치단체~시행령 부칙) 2021. 7. 13. 대통령령 제31883호
2021. 5. 4. 대통령령 제31660호
2021. 2. 17. 대통령령 제31443호
(어려운 법령용어~대통령령) 2021. 1. 5. 대통령령 제31380호
(소프트웨어산업~부칙) 2020. 12. 8. 대통령령 제31221호
(국가정보화~부칙) 2020. 12. 8. 대통령령 제31220호
2020. 10. 7. 대통령령 제31084호
(양식산업발전법 시행령 부칙) 2020. 8. 26. 대통령령 제30977호
(수산업협동조합의~시행령 부칙) 2020. 8. 19. 대통령령 제30954호
(벤처투자~시행령 부칙) 2020. 8. 11. 대통령령 제30934호
2020. 8. 7. 대통령령 제30920호
(개인정보~시행령 부칙) 2020. 8. 4. 대통령령 제30892호
(항만법 시행령 부칙) 2020. 7. 28. 대통령령 제30876호
(소재·부품~시행령 부칙) 2020. 3. 31. 대통령령 제30586호

</td><td>

개정 2025. 3. 21. 기획재정부령 제1112호
2024. 11. 11. 기획재정부령 제1085호
2024. 3. 22. 기획재정부령 제1041호
2023. 7. 3. 기획재정부령 제1003호
2023. 3. 20. 기획재정부령 제 965호
2022. 12. 31. 기획재정부령 제 954호
2022. 3. 18. 기획재정부령 제 896호
(어려운 법령용어~일부개정령)
2021. 10. 28. 기획재정부령 제 867호
2021. 3. 16. 기획재정부령 제 844호
2020. 4. 21. 기획재정부령 제 792호
2020. 3. 13. 기획재정부령 제 774호
2019. 3. 20. 기획재정부령 제 730호
2018. 3. 21. 기획재정부령 제 671호
2017. 10. 31. 기획재정부령 제 639호
2017. 4. 28. 기획재정부령 제 620호
2017. 3. 10. 기획재정부령 제 597호
2016. 11. 2. 기획재정부령 제 575호
2016. 3. 7. 기획재정부령 제 544호
2015. 10. 30. 기획재정부령 제 507호
2015. 3. 13. 기획재정부령 제 480호
(기획재정부와~시행규칙 부칙)
2014. 11. 19. 기획재정부령 제 444호
2014. 10. 31. 기획재정부령 제 439호
(협동조합~시행규칙 부칙)
2014. 7. 22. 기획재정부령 제 429호
2014. 3. 14. 기획재정부령 제 409호
2013. 9. 30. 기획재정부령 제 362호
(부가가치세법 시행규칙 부칙)
2013. 6. 28. 기획재정부령 제 355호
(기획재정부와~직제 시행규칙 부칙)
2013. 3. 23. 기획재정부령 제 342호
2013. 2. 23. 기획재정부령 제 325호
2012. 10. 2. 기획재정부령 제 298호
2012. 4. 19. 기획재정부령 제 283호
2012. 2. 28. 기획재정부령 제 266호
2011. 9. 30. 기획재정부령 제 237호
2011. 7. 29. 기획재정부령 제 226호

</td></tr>
</table>

(근로자직업능력개발법 부칙) 2010. 5. 31. 법률 제10337호
(지방세법 부칙) 2010. 3. 31. 법률 제10221호
(지방세법 부칙) 2010. 1. 1. 법률 제 9924호
2009. 12. 31. 법률 제 9898호
(산림보호법 부칙) 2009. 6. 9. 법률 제 9763호
2009. 5. 21. 법률 제 9673호
(국유재산법 부칙) 2009. 1. 30. 법률 제 9401호
(교통·에너지·환경세법 부칙) 2009. 1. 30. 법률 제 9346호
2008. 12. 26. 법률 제 9267호
(정부조직법 부칙) 2008. 2. 29. 법률 제 8852호
2007. 12. 31. 법률 제 8831호
(독점규제 및 공정거래에 관한 법률 부칙) 2007. 8. 3. 법률 제 8631호
2007. 7. 19. 법률 제 8519호

(1967. 11. 29. 법률 제1964호 전면개정～2006. 12. 30. 법률 제8141호 개정) 생략

2020. 2. 11. 대통령령 제30396호
2019. 7. 1. 대통령령 제29933호
(주식·사채 등의～시행령 부칙) 2019. 6. 25. 대통령령 제29892호
2019. 2. 12. 대통령령 제29529호
(주식회사의 외부감사에～시행령 부칙) 2018. 10. 30. 대통령령 제29269호
2018. 7. 31. 대통령령 제29067호
(민간임대주택에～시행령 부칙) 2018. 7. 16. 대통령령 제29045호
2018. 2. 13. 대통령령 제28640호
(행정안전부와 그 소속기관 직제 부칙) 2017. 7. 26. 대통령령 제28211호
(정신보건법 시행령 부칙) 2017. 5. 29. 대통령령 제28074호
(공항시설법 시행령 부칙) 2017. 3. 29. 대통령령 제27972호
2017. 2. 3. 대통령령 제27828호
(향토예비군 설치법 시행령 부칙) 2016. 11. 29. 대통령령 제27619호
(감정평가 및～시행령 부칙) 2016. 8. 31. 대통령령 제27472호
(공동주택관리법 시행령 부칙) 2016. 8. 11. 대통령령 제27445호
(주택법 시행령 부칙) 2016. 8. 11. 대통령령 제27444호
(대부업 등의 등록～시행령 부칙) 2016. 7. 6. 대통령령 제27322호
(수산종자산업육성법 시행령 부칙) 2016. 6. 21. 대통령령 제27245호
(기술신용보증기금법 시행령 부칙) 2016. 5. 31. 대통령령 제27205호
(기업구조조정 촉진법 시행령 부칙) 2016. 4. 29. 대통령령 제27115호
(예금자보호법 시행령 부칙) 2016. 3. 11. 대통령령 제27037호
2016. 2. 12. 대통령령 제26981호
(제주특별자치도～시행령 부칙) 2016. 1. 22. 대통령령 제26922호
(임대주택법 시행령 부칙) 2015. 12. 28. 대통령령 제26763호
(자본시장과～시행령 부칙) 2015. 10. 23. 대통령령 제26600호
(수목원 조성 및 진흥에 관한 법률 시행령 부칙) 2015. 7. 20. 대통령령 제26416호
(주택도시기금법 시행령 부칙) 2015. 6. 30. 대통령령 제26369호
(측량·수로조사 및～시행령 부칙) 2015. 6. 1. 대통령령 제26302호
2015. 2. 3. 대통령령 제26068호
(한국산업은행법 시행령 부칙) 2014. 12. 30. 대통령령 제25945호
(행정자치부와 그 소속기관 직제 부칙) 2014. 11. 19. 대통령령 제25751호
2014. 9. 26. 대통령령 제25640호
(금융기관부실자산～시행령 부칙) 2014. 3. 24. 대통령령 제25279호
2014. 2. 21. 대통령령 제25194호
2013. 11. 5. 대통령령 제24824호
(부가가치세법 시행령 부칙) 2013. 6. 28. 대통령령 제24638호
2013. 6. 11. 대통령령 제24575호
(기획재정부와 그 소속기관 직제 부칙) 2013. 3. 23. 대통령령 제24441호
2013. 2. 15. 대통령령 제24357호

(1967. 12. 30. 대통령령 제3319호 전면개정～2012. 8. 3. 대통령령 제24018호 개정) 생략

(국제조세조정에 관한 법률 시행규칙 부칙)
2011. 3. 18. 기획재정부령 제 189호
2011. 2. 28. 기획재정부령 제 187호
2010. 6. 30. 기획재정부령 제 159호
2010. 3. 31. 기획재정부령 제 139호
2010. 3. 31. 기획재정부령 제 138호

(1968. 3. 27. 재무부령 제515호 전면개정～
2009. 9. 25. 문화체육관광부령 제41호 개정) 생략

기본통칙

개정 2024. 3. 15.
2011. 5. 20.
2010. 8. 18.
2009. 11. 10.
2009. 2. 2.
2008. 10. 14.
2008. 7. 25.
2007. 5. 11.
2004. 4. 1.
2003. 5. 10.
2001. 11. 1.
1997. 12. 31.
1997. 4. 1.
1996. 8. 1.
1994. 8. 1.
1993. 2. 1.
1988. 3. 1.
1987. 7. 1.
1987. 3. 11.
1986. 7. 1.
1985. 1. 1.
개정 1982. 3. 31.
시행 1981. 3. 1.

제1장 총 칙

제1조【목 적】이 법은 법인세의 과세 요건과 절차를 규정함으로써 법인세를 공정하게 과세하고, 납세의무의 적절한 이행을 확보하며, 재정수입의 원활한 조달에 이바지함을 목적으로 한다. (2018. 12. 24. 신설)

제2조【정 의】(2018. 12. 24. 조번개정)
이 법에서 사용하는 용어의 뜻은 다음과 같다.
1. "내국법인"이란 본점, 주사무소 또는 사업의 실질적 관리장소가 국내에 있는 법인을 말한다. (2018. 12. 24. 개정)
2. "비영리내국법인"이란 내국법인 중 다음 각 목의 어느 하나에 해당하는 법인을 말한다. (2010. 12. 30. 개정)
　가. 「민법」 제32조에 따라 설립된 법인 (2010. 12. 30. 개정)

　나. 「사립학교법」이나 그 밖의 특별법에 따라 설립된 법인으로서 「민법」 제32조에 규정된 목적과 유사한 목적을 가진 법인(대통령령으로 정하는 조합법인 등이 아닌 법인으로서 그 주주(株主)·사원 또는 출자자(出資者)에게 이익을 배당할 수 있는 법인은 제외한다) (2010. 12. 30. 개정)
　다. 「국세기본법」 제13조 제4항에 따른 법인으로 보는 단체(이하 "법인으로 보는 단체"라 한다) (2010. 12. 30. 개정)
3. "외국법인"이란 본점 또는 주사무소가 외국에 있는 단체(사업의 실질적 관리장소가 국내에 있지 아니하는 경우만 해당한다)로서 대통령령으로 정하는 기준에 해당하는 법인을 말한다. (2018. 12. 24. 개정)
4. "비영리외국법인"이란 외국법인 중 외국의 정부·지방자치단체 및 영리를 목적으로 하지 아니하는 법인(법인으로 보는 단체를 포함한다)을 말한다. (2010. 12. 30. 개정)
5. "사업연도"란 법인의 소득을 계산하는 1회계기간을 말한다. (2010.

제1장 총 칙

제1조【목 적】이 영은 「법인세법」에서 위임된 사항과 그 시행에 필요한 사항을 규정함을 목적으로 한다. (2019. 2. 12. 신설)

제2조【정 의】(2019. 2. 12. 조번개정)
① 「법인세법」(이하 "법"이라 한다) 제2조 제2호 나목에서 "대통령령으로 정하는 조합법인 등"이란 다음 각 호의 법인을 말한다. (2019. 2. 12. 개정)
1. 「농업협동조합법」에 따라 설립된 조합(조합공동사업법인을 포함한다)과 그 중앙회 (2019. 2. 12. 개정)
2. 「소비자생활협동조합법」에 따라 설립된 조합과 그 연합회 및 전국연합회 (2013. 2. 15. 신설)
3. 「수산업협동조합법」에 따라 설립된 조합(어촌계 및 조합공동사업법인을 포함한다)과 그 중앙회 (2017. 2. 3. 개정)
4. 「산림조합법」에 따라 설립된 산림조합(산림계를 포함한다)과 그 중앙회 (2019. 2. 12. 개정)
5. 「엽연초생산협동조합법」에 따라 설립된 엽연초생산협동조합과 그 중앙회 (2019. 2. 12. 개정)
6.~7. 삭 제 (99. 12. 31)

제1장 총 칙

제1조【목 적】이 규칙은 「법인세법」 및 같은 법 시행령에서 위임된 사항과 그 시행에 필요한 사항을 규정함을 목적으로 한다. (2019. 3. 20. 신설)

12. 30. 개정)

6. "연결납세방식"이란 둘 이상의 내국법인을 하나의 과세표준과 세액을 계산하는 단위로 하여 제2장의 3에 따라 법인세를 신고·납부하는 방식을 말한다. (2010. 12. 30. 개정)

7. "연결법인"이란 연결납세방식을 적용받는 내국법인을 말한다. (2010. 12. 30. 개정)

8. "연결집단"이란 연결법인 전체를 말한다. (2010. 12. 30. 개정)

9. "연결모법인"(連結母法人)이란 연결집단 중 다른 연결법인을 연결지배하는 연결법인을 말한다. (2022. 12. 31. 개정)

편주 ▶
법 2조 9호·10호의 개정규정은 2024. 1. 1.부터 시행함. (법 부칙(2022. 12. 31.) 1조 1호)

10. "연결자법인"(連結子法人)이란 연결모법인의 연결지배를 받는 연결법인을 말한다. (2022. 12. 31. 개정)

10의 2. "연결지배"란 내국법인이 다른 내국법인의 발행주식총수 또는 출자총액의 100분의 90 이상을 보유하고 있는 경우를 말한다. 이 경우 그 보유비율은 다음 각 목에서 정하는 바에 따라 계산한다. (2022. 12. 31. 신설)

가. 의결권 없는 주식 또는 출자지분을 포함할 것 (2022. 12. 31. 신설)

나. 「상법」 또는 「자본시장과 금융투자업에 관한 법률」에 따라 보유하는 자기주식은 제외할 것 (2022. 12. 31. 신설)

다. 「근로복지기본법」에 따른 우리사주조합을 통하여 근로자가 취득한 주식 및 그 밖에 대통령령으로 정하는 주식으로서 발행주식총수의 100분의 5 이내의 주식은 해당 법인이 보유한 것으로 볼 것 (2022. 12. 31. 신설)

라. 다른 내국법인을 통하여 또 다른 내국법인의 주식 또는 출자지분을 간접적으로 보유하는 경우로서 대통령령으로 정하는 경우에는 대통령령으로 정하는 바에 따라 합산할 것 (2022. 12. 31. 신설)

8. 「중소기업협동조합법」에 따라 설립된 조합과 그 연합회 및 중앙회 (2019. 2. 12. 개정)

9. 「신용협동조합법」에 따라 설립된 신용협동조합과 그 연합회 및 중앙회 (2019. 2. 12. 개정)

10. 「새마을금고법」에 따라 설립된 새마을금고와 그 중앙회 (2024. 2. 29. 개정)

11. 「엽업조합법」에 따라 설립된 대한엽업조합 (2019. 2. 12. 개정)

② 법 제2조 제3호에서 "대통령령으로 정하는 기준에 해당하는 법인"이란 다음 각 호의 어느 하나에 해당하는 단체를 말한다. (2019. 2. 12. 개정)

1. 설립된 국가의 법에 따라 법인격이 부여된 단체 (2013. 2. 15. 신설)

2. 구성원이 유한책임사원으로만 구성된 단체 (2013. 2. 15. 신설)

3. 구성원과 독립하여 자산을 소유하거나 소송의 당사자가 되는 등 직접 권리·의무의 주체가 되는 단체 (2013. 2. 15. 신설)

3. 삭 제 (2019. 2. 12.)

4. 그 밖에 해당 외국단체와 동종 또는 유사한 국내의 단체가 「상법」 등 국내의 법률에 따른 법인인 경우의 그 외국단체 (2013. 2. 15. 신설)

③ 국세청장은 제2항 각 호에 따른 외국법인의 유형별 목록을 고시할 수 있다. (2013. 2. 15. 신설)

④ 제2항 각 호에 따른 외국법인 기준의 적용은 조세조약 적용대상의 판정에 영향을 미치지 아니한다. (2013. 2. 15. 신설)

⑤ 법 제2조 제10호의 2 다목에서 "대통령령으로 정하는 주식"이란 다음 각 호의 어느 하나에 해당하는 주식을 말한다. (2023. 2. 28. 신설)

1. 「근로복지기본법」에 따른 우리사주조합(이하 "우리사주조합"이라 한다)이 보유한 주식 (2023. 2. 28. 신설)

2. 제19조 제19호의 2 각 목 외의 부분 본문에 따른 주식매수선택권의 행사에 따라 발행되거나 양도된 주식(주식매수선택권을 행사한 자가 제3자에게 양도한 주식을 포함한다) (2023. 2. 28. 신설)

⑥ 법 제2조 제10호의 2 라목에서 "대통령령으로 정하는 경우"란 법 제76조의 8 제1항에 따른 연결가능모법인(이하 "연결가능모법인"이라 한다)이 같은 항에 따른 연결가능자법인(이하 "연결가능자법인"이라 한다)을 통해 또 다른 내국법인의 주식 또는 출자지분을 보유하는 경우

편주 ▶
영 2조 5항부터 8항까지의 개정규정은 2024. 1. 1.부터 시행함. (영 부칙(2023. 2. 28.) 1조 1호)

11. "연결사업연도"란 연결집단의 소득을 계산하는 1회계기간을 말한
    다. (2018. 12. 24. 호번개정)

12. "특수관계인"이란 법인과 경제적 연관관계 또는 경영지배관계 등
    대통령령으로 정하는 관계에 있는 자를 말한다. 이 경우 본인도 그
    특수관계인의 특수관계인으로 본다. (2018. 12. 24. 신설)

13. "합병법인"이란 합병에 따라 설립되거나 합병 후 존속하는 법인을
    말한다. (2018. 12. 24. 신설)

14. "피합병법인"이란 합병에 따라 소멸하는 법인을 말한다. (2018.
    12. 24. 신설)

15. "분할법인"이란 분할(분할합병을 포함한다. 이하 같다)에 따라 분
    할되는 법인을 말한다. (2018. 12. 24. 신설)

16. "분할신설법인"이란 분할에 따라 설립되는 법인을 말한다. (2018.
    12. 24. 신설)

통칙 2-0…3 【이익을 배당할 수 있는 법인의 범위】 (2019. 12. 23. 번호
개정)

법 제2조 제2호 나목에서 "주주·사원 또는 출자자에게 이익을 배당할 수 있는 법
인"이라 함은 자본금 또는 출자금이 있고 그 자본금 또는 출자금이 주식 또는 출
자지분으로 구성되어 있으며, 경영성과를 출자비율에 따라 출자자 등에게 분배가
가능한 법인을 의미하는 것으로서 이익배당에는 구성원의 탈퇴시 출자금 외에 출
자비율에 따라 잉여금 등 그 동안의 경영성과를 반환할 수 있는 경우를 포함한다.
(2019. 12. 23. 개정)

를 말한다. (2023. 2. 28. 신설)

⑦ 법 제2조 제10호의 2 라목에 따라 연결가능모법인이 연결가능자법
인을 통해 보유하고 있는 또 다른 내국법인에 대한 주식 또는 출자지분
의 보유비율은 다음 계산식에 따라 계산한다. 이 경우 연결가능자법인
이 둘 이상인 경우에는 각 연결가능자법인별로 다음 계산식에 따라 계
산한 비율을 합산한다. (2023. 2. 28. 신설)

연결가능모법인의 연결가능 자법인에 대한 주식 또는 출자지분 보유비율	×	연결가능자법인의 또 다른 내국법인에 대한 주식 또는 출자지분 보유비율

⑧ 법 제2조 제12호에서 "경제적 연관관계 또는 경영지배관계 등 대통
령령으로 정하는 관계에 있는 자"란 다음 각 호의 어느 하나에 해당하
는 관계에 있는 자를 말한다. (2023. 2. 28. 항번개정)

1. 임원(제40조 제1항에 따른 임원을 말한다. 이하 이 항, <u>제10조, 제11
   조</u>, 제19조, 제38조 및 제39조에서 같다)의 임면권의 행사, 사업방
   침의 결정 등 해당 법인의 경영에 대해 사실상 영향력을 행사하고
   있다고 인정되는 자(「상법」 제401조의 2 제1항에 따라 이사로 보는
   자를 포함한다)와 그 친족(「국세기본법 시행령」 제1조의 2 제1항에
   따른 자를 말한다. 이하 같다) (2025. 2. 28. 개정)

2. 제50조 제2항에 따른 소액주주등이 아닌 주주 또는 출자자(이하
   "비소액주주등"이라 한다)와 그 친족 (2019. 2. 12. 신설)

3. 다음 각 목의 어느 하나에 해당하는 자 및 이들과 생계를 함께하는
   친족 (2019. 2. 12. 신설)
   가. 법인의 임원·직원 또는 비소액주주등의 직원(비소액주주등이
       영리법인인 경우에는 그 임원을, 비영리법인인 경우에는 그 이
       사 및 설립자를 말한다) (2019. 2. 12. 신설)
   나. 법인 또는 비소액주주등의 금전이나 그 밖의 자산에 의해 생계
       를 유지하는 자 (2019. 2. 12. 신설)

4. 해당 법인이 직접 또는 그와 제1호부터 제3호까지의 관계에 있는
   자를 통해 어느 법인의 경영에 대해 「국세기본법 시행령」 제1조의
   2 제4항에 따른 지배적인 영향력을 행사하고 있는 경우 그 법인

통칙 2-2…1 【생계를 유지하는 자 등의 범
위】 (2019. 12. 23. 번호개정)

① 영 제2조 제8항 제3호에 따른 "생계를 함께하
는 친족"이라 함은 주주 등 또는 생계를 유지하
는 자와 일상생활을 공동으로 영위하는 친족을
말한다. (2024. 3. 15. 개정)

② 영 제2조 제8항 제3호 나목에 따른 "생계를
유지하는 자"라 함은 해당 주주 등으로부터 급부
를 받는 금전·그 밖의 재산수입과 급부를 받는
금전·그 밖의 재산운용에 의하여 생기는 수입을
일상생활비의 주된 원천으로 하고 있는 자를 말

제3조 【납세의무자】 (2018. 12. 24. 조번·제목개정)
① 다음 각 호의 법인은 이 법에 따라 그 소득에 대한 법인세를 납부할 의무가 있다. (2010. 12. 30. 개정)
1. 내국법인 (2010. 12. 30. 개정)
2. 국내원천소득(國內源泉所得)이 있는 외국법인 (2010. 12. 30. 개정)
② 내국법인 중 국가와 지방자치단체(지방자치단체조합을 포함한다. 이하 같다)는 그 소득에 대한 법인세를 납부할 의무가 없다. (2018. 12. 24. 개정)
③ 연결법인은 제76조의 14 제1항에 따른 각 연결사업연도의 소득에 대한 법인세(각 연결법인의 제55조의 2에 따른 토지 등 양도소득에 대한 법인세 및 「조세특례제한법」 제100조의 32에 따른 투자·상생협력 촉진을 위한 과세특례를 적용하여 계산한 법인세를 포함한다)를 연대하여 납부할 의무가 있다. (2018. 12. 24. 개정)
④ 이 법에 따라 법인세를 원천징수하는 자는 해당 법인세를 납부할 의무가 있다. (2018. 12. 24. 개정)

[통칙] 2 – 0⋯1 【설립무효 등의 판결을 받은 법인의 납세의무】
법인이 설립무효 또는 설립취소의 판결을 받은 경우에도 해당 판결의 확정일까지 발생한 소득에 대한 법인세와 청산소득에 대한 법인세를 납부할 의무가 있다. (2024. 3. 15. 개정)

2 – 0⋯2 【청산종결의 등기를 한 법인의 납세의무】
법인이 청산종결의 등기를 한 경우에도 그 청산의 종결여부는 실질에 따라 판정하는 것이므로 해당 법인이 각 사업연도소득 또는 청산소득에 대한 법인세를 납부할 의무를 이행할 때까지는 계속 존속하는 것으로 한다. (2024. 3. 15. 개정)

제4조 【과세소득의 범위】 (2018. 12. 24. 조번개정)
① 내국법인에 법인세가 과세되는 소득은 다음 각 호의 소득으로 한다. 다만, 비영리내국법인의 경우에는 제1호와 제3호의 소득으로 한정한다. (2018. 12. 24. 개정)
1. 각 사업연도의 소득 (2018. 12. 24. 개정)
2. 청산소득(淸算所得) (2018. 12. 24. 개정)
3. 제55조의 2에 따른 토지등 양도소득 (2018. 12. 24. 개정)
② 제1항 제1호를 적용할 때 연결법인의 각 사업연도의 소득은 제76조

(2019. 2. 12. 신설)
5. 해당 법인이 직접 또는 그와 제1호부터 제4호까지의 관계에 있는 자를 통해 어느 법인의 경영에 대해 「국세기본법 시행령」 제1조의 2 제4항에 따른 지배적인 영향력을 행사하고 있는 경우 그 법인 (2019. 2. 12. 신설)
6. 해당 법인에 100분의 30 이상을 출자하고 있는 법인에 100분의 30 이상을 출자하고 있는 법인이나 개인 (2019. 2. 12. 신설)
7. 해당 법인이 「독점규제 및 공정거래에 관한 법률」에 따른 기업집단에 속하는 법인인 경우에는 그 기업집단에 소속된 다른 계열회사 및 그 계열회사의 임원 (2019. 2. 12. 신설)

관계조문
법 14조 ⇒ 각 사업연도의 소득
법 79조 ⇒ 해산에 의한 청산소득금액의 계산

한다. (2024. 3. 15. 개정)
2 – 2⋯2 【회생제도에 의한 특수관계 소멸여부】 (2019. 12. 23. 번호개정)
법인이 「채무자 회생 및 파산에 관한 법률」에 의하여 파산선고를 받은 경우 해당 법인과 그 법인의 임원간에는 「상법」 제382조 및 「민법」 제690조에 따라 위임관계가 소멸되므로 임원의 지위로 인한 특수관계는 소멸된다. 다만, 「채무자 회생 및 파산에 관한 법률」에 의한 회생절차의 개시로 인하여 주주권을 행사할 수 없는 주주 등에 대하여는 특수관계가 존속되는 것으로 한다. (2019. 12. 23. 개정)
2 – 2⋯3 【현물출자법인과의 특수관계 해당여부】 (2019. 12. 23. 번호개정)
법인이 현물출자를 통해 새로운 법인을 설립하는 경우 해당 법인과 신설법인간에는 영 제2조 제8항에서 규정하는 경제적 연관관계 또는 경영지배관계 등 대통령령으로 정하는 관계에 있는 자에 해당된다. (2024. 3. 15. 개정)

의 14 제1항의 각 연결사업연도의 소득으로 한다. (2018. 12. 24. 개정)
③ 제1항 제1호를 적용할 때 비영리내국법인의 각 사업연도의 소득은 다음 각 호의 사업 또는 수입(이하 "수익사업"이라 한다)에서 생기는 소득으로 한정한다. (2018. 12. 24. 개정)
1. 제조업, 건설업, 도매 및 소매업 등 「통계법」 제22조에 따라 통계청장이 작성·고시하는 한국표준산업분류에 따른 사업으로서 대통령령으로 정하는 것 (2018. 12. 24. 개정)
2. 「소득세법」 제16조 제1항에 따른 이자소득 (2018. 12. 24. 개정)
3. 「소득세법」 제17조 제1항에 따른 배당소득 (2018. 12. 24. 개정)
4. 주식·신주인수권 또는 출자지분의 양도로 인한 수입 (2018. 12. 24. 개정)
5. ☞ p.269

제3조 【수익사업의 범위】 (2019. 2. 12. 조번개정)
① 법 제4조 제3항 제1호에서 "대통령령으로 정하는 것"이란 다음 각 호의 어느 하나에 해당하는 사업을 제외한 각 사업 중 수입이 발생하는 것을 말한다. (2019. 2. 12. 개정)
1. 축산업(축산 관련 서비스업을 포함한다) 외의 농업 (2024. 2. 29. 개정)
2. 연구개발업(계약 등에 의하여 그 대가를 받고 연구 및 개발용역을 제공하는 사업을 제외한다) (2018. 2. 13. 개정)
2의 2. 선급검사(船級檢査) 용역을 공급하는 사업 (2022. 2. 15. 개정)
3. 다음 각 목의 어느 하나에 해당하는 교육시설에서 해당 법률에 따른 교육과정에 따라 제공하는 교육서비스업 (2019. 2. 12. 개정)
  가. 「유아교육법」에 따른 유치원 (2019. 2. 12. 개정)
  나. 「초·중등교육법」 및 「고등교육법」에 따른 학교 (2019. 2. 12. 개정)
  다. 「경제자유구역 및 제주국제자유도시의 외국교육기관 설립·운영에 관한 특별법」에 따라 설립된 외국교육기관(정관 등에 따라 잉여금을 국외 본교로 송금할 수 있거나 실제로 송금하는 경우는 제외한다) (2019. 2. 12. 개정)
  라. 「제주특별자치도 설치 및 국제자유도시 조성을 위한 특별법」에 따라 설립된 비영리법인이 운영하는 국제학교 (2019. 2. 12. 개정)
  마. 「평생교육법」 제31조 제4항에 따른 전공대학 형태의 평생교육시설 및 같은 법 제33조 제3항에 따른 원격대학 형태의 평생교육시설 (2019. 2. 12. 개정)
4. 보건업 및 사회복지 서비스업 중 다음 각 목의 어느 하나에 해당하는 사회복지시설에서 제공하는 사회복지사업 (2018. 2. 13. 개정)
  가. 「사회복지사업법」 제34조에 따른 사회복지시설 중 사회복지관, 부랑인·노숙인 시설 및 결핵·한센인 시설 (2010. 12. 30. 개정)

☞ p.268 3단 연결

제2조 【수익사업의 범위】 (2019. 3. 20. 조번개정)
「법인세법 시행령」(이하 "영"이라 한다) 제3조 제1항 각 호 외의 부분에 따른 사업에는 그 사업 활동이 각 사업연도의 전 기간 동안 계속하는 사업 외에 상당 기간 동안 계속하거나 정기적 또는 부정기적으로 수차례에 걸쳐 하는 사업을 포함한다. (2019. 3. 20. 개정)

통칙 4-3…2 【수익사업의 범위】 (2019. 12. 23. 번호개정)
규칙 제2조 규정의 "상당 기간 동안 계속하거나 정기적 또는 부정기적으로 수차례에 걸쳐 하는 사업"을 예시하면 다음 각 호와 같다. (2024. 3. 15. 개정)
1. 하절기에 있어서만 행하여지는 해수욕장에 있어서의 장소임대수입
2. 큰 행사에 있어서의 물품판매 (2010. 9. 1. 개정)

7. 주무관청에 등록된 종교단체(그 소속단체를 포함한다)가 공급하는 용역 중 「부가가치세법」 제26조 제1항 제18호에 따라 부가가치세가 면제되는 용역을 공급하는 사업 (2013. 6. 28. 개정 ; 부가가치세법 시행령 부칙)

8. 금융 및 보험 관련 서비스업 중 다음 각 목의 어느 하나에 해당하는 사업 (2019. 2. 12. 개정)

　가. 「예금자보호법」에 의한 예금보험기금 및 예금보험기금채권상환기금을 통한 예금보험 및 이와 관련된 자금지원·채무정리 등 예금보험제도를 운영하는 사업 (2005. 2. 19. 개정)

　나. 「농업협동조합의 구조개선에 관한 법률」 및 「수산업협동조합법」에 의한 상호금융예금자보호기금을 통한 예금보험 및 자금지원 등 예금보험제도를 운영하는 사업 (2005. 2. 19. 개정)

　다. 「새마을금고법」에 의한 예금자보호준비금을 통한 예금보험 및 자금지원 등 예금보험제도를 운영하는 사업 (2005. 2. 19. 개정)

　라. 「한국자산관리공사 설립 등에 관한 법률」 제43조의 2에 따른 구조조정기금을 통한 부실자산 등의 인수 및 정리와 관련한 사업 (2022. 2. 17. 개정 ; 금융회사~시행령 부칙)

　마. 「신용협동조합법」에 의한 신용협동조합예금자보호기금 통한 예금보험 및 자금지원 등 예금보험제도를 운영하는 사업 (2005. 2. 19. 개정)

　바. 「산림조합법」에 의한 상호금융예금자보호기금을 통한 예금보험 및 자금지원 등 예금보험제도를 운영하는 사업 (2005. 2. 19. 개정)

9. 「혈액관리법」 제6조 제3항에 따라 보건복지부장관으로부터 혈액원 개설 허가를 받은 자가 행하는 혈액사업 (2023. 2. 28. 개정)

10. 「한국주택금융공사법」에 따른 주택담보노후연금보증계정을 통하여 주택담보노후연금보증제도를 운영하는 사업(보증사업과 주택담보노후연금을 지급하는 사업에 한한다) (2007. 2. 28. 신설)

☞ p.269 2단 연결

차. 「정신건강증진 및 정신질환자 복지서비스 지원에 관한 법률」 제3조 제6호 및 제7호에 따른 정신요양시설 및 정신재활시설 (2017. 5. 29. 개정 ; 정신보건법 시행령 부칙)

카. 「성폭력방지 및 피해자보호 등에 관한 법률」 제10조 제2항 및 제12조 제2항에 따른 성폭력피해상담소 및 성폭력피해자보호시설 (2010. 12. 30. 개정)

타. 「입양특례법」 제20조 제1항에 따른 입양기관 (2012. 8. 3. 개정 ; 입양촉진 및 절차에 관한 특례법 시행령 부칙)

파. 「가정폭력방지 및 피해자보호 등에 관한 법률」 제5조 제2항 및 제7조 제2항에 따른 가정폭력 관련 상담소 및 보호시설 (2010. 12. 30. 개정)

하. 「다문화가족지원법」 제12조 제1항에 따른 다문화가족지원센터 (2010. 12. 30. 개정)

거. 「건강가정기본법」 제35조 제1항에 따른 건강가정지원센터 (2021. 2. 17. 신설)

5. 연금업 및 공제업 중 다음 각 목의 어느 하나에 해당하는 사업 (2024. 2. 29. 개정)

편주 ▶ 영 3조 1항 5호의 개정규정은 2024. 7. 1.부터 시행함. (영 부칙(2024. 2. 29.) 1조 단서)

가. 「국민연금법」에 의한 국민연금사업 (2005. 2. 19. 개정)

나. 특별법에 의하거나 정부로부터 인가 또는 허가를 받아 설립된 단체가 영위하는 사업(기금조성 및 급여사업에 한한다) (98. 12. 31 개정)

다. 「근로자퇴직급여보장법」에 따른 중소기업퇴직연금기금을 운용하는 사업 (2022. 2. 15. 신설)

6. 사회보장보험업 중 「국민건강보험법」에 의한 의료보험사업과 「산업재해보상보험법」에 의한 산업재해보상보험사업 (2006. 2. 9. 개정)

6. 사회보장보험업 중 「국민건강보험법」에 의한 건강보험사업과 「산업재해보상보험법」에 의한 산업재해보상보험사업 (2025. 2. 28. 개정)

나. 「국민기초생활보장법」 제15조의 2 제1항 및 제16조 제1항에 따른 중앙자활센터 및 지역자활센터 (2010. 12. 30. 개정)

다. 「아동복지법」 제52조 제1항에 따른 아동복지시설 (2012. 8. 3. 개정 ; 아동복지법 시행령 부칙)

라. 「노인복지법」 제31조에 따른 노인복지시설(노인전문병원은 제외한다) (2010. 12. 30. 개정)

마. 「노인장기요양보험법」 제2조 제4호에 따른 장기요양기관 (2010. 12. 30. 개정)

바. 「장애인복지법」 제58조 제1항에 따른 장애인복지시설 및 같은 법 제63조 제1항에 따른 장애인복지단체가 운영하는 「중증장애인생산품 우선구매 특별법」 제2조 제2항에 따른 중증장애인생산품 생산시설 (2018. 2. 13. 개정)

사. 「한부모가족지원법」 제19조 제1항에 따른 한부모가족복지시설 (2010. 12. 30. 개정)

아. 「영유아보육법」 제10조에 따른 어린이집 (2011. 12. 8. 개정 ; 영유아보육법 시행령 부칙)

자. 「성매매방지 및 피해자보호 등에 관한 법률」 제9조 제1항에 따른 지원시설, 제15조 제2항에 따른 자활지원센터 및 제17조 제2항에 따른 성매매피해상담소 (2022. 2. 15. 개정)

11. 「국민기초생활 보장법」 제2조에 따른 수급권자ㆍ차상위계층 등 기획재정부령으로 정하는 자에게 창업비 등의 용도로 대출하는 사업으로서 기획재정부령으로 정하는 요건을 갖춘 사업 (2008. 2. 29. 직제개정 ; 기획재정부와~직제 부칙)

12. 비영리법인(사립학교의 신축ㆍ증축, 시설확충, 그 밖에 교육환경 개선을 목적으로 설립된 법인에 한한다)이 외국인학교의 운영자에게 학교시설을 제공하는 사업 (2008. 2. 22. 신설)

13. 「국민체육진흥법」 제33조에 따른 대한체육회에 가맹한 경기단체 및 「태권도 진흥 및 태권도공원조성에 관한 법률」에 따른 국기원의 승단ㆍ승급ㆍ승품 심사사업 (2009. 2. 4. 신설)

14. 「수도권매립지관리공사의 설립 및 운영 등에 관한 법률」에 따른 수도권매립지관리공사가 행하는 폐기물처리와 관련한 사업 (2010. 12. 30. 신설)

15. 「한국장학재단 설립 등에 관한 법률」에 따른 한국장학재단이 같은 법 제24조의 2에 따른 학자금대출계정을 통하여 운영하는 학자금대출사업 (2021. 2. 17. 신설)

16. 제1호, 제2호, 제2호의 2, 제3호부터 제15호까지의 규정과 비슷한 사업으로서 기획재정부령으로 정하는 사업 (2021. 2. 17. 개정)

② 법 제4조 제3항 제5호 단서에서 "대통령령으로 정하는 수입"이란 해당 유형자산 및 무형자산의 처분일(「지방자치분권 및 지역균형발전에 관한 특별법」 제25조에 따라 이전하는 공공기관의 경우에는 공공기관 이전일을 말한다) 현재 3년 이상 계속하여 법령 또는 정관에 규정된 고유목적사업(제1항에 따른 수익사업은 제외한다)에 직접 사용한 유형자산 및 무형자산의 처분으로 인하여 생기는 수입을 말한다. 이 경우 해당 자산의 유지ㆍ관리 등을 위한 관람료ㆍ입장료수입 등 부수수익이 있는 경우에도 이를 고유목적사업에 직접 사용한 자산으로 보며, 비영리법인이 수익사업에 속하는 자산을 고유목적사업에 전입한 후 처분하는 경우에는 전입 시 시가로 평가한 가액을 그 자산의 취득가액으로 하여 처분으로 인하여 생기는 수입을 계산한다. (2023. 7. 7. 개정 ; 지방자치분권~부칙)

② 법 제4조 제3항 제5호 단서에서 "대통령령으로 정하는 수입"이란 법령 또는 정관에 규정된 고유목적사업(제1항에 따른 수익사업은 제외한다. 이하 이 항에서 같다)에 직접 사용한 유형자산 및 무형자산의 처분으로 인하여 생기는 다음 각 호의 구분에 따른 수입을 말하며, 제1호와 제2호에 모두 해당하는 경우에는 해당 각 호에 따른 수입 중 큰 수

〈제4조 ③〉

5. 유형자산 및 무형자산의 처분으로 인한 수입. 다만, 고유목적사업에 직접 사용하는 자산의 처분으로 인한 대통령령으로 정하는 수입은 제외한다. (2018. 12. 24. 개정)

6. 「소득세법」 제94조 제1항 제2호 및 제4호에 따른 자산의 양도로 인한 수입 (2018. 12. 24. 개정)

제2조의 2 【소액신용대출사업의 요건】 (2019. 3. 20. 조번개정)

① 영 제3조 제1항 제11호에서 "기획재정부령으로 정하는 자"란 다음 각 호의 어느 하나에 해당하는 자(이하 이 조에서 "금융소외계층"이라 한다)를 말한다. (2019. 3. 20. 개정)

1. 「국민기초생활 보장법」 제2조에 따른 수급권자 및 차상위 계층 (2008. 3. 31. 신설)

2. 「조세특례제한법」 제100조의 3에 따른 근로장려금 신청자격 요건에 해당하는 자 (2008. 3. 31. 신설)

3. 「신용정보의 이용 및 보호에 관한 법률」 제25조 제2항 제1호에 따른 종합신용정보집중기관(이하 이 조에서 "종합신용정보집중기관"이라 한다)에 연체ㆍ부도의 신용정보가 등록된 자 (2010. 3. 31. 개정)

4. 종합신용정보집중기관에 신용정보가 등록되어 있지 아니한 자 (2008. 3. 31. 신설)

5. 「신용정보의 이용 및 보호에 관한 법률」 제22조 제1항에 따른 신용조회회사가 산정한 신용등급(이하 이 조에서 "신용등급"이라 한다)이 하위 50퍼센트에 해당하는 자 중에서 금융위원회가 기획재정부장관과 협의하여 고시하는 지원대상자 (2010. 3. 31. 신설)

5. 「신용정보의 이용 및 보호에 관한 법률」 제2조 제5호 가목에 따른 개인신용평가회사(같은 법 제5조 제1항 단서에 따른 전문개인신용평가업 허가만 받은 자는 제외한다)가 산정한 개인신용평점(이하 이 조에서 "개인신용평점"이라 한다)이 하위 50퍼센트에 해당하는 자 중에서

7. 그 밖에 대가(對價)를 얻는 계속적 행위로 인한 수입으로서 대통령령으로 정하는 것 (2018. 12. 24. 개정)

통칙 4-0…11 【해산한 비영리 내국법인의 납세의무】 (2019. 12. 23. 번호개정)
비영리내국법인이 해산한 경우에도 그 청산기간 중 수익사업 또는 수입(이하 "수익사업"이라 한다.)에서 생긴 소득에 대하여 법인세를 납부할 의무가 있다. (2019. 12. 23. 개정)

④ 외국법인에 법인세가 과세되는 소득은 다음 각 호의 소득으로 한다. (2018. 12. 24. 개정)
1. 각 사업연도의 국내원천소득 (2018. 12. 24. 개정)
2. 제95조의 2에 따른 토지등 양도소득 (2018. 12. 24. 개정)
⑤ 제4항 제1호를 적용할 때 비영리외국법인의 각 사업연도의 국내원천소득은 수익사업에서 생기는 소득으로 한정한다. (2018. 12. 24. 개정)

통칙 4-0…1 【손익계산 원칙】
법인의 모든 손익은 소유와 경영의 분리를 전제로 하는 기업실체의 공준에 따라 계산한다. (2010. 8. 18. 개정)
4-0…2 【법인의 입증책임】 (2010. 8. 18. 제목개정)
법인세의 납세의무가 있는 법인은 모든 거래에 대하여 거래증빙과 지급규정, 사규 등의 객관적인 자료에 의하여 이를 해당 법인에게 귀속시키는 것이 정당함을 입증하여야 한다. 다만, 사회통념상 부득이하다고 인정되는 범위 내의 비용과 해당 법인의 내부통제기능을 감안하여 인정할 수 있는 범위 내의 지출은 그러하지 아니한다. (2024. 3. 15. 개정)
4-0…3 【비용배분 원칙】
① 법인에게 귀속되는 모든 비용은 일반적으로 공정 · 타당하다고 인정되는 기업회계기준에 준거하여 판매비와 일반관리비, 제조원가, 자산취득가액(자산매입부대비를 포함한다) 등으로 명확히 구분하여 경리하여야 한다. 예를 들면, 원료의 매입에 부대하여 부담하는 공과금은 해당 원료의 매입부대비로 계상하고, 영 제44조의 2 규정의 퇴직보험 등의 보험료 또는 부금(이하 "퇴직보험료 등"이라 한다)과 퇴직급여충당금은 해당 종업원의 근무내용에 따라 판매비와 일반관리비 및 제조원가로 안분계상하며, 사용시간에 따라 계상한 특별감가상각비는 제조원가에 배부하여야 한다. (2024. 3. 15. 개정)
② 제1항의 규정에 불구하고 다음 각호의 금액은 제조원가에 배부하지 아니할 수 있다.

입을 말한다. 이 경우 해당 자산의 유지 · 관리 등을 위한 관람료 · 입장료수입 등 부수수익이 있는 경우에도 이를 고유목적사업에 직접 사용한 자산으로 본다. (2025. 2. 28. 개정)
1. 유형자산 및 무형자산의 처분일(「지방자치분권 및 지역균형발전에 관한 특별법」 제25조에 따라 이전하는 공공기관의 경우에는 공공기관 이전일을 말한다. 이하 이 항에서 같다) 현재 3년 이상 계속하여 고유목적사업에 직접 사용한 경우: 해당 자산의 처분으로 인하여 생기는 수입. 이 경우 비영리내국법인이 수익사업에 속하는 자산을 고유목적사업에 전입한 후 처분하는 경우에는 전입 당시의 시가로 평가한 가액을 그 자산의 취득가액으로 한다. (2025. 2. 28. 개정)
2. 유형자산 및 무형자산을 10년 이상 고유목적사업에 직접 사용한 경우(처분일 현재 고유목적사업에 직접 사용하고 있지 않는 경우를 포함한다): 다음 계산식에 따라 계산한 수입. 이 경우 비영리내국법인이 해당 자산을 최초로 고유목적사업에 전입한 당시의 시가로 평가한 가액을 그 자산의 취득가액으로 한다. (2025. 2. 28. 개정)

$$\text{해당 자산의 처분으로 인하여 생기는 수입} \times \frac{\text{해당 자산을 고유목적사업에 직접 사용한 일수}}{\text{해당 자산을 보유한 일수}}$$

편주 ▶
영 3조 2항의 개정규정은 2025. 2. 28. 이후 유형자산 및 무형자산을 처분하는 경우부터 적용함. (영 부칙(2025. 2. 28.) 2조)

③ 법 제4조 제3항 제7호에서 "대통령령으로 정하는 것"이란 「소득세법」 제46조 제1항에 따른 채권 등(그 이자소득에 대하여 법인세가 비과세되는 것은 제외한다)을 매도함에 따른 매매익(채권 등의 매각익에서 채권 등의 매각손을 차감한 금액을 말한다)을 말한다. 다만, 제1항 제8호에 따른 사업에 귀속되는 채권등의 매매익을 제외한다. (2019. 2. 12. 개정)

통칙 4-3…1 【수익사업에서 생긴 소득의 범위】 (2019. 12. 23. 번호개정)
① 법 제4조 제3항의 수익사업에서 생긴 소득이라 함은 해당 사업에서 생긴 주된

금융위원회가 기획재정부장관과 협의하여 고시하는 지원대상자 (2025. 3. 21. 개정)
② 영 제3조 제1항 제11호에서 "기획재정부령으로 정하는 요건"이란 다음 각 호의 요건을 말한다. 다만, 「서민의 금융생활 지원에 관한 법률」 제3조에 따른 서민금융진흥원이 수행하는 저소득층 또는 금융채무 불이행자에 대한 100만원 이하의 소액신용대출사업의 경우에는 제4호의 요건을 적용하지 않는다. (2024. 11. 11. 단서신설)

편주 ▶
규칙 2조의 2 제2항의 개정규정은 2024. 11. 11.이 속하는 사업연도에 수입이 발생하는 분부터 적용함. (규칙 부칙(2024. 11. 11.) 2조)

1. 사업을 영위하는 비영리법인과 영 제2조 제8항 각 호의 어느 하나의 관계에 있지 아니한 금융소외계층에 대출할 것 (2023. 3. 20. 개정)

편주 ▶
규칙 2조의 2 제2항 1호의 개정규정은 2024. 1. 1.부터 시행함. (규칙 부칙(2023. 3. 20.) 1조 1호)

2. 담보나 보증을 설정하지 아니할 것. 다만, 금융소외계층이 지원받은 대출금으로 취득한 재산에 대하여 담보를 설정하거나 사업을 영위하는 비영리법인의 부담으로 보증보험에 가입하는 경우는

1. 직전사업연도 종료일까지의 퇴직급여추계액에 대한 퇴직보험료 등의 상당액을 해당 사업연도에 결산조정에 의하여 손금에 산입한 금액 (2024. 3. 15. 개정)
2. 퇴직보험료 등을 신고조정에 의하여 손금에 산입한 금액 (2001. 11. 1 개정)
3. 1998. 12. 31 개정 영(대통령령 제15970호) 부칙 제12조 제12항의 규정에 의하여 손금에 산입한 특별감가상각비 (2001. 11. 1 개정)

4-0…4 【과세사실의 판단기준】
법인세의 과세소득 또는 토지 등의 양도차익을 계산함에 있어서 구체적인 세법적용의 기준이 되는 과세사실의 판단은 해당 법인의 기장내용, 계정과목, 거래명의에 불구하고 그 거래의 실질내용을 기준으로 한다. (2024. 3. 15. 개정)

4-0…5 【거래의 실질내용 판단기준】
거래의 실질내용은 건전한 사회통념, 통상 사인간의 상관행(지급조건, 지급방법을 포함한다) 및 구체적인 정황을 기준으로 판단하여야 한다.

4-0…6 【가지급금 등의 처리기준】
① 영 제11조 제9호에 따라 수익으로 보는 미수이자를 그 후에 영수하는 때에는 이를 이월익금으로 보아 영수하는 사업연도의 소득금액 계산상 익금에 산입하지 아니한다. (2019. 12. 23. 개정)
② 영 제11조 제9호에 따라 수익으로 보는 미수이자에 상당하는 다른 상대방의 미지급이자는 이를 실제로 지급할 때까지는 채무로 보지 아니한다. (2019. 12. 23. 개정)
③~⑤ 삭 제 (2019. 12. 23.)

4-0…7 【법인명의로 등기되지 아니한 자산의 취급】
공부상의 등기가 법인의 명의로 되어있지 아니하더라도 사실상 해당 법인이 취득하였음이 확인되는 경우에는 이를 법인의 자산으로 본다. (2024. 3. 15. 개정)

4-0…8 【타인명의 차입금에 대한 취급】
① 차입금의 명의인과 실질적인 차용인이 다른 경우에는 실질적인 차용인의 차입금으로 한다. (2001. 11. 1 개정)
② 제1항의 실질적인 차용인은 금전대차계약의 체결, 담보의 제공, 차입금의 수령, 각종 비용의 부담 등 차입에 관한 업무의 실질적인 행위내용과 차입한 금액의 용도 등을 기준으로 판단한다. 이 경우 차입금을 분할한 경우에는 차입한 금액의 전부 또는 일부를 타인에게 다시 대여한 것으로 인정되는 경우에 한하여 해당 차입금 총액을 당초 차용인의 차입금으로 한다. (2024. 3. 15. 개정)

4-0…9 【합병등기일전 실제 합병한 경우의 손익의 귀속】
합병등기일전에 사실상 합병한 경우 합병한 날로부터 합병등기를 한 날까지 생기는 손익은 「국세기본법」 제14조에 따라 실질상 귀속되는 법인에게 과세한다. (2019. 12. 23. 개정)

4-0…10 【가공불입자본금의 처리】
① 「상법」에 따라 정당하게 설립된 회사의 자본금은 동법의 규정에 의한 자본금

수입금액 및 이와 직접 관련하여 생긴 부수수익의 합계액에서 해당 사업수익에 대응하는 손비를 공제한 소득을 말한다. (2019. 12. 23. 개정)
② 제1항에서 "부수수익"이라 함은 수익사업과 관련하여 부수적으로 발생하는 수익으로서 예시하면 다음과 같다.
1. 부산물, 작업폐물 등의 매출액 및 역무제공에 의한 수입 등과 같이 기업회계관행상 영업수입금액에 포함하는 금액
2. 수익사업과 관련하여 발생하는 채무면제익, 외환차익, 매입할인, 원가차익 및 상각채권추심이익 등
3. 수익사업과 관련하여 지출한 손금 중 환입된 금액
4. 수익사업의 손금에 산입한 제준비금 및 충당금 등의 환입액
5. 수익사업용 자산의 멸실 또는 손괴로 인하여 발생한 보험차익
6. 수익사업에 속하는 수입금액의 회수지연으로 인하여 받은 연체이자 또는 연체료수입(수익사업과 관련된 계약의 위약, 해약으로 받는 위약금과 배상금 등을 포함한다) (2001. 11. 1 개정)

4-3…3 【수익사업과 비수익사업의 구분】 (2019. 12. 23. 번호개정)
비영리내국법인의 수익사업과 비수익사업은 해당사업 또는 수입의 성질을 기준으로 구분한다. 수익사업에 속하는 것과 비수익사업에 속하는 것을 예시하면 다음과 같다. (2019. 12. 23. 개정)
1. 수익사업에 속하는 것
　가. 학교법인의 임야에서 발생한 수입과 임업수입 (97. 4. 1 개정)
　나. 학교부설연구소의 원가계산 등의 용역수입
　다. 학교에서 전문의를 고용하여 운영하는 의료수입
　라. 주무관청에 등록된 종교단체 등의 임대수입. 다만, 영 제3조 제1항 제7호에 해당되는 경우는 제외한다. (2024. 3. 15. 개정)
　마. 전답을 대여 또는 이용하게 함으로써 생긴 소득
　바. 정기간행물 발간사업. 다만, 특별히 정해진 법률상의 자격을 가진 자를 회원으로 하는 법인이 그 대부분을 소속회원에게 배포하기 위하여 주로 회원의 소식, 그 밖에 이에 준하는 내용을 기사로 하는 회보 또는 회원명부(이하 "회보 등"이라 한다) 발간사업과 학술, 종교의 보급, 자선, 그 밖에 공익을 목적으로 하는 법인이 그 고유목적을 달성하기 위하여 회보 등을 발간하고 이를 회원 또는 불특정 다수인에게 무상으로 배포하는 것으로서 통상 상품으로 판매되지 아니하는 것은 제외한다. (2024. 3. 15. 개정)
　사. 광고수입
　아. 회원에게 실비제공하는 구내식당 운영수입
　자. 급수시설에 의한 용역대가로 받는 수입
　차. 운동경기의 중계료, 입장료

제외한다. (2010. 3. 31. 개정)
3. 1인에 대한 총대출금액이 1억원을 넘지 아니하는 범위에서 금융위원회가 기획재정부장관과 협의하여 고시하는 대출상한금액 이하일 것 (2010. 3. 31. 개정)
4. 대출금리는 신용등급이 가장 낮은 금융소외계층에 대하여 적용되는 이자율이 「대부업 등의 등록 및 금융이용자 보호에 관한 법률 시행령」 제9조 제1항에 따른 이자율의 40퍼센트를 넘지 아니하는 범위에서 금융위원회가 기획재정부장관과 협의하여 고시하는 기준금리 이하일 것 (2010. 3. 31. 개정)
4. 대출금리는 개인신용평점이 가장 낮은 금융소외계층에 대하여 적용되는 이자율이 「대부업 등의 등록 및 금융이용자 보호에 관한 법률 시행령」 제9조 제1항에 따른 이자율의 40퍼센트를 넘지 아니하는 범위에서 금융위원회가 기획재정부장관과 협의하여 고시하는 기준금리 이하일 것 (2025. 3. 21. 개정)
5. 대출사업에서 발생한 소득을 전액 고유목적사업에 활용할 것 (2008. 3. 31. 신설)

통칙 4-3…4 【간행물 등의 대가를 회비명목으로 징수하는 경우의 수입금액 계산】 (2019. 12. 23. 번호개정)
① 비영리내국법인이 간행물 등을 발간하여 직접적인 대가를 받지 아니하고 회비 등의 명목으로 그 대가를 징수하는 경우에는 다음 각 호에 따라 수입금액을 계산한다. (2019. 12. 23. 개정)
1. 회원으로부터 그 대가를 받지 아니하고 별도의 회비를 징수하는 경우에는 그 회비 중 해당 간행물 등의 대가상당액을 수입금액으로 본다. (2024. 3. 15. 개정)

이 감소될 때까지는 당초 자본금을 정당한 자본금으로 본다. (2019. 12. 23. 개정)
② 일시적인 차입금으로 주금납입의 형식을 취한 후 곧 그 납입금을 인출하여 동 차입금을 변제하는 대신 가공자산을 계상한 경우에 해당 가공자산의 처리는 67 - 106…12에 의한다. (2024. 3. 15. 개정)

제5조【신탁소득】① 신탁재산에 귀속되는 소득에 대해서는 그 신탁의 이익을 받을 수익자가 그 신탁재산을 가진 것으로 보고 이 법을 적용한다. (2020. 12. 22. 개정)
② 제1항에도 불구하고 다음 각 호의 어느 하나에 해당하는 신탁으로서 대통령령으로 정하는 요건을 충족하는 신탁(「자본시장과 금융투자업에 관한 법률」 제9조 제18항 제1호에 따른 투자신탁은 제외한다)의 경우에는 신탁재산에 귀속되는 소득에 대하여 그 신탁의 수탁자[내국법인 또는 「소득세법」에 따른 거주자(이하 “거주자”라 한다)인 경우에 한정한다]가 법인세를 납부할 의무가 있다. 이 경우 신탁재산별로 각각을 하나의 내국법인으로 본다. (2023. 12. 31. 개정)
② 제1항에도 불구하고 다음 각 호의 어느 하나에 해당하는 신탁으로서 대통령령으로 정하는 요건을 충족하는 신탁(「자본시장과 금융투자업에 관한 법률」 제9조 제18항 제1호에 따른 투자신탁 및 「소득세법」 제17조 제1항 제5호의 3에 따른 수익증권이 발행된 신탁은 제외한다)의 경우에는 신탁재산에 귀속되는 소득에 대하여 그 신탁의 수탁자[내국법인 또는 「소득세법」에 따른 거주자(이하 “거주자”라 한다)인 경우에 한정한다]가 법인세를 납부할 의무가 있다. 이 경우 신탁재산별로 각각을 하나의 내국법인으로 본다. (2024. 12. 31. 개정)

편주 ▶ ··
법 5조 2항 각 호 외의 부분 전단의 개정규정은 2025. 7. 1.이 속하는 사업연도에 신탁재산에 귀속되는 소득부터 적용함. (법 부칙(2024. 12. 31.) 2조)
··

1. 「신탁법」 제3조 제1항 각 호 외의 부분 단서에 따른 목적신탁 (2020. 12. 22. 신설)
2. 「신탁법」 제78조 제2항에 따른 수익증권발행신탁 (2020. 12. 22. 신설)
3. 「신탁법」 제114조 제1항에 따른 유한책임신탁 (2020. 12. 22. 신설)
4. 그 밖에 제1호부터 제3호까지의 규정에 따른 신탁과 유사한 신탁으로서 대통령령으로 정하는 신탁 (2020. 12. 22. 신설)

카. 회원에게 대부한 융자금의 이자수입
타. 유가증권대여로 인한 수수료수입 (85. 1. 1 신설)
파. 조합공판장 판매수수료수입 (85. 1. 1 신설)
하. 교육훈련에 따른 수수료수입 (97. 4. 1 개정)
2. 비수익사업에 속하는 것 (2003. 5. 10. 개정)
가. 징발보상금
나. 일시적인 저작권의 사용료로 받은 인세수입 (97. 4. 1 개정)
다. 회원으로부터 받는 회비 또는 추천수수료(간행물 등의 대가가 포함된 경우에는 그 대가상당액을 제외한다)
라. 외국원조수입 또는 구호기금수입
마. 업무와 직접 관계없이 타인으로부터 무상으로 받은 자산의 가액 (97. 4. 1 개정)

제3조의 2【신탁소득】① 법 제5조 제2항 각 호 외의 부분 전단에서 “대통령령으로 정하는 요건을 충족하는 신탁”이란 제2항 각 호의 요건 모두에 해당하지 않는 신탁을 말한다. (2024. 2. 29. 개정)
1. 수익자가 둘 이상일 것. 다만, 어느 하나의 수익자를 기준으로 제2조 제8항에 해당하는 자이거나 「소득세법 시행령」 제98조 제1항에 따른 특수관계인에 해당하는 자는 수익자 수를 계산할 때 포함하지 않는다. (2023. 2. 28. 단서개정)
2. 제2항 제1호에 해당하지 않을 것 (2021. 2. 17. 신설)
1.~2. 삭 제 (2024. 2. 29.)

2. 회원 이외의 자로부터 그 대가를 받지 아니하고 회비 등의 명목으로 금전을 수수하는 경우에는 그 수수하는 금액을 수입금액으로 본다.
② 제1항에서 “회비 등의 명목으로 그 대가를 징수하는 경우”라 함은 다음 각 호에서 규정하는 것으로 한다. (2024. 3. 15. 개정)
1. 회원에게 배포한 간행물 등이 독립된 상품적 가치가 있다고 인정되는 것으로서 그 대가상당액을 별도의 회비 명목으로 징수하는 경우
2. 건전한 사회통념에 비추어 보아 소속회원에게 봉사하는 정도를 넘는 회비를 징수하고 간행물 등을 배포하는 경우
4 - 3…5【수익사업으로 보지 아니하는 회보 발간에 관련된 광고수입에 대응하는 손금의 계산】 (2019. 12. 23. 번호개정)
비영리내국법인이 수익사업으로 보지 아니하는 회보 등을 발간함에 있어서 동 회보에 광고를 게재하는 경우 회보발간비는 광고수입에 대응하는 손금으로 한다. 이 경우 광고수입을 초과하는 회보발간비는 비수익사업에 속하는 것으로 한다. (2019. 12. 23. 개정)
4 - 3…6【교육서비스업의 범위】 (2019. 12. 23. 번호개정)
영 제3조 제1항 제3호에서 “「유아교육법」에 따른 유치원 ·「초 · 중등교육법」 및 「고등교육법」에 따른 학교와 「평생교육법」에 따른 원격대학형태의 평생교육시설이 제공하는 교육서비스업이란 같은 법에 의한 교육과정에 따라 실시하는 교육서비스업을 말하는 것으로 「평생교육법」에 의한 학교부설 평생교육기관인 전산정보교육원 등의 운영과 관련된 교육서비스업은 이에 해당하지 아니한다. (2019. 12. 23. 개정)

③ 제1항 및 제2항에도 불구하고 위탁자가 신탁재산을 실질적으로 통제하는 등 대통령령으로 정하는 요건을 충족하는 신탁의 경우에는 신탁재산에 귀속되는 소득에 대하여 그 신탁의 위탁자가 법인세를 납부할 의무가 있다. (2023. 12. 31. 개정)

편주 ▶ ···
2024. 1. 1. 전에 신탁재산에 귀속된 소득에 대해서는 법 5조 3항의 개정규정에도 불구하고 종전의 규정에 따름. (법 부칙(2023. 12. 31.) 9조)
···

④ 「자본시장과 금융투자업에 관한 법률」의 적용을 받는 법인의 신탁재산(같은 법 제251조 제1항에 따른 보험회사의 특별계정은 제외한다. 이하 같다)에 귀속되는 수입과 지출은 그 법인에 귀속되는 수입과 지출로 보지 아니한다. (2020. 12. 22. 항번개정)

관계조문 ≫
법 113조 2항 ⇒ 신탁재산의 구분경리

제6조 【사업연도】 ① 사업연도는 법령이나 법인의 정관(定款) 등에서 정하는 1회계기간으로 한다. 다만, 그 기간은 1년을 초과하지 못한다. (2010. 12. 30. 개정)
② 법령이나 정관 등에 사업연도에 관한 규정이 없는 내국법인은 따로 사업연도를 정하여 제109조 제1항에 따른 법인 설립신고 또는 제111조에 따른 사업자등록과 함께 납세지 관할세무서장(제12조에 따른 세무서장을 말한다. 이하 같다)에게 사업연도를 신고하여야 한다. (2010. 12. 30. 개정)
③ 제94조에 따른 국내사업장(이하 "국내사업장"이라 한다)이 있는 외국법인으로서 법령이나 정관 등에 사업연도에 관한 규정이 없는 법인은 따로 사업연도를 정하여 제109조 제2항에 따른 국내사업장 설치신고 또는 제111조에 따른 사업자등록과 함께 납세지 관할 세무서장에게 사업연도를 신고하여야 한다. (2010. 12. 30. 개정)
④ 국내사업장이 없는 외국법인으로서 제93조 제3호 또는 제7호에 따른 소득이 있는 법인은 따로 사업연도를 정하여 그 소득이 최초로 발생하게 된 날부터 1개월 이내에 납세지 관할 세무서장에게 사업연도를

② 법 제5조 제3항에서 "대통령령으로 정하는 요건을 충족하는 신탁"이란 다음 각 호의 어느 하나에 해당하는 신탁을 말한다. (2023. 2. 28. 개정)
1. 위탁자가 신탁을 해지할 수 있는 권리, 수익자를 지정하거나 변경할 수 있는 권리, 신탁 종료 후 잔여재산을 귀속 받을 권리를 보유하는 등 신탁재산을 실질적으로 지배·통제할 것 (2021. 2. 17. 신설)
2. 신탁재산 원본을 받을 권리에 대한 수익자는 위탁자로, 수익을 받을 권리에 대한 수익자는 위탁자의 제43조 제7항에 따른 지배주주등의 배우자 또는 같은 주소 또는 거소에서 생계를 같이 하는 직계존비속(배우자의 직계존비속을 포함한다)으로 설정했을 것 (2021. 2. 17. 신설)

제4조 【사업연도의 개시일】 (2019. 2. 12. 조번개정)
① 법인의 최초 사업연도의 개시일은 다음 각 호의 날로 한다. (2013. 2. 15. 개정)
1. 내국법인의 경우에는 설립등기일. 다만, 법 제2조 제2호 다목에 따른 법인으로 보는 단체(이하 "법인으로 보는 단체"라 한다)의 경우에는 다음 각 목의 날로 한다. (2019. 2. 12. 단서개정)
   가. 법령에 의하여 설립된 단체에 있어서 당해 법령에 설립일이 정하여진 경우에는 그 설립일 (98. 12. 31 개정)
   나. 설립에 관하여 주무관청의 허가 또는 인가를 요하는 단체와 법령에 의하여 주무관청에 등록한 단체의 경우에는 그 허가일·인가일 또는 등록일 (98. 12. 31 개정)
   다. 공익을 목적으로 출연된 기본재산이 있는 재단으로서 등기되지 아니한 단체에 있어서는 그 기본재산의 출연을 받은 날 (98. 12. 31 개정)
   라. 「국세기본법」 제13조 제2항의 규정에 의하여 납세지 관할세무서장의 승인을 얻은 단체의 경우에는 그 승인일 (2005. 2. 19. 개정)
2. 외국법인의 경우에는 법 제94조에 따른 국내사업장(이하 "국내사업

▶ **예 판** ···
2 이상의 국내사업장이 있는 외국법인의 경우, 본점의 사업연도를 국내사업장의 사업연도로 하여 법인세 신고 가능함. (서이 46017－10816, 2003. 4. 19.)
···
☞

신고하여야 한다. (2010. 12. 30. 개정)
⑤ 제2항부터 제4항까지의 규정에 따른 신고를 하여야 할 법인이 그 신고를 하지 아니하는 경우에는 매년 1월 1일부터 12월 31일까지를 그 법인의 사업연도로 한다. (2010. 12. 30. 개정)
⑥ 제1항부터 제5항까지의 규정을 적용할 때 법인의 최초 사업연도의 개시일 등에 관하여 필요한 사항은 대통령령으로 정한다. (2010. 12. 30. 개정)

제7조 【사업연도의 변경】 ① 사업연도를 변경하려는 법인은 그 법인의 직전 사업연도 종료일부터 3개월 이내에 대통령령으로 정하는 바에 따라 납세지 관할 세무서장에게 이를 신고하여야 한다. (2010. 12. 30. 개정)
② 법인이 제1항에 따른 신고를 기한까지 하지 아니한 경우에는 그 법인의 사업연도는 변경되지 아니한 것으로 본다. 다만, 법령에 따라 사업연도가 정하여지는 법인의 경우 관련 법령의 개정에 따라 사업연도가 변경된 경우에는 제1항에 따른 신고를 하지 아니한 경우에도 그 법령의 개정 내용과 같이 사업연도가 변경된 것으로 본다. (2010. 12. 30. 개정)
③ 제1항 및 제2항 단서에 따라 사업연도가 변경된 경우에는 종전의 사업연도 개시일부터 변경된 사업연도 개시일 전날까지의 기간을 1사업연도로 한다. 다만, 그 기간이 1개월 미만인 경우에는 변경된 사업연도에 그 기간을 포함한다. (2010. 12. 30. 개정)

제8조 【사업연도의 의제】 ① 내국법인이 사업연도 중에 해산(합병 또는 분할에 따른 해산과 제78조 각 호에 따른 조직변경은 제외한다)한 경우에는 다음 각 호의 기간을 각각 1사업연도로 본다. (2018. 12. 24. 개정)
1. 그 사업연도 개시일부터 해산등기일(파산으로 인하여 해산한 경우에는 파산등기일을 말하며, 법인으로 보는 단체의 경우에는 해산일을 말한다. 이하 같다)까지의 기간 (2018. 12. 24. 개정)
2. 해산등기일 다음 날부터 그 사업연도 종료일까지의 기간 (2018. 12.

장"이라 한다)을 가지게 된 날(국내사업장이 없는 경우에는 법 제6조 제4항의 규정에 의한 소득이 최초로 발생한 날) (2013. 2. 15. 개정)
② 제1항의 규정을 적용함에 있어서 최초 사업연도의 개시일전에 생긴 손익을 사실상 그 법인에 귀속시킨 것이 있는 경우 조세포탈의 우려가 없을 때에는 최초 사업연도의 기간이 1년을 초과하지 아니하는 범위 내에서 이를 당해 법인의 최초사업연도의 손익에 산입할 수 있다. 이 경우 최초 사업연도의 개시일은 당해 법인에 귀속시킨 손익이 최초로 발생한 날로 한다. (98. 12. 31 개정)

제5조 【사업연도의 변경신고】 (2019. 2. 12. 조번개정)
법 제7조 제1항의 규정에 의하여 사업연도의 변경신고를 하고자 하는 법인은 그 신고기한 내에 기획재정부령이 정하는 사업연도변경신고서를 납세지 관할세무서장에게 제출(국세정보통신망에 의한 제출을 포함한다)하여야 한다. (2008. 2. 29. 직제개정 ; 기획재정부와~직제 부칙)

통칙 7 - 5…2 【사업연도 변경신고서를 미리 제출한 경우의 효력】 (2019. 12. 23. 번호개정)
사업연도변경신고서를 직전사업연도 종료일 이전에 제출한 경우에도 적법한 변경신고로 본다. (2019. 12. 23. 개정)

☞
관계조문 ▶▶
영 124조 3항 ⇒ 잔여재산가액 확정일

제6조 【합병등기일 등의 범위】 (2019. 2. 12. 조번개정)
① 법 및 이 영에서 "합병등기일"이란 다음 각 호의 구분에 따른 날을 말한다. (2019. 2. 12. 개정)
1. 합병 후 존속하는 법인 : 변경등기일 (2019. 2. 12. 개정)
2. 합병으로 설립되는 법인 : 설립등기일 (2019. 2. 12. 개정)
② 법 및 이 영에서 "분할등기일"이란 다음 각 호의 구분에 따른 날을 말한다. (2019. 2. 12. 개정)
1. 분할 후 존속하는 법인 : 변경등기일 (2019. 2. 12. 개정)

☞
관계조문 ▶▶
규칙 82조 7항 1호 ⇒ 사업연도변경신고서

통칙 7 - 5…1 【신설법인의 사업연도 변경】 (2019. 12. 23. 번호개정)
신설법인의 경우에는 최초 사업연도가 경과하기 전에는 사업연도를 변경할 수 없는 것으로 한다. (2019. 12. 23. 개정)
7 - 5…3 【사업연도 변경신고서를 늦게 제출한 경우의 효력】 (2019. 12. 23. 번호개정)
사업연도변경신고서를 직전사업연도 종료일로부터 3개월을 경과하여 제출한 경우에는 변경신고한 해당 사업연도는 변경되지 아니한 것으로 본다. (2024. 3. 15. 개정)

☞
편주 ▶
해산 또는 합병등기일
상법상 회사가 해산된 때에는 합병과 파산의 경우 외에는 그 해산사유가 있은 날로부터 본점소재지에서는 2주간 내, 지점소재지에서는 3주간 내에 해산등기를 하여야 하며, 회사가 합병을 한 때에는 본점소재지에서는 2주간 내, 지점소재지에서는 3주간 내에 합

24. 개정)

② 내국법인이 사업연도 중에 합병 또는 분할에 따라 해산한 경우에는 그 사업연도 개시일부터 합병등기일 또는 분할등기일까지의 기간을 그 해산한 법인의 1사업연도로 본다. (2018. 12. 24. 개정)

③ 내국법인이 사업연도 중에 제78조 각 호에 따른 조직변경을 한 경우에는 조직변경 전의 사업연도가 계속되는 것으로 본다. (2018. 12. 24. 신설)

④ 청산 중인 내국법인의 사업연도는 다음 각 호의 구분에 따른 기간을 각각 1사업연도로 본다. (2018. 12. 24. 개정)

1. 잔여재산가액이 사업연도 중에 확정된 경우 : 그 사업연도 개시일부터 잔여재산가액 확정일까지의 기간 (2018. 12. 24. 개정)

2. 「상법」 제229조, 제285조, 제287조의 40, 제519조 또는 제610조에 따라 사업을 계속하는 경우 : 다음 각 목의 기간 (2018. 12. 24. 개정)

   가. 그 사업연도 개시일부터 계속등기일(계속등기를 하지 아니한 경우에는 사실상의 사업 계속일을 말한다. 이하 같다)까지의 기간 (2018. 12. 24. 개정)

   나. 계속등기일 다음 날부터 그 사업연도 종료일까지의 기간 (2018. 12. 24. 개정)

⑤ 내국법인이 사업연도 중에 연결납세방식을 적용받는 경우에는 그 사업연도 개시일부터 연결사업연도 개시일 전날까지의 기간을 1사업연도로 본다. (2018. 12. 24. 개정)

⑥ 국내사업장이 있는 외국법인이 사업연도 중에 그 국내사업장을 가지지 아니하게 된 경우에는 그 사업연도 개시일부터 그 사업장을 가지지 아니하게 된 날까지의 기간을 1사업연도로 본다. 다만, 국내에 다른 사업장을 계속하여 가지고 있는 경우에는 그러하지 아니하다. (2018. 12. 24. 개정)

⑦ 국내사업장이 없는 외국법인이 사업연도 중에 제93조 제3호에 따른 국내원천 부동산소득 또는 같은 조 제7호에 따른 국내원천 부동산등양도소득이 발생하지 아니하게 되어 납세지 관할 세무서장에게 그 사실을 신고한 경우에는 그 사업연도 개시일부터 신고일까지의 기간을 1사업연도로 본다. (2018. 12. 24. 개정)

2. 분할로 설립되는 법인 : 설립등기일 (2019. 2. 12. 개정)

상 법

제229조【회사의 계속】 ① 제227조 제1호와 제2호의 경우에는 사원의 전부 또는 일부의 동의로 회사를 계속할 수 있다. 그러나 동의를 하지 아니한 사원은 퇴사한 것으로 본다.

② 제227조 제3호의 경우에는 새로 사원을 가입시켜서 회사를 계속할 수 있다.

③ 전 2항의 경우에 이미 회사의 해산등기를 하였을 때에는 본점 소재지에서는 2주간내, 지점소재지에서는 3주간내에 회사의 계속등기를 하여야 한다.

④ 제213조의 규정은 제2항의 신입사원의 책임에 준용한다.

제285조【해산, 계속】 ① 합자회사는 무한책임사원 또는 유한책임사원의 전원이 퇴사한 때에는 해산된다.

② 전항의 경우에 잔존한 무한책임사원 또는 유한책임사원은 전원의 동의로 새로 유한책임사원 또는 무한책임사원을 가입시켜서 회사를 계속할 수 있다.

③ 제213조와 제229조 제3항의 규정은 전항의 경우에 준용한다.

제287조의 40【유한책임회사의 계속】 제287조의 38의 해산 원인 중 제227조 제1호 및 제2호의 경우에는 제229조 제1항 및 제3항을 준용한다. (2011. 4. 14. 신설)

제519조【회사의 계속】 회사가 존립기간의 만료 기타 정관에 정한 사유의 발생 또는 주주총회의 결의에 의하여 해산한 경우에는 제434조의 규정에 의한 결의로 회사를 계속할 수 있다.

제610조【회사의 계속】 ① 제227조 제1호 또는 전조 제1항 제2호의 사유로 인하여 회사가 해산한 경우에는 제585조의 규정에 의한 사원총회의 결의로써 회사를 계속할 수 있다.

② 삭 제 (2001. 7. 24.)

병 후 존속하는 회사의 변경등기, 합병으로 인하여 소멸하는 회사의 해산등기, 합병으로 인하여 설립되는 회사의 설립등기를 하여야 함. (상법 228조, 528조 등)

통칙 8-0…1 【해산등기를 한 법인의 사업연도】
사업연도 기간중에 해산한 경우에 해당 등기부상 원인일자 또는 주주총회의 결의일에 관계없이 그 사업연도 개시일로부터 해산등기일까지의 기간과 해산등기를 한 날의 다음 날로부터 그 사업연도 종료일까지의 기간을 각각 1사업연도로 본다. (2024. 3. 15. 개정)

8-0…2 【설립무효 등의 판결을 받은 법인의 사업연도】
법인이 사업연도 기간중에 설립무효 또는 설립취소의 판결을 받은 경우에는 해당 사업연도 개시일로부터 확정판결일까지를 1사업연도로 본다. (2024. 3. 15. 개정)

제9조 【납세지】 ① 내국법인의 법인세 납세지는 그 법인의 등기부에 따른 본점이나 주사무소의 소재지(국내에 본점 또는 주사무소가 있지 아니하는 경우에는 사업을 실질적으로 관리하는 장소의 소재지)로 한다. 다만, 법인으로 보는 단체의 경우에는 대통령령으로 정하는 장소로 한다. (2010. 12. 30. 개정)
② 외국법인의 법인세 납세지는 국내사업장의 소재지로 한다. 다만, 국내사업장이 없는 외국법인으로서 제93조 제3호 또는 제7호에 따른 소득이 있는 외국법인의 경우에는 각각 그 자산의 소재지로 한다. (2010. 12. 30. 개정)

③ 제2항의 경우 둘 이상의 국내사업장이 있는 외국법인에 대하여는 대통령령으로 정하는 주된 사업장의 소재지를 납세지로 하고, 둘 이상의 자산이 있는 법인에 대하여는 대통령령으로 정하는 장소를 납세지로 한다. (2010. 12. 30. 개정)

관계조문

법 94조 ⇒ 외국법인의 국내사업장

통칙 8-0…3 【법인의 조직을 변경한 경우의 사업연도】
「상법」· 그 밖의 법령에 따라 그 조직을 변경한 경우에도 조직변경 전의 법인해산등기 또는 조직변경 후의 법인설립등기에 관계없이 해당 법인의 사업연도는 조직변경 전 사업연도가 계속되는 것으로 한다. (2024. 3. 15. 개정)

제7조 【납세지의 범위】 (2019. 2. 12. 조번개정)
① 법 제9조 제1항 단서에서 "대통령령으로 정하는 장소"란 당해 단체의 사업장 소재지를 말하되, 주된 소득이 부동산임대소득인 단체의 경우에는 그 부동산의 소재지를 말한다. 이 경우 2 이상의 사업장 또는 부동산을 가지고 있는 단체의 경우에는 주된 사업장 또는 주된 부동산의 소재지를 말하며, 사업장이 없는 단체의 경우에는 당해 단체의 정관 등에 기재된 주사무소의 소재지(정관 등에 주사무소에 관한 규정이 없는 단체의 경우에는 그 대표자 또는 관리인의 주소를 말한다)를 말한다. (2011. 6. 3. 개정)
② 제1항에서 "주된 사업장 또는 주된 부동산의 소재지"라 함은 직전 사업연도의 제11조 제1호의 규정에 의한 사업수입금액(이하 "사업수입금액"이라 한다)이 가장 많은 사업장 또는 부동산의 소재지를 말한다. (98. 12. 31 개정)
③ 법 제9조 제3항에서 "대통령령으로 정하는 주된 사업장의 소재지"란 제2항의 규정을 준용하여 판정한 소재지를 말한다. 다만, 주된 사업장 소재지의 판정은 최초로 납세지를 정하는 경우에만 적용한다. (2011. 6. 3. 개정)
④ 법 제9조 제3항에서 "대통령령으로 정하는 장소"란 국내원천소득이 발생하는 장소 중 당해 외국법인이 납세지로 신고하는 장소를 말한다. 이 경우 그 신고는 2 이상의 국내원천소득이 발생하게 된 날부터 1월 이내에 기획재정부령이 정하는 납세지신고서에 의하여 납세지 관할세무서장에게 하여야 한다. (2011. 6. 3. 개정)
⑤ 건설업 등을 영위하는 외국법인의 국내사업장이 영해에 소재하는

관계조문

규칙 82조 7항 2호 ⇒ 납세지신고서

④ 제73조, 제73조의 2, 제98조, 제98조의 3, 제98조의 5, 제98조의 6 또는 제98조의 8에 따라 원천징수한 법인세의 납세지는 대통령령으로 정하는 해당 원천징수의무자의 소재지로 한다. 다만, 제98조 및 제98조의 3에 따른 원천징수의무자가 국내에 그 소재지를 가지지 아니하는 경우에는 대통령령으로 정하는 장소로 한다. (2023. 12. 31. 개정)

이유 등으로 국내사업장을 납세지로 하는 것이 곤란한 경우에는 국내의 등기부상 소재지를 납세지로 한다. 다만, 등기부상 소재지가 없으면 국내에서 그 사업에 관한 업무를 총괄하는 장소를 납세지로 한다. (2009. 2. 4. 신설)
⑥ 법 제9조 제4항 본문에서 "대통령령으로 정하는 해당 원천징수의무자의 소재지"란 다음 각 호의 구분에 따른 장소를 말한다. (2019. 2. 12. 신설)
1. 원천징수의무자가 개인인 경우 : 「소득세법」 제7조 제1항 제1호 및 제2호에 따른 소재지 (2019. 2. 12. 신설)
2. 원천징수의무자가 법인인 경우 : 다음 각 목의 장소 (2019. 2. 12. 신설)
　가. 해당 법인의 본점·주사무소 또는 국내에 본점이나 주사무소가 소재하지 않는 경우에는 사업의 실질적 관리장소(이하 "본점등"이라 한다)의 소재지(법인으로 보는 단체의 경우에는 제1항에 따른 소재지로, 외국법인의 경우에는 해당 법인의 주된 국내사업장의 소재지로 한다) (2019. 2. 12. 신설)
　나. 가목에도 불구하고 법인의 지점·영업소 또는 그 밖의 사업장이 독립채산제에 의해 독자적으로 회계사무를 처리하는 경우에는 그 사업장의 소재지(그 사업장의 소재지가 국외에 있는 경우는 제외한다). 다만, 법인이 지점·영업소 또는 그 밖의 사업장에서 지급하는 소득에 대한 원천징수세액을 본점등에서 전자계산조직 등에 의해 일괄계산하는 경우로서 본점등의 관할 세무서장에게 신고하거나 「부가가치세법」 제8조 제3항 및 제4항에 따라 사업자단위로 관할 세무서장에게 등록한 경우에는 해당 법인의 본점등의 소재지로 한다. (2019. 2. 12. 신설)
⑦ 법 제9조 제4항 단서에서 "대통령령으로 정하는 장소"란 다음 각 호의 구분에 따른 장소를 말한다. (2019. 2. 12. 신설)
1. 법 제93조 제7호 나목에 따른 국내원천 부동산등양도소득 및 이 영 제132조 제8항 각 호의 어느 하나에 해당하는 소득이 있는 경우 : 해당 유가증권을 발행한 내국법인 또는 외국법인의 국내사업장의 소재지 (2019. 2. 12. 신설)
2. 제1호 외의 경우 : 국세청장이 지정하는 장소 (2019. 2. 12. 신설)

　　제2조의 3【법인의 본점등에서의 원천징수세액 일괄납부신고】(2019. 3. 20. 조번개정)
영 제7조 제6항 제2호 나목 단서에 따라 법인의 본점등에서의 원천징수세액의 일괄납부 신고를 하려는 법인은 원천징수세액을 일괄납부하려는 달의 말일부터 1개월 전까지 원천징수세액 본점일괄납부신고서를 본점 관할세무서장에게 제출하여야 한다. (2019. 3. 20. 개정)

제10조【납세지의 지정】① 관할지방국세청장(제12조에 따른 지방국세청장을 말한다. 이하 같다)이나 국세청장은 제9조에 따른 납세지가 그 법인의 납세지로 적당하지 아니하다고 인정되는 경우로서 대통령령으로 정하는 경우에는 같은 조에도 불구하고 그 납세지를 지정할 수 있다. (2010. 12. 30. 개정)

② 관할지방국세청장이나 국세청장은 제1항에 따라 납세지를 지정한 경우에는 대통령령으로 정하는 바에 따라 해당 법인에 이를 알려야 한다. (2010. 12. 30. 개정)

제11조【납세지의 변경】① 법인은 납세지가 변경된 경우에는 그 변경된 날부터 15일 이내에 대통령령으로 정하는 바에 따라 변경 후의 납세지 관할 세무서장에게 이를 신고하여야 한다. 이 경우 납세지가 변경된 법인이 「부가가치세법」 제8조에 따라 그 변경된 사실을 신고한 경우에는 납세지 변경신고를 한 것으로 본다. (2013. 6. 7. 후단개정 ; 부가가치세법 부칙)

② 제1항에 따른 신고를 하지 아니한 경우에는 종전의 납세지를 그 법인의 납세지로 한다. (2010. 12. 30. 개정)

③ 외국법인이 제9조 제2항에 해당하는 납세지를 국내에 가지지 아니

⑧ 제6항 제2호 나목 단서에 따라 일괄계산하여 신고하는 절차에 관하여 필요한 사항은 기획재정부령으로 정한다. (2019. 2. 12. 신설)

제8조【납세지의 지정 및 통지】① 법 제10조 제1항에서 "대통령령으로 정하는 경우"란 다음 각 호의 어느 하나에 해당하는 경우를 말한다. (2019. 2. 12. 개정)
1. 내국법인의 본점 등의 소재지가 등기된 주소와 동일하지 아니한 경우 (98. 12. 31 개정)
2. 내국법인의 본점 등의 소재지가 자산 또는 사업장과 분리되어 있어 조세포탈의 우려가 있다고 인정되는 경우 (98. 12. 31 개정)
3. 둘 이상의 국내사업장을 가지고 있는 외국법인의 경우로서 제7조 제3항에 따라 주된 사업장의 소재지를 판정할 수 없는 경우 (2019. 2. 12. 개정)
4. 법 제9조 제2항 단서에 따른 둘 이상의 자산이 있는 외국법인의 경우로서 제7조 제4항에 따른 신고를 하지 않은 경우 (2019. 2. 12. 개정)

② 제1항 각호의 1에 해당하는 경우 관할지방국세청장은 법 제10조 제1항의 규정에 의하여 납세지를 지정할 수 있다. 이 경우 새로이 지정될 납세지가 그 관할을 달리하는 경우에는 국세청장이 그 납세지를 지정할 수 있다. (98. 12. 31 개정)

③ 법 제10조 제2항의 규정에 의한 납세지의 지정통지는 그 법인의 당해 사업연도 종료일부터 45일 이내에 이를 하여야 한다. (98. 12. 31 개정)

④ 제3항의 규정에 의한 통지를 기한내에 하지 아니한 경우에는 종전의 납세지를 그 법인의 납세지로 한다. (98. 12. 31 개정)

제9조【납세지의 변경신고】① 법인이 법 제11조 제1항의 규정에 의하여 납세지의 변경을 신고하는 경우에는 기획재정부령이 정하는 납세지변경신고서를 변경 후의 납세지 관할세무서장에게 제출(국세정보통신망에 의한 제출을 포함한다)하여야 한다. (2008. 2. 29. 직제개정 ; 기획재정부와～직제 부칙)

관계조문 »
규칙 82조 7항 2호 ⇒ 납세지변경신고서

제3조【납세지의 변경신고】 납세지가 변경된 법인이 「법인세법」(이하 "법"이라 한다) 제11조 제1항의 규정에 의한 신고기한을 경과하여 변경신고를 한 경우에는 변경신고를 한 날부터 그 변경된 납세지를 당해 법인의 납세지로 한다. (2005. 2. 28. 개정)

하게 된 경우에는 그 사실을 납세지 관할 세무서장에게 신고하여야 한다. (2010. 12. 30. 개정)

제12조【과세 관할】법인세는 제9조부터 제11조까지의 규정에 따른 납세지를 관할하는 세무서장 또는 지방국세청장이 과세한다. (2010. 12. 30. 개정)

② 법 제11조 제1항의 규정에 의하여 납세지의 변경신고를 받은 세무서장은 그 신고받은 내용을 변경 전의 납세지 관할세무서장에게 통보하여야 한다. (98. 12. 31 개정)
③ 법인이 사업연도 중에 합병 또는 분할로 인하여 소멸한 경우 피합병법인·분할법인 또는 소멸한 분할합병의 상대방법인(이하 "피합병법인 등"이라 한다)의 각 사업연도의 소득(합병 또는 분할에 따른 양도손익을 포함한다)에 대한 법인세 납세지는 합병법인·분할신설법인 또는 분할합병의 상대방법인(이하 "합병법인 등"이라 한다)의 납세지(분할의 경우에는 승계한 자산가액이 가장 많은 법인의 납세지를 말한다)로 할 수 있다. 이 경우 법 제11조 제1항의 규정에 의하여 납세지의 변경을 신고하여야 한다. (2010. 6. 8 개정)

통칙 11-9…1【기일경과 후 납세지 변경 신고의 효력】
납세지 변경신고의 법정기일이 경과한 후라 하더라도 소정의 신고를 한 경우에는 신고한 날로부터 변경된 등기부상의 본점 또는 주사무소의 소재지를 법인의 납세지로 한다. (97. 4. 1 개정)

제2장 내국법인의 각 사업연도의 소득에 대한 법인세

제1절 과세표준과 그 계산

제1관 통 칙

제13조【과세표준】① 내국법인의 각 사업연도의 소득에 대한 법인세의 과세표준은 각 사업연도의 소득의 범위에서 다음 각 호의 금액과 소득을 차례로 공제한 금액으로 한다. 다만, 제1호의 금액에 대한 공제는 각 사업연도 소득의 100분의 80[「조세특례제한법」 제6조 제1항에 따른 중소기업(이하 "중소기업"이라 한다)과 회생계획을 이행 중인 기업 등 대통령령으로 정하는 법인의 경우는 100분의 100]을 한도로 한다. (2022. 12. 31. 단서개정)
1. 제14조 제3항의 이월결손금 중 다음 각 목의 요건을 모두 갖춘 금액 (2018. 12. 24. 개정)
   가. 각 사업연도의 개시일 전 15년 이내에 개시한 사업연도에서 발

제10조【결손금 공제】① 법 제13조 제1항 각 호 외의 부분 단서, 법 제45조 제5항 각 호 외의 부분 및 법 제46조의 4 제5항 각 호 외의 부분에서 "회생계획을 이행 중인 기업 등 대통령령으로 정하는 법인"이란 각각 다음 각 호의 어느 하나에 해당하는 법인을 말한다. (2020. 2. 11. 개정)
1. 「채무자 회생 및 파산에 관한 법률」 제245조에 따라 법원이 인가결정한 회생계획을 이행 중인 법인 (2016. 2. 12. 신설)
2. 「기업구조조정 촉진법」 제14조 제1항에 따라 기업개선계획의 이행을 위한 약정을 체결하고 기업개선계획을 이행 중인 법인 (2016. 4. 29. 개정 ; 기업구조조정 촉진법 시행령 부칙)

제4조【결손금 공제】① 법 제13조 제1항 제1호 및 영 제10조를 적용할 때 비영리법인의 경우에는 법 제4조 제3항에 따른 수익사업에서 생긴 소득과 결손금을 그 대상으로 한다. (2019. 3. 20. 개정)
② 각 사업연도의 소득에 대한 법인세의 과세표준을 계산할 때 법 제13조 제1항 제1호에 따라 공제할 결손금에는 법인세의 과세표준과 세액을 추계결정 또는 경정함에 따라 법 제68조에 따라 공제되지 아니

생한 결손금일 것 (2020. 12. 22. 개정)
　　나. 제60조에 따라 신고하거나 제66조에 따라 결정·경정되거나 「국세기본법」 제45조에 따라 수정신고한 과세표준에 포함된 결손금일 것 (2018. 12. 24. 개정)
2. 이 법과 다른 법률에 따른 비과세소득 (2018. 12. 24. 개정)
3. 이 법과 다른 법률에 따른 소득공제액 (2018. 12. 24. 개정)
② 제1항의 과세표준을 계산할 때 다음 각 호의 금액은 해당 사업연도의 다음 사업연도 이후로 이월하여 공제할 수 없다. (2018. 12. 24. 개정)
1. 해당 사업연도의 과세표준을 계산할 때 공제되지 아니한 비과세소득 및 소득공제액 (2018. 12. 24. 개정)
2. 「조세특례제한법」 제132조에 따른 최저한세의 적용으로 인하여 공제되지 아니한 소득공제액 (2018. 12. 24. 개정)

예 판
• 법인이 상법 등에 의해 그 조직을 변경하고 사업을 계속하는 때에는 조직변경 전의 이월결손금 및 세무조정시 유보금액과 이월공제세액은 승계됨. (서이 46012 – 10183, 2001. 9. 17) 그러나, 개인사업을 포괄적으로 현물출자하여 법인으로 전환한 경우. 개인사업에서 발생한 이월결손금은 전환한 법인의 과세표준계산시 공제할 수 없음. (서이 46012 – 10141, 2001. 9. 10)
• 법인이 폐업한 후 재개업을 하는 경우 종전의 사업자등록번호를 부여받아야 하며, 폐업 전 사업연도에 대한 결손금을 각 사업연도의 소득의 범위 안에서 공제할 수 있음. (서이 46012 – 10298, 2002. 2. 22)

통칙 13 – 0…1 【수익과 손비의 정의】
"수익"과 "손비"는 법 및 이 통칙에서 달리 정한 경우를 제외하고는 다음 각호에 의한다. (2001. 11. 1 개정)
1. 수익 : 타인에게 재화 또는 용역을 제공하고 획득한 수입금액과 그 밖의 해당 법인에게 귀속되는 일체의 경제적 이익 (2024. 3. 15. 개정)
2. 손비 : 수익을 획득하기 위하여 소요된 모든 비용과 그 밖의 해당 법인에게 귀속되는 일체의 경제적 손실 (2024. 3. 15. 개정)

제14조 【각 사업연도의 소득】 ① 내국법인의 각 사업연도의

3. 해당 법인의 채권을 보유하고 있는 「금융실명거래 및 비밀보장에 관한 법률」 제2조 제1호에 따른 금융회사등이나 그 밖의 법률에 따라 금융업무 또는 기업 구조조정 업무를 하는 「공공기관의 운영에 관한 법률」에 따른 공공기관으로서 기획재정부령으로 정하는 기관과 경영정상화계획의 이행을 위한 협약을 체결하고 경영정상화계획을 이행 중인 법인 (2021. 2. 17. 개정)
4. 채권, 부동산 또는 그 밖의 재산권(이하 이 항에서 "유동화자산"이라 한다)을 기초로 「자본시장과 금융투자업에 관한 법률」에 따른 증권을 발행하거나 자금을 차입(이하 이 항에서 "유동화거래"라 한다)할 목적으로 설립된 법인으로서 다음 각 목의 요건을 모두 갖춘 법인 (2016. 2. 12. 신설)
　가. 「상법」 또는 그 밖의 법률에 따른 주식회사 또는 유한회사일 것 (2016. 2. 12. 신설)
　나. 한시적으로 설립된 법인으로서 상근하는 임원 또는 직원을 두지 아니할 것 (2016. 2. 12. 신설)
　다. 정관 등에서 법인의 업무를 유동화거래에 필요한 업무로 한정하고 유동화거래에서 예정하지 아니한 합병, 청산 또는 해산이 금지될 것 (2016. 2. 12. 신설)
　라. 유동화거래를 위한 회사의 자산 관리 및 운영을 위하여 업무위탁계약 및 자산관리위탁계약이 체결될 것 (2016. 2. 12. 신설)
　마. 2015년 12월 31일까지 유동화자산의 취득을 완료하였을 것 (2016. 2. 12. 신설)
5. 법 제51조의 2 제1항 각 호의 어느 하나에 해당하는 내국법인이나 「조세특례제한법」 제104조의 31 제1항에 따른 내국법인 (2021. 2. 17. 개정)
6. 「기업 활력 제고를 위한 특별법」 제10조에 따른 사업재편계획 승인을 받은 법인 (2020. 2. 11. 신설)
7. 「조세특례제한법」 제74조 제1항(제4호부터 제6호까지는 제외한다) 또는 제4항에 따라 법인의 수익사업에서 발생한 소득을 고유목적사업준비금으로 손금에 산입할 수 있는 비영리내국법인 (2024. 2. 29. 신설)
② 법 제13조 제1항 제1호에 따라 결손금을 공제할 때에는 먼저 발생

한 이월결손금을 포함한다. (2019. 3. 20. 개정)
③ 영 제10조 제1항 제3호에서 "기획재정부령으로 정하는 기관"이란 「한국해양진흥공사법」에 따른 한국해양진흥공사를 말한다. (2021. 3. 16. 신설)

제5조 【비과세소득 등의 공제】 법 제13조의 규정에 의하여 각 사업연도의 소득에 대한 법인세의 과세표준을 계산함에 있어서 공제되지 아니한 비과세소득 및 소득공제액과 「조세특례제한법」 제132조의 규정에 의한 최저한세의 적용으로 인하여 공제되지 아니한 소득공제액은 다음 사업연도에 이월하여 공제할 수 없다. (2005. 2. 28. 개정)

제5조 【비과세소득 등의 공제】 삭 제 (2019. 3. 20.)

편주
영 10조 1항 7호의 개정규정은 2024. 1. 1. 이후 개시하는 사업연도의 과세표준을 신고하는 경우부터 적용함. (영 부칙(2024. 2. 29.) 2조)

소득은 그 사업연도에 속하는 익금(益金)의 총액에서 그 사업연도에 속하는 손금(損金)의 총액을 뺀 금액으로 한다. (2018. 12. 24. 개정)

② 내국법인의 각 사업연도의 결손금은 그 사업연도에 속하는 손금의 총액이 그 사업연도에 속하는 익금의 총액을 초과하는 경우에 그 초과하는 금액으로 한다. (2010. 12. 30. 개정)

③ 내국법인의 이월결손금은 각 사업연도의 개시일 전 발생한 각 사업연도의 결손금으로서 그 후의 각 사업연도의 과세표준을 계산할 때 공제되지 아니한 금액으로 한다. (2018. 12. 24. 신설)

통칙 14-0…1【각 사업연도소득 계산 원칙】
내국법인의 각 사업연도의 소득금액을 산정함에 있어 익금과 손금은 각각 총액에 의하여 계산한다.

14-0…2【기간손익계산 원칙】
각 사업연도소득을 계산함에 있어서 기간손익은 법에서 정하고 있는 경우를 제외하고는 일반적으로 공정·타당하다고 인정되는 기업회계의 기준 또는 관행에 따라 계산한다. 다만, 법인이 계속적인 회계관행에 따라 판매비와 일반관리비에 속하는 소모품을 매입하는 시점에 손금으로 경리하는 경우에도 기업회계기준 중 중요성의 원칙과 신뢰성의 원칙에 위배되지 아니하는 때에는 이를 해당 사업연도의 손금으로 할 수 있다. (2024. 3. 15. 개정)

14-0…3【면제사업의 결손금이 과세소득을 초과하는 경우의 과세표준 계산】
면제사업과 과세사업을 겸영하는 법인에 있어서 면제사업에서 생긴 결손금이 과세소득을 초과하는 경우에는 그 초과하는 금액을 해당 법인의 각 사업연도의 결손금으로 한다. 이와 반대의 경우에도 또한 같다. (2024. 3. 15. 개정)

제 2 관 익금의 계산

　제15조【익금의 범위】① 익금은 자본 또는 출자의 납입 및 이 법에서 규정하는 것은 제외하고 해당 법인의 순자산(純資産)을 증가시키는 거래로 인하여 발생하는 이익 또는 수입[이하 "수익"(收益)이라

한 사업연도의 결손금부터 차례대로 공제한다. (2019. 2. 12. 개정)

③ 법 제13조 제1항 제1호를 적용할 때 다음 각 호의 어느 하나에 해당하는 결손금은 각 사업연도의 과세표준을 계산할 때 공제된 것으로 본다. (2019. 2. 12. 개정)

1. 법 제17조 제2항의 규정에 따라 충당된 결손금 (2006. 2. 9. 신설)
2. 법 제18조 제6호에 따라 무상으로 받은 자산의 가액 및 채무의 면제 또는 소멸로 인한 부채의 감소액으로 충당된 이월결손금 (2011. 3. 31. 개정)
3. 법 제72조 제1항 및 「조세특례제한법」 제8조의 4에 따라 공제받은 결손금 (2022. 2. 15. 개정)

④ 법 제13조 제1항 제1호에 따른 결손금에는 제81조 제2항 및 제83조 제2항에 따른 승계결손금의 범위액을 포함한다. (2019. 2. 12. 개정)

⑤ 「조세특례제한법 시행령」 제100조의 18 제3항에 따른 배분한도 초과결손금을 추가로 배분받아 손금에 산입한 해당 법인의 사업연도에 결손금이 발생한 경우 추가로 배분받은 결손금과 해당 사업연도의 결손금 중 작은 것에 상당하는 금액은 배분한도 초과결손금이 발생한 동업기업의 사업연도의 종료일이 속하는 사업연도에 발생한 결손금으로 보아 제2항을 적용한다. (2024. 2. 29. 개정)

통칙 13-10…1【주식발행액면초과액 등으로 충당된 이월결손금의 공제】 (2008. 7. 25. 제목개정)
법 제13조 제1항 제1호의 규정을 적용함에 있어서 주식발행액면초과액, 감자차익·합병차익 및 분할차익으로 충당된 이월결손금은 각 사업연도의 과세표준 계산에 있어서 공제된 것으로 보지 아니한다. (2024. 3. 15. 개정)

제 2 관 익금의 계산

　제11조【수익의 범위】법 제15조 제1항에 따른 이익 또는 수입[이하 "수익"(收益)이라 한다]은 법 및 이 영에서 달리 정하는 것을 제외하고는 다음 각 호의 것을 포함한다. (2019. 2. 12. 개정)

1. 「통계법」 제22조에 따라 통계청장이 작성·고시하는 한국표준산업분류(이하 "한국

한다]의 금액으로 한다. (2018. 12. 24. 개정)

② 다음 각 호의 금액은 익금으로 본다. (2010. 12. 30. 개정)

1. 특수관계인인 개인으로부터 유가증권을 제52조 제2항에 따른 시가보다 낮은 가액으로 매입하는 경우 시가와 그 매입가액의 차액에 상당하는 금액 (2018. 12. 24. 개정)

2. 제57조 제4항에 따른 외국법인세액으로서 대통령령으로 정하는 바에 따라 계산하여 같은 조 제1항에 따른 세액공제의 대상이 되는 금액 (2020. 12. 22. 개정)

3. 「조세특례제한법」 제100조의 18 제1항에 따라 배분받은 소득금액 (2011. 12. 31. 개정)

③ 수익의 범위 및 구분 등에 필요한 사항은 대통령령으로 정한다. (2018. 12. 24. 개정)

▶예판◀ ……………………………………………

• 법인이 감자목적으로 특수관계 있는 개인으로부터 자기주식을 시가보다 저가로 매입하는 경우에는 시가와 저가와의 차액을 익금에 산입하지 아니함. (서면2팀 - 2066, 2004. 10. 11.)

• 신주발행법인의 기존주주인 개인이 신주인수권을 포기하여 신주발행법인의 기존주주 외의 제3자인 법인이 신주를 인수한 경우, 그 신주인수로 인하여 신주인수인인 법인이 분여받은 이익은 법인세법상 신주인수인인 법인의 익금에 산입된다고 할 것임. (서울고법 2011누21449, 2012. 7. 6.)

• 외국법인의 모든 거래처에 적용되는 계약조건에 따라 외국법인에 매출할인을 적용하고, 내국법인의 다른 국내 거래처에는 매출할인을 적용하지 않는 경우 해당 매출할인금액은 수입금액에서 제외됨. (재법인 - 238, 2016. 3. 7.)

• 완전자회사와의 합병으로 취득한 자기주식을 처분하는 경우 자기주식 매각손익은 익금 또는 손금에 산입하고 관련 유보는 추인됨. (사전 -2022-법규법인-1264, 2023. 3. 22.)

표준산업분류"라 한다)에 따른 각 사업에서 생기는 사업수입금액[기업회계기준(제79조 각 호의 어느 하나에 해당하는 회계기준을 말한다. 이하 같다)에 따른 매출에누리금액 및 매출할인금액은 제외한다. 이하 같다]. 다만, 법 제66조 제3항 단서에 따라 추계하는 경우 부동산임대에 의한 전세금 또는 임대보증금에 대한 사업수입금액은 금융회사 등의 정기예금이자율을 고려하여 기획재정부령으로 정하는 이자율(이하 "정기예금이자율"이라 한다)을 적용하여 계산한 금액으로 한다. (2019. 2. 12. 개정)

1. 「통계법」 제22조에 따라 통계청장이 작성·고시하는 한국표준산업분류(이하 "한국표준산업분류"라 한다)에 따른 각 사업에서 생기는 사업수입금액[기업회계기준(제79조 각 호의 어느 하나에 해당하는 회계기준을 말한다. 이하 같다)에 따른 매출에누리금액 및 매출할인금액은 제외하고, 내국법인이 생산·공급하는 재화 또는 용역을 해당 내국법인의 임원 또는 직원에게 시가보다 낮은 가액으로 판매 또는 제공하는 경우에는 그 판매 또는 제공가액과 시가와의 차액은 사업수입금액에 포함한다. 이하 같다]. 다만, 법 제66조 제3항 단서에 따라 추계하는 경우 부동산임대에 의한 전세금 또는 임대보증금에 대한 사업수입금액은 금융회사 등의 정기예금이자율을 고려하여 기획재정부령으로 정하는 이자율(이하 "정기예금이자율"이라 한다)을 적용하여 계산한 금액으로 한다. (2025. 2. 28. 개정)

▶편주◀ ……………………………………………

영 11조 1호 본문의 개정규정은 2025. 1. 1. 이후 재화를 판매하거나 용역을 제공하는 경우부터 적용함. (영 부칙(2025. 2. 28.) 3조)

…………………………………………………………

2. 자산의 양도금액 (2009. 2. 4. 개정)

2의 2. 자기주식(합병법인이 합병에 따라 피합병법인이 보유하던 합병법인의 주식을 취득하게 된 경우를 포함한다)의 양도금액. 이 경우 제19조 제19호의 2 각 목 외의 부분 본문에 따른 주식매수선택권의 행사에 따라 주식을 양도하는 경우에는 주식매수선택권 행사 당시의 시가로 계산한 금액으로 한다. (2023. 2. 28. 후단 신설)

3. 자산의 임대료 (98. 12. 31 개정)

4. 자산의 평가차익 (98. 12. 31 개정)

제6조【정기예금이자율】영 제11조 제1호 단서에서 "기획재정부령으로 정하는 이자율"이란 연간 1천분의 35를 말한다. (2024. 3. 22. 개정)

제6조【정기예금이자율】영 제11조 제1호 단서에서 "기획재정부령으로 정하는 이자율"이란 연간 1천분의 31을 말한다. (2025. 3. 21. 개정)

▶편주◀ ……………………………………………

2025. 1. 1. 전에 개시한 사업연도의 사업수입금액 계산에 적용하는 정기예금이자율에 관하여는 규칙 6조의 개정규정에도 불구하고 종전의 규정에 따름. (규칙 부칙(2025. 3. 21.) 5조)

…………………………………………………………

☞

통칙 15-11…7【자기주식 처분손익의 처리】

① 자기주식을 취득하여 소각함으로써 생긴 손익은 각 사업연도 소득계산상 익금 또는 손금에 산입하지 아니하는 것이나, 매각함으로써 생긴 매각차손익은 익금 또는 손금으로 한다. 다만, 고가매입 또는 저가양도액은 그러하지 아니한다. (2009. 11. 10. 항번개정)

② 제1항 본문을 적용할 때에 자기주식의 취득가액은 해당 주식의 취득목적에 따라 매각목적 자기주식과 소각목적 자기주식으로 구분하여 영 제75조를 적용한다. (2009. 11. 10. 신설)

5. 무상으로 받은 자산의 가액 (98. 12. 31 개정)

통칙 15－11…2【묘지사용료 및 분묘조성비의 처리】
공원묘지 사업을 영위하는 법인의 묘지사용료 및 분묘조성비는 다음과 같이 처리한다. (2001. 11. 1 개정)
1. 분묘기지권을 설정하여 주고 그 대가로 받는 지료는 반환의무가 없을 뿐 아니라 동 분묘기지권의 존속기한이 무한하므로 그 금액을 받은 날 또는 받기로 한 날이 속하는 사업연도의 소득금액 계산상 익금에 산입한다. (2001. 11. 1 개정)
2. 분묘조성비(토지가액을 제외한다)는 묘지판매시 받은 지료에 대응하는 원가이므로 해당 묘지 판매분에 대응하는 금액을 각 사업연도의 소득금액 계산상 손금에 산입한다. (2024. 3. 15. 개정)

15－11…4【광고선전용 자산의 수증익】
제조업자 등이 자기의 상품 등을 판매하는 자 등에게 자기의 상호·로고·상품명 등을 표시하여 광고효과가 인정되는 물품 등을 제공하는 경우에는 다음과 같이 처리한다. (97. 4. 1 개정)
1. 광고선전용 간판, 네온사인, 플래카드와 같이 오로지 광고선전용으로 사용되는 물품 등을 제공한 경우는 제조업자 등의 광고선전비로 처리하고 판매업자 등은 회계처리하지 아니한다.
2. 물품 등의 소유권을 이전하거나 물품 등의 가액을 금전으로 제공한 경우는 제조업자 등은 기업업무추진비로 처리하고, 판매업자 등은 사업용자산과 자산수증익으로 회계처리한 후 해당 자산에 대하여 감가상각을 통하여 손금에 산입한다. (2024. 3. 15. 개정)
3. 제조업자 등이 해당 물품을 회수하여 재사용이 가능한 경우로서 제조업자 등이 물품 등의 소유권을 유지하는 것을 약정한 경우에는 제조업자 등의 자산으로 계상하고 감가상각비 상당액을 광고선전비로 처리한다. 이 경우 판매업자 등은 회계처리하지 아니한다. (2024. 3. 15. 개정)

6. 채무의 면제 또는 소멸로 인하여 생기는 부채의 감소액(법 제17조 제1항 제1호 단서의 규정에 따른 금액을 포함한다) (2006. 2. 9. 개정)
7. 손금에 산입한 금액 중 환입된 금액 (98. 12. 31 개정)
8. 제88조 제1항 제8호 각 목의 어느 하나 및 같은 항 제8호의 2에 따른 자본거래로 인하여 특수관계인으로부터 분여받은 이익 (2019. 2. 12. 호번개정)

15－11…3【무환으로 통관된 물품의 취급】 (2024. 3. 15. 제목개정)
법인이 해외에서 물품을 무상으로 수입하는 경우에는 이를 각 사업연도의 소득금액계산상 익금으로 한다. 이 경우에 익금에 산입할 금액은 해당 물품의 통관시 관세 과세표준금액이 되는 감정가액으로 하며 관세 및 부대비용은 취득가액에 합산한다. (2024. 3. 15. 개정)

통칙 15－11…11【확정된 배당금의 청구권을 포기한 경우의 채무면제익】
이익이나 잉여금의 배당 또는 분배금으로 확정된 금액에 대하여 주주나 사원이 그 배당 또는 분배금청구권를 포기한 경우에는 배당 또는 분배금 청구권에 상당하는 금액을 법인의 소득금액 계산상 익금에 산입한다. 다만, 그 법인의 이월결손금 보전에 충당된 금액은 그러하지 아니하다. (85. 1. 1 신설)

편주 ▶

• 자본잉여금과 이익잉여금의 자본전입시 익금산입 여부

구　분		익금 여부
자본 잉여금	주식발행초과금*)	익금불산입
	주식의 포괄적 교환차익	익금불산입
	주식의 포괄적 이전차익	익금불산입
자본 잉여금	감자 차익	자기주식 소각익을 2년 이내 자본전입	익금산입
		자기주식 소각 당시 시가가 취득가액을 초과	익금산입
		기타 감자차익	익금불산입
	합병·분할차익 (2010. 6. 30. 이 전 합병·분할분)	합병·분할평가 차익 등	익금산입
		기타의 합병·분할 차익	익금불산입
	재평가적립금	재평가세율 1% 적용 토지	익금산입
		기타 재평가적립금	익금불산입
이익 잉여금	이익준비금 등 법정적립금	익금산입
	임의적립금 및 차기이월이익잉여금	익금산입

*) 채무의 출자전환으로 주식 등을 발행하는 경우에는 당해 주식 등의 시가를 초과하여 발행된 금액을 제외함.

통칙 15－11…1【손해배상으로 받은 보상금 등의 수익계상】
손해배상청구권 또는 손실보상청구권에 의하여 받는 보상금 등은 법인의 순자산을 증가시키는 거래로 인하여 발생하는 수익이므로 각 사업연도의 소득금액 계산상 이를 익금에 산입한다.

15－11…5【골프장 경영법인이 받는 입회금의 처리】
골프장을 경영하는 법인이 그 회원인 자로부터 수입한 입회금은 이를 익금에 산입한다. 다만, 정관·규약 등에서 해당 회원이 탈퇴할 때에 반환할 것을 명백히 규정하고 있을 경우에는 그러하지 아니한다. (2024. 3. 15. 개정)

☞ p.285 2단 연결

9. 법 제28조 제1항 제4호 나목에 따른 가지급금 및 그 이자(이하 이 조에서 "가지급금 등"이라 한다)로서 다음 각 목의 어느 하나에 해당하는 금액. 다만, 채권·채무에 대한 쟁송으로 회수가 불가능한 경우 등 기획재정부령으로 정하는 정당한 사유가 있는 경우는 제외한다. (2019. 2. 12. 호번개정)
　가. 제2조 제8항의 특수관계가 소멸되는 날까지 회수하지 아니한 가지급금 등(나목에 따라 익금에 산입한 이자는 제외한다) (2023. 2. 28. 개정)
　나. 제2조 제8항의 특수관계가 소멸되지 아니한 경우로서 법 제28조 제1항 제4호 나목에 따른 가지급금의 이자를 이자발생일이 속하는 사업연도 종료일부터 1년이 되는 날까지 회수하지 아니한 경우 그 이자 (2023. 2. 28. 개정)

편주 ▶

영 11조 9호의 개정규정은 2024. 1. 1.부터 시행함. (영 부칙(2023. 2. 28.) 1조 1호)

10. 「보험업법」에 따른 보험회사(이하 "보험회사"라 한다)가 같은 법 제120조에 따라 적립한 책임준비금의 감소액(할인율의 변동에 따른 책임준비금 평가액의 감소분은 제외한다)으로서 같은 조 제3항의 회계처리기준(이하 "보험감독회계기준"이라 한다)에 따라 수익으로 계상된 금액 (2023. 2. 28. 신설)
10의 2. 「주택도시기금법」에 따른 주택도시보증공사가 같은 법 시행령 제24조에 따라 적립한 책임준비금의 감소액(할인율의 변동에 따른 책임준비금 평가액의 감소분은 제외한다)으로서 보험감독회계기준에 따라 수익으로 계상된 금액 (2024. 2. 29. 신설)

편주 ▶

영 11조 10호의 2의 개정규정은 2024. 2. 29. 이후 과세표준을 신고하는 경우부터 적용함. (영 부칙(2024. 2. 29.) 3조)

11. 그 밖의 수익으로서 그 법인에 귀속되었거나 귀속될 금액 (2023. 2. 28. 호번개정)

제6조의 2【가지급금의 익금산입 배제 사유】영 제11조 제9호 각 목 외의 부분 단서에서 "채권·채무에 대한 쟁송으로 회수가 불가능한 경우 등 기획재정부령으로 정하는 정당한 사유"란 다음 각 호의 어느 하나에 해당하는 경우를 말한다. (2019. 3. 20. 개정)
1. 채권·채무에 대한 쟁송으로 회수가 불가능한 경우 (2010. 3. 31. 신설)
2. 특수관계인이 회수할 채권에 상당하는 재산을 담보로 제공하였거나 특수관계인의 소유재산에 대한 강제집행으로 채권을 확보하고 있는 경우 (2012. 2. 28. 개정)
3. 해당 채권과 상계할 수 있는 채무를 보유하고 있는 경우 (2010. 3. 31. 신설)
4. 그 밖에 제1호부터 제3호까지와 비슷한 사유로서 회수하지 아니하는 것이 정당하다고 인정되는 경우 (2010. 3. 31. 신설)

제16조 【배당금 또는 분배금의 의제】 ① 다음 각 호의 금액은 다른 법인의 주주 또는 출자자(이하 "주주등"이라 한다)인 내국법인의 각 사업연도의 소득금액을 계산할 때 그 다른 법인으로부터 이익을 배당받았거나 잉여금을 분배받은 금액으로 본다. (2018. 12. 24. 개정)

1. 주식의 소각, 자본의 감소, 사원의 퇴사·탈퇴 또는 출자의 감소로 인하여 주주등인 내국법인이 취득하는 금전과 그 밖의 재산가액의 합계액이 해당 주식 또는 출자지분(이하 "주식등"이라 한다)을 취득하기 위하여 사용한 금액을 초과하는 금액 (2018. 12. 24. 개정)
2. 법인의 잉여금의 전부 또는 일부를 자본이나 출자에 전입(轉入)함으로써 주주등인 내국법인이 취득하는 주식 등의 가액. 다만, 다음 각 목의 어느 하나에 해당하는 금액을 자본에 전입하는 경우는 제외한다. (2018. 12. 24. 개정)

이익잉여금을 자본에 전입하더라도 신주를 발행하지 않는 경우에는 「법인세법」 제16조 제1항 제2호에 따른 의제배당 과세대상에 해당하지 않는 것임. (기획재정부 법인세제과 - 393, 2022. 9. 27.)

가. 「상법」 제459조 제1항에 따른 자본준비금으로서 대통령령으로 정하는 것 (2011. 12. 31. 개정)
나. 「자산재평가법」에 따른 재평가적립금(같은 법 제13조 제1항 제1호에 따른 토지의 재평가차액에 상당하는 금액은 제외한다) (2010. 12. 30. 개정)
3. 법인이 자기주식 또는 자기출자지분을 보유한 상태에서 제2호 각 목에 따른 자본전입을 함에 따라 그 법인 외의 주주등인 내국법인 지분 비율이 증가한 경우 증가한 지분 비율에 상당하는 주식 등의 가액 (2018. 12. 24. 개정)
4. 해산한 법인의 주주등(법인으로 보는 단체의 구성원을 포함한다)인 내국법인이 법인의 해산으로 인한 잔여재산의 분배로서 취득하는 금전과 그 밖의 재산의 가액이 그 주식 등을 취득하기 위하여 사용한 금액을 초과하는 금액 (2018. 12. 24. 개정)

통칙 15 - 11…6 【수출대행의 경우 수입금액 계산】
제조업 등을 영위하는 법인이 자기가 생산 또는 매입한 물품을 「대외무역법」의 규정에 의한 무역업자를 통하여 대행수출한 경우 각자의 수입금액은 다음 각호와 같이 계산한다. (2008. 7. 25. 개정)
1. 제조업자 등의 경우 해당 수출금액 (2024. 3. 15. 개정)
2. 무역업자의 경우 제조업자 등으로부터 받는 대행수수료

15 - 11…8 【판매대금 외에 영수한 공과금의 처리】
판매업을 영위하는 법인 등이 거래상대방으로부터 판매대금 이외에 판매대금이나 수량을 기준으로 납부하여야 하는 법 제21조 제4호 및 제5호에서 규정하는 것 외의 공과금을 별도로 영수하여 납부한 경우에는 해당 금액을 각 사업연도의 소득금액 계산상 익금에 산입하고 공과금으로 납부한 금액은 손금에 산입한다. (2024. 3. 15. 개정)

15 - 11…9 【자원순환보증금에 대한 처리】 (2024. 3. 15. 제목개정)
법인이 「자원의 절약과 재활용 촉진에 관한 법률」에 따라 유리용기의 회수·재사용을 위하여 보증금(이하 "자원순환보증금"이라 한다)을 제품가격에 포함시켜 판매한 경우에는 같은 법 시행규칙 제12조의 5에 따라 산출된 미반환보증금 상당액을 해당 금액이 발생한 사업연도의 다음 사업연도의 익금에 산입하고, 같은 법 제15조의 3에 따라 해당 미반환보증금을 사용하는 날이 속하는 사업연도의 손금에 산입한다. 이 경우 먼저 발생한 미반환보증금부터 사용된 것으로 본다. (2024. 3. 15. 개정)

제12조 【자본전입 시 과세되지 아니하는 잉여금의 범위 등】 (2012. 2. 2. 제목개정)
① 법 제16조 제1항 제2호 가목에서 "대통령령으로 정하는 것"이란 법 제17조 제1항 각 호의 금액에 해당하는 금액을 말한다. 다만, 다음 각 호의 어느 하나에 해당하는 금액은 제외한다. (2013. 2. 15. 개정)
1. 법 제17조 제1항 제1호 단서에 따른 초과금액 (2012. 2. 2. 개정)
2. 자기주식 또는 자기출자지분을 소각하여 생긴 이익(소각 당시 법 제52조 제2항에 따른 시가가 취득가액을 초과하지 아니하는 경우로서 소각일부터 2년이 지난 후 자본에 전입하는 금액은 제외한다) (2012. 2. 2. 개정)
3. 법 제44조 제2항에 따른 적격합병(같은 조 제3항에 따라 적격합병으로 보는 경우를 포함하며, 이하 "적격합병"이라 한다)을 한 경우 다음 각 목의 금액(주식회사 외의 법인인 경우에는 이를 준용하여

통칙 15 - 11…10 【보험금 수입이자의 처리】
퇴직보험료 등을 예치한 후 약정에 따라 발생하는 책임준비금이자는 보험료 정산기준일이 속하는 사업연도의 익금에 산입하며 동 수입이자를 장부상 퇴직보험료 등으로 손금계상한 경우에는 영 제44조의 2 제2항부터 제4항에 따라 손금에 산입하는 금액의 한도 내에서 손금에 산입한다. (2019. 12. 23. 개정)

15-11…12 【가지급금 등의 처리기준】
① 영 제11조 제9호에 따라 수익으로 보는 미수이자를 그 후에 영수하는 때에는 이를 이월익금으로 보아 영수하는 사업연도의 소득금액 계산상 익금에 산입하지 아니한다. (2024. 3. 15. 개정)

상 법
제459조 【자본준비금】 ① 회사는 자본거래에서 발생한 잉여금을 대통령령으로 정하는 바에 따라 자본준비금으로 적립하여야 한다. (2011. 4. 14. 개정)
② 합병이나 제530조의 2에 따른 분할 또는 분할합병의 경우 소멸 또는 분할되는 회사의 이익준비금이나 그 밖의 법정준비금은 합병·분할·분할합병 후 존속되거나 새로 설립되는 회사가 승계할 수 있다. (2011. 4. 14. 개정)

5. 피합병법인의 주주등인 내국법인이 취득하는 합병대가가 그 피합병 법인의 주식등을 취득하기 위하여 사용한 금액을 초과하는 금액 (2018. 12. 24. 개정)

6. 분할법인 또는 소멸한 분할합병의 상대방 법인의 주주인 내국법인 이 취득하는 분할대가가 그 분할법인 또는 소멸한 분할합병의 상대 방 법인의 주식(분할법인이 존속하는 경우에는 소각 등에 의하여 감 소된 주식만 해당한다)을 취득하기 위하여 사용한 금액을 초과하는 금액 (2018. 12. 24. 개정)

통칙 16-0…1 【분할시 의제배당 계산방법】

법 제16조 제1항 제6호의 규정을 적용함에 있어 분할법인이 존속하는 경우 소각 등에 의하여 감소된 "주식을 취득하기 위하여 소요된 금액"은 다음 산식에 의하여 계산한다. (2024. 3. 15. 개정)

$$\begin{matrix}\text{분할전}\\\text{법인주식}\\\text{취득가액}\end{matrix} \times \frac{\text{분할등기일 현재 감소한 분할법인의 자기자본}}{(\text{자본금과 잉여금의 합계액 중 분할로 인하여 감소되는 금액})}$$
분할전 해당 법인의 자기자본

② 제1항 제5호 및 제6호, 제44조 및 제46조에서 합병대가와 분할대가 는 다음 각 호의 금액을 말한다. (2018. 12. 24. 신설)

1. 합병대가 : 합병법인으로부터 합병으로 인하여 취득하는 합병법 인(합병등기일 현재 합병법인의 발행주식총수 또는 출자총액을 소유하고 있는 내국법인을 포함한다)의 주식등의 가액과 금전 또 는 그 밖의 재산가액의 합계액 (2018. 12. 24. 신설)

2. 분할대가 : 분할신설법인 또는 분할합병의 상대방 법인으로부터 분 할로 인하여 취득하는 분할신설법인 또는 분할합병의 상대방 법인 (분할등기일 현재 분할합병의 상대방 법인의 발행주식총수 또는 출 자총액을 소유하고 있는 내국법인을 포함한다)의 주식의 가액과 금 전 또는 그 밖의 재산가액의 합계액 (2018. 12. 24. 신설)

③ 제1항을 적용할 때 이익의 배당 또는 잉여금의 분배 시기, 주식 등 재산가액의 평가 등에 필요한 사항은 대통령령으로 정한다. (2018. 12. 24. 개정)

계산한 금액을 말한다)의 합계액. 이 경우 법 제17조 제1항 제5호에 따른 금액(이하 이 조에서 "합병차익"이라 한다)을 한도로 한다. (2019. 2. 12. 개정)

가. 합병등기일 현재 합병법인이 승계한 재산의 가액이 그 재산의 피합병법인 장부가액(제85조 제1호에 따른 세무조정사항이 있 는 경우에는 그 세무조정사항 중 익금불산입액은 더하고 손금불 산입액은 뺀 가액으로 한다. 이하 이 항에서 같다)을 초과하는 경우 그 초과하는 금액 (2019. 2. 12. 개정)

나. 피합병법인의 기획재정부령으로 정하는 자본잉여금 중 법 제16 조 제1항 제2호 각 목 외의 부분 본문에 따른 잉여금(이하 이 조 및 제17조에서 "의제배당대상 자본잉여금"이라 한다)에 상 당하는 금액 (2024. 2. 29. 개정)

다. 피합병법인의 이익잉여금에 상당하는 금액 (2019. 2. 12. 목번 개정)

4. 법 제46조 제2항에 따른 적격분할(이하 "적격분할"이라 한다)을 한 경우 다음 각 목의 금액(주식회사 외의 법인인 경우에는 이를 준용 하여 계산한 금액을 말한다)의 합계액. 이 경우 법 제17조 제1항 제 6호에 따른 금액(이하 이 조에서 "분할차익"이라 한다)을 한도로 한 다. (2019. 2. 12. 개정)

가. 분할등기일 현재 분할신설법인등(법 제46조 제1항 각 호 외의 부분 전단에 따른 분할신설법인등을 말한다. 이하 같다)이 승계 한 재산의 가액이 그 재산의 분할법인 장부가액을 초과하는 경 우 그 초과하는 금액 (2019. 2. 12. 개정)

나. 분할에 따른 분할법인의 자본금 및 기획재정부령으로 정하는 자 본잉여금 중 의제배당대상 자본잉여금 외의 잉여금의 감소액이 분할한 사업부문의 분할등기일 현재 순자산 장부가액에 미달하 는 경우 그 미달하는 금액. 이 경우 분할법인의 분할등기일 현 재의 분할 전 이익잉여금과 의제배당대상 자본잉여금에 상당하 는 금액의 합계액을 한도로 한다. (2019. 2. 12. 개정)

다. 분할법인 등의 기획재정부령으로 정하는 자본잉여금 중 법 제16조 제1항 제2호 각 목 외의 부분 본문에 따른 잉여금 외의 잉여금부터 순차로 계산한 금액 (2012. 2. 2. 개정)

제8조 【자본잉여금의 범위】 영 제12조 제1항 제3호 나목 및 제4호 나목 전단에서 "기획재정부령으로 정하는 자본잉여금"이 란 「상법」 제459조 제1항에 따른 자본거 래로 인한 잉여금과 「자산재평가법」에 따른 재평가적립금을 말한다. (2019. 3. 20. 개정)

제7조 【합병대가 또는 분할대가의 계 산】 법 제16조 제2항 제1호 및 제2호에 따른 합병대가와 분할대가에는 영 제80조 제1항 제2호 가목 단서, 같은 호 나목, 영 제82조 제1항 제2호 가목 단서, 같은 호 나목, 영 제83조의 2 제1항 제2호 가목 단 서 및 같은 호 나목의 금액이 포함되지 않 는다. (2019. 3. 20. 개정)

제17조【자본거래로 인한 수익의 익금불산입】① 다음 각 호의 금액은 내국법인의 각 사업연도의 소득금액을 계산할 때 익금에 산입(算入)하지 아니한다. (2018. 12. 24. 개정)

1. 주식발행액면초과액 : 액면금액 이상으로 주식을 발행한 경우 그 액면금액을 초과한 금액(무액면주식의 경우에는 발행가액 중 자본금으로 계상한 금액을 초과하는 금액을 말한다). 다만, 채무의 출자전환으로 주식 등을 발행하는 경우에는 그 주식 등의 제52조 제2항에 따른 시가를 초과하여 발행된 금액은 제외한다. (2013. 1. 1. 개정)
2. 주식의 포괄적 교환차익 : 「상법」 제360조의 2에 따른 주식의 포괄적 교환을 한 경우로서 같은 법 제360조의 7에 따른 자본금 증가의 한도액이 완전모회사의 증가한 자본금을 초과한 경우의 그 초과액 (2013. 1. 1. 개정)
3. 주식의 포괄적 이전차익(移轉差益) : 「상법」 제360조의 15에 따른 주식의 포괄적 이전을 한 경우로서 같은 법 제360조의 18에 따른 자본금의 한도액이 설립된 완전모회사의 자본금을 초과한 경우의 그 초과액 (2013. 1. 1. 개정)

통칙 17 - 15…1【주식발행액면초과액 등의 범위】
「외국인투자촉진법」에 의하여 외국인투자지분을 자본금으로 납입하는 과정에서 환율변동으로 인하여 생긴 납입준비금 잔액은 이를 주식발행액면초과액으로 보아 익금에 산입하지 아니한다. (2008. 7. 25. 개정)

4. 감자차익(減資差益) : 자본감소의 경우로서 그 감소액이 주식의 소각, 주금(株金)의 반환에 든 금액과 결손의 보전(補塡)에 충당한 금액을 초과한 경우의 그 초과금액 (2013. 1. 1. 개정)
5. 합병차익 : 「상법」 제174조에 따른 합병의 경우로서 소멸된 회사로부터 승계한 재산의 가액이 그 회사로부터 승계한 채무액, 그 회사의 주주에게 지급한 금액과 합병 후 존속하는 회사의 자본금증가액 또는 합병에 따라 설립된 회사의 자본금을 초과한 경우의 그 초과금액. 다만, 소멸된 회사로부터 승계한 재산가액이 그 회사로부터 승계한 채무액, 그 회사의 주주에게 지급한 금액과 주식가액을 초과하는 경우로서 이 법에서 익금으로 규정한 금액은 제외한다. (2015. 12.

라. 분할법인 등의 이익잉여금에 상당하는 금액 (2012. 2. 2. 개정)
다.~라. 삭 제 (2019. 2. 12.)
5. 「상법」 제345조 제1항에 따른 주식의 상환에 관한 종류주식의 법 제17조 제1항 제1호 본문에 따른 초과금액 중 이익잉여금으로 상환된 금액 (2024. 2. 29. 신설)
② 제1항 제3호 및 제4호를 적용할 때 합병차익 또는 분할차익의 일부를 자본 또는 출자에 전입하는 경우에는 각각 해당 호 외의 금액을 먼저 전입하는 것으로 한다. (2019. 2. 12. 개정)
③ 제1항 제3호 및 제4호를 적용할 때 「상법」 제459조 제2항에 따른 준비금의 승계가 있는 경우에도 그 승계가 없는 것으로 보아 이를 계산한다. (2012. 2. 2. 개정)
④ 법 제16조 제1항 제2호 나목에 따른 재평가적립금의 일부를 자본 또는 출자에 전입하는 경우에는 「자산재평가법」 제13조 제1항 제1호를 적용받은 금액과 그 밖의 금액의 비율에 따라 각각 전입한 것으로 한다. (2012. 2. 2. 개정)

제13조【배당 또는 분배의제의 시기】법 제16조 제1항에 따라 이익을 배당받았거나 잉여금을 분배받은 날은 다음 각 호의 구분에 따른 날로 한다. (2019. 2. 12. 개정)
1. 법 제16조 제1항 제1호부터 제3호까지의 경우 : 그 주주총회·사원총회 또는 이사회에서 주식의 소각, 자본 또는 출자의 감소, 잉여금의 자본 또는 출자에의 전입을 결의한 날(이 사회의 결의에 의하는 경우에는 「상법」 제461조 제3항에 따라 정한 날을 말한다. 다만, 주식의 소각, 자본 또는 출자의 감소를 결의한 날의 주주와 「상법」 제354조에 따른 기준일의 주주가 다른 경우에는 같은 조에 따른 기준일을 말한다) 또는 사원이 퇴사·탈퇴한 날 (2019. 2. 12. 개정)
2. 법 제16조 제1항 제4호의 경우 : 해당 법인의 잔여재산의 가액이 확정된 날 (2019. 2. 12. 개정)

예판
해외현지법인의 주총결의 후 외국정부의 승인에 의해서만 잉여금의 자본전입이 확정되는 경우, 당해 무상주 자본전입에 의한 의제배당액은 그 자본전입 확정일이 속하는 사업연도에 익금산입함. (서면2팀 - 578, 2008. 4. 1.)

편주 영 12조 1항 5호의 개정규정은 2024. 2. 29. 이후 자본에 전입하는 경우부터 적용함. (영 부칙(2024. 2. 29.) 4조)

15. 단서신설)

• 예 판

자본잠식상태인 완전자회사를 완전모회사가 무증자 합병시 피합병법인의 주식 취득가액은 손금에 산입하지 않음. (서면–2023–법규법인–2491, 2024. 6. 27.)

6. 분할차익 : 「상법」 제530조의 2에 따른 분할 또는 분할합병으로 설립된 회사 또는 존속하는 회사에 출자된 재산의 가액이 출자한 회사로부터 승계한 채무액, 출자한 회사의 주주에게 지급한 금액과 설립된 회사의 자본금 또는 존속하는 회사의 자본금증가액을 초과한 경우의 그 초과금액. 다만, 분할 또는 분할합병으로 설립된 회사 또는 존속하는 회사에 출자된 재산의 가액이 출자한 회사로부터 승계한 채무액, 출자한 회사의 주주에게 지급한 금액과 주식가액을 초과하는 경우로서 이 법에서 익금으로 규정한 금액은 제외한다. (2015. 12. 15. 단서신설)

3. 법 제16조 제1항 제5호의 경우 : 해당 법인의 합병등기일 (2019. 2. 12. 개정)

4. 법 제16조 제1항 제6호의 경우 : 해당 법인의 분할등기일 (2019. 2. 12. 개정)

제14조【재산가액의 평가 등】 ① 법 제16조 제1항 각 호에 따라 취득한 재산 중 금전 외의 재산의 가액은 다음 각 호에 따른다. (2016. 2. 12. 개정)

1. 취득한 재산이 주식 또는 출자지분(이하 "주식 등"이라 한다)인 경우에는 다음 각 목의 금액 (2009. 2. 4. 개정)

　가. 법 제16조 제1항 제2호 및 제3호에 따른 주식등의 경우 : 액면가액 또는 출자금액. 다만, 법 제51조의 2 제1항 제2호의 법인(이하 이 조, 제70조, 제75조 및 제86조의 3에서 "투자회사등"이라 한다)이 취득하는 주식등의 경우에는 영으로 한다. (2022. 2. 15. 단서개정)

　나. 법 제16조 제2항 제1호 및 제2호에 따른 주식등의 경우 : 법 제44조 제2항 제1호 및 제2호(주식등의 보유와 관련된 부분은 제외한다) 또는 법 제46조 제2항 제1호 및 제2호(주식등의 보유와 관련된 부분은 제외한다)의 요건을 모두 갖추거나 법 제44조 제3항에 해당하는 경우에는 종전의 장부가액(법 제16조 제2항 제1호에 따른 합병대가 또는 같은 항 제2호에 따른 분할대가 중 일부를 금전이나 그 밖의 재산으로 받은 경우로서 합병 또는 분할로 취득한 주식등을 시가로 평가한 가액이 종전의 장부가액보다 작은 경우에는 시가를 말한다). 다만, 투자회사등이 취득하는 주식등의 경우에는 영으로 한다. (2019. 2. 12. 개정)

　다. 「상법」 제462조의 2에 따른 주식배당의 경우 : 발행금액(투자회사 등이 받는 주식배당의 경우에는 영으로 한다) (2019. 2. 12. 개정)

　라. 그 밖의 경우 : 취득 당시 법 제52조에 따른 시가(이하 "시가"라 한다). 다만, 제88조 제1항 제8호에 따른 특수관계인으로부터 분여받은 이익이 있는 경우에는 그 금액을 차감한 금액으로 한다.

(2019. 2. 12. 개정)

1의 2. 취득한 재산이 다음 각 목의 요건을 모두 갖추어 취득한 주식등인 경우에는 종전의 장부가액(법 제16조 제2항 제1호에 따른 합병대가 중 일부를 금전이나 그 밖의 재산으로 받는 경우로서 합병으로 취득한 주식등을 시가로 평가한 가액이 종전의 장부가액보다 작은 경우에는 시가를 말한다) (2019. 2. 12. 개정)

　가. 외국법인이 다른 외국법인의 발행주식총수 또는 출자총액을 소유하고 있는 경우로서 그 다른 외국법인에 합병되거나 내국법인이 서로 다른 외국법인의 발행주식총수 또는 출자총액을 소유하고 있는 경우로서 그 서로 다른 외국법인 간 합병될 것(내국법인과 그 내국법인이 발행주식총수 또는 출자총액을 소유한 외국법인이 각각 보유하고 있는 다른 외국법인의 주식등의 합계가 그 다른 외국법인의 발행주식총수 또는 출자총액인 경우로서 그 서로 다른 외국법인 간 합병하는 것을 포함한다) (2018. 2. 13. 개정)

　나. 합병법인과 피합병법인이 우리나라와 조세조약이 체결된 동일 국가의 법인일 것 (2016. 2. 12. 신설)

　다. 나목에 따른 해당 국가에서 피합병법인의 주주인 내국법인에 합병에

☞ p.289 2단 연결

따른 법인세를 과세하지 아니하거나 과세이연할 것 (2016. 2. 12. 신설)

라. 가목부터 다목까지의 사항을 확인할 수 있는 서류를 납세지관할 세무서장에게 제출할 것 (2016. 2. 12. 신설)

2. 취득한 재산이 주식등 외의 것인 경우에는 그 재산의 취득 당시의 시가 (2019. 2. 12. 개정)

② 법 제16조 제1항 제2호 단서의 규정에 의하여 주식 등을 취득하는 경우 신·구주식 등의 1주 또는 1좌당 장부가액은 다음에 의한다. (98. 12. 31 개정)

$$\text{1주 또는 1좌당 장부가액} = \frac{\text{구주식등 1주 또는 1좌당 장부가액}}{1 + \text{구주식등 1주 또는 1좌당 신주식등 배정수}}$$

③ 법 제16조 제1항 제1호를 적용할 때 주식 등의 소각(자본 또는 출자의 감소를 포함한다. 이하 이 항에서 같다) 전 2년 이내에 같은 항 제2호 각 목 외의 부분 단서에 따른 주식 등의 취득이 있는 경우에는 그 주식 등을 먼저 소각한 것으로 보며, 그 주식 등의 당초 취득가액은 제2항에도 불구하고 이를 "0"으로 한다. 이 경우 그 기간 중에 주식 등의 일부를 처분한 경우에는 해당 주식 등과 다른 주식 등을 그 주식 등의 수에 비례하여 처분한 것으로 보며, 그 주식 등의 소각 후 1주 또는 1좌당 장부가액은 제2항에도 불구하고 소각 후 장부가액의 합계액을 소각 후 주식 등의 총수로 나누어 계산한 금액으로 한다. (2019. 2. 12. 개정)

④ 제1항 제1호 가목의 경우 무액면주식의 가액은 제13조 각 호의 어느 하나에 해당하는 날에 자본금에 전입한 금액을 자본금 전입에 따라 신규로 발행한 주식 수로 나누어 계산한 금액에 의한다. (2014. 2. 21. 개정)

② 제1항 제1호 단서에 따른 초과금액 중 제18조 제6호를 적용받지 아니한 대통령령으로 정하는 금액은 해당 사업연도의 익금에 산입하지 아니하고 그 이후의 각 사업연도에 발생한 결손금의 보전(補塡)에 충당할 수 있다. (2010. 12. 30. 개정)

제15조【주식발행액면초과액 등】① 법 제17조 제2항에서 "대통령령으로 정하는 금액"이란 다음 각 호의 금액을 말한다. (2019. 2. 12. 개정)

1. 「채무자 회생 및 파산에 관한 법률」에 따라 채무를 출자로 전환하는 내용이 포함된 회생계획인가의 결정을 받은 법인이 채무를 출자전

채무의 출자전환시 주식발행액면초과액의 구성(액면금액〈시가〈발행가액인 경우)

법인세법상 구성		익금대상 여부
채무면제이익	발행가액 - 시가	익금
주식발행액면초과액	시가 - 액면금액	익금불산입

제18조 【평가이익 등의 익금불산입】 (2010. 12. 30. 제목개정)
다음 각 호의 금액은 내국법인의 각 사업연도의 소득금액을 계산할 때 익금에 산입하지 아니한다. (2018. 12. 24. 개정)
1. 자산의 평가이익. 다만, 제42조 제1항 각 호에 따른 평가로 인하여 발생하는 평가이익은 제외한다. (2010. 12. 30. 개정)

자산의 평가이익은 원칙적으로 익금불산입사항이나 다음의 경우는 익금산입함.
• 보험업법 등에 의한 고정자산평가(증액에 한함)
• 재고자산 등 영 73조에서 규정하는 자산·부채의 평가

2. 각 사업연도의 소득으로 이미 과세된 소득(이 법과 다른 법률에 따라 비과세되거나 면제되는 소득을 포함한다) (2018. 12. 24. 개정)
3. 제21조 제1호에 따라 손금에 산입하지 아니한 법인세 또는 법인지방소득세를 환급받았거나 환급받을 금액을 다른 세액에 충당한 금액 (2014. 1. 1. 개정 ; 지방세법 부칙)
4. 국세 또는 지방세의 과오납금(過誤納金)의 환급금에 대한 이자 (2010. 12. 30. 개정)

하도급관련 불공정행위로 공정거래위원회에서 부과한 과징금을 손금불산입한 후 동 과징금에 대해 소를 제기하여 승소판결로 과징금 및 환급가산금을 받은 경우 환급가산금은 익금불산입 대상이 아님. (재법인 - 507, 2010. 6. 16.)

환하는 경우로서 해당 주식 등의 시가(시가가 액면가액에 미달하는 경우에는 액면가액)를 초과하여 발행된 금액 (2019. 2. 12. 개정)
2. 「기업구조조정 촉진법」에 따라 채무를 출자로 전환하는 내용이 포함된 기업개선계획의 이행을 위한 약정을 체결한 부실징후기업이 채무를 출자전환하는 경우로서 해당 주식 등의 시가(시가가 액면가액에 미달하는 경우에는 액면가액)를 초과하는 금액 (2019. 2. 12. 개정)
3. 해당 법인에 대하여 채권을 보유하고 있는 「금융실명거래 및 비밀보장에 관한 법률」 제2조 제1호에 따른 금융회사등과 채무를 출자로 전환하는 내용이 포함된 경영정상화계획의 이행을 위한 협약을 체결한 법인이 채무를 출자로 전환하는 경우로서 해당 주식 등의 시가(시가가 액면가액에 미달하는 경우에는 액면가액)를 초과하는 금액 (2019. 2. 12. 개정)
4. 「기업 활력 제고를 위한 특별법」 제10조에 따른 사업재편계획승인을 받은 법인이 채무를 출자전환하는 경우로서 해당 주식등의 시가(시가가 액면가액에 미달하는 경우에는 액면가액을 말한다)를 초과하는 금액 (2017. 2. 3. 신설)
② 법 제17조 제2항의 규정에 따라 내국법인이 익금에 산입하지 아니한 금액 전액을 결손금의 보전에 충당하기 전에 사업을 폐지하거나 해산하는 경우에는 그 사유가 발생한 날이 속하는 사업연도의 소득금액 계산에 있어서 결손금의 보전에 충당하지 아니한 금액 전액을 익금에 산입한다. (2019. 2. 12. 항번개정)
③ 법 제17조 제1항 제4호 단서에서 "대통령령이 정하는 분할평가차익"이라 함은 제12조 제2항 제1호 및 동조 제3항의 규정에 의하여 계산한 금액을 말한다. (2006. 2. 9. 개정)
③ 삭　제 (2010. 6. 8.)

5. 부가가치세의 매출세액 (2010. 12. 30. 개정)
6. 무상(無償)으로 받은 자산의 가액(제36조에 따른 국고보조금등은 제외한다)과 채무의 면제 또는 소멸로 인한 부채(負債)의 감소액 중 대통령령으로 정하는 이월결손금을 보전하는 데에 충당한 금액 (2019. 12. 31. 개정)
7. 연결자법인 또는 연결모법인으로부터 제76조의 19 제2항 또는 제3항에 따라 지급받았거나 지급받을 금액 (2022. 12. 31. 개정)

편주 ▶ ●●●●●●●●●●●●●●●●●●●●●●●●●●●●●●
법 18조 7호의 개정규정은 2024. 1. 1.부터 시행함. (법 부칙(2022. 12. 31.) 1조 1호)
●●●●●●●●●●●●●●●●●●●●●●●●●●●●●●

8. 「상법」 제461조의 2에 따라 자본준비금을 감액하여 받는 배당금액(내국법인이 보유한 주식의 장부가액을 한도로 한다). 다만, 다음 각 목의 어느 하나에 해당하는 자본준비금을 감액하여 받는 배당금액은 제외한다. (2023. 12. 31. 단서개정)
　가. 제16조 제1항 제2호 가목에 해당하지 아니하는 자본준비금 (2023. 12. 31. 신설)
　나. 제44조 제2항 또는 제3항의 적격합병에 따른 제17조 제1항 제5호의 합병차익 중 피합병법인의 제16조 제1항 제2호 나목에 따른 재평가적립금에 상당하는 금액(대통령령으로 정하는 금액을 한도로 한다) (2023. 12. 31. 신설)
　다. 제46조 제2항의 적격분할에 따른 제17조 제1항 제6호의 분할차익 중 분할법인의 제16조 제1항 제2호 나목에 따른 재평가적립금에 상당하는 금액(대통령령으로 정하는 금액을 한도로 한다) (2023. 12. 31. 신설)

편주 ▶ ●●●●●●●●●●●●●●●●●●●●●●●●●●●●●●
법 18조 8호의 개정규정은 2024. 1. 1. 이후 자본준비금을 감액하여 받는 배당금액부터 적용함. (법 부칙(2023. 12. 31.) 2조)
●●●●●●●●●●●●●●●●●●●●●●●●●●●●●●

통칙 18－16…2 【채무면제이익등을 이월결손금의 보전에 충당한 경우의

제16조 【이월결손금】 (2019. 2. 12. 조번개정)
① 법 제18조 제6호에서 "대통령령으로 정하는 이월결손금"이란 다음 각 호의 어느 하나에 해당하는 것을 말한다. (2011. 3. 31. 개정)
1. 법 제14조 제2항에 따른 결손금(법 제44조의 3 제2항 및 제46조의 3 제2항에 따라 승계받은 결손금은 제외한다)으로서 법 제13조 제1항 제1호에 따라 그 후의 각 사업연도의 과세표준을 계산할 때 공제되지 아니한 금액 (2019. 2. 12. 개정)
2. 법 제60조에 따라 신고된 각 사업연도의 과세표준에 포함되지 아니하였으나 다음 각 목의 어느 하나에 해당하는 결손금 중 법 제14조 제2항에 따른 결손금에 해당하는 것 (2019. 2. 12. 개정)
　가. 「채무자 회생 및 파산에 관한 법률」에 따른 회생계획인가의 결정을 받은 법인의 결손금으로서 법원이 확인한 것 (2006. 3. 29. 개정 ; 채무자 회생 및~시행령 부칙)
　나. 「기업구조조정 촉진법」에 의한 기업개선계획의 이행을 위한 약정이 체결된 법인으로서 금융채권자협의회가 의결한 결손금 (2019. 2. 12. 목번개정)
② 제1항에 따른 이월결손금의 계산에 관해서는 제10조 제2항 및 제3항을 준용한다. (2019. 2. 12. 개정)

제17조 【합병차익 중 재평가적립금 상당액의 감액배당 한도 등】
① 법 제18조 제8호 나목에서 "대통령령으로 정하는 금액"이란 다음 계산식에 따라 계산한 금액을 말한다. (2024. 2. 29. 신설)

$$A - (B - C)$$

A : 합병차익
B : 피합병법인의 자본금과 의제배당대상 자본잉여금 외의 자본잉여금(법 제16조 제1항 제2호 나목에 따른 재평가적립금은 제외한다)을 합산한 금액
C : 합병법인의 자본금 증가액

② 법 제18조 제8호 다목에서 "대통령령으로 정하는 금액"이란 다음

통칙 18－16…1 【이월결손금의 보전에 충당한 채무면제이익등의 익금불산입】 (2019. 12. 23. 번호개정)

채무면제이익 등을 소멸한 이월결손금에 보전한 경우에도 이를 익금에 산입하지 아니한다. 이 경우 "소멸한 이월결손금"이라 함은 법 제14조 제2항의 결손금으로서 법 제13조 제1항 제1호의 규정에 의한 공제시한이 경과됨으로써 그 후의 각 사업연도의 과세표준 계산에 있어서 공제되지 아니한 금액을 말한다. (2019. 12. 23. 개정)

처리】(2019. 12. 23. 번호개정)

① 법 제18조 제6호의 "이월결손금을 보전하는 데에 충당한 금액"에는 무상으로 받은 자산의 가액과 채무의 면제 또는 소멸로 인한 부채의 감소액을 기업회계기준에 따라 영업외수익으로 계상한 법인이 자본금과 적립금조정명세서(규칙 별지 제50호 서식)에 동 금액을 이월결손금의 보전에 충당한다는 뜻을 표시하고 세무조정으로 익금불산입한 경우 동 금액을 포함한다. (2019. 12. 23. 개정)

② 내국법인이 채무면제이익 등을 해당 사업연도에 이월결손금 보전에 충당하지 아니하고 법인세를 신고한 경우에는 「국세기본법」에 따른 경정 등의 청구에 의하여 익금불산입 할 수 있다. (2019. 12. 23. 개정)

● 예 판 ··

• 이월결손금 보전에 충당한 채무면제이익에 대하여 익금불산입의 세무조정을 하지 아니한 경우 수정신고나 경정청구가 가능하나, 이월결손금 보전에 충당하지 아니한 채무면제이익은 경정청구대상이 아님. (서면2팀－1255, 2004. 6. 17. ; 서면2팀－1814, 2007. 10. 9.)

• 법인세 과세표준 신고시 해당 사업연도에 발생한 자산수증이익을 이월결손금 보전에 충당하지 아니한 경우 경정청구로 자산수증이익 등의 이월결손금 보전에 충당할 수 있음. (재법인－118, 2015. 2. 24.)

• 내국법인이 최초로 K－IFRS를 채택함에 따라 자본준비금을 이익잉여금으로 재분류한 후 다른 내국법인을 흡수합병하면서 매수법 적용으로 자본잉여금으로 다시 대체된 후 감액배당하는 경우 감액된 자본준비금이 배당된 것으로 봄. (사전－2021－법령해석법인－0128, 2021. 4. 23.)

··

제18조의 2 【내국법인 수입배당금액의 익금불산입】(2018. 12. 24. 조번·제목개정)

① 내국법인(제29조에 따라 고유목적사업준비금을 손금에 산입하는 비영리내국법인은 제외한다. 이하 이 조에서 같다)이 해당 법인이 출자한 다른 내국법인(이하 이 조에서 "피출자법인"이라 한다)으로부터 받

계산식에 따라 계산한 금액을 말한다. (2024. 2. 29. 신설)

> A － (B － C)
>
> A : 분할차익
> B : 분할법인의 자본금 감소액과 의제배당대상 자본잉여금 외의 자본잉여금(법 제16조 제1항 제2호 나목에 따른 재평가적립금은 제외한다) 감소액을 합산한 금액
> C : 분할신설법인의 자본금

③ 제1항 및 제2항을 적용할 때 합병법인 또는 분할신설법인이 다음 각 호에 해당하는 경우에는 해당 호에서 정하는 바에 따라 계산한다. (2024. 2. 29. 신설)

1. 「상법」 제459조 제2항에 따라 승계한 준비금이 있는 경우: 그 승계가 없는 것으로 보아 계산 (2024. 2. 29. 신설)

2. 합병차익 또는 분할차익의 일부를 자본 또는 출자에 전입하는 경우: 피합병법인 또는 분할법인의 법 제16조 제1항 제2호 나목에 따른 재평가적립금에 상당하는 금액이 먼저 자본 또는 출자에 전입된 것으로 보아 그 전입 후 남은 금액만 합병차익 또는 분할차익에 포함하여 계산 (2024. 2. 29. 신설)

④ 합병법인 또는 분할신설법인이 합병차익 또는 분할차익의 일부를 감액배당하는 경우에는 다음 각 호의 순서에 따라 해당 금액을 배당한 것으로 본다. (2024. 2. 29. 신설)

1. 법 제18조 제8호 나목 또는 다목의 금액 (2024. 2. 29. 신설)

2. 피합병법인 또는 분할법인의 이익잉여금 및 의제배당대상 자본잉여금에 상당하는 금액 (2024. 2. 29. 신설)

3. 피합병법인 또는 분할법인의 의제배당대상 자본잉여금 외의 자본잉여금에 상당하는 금액 (2024. 2. 29. 신설)

제17조의 2 【내국법인의 수입배당금액의 익금불산입】(2019. 2. 12. 조번·제목개정)

① 법 제18조의 2 제1항 제1호를 적용할 때 내국법인이 출자한 다른 내국법인(이하 이 조에서 "피출자법인"이라 한다)에 대한 출자비율은 피출자법인의 배당기준일 현재 3개월 이상 계속해서 보유하고 있는 주

은 이익의 배당금 또는 잉여금의 분배금과 제16조에 따라 배당금 또는 분배금으로 보는 금액(이하 이 조 및 제76조의 14에서 "수입배당금액"이라 한다) 중 제1호의 금액에서 제2호의 금액을 뺀 금액은 각 사업연도의 소득금액을 계산할 때 익금에 산입하지 아니한다. 이 경우 그 금액이 0보다 작은 경우에는 없는 것으로 본다. (2022. 12. 31. 개정)

······
내국법인의 사업연도가 2023. 1. 1. 전에 개시하여 2023. 1. 1. 이후 종료하는 경우 2023. 1. 1. 전에 받은 수입배당금액의 익금불산입률에 관하여는 법 18조의 2의 개정규정에도 불구하고 종전의 규정에 따르고, 2023. 1. 1. 이후 받는 수입배당금액의 익금불산입률에 관하여는 법 18조의 2의 개정규정에 따름. (법 부칙(2022. 12. 31.) 16조 1항)
······

1. 피출자법인별로 수입배당금액에 다음 표의 구분에 따른 익금불산입률을 곱한 금액의 합계액 (2022. 12. 31. 개정)

피출자법인에 대한 출자비율	익금불산입률
50퍼센트 이상	100퍼센트
20퍼센트 이상 50퍼센트 미만	80퍼센트
20퍼센트 미만	30퍼센트

2. 내국법인이 각 사업연도에 지급한 차입금의 이자가 있는 경우에는 차입금의 이자 중 제1호에 따른 익금불산입률 및 피출자법인에 출자한 금액이 내국법인의 자산총액에서 차지하는 비율 등을 고려하여 대통령령으로 정하는 바에 따라 계산한 금액 (2018. 12. 24. 개정)

② 제1항은 다음 각 호의 어느 하나에 해당하는 수입배당금액에 대해서는 적용하지 아니한다. (2018. 12. 24. 개정)

1. 배당기준일 전 3개월 이내에 취득한 주식등을 보유함으로써 발생하는 수입배당금액 (2018. 12. 24. 개정)

2. 제18조의 3을 적용받는 수입배당금액 (2018. 12. 24. 개정)

2. 삭 제 (2022. 12. 31.)

3. 제51조의 2 또는 「조세특례제한법」 제104조의 31에 따라 지급한

식등을 기준으로 계산한다. 이 경우 보유 주식등의 수를 계산할 때 같은 종목의 주식등의 일부를 양도한 경우에는 먼저 취득한 주식등을 먼저 양도한 것으로 본다. (2019. 2. 12. 개정)

② 법 제18조의 2 제1항 제2호를 적용할 때 제55조에 따라 이미 손금불산입된 금액은 차입금 및 그 차입금의 이자에서 제외한다. (2019. 2. 12. 개정)

③ 법 제18조의 2 제1항 제2호에 따라 계산한 금액은 다음 계산식에 따라 계산한 차감금액의 합계액으로 한다. (2019. 2. 12. 개정)

$$\text{차감금액} = A \times \frac{B}{C} \times D$$

A : 내국법인의 차입금 이자
B : 해당 피출자법인의 주식등(국가 및 지방자치단체로부터 현물 출자받은 주식등은 제외한다)의 장부가액 적수(積數 : 일별 잔액의 합계액을 말한다. 이하 같다)
C : 내국법인의 사업연도종료일 현재 재무상태표상 자산총액의 적수
D : 법 제18조의 2 제1항 제1호의 구분에 따른 익금불산입률

······
내국법인의 사업연도가 2023. 1. 1. 전에 개시하여 2023. 1. 1. 이후 종료하는 경우 2023. 1. 1. 전에 받은 수입배당금액의 익금불산입률에 관하여는 법 18조의 2의 개정규정에도 불구하고 종전의 규정에 따르고, 2023. 1. 1. 이후 받는 수입배당금액의 익금불산입률에 관하여는 법 18조의 2의 개정규정에 따름. (법 부칙(2022. 12. 31.) 16조 1항)
······

······
• 국가 및 지방자치단체 등으로부터 차입한 금액 등은 내국법인의 수입배당금 익금불산입 배제대상 차입금에 포함됨. (재법인 -357, 2004. 6. 24.)
• 전환우선주의 상환 및 소각에 따라 발생한 의제배당에 대하여 수입배당금 익금불산입 규정 적용 시, 차감항목인 차입금 이자의 계산을 위한 「피출자법인의 주식(분자)」이란, 상환 및 소각된 상환전환우선주(적수 개념)로 봄이 타당함. (서면-2022-법규법인-4045, 2023. 7. 11.)
······

배당에 대하여 소득공제를 적용받는 법인으로부터 받은 수입배당금액 (2020. 12. 22. 개정)

4. 이 법과 「조세특례제한법」에 따라 법인세를 비과세·면제·감면받는 법인(대통령령으로 정하는 법인으로 한정한다)으로부터 받은 수입배당금액 (2018. 12. 24. 개정)

5. 제75조의 14에 따라 지급한 배당에 대하여 소득공제를 적용받는 법인과세 신탁재산으로부터 받은 수입배당금액 (2020. 12. 22. 신설)

6. 「자산재평가법」 제28조 제2항을 위반하여 이 법 제16조 제1항 제2호 나목에 따른 재평가적립금을 감액하여 지급받은 수입배당금액 (2023. 12. 31. 신설)

편주 ▶ ···
법 18조의 2 제2항 6호부터 8호까지의 개정규정은 2024. 1. 1. 이후 다른 내국법인으로부터 받는 수입배당금액부터 적용함. (법 부칙(2023. 12. 31.) 3조)
··

7. 제18조 제8호 나목 및 다목에 해당하는 자본준비금을 감액하여 지급받은 수입배당금액 (2023. 12. 31. 신설)

8. 자본의 감소로 주주등인 내국법인이 취득한 재산가액이 당초 주식등의 취득가액을 초과하는 금액 등 피출자법인의 소득에 법인세가 과세되지 아니한 수입배당금액으로서 대통령령으로 정하는 수입배당금액 (2023. 12. 31. 신설)

③ 제1항과 제2항을 적용할 때 내국법인의 피출자법인에 대한 출자비율의 계산방법, 익금불산입액의 계산, 차입금 및 차입금 이자의 범위, 수입배당금액 명세서의 제출 등에 필요한 사항은 대통령령으로 정한다. (2018. 12. 24. 개정)

● 예 판 ···
수입배당금 익금불산입 규정을 적용함에 있어 지분비율은 우선주를 포함한 발행주식총수를 기준으로 계산함. (재법인 – 240, 2006. 3. 27.)
··

④ 법 제18조의 2 제2항 제4호에서 "대통령령으로 정하는 법인"이란 다음 각 호의 어느 하나에 해당하는 법인을 말한다. (2019. 2. 12. 개정)

1. 「조세특례제한법」 제63조의 2, 제121조의 8 및 제121조의 9를 적용받는 법인(감면율이 100분의 100인 사업연도에 한정한다) (2019. 2. 12. 개정)

2. 「조세특례제한법」 제100조의 15에 따라 동업기업과세특례를 적용받는 법인 (2024. 2. 29. 개정)

⑤ 법 제18조의 2 제2항 제8호에서 "대통령령으로 정하는 수입배당금액"이란 다음 각 호의 금액을 말한다. (2024. 2. 29. 신설)

1. 법 제16조 제1항 제1호(자본의 감소로 인한 경우로 한정한다)의 금액 (2024. 2. 29. 신설)

2. 법 제16조 제1항 제3호의 금액 (2024. 2. 29. 신설)

⑥ 법 제18조의 2 제1항을 적용하려는 법인은 법 제60조에 따른 신고와 함께 기획재정부령으로 정하는 수입배당금액명세서를 첨부하여 납세지 관할세무서장에게 제출하여야 한다. (2024. 2. 29. 항번개정)

통칙 18의 2-17의 2…1 【수입배당금 익금불산입 금액 계산시 주식의 장부가액】 (2019. 12. 23. 번호개정)

① 영 제17조의 2 제3항에 따른 계산식에서 "해당 피출자법인의 주식등의 장부가액"은 세무계산상 장부가액을 말하며, 법 제18조의 2 제2항 각 호의 수입배당금액이 발생하는 주식 등의 장부가액은 이를 포함하지 아니한다. (2019. 12. 23. 개정)

② 법인이 법 제18조의 2 및 영 제17조의 2를 적용함에 있어 "차입금의 이자"와 "재무상태표상의 자산총액의 적수" 및 "해당 피출자법인의 주식등의 장부가액 적수"는 수입배당금이 해당 법인의 익금으로 확정된 날이 속하는 사업연도의 것으로 한다. (2019. 12. 23. 개정)

제18조의 3 【지주회사 수입배당금액의 익금불산입 특례】 (2018. 12. 24. 조번·제목개정)

제17조의 3 【지주회사 수입배당금액의 익금불산입 특례】 (2019. 2. 12. 조번·제목개정)

제9조 【기관투자자의 범위】 삭 제 (2009. 3. 30.)

① 내국법인 중 「독점규제 및 공정거래에 관한 법률」에 따른 지주회사, 「금융지주회사법」에 따른 금융지주회사, 「기술의 이전 및 사업화 촉진에 관한 법률」에 따른 공공연구기관첨단기술지주회사 및 「산업교육진흥 및 산학연협력촉진에 관한 법률」에 따른 산학연협력기술지주회사(이하 이 조에서 "지주회사"라 한다)가 자회사(해당 지주회사가 출자한 법인으로서 지주회사의 자회사에 대한 출자 비율 등을 고려하여 대통령령으로 정하는 요건을 갖춘 내국법인을 말한다. 이하 이 조에서 같다)로부터 받은 수입배당금액 중 제1호의 금액에서 제2호의 금액을 뺀 금액은 각 사업연도의 소득금액을 계산할 때 익금에 산입하지 아니한다. 이 경우 그 금액이 0보다 작은 경우에는 없는 것으로 본다. (2018. 12. 24. 개정)
1. 자회사별로 수입배당금액에 다음 표의 구분에 따른 익금불산입률을 곱한 금액의 합계액 (2019. 12. 31. 개정)

자회사의 구분	자회사에 대한 출자비율	익금불산입률
가. 주권상장 법인	40퍼센트 이상	100퍼센트
	30퍼센트 이상 40퍼센트 미만	90퍼센트
	30퍼센트 미만	80퍼센트
나. 주권상장 법인 외의 법인	80퍼센트 이상	100퍼센트
	50퍼센트 이상 80퍼센트 미만	90퍼센트
	50퍼센트 미만	80퍼센트

2. 지주회사가 각 사업연도에 지급한 차입금의 이자가 있는 경우에는 차입금의 이자 중 제1호에 따른 익금불산입률 및 자회사에 출자한 금액이 지주회사의 자산총액에서 차지하는 비율 등을 고려하여 대통령령으로 정하는 바에 따라 계산한 금액 (2018. 12. 24. 개정)
② 제1항은 다음 각 호의 어느 하나에 해당하는 수입배당금액에 대해서는 적용하지 아니한다. (2018. 12. 24. 개정)
1. 배당기준일 전 3개월 이내에 취득한 주식 등을 보유함으로써 발생하는 수입배당금액 (2010. 12. 30. 개정)
2. 제51조의 2 또는 「조세특례제한법」 제104조의 31에 따라 지급한 배당에 대하여 소득공제를 적용받는 법인으로부터 받은 수입배당금액 (2020. 12. 22. 개정)
3. 이 법과 「조세특례제한법」에 따라 법인세를 비과세·면제·감면받는 법인(대통령령으로 정하는 법인으로 한정한다)으로부터 받은 수입배당금액 (2018. 12. 24. 개정)
4. 제75조의 14에 따라 지급한 배당에 대하여 소득공제를 적용받는 법인과세 신탁재산으로부터 받은 수입배당금액 (2020. 12. 22. 신설)
③ 제1항과 제2항을 적용할 때 지주회사의 자회사에 대한 출자비율의 계산방법, 익금불산입액의 계산, 차입금 및 차입금 이자의 범위, 수입배당금액 명세서의 제출 등에 필요

① 법 제18조의 3 제1항에 따른 지주회사는 사업연도 종료일 현재 「독점규제 및 공정거래에 관한 법률」, 「금융지주회사법」, 「기술의 이전 및 사업화 촉진에 관한 법률」 및 「산업교육진흥 및 산학연협력촉진에 관한 법률」에 따라 지주회사로 신고한 내국법인으로 한다. 다만, 해당 사업연도 종료일 현재 해당 법률에 따른 지주회사의 설립·전환의 신고기한이 도래하지 아니한 자가 해당 각 사업연도의 소득에 대한 법 제60조에 따른 과세표준 신고기한까지 해당 법률에 따라 지주회사로 신고한 경우에는 이를 지주회사로 본다. (2019. 2. 12. 개정)
② 법 제18조의 3 제1항 각 호 외의 부분 전단에서 "대통령령으로 정하는 요건을 갖춘 내국법인"이란 다음 각 호의 요건을 모두 갖춘 내국법인(이하 이 조에서 "자회사"라 한다)을 말한다. (2019. 2. 12. 개정)
1. 법 제18조의 3 제1항에 따른 지주회사가 직접 그 내국법인의 발행주식총수 또는 출자총액의 100분의 40[「자본시장과 금융투자업에 관한 법률」에 따른 주권상장법인(이하 "주권상장법인"이라 한다) 또는 「벤처기업육성에 관한 특별조치법」 제2조 제1항에 따른 벤처기업인 경우에는 100분의 20] 이상을 그 내국법인의 배당기준일 현재 3개월 이상 계속하여 보유하고 있는 법인일 것 (2019. 2. 12. 개정)
2. 다음 각 목의 구분에 따른 내국법인일 것 (2018. 7. 31. 개정)
   가. 해당 내국법인의 지주회사가 「금융지주회사법」에 따른 금융지주회사(이하 이 호에서 "금융지주회사"라 한다)인 경우 : 같은 법 제2조 제1항 제1호의 금융기관(같은 법 시행령 제2조 제2항에 해당하는 법인을 포함한다) (2018. 7. 31. 개정)
   나. 해당 내국법인의 지주회사가 금융지주회사 외의 지주회사인 경우 : 한국표준산업분류에 따른 금융 및 보험업을 영위하지 아니하는 법인. 다만, 해당 내국법인이 금융지주회사 외의 지주회사인 경우에는 금융 및 보험업을 영위하지 아니하는 법인으로 본다. (2018. 7. 31. 개정)
③ 법 제18조의 3 제1항 제1호를 적용할 때 지주회사의 자회사에 대한 출자비율은 자회사의 배당기준일 현재 3월 이상 계속하여 보유하고 있는 주식 등을 기준으로 계산한다. 다만, 지주회사의 완전자회사가 되기 전에 부여한 신주인수권과 전환권이 지주회사의 완전자회사가 된 후 행사되어 자회사의 발행주식총수가 증가하는 경우 동 발행주식(배당기준일 전 3월 이내에 발행된 것에 한한다)에 대하여는 배당기준일 현재 보유하고 있는 주식 등을 기준으로 계산한다. (2019. 2. 12. 개정)
④ 법 제18조의 3 제1항 제2호를 적용할 때 차입금 및 그 차입금의 이자에는 「금융지주회사법」에 따른 금융지주회사가 차입할 때의 이자율보다 높은 이자율로 자회사에 대여한 금액에 상당하는 차입금의 이자와 제55조에 따라 이미 손금불산입된 금액은 제외한다. (2019. 2. 12. 개정)
⑤ 법 제18조의 3 제1항 제2호에 따라 계산한 금액은 다음 계산식에 따라 계산한 차감금액의 합계액으로 한다. (2019. 2. 12. 개정)

한 사항은 대통령령으로 정한다. (2018. 12. 24. 개정)

제18조의 3【지주회사 수입배당금액의 익금불산입 특례】
삭　제 (2022. 12. 31.)

편주 ▶

- 내국법인의 사업연도가 2023. 1. 1. 전에 개시하여 2023. 1. 1. 이후 종료하는 경우 2023. 1. 1. 전에 받은 수입배당금액의 익금불산입률에 관하여는 법 18조의 3의 개정규정에도 불구하고 종전의 규정에 따르고, 2023. 1. 1. 이후 받는 수입배당금액의 익금불산입률에 관하여는 법 18조의 2의 개정규정에 따름. (법 부칙(2022. 12. 31.) 16조 1항)
- 내국법인이 2026. 12. 31.까지 받는 수입배당금액에 대해서는 법 18조의 3의 개정규정에도 불구하고 종전의 규정에 따른 익금불산입률을 적용할 수 있음. (법 부칙(2022. 12. 31.) 16조 2항) (2025. 3. 14. 개정)
- 법 부칙(2022. 12. 31.) 16조 2항의 개정규정은 2025. 3. 14. 이후 과세표준을 신고하는 경우부터 적용함. (법 부칙(2025. 3. 14.) 2조)

제18조의 4【외국자회사 수입배당금액의 익금불산입】 ① 내국법인(제57조의 2 제1항에 따른 간접투자회사등은 제외한다)이 해당 법인이 출자한 외국자회사[내국법인이 의결권 있는 발행주식총수 또는 출자총액의 100분의 10(「조세특례제한법」 제22조에 따른 해외자원개발사업을 하는 외국법인의 경우에는 100분의 5) 이상을 출자하고 있는 외국법인으로서 대통령령으로 정하는 요건을 갖춘 법인을 말한다. 이하 이 조 및 제41조에서 같다]로부터 받은 이익의 배당금 또는 잉여금

$$\text{차감금액} = A \times \frac{B}{C} \times D$$

A : 지주회사의 차입금 이자
B : 해당 자회사의 주식등(국가 및 지방자치단체로부터 현물출자받은 주식등은 제외한다)의 장부가액 적수
C : 지주회사의 사업연도 종료일 현재 재무상태표상 자산총액(「금융지주회사법」에 따른 금융지주회사가 차입할 때의 이자율보다 높은 이자율로 자회사에게 대여한 금액이 있는 경우에는 자산총액에서 그 대여금을 뺀 금액)의 적수
D : 법 제18조의 3 제1항 제1호의 구분에 따른 익금불산입률

⑥ 법 제18조의 3 제1항에 따른 지주회사(이하 이 항에서 "분할지주회사"라 한다)가 물적분할[법 제47조 제1항에 따라 양도차익을 손금에 산입한 경우(이하 "적격물적분할"이라 한다)로 한정한다]하여 다른 지주회사(이하 이 항에서 "신설지주회사"라 한다)를 설립하는 경우에는 제5항에 따른 자회사의 주식 등의 장부가액을 계산할 때 신설지주회사가 적격물적분할에 따라 승계한 자회사의 주식 등의 장부가액은 분할등기일 전일의 분할지주회사의 해당 주식 등의 장부가액으로 한다. (2019. 2. 12. 개정)
⑦ 법 제18조의 3 제1항을 적용하려는 법인은 법 제60조에 따른 신고와 함께 기획재정부령으로 정하는 수입배당금액명세서를 첨부하여 납세지 관할세무서장에게 제출하여야 한다. (2019. 2. 12. 개정)
⑧ 제3항 및 법 제18조의 3 제2항 제1호를 적용할 때 동일 종목의 주식 등의 일부를 양도한 경우에는 먼저 취득한 주식 등을 먼저 양도한 것으로 본다. (2019. 2. 12. 개정)
⑨ 법 제18조의 3 제2항 제3호에서 "대통령령으로 정하는 법인"이란 다음 각 호의 어느 하나에 해당하는 법인을 말한다. (2019. 2. 12. 개정)
1. 「조세특례제한법」 제63조의 2 · 제121조의 8 및 제121조의 9의 규정을 적용받는 법인(감면율이 100분의 100인 사업연도에 한한다) (2019. 2. 12. 호번개정)
2. 「조세특례제한법」 제100조의 15 제1항의 동업기업과세특례를 적용받는 법인 (2019. 2. 12. 호번개정)

제17조의 3【지주회사 수입배당금액의 익금불산입 특례】
삭　제 (2023. 2. 28.)

제18조【외국자회사 수입배당금액의 익금불산입】 ① 법 제18조의 4 제1항에서 "대통령령으로 정하는 요건을 갖춘 법인"이란 내국법인이 직접 외국법인의 의결권 있는 발행주식총수 또는 출자총액의 100분의 10(「조세특례제한법」 제22조에 따른 해외자원개발사업을 하는 외국법인의 경우에는 100분의 5) 이상을 그 외국법인의 배당기준일 현재 6개월 이상 계속하여 보유(내국법인이 적격합병, 적격분할, 적격물적분할, 적격현물출자에 따라 다른 내국법인이 보유하고 있던 외국자

관계조문 ▶▶

규칙 82조 1항 16호의 2 ⇒ 수입배당금액명세서

의 분배금과 제16조에 따라 배당금 또는 분배금으로 보는 금액(이하 이 조에서 "수입배당금액"이라 한다)의 100분의 95에 해당하는 금액은 각 사업연도의 소득금액을 계산할 때 익금에 산입하지 아니한다. (2022. 12. 31. 신설)

② 내국법인이 해당 법인이 출자한 외국법인(외국자회사는 제외한다)으로부터 자본준비금을 감액하여 받는 배당으로서 제18조 제8호에 따른 익금에 산입되지 아니하는 배당에 준하는 성격의 수입배당금액을 받는 경우 그 금액의 100분의 95에 해당하는 금액은 각 사업연도의 소득금액을 계산할 때 익금에 산입하지 아니한다. (2022. 12. 31. 신설)
③ 「국제조세조정에 관한 법률」 제27조 제1항 및 제29조 제1항·제2항에 따라 특정외국법인의 유보소득에 대하여 내국법인이 배당받은 것으로 보는 금액 및 해당 유보소득이 실제 배당된 경우의 수입배당금액에 대해서는 제1항을 적용하지 아니한다. (2022. 12. 31. 신설)
④ 제1항에도 불구하고 다음 각 호의 어느 하나에 해당하는 금액은 각 사업연도의 소득금액을 계산할 때 익금에 산입한다. (2022. 12. 31. 신설)
1. 「국제조세조정에 관한 법률」 제27조 제1항 각 호의 요건을 모두 충족하는 특정외국법인으로부터 받은 수입배당금액으로서 대통령령으로 정하는 수입배당금액 (2022. 12. 31. 신설)
2. 혼성금융상품(자본 및 부채의 성격을 동시에 가지고 있는 금융상품으로 대통령령으로 정하는 금융상품을 말한다)의 거래에 따라 내국법인이 지급받는 수입배당금액 (2022. 12. 31. 신설)
3. 제1호 및 제2호와 유사한 것으로서 대통령령으로 정하는 수입배당

회사의 주식등을 승계받은 때에는 그 승계 전 다른 내국법인이 외국자회사의 주식등을 취득한 때부터 해당 주식등을 보유한 것으로 본다)하고 있는 법인을 말한다. (2023. 2. 28. 신설)
② 법 제18조의 4 제4항 제1호에서 "대통령령으로 정하는 수입배당금액"이란 「국제조세조정에 관한 법률」 제27조 제1항이 적용되는 특정외국법인 중 같은 항 제1호에 따른 실제부담세액이 실제발생소득의 15퍼센트 이하인 특정외국법인의 해당 사업연도에 대한 다음 각 호의 금액을 말한다. 다만, 「해외자원개발 사업법」에 따른 해외자원개발사업자(이하 제19조의 2에서 "해외자원개발사업자"라 한다)가 같은 법에 따른 해외자원개발(이하 제19조의 2에서 "해외자원개발"이라 한다)을 위해 「조세특례제한법」 제104조의 15제1항 제2호에 따라 외국법인에 출자하거나 같은 항 제3호에 따라 외국자회사에 투자를 하는 경우에는 그 외국법인 또는 외국자회사의 해당 사업연도에 대한 다음 각 호의 금액은 제외한다. (2025. 2. 28. 단서신설)
1. 이익잉여금 처분액 중 이익의 배당금(해당 사업연도 중에 있었던 이익잉여금 처분에 의한 중간배당을 포함한다) 또는 잉여금의 분배금 (2023. 2. 28. 신설)
2. 법 제16조에 따라 배당금 또는 분배금으로 보는 금액 (2023. 2. 28. 신설)
③ 법 제18조의 4 제4항 제2호에서 "대통령령으로 정하는 금융상품"이란 다음 각 호의 구분에 따른 요건을 모두 갖춘 금융상품을 말한다. (2023. 2. 28. 신설)
1. 우리나라의 경우 : 우리나라의 세법에 따라 해당 금융상품을 자본으로 보아 내국법인이 해당 금융상품의 거래에 따라 거래상대방인 외국자회사로부터 지급받는 이자 및 할인료를 배당소득으로 취급할 것 (2023. 2. 28. 신설)
2. 외국자회사가 소재한 국가의 경우 : 그 국가의 세법에 따라 해당 금융상품을 부채로 보아 외국자회사가 해당 금융상품의 거래에 따라 거래상대방인 내국법인에 지급하는 이자 및 할인료를 이자비용으로 취급할 것 (2023. 2. 28. 신설)
④ 법 제18조의 4 제1항을 적용받으려는 내국법인은 법 제60조에 따른 과세표준 신고를 할 때 기획재정부령으로 정하는 외국자회사 수입

금액 (2022. 12. 31. 신설)

⑤ 제1항을 적용받으려는 내국법인은 외국자회사 수입배당금액 명세서를 납세지 관할 세무서장에게 제출하여야 한다. (2022. 12. 31. 신설)

⑥ 제1항부터 제5항까지의 규정을 적용할 때 내국법인의 외국자회사에 대한 출자비율의 계산방법, 익금불산입액의 계산방법, 외국자회사 수입배당금액 명세서의 제출 등에 필요한 사항은 대통령령으로 정한다. (2022. 12. 31. 신설)

제 3 관　손금의 계산

　제19조【손금의 범위】① 손금은 자본 또는 출자의 환급, 잉여금의 처분 및 이 법에서 규정하는 것은 제외하고 해당 법인의 순자산을 감소시키는 거래로 인하여 발생하는 손실 또는 비용[이하 "손비"(損費)라 한다]의 금액으로 한다. (2018. 12. 24. 개정)

② 손비는 이 법 및 다른 법률에서 달리 정하고 있는 것을 제외하고는 그 법인의 사업과 관련하여 발생하거나 지출된 손실 또는 비용으로서 일반적으로 인정되는 통상적인 것이거나 수익과 직접 관련된 것으로 한다. (2018. 12. 24. 개정)

③ 「조세특례제한법」 제100조의 18 제1항에 따라 배분받은 결손금은 손금으로 본다. (2018. 12. 24. 개정)

④ 손비의 범위 및 구분 등에 필요한 사항은 대통령령으로 정한다. (2018. 12. 24. 개정)

비용배분 원칙은 통칙 4-0…3 참조

• 무증자합병으로 인해 합병법인으로부터 합병신주를 교부받지 못함에 따라 피합병법인의 주식이 전부 소멸된 경우 피합병법인 주식의 취득가액은 합병등기일이 속하는 사업연도에 손금산입함. (기획재정부 법인세제과 – 344, 2022. 8. 29.)

배당금액 명세서를 첨부하여 납세지 관할 세무서장에게 제출해야 한다. (2023. 2. 28. 신설)

제 3 관　손금의 계산

　제19조【손비의 범위】법 제19조 제1항에 따른 손실 또는 비용[이하 "손비"(損費)라 한다]은 법 및 이 영에서 달리 정하는 것을 제외하고는 다음 각 호의 것을 포함한다. (2019. 2. 12. 개정)

1. 판매한 상품 또는 제품에 대한 원료의 매입가액(기업회계기준에 따른 매입에누리금액 및 매입할인금액을 제외한다)과 그 부대비용 (2007. 2. 28. 개정)

1의 2. 판매한 상품 또는 제품의 보관료, 포장비, 운반비, 판매장려금 및 판매수당 등 판매와 관련된 부대비용(판매장려금 및 판매수당의 경우 사전약정 없이 지급하는 경우를 포함한다) (2009. 2. 4. 신설)

2. 양도한 자산의 양도당시의 장부가액 (98. 12. 31 개정)

3. 인건비[내국법인이 발행주식총수 또는 출자지분의 100분의 100을 직접 또는 간접 출자한 해외현지법인에 파견된 임원 또는 직원의 인건비로서 「소득세법」 제127조 제1항에 따라 근로소득세가 원천징수된 인건비(해당 내국법인이 지급한 인건비가 해당 내국법인 및 해외출자법인이 지급한 인건비 합계의 100분의 50 미만인 경우로 한정한다)를 포함한다] (2024. 2. 29. 개정)

영 19조 3호의 개정규정은 2024. 2. 29.이 속하는 사업연도부터 적용함. (영 부칙(2024. 2. 29.) 5조)

　제10조【판매부대비용 및 회비의 범위】(2018. 3. 21. 제목개정)

① 영 제19조 제1호의 2에서 "판매와 관련된 부대비용"이란 기업회계기준(영 제79조 각 호에 따른 회계기준을 말한다. 이하 같다)에 따라 계상한 판매 관련 부대비용을 말한다. (2018. 3. 21. 항번개정)

 19-19…3【판매부대비용의 범위】
규칙 제10조의 판매부대비용의 범위를 예시하면 다음 각호와 같다. (2001. 11. 1 개정)

1. 사전약정에 따라 협회에 지급하는 판매수수료
2. 수탁자와의 거래에 있어서 실제로 지급하는 비용
3. 관광사업 및 여행알선업을 영위하는 법인이 고객에게 통상 무료로 증정하는 수건, 모자,

• 모회사가 자회사 직원에게 지급한 주식의 시가 상당액을 자회사가 보전하는 경우 해당 보전금액은 인건비 등으로 보아 손금 산입 가능함. (서면-2022-법규법인-4414, 2023. 9. 13.)
• 법인이 업무와 관계없이 주주의 개인적인 경영권 분쟁 등과 관련하여 부담한 소송비용은 법인의 손금에 산입할 수 없는 것임. (서면법인-664, 2015. 8. 26.)
• 합병법인과 피합병법인이 합병계약 체결 이전에 각각 외부전문기관으로부터 해당하는 것이며, 합병계약 체결 이후 합병법인과 피합병법인의 통합작업을 수행하는 인원의 인건비 및 관련경비와 통합작업 관련 외부컨설팅 비용은 합병법인의 손금에 산입하는 것임. (사전법령법인-257, 2015. 8. 10.)
• 해외에서 가격담합행위로 인하여 제기된 소송에 대해 민사합의금과 법률비용을 지급한 경우, 우리나라 공정거래위원회에서 제재를 받지 아니한 경우에도 당해 민사합의금 및 관련 법률비용은 손금에 해당함. (서면법령법인-2271, 2016. 2. 25.)

[통칙] 19-19…12【일정기간 사용수익 후 무상양도 조건부 자산의 손비계산】

① 일정기간 사용후에 소유권을 무상양도할 것을 조건으로 타인의 토지 위에 건축물을 신축한 경우에는 그 건축물의 취득가액은 사용계약기간에 안분하여 손금에 산입한다. 다만, 사용기간을 연장할 수 있거나 사용기간이 정하여지지 아니한 경우에는 해당 건축물의 신고내용연수를 사용기간으로 한다. (2024. 3. 15. 개정)
② 제1항의 규정에 의하여 각 사업연도 손금에 산입한 금액 중 정상감가상각비(해당 법인의 신고내용연수에 의한 감가상각비)를 차감한 금액이 토지에 대한 적정임대료를 초과하고 법 제52조의 규정에 의하여 부당행위부인대상이 되는 경우에는 토지에 대한 적정임대료를 한도로 손금에 산입하고 적정임대료를 초과하는 금액은 익금에 산입하여 유보처분한다. 이 경우 취득가액 중 소유권 이전시까지 감가상각비와 토지에 대한 적정임대료로 손금에 산입된 금액을 차감한 잔액에 대하여는 소유권 이전시에 영 제106조의 규정에 따라 토지의 소유자에게 소득처분한다. (2024. 3. 15. 개정)

[예판]

현지 법령에 의해 동 감자대가가 배당소득으로 간주되어 외국에 법인세를

[관계조문]

영 43조 내지 45조 ⇒ 성과급 등의 범위

3의 2. 임원 또는 직원의 출산 또는 양육 지원을 위해 해당 임원 또는 직원에게 공통적으로 적용되는 지급기준에 따라 지급하는 금액 (2024. 2. 29. 신설)
3의 3. 「소득세법」 제20조 제1항 제6호 및 같은 법 시행령 제38조 제3항 각 호에 따른 지원을 함으로써 해당 임원 또는 직원이 얻는 이익에 상당하는 금액 (2025. 2. 28. 신설)

[편주]

영 19조 3호의 3의 개정규정은 2025. 1. 1. 이후 재화를 판매하거나 용역을 제공하는 경우부터 적용함. (영 부칙(2025. 2. 28.) 3조)

4. 유형자산의 수선비 (2019. 2. 12. 개정)
5. 유형자산 및 무형자산에 대한 감가상각비 (2019. 2. 12. 개정)
5의 2. 특수관계인으로부터 자산 양수를 하면서 기업회계기준에 따라 장부에 계상한 자산의 가액이 시가에 미달하는 경우 다음 각 목의 금액에 대하여 제24조부터 제26조까지, 제26조의 2, 제26조의 3, 제27조부터 제29조까지, 제29조의 2 및 제30조부터 제34조까지의 규정을 준용하여 계산한 감가상각비 상당액 (2019. 2. 12. 개정)
　가. 실제 취득가액이 시가를 초과하는 경우에는 시가와 장부에 계상한 가액과의 차이 (2002. 12. 30 신설)
　나. 실제 취득가액이 시가에 미달하는 경우에는 실제 취득가액과 장부에 계상한 가액과의 차이 (2002. 12. 30 신설)
6. 자산의 임차료 (98. 12. 31 개정)
7. 차입금이자 (98. 12. 31 개정)

[통칙] 19-19…15【원자재 구입에 따른 지급이자의 처리】

원자재의 구입을 위하여 금융지원을 받았을 경우에 동 자금에 대한 지급이자는 해당 사업연도의 손금으로 본다. 다만, 영 제72조 제4항 제2호에 따른 연지급수입의 경우에 취득가액과 구분하여 지급이자로 계상한 금액을 제외하고 D/A수입자

쇼핑백 등의 가액
4. 용역대가에 포함되어 있는 범위내에서 자가시설의 이용자에게 동 시설의 이용시에 부수하여 제공하는 음료 등의 가액
5. 일정액 이상의 자기상품 매입자에게 자기출판물인 월간지를 일정기간 무료로 증정하는 경우의 동 월간지의 가액 상당액
6. 판매촉진을 위하여 경품부 판매를 실시하는 경우 경품으로 제공하는 제품 또는 상품 등의 가액
7. 그 밖의 제1호부터 제6호와 유사한 성질이 있는 금액 (2024. 3. 15. 개정)

[관계조문]

영 24조 내지 34조 ⇒ 감가상각비의 계산

[예판]

특수관계자로부터 자산을 양수하면서 양수법인이 세법상 영업권을 평가하여 자본잉여금으로 회계처리한 경우 당해 영업권은 「법인세법 시행령」 19조 5호의 2의 규정에 따라 손금에 산입할 수 있음. (기획재정부 법인세제과-0153, 2023. 3. 6.)

[편주]

당기 비용인 지급이자를 선급비용으로 이연계상한 경우의 처리는 통칙 40-70…1 참조

납부한 경우 해당 외국법인세액은 납부한 사업연도의 손금(제세공과금)임. (기획재정부 국제조세제도과-144, 2023. 3. 27.)

통칙 19-19…19【매매를 목적으로 하는 토지 등에 대한 재산세의 처리】
판매를 목적으로 취득한 토지 등의 경우에도 동 토지 등에 부과되는 재산세 등(취득세와 등록세는 제외한다)은 각 사업연도의 소득금액 계산상 손금에 산입한다. (2001. 11. 1 개정)

☞

☞

통칙 19-19…41【노동조합 지부에 지출한 보조금 등의 처리】
법인의 종업원으로 구성된 노동조합 지부에 지출한 보조금 등은 영 제40조 제2항에 따라 처리한다. (2019. 12. 23. 개정)

관계조문 》》

영 46조 ⇒ 여비 등의 손금불산입

☞

재에 대한 이자 및 유산스 이자는 해당 수입자재의 매입부대비용으로 한다. (2024. 3. 15. 개정)

8. 회수할 수 없는 부가가치세 매출세액미수금(「부가가치세법」 제45조에 따라 대손세액공제를 받지 아니한 것에 한정한다) (2013. 6. 28. 개정 ; 부가가치세법 시행령 부칙)
9. 자산의 평가차손 (98. 12. 31 개정)
10. 제세공과금(법 제18조의 4에 따른 익금불산입과 법 제57조 제1항에 따른 세액공제를 모두 적용하지 않는 경우의 외국법인세액을 포함한다) (2023. 2. 28. 개정)

11. 영업자가 조직한 단체로서 법인이거나 주무관청에 등록된 조합 또는 협회에 지급한 회비 (98. 12. 31 개정)
12. 광업의 탐광비(탐광을 위한 개발비를 포함한다) (2018. 2. 13. 개정)
13. 보건복지부장관이 정하는 무료진료권 또는 새마을진료권에 의하여 행한 무료진료의 가액 (2010. 3. 15. 개정 ; 보건복지~직제 부칙)
13의 2. 「식품등 기부 활성화에 관한 법률」 제2조 제1호 및 제1호의 2에 따른 식품 및 생활용품(이하 이 호에서 “식품 등”이라 한다)의 제조업·도매업 또는 소매업을 영위하는 내국법인이 해당 사업에서 발생한 잉여 식품등을 같은 법 제2조 제4호에 따른 제공자 또는 제공자가 지정하는 자에게 무상으로 기증하는 경우 기증한 잉여 식품 등의 장부가액(이 경우 그 금액은 법 제24조 제1항에 따른 기부금에 포함하지 아니한다) (2019. 2. 12. 개정)
14. 업무와 관련 있는 해외시찰·훈련비 (98. 12. 31 개정)
15. 다음 각 목의 어느 하나에 해당하는 운영비 또는 수당 (2006. 2. 9. 개정)
   가. 「초·중등교육법」에 설치된 근로청소년을 위한 특별학급 또는 산업체부설중·고등학교의 운영비 (2006. 2. 9. 개정)
   나. 「산업교육진흥 및 산학연협력 촉진에 관한 법률」 제8조의 규정

통칙 19-19…17【자산매입대가로 인수한 차입금에 대한 지급이자 처리】
사업을 포괄적으로 양수하는 과정에서 자산매입대가의 일부 또는 전부를 양도자의 부채로 인수하는 경우의 인수일 이후에 발생된 지급이자는 이를 각 사업연도의 손금으로 한다. (88. 3. 1 신설)
19-19…18【생산집하자금 이자의 손금산입】
수출장려를 목적으로 수출품 생산업자에게 지급되는 수출품생산집하자금의 이자는 해당 수출품의 수출이행여부에 불구하고 이를 각 사업연도의 소득금액 계산상 손금에 산입한다. (2024. 3. 15. 개정)

② 영 제19조 제11호에 따른 조합 또는 협회에 지급한 회비는 조합 또는 협회가 법령 또는 정관이 정하는 바에 따른 정상적인 회비징수 방식에 의하여 경상경비 충당 등을 목적으로 조합원 또는 회원에게 부과하는 회비로 한다. (2018. 3. 21. 신설)

19의 2. 「상법」 제340조의 2・제542조의 3, 「벤처기업육성에 관한 특별법」 제16조의 3 또는 「소재・부품・장비산업 경쟁력 강화 및 공급망 안정화를 위한 특별조치법」 제56조에 따른 주식매수선택권(「상법」 제542조의 3에 따른 주식매수선택권은 해당 법인의 임직원에게 부여하는 것으로 한정하며, 이하 이 호에서 "주식매수선택권"이라 한다), 「근로복지기본법」 제39조에 따른 우리사주매수선택권(이하 이 호에서 "우리사주매수선택권"이라 한다)이나 금전을 부여받거나 지급받은 자에 대한 다음 각 목의 금액. 다만, 해당 법인의 발행주식총수의 100분의 10 범위에서 부여하거나 지급한 경우로 한정한다. (2025. 2. 28. 개정)

편주▶

영 19조 19호의 2의 개정규정은 2025. 2. 28. 이후 주식매수선택권을 행사하는 경우부터 적용함. (영 부칙(2025. 2. 28.) 5조)

가. 주식매수선택권 또는 우리사주매수선택권을 부여받은 경우로서 다음의 어느 하나에 해당하는 경우 해당 금액 (2022. 2. 15. 개정)
  1) 약정된 주식매수시기에 약정된 주식의 매수가액과 시가의 차액을 금전 또는 해당 법인의 주식으로 지급하는 경우의 해당 금액 (2018. 2. 13. 신설)
  2) 약정된 주식매수시기에 주식매수선택권 또는 우리사주매수선택권 행사에 따라 주식을 시가보다 낮게 발행하는 경우 그 주식의 실제 매수가액과 시가의 차액 (2022. 2. 15. 개정)
나. 주식기준보상으로 금전을 지급하는 경우 해당 금액 (2018. 2. 13. 신설)
20. 「중소기업기본법」 제2조 제1항에 따른 중소기업 및 「조세특례제한법 시행령」 제6조의 4 제1항 따른 중견기업이 「중소기업 인력지원 특별법」 제35조의 3 제1항 제1호에 따라 부담하는 기여금 (2021. 2. 17. 개정)

☞ p.302 2단 연결

에 따라 교육기관이 당해 법인과의 계약에 의하여 채용을 조건으로 설치・운영하는 직업교육훈련과정・학과 등의 운영비 (2012. 1. 25. 개정 ; 산업교육진흥 및~시행령 부칙)
다. 「직업교육훈련 촉진법」 제7조의 규정에 따른 현장실습에 참여하는 학생들에게 지급하는 수당 (2006. 2. 9. 개정)
라. 「고등교육법」 제22조의 규정에 따른 현장실습수업에 참여하는 학생들에게 지급하는 수당 (2006. 2. 9. 개정)
16. 우리사주조합에 출연하는 자사주의 장부가액 또는 금품 (2023. 2. 28. 개정)
17. 장식・환경미화 등의 목적으로 사무실・복도 등 여러 사람이 볼 수 있는 공간에 항상 전시하는 미술품의 취득가액을 그 취득한 날이 속하는 사업연도의 손비로 계상한 경우에는 그 취득가액(취득가액이 거래단위별로 1천만원 이하인 것으로 한정한다) (2019. 2. 12. 개정)
18. 광고선전 목적으로 기증한 물품의 구입비용[특정인에게 기증한 물품(개당 3만원 이하의 물품은 제외한다)의 경우에는 연간 5만원 이내의 금액으로 한정한다] (2021. 2. 17. 개정)
19. 임직원이 다음 각 목의 어느 하나에 해당하는 주식매수선택권 또는 주식이나 주식가치에 상당하는 금전으로 지급받는 상여금으로서 기획재정부령으로 정하는 것(이하 "주식기준보상"이라 한다)을 행사하거나 지급받는 경우 해당 주식매수선택권 또는 주식기준보상(이하 "주식매수선택권 등"이라 한다)을 부여하거나 지급한 법인에 그 행사 또는 지급비용으로서 보전하는 금액 (2010. 2. 18. 개정)
가. 「금융지주회사법」에 따른 금융지주회사로부터 부여받거나 지급받은 주식매수선택권 등(주식매수선택권은 「상법」 제542조의 3에 따라 부여받은 경우만 해당한다) (2010. 2. 18. 개정)
나. 기획재정부령으로 정하는 해외모법인으로부터 부여받거나 지급받은 주식매수선택권 등으로서 기획재정부령으로 정하는 것 (2010. 2. 18. 개정)

편주▶

영 19조 16호의 개정규정은 2024. 1. 1.부터 시행함. (영 부칙(2023. 2. 28.) 1조 1호)

제10조의 2【해외모법인에 지급한 주식매수선택권등 행사・지급비용의 손금산입】 (2010. 3. 31. 제목개정)

① 영 제19조 제19호 각 목 외의 부분에서 "기획재정부령으로 정하는 것"이란 임직원이 지급받는 상여금으로서 다음 각 호의 요건을 모두 갖춘 것을 말한다. (2010. 3. 31. 신설)
1. 주식 또는 주식가치에 상당하는 금전으로 지급하는 것일 것 (2010. 3. 31. 신설)
2. 사전에 작성된 주식기준보상 운영기준 등에 따라 지급하는 것일 것 (2010. 3. 31. 신설)
3. 임원이 지급받는 경우 정관・주주총회・사원총회 또는 이사회의 결의로 결

번호개정)
① 영 제19조의 2 제1항 제8호에서 "채무자의 파산"이란 「채무자회생 및 파산에 관한 법률」에 따라 법원이 파산폐지결정하거나 파산종결 결정하여 공고한 경우를 말한다. (2009. 11. 10. 개정)
② 제1항에 따른 파산폐지 또는 파산종결 공고일 이전에 파산절차 진행과정에서 관계서류 등에 의해 해당 채권자가 배당받을 금액이 채권금액에 미달하는 사실이 객관적으로 확인되는 경우, 그 미달하는 금액은 제1항에 불구하고 영 제19조의 2 제1항 제8호에 따른 회수할 수 없는 채권으로 보아 대손금으로 손금에 산입할 수 있다. (2009. 11. 10. 개정)

19의 2 - 19의 2…2【경락에 따른 대손금 처리방법】(2009. 11. 10. 제목·번호개정)
채권자가 채권의 회수방법으로 채무자소유 저당부동산을 법원 등의 경락절차에 의하여 취득하고 경락금액 분배금으로 채권을 상계한 후의 잔존채권이 다른 재산이 없어 회수할 수 없는 경우에는 취득부동산의 시가에 관계없이 동 잔존채권은 대손금으로 한다. (1988. 3. 1. 개정)

19의 2 - 19의 2…3【강제집행 결과에 따른 대손금처리】(2009. 11. 10. 제목·번호개정)
법인이 외상매출금 등의 회수를 위하여 법원의 강제집행결과 무재산, 행방불명 등의 원인으로 "강제집행 불능조서"가 작성된 경우에는 대손금으로 처리할 수 있다. 다만, 부동산 등 회수가능한 재산이 있는 것이 확인되는 경우에는 그러하지 아니하다. (88. 3. 1 개정)

19의 2 - 19의 2…4【원천세대납액의 대손처리】(2024. 3. 15. 제목개정)
영 제106조 제1항 제1호 본문에 따라 특수관계자에게 처분된 소득에 대한 소득세대납액을 가지급금 등으로 계상한 경우 대손금으로 처리할 수 없다. 이 경우 해당 소득세대납액을 정당한 사유없이 회수하지 아니하는 때에는 15 - 11…2에 따라 그 특수관계자에게 소득처분한다. (2024. 3. 15. 개정)

19의 2 - 19의 2…5【약정에 의한 채권포기액의 대손 처리】(2024. 3. 15. 제목개정)
약정에 의하여 채권의 전부 또는 일부를 포기하는 경우에도 이를 대손금으로 보지 아니하며 기부금 또는 기업업무추진비로 본다. 다만, 특수관계자 외의 자와의 거래에서 발생한 채권으로서 채무자의 부도발생 등으로 장래에 회수가 불확실한 어음·수표상의 채권 등을 조기에 회수하기 위하여 해당 채권의 일부를 불가피하게 포기한 경우 동 채권의 일부를 포기하거나 면제한 행위에 객관적으로 정당한 사유가 있는 때에는 동 채권포기액을 손금에 산입한다. (2024. 3. 15. 개정)

19의 2 - 19의 2…6【사용인이 횡령한 금액의 대손금처리】(2009. 11. 10. 제목·번호개정)

☞ p.303 2단 연결

21. 임원 또는 직원(제43조 제7항에 따른 지배주주등인 자는 제외한다)의 사망 이후 유족에게 학자금 등으로 일시적으로 지급하는 금액으로서 기획재정부령으로 정하는 요건을 충족하는 것 (2019. 2. 12. 개정)
22. 다음 각 목의 기금에 출연하는 금품 (2021. 2. 17. 신설)
　가. 해당 내국법인이 설립한 「근로복지기본법」 제50조에 따른 사내근로복지기금 (2021. 2. 17. 신설)
　나. 해당 내국법인과 다른 내국법인 간에 공동으로 설립한 「근로복지기본법」 제86조의 2에 따른 공동근로복지기금 (2021. 2. 17. 신설)
　다. 해당 내국법인의 「조세특례제한법」 제8조의 3 제1항 제1호에 따른 협력중소기업이 설립한 「근로복지기본법」 제50조에 따른 사내근로복지기금 (2021. 2. 17. 신설)
　라. 해당 내국법인의 「조세특례제한법」 제8조의 3 제1항 제1호에 따른 협력중소기업 간에 공동으로 설립한 「근로복지기본법」 제86조의 2에 따른 공동근로복지기금 (2021. 2. 17. 신설)
23. 보험회사가 「보험업법」 제120조에 따라 적립한 책임준비금의 증가액(할인율의 변동에 따른 책임준비금 평가액의 증가분은 제외한다)으로서 보험감독회계기준에 따라 비용으로 계상된 금액 (2023. 2. 28. 신설)
23의 2. 「주택도시기금법」에 따른 주택도시보증공사가 같은 법 시행령 제24조에 따라 적립한 책임준비금의 증가액(할인율의 변동에 따른 책임준비금 평가액의 증가분은 제외한다)으로서 보험감독회계기준에 따라 비용으로 계상된 금액 (2024. 2. 29. 신설)

편주 ▶▶▶▶▶▶▶
영 19조 23호의 2의 개정규정은 2024. 2. 29. 이후 과세표준을 신고하는 경우부터 적용함. (영 부칙(2024. 2. 29.) 3조)

24. 그 밖의 손비로서 그 법인에 귀속되었거나 귀속될 금액 (2023. 2. 28. 호번개정)

통칙 19의 2 - 19의 2…1【파산의 범위 및 대손금 처리】(2009. 11. 10.

정된 급여지급기준에 따른 금액을 초과하지 아니할 것 (2010. 3. 31. 신설)
4. 영 제43조 제7항에 따른 지배주주등(이하 이 항에서 "지배주주등"이라 한다)인 임직원이 지급받는 경우 정당한 사유 없이 같은 직위에 있는 지배주주 등 외의 임직원에게 지급하는 금액을 초과하지 아니할 것 (2010. 3. 31. 신설)
② 영 제19조 제19호 나목에서 "기획재정부령으로 정하는 해외모법인"이란 다음 각 호의 요건을 모두 갖춘 법인을 말한다. (2010. 3. 31. 개정)
1. 외국법인으로서 발행주식이 「자본시장과 금융투자업에 관한 법률」에 따른 증권시장 또는 이와 유사한 시장으로서 증권의 거래를 위하여 외국에 개설된 시장에 상장된 법인 (2009. 3. 30. 신설)
2. 외국법인으로서 영 제19조 제19호 각 목 외의 부분에 따른 주식매수선택권등(이하 "주식매수선택권등"이라 한다)의 행사 또는 지급비용을 보전하는 내국법인(「자본시장과 금융투자업에 관한 법률」에 따른 상장법인은 제외한다)의 의결권 있는 주식의 100분의 90 이상을 직접 또는 간접으로 소유한 법인. 이 경우 주식의 간접소유비율은 다음 산식에 따라 계산하되[해당 내국법인의 주주인 법인(이하 이 호에서 "주주법인"이라 한다)이 둘 이상인 경우에는 각 주주법인별로 계산한 비율을 합산한다], 해당 외국법인과 주주법인 사이에 하나 이상의

19-19…1【매출누락에 대응하는 장부외 원가의 처리】(2010. 8. 18. 제목
　　　　개정)
매출누락에 대응되는 원가상당액이 장부외 처리되었음이 확인되는 경우에는 그
원가상당액을 손금에 산입한다. (2010. 8. 18. 개정)
19-19…2【농작물 등의 재배에 관련된 비용의 처리】
대체농작물·입목 및 가축·가금 등의 재배 또는 사육에 직접 관련되는 모든
비용(관리직원의 급료 등 관리비는 제외한다)은 이를 판매할 때까지 자본적
지출로서 원본에 가산한다. 다만, 판매목적으로 사육하지 아니하고 주로 영업
용 목적으로 경기용 또는 타인의 관람용에 공하는 가축이나 가금의 사육비는
이를 해당 사업연도의 손금으로 한다. (2024. 3. 15. 개정)
19-19…4【제품의 보수비】
제조업자가 제품을 생산하는 과정에서 그 제품의 흠을 보수 또는 보완하기 위하
여 소요된 제조비용은 판매가능한 제품원가의 구성요소로서 그 제품이 판매된 날
이 속하는 사업연도의 손금으로 한다.
19-19…5【신탁계정 보전액의 손금산입】
증권투자신탁업을 영위하는 법인이 정부가 승인한 신탁약관에 따라 수익자의 신
탁이익을 분배하기 위하여 신탁계정에 보전한 금액은 이를 각 사업연도의 소득
금액 계산상 손금에 산입한다. (2024. 3. 15. 개정)
19-19…6【불우종업원에 대한 보조금의 손금처리】
불우종업원에게 지급하는 생계비 및 학비보조금은 인건비로 보아 이를 각 사업연
도의 소득금액 계산상 손금에 산입한다.
19-19…7【부임수당의 손금산입】
종업원에게 지급하는 부임수당은 이를 각 사업연도의 소득금액 계산상 손금에 산
입한다. 그 수당 중 이사에 소요되는 비용상당액은 여비·교통비로 보며 이를 초
과하는 부분은 인건비로 본다.
19-19…8【보험료의 손금산입 범위】
종업원을 수익자로 하는 보험료(선원보험료, 단체정기재해보험료, 상해보험료,
신원보증보험료 등)는 영 제44조의 2 제1항에 따른 보험료등과 「국민건강보험
법」 및 「고용보험법」에 따라 사용자로서 법인이 부담하는 보험료를 제외하고
이를 종업원에 대한 급여로 본다. 다만, 임원 또는 직원의 퇴직급여를 지급하
기 위하여 불입하는 보험료 중 영 제44조의 2 제2항부터 제4항에 따라 손금에
산입하는 것 외의 보험료는 이를 손금에 산입하지 아니한다. (2019. 12. 23.
개정)
19-19…9【장기손해보험계약에 관련된 보험료의 손금산입 범위】
보험기간 만료 후에 만기 반환금을 지급하겠다는 뜻의 약정이 있는 손해보험에
☞ p.304 2단 연결

사용인이 법인의 공금을 횡령한 경우로서 동 사용인과 그 보증인에 대하여 횡령
액의 회수를 위하여 법에 의한 제반절차를 취하였음에도 무재산 등으로 회수할
수 없는 경우에는 동 횡령액을 대손처리할 수 있다. 이 경우 대손처리한 금액에
대하여는 사용인에 대한 근로소득으로 보지 아니한다. (88. 3. 1 신설)
19의 2-19의 2…7【수표·어음상의 채권의 대손처리】(2019. 12. 23.
　　　　제목개정)
① 부도발생일부터 6개월 이상 경과한 수표 또는 어음상의 채권 및 외상매출금
(중소기업의 외상매출금으로서 부도발생일 이전의 것에 한한다)은 채무자의 재
산에 대하여 저당권을 설정하고 있는 경우를 제외하고는 해당 채무자의 부도발
생 후 「채무자 회생 및 파산에 관한 법률」에 의한 법원의 재산보전처분명령과
는 관계없이 법인이 기업회계기준에 의하여 회수할 수 없다고 판단하여 대손금
으로 계상한 사업연도에 손금에 산입한다. 이 경우의 어음상의 채권에는 배서
받은 어음으로서 배서인에 대하여 「어음법」 제43조에 따라 상환청구권을 행사
할 수 있는 어음을 포함한다. (2024. 3. 15. 개정)
② 제1항을 적용함에 있어 채무자의 재산에 대하여 저당권을 설정한 경우에
도 해당 재산의 가액이 채권액에 미달하고 해당 재산 외에 사실상 회수할 수
있는 다른 재산이 없는 경우에는 해당 재산의 가액을 초과하는 금액은 대손금
으로 한다. 이 경우 해당 재산의 가액은 영 제89조에 따른 시가에서 선순위채
권가액을 차감한 금액으로 하고, 선순위채권가액은 객관적으로 확인가능한
실제의 채권가액으로 한다. (2009. 11. 10. 신설)
19의 2-19의 2…8【채권조정시 원금감면분에 대한 처리】(2009. 11. 10.
　　　　번호개정)
채권자인 법인이 기업회계기준에 의한 채권·채무의 조정과 관련하여 원금의
일부를 감면한 경우에는 영 제19조의 2 제5항이 적용되지 아니한다. 따라서,
동 원금감면분에 대하여는 19의 2-19의 2…5에 따라 처리한다. (2009. 11.
10. 개정)
19의 2-19의 2…9【채권조정에 의한 채무면제익의 처리】(2009. 11. 10.
　　　　제목·번호개정)
기업회계기준에 의한 채무의 재조정에 따라 채무의 장부가액과 현재가치의 차액
을 채무면제익으로 계상한 채무법인은 이를 익금에 산입하지 아니한다. (2003.
5. 10. 신설)
19의 2-19의 2…10【요건미비로 손금불산입한 대손금의 처리】
영 제19조의 2 제3항 각 호의 날이 도래하기 전에 손금으로 계상하여 손금불
산입한 대손금은 그 후 동항 각 호의 날이 속하는 사업연도에 세무조정으로
손금에 산입할 수 있다. 이 경우 같은 조 제3항 제1호의 적용을 받는 대손금
을 해당 사업연도의 손금에 산입하지 아니한 때에는 법 제66조 제2항에 따라
그 사업연도의 과세표준을 경정한다. (2009. 11. 10. 신설)

법인이 개재되어 있고, 이들 법인이 주
식소유관계를 통하여 연결되어 있는 경
우에도 또한 같다. (2010. 3. 31. 개정)

$$\frac{\text{해당 외국법인이 소유하고 있는 주주법인의 의결권 있는 주식 수가 그 주주법인의 의결권 있는 총 주식 수에서 차지하는 비율}}{} \times \frac{\text{주주법인이 소유하고 있는 해당 내국법인의 의결권 있는 주식 수가 그 내국법인의 의결권 있는 총 주식 수에서 차지하는 비율}}{}$$

③ 영 제19조 제19호 나목에서 "주식매수
선택권등으로서 기획재정부령으로 정하는
것"이란 다음 각 호의 요건을 모두 갖춘 것
을 말한다. (2010. 3. 31. 개정)
1. 「상법」에 따른 주식매수선택권과 유사
　　한 것으로서 해외모법인의 주식을 미리
　　정한 가액(이하 이 조에서 "행사가액"이
　　라 한다)으로 인수 또는 매수(행사가액
　　과 주식의 실질가액과의 차액을 현금 또
　　는 해당 해외모법인의 주식으로 보상하
　　는 경우를 포함한다)할 수 있는 권리일
　　것(주식매수선택권만 해당한다) (2010.
　　3. 31. 개정)
2. 해외모법인이 발행주식총수의 100분의
　　10의 범위에서 부여하거나 지급한 것일
　　것 (2010. 3. 31. 개정)
3. 해외모법인과 해당 법인 간에 해당 주식
　　매수선택권등의 행사 또는 지급비용의
　　보전에 관하여 사전에 서면으로 약정하
　　였을 것 (2010. 3. 31. 개정)

19-19…23【업무수행상 필요한 해외여행의 판정】
① 임원 또는 사용인의 해외여행이 법인의 업무수행상 필요한 것인가는 그 여행의 목적, 여행지, 여행기간 등을 참작하여 판정한다. 다만, 다음 각호의 어느 하나에 해당하는 여행은 원칙적으로 법인의 업무수행상 필요한 해외여행으로 보지 아니한다. (2024. 3. 15. 개정)
1. 관광여행의 허가를 얻어 행하는 여행
2. 여행알선업자 등이 행하는 단체여행에 응모하여 행하는 여행
3. 동업자단체, 그 밖의 이에 준하는 단체가 주최하여 행하는 단체여행으로서 주로 관광목적이라고 인정되는 것 (2024. 3. 15. 개정)
② 제1항 단서에 해당하는 경우에도 그 해외여행기간 중에 있어서의 여행지, 수행한 일의 내용 등으로 보아 법인의 업무와 직접 관련이 있는 것이 있다고 인정될 때에는 법인이 지급하는 그 해외여행에 소요되는 여비 가운데 법인의 업무에 직접 관련이 있는 부분에 직접 소요된 비용(왕복 교통비는 제외한다)은 여비로서 손금에 산입한다. (2001. 11. 1 신설)

19-19…24【해외여행 동반자의 여비처리】
임원이 법인의 업무수행상 필요하다고 인정되는 해외여행에 그 친족 또는 그 업무에 상시 종사하고 있지 아니하는 자를 동반한 경우에 있어서 그 동반자와 관련된 여비를 법인이 부담하는 때의 그 여비는 그 임원에 대한 급여로 한다. 다만, 그 동반이 다음 각호의 어느 하나의 경우와 같이 분명히 그 해외여행의 목적을 달성하기 위하여 필요한 동반이라고 인정되는 때에는 그러하지 아니하다. (2024. 3. 15. 개정)
1. 그 임원이 상시 보좌를 필요로 하는 신체장애자이므로 동반하는 경우
2. 국제회의의 참석 등에 배우자를 필수적으로 동반하도록 하는 경우
3. 그 여행의 목적을 수행하기 위하여 외국어에 능숙한 자 또는 고도의 전문적 지식을 지니는 자를 필요로 하는 경우에 그러한 적임자가 법인의 임원이나 사용인 가운데 없기 때문에 임시로 위촉한 자를 동반하는 경우

19-19…25【해외여비의 용인 범위】
임원 또는 사용인의 해외여행에 있어서 그 해외여행기간에 걸쳐 법인의 업무수행상 필요하다고 인정할 수 없는 여행을 겸한 때에는 그 해외여행에 관련하여 지급되는 여비를 법인의 업무수행상 필요하다고 인정되는 여행의 기간과 인정할 수 없는 여행의 기간과의 비에 안분하여 업무수행과 관련없는 여비는 이를 해당 임원 또는 사용인에 대한 급여로 한다. 이 경우 해외여행의 직접 동기가 특정의 거래처와의 상담, 계약의 체결 등 업무수행을 위한 것인 때에는 그 해외여행을 기회로 관광을 병행한 경우에도 그 왕복교통비(해당 거래처의 주소지 등 그 업무를 수행하는 장소까지의 것에 한함)는 업무수행에 관련된 것으로 본다. (2024. 3. 15. 개정)

☞ p.305 3단 연결

대한 보험료를 지급한 경우에는 그 지급한 보험료액 가운데 적립보험료에 상당하는 부분의 금액은 자산으로 하고 그 밖의 부분의 금액은 이를 기간의 경과에 따라 손금에 산입한다. (2024. 3. 15. 개정)

19-19…10【임차건물 등을 보험에 가입한 경우의 보험료 손금산입 범위】
① 임차법인이 보험계약자로 되어 있는 경우에는 19-19…9에 의한다. (2001. 11. 1 개정)
② 해당 건물 등의 소유자가 보험계약자 및 피보험자로 되어 있는 경우에 임차법인이 부담한 보험료는 해당 건물 등의 임차료로 한다. (2024. 3. 15. 개정)

19-19…11【보험사고의 발생에 의한 적립보험료의 처리】
적립보험료에 상당하는 부분의 금액은 보험사고의 발생에 의하여 보험금의 지급을 받은 경우에도 그 지급에 의하여 해당 손해보험계약이 실효되지 아니하는 경우에는 이를 손금에 산입할 수 없다. (2024. 3. 15. 개정)

19-19…13【임원의 순직으로 지급된 장례비 등의 손금산입】
임원의 순직과 관련하여 지급하는 장례비나 위로금 등으로서 사회통념상 타당하다고 인정되는 범위 안의 금액은 이를 해당 사업연도의 손금에 산입할 수 있다. (2024. 3. 15. 개정)

19-19…16【무상수입자산의 통관비용 등의 처리】
반환할 것이 약정된 무상수입자산의 통관비용 등은 그 효익이 미치는 기간에 안분하여 손금에 산입한다.

19-19…20【의료법인 무료진료비의 손금산입】
의료업을 영위하는 법인이 병원개설 허가조건에 따라 행하는 무료진료비는 이를 각 사업연도의 소득금액 계산상 손금에 산입한다.

19-19…21【해외시장 개척을 위한 견본비의 손금산입】
해외시장 개척을 위하여 해외에 견본품을 무상으로 송부하는 경우에는 그 견본품에 상당하는 가액은 이를 송부일이 속하는 사업연도의 소득금액 계산상 손금에 산입할 수 있다. (85. 1. 1 개정)

19-19…22【해외여비의 손금산입 기준】
임원 또는 사용인의 해외여행에 관련하여 지급하는 여비는 그 해외여행이 해당 법인의 업무수행상 통상 필요하다고 인정되는 부분의 금액에 한한다. 따라서 법인의 업무수행상 필요하다고 인정되지 아니하는 해외여행의 여비와 법인의 업무수행상 필요하다고 인정되는 금액을 초과하는 부분의 금액은 원칙적으로 해당 임원 또는 사용인에 대한 급여로 한다. 다만, 그 해외여행이 여행기간의 거의 전기간을 통하여 분명히 법인의 업무수행상 필요하다고 인정되는 것인 경우에는 그 해외여행을 위해 지급하는 여비는 사회통념상 합리적인 기준에 의하여 계산하고 있는 등, 부당하게 다액이 아니라고 인정되는 한 전액을 해당 법인의 손금으로 한다. (2024. 3. 15. 개정)

제10조의 3【유족에게 지급하는 학자금 등 손금산입】영 제19조 제21호에서 "기획재정부령으로 정하는 요건"이란 임원 또는 직원의 사망 전에 정관이나, 주주총회·사원총회 또는 이사회의 결의에 의하여 결정되어 임원 또는 직원에게 공통적으로 적용되는 지급기준에 따라 지급되는 것을 말한다. (2019. 3. 20. 개정)

☞

통칙 19-19…26【직업훈련비용의 손금산입】(2008. 7. 25. 제목 개정)
「국민 평생 직업능력 개발법」에 따른 직업능력개발훈련을 실시하는 법인이 자체기능공의 확보를 위하여 부담하는 교재·피복·필기도구 등 훈련경비와 훈련수당 등은 이를 각 사업연도의 소득금액 계산상 손금에 산입한다. 이 경우 훈련수당 등의 명목으로 지급되는 현금 및 현물급여는 이를 지급받는 자의 근로소득으로 한다. (2024. 3. 15. 개정)

19-19…27【비거주자 등에게 지급한 사용료 등 대가의 범위】
국내사업장이 없는 비거주자 또는 외국법인(이하 "비거주자 등"이라 한다)에게 지급하는 사용료 등 대가에 대하여 원천징수할 세액상당액을 내국법인이 부담하는 조건으로 계약을 체결한 경우에는, 해당 계약에 따라 내국법인이 부담한 원천징수세액 상당액을 지급대가의 일부로 보아 손금에 산입한다. (2024. 3. 15. 개정)

합병법인이 피합병법인의 고정자산을 취득하는 경우에 지급하는 등록세는 이를 해당 고정자산에 대한 자본적 지출로 하고 합병계약에 의하여 부담할 합병에 따르는 비용은 자산으로 계상할 것을 제외하고는 합병법인의 해당 사업연도의 손금으로 한다. (2024. 3. 15. 개정)

19−19…42【세무조정신고의 특례】

법 및 이 통칙에 특별히 정하는 경우를 제외하고는 다음 각호에서 규정하는 손금은 이를 결산에 반영함이 없이 세무조정계산서에 손금으로 계상할 수 없다. (2024. 3. 15. 개정)

1. 영 제19조 제5호 및 제9호의 손비 (2001. 11. 1 개정)

2. 대손충당금, 퇴직급여충당금 (2001. 11. 1 개정)

3. 법 및 조세특례제한법에 의한 준비금·일시상각충당금 및 압축기장충당금. 다만, 법 제61조의 규정을 적용받는 경우를 제외한다. (2001. 11. 1 개정)

19−19…43【익금에 산입한 소멸시효 완성예금 환급액의 처리】

고객이 예탁한 예금 중 소멸시효가 완성된 예금을 익금에 산입한 은행이 해당 고객의 청구에 의하여 이미 익금에 산입한 금액을 지급하는 경우에 동 금액은 그 지급일이 속하는 사업연도의 손금에 산입한다. (2024. 3. 15. 개정)

19−19…44【받을어음 할인료의 손금처리방법】

법인이 금융기관에 받을어음을 할인한 경우 그 거래가 기업회계기준에 의한 매각거래에 해당하는 경우에는 그 할인액을 매각일이 속하는 사업연도의 소득금액 계산시 손금에 산입한다. (2019. 12. 23. 개정)

19−19…45【우리사주조합 출연 자사주의 범위 등】

① 영 제19조 제16호의 규정에서 법인이 "우리사주조합에 출연하는 자사주"라 함은 법인이 보유하거나 취득하여 우리사주조합에 출연하는 자사주를 말하는 것으로 증자방식에 의하여 자사주를 배정하는 것은 포함하지 아니한다. (2003. 5. 10. 신설)

② 법인이 우리사주조합에 자사주 외 부동산 등 금품을 출연하는 경우 해당 출연자산의 가액은 시가에 의하는 것이며 이 경우 그 시가와 장부가액과의 차액은 해당 사업연도의 소득금액 계산시 익금에 산입한다. (2024. 3. 15. 개정)

19−19…46【특수관계자간 사업양수도시 취득한 영업권 상각액의 손금산입】

법인이 특수관계자로부터 영업권을 양수하면서 기업회계기준에 따라 장부에 계상한 가액이 시가에 미달하는 경우에는 영 제19조 제5호의 2의 규정을 적용한다. (2004. 4. 1. 신설)

로 지급한 금액은 「보험업법」에 의한 보험료에 해당하지 아니하므로 소득금액 계산상 손금에 산입하지 아니한다. 다만, 주무부장관의 허가를 받은 공제회에 지급한 금액으로서 만기 또는 해약시 납입금을 반환받지 아니하는 경우, 동 지급액은 지급일이 속하는 사업연도의 소득금액 계산상 손금에 산입한다. (2008. 7. 25. 개정)

19−19…35【무상감자주식의 손금산입에 관한 처리】

주식을 발행한 법인이 결손금의 보전을 위하여 무상감자를 한 경우에는 해당 주식을 소유하고 있는 법인은 소유주식가액을 감액처리하지 아니하며 해당 주식을 처분하는 사업연도의 손익으로 계상한다. (2024. 3. 15. 개정)

19−19…36【국내여비의 손금산입 기준】

임원 또는 사용인의 국내여행과 관련하여 지급하는 여비는 해당 법인의 업무수행상 통상 필요하다고 인정되는 부분의 금액에 한하여 손금산입하며 초과되는 부분은 해당 임원 또는 사용인의 급여로 한다. 따라서 법인의 업무수행상 필요하다고 인정되는 범위 안에서 지급규정, 사규 등의 합리적인 기준에 의하여 계산하고 거래증빙과 객관적인 자료에 의하여 지급사실을 입증하여야 한다. 다만, 사회통념상 부득이하다고 인정되는 범위내의 비용과 해당 법인의 내부통제기능을 감안하여 인정할 수 있는 범위내의 지급은 그러하지 아니한다. (2024. 3. 15. 개정)

19−19…37【교육비 보조금의 손금산입】

법인이 임원 또는 사용인에게 지급하는 자녀교육비 보조금은 그 임원 또는 사용인에 대한 인건비로 보아 손금에 산입한다. 다만, 임원의 경우는 영 제43조 제2항 및 제3항에 해당하는 금액은 손금에 산입하지 아니한다. (2001. 11. 1 개정)

19−19…38【자기사채 처분손익의 처리】

① 주간사회사와 인수단이 발행총액을 인수하여 매출하는 조건으로 회사채를 발행한 법인이 주간사회사 등이 매출하지 못한 회사채를 발행가액으로 취득한 후, 동 사채를 시가에 의하여 매각함에 따라 발생하는 처분손익은 각 사업연도의 익금 또는 손금으로 한다. (88. 3. 1 신설)

② 매입소각하거나 상환일까지 보유할 목적으로 자기사채를 취득하는 경우 취득일까지의 이자상당액을 지급이자로 하여 원천징수하고, 자기사채의 발행가액과 취득가액과의 차액(사채할인발행차금 미상각액을 포함한다)을 취득일이 속하는 사업연도의 손익에 산입한다. (88. 3. 1 신설)

③ 제2항의 규정 중 "취득일까지의 이자상당액"은 다음 각호의 합계액으로 한다. (88. 3. 1 신설)

1. 해당 사채 취득시까지 약정이자율에 의하여 계산한 미지급이자 상당액 (2024. 3. 15. 개정)

2. 사채할인발행차금 중 발행일로부터 취득시까지의 기간에 상당하는 금액

19−19…40【합병시 발생한 비용의 처리】

19−19…28【뽕나무밭조성비 등의 손금산입】(2010. 8. 18. 제목개정)

생사를 제조하는 법인이 잠업농가에 대하여 장려금을 지급하거나 뽕나무밭조성비 및 관리에 필요한 경비를 부담한 경우에는 이를 해당 법인의 손금으로 한다. (2024. 3. 15. 개정)

19−19…29【산림관리비의 회계처리】

산림의 취득비용과 식림 또는 육림에 소요되는 조림비는 취득원가에 산입하는 것이며, 산림의 유지관리를 위한 비용은 이를 각 사업연도의 소득금액 계산상 손금으로 한다.

19−19…30【이월이익잉여금과 상계한 손금의 처리】

법인의 손금으로 계상할 수 있는 조세공과금 등을 이익잉여금과 상계한 경우에는 이를 손금에 가산하여 신고할 수 있다.

19−19…31【직장민방위대에 기증하는 금품】

법인의 직장민방위대를 위하여 지출하는 금품의 가액은 지급하는 경비의 성질(예 : 직장체육비, 교통비, 복리후생비 등)에 따라 해당 법인의 경리의 일부로 본다. (2024. 3. 15. 개정)

19−19…32【출자자인 임원에게 지급한 경조비의 손금산입】

출자자인 임원에게 지급한 경조비 중 사회통념상 타당하다고 인정되는 범위 안의 금액은 이를 각 사업연도의 소득금액 계산상 손금에 산입한다.

19−19…33【상대계정이 불분명한 부외부채의 처리】

부외채무의 상대계정이 불분명하여 정리손실, 가공자산 등으로 계상하였을 경우에는 각 사업연도의 소득금액 계산상 이를 손금에 산입할 수 없다.

19−19…34【보험목적으로 지급한 공제회비의 처리】

법인이 임의로 조직한 공제회 등에 보험목적으로

제19조의 2 【대손금의 손금불산입】 ① 내국법인이 보유하고 있는 채권 중 채무자의 파산 등 대통령령으로 정하는 사유로 회수할 수 없는 채권의 금액[이하 "대손금"(貸損金)이라 한다]은 대통령령으로 정하는 사업연도의 소득금액을 계산할 때 손금에 산입한다. (2018. 12. 24. 개정)

• 내국법인이 직원의 금융사고로 인해 피해자들에게 손해배상금을 부담하고, 해당직원과 해당직원이 설립한 명목회사 및 연대보증인들에 대해 손해배상채권등을 보유하고 있는 상태에서, 해당직원 명의로 된 재산에 대하여 강제집행을 하는 등 더 이상의 채권회수가 불가능하여 대손사유에 해당할 경우에는 대손금을 손금산입할 수 있음. (법규법인 2014 - 446, 2014. 10. 7.)

• 원활한 청산절차를 위하여 부득이하게 매출채권을 포기한 것이 객관적으로 정당하다고 인정되는 경우 채무면제가 확정되는 날이 속하는 사업연도에 결산조정에 의해 대손금으로 손금산입할 수 있는 것임. (법규법인 2014 - 398, 2014. 10. 15.)

② 제1항은 다음 각 호의 어느 하나에 해당하는 채권에는 적용하지 아니한다. (2018. 12. 24. 개정)

1. 채무보증(「독점규제 및 공정거래에 관한 법률」 제24조 각 호의 어느 하나에 해당하는 채무보증 등 대통령령으로 정하는 채무보증은 제외한다)으로 인하여 발생한 구상채권(求償債權) (2020. 12. 29. 개정 ; 독점규제~부칙)

2. 제28조 제1항 제4호 나목에 해당하는 가지급금(假支給金) 등. 이 경우 특수관계인에 대한 판단은 대여시점을 기준으로 한다. (2020. 12. 22. 개정)

• 원고가 특수관계법인에게 업무와 관계없이 지급한 업무무관 가지급금 채권을 매각하여 채권처분손실의 형식으로 처리한 경우에도 이를 대손금의 형식으로 처리한 경우와 마찬가지로 이를 손금에 산입할 수 없음. (대법 2013두 6732, 2013. 7. 11.)

• 내국법인이 다른 내국법인과 특수관계가 성립되기 이전에 당해 법인의

제19조의 2 【대손금의 손금불산입】 ① 법 제19조의 2 제1항에서 "채무자의 파산 등 대통령령으로 정하는 사유로 회수할 수 없는 채권"이란 다음 각 호의 어느 하나에 해당하는 것을 말한다. (2020. 2. 11. 개정)

1. 「상법」에 따른 소멸시효가 완성된 외상매출금 및 미수금 (2009. 2. 4. 신설)

2. 「어음법」에 따른 소멸시효가 완성된 어음 (2009. 2. 4. 신설)

3. 「수표법」에 따른 소멸시효가 완성된 수표 (2009. 2. 4. 신설)

4. 「민법」에 따른 소멸시효가 완성된 대여금 및 선급금 (2009. 2. 4. 신설)

5. 「채무자 회생 및 파산에 관한 법률」에 따른 회생계획인가의 결정 또는 법원의 면책결정에 따라 회수불능으로 확정된 채권 (2009. 2. 4. 신설)

5의 2. 「서민의 금융생활 지원에 관한 법률」에 따른 채무조정을 받아 같은 법 제75조의 신용회복지원협약에 따라 면책으로 확정된 채권 (2019. 7. 1. 신설)

6. 「민사집행법」 제102조에 따라 채무자의 재산에 대한 경매가 취소된 압류채권 (2009. 2. 4. 신설)

7. 물품의 수출 또는 외국에서의 용역제공으로 발생한 채권으로서 기획재정부령으로 정하는 사유에 해당하여 무역에 관한 법령에 따라 「무역보험법」 제37조에 따른 한국무역보험공사로부터 회수불능으로 확인된 채권 (2021. 2. 17. 신설)

8. 채무자의 파산, 강제집행, 형의 집행, 사업의 폐지, 사망, 실종 또는 행방불명으로 회수할 수 없는 채권 (2009. 2. 4. 신설)

• 채권회수를 위한 제반절차를 취하였음에도 채무자의 사업폐지 및 무재산 등으로 회수불능이 객관적으로 확인되는 때에는 손금산입가능한 것임. (사전 - 2019 - 법령해석법인 - 0092, 2019. 3. 8.)

• 법인세법상 대손요건 미비로 손금불산입하고 이후 대손사유가 발생한 경우 해당 사유가 발생한 사업연도 이후에 확정신고 시 세무조정으로 손금에 산입할 수 있음. (사전–2022–법규법인–0633, 2023. 1. 9.)

• 해외매출채권도 국내매출채권과 같이 채무자의 파산 등 대손사유로 인해 회수할 수 없는 금액은 대손금으로 손금산입할 수 있음. (서이 46012 - 11498, 2002. 8. 12)

• 신용정보회사의 신용조사서에 채무자의 재산이 없음을 확인한 사실만으로는 법인세법상 대손요건을 충족한 것으로 볼 수 없음. (서면2팀 - 1999, 2006. 10. 2.)

• 내국법인이 보유한 전환사채가 사채발행법인의 사업폐지 등으로 인해 전환권행사를 할 수 없는 것이 확정된 상태에서 법인세법의 대손사유에 해당하는 경우에는 손금에 산입할 수 있음. (법인 - 4107, 2008. 12. 22.)

제10조의 4 【회수불능 사유 및 회수불능 확정채권의 범위】 (2021. 3. 16. 제목개정)

① 영 제19조의 2 제1항 제7호에서 "기획재정부령으로 정하는 사유"란 다음 각 호의 어느 하나에 해당하는 경우를 말한다. (2021. 3. 16. 신설)

1. 채무자의 파산·행방불명 또는 이에 준하는 불가항력으로 채권회수가 불가능함을 현지의 거래은행·상공회의소·공공기관 또는 해외채권추심기관(「무역보험법」 제37조에 따른 한국무역보험공사와 같은 법 제53조 제3항에 따른 대외채권 추심 업무 수행에 관한 협약을

③ 제1항에 따라 손금에 산입한 대손금 중 회수한 금액은 그 회수한 날이 속하는 사업연도의 소득금액을 계산할 때 익금에 산입한다. (2010. 12. 30. 개정)

④ 제1항을 적용하려는 내국법인은 대통령령으로 정하는 바에 따라 대손금 명세서를 납세지 관할 세무서장에게 제출하여야 한다. (2018. 12. 24. 개정)

⑤ 대손금의 범위와 처리 등에 필요한 사항은 대통령령으로 정한다. (2018. 12. 24. 개정)

편주 ▶

〈대손금의 구분〉

구 분	대손금	채권의 포기
발생사유	○ 소멸시효의 완성 ○ 현재 상태에서 회수 불가능한 객관적 사실의 존재	○ 약정(합의) ○ 채권자의 일방적 의사표시
사후회수 가능여부	○ 회수 불가 - 채권 계속적 관리 불필요	○ 청구권의 법률적 소멸의 경우를 제외하고는 회수 가능 - 채권 계속적 관리 필요
세법상의 취 급	○ 손금산입	○ 원칙적으로 기부금 또는 접대비로 간주 ○ 특수관계자 외의 자에 대한 채권의 정당한 포기는 대손으로 인정가능

제20조【자본거래 등으로 인한 손비의 손금불산입】다음 각 호의 금액은 내국법인의 각 사업연도의 소득금액을 계산할 때 손금에 산입하지 아니한다. (2018. 12. 24. 개정)

1. 결산을 확정할 때 잉여금의 처분을 손비로 계상한 금액 (2018. 12. 24. 개정)

9. 부도발생일부터 6개월 이상 지난 수표 또는 어음상의 채권 및 외상매출금[중소기업의 외상매출금으로서 부도발생일 이전의 것에 한정한다]. 다만, 해당 법인이 채무자의 재산에 대하여 저당권을 설정하고 있는 경우는 제외한다. (2020. 2. 11. 개정)

9의 2. 중소기업의 외상매출금 및 미수금(이하 이 호에서 "외상매출금 등"이라 한다)으로서 회수기일이 2년 이상 지난 외상매출금등. 다만, 특수관계인과의 거래로 인하여 발생한 외상매출금등은 제외한다. (2020. 2. 11. 신설)

10. 재판상 화해 등 확정판결과 같은 효력을 가지는 것으로서 기획재정부령으로 정하는 것에 따라 회수불능으로 확정된 채권 (2019. 2. 12. 신설)

11. 회수기일이 6개월 이상 지난 채권 중 채권가액이 30만원 이하(채무자별 채권가액의 합계액을 기준으로 한다)인 채권 (2020. 2. 11. 개정)

12. 제61조 제2항 각 호 외의 부분 단서에 따른 금융회사 등의 채권(같은 항 제13호에 따른 여신전문금융회사인 신기술사업금융업자의 경우에는 신기술사업자에 대한 것에 한정한다) 중 다음 각 목의 채권 (2010. 2. 18. 개정)

가. 금융감독원장이 기획재정부장관과 협의하여 정한 대손처리기준에 따라 금융회사 등이 금융감독원장으로부터 대손금으로 승인받은 것 (2010. 2. 18. 개정)

나. 금융감독원장이 가목의 기준에 해당한다고 인정하여 대손처리를 요구한 채권으로 금융회사 등이 대손금으로 계상한 것 (2010. 2. 18. 개정)

13. 「벤처투자 촉진에 관한 법률」 제2조 제10호에 따른 벤처투자회사의 창업자에 대한 채권으로서 중소벤처기업부장관이 기획재정부장관과 협의하여 정한 기준에 해당한다고 인정한 것 (2023. 12. 19. 개정 ; 벤처투자~부칙)

② 제1항 제9호에 따른 부도발생일은 소지하고 있는 부도수표나 부도어음의 지급기일(지급기일 전에 해당 수표나 어음을 제시하여 금융회사 등으로부터 부도확인을 받은 경우에는 그 부도확인일을 말한다)로 한다. 이 경우 대손금으로 손비에 계상할 수 있는 금액

체결한 외국의 기관을 말한다. 이하 이 항에서 같다)이 확인하는 경우 (2023. 3. 20. 개정)

2. 거래당사자 간에 분쟁이 발생하여 중재기관·법원 또는 보험기관 등이 채권금액을 감면하기로 결정하거나 채권금액을 그 소요경비로 하기로 확정한 경우(채권금액의 일부를 감액하거나 일부를 소요경비로 하는 경우에는 그 감액되거나 소요경비로 하는 부분으로 한정한다) (2021. 3. 16. 신설)

3. 채무자의 인수거절·지급거절에 따라 채권금액의 회수가 불가능하거나 불가피하게 거래당사자 간의 합의에 따라 채권금액을 감면하기로 한 경우로서 이를 현지의 거래은행·검사기관·공증기관·공공기관 또는 해외채권추심기관이 확인하는 경우(채권금액의 일부를 감액한 경우에는 그 감액된 부분으로 한정한다) (2023. 3. 20. 개정)

② 영 제19조의 2 제1항 제10호에서 "기획재정부령으로 정하는 것에 따라 회수불능으로 확정된 채권"이란 다음 각 호의 어느 하나에 해당하는 것에 따라 회수불능으로 확정된 채권을 말한다. (2021. 3. 16. 항번개정)

1. 「민사소송법」에 따른 화해 (2019. 3. 20. 신설)

2. 「민사소송법」에 따른 화해권고결정 (2019. 3. 20. 신설)

3. 「민사조정법」 제30조에 따른 결정 (2019. 3. 20. 신설)

2. 주식할인발행차금 : 「상법」 제417조에 따라 액면미달의 가액으로 신주를 발행하는 경우 그 미달하는 금액과 신주발행비의 합계액 (2018. 12. 24. 개정)

☞

• 예 판 ....

법인세법상 대손요건 미비로 손금불산입하고 이후 대손사유가 발생한 경우 해당 사유가 발생한 사업연도 이후에 확정신고 시 세무조정으로 손금에 산입할 수 있음. (사전 – 2022 – 법규법인 – 0633, 2023. 1. 9.)

....

은 사업연도 종료일 현재 회수되지 아니한 해당 채권의 금액에서 1천원을 뺀 금액으로 한다. (2019. 2. 12. 후단개정)
③ 법 제19조의 2 제1항에서 "대통령령으로 정하는 사업연도"란 다음 각 호의 어느 하나의 날이 속하는 사업연도를 말한다. (2019. 2. 12. 개정)
1. 제1항 제1호부터 제5호까지, 제5호의 2 및 제6호에 해당하는 경우에는 해당 사유가 발생한 날 (2019. 7. 1. 개정)
2. 제1호 외의 경우에는 해당 사유가 발생하여 손비로 계상한 날 (2019. 2. 12. 개정)
④ 제3항 제2호에도 불구하고 법인이 다른 법인과 합병하거나 분할하는 경우로서 제1항 제8호부터 제13호까지의 규정에 해당하는 대손금을 합병등기일 또는 분할등기일이 속하는 사업연도까지 손비로 계상하지 아니한 경우 그 대손금은 해당 법인의 합병등기일 또는 분할등기일이 속하는 사업연도의 손비로 한다. (2019. 2. 12. 개정)
⑤ 내국법인이 기업회계기준에 따른 채권의 재조정에 따라 채권의 장부가액과 현재가치의 차액을 대손금으로 계상한 경우에는 이를 손금에 산입하며, 손금에 산입한 금액은 기업회계기준의 환입방법에 따라 익금에 산입한다. (2009. 2. 4. 신설)
⑥ 법 제19조의 2 제2항 제1호에서 "「독점규제 및 공정거래에 관한 법률」 제24조 각 호의 어느 하나에 해당하는 채무보증 등 대통령령으로 정하는 채무보증"이란 다음 각 호의 어느 하나에 해당하는 채무보증을 말한다. (2021. 12. 28. 개정 ; 독점규제~시행령 부칙)
1. 「독점규제 및 공정거래에 관한 법률」 제24조 각 호의 어느 하나에 해당하는 채무보증 (2021. 12. 28. 개정 ; 독점규제~시행령 부칙)
2. 제61조 제2항 각 호의 어느 하나에 해당하는 금융회사 등이 행한 채무보증 (2010. 2. 18. 개정)
3. 법률에 따라 신용보증사업을 영위하는 법인이 행한 채무보증 (2009. 2. 4. 신설)
4. 「대·중소기업 상생협력 촉진에 관한 법률」에 따른 위탁기업이 수탁기업협의회의 구성원인 수탁기업에 대하여 행한 채무보증 (2009. 2. 4. 신설)

4. 「민사조정법」에 따른 조정 (2020. 3. 13. 신설)

☜

• 예 판 ....

국제회계기준을 도입한 내국법인이 국제회계기준에 채권 재조정에 대한 규정이 없는 경우에는 영 19조의 2 제5항을 적용할 수 없는 것임. (법인 – 573, 2012. 9. 21.)

....

5. 건설업 및 전기 통신업을 영위하는 내국법인이 건설사업(미분양주택을 기초로 하는 제10조 제1항 제4호 각 목 외의 부분에 따른 유동화거래를 포함한다)과 직접 관련하여 특수관계인에 해당하지 아니하는 자에 대한 채무보증. 다만, 「사회기반시설에 대한 민간투자법」 제2조 제7호의 사업시행자 등 기획재정부령으로 정하는 자에 대한 채무보증은 특수관계인에 대한 채무보증을 포함한다. (2019. 2. 12. 개정)

6. 「해외자원개발 사업법」에 따른 해외자원개발사업자가 해외자원개발사업과 직접 관련하여 해외에서 설립된 법인에 대하여 행한 채무보증 (2023. 2. 28. 신설)

6. 해외자원개발사업자가 해외자원개발사업과 직접 관련하여 해외에서 설립된 법인에 대하여 행한 채무보증 (2025. 2. 28. 개정)

7. 「해외건설 촉진법」에 따른 해외건설사업자가 해외자원개발을 위한 해외건설업과 직접 관련하여 해외에서 설립된 법인에 대해 행한 채무보증 (2023. 2. 28. 신설)

⑦ 제63조 제2항에 해당하는 법인이 신용보증계약에 의하여 대위변제한 금액 중 해당 사업연도에 손비로 계상한 금액(대위변제한 금액 중 구상채권으로 계상한 금액을 제외한 금액을 말한다)은 구상채권으로 보아 손금불산입한다. 이 경우 손금불산입한 금액은 제1항 각 호의 어느 하나에 해당하는 사유가 발생한 날이 속하는 사업연도의 소득금액을 계산할 때 손금에 산입한다. (2019. 2. 12. 개정)

⑦ 삭 제 (2024. 2. 29.)

> **편주** ▶ ⋯⋯⋯⋯⋯⋯⋯⋯⋯⋯⋯⋯⋯⋯⋯⋯⋯⋯⋯⋯⋯⋯⋯⋯⋯⋯⋯⋯⋯
>
> 2022. 12. 31.이 속하는 사업연도의 종료일 현재 종전의 영 19조의 2 제7항에 따라 손금불산입된 대위변제 금액의 적립금은 영 19조의 2 제7항의 개정규정에도 불구하고 2023. 1. 1.이 속하는 사업연도와 그 다음 4개 사업연도에 균등하게 나누어 손금에 산입함. (영 부칙(2024. 2. 29.) 14조 1항)
> ⋯⋯⋯⋯⋯⋯⋯⋯⋯⋯⋯⋯⋯⋯⋯⋯⋯⋯⋯⋯⋯⋯⋯⋯⋯⋯⋯⋯⋯⋯⋯⋯⋯⋯⋯

⑧ 법 제19조의 2 제1항을 적용받으려는 내국법인은 법 제60조에 따른 신고와 함께 기획재정부령으로 정하는 대손충당금 및 대손금조정명세서를 납세지 관할세무서장에게 제출하여야 한다. (2019. 2. 12. 항번개정)

달의 가액으로 발행하는 경우 그 미달하는 금액과 신주발행비의 합계액을 말한다. (2018. 2. 13. 개정)

　　제20조 【주식할인발행차금의 범위】삭 제 (2019. 2. 12.)

제10조의 5 【건설사업과 직접 관련된 특수관계자의 범위】 영 제19조의 2 제6항 제5호 단서에서 "기획재정부령으로 정하는 자"란 다음 각 호의 어느 하나에 해당하는 자를 말한다. (2017. 3. 10. 신설)

1. 「사회기반시설에 대한 민간투자법」 제2조 제7호에 따른 사업시행자 (2017. 3. 10. 신설)

2. 「국유재산법」 제13조 제2항 제1호 또는 「공유재산 및 물품 관리법」 제7조 제2항 제1호에 따라 기부한 행정재산을 운영하는 내국법인 (2017. 3. 10. 신설)

3. 법 제51조의 2 제1항 제1호·제2호·제4호·제6호에 해당하는 내국법인 또는 이와 유사한 투자회사로서 「조세특례제한법」 제104조의 31제1항 각 호에 해당하는 내국법인 (2021. 3. 16. 개정)

제20조 【주식할인발행차금의 범위】(2018. 2. 13. 제목개정)
법 제20조 제3호에서 "주식할인발행차금"이란 「상법」 제417조에 따라 주식을 액면미

제21조【세금과 공과금의 손금불산입】(2010. 12. 30. 제목개정) 다음 각 호의 세금과 공과금은 내국법인의 각 사업연도의 소득금액을 계산할 때 손금에 산입하지 아니한다. (2010. 12. 30. 개정)
1. 각 사업연도에 납부하였거나 납부할 법인세(제18조의 4에 따른 익금불산입의 적용 대상이 되는 수입배당금액에 대하여 외국에 납부한 세액과 제57조에 따라 세액공제를 적용하는 경우의 외국법인세액을 포함한다) 또는 법인지방소득세와 각 세법에 규정된 의무 불이행으로 인하여 납부하였거나 납부할 세액(가산세를 포함한다) 및 부가가치세의 매입세액(부가가치세가 면제되거나 그 밖에 대통령령으로 정하는 경우의 세액은 제외한다) (2022. 12. 31. 개정)

(통칙) 21 - 0···1 【법인세 등의 손금불산입】
다음 각 호의 손비는 각 사업연도의 소득금액 계산상 이를 손금에 산입하지 아니한다. (2019. 12. 23. 개정)
1. 내국법인이 외국법에 따라 외국에서 납부한 법 제21조 제1호에 따른 손금불산입 등과 같은 성질의 제세공과금(법 제57조 제1항의 한도초과액과 법 제57조 제2항에 따른 기간이 경과하여 공제받지 못하는 금액을 포함한다) (2024. 3. 15. 개정)
2. 원천징수의무자가 원천징수세액을 징수하지 아니하고 대신 납부한 원천징수세액 (82. 3. 31 개정)
3. 제2차 납세의무자로서 납부한 법인세 등(다만, 출자법인이 해산한 법인으로부터 잔여재산을 분배받은 후 「국세징수법」 제7조 또는 「국세기본법」 제38조에 따라 해산한 법인의 법인세를 제2차 납세의무자로서 납부한 경우에는 다른 제2차 납세의무자 등에게 구상권을 행사할 수 없는 부분에 한하여 손금에 산입할 수 있다) (2024. 3. 15. 개정)
4. 세금계산서를 제출하지 아니함으로써 공제받지 못한 부가가치세 매입세액

2. 반출하였으나 판매하지 아니한 제품에 대한 개별소비세, 주세 또는 교통·에너지·환경세의 미납액. 다만, 제품가격에 그 세액에 상당하는 금액을 가산한 경우에는 예외로 한다. (2010. 12. 30. 개정)
3. 벌금, 과료(통고처분에 따른 벌금 또는 과료에 상당하는 금액을 포함한다), 과태료(과료와 과태금을 포함한다), 가산금 및 강제징수비 (2020. 12. 29. 개정 ; 국세징수법 부칙)
4. 법령에 따라 의무적으로 납부하는 것이 아닌 공과금 (2010. 12. 30.

제21조【의무불이행의 범위】법 제21조 제1호의 규정에 의한 의무불이행에는 간접국세의 징수불이행·납부불이행과 기타의 의무불이행의 경우를 포함한다. (98. 12. 31 개정)

제22조【부가가치세 매입세액의 손금산입 등】① 법 제21조 제1호에서 "대통령령으로 정하는 경우의 세액"이란 다음 각 호의 어느 하나에 해당하는 것을 말한다. (2013. 2. 15. 개정)
1. 「부가가치세법」 제39조 제1항 제5호에 따른 매입세액 (2019. 2. 12. 개정)

(편주)

비영업용 소형승용자동차의 범위
비영업용 소형승용자동차는 운수업, 자동차판매업, 자동차임대업등에서와 같이 승용차를 직접 영업에 사용하는 것 외의 목적으로 사용하는 승용자동차를 말함. (부가령 §78)

2. 「부가가치세법」 제39조 제1항 제6호에 따른 매입세액 (2013. 6. 28. 개정 ; 부가가치세법 시행령 부칙)
3. 그 밖에 해당 법인이 부담한 사실이 확인되는 매입세액으로서 기획재정부령으로 정하는 것 (2019. 2. 12. 개정)
② 「부가가치세법」 제42조에 따라 공제받는 의제매입세액과 「조세특례제한법」 제108조에 따라 공제받는 매입세액은 해당 법인의 각 사업연도의 소득금액계산을 할 때 해당 원재료의 매입가액에서 이를 공제한다. (2019. 2. 12. 개정)

(통칙) 21 - 0···3 【벌과금 등의 처리】
다음 각호의 어느 하나에 해당하는 경우에는 이를 각 사업연도 소득금액 계산상 손금에 산입하지 아니한다. (2024. 3. 15. 개정)

제11조【부가가치세 매입세액의 손금산입】영 제22조 제1항 제3호의 규정에 의하여 손금에 산입할 수 있는 매입세액은 다음 각호의 것으로 한다. (99. 5. 24 개정)
1. 「부가가치세법」 제36조 제1항부터 제3항까지의 규정에 의한 영수증을 교부받은 거래분에 포함된 매입세액으로서 매입세액공제대상이 아닌 금액 (2013. 6. 28. 개정 ; 부가가치세법 시행규칙 부칙)
2. 부동산 임차인이 부담한 전세금 및임차보증금에 대한 매입세액 (99. 5. 24 개정)

개정)

5. 법령에 따른 의무의 불이행 또는 금지·제한 등의 위반에 대한 제재(制裁)로서 부과되는 공과금 (2010. 12. 30. 개정)

5. 법령에 따른 의무의 불이행 또는 금지·제한 등의 위반을 이유로 부과되는 공과금 (2024. 12. 31. 개정)

●예 판●

장애인고용부담금 납부의무가 있는 내국법인이 해당 장애인고용부담금을 과소신고함에 따라 유권해석 시행일 이후 고지된 장애인고용부담금을 납부하는 경우 해당 부담금은 법인세법 제21조 제5호에 따른 손금불산입 공과금에 해당함. (사전 - 2021 - 법령해석법인 - 0411, 2021. 4. 9.)

6. 연결모법인 또는 연결자법인에 제76조의 19 제2항 또는 제3항에 따라 지급하였거나 지급할 금액 (2022. 12. 31. 개정)

제21조의 2 【징벌적 목적의 손해배상금 등에 대한 손금불산입】 내국법인이 지급한 손해배상금 중 실제 발생한 손해를 초과하여 지급하는 금액으로서 대통령령으로 정하는 금액은 내국법인의 각 사업연도의 소득금액을 계산할 때 손금에 산입하지 아니한다. (2017. 12. 19. 신설)

제22조 【자산의 평가손실의 손금불산입】 (2010. 12. 30. 제목개정) 내국법인이 보유하는 자산의 평가손실은 각 사업연도의 소득금액을 계산할 때 손금에 산입하지 아니한다. 다만, 제42조 제2항 및 제3항에 따른 평가로 인하여 발생하는 평가손실은 손금에 산입한다. (2018. 12. 24. 단서개정)

통칙 22 - 0…1 【고정자산의 평가차손의 처리】
① 고정자산의 장부가액을 「부동산 가격공시 및 감정평가에 관한 법률」에 따라 감정받은 가액으로 감액한 경우에도 그 차손은 손금에 산입하지 아니한다. (2008. 7. 25. 개정)
② 동일 광구내 일부의 갱도가 폐쇄된 경우에는 광업용 고정자산의 평가차손을 손금에 산입할 수 없다.

1. 법인의 임원 또는 사용인이 관세법을 위반하고 지급한 벌과금
2. 업무와 관련하여 발생한 교통사고 벌과금
3. 「고용보험 및 산업재해보상보험의 보험료 징수 등에 관한 법률」 제24조의 규정에 의하여 징수하는 산업재해보상보험료의 가산금 (2024. 3. 15. 개정)
4. 금융기관의 최저예금지급준비금 부족에 대하여 「한국은행법」 제60조에 따라 금융기관이 한국은행에 납부하는 과태금 (2008. 7. 25. 개정)
5. 「국민건강보험법」 제80조에 따라 징수하는 연체금 (2019. 12. 23. 개정)
6. 외국의 법률에 의하여 국외에서 납부한 벌과금 (2024. 3. 15. 개정)

편주 ▶

법 21조 6호의 개정규정은 2024. 1. 1.부터 시행함. (법 부칙(2022. 12. 31.) 1조 1호)

제23조 【징벌적 목적의 손해배상금 등의 범위】 ① 법 제21조의 2에서 "대통령령으로 정하는 금액"이란 다음 각 호의 어느 하나에 해당하는 금액(이하 이 조에서 "손금불산입 대상 손해배상금"이라 한다)을 말한다. (2018. 2. 13. 신설)
1. 별표 1 각 호의 어느 하나에 해당하는 법률의 규정에 따라 지급한 손해배상액 중 실제 발생한 손해액을 초과하는 금액 (2024. 2. 29. 개정)

편주 ▶

영 23조 1항 및 별표 1의 개정규정은 2024. 2. 29. 이후 지급하는 손해배상금부터 적용함. (영 부칙(2024. 2. 29.) 6조 1항)

2. 외국의 법령에 따라 지급한 손해배상액 중 실제 발생한 손해액을 초과하여 손해배상금을 지급하는 경우 실제 발생한 손해액을 초과하는 금액 (2018. 2. 13. 신설)
② 제1항을 적용할 때 실제 발생한 손해액이 분명하지 않은 경우에는 다음 계산식에 따라 계산한 금액을 손금불산입 대상 손해배상금으로 한다. (2024. 2. 29. 개정)

통칙 21 - 0…2 【지체상금 등의 처리】
다음 각 호의 손비는 법 제21조 제3호의 벌금 등에 해당하지 아니하는 것으로 한다. (2019. 12. 23. 개정)
1. 사계약상의 의무불이행으로 인하여 과하는 지체상금(정부와 납품계약으로 인한 지체상금을 포함하며 구상권 행사가 가능한 지체상금을 제외한다)
2. 보세구역에 보관되어 있는 수출용 원자재가 관세법상의 장치기간 경과로 국고귀속이 확정된 자산의 가액 (2010. 9. 1. 개정)
3. 철도화차 사용료의 미납액에 대하여 가산되는 연체이자
4. 「고용보험 및 산업재해보상보험의 보험료 징수 등에 관한 법률」 제25조에 따른 산업재해보상보험료의 연체금 (2008. 7. 25. 개정)
5. 국유지 사용료의 납부지연으로 인한 연체료
6. 전기요금의 납부지연으로 인한 연체가산금
21 - 0…4 【공과금의 범위】
① 다음 각호에서 규정하는 것은 법 제21조 제4호 및 제5호에 규정하는 공과금에 포함되지 아니하는 것으로 한다. (2024. 3. 15. 개정)
1. 영 제19조 제11호에 규정하는 조합 또는 협회에 월정액 이외에 사업실적에 따라 정기적으로 납부하는 조합비 또는 협회비 (2001. 11. 1 개정)
2. 항만하역업체가 정부의 지시에 따라 통상적인 하역요금 외에 부두근로자(일용노무자)의 퇴직금의 재원을 목적으로 하역협회에 납부하는 금액
3. 성실신고회원조합의 조합원이 동 조합에 납부하는 조합비 (2019. 12. 23. 개정)
4. 수출입업을 하고 있는 법인이 수출대전 네고(Nego)시 한국무역협회에 납부하는 수출부담금 (85. 1. 1 신설)

$$손금불산입\ 대상\ 손해배상금 = A \times \frac{B - 1}{B}$$

A : 제1항 제1호의 법률 또는 같은 항 제2호의 외국 법령에 따라 지급한 손해배상액

B : 제1항 제1호의 법률 또는 같은 항 제2호의 외국 법령에서 정한 손해배상액의 상한이 되는 배수

편주 ▶

2024. 2. 29. 전에 지급한 손해배상금의 손금불산입 범위에 관하여는 영 23조 2항의 개정규정에도 불구하고 종전의 규정에 따름. (영 부칙(2024. 2. 29.) 6조 2항)

② 법인이 타법인의 주식을 취득함으로써 과점주주가 됨에 따라 납부하는 취득세는 동 주식의 취득원가에 산입한다. (2001. 11. 1 개정)

제23조【감가상각비의 손금불산입】 ① 내국법인이 각 사업연도의 결산을 확정할 때 토지를 제외한 건물, 기계 및 장치, 특허권 등 대통령령으로 정하는 유형자산 및 무형자산(이하 이 조에서 "감가상각자산"이라 한다)에 대한 감가상각비를 손비로 계상한 경우에는 대통령령으로 정하는 바에 따라 계산한 금액(이하 이 조에서 "상각범위액"이라 한다)의 범위에서 그 계상한 감가상각비를 해당 사업연도의 소득금액을 계산할 때 손금에 산입하고, 그 계상한 금액 중 상각범위액을 초과하는 금액은 손금에 산입하지 아니한다. (2018. 12. 24. 개정)

② 제1항에도 불구하고 「주식회사 등의 외부감사에 관한 법률」 제5조 제1항 제1호에 따른 회계처리기준(이하 "한국채택국제회계기준"이라 한다)을 적용하는 내국법인이 보유한 감가상각자산 중 유형자산과 대통령령으로 정하는 무형자산의 감가상각비는 개별 자산별로 다음 각 호의 구분에 따른 금액이 제1항에 따라 손금에 산입한 금액보다 큰 경우 그 차액의 범위에서 추가로 손금에 산입할 수 있다. (2018. 12. 24. 개정)

1. 2013년 12월 31일 이전 취득분 : 한국채택국제회계기준을 적용하지 아니하고 종전의 방식에 따라 감가상각비를 손비로 계상한 경우 제1항에 따라 손금에 산입할 감가상각비 상당액(이하 이 조에서 "종전감가상각비"라 한다) (2018. 12. 24. 개정)

제24조【감가상각자산의 범위】 ① 법 제23조 제1항에서 "건물, 기계 및 장치, 특허권 등 대통령령으로 정하는 유형자산 및 무형자산"이란 다음 각 호의 유형자산 및 무형자산(제3항의 자산은 제외하며, 이하 "감가상각자산"이라 한다)을 말한다. (2019. 2. 12. 개정)

1. 다음 각 목의 어느 하나에 해당하는 유형자산 (2019. 2. 12. 개정)

　가. 건물(부속설비를 포함한다) 및 구축물(이하 "건축물"이라 한다) (98. 12. 31 개정)

　나. 차량 및 운반구, 공구, 기구 및 비품 (98. 12. 31 개정)

　다. 선박 및 항공기 (98. 12. 31 개정)

　라. 기계 및 장치 (98. 12. 31 개정)

　마. 동물 및 식물 (98. 12. 31 개정)

　바. 그 밖에 가목부터 마목까지의 자산과 유사한 유형자산 (2019. 2. 12. 개정)

2. 다음 각 목의 어느 하나에 해당하는 무형자산 (2019. 2. 12. 개정)

　가. 영업권(합병 또는 분할로 인하여 합병법인 등이 계상한 영업권은 제외한다), 디자인권, 실용신안권, 상표권 (2010. 6. 8. 개정)

　나. 특허권, 어업권, 양식업권, 「해저광물자원 개발법」에 의한 채취권, 유료도로관리권, 수리권, 전기가스공급시설이용권, 공업용수도시설이용권, 수도시설이용권, 열공급시설이용권 (2020. 8. 26. 개정 ; 양식산업발전법 시행령 부칙)

통칙 23-24…2【영업권과 그 밖의 영업용 고정자산 포괄인수시 감가상각방법】(2024. 3. 15. 제목개정)

타인으로부터 영업권 및 그 밖의 영업용고정자산을 포괄적으로 양수한 경우에도 영업권 및 기타 각 자산의 취득가액은 각 자산별로 구분하여 계산하여야 한다. (2024. 3. 15. 개정)

☞

제12조【감가상각자산의 범위】 ① 영 제24조 제1항 제2호 가목에 따른 영업권에는 다음 각 호의 금액이 포함되는 것으로 한다. (2015. 10. 30. 개정)

2. 2014년 1월 1일 이후 취득분 : 기획재정부령으로 정하는 기준내용 연수를 적용하여 계산한 감가상각비 상당액(이하 이 조에서 "기준감가상각비"라 한다) (2010. 12. 30. 개정)

③ 제1항에도 불구하고 내국법인이 이 법과 다른 법률에 따라 법인세를 면제받거나 감면받은 경우에는 해당 사업연도의 소득금액을 계산할 때 대통령령으로 정하는 바에 따라 감가상각비를 손금에 산입하여야 한다. (2018. 12. 24. 개정)

④ 제1항을 적용할 때 내국법인이 다음 각 호의 어느 하나에 해당하는 금액을 손비로 계상한 경우에는 해당 사업연도의 소득금액을 계산할 때 감가상각비로 계상한 것으로 보아 상각범위액을 계산한다. (2018. 12. 24. 신설)

1. 감가상각자산을 취득하기 위하여 지출한 금액 (2018. 12. 24. 신설)

2. 감가상각자산에 대한 대통령령으로 정하는 자본적 지출에 해당하는 금액 (2018. 12. 24. 신설)

⑤ 제1항에 따라 상각범위액을 초과하여 손금에 산입하지 아니한 금액은 그 후의 사업연도에 대통령령으로 정하는 방법에 따라 손금에 산입한다. (2018. 12. 24. 신설)

⑥ 제1항부터 제5항까지의 규정에 따라 감가상각비를 손금에 산입한 내국법인은 대통령령으로 정하는 바에 따라 감가상각비에 관한 명세서를 납세지 관할 세무서장에게 제출하여야 한다. (2018. 12. 24. 개정)

⑦ 제1항부터 제5항까지의 규정을 적용할 때 감가상각비의 손금산입방법, 한국채택국제회계기준 적용 시기의 결정, 종전감가상각비 및 기준감가상각비의 계산, 감가상각방법의 변경, 내용연수의 특례 및 변경, 중고자산 등의 상각범위액 계산특례, 즉시 상각할 수 있는 자산의 범위 등에 필요한 사항은 대통령령으로 정한다. (2018. 12. 24. 개정)

나. 특허권, 어업권, 양식업권, 「해저광물자원 개발법」에 의한 채취권, 유료도로관리권, 철도시설관리권, 수리권, 전기가스공급시설이용권, 공업용수도시설이용권, 수도시설이용권, 열공급시설이용권 (2025. 2. 28. 개정)

다. 광업권, 전신전화전용시설이용권, 전용측선이용권, 하수종말처리장시설관리권, 수도시설관리권 (98. 12. 31 개정)

라. 댐사용권 (98. 12. 31 개정)

마. 삭 제 (2002. 12. 30)

바. 개발비: 상업적인 생산 또는 사용 전에 재료·장치·제품·공정·시스템 또는 용역을 창출하거나 현저히 개선하기 위한 계획 또는 설계를 위하여 연구결과 또는 관련 지식을 적용하는데 발생하는 비용으로서 기업회계기준에 따른 개발비 요건을 갖춘 것(「산업기술연구조합 육성법」에 따른 산업기술연구조합의 조합원이 해당 조합에 연구개발 및 연구시설 취득 등을 위하여 지출하는 금액을 포함한다) (2021. 2. 17. 개정)

사. 사용수익기부자산가액 : 금전 외의 자산을 국가 또는 지방자치단체, 법 제24조 제2항 제1호 라목부터 바목까지 규정에 따른 법인 또는 이 영 제39조 제1항 제1호에 따른 법인에게 기부한 후 그 자산을 사용하거나 그 자산으로부터 수익을 얻는 경우 해당 자산

1. 사업의 양도·양수과정에서 양도·양수자산과는 별도로 양도사업에 관한 허가·인가 등 법률상의 지위, 사업상 편리한 지리적 여건, 영업상의 비법, 신용·명성·거래처 등 영업상의 이점 등을 고려하여 적절한 평가방법에 따라 유상으로 취득한 금액 (2021. 10. 28. 개정 ; 어려운 법령용어~일부개정령)

2. 설립인가, 특정사업의 면허, 사업의 개시 등과 관련하여 부담한 기금·입회금 등으로서 반환청구를 할 수 없는 금액과 기부금 등 (99. 5. 24 개정)

② 영 제24조 제2항 제1호에서 "기획재정부령으로 정하는 요건"이란 다음 각 호의 요건을 말한다. (2012. 2. 28. 개정)

1. 법령 또는 계약에 따른 권리로부터 발생하는 무형자산으로서 법령 또는 계약에 따른 사용 기간이 무한하거나, 무한하지 아니하더라도 취득가액의 100분의 10 미만의 비용으로 그 사용 기간을 갱신할 수 있을 것 (2019. 3. 20. 개정)

2. 「주식회사 등의 외부감사에 관한 법률」 제5조 제1항 제1호에 따른 회계처리기준(이하 "한국채택국제회계기준"이라 한다)에 따라 내용연수가 비한정인 무형자산으로 분류될 것 (2019. 3. 20. 개정)

3. 결산을 확정할 때 해당 무형자산에 대한 감가상각비를 계상하지 아니할 것 (2019. 3. 20. 개정)

③ 영 제24조 제3항 제1호에 따라 감가상각자산에 해당되는 유휴설비에는 다음 각 호의 기계 및 장치 등이 포함되지 아니하

감가상각 할 수 있으며, 자회사로부터 시스템 사용대가를 수취하지 않는 경우에는 부당행위계산 대상임. (사전법령법인-244, 2016. 1. 18.)

통칙 23-0…1【감가상각비 손금계상누락에 대한 경정청구】
감가상각비는 법 제23조 제1항에 따라 결산시 손금으로 계상한 경우에 한하여 이를 손비로 보는 것이므로 다음 각 호의 어느 하나에 해당하는 경우를 제외하고는 결산시 손금에 계상하지 아니한 금액은 이를 세무조정에 의하여 손금산입하거나 「국세기본법」 제45조의 2에 따라 경정청구할 수 없다. (2024. 3. 15. 개정)
1. 법 제23조 제2항에 따라 한국채택국제회계기준을 적용하는 법인의 유형자산과 내용연수가 비한정인 무형자산의 감가상각비 (2019. 12. 23. 신설)
2. 영 제19조 제5호의 2에 따라 특수관계인으로부터 양수한 자산의 장부가액이 시가에 미달하는 경우 감가상각비 손금산입 특례 (2019. 12. 23. 신설)
3. 영 제30조에 따라 감가상각의 의제가 적용되는 법인의 감가상각비 (2019. 12. 23. 신설)
4. 영 제50조의 2 제3항에 따른 2016. 1. 1. 이후 개시하는 사업연도에 취득한 업무용승용차의 감가상각비 (2019. 12. 23. 신설)

23-0…2【초과가동시간에 대한 특별감가상각비를 구분표시하지 아니한 경우의 시부인 계산방법】
감가상각비를 계산함에 있어 내용연수, 상각률 등 그 계산근거로 보아 1998. 12. 31 개정 영(대통령령 제15970호) 부칙 제12조 제10항의 규정에 의한 특별상각비를 계상한 것으로 인정되는 경우에는 해당 법인이 일반상각비와 특별상각비를 구분표시하지 아니한 경우에도 특별상각한 것으로 본다. (2024. 3. 15. 개정)

23-0…3【특별감가상각비의 시부인 계산】
법인이 계상한 일반감가상각비와 1998. 12. 31 개정 영(대통령령 제15970호) 부칙 제12조 제12항의 규정에 의한 특별감가상각비는 다음 각호의 방법에 따라 시부인 계산한다. (2001. 11. 1 개정)
1. 일반감가상각비 시인부족액은 영 제30조의 규정에 의하여 의제상각금액으로 보며 특별감가상각비와 합산하여 시부인 계산하지 아니한다. (2001. 11. 1 개정)
2. 일반감가상각비 중 상각부인액은 특별감가상각비와 합산하여 시부인 계산한다. 다만, 특별감가상각비를 전혀 계상하지 아니한 경우 일반감가상각비 상각부인액은 특별감가상각비로 보지 아니한다.

23-0…4【전기오류수정손으로 계상한 감가상각비의 처리】
① 법인이 전기에 과소 계상한 고정자산의 감가상각비를 다음 예시의 경우와 같이 기업회계기준에 따라 이월이익잉여금을 감소시키는 전기오류수정손으로 계상한 경우 동 상각비는 법 제23조의 규정에 의하여 법인이 손금에 계상한

의 장부가액 (2021. 2. 17. 개정)
아. 「전파법」 제14조의 규정에 의한 주파수이용권 및 「공항시설법」 제26조의 규정에 의한 공항시설관리권 (2017. 3. 29. 개정 ; 공항시설법 시행령 부칙)
자. 「항만법」 제24조에 따른 항만시설관리권 (2020. 7. 28. 개정 ; 항만법 시행령 부칙)
차. 그 밖에 가목부터 자목까지의 자산과 유사한 무형자산 (2025. 2. 28. 신설)

편주
영 24조 1항 2호의 개정규정은 2025. 2. 28.이 속하는 사업연도에 감가상각하는 경우부터 적용함. (영 부칙(2025. 2. 28.) 6조)

② 법 제23조 제2항 각 호 외의 부분에서 "대통령령으로 정하는 무형자산"이란 제1항 제2호 각 목의 어느 하나에 해당하는 무형자산 중에서 다음 각 호의 어느 하나에 해당하는 것을 말한다. (2019. 2. 12. 개정)

예판
리스회사로부터 기계장치를 금융리스로 사용하면서 감가상각하던 중 당해 리스회사가 리스회사가 아닌 제3자에게 동 리스채권을 양도한 경우, 당해 기계장치는 이를 양수한 제3자의 감가상각 대상자산으로서 이를 임차하여 사용하는 당해 법인의 경우 감가상각비를 계상할 수 없음. (서면2팀-1919, 2004. 9. 14.)

통칙 23-24…3【알루미늄 보빈의 고정자산 취급】 (2024. 3. 15. 제목개정)
섬유사를 제조하는 데 필요한 알루미늄 보빈(사의 연신기에 꽂아 실을 감아 실과 더불어 출고되어 실만 판매하고 보빈은 다시 회수되어 계속 사용되는 것에 한한다)은 고정자산으로 본다. (2024. 3. 15. 개정)

23-24…5【외국법인이 매입한 부동산 등의 회계처리】
외국법인의 국내사업장과 다른 외국법인의 국내사업장간에 부동산·전화가입권 등의 매매계약을 체결하고 대금을 그 본점간에 결제한 경우 매입한 부동산 등은 국내사업장의 자산으로 처리한다.

23-24…6【항공기 예비부품의 처리】
검사 또는 수리기간 중에 운항중인 항공기에 부착된 각종 계기 등과 상호 교환

는 것으로 한다. (2011. 2. 28. 개정)
1. 사용중 철거하여 사업에 사용하지 아니하는 기계 및 장치 등 (99. 5. 24 개정)
2. 취득후 사용하지 아니하고 보관중인 기계 및 장치 등 (99. 5. 24 개정)
④ 영 제24조 제3항 제2호에 따라 감가상각자산에서 제외되는 건설중인 자산에는 설치중인 자산 또는 그 성능을 시험하기 위한 시운전기간에 있는 자산을 포함한다. 다만, 건설중인 자산의 일부가 완성되어 당해 부분이 사업에 사용되는 경우 그 부분은 이를 감가상각자산에 해당하는 것으로 한다. (2011. 2. 28. 개정)

통칙 23-24…8【수입영화 상영권의 감가상각 범위】
수입영화필름에 대하여 영 제31조 제6항에 따라 손금을 경리하지 아니하고 업종별 자산에 포함하여 감가상각하는 경우에는 감가상각 대상금액은 프린트대금과 상영권대금을 합한 금액으로 한다. (2019. 12. 23. 개정)

것으로 보아 감가상각비 시부인 계산한다. (2001. 11. 1 개정)
(예 시)

감가상각비   1,000
감가상각누계액   1,500
전기오류수정손   500

② 전기오류수정손으로 계상한 감가상각비 중 각 사업연도 소득금액 계산상 손금에 산입한 금액은 세무계산상 당기의 일반관리비 및 제조원가에 적정히 배부하여야 한다. (97. 4. 1 개정)

사용되는 예비부품은 항공기 가액에 포함하여 감가상각할 수 있는 것으로 한다.

23-24…7【공동제작한 입간판 등에 대한 감가상각】

광고선전을 목적으로 각자의 상호 등이 포함된 입간판 또는 아크릴 간판 등을 공동부담으로 제작한 경우에는 비품계정으로 처리한 후 각자 부담분에 대하여 각각 감가상각할 수 있다.

1. 감가상각비를 손비로 계상할 때 적용하는 내용연수(이하 "결산내용연수"라 한다)를 확정할 수 없는 것으로서 기획재정부령으로 정하는 요건을 모두 갖춘 무형자산 (2019. 2. 12. 개정)
2. 「주식회사 등의 외부감사에 관한 법률」 제5조 제1항 제1호에 따른 회계처리기준(이하 "한국채택국제회계기준"이라 한다)을 최초로 적용하는 사업연도 전에 취득한 제24조 제1항 제2호 가목에 따른 영업권 (2019. 2. 12. 개정)

③ 감가상각자산은 다음 각호의 자산을 포함하지 아니하는 것으로 한다. (2010. 12. 30. 항번개정)

1. 사업에 사용하지 아니하는 것(유휴설비를 제외한다) (98. 12. 31 개정)
2. 건설중인 것 (98. 12. 31 개정)
3. 시간의 경과에 따라 그 가치가 감소되지 아니하는 것 (98. 12. 31 개정)

④ 제68조 제4항에 따른 장기할부조건 등으로 매입한 감가상각자산의 경우 법인이 해당 자산의 가액 전액을 자산으로 계상하고 사업에 사용하는 경우에는 그 대금의 청산 또는 소유권의 이전여부에 관계없이 이를 감가상각자산에 포함한다. (2019. 2. 12. 개정)

⑤ 제1항을 적용할 때 자산을 시설대여하는 자(이하 이 항에서 "리스회사"라 한다)가 대여하는 해당 자산(이하 이 항에서 "리스자산"이라 한다) 중 기업회계기준에 따른 금융리스(이하 이항에서 "금융리스"라 한다)의 자산은 리스이용자의 감가상각자산으로, 금융리스 외의 리스자산은 리스회사의 감가상각자산으로 한다. (2010. 12. 30. 개정)

⑥ 제5항의 규정을 적용함에 있어서 「자산유동화에 관한 법률」에 의한 유동화전문회사가 동법에 의한 자산유동화계획에 따라 금융리스의 자산을 양수한 경우 당해 자산에 대하여는 리스이용자의 감가상각자산으로 한다. (2005. 2. 19. 개정)

☞ p.316 3단 연결

통칙 23-24…4【국적취득조건부 나용선의 반환에 따른 감가상각비의 회계처리】

국적취득조건부로 수입한 선박을 반환하는 경우에도 영 제24조 제4항에 따라 이미 손금에 산입된 감가상각비는 반환을 이유로 그 후 각 사업연도의 소득금액 계산상 이를 익금에 산입할 수 없다. 반환 당시의 선가 미지급잔액과 선박계정잔액(감가상각누계액을 공제한 잔액)과의 차액은 이를 반환하는 사업연도의 익금 또는 손금으로 한다. (2019. 12. 23. 개정)

9. 제24조 제1항 제2호차목의 무형자산: 연 단위로 신고한 내용연수(기업회계기준에 따른 내용연수를 말한다)에 따라 매 사업연도별 경과월수에 비례하여 상각하는 방법 (2025. 2. 28. 신설)

▶편주 ……………………………………………………………………
영 26조 1항의 개정규정은 2025. 2. 28.이 속하는 사업연도에 감가상각하는 경우부터 적용함. (영 부칙(2025. 2. 28.) 6조)
……………………………………………………………………………

② 제1항 각 호에 따른 상각방법은 다음과 같다. (2015. 2. 3. 개정)
1. 정액법 : 당해 감가상각자산의 취득가액(제72조의 규정에 의한 취득가액을 말한다. 이하 이 조에서 같다)에 당해 자산의 내용연수에 따른 상각률을 곱하여 계산한 각 사업연도의 상각범위액이 매년 균등하게 되는 상각방법 (98. 12. 31 개정)
2. 정률법 : 해당 감가상각자산의 취득가액에서 이미 감가상각비로 손금에 산입한 금액[법 제27조의 2 제1항에 따른 업무용승용차(이하 "업무용승용차"라 한다)의 경우에는 같은 조 제2항 및 제3항에 따라 손금에 산입하지 아니한 금액을 포함한다]을 공제한 잔액(이하 "미상각잔액"이라 한다)에 해당 자산의 내용연수에 따른 상각률을 곱하여 계산한 각 사업연도의 상각범위액이 매년 체감되는 상각방법 (2016. 2. 12. 개정)
3. 생산량비례법 : 다음 각 목의 어느 하나에 해당하는 금액을 각 사업연도의 상각범위액으로 하는 상각방법 (2015. 2. 3. 개정)
　가. 해당 감가상각자산의 취득가액을 그 자산이 속하는 광구의 총 채굴예정량으로 나누어 계산한 금액에 해당 사업연도의 기간 중 그 광구에서 채굴한 양을 곱하여 계산한 금액 (2015. 2. 3. 신설)
　나. 해당 감가상각자산의 취득가액을 그 자산인 폐기물매립시설의 매립예정량으로 나누어 계산한 금액에 해당 사업연도의 기간 중 그 폐기물매립시설에서 매립한 양을 곱하여 계산한 금액 (2015. 2. 3. 신설)
③ 법인이 제1항에 따라 상각방법을 신고하려는 때에는 같은 항 각

☞ p.317 3단 연결

1. 건축물과 무형자산(제3호 및 제6호부터 제9호까지의 자산은 제외한다) : 정액법 (2025. 2. 28. 개정)

▶편주 ……………………………………………………………………
영 26조 1항의 개정규정은 2025. 2. 28.이 속하는 사업연도에 감가상각하는 경우부터 적용함. (영 부칙(2025. 2. 28.) 6조)
……………………………………………………………………………

2. 건축물 외의 유형자산(제4호의 광업용 유형자산은 제외한다) : 정률법 또는 정액법 (2019. 12. 개정)
3. 광업권(「해저광물자원 개발법」에 의한 채취권을 포함한다) 또는 폐기물매립시설(「폐기물관리법 시행령」 별표 3 제2호 가목의 매립시설을 말한다) : 생산량비례법 또는 정액법 (2015. 2. 3. 개정)
4. 광업용 유형자산 : 생산량비례법·정률법 또는 정액법 (2019. 2. 12. 개정)
5. 삭 제 (2002. 12. 30)
6. 개발비 : 관련 제품의 판매 또는 사용이 가능한 시점부터 20년의 범위에서 연단위로 신고한 내용연수에 따라 매사업연도별 경과월수에 비례하여 상각하는 방법 (2019. 2. 12. 개정)
7. 사용수익기부자산가액 : 해당 자산의 사용수익기간(그 기간에 관한 특약이 없는 경우 신고내용연수를 말한다)에 따라 균등하게 안분한 금액(그 기간 중에 해당 기부자산이 멸실되거나 계약이 해지된 경우 그 잔액을 말한다)을 상각하는 방법 (2019. 2. 12. 개정)

● 예 판 …………………………………………………………………
사용수익기간에 대한 특약은 있으나 사용료에 연동되어 그 기간을 특정할 수 없는 사용수익기부자산은 해당 사용료에 따라 확정되는 사용수익기간에 걸쳐 매년 지불한 사용료 금액으로 상각함. (재법인-329, 2009. 4. 3.)
……………………………………………………………………………

8. 「전파법」 제14조에 따른 주파수이용권, 「공항시설법」 제26조에 따른 공항시설관리권 및 「항만법」 제24조에 따른 항만시설관리권 : 주무관청에서 고시하거나 주무관청에 등록한 기간내에서 사용기간에 따라 균등액을 상각하는 방법 (2020. 7. 28. 개정 ; 항만법 시행령 부칙)

제25조【감가상각비의　손비계상방법】 (2019. 2. 12. 제목개정)
① 법인이 각 사업연도에 법 제23조 제1항에 따라 감가상각자산의 감가상각비를 손비로 계상하거나 같은 조 제2항에 따라 손금에 산입하는 경우에는 해당 감가상각자산의 장부가액을 직접 감액하는 방법 또는 장부가액을 감액하지 아니하고 감가상각누계액으로 계상하는 방법 중 선택하여야 한다. (2019. 2. 12. 개정)
② 법인이 감가상각비를 감가상각누계액으로 계상하는 경우에는 개별 자산별로 계상하되, 제33조의 규정에 의하여 개별 자산별로 구분하여 작성된 감가상각비조정명세서를 보관하고 있는 경우에는 감가상각비 총액을 일괄하여 감가상각누계액으로 계상할 수 있다. (98. 12. 31 개정)

▶통칙 23-25…1【감가상각비 계상방법 변경에 따라 계상한 감가상각누계액의 처리】
직접상각방법에서 간접상각방법으로 전환됨에 따라 계상한 감가상각누계액은 자산의 임의평가증에 해당하지 아니한다. (2001. 11. 1 개정)

제26조【상각범위액의 계산】 ① 법 제23조 제1항에서 "대통령령으로 정하는 바에 따라 계산한 금액"이란 개별 감가상각자산별로 다음 각 호의 구분에 따른 상각방법 중 법인이 납세지 관할세무서장에게 신고한 방법에 의하여 계산한 금액(이하 "상각범위액"이라 한다)을 말한다. (2019. 2. 12. 개정)

① 외국인투자기업이 외국인이 출자한 외화자산 또는 외화차입금 등을 외화 거주자 계정에 단순히 예치한 후에 동 예치외화로 고정자산을 취득하는 경우 취득원가는 해당 자산의 외화표시가액을 외화로 지급한 날 현재의 기준환율 또는 재정환율에 의하여 계산한다. (2024. 3. 15. 개정)
② 외국인투자기업이 외국인투자촉진법에 의하여 자본재를 도입함에 있어서 자본재의 가격 및 계약조건이 확정된 상태에서 외국인투자가가 출자한 외화로 자본재를 도입하는 경우의 취득가액은 출자등기를 하는 날의 기준환율 또는 재정환율에 의하여 계산한다. (2001. 11. 1 개정)

23-26…2【직전사업연도의 법인세가 추계결정된 경우의 감가상각 계산 방법】
직전사업연도의 법인세가 추계결정 또는 추계경정된 경우에도 그 법인의 고정자산에 대한 감가상각비의 계산은 신규 취득자산을 제외하고는 직전사업연도 종료일 현재의 고정자산의 장부가액을 기초로 한다.

23-26…3【합병법인의 감가상각 계산방법】
① 감가상각 계산방법이 서로 다른 법인이 합병하고 영 제27조 제1항에 따른 감가상각방법 변경승인을 받지 아니한 경우에 승계받은 피합병법인의 고정자산에 대한 감가상각방법은 합병법인의 감가상각 계산방법을 적용한다. (2019. 12. 23. 개정)
② 법인이 감가상각 계산방법이 서로 다른 개인기업의 사업을 포괄승계받은 경우에도 제1항의 규정을 준용한다. (85. 1. 1 신설)

23-26…5【사업연도 중 총채굴예정량을 새로이 산정한 경우의 감가상각 방법】
사업연도 중 한국광물자원공사가 광구의 총채굴가능량을 새로이 산정한 경우 감가상각범위액 계산의 기준이 될 총채굴예정량은 새로이 산정한 총채굴가능량에 해당 사업연도의 개시일로부터 총채굴가능량을 새로이 산정한 날까지의 기채굴량을 가산하여 계산한다. (2024. 3. 15. 개정)

23-26…6【장부가액의 범위】
23-26…2 및 23-31…2 제5호에서 "장부가액"이라 함은 취득가액과 자본적 지출의 합계액에서 감가상각누계액을 차감한 금액을 말하며 법 제42조 제1항 각 호의 규정에 의한 자산의 평가차익을 포함한다. (2001. 11. 1 개정)

23-26…7【개축하는 건축물 등에 대한 감가상각】
기존 건축물에 대한 개량, 확장, 증설 등에 해당하는 자본적 지출액은 기존 건축물의 내용연수를 적용하여 감가상각한다. 다만, 기존 건축물의 수선이「건축법 시행령」제2조에서 규정하는 신축, 개축, 재축에 해당하는 경우에는 기존 건축물의 장부가액과 철거비용은 당기비용으로 처리하고 그외 새로이 지출한 금액은 신규 취득자산의 장부가액으로 보아 새로이 내용연수를 적용하여 감가상각한다. (2008. 7. 25. 단서개정)
☞ p.318 2단 연결

---

5. 제1항 제7호 및 제8호의 자산 : 같은 호에 따른 방법 (2019. 2. 12. 개정)
6. 제1항 제9호의 자산: 5년 동안 매년 균등액을 상각하는 방법 (2025. 2. 28. 신설)

편주▶
영 26조 4항의 개정규정은 2025. 2. 28.이 속하는 사업연도에 감가상각하는 경우부터 적용함. (영 부칙(2025. 2. 28.) 6조)

⑤ 법인이 제3항에 따라 신고한 상각방법(상각방법을 신고하지 아니한 경우에는 제4항 각 호에 따른 상각방법)은 그 후의 사업연도에도 계속하여 그 상각방법을 적용하여야 한다. (2019. 2. 12. 개정)
⑥ 상각범위액을 계산함에 있어서 감가상각자산의 잔존가액은 "0"으로 한다. 다만, 정률법에 의하여 상각범위액을 계산하는 경우에는 취득가액의 100분의 5에 상당하는 금액으로 하되, 그 금액은 당해 감가상각자산에 대한 미상각잔액이 최초로 취득가액의 100분의 5 이하가 되는 사업연도의 상각범위액에 가산한다. (98. 12. 31 개정)
⑦ 법인은 감가상각이 종료되는 감가상각자산에 대하여는 제6항의 규정에 불구하고 취득가액의 100분의 5와 1천원 중 적은 금액을 당해 감가상각자산의 장부가액으로 하고, 동 금액에 대하여는 이를 손금에 산입하지 아니한다. (98. 12. 31 개정)
⑧ 제1항의 규정을 적용함에 있어서 법 제7조 및 법 제8조의 규정에 의한 사업연도가 1년 미만인 경우에는 상각범위액에 당해 사업연도의 월수를 곱한 금액을 12로 나누어 계산한 금액을 그 상각범위액으로 한다. 이 경우 월수는 역에 따라 계산하되 1월 미만의 일수는 1월로 한다. (98. 12. 31 개정)
⑨ 제1항의 규정을 적용함에 있어서 사업연도 중에 취득하여 사업에 사용한 감가상각자산에 대한 상각범위액은 사업에 사용한 날부터 당해 사업연도종료일까지의 월수에 따라 계산한다. 이 경우 월수는 역에 따라 계산하되 1월 미만의 일수는 1월로 한다. (2001. 12. 31 개정)

통칙 23-26…1【외국인투자가가 출자한 외화로 고정자산을 취득한 경우 취득가액의 계산】

호의 구분에 따른 자산별로 하나의 방법을 선택하여 기획재정부령으로 정하는 감가상각방법신고서를 다음 각 호에 따른 날이 속하는 사업연도의 법인세 과세표준의 신고기한까지 납세지 관할세무서장에게 제출(국세정보통신망에 의한 제출을 포함한다)하여야 한다. (2019. 2. 12. 개정)

관계조문 ▶▶
규칙 82조 7항 3호 ⇒ 감가상각방법신고서

1. 신설법인과 새로 수익사업을 개시한 비영리법인은 그 영업을 개시한 날 (98. 12. 31 개정)
2. 제1호 외의 법인이 제1항 각 호의 구분에 따른 감가상각자산을 새로 취득한 경우에는 그 취득한 날 (2019. 2. 12. 개정)
④ 법인이 제3항에 따라 상각방법의 신고를 하지 아니한 경우 해당 감가상각자산에 대한 상각범위액은 다음 각 호의 구분에 따른 상각방법에 의하여 계산한다. (2019. 2. 12. 개정)
1. 제1항 제1호의 자산 : 정액법 (2019. 2. 12. 개정)
2. 제1항 제2호의 자산 : 정률법 (2019. 2. 12. 개정)
3. 제1항 제3호 및 제4호의 자산 : 생산량비례법 (2019. 2. 12. 개정)
4. 제1항 제6호의 자산 : 관련 제품의 판매 또는 사용이 가능한 시점부터 5년 동안 매년 균등액을 상각하는 방법 (2019. 2. 12. 개정)

이후에도 계속하여 영위하는 경우로 한정한다. 이하 이 조와 제26조의 3에서 같다)에 사용되는 것(이하 이 조와 제26조의 3에서 "동종자산"이라 한다)을 말한다. (2019. 2. 12. 개정)
② 법 제23조 제2항 제1호에 따른 감가상각자산에 대한 감가상각비는 제1호에 따른 금액의 범위에서 개별 자산에 대하여 법 제23조 제2항에 따라 추가로 손금에 산입한 감가상각비를 동종자산별로 합한 금액이 제2호에 따른 금액을 초과하지 아니하는 범위(이하 이 조에서 "손금산입한도"라 한다)에서 손금에 산입한다. (2010. 12. 30. 신설)
1. 개별 자산의 감가상각비 한도 : 다음 각 목의 금액 (2010. 12. 30. 신설)
　가. 한국채택국제회계기준을 최초로 적용한 사업연도의 직전 사업연도에 해당 자산의 동종자산에 대하여 감가상각비를 손비로 계상할 때 적용한 상각방법(이하 "결산상각방법"이라 한다)이 정액법인 경우 : 감가상각자산의 취득가액에 한국채택국제회계기준 도입 이전 상각률(이하 이 조와 제26조의 3에서 "기준상각률"이라 한다)을 곱하여 계산한 금액 (2019. 2. 12. 개정)
　나. 기준연도의 해당 자산의 동종자산에 대한 결산상각방법이 정률법인 경우 : 미상각잔액에 기준상각률을 곱하여 계산한 금액. 이 경우 상각범위액의 계산에 관하여는 제26조 제6항 단서를 준용한다. (2010. 12. 30. 신설)
2. 동종자산의 감가상각비 한도 : 다음 각 목의 금액(0보다 작은 경우에는 0으로 본다) (2010. 12. 30. 신설)

•예 판 ···
한국채택국제회계기준 적용 내국법인이 내용연수가 비한정인 무형고정자산에 대한 감가상각비 한도를 영 26조의 2 제2항 2호에 따라 계산하는 경우 해당 무형고정자산의 감가상각비는 동종자산의 취득가액 합계액에 기준상각률을 곱하여 계산함. (법인-480, 2012. 7. 27.)
···

　가. 제1호 가목의 경우 : 다음 계산식에 따라 계산한 금액 (2019. 2. 12. 개정)
☞ p.319 2단 연결

23-26…8 【감가상각방법의 변경으로 인한 누적효과의 처리】
감가상각방법의 변경으로 인하여 자산 또는 부채에 미치는 누적효과를 기업회계기준에 따라 전기이월이익잉여금에 반영한 경우에는 다음 각호와 같이 처리한다. (2001. 11. 1 신설)
1. 전기이월이익잉여금을 감소시킨 경우에는 23-0…4를 준용하여 처리한다.
2. 전기이월이익잉여금의 증가로 회계처리한 금액은 이를 세무조정에 의하여 익금산입 기타 처분하고, 동 금액을 손금산입 유보처분한다. 이 경우 영 제26조의 규정에 의한 상각범위액을 계산함에 있어서 동 금액은 이미 감가상각비로 손금에 산입한 금액으로 본다.

23-26…9 【개발비의 상각범위액 계산】
① 영 제26조 제1항 제6호 및 제4항 제4호의 규정은 법인이 무형고정자산인 개발비로 계상한 경우에 한하여 적용하는 것이므로, 법인이 해당 개발비로 계상하지 아니한 금액은 그 지급이 확정된 사업연도의 손금에 산입한다. (2024. 3. 15. 개정)
② 무형고정자산으로 계상한 개발비는 법 제23조 제1항의 규정에 의하여 법인이 각 사업연도에 손금으로 계상한 경우에 한하여 상각범위액의 범위 안에서 해당 사업연도 소득금액 계산상 이를 손금에 산입한다. (2024. 3. 15. 개정)
③ 제2항의 규정에 의한 개발비에 대한 감가상각 방법을 적용함에 있어 신고내용연수는 관련 제품별로 판매 또는 사용이 가능한 시점부터 20년 이내의 기간 내에서 연단위로 선택하여 해당 관련 제품별로 판매 또는 사용이 가능하게 된 날이 속하는 사업연도의 법인세 과세표준의 신고기한까지 신고하여야 한다. 다만, 이를 신고하지 아니한 경우에는 영 제26조 제4항 제4호의 규정을 적용한다. (2024. 3. 15. 개정)
④ 제3항을 적용함에 있어 사업연도 중에 판매 또는 사용이 가능한 시점이 도래한 경우의 상각범위액은 영 제26조 제9항의 규정에 의하여 월수에 따라 계산한다. (2003. 5. 10. 신설)

　제26조의 2 【종전감가상각비의 계산 등】① 법 제23조 제2항 제1호에 따른 자산은 법인이 2013년 12월 31일 이전에 취득한 감가상각자산으로서 한국채택국제회계기준을 최초로 적용한 사업연도의 직전 사업연도(이하 이 조와 제26조의 3에서 "기준연도"라 한다) 이전에 취득한 감가상각자산(이하 이 조와 제26조의 3에서 "기존보유자산"이라 한다) 및 기존보유자산과 동일한 종류(기획재정부령으로 정하는 감가상각자산 구분에 따른다. 이하 이 조와 제26조의 3에서 같다)의 자산으로서 기존보유자산과 동일한 업종(기획재정부령으로 정하는 업종 구분에 따르며, 해당 법인이 해당 업종을 한국채택국제회계기준 도입

☞
통칙 23-26…10 【사업연도 중에 취득한 사용수익기부자산의 감가상각방법】
사업연도 중에 취득한 사용수익기부자산의 감가상각범위액은 영 제26조 제9항의 규정에 따라 사업에 사용한 날부터 해당 사업연도 종료일까지의 월수에 따라 계산한다. (2024. 3. 15. 개정)

　제13조 【감가상각자산의 구분 등】
(2011. 2. 28. 제목개정)
① 영 제26조의 2 제1항에서 "기획재정부령으로 정하는 감가상각자산 구분"이란 다음 각 호에 따른 자산 구분을 말한다. (2011. 2. 28. 개정)
1. 제15조 제1항에 따른 자산으로서 별표 2에 따라 동일한 내용연수를 적용받는 자산 (2011. 2. 28. 개정)

계액이 동종자산의 미상각잔액 합계액에서 차지하는 비율 (2010. 12. 30. 신설)

⑤ 법 제23조 제2항, 이 조 제1항부터 제4항까지의 규정을 적용할 때 내국법인이 한국채택국제회계기준을 최초로 적용한 사업연도의 직전 사업연도에 한국채택국제회계기준을 준용하여 비교재무제표를 작성하고 비교재무제표를 작성할 때 사용한 상각방법 및 내용연수와 동일하게 해당 사업연도의 결산상각방법 및 결산내용연수를 변경한 경우에는 해당 사업연도에 한국채택국제회계기준을 최초로 적용한 것으로 본다. (2019. 2. 12. 개정)

⑥ 법인이 한국채택국제회계기준을 적용한 사업연도 및 그 후 사업연도에 적격합병, 적격분할 및 적격물적분할에 의하여 취득한 자산으로서 제1항에 해당하는 자산(이하 이 조에서 "적격합병 등 취득자산"이라 한다)의 감가상각비는 다음 각 호의 방법에 따라 손금에 산입할 수 있다. (2019. 2. 12. 개정)

1. 동종자산을 보유한 법인 간 적격합병(적격분할에 해당하는 분할합병을 포함한다. 이하 이 조에서 같다)한 경우 : 합병등기일이 속하는 사업연도의 직전 사업연도를 기준연도로 하여 제4항에 따라 해당 동종자산의 기준상각률을 재계산한 후 그 기준상각률을 적용하여 제2항에 따라 손금에 산입하는 방법. 이 경우 제4항 각 호를 적용할 때 동종자산의 감가상각비 손금산입액 합계액은 적격합병 등 취득자산을 양도한 법인(이하 이 조에서 "양도법인"이라 한다)과 양수한 법인(이하 이 조에서 "양수법인"이라 한다)이 해당 동종자산에 대하여 손금에 산입한 감가상각비를 더한 금액으로 하고, 동종자산의 취득가액 합계액은 양도법인과 양수법인이 계상한 해당 동종자산의 취득가액을 더한 금액으로 하며, 동종자산의 미상각잔액 합계액은 양도법인 및 양수법인이 계상한 해당 동종자산의 미상각잔액을 더한 금액으로 한다. (2018. 2. 13. 개정)

2. 동종자산을 보유하지 아니한 법인 간 적격합병한 경우 적격분할 또는 적격물적분할에 의하여 신설된 법인이 적격분할 또는 적격물적분할에 의하여 취득한 자산의 경우 : 다음 각 목의 방법 (2018. 2. 13. 개정)
　가. 양도법인이 합병등기일 또는 분할등기일(이하 이 조에서 "합병

☞ p.320 2단 연결

$$한도액 = (A × B) - C$$

A : 해당 사업연도에 법 제23조 제1항에 따라 감가상각비를 손금에 산입한 동종자산의 취득가액 합계액
B : 기준상각률
C : 해당 사업연도에 동종자산에 대하여 법 제23조 제1항에 따라 손금에 산입한 감가상각비 합계액

나. 제1호 나목의 경우 : 다음 계산식에 따라 계산한 금액 (2019. 2. 12. 개정)

$$한도액 = (A × B) - C$$

A : 해당 사업연도에 제23조 제1항에 따라 감가상각비를 손금에 산입한 동종자산의 미상각잔액 합계액
B : 기준상각률
C : 해당 사업연도에 동종자산에 대하여 제23조 제1항에 따라 손금에 산입한 감가상각비 합계액

③ 제2항 각 호를 적용할 때 기준연도에 해당 자산의 동종자산에 대하여 감가상각비를 손비로 계상하지 아니한 경우에는 기준연도 이전 마지막으로 해당 자산의 동종자산에 대하여 감가상각비를 손비로 계상한 사업연도의 결산상각방법을 기준연도의 결산상각방법으로 한다. (2019. 2. 12. 개정)

④ 제2항 각 호를 적용할 때 기준상각률은 기준연도 및 그 이전 2개 사업연도에 대하여 각 사업연도별로 다음 각 호에 따른 비율을 구하고 이를 평균하여 계산한다. 이 경우 기준연도 및 그 이전 2개 사업연도 중에 법인이 신규 설립된 경우, 합병 또는 분할한 경우, 제27조에 따라 상각방법을 변경한 경우 또는 제29조에 따라 내용연수범위와 달리 내용연수를 적용하거나 적용하던 내용연수를 변경한 경우에는 그 사유가 발생하기 전에 종료한 사업연도는 제외하고 계산한다. (2010. 12. 30. 신설)

1. 제2항 제1호 가목의 경우 : 동종자산의 감가상각비 손금산입액 합계액이 동종자산의 취득가액 합계액에서 차지하는 비율 (2010. 12. 30. 신설)

2. 제2항 제1호 나목의 경우 : 동종자산의 감가상각비 손금산입액 합

2. 영 제24조 제1항 제2호 가목부터 라목까지에 따른 무형자산으로서 별표 3에 따라 동일한 내용연수를 적용받는 자산 (2019. 3. 20. 개정)

3. 별표 5에 해당하는 자산으로서 같은 표에 따라 동일한 기준내용연수를 적용받는 자산 (2011. 2. 28. 개정)

4. 별표 6에 따른 기준내용연수를 적용받는 자산 (2011. 2. 28. 개정)

② 영 제26조의 2 제1항에서 "기획재정부령으로 정하는 업종구분"이란 별표 6의 중분류에 따른 업종구분을 말한다. (2011. 2. 28. 개정)

③ 영 제26조의 2 제2항 각 호를 적용할 때 기준연도에 동종자산에 대하여 감가상각비를 손금으로 계상할 때 정액법과 정률법을 모두 적용한 경우[영 제26조의 2 제6항 제1호에 해당하는 경우로서 같은 조 제2항 제1호 가목에 따른 결산상각방법(이하 이 조 및 제14조에서 "결산상각방법"이라 한다)이 법인 간 다른 경우를 포함한다] 개별자산의 감가상각비 한도 및 동종자산의 감가상각비 한도는 다음 각 호의 어느 하나에 해당하는 방법을 선택하여 계산한다. 이 경우 선택한 방법은 그 이후의 사업연도에도 계속하여 적용한다. (2011. 2. 28. 개정)

1. 다음 각 목에 따른 방법 (2011. 2. 28. 개정)
　가. 개별자산의 감가상각비 한도 : 다음 산식에 따라 계산한 금액 (2011. 2. 28. 개정)

결산상각방법이 서로 다른 경우의 기준상각률 및 손금산입한도 계산 방법은 기획재정부령으로 정한다. (2019. 2. 12. 개정)
⑩ 제6항에 따라 적격합병 등 취득자산의 감가상각비를 손금에 산입한 법인이 적격합병의 경우 법 제44조의 3 제3항, 적격분할의 경우 법 제46조의 3 제3항, 적격물적분할의 경우 법 제47조 제2항(이하 이 조 및 제29조의 2에서 "적격요건위반사유"라 한다)에 각각 해당하는 경우에는 해당 사유가 발생한 날이 속하는 사업연도 이후의 소득금액을 계산할 때 제6항을 최초로 적용한 사업연도 및 그 이후의 사업연도에 제6항을 적용하지 아니한 것으로 보고 감가상각비 손금산입액을 계산하며, 제1호 의 금액에서 제2호의 금액을 뺀 금액을 적격요건위반사유가 발생한 날이 속하는 사업연도의 소득금액을 계산할 때 익금에 산입한다. (2018. 2. 13. 개정)
1. 제6항을 최초로 적용한 사업연도부터 해당 사업연도의 직전 사업연도까지 손금에 산입한 감가상각비 총액 (2010. 12. 30. 신설)
2. 제6항을 최초로 적용한 사업연도부터 해당 사업연도의 직전 사업연도까지 제6항을 적용하지 아니한 것으로 보고 재계산한 감가상각비 총액 (2010. 12. 30. 신설)
⑪ 제1항부터 제10항까지에서 규정한 사항 외에 기준상각률 및 손금산입한도의 계산에 필요한 사항은 기획재정부령으로 정한다. (2010. 12. 30. 신설)

　　제26조의 3 【기준감가상각비의 계산】 ① 법 제23조 제2항 제2호에 따른 자산은 법인이 2014년 1월 1일 이후에 취득한 감가상각자산으로서 기존보유자산 및 동종자산을 말한다. (2014. 2. 21. 개정)
② 제1항에 따른 감가상각자산에 대한 감가상각비는 제1호에 따른 금액의 범위에서 개별 자산에 대하여 법 제23조 제2항에 따라 추가로 손금에 산입하는 감가상각비를 동종자산별로 합한 금액이 제2호에 따른 금액과 제3호에 따른 금액 중 작은 금액을 초과하지 아니하는 범위에서 손금에 산입한다. (2014. 2. 21. 개정)
1. 개별 자산의 기준감가상각비 : 해당 사업연도의 결산상각방법과 기획재정부령으로 정하는 기준내용연수(이하 "기준내용연수"라 한다)를 적용하여 계산한 금액 (2014. 2. 21. 개정)
☞ p.321 2단 연결

등기일 등"이라 한다)이 속하는 사업연도 이전에 한국채택국제회계기준을 적용하여 법 제23조 제2항에 따라 해당 자산에 대한 감가상각비를 손금에 산입한 경우 : 해당 자산에 대하여 양도법인이 이미 계산한 기준상각률을 적용하여 제2항에 따라 손금에 산입하는 방법(2019. 2. 12. 개정)
나. 가목 외의 경우 : 합병등기일 등이 속하는 사업연도의 직전 사업연도를 기준연도로 하고 적격합병 등 취득자산을 양수법인이 보유한 다른 자산과 구분하여 업종 및 종류별로 제4항에 따라 기준상각률을 새로 계산한 후 그 기준상각률을 적용하여 제2항에 따라 손금에 산입하는 방법. 이 경우 제4항 각 호를 적용할 때 동종자산의 감가상각비 손금산입액은 양도법인이 적격합병 등 취득자산에 대하여 손금에 산입한 감가상각비로 하고, 취득가액 및 미상각잔액은 각각 양도법인이 계상한 적격합병 등 취득자산의 취득가액 및 미상각잔액으로 한다. (2010. 12. 30. 신설)
⑦ 제6항에 따라 적격합병 등 취득자산의 감가상각비를 손금에 산입하는 경우 제1항을 적용할 때 양도법인이 취득한 날을 적격합병 등 취득자산의 취득일로 보되, 양도법인이 합병등기일 등이 속하는 사업연도 이전에 국제회계기준을 적용한 경우에는 양도법인의 기존보유자산과 동종자산이 아닌 자산에 대해서는 제6항을 적용하지 아니한다. (2010. 12. 30. 신설)
⑧ 제6항에 따라 적격합병 등 취득자산의 감가상각비를 손금에 산입하는 경우 제2항 각 호를 적용할 때 적격합병 등 취득자산의 취득가액은 양도법인의 취득가액으로 하고, 미상각잔액은 양도법인의 양도 당시의 장부가액(양도 당시의 시가에서 제80조의 4 제1항 또는 제82조의 4 제1항에 따른 자산조정계정을 뺀 금액을 말한다)에서 양수법인이 이미 감가상각비로 손금에 산입한 금액을 공제한 잔액으로 한다. (2018. 2. 13. 개정)
⑨ 제6항 제1호 및 제2호에 따라 적격합병 등 취득자산의 기준상각률 및 손금산입한도를 계산할 때 양도법인 또는 양수법인의 결산상각방법이 한국채택국제회계기준을 최초로 적용한 사업연도 이후에 변경된 경우에는 변경되기 전 결산상각방법을 기준연도의 결산상각방법으로 하여 제2항 및 제4항을 적용하며, 제6항 제1호를 적용할 때 법인 간

(감가상각자산의 취득가액 × 결산상각방법이 정액법인 감가상각자산의 취득가액 비중 × 정액법 기준상각률) + (감가상각자산의 미상각잔액 × 결산상각방법이 정률법인 감가상각자산의 취득가액 비중 × 정률법 기준상각률)
나. 동종자산의 감가상각비 한도 : 다음 산식에 따라 계산한 금액 (2011. 2. 28. 개정)
(동종자산의 취득가액 합계 × 결산상각방법이 정액법인 감가상각자산의 취득가액 비중 × 정액법 기준상각률) + (동종자산의 미상각잔액 합계 × 결산상각방법이 정률법인 감가상각자산의 취득가액 비중 × 정률법 기준상각률)
2. 결산상각방법이 정액법인 감가상각자산과 정률법인 감가상각자산 중 취득가액 비중이 더 큰 감가상각자산의 결산상각방법을 기준연도의 결산상각방법으로 보고 영 제26조의 2 제2항에 따라 개별자산의 감가상각비 한도 및 동종자산의 감가상각비 한도를 계산하는 방법 (2011. 2. 28. 개정)
④ 제3항을 적용할 때 정액법 기준상각률 및 정률법 기준상각률은 해당 사업연도에 결산상각방법이 정액법인 자산 및 정률법인 자산에 대하여 영 제26조의 2 제4항에 따라 각각 계산한 기준상 각률을 말한다. (2011. 2. 28. 개정)
⑤ 영 제26조의 2 제2항 각 호 및 같은 조

④ 제2항과 제3항에 따른 감가상각비의 계산에 관하여는 제26조의 2 제3항부터 제10항까지를 준용한다. (2014. 2. 21. 개정)

제27조【감가상각방법의 변경】 ① 법인이 다음 각호의 1에 해당하는 경우에는 제26조 제5항의 규정에 불구하고 납세지 관할세무서장의 승인을 얻어 그 상각방법을 변경할 수 있다. (98. 12. 31 개정)
1. 상각방법이 서로 다른 법인이 합병(분할합병을 포함한다)한 경우 (98. 12. 31 개정)
2. 상각방법이 서로 다른 사업자의 사업을 인수 또는 승계한 경우 (98. 12. 31 개정)
3. 「외국인투자촉진법」에 의하여 외국투자자가 내국법인의 주식 등을 100분의 20 이상 인수 또는 보유하게 된 경우 (2005. 2. 19. 개정)

통칙 23-27…3【외국인 투자비율 변경의 범위】
영 제27조 제1항 제3호에서 "「외국인투자촉진법」에 의하여 외국인투자자가 내국법인의 주식 등을 100분의 20 이상 인수 또는 보유하게 된 경우"라 함은 다음 각호의 어느 하나에 해당하는 경우를 말한다. (2024. 3. 15. 개정)
1. 「외국인투자촉진법」의 규정에 의하여 허가 또는 신고된 외국인투자가의 투자비율이 20% 미만이었다가 투자비율이 변동되어 20% 이상이 되는 경우 (2008. 10. 14. 개정)
2. 재평가적립금이나 법정준비금을 자본에 전입함으로써 외국인투자가의 투자비율이 20% 미만이 되었다가 다시 현금증자를 함으로써 20% 이상으로 변경되는 경우

4. 해외시장의 경기변동 또는 경제적 여건의 변동으로 인하여 종전의 상각방법을 변경할 필요가 있는 경우 (98. 12. 31 개정)
5. 기획재정부령으로 정하는 회계정책의 변경에 따라 결산상각방법이 변경된 경우(변경한 결산상각방법과 같은 방법으로 변경하는 경우만 해당한다) (2010. 12. 30. 신설)
② 제1항에 따라 상각방법의 변경승인을 얻고자 하는 법인은 그 변경할 상각방법을 적용하고자 하는 최초 사업연도의 종료일까지 기획재정부령으로 정하는 감가상각방법변경신청서를 납세지 관할세무서장

☞ p.322 2단 연결

2. 기준감가상각비를 고려한 동종자산의 감가상각비 한도(0보다 작은 경우에는 0으로 본다) : 해당 사업연도에 동종자산에 대하여 해당 사업연도의 결산상각방법과 기준내용연수를 적용하여 계산한 감가상각비 합계액 − 해당 사업연도에 동종자산에 대하여 법 제23조 제1항에 따라 손금에 산입한 감가상각비 합계액 (2014. 2. 21. 개정)
3. 종전감가상각비를 고려한 동종자산의 감가상각비 한도 : 다음 각 목의 구분에 따른 금액(0보다 작은 경우에는 0으로 본다) (2019. 2. 12. 개정)
가. 기준연도의 결산상각방법이 정액법인 경우 : 다음 계산식에 따라 계산한 금액 (2019. 2. 12. 개정)

$$한도액 = (A \times B) - C$$

A : 해당 사업연도에 법 제23조 제1항에 따라 감가상각비를 손금에 산입한 동종자산의 취득가액 합계액
B : 기준상각률
C : 해당 사업연도에 동종자산에 대하여 법 제23조 제1항에 따라 손금에 산입한 감가상각비 합계액

나. 기준연도의 결산상각방법이 정률법인 경우 : 다음 계산식에 따라 계산한 금액 (2019. 2. 12. 개정)

$$한도액 = (A \times B) - C$$

A : 해당 사업연도에 법 제23조 제1항에 따라 감가상각비를 손금에 산입한 동종자산의 미상각잔액 합계액
B : 기준상각률
C : 해당 사업연도에 동종자산에 대하여 법 제23조 제1항에 따라 손금에 산입한 감가상각비 합계액

③ 제2항에도 불구하고 제2항 제3호에 따른 금액의 100분의 25에 해당하는 금액이 제2항 제2호의 금액보다 큰 경우에는 개별 자산에 대하여 법 제23조 제2항에 따라 추가로 손금에 산입하는 감가상각비를 동종자산산별로 합한 금액이 제2항 제3호에 따른 금액의 100분의 25에 해당하는 금액을 초과하지 아니하는 범위에서 추가로 손금에 산입할 수 있다. (2014. 2. 21. 개정)

제4항 각 호를 적용할 때 사업연도 중에 취득한 감가상각자산 및 사업연도 중에 처분한 감가상각자산의 취득가액 및 미상각잔액은 각각 그 취득가액 및 미상각잔액에 해당 감가상각자산을 사업에 사용한 월수를 사업연도의 월수로 나눈 금액을 곱하여 계산한다. 이 경우 월수는 역에 따라 계산하되, 1월 미만의 일수는 1월로 한다. (2011. 2. 28. 개정)

통칙 23-24…1【리스의 회계처리】
① 금융리스의 회계처리는 다음 각 호에 따른다. (2019. 12. 23. 개정)
1. 임대인(리스회사)의 경우에 있어서는 해당 리스물건의 리스실행일 현재의 취득가액 상당액을 임차인에게 금전으로 대여한 것으로 보아 대금결제조건에 따라 영수하기로 한 리스료수입 중 이자상당액을 각 사업연도 소득금액 계산상 익금에 산입한다. (2024. 3. 15. 개정)
2. 임차인의 경우에 있어서는 해당 리스물건의 리스실행일 현재의 취득가액 상당액을 임대인으로부터 차입하여 동 리스물건을 구입(설치비 등 취득부대비용 포함)한 것으로 보아 소유자산과 동일한 방법으로 감가상각한 해당 리스자산의 감가상각비와 대금결제조건에 따라 지급하기로 한 리스료 중 차입금에 대한 이자상당액을 각 사업연도 소득금액 계산상 손금에 산입한다. 이 경우 동 이자상당액은 금융보험업자에게 지급하는 이자로 보아 이자소득에 대한 법인세를 원천징수하지 아니한다. (2024. 3. 15. 개정)
3. 제1호와 제2호의 적용에 있어 각 사업연도 소득금액 계산상 익금 또는 손금으로 산입할 이자상당액은 리스실행일 현재의 계약과 관련하여 최소리스료 중 이자율법에 의하여 계산한 이자상당액과 금액이 확정되지는 않았지만 기간경과

3. 영 제26조 제3항의 규정에 의하여 상각방법을 신고하고 영 제27조 제1항의 규정에 의한 상각방법을 변경한 경우에는 그 변경한 사업연도가 경과된 경우 (2001. 11. 1 개정)

⑤ 법인이 제1항의 규정에 의한 변경승인을 얻지 아니하고 상각방법을 변경한 경우 상각범위액은 변경하기 전의 상각방법에 의하여 계산한다. (98. 12. 31 개정)

⑥ 제1항에 따라 상각방법을 변경하는 경우 상각범위액의 계산은 다음 각 호의 계산식에 따른다. 이 경우 제3호의 계산식 중 총채굴예정량은 「한국광해광업공단법」에 따른 한국광해광업공단가 인정하는 총채굴량을 말하고, 총매립예정량은 「폐기물관리법」 제25조 제3항에 따라 환경부장관 또는 시·도지사가 폐기물처리업을 허가할 때 인정한 총매립량을 말한다. (2021. 8. 31. 후단개정 ; 한국광해광업공단법 시행령 부칙)

1. 정률법 또는 생산량비례법을 정액법으로 변경하는 경우 (2013. 11. 5. 개정)

상각범위액 = (감가상각누계액을 공제한 장부가액 + 전기이월상각한도초과액) × 제28조 제1항 제2호 본문 및 제6항에 따른 신고내용연수(같은 조 제1항 제2호 단서에 해당하는 경우에는 기준내용연수)의 정액법에 의한 상각률

통칙 23－27…1 【상각방법 변경시 상각범위액 계산】

고정자산의 감가상각방법을 정률법에서 정액법으로 변경하는 경우 영 제27조 제6항 제1호의 상각범위액 계산 산식 중 "전기이월상각한도초과액"이라 함은 전기이월 상각부인액 누계액을 말한다. (2001. 11. 1 개정)

2. 정액법 또는 생산량비례법을 정률법으로 변경하는 경우 (2013. 11. 5. 개정)

상각범위액 = (감가상각누계액을 공제한 장부가액 + 전기이월상각한도초과액)×제28조 제1항 제2호 본문 및 제6항에 따른 신고내용연수(같은 조 제1항 제2호 단서에 해당하는 경우에는 기준내용연수)의 정률법에 의한 상각률

☞ p.323 2단 연결

에게 제출(국세정보통신망에 의한 제출을 포함한다)하여야 한다. (2010. 12. 30. 개정)

관계조문 ≫

규칙 82조 7항 3호 ⇒ 감가상각방법변경신청서

---

③ 제2항에 따른 신청서를 접수한 납세지 관할세무서장은 신청서의 접수일이 속하는 사업연도 종료일부터 1개월 이내에 그 승인여부를 결정하여 통지하여야 한다. (2010. 12. 30. 개정)

예판 ···

법인이 감가상각방법을 변경하고자 "감가상각변경신청서"를 기한 내에 납세지 관할세무서장에게 제출(국세정보통신망에 의한 제출을 포함)하였으나 신청서를 접수한 관할세무서장이 사업연도 종료일까지 승인 여부를 통지하지 아니한 경우에는 변경되지 아니한 것으로 변경하기 전의 감가상각방법에 의하여 감가상각비를 계상하는 것임. (서면2팀－478, 2005. 3. 31.)

④ 납세지 관할세무서장이 제1항 제4호에 해당하는 사유로 인하여 상각방법의 변경을 승인하고자 할 때에는 국세청장이 정하는 기준에 따라야 한다. (98. 12. 31 개정)

통칙 23－27…2 【상각방법 변경승인 기준】

영 제27조 제4항의 규정에 의한 상각방법 변경승인은 다음 각호의 요건을 모두 충족하는 경우로 한다. (2001. 11. 1 개정)

〈승인기준〉

1. 다음의 어느 하나에 해당하는 경우로서 종래의 상각방법으로는 적정한 소득을 계산할 수 없다고 인정되는 경우 (2024. 3. 15. 개정)

　가. 해외에서 구입하는 고정자산의 가액이 환율의 변동 및 국제가격 상승으로 현저히 증가한 때

　나. 신규시설을 대폭 증설하거나 사업규모를 현저하게 축소한 때

　다. 기존 제조 주종목을 변경하여 새로운 종목에 대한 시설을 완료한 때

　라. "가"부터 "다"와 유사한 여건변동으로 상각방법을 변경할 필요가 있다고 판단되는 때 (2024. 3. 15. 개정)

2. 조세의 부담을 현저히 감소시킬 우려가 없다고 인정되는 경우

외의 요소의 미래 생분을 기초로 결정되는 리스료 부분(이하 "조정리스료"라 한다)으로 한다. (2009. 11. 10. 개정)

② 금융리스 이외의 리스(이하 "운용리스"라 한다)의 회계처리는 다음 각 호에 따른다. (2019. 12. 23. 개정)

1. 임대인의 경우에 있어서는 대금결제조건에 따라 영수할 최소리스료와 조정리스료를 각 사업연도의 소득금액 계산상 익금에 산입한다. (2009. 11. 10. 개정)

2. 임차인의 경우에 있어서는 대금결제조건에 따라 지급할 최소리스료와 조정리스료를 각 사업연도의 소득금액 계산상 손금에 산입한다. (2009. 11. 10. 개정)

3. 임대인의 리스자산에 대한 감가상각비는 영 제26조에 따라 계산한 금액을 한도로 손금산입한다. 이 경우 리스자산에 대한 내용연수는 규칙 별표 5의 건축물 등 및 별표 6의 업종별자산의 기준내용연수 및 내용연수범위를 적용한다. (2019. 12. 23. 개정)

4. 제1호 및 제2호의 규정을 적용함에 있어 외화로 표시된 리스계약의 경우 최소리스료는 외화금액을 기준으로 한다. (2009. 11. 10. 개정)

5. 임대인이 리스자산을 취득함에 따라 소요된 건설자금의 이자에 대하여는 영 제52조 규정에 따라 자본적 지출로 계상한다. (2001. 11. 1 개정)

6. 임차인이 리스물건 취득가액의 일부를 부담할 경우 임차인은 동 금액을 선급비용으로 계상하고, 리스기간에 안분하여 손금에 산입한다.

③ 리스계약이 중도해지된 경우 임대인(리스회사)의 회계처리는 다음 각호에 의한다. (2001. 11. 1 개정)

1. 금융리스의 경우

리스계약의 해지로 회수한 해당 리스자산의 가액은 해지일 이후에 회수기일이 도래하는 금융리스채권액으로 하며, 해당 리스계약의 해지와 관련하여 임차인 및 보증인 등으로부

$$\text{환산내용연수} = (A \ \text{또는} \ B) \times \frac{12}{C}$$

A : 제1항 제1호에 따른 내용연수
B : 제1항 제2호에 따른 신고내용연수 또는 기준내용연수
C : 사업연도의 개월 수

③ 법인이 제1항 제2호 및 제6항에 따라 내용연수를 신고할 때에는 기획재정부령으로 정하는 내용연수신고서를 다음 각 호의 날이 속하는 사업연도의 법인세 과세표준의 신고기한까지 납세지 관할세무서장에게 제출(국세정보통신망에 의한 제출을 포함한다)하여야 한다. (2019. 2. 12. 개정)

관계조문 ▶▶

규칙 82조 7항 3호 ⇒ 내용연수신고서

1. 신설법인과 새로 수익사업을 개시한 비영리내국법인의 경우에는 그 영업을 개시한 날 (98. 12. 31 개정)
2. 제1호 외의 법인이 자산별·업종별 구분에 따라 기준내용연수가 다른 감가상각자산을 새로 취득하거나 새로운 업종의 사업을 개시한 경우에는 그 취득한 날 또는 개시한 날 (2019. 2. 12. 개정)
④ 법인이 제1항 제2호에 따라 자산별·업종별로 적용한 신고내용연수 또는 기준내용연수는 그 후의 사업연도에 있어서도 계속하여 그 내용연수를 적용하여야 한다. (2025. 2. 28. 개정)

◆ 예 판 ────────────

법령개정으로 즉시상각대상인 공구의 범위에서 금형이 제외됨에 따라 금형의 기준내용연수가 변경된 경우라 하더라도 개정된 법인세법 시행령 시행일 이전에 금형의 내용연수를 신고하여 적용하고 있는 경우에는 당초 적용하고 있는 신고내용연수를 적용하는 것임. (기획재정부 법인세제과 -352, 2023. 6. 22.)

⑤ 제1항 제2호 및 제3항에 따른 내용연수의 신고는 연단위로 하여야 한다. (2025. 2. 28. 개정)
☞ p.324 2단 연결

---

3. 정률법 또는 정액법을 생산량비례법으로 변경하는 경우 (2015. 2. 3. 개정)

$$\text{상각범위액} = \left(\begin{array}{c}\text{감가상각} \\ \text{누계액을 공제한} \\ \text{장부가액} + \\ \text{전기이월상각한도} \\ \text{초과액}\end{array}\right) \times \cfrac{\begin{array}{c}\text{해당 사업연도의 채굴량} \\ \text{또는 매립량}\end{array}}{\begin{array}{c}\text{총채굴예정량} \\ \text{또는} \\ \text{총매립예정량}\end{array} - \begin{array}{c}\text{변경전 사업연도} \\ \text{까지의 총채굴량} \\ \text{또는 총매립량}\end{array}}$$

제28조【내용연수와 상각률】 ① 감가상각자산의 내용연수와 해당 내용연수에 따른 상각률은 다음 각 호의 구분에 따른다. (2019. 2. 12. 개정)
1. 기획재정부령으로 정하는 시험연구용자산과 제24조 제1항 제2호 가목부터 라목까지의 규정에 따른 무형자산 : 기획재정부령으로 정하는 내용연수와 그에 따른 기획재정부령으로 정하는 상각방법별 상각률(이하 "상각률"이라 한다) (2019. 2. 12. 개정)
2. 제1호 외의 감가상각자산(제24조 제1항 제2호 바목부터 차목까지의 규정에 따른 무형자산은 제외한다) : 구조 또는 자산별·업종별로 기준내용연수에 그 기준내용연수의 100분의 25를 가감하여 기획재정부령으로 정하는 내용연수범위(이하 "내용연수범위"라 한다) 안에서 법인이 선택하여 납세지 관할 세무서장에게 신고한 내용연수(이하 "신고내용연수"라 한다)와 그에 따른 상각률. 다만, 제3항 각 호의 신고기한 내에 신고를 하지 않은 경우에는 기준내용연수와 그에 따른 상각률로 한다. (2025. 2. 28. 개정)

편주 ▶ ────────────

영 28조 1항 2호의 개정규정은 2025. 2. 28.이 속하는 사업연도에 감가상각하는 경우부터 적용함. (영 부칙(2025. 2. 28.) 6조)

---

② 제1항을 적용할 때 법 제6조에 따른 사업연도가 1년 미만이면 다음 계산식에 따라 계산한 내용연수와 그에 따른 상각률에 따른다. 이 경우 개월 수는 태양력에 따라 계산하되, 1개월 미만의 일수는 1개월로 한다. (2019. 2. 12. 개정)

터 회수가능한 금액은 익금에 산입한다. 다만, 회수된 리스자산의 시가가 그 금융리스채권액에 미달하는 경우에는 그 차액을 손금에 산입한다. (2024. 3. 15. 개정)
2. 운용리스의 경우
   해당 리스계약과 관련하여 임차인 또는 보증인으로부터 회수가능한 금액을 익금에 산입한다. (2024. 3. 15. 개정)
④ 제1항 내지 제3항의 규정을 적용함에 있어서 리스료 등의 익금과 손금의 귀속사업연도는 「주식회사 등의 외부감사에 관한 법률」 제5조에 따라 제정된 기업회계기준이 정하는 바에 의한다. 다만, 한국채택국제회계기준을 적용하는 법인의 영 제24조 제5항에 따른 금융리스 외의 리스자산에 대한 리스료의 경우에는 리스기간에 걸쳐 정액기준으로 손금에 산입한다. (2024. 3. 15. 개정)
⑤ 리스에 관련한 임대인과 임차인의 외화자산·부채의 평가차손익은 영 제76조의 규정에 의하여 처리한다. (2001. 11. 1 개정)
⑥ 법 제34조 및 영 제61조의 대손충당금 설정대상금액은 다음과 같다. (2001. 11. 1 개정)
1. 금융리스의 경우
   금융리스채권의 미회수잔액과 약정에 의한 지급일이 경과한 이자상당액의 미수금 합계액
2. 운용리스의 경우
   약정에 의한 지급일이 경과한 리스료 미회수액
⑦ 취득 또는 사용하던 자산을 리스회사에 매각하고 리스거래를 통하여 재사용하는 "판매 후 리스거래"의 경우 회계처리는 다음 각호에 의한다. (2001. 11. 1 신설)
1. 금융리스에 해당하는 판매 후 리스거래의 경우 매매에 따른 손익을 리스실행일에 인식하지 아니하고 해당 리스자산의 감가상각기간 동안 이연하여 균등하게 상각 또는 환입한다. (2009. 11. 10. 개정)
2. 판매 후 리스거래가 운용리스에 해당하고 리스료 및 판매가격이 시가에 근거하여 결정된

각내용연수는 「별표 6」 중 해당업종의 내용연수를 적용한다. (2001. 11. 1 개정)
② 제1항의 동물에 대한 감가상각비는 해당 동물이 성숙하여 해당 사업에 사용가능한 때부터 계상한다. 다만, 동물원 운영업 등의 경우와 같이 관람용에 제공되는 경우에는 관람에 제공하는 때부터 감가상각한다. (2024. 3. 15. 개정)

23-28…4【건축물 등에 대한 신고내용연수의 적용기준】
영 제28조 제1항 제2호의 규정에 따라 구조 또는 자산별 내용연수범위 안에서 법인이 적용할 내용연수를 선택하여 납세지 관할세무서장에게 신고하는 경우에 규칙 별표 5의 자산은 동표상 각호의 구조 또는 자산명 단위로 같은 내용연수를 적용하여야 한다. 예를 들면, 별표 5의 차량 및 운반구와 공구는 내용연수범위 안에서 각각 다른 내용연수를 선택할 수 있으나, 차량 및 운반구에 속하는 모든 차량은 같은 내용연수를 적용하여야 한다. (2001. 11. 1 신설)

제29조【내용연수의 특례 및 변경】 ① 법인은 다음 각 호의 어느 하나에 해당하는 경우에는 제28조 제1항 제2호 및 같은 조 제4항에도 불구하고 기준내용연수에 기준내용연수의 100분의 50(제5호 및 제6호에 해당하는 경우에는 100분의 25)을 가감하는 범위에서 사업장별로 납세지 관할지방국세청장의 승인을 받아 내용연수범위와 달리 내용연수를 적용하거나 적용하던 내용연수를 변경할 수 있다. (2019. 2. 12. 개정)

● 예 판
• 동일한 업종으로서 다수의 사업장에서 보유하는 사업용 고정자산의 내용연수는 동일하게 적용해야 하나, 내용연수의 특례 및 변경사유에 해당시는 승인을 얻어 사업장별로 다르게 적용 가능함. (재법인 46012-106, 2000. 6. 28)
• 내용연수 변경승인을 받은 법인이 동일업종의 동일사업장내 동종의 자산을 취득하는 경우 동 자산에 대해서도 변경승인 받은 내용연수를 적용함. (법인-3979, 2008. 12. 15.)

1. 사업장의 특성으로 자산의 부식·마모 및 훼손의 정도가 현저한 경우 (2014. 2. 21. 개정)
2. 영업개시 후 3년이 경과한 법인으로서 당해 사업연도의 생산설비(건축물을 제외하며, 이하 "생산설비"라 한다)의 기획재정부령이 정하는 가동률(이하 이 항에서 "가동률"이라 한다)이 직전 3개 사

☞ p.325 2단 연결

⑥ 제1항 제2호 본문에도 불구하고 「조세특례제한법 시행령」 제2조에 따른 중소기업(이하 이 항과 제7항에서 "중소기업"이라 한다)이 다음 각 호의 어느 하나에 해당하는 자산(이하 이 항과 제7항에서 "설비투자자산"이라 한다)을 2014년 10월 1일부터 2016년 6월 30일까지 취득한 경우에는 자산별·업종별 기준내용연수에 그 기준내용연수의 100분의 50을 더하거나 뺀 범위(1년 미만은 없는 것으로 한다)에서 중소기업이 선택하여 납세지 관할 세무서장에게 신고할 수 있다. 다만, 중소기업이 해당 사업연도에 취득한 설비투자자산에 대한 취득가액의 합계액이 직전사업연도에 취득한 설비투자자산에 대한 취득가액의 합계액보다 적은 경우에는 그러하지 아니하다. (2016. 2. 12. 개정)
1. 차량 및 운반구. 다만, 운수업에 사용되거나 임대목적으로 임대업에 사용되는 경우로 한정한다. (2013. 11. 5. 신설)
2. 선박 및 항공기. 다만, 어업 및 운수업에 사용되거나 임대목적으로 임대업에 사용되는 경우로 한정한다. (2013. 11. 5. 신설)
3. 공구, 기구 및 비품 (2013. 11. 5. 신설)
4. 기계 및 장치 (2013. 11. 5. 신설)
⑦ 제6항을 적용받으려는 중소기업은 기획재정부령으로 정하는 중소기업 내용연수 특례적용 신청서를 해당 설비투자자산을 취득한 날이 속하는 사업연도의 법인세 과세표준의 신고기한까지 납세지 관할 세무서장에게 제출(국세정보통신망에 의한 제출을 포함한다)하여야 한다. (2013. 11. 5. 신설)

⑥·⑦ 삭 제 (2019. 2. 12.)

통칙 23-28…1【합병 등에 의하여 취득한 고정자산의 내용연수】
기준내용연수의 일부 또는 전부가 경과한 자산을 취득하였거나 합병·분할에 따라 자산을 승계한 경우 해당 자산에 대하여 적용할 내용연수는 다음 각호의 어느 하나에 의한다. (2024. 3. 15. 개정)
1. 영 제29조의 2의 규정을 적용하는 경우 동조의 규정에 의한 수정내용연수
〈수정내용연수 적용방법 예시〉
○ 기준내용연수 5년인 경우
○ 수정내용연수 : 2년(5년-5년×50%=2.5년≒2년, 1년 미만은 없는 것으로 함)에서 5년의 범위내에서 선택 (2024. 3. 15. 개정)
2. 제1호 외의 경우에는 종전의 신고내용연수. 다만, 업종이 다른 법인을 합병한 경우 해당 합병에 의하여 취득한 자산에 대하여는 영 제28조 제3항의 규정에 의하여 신고한 내용연수를 적용한다. (2024. 3. 15. 개정)

23-28…2【감가상각이 완료된 자산에 대한 자본적 지출액의 처리】
감가상각이 완료된 고정자산에 대하여 자본적 지출이 발생한 경우에는 당초 신고한 내용연수에 의한 상각률에 따라 이를 상각한다. (2001. 11. 1 개정)

23-28…3【동물에 대한 감가상각】
① 사역용, 종축용, 착유용, 농업용, 경마용, 관람용 등에 사용되는 동물의 감가상

경우 제1호 및 제2호의 규정에 불구하고 해당 매매와 관련된 손익을 인식할 수 있다. (2024. 3. 15. 개정)
⑧ 임대인 또는 임차인이 리스의 구분을 제1항 및 제2항의 규정에 의하지 아니한 경우에는 다음 각호에 따라 처리한다. (2001. 11. 1 신설)
1. 금융리스를 운용리스로 처리한 경우
　가. 임대인에 있어서는 리스물건의 취득가액 상당액을 금전으로 대여한 것으로 보아 수익으로 계상한 리스료 중 제1항 제3호에 상당하는 금액만 익금에 산입하고 원금회수액은 이를 익금불산입하며 손비로 계상한 감가상각비는 이를 손금불산입한다.
　나. 임차인에 있어서는 리스물건의 취득가액 상당액을 자산으로 계상하고 손금에 산입한 리스료 중 제1항 제3호에 상당하는 금액을 손금에 산입하되, 동 금액을 초과하여 손금에 산입한 금액은 이를 감가상각한 것으로 보아 시부인한다.
2. 운용리스를 금융리스로 처리한 경우
　가. 임대인에 있어서는 리스물건의 취득가액을 자산으로 계상하고 리스료 중 대여금의 회수로 처리한 금액은 이를 제2항 제1호의 리스료 수입으로 보아 익금에 산입한다. 이 경우 손금으로 계상하지 아니한 해당 자산에 대한 감가상각비는 세무조정으로 이를 손금에 산입할 수 없다. (2024. 3. 15. 개정)
　나. 임차인에 있어서는 리스료지급액 전액을 손금에 산입하고 해당 자산에 대하여 손금에 산입한 감가상각비는 이를 손금에 산입하지 아니한다. (2024. 3. 15. 개정)
⑨ 이 통칙은 제1항 및 제2항의 리스거래 이외의 렌탈거래·임대차거래에 대하여는 원칙적으로 이를 적용하지 아니하며, 동 거래에 대하여는 그 거래의 실질내용에 따라 자산의 임대차·판매거래 또는 금전소비대차거래로 구분하여 처리한다.

④ 제2항의 규정에 의한 신청서의 접수일이 속하는 사업연도종료일 후에 내용연수의 승인 또는 변경승인을 얻은 경우에는 승인 또는 변경승인을 얻은 날이 속하는 사업연도부터 승인 또는 변경승인을 얻은 내용연수를 적용한다. (98. 12. 31. 개정)

④ 삭　제 (2010. 12. 30.)

⑤ 제1항의 규정에 의하여 감가상각자산의 내용연수를 변경(재변경을 포함한다)한 법인이 당해 자산의 내용연수를 다시 변경하고자 하는 경우에는 변경한 내용연수를 최초로 적용한 사업연도종료일부터 3년이 경과하여야 한다. (98. 12. 31 개정)

제29조의 2【중고자산 등의 상각범위액】 (2010. 12. 30. 제목개정)

① 내국법인이 기준내용연수(해당 내국법인에게 적용되는 기준내용연수를 말한다)의 100분의 50 이상이 경과된 자산(이하 이 조에서 "중고자산"이라 한다)을 다른 법인 또는 「소득세법」 제1조의 2 제1항 제5호에 따른 사업자로부터 취득(합병·분할에 의하여 자산을 승계한 경우를 포함한다)한 경우에는 그 자산의 기준내용연수의 100분의 50에 상당하는 연수와 기준내용연수의 범위에서 선택하여 납세지 관할세무서장에게 신고한 연수(이하 이 조에서 "수정내용연수"라 한다)를 내용연수로 할 수 있다. 이 경우 수정내용연수를 계산할 때 1년 미만은 없는 것으로 한다. (2020. 2. 11. 개정)

② 적격합병, 적격분할, 적격물적분할 또는 적격현물출자(법 제47조의 2 제1항 각 호의 요건을 모두 갖추어 양도차익에 해당하는 금액을 손금에 산입하는 현물출자를 말한다. 이하 같다)(이하 이 조에서 "적격합병 등"이라 한다)에 의하여 취득한 자산의 상각범위액을 정할 때 제26조 제2항 각 호 및 같은 조 제6항에 따른 취득가액은 적격합병 등에 의하여 자산을 양도한 법인(이하 이 조에서 "양도법인"이라 한다)의 취득가액으로 하고, 미상각잔액은 양도법인의 양도 당시의 장부가액에서 적격합병 등에 의하여 자산을 양수한 법인(이하 이 조에서 "양수법인"이라 한다)이 이미 감가상각비로 손금에 산입한 금액을 공제한 잔액으로 하며, 해당 자산의 상각범위액은 다음 각 호의 어느 하나에 해당하는 방법으로 정할 수 있다. 이 경우 선택한 방법은 그 후 사업연도에도 계속 적용한다. (2019. 2. 12. 개정)

☞ p.326 2단 연결

업연도의 평균가동률보다 현저히 증가한 경우(2008. 2. 29. 직제개정 ; 기획재정부와~직제 부칙)

3. 새로운 생산기술 및 신제품의 개발·보급 등으로 기존 생산설비의 가속상각이 필요한 경우 (98. 12. 31 개정)

4. 경제적 여건의 변동으로 조업을 중단하거나 생산설비의 가동률이 감소한 경우 (98. 12. 31 개정)

5. 제28조 제1항 제2호에 해당하는 감가상각자산에 대하여 한국채택국제회계기준을 최초로 적용하는 사업연도에 결산내용연수를 변경한 경우(결산내용연수가 연장된 경우 내용연수를 연장하고 결산내용연수가 단축된 경우 내용연수를 단축하는 경우만 해당하되 내용연수를 단축하는 경우에는 결산내용연수보다 짧은 내용연수로 변경할 수 없다) (2019. 2. 12. 개정)

6. 제28조 제1항 제2호에 해당하는 감가상각자산에 대한 기준내용연수가 변경된 경우. 다만, 내용연수를 단축하는 경우로서 결산내용연수가 변경된 기준내용연수의 100분의 25를 가감한 범위 내에 포함되는 경우에는 결산내용연수보다 짧은 내용연수로 변경할 수 없다. (2010. 12. 30. 신설)

② 법인이 제1항에 따라 내용연수의 승인 또는 변경승인을 얻고자 할 때에는 제28조 제3항 각 호의 날부터 3월 또는 그 변경할 내용연수를 적용하고자 하는 최초 사업연도의 종료일까지 기획재정부령으로 정하는 내용연수승인(변경승인)신청서를 납세지 관할 세무서장을 거쳐 관할 지방국세청장에게 제출(국세정보통신망에 의한 제출을 포함한다)하여야 한다. 이 경우 내용연수의 승인·변경승인의 신청은 연단위로 하여야 한다. (2010. 12. 30. 개정)

관계조문 ▶

규칙 82조 7항 3호 ⇒ 내용연수승인(변경승인)신청서

③ 제2항에 따른 신청서를 접수한 납세지 관할세무서장은 신청서의 접수일이 속하는 사업연도 종료일부터 1개월 이내에 관할지방국세청장으로부터 통보받은 승인 여부에 관한 사항을 통지하여야 한다. (2010. 12. 30. 개정)

따라서, 렌탈계약 등이 사실상 장기할부조건의 자산취득에 해당하는 경우에는 그 임차료를 자산의 취득가액으로 본다. (2001. 11. 1 신설)

제13조의 2【기준내용연수】 법 제23조 제2항 제2호 및 영 제26조의 3 제2항 제1호에서 "기획재정부령으로 정하는 기준내용연수"란 영 제28조 제1항 제1호의 감가상각자산의 경우에는 별표 2 및 별표 3에 따른 내용연수를, 영 제28조 제1항 제2호의 감가상각자산의 경우에는 별표 5 및 별표 6에 따른 기준내용연수를 말한다. (2014. 3. 14. 개정)

제14조【감가상각방법의 변경】 영 제27조 제1항 제5호에서 "기획재정부령으로 정하는 회계정책의 변경"이란 다음 각 호의 어느 하나에 해당하는 경우를 말한다. (2011. 2. 28. 신설)

1. 한국채택국제회계기준을 최초로 적용한 사업연도에 결산상각방법을 변경하는 경우 (2019. 3. 20. 개정)

2. 한국채택국제회계기준을 최초로 적용한 사업연도에 지배기업의 연결재무제표 작성 대상에 포함되는 종속기업이 지배기업과 회계정책을 일치시키기 위하여 결산상각방법을 지배기업과 동일하게 변경하는 경우 (2019. 3. 20. 개정)

제15조【내용연수와 상각률】 ① 영 제28조 제1항 제1호에서 "기획재정부령으로 정하는 시험연구용자산"이란 별표 2에

제30조【감가상각의 의제】① 각 사업연도의 소득에 대하여 법과 다른 법률에 따라 법인세를 면제받거나 감면받은 경우에는 개별 자산에 대한 감가상각비가 법 제23조 제1항에 따른 상각범위액이 되도록 감가상각비를 손금에 산입하여야 한다. 다만, 한국채택국제회계기준을 적용하는 법인은 법 제23조 제2항에 따라 개별 자산에 대한 감가상각비를 추가로 손금에 산입할 수 있다. (2019. 2. 12. 개정)

예판 ▶
개인사업자가 감가상각의제액이 있는 사업용자산을 현물출자해 법인으로 전환하는 경우 그 감가상각의제액 상당액은 승계되지 않으며(서이 46012-10524, 2003. 3. 17.), 감면사업과 기타사업에 공통되는 영업권의 감가상각비 시인부족액은 감면사업과 기타사업에 안분계산해 감면사업 상당분은 '감가상각의 의제'로 보며, 동 영업권 양도나 폐기시에 손금산입함. (서이 46012-10705, 2003. 4. 4.)

통칙 23-30…1【감가상각의제 대상법인의 범위】
① 영 제30조 제1항의 규정에서 "법인세를 면제받거나 감면받은 경우"란 특정사업에서 생긴 소득에 대하여 법인세(토지등 양도소득에 대한 법인세를 제외한다)를 면제 또는 감면(소득공제를 포함한다)받은 경우를 말하며, 감가상각의 의제규정 적용대상 여부를 예시하면 다음과 같다. (2024. 3. 15. 개정)
1. 감가상각의 의제규정 적용 대상법인
　가. 「조세특례제한법」 제68조에 따라 법인세를 면제받는 법인 (2019. 12. 23. 개정)
　나. 「조세특례제한법」 제6조·제7조·제63조·제102조 및 제121조의 2 제2항에 따라 법인세를 감면받은 법인 (2019. 12. 23. 개정)
　다. ~라. 삭　제 (2019. 12. 23.)
2. 감가상각의 의제규정 적용 제외법인 (2001. 11. 1 개정)
　가. 「조세특례제한법」 제12조의 규정에 의하여 법인세를 감면받은 법인 (2008. 7. 25. 개정)
　나. 「조세특례제한법」 제22조의 규정에 의하여 법인세를 면제받는 법인 (2008. 7. 25. 개정)
② 제1항의 경우 2개 이상의 사업장을 가지고 있는 법인으로서 그중 일부 사업장에 대해서만 법인세가 면제되거나 감면되는 경우를 포함하는 것으로 한다. (2024. 3. 15. 개정)
☞ p.327 2단 연결

1. 양도법인의 상각범위액을 승계하는 방법. 이 경우 상각범위액은 법 및 이 영에 따라 양도법인이 적용하던 상각방법 및 내용연수에 의하여 계산한 금액으로 한다. (2011. 3. 31. 개정)
2. 양수법인의 상각범위액을 적용하는 방법. 이 경우 상각범위액은 법 및 이 영에 따라 양수법인이 적용하던 상각방법 및 내용연수에 의하여 계산한 금액으로 한다. (2011. 3. 31. 후단개정)
③ 적격물적분할 또는 적격현물출자를 하여 제2항을 적용하는 경우로서 상각범위액이 해당 자산의 장부가액을 초과하는 경우에는 그 초과하는 금액을 손금에 산입할 수 있다. 이 경우 그 자산을 처분하면 전단에 따라 손금에 산입한 금액의 합계액을 그 자산을 처분한 날이 속하는 사업연도에 익금산입한다. (2019. 2. 12. 신설)
④ 제2항 및 제3항을 적용받은 법인이 적격요건위반사유에 해당하는 경우 해당 사유가 발생한 날이 속하는 사업연도 및 그 후 사업연도의 소득금액 계산 및 감가상각비 손금산입액 계산에 관하여는 제26조의 2 제10항을 준용한다. 이 경우 제26조의 2 제10항 제1호의 금액(제3항 전단에 따라 손금에 산입한 금액을 포함한다)에서 같은 항 제2호의 금액을 뺀 금액이 0보다 작은 경우에는 0으로 보며, 해당 사유가 발생한 날이 속하는 사업연도의 법 제60조에 따른 신고와 함께 제1항에 따라 적격합병 등으로 취득한 자산 중 중고자산에 대한 수정내용연수를 신고하되, 신고하지 아니하는 경우에는 양수법인이 해당 자산에 대하여 제28조 제1항에 따라 정한 내용연수로 신고한 것으로 본다. (2019. 2. 12. 개정)
⑤ 제1항의 규정은 내국법인이 다음 각호에 규정하는 기한내에 기획재정부령이 정하는 내용연수변경신고서를 제출한 경우에 한하여 적용한다. (2019. 2. 12. 항번개정)
1. 중고자산을 취득한 경우에는 그 취득일이 속하는 사업연도의 법인세 과세표준 신고기한 (2001. 12. 31 개정)
2. 합병·분할로 승계한 자산의 경우에는 합병·분할등기일이 속하는 사업연도의 법인세 과세표준 신고기한 (2001. 12. 31 개정)

관계조문 ▶▶
규칙 82조 7항 3호 ⇒ 내용연수변경신고서

규정된 자산을 말한다. (2019. 3. 20. 개정)

편주 ▶
2025. 3. 21. 전에 취득한 시험연구용 기계장치의 내용연수에 관하여는 규칙 별표 2의 개정규정에도 불구하고 종전의 규정에 따름. (규칙 부칙(2025. 3. 21.) 6조)

② 영 제28조 제1항 제1호에서 "기획재정부령으로 정하는 내용연수"란 별표 2 및 별표 3에 규정된 내용연수를 말하고, 같은 호에서 "기획재정부령으로 정하는 상각방법별 상각률"이란 별표 4에 규정된 상각률을 말한다. (2019. 3. 20. 개정)
③ 영 제28조 제1항 제2호에서 "기획재정부령으로 정하는 내용연수범위"란 별표 5 및 별표 6에 규정된 내용연수범위를 말한다. (2011. 2. 28. 개정)

편주 ▶
• 규칙 별표 5의 개정규정은 2024. 4. 1.부터 시행함. (규칙 부칙(2024. 3. 22.) 1조 단서)
• 규칙 별표 6의 개정규정은 2024. 7. 1.부터 시행함. (규칙 부칙(2024. 3. 22.) 1조 단서)

예판 ▶
• 내용연수범위가 서로 다른 2 이상의 업종에 공통으로 사용되는 자산은 그 사용기간 또는 사용정도의 비율에 따라 사용비율이 가장 큰 업종의 내용연수범위를 적용하는 것임. (서면2팀-1140, 2005. 7. 20.)
• 법인이 자체개발한 소프트웨어가 법인세법상 개발비에 해당하여 무형고정자산으로 계상한 경우에는 개발비로, 개발비에

하거나, 자기소유의 토지상에 있는 임차인의 건축물을 취득하여 철거한 경우에 철거한 건축물의 취득가액과 철거비용은 해당 토지에 대한 자본적 지출로 한다. (2024. 3. 15. 개정)
2. 토지구획정리사업의 결과 무상분할양도하게 된 체비지를 대신하여 지급하는 금액은 토지에 대한 자본적 지출로 한다. (2010. 8. 18. 개정)
3. 도시계획에 의한 도로공사로 인하여 공사비로 지출된 수익자부담금은 토지에 대한 자본적 지출로 한다.
4. 공장 등의 시설을 신축 또는 증축함에 있어서 배수시설을 하게 됨으로써 공공하수도의 개축이 불가피하게 되어 그 공사비를 부담할 경우 그 공사비는 배수시설에 대한 자본적 지출로 한다.
5. 설치중인 기계장치의 시운전을 위하여 지출된 비용에서 시운전 기간 중 생산된 시제품을 처분하여 회수된 금액을 공제한 잔액은 기계장치의 자본적 지출로 한다.
6. 수입기계장치를 설치하기 위하여 지출한 외국인 기술자에 대한 식비 등 체재비는 기계장치에 대한 자본적 지출로 한다.
7. 영 제68조 제4항에 따른 장기할부조건으로 자산을 취득함에 있어서 이자상당액을 가산하여 매입가액을 확정하고 그 지불을 연불방법으로 한 경우의 이자상당액은 해당 자산에 대한 자본적 지출로 한다. 이 경우 당초 계약시 이자상당액을 해당 자산의 가액과 구분하여 지급하기로 한 때에도 또한 같다. 다만, 영 제72조 제4항 제1호에 따라 계상한 현재가치할인차금과 매입가액 확정후 연불대금 지급시에 이자상당액을 변동이자율로 재계산함에 따라 증가된 이자상당액은 그러하지 아니한다. (2024. 3. 15. 개정)
8. 부가가치세 면세사업자의 고정자산 취득에 따른 매입세액은 해당 자산에 대한 자본적 지출로 한다. (2024. 3. 15. 개정)
9. 사역용, 종축용, 착유용, 농업용 등에 사용하기 위하여 소, 말, 돼지, 면양 등을 사육하는 경우 그 목적에 사용될 때까지 사육을 위하여 지출한 사료비, 인건비, 경비 등은 이를 자본적 지출로 한다.
10. 목장용 토지(초지)의 조성비 중 최초의 조성비는 토지에 대한 자본적 지출로 한다. (2010. 8. 18. 개정)
11. 토지, 건물만을 사용할 목적으로 첨가 취득한 기계장치 등을 처분함에 따라 발생한 손실은 토지, 건물의 취득가액에 의하여 안분계산한 금액을 각각 해당 자산에 대한 자본적 지출로 한다. (2024. 3. 15. 개정)
12. 부동산 매매업자(주택신축판매업자를 포함한다)가 토지개발 또는 주택신축 등 해당 사업의 수행과 관련하여 그 토지의 일부를 도로용 등으로 국가 등에 무상으로 기증한 경우 그 토지가액은 잔존토지에 대한 자본적 지출로 한다. (2024. 3. 15. 개정)

☞ p.328 2단 연결

③ 법인세가 면제되거나 감면되는 사업을 영위하는 법인이 법인세를 면제 또는 감면받지 아니한 경우에는 감가상각의 의제규정을 적용하지 아니한다. (2001. 11. 1 개정)

② 법 제66조 제3항 단서에 따른 추계결정 또는 경정을 하는 경우에는 감가상각자산에 대한 감가상각비를 손금에 산입한 것으로 본다. (2018. 2. 13. 신설)

제31조【즉시상각의 의제】① 법인이 감가상각자산을 취득하기 위하여 지출한 금액과 감가상각자산에 대한 자본적 지출에 해당하는 금액을 손금으로 계상한 경우에는 이를 감가상각한 것으로 보아 상각범위액을 계산한다. (98. 12. 31 개정)
제31조【즉시상각의 의제】① 삭 제 (2019. 2. 12.)
② 법 제23조 제4항 제2호에서 "대통령령으로 정하는 자본적 지출"이란 법인이 소유하는 감가상각자산의 내용연수를 연장시키거나 해당 자산의 가치를 현실적으로 증가시키기 위하여 지출한 수선비를 말하며, 다음 각 호의 어느 하나에 해당하는 것에 대한 지출을 포함한다. (2019. 2. 12. 개정)
1. 본래의 용도를 변경하기 위한 개조 (98. 12. 31 개정)
2. 엘리베이터 또는 냉난방장치의 설치 (98. 12. 31 개정)
3. 빌딩 등에 있어서 피난시설 등의 설치 (98. 12. 31 개정)
4. 재해 등으로 인하여 멸실 또는 훼손되어 본래의 용도에 이용할 가치가 없는 건축물·기계·설비 등의 복구 (98. 12. 31 개정)
5. 그 밖에 개량·확장·증설 등 제1호부터 제4호까지의 지출과 유사한 성질의 것 (2019. 2. 12. 개정)
③ 법인이 각 사업연도에 지출한 수선비가 다음 각 호의 어느 하나에 해당하는 경우로서 그 수선비를 해당 사업연도의 손비로 계상한 경우에는 제2항에도 불구하고 자본적 지출에 포함하지 않는다. (2019. 2. 12. 개정)

통칙 23 – 31…1【고정자산에 대한 자본적 지출의 범위】
영 제31조 제2항 제5호에 따른 자본적 지출에는 다음 각호의 예에 따라 처리하는 것을 포함한다. (2019. 12. 23. 개정)
1. 토지만을 사용할 목적으로 건축물이 있는 토지를 취득하여 그 건축물을 철거

해당하지 않는 소프트웨어로서 업종별자산(별표 6)에 해당하지 않는 경우에는 기구 및 비품(별표 5 구분 1)으로 봄. (서면2팀 – 2068, 2005. 12. 14.)
• 태양광발전설비는 「법인세법 시행규칙」 별표 5의 구축물에 해당하므로 「법인세법 시행령」 28조 및 「법인세법 시행규칙」 별표 5의 내용연수를 적용하는 것임. (서면 – 2018 – 법인 – 2631, 2019. 1. 3.)

제16조【가동률】영 제29조 제1항 제2호에서 "기획재정부령이 정하는 가동률"이라 함은 다음 각호의 비율 중에서 당해 법인이 선택한 비율을 말한다. (2008. 3. 31. 직제개정)
1. $\dfrac{\text{당해 사업연도 실제생산량}}{\text{연간 생산가능량}} \times 100$ (99. 5. 24 개정)
2. $\dfrac{\text{연간 작업시간}}{\text{연간 작업가능시간}} \times 100$ (2003. 3. 26 개정)

제17조【수익적 지출의 범위】다음 각호의 지출은 영 제31조 제2항의 규정에 의한 자본적 지출에 해당하지 아니하는 것으로 한다. (99. 5. 24 개정)
1. 건물 또는 벽의 도장 (99. 5. 24 개정)
2. 파손된 유리나 기와의 대체 (99. 5. 24 개정)
3. 기계의 소모된 부속품 또는 벨트의 대체 (99. 5. 24 개정)
4. 자동차 타이어의 대체 (99. 5. 24 개정)

액에서 1천원을 공제한 금액을 폐기일이 속하는 사업연도의 손금에 산입할 수 있다. (2021. 2. 17. 개정)
1. 시설의 개체 또는 기술의 낙후로 인하여 생산설비의 일부를 폐기한 경우 (2021. 2. 17. 신설)
2. 사업의 폐지 또는 사업장의 이전으로 임대차계약에 따라 임차한 사업장의 원상회복을 위하여 시설물을 철거하는 경우 (2021. 2. 17. 신설)
⑧ 감가상각자산이 진부화, 물리적 손상 등에 따라 시장가치가 급격히 하락하여 법인이 기업회계기준에 따라 손상차손을 계상한 경우(법 제42조 제3항 제2호에 해당하는 경우는 제외한다)에는 해당 금액을 감가상각비로서 손비로 계상한 것으로 보아 법 제23조 제1항을 적용한다. (2019. 2. 12. 개정)

제32조【상각부인액 등의 처리】① 법 제23조 제5항에 따라 법인이 상각범위액을 초과해 손금에 산입하지 않는 금액(이하 이 조에서 "상각부인액"이라 한다)은 그 후의 사업연도에 해당 법인이 손비로 계상한 감가상각비가 상각범위액에 미달하는 경우에 그 미달하는 금액(이하 이 조에서 "시인부족액"이라 한다)을 한도로 손금에 산입한다. 이 경우 법인이 감가상각비를 손비로 계상하지 않은 경우에도 상각범위액을 한도로 그 상각부인액을 손금에 산입한다. (2019. 2. 12. 개정)
② 시인부족액은 그 후 사업연도의 상각부인액에 이를 충당하지 못한다. (98. 12. 31 개정)
③ 법인이 법 제42조 제1항 제1호에 따라 감가상각자산의 장부가액을 증액(이하 이 조에서 "평가증"이라 한다)한 경우 해당 감가상각자산의 상각부인액은 평가증의 한도까지 익금에 산입된 것으로 보아 손금에 산입하고, 평가증의 한도를 초과하는 금액은 이를 그 후의 사업연도에 이월할 상각부인액으로 한다. 이 경우 시인부족액은 소멸하는 것으로 한다. (2019. 2. 12. 개정)

관계조문 》

법 42조 1항 1호 ⇒ 보험업법이나 그 밖의 법률에 따라 고정자산을 평가하는 경우

☞ p.329 2단 연결

13. 기계장치를 설치함에 있어서 동 기계장치의 무게에 의한 지반침하와 진동을 방지하기 위하여 해당 기계장치 설치장소에만 특별히 실시한 기초공사로서 동 기계장치에 직접적으로 연결된 기초공사에 소요된 금액은 이를 동 기계장치에 대한 자본적 지출로 한다. (2024. 3. 15. 개정)

1. 개별 자산별로 수선비로 지출한 금액이 600만원 미만인 경우 (2020. 2. 11. 개정)
2. 개별자산별로 수선비로 지출한 금액이 직전 사업연도종료일 현재 재무상태표상의 자산가액(취득가액에서 감가상각누계액 상당액을 차감한 금액을 말한다)의 100분의 5에 미달하는 경우 (2010. 12. 30. 개정)
3. 3년 미만의 기간마다 주기적인 수선을 위하여 지출하는 경우 (98. 12. 31 개정)
④ 취득가액이 거래단위별로 100만원 이하인 감가상각자산(다음 각 호의 어느 하나에 해당하는 자산은 제외한다)에 대해서는 그 사업에 사용한 날이 속하는 사업연도의 손비로 계상한 것에 한정하여 손금에 산입한다. (2019. 2. 12. 개정)
1. 그 고유업무의 성질상 대량으로 보유하는 자산 (98. 12. 31 개정)
2. 그 사업의 개시 또는 확장을 위하여 취득한 자산 (98. 12. 31 개정)
⑤ 제4항에서 "거래단위"라 함은 이를 취득한 법인이 그 취득한 자산을 독립적으로 사업에 직접 사용할 수 있는 것을 말한다. (98. 12. 31 개정)
⑥ 제4항에도 불구하고 다음 각 호의 자산에 대해서는 이를 그 사업에 사용한 날이 속하는 사업연도의 손비로 계상한 것에 한정하여 손금에 산입한다. (2019. 2. 12. 개정)
1. 어업에 사용되는 어구(어선용구를 포함한다) (98. 12. 31 개정)
2. 영화필름, 공구, 가구, 전기기구, 가스기기, 가정용 기구·비품, 시계, 시험기기, 측정기기 및 간판 (2020. 2. 11. 개정)
3. 대여사업용 비디오테이프 및 음악용 콤팩트디스크로서 개별자산의 취득가액이 30만원 미만인 것 (99. 12. 31 신설)
4. 전화기(휴대용 전화기를 포함한다) 및 개인용 컴퓨터(그 주변기기를 포함한다) (2010. 12. 30. 신설)
⑦ 다음 각 호의 어느 하나에 해당하는 경우에는 해당 자산의 장부가

5. 재해를 입은 자산에 대한 외장의 복구·도장 및 유리의 삽입 (99. 5. 24 개정)
6. 기타 조업가능한 상태의 유지 등 제1호 내지 제5호와 유사한 것 (99. 5. 24 개정)

통칙 23-31…2【고정자산에 대한 수익적 지출의 범위】

규칙 제17조 제6호에 규정하는 수익적 지출에는 다음 각호의 예에 따라 처리하는 것을 포함한다. (2001. 11. 1 개정)
1. 제조업을 영위하던 자가 새로운 공장을 취득하여 전에 사용하던 기계시설·집기비품·재고자산 등을 이전하기 위하여 지출한 운반비와 기계의 해체, 조립 및 상하차에 소요되는 인건비는 수익적 지출로 한다. (85. 1. 1 개정)
2. 임대차계약을 해지한 경우 임차자산에 대하여 지출한 자본적 지출 해당액의 미상각 잔액은 수익적 지출로 한다.
3. 분쇄기에 투입되는 쇠구슬(Steel Ball)비는 수익적 지출로 한다. (2010. 8. 18. 개정)
4. 유리제조업체의 병형(틀)비는 수익적 지출로 한다.
5. 23-31…1 제1호 이외의 사유로서 기존 건축물을 철거하는 경우 기존 건축물의 장부가액과 철거비용은 수익적 지출로 한다. (2001. 11. 1 개정)

통칙 23-32…1【손금불산입한 건설자금이자의 처리】
건설 중인 고정자산에 대한 건설자금이자를 익금에 산입한 후 해당 고정자산의 건설이 완료되어 사용하는 때에는 이를 상각부인액으로 보아 해당 사업연도의 시인부족액의 범위안에서 손금추인한다. (2024. 3. 15. 개정)

제24조【기부금의 손금불산입】 ① 이 조에서 "기부금"이란 내국법인이 사업과 직접적인 관계없이 무상으로 지출하는 금액(대통령령으로 정하는 거래를 통하여 실질적으로 증여한 것으로 인정되는 금액을 포함한다)을 말한다. (2018. 12. 24. 개정)

통칙 24-0…1【기부금과 기업업무추진비 등의 구분】 (2024. 3. 15. 제목개정)
사업과 직접 관계있는 자에게 금전 또는 물품을 기증한 경우에 그 금품의 가액은 기업업무추진비로 구분하며, 사업과 직접 관계가 없는 자에게 금전 또는 물품 등을 기증한 경우에 그 물품의 가액은 거래실태별로 다음 각호의 기준에 따라 기업

---

④ 법인이 감가상각자산에 대하여 감가상각과 평가증을 병행한 경우에는 먼저 감가상각을 한 후 평가증을 한 것으로 보아 상각범위액을 계산한다. (98. 12. 31 개정)

⑤ 감가상각자산을 양도한 경우 당해 자산의 상각부인액은 양도일이 속하는 사업연도의 손금에 이를 산입한다. (98. 12. 31 개정)

⑥ 제5항의 규정을 적용함에 있어서 감가상각자산의 일부를 양도한 경우 당해 양도자산에 대한 감가상각누계액 및 상각부인액 또는 시인부족액은 당해 감가상각자산 전체의 감가상각누계액 및 상각부인액 또는 시인부족액에 양도부분의 가액이 당해 감가상각자산의 전체 가액에서 차지하는 비율을 곱하여 계산한 금액으로 한다. 이 경우 그 가액은 취득당시의 장부가액에 의한다. (98. 12. 31 개정)

제33조【감가상각비에 관한 명세서】 법인이 각 사업연도에 법 제23조 제1항에 따라 감가상각비를 손비로 계상하거나 같은 조 제2항에 따라 감가상각비를 손금에 산입한 경우에는 개별자산별로 구분하여 기획재정부령으로 정하는 감가상각비조정명세서를 작성·보관하고, 법 제60조에 따른 신고와 함께 기획재정부령으로 정하는 감가상각비조정명세서합계표와 감가상각비시부인명세서 및 취득·양도자산의 감가상각비조정명세서를 납세지 관할세무서장에게 제출하여야 한다. (2019. 2. 12. 개정)

제34조【감가상각비에 관한 세칙】 감가상각자산의 감가상각비 계산에 관하여 기타 필요한 사항은 기획재정부령으로 정한다. (2008. 2. 29. 직제개정 ; 기획재정부와~직제 부칙)

제35조【기부금의 범위】 법 제24조 제1항에서 "대통령령으로 정하는 거래"란 특수관계인 외의 자에게 정당한 사유 없이 자산을 정상가액보다 낮은 가액으로 양도하거나 특수관계인 외의 자로부터 정상가액보다 높은 가액으로 매입하는 것을 말한다. 이 경우 정상가액은 시가에 시가의 100분의 30을 더하거나 뺀 범위의 가액으로 한다. (2019. 2. 12. 개정)

제36조【기부금의 가액 등】 (2019. 2. 12. 조번개정)

• 특수관계 없는 법인에게 시중금리 또는 국세청장이 정하는 당좌대월이자율보다 저리로 금전을 대여시, 시중금리 등에 의한 이자상당액과의 차액은 '기부금 및 접대비' 관련 손금불산입 규정을 적용하지 않음. (서이 46012-11622, 2003. 9. 9.)

• 내국법인이 지정기부금단체에 자사가 수행하는 컨설팅용역이나 자사가 공연하는 공연용역을 무상으로 제공하는 경우, 그 무상으로 제공하는 용역은 기부금에 해당하지 아니하는 것임. (법인-506, 2012. 8. 22.)

••••••••••••••••••••••••••••••••

통칙 24-35…1【부동산을 무상 또는 저가 임대시 기부금 의제】
법인이 법 제2조 제12호에 따른 특수관계인 외의 자에게 해당 법인의 사업과 직접 관계없이 부동산을 무상으로 임대하거나 정당한 사유없이 정상가액보다 낮은 가액으로 임대하는 경우에는 영 제35조의 규정이 적용된다. (2024. 3. 15. 개정)
☞

업무추진비 또는 기부금으로 구분한다. (2024. 3. 15. 개정)
1. 업무와 관련하여 지출한 금품 ……… 기업업무추진비 (2024. 3. 15. 개정)
2. 전1호에 해당되지 아니하는 금품 …… 기부금

② 내국법인이 각 사업연도에 지출한 기부금 및 제5항에 따라 이월된 기부금 중 제1호에 따른 특례기부금은 제2호에 따라 산출한 손금산입한도액 내에서 해당 사업연도의 소득금액을 계산할 때 손금에 산입하되, 손금산입한도액을 초과하는 금액은 손금에 산입하지 아니한다. (2022. 12. 31. 개정)
1. 특례기부금: 다음 각 목의 어느 하나에 해당하는 기부금 (2022. 12. 31. 개정)
　가. 국가나 지방자치단체에 무상으로 기증하는 금품의 가액. 다만, 「기부금품의 모집 및 사용에 관한 법률」의 적용을 받는 기부금품은 같은 법 제5조 제2항에 따라 접수하는 것만 해당한다. (2020. 12. 22. 개정)
　나. 국방헌금과 국군장병 위문금품의 가액 (2020. 12. 22. 개정)
　다. 천재지변으로 생기는 이재민을 위한 구호금품의 가액 (2020. 12. 22. 개정)
　라. 다음의 기관(병원은 제외한다)에 시설비·교육비·장학금 또는 연구비로 지출하는 기부금 (2020. 12. 22. 개정)
　　1) 「사립학교법」에 따른 사립학교 (2020. 12. 22. 개정)
　　2) 비영리 교육재단(국립·공립·사립학교의 시설비, 교육비, 장학금 또는 연구비 지급을 목적으로 설립된 비영리 재단법인으로 한정한다) (2020. 12. 22. 개정)
　　3) 「국민 평생 직업능력 개발법」에 따른 기능대학 (2021. 8. 17. 개정 ; 근로자직업능력 개발법 부칙)

① 법인이 법 제24조에 따른 기부금을 금전 외의 자산으로 제공한 경우 해당 자산의 가액은 다음 각 호의 구분에 따라 산정한다. (2019. 2. 12. 개정)
1. 법 제24조 제2항 제1호에 따른 기부금의 경우 : 기부했을 때의 장부가액 (2021. 2. 17. 개정)
2. 특수관계인이 아닌 자에게 기부한 법 제24조 제3항 제1호에 따른 기부금의 경우 : 기부했을 때의 장부가액 (2021. 2. 17. 개정)
3. 제1호 및 제2호 외의 경우 : 기부했을 때의 장부가액과 시가 중 큰 금액 (2019. 2. 12. 개정)
② 법인이 법 제24조의 규정에 의한 기부금을 가지급금 등으로 이연계상한 경우에는 이를 그 지출한 사업연도의 기부금으로 하고, 그 후의 사업연도에 있어서는 이를 기부금으로 보지 아니한다. (98. 12. 31 개정)
③ 법인이 법 제24조의 규정에 의한 기부금을 미지급금으로 계상한 경우 실제로 이를 지출할 때까지는 당해 사업연도의 소득금액계산에 있어서 이를 기부금으로 보지 아니한다. (98. 12. 31 개정)

제37조【기부금의 손금산입 범위 등】(2019. 2. 12. 조번개정)
① 법 제24조 제2항 제1호 가목에 따라 국가 또는 지방자치단체에 무상으로 기증하는 금품의 가액에는 법인이 개인 또는 다른 법인에게 자산을 기증하고 이를 기증받은 자가 지체없이 다시 국가 또는 지방자치단체에 기증한 금품의 가액과 「한국은행법」에 따른 한국은행이 「국제금융기구에의 가입조치에 관한 법률」 제2조 제2항에 따라 출연한 금품의 가액을 포함한다. (2021. 2. 17. 개정)
② 법 제24조 제2항 제1호 나목의 국방헌금에는 「예비군법」에 따라 설치된 예비군에 직접 지출하거나 국방부장관의 승인을 받은 기관 또는 단체를 통하여 지출하는 기부금을 포함한다. (2021. 2. 17. 개정)
③ 법 제24조 제2항 제1호 다목의 천재지변에는 「재난 및 안전관리 기본법」 제60조에 따라 특별재난지역으로 선포된 경우 그 선포의 사유가 된 재난을 포함한다. (2024. 2. 29. 신설)
④ 법인이 법 제24조에 따라 기부금을 지출한 때에는 법 제24조 제2항 제1호에 따른 기부금과 같은 조 제3항 제1호에 따른 기부금을 구분하여 작성한 기획재정부령으로 정하는 기부금명세서를 법 제60조에 따른 신

제18조【기부금의 지출시기】(2019. 3. 20. 조번개정)
영 제36조 제2항 및 제3항을 적용할 때 법인이 기부금의 지출을 위하여 어음을 발행(배서를 포함한다)한 경우에는 그 어음이 실제로 결제된 날에 지출한 것으로 보며, 수표를 발행한 경우에는 당해 수표를 교부한 날에 지출한 것으로 본다. (2019. 3. 20. 개정)

관계조문
규칙 82조 1항 22호 ⇒ 기부금명세서

제18조의 2【한국학교 등의 요건 등】(2021. 3. 16. 제목개정)
① 영 제38조 제4항 제5호에 따른 총 지출금액 및 배분지출액은 다음 각 호에 따라 계산한 금액으로 한다. (2019. 3. 20. 개정)
1. 총 지출금액 : 발생주의에 기초한 결산기준 포괄손익계산서(포괄손익계산서가 없는 경우에는 손익계산서를 말한다. 이하 이 조에서 같다)의 차변에 계상된 금액의 합계액에서 현재·미래의 현금흐

4) 「평생교육법」에 따른 전공대학의 명칭을 사용할 수 있는 평생교육시설 및 원격대학 형태의 평생교육시설 (2020. 12. 22. 개정)

5) 「경제자유구역 및 제주국제자유도시의 외국교육기관 설립·운영에 관한 특별법」에 따라 설립된 외국교육기관 및 「제주특별자치도 설치 및 국제자유도시 조성을 위한 특별법」에 따라 설립된 비영리법인이 운영하는 국제학교 (2020. 12. 22. 개정)

6) 「산업교육진흥 및 산학연협력촉진에 관한 법률」에 따른 산학협력단 (2020. 12. 22. 개정)

7) 「한국과학기술원법」에 따른 한국과학기술원, 「광주과학기술원법」에 따른 광주과학기술원, 「대구경북과학기술원법」에 따른 「대구경북과학기술원, 「울산과학기술원법」에 따른 울산과학기술원 및 「한국에너지공과대학교법」에 따른 한국에너지공과대학교 (2021. 12. 21. 개정)

8) 「국립대학법인 서울대학교 설립·운영에 관한 법률」에 따른 국립대학법인 서울대학교, 「국립대학법인 인천대학교 설립·운영에 관한 법률」에 따른 국립대학법인 인천대학교 및 이와 유사한 학교로서 대통령령으로 정하는 학교 (2020. 12. 22. 개정)

9) 「재외국민의 교육지원 등에 관한 법률」에 따른 한국학교(대통령령으로 정하는 요건을 충족하는 학교만 해당한다)로서 대통령령으로 정하는 바에 따라 기획재정부장관이 지정·고시하는 학교 (2020. 12. 22. 개정)

10) 「한국장학재단 설립 등에 관한 법률」에 따른 한국장학재단 (2022. 12. 31. 신설)

마. 다음의 병원에 시설비·교육비 또는 연구비로 지출하는 기부금 (2020. 12. 22. 개정)
마. 다음의 병원 등에 시설비·교육비 또는 연구비로 지출하는 기부금 (2024. 12. 31. 개정)

편주 ▶ ···
법 24조 2항 1호 마목의 개정규정은 2025. 1. 1. 이후 과세표준을 신고하

고와 함께 납세지 관할세무서장에게 제출해야 한다. (2024. 2. 29. 항번 개정)

제38조【한국학교 등의 요건 등】 (2021. 2. 17. 제목개정)

① 법 제24조 제2항 제1호 다목의 천재지변에는 「재난 및 안전관리 기본법」 제60조에 따라 특별재난지역으로 선포된 경우 그 선포의 사유가 된 재난을 포함한다. (2021. 2. 17. 개정)

① 삭 제 (2024. 2. 29.)

② 법 제24조 제2항 제1호 라목 8)에서 "대통령령으로 정하는 학교"란 다음 각 호의 어느 하나에 해당하는 것을 말한다. (2021. 2. 17. 개정)

1. 「정부출연연구기관 등의 설립·운영 및 육성에 관한 법률」에 따라 설립된 한국개발연구원에 설치된 국제대학원 (2012. 2. 2. 신설)

2. 「한국학중앙연구원 육성법」에 따라 설립된 한국학중앙연구원에 설치된 대학원 (2012. 2. 2. 신설)

3. 「과학기술분야 정부출연연구기관 등의 설립·운영 및 육성에 관한 법률」 제33조에 따라 설립된 대학원대학 (2012. 2. 2. 신설)

③ 법 제24조 제2항 제1호 라목 9)에서 "대통령령으로 정하는 요건을 충족하는 학교"란 다음 각 호의 요건을 모두 갖춘 학교를 말한다. (2021. 2. 17. 개정)

1. 기부금 모금액 및 그 활용 실적을 공개할 수 있는 인터넷 페이지가 개설되어 있을 것 (2011. 3. 31. 개정)

2. 제14항에 따라 지정이 취소된 경우에는 그 취소된 날부터 3년, 같은 항에 따라 재지정을 받지 못하게 된 경우에는 그 지정기간의 종료일부터 3년이 지났을 것 (2014. 2. 21. 개정)

④ 법 제24조 제2항 제1호 바목에서 "대통령령으로 정하는 요건을 충족하는 법인"이란 다음 각 호의 요건을 모두 갖춘 법인을 말한다. (2021. 2. 17. 개정)

1. 기부금 모금액 및 그 활용 실적을 공개할 수 있는 인터넷 홈페이지가 개설되어 있을 것 (2011. 3. 31. 개정)

2. 「주식회사 등의 외부감사에 관한 법률」 제2조 제7호에 따른 감사인에게 회계감사를 받을 것 (2018. 10. 30. 개정 ; 주식회사의~시행령 부칙)

3. 「상속세 및 증여세법」 제50조의 3 제1항 제1호부터 제4호까지의 규

름과 무관한 비용을 뺀 금액 (2011. 2. 28. 신설)

2. 배분지출액 : 가목의 금액에서 나목과 다목의 금액을 뺀 금액 (2011. 2. 28. 신설)

가. 제1호에 따른 총 지출금액 중 개인에게 직접 지원한 금액과 다른 비영리법인·단체의 고유목적사업을 위한 재원으로 지출한 금액의 합계액 (2011. 2. 28. 신설)

나. 해당 법인이 출연하여 설립한 법인 또는 단체에 지출한 금액 (2011. 2. 28. 신설)

다. 개인에게 직접 지원한 금액이 가목의 금액에서 나목의 금액을 뺀 금액의 100분의 30을 초과하는 경우 그 초과하는 금액 (2011. 2. 28. 신설)

② 영 제36조의 2 제5항 제3호에 따른 정부지원금 및 총 수입금액은 다음 각 호에 따라 계산한 금액으로 한다. (2012. 2. 28. 개정)
1. 정부지원금 : 출연금, 보조금 등 정부로부터 이전받은 수입액 및 「부담금관리 기본법」에 따른 부담금 등 법령상 강제규정에 따라 민간 등으로부터 이전받은 수입액의 합계액 (2011. 2. 28. 신설)
2. 총 수입금액 : 다음 각 목의 금액을 합한 금액 (2011. 2. 28. 신설)
가. 발생주의에 기초한 결산 기준 포괄손익계산서의 대변에 계상된 금액의 합계액에서 현재·미래의 현금흐름과 무관한 수입액과 영 제2조 제1항 각 호의 사업에서 발생하는 수입금액을 뺀 금액 (2011. 2. 28. 신설)
나. 제1호에 따른 정부지원금 중 재무상태표에 계상된 금액 (2011. 2. 28. 신설)

② 삭 제 (2018. 3. 21.)

③ 영 제38조 제6항에서 "기획재정부령으

는 경우부터 적용함. (법 부칙(2024. 12. 31.) 3조)
....

1) 「국립대학병원 설치법」에 따른 국립대학병원 (2020. 12. 22. 개정)
2) 「국립대학치과병원 설치법」에 따른 국립대학치과병원 (2020. 12. 22. 개정)
3) 「서울대학교병원 설치법」에 따른 서울대학교병원 (2020. 12. 22. 개정)
4) 「서울대학교치과병원 설치법」에 따른 서울대학교치과병원 (2020. 12. 22. 개정)
5) 「사립학교법」에 따른 사립학교가 운영하는 병원 (2020. 12. 22. 개정)
6) 「암관리법」에 따른 국립암센터 (2020. 12. 22. 개정)
7) 「지방의료원의 설립 및 운영에 관한 법률」에 따른 지방의료원 (2020. 12. 22. 개정)
8) 「국립중앙의료원의 설립 및 운영에 관한 법률」에 따른 국립중앙의료원 (2020. 12. 22. 개정)
9) 「대한적십자사 조직법」에 따른 대한적십자사가 운영하는 병원 (2020. 12. 22. 개정)
10) 「한국보훈복지의료공단법」에 따른 한국보훈복지의료공단이 운영하는 병원 (2020. 12. 22. 개정)
11) 「방사선 및 방사성동위원소 이용진흥법」에 따른 한국원자력의학원 (2020. 12. 22. 개정)
12) 「국민건강보험법」에 따른 국민건강보험공단이 운영하는 병원 (2020. 12. 22. 개정)
13) 「산업재해보상보험법」 제43조 제1항 제1호에 따른 의료기관 (2020. 12. 22. 개정)
14) 1)부터 13)까지의 병원이 설립한 「보건의료기술 진흥법」 제28조의 2 제1항에 따른 의료기술협력단 (2024. 12. 31. 신설)

바. 사회복지사업, 그 밖의 사회복지활동의 지원에 필요한 재원을

정에 해당하는 서류 등을 해당 비영리법인 및 국세청의 인터넷 홈페이지를 통하여 공시할 것 (2018. 2. 13. 개정)

4. 「상속세 및 증여세법」 제50조의 2에 따른 전용계좌를 개설하여 사용할 것 (2010. 12. 30. 신설)

5. 제6항에 따른 신청일 직전 5개 사업연도[설립일부터 신청일 직전 사업연도 종료일까지의 기간이 5년 미만인 경우에는 해당 법인의 설립일부터 신청일이 속하는 달의 직전 달의 종료일까지의 기간(1년 이상인 경우만 해당한다)을 말한다. 이하 제6호에서 같다] 평균 기부금 배분 지출액이 총 지출금액의 100분의 80 이상이고 기부금의 모집·배분 및 법인의 관리·운영에 사용한 비용이 기부금 수입금액의 100분의 10 이하일 것. 이 경우 총 지출금액, 배분지출액 등의 계산에 관하여는 기획재정부령으로 정한다. (2012. 2. 2. 개정)

6. 신청일 직전 5개 사업연도 평균 개별 법인(단체를 포함한다. 이하 이 호에서 같다)별 기부금 배분지출액이 전체 배분지출액의 100분의 25 이하이고, 「상속세 및 증여세법 시행령」 제38조 제10항에 따른 출연자 및 같은 영 제2조의 2 제1항에 따른 출연자의 특수관계인으로서 같은 항 제4호·제5호 또는 제8호에 해당하는 비영리법인에 대해서는 기부금 배분지출액이 없을 것 (2016. 2. 12. 개정)

7. 제14항에 따라 지정이 취소된 경우에는 그 취소된 날부터 3년, 같은 항에 따라 재지정을 받지 못하게 된 경우에는 그 지정기간의 종료일부터 3년이 지났을 것 (2014. 2. 21. 개정)

⑤ 법 제24조 제2항 제7호에서 "대통령령으로 정하는 요건을 갖춘 기관"이란 다음 각 호의 요건을 모두 갖춘 기관을 말한다. (2012. 2. 2. 항번개정)

1. 기부금 모금액 및 그 활용 실적을 공개할 수 있는 인터넷 홈페이지가 개설되어 있을 것 (2011. 3. 31. 신설)

2. 설립 목적이 사회복지·자선·문화·예술·교육·학술·장학 등 공익목적 활동을 수행하는 것일 것 (2011. 3. 31. 호번개정)

3. 제6항에 따른 신청일 직전 5개 사업연도(설립일부터 신청일 직전 사업연도 종료일까지의 기간이 5년 미만인 경우에는 해당 법인의 설립일부터 신청일이 속하는 달의 직전 달의 종료일까지의 기간을 말한다) 평균 정부지원금 및 기부금 합계액이 연간 총 수입금액의 3분의 1 이상일 것. 이 경우 정부지원금 및 총 수입금액의 계산에 관하여는 기획재정부령으로 정한다. (2012. 2. 2. 개정)

4. 제14항에 따라 지정이 취소된 경우에는 그 취소된 날부터 3년, 같은 항에 따라 재지

로 정하는 서류"란 다음 각 호의 구분에 따른 서류를 말한다. (2019. 3. 20. 개정)

1. 법 제24조 제2항 제1호 라목 9)에 따른 한국학교의 경우 : 다음 각 목의 서류 (2021. 3. 16. 개정)

　가. 별지 제63호의 2 서식의 공익법인등 추천서 (2021. 3. 16. 개정)

　나. 해당 학교가 제출한 별지 제63호의 6 서식의 한국학교의 법정기부금단체 지정 신청서 (2011. 2. 28. 신설)

　나. 삭 제 (2018. 3. 21.)

　다. 「재외국민 교육지원 등에 관한 법률」 제5조 제1항 및 제4항에 따른 교육부장관의 설립승인서 및 운영승인서 (2013. 3. 23. 직제개정 ; 기획재정부와~시행규칙 부칙)

　라. 최근 3년간(설립일부터 신청일 직전 사업연도 종료일까지의 기간이 3년 미만인 경우에는 해당 학교가 설립한 사업연도부터 신청일 직전 사업연도 종료일까지의 기간을 말한다. 이하 이 항에서 같다)의 결산서 및 해당 사업연도 예산서 (2018. 3. 21. 개정)

　마. 기부금을 통한 사업계획서 (2011. 2. 28. 신설)

2. 법 제24조 제2항 제1호 바목에 따른 법인의 경우 : 다음 각 목의 서류 (2021. 3. 16. 개정)

　가. 별지 제63호의 2 서식의 공익법인등 추천서 (2021. 3. 16. 개정)

　나. 법인설립허가서 (2011. 2. 28. 신설)

모집·배분하는 것을 주된 목적으로 하는 비영리법인(대통령령
으로 정하는 요건을 충족하는 법인만 해당한다)으로서 대통령령
으로 정하는 바에 따라 기획재정부장관이 지정·고시하는 법인
에 지출하는 기부금 (2020. 12. 22. 개정)

2. 손금산입한도액 : 다음 계산식에 따라 산출한 금액 (2022. 12. 31.
개정)

> [기준소득금액(제44조, 제46조 및 제46조의 5에 따른 양도손익
> 은 제외하고 제1호에 따른 특례기부금과 제3항 제1호에 따른
> 일반기부금을 손금에 산입하기 전의 해당 사업연도의 소득금액
> 을 말한다. 이하 이 조에서 같다) − 제13조 제1항 제1호에 따
> 른 결손금(제13조 제1항 각 호 외의 부분 단서에 따라 각 사업
> 연도 소득의 80퍼센트를 한도로 이월결손금 공제를 적용받는
> 법인은 기준소득금액의 80퍼센트를 한도로 한다)] × 50퍼센트

● 예판

내국법인이 토지를 지방자치단체에 무상으로 임대하는 경우에는 해당 토지
의 적정임대료 상당액을 「법인세법」 제24조 제2항 제1호의 규정에 의한
기부금으로 보는 것임. (법인 − 481, 2014. 11. 19.)

③ 내국법인이 각 사업연도에 지출한 기부금 및 제5항에 따라 이월된
기부금 중 제1호에 따른 일반기부금은 제2호에 따라 산출한 손금산입
한도액 내에서 해당 사업연도의 소득금액을 계산할 때 손금에 산입하
되, 손금산입한도액을 초과하는 금액은 손금에 산입하지 아니한다.
(2022. 12. 31. 개정)

1. ☞ p.335

정을 받지 못하게 된 경우에는 그 지정기간의 종료일부터 3년이 지났을 것 (2014.
2. 21. 개정)

⑤ 삭 제 (2018. 2. 13.)

⑥ 제3항 또는 제4항의 학교 또는 법인(이하 "학교등"이라 한다)에
대해서는 해당 학교 등의 신청을 받아 주무관청이 매 분기 종료일부
터 1개월 전이 되는 날까지 기획재정부령으로 정하는 서류를 갖추어
기획재정부장관에게 추천을 하고, 기획재정부장관은 매 분기 말일까
지 지정하여 고시한다. (2018. 2. 13. 개정)

⑦ 제6항에 따라 기획재정부장관이 고시한 학교 등에 지출하는 기부
금은 제6항에 따른 고시를 한 날이 속하는 연도의 1월 1일부터 6년간
(이하 이 조에서 "지정기간"이라 한다) 법 제24조 제2항 제1호에 따른
기부금으로 손금에 산입한다. (2021. 2. 17. 개정)

⑧ 학교등은 지정기간 동안 다음 각 호의 의무를 이행해야 한다.
(2021. 2. 17. 개정)

1. 연간 기부금 모금액 및 그 활용 실적을 사업연도 종료일부터 4개
   월 이내에 기획재정부령으로 정하는 기부금 모금액 및 활용실적
   명세서에 따라 해당 학교등 및 국세청의 인터넷 홈페이지에 각각
   공개할 것. 다만, 「상속세 및 증여세법」 제50조의 3 제1항 제2호
   에 따른 사항을 같은 법 시행령 제43조의 3 제4항에 따른 표준서
   식에 따라 공시하는 경우에는 기부금 모금액 및 활용 실적을 공개
   한 것으로 본다. (2021. 2. 17. 개정)

2. 해당 단체의 인터넷 홈페이지를 통하여 연간 기부금 모금액 및 그 활용 실적을 다음
   연도 3월 31일까지 공개할 것 (2014. 2. 21. 개정)

2. 삭 제 (2018. 2. 13.)

3. 해당 사업연도의 수익사업의 지출을 제외한 지출액의 100분의 80
   이상을 직접 고유목적사업에 지출할 것 (2012. 2. 2. 신설)

⑨ 학교등은 제3항 또는 제4항에 따른 요건의 충족 여부 및 제8항
에 따른 의무의 이행 여부(이하 이 조에서 "요건 충족여부등"이라
한다)를 기획재정부령으로 정하는 바에 따라 주무관청에 보고하여
야 한다. 이 경우 해당 법인 또는 기관이 요건 충족여부등을 보고하
지 아니하면 주무관청이 기획재정부령으로 정하는 바에 따라 보고
하도록 요구하여야 한다. (2018. 2. 13. 개정)

다. 법인 등기사항증명서 (2011. 2. 28. 신설)

다. 삭 제 (2021. 3. 16.)

라. 정관 (2011. 2. 28. 신설)

마. 기부금을 통한 사업계획서 (2011. 2.
28. 신설)

바. 최근 3년간의 결산서 및 해당 사업
연도 예산서 (2018. 3. 21. 개정)

사. 별지 제63호의 8 서식의 총 지출금액
계산서 (2011. 2. 28. 신설)

아. 최근 3년간의 결산서에 대한 회계감
사 보고서 (2018. 3. 21. 개정)

자. 「상속세 및 증여세법 시행령」 제43
조의 2 제10항에 따른 전용계좌개
설 신고 사실에 대하여 관할 세무
서장이 발급하는 사실증명 (2011.
2. 28. 신설)

3. 법 제24조 제2항 제7호에 따른 기관의 경우 : 다
음 각 목의 서류 (2011. 2. 28. 신설)

가. 별지 제63호의 2 서식의 기부금단체 추천서
(2011. 2. 28. 신설)

나. 법인설립허가서(법 제24조 제2항 제7호 가목에
따른 기관의 경우에만 해당한다) (2011. 2. 28.
신설)

다. 법인 등기사항증명서 (2011. 2. 28. 신설)

라. 정관 (2011. 2. 28. 신설)

마. 기부금을 통한 사업계획서 (2011. 2. 28. 신설)

바. 최근 5년간의 결산서 및 해당 사업연도 예산서
(2011. 2. 28. 신설)

사. 별지 제63호의 9 서식의 총 수입금액 계산서
(2011. 2. 28. 신설)

3. 삭 제 (2018. 3. 21.)

④ 영 제38조 제6항에 따라 주무관청으로
부터 추천 서류를 제출받은 기획재정부장
관은 「전자정부법」 제36조 제1항에 따른

된 경우에는 그 지정을 취소할 것을 기획재정부령으로 정하는 바에 따라 기획재정부장관에게 요청하여야 한다. (2017. 2. 3. 개정)

⑭ 기획재정부장관은 제11항 또는 제13항에 따른 요청을 받은 경우 그 학교등에 대하여 지정을 취소하거나 재지정하지 아니할 수 있다. (2014. 2. 21. 신설)

⑮ 기획재정부장관이 제14항에 따라 학교등의 지정을 취소하는 경우에는 그 학교등의 명칭과 해당 사실 및 학교등 지정적용 배제기간(제3항 제2호, 제4항 제7호에 따른 지정취소일부터 지나야 하는 기간을 말한다)을 지정취소일이 속하는 연도의 12월 31일(지정취소일이 속하는 달이 12월인 경우에는 다음 연도 1월 31일을 말한다)까지 관보에 공고해야 한다. (2021. 2. 17. 개정)

⑩ 주무관청은 제9항에 따라 보고받은 내용을 점검한 후 그 점검결과(해당 법인이 제9항 후단에 따른 요구에도 불구하고 요건 충족여부등을 보고하지 아니한 경우에는 그 사실을 포함한다)를 기획재정부령으로 정하는 바에 따라 국세청장에게 통보하여야 한다. (2014. 2. 21. 개정)

⑪ 국세청장은 학교등이 다음 각 호의 어느 하나에 해당하는 경우에는 그 지정의 취소를 기획재정부령으로 정하는 바에 따라 기획재정부장관에게 요청해야 한다. (2021. 2. 17. 개정)

1. 학교등이 「상속세 및 증여세법」 제48조 제2항, 제3항, 제8항부터 제11항까지, 제78조 제5항 제3호, 같은 조 제10항 및 제 11항까지에 따라 기획재정부령으로 정하는 금액 이상의 상속세(그 가산세를 포함한다) 또는 증여세(그 가산세를 포함한다)를 추징당한 경우 (2021. 2. 17. 개정)

2. 학교등이 목적 외의 사업을 하거나 설립허가의 조건을 위반하는 등 공익목적을 위반한 사실, 제3항 및 제4항 제1호 및 제5호부터 제7호까지에 따른 요건 및 제8항에 따른 의무를 위반한 사실 또는 제9항 후단에 따른 요구에도 불구하고 요건 충족여부등을 보고하지 않은 사실이 있는 경우 (2021. 2. 17. 개정)

3. 「국세기본법」 제85조의 5에 따라 불성실기부금수령단체로 명단이 공개된 경우 (2011. 3. 31. 신설)

4. 법인의 대표자, 임원, 대리인, 직원 또는 그 밖의 종업원이 「기부금품의 모집·사용 및 기부문화 활성화에 관한 법률」을 위반하여 같은 법 제16조에 따라 법인 또는 개인에게 징역 또는 벌금형이 확정된 경우 (2024. 7. 23. 개정; 기부금품의~부칙)

5. 학교등이 해산한 경우 (2014. 2. 21. 신설)

⑫ 주무관청은 제11항 제2호·제4호 또는 제5호에 해당하는 학교등이 있는 경우에는 해당 학교등의 명칭과 그 내용을 국세청장에게 즉시 알려야 한다. (2014. 2. 21. 개정)

⑬ 국세청장은 학교등의 지정기간이 끝난 후에 그 학교등의 지정기간 중 제11항 각 호의 어느 하나에 해당하는 사실이 있었음을 알게 된 경우에는 그 학교등에 대하여 재지정하지 아니하거나 이미 재지정

행정정보의 공동이용을 통하여 추천 대상인 법인의 등기사항증명서를 확인해야 한다. (2021. 3. 16. 신설)

⑤ 영 제38조 제11항 제1호에서 "기획재정부령으로 정하는 금액"이란 사업연도별로 1천만원을 말한다. (2019. 3. 20. 개정)

⑥ 주무관청은 학교등의 명칭이 변경된 경우로서 해당 학교등이 지정요건을 계속 충족하고 있는 경우에는 지체 없이 그 학교등의 정관을 첨부하여 기획재정부장관에게 그 사실을 알려야 한다. 이 경우 기획재정부장관은 「전자정부법」 제36조 제1항에 따른 행정정보의 공동이용을 통하여 그 학교등의 법인 등기사항증명서를 확인해야 한다. (2021. 3. 16. 개정)

제19조【학교등의 요건 충족여부등 보고기한 등】 (2020. 3. 13. 제목개정)

① 영 제38조 제3항 또는 제4항에 따른 학교 또는 법인(이하 이 조에서 "학교등"이라 한다)은 영 제38조 제9항에 따른 요건 충족여부등(이하 이 조에서 "요건충족여부등"이라 한다)을 사업연도 종료일부터 4개월 이내에 주무관청에 보고해야 한다. (2021. 3. 16. 개정)

② 학교등의 주무관청(이하 이 조에서 "주무관청"이라 한다)은 제1항의 보고기한까지 요건충족여부등을 보고하지 않은 학교등에 대해서는 제1항의 보고기한으로부터 2개월 이내에 요건충족여부등을 보고하도록 지체 없이 요구해야 한다. (2021. 3. 16. 개정)

③ 주무관청은 제1항 및 제2항에 따라 요

<제24조 ③>
1. 일반기부금 : 사회복지·문화·예술·교육·종교·자선·학술 등 공익성을 고려하여 대통령령으로 정하는 기부금(제2항 제1호에 따른 기부금은 제외한다. 이하 이 조에서 같다) (2022. 12. 31. 개정)
2. 손금산입한도액 : 다음 계산식에 따라 산출한 금액 (2022. 12. 31. 개정)

> [기준소득금액 – 제13조 제1항 제1호에 따른 결손금(제13조 제1항 각 호 외의 부분 단서에 따라 각 사업연도 소득의 80퍼센트를 한도로 이월결손금 공제를 적용받는 법인은 기준소득금액의 80퍼센트를 한도로 한다) – 제2항에 따른 손금산입액(제5항에 따라 이월하여 손금에 산입한 금액을 포함한다)] × 10퍼센트(사업연도 종료일 현재 「사회적기업 육성법」 제2조 제1호에 따른 사회적기업은 20퍼센트로 한다)

통칙 24-0…2【국·공립학교 후원회 등에 대한 기부금의 처리】
국·공립학교가 「기부금품의 모집 및 사용에 관한 법률」 제2조 제1호 라목에 따라 후원회 등을 통하여 받는 기부금은 동법상의 기부심사위원회의 심의대상이 아니므로 동 법에 의한 심의절차를 거치지 아니한 경우에도 법 제24조 제2항 제1호의 기부금에 해당한다. (2019. 12. 23. 개정)

24-0…3【이재민이 부담할 공사비를 부담한 경우의 처리】
재해복구공사를 시공하는 법인이 공사대금 중 이재민이 부담하여야 할 공사대금 상당액을 이재민을 위하여 부담하였을 경우에는 법 제24조 제2항 제1호 다목에 따른 기부금의 범위에 포함하는 것으로 한다. (2024. 3. 15. 개정)

24-0…4【국외난민돕기 성금의 처리】
법 제24조 제2항 제1호 다목의 기부금에는 해외의 천재·지변 등으로 생긴 이재민을 위한 구호금품의 가액을 포함하는 것으로 한다. (2024. 3. 15. 개정)

④ 제2항 제1호 및 제3항 제1호 외의 기부금은 해당 사업연도의 소득금액을 계산할 때 손금에 산입하지 아니한다. (2020. 12. 22. 개정)
⑤ 내국법인이 각 사업연도에 지출하는 기부금 중 제2항 및 제3항에 따라 기부금의 손금산입한도액을 초과하여 손금에 산입하지 아니한 금액은 해당 사업연도의 다음 사업연도 개시일부터 10년 이내에 끝

제39조【공익성을 고려하여 정하는 기부금의 범위 등】(2021. 2. 17. 제목개정)
① 법 제24조 제3항 제1호에서 "대통령령으로 정하는 기부금"이란 다음 각 호의 어느 하나에 해당하는 것을 말한다. (2021. 2. 17. 개정)
1. 다음 각 목의 비영리법인(단체 및 비영리외국법인을 포함하며, 이하 이 조에서 "공익법인등"이라 한다)에 대하여 해당 공익법인등의 고유목적사업비로 지출하는 기부금. 다만, 바목에 따라 지정·고시된 법인에 지출하는 기부금은 지정일이 속하는 연도의 1월 1일부터 3년간(지정받은 기간이 끝난 후 2년 이내에 재지정되는 경우에는 재지정일이 속하는 사업연도의 1월 1일부터 6년간으로 한다. 이하 이 조에서 "지정기간"이라 한다) 지출하는 기부금으로 한정한다. (2021. 2. 17. 개정)
가. 「사회복지사업법」에 따른 사회복지법인 (2018. 2. 13. 신설)
나. 「영유아보육법」에 따른 어린이집 (2018. 2. 13. 신설)
다. 「유아교육법」에 따른 유치원, 「초·중등교육법」 및 「고등교육법」에 따른 학교, 「국민 평생 직업능력 개발법」에 따른 기능대학, 「평생교육법」 제31조 제4항에 따른 전공대학 형태의 평생교육시설 및 같은 법 제33조 제3항에 따른 원격대학 형태의 평생교육시설 (2022. 2. 17. 개정 ; 근로자직업~부칙)
라. 「의료법」에 따른 의료법인 (2018. 2. 13. 신설)
라. 「의료법」에 따른 의료법인 및 「보건의료기술 진흥법」 제28조의2 제1항에 따른 의료기술협력단[법 제24조 제2항 제1호 마목 14)에 해당하는 의료기술협력단은 제외한다] (2025. 2. 28. 개정)

편주 ▶ ··
영 39조 1항 1호 라목의 개정규정은 2025. 2. 28. 이후 과세표준을 신고하는 경우부터 적용함. (영 부칙(2025. 2. 28.) 7조)
··

마. 종교의 보급, 그 밖에 교화를 목적으로 「민법」 제32조에 따라 문화체육관광부장관 또는 지방자치단체의 장의 허가를 받아 설립한 비영리법인(그 소속 단체를 포함한다) (2018. 2. 13. 신설)
바. 「민법」 제32조에 따라 주무관청의 허가를 받아 설립된 비영리

건충족여부등을 보고받은 경우에는 그 점검결과를, 보고받지 못한 경우에는 그 미보고 사실을 제1항의 보고기한으로부터 3개월 이내에 국세청장에게 통보해야 한다. (2021. 3. 16. 개정)
④ 제1항 및 제3항에 따라 학교등 및 주무관청이 제출하는 서식은 다음 각 호의 서식에 따른다. (2020. 3. 13. 개정)
1. 영 제38조 제3항에 따른 학교: 별지 제63호의 12 서식 (2020. 3. 13. 개정)
2. 영 제38조 제4항에 따른 법인(이하 "전문모금기관"이라 한다) : 별지 제63호의 11 서식 (2021. 3. 16. 개정)
3. 법 제24조 제2항 제7호에 따른 법정기부금단체 : 별지 제63조의 12 서식 (2012. 2. 28. 신설)
3. 삭 제 (2018. 3. 21.)
⑤ 영 제38조 제8항 제1호에서 "기획재정부령으로 정하는 기부금 모금액 및 활용실적 명세서"란 별지 제63호의 7 서식을 말한다. (2020. 3. 13. 개정)
⑥ 국세청장은 영 제38조 제11항 및 제13항에 따라 학교등의 지정을 취소하거나 다시 지정하지 않으려는 경우에는 다음 각 호의 구분에 따라 해당 기한까지 기획재정부장관에게 이를 요청해야 한다. (2020. 3. 13. 개정)
1. 영 제38조 제11항에 해당하는 경우 : 11월 30일 (2020. 3. 13. 개정)
2. 영 제38조 제13항에 해당하는 경우 : 해당 사유를 알게 된 날부터 5개월이 되는 날 (2020. 3. 13. 개정)
⑦ 국세청장은 제6항에 따라 지정을 취소하거나 재지정하지 않을 것을 기획재정부

나는 각 사업연도로 이월하여 그 이월된 사업연도의 소득금액을 계산할 때 제2항 제2호 및 제3항 제2호에 따른 기부금 각각의 손금산입한도액의 범위에서 손금에 산입한다. (2020. 12. 22. 개정)
⑥ 제2항 및 제3항에 따라 손금에 산입하는 경우에는 제5항에 따라 이월된 금액을 해당 사업연도에 지출한 기부금보다 먼저 손금에 산입한다. 이 경우 이월된 금액은 먼저 발생한 이월금액부터 손금에 산입한다. (2020. 12. 22. 개정)

제25조 【기업업무추진비의 손금불산입】 (2022. 12. 31. 제목개정)
① 이 조에서 "기업업무추진비"란 접대, 교제, 사례 또는 그 밖에 어떠한 명목이든 상관없이 이와 유사한 목적으로 지출한 비용으로서 내국법인이 직접 또는 간접적으로 업무와 관련이 있는 자와 업무를 원활하게 진행하기 위하여 지출한 금액을 말한다. (2022. 12. 31. 개정)

편주 ▶
• 법 25조(같은 조 2항 3호 중 "매입자발행계산서"의 개정부분은 제외함)의 개정규정은 2024. 1. 1.부터 시행함. (법 부칙(2022. 12. 31.) 1조 1호)
• 2024. 1. 1. 전에 지출한 접대비는 법 25조의 개정규정에 따른 기업업무추진비로 봄. (법 부칙(2022. 12. 31.) 17조)

②. ☞ p.342

법인(이하 이 조에서 "「민법」상 비영리법인"이라 한다), 비영리외국법인, 「협동조합 기본법」 제85조에 따라 설립된 사회적협동조합(이하 이 조에서 "사회적협동조합"이라 한다), 「공공기관의 운영에 관한 법률」 제4조에 따른 공공기관(같은 법 제5조 제4항 제1호에 따른 공기업은 제외한다. 이하 이 조에서 "공공기관"이라 한다) 또는 법률에 따라 직접 설립 또는 등록된 기관 중 다음의 요건을 모두 충족한 것으로서 국세청장(주사무소 및 본점소재지 관할 세무서장을 포함한다. 이하 이 조에서 같다)의 추천을 받아 기획재정부장관이 지정하여 고시한 법인. 이 경우 국세청장은 해당 법인의 신청을 받아 기획재정부장관에게 추천해야 한다. (2021. 2. 17. 개정)
1) 다음의 구분에 따른 요건 (2018. 2. 13. 신설)
　가) 「민법」상 비영리법인 또는 비영리외국법인의 경우 : 정관의 내용상 수입을 회원의 이익이 아닌 공익을 위하여 사용하고 사업의 직접 수혜자가 불특정 다수일 것(비영리외국법인의 경우 추가적으로 「재외동포의 출입국과 법적 지위에 관한 법제2조에 따른 재외동포의 협력 · 지원, 한국의 홍보 또는 국제교류 · 협력을 목적으로 하는 것일것). 다만, 「상속세 및 증여세법 시행령」 제38조 제8항 제2호 각 목 외의 부분 단서에 해당하는 경우에는 해당 요건을 갖춘 것으로 본다. (2021. 2. 17. 단서신설)
　나) 사회적협동조합의 경우 : 정관의 내용상 「협동조합 기본법」 제93조 제1항 제1호부터 제3호까지의 사업 중 어느 하나의 사업을 수행하는 것일 것 (2018. 2. 13. 신설)
　다) 공공기관 또는 법률에 따라 직접 설립 또는 등록된 기관의 경우 : 설립목적이 사회복지 · 자선 · 문화 · 예술 · 교육 · 학술 · 장학 등 공익목적 활동을 수행하는 것일 것 (2021. 2. 17. 개정)
2) 해산하는 경우 잔여재산을 국가 · 지방자치단체 또는 유사한 목적을 가진 다른 비영리법인에 귀속하도록 한다는 내용이 정관에 포함되어 있을 것 (2018. 2. 13. 신설)

장관에게 요청할 때에는 다음 각 호의 사항을 적은 문서로 해야 한다. 이 경우 제3항에 따라 주무관청으로부터 통보받은 점검결과 등의 관련 자료를 첨부해야 한다. (2020. 3. 13. 개정)
1. 지정 취소 또는 재지정 거부 대상 학교 등 명칭 (2020. 3. 13. 개정)
2. 주무관청 (2014. 3. 14. 신설)
3. 지정 취소 또는 재지정 거부 사유 (2014. 3. 14. 신설)
4. 그 밖에 지정 취소나 재지정 거부에 필요한 사항 (2014. 3. 14. 신설)

제19조의 2 【공익법인등의 의무이행여부등 보고기한 등】 (2021. 3. 16. 제목개정) ① 영 제39조 제6항에 따른 공익법인등은 같은 조 제5항에 따른 의무이행 여부(이하 이 조에서 "의무이행여부"라 한다)를 사업연도 종료일부터 4개월 이내에 국세청장에게 보고해야 한다. (2023. 3. 20. 개정)
② 국세청장은 제1항의 보고기한까지 의무이행여부를 보고하지 않은 공익법인등에 대해서는 제1항의 보고기한으로부터 2개월 이내에 의무이행여부를 보고하도록 지체없이 요구해야 한다. (2021. 3. 16. 개정)
③ 제1항에 따라 공익법인등이 보고하는 서식은 별지 제63호의 10 서식에 따른다. (2021. 3. 16. 개정)
④ 영 제39조 제5항 제3호 나목 후단에서 "기획재정부령으로 정하는 기부금 모금액

춘 공익신탁으로 신탁하는 기부금 (2017. 2. 3. 개정)
다. 사회복지·문화·예술·교육·종교·자선·학술 등 공익목
   적으로 지출하는 기부금으로서 기획재정부장관이 지정하여 고
   시하는 기부금 (2018. 2. 13. 개정)

통칙 24-39…5【대한체육회에 지출한 일반기부금의 범위】(2024. 3. 15.
제목개정)
메달획득자에게 지급하는 연금은 경기력 향상을 위한 운동선수의 양성에 그 목적
이 있는 것이므로 대한체육회에 동 연금의 지급을 위한 기금으로 지출한 금액으
로서 기획재정부장관이 지정하여 고시하는 기부금은 영 제39조 제1항 제2호 다
목에 따른 일반기부금으로 본다. (2024. 3. 15. 개정)

   라.~마. 삭 제 (2001. 12. 31)

3. 제19조 제11호의 규정에 의한 회비 중 특별회비와 동호의 규정에 의한 조합 또는
   협회외의 임의로 조직된 조합 또는 협회에 지급한 회비 (98. 12. 31 개정)
3. 삭 제 (2018. 2. 13.)
4. 다음 각 목의 어느 하나에 해당하는 사회복지시설 또는 기관 중 무
   료 또는 실비로 이용할 수 있는 시설 또는 기관에 기부하는 금품의
   가액. 다만, 나목 1)에 따른 노인주거복지시설 중 양로시설을 설치
   한 자가 해당 시설의 설치·운영에 필요한 비용을 부담하는 경우
   그 부담금 중 해당 시설의 운영으로 발생한 손실금(기업회계기준에
   따라 계산한 해당 과세기간의 결손금을 말한다)이 있는 경우에는 그
   금액을 포함한다. (2012. 2. 2. 개정)
   가. 「아동복지법」 제52조 제1항에 따른 아동복지시설 (2012. 8.
      3. 개정 ; 아동복지법 시행령 부칙)
   나. 「노인복지법」 제31조에 따른 노인복지시설 중 다음의 시설을
      제외한 시설 (2012. 2. 2. 개정)
      1) 「노인복지법」 제32조 제1항에 따른 노인주거복지시설 중
         입소자 본인이 입소비용의 전부를 부담하는 양로시설·노
         인공동생활가정 및 노인복지주택 (2012. 2. 2. 개정)
      2) 「노인복지법」 제34조 제1항에 따른 노인의료복지시설 중 입
         소자 본인이 입소비용의 전부를 부담하는 노인요양시설·노

☞ p.338 2단 연결

3) 인터넷 홈페이지가 개설되어 있고, 인터넷 홈페이지를 통해
   연간 기부금 모금액 및 활용실적을 공개한다는 내용이 정관
   에 포함되어 있으며, 법인의 공익위반 사항을 국민권익위원
   회, 국세청 또는 주무관청 등 공익위반사항을 관리·감독할
   수 있는 기관(이하 "공익위반사항 관리·감독 기관"이라 한
   다) 중 1개 이상의 곳에 제보가 가능하도록 공익위반사항
   관리·감독기관이 개설한 인터넷 홈페이지와 해당 법인이
   개설한 홈페이지가 연결되어 있을 것 (2020. 2. 11. 개정)
4) 비영리법인으로 지정·고시된 날이 속하는 연도와 그 직전
   연도에 해당 비영리법인의 명의 또는 그 대표자의 명의로
   특정 정당 또는 특정인에 대한 「공직선거법」 제58조 제1항
   에 따른 선거운동을 한 사실이 없을 것 (2022. 2. 15. 개정)
5) 제12항에 따라 지정이 취소된 경우에는 그 취소된 날부터
   3년, 제9항에 따라 추천을 받지 않은 경우에는 그 지정기간
   의 종료일부터 3년이 지났을 것. 다만, 제5항 제1호에 따른
   의무를 위반한 사유만으로 지정이 취소되거나 추천을 받지
   못한 경우에는 그렇지 않다. (2020. 2. 11. 개정)

• 예 판 ···
비영리법인의 소속단체인 개별교회가 고유번호를 부여받지 않는 경우라도 지
정기부금 단체로 볼 수 있음. (재법인-714, 2010. 8. 27.)
··

2. 다음 각 목의 기부금 (2018. 2. 13. 개정)
   가. 「유아교육법」에 따른 유치원의 장·「초·중등교육법」 및 「고
      등교육법」에 의한 학교의 장, 「국민 평생 직업능력 개발법」에
      의한 기능대학의 장, 「평생교육법」 제31조 제4항에 따른 전공
      대학 형태의 평생교육시설 및 같은 법 제33조 제3항에 따른 원
      격대학 형태의 평생교육시설의 장이 추천하는 개인에게 교육
      비·연구비 또는 장학금으로 지출하는 기부금 (2022. 2. 17. 개
      정 ; 근로자직업~부칙)
   나. 「상속세 및 증여세법 시행령」 제14조 제1항 각 호의 요건을 갖

및 활용실적 명세서"란 별지 제63호의 7
서식을 말한다. (2023. 3. 20. 개정)
⑤ 국세청장은 영 제39조 제8항 및 제9
항에 따라 공익법인등의 지정을 취소하는
경우에는 다음 각 호의 구분에 따라 해당
기한까지 기획재정부장관에게 이를 요청
해야 한다. (2021. 3. 16. 개정)
1. 영 제39조 제8항에 해당하는 경우: 11월
   30일 (2020. 3. 13. 신설)
2. 영 제39조 제9항에 해당하는 경우: 해당
   사유를 알게 된 날부터 5개월이 되는 날
   (2020. 3. 13. 신설)
⑥ 국세청장은 제5항에 따라 지정을 취소
할 것을 기획재정부장관에게 요청할 때에
는 다음 각 호의 사항을 적은 문서로 해야
한다. (2020. 3. 13. 신설)
1. 지정 취소대상 공익법인등의 명칭 (2021.
   3. 16. 개정)
2. 주무관청 (2020. 3. 13. 신설)
3. 지정 취소사유 (2020. 3. 13. 신설)
4. 그 밖에 지정 취소에 필요한 사항 (2020.
   3. 13. 신설)

제18조의 3【공익법인등의 범위】
(2021. 3. 16. 제목개정)
① 영 제39조 제1항 제1호 바목에 따른 지
정은 매분기별로 한다. (2020. 3. 13. 신설)
② 영 제39조 제1항 제1호 바목에 따라 추
천을 받으려는 법인은 별지 제63호의 5 서
식의 공익법인등 추천신청서에 다음 각 호
의 서류를 첨부하여 해당 분기 마지막 달
의 전전달 10일까지 국세청장(주사무소 및

(2013. 2. 15. 신설)

타. 「건강가정기본법」 제35조 제1항에 따른 건강가정지원센터 (2021. 2. 17. 신설)

파. 「청소년복지 지원법」 제31조에 따른 청소년복지시설 (2022. 2. 15. 신설)

5. 다음 각 목의 요건을 모두 갖춘 비영리외국법인(단체를 포함하며, 이하 이조에서 같다)으로서 주무관청의 추천을 받아 기획재정부장관이 지정하는 비영리외국법인 (이하 이 조에서 "해외지정기부금단체"라 한다)에 대하여 지출하는 기부금으로서 지정기간 동안 지출하는 기부금 (2013. 2. 15. 개정)

가. 비영리외국법인으로서 「재외동포의 출입국과 법적 지위에 관한 법률」 제2조에 따른 재외동포의 협력·지원, 한국의 홍보 또는 국제교류·협력을 목적으로 하는 법인일 것 (2013. 2. 15. 개정)

나. 제1항 제1호 사목 1)부터 5)까지의 요건을 모두 충족할것. 이 경우 비영리외국법인은 「민법」상 비영리법인으로 보아 요건을 적용한다. (2014. 2. 21. 개정)

5. 삭 제 (2018. 2. 13.)

6. 다음 각 목의 요건을 모두 갖춘 국제기구로서 기획재정부장관이 지정하여 고시하는 국제기구에 지출하는 기부금 (2018. 2. 13. 개정)

가. 사회복지, 문화, 예술, 교육, 종교, 자선, 학술 등 공익을 위한 사업을 수행할 것 (2013. 2. 15. 신설)

나. 우리나라가 회원국으로 가입하였을 것 (2013. 2. 15. 신설)

② 법인으로 보는 단체 중 제56조 제1항 각 호에 따른 단체를 제외한 단체의 수익사업에서 발생한 소득을 고유목적사업비로 지출하는 금액은 법 제24조 제3항 제1호에 따른 기부금으로 본다. (2021. 2. 17. 개정)

③ 제1항 제1호 본문 및 제2항에서 "고유목적사업비"란 해당 비영리법인 또는 단체에 관한 법령 또는 정관에 규정된 설립목적을 수행하는 사업으로서 제3조 제1항에 해당하는 수익사업(보건업 및 사회복지 서비스업 중 보건업은 제외한다)외의 사업에 사용하기 위한 금액을 말한다. (2019. 2. 12. 개정)

④ 법 제24조의 규정에 의하여 기부금을 지출한 법인이 손금산입을 하고자 하는 경우에는 기획재정부령이 정하는 기부금영수증을 받아서 보관하여야 한다. (2008. 2. 29. 직제개정 ; 기획재정부와~직제 부칙)

☞ p.339 2단 연결

인요양공동생활가정 및 노인전문병원 (2012. 2. 2. 개정)

3) 「노인복지법」 제38조에 따른 재가노인복지시설 중 이용자 본인이 재가복지서비스에 대한 이용대가를 전부 부담하는 시설 (2012. 2. 2. 개정)

다. 「장애인복지법」 제58조 제1항에 따른 장애인복지시설. 다만, 다음 각 목의 시설은 제외한다. (2010. 12. 30. 개정)

1) 비영리법인(「사회복지사업법」 제16조 제1항에 따라 설립된 사회복지법인을 포함한다) 외의 자가 운영하는 장애인공동생활가정 (2010. 12. 30. 개정)

2) 「장애인복지법 시행령」 제36조에 따른 장애인생산품 판매시설 (2010. 12. 30. 개정)

3) 장애인 유료복지시설 (2010. 12. 30. 개정)

라. 「한부모가족지원법」 제19조 제1항에 따른 한부모가족복지시설 (2010. 12. 30. 개정)

마. 「정신건강증진 및 정신질환자 복지서비스 지원에 관한 법률」 제3조 제6호 및 제7호에 따른 정신요양시설 및 정신재활시설 (2017. 5. 29. 개정 ; 정신보건법 시행령 부칙)

바. 「성매매방지 및 피해자보호 등에 관한 법률」 제6조 제2항 및 제10조 제2항에 따른 지원시설 및 성매매피해상담소 (2010. 12. 30. 개정)

사. 「가정폭력방지 및 피해자보호 등에 관한 법률」 제5조 제2항 및 제7조 제2항에 따른 가정폭력 관련 상담소 및 보호시설 (2010. 12. 30. 개정)

아. 「성폭력방지 및 피해자보호 등에 관한 법률」 제10조 제2항 및 제12조 제2항에 따른 성폭력피해상담소 및 성폭력피해자보호시설 (2010. 12. 30. 개정)

자. 「사회복지사업법」 제34조에 따른 사회복지시설 중 사회복지관과 부랑인·노숙인 시설 (2010. 12. 30. 개정)

차. 「노인장기요양보험법」 제32조에 따른 재가장기요양기관 (2011. 3. 31. 신설)

카. 「다문화가족지원법」 제12조에 따른 다문화가족지원센터

본점소재지 관할 세무서장을 포함한다. 이하 이 조 및 제19조에서 같다)에게 제출해야 한다. (2023. 3. 20. 개정)

1. 법인 등의 설립 또는 등록에 관한 다음 각 목의 서류 (2023. 3. 20. 호번개정)

가. 「민법」 제32조에 따라 주무관청의 허가를 받아 설립된 비영리법인, 「공공기관의 운영에 관한 법률」 제4조에 따른 공공기관(같은 법 제5조 제4항 제1호에 따른 공기업은 제외한다) 또는 법률에 따라 직접 설립 또는 등록된 기관의 경우: 법인설립허가서 (2021. 3. 16. 개정)

나. 「협동조합 기본법」 제85조에 따라 설립된 사회적협동조합(이하 이 조에서 "사회적협동조합"이라 한다)의 경우 : 사회적협동조합 설립인가증 (2021. 3. 16. 개정)

다. 비영리외국법인의 경우 : 외국의 정부가 발행한 해당 법인의 설립에 관한 사항을 증명할 수 있는 서류 (2020. 3. 13. 신설)

2. 정관 (2023. 3. 20. 호번개정)

3. 최근 3년간의 결산서 및 해당 사업연도 예산서. 다만, 제출일 현재 법인 등의 설립기간이 3년이 경과하지 않은 경우에는 다음 각 목의 서류 (2023. 3. 20. 호번개정)

가. 제출 가능한 사업연도의 결산서 (2020. 3. 13. 신설)

나. 해당 사업연도 예산서 (2020. 3. 13. 신설)

야 한다. (2021. 2. 17. 개정)
4. 해당 공익법인등의 명의 또는 그 대표자의 명의로 특정 정당 또는 특정인에 대한 「공직선거법」 제58조 제1항에 따른 선거운동을 한 것으로 권한 있는 기관이 확인한 사실이 없을 것 (2021. 2. 17. 개정)
5. 각 사업연도의 수익사업의 지출을 제외한 지출액의 100분의 80 이상을 직접 고유목적사업에 지출할 것 (2014. 2. 21. 신설)
5의 2. 사업연도 종료일을 기준으로 최근 2년 동안 고유목적사업의 지출내역이 있을 것 (2020. 2. 11. 신설)
6. 「상속세 및 증여세법」 제50조의 2 제1항에 따른 전용계좌를 개설하여 사용할 것 (2018. 2. 13. 신설)
7. 「상속세 및 증여세법」 제50조의 3 제1항 제1호부터 제4호까지의 서류 등을 사업연도 종료일부터 4개월 이내에 해당 공익법인등과 국세청의 인터넷 홈페이지를 통하여 공시할 것. 다만, 「상속세 및 증여세법 시행령」 제43조의 5 제2항에 따른 공익법인등은 제외한다. (2023. 2. 28. 단서개정)
8. 「상속세 및 증여세법」 제50조의 4에 따른 공익법인등에 적용되는 회계기준에 따라 「주식회사 등의 외부감사에 관한 법률」 제2조 제7호에 따른 감사인에게 회계감사를 받을 것. 다만, 「상속세 및 증여세법 시행령」 제43조 제3항 및 제4항에 따른 공익법인등은 제외한다. (2020. 2. 11. 단서개정)
⑥ 제1항 제1호 각 목에 따른 공익법인등(다음 각 호에 해당하는 공익법인등은 제외한다)은 각 사업연도의 제5항에 따른 의무의 이행 여부(이하 이 조에서 "의무이행 여부"라 한다)를 기획재정부령으로 정하는 바에 따라 국세청장에게 보고해야 한다. 이 경우 해당 공익법인등이 의무이행 여부를 보고하지 않으면 국세청장은 기획재정부령으로 정하는 바에 따라 보고하도록 요구해야 한다. (2023. 2. 28. 개정)
1. 제1항 제1호 나목 및 다목(유치원만 해당한다)에 따른 공익법인등(해당 사업연도에 기부금 모금액이 없는 경우로 한정한다) (2023. 2. 28. 신설)

☞ p.340 2단 연결

⑤ 제1항 제1호 각 목(마목은 제외한다)의 공익법인등은 다음 각 호의 의무를 이행해야 한다. 이 경우 같은 호 바목의 공익법인등은 지정기간(제4호의 경우에는 지정일이 속하는 연도의 직전 연도를 포함한다) 동안 해당 의무를 이행해야 한다. (2022. 2. 15. 개정)
1. 제1항 제1호 바목 1)부터 3)까지의 요건을 모두 충족할 것(제1항 제1호 바목에 따른 법인만 해당한다) (2018. 2. 13. 개정)
2. 다음 각 목의 구분에 따른 의무를 이행할 것 (2014. 2. 21. 신설)
가. 「민법」상 비영리법인 또는 비영리외국법인의 경우 : 수입을 회원의 이익이 아닌 공익을 위하여 사용하고 사업의 직접 수혜자가 불특정 다수일 것(비영리외국법인의 경우 추가적으로 「재외동포의 출입국과 법적 지위에 관한 법률」 제2조에 따른 재외동포의 협력·지원, 한국의 홍보 또는 국제교류·협력을 목적으로 하는 사업을 수행할 것). 다만, 「상속세 및 증여세법 시행령」 제38조 제8항 제2호 각 목 외의 부분 단서에 해당하는 경우에는 해당 의무를 이행한 것으로 본다. (2021. 2. 17. 단서신설)
나. 사회적협동조합의 경우 : 「협동조합 기본법」 제93조 제1항 제1호부터 제3호까지의 사업 중 어느 하나의 사업을 수행할 것 (2016. 2. 12. 개정)
다. 공공기관 또는 법률에 따라 직접 설립 또는 등록된 기관의 경우 : 사회복지·자선·문화·예술·교육·학술·장학 등 공익목적 활동을 수행할 것 (2021. 2. 17. 개정)
3. 기부금 모금액 및 활용실적을 매년 사업연도 종료일부터 4개월 이내에 다음 각 목에 따라 공개할 것. 다만, 「상속세 및 증여세법」 제50조의 3 제1항 제2호에 따른 사항을 같은 법 시행령 제43조의 5 제4항에 따른 표준서식에 따라 공시하는 경우에는 다음 각 목의 공개를 모두 한 것으로 본다. (2023. 2. 28. 단서개정)
가. 해당 공익법인등의 인터넷 홈페이지에 공개할 것 (2021. 2. 17. 개정)
나. 국세청의 인터넷 홈페이지에 공개할 것. 이 경우 기획재정부령으로 정하는 기부금 모금액 및 활용실적 명세서에 따라 공개해

다. 국세청장에 추천을 신청하는 날이 속하는 달의 직전 월까지의 월별 수입·지출 내역서 (2020. 3. 13. 신설)
4. 지정일이 속하는 사업연도부터 3년(영 제39조 제1항 제1호 각 목 외의 부분 단서에 따른 지정기간이 6년인 경우에는 5년으로 한다)이 경과하는 날이 속하는 사업연도까지의 기부금 모집을 통한 사업계획서 (2023. 3. 20. 호번개정)
5. 법인 대표자의 별지 제63호의 6 서식의 공익법인등 의무이행준수 서약서(영 제39조 제1항 제1호 각 목 외의 부분 단서에 따른 지정기간이 3년인 경우에 한정한다) (2023. 3. 20. 호번개정)
6. 기부금모금 및 지출을 통한 공익활동보고서(영 제39조 제1항 제1호 각 목 외의 부분 단서에 따른 지정기간이 6년인 경우에 한정한다) (2023. 3. 20. 호번개정)
③ 제2항에 따라 공익법인등 추천신청서 및 같은 항 각 호의 서류(이하 "추천신청서류"라 한다)를 제출받은 국세청장은 「전자정부법」 제36조 제1항에 따른 행정정보의 공동이용을 통하여 추천 대상인 법인의 등기사항증명서를 확인해야 하며, 제2항에 따라 제출받은 추천신청서류를 검토한 후 지정요건을 충족하는 기관에 대해서는 해당 분기 마지막 달의 직전 달 10일까지 추천기관의 법인명, 대표자, 사업내용 등을 기재한 별지 제63호의 2 서식의 공익법인등 추천서에 추천신청서류를 첨

그 지정을 취소할 것을 기획재정부장관에게 요청해야 한다. (2021. 2. 17. 개정)

통칙 24－39…1【준비금과 일반기부금한도액 계산순서】(2024. 3. 15. 제목개정)

법 제24조에 따른 일반기부금의 손금산입 한도액은 각종 준비금을 먼저 손금에 산입한 후의 소득금액을 기준으로 하여 계산한다. (2024. 3. 15. 개정)

24－39…2【설립중인 공익법인등에 지출한 기부금의 처리】(2019. 12. 23. 번호개정)

정부로부터 인·허가를 받는 경우 일반기부금단체로 인정되는 사회복지법인, 의료법인 등에게 인·허가를 받기 이전 설립중에 영 제39조에 해당하는 기부금을 지출하는 경우에는 그 법인 및 단체가 정부로부터 인가 또는 허가를 받은 날이 속하는 사업연도의 일반기부금으로 한다. (2024. 3. 15. 개정)

24－39…3【기증후 법률의 제한등으로 목적에 사용되지 않는 기부자산의 처리】(2019. 12. 23. 번호개정)

영 제39조 각 호에 따른 단체가 자산을 기증받은 후「국토의 계획 및 이용에 관한 법률」등에 따른 공용제한 등으로 사용하지 못한 경우에도 당초 기증받은 목적에 사용하려고 소유하고 있는 때에는 영 제39조의 일반기부금으로 본다. (2024. 3. 15. 개정)

24－39…4【특수관계있는 단체등에 지출한 일반기부금의 처리】(2024. 3. 15. 제목개정)

영 제39조에 따른 단체 등과 특수관계 있는 법인이 동 단체 등에 같은 조에 규정하는 각종 시설비, 교육비 또는 연구비 등으로 지출한 기부금이나 장학금은 이를 일반기부금으로 본다. (2024. 3. 15. 개정)

⑩ 국세청장은 제8항 및 제9항에 따라 기획재정부장관에게 취소를 요청하기 전에 해당 공익법인등에 지정취소 대상에 해당한다는 사실, 그 사유 및 법적근거 등을 통지해야 한다. (2021. 2. 17. 개정)

⑪ 제10항에 따른 통지를 받은 공익법인등은 그 통지 내용에 이의가 있는 경우 통지를 받은 날부터 1개월 이내에 국세청장에게 의견을 제출할 수 있다. (2021. 2. 17. 개정)

⑫ 제8항 및 제9항에 따른 요청을 받은 기획재정부장관은 해당 공익법인등의 지정을 취소할 수 있다. (2021. 2. 17. 개정)

☞ p.341 2단 연결

2. 제1항 제1호 마목에 따른 공익법인등 (2023. 2. 28. 신설)

⑦ 국세청장은 제6항에 따라 보고받은 내용을 점검해야 하며, 그 점검결과 제5항 제3호에 따른 기부금 모금액 및 활용실적을 공개하지 않거나 그 공개 내용에 오류가 있는 경우에는 기부금 지출 내역에 대한 세부내용을 제출할 것을 해당 공익법인등에 요구할 수 있다. 이 경우 공익법인등은 해당 요구를 받은 날부터 1개월 이내에 기부금 지출 내역에 대한 세부내용을 제출해야 한다. (2021. 2. 17. 개정)

⑧ 국세청장은 제1항 제1호 바목에 따른 법인이 다음 각 호의 어느 하나에 해당하는 경우에는 그 지정의 취소를 기획재정부장관에게 요청해야 한다. (2021. 2. 17. 개정)

1. 법인이「상속세 및 증여세법」제48조 제2항, 제3항, 제8항부터 제11항까지, 제78조 제5항 제3호, 같은 조 제10항 및 제11항에 따라 기획재정부령으로 정하는 금액 이상의 상속세(그 가산세를 포함한다) 또는 증여세(그 가산세를 포함한다)를 추징당한 경우 (2021. 2. 17. 개정)

2. 공익법인등이 목적 외 사업을 하거나 설립허가의 조건에 위반하는 등 공익목적을 위반한 사실, 제5항 제1호부터 제5호까지 및 제5호의2의 의무를 위반한 사실 또는 제6항 후단에 따른 요구에도 불구하고 의무이행 여부를 보고하지 않은 사실이 있는 경우 (2021. 2. 17. 개정)

3. 「국세기본법」제85조의 5에 따라 불성실기부금수령단체로 명단이 공개된 경우 (2008. 2. 22. 신설)

4. 공익법인등의 대표자, 임원, 대리인, 직원 또는 그 밖의 종업원이「기부금품의 모집·사용 및 기부문화 활성화에 관한 법률」을 위반하여 같은 법 제16조에 따라 공익법인등 또는 개인에게 징역 또는 벌금형이 확정된 경우 (2024. 7. 23. 개정; 기부금품의～부칙)

5. 공익법인등이 해산한 경우 (2021. 2. 17. 개정)

⑨ 국세청장은 제1항 제1호 바목에 따른 공익법인등의 지정기간이 끝난 후에 그 공익법인등의 지정기간 중 제8항 각 호의 어느 하나에 해당하는 사실이 있었음을 알게 된 경우에는 지정기간 종료 후 3년간 공익법인등에 대한 추천을 하지 않아야 하며, 이미 재지정된 경우에는

부하여 기획재정부장관에게 제출해야 한다. (2023. 3. 20. 개정)

④ 영 제39조 제1항 제1호 바목에 따라 기획재정부장관이 지정한 기관(이하 이 조에서 "공익법인등"이라 한다)이 같은 호 각 목 외의 부분 단서에 따른 지정기간이 경과한 후 다시 공익법인등으로 지정받기 위해서는 같은 호 바목 및 이 조 제2항에 따라 국세청장에게 추천신청서류를 제출하고 제3항에 따른 국세청장의 추천을 받아 기획재정부장관이 새로 지정해야 한다. (2022. 3. 18. 개정)

⑤ 영 제39조 제8항 제1호에서 "기획재정부령으로 정하는 금액"이란 사업연도별 1천만원을 말한다. (2020. 3. 13. 신설)

⑥ 공익법인등은 명칭이 변경된 경우로서 지정요건을 계속 충족하고 있는 경우 별지 제63호의 5 서식의 공익법인등 명칭변경신청서에 해당 공익법인등의 정관과 제2항 제1호 다목의 서류(비영리외국법인인 경우로 한정한다)를 첨부하여 국세청장에게 제출해야 한다. 이 경우 국세청장은「전자정부법」제36조 제1항에 따른 행정정보의 공동이용을 통하여 그 공익법인등의 법인 등기사항증명서를 확인해야 한다. (2023. 3. 20. 개정)

⑦ 제6항에 따라 자료를 제출받은 국세청장은 해당 분기 마지막 달의 직전 달 10일까지 기획재정부장관에게 명칭이 변경된 공익법인등의 명단을 통보하고, 기획재정부장관은 해당 공익법인등의 명칭이 변경

사 등 이사회의 구성원 전원과 청산인 (2018. 2. 13. 신설)
2. 합명회사, 합자회사 및 유한회사의 업무집행사원 또는 이사 (2018. 2. 13. 신설)
3. 유한책임회사의 업무집행자 (2018. 2. 13. 신설)
4. 감사 (2018. 2. 13. 신설)
5. 그 밖에 제1호부터 제4호까지의 규정에 준하는 직무에 종사하는 자 (2018. 2. 13. 신설)
② 법인이 그 직원이 조직한 조합 또는 단체에 복리시설비를 지출한 경우 해당 조합이나 단체가 법인인 때에는 이를 기업업무추진비로 보며, 해당 조합이나 단체가 법인이 아닌 때에는 그 법인의 경리의 일부로 본다. (2023. 2. 28. 개정)

편주 ▶ ∙∙∙
영 40조의 개정규정은 2024. 1. 1.부터 시행함. (영 부칙(2023. 2. 28.) 1조 1호)
∙∙

통칙 25 – 40…1 【복리시설비의 개념】 (2019. 12. 23. 번호개정)
영 제40조 제2항에서 "복리시설비"라 함은 법인이 종업원을 위하여 지출한 복리후생의 시설비, 시설구입비 등을 말한다. (2019. 12. 23. 개정)

③ 삭 제 (2008. 2. 22.)
④~⑤ 삭 제 (2009. 2. 4.)

⑬ 국세청장은 제1항 제1호 바목에 따른 공익법인등이 지정되거나 지정이 취소된 경우에는 주무관청에 그 사실을 통지해야 하며, 주무관청은 같은 목에 따른 공익법인등이 목적 외 사업을 하거나 설립허가의 조건을 위반하는 등 제8항 각 호의 어느 하나에 해당하는 사실이 있는 경우에는 그 사실을 국세청장에게 통지해야 한다. (2021. 2. 17. 개정)
⑭ 기획재정부장관은 제16항에도 불구하고 종전의 「법인세법 시행령」 (대통령령 제28640호로 개정되기 전의 것을 말한다) 제36조 제1항 제1호 다목·라목 또는 아목에 따른 지정기부금단체등이 2021년 1월 1일부터 10월 12일까지 제1항 제1호 바목 후단에 따른 신청을 하지 않은 경우에도 기획재정부장관이 정하여 고시하는 바에 따라 해당 지정기부금단체등의 추천 신청을 받아 2023년 12월 31일까지 제1항 제1호 바목에 따른 지정·고시를 할 수 있다. (2023. 9. 26. 개정)
⑮ 제1항 제1호 각 목 외의 부분 단서에도 불구하고 제14항에 따라 지정·고시된 지정기부금단체등에 2021년 1월 1일부터 3년간(지정받은 기간이 끝난 후 2년 이내에 재지정되는 경우에는 재지정일이 속하는 사업연도의 1월 1일부터 5년간) 지출했거나 지출하는 기부금은 법 제24조 제3항 제1호에 따른 기부금으로 본다. (2022. 2. 15. 신설)
⑯ 제1항 제1호 바목에 따른 공익법인등의 신청 및 추천방법, 지정절차, 지정요건의 확인방법 및 제출서류와 지정 취소 절차 등에 필요한 사항은 기획재정부령으로 정한다. (2022. 2. 15. 항번개정)

제40조 【기업업무추진비의 범위】 (2023. 2. 28. 제목개정)

① 주주 또는 출자자(이하 "주주 등"이라 한다)나 다음 각 호의 어느 하나에 해당하는 직무에 종사하는 자(이하 "임원"이라 한다) 또는 직원이 부담하여야 할 성질의 기업업무추진비를 법인이 지출한 것은 이를 기업업무추진비로 보지 아니한다. (2023. 2. 28. 개정)

편주 ▶ ∙∙∙
영 40조의 개정규정은 2024. 1. 1.부터 시행함. (영 부칙(2023. 2. 28.) 1조 1호)
∙∙

1. 법인의 회장, 사장, 부사장, 이사장, 대표이사, 전무이사 및 상무이

된 사실을 관보에 공고해야 한다. (2021. 3. 16. 신설)

〈제25조〉

② 내국법인이 한 차례의 접대에 지출한 기업업무추진비 중 대통령령으로 정하는 금액을 초과하는 기업업무추진비로서 다음 각 호의 어느 하나에 해당하지 아니하는 것은 각 사업연도의 소득금액을 계산할 때 손금에 산입하지 아니한다. 다만, 지출사실이 객관적으로 명백한 경우로서 다음 각 호의 어느 하나에 해당하는 기업업무추진비라는 증거자료를 구비하기 어려운 국외지역에서의 지출 및 농어민에 대한 지출 등 대통령령으로 정하는 지출은 그러하지 아니하다. (2022. 12. 31. 개정)

1. 다음 각 목의 어느 하나에 해당하는 것(이하 "신용카드 등"이라 한다)을 사용하여 지출하는 기업업무추진비 (2022. 12. 31. 개정)

　가. 「여신전문금융업법」에 따른 신용카드(신용카드와 유사한 것으로서 대통령령으로 정하는 것을 포함한다. 이하 제117조에서 같다) (2010. 12. 30. 개정)

　나. 「조세특례제한법」 제126조의 2 제1항 제2호에 따른 현금영수증(이하 "현금영수증"이라 한다) (2018. 12. 24. 개정)

2. 제121조 및 「소득세법」 제163조에 따른 계산서 또는 「부가가치세법」 제32조 및 제35조에 따른 세금계산서를 발급받아 지출하는 기업업무추진비 (2022. 12. 31. 개정)

3. 제121조의 2에 따른 매입자발행계산서 또는 「부가가치세법」 제34조의 2 제2항에 따른 매입자발행세금계산서를 발행하여 지출하는 기업업무추진비 (2022. 12. 31. 개정)

4. 대통령령으로 정하는 원천징수영수증을 발행하여 지출하는 기업업무추진비 (2022. 12. 31. 개정)

• 법 25조(같은 조 2항 3호 중 "매입자발행계산서"의 개정부분은 제외함)의 개정규정은 2024. 1. 1.부터 시행함. (법 부칙(2022. 12. 31.) 1조 1호)
• 2024. 1. 1. 전에 지출한 접대비는 법 25조의 개정규정에 따른 기업업무추진비로 봄. (법 부칙(2022. 12. 31.) 17조)

③ 제2항 제1호를 적용할 때 재화 또는 용역을 공급하는 신용카드등의 가맹점이 아닌 다른 가맹점의 명의로 작성된 매출전표 등을 발급받은

제41조 【기업업무추진비의 신용카드등의 사용】 (2023. 2. 28. 제목개정)

① 법 제25조 제2항 각 호 외의 부분 본문에서 "대통령령으로 정하는 금액"이란 다음 각 호의 구분에 따른 금액을 말한다. (2011. 6. 3. 개정)

1. 경조금의 경우 : 20만원 (2009. 2. 4. 개정)

2. 제1호 외의 경우 : 3만원 (2021. 2. 17. 개정)

② 법 제25조 제2항 각 호 외의 부분 단서에서 "국외지역에서의 지출 및 농어민에 대한 지출 등 대통령령으로 정하는 지출"이란 다음 각 호의 지출을 말한다. (2019. 2. 12. 개정)

1. 기업업무추진비가 지출된 국외지역의 장소(해당 장소가 소재한 인근 지역 안의 유사한 장소를 포함한다)에서 현금 외에 다른 지출수단이 없어 법 제25조 제2항 각 호의 증거자료를 구비하기 어려운 경우의 해당 국외지역에서의 지출 (2023. 2. 28. 개정)

2. 농·어민(한국표준산업분류에 따른 농업 중 작물재배업·축산업·복합농업, 임업 또는 어업에 종사하는 자를 말하며, 법인은 제외한다)으로부터 직접 재화를 공급받는 경우의 지출로서 그 대가를 「금융실명거래 및 비밀보장에 관한 법률」 제2조 제1호에 따른 금융회사 등을 통하여 지급한 지출(해당 법인이 법 제60조에 따른 과세표준 신고를 할 때 과세표준 신고서에 송금사실을 적은 송금명세서를 첨부하여 납세지 관할 세무서장에게 제출한 경우에 한정한다) (2012. 2. 2. 개정)

③ 법 제25조 제2항 제1호 가목에서 "대통령령으로 정하는 것"이란 다음 각 호의 어느 하나에 해당하는 것을 말한다. (2019. 2. 12. 개정)

1. 「여신전문금융업법」에 따른 직불카드 (2019. 2. 12. 개정)

2. 외국에서 발행된 신용카드 (2019. 2. 12. 개정)

3. 「조세특례제한법」 제126조의 2 제1항 제4호에 따른 기명식선불카드, 직불전자지급수단, 기명식선불전자지급수단 또는 기명식전자화폐 (2019. 2. 12. 개정)

④ 법 제25조 제2항 제4호에서 "대통령령으로 정하는 원천징수영수증"이란 「소득세법」 제168조에 따라 사업자등록을 하지 아니한 자

• 예판 ·····

법인이 거래 건당 기준금액을 초과하는 재화·용역(접대비 제외)을 공급받고 임직원 명의의 현금영수증을 수취한 경우 업무관련 지출임을 입증할 수 있는 때에는 증빙불비가산세를 적용하지 아니하나, 기준금액 초과 접대비를 임직원 명의의 현금영수증으로 수취하는 경우에는 이를 손금에 산입하지 아니함. (서면2팀 – 230, 2005. 2. 1.)

편주 ▶ ·····

영 41조의 개정규정은 2024. 1. 1.부터 시행함. (영 부칙(2023. 2. 28.) 1조 1호)

경우 해당 지출금액은 같은 항 같은 호에 따른 기업업무추진비로 보지 아니한다. (2022. 12. 31. 개정)

④ 내국법인이 각 사업연도에 지출한 기업업무추진비(제2항에 따라 손금에 산입하지 아니하는 금액은 제외한다)로서 다음 각 호의 금액의 합계액을 초과하는 금액은 해당 사업연도의 소득금액을 계산할 때 손금에 산입하지 아니한다. (2022. 12. 31. 개정)

1. 기본한도 : 다음 계산식에 따라 계산한 금액 (2019. 12. 31. 개정)

$$\text{기본한도금액} = A \times B \times \frac{1}{12}$$

A : 1천200만원(중소기업의 경우에는 3천600만원)
B : 해당 사업연도의 개월 수[이 경우 개월 수는 역(曆)에 따라 계산하되, 1개월 미만의 일수는 1개월로 한다]

2. 수입금액별 한도 : 해당 사업연도의 수입금액(대통령령으로 정하는 수입금액만 해당한다)에 다음 표에 규정된 비율을 적용하여 산출한 금액. 다만, 특수관계인과의 거래에서 발생한 수입금액에 대해서는 그 수입금액에 다음 표에 규정된 비율을 적용하여 산출한 금액의 100분의 10에 상당하는 금액으로 한다. (2019. 12. 31. 개정)

로부터 용역을 제공받고 같은 법 제144조 및 제145조에 따라 발급하는 원천징수영수증을 말한다. (2019. 2. 12. 개정)
⑤ 법 제25조 제3항을 적용할 때 재화 또는 용역을 공급하는 신용카드등의 가맹점이 아닌 다른 가맹점의 명의로 작성된 매출전표 등을 발급받은 경우는 매출전표 등에 기재된 상호 및 사업장소재지가 재화 또는 용역을 공급하는 신용카드 등의 가맹점의 상호 및 사업장소재지와 다른 경우로 한다. (2019. 2. 12. 개정)
⑥ 제1항부터 제3항까지 및 제5항을 적용할 때 법 제25조 제2항 제1호에 따른 신용카드등은 해당 법인의 명의로 발급받은 신용카드등으로 한다. (2019. 2. 12. 신설)

⑦ 삭 제 (2001. 12. 31)
⑧ 제1항 내지 제4항의 규정을 적용함에 있어서 법 제25조 제2항 제1호의 규정에 의한 신용카드 등은 당해 법인의 명의로 발급받은 신용카드 등으로 한다. (2006. 2. 9. 개정)
⑧ 삭 제 (2019. 2. 12.)

제42조 【기업업무추진비의 수입금액계산기준 등】 (2023. 2. 28. 제목개정)
① 법 제25조 제4항 제2호 본문에서 "대통령령으로 정하는 수입금액"이란 기업회계기준에 따라 계산한 매출액[사업연도 중에 중단된 사업부문의 매출액을 포함하며, 「자본시장과 금융투자업에 관한 법률」 제4조 제7항에 따른 파생결합증권 및 같은 법 제5조 제1항에 따

제20조 【기업업무추진비의 손금불산입】 (2023. 3. 20. 제목개정)

수입금액	비 율
가. 100억원 이하	0.3퍼센트
나. 100억원 초과 500억원 이하	3천만원 + (수입금액 − 100억원) × 0.2퍼센트
다. 500억원 초과	1억1천만원 + (수입금액 − 500억원) × 0.03퍼센트

• 예 판 ....

은행 등 금융기관이 접대비 손금산입 한도액을 계산함에 있어 "해당 사업연도의 수입금액"이란 기업회계기준에 따라 계산한 매출액(영업수익)을 말하는 것임. (법인 − 478, 2012. 7. 27.)

....

⑤ 제4항을 적용할 때 부동산임대업을 주된 사업으로 하는 등 대통령령으로 정하는 요건에 해당하는 내국법인의 경우에는 같은 항 각 호의 금액의 합계액의 100분의 50을 초과하는 금액은 해당 사업연도의 소득금액을 계산할 때 손금에 산입하지 아니한다. (2018. 12. 24. 신설)
⑥ 기업업무추진비의 범위 및 가액의 계산, 지출증명 보관 등에 필요한 사항은 대통령령으로 정한다. (2022. 12. 31. 개정)

편주 ▶ ....

• 법 25조(같은 조 2항 3호 중 "매입자발행계산서"의 개정부분은 제외함)의 개정규정은 2024. 1. 1.부터 시행함. (법 부칙(2022. 12. 31.) 1조 1호)
• 2024. 1. 1. 전에 지출한 접대비는 법 25조의 개정규정에 따른 기업업무추진비로 봄. (법 부칙(2022. 12. 31.) 17조)

....

• 예 판 ....

• 인력공급업체로부터 파견된 직원에게 지급하는 복리후생비 등이 계약에 의한 것일 경우에는 용역의 대가이나, 별도 약정이나 지급의무가 없다면 접대비로 봄. (서면2팀 − 1308, 2004. 6. 22.)
• 정당한 사유없이 채권회수를 위한 제반 법적 조치를 취하지 아니함에 따라 채권의 소멸시효가 완성되는 경우 업무관련성에 따라 접대비 또는 기부금으로 의제됨. (서면2팀 − 260, 2006. 2. 2.)

....

른 파생상품 거래의 경우 해당 거래의 손익을 통산(通算)한 순이익(0보다 작은 경우 0으로 한다)을 말한다. 이하 "매출액"이라 한다]을 말한다. 다만, 다음 각 호의 법인에 대해서는 다음 계산식에 따라 계산한 금액으로 한다. (2019. 2. 12. 개정)
1. 「자본시장과 금융투자업에 관한 법률」에 따른 투자매매업자 또는 투자중개업자 : 매출액 + 「자본시장과 금융투자업에 관한 법률」 제6조 제1항 제2호의 영업과 관련한 보수 및 수수료의 9배에 상당하는 금액 (2019. 2. 12. 개정)
2. 「자본시장과 금융투자업에 관한 법률」에 따른 집합투자업자 : 매출액 + 「자본시장과 금융투자업에 관한 법률」 제9조 제20항에 따른 집합투자재산의 운용과 관련한 보수 및 수수료의 9배에 상당하는 금액 (2019. 2. 12. 개정)
3. 「한국투자공사법」에 따른 한국투자공사 : 매출액 + 「한국투자공사법」 제34조 제2항에 따른 운용수수료의 6배에 상당하는 금액 (2019. 2. 12. 개정)
4. 「한국수출입은행법」에 따른 한국수출입은행 : 매출액 + 수입보증료의 6배에 상당하는 금액 (2019. 2. 12. 개정)
5. 「한국자산관리공사 설립 등에 관한 법률」에 따른 한국자산관리공사 : 매출액 + 같은 법 제31조 제1항의 업무수행에 따른 수수료의 6배에 상당하는 금액 (2022. 2. 17. 개정 ; 금융회사~부칙)
5의 2. 「주택도시기금법」에 따른 주택도시보증공사 : 매출액 + 수입보증료의 6배에 상당하는 금액 (2024. 2. 29. 신설)
6. 제63조 제1항 각 호의 법인 : 매출액 + 수입보증료의 6배에 상당하는 금액 (2019. 2. 12. 개정)
② 법 제25조 제5항 및 법 제27조의 2 제5항에서 "대통령령으로 정하는 요건에 해당하는 내국법인"이란 각각 다음 각 호의 요건을 모두 갖춘 내국법인을 말한다. (2019. 2. 12. 개정)
1. 해당 사업연도 종료일 현재 내국법인의 제43조 제7항에 따른 지배주주등이 보유한 주식등의 합계가 해당 내국법인의 발행주식총수 또는 출자총액의 100분의 50을 초과할 것 (2019. 2. 12. 개정)
2. 해당 사업연도에 부동산 임대업을 주된 사업으로 하거나 다음 각

① 법 제25조 제4항 제2호를 적용할 때 같은 호 단서에 해당하는 수입금액(이하 이 항에서 "기타 수입금액"이라 한다)이 있는 경우 그 기타 수입금액에 대하여 법 제25조 제4항 제2호의 표에 따른 비율(이하 이 항에서 "적용률"이라 한다)을 곱하여 산출한 금액의 계산은 제1호의 금액에서 제2호의 금액을 차감하는 방법에 따른다. (2019. 3. 20. 개정)
1. 해당 법인의 수입금액에 적용률을 곱하여 산출한 금액 (2019. 3. 20. 개정)
2. 해당 법인의 수입금액 중 기타 수입금액 외의 수입금액에 적용률을 곱하여 산출한 금액 (2019. 3. 20. 개정)
② 법 제25조 제2항 본문에 따라 손금에 산입하지 않는 기업업무추진비 지출액에는 법인이 직접 생산한 제품 등으로 제공한 것을 제외한다. (2023. 3. 30 개정)

편주 ▶ ....

규칙 20조 2항의 개정규정은 2024. 1. 1.부터 시행함. (규칙 부칙(2023. 3. 20.) 1조 1호)

....

제21조 【도서상품권 등의 범위】 삭제 (2002. 3. 30)

 25-0···1 【이연계상한 기업업무추진비등의 처리】 (2024. 3. 15. 제목개정)

법인이 기업업무추진비 또는 이에 유사한 비용(이하 "기업업무추진비"라 한다)을 지출한 사업연도의 손비로 처리하지 아니하고 이연처리한 경우에는 이를 지출한 사업연도의 기업업무추진비로서 시부인 계산하고 그후 사업연도에 있어서는 이를 기업업무추진비로 보지 아니한다. (2024. 3. 15. 개정)

25-0···2 【건설중인 자산등 자산으로 계상한 기업업무추진비의 처리】
(2024. 3. 15. 제목개정)

① 법 제25조에 따른 기업업무추진비에는 당기에 건설중인 자산 등으로 자산계상된 기업업무추진비를 포함하여 시부인 계산하며 기업업무추진비 한도액 계산은 다음과 같다. (2024. 3. 15. 개정)

1. 기업업무추진비 한도초과액이 당기에 손비로 계상한 기업업무추진비보다 많은 경우 당기에 손비로 계상한 기업업무추진비는 전액 손금불산입하고 그 차액은 건설중인 자산에서 감액하여 처리한다. (2024. 3. 15. 개정)

2. 기업업무추진비 한도초과액이 당기에 손비로 계상한 기업업무추진비보다 많지 않은 경우 기업업무추진비 한도초과액만 손금에 산입하지 아니한다. (2024. 3. 15. 개정)

(예 시)

구 분	사례1	사례2	사례3	사례4
건 설 가 계 정(기업업무추진비)	6,500	3,500	6,000	10,500
회사계상기업업무추진비(b)	4,000	7,000	4,500	0
계	10,500	10,500	10,500	10,500
기 업 업 무 추 진 비 한 도	6,000	6,000	6,000	6,000
한 도 초 과 액 (a)	4,500	4,500	4,500	4,500
손 금 불 산 입	4,000	4,500	4,500	0
건설가계정감액분(a − b)	500	0	0	4,500

② 제1항에 따라 자산계정을 감액처리함에 있어서 수개의 자산계정에 기업업무추진비가 계상된 경우 그 감액의 순위는 다음에 의한다. (2024. 3. 15. 개정)

1. 삭 제 (2003. 5. 10.)

2. 건설중인 자산

3. 고정자산

25-0···3 【사업상 증여의 경우 매출세액 상당액의 처리】

「부가가치세법」 제10조 제4항 및 제5항에 따른 사업상 증여의 경우에 법인이 부담한 매출세액 상당액은 사업상 증여의 성질에 따라 처리한다. (2019. 12. 23. 개정)

25-0···4 【회의비와 기업업무추진비 등의 구분】 (2024. 3. 15. 제목개정)

① 정상적인 업무를 수행하기 위하여 지출하는 회의비로서 사내 또는 통상회의가 개최되는 장소에서 제공하는 다과 및 음식물 등의 가액 중 사회통념상 인정될 수 있는 범위내의 금액("통상회의비"라 한다. 이하 같다)은 이를 각 사업연도의 소득

목의 금액 합계가 기업회계기준에 따라 계산한 매출액(가목부터 다목까지에서 정하는 금액이 포함되지 않은 경우에는 이를 포함하여 계산한다)의 100분의 50 이상일 것 (2022. 2. 15. 개정)

가. 부동산 또는 부동산상의 권리의 대여로 인하여 발생하는 수입금액(「조세특례제한법」 제138조 제1항에 따라 익금에 가산할 금액을 포함한다) (2020. 2. 11. 개정)

나. 「소득세법」 제16조 제1항에 따른 이자소득의 금액 (2017. 2. 3. 신설)

다. 「소득세법」 제17조 제1항에 따른 배당소득의 금액 (2017. 2. 3. 신설)

3. 해당 사업연도의 상시근로자 수가 5명 미만일 것 (2017. 2. 3. 신설)

③ 제2항 제2호를 적용할 때 내국법인이 둘 이상의 서로 다른 사업을 영위하는 경우에는 사업별 사업수입금액이 큰 사업을 주된 사업으로 본다. (2019. 2. 12. 개정)

④ 제2항 제3호를 적용할 때 상시근로자는 「근로기준법」에 따라 근로계약을 체결한 내국인 근로자로 한다. 다만, 다음 각 호의 어느 하나에 해당하는 근로자는 제외한다. (2019. 2. 12. 개정)

1. 해당 법인의 최대주주 또는 최대출자자와 그와 「국세기본법 시행령」 제1조의 2 제1항에 따른 친족관계인 근로자 (2017. 2. 3. 신설)

2. 「소득세법 시행령」 제196조 제1항에 따른 근로소득원천징수부에 의하여 근로소득세를 원천징수한 사실이 확인되지 아니하는 근로자 (2017. 2. 3. 신설)

3. 근로계약기간이 1년 미만인 근로자. 다만, 근로계약의 연속된 갱신으로 인하여 그 근로계약의 총기간이 1년 이상인 근로자는 제외한다. (2017. 2. 3. 신설)

4. 「근로기준법」 제2조 제1항 제8호에 따른 단시간근로자 (2017. 2. 3. 신설)

⑤ 제2항 제3호를 적용할 때 상시근로자 수의 계산방법은 「조세특례제한법 시행령」 제26조의 4 제3항을 준용한다. (2019. 2. 12. 개정)

⑥ 기업업무추진비 가액의 계산에 관해서는 제36조 제1항 제3호를 준용한다. (2023. 2. 28. 개정)

편주 ▶ ···························

영 42조의 개정규정은 2024. 1. 1.부터 시행함. (영 부칙(2023. 2. 28.) 1조 1호)
···························

금액 계산상 손금에 산입한다.
② 제1항에 따른 통상회의비를 초과하는 금액과 유흥을 위하여 지출하는 금액은 이를 기업업무추진비로 본다. (2024. 3. 15. 개정)
25−0…5 【골프클럽에 지출한 금품의 처리】
골프장을 경영하는 법인이 그 고객이 조직한 임의단체(골프클럽)에 지급하는 금품은 기업업무추진비로 본다. (2024. 3. 15. 개정)
25−0…6 【적금·보험 등의 모집권유비의 손금산입 방법】 (2019. 12. 23. 제목개정)
보험사업을 영위하는 법인이 사업자인 보험설계사에게 지출한 비용은 지출 목적 등에 따라 기업업무추진비·판매부대비 등으로 구분하여 손금에 산입한다. 이 경우 판매부대비로 보아 손금에 산입하는 것을 예시하면 다음 각 호와 같다. (2024. 3. 15. 개정)
1. 「보험업법 시행령」에 따라 보험모집인 등록요건을 갖추기 위한 연수에 소요되는 비용 등 신규 보험설계사 모집·선발을 위하여 지출하는 비용 (2009. 11. 10. 신설)
2. 보험회사, 협회 및 보험연수원에서 실시하는 보험설계사 교육훈련비 (2009. 11. 10. 신설)
3. 보험설계사의 사기진작을 위하여 지출하는 비용으로서 정기적으로 개최하는 체육대회 등의 행사비용 (2019. 12. 23. 개정)
4. 영 제19조 제18호에 따른 광고선전용 물품을 보험설계사를 통하여 고객에게 기증하는 경우 해당 물품의 구입비용 (2019. 12. 23. 개정)
5. 사전에 공지된 우수고객 선정기준에 따라 법인의 우수고객에게 기증되는 물품을 보험설계사를 통하여 기증하는 경우 해당 물품의 구입비용 (2009. 11. 10. 신설)

제26조 【과다경비 등의 손금불산입】 다음 각 호의 손비 중 대통령령으로 정하는 바에 따라 과다하거나 부당하다고 인정하는 금액은 내국법인의 각 사업연도의 소득금액을 계산할 때 손금에 산입하지 아니한다. (2010. 12. 30. 개정)
1. 인건비 (2010. 12. 30. 개정)
2. 복리후생비 (2010. 12. 30. 개정)
3. 여비(旅費) 및 교육·훈련비 (2010. 12. 30. 개정)
4. 법인이 그 법인 외의 자와 동일한 조직 또는 사업 등을 공동으로 운영하거나 경영함에 따라 발생되거나 지출된 손비 (2010. 12. 30. 개정)

제42조의 2 【접대비관련 지출증빙 등】 삭　제 (2009. 2. 4.)

제43조 【상여금 등의 손금불산입】 ① 법인이 그 임원 또는 직원에게 이익처분에 의하여 지급하는 상여금은 이를 손금에 산입하지 아니한다. 이 경우 합명회사 또는 합자회사의 노무출자사원에게 지급하는 보수는 이익처분에 의한 상여로 본다. (2019. 2. 12. 개정)
② 법인이 임원에게 지급하는 상여금 중 정관·주주총회·사원총회 또는 이사회의 결의에 의하여 결정된 급여지급기준에 의하여 지급하는 금액을 초과하여 지급한 경우 그 초과금액은 이를 손금에 산입하지 아니한다. (98. 12. 31 개정)
③ 법인이 지배주주 등(특수관계에 있는 자를 포함한다. 이하 이 항에서 같다)인 임원 또는 직원에게 정당한 사유없이 동일 직위에 있는 지배주주 등 외의 임원 또는 직원에게 지급하는 금액을 초과하여 보수를 지급한 경우 그 초과금액은 이를 손금에 산입하지 아니한다. (2019. 2. 12. 개정)
④ 상근이 아닌 법인의 임원에게 지급하는 보수는 법 제52조에 해당하는 경우를 제외하고 이를 손금에 산입한다. (98. 12. 31 개정)
⑤ 법인의 해산에 의하여 퇴직하는 임원 또는 직원에게 지급하는 해산수당 또는 퇴직위로금 등은 최종 사업연도의 손금으로 한다. (2019. 2. 12. 개정)
⑥ 삭　제 (2009. 2. 4.)
⑦ 제3항에서 "지배주주 등"이란 법인의 발행주식총수 또는 출자총액의 100분의 1 이상의 주식 또는 출자지분을 소유한 주주 등으로서 그와 특수관계에 있는 자와의 소유 주식 또는 출자지분의 합계가 해당 법인의 주주 등 중 가장 많은 경우의 해당 주주 등(이하 "지배주주 등"이라 한다)을 말한다. (2008. 2. 22. 신설)
⑧ 제3항 및 제7항에서 "특수관계에 있는 자"란 해당 주주 등과 다음 각 호의 어느 하나에 해당하는 관계에 있는 자를 말한다. (2008. 2. 22. 신설)
1. 해당 주주 등이 개인인 경우에는 다음 각 목의 어느 하나에 해당하는 관계에 있는 자 (2008. 2. 22. 신설)
　가. 친족(「국세기본법 시행령」 제1조의 2 제1항에 해당하는 자를 말한다. 이하 같다) (2012. 2. 2. 개정)

관계회사와의 공동 광고선전비를 전액 손금계상한 법인이 세무조사 결과 관계회사 해당금액을 손금불산입 당한 경우, 당해 관계회사는 경정청구로 손금에 산입할 수 없음. (서면2팀 – 738, 2006. 5. 2.)

5. 제1호부터 제4호까지에 규정된 것 외에 법인의 업무와 직접 관련이 적다고 인정되는 경비로서 대통령령으로 정하는 것 (2010. 12. 30. 개정)

통칙 26 – 44…5 【연봉액에 포함된 퇴직급여의 처리】 (2008. 7. 25. 제목 개정)

다음 각 호의 요건을 모두 갖춘 연봉계약에 의하여 그 계약기간이 만료되는 시점에 퇴직급여를 지급한 경우에도 영 제44조 제2항 제3호에 따른 현실적인 퇴직으로 본다. 다만, 퇴직급여를 연봉액에 포함하여 매월 분할지급하는 경우 매월 지급하는 퇴직급여상당액은 해당 사용인에게 업무와 관련없이 지급한 가지급금으로 본다. (2019. 12. 23. 개정)

1. 불특정다수인에게 적용되는 퇴직급여지급규정에 사회통념상 타당하다고 인정되는 퇴직급여가 확정되어 있을 것 (2008. 7. 25. 개정)
2. 연봉액에 포함된 퇴직급여의 액수가 명확히 구분되어 있을 것 (2008. 7. 25. 개정)
3. 계약기간이 만료되는 시점에 퇴직급여를 중간정산받고자 하는 사용인의 서면 요구가 있을 것 (2008. 7. 25. 개정)

☞

나. 제2조 제8항 제1호의 관계에 있는 법인 (2023. 2. 28. 개정)
다. 해당 주주 등과 가목 및 나목에 해당하는 자가 발행주식총수 또는 출자총액의 100분의 30 이상을 출자하고 있는 법인 (2008. 2. 22. 신설)
라. 해당 주주 등과 그 친족이 이사의 과반수를 차지하거나 출연금 (설립을 위한 출연금에 한한다)의 100분의 30 이상을 출연하고 그 중 1명이 설립자로 되어 있는 비영리법인 (2012. 2. 2. 개정)
마. 다목 및 라목에 해당하는 법인이 발행주식총수 또는 출자 총액의 100분의 30 이상을 출자하고 있는 법인 (2012. 2. 2. 개정)
2. 해당 주주 등이 법인인 경우에는 제2조 제8항 각 호(제3호는 제외한다)의 어느 하나에 해당하는 관계에 있는 자 (2023. 2. 28. 개정)

제44조 【퇴직급여의 손금불산입】 (2006. 2. 9. 제목개정)

① 법인이 임원 또는 직원에게 지급하는 퇴직급여(「근로자퇴직급여 보장법」 제2조 제5호에 따른 급여를 말한다. 이하 같다)는 임원 또는 직원이 현실적으로 퇴직(이하 이 조에서 "현실적인 퇴직"이라 한다)하는 경우에 지급하는 것에 한하여 이를 손금에 산입한다. (2019. 2. 12. 개정)

② 현실적인 퇴직은 법인이 퇴직급여를 실제로 지급한 경우로서 다음 각 호의 어느 하나에 해당하는 경우를 포함하는 것으로 한다. (2009. 2. 4. 개정)

1. 법인의 직원이 해당 법인의 임원으로 취임한 때 (2019. 2. 12. 개정)

통칙 26 – 44…3 【사용인이 임원으로 되는 경우의 퇴직시기】

법인의 직원이 영 제40조 제1항의 임원에 해당하게 된 날을 영 제44조 제2항 제1호에 따른 현실적인 퇴직일로 한다. (2019. 12. 23. 개정)

2. 법인의 임원 또는 직원이 그 법인의 조직변경·합병·분할 또는 사업양도에 의하여 퇴직한 때 (2019. 2. 12. 개정)
3. 「근로자퇴직급여 보장법」 제8조 제2항에 따라 퇴직급여를 중간정산 (종전에 퇴직급여를 중간정산하여 지급한 적이 있는 경우에는 직전 중간정산 대상기간이 종료한 다음 날부터 기산하여 퇴직급여를 중간정산한 것을 말한다. 이하 제5호에서 같다)하여 지급한 때 (2022. 2. 15. 개정)

영 43조 8항의 개정규정은 2024. 1. 1.부터 시행함. (영 부칙(2023. 2. 28.) 1조 1호)

영 43조 8항의 개정규정은 2024. 1. 1.부터 시행함. (영 부칙(2023. 2. 28.) 1조 1호)

☞

제22조 【현실적인 퇴직의 범위 등】

① 영 제44조 제1항 및 동조 제2항의 규정을 적용함에 있어서 사용인이 당해 법인과 직접 또는 간접으로 출자관계에 있는 법인에 전출한 경우에는 이를 현실적인 퇴직으로 보지 아니할 수 있다. 이 경우 당해 사용인이 전출한 법인 및 전입한 법인의 손비로 계상할 퇴직급여는 당해 사용인이 퇴직할 때에 그 사용인에게 지급할 퇴직급여 전액을 각 법인이 지급할 퇴직급여의 금액(당해 전출 또는 전입을 각각 퇴직 및 신규채용으로 보아 계산한 금액을 말한다)에 따라 각각 안분계산한 금액으로 하되, 해당 퇴직급여에 대한 「소득세법」에 의한 원천징수 및 지급조서의 제출은 당해 사용인이 최종 근무한 법인이 일괄하여 이행할 수 있다. (2006. 3. 14. 후단개정)

① 삭 제 (2009. 3. 30.)

② 영 제44조 제1항을 적용할 때 현실적으로 퇴직하지 아니한 임원 또는 직원에게 지급한 퇴직급여는 해당 임원 또는 직원이 현실적으로 퇴직할 때까지 이를 영 제53조 제1항에 해당하는 것으로 본다. (2019. 3. 20. 개정)

③ 영 제44조 제2항 제5호에서 "정관 또는

였으나 이를 실제로 지급하지 아니한 경우. 다만, 확정된 중간정산 퇴직급여를 회사의 자금사정 등을 이유로 퇴직급여 전액을 일시에 지급하지 못하고 노사 합의에 따라 일정기간 분할하여 지급하기로 한 경우에는 그 최초 지급일이 속 하는 사업연도의 손금에 산입한다. (2008. 7. 25. 개정)

예판 ....

• 희망퇴직 임원에게 지급하는 퇴직위로금의 경우, 당해 특정임원에게만 적용되는 것이 아닌 일반적·구체적 기준으로서 불특정다수의 임원에게 계속·반복적으로 적용하여 온 규정에 의한 것이어야 하며(서면1팀 - 1059, 2004. 7. 30.), 임원퇴직시 상황에 따라 그 지급기준이 달라진다면 일반적으로 적용되는 퇴직금지급규정이라고 볼 수 없음. (서면1팀 - 666, 2005. 6. 15.)
• 법인의 퇴직급여지급규정이 불특정다수를 대상으로 지급비율을 정하지 않고 개인별로 지급비율을 정하는 경우 정관에 위임된 퇴직급여지급규정으로 볼 수 없는 것이며, 임원의 퇴직급여에 대한 정관과 퇴직급여지급규정을 개정할 경우에는 개정 전까지의 근속기간에 대하여도 개정된 규정을 적용할 수 있음. (서이 46012 - 11540, 2003. 8. 25. ; 법인 - 461, 2010. 5. 19.)

....

1. 정관에 퇴직급여(퇴직위로금 등을 포함한다)로 지급할 금액이 정하여진 경우에는 정관에 정하여진 금액 (2006. 2. 9. 개정)
2. 제1호 외의 경우에는 그 임원이 퇴직하는 날부터 소급하여 1년 동안 해당 임원에게 지급한 총급여액[「소득세법」 제20조 제1항 제1호 및 제2호에 따른 금액(같은 법 제12조에 따른 비과세소득은 제외한다)으로 하되, 제43조에 따라 손금에 산입하지 아니하는 금액은 제외한다]의 10분의 1에 상당하는 금액에 기획재정부령으로 정하는 방법에 의하여 계산한 근속연수를 곱한 금액. 이 경우 해당 임원이 직원에서 임원으로 된 때에 퇴직금을 지급하지 아니한 경우에는 직원으로 근무한 기간을 근속연수에 합산할 수 있다. (2019. 2. 12. 개정)
⑤ 제4항 제1호는 정관에 임원의 퇴직급여를 계산할 수 있는 기준이 기재된 경우를 포함하며, 정관에서 위임된 퇴직급여지급규정이 따로 있는 경우에는 해당 규정에 의한 금액에 의한다. (2009. 2. 4. 개정)

☞ p.349 2단 연결

4. 법인의 임원에 대한 급여를 연봉제로 전환함에 따라 향후 퇴직급여를 지급하지 아니하는 조건으로 그 때까지의 퇴직급여를 정산하여 지급한 때 (2006. 2. 9. 개정)
4. 삭 제 (2015. 2. 3.)
5. 정관 또는 정관에서 위임된 퇴직급여지급규정에 따라 장기 요양 등 기획재정부령으로 정하는 사유로 그 때까지의 퇴직급여를 중간정산하여 임원에게 지급한 때 (2022. 2. 15. 개정)
③ 법인이 임원(지배주주등 및 지배주주등과 제43조 제8항에 따른 특수관계에 있는 자는 제외한다) 또는 직원에게 해당 법인과 특수관계인 법인에 근무한 기간을 합산하여 퇴직급여를 지급하는 경우 기획재정부령으로 정하는 바에 따라 해당 퇴직급여상당액을 각 법인별로 안분하여 손금에 산입한다. 이 경우 해당 임원 또는 직원이 마지막으로 근무한 법인은 해당 퇴직급여에 대한 「소득세법」에 따른 원천징수 및 지급명세서의 제출을 일괄하여 이행할 수 있다. (2019. 2. 12. 개정)
④ 법인이 임원에게 지급한 퇴직급여 중 다음 각 호의 어느 하나에 해당하는 금액을 초과하는 금액은 손금에 산입하지 아니한다. (2009. 2. 4. 개정)

통칙 26 - 44…1 【현실적인 퇴직의 범위】
① 다음 각호의 어느 하나에 해당하는 경우에는 현실적인 퇴직으로 한다. (2024. 3. 15. 개정)
1. 법인의 직영차량 운전기사가 법인소속 지입차량의 운전기사로 전직하는 경우
2. 법인의 임원 또는 사용인이 사규에 의하여 정년퇴직을 한 후 다음날 동 법인의 별정직 사원(촉탁)으로 채용된 경우
3. 합병으로 소멸하는 피합병법인의 임원이 퇴직급여지급규정에 따라 퇴직급여를 실제로 지급받고 합병법인의 임원이 된 경우 (2008. 7. 25. 개정)
4. 법인의 상근임원이 비상근임원으로 된 경우
② 다음 각호의 어느 하나에 해당하는 경우에는 현실적인 퇴직으로 보지 아니한다. (2024. 3. 15. 개정)
1. 임원이 연임된 경우
2. 법인의 대주주 변동으로 인하여 계산의 편의, 그 밖의 사유로 전사용인에게 퇴직급여를 지급한 경우 (2024. 3. 15. 개정)
3. 외국법인의 국내지점 종업원이 본점(본국)으로 전출하는 경우
4. 정부투자기관 등이 민영화됨에 따라 전종업원의 사표를 일단 수리한 후 재채용한 경우 (2001. 11. 1 개정)
5. 「근로자퇴직급여 보장법」 제8조 제2항에 따라 퇴직급여를 중간정산하기로 하

정관에서 위임된 퇴직급여지급규정에 따라 장기요양 등 기획재정부령으로 정하는 사유”란 다음 각 호의 어느 하나에 해당하는 경우를 말한다. (2010. 3. 31. 신설)
1. 중간정산일 현재 1년 이상 주택을 소유하지 아니한 세대의 세대주인 임원이 주택을 구입하려는 경우(중간정산일부터 3개월 내에 해당 주택을 취득하는 경우만 해당한다) (2010. 3. 31. 신설)
2. 임원(임원의 배우자 및 「소득세법」 제50조 제1항 제3호에 따른 생계를 같이 하는 부양가족을 포함한다)이 3개월 이상의 질병 치료 또는 요양을 필요로 하는 경우 (2010. 3. 31. 신설)
3. 천재·지변, 그 밖에 이에 준하는 재해를 입은 경우 (2010. 3. 31. 신설)
④ 영 제44조 제3항에 따라 법인이 임원 또는 직원에게 해당 법인(임원 또는 직원이 전입하는 때에 퇴직급여 상당액을 인수하지 아니한 법인을 말한다. 이하 이 항에서 같다)과 특수관계인 법인에 근무한 기간을 합산하여 퇴직급여를 지급하는 경우에는 퇴직급여 전액 중 해당 법인이 지급할 퇴직급여의 금액(각 법인으로부터의 전출 또는 각 법인으로의 전입을 각각 퇴직 및 신규채용으로 보아 계산한 금액을 말한다)을 임원 또는 직원이 해당 법인에서 퇴직하는 때에 각 법인의 손금에 산입한다. (2019. 3. 20. 개정)
⑤ 영 제44조 제4항 제2호에서 “기획재정부령으로 정하는 방법에 의하여 계산한 근속연수”란 역년에 의하여 계산한 근속연수

원 또는 직원의 퇴직급여를 지급하기 위하여 납입하거나 부담하는 보험료·부금 또는 부담금(이하 이 조에서 "보험료등"이라 한다) 중 제2항부터 제4항까지의 규정에 따라 손금에 산입하는 것 외의 보험료 등은 이를 손금에 산입하지 아니한다. (2019. 2. 12. 개정)
② 내국법인이 임원 또는 직원의 퇴직을 퇴직급여의 지급사유로 하고 임원 또는 직원을 수급자로 하는 연금으로서 기획재정부령으로 정하는 것(이하 이 조에서 "퇴직연금 등"이라 한다)의 부담금으로서 지출하는 금액은 해당 사업연도의 소득금액계산에 있어서 이를 손금에 산입한다. (2019. 2. 12. 개정)
③ 제2항에 따라 지출하는 금액 중 확정기여형 퇴직연금, 같은 법 제23조의 6에 따른 중소기업퇴직연금기금제도 등(「근로자퇴직급여 보장법」 제19조에 따른 확정기여형 퇴직연금, 같은 법 제24조에 따른 개인형퇴직연금제도 및 「과학기술인공제회법」에 따른 퇴직연금 중 확정기여형 퇴직연금에 해당하는 것을 말한다. 이하 같다)의 부담금은 전액 손금에 산입한다. 다만, 임원에 대한 부담금은 법인이 퇴직 시까지 부담한 부담금의 합계액을 퇴직급여로 보아 제44조 제4항을 적용하되, 손금산입한도 초과금액이 있는 경우에는 퇴직일이 속하는 사업연도의 부담금 중 손금산입 한도 초과금액 상당액을 손금에 산입하지 아니하고, 손금산입 한도 초과금액이 퇴직일이 속하는 사업연도의 부담금을 초과하는 경우 그 초과금액은 퇴직일이 속하는 사업연도의 익금에 산입한다. (2022. 2. 15. 개정)
④ 제2항에 따라 지출하는 금액 중 확정기여형 퇴직연금 등의 부담금을 제외한 금액은 제1호 및 제1호의 2의 금액 중 큰 금액에서 제2호의 금액을 뺀 금액을 한도로 손금에 산입하며, 둘 이상의 부담금이 있는 경우에는 먼저 계약이 체결된 퇴직연금 등의 부담금부터 손금에 산입한다. (2010. 12. 30. 개정)
1. 해당 사업연도종료일 현재 재직하는 임원 또는 직원의 전원이 퇴직할 경우에 퇴직급여로 지급되어야 할 금액의 추계액(제44조에 따라 손금에 산입하지 아니하는 금액과 제3항 본문에 따라 손금에 산입하는 금액은 제외한다)에서 해당 사업연도종료일 현재의 퇴직급여

☞ p.350 2단 연결

⑥ 제3항에 따라 지배주주 등과 제43조 제8항에 따른 특수관계의 유무를 판단할 때 지배주주 등과 제2조 제8항 제7호의 관계에 있는 임원의 경우에는 특수관계에 있는 것으로 보지 아니한다. (2023. 2. 28. 개정)

편주 ▶ ··
영 44조 6항의 개정규정은 2024. 1. 1.부터 시행함. (영 부칙(2023. 2. 28.) 1조 1호)
··

예 판 ▶

• 임원에 따라 급여를 연봉제로 전환하여 향후 퇴직금을 지급하지 않는 조건으로 그때까지의 퇴직금을 정산해 실제로 지급한 경우 '현실적인 퇴직'으로 보며, 일부 임원만이 연봉제로 전환하는 경우를 포함함. (법인 46012 - 4450, 99. 12. 30)
• 현실적인 퇴직으로 보는 퇴직금 중간정산 후의 퇴직금 산정을 위한 계속근로연수는 그 정산시점부터 새로이 기산하는 것이므로, 실제 퇴직시에 최초 입사일부터 기산해 계산한 퇴직금에서 중간정산퇴직금을 차감하고 지급하는 경우 그 '중간정산퇴직금'은 '가지급금'으로 봄. (재법인 46012 - 168, 2001. 9. 25)
• 개인사업자가 법인 전환해 동 법인의 대표이사 등으로 근무하다 퇴직 시, 퇴직금 산정시 적용하는 '근속연수'는 개인사업 경영기간을 통산하지 않음. (서이 46012 - 10850, 2001. 12. 31)
• 현실적인 퇴직이란 퇴직금을 실제로 지급하는 경우임을 전제로 하므로 법인분할의 경우 분할법인이 임직원에게 퇴직금을 실제로 지급하지 아니하고 분할신설법인에게 고용승계를 함과 더불어 퇴직급여충당금의 승계를 한 데 불과한 경우에는 현실적인 퇴직에 해당하지 아니함. (대법 2004두 3069, 2005. 9. 9.)
• 법인이 임원에 대한 급여를 연봉제로 전환함에 따라 향후 퇴직금을 지급하지 아니하는 조건으로 그 때까지의 퇴직금을 정산하여 해당 임원에게 지급하였으나, 그 후 연봉제하에서 임원의 퇴직금지급규정을 개정하여 동 임원에게 퇴직금을 지급하는 경우 당초 연봉제 전환 시 지급한 퇴직금과 그 후 퇴직금 명목으로 지급하는 금액은 당해 임원의 실제 퇴직 시까지 그 임원에 대한 업무무관 가지급금으로 보는 것임. (법인-591, 2012. 9. 28.)

··

제44조의 2 【퇴직보험료 등의 손금불산입】 ① 내국법인이 임

를 말한다. 이 경우 1년 미만의 기간은 월수로 계산하되, 1개월 미만의 기간은 이를 산입하지 아니한다. (2010. 3. 31. 항번개정)

제23조 【퇴직연금 등의 범위】 (2011. 2. 28. 제목개정)
영 제44조의 2 제2항에서 "기획재정부령으로 정하는 것"이란 다음 각 호의 어느 하나에 해당하는 기관이 취급하는 퇴직연금을 말한다. (2011. 2. 28. 개정)
1. 「보험업법」에 따른 보험회사 (2011. 2. 28. 개정)
2. 「자본시장과 금융투자업에 관한 법률」에 따른 신탁업자·집합투자업자·투자매매업자 또는 투자중개업자 (2011. 2. 28. 개정)
3. 「은행법」에 따른 은행 (2011. 2. 28. 개정)
4. 「산업재해보상보험법」 제10조에 따른 근로복지공단 (2011. 2. 28. 개정)
5. 「자본시장과 금융투자업에 관한 법률」에 따른 투자매매업자 또는 투자중개업자가 취급하는 퇴직연금 (2009. 3. 30. 개정)
5. 삭 제 (2011. 2. 28.)

제24조 【지급보험료 등의 범위】 ①
영 제44조의 2 제2항부터 제4항까지를 적용할 때 법인이 임원 또는 직원에 대하여 확정기여형 퇴직연금 등을 설정하면서 설정 전의 근무기간분에 대한 부담금을 지출한 경우 그 지출금액은 제31조 제2항에 따라 퇴직급여충당금의 누적액에서 차감된 퇴직급여충당금에서 먼저 지출한 것으로

다. (2019. 12. 23. 개정)

확정기여형 퇴직연금제도를 설정한 내국법인이 근로자와 합의한 퇴직연금 규약에 따라 임원 및 사용인의 경영성과급 중 일부 또는 전부를 사용자 부담금으로 확정기여형 퇴직연금에 추가하여 납입하는 경우(2015. 2. 3. 이후 적립하는 분부터는 「소득세법 시행령」 제38조 제2항에 따라 적립하는 경우에 한정), 해당 부담금은 전액 손금에 산입하는 것임. (서면법령법인-21432, 2015. 6. 29.)

제45조【복리후생비의 손금불산입】 ① 법인이 그 임원 또는 직원을 위하여 지출한 복리후생비 중 다음 각 호의 어느 하나에 해당하는 비용 외의 비용은 손금에 산입하지 아니한다. 이 경우 직원에 「파견근로자보호 등에 관한 법률」 제2조에 따른 파견근로자를 포함한다. (2019. 2. 12. 개정)
1. 직장체육비 (98. 12. 31 개정)
2. 직장문화비 (2017. 2. 3. 개정)
2의 2. 직장회식비 (2013. 2. 15. 신설)
3. 우리사주조합의 운영비 (98. 12. 31 개정)
4. 삭　제 (2000. 12. 29)
5. 「국민건강보험법」 및 「노인장기요양보험법」에 따라 사용자로서 부담하는 보험료 및 부담금 (2009. 2. 4. 개정)
6. 「영유아보육법」에 의하여 설치된 직장어린이집의 운영비 (2011. 12. 8. 개정 ; 영유아보육법 시행령 부칙)
7. 「고용보험법」에 의하여 사용자로서 부담하는 보험료 (2005. 2. 19. 개정)
8. 그 밖에 임원 또는 직원에게 사회통념상 타당하다고 인정되는 범위에서 지급하는 경조사비 등 제1호부터 제7호까지의 비용과 유사한 비용 (2019. 2. 12. 개정)
②~④ 삭　제 (2000. 12. 29)

☞ p.351 2단 연결

충당금을 공제한 금액에 상당하는 연금에 대한 부담금 (2019. 2. 12. 개정)
1의 2. 다음 각 목의 금액을 더한 금액(제44조에 따라 손금에 산입하지 아니하는 금액과 제3항 본문에 따라 손금에 산입하는 금액은 제외한다)에서 해당 사업연도 종료일 현재의 퇴직급여충당금을 공제한 금액에 상당하는 연금에 대한 부담금 (2016. 2. 12. 개정)
　가. 「근로자퇴직급여 보장법」 제16조 제1항 제1호에 따른 금액 (2014. 2. 21. 신설)
　나. 해당 사업연도종료일 현재 재직하는 임원 또는 직원 중 「근로자퇴직급여 보장법」 제2조 제8호에 따른 확정급여형퇴직연금제도에 가입하지 아니한 사람 전원이 퇴직할 경우에 퇴직급여로 지급되어야 할 금액의 추계액과 확정급여형퇴직연금제도에 가입한 사람으로서 그 재직기간 중 가입하지 아니한 기간이 있는 사람 전원이 퇴직할 경우에 그 가입하지 아니한 기간에 대하여 퇴직급여로 지급되어야 할 금액의 추계액을 더한 금액 (2019. 2. 12. 개정)
2. 직전 사업연도종료일까지 지급한 부담금 (2010. 12. 30. 개정)
⑤ 제2항에 따라 부담금을 손금에 산입한 법인은 법 제60조에 따른 신고와 함께 기획재정부령으로 정하는 퇴직연금부담금조정명세서를 첨부하여 납세지 관할세무서장에게 제출하여야 한다. (2010. 12. 30. 개정)

퇴직보험료 등에 대한 확정배당금의 처리는 통칙 40-71…1 참조

 26-44의 2…2 【퇴직보험 등에 가입한 법인의 퇴직급여 손금산입 범위액】 (2008. 7. 25. 제목개정)
영 제44조의 2의 퇴직보험료 등을 손금에 산입한 법인의 임원 또는 사용인이 실제로 퇴직하는 경우 손금산입할 퇴직급여의 범위액은 퇴직급여지급규정에 의한 퇴직급여 상당액에서 해당 사용인의 퇴직으로 인하여 보험회사 등으로부터 수령한 퇴직보험금, 퇴직일시금신탁, 퇴직연금, 퇴직급여충당금 순으로 차감한 금액으로 한다. 다만 신고조정에 의하여 퇴직보험료 등을 손금에 산입한 경우에는 해당 퇴직보험금 상당액을 퇴직급여로 계상한 후 동 금액을 익금에 산입하여야 한

본다. (2019. 3. 20. 개정)
② 영 제44조의 2 제4항 제2호에서 "직전 사업연도 종료일까지 지급한 부담금"이란 직전 사업연도 종료일까지 납입한 부담금의 누계액에서 해당 사업연도 종료일까지 퇴직연금등의 해약이나 임원 또는 직원의 퇴직으로 인하여 수령한 해약금 및 퇴직급여와 확정기여형 퇴직연금 등으로 전환된 금액을 차감한 금액을 말한다. (2019. 3. 20. 개정)

"비출자공동사업자"라 한다)이 지출하는 비용에 대하여는 다음 각 목에 따른 기준 (2008. 2. 22. 개정)

2. 제1호 외의 경우로서 해당 조직, 자산, 사업 등에 관련되는 모든 법인 등(이하 이 항에서 "비출자공동사업자"라 한다)이 지출하는 비용에 대하여는 다음 각 목에 따른 기준 (2025. 2. 28. 개정)

가. 비출자공동사업자 사이에 제2조 제8항 각 호의 어느 하나의 관계가 있는 경우 : 직전 사업연도 또는 해당 사업연도의 매출액 총액과 총자산가액(한 공동사업자가 다른 공동사업자의 지분을 보유하고 있는 경우 그 주식의 장부가액은 제외한다. 이하 이 호에서 같다) 총액 중 법인이 선택하는 금액(선택하지 아니한 경우에는 직전 사업연도의 매출액 총액을 선택한 것으로 보며, 선택한 사업연도부터 연속하여 5개 사업연도 동안 적용하여야 한다)에서 해당 법인의 매출액(총자산가액 총액을 선택한 경우에는 총자산가액을 말한다)이 차지하는 비율. 다만, 공동행사비 및 공동구매비 등 기획재정부령으로 정하는 손비에 대하여는 참석인원수·구매금액 등 기획재정부령으로 정하는 기준에 따를 수 있다. (2023. 2. 28. 개정)

가. 비출자공동사업자 사이에 제2조 제8항 각 호의 어느 하나의 관계가 있는 경우 : 직전 사업연도 또는 해당 사업연도의 매출액 총액과 총자산가액(한 공동사업자가 다른 공동사업자의 지분을 보유하고 있는 경우 그 주식의 장부가액은 제외한다. 이하 이 조에서 같다) 총액 중 법인이 선택하는 금액(선택하지 아니한 경우에는 직전 사업연도의 매출액 총액을 선택한 것으로 보며, 선택한 사업연도부터 연속하여 5개 사업연도 동안 적용하여야 한다)에서 해당 법인의 매출액(총자산가액 총액을 선택한 경우에는 총자산가액을 말한다)이 차지하는 비율. 다만, 공동행사비, 공동구매비, 자산의 공동경비 등 기획재정부령으로 정하는 손비에 대하여는 참석인원 수, 구매금액, 해당 자산의 소유지분·사용횟수 등 기획재정부령으로 정하는 기준에 따를 수 있다. (2025. 2. 28. 개정)

나. 가목 외의 경우 : 비출자공동사업자 사이의 약정에 따른 분담비율. 다만, 해당 비율이 없는 경우에는 가목의 비율에 따른다. (2008. 2. 22. 신설)

3. 제1호 외의 경우로서 비출자공동사업자가 지출하는 공동광고선전비에 대하여는 다음 각 목의 어느 하나에 해당하는 기준 중 해당 법인이 선택한 기준. 이 경우 나목 또는 다목의 기준을 선택한 때에는 5개 사업연도 동안 변경할 수 없다. (2007. 2. 28. 신설)

☞ p.352 2단 연결

제46조【여비 등의 손금불산입】 법인이 임원 또는 직원이 아닌 지배주주 등(제43조 제8항에 따른 특수관계에 있는 자를 포함한다)에게 지급한 여비 또는 교육훈련비는 해당 사업연도의 소득금액을 계산할 때 손금에 산입하지 아니한다. (2019. 2. 12. 개정)

편주 ▶

해외여비의 손금산입 기준은 통칙 19-19…22 참조

제47조【사업비의 손금불산입】 삭 제 (2006. 2. 9.)

제48조【공동경비의 손금불산입】 ① 법인이 해당 법인 외의 자와 동일한 조직 또는 사업 등을 공동으로 운영하거나 영위함에 따라 발생되거나 지출된 손비 중 다음 각 호의 기준에 따른 분담금액을 초과하는 금액은 해당 법인의 소득금액을 계산할 때 손금에 산입하지 아니한다. (2019. 2. 12. 개정)

제48조【공동경비의 손금불산입】 ① 법인이 해당 법인 외의 자와 동일한 조직, 자산, 사업 등을 공동으로 운영하거나 영위함에 따라 발생되거나 지출된 손비 중 다음 각 호의 기준에 따른 분담금액을 초과하는 금액은 해당 법인의 소득금액을 계산할 때 손금에 산입하지 아니한다. (2025. 2. 28. 개정)

편주 ▶

영 48조 1항의 개정규정은 2025. 2. 28. 이후 과세표준을 신고하는 경우부터 적용함. (영 부칙(2025. 2. 28.) 8조 1항)

● 예판 ●

모회사와 자회사가 대내외적인 업무를 효율적으로 수행하기 위해서 그룹사 전체를 통합하는 그룹웨어시스템을 구축하는 경우, 해당시스템 구축에 소요되는 공동경비는 직전 사업연도 또는 해당사업연도의 매출액 기준으로 안분함. (법규법인 2012-282, 2012. 7. 30.)

---

1. 출자에 의하여 특정사업을 공동으로 영위하는 경우에는 출자총액 중 당해 법인이 출자한 금액의 비율 (98. 12. 31. 개정)

2. 제1호 외의 경우로서 해당 조직·사업 등에 관련되는 모든 법인 등(이하 이 항에서

제25조【매출액과 총자산가액의 범위 등】(2016. 3. 7. 제목개정)

① 영 제48조 제1항 제2호 가목에 따른 매출액 및 총자산가액은 기업회계기준에 따른 매출액(「자본시장과 금융투자업에 관한 법률」에 따른 집합투자업자, 투자매매업자 또는 투자중개업자의 경우에는 영 제42조 제1항 제1호 및 제2호에 따라 산정한 금액으로 할 수 있다. 이하 이 조에서 같다) 및 총자산가액으로 한다. (2019. 3. 20. 개정)

② 영 제48조 제1항 제2호 가목 단서에서 "기획재정부령으로 정하는 손비"와 "기획재정부령으로 정하는 기준"이란 다음 각 호의 구분에 따른 손비와 기준을 말한다. (2019. 3. 20. 개정)

1. 공동 행사비 등 참석인원의 수에 비례하여 지출되는 손비 : 참석인원비율 (2001. 3. 28 신설)

제27조【업무와 관련 없는 비용의 손금불산입】 내국법인이 지출한 비용 중 다음 각 호의 금액은 각 사업연도의 소득금액을 계산할 때 손금에 산입하지 아니한다. (2018. 12. 24. 개정)

1. 해당 법인의 업무와 직접 관련이 없다고 인정되는 자산으로서 대통령령으로 정하는 자산을 취득·관리함으로써 생기는 비용 등 대통령령으로 정하는 금액 (2010. 12. 30. 개정)

• 예판

• 토지임대에 관한 사업자등록 여부와 관계없이 부동산임대업이 법인등기부상 목적사업이 아닌 경우에는 임대한 토지는 업무 관련 없는 자산에 해당하는 것이나, 시행규칙 26조 5항 17호의 규정에 의한 유예기간이 경과되기 전에는 업무와 관련 없는 자산으로 보지 않음. (서이 46012 -

---

가. 비출자공동사업자의 직전 사업연도의 매출액 총액에서 해당 법인의 매출액이 차지하는 비율. 이 경우 국내 또는 국외에서 지출한 공동광고선전비에 대하여는 수출금액 및 국내의 매출액 등 재정경제부령으로 정하는 기준에 따를 수 있다. (2007. 2. 28. 신설)

나. 비출자공동사업자의 직전 사업연도의 매출원가 총액에서 해당 법인의 매출원가가 차지하는 비율 (2007. 2. 28. 신설)

다. 비출자공동사업자의 직전 사업연도의 인건비 총액에서 해당 법인의 인건비가 차지하는 비율 (2007. 2. 28. 신설)

3. 삭 제 (2008. 2. 22.)

② 제1항 제2호 가목 본문을 적용할 때 비출자공동사업자 전부 또는 일부가 직전 사업연도 매출액이 없는 경우에는 해당 사업연도의 매출액 총액 또는 총자산가액 총액 중 해당 법인이 선택해야 하며, 선택하지 않으면 해당 사업연도의 매출액 총액을 선택한 것으로 본다. (2025. 2. 28. 신설)

▶ 편주

영 48조 2항의 개정규정은 2025. 2. 28.이 속하는 사업연도에 공동경비를 지출하는 경우부터 적용함. (영 부칙(2025. 2. 28.) 8조 2항)

③ 제1항의 규정을 적용함에 있어서 매출액의 범위 등 분담금액의 계산에 관하여 필요한 사항은 기획재정부령으로 정한다. (2025. 2. 28. 항번개정)

제49조【업무와 관련이 없는 자산의 범위 등】 ① 법 제27조 제1호에서 "대통령령으로 정하는 자산"이란 다음 각호의 자산을 말한다. (2011. 6. 3. 개정)

1. 다음 각목의 1에 해당하는 부동산. 다만, 법령에 의하여 사용이 금지되거나 제한된 부동산, 「자산유동화에 관한 법률」에 의한 유동화전문회사가 동법 제3조의 규정에 의하여 등록한 자산유동화계획에 따라 양도하는 부동산 등 기획재정부령이 정하는 부득이한 사유가 있는 부동산을 제외한다. (2008. 2. 29. 직제개정 ; 기획재정부와~직제 부칙)

통칙 27 - 49…1 【업무와 관련이 없는 부동산 판정 유예기간의 기산일】

---

2. 공동 구매비 등 구매금액에 비례하여 지출되는 손비 : 구매금액비율 (2001. 3. 28 신설)

3. 공동광고선전비 (2008. 3. 31. 신설)

가. 국외 공동광고선전비 : 수출금액(대행수출금액은 제외하며, 특정 제품에 대한 광고선전의 경우에는 해당 제품의 수출금액을 말한다) (2008. 3. 31. 신설)

나. 국내 공동광고선전비 : 기업회계기준에 따른 매출액 중 국내의 매출액(특정 제품에 대한 광고선전의 경우에는 해당 제품의 매출액을 말하며, 주로 최종 소비자용 재화나 용역을 공급하는 법인의 경우에는 그 매출액의 2배에 상당하는 금액 이하로 할 수 있다) (2008. 3. 31. 신설)

4. 공동연구개발비: 기업회계기준에 따른 매출액 중 공동연구개발과 관련된 사업(한국표준산업분류에 따른 세분류상 사업을 말한다)에서 발생한 매출액 (2025. 3. 21. 신설)

▶ 편주

규칙 25조 2항 4호의 개정규정은 2025. 3. 21. 이후 과세표준을 신고하는 경우부터 적용함. (규칙 부칙(2025. 3. 21.) 2조)

5. 유형자산(토지 및 건축물은 제외한다)의 공동사용료 (2025. 3. 21. 신설)

가. 고정비: 해당 유형자산의 소유지분

11861, 2003. 10. 25.)
- 건축물이 없는 토지를 임대하는 경우 업무무관부동산으로 보아 지급이자 손금불산입하며(법인 46012-1856, 2000. 8. 31.), 임대 건물의 부속토지가 건물활용에 필요한 토지 면적을 훨씬 초과함으로써 사실상 건축물 없는 토지의 임대에 해당하는 경우 당해 초과토지는 업무무관부동산으로 봄. (서면2팀-2084, 2004. 10. 13.)
- 나대지에 시멘트포장을 하고 둘레에 철망울타리 및 주차장 관리를 위한 가건축물을 설치한 주차장을 임대하는 경우 건축물이 없는 토지의 임대로 보며(재법인 46012-5, 2002. 1. 7.), 부동산임대업 및 주차장업을 회사정관 및 등기부등본에 목적사업으로 등재한 후 주차장용으로 타인에게 임대하면서 주차장관리 목적의 가설건축물이 있었다고 하더라도 그 건물은 목적사업인 부동산임대를 위한 건물로 볼 수 없어 업무무관자산에 해당함. (서면2팀-684, 2005. 5. 12.)
- 골프장업 체육시설업자에게 임대하는 골프장업 체육시설업 기준에 따른 골프장용 부동산은 업무무관 부동산에 해당하지 않음. (재법인-88, 2009. 2. 5.)

••

2. ☞ p.357

영 제49조 제1항 제1호를 적용함에 있어서 합병법인이 합병으로 인하여 취득한 부동산은 해당 합병에 의한 소유권 이전일을 그 유예기간의 기산일로 한다. (2019. 12. 23. 개정)

　가. 법인의 업무에 직접 사용하지 아니하는 부동산. 다만, 기획재정부령이 정하는 기간(이하 이 조에서 "유예기간"이라 한다)이 경과하기 전까지의 기간 중에 있는 부동산을 제외한다. (2008. 2. 29. 직제개정 ; 기획재정부와~직제 부칙)
　나. 유예기간 중에 당해 법인의 업무에 직접 사용하지 아니하고 양도하는 부동산. 다만, 기획재정부령이 정하는 부동산매매업을 주업으로 영위하는 법인의 경우를 제외한다. (2008. 2. 29. 직제개정 ; 기획재정부와~직제 부칙)
2. 다음 각목의 1에 해당하는 동산 (98. 12. 31 개정)
　가. 서화 및 골동품. 다만, 장식·환경미화 등의 목적으로 사무실·복도 등 여러 사람이 볼 수 있는 공간에 상시 비치하는 것을 제외한다. (2005. 2. 19. 단서개정)
　나. 업무에 직접 사용하지 아니하는 자동차·선박 및 항공기. 다만, 저당권의 실행 기타 채권을 변제받기 위하여 취득한 선박으로서 3년이 경과되지 아니한 선박 등 기획재정부령이 정하는 부득이한 사유가 있는 자동차·선박 및 항공기를 제외한다. (2008. 2. 29. 직제개정 ; 기획재정부와~직제 부칙)
　다. 기타 가목 및 나목의 자산과 유사한 자산으로서 당해 법인의 업무에 직접 사용하지 아니하는 자산 (98. 12. 31 개정)
② 제1항 제1호의 규정에 해당하는 부동산인지 여부의 판정 등에 관하여 필요한 사항은 기획재정부령으로 정한다. (2008. 2. 29. 직제개정 ; 기획재정부와~직제 부칙)
③ 법 제27조 제1호에서 "대통령령으로 정하는 금액"이란 제1항 각호의 자산을 취득·관리함으로써 생기는 비용, 유지비, 수선비 및 이와 관련되는 비용을 말한다. (2011. 6. 3. 개정)

<u>(2025. 3. 21. 신설)</u>
　나. 고정비 외의 비용: 해당 유형자산의 사용비율 <u>(2025. 3. 21. 신설)</u>
6. 무형자산의 공동사용료 : 해당 사업연도 개시일의 기업회계기준에 따른 자본의 총합계액 (2025. 3. 21. 호번개정)
③ 영 제48조 제1항 제3호 가목 후단에서 "재정경제부령으로 정하는 기준"이라 함은 다음 각 호의 구분에 따른 기준을 말한다. (2007. 3. 30. 신설)
1. 국외 공동광고선전비 : 수출금액(대행수출금액을 제외하며, 특정 제품에 대한 광고선전의 경우에는 해당 제품의 수출금액을 말한다) (2007. 3. 30. 신설)
2. 국내 공동광고선전비 : 기업회계기준에 따른 매출액 중 국내의 매출액(특정 제품에 대한 광고선전의 경우에는 해당 제품의 매출액을 말하며, 주로 최종 소비자용 재화나 용역을 공급하는 법인의 경우에는 그 매출액의 2배에 상당하는 금액 이하로 할 수 있다) (2007. 3. 30. 신설)
③ 삭　제 (2008. 3. 31.)
④ 영 제48조 제1항의 규정을 적용함에 있어서 다음 각호의 1에 해당하는 법인의 경우에는 공동 광고선전비를 분담하지 아니하는 것으로 할 수 있다. (2007. 3. 30. 항번개정)
1. 당해 공동 광고선전에 관련되는 자의 직전 사업연도의 매출액총액에서 당해 법인의 매출액이 차지하는 비율이 100분의 1에 미달하는 법인 (99. 5. 24 개정)
2. 당해 법인의 직전 사업연도의 매출액에서 당해 법인의 광고선전비(공동 광고선전비를 제외한다)가 차지하는 비율이 1천분의 1에 미달하는 법인 (99. 5. 24 개정)

하여 당해 사업과 관련된 인가·허가·면허 등을 받았으나 건축자재의 수급조절을 위한 행정지도에 의하여 착공이 제한된 토지(착공이 제한된 기간에 한한다) (99. 5. 24 개정)
3. 법률 제6538호 조세특례제한법 중 개정법률로 개정되기 전의 「조세특례제한법」 제78조 제1항 각 호 또는 같은 법 제81조 제1항에 규정된 자가 보유하는 같은 법 제78조 제1항 각 호 또는 같은 법 제81조 제1항에 규정된 부동산 (2019. 3. 20. 개정)
4. 「광업법」에 의하여 산업통상자원부장관의 인가를 받아 휴광중인 광업용 부동산 (2013. 3. 23. 직제개정 ; 기획재정부와~시행규칙 부칙)
5. 사업장(임시작업장을 제외한다)의 진입도로로서 「사도법」에 의한 사도 또는 불특정다수인이 이용하는 도로 (2005. 2. 28. 개정)
6. 「건축법」에 의하여 건축허가를 받을 당시에 공공공지로 제공한 토지(당해 건축물의 착공일부터 공공공지로의 제공이 끝나는 날까지의 기간에 한한다) (2005. 2. 28. 개정)
7. 「대덕연구개발특구 등의 육성에 관한 법률」 제34조의 특구관리계획에 의하여 원형지로 지정된 토지(원형지로 지정된 기간에 한한다) (2007. 12. 5. 개정)
8. 「농업협동조합의 구조개선에 관한 법률」에 의한 농업협동조합 자산관리회사가 같은 법 제30조에 따라 「농업협동조합법」에 의한 조

☞ p.355 4단 연결

당해 토지를 임대하던 중 당해 법인이 건설에 착공하거나 그 임차인이 당해 법인의 동의를 얻어 건설에 착공한 경우 당해 토지는 그 착공일(착공일이 불분명한 경우에는 착공신고서 제출일을 말한다)부터 업무에 직접 사용하는 부동산으로 본다. (2002. 3. 30 개정)
⑤ 영 제49조 제1항 제1호 각 목 외의 부분 단서에서 "기획재정부령이 정하는 부득이한 사유가 있는 부동산"이란 다음 각 호의 어느 하나에 해당하는 부동산을 말한다. (2016. 3. 7. 개정)
1. 삭 제 (2001. 3. 28)
2. 해당 부동산의 취득 후 다음 각 목의 어느 하나에 해당하는 사유가 발생한 부동산(다목 및 라목의 경우 제1항 제2호의 매매용부동산은 제외한다) (2009. 3. 30. 개정)
가. 법령에 의하여 사용이 금지 또는 제한된 부동산(사용이 금지 또는 제한된 기간에 한한다) (99. 5. 24 개정)
나. 「문화재보호법」에 의하여 지정된 보호구역안의 부동산(지정된 기간에 한한다) (2005. 2. 28. 개정)
다. 유예기간이 경과되기 전에 법령에 따라 해당 사업과 관련된 인가·허가(건축허가를 포함한다. 이하 이 호에서 같다)·면허등을 신청한 법인이 「건축법」 제18조 및 행정지도에 의하여 건축허가가 제한됨에 따라 건축을 할 수 없게 된 토지(건축허가가 제한된 기간에 한정한다) (2009. 3. 30. 개정)
라. 유예기간이 경과되기 전에 법령에 의

② 영 제49조 제1항 제1호 가목 및 나목에서 "법인의 업무"란 다음 각 호의 업무를 말한다. (2009. 3. 30. 개정)
1. 법령에서 업무를 정한 경우에는 그 법령에 규정된 업무 (99. 5. 24 개정)
2. 각 사업연도 종료일 현재의 법인등기부상의 목적사업(행정관청의 인가·허가 등을 요하는 사업의 경우에는 그 인가·허가 등을 받은 경우에 한한다)으로 정하여진 업무 (99. 5. 24 개정)
③ 영 제49조 제1항 제1호의 규정을 적용함에 있어서 다음 각호의 1에 해당하는 경우에는 당해 부동산을 업무에 직접 사용한 것으로 본다. (99. 5. 24 개정)
1. 토지를 취득하여 업무용으로 사용하기 위하여 건설에 착공한 경우(착공일이 불분명한 경우에는 착공신고서 제출일을 기준으로 한다). 다만, 천재지변·민원의 발생 기타 정당한 사유없이 건설을 중단한 경우에는 중단한 기간 동안 업무에 사용하지 아니한 것으로 본다. (2001. 3. 28 단서개정)
2. 제1항 제2호의 규정에 의한 매매용부동산을 유예기간내에 양도하는 경우 (2003. 3. 26 개정)
④ 영 제49조 제1항 제1호의 규정을 적용함에 있어서 건축물이 없는 토지를 임대하는 경우(공장·건축물의 부속토지 등 법인의 업무에 직접 사용하던 토지를 임대하는 경우를 제외한다) 당해 토지는 업무에 직접 사용하지 아니하는 부동산으로 본다. 다만,

3. 직전 사업연도 종료일 현재 청산절차가 개시되었거나 「독점규제 및 공정거래에 관한 법률」에 의한 기업집단에서의 분리절차가 개시되는 등 공동광고의 효과가 미치지 아니한다고 인정되는 법인 (2005. 2. 28. 개정)

제26조【업무와 관련이 없는 부동산 등의 범위】 (2000. 3. 9 제목개정)

① 영 제49조 제1항 제1호 가목 단서에서 "기획재정부령이 정하는 기간"이란 다음 각 호의 어느 하나에 해당하는 기간(이하 이 조에서 "유예기간"이라 한다)을 말한다. (2009. 3. 30. 개정)
1. 건축물 또는 시설물 신축용 토지 : 취득일부터 5년(「산업집적활성화 및 공장설립에 관한 법률」 제2조 제1호의 규정에 의한 공장용 부지로서 「산업집적활성화 및 공장설립에 관한 법률」 또는 「중소기업 창업지원법」에 의하여 승인을 얻은 사업계획서상의 공장건설계획기간이 5년을 초과하는 경우에는 당해 공장건설계획기간) (2005. 2. 28. 개정)
2. 부동산매매업[한국표준산업분류에 따른 부동산 개발 및 공급업(묘지분양업을 포함한다) 및 건물 건설업(자영건설업에 한한다)을 말한다. 이하 이 조에서 같다]을 주업으로 하는 법인이 취득한 매매용 부동산 : 취득일부터 5년 (2009. 3. 30. 개정)
3. 제1호 및 제2호 외의 부동산 : 취득일부터 2년 (2001. 3. 28 개정)

14조 제2항에 따른 계약이전의 결정에 따라 같은 법 제2조 제3호에 따른 부실금융기관으로부터 취득한 부동산 (2019. 3. 20. 개정)

가. 「예금자보호법」 제3조의 규정에 의한 예금보험공사 (2005. 2. 28. 개정)

나. 「예금자보호법」 제36조의 3의 규정에 의한 정리금융기관 (2005. 2. 28. 개정)

다. 「금융산업의 구조개선에 관한 법률」 제2조 제1호의 규정에 의한 금융기관 (2005. 2. 28. 개정)

24. 「자산유동화에 관한 법률」에 따른 유동화전문회사가 같은 법 제3조에 따른 자산유동화계획에 따라 자산보유자로부터 취득한 부동산 (2019. 3. 20. 개정)

25. 유예기간내에 법인의 합병 또는 분할로 인하여 양도되는 부동산 (2001. 3. 28 신설)

26. 공장의 가동에 따른 소음·분진·악취 등에 의하여 생활환경의 오염피해가 발생되는 지역안의 토지로서 당해 토지소유자의 요구에 따라 취득한 공장용 부속토지의 인접토지 (2001. 3. 28 신설)

27. 전국을 보급지역으로 하는 일간신문을 포함한 3개 이상의 일간신문에 다음 각목의 조건으로 매각을 3일 이상 공고하고, 공고일(공고일이 서로 다른 경우에는 최초의 공고일을 말한다)부터 1년이 경과하지 아니하였거나 1년 이내에 매각계약을 체결한 부동산 (2001. 3. 28 신설)

가. 매각예정가격이 법 제52조의 규정에 의한 시가 이하일 것 (2001. 3. 28 신설)

☞ p.356 4단 연결

(2005. 2. 28. 개정)

다. 건설업을 영위하는 법인 (2001. 3. 28 개정)

19. 「주택법」에 따라 주택건설사업자로 등록한 법인이 보유하는 토지 중 같은 법에 따라 승인을 얻은 주택건설사업계획서에 기재된 사업부지에 인접한 토지로서 해당 계획서상의 주택 및 대지 등에 대한 사용검사일부터 5년이 경과하지 아니한 토지 (2019. 3. 20. 개정)

20. 「염관리법」 제16조의 규정에 의하여 허가의 효력이 상실된 염전으로서 허가의 효력이 상실된 날부터 5년이 경과되지 아니한 염전 (2005. 2. 28. 개정)

21. 「공유수면매립법」에 의하여 매립의 면허를 받은 법인이 매립공사를 하여 취득한 매립지로서 당해 매립지의 소유권을 취득한 날부터 5년이 경과되지 아니한 매립지 (2005. 2. 28. 개정)

22. 행정청이 아닌 도시개발사업의 시행자가 「도시개발법」에 의한 도시개발사업의 실시계획인가를 받아 분양을 조건으로 조성하고 있는 토지 및 조성이 완료된 후 분양되지 아니하거나 분양후 「산업집적활성화 및 공장설립에 관한 법률」 제41조의 규정에 의하여 환수 또는 환매한 토지로서 최초의 인가일부터 5년이 경과되지 아니한 토지 (2005. 2. 28. 개정)

23. 다음 각 목의 어느 하나에 해당하는 기관이 「금융산업의 구조개선에 관한 법률」 제10조에 따른 적기시정조치 또는 같은 법 제

나. 부동산의 소유권에 관한 소송이 계속중인 부동산 (99. 5. 24 개정)

14. 당해 부동산을 취득한 후 소유권에 관한 소송이 계속중인 부동산으로서 법원에 의하여 사용이 금지된 부동산과 그 부동산의 소유권에 관한 확정판결일부터 5년이 경과되지 아니한 부동산 (2000. 12. 30 개정)

15. 「도시개발법」에 의한 도시개발구역안의 토지로서 환지방식에 의하여 시행되는 도시개발사업이 구획단위로 사실상 완료되어 건축이 가능한 날부터 5년이 경과되지 아니한 토지 (2005. 2. 28. 개정)

16. 건축물이 멸실·철거되거나 무너진 경우에는 당해 건축물이 멸실·철거되거나 무너진 날부터 5년이 경과되지 아니한 토지 (2000. 12. 30 개정)

17. 법인이 사업의 일부 또는 전부를 휴업·폐업 또는 이전함에 따라 업무에 직접 사용하지 아니하게 된 부동산으로서 그 휴업·폐업 또는 이전일부터 5년이 경과되지 아니한 부동산 (2000. 12. 30 개정)

18. 다음 각목의 1에 해당하는 법인이 신축한 건물로서 사용검사일부터 5년이 경과되지 아니한 건물과 그 부속토지 (2001. 3. 28 개정)

가. 주택신축판매업[한국표준산업분류에 의한 주거용 건물공급업 및 주거용 건물건설업(자영건설업에 한한다)을 말한다]을 영위하는 법인 (2006. 3. 14. 개정)

나. 「산업집적활성화 및 공장설립에 관한 법률」에 의한 아파트형공장의 설치자

합, 농업협동조합중앙회, 농협은행, 농협생명보험 또는 농협손해보험으로부터 취득한 부동산 (2012. 2. 28. 개정)

9. 「농업협동조합법」에 의한 조합, 농업협동조합중앙회, 농협은행, 농협생명보험 또는 농협손해보험이 「농업협동조합의 구조개선에 관한 법률」에 의한 농업협동조합 자산관리회사에 매각을 위임한 부동산 (2012. 2. 28. 개정)

10. 「민사집행법」에 의하여 경매가 진행중인 부동산과 「국세징수법」에 의하여 공매가 진행중인 부동산으로서 최초의 경매기일 또는 공매일부터 5년이 경과되지 아니한 부동산 (2005. 2. 28. 개정)

11. 저당권의 실행 기타 채권을 변제받기 위하여 취득한 부동산 및 청산절차에 따라 잔여재산의 분배로 인하여 취득한 부동산으로서 취득일부터 5년이 경과되지 아니한 부동산 (2000. 12. 30 개정)

12. 「금융기관부실자산 등의 효율적 처리 및 한국자산관리공사의 설립에 관한 법률」에 의하여 설립된 한국자산관리공사(이하 이 조에서 "한국자산관리공사"라 한다)에 매각을 위임한 부동산으로서 3회 이상 유찰된 부동산 (2005. 2. 28. 개정)

13. 영 제61조 제2항 각 호의 어느 하나에 해당하는 금융회사 등이 저당권의 실행 또는 그 밖에 채권을 변제받기 위하여 취득한 자산으로서 다음 각 목의 어느 하나에 해당하는 부동산 (2019. 3. 20. 개정)

가. 한국자산관리공사에 매각을 위임한 부동산 (2000. 3. 9 개정)

도일까지의 기간 (2001. 3. 28 개정)

⑩ 영 제49조 제1항 제1호 각 목의 어느 하나에 해당하는 부동산이 다음 각 호에 따라 수용되거나 이를 양도하는 경우에는 제9항에도 불구하고 해당 부동산을 업무에 직접 사용하지 아니한 기간 중 유예기간과 겹치는 기간을 제외한 기간을 해당 부동산에 대하여 업무와 관련이 없는 것으로 보는 기간으로 한다. (2014. 3. 14. 개정)

1. 「공익사업을 위한 토지 등의 취득 및 보상에 관한 법률」 및 그밖의 법률에 의하여 수용(협의매수를 포함한다)되는 경우 (2005. 2. 28. 개정)

2. 「산업집적활성화 및 공장설립에 관한 법률」 제2조 제14호에 따른 산업단지 안의 토지를 같은 법 제39조에 따라 양도하는 경우 (2014. 3. 14. 개정)

⑪ 영 제49조 제1항 제2호 나목 단서에서 "기획재정부령이 정하는 부득이한 사유가 있는 자동차·선박 및 항공기"라 함은 저당권의 실행 기타 채권을 변제 받기 위하여 취득한 자동차·선박 및 항공기로서 취득일부터 3년이 경과되지 아니한 것을 말한다. (2008. 3. 31. 직제개정)

　　제27조 【업무와 관련없는 비용 등의 손금불산입】 영 제49조 제1항 제1호 각목의 1에 해당하는 부동산이 있는 법인은 법 제27조 제1호 및 법 제28조 제1항 제4호 가목의 규정에 의하여 그 양도한 날이 속하는 사업

☞ p.357 3단 연결

⑧ 제1항의 규정에 의한 부동산의 유예기간을 적용함에 있어서 제5항 제2호 각목의 사유가 발생한 경우 그 기간계산은 다음 각호에 의한다. (2001. 3. 28 개정)

1. 제5항 제2호 가목 또는 나목의 규정에 해당하는 경우에는 각각 해당 법령에 의한 사용의 금지·제한이 해제된 날 또는 「문화재보호법」에 의한 보호구역지정이 해제된 날부터 기산할 것 (2005. 2. 28. 개정)

2. 제5항 제2호 다목 또는 라목의 규정에 해당하는 경우에는 건축허가 또는 착공이 제한된 기간을 가산한 기간을 유예기간으로 할 것 (99. 5. 24 개정)

⑨ 영 제49조 제1항 제1호 각목의 1에 해당하는 부동산에 대하여 업무와 관련이 없는 것으로 보는 기간은 다음 각호에 의한다. (2001. 3. 28 개정)

1. 영 제49조 제1항 제1호 가목에 해당하는 부동산 : 당해 부동산을 업무에 직접 사용하지 아니한 기간 중 유예 기간과 겹치는 기간을 제외한 기간. 다만, 당해 부동산을 취득한 후 계속하여 업무에 사용하지 아니하고 양도하는 경우에는 취득일(유예기간이 경과되기 전에 제5항 제2호 가목 및 나목에 해당하는 사유가 발생한 경우에는 제8항 제1호의 규정에 의한 기간계산의 기산일)부터 양도일까지의 기간 (2001. 3. 28 개정)

2. 영 제49조 제1항 제1호 나목에 해당하는 부동산 : 취득일(제5항 제2호 가목 및 나목에 해당하는 경우에는 제8항 제1호의 규정에 의한 기간계산의 기산일)부터 양도일까지의 기간 (2001. 3. 28 개정)

된 공사착수기간 중에 있는 부동산으로서 최초의 공사착수기간 연장승인일부터 5년이 경과되지 아니한 부동산(공사착수가 연장된 기간에 한정한다) (2013. 2. 23. 신설)

30. 당해 부동산의 취득후 제2호부터 제29호까지의 사유외에 도시계획의 변경 등 정당한 사유로 인하여 업무에 사용하지 아니하는 부동산 (2013. 2. 23. 개정)

31. 「송·변전설비 주변지역의 보상 및 지원에 관한 법률」 제5조에 따른 주택매수의 청구에 따라 사업자가 취득하여 보유하는 주택 및 그 대지 (2016. 3. 7. 신설)

⑥ 영 제49조 제1항 제1호의 규정을 적용함에 있어서 부동산의 취득시기는 「소득세법시행령」 제162조의 규정을 준용하되, 동조 제1항 제3호의 규정에 의한 장기할부조건에 의한 취득의 경우에는 당해 부동산을 사용 또는 수익할 수 있는 날로 한다. (2005. 2. 28. 개정)

⑦ 영 제49조 제1항 제1호 나목 단서에서 "기획재정부령이 정하는 부동산매매업을 주업으로 영위하는 법인"이란 제1항 제2호의 법인을 말한다. 이 경우 부동산매매업과 다른 사업을 겸영하는 경우에는 해당 사업연도와 그 직전 2사업연도의 부동산매매업 매출액의 합계액(해당 법인이 토목건설업을 겸영하는 경우에는 토목건설업 매출액을 합한 금액을 말한다)이 이들 3사업연도의 총수입금액의 합계액의100분의 50을 초과하는 경우에 한하여 부동산매매업을 주업으로 하는 법인으로 본다. (2009. 3. 30. 개정)

나. 매각대금의 100분의 70 이상을 매각계약 체결일부터 6월 이후에 결제할 것 (2001. 3. 28 신설)

 27-49…2 【매각공고 부동산의 요건 등】

① 규칙 제26조 제5항 제27호에서 "3개 이상의 일간신문에 매각을 3일 이상 공고"라 함은 3개 이상의 일간신문에 동호 각목의 조건으로 매각을 각각 3회 이상 공고하는 것을 말한다. (2003. 5. 10. 신설)

② 법인의 부동산을 양도하기 위하여 제1항에 따른 신문공고를 한 법인에 대한 업무무관 부동산 해당여부의 판정은 다음과 같다. (2019. 12. 23. 개정)

1. 규칙 제26조 제1항에 따른 유예기간내에 제1항에 따른 신문공고를 한 경우에는 최초 신문공고 후 1년내에 매각계약을 체결하거나, 1년이 경과하지 아니한 때까지는 해당 부동산의 취득일부터 업무무관 부동산으로 보지 아니한다. (2019. 12. 23. 개정)

2. 규칙 제26조 제1항에 따른 유예기간이 경과한 후에 제1항에 따른 신문공고를 한 경우에는 해당 부동산의 취득일부터 신문공고일까지의 기간을 업무무관 부동산으로 본다. (2019. 12. 23. 개정)

28. 제27호의 규정에 의한 부동산으로서 동호 각목의 요건을 갖추어 매년 매각을 재공고하고, 재공고일부터 1년이 경과되지 아니하였거나 1년 이내에 매각계약을 체결한 부동산(직전 매각공고시의 매각예정가격에서 동금액의 100분의 10을 차감한 금액 이하로 매각을 재공고한 경우에 한한다) (2001. 3. 28 신설)

29. 「주택법」 제16조 및 같은 법 시행령 제18조 제5호에 따라 사업계획승인권자로부터 공사착수기간의 연장승인을 받아 연장

〈제27조〉
2. 제1호 외에 해당 법인의 업무와 직접 관련이 없다고 인정되는 지출금액으로서 대통령령으로 정하는 금액 (2018. 12. 24. 개정)

☞

• 출자자 또는 출연자가 아닌 임원(소액주주 포함)과 종업원이 사용하는 사택 또는 합숙소의 유지비, 관리비, 사용료와 이에 관련되는 지출금은 업무무관지출에 해당되지 아니하는 것임. (서이 46012 - 10770, 2003. 4. 14.)
• 주주임원의 교육훈련비는 수업내용 등이 업무와 관련된 것이고 소득세법 시행령 11조의 요건을 갖춘 회사내부규정으로 사규화되어 있는 경우 손비처리할 수 있음. (서면2팀 - 17, 2005. 1. 3.)

제27조의 2 【업무용승용차 관련비용의 손금불산입 등 특례】

① 「개별소비세법」 제1조 제2항 제3호에 해당하는 승용자동차(운수업, 자동차판매업 등에서 사업에 직접 사용하는 승용자동차로서 대통령령으로 정하는 것과 연구개발을 목적으로 사용하는 승용자동차로서 대통

제50조 【업무와 관련이 없는 지출】 ① 법 제27조 제2호에서 "대통령령으로 정하는 금액"이란 다음 각 호의 어느 하나에 해당하는 지출금액을 말한다. (2019. 2. 12. 개정)
1. 해당 법인이 직접 사용하지 아니하고 다른 사람(주주 등이 아닌 임원과 소액주주 등인 임원 및 직원은 제외한다)이 주로 사용하고 있는 장소·건축물·물건 등의 유지비·관리비·사용료와 이와 관련되는 지출금. 다만, 법인이 「대·중소기업 상생협력 촉진에 관한 법률」 제35조에 따른 사업을 중소기업(제조업을 영위하는 자에 한한다)에 이양하기 위하여 무상으로 해당 중소기업에 대여하는 생산설비와 관련된 지출금 등은 제외한다. (2019. 2. 12. 개정)
2. 해당 법인의 주주 등(소액주주 등은 제외한다)이거나 출연자인 임원 또는 그 친족이 사용하고 있는 사택의 유지비·관리비·사용료와 이와 관련되는 지출금 (2009. 2. 4. 개정)
3. 제49조 제1항 각 호의 어느 하나에 해당하는 자산을 취득하기 위하여 지출한 자금의 차입과 관련되는 비용 (2008. 2. 22. 개정)
4. 해당 법인이 공여한 「형법」 또는 「국제상거래에 있어서 외국공무원에 대한 뇌물방지법」에 따른 뇌물에 해당하는 금전 및 금전 외의 자산과 경제적 이익의 합계액 (2008. 2. 22. 개정)
5. 「노동조합 및 노동관계조정법」 제24조 제2항 및 제4항을 위반하여 지급하는 급여 (2010. 12. 30. 신설)
② 제1항 제1호 및 제2호에서 "소액주주 등"이란 발행주식총수 또는 출자총액의 100분의 1에 미달하는 주식등을 소유한 주주 등(해당 법인의 국가, 지방자치단체가 아닌 지배주주 등의 특수관계인인 자는 제외하며, 이하 "소액주주 등"이라 한다)을 말한다. (2019. 2. 12. 개정)
③ 법 제19조의 2 제2항 각 호의 어느 하나에 해당하는 채권의 처분손실은 손금에 산입하지 않는다. (2019. 2. 12. 신설)

제50조의 2 【업무용승용차 관련비용 등의 손금불산입 특례】

① 법 제27조의 2 제1항에서 "운수업, 자동차판매업 등에서 사업에 직접 사용하는 승용자동차로서 대통령령으로 정하는 것과 연구개발을 목적으로 사용하는 승용자동차로서 대통령령으로 정하는 것"이란 다음 각 호

연도 이전에 종료한 각 사업연도(이하 이 조에서 "종전 사업연도"라 한다)의 업무와 관련없는 비용 및 지급이자를 손금에 산입하지 아니하는 경우 다음 각호의 방법 중 하나를 선택하여 계산한 세액을 그 양도한 날이 속하는 사업연도의 법인세에 가산하여 납부하여야 한다. (2001. 3. 28 개정)
1. 종전 사업연도의 각 사업연도의 소득금액 및 과세표준 등을 다시 계산함에 따라 산출되는 결정세액에서 종전 사업연도의 결정세액을 차감한 세액(가산세를 제외한다) (99. 5. 24 개정)
2. 종전 사업연도의 과세표준과 손금에 산입하지 아니하는 지급이자 등을 합한 금액에 법 제55조의 규정에 의한 세율을 적용하여 산출한 세액에서 종전 사업연도의 산출세액을 차감한 세액(가산세를 제외한다) (99. 5. 24 개정)

제27조의 2 【업무용승용차 관련비용 등의 손금불산입 특례】

① 영 제50조의 2 제1항 제2호에서 "기획재정부령으로 정하는 승용자동차"란 한국표준산업분류

령으로 정하는 것은 제외하며, 이하 이 조 및 제74조의 2에서 "업무용승용차"라 한다)에 대한 감가상각비는 각 사업연도의 소득금액을 계산할 때 대통령령으로 정하는 바에 따라 손금에 산입하여야 한다. (2021. 12. 21. 개정)

② 내국법인이 업무용승용차를 취득하거나 임차함에 따라 해당 사업연도에 발생하는 감가상각비, 임차료, 유류비 등 대통령령으로 정하는 비용(이하 이 조 및 제74조의 2에서 "업무용승용차 관련비용"이라 한다) 중 대통령령으로 정하는 업무용 사용금액(이하 이 조에서 "업무사용금액"이라 한다)에 해당하지 아니하는 금액은 해당 사업연도의 소득금액을 계산할 때 손금에 산입하지 아니한다. (2021. 12. 21. 개정)

③ 제2항을 적용할 때 업무사용금액 중 다음 각 호의 구분에 해당하는 비용이 해당 사업연도에 각각 800만원(해당 사업연도가 1년 미만인 경우 800만원에 해당 사업연도의 월수를 곱하고 이를 12로 나누어 산출한 금액을 말하고, 사업연도 중 일부 기간 동안 보유하거나 임차한 경우에는 800만원에 해당 보유기간 또는 임차기간 월수를 곱하고 이를 사업연도 월수로 나누어 산출한 금액을 말한다)을 초과하는 경우 그 초과하는 금액(이하 이 조에서 "감가상각비 한도초과액"이라 한다)은 해당 사업연도의 손금에 산입하지 아니하고 대통령령으로 정하는 방법에 따라 이월하여 손금에 산입한다. (2017. 12. 19. 개정)

1. 업무용승용차별 감가상각비 (2015. 12. 15. 신설)

2. 업무용승용차별 임차료 중 대통령령으로 정하는 감가상각비 상당액 (2015. 12. 15. 신설)

④ 업무용승용차를 처분하여 발생하는 손실로서 업무용승용차별로 800만원(해당 사업연도가 1년 미만인 경우 800만원에 해당 사업연도의 월수를 곱하고 이를 12로 나누어 산출한 금액을 말한다)을 초과하는 금액은 대통령령으로 정하는 방법에 따라 이월하여 손금에 산입한다. (2018. 12. 24. 개정)

⑤ 제3항과 제4항을 적용할 때 부동산임대업을 주된 사업으로 하는 등 대통령령으로 정하는 요건에 해당하는 내국법인의 경우에는 "800만원"을 각각 "400만원"으로 한다. (2016. 12. 20. 신설)

의 어느 하나에 해당하는 승용자동차를 말한다. (2020. 2. 11. 개정)

1. 「부가가치세법 시행령」 제19조 각 호에 해당하는 업종 또는 「여신전문금융업법」 제2조 제9호에 따른 시설대여업에서 사업상 수익을 얻기 위하여 직접 사용하는 승용자동차 (2016. 2. 12. 신설)

2. 제1호와 유사한 승용자동차로서 기획재정부령으로 정하는 승용자동차 (2016. 2. 12. 신설)

3. 「자동차관리법」 제27조 제1항 단서에 따라 국토교통부장관의 임시운행허가를 받은 자율주행자동차 (2020. 2. 11. 신설)

② 법 제27조의 2 제2항에서 "대통령령으로 정하는 비용"이란 업무용승용차에 대한 감가상각비, 임차료, 유류비, 보험료, 수선비, 자동차세, 통행료 및 금융리스부채에 대한 이자비용 등 업무용승용차의 취득·유지를 위하여 지출한 비용(이하 이 조에서 "업무용승용차 관련비용"이라 한다)을 말한다. (2016. 2. 12. 신설)

③ 업무용승용차는 제26조 제1항 제2호 및 제28조 제1항 제2호에도 불구하고 정액법을 상각방법으로 하고 내용연수를 5년으로 하여 계산한 금액을 감가상각비로 하여 손금에 산입하여야 한다. (2016. 2. 12. 신설)

④ 법 제27조의 2 제2항에서 "대통령령으로 정하는 업무용 사용금액"이란 다음 각 호의 구분에 따른 금액을 말한다. 다만, 해당 업무용승용차에 기획재정부령으로 정하는 자동차등록번호판을 부착하지 않은 경우에는 영(0)원으로 한다. (2024. 2. 29. 단서신설)

편주 ▶ ⋯⋯⋯⋯⋯⋯⋯⋯⋯⋯⋯⋯⋯⋯⋯⋯⋯⋯
영 50조의 2 제4항 각 호 외의 부분 단서의 개정규정은 2024. 1. 1. 이후 업무용승용차 관련비용을 지출하는 경우부터 적용함. (영 부칙(2024. 2. 29.) 7조)
⋯⋯⋯⋯⋯⋯⋯⋯⋯⋯⋯⋯⋯⋯⋯⋯⋯⋯⋯⋯⋯

1. 해당 사업연도 전체 기간(임차한 승용차의 경우 해당 사업연도 중에 임차한 기간을 말한다) 동안 다음 각 목의 어느 하나에 해당하는 사람이 운전하는 경우만 보상하는 자동차보험(이하 "업무전용자동차보험"이라 한다)에 가입한 경우 : 업무용승용차 관련비용에 업무사용비율을 곱한 금액 (2018. 2. 13. 개정)

가. 해당 법인의 임원 또는 직원 (2019. 2. 12. 개정)

표 중 장례식장 및 장의관련 서비스업을 영위하는 법인이 소유하거나 임차한 운구용 승용차를 말한다. (2016. 3. 7. 신설)

② 영 제50조의 2 제4항 각 호 외의 부분 단서에서 "기획재정부령으로 정하는 자동차등록번호판"이란 「자동차관리법 시행규칙」 제6조 제3항에 따라 국토교통부장관이 정하여 고시하는 기준에 해당하는 법인의 업무용승용차에 부착하는 번호판을 말한다. (2024. 3. 22. 신설)

③ 영 제50조의 2 제4항 제1호 다목에서 "기획재정부령으로 정하는 사람"이란 해당 법인의 운전자 채용을 위한 면접에 응시한 지원자를 말한다. (2024. 3. 22. 항번개정)

④ 영 제50조의 2 제5항에서 "기획재정부령으로 정하는 운행기록 등"이란 국세청장이 기획재정부장관과 협의하여 고시하는 운행기록 방법을 말한다. (2024. 3. 22. 항번개정)

편주 ▶ ⋯⋯⋯⋯⋯⋯⋯⋯⋯⋯⋯⋯⋯⋯⋯⋯⋯⋯
업무용승용차 운행기록 방법에 관한 고시 (국세청고시 제2022-9호, 2022. 4. 1.)
⋯⋯⋯⋯⋯⋯⋯⋯⋯⋯⋯⋯⋯⋯⋯⋯⋯⋯⋯⋯⋯

⑤ 영 제50조의 2 제8항 각 호 외의 부분에서 "기획재정부령으로 정하는 임차 승용차"란 제6항 제2호에 해당하는 임차한 승용차로서 임차계약기간이 30일 이내인 승용차(해당 사업연도에 임차계약기간의 합계일이 30일을 초과하는 승용차는 제외한다)를 말한다. (2024. 3. 22. 개정)

⑥ 제1항부터 제5항까지에 따라 업무용승용차 관련비용 등을 손금에 산입한 법인은 대통령령으로 정하는 바에 따라 업무용승용차 관련비용 등에 관한 명세서를 납세지 관할 세무서장에게 제출하여야 한다. (2016. 12. 20. 개정)

⑦ 업무사용금액의 계산방법, 감가상각비 한도초과액의 계산 및 이월방법과 그 밖에 필요한 사항은 대통령령으로 정한다. (2016. 12. 20. 항번개정)

● 예 판 ●━━━━━━━━━━━━━━━━━━
내국법인이 취득·임차한 업무용승용차를 직무와 관련된 거래처 접대업무에 사용한 경우 동 주행거리는 업무용 사용거리에 해당하는 것임. (서면법령법인 - 3468, 2016. 7. 18.)
━━━━━━━━━━━━━━━━━━━━━━━━━

통칙 27의 2 - 50의 2…1 【업무용승용차 관련비용의 손금불산입 특례 적용제외 대상】
법 제27조의 2에 따른 업무용승용차 관련비용의 손금불산입 특례 규정이 적용되지 않는 경우를 예시하면 다음과 같다. (2019. 12. 23. 신설)
1. 내국법인이 개별소비세가 부과되지 않는 국외 사업장에서 보유·운영하고 있는 승용차는 법 제27조의 2 규정이 적용되지 아니한다. (2019. 12. 23. 신설)
2. 차량운행과 관련한 위탁용역을 체결한 위탁법인이 수탁법인에 지급하는 차량운행 업무위탁 대가는 법 제27조의 2 규정이 적용되며, 수탁법인이 차량운행 위탁용역과 관련하여 지출하는 비용(차량리스료, 유류대, 통행료 등)은 법 제27조의 2 규정이 적용되지 아니한다. (2019. 12. 23. 신설)

27의 2 - 50의 2…2 【퇴직자에 대한 업무용승용차 관련비용의 손금불산입 범위액】
업무용승용차 사적 사용자가 사업연도 중간에 퇴직하는 경우 해당 퇴직자에 대한 법 제27조의 2에 따른 업무용승용차 관련비용의 손금불산입 금액은 해당 사업연도 개시일부터 퇴직시까지 발생한 업무용승용차 관련비용에 동 기간의 사적사용비율(해당 퇴직자의 사적사용거리 ÷ 총 주행거리)을 곱하여 산출한 금액으로 한다. (2019. 12. 23. 신설)

나. 계약에 따라 해당 법인의 업무를 위하여 운전하는 사람 (2018. 2. 13. 신설)
다. 해당 법인의 업무를 위하여 필요하다고 인정되는 경우로서 기획재정부령으로 정하는 사람 (2018. 2. 13. 신설)
2. 업무전용자동차보험에 가입하지 아니한 경우 : 영(0)원 (2024. 2. 29. 개정)

⑤ 제4항 제1호에서 업무사용비율은 기획재정부령으로 정하는 운행기록 등(이하 이 조에서 "운행기록등"이라 한다)에 따라 확인되는 총 주행거리 중 업무용 사용거리가 차지하는 비율로 한다. (2016. 2. 12. 신설)

⑥ 제4항 제1호를 적용받으려는 내국법인은 업무용승용차별로 운행기록등을 작성·비치하여야 하며, 납세지 관할 세무서장이 요구할 경우 이를 즉시 제출하여야 한다. (2016. 2. 12. 신설)

⑦ 제4항 제1호를 적용할 때 운행기록등을 작성·비치하지 않은 경우 해당 업무용승용차의 업무사용비율은 제5항에도 불구하고 다음 각 호의 구분에 따른 비율로 한다. (2020. 2. 11. 개정)
1. 해당 사업연도의 업무용승용차 관련비용이 1천5백만원(해당 사업연도가 1년 미만인 경우에는 1천5백만원에 해당 사업연도의 월수를 곱하고 이를 12로 나누어 산출한 금액을 말하고, 사업연도 중 일부 기간 동안 보유하거나 임차한 경우에는 1천5백만원에 해당 보유기간 또는 임차기간 월수를 곱하고 이를 사업연도 월수로 나누어 산출한 금액을 말한다. 이하 이 조에서 같다) 이하인 경우 : 100분의 100 (2020. 2. 11. 개정)
2. 해당 사업연도의 업무용승용차 관련비용이 1천5백만원을 초과하는 경우 : 1천5백만원을 업무용승용차 관련비용으로 나눈 비율 (2020. 2. 11. 개정)

⑧ 제4항 제1호를 적용할 때 기획재정부령으로 정하는 임차 승용차로서 다음 각 호의 어느 하나에 해당하는 사람을 운전자로 한정하는 임대차 특약을 체결한 경우에는 업무전용자동차보험에 가입한 것으로 본다. (2017. 2. 3. 신설)
1. 해당 법인의 임원 또는 직원 (2019. 2. 12. 개정)
2. 계약에 따라 해당 법인의 업무를 위하여 운전하는 사람 (2017. 2. 3. 신설)

⑥ 영 제50조의 2 제12항에서 "기획재정부령으로 정하는 금액"이란 다음 각 호의 구분에 따른 금액을 말한다. (2024. 3. 22. 항번개정)
1. 「여신전문금융업법」 제3조 제2항에 따라 등록한 시설대여업자로부터 임차한 승용차 : 임차료에서 해당 임차료에 포함되어 있는 보험료, 자동차세 및 수선유지비를 차감한 금액. 다만, 수선유지비를 별도로 구분하기 어려운 경우에는 임차료(보험료와 자동차세를 차감한 금액을 말한다)의 100분의 7을 수선유지비로 할 수 있다. (2016. 3. 7. 신설)
2. 제1호에 따른 시설대여업자 외의 자동차대여사업자로부터 임차한 승용차 : 임차료의 100분의 70에 해당하는 금액 (2016. 3. 7. 신설)

⑦ 영 제50조의 2 제5항에 따른 업무용 사용거리란 제조·판매시설 등 해당 법인의 사업장 방문, 거래처·대리점 방문, 회의 참석, 판촉 활동, 출·퇴근 등 직무와 관련된 업무수행을 위하여 주행한 거리를 말한다. (2024. 3. 22. 항번개정)

⑧ 내국법인이 해산(합병·분할 또는 분할합병에 따른 해산을 포함한다)한 경우에는 법 제27조의 2 제3항 제2호 및 같은 조 제4항에 따라 이월된 금액 중 남은 금액을 해산등기일(합병·분할 또는 분할합병에 따라 해산한 경우에는 합병등기일 또는 분할등기일을 말한다)이 속하는 사업연도에 모두 손금에 산입한다. (2024. 3. 22. 항번개정)

⑨ 제4항 제2호에도 불구하고 해당 사업연도 전체기간(임차한 승용차의 경우 해당 사업연도 중에 임차한 기간을 말한다) 중 일부기간만 업무전용자동차보험에 가입한 경우 법 제27조의 2 제2항에 따른 업무사용금액은 다음의 계산식에 따라 산정한 금액으로 한다. (2018. 2. 13. 개정)

업무용승용차 관련비용 × 업무사용비율 × (해당 사업연도에 실제로 업무전용자동차보험에 가입한 일수 ÷ 해당 사업연도에 업무전용자동차보험에 의무적으로 가입하여야 할 일수)

⑩ 법 제27조의 2 제3항 각 호 외의 부분의 감가상각비 한도초과액은 같은 항 각 호의 금액에 업무사용비율을 곱하여 산출한 금액에서 800만원(해당 사업연도가 1년 미만인 경우 800만원에 해당 사업연도의 월수를 곱하고 이를 12로 나누어 산출한 금액을 말하고, 사업연도 중 일부 기간 동안 보유하거나 임차한 경우에는 800만원에 해당 보유기간 또는 임차기간 월수를 곱하고 이를 사업연도 월수로 나누어 산출한 금액을 말한다)을 차감하여 계산한다. (2018. 2. 13. 개정)

⑪ 법 제27조의 2 제3항 각 호 외의 부분에서 "대통령령으로 정하는 방법"이란 다음 각 호의 구분에 따른 방법에 따라 산정된 금액을 한도로 이월하여 손금에 산입하는 방법을 말한다. (2017. 2. 3. 항번개정)

1. 업무용승용차별 감가상각비 이월액 : 해당 사업연도의 다음 사업연도부터 해당 업무용승용차의 업무사용금액 중 감가상각비가 800만원에 미달하는 경우 그 미달하는 금액을 한도로 하여 손금으로 추인한다. (2020. 2. 11. 개정)

2. 업무용승용차별 임차료 중 제12항에 따른 감가상각비 상당액 이월액 : 해당 사업연도의 다음 사업연도부터 해당 업무용승용차의 업무사용금액 중 감가상각비 상당액이 800만원에 미달하는 경우 그 미달하는 금액을 한도로 손금에 산입한다. (2020. 2. 11. 개정)

⑫ 법 제27조의 2 제3항 제2호에서 "대통령령으로 정하는 감가상각비 상당액"이란 업무용승용차의 임차료 중 보험료와 자동차세 등을 제외한 금액으로서 기획재정부령으로 정하는 금액을 말한다. (2017. 2. 3. 항번개정)

⑬ 법 제27조의 2 제4항에서 "대통령령으로 정하는 방법"이란 해당 사업연도의 다음 사업연도부터 800만원을 균등하게 손금에 산입하되, 남은 금액이 800만원 미만인 사업연도에는 남은 금액을 모두 손금에 산입하는 방법을 말한다. (2020. 2. 11. 개정)

⑭ 업무용승용차 관련비용 또는 처분손실을 손금에 산입한 법인은 법 제60조에 따른 신고를 할 때 기획재정부령으로 정하는 업무용승용차 관련비용 명세서를 첨부하여 납세지 관할 세무서장에게 제출하여야 한다. (2017. 2. 3. 항번개정)

⑮ 제42조 제2항 각 호의 요건을 모두 갖춘 내국법인의 경우에는 제7항, 제10항, 제11항 또는 제13항을 적용할 때 "1천5백만원"은 각각 "500만원"으로, "800만원"은 각각 "400만원"으로 한다. (2020. 2. 11. 개정)

⑯ 해당 사업연도가 1년 미만이거나 사업연도 중 일부 기간 동안 보유하거나 임차한 경우의 월수의 계산은 역에 따라 계산하되, 1개월 미만의 일수는 1개월로 한다. (2018. 2. 13. 신설)

⑰ 제1항부터 제16항까지에서 규정한 사항 외에 업무용 사용의 범위 및 그 밖에 필요한 사항은 기획재정부령으로 정한다. (2018. 2. 13. 개정)

제28조 【지급이자의 손금불산입】 ① 다음 각 호의 차입금의 이자는 내국법인의 각 사업연도의 소득금액을 계산할 때 손금에 산입하지 아니한다. (2010. 12. 30. 개정)
1. 대통령령으로 정하는 채권자가 불분명한 사채의 이자 (2018. 12. 24. 개정)

• 예 판 ....
• 금융기관 차입금을 조기에 상환함으로써 약정이자 외에 별도로 지급하는 '조기상환수수료'는 지급이자 손금불산입 규정 적용대상 '지급이자'의 범위에 포함하지 않음. (서이 46012 - 10655, 2001. 12. 1)
• 회사정리인가결정에 의해 면제받은 미지급이자는 손금불산입대상 지급이자에 포함됨. (서이 46012 - 11087, 2002. 5. 24)
....

통 칙 28 - 53…1 【지급이자 손금불산입】
법 제28조에서 "차입금"이라 함은 지급이자 및 할인료를 부담하는 모든 부채를 말한다. 이 경우 상품, 제품 등을 매출하고 받은 상업어음을 할인한 경우의 할인어음(기업회계기준에 따라 매각거래로 보는 경우만 해당된다)은 차입금으로 보지 아니하고, 금융리스에 의한 리스료 중 유효이자율법에 의하여 계산한 이자상당액을 제외한 금액(상환액은 제외한다)은 차입금에 포함한다. (2019. 12. 23. 개정)

2. 「소득세법」 제16조 제1항 제1호·제2호·제5호 및 제8호에 따른 채권·증권의 이자·할인액 또는 차익 중 그 지급받은 자가 불분명한 것으로서 대통령령으로 정하는 것 (2018. 12. 24. 개정)

3. 대통령령으로 정하는 건설자금에 충당한 차입금의 이자 (2010. 12. 30. 개정)

• 예 판 ....
건설회사의 재개발·재건축아파트공사와 관련한 이주비대여용 차입금 지급이자는 자산취득원가가 아닌 당기 손금임. (재법인 46012 - 150, 2002. 9. 12)
....

제51조 【채권자가 불분명한 사채이자 등의 범위】 ① 법 제28조 제1항 제1호에서 "대통령령으로 정하는 채권자가 불분명한 사채의 이자"란 다음 각 호의 어느 하나에 해당하는 차입금의 이자(알선수수료·사례금 등 명목여하에 불구하고 사채를 차입하고 지급하는 금품을 포함한다)를 말한다. 다만, 거래일 현재 주민등록표에 의하여 그 거주사실 등이 확인된 채권자가 차입금을 변제받은 후 소재불명이 된 경우의 차입금에 대한 이자를 제외한다. (2019. 2. 12. 개정)
1. 채권자의 주소 및 성명을 확인할 수 없는 차입금 (98. 12. 31 개정)
2. 채권자의 능력 및 자산상태로 보아 금전을 대여한 것으로 인정할 수 없는 차입금 (98. 12. 31 개정)
3. 채권자와의 금전거래사실 및 거래내용이 불분명한 차입금 (98. 12. 31 개정)

편주 ▶ ....
채권자가 불분명한 사채이자의 처분은 통칙 67 - 106…3 참조
....

② 법 제28조 제1항 제2호에서 "대통령령으로 정하는 것"이란 채권 또는 증권의 이자·할인액 또는 차익을 당해 채권 또는 증권의 발행법인이 직접 지급하는 경우 그 지급사실이 객관적으로 인정되지 아니하는 이자·할인액 또는 차익을 말한다. (2011. 6. 3. 개정)

제52조 【건설자금에 충당한 차입금의 이자의 범위】 ① 법 제28조 제1항 제3호에서 "대통령령으로 정하는 건설자금에 충당한 차입금의 이자"란 그 명목여하에 불구하고 사업용 유형자산 및 무형자산의 매입·제작 또는 건설(이하 이 조에서 "건설 등"이라 한다)에 소요되는 차입금(자산의 건설등에 소요된지의 여부가 분명하지 아니한 차입금은 제외한다. 이하 이 조에서 "특정차입금"이라 한다)에 대한 지급이자 또는 이와 유사한 성질의 지출금(이하 이 조에서 "지급이자 등"이라 한다)을 말한다. (2019. 2. 12. 개정)

편주 ▶ ....
손금불산입한 건설자금이자의 처리는 통칙 23 - 32…1 참조
....

통칙 28－52…1 【건설자금이자의 계산】

법 제28조 제1항 제3호에 따른 건설자금에 충당한 차입금의 이자(이하 "건설자금이자"라 한다)의 계산은 다음에 의한다. (2019. 12. 23. 개정)
1. 금융기관으로부터 차입하는 때에 지급하는 지급보증료는 영 제52조 제1항의 "지급이자 또는 이와 유사한 성질의 지출금"으로 본다. (2019. 12. 23. 개정)
2. 건설자금이자를 과다하게 계상한 경우 영 제52조에 따라 계산한 금액을 초과하는 금액은 이를 손금에 산입한다. (2019. 12. 23. 개정)
   3. 매매를 목적으로 매입 또는 건설하는 주택 및 아파트는 영 제52조 제1항에 따른 사업용 유형자산 및 무형자산에 해당하지 아니한다. (2019. 12. 23. 개정)
4. 영 제52조 제6항에서 "사용개시일"이라 함은 정상제품을 생산하기 위하여 실제로 가동되는 날(선박의 경우에는 최초의 출항일, 「전기사업법」의 규정에 의한 전기사업자가 발전소를 건설하는 경우에는 「전기사업법」 제63조 및 같은 법 시행규칙 제31조에 따른 사용전검사의 합격통지를 받은 날)을 말한다. (2024. 3. 15. 개정)
5. 영 제52조 제6항 제1호에서 토지가 "사업에 사용되기 시작한 날"이라 함은 공장 등의 건설에 착공한 날 또는 해당 사업용 토지로 업무에 직접 사용한 날을 말한다. (2019. 12. 23. 개정)

② 특정차입금에 대한 지급이자 등은 건설 등이 준공된 날까지 이를 자본적 지출로 하여 그 원본에 가산한다. 다만, 특정차입금의 일시예금에서 생기는 수입이자는 원본에 가산하는 자본적 지출금액에서 차감한다. (2010. 12. 30. 개정)

③ 특정차입금의 일부를 운영자금에 전용한 경우에는 그 부분에 상당하는 지급이자는 이를 손금으로 한다. (2010. 12. 30. 개정)

④ 특정차입금의 연체로 인하여 생긴 이자를 원본에 가산한 경우 그 가산한 금액은 이를 해당 사업연도의 자본적 지출로 하고, 그 원본에 가산한 금액에 대한 지급이자는 이를 손금으로 한다. (2010. 12. 30. 개정)

⑤ 특정차입금 중 해당 건설 등이 준공된 후에 남은 차입금에 대한 이자는 각 사업연도의 손금으로 한다. 이 경우 건설 등의 준공일은 당해 건설 등의 목적물이 전부 준공된 날로 한다. (2010. 12. 30. 개정)

⑥ 제2항 본문 및 제5항 후단에서 "준공된 날"이라 함은 다음 각 호의 어느 하나에 해당하는 날로 한다. (2019. 2. 12. 개정)
1. 토지를 매입하는 경우에는 그 대금을 청산한 날. 다만, 그 대금을 청산하기 전에 당해 토지를 사업에 사용하는 경우에는 그 사업에 사용되기 시작한 날 (98. 12. 31 개정)
2. 건축물의 경우에는 「소득세법 시행령」 제162조의 규정에 의한 취득일 또는 당해 건설의 목적물이 그 목적에 실제로 사용되기 시작한 날(이하 이 항에서 "사용개시일"이라 한다) 중 빠른 날 (2005. 2. 19. 개정)
3. 그 밖의 사업용 유형자산 및 무형자산의 경우에는 사용개시일 (2019. 2. 12. 개정)

⑦ 법 제28조 제2항에서 "대통령령으로 정하는 금액"이란 해당 사업연도의 개별 사업용 유형자산 및 무형자산의 건설 등에 대하여 제2호의 금액과 제3호의 비율을 곱한 금액과 제1호의 금액 중 적은 금액을 말한다. (2019. 2. 12. 개정)
1. 해당 사업연도 중 건설 등에 소요된 기간에 실제로 발생한 일반차입금(해당 사업연도에 상환하거나 상환하지 아니한 차입금 중 특정차입금을 제외한 금액을 말한다. 이하 이 조에서 같다)의 지급이자 등의 합계 (2010. 12. 30. 신설)

통칙 28－52…2 【고정자산 매입대금의 지급지연에 따른 지급이자 처리】

고정자산을 매입함에 있어서 매입가격을 결정한 후 그 대금 중 일부잔금의 지급지연으로 그 금액이 실질적으로 소비대차로 전환된 경우에 지급하는 이자는 영 제52조 제2항의 "건설 등이 준공된 날"까지의 기간 중에는 건설자금이자로 보고, 건설 등이 준공된 날 이후의 이자는 이를 각 사업연도의 소득금액 계산상 손금에 산입한다. (2001. 11. 1 개정)

4. 다음 각 목의 어느 하나에 해당하는 자산을 취득하거나 보유하고 있
   는 내국법인이 각 사업연도에 지급한 차입금의 이자 중 대통령령으
   로 정하는 바에 따라 계산한 금액(차입금 중 해당 자산가액에 상당
   하는 금액의 이자를 한도로 한다) (2010. 12. 30. 개정)
   가. 제27조 제1호에 해당하는 자산 (2010. 12. 30. 개정)
   나. 특수관계인에게 해당 법인의 업무와 관련 없이 지급한 가지급금
       등으로서 대통령령으로 정하는 것 (2018. 12. 24. 개정)

· 예 판 ···
- 업무와 관련 없이 지급한 가지급금에는 순수한 의미의 대여금은 물론 채
  권의 성질상 대여금에 준하는 것도 포함되고, 적정한 이자율에 의해 이
  자를 받으면서 가지급금을 제공한 경우도 포함되며, 가지급금의 업무관
  련성 여부는 당해 법인의 목적사업이나 영업내용을 기준으로 객관적으
  로 판단함. (대법 2003두 14796, 2004. 3. 26.)
- 법인이 보유중인 예금을 특수관계자의 금융기관대출담보로 제공하였다
  는 사유만으로 업무무관 가지급금으로 볼 것이 아니라, 담보를 제공하게
  된 경위나 사업과의 관련성 등을 감안한 후 담보제공으로 인해 인출이
  제한됨으로써 이에 따른 경제적 손실이 발생하였는지, 또는 당해 예금의
  이자율보다 높은 이자율의 차입금이자를 부담하였는지를 고려하여 업무
  무관 대여금에 해당하는지 여부를 판단하여야 할 것임. (국심 2004중
  3621, 2005. 6. 22.)
- 상법상의 적법한 절차를 통하여 출자전환으로 인해 취득한 지분증권은
  업무무관 가지급금에 해당하지 않음. (서면2팀 - 281, 2008. 2. 14.)
- 내국법인이 주주에게 우회적으로 자금을 지원할 목적이 없이,「상법」
  (2011.4.14. 법률 제10600호로 개정된 것) 제341조에 따라 주주로부터
  자기주식을 취득하면서 지급한 금액은 인정이자 계산 대상 가지급금에
  해당되지 아니하는 것이나, 이에 해당하는지는 거래 내용을 종합적으로
  고려하여 사실판단 하여야 함. (서면법인 - 2316, 2016. 2. 18.)
- 특수관계인에게 지급한 대여금이「법인세법」28조 1항 4호 나목에 따른
  업무무관 가지급금에 해당하는지 여부를 판단함에 있어 업무무관 여부

2. 다음 산식에 따라 계산한 금액 (2010. 12. 30. 신설)

$$\frac{\text{해당 건설 등에 대하여 해당 사업연도에 지출한 금액의 적수}}{\text{해당 사업연도 일수}} - \frac{\text{해당 사업연도의 특정차입금의 적수}}{\text{해당 사업연도 일수}}$$

3. 다음 산식에 따라 계산한 비율 (2010. 12. 30. 신설)

$$\text{일반차입금에서 발생한 지급이자 등의 합계액} \div \frac{\text{해당 사업연도의 일반차입금의 적수}}{\text{해당 사업연도 일수}}$$

제53조【업무무관자산 등에 대한 지급이자의 손금불산입】 ① 법
제28조 제1항 제4호 나목에서 "대통령령으로 정하는 것"이란 명칭여
하에 불구하고 당해 법인의 업무와 관련이 없는 자금의 대여액(제61조
제2항 각호의 1에 해당하는 금융회사 등의 경우 주된 수익사업으로 볼
수 없는 자금의 대여액을 포함한다)을 말한다. 다만, 기획재정부령이
정하는 금액을 제외한다. (2011. 6. 3. 개정)
② 법 제28조 제1항 제4호 각 목 외의 부분에서 "대통령령으로 정하는
바에 따라 계산한 금액"이란 다음 산식에 의하여 계산한 금액을 말한
다. (2011. 6. 3. 개정)

$$\text{지급이자} \times \frac{\text{제1항 및 제49조 제1항의 규정에 의한 자산가액의 합계액(총차입금을 한도로 한다)}}{\text{총차입금}}$$

③ 제2항의 규정에 의한 총차입금 및 자산가액의 합계액은 적수로 계
산한다. 이 경우 제1항의 자산은 동일인에 대한 가지급금 등과 가수금
이 함께 있는 경우에는 이를 상계한 금액으로 하며, 제49조 제1항의
자산은 취득가액(제72조의 규정에 의한 자산의 취득가액으로 하되, 같
은 조 제4항 제3호의 시가초과액을 포함한다)으로 한다. (2012. 2. 2.
후단개정)
④ 제2항의 규정에 의한 차입금에는 다음 각호의 금액을 제외한다.
(2000. 12. 29 개정)
1. 제61조 제2항 각호의 규정에 의한 금융회사 등이 차입한 다음 각목
   의 금액 (2010. 2. 18. 개정)

**제28조【가지급금 등에서 제외되는
금액의 범위】** ① 영 제53조 제1항 단서에
서 "기획재정부령이 정하는 금액"이라 함
은 제44조 각 호의 어느 하나에 해당하는
금액을 말한다. (2008. 3. 31. 직제개정)
1. 삭 제 (2006. 3. 14.)
2.~3. 삭 제 (2003. 3. 26)
4. 삭 제 (2006. 3. 14.)
② 동일인에 대한 가지급금 등과 가수금의
발생시에 각각 상환기간 및 이자율 등에
관한 약정이 있어 이를 상계할 수 없는 경
우에는 영 제53조 제3항 후단의 규정에 의
한 상계를 하지 아니한다. (99. 5. 24 개정)

**제29조【기준초과차입금에서 제외되
는 금액의 범위 등】** 삭 제 (2005. 2. 28.)

에 대한 판단은 대여시점을 기준으로 하는 것이 타당함. (서면-2021-법규법인-7996, 2023. 2. 7.)

② 건설자금에 충당한 차입금의 이자에서 제1항 제3호에 따른 이자를 뺀 금액으로서 대통령령으로 정하는 금액은 내국법인의 각 사업연도의 소득금액을 계산할 때 손금에 산입하지 아니할 수 있다. (2018. 12. 24. 개정)

③ 제1항 각 호에 따른 차입금의 이자의 손금불산입에 관한 규정이 동시에 적용되는 경우에는 대통령령으로 정하는 순위에 따라 적용한다. (2018. 12. 24. 개정)

④ 제1항에 따른 차입금 및 차입금의 이자의 범위와 계산 등에 필요한 사항은 대통령령으로 정한다. (2018. 12. 24. 개정)

가. 「공공자금관리기금법」에 따른 공공자금관리기금 또는 「한국은행법」에 의한 한국은행으로부터 차입한 금액 (2006. 12. 30. 개정 ; 공공자금관리기금법 시행령 부칙)

나. 국가 및 지방자치단체(지방자치단체조합을 포함한다)로부터 차입한 금액 (2000. 12. 29 개정)

다. 법령에 의하여 설치된 기금으로부터 차입한 금액 (2000. 12. 29 개정)

라. 「외국인투자촉진법」 또는 「외국환거래법」에 의한 외화차입금 (2005. 2. 19. 개정)

마. 예금증서를 발행하거나 예금계좌를 통하여 일정한 이자지급 등의 대가를 조건으로 불특정 다수의 고객으로부터 받아 관리하고 운용하는 자금 (2008. 2. 22. 개정)

2. 내국법인이 한국은행총재가 정한 규정에 따라 기업구매자금대출에 의하여 차입한 금액 (2000. 12. 29 개정)

제54조 【기준초과차입금이자의 손금불산입】 삭 제 (2005. 2. 19.)

제55조 【지급이자 손금불산입의 적용순위】 지급이자의 손금불산입에 관하여 법 제28조 제1항 각 호의 규정이 동시에 적용되는 경우의 지급이자 손금불산입은 다음 각호의 순서에 의한다. (2006. 2. 9. 개정)

1. 법 제28조 제1항 제1호의 규정에 의한 채권자가 불분명한 사채의 이자 (98. 12. 31 개정)

2. 법 제28조 제1항 제2호의 규정에 의한 지급받은 자가 불분명한 채권 · 증권의 이자 · 할인액 또는 차익 (98. 12. 31 개정)

3. 삭 제 (2005. 2. 19.)

4. 법 제28조 제1항 제3호의 규정에 의한 건설자금에 충당한 차입금의 이자 (98. 12. 31 개정)

5. 삭 제 (2006. 2. 9.)

6. 제53조 제2항의 규정에 의하여 계산한 지급이자 (98. 12. 31 개정)

제29조【비영리내국법인의 고유목적사업준비금의 손금산입】(2018. 12. 24. 제목개정)
① 비영리내국법인(법인으로 보는 단체의 경우에는 대통령령으로 정하는 단체만 해당한다. 이하 이 조에서 같다)이 각 사업연도의 결산을 확정할 때 그 법인의 고유목적사업이나 제24조 제3항 제1호에 따른 일반기부금(이하 이 조에서 “고유목적사업등”이라 한다)에 지출하기 위하여 고유목적사업준비금을 손비로 계상한 경우에는 다음 각 호의 구분에 따른 금액의 합계액(제2호에 따른 수익사업에서 결손금이 발생한 경우에는 제1호 각 목의 금액의 합계액에서 그 결손금 상당액을 차감한 금액을 말한다)의 범위에서 그 계상한 고유목적사업준비금을 해당 사업연도의 소득금액을 계산할 때 손금에 산입한다. (2022. 12. 31. 개정)
1. 다음 각 목의 금액 (2018. 12. 24. 개정)
　　가.「소득세법」제16조 제1항 각 호(같은 항 제11호에 따른 비영업대금의 이익은 제외한다)에 따른 이자소득의 금액 (2018. 12. 24. 개정)
　　나.「소득세법」제17조 제1항 각 호에 따른 배당소득의 금액. 다만,「상속세 및 증여세법」제16조 또는 제48조에 따라 상속세 과세가액 또는 증여세 과세가액에 산입되거나 증여세가 부과되는 주식등으로부터 발생한 배당소득의 금액은 제외한다. (2018. 12. 24. 개정)
　　다. 특별법에 따라 설립된 비영리내국법인이 해당 법률에 따른 복지사업으로서 그 회원이나 조합원에게 대출한 융자금에서 발생한 이자금액 (2018. 12. 24. 개정)
2. 그 밖의 수익사업에서 발생한 소득에 100분의 50(「공익법인의 설립·운영에 관한 법률」에 따라 설립된 법인으로서 고유목적사업등에 대한 지출액 중 100분의 50 이상의 금액을 장학금으로 지출하는 법인의 경우에는 100분의 80)을 곱하여 산출한 금액 (2018. 12. 24. 개정)

제56조【고유목적사업준비금의 손금산입】① 법 제29조 제1항 각 호 외의 부분에서 “대통령령으로 정하는 단체”란 다음 각 호의 어느 하나에 해당하는 단체를 말한다. (2019. 2. 12. 개정)
1. 제39조 제1항 제1호에 해당하는 단체 (2019. 2. 12. 개정)
2. 삭　제 (2001. 12. 31)
3. 법령에 의하여 설치된 기금 (98. 12. 31 개정)
4. 「공동주택관리법」제2조 제1항 제1호 가목에 따른 공동주택의 입주자대표회의·임차인대표회의 또는 이와 유사한 관리기구 (2018. 2. 13. 개정)
② 다음 각 호의 어느 하나에 해당하는 이자소득금액은 법 제29조 제1항 제1호 가목의 금액으로 본다. (2019. 2. 12. 개정)
1. 금융보험업을 영위하는 비영리내국법인이 한국표준산업분류상 금융 및 보험업을 영위하는 법인의 계약기간이 3개월 이하인 금융상품(계약기간이 없는 요구불예금을 포함한다)에 자금을 예치함에 따라 발생하는 이자소득금액 (2024. 2. 29. 개정)
2. 제3조 제1항 제5호 나목에 따른 사업을 영위하는 자가 자금을 운용함에 따라 발생하는 이자소득금액 (2019. 2. 12. 개정)
3. 「한국주택금융공사법」에 따른 주택금융신용보증기금이 동법 제43조의 8 제1항 및 제2항에 따른 보증료의 수입을 운용함에 따라 발생하는 이자소득금액 (2008. 2. 22. 개정)
③ 법 제29조 제1항 제2호에 따른 수익사업에서 발생한 소득은 해당 사업연도의 수익사업에서 발생한 소득금액(고유목적사업준비금과 법 제24조 제2항 제1호에 따른 기부금을 손금에 산입하기 전의 소득금액에서 법 제66조 제2항에 따른 경정으로 증가된 소득금액 중 제106조에 따라 해당 법인의 특수관계인에게 상여 및 기타소득으로 처분된 금액은 제외한다)에서 법 제29조 제1항 제1호에 따른 금액, 법 제13조 제1항 제1호에 따른 결손금(같은 항 각 호 외의 부분 단서에 따라 각 사업연도 소득의 100분의 80을 이월결손금 공제한도로 적용받는 법인은

통칙 29-56…1【조합법인 등의 고유목적사업준비금 손금산입】
「조세특례제한법」제72조 제1항에 따라 당기순이익과세를 적용받는 조합법인과 청산중에 있는 비영리내국법인은 법 제29조의 고유목적사업준비금을 손금에 산입할 수 없다. (2019. 12. 23. 개정)
29-56…7【고유목적사업준비금의 잔액을 초과하여 지출하는 금액의 처리】
비영리내국법인이 해당 법인의 고유목적사업이나 일반기부금으로 지출하는 금액은 법 제29조 제1항에 따라 계상한 고유목적사업준비금과 상계하여야 한다. 이 경우 직전사업연도 종료일 현재의 고유목적사업준비금의 잔액을 초과하여 지출한 금액은 해당 사업연도에 계상할 고유목적사업준비금에서 지출한 것으로 보는 것이므로, 해당 사업연도의 고유목적사업준비금의 손금산입 범위를 초과하여 지출하는 금액은 손금에 산입하지 아니한다. (2024. 3. 15. 개정)

② 제1항을 적용할 때 「주식회사 등의 외부감사에 관한 법률」 제2조 제7호 및 제9조에 따른 감사인의 회계감사를 받는 비영리내국법인이 고유목적사업준비금을 제60조 제2항 제2호에 따른 세무조정계산서에 계상하고 그 금액 상당액을 해당 사업연도의 이익처분을 할 때 고유목적사업준비금으로 적립한 경우에는 그 금액을 결산을 확정할 때 손비로 계상한 것으로 본다. (2018. 12. 24. 신설)
③ 제1항에 따라 고유목적사업준비금을 손금에 산입한 비영리내국법인이 고유목적사업등에 지출한 금액이 있는 경우에는 그 금액을 먼저 계상한 사업연도의 고유목적사업준비금부터 차례로 상계(相計)하여야 한다. 이 경우 고유목적사업등에 지출한 금액이 직전 사업연도 종료일 현재의 고유목적사업준비금의 잔액을 초과한 경우 초과하는 금액은 그 사업연도에 계상할 고유목적사업준비금에서 지출한 것으로 본다. (2018. 12. 24. 개정)
④ 제1항에 따라 고유목적사업준비금을 손금에 산입한 비영리내국법인이 사업에 관한 모든 권리와 의무를 다른 비영리내국법인에 포괄적으로 양도하고 해산하는 경우에는 해산등기일 현재의 고유목적사업준비금 잔액은 그 다른 비영리내국법인이 승계할 수 있다. (2018. 12. 24. 개정)
⑤ 제1항에 따라 손금에 산입한 고유목적사업준비금의 잔액이 있는 비영리내국법인이 다음 각 호의 어느 하나에 해당하게 된 경우 그 잔액(제5호의 경우에는 고유목적사업등이 아닌 용도에 사용한 금액을 말하며, 이하 이 조에서 같다)은 해당 사유가 발생한 날이 속하는 사업연도의 소득금액을 계산할 때 익금에 산입한다. (2022. 12. 31. 개정)
1. 해산한 경우(제4항에 따라 고유목적사업준비금을 승계한 경우는 제외한다) (2018. 12. 24. 개정)
2. 고유목적사업을 전부 폐지한 경우 (2010. 12. 30. 개정)
3. 법인으로 보는 단체가 「국세기본법」 제13조 제3항에 따라 승인이 취소되거나 거주자로 변경된 경우 (2018. 12. 24. 개정)
4. 고유목적사업준비금을 손금에 산입한 사업연도의 종료일 이후 5년이 되는 날까지 고유목적사업등에 사용하지 아니한 경우(5년 내에 사용하지 아니한 잔액으로 한정한다) (2018. 12. 24. 개정)

공제한도 적용으로 인해 공제받지 못하고 이월된 결손금을 차감한 금액을 말한다) 및 법 제24조 제2항 제1호에 따른 기부금을 뺀 금액으로 한다. (2023. 2. 28. 개정)
④ 삭　제 (2004. 3. 22.)
⑤ 법 제29조 제1항 각 호 외의 부분에 따른 고유목적사업은 해당 비영리내국법인의 법령 또는 정관에 따른 설립목적을 직접 수행하는 사업으로서 제3조 제1항에 따른 수익사업 외의 사업으로 한다. (2019. 2. 12. 개정)
⑥ 법 제29조 제1항부터 제5항까지의 규정을 적용할 때 다음 각 호의 금액은 고유목적사업에 지출 또는 사용한 금액으로 본다. 다만, 비영리내국법인이 유형자산 및 무형자산 취득 후 법령 또는 정관에 규정된 고유목적사업이나 보건업[보건업을 영위하는 비영리내국법인(이하 이 조에서 “의료법인”이라 한다)에 한정한다]에 3년 이상 자산을 직접 사용하지 아니하고 처분하는 경우에는 제1호 또는 제3호의 금액을 고유목적사업에 지출 또는 사용한 금액으로 보지 아니한다. (2019. 2. 12. 개정)
1. 비영리내국법인이 해당 고유목적사업의 수행에 직접 소요되는 유형자산 및 무형자산 취득비용(제31조 제2항에 따른 자본적 지출을 포함한다) 및 인건비 등 필요경비로 사용하는 금액 (2019. 2. 12. 개정)
2. 특별법에 따라 설립된 법인(해당 법인에 설치되어 운영되는 기금 중 「국세기본법」 제13조에 따라 법인으로 보는 단체를 포함한다)으로서 건강보험·연금관리·공제사업 및 제3조 제1항 제8호에 따른 사업을 영위하는 비영리내국법인이 손금으로 계상한 고유목적사업준비금을 법령에 의하여 기금 또는 준비금으로 적립한 금액 (2019. 2. 12. 개정)
3. 의료법인이 지출하는 다음 각 목의 어느 하나에 해당하는 금액 (2018. 2. 13. 개정)
　가. 의료기기 등 기획재정부령으로 정하는 자산을 취득하기 위하여 지출하는 금액 (2019. 2. 12. 개정)
　나. 「의료 해외진출 및 외국인환자 유치 지원에 관한 법률」 제2조 제1호에 따른 의료 해외진출을 위하여 기획재정부령으로 정하는 용도로 지출하는 금액 (2017. 2. 3. 개정)
　다. 기획재정부령으로 정하는 연구개발사업을 위하여 지출하는 금액 (2017. 2. 3. 개정)

제29조의 2 【의료기기 등의 범위】

① 영 제56조 제6항 제3호 가목에서 “의료기기 등 기획재정부령으로 정하는 자산”이란 다음 각 호의 자산을 말한다. (2023. 3. 20. 개정)
1. 병원 건물 및 부속토지 (2001. 3. 28 신설)
2. 「의료기기법」에 따른 의료기기 (2007.

5. 고유목적사업준비금을 고유목적사업등이 아닌 용도에 사용한 경우 (2022. 12. 31. 신설)

① 법 제29조의 규정에 의한 고유목적사업준비금을 손금에 산입한 비영리내국법인이 같은 조 제5항 제4호의 기한이 경과되기 전에 해당 준비금을 환입계상한 경우에는 이를 환입한 사업연도의 익금으로 본다. (2024. 3. 15. 개정)
② 제1항에서 익금으로 보는 고유목적사업준비금 환입액에 대하여는 법 제29조 제7항의 규정을 적용한다. (2024. 3. 15. 개정)

⑥ 제1항에 따라 손금에 산입한 고유목적사업준비금의 잔액이 있는 비영리내국법인은 고유목적사업준비금을 손금에 산입한 사업연도의 종료일 이후 5년 이내에 그 잔액 중 일부를 감소시켜 익금에 산입할 수 있다. 이 경우 먼저 손금에 산입한 사업연도의 잔액부터 차례로 감소시킨 것으로 본다. (2018. 12. 24. 신설)
⑦ 제5항 제4호·제5호 및 제6항에 따라 고유목적사업준비금의 잔액을 익금에 산입하는 경우에는 대통령령으로 정하는 바에 따라 계산한 이자상당액을 해당 사업연도의 법인세에 더하여 납부하여야 한다. (2022. 12. 31. 개정)
⑧ 제1항은 이 법이나 다른 법률에 따라 감면 등을 적용받는 경우 등 대통령령으로 정하는 경우에는 적용하지 아니한다. (2018. 12. 24. 개정)
⑨ 제1항을 적용하려는 비영리내국법인은 대통령령으로 정하는 바에 따라 해당 준비금의 계상 및 지출에 관한 명세서를 비치·보관하고 이를 납세지 관할 세무서장에게 제출하여야 한다. (2018. 12. 24. 개정)
⑩ 제1항부터 제5항까지의 규정에 따른 고유목적사업의 범위 및 승계, 수익사업에서 발생한 소득의 계산 등에 필요한 사항은 대통령령으로 정한다. (2018. 12. 24. 개정)

● 예판 ··
• 법령·정관에 규정된 비영리내국법인의 고유목적사업이라도 수익사업에 해당시는 고정자산의 취득 등 동 수익사업을 위해 지출하는 금액(의료법인의 의료기기 등은 제외)은 고유목적사업에 사용한 것으로 보지 않음. (서이 46012-10969, 2002. 5. 7)
• 비영리법인이 이자소득에 대해 고유목적사업준비금을 손금산입하여 법

4. 「농업협동조합법」에 따른 농업협동조합중앙회가 법 제29조 제2항에 따라 계상한 고유목적사업준비금을 회원에게 무상으로 대여하는 금액 (2019. 2. 12. 개정)
5. 「농업협동조합법」에 의한 농업협동조합중앙회가 「농업협동조합의 구조개선에 관한 법률」에 의한 상호금융예금자보호기금에 출연하는 금액 (2005. 2. 19. 개정)
6. 「수산업협동조합법」에 의한 수산업협동조합중앙회가 「수산업협동조합의 부실예방 및 구조개선에 관한 법률」에 의한 상호금융예금자보호기금에 출연하는 금액 (2020. 8. 19. 개정 ; 수산업협동조합의~시행령 부칙)
7. 「신용협동조합법」에 의한 신용협동조합중앙회가 동법에 의한 신용협동조합예금자보호기금에 출연하는 금액 (2005. 2. 19. 개정)
8. 「새마을금고법」에 의한 새마을금고중앙회가 동법에 의한 예금자보호준비금에 출연하는 금액 (2024. 2. 29. 개정)
9. 「산림조합법」에 의한 산림조합중앙회가 동법에 의한 상호금융예금자보호기금에 출연하는 금액 (2005. 2. 19. 개정)
10. 「제주특별자치도 설치 및 국제자유도시 조성을 위한 특별법」 제166조에 따라 설립된 제주국제자유도시 개발센터가 같은 법 제170조 제1항 제1호, 같은 항 제2호 라목·마목(관련 토지의 취득·비축을 포함한다) 및 같은 항 제3호의 업무에 지출하는 금액 (2016. 1. 22. 개정 ; 제주특별자치도~시행령 부칙)
⑦ 법 제29조 제7항에서 "대통령령으로 정하는 바에 따라 계산한 이자상당액"이란 제1호의 금액에 제2호의 율을 곱하여 계산한 금액을 말한다. (2019. 2. 12. 개정)
1. 당해 고유목적사업준비금의 잔액을 손금에 산입한 사업연도에 그 잔액을 손금에 산입함에 따라 발생한 법인세액의 차액 (98. 12. 31 개정)
2. 손금에 산입한 사업연도의 다음 사업연도의 개시일부터 익금에 산입한 사업연도의 종료일까지의 기간에 대하여 1일 10만분의 22의 율 (2022. 2. 15. 개정)
⑧ 법 제29조 제8항에서 "대통령령으로 정하는 경우"란 해당 비영리내국법인의 수익사업에서 발생한 소득에 대하여 법 또는 「조세특례제

3. 30. 개정)
3. 「보건의료기본법」에 따른 보건의료정보의 관리를 위한 정보시스템 설비 (2007. 3. 30. 신설)
4. 산부인과 병원·의원 또는 조산원을 운영하는 의료법인이 취득하는 「모자보건법」 제2조 제10호에 따른 산후조리원 건물 및 부속토지 (2023. 3. 20. 신설)
② 영 제56조 제6항 제3호 나목에서 "기획재정부령으로 정하는 용도"란 해외에서 사용하기 위하여 다음 각 호의 어느 하나에 해당하는 경우를 말한다. (2017. 3. 10. 신설)
1. 제1항 제1호에 따른 병원 건물 및 부속토지를 임차하거나 인테리어 하는 경우 (2017. 3. 10. 신설)
2. 제1항 제2호에 따른 의료기기 또는 같은 항 제3호에 따른 정보시스템 설비를 임차하는 경우 (2017. 3. 10. 신설)
③ 영 제56조 제6항 제3호 다목에서 "기획재정부령으로 정하는 연구개발사업"이란 「조세특례제한법 시행령」 별표 6 제1호 가목에 따른 자체연구개발사업과 같은 호 나목에 따른 위탁 및 공동연구개발사업을 말한다. (2017. 3. 10. 개정)
④ 영 제56조 제10항에서 "기획재정부령으로 정하는 의료발전회계"란 고유목적사업준비금의 적립 및 지출에 관하여 다른 회계와 구분하여 독립적으로 경리하는 회계를 말한다. (2019. 3. 20. 개정)

인세 과세표준을 신고기한 내에 신고하지 않은 경우, 수정신고나 경정청구를 통해 손금산입할 수 없음. (서면2팀－351, 2006. 2. 15.)
- 비영리내국법인이 확정급여형 퇴직연금에 가입한 경우 퇴직연금적립금에서 발생한 운용수익은 고유목적사업준비금 설정대상 이자·배당소득에 해당하지 않음. (법인－983, 2010. 10. 26.)

●통칙 29－56…3 【고유목적사업준비금 한도초과액의 처리】
법 제29조 제1항에 따른 범위액을 초과하여 손금으로 계상한 고유목적사업준비금으로서 각 사업연도의 소득금액 계산시 손금불산입된 금액은 그 이후의 사업연도에 있어서 이를 손금으로 추인할 수 없다. 다만, 동 금액을 환입하여 수익으로 계상한 경우에는 이를 이월익금으로 보아 익금에 산입하지 아니한다. (2019. 12. 23. 개정)
☞

●통칙 29－56…6 【의료발전회계의 처리방법】
① 의료법인이 의료기기 등 규칙 제29조의 2에 따른 고정자산을 취득하기 위하여 지출하는 금액은 해당 법인의 선택에 따라 고유목적사업준비금을 사용한 것으로 경리할 수 있다. (2019. 12. 23. 개정)
② 제1항에 따라 지출하는 금액은 영 제56조 제10항의 규정에 따라 의료발전회계로 구분경리하여야 하며, 이에 대한 세무상 처리방법은 아래와 같다. (2024. 3. 15. 개정)

구 분	병원회계(수익사업)		의료발전회계	
100 전입시	고유목적사업준비금전입	100	—	
	/고유목적사업준비금	100		
100 구입시	자　산	100	자산(별도관리)	100
	/현　금	100	/의료발전준비금	100
	고유목적사업준비금	100		
	/의료발전준비금	100		
20 감가 상각비	감가상각비	20	의료발전준비금	20
	의료발전준비금	20	/자　산	20
	/감가상각누계액	20		
	/의료발전준비금환입(익금)	20		
50 으로 처분시	현　금	50	의료발전준비금	80
	감가상각누계액	20	/자　산	80
	처분손실	30		
	의료발전준비금	80		
	/자　산	100		
	/의료발전준비금환입(익금)	80		

한법」에 따른 비과세·면제, 준비금의 손금산입, 소득공제 또는 세액감면(세액공제를 제외한다)을 적용받는 경우를 말한다. 다만, 고유목적사업준비금만을 적용받는 것으로 수정신고한 경우는 제외한다. (2019. 2. 12. 개정)
⑨ 법 제29조 제1항의 규정을 적용받고자 하는 비영리내국법인은 법 제60조의 규정에 의한 신고와 함께 기획재정부령이 정하는 고유목적사업준비금조정명세서를 납세지 관할세무서장에게 제출하여야 한다. (2008. 2. 29. 직제개정 ; 기획재정부와～ 직제 부칙)
⑩ 제6항 제3호를 적용받으려는 의료법인은 손비로 계상한 고유목적사업준비금 상당액을 기획재정부령으로 정하는 의료발전회계로 구분하여 경리하여야 한다. (2019. 2. 12. 개정)
⑪ 해당 사업연도에 다음 각 호의 어느 하나에 해당하는 법인의 임원 및 직원이 지급받는 「소득세법」 제20조 제1항 각 호의 소득의 금액의 합계액(이하 "총급여액"이라 하며, 해당 사업연도의 근로기간이 1년 미만인 경우에는 총급여액을 근로기간의 월수로 나눈 금액에 12를 곱하여 계산한 금액으로 한다. 이 경우 개월 수는 태양력에 따라 계산하되, 1개월 미만의 일수는 1개월로 한다)이 8천만원을 초과하는 경우 그 초과하는 금액은 제6항 제1호에 따른 인건비로 보지 아니한다. 다만, 해당 법인이 해당 사업연도의 법 제60조에 따른 과세표준을 신고하기 전에 해당 임원 및 종업원의 인건비 지급규정에 대하여 주무관청으로부터 승인받은 경우에는 그러하지 아니하다. (2019. 2. 12. 개정)
1. 법 제29조 제1항 제2호에 따라 수익사업에서 발생한 소득에 대하여 100분의 50을 곱한 금액을 초과하여 고유목적사업준비금으로 손금산입하는 비영리내국법인 (2019. 2. 12. 개정)
2. 「조세특례제한법」 제74조 제1항 제2호 및 제8호에 해당하여 수익사업에서 발생한 소득에 대하여 100분의 50을 곱한 금액을 초과하여 고유목적사업준비금으로 손금산입하는 비영리내국법인 (2012. 2. 2. 신설)
3. 다음 계산식에 따라 계산한 비율이 100분의 50을 초과하는 비영리내국법인 (2025. 2. 28. 신설)

관계조문 ▶▶

규칙 82조 1항 27호 ⇒ 고유목적사업준비금조정명세서(갑)(을)

편주 ▶

영 56조 11항 3호의 개정규정은 2025. 2. 28.이 속하는 사업연도에 인건비를 지출하는 경우부터 적용함. (영 부칙(2025. 2. 28.) 9조)
☞

해당 사업연도 및 직전 5개 사업연도 동안 법 제29조 제1항
제2호에 따른 수익사업에서 발생한 소득 중
고유목적사업준비금으로 손금산입한 금액의 합계액

해당 사업연도 및 직전 5개 사업연도 동안 법 제29조 제1항
제2호에 따른 수익사업에서 발생한 소득의 합계액

⑫ 제11항 단서 또는 제13항에 따라 승인을 요청받은 주무관청은 해당 인건비 지급규정이 사회통념상 타당하다고 인정되는 경우 이를 승인하여야 한다. (2012. 2. 2. 신설)

⑬ 제12항에 따라 인건비 지급규정을 승인받은 자는 승인받은 날부터 3년이 지날 때마다 다시 승인을 받아야 한다. 다만, 그 기간 내에 인건비 지급규정이 변경되는 경우에는 그 사유가 발생한 날이 속하는 사업연도의 법 제60조에 따른 과세표준 신고기한까지 다시 승인을 받아야 한다. (2012. 2. 2. 신설)

⑭ 제12항에 따라 주무관청의 승인을 받은 법인은 법 제60조에 따른 신고를 할 때 인건비 지급규정 및 주무관청의 승인사실을 확인할 수 있는 서류를 납세지 관할 세무서장에게 제출하여야 한다. (2012. 2. 2. 신설)

제30조 【책임준비금의 손금산입】 (2018. 12. 24. 제목개정)
① 보험사업을 하는 내국법인(「보험업법」에 따른 보험회사는 제외한다)이 각 사업연도의 결산을 확정할 때 「수산업협동조합법」 등 보험사업 관련 법률에 따른 책임준비금(이하 이 조에서 "책임준비금"이라 한다)을 손비로 계상한 경우에는 대통령령으로 정하는 바에 따라 계산한 금액의 범위에서 그 계상한 책임준비금을 해당 사업연도의 소득금액을 계산할 때 손금에 산입한다. (2022. 12. 31. 개정)

제57조 【책임준비금의 손금산입】 (2019. 2. 12. 제목개정)
① 법 제30조 제1항에 따른 책임준비금은 다음 각 호의 금액을 합한 금액의 범위에서 해당 사업연도의 소득금액을 계산할 때 손금에 산입한다. (2021. 1. 5. 개정 ; 어려운 법령용어~대통령령)

1. 「수산업협동조합법」, 「무역보험법」, 「새마을금고법」, 「건설산업기본법」, 「중소기업협동조합법」 및 「신용협동조합법」에 따른 보험사업 또는 공제사업에 관한 약관에 따라 해당 사업연도 종료일 현재 모든 보험계약이 해약된 경우 계약자 또는 수익자에게 지급하여야 할 환급액(해약공제액을 포함한다. 이하 이 조에서 "환급액"이라 한다). (2023. 2. 28. 개정)

2. 해당 사업연도종료일 현재 보험사고가 발생했으나 아직 지급해야

할 보험금이 확정되지 않은 경우 그 손해액을 고려하여 추정한 보험금 상당액(손해사정, 보험대위 및 구상권 행사 등에 소요될 것으로 예상되는 금액을 포함한다) (2021. 1. 5. 개정 ; 어려운 법령용어~대통령령)

3. 보험계약자에게 배당하기 위하여 적립한 배당준비금으로서 「수산업협동조합법」에 따른 공제사업의 경우에는 해양수산부장관이, 「새마을금고법」에 따른 공제사업의 경우에는 행정안전부장관이, 「신용협동조합법」에 따른 공제사업의 경우에는 금융감독원장이 기획재정부장관과 협의하여 승인한 금액 (2023. 9. 26. 개정)

② 제1항에 따라 손금에 산입한 금액 중 같은 항 제1호 및 제2호의 금액은 다음 사업연도의 소득금액을 계산할 때 익금에 산입하고, 같은 항 제3호의 금액은 보험계약자에게 배당한 때에 먼저 계상한 것부터 그 배당금과 순차로 상계하되 손금에 산입한 사업연도의 종료일 이후 3년이 되는 날까지 상계하고 남은 잔액이 있는 경우에는 그 3년이 되는 날이 속하는 사업연도의 소득금액을 계산할 때 익금에 산입한다. (2009. 2. 4. 신설)

p.370 2단 연결

② 제1항에 따라 손금에 산입한 책임준비금은 대통령령으로 정하는 바에 따라 다음 사업연도 또는 손금에 산입한 날이 속하는 사업연도의 종료일 이후 3년이 되는 날(3년이 되기 전에 해산 등 대통령령으로 정하는 사유가 발생하는 경우에는 해당 사유가 발생한 날)이 속하는 사업연도의 소득금액을 계산할 때 익금에 산입한다. (2018. 12. 24. 항번개정)

③ 제2항에 따라 책임준비금을 손금에 산입한 날이 속하는 사업연도의 종료일 이후 3년이 되는 날이 속하는 사업연도에 책임준비금을 익금에 산입하는 경우 대통령령으로 정하는 바에 따라 계산한 이자상당액을 해당 사업연도의 법인세에 더하여 납부하여야 한다. (2018. 12. 24. 개정)

④ 제1항을 적용하려는 내국법인은 대통령령으로 정하는 바에 따라 책임준비금에 관한 명세서를 납세지 관할 세무서장에게 제출하여야 한다. (2018. 12. 24. 개정)

⑤ 제1항에 따라 손금에 산입한 비상위험준비금의 처리에 필요한 사항은 대통령령으로 정한다. (2010. 12. 30. 개정)

⑥ 삭　제 (2018. 12. 24.)

　　　제31조 【비상위험준비금의 손금산입】 ① 보험사업을 하는 내국법인이 각 사업연도의 결산을 확정할 때 「보험업법」이나 그 밖의 법률에 따른 비상위험준비금(이하 이 조에서 "비상위험준비금"이라 한다)을 손비로 계상한 경우에는 대통령령으로 정하는 바에 따라 계산한 금액의 범위에서 그 계상한 비상위험준비금을 해당 사업연도의 소득금액을 계산할 때 손금에 산입한다. (2018. 12. 24. 신설)

③ 법 제30조 제2항에서 "3년이 되기 전에 해산 등 대통령령으로 정하는 사유"란 다음 각 호의 어느 하나에 해당하는 사유를 말한다. (2019. 2. 12. 개정)

1. 해산. 다만, 합병 또는 분할에 따라 해산한 경우로서 보험사업을 영위하는 합병법인 등이 그 잔액을 승계한 경우는 제외한다. (2010. 6. 8. 단서개정)

2. 보험사업의 허가 취소 (2009. 2. 4. 신설)

④ 합병법인 등이 제3항 제1호 단서에 따라 승계한 금액은 피합병법인 등이 손금에 산입한 사업연도에 합병법인 등이 손금에 산입한 것으로 본다. (2019. 2. 12. 개정)

⑤ 법 제30조 제3항에 따른 이자상당액은 제56조 제7항을 준용해 계산한 금액으로 한다. (2019. 2. 12. 신설)

⑥ 법 제30조 제1항을 적용받으려는 내국법인은 법 제60조에 따른 신고와 함께 기획재정부령으로 정하는 책임준비금명세서를 납세지 관할세무서장에게 제출하여야 한다. (2019. 2. 12. 개정)

⑦ 법 제30조 제1항에 따른 비상위험준비금은 해당 사업연도의 단기손해보험(인보험의 경우에는 해약환급금이나 만기지급금이 없는 사망보험 및 질병보험만 해당한다. 이하 이 조에서 같다)에 의한 보유보험료의 합계액에 금융위원회가 정하는 보험종목별 적립기준율을 곱하여 계산한 금액(이하 이 조에서 "보험종목별 적립기준금액"이라 한다)의 범위에서 이를 손금에 산입한다. (2010. 12. 30. 개정)

⑧ 제7항에 따라 손금에 산입하는 비상위험준비금의 누적액은 해당 사업연도의 단기손해보험에 의한 경과보험료의 합계액의 100분의 50(자동차보험의 경우에는 100분의 40, 보증보험의 경우에는 100분의 150)을 한도로 한다. (2017. 2. 3. 개정)

⑨ 제7항·제8항 및 법 제32조 제2항에 따라 손금으로 계상한 비상위험준비금의 처리 및 경과보험료의 계산에 관하여 필요한 사항은 기획재정부령으로 정한다. (2010. 12. 30. 개정)

⑦～⑨ 삭　제 (2019. 2. 12.)

　　　제58조 【비상위험준비금의 손금산입】 ① 법 제31조 제1항에 따른 비상위험준비금(이하 이 조에서 "비상위험준비금"이라 한다)은 해당 사업연도의 보험종목(화재보험, 해상보험, 자동차보험, 특종보험, 보증보험, 해외수재 및 해외원보험을 말한다. 이하 이 조에서 같다)별 적립대상보험료의 합계액에 「보험업법 시행령」 제63조 제4항에 따라 금융위원회가 정하는 보험종목별 적립기준율을 곱해 계산한 금액(이하

② 제1항을 적용할 때 한국채택국제회계기준을 적용하는 내국법인이 비상위험준비금을 제60조 제2항 제2호에 따른 세무조정계산서에 계상하고 그 금액 상당액을 해당 사업연도의 이익처분을 할 때 비상위험준비금으로 적립한 경우에는 대통령령으로 정하는 바에 따라 계산한 금액의 범위에서 그 금액을 결산을 확정할 때 손비로 계상한 것으로 본다. (2018. 12. 24. 신설)

③ 제1항을 적용하려는 내국법인은 대통령령으로 정하는 바에 따라 비상위험준비금에 관한 명세서를 납세지 관할 세무서장에게 제출하여야 한다. (2018. 12. 24. 신설)

④ 제1항 및 제2항에 따른 비상위험준비금의 처리에 필요한 사항은 대통령령으로 정한다. (2018. 12. 24. 신설)

제32조【해약환급금준비금의 손금산입】① 「보험업법」에 따른 보험회사(이하 "보험회사"라 한다)가 해당 사업연도의 이익처분을 할 때 해약환급금준비금(보험회사가 보험계약의 해약 등에 대비하여 적립하는 금액으로서 대통령령으로 정하는 바에 따라 계산한 금액을 말한다. 이하 이 조에서 같다)을 적립하고, 그 적립한 금액의 범위에서 제60조 제2항 제2호에 따른 세무조정계산서에 계상을 한 경우에는 그 계상한 금액을 결산을 확정할 때 손비로 계상한 것으로 보아 해당 사업연도의 소득금액을 계산할 때 손금에 산입한다. (2024. 12. 31. 개정)

② 제1항을 적용받으려는 보험회사는 대통령령으로 정하는 바에 따라 해약환급금준비금에 관한 명세서를 납세지 관할 세무서장에게 제출하여야 한다. (2022. 12. 31. 신설)

③ 제1항에 따른 해약환급금준비금의 손금산입 및 그 금액의 처리에 필요한 사항은 대통령령으로 정한다. (2022. 12. 31. 신설)

이 조에서 "보험종목별적립기준금액"이라 한다)의 범위에서 손금에 산입한다. (2023. 2. 28. 개정)

② 제1항에 따라 손금에 산입하는 비상위험준비금의 누적액은 해당 사업연도의 보험종목별 적립대상보험료의 합계액의 100분의 50(자동차보험의 경우에는 100분의 40, 보증보험의 경우에는 100분의 150)을 한도로 한다. (2023. 2. 28. 개정)

③ 법 제31조 제2항에서 "대통령령으로 정하는 바에 따라 계산한 금액"이란 보험종목별적립기준금액을 합한 금액의 100분의 90을 말한다. (2019. 2. 12. 신설)

④ 제1항 및 제2항에 따라 손비로 계상한 비상위험준비금의 처리 및 적립대상보험료의 계산방법은 「보험업법 시행령」 제63조 제4항에 따라 금융위원회가 정하여 고시하는 바에 따른다. (2023. 2. 28. 개정)

⑤ 법 제31조 제1항을 적용받으려는 내국법인은 법 제60조에 따른 신고와 함께 기획재정부령으로 정하는 비상위험준비금명세서를 납세지 관할 세무서장에게 제출해야 한다. (2019. 2. 12. 신설)

제59조【해약환급금준비금의 손금산입】① 법 제32조 제1항에서 "대통령령으로 정하는 바에 따라 계산한 금액"이란 「보험업법 시행령」 제65조 제2항 제3호에 따라 해약환급금준비금에 관하여 금융위원회가 정하여 고시하는 방법으로 계산한 금액을 말한다. (2023. 2. 28. 신설)

② 법 제32조 제1항에 따라 손비로 계상한 해약환급금준비금의 처리에 필요한 사항은 「보험업법 시행령」 제65조 제2항 제3호에 따라 금융위원회가 정하여 고시하는 바에 따른다. (2023. 2. 28. 신설)

③ 법 제32조 제1항을 적용받으려는 보험회사는 법 제60조에 따른 과세표준 신고를 할 때 기획재정부령으로 정하는 해약환급금준비금 명세서를 납세지 관할 세무서장에게 제출해야 한다. (2023. 2. 28. 신설)

제30조【비상위험준비금의 처리 등】삭 제 (2023. 3. 20.)

제33조 【퇴직급여충당금의 손금산입】 ① 내국법인이 각 사업연도의 결산을 확정할 때 임원이나 직원의 퇴직급여에 충당하기 위하여 퇴직급여충당금을 손비로 계상한 경우에는 대통령령으로 정하는 바에 따라 계산한 금액의 범위에서 그 계상한 퇴직급여충당금을 해당 사업연도의 소득금액을 계산할 때 손금에 산입한다. (2018. 12. 24. 개정)

통칙 33 – 60…6 【퇴직급여지급 제도 변경에 따른 손실보상금 등의 처리】
① 법 제33조 제1항에 따라 퇴직급여충당금을 손금에 산입한 내국법인이 「근로자퇴직급여 보장법」 제8조 제2항에 따라 퇴직급여 중간정산을 실시하면서 지급하는 퇴직급여 중간 정산액과는 별도로 퇴직급여지급규정ㆍ취업규칙의 개정 등으로 퇴직급여 지급제도 변경에 따른 손실보상을 위해 지급하는 금액은 퇴직급여충당금에서 상계처리 하지 아니하고 직접 해당 사업연도의 손금에 산입할 수 있다. (2019. 12. 23. 개정)
② 법 제33조 제1항에 따라 퇴직급여충당금을 손금에 산입한 내국법인이 일부 사업의 폐지 또는 중단 등으로 인하여 부득이하게 퇴직하는 임원 및 직원에게 퇴직급여지급규정에 따라 명예퇴직금을 지급하는 경우에도 제1항과 같이 처리할 수 있다. (2019. 12. 23. 개정)

② 제1항에 따라 퇴직급여충당금을 손금에 산입한 내국법인이 임원이나 직원에게 퇴직금을 지급하는 경우에는 그 퇴직급여충당금에서 먼저 지급한 것으로 본다. (2018. 12. 24. 개정)
③ 제1항에 따라 퇴직급여충당금을 손금에 산입한 내국법인이 합병하거나 분할하는 경우 그 법인의 합병등기일 또는 분할등기일 현재의 해당 퇴직급여충당금 중 합병법인ㆍ분할신설법인 또는 분할합병의 상대방 법인(이하 "합병법인등"이라 한다)이 승계받은 금액은 그 합병법인등이 합병등기일 또는 분할등기일에 가지고 있는 퇴직급여충당금으로 본다. (2018. 12. 24. 개정)
④ 사업자가 그 사업을 내국법인에게 포괄적으로 양도하는 경우에 관하여는 제3항을 준용한다. (2010. 12. 30. 개정)
⑤ 제1항을 적용하려는 내국법인은 대통령령으로 정하는 바에 따라 퇴직급여충당금에 관한 명세서를 납세지 관할 세무서장에게 제출하여야 한다. (2018. 12. 24. 개정)
⑥ 제1항부터 제4항까지의 규정에 따른 퇴직급여충당금의 처리에 필

제60조 【퇴직급여충당금의 손금산입】 ① 법 제33조 제1항에서 "대통령령으로 정하는 바에 따라 계산한 금액"이란 퇴직급여의 지급대상이 되는 임원 또는 직원(확정기여형 퇴직연금 등이 설정된 자는 제외한다. 이하 이 조에서 같다)에게 해당 사업연도에 지급한 총급여액(제44조 제4항 제2호에 따른 총급여액을 말한다)의 100분의 5에 상당하는 금액을 말한다. (2019. 2. 12. 개정)
② 제1항에 따라 손금에 산입하는 퇴직급여충당금의 누적액은 해당 사업연도종료일 현재 재직하는 임원 또는 직원의 전원이 퇴직할 경우에 퇴직급여로 지급되어야 할 금액의 추계액과 제44조의 2 제4항 제1호의 2 각 목의 금액을 더한 금액 중 큰 금액(제44조에 따라 손금에 산입하지 아니하는 금액은 제외한다)에 다음 각 호의 비율을 곱한 금액을 한도로 한다. (2019. 2. 12. 개정)
1. 2010년 1월 1일부터 2010년 12월 31일까지의 기간 중에 개시하는 사업연도 : 100분의 30 (2010. 12. 30. 신설)
2. 2011년 1월 1일부터 2011년 12월 31일까지의 기간 중에 개시하는 사업연도 : 100분의 25 (2010. 12. 30. 신설)
3. 2012년 1월 1일부터 2012년 12월 31일까지의 기간 중에 개시하는 사업연도 : 100분의 20 (2010. 12. 30. 신설)
4. 2013년 1월 1일부터 2013년 12월 31일까지의 기간 중에 개시하는 사업연도 : 100분의 15 (2010. 12. 30. 신설)
5. 2014년 1월 1일부터 2014년 12월 31일까지의 기간 중에 개시하는 사업연도 : 100분의 10 (2010. 12. 30. 신설)
6. 2015년 1월 1일부터 2015년 12월 31일까지의 기간 중에 개시하는 사업연도 : 100분의 5 (2010. 12. 30. 신설)
7. 2016년 1월 1일 이후 개시하는 사업연도 : 100분의 0 (2010. 12. 30. 신설)

예판
• 퇴직급여충당금 한도액 계산시 퇴직급여 추계액은 해당 사업연도종료일 현재 재직하는 임원 또는 사용인의 전원이 퇴직할 경우에 퇴직급여로 지급되어야 할 금액의 추계액과 근로자퇴직급여 보장법 제16조 제1항 제1호에 따른 금액 중 큰 금액으로 하는 것임. (법인 – 377, 2013. 7. 19.)
• 퇴직급여충당금의 손금산입 한도는 퇴직연금제도 가입자에 대하여 근로

제31조 【퇴직급여충당금의 계산 등】
① 영 제60조 제2항 각 호 외의 부분에서 "퇴직급여로 지급되어야 할 금액의 추계액"이라 함은 정관 기타 퇴직급여지급에 관한 규정에 의하여 계산한 금액을 말한다. 다만, 퇴직급여지급에 관한 규정 등이 없는 법인의 경우에는 「근로자퇴직급여 보장법」이 정하는 바에 따라 계산한 금액으로 한다. (2011. 2. 28. 개정)
② 영 제60조 제2항을 적용할 때 확정기여형 퇴직연금 등이 설정된 임원 또는 직원에 대하여 그 설정 전에 계상된 퇴직급여충당금(제1호의 금액에 제2호의 비율을 곱하여 계산한 금액을 말한다)을 퇴직급여충당금의 누적액에서 차감한다. (2019. 3. 20. 개정)
1. 직전 사업연도 종료일 현재 퇴직급여충당금의 누적액 (2006. 3. 14. 신설)
2. 직전 사업연도 종료일 현재 재직한 임원 또는 직원의 전원이 퇴직한 경우에 퇴직급여로 지급되었어야 할 금액의 추계액 중 해당 사업연도에 확정기여형 퇴직연금 등이 설정된 자가 직전 사업연도 종료일 현재 퇴직한 경우에 퇴직급여로 지급되었어야 할 금액의 추계액이 차지하는 비율 (2019. 3. 20. 개정)

요한 사항은 대통령령으로 정한다. (2010. 12. 30. 개정)

- 손금산입되는 잉여금처분에 의한 '성과배분상여금'은 퇴직급여충당금 한도액 계산상 총급여액 및 퇴직금추계액의 포함대상임. (법인 46012-901, 2000. 4. 7)
- 국제회계기준을 도입함에 따라 퇴직급여추계액을 보험수리적 가정을 이용하여 산정하면서 기초의 퇴직급여충당금을 감소하고 이월이익잉여금의 증가로 회계처리한 경우 퇴직급여충당금의 감소에 따라 이월이익잉여금의 증가로 처리한 금액은 익금산입(기타)으로 세무조정함. (법규법인 2012-133, 2012. 6. 5.)
- 특수관계법인의 대표이사를 겸직하더라도 퇴직급여추계액 계산은 통산할 수 없고 각 법인별 퇴직금지급규정에 따라 계산하는 것임. (법인-633, 2012. 10. 19.)

통 칙 33-60…4 【퇴직급여 지급시 처리방법】 (2008. 7. 25. 제목개정)
① 퇴직급여충당금을 계상한 법인이 퇴직하는 임원 또는 사용인에게 퇴직급여를 지급하는 때에는 개인별 퇴직급여충당금과는 관계없이 이를 동 퇴직급여충당금에서 지급하여야 한다. (2008. 7. 25. 개정)
② 삭 제 (2008. 7. 25.)

33-60…5 【퇴직급여충당금 기 부인액의 처리】 (2008. 7. 25. 제목개정)
퇴직급여충당금 설정액 중 손금불산입된 금액이 있는 법인이 퇴직급여를 지급하는 경우 손금산입한 퇴직급여충당금과 상계하고 남은 금액에 대하여는 기 손금불산입된 금액을 손금으로 추인한다. (2008. 7. 25. 개정)

자퇴직급여 보장법에 따라 산정한 금액과 미가입자에 대하여 퇴직급여로 지급되어야 할 금액의 추계액을 합한 금액과 임직원 전원이 퇴직할 경우에 퇴직급여로 지급되어야 할 금액의 추계액을 비교하여 계산함. (서면법규-1151, 2013. 10. 22.)

통 칙 33-60…3 【퇴직급여충당금 누적액의 범위】
영 제60조 제2항에서 "퇴직급여충당금의 누적액"이라 함은 법 제33조에 따라 손금에 산입한 퇴직급여충당금으로서 각 사업연도 종료일 현재의 잔액을 말한다. (2019. 12. 23. 개정)

③ 제2항 각 호의 한도 내에서 손금에 산입한 퇴직급여충당금의 누적액에서 퇴직급여충당금을 손금에 산입한 사업연도의 다음 사업연도 중 임원 또는 직원에게 지급한 퇴직금을 뺀 금액이 제2항에 따른 추계액에 같은 항 각 호의 비율을 곱한 금액을 초과하는 경우 그 초과한 금액은 익금으로 환입하지 아니한다. (2019. 2. 12. 개정)
④ 내국법인이 「국민연금법」에 의한 퇴직금전환금으로 계상한 금액은 제2항의 규정에 불구하고 이를 손금에 산입하는 퇴직급여충당금의 누적액의 한도액에 가산한다. (2010. 12. 30. 항번개정)
⑤ 법 제33조 제1항의 규정을 적용받고자 하는 내국법인은 법 제60조의 규정에 의한 신고와 함께 기획재정부령이 정하는 퇴직급여충당금조정명세서를 납세지 관할세무서장에게 제출하여야 한다. (2010. 12. 30. 항번개정)

통 칙 33-60…2 【사업양도·양수 등에 의한 종업원 인수·인계시의 퇴직급여충당금 등의 처리】 (2019. 12. 23. 제목개정)
① 법인이 다음 각호의 사유로 다른 법인 또는 사업자로부터 임원 또는 사용인(이하 이 조에서 "종업원"이라 한다)을 인수하면서 인수시점에 전사업자가 지급하여야 할 퇴직급여상당액 전액을 인수(퇴직보험 등에 관한 계약의 인수를 포함한다. 이하 이 조에서 같다)하고 해당 종업원에 대한 퇴직급여 지급시 전사업자에 근무한 기간을 통산하여 해당 법인의 퇴직급여지급규정에 따라 지급하기로 약정한 경우에는 해당 종업원에 대한 퇴직급여와 영 제60조 제2항의 퇴직급여추계액은 전사업자에 근무한 기간을 통산하여 계산할 수 있다. (2019. 12. 23. 개정)
1. 다른 법인 또는 개인사업자로부터 사업을 인수(수개의 사업장 또는 사업 중 하나의 사업장 또는 사업을 인수하는 경우를 포함한다)한 때

---

③ 법 제33조 제4항에서 "사업을 내국법인에게 포괄적으로 양도하는 경우"라 함은 사업장별로 당해 사업에 관한 모든 권리(미수금에 관한 것을 제외한다)와 의무(미지급금에 관한 것을 제외한다)를 포괄적으로 양도하는 경우로 하되, 당해 사업과 직접 관련이 없는 영 제49조 제1항 각 호의 자산을 제외하고 양도하는 경우를 포함한다. (2006. 3. 14. 항번개정)

규칙 82조 1항 32호 ⇒ 퇴직급여충당금조정명세서

2. 법인의 합병 및 분할
3. 법 제2조 제12호에 따른 특수관계인인 법인간의 전출입 (2024. 3. 15. 개정)
② 인수당시에 퇴직급여상당액을 전사업자로부터 인수하지 아니하거나 부족하게 인수하고 전사업자에 근무한 기간을 통산하여 퇴직급여를 지급하기로 한 경우에는 인수하지 아니하였거나 부족하게 인수한 금액은 해당 법인에 지급의무가 없는 부채의 인수액으로 보아 종업원별 퇴직급여상당액명세서를 작성하고 인수일이 속하는 사업연도의 각 사업연도 소득금액 계산상 그 금액을 손금산입 유보처분함과 동시에 동액을 손금불산입하고 영 제106조에 따라 전사업자에게 소득처분한 후, 인수한 종업원에 대한 퇴직급여지급일이 속하는 사업연도에 해당 종업원에 귀속되는 금액을 손금불산입 유보처분한다. 다만, 제1항 제3호의 경우에는 영 제44조 제3항에 따른다. (2019. 12. 23. 개정)
③ 법인이 제1항 제1호에 따른 사유로 종업원을 다른 사업자에게 인계함으로써 해당 종업원과 실질적으로 고용관계가 소멸되는 경우에 인수하는 사업자에게 지급한 종업원 인계시점의 퇴직급여상당액은 퇴직급여충당금과 상계하고 부족액은 각 사업연도 소득금액 계산상 손금에 산입한다. (2019. 12. 23. 개정)

제34조 【대손충당금의 손금산입】 (2008. 12. 26. 제목개정)
① 내국법인이 각 사업연도의 결산을 확정할 때 외상매출금, 대여금 및 그 밖에 이에 준하는 채권의 대손(貸損)에 충당하기 위하여 대손충당금을 손비로 계상한 경우에는 대통령령으로 정하는 바에 따라 계산한 금액의 범위에서 그 계상한 대손충당금을 해당 사업연도의 소득금액을 계산할 때 손금에 산입한다. (2018. 12. 24. 개정)
② ☞ p.376

제61조 【대손충당금의 손금산입】 ① 법 제34조 제1항에 따른 외상매출금·대여금 및 그 밖에 이에 준하는 채권은 다음 각 호의 구분에 따른 것으로 한다. (2019. 2. 12. 개정)
1. 외상매출금 : 상품·제품의 판매가액의 미수액과 가공료·용역 등의 제공에 의한 사업수입금액의 미수액 (98. 12. 31 개정)
2. 대여금 : 금전소비대차계약 등에 의하여 타인에게 대여한 금액 (98. 12. 31 개정)
3. 그 밖에 이에 준하는 채권 : 어음상의 채권·미수금, 그 밖에 기업회계기준에 따라 대손충당금 설정대상이 되는 채권(제88조 제1항 제1호에 따른 시가초과액에 상당하는 채권은 제외한다) (2019. 2. 12. 개정)
② 법 제34조 제1항에서 "대통령령으로 정하는 바에 따라 계산한 금액"이란 해당 사업연도종료일 현재의 제1항에 따른 외상매출금·대여금, 그 밖에 이에 준하는 채권의 장부가액의 합계액(이하 이 조에서 "채권잔액"이라 한다)의 100분의 1에 상당하는 금액과 채권잔액에 대손실적률을 곱하여 계산한 금액 중 큰 금액을 말한다. 다만, 다음 각 호의 어느 하나에 해당하는 금융회사 등 중 제1호부터 제4호까지, 제6호부터

제32조 【대손충당금의 계상】 ① 영 제61조의 규정을 적용함에 있어서 법인이 당해 사업연도의 대손충당금 손금산입 범위액에서 익금에 산입하여야 할 대손충당금을 차감한 잔액만을 대손충당금으로 계상한 경우 차감한 금액은 이를 각각 익금 또는 손금에 산입한 것으로 본다. (99. 5. 24 개정)
② 법인이 동일인에 대하여 매출채권과 매입채무를 가지고 있는 경우에는 당해 매입채무를 상계하지 아니하고 대손충당금을 계상할 수 있다. 다만, 당사자간의 약정에 의하여 상계하기로 한 경우에는 그러하지 아니하다. (99. 5. 24 개정)
③ 영 제61조 제2항 제37호에서 "기획재정부령이 정하는 법인"이라 함은 「금융기관부실자산 등의 효율적 처리 및 한국자산관리공사의 설립에 관한 법률」에 의한 한국자산관리공사가 출자총액의 전액을

17. 「금융지주회사법」에 따른 금융지주회사 (2009. 2. 4. 개정)
17의 2. 「신용협동조합법」에 따른 신용협동조합중앙회(같은 법 제78
    조 제1항 제5호·제6호 및 제78조의 2 제1항의 사업에 한정한다)
    (2016. 2. 12. 신설)
18. 「신용보증기금법」에 따른 신용보증기금 (2009. 2. 4. 개정)
19. 「기술보증기금법」에 따른 기술보증기금 (2016. 5. 31. 개정 ; 기술
    신용보증기금법 시행령 부칙)
20. 「농림수산업자 신용보증법」에 따른 농림수산업자신용보증기금
    (2009. 2. 4. 개정)
21. 「한국주택금융공사법」에 따른 주택금융신용보증기금 (2009. 2. 4.
    개정)
22. 「무역보험법」에 따른 한국무역보험공사 (2010. 6. 28. 개정 ; 수출
    보험법 시행령 부칙)
23. 「지역신용보증재단법」에 따른 신용보증재단 (2009. 2. 4. 개정)
24. 「새마을금고법」에 따른 새마을금고중앙회(같은 법 제67조 제1항
    제5호 및 제6호의 사업으로 한정한다) (2021. 2. 17. 개정)
25. 「벤처투자 촉진에 관한 법률」 제2조 제10호에 따른 벤처투자
    회사 (2023. 12. 19. 개정 ; 벤처투자~부칙)
26. 「예금자보호법」에 따른 예금보험공사 및 정리금융회사 (2016. 3.
    11. 개정 ; 예금자보호법 시행령 부칙)
27. 「자산유동화에 관한 법률」에 따른 유동화전문회사 (2009. 2. 4. 개정)
28. 「대부업 등의 등록 및 금융이용자 보호에 관한 법률」에 따라 대부
    업자로 등록한 법인 (2016. 7. 6. 개정 ; 대부업 등의~시행령 부칙)
29. 「산업재해보상보험법」에 따른 근로복지공단(근로자 신용보증 지
    원사업에서 발생한 구상채권에 한정한다) (2009. 2. 4. 신설)
30. 「한국자산관리공사 설립 등에 관한 법률」에 따른 한국자산관리공사
    (부실채권정리기금을 포함한다) (2022. 2. 17. 개정 ; 금융회사~시행
    령 부칙)

☞ p.376 2단 연결

제17호까지, 제17호의2 및 제24호의 금융회사 등의 경우에는 금융위원
회(제24호의 경우에는 행정안전부를 말한다)가 기획재정부장관과 협의
하여 정하는 대손충당금적립기준에 따라 적립하여야 하는 금액, 채권잔
액의 100분의 1에 상당하는 금액 또는 채권잔액에 대손실적률을 곱하
여 계산한 금액 중 큰 금액으로 한다. (2021. 2. 17. 단서개정)
1. 「은행법」에 의한 인가를 받아 설립된 은행 (2010. 11. 15. 개정 ;
   은행법 시행령 부칙)
2. 「한국산업은행법」에 의한 한국산업은행 (2005. 2. 19. 개정)
3. 「중소기업은행법」에 의한 중소기업은행 (2005. 2. 19. 개정)
4. 「한국수출입은행법」에 의한 한국수출입은행 (2005. 2. 19. 개정)
5. 「한국정책금융공사법」에 따른 한국정책금융공사 (2010. 2. 18. 신설)
5. 삭 제 (2014. 12. 30. ; 한국산업은행법 시행령 부칙)
6. 「농업협동조합법」에 따른 농업협동조합중앙회(같은 법 제134조 제
   1항 제4호의 사업에 한정한다) 및 농협은행 (2012. 2. 2. 개정)
7. 「수산업협동조합법」에 따른 수산업협동조합중앙회(같은 법 제138
   조 제1항 제4호 및 제5호의 사업에 한정한다) 및 수협은행 (2017.
   2. 3. 개정)
8. 「자본시장과 금융투자업에 관한 법률」에 따른 투자매매업자 및 투
   자중개업자 (2009. 2. 4. 개정)
9. 「자본시장과 금융투자업에 관한 법률」에 따른 종합금융회사 (2009.
   2. 4. 개정)
10. 「상호저축은행법」에 의한 상호저축은행중앙회(지급준비예탁금에
    한한다) 및 상호저축은행 (2005. 2. 19. 개정)
11. 보험회사 (2023. 2. 28. 개정)
12. 「자본시장과 금융투자업에 관한 법률」에 따른 신탁업자 (2009. 2.
    4. 개정)
13. 「여신전문금융업법」에 따른 여신전문금융회사 (2009. 2. 4. 개정)
14. 「산림조합법」에 따른 산림조합중앙회(같은 법 제108조 제1항 제3
    호, 제4호 및 제5호의 사업으로 한정한다) (2021. 2. 17. 개정)
15. 「한국주택금융공사법」에 따른 한국주택금융공사 (2009. 2. 4. 개정)
16. 「자본시장과 금융투자업에 관한 법률」에 따른 자금중개회사

출자하여 설립한 법인을 말한다. (2008. 3. 31. 직제
개정)
③ 삭 제 (2009. 3. 30.)

◎ 예판 ●●●●●●●●●●●●●●●●

• 대손충당금을 손금으로 계상한 경우란 일
  반적으로 공정·타당하다고 인정되는 기
  업회계기준에 따라 대손충당금을 손금으
  로 계상한 경우를 말함. (서이 46012-
  11471, 2002. 7. 31)
• 결산시 대손충당금 적립방식에 관계없이
  법인세 산정시에는 가장 유리한 한도액을
  선택하여 손금산입할 수 있음. (대법 2009
  두 14965, 2012. 8. 17.)
●●●●●●●●●●●●●●●●●●●●

〈제34조〉

② 제1항은 제19조의 2 제2항 각 호의 어느 하나에 해당하는 채권에는 적용하지 아니한다. (2018. 12. 24. 항번개정)

③ 제1항에 따라 대손충당금을 손금에 산입한 내국법인은 대손금이 발생한 경우 그 대손금을 대손충당금과 먼저 상계하여야 하고, 상계하고 남은 대손충당금의 금액은 다음 사업연도의 소득금액을 계산할 때 익금에 산입한다. (2018. 12. 24. 개정)

④ 제1항에 따라 대손충당금을 손금에 산입한 내국법인이 합병하거나 분할하는 경우 그 법인의 합병등기일 또는 분할등기일 현재의 해당 대손충당금 중 합병법인등이 승계(해당 대손충당금에 대응하는 채권이 함께 승계되는 경우만 해당한다)받은 금액은 그 합병법인등이 합병등기일 또는 분할등기일에 가지고 있는 대손충당금으로 본다. (2018. 12. 24. 개정)

⑤ 제1항을 적용하려는 내국법인은 대통령령으로 정하는 바에 따라 대손충당금 명세서를 납세지 관할 세무서장에게 제출하여야 한다. (2018. 12. 24. 개정)

⑥ 제1항에 따른 외상매출금, 대여금 및 그 밖에 이에 준하는 채권의 범위와 대손충당금 처리에 필요한 사항은 대통령령으로 정한다. (2018. 12. 24. 개정)

31. 「농업협동조합의 구조개선에 관한 법률」에 따른 농업협동조합자산관리회사 (2009. 2. 4. 개정)

32. 「대부업의 등록 및 금융이용자보호에 관한 법률」에 의하여 대부업자로 등록한 법인 (2005. 2. 19. 개정)

33. 「증권거래법」에 의한 증권예탁원 (2005. 2. 19. 개정)

34. 「새마을금고법」에 의한 새마을금고연합회 (2005. 2. 19. 개정)

35. 「금융지주회사법」에 의한 금융지주회사 (2005. 2. 19. 개정)

36. 「한국주택금융공사법」에 의한 한국주택금융공사 (2005. 2. 19. 개정)

37. 제32호에 의한 법인 중 「신용정보의 이용 및 보호에 관한 법률 시행령」에 따른 금융거래 등 상거래에 있어서 약정한 기일 내에 채무를 변제하지 아니한 자로서 금융위원회가 정하는 자(이하 "금융채무 등 불이행자"라 한다)에 대한 대부를 목적으로 하여 설립된 법인으로서 기획재정부령이 정하는 법인 (2008. 2. 29. 직제개정 ; 기획재정부와~직제 부칙)

38. 「한국투자공사법」에 의한 한국투자공사 (2006. 2. 9. 신설)

32.~38. 삭 제 (2009. 2. 4.)

③ 제2항에 따른 대손실적률은 다음 산식에 따라 계산한 비율로 한다. (2009. 2. 4. 개정)

$$\text{대손실적률} = \frac{\text{해당 사업연도의 법 제19조의 2 제1항에 따른 대손금}}{\text{직전 사업연도 종료일 현재의 채권가액}}$$

④ 법 제34조 제1항에 따른 대손충당금의 손금산입 범위액을 계산할 때에는 제19조의 2 제5항에 따른 대손금과 관련하여 계상된 대손충당금은 제외한다. (2010. 2. 18. 신설)

⑤ 법 제34조 제1항의 규정을 적용받고자 하는 내국법인은 법 제60조의 규정에 의한 신고와 함께 기획재정부령이 정하는 대손충당금 및 대손금조정명세서를 납세지 관할세무서장에게 제출하여야 한다. (2019. 2. 12. 항번개정)

⑥ 법 제34조 제6항의 규정에 의한 대손충당금의 인계는 이에 대응하는 채권이 동시에 인계되는 경우에 한하여 이를 적용한다. (98. 12. 31 개정)

⑥ 삭 제 (2019. 2. 12.)

제62조 【대손금의 범위】삭 제 (2009. 2. 4.)

• 대손충당금 한도 계산을 위한 대손실적률 산정시 의제사업연도가 1년 미만인 경우에는 당해 사업연도의 대손금을 그 사업연도의 월수로 나눈 금액에 12를 곱하여 계산함. (서면2팀 - 1078, 2006. 6. 13.)

• 채권조정에 따라 손금에 산입한 채권의 장부가액과 현재가치의 차액은 대손실적률 산정시 대손금에 해당하지 않음. (법인 - 2015, 2008. 8. 14.)

제35조【구상채권상각충당금의 손금산입】① 법률에 따라 신용보증사업을 하는 내국법인 중 대통령령으로 정하는 법인이 각 사업연도의 결산을 확정할 때 구상채권상각충당금(求償債權償却充當金)을 손비로 계상한 경우에는 대통령령으로 정하는 바에 따라 계산한 금액의 범위에서 그 계상한 구상채권상각충당금을 해당 사업연도의 소득금액을 계산할 때 손금에 산입한다. (2018. 12. 24. 개정)

제63조【구상채권상각충당금의 손금산입】① 법 제35조 제1항에서 "대통령령으로 정하는 법인"이란 다음 각 호의 어느 하나에 해당하는 법인을 말한다. (2010. 12. 30. 개정)

1. 제61조 제2항 제18호부터 제23호까지 및 제29호의 법인 (2009. 2. 4. 개정)

2. 「주택도시기금법」에 따른 주택도시보증공사 (2015. 6. 30. 개정 ; 주택도시기금법 시행령 부칙)

2. 삭　제 (2024. 2. 29.)

3. 「사회기반시설에 대한 민간투자법」에 의한 산업기반신용보증기금 (2005. 3. 8. 개정 ; 사회간접자본시설에 대한 민간투자법 시행령 부칙)

4. 「지역신용보증재단법」 제35조에 따른 신용보증재단중앙회(2012. 2. 2. 개정)

4의 2. 「서민의 금융생활 지원에 관한 법률」 제3조에 따른 서민금융진흥원 (2017. 2. 3. 신설)

5. 「엔지니어링산업 진흥법」에 따른 엔지니어링공제조합 (2011. 1. 17. 개정 ; 엔지니어링기술진흥법 시행령 부칙)

6. 「소프트웨어 진흥법」에 의한 소프트웨어공제조합 (2020. 12. 8. 개정 ; 소프트웨어~부칙)

7. 「방문판매 등에 관한 법률」에 의한 공제조합 (2005. 2. 19. 개정)

8. 「한국주택금융공사법」에 의한 한국주택금융공사 (2005. 2. 19. 개정)

9. 「건설산업기본법」에 따른 공제조합 (2008. 2. 22. 신설)

10. 「전기공사공제조합법」에 따른 전기공사공제조합 (2008. 2. 22. 신설)

11. 「산업발전법」에 따른 자본재공제조합 (2008. 2. 22. 신설)

12. 「소방산업의 진흥에 관한 법률」에 따른 소방산업공제조합 (2010. 2. 18. 신설)

13. 「정보통신공사업법」에 따른 정보통신공제조합 (2010. 12. 30. 신설)

14. 「건축사법」에 따른 건축사공제조합 (2016. 2. 12. 개정)

15. 「건설기술 진흥법」 제74조에 따른 공제조합 (2016. 2. 12. 신설)

16. 「콘텐츠산업 진흥법」 제20조의 2에 따른 콘텐츠공제조합(2016. 2. 12. 신설)

② 법 제35조 제2항에서 "대통령령으로 정하는 법인"이란 제1항 제2호에 해당하는 법인을 말한다. (2010. 12. 30. 신설)

2022. 12. 31.이 속하는 사업연도의 종료일 현재 법 35조 1항 및 2항에 따라 손금산입한 구상채권상각충당금의 적립금은 영 63조 1항 2호, 같은 조 2항 및 같은 조 4항 2호의 개정규정에도 불구하고 2023. 1. 1.이 속하는 사업연도와 그 다음 4개 사업연도에 균등하게 나누어 익금에 산입함. (영 부칙(2024. 2. 29.) 14조 2항)

② 제1항을 적용할 때 한국채택국제회계기준을 적용하는 법인 중 대통령령으로 정하는 법인이 구상채권상각충당금을 제60조 제2항 제2호에 따른 세무조정계산서에 계상하고 그 금액 상당액을 해당 사업연도의 이익처분을 할 때 구상채권상각충당금으로 적립한 경우에는 대통령령으로 정하는 바에 따라 계산한 금액의 범위에서 그 금액을 결산을 확정할 때 손비로 계상한 것으로 본다. (2018. 12. 24. 개정)

③ 제1항에 따라 구상채권상각충당금을 손금에 산입한 내국법인은 신용보증사업으로 인하여 발생한 구상채권 중 대통령령으로 정하는 대손금이 발생한 경우 그 대손금을 구상채권상각충당금과 먼저 상계하고, 상계하고 남은 구상채권상각충당금의 금액은 다음 사업연도의 소득금액을 계산할 때 익금에 산입한다. (2010. 12. 30. 개정)

④ 제1항을 적용하려는 내국법인은 대통령령으로 정하는 바에 따라 구상채권상각충당금에 관한 명세서를 납세지 관할 세무서장에게 제출하여야 한다. (2018. 12. 24. 개정)

⑤ 제1항에 따른 구상채권상각충당금의 처리에 필요한 사항은 대통령령으로 정한다. (2010. 12. 30. 개정)

제36조 【국고보조금 등으로 취득한 사업용자산가액의 손금산입】
(99. 12. 28. 제목개정)

① 내국법인이 「보조금 관리에 관한 법률」, 「지방재정법」, 그 밖에 대통령령으로 정하는 법률에 따라 보조금 등(이하 이 조에서 "국고보조금등"이라 한다)을 지급받아 그 지급받은 날이 속하는 사업연도의 종료일까지 대통령령으로 정하는 사업용자산(이하 이 조에서 "사업용자산"이라 한다)을 취득하거나 개량하는 데에 사용한 경우 또는 사업용자산을 취득하거나 개량하고 이에 대한 국고보조금등을 사후에 지급받은 경우에는 해당 사업용자산의 가액 중 그 사업용자산의 취득 또는

② 삭　제 (2024. 2. 29.)

③ 법 제35조 제1항 및 제2항에서 "대통령령으로 정하는 바에 따라 계산한 금액"이란 해당 사업연도종료일 현재의 신용보증사업과 관련된 신용보증잔액에 100분의 1과 구상채권발생률(직전 사업연도종료일 현재의 신용보증잔액 중 해당 사업연도에 발생한 구상채권의 비율을 말한다) 중 낮은 비율을 곱하여 계산한 금액을 말한다. (2012. 2. 2. 개정)

④ 법 제35조 제3항에서 "대통령령으로 정하는 대손금"이란 다음 각 호의 어느 하나에 해당하는 구상채권에서 발생한 대손금을 말한다. (2010. 12. 30. 개정)

1. 제19조의 2 제1항 각 호의 어느 하나에 해당하는 구상채권 (2009. 2. 4. 개정)

2. 당해 법인의 설립에 관한 법률에 의한 운영위원회(농림수산업자 신용보증기금의 경우에는 농림수산업자신용보증심의회, 신용보증재단의 경우에는 「지역신용보증재단법」 제35조에 따른 신용보증재단중앙회, 근로복지공단의 경우에는 이사회를 말한다)가 기획재정부장관과 협의하여 정한 기준에 해당한다고 인정한 구상채권 (2024. 2. 29. 개정)

⑤ 법 제35조 제1항의 규정을 적용받고자 하는 내국법인은 법 제60조의 규정에 의한 신고와 함께 기획재정부령이 정하는 구상채권상각충당금조정명세서를 납세지 관할세무서장에게 제출하여야 한다. (2008. 2. 29. 직제개정 ; 기획재정부와~직제 부칙)

제64조 【국고보조금 등의 손금산입】 (99. 12. 31 제목개정)

① 법 제36조 제1항에서 "대통령령으로 정하는 사업용자산"이란 사업용 유형자산 및 무형자산과 석유류를 말한다. (2019. 2. 12. 개정)

② 법 제36조 제1항에 따라 손금에 산입하는 금액은 개별 사업용 자산별로 해당 사업용 자산의 가액 중 그 취득 또는 개량에 사용된 「보조금 관리에 관한 법률」, 「지방자치단체 보조금 관리에 관한 법률」 또는 제6항 각 호의 어느 하나에 해당하는 법률에 따른 보조금 등(이하 이 조에서 "국고보조금 등"이라 한다)에 상당하는 금액으로 한다. 이 경우 사업용자산을 취득하거나 개량한 후 국고보조금등을 지급받았을 때에

개량에 사용된 국고보조금등 상당액을 대통령령으로 정하는 바에 따라 그 사업연도의 소득금액을 계산할 때 손금에 산입할 수 있다. (2018. 12. 24. 개정)

통칙 36-0…1【손금에 산입할 국고보조금의 범위】(2019. 12. 23. 제목 개정)

국고보조금 등으로 취득한 고정자산의 손금산입은 「보조금관리에 관한 법률」 또는 「지방재정법」 등 규정에 의한 보조금을 지급받아 고정자산을 취득하는 경우에 적용되는 것이므로 공장이전보상금과 탄가규제와 관련하여 교부받는 보조금은 법 제36조에 따른 국고보조금 등에 해당하지 아니한다. (2019. 12. 23. 개정)

36-64…1【국고보조금에 대한 세무조정방법】

법 제36조 제1항에 따라 국고보조금으로 사업용자산을 취득한 법인이 재무상태표를 작성함에 있어서 기업회계기준에 따라 국고보조금을 취득한 고정자산에서 차감하는 형식으로 표시한 경우 이에 대한 세무조정방법은 다음과 같다. (2019. 12. 23. 개정)

구 분	기업회계기준	세무조정
① 수령시 (수령 2000)	현금 2,000/국고보조금 2,000 　　　　(현금차감계정)	국고보조금(현금차감계정)　2,000 익금산입(유보)
② 자산 취득시 (취득 2000)	차량운반구 2,000/현금　　　　2,000 국고보조금 2,000/국고보조금 2,000 (현금차감계정)　(자산차감계정)	국고보조금(현금차감계정)　2,000 손금산입(△유보) 국고보조금(자산차감계정)　2,000 익금산입(유보) 일시상각충당금 2,000 손금산입(△유보)
③ 결산시 (상각 400)	감가상각비 400 　　　/감가상각충당금　　400 국고보조금 400 (자산차감계정) 　　　/감가상각비　　400	일시상각충당금 400 익금산입(유보) 국고보조금(자산차감계정)　400 손금산입(△유보)
④ 매각시 (매각 2000)	현 금　　　2,000/사업용자산2,000 감가상각충당금 400/처분이익 2,000 국고보조금 1,600(자산차감계정)	일시상각충당금 1,600 익금산입(유보) 국고보조금(자산차감계정)　1,600 손금산입(△유보)

② 국고보조금 등을 지급받은 날이 속하는 사업연도의 종료일까지 사업용자산을 취득하거나 개량하지 아니한 내국법인이 그 사업연도의 다는 지급일이 속한 사업연도 이전 사업연도에 이미 손금에 산입한 감가상각비에 상당하는 금액은 손금에 산입하는 금액에서 제외한다. (2021. 7. 13. 개정 ; 지방자치단체~시행령 부칙)

③ 제2항의 규정에 의하여 손금에 산입하는 금액은 당해 사업용 자산별로 다음 각호의 구분에 따라 일시상각충당금 또는 압축기장충당금으로 계상하여야 한다. (98. 12. 31 개정)

1. 감가상각자산 : 일시상각충당금 (98. 12. 31 개정)

2. 제1호외의 자산 : 압축기장충당금 (98. 12. 31 개정)

④ 제3항에 따라 손비로 계상한 일시상각충당금과 압축기장충당금은 다음 각 호의 어느 하나에 해당하는 방법으로 익금에 산입한다. (2019. 2. 12. 개정)

1. 일시상각충당금은 해당 사업용자산의 감가상각비(취득가액 중 해당 일시상각충당금에 상당하는 부분에 대한 것에 한한다)와 상계할 것. 다만, 해당 자산을 처분하는 경우에는 상계하고 남은 잔액을 그 처분한 날이 속하는 사업연도에 전액 익금에 산입한다. (2019. 2. 12. 개정)

2. 압축기장충당금은 당해 사업용 자산을 처분하는 사업연도에 이를 전액 익금에 산입할 것 (98. 12. 31 개정)

⑤ 제4항을 적용할 때 해당 사업용 자산의 일부를 처분하는 경우의 익금산입액은 해당 사업용자산의 가액 중 일시상각충당금 또는 압축기장충당금이 차지하는 비율로 안분계산한 금액에 의한다. (2019. 2. 12. 개정)

⑥ 법 제36조 제1항에서 "대통령령으로 정하는 법률"이란 다음 각 호의 법률을 말한다. (2020. 2. 11. 개정)

1. 「농어촌 전기공급사업 촉진법」 (2006. 2. 9. 개정)

2. 「전기사업법」 (2005. 2. 19. 개정)

3. 「사회기반시설에 대한 민간투자법」 (2005. 3. 8. 개정 ; 사회간접자본시설에 대한 민간투자법 시행령 부칙)

4. 「한국철도공사법」 (2005. 2. 19. 신설)

5. 「농어촌정비법」 (2006. 2. 9. 신설)

6. 「도시 및 주거환경정비법」 (2006. 2. 9. 신설)

7. 「산업재해보상보험법」 (2020. 2. 11. 신설)

8. 「환경정책기본법」 (2020. 2. 11. 신설)

음 사업연도 개시일부터 1년 이내에 사업용자산을 취득하거나 개량하려는 경우에는 취득 또는 개량에 사용하려는 국고보조금 등의 금액을 제1항을 준용하여 손금에 산입할 수 있다. 이 경우 허가 또는 인가의 지연 등 대통령령으로 정하는 사유로 국고보조금 등을 기한 내에 사용하지 못한 경우에는 해당 사유가 끝나는 날이 속하는 사업연도의 종료일을 그 기한으로 본다. (2010. 12. 30. 개정)

③ 제2항에 따라 국고보조금 등 상당액을 손금에 산입한 내국법인이 손금에 산입한 금액을 기한 내에 사업용자산의 취득 또는 개량에 사용하지 아니하거나 사용하기 전에 폐업 또는 해산하는 경우 그 사용하지 아니한 금액은 해당 사유가 발생한 날이 속하는 사업연도의 소득금액을 계산할 때 익금에 산입한다. 다만, 합병하거나 분할하는 경우로서 합병법인 등이 그 금액을 승계한 경우는 제외하며, 이 경우 그 금액은 합병법인 등이 제2항에 따라 손금에 산입한 것으로 본다. (2010. 12. 30. 개정)

④ 제1항을 적용할 때 내국법인이 국고보조금 등을 금전 외의 자산으로 받아 사업에 사용한 경우에는 사업용자산의 취득 또는 개량에 사용된 것으로 본다. (2010. 12. 30. 개정)

⑤ 제1항과 제2항을 적용하려는 내국법인은 대통령령으로 정하는 바에 따라 국고보조금 등과 국고보조금 등으로 취득한 사업용자산의 명세서(제2항의 경우에는 국고보조금 등의 사용계획서)를 납세지 관할 세무서장에게 제출하여야 한다. (2018. 12. 24. 개정)

⑥ 제1항부터 제3항까지의 규정을 적용할 때 손금산입액 및 익금산입액의 계산과 그 산입방법 등에 관하여 필요한 사항은 대통령령으로 정한다. (2010. 12. 30. 개정)

제37조 【공사부담금으로 취득한 사업용자산가액의 손금산입】
(2018. 12. 24. 제목개정)

① 다음 각 호의 어느 하나에 해당하는 사업을 하는 내국법인이 그 사업에 필요한 시설을 하기 위하여 해당 시설의 수요자 또는 편익을 받는 자로부터 그 시설을 구성하는 토지 등 유형자산 및 무형자산(이하 이 조에서 "사업용자산"이라 한다)을 제공받은 경우 또는 금전 등(이하 이 조에서 "공사부담금"이라 한다)을 제공받아 그 제공받은 날이 속하는

9. 「산업기술혁신 촉진법」 (2024. 2. 29. 신설)

⑦ 법 제36조 제2항 후단에서 "대통령령으로 정하는 사유"란 다음 각 호의 어느 하나에 해당하는 경우를 말한다. (2008. 2. 22. 신설)
1. 공사의 허가 또는 인가 등이 지연되는 경우 (2008. 2. 22. 신설)
2. 공사를 시행할 장소의 미확정 등으로 공사기간이 연장되는 경우 (2008. 2. 22. 신설)
3. 용지의 보상 등에 관한 소송이 진행되는 경우 (2008. 2. 22. 신설)
4. 그 밖에 제1호부터 제3호까지의 규정에 준하는 사유가 발생한 경우 (2008. 2. 22. 신설)

⑧ 법 제36조 제1항 및 제2항의 규정의 적용을 받고자 하는 내국법인은 법 제60조의 규정에 의한 신고와 함께 기획재정부령이 정하는 국고보조금등 상당액 손금산입조정명세서(국고보조금등 사용계획서)를 납세지 관할세무서장에게 제출하여야 한다. (2008. 2. 29. 직제개정 ; 기획재정부와~직제 부칙)

● 예판 ....

집단에너지 공급사업 영위법인이 고정자산을 당해 법인의 자금으로 먼저 취득하고 수요자로부터 나중에 금전 등을 교부받는 경우에도 공사부담금으로 취득한 고정자산가액의 손금산입 규정이 적용됨. (법인 – 540, 2010. 6. 10.)

....

통칙 37 – 0…1 【장기할부조건으로 교부받은 공사부담금의 처리】
공사부담금을 장기할부조건으로 교부받은 경우 각 사업연도에 속하거나 속하게 될 공사부담금은 그 장기할부조건에 따라 각 사업연도에 교부받았거나 교부받을 금전 또는 자재에 상당하는 가액으로 한다. (2001. 11. 1 개정)

편주 ....

영 64조 6항 9호의 개정규정은 2024. 1. 1. 이후 개시하는 사업연도부터 적용함. (영 부칙(2024. 2. 29.) 8조)

....

● 예판 ....

법인이 국고보조금에 대한 익금과 손금을 동시에 산입하지 않은 경우에는 수정신고할 수 있음. (법인 46012 – 333, 2003. 5. 21.)

....

사업연도의 종료일까지 사업용자산의 취득에 사용하거나 사업용자산을 취득하고 이에 대한 공사부담금을 사후에 제공받은 경우에는 해당 사업용자산의 가액(공사부담금을 제공받은 경우에는 그 사업용자산의 취득에 사용된 공사부담금 상당액)을 대통령령으로 정하는 바에 따라 그 사업연도의 소득금액을 계산할 때 손금에 산입할 수 있다. (2018. 12. 24. 개정)

1. 「전기사업법」에 따른 전기사업 (2010. 12. 30. 개정)
2. 「도시가스사업법」에 따른 도시가스사업 (2010. 12. 30. 개정)
3. 「액화석유가스의 안전관리 및 사업법」에 따른 액화석유가스 충전사업, 액화석유가스 집단공급사업 및 액화석유가스 판매사업 (2010. 12. 30. 개정)
4. 「집단에너지사업법」 제2조 제2호에 따른 집단에너지공급사업 (2010. 12. 30. 개정)
5. 제1호부터 제4호까지의 사업과 유사한 사업으로서 대통령령으로 정하는 것 (2010. 12. 30. 개정)

② 공사부담금으로 사업용자산을 취득하는 경우의 손금산입 등에 관하여는 제36조 제2항 및 제3항을 준용한다. (2018. 12. 24. 개정)

③ 제1항과 제2항을 적용하려는 내국법인은 대통령령으로 정하는 바에 따라 그 제공받은 사업용자산 및 공사부담금과 공사부담금으로 취득한 사업용자산의 명세서(제2항의 경우에는 공사부담금의 사용계획서)를 납세지 관할 세무서장에게 제출하여야 한다. (2018. 12. 24. 개정)

④ 제1항과 제2항을 적용할 때 손금산입액 및 익금산입액의 계산과 그 산입방법 등에 관하여 필요한 사항은 대통령령으로 정한다. (2010. 12. 30. 개정)

제65조【공사부담금의 손금산입】 ① 법 제37조 제1항 제5호에서 "대통령령으로 정하는 것"이란 다음 각호의 1에 해당하는 사업을 말한다. (2011. 6. 3. 개정)

1. 「지능정보화 기본법」에 따른 초연결지능정보통신기반구축사업 (2020. 12. 8. 개정 ; 국가정보화 기본법 시행령 부칙)
2. 「수도법」에 의한 수도사업 (2005. 2. 19. 개정)

② 법 제37조 제1항에 따라 손금에 산입하는 금액은 개별 사업용자산별로 해당 자산가액에 상당하는 금액(공사부담금을 제공받아 자산을 취득하는 경우에는 그 취득에 사용된 공사부담금에 상당하는 금액을 말한다)으로 한다. 이 경우 자산을 취득한 후 공사부담금을 지급받았을 때에는 지급일이 속한 사업연도 이전 사업연도에 이미 손금에 산입한 감가상각비에 상당하는 금액은 손금에 산입하는 금액에서 제외한다. (2019. 2. 12. 개정)

③ 제2항에 따른 자산가액에 상당하는 금액의 손금산입 및 익금산입에 관해서는 제64조 제3항부터 제5항까지 및 제7항을 준용한다. (2019. 2. 12. 개정)

④ 법 제37조 제2항 후단에서 "대통령령이 정하는 부득이한 사유"라 함은 다음 각 호의 어느 하나에 해당하는 경우를 말한다. (2006. 2. 9. 신설)
1. 공사의 허가 또는 인가 등이 지연되는 경우 (2006. 2. 9. 신설)

제38조【보험차익으로 취득한 자산가액의 손금산입】(2018. 12. 24. 제목개정)

① 내국법인이 유형자산(이하 이 조에서 "보험대상자산"이라 한다)의 멸실(滅失)이나 손괴(損壞)로 인하여 보험금을 지급받아 그 지급받은 날이 속하는 사업연도의 종료일까지 멸실한 보험대상자산과 같은 종류의 자산을 대체 취득하거나 손괴된 보험대상자산을 개량(그 취득한 자산의 개량을 포함한다)하는 경우에는 해당 자산의 가액 중 그 자산의 취득 또는 개량에 사용된 보험차익 상당액을 대통령령으로 정하는 바에 따라 그 사업연도의 소득금액을 계산할 때 손금에 산입할 수 있다. (2018. 12. 24. 개정)

② 보험차익으로 자산을 취득하거나 개량하는 경우의 손금산입 등에 관하여는 제36조 제2항 및 제3항을 준용한다. 이 경우 제36조 제2항 중 "1년"은 "2년"으로 본다. (2018. 12. 24. 개정)

③ 제1항과 제2항을 적용하려는 내국법인은 대통령령으로 정하는 바에 따라 그 지급받은 보험금과 보험금으로 취득하거나 개량한 자산의 명세서(제2항의 경우에는 보험차익의 사용계획서)를 납세지 관할 세무서장에게 제출하여야 한다. (2018. 12. 24. 개정)

④ 제1항과 제2항을 적용할 때 손금산입액 및 익금산입액의 계산과 그 산입방법 등에 관하여 필요한 사항은 대통령령으로 정한다. (2010. 12. 30. 개정)

2. 공사를 시행할 장소의 미확정 등으로 공사기간이 연장되는 경우 (2006. 2. 9. 신설)
3. 용지의 보상 등에 관한 소송이 진행되는 경우 (2006. 2. 9. 신설)
4. 그 밖에 제1호 내지 제3호의 규정에 준하는 사유가 발생한 경우 (2006. 2. 9. 신설)

④ 삭　제 (2008. 2. 22.)

⑤ 법 제37조 제1항 및 제2항의 규정을 적용받고자 하는 내국법인은 법 제60조의 규정에 의한 신고와 함께 기획재정부령이 정하는 공사부담금상당액 손금산입조정명세서(공사부담금사용계획서)를 납세지 관할세무서장에게 제출하여야 한다. (2008. 2. 29. 직제개정 ; 기획재정부와~직제 부칙)

제66조【보험차익의 손금산입】① 법 제38조 제1항에 따른 같은 종류의 자산은 멸실한 보험대상자산을 대체하여 취득한 유형자산으로서 그 용도나 목적이 멸실한 보험대상자산과 같은 것으로 한다. (2019. 2. 12. 개정)

② 법 제38조 제1항에 따라 손금에 산입하는 금액은 개별보험대상자산별로 해당 자산의 가액 중 그 취득 또는 개량에 사용된 보험차익에 상당하는 금액으로 한다. 이 경우 해당 보험대상자산의 가액이 지급받은 보험금에 미달하는 경우에는 보험금 중 보험차익외의 금액을 먼저 사용한 것으로 본다. (2019. 2. 12. 개정)

편주 ▶
보험차익의 귀속시기는 통칙 40-71…8 참조

③ 제64조 제3항 제1호·제4항 제1호 및 제5항의 규정은 제2항의 규정에 의한 보험차익에 상당하는 금액의 손금산입 및 익금산입에 관하여 이를 준용한다. (98. 12. 31 개정)

④ 법 제38조 제1항 및 제2항의 규정을 적용받고자 하는 내국법인은 법 제60조의 규정에 의한 신고와 함께 기획재정부령이 정하는 보험차익상당액 손금산입조정명세서(보험차익사용계획서)를 납세지 관할세무서장에게 제출하여야 한다. (2008. 2. 29. 직제개정 ; 기획재정부와~직제 부칙)

통칙 38-66…1【보험차익으로 취득한 고정자산의 손금산입 범위】
보험차익으로 취득한 고정자산의 손금산입은 법에서 정한 경우를 제외하고는 다음 각호에 의한다.
1. 멸실된 건물과 기계장치에 대한 보험차익을 모두 건물취득에만 사용한 경우에는 기계장치에 대한 보험차익은 이를 각 사업연도의 소득금액 계산상 익금에 산입한다.
2. 보험차익을 법 제38조 제1항에 따라 손금에 산입한 법인이 같은 조 제2항에 따른 기간내에 멸실된 자산과 동일 종류의 자산을 장기할부조건으로 취득한 경우와 동 자산을 장기도급계약에 의한 건설·제조 등의 방법으로 취득하기 위하여 보험차익을 사용한 경우에는 장기할부조건으로 취득한 자산의 가액과 장기도급계약에 의한 건설·제조를 위하여 지출한 금액을 보험차익의 사용으로 보아 동조 제2항의 익금산입에 관한 규정을 적용하지 아니한다. (2019. 12. 23. 개정)

38-66…2【일시상각충당금의 상계범위】
보험차익 등으로 취득한 고정자산의 감가상각비(법 제23조 제1항에 따른 손금불산입액을 제외한다)를 일시상각충당금과 상계하는 경우에 있어서 상계할 금액은 보험차익 등으로 취득한 부분에

제39조【토지의 재평가차액상당액의 손금산입】삭　제 (2001. 12. 31)

제 5 관　손익의 귀속시기 등

제40조【손익의 귀속사업연도】① 내국법인의 각 사업연도의 익금과 손금의 귀속사업연도는 그 익금과 손금이 확정된 날이 속하는 사업연도로 한다. (2010. 12. 30. 개정)
② 제1항에 따른 익금과 손금의 귀속사업연도의 범위 등에 관하여 필요한 사항은 대통령령으로 정한다. (2010. 12. 30. 개정)

• 권리확정주의에 의한 수익을 계상하기 위해서는 수익의 발생정도가 성숙확정되어야 할 것임.
• 기간손익계산 원칙은 통칙 14-0…2 참조
• 묘지사용료 및 분묘조성비의 처리는 통칙 15-11…2 참조
• 퇴직보험료 등에 대한 확정배당금의 처리는 통칙 40-71…1 참조
• 제품의 보수비는 통칙 19-19…4 참조
• 장기손해보험계약에 관련된 보험료의 손금산입범위는 통칙 19-19…9 참조
• 일정기간 사용수익 후 무상양도 조건부 자산의 손비계산은 통칙 19-19…12 참조
• 무상감자주식의 손금산입에 관한 처리는 통칙 19-19…35 참조
• 리스의 회계처리는 통칙 23-24…1 참조
• 이연계상한 접대비 등의 처리는 통칙 25-0…1 참조

가상자산공개(ICO)하는 유틸리티 토큰의 경우 발행(판매)하는 때에 손익인식함. (기획재정부 법인세제과-0543, 2023. 3. 6.)

 40-68…1【상품, 제품, 기타 생산품의 판매손익의 귀속시기】 상품, 제품 또는 그 밖의 생산품을 판매함으로써 생긴 판매손익의 귀속사업연도는 「부가가치세법」의 규정에 불구하고 법 제40조의 규정에 의한다. (2024. 3. 15. 개정)

제67조【토지의 재평가차액상당액의 손금산입】삭　제 (2001. 12. 31)

제 5 관　손익의 귀속시기 등

제68조【자산의 판매손익 등의 귀속사업연도】① 법 제40조 제1항 및 제2항을 적용할 때 자산의 양도 등으로 인한 익금 및 손금의 귀속사업연도는 다음 각 호의 날이 속하는 사업연도로 한다. (2017. 2. 3. 개정)
1. 상품(부동산을 제외한다)·제품 또는 기타의 생산품(이하 이 조에서 "상품 등"이라 한다)의 판매 : 그 상품 등을 인도한 날 (98. 12. 31 개정)

법인이 사전 약정에 따라 재고반품조건으로 백화점 및 대리점에 재화를 납품하는 경우 「법인세법 시행령」 제68조 제1항 제1호의 규정에 의하여 동 재화를 백화점에 인도한 날이 속하는 사업연도를 손익의 귀속사업연도로 하는 것임. (서면법규-1299, 2014. 12. 10.)

---

2. 상품 등의 시용판매 : 상대방이 그 상품 등에 대한 구입의 의사를 표시한 날. 다만, 일정기간내에 반송하거나 거절의 의사를 표시하지 아니하면 특약 등에 의하여 그 판매가 확정되는 경우에는 그 기간의 만료일로 한다. (98. 12. 31 개정)
3. 상품 등 외의 자산의 양도 : 그 대금을 청산한 날「한국은행법」에 따른 한국은행이 취득하여 보유 중인 외화증권 등 외화표시자산을 양도하고 외화로 받은 대금(이하 이 호에서 "외화대금"이라 한다)으로서 원화로 전환하지 아니한 그 취득원금에 상당하는 금액의 환율변동분은 한국은행이 정하는 방식에 따라 해당 외화대금을 매각하여 원화로 전환한 날]. 다만, 대금을 청산하기 전에 소유권 등의 이전등기(등록을 포함한다)를 하거나 당해 자산을 인도하거나 상대방이 당해 자산을 사용수익하는 경우에는 그 이전등기일(등록일을 포함한다)·인도일 또는 사용수익일 중 빠른 날로 한다. (2007. 2. 28. 개정)

대한 감가상각비에 한한다. (2019. 12. 23. 개정)

제33조【자산의 판매손익 등의 귀속사업연도】(2024. 3. 22. 제목개정)
① 영 제68조 제1항 제1호의 규정에 의한 상품 등을 인도한 날의 판정을 함에 있어서 다음 각호의 경우에는 당해 호에 규정된 날로 한다. (2024. 3. 22. 항번개정)
1. 납품계약 또는 수탁가공계약에 의하여 물품을 납품하거나 가공하는 경우에는 당해 물품을 계약상 인도하여야 할 장소에 보관한 날. 다만, 계약에 따라 검사를 거쳐 인수 및 인도가 확정되는 물품의 경우에는 당해 검사가 완료된 날로 한다. (99. 5. 24 개정)
2. 물품을 수출하는 경우에는 수출물품을 계약상 인도하여야 할 장소에 보관한 날 (99. 5. 24 개정)

 40-68…2【수출한 물품을 인도하여야 할 장소에 보관한 때의 범위】
규칙 제33조 제2호의 규정에서 "수출물품을 계약상 인도하여야 할 장소에 보관한 날"이라 함은 계약상 별단의 명시가 없는 한 선적을 완료한 날을 말한다. 다만, 선적완료일이 분명하지 아니한

포함한다)로서 판매금액 또는 수입금액을 월부·연부 기타의 지불 방법에 따라 2회 이상으로 분할하여 수입하는 것 중 당해 목적물의 인도일의 다음날부터 최종의 할부금의 지급기일까지의 기간이 1년 이상인 것을 말한다. (2010. 12. 30. 항번개정)

통칙 40-68…3【주식을 연불로 양도한 경우의 손익귀속시기】
주식을 영 제68조 제4항에 따른 장기할부조건으로 양도한 경우 손익의 귀속사업연도는 같은 조 제2항을 적용한다. 이 경우 해당 주식을 매입한 법인이 기업회계기준이 정하는 바에 따라 계상한 현재가치할인차금에 대하여는 영 제72조를 적용한다. (2019. 12. 23. 개정)

⑤ 제1항의 규정을 적용함에 있어서 법인이 매출할인을 하는 경우 그 매출할인금액은 상대방과의 약정에 의한 지급기일(그 지급기일이 정하여 있지 아니한 경우에는 지급한 날)이 속하는 사업연도의 매출액에서 차감한다. (2010. 12. 30. 항번개정)

⑥ 법인이 제4항에 따른 장기할부조건 등에 의하여 자산을 판매하거나 양도함으로써 발생한 채권에 대하여 기업회계기준이 정하는 바에 따라 현재가치로 평가하여 현재가치할인차금을 계상한 경우 해당 현재가치할인차금 상당액은 해당 채권의 회수기간 동안 기업회계기준이 정하는 바에 따라 환입하였거나 환입할 금액을 각 사업연도의 익금에 산입한다. (2010. 12. 30. 개정)

⑦ 「조세특례제한법」 제104조의 31에 따른 프로젝트금융투자회사가 「택지개발촉진법」에 따른 택지개발사업 등 기획재정부령으로 정하는 토지개발사업을 하는 경우로서 해당 사업을 완료하기 전에 그 사업의 대상이 되는 토지의 일부를 양도하는 경우에는 제1항 제3호에도 불구하고 그 양도 대금을 제69조 제1항 각 호 외의 부분 본문에 따른 해당 사업의 작업진행률에 따라 각 사업연도의 익금에 산입할 수 있다. (2024. 2. 29. 신설)

편주 ▶▶▶●●●●●●●●●●●●●●●●●●●●●●●●●●●●●●●●●
영 68조 7항의 개정규정은 2024. 2. 29. 이후 토지를 양도하는 경우부터 적용함. (영 부칙(2024. 2. 29.) 9조)
●●●●●●●●●●●●●●●●●●●●●●●●●●●●●●●●●●●●●●

☞ p.385 2단 연결

통칙 40-68…4【사용수익 약정일이 없는 경우의 사용수익일】
영 제68조 제1항 제3호에서 "사용수익일"이라 함은 당사자간의 계약에 의하여 사용수익을 하기로 약정한 날을 말하는 것이나, 별도의 약정이 없는 경우에는 자산을 양도하는 법인의 사용승낙으로 인하여 매수인이 해당 자산을 실질적으로 사용할 수 있게 된 날을 말한다. (2019. 12. 23. 개정)

4. 자산의 위탁매매 : 수탁자가 그 위탁자산을 매매한 날 (98. 12. 31 개정)

5. 「자본시장과 금융투자업에 관한 법률」 제8조의 2 제4항 제1호에 따른 증권시장에서 같은 법 제393조 제1항에 따른 증권시장업무규정에 따라 보통거래방식으로 한 유가증권의 매매 : 매매계약을 체결한 날 (2017. 2. 3. 개정)

② 법인이 장기할부조건으로 자산을 판매하거나 양도한 경우로서 판매 또는 양도한 자산의 인도일(제1항 제3호에 해당하는 자산은 같은 호 단서에 규정된 날을 말한다. 이하 이 조에서 같다)이 속하는 사업연도의 결산을 확정함에 있어서 해당 사업연도에 회수하였거나 회수할 금액과 이에 대응하는 비용을 각각 수익과 비용으로 계상한 경우에는 제1항 제1호 및 제3호에도 불구하고 그 장기할부조건에 따라 각 사업연도에 회수하였거나 회수할 금액과 이에 대응하는 비용을 각각 해당 사업연도의 익금과 손금에 산입한다. 다만, 중소기업인 법인이 장기할부조건으로 자산을 판매하거나 양도한 경우에는 그 장기할부조건에 따라 각 사업연도에 회수하였거나 회수할 금액과 이에 대응하는 비용을 각각 해당 사업연도의 익금과 손금에 산입할 수 있다. (2010. 12. 30. 개정)

③ 제2항을 적용할 때 인도일 이전에 회수하였거나 회수할 금액은 인도일에 회수한 것으로 보며, 법인이 장기할부기간 중에 폐업한 경우에는 그 폐업일 현재 익금에 산입하지 아니한 금액과 이에 대응하는 비용을 폐업일이 속하는 사업연도의 익금과 손금에 각각 산입한다. (2010. 12. 30. 신설)

④ 제2항에서 "장기할부조건"이라 함은 자산의 판매 또는 양도(국외거래에 있어서는 소유권이전 조건부 약정에 의한 자산의 임대를

경우로서 수출할 물품을 「관세법」 제155조 제1항 단서에 따라 보세구역이 아닌 다른 장소에 장치하고 통관절차를 완료하여 수출면장을 발급받은 경우에는 규칙 제33조 제2호에 해당하는 것으로 한다. (2019. 12. 23. 개정)

② 영 제68조 제7항에서 "'택지개발촉진법」에 따른 택지개발사업 등 기획재정부령으로 정하는 토지개발사업"이란 다음 각 호의 어느 하나에 해당하는 사업을 말한다. (2024. 3. 22. 신설)

1. 「도시개발법」에 따른 도시개발사업 (2024. 3. 22. 신설)

2. 「산업입지 및 개발에 관한 법률」에 따른 산업단지개발사업 (2024. 3. 22. 신설)

3. 「택지개발촉진법」에 따른 택지개발사업 (2024. 3. 22. 신설)

4. 「혁신도시 조성 및 발전에 관한 특별법」

1. 중소기업인 법인이 수행하는 계약기간이 1년 미만인 건설등의 경우 (2012. 2. 2. 신설)
2. 기업회계기준에 따라 그 목적물의 인도일이 속하는 사업연도의 수익과 비용으로 계상한 경우 (2012. 2. 2. 신설)
② 제1항을 적용할 때 작업진행률을 계산할 수 없다고 인정되는 경우로서 기획재정부령으로 정하는 경우에는 그 목적물의 인도일이 속하는 사업연도의 익금과 손금에 각각 산입한다. (2023. 2. 28. 개정)

통칙 40-69…7【아파트 등을 분양하는 경우의 작업진행률 계산】
① 주택·상가 또는 아파트 등의 예약매출로 인한 익금과 손금의 귀속사업연도를 영 제69조 제1항에 따른 작업진행률에 의하는 경우에 해당 아파트 등의 부지로 사용될 토지의 취득원가는 규칙 제34조에 따른 작업진행률 계산시 산입하지 아니한다. (2019. 12. 23. 개정)
② 제1항의 토지 취득원가는 동항의 규정에 의하여 계산된 작업진행률에 의하여 안분하여 손금에 산입한다. (2001. 11. 1 신설)

③ 제1항을 적용할 때 작업진행률에 의한 익금 또는 손금이 공사계약의 해약으로 인하여 확정된 금액과 차액이 발생된 경우에는 그 차액을 해약일이 속하는 사업연도의 익금 또는 손금에 산입한다. (2012. 2. 2. 신설)

예판
당초 작업진행률에 의하여 계상한 익금이 공사계약금액의 변경으로 인하여 변경되는 경우 그 차액을 변경일이 속하는 사업연도의 익금 또는 손금에 산입함. (법인-477, 2012. 7. 27.)

통칙 40-69…1【아파트 등을 분양하는 경우의 손익귀속시기】
① 주택·상가 또는 아파트 등의 예약매출로 인한 익금 또는 손금의 귀속사업연도는 영 제69조를 적용한다. (2019. 12. 23. 개정)
② 제1항을 적용함에 있어서 영 제69조의 "인도일"이라 함은 그 대금을 청산한 날 또는 소유권이전등기를 한 날 중 빠른 날로 한다. 다만, 대금청산일 또는 소유권이전등기일 전에 입주 또는 사용하는 경우에는 입주한 날 또는 사용한 날로 한다. (2019. 12. 23. 개정)
40-69…2【연대보증의무자가 도산자의 미완성공사를 계속하는 경우에 발생한 손익】
☞ p.386 2단 연결

⑧ 제1항 제1호의 규정에 의한 인도한 날의 범위에 관하여 필요한 사항은 기획재정부령으로 정한다. (2024. 2. 29. 항번개정)

제69조【용역제공 등에 의한 손익의 귀속사업연도】 ① 법 제40조 제1항 및 제2항을 적용함에 있어서 건설·제조 기타 용역(도급공사 및 예약매출을 포함하며, 이하 이 조에서 "건설 등"이라 한다)의 제공으로 인한 익금과 손금은 그 목적물의 건설 등의 착수일이 속하는 사업연도부터 그 목적물의 인도일(용역제공의 경우에는 그 제공을 완료한 날을 말한다. 이하 이 조에서 같다)이 속하는 사업연도까지 기획재정부령으로 정하는 바에 따라 그 목적물의 건설 등을 완료한 정도(이하 이 조에서 "작업진행률"이라 한다)를 기준으로 하여 계산한 수익과 비용을 각각 해당 사업연도의 익금과 손금에 산입한다. 다만, 다음 각 호의 어느 하나에 해당하는 경우에는 그 목적물의 인도일이 속하는 사업연도의 익금과 손금에 산입할 수 있다. (2013. 2. 15. 개정)

예판
• 인터넷 게임용역을 제공하는 내국법인이 게임이용자에게 해당게임을 이용하는데 필요한 게임머니를 판매하는 경우 손익귀속시기는 이용자가 그 게임머니를 사용한 날이 속하는 사업연도로 하는 것임. (재법인-306, 2015. 4. 20.)
• 법인이 계약체결 시에 일시금으로 수령하는 라이선스 수수료가 라이선스 사용대가로서 그 사용기간이 구체적으로 명시된 경우에는 사용기간 동안 균등하게 안분하여 계산한 금액을 익금에 산입하는 것임 (서면법인-2224, 2016. 4. 29.)
• 재화와 용역이 혼재된 공급에 있어 용역의 공급을 재화의 공급에 부수되는 것으로 보아 재화의 인도시기에 손익에 산입하던 한국채택국제회계기준 의무적용대상 내국법인이 새로운 개정기준서(K IFRS 제1115호) 적용에 따라 혼재된 공급에 대한 수행의무를 구분하여 재화의 공급과 용역의 공급으로 각각 수익을 인식하는 경우 재화와 용역의 손익의 귀속은 각 수행 의무별로 판단할 수 있는 것이나, 종전의 기준에 따라 새로운 개정기준서의 적용일이 속하는 사업연도 이전의 사업연도의 손익으로 산입한 금액은 종전의 방식에 따르는 것임. (재법인-102, 2020. 1. 23.)

에 따른 혁신도시개발사업 (2024. 3. 22. 신설)

제34조【작업진행률의 계산 등】 ① 영 제69조 제1항 본문에서 "건설등을 완료한 정도"란 다음 각 호의 구분에 따른 비율을 말한다. (2011. 2. 28. 개정)
1. 건설의 경우 : 다음 산식을 적용하여 계산한 비율. 다만, 건설의 수익실현이 건설의 작업시간·작업일수 또는 기성공사의 면적이나 물량 등(이하 이 조에서 "작업시간등"이라 한다)과 비례관계가 있고, 전체 작업시간 등에서 이미 투입되었거나 완성된 부분이 차지하는 비율을 객관적으로 산정할 수 있는 건설의 경우에는 그 비율로 할 수 있다. (2007. 3. 30. 개정)

$$작업진행률 = \frac{해당\ 사업연도말까지\ 발생한\ 총공사비누적액}{총공사예정비}$$

2. 제1호 외의 경우 : 제1호를 준용하여 계산한 비율 (2007. 3. 30. 개정)
② 제1항에 따른 총공사예정비는 기업회계기준을 적용하여 계약 당시에 추정한 공사원가에 해당 사업연도말까지의 변동상황을 반영하여 합리적으로 추정한 공사원가로 한다. (2007. 3. 30. 신설)
③ 영 제69조 제1항 본문에 따라 각 사업연도의 익금과 손금에 산입하는 금액의 계산은 다음 각호의 산식에 의한다. (2011. 2. 28. 개정)
1. 익금 (99. 5. 24 개정)

할 때 이미 경과한 기간에 대응하는 이자 및 할인액(법 제73조 및 제73조의 2에 따라 원천징수되는 이자 및 할인액은 제외한다)을 해당 사업연도의 수익으로 계상한 경우에는 그 계상한 사업연도의 익금으로 한다. (2024. 2. 29. 개정)

●예판
채권 취득시 발생하는 할인·할증액의 상각시 발생하는 이자수익 가산액 또는 차감액은 당해 채권의 매각 또는 만기시점이 속하는 사업연도의 익금 또는 손금으로 하는 것임. (서면2팀-1423, 2005. 9. 6.)

2. 법인이 지급하는 이자 및 할인액 :「소득세법 시행령」제45조에 따른 수입시기에 해당하는 날이 속하는 사업연도. 다만, 결산을 확정할 때 이미 경과한 기간에 대응하는 이자 및 할인액(차입일부터 이자지급일이 1년을 초과하는 특수관계인과의 거래에 따른 이자 및 할인액은 제외한다)을 해당 사업연도의 손비로 계상한 경우에는 그 계상한 사업연도의 손금으로 한다. (2021. 2. 17. 단서개정)

통칙 40-70…1 【당기비용인 지급이자를 선급비용으로 이연계상한 경우의 처리】
해당 사업연도에 해당하는 지급이자를 법인이 선급비용으로 이연처리한 경우에도 이를 해당 사업연도의 손금으로 한다. (2019. 12. 23. 개정)

40-70…2 【분할등기일 이후 확정된 수입배당금의 귀속】
분할등기일 후 주주총회 결의에 따라 배당이 확정되어 분할신설법인이 수령하는 배당금은 분할법인의 권리와 의무를 승계받은 분할신설법인의 익금으로 한다. (2009. 11. 10. 신설)

② 법 제40조 제1항 및 제2항을 적용할 때 법인이 수입하는 배당금은 「소득세법 시행령」제46조에 따른 수입시기에 해당하는 날이 속하는 사업연도의 익금에 산입한다. 다만, 제61조 제2항 각 호의 금융회사 등이 금융채무 등 불이행자의 신용회복 지원과 채권의 공동추심을 위하여 공동으로 출자하여 설립한「자산유동화에 관한 법률」에 따른 유동화전문회사로부터 수입하는 배당금은 실제로 지급받은 날이 속하는 사업연도의 익금에 산입한다. (2010. 2. 18. 개정)

☞ p.387 2단 연결

연대보증의무를 부담하는 법인이 계약자의 도산으로 연대보증의무를 이행하게 됨에 따라 잔여공사의 시공 또는 하자보수공사를 함으로써 발생하는 손익은 영 제69조에 따라 각 사업연도 소득금액 계산상 익금 또는 손금에 산입한다. (2019. 12. 23. 개정)

40-69…3 【작업진행률을 계산하는 경우 총공사비의 범위】
규칙 제34조에 따라 작업진행률을 계산하는 경우에 있어서 "총공사비"라 함은 해당 공사원가의 구성요소가 되는 재료비, 노무비, 그 밖의 공사경비를 말한다. (2024. 3. 15. 개정)

40-69…5 【장기기술용역의 수익계상】
법인이 기술용역에 관하여 계약기간이 1년 이상인 장기도급계약을 체결한 경우에는 그 기술용역을 착수한 날이 속하는 사업연도부터 그 기술용역을 완료한 날이 속하는 사업연도까지의 각 사업연도의 손익은 그 기술용역을 완료한 정도를 기준으로 하여 계산한 수익과 비용을 해당 사업연도의 익금과 손금에 각각 산입한다. 이 경우 완료한 정도의 계산은 규칙 제34조를 준용한다. (2019. 12. 23. 개정)

40-69…6 【건설도급공사의 작업진행률 계산특례】
자재비를 부담하지 아니하는 조건으로 도급계약을 체결한 경우에 장기도급공사의 작업진행률을 계산함에 있어서 해당 사업연도말까지 발생한 총공사비누적액에는 자기가 부담하지 아니한 자재비는 포함하지 아니한다. (2019. 12. 23. 개정)

40-69…8 【모델하우스 설치비용의 손금산입】
주택신축판매업을 영위하는 법인이 분양계약전 지출한 모델하우스 설치비용은 그 비용이 확정된 날이 속하는 사업연도의 손금으로 한다. 다만, 해당 설치비용을 기업회계기준서 제16장 제2절에 따라 선급공사원가로 계상하고, 공사를 착수한 후 공사원가로 대체하는 방법으로 처리할 수 있다. (2024. 3. 15. 개정)

40-69…9 【리스알선수수료의 손금귀속시기】
「여신전문금융업법」에 따른 여신전문금융회사가 판매사원과 체결한 업무위임약정에 따라 리스계약과 관련된 알선용역을 제공받고 판매사원에게 지급하는 리스알선수수료는 영 제69조에 따른 손금의 귀속사업연도에 손금으로 산입한다. (2019. 12. 23. 신설)

제70조 【이자소득 등의 귀속사업연도】 ① 법 제40조 제1항 및 제2항을 적용할 때 이자 등의 익금과 손금의 귀속사업연도는 다음 각 호의 구분에 따른다. (2019. 2. 12. 개정)
1. 법인이 수입하는 이자 및 할인액 :「소득세법 시행령」제45조에 따른 수입시기에 해당하는 날(한국표준산업분류상 금융 및 보험업을 영위하는 법인의 경우에는 실제로 수입된 날로 하되, 선수입이자 및 할인액은 제외한다)이 속하는 사업연도. 다만, 결산을 확정

계약금액 × 작업진행률 - 직전 사업연도말까지 익금에 산입한 금액
2. 손금 (99. 5. 24 개정)
　당해 사업연도에 발생된 총비용
④ 영 제69조 제2항 제1호에서 "기획재정부령으로 정하는 경우"란 법인이 비치·기장한 장부가 없거나 비치·기장한 장부의 내용이 충분하지 아니하여 당해 사업연도 종료일까지 실제로 소요된 총공사비누적액 또는 작업시간 등을 확인할 수 없는 경우를 말한다. (2011. 2. 28. 개정)

제35조 【리스료 등의 귀속사업연도】
① 리스이용자가 리스로 인하여 수입하거나 지급하는 리스료(리스개설직접원가를 제외한다)의 익금과 손금의 귀속사업연도는 기업회계기준으로 정하는 바에 따른다. 다만, 한국채택국제회계기준을 적용하는 법인의 영 제24조제5항에 따른 금융리스 외의 리스자산에 대한 리스료의 경우에는 리스기간에 걸쳐 정액기준으로 손금에 산입한다. (2020. 3. 13. 단서신설)

●예판
법인세법 시행규칙 35조 1항의 금융리스 외의 리스자산에 대한 판단은 리스회사의 리스자산에 대한 한국채택국제회계기준을 따르는 것임. (서면-2021-법규법인-6993, 2023. 6. 26.)

② 법인이 아닌 조합 등으로부터 받는 분배이익금의 귀속사업연도는 당해 조합 등

2) 보험약관대출금(관련 미수수익을 포함함)
3) 보험미수금
4) 미수금
나. 직전사업연도 종료일 현재 「보험업법 시행령」 63조 2항에 따른 재보험자산
3. 다음 각 목의 금액의 합계액
가. 직전사업연도 당시의 보험감독회계기준에 따르면 기타 부채에 해당하여 손금에 산입되었으나 최초적용사업연도 이후 새로운 보험감독회계기준에 따르면 책임준비금 산출에 반영되는 항목으로 변경된 것으로서 직전사업연도 종료일 현재 다음에 해당하는 금액의 합계액
1) 보험미지급금
2) 선수보험료
3) 가수보험료
4) 미지급비용
나. 최초적용사업연도 개시일 현재 보험계약자산 및 재보험계약자산의 합계액

④ 투자회사 등이 결산을 확정할 때 증권 등의 투자와 관련된 수익 중 이미 경과한 기간에 대응하는 이자 및 할인액과 배당소득을 해당 사업연도의 수익으로 계상한 경우에는 제1항 및 제2항의 규정에 불구하고 그 계상한 사업연도의 익금으로 한다. (2009. 12. 31. 개정)
⑤ 「자본시장과 금융투자업에 관한 법률」에 따른 신탁업자가 운용하는 신탁재산(같은 법에 따른 투자신탁재산은 제외한다. 이하 제111조 및 제113조에서 같다)에 귀속되는 법 제73조 제1항 각 호의 소득금액의 귀속사업연도는 제1항 및 제2항에도 불구하고 제111조 제6항에 따른 원천징수일이 속하는 사업연도로 한다. (2009. 12. 31. 개정)
⑥ 제1항 및 제3항에도 불구하고 다음 각 호의 항목은 보험감독회계기준에 따라 수익 또는 손비로 계상한 사업연도의 익금 또는 손금으로 한다. (2024. 2. 29. 개정)
1. 보험회사가 보험계약과 관련하여 수입하거나 지급하는 이자·할인액 및 보험료등으로서 「보험업법」 제120조에 따른 책임준비금의 산출에 반영되는 항목 (2024. 2. 29. 신설)

☞ p.388 2단 연결

③ 법 제40조 제1항 및 제2항을 적용할 때 한국표준산업분류상 금융 및 보험업을 영위하는 법인이 수입하는 보험료·부금·보증료 또는 수수료(이하 이 항에서 "보험료 등"이라 한다)의 귀속사업연도는 그 보험료 등이 실제로 수입된 날이 속하는 사업연도로 하되, 선수입보험료등은 제외한다. 다만, 결산을 확정함에 있어서 이미 경과한 기간에 대응하는 보험료상당액 등을 해당 사업연도의 수익으로 계상한 경우에는 그 계상한 사업연도의 익금으로 하고, 「자본시장과 금융투자업에 관한 법률」에 따른 투자매매업자 또는 투자중개업자가 정형화된 거래방식으로 같은 법 제4조에 따른 증권(이하 이 조에서 "증권"이라 한다)을 매매하는 경우 그 수수료의 귀속사업연도는 매매계약이 체결된 날이 속하는 사업연도로 한다. (2024. 2. 29. 개정)

편주 ▶

- 영 70조 3항 및 6항의 개정규정은 2024. 2. 29. 이후 과세표준을 신고하는 경우부터 적용함. (영 부칙(2024. 2. 29.) 3조)
- 2023. 1. 1.이 속하는 사업연도의 개시일 현재 주택도시보증공사가 보험감독회계기준에 따라 계상한 책임준비금에서 2022. 12. 31.이 속하는 사업연도에 손금산입한 미경과보험료적립금을 뺀 금액에 기획재정부령으로 정하는 계산식을 적용하여 산출한 금액은 영 70조 3항 및 6항의 개정규정에도 불구하고 2023. 1. 1.이 속하는 사업연도와 그 다음 4개 사업연도에 균등하게 나누어 손금에 산입함. (영 부칙(2024. 2. 29.) 14조 3항)
- 영 부칙(2024. 2. 29.) 14조 3항에서 "기획재정부령으로 정하는 계산식을 적용하여 산출한 금액"이란 1호의 금액에서 2호의 금액을 더하고 3호의 금액을 뺀 금액을 말함. (규칙 부칙(2024. 3. 22.) 4조)
  1. 2023. 1. 1.이 속하는 사업연도(이하 이 조에서 "최초적용사업연도"라 함) 개시일 현재 주택도시보증공사가 보험감독회계기준에 따라 계상한 책임준비금(할인율 변동에 따른 책임준비금 평가액의 변동분은 제외함)에서 2022. 12. 31.이 속하는 사업연도(이하 이 조에서 "직전사업연도"라 함)에 손금산입한 미경과보험료적립금을 뺀 금액
  2. 다음 각 목의 금액의 합계액
     가. 직전사업연도 당시의 보험감독회계기준에 따르면 자산에 해당하여 익금에 산입되었으나 최초적용사업연도 이후 새로운 보험감독회계기준에 따르면 책임준비금 산출에 반영되는 항목으로 변경된 것으로서 직전사업연도 종료일 현재 다음에 해당하는 금액의 합계액
        1) 미상각신계약비

의 결산기간이 종료하는 날이 속하는 사업연도로 한다. (99. 5. 24 개정)
③ 「징발재산정리에 관한 특별조치법」에 의하여 징발된 재산을 국가에 매도하고 그 대금을 징발보상증권으로 받는 경우 그 손익은 상환조건에 따라 각 사업연도에 상환받았거나 상환받을 금액과 그 상환비율에 상당하는 매도재산의 원가를 각각 해당 사업연도의 익금과 손금에 산입한다. 이 경우 징발보상증권을 국가로부터 전부 상환받기 전에 양도한 경우 양도한 징발보상증권에 상당하는 금액에 대하여는 그 양도한 때에 상환받은 것으로 본다. (2005. 2. 28. 개정)

✎

• 예판 ⋯⋯⋯⋯⋯⋯⋯⋯⋯

쟁점수수료에 대한 회계처리는 기업회계기준에 따른 것으로 법인세법 제43조에 따라 내국법인의 각 사업연도 소득금액계산에 적용될 수 있는 '기업회계의 기준이나 관행'에 해당되는 것으로 보아야 할 것인바, 쟁점수수료의 익금귀속시기를 법인세법 시행령 제70조 제3항 본문 규정에 따라 실제 지급받은 날이 속한 사업연도로 보아 법인세 및 교육세를 과세한 처분은 잘못임. (조심2019서133, 2020. 2. 26.)

식방법에 따라 관련 손익의 귀속사업연도를 정한다. (2012. 2. 2. 개정)

⑤ 법 제40조 제1항 및 제2항을 적용할 때 법인이 제24조 제1항 제2호 바목에 따른 개발비로 계상하였으나 해당 제품의 판매 또는 사용이 가능한 시점이 도래하기 전에 개발을 취소한 경우에는 다음 각 호의 요건을 모두 충족하는 날이 속하는 사업연도의 손금에 산입한다. (2012. 2. 2. 신설)

1. 해당 개발로부터 상업적인 생산 또는 사용을 위한 해당 재료ㆍ장치ㆍ제품ㆍ공정ㆍ시스템 또는 용역을 개선한 결과를 식별할 수 없을 것 (2012. 2. 2. 신설)

2. 해당 개발비를 전액 손비로 계상하였을 것 (2019. 2. 12. 개정)

⑥ 법 제40조 제1항 및 제2항을 적용할 때 계약의 목적물을 인도하지 아니하고 목적물의 가액변동에 따른 차액을 금전으로 정산하는 파생상품의 거래로 인한 손익은 그 거래에서 정하는 대금결제일이 속하는 사업연도의 익금과 손금으로 한다. (2012. 2. 2. 신설)

⑦ 법 제40조 제1항 및 제2항을 적용할 때 법(제43조를 제외한다)ㆍ「조세특례제한법」 및 이 영에서 규정한 것 외의 익금과 손금의 귀속사업연도에 관하여는 기획재정부령으로 정한다. (2012. 2. 2. 개정)

●예판
• 자산을 운용리스의 방법으로 사용하고 부담하는 기본리스료는 결산상 비용계상 여부에 관계없이 사용기간에 안분계산해 손금산입함. (서이 46012-11719, 2002. 9. 16)
• 정부출연금의 익금귀속시기를 교부통지를 받은 날이 속하는 사업연도로 본 유권해석(서면2팀-1497, 2005. 9. 20.) 적용시, 교부통지서 수령 없이 협약서에 의해 지급시기를 달리하여 순차적으로 지급받은 정부출연금은 실제로 지급받은 날이 속하는 사업연도에 익금산입함. (서면2팀-299, 2006. 2. 6.)

통칙 40-71…1 【퇴직보험료 등에 대한 확정배당금의 처리】
① 종업원을 수익자로 하는 퇴직보험 등에 가입하고 보험회사등으로부터 수령하는 확정배당금은 이를 확정된 사업연도의 익금으로 한다. (2001. 11. 1 개정)

☞ p.389 2단 연결

2. 「주택도시기금법」에 따른 주택도시보증공사가 신용보증계약과 관련하여 수입하거나 지급하는 이자ㆍ할인액 및 보험료등으로서 같은 법 시행령 제24조에 따른 책임준비금의 산출에 반영되는 항목 (2024. 2. 29. 신설)

제71조 【임대료 등 기타 손익의 귀속사업연도】 ① 법 제40조 제1항 및 제2항의 규정을 적용함에 있어서 자산의 임대로 인한 익금과 손금의 귀속사업연도는 다음 각호의 날이 속하는 사업연도로 한다. 다만, 결산을 확정함에 있어서 이미 경과한 기간에 대응하는 임대료 상당액과 이에 대응하는 비용을 당해 사업연도의 수익과 손비로 계상한 경우 및 임대료 지급기간이 1년을 초과하는 경우 이미 경과한 기간에 대응하는 임대료 상당액과 비용은 이를 각각 당해 사업연도의 익금과 손금으로 한다. (2001. 12. 31 단서개정)

1. 계약 등에 의하여 임대료의 지급일이 정하여진 경우에는 그 지급일 (98. 12. 31 개정)

2. 계약 등에 의하여 임대료의 지급일이 정하여지지 아니한 경우에는 그 지급을 받은 날 (98. 12. 31 개정)

② 법 제40조 제1항 및 제2항의 규정을 적용함에 있어서 「소득세법」 제162조 및 「부가가치세법」 제36조 제4항을 적용받는 업종을 영위하는 법인이 금전등록기를 설치ㆍ사용하는 경우 그 수입하는 물품대금과 용역대가의 귀속사업연도는 그 금액이 실제로 수입된 사업연도로 할 수 있다. (2013. 6. 28. 개정 ; 부가가치세법 시행령 부칙)

③ 법 제40조 제1항 및 제2항의 규정을 적용함에 있어서 법인이 사채를 발행하는 경우에 상환할 사채금액의 합계액에서 사채발행가액(사채발행수수료와 사채발행을 위하여 직접 필수적으로 지출된 비용을 차감한 후의 가액을 말한다)의 합계액을 공제한 금액(이하 이 항에서 "사채할인발행차금"이라 한다)은기업회계기준에 의한 사채할인발행차금의 상각방법에 따라 이를 손금에 산입한다. (2001. 12. 31 신설)

④ 법 제40조 제1항 및 제2항을 적용할 때 「자산유동화에 관한 법률」 제13조에 따른 방법에 의하여 보유자산을 양도하는 경우 및 매출채권 또는 받을어음을 배서양도하는 경우에는 기업회계기준에 의한 손익인

제36조 【기타 손익의 귀속사업연도】 영 제71조 제7항을 적용할 때 이 규칙에서 별도로 규정한 것 외의 익금과 손금의 귀속사업연도는 그 익금과 손금이 확정된 날이 속하는 사업연도로 한다. (2012. 2. 28. 개정)

●예판
근로자 해고 시 지급한 퇴직금은 퇴직금을 지급할 의무가 확정된 사업연도에 손금산입하며, 복직한 후 정년 퇴직 시 추가로 지급하는 퇴직금은 그 지급의무가 확정된 사업연도의 손금에 산입하는 것임. (사전-2019-법령해석법인-0031, 2019. 3. 19.)

관세환급금의 손익 귀속시기는 다음 각호의 날이 속하는 사업연도로 한다.

1. 수출과 동시에 환급받을 관세 등이 확정되는 경우(「수출용 원재료에 대한 관세 등 환급에 관한 특례법」 제13조에 따른 정액환급률표에 의한 환급액을 포함한다)에는 해당 수출을 완료한 날 (2019. 12. 23. 개정)
2. 수출과 동시에 환급받을 관세 등이 확정되지 아니하는 경우에는 환급금의 결정통지일 또는 환급일 중 빠른 날

40－71…7 【국고보조금의 귀속시기】

법인이 가격안정을 위하여 정부로부터 교부받은 국고보조금의 귀속시기는 동 국고보조금의 교부통지를 받은 날이 속하는 사업연도로 한다.

40－71…8 【보험차익의 귀속시기】

보험사고로 인하여 보험회사로부터 손해보험금을 수령함에 따라 발생하는 보험차익의 귀속시기는 그 보험금의 지급이 확정된 날이 속하는 사업연도로 한다.

40－71…9 【토지 등 수용에 따른 손실보상금의 귀속시기】

토지 등의 수용에 따른 손실보상금의 귀속시기는 동 보상금의 지급이 확정되거나 기업자가 대금을 공탁한 날이 속하는 사업연도로 한다. 다만, 재결에 대한 이의신청 등으로 손실보상액이 조정된 경우 그 조정된 차액의 귀속시기는 조정액이 확정된 날이 속하는 사업연도로 한다. (2004. 4. 1. 개정)

40－71…10 【외국법인이 국내에 물품을 판매하는 경우의 수익실현시기】

국내에 사업장을 두고 있는 외국법인이 외국에서 자기가 직접 생산하였거나 매입한 물품을 국내에 판매함에 있어서 계약상 물품의 인도조건이 외국항구 선적조건인 경우에는 계약금을 영수한 날에 불구하고 그 물품이 외국항구에서의 선적된 날에 수익이 실현된 것으로 본다.

40－71…11 【결정취소로 인한 환급금 및 그 이자의 귀속시기】

조세 등의 결정취소로 인한 환급금 및 그 이자의 귀속시기는 그 취소결정이 확정된 날(통지를 요하는 경우에는 통지를 받은 날)이 속하는 사업연도로 한다.

40－71…12 【철거이전보상금의 손익 귀속시기】

철거이전보상금 및 철거이전비용은 철거이전이 확정되는 사업연도에 각각 익금과 손금에 산입한다. 이 경우 철거이전비용에는 철거 이전으로 소멸되는 자산의 장부가액을 가산하고 재사용이 가능하거나 매각가치가 있는 철거부산물의 처분가액 또는 정상가액을 차감하여 계산한다. (97. 4. 1 개정)

40－71…13 【잠정거래가액과 확정거래가액과의 차액의 귀속시기】

정부에 물품을 공급함에 있어서 그 가액을 사후에 확정하는 조건으로 물품을 공급한 법인이 잠정가액을 기준으로 해당 사업연도의 소득금액을 계산하여 신고한 후에 그 가액이 확정된 경우의 정산차액은 그 가액이 확정된 날이 속하는 사업연도의 익금 또는 손금에 산입한다. (2019. 12. 23. 개정)

☞ p.390 2단 연결

② 제1항의 규정에서 "확정된 사업연도"라 함은 보험료 등의 정산기준일이 속하는 사업연도를 말한다. (93. 2. 1 개정)

40－71…2 【전환사채 또는 신주인수권부사채의 발행 및 상환에 따른 세무상 처리방법】 (2004. 4. 1. 제목개정)

전환사채 또는 신주인수권부사채(이하 "전환사채 등"이라 한다)를 발행한 법인이 기업회계기준에 따라 전환권 또는 신주인수권(이하 "전환권 등"이라 한다) 가치를 별도로 인식하고, 상환할증금을 전환사채 등에 부가하는 형식으로 계상한 경우 상환할증금등에 대한 처리는 다음 각호에 의한다. (2004. 4. 1. 개정)

1. 발행시 전환사채 등의 차감계정으로 계상한 전환권 등 조정금액은 손금산입 유보처분하고 기타자본잉여금으로 계상한 전환권 등 대가는 익금산입 기타처분하며, 상환할증금은 손금불산입 유보처분한다. (2004. 4. 1. 개정)
2. 만기일전에 전환권 등 조정금액을 이자비용으로 계상한 경우 동 이자비용은 이를 손금불산입하고 유보처분한다. (2004. 4. 1. 개정)
3. 전환권 등을 행사한 경우 제1호의 규정에 의하여 손금불산입한 상환할증금 중 전환권 등을 행사한 전환사채 등에 해당하는 금액은 손금으로 추인하고, 주식발행초과금으로 대체된 금액에 대해서는 익금산입 기타처분하며, 전환권 등 조정과 대체되는 금액은 익금산입 유보처분한다. (2004. 4. 1. 개정)
4. 만기일까지 전환권 등을 행사하지 아니함으로써 지급하는 상환할증금은 그 만기일이 속하는 사업연도에 손금으로 추인한다. (2004. 4. 1. 신설)

40－71…3 【임차인이 부담한 건물개량수리비의 손익귀속시기】 (2010. 8. 18. 제목개정)

임차인이 개량수리(자본적 지출에 한한다)하는 조건으로 무상 또는 저렴한 요율로 건물을 임대한 경우 임차인이 임대차계약에 의하여 부담한 건물 개량수리비는 임대인의 임대수익에 해당하므로 임대인은 동 자본적 지출 상당액을 해당 임대자산의 원본에 가산하여 감가상각함과 동시에 선수임대료로 계상한 개량수리비상당액은 임대기간에 안분하여 수익으로 처리한다. 이때 임차인은 동 개량수리비를 선급비용으로 계상하고 임차기간에 안분하여 손금에 산입한다. 다만, 개량수리비가 임대기간의 통상임대료 총액을 초과하여 영 제88조 제1항 제7호에 해당하는 경우에는 개량수리비에서 통상임대료 총액을 차감한 금액을 손금불산입하고 개수 완료일에 영 제106조에 따라 임대인에게 소득처분한다. (2019. 12. 23. 개정)

40－71…4 【물품매도확약서 발행업의 수익실현시기】

물품매도확약서 발행업에 있어서 수익실현시기는 해당 물품을 선적한 날이 속하는 사업연도로 한다. 다만, 물품매도확약서 발행에 관한 장부와 제증빙서류를 비치하지 아니한 경우에는 신용장 개설일이 속하는 사업연도로 한다. (2019. 12. 23. 개정)

40－71…6 【관세환급금의 손익 귀속시기】

40－71…14 【개발부담금의 손금 귀속시기】
개발사업시행자가 「개발이익환수에 관한 법률」에 의한 개발부담금이 부과되기 전에 토지를 양도한 경우 그 양도일이 속하는 사업연도에 동 법률에 의한 개발부담금 상당액을 토지의 원가로 손금산입하고, 그 후 실제로 부과된 개발부담금과 차액이 발생한 경우 그 차액은 부과일이 속하는 사업연도의 손금 또는 익금에 산입한다. (2008. 7. 25. 개정)

40－71…15 【추가납부한 산재보험료의 귀속시기】
「고용보험 및 산업재해보상보험의 보험료 징수 등에 관한 법률」 제17조 및 제18조에 따라 개산보험료를 납부한 후 동법 제19조에 따라 확정보험료와의 차액을 추가로 납부하는 경우에 추가납부하는 보험료의 손금 귀속시기는 이를 추가로 납부할 금액이 확정된 날이 속하는 사업연도로 한다. (2008. 7. 25. 개정)

40－71…16 【국고에 귀속되는 수입물품의 손금귀속시기】 (2019. 12. 23. 제목개정)
수입물품이 「관세법」에 따라 국고에 귀속하게 되는 경우(「관세법」 위반으로 몰수되는 물품을 제외한다) 동 수입물품의 손금 산입시기는 국고에 귀속되는 날이 속하는 사업연도로 한다. (2019. 12. 23. 개정)

40－71…17 【소송비용의 손금 귀속시기】
변호사에게 지급한 사건착수금과 보수(「민사소송법」 제109조에 따른 보수는 제외) 또는 사례금 등은 「민사소송법」 제98조 및 「민사소송비용법」에 따른 소송비용에 해당하지 아니하는 것이므로 사건의 종결여부에 관계없이 지급한 사업연도의 손금으로 하는 것이며, 「민사소송법」 제98조에 따른 소송비용의 손금 귀속시기는 사건이 종결되는 날이 속하는 사업연도로 한다. 이 경우 소송비용 등이 소송의 내용에 따라 자산의 취득이나 상표권, 영업권, 광업권 등 고정자산가액을 형성하는 성질의 것인 경우에는 취득원가에 산입한다. (2019. 12. 23. 개정)

40－71…18 【인지세의 손금 귀속시기】
인지세는 「인지세법」 제8조 제1항 단서의 경우를 제외하고는 과세문서에 종이문서용 전자수입인지를 첨부하여 납부하게 되는 것이므로 그 손금의 귀속시기는 해당 법인의 종이문서용 전자수입인지를 첩용한 날이 속하는 사업연도로 한다. (2024. 3. 15. 개정)

40－71…19 【분할하여 지급하는 재해보상금의 손금 귀속시기】
분할하여 지급하기로 한 재해보상금의 손금 귀속시기는 지급시기에 불구하고 해당 재해보상금이 확정된 날이 속하는 사업연도로 한다. (2019. 12. 23. 개정)

40－71…20 【법원 판결에 의하여 지급되는 손해배상금 등의 손익 귀속시기】
법원의 판결에 의하여 지급하거나 지급받는 손해배상금 등은 법원의 판결이 확정된 날이 속하는 사업연도의 익금 또는 손금에 산입한다. 이 경우 "법원의 판결이 확정된 날"이라 함은 대법원 판결일자 또는 해당 판결에 대하여 상소를 제기하지 아니한 때에는 상소제기의 기한이 종료한 날의 다음날로 한다. (2019. 12. 23. 개정)

40－71…24 【손금산입되는 조세의 손금 귀속시기】
① 법에 따라 손금으로 산입할 수 있는 조세는 「국세기본법」 제22조 또는 「지방세기본법」 제30조 제1항 각 호의 날이 속하는 사업연도의 손금으로 한다. 다만, 결산을 확정함에 있어 관련 수익이 실현되는 사업연도에 손비로 계상한 경우에는 이를 해당 사업연도의 손금으로 한다. (2019. 12. 23. 개정)
② 제1항을 적용함에 있어 신고에 따라 납세의무가 확정되는 조세의 경우 그 신고내용에 오류 또는 탈루가 있어 과세관청이 그 과세표준과 세액을 경정함에 따라 고지되는 조세는 경정되어 고지한 날이 속하는 사업연도의 손금에 산입한다. (2009. 11. 10. 신설)
③ 제1항을 적용함에 있어 신고에 따라 납세의무가 확정되는 조세를 수정신고하는 경우에는 그 수정신고에 따라 납부할세액을 납부하는 날이 속하는 사업연도의 손금에 산입한다. (2009. 11. 10. 신설)

40－71…26 【성과배분 상여금의 손금 귀속시기】
① 성과산정지표 등을 기준으로 하여 직원에게 성과배분상여금을 지급하기로 하는 노사협약을 체결하고 그에 따라 지급하는 성과배분상여금에 대하여 법인이 사업연도종료일을 기준으로 성과배분상여금을 산정한 경우 해당 성과배분상여금은 그 성과배분의 기준일이 속하는 사업연도의 손금에 산입한다. (2019. 12. 23. 개정)
② 법인이 임직원에 대한 성과상여금의 지급 여부 및 지급기준을 사업연도 종료일까지 결정하지 못하고 사업연도 종료일 이후에 결정함에 따라 지급하는 해당 성과상여금은 그 지급기준 및 지급의무가 결정된 날이 속하는 사업연도의 손금에 산입한다. (2024. 3. 15. 개정)

제41조【자산의 취득가액】① 내국법인이 매입·제작·교환 및 증여 등에 의하여 취득한 자산의 취득가액은 다음 각 호의 구분에 따른 금액으로 한다. (2018. 12. 24. 개정)

1. 타인으로부터 매입한 자산(대통령령으로 정하는 금융자산은 제외한다) : 매입가액에 부대비용을 더한 금액 (2018. 12. 24. 개정)

1의 2. 내국법인이 외국자회사를 인수하여 취득한 주식등으로서 대통령령으로 정하는 주식등 : 제18조의 4에 따라 익금불산입된 수입배당금액, 인수 시점의 외국자회사의 이익잉여금 등을 고려하여 대통령령으로 정하는 금액 (2022. 12. 31. 신설)

2. 자기가 제조·생산 또는 건설하거나 그 밖에 이에 준하는 방법으로 취득한 자산 : 제작원가(制作原價)에 부대비용을 더한 금액 (2018. 12. 24. 개정)

3. 그 밖의 자산 : 취득 당시의 대통령령으로 정하는 금액 (2018. 12. 24. 개정)

② 제1항에 따른 매입가액 및 부대비용의 범위 등 자산의 취득가액의 계산에 필요한 사항은 대통령령으로 정한다. (2010. 12. 30. 개정)

• 예 판 ....

• 자산의 취득가액으로 계상한 지방세를 환급받아 취득가액에서 감액처리한 경우, 처음부터 취득가액이 감액된 것을 기초로 하여 소득금액을 재계산하여 수정신고하는 것이 타당함. (서이 46012 - 11837, 2003. 10. 23.)
• 동일 종류의 부동산을 교환하는 경우 양도차익 또는 양도차손 계산을 위한 양도가액은 교환으로 취득하는 자산의 취득당시의 시가를 적용하는 것임. (서면2팀 - 264, 2006. 2. 2.)
• 지하층이 있는 건물 신축을 위하여 터파기 공사를 하였으나 사업성 불투명으로 터파기 한 부분을 메운 후, 지상 건축물만을 신축한 경우 터파기 공사비용 및 원상복구 비용은 손금에 해당함. (서면2팀 - 922, 2007. 5. 15.)
• 특수관계 없는 다른 법인에게 금전 대여 후 채권이 회수되지 아니하여 대물변제로 받은 비상장주식의 시가가 채권액을 초과하는 경우에는 채권액을 동 주식의 취득가액으로 함. (법인 - 3199, 2008. 11. 3.)
• 토지와 건물 등을 일괄 취득하여 각 자산별 취득가액이 구분되지 않는 경우, 시행령 89조 1항에 규정한 시가를 기준으로 안분계산하는 것이나, 그 시가가 불분명한 경우에는 시행령 89조 2항에 규정한 금액을 기준으로 안분계산하는 것임. (재법인 - 116, 2010. 3. 2.)

제72조【자산의 취득가액 등】① 법 제41조 제1항 제1호에서 "대통령령으로 정하는 금융자산"이란 기업회계기준에 따라 단기매매항목으로 분류된 금융자산 및 파생상품(이하 이 조에서 "단기금융자산 등"이라 한다)을 말한다. (2010. 12. 30. 신설)

② 법 제41조 제1항 및 제2항에 따른 자산의 취득가액은 다음 각 호의 금액으로 한다. (2010. 12. 30. 항번개정)

1. 타인으로부터 매입한 자산 : 매입가액에 취득세(농어촌특별세와 지방교육세를 포함한다), 등록면허세, 그 밖의 부대비용을 가산한 금액[법인이 토지와 그 토지에 정착된 건물 및 그 밖의 구축물 등(이하 이 호에서 "건물 등"이라 한다)을 함께 취득하여 토지의 가액과 건물 등의 가액의 구분이 불분명한 경우 법 제52조 제2항에 따른 시가에 비례하여 안분계산한다] (2018. 2. 13. 개정)

1의 2. 내국법인이 외국자회사를 인수하여 취득한 주식등으로서 그 주식등의 취득에 따라 내국법인이 외국자회사로부터 받은 법 제18조의 4 제1항에 따른 수입배당금액(이하 이 조에서 "수입배당금액"이라 한다)이 다음 각 목의 요건을 모두 갖춘 경우에 해당하는 주식등: 해당 주식등의 매입가액에서 다음 각 목의 요건을 모두 갖춘 수입배당금액을 뺀 금액 (2023. 2. 28. 신설)

가. 내국법인이 외국자회사의 의결권 있는 발행주식총수 또는 출자총액의 100분의 10(「조세특례제한법」 제22조에 따른 해외자원개발사업을 하는 외국법인의 경우에는 100분의 5) 이상을 최초로 보유하게 된 날의 직전일 기준 이익잉여금을 재원(財源)으로 한 수입배당금액일 것 (2023. 2. 28. 신설)

나. 법 제18조의 4 제1항에 따라 익금에 산입되지 않았을 것 (2023. 2. 28. 신설)

2. 자기가 제조·생산·건설 기타 이에 준하는 방법에 의하여 취득한 자산 : 원재료비·노무비·운임·하역비·보험료·수수료·공과금(취득세와 등록세를 포함한다)·설치비 기타 부대비용의 합계액

☞ **통칙 41 - 72…2【원재료 등을 소비대차한 경우의 취득가액】**
원재료 등을 일시적으로 소비대차한 경우 원료차용시에는 대여자의 정당한 매입가격에 의하여 계상하고, 상환시에는 상환하는 원료의 매입가격에 의하여 계상한다. (88. 1. 1 개정)

• 장기할부조건으로 취득한 자산에 대해 할부이자 상당액을 포함하여 취득원가를 산정한 경우로서, 이후 미지급대금을 일시에 조기상환함에 따라 감소한 할부이자 상당액은 조기상환일이 속하는 사업연도의 익금에 해당하며, 취득가액에서 차감하지 아니함. (법규법인 2013－116, 2013. 5. 10.)

(98. 12. 31 개정)

3. 합병·분할 또는 현물출자에 따라 취득한 자산의 경우 다음 각 목의 구분에 따른 금액 (2012. 2. 2. 개정)

　가. 적격합병 또는 적격분할의 경우 : 제80조의 4 제1항 또는 제82조의 4 제1항에 따른 장부가액 (2012. 2. 2. 개정)

　나. 그 밖의 경우 : 해당 자산의 시가 (2012. 2. 2. 개정)

3의 2. 물적분할에 따라 분할법인이 취득하는 주식 등의 경우 : 물적분할한 순자산의 시가 (2014. 2. 21. 개정)

　가. 적격물적분할의 경우 : 물적분할한 순자산의 장부가액 (2012. 2. 2. 신설)

　나. 가목 외의 물적분할의 경우 : 물적분할한 순자산의 시가 (2012. 2. 2. 신설)

　가.～나. 삭　제 (2014. 2. 21.)

4. 현물출자에 따라 출자법인이 취득한 주식 등의 경우 다음 각 목의 구분에 따른 금액 (2012. 2. 2. 개정)

　가. 출자법인(법 제47조의 2 제1항 제3호에 따라 출자법인과 공동으로 출자한 자를 포함하며, 이하 "출자법인등"이라 한다)이 현물출자로 인하여 피출자법인을 새로 설립하면서 그 대가로 주식등만 취득하는 현물출자의 경우 : 현물출자한 순자산의 시가 (2014. 2. 21. 개정)

　나. 그 밖의 경우 : 해당 주식등의 시가 (2014. 2. 21. 개정)

4의 2. 채무의 출자전환에 따라 취득한 주식 등 : 취득 당시의 시가. 다만, 제15조 제1항 각 호의 요건을 갖춘 채무의 출자전환으로 취득한 주식 등은 출자전환된 채권(법 제19조의 2 제2항 각 호의 어느 하나에 해당하는 채권은 제외한다)의 장부가액으로 한다. (2019. 2. 12. 단서개정)

●예판

출자전환으로 취득하는 주식의 가액을 산정함에 있어 「법인세법 시행령」 제72조 제1항 제4호의 2 단서에서의 '출자전환 채권의 장부가액'은 출자전환일 직전 사업연도 종료일 현재의 출자전환된 채권의 세무상 장부가액임. (재법인－88, 2014. 2. 19.)

5. 합병 또는 분할(물적분할은 제외한다)에 따라 취득한 주식등 : 종전

의 장부가액에 법 제16조 제1항 제5호 또는 제6호의 금액 및 제11조 제8호의 금액을 더한 금액에서 법 제16조 제2항 제1호에 따른 합병대가 또는 같은 항 제2호에 따른 분할대가 중 금전이나 그 밖의 재산가액의 합계액을 뺀 금액 (2019. 2. 12. 개정)

5의 2. 단기금융자산 등 : 매입가액 (2010. 12. 30. 신설)

5의 3. 「상속세 및 증여세법 시행령」 제12조에 따른 공익법인 등이 기부받은 자산 : 특수관계인 외의 자로부터 기부받은 법 제24조 제3항 제1호에 따른 기부금에 해당하는 자산(제36조 제1항에 따른 금전 외의 자산만 해당한다)은 기부한 자의 기부 당시 장부가액[사업소득과 관련이 없는 자산(개인인 경우만 해당한다)의 경우에는 취득 당시의 「소득세법 시행령」 제89조에 따른 취득가액을 말한다]. 다만, 「상속세 및 증여세법」에 따라 증여세 과세가액에 산입되지 않은 출연재산이 그 후에 과세요인이 발생하여 그 과세가액에 산입되지 않은 출연재산에 대하여 증여세의 전액이 부과되는 경우에는 기부 당시의 시가로 한다. (2021. 2. 17. 개정)

6. 「온실가스 배출권의 할당 및 거래에 관한 법률」 제12조에 따라 정부로부터 무상으로 할당받은 배출권 : 영(0)원 (2015. 2. 3. 신설)

☞ p.393 2단 연결

내국법인이 분할합병의 대가로 지급받은 외국법인이 발행한 주식의 취득가액은 「법인세법 시행령」 72조 2항 7호를 적용하는 것임. (사전 - 2020 - 법령해석법인 - 1174, 2021. 4. 29.)

☞

고정자산 매입대금의 지급지연에 따른 지급이자 처리는 통칙 28 - 52…2 참조

---

7. 「대기관리권역의 대기환경개선에 관한 특별법」 제17조에 따라 정부로부터 무상으로 할당받은 배출허용총량: 영(0)원 (2024. 2. 29. 신설)

8. 그 밖의 방법으로 취득한 자산 : 취득당시의 시가 (2024. 2. 29. 호번개정)

③ 제2항을 적용할 때 취득가액에는 다음 각 호의 금액을 포함하는 것으로 한다. (2010. 12. 30. 개정)

1. 법 제15조 제2항 제1호의 규정에 의하여 익금에 산입한 금액 (98. 12. 31 개정)

2. 법 제28조 제1항 제3호 및 같은 조 제2항에 따라 손금에 산입하지 아니한 금액 (2014. 2. 21. 개정)

3. 유형자산의 취득과 함께 국·공채를 매입하는 경우 기업회계기준에 따라 그 국·공채의 매입가액과 현재가치의 차액을 해당 유형자산의 취득가액으로 계상한 금액 (2019. 2. 12. 개정)

④ 제2항을 적용할 때 취득가액에는 다음 각 호의 금액을 포함하지 아니하는 것으로 한다. (2010. 12. 30. 개정)

1. 자산을 제68조 제4항에 따른 장기할부조건 등으로 취득하는 경우 발생한 채무를 기업회계기준이 정하는 바에 따라 현재가치로 평가하여 현재가치할인차금으로 계상한 경우의 당해 현재가치할인차금 (2010. 12. 30. 개정)

2. 기획재정부령이 정하는 연지급수입에 있어서 취득가액과 구분하여 지급이자로 계상한 금액 (2008. 2. 29. 직제개정 ; 기획재정부와~직제 부칙)

3. 제88조 제1항 제1호 및 제8호 나목의 규정에 의한 시가초과액 (2002. 12. 30 개정)

4. 삭 제 (2001. 12. 31)

⑤ 법인이 보유하는 자산에 대하여 다음 각 호의 어느 하나에 해당하는 사유가 발생한 경우의 취득가액은 다음과 같다. (2010. 12. 30. 항번개정)

1. 법 제18조 제8호에 따른 배당을 받은 경우에는 그 금액을 차감(내국법인이 보유한 주식의 장부가액을 한도로 한다)한 금액 (2024. 2. 29. 신설)

제37조【자산의 취득가액】① 삭 제 (2010. 6. 30.)

② 영 제72조 제3항 및 제5항에 따라 취득가액에 포함하거나 가산하는 금액에는 영 제11조 제8호의 금액 중 영 제88조 제1항 제8호 나목 및 다목에 따라 분여받은 이익을 포함한다. (2019. 3. 20. 개정)

③ 영 제72조 제4항 제2호에서 "기획재정부령이 정하는 연지급수입"이라 함은 다음 각 호의 수입을 말한다. (2011. 2. 28. 개정)

1. 은행이 신용을 공여하는 기한부 신용장방식 또는 공급자가 신용을 공여하는 수출자신용방식에 의한 수입방법에 의하여 그 선적서류나 물품의 영수일부터 일정기간이 경과한 후에 당해 물품의 수입대금 전액을 지급하는 방법에 의한 수입 (2007. 3. 30. 개정)

2. 수출자가 발행한 기한부 환어음을 수입자가 인수하면 선적서류나 물품이 수입자에게 인도되도록 하고 그 선적서류나 물품의 인도일부터 일정기간이 지난 후에 수입자가 해당 물품의 수입대금 전액을 지급하는 방법에 의한 수입 (2007. 3. 30. 신설)

3. 정유회사, 원유·액화천연가스 또는 액화석유가스 수입업자가 원유·액화천연가스 또는 액화석유가스의 일람불방

제42조【자산ㆍ부채의 평가】 ① 내국법인이 보유하는 자산과 부채의 장부가액을 증액 또는 감액(감가상각은 제외하며, 이하 이 조에서 "평가"라 한다)한 경우에는 그 평가일이 속하는 사업연도와 그 후의 각 사업연도의 소득금액을 계산할 때 그 자산과 부채의 장부가액은 평가 전의 가액으로 한다. 다만, 다음 각 호의 어느 하나에 해당하는 경우에는 그러하지 아니하다. (2018. 12. 24. 개정)

1. 「보험업법」이나 그 밖의 법률에 따른 유형자산 및 무형자산 등의 평가(장부가액을 증액한 경우만 해당한다) (2018. 12. 24. 개정)
2. 재고자산(在庫資産) 등 대통령령으로 정하는 자산과 부채의 평가 (2010. 12. 30. 개정)

② 제1항 제2호에 따른 자산과 부채는 그 자산 및 부채별로 대통령령으로 정하는 방법에 따라 평가하여야 한다. (2010. 12. 30. 개정)

③ 제1항과 제2항에도 불구하고 다음 각 호의 어느 하나에 해당하는 자산은 대통령령으로 정하는 방법에 따라 그 장부가액을 감액할 수 있다. (2018. 12. 24. 개정)

1. 재고자산으로서 파손ㆍ부패 등의 사유로 정상가격으로 판매할 수 없는 것 (2010. 12. 30. 개정)

2. ☞ p.399

1의 2. 법 제42조 제1항 각호 및 제3항의 규정에 의한 평가가 있는 경우에는 그 평가액 (2024. 2. 29. 호번개정)

1의 3. 법 제44조 제3항 제2호에 따른 합병으로서 합병법인으로부터 합병대가로 취득하는 주식등이 없는 경우에는 해당 피합병법인 주식등의 취득가액(주식등이 아닌 합병대가가 있는 경우에는 그 합병대가의 금액을 차감한 금액으로 한다)을 가산한 금액 (2024. 2. 29. 신설)

2. 제31조 제2항의 규정에 의한 자본적 지출이 있는 경우에는 그 금액을 가산한 금액 (98. 12. 31 개정)

3. 합병 또는 분할합병(제2항 제5호에 해당하는 경우는 제외한다)으로 받은 제11조 제8호에 따른 이익이 있는 경우에는 그 이익을 가산한 금액 (2019. 2. 12. 개정)

⑥ 제4항 제1호에 따른 현재가치할인차금의 상각액 및 같은 항 제2호에 따른 지급이자에 대하여는 법 제18조의 2 제1항 제2호, 제28조, 제73조, 제73조의 2, 제98조, 제120조 및 제120조의 2를 적용하지 아니한다. (2023. 2. 28. 개정)

제73조【평가대상 자산 및 부채의 범위】 법 제42조 제1항 제2호에서 "재고자산(在庫資産) 등 대통령령으로 정하는 자산과 부채"란 다음 각 호의 것을 말한다. (2011. 3. 31. 개정)

1. 다음 각목의 1에 해당하는 재고자산 (98. 12. 31 개정)
   가. 제품 및 상품(부동산매매업자가 매매를 목적으로 소유하는 부동산을 포함하며, 유가증권을 제외한다) (98. 12. 31 개정)
   나. 반제품 및 재공품 (98. 12. 31 개정)
   다. 원재료 (98. 12. 31 개정)
   라. 저장품 (98. 12. 31 개정)
2. 다음 각 목의 어느 하나에 해당하는 유가증권 등 (2009. 2. 4. 개정)
   가. 주식 등 (98. 12. 31 개정)
   나. 채권 (98. 12. 31 개정)
   다. 「자본시장과 금융투자업에 관한 법률」 제9조 제20항에 따른 집합투자재산 (2009. 2. 4. 개정)
   라. 「보험업법」 제108조 제1항 제3호의 특별계정에 속하는 자산

식ㆍ수출자신용방식 또는 사후송금방식에 의한 수입대금결제를 위하여 「외국환거래법」에 의한 연지급수입기간 이내에 단기외화자금을 차입하는 방법에 의한 수입 (2007. 3. 30. 호번개정)

4. 그 밖에 제1호 내지 제3호와 유사한 연지급수입 (2007. 3. 30. 개정)

제37조의 2【통화 관련 파생상품】 영 제73조 제4호에서 기획재정부령으로 정하는 통화선도, 통화스왑 및 환변동보험"이란 다음 각 호의 거래를 말한다. (2012. 2. 28. 개정)

1. 통화선도 : 원화와 외국통화 또는 서로 다른 외국통화의 매매계약을 체결함에 있어 장래의 약정기일에 약정환율에 따라 인수ㆍ도 하기로 하는 거래 (2008. 3. 31. 개정)

2. 통화스왑 : 약정된 시기에 약정된 환율로 서로 다른 표시통화간의 채권채무를 상호 교환하기로 하는 거래 (2008. 3. 31. 개정)

3. 환변동보험 : 「무역보험법」 제3조에 따

매출가격환원법에 의하여 재고자산을 평가함에 있어서 해당 사업연도 종료일 현재를 기준으로 하여 판매예정차익이 발생되는 경우에는 판매될 예정가액에서 동 차익을 공제하여 취득가액을 계산하는 것이나 판매예정차손이 발생되는 경우에는 판매예정가액을 취득가액으로 본다. (2019. 12. 23. 개정)

42-74…4 【의제매입세액이 공제되는 재고자산의 평가】
의제매입세액이 공제되는 원재료의 기말재고에 대한 평가는 공급받은 가액에서 의제매입세액 상당액을 차감하여 평가한다.

42-74…5 【용기의 자산 구분방법】
판매를 목적으로 하지 아니하는 법인의 소유자산인 용기는 고정자산으로 회계처리하는 것이나 내용물을 포함하여 판매하는 용기는 재고자산으로 처리한다.

42-74…6 【작업부산물 등의 평가】
작업부산물 등은 기업회계기준 중 중요성의 원칙에 따라 평가한다. 따라서 작업부산물의 매각액 또는 이용가치가 매우 적은 경우에는 이를 평가하지 아니할 수 있으나 작업부산물가액이 상당한 때에는 주 제품의 제조원가에서 공제하거나 등급별 원가계산의 방법에 의하여 해당 작업부산물 등을 평가하여야 한다. (2019. 12. 23. 개정)

42-74…7 【원재료로 재투입되는 불량품 등의 평가】
생산과정에서 발생한 불량품 등을 원재료로 재투입하는 경우에는 재투입하는 때의 원재료 매입가액에 준하여 평가한다.

42-74…10 【재고자산평가에 착오가 있는 경우 평가방법의 효력】
재고자산평가방법을 신고하고 신고한 방법에 의하여 평가하였으나 기장 또는 계산상의 착오가 있는 경우에는 재고자산의 평가방법을 달리하여 평가한 것으로 보지 아니한다.

1. 원가법 : 다음 각목의 1에 해당하는 방법에 의하여 산출한 취득가액을 그 자산의 평가액으로 하는 방법 (98. 12. 31 개정)
  가. 재고자산을 개별적으로 각각 그 취득한 가액에 따라 산출한 것을 그 자산의 평가액으로 하는 방법(이하 "개별법"이라 한다) (98. 12. 31 개정)
  나. 먼저 입고된 것부터 출고되고 그 재고자산은 사업연도종료일부터 가장 가까운 날에 취득한 것이 재고로 되어 있는 것으로 하여 산출한 취득가액을 그 자산의 평가액으로 하는 방법(이하 "선입선출법"이라 한다) (98. 12. 31 개정)

☞ p.396 2단 연결

(2009. 2. 4. 신설)
3. 기업회계기준에 따른 화폐성 외화자산과 부채(이하 "화폐성외화자산·부채"라 한다) (2010. 12. 30. 개정)
4. 제61조 제2항 제1호부터 제7호까지의 금융회사 등이 보유하는 통화 관련 파생상품 중 기획재정부령으로 정하는 통화선도, 통화스왑 및 환변동보험(이하 이 조 및 제76조에서 "통화선도 등"이라 한다) (2012. 2. 2. 개정)
5. 제61조 제2항 제1호부터 제7호까지의 금융회사 등 외의 법인이 화폐성외화자산·부채의 환위험을 회피하기 위하여 보유하는 통화선도 등 (2012. 2. 2. 개정)
6. 「특정 금융거래정보의 보고 및 이용 등에 관한 법률」 제2조 제3호에 따른 가상자산(이하 "가상자산"이라 한다) (2021. 2. 17. 신설)

제74조 【재고자산의 평가】 ① 제73조 제1호의 규정에 의한 재고자산의 평가는 다음 각호의 1에 해당하는 방법(제1호의 경우에는 동호 각목의 1에 해당하는 방법을 말한다) 중 법인이 납세지 관할세무서장에게 신고한 방법에 의한다. (98. 12. 31 개정)

통칙 42-0…1 【현재가치 평가에 의한 채권·채무 평가차액의 처리】
장기금전대차거래에서 발생하는 채권·채무를 현재가치로 평가하여 명목가액과 현재가치의 차액을 현재가치할인차금으로 계상하여 당기손익으로 처리한 경우 이를 각 사업연도 소득금액 계산상 익금 또는 손금에 산입하지 아니하며, 추후 현재가치할인차금을 상각 또는 환입하면서 이를 이자비용 또는 이자수익으로 계상한 경우에도 각 사업연도 소득금액 계산상 익금 또는 손금에 산입하지 아니한다. (2003. 5. 10. 개정)

42-74…1 【월별 후입선출법 등의 적용】
법인이 계속하여 후입선출법, 총평균법 또는 이동평균법 등을 월별, 분기별 또는 반기별로 적용하여 재고자산을 평가하는 경우에는 이를 영 제74조 제1항 제1호에 따른 후입선출법, 총평균법 또는 이동평균법 등에 의하여 평가한 것으로 본다. (2019. 12. 23. 개정)

42-74…2 【매출가격환원법에 의한 재고자산 평가】
재고자산을 매출가격환원법에 의하여 평가하는 법인은 재고자산을 평가할 때마다 품목별 재고조사표를 기록 비치하여야 한다. (2001. 11. 1 개정)

42-74…3 【매출가격환원법의 적용특례】

라 한국무역보험공사가 운영하는 환변동위험을 회피하기 위한 선물환 방식의 보험계약(당사자 어느 한쪽의 의사표시에 의하여 기초자산이나 기초자산의 가격·이자율·지표·단위 또는 이를 기초로 하는 지수 등에 의하여 산출된 금전, 그 밖의 재산적 가치가 있는 것을 수수하는 거래를 성립시킬 수 있는 권리를 부여하는 것을 약정하는 계약과 결합된 보험계약은 제외한다) (2012. 2. 28. 신설)

제38조 【재고자산의 평가】 영 제74조 제1항의 규정에 의한 재고자산의 평가를 월별·분기별 또는 반기별로 행하는 경우에는 전월·전분기 또는 전반기와 동일한 평가방법에 의하여야 한다. (99. 5. 24 개정)

제40조 【구상무역에 있어서의 매매가액】 ① 구상무역방법에 의하여 수출한 물품의 판매금액의 계산은 다음 각호에 의한다. (99. 5. 24 개정)
1. 선수출 후수입의 경우에는 그 수출과 연계하여 수입할 물품의 외화표시가액을 수출한 물품의 선박 또는 비행기에의 적재를 완료한 날 현재의 당해 거래와 관련된 거래은행의 대고객외국환매입률에 의하여 계산한 금액 (99. 5. 24 개정)
2. 선수입 후수출의 경우에는 수입한 물품의 외화표시가액을 통관절차가 완료된

는 본점 또는 주사업장의 신고방법을 적용하여 평가한다. (2019. 12. 23. 개정)

③ 법인이 제1항의 규정에 의한 재고자산의 평가방법을 신고하고자 하는 때에는 다음 각호의 기한내에 기획재정부령이 정하는 재고자산 등 평가방법신고(변경신고)서를 납세지 관할세무서장에게 제출(국세정보통신망에 의한 제출을 포함한다)하여야 한다. 이 경우 저가법을 신고하는 경우에는 시가와 비교되는 원가법을 함께 신고하여야 한다. (2008. 2. 29. 직제개정 ; 기획재정부와~직제 부칙)

1. 신설법인과 새로 수익사업을 개시한 비영리내국법인은 당해 법인의 설립일 또는 수익사업개시일이 속하는 사업연도의 법인세 과세표준의 신고기한 (98. 12. 31 개정)

2. 제1호의 신고를 한 법인으로서 그 평가방법을 변경하고자 하는 법인은 변경할 평가방법을 적용하고자 하는 사업연도의 종료일 이전 3월이 되는 날 (98. 12. 31 개정)

● 예판 ⋯⋯⋯⋯⋯⋯⋯⋯⋯⋯⋯⋯⋯⋯⋯⋯⋯⋯⋯⋯⋯⋯⋯⋯⋯⋯⋯⋯⋯⋯⋯

내국법인이 재고자산 중 제품 및 상품에 대한 평가방법을 원가법(개별법)에서 저가법으로 변경하는 경우 기 유보처분된 재고자산의 평가손실금액은 해당 재고자산의 처분시 손금산입. (재법인 - 337, 2014. 5. 20.)

⋯⋯⋯⋯⋯⋯⋯⋯⋯⋯⋯⋯⋯⋯⋯⋯⋯⋯⋯⋯⋯⋯⋯⋯⋯⋯⋯⋯⋯⋯⋯⋯⋯⋯

④ 법인이 다음 각 호의 어느 하나에 해당하는 경우에는 납세지 관할세무서장이 선입선출법(매매를 목적으로 소유하는 부동산의 경우에는 개별법으로 한다)에 의하여 재고자산을 평가한다. 다만, 제2호 또는 제3호에 해당하는 경우로서 신고한 평가방법에 의하여 평가한 가액이 선입선출법(매매를 목적으로 소유하는 부동산의 경우에는 개별법으로 한다)에 의하여 평가한 가액보다 큰 경우에는 신고한 평가방법에 의한다. (2014. 2. 21. 개정)

통칙 42 - 74…9 【재고자산 중 일부를 신고방법과 다르게 평가한 경우의 재고자산 평가방법의 적용】

영 제74조 제4항의 재고자산평가규정은 영 제73조 제1호 각목별로 구분하여 해당 사유에 해당하는 각목별 자산에 한하여 준용한다. (2019. 12. 23. 개정)

☞ p.397 2단 연결

다. 가장 가까운 날에 입고된 것부터 출고되고 그 재고자산은 사업연도종료일부터 가장 먼 날에 취득한 것이 재고로 되어 있는 것으로 하여 산출한 취득가액을 그 자산의 평가액으로 하는 방법(이하 "후입선출법"이라 한다) (98. 12. 31 개정)

라. 자산을 품종별 · 종목별로 당해 사업연도개시일 현재의 자산에 대한 취득가액의 합계액과 당해 사업연도 중에 취득한 자산의 취득가액의 합계액의 총액을 그 자산의 총수량으로 나눈 평균단가에 따라 산출한 취득가액을 그 자산의 평가액으로 하는 방법(이하 "총평균법"이라 한다) (98. 12. 31 개정)

마. 자산을 취득할 때마다 장부시재금액을 장부시재수량으로 나누어 평균단가를 산출하고 그 평균단가에 의하여 산출한 취득가액을 그 자산의 평가액으로 하는 방법(이하 "이동평균법"이라 한다) (98. 12. 31 개정)

바. 재고자산을 품종별로 당해 사업연도종료일에 있어서 판매될 예정가격에서 판매예정차익금을 공제하여 산출한 취득가액을 그 자산의 평가액으로 하는 방법(이하 "매출가격환원법"이라 한다) (98. 12. 31 개정)

2. 저가법 : 재고자산을 제1호의 규정에 의한 원가법과 기업회계기준이 정하는 바에 따라 시가로 평가한 가액 중 낮은 편의 가액을 평가액으로 하는 방법 (98. 12. 31 개정)

② 법인은 제1항에 따라 재고자산을 평가할 때 해당 자산을 제73조 제1호 각목의 자산별로 구분하여 종류별 · 영업장별로 각각 다른 방법에 의하여 평가할 수 있다. 이 경우 수익과 비용을 영업의 종목(한국표준산업분류에 의한 중분류 또는 소분류에 의한다)별 또는 영업장별로 각각 구분하여 기장하고, 종목별 · 영업장별로 제조원가보고서와 포괄손익계산서(포괄손익계산서가 없는 경우에는 손익계산서를 말한다. 이하 같다)를 작성하여야 한다. (2010. 12. 30. 개정)

통칙 42 - 74…8 【영업장별 재고자산 평가방법의 구분적용】

영 제74조 제2항에 따라 재고자산을 영업장별로 각각 다른 방법에 의하여 평가하고자 하는 법인은 같은 조 제3항에 따른 재고자산 평가방법신고서에 영업장별 평가방법을 명시하여야 한다. 이 경우 영업장별 평가방법의 신고가 없는 경우에

날 현재의 당해 거래와 관련된 거래은행의 대고객외국환매입률에 의하여 계산한 금액 (99. 5. 24 개정)

② 제1항의 규정에 의하여 수입한 물품의 취득가액은 수출하였거나 수출할 물품의 판매금액과 당해 수입물품의 수입에 소요된 부대비용의 합계액에 상당하는 금액으로 한다. (99. 5. 24 개정)

③ 수출 또는 수입한 물품과 연계하여 수입 또는 수출하는 물품의 일부가 사업연도를 달리하여 이행되는 경우에 각 사업연도에서 이행된 분에 대한 수입물품의 취득가액 또는 수출물품의 판매가액은 제1항 및 제2항의 규정에 의하여 그 이행된 분의 비율에 따라 각각 이를 안분계산한다. (99. 5. 24 개정)

환매금지형집합투자기구가 보유한 같은 법 시행령 제242조 제2항에 따른 시장성 없는 자산은 제1항 각 호의 어느 하나에 해당하는 방법 또는 시가법 중 해당 환매금지형집합투자기구가 법 제60조에 따른 신고와 함께 납세지 관할 세무서장에게 신고한 방법에 따라 평가하되, 그 방법을 이후 사업연도에 계속 적용하여야 한다. (2011. 3. 31. 단서신설)
④ 보험회사가 보유한 제73조 제2호 라목의 자산은 제1항 각 호의 어느 하나에 해당하는 방법 또는 시가법 중 해당 보험회사가 법 제60조에 따른 신고와 함께 납세지 관할세무서장에게 신고한 방법에 따라 평가하되, 그 방법을 이후 사업연도에도 계속 적용하여야 한다. (2023. 2. 28. 개정)

● 예 판 ···
• 지분법평가대상 주식의 일부가 무상감자되는 경우, 손금불산입한 유보금액(지분법평가손실) 중 당해 무상감자분 해당액은 잔존주식의 취득가액에 포함함. (서면2팀 – 1935, 2005. 11. 28.)
• 법인이 지분법을 적용하여 평가한 주식이 유상감자되는 경우 세무조정으로 손금불산입한 지분법 평가손실 유보금액 중 당해 유상감자분에 해당하는 금액은 잔존주식의 취득가액에 포함하는 것임. (법인 – 522, 2013. 9. 30.)
··

통칙 42 – 75…1 【투자유가증권 등의 자전거래로 인한 손익의 처리】
경쟁제한적 시장상황 등으로 제3자가 개입할 여지가 없는 자전거래나 제3자가 개입하였을지라도 공정가액에 의한 거래를 기대하기 어려운 상황에서 보유중인 투자유가증권 등을 매각하고 동시 또는 단기간내에 재취득함으로써 매매가격이 일치하는 등 그 거래의 실질내용이 사실상 해당 유가증권의 장부가액을 시가에 의하여 평가하기 위한 것이라고 인정되는 경우에는 해당 유가증권의 보유 당시의 장부가액과 매각가액의 차액은 이를 익금 또는 손금에 산입하지 아니한다. (2019. 12. 23. 개정)

제76조 【외화자산 및 부채의 평가】 ① 제61조 제2항 제1호부터 제7호까지의 금융회사 등이 보유하는 화폐성외화자산·부채와 통화선도 등은 다음 각 호의 방법에 따라 평가하여야 한다. (2012. 2. 2. 개정)
☞ p.398 2단 연결

1. 제3항 제1호의 규정에 의한 기한내에 재고자산의 평가방법을 신고하지 아니한 경우 (98. 12. 31 개정)
2. 신고한 평가방법외의 방법으로 평가한 경우 (98. 12. 31 개정)
3. 제3항 제2호의 규정에 의한 기한내에 재고자산의 평가방법 변경신고를 하지 아니하고 그 방법을 변경한 경우 (98. 12. 31 개정)
⑤ 법인이 재고자산의 평가방법을 제3항 각호의 규정에 의한 기한이 경과된 후에 신고한 경우에는 그 신고일이 속하는 사업연도까지는 제4항의 규정을 준용하고, 그 후의 사업연도에 있어서는 법인이 신고한 평가방법에 의한다. (98. 12. 31 개정)
⑥ 법인이 재고자산의 평가방법을 신고하지 아니하여 제4항에 따른 평가방법을 적용받는 경우에 그 평가방법을 변경하려면 변경할 평가방법을 적용하려는 사업연도의 종료일 전 3개월이 되는 날까지 변경신고를 하여야 한다. (2013. 2. 15. 신설)
⑦ 제1항의 규정에 의하여 재고자산을 평가한 법인은 법 제60조의 규정에 의한 신고와 함께 기획재정부령이 정하는 재고자산평가조정명세서를 납세지 관할세무서장에게 제출하여야 한다. (2013. 2. 15. 항번개정)

제75조 【유가증권 등의 평가】 (2001. 12. 31 제목개정)
① 제73조 제2호 가목 및 나목에 따른 유가증권의 평가는 다음 각 호의 방법 중 법인이 납세지 관할세무서장에게 신고한 방법에 의한다. (2011. 3. 31. 개정)
1. 개별법(채권의 경우에 한한다) (2001. 12. 31 개정)
2. 총평균법 (2001. 12. 31 개정)
3. 이동평균법 (2001. 12. 31 개정)
4. 시가법 (2001. 12. 31 개정)
4. 삭 제 (2009. 2. 4.)
② 제74조 제3항 내지 제6항의 규정은 제73조 제2호 가목 및 나목에 따른 유가증권의 평가에 관하여 이를 준용한다. 이 경우 제74조 제4항 중 "선입선출법"은 "총평균법"으로, 동조 제6항 중 "재고자산평가조정명세서"는 "유가증권평가조정명세서"로 본다. (2011. 3. 31. 개정)
③ 투자회사 등이 보유한 제73조 제2호 다목의 자산은 시가법에 따라 평가한다. 다만, 「자본시장과 금융투자업에 관한 법률」 제230조에 따른

제39조 【유가증권 등의 평가】 보험회사가 영 제75조 제4항에 따라 영 제73조 제2호 라목의 자산에 대한 평가방법을 신고하는 때에는 특별계정평가방법신고서를 제출하여야 한다. (2009. 3. 30. 신설)

④ 제1항 및 제2항에 따른 화폐성외화자산·부채, 통화선도 등 및 환위험회피용통화선도 등을 평가함에 따라 발생하는 평가한 원화금액과 원화기장액의 차익 또는 차손은 해당 사업연도의 익금 또는 손금에 이를 산입한다. 이 경우 통화선도 등 및 환위험회피용통화선도 등의 계약 당시 원화기장액은 계약의 내용 중 외화자산 및 부채의 가액에 계약체결일의 매매기준율 등을 곱한 금액을 말한다. (2012. 2. 2. 개정)

⑤ 내국법인이 상환받거나 상환하는 외화채권·채무의 원화금액과 원화기장액의 차익 또는 차손은 당해 사업연도의 익금 또는 손금에 이를 산입한다. 다만, 「한국은행법」에 따른 한국은행의 외화채권·채무 중 외화로 상환받거나 상환하는 금액(이하 이 항에서 "외화금액"이라 한다)의 환율변동분은 한국은행이 정하는 방식에 따라 해당 외화금액을 매각하여 원화로 전환한 사업연도의 익금 또는 손금에 산입한다. (2008. 2. 22. 항번개정)

⑥ 제1항 제2호 나목, 제2항 제2호의 평가방법을 적용하려는 법인 또는 제3항 단서에 따라 평가방법을 변경하려는 법인은 최초로 제1항 제2호 나목, 제2항 제2호의 평가방법을 적용하려는 사업연도 또는 제3항 단서에 따라 변경된 평가방법을 적용하려는 사업연도의 법 제60조에 따른 신고와 함께 기획재정부령으로 정하는 화폐성외화자산등평가방법신고서를 관할 세무서장에게 제출하여야 한다. (2014. 2. 21. 개정)

⑦ 제1항 및 제2항에 따라 화폐성외화자산·부채, 통화선도 등 및 환위험회피용통화선도 등을 평가한 법인은 법 제60조의 규정에 의한 신고와 함께 기획재정부령으로 정하는 외화자산등평가차손익조정명세서를 관할 세무서장에게 제출하여야 한다. (2012. 2. 2. 개정)

통칙 42－76…1 【외화채무인계에 따른 차손익의 귀속시기】
자산의 양도대가로 외화부채를 인계·인수하는 경우에는 동 부채의 인계·인수일 현재의 매매기준율 등에 따라 환산한 금액을 자산양도가액 또는 자산의 취득가액으로 한다. (2019. 12. 23. 개정)

42－76…2 【외화자산·부채의 기장환율】
외화자산·부채는 다음 각 호의 방법에 의하여 환산한 원화금액으로 기장한다.

☞ p.399 2단 연결

1. 화폐성외화자산·부채 : 사업연도 종료일 현재의 기획재정부령으로 정하는 매매기준율 또는 재정(裁定)된 매매기준율(이하 "매매기준율 등"이라 한다)로 평가하는 방법 (2010. 12. 30. 개정)
2. 통화선도 등 : 다음 각 호의 어느 하나에 해당하는 방법 중 관할 세무서장에게 신고한 방법에 따라 평가하는 방법. 다만, 최초로 나목의 방법을 신고하여 적용하기 이전 사업연도에는 가목의 방법을 적용하여야 한다. (2012. 2. 2. 개정)
   가. 계약의 내용 중 외화자산 및 부채를 계약체결일의 매매기준율 등으로 평가하는 방법 (2010. 12. 30. 개정)
   나. 계약의 내용 중 외화자산 및 부채를 사업연도 종료일 현재의 매매기준율 등으로 평가하는 방법 (2010. 12. 30. 개정)

② 제61조 제2항 제1호부터 제7호까지의 금융회사 등 외의 법인이 보유하는 화폐성외화자산·부채(보험회사의 책임준비금은 제외한다. 이하 이 조에서 같다)와 제73조 제5호에 따라 화폐성외화자산·부채의 환위험을 회피하기 위하여 보유하는 통화선도 등(이하 이 조에서 "환위험회피용통화선도 등"이라 한다)은 다음 각 호의 어느 하나에 해당하는 방법 중 관할 세무서장에게 신고한 방법에 따라 평가하여야 한다. 다만, 최초로 제2호의 방법을 신고하여 적용하기 이전 사업연도의 경우에는 제1호의 방법을 적용하여야 한다. (2023. 2. 28. 개정)

1. 화폐성외화자산·부채와 환위험회피용통화선도 등의 계약 내용 중 외화자산 및 부채를 취득일 또는 발생일(통화선도 등의 경우에는 계약체결일을 말한다) 현재의 매매기준율 등으로 평가하는 방법 (2012. 2. 2. 개정)
2. 화폐성외화자산·부채와 환위험회피용통화선도 등의 계약 내용 중 외화자산 및 부채를 사업연도 종료일 현재의 매매기준율 등으로 평가하는 방법 (2012. 2. 2. 개정)

③ 법인이 제1항 제2호 및 제2항에 따라 신고한 평가방법은 그 후의 사업연도에도 계속하여 적용하여야 한다. 다만, 제2항에 따라 신고한 평가방법을 적용한 사업연도를 포함하여 5개 사업연도가 지난 후에는 다른 방법으로 신고를 하여 변경된 평가방법을 적용할 수 있다. (2014. 2. 21. 단서신설)

제39조의 2 【외화자산 및 부채의 평가기준이 되는 매매기준율】 영 제76조 제1항 제1호에서 "기획재정부령으로 정하는 매매기준율 또는 재정(裁定)된 매매기준율"이란 「외국환거래규정」에 따른 매매기준율 또는 재정(裁定)된 매매기준율을 말한다. (2011. 2. 28. 개정)

통칙 42－76…4 【국외지점 등의 외화표시 재무제표의 원화환산기준 등】

① 국외지점 등의 외화표시 재무제표를 본점의 재무제표와 합산하는 경우에는 다음 각 호에서 규정하는 방법 중 하나를 선택하여 원화로 환산하여야 한다. 이 경우 한번 선택한 방법은 그 후 사업연도에 있어서 계속 이를 적용하여야 한다. (2024. 3. 15. 개정)

1. 외화표시 재무제표를 다음 각 목에서 규정하는 기준일(기준일이 속하는 달의 말일을 포함한다) 현재의 매매기준율 등에 따라 환산하는 방법 (2024. 3. 15. 개정)
   가. 재무상태표 항목 (2024. 3. 15. 개정)
      ㄱ. 화폐성 자산·부채는 해당 사업연도 종료일 (2019. 12. 23. 개정)
      ㄴ. 그 밖의 항목은 취득일 또는 발생일 (2024. 3. 15. 개정)
   나. 손익계산서 항목
      ㄱ. 현금수수거래는 거래의 발생일
      ㄴ. "가의 ㄱ계정"과 손익계정이 대체되는 경우에는 대체거래 발생일
      ㄷ. "가의 ㄴ계정"과 손익계정이 대체되는 경우에는 당초 취득일 또는 발생일
2. 외화표시 재무제표 중 재무상태표 항목은 사업연도 종료일 현재의 매매기준율 등으로 하고, 손익계산서 항목은 해당 사업연도의 평균 매매기준율 등에 따라 환산하는 방법 (2024.

〈제42조 ③〉

2. 유형자산으로서 천재지변·화재 등 대통령령으로 정하는 사유로 파손되거나 멸실된 것 (2018. 12. 24. 개정)

☞

편주 ▶

불량상품 등의 평가는 통칙 42-78…2 참조

3. 대통령령으로 정하는 주식등으로서 해당 주식등의 발행법인이 다음 각 목의 어느 하나에 해당하는 것 (2018. 12. 24. 개정)
  가. 부도가 발생한 경우 (2018. 12. 24. 개정)
  나. 「채무자 회생 및 파산에 관한 법률」에 따른 회생계획인가의 결정을 받은 경우 (2018. 12. 24. 개정)
  다. 「기업구조조정 촉진법」에 따른 부실징후기업이 된 경우 (2018. 12. 24. 개정)

---

1. 사업연도 중에 발생된 외화자산·부채는 발생일 현재 매매기준율 등에 따라 환산한다. 이 경우 외화자산·부채의 발생일이 공휴일인 때에는 그 직전일의 환율에 의한다. (2019. 12. 23. 개정)
2. 사업연도 중에 보유외환을 매각하거나 외환을 매입하는 경우에는 거래은행에서 실제 적용한 환율에 의하여 기장한다.
3. 사업연도 중에 보유외환으로 다른 외화자산을 취득하거나 기존의 외화부채를 상환하는 경우에는 보유외환의 장부상 원화금액으로 회계처리한다.

42-76…3【새로운 외화채무로 종전의 외화채무를 직접 차환하는 경우의 상환차손익의 처리】
새로운 외화채무로 종전의 외화채무를 상환한 경우에는 해당 채무의 원화기장액을 수정하지 아니한다. (2019. 12. 23. 개정)

42-76…5【국외지점 등의 화폐성 외화자산·부채에 대한 평가】
42-76…4를 적용하는 경우로서 국외지점 등의 화폐성 외화자산·부채에 대하여는 영 제76조를 적용하지 아니한다. (2019. 12. 23. 개정)

제77조【가상자산의 평가】가상자산은 선입선출법에 따라 평가해야 한다. (2021. 2. 17. 신설)

제78조【재고자산 등의 평가차손】① 법 제42조 제3항 제2호에서 "천재지변·화재 등 대통령령으로 정하는 사유"란 다음 각 호의 어느 하나에 해당하는 사유를 말한다. (2019. 2. 12. 개정)
1. 천재지변 또는 화재 (2019. 2. 12. 개정)
2. 법령에 의한 수용 등 (98. 12. 31 개정)
3. 채굴예정량의 채진으로 인한 폐광(토지를 포함한 광업용 유형자산이 그 고유의 목적에 사용될 수 없는 경우를 포함한다) (2019. 2. 12. 개정)
② 법 제42조 제3항 제3호 각 목 외의 부분에서 "대통령령으로 정하는 주식 등"이란 다음 각 호의 다음 각 호의 구분에 따른 주식 등을 말한다. (2019. 2. 12. 개정)
1. 법 제42조 제3항 제3호 가목부터 다목까지의 경우 : 다음 각 목의 어느 하나에 해당하는 주식등 (2019. 2. 12. 개정)
  가. 「자본시장과 금융투자업에 관한 법률」에 따른 주권상장법인(이하 "주권상장법인"이라 한다)이 발행한 주식등 (2023. 2. 28. 개정)

---

3. 15. 개정)
3. 외화표시 재무제표의 모든 항목은 해당 사업연도 종료일 현재의 매매기준율 등에 따라 환산하는 방법 (2019. 12. 23. 개정)
② 제1항 제1호에 따라 외화표시재무제표를 원화로 환산함으로써 발생하는 환산차손익은 각 사업연도의 소득금액 계산상 익금 또는 손금에 산입한다. (2019. 12. 23. 개정)
③ 제1항 제2호 및 제3호에 따라 외화표시 재무제표를 원화로 환산함으로써 발생하는 환산차손익(본지점계정환산차액, 제2호의 경우 손익계산서상 순이익과 재무상태표상 순이익의 차액 등)은 각 사업연도의 소득금액 계산상 이를 익금 또는 손금에 산입하지 아니한다. (2024. 3. 15. 개정)
④ 제1항 제2호 및 제3호의 방법을 선택함으로써 자산의 취득일 또는 거래의 발생일의 환율에 의하여 환산한 금액과 차액이 있는 경우에도 그 차액은 세무조정으로써 이를 익금 또는 손금에 산입하지 아니한다.
⑤ 제3항의 규정에 따른 환산차손익은 국외지점별로 구분하여 그 후의 사업연도에서 발생하는 국외지점별 환산차손익과 우선적으로 상계하며 잔액은 국외지점 등을 폐쇄하는 때에 익금 또는 손금에 산입하여야 한다. (2019. 12. 23. 개정)
⑥ 제1항에 따라 각 호의 방법을 적용하지 아니하거나 선택한 방법을 임의로 변경한 경우에는 제1항 제3호의 방법에 의하여 환산한 금액을 원화환산기준금액으로 한다. 다만, 해당 국외지점 등의 결산재무제표상의 당기순이익이 제1항 제3호의 방법에 의하여 환산한 당기순이익보다 큰 때에는 그러하지 아니한다. (2019. 12. 23. 개정)
⑦ 제1항에 따른 환산차액은 이를 결산에 반영하여야 한다. (2019. 12. 23. 개정)
⑧ 제1항 제2호에서 매매기준율 등이라 함은 매일의 매매기준율 등의 합계액을 해당연도의 일수로 나눈 금액으로 한다. (2019. 12. 23. 개정)

라. 파산한 경우 (2018. 12. 24. 개정)

4. 주식 등을 발행한 법인이 파산한 경우의 해당 주식 등 (2010. 12. 30. 개정)

4. 삭　제 (2018. 12. 24.)

④ 제2항과 제3항에 따라 자산과 부채를 평가한 내국법인은 대통령령으로 정하는 바에 따라 그 자산과 부채의 평가에 관한 명세서를 납세지 관할 세무서장에게 제출하여야 한다. (2018. 12. 24. 개정)

⑤ 제2항과 제3항에 따라 자산과 부채를 평가함에 따라 발생하는 평가이익이나 평가손실의 처리 등에 필요한 사항은 대통령령으로 정한다. (2018. 12. 24. 개정)

☞

통칙 42－78…1【종업원에게 변상책임이 있는 경우의 파손품 등의 평가차손 계상】

파손, 부패 등의 사실이 확인되어 재고상품 평가손실을 계상한 것은 내부규정 등에 의하여 관리종업원에게 변상책임이 있는 경우에도 이를 손금에 산입한다.

42－78…2【불량상품 등의 평가】

판매상품 등의 흠으로 새로운 상품 등을 교환하여 준 경우 회수한 상품 등은 영 제78조 제3항에 따라 평가할 수 있다. (2019. 12. 23. 개정)

42－78…3【변질된 제품 및 폐품의 폐기】

풍수해, 기타 관리상의 부주의 등으로 품질이 저하된 제품 등을 등급전환 또는 폐기처분하는 경우에는 그 사실이 객관적으로 입증될 수 있는 증거를 갖추어 처리하여야 한다. (97. 4. 1 개정)

42－78…4【주식등을 발행한 법인이 파산한 경우 해당 주식가액의 처리】
　　　　(2019. 12. 23. 제목개정)

법인이 보유하고 있는 주식의 발행법인이 파산선고를 받음에 따라 영 제78조 제3항 제3호에 따라 해당 주식의 장부가액과 평가액과의 차액을 손금에 산입한 법인이 파산법인의 파산종결결정이 있은 후 잔여재산의 분배로서 취득하는 금전 기타 재산이 있는 경우에는 그 취득일이 속하는 사업연도의 익금에 산입한다. (2024. 3. 15. 개정)

나. 「벤처투자 촉진에 관한 법률」에 따른 벤처투자회사 또는 「여신전문금융업법」에 따른 신기술사업금융업자가 보유하는 주식등 중 각각 창업자 또는 신기술사업자가 발행한 것 (2023. 12. 19. 개정 ; 벤처투자～부칙)

다. 주권상장법인이 아닌 법인 중 제2조 제8항 각 호의 어느 하나의 관계에 있지 않은 법인이 발행한 주식등 (2023. 2. 28. 개정)

편주▶ 영 78조 2항 1호 다목의 개정규정은 2024. 1. 1.부터 시행함. (영 부칙 (2023. 2. 28.) 1조 1호)

2. 법 제42조 제3항 제3호 라목의 경우 : 주식등 (2019. 2. 12. 개정)

3. 제1호의 법인 외의 법인 중 제87조 제1항 각 호의 어느 하나의 관계에 있지 아니한 법인이 발행한 주식 등 (2008. 2. 22. 신설)

3. 삭　제 (2019. 2. 12.)

③ 법 제42조 제3항 각 호 외의 부분에서 "대통령령으로 정하는 방법"이란 같은 항 각 호에 따른 자산의 장부가액을 해당 감액사유가 발생한 사업연도(법 제42조 제3항 제2호에 해당하는 경우에는 파손 또는 멸실이 확정된 사업연도를 포함한다)에 다음 각 호에 따른 평가액으로 감액하고, 그 감액한 금액을 해당 사업연도의 손비로 계상하는 방법을 말한다. (2019. 2. 12. 개정)

1. 법 제42조 제3항 제1호의 재고자산의 경우에는 당해 재고자산을 사업연도종료일 현재 처분가능한 시가로 평가한 가액 (2011. 6. 3 개정)

2. 법 제42조 제3항 제2호의 유형자산의 경우에는 사업연도종료일 현재 시가로 평가한 가액 (2019. 2. 12. 개정)

3. 법 제42조 제3항 제3호의 주식 등의 경우에는 사업연도종료일 현재 시가(주식 등의 발행법인별로 보유주식 총액을 시가로 평가한 가액이 1천원 이하인 경우에는 1천원으로 한다)로 평가한 가액 (2006. 2. 9. 개정)

4. 법 제42조 제3항 제3호 라목의 주식 등의 경우에는 사업연도종료일 현재 시가(시가로 평가한 가액이 1천원 이하인 경우에는 1천원으로 한다)로 평가한 가액 (2019. 2. 12. 개정)

4. 삭　제 (2023. 2. 28.)

④ 제2항 제1호 다목에 따라 법인과 특수관계의 유무를 판단할 때 주

제42조의 2【한국채택국제회계기준 적용 내국법인에 대한 재고자산평가차익 익금불산입】 (2018. 12. 24. 제목개정)

① 내국법인이 한국채택국제회계기준을 최초로 적용하는 사업연도에 재고자산평가방법을 대통령령으로 정하는 후입선출법에서 대통령령으로 정하는 다른 재고자산평가방법으로 납세지 관할 세무서장에게 변경신고한 경우에는 해당 사업연도의 소득금액을 계산할 때 제1호의 금액에서 제2호의 금액을 뺀 금액(이하 이 조에서 "재고자산평가차익"이라 한다)을 익금에 산입하지 아니할 수 있다. 이 경우 재고자산평가차익은 한국채택국제회계기준을 최초로 적용하는 사업연도의 다음 사업연도 개시일부터 5년간 균등하게 나누어 익금에 산입한다. (2018. 12. 24. 개정)

1. 한국채택국제회계기준을 최초로 적용하는 사업연도의 기초 재고자산 평가액 (2018. 12. 24. 개정)
2. 한국채택국제회계기준을 최초로 적용하기 직전 사업연도의 기말 재고자산 평가액 (2018. 12. 24. 개정)

② 제1항 각 호 외의 부분 전단에 따라 재고자산평가차익을 익금에 산입하지 아니한 내국법인이 해산(제44조 제2항 및 제3항에 따른 적격합병 또는 제46조 제2항에 따른 적격분할로 인한 해산은 제외한다)하는 경우에는 제1항 각 호 외의 부분 후단에 따라 익금에 산입하고 남은 금액을 해산등기일이 속하는 사업연도의 소득금액을 계산할 때 익금에 산입한다. (2018. 12. 24. 개정)

③ 재고자산평가방법의 변경신고 절차, 익금불산입의 신청, 익금산입의 방법과 그 밖에 재고자산평가차익 익금불산입에 관한 사항은 대통령령으로 정한다. (2018. 12. 24. 개정)

제42조의 3【한국채택국제회계기준 적용 보험회사에 대한 소득금액 계산의 특례】 ① 보험회사가 보험업에 대한 한국채택국제회계기준으로서 대통령령으로 정하는 회계기준(이하 이 조에서 "보험계약국

제78조의 2【한국채택국제회계기준 적용 내국법인에 대한 재고자산평가차익 익금불산입】 (2019. 2. 12. 제목개정)

① 법 제42조의 2 제1항 각 호 외의 부분 전단에서 "대통령령으로 정하는 후입선출법"이란 제74조 제1항 제1호 다목에 따른 후입선출법을 말한다. (2019. 2. 12. 개정)

② 법 제42조의 2 제1항 각 호 외의 부분 전단에서 "대통령령으로 정하는 다른 재고자산평가방법"이란 제74조 제1항 각 호에 따른 재고자산평가방법 중 후입선출법을 제외한 재고자산평가방법을 말한다. (2019. 2. 12. 개정)

③ 내국법인이 법 제42조의 2 제1항 각 호 외의 부분 후단에 따라 재고자산평가차익을 익금에 산입하는 경우에는 다음 계산식에 따라 계산한 금액을 해당 사업연도의 익금에 산입한다. 이 경우 개월 수는 태양력에 따라 계산하되 1월 미만의 일수는 1월로 하고, 사업연도 개시일이 속한 월을 계산에서 포함한 경우에는 사업연도 개시일부터 5년이 되는 날이 속한 월은 계산에서 제외한다. (2019. 2. 12. 개정)

재고자산평가차익 × 해당 사업연도의 월수 ÷ 60월

④ 법 제42조의 2 제1항을 적용받으려는 내국법인은 한국채택국제회계기준을 최초로 적용하는 사업연도의 법 제60조에 따른 과세표준 신고를 할 때 기획재정부령으로 정하는 재고자산평가차익 익금불산입 신청서를 납세지 관할 세무서장에게 제출하여야 한다. (2019. 2. 12. 개정)

제78조의 3【한국채택국제회계기준 적용 보험회사에 대한 소득금액 계산의 특례】 ① 법 제42조의 3 제1항에서 "대통령령으로 정하는 회계기준"이란 보험계약에 대한 한국채택국제회계기준으로서 「주식회사

제회계기준”이라 한다)을 최초로 적용하는 경우에는 보험계약국제회계기준을 최초로 적용하는 사업연도(이하 이 조에서 “최초적용사업연도”라 한다)의 직전 사업연도에 손금에 산입한 책임준비금(「보험업법」에 따른 책임준비금을 말한다. 이하 이 조에서 같다)에 대통령령으로 정하는 계산식을 적용하여 산출한 금액을 최초적용사업연도의 소득금액을 계산할 때 익금에 산입한다. (2022. 12. 31. 신설)

② 보험회사는 최초적용사업연도의 개시일 현재 「보험업법」 제120조 제3항의 회계처리기준에 따라 계상한 책임준비금에 대통령령으로 정하는 계산식을 적용하여 산출한 금액을 해당 사업연도의 소득금액을 계산할 때 손금에 산입한다. (2022. 12. 31. 신설)

③ 보험회사는 제1항에도 불구하고 제1항에 따른 금액에서 제2항에 따른 금액을 뺀 금액에 대통령령으로 정하는 계산식을 적용하여 산출한 금액(금액이 양수인 경우로 한정하며, 이하 이 조에서 “전환이익”이라 한다)을 최초적용사업연도와 그 다음 3개 사업연도의 소득금액을 계산할 때 익금에 산입하지 아니할 수 있다. 이 경우 전환이익은 최초적용사업연도의 다음 4번째 사업연도 개시일부터 3년간 균등하게 나누어 익금에 산입한다. (2022. 12. 31. 신설)

④ 보험회사가 제3항에 따른 기간 중에 해산(제44조 제2항 및 제3항에 따른 적격합병 또는 제46조 제2항에 따른 적격분할로 인한 해산은 제외한다)하는 경우 익금에 산입되지 아니한 전환이익이 있으면 이를 해산등기일이 속하는 사업연도의 소득금액을 계산할 때 익금에 산입한다. (2022. 12. 31. 신설)

⑤ 제3항을 적용받는 보험회사에 대해서는 같은 항에 따른 기간에 관계없이 제32조를 적용하지 아니한다. (2022. 12. 31. 신설)

⑥ 전환이익의 익금불산입 및 균등분할 익금 산입의 신청, 그 밖에 필요한 사항은 대통령령으로 정한다. (2022. 12. 31. 신설)

등의 외부감사에 관한 법률 시행령」 제7조 제1항에 따라 한국회계기준원이 제1117호로 제정하여 2023년 1월 1일부터 시행되는 회계처리기준(이하 “보험계약국제회계기준”이라 한다)을 말한다. (2023. 2. 28. 신설)

② 법 제42조의 3 제1항에서 “대통령령으로 정하는 계산식을 적용하여 산출한 금액”이란 보험계약국제회계기준을 최초로 적용하는 사업연도(이하 이 조에서 “최초적용사업연도”라 한다)의 직전 사업연도(이하 이 조에서 “직전사업연도”라 한다)에 손금에 산입한 책임준비금(「보험업법」에 따른 책임준비금을 말한다. 이하 이 조에서 같다)의 금액에서 제1호의 금액을 빼고 제2호의 금액을 더한 금액을 말한다. (2023. 2. 28. 신설)

1. 다음 각 목에 해당하는 금액의 합계액 (2023. 2. 28. 신설)

　가. 직전사업연도 당시의 보험감독회계기준에 따르면 자산에 해당하여 익금에 산입되었으나 최초적용사업연도 이후의 새로운 보험감독회계기준에 따르면 책임준비금 산출에 반영되는 항목으로 변경된 것으로서 직전사업연도 종료일 현재 미상각신계약비(未償却新契約費) 등 기획재정부령으로 정하는 항목 (2023. 2. 28. 신설)

　나. 직전사업연도 종료일 현재 「보험업법 시행령」 제63조 제2항에 따른 재보험자산 (2023. 2. 28. 신설)

2. 직전사업연도 당시의 보험감독회계기준에 따르면 기타 부채에 해당하여 손금에 산입되었으나 최초적용사업연도 이후 새로운 보험감독회계기준에 따르면 책임준비금 산출에 반영되는 항목으로 변경된 것으로서 직전사업연도 종료일 현재 보험미지급금 등 기획재정부령으로 정하는 항목에 해당하는 금액 (2023. 2. 28. 신설)

③ 법 제42조의 3 제2항에서 “대통령령으로 정하는 계산식을 적용하여 산출한 금액”이란 최초적용사업연도 개시일 현재 책임준비금의 금액(할인율 변동에 따른 책임준비금 평가액의 변동분은 제외한다)에서 보험계약자산 및 재보험계약자산의 금액을 뺀 금액을 말한다. (2023. 2. 28. 신설)

④ 법 제42조의 3 제3항에서 “대통령령으로 정하는 계산식을 적용하여 산출한 금액”이란 제2항에 따라 산출된 금액에서 제3항에 따라 산출된 금액을 뺀 금액에 1을 곱한 금액을 말한다. (2023. 2. 28. 신설)

⑤ 보험회사가 법 제42조의 3 제3항 전단에 따른 전환이익(이하 이 조에서 “전환이익”이라 한다)을 같은 항 후단에 따라 익금에 산입하는 경우에는 다음 계산식에 따라 계산한 금액을 해당 사업연도의 익금에 산

제39조의 3 【한국채택국제회계기준 적용 보험회사에 대한 소득금액 계산의 특례】 ① 영 제78조의 3 제2항 제1호 가목에서 “미상각신계약비(未償却新契約費) 등 기획재정부령으로 정하는 항목”이란 다음 각 호의 항목을 말한다. (2023. 3. 20. 신설)

1. 미상각신계약비 (2023. 3. 20. 신설)

2. 보험약관대출금(관련 미수수익을 포함한다) (2023. 3. 20. 신설)

3. 보험미수금 (2023. 3. 20. 신설)

4. 미수금 (2023. 3. 20. 신설)

② 영 제78조의 3 제2항 제2호에서 “보험미지급금 등 기획재정부령으로 정하는 항목”이란 다음 각 호의 항목을 말한다. (2023. 3. 20. 신설)

1. 보험미지급금 (2023. 3. 20. 신설)

2. 선수보험료 (2023. 3. 20. 신설)

3. 가수보험료 (2023. 3. 20. 신설)

4. 미지급비용 (2023. 3. 20. 신설)

입한다. 이 경우 1월 미만의 일수는 1월로 하고, 사업연도 개시일이 속한 월을 계산에 포함한 경우에는 사업연도 개시일부터 3년이 되는 날이 속한 월은 계산에서 제외한다. (2023. 2. 28. 신설)

$$전환이익 \times \frac{해당\ 사업연도의\ 개월\ 수}{36}$$

⑥ 법 제42조의 3 제3항을 적용받으려는 보험회사는 최초적용사업연도의 소득에 대해 법 제60조에 따른 과세표준 신고를 할 때 기획재정부령으로 정하는 전환이익 익금불산입신청서를 납세지 관할 세무서장에게 제출해야 한다. (2023. 2. 28. 신설)

　　제43조 【기업회계기준과 관행의 적용】 내국법인의 각 사업연도의 소득금액을 계산할 때 그 법인이 익금과 손금의 귀속사업연도와 자산·부채의 취득 및 평가에 관하여 일반적으로 공정·타당하다고 인정되는 기업회계기준을 적용하거나 관행(慣行)을 계속 적용하여 온 경우에는 이 법 및 「조세특례제한법」에서 달리 규정하고 있는 경우를 제외하고는 그 기업회계기준 또는 관행에 따른다. (2018. 12. 24. 개정)

　　제79조 【기업회계기준과 관행의 범위】 법 제43조에 따른 기업회계의 기준 또는 관행은 다음 각 호의 어느 하나에 해당하는 회계기준(해당 회계기준에 배치되지 아니하는 것으로서 일반적으로 공정·타당하다고 인정되는 관행을 포함한다)으로 한다. (2009. 2. 4. 개정)
1. 한국채택국제회계기준 (2019. 2. 12. 개정)
1의 2. 「주식회사등의 외부감사에 관한 법률」 제5조 제1항 제2호 및 같은 조 제4항에 따라 한국회계기준원이 정한 회계처리기준 (2018. 10. 30. 개정 ; 주식회사의~시행령 부칙)
2. 증권선물위원회가 정한 업종별 회계처리준칙 (98. 12. 31 개정)
3. 「공공기관의 운영에 관한 법률」에 따라 제정된 공기업·준정부기관 회계규칙 (2009. 2. 4. 개정)
4. 「상법 시행령」 제15조 제3호에 따른 회계기준 (2018. 2. 13. 신설)
5. 그 밖에 법령에 따라 제정된 회계처리기준으로서 기획재정부장관의 승인을 받은 것 (2019. 2. 12. 개정)

제 6 관　합병 및 분할 등에 관한 특례

　　제44조 【합병 시 피합병법인에 대한 과세】 (2009. 12. 31. 제목개정)
① 피합병법인이 합병으로 해산하는 경우에는 그 법인의 자산을 합병

제 6 관　합병 및 분할 등에 관한 특례

　　제80조 【합병에 따른 양도손익의 계산】 (2010. 6. 8. 제목개정)
① 법 제44조 제1항 제1호에 따른 양도가액은 다음 각 호의 금액으로 한다. (2010. 6. 8. 개정)

법인에 양도한 것으로 본다. 이 경우 그 양도에 따라 발생하는 양도손익(제1호의 가액에서 제2호의 가액을 뺀 금액을 말한다. 이하 이 조 및 제44조의 3에서 같다)은 피합병법인이 합병등기일이 속하는 사업연도의 소득금액을 계산할 때 익금 또는 손금에 산입한다. (2010. 12. 30. 개정)

1. 피합병법인이 합병법인으로부터 받은 양도가액 (2010. 12. 30. 개정)

2. 피합병법인의 합병등기일 현재의 자산의 장부가액 총액에서 부채의 장부가액 총액을 뺀 가액(이하 이 관에서 "순자산장부가액"이라 한다) (2010. 12. 30. 개정)

② 제1항을 적용할 때 다음 각 호의 요건을 모두 갖춘 합병(이하 "적격합병"이라 한다)의 경우에는 제1항 제1호의 가액을 피합병법인의 합병등기일 현재의 순자산 장부가액으로 보아 양도손익이 없는 것으로

1. 적격합병의 경우 : 법 제44조 제1항 제2호에 따른 피합병법인의 합병등기일 현재의 순자산장부가액 (2012. 2. 2. 개정)

2. 제1호 외의 경우 : 다음 각 목의 금액을 모두 더한 금액 (2010. 6. 8. 개정)

　가. 합병으로 인하여 피합병법인의 주주등이 지급받는 합병법인 또는 합병법인의 모회사(합병등기일 현재 합병법인의 발행주식총수 또는 출자총액을 소유하고 있는 내국법인을 말한다. 이하 같다)의 주식등(이하 "합병교부주식 등"이라 한다)의 가액 및 금전이나 그 밖의 재산가액의 합계액. 다만, 합병법인이 합병등기일 전 취득한 피합병법인의 주식등(신설합병 또는 3 이상의 법인이 합병하는 경우 피합병법인이 취득한 다른 피합병법인의 주식등을 포함한다. 이하 "합병포합(抱合)주식 등"이라 한다)이 있는 경우에는 그 합병포합주식 등에 대하여 합병교부주식 등을 교부하지 아니하더라도 그 지분비율에 따라 합병교부주식 등을 교부한 것으로 보아 합병교부주식 등의 가액을 계산한다. (2012. 2. 2. 개정)

　나. 합병법인이 납부하는 피합병법인의 법인세 및 그 법인세(감면세액을 포함한다)에 부과되는 국세와 「지방세법」 제88조 제2항에 따른 법인지방소득세의 합계액 (2017. 2. 3. 개정)

② 법 제44조 제1항 제2호에 따른 피합병법인의 순자산장부가액을 계산할 때 「국세기본법」에 따라 환급되는 법인세액이 있는 경우에는 이에 상당하는 금액을 피합병법인의 합병등기일 현재의 순자산장부가액에 더한다. (2010. 6. 8. 개정)

③ 제1항 제1호를 적용받으려는 피합병법인은 법 제60조에 따른 과세표준 신고를 할 때 합병법인과 함께 기획재정부령으로 정하는 합병과세특례신청서를 납세지 관할 세무서장에게 제출하여야 한다. 이 경우 합병법인은 제80조의 4 제11항에 따른 자산조정계정에 관한 명세서를 피합병법인의 납세지 관할 세무서장에게 함께 제출하여야 한다. (2018. 2. 13. 후단개정)

제80조의 2 【적격합병의 요건 등】 ① 법 제44조 제2항 각 호 외의 부분 단서에서 "대통령령으로 정하는 부득이한 사유가 있는 경우"란 다음 각 호의 어느 하나에 해당하는 경우를 말한다. (2010. 6. 8.

☞

통칙 44-0…1 【합병시 과세특례요건】 (2019. 12. 23. 제목개정)

① 법 제44조 제2항 제2호의 요건을 적용함에 있어서 "합병대가의 총합계액"에 포함된 주식 등의 가액은 시가에 의한다. (2019. 12. 23. 개정)

② 분할신설법인이 다른 법인과 합병하는 경우 법 제44조 제2항 제1호에 따른 사업영위기간은 분할법인의 분할 전 사업기간을 포함하여 계산한다. (2019. 12. 23. 개정)

☞

통칙 44-80의 2…1 【포합주식 판정 시 기산일】 (2019. 12. 23.

할 수 있다. 다만, 대통령령으로 정하는 부득이한 사유가 있는 경우에는 제2호·제3호 또는 제4호의 요건을 갖추지 못한 경우에도 적격합병으로 보아 대통령령으로 정하는 바에 따라 양도손익이 없는 것으로 할 수 있다. (2018. 12. 24. 개정)

1. 합병등기일 현재 1년 이상 사업을 계속하던 내국법인 간의 합병일 것. 다만, 다른 법인과 합병하는 것을 유일한 목적으로 하는 법인으로서 대통령령으로 정하는 법인의 경우는 본문의 요건을 갖춘 것으로 본다. (2021. 12. 21. 단서개정)
2. 피합병법인의 주주등이 합병으로 인하여 받은 합병대가의 총합계액 중 합병법인의 주식등의 가액이 100분의 80 이상이거나 합병법인의 모회사(합병등기일 현재 합병법인의 발행주식총수 또는 출자총액을 소유하고 있는 내국법인을 말한다)의 주식등의 가액이 100분의 80 이상인 경우로서 그 주식등이 대통령령으로 정하는 바에 따라 배정되고, 대통령령으로 정하는 피합병법인의 주주등이 합병등기일이 속하는 사업연도의 종료일까지 그 주식등을 보유할 것 (2018. 12. 24. 개정)
3. 합병법인이 합병등기일이 속하는 사업연도의 종료일까지 피합병법인으로부터 승계받은 사업을 계속할 것. 다만, 피합병법인이 다른 법인과 합병하는 것을 유일한 목적으로 하는 법인으로서 대통령령으로 정하는 법인인 경우에는 본문의 요건을 갖춘 것으로 본다. (2021. 12. 21. 개정)
4. 합병등기일 1개월 전 당시 피합병법인에 종사하는 대통령령으로 정하는 근로자 중 합병법인이 승계한 근로자의 비율이 100분의 80 이상이고, 합병등기일이 속하는 사업연도의 종료일까지 그 비율을 유지할 것 (2017. 12. 19. 신설)

③ 다음 각 호의 어느 하나에 해당하는 경우에는 제2항에도 불구하고 적격합병으로 보아 양도손익이 없는 것으로 할 수 있다. (2018. 12. 24. 개정)

1. 내국법인이 발행주식총수 또는 출자총액을 소유하고 있는 다른 법인을 합병하거나 그 다른 법인에 합병되는 경우 (2016. 12. 20. 신설)
2. 동일한 내국법인이 발행주식총수 또는 출자총액을 소유하고 있는 서로 다른 법인 간에 합병하는 경우 (2016. 12. 20. 신설)

④ 제1항부터 제3항까지의 규정에 따른 양도가액 및 순자산장부가액의 계산, 합병대가의 총합계액의 계산, 승계받은 사업의 계속 여부에

신설)

1. 법 제44조 제2항 제2호에 대한 부득이한 사유가 있는 것으로 보는 경우 : 다음 각 목의 어느 하나에 해당하는 경우 (2010. 6. 8. 신설)
가. 제5항에 따른 주주등(이하 이 조에서 "해당 주주등"이라 한다)이 합병으로 교부받은 전체 주식등의 2분의 1 미만을 처분한 경우. 이 경우 해당 주주등이 합병으로 교부받은 주식등을 서로 간에 처분하는 것은 해당 주주등이 그 주식등을 처분한 것으로 보지 않고, 해당 주주등이 합병법인 주식등을 처분하는 경우에는 합병법인이 선택한 주식등을 처분하는 것으로 본다. (2019. 2. 12. 후단개정)
나. 해당 주주등이 사망하거나 파산하여 주식등을 처분한 경우 (2012. 2. 2. 개정)
다. 해당 주주등이 적격합병, 적격분할, 적격물적분할 또는 적격현물출자에 따라 주식등을 처분한 경우 (2019. 2. 12. 개정)
라. 해당 주주등이 「조세특례제한법」 제38조·제38조의 2 또는 제121조의 30에 따라 주식등을 현물출자 또는 교환·이전하고 과세를 이연받으면서 주식등을 처분한 경우 (2018. 2. 13. 개정)
마. 해당 주주등이 「채무자 회생 및 파산에 관한 법률」에 따른 회생절차에 따라 법원의 허가를 받아 주식등을 처분하는 경우 (2012. 2. 2. 개정)
바. 해당 주주등이 「조세특례제한법 시행령」 제34조 제6항 제1호에 따른 기업개선계획의 이행을 위한 약정 또는 같은 항 제2호에 따른 기업개선계획의 이행을 위한 특별약정에 따라 주식등을 처분하는 경우 (2018. 2. 13. 개정)
사. 해당 주주등이 법령상 의무를 이행하기 위하여 주식등을 처분하는 경우 (2014. 9. 26. 목번개정)

2. 법 제44조 제2항 제3호에 대한 부득이한 사유가 있는 것으로 보는 경우 : 다음 각 목의 어느 하나에 해당하는 경우 (2010. 6. 8. 신설)
가. 합병법인이 파산함에 따라 승계받은 자산을 처분한 경우 (2010. 6. 8. 신설)
나. 합병법인이 적격합병, 적격분할, 적격물적분할 또는 적격현물출자에 따라 사업을 폐지한 경우 (2012. 2. 2. 개정)

번호개정)
영 제80조의 2 제3항에 규정된 포합주식 등의 해당 여부를 판정함에 있어서 주식의 취득시기는 대금을 청산한 날, 주식을 인도받은 날 또는 명의개서일 중 빠른 날로 한다. (2019. 12. 23. 개정)

관한 판정기준 등에 관하여 필요한 사항은 대통령령으로 정한다.
(2010. 12. 30. 개정)

집행기준 **44-0-1 【합 병】**

합병이란 두 개 이상의 회사가 상법의 절차에 따라 청산절차를 거치지 않고 합쳐지면서 최소한 한 개 이상 회사의 법인격을 소멸시키되, 합병 이후에 존속하는 회사 또는 합병으로 인해 신설되는 회사가 소멸하는 회사의 권리의무를 포괄적으로 승계하고 그의 사원을 수용하는 상법상의 법률사실을 말한다.

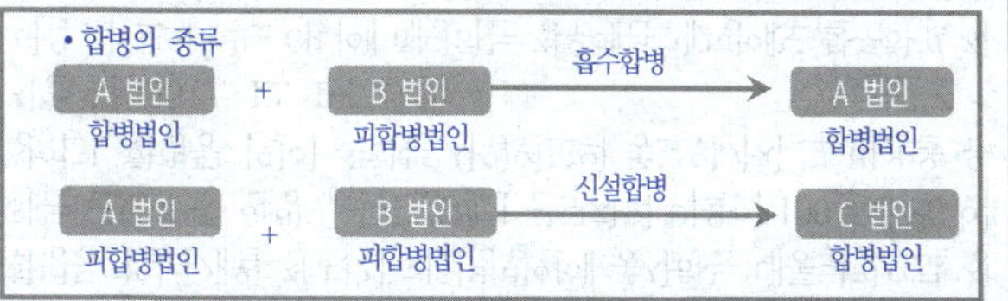

(2024. 10. 31. 개정)

집행기준 **44-0-2 【합병의 경우 합병당사자별 과세체계】**

합병 시 합병당사자별 과세체계를 비교하면 다음과 같다.

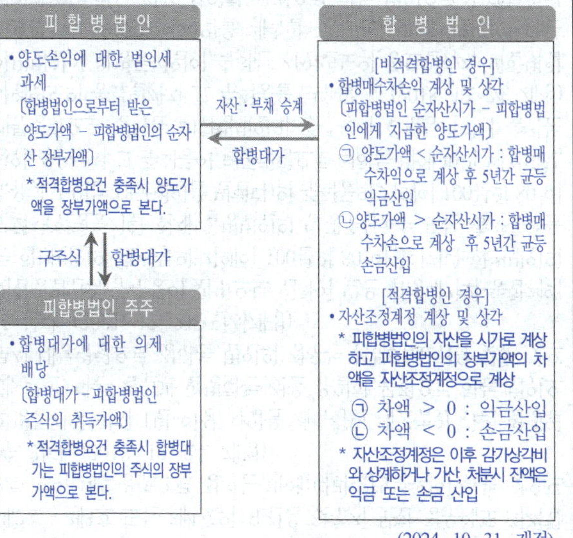

(2024. 10. 31. 개정)

다. 합병법인이 「조세특례제한법 시행령」 제34조 제6항 제1호에 따른 기업개선계획의 이행을 위한 약정 또는 같은 항 제2호에 따른 기업개선계획의 이행을 위한 특별약정에 따라 승계받은 자산을 처분한 경우 (2018. 2. 13. 개정)

라. 합병법인이 「채무자 회생 및 파산에 관한 법률」에 따른 회생절차에 따라 법원의 허가를 받아 승계받은 자산을 처분한 경우 (2010. 6. 8. 신설)

3. 법 제44조 제2항 제4호에 대한 부득이한 사유가 있는 것으로 보는 경우 : 다음 각 목의 어느 하나에 해당하는 경우 (2018. 2. 13. 신설)

가. 합병법인이 「채무자 회생 및 파산에 관한 법률」 제193조에 따른 회생계획을 이행 중인 경우 (2018. 2. 13. 신설)

나. 합병법인이 파산함에 따라 근로자의 비율을 유지하지 못한 경우 (2018. 2. 13. 신설)

다. 합병법인이 적격합병, 적격분할, 적격물적분할 또는 적격현물출자에 따라 근로자의 비율을 유지하지 못한 경우 (2018. 2. 13. 신설)

라. 합병등기일 1개월 전 당시 피합병법인에 종사하는 「근로기준법」에 따라 근로계약을 체결한 내국인 근로자가 5명 미만인 경우 (2018. 2. 13. 신설)

② 법 제44조 제2항 제1호 단서 및 같은 항 제3호 단서에서 "대통령령으로 정하는 법인"이란 각각 「자본시장과 금융투자업에 관한 법률 시행령」 제6조 제4항 제14호에 따른 법인으로서 같은 호 각 목의 요건을 모두 갖춘 법인(이하 이 조에서 "기업인수목적회사"라 한다)을 말한다. (2022. 2. 15. 개정)

③ 법 제44조 제2항 제2호에 따른 피합병법인의 주주등이 받은 합병대가의 총합계액은 제80조 제1항 제2호 가목에 따른 금액으로 하고, 합병대가의 총합계액 중 주식등의 가액이 법 제44조 제2항 제2호의 비율 이상인지를 판정할 때 합병법인이 합병등기일 전 2년 내에 취득한 합병포합주식등이 있는 경우에는 다음 각 호의 금액을 금전으로 교부한 것으로 본다. 이 경우 신설합병 또는 3 이상의 법인이 합병하는 경우로서 피합병법인이 취득한 다른 피합병법인의 주식등이 있는 경우에는 그 다른 피합병법인의 주식등을 취득한 피합병법인을

☞
● 예 판

내국법인이 보유한 주식의 발행법인(B법인)이 A법인에게 흡수합병됨에 따라 교부받은 A법인 주식의 보유기간은 종전 B법인 주식 취득일을 기준으로 판단함. (사전-2019-법령해석법인-0050, 2019. 4. 4.)

합병 시 과세특례 적용요건을 정리하면 다음과 같다.

구분	적격합병요건
사업 목적 합병	① 합병등기일 현재 1년 이상 사업을 계속하던 내국법인 간의 합병일 것 기업인수목적회사(SPAC)는 제외
지분의 연속성	② 피합병법인의 주주 등이 합병으로 인하여 받은 합병대가의 총합계액 중 합병법인의 주식 등 또는 합병법인의 모회사의 주식 등의 가액(시가)이 80% 이상으로서 그 주식 등이 지분비율*에 따라 배정되고, 피합병법인의 일정 지배주주 등이 합병등기일이 속하는 사업연도의 종료일까지 그 주식 등을 보유할 것 * 피합병법인의 일정 지배주주 등에 대해서는 일정한 가액(합병교부주식 등의 총합계액 x 일정 지배주주 등의 피합병법인에 대한 지분율) 이상 주식 등으로 배정
사업의 계속성	③ 합병법인이 합병등기일이 속하는 사업연도의 종료일까지 피합병법인으로부터 승계받은 사업을 계속 영위할 것, 기업인수목적회사(SPAC)과 합병한 합병법인은 승계한 사업지속요건 배제
고용 승계	④ 합병등기일 1개월 전 당시 피합병법인에 종사하는 일정 근로자 중 합병법인이 승계한 근로자의 비율이 100분의 80 이상이고, 합병등기일이 속하는 사업연도의 종료일까지 그 비율을 유지할 것

(2024. 10. 31. 개정)

구분	내 용
과세대상	자산의 양도손익에 대한 법인세
소득금액 계산	피합병법인이 합병법인으로부터 받은 양도가액 - 피합병법인의 합병등기일 현재 순자산장부가액
과세특례	① 적격합병요건을 모두 갖춘 경우에는 피합병법인이 합병법인으로부터 받은 양도가액을 합병등기일 현재의 순자산 장부가액으로 보아 양도손익이 없는 것으로 할 수 있다. ② 내국법인이 발행주식총수 또는 출자총액을 소유하고 있는 다른 법인을 합병(완전모법인이 자법인 합병)하거나, 그 다른 법인에 합병(자법인이 완전모법인 합병)되는 경우 적격합병요건에 불구하고 양도손익이 없는 것으로 할 수 있다.

* 합병법인으로부터 받은 양도가액의 범위

합병법인으로 보아 다음 각 호를 적용하여 계산한 금액을 금전으로 교부한 것으로 한다. (2012. 2. 2. 개정)

1. 합병법인이 합병등기일 현재 피합병법인의 제43조 제7항에 따른 지배주주등이 아닌 경우 : 합병법인이 합병등기일 전 2년 이내에 취득한 합병포합주식 등이 피합병법인의 발행주식총수 또는 출자총액의 100분의 20을 초과하는 경우 그 초과하는 합병포합주식 등에 대하여 교부한 합병교부주식 등(제80조 제1항 제2호 가목 단서에 따라 합병교부주식 등을 교부한 것으로 보는 경우 그 주식등을 포함한다)의 가액 (2012. 2. 2. 개정)

2. 합병법인이 합병등기일 현재 피합병법인의 제43조 제7항에 따른 지배주주등인 경우 : 합병등기일 전 2년 이내에 취득한 합병포합주식 등에 대하여 교부한 합병교부주식 등(제80조 제1항 제2호 가목 단서에 따라 합병교부주식 등을 교부한 것으로 보는 경우 그 주식등을 포함한다)의 가액 (2012. 2. 2. 개정)

④ 법 제44조 제2항 제2호에 따라 피합병법인의 주주등에 합병으로 인하여 받은 주식등을 배정할 때에는 해당 주주등에 다음 계산식에 따른 가액 이상의 주식등을 각각 배정하여야 한다. (2012. 2. 2. 개정)
피합병법인의 주주등이 지급받은 제80조 제1항 제2호 가목에 따른 합병교부주식 등의 가액의 총합계액 × 각 해당 주주등의 피합병법인에 대한 지분비율

④ 법 제44조 제2항 제2호에 따라 피합병법인의 주주등에 합병으로 인하여 받은 주식등을 배정할 때에는 해당 주주등에 다음 계산식에 따른 가액 이상의 주식등을 각각 배정하여야 한다. (2025. 2. 28. 개정)
피합병법인의 주주등이 지급받은 제80조 제1항 제2호 가목에 따른 합병교부주식 등의 가액의 총합계액 × 각 해당 주주등의 피합병법인에 대한 지분비율(피합병법인의 자기주식 또는 자기출자지분에 대해 합병교부주식등을 배정하지 않는 경우에는 피합병법인의 자기주식 또는 자기출자지분을 제외하고 산정한 지분비율을 말한다)

⑤ 법 제44조 제2항 제2호에서 "대통령령으로 정하는 피합병법인의 주주등"이란 피합병법인의 제43조 제3항에 따른 지배주주등 중 다음 각 호의 어느 하나에 해당하는 자를 제외한 주주등을 말한다. (2010. 12. 30. 항번개정)

1. 제43조 제8항 제1호 가목의 친족 중 4촌인 혈족 (2023. 2. 28. 개정)

1. 합병교부주식 등의 가액
2. 금전이나 그 밖의 재산가액의 합계액
3. 합병포합주식 등에 대한 간주교부액
   합병포합주식 등에 대해 합병교부주식 등을 교부하지 않더라도 그 지분비율에 따라 합병교부주식 등을 교부한 것으로 보아 합병교부주식 등의 가액에 가산
4. 합병법인이 납부하는 피합병법인의 법인세 및 그 법인세에 부과되는 국세 및 지방세

(2024. 10. 31. 개정)

• 예 판 ····································

• 적격 합병으로 승계받은 사업 계속 여부를 판단할 때, 합병법인이 피합병법인으로부터 승계받은 자기주식은 "피합병법인으로부터 승계한 고정자산"에 해당하나, 해당 자기주식을 소각하는 경우에는 이를 제외하고 피합병법인으로부터 승계받은 고정자산을 기준으로 사업 계속 여부 판단 (서면법령법인－21057, 2015. 6. 18.)
• 분할신설법인이 분할법인으로부터 승계한 자산 중 재고자산에 해당하는 주택등을 매각하는 것은 승계받은 사업의 폐지에 해당하지 않는 것이나, 재고자산 중 토지 매각시에는 분할법인이 과세이연한 양도차익을 익금에 산입함. (서면법령법인－20878, 2015. 6. 17.)
• 지주회사인 A법인이 적격분할의 요건을 모두 갖추어 B법인이 보유하던 지배목적 보유 주식에 관한 사업부문을 분할합병한 후, A법인이 승계한 자산 중 하나인 C법인 주식의 일부가 C법인의 적격분할로 인해 분할신설법인의 주식으로 대체되는 것은 '승계한 고정자산가액의 처분'으로 보지 아니함. (서면법령법인－138, 2015. 5. 14.)

····································

2. 합병등기일 현재 피합병법인에 대한 지분비율이 100분의 1 미만이면서 시가로 평가한 그 지분가액이 10억원 미만인 자 (2010. 6. 8. 신설)
3. 기업인수목적회사와 합병하는 피합병법인의 지배주주등인 자 (2022. 2. 15. 개정)
4. 피합병법인인 기업인수목적회사의 지배주주등인 자 (2022. 2. 15. 신설)

⑥ 법 제44조 제2항 제4호에서 "대통령령으로 정하는 근로자"란 「근로기준법」에 따라 근로계약을 체결한 내국인 근로자를 말한다. 다만, 다음 각 호의 어느 하나에 해당하는 근로자는 제외한다. (2018. 2. 13. 신설)
1. 제40조 제1항 각 호의 어느 하나에 해당하는 임원 (2019. 2. 12. 개정)
2. 합병등기일이 속하는 사업연도의 종료일 이전에 「고용상 연령차별금지 및 고령자고용촉진에 관한 법률」 제19조에 따른 정년이 도래하여 퇴직이 예정된 근로자 (2018. 2. 13. 신설)
3. 합병등기일이 속하는 사업연도의 종료일 이전에 사망한 근로자 또는 질병·부상 등 기획재정부령으로 정하는 사유로 퇴직한 근로자 (2018. 2. 13. 신설)
4. 「소득세법」 제14조 제3항 제2호에 따른 일용근로자 (2018. 2. 13. 신설)
5. 근로계약기간이 6개월 미만인 근로자. 다만, 근로계약의 연속된 갱신으로 인하여 합병등기일 1개월 전 당시 그 근로계약의 총 기간이 1년 이상인 근로자는 제외한다. (2018. 2. 13. 신설)
6. 금고 이상의 형을 선고받는 등 기획재정부령으로 정하는 근로자의 중대한 귀책사유로 퇴직한 근로자 (2018. 2. 13. 신설)

⑦ 합병법인이 합병등기일이 속하는 사업연도의 종료일 이전에 피합병법인으로부터 승계한 자산가액(유형자산, 무형자산 및 투자자산의 가액을 말한다. 이하 이 관 및 제156조 제2항에서 같다)의 2분의 1 이상을 처분하거나 사업에 사용하지 아니하는 경우에는 법 제44조 제2항 제3호에 해당하지 아니하는 것으로 한다. 다만, 피합병법인이 보유하던 합병법인의 주식을 승계받아 자기주식을 소각하는 경우에는 해당 합병법인의 주식을 제외하고 피합병법인으로부터 승계받은 자산을 기준으로 사업을 계속하는지 여부를 판정하되, 승계받은 자산이 합병법인의 주식만 있는 경우에는 사업을 계속하는 것으로 본다.

제40조의 2 【고용승계의 예외가 되는 근로자의 범위】 ① 영 제80조의 2 제6항 제3호에서 "기획재정부령으로 정하는 사유"란 「고용보험법 시행규칙」 별표 2 제9호에 해당하는 사유로 퇴직한 근로자를 말한다. (2018. 3. 21. 신설)
② 영 제80조의 2 제6항 제6호에서 "기획재정부령으로 정하는 근로자의 중대한 귀책사유로 퇴직한 근로자"란 「고용보험법」 제58조 제1호에 해당하는 근로자를 말한다. (2018. 3. 21. 신설)

　　제44조의 2 【합병 시 합병법인에 대한 과세】 (2018. 12. 24. 제목개정)

① 합병법인이 합병으로 피합병법인의 자산을 승계한 경우에는 그 자산을 피합병법인으로부터 합병등기일 현재의 시가(제52조 제2항에 따른 시가를 말한다. 이하 이 관에서 같다)로 양도받은 것으로 본다. 이 경우 피합병법인의 각 사업연도의 소득금액 및 과세표준을 계산할 때 익금 또는 손금에 산입하거나 산입하지 아니한 금액, 그 밖의 자산·부채 등은 대통령령으로 정하는 것만 합병법인이 승계할 수 있다. (2010. 12. 30. 개정)

② 합병법인은 제1항에 따라 피합병법인의 자산을 시가로 양도받은 것으로 보는 경우로서 피합병법인에 지급한 양도가액이 피합병법인의 합병등기일 현재의 자산총액에서 부채총액을 뺀 금액(이하 이 관에서 "순자산시가"라 한다)보다 적은 경우에는 그 차액을 제60조 제2항 제2호에 따른 세무조정계산서에 계상하고 합병등기일부터 5년간 균등하게 나누어 익금에 산입한다. (2010. 12. 30. 개정)

③ 합병법인은 제1항에 따라 피합병법인의 자산을 시가로 양도받은 것으로 보는 경우에 피합병법인에 지급한 양도가액이 합병등기일 현재의 순자산시가를 초과하는 경우로서 대통령령으로 정하는 경우에는 그 차액을 제60조 제2항 제2호에 따른 세무조정계산서에 계상하고 합병등기일부터 5년간 균등하게 나누어 손금에 산입한다. (2010. 12. 30. 개정)

(2019. 2. 12. 개정)

⑧ 제1항 제1호 가목 후단을 적용받으려는 법인은 납세지 관할 세무서장이 해당 법인이 선택한 주식 처분 순서를 확인하기 위해 필요한 자료를 요청하는 경우에는 그 자료를 제출해야 한다. (2019. 2. 12. 신설)

　　제85조 【합병 및 분할 시의 자산·부채의 승계】 (2010. 6. 8. 제목개정)

내국법인이 합병 또는 분할하는 경우 법 또는 다른 법률에 다른 규정이 있는 경우 외에는 법 제44조의 2 제1항 후단, 제44조의 3 제2항, 제46조의 2 제1항 후단, 제46조의 3 제2항 또는 물적분할에 따라 피합병법인등의 각 사업연도의 소득금액 및 과세표준을 계산할 때 익금 또는 손금에 산입하거나 산입하지 아니한 금액(이하 이 조에서 "세무조정사항"이라 한다)의 승계는 다음 각 호의 구분에 따른다. (2014. 2. 21. 개정)

1. 적격합병 또는 적격분할의 경우 : 세무조정사항(분할의 경우에는 분할하는 사업부문의 세무조정사항에 한정한다)은 모두 합병법인등에 승계 (2012. 2. 2. 개정)
2. 제1호 외의 경우 : 법 제33조 제3항·제4항 및 제34조 제4항에 따라 퇴직급여충당금 또는 대손충당금을 합병법인 등이 승계한 경우에는 그와 관련된 세무조정사항을 승계하고 그 밖의 세무조정사항은 모두 합병법인 등에 미승계 (2019. 2. 12. 개정)

　　제80조의 3 【합병 시 양도가액과 순자산시가와의 차액 처리】 (2019. 2. 12. 제목개정)

① 합병법인은 법 제44조의 2 제2항에 따라 양도가액이 순자산시가에 미달하는 경우 그 차액(이하 "합병매수차익"이라 한다)을 익금에 산입할 때에는 합병등기일이 속하는 사업연도부터 합병등기일부터 5년이 되는 날이 속하는 사업연도까지 다음 산식에 따라 계산한 금액을 산입한다. 이 경우 월수는 역에 따라 계산하되 1월 미만의 일수는 1월로 하고, 이에 따라 합병등기일이 속한 월을 1월로 계산한 경우에는 합병등기일부터 5년이 되는 날이 속한 월은 계산에서 제외한다. (2010. 6. 8. 신설)

④ 제1항부터 제3항까지의 규정에 따른 익금산입액 및 손금산입액의 계산과 그 산입방법 등에 관하여 필요한 사항은 대통령령으로 정한다. (2010. 12. 30. 개정)

집행기준 44의 2-0-1【비적격 합병시 합병법인에 대한 과세】
합병법인이 합병으로 피합병법인의 자산을 승계한 경우에는 그 자산을 피합병법인으로부터 합병등기일 현재의 시가로 양도받은 것으로 보며, 이에 따라 발생하는 합병매수차익·차손은 5년간 균등 분할하여 익금 또는 손금에 산입한다.

구분	내 용
합병 매수 차익	• 합병매수차익 = 순자산의 시가* - 양도가액 　* 순자산의 시가 = 합병등기일 현재 자산총액 시가 - 합병등기일 현재 부채총액 시가 • 합병매수차익은 세무조정계산서에 계상하고 5년간 균등분할 익금산입 　합병매수차익 분할익금산입액 = 합병 매수차익 × $\dfrac{\text{해당 사업연도의 월수}}{60월}$
합병 매수 차손	• 합병매수차손* = 양도가액 - 순자산의 시가** 　* 합병법인이 피합병법인의 상호·거래관계, 그 밖의 영업상의 비밀 등에 대하여 사업상 가치가 있다고 보아 대가를 지급한 것에 한함. 　** 순자산의 시가 = 합병등기일 현재 자산총액 시가 - 합병등기일 현재 부채총액 시가
합병 매수 차손	• 합병매수차손은 세무조정계산서에 계상하고 5년간 균등분할 손금산입 　합병매수차익 분할손금산입액 = 합병 매수차손 × $\dfrac{\text{해당 사업연도의 월수}}{60월}$

(2024. 10. 31. 개정)

집행기준 44의 2-0-2【합병 등의 경우 자산·부채·세무조정사항 등의 승계】
내국법인이 합병, 인적분할 또는 물적분할하는 경우 피합병법인등의 각 사업연도의 소득금액 및 과세표준을 계산할 때 익금 또는 손금에 산입하거나 산입하지 아니한 금액의 승계는 다음과 같다.

구분	자산·부채·세무조정사항 등의 승계
적격합병 ·적격분할	세무조정사항(분할의 경우에는 분할하는 사업부문의 세무조정사항에 한정)은 모두 합병법인 등에 승계
그 밖의 경우	퇴직급여충당금 및 대손충당금을 합병법인 등이 승계한 경우에는 그와 관련된 세무조정사항은 승계하고 그 밖의 세무조정사항은 모두 합병법인 등에 승계되지 아니함.

(2024. 10. 31. 개정)

합병매수차익 × $\dfrac{\text{해당 사업연도의 월수}}{60월}$

② 법 제44조의 2 제3항에서 "대통령령으로 정하는 경우"란 합병법인이 피합병법인의 상호·거래관계, 그 밖의 영업상의 비밀 등에 대하여 사업상 가치가 있다고 보아 대가를 지급한 경우를 말한다. (2010. 6. 8. 신설)

③ 법 제44조의 2 제3항에 따라 양도가액이 순자산시가를 초과하는 경우 그 차액(이하 "합병매수차손"이라 한다)에 대한 손금산입액 계산, 산입방법 등에 관하여는 제1항을 준용한다. (2010. 6. 8. 신설)

제44조의 3 【적격합병 시 합병법인에 대한 과세특례】 (2018. 12. 24. 제목개정)

① 적격합병을 한 합병법인은 제44조의 2에도 불구하고 피합병법인의 자산을 장부가액으로 양도받은 것으로 한다. 이 경우 장부가액과 제44조의 2 제1항에 따른 시가와의 차액을 대통령령으로 정하는 바에 따라 자산별로 계상하여야 한다. (2018. 12. 24. 개정)

② 적격합병을 한 합병법인은 피합병법인의 합병등기일 현재의 제13조 제1항 제1호의 결손금과 피합병법인이 각 사업연도의 소득금액 및 과세표준을 계산할 때 익금 또는 손금에 산입하거나 산입하지 아니한 금액, 그 밖의 자산·부채 및 제59조에 따른 감면·세액공제 등을 대통령령으로 정하는 바에 따라 승계한다. (2018. 12. 24. 개정)

③ 적격합병(제44조 제3항에 따라 적격합병으로 보는 경우는 제외한다)을 한 합병법인은 3년 이내의 범위에서 대통령령으로 정하는 기간에 다음 각 호의 어느 하나에 해당하는 사유가 발생하는 경우에는 그 사유가 발생한 날이 속하는 사업연도의 소득금액을 계산할 때 양도받은 자산의 장부가액과 제44조의 2 제1항에 따른 시가와의 차액(시가가 장부가액보다 큰 경우만 해당한다. 이하 제4항에서 같다), 승계받은 결손금 중 공제한 금액 등을 대통령령으로 정하는 바에 따라 익금에 산입하고, 제2항에 따라 피합병법인으로부터 승계받아 공제한 감면·세액공제액 등을 대통령령으로 정하는 바에 따라 해당 사업연도의 법인세에 더하여 납부한 후 해당 사업연도부터 감면 또는 세액공제를 적용하지 아니한다. 다만, 대통령령으로 정하는 부득이한 사유가 있는 경우에는 그러하지 아니하다. (2018. 12. 24. 개정)

1. 합병법인이 피합병법인으로부터 승계받은 사업을 폐지하는 경우 (2010. 12. 30. 개정)

2. 대통령령으로 정하는 피합병법인의 주주 등이 합병법인으로부터 받은 주식 등을 처분하는 경우 (2010. 12. 30. 개정)

3. 각 사업연도 종료일 현재 합병법인에 종사하는 대통령령으로 정하는 근로자(이하 이 호에서 "근로자"라 한다) 수가 합병등기일 1개월 전 당시 피합병법인과 합병법인에 각각 종사하는 근로자 수의 합의 100분의 80 미만으로 하락하는 경우 (2017. 12. 19. 신설)

제80조의 4 【적격합병 과세특례에 대한 사후관리】 ① 합병법인은 법 제44조의 3 제1항에 따라 피합병법인의 자산을 장부가액으로 양도받은 경우 양도받은 자산 및 부채의 가액을 합병등기일 현재의 시가로 계상하되, 시가에서 피합병법인의 장부가액(제85조 제1호에 해당하는 세무조정사항이 있는 경우에는 그 세무조정사항 중 익금불산입액은 더하고 손금불산입액은 뺀 가액으로 한다)을 뺀 금액이 0보다 큰 경우에는 그 차액을 익금에 산입하고 이에 상당하는 금액을 자산조정계정으로 손금에 산입하며, 0보다 작은 경우에는 시가와 장부가액의 차액을 손금에 산입하고 이에 상당하는 금액을 자산조정계정으로 익금에 산입한다. 이 경우 계상한 자산조정계정은 다음 각 호의 구분에 따라 처리한다. (2017. 2. 3. 개정)

1. 감가상각자산에 설정된 자산조정계정 : 자산조정계정으로 손금에 산입한 경우에는 해당 자산의 감가상각비(해당 자산조정계정에 상당하는 부분에 대한 것만 해당한다)와 상계하고, 자산조정계정으로 익금에 산입한 경우에는 감가상각비에 가산. 이 경우 해당 자산을 처분하는 경우에는 상계 또는 더하고 남은 금액을 그 처분하는 사업연도에 전액 익금 또는 손금에 산입한다. (2017. 2. 3. 개정)

2. 제1호 외의 자산에 설정된 자산조정계정 : 해당 자산을 처분하는 사업연도에 전액 익금 또는 손금에 산입. 다만, 자기주식을 소각하는 경우에는 익금 또는 손금에 산입하지 아니하고 소멸한다. (2010. 6. 8. 신설)

② 합병법인은 제1항에 따라 피합병법인의 자산을 장부가액으로 양도받은 경우 피합병법인이 합병 전에 적용받던 법 제59조에 따른 감면 또는 세액공제를 승계하여 감면 또는 세액공제의 적용을 받을 수 있다. 이 경우 법 또는 다른 법률에 해당 감면 또는 세액공제의 요건 등에 관한 규정이 있는 경우에는 합병법인이 그 요건 등을 모두 갖춘 경우에만 이를 적용한다. (2010. 12. 30. 신설)

③ 법 제44조의 3 제3항 각 호 외의 부분 본문에서 "대통령령으로 정하는 기간"이란 합병등기일이 속하는 사업연도의 다음 사업연도의 개시일부터 2년(같은 항 제3호의 경우에는 3년)을 말한다. (2018. 2. 13. 개정)

④ 합병법인이 법 제44조의 3 제3항 각 호의 어느 하나에 해당하는

④ 제3항에 따라 양수한 자산의 장부가액과 제44조의 2 제1항에 따른 시가와의 차액 등을 익금에 산입한 합병법인은 피합병법인에 지급한 양도가액과 피합병법인의 합병등기일 현재의 순자산시가와의 차액을 제3항 각 호의 사유가 발생한 날부터 합병등기일 이후 5년이 되는 날까지 대통령령으로 정하는 바에 따라 익금 또는 손금에 산입한다. (2018. 12. 24. 개정)

⑤ 제1항을 적용받는 합병법인은 대통령령으로 정하는 바에 따라 합병으로 양도받은 자산에 관한 명세서를 납세지 관할 세무서장에게 제출하여야 한다. (2018. 12. 24. 항번개정)

⑥ 제1항부터 제4항까지의 규정에 따른 승계받은 사업의 폐지에 관한 판정기준, 익금산입액 및 손금산입액의 계산과 그 산입방법 등에 관하여 필요한 사항은 대통령령으로 정한다. (2018. 12. 24. 개정)

● 예판 ···

• 합병법인이 승계한 피합병법인의 이월결손금은 피합병법인의 각 사업연도 소득의 100분의 60(2018. 1. 1.부터 2018. 12. 31.까지 개시하는 사업연도는 100분의 70)을 초과하지 않는 범위 내에서 합병법인의 각 사업연도의 과세표준 계산 시 공제하는 것임. (서면－2018－법령해석법인－2313, 2019. 2. 28.)

• 「자본잠식상태에 있지 아니한 내국법인의 완전자회사(피합병법인)」가 「해당 내국법인의 다른 완전자회사(합병법인)」에 무증자합병(합병비율 1:0)됨에 따라, 해당 내국법인(모법인)이 보유한 피합병법인 주식이 전부 소멸된 경우에는 「피합병법인 주식의 세무상 장부가액」을 「합병법인 주식의 장부가액」에 가산하도록 세무조정하는 것임. (사전－2022－법규법인－1013, 2023. 1. 27.)

···

집행기준 44의 3-0-1 【적격 합병시 합병법인의 과세특례】

① 적격합병 요건을 갖춘 경우 피합병법인의 자산을 장부가액으로 양도받은 것으로 보며, 이 경우 양도받은 자산 및 부채의 가액을 합병등기일 현재의 시가로 계상하되, 시가에서 피합병법인의 장부가액(승계되는 세무조정사항이 있는 경우에는 익금불산입액은 더하고, 손금불산입액은 뺀 가액)을 뺀 금액을 자산조정계정으로 계상하며 자산조정계정은 다음과 같이 조정한다.

경우에는 제1항에 따라 계상된 자산조정계정 잔액의 총합계액(총합계액이 0보다 큰 경우에 한정하며, 총합계액이 0보다 작은 경우에는 없는 것으로 본다)과 법 제44조의 3 제2항에 따라 피합병법인으로부터 승계받은 결손금 중 공제한 금액 전액을 익금에 산입한다. 이 경우 제1항에 따라 계상된 자산조정계정은 소멸하는 것으로 한다. (2010. 12. 30. 항번개정)

⑤ 제4항에 따라 자산조정계정 잔액의 총합계액을 익금에 산입한 경우 합병매수차익 또는 합병매수차손에 상당하는 금액은 다음 각 호의 구분에 따라 처리한다. (2010. 12. 30. 개정)

1. 합병 당시 합병법인이 피합병법인에 지급한 양도가액이 피합병법인의 합병등기일 현재의 순자산시가에 미달하는 경우 : 합병매수차익에 상당하는 금액을 법 제44조의 3 제3항 각 호의 어느 하나에 해당하는 사유가 발생한 날이 속하는 사업연도에 손금에 산입하고, 그 금액에 상당하는 금액을 합병등기일부터 5년이 되는 날까지 다음 각 목의 구분에 따라 분할하여 익금에 산입 (2010. 6. 8. 신설)

가. 법 제44조의 3 제3항 각 호의 어느 하나의 사유가 발생한 날이 속하는 사업연도 : 합병매수차익에 합병등기일부터 해당 사업연도 종료일까지의 월수를 60월로 나눈 비율을 곱한 금액(월수는 역에 따라 계산하되 1월 미만의 일수는 1월로 한다)을 익금에 산입 (2025. 2. 28. 개정)

나. 가목의 사업연도 이후의 사업연도부터 합병등기일부터 5년이 되는 날이 속하는 사업연도 : 합병매수차익에 해당 사업연도의 월수를 60월로 나눈 비율을 곱한 금액(합병등기일이 속하는 월의 일수가 1월 미만인 경우 합병등기일부터 5년이 되는 날이 속하는 월은 없는 것으로 한다)을 익금에 산입 (2010. 6. 8. 신설)

2. 합병 당시 합병법인이 피합병법인에 지급한 양도가액이 피합병법인의 합병등기일 현재의 순자산시가를 초과하는 경우 : 합병매수차손에 상당하는 금액을 법 제44조의 3 제3항 각 호의 어느 하나에 해당하는 사유가 발생한 날이 속하는 사업연도에 익금에 산입하되, 제80조의 3 제2항에 해당하는 경우에 한정하여 그 금액에 상당하는

금액을 합병등기일부터 5년이 되는 날까지 다음 각 목의 구분에 따라 분할하여 손금에 산입 (2010. 6. 8. 신설)

가. 법 제44조의 3 제3항 각 호의 어느 하나의 사유가 발생한 날이 속하는 사업연도 : 합병매수차손에 합병등기일부터 해당 사업연도 종료일까지의 월수를 60월로 나눈 비율을 곱한 금액(월수는 역에 따라 계산하되 1월 미만의 일수는 1월로 한다)을 손금에 산입 (2025. 2. 28. 개정)

나. 가목의 사업연도 이후의 사업연도부터 합병등기일부터 5년이 되는 날이 속하는 사업연도 : 합병매수차손에 해당 사업연도의 월수를 60월로 나눈 비율을 곱한 금액(합병등기일이 속하는 월의 일수가 1월 미만인 경우 합병등기일부터 5년이 되는 날이 속하는 월은 없는 것으로 한다)을 손금에 산입 (2010. 6. 8. 신설)

⑥ 합병법인이 법 제44조의 3 제3항 각 호의 어느 하나에 해당하는 경우에는 합병법인의 소득금액 및 과세표준을 계산할 때 제85조 제1호에 따라 승계한 세무조정사항 중 익금불산입액은 더하고 손금불산입액은 빼며, 피합병법인으로부터 승계하여 공제한 감면 또는 세액공제액 상당액을 해당 사유가 발생한 사업연도의 법인세에 더

☞ p.413 2단 연결

구 분		자산조정계정의 처리
감가상각자산	자산조정계정 > 0	해당 자산의 감가상각비와 상계 해당 자산을 처분하는 경우 잔액을 익금산입
	자산조정계정 < 0	해당 자산의 감가상각비에 가산 해당 자산을 처분하는 경우 잔액을 손금산입
비상각자산	자산조정계정 > 0	해당 자산을 처분하는 경우 전액 익금 또는 손금산입
	자산조정계정 < 0	자기주식을 소각하는 경우에는 익금 또는 손금에 산입하지 아니하고 소멸

② 피합병법인의 합병등기일 현재의 이월결손금, 세무조정사항을 승계한다.

③ 피합병법인의 합병 전에 적용받던 감면 또는 세액공제를 승계하여 적용받을 수 있다. 이 경우 법인세법 또는 다른 법률에 해당 감면 또는 세액공제의 요건 등에 관한 규정이 있는 경우에는 합병법인이 그 요건 등을 모두 갖춘 경우에만 이를 적용한다.

(2024. 10. 31. 개정)

집행기준 44의 3-0-2 【적격 합병시 합병법인의 과세특례 사후관리】

① 피합병법인의 자산을 장부가액으로 양수한 합병법인은 합병등기일이 속하는 사업연도의 다음 사업연도의 개시일부터 2년('다'의 경우에는 3년) 내에 다음의 사유가 발생하는 경우에는 그 사유가 발생한 날이 속하는 사업연도의 소득금액 계산시 다음의 금액을 익금에 산입한다.

1. 익금산입 사유

    가. 합병법인이 피합병법인으로부터 승계받은 사업을 폐지하는 경우

    나. 피합병법인의 일정 지배주주 등이 합병법인으로부터 받은 주식 등을 처분하는 경우

    다. 각 사업연도 종료일 현재 합병법인에 종사하는 일정 근로자 수가 합병등기일 1개월 전 당시 피합병법인과 합병법인에 각각 종사하는 근로자 수의 합의 100분의 80 미만으로 하락하는 경우

2. 익금산입액(가 + 나)

    가. 자산조정계정 잔액의 총합계액(총합계액이 0보다 큰 경우에 한정하며, 총합계액이 0보다 작은 경우에는 없는 것으로 한다)

    나. 승계받은 결손금 중 공제한 금액

② 제1항의 익금산입사유에 해당하는 경우에는 합병법인의 소득금액 및 과세표준을 계산할 때 피합병법인으로부터 승계한 세무조정사항 중 익금불산입액은 더하고 손금불산입액은 빼며, 피합병법인으로부터 승계하여 공제한 감면·세액공제액 등은 제1항의 익금산입 사유가 발생한 사업연도의 법인세에 더하

여 납부하고, 해당 사유가 발생한 사업연도부터 적용하지 아니한다. (2012. 2. 2. 개정)

⑦ 법 제44조의 3 제3항 각 호 외의 부분 단서에서 "대통령령으로 정하는 부득이한 사유가 있는 경우"란 다음 각 호의 어느 하나에 해당하는 경우를 말한다. (2010. 12. 30. 항번개정)

1. 법 제44조의 3 제3항 제1호에 대한 부득이한 사유가 있는 것으로 보는 경우 : 합병법인이 제80조의 2 제1항 제2호 각 목의 어느 하나에 해당하는 경우 (2010. 6. 8. 신설)

2. 법 제44조의 3 제3항 제2호에 대한 부득이한 사유가 있는 것으로 보는 경우 : 제9항에 따른 주주등이 제80조의 2 제1항 제1호 각 목의 어느 하나에 해당하는 경우 (2010. 12. 30. 개정)

3. 법 제44조의 3 제3항 제3호에 대한 부득이한 사유가 있는 것으로 보는 경우 : 합병법인이 제80조의 2 제1항 제3호 가목부터 다목까지 중 어느 하나에 해당하는 경우 (2018. 2. 13. 신설)

⑧ 합병법인이 제3항에 따른 기간 중 피합병법인으로부터 승계한 자산가액의 2분의 1 이상을 처분하거나 사업에 사용하지 아니하는 경우에는 피합병법인으로부터 승계받은 사업을 폐지한 것으로 본다. 다만, 피합병법인이 보유하던 합병법인의 주식을 승계받아 자기주식을 소각하는 경우에는 해당 합병법인의 주식을 제외하고 피합병법인으로부터 승계받은 자산을 기준으로 사업을 계속하는지 여부를 판정하되, 승계받은 자산이 합병법인의 주식만 있는 경우에는 사업을 계속하는 것으로 본다. (2019. 2. 12. 개정)

⑨ 법 제44조의 3 제3항 제2호에서 "대통령령으로 정하는 피합병법인의 주주등"이란 제80조의 2 제5항에 따른 주주등을 말한다. (2010. 12. 30. 개정)

⑩ 법 제44조의 3 제3항 제3호에서 "대통령령으로 정하는 근로자"란 「근로기준법」에 따라 근로계약을 체결한 내국인 근로자를 말한다. (2018. 2. 13. 신설)

⑪ 제1항에 따라 자산조정계정을 계상한 합병법인은 법 제60조에 따른 신고와 함께 기획재정부령으로 정하는 자산조정계정에 관한 명세서를 납세지 관할 세무서장에게 제출하여야 한다. (2018. 2. 13. 항번개정)

여 납부한 후 해당 사업연도부터 감면 또는 세액공제를 적용하지 아니한다.
③ 제1항과 같이 익금에 산입한 경우에는 합병법인이 피합병법인에 지급한 양수대가와 피합병법인의 합병등기일 현재의 순자산시가와의 차액을 위의 익금산입 사유가 발생한 날부터 합병등기일 이후 5년이 되는 날까지 익금 또는 손금에 산입한다.

(2024. 10. 31. 개정)

제45조 【합병 시 이월결손금 등 공제 제한】 (2009. 12. 31. 제목개정)

① 합병법인의 합병등기일 현재 제13조 제1항 제1호에 따른 결손금 중 제44조의 3 제2항에 따라 합병법인이 승계한 결손금을 제외한 금액은 합병법인의 각 사업연도의 과세표준을 계산할 때 피합병법인으로부터 승계받은 사업에서 발생한 소득금액[제113조 제3항 단서에 해당되어 회계를 구분하여 기록하지 아니한 경우에는 그 소득금액을 대통령령으로 정하는 자산가액 비율로 안분계산(按分計算)한 금액으로 한다. 이하 이 조에서 같다]의 범위에서는 공제하지 아니한다. (2020. 12. 22. 개정)
② 제44조의 3 제2항에 따라 합병법인이 승계한 피합병법인의 결손금은 피합병법인으로부터 승계받은 사업에서 발생한 소득금액의 범위에서 합병법인의 각 사업연도의 과세표준을 계산할 때 공제한다. (2010. 12. 30. 개정)
③ 적격합병을 한 합병법인은 합병법인과 피합병법인이 합병 전 보유하던 자산의 처분손실(합병등기일 현재 해당 자산의 제52조 제2항에 따른 시가가 장부가액보다 낮은 경우로서 그 차액을 한도로 하며, 합병등기일 이후 5년 이내에 끝나는 사업연도에 발생한 것만 해당한다)을 각각 합병 전 해당 법인의 사업에서 발생한 소득금액(해당 처분손실을 공제하기 전 소득금액을 말한다)의 범위에서 해당 사업연도의 소득금액을 계산할 때 손금에 산입한다. 이 경우 손금에 산입하지 아니한 처분손실은 자산 처분 시 각각 합병 전 해당 법인의 사업에서 발생한 결손금으로 보아 제1항 및 제2항을 적용한다. (2016. 12. 20. 개정)
④ 제44조의 3 제2항에 따라 합병법인이 승계한 피합병법인의 감면 또는 세액공제는 피합병법인으로부터 승계받은 사업에서 발생한 소득금

제81조 【합병에 따른 이월결손금 등의 승계】 (2010. 12. 30. 제목개정)

① 법 제45조 제1항에서 "대통령령으로 정하는 자산가액 비율"이란 합병등기일 현재 합병법인과 피합병법인의 사업용 자산가액 비율을 말한다. 이 경우 합병법인이 승계한 피합병법인의 사업용 자산가액은 승계결손금을 공제하는 각 사업연도의 종료일 현재 계속 보유(처분 후 대체하는 경우를 포함한다)·사용하는 자산에 한정하여 그 자산의 합병등기일 현재 가액에 따른다. (2019. 2. 12. 개정)
② 법 제45조 제2항에 따라 합병법인이 각 사업연도의 과세표준을 계산할 때 승계하여 공제하는 결손금은 합병등기일 현재의 피합병법인의 법 제13조 제1항 제1호에 따른 결손금(합병등기일을 사업연도의 개시일로 보아 계산한 금액을 말한다)으로 하되, 합병등기일이 속하는 사업연도의 다음 사업연도부터는 매년 순차적으로 1년이 지난 것으로 보아 계산한 금액(이하 이 조에서 "승계결손금의 범위액"이라 한다)으로 한다. (2019. 2. 12. 개정)
③ 합병법인은 법 제44조의 3 제2항에 따라 피합병법인으로부터 승계받은 감면 또는 세액공제를 다음 각 호에 따라 적용받을 수 있다. (2010. 12. 30. 신설)
1. 법 제59조 제1항 제1호에 따른 감면(일정기간에 걸쳐 감면되는 것으로 한정한다)의 경우에는 합병법인이 승계받은 사업에서 발생한 소득에 대하여 합병 당시의 잔존감면기간내에 종료하는 각 사업연도분까지 그 감면을 적용 (2010. 12. 30. 신설)
2. 법 제59조 제1항 제3호에 따른 세액공제(외국납부세액공제를 포함한다)로서 이월된 미공제액의 경우에는 합병법인이 다음 각 목의 구분에 따라 이월공제잔여기간 내에 종료하는 각 사업연도분까지 공

☞
통칙 45-81…1 【합병에 따른 이월결손금 공제 시 사업용 자산가액 비율 산정방법】 (2024. 3. 15. 제목개정)

「법인세법」 제45조를 적용함에 있어서 중소기업 등에 해당하여 구분경리의 예외가 인정되는 경우 소득금액은 결손금을 공제하는 각 사업연도의 종료일 현재 합병법인이 계속 보유 사용하는 사업용 자산에 한정하여 같은 법 시행령 제81조에 따른 자산가액 비율로 안분계산한다. (2024. 3. 15. 개정)

액 또는 이에 해당하는 법인세액의 범위에서 대통령령으로 정하는 바에 따라 이를 적용한다. (2010. 12. 30. 개정)
⑤ 제1항과 제2항에 따른 합병법인의 합병등기일 현재 결손금과 합병법인이 승계한 피합병법인의 결손금에 대한 공제는 제13조 제1항 각 호 외의 부분 단서에도 불구하고 다음 각 호의 구분에 따른 소득금액의 100분의 80(중소기업과 회생계획을 이행 중인 기업 등 대통령령으로 정하는 법인의 경우는 100분의 100)을 한도로 한다. (2022. 12. 31. 개정)
1. 합병법인의 합병등기일 현재 결손금의 경우: 합병법인의 소득금액에서 피합병법인으로부터 승계받은 사업에서 발생한 소득금액을 차감한 금액 (2019. 12. 31. 신설)
2. 합병법인이 승계한 피합병법인의 결손금의 경우: 피합병법인으로부터 승계받은 사업에서 발생한 소득금액 (2019. 12. 31. 신설)
⑥ 합병법인의 합병등기일 현재 제24조 제2항 제1호 및 제3항 제1호에 따른 기부금 중 같은 조 제5항에 따라 이월된 금액으로서 그 후의 각 사업연도의 소득금액을 계산할 때 손금에 산입하지 아니한 금액(이하 이 조에서 "기부금한도초과액"이라 한다) 중 제44조의 3 제2항에 따라 합병법인이 승계한 기부금한도초과액을 제외한 금액은 합병법인의 각 사업연도의 소득금액을 계산할 때 합병 전 합병법인의 사업에서 발생한 소득금액을 기준으로 제24조 제2항 제2호 및 제3항 제2호에 따른 기부금 각각의 손금산입한도액의 범위에서 손금에 산입한다. (2020. 12. 22. 신설)
⑦ 피합병법인의 합병등기일 현재 기부금한도초과액으로서 제44조의 3 제2항에 따라 합병법인이 승계한 금액은 합병법인의 각 사업연도의 소득금액을 계산할 때 피합병법인으로부터 승계받은 사업에서 발생한 소득금액을 기준으로 제24조 제2항 제2호 및 제3항 제2호에 따른 기부금 각각의 손금산입한도액의 범위에서 손금에 산입한다. (2020. 12. 22. 신설)
⑧ 제1항부터 제7항까지의 규정에 따른 각 사업연도의 과세표준을 계산할 때 공제하는 결손금의 계산, 양도받은 자산의 처분손실 손금산입, 승계받은 기부금한도초과액 손금산입, 승계받은 사업에서 발생하는 소득금액에 해당하는 법인세액의 계산 등에 필요한 사항은 대통령령으로 정한다. (2020. 12. 22. 개정)

제 (2010. 12. 30. 신설)
가. 이월된 외국납부세액공제 미공제액 : 승계받은 사업에서 발생한 국외원천소득을 해당 사업연도의 과세표준으로 나눈 금액에 해당 사업연도의 세액을 곱한 금액의 범위에서 공제 (2010. 12. 30. 신설)
나. 「조세특례제한법」 제132조에 따른 법인세 최저한세액(이하 이 조에서 "법인세 최저한세액"이라 한다)에 미달하여 공제받지 못한 금액으로서 같은 법 제144조에 따라 이월된 미공제액 : 승계받은 사업부문에 대하여 「조세특례제한법」 제132조를 적용하여 계산한 법인세 최저한세액의 범위에서 공제. 이 경우 공제하는 금액은 합병법인의 법인세 최저한세액을 초과할 수 없다. (2010. 12. 30. 신설)
다. 가목 및 나목 외에 납부할 세액이 없어 공제받지 못한 금액으로서 「조세특례제한법」 제144조에 따라 이월된 미공제액 : 승계받은 사업부문에 대하여 계산한 법인세 산출세액의 범위에서 공제 (2010. 12. 30. 신설)
④ 피합병법인의 사업을 승계한 합병법인의 결손금 공제, 익금산입, 법인세 가산 및 기부금한도초과액을 손금산입 할 때 사업의 계속 또는 폐지의 판정과 적용에 관하여는 제80조의 2 제7항 및 제80조의 4 제8항을 준용한다. (2021. 2. 17. 개정)
⑤~⑥ 삭 제 (2009. 2. 4.)

집행기준 45-0-1【합병 후 이월결손금 등의 공제 제한】

① 합병법인의 이월결손금 : 합병법인의 합병등기일 현재 이월결손금은 피합병법인으로부터 승계받은 사업에서 발생한 소득금액의 범위에서는 공제하지 아니한다.

② 피합병법인으로부터 승계한 이월결손금 : 적격합병으로 합병법인이 피합병법인으로부터 승계한 결손금은 피합병법인으로부터 승계받은 사업에서 발생한 소득금액의 범위에서 공제한다.

③ 합병 전 보유 자산 처분손실 : 적격합병을 한 합병법인은 합병법인과 피합병법인이 합병전 보유하던 자산의 처분손실(합병등기일 현재 해당 자산의 제52조 제2항에 따른 시가가 장부가액보다 낮은 경우로서 그 차액을 한도로 하며, 합병등기일 이후 5년 이내에 끝나는 사업연도에 발생한 것만 해당)은 각각 합병 전 해당법인의 사업에서 발생한 소득금액(해당 처분손실을 공제하기 전 소득금액을 말한다)의 범위에서 해당 사업연도에 손금산입이 허용된다. 이 경우 손금에 산입하지 아니한 처분손실은 자산 처분 시 각각 합병 전 해당 법인의 사업에서 발생한 결손금으로 본다.

④ 승계받은 감면 또는 세액공제 : 피합병법인으로부터 승계받은 사업에서 발생한 소득에 대하여 합병당시 잔존감면기간 내에 종료하는 사업연도분까지 해당 감면을 적용하며, 이월세액공제액은 이월공제잔여기간 내에 종료하는 사업연도분까지 세액공제한다.

⑤ 구분경리 : 합병법인은 다음에 따른 기간 동안 자산·부채 및 손익을 피합병법인으로부터 승계받은 사업에 속하는 것과 그 밖의 사업에 속하는 것을 각각 다른 회계로 구분하여 기록하여야 한다. 다만, 중소기업 간 또는 동일사업을 하는 법인 간에 합병하는 경우에는 회계를 구분하여 기록하지 아니할 수 있다.

1. 합병등기일 현재 합병법인의 이월결손금이 있는 경우 또는 피합병법인의 이월결손금을 공제받으려는 경우 : 그 결손금 또는 이월결손금을 공제받는 기간

2. 그 밖의 경우 : 합병 후 5년간

(2024. 10. 31. 개정)

제46조【분할 시 분할법인등에 대한 과세】(2009. 12. 31. 제목개정)

① 내국법인이 분할로 해산하는 경우[물적분할(物的分割)은 제외한다. 이하 이 조 및 제46조의 2부터 제46조의 4까지에서 같다]에는 그 법인의 자산을 분할신설법인 또는 분할합병의 상대방 법인(이하 "분할신설법인 등"이라 한다)에 양도한 것으로 본다. 이 경우 그 양

도에 따라 발생하는 양도손익(제1호의 가액에서 제2호의 가액을 뺀 금액을 말한다. 이하 이 조 및 제46조의 3에서 같다)은 분할법인 또는 소멸한 분할합병의 상대방 법인(이하 "분할법인 등"이라 한다)이 분할등기일이 속하는 사업연도의 소득금액을 계산할 때 익금 또는 손금에 산입한다. (2011. 12. 31. 개정)

1. 분할법인 등이 분할신설법인 등으로부터 받은 양도가액 (2010. 12. 30. 개정)

2. 분할법인 등의 분할등기일 현재의 순자산 장부가액 (2010. 12. 30. 개정)

② 제1항을 적용할 때 다음 각 호의 요건을 모두 갖춘 분할(이하 "적격분할"이라 한다)의 경우에는 제1항 제1호의 가액을 분할법인등의 분할등기일 현재의 순자산 장부가액으로 보아 양도손익이 없는 것으로 할 수 있다. 다만, 대통령령으로 정하는 부득이한 사유가 있는 경우에는 제2호·제3호 또는 제4호의 요건을 갖추지 못한 경우에도 적격분할로 보아 대통령령으로 정하는 바에 따라 양도손익이 없는 것으로 할 수 있다. (2018. 12. 24. 개정)

1. 분할등기일 현재 5년 이상 사업을 계속하던 내국법인이 다음 각 목의 요건을 모두 갖추어 분할하는 경우일 것(분할합병의 경우에는 소멸한 분할합병의 상대방법인 및 분할합병의 상대방법인이 분할등기일 현재 1년 이상 사업을 계속하던 내국법인일 것) (2011. 12. 31. 개정)

   가. 분리하여 사업이 가능한 독립된 사업부문을 분할하는 것일 것 (2011. 12. 31. 신설)

   나. 분할하는 사업부문의 자산 및 부채가 포괄적으로 승계될 것. 다만, 공동으로 사용하던 자산, 채무자의 변경이 불가능한 부채 등 분할하기 어려운 자산과 부채 등으로서 대통령령으로 정하는 것은 제외한다. (2011. 12. 31. 신설)

   다. 분할법인 등만의 출자에 의하여 분할하는 것일 것 (2011. 12. 31. 신설)

2. 분할법인 등의 주주가 분할신설법인 등으로부터 받은 분할대가의 전액이 주식인 경우(분할합병의 경우에는 분할대가의 100분의 80 이상이 분할신설법인등의 주식인 경우 또는 분할대가의 100분의 80 이상이 분할합병의 상대방 법인의 발행주식총수

제82조 【분할에 따른 양도손익의 계산】 (2010. 6. 8. 제목개정)
① 법 제46조 제1항 제1호에 따른 양도가액은 다음 각 호의 금액으로 한다. (2010. 6. 8. 개정)

1. 적격분할의 경우 : 법 제46조 제1항 제2호에 따른 분할법인등(이하 "분할법인등"이라 한다)의 분할등기일 현재의 순자산장부가액 (2012. 2. 2. 개정)

2. 제1호 외의 경우 : 다음 각 목의 금액을 모두 더한 금액 (2010. 6. 8. 개정)

   가. 분할신설법인등이 분할로 인하여 분할법인의 주주에 지급한 분할신설법인등의 주식(분할합병의 경우에는 분할등기일 현재 분할합병의 상대방 법인의 발행주식총수 또는 출자총액을 소유하고 있는 내국법인의 주식을 포함한다. 이하 같다)의 가액 및 금전이나 그 밖의 재산가액의 합계액. 다만, 분할합병의 경우 분할합병의 상대방법인이 분할등기일 전 취득한 분할법인의 주식[신설분할합병 또는 3 이상의 법인이 분할합병하는 경우에는 분할등기일 전 분할법인이 취득한 다른 분할법인의 주식(분할합병으로 분할합병의 상대방법인이 승계하는 것에 한정한다), 분할등기일 전 분할합병의 상대방 법인이 취득한 소멸한 분할합병의 상대방법인의 주식 또는 분할등기일 전 소멸한 분할합병의 상대방법인이 취득한 분할법인의 주식과 다른 소멸한 분할합병의 상대방법인의 주식을 포함한다. 이하 "분할합병포합주식"이라 한다]이 있는 경우에는 그 주식에 대하여 분할신설법인등의 주식(이하 "분할합병교부주식"이라 한다)을 교부하지 아니하더라도 그 지분비율에 따라 분할합병교부주식을 교부한 것으로 보아 분할합병의 상대방법인의 주식의 가액을 계산한다. (2019. 2. 12. 개정)

상 법

제530조의 2 【회사의 분할·분할합병】
① 회사는 분할에 의하여 1개 또는 수개의 회사를 설립할 수 있다. (98. 12. 28 신설)
② 회사는 분할에 의하여 1개 또는 수개의 존립중의 회사와 합병(이하 "분할합병"이라 한다)할 수 있다. (98. 12. 28 신설)
③ 회사는 분할에 의하여 1개 또는 수개의 회사를 설립함과 동시에 분할합병할 수 있다. (98. 12. 28 신설)
④ 해산후의 회사는 존립중의 회사를 존속하는 회사로 하거나 새로 회사를 설립하는 경우에 한하여 분할 또는 분할합병할 수 있다. (98. 12. 28 신설)

제530조의 12 【물적 분할】 이 절의 규정은 분할되는 회사가 분할 또는 분할합병으로 인하여 설립되는 회사의 주식의 총수를 취득하는 경우에 이를 준용한다. (98. 12. 28 신설)

또는 출자총액을 소유하고 있는 내국법인의 주식인 경우를 말한다)로서 그 주식이 분할법인 등의 주주가 소유하던 주식의 비율에 따라 배정(분할합병의 경우에는 대통령령으로 정하는 바에 따라 배정한 것을 말한다)되고 대통령령으로 정하는 분할법인 등의 주주가 분할등기일이 속하는 사업연도의 종료일까지 그 주식을 보유할 것 (2016. 12. 20. 개정)

2. 분할법인 등의 주주가 분할신설법인 등으로부터 받은 분할대가의 전액이 주식인 경우(분할합병의 경우에는 분할대가의 100분의 80 이상이 분할신설법인등의 주식인 경우 또는 분할대가의 100분의 80 이상이 분할합병의 상대방 법인의 발행주식총수 또는 출자총액을 소유하고 있는 내국법인의 주식인 경우를 말한다)로서 그 주식이 분할법인 등의 주주가 소유하던 주식의 비율 등을 고려하여 대통령령으로 정하는 바에 따라 배정되고, 대통령령으로 정하는 분할법인 등의 주주가 분할등기일이 속하는 사업연도의 종료일까지 그 주식을 보유할 것 (2024. 12. 31. 개정)

편주 ●●●●●●●●●●●●●●●●●●●●●●●●●●●●●●●●●●●●●●●

법 46조 2항 2호의 개정규정은 2025. 1. 1. 이후 내국법인이 분할하는 경우부터 적용함. (법 부칙(2024. 12. 31.) 4조)

●●●●●●●●●●●●●●●●●●●●●●●●●●●●●●●●●●●●●●●

3. 분할신설법인 등이 분할등기일이 속하는 사업연도의 종료일까지 분할법인 등으로부터 승계받은 사업을 계속할 것 (2010. 12. 30. 개정)
4. 분할등기일 1개월 전 당시 분할하는 사업부문에 종사하는 대통령령으로 정하는 근로자 중 분할신설법인등이 승계한 근로자의 비율이 100분의 80 이상이고, 분할등기일이 속하는 사업연도의 종료일까지 그 비율을 유지할 것 (2017. 12. 19. 신설)
③ 제2항에도 불구하고 부동산임대업을 주업으로 하는 사업부문 등 대통령령으로 정하는 사업부문을 분할하는 경우에는 적격분할로 보지 아니한다. (2020. 12. 22. 신설)
④ 제1항과 제2항에 따른 양도가액 및 순자산 장부가액의 계산, 분리하여 사업이 가능한 독립된 사업부문 여부에 관한 판정기준, 분할대가의 계산, 승계받은 사업의 계속 여부에 관한 판정기준 등에 관하여 필요한 사항은 대통령령으로 정한다. (2020. 12. 22. 항번개정)

나. 분할신설법인등이 납부하는 분할법인의 법인세 및 그 법인세(감면세액을 포함한다)에 부과되는 국세와 「지방세법」 제88조 제2항에 따른 법인지방소득세의 합계액 (2017. 2. 3. 개정)
② 법 제46조 제1항 제2호에 따른 분할법인등의 순자산장부가액을 계산할 때 「국세기본법」에 따라 환급되는 법인세액이 있는 경우에는 이에 상당하는 금액을 분할법인등의 분할등기일 현재의 순자산장부가액에 더한다. (2010. 6. 8. 개정)
③ 제1항 제1호를 적용받으려는 분할법인등은 법 제60조에 따른 과세표준 신고를 할 때 분할신설법인등과 함께 기획재정부령으로 정하는 분할과세특례신청서를 납세지 관할 세무서장에게 제출하여야 한다. 이 경우 분할신설법인등은 제82조의 4 제10항에 따른 자산조정계정에 관한 명세서를 분할법인등의 납세지 관할 세무서장에게 함께 제출하여야 한다. (2018. 2. 13. 후단개정)

　제82조의 2 【적격분할의 요건 등】 ① 법 제46조 제2항 각 호 외의 부분 단서에서 "대통령령으로 정하는 부득이한 사유가 있는 경우"란 다음 각 호의 어느 하나에 해당하는 경우를 말한다. (2010. 6. 8. 신설)
1. 법 제46조 제2항 제2호에 대한 부득이한 사유가 있는 것으로 보는 경우 : 제8항에 따른 주주가 제80조의 2 제1항 제1호 각 목의 어느 하나에 해당하는 경우 (2016. 2. 12. 개정)
2. 법 제46조 제2항 제3호에 대한 부득이한 사유가 있는 것으로 보는 경우 : 분할신설법인등이 제80조의 2 제1항 제2호 각 목의 어느 하나에 해당하는 경우 (2010. 6. 8. 신설)
3. 법 제46조 제2항 제4호에 대한 부득이한 사유가 있는 것으로 보는 경우 : 분할신설법인등이 제80조의 2 제1항 제3호 가목부터 다목까지 중 어느 하나에 해당하거나 분할등기일 1개월 전 당시 분할하는 사업부문(분할법인으로부터 승계하는 부분을 말한다. 이하 이 조 및 제85조 제1호에서 같다)에 종사하는 제82조의 4 제9항의 근로자가 5명 미만인 경우 (2021. 2. 17. 개정)
② 법 제46조 제3항에서 "부동산 임대업을 주업으로 하는 사업부문 등 대통령령으로 정하는 사업부문"이란 다음 각 호의 어느 하나에 해당하

분할이란 회사가 회사의 재산, 사원 등 일부분을 분리하여 다른 회사에 출자하거나 새로 회사를 설립함으로써 한 회사를 복수의 회사로 만드는 것을 말한다.

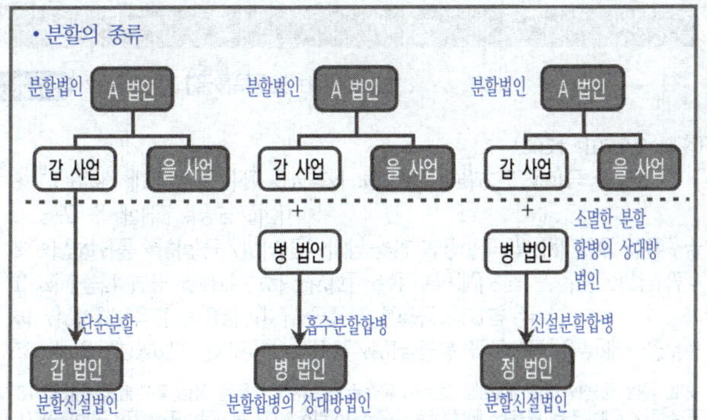

· 분할의 유형
1. 인적분할 : 분할대가를 분할법인(또는 소멸한 분할합병의 상대방법인)의 주주가 교부받는 경우의 분할
2. 물적분할 : 분할대가를 분할법인이 전부 교부받는 분할

(2024. 10. 31. 개정)

① 분할시 과세특례 적용요건은 다음과 같다.

구 분	적 격 분 할 요 건
사업 목적 분할	① 분할등기일 현재 5년 이상 사업을 계속하던 내국법인이 분할하는 것일 것(분할합병의 경우에는 소멸한 분할합병의 상대방법인이 분할등기일 현재 1년 이상 사업을 계속하던 내국법인일 것) ㉠ 분리하여 사업이 가능한 독립된 사업부문을 분할하는 것일 것 ㉡ 분할하는 사업부문의 자산 및 부채가 포괄적으로 승계될 것(단, 공동으로 사용하던 자산, 채무자의 변경이 불가능한 부채 등 분할하기 어려운 자산과 부채 등의 경우에는 제외)

는 사업부문을 말한다. (2021. 2. 17. 개정)

1. 기획재정부령으로 정하는 부동산 임대업을 주업으로 하는 사업부문 (2014. 2. 21. 신설)
2. 분할법인으로부터 승계한 사업용 자산가액(기획재정부령으로 정하는 사업용 자산의 가액은 제외한다) 중 「소득세법」 제94조 제1항 제1호 및 제2호에 따른 자산이 100분의 80 이상인 사업부문 (2021. 2. 17. 개정)
3. 주식등과 그와 관련된 자산·부채만으로 구성된 사업부문 (2014. 2. 21. 신설)
3. 삭 제 (2021. 2. 17.)

③ 주식등과 그와 관련된 자산·부채만으로 구성된 사업부문의 분할은 분할하는 사업부문이 다음 각 호의 어느 하나에 해당하는 사업부문인 경우로 한정하여 법 제46조 제2항 제1호 가목에 따라 분리하여 사업이 가능한 독립된 사업부문을 분할하는 것으로 본다. (2021. 2. 17. 개정)

1. 분할법인이 분할등기일 전일 현재 보유한 모든 지배목적 보유 주식등(지배목적으로 보유하는 주식등으로서 기획재정부령으로 정하는 주식등을 말한다. 이하 이 조에서 같다)과 그와 관련된 자산·부채만으로 구성된 사업부문 (2021. 2. 17. 개정)
2. 「독점규제 및 공정거래에 관한 법률」 및 「금융지주회사법」에 따른 지주회사(이하 이 조에서 "지주회사"라 한다)를 설립하는 사업부문(분할합병하는 경우로서 다음 각 목의 어느 하나에 해당하는 경우에는 지주회사를 설립할 수 있는 사업부문을 포함한다). 다만, 분할하는 사업부문이 지배주주등으로서 보유하는 주식등과 그와 관련된 자산·부채만을 승계하는 경우로 한정한다. (2021. 2. 17. 개정)
   가. 분할합병의 상대방법인이 분할합병을 통하여 지주회사로 전환되는 경우 (2021. 2. 17. 신설)
   나. 분할합병의 상대방법인이 분할등기일 현재 지주회사인 경우 (2021. 2. 17. 신설)
3. 제2호와 유사한 경우로서 기획재정부령으로 정하는 경우 (2014. 2. 21. 신설)

④ 법 제46조 제2항 제1호 나목 단서에서 "공동으로 사용하던 자산, 채무자의 변경이 불가능한 부채 등 분할하기 어려운 자산과 부채 등으

제41조 【독립된 사업부문 및 포괄승계의 판단기준 등】 ① 영 제82조의 2 제2항 제1호에서 "기획재정부령으로 정하는 부동산 임대업을 주업으로 하는 사업부문"이란 분할하는 사업부문(분할법인으로부터 승계하는 부문을 말한다. 이하 이 조에서 같다)이 승계하는 자산총액 중 부동산 임대업에 사용된 자산가액이 100분의 50 이상인 사업부문을 말한다. 이 경우 하나의 분할신설법인등(법 제46조 제1항 전단에 따른 분할신설법인등을 말한다. 이하 같다) 또는 피출자법인이 여러 사업부문을 승계하였을 때에는 분할신설법인등 또는 피출자법인이 승계한 모든 사업부문의 자산가액을 더하여 계산한다. (2018. 3. 21. 개정)

1. 영 제82조의 2 제2항 제1호의 경우 : 분할하는 사업부문(분할법인으로부터 승계하는 부문을 말한다. 이하 이 조에서 같다) (2016. 3. 7. 신설)
2. 영 제84조의 2 제14항 제1호의 경우 : 출자법인의 현물출자를 통하여 피출자법인이 승계하는 사업부문 (2016. 3. 7. 신설)

1. · 2. 삭 제 (2018. 3. 21.)

② 영 제82조의 2 제2항 제2호에서 "기획재정부령으로 정하는 사업용 자산"이란 분할일 현재 3년 이상 계속하여 사업을 경영한 사업부문이 직접 사용한 자산(부동산 임대업에 사용되는 자산은 제외한다)으로서 「소득세법」 제94조 제1항 제1호 및 제2호에 해당하는 자산을 말한다. (2019. 3. 20. 개정)

1. 영 제82조의 2 제2항 제2호의 경우 : 분할일 (2016. 3. 7. 신설)

구 분	적격분할요건
	㉢ 분할법인(소멸한 분할합병의 상대방법인을 포함)만의 출자에 의하여 분할하는 것일 것
지분의 연속성	② 분할법인 등의 주주가 분할신설법인 등으로부터 받은 분할대가의 전액(분할합병의 경우에는 80% 이상)이 주식으로서 그 주식이 분할법인 등의 주주가 소유하던 주식의 비율에 따라 배정되고 분할법인 등의 지배주주 등이 분할등기일이 속하는 사업연도의 종료일까지 그 주식을 보유할 것
사업의 계속성	③ 분할신설법인 등이 분할등기일이 속하는 사업연도의 종료일까지 분할법인 등으로부터 승계받은 사업을 계속할 것
고용 승계	④ 분할등기일 1개월 전 당시 분할하는 사업부문에 종사하는 일정 근로자 중 분할신설법인등이 승계한 근로자의 비율이 100분의 80 이상이고, 분할등기일이 속하는 사업연도의 종료일까지 그 비율을 유지할 것

② 다음은 분리하여 사업이 가능한 독립된 사업부문으로 보지 아니한다.
1. 부동산 임대업을 주업으로 하는 사업부문[1]
2. 승계하는 자산[2] 중 80% 이상이 토지·건물·부동산에 관한 권리인 사업부문
3. 승계하는 자산이 주식 등과 그와 관련된 자산·부채만으로 구성된 사업부문
   [1] 분할하는 사업부문 자산 중 50% 이상이 부동산 임대업에 사용된 경우 해당 사업부문
   [2] 분할일 현재 3년 이상 경영한 사업부문(부동산 임대업 제외)에 직접 사용된 자산 제외
③ 제2항 제3호에도 불구하고 다음의 사업부문을 분할하는 경우에는 분리하여 사업이 가능한 독립된 사업부문을 분할하는 것으로 본다.
1. 지배목적 보유 주식과 그와 관련된 자산·부채만으로 구성된 사업부문
2. 지주회사를 설립하는 사업부문(지배주주로 보유하는 주식과 관련 자산·부채만 승계하는 경우로 한정)
3. 그 밖에 제2호와 유사한 경우로서 기획재정부령으로 정하는 경우
　　　　　　　　　　　　　　　　　　(2024. 10. 31. 개정)

집행기준 46-0-3【분할법인에 대한 과세】

구 분	내 용
과세대상	자산의 양도손익에 대한 법인세
소득금액 계산	분할법인 등이 분할신설법인 등으로부터 받은 양도가액 − 분할법인 등의 분할등기일 현재 순자산 장부가액

로서 대통령령으로 정하는 것"이란 다음 각 호의 자산과 부채를 말한다. (2014. 2. 21. 항번개정)
1. 자산 (2012. 2. 2. 개정)
   가. 변전시설·폐수처리시설·전력시설·용수시설·증기시설 (2012. 2. 2. 개정)
   나. 사무실·창고·식당·연수원·사택·사내교육시설 (2014. 2. 21. 개정)
   다. 물리적으로 분할이 불가능한 공동의 생산시설, 사업지원시설과 그 부속토지 및 자산 (2012. 2. 2. 개정)
   라. 가목부터 다목까지의 자산과 유사한 자산으로서 기획재정부령으로 정하는 자산 (2014. 2. 21. 신설)
2. 부채 (2012. 2. 2. 개정)
   가. 지급어음 (2012. 2. 2. 개정)
   나. 차입조건상 차입자의 명의변경이 제한된 차입금 (2012. 2. 2. 개정)
   다. 분할로 인하여 약정상 차입자의 차입조건이 불리하게 변경되는 차입금 (2012. 2. 2. 개정)
   라. 분할하는 사업부문에 직접 사용되지 아니한 공동의 차입금 (2014. 2. 21. 개정)
   마. 가목부터 라목까지의 부채와 유사한 부채로서 기획재정부령으로 정하는 부채 (2014. 2. 21. 신설)
3. 분할하는 사업부문이 승계하여야 하는 자산·부채로서 분할 당시 시가로 평가한 총자산가액 및 총부채가액의 각각 100분의 20 이하인 자산·부채. 이 경우 분할하는 사업부문이 승계하여야 하는 자산·부채, 총자산가액 및 총부채가액은 기획재정부령으로 정하는 바에 따라 계산하되, 주식등과 제1호의 자산 및 제2호의 부채는 제외한다. (2014. 2. 21. 신설)
⑤ 분할하는 사업부문이 주식등을 승계하는 경우에는 법 제46조 제2항 제1호 나목에 따라 분할하는 사업부문의 자산·부채가 포괄적으로 승계된 것으로 보지 아니한다. 다만, 제3항 각 호에 따라 주식등을 승계하는 경우 또는 이와 유사한 경우로서 기획재정부령으로 정하는 경우에는 그러하지 아니하다. (2014. 2. 21. 신설)
⑥ 법 제46조 제2항 제2호에 따른 분할대가의 총합계액은 제82조 제1

2. 영 제84조의 2 제14항 제2호의 경우 : 현물출자일 (2016. 3. 7. 신설)
1.·2. 삭 제 (2018. 3. 21.)
③ 영 제82조의 2 제3항 제1호에서 "지배목적으로 보유하는 주식등으로서 기획재정부령으로 정하는 주식등"이란 분할법인이 영 제43조 제7항에 따른 지배주주등(이하 "지배주주등"이라 한다)으로서 3년 이상 보유한 주식 또는 출자지분(이하 "주식등"이라 한다)을 말한다. 다만, 분할 후 분할법인이 존속하는 경우에는 해당 주식등에서 제8항 제1호, 제2호 및 제4호에 해당하는 주식등(해당 각 호의 "분할하는 사업부문"을 "분할존속법인"으로 볼 때의 주식등을 말한다)은 제외할 수 있다. (2019. 3. 20. 단서신설)
1. 영 제82조의 2 제3항 제1호의 경우 : 분할법인 (2016. 3. 7. 신설)
2. 영 제84조의 2 제15항 제1호의 경우 : 출자법인 (2016. 3. 7. 신설)
1.·2. 삭 제 (2018. 3. 21.)
④ 영 제82조의 2 제3항 제3호에서 "제2호와 유사한 경우로서 기획재정부령으로 정하는 경우"란 분할하는 사업부문이 다음 각 호의 요건을 모두 갖춘 내국법인을 설립하는 경우를 말한다. 다만, 분할하는 사업부문이 지배주주등으로서 보유하는 주식등과 그와 관련된 자산·부채만을 승계하는 경우로 한정한다. (2018. 3. 21. 개정)
1. 해당 내국법인은 외국법인이 발행한 주식등 외의 다른 주식등을 보유하지 아니할 것 (2017. 3. 10. 신설)

구 분	내 용
과세특례	적격분할요건을 모두 갖춘 분할의 경우에는 분할법인 등이 분할신설법인 등으로부터 받은 양도가액을 분할법인등의 분할등기일 현재의 순자산 장부가액으로 보아 양도손익이 없는 것으로 할 수 있다.

* 분할신설법인 등으로부터 받은 양도가액의 범위

1. 분할교부주식 등의 가액
2. 금전이나 그 밖의 재산가액의 합계액
3. 분할합병포합주식에 대한 간주교부액
   분할합병포함주식에 대해 분할합병교부주식을 교부하지 않더라도 그 지분비율에 따라 분할합병교부주식을 교부한 것으로 보아 가액에 가산
4. 분할신설법인 등이 납부하는 분할법인의 법인세 및 그 법인세에 부과되는 국세 및 지방세

(2024. 10. 31. 개정)

제46조의 2 【분할 시 분할신설법인등에 대한 과세】 (2018. 12. 24. 제목개정)

① 분할신설법인 등이 분할로 분할법인 등의 자산을 승계한 경우에는 그 자산을 분할법인 등으로부터 분할등기일 현재의 시가로 양도받은 것으로 본다. 이 경우 분할법인 등의 각 사업연도의 소득금액 및 과세표준을 계산할 때 익금 또는 손금에 산입하거나 산입하지 아니한 금액, 그 밖의 자산ㆍ부채 등은 대통령령으로 정하는 것만 분할신설법인 등이 승계할 수 있다. (2010. 12. 30. 개정)

집행기준 46의 2-0-1 【비적격 소멸분할시 분할신설법인 등에 대한 과세】
① 분할신설법인 등이 분할로 분할법인 등의 자산을 승계한 경우에는 그 자산을 분할법인 등으로부터 분할등기일 현재의 시가로 양도받은 것으로 보며, 이에 따라 발생하는 분할매수차익ㆍ차손은 5년간 균등 분할하여 익금 또는 손금에 산입한다.

구 분	내 용
분할 매수 차익	• 분할매수차익 = 순자산의 시가* - 양도가액 * 순자산의 시가=분할등기일 현재 자산총액 시가-분할등기일 현재 부채총액 시가 • 분할매수차익은 세무조정계산서에 계상하고 5년간 균등분할 익금산입 분할매수차익 분할익금산입액

항 제2호 가목에 따른 금액으로 하고, 분할합병의 경우에는 법 제46조 제2항 제2호에 따라 분할대가의 총합계액 중 주식등의 가액이 법 제44조 제2항 제2호의 비율 이상인지를 판정할 때 분할합병의 상대방법인이 분할등기일 전 2년 내에 취득한 분할법인의 분할합병포합주식이 있는 경우에는 다음 각 호의 금액을 금전으로 교부한 것으로 본다. 이 경우 신설분할합병 또는 3 이상의 법인이 분할합병하는 경우로서 분할법인이 취득한 다른 분할법인의 주식이 있는 경우에는 그 다른 분할법인의 주식을 취득한 분할법인을 분할합병의 상대방법인으로 보아 다음 각 호를 적용하고, 소멸한 분할합병의 상대방법인이 취득한 분할법인의 주식이 있는 경우에는 소멸한 분할합병의 상대방법인을 분할합병의 상대방법인으로 보아 다음 각 호를 적용하여 계산한 금액을 금전으로 교부한 것으로 본다. (2014. 2. 21. 항번개정)

1. 분할합병의 상대방법인이 분할등기일 현재 분할법인의 제43조 제7항에 따른 지배주주 등이 아닌 경우 : 분할합병의 상대방법인이 분할등기일 전 2년 이내에 취득한 분할합병포합주식이 분할법인 등의 발행주식총수의 100분의 20을 초과하는 경우 그 초과하는 분할합병포합주식에 대하여 교부한 분할합병교부주식(제82조 제1항 제2호 가목 단서에 따라 분할합병교부주식을 교부한 것으로 보는 경우 그 주식을 포함한다)의 가액 (2012. 2. 2. 개정)
2. 분할합병의 상대방법인이 분할등기일 현재 분할법인의 제43조 제7항에 따른 지배주주등인 경우 : 분할등기일 전 2년 이내에 취득한 분할합병포합주식에 대하여 교부한 분할합병교부주식(제82조 제1항 제2호 가목 단서에 따라 분할합병교부주식을 교부한 것으로 보는 경우 그 주식을 포함한다)의 가액 (2012. 2. 2. 개정)

⑦ 법 제46조 제2항 제2호에 따라 분할법인등의 주주에 분할합병으로 인하여 받은 주식을 배정할 때에는 제8항에 따른 주주에 다음 산식에 따른 가액 이상의 주식을 각각 배정하여야 한다. (2016. 2. 12. 개정)
분할법인 등의 주주등이 지급받은 제82조 제1항 제2호 가목에 따른 분할신설법인 등의 주식의 가액의 총합계액 × 제8항에 따른 각 주주의 분할법인 등에 대한 지분비율
⑦ 법 제46조 제2항 제2호에 따라 분할법인등의 주주에 분할 또는 분할합병으로 인하여 받은 주식을 배정할 때에는 제8항에 따른 주주에 다음 산식에 따른 가액 이상의 주식을 각각 배정하여야 한다. (2025.

2. 해당 내국법인이 보유한 외국법인 주식 등 가액의 합계액이 해당 내국법인 자산총액의 100분의 50 이상일 것. 이 경우 외국법인 주식등 가액의 합계액 및 내국법인 자산총액은 분할등기일 현재 재무상태표상의 금액을 기준으로 계산한다. (2018. 3. 21. 후단개정)
3. 분할등기일이 속하는 사업연도의 다음 사업연도 개시일부터 2년 이내에 「자본시장과 금융투자업에 관한 법률 시행령」 제176조의 8 제1항에 따른 유가증권시장 또는 대통령령 제24697호 자본시장과 금융투자업에 관한 법률 시행령 일부개정령 부칙 8조에 따른 코스닥시장에 해당 내국법인의 주권을 상장할 것 (2018. 3. 21. 개정)

⑤ 제4항을 적용할 때 분할등기일이 속하는 사업연도의 종료일까지 해당 내국법인의 주권이 상장되지 아니한 경우에는 분할등기일이 속하는 사업연도의 과세표준 신고기한 종료일까지 해당 내국법인의 주권 상장계획을 확인할 수 있는 서류를 납세지 관할 세무서장에게 제출하여야 제4항 제3호의 요건을 충족한 것으로 보며, 제4항 제3호에 따른 기간 이내에 주권이 상장된 경우에는 주권 상장을 확인할 수 있는 서류를 주권을 상장한 날이 속하는 사업연도의 과세표준 신고기한 종료일까지 납세지 관할 세무서장에게 제출하여야 한다. (2018. 3. 21. 개정)

⑥ 영 제82조의 2 제4항 제1호 라목에서

구 분	내 용
분할 매수 차손	= 분할매수차익 × $\dfrac{\text{해당 사업연도의 월수}}{60월}$
	• 분할매수차손 = 양도가액 − 순자산의 시가* 　* 순자산의 시가 = 분할등기일 현재 자산총액 시가 − 분할등기일 현재 부채총 　 액 시가 • 분할신설법인 등이 분할법인등의 상호·거래관계, 그 밖의 영업상의 비 　밀 등에 대하여 사업상 가치가 있다고 보아 대가를 지급한 것에 한함. • 분할매수차손은 세무조정계산서에 계상하고 5년간 균등분할 손금산입 　분할매수차손 분할손금산입액 　= 분할매수차손 × $\dfrac{\text{해당 사업연도의 월수}}{60월}$

② 퇴직급여충당금 및 대손충당금을 분할신설법인 등이 승계한 경우에는 그와 관련된 세무조정사항은 승계하고 그 밖의 세무조정사항은 모두 분할신설법인 등에 승계되지 아니한다.

　　　　　　　　　　　　　　　　　　　　(2024. 10. 31. 개정)

② 분할신설법인 등은 제1항에 따라 분할법인 등의 자산을 시가로 양도받은 것으로 보는 경우로서 분할법인 등에 지급한 양도가액이 분할법인 등의 분할등기일 현재의 순자산시가보다 적은 경우에는 그 차액을 제60조 제2항 제2호에 따른 세무조정계산서에 계상하고 분할등기일부터 5년간 균등하게 나누어 익금에 산입한다. (2010. 12. 30. 개정)

③ 분할신설법인 등은 제1항에 따라 분할법인 등의 자산을 시가로 양도받은 것으로 보는 경우에 분할법인 등에 지급한 양도가액이 분할등

2. 28. 개정)

분할법인 등의 주주등이 지급받은 제82조 제1항 제2호 가목에 따른 분할신설법인 등의 주식의 가액의 총합계액 × 제8항에 따른 각 주주의 분할법인 등에 대한 지분비율(분할법인등의 자기주식에 대해 분할신설법인등의 주식을 배정하지 않는 경우에는 분할법인등의 자기주식을 제외하고 산정한 지분비율을 말한다)

⑧ 법 제46조 제2항 제2호에서 "대통령령으로 정하는 분할법인등의 주주"란 분할법인등의 제43조 제3항에 따른 지배주주등 중 다음 각 호의 어느 하나에 해당하는 자를 제외한 주주를 말한다. (2014. 2. 21. 항번개정)

1. 제43조 제8항 제1호 가목의 친족 중 4촌인 혈족 (2023. 2. 28. 개정)

2. 분할등기일 현재 분할법인등에 대한 지분비율이 100분의 1 미만이면서 시가로 평가한 그 지분가액이 10억원 미만인 자 (2010. 6. 8. 신설)

⑨ 법 제46조 제2항 제3호에 따른 분할신설법인등이 분할법인등으로부터 승계받은 사업의 계속 여부의 판정 등에 관하여는 제80조의 2 제7항을 준용한다. (2018. 2. 13. 개정)

⑩ 법 제46조 제2항 제4호에 따른 대통령령으로 정하는 근로자의 범위에 관하여는 제80조의 2 제6항을 준용하되, 다음 각 호의 어느 하나에 해당하는 근로자는 제외할 수 있다. 이 경우 "합병등기일"은 "분할등기일"로 본다. (2018. 2. 13. 신설)

1. 분할 후 존속하는 사업부문과 분할하는 사업부문에 모두 종사하는 근로자 (2018. 2. 13. 신설)

2. 분할하는 사업부문에 종사하는 것으로 볼 수 없는 기획재정부령으로 정하는 업무를 수행하는 근로자 (2018. 2. 13. 신설)

제82조의 3 【분할 시 양도가액과 순자산시가와의 차액 처리】
(2019. 2. 12. 제목개정)

① 법 제46조의 2 제2항에 따라 양도가액이 순자산시가에 미달하는 경우 그 차액(이하 "분할매수차익"이라 한다)에 대한 익금산입액 계산, 산입방법 등에 관하여는 제80조의 3 제1항을 준용한다. (2010. 6. 8. 신설)

② 법 제46조의 2 제3항에서 "대통령령으로 정하는 경우"란 분할신설

"기획재정부령으로 정하는 자산"이란 공동으로 사용하는 상표권을 말한다. (2017. 3. 10. 항번개정)

⑦ 영 제82조의 2 제4항 제3호를 적용할 때 분할하는 사업부문과 존속하는 사업부문이 공동으로 사용하는 자산·부채의 경우에는 각 사업부문별 사용비율(사용비율이 분명하지 아니한 경우에 는 각 사업부문에만 속하는 자산·부채의 가액과 사용비율로 안분한 공동사용 자산·부채의 가액을 더한 총액의 비율을 말한다)로 안분하여 총자산가액 및 총부채가액을 계산한다. 이 경우 하나의 분할신설법인등이 여러 사업부문을 승계하였을 때에는 분할신설법인등이 승계한 모든 사업부문의 자산·부채가액을 더하여 계산한다. (2017. 3. 10. 항번개정)

⑧ 영 제82조의 2 제5항 단서에서 "기획재정부령으로 정하는 경우"란 다음 각 호의 어느 하나에 해당하는 주식등을 승계하는 경우를 말한다. (2017. 3. 10. 항번개정)

1. 분할하는 사업부문이 분할등기일 전일 현재 법령상 의무로 보유하거나 인허가를 받기 위하여 보유한 주식등 (2014. 3. 14. 신설)

2. 분할하는 사업부문이 100분의 30 이상을 매출하거나 매입하는 법인의 주식등과 분할하는 사업부문에 100분의 30 이상을 매출 또는 매입하는 법인의 주식등. 이 경우 매출 또는 매입 비율은 분할등기일이 속하는 사업연도의 직전 3개 사업연도별 매출 또는 매입 비율을 평균하여 계산한다. (2017. 3. 10. 개정)

2. 다음 각 목의 어느 하나에 해당하는 법

기일 현재의 순자산시가를 초과하는 경우로서 대통령령으로 정하는 경우에는 그 차액을 제60조 제2항 제2호에 따른 세무조정계산서에 계상하고 분할등기일부터 5년간 균등하게 나누어 손금에 산입한다. (2010. 12. 30. 개정)
④ 제1항부터 제3항까지의 규정에 따른 익금산입액 및 손금산입액의 계산과 그 산입방법 등에 관하여 필요한 사항은 대통령령으로 정한다. (2010. 12. 30. 개정)

제46조의 3 【적격분할 시 분할신설법인등에 대한 과세특례】 (2018. 12. 24. 제목개정)
① 적격분할을 한 분할신설법인등은 제46조의 2에도 불구하고 분할법인등의 자산을 장부가액으로 양도받은 것으로 한다. 이 경우 장부가액과 제46조의 2 제1항에 따른 시가와의 차액을 대통령령으로 정하는 바에 따라 자산별로 계상하여야 한다. (2018. 12. 24. 개정)
② 적격분할을 한 분할신설법인등은 분할법인등의 분할등기일 현재 제13조 제1항 제1호의 결손금과 분할법인등이 각 사업연도의 소득금액 및 과세표준을 계산할 때 익금 또는 손금에 산입하거나 산입하지 아니한 금액, 그 밖의 자산·부채 및 제59조에 따른 감면·세액공제 등을 대통령령으로 정하는 바에 따라 승계한다. (2018. 12. 24. 개정)

법인등이 분할법인등의 상호·거래관계, 그 밖의 영업상의 비밀 등에 대하여 사업상 가치가 있다고 보아 대가를 지급한 경우를 말한다. (2010. 6. 8. 신설)
③ 법 제46조의 2 제3항에 따라 양도가액이 순자산시가를 초과하는 경우 그 차액(이하 "분할매수차손"이라 한다)에 대한 손금산입액 계산, 산입방법 등에 관하여는 제80조의 3 제3항을 준용한다. (2010. 6. 8. 신설)

제82조의 4 【적격분할 과세특례에 대한 사후관리】 ① 분할신설법인등은 법 제46조의 3 제1항에 따라 분할법인등의 자산을 장부가액으로 양도받은 경우 양도받은 자산 및 부채의 가액을 분할등기일 현재의 시가로 계상하되, 시가에서 분할법인등의 장부가액(제85조 제1호에 해당하는 세무조정사항이 있는 경우에는 그 세무조정사항 중 익금불산입액은 더하고 손금불산입액은 뺀 가액으로 한다)을 뺀 금액이 0보다 큰 경우에는 그 차액을 익금에 산입하고 이에 상당하는 금액을 자산조정계정으로 손금에 산입하며, 0보다 작은 경우에는 시가와 장부가액의 차액을 손금에 산입하고 이에 상당하는 금액을 자산조정계정으로 익금에 산입한다. 이 경우 자산조정계정의 처리에 관하여는 제80조의 4 제1항을 준용한다. (2017. 2. 3. 개정)
② 분할신설법인 등은 제1항에 따라 분할법인 등의 자산을 장부가액으로 양도받은 경우 분할법인 등이 분할 전에 적용받던 법 제59조에 따른 감면 또는 세액공제를 승계하여 감면 또는 세액공제의 적용을 받을 수 있다. 이 경우 법 또는 다른 법률에 해당 감면 또는 세액공제의 요건 등에 관한 규정이 있는 경우에는 분할신설법인 등이 그 요건 등을 갖춘 경우에만 이를 적용하며, 분할신설법인 등은 다음 각 호의 구분에 따라 승계받은 사업에 속하는 감면 또는 세액공제에 한정하여 적용받을 수 있다. (2010. 12. 30. 신설)
1. 이월된 감면·세액공제가 특정 사업·자산과 관련된 경우 : 특정 사업·자산을 승계한 분할신설법인 등이 공제 (2010. 12. 30. 신설)
2. 제1호 외의 이월된 감면·세액공제의 경우 : 분할법인 등의 사업용 자산가액 중 분할신설법인 등이 각각 승계한 사업용 자산가액 비율로 안분하여 분할신설법인 등이 각각 공제 (2019. 2. 12. 개정)

인의 주식등. 이 경우 매출 또는 매입 비율은 분할등기일이 속하는 사업연도의 직전 3개 사업연도별 매출 또는 매입 비율을 평균하여 계산한다. (2025. 3. 21. 개정)
가. 분할하는 사업부문이 100분의 30 이상을 매출하거나 매입하는 법인 (2025. 3. 21. 개정)
나. 분할하는 사업부문에 100분의 30 이상을 매출하거나 매입하는 법인 (2025. 3. 21. 개정)
다. 분할법인이 발행주식총수 또는 출자총액을 보유(이하 이 조에서 "완전지배"라 한다)하고 있는 법인으로서 다음의 어느 하나에 해당하는 법인. 이 경우 그 보유비율은 법 제2조 제10호의 2 각 목에서 정하는 바에 따라 계산하되, 같은 호 라목에 따른 "내국법인"은 "법인"으로 본다. (2025. 3. 21. 개정)
1) 분할하는 사업부문이 100분의 20 이상을 매출하거나 매입하는 법인 (2025. 3. 21. 개정)
2) 분할하는 사업부문에 100분의 20 이상을 매출하거나 매입하는 법인 (2025. 3. 21. 개정)
3) 1) 또는 2)에 해당하는 법인이 100분의 20 이상을 매출하거나 매입하는 법인 (2025. 3. 21. 개정)
4) 1) 또는 2)에 해당하는 법인에 100분의 20 이상을 매출하거나 매입하는 법인 (2025. 3. 21. 개정)

③ 적격분할을 한 분할신설법인등은 3년 이내의 범위에서 대통령령으로 정하는 기간에 다음 각 호의 어느 하나에 해당하는 사유가 발생하는 경우에는 그 사유가 발생한 날이 속하는 사업연도의 소득금액을 계산할 때 양도받은 자산의 장부가액과 제46조의 2 제1항에 따른 시가와의 차액(시가가 장부가액보다 큰 경우만 해당한다. 이하 제4항에서 같다), 승계받은 결손금 중 공제한 금액 등을 대통령령으로 정하는 바에 따라 익금에 산입하고, 제2항에 따라 분할법인등으로부터 승계받아 공제한 감면·세액공제액 등을 대통령령으로 정하는 바에 따라 해당 사업연도의 법인세에 더하여 납부한 후 해당 사업연도부터 감면·세액공제를 적용하지 아니한다. 다만, 대통령령으로 정하는 부득이한 사유가 있는 경우에는 그러하지 아니하다. (2018. 12. 24. 개정)

1. 분할신설법인 등이 분할법인 등으로부터 승계받은 사업을 폐지하는 경우 (2010. 12. 30. 개정)

2. 대통령령으로 정하는 분할법인 등의 주주가 분할신설법인 등으로부터 받은 주식을 처분하는 경우 (2010. 12. 30. 개정)

3. 각 사업연도 종료일 현재 분할신설법인에 종사하는 대통령령으로 정하는 근로자(이하 이 호에서 "근로자"라 한다) 수가 분할등기일 1개월 전 당시 분할하는 사업부문에 종사하는 근로자 수의 100분의 80 미만으로 하락하는 경우. 다만, 분할합병의 경우에는 다음 각 목의 어느 하나에 해당하는 경우를 말한다. (2017. 12. 19. 신설)

　가. 각 사업연도 종료일 현재 분할합병의 상대방법인에 종사하는 근로자 수가 분할등기일 1개월 전 당시 분할하는 사업부문과 분할합병의 상대방법인에 각각 종사하는 근로자 수의 합의 100분의 80 미만으로 하락하는 경우 (2017. 12. 19. 신설)

　나. 각 사업연도 종료일 현재 분할신설법인에 종사하는 근로자 수가 분할등기일 1개월 전 당시 분할하는 사업부문과 소멸한 분할합병의 상대방법인에 각각 종사하는 근로자 수의 합의 100분의 80 미만으로 하락하는 경우 (2017. 12. 19. 신설)

④ 분할신설법인 등은 제3항에 따라 양도받은 자산의 장부가액과 제46조의 2 제1항에 따른 시가와의 차액 등을 익금에 산입한 경우에는 분할신설법인 등이 분할법인 등에 지급한 양도가액과 분할법인 등의 분할등기일 현재의 순자산시가와의 차액을 제3항 각 호의 사유가 발생한

③ 법 제46조의 3 제3항 각 호 외의 부분 본문에서 "대통령령으로 정하는 기간"이란 분할등기일이 속하는 사업연도의 다음 사업연도 개시일부터 2년(같은 항 제3호의 경우에는 3년)을 말한다. (2018. 2. 13. 개정)

④ 분할신설법인 등이 법 제46조의 3 제3항 각 호의 어느 하나에 해당하는 경우 결손금 등의 익금산입 및 분할매수차익이나 분할매수차손 상당액의 손금 또는 익금 산입 등에 관하여는 제80조의 4 제3항 및 제5항을 준용한다. (2010. 12. 30. 개정)

⑤ 분할신설법인 등이 법 제46조의 3 제3항 각 호의 어느 하나에 해당하는 경우에는 분할신설법인 등의 소득금액 및 과세표준을 계산할 때 제85조 제1호에 따라 승계한 세무조정사항 중 익금불산입액은 더하고 손금불산입액은 빼며, 분할법인 등으로부터 승계하여 공제한 감면 또는 세액공제액 상당액을 해당 사유가 발생한 사업연도의 법인세에 더하여 납부하고, 해당 사유가 발생한 사업연도부터 적용하지 아니한다. (2012. 2. 2. 개정)

⑥ 법 제46조의 3 제3항 각 호 외의 부분 단서에서 "대통령령으로 정하는 부득이한 사유가 있는 경우"란 다음 각 호의 어느 하나에 해당하는 경우를 말한다. (2010. 12. 30. 항번개정)

1. 법 제46조의 3 제3항 제1호에 대한 부득이한 사유가 있는 것으로 보는 경우 : 분할신설법인등이 제80조의 2 제1항 제2호 각 목의 어느 하나에 해당하는 경우 (2010. 6. 8. 신설)

2. 법 제46조의 3 제3항 제2호에 대한 부득이한 사유가 있는 것으로 보는 경우 : 제8항에 따른 주주가 제80조의 2 제1항 제1호 각 목의 어느 하나에 해당하는 경우 (2010. 12. 30. 개정)

3. 법 제46조의 3 제3항 제3호에 대한 부득이한 사유가 있는 것으로 보는 경우 : 분할신설법인등이 제80조의 2 제1항 제3호 가목부터 다목까지의 규정 중 어느 하나에 해당하는 경우 (2018. 2. 13. 신설)

⑦ 법 제46조의 3 제3항 제1호에 따른 분할신설법인등이 분할법인등으로부터 승계받은 사업의 폐지 여부 판정 등에 관하여는 제80조의 4 제8항을 준용한다. (2010. 12. 30. 개정)

⑧ 법 제46조의 3 제3항 제2호에서 "대통령령으로 정하는 분할법인등의 주주"란 제82조의 2 제8항에 따른 주주를 말한다. (2014. 2. 21. 개정)

5) 3) 또는 4)에 해당하는 법인이 매출하거나 매입하는 법인으로서 다음 계산식에 따라 계산한 매출 또는 매입 비율이 100분의 20 이상인 법인 (2025. 3. 21. 개정)

		3) 또는 4)에 해당하는 법인의 1) 또는 2)에 해당하는 법인과의 매출 또는 매입 비율
3) 또는 4)에 해당하는 법인과의 매입 또는 매출 비율	×	

6) 3) 또는 4)에 해당하는 법인에 매출하거나 매입하는 법인으로서 5)의 계산식에 따라 계산한 매출 또는 매입 비율이 100분의 20 이상인 법인 (2025. 3. 21. 개정)

■편주▶ ‥‥‥‥‥‥‥‥‥‥‥‥‥‥‥‥
규칙 41조 8항의 개정규정은 2025. 3. 21. 이후 분할하는 경우부터 적용함. (규칙 부칙 (2025. 3. 21.) 3조)
‥‥‥‥‥‥‥‥‥‥‥‥‥‥‥‥

3. 분할존속법인이 「독점규제 및 공정거래에 관한 법률」 및 「금융지주회사법」에 따른 지주회사로 전환하는 경우로서 분할하는 사업부문이 분할등기일 전일 현재 사업과 관련하여 보유하는 다음 각 목의 어느 하나에 해당하는 주식등 (2014. 3. 14. 신설)

　가. 분할하는 사업부문이 지배주주등으

날부터 분할등기일 이후 5년이 되는 날까지 대통령령으로 정하는 바에 따라 익금 또는 손금에 산입한다. (2010. 12. 30. 개정)

⑤ 제1항을 적용받는 분할신설법인 등은 대통령령으로 정하는 바에 따라 분할로 양도받은 자산에 관한 명세서를 납세지 관할 세무서장에게 제출하여야 한다. (2010. 12. 30. 개정)

⑥ 제1항부터 제4항까지의 규정에 따른 승계받은 사업의 폐지에 관한 판정기준, 익금산입액 및 손금산입액의 계산과 그 산입방법 등에 관하여 필요한 사항은 대통령령으로 정한다. (2010. 12. 30. 개정)

집행기준 46의 3-0-1 【적격 소멸분할시 분할신설법인 등에 대한 과세특례】
① 적격분할 요건을 갖춘 경우 분할법인 등의 자산을 장부가액으로 양도받은 것으로 보며, 이 경우 장부가액과 시가와의 차액은 집행기준 44의 3-0-1 제1항을 준용하여 조정한다.
② 분할법인 등의 분할등기일 현재의 이월결손금, 세무조정사항을 승계한다.
③ 분할법인 등의 분할 전에 적용받던 감면 또는 세액공제를 승계하여 적용받을 수 있다. 이 경우 법인세법 또는 다른 법률에 해당 감면 또는 세액공제의 요건 등에 관한 규정이 있는 경우에는 분할신설법인 등이 그 요건 등을 모두 갖춘 경우에만 이를 적용하며, 분할신설법인 등은 다음의 구분에 따라 승계받은 사업에 속하는 감면 또는 세액공제에 한정하여 적용받을 수 있다.
1. 이월된 감면·세액공제가 특정 사업·자산과 관련된 경우 : 특정 사업·자산을 승계한 분할신설법인 등이 공제
2. 제1호외의 이월된 감면·세액공제의 경우 : 분할법인 등의 사업용 자산가액 중 분할신설법인 등이 각각 승계한 사업용 자산가액 비율로 안분하여 분할신설법인 등이 각각 공제

(2024. 10. 31. 개정)

내국법인 및 다른 내국법인이 분할법인의 지분을 각각 50% 소유하고 있으며 서로 특수관계인에 해당하지 않는 경우 해당 내국법인은 지배주주에 해당하는 것임. (서면-2018-법인-2648, 2019. 1. 3.)

⑨ 법 제46조의 3 제3항 제3호 각 목 외의 부분에서 "대통령령으로 정하는 근로자"란 「근로기준법」에 따라 근로계약을 체결한 내국인 근로자를 말한다. 다만, 분할하는 사업부문에 종사하는 근로자의 경우에는 제82조의 2 제10항 각 호의 어느 하나에 해당하는 근로자를 제외할 수 있다. (2018. 2. 13. 신설)

⑩ 제1항에 따라 자산조정계정을 계상한 분할신설법인등은 법 제60조에 따른 신고와 함께 기획재정부령으로 정하는 자산조정계정에 관한 명세서를 납세지 관할 세무서장에게 제출하여야 한다. (2018. 2. 13. 항번개정)

집행기준 46의 3-0-2 【적격분할시 분할신설법인 등의 과세특례 사후관리】
① 분할법인 등의 자산을 장부가액으로 양수한 분할신설법인 등은 분할등기일이 속하는 사업연도의 다음 사업연도의 개시일부터 2년('다'의 경우에는 3년) 내에 다음의 사유가 발생하는 경우에는 그 사유가 발생한 날이 속하는 사업연도의 소득금액 계산시 다음의 금액을 익금에 산입한다.
1. 익금산입 사유
   가. 분할신설법인 등이 분할법인 등으로부터 승계받은 사업을 폐지하는 경우
   나. 분할법인 등의 일정 지배주주 등이 분할신설법인 등으로부터 받은 주식 등을 처분하는 경우
   다. 각 사업연도 종료일 현재 분할신설법인에 종사하는 일정 근로자 수가 분할등기일 1개월 전 당시 분할하는 사업부문에 종사하는 근로자 수의 100분의 80 미만으로 하락하는 경우
2. 익금산입액(가＋나)
   가. 자산조정계정 잔액의 총합계액(총합계액이 0보다 큰 경우에 한정하며, 총합계액이 0보다 작은 경우에는 없는 것으로 한다)
   나. 승계받은 결손금 중 공제한 금액
② 제1항의 익금산입사유에 해당하는 경우에는 분할신설법인 등의 소득금액 및 과세표준을 계산할 때 분할법인등으로부터 승계한 세무조정사항 중 익금불산입액은 더하고 손금불산입액은 빼며, 분할법인 등으로부터 승계받아 공제한 감

로서 보유하는 주식등 (2014. 3. 14. 신설)
나. 분할하는 사업부문이 법 제57조 제5항에 따른 외국자회사의 주식등을 보유하는 경우로서 해당 외국자회사의 주식등을 보유한 내국법인 및 거주자인 주주 또는 출자자 중에서 가장 많이 보유한 경우의 해당 분할하는 사업부문이 보유한 주식등 (2014. 3. 14. 신설)
4. 분할하는 사업부문과 한국표준산업분류에 따른 세분류(이하 이 조에서 "세분류"라 한다)상 동일사업을 영위하는 법인의 주식등 (2018. 3. 21. 개정)
5. 분할법인이 완전지배하고 있는 법인으로서 다음 각 목의 요건을 모두 갖춘 법인의 주식등 (2025. 3. 21. 신설)
   가. 제2호 또는 제4호에 해당하는 법인을 완전지배하고 있을 것 (2025. 3. 21. 신설)
   나. 제2호 또는 제4호에 해당하는 법인의 주식등과 그와 관련된 자산·부채만을 보유하고 있을 것 (2025. 3. 21. 신설)

규칙 41조 8항의 개정규정은 2025. 3. 21. 이후 분할하는 경우부터 적용함. (규칙 부칙 (2025. 3. 21.) 3조)

⑨ 제8항 제4호를 적용할 때 다음 각 호의 어느 하나에 해당하는 경우에는 동일사업을 영위하는 것으로 본다. (2018. 3. 21. 신설)

제46조의 4【분할 시 이월결손금 등 공제 제한】① 분할합병의 상대방법인의 분할등기일 현재 제13조 제1항 제1호의 결손금 중 제46조의 3 제2항에 따라 분할신설법인등이 승계한 결손금을 제외한 금액은 분할합병의 상대방법인의 각 사업연도의 과세표준을 계산할 때 분할법인으로부터 승계받은 사업에서 발생한 소득금액(제113조 제4항 단서에 해당되어 회계를 구분하여 기록하지 아니한 경우에는 그 소득금액을 대통령령으로 정하는 자산가액 비율로 안분계산한 금액으로 한다. 이하 이 조에서 같다)의 범위에서는 공제하지 아니한다. (2020. 12. 22. 개정)

② 제46조의 3 제2항에 따라 분할신설법인 등이 승계한 분할법인 등의 결손금은 분할법인 등으로부터 승계받은 사업에서 발생한 소득금액의 범위에서 분할신설법인 등의 각 사업연도의 과세표준을 계산할 때 공제한다. (2010. 12. 30. 개정)

③ 제46조 제2항에 따라 양도손익이 없는 것으로 한 분할합병(이하 "적격분할합병"이라 한다)을 한 분할신설법인 등은 분할법인과 분할합병의 상대방법인이 분할합병 전 보유하던 자산의 처분손실(분할등기일 현재 해당 자산의 제52조 제2항에 따른 시가가 장부가액보다 낮은 경우로서 그 차액을 한도로 하며, 분할등기일 이후 5년 이내에 끝나는 사업연도에 발생한 것만 해당한다)을 각각 분할합병 전 해당 법인의 사업에서 발생한 소득금액(해당 처분손실을 공제하기 전 소득금액을 말한다)의 범위에서 해당 사업연도의 소득금액을 계산할 때 손금에 산입한다. 이 경우 손금에 산입하지 아니한 처분손실은 자산 처분 시 각각 분할합병 전 해당 법인의 사업에서 발생한 결손금으로 보아 제1항 및 제2항을 적용한다. (2016. 12. 20. 개정)

면ㆍ세액공제액 등은 제1항의 익금산입 사유가 발생한 사업연도의 법인세에 더하여 납부한 후 해당 사업연도부터 감면 또는 세액공제를 적용하지 아니한다.
③ 제1항과 같이 익금에 산입한 경우에는 분할신설법인 등이 분할법인 등에 지급한 양수대가와 피합병법인의 합병등기일 현재의 순자산시가와의 차액을 위의 익금산입 사유가 발생한 날부터 분할등기일 이후 5년이 되는 날까지 익금 또는 손금에 산입한다.

(2024. 10. 31. 개정)

제83조【분할에 따른 이월결손금 등의 승계】(2010. 12. 30. 제목개정)

① 법 제46조의 4 제1항에서 "대통령령으로 정하는 자산가액 비율"이란 분할합병등기일 현재 분할법인(승계된 사업분만 해당한다)과 분할합병의 상대방법인(소멸하는 경우를 포함한다. 이하 이 조에서 같다)의 사업용 자산가액 비율을 말한다. 이 경우 분할신설법인등이 승계한 분할법인등의 사업용 자산가액은 승계결손금을 공제하는 각 사업연도의 종료일 현재 계속 보유(처분 후 대체 취득하는 경우를 포함한다)ㆍ사용하는 자산에 한정하여 그 자산의 분할합병등기일 현재 가액에 따른다. (2019. 2. 12. 개정)

② 법 제46조의 4 제2항에 따라 분할신설법인등이 각 사업연도의 과세표준을 계산할 때 승계하여 공제하는 결손금은 분할등기일 현재 분할법인등의 법 제13조 제1항 제1호에 따른 결손금(분할등기일을 사업연도의 개시일로 보아 계산한 금액을 말한다) 중 분할신설법인등이 승계받은 사업에 속하는 결손금으로 하되, 분할등기일이 속하는 사업연도의 다음 사업연도부터는 매년 순차적으로 1년이 지난 것으로 보아 계산한 금액으로 한다. (2019. 2. 12. 개정)

③ 제2항에 따른 승계받은 사업에 속하는 결손금은 분할등기일 현재 분할법인등의 결손금을 분할법인등의 사업용 자산가액 중 분할신설법인등이 각각 승계한 사업용 자산가액 비율로 안분계산한 금액으로 한다. (2019. 2. 12. 개정)

④ 분할신설법인 등이 법 제46조의 3 제2항에 따라 분할법인등으로부터 승계받은 감면 또는 세액공제를 적용하는 경우에는 제81조 제3항을 준용한다. (2010. 12. 30. 신설)

1. 분할하는 사업부문 또는 승계하는 주식 등의 발행법인의 사업용 자산가액 중 세분류상 동일사업에 사용하는 사업용 자산가액의 비율이 각각 100분의 70을 초과하는 경우 (2019. 3. 20. 개정)
2. 분할하는 사업부문 또는 승계하는 주식 등의 발행법인의 매출액 중 세분류상 동일사업에서 발생하는 매출액의 비율이 각각 100분의 70을 초과하는 경우 (2018. 3. 21. 신설)

⑩ 영 제82조의 2 제10항 제2호에서 "기획재정부령으로 정하는 업무"란 인사, 재무, 회계, 경영관리 업무 또는 이와 유사한 업무를 말한다. (2018. 3. 21. 신설)

제41조의 2【포괄승계의 예외가 인정되는 자산ㆍ부채의 범위】영 제82조의 2 제2항 제2호 단서에서 "공동으로 사용하던 자산, 채무자의 변경이 불가능한 부채 등 분할하기 어려운 자산과 부채 등으로서 기획재정부령으로 정하는 것"이란 다음 각 호의 자산 및 부채를 말한다. (2010. 6. 30. 개정)
1. 자산 (2001. 3. 28 신설)
　가. 변전시설ㆍ폐수처리시설ㆍ전력시설ㆍ용수시설ㆍ증기시설 (2001. 3. 28 신설)
　나. 사무실ㆍ창고ㆍ식당ㆍ연수원ㆍ사택 (2001. 3. 28 신설)
　다. 기타 물리적으로 분할이 불가능한 공동의 생산시설 및 사업지원시설과 그 부속토지 (2001. 3. 28 신설)
2. 부채 (2001. 3. 28 신설)
　가. 지급어음 (2001. 3. 28 신설)
　나. 차입조건상 차입자의 명의변경이 제한된 차입금 (2001. 3. 28 신설)
　다. 분할로 인하여 약정상 차입자의 차입조건이 불리하게 변경되는 차입금 (2001. 3. 28 신설)

④ 제46조의 3 제2항에 따라 분할신설법인 등이 승계한 분할법인 등의 감면 또는 세액공제는 분할법인 등으로부터 승계받은 사업에서 발생한 소득금액 또는 이에 해당하는 법인세액의 범위에서 대통령령으로 정하는 바에 따라 이를 적용한다. (2010. 12. 30. 개정)

⑤ 제1항과 제2항에 따른 분할합병의 상대방법인의 분할등기일 현재 결손금과 분할신설법인등이 승계한 분할법인등의 결손금에 대한 공제는 제13조 제1항 각 호 외의 부분 단서에도 불구하고 다음 각 호의 구분에 따른 소득금액의 100분의 80(중소기업과 회생계획을 이행 중인 기업 등 대통령령으로 정하는 법인의 경우는 100분의 100)을 한도로 한다. (2022. 12. 31. 개정)

1. 분할합병의 상대방법인의 분할등기일 현재 결손금의 경우 : 분할합병의 상대방법인의 소득금액에서 분할법인으로부터 승계받은 사업에서 발생한 소득금액을 차감한 금액 (2019. 12. 31. 신설)

2. 분할신설법인등이 승계한 분할법인등의 결손금의 경우 : 분할법인등으로부터 승계받은 사업에서 발생한 소득금액 (2019. 12. 31. 신설)

⑥ 분할합병의 상대방법인의 분할등기일 현재 제24조 제2항 제1호 및 제3항 제1호에 따른 기부금 중 같은 조 제5항에 따라 이월된 금액으로서 그 후의 각 사업연도의 소득금액을 계산할 때 손금에 산입하지 아니한 금액(이하 이 조에서 "기부금한도초과액"이라 한다) 중 제46조의 3 제2항에 따라 분할신설법인등이 승계한 기부금한도초과액을 제외한 금액은 분할신설법인등의 각 사업연도의 소득금액을 계산할 때 분할합병 전 분할합병의 상대방법인의 사업에서 발생한 소득금액을 기준으로 제24조 제2항 제2호 및 제3항 제2호에 따른 기부금 각각의 손금산입한도액의 범위에서 손금에 산입한다. (2020. 12. 22. 신설)

⑦ 분할법인등의 분할등기일 현재 기부금한도초과액으로서 제46조의 3 제2항에 따라 분할신설법인등이 승계한 금액은 분할신설법인등의 각 사업연도의 소득금액을 계산할 때 분할법인등으로부터 승계받은 사업에서 발생한 소득금액을 기준으로 제24조 제2항 제2호 및 제3항 제2호에 따른 기부금 각각의 손금산입한도액의 범위에서 손금에 산입한다. (2020. 12. 22. 신설)

⑧ 제1항부터 제7항까지의 규정에 따른 각 사업연도의 과세표준을 계

⑤ 법 제46조의 4 제7항에 따라 분할법인등으로부터 승계받은 사업에 속하는 같은 조 제6항에 따른 기부금한도초과액(이하 "기부금한도초과액"이라 한다)은 분할등기일 현재 분할법인등의 기부금한도초과액을 분할법인등의 사업용 자산가액 중 분할신설법인등이 각각 승계한 사업용 자산가액 비율로 안분계산한 금액으로 한다. (2021. 2. 17. 신설)

⑥ 분할법인등의 사업을 승계한 분할신설법인등의 결손금 공제, 익금산입, 법인세 가산 및 기부금한도초과액을 손금산입 할 때 사업의 계속

제41조의 2【포괄승계의 예외가 인정되는 자산·부채의 범위】삭 제 (2012. 2. 28.)

제41조의 3【분할에 따른 이월결손금의 범위액 계산】 영 제83조 제2항에 따른 승계하여 공제하는 결손금의 계산에 관하여는 제41조를 준용한다. 이 경우 "합병등기일"은 "분할등기일"로, "피합병법인"은 "분할법인등"으로, "합병법인"은 "분할신설법인등"으로, "제77조 제1항 또는 제2항"은 "제77조 제3항"으로 본다. (2010. 6. 30. 개정)

제41조의 3【분할에 따른 이월결손금의 범위액 계산】삭 제 (2012. 2. 28.)

산할 때 공제하는 결손금의 계산, 양도받은 자산의 처분
손실 손금산입, 승계받은 기부금한도초과액 손금산입, 승계받은 사업
에서 발생하는 소득금액에 해당하는 법인세액의 계산 등에 필요한 사
항은 대통령령으로 정한다. (2020. 12. 22. 개정)

집행기준 46의 4-0-1【인적 소멸분할 후 이월결손금 공제 제한】
① 분할합병의 상대방법인의 이월결손금
분할합병의 상대방법인의 분할등기일 현재 이월결손금은 분할합병의 상대
방법인의 각 사업연도 과세표준을 계산할 때 분할법인으로부터 승계받은
사업에서 발생한 소득금액의 범위에서는 공제하지 아니한다.
② 분할법인 등으로부터 승계한 이월결손금
분할신설법인 등이 분할법인 등으로부터 승계한 결손금은 분할법인 등으로
부터 승계받은 사업에서 발생한 소득금액의 범위에서 분할신설법인 등의 각
사업연도의 과세표준 계산시 공제한다.
③ 분할합병 전 보유 자산 처분손실
적격분할합병을 한 분할신설법인 등은 분할법인과 분할합병의 상대방법인
이 분할합병 전 보유하던 자산의 처분손실(분할등기일 현재 해당 자산의 제
52조 제2항에 따른 시가가 장부가액보다 낮은 경우로서 그 차액을 한도로
하며, 분할등기일 이후 5년 이내에 끝나는 사업연도에 발생한 것만 해당)을
각각 분할합병 전 해당 법인의 사업에서 발생한 소득금액(해당 처분손실을
공제하기 전 소득금액을 말한다)의 범위에서 해당사업연도에 손금산입이 허
용된다. 이 경우 손금에 산입하지 아니한 처분손실은 자산 처분시 각각 분
할합병 전 해당 법인이 사업에서 발생한 결손금으로 보아 제1항과 제2항에
따라 공제한다.
④ 승계받은 감면 또는 세액공제 및 구분경리에 대하여는 집행기준 45-0-
1 제4항과 제5항을 준용한다.

(2024. 10. 31. 개정)

제46조의 5【분할 후 분할법인이 존속하는 경우의 과세특례】
(2010. 12. 30. 제목개정)
① 내국법인이 분할(물적분할은 제외한다)한 후 존속하는 경우 분할한
사업부문의 자산을 분할신설법인 등에 양도함으로써 발생하는 양도손
익(제1호의 가액에서 제2호의 가액을 뺀 금액을 말한다. 이하 이 조에
서 같다)은 분할법인이 분할등기일이 속하는 사업연도의 소득금액을
계산할 때 익금 또는 손금에 산입한다. (2010. 12. 30. 개정)

또는 폐지의 판정과 적용에 관하여는 제80조의 2 제7항 및 제80조의
4 제8항을 준용한다. (2021. 2. 17. 개정)

**제83조의 2【분할 후 존속하는 법인에 관한 소득금액계산의 특
례】** (2010. 6. 8. 제목개정)
① 법 제46조의 5 제1항 제1호에 따른 양도가액은 다음 각 호의 금액
으로 한다. (2010. 6. 8. 개정)
1. 적격분할의 경우 : 법 제46조의 5 제1항 제2호에 따른 분할법인의
   분할등기일 현재의 분할한 사업부문의 순자산장부가액 (2012. 2. 2.
   개정)

1. 분할법인이 분할신설법인 등으로부터 받은 양도가액 (2010. 12. 30. 개정)
2. 분할법인의 분할한 사업부문의 분할등기일 현재의 순자산 장부가액 (2010. 12. 30. 개정)
② 제1항에 따른 양도손익의 계산에 관하여는 제46조 제2항부터 제4항까지의 규정을 준용한다. (2020. 12. 22. 개정)
③ 분할신설법인 등에 대한 과세에 관하여는 제46조의 2, 제46조의 3 및 제46조의 4를 준용한다. 다만, 분할법인의 결손금은 승계하지 아니한다. (2010. 12. 30. 개정)

 46의 5-0-1【분할 후 존속하는 분할법인에 대한 과세】

구 분	내 용
과세 내용	분할한 사업부문의 자산을 분할신설법인에게 양도함으로써 발생하는 양도손익을 분할등기일이 속하는 사업연도의 익금 또는 손금에 산입
소득 금액 계산	분할법인이 분할신설법인 등으로부터 받은 양도가액 - 분할법인의 분할한 사업부문의 분할등기일 현재의 순자산 장부가액
소멸 분할 준용	양도손익의 계산, 분할신설법인에 대한 과세 등에 대해서는 집행기준 46의 2-0-1, 46의 3-0-1 및 46의 3-0-2를 준용 다만, 분할법인의 결손금은 승계하지 아니한다.

(2024. 10. 31. 개정)

제47조【물적분할 시 분할법인에 대한 과세특례】 (2009. 12. 31. 제목개정)
① 분할법인이 물적분할에 의하여 분할신설법인의 주식 등을 취득한 경우로서 제46조 제2항 및 제3항에 따른 적격분할의 요건(같은 조 제2항 제2호의 경우에는 분할대가의 전액이 주식등인 경우로 한정한다)을 갖춘 경우 그 주식 등의 가액 중 물적분할로 인하여 발생한 자산의 양도차익에 상당하는 금액은 대통령령으로 정하는 바에 따라 분할등기일이 속하는 사업연도의 소득금액을 계산할 때 손금에 산입할 수 있다. 다만, 대통령령으로 정하는 부득이한 사유가 있는 경우에는 제46조 제

2. 제1호 외의 경우 : 다음 각 목의 금액을 모두 더한 금액 (2010. 6. 8. 개정)
  가. 분할신설법인등이 분할로 인하여 분할법인의 주주에 지급한 분할신설법인등의 주식의 가액 및 금전이나 그 밖의 재산가액의 합계액. 다만, 분할합병의 경우 분할합병의 상대방법인이 분할합병포합주식이 있는 경우에는 그 주식에 대하여 분할합병교부주식을 교부하지 아니하더라도 그 지분비율에 따라 분할합병교부주식을 교부한 것으로 보아 분할합병의 상대방법인의 주식의 가액을 계산한다. (2012. 2. 2. 개정)
  나. 분할신설법인등이 납부하는 분할법인의 법인세 및 그 법인세(감면세액을 포함한다)에 부과되는 국세와 「지방세법」 제88조 제2항에 따른 법인지방소득세의 합계액 (2017. 2. 3. 개정)
② 법 제46조의 5 제1항 제2호에 따른 분할법인의 순자산장부가액을 계산할 때 「국세기본법」에 따라 환급되는 법인세액이 있는 경우에는 이에 상당하는 금액을 분할법인의 분할등기일 현재의 순자산장부가액에 더한다. (2010. 6. 8. 개정)
③ 제1항 제1호를 적용받으려는 분할법인등은 법 제60조에 따른 과세표준 신고를 할 때 분할신설법인등과 함께 기획재정부령으로 정하는 분할과세특례신청서를 납세지 관할 세무서장에게 제출하여야 한다. 이 경우 분할신설법인등은 제82조의 4 제10항에 따른 자산조정계정에 관한 명세서를 분할법인등의 납세지 관할 세무서장에게 함께 제출하여야 한다. (2018. 2. 13. 후단개정)

제84조【물적분할로 인한 자산양도차익상당액의 손금산입】 (2010. 6. 8. 제목개정)
① 법 제47조 제1항에 따라 분할법인이 손금에 산입하는 금액은 분할신설법인으로부터 취득한 주식등(이하 이 조에서 "분할신설법인주식등"이라 한다)의 가액 중 물적분할로 인하여 발생한 자산의 양도차익에 상당하는 금액으로 한다. (2013. 2. 15. 개정)
② 제1항에 따라 손금에 산입하는 금액은 분할신설법인주식등의 압축기장충당금으로 계상하여야 한다. (2013. 2. 15. 개정)
③ 법 제47조 제2항 각 호 외의 부분 본문에서 "대통령령으로 정하는 금

 47-84…1【물적분할로 인한 자산양도차익의 계산】 (2019. 12. 23. 번호개정)
분할법인의 물적분할로 인한 자산양도차익을 계산함에 있어서 해당 법인이 분할하는 사업부문에 속하는 자산 및 부채를 공정가액으로 평가하지 아니하고 시가보다 낮은 가액으로 승계한 경우에는 법 제52조를 적용한다. (2019. 12. 23. 개정)
47-84…2【물적분할하는 법인의 불량채권 처분손실의 손금산입】 (2019. 12. 23. 번호개정)
물적분할하는 법인이 분할하는 사업부문에 속하는 자산 및 부채를 분할신설법인 등에게 승계함에 있어서 불량채권을 담보가치 또는 회수가능성 등을 합리적으로 고려한 공정가액으로 평가하여 승계한 경우 분할법인이 해당 채권의 처분손실을 손금에 산입한다. (2019. 12. 23. 개정)

2항 제2호·제3호 또는 제4호의 요건을 갖추지 못한 경우에도 자산의 양도차익에 상당하는 금액을 대통령령으로 정하는 바에 따라 손금에 산입할 수 있다. (2022. 12. 31. 개정)

② 분할법인이 제1항에 따라 손금에 산입한 양도차익에 상당하는 금액은 다음 각 호의 어느 하나에 해당하는 사유가 발생하는 사업연도에 해당 주식 등과 자산의 처분비율을 고려하여 대통령령으로 정하는 금액만큼 익금에 산입한다. 다만, 분할신설법인이 적격합병되거나 적격분할하는 등 대통령령으로 정하는 부득이한 사유가 있는 경우에는 그러하지 아니하다. (2013. 1. 1. 단서신설)

1. 분할법인이 분할신설법인으로부터 받은 주식 등을 처분하는 경우 (2011. 12. 31. 개정)

2. 분할신설법인이 분할법인으로부터 승계받은 대통령령으로 정하는 자산을 처분하는 경우. 이 경우 분할신설법인은 그 자산의 처분 사실을 처분일부터 1개월 이내에 분할법인에 알려야 한다. (2011. 12. 31. 개정)

③ 제1항에 따라 양도차익 상당액을 손금에 산입한 분할법인은 분할등기일부터 3년의 범위에서 대통령령으로 정하는 기간 이내에 다음 각 호의 어느 하나에 해당하는 사유가 발생하는 경우에는 제1항에 따라 손금에 산입한 금액 중 제2항에 따라 익금에 산입하고 남은 금액을 그 사유가 발생한 날이 속하는 사업연도의 소득금액을 계산할 때 익금에 산입한다. 다만, 대통령령으로 정하는 부득이한 사유가 있는 경우에는 그러하지 아니하다. (2016. 12. 20. 개정)

1. 분할신설법인이 분할법인으로부터 승계받은 사업을 폐지하는 경우 (2016. 12. 20. 개정)

2. 분할법인이 분할신설법인의 발행주식총수 또는 출자총액의 100분의 50 미만으로 주식등을 보유하게 되는 경우 (2014. 1. 1. 개정)

3. 각 사업연도 종료일 현재 분할신설법인에 종사하는 대통령령으로 정하는 근로자(이하 이 호에서 "근로자"라 한다) 수가 분할등기일 1개월 전 당시 분할하는 사업부문에 종사하는 근로자 수의 100분의 80 미만으로 하락하는 경우 (2017. 12. 19. 신설)

④ 분할법인은 제1항에 따라 양도차익에 상당하는 금액을 손금에 산입한 경우 분할법인이 각 사업연도의 소득금액 및 과세표준을 계산할 때

액"이란 제1호와 제2호를 더한 비율에서 제1호와 제2호를 곱한 비율을 뺀 비율을 직전 사업연도 종료일(분할등기일이 속하는 사업연도의 경우에는 분할등기일을 말한다. 이하 이 조에서 같다) 현재 분할신설법인주식등의 압축기장충당금 잔액에 곱한 금액을 말한다. (2013. 2. 15. 개정)

1. 분할법인이 직전 사업연도 종료일 현재 보유하고 있는 법 제47조 제1항에 따라 취득한 분할신설법인의 주식등의 장부가액에서 해당 사업연도에 같은 조 제2항 제1호에 따라 처분한 분할신설법인의 주식등의 장부가액이 차지하는 비율 (2012. 2. 2. 개정)

2. 분할신설법인이 직전 사업연도 종료일 현재 보유하고 있는 법 제47조 제1항에 따라 분할법인으로부터 승계받은 제4항에 해당하는 자산(이하 이 조에서 "승계자산"이라 한다)의 양도차익(분할등기일 현재의 승계자산의 시가에서 분할등기일 전날 분할법인이 보유한 승계자산의 장부가액을 차감한 금액을 말한다)에서 해당 사업연도에 처분한 승계자산의 양도차익이 차지하는 비율 (2013. 2. 15. 개정)

④ 법 제47조 제2항 제2호에서 "대통령령으로 정하는 자산"이란 감가상각자산(제24조 제3항 제1호의 자산을 포함한다), 토지 및 주식등을 말한다. (2012. 2. 2. 개정)

⑤ 법 제47조 제2항 각 호 외의 부분 단서에서 "분할신설법인이 적격합병되거나 적격분할하는 등 대통령령으로 정하는 부득이한 사유"란 다음 각 호의 어느 하나에 해당하는 경우를 말한다. (2021. 2. 17. 개정)

1. 분할법인 또는 분할신설법인이 최초로 적격합병, 적격분할, 적격물적분할, 적격현물출자, 「조세특례제한법」 제38조에 따라 과세를 이연받은 주식의 포괄적 교환등 또는 같은 법 제38조의 2에 따라 과세를 이연받은 주식의 현물출자(이하 이 조 및 제84조의 2에서 "적격구조조정"이라 한다)로 주식등 및 자산을 처분하는 경우 (2021. 2. 17. 개정)

2. 분할신설법인의 발행주식 또는 출자액 전부를 분할법인이 소유하고 있는 경우로서 다음 각 목의 어느 하나에 해당하는 경우 (2021. 2. 17. 개정)

　가. 분할법인이 분할신설법인을 적격합병(법 제46조의 4 제3항에 따른 적격분할합병을 포함한다. 이하 이 조에서 같다)하거나 분할신설법인에 적격합병되어 분할법인 또는 분할신설법인이 주식등 및 자산을 처분하는 경우 (2021. 2. 17. 개정)

익금 또는 손금에 산입하거나 산입하지 아니한 금액, 그 밖의 자산·부채 및 제59조에 따른 감면·세액공제 등을 대통령령으로 정하는 바에 따라 분할신설법인에 승계한다. (2017. 12. 19. 개정)

물적분할시 세무조정사항은 「법인세법」 제47조 제4항 및 같은 법 시행령 제85조 제2호에 따라 분할신설법인에게 승계되지 아니하는 것이며, 이 경우 승계되지 아니하는 세무조정사항은 분할법인의 각 사업연도 소득금액을 계산할 때 반대의 세무조정을 통해 손금에 산입하는 것임. (서면법령법인 - 4286, 2020. 4. 27.)

⑤ 제4항에 따라 분할신설법인이 승계한 분할법인의 감면·세액공제는 분할법인으로부터 승계받은 사업에서 발생한 소득금액 또는 이에 해당하는 법인세액의 범위에서 대통령령으로 정하는 바에 따라 이를 적용한다. (2017. 12. 19. 신설)

⑥ 제1항을 적용받으려는 분할법인은 대통령령으로 정하는 바에 따라 분할로 인하여 발생한 자산의 양도차익에 관한 명세서를 납세지 관할 세무서장에게 제출하여야 한다. (2017. 12. 19. 항번개정)

⑦ 제1항부터 제5항까지의 규정에 따른 양도차익의 계산, 승계받은 사업의 폐지에 관한 판정기준, 손금산입액 및 익금산입액의 계산과 그 산입방법 등에 관하여 필요한 사항은 대통령령으로 정한다. (2017. 12. 19. 개정)

집행기준 47-0-1【물적분할시 분할법인에 대한 과세특례】
분할법인이 일정한 요건을 갖추어 물적분할을 하는 경우 분할법인의 자산양도차익에 대하여 다음과 같은 손금산입 특례를 적용할 수 있다.

구 분	내 용
요 건	적격분할요건 충족(단, 지분의 연속성 요건의 경우 분할법인이 분할신설법인으로부터 받는 분할대가가 전액 주식이어야 함)
손금산입 특례	1. 손금산입 금액=MIN[㉠, ㉡] ㉠ 교부받은 주식의 가액 ㉡ 물적분할로 인한 자산의 양도차익 2. 손금에 산입하는 금액은 주식의 압축기장충당금으로 계상

나. 분할법인 또는 분할신설법인이 적격합병, 적격분할, 적격물적분할 또는 적격현물출자로 주식등 및 자산을 처분하는 경우. 다만, 해당 적격합병, 적격분할, 적격물적분할 또는 적격현물출자에 따른 합병법인, 분할신설법인등 또는 피출자법인의 발행주식 또는 출자액 전부를 당초의 분할법인이 직접 또는 기획재정부령으로 정하는 바에 따라 간접으로 소유하고 있는 경우로 한정한다. (2021. 2. 17. 개정)

3. 분할법인 또는 분할신설법인이 제82조의 2 제3항 각 호의 어느 하나에 해당하는 사업부문의 적격분할 또는 적격물적분할로 주식등 및 자산을 처분하는 경우 (2021. 2. 17. 개정)

⑥ 분할법인이 제5항의 사유에 따라 법 제47조 제2항 단서를 적용받는 경우 해당 분할법인이 보유한 분할신설법인주식등의 압축기장충당금은 다음 각 호의 구분에 따른 방법으로 대체한다. (2017. 2. 3. 개정)

1. 분할신설법인주식등의 압축기장충당금 잔액에 제3항 제2호의 비율[비율을 산정할 때 처분한 승계자산은 적격구조조정으로 분할신설법인으로부터 분할신설법인의 자산을 승계하는 법인(이하 이 조에서 "자산승계법인"이라 한다)에 처분한 승계자산에 해당하는 것을 말한다]을 곱한 금액을 분할법인 또는 분할신설법인이 새로 취득하는 자산승계법인의 주식등(이하 이 조에서 "자산승계법인주식등"이라 한다)의 압축기장충당금으로 할 것. 다만, 자산승계법인이 분할법인인 경우에는 분할신설법인주식등의 압축기장충당금 잔액을 분할법인이 승계하는 자산 중 최초 물적분할 당시 양도차익이 발생한 자산의 양도차익에 비례하여 안분계산한 후 그 금액을 해당 자산이 감가상각자산인 경우 그 자산의 일시상각충당금으로, 해당 자산이 감가상각자산이 아닌 경우 그 자산의 압축기장충당금으로 한다. (2017. 2. 3. 개정)

2. 분할신설법인주식등의 압축기장충당금 잔액에 제3항 제1호의 비율[비율을 산정할 때 처분한 주식은 적격구조조정으로 분할법인으로부터 분할신설법인주식등을 승계하는 법인(이하 이 조에서 "주식승계법인"이라 한다)에 처분한 분할신설법인주식등에 해당하는 것을 말한다]을 곱한 금액을 주식승계법인이 승계한 분할신설법인주식등의 압축기장충당금으로 할 것 (2017. 2. 3. 개정)

제42조【간접소유비율의 계산】① 영 제84조 제5항 제2호 나목 단서에서 "기획재정부령으로 정하는 바에 따라 간접으로 소유하고 있는 경우"란 당초의 분할법인이 해당 적격합병, 적격분할, 적격물적분할 또는 적격현물출자에 따른 합병법인, 분할신설법인등 또는 피출자법인(이하 이 조에서 "적격구조조정법인"이라 한다)의 주주인 법인(이하 이 조에서 "주주법인"이라 한다)을 통해 적격구조조정법인을 소유하는 것을 말하며, 적격구조조정법인에 대한 당초의 분할법인의 간접소유비율은 다음의 계산식에 따라 계산한다. (2021. 3. 16. 신설)

$$A \times B$$

A : 주주법인에 대한 당초의 분할법인의 주식소유비율
B : 적격구조조정법인에 대한 주주법인의 주식소유비율

② 제1항의 간접소유비율 계산방법을 적용할 때 주주법인이 둘 이상인 경우에는 제1항에 따라 각 주주법인별로 계산한 비율을 합계한 비율을 적격구조조정법인에 대한 당초의 분할법인의 간접소유비율로 한다. (2021. 3. 16. 신설)

③ 주주법인과 당초의 분할법인 사이에 하나 이상의 법인이 끼어 있고, 이들 법인이 주식소유관계를 통하여 연결되어 있는 경우 간접소유비율에 관하여는 제1호 및 제2호의 계산방법을 준용한다. (2021. 3. 16. 신설)

구 분	내 용
압축기장 충당금 익금산입	1. 분할법인의 주식 처분시와 분할신설법인의 자산 처분시 처분비율에 상당하는 양도차익을 분할법인에 과세 2. 분할법인이 익금에 산입할 금액 　전기말 압축기장충당금(과세이연 받은 양도차익) 잔액 × [당기 주식처분비율(A)+당기 자산처분비율(B) − A×B] 　−당기 주식처분비율(A) : 분할법인이 당기에 처분한 주식등의 장부가액 / 전기말 주식등의 장부가액 　−당기 자산처분비율(B) : 분할신설법인이 당기에 처분한 자산의 양도차익 / 전기말 자산의 양도차익 3. 분할법인은 분할등기일이 속하는 사업연도의 다음 사업연도 개시일부터 2년('다'의 경우에는 3년) 이내에 아래의 어느 하나에 해당하는 사유가 발생하는 경우 전액 익금산입 　가. 분할신설법인이 분할법인으로부터 승계받은 사업을 폐지하는 경우 　나. 분할법인이 분할신설법인의 발행주식총수 또는 출자총액의 100분의 50 미만으로 주식등을 보유하게 되는 경우 　다. 각 사업연도 종료일 현재 분할신설법인에 종사하는 일정 근로자 수가 분할등기일 1개월 전 당시 분할하는 사업부문에 종사하는 근로자 수의 100분의 80 미만으로 하락하는 경우

※ 물적분할 과세체계

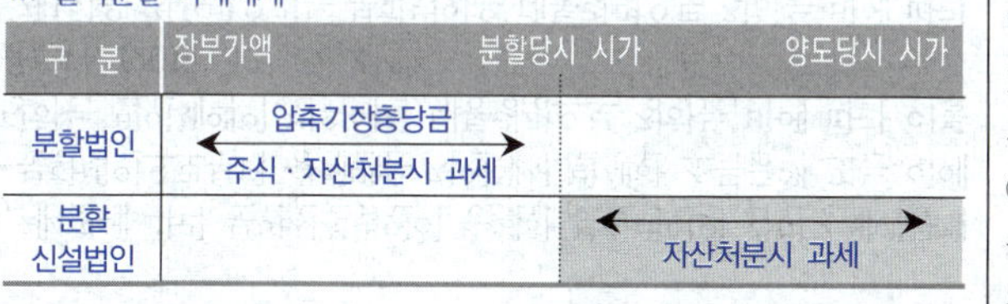

⑦ 제6항에 따라 새로 압축기장충당금을 설정한 분할법인, 분할신설법인 또는 주식승계법인은 다음 각 호의 어느 하나에 해당하는 사유가 발생하는 경우에는 그 사유가 발생한 날이 속하는 사업연도의 소득금액을 계산할 때 제3항을 준용하여 계산한 금액만큼을 익금에 산입하되, 제6항 제1호 단서에 해당하는 경우에는 제64조 제4항 각 호의 방법으로 익금에 산입한다. 다만, 제5항 제2호 또는 제3호의 사유에 해당하는 경우는 제외한다. (2021. 2. 17. 개정)

1. 분할법인 또는 분할신설법인이 적격구조조정에 따라 새로 취득한 자산승계법인주식등을 처분하거나 주식승계법인이 적격구조조정에 따라 승계한 분할신설법인주식등을 처분하는 경우 (2017. 2. 3. 개정)
2. 자산승계법인이 적격구조조정으로 분할신설법인으로부터 승계한 제4항에 해당하는 자산을 처분하거나 분할신설법인이 승계자산을 처분하는 경우. 이 경우 분할신설법인 및 자산승계법인은 그 자산의 처분사실을 처분일부터 1개월 이내에 분할법인, 분할신설법인, 주식승계법인 또는 자산승계법인에 알려야 한다. (2021. 2. 17. 후단신설)

⑧ 분할법인, 분할신설법인 또는 주식승계법인이 제5항 제2호 또는 제3호의 사유에 따라 제7항 각 호 외의 부분 단서를 적용받는 경우 해당 법인이 보유한 분할신설법인주식등 또는 자산승계법인주식등의 압축기장충당금의 대체 방법에 관하여는 제6항을 준용한다. (2021. 2. 17. 신설)

⑨ 제6항에 따라 새로 압축기장충당금을 설정한 분할법인, 분할신설법인 또는 주식승계법인은 제13항에 따른 기간 내에 다음 각 호의 어느 하나에 해당하는 사유가 발생하는 경우에는 압축기장충당금 잔액 전부를 그 사유가 발생한 날이 속하는 사업연도의 소득금액을 계산할 때 익금에 산입한다. (2021. 2. 17. 개정)

1. 자산승계법인이 분할신설법인으로부터 적격구조조정으로 승계받은 사업을 폐지하거나 분할신설법인이 분할법인으로부터 승계받은 사업을 폐지하는 경우 (2017. 2. 3. 개정)
2. 분할법인 또는 분할신설법인이 보유한 자산승계법인주식등이 자산승계법인의 발행주식총수 또는 출자총액에서 차지하는 비율(이하 이 조에서 "자산승계법인지분비율"이라 한다)이 자산승계법인주식등 취득일의 자산승계법인지분비율의 100분의 50 미만

④ 영 제84조의 2 제5항 제2호 나목 단서에서 "기획재정부령으로 정하는 바에 따라 간접으로 소유하고 있는 경우"란 당초의 출자법인이 주주법인을 통해 적격구조조정법인을 소유하는 것을 말하며, 적격구조조정법인에 대한 당초의 분할법인의 간접소유비율은 제1항부터 제3항까지의 규정을 준용하여 계산한다. 이 경우 "당초의 분할법인"은 "당초의 출자법인"으로 본다. (2021. 3. 16. 신설)

※ 양도차익 계산 도해

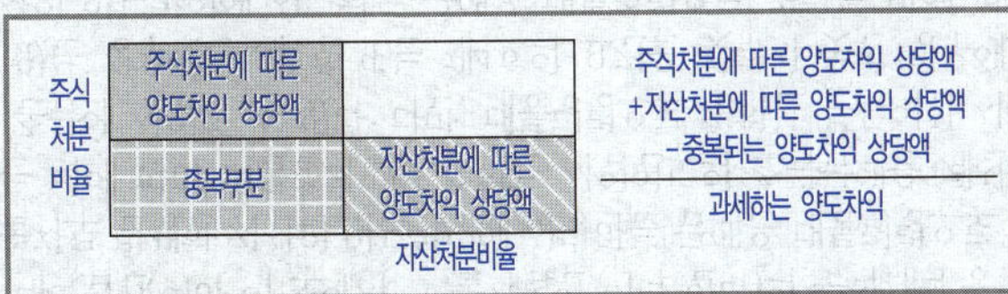

(2024. 10. 31. 개정)

집행기준 47-0-2 【물적분할로 인한 자산양도차익의 계산】
분할법인의 물적분할로 인한 자산양도차익을 계산함에 있어서 해당 법인이 분할하는 사업부문에 속하는 자산 및 부채를 공정가액으로 평가하지 아니하고 시가보다 낮은 가액으로 승계한 경우에는 부당행위계산부인 규정을 적용한다.
(2024. 10. 31. 개정)

집행기준 47-0-3 【물적분할하는 법인의 불량채권 처분손실의 손금산입】
물적분할하는 법인이 분할하는 사업부문에 속하는 자산 및 부채를 분할신설법인 등에게 승계함에 있어서 불량채권을 담보가치 또는 회수가능성 등을 합리적으로 고려한 공정가액으로 평가하여 승계한 경우에는 분할법인이 해당 채권의 처분손실을 손금에 산입한다.
(2024. 10. 31. 개정)

이 되거나 주식승계법인이 보유한 분할신설법인주식등이 분할신설법인의 발행주식총수 또는 출자총액에서 차지하는 비율(이하 이 조에서 "분할신설법인지분비율"이라 한다)이 분할신설법인주식등 취득일의 분할신설법인지분비율의 100분의 50 미만이 되는 경우 (2017. 2. 3. 개정)

⑩ 제8항에 따라 새로 압축기장충당금을 설정한 분할법인, 분할신설법인 또는 주식승계법인은 제7항 각 호의 어느 하나에 해당하는 사유가 발생하는 경우에는 그 사유가 발생한 날이 속하는 사업연도의 소득금액을 계산할 때 제3항을 준용하여 계산한 금액만큼을 익금에 산입하되, 제6항 제1호 단서에 해당하는 경우에는 제64조 제4항 각 호의 방법으로 익금에 산입한다. 다만, 제5항 제2호 또는 제3호의 사유에 해당하는 경우는 제외한다. (2021. 2. 17. 신설)

⑪ 제8항에 따라 새로 압축기장충당금을 설정한 분할법인, 분할신설법인 또는 주식승계법인은 제13항에 따른 기간 내에 제9항 각 호의 어느 하나에 해당하는 사유가 발생하는 경우에는 압축기장충당금 잔액 전부를 그 사유가 발생한 날이 속하는 사업연도의 소득금액을 계산할 때 익금에 산입한다. (2021. 2. 17. 신설)

⑫ 법 제47조 제1항 단서 및 같은 조 제3항 각 호 외의 부분 단서에서 "대통령령으로 정하는 부득이한 사유가 있는 경우"란 다음 각 호의 어느 하나에 해당하는 경우를 말한다. (2021. 2. 17. 항번개정)

1. 법 제46조 제2항 제2호 또는 제47조 제3항 제2호와 관련된 경우 : 분할법인이 제80조의 2 제1항 제1호 각 목의 어느 하나에 해당하는 경우 (2010. 12. 30. 개정)

2. 법 제46조 제2항 제3호 또는 제47조 제3항 제1호와 관련된 경우 : 분할신설법인등이 제80조의 2 제1항 제2호 각 목의 어느 하나에 해당하는 경우 (2010. 12. 30. 개정)

3. 법 제46조 제2항 제4호 또는 제47조 제3항 제3호와 관련된 경우 : 다음 각 목의 어느 하나에 해당하는 경우 (2018. 2. 13. 신설)
가. 법 제46조 제2항 제4호와 관련된 경우 : 분할신설법인이 제80조의 2 제1항 제3호 가목부터 다목까지의 규정 중 어느 하나에 해당하거나 분할등기일 1개월 전 당시 분할하는 사업부문에 종

사하는 제82조의 4 제9항의 근로자가 5명 미만인 경우 (2018. 2. 13. 신설)
나. 법 제47조 제3항 제3호와 관련된 경우 : 분할신설법인이 제80조의 2 제1항 제3호 가목부터 다목까지의 규정 중 어느 하나에 해당하는 경우 (2018. 2. 13. 신설)

⑬ 법 제47조 제3항 각 호 외의 부분 본문에서 "대통령령으로 정하는 기간"이란 분할등기일이 속하는 사업연도의 다음 사업연도 개시일부터 2년(같은 항 제3호의 경우에는 3년)을 말한다. (2021. 2. 17. 항번개정)

⑭ 법 제47조 제3항 제3호에서 "대통령령으로 정하는 근로자"란 「근로기준법」에 따라 근로계약을 체결한 내국인 근로자를 말한다. 다만, 분할하는 사업부문에 종사하는 근로자의 경우에는 제82조의 2 제10항 각 호의 어느 하나에 해당하는 근로자를 제외할 수 있다. (2021. 2. 17. 항번개정)

⑮ 분할신설법인은 분할법인이 제1항 및 제2항에 따라 압축기장충당금을 계상한 경우 분할법인이 분할 전에 적용받던 법 제59조에 따른 감면 또는 세액공제를 승계하여 감면 또는 세액공제의 적용을 받을 수 있다. 이 경우 법 또는 다른 법률에 해당 감면 또는 세액공제의 요건 등에 관한 규정이 있는 경우에는 분할신설법인이 그 요건 등을 갖춘 경우에만 이를 적용하며, 분할신설법인은 다음 각 호

☞ p.434 2단 연결

제47조의 2 【현물출자 시 과세특례】 (2009. 12. 31. 제목개정)
① 내국법인(이하 이 조에서 "출자법인"이라 한다)이 다음 각 호의 요건을 갖춘 현물출자를 하는 경우 그 현물출자로 취득한 현물출자를 받은 내국법인(이하 이 조에서 "피출자법인"이라 한다)의 주식가액 중 현물출자로 발생한 자산의 양도차익에 상당하는 금액은 대통령령으로 정하는 바에 따라 현물출자일이 속하는 사업연도의 소득금액을 계산할 때 손금에 산입할 수 있다. 다만, 대통령령으로 정하는 부득이한 사유가 있는 경우에는 제2호 또는 제4호의 요건을 갖추지 못한 경우에도 자산의 양도차익에 상당하는 금액을 대통령령으로 정하는 바에 따라

편주 ▶ ……………………………………
영 84조 19항의 개정규정은 2025. 2. 28. 이후 과세표준을 신고하는 경우부터 적용함. (영 부칙(2025. 2. 28.) 10조)
……………………………………… ☞

의 구분에 따라 승계받은 사업에 속하는 감면 또는 세액공제에 한정하여 적용받을 수 있다. (2021. 2. 17. 항번개정)
1. 이월된 감면·세액공제가 특정 사업·자산과 관련된 경우 : 특정 사업·자산을 승계한 분할신설법인이 공제 (2018. 2. 13. 신설)
2. 제1호 외의 이월된 감면·세액공제의 경우 : 분할법인의 사업용 고정자산가액 중 분할신설법인이 각각 승계한 사업용 고정자산가액 비율로 안분하여 분할신설법인이 각각 공제 (2018. 2. 13. 신설)
⑯ 분할신설법인이 법 제47조 제4항에 따라 분할법인으로부터 승계받은 감면 또는 세액공제를 적용하는 경우에는 제81조 제3항을 준용한다. (2021. 2. 17. 항번개정)
⑰ 분할신설법인 및 자산승계법인이 승계한 사업의 계속 또는 폐지의 판정과 적용에 관하여는 제80조의 2 제7항 및 제80조의 4 제8항을 준용한다. (2021. 2. 17. 항번개정)
⑱ 법 제47조 제1항을 적용받으려는 분할법인 또는 주식승계법인은 법 제60조에 따른 신고를 할 때 분할신설법인 또는 자산승계법인과 함께 기획재정부령으로 정하는 물적분할과세특례신청서 및 자산의 양도차익에 관한 명세서를 납세지 관할 세무서장에게 제출하여야 한다. (2021. 2. 17. 항번개정)
⑲ 분할신설법인 또는 자산승계법인은 승계자산을 처분한 날이 속하는 사업연도의 법 제60조에 따른 과세표준신고를 할 때 제18항에 따른 자산의 양도차익에 관한 명세서를 납세지 관할 세무서장에게 제출해야 한다. (2025. 2. 28. 신설)

제84조의 2 【현물출자로 인한 자산양도차익상당액의 손금산입】 (2010. 6. 8. 제목개정)
① 법 제47조의 2 제1항에 따라 출자법인이 손금에 산입하는 금액은 피출자법인으로부터 취득한 주식등(이하 이 조에서 "피출자법인주식등"이라 한다)의 가액 중 현물출자로 인하여 발생한 자산의 양도차익에 상당하는 금액으로 한다. (2013. 2. 15. 개정)
② 제1항에 따라 손금에 산입하는 금액은 피출자법인주식등의 압축기장충당금으로 계상하여야 한다. (2013. 2. 15. 개정)
③ 법 제47조의 2 제2항 각 호 외의 부분 본문에서 "대통령령으로 정

하는 금액"이란 제1호와 제2호를 더한 비율에서 제1호와 제2호를 곱한 비율을 뺀 비율을 직전 사업연도 종료일(현물출자일이 속하는 사업연도의 경우에는 현물출자일을 말한다. 이하 이 조에서 같다) 현재 피출자법인주식등의 압축기장충당금 잔액에 곱한 금액을 말한다. (2013. 2. 15. 개정)
1. 출자법인이 직전 사업연도 종료일 현재 보유하고 있는 법 제47조의 2 제1항에 따라 취득한 피출자법인의 주식등의 장부가액에서 해당 사업연도에 같은 조 제2항 제1호에 따라 처분한 피출자법인의 주식등의 장부가액이 차지하는 비율 (2012. 2. 2. 개정)
2. 피출자법인이 직전 사업연도 종료일 현재 보유하고 있는 법 제47조의 2 제1항에 따라 출자법인 등으로부터 승계받은 제4항에 해당하는 자산(이하 이 조에서 "승계자산"이라 한다)의 양도차익(현물출자일 현재 승계자산의 시가에서 현물출자일 전날 출자법인 등이 보유한 승계자산의 장부가액을 차감한 금액을 말한다)에서 해당 사업연도에 처분한 승계자산의 양도차익이 차지하는 비율 (2013. 2. 15. 개정)
④ 법 제47조의 2 제2항 제2호에서 "대통령령으로 정하는 자산"이란 감가상각자산(제24조 제3항 제1호의 자산을 포함한다), 토지 및 주식등을 말한다. (2012. 2. 2. 개정)

☞ p.435 2단 연결

손금에 산입할 수 있다. (2010. 12. 30. 개정)
1. 출자법인이 현물출자일 현재 5년 이상 사업을 계속한 법인일 것 (2010. 12. 30. 개정)
2. 피출자법인이 그 현물출자일이 속하는 사업연도의 종료일까지 출자법인이 현물출자한 자산으로 영위하던 사업을 계속할 것 (2017. 12. 19. 개정)
3. 다른 내국인 또는 외국인과 공동으로 출자하는 경우 공동으로 출자한 자가 출자법인의 특수관계인이 아닐 것 (2018. 12. 24. 개정)
4. 출자법인 및 제3호에 따라 출자법인과 공동으로 출자한 자(이하 이 조에서 "출자법인 등"이라 한다)가 현물출자일 다음 날 현재 피출자법인의 발행주식총수 또는 출자총액의 100분의 80 이상의 주식 등을 보유하고, 현물출자일이 속하는 사업연도의 종료일까지 그 주식 등을 보유할 것 (2011. 12. 31. 개정)
5. 출자법인이 분리하여 사업이 가능한 독립된 사업부문을 현물출자를 통하여 피출자법인에 승계할 것 (2015. 12. 15. 신설)
5. 삭 제 (2017. 12. 19.)
② 출자법인이 제1항에 따라 손금에 산입한 양도차익에 상당하는 금액은 다음 각 호의 어느 하나에 해당하는 사유가 발생하는 사업연도에 해당 주식 등과 자산의 처분비율을 고려하여 대통령령으로 정하는 금액만큼 익금에 산입한다. 다만, 피출자법인이 적격합병되거나 적격분할하는 등 대통령령으로 정하는 부득이한 사유가 있는 경우에는 그러하지 아니하다. (2013. 1. 1. 단서신설)
1. 출자법인이 피출자법인으로부터 받은 주식 등을 처분하는 경우 (2011. 12. 31. 개정)
2. 피출자법인이 출자법인 등으로부터 승계받은 대통령령으로 정하는 자산을 처분하는 경우. 이 경우 피출자법인은 그 자산의 처분 사실을 처분일부터 1개월 이내에 출자법인에 알려야 한다. (2011. 12. 31. 개정)
③ 제1항에 따라 양도차익 상당액을 손금에 산입한 출자법인은 현물출자일부터 3년의 범위에서 대통령령으로 정하는 기간 이내에 다음 각 호의 어느 하나에 해당하는 사유가 발생하는 경우에는 제1항에 따라 손금에 산입한 금액 중 제2항에 따라 익금에 산입하고 남은 금액을 그

⑤ 법 제47조의 2 제2항 각 호 외의 부분 단서에서 "피출자법인이 적격합병되거나 적격분할하는 등 대통령령으로 정하는 부득이한 사유"란 다음 각 호의 어느 하나에 해당하는 경우를 말한다. (2021. 2. 17. 개정)
1. 출자법인 또는 피출자법인이 최초로 적격구조조정에 따라 주식등 및 자산을 처분하는 경우 (2021. 2. 17. 개정)
2. 피출자법인의 발행주식 또는 출자액 전부를 출자법인이 소유하고 있는 경우로서 다음 각 목의 어느 하나에 해당하는 경우 (2021. 2. 17. 개정)
   가. 출자법인이 피출자법인을 적격합병(법 제46조의 4 제3항에 따른 적격분할합병을 포함한다. 이하 이 조에서 같다)하거나 피출자법인에 적격합병되어 출자법인 또는 피출자법인이 주식등 및 자산을 처분하는 경우 (2021. 2. 17. 개정)
   나. 출자법인 또는 피출자법인이 적격합병, 적격분할, 적격물적분할 또는 적격현물출자로 주식등 및 자산을 처분하는 경우. 다만, 해당 적격합병, 적격분할, 적격물적분할 또는 적격현물출자에 따른 합병법인, 분할신설법인등 또는 피출자법인의 발행주식 또는 출자액 전부를 당초의 출자법인이 직접 또는 기획재정부령으로 정하는 바에 따라 간접으로 소유하고 있는 경우로 한정한다. (2021. 2. 17. 개정)
3. 출자법인 또는 피출자법인이 제82조의 2 제3항 각 호의 어느 하나에 해당하는 사업부문의 적격분할 또는 적격물적분할로 주식등 및 자산을 처분하는 경우 (2021. 2. 17. 개정)
⑥ 출자법인이 제5항에 따라 법 제47조의 2 제2항 단서를 적용받는 경우 해당 출자법인이 보유한 피출자법인주식등의 압축기장충당금은 다음 각 호의 방법으로 대체한다. (2017. 2. 3. 개정)
1. 피출자법인주식등의 압축기장충당금 잔액에 제3항 제2호의 비율[비율을 산정할 때 처분한 승계자산은 적격구조조정으로 피출자법인으로부터 피출자법인의 자산을 승계하는 법인(이하 이 조에서 "자산승계법인"이라 한다)에 처분한 승계자산에 해당하는 것을 말한다]을 곱한 금액을 출자법인 또는 피출자법인이 새로 취득하는 자산승계법인의 주식등(이하 이 조에서 "자산승계법인주식등"이라

한다)의 압축기장충당금으로 할 것. 다만, 자산승계법인이 출자법인인 경우에는 피출자법인주식등의 압축기장충당금 잔액을 출자법인이 승계하는 자산 중 최초 현물출자 당시 양도차익이 발생한 자산의 양도차익에 비례하여 안분계산한 후 그 금액을 해당 자산이 감가상각자산인 경우 그 자산의 일시상각충당금으로, 해당 자산이 감가상각자산이 아닌 경우 그 자산의 압축기장충당금으로 한다. (2017. 2. 3. 개정)
2. 피출자법인주식등의 압축기장충당금 잔액에 제3항 제1호의 비율[비율을 산정할 때 처분한 주식은 적격구조조정으로 출자법인으로부터 피출자법인주식등을 승계하는 법인(이하 이 조에서 "주식승계법인"이라 한다)에 처분한 피출자법인주식등에 해당하는 것을 말한다]을 곱한 금액을 주식승계법인이 승계한 피출자법인주식등의 압축기장충당금으로 할 것 (2017. 2. 3. 개정)
⑦ 제6항에 따라 새로 압축기장충당금을 설정한 출자법인, 피출자법인 또는 주식승계법인은 다음 각 호의 어느 하나에 해당하는 사유가 발생하는 경우에는 그 사유가 발생한 날이 속하는 사업연도의 소득금액을 계산할 때 제3항을 준용하여 계산한 금액만큼을 익금에 산입하되, 제6항 제1호 단서에 해당하는 경우에는 제64조 제4항 각 호의 방법으로 익금에 산입

☞ p.436 2단 연결

사유가 발생한 날이 속하는 사업연도의 소득금액을 계산할 때 익금에 산입한다. 다만, 대통령령으로 정하는 부득이한 사유가 있는 경우에는 그러하지 아니하다. (2016. 12. 20. 개정)

1. 피출자법인이 출자법인이 현물출자한 자산으로 영위하던 사업을 폐지하는 경우 (2017. 12. 19. 개정)
2. 출자법인 등이 피출자법인의 발행주식총수 또는 출자총액의 100분의 50 미만으로 주식 등을 보유하게 되는 경우 (2011. 12. 31. 개정)

④ 제1항부터 제3항까지의 규정에 따른 손금산입 대상 양도차익의 계산, 출자법인이 현물출자한 자산으로 영위하던 사업의 계속 및 폐지에 관한 판정기준, 익금산입액의 계산 및 그 산입방법, 현물출자 명세서 제출 등에 관하여 필요한 사항은 대통령령으로 정한다. (2017. 12. 19. 개정)

제48조【분할후 존속하는 법인에 관한 소득금액계산특례】삭제 (2009. 12. 31.)

제48조의 2【분할에 따른 이월결손금의 승계】삭제 (2009. 12. 31.)

제49조【합병 및 분할시의 자산·부채의 승계 등】내국법인이 합병 또는 분할하는 경우 이 법 또는 다른 법률에 다른 규정이 있는 경우를 제외하고는 피합병법인·분할법인 또는 소멸한 분할합병의 상대방법인(이하 "피합병법인등"이라 한다)의 각 사업연도의 소득금액 및 과세표준의 계산에 있어서 익금 또는 손금에 산입하거나 산입하지 아니한 금액 등의 처리 및 그 금액 기타 자산·부채의 합병법인 등에의 승계 등에 관하여 필요한 사항은 대통령령으로 정한다. (98. 12. 28 개정)

제49조【합병 및 분할시의 자산·부채의 승계 등】삭제 (2009. 12. 31.)

입한다. 다만, 제5항 제2호 또는 제3호의 사유에 해당하는 경우는 제외한다. (2021. 2. 17. 개정)

1. 출자법인 또는 피출자법인이 적격구조조정에 따라 새로 취득한 자산승계법인주식등을 처분하거나 주식승계법인이 적격구조조정에 따라 승계한 피출자법인주식등을 처분하는 경우 (2017. 2. 3. 개정)
2. 자산승계법인이 적격구조조정으로 피출자법인으로부터 승계한 제4항에 해당하는 자산을 처분하거나 피출자법인이 승계자산을 처분하는 경우. 이 경우 피출자법인 및 자산승계법인은 그 자산의 처분 사실을 처분일부터 1개월 이내에 출자법인, 피출자법인, 주식승계법인 또는 자산승계법인에 알려야 한다. (2021. 2. 17. 후단신설)

⑧ 출자법인, 피출자법인 또는 주식승계법인이 제5항 제2호 또는 제3호의 사유에 따라 제7항 각 호 외의 부분 단서를 적용받는 경우 해당 법인이 보유한 피출자법인주식등 또는 자산승계법인주식등의 압축기장충당금의 대체 방법에 관하여는 제6항을 준용한다. (2021. 2. 17. 신설)

⑨ 제6항에 따라 새로 압축기장충당금을 설정한 출자법인, 피출자법인 또는 주식승계법인은 제13항에 따른 기간 내에 다음 각 호의 어느 하나에 해당하는 사유가 발생하는 경우에는 압축기장충당금 잔액 전부를 그 사유가 발생한 날이 속하는 사업연도의 소득금액을 계산할 때 익금에 산입한다. (2021. 2. 17. 개정)

1. 자산승계법인이 피출자법인으로부터 적격구조조정으로 승계받은 사업을 폐지하거나 피출자법인이 출자법인으로부터 승계받은 사업을 폐지하는 경우 (2017. 2. 3. 개정)
2. 출자법인 또는 피출자법인이 보유한 자산승계법인주식등이 자산승계법인의 발행주식총수 또는 출자총액에서 차지하는 비율(이하 이 조에서 "자산승계법인지분비율"이라 한다)이 자산승계법인주식등 취득일의 자산승계법인지분비율의 100분의 50 미만이 되거나 주식승계법인이 보유한 피출자법인주식등이 피출자법인의 발행주식총수 또는 출자총액에서 차지하는 비율(이하 이 조에서 "피출자법인지분비율"이라 한다)이 피출자법인주식등 취득일의 피출자법인지분비율의 100분의 50 미만이 되는 경우 (2017. 2. 3. 개정)

⑩ 제8항에 따라 새로 압축기장충당금을 설정한 출자법인, 피출자법인 또는 주식승계법인은 제7항 각 호의 어느 하나에 해당하는 사유가 발생하는 경우에는 그 사유가 발생한 날이 속하는 사업연도의 소득금액을 계산할 때 제3항을 준용하여 계산한 금액만큼을 익금에 산입하되, 제6항 제1호 단서에 해당하는 경우에는 제64조 제4항 각 호의 방법으로 익금에 산입한다. 다만, 제5항 제2호 또는 제3호의 사유에 해당하는 경우는 제외한다. (2021. 2. 17. 신설)

⑪ 제8항에 따라 새로 압축기장충당금을 설정한 출자법인, 피출자법인 또는 주식승계법인은 제13항에 따른 기간 내에 제9항 각 호의 어느 하나에 해당하는 사유가 발생하는 경우에는 압축기장충당금 잔액 전부를 그 사유가 발생한 날이 속하는 사업연도의 소득금액을 계산할 때 익금에 산입한다. (2021. 2. 17. 신설)

⑫ 법 제47조의 2 제1항 각 호 외의 부분 단서 및 제3항 각 호 외의 부분 단서에서 "대통령령으로 정하는 부득이한 사유가 있는 경우"란 다음 각 호의 어느 하나에 해당하는 경우를 말한다. (2021. 2. 17. 항번개정)

1. 법 제47조의 2 제1항 제4호 또는 제3항 제2호와 관련된 경우 : 출자법인 등이 제80조의 2 제1항 제1호 각 목의 어느 하나에 해당하는 경우 (2012. 2. 2. 개정)

☞ p.437 2단 연결

2. 법 제47조의 2 제1항 제2호 또는 제3항 제1호와 관련된 경우 : 피출자법인이 제80조의 2 제1항 제2호 각 목의 어느 하나에 해당하는 경우 (2011. 3. 31. 개정)

⑬ 법 제47조의 2 제3항 각 호 외의 부분 본문에서 "대통령령으로 정하는 기간"이란 현물출자일이 속하는 사업연도의 다음 사업연도 개시일부터 2년을 말한다. (2021. 2. 17. 항번개정)

⑭ 피출자법인 및 자산승계법인이 승계한 사업의 계속 또는 폐지의 판정과 적용에 관하여는 제80조의 2 제7항 및 제80조의 4 제8항을 준용한다. (2021. 2. 17. 항번개정)

⑭ 출자법인의 현물출자를 통하여 피출자법인이 승계하는 사업부문이 다음 각 호의 어느 하나에 해당하는 사업부문인 경우에는 법 제47조의 2 제1항 제5호에 따라 분리하여 사업이 가능한 독립된 사업부문을 출자법인의 현물출자를 통하여 피출자법인이 승계하는 것으로 보지 아니한다. (2016. 2. 12. 신설)

1. 기획재정부령으로 정하는 부동산 임대업을 주업으로 하는 사업부문 (2016. 2. 12. 신설)

2. 현물출자를 받은 사업용 고정자산가액(기획재정부령으로 정하는 사업용 고정자산가액은 제외한다) 중 「소득세법」 제94조 제1항 제1호 및 제2호에 해당하는 자산이 100분의 80 이상인 사업부문 (2016. 2. 12. 신설)

3. 주식등과 그와 관련된 자산만으로 구성된 사업부문 (2016. 2. 12. 신설)

⑮ 제14항 제3호에도 불구하고 출자법인의 현물출자를 통하여 피출자법인이 승계하는 사업부문이 다음 각 호의 어느 하나에 해당하는 사업부문인 경우에는 법 제47조의 2 제1항 제5호에 따라 분리하여 사업이 가능한 독립된 사업부문을 출자법인의 현물출자를 통하여 피출자법인이 승계하는 것으로 본다. (2016. 2. 12. 신설)

1. 출자법인이 현물출자일 전날 현재 모든 지배목적으로 보유하는 주식등으로서 기획재정부령으로 정하는 주식 등과 그와 관련된 자산만으로 구성된 사업부문 (2016. 2. 12. 신설)

2. 「독점규제 및 공정거래에 관한 법률」 제2조 제1호의 2에 따른 지주회사 또는 「금융지주회사법」 제2조 제1항 제1호에 따른 금융지주회사를 설립하는 사업부문. 다만, 출자법인의 현물출자를 통하여 피출자법인이 승계하는 사업부문이 출자법인이 지배주주등으로서 보유하는 주식등과 그와 관련된 자산만을 승계하는 경우로 한정한다. (2016. 2. 12. 신설)

3. 제2호와 유사한 경우로서 기획재정부령으로 정하는 경우 (2016. 2. 12. 신설)

⑮ · ⑯ 삭　제 (2018. 2. 13., 2021. 2. 17. 항번개정)

⑰ 법 제47조의 2 제1항을 적용받으려는 출자법인 또는 주식승계법인은 법 제60조에 따른 신고를 할 때 피출자법인 또는 자산승계법인과 함께 기획재정부령으로 정하는 현물출자과세특례신청서 및 자산의 양도차익에 관한 명세서를 납세지 관할 세무서장에게 제출하여야 한다. (2021. 2. 17. 항번개정)

⑱ 피출자법인 또는 자산승계법인은 승계자산을 처분한 날이 속하는 사업연도의 법 제60조에 따른 과세표준신고를 할 때 제17항에 따른 자산의 양도차익에 관한 명세서를 납세지 관할 세무서장에게 제출해야 한다. (2025. 2. 28. 신설)

편주 ▶ ···

영 84조의 2 제18항의 개정규정은 2025. 2. 28. 이후 과세표준을 신고하는 경우부터 적용함. (영 부칙(2025. 2. 28.) 10조)
···

제85조의 2 【합병 · 분할에 따른 양도손익 등에 대한 납세의무】 법인이 합병 또는 분할로 인하여 소멸한 경우 합병법인등은 피합병법인등이 납부하지 아니한 각 사업연도의 소득에 대한 법인세(합병 · 분할에 따른 양도손익에 대한 법인세를 포함한다)를 납부할 책임을 진다. (2010. 6. 8. 신설)

제50조 【교환으로 인한 자산양도차익 상당액의 손금산입】 ① 대통령령으로 정하는 사업을 하는 내국법인이 2년 이상 그 사업에 직접 사용하던 자산으로서 대통령령으로 정하는 자산(이하 이 조에서 "사업용자산"이라 한다)을 특수관계인 외의 다른 내국법인이 2년 이상 그 사업에 직접 사용하던 동일한 종류의 사업용자산(이하 이 조에서 "교환취득자산"이라 한다)과 교환(대통령령으로 정하는 여러 법인 간의 교환을 포함한다)하는 경우 그 교환취득자산의 가액 중 교환으로 발생한 사업용자산의 양도차익 상당액은 대통령령으로 정하는 바에 따라 해당 사업연도의 소득금액을 계산할 때 손금에 산입할 수 있다. (2018. 12. 24. 개정)
② 제1항은 내국법인이 교환취득자산을 교환일이 속하는 사업연도의 종료일까지 그 내국법인의 사업에 사용하는 경우에만 적용한다. (2010. 12. 30. 개정)
③ 제1항을 적용받으려는 내국법인은 대통령령으로 정하는 바에 따라 자산 교환에 관한 명세서를 납세지 관할 세무서장에게 제출하여야 한다. (2010. 12. 30. 개정)
④ 제1항을 적용할 때 손금산입액 및 그 금액의 익금산입 방법 등에 관하여 필요한 사항은 대통령령으로 정한다. (2010. 12. 30. 개정)

제86조 【교환으로 인한 자산양도차익상당액의 손금산입】 ① 법 제50조 제1항에서 "대통령령으로 정하는 사업"이란 「조세특례제한법 시행령」 제29조 제3항 및 제60조 제1항 제1호부터 제3호까지의 규정에 해당하는 사업을 제외한 사업을 말한다. (2022. 2. 15. 개정)
② 법 제50조 제1항에서 "대통령령으로 정하는 자산"이란 토지 · 건축물 · 「조세특례제한법」 제24조 제1항 제1호에 따른 공제대상 자산과 그 밖에 기획재정부령으로 정하는 자산을 말한다. (2021. 2. 17. 개정)
③ 법 제50조 제1항에서 "대통령령으로 정하는 여러 법인간의 교환"이란 3 이상의 법인간에 하나의 교환계약에 의하여 각 법인이 자산을 교환하는 것을 말한다. (2011. 6. 3. 개정)
④ 법 제50조 제1항에 따라 손금에 산입하는 양도차익에 상당하는 금액은 제1호의 금액에서 제2호의 금액을 차감한 금액(그 금액이 해당 사업용 자산의 시가에서 장부가액을 차감한 금액을 초과하는 경우 그 초과한 금액을 제외한다)으로 한다. (2019. 2. 12. 개정)
1. 교환취득자산의 가액 (2001. 12. 31 개정)
2. 현금으로 대가의 일부를 지급한 경우 그 금액 및 사업용 자산의 장부가액 (2019. 2. 12. 개정)
⑤ 제4항에 따라 손금에 산입하는 양도차익에 상당하는 금액의 손금산입 및 익금산입에 관해서는 제64조 제3항부터 제5항까지의 규정을 준용한다. (2019. 2. 12. 개정)
⑥ 법 제50조 제1항의 규정을 적용받고자 하는 내국법인은 법 제60조의 규정에 의한 신고와 함께 기획재정부령이 정하는 자산교환명세서를 납세지 관할세무서장에게 제출하여야 한다. (2008. 2. 29. 직제개정 ; 기획재정부와~직제 부칙)

제 6 관의 2　소득공제 (99. 12. 31 신설)

제50조의 2 【사업양수 시 이월결손금 공제 제한】 내국법인이 다른 내국법인의 사업을 양수하는 경우로서 대통령령으로 정하는 경우에는 사업양수일 현재 제13조 제1항 제1호에 해당하는 결손금은 사업을 양수한 내국법인의 각 사업연도의 과세표준을 계산할 때 양수

제86조의 2 【사업양수 시 이월결손금 공제 제한】 ① 법 제50조의 2에서 "대통령령으로 정하는 경우"란 다음 각 호의 기준에 모두 해당하는 경우를 말한다. (2022. 2. 15. 신설)
1. 양수자산이 사업양수일 현재 양도법인의 자산총액의 100분의 70 이

한 사업부문에서 발생한 소득금액(제113조 제7항 단서에 해당되어 회계를 구분하여 기록하지 아니한 경우에는 그 소득금액을 대통령령으로 정하는 자산가액 비율로 안분계산한 금액으로 한다)의 범위에서는 공제하지 아니한다. (2021. 12. 21. 신설)

제 7 관　비과세 및 소득공제 (99. 12. 28 제목개정)

제51조【비과세소득】내국법인의 각 사업연도 소득 중 「공익신탁법」에 따른 공익신탁의 신탁재산에서 생기는 소득에 대하여는 각 사업연도의 소득에 대한 법인세를 과세하지 아니한다. (2014. 3. 18. 개정 ; 공익신탁법 부칙)

제51조의 2【유동화전문회사 등에 대한 소득공제】① 다음 각 호의 어느 하나에 해당하는 내국법인이 대통령령으로 정하는 배당가능이익(이하 이 조에서 "배당가능이익"이라 한다)의 100분의 90 이상을 배당한 경우 그 금액(이하 이 조에서 "배당금액"이라 한다)은 해당 배당을 결의한 잉여금 처분의 대상이 되는 사업연도의 소득금액에서 공제한다. (2022. 12. 31. 개정)

1. 「자산유동화에 관한 법률」에 따른 유동화전문회사 (2010. 12. 30. 개정)
2. 「자본시장과 금융투자업에 관한 법률」에 따른 투자회사, 투자목적회사, 투자유한회사, 투자합자회사(같은 법 제9조 제19항 제1호의 기관전용 사모집합투자기구는 제외한다) 및 투자유한책임회사 (2021. 12. 21. 개정)
3. 「기업구조조정투자회사법」에 따른 기업구조조정투자회사 (2010. 12. 30. 개정)
4. 「부동산투자회사법」에 따른 기업구조조정 부동산투자회사 및 위탁관리 부동산투자회사 (2010. 12. 30. 개정)
5. 「선박투자회사법」에 따른 선박투자회사 (2010. 12. 30. 개정)
6. 「민간임대주택에 관한 특별법」 또는 「공공주택 특별법」에 따른 특

상이고, 양도법인의 자산총액에서 부채총액을 뺀 금액의 100분의 90 이상인 경우 (2022. 2. 15. 신설)
2. 사업의 양도·양수 계약일 현재 양도·양수인이 특수관계인인 법인인 경우 (2022. 2. 15. 신설)
② 법 제50조의 2에서 "대통령령으로 정하는 자산가액 비율"이란 사업양수일 현재 양수법인의 사업용 자산가액과 양수한 사업부문의 사업용 자산가액의 비율을 말한다. 이 경우 양수한 사업부문의 사업용 자산가액은 양수법인의 결손금을 공제하는 각 사업연도의 종료일 현재 계속 보유(처분 후 대체하는 경우를 포함한다)·사용하는 자산의 사업양수일 현재 가액으로 한다. (2022. 2. 15. 신설)

제86조의 3【유동화전문회사 등에 대한 소득공제】(2022. 2. 15. 조번개정)

① 법 제51조의 2 제1항 각 호 외의 부분에서 "대통령령으로 정하는 배당가능이익"이란 기업회계기준에 따라 작성한 재무제표상의 법인세비용 차감 후 당기순이익에 이월이익잉여금을 가산하거나 이월결손금을 공제하고, 「상법」 제458조에 따라 적립한 이익준비금을 차감한 금액을 말한다. 이 경우 다음 각 호의 어느 하나에 해당하는 금액은 제외한다. (2016. 2. 12. 개정)

① 법 제51조의 2 제1항 각 호 외의 부분에서 "대통령령으로 정하는 배당가능이익"이란 기업회계기준에 따라 작성한 재무제표상의 법인세비용 차감 후 당기순이익에 이월이익잉여금을 가산하거나 이월결손금을 공제하고, 「상법」 제458조에 따라 적립한 이익준비금을 차감한 금액(이하 이 항에서 "배당가능이익"이라 한다)을 말한다. 이 경우 다음 각 호의 어느 하나에 해당하는 금액은 배당가능이익에서 제외한다. (2025. 2. 28. 개정)

1. 법 제18조 제8호에 해당하는 배당 (2016. 2. 12. 개정)
2. 당기순이익, 이월이익잉여금 및 이월결손금 중 제73조 제2호 가목부터 다목까지의 규정에 따른 자산의 평가손익. 다만, 제75조 제3항에 따라 시가법으로 평가한 투자회사등의 제73조 제2호 다목에 따른 자산의 평가손익은 배당가능이익에 포함한다. (2016. 2. 12. 개정)
2. 당기순이익, 이월이익잉여금 및 이월결손금 중 다음 각 목의 어느

편주 ＞ ……………………………………

영 86조의 3 제1항 2호의 개정규정은 2025. 2. 28. 이후 과세표준을 신고하는 경우부터 적용의 개정규정은 2025. 2. 28. 이후 과세표준을 신고하는 경우부터 적용함. (영 부칙(2025. 2. 28.) 11조)

☞ ……………………………………

수 목적 법인 등으로서 대통령령으로 정하는 법인 (2015. 8. 28. 개정 ; 임대주택법 부칙)

7. 「문화산업진흥 기본법」에 따른 문화산업전문회사 (2010. 12. 30. 개정)

8. 「해외자원개발 사업법」에 따른 해외자원개발투자회사 (2010. 12. 30. 개정)

9. 제1호부터 제8호까지와 유사한 투자회사로서 다음 각 목의 요건을 갖춘 법인일 것 (2010. 12. 30. 개정)

　가. 회사의 자산을 설비투자, 사회간접자본 시설투자, 자원개발, 그 밖에 상당한 기간과 자금이 소요되는 특정사업에 운용하고 그 수익을 주주에게 배분하는 회사일 것 (2010. 12. 30. 개정)

　나. 본점 외의 영업소를 설치하지 아니하고 직원과 상근하는 임원을 두지 아니할 것 (2010. 12. 30. 개정)

　다. 한시적으로 설립된 회사로서 존립기간이 2년 이상일 것 (2010. 12. 30. 개정)

　라. 「상법」이나 그 밖의 법률의 규정에 따른 주식회사로서 발기설립의 방법으로 설립할 것 (2010. 12. 30. 개정)

　마. 발기인이 「기업구조조정투자회사법」 제4조 제2항 각 호의 어느 하나에 해당하지 아니하고 대통령령으로 정하는 요건을 충족할 것 (2010. 12. 30. 개정)

　바. 이사가 「기업구조조정투자회사법」 제12조 각 호의 어느 하나에 해당하지 아니할 것 (2010. 12. 30. 개정)

　사. 감사는 「기업구조조정투자회사법」 제17조에 적합할 것. 이 경우 "기업구조조정투자회사"는 "회사"로 본다. (2010. 12. 30. 개정)

　아. 자본금 규모, 자산관리업무와 자금관리업무의 위탁 및 설립신고 등에 관하여 대통령령으로 정하는 요건을 충족할 것 (2010. 12. 30. 개정)

9. 삭　제 (2020. 12. 22.)

② 다음 각 호의 어느 하나에 해당하는 경우에는 제1항을 적용하지 아니한다. (2010. 12. 30. 개정)

1. 배당을 받은 주주 등에 대하여 이 법 또는 「조세특례제한법」에 따라 그 배당에 대한 소득세 또는 법인세가 비과세되는 경우. 다만, 배당을 받은 주주 등이 「조세특례제한법」 제100조의 15에 따라 동업기업과세특례를 적용받는 동업기업인 경우로서 그 동업자들(그 동업자들의 전부 또는 일부가 같은 조 제3항에 따른 상위 동업기업에 해당하는 경우에는 그 상위 동업기업에 출자한 동업자들을 말한다)에 대하여 같은 법 제100조의 18에 따라 배분받은 배당에 해당하는 소득에 대한 소득세 또는 법인세가 전부 과세되는 경우는 제외한다. (2023. 12. 31. 단서개정)

하나에 해당하는 자산의 평가손익 (2025. 2. 28. 개정)

　가. 제73조 제2호 가목부터 다목까지의 규정에 따른 자산의 평가손익. 다만, 제75조 제3항에 따라 시가법으로 평가한 투자회사등의 제73조 제2호 다목에 따른 자산의 평가손익은 배당가능이익에 포함한다. (2025. 2. 28. 개정)

　나. 「부동산투자회사법」에 따른 위탁관리 부동산투자회사 및 기업구조조정 부동산투자회사가 보유한 자산의 평가손익 (2025. 2. 28. 개정)

② 법 제51조의 2 제1항 제6호에서 "대통령령으로 정하는 법인"이란 임대사업을 목적으로 「민간임대주택에 관한 특별법 시행령」 제4조 제2항 제3호 다목의 투자회사의 규정에 따른 요건을 갖추어 설립된 법인을 말한다. (2023. 9. 26. 개정 ; 민간임대주택에~부칙)

③ 법 제51조의 2 제1항 제1호부터 제8호까지와 유사한 투자회사가 「주택법」에 따라 주택건설사업자와 공동으로 주택건설사업을 수행하는 경우로서 그 자산을 주택건설사업에 운용하고 해당 수익을 주주에게 배분하는 때에는 법 제51조의 2 제1항 제9호 가목의 요건을 갖춘 것으로 본다. (2010. 12. 30. 개정)

④ 법 제51조의 2 제1항 제9호 마목에서 "대통령령으로 정하는 요건"이란 다음 각 호의 요건을 말한다. (2010. 12. 30. 개정)

1. 발기인 중 1인 이상이 다음 각 목의 어느 하나에 해당할 것 (2009. 2. 4. 개정)

　가. 제61조 제2항 제1호부터 제13호까지 및 제24호의 어느 하나에 해당하는 금융회사 등 (2010. 2. 18. 개정)

　나. 「국민연금법」에 의한 국민연금관리공단(「사회기반시설에 대한 민간투자법」 제4조 제2호의 규정에 의한 방식으로 민간투자사업을 시행하는 투자회사의 경우에 한한다) (2005. 7. 15. 개정)

2. 제1호 가목 또는 나목에 해당하는 발기인이 100분의 5(제1호 가목 또는 나목에 해당하는 발기인이 다수인 경우에는 이를 합산한다) 이상의 자본금을 출자할 것 (2005. 7. 15. 개정)

⑤ 법 제51조의 2 제1항 제9호 아목에서 "대통령령으로 정하는 요건"이란 다음 각 호의 요건을 말한다. (2010. 12. 30. 개정)

1. 자본금이 50억원 이상일 것. 다만, 「사회기반시설에 대한 민간투자법」 제4조 제2호의 규정에 의한 방식으로 민간투자사업을 시행하는 투자회사의 경우에는 10억원 이상일 것 (2005. 7. 15. 개정)

2. 자산관리 · 운용 및 처분에 관한 업무를 다음 각 목의 어느 하나에 해당하는 자(이하 이 조에서 "자산관리회사"라 한다)에게 위탁할 것. 다만, 제6호 단서의 경우 「건축물의 분양에 관한 법률」 제4조 제1항 제1호에 따른 신탁계약에 관한 업무는 제3호에 따른 자금관리사무수탁회사에 위탁할 수 있다. (2016. 2. 12. 개정)

2. 배당을 지급하는 내국법인이 주주 등의 수 등을 고려하여 대통령령으로 정하는 기준에 해당하는 법인인 경우 (2010. 12. 30. 개정)

③ 제1항을 적용받으려는 자는 대통령령으로 정하는 바에 따라 소득공제신청을 하여야 한다. (2010. 12. 30. 개정)

●예판

• 유동화전문회사가 해산등기로 인한 의제사업연도 기간 중에 상법에 의한 배당을 실시하는 경우에도 배당한 경우로 보아 소득공제 적용됨. (서이 46012-12122, 2002. 11. 27)

• 유동화전문회사가 청산함으로써 출자자에게 잔여재산을 분배함에 따라 발생하는 의제배당의 경우에도 소득공제대상에 해당하는 것임. (서면2팀 -1598, 2005. 10. 5.)

④ 제1항을 적용할 때 배당금액이 해당 사업연도의 소득금액을 초과하는 경우 그 초과하는 금액(이하 이 조에서 "초과배당금액"이라 한다)은 해당 사업연도의 다음 사업연도 개시일부터 5년 이내에 끝나는 각 사업연도로 이월하여 그 이월된 사업연도의 소득금액에서 공제할 수 있다. 다만, 내국법인이 이월된 사업연도에 배당가능이익의 100분의 90 이상을 배당하지 아니하는 경우에는 그 초과배당금액을 공제하지 아니한다. (2022. 12. 31. 신설)

④ 제1항을 적용할 때 배당금액이 해당 사업연도의 소득금액에서 제13조 제1항 제1호에 따른 이월결손금(이하 이 조에서 "이월결손금"이라 한다)을 뺀 금액을 최초로 초과하는 경우에는 그 초과하는 금액을 해당 사업연도의 다음 사업연도 개시일부터 5년 이내에 끝나는 각 사업연도로 이월하여 그 이월된 사업연도의 소득금액에서 공제할 수 있다. 다만, 내국법인이 이월된 사업연도에 배당가능이익의 100분의 90 이상을 배당하지 아니하는 경우에는 그 이월된 금액을 공제하지 아니한다. (2024. 12. 31. 개정)

⑤ 제4항 본문에 따라 최초로 이월된 사업연도 이후 사업연도의 배당금액이 해당 사업연도의 소득금액에서 이월결손금과 해당 사업연도로 이월된 금액을 순서대로 뺀 금액(해당 금액이 0보다 작은 경우에는 0으로 한다)을 초과하는 경우에는 그 초과하는 금액을 해당 사업연도의 다음 사업연도 개시일부터 5년 이내에 끝나는 각 사업연도로 이월하여 그 이월된 사업연도의 소득금액에서 공제할 수 있다. 다만, 내국법인이 이월된 사업연도에 배당가능이익의 100분의 90 이상을 배당하지 아니

가. 당해 회사에 출자한 법인 (2004. 3. 22. 신설)

나. 당해 회사에 출자한 자가 단독 또는 공동으로 설립한 법인 (2004. 3. 22. 신설)

3. 「자본시장과 금융투자업에 관한 법률」에 따른 신탁업을 영위하는 금융회사 등(이하 이 조에서 "자금관리사무수탁회사"라 한다)에 자금관리업무를 위탁할 것 (2010. 2. 18. 개정)

4. 주주가 제4항 각 호의 요건을 갖출 것. 이 경우 "발기인"을 "주주"로 본다. (2007. 2. 28. 개정)

5. 법인설립등기일부터 2월 이내에 다음 각목의 사항을 기재한 명목회사설립신고서에 기획재정부령이 정하는 서류를 첨부하여 납세지 관할세무서장에게 신고할 것 (2008. 2. 29. 직제개정 ; 기획재정부와~직제 부칙)

가. 정관의 목적사업 (2004. 3. 22. 신설)

나. 이사 및 감사의 성명·주민등록번호 (2004. 3. 22. 신설)

다. 자산관리회사의 명칭 (2004. 3. 22. 신설)

라. 자금관리사무수탁회사의 명칭 (2004. 3. 22. 신설)

6. 자산관리회사와 자금관리사무수탁회사가 동일인이 아닐 것. 다만, 해당 회사가 자금관리사무수탁회사(해당 회사에 대하여 지배주주등이 아닌 경우로서 출자비율이 100분의 10 미만일 것)와 「건축물의 분양에 관한 법률」 제4조 제1항 제1호에 따라 신탁계약과 대리사무계약을 체결한 경우는 그러하지 아니하다. (2016. 2. 12. 단서신설)

⑥ 법 제51조의 2 제1항 제9호에 해당하는 법인이 제5항 제5호에 따라 신고한 후에 이사·감사 및 주주가 법 제51조의 2 제1항 제9호 바목·사목 및 이 영 제5항 제4호의 요건을 충족하지 못하게 되는 경우로서 그 사유가 발생한 날부터 1개월 이내에 해당 요건을 보완하는 경우에는 그 법인은 해당 요건을 계속 충족하는 것으로 본다. (2010. 12. 30. 개정)

⑦ 법 제51조의 2 제1항 제9호에 해당하는 법인이 제5항 제5호에 따라 신고한 후에 같은 호 각 목의 어느 하나에 해당하는 사항이 변경된 경우에는 그 법인은 변경사항이 발생한 날부터 2주 이내에 해당 변경사항을 기재한 명목회사변경신고서에 기획재정부령으로 정하는 서류를 첨부하여 납세지 관할세무서장에게 신고하여야 한다. (2010. 12. 30. 개정)

③~⑦ 삭 제 (2021. 2. 17.)

⑧ 법 제51조의 2 제1항에 따라 공제하는 배당금 상당액이 해당 배당을 결의한 잉여금 처분의 대상이 되는 사업연도의 소득금액을 초과하는 경우 그 초과금액은 없는 것으로 본다. (2021. 2. 17. 개정)

⑧ 삭 제 (2023. 2. 28.)

⑨ 법 제51조의 2 제1항을 적용받으려는 법인은 법 제60조에 따른 과세표준신고와 함께 기획재정부령으로 정하는 소득공제신청서에 해당 배당소득에 대한 실질귀속자(해당 소득과 관련하여 법적 또는 경제적 위험을 부담하고 그 소득을 처분할 수 있는 권리를 가지는 등 그 소득에 대한 소유권을 실질적으로 보유하고 있는 자를 말한다. 이하 같다)별 명세를 첨부하여 납세지 관할세무서장에게 제출하여야 한다. 다만, 법 제51조의 2

제42조의 2【유동화전문회사 등에 대한 소득공제】 ① 영 제86조의 2 제5항 제5호 및 제7항에서 "기획재정부령으로 정하는 서류"란 다음 각 호의 서류를 말한다. 다만, 영 제86조의 2 제7항의 규정에 의한 변경신고의 경우에는 변경된 내용이 있는 서류에 한한다. (2019. 3. 20. 개정)

1. 정관 (2004. 3. 29. 신설)

2. 삭 제 (2006. 7. 5. ; 행정정보의~일부 개정령)

3. 회사의 자산을 운용하는 특정사업의 내용 (2004. 3. 29. 신설)

4. 자금의 조달 및 운영계획 (2004. 3. 29. 신설)

5. 주금의 납입을 증명할 수 있는 서류 (2004. 3. 29. 신설)

6. 자산관리회사 및 자금관리사무수탁회사와 체결한 업무위탁계약서 사본 (2004. 3. 29. 신설)

② 영 제86조의 2 제5항 제5호 또는 제7항에 따라 신고를 받은 납세지 관할세무서장은 「전자정부법」 제36조 제1항에 따른 행정정보의 공동이용을 통하여 신고인의 법인 등기사항증명서를 확인하여야 한다. (2011. 2. 28. 개정)

제42조의 2【유동화전문회사 등에 대한 소득공제】 삭 제 (2021. 3. 16.)

하는 경우에는 그 이월된 금액을 공제하지 아니한다. (2024. 12. 31. 신설)

⑤ 제4항 본문에 따라 이월된 초과배당금액을 해당 사업연도의 소득금액에서 공제하는 경우에는 다음 각 호의 방법에 따라 공제한다. (2022. 12. 31. 신설)

⑥ 제4항 본문 및 제5항 본문에 따라 이월된 금액(이하 이 조에서 "이월공제배당금액"이라 한다)을 해당 사업연도의 소득금액에서 공제하는 경우에는 다음 각 호의 방법에 따라 공제한다. (2024. 12. 31. 개정)

1. 이월된 초과배당금액을 해당 사업연도의 배당금액보다 먼저 공제할 것 (2022. 12. 31. 신설)

1. 이월공제배당금액을 해당 사업연도의 배당금액보다 먼저 공제할 것 (2024. 12. 31. 개정)

2. 이월된 초과배당금액이 둘 이상인 경우에는 먼저 발생한 초과배당금액부터 공제할 것 (2022. 12. 31. 신설)

2. 이월공제배당금액이 둘 이상인 경우에는 먼저 발생한 이월공제배당금액부터 공제할 것 (2024. 12. 31. 개정)

제 8 관　소득금액 계산의 특례

☞

통칙 52 - 0…1 【부당행위계산의 시부인기준】 (2019. 12. 23. 번호개정)
① 특수관계인과의 거래에 있어서 법인의 부당한 행위 또는 계산은 정상적인 사인간의 거래, 건전한 사회통념 내지 상관행을 기준으로 판정한다. (2019. 12. 23. 개정)

제2항 제1호 단서에 따라 같은 조 제1항을 적용받으려는 법인은 배당을 받은 동업기업으로부터 「조세특례제한법」 제100조의 23 제1항에 따른 신고기한까지 제출받은 기획재정부령으로 정하는 동업기업과세특례적용 및 동업자과세여부 확인서를 첨부하여야 한다. (2023. 2. 28. 개정)

⑨ 법 제51조의 2 제1항을 적용받으려는 법인은 법 제60조에 따른 과세표준신고와 함께 기획재정부령으로 정하는 소득공제신청서에 해당 배당소득에 대한 실질귀속자(해당 소득과 관련하여 법적 또는 경제적 위험을 부담하고 그 소득을 처분할 수 있는 권리를 가지는 등 그 소득에 대한 소유권을 실질적으로 보유하고 있는 자를 말한다. 이하 같다)별 명세를 첨부하여 납세지 관할세무서장에게 제출하여야 한다. 다만, 법 제51조의 2 제2항 제1호 단서에 따라 같은 조 제1항을 적용받으려는 법인은 배당을 받은 동업기업(그 동업자들의 전부 또는 일부가 「조세특례제한법」 제100조의 15 제3항에 따른 상위 동업기업에 해당하는 경우에는 그 상위 동업기업을 포함한다)으로부터 「조세특례제한법」 제100조의 23 제1항에 따른 신고기한까지 제출받은 기획재정부령으로 정하는 동업기업과세특례적용 및 동업자과세여부 확인서를 첨부하여야 한다. (2024. 2. 29. 단서개정)

⑩ 법 제51조의 2 제2항 제2호에서 "대통령령으로 정하는 기준에 해당하는 법인"이란 다음 각 호의 요건을 모두 갖춘 법인을 말한다. (2010. 2. 18. 개정)

1. 사모방식으로 설립되었을 것 (2006. 2. 9. 신설)

2. 개인 2인 이하 또는 개인 1인 및 그 친족(이하 이 호에서 "개인 등"이라 한다)이 발행주식총수 또는 출자총액의 100분의 95 이상의 주식 등을 소유할 것. 다만, 개인 등에게 배당 및 잔여재산의 분배에 관한 청구권이 없는 경우를 제외한다. (2006. 2. 9. 신설)

제 7 관　소득금액계산의 특례

제87조 【특수관계인의 범위】 (2012. 2. 2. 제목개정)
① 법 제52조 제1항에서 "대통령령으로 정하는 특수관계인"이란 법인과 다음 각 호의 어느 하나의 관계에 있는 자(이하 "특수관계인"이라 한다)를 말한다. 이 경우 본인도 「국세기본법」 제2조 제20호 각 목 외의 부분 후단에 따라 특수관계인의 특수관계인으로 본다. (2012. 2. 2. 개정)

☞

통칙 51의 2 - 86의 3…1 【유동화전문회사 등에 대한 소득공제】 (2024. 3. 15. 번호개정)
① 법 제51조의 2에 따른 소득공제는 해당 배당을 결의한 잉여금 처분의 대상이 되는 사업연도에 이를 적용한다. (2019. 12. 23. 개정)
② 법 제51조의 2 제1항의 "배당"에는 현금배당과 주식배당을 모두 포함한다. 이 경우 재무제표상 배당 가능이익의 한도를 초과하여 관련법령에 따라 배분하는 경우를 포함한다. (2019. 12. 23. 개정)
③ 삭 제 (2004. 4. 1.)

51의 2 - 86의 3…2 【해산한 투자회사에 대한 소득공제】 (2024. 3. 15. 번호개정)
「자본시장과 금융투자업에 관한 법률」 제9조 제

② 법 제52조에서 "특수관계인"이라 함은 그 쌍방관계를 각각 특수관계인으로 한다. (2019. 12. 23. 개정)

■ 관계법령 ■
국기령 20조 ⇒ 출자자의 제2차 납세의무의 특수관계인의 범위

■ 관련법령 ■

상 법
제401조의 2【업무집행지시자 등의 책임】① 다음 각 호의 어느 하나에 해당하는 자가 그 지시하거나 집행한 업무에 관하여 제399조, 제401조, 제403조 및 제406조의 2를 적용하는 경우에는 그 자를 "이사"로 본다. (2020. 12. 29. 개정)
1. 회사에 대한 자신의 영향력을 이용하여 이사에게 업무집행을 지시한 자 (98. 12. 28 신설)
2. 이사의 이름으로 직접 업무를 집행한 자 (98. 12. 28 신설)
3. 이사가 아니면서 명예회장·회장·사장·부사장·전무·상무·이사 기타 회사의 업무를 집행할 권한이 있는 것으로 인정될 만한 명칭을 사용하여 회사의 업무를 집행한 자 (98. 12. 28 신설)

제52조【부당행위계산의 부인】① 납세지 관할 세무서장 또는 관할지방국세청장은 내국법인의 행위 또는 소득금액의 계산이 특수관계인과의 거래로 인하여 그 법인의 소득에 대한 조세의 부담을 부당하게 감소시킨 것으로 인정되는 경우에는 그 법인의 행위 또는 소득금액의 계산(이하 "부당행위계산"이라 한다)과 관계없이 그 법인의 각 사업연도의 소득금액을 계산한다. (2018. 12. 24. 개정)
② 제1항을 적용할 때에는 건전한 사회 통념 및 상거래 관행과 특수관계인이 아닌 자 간의 정상적인 거래에서 적용되거나 적용될 것으로 판단되는 가격(요율·이자율·임대료 및 교환 비율과 그 밖에 이에 준하는 것을 포함하며, 이하 "시가"라 한다)을 기준으로 한다. (2018. 12. 24. 개정)
③ 내국법인은 대통령령으로 정하는 바에 따라 각 사업연도에 특수관계인과 거래한 내용에 관한 명세서를 납세지 관할 세무서장에게 제출

1. 임원의 임면권의 행사, 사업방침의 결정 등 당해 법인의 경영에 대하여 사실상 영향력을 행사하고 있다고 인정되는 자(「상법」제401조의 2 제1항의 규정에 의하여 이사로 보는 자를 포함한다)와 그 친족 (2005. 2. 19. 개정)
2. 주주 등(소액주주 등을 제외한다. 이하 이 관에서 같다)과 그 친족 (2002. 12. 30 개정)
3. 법인의 임원·사용인 또는 주주 등의 사용인(주주 등이 영리법인인 경우에는 그 임원을, 비영리법인인 경우에는 그 이사 및 설립자를 말한다)이나 사용인외의 자로서 법인 또는 주주 등의 금전 기타 자산에 의하여 생계를 유지하는 자와 이들과 생계를 함께 하는 친족 (98. 12. 31 개정)
4. 해당 법인이 직접 또는 그와 제1호부터 제3호까지의 관계에 있는 자를 통하여 어느 법인의 경영에 대하여 지배적인 영향력을 행사하고 있는 경우 그 법인 (2012. 2. 2. 개정)
5. 해당 법인이 직접 또는 그와 제1호부터 제4호까지의 관계에 있는 자를 통하여 어느 법인의 경영에 대하여 지배적인 영향력을 행사하고 있는 경우 그 법인 (2012. 2. 2. 개정)
6. 당해 법인에 100분의 30 이상을 출자하고 있는 법인에 100분의 30 이상을 출자하고 있는 법인이나 개인 (2012. 2. 2. 개정)
7. 당해 법인이 「독점규제 및 공정거래에 관한 법률」에 의한 기업집단에 속하는 법인인 경우 그 기업집단에 소속된 다른 계열회사 및 그 계열회사의 임원 (2005. 2. 19. 개정)
8. 삭 제 (2012. 2. 2.)
② 제1항 제4호 및 제5호에 따른 지배적인 영향력을 행사하고 있는지 여부는 「국세기본법 시행령」제1조의 2 제4항에 따른다. (2012. 2. 2. 신설)
③~④ 삭 제 (2008. 2. 22.)

제87조【특수관계인의 범위】삭 제 (2019. 2. 12.)

제88조【부당행위계산의 유형 등】① 법 제52조 제1항에서 "조세의 부담을 부당하게 감소시킨 것으로 인정되는 경우"란 다음 각 호의 어느 하나에 해당하는 경우를 말한다. (2011. 6. 3. 개정)
1. 자산을 시가보다 높은 가액으로 매입 또는 현물출자받았거나 그 자산을 과대상각한 경우 (98. 12. 31 개정)
2. 무수익 자산을 매입 또는 현물출자받았거나 그 자산에 대한 비용을 부담한 경우 (98. 12. 31 개정)
3. 자산을 무상 또는 시가보다 낮은 가액으로 양도 또는 현물출자한 경우. 다만, 제19조 제19호의 2 각 목 외의 부분에 해당하는 주식매수선택권 등의 행사 또는 지급에 따라 주식을 양도하는 경우는 제외한다. (2018. 2. 13. 단서개정)
3의 2. 특수관계인인 법인 간 합병(분할합병을 포함한다)·분할에 있어서 불공정한 비율로 합병·분할하여 합병·분할에 따른 양도손익

18항 제2호에 의한 투자회사가 법 제79조 제6항에 따른 청산기간 중에 금융기관 등에 자산을 예치함으로 인하여 발생하는 이자소득의 경우에도 법 제51조의 2를 적용한다. (2024. 3. 15. 개정)

■ 예판 ■
부당행위계산부인 규정 적용시 여러 자산을 포괄적으로 양수한 것으로 인정되는 경우에는 원칙적으로 개개의 자산별로 그 거래가격과 시가를 비교하여 고가양수 등에 해당하는지 여부를 판단할 것이 아니라, 그 자산들의 전체 거래가격과 시가를 비교하여 포괄적 거래 전체로서 고가양수 등에 해당하는지 여부를 판단하여야 함. (대법 2013두 10335, 2013. 9. 27.)

☞

■ 예판 ■
• 대여하는 법인에 대해 금전을 시가보다 낮은 이율로 대부한 것에 해당하는 지를 판단하는 기준인 시가는 대여하는 법인의 대여 시점 현재의 가중평균차입이자율로 판단함. (법규법인 2012 - 114, 2012. 5. 17.)
• 내국법인이 주주에게 우회적으로 자금을 지원할 목적이 없이, 개정상법에 따라 주

하여야 한다. (2018. 12. 24. 개정)

④ 제1항부터 제3항까지의 규정을 적용할 때 부당행위계산의 유형 및 시가의 산정 등에 필요한 사항은 대통령령으로 정한다. (2018. 12. 24. 개정)

● 예판

• 특수관계자인 주채무자의 파산으로 지급보증한 채무에 대하여 채권자의 강제집행 등에 의하여 대위변제하는 경우 이는 주채무자에게 직접 대여한 것이 아니므로 업무무관가지급금에 해당하지 아니하나(재법인 46012 - 170, 2000. 11. 2.), 주채무자의 사업부진 등으로 동 채무를 임의로 대위변제 하는 경우에는 자금의 대여에 해당하므로 업무관련 여부에 따라 업무무관가지급금 여부를 판정함. (재법인 - 106, 2004. 2. 13.)

• 내국법인에 각각 출자하고 있는 외국법인 갑과 내국법인 을이 내국법인의 임원을 선임하는 등 해당 내국법인의 경영에 대하여 사실상 영향력을 행사하고 있는 경우에도 출자법인 상호간에는 특수관계자의 범위에 해당하지 아니하는 것임. (서면2팀 - 1183, 2006. 6. 22.)

통칙 52 - 88…1 【청산중에 있는 법인에 대한 부당행위계산 부인 규정의 적용】

법 제52조 및 영 제88조의 부당행위계산 부인규정은 이를 청산 중에 있는 법인에 대하여도 적용한다. (2001. 11. 1 개정)

52 - 88…2 【조세의 부담을 부당하게 감소시킨 것으로 인정되는 경우의 예시】

"조세의 부담을 부당하게 감소시킨 것으로 인정되는 경우"에는 법에서 규정하는 것을 제외하고, 다음 각 호의 어느 하나에 해당되는 경우를 포함하는 것으로 한다. (2019. 12. 23. 개정)

1. 특수관계인으로부터 영업권을 적정대가를 초과하여 취득한 때 (2019. 12. 23. 개정)

2. 주주 등이 부담하여야 할 성질의 것을 법인이 부담한 때 (2001. 11. 1 개정)

3. 주주 또는 출자자인 비영리법인에게 주식비율에 따라 기부금을 지급한 때 (97. 4. 1 개정)

4. 사업연도기간 중에 가결산에 의하여 중간배당금 등의 명목으로 주주 등에게 금전을 지급한 때(「상법」 제462조의 3에 따른 중간배당의 경우를 제외한다) (2019. 12. 23. 개정)

5. 대표자의 친족에게 무상으로 금전을 대여한 때(이 경우에는 대표자에게 대여한 것으로 본다) (2003. 5. 10. 개정)

을 감소시킨 경우. 다만, 「자본시장과 금융투자업에 관한 법률」 제165조의 4에 따라 합병(분할합병을 포함한다) · 분할하는 경우는 제외한다. (2012. 2. 2. 개정)

4. 불량자산을 차환하거나 불량채권을 양수한 경우 (98. 12. 31 개정)

5. 출연금을 대신 부담한 경우 (98. 12. 31 개정)

6. 금전, 그 밖의 자산 또는 용역을 무상 또는 시가보다 낮은 이율 · 요율이나 임대료로 대부하거나 제공한 경우. 다만, 다음 각 목의 어느 하나에 해당하는 경우는 제외한다. (2009. 2. 4. 개정)

● 예판

소멸시효가 완성된 채권의 경우 소멸한 사업연도부터는 부당행위계산부인에 의한 인정이자 산입대상이 되는 채권에 해당되지 아니함. (대법 2010두 4599, 2013. 10. 30.)

가. 제19조 제19호의 2 각 목 외의 부분에 해당하는 주식매수선택권 등의 행사 또는 지급에 따라 금전을 제공하는 경우 (2018. 2. 13. 개정)

나. 주주 등이나 출연자가 아닌 임원(소액주주등인 임원을 포함한다) 및 직원에게 사택(기획재정부령으로 정하는 임차사택을 포함한다)을 제공하는 경우 (2020. 2. 11. 개정)

다. 법 제76조의 8에 따른 연결납세방식을 적용받는 연결법인 간에 연결법인세액의 변동이 없는 등 기획재정부령으로 정하는 요건을 갖추어 용역을 제공하는 경우 (2021. 2. 17. 신설)

7. 금전, 그 밖의 자산 또는 용역을 시가보다 높은 이율 · 요율이나 임차료로 차용하거나 제공받은 경우. 다만, 법 제76조의 8에 따른 연결납세방식을 적용받는 연결법인 간에 연결법인세액의 변동이 없는 등 기획재정부령으로 정하는 요건을 갖추어 용역을 제공받은 경우는 제외한다. (2021. 2. 17. 단서신설)

● 예판

변경된 당좌대출이자율이 시행된 후에 발생하는 이자에 영 88조 1항 7호에 따른 부당행위계산 부인 대상이 되는지를 판단함에 있어서는 변경된 당

주로부터 자기주식을 취득하면서 지급한 금액은 인정이자 계산 대상 가지급금에 해당되지 아니하는 것이나, 이에 해당하는지는 사실판단할 사항임. (서면법규 - 168, 2014. 2. 25.)

☞

제42조의 3 【임차사택의 범위】 영 제88조 제1항 제6호 나목에서 "기획재정부령으로 정하는 임차사택"이란 법인이 직접 임차하여 임원 또는 직원(이하 이 조에서 "직원등"이라 한다)에게 무상으로 제공하는 주택으로서 다음 각 호의 경우를 제외하고는 임차기간 동안 직원등이 거주하고 있는 주택을 말한다. (2019. 3. 20. 개정)

1. 입주한 직원등이 전근 · 퇴직 또는 이사한 후에 해당 법인의 직원등 중에서 입주 희망자가 없는 경우 (2019. 3. 20. 개정)

2. 해당 임차사택의 계약 잔여기간이 1년 이하인 경우로서 주택임대인이 주택 임대차계약의 갱신을 거부하는 경우 (2009. 3. 30. 신설)

6. 연임된 임원에게 퇴직금을 지급한 때
52-88…3【조세의 부담을 부당하게 감소시킨 것으로 인정되지 아니하는 경우의 예시】
다음 각 호의 어느 하나에 해당하는 것은 "조세의 부담을 부당하게 감소시킨 것으로 인정되는 경우"에 포함되지 아니하는 것으로 한다. (2019. 12. 23. 개정)
1. 법인의 업무를 수행하기 위하여 초청된 외국인에게 사택 등을 무상으로 제공한 때
2. 「채무자 회생 및 파산에 관한 법률」에 따른 범위 내에서 법정관리인에게 보수를 지급한 때 (2009. 11. 10. 개정)
3. 「채무자 회생 및 파산에 관한 법률」에 따른 법정관리인이 법원의 허가를 받아 통상의 이율이나 요율보다 낮게 이자나 임대료를 받은 때 (2009. 11. 10. 개정)
4. 건설공제조합이 조합원에게 대출하는 경우의 이자율이 금융기관의 일반대출 금리보다 낮은 경우로서 정부의 승인을 받아 이자율을 정한 때
5. 정부의 지시에 의하여 통상판매가격보다 낮은 가격으로 판매한 때
6. 특수관계인 간에 보증금 또는 선수금 등을 수수한 경우에 그 수수행위가 통상의 상관례의 범위를 벗어나지 아니한 때 (2019. 12. 23. 개정)
7. 사용인(주주 등이 아닌 임원과 영 제50조 제2항에 따른 소액주주 등인 임원을 포함한다. 이하 같다)에게 포상으로 지급하는 금품의 가액이 해당 사용인의 근속기간, 공적내용, 월급여액 등에 비추어 적당하다고 인정되는 때 (2019. 12. 23. 개정)
8. 사용인에게 자기의 제품이나 상품 등을 할인판매하는 경우로서 다음에 해당하는 때 (2001. 11. 1 개정)
　가. 할인판매가격이 법인의 취득가액 이상이며 통상 일반 소비자에게 판매하는 가액에 비하여 현저하게 낮은 가액이 아닌 것
　나. 할인판매를 하는 제품 등의 수량은 사용인이 통상 자기의 가사를 위하여 소비하는 것이라고 인정되는 정도의 것
9. 대리점으로부터 판매대리와 관련하여 보증금을 받고 해당 보증금에 대한 이자를 적정이자율을 초과하지 아니하는 범위내에서 지급하는 때 (2019. 12. 23. 개정)
10. 특수관계인 간의 거래에서 발생된 외상매출금 등의 회수가 지연된 경우에도 사회통념 및 상관습에 비추어 부당함이 없다고 인정되는 때 (2019. 12. 23. 개정)
11. 사용인이 부당유용한 공금을 보증인 등으로부터 회수하는 때 (2009. 11. 10. 단서삭제)
11의 2. 사용인이 공금을 부당유용한 경우로서 해당 사용인과 그 보증인에 대하여 횡령액의 회수를 위하여 법에 의한 제반절차를 취하였음에도 무재산 등으로 회수할 수 없는 때 (2009. 11. 10. 신설)
12. 특수관계인에 대한 가지급금 등의 채권액이 「채무자 회생 및 파산에 관한 법

좌대출이자율을 기준으로 하는 것임. (법인-431, 2012. 6. 28.)

....

7의 2. 기획재정부령으로 정하는 파생상품에 근거한 권리를 행사하지 아니하거나 그 행사기간을 조정하는 등의 방법으로 이익을 분여하는 경우 (2008. 2. 29. 직제개정 ; 기획재정부와~직제 부칙)
8. 다음 각 목의 어느 하나에 해당하는 자본거래로 인하여 주주등(소액주주등은 제외한다. 이하 이 조에서 같다)인 법인이 특수관계인인 다른 주주 등에게 이익을 분여한 경우 (2019. 2. 12. 개정)
　가. 특수관계인인 법인간의 합병(분할합병을 포함한다)에 있어서 주식 등을 시가보다 높거나 낮게 평가하여 불공정한 비율로 합병한 경우. 다만, 「자본시장과 금융투자업에 관한 법률」 제165조의 4에 따라 합병(분할합병을 포함한다)하는 경우는 제외한다. (2012. 2. 2. 개정)
　나. 법인의 자본(출자액을 포함한다)을 증가시키는 거래에 있어서 신주(전환사채·신주인수권부사채 또는 교환사채 등을 포함한다. 이하 이 목에서 같다)를 배정·인수받을 수 있는 권리의 전부 또는 일부를 포기(그 포기한 신주가 「자본시장과 금융투자업에 관한 법률」 제9조 제7항에 따른 모집방법으로 배정되는 경우를 제외한다)하거나 신주를 시가보다 높은 가액으로 인수하는 경우 (2009. 2. 4. 개정)
　다. 법인의 감자에 있어서 주주 등의 소유주식 등의 비율에 의하지 아니하고 일부 주주 등의 주식 등을 소각하는 경우 (98. 12. 31 개정)
8의 2. 제8호 외의 경우로서 증자·감자, 합병(분할합병을 포함한다)·분할, 「상속세 및 증여세법」 제40조 제1항에 따른 전환사채 등에 의한 주식의 전환·인수·교환 등 자본거래를 통해 법인의 이익을 분여하였다고 인정되는 경우. 다만, 제19조 제19호의 2 각 목 외의 부분에 해당하는 주식매수선택권등 중 주식매수선택권의 행사에 따라 주식을 발행하는 경우는 제외한다. (2019. 2. 12. 개정)
9. 그 밖에 제1호부터 제3호까지, 제3호의 2, 제4호부터 제7호까지, 제7호의 2, 제8호 및 제8호의 2에 준하는 행위 또는 계산 및 그 외에

• 기준금액을 초과하는 임차보증금 또는 매월 지급하는 임차료를 종업원이 부담하는 것으로 각각 구분 표시하여 법인과 종업원을 공동임차인으로 하는 임대차계약을 체결하는 경우 임차사택에 해당함. 한편, 종업원에게 추가로 이자를 부과하는 경우는 임차사택에 해당하지 아니함. (법인-323, 2012. 5. 23.)
• 내국법인이 직접 임차한 주택을 사용하는 해당 종업원에게 일정 수준의 수수료를 부담하게 하는 경우, 해당주택은 규칙 42조의 3에 따른 임차사택에 해당하지 아니하는 것임. (법인-388, 2012. 6. 15.)

....

제42조의 4【파생상품】 (2009. 3. 30. 조번개정)
영 제88조 제1항 제7호의 2에서 "기획재정부령으로 정하는 파생상품"이라 함은 기업회계기준에 따른 선도거래, 선물, 스왑, 옵션, 그 밖에 이와 유사한 거래 또는 계약을 말한다. (2008. 3. 31. 직제개정)

제42조의 5【연결법인 간의 용역거래】 영 제88조 제1항 제6호 다목 및 같은 항 제7호 단서에서 "법 제76조의 8에 따른 연결납세방식을 적용받는 연결법인 간에 연결법인세액의 변동이 없는 등 기획재정부령으로 정하는 요건"이란 다음 각 호의 요건을 말한다. (2021. 3. 16. 신설)
1. 용역의 거래가격에 따른 법 제76조의 8에 따른 연결납세방식을 적용받는 연

13. 법인이 합병으로 인하여 취득하는 자기주식에 대하여 배당을 하지 아니하는 때 (2001. 11. 1. 개정)
14. 법인이 「국세기본법」 제39조에 따른 제2차 납세의무자로서 특수관계인의 국세를 대신 납부하고 가지급금 등으로 처리한 경우 (2019. 12. 23. 개정)
15. 법인이 「근로자복지기본법」에 의한 우리사주조합의 조합원에게 자사주를 영 제89조에 따른 시가에 미달하는 가액으로 양도하는 경우. 다만, 금융지주회사의 자회사인 비상장법인이 해당 금융지주회사의 우리사주조합원에게 양도하는 경우에는 해당 법인의 종업원이 취득하는 경우에 한한다. (2019. 12. 23. 개정)

52－88…4【차등배당결의에 대한 부당행위계산 부인】
배당을 함에 있어서 지배주주 등(영 제43조 제7항에 따른 지배주주 등과 그와 같은 조 제8항에 따른 특수관계 있는 주주 등을 말한다. 이하 같다)인 법인에게는 배당을 하지 아니하고 기타 주주 등에게만 배당을 하는 경우에 지배주주 등인 법인과 배당을 하는 법인간에는 부당행위계산 부인규정이 적용되지 아니한다. 다만, 주주총회에서 지배주주에 대한 배당결의를 한 후 3개월이 경과할 때까지 해당 배당금을 지급하지 아니함으로써 「소득세법 시행령」 제191조 제1호의 규정에 따라 지급한 것으로 의제되는 금액은 배당결의 후 3개월이 경과하는 날에 지배주주 등이 동 금액을 대여한 것으로 본다. (2024. 3. 15. 개정)

법인의 이익을 분여하였다고 인정되는 경우 (2019. 2. 12. 개정)
② 제1항의 규정은 그 행위당시를 기준으로 하여 당해 법인과 특수관계인 간의 거래(특수관계인 외의 자를 통하여 이루어진 거래를 포함한다)에 대하여 이를 적용한다. 다만, 제1항 제8호 가목의 규정을 적용함에 있어서 특수관계인인 법인의 판정은 합병등기일이 속하는 사업연도의 직전사업연도의 개시일(그 개시일이 서로 다른 법인이 합병한 경우에는 먼저 개시한 날을 말한다)부터 합병등기일까지의 기간에 의한다. (2012. 2. 2. 개정)
③ 제1항 제1호·제3호·제6호·제7호 및 제9호(제1항 제1호·제3호·제6호 및 제7호에 준하는 행위 또는 계산에 한한다)는 시가와 거래가액의 차액이 3억원 이상이거나 시가의 100분의 5에 상당하는 금액 이상인 경우에 한하여 적용한다. (2007. 2. 28. 신설)

●예판 ....
부당행위계산의 부인 규정 적용을 위한 "시가와 거래가액의 차액이 3억원 이상이거나 시가의 100분의 5에 상당하는 금액 이상인 경우"는 사업연도 또는 전체 거래기간 등의 시가와 거래가액의 차액의 합계액을 기준으로 판정할 수 있음. (법인－3074, 2008. 10. 24.)
....

④ 제3항은 주권상장법인이 발행한 주식을 거래한 경우에는 적용하지 않는다. (2021. 2. 17. 개정)

제89조【시가의 범위 등】① 법 제52조 제2항을 적용할 때 해당 거래와 유사한 상황에서 해당 법인이 특수관계인 외의 불특정다수인과 계속적으로 거래한 가격 또는 특수관계인이 아닌 제3자간에 일반적으로 거래된 가격이 있는 경우에는 그 가격에 따른다. 다만, 주권상장법인이 발행한 주식을 다음 각 호의 어느 하나에 해당하는 방법으로 거래한 경우 해당 주식의 시가는 그 거래일의 「자본시장과 금융투자업에 관한 법률」 제8조의 2 제2항에 따른 거래소(이하 "거래소"라 한다) 최종시세가액(거래소 휴장 중에 거래한 경우에는 그 거래일의 직전 최종시세가액)으로 하며, 기획재정부령으로 정하는 바에 따라 사실상 경영권의 이전이 수반되는 경우(해당 주식이 「상속세 및 증여

결법인 간에 연결법인세액의 변동이 없을 것. 이 경우 다음 각 목의 어느 하나에 해당하는 사유로 연결법인세액의 변동이 있는 경우는 변동이 없는 것으로 본다. (2021. 3. 16. 신설)
가. 법 제76조의 14 제1항 제4호에 따른 연결 조정항목의 연결법인별 배분 (2021. 3. 16. 신설)
나. 법인세 외의 세목의 손금산입 (2021. 3. 16. 신설)
다. 그 밖에 가목 및 나목과 유사한 것으로서 그 영향이 경미하다고 기획재정부장관이 인정하는 사유 (2021. 3. 16. 신설)
2. 해당 용역의 착수일 등 용역을 제공하기 시작한 날이 속하는 사업연도부터 그 용역의 제공을 완료한 날이 속하는 사업연도까지 법 제76조의 8에 따른 연결납세방식을 적용하는 연결법인 간의 거래일 것 (2021. 3. 16. 신설)

제42조의 6【주권상장법인이 발행한 주식의 시가】① 영 제89조 제1항 각 호 외의 부분 단서에서 "기획재정부령으로 정하는 바에 따라 사실상 경영권의 이전이 수반되는 경우"란 다음 각 호의 어느 하나에 해당하는 경우를 말한다. 다만, 영 제10조 제1항 제1호부터 제3호까지 및 제6호의 어느 하나에 해당하는 법인이 해당 호에 따른 회생계획, 기업개선계획, 경영정상화계획 또는 사업재편계획을 이행하기 위하여 주식을 거래하는 경우는 제

조 제1항·제2항을 준용할 때 "직전 6개월(증여세가 부과되는 주식등의 경우에는 3개월로 한다)"은 각각 "직전 6개월"로 본다. (2021. 2. 17. 개정)

③ 제88조 제1항 제6호 및 제7호에 따른 금전의 대여 또는 차용의 경우에는 제1항 및 제2항에도 불구하고 기획재정부령으로 정하는 가중평균차입이자율(이하 "가중평균차입이자율"이라 한다)을 시가로 한다. 다만, 다음 각 호의 경우에는 해당 각 호의 구분에 따라 기획재정부령으로 정하는 당좌대출이자율(이하 "당좌대출이자율"이라 한다)을 시가로 한다. (2010. 12. 30. 개정)

◆ 예 판 ·····

특수관계인인 개인으로부터 차입한 자금에 대한 시가는 「법인세법 시행령」 89조 1항 및 2항의 규정에도 불구하고 가중평균차입이자율 또는 당좌대출이자율을 시가로 하는 것임. (서면 – 2018 – 법인 – 2634, 2019. 1. 3.)

1. 가중평균차입이자율의 적용이 불가능한 경우로서 기획재정부령으로 정하는 사유가 있는 경우 : 해당 대여금 또는 차입금에 한정하여 당좌대출이자율을 시가로 한다. (2014. 2. 21. 개정)

1의 2. 대여기간이 5년을 초과하는 대여금이 있는 경우 등 기획재정부령으로 정하는 경우 : 해당 대여금 또는 차입금에 한정하여 당좌대출이자율을 시가로 한다. (2012. 2. 2. 신설)

2. 해당 법인이 법 제60조에 따른 신고와 함께 기획재정부령으로 정하는 바에 따라 당좌대출이자율을 시가로 선택하는 경우 : 당좌대출이자율을 시가로 하여 선택한 사업연도와 이후 2개 사업연도는 당좌대출이자율을 시가로 한다. (2010. 12. 30. 개정)

④ 제88조 제1항 제6호 및 제7호에 따른 자산(금전은 제외한다) 또는 용역을 제공할 때 제1항 및 제2항을 적용할 수 없는 경우에는 다음 각 호에 따라 계산한 금액을 시가로 한다. (2021. 2. 17. 개정)

1. 유형 또는 무형의 자산을 제공하거나 제공받는 경우에는 당해 자산 시가의 100분의 50에 상당하는 금액에서 그 자산의 제공과 관련하여 받은 전세금 또는 보증금을 차감한 금액에 정기예금이자율을 곱

☞ p.448 2단 연결

세법 시행령」 제53조 제8항 각 호의 어느 하나에 해당하는 주식인 경우는 제외한다)에는 그 가액의 100분의 20을 가산한다. (2023. 2. 28. 단서개정)

통칙 52 – 89…3 【당좌대출이자율을 시가로 선택한 경우 적용방법】

내국법인이 법 제60조에 따라 법인세의 과세표준 신고 시 영 제88조 제1항 제6호 및 제7호에 따른 금전의 대여 또는 차용에 대한 이자율의 시가를 영 제89조 제3항 제2호에 따라 당좌대출이자율로 선택하여 3개 사업연도 적용 후 4차 사업연도에 당좌대출이자율로 신고한 경우에는 3개 사업연도가 지난 후 당좌대출이자율을 신규로 선택하여 신고한 것으로 보아 그 이후 2개 사업연도에 대해서도 계속 적용하여야 한다. (2019. 12. 23. 신설)

1. 「자본시장과 금융투자업에 관한 법률」 제8조의 2 제4항 제1호에 따른 증권시장 외에서 거래하는 방법 (2021. 2. 17. 신설)

통칙 52 – 89…1 【법원검사인의 감정가액에 의한 현물출자의 경우 부당행위계산 부인】

「상법」 제298조에 따라 법원이 선임한 검사인은 영 제89조 제2항 제1호에 따른 감정기관에 해당되지 아니하므로 현물출자자산에 대한 법원검사인의 감정가액은 영 제88조 제1항 제1호 및 제3호에 따른 시가로 보지 아니한다. (2019. 12. 23. 개정)

2. 대량매매 등 기획재정부령으로 정하는 방법 (2021. 2. 17. 신설)

② 법 제52조 제2항을 적용할 때 시가가 불분명한 경우에는 다음 각 호를 차례로 적용하여 계산한 금액에 따른다. (2016. 2. 12. 개정)

1. 「감정평가 및 감정평가사에 관한 법률」에 따른 감정평가법인등이 감정한 가액이 있는 경우 그 가액(감정한 가액이 2 이상인 경우에는 그 감정한 가액의 평균액). 다만, 주식등 및 가상자산은 제외한다. (2021. 2. 17. 개정)

2. 「상속세 및 증여세법」 제38조·제39조·제39조의 2·제39조의 3, 제61조부터 제66조까지의 규정을 준용하여 평가한 가액. 이 경우 「상속세 및 증여세법」 제63조 제1항 제1호 나목 및 같은 법 시행령 제54조에 따라 비상장주식을 평가할 때 해당 비상장주식을 발행한 법인이 보유한 주식(주권상장법인이 발행한 주식으로 한정한다)의 평가금액은 평가기준일의 거래소 최종시세가액으로 하며, 「상속세 및 증여세법」 제63조 제2항 제1호·제2호 및 같은 법 시행령 제57

외한다. (2022. 3. 18. 단서신설)

1. 「상속세 및 증여세법」 제63조 제3항에 따른 최대주주 또는 최대출자자가 변경되는 경우 (2021. 3. 16. 신설)

2. 「상속세 및 증여세법」 제63조 제3항에 따른 최대주주등 간의 거래에서 주식등의 보유비율이 100분의 1 이상 변동되는 경우 (2021. 3. 16. 신설)

② 영 제89조 제1항 제2호에서 "대량매매 등 기획재정부령으로 정하는 방법"이란 「자본시장과 금융투자업에 관한 법률」 제393조에 따른 거래소의 증권시장업무규정에서 일정 수량 또는 금액 이상의 요건을 충족하는 경우에 한정하여 매매가 성립하는 거래방법을 말한다. (2021. 3. 16. 신설)

제43조 【가중평균차입이자율의 계산방법 등】 ① 영 제89조 제3항 각 호 외의 부분 본문에서 "기획재정부령으로 정하는 가중평균차입이자율"이란 자금을 대여한 법인의 대여시점 현재 각각의 차입금 잔액(특수관계인으로부터의 차입금은 제외한다)에 차입 당시의 각각의 이자율을 곱한 금액의 합계액을 해당 차입금 잔액의 총액으로 나눈 비율을 말한다. 이 경우 산출된 비율 또는 대여금리가 해당 대여시점 현재 자금을 차입한 법인의 각각의 차입금 잔액(특수관계인으로부터의 차입금은 제외한다)에 차입 당시의 각각의 이자율을 곱한 금액의 합계액을 해당 차입금 잔액의 총액으로 나눈 비율보다 높은 때에는 해당 사업연도

2. 17. 개정)

1. 법 제115조의 규정에 의하여 결합재무제표 작성회사가 납세지 관할세무서장에게 제출하여야 하는 명세서에 포함된 거래 (98. 12. 31 개정)

2. 「국제조세조정에 관한 법률」 제11조의 규정에 의하여 납세지 관할세무서장에게 그 내역을 제출한 국제거래 (2005. 2. 19. 개정)

관계조문 »

규칙 82조 1항 50호 ⇒ 특수관계인 거래명세서

1.~2. 삭 제 (2009. 2. 4.)

② 납세지 관할세무서장 또는 관할지방국세청장은 제1항의 규정에 의하여 제출받은 명세서의 내역을 확인하기 위하여 필요한 때에는 법인에 대하여 그 거래에 적용한 시가의 산정 및 그 계산근거 기타 필요한 자료의 제출을 요구할 수 있다. (98. 12. 31 개정)

하여 산출한 금액 (2000. 12. 29 개정)

2. 건설 기타 용역을 제공하거나 제공받는 경우에는 당해 용역의 제공에 소요된 금액(직접비 및 간접비를 포함하며, 이하 이 호에서 "원가"라 한다)과 원가에 해당 사업연도 중 특수관계인 외의 자에게 제공한 유사한 용역제공거래 또는 특수관계인이 아닌 제3자간의 일반적인 용역제공거래를 할 때의 수익률(기업회계기준에 따라 계산한 매출액에서 원가를 차감한 금액을 원가로 나눈 율을 말한다)을 곱하여 계산한 금액을 합한 금액 (2021. 2. 17. 개정)

⑤ 제88조의 규정에 의한 부당행위계산에 해당하는 경우에는 법 제52조 제1항의 규정에 의하여 제1항 내지 제4항의 규정에 의한 시가와의 차액 등을 익금에 산입하여 당해 법인의 각 사업연도의 소득금액을 계산한다. 다만, 기획재정부령이 정하는 금전의 대여에 대하여는 이를 적용하지 아니한다. (2008. 2. 29. 직제개정 ; 기획재정부와~직제 부칙)

⑥ 제88조 제1항 제8호 및 제8호의 2의 규정에 의하여 특수관계인에게 이익을 분여한 경우 제5항의 규정에 의하여 익금에 산입할 금액의 계산에 관하여는 그 유형에 따라 「상속세 및 증여세법」 제38조·제39조·제39조의 2·제39조의 3·제40조·제42조의 2와 같은 법 시행령 제28조 제3항부터 제7항까지, 제29조 제2항, 제29조의 2 제1항·제2항, 제29조의 3 제1항, 제30조 제5항 및 제32조의 2의 규정을 준용한다. 이 경우 "대주주" 및 "특수관계인"은 이 영에 의한 "특수관계인"으로 보고, "이익" 및 "대통령령으로 정하는 이익"은 "특수관계인에게 분여한 이익"으로 본다. (2016. 2. 12. 개정)

제90조 【특수관계인 간 거래명세서의 제출】 (2012. 2. 2. 제목개정)

① 각 사업연도에 특수관계인과 거래가 있는 법인은 법 제52조 제3항에 따라 법 제60조에 따른 신고와 함께 기획재정부령으로 정하는 특수관계인 간 거래명세서를 납세지 관할세무서장에게 제출해야 한다. 다만, 「국제조세조정에 관한 법률」 제16조에 따른 납세지 관할세무서장에게 그 내역을 제출한 국제거래의 내역은 제외할 수 있다. (2021.

의 가중평균차입이자율이 없는 것으로 본다. (2013. 2. 23. 후단개정)

② 영 제89조 제3항 각 호 외의 부분 단서에서 "기획재정부령으로 정하는 당좌대출이자율"이란 연간 1,000분의 46을 말한다. (2016. 3. 7. 개정)

③ 영 제89조 제3항 제1호에서 "기획재정부령으로 정하는 사유"란 다음 각 호의 어느 하나에 해당하는 경우를 말한다. (2011. 2. 28. 개정)

1. 특수관계인이 아닌 자로부터 차입한 금액이 없는 경우 (2012. 2. 28. 개정)

2. 차입금 전액이 채권자가 불분명한 사채 또는 매입자가 불분명한 채권·증권의 발행으로 조달된 경우 (2011. 2. 28. 개정)

3. 제1항 후단에 따라 가중평균차입이자율이 없는 것으로 보는 경우 (2011. 2. 28. 개정)

4. 대여한 날(계약을 갱신한 경우에는 그 갱신일을 말한다)부터 해당 사업연도 종료일까지의 기간이 5년을 초과하는 대여금이 있는 경우 (2011. 2. 28. 개정)

4. 삭 제 (2012. 2. 28.)

④ 영 제89조 제3항 제1호의 2에서 "기획재정부령으로 정하는 경우"란 대여한 날(계약을 갱신한 경우에는 그 갱신일을 말한다)부터 해당 사업연도 종료일(해당 사업연도에 상환하는 경우는 상환일을 말한다)까지의 기간이 5년을 초과하는 대여금이 있는 경우를 말한다. (2012. 2. 28. 신설)

⑤ 영 제89조 제3항 제2호에 따라 법인이 이자율을 선택하는 경우에는 제82조 제1

미지급소득에 대한 소득세액 =

$$\text{종합소득} \atop \text{총결정세액} \times \frac{\text{미지급소득}}{\text{종합소득금액}}$$

2. 국외에 자본을 투자한 내국법인이 해당 국외투자법인에 종사하거나 종사할 자의 여비·급료 기타 비용을 대신하여 부담하고 이를 가지급금 등으로 계상한 금액(그 금액을 실지로 환부받을 때까지의 기간에 상당하는 금액에 한한다) (2012. 2. 28. 개정)
3. 법인이 「근로복지기본법」 제2조 제4호에 따른 우리사주조합(이하 "우리사주조합"이라 한다) 또는 그 조합원에게 해당 우리사주조합이 설립된 회사의 주식취득(조합원간에 주식을 매매하는 경우와 조합원이 취득한 주식을 교환하거나 현물출자함으로써 「독점규제 및 공정거래에 관한 법률」에 의한 지주회사 또는 「금융지주회사법」에 의한 금융지주회사의 주식을 취득하는 경우를 포함한다)에 소요되는 자금을 대여한 금액(상환할 때까지의 기간에 상당하는 금액에 한한다) (2024. 3. 22. 개정)
4. 「국민연금법」에 의하여 근로자가 지급받은 것으로 보는 퇴직금전환금(당해 근로자가 퇴직할 때까지의 기간에 상당하는 금액에 한한다) (2005. 2. 28. 개정)
5. 영 제106조 제1항 제1호 단서의 규정에 의하여 대표자에게 상여처분한 금액에 대한 소득세를 법인이 납부하고 이를 가지급금으로 계상한 금액(특수관계가 소멸될 때까지의 기간에 상당하는 금액에 한한다)

(99. 5. 24 개정)
6. 직원에 대한 월정급여액의 범위에서의 일시적인 급료의 가불금 (2019. 3. 20. 개정)
7. 직원에 대한 경조사비 또는 학자금(자녀의 학자금을 포함한다)의 대여액 (2019. 3. 20. 개정)
7의 2. 「조세특례제한법 시행령」 제2조에 따른 중소기업에 근무하는 직원(지배주주등인 직원은 제외한다)에 대한 주택구입 또는 전세자금의 대여액 (2020. 3. 13. 신설)
8. 「금융기관부실자산 등의 효율적 처리 및 한국자산관리공사의 설립에 관한 법률」에 의한 한국자산관리공사가 출자총액의 전액을 출자하여 설립한 법인에 대여한 금액 (2011. 2. 28. 개정)

항 제19호에 따른 별지 제19호 서식의 가지급금 등의 인정이자조정명세서(갑)를 작성하여 제출하여야 한다. (2012. 2. 28. 항번개정)
⑥ 제1항을 적용할 때에 변동금리로 차입한 경우에는 차입 당시의 이자율로 차입금을 상환하고 변동된 이자율로 그 금액을 다시 차입한 것으로 보며, 차입금이 채권자가 불분명한 사채 또는 매입자가 불분명한 채권(債券)·증권의 발행으로 조달된 차입금에 해당하는 경우에는 해당 차입금의 잔액은 가중평균차입이자율 계산을 위한 잔액에 포함하지 아니한다. (2012. 2. 28. 항번개정)

제43조의 2 【가중평균차입이자율의 계산방법】 삭 제 (2007. 3. 30.)

제44조 【인정이자 계산의 특례】 영 제89조 제5항 단서에서 "기획재정부령이 정하는 금전의 대여"란 다음 각 호의 어느 하나에 해당하는 것을 말한다. (2020. 3. 13. 개정)
1. 「소득세법」 제132조 제1항 및 같은 법 제135조 제3항에 따라 지급한 것으로 보는 배당소득 및 상여금(이하 이 조에서 "미지급소득"이라 한다)에 대한 소득세(개인지방소득세와 미지급소득으로 인한 중간예납세액상당액을 포함하며, 다음 계산식에 따라 계산한 금액을 한도로 한다)를 법인이 납부하고 이를 가지급금 등으로 계상한 금액(해당 소득을 실제 지급할 때까지의 기간에 상당하는 금액으로 한정한다) (2021. 3. 16. 개정)

제53조【외국법인 등과의 거래에 대한 소득금액 계산의 특례】
① 납세지 관할 세무서장 또는 관할지방국세청장은 우리나라가 조세의 이중과세 방지를 위하여 체결한 조약(이하 "조세조약"이라 한다)의 상대국과 그 조세조약의 상호합의 규정에 따라 내국법인이 국외에 있는 지점·비거주자 또는 외국법인과 한 거래의 거래금액에 대하여 권한이 있는 당국 간에 합의를 하는 경우에는 그 합의에 따라 그 법인의 각 사업연도의 소득금액을 조정하여 계산할 수 있다. (2010. 12. 30. 개정)
② 제1항을 적용할 때 내국법인의 소득금액 조정의 신청 및 그 절차 등 조정에 관하여 필요한 사항은 대통령령으로 정한다. (2010. 12. 30. 개정)

제53조의 2【기능통화 도입기업의 과세표준 계산특례】 ① 기업회계기준에 따라 원화 외의 통화를 기능통화로 채택하여 재무제표를 작성하는 내국법인의 과세표준 계산은 다음 각 호의 구분에 따른 방법(이하 이 조에서 "과세표준계산방법"이라 한다) 중 납세지 관할 세무서장에게 신고한 방법에 따른다. 다만, 최초로 제2호 또는 제3호의 과세표준계산방법을 신고하여 적용하기 이전 사업연도의 소득에 대한 과세표준을 계산할 때에는 제1호의 과세표준계산방법을 적용하여야 하며, 같은 연결집단에 속하는 연결법인은 같은 과세표준계산방법을 신고하여 적용하여야 한다. (2010. 12. 30. 신설)
1. 원화 외의 기능통화를 채택하지 아니하였을 경우에 작성하여야 할 재무제표를 기준으로 과세표준을 계산하는 방법 (2010. 12. 30. 신설)
2. 기능통화로 표시된 재무제표를 기준으로 과세표준을 계산한 후 이를 원화로 환산하는 방법 (2010. 12. 30. 신설)
3. 재무상태표 항목은 사업연도종료일 현재의 환율, 포괄손익계산서(포괄손익계산서가 없는 경우에는 손익계산서를 말한다. 이하 같다) 항목은 해당 거래일 현재의 환율(대통령령으로 정하는 항목의 경우에는 해당 사업연도 평균환율로 한다)을 적용하여 원화로 환산한 재무제표를 기준으로 과세표준을 계산하는 방법 (2010. 12. 30. 신설)
② 제1항 제2호 또는 제3호에 해당하는 과세표준계산방법을 신고하여 적용하는 법인은 기능통화의 변경, 과세표준계산방법이 서로 다른 법인 간 합병 등 대통령령으로 정하는 사유가 발생한 경우 외에는 과세표

제91조【외국법인 등과의 거래에 대한 소득금액 계산의 특례】
법 제53조에 따른 소득금액조정의 신청 및 그 절차 등은 「국제조세조정에 관한 법률 시행령」 제21조를 준용한다. (2021. 2. 17. 개정)

제91조의 2【기능통화 도입기업의 과세표준계산방법 신청 및 변경】 ① 법 제53조의 2 제1항 제2호 또는 제3호의 과세표준계산방법을 적용하려는 법인은 최초로 법 제53조의 2 제1항 제2호 또는 제3호의 과세표준계산방법을 적용하려는 사업연도의 법 제60조에 따른 신고와 함께 납세지 관할세무서장에게 기획재정부령으로 정하는 과세표준계산방법신고서를 제출하여야 한다. (2010. 12. 30. 신설)
② 법 제53조의 2 제2항에서 "대통령령으로 정하는 사유"란 다음 각 호의 어느 하나에 해당하는 사유를 말한다. (2010. 12. 30. 신설)
1. 기능통화를 변경한 경우 (2010. 12. 30. 신설)
2. 법 제53조의 2 제1항 각 호에 따른 과세표준 계산방법(이하 이 조 및 제91조의 3에서 "과세표준계산방법"이라 한다)이 서로 다른 법인이 합병(분할합병을 포함한다)한 경우 (2010. 12. 30. 신설)
3. 과세표준계산방법이 서로 다른 사업자의 사업을 인수한 경우 (2010. 12. 30. 신설)
4. 연결납세방식을 최초로 적용받는 내국법인의 과세표준계산방법이 해당 연결집단의 과세표준계산방법과 다른 경우(해당 연결집단의 과세표준계산방법으로 변경하는 경우만 해당한다) (2010. 12. 30. 신설)
③ 법 제53조의 2 제1항 제2호 또는 제3호의 과세표준계산방법을 적용하는 법인이 제2항 각 호의 어느 하나에 해당하는 사유가 발생하여 과세표준계산방법을 변경하려는 경우에는 변경된 과세표준계산방법을

준계산방법을 변경할 수 없다. (2010. 12. 30. 신설)

③ 제1항 제2호 또는 제3호의 과세표준계산방법을 적용하는 법인이 기능통화를 변경하는 경우에는 기능통화를 변경하는 사업연도의 소득금액을 계산할 때 개별 자산·부채별로 제1호의 금액에서 제2호의 금액을 뺀 금액을 익금에 산입하고 그 상당액을 대통령령으로 정하는 바에 따라 일시상각충당금 또는 압축기장충당금으로 계상하여 손금에 산입한다. (2010. 12. 30. 신설)

1. 변경 후 기능통화로 표시된 해당 사업연도의 개시일 현재 해당 자산·부채의 장부가액 (2010. 12. 30. 신설)

2. 변경 전 기능통화로 표시된 직전 사업연도의 종료일 현재 자산·부채의 장부가액에 해당 자산·부채의 취득일 또는 발생일의 환율을 적용하여 변경 후 기능통화로 표시한 금액 (2010. 12. 30. 신설)

④ 법인이 제1항 제2호 또는 제3호의 과세표준계산방법을 최초로 사용하는 경우에 관하여는 제3항을 준용한다. 이 경우 변경 전 기능통화는 원화로 본다. (2010. 12. 30. 신설)

⑤ 제1항부터 제4항까지의 규정을 적용할 때 환율의 적용, 과세표준계산방법의 신고 및 변경, 손금산입 금액의 처리, 각 과세표준계산방법을 선택한 법인의 과세표준 신고, 그 밖에 과세표준계산방법의 적용 등에 필요한 사항은 대통령령으로 정한다. (2010. 12. 30. 신설)

통칙 53의 2-0…1 【기능통화 도입시 외화환산손익의 세무상 유보금액 처리방법】

기업회계기준에 따라 원화 외의 통화를 기능통화로 채택하여 재무제표를 작성하는 내국법인이 법 제53조의 2 제1항 제2호에 따라 기능통화로 표시된 재무제표를 기준으로 과세표준을 계산한 후 이를 원화로 환산하는 방법을 최초로 적용하는 경우 해당 기능통화로 표시된 화폐성 자산·부채에 대한 전기까지의 세무상 유보잔액은 같은 조에 따른 과세표준 계산특례를 적용하는 최초 사업연도로 승계되지 아니하고 소멸한다. (2019. 12. 23. 신설)

☞

편주 ●●
영 91조의 3 제3항 2호의 개정규정은 2024. 1. 1.부터 시행함. (영 부칙

적용하려는 사업연도 종료일까지 납세지 관할세무서장에게 기획재정부령으로 정하는 과세표준계산방법변경신청서를 제출하여야 한다. (2010. 12. 30. 신설)

④ 제3항에 따른 신청서를 접수한 관할세무서장은 사업연도 종료일부터 1개월 이내에 그 승인 여부를 결정하여 통지하여야 한다. (2010. 12. 30. 신설)

⑤ 법인이 제4항에 따른 승인을 받지 아니하고 과세표준계산방법을 변경한 경우 과세표준은 변경하기 전의 과세표준계산방법에 따라 계산한다. (2010. 12. 30. 신설)

제91조의 3 【기능통화 도입기업의 과세표준계산방법 관련 세부규정】 ① 법 제53조의 2 제1항 제1호의 과세표준계산방법을 적용하는 경우 손비로 계상한 경우에만 각 사업연도의 소득금액을 계산할 때 손금에 산입하는 항목은 원화 외의 통화를 기능통화로 채택하지 아니하였을 경우에 작성하여야 할 재무제표(이하 이 조 및 제91조의 5에서 "원화재무제표"라 한다)의 금액을 기준으로 손금 계상액을 산정한다. (2019. 2. 12. 개정)

② 법 제53조의 2 제1항 제2호의 과세표준계산방법을 적용하는 경우 법 및 이 영에 따른 익금 및 손금, 법 제13조 제1항 제1호에 따른 결손금, 같은 항 제2호에 따른 비과세소득 및 같은 항 제3호에 따른 소득공제액은 기능통화로 표시하여 과세표준을 계산한 후 이를 원화로 환산하여야 한다. (2019. 2. 12. 개정)

③ 법 제53조의 2 제1항 제2호의 과세표준계산방법을 적용하는 법인은 다음 각 호의 경우 사업연도 종료일 현재의 매매기준율등 또는 제5항에 따른 평균환율 중 제91조의 2 제1항 또는 제3항에 따른 신고와 함께 납세지 관할세무서장에게 신고한 환율을 적용한다. (2010. 12. 30. 신설)

1. 기능통화로 표시된 과세표준을 원화로 환산하는 경우 (2010. 12. 30. 신설)

2. 법 제25조 제4항 각 호에 따른 기업업무추진비 한도 금액을 기능통화로 환산하는 경우 (2023. 2. 28. 개정)

(2023. 2. 28.) 1조 1호)

·······································

제53조의 3 【해외사업장의 과세표준 계산특례】 ① 내국법인의 해외사업장의 과세표준 계산은 다음 각 호의 방법(이하 이 조에서 "과세표준계산방법"이라 한다) 중 납세지 관할 세무서장에게 신고한 방법에 따른다. 다만, 최초로 제2호 또는 제3호의 과세표준계산방법을 신고하여 적용하기 이전 사업연도의 소득에 대한 과세표준을 계산할 때에는 제1호의 과세표준계산방법을 적용하여야 한다. (2010. 12. 30. 신설)

1. 해외사업장 재무제표를 원화 외의 기능통화를 채택하지 아니하였을

---

3. 법 제57조 및 제57조의 2, 「조세특례제한법」 제10조, 제24조, 제25조의 6, 제94조 및 제104조의 5의 적용을 받아 세액공제액을 기능통화로 계산한 후 원화로 환산하는 경우 (2021. 2. 17. 개정)

④ 법 제53조의 2 제1항 제2호 또는 제3호의 과세표준계산방법을 적용할 때 제73조 제3호·제5호 및 제76조 제1항·제2항에 따른 외화는 기능통화 외의 통화로 한다. (2010. 12. 30. 신설)

⑤ 법 제53조의 2 제1항 제3호 및 제3항 제2호에 따른 환율은 해당하는 날의 매매기준율등으로 하고, 사업연도 평균환율은 기획재정부령으로 정하는 해당 사업연도 평균환율(이하 이 조 및 제91조의 5에서 "평균환율"이라 한다)로 한다. (2010. 12. 30. 신설)

⑥ 법 제53조의 2 제1항 제3호에서 "대통령령으로 정하는 항목"이란 감가상각비, 퇴직급여충당금, 대손충당금, 구상채권상각충당금, 제68조 제6항에 따른 현재가치할인차금상당액, 제69조 제1항 본문에 따른 건설등의 제공으로 인한 손익, 제70조 제1항 제1호 단서 및 제2호 단서에 따른 이자 및 할인액, 제70조 제3항 단서에 따른 보험료상당액 등, 제70조 제4항에 따른 이자 및 할인액과 배당소득, 제71조 제1항 각 호 외의 부분 단서에 따른 임대료상당액과 이에 대응하는 비용, 제71조 제3항에 따른 사채할인발행차금, 그 밖에 이와 유사한 항목으로서 기획재정부령으로 정하는 항목을 말한다. (2010. 12. 30. 신설)

⑦ 법 제53조의 2 제1항 제3호의 과세표준계산방법을 적용하는 경우 감가상각비, 퇴직보험료(제44조의 2 제4항에 따른 확정기여형 퇴직연금등의 부담금을 말한다), 퇴직급여충당금, 대손충당금, 구상채권상각충당금, 그 밖에 이와 유사한 항목으로서 기획재정부령으로 정하는 항목에 대해서는 손금 계상액 및 손금산입한도를 각각 기능통화로 표시하여 손금산입액을 결정한다. (2010. 12. 30. 신설)

⑧ 법 제53조의 2 제3항에 따라 익금에 산입한 금액은 제64조 제3항을 준용하여 일시상각충당금 또는 압축기장충당금으로 계상하여 손금에 산입하여야 하며, 손금에 산입한 금액은 제64조 제4항 및 제5항을 준용하여 익금에 산입한다. (2010. 12. 30. 신설)

제91조의 5 【해외사업장 과세표준계산방법 관련 세부 규정】 ①

제44조의 2 【사업연도 평균환율 계산방법】 영 제91조의 3 제5항에서 "기획재정부령으로 정하는 해당 사업연도 평균환율"이란 해당 사업연도 매일의 「외국환거래규정」에 따른 매매기준율 또는 재정(裁定)된 매매기준율의 합계액을 해당 사업연도의 일수로 나눈 금액을 말한다. (2011. 2. 28. 신설)

경우에 작성하여야 할 재무제표로 재작성하여 본점의 재무제표와 합산한 후 합산한 재무제표를 기준으로 과세표준을 계산하는 방법 (2010. 12. 30. 신설)
2. 해외사업장의 기능통화로 표시된 해외사업장 재무제표를 기준으로 과세표준을 계산한 후 이를 원화로 환산하여 본점의 과세표준과 합산하는 방법 (2010. 12. 30. 신설)
3. 해외사업장의 재무제표에 대하여 재무상태표 항목은 사업연도종료일 현재의 환율을, 포괄손익계산서 항목은 대통령령으로 정하는 환율을 각각 적용하여 원화로 환산하고 본점 재무제표와 합산한 후 합산한 재무제표를 기준으로 과세표준을 계산하는 방법 (2010. 12. 30. 신설)

☞

법 제53조의 3 제1항 제1호의 과세표준계산방법을 적용하는 경우 손금으로 계상한 경우에만 각 사업연도의 소득금액을 계산할 때 손금에 산입하는 항목은 원화재무제표의 금액을 기준으로 손금 계상액을 산정한다. (2010. 12. 30. 신설)
② 법 제53조의 3 제1항 제2호의 과세표준계산방법을 적용하는 경우에는 법 및 다른 법률에 따른 해외사업장의 익금 및 손금을 해외사업장의 기능통화로 표시하여 과세표준을 계산한 후 이를 원화로 환산하여야 하며, 원화로 환산한 해외사업장 과세표준을 본점의 과세표준과 합산한 금액에 대하여 법 제13조를 적용하여 법인의 과세표준을 계산한다. (2010. 12. 30. 신설)
③ 법 제53조의 3 제1항 제2호의 과세표준계산방법을 적용하는 경우에는 기능통화로 표시된 해외사업장 과세표준을 사업연도종료일 현재의 매매기준율등 또는 평균환율 중 제91조의 4 제2항에 따른 신고와 함께 납세지 관할세무서장에게 신고한 환율을 적용하여 원화로 환산하여야 한다. (2011. 3. 31. 개정)
④ 법 제53조의 3 제1항 제2호의 과세표준계산방법을 적용하는 경우에는 해외사업장에서 지출한 기부금, 기업업무추진비, 고유목적사업준비금, 책임준비금, 비상위험준비금, 퇴직급여, 퇴직보험료(제44조의 2 제4항에 따른 확정기여형 퇴직연금 등의 부담금을 말한다), 퇴직급여충당금, 대손충당금, 구상채권상각충당금, 그 밖에 법 및 이 영에 따라 손금산입한도가 있는 손금 항목은 이를 손금에 산입하지 아니한다. (2023. 2. 28. 개정)
⑤ 제4항에 따라 손금에 산입하지 아니한 금액은 제3항에 따른 환율을 적용하여 원화로 환산한 후 본점의 해당 항목과 합산하여 본점의 소득금액을 계산할 때 해당 법인(본점과 해외사업장을 포함한다. 이하 이 조에서 같다)의 손금산입한도내에서 손금에 산입한다. 이 경우 해당 법인의 손금산입한도를 계산할 때 해외사업장 재무제표는 제3항에 따른 환율을 적용하여 원화로 환산한다. (2010. 12. 30. 신설)
⑥ 법 제53조의 3 제1항 제2호 및 제3호의 과세표준계산방법을 적용할 때 제73조 제3호·제5호 및 제76조 제1항·제2항에 따른 외화는 해외사업장의 기능통화 외의 통화로 한다. (2010. 12. 30. 신설)
⑦ 법 제53조의 3 제1항 제3호에서 "사업연도종료일 현재의 환율"이란

② 제1항 제2호 또는 제3호에 해당하는 과세표준계산방법을 신고하여 적용하는 법인은 과세표준계산방법이 서로 다른 법인 간 합병 등 대통령령으로 정하는 사유가 발생한 경우 외에는 과세표준계산방법을 변경할 수 없다. (2010. 12. 30. 신설)
③ 제1항 및 제2항을 적용할 때 환율의 적용, 과세표준계산방법의 신고 및 변경, 각 과세표준계산방법을 선택한 법인의 과세표준 신고, 그 밖에 과세표준계산방법의 적용 등에 필요한 사항은 대통령령으로 정한다. (2010. 12. 30. 신설)

제54조 【소득금액 계산에 관한 세부 규정】 (2010. 12. 30. 제목개정)
이 법에 규정된 것 외에 내국법인의 각 사업연도의 소득금액 계산에 필요한 사항은 대통령령으로 정한다. (2010. 12. 30. 개정)

제 2 절　세액의 계산

제55조 【세　율】 ① 내국법인의 각 사업연도의 소득에 대한 법인세는 제13조에 따른 과세표준에 다음 표의 세율을 적용하여 계산한 금액(제55조의 2에 따른 토지등 양도소득에 대한 법인세액 및 「조세특례제한법」 제100조의 32에 따른 투자·상생협력 촉진을 위한 과세특례를 적용하여 계산한 법인세액이 있으면 이를 합한 금액으로 한다. 이하 "산출세액"이라 한다)을 그 세액으로 한다. (2022. 12. 31. 개정)

과세표준	세　율
2억원 이하	과세표준의 100분의 9

사업연도 종료일 현재의 매매기준율등을 말하고, "대통령령으로 정하는 환율"이란 다음 각 호에 따른 환율을 말한다. (2010. 12. 30. 신설)
1. 제91조의 3 제6항에 해당하는 항목의 경우 : 평균환율 (2010. 12. 30. 신설)
2. 제1호 외의 경우 : 해당 항목의 거래일 현재의 매매기준율등 또는 평균환율 중 제91조의 4 제2항에 따른 신고와 함께 납세지 관할세무서장에게 신고한 환율 (2010. 12. 30. 신설)

제91조의 4 【해외사업장 과세표준계산방법 신청 및 변경】 ① 법 제53조의 3 제2항에서 "대통령령으로 정하는 사유"란 다음 각 호의 어느 하나에 해당하는 사유를 말한다. (2010. 12. 30. 신설)
1. 법 제53조의 3 제1항 각 호에 따른 과세표준계산방법(이하 이 조 및 제91조의 5에서 "과세표준계산방법"이라 한다)이 서로 다른 법인이 합병(분할합병을 포함한다)한 경우 (2010. 12. 30. 신설)
2. 과세표준계산방법이 서로 다른 사업자의 사업을 인수하는 경우 (2010. 12. 30. 신설)
② 법 제53조의 3 제1항 제2호 또는 제3호의 과세표준계산방법의 신청에 관하여는 제91조의 2 제1항을 준용하며, 법 제53조의 3 제1항 제2호 또는 제3호의 과세표준계산방법을 적용하는 법인의 과세표준계산방법의 변경에 관하여는 제91조의 2 제3항부터 제5항까지의 규정을 준용한다. (2010. 12. 30. 신설)

제 2 절　세액의 계산

과세표준	세 율
2억원 초과 200억원 이하	1천800만원 + (2억원을 초과하는 금액의 100분의 19)
200억원 초과 3천억원 이하	37억8천만원 + (200억원을 초과하는 금액의 100분의 21)
3천억원 초과	625억8천만원 + (3천억원을 초과하는 금액의 100분의 24)

제55조【세 율】 ① 내국법인의 각 사업연도의 소득에 대한 법인세는 제13조에 따른 과세표준에 다음 각 호의 구분에 따른 세율을 적용하여 계산한 금액(제55조의 2에 따른 토지등 양도소득에 대한 법인세액 및 「조세특례제한법」 제100조의 32에 따른 투자·상생협력 촉진을 위한 과세특례를 적용하여 계산한 법인세액이 있으면 이를 합한 금액으로 한다. 이하 "산출세액"이라 한다)을 그 세액으로 한다. (2024. 12. 31. 개정)

1. 내국법인의 경우(제60조의 2 제1항 제1호에 해당하는 내국법인의 경우는 제외한다) (2024. 12. 31. 개정)

과세표준	세 율
2억원 이하	과세표준의 100분의 9
2억원 초과 200억원 이하	1천800만원 + (2억원을 초과하는 금액의 100분의 19)
200억원 초과 3천억원 이하	37억8천만원 + (200억원을 초과하는 금액의 100분의 21)
3천억원 초과	625억8천만원 + (3천억원을 초과하는 금액의 100분의 24)

2. 제60조의 2 제1항 제1호에 해당하는 내국법인의 경우 (2024. 12. 31. 개정)

과세표준	세 율
200억원 이하	과세표준의 100분의 19
200억원 초과 3천억원 이하	38억원 + (200억원을 초과하는 금액의 100분의 21)

개정취지

법인세 과세표준 구간 및 세율 조정
- 부동산 임대업을 주된 사업으로 하는 법인 등에 대한 법인세 과세표준 구간 중 '2억원 이하' 및 '2억원 초과 200억원 이하' 구간을 '200억원 이하' 구간으로 통합하고, 해당 구간은 19%의 세율을 적용하도록 함. (법 55조 1항 개정 ; 2024. 12. 31.)
- 법 55조 1항의 개정규정은 2025. 1. 1. 이후 개시하는 사업연도의 소득에 대한 법인세액을 계산하는 경우부터 적용함. (법 부칙(2024. 12. 31.) 5조)

과세표준	세　율
3천억원 초과	626억원 + (3천억원을 초과하는 금액의 100분의 24)

② 사업연도가 1년 미만인 내국법인의 각 사업연도의 소득에 대한 법인세는 그 사업연도의 제13조를 적용하여 계산한 금액을 그 사업연도의 월수로 나눈 금액에 12를 곱하여 산출한 금액을 그 사업연도의 과세표준으로 하여 제1항에 따라 계산한 세액에 그 사업연도의 월수를 12로 나눈 수를 곱하여 산출한 세액을 그 세액으로 한다. 이 경우 월수의 계산은 대통령령으로 정하는 방법으로 한다. (2010. 12. 30. 개정)

제55조의 2 【토지 등 양도소득에 대한 과세특례】 ① 내국법인이 다음 각 호의 어느 하나에 해당하는 토지, 건물(건물에 부속된 시설물과 구축물을 포함한다), 주택을 취득하기 위한 권리로서 「소득세법」 제88조 제9호에 따른 조합원입주권 및 같은 조 제10호에 따른 분양권(이하 이 조 및 제95조의 2에서 "토지 등"이라 한다)을 양도한 경우에는 해당 각 호에 따라 계산한 세액을 토지 등 양도소득에 대한 법인세로 하여 제13조에 따른 과세표준에 제55조에 따른 세율을 적용하여 계산한 법인세액에 추가하여 납부하여야 한다. 이 경우 하나의 자산이 다음 각 호의 규정 중 둘 이상에 해당할 때에는 그 중 가장 높은 세액을 적용한다. (2020. 8. 18. 개정)

1. 다음 각 목의 어느 하나에 해당하는 부동산을 2012년 12월 31일까지 양도한 경우에는 그 양도소득에 100분의 10을 곱하여 산출한 세액 (2010. 12. 30. 개정)

　가. 「소득세법」 제104조의 2 제2항에 따른 지정지역에 있는 부동산으로서 제2호에 따른 주택(이에 부수되는 토지를 포함한다. 이하 이 항에서 같다) (2010. 12. 30. 개정)

　나. 「소득세법」 제104조의 2 제2항에 따른 지정지역에 있는 부동산으로서 제3호에 따른 비사업용 토지 (2010. 12. 30. 개정)

　다. 그 밖에 부동산가격이 급등하거나 급등할 우려가 있어 부동산가격의 안정을 위하여 필요한 경우에 대통령령으로 정하는 부동산 (2010. 12. 30. 개정)

제92조 【월수의 계산】 법 제55조 제2항 후단에 따른 월수는 태양력에 따라 계산하되, 1개월 미만의 일수는 1개월로 한다. (2019. 2. 12. 개정)

제92조의 2 【토지 등 양도소득에 대한 과세특례】

① 법 제55조의 2 제1항 제1호에서 "대통령령이 정하는 지역"이라 함은 다음 각호의 1에 해당하는 지역 중 지가가 급등하거나 급등할 우려가 있는 지역으로서 기획재정부령이 정하는 지역을 말한다. (2008. 2. 29. 직제개정 ; 기획재정부와~직제 부칙)
1. 「조세특례제한법 시행령」 제56조 제2항의 규정에 의한 대도시권 (2005. 2. 19. 개정)
2. 「개발이익환수에 관한 법률」 제2조 제2호의 규정에 의한 개발사업이 진행중이거나 예정되어 있는 지역 및 그 인근지역 (2005. 2. 19. 개정)

① 삭　제 (2009. 6. 8.)

② 법 제55조의 2 제1항 제2호 본문에서 "대통령령으로 정하는 주택"이란 국내에 소재하는 주택으로서 다음 각 호의 어느 하나에 해당하지 않는 주택을 말한다. 다만, 제1호, 제1호의 2, 제1호의 4 및 제1호의 12에 해당하는 임대주택(법률 제17482호 민간임대주택에 관한 특별법 일부개정법률 부칙 제5조 제1항이 적용되는 주택으로 한정한다)으로서 「민간임대주택에 관한 특별법」 제6조 제5항에 따라 임대의무기간이 종료한 날에 등록이 말소되는 경우에는 임대의무기간이 종료한 날에 제1호, 제1호의 2, 제1호의 4 및 제1호의 12에서 정한 임대기간요건을 갖춘 것으로 본다. (2022. 8. 2. 단서개정)

1. 해당 법인이 임대하는 「민간임대주택에 관한 특별법」 제2조 제3호에 따른 민간매입임대주택 또는 「공공주택 특별법」 제2조 제1호의 3에 따른 공공매입임대주택으로서 다음 각 목의 요건을 모두 갖춘 주택. 다만, 「민간임대주택에 관한 특별법」 제2조 제7호에 따른 임대사업자의 경우에는 2018년 3월 31일 이전에 같은 법 제5조에 따

제45조 【산출세액 계산방법】 법 제55조 제2항의 규정에 의한 산출세액의 계산은 다음 산식에 의한다. (99. 5. 24 개정)

$$\text{산출세액} = \frac{\text{법 제13조의 규정을 적용하여 계산한 금액}}{\text{사업연도의 월수}} \times 12 \times \text{세율} \times \frac{\text{사업연도의 월수}}{12}$$

2. 대통령령으로 정하는 주택(이에 부수되는 토지를 포함한다) 및 주거용 건축물로서 상시 주거용으로 사용하지 아니하고 휴양·피서·위락 등의 용도로 사용하는 건축물(이하 이 조에서 "별장"이라 한다)을 양도한 경우에는 토지등의 양도소득에 100분의 20(미등기 토지 등의 양도소득에 대하여는 100분의 40)을 곱하여 산출한 세액. 다만, 「지방자치법」 제3조 제3항 및 제4항에 따른 읍 또는 면에 있으면서 대통령령으로 정하는 범위 및 기준에 해당하는 농어촌주택(그 부속토지를 포함한다)은 제외한다. (2018. 8. 18. 개정)

3. 비사업용 토지를 양도한 경우에는 토지 등의 양도소득에 100분의 10(미등기 토지 등의 양도소득에 대하여는 100분의 40)을 곱하여 산출한 세액 (2014. 1. 1. 개정)

● 예 판 ●··

비사업용토지의 판정은 양도당시만을 기준으로 하는 것이 아니라, 전체 소유기간 중 비사업용으로 사용한 기간을 기준으로 하는 것임. (사전—2023—법규법인—0817, 2023. 12. 13.)

··

4. 주택을 취득하기 위한 권리로서 「소득세법」 제88조 제9호에 따른 조합원입주권 및 같은 조 제10호에 따른 분양권을 양도한 경우에는 토지등의 양도소득에 100분의 20을 곱하여 산출한 세액 (2020. 8. 18. 신설)

② 제1항 제3호에서 "비사업용 토지"란 토지를 소유하는 기간 중 대통령령으로 정하는 기간 동안 다음 각 호의 어느 하나에 해당하는 토지를 말한다. (2010. 12. 30. 개정)

1. 논밭 및 과수원(이하 이 조에서 "농지"라 한다)으로서 다음 각 목의 어느 하나에 해당하는 것 (2010. 12. 30. 개정)

　가. 농업을 주된 사업으로 하지 아니하는 법인이 소유하는 토지. 다만, 「농지법」이나 그 밖의 법률에 따라 소유할 수 있는 농지로서 대통령령으로 정하는 농지는 제외한다. (2010. 12. 30. 개정)

　나. 특별시, 광역시(광역시에 있는 군 지역은 제외한다. 이하 이 항에서 같다), 특별자치시(특별자치시에 있는 읍·면지역은 제외한다. 이하 이 항에서 같다), 특별자치도(「제주특별자치도 설치 및 국제자유도시 조성을 위한 특별법」 제10조 제2항에 따라

른 임대사업자 등록과 법 제111조에 따른 사업자등록(이하 이 조에서 "사업자등록등"이라 한다)을 한 주택으로 한정한다. (2018. 2. 13. 단서신설)

가. 대지면적이 298제곱미터 이하이고 주택의 연면적(「소득세법 시행령」 제154조 제3항 본문에 따라 주택으로 보는 부분과 주거전용으로 사용되는 지하실부분의 면적을 포함하고, 공동주택의 경우에는 전용면적을 말한다)이 149제곱미터 이하일 것 (2011. 10. 14. 개정)

가. 삭 제 (2013. 2. 15.)

나. 5년 이상 임대한 주택일 것 (2011. 10. 14. 개정)

다. 「민간임대주택에 관한 특별법」 제5조에 따라 민간임대주택으로 등록하거나 「공공주택 특별법」 제2조 제1호 가목에 따른 공공임대주택으로 건설 또는 매입되어 임대를 개시한 날의 해당 주택 및 이에 딸린 토지의 기준시가(「소득세법」 제99조에 따른 기준시가를 말한다. 이하 이 항에서 같다)의 합계액이 6억원[「수도권정비계획법」 제2조 제1호에 따른 수도권(이하 "수도권"이라 한다) 밖의 지역인 경우에는 3억원] 이하일 것 (2015. 12. 28. 개정 ; 임대주택법 시행령 부칙)

1의 2. 해당 법인이 임대하는 「민간임대주택에 관한 특별법」 제2조 제2호에 따른 민간건설임대주택 또는 「공공주택 특별법」 제2조 제1호의 2에 따른 공공건설임대주택으로서 다음 각 목의 요건을 모두 갖춘 주택이 2호 이상인 경우 그 주택. 다만, 「민간임대주택에 관한 특별법」 제2조 제7호에 따른 임대사업자의 경우에는 2018년 3월 31일 이전에 사업자등록등을 한 주택으로 한정한다. (2018. 2. 13. 단서신설)

가. 대지면적이 298제곱미터 이하이고 주택의 연면적(「소득세법 시행령」 제154조 제3항 본문에 따라 주택으로 보는 부분과 주거전용으로 사용되는 지하실부분의 면적을 포함하고, 공동주택의 경우에는 전용면적을 말한다)이 149제곱미터 이하일 것 (2008. 2. 22. 개정)

나. 5년 이상 임대하는 것일 것 (2008. 2. 22. 개정)

다. 「민간임대주택에 관한 특별법」 제5조에 따라 민간임대주택으

로 등록하거나 「공공주택 특별법」 제2조 제1호 가목에 따른 공공임대주택으로 건설 또는 매입되어 임대를 개시한 날의 해당 주택 및 이에 딸린 토지의 기준시가의 합계액이 6억원 이하일 것 (2015. 12. 28. 개정 ; 임대주택법 시행령 부칙)

1의 3. 「부동산투자회사법」 제2조 제1호에 따른 부동산투자회사 또는 「간접투자자산 운용업법」 제27조 제3호에 따른 부동산간접투자기구가 2008년 1월 1일부터 2008년 12월 31일까지 취득 및 임대하는 「민간임대주택에 관한 특별법」 제2조 제3호에 따른 민간매입임대주택 또는 「공공주택 특별법」 제2조 제1호의 3에 따른 공공매입임대주택으로서 다음 각 목의 요건을 모두 갖춘 주택이 5호 이상인 경우 그 주택 (2015. 12. 28. 개정 ; 임대주택법 시행령 부칙)

가. 대지면적이 298제곱미터 이하이고 주택의 연면적(「소득세법 시행령」 제154조 제3항 본문에 따라 주택으로 보는 부분과 주거전용으로 사용되는 지하실부분의 면적을 포함하고, 공동주택의 경우에는 전용면적을 말한다)이 149제곱미터 이하일 것 (2008. 2. 22. 신설)

나. 10년 이상 임대하는 것일 것 (2008. 2. 22. 신설)

☞ p.458 2단 연결

설치된 행정시의 읍·면지역은 제외한다. 이하 이 항에서 같다)
및 시 지역[「지방자치법」 제3조 제4항에 따른 도농(都農) 복합
형태의 시의 읍·면 지역은 제외한다. 이하 이 항에서 같다] 중
「국토의 계획 및 이용에 관한 법률」 제6조 제1호에 따른 도시지
역(대통령령으로 정하는 지역은 제외한다. 이하 이 목에서 같다)
에 있는 농지. 다만, 특별시, 광역시, 특별자치시, 특별자치도 및
시 지역의 도시지역에 편입된 날부터 대통령령으로 정하는 기간
이 지나지 아니한 농지는 제외한다. (2015. 7. 24. 개정 ; 제주특
별자치도 설치 및~특별법 부칙)

2. 임야. 다만, 다음 각 목의 어느 하나에 해당하는 것은 제외한다.
(2010. 12. 30. 개정)
가. 「산림자원의 조성 및 관리에 관한 법률」에 따라 지정된 채종림
(採種林)·시험림, 「산림보호법」 제7조에 따른 산림보호구역,
그 밖에 공익상 필요하거나 산림의 보호·육성을 위하여 필요
한 임야로서 대통령령으로 정하는 것 (2010. 12. 30. 개정)
나. 임업을 주된 사업으로 하는 법인이나 「산림자원의 조성 및 관리
에 관한 법률」에 따른 독림가(篤林家)인 법인이 소유하는 임야
로서 대통령령으로 정하는 것 (2010. 12. 30. 개정)
다. 토지의 소유자·소재지·이용상황·보유기간 및 면적 등을 고려
하여 법인의 업무와 직접 관련이 있다고 인정할 만한 상당한 이
유가 있는 임야로서 대통령령으로 정하는 것 (2010. 12. 30. 개정)

3. 다음 각 목의 어느 하나에 해당하는 목장용지. 다만, 토지의 소유
자·소재지·이용상황·보유기간 및 면적 등을 고려하여 법인의
업무와 직접 관련이 있다고 인정할 만한 상당한 이유가 있는 목장용
지로서 대통령령으로 정하는 것은 제외한다. (2010. 12. 30. 개정)
가. 축산업을 주된 사업으로 하는 법인이 소유하는 목장용지로서 대
통령령으로 정하는 축산용 토지의 기준면적을 초과하거나 특별
시, 광역시, 특별자치시, 특별자치도 및 시 지역의 도시지역(대
통령령으로 정하는 지역은 제외한다. 이하 이 목에서 같다)에
있는 목장용지(도시지역에 편입된 날부터 대통령령으로 정하는
기간이 지나지 아니한 경우는 제외한다) (2013. 1. 1. 개정)
나. 축산업을 주된 사업으로 하지 아니하는 법인이 소유하는 목장용

다. 수도권 밖의 지역에 소재할 것 (2008. 10. 7. 개정)

1의 4. 「민간임대주택에 관한 특별법」 제2조 제3호에 따른 민간매입
임대주택 또는 「공공주택 특별법」 제2조 제1호의 3에 따른 공공매
입임대주택[미분양주택(「주택법」 제54조에 따른 사업주체가 같은
조에 따라 공급하는 주택으로서 입주자모집공고에 따른 입주자의
계약일이 지난 주택단지에서 2008년 6월 10일까지 분양계약이 체
결되지 아니하여 선착순의 방법으로 공급하는 주택을 말한다. 이하
이 호에서 같다)으로서 2008년 6월 11일부터 2009년 6월 30일까지
최초로 분양계약을 체결하고 계약금을 납부한 주택에 한정한다]으
로서 다음 각 목의 요건을 모두 갖춘 주택. 이 경우 해당 주택을
양도하는 법인은 해당 주택을 양도하는 날이 속하는 사업연도 과세
표준신고 시 시장·군수 또는 구청장이 발행한 미분양주택 확인서
사본 및 미분양주택 매입 시의 매매계약서 사본을 납세지 관할세무
서장에게 제출해야 한다. (2020. 10. 7. 후단개정)
가. 대지면적이 298제곱미터 이하이고 주택의 연면적(「소득세법
시행령」 제154조 제3항 본문에 따라 주택으로 보는 부분과 주
거전용으로 사용되는 지하실부분의 면적을 포함하고, 공동주택
의 경우에는 전용면적을 말한다)이 149제곱미터 이하일 것
(2008. 7. 24. 신설)
나. 5년 이상 임대하는 것일 것 (2008. 7. 24. 신설)
다. 수도권 밖의 지역에 소재할 것 (2008. 10. 7. 개정)
라. 가목부터 다목까지의 요건을 모두 갖춘 매입임대주택(이하 이
조에서 "미분양매입임대주택"이라 한다)이 같은 시(특별시 및
광역시를 포함한다)·군에서 5호 이상일 것[제1호에 따른 매입
임대주택이 5호 이상이거나 제1호의 3에 따른 매입임대주택이
5호 이상인 경우에는 제1호 또는 제1호의 3에 따른 매입임대주
택과 미분양매입임대주택을 합산하여 5호 이상일 것] (2008. 7.
24. 신설)
마. 2020년 7월 11일 이후 종전의 「민간임대주택에 관한 특별법」
(법률 제17482호 민간임대주택에 관한 특별법 일부개정법률에
따라 개정되기 전의 것을 말한다. 이하 같다) 제5조에 따른 임

대사업자등록 신청(임대할 주택을
추가하기 위해 등록사항의 변경 신
고를 한 경우를 포함한다)을 한 같
은 법 제2조 제5호에 따른 장기일
반민간임대주택 중 아파트를 임대
하는 민간매입임대주택 또는 같은
조 제6호에 따른 단기민간임대주택
이 아닐 것 (2020. 10. 7. 신설)
바. 종전의 「민간임대주택에 관한 특별
법」 제5조에 따라 등록을 한 같은
법 제2조 제6호에 따른 단기민간
임대주택을 같은 법 제5조 제3항
에 따라 2020년 7월 11일 이후 장
기일반민간임대주택등으로 변경 신
고한 주택이 아닐 것 (2020. 10. 7.
신설)

1의 5. 다음 각 목의 요건을 모두 갖춘
「부동산투자회사법」 제2조 제1호 다목
에 따른 기업구조조정부동산투자회사
또는 「자본시장과 금융투자업에 관한
법률」 제229조 제2호에 따른 부동산집
합투자기구(이하 이 항에서 "기업구조
조정부동산투자회사 등"이라 한다)가
2010년 2월 11일까지 직접 취득(2010
년 2월 11일까지 매매계약을 체결하고
계약금을 납부한 경우를 포함한다)을
하는 미분양주택(「주택법」 제54조에
따른 사업주체가 같은 조에 따라 공급
하는 주택으로서 입주자모집공고에 따
른 입주자의 계약일이 지나 선착순의

☞ p.459 2단 연결

지 (2010. 12. 30. 개정)
4. 농지, 임야 및 목장용지 외의 토지 중 다음 각 목을 제외한 토지 (2010. 12. 30. 개정)
　가. 「지방세법」이나 관계 법률에 따라 재산세가 비과세되거나 면제되는 토지 (2010. 12. 30. 개정)
　나. 「지방세법」 제106조 제1항 제2호 및 제3호에 따른 재산세 별도합산과세대상 또는 분리과세대상이 되는 토지 (2010. 12. 30. 개정)
　다. 토지의 이용상황, 관계 법률의 의무이행 여부 및 수입금액 등을 고려하여 법인의 업무와 직접 관련이 있다고 인정할 만한 상당한 이유가 있는 토지로서 대통령령으로 정하는 것 (2010. 12. 30. 개정)
5. 「지방세법」 제106조 제2항에 따른 주택 부속토지 중 주택이 정착된 면적에 지역별로 대통령령으로 정하는 배율을 곱하여 산정한 면적을 초과하는 토지 (2010. 12. 30. 개정)
6. 별장의 부속토지. 다만, 별장에 부속된 토지의 경계가 명확하지 아니한 경우에는 그 건축물 바닥면적의 10배에 해당하는 토지를 부속토지로 본다. (2014. 12. 23. 개정)
7. 그 밖에 제1호부터 제6호까지에 규정된 토지와 유사한 토지로서 법인의 업무와 직접 관련이 없다고 인정할 만한 상당한 이유가 있는 대통령령으로 정하는 토지 (2010. 12. 30. 개정)
③ 제1항 제3호를 적용할 때 토지를 취득한 후 법령에 따라 사용이 금지되거나 그 밖에 대통령령으로 정하는 부득이한 사유가 있어 비사업용 토지에 해당하는 경우에는 대통령령으로 정하는 바에 따라 비사업용 토지로 보지 아니할 수 있다. (2010. 12. 30. 개정)
④ ☞ p.462

방법으로 공급하는 주택을 말한다. 이하 이 항에서 같다) (2016. 8. 11. 개정 ; 주택법 시행령 부칙)
　가. 취득하는 부동산이 모두 서울특별시 밖의 지역(「소득세법」 제104조의 2에 따른 지정지역은 제외한다. 이하 이 조에서 같다)에 있는 미분양주택으로서 그 중 수도권 밖의 지역에 있는 주택수의 비율이 100분의 60 이상일 것 (2009. 9. 29. 개정)
　나. 존립기간이 5년 이내일 것 (2009. 4. 21. 신설)
1의 6. 제1호의 5, 제1호의 8 또는 제1호의 10에 따라 기업구조조정부동산투자회사등이 미분양주택을 취득할 당시 매입약정을 체결한 자가 그 매입약정에 따라 미분양주택(제1호의 8의 경우에는 수도권 밖의 지역에 있는 미분양주택만 해당한다)을 취득한 경우로서 그 취득일부터 3년 이내인 주택 (2011. 6. 3. 개정)
1의 7. 다음 각 목의 요건을 모두 갖춘 신탁계약에 따른 신탁재산으로 「자본시장과 금융투자업에 관한 법률」에 따른 신탁업자(이하 이 호에서 "신탁업자"라 한다)가 2010년 2월 11일까지 직접 취득(2010년 2월 11일까지 매매계약을 체결하고 계약금을 납부한 경우를 포함한다)을 하는 미분양주택 (2009. 12. 31. 개정)
　가. 주택의 시공자(이하 이 조에서 "시공자"라 한다)가 채권을 발행하여 조달한 금전을 신탁업자에게 신탁하고, 해당 시공자가 발행하는 채권을 「한국주택금융공사법」에 따른 한국주택금융공사의 신용보증을 받아 「자산유동화에 관한 법률」에 따라 유동화 할 것 (2009. 9. 29. 신설)
　나. 신탁업자가 신탁재산으로 취득하는 부동산은 모두 서울특별시 밖의 지역에 있는 미분양주택(「주택도시기금법」에 따른 주택도시보증공사가 분양보증을 하여 준공하는 주택만 해당한다)으로서 그 중 수도권 밖의 지역에 있는 주택수의 비율(신탁업자가 다수의 시공자로부터 금전을 신탁 받은 경우에는 해당 신탁업자가 신탁재산으로 취득한 전체 미분양주택을 기준으로 한다)이 100분의 60 이상일 것 (2015. 6. 30. 개정 ; 주택도시기금법 시행령 부칙)
　다. 신탁재산의 운용기간(신탁계약이 연장되는 경우 그 연장되는

기간을 포함한다)이 5년 이내일 것 (2009. 9. 29. 신설)
1의 8. 다음 각 목의 요건을 모두 갖춘 기업구조조정부동산투자회사등이 2011년 4월 30일까지 직접 취득(2011년 4월 30일까지 매매계약을 체결하고 계약금을 납부한 경우를 포함한다)하는 수도권 밖의 지역에 있는 미분양주택 (2010. 6. 8. 신설)
　가. 취득하는 부동산이 모두 서울특별시 밖의 지역에 있는 2010년 2월 11일 현재 미분양주택으로서 그 중 수도권 밖의 지역에 있는 주택수의 비율이 100분의 50 이상일것 (2010. 6. 8. 신설)
　나. 존립기간이 5년 이내일 것 (2010. 6. 8. 신설)
1의 9. 다음 각 목의 요건을 모두 갖춘 신탁계약에 따른 신탁재산으로 「자본시장과 금융투자업에 관한 법률」에 따른 신탁업자(이하 이 호에서 "신탁업자"라 한다)가 2011년 4월 30일까지 직접 취득(2011년 4월 30일까지 매매계약을 체결하고 계약금을 납부한 경우를 포함한다)하는 수도권 밖의 지역에 있는 미분양주택 (2010. 6. 8. 신설)
　가. 시공자가 채권을 발행하여 조달한 금전을 신탁업자에게 신탁하고, 해당 시공자가 발행하는 채권을 「한국주택금융공사법」에 따른 한국주

☞ p.460 3단 연결

임대주택 중 장기일반민간임대주택등으로서 다음 각 목의 요건을 모두 갖춘 주택이 2호 이상인 경우 그 주택. 다만, 종전의 「민간임대주택에 관한 특별법」 제5조에 따라 등록을 한 같은 법 제2조 제6호에 따른 단기민간임대주택을 같은 법 제5조 제3항에 따라 2020년 7월 11일 이후 장기일반민간임대주택등으로 변경 신고한 주택은 제외한다. (2020. 10. 7. 단서신설)

가. 대지면적이 298제곱미터 이하이고 주택의 연면적(「소득세법 시행령」 제154조 제3항 본문에 따라 주택으로 보는 부분과 주거전용으로 사용되는 지하실부분의 면적을 포함하고, 공동주택의 경우에는 전용면적을 말한다)이 149제곱미터 이하일 것 (2018. 2. 13. 신설)

나. 10년 이상 임대하는 것일 것 (2020. 10. 7. 개정)

다. 「민간임대주택에 관한 특별법」 제5조에 따라 민간임대주택으로 등록하여 해당 주택의 임대를 개시한 날의 해당 주택 및 이에 딸린 토지의 기준시가의 합계액이 9억원 이하일 것 (2022. 8. 2. 개정)

라. 직전 임대차계약 대비 임대보증금 또는 임대료(이하 이 호에서 "임대료등"이라 한다)의 증가율이 100분의 5를 초과하는 임대차계약을 체결하지 않았을 것. 이 경우 임대료등을 증액하는 임대차계약을 체결하면서 임대보증금과 월임대료를 서로 전환하는 경우에는 「민간임대주택에 관한 특별법」 제44조 제4항에서 정하는 기준에 따라 임대료등의 증가율을 계산한다. (2022. 8. 2. 신설)

☞ p.461 2단 연결

1의 11. 다음 각 목의 요건을 모두 갖춘 신탁계약에 따른 신탁재산으로 「자본시장과 금융투자업에 관한 법률」에 따른 신탁업자(이하 이 호에서 "신탁업자"라 한다)가 2012년 12월 31일까지 직접 취득(2012년 12월 31일까지 매매계약을 체결하고 계약금을 납부한 경우를 포함한다)하는 미분양주택(「주택도시기금법」에 따른 주택도시보증공사가 분양보증을 하여 준공하는 주택만 해당한다) (2015. 6. 30. 개정 ; 주택도시기금법 시행령 부칙)

가. 시공자가 채권을 발행하여 조달한 금전을 신탁업자에게 신탁하고, 해당 시공자가 발행하는 채권을 「한국주택금융공사법」에 따른 한국주택금융공사의 신용보증을 받아 「자산유동화에 관한 법률」에 따라 유동화할 것 (2011. 6. 3. 신설)

나. 신탁재산의 운용기간(신탁계약이 연장되는 경우 그 연장되는 기간을 포함한다)이 5년 이내일 것 (2011. 6. 3. 신설)

1의 12. 「민간임대주택에 관한 특별법」 제2조 제3호에 따른 민간매입임대주택 중 같은 조 제4호에 따른 공공지원민간임대주택 또는 같은 조 제5호에 따른 장기일반민간임대주택(이하 이 조에서 "장기일반민간임대주택등"이라 한다)으로서 다음 각 목의 요건을 모두 갖춘 주택[「민간임대주택에 관한 특별법」 제2조 제5호에 따른 장기일반민간임대주택의 경우에는 2020년 6월 17일 이전에 사업자등록등을 신청(임대할 주택을 추가하기 위해 등록사항의 변경 신고를 한 경우를 포함한다)한 주택으로 한정한다]. 다만, 종전의 「민간임대주택에 관한 특별법」 제5조에 따라 등록을 한 같은 법 제2조 제6호에 따른 단기민간임대주택을 같은 법 제5조 제3항에 따라 2020년 7월 11일 이후 장기일반민간임대주택등으로 변경 신고한 주택은 제외한다. (2020. 10. 7. 개정)

가. 10년 이상 임대한 주택일 것 (2020. 10. 7. 개정)

나. 「민간임대주택에 관한 특별법」 제5조에 따라 민간임대주택으로 등록하여 해당 주택의 임대를 개시한 날의 해당 주택 및 이에 딸린 토지의 기준시가의 합계액이 6억원(수도권 밖의 지역인 경우에는 3억원) 이하일 것 (2018. 2. 13. 신설)

1의 13. 「민간임대주택에 관한 특별법」 제2조 제2호에 따른 민간건설

택금융공사의 신용보증을 받아 「자산유동화에 관한 법률」에 따라 유동화할 것 (2010. 6. 8. 신설)

나. 신탁업자가 신탁재산으로 취득하는 부동산은 모두 서울특별시 밖의 지역에 있는 2010년 2월 11일 현재 미분양주택(「주택도시기금법」에 따른 주택도시보증공사가 분양보증을 하여 준공하는 주택만 해당한다)으로서 그 중 수도권 밖의 지역에 있는 주택수의 비율(신탁업자가 다수의 시공자로부터 금전을 신탁받은 경우에는 해당 신탁업자가 신탁재산으로 취득한 전체 미분양주택을 기준으로 한다)이 100분의 50 이상일 것 (2015. 6. 30. 개정 ; 주택도시기금법 시행령 부칙)

다. 신탁재산의 운용기간(신탁계약이 연장되는 경우 그 연장되는 기간을 포함한다)은 5년 이내일 것 (2010. 6. 8. 신설)

1의 10. 다음 각 목의 요건을 모두 갖춘 기업구조조정부동산투자회사등이 2014년 12월 31일까지 직접 취득(2014년 12월 31일까지 매매계약을 체결하고 계약금을 납부한 경우를 포함한다)하는 미분양주택 (2014. 2. 21. 개정)

가. 취득하는 부동산이 모두 미분양주택일 것 (2011. 6. 3. 신설)

나. 존립기간이 5년 이내일 것 (2011. 6. 3. 신설)

마. 임대차계약을 체결한 후 또는 약정에 따라 임대료등의 증액이 있은 후 1년 이내에 임대료등을 증액하는 임대차계약을 체결하지 않았을 것 (2022. 8. 2. 신설)

1의 14. 제1호, 제1호의 2, 제1호의 4 및 제1호의 12에 해당하는 임대주택(법률 제17482호 민간임대주택에 관한 특별법 일부개정법률 부칙 제5조 제1항이 적용되는 주택으로 한정한다)으로서 「민간임대주택에 관한 특별법」 제6조 제1항 제11호에 따라 임대사업자의 임대의무기간 내 등록 말소 신청으로 등록이 말소된 경우(같은 법 제43조에 따른 임대의무기간의 2분의 1 이상을 임대한 경우에 한정한다)에는 해당 등록 말소 이후 1년 이내 양도하는 주택 (2020. 10. 7. 신설)

1의 15. 「민간임대주택에 관한 특별법」 제2조 제2호에 따른 민간건설임대주택 중 같은 조 제6호의 2에 따른 단기민간임대주택(이하 이 호에서 "단기민간임대주택"이라 한다)으로서 다음 각 목의 요건을 모두 갖춘 주택이 2호 이상인 경우 그 주택 (2025. 2. 28. 신설)
가. 대지면적이 298제곱미터 이하이고 주택의 연면적(「소득세법 시행령」 제154조 제3항 본문에 따라 주택으로 보는 부분과 주거전용으로 사용되는 지하실 부분의 면적을 포함하며, 공동주택의 경우에는 전용면적을 말한다)이 149제곱미터 이하일 것 (2025. 2. 28. 신설)
나. 6년 이상 임대하는 것일 것 (2025. 2. 28. 신설)
다. 「민간임대주택에 관한 특별법」 제5조에 따라 단기민간임대주택으로 등록하여 2호 이상의 주택의 임대를 개시한 날(2호 이상의 주택의 임대를 개시한 날 이후 임대를 개시한 주택의 경우에는 그 주택의 임대를 개시한 날)의 해당 주택 및 이에 딸린 토지의 기준시가의 합계액이 6억원 이하일 것 (2025. 2. 28. 신설)
라. 직전 임대차계약 대비 임대보증금 또는 임대료(이하 이 호에서 "임대료등"이라 한다)의 증가율이 100분의 5를 초과하지 않을 것. 이 경우 임대료등의 증액 청구는 임대차계약의 체결 또는 약정한 임대료등의 증액이 있은 후 1년 이내에는 하지 못하고, 임대사업자가 임대료등의 증액을 청구하면서 임대보증금과 월 임대료를 서로 전환하는 경우에는 「민간임대주택에 관한 특별법」 제44조 제4항에 따라 정한 기준을 준용한다. (2025. 2. 28.

택제공기간을 포함하여 계산하는 것임. (재재산－140, 2009. 1. 28.)

☞

〈제55조의 2〉
④ 다음 각 호의 어느 하나에 해당하는 토지 등 양도소득에 대하여는 제1항을 적용하지 아니한다. 다만, 미등기 토지 등에 대한 토지 등 양도소득에 대하여는 그러하지 아니하다. (2010. 12. 30. 개정)
1. 파산선고에 의한 토지 등의 처분으로 인하여 발생하는 소득 (2010. 12. 30. 개정)
2. 법인이 직접 경작하던 농지로서 대통령령으로 정하는 경우에 해당하는 농지의 교환 또는 분할·통합으로 인하여 발생하는 소득 (2010. 12. 30. 개정)

3. 「도시 및 주거환경정비법」이나 그 밖의 법률에 따른 환지(煥地) 처분 등 대통령령으로 정하는 사유로 발생하는 소득 (2010. 12. 30. 개정)

신설)
2. 주주 등이나 출연자가 아닌 임원 및 직원에게 제공하는 사택 및 그 밖에 무상으로 제공하는 법인 소유의 주택으로서 사택제공기간 또는 무상제공기간이 10년 이상인 주택 (2019. 2. 12. 개정)
3. 저당권의 실행으로 인하여 취득하거나 채권변제를 대신하여 취득한 주택으로서 취득일부터 3년이 경과하지 아니한 주택 (2006. 2. 9. 개정)
4. 그 밖에 부득이한 사유로 보유하고 있는 주택으로서 기획재정부령으로 정하는 주택 (2008. 2. 29. 직제개정 ; 기획재정부와~직제 부칙)
③ 법 제55조의 2 제4항 제2호에서 "대통령령으로 정하는 경우"란 「소득세법 시행령」 제153조 제1항의 규정에 의한 경우를 말한다. 이 경우 동항 제3호 단서의 규정 중 "농지소재지에 거주하면서 경작"은 "경작"으로 본다. (2011. 6. 3. 개정)
④ 법 제55조의 2 제4항 제3호에서 "대통령령으로 정하는 사유로 발생하는 소득"이란 다음 각 호의 어느 하나에 해당하는 소득을 말한다. (2012. 2. 2. 개정)
1. 「도시개발법」 그밖의 법률에 의한 환지처분으로 지목 또는 지번이 변경되거나 체비지로 충당됨으로써 발생하는 소득. 이 경우 환지처분 및 체비지는 「소득세법 시행령」 제152조의 규정에 의한 것으로 한다. (2005. 2. 19. 개정)
1의 2. 「소득세법 시행령」 제152조 제3항에 따른 교환으로 발생하는 소득 (2015. 2. 3. 신설)
2. 적격분할·적격합병·적격물적분할·적격현물출자·조직변경 및 교환(법 제50조의 요건을 갖춘 것에 한한다)으로 인하여 발생하는 소득 (2015. 2. 3. 개정)
3. 「한국토지주택공사법」에 따른 한국토지주택공사가 같은 법에 따른 개발사업으로 조성한 토지 중 주택건설용지로 양도함으로써 발생하는 소득 (2009. 9. 21. 개정 ; 한국토지주택공사법 시행령 부칙)
4. 주택을 신축하여 판매(「민간임대주택에 관한 특별법」 제2조 제2호에 따른 민간건설임대주택 또는 「공공주택 특별법」 제2조 제1호의 2에 따른 공공건설임대주택을 동법에 따라 분양하거나 다른 임대사업자에게 매각하는 경우를 포함한다)하는 법인이 그 주택 및 주택에 부수되는 토지로서 그 면적이 다음 각 목의 면적 중 넓은 면

제45조의 2【토지등 양도소득에 대한 과세특례】① 영 제92조의 2 제2항 제4호에서 "기획재정부령으로 정하는 주택"이란 「주택도시기금법」에 따른 주택도시보증공사가 같은 법 시행령 제22조 제1항 제1호에 따라 매입한 주택을 말한다. (2020. 3. 13. 개정)

⑤ 제1항 및 제4항에서 "미등기 토지 등"이란 토지 등을 취득한 법인이 그 취득에 관한 등기를 하지 아니하고 양도하는 토지 등을 말한다. 다만, 장기할부 조건으로 취득한 토지 등으로서 그 계약조건에 의하여 양도 당시 그 토지 등의 취득등기가 불가능한 토지 등이나 그 밖에 대통령령으로 정하는 토지 등은 제외한다. (2010. 12. 30. 개정)

⑥ 토지 등 양도소득은 토지 등의 양도금액에서 양도 당시의 장부가액을 뺀 금액으로 한다. 다만, 비영리 내국법인이 1990년 12월 31일 이전에 취득한 토지등 양도소득은 양도금액에서 장부가액과 1991년 1월 1일 현재 「상속세 및 증여세법」 제60조와 같은 법 제61조 제1항에 따라 평가한

적 이내의 토지를 양도함으로써 발생하는 소득 (2015. 12. 28. 개정 ; 임대주택법 시행령 부칙)

  가. 주택의 연면적(지하층의 면적, 지상층의 주차용으로 사용되는 면적 및 「주택건설기준 등에 관한 규정」 제2조 제3호의 규정에 따른 주민공동시설의 면적을 제외한다) (2006. 2. 9. 개정)

  나. 건물이 정착된 면적에 5배(「국토의 계획 및 이용에 관한 법률」 제6조의 규정에 따른 도시지역 밖의 토지의 경우에는 10배)를 곱하여 산정한 면적 (2006. 2. 9. 개정)

5. 「민간임대주택에 관한 특별법」 제2조 제7호에 따른 임대사업자로서 장기일반민간임대주택등을 300호 또는 300세대 이상 취득하였거나 취득하려는 자에게 토지를 양도하여 발생하는 소득 (2018. 7. 16. 개정 ; 민간임대주택에~시행령 부칙)

6. 「공공주택 특별법」 제2조 제1호의 3에 따른 공공매입임대주택(이하 이 호에서 "공공매입임대주택"이라 한다)을 건설할 자(같은 법 제4조에 따른 공공주택사업자와 공공매입임대주택을 건설하여 양도하기로 약정을 체결한 자로 한정한다)에게 2024년 12월 31일까지 주택 건설을 위한 토지를 양도하여 발생하는 소득 (2022. 8. 2. 개정)

6. 「공공주택 특별법」 제2조 제1호의 3에 따른 공공매입임대주택(이하 이 호에서 "공공매입임대주택"이라 한다)을 건설할 자(같은 법 제4조에 따른 공공주택사업자와 공공매입임대주택을 건설하여 양도하기로 약정을 체결한 자로 한정한다)에게 2027년 12월 31일까지 주택 건설을 위한 토지를 양도하여 발생하는 소득 (2024. 12. 31. 개정)

7. 그밖에 공공목적을 위한 양도 등 기획재정부령이 정하는 사유로 인하여 발생하는 소득 (2021. 2. 17. 호번개정)

⑤ 법 제55조의 2 제5항 단서에서 "대통령령으로 정하는 토지 등"이란 다음 각호의 1에 해당하는 것을 말한다. (2011. 6. 3. 개정)

1. 법률의 규정 또는 법원의 결정에 의하여 양도당시 취득에 관한 등기가 불가능한 토지 등 (2001. 12. 31 신설)

2. 법 제55조의 2 제4항 제2호의 규정에 의한 농지 (2005. 12. 31. 개정)

⑥ 제68조는 법 제55조의 2 제1항에 따른 토지 등 양도소득의 귀속사업연도, 양도시기 및 취득시기에 관하여 이를 준용한다. 다만, 제68조 제4항에 따른 장기할부조건에 의한 토지 등의 양도의 경우에는 같은 조 제2항에도 불구하고 같은 조 제1항 제3호에 따른다. (2020. 2. 11. 개정)

가액 중 큰 가액을 뺀 금액으로 할 수 있다. (2014. 12. 23. 단서신설)
⑦ 제1항부터 제6항까지의 규정을 적용할 때 농지·임야·목장용지의 범위, 주된 사업의 판정기준, 해당 사업연도에 토지 등의 양도에 따른 손실이 있는 경우 등의 양도소득 계산방법, 토지 등의 양도에 따른 손익의 귀속사업연도 등에 관하여 필요한 사항은 대통령령으로 정한다. (2010. 12. 30. 개정)
⑧ 토지 등을 2012년 12월 31일까지 양도함으로써 발생하는 소득에 대하여는 제1항 제2호 및 제3호를 적용하지 아니한다. (2010. 12. 30. 개정)

⑦ 법 제55조의 2 제1항 제1호의 규정을 적용함에 있어서 예약매출에 의하여 토지 등을 양도하는 경우에는 그 계약일에 토지 등이 양도된 것으로 본다. (2003. 12. 30. 개정)
⑧ 제7항에 따라 계약일에 토지 등이 양도되는 것으로 보는 경우의 토지 등 양도소득은 제69조 제2항에 따른 작업진행률을 기준으로 하여 계산한 수익과 비용 중 법 제55조의 2 제1항 제1호 가목 및 나목에 해당하는 지정지역에 포함되는 기간에 상응하는 수익과 비용을 각각 해당 사업연도의 익금과 손금으로 하여 계산한다. 다만, 제69조 제2항에 따른 작업진행률을 계산할 수 없다고 인정되는 경우로서 기획재정부령으로 정하는 경우에는 계약금액 및 총공사예정비를 그 목적물의 착수일부터 인도일까지의 기간에 균등하게 배분한 금액 중 법 제55조의 2 제1항 제1호 가목 및 나목에 해당하는 지정지역에 포함되는 기간에 상응하는 금액을 각각 해당 사업연도의 익금과 손금으로 하여 계산한다. (2009. 6. 8. 개정)
⑨ 법인이 각 사업연도에 법 제55조의 2를 적용받는 2 이상의 토지 등을 양도하는 경우에 토지 등 양도소득은 해당 사업연도에 양도한 자산별로 법 제55조의 2 제6항에 따라 계산한 금액을 합산한 금액으로 한다. 이 경우 양도한 자산 중 양도 당시의 장부가액이 양도금액을 초과하는 토지 등이 있는 경우에는 그 초과하는 금액(이하 이 항에서 "양도차손"이라 한다)을 다음 각 호의 자산의 양도소득에서 순차로 차감하여 토지 등 양도소득을 계산한다. (2009. 2. 4. 개정)
1. 양도차손이 발생한 자산과 같은 세율을 적용받는 자산의 양도소득 (2009. 2. 4. 개정)
2. 양도차손이 발생한 자산과 다른 세율을 적용받는 자산의 양도소득 (2009. 2. 4. 개정)

　제92조의 3【비사업용 토지의 기간기준】법 제55조의 2 제2항 각 호 외의 부분에서 "대통령령으로 정하는 기간"이란 다음 각 호의 어느 하나에 해당하는 기간을 말한다. (2011. 6. 3. 개정)
1. 토지의 소유기간이 5년 이상인 경우에는 다음 각 목의 모두에 해당
☞ p.465 3단 연결

② 영 제92조의 2 제8항 단서에서 "기획재정부령으로 정하는 경우"란 제34조 제4항에 해당하는 경우를 말한다. (2019. 3. 20. 개정)

전용신고를 한 법인이 소유한 농지 또는 같은 법 제6조 제2항 제8호에 따른 농지전용협의를 완료한 농지로서 당해 전용목적으로 사용되는 토지 (2008. 2. 22. 개정)

3. 「농지법」 제6조 제2항 제10호 라목부터 바목까지의 규정에 따라 취득한 농지로서 당해 사업목적으로 사용되는 토지 (2008. 2. 22. 개정)

4. 종중이 소유한 농지(2005년 12월 31일 이전에 취득한 것에 한한다) (2005. 12. 31. 신설)

5. 제사·종교·자선·학술·기예 그 밖의 공익사업을 목적으로 하는 「지방세법 시행령」 제22조에 따른 비영리사업자가 그 사업에 직접 사용하는 농지 (2015. 2. 3. 개정)

6. 「농지법」 그 밖의 법률에 따라 소유할 수 있는 농지로서 기획재정부령이 정하는 농지 (2008. 2. 29. 직제개정 ; 기획재정부와~직제 부칙)

④ 법 제55조의 2 제2항 제1호 나목 본문에서 "대통령령으로 정하는 지역"이란 「국토의 계획 및 이용에 관한 법률」에 따른 녹지지역 및 개발제한구역을 말한다. (2011. 6. 3. 개정)

⑤ 법 제55조의 2 제2항 제1호 나목 단서에서 "대통령령으로 정하는 기간"이란 3년을 말한다. (2015. 2. 3. 개정)

제92조의 6 【임야의 범위 등】 ① 법 제55조의 2 제2항 제2호 가목에서 "대통령령으로 정하는 것"이란 다음 각 호의 어느 하나에 해당하는 임야를 말한다. (2011. 6. 3. 개정)

1. 「산림자원의 조성 및 관리에 관한 법률」에 따른 채종림·시험림과 「산림보험법」에 따른 산림보호구역 (2010. 3. 9. 개정 ; 산림보호법 시행령 부칙)

2. 사찰림 또는 동유림(洞有林) (2005. 12. 31. 신설)

3. 「자연공원법」에 따른 공원자연보존지구 및 공원자연환경지구 안의 임야 (2005. 12. 31. 신설)

4. 「도시공원 및 녹지 등에 관한 법률」에 따른 도시공원 안의 임야 (2005. 12. 31. 신설)

5. 「문화재보호법」에 따른 문화재보호구역 안의 임야 (2005. 12. 31. 신설)

☞ p.466 3단 연결

이 경우 기간의 계산은 일수로 한다. (2015. 2. 3. 개정)

제92조의 4 【토지지목의 판정】 법 제55조의 2 제2항의 규정을 적용함에 있어서 농지·임야·목장용지 및 그 밖의 토지의 판정은 이 영에 특별한 규정이 있는 경우를 제외하고는 사실상의 현황에 의한다. 다만, 사실상의 현황이 분명하지 아니한 경우에는 공부상의 등재현황에 의한다. (2005. 12. 31. 신설)

제92조의 5 【농지의 범위 등】 ① 법 제55조의 2 제2항 제1호에서 "농지"라 함은 전·답 및 과수원으로서 지적공부상의 지목에 관계없이 실제로 경작에 사용되는 토지를 말한다. 이 경우 농지의 경영에 직접 필요한 농막·퇴비사·양수장·지소(池沼)·농도·수로 등의 토지 부분을 포함한다. (2005. 12. 31. 신설)

② 법 제55조의 2 제2항 제1호 가목의 규정을 적용함에 있어 주업은 다음 각 호의 기준에 따라 판정한다. (2005. 12. 31. 신설)

1. 2 이상의 서로 다른 사업을 영위하는 경우에는 주업은 사업별 사업수입금액이 큰 사업으로 한다. (2005. 12. 31. 신설)

2. 제1호의 규정에 불구하고 당해 법인이 농업에 직접 사용한 농지에서 생산한 농산물을 당해 법인이 제조·생산하는 제품의 원료로 사용하고 그 농업과 제조업 등을 구분하여 경리하는 경우에는 농업을 주업으로 하는 것으로 본다. 이 경우 당해 법인이 생산한 농산물 중 당해 법인이 제조하는 제품의 원재료로 사용하는 것의 비율(이하 이 항에서 "사용비율"이라 한다)이 100분의 50 미만인 경우에는 당해 농지의 면적 중 그 사용비율에 상당하는 면적의 2배 이내의 농지에 한하여 농업을 주업으로 하는 것으로 본다. (2005. 12. 31. 신설)

③ 법 제55조의 2 제2항 제1호 가목 단서에서 "대통령령으로 정하는 지역"이란 다음 각 호의 어느 하나에 해당하는 농지를 말한다. (2011. 6. 3. 개정)

1. 「농지법」 제6조 제2항 제2호·제6호·제10호 가목 또는 다목에 해당하는 농지 (2008. 2. 22. 개정)

2. 「농지법」 제6조 제2항 제7호에 따른 농지전용허가를 받거나 농지

하는 기간 (2005. 12. 31. 신설)

가. 양도일 직전 5년 중 2년을 초과하는 기간 (2005. 12. 31. 신설)

나. 양도일 직전 3년 중 1년을 초과하는 기간 (2005. 12. 31. 신설)

다. 토지의 소유기간의 100분의 40에 상당하는 기간을 초과하는 기간. 이 경우 기간의 계산은 일수로 한다. (2015. 2. 3. 개정)

2. 토지의 소유기간이 3년 이상이고 5년 미만인 경우에는 다음 각 목의 모두에 해당하는 기간 (2005. 12. 31. 신설)

가. 토지의 소유기간에서 3년을 차감한 기간을 초과하는 기간 (2005. 12. 31. 신설)

나. 양도일 직전 3년 중 1년을 초과하는 기간 (2005. 12. 31. 신설)

다. 토지의 소유기간의 100분의 40에 상당하는 기간을 초과하는 기간. 이 경우 기간의 계산은 일수로 한다. (2015. 2. 3. 개정)

3. 토지의 소유기간이 3년 미만인 경우에는 다음 각 목의 모두에 해당하는 기간. 다만, 소유기간이 2년 미만이면 가목은 적용하지 아니한다. (2009. 2. 4. 단서신설)

가. 토지의 소유기간에서 2년을 차감한 기간을 초과하는 기간 (2005. 12. 31. 신설)

나. 토지의 소유기간의 100분의 40에 상당하는 기간을 초과하는 기간.

고려하여 법인의 업무에 직접 관련이 있는 임야로서 기획재정부령으로 정하는 임야 (2021. 1. 5. 개정 ; 어려운 법령용어~대통령령)

제92조의 7 【목장용지의 범위 등】 ① 법 제55조의 2 제2항 제3호에서 "목장용지"라 함은 축산용으로 사용되는 축사와 부대시설의 토지, 초지 및 사료포(飼料圃)를 말한다. (2005. 12. 31. 신설)
② 법 제55조의 2 제2항 제3호 각 목 외의 부분 단서에서 "대통령령으로 정하는 것"이란 다음 각 호의 어느 하나에 해당하는 것을 말한다. (2011. 6. 3. 개정)
1. 종중이 소유한 목장용지(2005년 12월 31일 이전에 취득한것에 한한다) (2005. 12. 31. 신설)
2. 「초·중등교육법」과 「고등교육법」에 따른 학교 및 「축산법」에 따른 가축개량총괄기관과 가축개량기관이 시험·연구·실습지로 사용하는 목장용지 (2005. 12. 31. 신설)
3. 제사·종교·자선·학술·기예 그 밖의 공익사업을 목적으로 하는 「지방세법」 제186조 제1호 본문의 규정에 따른 비영리사업자가 그 사업에 직접 사용하는 목장용지 (2005. 12. 31. 신설)
4. 그 밖에 토지의 소유자, 소재지, 이용상황, 소유기간 및 면적 등을 고려하여 법인의 업무와 직접 관련이 있는 목장용지로서 기획재정부령으로 정하는 것 (2021. 1. 5. 개정 ; 어려운 법령용어~대통령령)
③ 법 제55조의 2 제2항 제3호 가목의 규정을 적용함에 있어서 주업은 다음 각 호에 따라 판정한다. (2005. 12. 31. 신설)
1. 2 이상의 서로 다른 사업을 영위하는 경우에는 주업은 사업별 사업수입금액이 큰 사업으로 한다. 다만, 「농업협동조합법」에 의하여 설립된 농업협동조합과 농업협동조합중앙회는 이를 축산업을 주업으로 하는 법인으로 본다. (2005. 12. 31. 신설)
2. 제1호 본문의 규정에 불구하고 당해 법인이 축산업에 직접사용한 목장용지에서 생산한 축산물을 당해 법인이 제조하는 제품의 원재료로 사용하고 그 축산업과 제조업 등을 구분하여 경리하는 경우에는 축산업을 주업으로 하는 것으로 본다. 이 경우 당해 법인이 생산

☞ p.467 2단 연결

서로 다른 사업을 영위하는 경우에는 사업연도 종료일 현재 당해 법인의 총자산가액 중 당해 사업에 공여되는 자산의 가액이 큰 사업으로 한다. (2005. 12. 31. 신설)
③ 법 제55조의 2 제2항 제2호 나목에서 "대통령령으로 정하는 것"이란 「산지관리법」에 따른 산지 안의 임야로서 다음 각 호의 어느 하나에 해당하는 임야를 말한다. 다만, 「국토의 계획 및 이용에 관한 법률」에 따른 도시지역(동법 시행령 제30조의 규정에 따른 보전녹지지역을 제외한다. 이하 이 항에서 같다) 안의 임야로서 도시지역으로 편입된 날부터 3년이 경과한 임야를 제외한다. (2015. 2. 3. 단서개정)
1. 「산림자원의 조성 및 관리에 관한 법률」에 따른 산림경영계획인가를 받아 시업(施業)중인 임야 (2007. 2. 28. 개정)
2. 「산림자원의 조성 및 관리에 관한 법률」에 따른 특수산림사업지구 안의 임야 (2007. 2. 28. 개정)
④ 법 제55조의 2 제2항 제2호 다목에서 "대통령령으로 정하는 것"이란 다음 각 호의 어느 하나에 해당하는 것을 말한다. (2011. 6. 3. 개정)
1. 「산림자원의 조성 및 관리에 관한 법률」에 따른 종·묘 생산업자가 산림용 종자 또는 산림용 묘목의 생산에 사용하는 임야 (2007. 2. 28. 개정)
2. 「산림문화·휴양에 관한 법률」에 따른 자연휴양림을 조성 또는 관리·운영하는 사업에 사용되는 임야 (2007. 2. 28. 개정)
3. 「수목원·정원의 조성 및 진흥에 관한 법률」에 따른 수목원을 조성 또는 관리·운영하는 사업에 사용되는 임야 (2015. 7. 20. 개정 ; 수목원 조성 및~시행령 부칙)
4. 산림조합 및 산림계가 그 고유목적에 직접 사용하는 임야 (2005. 12. 31. 신설)
5. 제사·종교·자선·학술·기예 그 밖의 공익사업을 목적으로 하는 「지방세법 시행령」 제22조에 따른 비영리사업자가 그 사업에 직접 사용하는 임야 (2015. 2. 3. 개정)
6. 종중이 소유한 임야(2005년 12월 31일 이전에 취득한 것에 한한다) (2005. 12. 31. 신설)
7. 그 밖에 토지의 소유자, 소재지, 이용상황, 소유기간 및 면적 등을

5. 「문화유산의 보존 및 활용에 관한 법률」에 따른 보호구역 또는 「자연유산의 보존 및 활용에 관한 법률」에 따른 보호구역 안의 임야 (2024. 5. 7. 개정 ; 문화재보호법~부칙)
6. 「전통사찰의 보존 및 지원에 관한 법률」에 따라 전통사찰이 소유하고 있는 경내지 (2009. 6. 9. 개정 ; 전통사찰보존법 시행령 부칙)
7. 「개발제한구역의 지정 및 관리에 관한 특별조치법」에 따른 개발제한구역 안의 임야 (2005. 12. 31. 신설)
8. 「군사기지 및 군사시설 보호법」에 따른 군사기지 및 군사시설 보호구역 안의 임야 (2008. 9. 22. 개정 ; 군사기지 및 군사시설 보호법 시행령 부칙)
9. 「도로법」에 따른 접도구역 안의 임야 (2005. 12. 31. 신설)
10. 「철도안전법」에 따른 철도보호지구 안의 임야 (2005. 12. 31. 신설)
11. 「하천법」에 따른 홍수관리구역 안의 임야 (2008. 4. 3. 개정 ; 하천법 시행령 부칙)
12. 「수도법」에 따른 상수원보호구역 안의 임야 (2005. 12. 31. 신설)
13. 그 밖에 공익상 필요 또는 산림의 보호육성을 위하여 필요한 임야로서 기획재정부령이 정하는 것 (2008. 2. 29. 직제개정 ; 기획재정부와~직제 부칙)
② 법 제55조의 2 제2항 제2호 나목의 규정을 적용함에 있어 주업은 2 이상의

재정부령이 정하는 종업원 체육시설의 기준면적 이내의 토지. 다만, 기획재정부령이 정하는 종업원 체육시설의 기준에 적합하지 아니하는 경우에는 그러하지 아니하다. (2008. 2. 29. 직제개정 ; 기획재정부와~직제 부칙)

다. 「체육시설의 설치·이용에 관한 법률」에 따른 체육시설업을 영위하는 법인이 동법의 규정에 따른 적합한 시설 및 설비를 갖추고 당해 사업에 직접 사용하는 토지 (2005. 12. 31. 신설)

라. 경기장운영업을 영위하는 법인이 당해 사업에 직접 사용하는 토지 (2005. 12. 31. 신설)

2. 주차장용 토지로서 다음 각 목의 어느 하나에 해당하는 것 (2005. 12. 31. 신설)

가. 「주차장법」에 따른 부설주차장(주택의 부설주차장을 제외한다. 이하 이 목에서 같다)으로서 동법에 따른 부설주차장 설치기준면적 이내의 토지. 다만, 제6호의 규정에 따른 휴양시설업용 토지 안의 부설주차장용 토지에 대하여는 제6호에서 정하는 바에 의한다. (2005. 12. 31. 신설)

나. 「지방세법 시행령」 제101조 제3항 제1호에 따른 사업자 외의 법인으로서 업무용자동차(승용자동차·이륜자동차 및 종업원의 통근용 승합자동차를 제외한다)를 필수적으로 보유하여야 하는 사업에 제공되는 업무용자동차의 주차장용 토지. 다만, 소유하는 업무용자동차의 차종별 대수에 「여객자동차 운수사업법」 또는 「화물자동차 운수사업법」에 규정된 차종별 대당 최저보유차고면적기준을 곱하여 계산한 면적을 합한 면적(이하 "최저차고기준면적"이라 한다)에 1.5를 곱하여 계산한 면적 이내의 토지에 한한다. (2010. 9. 20. 개정 ; 지방세법 시행령 부칙)

다. 주차장운영업용 토지 (2005. 12. 31. 신설)
주차장운영업을 주업으로 하는 법인이 소유하고, 「주차장법」에 따른 노외주차장으로 사용하는 토지로서 토지의 가액에 대한 1년간의 수입금액의 비율이 기획재정부령이 정하는 율 이상인 토지 (2008. 2. 29. 직제개정 ; 기획재정부와~직제 부칙)

☞ p.468 2단 연결

한 축산물 중 당해 법인이 제조하는 제품의 원재료로 사용하는 것의 비율(이하 이 항에서 "사용비율"이라 한다)이 100분의 50 미만인 경우에는 당해 목장용지의 면적 중 그 사용비율에 상당하는 면적의 2배 이내의 목장용지에 한하여 축산업을 주업으로 하는 것으로 본다. (2005. 12. 31. 신설)

④ 법 제55조의 2 제2항 제3호 가목에서 "대통령령으로 정하는 축산용 토지의 기준면적"이란 별표 1의 2에 규정된 가축별 기준면적과 가축두수를 적용하여 계산한 토지의 면적을 말한다. (2024. 2. 29. 개정)

⑤ 법 제55조의 2 제2항 제3호 가목에서 "대통령령으로 정하는 지역"이란 「국토의 계획 및 이용에 관한 법률」에 따른 녹지지역 및 개발제한구역을 말한다. (2011. 6. 3. 개정)

⑥ 법 제55조의 2 제2항 제3호 가목에서 "대통령령으로 정하는 기간"이란 3년을 말한다. (2015. 2. 3. 개정)

제92조의 8 【사업에 사용되는 그 밖의 토지의 범위】 ① 법 제55조의 2 제2항 제4호 다목에서 "대통령령으로 정하는 것"이란 다음 각 호의 어느 하나에 해당하는 토지를 말한다. (2011. 6. 3. 개정)

1. 운동장·경기장 등 체육시설용 토지로서 다음 각 목의 어느 하나에 해당하는 것 (2005. 12. 31. 신설)

가. 선수전용 체육시설용 토지 (2005. 12. 31. 신설)

(1) 「국민체육진흥법」에 따라 직장운동경기부를 설치한 법인이 선수전용으로 계속하여 제공하고 있는 체육시설용 토지로서 기획재정부령이 정하는 선수전용체육시설의 기준면적 이내의 토지. 다만, 직장운동경기부가 기획재정부령이 정하는 선수·지도자 등에 관한 요건에 해당하지 아니하는 경우에는 그러하지 아니하다. (2008. 2. 29. 직제개정 ; 기획재정부와~직제 부칙)

(2) 운동경기업을 영위하는 법인이 선수훈련에 직접 사용하는 체육시설로서 기획재정부령이 정하는 기준면적 이내의 토지 (2008. 2. 29. 직제개정 ; 기획재정부와~직제 부칙)

나. 종업원 체육시설용 토지 (2005. 12. 31. 신설)
종업원의 복지후생을 위하여 설치한 체육시설용 토지 중 기획

영 별표 2의 개정규정은 2026. 1. 1.부터 시행함. (영 부칙(2025. 2. 28.) 1조 3호)

제46조 【사업에 사용되는 그 밖의 토지의 범위】 ① 영 제92조의 8 제1항 제1호 가목 (1) 본문에서 "기획재정부령이 정하는 선수전용 체육시설의 기준면적"이라 함은 별표 7의 기준면적을 말한다. (2008. 3. 31. 직제개정)

② 영 제92조의 8 제1항 제1호 가목 (1) 단서에서 "기획재정부령이 정하는 선수·지도자 등에 관한 요건"이라 함은 다음 각 호의 모든 요건을 말한다. (2008. 3. 31. 직제개정)

1. 선수는 대한체육회에 가맹된 경기단체

「골재채취법」에 따라 시장·군수 또는 구청장(자치구의 구청장에 한한다)으로부터 골재채취의 허가를 받은 법인이 허가받은 바에 따라 골재채취에 사용하는 토지

9. 「폐기물관리법」에 따라 허가를 받아 폐기물처리업을 영위하는 법인이 당해 사업에 사용하는 토지 (2005. 12. 31. 신설)

10. 광천지[鑛泉地(청량음료제조업·온천장업 등에 사용되는 토지로서 지하에서 온수·약수 등이 용출되는 용출구 및 그 유지를 위한 부지를 말한다)]로서 토지의 가액에 대한 1년간의 수입금액의 비율이 기획재정부령이 정하는 율 이상인 토지 (2008. 2. 29. 직제개정 ; 기획재정부와~직제 부칙)

11. 「공간정보의 구축 및 관리 등에 관한 법률」에 따른 양어장 또는 지소(池沼)용 토지(내수면양식업·낚시터운영업 등에 사용되는 댐·저수지·소류지(小溜池) 및 자연적으로 형성된 호소와 이들의 유지를 위한 부지를 말한다)로서 다음 각 목의 어느 하나에 해당하는 토지 (2015. 6. 1. 개정 ; 측량·수로조사 및~시행령 부칙)
  가. 「양식산업발전법」에 따라 허가를 받은 육상해수양식어업 또는 「수산종자산업육성법」에 따라 허가를 받은 수산종자생산업에 사용되는 토지 (2023. 1. 10. 개정 ; 수산업법 시행령 부칙)
  나. 「내수면어업법」에 따라 시장·군수 또는 구청장(자치구의 구청장을 말하며, 서울특별시의 한강의 경우에는 한강관리에 관한 업무를 관장하는 기관의 장을 말한다. 이하 이 목에서 같다)으로부터 면허 또는 허가를 받거나 시장·군수 또는 구청장에게 신고한 자가 당해 면허어업·허가어업 및 신고어업에 사용하는 토지 (2005. 12. 31. 신설)
  다. 가목 및 나목 외의 토지로서 토지의 가액에 대한 1년간의 수입금액의 비율이 기획재정부령이 정하는 율 이상인 토지 (2008. 2. 29. 직제개정 ; 기획재정부와~직제 부칙)

12. 블록·석물·토관제조업용 토지, 화훼판매시설업용 토지, 조경작물식재업용 토지, 자동차정비·중장비정비·중장비운전 또는 농업에 관한 과정을 교습하는 학원용 토지 그 밖에 이와 유사한 토지로

☞ p.469 2단 연결

3. 「사회기반시설에 대한 민간투자법」에 따라 지정된 사업시행자가 동법에서 규정하는 민간투자사업의 시행으로 조성한 토지 및 그 밖의 법률에 의하여 사업시행자가 조성하는 토지로서 기획재정부령이 정하는 토지. 다만, 토지의 조성이 완료된 날부터 2년이 경과한 토지를 제외한다. (2008. 2. 29. 직제개정 ; 기획재정부와~직제 부칙)

4. 「청소년활동진흥법」에 따른 청소년수련시설용 토지로서 동법에 따른 시설·설비기준을 갖춘 토지. 다만, 기획재정부령이 정하는 기준면적을 초과하는 토지를 제외한다. (2008. 2. 29. 직제개정 ; 기획재정부와~직제 부칙)

5. 종업원 등의 예비군훈련을 실시하기 위하여 소유하는 토지로서 다음 각 목의 요건을 모두 갖춘 토지 (2005. 12. 31. 신설)
  가. 지목이 대지 또는 공장용지가 아닐 것 (2005. 12. 31. 신설)
  나. 「국토의 계획 및 이용에 관한 법률」에 따른 도시지역의 주거지역·상업지역 및 공업지역 안에 소재하지 아니할 것 (2005. 12. 31. 신설)
  다. 기획재정부령이 정하는 시설기준을 갖추고 기획재정부령이 정하는 기준면적 이내일 것 (2008. 2. 29. 직제개정 ; 기획재정부와~직제 부칙)
  라. 수임 군부대의 장으로부터 예비군훈련의 실시를 위임받은 자가 소유할 것 (2005. 12. 31. 신설)

6. 「관광진흥법」에 따른 전문휴양업·종합휴양업 등 기획재정부령이 정하는 휴양시설업용 토지로서 기획재정부령이 정하는 기준면적 이내의 토지 (2008. 2. 29. 직제개정 ; 기획재정부와~직제 부칙)

7. 하치장용 등의 토지 (2005. 12. 31. 신설)
  물품의 보관·관리를 위하여 별도로 설치·사용되는 하치장·야적장·적치장 등(「건축법」에 따른 건축허가를 받거나 신고를 하여야 하는 건축물로서 허가 또는 신고없이 건축한 창고용 건축물의 부속토지를 포함한다)으로서 당해 사업연도 중 물품의 보관·관리에 사용된 최대면적의 100분의 120 이내의 토지

8. 골재채취장용 토지 (2005. 12. 31. 신설)

에 등록되어 있는 자일 것 (2005. 12. 31. 신설)

2. 경기종목별 선수의 수는 당해 종목의 경기정원 이상일 것 (2005. 12. 31. 신설)

3. 경기종목별로 경기지도자가 1인 이상일 것 (2005. 12. 31. 신설)

③ 영 제92조의 8 제1항 제1호 가목 (2)에서 "기획재정부령이 정하는 기준면적"이라 함은 별표 8의 기준면적을 말한다. (2008. 3. 31. 직제개정)

④ 영 제92조의 8 제1항 제1호 나목 본문에서 "기획재정부령이 정하는 종업원 체육시설의 기준면적"이라 함은 별표 9의 기준면적을 말한다. (2008. 3. 31. 직제개정)

⑤ 영 제92조의 8 제1항 제1호 나목 단서에서 "기획재정부령이 정하는 종업원체육시설의 기준"이라 함은 다음 각 호의 기준을 말한다. (2008. 3. 31. 직제개정)

1. 운동장과 코트는 축구·배구·테니스 경기를 할 수 있는 시설을 갖출 것 (2005. 12. 31. 신설)

2. 실내체육시설은 영구적인 시설물이어야 하고, 탁구대를 2면 이상 둘 수 있는 규모일 것 (2005. 12. 31. 신설)

⑥ 영 제92조의 8 제1항 제2호 다목에서 "기획재정부령이 정하는 율"이라 함은 100분의 3을 말한다. (2008. 3. 31. 직제개정)

⑦ 영 제92조의 8 제1항 제3호 본문에서 "기획재정부령이 정하는 토지"란 다음 각 호의 어느 하나에 해당하는 토지를 말한다. (2016. 3. 7. 개정)

1. 「경제자유구역의 지정 및 운영에 관한

(2005. 12. 31. 신설)

당해 토지 등에 관련된 1사업연도의 수입금액 = 당해 토지 등과 기타 토지 등에 공통으로 관련된 1사업연도의 수입금액 × (당해 사업연도의 당해 토지의 가액 ÷ 당해 사업연도의 당해 토지의 가액과 그 밖의 토지의 가액의 합계액)

3. 사업의 신규개시·폐업, 토지의 양도 또는 법령에 따른 토지의 사용금지 그 밖의 부득이한 사유로 인하여 1사업연도 중 당해 토지에서 사업을 영위한 기간이 1년 미만인 경우에는 당해 기간 중의 수입금액을 1년간으로 환산하여 연간수입금액을 계산한다. (2005. 12. 31. 신설)

④ 제2항 및 제3항에서 "당해 과세기간의 토지가액"이라 함은 당해 사업연도 종료일(사업연도 중에 양도한 경우에는 양도일)의 기준시가를 말한다. (2005. 12. 31. 신설)

⑤ 법 제55조의 2 제2항의 규정을 적용함에 있어서 연접하여 있는 다수 필지의 토지가 하나의 용도에 일괄하여 사용되고 그 총면적이 비사업용 토지 해당 여부의 판정기준이 되는 면적(이하 이 항에서 "기준면적"이라 한다)을 초과하는 경우에는 다음 각 호의 구분에 따라 해당 호의 각목의 순위에 따른 토지의 전부 또는 일부를 기준면적 초과부분으로 본다. (2005. 12. 31. 신설)

1. 토지 위에 건축물 및 시설물이 없는 경우 (2005. 12. 31. 신설)

　가. 취득시기가 늦은 토지 (2005. 12. 31. 신설)

　나. 취득시기가 동일한 경우에는 법인이 선택하는 토지 (2005. 12. 31. 신설)

2. 토지 위에 건축물 또는 시설물이 있는 경우 (2005. 12. 31. 신설)

　가. 건축물의 바닥면적 또는 시설물의 수평투영면적을 제외한 토지 중 취득시기가 늦은 토지 (2005. 12. 31. 신설)

　나. 취득시기가 동일한 경우에는 법인이 선택하는 토지 (2005. 12. 31. 신설)

⑥ 법 제55조의 2 제2항의 규정을 적용함에 있어서 토지 위에 하나 이상의 건축물(시설물 등을 포함한다. 이하 이 항에서 같다)이 있고,

☞ p.470 2단 연결

서 기획재정부령이 정하는 토지의 경우에는 토지의 가액에 대한 1년간의 수입금액의 비율이 재정경제부령이 정하는 율 이상인 토지 (2008. 2. 29. 직제개정 ; 기획재정부와~직제 부칙)

13. 그 밖에 제1호부터 제12호까지에서 규정한 토지와 유사한 토지 중 토지의 이용상황 및 관계 법령의 이행여부 등을 고려하여 사업과 직접 관련이 있다고 인정할 만한 토지로서 기획재정부령으로 정하는 토지 (2021. 1. 5. 개정 ; 어려운 법령용어~대통령령)

② 제1항 제2호 다목·제10호·제11호 다목 및 제12호의 규정을 적용함에 있어서 "토지의 가액에 대한 1년간의 수입금액의 비율(이하 이 항에서 "수입금액비율"이라 한다)"은 사업연도별로 계산하되, 다음 각 호의 비율 중 큰 것으로 한다. 이 경우 당해 토지에서 발생한 수입금액을 토지의 필지별로 구분할 수 있는 경우에는 필지별로 수입금액비율을 계산한다. (2005. 12. 31. 신설)

1. 당해 사업연도의 연간수입금액을 당해 사업연도의 토지가액으로 나눈 비율 (2005. 12. 31. 신설)

2. (당해 사업연도의 연간수입금액 + 직전 사업연도의 연간수입금액) ÷ (당해 사업연도의 토지가액 + 직전 사업연도의 토지가액) (2005. 12. 31. 신설)

③ 제2항에서 "연간수입금액"이라 함은 다음 각 호에 규정한 방법에 따라 계산한 금액을 말한다. (2005. 12. 31. 신설)

1. 당해 토지 및 건축물·시설물 등에 관련된 사업의 1사업연도의 수입금액으로 하되, 당해 토지 및 건축물·시설물 등에 대하여 전세 또는 임대계약을 체결하여 전세금 또는 보증금을 받는 경우에는 「부가가치세법 시행령」 제65조 제1항에 규정된 산식을 준용하여 계산한 금액을 합산한다. (2013. 6. 28. 개정 ; 부가가치세법 시행령 부칙)

2. 1사업연도의 수입금액이 당해 토지 및 건축물·시설물 등(이하 이 호에서 "당해 토지 등"이라 한다)과 그 밖의 토지 및 건축물·시설물 등(이하 이 호에서 "기타 토지 등"이라 한다)에 공통으로 관련되고 있어 그 실지귀속을 구분할 수 없는 경우에는 당해 토지 등에 관련된 1사업연도의 수입금액은 다음 산식에 따라 계산한다.

법률」에 따른 개발사업시행자가 경제자유구역개발계획에 따라 경제자유구역 안에서 조성한 토지 (2005. 12. 31. 신설)

2. 「관광진흥법」에 따른 사업시행자가 관광단지 안에서 조성한 토지 (2005. 12. 31. 신설)

3. 「기업도시개발 특별법」에 따라 지정된 개발사업시행자가 개발구역 안에서 조성한 토지 (2008. 3. 31. 개정)

4. 「유통단지개발 촉진법」에 따른 유통단지개발사업시행자가 당해 유통단지 안에서 조성한 토지 (2005. 12. 31. 신설)

5. 「중소기업진흥에 관한 법률」에 따라 단지조성사업의 실시계획이 승인된 지역의 사업시행자가 조성한 토지 (2020. 3. 13. 개정)

6. 「지역균형개발 및 지방중소기업 육성에 관한 법률」에 따라 지정된 개발촉진지구 안의 사업시행자가 조성한 토지 (2005. 12. 31. 신설)

7. 「한국컨테이너부두공단법」에 따라 설립된 한국컨테이너부두공단이 조성한 토지 (2005. 12. 31. 신설)

8. 「친수구역 활용에 관한 특별법」에 따라 지정된 사업시행자가 친수구역 안에서 조성한 토지 (2016. 3. 7. 신설)

⑧ 영 제92조의 8 제1항 제4호 단서에서 "기획재정부령이 정하는 기준면적"이라 함은 수용정원에 200제곱미터를 곱한 면적을 말한다. (2008. 3. 31. 직제개정)

⑨ 영 제92조의 8 제1항 제5호 다목의 규정에 따른 시설기준은 별표 10 제1호와 같

3. 개정)
3. 「조세특례제한법」 제99조의 4 제1항 제1호 각 목의 어느 하나에
   해당하는 지역을 제외한 지역에 소재할 것 (2005. 12. 31. 신설)

제92조의 11 【부득이한 사유가 있어 비사업용 토지로 보지 않
는 토지의 판정기준 등】 (2021. 1. 5. 제목개정 ; 어려운 법령용어~
대통령령)
① 법 제55조의 2 제3항에 따라 다음 각 호의 어느 하나에 해당하는
토지는 해당 각 호에서 규정한 기간동안 법 제55조의 2 제2항 각 호의
어느 하나에 해당하지 않은 토지로 보아 같은 항에 따른 비사업용 토
지(이하 이 조에서 "비사업용 토지"라 한다)에 해당하는지를 판정한
다. (2021. 1. 5. 개정 ; 어려운 법령용어~대통령령)
1. 토지를 취득한 후 법령에 따라 사용이 금지 또는 제한된 토지 : 사
   용이 금지 또는 제한된 기간 (2005. 12. 31. 신설)
2. 토지를 취득한 후 「문화유산의 보존 및 활용에 관한 법률」 또는
   「자연유산의 보존 및 활용에 관한 법률」에 따라 지정된 보호구역
   안의 토지 : 보호구역으로 지정된 기간 (2024. 5. 7. 개정 ; 문화재
   보호법~부칙)
3. 그 밖에 공익, 기업의 구조조정 또는 불가피한 사유로 인한 법령상
   제한, 토지의 현황·취득사유 또는 이용상황 등을 고려하여 기획재
   정부령으로 정하는 부득이한 사유에 해당되는 토지 : 기획재정부령
   으로 정하는 기간 (2021. 1. 5. 개정 ; 어려운 법령용어~대통령령)
② 법 제55조의 2 제3항의 규정에 따라 다음 각 호의 어느 하나에 해
당하는 토지에 대하여는 해당 각 호에서 규정한 날을 양도일로 보아
제92조의 3의 규정을 적용하여 비사업용 토지에 해당하는지 여부를
판정한다. (2005. 12. 31. 신설)
1. 「민사집행법」에 따른 경매에 따라 양도된 토지 : 최초의 경매기일
   (2005. 12. 31. 신설)
2. 「국세징수법」에 따른 공매에 따라 양도된 토지 : 공매일 (2005. 12.
   31. 신설)

☞ p.471 2단 연결

그 건축물이 법인의 특정 사업에 사용되는 부분(다수의 건축물 중 특
정 사업에 사용되는 일부 건축물을 포함한다. 이하 이 항에서 "특정용
도분"이라 한다)과 그러하지 아니한 부분이 함께 있는 경우 건축물의
바닥면적 및 부속토지면적(이하 이 항에서 "부속토지면적 등"이라 한
다) 중 특정용도분의 부속토지면적 등의 계산은 다음 산식에 의한다.
(2005. 12. 31. 신설)
1. 하나의 건축물이 복합용도로 사용되는 경우 (2005. 12. 31. 신설)
   특정용도분의 부속토지면적 등 = 건축물의 부속토지면적 등 × 특
   정용도분의 연면적 / 건축물의 연면적
2. 동일경계 안에 용도가 다른 다수의 건축물이 있는 경우 (2005. 12.
   31. 신설)
   특정용도분의 부속토지면적 = 다수의 건축물의 전체 부속토지면
   적 × 특정용도분의 바닥면적 / 다수의 건축물의 전체 바닥면적
⑦ 법 제55조의 2 제2항의 규정을 적용함에 있어서 업종의 분류는 이
영에 특별한 규정이 있는 경우를 제외하고는 「통계법」 제17조의 규정
에 따라 통계청장이 고시하는 한국표준산업분류에 따른다. (2005. 12.
31. 신설)

제92조의 9 【주택부수토지의 범위】법 제55조의 2 제2항 제5
호에서 "지역별로 대통령령으로 정하는 배율"이란 다음 각 호의 배율
을 말한다. (2011. 6. 3. 개정)
1. 도시지역 안의 토지 5배 (2005. 12. 31. 신설)
2. 도시지역 밖의 토지 10배 (2005. 12. 31. 신설)

제92조의 10 【별장의 범위와 적용기준】법 제55조의 2 제1항
제2호 단서에서 "대통령령으로 정하는 범위 및 기준에 해당하는 농어
촌주택(그 부속토지를 포함한다)"이란 다음 각 호의 요건을 모두 갖춘
주택과 그 부속토지를 말한다. (2015. 2. 3. 개정)
1. 건물의 연면적이 150제곱미터 이내이고 그 건물의 부속토지의 면
   적이 660제곱미터 이내일 것 (2005. 12. 31. 신설)
2. 건물과 그 부속토지의 가액이 기준시가 2억원 이하일 것 (2015. 2.

다. (2005. 12. 31. 신설)
⑩ 영 제92조의 8 제1항 제5호 다목의 규
정에 따른 기준면적은 별표 10 제2호와 같
다. (2005. 12. 31. 신설)
⑪ 영 제92조의 8 제1항 제6호에서 "기
획재정부령이 정하는 휴양시설업용 토지"
라 함은 「관광진흥법」에 따른 전문휴양
업·종합휴양업 그 밖의 이와 유사한 시
설을 갖추고 타인의 휴양이나 여가선용을
위하여 이를 이용하게 하는 사업용 토지
(「관광진흥법」에 따른 전문휴양업·종합
휴양업 그 밖에 이와 유사한 휴양시설업의
일부로 운영되는 스키장업 또는 수영장업
용 토지를 포함하며, 온천장용 토지를 제
외한다)를 말한다. (2008. 3. 31. 직제개정)
⑫ 영 제92조의 8 제1항 제6호에서 "기획
재정부령이 정하는 기준면적"이란 다음
각 호의 기준면적을 합한 면적을 말한다.
(2009. 3. 30. 개정)
1. 옥외 동물방목장 및 옥외 식물원이 있
   는 경우 그에 사용되는 토지의 면적
   (2005. 12. 31. 신설)
2. 부설주차장이 있는 경우 「주차장법」에
   따른 부설주차장 설치기준면적의 2배
   이내의 부설주차장용 토지의 면적. 다
   만, 「도시교통정비 촉진법」에 따라 교통
   영향분석·개선대책이 수립된 주차장의
   경우에는 같은 법 제16조 제4항에 따라
   해당 사업자에게 통보된 주차장용 토지
   면적으로 한다. (2009. 3. 30. 단서개정)
3. 「지방세법 시행령」 제101조 제1항 제2

3. 그 밖에 토지의 양도에 일정한 기간이 소요되는 경우 등 기획재정부령이 정하는 부득이한 사유에 해당되는 토지 : 기획재정부령이 정하는 날 (2008. 2. 29. 직제개정 ; 기획재정부와~직제 부칙)

③ 법 제55조의 2 제3항에 따라 다음 각 호의 어느 하나에 해당하는 토지는 비사업용 토지로 보지 않는다. (2021. 1. 5. 개정 ; 어려운 법령용어~대통령령)

1. 토지를 취득한 날부터 3년 이내에 법인의 합병 또는 분할로 인하여 양도되는 토지 (2005. 12. 31. 신설)

2. 「공익사업을 위한 토지 등의 취득 및 보상에 관한 법률」 및 그 밖의 법률에 따라 협의매수 또는 수용되는 토지로서 다음 각 목의 어느 하나에 해당하는 토지 (2021. 5. 4. 개정)

　가. 사업인정고시일이 2006년 12월 31일 이전인 토지 (2021. 5. 4. 신설)

　나. 취득일이 사업인정고시일부터 5년 이전인 토지 (2021. 5. 4. 신설)

3. 법 제55조의 2 제2항 제1호 나목에 해당하는 농지로서 종중이 소유한 농지(2005년 12월 31일 이전에 취득한 것에 한한다) (2006. 2. 9. 신설)

4. 「사립학교법」에 따른 학교법인이 기부(출연을 포함한다)받은 토지 (2009. 2. 4. 신설)

5. 그 밖에 공익, 기업의 구조조정 또는 불가피한 사유로 인한 법령상 제한, 토지의 현황·취득사유 또는 이용상황 등을 고려하여 기획재정부령으로 정하는 부득이한 사유에 해당되는 토지 (2021. 1. 5. 개정 ; 어려운 법령용어~대통령령)

호에 따른 건축물이 있는 경우 재산세 종합합산과세대상 토지 중 건축물의 바닥면적(건물 외의 시설물인 경우에는 그 수평투영면적을 말한다)에 동조 제2항의 규정에 따른 용도지역별 배율을 곱하여 산정한 면적 범위 안의 건축물 부속토지의 면적 (2011. 7. 29. 개정)

⑬ 영 제92조의 8 제1항 제10호 및 제11호 다목에서 "기획재정부령이 정하는 율"이라 함은 100분의 4를 말한다. (2008. 3. 31. 직제개정)

⑭ 영 제92조의 8 제1항 제12호에서 "기획재정부령이 정하는 토지"라 함은 블록·석물·토관·벽돌·콘크리트제품·옹기·철근·비철금속·플라스틱파이프·골재·조경작물·화훼·분재·농산물·수산물·축산물의 도매업 및 소매업용(농산물·수산물 및 축산물의 경우에는 「유통산업발전법」에 따른 시장과 그 밖에 이와 유사한 장소에서 운영하는 경우에 한한다) 토지를 말한다. (2008. 3. 31. 직제개정)

⑮ 영 제92조의 8 제1항 제12호에서 "기획재정부령이 정하는 율"이라 함은 다음 각 호의 규정에 따른 율을 말한다. (2008. 3. 31. 직제개정)

1. 블록·석물 및 토관제조업용 토지 (2005. 12. 31. 신설)
100분의 20

2. 조경작물식재업용 토지 및 화훼판매시설업용 토지 (2005. 12. 31. 신설)
100분의 7

13. 당해 토지를 취득한 후 제1호 내지 제12호의 사유 외에 도시계획의 변경 등 정당한 사유로 인하여 사업에 사용하지 아니하는 토지 : 당해 사유가발생한 기간 (2005. 12. 31. 신설)

② 영 제92조의 11 제2항 제3호의 규정에 따라 다음 각 호의 어느 하나에 해당하는 토지에 대하여는 해당 각 호에서 규정한 날을 양도일로 보아 영 제92조의 3의 규정을 적용하여 비사업용 토지에 해당하는지 여부를 판정한다. (2005. 12. 31. 신설)

1. 「농업협동조합법」에 따른 조합, 농업협동조합중앙회, 농협은행, 농협생명보험 또는 농협손해보험이 「농업협동조합의 구조개선에 관한 법률」에 따른 농업협동조합자산관리회사에 매각을 위임한 토지 : 매각을 위임한 날 (2012. 2. 28. 개정)

2. 「금융기관부실자산 등의 효율적 처리 및 한국자산관리공사의 설립에 관한 법률」에 따라 설립된 한국자산관리공사에 매각을 위임한 토지 : 매각을 위임한 날 (2005. 12. 31. 신설)

3. 전국을 보급지역으로 하는 일간신문을 포함한 3개 이상의 일간신문에 다음 각 목의 조건으로 매각을 3일 이상 공고하고, 공고일(공고일이 서로 다른 경우에는 최초의 공고일)부터 1년 이내에 매각계약을 체결한 토지 : 최초의 공고일 (2005. 12. 31. 신설)
　가. 매각예정가격이 법 제52조의 규정에 따

☞ p.473 4단 연결

토지로서 환지방식에 따라 시행되는 도시개발사업이 구획단위로 사실상 완료되어 건축이 가능한 토지 : 건축이 가능한 날부터 2년 (2005. 12. 31. 신설)

9. 건축물이 멸실·철거되거나 무너진 토지 : 당해 건축물이 멸실·철거되거나 무너진 날부터 2년 (2005. 12. 31. 신설)

10. 법인이 2년 이상 사업에 사용한 토지로서 사업의 일부 또는 전부를 휴업·폐업 또는 이전함에 따라 사업에 직접 사용하지 아니하게 된 토지 : 휴업·폐업 또는 이전일부터 2년 (2005. 12. 31. 신설)

11. 다음 각 목의 어느 하나에 해당하는 기관이 「금융산업의 구조개선에 관한 법률」 제10조의 규정에 따른 적기시정조치 또는 같은 법 제14조 제2항의 규정에 따른 계약이전의 결정에 따라 같은 법 제2조 제2호에 따른 부실금융기관으로부터 취득한 토지 : 취득일부터 2년 (2019. 3. 20. 개정)
　가. 「예금자보호법」 제3조의 규정에 따른 예금보험공사 (2005. 12. 31. 신설)
　나. 「예금자보호법」 제36조의 3의 규정에 따른 정리금융기관 (2005. 12. 31. 신설)
　다. 「금융산업의 구조개선에 관한 법률」 제2조 제1호의 규정에 따른 금융기관 (2005. 12. 31. 신설)

12. 「자산유동화에 관한 법률」에 따른 유동화전문회사가 같은 법 제3조의 규정에 따른 자산유동화계획에 따라 자산보유자로부터 취득한 토지 : 취득일부터 3년 (2019. 3. 20. 개정)

2. 토지를 취득한 후 법령에 따라 당해 사업과 관련된 인가·허가·면허 등을 받았으나 건축자재의 수급조절을 위한 행정지도에 따라 착공이 제한된 토지 : 착공이 제한된 기간 (2005. 12. 31. 신설)

3. 사업장(임시 작업장을 제외한다)의 진입도로로서 「사도법」에 따른 사도 또는 불특정다수인이 이용하는 도로 : 사도 또는 도로로 이용되는 기간 (2005. 12. 31. 신설)

4. 「건축법」에 따라 건축허가를 받을 당시에 공공공지(公共空地)로 제공한 토지 : 당해 건축물의 착공일부터 공공공지로의 제공이 끝나는 날까지의 기간 (2005. 12. 31. 신설)

5. 지상에 건축물이 정착되어 있지 아니한 토지를 취득하여 사업용으로 사용하기 위하여 건설에 착공(착공일이 불분명한 경우에는 착공신고서 제출일을 기준으로 한다)한 토지 : 당해 토지의 취득일부터 2년 및 착공일 이후 건설이 진행 중인 기간(천재지변, 민원의 발생 그 밖의 정당한 사유로 인하여 건설을 중단한 경우에는 중단한 기간을 포함한다) (2005. 12. 31. 신설)

6. 저당권의 실행 그 밖에 채권을 변제받기 위하여 취득한 토지 및 청산절차에 따라 잔여재산의 분배로 인하여 취득한 토지 : 취득일부터 2년 (2005. 12. 31. 신설)

7. 당해 토지를 취득한 후 소유권에 관한 소송이 계속(係屬) 중인 토지 : 법원에 소송이 계속되거나 법원에 의하여 사용이 금지된 기간 (2005. 12. 31. 신설)

8. 「도시개발법」에 따른 도시개발구역 안의

3. 자동차정비·중장비정비·중장비운전에 관한 과정을 교습하는 학원용 토지 (2005. 12. 31. 신설)
　　100분의 10

4. 농업에 관한 과정을 교습하는 학원용 토지 (2005. 12. 31. 신설)
　　100분의 7

5. 제14항의 규정에 따른 토지 (2005. 12. 31. 신설)
　　100분의 10

제46조의 2 【부득이한 사유가 있어 비사업용 토지로 보지 아니하는 토지의 판정기준 등】

① 영 제92조의 11 제1항 제3호에 따라 다음 각 호의 어느 하나에 해당하는 토지는 해당 각 호에서 규정한 기간 동안 법 제55조의 2 제2항 각 호의 어느 하나에 해당하지 아니하는 토지로 보아 같은 항에 따른 비사업용 토지에 해당하는지 여부를 판정한다. 다만, 부동산매매업(한국표준산업분류에 따른 건물 건설업 및 부동산공급업을 말한다)을 영위하는 자가 취득한 매매용부동산에 대하여는 제1호 및 제2호를 적용하지 아니한다. (2009. 3. 30. 개정)

1. 토지를 취득한 후 법령에 따라 해당 사업과 관련된 인가·허가(건축허가를 포함한다. 이하 같다)·면허 등을 신청한 자가 「건축법」 제18조 및 행정지도에 따라 건축허가가 제한됨에 따라 건축을 할 수 없게 된 토지 : 건축허가가 제한된 기간 (2009. 3. 30. 개정)

지역의 토지로서 해당 토지소유자의 요구에 따라 취득한 공장용 부속토지의 인접토지 (2009. 3. 30. 개정)

14. 「채무자의 회생 및 파산에 관한 법률」 제242조에 따른 회생계획인가 결정에 따라 회생계획의 수행을 위하여 양도하는 토지 (2015. 3. 13. 신설)

☞ p.474 4단 연결

와 그 소속기관 직제 시행규칙 부칙)
8. 「산림조합의 구조개선에 관한 법률」에 따른 조합이 같은 법 제4조 제1항에 따라 산림청장으로부터 적기시정조치를 받고 그 이행계획 등에 따라 양도하는 토지 (2009. 3. 30. 개정)
9. 「새마을금고법」에 따른 새마을금고연합회가 같은 법 제77조 제2항에 따라 행정자치부장관으로부터 경영 건전화를 위한 계획을 수립하고 추진사항을 보고하도록 명령받고 그 명령에 따라 양도하는 토지 (2014. 11. 19. 직제개정 ; 기획재정부와 ~시행규칙 부칙)
9. 삭 제 (2020. 3. 13.)
10. 「새마을금고법」에 따른 새마을금고 또는 중앙회가 같은 법 제77조 제3항 또는 제80조 제1항에 따라 행정안전부장관으로부터 경영상태 개선을 위한 조치 이행 명령 또는 경영지도를 받거나, 같은 법 제79조 제6항에 따라 중앙회장으로부터 경영개선 요구 또는 합병 권고 등 조치를 받고 그에 따라 양도하는 토지 (2020. 3. 13. 개정)
11. 「산업집적활성화 및 공장설립에 관한 법률」 제39조에 따라 산업시설구역의 산업용지를 소유하고 있는 입주기업체가 산업용지를 같은 법 제2조에 따른 관리기관(같은 법 제39조 제2항 각 호의 유관기관을 포함한다)에 양도하는 토지 (2011. 2. 28. 개정)
12. 「과학기술분야 정부출연연구기관 등의 설립·운영 및 육성에 관한 법률」에 따라 설립된 한국원자력연구원이 소유한 시험농장용 토지 (2009. 3. 30. 개정)
13. 공장의 가동에 따른 소음·분진·악취 등으로 생활환경의 오염피해가 발생되는

정을 체결하고 그 관리대상기업이 해당약정에 따라 양도하는 토지 (2009. 3. 30. 개정)
3. 「금융산업의 구조개선에 관한 법률」에 따른 금융기관이 같은 법 제10조 제1항에 따라 금융위원회로부터 적기시정조치를 받고 그 이행계획 등에 따라 양도하는 토지 (2009. 3. 30. 개정)
4. 「신용협동조합법」에 따른 신용협동조합중앙회가 같은 법 제83조의 3 제2항에 따라 금융위원회로부터 경영개선상태의 개선을 위한 조치를 이행하도록 명령받고 그 명령에 따라 양도하는 토지 (2009. 3. 30. 개정)
5. 「신용협동조합법」에 따른 신용협동조합이 같은 법 제86조 제1항에 따라 금융위원회로부터 경영관리를 받거나, 같은 법 제89조 제4항에 따라 신용협동조합중앙회장으로부터 재무상태의 개선을 위한 조치를 하도록 요청받고 그에 따라 양도하는 토지 (2009. 3. 30. 개정)
6. 「농업협동조합의 구조개선에 관한 법률」에 따른 조합이 같은 법 제4조 제1항에 따라 농림축산식품부장관으로부터 적기시정조치를 받고 그 이행계획 등에 따라 양도하는 토지 (2013. 3. 23. 직제개정 ; 기획재정부와 그 소속기관 직제 시행규칙 부칙)
7. 「수산업협동조합의 구조개선에 관한 법률」에 따른 조합이 같은 법 제4조 제1항에 따라 해양수산부장관으로부터 적기시정조치를 받고 그 이행계획 등에 따라 양도하는 토지 (2013. 3. 23. 직제개정 ; 기획재정부

른 시가 이하일 것 (2005. 12. 31. 신설)
나. 매각대금의 100분의 70 이상을 매각계약 체결일부터 6월 이후에 결제할 것 (2005. 12. 31. 신설)
4. 제3호의 규정에 따른 토지로서 동호 각 목의 요건을 갖추어 매년 매각을 재공고(직전 매각공고시의 매각예정가격에서 동 금액의 100분의 10을 차감한 금액 이하로 매각을 재공고한 경우에 한한다)하고, 재공고일부터 1년 이내에 매각계약을 체결한 토지 : 최초의 공고일 (2005. 12. 31. 신설)
③ 영 제92조의 11 제3항 제5호에서 "기획재정부령으로 정하는 부득이한 사유에 해당되는 토지"란 다음 각 호의 어느 하나에 해당하는 토지를 말한다. (2009. 3. 30. 개정)
1. 「기업구조조정 촉진법」에 따른 부실징후기업과 채권금융기관협의회가 같은 법 제10조에 따라 해당 부실징후기업의 경영정상화계획 이행을 위한 약정을 체결하고 그 부실징후기업이 해당 약정에 따라 양도하는 토지(2008년 12월 31일 이전에 취득한 것에 한정한다. 이하 이 항에서 같다) (2009. 3. 30. 개정)
2. 채권은행 간 거래기업의 신용위험평가 및 기업구조조정방안 등에 대한 협의와 거래기업에 대한 채권은행 공동관리절차를 규정한 「채권은행협의회 운영협약」에 따른 관리대상기업과 채권은행자율협의회가 같은 협약 제19조에 따라 해당 관리대상기업의 경영정상화계획 이행을 위한 특별약

다. 이하 제2호에서 같다)을 준공 후 2년 이내에 임대하거나 위탁하는 등 업무에 직접 사용하지 아니하는 경우. 다만, 제3항 후단에 따른 한국표준산업분류표상 부동산업, 건설업 또는 종합소매업을 주된 사업으로 하는 법인이 해당 건축물을 임대하는 경우는 제외한다. (2016. 3. 7. 단서개정)

2. 업무용신증축건축물을 준공 전에 처분하거나 준공 후 2년 이내에 처분하는 경우. 다만, 국가·지방자치단체에 기부하고 그 업무용신증축건축물을 사용하는 경우는 제외한다. (2015. 3. 13. 신설)

3. 제4항 제2호에 따라 다음 사업연도말까지 건설에 착공하지 아니하거나, 같은 항 제3호에 따라 토지취득 후 2년 이내에 건설에 착공하지 아니한 경우 (2015. 3. 13. 신설)

4. 건설에 착공한 후 천재지변 그 밖의 정당한 사유없이 건설을 중단한 경우 (2015. 3. 13. 신설)

5. 설계 변경 등으로 업무용신증축건축물의 바닥면적이 축소되어 부속토지 면적이 축소된 경우. 다만, 그 축소된 부속토지 면적이 당초 부속토지 면적의 100분의 5 이내인 경우를 제외한다. (2015. 3. 13. 신설)

⑫ 영 제93조 제20항에서 "제19항 각 호의 어느 하나에 해당하는 사유가 발생하는 등 기획재정부령으로 정하는 날"이란 다음 각 호의 어느 하나에 해당하는 날을 말한다. (2018. 3. 21. 개정)

1. 영 제93조 제19항 제1호에 따라 자산을 양도하거나 대여한 날 (2017. 3. 10. 개정)

2. 제11항 제1호에 따라 업무용신증축건축물을 임대하거나 위탁한 날 등 업무에 직접 사용하지 아니한 날 (2018. 3. 21. 개정)

3. 제11항 제2호에 따라 업무용신증축건축물을 처분한 날 (2018. 3. 21. 개정)

4. 제11항 제3호에 따른 다음 사업연도의 종료일 또는 토지취득 후 2년이 되는 날의 다음 날 (2018. 3. 21. 개정)

5. 제11항 제4호에 따라 건설을 중단한 날부터 6개월이 되는 날 (2018. 3. 21. 개정)

6. 제11항 제5호에 따라 업무용신증축건축물의 바닥면

☞ p.475 3단 연결

10. 항번개정)

1. 업무용신증축건축물에 대한 투자금액 (2015. 3. 13. 신설)

> 해당 건축물을 신축 또는 증축하기 위해 해당 법인이 해당 사업연도에 지출한 건축비 × 직접업무사용 비율

2. 부속토지의 범위 (2015. 3. 13. 신설)

> 해당 건축물의 바닥면적 × 직접업무사용 비율 × 3

⑦ 영 제93조 제9항에 따른 근로소득을 계산하는 경우 해당 사업연도에 우리사주조합에 출연하는 자사주의 장부가액 또는 금품의 합계액을 포함한다. 다만, 「조세특례제한법 시행령」 제26조의 4 제2항 각 호의 어느 하나에 해당하는 자에게 지급하는 자사주의 장부가액 또는 금품의 합계액은 제외한다. (2018. 3. 21. 단서개정)

⑧ 영 제93조 제13항 제3호에 따른 자기주식의 취득은 「상법」 제341조에 따른 방법과 절차에 따라 취득한 경우를 말한다. (2017. 3. 10. 개정)

⑨ 영 제93조 제16항에서 "기획재정부령으로 정하는 경우"란 합병법인 또는 사업양수 법인이 해당 사업연도에 합병 또는 사업양수의 대가로 법 제56조 제2항 제1호에 따른 기업소득의 100분의 50을 초과하는 금액을 금전으로 지급하는 경우를 말한다. (2017. 3. 10. 개정)

⑩ 영 제93조 제19항 제1호 다목에서 "그 밖에 업종 등의 특성을 감안하여 기획재정부령으로 정하는 경우"란 한국표준산업분류표상 해당 자산의 임대업이 주된 사업(2 이상의 서로 다른 사업을 영위하는 경우 해당 사업연도의 영 제93조 제6항 제1호 가목에 따른 자산의 임대업의 수입금액이 총 수입금액의 100분의 50 이상인 경우를 말한다)인 법인이 해당 자산을 대여하는 경우를 말한다. (2017. 3. 10. 개정)

⑪ 영 제93조 제19항 제2호에서 "제6항 제1호 나목에 따른 업무용 건축물에 해당하지 아니하게 되거나 같은 호 다목에 따른 요건을 충족하지 못하게 되는 등 기획재정부령으로 정하는 경우"란 다음 각 호의 어느 하나에 해당하는 경우를 말한다. (2017. 3. 10. 개정)

1. 해당 법인이 업무용신증축건축물(부속토지를 포함한

조 제1항 각 호의 어느 하나에 해당하는 사업연도 이후 지급하는 분에 한정한다)을 계산한다. (2017. 3. 10. 항번개정)

1. 토지를 취득하여 해당 사업연도말까지 업무용신증축건축물의 건설에 착공(착공일이 불분명한 경우에는 착공신고서 제출일을 기준으로 한다. 이하 이 조에서 같다)한 경우 (2015. 3. 13. 신설)

2. 영 제93조 제3항에 따른 과세표준 신고를 할 때 제출하는 업무용신증축건축물 및 토지에 대한 투자계획서 등에 따라 부속토지 취득일이 속하는 사업연도의 다음 사업연도말까지 건설에 착공할 것으로 확인되는 경우 (2015. 3. 13. 신설)

3. 다음 각 목의 사항이 인정되는 것으로 납세지 관할 세무서장의 승인을 받은 경우. 이 경우 해당 법인은 부속토지 취득일이 속하는 사업연도 종료일 이후 1개월 이내에 납세지 관할 세무서장에게 제52조의 3 서식에 따른 부속토지 투자 승인 신청서를 제출하여야 하고, 납세지 관할 세무서장은 신청서 접수일부터 1개월 이내에 승인 여부를 통지하여야 한다. (2015. 3. 13. 신설)

가. 부속토지를 취득하여 건설에 착공하기 위한 공장 설립 승인, 용도지역 변경, 건축허가 절차 등과 관련하여 제2호에 따른 착공이 어려운 부득이한 사유가 있을 것 (2015. 3. 13. 신설)

나. 업무용신증축건축물 및 토지에 대한 투자계획서 등에 따라 부속토지 취득 후 2년 이내에 착공할 것 (2015. 3. 13. 신설)

⑥ 제3항 및 제4항을 적용할 때 해당 건축물 중 직접 업무에 사용하는 부분과 그러하지 아니한 부분이 함께 있거나 해당 건축물을 공동으로 소유하는 경우 해당 사업연도의 업무용신증축건축물에 대한 투자금액과 부속토지의 범위는 다음 각 호의 구분에 따른 산식에 따른다. 다만, 해당 건축물 중 해당 법인이 직접 업무에 사용하는 부분의 연면적을 해당 건축물의 전체 연면적으로 나눈 비율(이하 이 항에서 "직접업무사용 비율"이라 한다)이 100분의 90 이상인 경우에는 100분의 100으로 보고, 해당 건축물을 공동으로 소유하는 경우에는 직접업무사용 비율은 해당 법인의 지분율을 한도로 한다. (2017. 3.

> 공동재원으로 취득한 자산의 투자 합계액 = 해당 자산의 투자를 위하여 해당 사업연도에 지출한 금액 × (비해운소득과 관련한 해당 사업연도의 각 사업연도의 소득) ÷ (해운소득 및 비해운소득과 관련한 해당 사업연도의 전체 각 사업연도의 소득)

④ 영 제93조 제6항 제1호 나목에서 "기획재정부령으로 정하는 신축·증축하는 업무용 건축물"이란 공장, 영업장, 사무실 등 해당 법인이 제26조 제2항에 따른 업무에 직접 사용하기 위하여 신축 또는 증축하는 건축물(이하 이 조에서 "업무용신증축건축물"이라 한다)을 말한다. 이 경우 법인이 해당 건축물을 임대하거나 업무의 위탁 등을 통하여 해당 건축물을 실질적으로 사용하지 아니하는 경우에는 업무에 직접 사용하지 아니하는 것으로 보되, 한국표준산업분류표상 부동산업, 건설업 또는 종합소매업을 주된 사업(2 이상의 서로 다른 사업을 영위하는 경우 해당 사업연도의 부동산업, 건설업 또는 종합소매업의 수입금액의 합계액이 총 수입금액의 100분의 50 이상인 경우를 말한다)으로 하는 법인이 해당 건축물을 임대하는 경우(종합소매업의 경우에는 영업장을 임대하는 것으로서 임대료를 매출액과 연계하여 수수하는 경우로 한정한다. 이하 이 조에서 같다)에는 업무에 직접 사용하는 것으로 본다. (2017. 3. 10. 항번개정)

⑤ 영 제93조 제6항 제1호 다목에서 "기획재정부령으로 정하는 요건을 갖춘 토지"란 다음 각 호의 어느 하나에 해당하는 경우로서 업무용신증축건축물의 바닥면적에 3배를 곱하여 계산한 면적 범위 이내의 토지(이하 이 조에서 "부속토지"라 한다)를 말한다. 이 경우 부속토지 취득일(등기일 또는 잔금 지급일 중 빠른 날을 말한다. 이하 이 조에서 같다)이 속하는 사업연도에 부속토지에 대한 투자가 이루어진 것으로 보아 법 제56조 제2항 제1호 가목에 따른 투자 합계액(법 제56

제56조【기업의 미환류소득에 대한 법인세】① 다음 각 호의 어느 하나에 해당하는 내국법인이 제2항 제1호 가목부터 라목까지의 규정에 따른 투자, 임금 또는 배당 등으로 환류하지 아니한 소득이 있는 경우에는 같은 항에 따른 미환류소득(제5항에 따른 차기환류적립금과 제7항에 따라 이월된 초과환류액을 공제한 금액을 말한다)에 100분의 10을 곱하여 산출한 세액을 미환류소득에 대한 법인세로 하여 제13조에 따른 과세표준에 제55조에 따른 세율을 적용하여 계산한 법인세액에 추가하여 납부하여야 한다. (2014. 12. 23. 신설)

1. 각 사업연도 종료일 현재 대통령령으로 정하는 자기자본이 500억원을 초과하는 법인(대통령령으로 정하는 중소기업은 제외한다) (2014. 12. 23. 신설)
2. 각 사업연도 종료일 현재 「독점규제 및 공정거래에 관한 법률」 제14조 제1항에 따른 상호출자제한기업집단에 속하는 법인 (2014. 12. 23. 신설)

② 제1항 각 호에 따른 내국법인은 다음 각 호의 방법 중 어느 하나의 방법을 선택하여 산정한 금액(산정한 금액이 양수인 경우에는 "미환류소득"이라 하고, 산정한 금액이 음수인 경우에는 음의 부호를 뗀 금액을 "초과환류액"이라 한다. 이하 이 조에서 같다)을 각 사업연도의 종료일이 속하는 달의 말일부터 3개월 이내에 대통령령으로 정하는 바에 따라 납세지 관할 세무서장에게 신고하여야 한다. (2014. 12. 23. 신설)

1. 해당 사업연도(2017년 12월 31일이 속하는 사업연도까지를 말한다)의 소득 중 대통령령으로 정하는 소득(이하 이 조에서 "기업소득"이라 한다)에 100분의 60에서 100분의 80 이내의 범위에서 대통령령으로 정하는 비율을 곱하여 산출한 금액에서 다음 각 목의 금액의 합계액을 공제하는 방법 (2014. 12. 23. 신설)
   가. 기계장치 등 대통령령으로 정하는 자산에 대한 투자 합계액 (2014. 12. 23. 신설)
   나. 대통령령으로 정하는 상시근로자(이하 이 조에서 "상시근로자"라 한다)의 해당 사업연도 임금증가금액에 다음의 계산 방법으로 산출된 금액을 합계한 금액 (2016. 12. 20. 개정)
      1) 해당 사업연도 상시근로자 수가 직전 사업연도의 상시근로자 수보다 증가한 경우에는 해당 사업연도의 상시근로자에 대한 임금증가금액에 100분의 50을 곱한 금액 (2016. 12. 20. 개정)
      2) 해당 사업연도에 대통령령으로 정하는 청년 상시 근로자(이하 이 조에서 "청년상시근로자"라 한다) 수가 직전 사업연도의 청년상시근로자 수보다 증가한 경우에는 해당 사업연도의 청년상시근로자에 대한 임금증가금액에 100분의 50을 곱한 금액 (2016. 12. 20. 개정)
   다. 대통령령으로 정하는 배당 합계액에 100분의 50을 곱한 금액 (2016. 12. 20. 개정)
   라. 「대·중소기업 상생협력 촉진에 관한 법률」 제2조 제3호에 따른 상생협력을 위하여 지출하는 금액 등 대통령령으로 정하는 금액 (2014. 12. 23. 신설)
2. 기업소득에 100분의 20에서 100분의 40 이내의 범위에서 대통령령으로 정하는 비율을 곱하여 산출한 금액에서 제1호 각 목(가목에 따른 자산에 대한 투자 합계액은 제외한다)의 합계액을 공제하는 방법 (2014. 12. 23. 신설)

③ 제1항 각 호에 따른 내국법인이 제2항 각 호의 방법 중 어느 하나의 방법을 선택하여 신고한 경우 해당 사업연도의 개시일부터 대통령령으로 정하는 기간까지는 그 선택

제93조【기업의 미환류소득에 대한 법인세】① 법 제56조 제1항 제1호에서 "대통령령으로 정하는 자기자본"이란 재무상태표상의 자산의 합계액에서 부채의 합계액을 공제한 금액을 말한다. (2015. 2. 3. 신설)

② 법 제56조 제1항 제1호에서 "대통령령으로 정하는 중소기업"이란 「조세특례제한법 시행령」 제2조에 따른 기업을 말한다. (2015. 2. 3. 신설)

③ 법 제56조 제2항에 따라 신고를 하려는 내국법인은 법 제60조 또는 제76조의17에 따른 과세표준 신고를 할 때 기획재정부령으로 정하는 미환류소득에 대한 법인세 신고서를 납세지 관할 세무서장에게 제출하여야 한다. (2015. 2. 3. 신설)

④ 법 제56조 제2항 제1호 각 목 외의 부분에서 "대통령령으로 정하는 소득"이란 각 사업연도의 소득에 제1호의 합계액을 더한 금액에서 제2호의 합계액을 뺀 금액(그 수가 음수인 경우 영으로 본다)으로 한다. (2015. 2. 3. 신설)

1. 다음 각 목에 따른 금액의 합계액 (2015. 2. 3. 신설)
   가. 법 제18조 제4호에 따른 환급금에 대한 이자 (2015. 2. 3. 신설)
   나. 법 제18조의3에 따른 수입배당금액 중 익금에 산입하지 아니한 금액 (2015. 2. 3. 신설)
   다. 법 제24조 제4항에 따라 이월되어 해당 사업연도의 손금에 산입한 금액 (2015. 2. 3. 신설)
   라. 해당 사업연도에 법 제56조 제2항 제1호 가목을 적용받은 자산에 대한 감가상각비로서 해당 사업연도에 손금으로 산입한 금액 (2015. 2. 3. 신설)
2. 다음 각 목에 따른 금액의 합계액 (2015. 2. 3. 신설)
   가. 해당 사업연도의 법인세액(법 제57조에 따라 내국법인이 직접 납부한 외국법인세액으로서 손금에 산입하지 아니한 세액과 법 제15조 제2항 제2호에 따른 외국법인세액을 포함한다), 법인세 감면액에 대한 농어촌특별세액 및 법인지방소득세액 (2015. 2. 3. 신설)
   나. 「상법」 제458조에 따라 해당 사업연도에 의무적으로 적립하는 이익준비금 (2015. 2. 3. 신설)
   다. 법령에 따라 의무적으로 적립하는 적립금으로서 기획재정부령으로 정하는 금액 (2015. 2. 3. 신설)
   라. 법 제13조 제1호에 따라 해당 사업연도에 공제한 결손금(합병법인 등의 경우에는 법 제45조·제46조의 4에 따라 계산한 금액을 말한다) (2015. 2. 3. 신설)
   마. 해당 사업연도의 잉여금처분에 따른 상여·퇴직급여로서 손금에 산입하지 아니한 금액 (2015. 2. 3. 신설)
   바. 법 제16조 제1항 제5호에 해당하는 금액(합병대가 중 주식등으로 받은 부분만 해당한다)으로서 해당 사업연도에 익금에 산입한 금액(법 제18조의 3에 따른 익금불산입을 적용하기 전의 금액을 말한다) (2017. 2. 3. 개정)
   사. 법 제16조 제1항 제6호에 해당하는 금액(분할대가 중 주식으로 받은 부분만 해당한다)으로서 해당 사업연도에 익금에 산입한 금액(법 제18조의 3에 따른 익금불산입을 적용하기 전의 금액을 말한다) (2017. 2. 3. 개정)
   아. 법 제24조 제1항 및 제2항에 따라 기부금 손금산입 한도를 넘어 손금에 산입하지

적이 축소되어 완공된 날. 다만, 업무용신증축건축물의 완공 전에 설계의 변경으로 업무용신증축건축물의 바닥면적이 축소된 경우에는 해당 법인은 그 설계가 변경된 날을 기준으로 영 제93조 제20항을 적용할 수 있다. (2018. 3. 21. 개정)

⑬ 영 제93조 제22항에 따라 합병법인 등이 피합병법인 등의 미환류소득 또는 초과환류액(이하 이 항에서 "미환류소득등"이라 한다)을 승계할 때에는 다음 각 호에 따른다. (2017. 3. 10. 개정)

1. 피합병법인의 미환류소득등(합병등기일을 사업연도 종료일로 보고 계산한 금액으로서 법 제56조 제2항 제1호 나목의 금액은 포함하지 아니하고 계산한 금액을 말한다)을 합병법인의 해당 사업연도말 미환류소득등에 합산한다. (2015. 3. 13. 신설)
2. 분할법인의 미환류소득등(분할등기일을 사업연도 종료일로 보고 계산한 금액으로서 법 제56조 제2항 제1호 나목의 금액은 포함하지 아니하고 계산한 금액을 말한다)을 분할되는 각 사업부문의 영 제93조 제1항에 따른 자기자본의 비율에 따라 분할신설법인 또는 분할합병의 상대방 법인의 해당 사업연도말 미환류소득등에 합산한다. (2015. 3. 13. 신설)

제46조의 3【기업의 미환류소득에 대한 법인세】삭 제 (2019. 3. 20.)

한 방법을 계속 적용하여야 한다. (2014. 12. 23. 신설)

④ 제1항 각 호에 따른 내국법인이 제2항에 따라 신고를 하지 아니한 경우에는 대통령령으로 정하는 바에 따라 제2항 각 호의 방법 중 어느 하나를 선택하여 신고한 것으로 보고 제3항을 적용한다. (2014. 12. 23. 신설)

⑤ 제1항 각 호에 따른 내국법인(제4항이 적용되는 법인은 제외한다)은 제2항에 따른 해당 사업연도 미환류소득의 전부 또는 일부를 다음 사업연도의 투자, 임금 또는 배당 등으로 환류하기 위한 금액(이하 이 조에서 "차기환류적립금"이라 한다)으로 적립하여 해당 사업연도의 미환류소득에서 차기환류적립금을 공제할 수 있다. (2014. 12. 23. 신설)

⑥ 직전 사업연도에 제5항에 따라 차기환류적립금을 적립한 경우 다음 계산식에 따라 계산한 금액(음수인 경우 영으로 본다)을 해당 사업연도의 법인세액에 추가하여 납부하여야 한다. (2014. 12. 23. 신설)

(차기환류적립금 − 제2항에 따라 계산한 해당 사업연도의 초과환류액) × 100분의 10

⑦ 해당 사업연도에 제2항에 따른 초과환류액(제6항에 따라 초과환류액으로 차기환류적립금을 공제한 경우에는 그 공제 후 남은 초과환류액을 말한다)이 있는 경우에는 그 초과환류액을 다음 사업연도(해당 사업연도 종료 이후 최초로 개시하는 사업연도로 한정한다)로 이월하여 다음 사업연도의 미환류소득(「조세특례제한법」 제100조의 32 제2항에 따른 미환류소득을 포함한다)에서 공제할 수 있다. (2017. 12. 19. 개정)

⑧ 제1항에 따른 내국법인이 제2항 제1호 가목에 따른 자산을 처분한 경우 등 대통령령으로 정하는 경우에는 제2항 제1호에 따라 그 자산에 대한 투자금액의 공제로 인하여 납부하지 아니한 세액에 대통령령으로 정하는 바에 따라 계산한 이자 상당액을 가산하여 납부하여야 한다. (2014. 12. 23. 신설)

⑨ 제1항부터 제8항까지를 적용할 때에 투자 합계액, 임금증가금액, 상시근로자 수 또는 청년상시근로자 수의 계산방법 등과 그 밖에 필요한 사항은 대통령령으로 정한다. (2016. 12. 20. 개정)

제56조【기업의 미환류소득에 대한 법인세】삭　제 (2018. 12. 24.)

아니한 금액 (2017. 2. 3. 신설)

자. 법 제44조 제1항에 따른 양도손익으로서 해당 사업연도에 익금에 산입한 금액 (2017. 2. 3. 신설)

차. 법 제46조 제1항에 따른 양도손익으로서 해당 사업연도에 익금에 산입한 금액 (2017. 2. 3. 신설)

카. 「조세특례제한법」 제9조 제1항에 따라 적립한 연구·인력개발준비금으로서 같은 조 제2항 제1호에 따라 해당 사업연도에 익금에 산입한 금액 (2017. 2. 3. 신설)

⑤ 법 제56조 제2항 제1호 각 목 외의 부분에서 "대통령령으로 정하는 비율"이란 100분의 80을 말하고, 같은 항 제2호에서 "대통령령으로 정하는 비율"이란 100분의 30을 말한다. (2015. 2. 3. 신설)

⑥ 법 제56조 제2항 제1호 가목에서 "기계장치 등 대통령령으로 정하는 자산"이란 국내사업장에서 사용하기 위하여 새로이 취득하는 사업용 자산(중고품 및 「조세특례제한법 시행령」 제3조에 따른 금융리스 외의 리스자산은 제외하며, 「조세특례제한법」 제104조의 10에 따라 해운기업에 대한 법인세 과세표준 계산 특례를 적용받는 내국법인의 경우에는 기획재정부령으로 정하는 자산으로 한정한다)으로서 제1호 및 제2호의 자산과 제3호의 자산을 말한다. 다만, 제1호의 자산(해당 사업연도 이전에 취득한 자산을 포함한다)에 대한 제31조 제2항에 따른 자본적 지출을 포함하되, 같은 조 제4항·제6항에 따라 해당 사업연도에 즉시상각된 분은 제외한다. (2017. 2. 3. 개정)

1. 다음 각 목의 사업용 유형고정자산 (2015. 2. 3. 신설)

　가. 기계 및 장치, 공구, 기구 및 비품, 차량 및 운반구, 선박 및 항공기, 그 밖에 이와 유사한 사업용 유형고정자산 (2015. 2. 3. 신설)

　나. 기획재정부령으로 정하는 신축·증축하는 업무용 건축물 (2015. 2. 3. 신설)

　다. 나목에 따른 업무용 건축물의 신축·증축에 직접 사용된 토지와 주된 업종, 투자계획 등에 비추어 업무용 건축물의 신축·증축에 사용될 것으로 인정되는 토지로서 기획재정부령으로 정하는 요건을 갖춘 토지 (2015. 2. 3. 신설)

2. 제24조 제1항 제2호 가목부터 라목까지 및 바목의 무형고정자산. 다만, 영업권(합병 또는 분할로 인하여 합병법인등이 계상한 영업권을 포함한다)은 제외한다. (2015. 2. 3. 신설)

3. 「벤처기업육성에 관한 특별조치법」 제2조 제1항에 따른 벤처기업에 다음 각 목의 어느 하나에 해당하는 방법으로 출자하여 취득한 주식등 (2017. 2. 3. 신설)

　가. 해당 기업의 설립 시에 자본금으로 납입하는 방법 (2017. 2. 3. 신설)

　나. 해당 기업이 설립된 후 유상증자하는 경우로서 증자대금을 납입하는 방법 (2017. 2. 3. 신설)

⑦ 법 제56조 제2항 제1호 가목에 따른 투자가 2개 이상의 사업연도에 걸쳐서 이루어지는 경우에는 그 투자가 이루어지는 사업연도마다 해당 사업연도에 실제 지출한 금액을 기준으로 투자 합계액을 계산한다. (2015. 2. 3. 신설)

⑧ 법 제56조 제2항 제1호 나목 1)·2) 외의 부분에서 "대통령령으로 정하는 상시근로자"란 「조세특례제한법 시행령」 제26조의 4 제2항에 따른 상시근로자를 말한다. (2017. 2. 3. 개정)

☞ p.477 3단 연결

⑳ 법 제56조 제8항에 따라 내국법인은 투자금액의 공제로 인하여 납부하지 아니한 세액에 제1호의 기간 및 제2호의 율을 곱하여 계산한 금액을 이자 상당액으로 하여 제19항 각 호의 어느 하나에 해당하는 사유가 발생하는 등 기획재정부령으로 정하는 날이 속하는 사업연도의 과세표준 신고를 할 때(이하 이 항에서 "이자상당액납부일"이라 한다) 납부하여야 한다. (2017. 2. 3. 개정)

1. 투자금액을 공제받은 사업연도의 법인세 과세표준 신고일의 다음 날부터 이자상당액납부일까지의 기간 (2015. 2. 3. 신설)

2. 1일 1만분의 3의 율 (2015. 2. 3. 신설)

㉑ 제9항에 따라 근로소득의 합계액을 계산할 때에는 다음 각 호에 따른다. (2017. 2. 3. 항번개정)

1. 합병·분할·현물출자 또는 사업의 양수 등에 따라 종전의 사업부문에서 종사하던 근로자를 합병법인, 분할신설법인, 피출자법인, 양수법인 등(이하 이 항에서 "합병법인등"이라 한다)이 승계하는 경우에는 해당 근로자는 종전부터 합병법인등에 근무한 것으로 본다. (2015. 2. 3. 신설)

2. 법인이 신규 설립된 경우에는 직전 사업연도의 근로소득의 합계액은 영으로 본다. 다만, 제1호가 적용되는 경우는 제외한다. (2015. 2. 3. 신설)

㉒ 합병 또는 분할에 따라 피합병법인 또는 분할법인이 소멸하는 경우 합병법인 또는 분할신설법인은 기획재정부령으로 정하는 바에 따라 법 제56조에 따른 미환류소득 및 초과환류액을 승계할 수 있다. (2017. 2. 3. 항번개정)

㉓ 법 제56조 제6항을 적용할 때 차기환류적립금에서 차감하는 초과환류액을 계산하는 경우에는 2017년 12월 31일이 속하는 사업연도 이후 사업연도에 대해서도 같은 조 제2항 제1호를 적용한다. (2018. 2. 13. 신설)

㉔ 그 밖에 투자 합계액, 임금 증가금액, 합병 또는 분할 등에 따른 미환류소득의 계산방법 등에 관하여 필요한 사항은 기획재정부령으로 정한다. (2018. 2. 13. 항번개정)

제93조【기업의 미환류소득에 대한 법인세】 삭　제 (2019. 2. 12.)

1. 「조세특례제한법」 제8조의 3 제1항에 따라 같은 항 각 호의 어느 하나에 해당하는 출연을 하는 경우 그 출연금 (2016. 2. 12. 신설)

2. 「조세특례제한법」 제8조의 3 제1항 제1호에 따른 협력중소기업의 사내근로복지기금에 출연하는 경우 그 출연금 (2016. 2. 12. 신설)

3. 「근로복지기본법」 제86조의 2에 따른 공동근로복지기금에 출연하는 경우 그 출연금 (2016. 2. 12. 신설)

⑮ 법 제56조 제3항에서 "대통령령으로 정하는 기간"이란 다음 각 호의 구분에 따른 기간을 말한다. (2017. 2. 3. 개정)

1. 내국법인이 법 제56조 제2항 제1호의 방법을 선택하여 신고한 경우 : 3년이 되는 날이 속하는 사업연도 (2017. 2. 3. 개정)

2. 내국법인이 법 제56조 제2항 제2호의 방법을 선택하여 신고한 경우 : 1년이 되는 날이 속하는 사업연도 (2017. 2. 3. 개정)

⑯ 법 제56조 제3항에 따라 그 선택한 방법을 계속 적용하여야 하는 법인이 합병을 하거나 사업을 양수하는 등 기획재정부령으로 정하는 경우에는 그 선택한 방법을 변경할 수 있다. (2017. 2. 3. 항번개정)

⑰ 법 제56조 제2항 각 호의 방법 중 어느 하나의 방법을 선택하지 아니한 내국법인의 경우에는 해당 법인이 최초로 같은 조 제1항 각 호의 어느 하나에 해당하게 되는 사업연도에 미환류소득이 적게 산정되거나 초과환류액이 많게 산정되는 방법을 선택하여 신고한 것으로 본다. (2017. 2. 3. 항번개정)

⑱ 법 제56조 제5항에 따라 해당 사업연도에 차기환류적립금을 적립하여 미환류소득에서 공제한 내국법인이 다음 사업연도에 자기자본의 감소 등으로 같은 조 제1항 각 호의 어느 하나에 해당하지 아니하게 되는 경우에도 같은 조 제1항 및 제6항에 따라 미환류소득에 대한 법인세를 납부하여야 한다. (2017. 2. 3. 항번개정)

⑲ 법 제56조 제8항에서 "제2항 제1호 가목에 따른 자산을 처분한 경우 등 대통령령으로 정하는 경우"란 다음 각 호에 따른 경우를 말한다. (2017. 2. 3. 항번개정)

1. 제6항 제1호 가목의 자산의 투자완료일 또는 같은 항 제2호의 자산(매입한 자산에 한정한다)의 매입일 또는 같은 항 제3호의 자산의 취득일부터 2년이 지나기 전에 해당 자산을 양도하거나 대여하는 경우. 다만, 다음 각 목의 어느 하나에 해당하는 경우는 제외한다. (2017. 2. 3. 개정)

　가. 「조세특례제한법 시행령」 제137조 제1항 각 호의 어느 하나에 해당하는 경우 (2015. 2. 3. 신설)

　나. 제6항 제1호 가목의 자산을 「대·중소기업 상생협력 촉진에 관한 법률」 제2조 제6호에 따른 수탁기업(제87조에 따른 특수관계인은 제외한다)에 무상양도 또는 무상대여하는 경우 (2015. 2. 3. 신설)

　다. 그 밖에 업종 등의 특성을 감안하여 기획재정부령으로 정하는 경우 (2015. 2. 3. 신설)

2. 제6항 제1호 나목에 따른 업무용 건축물에 해당하지 아니하게 되거나 같은 호 다목에 따른 요건을 충족하지 못하게 되는 등 기획재정부령으로 정하는 경우 (2015. 2. 3. 신설)

⑨ 법 제56조 제2항 제1호 나목에 따른 임금증가액은 「소득세법」 제20조 제1항 제1호 및 제2호에 따른 근로소득(제19조 제16호에 따라 우리사주조합에 출연하는 자사주의 장부가액 또는 금품으로서 기획재정부령으로 정하는 바에 따라 계산한 금액을 포함하며, 해당 법인이 손금으로 산입한 금액에 한정한다)의 합계액으로서 직전 사업연도 대비 증가한 금액으로 한다. (2017. 2. 3. 개정)

⑩ 제8항에 따른 상시근로자 수의 계산은 「조세특례제한법 시행령」 제26조의 4 제3항을 준용한다. (2017. 2. 3. 신설)

⑪ 법 제56조 제2항 제1호 나목 2)에서 "대통령령으로 정하는 청년 상시 근로자"란 「조세특례제한법 시행령」 제27조의 4 제2항에 따른 청년 상시근로자를 말한다. (2017. 2. 3. 신설)

⑫ 제11항에 따른 청년 상시근로자 수의 계산은 「조세특례제한법 시행령」 제27조의 4 제5항 제1호 나목을 준용한다. (2017. 2. 3. 신설)

⑬ 법 제56조 제2항 제1호 다목에서 "대통령령으로 정하는 배당 합계액"이란 다음 각 호의 금액의 합계액을 말한다. (2017. 2. 3. 개정)

1. 해당 사업연도의 잉여금처분에 따른 배당(「상법」 제461조의 2에 따라 자본준비금 또는 이익준비금을 감액하여 받는 배당은 제외하며, 금전배당에 한정한다) (2015. 2. 3. 신설)

2. 해당 사업연도 중 지급한 중간·분기배당(「상법」 제461조의 2에 따라 자본준비금 또는 이익준비금을 감액하여 받는 배당은 제외하며, 금전배당에 한정한다) (2015. 2. 3. 신설)

3. 해당 사업연도에 주권상장법인이 기획재정부령으로 정하는 바에 따라 취득하여 1개월 내에 소각한 자기주식의 취득금액 (2015. 2. 3. 신설)

⑭ 법 제56조 제2항 제1호 라목에서 "「대·중소기업 상생협력 촉진에 관한 법률」 제2조 제3호에 따른 상생협력을 위하여 지출하는 금액 등 대통령령으로 정하는 금액"이란 해당 사업연도에 지출한 다음 각 호의 어느 하나에 해당하는 출연금을 말한다. (2017. 2. 3. 항번개정)

제57조【외국 납부 세액공제 등】① 내국법인의 각 사업연도의 소득에 대한 과세표준에 국외원천소득이 포함되어 있는 경우로서 그 국외원천소득에 대하여 대통령령으로 정하는 외국법인세액(이하 이 조 및 제73조에서 "외국법인세액"이라 한다)을 납부하였거나 납부할 것이 있는 경우에는 다음 계산식에 따른 금액(이하 이 조에서 "공제한도금액"이라 한다) 내에서 외국법인세액을 해당 사업연도의 산출세액에서 공제할 수 있다. (2022. 12. 31. 후단삭제)

$$\text{공제한도금액} = A \times \frac{B}{C}$$

A: 해당 사업연도의 산출세액(제55조의 2에 따른 토지등 양도소득에 대한 법인세액 및 「조세특례제한법」 제100조의 32에 따른 투자·상생협력 촉진을 위한 과세특례를 적용하여 계산한 법인세액은 제외한다)

B: 국외원천소득(「조세특례제한법」이나 그 밖의 법률에 따라 세액감면 또는 면제를 적용받는 경우에는 세액감면 또는 면제 대상 국외원천소득에 세액감면 또는 면제 비율을 곱한 금액은 제외한다)

C: 해당 사업연도의 소득에 대한 과세표준

편주 ▶

법 57조 1항 후단의 개정규정은 2025. 1. 1. 이후 지급받는 소득에 대하여 외국법인세액을 공제하거나 원천징수하는 경우부터 적용함. (법 부칙 (2022. 12. 31.) 9조 1항)

1. 「자본시장과 금융투자업에 관한 법률」에 따른 투자회사, 투자목적회사, 투자유한회사, 투자합자회사(같은 법 제9조 제19항 제1호의 기관전용 사모집합투자기구는 제외한다), 투자유한책임회사, 투자신탁, 투자합자조합 및 투자익명조합 (2021. 12. 21. 신설)
2. 「부동산투자회사법」에 따른 기업구조조정 부동산투자회사 및 위탁관리 부동산투자회사 (2021. 12. 21. 신설)
3. 제5조 제2항에 따라 내국법인으로 보는 신탁재산 (2021. 12. 21. 신설)
1~3. 삭 제 (2022. 12. 31.)

제94조【외국납부세액의 공제】① 법 제57조 제1항 계산식 외의 부분에서 "대통령령으로 정하는 외국법인세액"이란 외국정부(지방자치단체를 포함한다. 이하 같다)에 납부하였거나 납부할 다음 각 호의 세액(가산세는 제외한다)을 말한다. 다만, 「국제조세조정에 관한 법률」 제12조 제1항에 따라 내국법인의 소득이 감액조정된 금액 중 국외특수관계인에게 반환되지 않고 내국법인에게 유보되는 금액에 대하여 외국정부가 과세한 금액과 해당 세액이 조세조약에 따른 비과세·면제·제한세율에 관한 규정에 따라 계산한 세액을 초과하는 경우에는 그 초과하는 세액은 제외하되, 러시아연방 정부가 비우호국과의 조세조약 이행중단을 내용으로 하는 자국 법령에 근거하여 조세조약에 따른 비과세·면제·제한세율에 관한 규정에 따라 계산한 세액을 초과하여 과세한 세액은 포함한다. (2024. 2. 29. 단서개정)
1. 초과이윤세 및 기타 법인의 소득 등을 과세표준으로 하여 과세된 세액 (98. 12. 31 개정)
2. 법인의 소득 등을 과세표준으로 하여 과세된 세의 부가세액 (98. 12. 31 개정)
3. 법인의 소득 등을 과세표준으로 하여 과세된 세와 동일한 세목에 해당하는 것으로서 소득외의 수익금액 기타 이에 준하는 것을 과세표준으로 하여 과세된 세액 (98. 12. 31 개정)
② 법 제57조 제1항이 적용되는 국외원천소득은 국외에서 발생한 소득으로서 내국법인의 각 사업연도 소득의 과세표준 계산에 관한 규정을 준용해 산출한 금액으로 하고, 같은 항에 따라 공제한도금액을 계산할 때의 국외원천소득은 그 국외원천소득에서 해당 사업연도의 과세표준을 계산할 때 손금에 산입된 금액(국외원천소득이 발생한 국가에서 과세할 때 손금에 산입된 금액은 제외한다)으로서 국외원천소득에 대응하는 다음 각 호의 비용(이하 이 조에서 "국외원천소득대응비용"이라 한다)을 뺀 금액으로 한다. 이 경우 내국법인이 연구개발 관련 비용 등 기획재정부령으로 정하는 비용에 대하여 기획재정부령으로 정하는 계산방법을 선택하여 계산하는 경우에는 그에 따라 계산한 금액을 국외원천소득대응비용으로 하고, 기획재정부령으로 정하는 계산방법을 선택한 경우에는 그 선택한 계산방법을 적용받으려는 사업연도부터 5개 사업연도동안 연속하여 적용해야 한다. (2021. 2. 17. 개정)

예 판

중국정부에 납부한 영업세의 경우, 외국납부세액공제 등의 대상이 되는 '외국법인세액'에 해당하지 않음. (서이 46012 – 10708, 2003. 4. 4.)

제47조【외국납부세액공제】① 영 제94조 제2항 각 호 외의 부분 후단에서 "연구개발 비용 등 기획재정부령으로 정하는 비용"이란 영 제19조에 따른 손비로서 「조세특례제한법」 제2조 제1항 제11호의 연구개발 활동에 따라 발생한 비용(연구개발 업무를 위탁하거나 공동연구개발을 수행하는데 드는 비용을 포함하며, 이하 이 조에서 "연구개발비"라 한다)을 말한다. (2021. 3. 16. 개정)
② 영 제94조 제2항 각 호 외의 부분 후단에서 "기획재정부령으로 정하는 계산방법"이란 다음 각 호의 방법을 말한다. 다만, 제

법 57조 1항 1호부터 3호까지의 개정규정은 2025. 1. 1. 이후 지급받는 소득에 대하여 외국법인세액을 공제하거나 원천징수하는 경우부터 적용함. (법 부칙(2022. 12. 31.) 9조 1항)

통칙 57-0…1 【국외원천소득의 범위】

법 제57조 제1항의 규정에서 "국외원천소득"이라 함은 우리나라 세법에 의하여 계산한 국외원천소득을 말한다. (2001. 11. 1 개정)

② 제1항을 적용할 때 외국정부에 납부하였거나 납부할 외국법인세액이 해당 사업연도의 공제한도금액을 초과하는 경우 그 초과하는 금액은 해당 사업연도의 다음 사업연도 개시일부터 10년 이내에 끝나는 각 사업연도(이하 이 조에서 "이월공제기간"이라 한다)로 이월하여 그 이월된 사업연도의 공제한도금액 내에서 공제받을 수 있다. 다만, 외국정부에 납부하였거나 납부할 외국법인세액을 이월공제기간 내에 공제받지 못한 경우 그 공제받지 못한 외국법인세액은 제21조 제1호에도 불구하고 이월공제기간의 종료일 다음 날이 속하는 사업연도의 소득금액을 계산할 때 손금에 산입할 수 있다. (2020. 12. 22. 개정)

③ 국외원천소득이 있는 내국법인이 조세조약의 상대국에서 해당 국외원천소득에 대하여 법인세를 감면받은 세액 상당액은 그 조세조약으로 정하는 범위에서 제1항에 따른 세액공제의 대상이 되는 외국법인세액으로 본다. (2020. 12. 22. 개정)

• 외국납부세액공제 한도액 계산시 일괄한도방식을 채택한 경우에는 외국납부세액이 없는 국가에서 발생한 소득금액을 국외원천소득금액에 포함하는 것임. (서면2팀 - 1356, 2004. 6. 30.)
• 내국법인이 필리핀 소재 자회사로부터 10%의 제한세율로 원천징수된 배당소득을 지급받은 경우에도 「한국·필리핀간 조세조약」 23조 3항 및 법인세법 57조 3항의 규정에 의하여 20%의 세율로 필리핀 조세가 납부된 것으로 간주됨. (서면2팀 - 1445, 2005. 9. 8.)
• 해외 공동사업체에서 발생된 소득에 대하여 각각의 공동사업자가 부담한 외국납부세액이 공동사업계약서 및 외국 과세당국의 납부영수증 등

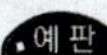

「법인세법 시행령」 제94조에서 국외원천소득은 국외에서 발생한 소득으로서 내국법인의 각 사업연도 소득의 계산에 관한 규정을 준용하여 산출한 금액으로 한다고 규정되어 있으며 각 사업연도 소득은 「법인세법」에 따른 익금 총액에서 손금 총액을 차감하는 것이므로 쟁점로열티도 익금에 해당되어 과세표준에 포함되는 국외원천소득으로 판단됨. (조심 2019서 4334, 2020. 7. 10.)

•••

1. 직접비용 : 해당 국외원천소득에 직접적으로 관련되어 대응되는 비용. 이 경우 해당 국외원천소득과 그 밖의 소득에 공통적으로 관련된 비용은 제외한다. (2020. 2. 11. 개정)
2. 배분비용 : 해당 국외원천소득과 그 밖의 소득에 공통적으로 관련된 비용 중 기획재정부령으로 정하는 배분방법에 따라 계산한 국외원천소득 관련 비용 (2020. 2. 11. 개정)

③ 법 제57조 제1항에 따른 외국납부세액은 해당 국외원천소득이 과세표준에 산입되어 있는 사업연도의 산출세액에서 공제한다. 이 경우 법 제57조 제1항을 적용받으려는 내국법인은 법 제60조에 따른 신고와 함께 기획재정부령으로 정하는 외국납부세액공제세액계산서를 납세지 관할세무서장에게 제출해야 한다. (2021. 2. 17. 개정)

④ 내국법인은 외국정부의 국외원천소득에 대한 법인세의 결정·통지의 지연, 과세기간의 상이 등의 사유로 법 제60조에 따른 신고와 함께 외국납부세액공제세액계산서를 제출할 수 없는 경우에는 외국정부의 국외원천소득에 대한 법인세 결정통지를 받은 날부터 3개월 이내에 외국납부세액 공제세액계산서에 증빙서류를 첨부하여 제출할 수 있다. (2017. 2. 3. 개정)

⑤ 제4항의 규정은 외국정부가 국외원천소득에 대하여 결정한 법인세액을 경정함으로써 외국납부세액에 변동이 생긴 경우에 관하여 이를 준용한다. 이 경우 환급세액이 발생하면 「국세기본법」 제51조에 따라 충당하거나 환급할 수 있다. (2009. 2. 4. 후단신설)

⑥ 제2항을 적용할 때 각 사업연도의 과세표준계산 시 공제한 이월결손금·비과세소득 또는 소득공제액(이하 이 항에서 "공제액등"이라 한

2호에 따라 계산한 금액이 제1호에 따라 계산한 금액의 100분의 50 미만인 경우에는 제1호에 따라 계산한 금액의 100분의 50을 영 제94조 제2항에 따른 국외원천소득 대응 비용으로 한다. (2020. 3. 13. 신설)

1. 매출액 방법: 해당 사업연도에 내국법인의 전체 연구개발비 중 국내에서 수행되는 연구개발 활동에 소요되는 비용이 차지하는 비율(이하 이 항에서 "연구개발비용비율"이라 한다)의 구분에 따른 다음의 계산식에 따라 국외원천소득 대응 비용을 계산하는 방법 (2021. 3. 16. 개정)

구 분	계산식
가. 연구개발비용비율이 50퍼센트 이상인 경우	$A \times \dfrac{50}{100} \times \dfrac{C}{B+C+D}$
나. 연구개발비용비율이 50퍼센트 미만인 경우	$(A \times \dfrac{50}{100} \times \dfrac{C}{C+D}) + (A \times \dfrac{50}{100} \times \dfrac{C}{B+C+D}$

비고: 위의 계산식에서 기호의 의미는 다음과 같다.
A: 연구개발비
B: 기업회계기준에 따른 내국법인의 전체 매출액[내국법인의 법 제93조 제8호 가목 및 나목에 해당하

에 의해 확인되는 때에는 외국납부세액공제를 받을 수 있음. (서면2팀 – 1536, 2006. 8. 18.)
- 외국납부세액공제시 공제대상 국외원천소득은 국외 총수입금액에서 관련 직·간접 경비를 차감하여 계산하는 것으로 이월결손금을 반영하지 아니하는 것임. (국제세원 – 414, 2012. 9. 5.)
- 선순위 세액공제(이월된 미공제액)를 산출세액에서 먼저 차감함으로써 해당 사업연도에 공제받지 못한 한도 내 외국납부세액은 이월공제기간 동안 그 이월된 사업연도의 공제한도금액 내에서 공제받을 수 있음. (서면 – 2024 – 국제세원 – 0157, 2024. 4. 22.)

통칙 57 – 94…2 【외국납부세액의 범위】

① 법 제57조에 규정하는 외국납부세액은 내국법인의 각 사업연도의 과세표준금액에 포함된 국외원천소득에 대하여 납부하였거나 납부할 것으로 확정된 금액을 말한다. (2001. 11. 1 개정)

② 삭 제 (2009. 2. 2.)

다)이 있는 경우의 국외원천소득은 제96조 각 호를 준용하여 계산한 공제액등을 뺀 금액으로 한다. 이 경우 제96조 각 호 중 "감면사업 또는 면제사업"은 "국외원천소득"으로 본다. (2019. 2. 12. 개정)

⑦ 법 제57조 제1항에 따른 공제한도금액을 계산할 때 국외사업장이 2 이상의 국가에 있는 경우에는 국가별로 구분하여 이를 계산한다. (2021. 2. 17. 개정)

통칙 57 – 94…1 【2개 이상의 국가에 국외사업장이 있는 경우 외국납부세액공제 한도액 계산】

영 제94조 제7항에 의하여 외국납부세액공제를 계산함에 있어 국외사업장이 2 이상의 국가에 있는 경우에는 어느 국가의 소득금액이 결손인 경우의 기준국외원천소득금액 계산은 각국별 소득금액에서 그 결손금액을 총소득금액에 대한 국가별 소득금액 비율로 안분계산하여 차감한 금액으로 한다. (2019. 12. 23. 개정)

<국별 외국납부세액공제 한도액 계산>

국가별	외국납부세액	국별소득	기준 국외 원천소득	세액공제한도액	비고
a국	100	500	$500-(600\times\frac{500}{1,000})$ $=200$	$120\times\frac{200}{400}$ $=60$	
b국	0	△600			산출세액 120
c국	60	300	$300-(600\times\frac{300}{1,000})$ $=120$	$120\times\frac{120}{400}$ $=36$	
국내	–	200			
계	160	△600 1,000	320	96	

<국별한도제와 일괄한도제 사례 비교>

구분	구 분			국별한도액		
구분	소득금액	세율	외국납부세액	공제한도	공제세액	미공제세액
a	1,000	25%	250	300	250	–
b	2,000	35%	700	600	600	100
c	3,000	37.5%	1,125	900	900	225
국내	4,000	30.0%	–		–	–
합계	10,000	–	2,075		1,750	325
총부담세액				(3,000+2,075 – 1,750)=3,325		

는 권리·자산 또는 정보(이하 이 조에서 "권리등"이라 한다)를 사용하거나 양수하여 내국법인에게 그 권리등의 사용대가 또는 양수대가(이하 이 항에서 "사용료소득"이라 한다)를 지급하는 외국법인으로서 내국법인이 의결권이 있는 발행 주식총수 또는 출자총액의 50퍼센트 이상을 직접 또는 간접으로 보유하고 있는 외국법인(이하 이 항에서 "외국자회사"라 한다)의 해당 내국법인에 대한 매출액과 내국법인의 국외 소재 사업장(이하 이 항에서 "국외사업장"이라 한다)에서 발생한 매출액은 해당 내국법인의 전체 매출액에서 뺀다]

C: 해당 국가에서 내국법인에게 사용료소득을 지급하는 모든 비거주자 또는 외국법인의 해당 사용료소득에 대응하는 매출액(내국법인이 해당 매출액을 확인하기 어려운 경우에는 사용료소득을 기준으로 내국법인이 합리적으로 계산한 금액으로 갈음할 수 있다)의 합계액(내국법인의 국외사업장의 매출액을 포함한다). 다만, 외국자회사의 경우 그 소재지국에서 재무제표 작성 시에 일반적으로 인정되는 회계원칙에 따라 산출한 외국자회사의 전체 매출액(해당 외국자회

구　분				일괄한도액		
구분	소득 금액	세율	외국납 부세액	공제한도	공제 세액	미공제 세액
a국	1,000	25%	250	1,800	1,800	275
b국	2,000	35%	700			
c국	3,000	37.5%	1,125			
국내	4,000	30.0%	–			
합계	10,000	–	2,075		1,800	275
총부담세액				(3,000 + 2,075 − 1,800)=3,275		

※ 공제한도액 계산내역

－국별한도액 계산(a국) :

$$3,000(총소득 \times 국내세율) \times \frac{국별소득(1,000)}{총소득(10,000)} = 300$$

－일괄한도액 계산 :

$$3,000(총소득 \times 국내세율) \times \frac{국외원천소득(6,000)}{총소득(10,000)} = 1,800$$

④ 내국법인의 각 사업연도의 소득금액에 외국자회사로부터 받는 이익의 배당이나 잉여금의 분배액(이하 이 조에서 "수입배당금액"이라 한다)이 포함되어 있는 경우 그 외국자회사의 소득에 대하여 부과된 외국법인세액 중 그 수입배당금액에 대응하는 것으로서 대통령령으로 정하는 바에 따라 계산한 금액은 제1항에 따른 세액공제되는 외국법인세액으로 본다. (2020. 12. 22. 개정)

⑧ 법 제57조 제4항에서 "대통령령으로 정하는 바에 따라 계산한 금액"이란 다음의 계산식에 따라 계산한 금액을 말한다. 이 경우 외국자회사의 해당 사업연도 법인세액은 다음 각 호의 세액으로서 외국자회사가 외국납부세액으로 공제받았거나 공제받을 금액 또는 해당 수입배당금액이나 제3국(본점이나 주사무소 또는 사업의 실질적 관리장소 등을 둔 국가 외의 국가를 말한다) 지점 등 귀속소득에 대하여 외국자회사의 소재지국에서 국외소득 비과세·면제를 적용받았거나 적용받을 경우 해당 세액 중 100분의 50에 상당하는 금액을 포함하여 계산하고, 수입배당금액(외국자회사가 외국손회사로부터 지급받는 수입배당금액을 포함한다)은 이익이나 잉여금의 발생순서에 따라 먼저 발생된 금액부터 배당되거나 분배된 것으로 본다. (2015. 2. 3. 개정)

$$\frac{외국자회사의}{해당 사업연도} \times \frac{수입배당금액}{\dfrac{외국자회사의 해당}{사업연도 소득금액} - \dfrac{외국자회사의 해당}{사업연도 법인세액}}$$

1. 외국자회사가 외국손회사로부터 지급받는 수입배당금액에 대하여 외국손회사의 소재지국 법률에 따라 외국손회사의 소재지국에 납부한 세액 (2015. 2. 3. 개정)
2. 외국자회사가 제3국의 지점 등에 귀속되는 소득에 대하여 그 제3국

사에 대한 내국법인의 매출액이 있는 경우 이를 외국자회사의 전체 매출액에서 뺀다)에 내국법인의 해당 사업연도 종료일 현재 외국자회사에 대한 지분비율을 곱한 금액으로 한다.

D: 해당 국가 외의 국가에서 C에 따라 산출한 금액을 모두 합한 금액

2. 매출총이익 방법: 해당 사업연도에 내국법인의 연구개발비용비율의 구분에 따른 다음의 계산식에 따라 국외원천소득 대응 비용을 계산하는 방법 (2021. 3. 16. 개정)

구　분	계산식
가. 연구개발비용비율이 50퍼센트 이상인 경우	$A \times \dfrac{75}{100} \times \dfrac{F}{E+F+G}$
나. 연구개발비용비율이 50퍼센트 미만인 경우	$\left(A \times \dfrac{25}{100} \times \dfrac{F}{F+G}\right)$ $+ \left(A \times \dfrac{75}{100} \times \dfrac{F}{E+F+G}\right)$

비고: 위의 계산식에서 기호의 의미는 다음과 같다.

A: 연구개발비

E: 기업회계기준에 따른 내국법인의 매출총이익(국외사업장의 매출총이익과 비거주자 또는 외국법인으로부터 지급받은 사용료소득은 제외한다)

⑤ 제4항에서 "외국자회사"란 내국법인이 의결권 있는 발행주식총수 또는 출자총액의 100분의 10(「조세특례제한법」 제22조에 따른 해외자원개발사업을 하는 외국법인의 경우에는 100분의 5를 말한다) 이상을 출자하고 있는 외국법인으로서 대통령령으로 정하는 요건을 갖춘 법인을 말한다. (2022. 12. 31. 개정)

⑨ 법 제57조 제5항에서 "대통령령으로 정하는 요건을 갖춘 법인"이란 내국법인이 직접 외국자회사의 의결권 있는 발행주식총수 또는 출자총액의 100분의 10(「조세특례제한법」 제22조에 따른 해외자원개발사업을 하는 외국법인의 경우에는 100분의 5를 말한다) 이상을 해당 외국자회사의 배당기준일 현재 6개월 이상 계속하여 보유(내국법인이 적격합병, 적격분할, 적격물적분할, 적격현물출자에 따라 다른 내국법인이 보유하고 있던 외국자회사의 주식등을 승계받은 때에는 그 승계 전 다른 내국법인이 외국자회사의 주식등을 취득한 때부터 해당 주식등을 보유한 것으로 본다)하고 있는 법인을 말한다. (2023. 2. 28. 개정)

⑩ 제8항에서 "외국손회사"란 다음 각 호의 요건을 모두 갖춘 법인을 말한다. (2008. 2. 22. 신설)

1. 해당 외국자회사가 직접 외국손회사의 의결권 있는 발행주식총수 또는 출자총액의 100분의 10(「조세특례제한법」 제22조에 따른 해외자원개발사업을 경영하는 외국법인의 경우에는 100분의 5를 말한다) 이상을 해당 외국손회사의 배당기준일 현재 6개월 이상 계속하여 보유하고 있을 것 (2023. 2. 28. 개정)

2. 내국법인이 외국손회사의 의결권 있는 발행주식총수 또는 출자총액의 100분의 10(「조세특례제한법」 제22조에 따른 해외자원개발사업을 경영하는 외국법인의 경우에는 100분의 5를 말한다) 이상을 법 제57조 제5항에 따른 외국자회사를 통하여 간접 소유할 것. 이 경우 주식의 간접소유비율은 내국법인의 외국자회사에 대한 주식소유비율에 그 외국자회사의 외국손회사에 대한 주식소유비율을 곱하여 계산한다. (2023. 2. 28. 개정)

⑪ 제8항 제2호에서 "외국자회사의 수입배당금액에 대응하는 외국손회사의 외국납부세액"이란 다음 산식에 의하여 계산한 금액을 말한다. 이 경우 외국손회사의 해당 사업연도 법인세액은 외국자회사가 외국손회사로부터 지급받는 수입배당금액에 대하여 외국자회사의 소득금액 계산시 이중과세 조정을 위한 제도를 적용하지 아니하는 수입배당금액에 대응하는 외국손회사의 해당 사업연도 법인세액은 포함하지 아니한다. (2010. 12. 30. 후단개정)

$$\text{외국손회사의 해당 사업연도 법인세액} \times \frac{\text{외국자회사의 수입배당금액}}{\text{외국손회사의 해당 사업연도 소득금액} - \text{외국손회사의 해당 사업연도 법인세액}}$$

F: 해당 국가에 소재하는 비거주자 또는 외국법인으로부터 내국법인이 지급받은 사용료소득과 내국법인의 해당 국가에 소재하는 국외사업장의 매출총이익 합계액

G: 해당 국가 외의 국가에 소재하는 비거주자 또는 외국법인으로부터 내국법인이 지급받은 사용료소득과 내국법인의 해당 국가 외의 국가에 소재하는 국외사업장의 매출총이익 합계액

③ 영 제94조 제2항 제2호에서 "기획재정부령으로 정하는 배분방법"이란 다음 각 호의 계산 방법을 말한다. (2020. 3. 13. 개정)

1. 국외원천소득과 그 밖의 소득의 업종이 동일한 경우의 공통손금은 국외원천소득과 그 밖의 소득별로 수입금액 또는 매출액에 비례하여 안분계산 (2019. 3. 20. 개정)

2. 국외원천소득과 그 밖의 소득의 업종이 다른 경우의 공통손금은 국외원천소득과 그 밖의 소득별로 개별 손금액에 비례하여 안분계산 (2019. 3. 20. 개정)

제48조【외국납부세액공제시의 환율적용】 ① 외국납부세액의 원화환산은 외국세액을 납부한 때의 「외국환거래법」에 의한 기준환율 또는 재정환율에 의한다. (2005. 2. 28. 개정)

② 당해 사업연도 중에 확정된 외국납부

에 납부한 세액 (2015. 2. 3. 개정)

⑥ 내국법인의 각 사업연도의 소득금액에 외국법인으로부터 받는 수입배당금액이 포함되어 있는 경우로서 그 외국법인의 소득에 대하여 해당 외국법인이 아니라 출자자인 내국법인이 직접 납세의무를 부담하는 등 대통령령으로 정하는 요건을 갖춘 경우에는 그 외국법인의 소득에 대하여 출자자인 내국법인에게 부과된 외국법인세액 중 해당 수입배당금액에 대응하는 것으로서 대통령령으로 정하는 바에 따라 계산한 금액은 제1항에 따른 세액공제의 대상이 되는 외국법인세액으로 본다. (2020. 12. 22. 개정)

⑦ 제18조의 4에 따른 익금불산입의 적용대상이 되는 수입배당금액에 대해서는 제1항부터 제6항까지의 규정을 적용하지 아니한다. (2022. 12. 31. 신설)

⑧ 제1항부터 제6항까지의 규정에 따른 국외원천소득의 계산방법, 세액공제 또는 손금산입에 필요한 사항은 대통령령으로 정한다. (2022. 12. 31. 항번개정)

 57－0…3 【외국자회사로부터 수취하는 배당금 등의 간주외국납부세액공제】

내국법인이 외국자회사로부터 수취하는 배당금 등을 내국법인의 각 사업연도 소득금액 계산상 익금에 산입함에 있어 당해 익금에 산입되는 배당금이 당초부터 외국 과세당국으로부터 법인세가 과세되지 않는 경우에는 조세조약상의 간주외국납부세액공제의 규정은 적용하지 아니한다. 다만, 동 배당금이 외국의 세법에 따라 법인세 과세대상이나 조세조약상의 규정에 의한 '조세경감 면제 또는 경제개발 촉진을 위한 여타 조세유인조치에 관한 법률규정' 등에 따라 법인세가 면제되는 경우에는 법 제57조 제3항의 규정에 의한 간주외국납부세액의 공제가 적용된다. (2011. 5. 20. 개정)

⑫ 제11항에 따른 "이중과세 조정을 위한 제도"는 다음 각 호의 어느 하나의 제도로 한다. (2010. 12. 30. 신설)
1. 외국자회사와 외국손회사가 같은 국가에 소재한 경우 : 수입배당금 익금불산입 또는 자회사 납부세액 공제 (2010. 12. 30. 신설)
2. 외국자회사와 외국손회사가 다른 국가에 소재한 경우 : 간접외국납부세액 공제 또는 국외소득 비과세·면제 (2013. 2. 15. 개정)

⑪～⑫ 삭   제 (2015. 2. 3.)

⑬ 법 제57조 제6항에서 "대통령령으로 정하는 요건을 갖춘 경우"란 다음 각 호의 어느 하나에 해당하는 경우를 말한다. (2010. 12. 30. 신설)
1. 외국법인의 소득이 그 본점 또는 주사무소가 있는 국가(이하 이 항에서 "거주지국"이라 한다)에서 발생한 경우 : 거주지국의 세법에 따라 그 외국법인의 소득에 대하여 해당 외국법인이 아닌 그 주주 또는 출자자인 내국법인이 직접 납세의무를 부담하는 경우 (2010. 12. 30. 신설)
2. 외국법인의 소득이 거주지국 이외의 국가(이하 이 항에서 "원천지국"이라 한다)에서 발생한 경우 : 다음 각 목의 요건을 모두 갖춘 경우 (2010. 12. 30. 신설)
  가. 거주지국의 세법에 따라 그 외국법인의 소득에 대하여 해당 외국법인이 아닌 그 주주 또는 출자자인 내국법인이 직접 납세의무를 부담할 것 (2010. 12. 30. 신설)
  나. 원천지국의 세법에 따라 그 외국법인의 소득에 대하여 해당 외국법인이 아닌 그 주주 또는 출자자인 내국법인이 직접 납세의무를 부담할 것 (2010. 12. 30. 신설)

⑭ 법 제57조 제6항에서 "대통령령으로 정하는 바에 따라 계산한 금액"이란 다음의 산식에 따라 계산한 금액을 말한다. (2010. 12. 30. 신설)

$$\text{내국법인이 부담한 외국법인의 해당 사업연도 소득에 대한 법인세액} \times \frac{\text{수입배당금액}}{\left(\substack{\text{외국법인의}\\\text{해당 사업연도}\\\text{소득금액}} \times \substack{\text{내국법인의 해당}\\\text{사업연도 손익}\\\text{배분비율}} - \substack{\text{내국법인이 부담한 외국}\\\text{법인의 해당 사업연도}\\\text{소득에 대한 법인세액}}\right)}$$

⑮ 법 제57조 제1항에 따른 공제한도금액을 초과하는 외국법인세액

세액이 분납 또는 납기미도래로 인하여 미납된 경우 동 미납세액에 대한 원화환산은 그 사업연도종료일 현재의 「외국환거래법」에 의한 기준환율 또는 재정환율에 의하며 사업연도종료일 이후에 확정된 외국납부세액을 납부하는 경우 미납된 분납세액에 대하여는 확정일 이후 최초로 납부하는 날의 기준환율 또는 재정환율에 의하여 환산할 수 있다. (2005. 2. 28. 개정)

③ 국내에서 공제받은 외국납부세액을 외국에서 환급받아 국내에서 추가로 세액을 납부하는 경우의 원화환산은 제1항에 따른 외국세액을 납부한 때 또는 제2항에 따른 그 사업연도종료일 현재나 확정일 이후 최초로 납부하는 날의 「외국환거래법」에 따른 기준환율 또는 재정환율에 따른다. 다만, 환급받은 세액의 납부일이 분명하지 아니한 경우에는 해당 사업연도 동안 해당 국가에 납부한 외국납부세액의 제1항 또는 제2항에 따라 환산한 원화 합계액을 해당 과세기간 동안 해당 국가에 납부한 외국납부세액의 합계액으로 나누어 계산한 환율에 따른다. (2014. 3. 14. 신설)

중 국외원천소득대응비용과 관련된 외국법인세액(제1호의 금액에서 제2호의 금액을 뺀 금액을 말한다)에 대해서는 법 제57조 제2항 본문을 적용하지 않는다. 이 경우 해당 외국법인세액은 세액공제를 적용받지 못한 사업연도의 다음 사업연도 소득금액을 계산할 때 손금에 산입할 수 있다. (2023. 2. 28. 개정)

1. 제2항 각 호 외의 부분 전단에 따라 산출한 법 제57조 제1항이 적용되는 국외원천소득을 기준으로 계산한 공제한도금액 (2023. 2. 28. 개정)

2. 법 제57조 제1항에 따른 공제한도금액 (2021. 2. 17. 개정)

⑯ 제8항부터 제10항까지의 규정 외에 외국자회사 또는 외국손회사의 공제세액계산절차 등에 관하여 기타 필요한 사항은 기획재정부령으로 정한다. (2015. 2. 3. 개정)

제94조의 2 【간접투자회사 등의 외국납부세액공제 및 환급 특례】 (2019. 2. 12. 제목개정)

① 법 제57조의 2 제1항의 규정에 따른 간접투자회사 등이 동조 제2항의 규정에 따라 환급받을 수 있는 금액(이하 이 조에서 "환급세액"이라 한다)은 제1호의 규정에 따른 금액에서 제2호의 규정에 따른 금액을 차감한 금액으로 한다. (2006. 2. 9. 신설)

1. 다음 산식에 따라 계산한 금액 (2006. 2. 9. 신설)

$$\text{당해 사업연도의 외국납부 세액(법 제57조의 2 제1항의 규정에 따라 계산한 외국납부세액을 말한다)} \times \frac{\text{당해 사업연도 소득금액 중 과세대상 소득금액}}{\text{당해 사업연도 소득금액 중 국외원천 과세대상 소득금액}}$$

2. 당해 사업연도의 법인세액 (2006. 2. 9. 신설)

② 제1항 제1호의 규정에 따른 산식 중 당해 사업연도 소득금액 중 과세대상 소득금액을 당해 사업연도 소득금액 중 국외원천 과세대상 소득금액으로 나눈 비율(이하 이 조에서 "환급비율"이라 한다)이 0보다 작은 경우에는 0으로, 1보다 큰 경우에는 1로 본다. (2006. 2. 9. 신설)

③ 제1항 제1호의 규정에 따른 산식 중 국외원천 과세대상 소득금액이라 함은 국외원천소득 중 그 소득에 대하여 법 제57조의 2 제1항의 규정에 따른 외국법인세액을 납부한 경우에 당해 소득의 합계금액을 말한다. (2006. 2. 9. 신설)

④ 간접투자회사 등은 매일 제1항 제1호의 규정에 따른 금액을 계산하여 「자본시장과 금융투자업에 관한 법률」 제238조 제6항에 따른 기준가격 산정시 이를 반영하여야 한다. 이 경우 환급비율 계산시 "당해 사업연도"는 "당해 사업연도의 개시일부터 제1항 제1호의 규정에 따른 금액 계산일까지의"로 본다. (2009. 2. 4. 개정)

⑤ 다음 각 호의 어느 하나에 해당하는 법인은 해당 법인이 보관 및 관리하는 「자본시

제57조의 2 【간접투자회사 등의 외국납부세액공제 및 환급 특례】 (2018. 12. 24. 제목개정)

① 「자본시장과 금융투자업에 관한 법률」에 따른 투자회사, 투자목적회사, 투자유한회사, 투자합자회사[같은 법 제9조 제19항 제1호에 따른 기관전용 사모집합투자기구(법률 제18128호 자본시장과 금융투자업에 관한 법률 일부개정법률 부칙 제8조 제1항부터 제4항까지의 규정에 따라 기관전용 사모집합투자기구, 기업재무안정 사모집합투자기구 및 창업 · 벤처전문 사모집합투자기구로 보아 존속하는 종전의 경영참여형 사모집합투자기구를 포함한다)는 제외한다], 투자유한책임회사 및 「부동산투자회사법」에 따른 기업구조조정 부동산투자회사, 위탁관리 부동산투자회사 및 제5조 제2항에 따라 내국법인으로 보는 신탁재산(이하 이 조에서 "간접투자회사등"이라 한다)이 국외의 자산에 투자하여 얻은 소득에 대하여 납부한 외국법인세액(제57조 제1항 및 제6항의 외국법인세액을 말한다)이 있는 경우에는 제57조에도 불구하고 그 소득이 발생한 사업연도의 과세표준 신고 시 그 사업연도의 법인세액에서 그 사업연도의 외국 납부세액(국외자산에

투자하여 얻은 소득에 대하여 「소득세법」 제129조 제1항 제2호에 따른 세율을 곱하여 계산한 세액을 한도로 하고, 이를 초과하는 금액은 없는 것으로 본다)을 빼고 납부하여야 한다. (2022. 12. 31. 개정)
② 간접투자회사 등은 제1항에 따른 그 사업연도의 외국 납부세액이 그 사업연도의 법인세액을 초과하는 경우에는 대통령령으로 정하는 바에 따라 환급받을 수 있다. (2010. 12. 30. 개정)
③ 「자본시장과 금융투자업에 관한 법률」에 따른 투자신탁, 투자합자조합 및 투자익명조합(이하 이 항에서 "투자신탁등"이라 한다)의 경우에는 그 투자신탁등을 내국법인으로 보아 제1항과 제2항을 적용한다. 이 경우 제1항의 "사업연도"는 "투자신탁등의 회계기간"으로 보고, "과세표준 신고 시"는 "결산 시"로 본다. (2014. 12. 23. 개정)
④ 제3항을 적용할 때 해당 사업연도의 법인세액은 없는 것으로 보아 제2항을 적용한다. (2010. 12. 30. 개정)
⑤ 제3항과 제4항을 적용할 때 「자본시장과 금융투자업에 관한 법률」에 따른 투자신탁재산을 운용하는 집합투자업자는 그 투자신탁을 대리(代理)하는 것으로 본다. (2010. 12. 30. 개정)

제57조의 2 【간접투자회사 등의 외국납부세액공제 및 환급 특례】 삭 제 (2021. 12. 21.)

제57조의 2 【간접투자회사 등으로부터 지급받은 소득에 대한 외국 납부세액공제 특례】 ① 내국법인의 각 사업연도의 과세표준에

장과 금융투자업에 관한 법률」에 따른 집합투자재산(이하 이 조에서 "집합투자재산"이라 한다)에 귀속되는 외국납부세액에 대하여 기획재정부령으로 정하는 집합투자재산에 대한 외국납부세액확인서(이하 이 조에서 "확인서"라 한다)를 작성하여 해당 법인이 보관 및 관리하는 집합투자재산이 귀속되는 간접투자회사 등의 사업연도 종료일부터 1개월 이내에 납세지 관할 세무서장에게 제출하여야 한다. 이 경우 제2호의 법인은 동 확인서의 사본을 해당 집합투자재산을 운용하는 집합투자업자에게 교부하여야 한다. (2009. 2. 4. 개정)
1. 「자본시장과 금융투자업에 관한 법률」에 따른 신탁업을 겸영하는 금융회사 등 (2010. 2. 18. 개정)
2. 「자본시장과 금융투자업에 관한 법률」에 따라 집합투자재산을 보관·관리하는 신탁업자 (2009. 2. 4. 개정)
⑥ 제1항 내지 제5항의 규정은 법 제57조의 2 제3항 및 제4항의 규정에 따른 투자신탁의 외국납부세액 환급에 관하여 이를 준용한다. 이 경우 "사업연도"는 "투자신탁의 회계기간"으로, "사업연도의 종료일"은 "결산일"로 본다. (2006. 2. 9. 신설)
⑦ 법 제57조의 2 제2항에 따라 환급을 받으려는 간접투자회사 등은 법 제60조에 따른 신고기한까지 기획재정부령으로 정하는 간접투자회사 등의 외국납부세액계산서와, 「자본시장 및 금융투자업에 관한 법률」 제239조 제1항 제1호·제2호의 서류 및 부속명세서를 첨부하여 제1항의 규정에 따라 계산한 환급세액에 대하여 납세지 관할 세무서장에게 환급 신청할 수 있다. (2009. 2. 4. 개정)
⑧ 법 제57조의 2 제3항 및 제4항에 따라 환급을 받으려는 「자본시장과 금융투자업에 관한 법률」에 따른 투자신탁, 투자합자조합 및 투자익명조합은 해당 투자신탁, 투자합자조합 및 투자익명조합의 결산일부터 3개월 이내에 기획재정부령으로 정하는 외국납부세액환급신청서 및 간접투자회사 등의 외국납부세액계산서를 첨부하여 제1항의 규정에 따라 계산한 환급세액에 대하여 납세지 관할 세무서장에게 환급 신청할 수 있다. (2015. 2. 3. 개정)
⑨ 납세지 관할 세무서장은 제7항 및 제8항의 규정에 따라 환급신청을 받은 때에는 지체 없이 환급세액을 결정하여 환급하여야 한다. (2006. 2. 9. 신설)

제94조의 2 【간접투자회사 등의 외국납부세액공제 및 환급 특례】 삭 제 (2022. 2. 15.)

제94조의 2 【간접투자회사 등으로부터 지급받은 소득에 대한 외국 납부세액공제 특례】

제48조의 2 【간접투자외국법인세액 환급금의 납부】 영 제94조의 2 제1항에 따

다음 각 호의 요건을 갖춘 소득이 합산되어 있는 경우에는 제2항 제2호에 따른 금액을 해당 사업연도의 산출세액에서 공제할 수 있다. (2022. 12. 31. 신설)

1. 다음 각 목의 어느 하나에 해당하는 것(이하 이 조에서 "간접투자회사등"이라 한다)으로부터 지급받은 소득일 것 (2022. 12. 31. 신설)
　가. 「자본시장과 금융투자업에 관한 법률」에 따른 투자회사, 투자목적회사, 투자유한회사, 투자합자회사(같은 법 제9조 제19항 제1호의 기관전용 사모집합투자기구는 제외한다), 투자유한책임회사, 투자신탁, 투자합자조합 및 투자익명조합 (2022. 12. 31. 신설)
　나. 「부동산투자회사법」에 따른 기업구조조정 부동산투자회사 및 위탁관리 부동산투자회사 (2022. 12. 31. 신설)
　다. 제5조 제2항에 따라 내국법인으로 보는 신탁재산 (2022. 12. 31. 신설)

2. 간접투자회사등이 내국법인에 지급한 소득에 대하여 제57조 제1항 및 제6항에 따른 외국법인세액(간접투자회사등이 다른 간접투자회사등이 발행하는 증권을 취득하는 구조로 투자한 경우로서 그 다른 간접투자회사등이 납부한 같은 규정에 따른 외국법인세액이 있는 경우 해당 세액을 포함하며, 이하 이 조 및 제73조에서 "간접투자외국법인세액"이라 한다)을 납부하였을 것 (2022. 12. 31. 신설)

② 제1항을 적용할 때 내국법인이 간접투자회사등으로부터 지급받은 소득과 해당 사업연도의 산출세액에서 공제하는 금액은 다음 각 호의 금액으로 한다. (2022. 12. 31. 신설)

1. 간접투자회사등으로부터 지급받은 소득 : 「자본시장과 금융투자업에 관한 법률」 제238조 제6항에 따른 기준가격(간접투자외국법인세액이 차감된 가격을 말하며, 이하 이 조 및 제73조에서 "세후기준가격"이라 한다)을 기준으로 계산된 금액. 다만, 증권시장에 상장된 간접투자회사등의 증권의 매도에 따라 간접투자회사등으로부터 지급받은 소득은 대통령령으로 정하는 바에 따라 계산한 금액으로 한다. (2022. 12. 31. 신설)

2. 산출세액에서 공제하는 금액 : 간접투자외국법인세액을 세후기준가격을 고려하여 대통령령으로 정하는 바에 따라 계산한 금액 (2022.

편주 ▶ 영 94조의 2의 개정규정은 2025. 1. 1.부터 시행함. (영 부칙(2023. 2. 28.) 1조 3호)

① 법 제57조의 2 제1항 제1호 각 목의 어느 하나에 해당하는 것(이하 이 조 및 제111조에서 "간접투자회사등"이라 한다)이 같은 항 제2호에 따른 간접투자외국법인세액(이하 이 조 및 제111조에서 "간접투자외국법인세액"이라 한다)을 납부한 경우 간접투자회사등이 내국법인별로 지급한 소득에 대응하는 간접투자외국법인세액은 다음 각 호의 금액을 더한 금액으로 한다. (2023. 2. 28. 신설)

1. 간접투자회사등이 다른 간접투자회사등이 발행하는 증권을 취득하는 구조 외의 방식으로 투자한 경우 : 다음 계산식에 따라 일(日)별로 계산한 금액의 합계액 (2023. 2. 28. 신설)

$$\text{내국법인의 일별 간접투자외국법인세액} = A \times B$$

A : 간접투자회사등이 납부한 일별 좌당 또는 주당 외국법인세액(간접투자회사등이 납부한 총 외국법인세액을 간접투자회사등이 발행한 총 좌수 또는 총 주식수로 나눈 금액을 말한다)

B : 내국법인의 간접투자회사등에 대한 보유 좌수 또는 주식수(간접투자회사등이 외국법인세액을 납부할 당시 내국법인이 보유하고 있던 좌수 또는 주식수를 말한다)

2. 간접투자회사등이 다른 간접투자회사등이 발행하는 증권을 취득하는 구조로 투자한 경우 : 다음 계산식에 따라 일별로 계산한 금액의 합계액 (2023. 2. 28. 신설)

$$\text{내국법인의 일별 간접투자외국법인세액} = A \times B \times C$$

A : 다른 간접투자회사등이 납부한 일별 좌당 또는 주당 외

른 간접투자회사등(이하 "간접투자회사등"이라 한다)이 납부한 같은 항에 따른 간접투자외국법인세액의 전부 또는 일부가 해당 사업연도 또는 회계기간 이후 환급된 경우 간접투자회사등은 같은 조 제6항에 따라 해당 환급금을 그 환급받은 날이 속하는 분기의 마지막 달의 다음 달 말일까지 납세지 관할 세무서장에게 납부해야 한다. 이 경우 별지 제64호의 6 서식에 따른 간접투자회사등의 외국납부세액 환급금 납부계산서에 해당 환급금에 관한 입증서류를 첨부하여 납세지 관할 세무서장에게 제출해야 한다. (2023. 3. 20. 신설)

편주 ▶ 규칙 48조의 2의 개정규정은 2025. 1. 1.부터 시행함. (규칙 부칙(2023. 3. 20.) 1조 2호)

12. 31. 신설)

③ 제1항에 따라 산출세액에서 공제할 수 있는 금액은 다음 계산식에 따른 금액(이하 이 항에서 "공제한도금액"이라 한다)을 한도로 한다. 이 경우 제2항 제2호의 금액이 해당 사업연도의 공제한도금액을 초과하는 경우 그 초과하는 금액은 해당 사업연도의 다음 사업연도 개시일부터 10년 이내에 끝나는 각 사업연도로 이월하여 그 이월된 사업연도의 공제한도금액 내에서 공제할 수 있다. (2022. 12. 31. 신설)

$$공제한도금액 = A \times \frac{B}{C}$$

A : 해당 사업연도의 산출세액(제55조의 2에 따른 토지등 양도소득에 대한 법인세액 및 「조세특례제한법」 제100조의 32에 따른 투자·상생협력 촉진을 위한 과세특례를 적용하여 계산한 법인세액은 제외한다)

B : 간접투자회사등으로부터 지급받은 소득(해당 소득에 대하여 간접투자외국법인세액이 납부된 경우로 한정한다)의 합계액

C : 해당 사업연도의 소득에 대한 과세표준

④ 제1항부터 제3항까지의 규정에 따른 간접투자회사등으로부터 지급받은 소득의 계산방법, 그 밖에 세액공제에 필요한 사항은 대통령령으로 정한다. (2022. 12. 31. 신설)

편주 ▶
- 법 57조의 2의 개정규정은 2025. 1. 1. 이후 지급받는 소득에 대하여 외국법인세액을 공제하거나 원천징수하는 경우부터 적용함. (법 부칙 (2022. 12. 31.) 9조 1항)
- 2025. 1. 1. 전에 발생한 소득에 대한 해당 사업연도의 과세표준을 신고하는 경우 외국납부세액 공제 및 환급에 관하여는 법 57조의 2의 개정규정에도 불구하고 종전의 규정(법률 18590호 법인세법 일부개정법률로 개정되기 전의 것을 말함)에 따름. (법 부칙(2022. 12. 31.) 9조 2항)

국법인세액(다른 간접투자회사등이 납부한 총 외국법인세액을 다른 간접투자회사등이 발행한 총 좌수 또는 총 주식수로 나눈 금액을 말한다)

B : 간접투자회사등의 다른 간접투자회사등에 대한 보유 좌수 또는 주식수(다른 간접투자회사등이 외국법인세액을 납부할 당시 간접투자회사등이 보유하고 있던 좌수 또는 주식수를 말한다)

C : 내국법인의 간접투자회사등에 대한 보유 좌수 또는 주식수의 비율(다른 간접투자회사등이 외국법인세액을 납부할 당시 내국법인이 보유하고 있던 좌수 또는 주식수를 간접투자회사등이 발행한 총 좌수 또는 총 주식수로 나눈 값을 말한다)

② 법 제57조의 2 제2항 제1호 단서에서 "대통령령으로 정하는 바에 따라 계산한 금액"이란 「소득세법 시행령」 제150조의 17 제3항에 따라 계산한 금액을 말한다. (2023. 2. 28. 신설)
② 법 제57조의 2 제2항 제1호 단서에서 "대통령령으로 정하는 바에 따라 계산한 금액"이란 실제 매도가격에서 실제 매수가격을 뺀 금액을 말한다. (2024. 12. 31. 개정)
② 법 제57조의 2 제2항 제1호 단서에서 "대통령령으로 정하는 바에 따라 계산한 금액"이란 「소득세법 시행령」 제117조의 2 제2항에 따라 계산한 금액을 말한다. (2025. 2. 28. 개정)

③ 법 제57조의 2 제2항 제2호에 따라 내국법인의 산출세액에서 공제하는 금액은 제1항에 따른 내국법인별 간접투자외국법인세액에 다음 각 호의 구분에 따른 계산식에 따라 계산한 율을 곱한 금액으로 한다. (2023. 2. 28. 신설)

1. 법 제73조 제1항 제2호에 따른 투자신탁이익의 경우 (2023. 2. 28. 신설)
   가. 법 제73조 제1항에 따른 원천징수 세율이 간접투자외국법인세액에 적용된 외국 원천징수세율보다 작은 경우 (2023. 2. 28. 신설)

법 제73조 제1항에 따른 원천징수세율 ────────────── 간접투자외국법인세액에 적용된 외국 원천징수세율	−	법 제55조 제1항에 따른 법인세 과세표준에 대한 한계세율

편주 ▶
- 영 94조의 2 제2항·4항 및 5항의 개정규정은 2025. 2. 28. 이후 간접투자회사등으로부터 지급받는 소득에 대해 간접투자외국법인세액을 공제하거나 원천징수하는 경우부터 적용함. (영 부칙(2025. 2. 28.) 13조 1항)
- 2025. 2. 28. 전에 발생한 소득에 대한 해당 사업연도의 과세표준을 신고하는 경우 외국 납부세액공제에 관하여는 영 94조의 2 제2항·4항 및 5항의 개정규정에도 불구하고 종전의 규정에 따름. (영 부칙(2025. 2. 28.) 13조 2항)

A: 투자대상에서 발생한 소득에 대응하는 제1항 각 호의 구분에 따라 계산된 간접투자외국법인세액
B: 투자대상별 간접투자외국법인세액의 합계액
C: 투자대상별 외국 원천징수세율(간접투자회사등이 직전 사업연도 또는 회계기간에 납부한 외국납부세액 ÷ 해당 외국납부세액에 대응하는 국외원천소득의 금액). 이 경우 직전 사업연도 또는 회계기간의 외국납부세액 또는 국외원천소득의 금액을 알 수 없는 등의 사유로 외국 원천징수세율을 계산할 수 없으면 해당 외국 원천징수세율은 100분의 14로 한다.

⑤ 제3항에도 불구하고 다음 각 호의 어느 하나에 해당하는 소득의 경우 내국법인의 산출세액에서 공제하는 금액은 제1항에 따른 내국법인별 간접투자외국법인세액에 제3항 제2호의 계산식에 따라 계산한 율을 곱한 금액으로 한다. (2023. 2. 28. 신설)
1. 2025년 1월 1일부터 2025년 12월 31일까지 간접투자회사등으로부터 지급받는 소득 (2023. 2. 28. 신설)
2. 신규로 설립되는 간접투자회사등으로부터 해당 간접투자회사등의 설립일이 속하는 사업연도 또는 회계기간에 지급받는 소득 (2023. 2. 28. 신설)

⑤ 삭 제 (2025. 2. 28.)
⑥ 간접투자회사등(간접투자회사등이 다른 간접투자회사등이 발행하는 증권을 취득하는 구조로 투자한 경우에는 그 다른 간접투자회사등을 포함한다)이 납부한 간접투자외국법인세액의 전부 또는 일부가 해당 사업연도 또는 회계기간 이후 환급된 경우 간접투자회사등은 그 환급금을 기획재정부령으로 정하는 바에 따라 납세지 관할 세무서장에게 납부해야 한다. (2023. 2. 28. 신설)
⑦ 제6항을 적용할 때 「자본시장과 금융투자업에 관한 법률」에 따른 투자신탁재산을 운용하는 집합투자업자는 그 투자신탁을 대리하는 것으로 본다. (2023. 2. 28. 신설)
⑧ 내국법인은 법 제57조의 2 제1항에 따른 외국납부세액의 공제를 받으려는 경우에는 법 제60조에 따른 과세표준신고와 함께 기획재정부령으로 정하는 간접투자회사등 외국납부세액공제 계산서를 관할 세무서장에게 제출해야 한다. (2025. 2. 28. 신설)

나. 법 제73조 제1항에 따른 원천징수세율이 간접투자외국법인세액에 적용된 외국 원천징수세율보다 크거나 같은 경우 (2023. 2. 28. 신설)

$$1 - \frac{\text{법 제55조 제1항에 따른 법인세}}{\text{과세표준에 대한 한계세율}}$$

2. 간접투자회사등으로부터 지급받은 제1호 외의 소득의 경우 (2023. 2. 28. 신설)

$$1 - \frac{\text{법 제55조 제1항에 따른}}{\text{법인세 과세표준에 대한 한계세율}}$$

④ 제3항 제1호를 적용할 때 외국 원천징수세율은 다음 각 호의 구분에 따라 계산한 율로 한다. 이 경우 하나의 간접투자회사등이 제1호 및 제2호에 모두 해당하는 경우에는 제1호 및 제2호에 따라 각각 계산한 율을 해당 호의 투자비율에 따라 가중평균하여 계산한 율로 한다. (2023. 2. 28. 신설)
1. 간접투자회사등이 다른 간접투자회사등이 발행하는 증권을 취득하는 구조 외의 방식으로 투자한 경우 (2023. 2. 28. 신설)

$$\frac{\text{간접투자회사등의 직전 사업연도}}{\text{또는 회계기간의 외국납부세액}} \div \frac{\text{해당 외국납부세액에 대응하는}}{\text{국외원천소득의 금액}}$$

2. 간접투자회사등이 다른 간접투자회사등이 발행하는 증권을 취득하는 구조로 투자한 경우 (2023. 2. 28. 신설)

$$\frac{\text{제1호에 따라}}{\text{계산한 값}} \times \frac{\text{간접투자회사등의 다른 간접투자회사등에 대한 직전}}{\text{사업연도 또는 회계기간의 평균 투자비율}}$$

④ 제3항 제1호를 적용할 때 외국 원천징수세율은 간접투자회사등이 제1항 각 호의 어느 하나에 해당하는 방식으로 투자한 투자대상별로 다음 계산식에 따라 계산한 율을 합산한 율로 한다. (2025. 2. 28. 개정)

$$\frac{A}{B} \times C$$

제58조【재해손실에 대한 세액공제】① 내국법인이 각 사업연도 중 천재지변이나 그 밖의 재해(이하 "재해"라 한다)로 인하여 대통령령으로 정하는 자산총액(이하 이 조에서 "자산총액"이라 한다)의 100분의 20 이상을 상실하여 납세가 곤란하다고 인정되는 경우에는 다음 각 호의 법인세액에 그 상실된 자산의 가액이 상실 전의 자산총액에서 차지하는 비율을 곱하여 계산한 금액(상실된 자산의 가액을 한도로 한다)을 그 세액에서 공제한다. 이 경우 자산의 가액에는 토지의 가액을 포함하지 아니한다. (2010. 12. 30. 개정)

1. 재해 발생일 현재 부과되지 아니한 법인세와 부과된 법인세로서 미납된 법인세 (2020. 12. 22. 개정)

2. 재해 발생일이 속하는 사업연도의 소득에 대한 법인세 (2010. 12. 30. 개정)

② 제1항에 따른 세액공제를 받으려는 내국법인은 대통령령으로 정하는 바에 따라 납세지 관할 세무서장에게 신청하여야 한다. (2010. 12. 30. 개정)

③ 납세지 관할 세무서장은 제2항에 따라 제1항 제1호의 법인세(신고기한이 지나지 아니한 것은 제외한다)에 대한 공제신청을 받으면 그 공제세액을 결정하여 해당 법인에 알려야 한다. (2010. 12. 30. 개정)

④ 제1항부터 제3항까지의 규정을 적용할 때 자산 상실 비율의 계산 등 재해손실 세액공제에 필요한 사항은 대통령령으로 정한다. (2010. 12. 30. 개정)

제58조의 2【농업소득세의 세액공제】삭 제 (2010. 1. 1. ; 지방세법 부칙)

제58조의 3【사실과 다른 회계처리로 인한 경정에 따른 세액공제】(2010. 12. 30. 제목개정)

제95조【재해손실에 대한 세액공제】① 법 제58조 제1항 각 호 외의 부분 전단에서 "대통령령으로 정하는 자산총액"이란 다음 각호의 자산의 합계액을 말한다. (2011. 6. 3. 개정)

1. 사업용 자산(토지를 제외한다) (98. 12. 31 개정)

2. 타인 소유의 자산으로서 그 상실로 인한 변상책임이 당해 법인에게 있는 것 (98. 12. 31 개정)

② 법 제58조 제1항의 규정을 적용함에 있어서 자산상실비율은 재해발생일 현재 그 법인의 장부가액에 의하여 계산하되, 장부가 소실 또는 분실되어 장부가액을 알 수 없는 경우에는 납세지 관할세무서장이 조사하여 확인한 재해발생일 현재의 가액에 의하여 이를 계산한다. (98. 12. 31 개정)

③ 법 제58조 제1항 각 호에 따른 법인세액에는 법 제75조의 3과 「국세기본법」 제47조의 2부터 제47조의 5까지의 규정에 따른 가산세를 포함하는 것으로 한다. (2019. 2. 12. 개정)

④ 삭 제 (2008. 2. 22.)

⑤ 법 제58조 제1항에 따라 재해손실세액공제를 받으려는 내국법인은 다음 각 호의 구분에 따른 기한까지 기획재정부령으로 정하는 재해손실세액공제신청서를 납세지 관할세무서장에게 제출해야 한다. (2022. 2. 15. 개정)

관계조문 ▶▶

규칙 82조 7항 5호 ⇒ 재해손실세액공제신청서

1. 재해발생일 현재 과세표준신고기한이 지나지 않은 법인세의 경우에는 그 신고기한. 다만, 재해발생일부터 신고기한까지의 기간이 3개월 미만인 경우에는 재해발생일부터 3개월로 한다. (2022. 2. 15. 개정)

2. 재해발생일 현재 미납된 법인세와 납부해야 할 법인세의 경우에는 재해발생일부터 3개월 (2022. 2. 15. 개정)

⑥ 납세지 관할세무서장은 법인이 법 제58조 제1항에 따라 공제받

제49조【재해손실에 대한 세액공제】
① 법 제58조에 따라 법인세에서 공제할 세액의 계산은 다음 계산식에 따른다. (2019. 3. 20. 개정)

$$\left(\begin{array}{c} \text{법} \\ \text{제55} \\ \text{조에} \\ \text{따른} \\ \text{산출} \\ \text{세액} \end{array} + \begin{array}{c} \text{법 제75조의} \\ \text{3과 「국세} \\ \text{기본법」} \\ \text{제47조의} \\ \text{2부터} \\ \text{제47조의} \\ \text{5까지에} \\ \text{따른} \\ \text{가산세} \end{array} - \begin{array}{c} \text{다른} \\ \text{법률} \\ \text{에} \\ \text{따른} \\ \text{공제} \\ \text{및} \\ \text{감면} \\ \text{세액} \end{array} \right) \times \dfrac{\text{재해로 인하여 상실된 자산의 가액}}{\text{상실전 자산 총액}}$$

② 법인이 재해로 인하여 수탁받은 자산을 상실하고 그 자산가액의 상당액을 보상하여 주는 경우에는 이를 재해로 인하여 상실된 자산의 가액 및 상실전의 자산총액에 포함하되, 예금·받을어음·외상매출금 등은 당해 채권추심에 관한 증서가 멸실된 경우에도 이를 상실된 자산의 가액에 포함하지 아니한다. 이 경우 그 재해자산이 보험에 가입되어 있어 보험금을 수령하는 때에도 그 재해로 인하여 상실된 자산의 가액을 계산함에 있어서 동 보험금을 차감하지 아니한다. (99. 5. 24 개정)

③ 법인이 동일한 사업연도 중에 2회 이상 재해를 입은 경우 재해상실비율의 계산은 다음 산식에 의한다. 이 경우 자산은 영 제95조 제1항 각호의 자산에 한한다. (99. 5. 24 개정)

① 내국법인이 다음 각 호의 요건을 모두 충족하는 사실과 다른 회계처리를 하여 과세표준 및 세액을 과다하게 계상함으로써 「국세기본법」 제45조의 2에 따라 경정을 청구하여 경정을 받은 경우에는 과다 납부한 세액을 환급하지 아니하고 그 경정일이 속하는 사업연도부터 각 사업연도의 법인세액에서 과다 납부한 세액을 공제한다. 이 경우 각 사업연도별로 공제하는 금액은 과다 납부한 세액의 100분의 20을 한도로 하고, 공제 후 남아 있는 과다 납부한 세액은 이후 사업연도에 이월하여 공제한다. (2016. 12. 20. 개정)

1. 「자본시장과 금융투자업에 관한 법률」 제159조에 따른 사업보고서 및 「주식회사 등의 외부감사에 관한 법률」 제23조에 따른 감사보고서를 제출할 때 수익 또는 자산을 과다 계상하거나 손비 또는 부채를 과소 계상할 것 (2017. 10. 31. 개정 ; 주식회사의~부칙)

2. 내국법인, 감사인 또는 그에 소속된 공인회계사가 대통령령으로 정하는 경고·주의 등의 조치를 받을 것 (2016. 12. 20. 개정)

② 제1항을 적용할 때 내국법인이 해당 사실과 다른 회계처리와 관련하여 그 경정일이 속하는 사업연도 이전의 사업연도에 「국세기본법」 제45조에 따른 수정신고를 하여 납부할 세액이 있는 경우에는 그 납부할 세액에서 제1항에 따른 과다 납부한 세액을 과다 납부한 세액의 100분의 20을 한도로 먼저 공제하여야 한다. (2016. 12. 20. 개정)

③ 제1항 및 제2항에 따라 과다 납부한 세액을 공제받은 내국법인으로서 과다 납부한 세액이 남아 있는 내국법인이 해산하는 경우에는 다음 각 호에 따른다. (2016. 12. 20. 신설)

1. 합병 또는 분할에 따라 해산하는 경우 : 합병법인 또는 분할신설법인(분할합병의 상대방 법인을 포함한다)이 남아 있는 과다 납부한 세액을 승계하여 제1항에 따라 세액공제 한다. (2016. 12. 20. 신설)

2. 제1호 외의 방법에 따라 해산하는 경우 : 납세지 관할 세무서장 또는 관할지방국세청장은 남아 있는 과다 납부한 세액에서 제77조에 따른 청산소득에 대한 법인세 납부세액을 빼고 남은 금액을 즉시 환급하여야 한다. (2016. 12. 20. 신설)

④ 제1항부터 제3항까지의 규정에 따른 세액공제와 관련한 구체적인 방법, 절차 및 공제 후 남아 있는 과다 납부한 세액의 이월공제 방법 등은 대통령령으로 정한다. (2016. 12. 20. 개정)

을 법인세에 대하여 해당 세액공제가 확인될 때까지 「국세징수법」에 따라 그 법인세의 지정납부기한·독촉장에서 정하는 기한을 연장하거나 납부고지를 유예할 수 있다. (2021. 2. 17. 개정)

제95조의 2 【농업소득세의 세액공제 등】 법 제58조의 2의 규정을 적용받고자 하는 내국법인은 법 제60조의 규정에 의한 신고와 함께 「지방세법 시행령」에 의한 농업소득금액신고 및 납부계산서를 납세지 관할세무서장에게 제출하여야 한다. (2005. 2. 19. 개정)

제95조의 2 【농업소득세의 세액공제 등】 삭 제 (2011. 3. 31.)

제95조의 3 【사실과 다른 회계처리로 인한 경정에 따른 세액공제】 (2017. 2. 3. 제목개정)

① 법 제58조의 3 제1항 제2호에서 "대통령령으로 정하는 경고·주의 등의 조치"란 다음 각 호의 어느 하나에 해당하는 것을 말한다. (2017. 2. 3. 개정)

1. 「자본시장과 금융투자업에 관한 법률 시행령」 제175조 각 호에 따른 임원해임권고 등 조치 (2017. 2. 3. 개정)

2. 「자본시장과 금융투자업에 관한 법률」 제429조 제3항에 따른 과징금의 부과 (2017. 2. 3. 개정)

3. 「자본시장과 금융투자업에 관한 법률」 제444조 제13호 또는 제446조 제28호에 따른 징역 또는 벌금형의 선고 (2017. 2. 3. 개정)

4. 「주식회사 등의 외부감사에 관한 법률」 제29조 제3항 및 제4항에 따른 감사인 또는 그에 소속된 공인회계사의 등록취소, 업무·직무의 정지건의 또는 특정 회사에 대한 감사업무의 제한 (2018. 10. 30. 개정 ; 주식회사의~시행령 부칙)

5. 「주식회사 등의 외부감사에 관한 법률」 제29조 제1항에 따른 주주총회에 대한 임원의 해임권고 또는 유가증권의 발행제한 (2018. 10. 30. 개정 ; 주식회사의~시행령 부칙)

6. 「주식회사 등의 외부감사에 관한 법률」 제39조부터 제44조까지의 규정에 따른 징역 또는 벌금형의 선고 (2018. 10. 30. 개정 ; 주식회

재해상실비율 =

$$\frac{\text{재해로 인하여 상실된 자산가액의 합계액}}{\text{최초 재해발생전 자산총액} + \text{최종 재해발생전까지의 증가된 자산총액}}$$

제59조 【감면 및 세액공제액의 계산】 ① 이 법 및 다른 법률을 적용할 때 법인세의 감면에 관한 규정과 세액공제에 관한 규정이 동시에 적용되는 경우에 그 적용순위는 별도의 규정이 있는 경우 외에는 다음 각 호의 순서에 따른다. 이 경우 제1호와 제2호의 금액을 합한 금액이 법인이 납부할 법인세액(제55조의 2에 따른 토지등 양도소득에 대한 법인세액, 「조세특례제한법」 제100조의 32에 따른 투자·상생협력 촉진을 위한 과세특례를 적용하여 계산한 법인세액 및 가산세는 제외한다)을 초과하는 경우에는 그 초과하는 금액은 없는 것으로 본다. (2018. 12. 24. 후단개정)
1. 각 사업연도의 소득에 대한 세액 감면(면제를 포함한다) (2010. 12. 30. 개정)
2. 이월공제(移越控除)가 인정되지 아니하는 세액공제 (2010. 12. 30. 개정)
3. 이월공제가 인정되는 세액공제. 이 경우 해당 사업연도 중에 발생한 세액공제액과 이월된 미공제액이 함께 있을 때에는 이월된 미공제액을 먼저 공제한다. (2010. 12. 30. 개정)
4. 제58조의 3에 따른 세액공제. 이 경우 해당 세액공제액과 이월된 미공제액이 함께 있을 때에는 이월된 미공제액을 먼저 공제한다. (2010. 12. 30. 개정)
② 제1항 제1호에 따른 세액 감면 또는 면제를 하는 경우 그 감면 또는 면제되는 세액은 별도의 규정이 있는 경우를 제외하고는 산출세액(제55조의 2에 따른 토지등 양도소득에 대한 법인세액 및 「조세특례제한법」 제100조의 32에 따른 투자·상생협력 촉진을 위한 과세특례를 적용하여 계산한 법인세액은 제외한다)에 그 감면 또는 면제되는 소득이 제13조에 따른 과세표준에서 차지하는 비율(100분의 100을 초과하는 경우에는 100분의 100)을 곱하여 산출한 금액(감면의 경우에는 그 금액에 해당 감면율을 곱하여 산출한 금액)으로 한다. (2018. 12. 24. 개정)

사의~시행령 부칙)
② 법 제58조의 3을 적용할 때 동일한 사업연도에 같은 조 제1항 본문에 따른 경정청구의 사유 외에 다른 경정청구의 사유가 있는 경우에는 다음의 산식에 따라 계산한 금액을 그 공제세액으로 한다. (2017. 2. 3. 개정)
과다납부한 세액 × (법 제58조의 3 제1항에 따른 사실과 다른 회계처리로 인하여 과다계상한 과세표준 ÷ 과다계상한 과세표준의 합계액)

제96조 【감면 및 세액공제액의 계산】 법 제59조 제2항에 따라 감면 또는 면제세액을 계산할 때 각 사업연도의 과세표준계산 시 공제한 이월결손금·비과세소득 또는 소득공제액(이하 이 항에서 "공제액등"이라 한다)이 있는 경우 감면 또는 면제되는 소득은 다음 각 호의 금액을 공제한 금액으로 한다. (2010. 12. 30. 개정)
1. 공제액등이 감면사업 또는 면제사업에서 발생한 경우에는 공제액 전액 (2010. 12. 30. 개정)
2. 공제액등이 감면사업 또는 면제사업에서 발생한 것인지가 불분명한 경우에는 소득금액에 비례하여 안분계산한 금액 (2010. 12. 30. 개정)

제50조 【감면 또는 세액공제액의 계산】 법 제59조의 규정을 적용함에 있어서 법인이 법 또는 다른 법률에 의하여 제출한 법인세의 감면 또는 세액공제신청서에 기재된 소득금액과 법 제66조의 규정에 의하여 납세지 관할세무서장 또는 관할지방국세청장이 결정 또는 경정한 소득금액이 동일하지 아니한 경우 감면 또는 세액공제의 기초가 될 소득금액은 납세지 관할세무서장 또는 관할지방국세청장이 결정 또는 경정한 금액에 의한다. 다만, 「조세특례제한법」 제128조 제2항 및 동조 제3항의 규정이 적용되는 경우에는 그러하지 아니하다. (2005. 2. 28. 단서개정)

제 3 절   신고 및 납부

제60조 【과세표준 등의 신고】 ① 납세의무가 있는 내국법인은 각 사업연도의 종료일이 속하는 달의 말일부터 3개월(제60조의 2 제1항 본문에 따라 내국법인이 성실신고확인서를 제출하는 경우에는 4개월로 한다) 이내에 대통령령으로 정하는 바에 따라 그 사업연도의 소득에 대한 법인세의 과세표준과 세액을 납세지 관할 세무서장에게 신고하여야 한다. (2018. 12. 24. 개정)

② 제1항에 따른 신고를 할 때에는 그 신고서에 다음 각 호의 서류를 첨부하여야 한다. (2010. 12. 30. 개정)

1. 기업회계기준을 준용하여 작성한 개별 내국법인의 재무상태표·포괄손익계산서 및 이익잉여금처분계산서(또는 결손금처리계산서) (2010. 12. 30. 개정)

2. 대통령령으로 정하는 바에 따라 작성한 세무조정계산서(이하 "세무조정계산서"라 한다) (2010. 12. 30. 개정)

3. 그 밖에 대통령령으로 정하는 서류 (2010. 12. 30. 개정)

통칙 60－0…1 【피합병법인의 법인세 과세표준 신고】
내국법인이 사업연도 기간 중에 합병에 의하여 소멸한 경우에 그 사업연도의 개시일로부터 합병등기일까지의 기간을 그 소멸한 법인(피합병법인)의 1사업연도로 보아 법 제60조의 규정에 의하여 법인세를 신고할 경우 법인세신고서 및 신고서에 첨부되는 재무제표에 표시한 명칭은 피합병법인으로 한다. (2003. 5. 10. 개정)

60－0…3 【기업회계기준의 준용범위】
재무제표 작성에 있어서 중요성 및 명료성의 원칙에 위배되지 아니하는 범위내에서 해당 법인이 계속 처리하는 관행에 따라 일부 과목을 통·폐합한 경우에는 기업회계기준을 준용하여 작성한 것으로 보고 법 제60조 제2항의 규정을 적용한다. 다만, 장부를 비치·기장하지 아니하고 허위로 작성하여 제출한 서류는 적법한 신고서류로 보지 아니한다. (2024. 3. 15. 개정)

③ 제1항은 내국법인으로서 각 사업연도의 소득금액이 없거나 결손금이 있는 법인의 경우에도 적용한다. (2010. 12. 30. 개정)

④ 내국법인이 합병 또는 분할로 해산하는 경우에 제1항에 따른 신고

제 3 절   신고 및 납부

제97조 【과세표준의 신고】 ① 법 제60조 제1항에 따른 신고를 할 때 그 신고서에는 법 제112조에 따른 기장과 법 제14조부터 제54조까지의 규정에 따라 계산한 각 사업연도의 소득에 대한 법인세의 과세표준과 세액(법 제55조의 2에 따른 토지 등 양도소득에 대한 법인세를 포함한다) 및 그 밖에 필요한 사항을 적어야 한다. 이 경우 「주식회사 등의 외부감사에 관한 법률」 제4조에 따른 외부감사 대상 법인이 「국세기본법」 제2조 제19호에 따른 전자신고를 통하여 법인세 과세표준과 세액을 신고하는 때에는 그 신고서에 대표자가 서명날인하여 서면으로 납세지 관할세무서장에게 제출하여야 한다. (2019. 2. 12. 개정)

② 제1항의 규정에 의한 신고서는 기획재정부령이 정하는 법인세 과세표준 및 세액신고서로 한다. (2008. 2. 29. 직제개정 ; 기획재정부와~ 직제 부칙)

③ 기업회계기준에 따라 원화 외의 통화를 기능통화로 채택한 경우 법 제60조 제2항 제1호의 재무상태표, 포괄손익계산서 및 이익잉여금처분계산서(또는 결손금처리계산서) 및 제5항 제1호에 따른 현금흐름표(이하 이 조에서 "재무제표"라 한다)는 기업회계기준을 준용하여 작성한 기능통화로 표시된 재무제표(이하 이 조에서 "기능통화재무제표"라 한다)를 말한다. (2011. 3. 31. 개정)

④ 법 제60조 제2항 제2호의 규정에 의한 세무조정계산서는 기획재정부령이 정하는 법인세 과세표준 및 세액조정계산서로 한다. (2010. 12. 30. 항번개정)

⑤ 법 제60조 제2항 제3호에서 "대통령령으로 정하는 서류"란 다음 각 호의 서류를 말한다. 다만, 「국세기본법」 제2조 제19호에 따른 전자신고로 법 제60조 제1항의 신고를 한 법인의 경우에는 부속서류 중 기획재정부령으로 정하는 서류를 제출하지 아니할 수 있다. (2010. 12. 30. 개정)

1. 기획재정부령으로 정하는 바에 따라 작성한 세무조정계산서 부속서류 및 기업회계기준에 따라 작성한 현금흐름표(「주식회사 등의 외부감사에 관한 법률」 제4조에 따라 외부감사의 대상이 되는 법인만

제50조의 2 【세무사가 세무조정계산서를 작성하여야 하는 법인】 삭 제 (2016. 3. 7.)

☞

관계조문 ▶▶
규칙 82조 1항 1호 ⇒ 법인세 과세표준 및 세액신고서

관계조문 ▶▶
규칙 82조 1항 3호 ⇒ 법인세 과세표준 및 세액조정계산서

☞

☞

관계조문 ▶▶
규칙 82조 3항 ⇒ 제출하지 아니할 수 있는 서류의 범위

를 할 때에는 그 신고서에 다음 각 호의 서류를 첨부하여야 한다. (2010. 12. 30. 개정)

1. 합병등기일 또는 분할등기일 현재의 피합병법인·분할법인 또는 소멸한 분할합병의 상대방법인의 재무상태표와 합병법인 등이 그 합병 또는 분할에 따라 승계한 자산 및 부채의 명세서 (2010. 12. 30. 개정)
2. 그 밖에 대통령령으로 정하는 서류 (2010. 12. 30. 개정)

⑤ 제1항에 따른 신고를 할 때 그 신고서에 제2항 제1호 및 제2호의 서류를 첨부하지 아니하는 경우 이 법에 따른 신고로 보지 아니한다. 다만, 제4조 제3항 제1호 및 제7호에 따른 수익사업을 하지 아니하는 비영리내국법인은 그러하지 아니하다. (2018. 12. 24. 개정)

장부 및 증빙서류가 소실된 경우에는 「국세기본법」 제6조에 따라 관할 세무서장의 승인을 얻어 그 기한을 연장할 수 있으며 장부 및 제증빙서류가 소실된 경우에도 법 제60조 제2항에 따른 필수적인 부속서류를 첨부하지 아니하고 법인세 과세표준 및 세액신고서만을 제출한 경우에는 적법한 신고로 보지 아니한다. 다만, 이 경우에도 「국세기본법」 제48조 제1항의 규정에 의하여 가산세의 감면을 받을 수 있다. (2019. 12. 23. 개정)

⑥ 납세지 관할 세무서장 및 관할지방국세청장은 제1항과 제2항에 따라 제출된 신고서 또는 그 밖의 서류에 미비한 점이 있거나 오류가 있을 때에는 보정할 것을 요구할 수 있다. (2010. 12. 30. 개정)

⑦ 제1항에도 불구하고 「주식회사 등의 외부감사에 관한 법률」 제4조에 따라 감사인(監査人)에 의한 감사를 받아야 하는 내국법인이 해당 사업연도의 감사가 종결되지 아니하여 결산이 확정되지 아니하였다는 사유로 대통령령으로 정하는 바에 따라 신고기한의 연장을 신청한 경우에는 그 신고기한을 1개월의 범위에서 연장할 수 있다. (2017. 10. 31. 개정 ; 주식회사의 외부감사에 관한 법률 부칙)

⑧ 제7항에 따라 신고기한이 연장된 내국법인이 세액을 납부할 때에는 기한 연장일수에 금융회사 등의 이자율을 고려하여 대통령령으로 정하는 이자율을 적용하여 계산한 금액을 가산하여 납부하여야 한다. 이 경

해당한다) (2018. 10. 30. 개정 ; 주식회사의~시행령 부칙)

1의 2. 기업회계기준에 따라 원화 외의 통화를 기능통화로 채택한 경우 원화를 표시통화로 하여 기업회계기준에 따라 기능통화재무제표를 환산한 재무제표(이하 이 조에서 "표시통화재무제표"라 한다) (2010. 12. 30. 신설)

1의 3. 기업회계기준에 따라 원화 외의 통화를 기능통화로 채택한 법인이 법 제53조의 2 제1항 제1호의 과세표준계산방법을 적용하는 경우 원화 외의 기능통화를 채택하지 아니하고 계속하여 기업회계기준을 준용하여 원화로 재무제표를 작성할 경우에 작성하여야 할 재무제표(이하 이 조에서 "원화재무제표"라 한다) (2010. 12. 30. 신설)

2. 합병 또는 분할한 경우 다음 각 목의 서류(합병법인등만 해당한다) (2010. 6. 8. 개정)
　가. 합병등기일 또는 분할등기일 현재의 피합병법인등의 재무상태표와 합병법인등이 그 합병 또는 분할로 승계한 자산 및 부채의 명세서 (2010. 12. 30. 개정)
　나. 합병법인등의 본점 등의 소재지, 대표자의 성명, 피합병법인등의 명칭, 합병등기일 또는 분할등기일, 그 밖에 필요한 사항이 기재된 서류 (2010. 6. 8. 개정)

⑥ 제5항 단서에 따라 신고서에 첨부하지 아니한 서류가 신고내용의 분석 등에 필요하여 납세지 관할세무서장 또는 관할지방국세청장이 서면으로 그 제출을 요구하는 경우에는 이를 제출하여야 한다. (2013. 2. 15. 개정)

⑦ 법 제60조 제4항 제2호에서 "대통령령으로 정하는 서류"란 합병법인등의 본점 등의 소재지, 대표자의 성명, 피합병법인등의 명칭, 합병등기일 또는 분할등기일, 그 밖에 필요한 사항이 기재된 서류를 말한다. (2010. 6. 8. 신설)

⑧ 법 제60조 제5항을 적용함에 있어서 합병 또는 분할로 인하여 소멸하는 법인의 최종 사업연도의 과세표준과 세액을 신고함에 있어서는 같은 조 제2항 제1호의 서류 중 이익잉여금처분계산서(또는 결손금처리계산서)를 제출하지 아니한 경우에도 법에 의한 신고를 한 것으로 본다. (2010. 6. 8. 항번개정)

⑩ 제9항에 따른 세무조정계산서를 작성할 수 있는 세무사의 요건에 관하여 필요한 사

법인세의 과세표준 및 세액을 신고함에 있어서 세무조정계산서의 부속계산서·명세서를 제출함이 없이 세무조정계산서만 제출한 경우에도 적법한 신고로 본다. 다만, 법인이 이를 허위로 작성 제출한 경우에는 그러하지 아니한다.

60-97…4【세무조정계산서 작성의 범위】
세무조정계산서 및 부속서류의 작성범위는 규칙 제82조 제1항 및 제2항 각 호에 따른 서류로 한다. 다만, 그 서류 중 해당 법인에게 해당사항이 없는 서류는 이를 작성하지 아니하는 것으로 하며 같은 조 같은 항 각 호에 그 서식이 없는 경우에도 해당 법인의 소득금액을 계산함에 있어 필요한 기타 조정사항에 대하여는 동 서식을 준용하여 그 명세서 또는 계산서를 별도로 작성하여야 한다. (2024. 3. 15. 개정)

우 기한 연장일수는 제1항에 따른 신고기한의 다음 날부터 신고 및 납부가 이루어진 날(연장기한까지 신고납부가 이루어진 경우만 해당한다) 또는 연장된 날까지의 일수로 한다. (2010. 12. 30. 개정)

⑨ 기업회계와 세무회계의 정확한 조정 또는 성실한 납세를 위하여 필요하다고 인정하여 대통령령으로 정하는 내국법인의 경우 세무조정계산서는 다음 각 호의 어느 하나에 해당하는 자로서 대통령령으로 정하는 조정반에 소속된 자가 작성하여야 한다. (2015. 12. 15. 신설)
1. 「세무사법」에 따른 세무사등록부에 등록한 세무사 (2015. 12. 15. 신설)
2. 「세무사법」에 따른 세무사등록부 또는 공인회계사 세무대리업무등록부에 등록한 공인회계사 (2021. 11. 23. 개정 ; 세무사법 부칙)
3. 「세무사법」에 따른 세무사등록부 또는 변호사 세무대리업무등록부에 등록한 변호사 (2021. 11. 23. 개정 ; 세무사법 부칙)

항은 기획재정부령으로 정한다. (2013. 2. 15. 개정)
⑨ · ⑩ 삭　제 (2016. 2. 12.)
⑪ 재무제표, 기능통화재무제표, 원화재무제표 및 표시통화재무제표의 제출은 「국세기본법」 제2조 제19호에 따른 국세정보통신망을 이용하여 기획재정부령으로 정하는 표준재무상태표 · 표준손익계산서 및 표준손익계산서부속명세서(이하 이 조에서 "표준재무제표"라 한다)를 제출하는 것으로 갈음할 수 있다. 다만, 한국채택국제회계기준을 적용하는 법인은 표준재무제표를 제출해야 한다. (2021. 1. 5. 개정 ; 어려운 법령용어~대통령령)
⑫ 법 제60조 제7항을 적용받으려는 내국법인은 같은 조 제1항에 따른 신고기한의 종료일 3일 전까지 기획재정부령으로 정하는 신고기한연장신청서를 납세지 관할세무서장에게 제출하여야 한다. (2016. 2. 12. 개정)
⑬ 법 제60조 제8항 전단에서 "대통령령으로 정하는 이자율"이란 「국세기본법 시행령」 제43조의 3 제2항 본문에 따른 이자율을 말한다. (2020. 2. 11. 개정)

제97조의 2【외부세무조정 대상법인】① 법 제60조 제9항 각 호 외의 부분에서 "대통령령으로 정하는 내국법인"이란 다음 각 호의 어느 하나에 해당하는 법인(이하 "외부세무조정 대상법인"이라 한다)을 말한다. 다만, 「조세특례제한법」 제72조에 따른 당기순이익과세를 적용받는 법인은 제외한다. (2016. 2. 12. 신설)
1. 직전 사업연도의 수입금액이 70억원 이상인 법인 및 「주식회사 등의 외부감사에 관한 법률」 제4조에 따라 외부의 감사인에게 회계감사를 받아야 하는 법인 (2018. 10. 30. 개정 ; 주식회사의~시행령 부칙)
2. 직전 사업연도의 수입금액이 3억원 이상인 법인으로서 법 제29조부터 제31조까지, 제45조 또는 「조세특례제한법」에 따른 조세특례(같은 법 제104조의 8에 따른 조세특례는 제외한다)를 적용받는 법인 (2019. 2. 12. 개정)
3. 직전 사업연도의 수입금액이 3억원 이상인 법인으로서 해당 사업연도 종료일 현재 법 및 「조세특례제한법」에 따른 준비금 잔액이 3억

원 이상인 법인 (2016. 2. 12. 신설)

4. 해당 사업연도 종료일부터 2년 이내에 설립된 법인으로서 해당 사업연도 수입금액이 3억원 이상인 법인 (2016. 2. 12. 신설)

5. 직전 사업연도의 법인세 과세표준과 세액에 대하여 법 제66조 제3항 단서에 따라 결정 또는 경정받은 법인 (2016. 2. 12. 신설)

6. 해당 사업연도 종료일부터 소급하여 3년 이내에 합병 또는 분할한 합병법인, 분할법인, 분할신설법인 및 분할합병의 상대방 법인 (2016. 2. 12. 신설)

7. 국외에 사업장을 가지고 있거나 법 제57조 제5항에 따른 외국자회사를 가지고 있는 법인 (2016. 2. 12. 신설)

② 외부세무조정 대상법인 외의 법인은 과세표준 등을 신고할 때 법 제60조 제9항 각 호의 어느 하나에 해당하는 자(이하 "세무사등"이라 한다)가 정확한 세무조정을 위하여 작성한 세무조정계산서를 첨부할 수 있다. (2016. 2. 12. 신설)

③ 제1항 제1호부터 제3호까지를 적용할 때에 해당 사업연도에 설립된 법인인 경우에는 해당 사업연도의 수입금액을 1년으로 환산한 금액을 직전 사업연도의 수입금액으로 본다. (2016. 2. 12. 신설)

제97조의 3 【조정반】 ① 법 제60조 제9항에서 "대통령령으로 정하는 조정반(이하 이 조에서 "조정반"이라 한다)"이란 대표자를 선임하여 지방국세청장의 지정을 받은 다음 각 호의 자를 말한다. 이 경우 세무사등은 하나의 조정반에만 소속되어야 한다. (2022. 2. 15. 개정)

1. 2명 이상의 세무사등 (2016. 2. 12. 신설)

2. 세무법인 (2016. 2. 12. 신설)

3. 회계법인 (2016. 2. 12. 신설)

4. 「변호사법」에 따라 설립된 법무법인, 법무법인(유한) 또는 법무조합 (2022. 2. 15. 신설)

② 제1항에 따른 조정반의 신청, 지정, 지정취소 및 유효기간 등 그 밖에 필요한 사항은 기획재정부령으로 정한다. (2016. 2. 12. 신설)

제97조의 4 【성실신고확인서 등의 제출】 (2019. 2. 12. 제목개정)

① 법 제60조의 2 제1항 각 호 외의 부분 본문에서 "세무사 등 대통령

제60조의 2 【성실신고확인서 제출】 ① 다음 각 호의 어느 하나에 해당하는 내국법인은 성실한 납세를 위하여 제60조에 따라 법인세

제50조의 3 【조정반의 지정 절차 등】 (2016. 3. 7. 제목개정)

① 영 제97조의 3 제1항에 따른 조정반(이하 이 조에서 "조정반"이라 한다) 지정을 받으려는 자는 별지 제63호의 13 서식에 따른 조정반 지정 신청서를 작성하여 매년 11월 30일까지 대표자의 사무소 소재지 관할 지방국세청장에게 조정반 지정 신청을 하여야 한다. 다만, 법 제60조 제9항 각 호의 어느 하나에 해당하는 자(이하 "세무사등"이라 한다)로서 매년 12월 1일 이후 개업한 자 또는 매년 12월 1일 이후 설립된 세무법인, 회계법인, 법무법인, 법무법인(유한) 또는 법무

의 과세표준과 세액을 신고할 때 같은 조 제2항 각 호의 서류에 더하여 제112조 및 제116조에 따라 비치·기록된 장부와 증명서류에 의하여 계산한 과세표준금액의 적정성을 세무사 등 대통령령으로 정하는 자가 대통령령으로 정하는 바에 따라 확인하고 작성한 확인서(이하 "성실신고확인서"라 한다)를 납세지 관할 세무서장에게 제출하여야 한다. 다만, 「주식회사 등의 외부감사에 관한 법률」 제4조에 따라 감사인에 의한 감사를 받은 내국법인은 이를 제출하지 아니할 수 있다. (2018. 12. 24. 단서개정)

1. 부동산임대업을 주된 사업으로 하는 등 대통령령으로 정하는 요건에 해당하는 내국법인 (2017. 12. 19. 신설)
2. 「소득세법」 제70조의 2 제1항에 따른 성실신고확인대상사업자가 사업용자산을 현물출자하는 등 대통령령으로 정하는 방법에 따라 내국법인으로 전환한 경우 그 내국법인(사업연도 종료일 현재 법인으로 전환한 후 3년 이내의 내국법인으로 한정한다) (2018. 12. 24. 개정)
3. 제2호에 따라 전환한 내국법인이 그 전환에 따라 경영하던 사업을 같은 호에서 정하는 방법으로 인수한 다른 내국법인(같은 호에 따른 전환일부터 3년 이내인 경우로서 그 다른 내국법인의 사업연도 종료일 현재 인수한 사업을 계속 경영하고 있는 경우로 한정한다) (2021. 12. 21. 신설)

② 납세지 관할 세무서장은 제1항에 따라 제출된 성실신고확인서에 미비한 사항 또는 오류가 있을 때에는 보정할 것을 요구할 수 있다. (2018. 12. 24. 항번개정)

③ 제1항 및 제2항에서 정한 사항 외에 성실신고확인서의 제출 등에 필요한 사항은 대통령령으로 정한다. (2018. 12. 24. 개정)

제61조 【준비금의 손금산입 특례】 (2018. 12. 24. 제목개정)
① 내국법인이 「조세특례제한법」에 따른 준비금을 세무조정계산서에 계상하고 그 금액 상당액을 해당 사업연도의 이익처분을 할 때 그 준비금으로 적립한 경우에는 그 금액을 결산을 확정할 때 손비로 계상한 것으로 보아 해당 사업연도의 소득금액을 계산할 때 손금에 산입한다. (2018. 12. 24. 개정)

령으로 정하는 자"란 세무사(「세무사법」 제20조의 2에 따라 등록한 공인회계사를 포함한다. 이하 이 조에서 같다), 세무법인 또는 회계법인(이하 이 조에서 "세무사등"이라 한다)을 말한다. (2018. 2. 13. 신설)

② 법 제60조의 2 제1항 제1호에서 "부동산임대업을 주된 사업으로 하는 등 대통령령으로 정하는 요건에 해당하는 내국법인"이란 제42조 제2항 각 호의 요건을 모두 갖춘 내국법인(법 제51조의 2 제1항 각 호의 어느 하나에 해당하는 내국법인 및 「조세특례제한법」 제104조의 31 제1항에 따른 내국법인은 제외한다)을 말한다. (2021. 2. 17. 개정)

③ 법 제60조의 2 제1항 제2호에서 "사업용자산을 현물출자하는 등 대통령령으로 정하는 방법"이란 사업용 유형자산 및 무형자산의 현물출자 및 사업의 양도·양수 등을 말한다. (2019. 2. 12. 개정)

④ 법 제60조의 2 제1항 제2호를 적용할 때 성실신고확인대상사업자는 해당 내국법인의 설립일이 속하는 연도 또는 직전 연도에 「소득세법」 제70조의 2에 따른 성실신고확인대상사업자에 해당하는 경우로 한다. (2018. 2. 13. 신설)

⑤ 제1항부터 제4항까지에서 규정한 사항 외에 성실신고확인서의 제출 등에 필요한 사항은 기획재정부장관이 정한다. (2022. 2. 15. 개정)

제98조 【준비금 등에 대한 손금계상의 특례】 ① 법 제61조 제1항에 따라 손금에 산입한 준비금은 해당 준비금을 익금에 산입할 때 그 적립금을 처분하여야 한다. 이 경우 해당 준비금을 익금에 산입하기 전에 그 적립금을 처분한 경우에는 같은 항에 따라 손비로 계상한 것으로 보지 아니한다. (2019. 2. 12. 개정)

② 내국법인이 이 영 또는 「조세특례제한법 시행령」에 따른 일시상각

조합(이하 "세무법인등"이라 한다)은 각각 세무사등의 개업신고일(구성원이 2명 이상인 경우에는 최근 개업한 조정반 구성원의 개업신고일을 말한다) 또는 법인설립등기일(법무조합의 경우에는 「변호사법」 제58조의 19 제2항에 따른 관보 고시일을 말한다)부터 1개월 이내에 신청할 수 있다. (2022. 3. 18. 단서개정)

② 제1항의 신청을 받은 지방국세청장은 신청을 받은 연도의 12월 31일(제1항 단서에 따라 신청을 받은 경우 신청을 받은 날이 속하는 달의 다음 달 말일)까지 지정 여부를 결정하여 신청인에게 통지하고, 그 사실을 관보 또는 인터넷 홈페이지에 공고하여야 한다. (2016. 3. 7. 개정)

③ 지방국세청장은 조정반이 다음 각 호의 어느 하나에 해당하는 경우에는 조정반 지정을 취소할 수 있다. (2016. 3. 7. 개정)
1. 조정반에 소속된 세무사등이 1명이 된 경우 (2016. 3. 7. 개정)
2. 세무조정계산서를 거짓으로 작성한 경우 (2016. 3. 7. 개정)
3. 부정한 방법으로 지정을 받은 경우 (2016. 3. 7. 개정)
4. 조정반 지정일부터 1년 이내에 조정반의 구성원(세무법인등의 경우에는 실제 세무조정계산서 작성에 참여한 세무사등을 말한다. 이하 이 호에서 같다) 또는 구성원의 배우자가 대표이사 또는 과점주주였던 법인의 세무조정을 한 경우 (2022. 3. 18. 개정)

④ 조정반 지정의 유효기간은 1년으로 한

② 제1항에 따른 준비금의 손금산입 및 그 금액의 처리에 필요한 사항은 대통령령으로 정한다. (2018. 12. 24. 개정)

●예판●
- 외부감사대상법인에 해당하지 아니하나 감사인의 회계감사를 받는 비영리법인은 준비금의 손금계상특례를 적용받을 수 있음. (서이 46012-11844, 2003. 10. 23.)
- 법인세 확정신고시 세무조정으로 손금산입한 준비금을 당초 이익잉여금 처분시 적립하지 않고, 과세처분 전 경정청구기간 내에 임시주주총회를 개최하여 적립한 경우에도 손금산입대상임. (국심 2001중 1764, 2002. 1. 8 ; 서면2팀-1661, 2006. 8. 30.)

●통칙● 61-0…1【피합병법인의 조정계산서에 계상된 준비금의 승계】
피합병법인이 법 제61조에 따른 준비금의 적립금을 합병법인에 인계한 경우 해당 준비금에 대하여는 피합병법인의 각 사업연도의 소득금액 계산상 이를 익금에 산입하지 아니한다. (2024. 3. 15. 개정)

제62조【비영리내국법인의 이자소득에 대한 신고 특례】(2018. 12. 24. 제목개정)

① 비영리내국법인은 제4조 제3항 제2호에 따른 이자소득(「소득세법」 제16조 제1항 제11호의 비영업대금의 이익은 제외하고, 투자신탁의 이익을 포함하며, 이하 이 조에서 "이자소득"이라 한다)으로서 제73조 및 제73조의 2에 따라 원천징수된 이자소득에 대하여는 제60조 제1항에도 불구하고 과세표준 신고를 하지 아니할 수 있다. 이 경우 과세표준 신고를 하지 아니한 이자소득은 각 사업연도의 소득금액을 계산할 때 포함하지 아니한다. (2018. 12. 24. 개정)

충당금 또는 압축기장충당금을 제97조 제4항에 따른 세무조정계산서에 계상하고 이를 법인세 과세표준신고 시 손금에 산입한 경우 그 금액은 손비로 계상한 것으로 본다. 이 경우 각 자산별로 해당 자산의 일시상각충당금 또는 압축기장충당금과 감가상각비에 관한 명세서를 세무조정계산서에 첨부하여 제출하여야 한다. (2019. 2. 12. 개정)

●통칙● 61-98…1【준비금 등의 손금계상 특례규정 적용】
법 제61조 제1항에 따라 손금에 산입한 준비금이 다음 각 호에 해당하는 경우에는 적립하여야 할 금액에 미달하게 적립한 적립금 또는 처분하여야 할 금액을 초과하여 처분한 적립금에 상당하는 준비금을 해당 준비금을 손금 계상한 사업연도에 손금불산입한다. 이 경우 적립금에는 기업회계기준에 따라 해당 사업연도에 세무조정계산서에 손금으로 산입한 준비금 및 특별감가상각충당금으로 인한 법인세효과를 고정부채인 이연법인세대로 계상한 금액을 포함한다. (2024. 3. 15. 개정)
1. 해당 준비금을 손금산입한 사업연도의 이익처분에 있어서 해당 준비금에 상당하는 적립금을 적립하지 아니하거나 일부만을 적립하는 경우. 다만, 해당 사업연도의 처분가능이익이 없거나 부족한 경우에는 처분가능이익을 한도로 적립할 수 있으며 그 부족액은 다음 사업연도 이후에 추가 적립하여야 한다. (2024. 3. 15. 개정)
2. 해당 준비금을 익금에 산입하는 사업연도의 이익처분에 있어서 익금산입에 상당하는 적립금을 초과하여 처분하는 경우 (2024. 3. 15. 개정)

61-98…2【준비금의 환입계상 특례】
당기에 환입하여야 할 준비금 상당액을 당기에 설정한 해당 준비금 상당액에서 차감하여 상계하였음이 기장내용과 신고서에 첨부된 준비금명세서에 의하여 객관적으로 입증되는 경우에 한하여 그 상계부분을 각각 익금 및 손금에 산입한 것으로 본다. (2024. 3. 15. 개정)

제99조【비영리내국법인의 이자소득에 대한 신고 특례】(2019. 2. 12. 제목개정)

① 법 제62조 제1항의 규정을 적용함에 있어서 비영리내국법인은 원천징수된 이자소득 중 일부에 대하여도 과세표준신고를 하지 아니할 수 있다. (98. 12. 31 개정)
② 법 제62조 제1항의 규정에 의하여 과세표준신고를 하지 아니한 이자소득에 대하여는 수정신고, 기한 후 신고 또는 경정 등에 의하여 이를 과세표준에 포함시킬 수 없다. (2010. 2. 18. 개정)

다. (2016. 3. 7. 개정)
⑤ 조정반의 구성원(세무법인등의 구성원은 제외한다)이나 대표자가 변경된 경우에는 그 사유가 발생한 날부터 14일 이내에 별지 제63호의 13 서식에 따른 조정반 변경지정 신청서를 작성하여 대표자의 사무소 소재지 관할 지방국세청장에게 조정반 변경지정 신청을 하여야 한다. (2022. 3. 18. 개정)
⑥ 제5항에 따라 조정반 변경지정 신청을 받은 지방국세청장은 신청을 받은 날부터 7일 이내에 변경지정 여부를 결정하여 신청인에게 통지하여야 한다. (2016. 3. 7. 개정)
⑦ 지방국세청장은 제1항에 따른 지정 신청 또는 제5항에 따른 변경지정 신청을 한 자가 「소득세법 시행규칙」 제65조의 3 제2항 각 호의 어느 하나에 해당하는 경우에는 조정반 지정 또는 조정반 변경지정을 하지 아니하여야 한다. (2016. 3. 7. 개정)
⑧ 지방국세청장은 제2항에 따라 조정반을 지정하거나 제6항에 따라 조정반을 변경 지정하려는 경우에는 신청인에게 별지 제63호의 14 서식에 따른 조정반 지정서 또는 조정반 변경지정서를 발급하여야 한다. (2016. 3. 7. 개정)
⑨ 「소득세법 시행규칙」 제65조의 3 제2항 및 제6항에 따라 조정반 지정 또는 변경지정을 받은 자는 제2항 및 제6항에 따라 지정 또는 변경지정을 받은 것으로 본다. (2016. 3. 7. 개정)

② 제1항에 따른 비영리내국법인의 이자소득에 대한 법인세의 과세표준 신고와 징수에 필요한 사항은 대통령령으로 정한다. (2010. 12. 30. 개정)

제62조의 2 【비영리내국법인의 자산양도소득에 대한 신고 특례】 (2018. 12. 24. 제목개정)
① 비영리내국법인(제4조 제3항 제1호에 따른 수익사업을 하는 비영리내국법인은 제외한다. 이하 이 조에서 같다)이 제4조 제3항 제4호부터 제6호까지의 수입으로서 다음 각 호의 어느 하나에 해당하는 자산의 양도로 인하여 발생하는 소득(이하 이 조에서 "자산양도소득"이라 한다)이 있는 경우에는 제60조 제1항에도 불구하고 과세표준 신고를 하지 아니할 수 있다. 이 경우 과세표준 신고를 하지 아니한 자산양도소득은 각 사업연도의 소득금액을 계산할 때 포함하지 아니한다. (2018. 12. 24. 개정)
1. 「소득세법」 제94조 제1항 제3호에 따른 주식등과 대통령령으로 정하는 주식등 (2024. 12. 31. 신설)
2. 토지 또는 건물(건물에 부속된 시설물과 구축물을 포함한다) (2010. 12. 30. 개정)
3. 「소득세법」 제94조 제1항 제2호 및 제4호의 자산 (2010. 12. 30. 개정)
② 제1항에 따라 과세표준의 신고를 하지 아니한 자산양도소득에 대하여는 「소득세법」 제92조를 준용하여 계산한 과세표준에 같은 법 제104조 제1항 각 호의 세율을 적용하여 계산한 금액을 법인세로 납부하여야 한다. 이 경우 같은 법 제104조 제4항에 따라 가중된 세율을 적용하는 경우에는 제55조의 2를 적용하지 아니한다. (2010. 12. 30. 개정)
③ 제2항을 적용할 때 「소득세법」 제92조를 준용하여 계산한 과세표준은 자산의 양도로 인하여 발생한 총수입금액(이하 이 조에서 "양도가액"이라 한다)에서 필요경비를 공제하고, 공제한 후의 금액(이하 "양

●예판
• 이자소득만 있는 비영리법인이 법정신고기한 내 법인세를 신고하지 않은 경우, 원천징수방법으로 납세의무가 종결되므로 그 후 환급청구 등을 할 수 없고 불복청구대상 안됨. (국심 2000서 2644, 2001. 3. 2)
• 비영리내국법인은 이자소득의 분리과세 원천징수방법을 매사업연도마다 선택적용 가능하며, 이자소득 중 일부에 대하여도 과세표준신고를 하지 않을 수 있음. (서이 46012 - 10574, 2002. 3. 21)

제99조의 2 【비영리내국법인의 자산양도소득 신고 특례】 (2019. 2. 12. 제목개정)
① 법 제62조의 2 제1항 제1호에서 "대통령령으로 정하는 주식등"이란 「소득세법」 제94조 제1항 제4호 나목(주식등으로 한정한다) · 다목 · 라목에 따른 자산을 말한다. (2024. 12. 31. 신설)
② 법 제62조의 2 제1항 각호의 규정에 의한 자산의 양도소득에 대한 과세특례는 동조 제1항 각호의 규정에 의한 자산의 양도일이 속하는 각 사업연도 단위별로 이를 적용한다. 이 경우 각 사업연도 단위별로 이를 적용하지 아니한 때에는 당해 사업연도의 양도소득에 대하여는 법 제62조의 2의 규정을 적용하지 아니한다. (2001. 12. 31 신설)

도차익"이라 한다)에서 「소득세법」 제95조 제2항 및 제103조에 따른 금액을 공제하여 계산한다. (2010. 12. 30. 개정)

④ 제3항에 따른 양도가액, 필요경비 및 양도차익의 계산에 관하여는 「소득세법」 제96조부터 제98조까지 및 제100조를 준용한다. 다만, 「상속세 및 증여세법」에 따라 상속세 과세가액 또는 증여세 과세가액에 산입되지 아니한 재산을 출연(出捐)받은 비영리내국법인이 대통령령으로 정하는 자산을 양도하는 경우에는 그 자산을 출연한 출연자의 취득가액을 그 법인의 취득가액으로 하며, 「국세기본법」 제13조 제2항에 따른 법인으로 보는 단체의 경우에는 같은 항에 따라 승인을 받기 전의 당초 취득한 가액을 취득가액으로 한다. (2010. 12. 30. 개정)

⑤ 자산양도소득에 대한 과세표준의 계산에 관하여는 「소득세법」 제101조 및 제102조를 준용하고, 자산양도소득에 대한 세액계산에 관하여는 같은 법 제92조를 준용한다. (2023. 12. 31. 개정)

⑥ 제2항에 따른 법인세의 과세표준에 대한 신고ㆍ납부ㆍ결정ㆍ경정 및 징수에 관하여는 자산 양도일이 속하는 각 사업연도의 소득에 대한 법인세의 과세표준의 신고ㆍ납부ㆍ결정ㆍ경정 및 징수에 관한 규정을 준용하되, 그 밖의 법인세액에 합산하여 신고ㆍ납부ㆍ결정ㆍ경정 및 징수한다. 이 경우 제75조의 3을 준용한다. (2018. 12. 24. 후단개정)

⑦ 제2항에 따라 계산한 법인세는 「소득세법」 제105조부터 제107조까지의 규정을 준용하여 양도소득과세표준 예정신고 및 자진납부를 하여야 한다. 이 경우 「소득세법」 제112조를 준용한다. (2015. 12. 15. 후단개정)

⑧ 비영리내국법인이 제7항에 따른 양도소득과세표준 예정신고를 한 경우에는 제6항에 따른 과세표준에 대한 신고를 한 것으로 본다. 다만, 「소득세법」 제110조 제4항 단서에 해당하는 경우에는 제6항에 따른 과세표준에 대한 신고를 하여야 한다. (2010. 12. 30. 개정)

⑨ 제1항부터 제8항까지의 규정에 따른 자산양도소득에 대한 특례의 적용방법 등에 관하여 필요한 사항은 대통령령으로 정한다. (2010. 12. 30. 개정)

제63조 【중간예납 의무】 (2018. 12. 24. 제목개정)

① 사업연도의 기간이 6개월을 초과하는 내국법인은 각 사업연도(합병이나 분할에 의하지 아니하고 새로 설립된 법인의 최초 사업연도는 제외한

③ 법 제62조의 2 제4항 단서에서 "대통령령으로 정하는 자산"이란 출연받은 날부터 3년 이내에 양도하는 자산을 말한다. 다만, 1년 이상 다음 각 호의 어느 하나에 해당하는 사업(보건업 외에 제3조 제1항에 해당하는 수익사업은 제외한다)에 직접 사용한 자산을 제외한다. (2019. 2. 12. 단서개정)

1. 법령에서 직접 사업을 정한 경우에는 그 법령에 규정된 사업 (2001. 12. 31 신설)

2. 행정관청으로부터 허가ㆍ인가 등을 받은 경우에는 그 허가ㆍ인가 등을 받은 사업 (2001. 12. 31 신설)

3. 제1호 또는 제2호 외의 경우에는 법인등기부상 목적사업으로 정하여진 사업 (2001. 12. 31 신설)

④ 「상속세 및 증여세법」에 의하여 상속세과세가액 또는 증여세과세가액에 산입되지 아니한 출연재산이 그 후에 과세요인이 발생하여 그 과세가액에 산입되지 아니한 상속세 또는 증여세의 전액 상당액이 부과되는 경우에는 제3항의 규정을 적용하지 아니한다. (2005. 2. 19. 개정)

⑤ 비영리내국법인이 법 제62조의 2 제7항의 규정에 의하여 양도소득과세표준 예정신고 및 자진납부를 한 경우에도 법 제60조 제1항의 규정에 의하여 과세표준의 신고를 할 수 있다. 이 경우 예정신고납부세액은 법 제64조의 규정에 의한 납부할 세액에서 이를 공제한다. (2001. 12. 31 신설)

⑥ 법 제62조의 2 제7항의 규정에 의하여 양도소득과세표준 예정신고를 하는 경우에는 기획재정부령이 정하는 양도소득과세표준 예정신고서를 제출하여야 한다. (2008. 2. 29. 직제개정 ; 기획재정부와~직제부칙)

통칙 63-0…1 【사업연도 변경에 따른 중간예납기간의 계산】
사업연도를 변경한 경우 변경후 사업연도의 중간예납기간은 변경한 사업연도의

다) 중 중간예납기간(中間豫納期間)에 대한 법인세액(이하 "중간예납세액"이라 한다)을 납부할 의무가 있다. 다만, 다음 각 호의 어느 하나에 해당하는 법인은 중간예납세액을 납부할 의무가 없다. (2018. 12. 24. 개정)
1. 다음 각 목의 어느 하나에 해당하는 법인 (2018. 12. 24. 개정)
　가. 「고등교육법」 제3조에 따른 사립학교를 경영하는 학교법인 (2018. 12. 24. 개정)
　나. 「국립대학법인 서울대학교 설립·운영에 관한 법률」에 따른 국립대학법인 서울대학교 (2018. 12. 24. 개정)
　다. 「국립대학법인 인천대학교 설립·운영에 관한 법률」에 따른 국립대학법인 인천대학교 (2018. 12. 24. 개정)
　라. 「산업교육진흥 및 산학연협력촉진에 관한 법률」에 따른 산학협력단 (2018. 12. 24. 개정)
　마. 「초·중등교육법」 제3조 제3호에 따른 사립학교를 경영하는 학교법인 (2020. 12. 22. 신설)
2. 직전 사업연도의 중소기업으로서 제63조의 2 제1항 제1호의 계산식에 따라 계산한 금액이 50만원 미만인 내국법인 (2022. 12. 31. 개정)
② 제1항의 중간예납기간은 해당 사업연도의 개시일부터 6개월이 되는 날까지로 한다. (2018. 12. 24. 개정)
③ 내국법인은 중간예납기간이 지난 날부터 2개월 이내에 중간예납세액을 대통령령으로 정하는 바에 따라 납세지 관할 세무서, 한국은행(그 대리점을 포함한다) 또는 체신관서(이하 "납세지 관할 세무서 등"이라 한다)에 납부하여야 한다. (2018. 12. 24. 개정)
④ 내국법인이 납부할 중간예납세액이 1천만원을 초과하는 경우에는 제64조 제2항을 준용하여 분납할 수 있다. (2018. 12. 24. 개정)

　제63조의 2 【중간예납세액의 계산】　① 중간예납세액은 다음 각 호의 어느 하나의 방법을 선택하여 계산한다. 다만, 직전 사업연도 종료일 현재 「독점규제 및 공정거래에 관한 법률」 제31조 제1항에 따른 공시대상기업집단에 속하는 내국법인(업종별 매출액 등을 고려하여 대통령령으로 정하는 법인은 제외한다)은 제2호의 방법에 따라 중간예납세액을 계산한다. (2024. 12. 31. 단서신설)

개시일로부터 6월이 되는 날까지로 한다. (2001. 11. 1 개정)
63-0…3 【직전사업연도 법인세액의 범위】
법인세 중간예납세액의 산정기초가 되는 "직전사업연도의 법인세"라 함은 중간예납기간 종료일까지 신고(「국세기본법」에 의한 수정신고를 포함한다) 또는 결정·경정에 의하여 확정된 세액을 말한다. 다만, 중간예납세액의 납부기한까지 직전사업연도의 법인세가 경정된 경우에는 그 경정으로 인하여 감소된 세액을 차감하여 계산한다. (2009. 11. 10. 개정)
63-0…6 【외국인투자기업의 중간예납 면제】
외국인투자자가 자본금의 100%를 출자하여 설립한 외국인투자기업이 「조세특례제한법」 제121조의 2에 의하여 해당 사업연도에 있어서 법인세의 전액을 면제받을 수 있는 경우에는 그 면제를 받는 부분에 대해서는 법 제63조에 규정하는 중간예납 의무도 면제하는 것으로 한다. (2024. 3. 15. 개정)
63-0…7 【법인세중간예납의 수정신고】 (2019. 12. 23. 제목개정)
「국세기본법」 제45조에 따른 수정신고 또는 같은 법 제45조의 2에 따른 경정 등의 청구는 과세표준신고서상의 누락·오류가 있는 때에 과세표준수정신고서 또는 경정청구서를 제출 또는 청구하는 것이므로 법 제63조에 따른 중간예납에는 이를 적용하지 아니한다. (2019. 12. 23. 개정)

　제100조 【중간예납】　① 법 제63조의 2 제1항 제1호에 따른 중간예납세액을 납부하는 때에는 기획재정부령으로 정하는 법인세 중간예납신고납부계산서를　납세지　관할세무서장에게　제출하여야　한다. (2019. 2. 12. 개정)

관계조문

규칙 82조 1항 57호 ⇒ 법인세 중간예납신고납부계산서

　제51조 【중간예납세액의 계산】　① 법 제63조의 2 제1항에 따라 중간예납세액을 계산할 때 사업연도의 변경으로 인하여 직전 사업연도가 1년 미만인 경우에는 그 기간을 직전 사업연도로 본다. (2019. 3. 20. 개정)
② 직전 사업연도의 법인세 산출세액은

1. 직전 사업연도의 산출세액을 기준으로 하는 방법 (2018. 12. 24. 신설)

$$중간예납세액 = (A - B - C - D) \times \frac{6}{E}$$

A : 해당 사업연도의 직전 사업연도에 대한 법인세로서 확정된 산출세액(가산세를 포함하고, 제55조의 2에 따른 토지등 양도소득에 대한 법인세액 및 「조세특례제한법」 제100조의 32에 따른 투자·상생협력 촉진을 위한 과세특례를 적용하여 계산한 법인세액은 제외한다. 이하 이 조에서 같다)

B : 해당 사업연도의 직전 사업연도에 감면된 법인세액(소득에서 공제되는 금액은 제외한다)

C : 해당 사업연도의 직전 사업연도에 법인세로서 납부한 원천징수세액

D : 해당 사업연도의 직전 사업연도에 법인세로서 납부한 수시부과세액

E : 직전 사업연도 개월 수. 이 경우 개월 수는 역에 따라 계산하되, 1개월 미만의 일수는 1개월로 한다.

2. 해당 중간예납기간의 법인세액을 기준으로 하는 방법 (2019. 12. 31. 개정)

$$중간예납세액 = (A - B - C - D)$$

A : 해당 중간예납기간을 1사업연도로 보고 제2장 제1절에 따라

② 법 제63조의 2 제1항 제2호에 따른 중간예납세액을 납부하는 때에는 기획재정부령으로 정하는 법인세 중간예납신고납부계산서에 법 제60조 제2항 각 호의 서류(이익잉여금처분계산서 또는 결손금처리계산서는 제외한다)를 첨부하여 납세지 관할세무서장에게 제출하여야 한다. (2019. 2. 12. 개정)

③ 제1항 및 제2항의 규정에 의한 납부에 있어서는 제101조 제1항 및 제2항의 규정을 준용한다. (98. 12. 31 개정)

④ 법 제63조의 2 제1항 각 호 외의 부분 단서에서 "업종별 매출액 등을 고려하여 대통령령으로 정하는 법인"이란 「조세특례제한법 시행령」 제2조 제1항 제1호의 요건을 갖춘 기업을 말한다. (2025. 2. 28. 신설)

• 예판
• 합병등기일이 속하는 최종 사업연도가 6월을 초과하는 피합병법인이 중간예납 납부기한 도래 전에 법인세 신고시는 중간예납하지 않으며, 이 경우 합병법인은 당해 합병법인의 직전사업연도만을 기준으로 중간예납세액을 계산함. (서이 46012 - 10380, 2001. 10. 18)
• 법인이 청산기간 중에 해산 전의 사업을 계속 영위시 중간예납의 납세의무가 있으며 이를 위반시 가산세가 적용됨. (서면2팀 - 1593, 2004. 7. 29.)
••

통칙 63의 2 - 0···2 【감면세액의 범위】 (2019. 12. 23. 번호개정)
법 제63조의 2 제1항 제1호에 따른 "감면된 법인세액"에는 다음 각 호의 감면세액을 포함하는 것으로 한다. (2019. 12. 23. 개정)
1. 외국납부세액 공제액

있으나 중간예납세액·원천징수세액 및 수시부과세액이 산출세액을 초과함으로써 납부한 세액이 없는 경우에는 법 제63조의 2 제2항 제2호 가목에 따른 직전 사업연도의 법인세액이 없는 경우로 보지 아니한다. (2019. 3. 20. 개정)

③ 결손 등으로 인하여 직전 사업연도의 법인세 산출세액이 없이 가산세로서 확정된 세액이 있는 법인의 경우에는 법 제63조의 2 제1항 제2호에 따라 해당 중간예납세액을 계산하여 납부하여야 한다. (2019. 3. 20. 개정)

④ 「조세특례제한법」 제72조 제1항의 규정에 의한 조합법인 등(당기순이익 과세를 포기한 법인을 제외한다)이 직전 사업연도의 법인세액이 없거나 당해 중간예납기간 종료일까지 법인세액이 확정되지 아니한 경우에는 당해 중간예납기간을 1사업연도로 보아 계산한 당기순이익을 과세표준으로 중간예납세액을 계산하여 납부하여야 한다. (2005. 2. 28. 개정)

⑤ 법 제63조의 2 제1항 제2호의 계산식을 적용할 때 해당 내국법인이 「조세특례제한법」에 따라 세액감면 등의 특례를 적용받는 중소기업에 해당하는지를 판단할 필요가 있는 경우 같은 법 시행령 제2조 제1호에 따른 업종별 매출액은 해당 중간예납기간의 매출액을 연간 매출액으로 환산한 금액으로 한다. (2022. 3. 18. 신설)

⑥ 법 제63조의 2 제1항 제2호에 따른 중간예납기간에 대한 법인세 산출세액의 계산에 관해서는 제45조를 준용한다. (2022.

　　　계산한 과세표준에 제55조를 적용하여 산출한 법인세액
　　B : 해당 중간예납기간에 감면된 법인세액(소득에서 공제되는
　　　　금액은 제외한다)
　　C : 해당 중간예납기간에 법인세로서 납부한 원천징수세액
　　D : 해당 중간예납기간에 법인세로서 부과한 수시부과세액

② 제1항에도 불구하고 다음 각 호의 어느 하나에 해당하는 경우에는 다음 각 호의 구분에 따라 중간예납세액을 계산한다. (2018. 12. 24. 신설)

② 제1항 본문에도 불구하고 다음 각 호의 어느 하나에 해당하는 경우에는 해당 각 호의 구분에 따라 중간예납세액을 계산한다. (2024. 12. 31. 개정)

1. 제63조 제3항에 따른 중간예납의 납부기한까지 중간예납세액을 납부하지 아니한 경우(제2호 각 목에 해당하는 경우는 제외한다) : 제1항 제1호에 따른 방법 (2018. 12. 24. 신설)

1. 제63조 제3항에 따른 중간예납의 납부기한까지 중간예납세액을 납부하지 아니한 경우(제1항 각 호 외의 부분 단서 또는 이 항 제2호 각 목에 해당하는 경우는 제외한다) : 제1항 제1호에 따른 방법 (2024. 12. 31. 개정)

2. 다음 각 목의 어느 하나에 해당하는 경우 : 제1항 제2호에 따른 방법 (2018. 12. 24. 신설)

　가. 직전 사업연도의 법인세로서 확정된 산출세액(가산세는 제외한다)이 없는 경우(제51조의 2 제1항 각 호 또는 「조세특례제한법」 제104조의 31 제1항의 법인의 경우는 제외한다) (2020. 12. 22. 개정)

　나. 해당 중간예납기간 만료일까지 직전 사업연도의 법인세액이 확정되지 아니한 경우 (2019. 12. 31. 개정)

　다. 분할신설법인 또는 분할합병의 상대방 법인의 분할 후 최초의 사업연도인 경우 (2018. 12. 24. 신설)

　라. 합병법인 또는 피합병법인이 합병 당시 제1항 각 호 외의 부분 단서에 따른 내국법인에 해당하는 경우로서 해당 합병법인의 합병 후 최초의 사업연도인 경우 (2024. 12. 31. 신설)

③ 합병법인이 합병 후 최초의 사업연도에 제1항 제1호에 따라 중간예납세액을 납부하는 경우에는 다음 각 호의 구분에 따른 사업연도를 모두 제1항 제1호에 따른 직전 사업연도로 본다. (2018. 12. 24. 신설)

2. 세법 이외의 법률의 규정에 의한 감면세액 (2001. 11. 1. 개정)

63의 2 - 0…3【중간예납기간의 과세표준계산】(2019. 12. 23. 번호개정)
법 제63조의 2 제1항 제2호에 따라 중간예납세액을 계산하는 경우의 과세표준 금액은 해당 중간예납기간의 소득금액에서 다음 각 호의 금액을 가감하여 계산한다. (2024. 3. 15. 개정)

1. 중간예납기간 개시일 전 10년 이내에 개시한 사업연도에서 발생한 결손금으로서 그 후의 각 사업연도의 과세표준 계산에 있어서 공제되지 아니한 금액을 공제한다. (2019. 12. 23. 개정)

2. 제준비금(충당금을 포함한다)의 손금산입 (2019. 12. 23. 개정)
　제준비금의 손금산입은 이를 결산에 반영한 경우에 한하여 손금산입한다. 다만, 「조세특례제한법」에 의한 준비금 및 영 또는 「조세특례제한법 시행령」에 의한 일시상각충당금 또는 압축기장충당금은 법 제61조에 따라 손금에 산입할 수 있다.

3. 제준비금 등의 환입
　가. 손금계상연도의 다음 사업연도에 일시환입을 요하는 준비금 및 충당금은 해당 중간예납기간에 전액을 익금으로 환입계상한다. (2024. 3. 15. 개정)
　나. 일정기간 거치후 상계잔액을 일시에 환입해야 하는 준비금은 해당 중간예납기간이 속하는 사업연도에 환입해야 할 준비금에 (해당 중간예납기간의 월수/해당 사업연도의 월수)를 곱하여 산출한 금액을 환입계상한다. (2024. 3. 15. 개정)
　다. 일정기간 거치 후 사용분과 미사용분으로 구분하여 균분 또는 일시 환입되는 준비금은 해당 중간예납기간이 속하는 사업연도 종료일까지 전액을 사용하는 것으로 보고 균분(해당 중간예납기간의 월수/환입대상기간 월수) 환입계상한다. (2024. 3. 15. 개정)
　라. 기타의 준비금은 법 소정의 규정에 따라 월할 균분 환입계상한다.
　마. 제준비금 등의 환입계상은 결산에 반영함이 없이 세무조정 신고로 갈음할 수 있다.

4. 감가상각비 등의 손금산입
　가. 감가상각비는 해당 중간예납기간의 상각범위액을 한도로 결산에 반영한 경우에 손금에 산입한다. (정상상각률×해당 월수/12) (2024. 3. 15. 개정)
　나. 기타 각종비용에 대하여도 법에 특별한 규정이 있는 경우를 제외하고는 결산에 반영된 경우에 한하여 해당 중간예납기간의 손비로 본다. (2024. 3. 15. 개정)

5. 공제감면세액의 계산
　가. 해당 사업연도에 적용될 감면범위에 의하여 계산한 감면세액 상당액을 공제한다. (2024. 3. 15. 개정)

3. 18. 항번개정)

통칙 63의 2 - 100…1【중간예납세액계산 시 세무조정계산서 첨부】
　　　　　(2019. 12. 23. 번호개정)
법 제63조의 2 제1항 제2호에 따라 중간예납세액을 계산하는 경우에도 법 제60조 제2항 제2호에 따른 세무조정계산서를 첨부하여야 한다. 이 경우 세무조정계산서는 해당 법인이 작성·첨부할 수 있다. (2019. 12. 23. 개정)

63의 2 - 0…1【법 제63조의 2 제1항에 의한 중간예납세액의 계산】
　　　　　(2019. 12. 23. 번호개정)
법 제63조의 2 제1항의 규정에 의하여 법인세 중간예납세액을 계산하는 경우에는 다음 각 호의 예에 따라 계산한다 (2019. 12. 23. 개정)

1. 법인이 해당 중간예납기간 중에 적용되는 세율이 변동되는 경우에도 직전사업연도의 법인세로서 확정된 산출금액(가산세액을 포함하고 토지 등 양도소득에 대한 법인세를 제외한다)을 기준으로 한다. 다만, 법에서 세율적용에 관하여 특례규정을 둔 경우에는 그러하지 아니한다. (2019. 12. 23. 개정)

2. 청산법인(청산기간 중에 해산 전의 사업을 계속하여 영위하는 경우로서 해당사업에서 사업수입금액이 발생하는 경우는 제외한다)은 중간예납 대상법인이 아니며 국내사업장이 있는 외국법인은 중간예납의 납세의무가 있다. (2009. 11. 10. 개정)

1. 합병법인의 직전 사업연도 (2018. 12. 24. 신설)
2. 각 피합병법인의 합병등기일이 속하는 사업연도의 직전 사업연도
   (2018. 12. 24. 신설)
④ 제76조의 9, 제76조의 10 및 제76조의 12에 따라 연결납세방식을
적용하지 아니하게 된 법인이 연결납세방식을 적용하지 아니하는 최초
의 사업연도에 제1항 제1호에 따라 중간예납세액을 납부하는 경우에는
직전 연결사업연도의 제76조의 15 제4항에 따른 연결법인별 산출세액
을 제1항 제1호에 따른 계산식의 직전 사업연도에 대한 법인세로서 확
정된 산출세액으로 본다. (2018. 12. 24. 신설)
⑤ 납세지 관할 세무서장은 중간예납기간 중 휴업 등의 사유로 수입금
액이 없는 법인에 대하여 그 사실이 확인된 경우에는 해당 중간예납기
간에 대한 법인세를 징수하지 아니한다. (2018. 12. 24. 신설)

　　제64조【납　부】① 내국법인은 각 사업연도의 소득에 대한 법인
세 산출세액에서 다음 각 호의 법인세액(가산세는 제외한다)을 공제한
금액을 각 사업연도의 소득에 대한 법인세로서 제60조에 따른 신고기한
까지 납세지 관할 세무서 등에 납부하여야 한다. (2010. 12. 30. 개정)
1. 해당 사업연도의 감면세액 · 세액공제액 (2018. 12. 24. 개정)
2. 제63조의 2에 따른 해당 사업연도의 중간예납세액 (2018. 12. 24. 개정)
3. 제69조에 따른 해당 사업연도의 수시부과세액 (2010. 12. 30. 개정)
4. 제73조 및 제73조의 2에 따라 해당 사업연도에 원천징수된 세액
   (2018. 12. 24. 개정)
② 내국법인이 제1항에 따라 납부할 세액이 1천만원을 초과하는 경우
에는 대통령령으로 정하는 바에 따라 납부할 세액의 일부를 납부기한
이 지난 날부터 1개월(중소기업의 경우에는 2개월) 이내에 분납할 수
있다. (2018. 12. 24. 개정)

통칙 64 - 0…1【착오징수된 원천징수세액의 공제 등】
① 법 제73조에서 원천징수대상으로 규정하지 아니한 소득에 대하여 원천징수된
법인세액은 법인세 산출세액에서 공제하는 법 제64조 제1항 제4호의 "원천징수된
세액"에 해당하지 아니한다. (2019. 12. 23. 개정)
② 법 제73조 및 제98조에 따라 원천징수 납부한 법인세에 과오납이 있는 경우
이에 대한 환급은 「소득세법 시행규칙」 제93조를 준용, 원천징수하여 납부할 세

나. 신청을 요건으로 하는 감면세액 등은 중간예납 신고납부계산서에 해당금액
　을 계상하고 소정의 산출명세서를 제출하여야 하며 이 경우도 확정신고시
　제출을 면제하지 아니한다.
6. 최저한세의 적용 각종준비금 · 특별상각 · 소득공제 · 세액공제 및 감면 등에 대
하여는 중간예납세액을 계산함에 있어서도 「조세특례제한법」 제132조의 규정
에 의한 최저한세를 적용한다. (2019. 12. 23. 개정)

　　제101조【납　부】① 법 제64조의 규정에 의하여 법인세를 자진
납부하는 법인은 법 제60조의 규정에 의한 신고와 함께 납세지 관할세
무서에 납부하거나 「국세징수법」에 의한 납부서에 의하여 한국은행(그
대리점을 포함한다) 또는 체신관서에 납부하여야 한다. (2005. 2. 19.
개정)

관계조문 ▶▶

영 96조 ⇒ 감면 및 세액공제액의 계산

② 법 제64조 제2항의 규정에 의하여 분납할 수 있는 세액은 다음 각
호에 의한다. (98. 12. 31 개정)
1. 납부할 세액이 2천만원 이하인 경우에는 1천만원을 초과하는 금액
   (98. 12. 31 개정)
2. 납부할 세액이 2천만원을 초과하는 경우에는 그 세액의 100분의 50
   이하인 금액 (98. 12. 31 개정)

• 예 판 ……………………………………
중간예납의 경우 직전사업연도의 산출세액
을 기준으로 납부하는 경우 직전사업연도의
중소기업 해당 여부에 따라 그 분납기간을
계산하여야 하는 것임. (서면2팀 - 1503,
2005. 9. 20.)
………………………………………………

액에서 조정하여 환급한다. (2019. 12. 23. 개정)

64 - 0…2 【원천징수 납부세액의 공제시기】
법인에게 이자소득금액을 지급하는 때에는 법인세를 원천징수하는 것이며, 그 이자소득금액에 대한 원천납부 법인세액은 그 이자소득금액을 지급받은 사업연도의 법인세 산출세액에서 이를 공제한다.

64 - 0…3 【분납대상 세액의 범위】
법 제74조의 2, 제75조 및 제75조의 2부터 제75조의 9까지의 가산세와 「법인세법」 또는 「조세특례제한세법」에 의하여 법인세에 가산하여 납부하여야 할 감면분 추가납부세액 등은 법 제64조 제2항에 따른 분납대상 세액에 포함하지 아니한다. (2024. 3. 15. 개정)

제65조 【물　납】① 내국법인이 「공익사업을 위한 토지 등의 취득 및 보상에 관한 법률」이 적용되는 공공사업용으로 그 공공사업의 시행자에게 토지 등을 양도하거나 같은 법 또는 그 밖의 법률에 따라 수용됨으로써 발생하는 소득에 대한 법인세를 금전으로 납부하기 곤란한 경우에는 그 토지 등의 대금으로 교부받은 채권으로 납부할 수 있다. 다만, 대통령령으로 정하는 경우에는 그러하지 아니하다. (2010. 12. 30. 개정)
② 제1항에 따른 채권 납부의 대상, 그 채권의 평가 및 납부 절차 등에 관하여 필요한 사항은 대통령령으로 정한다. (2010. 12. 30. 개정)

제65조 【물　납】삭　제 (2015. 12. 15.)

제 4 절　결정 · 경정 및 징수

제 1 관　과세표준의 결정 및 경정

제66조 【결정 및 경정】① 납세지 관할 세무서장 또는 관할지방국세청장은 내국법인이 제60조에 따른 신고를 하지 아니한 경우에는 그 법인의 각 사업연도의 소득에 대한 법인세의 과세표준과 세액을 결정한다. (2010. 12. 30. 개정)
② 납세지 관할 세무서장 또는 관할지방국세청장은 제60조에 따른 신고를 한 내국법인이 다음 각 호의 어느 하나에 해당하는 경우에는 그 법인의 각 사업연도의 소득에 대한 법인세의 과세표준과 세액을 경정한다. (2010. 12. 30. 개정)
1. 신고 내용에 오류 또는 누락이 있는 경우 (2010. 12. 30. 개정)

제102조 【물　납】① 법 제65조 제1항의 규정에 의한 채권은 「공익사업을 위한 토지 등의 취득 및 보상에 관한 법률」 제63조 제2항 및 제3항의 규정에 의하여 당해 공공사업의 시행자가 발행한 보상채권을 말한다. (2005. 2. 19. 개정)
② 법 제65조 제1항의 규정에 의하여 물납에 충당할 채권의 수납가액은 「상속세 및 증여세법」 제63조 제1항 제2호의 규정을 준용하여 평가한 가액에 의한다. (2005. 2. 19. 개정)
③ 법 제65조 제1항의 규정에 의한 법인세(가산세를 제외한다. 이하 이 조에서 같다)의 물납은 동항의 규정에 의한 공공사업의 시행자에게 양도하거나 수용되어 발생한 양도차익에 대한 법인세액을 한도로 토지 등을 양도한 사업연도의 납부세액이 1천만원을 초과하는 경우에 한한다. (2001. 12. 31 개정)
④ 내국법인이 제3항의 규정에 의하여 법인세를 물납하고자 하는 경우에는 기획재정부령이 정하는 바에 따라 법 제60조의 규정에 의한 신고(법 제62조의 2 제7항 및 제8항의 규정에 의한 비영리내국법인의 양도소득과세표준 예정신고를 포함한다. 이하 이 조에서 같다)기한 10일 전까지 납세지 관할세무서장에게 신청하여야 한다. (2008. 2. 29. 직제 개정 ; 기획재정부와~직제 부칙)
⑤ 제4항의 규정에 의한 신청을 받은 납세지 관할세무서장은 법 제60조의 규정에 의한 신고기한 전일까지 제2항의 규정에 의하여 채권의 수납가액을 평가하여 그 물납에 대한 결정상황을 신청인에게 통지하여야 한다. (98. 12. 31 개정)
⑥ 법 제65조 제1항 단서에서 "대통령령으로 정하는 경우"란 기획재정부장관이 세입 또는 통화의 조절상 필요하다고 인정하는 경우를 말한다. (2011. 6. 3. 개정)

제102조 【물　납】삭　제 (2016. 2. 12.)

제 4 절　결정 · 경정 및 징수

제 1 관　과세표준의 결정 및 경정

제103조 【결정 및 경정】① 납세지 관할 세무서장은 법 제66조에 따라 과세표준과 세액을 결정 또는 경정한다. 다만, 국세청장이 특히 중요하다고 인정하는 것에 대하여는 납세지 관할지방국세청장이 이를 결정 또는 경정할 수 있으며, 이 경우 납세지 관할세무서장은 해당 과세표준을 결정 또는 경정하기 위하여 필요한 서류를 납세지 관할지방국세청장에게 지체 없이 보내야 한다. (2019. 2. 12. 개정)
② 법 제66조에 따른 결정 또는 경정은 법 제60조에 따른 신고서 및 그 첨부서류에 의하거나 비치기장된 장부 또는 그 밖의 증명서류에 의한 실지조사에 의함을 원칙으로 한다. (2019. 2. 12. 개정)

제52조 【물납의 신청 및 통지】(2003. 3. 26 제목개정)
① 영 제102조 제4항의 규정에 의하여 물납을 신청하고자 하는 법인은 물납신청서를 납세지 관할세무서장에게 제출하여야 한다. (99. 5. 24 개정)
② 납세지 관할세무서장이 영 제102조 제5항의 규정에 의하여 물납에 대한 결정상황을 신청인에게 통지하는 경우에는 물납결정상황통지서에 의한다. (99. 5. 24 개정)

제52조 【물납의 신청 및 통지】삭 제 (2019. 3. 20.)

2. 제120조 또는 제120조의 2에 따른 지급명세서, 제121조에 따른 매출·매입처별 계산서합계표의 전부 또는 일부를 제출하지 아니한 경우 (2010. 12. 30. 개정)
3. 다음 각 목의 어느 하나에 해당하는 경우로서 시설 규모나 영업 현황으로 보아 신고 내용이 불성실하다고 판단되는 경우 (2010. 12. 30. 개정)
　가. 제117조 제1항에 따른 신용카드가맹점 가입 요건에 해당하는 법인이 정당한 사유 없이 「여신전문금융업법」에 따른 신용카드가맹점(법인만 해당한다. 이하 "신용카드가맹점"이라 한다)으로 가입하지 아니한 경우 (2010. 12. 30. 개정)
　나. 신용카드가맹점이 정당한 사유 없이 제117조 제2항을 위반하여 신용카드에 의한 거래를 거부하거나 신용카드 매출전표를 사실과 다르게 발급한 경우 (2010. 12. 30. 개정)
　다. 제117조의 2 제1항에 따라 현금영수증가맹점으로 가입하여야 하는 법인 및 「부가가치세법」 제46조 제4항에 따라 현금영수증가맹점 가입 대상자로 지정받은 법인이 정당한 사유 없이 「조세특례제한법」 제126조의 3에 따른 현금영수증가맹점(이하 "현금영수증가맹점"이라 한다)으로 가입하지 아니한 경우 (2013. 6. 7. 개정 ; 부가가치세법 부칙)
　라. 현금영수증가맹점이 정당한 사유 없이 현금영수증 발급을 거부하거나 사실과 다르게 발급한 경우 (2010. 12. 30. 개정)
4. 내국법인이 「자본시장과 금융투자업에 관한 법률」 제159조에 따른 사업보고서 및 「주식회사의 외부감사에 관한 법률」 제8조에 따른 감사보고서를 제출할 때 수익 또는 자산을 과대 계상하거나 손비 또는 부채를 과소 계상하는 등 사실과 다른 회계처리를 함으로 인하여 그 내국법인, 그 감사인 또는 그에 소속된 공인회계사가 대통령령으로 정하는 경고·주의 등의 조치를 받은 경우로서 과세표준 및 세액을 과다하게 계상하여 「국세기본법」 제45조의 2에 따라 경정을 청구한 경우 (2010. 12. 30. 개정)
4. 삭 제 (2016. 12. 20.)

③ 납세지 관할 세무서장 또는 관할지방국세청장은 제1항과 제2항에 따라 법인세의 과세표준과 세액을 결정 또는 경정하는 경우에는 장부나 그 밖의 증명서류를 근거로 하여야 한다. 다만, 대통령령으로 정하

③ 법 제66조 제1항에 따른 결정은 법 제60조에 따른 신고기한부터 1년 내에 완료해야 한다. 다만, 국세청장이 조사기간을 따로 정하거나 부득이한 사유로 인하여 국세청장의 승인을 받은 경우에는 그러하지 아니하다. (2019. 2. 12. 개정)

제103조의 2 【사실과 다른 회계처리로 인한 경고·주의 등의 조치】 법 제66조 제2항 제4호에서 "대통령령으로 정하는 경고·주의 등의 조치"란 다음 각 호의 어느 하나에 해당하는 것을 말한다. (2009. 2. 4. 개정)
1. 「자본시장과 금융투자업에 관한 법률」 제164조 및 같은 법 시행령 제175조에 따른 임원해임권고, 일정기간 증권의 발행제한, 같은 법 위반에 따른 고발 또는 수사기관에의 통보, 다른 법률 위반에 따른 관련기관 또는 수사기관에의 통보, 경고 또는 주의 (2009. 2. 4. 개정)
2. 「자본시장과 금융투자업에 관한 법률」 제429조 제3항에 따른 과징금의 부과 (2009. 2. 4. 개정)
3. 「자본시장과 금융투자업에 관한 법률」 제444조 제13호 및 제446조 제28호에 따른 징역 또는 벌금형의 선고 (2009. 2. 4. 개정)
4. 「주식회사의 외부감사에 관한 법률」 제16조 제1항의 규정에 의한 감사인 또는 그에 소속된 공인회계사의 등록취소 및 업무·직무의 정지건의, 특정 회사에 대한 감사업무의 제한 (2005. 2. 19. 개정)
5. 「주식회사의 외부감사에 관한 법률」 제16조 제2항의 규정에 의한 주주총회에 대한 임원의 해임권고 또는 유가증권의 발행제한 (2005. 2. 19. 개정)
6. 「주식회사의 외부감사에 관한 법률」 제20조의 규정에 의한 징역 또는 벌금형의 선고 (2005. 2. 19. 개정)
제103조의 2 【사실과 다른 회계처리로 인한 경고·주의 등의 조치】 삭 제 (2017. 2. 3.)

제104조 【추계결정 및 경정】 ① 법 제66조 제3항 단서에서 "대통령령으로 정하는 사유"란 다음 각 호의 어느 하나에 해당하는 경우를 말한다. (2019. 2. 12. 개정)

는 사유로 장부나 그 밖의 증명서류에 의하여 소득금액을 계산할 수 없는 경우에는 대통령령으로 정하는 바에 따라 추계(推計)할 수 있다. (2010. 12. 30. 개정)

통칙 66-104…1 【업태구분 기준】
추계과세를 하는 경우 업태의 구분은 법 및 이 통칙에서 특별히 정하는 경우를 제외하고는 「소득세법」 제19조 제3항을 준용한다. (2019. 12. 23. 개정)

66-104…3 【추계경정 등의 과세표준 계산】
법 제66조 제3항 단서에 따라 과세표준을 추계조사결정 또는 경정하는 경우에는 영 제104조 제2항에 의하여 계산된 금액에 다음 각 호의 금액을 가감하여 과세표준을 계산한다. (2019. 12. 23. 개정)
1. 과세표준에 가산할 금액
　가. 영 제11조의 수익 중 같은 조 제1호의 사업수입 외의 수익(비영리법인의 경우에는 법 제4조 제3항의 수익사업 또는 수입에 해당하는 수익에 한한다). 다만, 해당 사업연도 중에 지출한 손비 중 환입된 금액과 부동산임대업을 영위하는 법인이 받는 수입이자 중 임대보증금에 대한 수입이자 상당액을 제외한다. (2024. 3. 15. 개정)
　나. 특수관계 있는 자와의 거래에 있어 영 제88조 및 제89조에 따라 익금에 산입하는 금액 (2019. 12. 23. 개정)
　다. 영 제104조 제3항 제3호의 준비금 또는 충당금 (2019. 12. 23. 개정)
2. 과세표준에 차감할 금액
　가. 제1호 "가"의 수입금액에 직접 대응되는 원가상당액으로서 증빙서류나 객관적인 자료에 의하여 확인되는 금액
　나. 기타 사업수입금액을 얻기 위하여 지출한 비용(영업외비용을 포함한다)에 해당되지 아니하는 특별손실로서 해당 법인에 귀속된 것이 분명한 금액 (2024. 3. 15. 개정)

66-104…6 【추계결정의 제외】
다음 각호에 해당하는 경우만으로는 법 제66조 제3항 단서의 규정에 의한 추계결정을 하지 아니한다. (2001. 11. 1 개정)
1. 장부를 비치 기장하고 있는 경우로서 일부 재고자산의 수불내용이 상이한 때
2. 재무상태표상의 제품과 재공품액이 사실과 다른 때 (2024. 3. 15. 개정)

④ 납세지 관할 세무서장 또는 관할지방국세청장은 법인세의 과세표준과 세액을 결정 또는 경정한 후 그 결정 또는 경정에 오류나 누락이 있는 것을 발견한 경우에는 즉시 이를 다시 경정한다. (2010. 12. 30. 개정)

1. 소득금액을 계산할 때 필요한 장부 또는 증명서류가 없거나 중요한 부분이 미비 또는 허위인 경우 (2019. 2. 12. 개정)
2. 기장의 내용이 시설규모, 종업원수, 원자재·상품·제품 또는 각종 요금의 시가 등에 비추어 허위임이 명백한 경우 (98. 12. 31 개정)
3. 기장의 내용이 원자재사용량·전력사용량 기타 조업상황에 비추어 허위임이 명백한 경우 (98. 12. 31 개정)
② 법 제66조 제3항 단서에 따른 추계결정 또는 경정을 하는 경우에는 다음 각 호의 어느 하나의 방법에 따른다. (2009. 2. 4. 개정)
1. 사업수입금액에서 다음 각목의 금액을 공제한 금액을 과세표준으로 하여 그 세액을 결정 또는 경정하는 방법. 이 경우 공제할 금액이 사업수입금액을 초과하는 경우에는 그 초과금액은 없는 것으로 본다. (2001. 12. 31 개정)
　가. 매입비용(사업용 유형자산 및 무형자산의 매입비용을 제외한다. 이하 이 조에서 같다)과 사업용 유형자산 및 무형자산에 대한 임차료로서 증명서류에 의하여 지출하였거나 지출할 금액 (2019. 2. 12. 개정)
　나. 대표자 및 임원 또는 직원의 급여와 임금 및 퇴직급여로서 증명서류에 의하여 지급하였거나 지급할 금액 (2019. 2. 12. 개정)
　다. 사업수입금액에 「소득세법 시행령」 제145조의 규정에 의한 기준경비율(이하 "기준경비율"이라 한다)을 곱하여 계산한 금액 (2005. 2. 19. 개정)
2. 기준경비율이 결정되지 아니하였거나 천재지변 등으로 장부나 그 밖의 증명서류가 멸실된 때에는 기장이 가장 정확하다고 인정되는 동일 업종의 다른 법인의 소득금액을 고려하여 그 과세표준을 결정 또는 경정하는 방법. 다만, 동일 업종의 다른 법인이 없는 경우로서 과세표준신고 후에 장부나 그 밖의 증명서류가 멸실된 때에는 법 제60조에 따른 신고서 및 그 첨부서류에 의하고 과세표준신고 전에 장부나 그 밖의 증명서류가 멸실된 때에는 직전사업연도의 소득률에 의하여 과세표준을 결정 또는 경정한다. (2019. 2. 12. 개정)

통칙 66-104…4 【동일업종의 다른 법인의 범위】
영 제104조 제2항 제2호에 따른 "동일업종의 다른 법인"은 추계조사 결정법인과

제53조 【추계결정방법 등】 (2009. 3. 30. 제목개정)
① 영 제104조 제2항을 적용할 때에 기준경비율이 있는 업종과 기준경비율이 없는 업종을 겸영하는 법인의 경우 기준경비율이 있는 업종에 대하여는 같은 항 제1호에 따르고 기준경비율이 없는 업종에 대하여는 같은 항 제2호에 따른다. (2009. 3. 30. 개정)
② 영 제104조 제2항 제3호에서 "기획재정부령으로 정하는 사유"란 다음 각 호의 어느 하나에 해당하는 것을 말한다. (2009. 3. 30. 개정)
1. 무자료거래, 위장·가공 거래 등 거래내용이 사실과 다른 혐의가 있는 경우 (2009. 3. 30. 개정)
2. 구체적인 탈세 제보가 있는 경우 (2009. 3. 30. 개정)
3. 거래상대방이 「조세범처벌법」에 따른 범칙행위를 하여 조사를 받고, 조사과정에서 해당 법인과의 거래내용이 파악된 경우 (2009. 3. 30. 개정)
4. 법인의 사업내용, 대표자의 재산상황 등을 고려할 때 명백한 탈루혐의가 있다고 인정되는 경우 (2009. 3. 30. 개정)

통칙 66-0…1【허위로 자진신고 납부한 법인세의 환급대상】
법인이 신고한 소득금액의 내용이 허위 또는 착오인 것이 객관적으로 명백하여 경정하는 경우를 제외하고는 그 신고내용을 정당한 것으로 보아 그 세액을 환급하지 아니한다.

동일행정구역내에 소재하는 법인에 한정하는 것이 아니다. (2019. 12. 23. 개정)

66-104…7【추계결정 및 경정의 적용방법】
영 제104조 제2항에 따라 추계결정 또는 경정을 하는 경우, 같은 항 제2호 또는 제3호에 해당하는 때에는 제1호의 방법에 우선하여 해당 추계결정 또는 경정방법을 적용한다. (2009. 11. 10. 신설)

3. 「조세특례제한법」 제7조 제1항 제2호 가목에 따른 소기업이 폐업한 때(조세탈루혐의가 있다고 인정되는 경우로서 기획재정부령으로 정하는 사유가 있는 경우는 제외한다)에는 다음 각 목에 따라 계산한 금액 중 적은 금액을 과세표준으로 하여 결정 또는 경정하는 방법 (2013. 2. 15. 개정)
   가. 수입금액에서 수입금액에 「소득세법 시행령」 제145조에 따른 단순경비율을 곱한 금액을 뺀 금액 (2013. 2. 15. 신설)
   나. 수입금액에 직전 사업연도의 소득률을 곱하여 계산한 금액 (2013. 2. 15. 신설)
   다. 제1호의 방법에 따라 계산한 금액 (2014. 2. 21. 신설)
③ 법 제66조 제3항 단서에 따른 추계결정 또는 경정을 하는 경우에는 제2항에 따라 계산한 금액에 다음 각 호의 금액을 더한 금액을 과세표준으로 하여 그 세액을 결정 또는 경정한다. (2012. 2. 2. 개정)
1. 제11조(제1호는 제외한다)의 수익(비영리법인의 경우에는 법 제4조 제3항에 따른 수익사업에서 생기는 수익으로 한정하며, 이하 이 호에서 "사업외수익"이라 한다)의 금액에서 다음 각 목의 금액을 차감한 금액 (2019. 2. 12. 개정)
   가. 사업외수익에 직접 대응되고 증명서류나 객관적인 자료에 의하여 확인되는 원가상당액 (2019. 2. 12. 개정)
   나. 사업외수익에 해당 사업연도 중에 지출한 손비 중 환입된 금액이 포함된 경우에는 그 금액 (2012. 2. 2. 개정)
   다. 부동산을 임대하는 법인의 수입이자가 사업외수익에 포함된 경우에는 부동산임대에 의한 전세금 또는 임대보증금에 대한 수입이자 상당액 (2012. 2. 2. 개정)
2. 특수관계인과의 거래에서 제88조 및 제89조에 따라 익금에 산입하는 금액 (2012. 2. 2. 개정)

통칙 67-106…20【추계결정(경정)시 소득처분대상금액】
영 제104조 제2항에 따라 추계결정 또는 경정된 과세표준과 대차대조표상의 당기순이익과의 차액을 영 제106조 제2항에 따라 소득처분하는 경우에 당기순이익은 당기분 법인세와 전기분 추가법인세 및 법인세환수액·전기오류수정익 및 전기오류수정손 등을 각각 손금 또는 익금에 가산하지 아니한 것을 말한다. (2019. 12. 23. 개정)

통칙 66-104…2【사업수입금액의 범위】
영 제104조 제2항에 규정하는 사업수입금액에는 영업외수익 및 특별이익 중 부산물·설물·재고자산의 처분액 등과 같이 통상 주된 사업에 관련하여 발생하는 부수수익을 포함한다. (2001. 11. 1 개정)

66-104…5【추계경정 등의 특례】
① 당초결정 또는 경정이 실지조사에 의하여 이루어진 경우에는 그 후에 추계방법으로 경정 또는 재경정을 할 수 없다. 따라서 그 후 소득금액의 누락 또는 탈루가 발견되었으나 천재·지변 기타 불가항력의 사유로 당초의 장부와 증빙 등이 멸실되어 실지조사할 수 없는 경우에는 그 부분에 한하여 소득금액을 추계할 수 있다. (85. 1. 1 개정)
② 당초 결정 또는 경정이 추계결정 되었을 경우

3. 법 제34조 또는 「조세특례제한법」에 따라 익금에 산입하여야 할 준비금 또는 충당금이 있는 법인의 경우 그 익금에 산입하여야 할 준비금 또는 충당금 (2012. 2. 2. 개정)

제105조【추계결정·경정 시의 사업수입금액계산】 (2019. 2. 12. 제목개정)

① 내국법인의 각 사업연도의 사업수입금액을 장부나 그 밖의 증명서류에 의하여 계산할 수 없는 경우 그 사업수입금액의 계산은 다음 각 호의 방법에 따른다. (2021. 1. 5. 개정 ; 어려운 법령용어~대통령령)

1. 기장이 정당하다고 인정되어 기장에 의하여 조사결정한 동일 업종의 업황이 유사한 다른 법인의 사업수입금액을 참작하여 계산하는 방법 (98. 12. 31 개정)

2. 국세청장이 사업의 종류·지역 등을 고려하여 사업과 관련된 인적·물적 시설(종업원·객실·사업장·차량·수도·전기 등)의 수량 또는 가액과 매출액의 관계를 정한 영업효율이 있는 경우에는 이를 적용하여 계산하는 방법 (2021. 1. 5. 개정 ; 어려운 법령용어~대통령령)

3. 국세청장이 업종별로 투입원재료에 대하여 조사한 생산수율이 있는 경우에는 이를 적용하여 계산한 생산량에 당해 사업연도 중에 매출된 수량의 시가를 적용하여 계산하는 방법 (98. 12. 31 개정)

4. 국세청장이 사업의 종류별·지역별로 정한 다음 각목의 1에 해당하는 기준에 의하여 계산하는 방법 (98. 12. 31 개정)

　가. 생산에 투입되는 원·부재료 중에서 일부 또는 전체의 수량과 생산량과의 관계를 정한 원단위투입량 (98. 12. 31 개정)

　나. 인건비·임차료·재료비·수도광열비 기타 영업비용 중에서 일부 또는 전체의 비용과 매출액과의 관계를 정한 비용관계비율 (98. 12. 31 개정)

　다. 일정기간 동안의 평균재고금액과 매출액 또는 매출원가와의 관계를 정한 상품회전율 (98. 12. 31 개정)

　라. 일정기간 동안의 매출액과 매출총이익의 비율을 정한 매매총이익률 (98. 12. 31 개정)

　마. 일정기간 동안의 매출액과 부가가치액의 비율을 정한 부가가치율 (98. 12. 31 개정)

5. 추계결정·경정대상 법인에 대하여 제2호 내지 제4호의 비율을 산정할 수 있는 경우에는 이를 적용하여 계산하는 방법 (98. 12. 31 개정)

6. 주로 최종 소비자를 대상으로 거래하는 업종에 대하여는 국세청장이 정하는 입회조사기준에 의하여 계산하는 방법 (98. 12. 31 개정)

② 제1항에 따라 수입금액을 추계결정 또는 경정한 경우에도 법인이 비치한 장부나 그 밖의 증명서류에 의하여 소득금액을 계산할 수 있는 경우에는 해당 사업연도의 과세표준과 세액은 실지조사에 의하여 결정 또는 경정하여야 한다. (2019. 2. 12. 개정)

그 후 수입금액의 누락 등의 발견시에도 추계소득금액을 계산 익금 가산하고 동 추계소득금액을 대표자에게 상여로 처분한다. (2001. 11. 1 개정)

제67조【소득처분】다음 각 호의 법인세 과세표준의 신고·결정 또는 경정이 있는 때 익금에 산입하거나 손금에 산입하지 아니한 금액은 그 귀속자 등에게 상여(賞與)·배당·기타사외유출(其他社外流出)·사내유보(社內留保) 등 대통령령으로 정하는 바에 따라 처분한다. (2018. 12. 24. 개정)

1. 제60조에 따른 신고 (2018. 12. 24. 개정)
2. 제66조 또는 제69조에 따른 결정 또는 경정 (2018. 12. 24. 개정)
3. 「국세기본법」 제45조에 따른 수정신고 (2018. 12. 24. 개정)

**●예 판**

최대주주 등 실질적 경영자의 회사자금 무단횡령은 특별한 사정이 없는 한 당초 회수를 전제로 한 것이 아니므로 그 금액에 대한 지출 자체로서 사외유출에 해당하는 것이나, 특별한 사유가 있는 경우 사외유출로 보지 않음. (재법인-808, 2010. 9. 14.)

제106조【소득처분】① 법 제67조에 따라 익금에 산입한 금액은 다음 각 호의 구분에 따라 처분한다. 비영리내국법인과 비영리외국법인에 대해서도 또한 같다. (2021. 2. 17. 개정)

1. 익금에 산입한 금액(법 제27조의 2 제2항에 따라 손금에 산입하지 아니한 금액을 포함한다)이 사외에 유출된 것이 분명한 경우에는 그 귀속자에 따라 다음 각 목에 따라 배당, 이익처분에 의한 상여, 기타소득, 기타 사외유출로 할 것. 다만, 귀속이 불분명한 경우에는 대표자(소액주주 등이 아닌 주주 등인 임원 및 그와 제43조 제8항에 따른 특수관계에 있는 자가 소유하는 주식 등을 합하여 해당 법인의 발행주식총수 또는 출자총액의 100분의 30 이상을 소유하고 있는 경우의 그 임원이 법인의 경영을 사실상 지배하고 있는 경우에는 그 자를 대표자로 하고, 대표자가 2명 이상인 경우에는 사실상의 대표자로 한다. 이하 이 조에서 같다)에게 귀속된 것으로 본다. (2016. 2. 12. 개정)
   가. 귀속자가 주주 등(임원 또는 직원인 주주 등을 제외한다)인 경우에는 그 귀속자에 대한 배당 (2019. 2. 12. 개정)
   나. 귀속자가 임원 또는 직원인 경우에는 그 귀속자에 대한 상여 (2019. 2. 12. 개정)
   다. 귀속자가 법인이거나 사업을 영위하는 개인인 경우에는 기타 사외유출. 다만, 그 분여된 이익이 내국법인 또는 외국법인의 국내사업장의 각 사업연도의 소득이나 거주자 또는 「소득세법」 제120조에 따른 비거주자의 국내사업장의 사업소득을 구성하는 경우에 한한다. (2013. 2. 15. 단서개정)
   라. 귀속자가 가목 내지 다목외의 자인 경우에는 그 귀속자에 대한 기타소득 (98. 12. 31 개정)
2. 익금에 산입한 금액이 사외에 유출되지 아니한 경우에는 사내유보로 할 것 (98. 12. 31 개정)
3. 제1호에도 불구하고 다음 각 목의 금액은 기타 사외유출로 할 것 (2016. 2. 12. 개정)
   가. 법 제24조에 따라 법 제24조 제2항 제1호에 따른 기부금 또는

☞ p.510 3단 연결

제54조【대표자 상여처분방법】영 제106조 제1항 제1호 단서의 규정을 적용함에 있어서 사업연도 중에 대표자가 변경된 경우 대표자 각인에게 귀속된 것이 분명한 금액은 이를 대표자 각인에게 구분하여 처분하고 귀속이 분명하지 아니한 경우에는 재직기간의 일수에 따라 구분계산하여 이를 대표자 각인에게 상여로 처분한다. (2003. 3. 26 개정)

통칙 67-106…17【사실상의 대표자의 정의】

영 제106조 제1항 제1호에서 "사실상의 대표자"라 함은 대외적으로 회사를 대표할 뿐만 아니라 업무집행에 있어서 이사회의 일원으로 의사결정에 참여하고 집행 및 대표권을 가지며 회사에 대하여 책임을 지는 자를 말한다. (2019. 12. 23. 개정)

법 제24조 제4항에 따른 기부금으로서 익금에 산입한 금액은 그 기부받은 자의 구분에 따라 다음과 같이 처분한다. (2024. 3. 15. 개정)
1. 주주(임원 또는 직원인 주주 제외) : 배당 (2024. 3. 15. 개정)
2. 사용인(임원 포함) : 상여
3. 법인 또는 사업을 영위하는 개인 : 기타사외유출 (2024. 3. 15. 개정)
4. 위 1~3 외의 자 : 기타소득 (2024. 3. 15. 신설)

67-106…7 【의무불이행으로 납부한 원천징수세액 등의 처분】
영 제2조 제8항 각 호에 해당되지 아니하는 자와의 거래에 대한 원천징수불이행 등으로 인하여 납부한 세액을 가지급금 등으로 처리한 경우에는 동 가지급금 등에 대하여 인정이자를 계산하지 아니한다. 다만, 동 가지급금 등을 손금으로 계상한 때에는 이를 손금부인하고 기타사외유출로 처분한다. (2024. 3. 15. 개정)

67-106…8 【부당행위계산의 대상이 되는 거래에 대한 처분】
부당행위계산부인 등으로 발생되는 소득의 처분은 해당 법인의 소득의 증감여부에 관계없이(예를 들면, 잉여금과 상계하거나 가공자산으로 처리한 것 등) 이를 그 귀속자를 기준으로 하여 영 제106조 제1항 각 호에 따라 처분한다. (2024. 3. 15. 개정)

67-106…9 【부당행위계산으로 부인한 시가초과액의 처분특례】
① 특수관계있는 자로부터 자산(영업권 포함)을 시가를 초과하여 매입하는 경우에는 다음 각호와 같이 처리한다.
1. 대금의 전부를 지급한 때
　가. 시가를 초과하는 금액은 익금에 산입하여 이를 영 제106조 제1항 제1호의 규정에 따라 처분하고 동 금액을 손금에 산입하여 사내유보로 처분한다. (2001. 11. 1 개정)
　나. 그 자산을 감가상각하였을 때에는 시가초과액에 대한 감가상각비를 익금에 산입하고 사내유보로 처분한다.
　다. 그 자산을 양도한 때에는 시가초과액(가-나)을 익금에 산입하여 사내유보로 처분한다.
2. 대금의 일부를 지급한 때
　가. 시가를 초과하는 금액을 익금에 산입하여 사내유보로 처분하고 동 금액을 손금에 산입하여 사내유보로 처분하는 한편, 지급된 금액 중 시가를 초과하는 금액은 영 제106조 제1항 제1호의 규정에 따라 처분한다. (2001. 11. 1 개정)
　나. 동 자산을 감가상각 또는 양도한 때에는 제1호 "나" 및 "다"의 예에 의하여 처분한다.
3. 대금의 전부를 미지급한 때
　시가를 초과한 금액은 익금에 산입하여 사내유보로 처분하고 동 금액을 손금에 산입하여 사내유보로 처분하고 동 대금을 실제로 지급하는 때에 전 각호에

☞ p.511 3단 연결

자. 제88조 제1항 제8호·제8호의 2 및 제9호(같은 호 제8호 및 제8호의 2에 준하는 행위 또는 계산에 한정한다)에 따라 익금에 산입한 금액으로서 귀속자에게 「상속세 및 증여세법」에 의하여 증여세가 과세되는 금액 (2009. 2. 4. 개정)
차. 외국법인의 국내사업장의 각 사업연도의 소득에 대한 법인세의 과세표준을 신고하거나 결정 또는 경정함에 있어서 익금에 산입한 금액이 그 외국법인 등에 귀속되는 소득과 「국제조세조정에 관한 법률」, 제6조, 제7조, 제9조, 제12조 및 제15조에 따라 익금에 산입된 금액이 국외특수관계인으로부터 반환되지 않은 소득 (2021. 2. 17. 개정)

통칙 67-106…1 【출자임원에 대한 소득처분】
출자임원에 귀속된 소득에 대하여는 그 소득금액이 출자의 비례에 의한 경우에도 그 임원에 대한 상여로 처분한다.

67-106…2 【업무와 관련없는 지출에 대한 소득처분】
영 제49조 및 제50조에 따라 손금에 산입하지 아니한 금액은 기타사외유출로 한다. 다만, 업무와 관련없는 자산을 사용하는 자가 따로 있을 경우에는 다음 각 호와 같이 처분한다. (2019. 12. 23. 개정)
1. 주주(임원 또는 직원인 주주 제외) : 배당 (2024. 3. 15. 개정)
2. 직원(임원 포함) : 상여 (2019. 12. 23. 개정)
3. 법인 또는 사업을 영위하는 개인 : 기타사외유출
4. 위 1~3 외의 자 : 기타소득 (2024. 3. 15. 개정)

67-106…3 【채권자가 불분명한 사채이자의 처분】
① 영 제51조에 따른 채권자가 불분명한 차입금의 이자(동 이자에 대한 원천징수세액에 상당하는 금액은 제외)는 이를 대표자에 대한 상여로 처분한다. (2019. 12. 23. 개정)
② 제1항에 따른 원천징수세액에 상당하는 금액은 기타사외유출로 처분한다. (2019. 12. 23. 개정)

67-106…4 【퇴직금 한도초과액의 처분】
임원에게 지급한 퇴직금 중 영 제44조 제4항에 따른 한도를 초과함으로써 손금에 산입하지 아니한 금액은 이를 그 임원에 대한 상여로 처분한다. (2019. 12. 23. 개정)

67-106…5 【정관에 기재되지 아니한 창업비 등의 처분】
법인의 창업과 관련하여 발기인이 부담하여야 할 비용을 법인이 부담하고 창업비로 계상한 경우에는 이를 손금부인하고 해당 발기인에 대한 상여로 처분한다. (2024. 3. 15. 개정)

67-106…6 【손금불산입되는 기부금의 처분】

같은 조 제3항 제1호에 따른 기부금의 손금산입한도액을 초과하여 익금에 산입한 금액 (2021. 2. 17. 개정)
나. 법 제25조 및 「조세특례제한법」 제136조에 따라 익금에 산입한 금액 (2016. 2. 12. 개정)
다. 법 제27조의 2 제3항(같은 항 제2호에 따른 금액에 한정한다) 및 제4항에 따라 익금에 산입한 금액 (2016. 2. 12. 개정)
라. 법 제28조 제1항 제1호 및 제2호의 규정에 의하여 익금에 산입한 이자·할인액 또는 차익에 대한 원천징수세액에 상당하는 금액 (98. 12. 31 개정)
마. 법 제28조 제1항 제4호의 규정에 의하여 익금에 산입한 금액 (2006. 2. 9. 개정)
바. 삭 제 (2006. 2. 9.)
사. 「조세특례제한법」 제138조의 규정에 의하여 익금에 산입한 금액 (2005. 2. 19. 개정)
아. 제1호 각 목 외의 부분 단서 및 제2항에 따라 익금에 산입한 금액이 대표자에게 귀속된 것으로 보아 처분한 경우 당해 법인이 그 처분에 따른 소득세 등을 대납하고 이를 손비로 계상하거나 그 대표자와의 특수관계가 소멸될 때까지 회수하지 아니함에 따라 익금에 산입한 금액 (2009. 2. 4. 개정)

및 대표권을 가지며 회사에 대하여 책임을 지는 자를 말한다. (2019. 12. 23. 개정)

67-106…18【직무집행이 정지된 대표자에 대한 소득처분】
법원의 가처분결정에 의하여 직무집행이 정지된 법인의 대표자는 그 정지된 기간 중에는 대표자로서의 직무집행에서 배제되는 것이므로 법인등기부상에 계속 대표자로 등재되어 있는 경우에도 법인의 영업에 관한 장부 또는 증빙서류를 성실히 비치 기장하지 아니하여 발생되는 그 귀속이 불분명한 소득 등은 이를 직무집행이 배제된 명목상의 대표자에게 처분할 수 없는 것으로 한다. 따라서 이 경우에는 사실상의 대표자로 직무를 행사한 자를 대표자로 한다.

67-106…19【형식상 대표자의 책임】
해당 법인의 대표자가 아니라는 사실이 객관적인 증빙이나 법원의 판결에 의하여 입증되는 경우를 제외하고는 등기상의 대표자를 그 법인의 대표자로 본다. (2024. 3. 15. 개정)

67-106…20【추계결정(경정)시 소득처분대상금액】
영 제104조 제2항에 따라 추계결정 또는 경정된 과세표준과 재무상태표상의 당기순이익과의 차액을 영 제106조 제2항에 따라 소득처분하는 경우에 당기순이익은 당기분 법인세와 전기분 추가법인세 및 법인세환수액·전기오류수정익 및 전기오류수정손 등을 각각 손금 또는 익금에 가산하지 아니한 것을 말한다. (2024. 3. 15. 개정)

67-106…21【임원 등에 대한 벌과금 등 대납액에 대한 소득처분】 (2001. 11. 1. 번호개정)
법인이 임원 또는 사용인에게 부과된 벌금·과료·과태료 또는 교통벌과금을 대신 부담한 경우에도 그 벌금 등의 부과대상이 된 행위가 법인의 업무수행과 관련된 것일 때에는 법인에게 귀속된 금액으로 보아 손금불산입하고 기타사외유출로 처분한다. 다만, 내부규정에 의하여 원인유발자에게 변상조치하기로 되어 있는 경우에는 해당 원인유발자에 대한 상여로 처분한다. (2024. 3. 15. 개정)

② 제104조 제2항에 따라 결정된 과세표준과 법인의 재무상태표상의 당기순이익과의 차액(법인세 상당액을 공제하지 않은 금액을 말한다)은 대표자에 대한 이익처분에 의한 상여로 한다. 다만, 법 제68조 단서에 해당하는 경우에는 이를 기타 사외유출로 한다. (2021. 1. 5. 개정 ; 어려운 법령용어~대통령령)
③ 제2항의 경우 법인이 결손신고를 한 때에는 그 결손은 없는 것으로 본다. (98. 12. 31 개정)
④ 내국법인이 「국세기본법」 제45조의 수정신고기한내에 매출누

☞ p.512 2단 연결

---

2. 매출누락액의 사실상 귀속자가 별도로 부담한 동 매출누락액에 대응하는 원가상당액으로서 부외 처리되어 법인의 손금으로 계상되지 아니하였음이 입증되는 금액 (2001. 11. 1 개정)

67-106…12【가공자산의 익금산입 및 소득처분】
가공자산을 계상하고 있는 경우에는 다음 각 호와 같이 처리한다. 이 경우 자산을 특정인이 유용하고 있는 것으로서 회수할 것임이 객관적으로 입증되는 경우에는 가공자산으로 보지 아니하고 이를 동인에 대한 가지급금으로 본다. (2019. 12. 23. 개정)
1. 외상매출금·받을어음·대여금 등 가공채권은 익금에 산입하여 이를 영 제106조 제1항에 따라 처분하고 동 금액을 손금에 산입하여 사내유보로 처분하며 동 가공채권을 손비로 계상하는 때에는 익금에 산입하여 사내유보로 처분한다. (2019. 12. 23. 개정)
2. 재고자산의 부족액은 시가에 의한 매출액 상당액(재고자산이 원재료인 경우 그 원재료 상태로는 유통이 불가능하거나 조업도 또는 생산수율 등으로 미루어 보아 제품화되어 유출된 것으로 판단되는 경우에는 제품으로 환산하여 시가를 계산한다)을 익금에 산입하여 대표자에 대한 상여로 처분하고 동 가공자산은 손금에 산입하여 사내유보로 처분하며 이를 손비로 계상하는 때에는 익금에 산입하여 사내유보로 처분한다. (88. 3. 1 개정)
3. 가공계상된 고정자산은 처분당시의 시가를 익금에 산입하여 이를 영 제106조 제1항에 따라 처분하고, 해당 고정자산의 장부가액을 손금에 산입하여 사내유보로 처분한다. 다만, 그 후 사업연도에 있어서 동 가공자산을 손비로 계상하는 때에는 이를 익금에 산입하여 사내유보로 처분한다. (2024. 3. 15. 개정)
4. 제1호부터 제3호에 따라 익금에 가산한 가공자산가액 또는 매출액 상당액을 그 후 사업연도에 법인이 수익으로 계상한 경우에는 기 익금에 산입한 금액의 범위내에서 이를 각 사업연도의 소득으로 보아 익금에 산입하지 아니한다. (2024. 3. 15. 개정)

67-106…15【외국법인에 대한 소득처분의 특례】
외국법인에 대한 과세표준을 추계결정 또는 추계경정하는 경우에 결정된 과세표준과 당기순이익과의 차액은 영 제106조 제2항에 불구하고 이를 기타사외유출로 처분한다. (2019. 12. 23. 개정)

67-106…16【수시부과할 경우의 소득처분】
법 제69조에 따라 법인세를 수시부과하는 경우에 소득금액의 처분은 영 제106조를 준용한다. (2019. 12. 23. 개정)

67-106…17【사실상의 대표자의 정의】
영 제106조 제1항 제1호에서 "사실상의 대표자"라 함은 대외적으로 회사를 대표할 뿐만 아니라 업무집행에 있어서 이사회의 일원으로 의사결정에 참여하고 집행

따라 처분한다.

② 제1항의 규정을 적용함에 있어서 그 대금을 분할하여 지급하는 때에는 시가에 상당하는 금액을 먼저 지급한 것으로 본다.
③ 제1항의 규정에 의하여 익금산입할 감가상각비의 계산은 다음 산식에 의한다. 이 경우, 시가초과부인액에 대한 감가상각비를 손금으로 계상하지 아니한 것이 명백한 경우에는 익금산입할 감가상각비로 보지 아니한다. (88. 3. 1 신설)

$$회사계상\ 감가상각비 \times \frac{시가초과부인액\ 잔액}{당해연도\ 감가상각전의\ 장부가액}$$

67-106…10【가지급금에 대한 인정이자의 처분】 (2019. 12. 23. 제목개정)
① 영 제89조 제3항 및 제5항에 따라 익금에 산입한 금액은 금전을 대여받은 자의 구분에 따라 다음 각 호와 같이 처분한다. (2019. 12. 23. 개정)
1. 주주(임원 또는 직원인 주주 제외) … 배당 (2024. 3. 15. 개정)
2. 직원(임원포함) … 상여 (2024. 3. 15. 개정)
3. 법인 또는 사업을 영위하는 개인 … 기타사외유출
4. 위 1~3 외의 자 … 기타소득 (2024. 3. 15. 개정)
② 법인이 특수관계인간의 금전거래에 있어서 상환기간 및 이자율 등에 대한 약정이 없는 대여금 및 가지급금 등에 대하여 결산상 미수이자를 계상한 경우에도 동 미수이자는 익금불산입하고 영 제89조 제3항 및 제5항에 따라 계산한 인정이자상당액을 익금에 산입하여 제1항에 따라 처분한다. (2019. 12. 23. 개정)

67-106…11【매출누락액 등의 상여처분】
각 사업연도의 소득금액 계산상 익금에 산입하는 매출누락액 등의 금액은 다음 각 호에서 규정하는 경우를 제외하고는 그 총액(부가가치세 등 간접세를 포함한다)을 영 제106조에 따라 처분한다. (2024. 3. 15. 개정)
1. 외상매출금 계상누락

제68조【추계에 의한 과세표준 및 세액계산의 특례】제66조 제3항 단서에 따라 법인세의 과세표준과 세액을 추계하는 경우에는 제13조 제1항 제1호, 제18조의 4 및 제57조를 적용하지 아니한다. 다만, 천재지변 등으로 장부나 그 밖의 증명서류가 멸실되어 대통령령으로 정하는 바에 따라 추계하는 경우에는 그러하지 아니하다. (2023. 12. 31. 개정)

☞ 편주 ▶
• 법 68조 본문의 개정규정은 2024. 1. 1. 이후 개시하는 사업연도의 과세표준 및 세액을 추계하는 경우부터 적용함. (법 부칙(2023. 12. 31.) 5조)
• 추계과세시 조특법상의 각종 감면규정의 적용 배제 ⇒ 조특법 128조 참조

제69조【수시부과 결정】① 납세지 관할 세무서장 또는 관할지방국세청장은 내국법인이 그 사업연도 중에 대통령령으로 정하는 사유(이하 이 조에서 "수시부과사유"라 한다)로 법인세를 포탈(逋脫)할 우려가 있다고 인정되는 경우에는 수시로 그 법인에 대한 법인세를 부과

락, 가공경비 등 부당하게 사외유출된 금액을 회수하고 세무조정으로 익금에 산입하여 신고하는 경우의 소득처분은 사내유보로 한다. 다만, 다음 각 호의 어느 하나에 해당되는 경우로서 경정이 있을 것을 미리 알고 사외유출된 금액을 익금산입하는 경우에는 그러하지 아니하다. (2010. 2. 18. 단서개정)
1. 세무조사의 통지를 받은 경우 (2010. 2. 18. 신설)
2. 세무조사가 착수된 것을 알게 된 경우 (2010. 2. 18. 신설)
3. 세무공무원이 과세자료의 수집 또는 민원 등을 처리하기 위하여 현지출장이나 확인업무에 착수한 경우 (2010. 2. 18. 신설)
4. 납세지 관할세무서장으로부터 과세자료 해명 통지를 받은 경우 (2013. 2. 15. 개정)
5. 수사기관의 수사 또는 재판 과정에서 사외유출 사실이 확인된 경우 (2010. 2. 18. 신설)
6. 그 밖에 제1호부터 제5호까지의 규정에 따른 사항과 유사한 경우로서 경정이 있을 것을 미리 안 것으로 인정되는 경우 (2010. 2. 18. 신설)

제107조【추계에 의한 과세표준계산의 특례】법 제68조 단서에서 "대통령령으로 정하는 바에 따라 추계하는 경우"란 제104조 제2항 제2호의 규정에 의하여 추계결정 또는 경정하는 경우를 말한다. (2011. 6. 3. 개정)

제108조【수시부과결정】① 법 제69조 제1항 전단에서 "대통령령으로 정하는 사유"란 다음 각 호의 어느 하나에 해당하는 경우를 말한다. (2008. 2. 22. 개정)
1. 신고를 하지 아니하고 본점 등을 이전한 경우

☞
● 예 판 ●
과세관청이 법인에게 전화로 사외유출액의 소득처분을 확인한 사실만으로는 이를 세무조사 통지 등 경정이 있을 것을 미리 안 경우로 볼 수 없으므로, 동 사외유출된 금액을 수정신고 기한 내에 회수하고 익금산입하여 사내유보로 소득처분함이 타당함. (심사소득 2008 - 117, 2008. 10. 9.)

☞
통칙 69 - 108…1【수시부과사유의 범위】부도발생 및 채무누적으로 인하여 채권자의 신청으로 법원에 의하여 소유부동산이 경매될 것이 예상되는 경우에는 영 제108조의 규정에 의한 수

(이하 “수시부과”라 한다)할 수 있다. 이 경우에도 각 사업연도의 소득에 대하여 제60조에 따른 신고를 하여야 한다. (2010. 12. 30. 개정)
② 제1항은 그 사업연도 개시일부터 수시부과사유가 발생한 날까지를 수시부과기간으로 하여 적용한다. 다만, 직전 사업연도에 대한 제60조에 따른 과세표준 등의 신고기한 이전에 수시부과사유가 발생한 경우(직전 사업연도에 대한 과세표준신고를 한 경우는 제외한다)에는 직전 사업연도 개시일부터 수시부과사유가 발생한 날까지를 수시부과기간으로 한다. (2010. 12. 30. 개정)
③ 제1항에 따른 수시부과에 필요한 사항은 대통령령으로 정한다. (2010. 12. 30. 개정)

제70조【과세표준과 세액의 통지】 납세지 관할 세무서장 또는 관할지방국세청장은 제53조 또는 제66조에 따라 내국법인의 각 사업연도의 소득에 대한 법인세의 과세표준과 세액을 결정 또는 경정한 경우에는 대통령령으로 정하는 바에 따라 이를 그 내국법인에 알려야 한다. (2010. 12. 30. 개정)

• 예판 ···

2. 사업부진 기타의 사유로 인하여 휴업 또는 폐업상태에 있는 경우 (98. 12. 31 개정)
3. 기타 조세를 포탈할 우려가 있다고 인정되는 상당한 이유가 있는 경우 (98. 12. 31 개정)
② 납세지 관할세무서장 또는 관할지방국세청장이 제1항 각 호의 사유가 발생한 법인에 대하여 법 제69조 제1항에 따른 수시부과를 하는 경우에는 제103조 제2항 및 제104조 제2항과 법 제55조 제2항을 준용하여 그 과세표준 및 세액을 결정한다. 이 경우 법 제75조 및 제75조의 2부터 제75조의 9까지의 규정은 적용하지 않는다. (2019. 2. 12. 개정)
③ 납세지 관할세무서장은 법인이 주한 국제연합군 또는 외국기관으로부터 사업수입금액을 외국환은행을 통하여 외환증서 또는 원화로 영수할 때에는 법 제69조의 규정에 의하여 그 영수할 금액에 대한 과세표준을 결정할 수 있다. (98. 12. 31 개정)
④ 제3항의 규정에 의하여 수시부과를 하는 경우에는 제104조 제2항의 규정을 준용하여 계산한 금액에 법 제55조의 규정에 의한 세율을 곱하여 산출한 금액을 그 세액으로 한다. (2001. 12. 31 개정)
⑤ 제2항에 따라 제104조 제2항을 준용하는 경우 제1항 제2호에 해당하는 경우로서 납세지 관할세무서장 또는 관할지방국세청장이 조사결과 명백한 탈루혐의가 없다고 인정하는 경우에는 제104조 제2항 제2호 본문에 따른 방법에 의하여 그 과세표준 및 세액을 결정하되, 동일 업종의 다른 법인이 없는 경우에는 같은 호 단서에 따른 방법에 의하여 그 과세표준과 세액을 결정할 수 있다. (2019. 2. 12. 개정)

제109조【과세표준과 세액의 통지】 ① 납세지 관할세무서장이 법 제70조에 따라 과세표준과 그 세액을 통지하는 경우에는 납부고지서에 그 과세표준과 세액의 계산명세를 첨부하여 고지해야 하며, 각 사업연도의 과세표준이 되는 금액이 없거나 납부할 세액이 없는 경우에는 그 결정된 내용을 통지해야 한다. 이 경우 제103조 제1항 단서에 따라 과세표준이 결정된 것은 납세지 관할지방국세청장이 조사·결정하였다는 뜻을 덧붙여 적어야 한다. (2021. 2. 17. 개정)
② 납세지 관할세무서장은 제104조 제2항의 규정에 의하여 법인의 과세표준이 결정된 때에는 그 기준이 된 수입금액을 제1항의 규정에 의

시부과사유에 해당된다. (2001. 11. 1 개정)

제55조【수시부과시의 산출세액 계산】 제45조의 규정은 영 제108조 제2항의 규정에 의한 수시부과시의 산출세액 계산에 관하여 이를 준용한다. (99. 5. 24 개정)

처분에 해당함. (대법 2002두 1878, 2006. 4. 20.)

••

제 2 관　세액의 징수 및 환급 등

제71조 【징수 및 환급】 ① 납세지 관할 세무서장은 내국법인이 제64조에 따라 각 사업연도의 소득에 대한 법인세로서 납부하여야 할 세액의 전부 또는 일부를 납부하지 아니하면 그 미납된 법인세액을 「국세징수법」에 따라 징수하여야 한다. (2013. 1. 1. 개정)

② 납세지 관할 세무서장은 내국법인이 제63조 및 제63조의 2에 따라 납부하여야 할 중간예납세액의 전부 또는 일부를 납부하지 아니하면 그 미납된 중간예납세액을 「국세징수법」에 따라 징수하여야 한다. 다만, 중간예납세액을 납부하지 아니한 법인이 제63조의 2 제2항 제2호에 해당하는 경우에는 중간예납세액을 결정하여 「국세징수법」에 따라 징수하여야 한다. (2018. 12. 24. 개정)

③ 납세지 관할 세무서장은 제73조 및 제73조의 2에 따른 원천징수의무자가 그 징수하여야 할 세액을 징수하지 아니하였거나 징수한 세액을 기한까지 납부하지 아니하면 지체 없이 원천징수의무자로부터 그 원천징수의무자가 원천징수하여 납부하여야 할 세액에 상당하는 금액에 「국세기본법」 제47조의 5 제1항에 따른 가산세를 더한 금액을 법인세로서 징수하여야 한다. 다만, 원천징수의무자가 원천징수를 하지 아니한 경우로서 납세의무자가 그 법인세액을 이미 납부한 경우에는 원천징수의무자에게 그 가산세만 징수한다. (2018. 12. 24. 개정)

④ 납세지 관할 세무서장은 제63조, 제63조의 2, 제69조, 제73조 또는 제73조의 2에 따라 중간예납·수시부과 또는 원천징수한 법인세액이 각 사업연도의 소득에 대한 법인세액(가산세를 포함한다)을 초과하는 경우 그 초과하는 금액은 「국세기본법」 제51조에 따라 환급하거나 다

한 계산명세에 기재하여 통지하여야 한다. (98. 12. 31 개정)

③ 제1항의 규정을 적용함에 있어서 관리책임자의 신고가 없는 외국법인 또는 소재지가 분명하지 아니한 내국법인에 대하여 과세표준을 결정한 때에는 이를 공시송달하여야 한다. (98. 12. 31 개정)

제 2 관　세액의 징수 및 환급 등

••••••••••••••••••••••••••••

- 결손금소급공제에 의한 환급을 받은 법인이 경정청구에 의해 결손금이 발생한 사업연도의 결손금이 증가된 경우, 추가로 결손금소급공제됨. (재법인 46012－189, 2000. 11. 22)
- 당초 신고시 당해 과세기간의 결손금에 대해 결손금소급공제에 의한 환급을 신청하지 않고 이월공제를 선택한 후, 결손금소급공제에 의한 환급을 신청하는 방법으로 경정청구할 수 없음. (서삼 46019－11199, 2002. 7. 23)
- 내국법인이 사업연도 중에 중소기업 해당 사업을 폐업하더라도 중소기업에 해당하는 경우에는 그 폐업일이 속하는 사업연도에 발생한 결손금에 대하여 결손금소급

른 국세 및 강제징수비에 충당하여야 한다. (2020. 12. 22. 개정)

제72조【중소기업의 결손금 소급공제에 따른 환급】(2018. 12. 24. 제목개정)

① 중소기업에 해당하는 내국법인은 각 사업연도에 결손금이 발생한 경우 대통령령으로 정하는 직전 사업연도의 법인세액(이하 이 조에서 "직전 사업연도의 법인세액"이라 한다)을 한도로 제1호의 금액에서 제2호의 금액을 차감한 금액을 환급 신청할 수 있다. (2018. 12. 24. 개정)

1. 직전 사업연도의 법인세 산출세액(제55조의 2에 따른 토지등 양도소득에 대한 법인세액은 제외한다) (2018. 12. 24. 개정)

2. 직전 사업연도의 과세표준에서 소급공제를 받으려는 해당 사업연도의 결손금 상당액을 차감한 금액에 직전 사업연도의 제55조 제1항에 따른 세율을 적용하여 계산한 금액 (2018. 12. 24. 개정)

② 제1항에 따라 법인세액을 환급받으려는 내국법인은 제60조에 따른 신고기한까지 대통령령으로 정하는 바에 따라 납세지 관할 세무서장에게 신청하여야 한다. (2010. 12. 30. 개정)

③ 납세지 관할 세무서장은 제2항에 따른 신청을 받으면 지체없이 환급세액을 결정하여 「국세기본법」 제51조 및 제52조에 따라 환급하여야 한다. (2010. 12. 30. 개정)

④ 제1항부터 제3항까지의 규정은 해당 내국법인이 제60조에 따른 신고기한 내에 결손금이 발생한 사업연도와 그 직전 사업연도의 소득에 대한 법인세의 과세표준 및 세액을 각각 신고한 경우에만 적용한다. (2010. 12. 30. 개정)

⑤ 납세지 관할 세무서장은 다음 각 호의 어느 하나에 해당되는 경우에는 환급세액(제1호 및 제2호의 경우에는 과다하게 환급한 세액 상당액)에 대통령령으로 정하는 바에 따라 계산한 이자상당액을 더한 금액을 해당 결손금이 발생한 사업연도의 법인세로서 징수한다. (2018. 12. 24. 개정)

1. 제3항에 따라 법인세를 환급한 후 결손금이 발생한 사업연도에 대한 법인세 과세표준과 세액을 제66조에 따라 경정함으로써 결손금이 감소된 경우 (2018. 12. 24. 개정)

제110조【결손금 소급공제에 의한 환급세액의 계산】① 법 제72조 제1항 각 호 외의 부분에서 "대통령령으로 정하는 직전 사업연도의 법인세액"이란 직전사업연도의 법인세 산출세액(법 제55조의 2에 따른 토지 등 양도소득에 대한 법인세를 제외한다. 이하 이 조에서 같다)에서 직전사업연도의 소득에 대한 법인세로서 공제 또는 감면된 법인세액(이하 "감면세액"이라 한다)을 차감한 금액(이하 이 조에서 "직전 사업연도의 법인세액"이라 한다)을 말한다. (2019. 2. 12. 개정)

② 법 제72조 제2항에 따라 환급을 받으려는 법인은 법 제60조에 따른 신고기한 내에 기획재정부령으로 정하는 소급공제 법인세액환급신청서를 납세지 관할세무서장에게 제출(국세정보통신망에 의한 제출을 포함한다)하여야 한다. (2019. 2. 12. 개정)

③ 법 제72조 제5항의 규정에 의하여 결손금이 감소됨에 따라 징수하는 법인세액의 계산은 다음 산식에 의한다. 다만, 법 제14조 제2항의 결손금 중 그 일부 금액만을 소급공제받은 경우에는 소급공제받지 아니한 결손금이 먼저 감소된 것으로 본다. (2019. 2. 12. 항번개정)

$$\{\text{법 제72조 제3항의 규정에 의한 환급세액(이하 이 조에서 "당초 환급세액"이라 한다)}\} \times \frac{\text{감소된 결손금액으로서 소급공제받지 아니한 결손금을 초과하는 금액}}{\text{소급공제 결손금액}}$$

④ 법 제72조 제5항 각 호 외의 부분에서 "대통령령으로 정하는 바에 따라 계산한 이자상당액"이란 제1호의 금액에 제2호의 율을 곱하여 계산한 금액을 말한다. (2019. 2. 12. 항번개정)

1. 법 제72조 제5항에 따른 환급세액 (2013. 2. 15. 개정)

2. 당초 환급세액의 통지일의 다음날부터 법 제72조 제5항에 따라 징수하는 법인세액의 고지일까지의 기간에 대하여 1일 10만분의 22의 율. 다만, 납세자가 법인세액을 과다하게 환급받는 데 정당한 사유가 있는 때에는 「국세기본법 시행령」 제43조의 3 제2항 본문에 따른 이자율을 적용한다. (2022. 2. 15. 개정)

공제규정을 적용할 수 있음. (서면2팀 - 2609, 2006. 12. 15.)

관계조문

규칙 82조 7항 7호 ⇒ 소급공제 법인세액환급신청서

통칙 72-110…1【결손금 소급공제에 의한 환급신청대상 법인의 범위】

「조세특례제한법 시행령」 제2조의 규정에 의한 중소기업에 해당하는 법인이 합병으로 인하여 소멸하거나 폐업한 경우에도 그 합병등기일 또는 폐업일이 속하는 사업연도에 발생한 결손금에 대하여 법 제72조 규정의 결손금 소급공제에 의한 환급신청을 할 수 있다. (2008. 7. 25. 개정)

72-110…2【소급공제를 신청하지 아니한 결손금의 처리】

2. 결손금이 발생한 사업연도의 직전 사업연도에 대한 법인세 과세표준과 세액을 제66조에 따라 경정함으로써 환급세액이 감소된 경우 (2018. 12. 24. 개정)
3. 중소기업에 해당하지 아니하는 내국법인이 법인세를 환급받은 경우 (2018. 12. 24. 개정)
⑥ 납세지 관할 세무서장은 제3항에 따른 환급세액(이하 이 항에서 "당초 환급세액"이라 한다)을 결정한 후 당초 환급세액 계산의 기초가 된 직전 사업연도의 법인세액 또는 과세표준이 달라진 경우에는 즉시 당초 환급세액을 경정하여 추가로 환급하거나 과다하게 환급한 세액 상당액을 징수하여야 한다. (2018. 12. 24. 신설)
⑦ 제1항부터 제6항까지의 규정을 적용할 때 결손금 소급공제에 따른 환급세액의 계산 등에 필요한 사항은 대통령령으로 정한다. (2018. 12. 24. 개정)

제72조의 2 【사실과 다른 회계처리로 인한 경정에 따른 환급】 (2010. 12. 30. 제목개정)
① 납세지 관할 세무서장 또는 관할지방국세청장은 제66조 제2항 제4호에 따른 경정을 할 때 제58조의 3 및 제59조에 따라 세액공제한 후 남은 금액이 있으면 환급금과 환급가산금을 즉시 지급하여야 한다. (2010. 12. 30. 개정)
② 제1항을 적용할 때 해당 내국법인이 해산(합병 또는 분할에 따른 해산은 제외한다)하는 경우에는 제77조에 따른 청산소득에 대한 법인세 납부세액을 먼저 빼고 남은 금액을 즉시 환급하여야 한다. (2010. 12. 30. 개정)

제72조의 2 【사실과 다른 회계처리로 인한 경정에 따른 환급】 삭　제 (2016. 12. 20)

제73조 【내국법인의 이자소득 등에 대한 원천징수】 (2018. 12. 24. 제목개정)
① 내국법인(대통령령으로 정하는 금융회사 등의 대통령령으로 정하는

⑤ 법 제72조 제6항에 따라 당초 환급세액을 경정할 때 소급공제 결손금액이 과세표준금액을 초과하는 경우 그 초과 결손금액은 소급공제 결손금액으로 보지 아니한다. (2019. 2. 12. 개정)
⑥ 삭　제 (2019. 2. 12.)

제110조의 2 【사실과 다른 회계처리에 기인한 경정에 따른 환급세액의 계산】 ① 법 제72조의 2 제1항의 규정에 의한 환급금은 법 제58조의 3의 규정에 의하여 순차적으로 세액공제하고 최종적으로 남은 잔액으로 한다. (2003. 12. 30. 신설)
② 법 제72조의 2 제1항의 규정에 의한 환급가산금은 다음 각호의 1의 방법에 의하여 계산한 금액으로 한다. (2003. 12. 30. 신설)
1. 법 제66조 제2항 제4호의 경정일이 속하는 사업연도의 개시일부터 5년이 경과한 사업연도에 환급금이 남아 있는 경우 : 법 제58조의 3의 규정에 의하여 순차적으로 세액공제한 각 사업연도의 세액공제 금액 및 제1항의 규정에 의한 환급금에 각각 「국세기본법」 제52조의 규정을 적용하여 계산한 금액의 합계액 (2005. 2. 19. 개정)
2. 법 제66조 제2항 제4호의 경정일이 속하는 사업연도의 개시일부터 5년 이내의 사업연도에 과다납부한 세액을 전액 공제한 경우 : 법 제58조의 3의 규정에 의하여 순차적으로 세액공제한 금액에 각각 「국세기본법」 제52조의 규정을 적용하여 계산한 금액의 합계액 (2005. 2. 19. 개정)
③ 법 제72조의 2 제1항 및 제2항의 규정을 적용함에 있어서 당해 내국법인이 합병 또는 분할에 의하여 해산하는 경우로서 법 제58조의 3 및 제59조의 규정에 따라 세액공제하고 남은 금액이 있는 때에는 합병법인 또는 분할신설법인(분할합병의 상대방 법인을 포함한다)이 이를 승계하여 잔여기간 동안 법 제58조의 3 제1항 및 제59조의 규정에 따라 세액공제하고 남은 금액이 있는 경우에 한하여 환급금 및 환급가산금을 지급한다. (2006. 2. 9. 신설)

제110조의 2 【사실과 다른 회계처리에 기인한 경정에 따른 환급세액의 계산】 삭　제 (2017. 2. 3.)

제111조 【내국법인의 이자소득 등에 대한 원천징수】 (2019. 2. 12. 제목개정)
① 법 제73조 제1항 각 호 외의 부분에서 "대통령령으로 정하는 금융

법 제60조의 규정에 의한 신고기한 내에 "소급공제 법인세액환급신청서"를 제출하지 아니한 경우의 결손금은 영 제10조의 규정에 따라 공제하는 것으로서 「국세기본법」 제45조의 2의 규정에 의한 경정 등의 청구에 의하여 소급공제하지 아니한다. (2008. 7. 25. 개정)

제56조 【원천징수대상 이자소득금액의 계산】 법 제73조 및 제73조의 2를 적용할 때 차입금과 이자의 변제에 관한 특

소득은 제외한다)에 다음 각 호의 금액을 지급하는 자(이하 이 조에서 "원천징수의무자"라 한다)는 그 지급하는 금액에 100분의 14의 세율을 적용하여 계산한 금액에 상당하는 법인세(1천원 이상인 경우만 해당한다)를 원천징수하여 그 징수일이 속하는 달의 다음 달 10일까지 납세지 관할 세무서등에 납부하여야 한다. 다만, 「소득세법」 제16조 제1항 제11호의 비영업대금의 이익에 대해서는 100분의 25의 세율을 적용하되, 「온라인투자연계금융업 및 이용자 보호에 관한 법률」에 따라 금융위원회에 등록한 온라인투자연계금융업자를 통하여 지급받는 이자소득에 대해서는 100분의 14의 세율을 적용한다. (2022. 12. 31. 개정)

1. 「소득세법」 제16조 제1항에 따른 이자소득의 금액(금융보험업을 하는 법인의 수입금액을 포함한다) (2018. 12. 24. 개정)
2. 「소득세법」 제17조 제1항 제5호에 따른 집합투자기구로부터의 이익 중 「자본시장과 금융투자업에 관한 법률」에 따른 투자신탁의 이익(이하 "투자신탁이익"이라 한다)의 금액 (2021. 12. 21. 개정)

통칙 73-0…2【원천징수의 시기】
다음 각 호에서 규정하는 날은 법 제73조 제1항의 "지급하는 경우"로 본다. (2024. 3. 15. 개정)
1. 이자소득금액을 어음으로 지급한 때에는 해당 어음이 결제된 날 (2024. 3. 15. 개정)
2. 이자소득금액으로 지급할 금액을 채권과 상계하거나 면제받은 때에는 상계한 날 또는 면제받은 날 (97. 4. 1 개정)
3. 이자소득금액을 대물변제한 날 (97. 4. 1 개정)
4. 이자소득금액을 당사자간의 합의에 의하여 소비대차로 전환한 때에는 그 전환한 날 (97. 4. 1 개정)
5. 이자소득금액을 법원의 전부명령에 의하여 그 소득의 귀속자가 아닌 제3자에게 지급하는 경우에는 그 제3자에게 지급하는 날 (97. 4. 1 개정)
6. 예금주가 일정한 계약기간동안 매월 정한 날에 임의의 금액을 예입하고 금융기관은 매월 발생되는 이자를 실제로 지급하지 아니하고, 해당 예금의 예입금액

회사 등의 대통령령으로 정하는 소득"이란 다음 각 호의 법인에 지급하는 소득을 말하며, 법 제73조의 2 제1항 전단에 따른 원천징수대상 채권등(「주식·사채 등의 전자등록에 관한 법률」 제59조 각 호 외의 부분 전단에 따른 단기사채등 중 같은 법 제2조 제1호 나목에 해당하는 것으로서 만기 1개월 이내의 것은 제외한다)의 이자등(법 제73조의 2 제1항 전단에 따른 이자등을 말한다. 이하 이 조, 제113조 및 제138조의 3에서 같다)을 「자본시장과 금융투자업에 관한 법률」에 따른 투자회사 및 제16호의 자본확충목적회사가 아닌 법인에 지급하는 경우는 제외한다. (2020. 2. 11. 개정)
1. 제61조 제2항 제1호부터 제28호까지의 법인 (2010. 2. 18. 개정)
2. 「한국은행법」에 의한 한국은행 (2005. 2. 19. 개정)
3. 「자본시장과 금융투자업에 관한 법률」에 따른 집합투자업자 (2009. 2. 4. 개정)
4. 「자본시장과 금융투자업에 관한 법률」에 따른 투자회사, 투자목적회사, 투자유한회사 및 투자합자회사[같은 법 제9조 제19항 제1호에 따른 기관전용 사모집합투자기구(법률 제18128호 자본시장과 금융투자업에 관한 법률 일부개정법률 부칙 제8조 제1항부터 제4항까지에 따라 기관전용 사모집합투자기구, 기업재무안정 사모집합투자기구 및 창업·벤처전문 사모집합투자기구로 보아 존속하는 종전의 경영참여형 사모집합투자기구를 포함한다. 이하 제161조 제1항에서 같다)는 제외한다] (2022. 2. 15. 개정)
5. 「농업협동조합법」에 의한 조합 (2005. 2. 19. 개정)
6. 「수산업협동조합법」에 따른 조합 (2009. 2. 4. 개정)
7. 「산림조합법」에 따른 조합 (2009. 2. 4. 개정)
8. 「신용협동조합법」에 따른 조합 및 신용협동조합중앙회 (2009. 2. 4. 개정)
9. 「새마을금고법」에 따른 금고 (2009. 2. 4. 개정)
10. 「자본시장과 금융투자업에 관한 법률」에 따른 증권금융회사 (2009. 2. 4. 개정)
11. 거래소(위약손해공동기금으로 한정한다) (2021. 2. 17. 개정)
12. 「자본시장과 금융투자업에 관한 법률」에 따른 한국예탁결제원 (2009. 2. 4. 개정)

별한 약정이 없이 차입금과 그 차입금에 대한 이자에 해당하는 금액의 일부만을 변제한 경우에는 이자를 먼저 변제한 것으로 본다. 다만, 비영업대금의 이익의 경우에는 「소득세법 시행령」 제51조 제7항의 규정을 준용한다. (2019. 3. 20. 개정)

●예판●▶▶▶▶▶▶▶▶▶▶▶▶▶▶▶▶▶▶▶▶▶▶▶▶
투자자 1인에게 귀속되는 사모투자신탁의 이익 또는 분배금이 소득세법상 이자소득 또는 배당소득에 해당하는 경우에는 원천징수대상이나, 동 이익 등이 금융보험업 법인의 수입금액에 해당하는 때에는 원천징수대상 소득이 아님. (서면1팀-573, 2006. 5. 2.)
▷▷▷▷▷▷▷▷▷▷▷▷▷▷▷▷▷▷▷▷▷▷▷▷

으로 자동대체하여 만기에 원금과 복리로 계산한 이자를 함께 지급하는 정기예금의 경우에, 그 예입금액에 대체한 이자소득금액에 대하여는 저축기간이 만료되는 날 (2024. 3. 15. 개정)

② 제1항을 적용할 때 투자신탁이익에 대하여 간접투자외국법인세액이 납부되어 있는 경우에는 제1호의 금액을 한도로 제1호의 금액에서 제2호의 금액을 뺀 금액을 원천징수한다. (2022. 12. 31. 신설)

1. 투자신탁이익(세후기준가격을 기준으로 계산된 금액을 말한다)에 대한 원천징수세액 (2022. 12. 31. 신설)

2. 간접투자외국법인세액을 세후기준가격을 고려하여 대통령령으로 정하는 바에 따라 계산한 금액 (2022. 12. 31. 신설)

▶ **편주** ▶

법 73조 2항 및 3항의 개정규정은 2025. 1. 1. 이후 지급받는 소득에 대하여 외국법인세액을 공제하거나 원천징수하는 경우부터 적용함. (법 부칙 (2022. 12. 31.) 9조 1항)

③ 제2항을 적용할 때 같은 항 제2호의 금액이 같은 항 제1호의 금액을 초과하는 경우에는 해당 간접투자외국법인세액의 납부일부터 10년이 지난 날이 속하는 연도의 12월 31일까지의 기간 중에 투자신탁이익을 지급받는 때에 해당 투자신탁이익에 대한 원천징수세액을 한도로 공제할 수 있다. (2022. 12. 31. 신설)

② 제1항에도 불구하고 법인세가 부과되지 아니하거나 면제되는 소득 등 대통령령으로 정하는 소득에 대해서는 법인세를 원천징수하지 아니한다. (2018. 12. 24. 신설)

③ 제1항을 적용할 때 같은 항 각 호의 소득금액이 「자본시장과 금융투자업에 관한 법률」 에 따른 투자신탁재산에 귀속되는 시점에는 해당 소득금액이 지급되지 아니한 것으로 보아 원천징수하지 아니한다. (2018. 12. 24. 개정)

④ 제1항을 적용할 때 원천징수의무자를 대리하거나 그 위임을 받은 자의 행위는 수권(授權) 또는 위임의 범위에서 본인 또는 위임인의 행위로 본다. (2018. 12. 24. 개정)

⑤ 제1항을 적용할 때 대통령령으로 정하는 금융회사 등이 내국법인(거주자를 포함한다. 이하 이 항에서 같다)이 발행한 어음이나 채무증서를 인수·매매·중개 또는 대리하는 경우에는 금융회사 등과 그 내국법인 간에 대리 또는 위임의 관계가 있는 것으로 본다. (2018. 12. 24. 개정)

⑥ 제1항을 적용할 때 외국법인이 발행한 채권 또는 증권에서 발생하는 제1항 각 호의 소득을 내국법인에 지급하는 경우에는 국내에서 그 지급을 대리하거나 그 지급권한을

13. 「한국투자공사법」에 따른 한국투자공사 (2009. 2. 4. 개정)

14. 「국가재정법」의 적용을 받는 기금(법인 또는 법인으로 보는 단체에 한정한다) (2009. 2. 4. 신설)

15. 법률에 따라 자금대부사업을 주된 목적으로 하는 법인 또는 기금 (다른 사업과 구분 경리되는 것에 한정한다) (2009. 2. 4. 신설)

16. 「조세특례제한법」 제104조의 3 제1항에 따른 자본확충목적회사 (2009. 6. 8. 신설)

17. 「산업재해보상보험법」 제10조에 따른 근로복지공단(「근로자퇴직급여 보장법」에 따른 중소기업퇴직연금기금으로 한정한다) (2022. 2. 15. 신설)

18. 그 밖에 기획재정부령으로 정하는 금융보험업을 영위하는 법인 (2022. 2. 15. 호번개정)

② 법 제73조 제2항 제2호에 따라 내국법인의 원천징수세액에서 차감하는 금액은 제94조의 2 제1항에 따른 내국법인별 간접투자외국법인세액에 다음 각 호의 계산식에 따라 계산한 율을 곱한 금액으로 한다. (2023. 2. 28. 신설)

1. 법 제73조 제1항에 따른 원천징수세율이 간접투자외국법인세액에 적용된 외국 원천징수세율(제94조의 2 제4항에 따라 계산한 율을 말한다. 이하 이 항에서 같다)보다 작은 경우 (2023. 2. 28. 신설)

$$\dfrac{\text{법 제73조 제1항에 따른 원천징수세율}}{\text{간접투자외국법인세액에 적용된 외국 원천징수세율}} - \text{법 제73조 제1항에 따른 원천징수세율}$$

2. 법 제73조 제1항에 따른 원천징수세율이 간접투자외국법인세액에 적용된 외국 원천징수세율보다 크거나 같은 경우 (2023. 2. 28. 신설)

$$1 - \text{법 제73조 제1항에 따른 원천징수 세율}$$

③ 제2항에도 불구하고 다음 각 호의 어느 하나에 해당하는 소득의 경우 원천징수세액에서 차감하는 금액은 제94조의 2 제1항에 따른 내국법인별 간접투자외국법인세액에 제2항 제2호의 계산식에 따라 계산한 율을 곱한 금액으로 한다. (2023. 2. 28. 신설)

1. 2025년 1월 1일부터 2025년 12월 31일까지 간접투자회사등으로부터 지급받는 소득

▶ **편주** ▶

영 111조 2항의 개정규정은 2025. 1. 1.부터 시행함. (영 부칙(2023. 2. 28.) 1조 3호)

▶ **편주** ▶

영 111조 3항의 개정규정은 2025. 2. 28. 이후 간접투자회사등으로부터 지급받는 소득에 대해 간접투자외국법인세액을 공제하

④ 제1항 또는 제2항에도 불구하고 법인세가 부과되지 아니하거나 면제되는 소득 등 대통령령으로 정하는 소득에 대해서는 법인세를 원천징수하지 아니한다. (2022. 12. 31. 개정)

편주 ▶
법 73조 4항부터 10항까지의 개정규정은 2025. 1. 1.부터 시행함. (법 부칙(2022. 12. 31.) 1조 2호)

⑤ 제1항 또는 제2항을 적용할 때 같은 항 각 호의 소득금액이 「자본시장과 금융투자업에 관한 법률」에 따른 투자신탁재산에 귀속되는 시점에는 해당 소득금액이 지급되지 아니한 것으로 보아 원천징수하지 아니한다. (2022. 12. 31. 개정)

⑥ 제1항 또는 제2항을 적용할 때 원천징수의무자를 대리하거나 그 위임을 받은 자의 행위는 수권(授權) 또는 위임의 범위에서 본인 또는 위임인의 행위로 본다. (2022. 12. 31. 개정)

⑦ 제1항 또는 제2항을 적용할 때 대통령령으로 정하는 금융회사 등이 내국법인(거주자를 포함한다. 이하 이 항에서 같다)이 발행한 어음이나 채무증서를 인수·매매·중개 또는 대리하는 경우에는 금융회사 등과 그 내국법인 간에 대리 또는 위임의 관계가 있는 것으로 본다. (2022. 12. 31. 개정)

⑧ 제1항 또는 제2항을 적용할 때 외국법인이 발행한 채권 또는 증권에서 발생하는 제1항 각 호의 소득을 내국법인에 지급하는 경우에는 국내에서 그 지급을 대리하거나 그 지급권한을 위임받거나 위탁받은 자가 그 소득에 대한 법인세를 원천징수하여야 한다. (2022. 12. 31. 개정)

---

③ 삭 제 (2025. 2. 28.)

④ 법 제73조 제4항에서 "법인세가 부과되지 아니하거나 면제되는 소득 등 대통령령으로 정하는 소득"이란 다음 각 호의 소득을 말한다. (2023. 2. 28. 개정)

2. 삭 제 (2009. 2. 4.)

3. 신고한 과세표준에 이미 산입된 미지급소득 (98. 12. 31 개정)

4. 법령 또는 정관에 의하여 비영리법인이 회원 또는 조합원에게 대부한 융자금과 비영리법인이 당해 비영리법인의 연합회 또는 중앙회에 예탁한 예탁금에 대한 이자수입 (98. 12. 31 개정)

5. 법률에 따라 설립된 기금을 관리·운용하는 법인으로서 기획재정부령으로 정하는 법인(이하 이 호에서 "기금운용법인"이라 한다)과 법률에 따라 공제사업을 영위하는 법인으로서 기획재정부령으로 정하는 법인 중 건강보험·연금관리 및 공제사업을 영위하는 비영리내국법인(기금운용법인의 경우에는 해당 기금사업에 한정한다)이 「국채법」에 따라 등록하거나 「주식·사채 등의 전자등록에 관한 법률」에 따라 전자등록한 다음 각 목의 국공채 등을 발행일부터 이자지급일 또는 상환일까지 계속하여 등록·보유함으로써 발생한 이자 및 할인액 (2019. 6. 25. 개정 ; 주식·사채~시행령 부칙)

가. 국가 또는 지방자치단체가 발행한 채권 또는 증권 (2001. 12. 31 개정)

나. 「한국은행 통화안정증권법」에 의하여 한국은행이 발행한 통화안정증권 (2005. 2. 19. 개정)

다. 기획재정부령이 정하는 채권 또는 증권 (2008. 2. 29. 직제개정 ; 기획재정부와~직제 부칙)

6. 다음 각 목의 어느 하나에 해당하는 조합의 조합원인 법인(한국표준

거나 원천징수하는 경우부터 적용함. (영 부칙(2025. 2. 28.) 13조 1항)

편주 ▶
영 111조 4항의 개정규정은 2025. 1. 1.부터 시행함. (영 부칙(2023. 2. 28.) 1조 3호)

제56조의 2 【기금운용법인 등】 ① 영 제111조 제4항 제5호 각 목 외의 부분에서 "기금을 관리·운용하는 법인으로서 기획재정부령으로 정하는 법인"이란 다음 각 호의 법인을 말한다. (2023. 3. 20. 개정)

편주 ▶
규칙 56조의 2 제1항 각 호 외의 부분의 개정규정은 2025. 1. 1.부터 시행함. (규칙 부칙(2023. 3. 20.) 1조 2호)

1. 「공무원연금법」에 따른 공무원연금관리공단 (2009. 3. 30. 신설)

2. 「사립학교교직원 연금법」에 따른 사립학교교직원연금관리공단 (2009. 3. 30. 신설)

3. 「국민체육진흥법」에 따른 서울올림픽기

⑨ 상시 고용인원수 및 업종 등을 고려하여 대통령령으로 정하는 원천징수의무자는 제1항 및 제2항에도 불구하고 원천징수한 법인세를 대통령령으로 정하는 바에 따라 그 징수일이 속하는 반기(半期)의 마지막 달의 다음 달 10일까지 납부할 수 있다. (2022. 12. 31. 개정)
⑩ 제1항부터 제9항까지의 규정을 적용할 때 이자소득의 지급시기, 법인세 원천징수대상소득의 범위 및 금액의 계산, 원천징수세액의 계산 및 납부와 원천징수의무자의 범위 등에 관하여 필요한 사항은 대통령령으로 정한다. (2022. 12. 31. 개정)

통칙 73-0…1 【원천징수대상이 되는 이자소득의 범위】
① 법 제73조 규정에 의하여 법인세 원천징수대상이 되는 이자소득은 「소득세법」 제16조에서 규정하는 이자소득으로 한다. 다만, 영 제111조에 따라 원천징수대상에 포함되지 아니하는 소득을 제외한다. (2024. 3. 15. 개정)
② 다음 각호에서 규정하는 금액은 제1항에 따른 원천징수대상이 되는 이자소득으로 한다. (2024. 3. 15. 개정)
1. 법 제28조 제1항 제1호의 규정에 의하여 채권자가 불분명한 사채의 이자로서 손금불산입된 이자. 다만, 가공차입금에 대한 이자임이 명백한 것은 제외한다. (2001. 11. 1 개정)
2. 「공탁법」의 규정에 의한 공탁금의 이자 (2008. 7. 25. 개정)
3. 금융기관의 여신관리자금에 대한 환출이자 (85. 1. 1 신설)
③ 법원의 판결에 의하여 지급하는 손해배상금에 대한 법정이자는 제1항에 따른 원천징수대상이 되는 이자소득이 아닌 것으로 한다. (2024. 3. 15. 개정)
④ 물품을 연불조건으로 매입함에 따라 이자상당액을 가산하여 지급하는 경우에는 다음 각호에 의하여 처리한다.
1. 당초 계약내용에 의하여 이자상당액을 가산하여 매입가액을 확정하고 연불방법에 따라 이자를 포함한 가액을 매입대금으로 지급하는 경우에는 이자소득이 아닌 것으로 한다.
2. 당초 계약내용에 의하여 매입가액이 확정된 후 그 대금의 지급 지연으로 실질적인 소비대차로 전환되어 발생되는 이자는 이자소득으로 한다.

산업분류상 금융 및 보험업을 영위하는 법인을 제외한다)이 해당 조합의 규약에 따라 조합원 공동으로 예탁한 자금에 대한 이자수입 (2024. 2. 29. 개정)
가. 상장유가증권에 대한 투자를 통한 증권시장의 안정을 목적으로 설립된 조합으로서 기획재정부령으로 정하는 조합 (2009. 2. 4. 개정)
나. 채권시장의 안정을 목적으로 설립된 조합으로서 기획재정부령이 정하는 조합 (2008. 2. 29. 직제개정 ; 기획재정부와~직제부칙)
7. 「한국토지주택공사법」에 따른 한국토지주택공사가 「주택도시기금법」 제6조 제2항에 따라 주택도시기금에 예탁한 자금(「국민연금법」에 의한 국민연금 및 「우체국예금·보험에 관한 법률」에 의한 우체국예금으로부터 사채발행을 통하여 조성한 자금을 예탁한 것으로서 이자소득 지급당시 국민연금 및 우체국예금이 그 사채를 계속 보유하고 있는 경우에 한한다)에 대한 이자수입 (2015. 6. 30. 개정 ; 주택도시기금법 시행령 부칙)
③ 법 제73조 제1항 각 호 외의 부분에서 "대통령령으로 정하는 것"이란 다음 각 호의 소득을 말한다. (2009. 12. 31. 신설)
1. 「자본시장과 금융투자업에 관한 법률」에 따른 투자회사 및 제2항 제16호의 자본확충목적회사의 경우 : 법 제73조 제1항 각 호에서 정하는 이자소득금액 및 투자신탁의 이익 (2010. 2. 18. 개정)
2. 그 밖의 금융회사 등의 경우 : 법 제73조 제1항 각 호에서 정하는 이자소득금액 및 투자신탁의 이익 중 법 제73조 제8항에 따른 원천징수대상채권등(「전자단기사채 등의 발행 및 유통에 관한 법률」에 따라 발행되는 만기 1개월 이내의 전자단기사채를 제외한다)의 이자, 할인액 및 투자신탁의 이익(이하 제4항, 제113조 및 제138조의 3 제1항에서 "이자등"이라 한다)을 제외한 소득 (2013. 2. 15. 개정)
④ 제3항에 따른 이자 등에는 법 제73조 제5항에 따라 금융회사 등이 원천징수를 대리하거나 위임받은 어음 또는 채무증서를 그 어음 또는 채무증서를 발행한 법인으로부터 인수·매입하여 매출(제113조 제3항에 따른 매도의 경우를 포함한다)하는 경우에 그 금융회사 등에 귀속되는 이자 등은 포함되지 아니한다. 다만, 「소득세법 시행령」 제190조 제1호에 따른 방법으로 매출하는 어음 외의 어음의 경우에는 그러하지 아니하다. (2009. 12. 31. 신설)
③~④ 삭　제 (2019. 2. 12.)
⑤ 법 제73조 및 제73조의 2를 적용할 때 다음 각 호의 어느 하나에 해당하는 경우에는 해당 채권등의 이자등을 지급받는 것으로 본다.

념국민체육진흥공단 (2009. 3. 30. 신설)
4. 「신용보증기금법」에 따른 신용보증기금 (2009. 3. 30. 신설)
5. 「기술보증기금법」에 따른 기술보증기금 (2023. 3. 20. 개정)
6. 「무역보험법」에 따른 한국무역보험공사 (2023. 3. 20. 개정)
7. 「중소기업협동조합법」에 따른 중소기업중앙회 (2009. 3. 30. 신설)
8. 「농림수산업자신용보증법」에 따른 농수산업자신용보증기금을 관리·운용하는 농업협동조합중앙회 (2009. 3. 30. 신설)
9. 「한국주택금융공사법」에 따른 한국주택금융공사 (2009. 3. 30. 신설)
10. 「문화예술진흥법」에 따른 한국문화예술위원회 (2009. 3. 30. 신설)
② 영 제111조 제4항 제5호 각 목 외의 부분에서 "공제사업을 영위하는 법인으로서 기획재정부령으로 정하는 법인"이란 다음 각 호의 어느 하나에 해당하는 법인을 말한다. (2023. 3. 20. 개정)

편주
규칙 56조의 2 제2항의 개정규정은 2025. 1. 1.부터 시행함. (규칙 부칙(2023. 3. 20.) 1조 2호)

1. 「한국교직원공제회법」에 따른 한국교직원공제회 (2009. 3. 30. 신설)
2. 「군인공제회법」에 따른 군인공제회 (2009. 3. 30. 신설)
3. 「신용협동조합법」에 따른 신용협동조

투자자로부터 예탁받은 증권등의 경우 : 예탁자 (2019. 2. 12. 신설)

제112조【신탁재산귀속 채권이자금액에 대한 원천징수 등】삭제 (2009. 2. 4.)

제113조【내국법인의 채권 등 보유기간 이자상당액에 대한 원천징수】(2019. 2. 12. 제목개정)
① 법 제73조 및 제73조의 2를 적용할 때 채권 등의 이자 등(채권 등의 이자 등을 지급받기 전에 매도하는 경우에는 채권 등을 매도하는 경우의 이자 등을 말한다)에 대한 원천징수대상소득은 내국법인이 채권 등(「자본시장과 금융투자업에 관한 법률」에 따른 신탁업자가 운용하는 신탁재산에 귀속되는 채권 등을 포함한다)을 취득하여 보유한 기간에 발생한 소득으로 한다. (2019. 2. 12. 개정)
② 제1항의 규정을 적용함에 있어서 채권 등을 취득하여 보유한 기간에 발생한 소득은 채권 등의 액면가액 등에 제1호 각목의 기간과 제2호 각목의 이자율 등을 적용하여 계산한 금액(이하 이 조, 제114조의 2 및 제138조의 3에서 "보유기간이자상당액"이라 한다)으로 한다. (2006. 2. 9. 개정)
1. 채권 등을 보유한 기간 (98. 12. 31 개정)
　가. 채권 등의 이자소득금액을 지급받기 전에 매도하는 경우에는 당해 채권 등을 취득한 날 또는 직전 이자소득금액의 계산기간 종료일의 다음날부터 매도하는 날(매도하기 위하여 알선·중개 또는 위탁하는 경우에는 실제로 매도하는 날)까지의 기간. 다만, 취득한 날 또는 직전 이자소득금액의 계산기간 종료일부터 매도하는 날 전일까지로 기간을 계산하는 약정이 있는 경우에는 그 기간으로 한다. (2010. 2. 18. 단서신설)
　나. 채권 등의 이자소득금액을 지급받는 경우에는 당해 채권 등을 취득한 날 또는 직전 이자소득금액의 계산기간 종료일의 다음날부터 이자소득금액의 계산기간 종료일까지의 기간. 다만, 취득한 날 또는 직전 이자소득금액의 계산기간 종료일부터 매도

☞ p.522 2단 연결

(2020. 2. 11. 개정)
1. 전환사채를 주식으로 전환하거나 교환사채를 주식으로 교환하는 경우 (2013. 2. 15. 신설)
2. 신주인수권부사채의 신주인수권을 행사(신주 발행대금을 해당 신주인수권부사채로 납입하는 경우만 해당한다)하는 경우 (2013. 2. 15. 신설)
⑥ 법 제73조 및 제73조의 2를 적용할 때 이자소득금액의 지급시기는 「소득세법 시행령」 제190조 각 호에 따른 날로 한다. 다만, 제61조 제2항 제1호부터 제7호까지 및 제10호의 법인이 「소득세법 시행령」 제190조 제1호에 따른 조건의 어음을 발행하여 매출하는 경우에는 해당 어음을 할인매출하는 날에 이자 등을 지급하는 것으로 보아 원천징수하고, 「자본시장과 금융투자업에 관한 법률」에 따른 신탁업자가 운용하는 신탁재산에 귀속되는 소득금액은 「소득세법」 제155조의 2에 따른 특정일에 지급하는 것으로 보아 원천징수한다. (2019. 2. 12. 개정)
⑦ 법 제73조 및 제73조의 2를 적용할 때 「자본시장과 금융투자업에 관한 법률」에 따른 신탁업자가 신탁재산을 직접 운용하거나 보관·관리하는 경우 해당 신탁업자와 법 제73조 제1항 각 호의 소득금액을 신탁재산에 지급하는 자 간에 대리 또는 위임관계가 있는 것으로 본다. (2019. 2. 12. 개정)
⑧ 법 제73조 및 제73조의 2를 적용할 때 「자본시장과 금융투자업에 관한 법률」 제294조에 따른 한국예탁결제원에 예탁된 증권등[같은 조 제1항에 따른 증권등(이 조 제7항이 적용되는 신탁재산은 제외한다)을 말하며, 이하 이 항에서 "증권등"이라 한다]에서 발생하는 이자소득 등에 대해서는 다음 각 호의 구분에 따른 자와 해당 증권등을 발행한 자 간에 원천징수의무의 대리 또는 위임의 관계가 있는 것으로 본다. (2019. 2. 12. 신설)
1. 「자본시장과 금융투자업에 관한 법률」 제309조에 따라 한국예탁결제원에 계좌를 개설한 자(이하 이 항에서 "예탁자"라 한다)가 소유하고 있는 증권등의 경우 : 한국예탁결제원 (2019. 2. 12. 신설)
2. 「자본시장과 금융투자업에 관한 법률」 제309조에 따라 예탁자가

합중앙회(공제사업에 한정한다) (2009. 3. 30. 신설)
4. 「건설산업기본법」에 따라 설립된 건설공제조합 및 전문건설공제조합 (2009. 3. 30. 신설)
5. 「전기공사공제조합법」에 따른 전기공사공제조합 (2009. 3. 30. 신설)
6. 「정보통신공사업법」에 따른 정보통신공제조합 (2009. 3. 30. 신설)
7. 「대한지방행정공제회법」에 따른 대한지방행정공제회 (2009. 3. 30. 신설)
8. 「새마을금고법」에 따른 새마을금고중앙회(공제사업에 한정한다) (2024. 3. 22. 개정)
9. 「과학기술인공제회법」에 따른 과학기술인공제회 (2009. 3. 30. 신설)
10. 「소방산업의 진흥에 관한 법률」 제23조 제1항에 따른 소방산업공제조합 (2016. 3. 7. 신설)
11. 「건축사법」 제38조의 3 제1항에 따른 건축사공제조합 (2018. 3. 21. 신설)

제57조【만기보유시 원천징수 제외대상 채권 등의 범위】영 제111조 제4항 제5호 다목에서 "기획재정부령이 정하는 채권 또는 증권"이라 함은 다음 각 호의 것을 말한다. (2023. 3. 20. 개정)

규칙 57조의 개정규정은 2025. 1. 1.부터 시행함. (규칙 부칙(2023. 3. 20.) 1조 2호)

2. 「자본시장과 금융투자업에 관한 법률」에 따른 투자회사 및 이 영 제111조 제1항 제16호의 자본확충목적회사의 원천징수대상채권등(법 제73조의 2 제1항에 전단에 따른 원천징수대상채권등을 말한다. 이하 같다)에 대한 보유기간이자상당액 (2019. 2. 12. 신설)

3. 제2호 외의 제111조 제1항에 따른 금융회사등의 3. 제2호 외의 제111조 제1항에 따른 금융회사등의 「주식·사채 등의 전자등록에 관한 법률」 제59조에 따른 단기사채등 중 같은 법 제2조 제1호 나목에 해당하는 것으로서 만기 1개월 이내의 것에 대한 보유기간이자상당액 (2019. 6. 25. 개정 ; 주식·사채~시행령 부칙)

⑤ 제1항을 적용할 때 「자본시장과 금융투자업에 관한 법률」에 따른 집합투자증권 중 「소득세법 시행령」 제26조의 2 제4항의 증권을 취득한 법인이 투자신탁의 이익계산기간 중도에 매도(「자본시장과 금융투자업에 관한 법률」에 따른 집합투자업자가 취득하여 매도하는 증권의 경우를 포함한다)한 경우의 보유기간이자상당액은 제2항의 규정에 불구하고 「소득세법 시행령」 제26조의 2 제4항부터 제9항까지의 규정에 의하여 계산한다. (2024. 12. 31. 개정)

⑥ 법인이 「소득세법 시행령」 제190조 제1호에 규정하는 날에 원천징수하는 채권 등(이하 "선이자지급방식의 채권 등"이라 한다)을 취득한 후 사업연도가 종료되어 원천징수된 세액을 전액 공제하여 법인세를 신고하였으나 그 후의 사업연도 중 해당 채권 등의 만기상환일이 도래하기 전에 이를 매도함으로써 해당 사업연도전에 공제한 원천징수세액이 제2항을 준용하여 계산한 보유기간이자상당액에 대한 세액을 초과하는 경우에는 그 초과하는 금액을 해당 채권 등을 매도한 날이 속하는 사업연도의 법인세에 가산하여 납부하여야 한다. (2009. 2. 4. 개정)

⑦ 법인이 취득일이 서로 다른 동일종목의 채권 등을 매도하는 경우 제2항 제1호의 기간계산방법은 제74조 제1항 제1호 가목 내지 다목을 준용하는 방법 또는 기획재정부령이 정하는 방법 중 하나를 선택하여 적용할 수 있으며, 당해 법인은 이를 다음 각호의 1의 기한 내에 납세지 관할세무서장에게 신고하여 계속적으로 적용하여야 한다. 이 경우 법인이 보유기간의 계산방법을 신고하지 아니하거나 신고한 방법과

☞ p.523 2단 연결

하는 날 전일까지로 기간을 계산하는 약정이 있는 경우에는 그 기간으로 한다. (2010. 2. 18. 단서신설)

2. 적용이자율 (98. 12. 31 개정)

가. 당해 채권 등의 이자계산기간에 대하여 약정된 이자계산방식에 의한 이자율에 발행시의 할인율을 가산하고 할증률을 차감한 이자율. 다만, 공개시장에서 발행하는 「소득세법 시행령」 제22조의 2 제1항 및 제2항의 채권의 경우에는 발행시의 할인율과 할증률을 가감하지 아니한다. (2006. 2. 9. 단서개정)

나. 만기상환일에 각 이자계산기간에 대한 보장이율을 추가로 지급하는 조건이 있는 전환사채·교환사채 또는 신주인수권부사채의 경우에는 가목의 이자율에 당해 추가지급이율을 가산한 이자율. 다만, 전환사채 또는 교환사채를 주식으로 전환청구 또는 교환청구한 경우로서 이자지급의 약정이 있는 경우에는 전환청구일 또는 교환청구일부터는 기획재정부령이 정하는 바에 따라 당해 약정이자율로 한다. (2013. 2. 15. 개정)

③ 제1항 및 제2항의 규정을 적용함에 있어서 채권 등의 매도에는 법인의 고유재산에서 취득하여 보유하는 채권 등을 법인이 관리하는 재산으로 유상이체하는 경우와 관리하는 재산간에 유상이체하는 경우 및 관리하는 재산에서 고유재산으로 유상이체하는 경우를 포함한다. 다만, 기획재정부령이 정하는 경우에는 그러하지 아니하다. (2008. 2. 29. 직제개정 ; 기획재정부와~직제 부칙)

④ 법 제73조의 2 제2항에서 "법인세가 부과되지 아니하거나 면제되는 소득 등 대통령령으로 정하는 소득"이란 다음 각 호의 어느 하나에 해당하는 소득을 말한다. (2019. 2. 12. 신설)

1. 제111조 제4항 각 호의 어느 하나에 해당하는 소득 (2023. 2. 28. 개정)

편주 ▶ ··
영 113조 4항의 개정규정은 2025. 1. 1.부터 시행함. (영 부칙(2023. 2. 28.) 1조 3호)
··

1. 「한국산업은행법」에 의하여 한국산업은행이 발행하는 산업금융채권 (2005. 2. 28. 개정)

2. 「중소기업은행법」에 의하여 중소기업은행이 발행하는 중소기업금융채권 (2005. 2. 28. 개정)

3. 「한국수출입은행법」에 의하여 한국수출입은행이 발행하는 수출입금융채권 (2005. 2. 28. 개정)

4. 「은행법」에 의한 국민은행이 발행하는 국민은행채권(1998년 12월 31일 「은행법」에 의한 국민은행과 「장기신용은행법」에 의한 장기신용은행이 합병되기 전의 장기신용은행이 발행한 장기신용채권의 상환을 위하여 발행하는 채권에 한한다) (2005. 2. 28. 개정)

5. 「주택저당채권 유동화회사법」에 의하여 주택저당채권유동화회사가 발행하는 주택저당증권 및 주택저당채권담보부채권 (2005. 2. 28. 개정)

6. 「한국주택금융공사법」에 따라 설립된 한국주택금융공사가 발행하는 주택저당채권담보부채권·주택저당증권·학자금대출증권 및 사채 (2005. 2. 28. 개정)

제58조 【증권시장 안정을 위하여 설립된 조합의 범위】 (2019. 3. 20. 제목개정)

① 영 제111조 제4항 제6호 가목에서 "기획재정부령으로 정하는 조합"이란 증권시장의 안정을 위하여 조합원이 공동으로 출자하여 주권상장법인의 주식을 취득하는 조합으로서 기획재정부장관이 정하는 조

1. 「신탁업법」에 의한 신탁업을 겸영하는 금융기관 (2005. 12. 30. 개정)
2. 「간접투자자산 운용업법」에 의한 수탁회사 (2005. 2. 19. 개정)
1.·2. 삭 제 (2009. 2. 4.)
3. 「간접투자자산 운용업법」에 따른 자산보관회사 (2005. 12. 30. 신설)
3. 삭 제 (2008. 2. 22.)

⑪ 법인이 선이자지급방식의 채권 등(채권 등의 매출시 세금을 원천징수한 채권 등에 한정한다. 이하 이 항에서 같다)을 이자계산기간 중에 매도하는 경우 해당 법인(금융회사 등이 해당 채권 등의 매도를 중개하는 경우에는 해당 금융회사 등을 말한다)은 중도 매도일에 해당 채권 등을 새로이 매출한 것으로 보아 이자 등을 계산하여 세액을 원천징수하여야 한다. (2010. 2. 18. 개정)

⑫ 법 제73조의 2 제3항 제1호에서 "대통령령으로 정하는 금융회사 등"이란 제61조 제2항 각 호의 법인을 말한다. (2019. 2. 12. 개정)

⑬ 제3항의 규정에 의하여 채권 등의 매도로 보는 경우 관리하는 재산의 보유기간이자상당액에 대한 원천징수에 관하여는 당해 재산을 관리하는 법인이 채권 등을 매도하는 것으로 본다. (2005. 2. 19. 신설)

⑭ 법 제73조 제8항을 적용할 때 「자본시장과 금융투자업에 관한 법률」에 따른 신탁재산에 속한 채권 등을 이자 등의 계 산기간 중에 매도하는 경우 같은 법에 따른 신탁업자와 해당 신탁재산의 수익자 간에 대리 또는 위임의 관계가 있는 것으로 본다. (2009. 2. 4. 신설)

⑭ 삭 제 (2019. 2. 12.)

제114조【비과세법인에 대한 원천징수 및 환급 등】삭 제 (2005. 2. 19.)

제114조의 2【환매조건부채권매매거래 등의 원천징수 및 환급 등】① 법 제73조의 2 제1항 전단에서 "환매조건부 채권매매 등 대통령령으로 정하는 경우"란 다음 각 호의 어느 하나에 해당하거나 각 호가 혼합되는 거래를 말한다. (2019. 2. 12. 개정)
1. 「금융실명거래 및 비밀보장에 관한 법률」 제2조 제1호 각 목의 어
☞ p.524 2단 연결

상이한 방법을 적용하여 계산한 경우에는 제74조 제1항 제1호 나목의 방법을 준용하여 보유기간을 계산한다. (2008. 2. 29. 직제개정 ; 기획재정부와~직제 부칙)
1. 보유기간이자상당액에 대한 원천징수세액납부일 (2000. 12. 29 개정)
2. 보유기간이자상당액에 대한 법인세 과세표준신고일 (2000. 12. 29 개정)

⑧ 제1항부터 제7항까지의 규정을 적용할 때 채권 등의 보유기간 확인에 관하여는 「소득세법 시행령」 제102조 제8항을 준용한다. (2010. 2. 18. 개정)

⑨ 법 제73조의 2에 따른 원천징수대상채권등의 이자등에는 법 제73조 제5항에 따라 금융회사 등이 원천징수를 대리하거나 위임받은 어음 또는 채무증서를 그 어음 또는 채무증서를 발행한 법인으로부터 인수·매입하여 매출(제113조 제3항에 따른 매도의 경우를 포함한다)하는 경우에 그 금융회사 등에 귀속되는 이자등은 포함하지 않는다. 다만, 「소득세법 시행령」 제190조 제1호에 따른 방법으로 매출하는 어음 외의 어음의 경우에는 그 금융회사 등에 귀속되는 이자등을 포함한다. (2019. 2. 12. 신설)

⑨ 법 제73조의 2에 따른 원천징수대상채권등의 이자등에는 법 제73조 제7항에 따라 금융회사 등이 원천징수를 대리하거나 위임받은 어음 또는 채무증서를 그 어음 또는 채무증서를 발행한 법인으로부터 인수·매입하여 매출(제113조 제3항에 따른 매도의 경우를 포함한다)하는 경우에 그 금융회사 등에 귀속되는 이자등은 포함하지 않는다. 다만, 「소득세법 시행령」 제190조 제1호에 따른 방법으로 매출하는 어음 외의 어음의 경우에는 그 금융회사 등에 귀속되는 이자등을 포함한다. (2023. 2. 28. 개정)

편주 ▶
영 113조 9항의 개정규정은 2025. 1. 1.부터 시행함. (영 부칙(2023. 2. 28.) 1조 3호)

⑩ 「자본시장과 금융투자업에 관한 법률」에 따른 신탁업자는 해당 신탁재산에 귀속되는 채권 등의 보유기간이자상당액에 해당하는 원천징수세액에 대한 확인서를 작성하여 「소득세법」 제155조의 2에 따른 특정일이 속하는 달의 다음달 말일까지 납세지 관할세무서장에게 제출하여야 한다. (2009. 2. 4. 개정)

합을 말한다. (2023. 3. 20. 개정)

편주 ▶
규칙 58조의 개정규정은 2025. 1. 1.부터 시행함. (규칙 부칙(2023. 3. 20.) 1조 2호)

② 영 제111조 제2항 제17호에서 "기획재정부령으로 정하는 금융보험업을 영위하는 법인"이란 다음 각 호의 법인을 말한다. (2011. 2. 28. 개정)
1. 삭 제 (2012. 2. 28.)
2. 「수산업협동조합법」에 따른 수산업협동조합중앙회(같은 법 제138조 제1항 제4호 및 제5호의 사업에 한정한다) (2009. 3. 30. 개정)
3. 「산림조합법」에 따른 산림조합중앙회(같은 법 제108조 제1항 제4호 및 제6호의 사업에 한정한다) (2009. 3. 30. 개정)

② 삭 제 (2019. 3. 20.)

제59조【보유기간 이자상당액의 계산 등】① 영 제113조 제2항 제2호 나목 단서에 다른 이자율의 적용에 관하여는 「소득세법 시행규칙」 제88조의 2를 준용한다. (2011. 2. 28. 개정)

② 영 제113조 제3항 단서에서 "기획재정부령이 정하는 경우"란 「자본시장과 금융투자업에 관한 법률 시행령」 제103조 제1호에 따른 특정금전신탁이 중도해지되거나 그 신탁계약기간이 종료됨에 따라 해당 특정금전신탁에서 운용하던 채권 등을 위탁자에게 유상이체하는 경우를 말한다. (2009. 3. 30. 개정)

③ 영 제113조 제7항 각호외의 부분 전단에서 "기획재정부령이 정하는 방법"이라 함은 다음 각호의 1에 해당하는 방법을 말

에게 매도 또는 대여한 채권등이 제1항에 따른 거래를 통하여 매입 또는 차입한 것임을 입증할 수 있는 기획재정부령으로 정하는 서류를 첨부하여 원천징수된 세액의 납부일이 속하는 달의 다음 달 10일까지 매수자등의 납세지 관할 세무서장에게 환급신청서를 제출하여야 하며, 환급신청을 받은 관할 세무서장은 거래사실 및 환급신청내용을 확인한 후 즉시 환급하여야 한다. (2010. 6. 8. 개정)

관계조문 》》

규칙 82조 7항 7호의 4 내지 7호의 6 및 9호의 3 ⇒ 환매조건부채권매매 거래확인서 및 환매조건부채권매매거래 원천세액환급신청서

느 하나에 해당하는 금융회사 등과 이 영 제111조 제1항 각 호의 어느 하나에 해당하는 법인이 일정기간 후에 일정가격으로 환매수 또는 환매도할 것을 조건으로 하여 채권등을 매도 또는 매수하는 거래(해당 거래가 연속되는 경우를 포함한다)로서 그 거래에 해당하는 사실이 「자본시장과 금융투자업에 관한 법률」 제294조에 따른 한국예탁결제원의 계좌 또는 같은 법 제373조에 따른 거래소의 거래원장(전자적 형태의 거래원장을 포함한다)을 통하여 확인되는 거래 (2021. 2. 17. 개정)

2. 「금융실명거래 및 비밀보장에 관한 법률」 제2조 제1호 각 목의 어느 하나에 해당하는 금융회사 등과 이 영 제111조 제1항 각 호의 어느 하나에 해당하는 법인이 일정기간 후에 같은 종류로서 같은 양의 채권을 반환받는 조건으로 채권을 대여하는 거래(해당 거래가 연속되는 경우를 포함한다)로서 그 거래에 해당하는 사실이 채권대차거래중개기관(「자본시장과 금융투자업에 관한 법률」에 따른 한국예탁결제원, 증권금융회사, 투자매매업자 또는 투자중개업자를 말한다)이 작성한 거래 원장(전자적 형태의 원장을 포함한다)을 통하여 확인되는 거래 (2019. 2. 12. 개정)

② 제1항에 따른 거래의 경우 채권등을 매도 또는 대여한 날부터 환매수 또는 반환받은 날까지의 기간 동안 그 채권등으로 부터 발생하는 이자소득에 상당하는 금액은 매도자 또는 대여자(해당 거래가 연속되는 경우 또는 제1항 각 호의 거래가 혼합되는 경우에는 최초 매도자 또는 대여자를 말한다)에게 귀속되는 것으로 보아 법 제73조의 2를 적용한다. (2019. 2. 12. 개정)

③ 제1항에 따른 거래를 통하여 매수자 또는 차입자(이하 이 조에서 "매수자등"이라 한다)가 매입 또는 차입한 채권등이 제3자에게 매도 또는 대여되는 경우에는 매수자등(제111조 제1항 각 호의 어느 하나에 해당하는 법인은 제외한다)에게 보유기간이자상당액에 대한 세액을 법 제73조의 2 및 제98조의 3, 「소득세법」 제133조의 2 및 제156조의 3에 따라 원천징수하여야 하며, 매수자등은 원천징수당한 세액을 제4항에 따라 환급받을 수 있다. (2019. 2. 12. 개정)

④ 제3항에 따라 원천징수된 세액을 환급받으려는 매수자등은 제3자

한다. 이 경우 보유기간의 계산은 소수점 이하 두 자리까지만 할 수 있다. (2008. 3. 31. 직제개정)

1. 채권 등을 매도할 때마다 그 매도일 현재의 보유채권 등 및 매도채권 등의 취득일별 채권 등의 수에 당해 채권 등의 취득일부터 매도일까지의 보유기간을 곱하여 계산한 기간의 합계를 채권 등의 총수로 나누어 계산하는 방법. 이 경우 직전 매도일 현재의 보유채권 등에 대하여는 직전 매도시에 계산한 평균 보유기간에 직전 매도일부터 당해 매도일까지의 기간을 합한 기간을 취득일부터 매도일까지의 보유기간으로 한다. (99. 5. 24 개정)

2. 가목의 기간에서 나목의 평균경과기간을 차감한 기간을 보유기간으로 하는 방법 (99. 5. 24 개정)

　가. 채권 등의 발행일(발행일 이전에 매출하는 경우에는 매출일)부터 매도일까지의 보유기간 (99. 5. 24 개정)

　나. 채권 등의 매도일 직전에 취득한 채권 등의 취득수에 발행일(발행일 이전에 매출하는 경우에는 매출일)부터 취득일까지의 기간(이하 이 목에서 "경과기간"이라 한다)을 곱한 기간과 당해 채권 등의 취득직전에 보유한 채권 등의 경과기간을 평균한 기간에 보유채권수를 곱한 기간의 합계를 채권 등의 수로 나누어 계산한 평균경과기간 (99. 5. 24 개정)

제73조의 2【내국법인의 채권등의 보유기간 이자상당액에 대한 원천징수】① 내국법인이 「소득세법」 제46조 제1항에 따른 채권등 또는 투자신탁의 수익증권(이하 "원천징수대상채권등"이라 한다)을 타인에게 매도(중개·알선과 그 밖에 대통령령으로 정하는 경우를 포함하되, 환매조건부 채권매매 등 대통령령으로 정하는 경우는 제외한다. 이하 이 조, 제74조 및 제75조의 18에서 같다)하는 경우 그 내국법인은 대통령령으로 정하는 바에 따라 계산한 해당 원천징수대상채권등의 보유기간에 따른 이자, 할인액 및 투자신탁이익(이하 이 조 및 제98조의 3에서 "이자등"이라 한다)의 금액에 100분의 14의 세율을 적용하여 계산한 금액에 상당하는 법인세(1천원 이상인 경우만 해당한다)를 원천징수하여 그 징수일이 속하는 달의 다음 달 10일까지 납세지 관할 세무서등에 납부하여야 한다. 이 경우 해당 내국법인을 원천징수의무자로 보아 이 법을 적용한다. (2021. 12. 21. 개정)

② 제1항에도 불구하고 법인세가 부과되지 아니하거나 면제되는 소득 등 대통령령으로 정하는 소득에 대해서는 법인세를 원천징수하지 아니한다. (2018. 12. 24. 신설)

③ 제1항을 적용할 때 다음 각 호의 법인에 원천징수대상채권등을 매도하는 경우로서 당사자 간의 약정이 있을 때에는 그 약정에 따라 원천징수의무자를 대리하거나 그 위임을 받은 자의 행위는 수권 또는 위임의 범위에서 본인 또는 위임인의 행위로 본다. (2018. 12. 24. 신설)
1. 대통령령으로 정하는 금융회사 등 (2018. 12. 24. 신설)
2. 「자본시장과 금융투자업에 관한 법률」에 따른 집합투자업자 (2018. 12. 24. 신설)

④ 제1항을 적용할 때 「자본시장과 금융투자업에 관한 법률」에 따른 신탁재산에 속한 원천징수대상채권등을 매도하는 경우 같은 법에 따른 신탁업자와 다음 각 호의 구분에 따른 자 간에 대리 또는 위임의 관계가 있는 것으로 본다. (2020. 12. 22. 개정)
1. 제5조 제1항에 따른 신탁재산: 해당 신탁재산의 수익자 (2020. 12. 22. 신설)
2. 제5조 제3항에 따른 신탁재산: 해당 신탁재산의 위탁자 (2020. 12. 22. 신설)

⑤ 원천징수의무의 위임·대리 및 납부에 관하여는 제73조 제4항부터

제115조【원천징수세액의 납부】① 법 제73조 및 제73조의 2에 따른 원천징수의무자는 원천징수한 법인세를 「국세징수법」에 따라 원천징수의무자의 납세지 관할세무서 등에 납부하여야 하며, 기획재정부령으로 정하는 원천징수 이행상황신고서를 원천징수의무자의 납세지 관할세무서장에게 제출(국세정보통신망에 의한 제출을 포함한다)하여야 한다. (2019. 2. 12. 개정)

② 법 제73조 제9항에서 "대통령령으로 정하는 원천징수의무자"란 직전연도(신규로 사업을 개시한 사업자의 경우 신청일이 속하는 반기를 말한다. 이하 이 조에서 같다)의 상시 고용인원이 20인 이하인 원천징수의무자(금융보험업을 영위하는 법인을 제외한다)로서 원천징수 관할세무서장으로부터 법 제73조 제1항 각호에 규정하는 원천징수세액을 반기별로 납부할 수 있도록 승인을 얻거나 국세청장이 정하는 바에 따라 지정을 받은 자를 말한다. (2023. 2. 28. 개정)

③ 제2항의 규정에 의한 직전연도의 상시 고용인원수는 직전연도의 1월부터 12월까지의 매월 말일 현재 상시 고용인원의 평균인원수로 한다. (98. 12. 31 개정)

④ 제2항의 규정에 의하여 승인을 얻고자 하는 법인은 원천징수한 법인세를 반기별로 납부하고자 하는 반기의 직전월의 1일부터 말일까지 원천징수 관할세무서장에게 신청하여야 한다. (98. 12. 31 개정)

⑤ 제4항의 규정에 의한 신청을 받은 원천징수 관할세무서장은 당해 원천징수의무자의 원천징수 세액신고·납부의 성실도 등을 참작하여 승인여부를 결정한 후 신청일이 속하는 반기의 다음달 말일까지 이를 통지하여야 한다. (98. 12. 31 개정)

⑥ 법 제73조 제9항에 따라 원천징수한 법인세의 반기별 납부에 관하

3. 채권 등을 취득할 때마다 계산한 평균 보유기간에 매도일까지의 기간을 합하는 방법 (99. 5. 24 개정)

제59조의 2【채권대차거래의 범위 등】삭 제 (2010. 6. 30.)

편주 ▶
영 115조 2항의 개정규정은 2025. 1. 1.부터 시행함. (영 부칙(2023. 2. 28.) 1조 3호)

편주 ▶
영 115조 6항의 개정규정은 2025. 1. 1.부터 시행함. (영 부칙(2023. 2. 28.) 1조 3호)

제7항까지의 규정을 준용한다. (2018. 12. 24. 신설)
⑥ 제1항부터 제4항까지의 규정을 적용할 때 원천징수대상채권등의 보유기간의 계산 등에 필요한 사항은 대통령령으로 정한다. (2018. 12. 24. 신설)

제74조【원천징수영수증의 발급】 (2010. 12. 30. 제목개정)
① 제73조 및 제73조의 2에 따라 원천징수의무자가 납세의무자로부터 법인세를 원천징수한 경우에는 그 납세의무자에게 대통령령으로 정하는 바에 따라 원천징수영수증을 발급하여야 한다. (2018. 12. 24. 개정)
② 제1항을 적용할 때 제73조의 2에 따라 원천징수대상채권등의 매도에 따른 이자상당액에 대한 원천징수의무자가 납세의무자로서 납부한 법인세액에 대하여는 해당 법인을 납세의무자로 본다. (2018. 12. 24. 개정)
③ 제1항에 따른 원천징수영수증 발급에 필요한 사항은 대통령령으로 정한다. (2010. 12. 30. 개정)

제74조의 2【업무용승용차 관련비용 명세서 제출 불성실 가산세】 ① 제27조의 2 제1항부터 제5항까지의 규정에 따라 업무용승용차 관련비용 등을 손금에 산입한 내국법인이 같은 조 제6항에 따른 업무용승용차 관련비용 등에 관한 명세서(이하 이 항에서 "명세서"라 한다)를 제출하지 아니하거나 사실과 다르게 제출한 경우에는 다음 각 호의 구분에 따른 금액을 가산세로 해당 사업연도의 법인세액에 더하여 납부하여야 한다. (2021. 12. 21. 신설)
1. 명세서를 제출하지 아니한 경우: 해당 내국법인이 제60조에 따른 신고를 할 때 업무용승용차 관련비용 등으로 손금에 산입한 금액의

여 기타 필요한 사항은 국세청장이 정한다. (2023. 2. 28. 개정)

제116조【원천징수의무의 승계】 ① 법인이 해산한 경우에 법 제73조 및 제73조의 2에 따라 원천징수하여야 할 법인세를 징수하지 아니하였거나 징수한 법인세를 납부하지 아니하고 잔여재산을 분배한 때에는 청산인과 잔여재산의 분배를 받은 자가 각각 그 분배한 재산의 가액과 분배받은 재산의 가액을 한도로 그 법인세를 연대하여 납부할 책임을 진다. (2019. 2. 12. 개정)
② 법인이 합병 또는 분할로 인하여 소멸한 경우 합병법인 등은 피합병법인 등이 법 제73조 및 제73조의 2에 따라 원천징수하여야 할 법인세를 징수하지 아니하였거나 징수한 법인세를 납부하지 아니한 것에 대하여 납부할 책임을 진다. (2019. 2. 12. 개정)

제117조【원천징수영수증의 교부】 ① 법 제74조 제1항에 따른 원천징수영수증의 교부에 관하여는 「소득세법」 제133조를 준용한다. (2021. 2. 17. 개정)
② 제1항의 규정은 선이자지급방식의 채권 등에 대한 이자소득을 지급하는 법인이 원천징수한 법인세액에 대한 원천징수영수증의 교부에 대하여도 이를 적용한다. (98. 12. 31 개정)

제118조【과소신고금액의 계산 등】 삭　제 (2007. 2. 28.)

100분의 1 (2021. 12. 21. 신설)

2. 명세서를 사실과 다르게 제출한 경우: 해당 내국법인이 제60조에
따른 신고를 할 때 업무용승용차 관련비용 등으로 손금에 산입한
금액 중 해당 명세서에 사실과 다르게 적은 금액의 100분의 1
(2021. 12. 21. 신설)

② 제1항에 따른 가산세는 산출세액이 없는 경우에도 적용한다.
(2021. 12. 21. 신설)

제75조 【성실신고확인서 제출 불성실 가산세】 (2018. 12. 24.
제목개정)

① 제60조의 2 제1항에 따른 성실신고 확인대상인 내국법인이 각
사업연도의 종료일이 속하는 달의 말일부터 4개월 이내에 성실신
고확인서를 납세지 관할 세무서장에게 제출하지 아니한 경우에는
다음 각 호의 금액 중 큰 금액을 가산세로 해당 사업연도의 법인세
액에 더하여 납부하여야 한다. (2021. 12. 21. 개정)

1. 법인세 산출세액(제55조의 2에 따른 토지등 양도소득에 대한 법인
세액 및 「조세특례제한법」 제100조의 32에 따른 투자·상생협력
촉진을 위한 과세특례를 적용하여 계산한 법인세액은 제외한다. 이
하 이 조, 제75조의 2부터 제75조의 9까지의 규정에서 같다)의 100
분의 5 (2021. 12. 21. 신설)

2. 수입금액의 1만분의 2 (2021. 12. 21. 신설)

② 제1항을 적용할 때 제66조에 따른 경정으로 산출세액이 0보다 크
게 된 경우에는 경정된 산출세액을 기준으로 가산세를 계산한다.
(2018. 12. 24. 개정)

③ 제1항에 따른 가산세는 산출세액이 없는 경우에도 적용한다.
(2021. 12. 21. 신설)

제75조의 2 【주주등의 명세서 등 제출 불성실 가산세】 ① 제
109조 제1항 또는 제111조 제1항 후단에 따라 주주등의 명세서(이하
이 항에서 "명세서"라 한다)를 제출하여야 하는 내국법인이 다음 각
호의 어느 하나에 해당하는 경우에는 해당 주주등이 보유한 주식등의

액면금액(무액면주식인 경우에는 그 주식을 발행한 법인의 자본금을
발행주식 총수로 나누어 계산한 금액을 말한다. 이하 이 조에서 같다)
또는 출자가액의 1천분의 5를 가산세로 설립일이 속하는 사업연도의
법인세액에 더하여 납부하여야 한다. (2018. 12. 24. 신설)

1. 명세서를 제출하지 아니한 경우 (2018. 12. 24. 신설)

2. 명세서에 주주등의 명세의 전부 또는 일부를 누락하여 제출한 경우
(2018. 12. 24. 신설)

☞ p.528 1단 연결

3. 제출한 명세서가 대통령령으로 정하는 불분명한 경우에 해당하는 경우 (2018. 12. 24. 신설)
② 제119조에 따라 주식등변동상황명세서(이하 이 항에서 "명세서"라 한다)를 제출하여야 하는 내국법인이 다음 각 호의 어느 하나에 해당하는 경우에는 그 주식등의 액면금액 또는 출자가액의 100분의 1을 가산세로 해당 사업연도의 법인세액에 더하여 납부하여야 한다. (2018. 12. 24. 신설)
1. 명세서를 제출하지 아니한 경우 (2018. 12. 24. 신설)
2. 명세서에 주식등의 변동사항을 누락하여 제출한 경우 (2018. 12. 24. 신설)
3. 제출한 명세서가 대통령령으로 정하는 불분명한 경우에 해당하는 경우 (2018. 12. 24. 신설)
③ 제1항 및 제2항에 따른 가산세는 산출세액이 없는 경우에도 적용한다. (2018. 12. 24. 신설)

제75조의 3【장부의 기록 · 보관 불성실 가산세】① 내국법인(비영리내국법인과 이 법 또는 다른 법률에 따라 법인세가 비과세되거나 전액 면제되는 소득만 있는 법인은 제외한다)이 제112조에 따른 장부의 비치 · 기장 의무를 이행하지 아니한 경우에는 다음 각 호의 금액 중 큰 금액을 가산세로 해당 사업연도의 법인세액에 더하여 납부하여야 한다. (2018. 12. 24. 신설)
1. 산출세액의 100분의 20 (2018. 12. 24. 신설)
2. 수입금액의 1만분의 7 (2018. 12. 24. 신설)
② 제1항에 따른 가산세는 산출세액이 없는 경우에도 적용한다. (2018. 12. 24. 신설)

제75조의 4【기부금영수증 발급 · 작성 · 보관 불성실 가산세】
① 기부금영수증을 발급하는 내국법인이 다음 각 호의 어느 하나에 해당하는 경우에는 다음 각 호의 구분에 따른 금액을 가산세로 해당 사업연도의 법인세액에 더하여 납부하여야 한다. (2018. 12. 24. 신설)
1. 기부금영수증을 사실과 다르게 적어 발급(기부금액 또는 기부자의 인적사항 등 주요사항을 적지 아니하고 발급하는 경우를 포함한다. 이하 이 조에서 같다)한 경우 (2018. 12. 24. 신설)

제120조【가산세의 적용】① 법 제75조의 2 제1항 제3호에서 "대통령령으로 정하는 불분명한 경우"란 다음 각 호의 어느 하나에 해당하는 경우를 말한다. 다만, 내국법인이 주식등의 실제 소유자를 알 수 없는 경우 등 정당한 사유가 있는 경우는 제외한다. (2019. 2. 12. 개정)
1. 제출된 주주등의 명세서에 법 제109조 제1항에 따라 제출된 주주등의 명세서의 제152조 제2항 제1호 및 제2호의 기재사항(이하 이 항에서 "필요적 기재사항"이라 한다)의 전부 또는 일부를 기재하지 아니하였거나 잘못 기재하여 주주등의 명세를 확인할 수 없는 경우 (2012. 2. 2. 신설)
2. 제출된 주주등의 명세서의 필요적 기재사항이 주식등의 실제소유자에 대한 사항과 다르게 기재되어 주주등의 명세를 확인할 수 없는 경우 (2012. 2. 2. 신설)
② 법 제75조의 2 제2항 제3호에서 "대통령령으로 정하는 불분명한 경우"란 다음 각 호의 어느 하나에 해당하는 경우를 말한다. 다만, 내국법인이 주식등의 실제소유자를 알 수 없는 경우 등 정당한 사유가 있는 경우는 제외한다. (2019. 2. 12. 개정)
1. 제출된 변동상황명세서에 제161조 제6항 제1호부터 제3호까지의 기재사항(이하 이 항에서 "필요적 기재사항"이라 한다)의 전부 또는 일부를 기재하지 아니하였거나 잘못 기재하여 주식 등의 변동상황을 확인할 수 없는 경우 (2010. 2. 18. 개정)
2. 제출된 변동상황명세서의 필요적 기재사항이 주식 등의 실제소유자에 대한 사항과 다르게 기재되어 주식 등의 변동사항을 확인할 수 없는 경우 (2012. 2. 2. 개정)
③ 법 제75조의 5 제1항 및 제75조의 8 제1항 각 호 외의 부분에서 "대통령령으로 정하는 법인"이란 다음 각 호의 어느 하나에 해당하는 법인을 말한다. (2019. 2. 12. 개정)
1. 국가 및 지방자치단체 (98. 12. 31 개정)
2. 비영리법인(제3조 제1항의 수익사업과 관련된 부분은 제외한다) (2019. 2. 12. 개정)
④ 법 제75조의 5 제1항에서 "대통령령으로 정하는 사업자"란 제158조 제1항 각 호의 사업자를 말한다. (2019. 2. 12. 개정)

통칙 75의 3-0…1【무기장가산세 배제의 범위】(2019. 12. 23. 번호개정)
법 제75조의 3의 "법인세가 비과세되거나 전액 면제되는 소득만 있는 법인"에는 국고보조금수입, 이자수입, 잡수입 등과 같은 과세소득이 있는 법인은 포함하지 아니한다. (2024. 3. 15. 개정)

가. 기부금액을 사실과 다르게 적어 발급한 경우 : 사실과 다르게 발급된 금액[영수증에 실제 적힌 금액(영수증에 금액이 적혀 있지 아니한 경우에는 기부금영수증을 발급받은 자가 기부금을 손금 또는 필요경비에 산입하거나 기부금세액공제를 받은 해당 금액으로 한다)과 건별로 발급하여야 할 금액과의 차액을 말한다]의 100분의 5 (2019. 12. 31. 개정)

나. 기부자의 인적사항 등을 사실과 다르게 적어 발급하는 등 가목 외의 경우 : 영수증에 적힌 금액의 100분의 5 (2019. 12. 31. 개정)

2. 기부자별 발급명세를 제112조의 2 제1항에 따라 작성·보관하지 아니한 경우 : 작성·보관하지 아니한 금액의 1천분의 2 (2018. 12. 24. 신설)

② 제1항 및 제112조의 2에서 "기부금영수증"이란 다음 각 호의 어느 하나에 해당하는 영수증을 말하며, 대통령령으로 정하는 전자적 방법으로 발급한 기부금영수증(이하 "전자기부금영수증"이라 한다)을 포함한다. (2020. 12. 22. 개정)

1. 제24조에 따라 기부금을 손금에 산입하기 위하여 필요한 영수증 (2018. 12. 24. 신설)

2. 「소득세법」 제34조 및 제59조의 4 제4항에 따라 기부금을 필요경비에 산입하거나 기부금세액공제를 받기 위하여 필요한 영수증 (2018. 12. 24. 신설)

③ 「상속세 및 증여세법」 제78조 제3항에 따라 보고서 제출의무를 이행하지 아니하거나 같은 조 제5항에 따라 출연받은 재산에 대한 장부의 작성·비치 의무를 이행하지 아니하여 가산세가 부과되는 경우에는 제1항 제2호의 가산세를 적용하지 아니한다. (2018. 12. 24. 신설)

④ 제1항에 따른 가산세는 산출세액이 없는 경우에도 적용한다. (2018. 12. 24. 신설)

제75조의 5【증명서류 수취 불성실 가산세】 ① 내국법인(대통령령으로 정하는 법인은 제외한다)이 사업과 관련하여 대통령령으로 정하는 사업자로부터 재화 또는 용역을 공급받고 제116조 제2항 각 호의 어느 하나에 따른 증명서류를 받지 아니하거나 사실과 다른 증명서

⑤ 법 제75조의 6 제2항 제1호에서 "대통령령으로 정하는 업종"이란 「소득세법 시행령」 별표 3의 2에 따른 소비자상대업종을 말한다. (2019. 2. 12. 개정)

⑥ 법 제75조의 6 제2항 제1호에서 "대통령령으로 정하는 수입금액"이란 법 제121조에 따른 계산서 발급분 또는 「부가가치세법」 제32조에 따른 세금계산서 발급분을 말한다. (2019. 2. 12. 신설)

⑦ 법 제75조의 6 제2항 제1호에서 "대통령령으로 정하는 바에 따라 계산한 비율"이란 가맹하지 아니한 사업연도의 일수에서 법 제117조의 2 제1항에 따른 요건에 해당하는 날부터 3개월이 지난 날의 다음날부터 가맹한 날의 전일까지의 일수(그 기간이 2 이상의 사업연도에 걸쳐 있는 경우 각 사업연도 별로 적용한다)가 차지하는 비율을 말한다. (2019. 2. 12. 개정)

⑧ 법 제75조의 6 제2항 제3호에서 "「국민건강보험법」에 따른 보험급여의 대상인 경우 등 대통령령으로 정하는 경우"란 다음 각 호의 어느 하나에 해당하는 경우를 말한다. (2019. 2. 12. 신설)

1. 「국민건강보험법」에 따른 보험급여 (2019. 2. 12. 신설)

2. 「의료급여법」에 따른 의료급여 (2019. 2. 12. 신설)

3. 「긴급복지지원법」에 따른 의료지원비 (2019. 2. 12. 신설)

4. 「응급의료에 관한 법률」에 따른 대지급금 (2019. 2. 12. 신설)

5. 「자동차손해배상 보장법」에 따른 보험금 및 공제금(같은 법 제2조 제6호의 「여객자동차 운수사업법」 및 「화물자동차 운수사업법」에 따른 공제사업자의 공제금에 한정한다) (2019. 2. 12. 신설)

⑨ 법 제75조의 7 제1항 제2호 각 목 외의 부분에서 "대통령령으로 정하는 불분명한 경우"란 다음 각 호의 구분에 따른 경우를 말한다. (2019. 2. 12. 개정)

1. 지급명세서의 경우 : 다음 각 목의 어느 하나에 해당하는 경우 (2019. 2. 12. 개정)

가. 제출된 지급명세서에 지급자 또는 소득자의 주소, 성명, 고유번호(주민등록번호로 갈음하는 경우에는 주민등록번호)나 사업자등록번호, 소득의 종류, 소득귀속연도 또는 지급액을 적지 않았거나 잘못 적어 지급사실을 확인할 수 없는 경우 (2019. 2. 12. 개정)

류를 받은 경우에는 그 받지 아니하거나 사실과 다르게 받은 금액으로 손금에 산입하는 것이 인정되는 금액(건별로 받아야 할 금액과의 차액을 말한다)의 100분의 2를 가산세로 해당 사업연도의 법인세액에 더하여 납부하여야 한다. (2019. 12. 31. 개정)

② 다음 각 호의 어느 하나에 해당하는 경우는 제1항의 가산세를 적용하지 아니한다. (2018. 12. 24. 신설)

1. 제25조 제2항에 따른 기업업무추진비로서 손금불산입된 경우 (2022. 12. 31. 개정)

[편주] ⬤⬤⬤⬤⬤⬤⬤⬤⬤⬤⬤⬤⬤⬤⬤⬤⬤⬤⬤⬤⬤⬤⬤⬤⬤⬤
법 75조의 5 제2항 1호의 개정규정은 2024. 1. 1.부터 시행함. (법 부칙 (2022. 12. 31.) 1조 1호)
⬤⬤⬤⬤⬤⬤⬤⬤⬤⬤⬤⬤⬤⬤⬤⬤⬤⬤⬤⬤⬤⬤⬤⬤⬤⬤⬤⬤⬤⬤

2. 제116조 제2항 각 호 외의 부분 단서에 해당하는 경우 (2018. 12. 24. 신설)

③ 제1항에 따른 가산세는 산출세액이 없는 경우에도 적용한다. (2018. 12. 24. 신설)

제75조의 6【신용카드 및 현금영수증 발급 불성실 가산세】 ① 제117조에 따른 신용카드가맹점으로 가입한 내국법인이 신용카드에 의한 거래를 거부하거나 신용카드 매출전표를 사실과 다르게 발급하여 같은 조 제4항 후단에 따라 납세지 관할 세무서장으로부터 통보받은 경우에는 통보받은 건별 거부 금액 또는 신용카드 매출전표를 사실과 다르게 발급한 금액(건별로 발급하여야 할 금액과의 차액을 말한다)의 100분의 5(건별로 계산한 금액이 5천원 미만이면 5천원으로 한다)를 가산세로 해당 사업연도의 법인세액에 더하여 납부하여야 한다. (2018. 12. 24. 신설)

② 내국법인이 다음 각 호의 어느 하나에 해당하는 경우에는 다음 각 호의 구분에 따른 금액을 가산세로 해당 사업연도의 법인세액에 더하여 납부하여야 한다. (2018. 12. 24. 신설)

1. 제117조의 2 제1항을 위반하여 현금영수증가맹점으로 가입하지 아니하거나 그 가입기한이 지나서 가입한 경우 : 가입하지 아니한 사

나. 제출된 지급명세서 및 이자 · 배당소득 지급명세서에 유가증권 표준코드를 적지 않았거나 잘못 적어 유가증권의 발행자를 확인할 수 없는 경우 (2019. 2. 12. 개정)

다. 내국법인인 금융회사 등으로부터 제출된 이자 · 배당소득 지급명세서에 해당 금융회사 등이 과세구분을 적지 않았거나 잘못 적은 경우 (2019. 2. 12. 개정)

라. 「소득세법 시행령」 제202조의 2 제1항에 따른 이연퇴직소득세를 적지 않았거나 잘못 적은 경우 (2019. 2. 12. 개정)

2. 간이지급명세서의 경우 : 제출된 간이지급명세서에 지급자 또는 소득자의 주소 · 성명 · 납세번호(주민등록번호로 갈음하는 경우에는 주민등록번호)나 사업자등록번호, 소득의 종류, 소득의 귀속연도 또는 지급액을 적지 않았거나 잘못 적어 지급사실을 확인할 수 없는 경우 (2021. 5. 4. 개정)

3. 내국법인인 금융회사 등으로부터 제출된 이자 · 배당소득 지급명세서에 해당 금융회사 등이 과세구분을 적지 아니하였거나 잘못 적은 경우 (2013. 2. 15. 개정)

4. 「소득세법 시행령」 제203조의 2 제1항에 따른 이연퇴직소득세를 적지 아니하였거나 잘못 적은 경우 (2013. 2. 15. 개정)

3~4. 삭 제 (2019. 2. 12.)

⑩ 제9항을 적용할 때 다음 각 호의 어느 하나에 해당하는 경우는 불분명한 경우로 보지 아니한다. (2019. 2. 12. 개정)

1. 지급일 현재 사업자등록증의 발급을 받은 자 또는 고유번호를 부여받은 자에게 지급한 경우 (2013. 2. 15. 신설)

2. 제1호 외의 지급으로서 지급후에 그 지급받은 자가 소재불명으로 확인된 경우 (2013. 2. 15. 신설)

⑪ 법 제75조의 7 제4항에서 "대통령령으로 정하는 비율"이란 100분의 5를 말한다. (2023. 2. 28. 개정)

⑫ 법 제120조에 따른 법인이 합병 · 분할 또는 해산함으로써 법 제84조 · 제85조 또는 제87조에 따라 과세표준을 신고 · 결정 또는 경정한 경우 법 제75조의 7에 따른 지급금액은 합병등기일 · 분할등기일 또는 해산등기일까지 제출하여야 하는 금액으로 한다. (2021. 5. 4. 항번개정)

⑬ 법 제75조의 8 제1항 제1호에서 "대통령령으로 정하는 적어야 할 사항의 전부 또는 일부를 적지 아니하거나 사실과 다르게 적은 경우"

[편주] ⬤⬤⬤⬤⬤⬤⬤⬤⬤⬤⬤⬤⬤⬤⬤⬤⬤⬤⬤⬤⬤
영 120조 11항의 개정규정은 2024. 1. 1.부터 시행함. (영 부칙(2023. 2. 28.) 1조 1호)
⬤⬤⬤⬤⬤⬤⬤⬤⬤⬤⬤⬤⬤⬤⬤⬤⬤⬤⬤⬤⬤⬤⬤⬤⬤⬤⬤

업연도의 수입금액(둘 이상의 업종을 하는 법인인 경우에는 대통령령으로 정하는 업종에서 발생한 수입금액만 해당하며, 세금계산서 발급분 등 대통령령으로 정하는 수입금액은 제외한다)의 100분의 1에 가입하지 아니한 기간을 고려하여 대통령령으로 정하는 바에 따라 계산한 비율을 곱한 금액 (2018. 12. 24. 신설)

2. 제117조의 2 제3항을 위반하여 현금영수증 발급을 거부하거나 사실과 다르게 발급하여 같은 조 제6항 후단에 따라 납세지 관할 세무서장으로부터 통보받은 경우(현금영수증의 발급대상 금액이 건당 5천원 이상인 경우만 해당하며, 제3호에 해당하는 경우는 제외한다) : 통보받은 건별 발급 거부 금액 또는 사실과 다르게 발급한 금액(건별로 발급하여야 할 금액과의 차액을 말한다)의 100분의 5(건별로 계산한 금액이 5천원 미만이면 5천원으로 한다) (2018. 12. 24. 신설)

3. 제117조의 2 제4항을 위반하여 현금영수증을 발급하지 아니한 경우(「국민건강보험법」에 따른 보험급여의 대상인 경우 등 대통령령으로 정하는 경우는 제외한다) : 미발급금액의 100분의 20(착오나 누락으로 인하여 거래대금을 받은 날부터 10일 이내에 관할 세무서에 자진 신고하거나 현금영수증을 자진 발급한 경우에는 100분의 10으로 한다) (2021. 12. 21. 개정)

③ 제1항 및 제2항에 따른 가산세는 산출세액이 없는 경우에도 적용한다. (2018. 12. 24. 신설)

제75조의 7 【지급명세서 등 제출 불성실 가산세】 (2021. 3. 16. 제목개정)

① 제120조, 제120조의 2 또는 「소득세법」 제164조, 제164조의 2에 따른 지급명세서(이하 이 조에서 "지급명세서"라 한다)나 같은 법 제164조의 3에 따른 간이지급명세서(이하 이 조에서 "간이지급명세서"라 한다)를 제출하여야 할 자가 다음 각 호의 어느 하나에 해당하는 경우에는 각 호에서 정하는 금액을 가산세로 해당 사업연도의 법인세액에 더하여 납부하여야 한다. (2022. 12. 31. 개정)

1. 지급명세서 또는 간이지급명세서(이하 이 조에서 "지급명세서등"이라 한다)를 기한까지 제출하지 아니한 경우: 다음 각 목의 구분에

란 거래처별 사업자등록번호 또는 공급가액을 적지 아니하거나 사실과 다르게 적은 경우를 말한다. 다만, 제출된 매입처별세금계산서합계표에 적어야 할 사항을 착오로 사실과 다르게 적은 경우로서 발급받은 세금계산서에 의하여 거래사실이 확인되는 경우를 제외한다. (2021. 5. 4. 항번개정)

⑭ 법 제75조의 8 제1항 제2호에서 "대통령령으로 정하는 적어야 할 사항"이란 「소득세법 시행령」 제211조 제1항 제1호부터 제4호까지의 기재사항(이하 이 항에서 "필요적 기재사항"이라 한다)을 말한다. 다만, 발급한 계산서의 필요적 기재사항 중 일부가 착오로 사실과 다르게 기재되었으나 해당 계산서의 그밖의 기재사항으로 보아 거래사실이 확인되는 경우에는 법 제75조의 8 제1항 제2호에 따른 사실과 다르게 기재된 계산서로 보지 아니한다. (2021. 5. 4. 항번개정)

⑮ 법 제75조의 8 제1항 제3호에서 "대통령령으로 정하는 적어야 할 사항"이란 거래처별 사업자등록번호 및 공급가액을 말한다. 다만, 제출된 매출·매입처별계산서합계표의 기재사항이 착오로 사실과 다르게 기재된 경우로서 발급하거나 발급받은 계산서에 의하여 거래사실이 확인되는 경우에는 법 제75조의 8 제1항 제3호에 따른 사실과 다르게 기재된 매출·매입처별계산서합계표로 보지 아니한다. (2021. 5. 4. 항번개정)

⑯ 법 제75조의 9 제1항 제2호에서 "대통령령으로 정하는 불분명한 경우"란 배당 가능한 유보소득금액을 산출할 때 적어야 하는 금액의 전부 또는 일부를 적지 아니하거나 잘못 적어 배당 가능한 유보소득금액을 잘못 계산한 경우를 말한다. (2021. 5. 4. 항번개정)

법 75조의 7 제1항(「소득세법」 164조의 3 제1항 1호의 소득에 대한 간이지급명세서를 제출하지 아니한 경우는 제외함)의 개정규정은 2024. 1. 1. 이후 지급하는 소득에 대하여 지급명세서등을 제출하여야 하거나 제출하는 경우부터 적용함. (법 부칙(2022. 12. 31.) 11조 1항) (2023. 12. 31. 개정)

따른 금액 (2022. 12. 31. 개정)

편주▶

법 75조의 7 제1항 제1호(「소득세법」164조의 3 제1항 1호의 소득에 대한 간이지급명세서를 제출하지 아니한 경우로 한정함)의 개정규정은 2026. 1. 1. 이후 지급하는 소득에 대하여 지급명세서등을 제출하여야 하거나 제출하는 경우부터 적용함. (법 부칙(2022. 12. 31.) 11조 2항) (2023. 12. 31. 신설)

가. 지급명세서의 경우 : 제출하지 아니한 분의 지급금액의 100분의 1(제출기한이 지난 후 3개월 이내에 제출하는 경우에는 지급금액의 1천분의 5로 한다). 다만, 「소득세법」 제164조 제1항 각 호 외의 부분 단서에 따른 일용근로자의 근로소득(이하 이 조에서 "일용근로소득"이라 한다)에 대한 지급명세서의 경우에는 제출하지 아니한 분의 지급금액의 1만분의 25(제출기한이 지난 후 1개월 이내에 제출하는 경우에는 지급금액의 10만분의 125)로 한다. (2021. 3. 16. 개정)

나. 간이지급명세서의 경우: 제출하지 아니한 분의 지급금액의 1만분의 25(제출기한이 지난 후 3개월(「소득세법」 제164조의 3 제1항 제2호의 소득에 대한 간이지급명세서의 경우에는 1개월) 이내에 제출하는 경우에는 지급금액의 10만분의 125로 한다) (2021. 3. 16. 개정)

나. 간이지급명세서의 경우 : 제출하지 아니한 분의 지급금액의 1만분의 25(제출기한이 지난 후 1개월 이내에 제출하는 경우에는 지급금액의 10만분의 125로 한다) (2022. 12. 31. 개정)

편주▶

2026. 1. 1. 전에 지급한 「소득세법」 164조의 3 제1항 1호의 소득에 대한 간이지급명세서의 지연 제출에 따른 가산세에 관하여는 법 75조의 7 제1항 1호 나목의 개정규정에도 불구하고 종전의 규정에 따름. (법 부칙(2022. 12. 31.) 11조 4항) (2023. 12. 31. 개정)

2. 제출된 지급명세서등이 대통령령으로 정하는 불분명한 경우에 해당하거나 제출된 지급명세서등에 기재된 지급금액이 사실과 다른 경우 : 다음 각 목의 구분에 따른 금액 (2022. 12. 31. 개정)

가. 지급명세서의 경우 : 불분명하거나 사실과 다른 분의 지급금액의 100분의 1. 다만, 일용근로소득에 대한 지급명세서의 경우에는 불분명하거나 사실과 다른 분의 지급금액의 1만분의 25로 한다. (2021. 3. 16. 개정)

나. 간이지급명세서의 경우 : 불분명하거나 사실과 다른 분의 지급금액의 1만분의 25 (2021. 3. 16. 개정)

② 제1항 제1호에도 불구하고 「소득세법」 제128조 제2항에 따라 원천징수세액을 반기별로 납부하는 원천징수의무자가 2021년 7월 1일부터 2022년 6월 30일까지 일용근로소득 또는 같은 법 제164조의 3 제1항 제2호의 소득을 지급하는 경우로서 다음 각 호의 어느 하나에 해당하는 경우에는 제1항 제1호의 가산세는 부과하지 아니한다. (2021. 3. 16. 신설)

1. 일용근로소득에 대한 지급명세서를 그 소득 지급일(「소득세법」 제135조를 적용받는 소득에 대해서는 해당 소득에 대한 과세기간 종료일을 말한다)이 속하는 분기의 마지막 달의 다음 달 말일(휴업, 폐업 또는 해산한 경우에는 휴업일, 폐업일 또는 해산일이 속하는 분기의 마지막 달의 다음 달 말일)까지 제출하는 경우 (2021. 3. 16. 신설)

2. 「소득세법」 제164조의 3 제1항 제2호의 소득에 대한 간이지급명세서를 그 소득 지급일(같은 법 제144조의 5를 적용받는 소득에 대해서는 해당 소득에 대한 과세기간 종료일을 말한다)이 속하는 반기의 마지막 달의 다음 달 말일(휴업, 폐업 또는 해산한 경우에는 휴업일, 폐업일 또는 해산일이 속하는 반기의 마지막 달의 다음 달 말일)까지 제출하는 경우 (2021. 3. 16. 신설)

③ 제1항 제1호 나목에도 불구하고 다음 각 호에 해당하는 경우에는 제1항 제1호 나목의 가산세는 부과하지 아니한다. (2022. 12. 31. 신설)

1. 2026년 1월 1일부터 2026년 12월 31일(「소득세법」 제128조 제2항에 따라 원천징수세액을 반기별로 납부하는 원천징수의무자의 경우에는 2027년 12월 31일)까지 「소득세법」 제164조의 3 제1항 제1호의 소득을 지급하는 경우로서 해당 소득에 대한 간이지급명세서를 그 소득 지급일(「소득세법」 제135조를 적용받는 소득에 대해서는 해당 소득에 대한 과세기간 종료일을 말한다)이 속하는 반기의 마지막 달의 다음 달 말일(휴업, 폐업 또는 해산한 경우에는 휴업일, 폐업

일 또는 해산일이 속하는 반기의 마지막 달의 다음 달 말일)까지 제출하는 경우 (2023. 12. 31. 개정)

편주▶

법 75조의 7 제3항 1호의 개정규정은 2026. 1. 1. 이후 지급하는 소득에 대하여 지급명세서등을 제출하여야 하거나 제출하는 경우부터 적용함. (법 부칙(2022. 12. 31.) 11조 2항) (2023. 12. 31. 신설)

2. 2024년 1월 1일부터 2024년 12월 31일까지 「소득세법」 제164조의 3 제1항 제3호의 소득을 지급하는 경우로서 해당 소득에 대한 지급명세서를 그 소득 지급일이 속하는 과세연도의 다음 연도 2월 말일(휴업, 폐업 또는 해산한 경우에는 휴업일, 폐업일 또는 해산일이 속하는 달의 다음다음 달 말일)까지 제출하는 경우 (2022. 12. 31. 신설)

편주▶

법 75조의 7 제3항 2호의 개정규정은 2024. 1. 1. 이후 지급하는 소득에 대하여 지급명세서등을 제출하여야 하거나 제출하는 경우부터 적용함. (법 부칙(2022. 12. 31.) 11조 1항) (2023. 12. 31. 개정)

④ 제1항 제2호에도 불구하고 일용근로소득 또는 「소득세법」 제164조의 3 제1항 각 호의 소득에 대하여 제출한 지급명세서등이 제1항 제2호 각 목 외의 부분에 해

☞ p.533 1단 연결

당하는 경우로서 지급명세서등에 기재된 각각의 총지급금액에서 제1항 제2호 각 목 외의 부분에 해당하는 분의 지급금액이 차지하는 비율이 대통령령으로 정하는 비율 이하인 경우에는 제1항 제2호의 가산세는 부과하지 아니한다. (2022. 12. 31. 개정)

편주 ▶
- 법 75조의 7 제4항(「소득세법」 164조의 3 제1항 1호의 소득에 관한 부분은 제외함)의 개정규정은 2024. 1. 1. 이후 지급하는 소득에 대하여 지급명세서등을 제출하여야 하거나 제출하는 경우부터 적용함. (법 부칙(2022. 12. 31.) 11조 1항) (2023. 12. 31. 개정)
- 법 75조의 7 제4항(「소득세법」 164조의 3 제1항 1호의 소득에 관한 부분으로 한정함)의 개정규정은 2026. 1. 1. 이후 지급하는 소득에 대하여 지급명세서등을 제출하여야 하거나 제출하는 경우부터 적용함. (법 부칙(2022. 12. 31.) 11조 2항) (2023. 12. 31. 신설)
- 2026. 1. 1. 전에 지급한 「소득세법」 164조의 3 제1항 1호의 소득에 대한 간이지급명세서의 지연 제출에 따른 가산세에 관하여는 법 75조의 7 제4항의 개정규정에도 불구하고 종전의 규정에 따름. (법 부칙(2022. 12. 31.) 11조 4항) (2023. 12. 31. 개정)

⑤ 제1항을 적용할 때 「소득세법」 제164조의 3 제1항 제2호(같은 법 제73조 제1항 제4호에 따라 대통령령으로 정하는 사업소득은 제외한다) 또는 제3호의 소득에 대한 지급명세서등의 제출의무가 있는 자에 대하여 제1항 제1호 가목의 가산세가 부과되는 부분에 대해서는 같은 호 나목의 가산세를 부과하지 아니하고, 같은 항 제2호 가목의 가산세가 부과되는 부분에 대해서는 같은 호 나목의 가산세를 부과하지 아니한다. (2022. 12. 31. 신설)

편주 ▶
- 법 75조의 7 제5항(「소득세법」 164조의 3 제1항 3호의 소득에 관한 부분으로 한정함)의 개정규정은 2024. 1. 1. 이후 지급하는 소득에 대하여 지급명세서등을 제출하여야 하거나 제출하는 경우부터 적용함. (법 부칙(2022. 12. 31.) 11조 1항)
- 법 75조의 7 제5항(「소득세법」 164조의 3 제1항 2호의 소득에 관한 부분으로 한정함)의 개정규정은 2023. 1. 1. 이후 지급하는 소득에 대

하여 지급명세서등을 제출하여야 하거나 제출하는 경우부터 적용함. (법 부칙(2022. 12. 31.) 11조 3항) (2023. 12. 31. 개정)

⑥ 제1항에 따른 가산세는 산출세액이 없는 경우에도 적용한다. (2022. 12. 31. 항번개정)
⑦ 제1항을 적용할 때 법인이 합병·분할 또는 해산하는 경우 지급금액에 관하여 필요한 사항은 대통령령으로 정한다. (2022. 12. 31. 항번개정)

제75조의 8【계산서 등 제출 불성실 가산세】 ① 내국법인(대통령령으로 정하는 법인은 제외한다)이 다음 각 호의 어느 하나에 해당하는 경우에는 다음 각 호의 구분에 따른 금액을 가산세로 해당 사업연도의 법인세액에 더하여 납부하여야 한다. (2018. 12. 24. 신설)
1. 제120조의 3 제1항에 따라 매입처별 세금계산서합계표를 같은 조에 따른 기한까지 제출하지 아니한 경우 또는 제출하였더라도 그 매입처별 세금계산서합계표에 대통령령으로 정하는 적어야 할 사항의 전부 또는 일부를 적지 아니하거나 사실과 다르게 적은 경우(제4호가 적용되는 분은 제외한다) : 공급가액의 1천분의 5 (2018. 12. 24. 신설)
2. 제121조 제1항 또는 제2항에 따라 발급한 계산서에 대통령령으로 정하는 적어야 할 사항의 전부 또는 일부를 적지 아니하거나 사실과 다르게 적은 경우(제3호가 적용되는 분은 제외한다) : 공급가액의 100분의 1 (2018. 12. 24. 신설)
3. 제121조 제5항에 따라 매출·매입처별 계산서합계표를 같은 조에 따른 기한까지 제출하지 아니한 경우 또는 제출하였더라도 그 합계표에 대통령령으로 정하는 적어야 할 사항의 전부 또는 일부를 적지 아니하거나 사실과 다르게 적은 경우(제4호가 적용되는 분은 제외한다) : 공급가액의 1천분의 5 (2018. 12. 24. 신설)
4. 다음 각 목의 어느 하나에 해당하는 경우 : 공급가액의 100분의 2(가목을 적용할 때 제121조 제1항 후단에 따른 전자계산서를 발급하지 아니하였으나 전자계산서 외의 계산서를 발급한 경우와

같은 조 제8항에 따른 계산서의 발급시기가 지난 후 해당 재화 또는 용역의 공급시기가 속하는 사업연도 말의 다음 달 25일까지 같은 조 제1항 또는 제2항에 따른 계산서를 발급한 경우는 100분의 1로 한다) (2018. 12. 24. 신설)
가. 재화 또는 용역을 공급한 자가 제121조 제1항 또는 제2항에 따른 계산서를 같은 조 제8항에 따른 발급시기에 발급하지 아니한 경우 (2018. 12. 24. 신설)
나. 재화 또는 용역을 공급하지 아니하고 제116조 제2항 제1호에 따른 신용카드 매출전표, 같은 항 제2호에 따른 현금영수증 및 제121조 제1항 또는 제2항에 따른 계산서(이하 이 호에서 “계산서등”이라 한다)를 발급한 경우 (2018. 12. 24. 신설)
다. 재화 또는 용역을 공급받지 아니하고 계산서등을 발급받은 경우 (2018. 12. 24. 신설)
라. 재화 또는 용역을 공급하고 실제로 재화 또는 용역을 공급하는 법인이 아닌 법인의 명의로 계산서등을 발급한 경우 (2018. 12. 24. 신설)
마. 재화 또는 용역을 공급받고 실제로 재화 또는 용역을 공급하는 자가 아닌 자의 명의로 계산서등을 발급받은 경우 (2018. 12. 24. 신설)

☞ p.534 1단 연결

5. 제121조 제7항에 따른 기한이 지난 후 재화 또는 용역의 공급시기가 속하는 사업연도 말의 다음 달 25일까지 국세청장에게 전자계산서 발급명세를 전송하는 경우(제4호가 적용되는 분은 제외한다) : 공급가액의 1천분의 3(2016년 12월 31일 이전에 재화 또는 용역을 공급한 분에 대해서는 1천분의 1) (2019. 12. 31. 개정)

6. 제121조 제7항에 따른 기한이 지난 후 재화 또는 용역의 공급시기가 속하는 사업연도 말의 다음 달 25일까지 국세청장에게 전자계산서 발급명세를 전송하지 아니한 경우(제4호가 적용되는 분은 제외한다) : 공급가액의 1천분의 5(2016년 12월 31일 이전에 재화 또는 용역을 공급한 분에 대해서는 1천분의 3) (2019. 12. 31. 개정)

② 제75조의 5 또는 「부가가치세법」 제60조 제2항·제3항 및 제5항부터 제7항까지의 규정에 따른 가산세를 적용받는 부분은 제1항 각 호의 가산세를 적용하지 아니한다. (2018. 12. 24. 신설)

③ 제1항에 따른 가산세는 산출세액이 없는 경우에도 적용한다. (2018. 12. 24. 신설)

편주 ▶

계산서 미교부에 대한 가산세 특례
• 중도매인의 경우 : 영 부칙(98. 12. 31.) 14조(2024. 2. 29. 개정) 및 영 부칙(2018. 2. 13.) 15조 참조
• 시장도매인의 경우 : 영 부칙(2005. 2. 19.) 14조(2024. 2. 29. 개정) 참조

통칙 75의 8-0…1【착오로 발급한 계산서에 대한 가산세 적용】(2024. 3. 15. 제목개정)

① 법인이 세금계산서 발급대상 재화를 공급하면서 착오로 계산서를 발급함에 따라 「부가가치세법」 제60조 제2항 제2호의 세금계산서 미발급가산세가 적용되는 부분에 대하여는 법 제75조의 8의 가산세를 적용하지 아니한다. (2024. 3. 15. 개정)

② 제1항의 규정에 해당하는 계산서를 발급받은 법인의 경우 이를 매입처별계산서합계표에 기재하여 제출하지 아니한 때에는 해당 가산세가 적용된다. (2024. 3. 15. 개정)

75의 8-0…2【계산서합계표 미제출】(2019. 12. 23. 번호개정)

재화나 용역의 공급자로부터 계산서를 발급받지 못하여 매입처별계산서합계표를 제출하지 못한 경우에는 법 제75조의 8 제1항 제3호의 가산세를 적용하지 아니한다. (2024. 3. 15. 개정)

75의 8-120…1【계산서 미발급가산세 적용배제】(2024. 3. 15. 제목개정)

다음 각 호에 해당하는 재화 또는 용역의 공급에 대하여는 법 제121조에 따른 계산서를 발급하지 아니하는 경우에도 법 제75조의 8의 가산세를 부과하지 아니한다. (2024. 3. 15. 개정)

1. 법인의 본지점간 재화의 이동
2. 사업을 포괄적으로 양도하는 경우
3. 상품권 등 유가증권을 매매하는 경우(상품권매매업자 포함)

　제75조의 9【특정외국법인의 유보소득 계산 명세서 제출 불성실 가산세】① 「국제조세조정에 관한 법률」 제34조 제3호에 따른 특정외국법인의 유보소득 계산 명세서(이하 이 항에서 "명세서"라 한다)를 같은 조에 따라 제출하여야 하는 내국법인이 다음 각 호의 어느 하나에 해당하는 경우에는 해당 특정외국법인의 배당 가능한 유보소득금액의 1천분의 5를 가산세로 해당 사업연도의 법인세액에 더하여 납부하여야 한다. (2020. 12. 22. 개정)

1. 제출기한까지 명세서를 제출하지 아니한 경우 (2018. 12. 24. 신설)
2. 제출한 명세서의 전부 또는 일부를 적지 아니하는 등 제출한 명세서가 대통령령으로 정하는 불분명한 경우에 해당하는 경우 (2018. 12. 24. 신설)

② 제1항에 따른 가산세는 산출세액이 없는 경우에도 적용한다. (2018. 12. 24. 신설)

제1절　통칙 (2020. 12. 22. 신설)

　제75조의 10【적용 관계】제5조 제2항에 따라 내국법인으로 보는 신탁재산(이하 "법인과세 신탁재산"이라 한다) 및 이에 귀속되는 소득에 대하여 법인세를 납부하는 신탁의 수탁자(이하 "법인과세 수탁자"라 한다)에 대해서는 이 장의 규정을 제1장 및 제2장의 규정에 우선하여 적용한다. (2020. 12. 22. 신설)

　제75조의 11【신탁재산에 대한 법인세 과세방식의 적용】① 법인과세 수탁자는 법인과세 신탁재산에 귀속되는 소득에 대하여 그 밖의 소득과 구분하여 법인세를 납부하여야 한다. (2020. 12. 22. 신설)
② 재산의 처분 등에 따라 법인과세 수탁자가 법인과세 신탁재산의 재산으로 그 법인과세 신탁재산에 부과되거나 그 법인과세 신탁재산이 납부할 법인세 및 강제징수비를 충당하여도 부족한 경우에는 그 신탁의 수익자(「신탁법」 제101조에 따라 신탁이 종료되어 신탁재산이 귀속되는 자를 포함한다)는 분배받은 재산가액 및 이익을 한도로 그 부족한 금액에 대하여 제2차 납세의무를 진다. (2020. 12. 22. 신설)
③ 법인과세 신탁재산이 그 이익을 수익자에게 분배하는 경우에는 배당으로 본다. (2020. 12. 22. 신설)
④ 신탁계약의 변경 등으로 법인과세 신탁재산이 제5조 제2항에 따른 신탁에 해당하지 아니하게 되는 경우에는 그 사유가 발생한 날이 속하는 사업연도분부터 제5조 제2항을 적용하지 아니한다. (2020. 12. 22. 신설)
⑤ 제1항부터 제4항까지의 규정에 따른 신탁재산의 법인세 과세방식의 적용 등에 필요한 사항은 대통령령으로 정한다. (2020. 12. 22. 신설)

제2장의 2 법인과세 신탁재산의 각 사업연도의
　　　　　　소득에 대한 법인세 과세특례
(2021. 2. 17. 신설)

제1절　통칙 (2021. 12. 17. 신설)

　제120조의 2【법인과세신탁재산의 사업연도의 개시일】법 제5조 제2항에 따라 내국법인으로 보는 신탁재산(이하 "법인과세신탁재산"이라 한다)의 최초 사업연도의 개시일은 「신탁법」 제3조에 따라 그 신탁이 설정된 날로 한다. (2021. 2. 17. 신설)

제75조의 12【법인과세 신탁재산의 설립 및 해산 등】① 법인과세 신탁재산은 「신탁법」 제3조에 따라 그 신탁이 설정된 날에 설립된 것으로 본다. (2020. 12. 22. 신설)

② 법인과세 신탁재산은 「신탁법」 제98조부터 제100조까지의 규정에 따라 그 신탁이 종료된 날(신탁이 종료된 날이 분명하지 아니한 경우에는 「부가가치세법」 제5조 제3항에 따른 폐업일을 말한다)에 해산된 것으로 본다. (2020. 12. 22. 신설)

③ 법인과세 수탁자는 법인과세 신탁재산에 대한 사업연도를 따로 정하여 제109조에 따른 법인 설립신고 또는 제111조에 따른 사업자등록과 함께 납세지 관할 세무서장에게 사업연도를 신고하여야 한다. 이 경우 사업연도의 기간은 1년을 초과하지 못한다. (2020. 12. 22. 신설)

④ 법인과세 신탁재산의 법인세 납세지는 그 법인과세 수탁자의 납세지로 한다. (2020. 12. 22. 신설)

⑤ 제1항부터 제4항까지의 규정을 적용할 때 법인과세 신탁재산의 최초 사업연도의 개시일, 납세지의 지정과 그 밖에 필요한 사항은 대통령령으로 정한다. (2020. 12. 22. 신설)

제75조의 13【공동수탁자가 있는 법인과세 신탁재산에 대한 적용】① 하나의 법인과세 신탁재산에 「신탁법」 제50조에 따라 둘 이상의 수탁자가 있는 경우에는 제109조 또는 제109조의 2에 따라 수탁자 중 신탁사무를 주로 처리하는 수탁자(이하 “대표수탁자”라 한다)로 신고한 자가 법인과세 신탁재산에 귀속되는 소득에 대하여 법인세를 납부하여야 한다. (2020. 12. 22. 신설)

② 제1항에 따른 대표수탁자 외의 수탁자는 법인과세 신탁재산에 관계되는 법인세에 대하여 연대하여 납부할 의무가 있다. (2020. 12. 22. 신설)

제2절　과세표준과 그 계산 (2020. 12. 22. 신설)

제75조의 14【법인과세 신탁재산에 대한 소득공제】① 법인과세 신탁재산이 수익자에게 배당한 경우에는 그 금액을 해당 배당을 결

제120조의 3【법인과세신탁재산의 납세지의 지정】관할 지방국세청장이나 국세청장은 법 제75조의 12 제4항에 따른 법인과세신탁재산의 납세지가 그 법인과세 신탁재산의 납세지로 적당하지 않다고 인정되는 경우로서 다음 각 호의 어느 하나에 해당하는 경우에는 그 납세지를 지정할 수 있다. (2021. 2. 17. 신설)

1. 법 제75조의 10에 따른 법인과세 수탁자(이하 “법인과세수탁자”라 한다)의 본점 등의 소재지가 등기된 주소와 동일하지 않은 경우 (2021. 2. 17. 신설)

2. 법인과세수탁자의 본점 등의 소재지가 자산 또는 사업장과 분리되어 있어 조세포탈의 우려가 있다고 인정되는 경우 (2021. 2. 17. 신설)

제2절　과세표준과 그 계산 (2021. 2. 17. 신설)

제120조의 4【법인과세 신탁재산에 대한 소득공제】① 법 제75조의 14 제1항에 따라 공제하는 배당금액이 해당 배당을 결의한 잉

의한 잉여금 처분의 대상이 되는 사업연도의 소득금액에서 공제한다. (2020. 12. 22. 신설)

② 배당을 받은 법인과세 신탁재산의 수익자에 대하여 이 법 또는 「조세특례제한법」에 따라 그 배당에 대한 소득세 또는 법인세가 비과세되는 경우에는 제1항을 적용하지 아니한다. 다만, 배당을 받은 수익자가 「조세특례제한법」 제100조의 15에 따라 동업기업과세특례를 적용받는 동업기업인 경우로서 그 동업자들(그 동업자들의 전부 또는 일부가 같은 조 제3항에 따른 상위 동업기업에 해당하는 경우에는 그 상위 동업기업에 출자한 동업자들을 말한다)에 대하여 같은 법 제100조의 18에 따라 배분받은 배당에 해당하는 소득에 대한 소득세 또는 법인세가 전부 과세되는 경우에는 제1항을 적용한다. (2023. 12. 31. 단서개정)

③ 제1항을 적용받으려는 법인과세 신탁재산의 수탁자는 대통령령으로 정하는 바에 따라 소득공제 신청을 하여야 한다. (2020. 12. 22. 신설)

　　제75조의 15 【신탁의 합병 및 분할】 ① 법인과세 신탁재산에 대한 「신탁법」 제90조에 따른 신탁의 합병은 법인의 합병으로 보아 이 법을 적용한다. 이 경우 신탁이 합병되기 전의 법인과세 신탁재산은 피합병법인으로 보고, 신탁이 합병된 후의 법인과세 신탁재산은 합병법인으로 본다. (2020. 12. 22. 신설)

② 법인과세 신탁재산에 대한 「신탁법」 제94조에 따른 신탁의 분할(분할합병을 포함한다)은 법인의 분할로 보아 이 법을 적용한다. 이 경우 신탁의 분할에 따라 새로운 신탁으로 이전하는 법인과세 신탁재산은 분할법인등으로 보고, 신탁의 분할에 따라 그 법인과세 신탁재산을 이전받은 법인과세 신탁재산은 분할신설법인등으로 본다. (2020. 12. 22. 신설)

③ 제1항 및 제2항에 따른 신탁의 합병 및 분할과 관련하여 필요한 사항은 대통령령으로 정한다. (2020. 12. 22. 신설)

여금 처분의 대상이 되는 사업연도의 소득금액을 초과하는 경우 그 초과금액은 없는 것으로 본다. (2021. 2. 17. 신설)

② 법 제75조의 14 제1항을 적용받으려는 법인과세수탁자는 법 제60조에 따른 과세표준신고와 함께 기획재정부령으로 정하는 소득공제신청서(이하 이 조에서 "소득공제신청서"라 한다)를 납세지 관할 세무서장에게 제출하여 소득공제 신청을 해야 한다. (2021. 2. 17. 신설)

③ 법 제75조의 14 제2항 단서에 따라 같은 조 제1항을 적용받으려는 법인과세수탁자는 제2항에 따른 소득공제신청서에 배당을 받은 동업기업(그 동업자들의 전부 또는 일부가 「조세특례제한법」 제100조의 15 제3항에 따른 상위 동업기업에 해당하는 경우에는 그 상위 동업기업을 포함한다)으로부터 제출받은(「조세특례제한법」 제100조의 23 제1항에 따른 신고기한까지 제출받은 것을 말한다) 기획재정부령으로 정하는 동업기업과세특례적용 및 동업자과세여부 확인서를 첨부하여 소득공제를 신청해야 한다. (2024. 2. 29. 개정)

제75조의 16【법인과세 신탁재산의 소득금액 계산】① 수탁자의 변경에 따라 법인과세 신탁재산의 수탁자가 그 법인과세 신탁재산에 대한 자산과 부채를 변경되는 수탁자에게 이전하는 경우 그 자산과 부채의 이전가액을 수탁자 변경일 현재의 장부가액으로 보아 이전에 따른 손익은 없는 것으로 한다. (2020. 12. 22. 신설)
② 제1항에 따른 수탁자의 변경이 있는 경우 변경된 수탁자의 각 사업연도의 소득금액의 계산 등에 필요한 사항은 대통령령으로 정한다. (2020. 12. 22. 신설)

제 3 절　신고 · 납부 및 징수 (2020. 12. 22. 신설)

제75조의 17【법인과세 신탁재산의 신고 및 납부】법인과세 신탁재산에 대해서는 제60조의 2 및 제63조를 적용하지 아니한다. (2020. 12. 22. 신설)

제75조의 18【법인과세 신탁재산의 원천징수】① 제73조 제1항에도 불구하고 법인과세 신탁재산이 대통령령으로 정하는 소득을 지급받고, 법인과세 신탁재산의 수탁자가 대통령령으로 정하는 금융회사 등에 해당하는 경우에는 원천징수하지 아니한다. (2020. 12. 22. 신설)
② 제73조의 2 제1항을 적용하는 경우에는 법인과세 신탁재산에 속한 원천징수대상채권등을 매도하는 경우 법인과세 수탁자를 원천징수의무자로 본다. (2020. 12. 22. 신설)

제76조【가산세】① 납세지 관할 세무서장은 제71조에 따라 각 사업연도의 소득에 대한 법인세를 징수할 때 해당 내국법인이 제112조에 따른 장부의 비치 · 기장 의무를 이행하지 아니한 경우에는 납세지 관할 세무서장이 결정한 산출세액(제55조의 2에 따른 토지등 양도소득에 대한 법인세액, 제56조에 따른 미환류소득에 대한 법인세액 및 「조세특례제한법」 제100조의 32에 따른 투자 · 상생협력 촉진을 위한 과세특례를 적용하여 계산한 법인세액은 제외한다. 이하 이 항에서 같다)의 100분의 20에 상당하는 금액(그 금액이 해당 법인 수입금액의 1만분의 7보다 적거나 산출세액이 없는 경우에는 그 수입금액의 1만분의 7에 상당하는 금액을 말한다)을 가

제 3 절　신고 · 납부 및 징수 (2021. 2. 17. 신설)

제120조의 5【법인과세 신탁재산의 원천징수】① 법 제75조의 18 제1항에서 "대통령령으로 정하는 소득"이란 다음 각 호의 소득을 말한다. (2021. 2. 17. 신설)
1. 「소득세법」 제16조 제1항에 따른 이자소득의 금액(금융보험업을 하는 법인의 수입금액을 포함한다). 다만, 법 제73조의 2 제1항 전단에 따른 원천징수대상채권등(「주식 · 사채 등의 전자등록에 관한 법률」 제59조 각 호 외의 부분 전단에 따른 단기사채등 중 같은 법 제2조 제1호 나목에 해당하는 것으로서 만기 1개월 이내의 것은 제외한다)의 이자등(법 제73조의 2 제1항 전단에 따른 이자등을 말한다)을 「자본시장과 금융투자업에 관한 법률」에 따른 투자회사 또는 「조세특례제한법」 제104조의 3 제1항에 따른 자본확충목적회사가 아닌 법인에 지급하는 경우는 제외한다. (2021. 2. 17. 신설)
2. 「소득세법」 제17조 제1항 제5호에 따른 집합투자기구로부터의 이익 중 투자신탁의 이익의 금액 (2021. 2. 17. 신설)
② 법 제75조의 18 제1항에서 "대통령령으로 정하는 금융회사 등"이란 제111조 제1항 각 호의 법인을 말한다. (2021. 2. 17. 신설)

제60조【가산세의 적용】법 제76조 제1항의 규정은 이 법 또는 다른 법률에 의하여 법인세가 비과세되거나 전액 면제되는 소득만이 있는 법인에 대하여는 이를 적용하지 아니한다. (2004. 3. 5. 개정)
제60조【가산세의 적용】삭 제 (2019. 3. 20.)

산한 금액을 법인세로서 징수하여야 한다. 다만, 비영리내국법인에 대하여는 그러하지 아니하다. (2017. 12. 19. 개정)

② 삭 제 (2011. 12. 31.)

③ 납세지 관할 세무서장은 제109조 제1항 또는 제111조 제1항 후단에 따라 주주 등의 명세서(이하 이 항에서 "명세서"라 한다)를 제출하여야 하는 내국법인이 다음 각 호의 어느 하나에 해당하는 경우에는 해당 주주 등이 보유한 주식 등의 액면금액(무액면주식인 경우에는 그 주식을 발행한 법인의 자본금을 발행주식총수로 나누어 계산한 금액을 말한다. 이하 이 조에서 같다) 또는 출자가액의 1천분의 5에 해당하는 금액을 설립일이 속하는 사업연도의 법인세에 가산하여 징수하여야 한다. 이 경우 산출세액이 없는 경우에도 가산세는 징수한다. (2013. 1. 1. 개정)

1. 명세서를 제출하지 아니한 경우 (2011. 12. 31. 신설)

2. 명세서에 주주 등의 명세의 전부 또는 일부를 누락하여 제출한 경우 (2011. 12. 31. 신설)

3. 제출한 명세서가 대통령령으로 정하는 불분명한 경우에 해당하는 경우 (2011. 12. 31. 신설)

④ 삭 제 (2008. 12. 26.)

⑤ 납세지 관할 세무서장은 법인(대통령령으로 정하는 법인은 제외한다)이 사업과 관련하여 대통령령으로 정하는 사업자로부터 재화 또는 용역을 공급받고 제116조 제2항 각 호의 어느 하나에 따른 증명서류를 받지 아니하거나 사실과 다른 증명서류를 받은 경우에는 같은 항 단서를 적용받는 경우를 제외하고는 그 받지 아니한 금액 또는 사실과 다르게 받은 금액의 100분의 2에 상당하는 금액을 가산한 금액을 법인세로서 징수하여야 한다. 이 경우 산출세액이 없는 경우에도 가산세는 징수한다. (2010. 12. 30. 개정)

⑥ 납세지 관할 세무서장은 사업연도 중에 주식 등의 변동사항이 있을 때 제119조에 따라 주식등변동상황명세서(이하 이 항에서 "명세서"라 한다)를 제출하여야 하는 내국법인이 다음 각 호의 어느 하나의 경우에 해당하면 미제출, 누락제출 및 불분명하게 제출한 주식 등의 액면금액 또는 출자가액의 100분의 1에 상당하는 금액을 가산한 금액을 법인세로서 징수하여야 한다. 이 경우 산출세액이 없는 경우에도 가산세는 징수한다. (2016. 12. 20. 개정)

1. 명세서를 제출하지 아니한 경우 (2010. 12. 30. 개정)

2. 명세서에 주식 등의 변동사항을 누락하여 제출한 경우 (2010. 12. 30. 개정)

3. 제출한 명세서가 대통령령으로 정하는 불분명한 경우에 해당하는 경우 (2010. 12. 30. 개정)

⑦ 납세지 관할 세무서장은 제120조, 제120조의 2 또는 「소득세법」 제164조, 제164조의 2에 따라 지급명세서를 제출하여야 할 내국법인이 다음 각 호의 어느 하나에 해당하는 경우에는 다음 각 호의 구분에 따른 금액을 가산한 금액을 법인세로서 징수하여야 한다. 이 경우 산출세액이 없는 경우에도 가산세는 징수한다. (2014. 12. 23. 개정)

1. 해당 지급명세서를 그 기한까지 제출하지 아니한 경우 : 제출하지 아니한 분의 지급금액의 100분의 1(제출기한이 지난 후 3개월 이내에 제출하는 경우에는 지급금액의 1천분의 5로 한다) (2016. 12. 20. 개정)

2. 제출된 지급명세서가 대통령령으로 정하는 불분명한 경우에 해당하거나 제출된 지

제119조【미납부가산세율】법 제76조 제2항 제1호 전단에서 "대통령령으로 정하는 이자율"이란 1일 1만분의 3을 말한다. (2011. 6. 3. 개정)

제119조【미납부가산세율】삭 제 (2012. 2. 2.)

급명세서에 기재된 지급금액이 사실과 다른 경우 : 불분명하거나 사실과 다른 분의 지급금액의 100분의 1 (2016. 12. 20. 개정)

⑧ 삭 제 (2011. 12. 31.)

⑨ 납세지 관할 세무서장은 법인(대통령령으로 정하는 법인은 제외한다)이 다음 각 호의 어느 하나에 해당하는 경우에는 다음 각 호의 구분에 따른 금액을 가산한 금액을 법인세로서 징수하여야 한다. 이 경우 산출세액이 없는 경우에도 가산세는 징수하되, 제5항 또는 「부가가치세법」 제60조 제2항·제3항·제5항부터 제7항까지의 규정에 따라 가산세가 부과되는 부분은 제외한다. (2014. 12. 23. 개정)

1. 제121조 제1항 또는 제2항에 따라 발급한 계산서 등에 대통령령으로 정하는 적어야 할 사항의 전부 또는 일부를 적지 아니하거나 사실과 다르게 적은 경우(제2호가 적용되는 분(分)은 제외한다] : 공급가액의 100분의 1. (2014. 12. 23. 개정)

2. 제121조 제5항에 따라 매출·매입처별 계산서합계표를 같은 조에 규정된 기한까지 제출하지 아니한 경우 또는 제출하였더라도 그 합계표에 대통령령으로 정하는 적어야 할 사항의 전부 또는 일부를 적지 아니하거나 사실과 다르게 적은 경우(제4호가 적용되는 분의 매출가액 또는 매입가액은 제외한다) : 공급가액의 1천분의 5. (2016. 12. 20. 개정)

3. 제120조의 3 제1항에 따라 매입처별 세금계산서합계표를 같은 조에 따른 기한까지 제출하지 아니한 경우 또는 제출하였더라도 그 매입처별 세금계산서합계표에 대통령령으로 정하는 적어야 할 사항의 전부 또는 일부를 적지 아니하거나 사실과 다르게 적은 경우(제4호가 적용되는 분의 매입가액은 제외한다) : 공급가액의 1천분의 5. (2016. 12. 20. 개정)

4. 다음 각 목의 어느 하나에 해당하는 경우 : 공급가액의 100분의 2. 다만, 가목을 적용할 때 제121조 제1항 후단에 따른 전자계산서를 발급하지 아니하였으나 전자계산서 외의 계산서를 발급한 경우와 제121조 제8항에 따른 계산서의 발급시기가 지난 후 해당 재화 또는 용역의 공급시기가 속하는 사업연도 말의 다음 달 25일까지 제121조 제1항 또는 제2항에 따른 계산서를 발급한 경우는 100분의 1로 한다. (2017. 12. 19. 단서개정)

가. 재화 또는 용역을 공급한 자가 제121조 제1항 또는 제2항에 따른 계산서 등(이하 이 호에서 "계산서 등"이라 한다)을 같은 조 제8항에 따른 발급시기에 발급하지 아니한 경우 (2017. 12. 19. 개정)

나. 재화 또는 용역을 공급하지 아니하고 계산서 등을 발급한 경우 (2011. 12. 31. 신설)

다. 재화 또는 용역을 공급받지 아니하고 계산서 등을 발급받은 경우 (2011. 12. 31. 신설)

라. 재화 또는 용역을 공급하고 실제로 재화 또는 용역을 공급하는 법인이 아닌 법인의 명의로 계산서 등을 발급한 경우 (2011. 12. 31. 신설)

마. 재화 또는 용역을 공급받고 실제로 재화 또는 용역을 공급하는 자가 아닌 자의 명의로 계산서 등을 발급받은 경우 (2011. 12. 31. 신설)

5. 제121조 제7항에 따른 기한이 지난 후 재화 또는 용역의 공급시기가 속하는 사업연도 말의 다음 달 11일까지 국세청장에게 전자계산서 발급명세를 전송하는 경우(제4호가 적용되는 분은 제외한다) : 공급가액의 1천분의 5. 다만, 2016년 12월 31일 이

전에 재화 또는 용역을 공급하는 분에 대해서는 1천분의 1로 한다. (2014. 12. 23. 신설)

6. 제121조 제7항에 따른 기한이 지난 후 재화 또는 용역의 공급시기가 속하는 사업연도 말의 다음 달 11일까지 국세청장에게 전자계산서 발급명세를 전송하지 아니한 경우(제4호가 적용되는 분은 제외한다) : 공급가액의 100분의 1. 다만, 2016년 12월 31일 이전에 재화 또는 용역을 공급하는 분에 대해서는 1천분의 3으로 한다. (2014. 12. 23. 신설)

⑩ 납세지 관할 세무서장은 내국법인이 제24조에 따라 기부금을 손금에 산입하기 위하여 필요한 기부금영수증 또는 거주자나 「소득세법」 제121조 제2항 및 제5항에 따른 비거주자가 「소득세법」 제34조 및 제59조의 4 제4항에 따라 기부금을 필요경비에 산입하거나 기부금으로 기부세액공제를 받기 위하여 필요한 기부금영수증(이하 이 항 및 제112조의 2에서 "기부금영수증"이라 한다)을 발급하는 법인이 기부금영수증을 사실과 다르게 적어 발급(기부금액 또는 기부자의 인적사항 등 주요사항을 적지 아니하고 발급하는 경우를 포함한다. 이하 이 항에서 같다)하거나 기부자별 발급명세를 제112조의 2 제1항에 따라 작성·보관하지 아니한 경우에는 다음 각 호의 구분에 따른 금액을 산출세액 또는 결정세액에 가산하여 징수하여야 한다. 이 경우 산출세액 또는 결정세액이 없는 경우에도 가산세를 징수하며, 「상속세 및 증여세법」 제78조 제3항에 따라 보고서 제출의무를 이행하지 아니하거나 같은 조 제5항에 따라 출연받은 재산에 대한 장부의 작성·비치 의무를 이행하지 아니하여 가산세가 부과되는 경우 제2호는 적용하지 아니한다. (2014. 1. 1. 개정)

1. 기부금영수증의 경우 (2013. 1. 1. 개정)

가. 기부금액을 사실과 다르게 적어 발급한 경우 : 사실과 다르게 발급된 금액[영수증에 실제 적힌 금액(영수증에 금액이 적혀 있지 아니한 경우에는 기부금영수증을 발급받은 자가 기부금을 손금 또는 필요경비에 산입하거나 기부세액공제를 신청한 해당 금액으로 한다)과 건별로 발급하여야 할 금액과의 차액을 말한다]의 100분의 2에 해당하는 금액 (2014. 1. 1. 개정)

나. 기부자의 인적 사항 등을 사실과 다르게 적어 발급하는 등 가목 외의 경우 : 영수증에 적힌 금액의 100분의 2에 해당하는 금액 (2013. 1. 1. 개정)

2. 기부자별 발급명세의 경우 : 작성·보관하지 아니한 금액의 1천분의 2 (2014. 1. 1. 개정)

⑪ 신용카드가맹점이 신용카드에 의한 거래를 거부하거나 신용카드 매출전표를 사실과 다르게 발급한 경우에는 제117조 제4항에 따라 해당 사업연도의 거래에 대하여 관할 세무서장으로부터 통보받은 건별 발급거부금액 또는 신용카드 매출전표를 사실과 다르게 발급한 금액(건별로 발급하여야 할 금액과의 차액을 말한다)의 100분의 5에 상당하는 금액(건별로 계산한 금액이 5천원 미만이면 5천원으로 한다)을 가산한 금액을 법인세로서 징수하여야 한다. 이 경우 산출세액이 없는 경우에도 가산세를 징수한다. (2010. 12. 30. 개정)

⑫ 제117조의 2 제1항에 따라 현금영수증가맹점으로 가입하여야 할 법인이 가입하지 아니하거나 현금영수증가맹점이 건당 5천원 이상의 거래금액에 대하여 현금영수증 발급을 거부하거나 사실과 다르게 발급한 경우에는 다음 각 호의 어느 하나에

해당하는 금액을 가산한 금액을 법인세로서 징수하여야 한다. 이 경우 산출세액이 없는 경우에도 가산세를 징수한다. (2010. 12. 30. 개정)

1. 현금영수증가맹점으로 가입하지 아니한 경우는 가맹하지 아니한 사업연도의 수입금액(둘 이상의 업종을 하는 법인 인 경우에는 대통령령으로 정하는 업종에서 발생한 수입금액만 해당한다)의 100분의 1에 상당하는 금액에 가맹하지 아니한 기간을 고려하여 대통령령으로 정하는 바에 따라 계산한 비율을 곱한 금액 (2010. 12. 30. 개정)

2. 현금영수증 발급을 거부하거나 사실과 다르게 발급한 경우는 제117조의 2 제6항 후단에 따라 해당 사업연도의 거래에 대하여 관할 세무서장으로부터 통보받은 건별 발급 거부금액 또는 건별로 사실과 다르게 발급한 금액(건별로 발급하여야 할 금액과의 차액을 말한다)의 100분의 5에 상당하는 금액(건별로 계산한 금액이 5천원 미만이면 5천원으로 한다) (2010. 12. 30. 개정)

⑬ 납세지 관할 세무서장은 「국제조세조정에 관한 법률」 제20조의 2 제3호에 따른 특정외국법인의 유보소득 계산 명세서(이하 이 항에서 "명세서"라 한다)를 같은 조에 따라 제출하여야 하는 내국법인이 그 제출기한까지 제출하지 아니하거나 제출한 명세서의 전부 또는 일부를 적지 아니하는 등 제출한 명세서가 대통령령으로 정하는 불분명한 경우에 해당할 때에는 해당 특정외국법인의 배당 가능한 유보소득금액의 1천분의 5에 상당하는 금액을 가산한 금액을 법인세로서 징수하여야 한다. 이 경우 산출세액이 없는 경우에도 가산세는 징수한다. (2014. 1. 1. 신설)

⑭ 성실신고 확인대상인 내국법인이 제60조의 2 제2항을 위반하여 각 사업연도의 종료일이 속하는 달의 말일부터 4개월 이내에 성실신고확인서를 납세지 관할 세무서장에게 제출하지 아니한 경우에는 법인세 산출세액에 100분의 5를 곱하여 계산한 금액(이하 이 항에서 "성실신고확인서 미제출 가산세"라 한다)을 납부할 세액에 더한다. 이 경우 법인세 산출세액이 제66조에 따른 경정으로 0보다 크게 된 경우에는 성실신고확인서 미제출 가산세를 납부

☞ p.541 1단 연결

할 세액에 더한다. (2017. 12. 19. 신설)

제76조 【가산세】삭 제 (2018. 12. 24.)

제76조의 2 【성실납세방식의 적용】삭 제 (2010. 12. 30.)

제76조의 3 【과세표준의 계산특례】삭 제 (2010. 12. 30.)

제76조의 4 【세액의 계산】삭 제 (2010. 12. 30.)

제76조의 5 【표준세액공제】삭 제 (2010. 12. 30.)

제76조의 6 【수입금액증가세액공제】삭 제 (2010. 12. 30.)

제76조의 7 【신고·납부등】삭 제 (2010. 12. 30.)

제2장의 3 각 연결사업연도의 소득에 대한 법인세
(2008. 12. 26. 신설)

제1절 통 칙 (2008. 12. 26. 신설)

제76조의 8 【연결납세방식의 적용 등】① 다른 내국법인을 연결지배하는 내국법인[비영리법인 등 대통령령으로 정하는 법인은 제외하며, 이하 이 항에서 "연결가능모법인"이라 한다]과 그 다른 내국법인[청산 중인 법인 등 대통령령으로 정하는 법인은 제외한다. 이하 이 장에서 "연결가능자법인"이라 한다]은 대통령령으로 정하는 바에 따라 연결가능모법인의 납세지 관할지방국세청장의 승인을 받아 연결납세방식을 적용할 수 있다. 이 경우 연결가능자법인이 둘 이상일 때에는 해당 법인 모두가 연결납세방식을 적용하여야 한다. (2022. 12. 31. 개정)

② 제1항에 따라 연결납세방식을 적용받는 각 연결법인의 사업연도는 연결사업연도와 일치하여야 한다. 이 경우 연결사업연도의 기간은 1년

제2장의 3 각 연결사업연도의 소득에 대한 법인세
(2009. 2. 4. 신설)

제1절 통 칙 (2009. 2. 4. 신설)

제120조의 12 【연결납세방식의 적용제외 법인 등】① 법 제76조의 8 제1항 전단 중 "비영리법인 등 대통령령으로 정하는 법인"이란 다음 각 호의 어느 하나에 해당하는 법인을 말한다. (2009. 2. 4. 신설)
1. 비영리내국법인 (2009. 2. 4. 신설)
2. 해산으로 청산 중인 법인 (2009. 2. 4. 신설)
3. 법 제51조의 2 제1항 각 호의 어느 하나에 해당하는 법인이거나 「조세특례제한법」 제104조의 31 제1항에 따른 법인 (2021. 2. 17. 개정)
4. 다른 내국법인(비영리내국법인은 제외한다)으로부터 법 제2조 제10호의 2에 따른 연결지배를 받는 법인 (2023. 2. 28. 개정)
5. 법 제76조의 2 제1항의 성실납세방식을 적용하는 법인 (2009. 2. 4. 신설)
5. 삭 제 (2010. 12. 30.)
6. 「조세특례제한법」 제100조의 15에 따라 동업기업과세특례를 적용하는 동업기업 (2024. 2. 29. 개정)
7. 「조세특례제한법」 제104조의 10 제2항의 과세표준계산특례를 적용

을 초과하지 못하며, 연결사업연도의 변경에 관하여는 제7조를 준용한다. (2010. 12. 30. 개정)

③ 제2항을 적용할 때 사업연도(이하 제76조의 9 및 제76조의 10에서 "본래사업연도"라 한다)가 법령 등에 규정되어 연결사업연도와 일치시킬 수 없는 연결가능자법인으로서 대통령령으로 정하는 요건을 갖춘 내국법인인 경우에는 연결사업연도를 해당 내국법인의 사업연도로 보아 연결납세방식을 적용할 수 있다. (2022. 12. 31. 개정)

【편주】 법 76조의 8의 개정규정은 2024. 1. 1.부터 시행함. (법 부칙(2022. 12. 31.) 1조 1호)

④ 연결법인의 납세지는 제9조 제1항에도 불구하고 연결모법인의 납세지로 한다. (2010. 12. 30. 개정)

⑤ 제2조 제9호·제10호 및 이 장에서 "완전 지배"란 내국법인이 다른 내국법인의 발행주식총수(주식회사가 아닌 법인인 경우에는 출자총액을 말하며, 의결권이 없는 주식 등을 포함하되, 「상법」 또는 「자본시장과 금융투자업에 관한 법률」에 따라 보유하고 있는 자기주식을 제외한 주식을 전부 보유하고 있는 경우에는 그 자기주식은 제외한다. 이하 이 항에서 같다)의 전부(「근로복지기본법」 제2조 제4호에 따른 우리사주조합을 통하여 근로자가 취득한 주식 등 대통령령으로 정하는 주식으로서 발행주식총수의 100분의 5 이내의 주식은 제외한다. 이하 이 항에서 같다)를 보유하는 경우를 말하며, 내국법인과 그 내국법인의 완전자법인이 보유한 다른 내국법인의 주식등의 합계가 그 다른 내국법인의 발행주식총수의 전부인 경우를 포함한다. (2020. 12. 22. 개정)

⑤ 삭　제 (2022. 12. 31.)

【편주】 법 76조의 8의 개정규정은 2024. 1. 1.부터 시행함. (법 부칙(2022. 12. 31.) 1조 1호)

⑥ 다음 각 호의 어느 하나에 해당하는 합병, 분할 또는 주식의 포괄적 교환·이전의 경우에는 그 합병일, 분할일 또는 교환·이전일이 속하는 연결사업연도에 한정하여 제2항, 제76조의 11 제1항 및 제76조의 12 제1항에도 불구하고 대통령령으로 정하는 바에 따라 연결납세방식을 적용할 수 있다. (2010. 12. 30. 개정)

하는 법인 (2009. 2. 4. 신설)

② 법 제76조의 8 제1항 전단에서 "청산 중인 법인 등 대통령령으로 정하는 법인"이란 제1항 제2호, 제3호, 제6호 및 제7호의 법인을 말한다. (2012. 2. 2. 개정)

③ 법 제76조의 8 제3항에서 "대통령령으로 정하는 요건을 갖춘 내국법인"이란 다음 각 호의 요건을 모두 갖춘 내국법인으로서 기획재정부령으로 정하는 내국법인 중 제1호에 따른 사업연도가 연결사업연도와 일치하지 아니하는 법인을 말한다. (2010. 2. 18. 신설)

1. 사업연도가 법령 등에 규정되어 있어 임의로 변경하는 것이 불가능할 것 (2010. 2. 18. 신설)

2. 법령 등에 따라 연결사업연도말에 분기별 또는 반기별 재무제표를 작성하여 「주식회사 등의 외부감사에 관한 법률」 제2조 제7호에 따른 감사인의 감사의견을 받을 것 (2018. 10. 30. 개정 ; 주식회사의 ~시행령 부칙)

④ 법 제76조의 8 제5항에서 "'근로복지기본법」 제2조 제4호에 따른 우리사주조합을 통하여 근로자가 취득한 주식 등 대통령령으로 정하는 주식"이란 다음 각 호의 어느 하나에 해당하는 주식을 말한다. (2010. 12. 7. 개정 ; 근로자복지기본법 시행령 부칙)

1. 우리사주조합이 보유한 주식 (2009. 2. 4. 신설)

2. 우리사주조합을 통하여 근로자가 취득한 주식(근로자가 제3자에게 매도한 주식을 포함한다) (2009. 2. 4. 신설)

3. 제19조 제19호의 2 각 목 외의 부분 본문에 해당하는 주식매수선택권의 행사에 따라 발행되거나 양도된 주식(주식매수선택권을 행사한 자가 제3자에게 양도한 주식을 포함한다) (2020. 2. 11. 개정)

④ 삭　제 (2023. 2. 28.)

⑤ 법 제76조의 8 제6항 제1호의 사유가 발생한 경우 피합병법인의 연결자법인은 다음 각 호에 따라 연결납세방식을 적용할 수 있다. (2010. 12. 30. 신설)

1. 합병등기일이 속하는 피합병법인의 연결사업연도 개시일부터 합병등기일까지의 기간: 피합병법인을 연결모법인으로 하여 해당 기간을 1 연결사업연도로 의제하여 연결납세방식을 적용. 이 경우 피합병법인과 그 연결자법인은 해당 기간에 대한 재무제표 및 이에 관한 「주식회사 등의 외부감사에 관한 법률」 제2조 제7호에 따른 감사인의 감사의견을 피합병법인 납세지 관할세무서장을 경유하여 관할지

제60조의 2【연결법인간 사업연도 불일치가 허용되는 법인】영 제120조의 12 제3항 각 호 외의 부분에서 "기획재정부령으로 정하는 내국법인"이란 다음 각 호의 어느 하나에 해당하는 법인을 말한다. (2010. 3. 31. 신설)

1. 「자본시장과 금융투자업에 관한 법률」에 따른 금융투자업(신탁업은 제외한다)을 영위하는 법인 (2010. 3. 31. 신설)

2. 「보험업법」에 따른 보험회사 (2010. 3. 31. 신설)

3. 「상호저축은행법」에 따른 상호저축은행 (2010. 3. 31. 신설)

【편주】 영 120조의 12의 개정규정은 2024. 1. 1.부터 시행함. (영 부칙(2023. 2. 28.) 1조 1호)

1. 제1항에 따라 연결납세방식을 적용받는 연결모법인 간의 적격합병 (2011. 12. 31. 개정)
2. 제1항에 따라 연결납세방식을 적용받는 연결모법인 간의 주식의 포괄적 교환·이전(「조세특례제한법」 제38조에 따라 과세이연을 받는 경우만 해당한다) (2010. 12. 30. 개정)
3. 제1항에 따라 연결납세방식을 적용받는 연결모법인의 적격분할 (2011. 12. 31. 개정)

방국세청장에게 제출하여야 한다. (2018. 10. 30. 후단개정 ; 주식회사의~시행령 부칙)
2. 합병등기일 다음 날부터 합병법인의 연결사업연도 종료일까지의 기간 : 합병법인을 연결모법인으로 하여 해당 기간을 1 연결사업연도로 의제하여 연결납세방식을 적용. 이 경우 합병법인이 합병으로 새로 설립된 법인이 아닌 경우에는 기존의 연결자법인은 종전대로 연결납세방식을 적용하며, 피합병법인의 연결자법인은 1 연결사업연도로 의제된 기간을 통산하여 연결납세방식을 적용한다. (2010. 12. 30. 신설)
3. 제2호에 따라 연결납세방식을 적용받으려는 합병법인은 합병등기일부터 1개월 내에 기획재정부령으로 정하는 연결법인 변경신고서(새로 설립된 합병법인인 경우에는 연결납세방식 적용신청서)를 납세지 관할세무서장을 경유하여 관할지방국세청장에게 제출하여야 한다. (2013. 2. 15. 개정)

⑥ 법 제76조의 8 제6항 제2호의 사유가 발생한 경우 주식의 포괄적 교환·이전(이하 이 항에서 "교환등"이라 한다)을 통해 다른 법인(이하 이 항에서 "변경연결모법인"이라 한다)의 연결가능자법인이 된 연결모법인(이하 이 항에서 "종전연결모법인"이라 한다)의 연결자법인은 다음 각 호에 따라 연결납세 방식을 적용할 수 있다. (2023. 2. 28. 개정)

1. 교환등을 한 날이 속하는 종전연결모법인의 연결사업연도 개시일부터 교환등을 한 날까지의 기간 : 종전연결모법인을 연결모법인으로 하여 해당 기간을 1 연결사업연도로 의제하여 연결납세방식을 적용. 이 경우 종전연결모법인과 그 연결자법인은 해당 기간에 대한 재무제표 및 이에 관한 「주식회사의 외부감사에 관한 법률」 제2조 제7호에 따른 감사인의 감사의견을 종전연결모법인 납세지 관할세무서장을 경유하여 관할지방국세청장에게 제출하여야 한다. (2018. 10. 30. 후단개정 ; 주식회사의~시행령 부칙)
2. 교환등을 한 날의 다음 날부터 변경연결모법인의 연결사업연도 종료일까지의 기간 : 변경연결모법인을 연결모법인으로 하여 해당 기간을 1 연결사업연도로 의제하여 연결납세방식을 적용. 이 경우 주식의 포괄적 교환을 한 변경연결모법인의 경우에는 기존의 연결자법인은 종전대로 연결납세방식을 적용하며, 종전연결모법인과 그

☞ p.544 3단 연결

의 변경을 신고한 것으로 본다. (2009. 2. 4. 신설)

③ 제1항의 신청을 받은 관할지방국세청장은 최초의 연결사업연도 개시일부터 2개월이 되는 날까지 승인 여부를 서면으로 통지하여야 하며, 그 날까지 통지하지 아니한 경우에는 승인한 것으로 본다. (2014. 2. 21. 개정)

설법인의 연결자법인으로 되는 분할법인의 연결자법인은 1 연결사업연도로 의제된 기간을 통산하여 연결납세방식을 적용한다. (2010. 12. 30. 신설)

2. 분할등기일 다음 날부터 분할신설법인의 연결사업연도 종료일까지의 기간 : 분할신설법인을 연결모법인으로 하여 해당 기간을 1 연결사업연도로 의제하여 연결납세방식을 적용. 이 경우 연결납세방식을 적용받으려는 분할신설법인은 분할등기일부터 1개월 내에 기획재정부령으로 정하는 연결납세방식 적용신청서를 납세지 관할세무서장을 경유하여 관할지방국세청장에게 제출하여야 한다. (2013. 2. 15. 후단개정)

3. 제1호의 경우로서 분할법인이 분할 후 소멸하는 경우에는 분할법인과 그 연결자법인은 해당 기간에 대한 재무제표 및 이에 관한 「주식회사 등의 외부감사에 관한 법률」 제2조 제7호에 따른 감사인의 감사의견을 분할법인 납세지 관할세무 서장을 경유하여 관할지방국세청장에게 제출하여야 한다. (2018. 10. 30. 개정 ; 주식회사의~시행령 부칙)

제120조의 13 【연결납세방식의 적용 신청 등】 ① 연결납세방식을 적용받으려는 내국법인과 해당 내국법인의 법 제76조의 8 제1항의 연결가능자법인(이하 이 조에서 “연결대상법인 등”이라 한다)은 최초의 연결사업연도 개시일부터 10일 이내에 기획재정부령으로 정하는 연결납세방식 적용 신청서를 해당 내국법인의 납세지 관할세무서장을 경유하여 관할지방국세청장에게 제출하여야 한다. (2023. 2. 28. 개정)

편주 ▶
영 120조의 13 제1항의 개정규정은 2024. 1. 1.부터 시행함. (영 부칙(2023. 2. 28.) 1조 1호)

② 제1항에 따라 연결납세방식 적용 신청서를 제출하는 연결대상법인 등은 연결사업연도를 함께 신고하여야 한다. 이 경우 연결사업연도와 사업연도가 다른 연결대상법인 등은 법 제7조 제1항에 따라 사업연도

연결자법인은 1 연결사업연도로 의제된 기간을 통산하여 연결납세방식을 적용한다. (2010. 12. 30. 신설)

3. 제2호에 따라 연결납세방식을 적용받으려는 변경연결모법인은 교환등을 한 날부터 1개월 내에 기획재정부령으로 정하는 연결법인 변경신고서(주식의 포괄적 이전을 통해 새로 설립된 변경연결모법인의 경우에는 연결납세방식 적용신청서)를 납세지 관할세무서장을 경유하여 관할지방국세청장에게 제출하여야 한다. (2013. 2. 15. 개정)

⑦ 법 제76조의 8 제6항 제3호의 사유가 발생한 경우 분할로 인하여 분할신설법인의 연결가능자법인으로 된 분할법인의 연결자법인은 다음 각 호에 따라 연결납세방식을 적용할 수 있다. (2023. 2. 28. 개정)

편주 ▶
영 120조의 12의 개정규정은 2024. 1. 1.부터 시행함. (영 부칙(2023. 2. 28.) 1조 1호)

1. 분할등기일이 속하는 분할법인의 연결사업연도 개시일부터 분할등기일까지의 기간 : 분할법인을 연결모법인으로 하여 해당 기간을 1 연결사업연도로 의제하여 연결납세방식을 적용. 이 경우 분할법인이 분할 후 소멸하지 않는 경우에는 기존의 연결자법인은 종전대로 연결납세방식을 적용하며, 분할신

제76조의 9【연결납세방식의 취소】① 연결모법인의 납세지 관할지방국세청장은 다음 각 호의 어느 하나에 해당하는 경우에는 대통령령으로 정하는 바에 따라 연결납세방식의 적용 승인을 취소할 수 있다. (2013. 1. 1. 개정)

1. 연결법인의 사업연도가 연결사업연도와 일치하지 아니하는 경우 (2010. 12. 30. 개정)
2. 연결모법인이 연결지배하지 아니하는 내국법인에 대하여 연결납세방식을 적용하는 경우 (2022. 12. 31. 개정)
3. 연결모법인의 연결가능자법인에 대하여 연결납세방식을 적용하지 아니하는 경우 (2022. 12. 31. 개정)

4. 제66조 제3항 단서에 따른 사유로 장부나 그 밖의 증명서류에 의하여 연결법인의 소득금액을 계산할 수 없는 경우 (2010. 12. 30. 개정)
5. 연결법인에 제69조 제1항에 따른 수시부과사유가 있는 경우 (2010. 12. 30. 개정)
6. 연결모법인이 다른 내국법인(비영리내국법인은 제외한다)의 연결지배를 받는 경우 (2022. 12. 31. 개정)

② 연결납세방식을 적용받은 각 연결법인은 연결납세방식을 적용받은 연결사업연도와 그 다음 연결사업연도의 개시일부터 4년 이내에 끝나는 연결사업연도 중에 제1항에 따라 연결납세방식의 적용 승인이 취소된 경우 다음 각 호의 구분에 따라 소득금액이나 결손금을 연결납세방식의 적용 승인이 취소된 사업연도의 익금 또는 손금에 각각 산입하여야 한다. 다만, 대통령령으로 정하는 부득이한 사유가 있는 경우에는 그러하지 아니하다. (2015. 12. 15. 신설)

1. 연결사업연도 동안 제76조의 14 제1항에 따라 다른 연결법인의 결손금과 합한 해당 법인의 소득금액 : 익금에 산입 (2015. 12. 15. 신설)
2. 연결사업연도 동안 제76조의 14 제1항에 따라 다른 연결법인의 소득금액과 합한 해당 법인의 결손금 : 손금에 산입 (2015. 12. 15. 신설)

③ 제1항에 따라 연결납세방식의 적용 승인이 취소된 연결법인은 취소

제120조의 14【연결납세방식의 취소 등】① 연결모법인의 납세지 관할지방국세청장이 법 제76조의 9 제1항에 따라 연결납세방식의 적용 승인을 취소하는 때에는 그 사유를 연결모법인에게 서면으로 통지하여야 한다. (2013. 2. 15. 개정)

② 법 제76조의 9 제2항 각호 외의 부분 단서에서 "대통령령으로 정하는 부득이한 사유가 있는 경우"란 법 제76조의 9 제1항 제6호의 사유로 연결납세방식의 적용 승인이 취소된 연결집단이 취소된 날부터 1개월 이내에 새로운 모법인(법 제76조의 9 제1항 제6호의 다른 내국법인을 말한다)을 기준으로 연결납세방식의 적용 신청서를 제출하여 승인받은 경우를 말한다. (2016. 2. 12. 신설)

된 날이 속하는 사업연도와 그 다음 사업연도의 개시일부터 4년 이내
에 끝나는 사업연도까지는 연결납세방식의 적용 당시와 동일한 법인을
연결모법인으로 하여 연결납세방식을 적용받을 수 없다. (2015. 12.
15. 항번개정)
④ 제1항에 따라 연결납세방식의 적용 승인이 취소된 경우 제76조의
13 제1항 제1호의 금액 중 각 연결법인에 귀속하는 금액으로서 대통령
령으로 정하는 금액은 해당 연결법인의 제13조 제1항 제1호의 결손금
으로 본다. (2018. 12. 24. 개정)
⑤ 제1항에 따라 연결납세방식의 적용 승인이 취소된 경우 제76조의
18에 따라 납부한 연결중간예납세액 중 같은 조 제4항의 연결법인별
중간예납세액은 제64조 제1항을 적용할 때에 같은 항 제2호의 중간예
납세액으로 본다. (2015. 12. 15. 항번개정)
⑥ 제76조의 8 제3항에 따라 연결납세방식을 적용받은 연결법인이 제
1항에 따라 연결납세방식의 적용 승인이 취소된 경우 취소된 날이 속
하는 연결사업연도의 개시일부터 그 연결사업연도의 종료일까지의 기
간과 취소된 날이 속하는 연결사업연도 종료일의 다음 날부터 본래사
업연도 개시일 전날까지의 기간을 각각 1사업연도로 본다. (2015. 12.
15. 항번개정)

제76조의 10【연결납세방식의 포기】① 연결납세방식의 적용
을 포기하려는 연결법인은 연결납세방식을 적용하지 아니하려는 사업
연도 개시일 전 3개월이 되는 날까지 대통령령으로 정하는 바에 따라
연결모법인의 납세지 관할지방국세청장에게 신고하여야 한다. 다만,
연결납세방식을 최초로 적용받은 연결사업연도와 그 다음 연결사업연
도의 개시일부터 4년 이내에 끝나는 연결사업연도까지는 연결납세방
식의 적용을 포기할 수 없다. (2013. 1. 1. 개정)
② 제1항에 따라 연결납세방식의 적용을 포기하는 경우에는 제76조의
9 제3항 및 제4항을 준용한다. 이 경우 제76조의 9 제3항 중 "취소된
날이 속하는 사업연도"는 "연결납세방식이 적용되지 아니하는 최초의
사업연도"로 본다. (2015. 12. 15. 개정)
③ 제76조의 8 제3항에 따라 연결납세방식을 적용받은 연결법인이 제
1항에 따라 연결납세방식의 적용을 포기하는 경우 제1항에 따라 연결

③ 법 제76조의 9 제4항에서 "대통령령으로 정하는 금액"이란 법 제76
조의 13 제1항 제1호의 금액 중 해당 법인에서 발생한 결손금으로서
각 연결사업연도의 과세표준을 계산할 때 공제되지 아니한 금액을 말
한다. (2024. 2. 29. 개정)

제120조의 15【연결납세방식의 포기 신고】 법 제76조의 10
제1항에 따라 연결납세방식의 적용을 포기하려는 때에는 연결모법인
이 기획재정부령으로 정하는 연결납세방식 포기 신고서를 납세지 관할
세무서장을 경유하여 관할지방국세청장에게 제출하여야 한다. (2013.
2. 15. 개정)

모법인의 납세지 관할지방국세청장에게 신고한 날이 속하는 연결사업연도의 종료일 다음 날부터 본래사업연도 개시일 전날까지의 기간을 1사업연도로 본다. (2013. 1. 1. 개정)

　　제76조의 11【연결자법인의 추가】① 연결모법인이 새로 다른 내국법인을 연결지배하게 된 경우에는 연결지배가 성립한 날이 속하는 연결사업연도의 다음 연결사업연도부터 해당 내국법인은 연결납세방식을 적용하여야 한다. (2022. 12. 31. 개정)
② 법인의 설립등기일부터 연결모법인이 연결지배하는 내국법인은 제1항에도 불구하고 설립등기일이 속하는 사업연도부터 연결납세방식을 적용하여야 한다. (2022. 12. 31. 개정)

③ 연결모법인은 제1항 및 제2항에 따라 연결자법인이 변경된 경우에는 변경일 이후 중간예납기간 종료일과 사업연도 종료일 중 먼저 도래하는 날부터 1개월 이내에 대통령령으로 정하는 바에 따라 납세지 관할지방국세청장에게 신고하여야 한다. (2014. 1. 1. 개정)

　　제76조의 12【연결자법인의 배제】① 연결모법인의 연결지배를 받지 아니하게 되거나 해산한 연결자법인은 해당 사유가 발생한 날이 속하는 연결사업연도의 개시일부터 연결납세방식을 적용하지 아니한다. 다만, 연결자법인이 다른 연결법인에 흡수합병되어 해산하는 경우에는 해산등기일이 속하는 연결사업연도에 연결납세방식을 적용할 수 있다. (2022. 12. 31. 개정)
② 연결납세방식을 적용받은 연결사업연도와 그 다음 연결사업연도의 개시일부터 4년 이내에 끝나는 연결사업연도 중에 제1항 본문에 따라 연결납세방식을 적용하지 아니하는 경우 다음 각 호의 구분에 따라 소득금액 또는 결손금을 해당 사유가 발생한 날이 속하는 사업연도의 익금 또는 손금에 각각 산입하여야 한다. 다만, 대통령령으로 정하는 부

　　제120조의 16【연결법인의 변경신고 등】(2016. 2. 12. 제목개정)
① 법 제76조의 11 제3항 또는 제76조의 12 제4항에 따라 연결모법인이 연결자법인의 변경 사실을 신고하는 때에는 기획재정부령으로 정하는 연결법인 변경신고서를 납세지 관할세무서장을 경유하여 관할지방국세청장에게 제출하여야 한다. (2024. 2. 29. 개정)

② 법 제76조의 12 제2항 각 호 외의 부분 단서에서 "대통령령으로 정하는 부득이한 사유가 있는 경우"란 연결자법인이 파산함에 따라 해산하는 경우 또는 연결자법인이 다른 연결법인에 흡수합병되어 해산하는 경우를 말한다. (2016. 2. 12. 신설)

• 예판
연결납세방식을 적용해오던 연결모법인이 연결사업연도 중에 연결자법인을 흡수합병하는 경우 연결모법인은 흡수합병된 해당 연결자법인을 포함하여 기존에 적용하던 연결사업연도 전체기간에 대해 연결납세방식을 적용하는 것임. (법규법인 2014-482, 2014. 12. 24.)

득이한 사유가 있는 경우에는 그러하지 아니하다. (2015. 12. 15. 개정)
1. 연결사업연도 동안 제76조의 14 제1항에 따라 다른 연결법인의 결손금과 합한 연결배제법인(제1항 본문에 따라 연결납세방식을 적용하지 아니하게 된 개별법인을 말한다. 이하 이 조에서 같다)의 소득금액: 연결배제법인의 익금에 산입 (2015. 12. 15. 신설)
2. 연결사업연도 동안 제76조의 14 제1항에 따라 다른 연결법인의 소득금액과 합한 연결배제법인의 결손금: 연결배제법인의 손금에 산입 (2015. 12. 15. 신설)
3. 연결사업연도 동안 제76조의 14 제1항에 따라 연결배제법인의 결손금과 합한 해당 법인의 소득금액: 해당 법인의 익금에 산입 (2015. 12. 15. 신설)
4. 연결사업연도 동안 제76조의 14 제1항에 따라 연결배제법인의 소득금액과 합한 해당 법인의 결손금: 해당 법인의 손금에 산입 (2015. 12. 15. 신설)
③ 제1항 본문에 따라 연결납세방식을 적용하지 아니하는 경우에는 제76조의 9 제3항부터 제6항까지의 규정을 준용한다. (2015. 12. 15. 신설)
④ 제1항에 따라 연결자법인이 변경된 경우 그 변경사유가 발생한 날부터 1개월 이내에 대통령령으로 정하는 바에 따라 납세지 관할지방국세청장에게 신고하여야 한다. (2023. 12. 31. 개정)

제 2 절　과세표준과 그 계산 (2008. 12. 26. 신설)

제76조의 13 【연결과세표준】 (2018. 12. 24. 제목개정)
① 각 연결사업연도의 소득에 대한 과세표준은 각 연결사업연도 소득의 범위에서 다음 각 호에 따른 금액을 차례로 공제한 금액으로 한다. 다만, 제1호의 금액에 대한 공제는 제3항 제1호에 따른 연결소득 개별귀속액의 100분의 80(중소기업과 회생계획을 이행 중인 기업 등 대통령령으로 정하는 연결법인의 경우는 100분의 100)을 한도로 한다. (2022. 12. 31. 단서개정)
1. 각 연결사업연도의 개시일 전 15년 이내에 개시한 연결사업연도의 결손금(연결법인의 연결납세방식의 적용 전에 발생한 결손금을 포

편주 ▶ 2024. 1. 1. 전에 연결자법인 변경 사유가 발생한 경우의 신고기간에 관하여는 법 76조의 12 제4항의 개정규정에도 불구하고 종전의 규정에 따름. (법 부칙(2023. 12. 31.) 10조)

제 2 절　과세표준과 그 계산 (2009. 2. 4. 신설)

제120조의 17 【과세표준】 ① 법 제76조의 13 제1항 각 호 외의 부분 단서에서 "대통령령으로 정하는 연결법인"이란 제10조 제1항 각 호의 어느 하나에 해당하는 법인을 말한다. (2016. 2. 12. 신설)
② 법 제76조의 13 제1항 제1호를 적용할 때에는 먼저 발생한 사업연도의 결손금부터 공제한다. (2016. 2. 12. 항번개정)
③ 법 제76조의 12 제3항에 따라 연결납세방식을 적용하지 아니하는 법인의 제120조의 14 제3항에 따른 결손금 상당액은 법 제76조의 13 제1항 제1호의 결손금에서 차감한다. (2024. 2. 29. 개정)
④ 법 제76조의 13 제3항 제1호에서 "대통령령으로 정하는 소득금액"

편주 ▶ 영 120조의 17 제4항의 개정규정은 2024. 1. 1. 이후 개시하는 사업연도부터 적용함. (영 부칙(2024. 2. 29.) 11조)

함한다)으로서 그 후의 각 연결사업연도(사업연도를 포함한다)의 과세표준을 계산할 때 공제되지 아니한 금액 (2020. 12. 22. 개정)

2. 이 법과 「조세특례제한법」에 따른 각 연결법인의 비과세소득의 합계액 (2018. 12. 24. 개정)

3. 이 법과 「조세특례제한법」에 따른 각 연결법인의 소득공제액의 합계액 (2018. 12. 24. 개정)

② 제1항 제1호에서 "연결사업연도의 결손금"이란 제76조의 14 제1항에 따른 각 연결사업연도의 소득이 0보다 적은 경우 해당 금액으로서 제60조에 따라 신고하거나 제66조에 따라 결정·경정되거나, 「국세기본법」 제45조에 따라 수정신고한 과세표준에 포함된 결손금과 제76조의 14 제2항 각 호 외의 부분 후단에 따라 해당 연결사업연도의 소득금액을 계산할 때 손금에 산입하지 아니하는 처분손실을 말한다. (2010. 12. 30. 개정)

③ 제1항 제1호에 따라 결손금을 공제하는 경우 다음 각 호의 결손금은 해당 각 호의 금액을 한도로 공제한다. (2010. 12. 30. 개정)

1. 연결법인의 연결납세방식의 적용 전에 발생한 결손금 : 각 연결사업연도의 소득 중 해당 연결법인에 귀속되는 소득으로서 대통령령으로 정하는 소득금액(이하 이 조에서 "연결소득 개별귀속액"이라 한다) (2010. 12. 30. 개정)

2. 연결모법인이 적격합병에 따라 피합병법인의 자산을 양도받는 경우 합병등기일 현재 피합병법인(합병등기일 현재 연결법인이 아닌 법인만 해당한다)의 제13조 제1항 제1호의 결손금 : 연결모법인의 연결소득 개별귀속액 중 피합병법인으로부터 승계받은 사업에서 발생한 소득 (2018. 12. 24. 개정)

3. 연결모법인이 적격분할합병에 따라 소멸한 분할법인의 자산을 양도받는 경우 분할등기일 현재 소멸한 분할법인의 제13조 제1항 제1호의 결손금 중 연결모법인이 승계받은 사업에 귀속하는 금액 : 연결모법인의 연결소득 개별귀속액 중 소멸한 분할법인으로부터 승계받은 사업에서 발생한 소득 (2018. 12. 24. 개정)

④ 제1항에 따른 결손금, 비과세소득, 소득공제액의 공제 등에 필요한 사항은 대통령령으로 정한다. (2018. 12. 24. 항번개정)

제76조의 14 【각 연결사업연도의 소득】 ① 각 연결사업연도

이란 다음 계산식에 따라 계산한 금액(이하 이 장에서 "연결소득개별귀속액"이라 한다)을 말한다. (2024. 2. 29. 개정)

$$
\text{법 제76조의 14 제1항에 따른 각 연결사업연도의 소득금액} \times \frac{\text{해당 법인의 법 제76조의 14 제1항 제1호부터 제4호까지의 규정에 따른 금액 (0보다 큰 경우로 한정한다)}}{\text{연결집단의 법 제76조의 14 제1항 제1호부터 제4호까지의 규정에 따른 금액 (0보다 큰 경우로 한정한다)의 합계액}}
$$

⑤ 법 제76조의 14 제1항에 따른 각 연결사업연도의 소득금액이 0보다 작은 경우 해당 금액의 각 연결법인별 배분액은 다음 산식에 따라 계산한 금액으로 한다. (2016. 2. 12. 항번개정)

$$
\text{법 제76조의 14 제1항에 따른 각 연결사업연도의 결손금} \times \frac{\text{해당 법인의 법 제76조의 14 제1항 제1호부터 제4호까지의 규정에 따라 계산한 금액 (0보다 작은 경우에 한정한다)}}{\text{각 연결법인의 법 제76조의 14 제1항 제1호부터 제4호까지의 규정에 따라 계산한 금액 (0보다 작은 경우에 한정한다)의 합계액}}
$$

⑥ 제3항 및 제120조의 14 제3항을 적용할 때 같은 사업연도에 2 이상의 연결법인에서 발생한 결손금이 있는 경우에는 연결사업연도의 과세표준을 계산할 때 해당 연결법인에서 발생한 결손금부터 연결소득개별귀속액을 한도로 먼저 공제하고 해당 연결법인에서 발생하지 아니한 2 이상의 다른 연결법인의 결손금은 해당 결손금의 크기에 비례하여 각각 공제된 것으로 본다. (2016. 2. 12. 개정)

의 소득은 각 연결법인별로 다음 각 호의 순서에 따라 계산한 소득 또는 결손금을 합한 금액으로 한다. (2010. 12. 30. 개정)
1. 연결법인별 각 사업연도의 소득의 계산 : 제14조에 따라 각 연결법인의 각 사업연도의 소득 또는 결손금을 계산 (2010. 12. 30. 개정)
2. 다음 각 목에 따른 연결법인별 연결 조정항목의 제거 (2018. 12. 24. 개정)
　가. 수입배당금액의 익금불산입 조정 : 제18조의 2에 따라 익금에 산입하지 아니한 각 연결법인의 수입배당금액 상당액을 익금에 산입 (2022. 12. 31. 개정)
　나. 기부금과 기업업무추진비의 손금불산입 조정 : 제24조 및 제25조에 따라 손금산입한도를 초과하여 손금에 산입하지 아니한 기부금 및 기업업무추진비 상당액을 손금에 산입 (2022. 12. 31. 개정)
3. 다음 각 목에 따른 연결법인 간 거래손익의 조정 (2018. 12. 24. 개정)
　가. 수입배당금액의 조정 : 다른 연결법인으로부터 받은 수입배당금액 상당액을 익금에 불산입 (2018. 12. 24. 개정)
　나. 기업업무추진비의 조정 : 다른 연결법인에 지급한 기업업무추진비 상당액을 손금에 불산입 (2022. 12. 31. 개정)
　다. 대손충당금의 조정 : 다른 연결법인에 대한 채권에 대하여 설정한 제34조에 따른 대손충당금 상당액을 손금에 불산입 (2018. 12. 24. 개정)
　라. 자산양도손익의 조정 : 유형자산 및 무형자산 등 대통령령으로 정하는 자산을 다른 연결법인에 양도함에 따라 발생하는 손익을 대통령령으로 정하는 바에 따라 익금 또는 손금에 불산입 (2018. 12. 24. 개정)
4. ☞ p.552

편주 ▶

법 76조의 14(같은 조 1항 2호 가목 및 같은 항 4호는 제외함)의 개정규정은 2024. 1. 1.부터 시행함. (법 부칙(2022. 12. 31.) 1조 1호)

편주 ▶

법 76조의 14(같은 조 1항 2호 가목 및 같은 항 4호는 제외함)의 개정규정은 2024. 1. 1.부터 시행함. (법 부칙(2022. 12. 31.) 1조 1호)

제120조의 18 【연결법인 간 자산양도 손익의 이연 등】(2012. 2. 2. 제목개정)
① 법 제76조의 14 제1항 제3호 라목에서 "유형자산 및 무형자산 등 대통령령으로 정하는 자산"이란 다음 각 호의 자산(이하 이 장에서 "양도손익이연자산"이라 한다)을 말한다. 다만, 제1호 가목부터 다목까지의 자산으로서 거래 건별 장부가액이 1억원 이하인 자산은 양도손익이연자산에서 제외할 수 있다. (2024. 2. 29. 개정)
1. 양도시점에 국내에 소재하는 다음 각 목의 자산 (2024. 2. 29. 개정)
　가. 제24조 제1항 제1호의 유형자산(건축물은 제외한다) (2024. 2. 29. 개정)
　나. 제24조 제1항 제2호의 무형자산 (2024. 2. 29. 개정)

제60조의 3 【연결법인의 소득금액계산】 (2010. 3. 31. 조번개정)
① 연결법인이 영 제120조의 18 제1항에 따른 양도손익이연자산(이하 "양도손익이연자산"이라 한다)의 양도손익을 같은 조 제2항 제2호에 따라 익금과 손금에 산입할 때에 양수법인이 연결법인으로부터 매입한 자산과 연결법인 외의 자로부터 매입한 자산이 함께 있는 경우에는 연결법인으로부터 매입한 자산을 먼저 양도한 것으로 본다. (2009. 3. 30. 신설)
② 연결법인이 채권에 대해 현재가치할인

따른 산식 대신 다음 산식을 적용하여 계산할 수 있다. 이 경우 월수는 역에 따라 계산하되 1개월 미만의 일수는 1개월로 한다. (2009. 2. 4. 신설)

$$\text{양도소득 또는 양도손실} \times \frac{\text{해당 사업연도의 월수}}{\text{양도손익이연자산의 내용연수 중 경과하지 아니한 기간의 월수}}$$

④ 양도법인 또는 양수법인이 연결납세방식을 적용받지 아니하게 된 경우 제2항에 따라 양도법인이 양도손익이연자산을 양도할 때 익금 또는 손금에 산입하지 아니한 금액 중 같은 항 각 호에 따라 익금 또는 손금에 산입하고 남은 금액은 연결납세방식을 적용받지 아니하게 된 날이 속하는 사업연도에 양도법인의 익금 또는 손금에 산입한다. (2012. 2. 2. 개정)

⑤ 양도법인 또는 양수법인을 다른 연결법인이 합병하는 경우 합병법인을 양도법인 또는 양수법인으로 보아 제2항을 적용한다. (2009. 2. 4. 신설)

⑥ 양도법인이 분할하는 경우 제2항에 따라 익금 또는 손금에 산입하지 아니한 금액은 분할법인 또는 분할신설법인(분할합병의 상대방 법인을 포함한다. 이하 이 조에서 같다)이 분할등기일 현재 순자산가액을 기준으로 안분하여 각각 승계하고, 양수법인이 분할하는 경우로서 분할신설법인이 양도손익이연자산을 승계하는 경우에는 분할신설법인이 해당 자산을 양수한 것으로 보아 제2항을 적용한다. (2009. 2. 4. 신설)

⑦ 연결법인으로부터 양수한 유가증권과 연결법인 외의 법인으로부터 양수한 같은 종류의 유가증권을 보유한 양수법인이 유가증권을 양도한 경우의 소득금액 계산 등 양도손익의 이연에 관하여 필요한 사항은 기획재정부령으로 정한다. (2009. 2. 4. 신설)

⑧ 연결법인이 법 제34조 제1항에 따라 손금에 산입하지 아니하는 금액(이하 이 항에서 "손금불산입액"이라 한다)이 있는 경우에는 당초 손비로 계상한 채권별 대손충당금의 크기에 비례하여 손금불산입액을 배분하고 다른 연결법인에 대한 채권에 대하여 계상한 대손충당금 상당액에서 배분된 손금불산입액을 뺀 금액을 법 제76조의 14 제1항 제3호에 따라 손금에 산입하지 아니한다. (2019. 2. 12. 개정)

다. 매출채권, 대여금·미수금 등 채권 (2024. 2. 29. 개정)
라. 「자본시장과 금융투자업에 관한 법률」 제3조 제1항에 따른 금융투자상품 (2024. 2. 29. 개정)
마. 토지와 건축물 (2024. 2. 29. 개정)
2. 다른 연결법인에 전액 양도하는 외국법인의 주식등 (2024. 2. 29. 개정)

② 법 제76조의 14 제1항 제3호를 적용할 때 양도손익이연자산을 다른 연결법인(이하 이 조에서 "양수법인"이라 한다)에 양도함에 따라 발생한 연결법인(이하 이 조에서 "양도법인"이라 한다)의 양도소득 또는 양도손실은 익금 또는 손금에 산입하지 아니하고, 양수법인에게 다음 각 호의 어느 하나의 사유가 발생한 날이 속하는 사업연도에 다음 각 호의 산식에 따라 계산한 금액을 양도법인의 익금 또는 손금에 산입한다. 다만, 해당 양도손익이연자산의 양도에 대하여 법 제52조 제1항이 적용되는 경우에는 그러하지 아니하다. (2009. 2. 4. 신설)

1. 양도손익이연자산을 감가상각하는 경우 (2009. 2. 4. 신설)

$$\text{양도소득 또는 양도손실} \times \frac{\text{감가상각액}}{\text{양수법인의 장부가액}}$$

2. 양도손익이연자산을 양도(다른 연결법인에 양도하는 경우는 제외한다)하는 경우 (2022. 2. 15. 개정)

양도소득 또는 양도손실 × 양도손익이연자산의 양도비율

3. 양도손익이연자산에 대손이 발생하거나 멸실된 경우 (2009. 2. 4. 신설)

$$\text{양도소득 또는 양도손실} \times \frac{\text{대손금액 또는 멸실금액}}{\text{양수법인의 장부가액}}$$

4. 양도한 채권의 지급기일이 도래하는 경우 (2009. 2. 4. 신설)

양도법인의 양도가액 – 양도법인의 장부가액

5. 양도손익이연자산을 「상법」 제343조에 따라 소각하는 경우 (2022. 2. 15. 신설)

$$\text{양도소득 또는 양도손실} \times \frac{\text{소각자산의 장부가액}}{\text{양수법인의 장부가액}}$$

③ 제2항 제1호에 따라 익금 또는 손금에 산입하는 금액은 같은 호에

차금을 계상한 경우 채권의 양도가액은 채권의 총 매출가액 중 양도법인이 보유한 기간에 해당하는 이자수익을 제외한 금액으로 한다. (2009. 3. 30. 신설)

편주

영 120조의 18 제1항 2호의 개정규정은 2024. 2. 29. 이후 외국법인의 주식등을 양도하는 경우부터 적용함. (영 부칙(2024. 2. 29.) 12조)

〈제76조의 14 ①〉

4. 연결 조정항목의 연결법인별 배분 : 연결집단을 하나의 내국법인으로 보아 제18조의 2, 제24조 및 제25조를 준용하여 익금 또는 손금에 산입하지 아니하는 금액을 계산한 후 해당 금액 중 대통령령으로 정하는 바에 따라 계산한 금액을 각 연결법인별로 익금 또는 손금에 불산입 (2022. 12. 31. 개정)

② 다음 각 호의 어느 하나에 해당하는 처분손실은 해당 호에 따른 금액을 한도로 해당 연결사업연도의 소득금액을 계산할 때 손금에 산입한다. 이 경우 한도를 초과하여 손금에 산입하지 아니한 처분손실은 제76조의 13 제1항 제1호의 결손금으로 보고 해당 호에 따른 금액을 한도로 이후 연결사업연도의 과세표준에서 공제한다. (2018. 12. 24. 개정)

1. 내국법인이 다른 내국법인의 연결가능자법인이 된(설립등기일부터 연결가능자법인이 된 경우는 제외한다) 이후 연결납세방식을 적용한 경우 연결납세방식을 적용한 사업연도와 그 다음 사업연도의 개시일부터 4년 이내에 끝나는 연결사업연도에 발생한 자산(연결납세방식을 적용하기 전 취득한 자산으로 한정한다)의 처분손실 : 다음 각 목의 구분에 따른 금액(해당 처분손실을 공제하기 전 귀속액을 말하되, 이 항 각 호 외의 부분 후단을 적용할 때에는 그러하지 아니하다) (2022. 12. 31. 개정)

편주 ▶ ···
법 76조의 14(같은 조 1항 2호 가목 및 같은 항 4호는 제외함)의 개정규정은 2024. 1. 1.부터 시행함. (법 부칙(2022. 12. 31.) 1조 1호)
···

가. 연결모법인의 자산처분 손실의 경우 해당 연결모법인의 연결소득개별귀속액 (2015. 12. 15. 신설)

나. 연결자법인의 자산처분 손실의 경우 해당 연결자법인의 연결소득개별귀속액 (2015. 12. 15. 신설)

2. 연결모법인이 다른 내국법인(합병등기일 현재 연결법인이 아닌 법인으로 한정한다)을 적격합병(연결모법인을 분할합병의 상대방 법인으로 하여 적격분할합병하는 경우를 포함한다)하는 경우 합병등기일 이후 5년 이내에 끝나는 연결사업연도에 발생한 합병 전 연결

제120조의 19 【연결법인의 수입배당금액의 익금불산입】 ① 법 제76조의 14 제1항 제4호에 따라 연결집단을 하나의 내국법인으로 보아 법 제18조의 2를 준용하여 계산한 익금에 산입하지 아니하는 금액은 수입배당금액을 지급한 내국법인에 출자한 각 연결법인의 출자비율의 합계액 중 해당 연결법인의 출자비율이 차지하는 비율에 따라 해당 연결법인에 배분하여 익금에 산입하지 아니한다. (2023. 2. 28. 개정)

② 제1항을 적용할 때 법 제18조의 2 제1항 제1호에 따른 출자비율은 각 연결법인이 수입배당금액을 지급한 내국법인에 출자한 비율을 더하여 계산하고, 같은 항 제2호의 차입금 및 차입금의 이자는 각 연결법인의 차입금 및 차입금의 이자를 더하여 계산하되, 연결법인간 차입금 및 차입금의 이자(해당 차입거래에 대하여 법 제52조 제1항이 적용되는 경우는 제외한다)를 뺀 금액으로 한다. (2023. 2. 28. 개정)

③ 제1항을 적용할 때 제17조의 2 제3항의 계산식에서 재무상태표상의 자산총액은 각 연결법인의 재무상태표상의 자산총액의 합계액(연결법인에 대한 대여금·매출채권 및 연결법인의 주식 등 기획재정부령으로 정하는 자산을 제거한 후의 금액을 말한다)으로 한다. (2023. 2. 28. 개정)

제120조의 20 【연결법인의 기부금의 손금불산입】 ① 법 제76조의 14 제1항 제4호에 따라 연결집단을 하나의 내국법인으로 보아 법 제24조를 준용하여 계산한 손금에 산입하지 않는 금액 중 각 연결법인별 배분액은 다음 각 호의 금액의 합계액으로 한다. (2021. 2. 17. 개정)

1. 법 제24조 제2항 제1호에 따른 기부금과 같은 조 제3항 제1호에 따른 기부금 외의 기부금으로서 해당 연결법인이 지출한 기부금 (2021. 2. 17. 개정)

2. 법 제24조 제2항 제1호에 따른 기부금과 같은 조 제3항 제1호에 따른 기부금에 대하여 각각 다음 산식에 따라 계산한 금액 (2021. 2. 17. 개정)

제60조의 4 【연결법인의 수입배당금액의 익금불산입】 영 제120조의 19 제3항에서 "기획재정부령으로 정하는 자산"이란 다음 각 호의 어느 하나에 해당하는 자산을 말한다. (2013. 2. 23. 신설)

1. 연결법인간 대여금, 매출채권, 미수금 등의 채권 (2013. 2. 23. 신설)

2. 연결법인이 발행한 주식 (2013. 2. 23. 신설)

모법인 및 연결자법인(이하 이 항에서 "기존연결법인"이라 한다)과 피합병법인(분할법인을 포함한다. 이하 이 조에서 같다)이 합병 전 각각 보유하던 자산의 처분손실(합병등기일 현재 해당 자산의 시가가 장부가액보다 낮은 경우로서 그 차액을 한도로 한다) : 다음 각 목의 구분에 따른 소득금액(해당 처분손실을 공제하기 전 소득금액을 말하되, 이 항 각 호 외의 부분 후단을 적용할 때에는 그러하지 아니하다) (2018. 12. 24. 개정)

가. 기존연결법인의 자산처분 손실의 경우 기존연결법인의 소득금액(연결모법인의 연결소득개별귀속액 중 합병 전 연결모법인의 사업에서 발생한 소득금액 및 연결자법인의 연결소득개별귀속액을 말한다) (2018. 12. 24. 개정)

나. 피합병법인이 합병 전 보유하던 자산의 처분손실의 경우 연결모법인의 연결소득개별귀속액 중 피합병법인으로부터 승계받은 사업에서 발생한 소득금액 (2015. 12. 15. 신설)

③ 제1항에 따른 각 연결사업연도의 결손금 중 각 연결법인별 배분액, 연결집단을 하나의 내국법인으로 보아 제18조의 2 및 제25조를 준용하여 익금이나 손금에 산입하지 아니하는 금액의 계산 및 제2항에 따른 처분손실의 손금산입 등에 필요한 사항은 대통령령으로 정한다. (2018. 12. 24. 개정)

$$\text{연결집단을 하나의 내국법인으로 보아 계산한 해당 기부금의 손금불산입액} \times \frac{\text{해당 연결법인의 해당 기부금 지출액}}{\text{각 연결법인의 해당 기부금 지출액의 합계액}}$$

② 법 제76조의 14 제1항 제4호에 따라 손금에 산입하지 않은 법 제24조 제3항 제1호에 따른 기부금 및 같은 조 제2항 제1호에 따른 기부금의 손금산입한도액 초과금액을 법 제24조 제5항에 따라 이월하여 손금에 산입하는 경우 먼저 발생한 사업연도의 손금산입한도액 초과금액부터 손금에 산입하며, 그 이월하여 손금에 산입하는 금액 중 각 연결법인별 배분액은 다음 계산식에 따른 금액으로 한다. (2021. 2. 17. 개정)

$$\text{연결집단을 하나의 내국법인으로 보아 계산한 기부금 한도초과 이월액 중 손금산입액} \times \frac{\text{해당 연결법인의 해당 기부금의 손금산입한도 초과금액}}{\text{각 연결법인의 해당 기부금의 손금산입한도 초과금액의 합계액}}$$

제120조의 21 【연결법인의 기업업무추진비의 손금불산입】 (2023. 2. 28. 제목개정)

① 법 제76조의 14 제1항 제4호에 따라 연결집단을 하나의 내국법인으로 보아 법 제25조를 준용하여 계산한 손금에 산입하지 아니하는 금액 중 각 연결법인별 배분액은 다음 각 호의 금액의 합계액으로 한다. (2009. 2. 4. 신설)

1. 법 제25조 제4항에 따라 손금에 산입하지 아니하는 금액 중 다음 산식에 따라 계산한 금액 (2023. 2. 28. 개정)

$$\text{연결집단을 하나의 내국법인으로 보아 계산한 기업업무추진비의 손금불산입액} \times \frac{\text{해당 연결법인의 기업업무추진비 지출액}}{\text{각 연결법인의 기업업무추진비 지출액의 합계액}}$$

2. 법 제25조 제2항에 따라 손금에 산입하지 아니하는 금액 중 해당 연결법인이 지출한 금액 (2009. 2. 4. 신설)

② 제1항을 적용할 때 법 제25조 제4항 제2호의 수입금액은 각 연결법인의 수입금액의 합계액에서 연결법인 간 양도손익이연자산의 양도에 따른 수입금액을 뺀 금액으로 한다. (2019. 2. 12. 개정)

편주

영 120조의 21의 개정규정은 2024. 1. 1.부터 시행함. (영 부칙(2023. 2. 28.) 1조 1호)

제3절　세액의 계산 (2008. 12. 26. 신설)

제76조의 15 【연결산출세액】 ① 각 연결사업연도의 소득에 대한 법인세는 제76조의 13에 따른 과세표준에 제55조 제1항의 세율을 적용하여 계산한 금액(이하 이 장에서 "연결산출세액"이라 한다)으로 한다. (2010. 12. 30. 개정)

② 연결법인이 제55조의 2의 토지등을 양도한 경우(해당 토지등을 다른 연결법인이 양수하여 제76조의 14 제1항 제3호가 적용되는 경우를 포함한다) 또는 「조세특례제한법」 제100조의 32 제2항에 따른 미환류소득(제76조의 14에 따른 연결법인 간 거래손익의 조정 등을 하지 아니하고 계산한 소득으로서 대통령령으로 정하는 금액을 말한다)이 있는 경우에는 제55조의 2에 따른 토지등 양도소득에 대한 법인세액 및 「조세특례제한법」 제100조의 32에 따른 투자·상생협력 촉진을 위한 과세특례를 적용하여 계산한 법인세액을 제1항에 따라 계산한 금액에 합산한 금액을 연결산출세액으로 한다. (2018. 12. 24. 개정)

③ 각 연결사업연도의 소득에 대한 법인세를 계산하는 경우에는 제55조 제2항을 준용한다. (2010. 12. 30. 개정)

④ 연결산출세액 중 각 연결법인에 귀속되는 금액(이하 이 장에서 "연결법인별 산출세액"이라 한다)의 계산방법은 대통령령으로 정한다. (2010. 12. 30. 개정)

제3절　세액의 계산 (2009. 2. 4. 신설)

제120조의 22 【연결법인의 산출세액의 계산】 ① 법 제76조의 15 제2항에서 "대통령령으로 정하는 금액"이란 해당 사업연도에 연결납세방식을 적용하지 아니하고 「조세특례제한법」 제100조의 32에 따라 계산한 미환류소득을 말한다. (2019. 2. 12. 개정)

② 법 제76조의 15 제4항에 따른 연결법인별 산출세액은 제1호의 금액에 제2호의 비율을 곱하여 계산한 금액으로 한다. 이 경우 연결법인에 법 제55조의 2에 따른 토지 등 양도소득에 대한 법인세가 있는 경우에는 이를 가산한다. (2015. 2. 3. 항번개정)

② 법 제76조의 15 제4항에 따른 연결법인별 산출세액은 제1호의 금액에 제2호의 비율을 곱하여 계산한 금액으로 한다. 이 경우 연결법인에 법 제55조의 2에 따른 토지 등 양도소득에 대한 법인세액 및 「조세특례제한법」 제100조의 32에 따른 투자·상생협력 촉진을 위한 과세특례를 적용하여 계산한 법인세액이 있는 경우에는 이를 가산한다. (2025. 2. 28. 후단개정)

1. 해당 연결법인의 연결소득개별귀속액에서 법 제76조의 13 제1항에 따라 각 연결사업연도의 과세표준 계산 시 공제된 결손금(해당 연결법인의 연결소득개별귀속액에서 공제된 금액을 말한다)과 해당 연결법인의 비과세소득 및 소득공제액을 뺀 금액(이하 이 장에서 "과세표준 개별귀속액"이라 한다) (2009. 2. 4. 신설)

2. 법 제76조의 13 제1항에 따른 연결사업연도의 소득에 대한 과세표준에 대한 법 제76조의 15 제1항의 연결산출세액(법 제55조의 2에 따른 토지 등 양도소득에 대한 법인세는 제외한다)의 비율(이하 이 장에서 "연결세율"이라 한다) (2009. 2. 4. 신설)

2. 법 제76조의 13 제1항에 따른 연결사업연도의 소득에 대한 과세표준에 대한 법 제76조의 15 제1항의 연결산출세액(법 제55조의 2에 따른 토지 등 양도소득에 대한 법인세액 및 「조세특례제한법」 제100조의 32에 따른 투자·상생협력 촉진을 위한 과세특례를 적용하여 계산한 법인세액은 제외한다)의 비율(이하 이 장에서 "연결세율"이라 한다) (2025. 2. 28. 개정)

③ 제2항에 따라 각 연결법인의 과세표준 개별귀속액을 계산할 때 2 이상의 연결법인의 연결소득개별귀속액에서 다른 연결법인의 결손금을 공제하는 경우에는 각 연결소득개별귀속액(해당 법인에서 발생한

별귀속액에서 공제된 결손금의 합계액을 말한다)

　　F : 총 결손금 공제액(각 연결법인별 결손금 공제액을 모두 더
　　　한 금액을 말한다)

3. 법 제76조의 19 제5항 제1호 각 목의 어느 하나와 같은 항 제2호
각 목의 어느 하나에 모두 해당하는 연결법인 : 제1호의 금액과 제2
호의 금액을 더하여 계산한 금액 (2024. 2. 29. 신설)

⑤ 제4항에도 불구하고 다음 각 호의 어느 하나에 해당하는 경우에는
연결법인별 연결산출세액을 제2항에 따라 계산한 금액으로 할 수 있
다. (2024. 2. 29. 신설)

1. 연결모법인이 모든 연결자법인을 완전지배[내국법인이 다른 내국
법인의 발행주식총수(주식회사가 아닌 법인인 경우에는 출자총액
을 말하며, 의결권 없는 주식등을 포함한다)의 전부(「근로복지기본
법」 제2조 제4호에 따른 우리사주조합을 통하여 근로자가 취득한
주식 등 기획재정부령으로 정하는 주식으로서 발행주식총수의 100
분의 5 이내의 주식은 제외한다)를 보유하는 경우를 말하며, 내국
법인과 그 내국법인의 완전지배를 받는 법인이 보유한 다른 내국법
인의 주식등의 합계가 그 다른 내국법인의 발행주식총수의 전부인
경우를 포함한다]하는 경우 (2024. 2. 29. 신설)

2. 각 연결사업연도 결산 전에 연결자법인의 주주(연결법인에 해당하지 않는 자로 한
정한다) 전부의 동의를 받은 경우 (2024. 2. 29. 신설)

2. 연결사업연도 종료일 현재 연결자법인의 발행주식총수 또는 출자
총액(연결법인이 보유하지 않은 주식 또는 출자지분으로 한정한다)
의 100분의 90 이상의 동의를 법 제76조의 17 제1항에 따른 신고
기한 내에 받은 경우 (2025. 2. 28. 개정)

편주 ▶
영 120조의 22 제5항 2호의 개정규정은 2025. 2. 28. 이후 과세표준을
신고하는 경우부터 적용함. (영 부칙(2025. 2. 28.) 14조)

결손금을 뺀 금액을 말한다)의 크기에 비례하여 공제한다. (2023. 2.
28. 개정)

④ 제2항에도 불구하고 다음 각 호의 구분에 따른 연결법인이 있는
경우 그 연결법인에 대한 연결법인별 산출세액은 해당 호에서 정하는
금액으로 한다. 이 경우 해당 연결법인에 법 제55조의 2에 따른 토지
등양도소득에 대한 법인세가 있는 경우에는 이를 가산한다. (2024. 2.
29. 신설)

1. 법 제76조의 19 제5항 제1호 각 목의 어느 하나에 해당하는 연결법
인 : 다음 계산식에 따라 계산한 금액 (2024. 2. 29. 신설)

$$A \times (B \div C)$$

　A : 각 연결법인별 조정 과세표준 상당액[법 제76조의 14 제1
　　항에 따라 계산한 각 연결법인별 소득에서 법 제76조의 13
　　제1항에 따라 각 연결사업연도의 과세표준 계산 시 공제한
　　결손금(해당 법인에서 발생한 결손금으로서 해당 법인의
　　소득에서 공제한 금액으로 한정한다), 비과세소득 및 소득
　　공제액을 차감한 금액을 말한다]

　B : 조정 연결산출세액(각 연결법인별 조정 과세표준 상당액의
　　합계액에 법 제55조 제1항에 따른 세율을 적용하여 계산한
　　금액을 말한다)

　C : 조정 과세표준 상당액(각 연결법인별 조정 과세표준 상당
　　액의 합계액을 말한다)

2. 법 제76조의 19 제5항 제2호 각 목의 어느 하나에 해당하는 연결법
인 : 다음 계산식에 따라 계산한 금액 (2024. 2. 29. 신설)

$$D \times (E \div F)$$

　D : 결손금 조정세액(법 제76조의 15 제1항에 따른 연결산출세
　　액에서 제1호의 계산식 B에 해당하는 금액을 차감한 금액
　　을 말한다)

　E : 각 연결법인별 결손금 공제액(법 제76조의 14 제1항에 따
　　라 다른 연결법인의 소득금액에 합쳐진 결손금과 법 제76
　　조의 13 제1항 제1호에 따라 다른 연결법인의 연결소득개

편주 ▶
영 120조의 22 제4항 및 5항의 개정규정은
2024. 1. 1. 이후 개시하는 사업연도부터 적
용함. (영 부칙(2024. 2. 29.) 13조)

　　제60조의 5 【완전지배의 판단 시 제
외되는 주식의 범위】 영 제120조의 22 제
5항 제1호에서 "우리사주조합을 통하여
근로자가 취득한 주식 등 기획재정부령으
로 정하는 주식"이란 다음 각 호의 어느
하나에 해당하는 주식을 말한다. (2024. 3.
22. 신설)

1. 우리사주조합이 보유한 주식 (2024. 3.
22. 신설)

2. 우리사주조합을 통하여 근로자가 취득
한 주식 (2024. 3. 22. 신설)

3. 영 제19조 제19호의 2 각 목 외의 부분
본문에 해당하는 주식매수선택권의 행
사에 따라 발행되거나 양도된 주식(주
식매수선택권을 행사한 자가 제3자에게
양도한 주식을 포함한다) (2024. 3. 22.
신설)

제76조의 16【연결법인의 세액감면 및 세액공제 등】(2018.
12. 24. 제목개정)
① 연결산출세액에서 공제하는 연결법인의 감면세액과 세액공제액은
각 연결법인별로 계산한 감면세액과 세액공제액의 합계액으로 한다.
(2018. 12. 24. 개정)
② 제1항을 적용할 때 각 연결법인의 감면세액과 세액공제액은 각
연결법인별 산출세액을 제55조의 산출세액으로 보아 이 법 및 「조세
특례제한법」에 따른 세액감면과 세액공제를 적용하여 계산한 금액
으로 하며, 연결집단을 하나의 내국법인으로 보아 「조세특례제한법」
제132조 제1항을 적용한다. (2018. 12. 24. 개정)
③ 세액감면과 세액공제의 적용순서는 제59조 제1항을 준용하며, 연결
법인의 적격합병과 적격분할에 따른 세액감면과 세액공제의 승계는 제
44조의 3 제2항, 제46조의 3 제2항 및 제59조 제1항을 준용한다.
(2018. 12. 24. 신설)
④ 각 연결법인의 감면세액을 계산할 때 세액을 감면 또는 면제하는
경우 감면 또는 면제되는 세액의 계산 등에 필요한 사항은 대통령령으
로 정한다. (2018. 12. 24. 항번개정)

제 4 절　신고 및 납부 (2008. 12. 26. 신설)

제76조의 17【연결과세표준 등의 신고】　① 연결모법인은 각
연결사업연도의 종료일이 속하는 달의 말일부터 4개월 이내에 대통령
령으로 정하는 바에 따라 해당 연결사업연도의 소득에 대한 법인세의
과세표준과 세액을 납세지 관할 세무서장에게 신고하여야 한다. 다만,
「주식회사 등의 외부감사에 관한 법률」 제4조에 따라 감사인에 의한

제120조의 23【연결법인의 감면세액】① 법 제76조의 16 제1
항 및 제2항을 적용할 때 각 연결법인의 감면 또는 면제되는 세액은
감면 또는 면제되는 소득에 연결세율을 곱한 금액(감면의 경우에는 그
금액에 해당 감면율을 곱하여 산출한 금액)으로 한다. 이 경우 감면 또
는 면제되는 소득은 과세표준 개별귀속액을 한도로 하되 그 계산에 관
하여는 제96조를 준용한다. (2014. 2. 21. 후단개정)
② 법 제76조의 16 제1항 및 제2항의 적용에 따라 「조세특례제한법」
제132조 제1항에 따른 법인세 최저한세액에 미달하여 세액공제 또는
세액감면 등을 하지 아니하는 세액 중 연결법인별 배분액은 다음 계산
식에 따른 금액으로 한다. 이 경우 「조세특례제한법」 제132조 제1항
제1호 및 제2호에 따른 손금산입 및 소득공제 등에 따라 감소된 세액
을 포함하여 계산하며, 감소된 세액은 손금산입 및 소득공제 등의 금액
에 연결세율을 곱하여 계산한 금액으로 한다. (2019. 2. 12. 항번개정)

$$\text{연결집단을 하나의 내국법인으로 보아 계산한 법인세 최저한세액에 미달하는 세액} \times \frac{\text{해당 연결법인의 「조세특례제한법」 제132조 제1항 각 호의 어느 하나에 규정된 공제·감면 세액 등}}{\text{각 연결법인의 「조세특례제한법」 제132조 제1항 각 호의 어느 하나에 규정된 공제·감면 세액 등의 합계액}}$$

③ 법 제76조의 16 제2항을 적용할 때 법 제76조의 15에 따른 연결산출세액 계산시
적용된 연결세율과 결손금(연결납세방식의 적용 전에 발생한 결손금을 포함한다) 배분
액을 기준으로 하여 각 연결법인별로 「조세특례제한법」 제132조 제1항을 적용한다.
(2012. 2. 2. 신설)
③ 삭　제 (2019. 2. 12.)

제 4 절　신고 및 납부 (2009. 2. 4. 신설)

제120조의 24【연결세액의 신고】① 법 제76조의 17 제1항에
따른 신고는 기획재정부령으로 정하는 각 연결사업연도의 소득에 대한
법인세과세표준 및 세액신고서로 한다. (2009. 2. 4. 신설)
② 법 제76조의 17 제1항 단서를 적용받으려는 연결모법인은 같은 항
본문에 따른 신고기한의 종료일 3일 전까지 기획재정부령으로 정하는

감사를 받아야 하는 연결모법인 또는 연결자법인이 해당 사업연도의 감사가 종결되지 아니하여 결산이 확정되지 아니하였다는 사유로 대통령령으로 정하는 바에 따라 신고기한의 연장을 신청한 경우에는 그 신고기한을 1개월의 범위에서 연장할 수 있다. (2017. 10. 31. 단서개정 ; 주식회사의 외부감사에 관한 법률 부칙)

② 제1항에 따라 신고를 할 때에는 그 신고서에 다음 각 호의 서류를 첨부하여야 한다. (2010. 12. 30. 개정)

1. 대통령령으로 정하는 바에 따라 작성한 연결소득금액 조정명세서 (2010. 12. 30. 개정)

2. 각 연결법인의 제60조 제2항 제1호부터 제3호까지의 서류(2010. 12. 30. 개정)

3. 연결법인 간 출자 현황 및 거래 명세 등 대통령령으로 정하는 서류 (2010. 12. 30. 개정)

③ 제1항에 따른 신고를 할 때 제2항 제1호 및 제2호의 서류를 첨부하지 아니하면 이 법에 따른 신고로 보지 아니한다. (2010. 12. 30. 개정)

④ 연결모법인의 과세표준 등의 신고에 관하여는 제60조 제3항, 제6항, 제8항 및 제9항을 준용한다. (2015. 12. 15. 개정)

⑤ 연결모법인은 제119조 제1항에도 불구하고 제1항에 따른 신고기한까지 제119조 제1항에 따른 주식등변동상황명세서(연결자법인의 주식 등의 변동사항을 포함한다)를 제출할 수 있다. (2010. 12. 30. 개정)

제76조의 18 【연결중간예납】 ① 연결사업연도가 6개월을 초과하는 연결모법인은 각 연결사업연도 개시일부터 6개월이 되는 날까지를 중간예납기간으로 하여 다음 각 호의 어느 하나에 해당하는 방법을 선택하여 계산한 금액(이하 이 장에서 "연결 중간예납세액"이라 한다)을 중간예납기간이 지난 날부터 2개월 이내에 납세지 관할 세무서등에 납부하여야 한다. 다만, 연결모법인 또는 연결자법인이 직전 연결사업연도 종료일 현재 「독점규제 및 공정거래에 관한 법률」 제31조 제1항에 따른 공시대상기업집단에 속하는 내국법인(업종별 매출액 등을 고려하여 대통령령으로 정하는 법인은 제외한다)에 해당하는 경우에는 제2호의 방법에 따라 계산한 연결중간예납세액을 납세지 관할 세무서등에 납부하여야 한다. (2024. 12. 31. 단서신설)

신고기한연장신청서를 납세지관할세무서장에게 제출하여야 한다. (2016. 2. 12. 개정)

③ 법 제76조의 17 제2항 제1호의 연결소득금액 조정명세서는 기획재정부령으로 정하는 연결소득금액 조정명세서를 말한다. (2010. 2. 18. 항번개정)

④ 법 제76조의 17 제2항 제3호에서 "연결법인 간 출자 현황 및 거래 명세 등 대통령령으로 정하는 서류"란 기획재정부령으로 정하는 연결법인 간 출자현황신고서 및 연결법인 간 거래명세서를 말한다. (2011. 6. 3. 개정)

1. 직전 연결사업연도의 산출세액을 기준으로 하는 방법 (2018. 12. 24. 개정)

$$\text{연결중간예납세액} = (A - B - C) \times \frac{6}{D}$$

A : 해당 연결사업연도의 직전 연결사업연도에 대한 법인세로서 확정된 연결산출세액(가산세를 포함하고, 제55조의 2에 따른 토지등 양도소득에 대한 법인세액 및 「조세특례제한법」 제100조의 32에 따른 투자·상생협력 촉진을 위한 과세특례를 적용하여 계산한 법인세액은 제외한다)

B : 해당 연결사업연도의 직전 연결사업연도에 감면된 법인세액(소득에서 공제되는 금액은 제외한다)

C : 해당 연결사업연도의 직전 연결사업연도에 각 연결법인이 법인세로서 납부한 원천징수세액의 합계액

D : 직전 연결사업연도의 개월 수. 이 경우 개월 수는 역에 따라 계산하되, 1개월 미만의 일수는 1개월로 한다.

2. 해당 중간예납기간의 법인세액을 기준으로 하는 방법 (2018. 12. 24. 개정)

$$\text{연결중간예납세액} = (A - B - C)$$

A : 해당 중간예납기간을 1연결사업연도로 보고 제76조의 15를 적용하여 산출한 법인세액

B : 해당 중간예납기간에 감면된 법인세액(소득에서 공제되는 금액은 제외한다)

C : 해당 중간예납기간에 각 연결법인이 법인세로서 납부한 원천징수세액의 합계액

② 제1항에도 불구하고 직전 연결사업연도의 확정된 연결산출 세액이 없거나 해당 중간예납기간의 만료일까지 직전 연결사업연도의 연결산출세액이 확정되지 아니한 경우에는 제1항 제2호에 따라 중간예납세액을 계산한다. (2018. 12. 24. 신설)

② 제1항 본문에도 불구하고 다음 각 호의 어느 하나에 해당하는 경우에는 해당 각 호의 구분에 따라 연결중간예납세액을 계산한다. (2024. 12. 31. 개정)

1. 제1항 각 호 외의 부분 본문에 따른 연결중간예납의 납부기한까지 연결중간예납세액을 납부하지 아니한 경우(제1항 각 호 외의 부분 단서 또는 이 항 제2호 각 목에 해당하는 경우는 제외한다): 제1항 제1호에 따른 방법 (2024. 12. 31. 개정)

2. 다음 각 목의 어느 하나에 해당하는 경우: 제1항 제2호에 따른 방법 (2024. 12. 31. 개정)

　가. 직전 연결사업연도의 법인세로서 확정된 연결산출세액(가산세는 제외한다)이 없는 경우 (2024. 12. 31. 개정)

　나. 해당 중간예납기간 만료일까지 직전 연결사업연도의 연결산출세액이 확정되지 아니한 경우 (2024. 12. 31. 개정)

③ 제1항 및 제2항을 적용할 때 연결납세방식을 처음으로 적용하는 경우에는 각 연결법인의 제63조의 2에 따른 중간예납세액의 합계액을 연결중간예납세액으로 하고, 제76조의 11 제1항에 따라 연결법인이 추가된 경우에는 제1항 및 제2항에 따른 연결중간예납세액과 추가된 연결법인의 제63조의 2에 따른 중간예납세액의 합계액을 연결중간예납세액으로 한다. (2018. 12. 24. 개정)

☞ p.559 1단 연결

④ 제1항 및 제2항을 적용할 때 연결법인이 중간예납기간이 지나기 전에 연결가능자법인에 해당하지 아니하게 되거나 해산(제76조의 12 제1항 단서에 따라 연결납세방식을 적용하는 경우는 제외한다) 한 경우 연결모법인은 해당 연결법인의 중간예납세액 귀속분으로서 대통령령으로 정하는 금액(이하 이 장에서 "연결법인별 중간예납세액"이라 한다)을 빼고 납부할 수 있다. (2022. 12. 31. 개정)

편주 ▶ ··

법 76조의 18의 개정규정은 2024. 1. 1.부터 시행함. (법 부칙(2022. 12. 31.) 1조 1호)
···

⑤ 연결중간예납세액의 납부에 관하여는 제63조의 2 제5항 및 제64조 제2항을 준용한다. (2018. 12. 24. 개정)

제76조의 19【연결법인세액의 납부 및 정산】(2023. 12. 31. 제목개정)

① 연결모법인은 연결산출세액에서 다음 각 호의 법인세액(가산세는 제외한다)을 공제한 금액을 각 연결사업연도의 소득에 대한 법인세로서 제76조의 17 제1항의 신고기한까지 납세지 관할 세무서 등에 납부하여야 한다. (2010. 12. 30. 개정)

1. 해당 연결사업연도의 감면세액·세액공제액 (2018. 12. 24. 개정)
2. 제76조의 18에 따른 해당 연결사업연도의 연결중간예납세액 (2010. 12. 30. 개정)
3. 제73조 및 제73조의 2에 따라 해당 연결사업연도의 각 연결법인의 원천징수된 세액의 합계액 (2018. 12. 24. 개정)

② 연결자법인은 제1항의 기한까지 연결법인별 산출세액에서 다음 각 호의 금액을 뺀 금액에 제75조 및 제75조의 2부터 제75조의 9까지의 규정을 준용하여 계산한 금액을 가산하여 연결모법인에 지급하여야 한다. (2018. 12. 24. 개정)

1. 해당 연결사업연도의 해당 법인의 감면세액 (2010. 12. 30. 개정)
2. 해당 연결사업연도의 연결법인별 중간예납세액 (2010. 12. 30. 개정)
3. 제73조 및 제73조의 2에 따라 해당 연결사업연도의 해당 법인의 원천징수된 세액 (2018. 12. 24. 개정)

제120조의 25【연결중간예납】① 법 제76조의 18 제4항에 따른 연결법인별 중간예납세액은 직전 연결사업연도에 확정된 연결법인별 산출세액(가산세를 포함하며, 법 제55조의 2의 토지 등 양도소득에 대한 법인세는 제외한다)에서 다음 각 호의 금액을 뺀 금액을 직전 사업연도의 개월수로 나눈 금액에 6을 곱하여 계산한 금액으로 한다. (2009. 2. 4. 신설)

1. 직전 연결사업연도에 해당 연결법인의 감면된 법인세액 (2009. 2. 4. 신설)
2. 직전 연결사업연도에 해당 연결법인이 법인세로서 납부한 원천징수세액 (2009. 2. 4. 신설)

② 연결모법인이 법 제76조의 18 제1항 제2호에 따라 연결중간예납세액을 계산하는 경우 연결법인별 중간예납세액은 제1항에도 불구하고 해당 중간예납기간을 1사업연도로 보아 제120조의 22에 따라 계산한 연결법인별 산출세액에서 다음 각 호의 금액을 뺀 금액으로 한다. (2019. 2. 12. 개정)

1. 해당 중간예납기간에 해당 연결법인의 감면된 법인세액 (2009. 2. 4. 신설)
2. 해당 중간예납기간에 해당 연결법인이 법인세로서 납부한 원천징수세액 (2009. 2. 4. 신설)

③ 법 제76조의 18 제1항 각 호 외의 부분 단서에서 "업종별 매출액 등을 고려하여 대통령령으로 정하는 법인"이란 「조세특례제한법 시행령」 제2조 제1항 제1호의 요건을 갖춘 기업을 말한다. (2025. 2. 28. 신설)

③ 제2항에 따라 계산한 금액이 음의 수인 경우 연결모법인은 음의 부호를 뗀 금액을 제1항의 기한까지 연결자법인에 지급하여야 한다. (2022. 12. 31. 신설)

④ 제1항을 적용하는 경우에는 제64조 제2항을 준용한다. (2022. 12. 31. 항번개정)

⑤ 연결산출세액이 없는 경우로서 다음 각 호에 해당하는 경우에는 결손금 이전에 따른 손익을 정산한 금액(이하 이 항에서 "정산금"이라 한다)을 해당 호에서 정하는 바에 따라 연결법인별로 배분하여야 한다. (2023. 12. 31. 신설)

1. 다음 각 목의 어느 하나에 해당하는 연결자법인이 있는 경우 : 해당 연결자법인이 대통령령으로 정하는 바에 따라 계산한 정산금을 제1항의 기한까지 연결모법인에 지급 (2023. 12. 31. 신설)
   가. 연결자법인의 해당 연결사업연도 소득금액에 제76조의 14 제1항에 따라 다른 연결법인의 결손금이 합하여진 경우 (2023. 12. 31. 신설)
   나. 연결자법인의 연결소득 개별귀속액에서 다른 연결법인의 제76조의 13 제1항 제1호에 따른 결손금이 공제된 경우 (2023. 12. 31. 신설)
2. 다음 각 목의 어느 하나에 해당하는 연결자법인이 있는 경우 : 연결모법인이 대통령령으로 정하는 바에 따라 계산한 정산금을 제1항의 기한까지 해당 연결자법인에 지급 (2023. 12. 31. 신설)
   가. 연결자법인의 해당 연결사업연도 결손금이 제76조의 14 제1항에 따라 다른 연결법인의 소득금액에 합하여진 경우 (2023. 12. 31. 신설)
   나. 연결자법인의 제76조의 13 제1항 제1호에 따른 결손금이 다른 연결법인의 연결소득 개별귀속액에서 공제된 경우 (2023. 12. 31. 신설)

제5절　결정 · 경정 및 징수 등

(2008. 12. 26. 신설)

제76조의 20 【연결법인세액의 결정 · 경정 및 징수 등】 (2018. 12. 24. 제목개정)
각 연결사업연도의 소득에 대한 법인세의 결정 · 경정 · 징수 및 환급에 관하여는 제66조(제3항 단서는 제외한다), 제67조, 제70조, 제71조,

---

☞
편주 ▶ ··
법 76조의 19의 개정규정은 2024. 1. 1.부터 시행함. (법 부칙(2022. 12. 31.) 1조 1호)
···

☞
편주 ▶ ··
법 76조의 19 제5항의 개정규정은 2024. 1. 1. 이후 개시하는 사업연도부터 적용함. (법 부칙(2023. 12. 31.) 6조)
···

제120조의 26 【연결법인세액의 정산】 ① 법 제76조의 19 제5항 제1호 각 목 외의 부분에서 "대통령령으로 정하는 바에 따라 계산한 정산금"이란 제120조의 22 제4항 제1호의 계산식에 따라 계산한 금액을 말한다. (2024. 2. 29. 신설)

② 법 제76조의 19 제5항 제2호 각 목 외의 부분에서 "대통령령으로 정하는 바에 따라 계산한 정산금"이란 제120조의 22 제4항 제2호의 계산식에 따라 계산한 금액을 말한다. (2024. 2. 29. 신설)

③ 제1항 및 제2항에도 불구하고 제120조의 22 제5항 각 호의 어느 하나에 해당하는 경우에는 정산금을 "0"으로 할 수 있다. (2024. 2. 29. 신설)

제73조, 제73조의 2 및 제74조를 준용한다. (2018. 12. 24. 개정)

제76조의 21【연결법인의 가산세】(2018. 12. 24. 제목개정)

연결모법인은 각 연결법인별로 제75조 및 제75조의 2부터 제75조의 9까지의 규정을 준용하여 계산한 금액의 합계액을 각 연결사업연도의 소득에 대한 법인세액에 더하여 납부하여야 한다. (2018. 12. 24. 개정)

제76조의 22【연결법인에 대한 중소기업 관련 규정의 적용】(2018. 12. 24. 제목개정)
각 연결사업연도의 소득에 대한 법인세액을 계산할 때 이 법 및 「조세특례제한법」의 중소기업에 관한 규정은 연결집단을 하나의 내국법인으로 보아 중소기업에 해당하는 경우에만 적용한다. 이 경우 연결납세방식을 적용하는 최초의 연결사업연도의 직전 사업연도 당시 중소기업에 해당하는 법인이 연결납세방식을 적용함에 따라 중소기업에 관한 규정을 적용받지 못하게 되는 경우에는 연결납세방식을 적용하는 최초의 연결사업연도와 그 다음 연결사업연도의 개시일부터 3년 이내에 끝나는 연결사업연도까지는 중소기업에 관한 규정을 적용한다. (2018. 12. 24. 개정)

제76조의 22【연결법인에 대한 중소기업 등 관련 규정의 적용】(2024. 12. 31. 제목개정)

① 각 연결사업연도의 소득에 대한 법인세액을 계산할 때 연결집단을 하나의 내국법인으로 보아 그 연결집단이 이 법 및 「조세특례제한법」에 따른 중소기업 또는 중견기업에 해당하는 경우에는 다음 각 호의 구분에 따라 이 법 및 「조세특례제한법」에 따른 중소기업 또는 중견기업에 관한 규정을 적용한다. (2024. 12. 31. 개정)

1. 연결집단이 중소기업에 해당하는 경우: 다음 각 목의 구분에 따른 규정을 적용 (2024. 12. 31. 개정)

　　가. 중소기업에 해당하는 연결법인: 중소기업에 관한 규정을 적용 (2024. 12. 31. 개정)

　　나. 중견기업에 해당하는 연결법인: 중견기업에 관한 규정을 적용 (2024. 12. 31. 개정)

2. 연결집단이 중견기업에 해당하는 경우: 중소기업에 해당하는 연결법인과 중견기업에 해당하는 연결법인에 각각 중견기업에 관한 규정을 적용 (2024. 12. 31. 개정)

② 연결납세방식을 적용하는 최초의 연결사업연도의 직전 사업연도 당시 중소기업에 해당하는 법인이 연결납세방식을 적용함에 따라 중소기

☞

개정취지 ···

연결법인에 대한 중소기업 · 중견기업 관련 규정 적용 방식 합리화

- 연결사업연도의 소득에 대한 법인세액을 계산할 때 연결집단이 중소기업에 해당하는 경우에는 중소기업에 해당하는 연결법인에 중소기업에 관한 규정을, 중견기업에 해당하는 연결법인에 중견기업에 관한 규정을 적용하고, 연결집단이 중견기업에 해당하는 경우에는 중소기업에 해당하는 연결법인과 중견기업에 해당하는 연결법인에 각각 중견기업에 관한 규정을 적용함.

- 연결사업연도 직전 사업연도 당시 중소기업에 해당하는 법인이 연결납세방식의 적용으로 중소기업에 관한 규정을 적용받지 못하게 되는 경우 연결납세방식의 최초 적용 후에도 중소기업으로 인정해주는 유예기간을 3년에서 5년으로 연장함. (법 76조의 22 개정 ; 2024. 12. 31.)

- 법 76조의 22의 개정규정은 2025. 1. 1. 이후 개시하는 연결사업연도의 소득에 대한 법인세액을 계산하는 경우부터 적용함. (법 부칙(2024. 12. 31.) 7조)

···

업에 관한 규정을 적용받지 못하게 되는 경우에는 제1항에도 불구하고 연결납세방식을 적용하는 최초의 연결사업연도와 그 다음 연결사업연도의 개시일부터 5년 이내에 끝나는 연결사업연도까지는 중소기업에 관한 규정을 적용한다. (2024. 12. 31. 개정)

제 3 장　내국법인의 청산소득에 대한 법인세

제 1 절　과세표준과 그 계산

제77조【과세표준】 내국법인의 청산소득에 대한 법인세의 과세표준은 제79조에 따른 청산소득 금액으로 한다. (2010. 12. 30. 개정)

제78조【법인의 조직변경으로 인한 청산소득에 대한 과세특례】 내국법인이 다음 각 호의 어느 하나에 해당하면 청산소득에 대한 법인세를 과세하지 아니한다. (2010. 12. 30. 개정)
1. 「상법」의 규정에 따라 조직변경하는 경우 (2010. 12. 30. 개정)
2. 특별법에 따라 설립된 법인이 그 특별법의 개정이나 폐지로 인하여 「상법」에 따른 회사로 조직변경하는 경우 (2010. 12. 30. 개정)
3. 그 밖의 법률에 따라 내국법인이 조직변경하는 경우로서 대통령령으로 정하는 경우 (2010. 12. 30. 개정)

제 3 장　내국법인의 청산소득에 대한 법인세

제 1 절　과세표준과 그 계산

제121조【법인의 조직변경의 범위】 (2024. 2. 29. 조번개정) 법 제78조 제3호에서 "대통령령으로 정하는 경우"란 다음 각 호에 해당하는 경우를 말한다. (2014. 2. 21. 개정)
1. 「변호사법」에 따라 법무법인이 법무법인(유한)으로 조직변경하는 경우 (2014. 2. 21. 개정)
2. 「관세사법」에 따라 관세사법인이 관세법인으로 조직변경하는 경우 (2014. 2. 21. 개정)
3. 「변리사법」에 따라 특허법인이 특허법인(유한)으로 조직변경하는 경우 (2014. 2. 21. 개정)
4. 「협동조합 기본법」 제60조의 2 제1항에 따라 법인등이 협동조합으로 조직변경하는 경우 (2015. 2. 3. 신설)
5. 「지방공기업법」 제80조에 따라 지방공사가 지방공단으로 조직변경하거나 지방공단이 지방공사로 조직변경하는 경우 (2017. 2. 3. 신설)

제 3 장 내국법인의 청산소득에 대한 법인세

제79조【해산에 의한 청산소득 금액의 계산】① 내국법인이 해산(합병이나 분할에 의한 해산은 제외한다)한 경우 그 청산소득(이하 "해산에 의한 청산소득"이라 한다)의 금액은 그 법인의 해산에 의한 잔여재산의 가액에서 해산등기일 현재의 자본금 또는 출자금과 잉여금의 합계액(이하 "자기자본의 총액"이라 한다)을 공제한 금액으로 한다. (2010. 12. 30. 개정)

② 해산으로 인하여 청산 중인 내국법인이 그 해산에 의한 잔여재산의 일부를 주주 등에게 분배한 후 「상법」 제229조, 제285조, 제287조의 40, 제519조 또는 제610조에 따라 사업을 계속하는 경우에는 그 해산등기일부터 계속등기일까지의 사이에 분배한 잔여재산의 분배액의 총합계액에서 해산등기일 현재의 자기자본의 총액을 공제한 금액을 그 법인의 해산에 의한 청산소득의 금액으로 한다. (2015. 12. 15. 개정)

③ 내국법인의 해산에 의한 청산소득의 금액을 계산할 때 그 청산기간에 「국세기본법」에 따라 환급되는 법인세액이 있는 경우 이에 상당하는 금액은 그 법인의 해산등기일 현재의 자기자본의 총액에 가산한다. (2010. 12. 30. 개정)

④ 내국법인의 해산에 의한 청산소득 금액을 계산할 때 해산등기일 현재 그 내국법인에 대통령령으로 정하는 이월결손금이 있는 경우에는 그 이월결손금은 그날 현재의 그 법인의 자기자본의 총액에서 그에 상당하는 금액과 상계하여야 한다. 다만, 상계하는 이월결손금의 금액은 자기자본의 총액 중 잉여금의 금액을 초과하지 못하며, 초과하는 이월결손금이 있는 경우에는 그 이월결손금은 없는 것으로 본다. (2010. 12. 30. 개정)

⑤ 제4항에 따라 청산소득 금액을 계산할 때 해산등기일 전 2년 이내에 자본금 또는 출자금에 전입한 잉여금이 있는 경우에는 해당 금액을 자본금 또는 출자금에 전입하지 아니한 것으로 보아 같은 항을 적용한다. (2011. 12. 31. 신설)

⑥ 내국법인의 해산에 의한 청산소득의 금액을 계산할 때 그 청산기간에 생기는 각 사업연도의 소득금액이 있는 경우에는 그 법인의 해당 각 사업연도의 소득금액에 산입한다. (2011. 12. 31. 항번개정)

⑦ 제1항에 따른 청산소득의 금액과 제6항에 따른 청산기간에 생기는

제122조【해산에 의한 청산소득금액의 계산】(2024. 2. 29. 조번개정)

① 법 제79조 제1항의 규정에 의한 잔여재산의 가액은 자산총액에서 부채총액을 공제한 금액으로 한다. (98. 12. 31 개정)

② 제1항에서 "자산총액"이라 함은 해산등기일 현재의 자산의 합계액으로 하되, 추심할 채권과 환가처분할 자산에 대하여는 다음 각호에 의한다. (98. 12. 31 개정)

1. 추심할 채권과 환가처분할 자산은 추심 또는 환가처분한 날 현재의 금액 (98. 12. 31 개정)

2. 추심 또는 환가처분 전에 분배한 경우에는 그 분배한 날 현재의 시가에 의하여 평가한 금액 (98. 12. 31 개정)

③ 법 제79조 제4항 본문에서 "대통령령으로 정하는 이월결손금"이란 제16조 제1항에 따른 이월결손금을 말한다. 다만, 자기자본의 총액에서 이미 상계되었거나 상계된 것으로 보는 이월결손금을 제외한다. (2019. 2. 12. 개정)

법 79조 4항 단서의 규정 중 "잉여금의 금액"이라 함은 자본잉여금을 포함한 잉여금으로 하는 것이며(재법인-84, 2003. 10. 13.), 자기자본의 총액에서 상계하는 이월결손금이라 함은 각 사업연도의 과세표준계산시 공제되지 아니한 영 18조 1항의 규정에 의한 이월결손금으로서 이미 공제되었거나 공제된 것으로 보는 금액을 제외하는 것임. (재법인-70, 2005. 8. 31.)

제61조【해산에 의한 청산소득금액의 계산】법인이 해산등기일 현재의 자산을 청산기간 중에 처분한 금액(환가를 위한 재고자산의 처분액을 포함한다)은 이를 청산소득에 포함한다. 다만, 청산기간 중에 해산전의 사업을 계속하여 영위하는 경우 당해 사업에서 발생한 사업수입이나 임대수입, 공·사채 및 예금의 이자수입 등은 그러하지 아니하다. (99. 5. 24 개정)

법인은 해산과 동시에 소멸되는 것이 아니고 청산절차 중에는 청산목적 범위 내에서 존속하므로 해산등기 후 발생한 손해배상금에 대하여는 각 사업연도 소득금액으로 법인세를 과세하며(국심 2003서 1548, 2004. 2. 11.), 해산등기일 현재 부채에 대하여 해산등기일 이후 면제받은 금액은 청산소득금액에 포함하는 것임. (서면2팀-638, 2004. 3. 30.)

각 사업연도의 소득금액을 계산할 때에는 제1항부터 제6항까지에서 규정하는 것을 제외하고는 제14조부터 제18조까지, 제18조의 2, 제18조의 4, 제19조, 제19조의 2, 제20조부터 제31조까지, 제33조부터 제38조까지, 제40조부터 제42조까지, 제42조의 2, 제43조, 제44조, 제44조의 2, 제44조의 3, 제45조, 제46조, 제46조의 2부터 제46조의 5까지, 제47조, 제47조의 2, 제50조, 제51조, 제51조의 2, 제52조, 제53조, 제53조의 2, 제53조의 3, 제54조 및 「조세특례제한법」 제104조의 31을 준용한다. (2022. 12. 31. 개정)

⑧ 제1항부터 제7항까지의 규정을 적용할 때 잔여재산가액의 계산 등에 필요한 사항은 대통령령으로 정한다. (2011. 12. 31. 개정)

　제80조【합병에 의한 청산소득금액의 계산】삭 제 (2009. 12. 31.)
　제81조【분할에 의한 청산소득금액의 계산】삭 제 (2009. 12. 31.)

　제82조【청산소득 금액의 계산에 관한 세부 규정】(2010. 12. 30. 제목개정)
이 법에 규정된 것 외에 내국법인의 청산소득 금액의 계산에 필요한 사항은 대통령령으로 정한다. (2010. 12. 30. 개정)

제 2 절　세액의 계산

　제83조【세　율】내국법인의 청산소득에 대한 법인세는 제77조에 따른 과세표준에 제55조 제1항에 따른 세율을 적용하여 계산한 금액을 그 세액으로 한다. (2010. 12. 30. 개정)

제 3 절　신고 및 납부

　제84조【확정신고】① 청산소득에 대한 법인세의 납부의무가 있는 내국법인은 대통령령으로 정하는 바에 따라 다음 각 호의 기한까지 청산소득에 대한 법인세의 과세표준과 세액을 납세지 관할 세무서장에게 신고하여야 한다. (2010. 12. 30. 개정)

편주 ▶ 피합병법인의 조정계산서에 계상된 준비금의 승계는 통칙 61 - 0…1 참조

통칙 **79 - 0…1【청산기간 중에 계속등기를 하는 경우 자본금의 계산】**
청산기간 중에 잔여재산의 일부를 주주에게 분배한 후 「상법」 제519조에 따라 계속등기를 한 경우의 자본금은 「상법」에 따라 계산한다. (2019. 12. 23. 개정)

79 - 0…2【청산소득금액의 범위】
해산등기일 현재의 잔여재산의 추심 또는 환가처분과 관련하여 발생한 각종 비용(계약서 작성비용, 공증비용, 인지대, 소개비 및 수수료, 청산인의 보수, 청산사무소의 비용 등)은 청산소득금액을 계산함에 있어서 이를 공제한다. (2008. 7. 25. 개정)

　제122조【합병에 의한 청산소득금액의 계산】삭 제 (2010. 6. 8.)
　제123조【분할에 의한 청산소득금액의 계산】삭 제 (2010. 6. 8.)

제 2 절　신고 및 납부

　제124조【확정신고】① 법 제84조 제1항의 규정에 의하여 신고하는 경우에는 법 제79조에 따라 계산한 청산소득의 금액을 기재한 기획재정부령이 정하는 청산소득에 대한 법인세 과세표준 및 세액신고서에 법 제84조 제2항 각호의 규정에 의한 서류를 첨부하여 납세지 관할

통칙 **79 - 0…3【청산소득금액 계산시 자기주식의 처리방법】**
해산에 의한 청산소득금액을 계산함에 있어서 보유중인 자기주식의 가액은 법 제79조 제1항에 따른 해산등기일 현재의 자본금 또는 출자금에서 차감하지 아니하며, 잔여재산가액 계산시의 자산총액에도 포함하지 아니한다. (2019. 12. 23. 개정)

관계조문 ▶ 규칙 82조 1항 58호 ⇒ 청산소득에 대한 법인세과세표준 및 세액신고서

1. 제79조 제1항에 해당하는 경우 : 대통령령으로 정하는 잔여재산가
액확정일이 속하는 달의 말일부터 3개월 이내 (2010. 12. 30. 개정)
2. 제79조 제2항에 해당하는 경우 : 계속등기일이 속하는 달의 말일부
터 3개월 이내 (2010. 12. 30. 개정)
② 제1항에 따른 신고를 할 때에는 그 신고서에 다음 각 호의 서류를
첨부하여야 한다. (2010. 12. 30. 개정)
1. 제1항 제1호 및 제2호의 경우에는 잔여재산가액 확정일 또는 계속
등기일 현재의 그 해산한 법인의 재무상태표 (2010. 12. 30. 개정)
2. 그 밖에 대통령령으로 정하는 서류 (2010. 12. 30. 개정)
③ 제1항과 제2항은 청산소득의 금액이 없는 경우에도 적용한다.
(2010. 12. 30. 개정)

제85조 【중간신고】 ① 내국법인(제51조의 2 제1항 각 호 또는
「조세특례제한법」 제104조의 31 제1항의 법인은 제외한다)이 다음
각 호의 어느 하나에 해당하면 그 각 호에서 정한 날이 속하는 달의
말일부터 1개월 이내에 대통령령으로 정하는 바에 따라 이를 납세지
관할 세무서장에게 신고하여야 한다. 다만, 「국유재산법」 제80조에
규정된 청산절차에 따라 청산하는 법인의 경우에는 제2호는 적용하
지 아니한다. (2020. 12. 22. 개정)
1. 해산에 의한 잔여재산가액이 확정되기 전에 그 일부를 주주 등에게
분배한 경우 : 그 분배한 날 (2010. 12. 30. 개정)
2. 해산등기일부터 1년이 되는 날까지 잔여재산가액이 확정되지 아니
한 경우 : 그 1년이 되는 날 (2010. 12. 30. 개정)
② 제1항에 따른 신고를 할 때에는 그 신고서에 해산등기일 및 그 분배한
날 또는 해산등기일부터 1년이 되는 날 현재의 재무상태표와 그 밖에 대
통령령으로 정하는 서류를 각각 첨부하여야 한다. (2010. 12. 30. 개정)

세무서장에게 제출하여야 한다. (2010. 6. 8. 개정)
② 법 제84조 제2항 제2호에서 "대통령령으로 정하는 서류"란 다음
각 호의 어느 하나에 해당하는 사항이 기재된 서류를 말한다. (2011.
6. 3. 개정)
1. 해산(합병 또는 분할에 의한 해산을 제외한다)의 경우에는 해산한
법인의 본점 등의 소재지, 청산인의 성명 및 주소 또는 거소, 잔여재
산가액의 확정일 및 분배예정일 기타 필요한 사항 (98. 12. 31 개정)
2. 합병 또는 분할의 경우에는 합병법인 등의 본점 등의 소재지, 대표자의 성명, 피합병
법인 등의 명칭, 합병등기일 또는 분할등기일 기타 필요한 사항 (98. 12. 31 개정)
2. 삭 제 (2010. 6. 8.)
③ 법 제84조 제1항 제1호에서 "대통령령으로 정하는 잔여재산가액확
정일"이란 다음 각호의 날을 말한다. (98. 12. 31 개정)
1. 해산등기일 현재의 잔여재산의 추심 또는 환가처분을 완료한 날
(2011. 6. 3. 개정)
2. 해산등기일 현재의 잔여재산을 그대로 분배하는 경우에는 그 분배
를 완료한 날 (98. 12. 31 개정)

제125조 【중간신고】 ① 법 제85조 제1항의 규정에 의하여 신고
하는 경우에는 법 제86조 제3항 및 제4항의 규정에 의하여 계산한 청
산소득의 금액을 기재한 기획재정부령이 정하는 청산소득에 대한 법인
세 과세표준 및 세액신고서에 법 제85조 제2항의 규정에 의한 서류를
첨부하여 납세지 관할세무서장에게 제출하여야 한다. (2008. 2. 29. 직
제개정 ; 기획재정부와~직제 부칙)
② 법 제85조 제2항에서 "대통령령으로 정하는 서류"란 제124조 제2
항 제1호에 규정하는 사항이 기재된 서류를 말한다. (2011. 6. 3. 개정)

관계조문

규칙 82조 1항 58호 ⇒ 청산소득에 대한 법
인세과세표준 및 세액신고서

제86조 【납 부】 ① 제79조 제1항 또는 제2항에 해당하는 내국법인으로서 제84조에 따른 확정신고를 한 법인은 그 해산으로 인한 청산소득의 금액에 제83조를 적용하여 계산한 세액에서 제3항 또는 제4항에 따라 납부한 세액의 합계액을 공제한 금액을 법인세로서 신고기한까지 납세지 관할 세무서 등에 납부하여야 한다. (2010. 12. 30. 개정)

② 제80조 또는 제81조의 규정에 해당하는 내국법인으로서 제84조의 규정에 의한 확정신고를 한 법인은 그 합병 또는 분할에 의한 청산소득의 금액에 제83조의 규정을 적용하여 계산한 세액을 법인세로서 그 신고기한내에 납세지 관할세무서등에 납부하여야 한다. (98. 12. 28 개정)

② 삭 제 (2009. 12. 31.)

③ 제85조 제1항 제1호에 따른 신고의무가 있는 내국법인으로서 그 분배하는 잔여재산의 가액(전에 분배한 잔여재산의 가액이 있을 때에는 그 합계액)이 그 해산등기일 현재의 자기자본의 총액을 초과하는 경우에는 그 초과하는 금액에 제83조를 적용하여 계산한 세액(전에 잔여재산의 일부를 분배함으로써 납부한 법인세액이 있는 경우에는 그 세액의 합계액을 공제한 금액)을 그 신고기한까지 납세지 관할 세무서 등에 납부하여야 한다. (2010. 12. 30. 개정)

④ 제85조 제1항 제2호에 따른 신고의무가 있는 내국법인으로서 해산등기일부터 1년이 되는 날 현재 대통령령으로 정하는 잔여재산가액 예정액이 그 해산등기일 현재의 자기자본의 총액을 초과하는 경우에는 그 초과하는 금액에 제83조를 적용하여 계산한 세액을 그 신고기한까지 납세지 관할 세무서 등에 납부하여야 한다. (2010. 12. 30. 개정)

관계조문 ≫

영 126조 2항 ⇒ 잔여재산가액 예정액

제 4 절 결정 · 경정 및 징수

제87조 【결정 및 경정】 ① 납세지 관할 세무서장 또는 관할지방국세청장은 내국법인이 제84조 및 제85조에 따른 신고를 하지 아니한 경우에는 그 법인의 청산소득에 대한 법인세의 과세표준과 세액을 결정한다. (2010. 12. 30. 개정)

제126조 【납부 등】 ① 법 제86조의 규정에 의하여 청산소득에 대한 법인세를 납부하는 경우에는 법 제84조 또는 법 제85조의 규정에 의한 신고와 함께 납세지 관할세무서등에 납부하여야 한다. 이 경우 제101조 제1항의 규정을 준용한다. (98. 12. 31 개정)

② 법 제86조 제4항에서 "대통령령으로 정하는 잔여재산가액 예정액"이란 해산등기일부터 1년이 되는 날 현재의 자산을 시가에 의하여 평가한 금액의 합계액에서 부채총액을 공제한 금액을 말한다. (2011. 6. 3. 개정)

제127조 【청산소득 등에 대한 납세의무】 ① 법인이 해산한 경우 각 사업연도의 소득에 대한 법인세 또는 청산소득에 대한 법인세를 납부하지 아니하고 잔여재산을 분배한 때에는 청산인과 잔여재산의 분배를 받은 자는 각각 그 분배한 재산의 가액과 분배받은 재산의 가액을 한도로 그 법인세를 연대하여 납부할 책임을 진다. (98. 12. 31 개정)

② 삭 제 (2010. 6. 8.)

제127조 【청산소득 등에 대한 납세의무】 삭 제 (2012. 2. 2.)

② 납세지 관할 세무서장 또는 관할지방국세청장은 제84조 및 제85조에 따른 신고를 한 내국법인이 그 신고한 내용에 오류 또는 누락이 있는 경우에는 그 법인의 청산소득에 대한 법인세의 과세표준과 세액을 경정한다. (2010. 12. 30. 개정)
③ 납세지 관할 세무서장 또는 관할지방국세청장은 청산소득에 대한 법인세의 과세표준과 세액을 결정하거나 경정한 후 그 결정이나 경정에 오류 또는 탈루가 있는 것을 발견한 경우에는 즉시 이를 다시 경정한다. (2010. 12. 30. 개정)
④ 제1항과 제2항에 따른 결정이나 경정의 경우에는 제66조 제3항을 준용한다. (2010. 12. 30. 개정)

제88조 【과세표준과 세액의 통지】 납세지 관할 세무서장 또는 관할지방국세청장은 제87조에 따라 내국법인의 청산소득에 대한 법인세의 과세표준과 세액을 결정하거나 경정한 경우에는 이를 그 법인이나 청산인에게 알려야 한다. 다만, 그 법인이나 청산인에게 알릴 수 없는 경우에는 공시(公示)로써 이를 갈음할 수 있다. (2010. 12. 30. 개정)

제89조 【징　수】 ① 납세지 관할 세무서장은 내국법인이 제86조에 따라 납부하여야 할 청산소득에 대한 법인세의 전부 또는 일부를 납부하지 아니하면 그 미납된 법인세액을 「국세징수법」에 따라 징수하여야 한다. (2013. 1. 1. 개정)
② 납세지 관할 세무서장은 제86조에 따라 납부하였거나 제1항에 따라 징수한 법인세액이 제87조에 따라 납세지 관할 세무서장 또는 관할지방국세청장이 결정하거나 경정한 법인세액보다 적으면 그 부족한 금액에 상당하는 법인세를 징수하여야 한다. (2010. 12. 30. 개정)

제90조 【청산소득에 대한 납부지연가산세의 적용 제외】 (2020. 12. 22. 제목개정)
청산소득에 대한 법인세를 징수할 때에는 「국세기본법」 제47조의 4 제1항 제1호(납부고지서에 따른 납부기한의 다음 날부터 부과되는 분에 한정한다) 및 제3호와 같은 조 제7항을 적용하지 아니한다. (2020. 12. 22. 개정)

제4장　외국법인의 각 사업연도의 소득에 대한 법인세

제1절　외국법인의 과세에 관한 통칙
(2018. 12. 24. 제목개정)

제91조【과세표준】① 국내사업장을 가진 외국법인과 제93조 제3호에 따른 국내원천 부동산소득이 있는 외국법인의 각 사업연도의 소득에 대한 법인세의 과세표준은 국내원천소득의 총합계액(제98조 제1항, 제98조의 3, 제98조의 5 또는 제98조의 6에 따라 원천징수되는 국내원천소득 금액은 제외한다)에서 다음 각 호에 따른 금액을 차례로 공제한 금액으로 한다. 다만, 제1호의 금액에 대한 공제는 각 사업연도 소득의 100분의 80을 한도로 한다. (2022. 12. 31. 단서개정)

1. 제13조 제1항 제1호에 해당하는 결손금(국내에서 발생한 결손금만 해당한다) (2018. 12. 24. 개정)
2. 이 법과 다른 법률에 따른 비과세소득 (2010. 12. 30. 개정)
3. 선박이나 항공기의 외국 항행(航行)으로 인하여 발생하는 소득. 다만, 그 외국법인의 본점 또는 주사무소가 있는 해당 국가가 우리나라의 법인이 운용하는 선박이나 항공기에 대하여 동일한 면제를 하는 경우만 해당한다. (2010. 12. 30. 개정)

② 제1항에 해당하지 아니하는 외국법인의 경우에는 제93조 각 호의 구분에 따른 각 국내원천소득의 금액을 그 법인의 각 사업연도의 소득에 대한 법인세의 과세표준으로 한다. (2010. 12. 30. 개정)

③ 제1항에 해당하는 외국법인의 국내원천소득으로서 제98조 제1항, 제98조의 3, 제98조의 5 또는 제98조의 6에 따라 원천징수되는 소득에 대한 법인세의 과세표준은 제93조 각 호의 구분에 따른 각 국내원천소득의 금액으로 한다. (2011. 12. 31. 개정)

④ 제1항 제3호는 국내사업장을 가지고 있지 아니하는 외국법인에 대하여도 적용한다. (2010. 12. 30. 개정)

⑤ 제1항의 과세표준을 계산할 때 같은 항 제1호에 따른 이월결손금은 먼저 발생한 사업연도의 결손금부터 차례로 공제하고, 해당 사업연

4장　외국법인의 각 사업연도의 소득에 대한 법인세

제1절　과세표준과 그 계산

제128조【과세표준의 계산】법 제91조 제1항에 따라 외국법인의 각 사업연도의 소득에 대한 법인세의 과세표준을 계산할 때 같은 항 제1호에 따른 결손금의 공제에 관하여는 제10조 제3항을 준용한다. (2019. 2. 12. 개정)

관계조문 ▶▶

법 51조 ⇒ 비과세소득

· 예판 ···

· 미국항공사 국내지점이 국제여객공항이용료의 징수업무를 대행하고 인천국제공항공사로부터 지급받는 징수대행수수료는 항공기의 운행과 관련된 추가적이거나 부수적인 활동으로부터 발생되는 소득으로 국제운수소득에 해당되어 법인세가 면제됨. (서면2팀 - 488, 2004. 3. 18.)
· 외국법인의 국내지점이 국제항공운수업과 관련하여 생긴 수입금액을 본사로 송금하기 위하여 일시적으로 금융기관에 예치하고 발생하는 이자수입은 국제운수소득에 해당함. (서면2팀 - 10, 2006. 1. 4.)

··

통칙 91 - 0···1【외국법인의 외국항행소득】
외국법인의 국제운수소득은 국제운수소득에 대한 상호 면세협정이 체결된 경우와 상대국이 법적으로 상호 면세를 보장하는 경우에도 면세한다.

제4장　외국법인의 각 사업연도 소득에 대한 법인세

관계조문 ▶▶

영 10조 ⇒ 결손금공제

제62조【외국항행소득의 범위】법 제91조 제1항 제3호의 규정에 의한 외국항행소득은 다음 각호의 1에 해당하는 소득으로 한다. (99. 5. 24 개정)

1. 외국항행을 목적으로 하는 정상적인 업무에서 발생하는 소득 (99. 5. 24 개정)
2. 자기소유 선박을 외국항행을 조건으로 정기용선계약(나용선인 경우를 제외한다)을 체결하고 동 계약에 의하여 자기소유 선박이 외국항행을 함으로써 지급받는 용선료 수입 (99. 5. 24 개정)

도에 공제되지 아니한 비과세소득은 해당 사업연도의 다음 사업연도 이후로 이월하여 공제할 수 없다. (2018. 12. 24. 신설)

제92조【국내원천소득 금액의 계산】① 제91조 제1항에 해당하는 외국법인의 각 사업연도의 국내원천소득의 총합계액은 해당 사업연도에 속하는 익금의 총액에서 해당 사업연도에 속하는 손금의 총액을 뺀 금액으로 하며, 각 사업연도의 소득금액의 계산에 관하여는 대통령령으로 정하는 바에 따라 제14조부터 제18조까지, 제18조의 2, 제19조, 제19조의 2, 제20조부터 제31조까지, 제33조부터 제38조까지, 제40조부터 제42조까지, 제42조의 2, 제43조, 제44조, 제44조의 2, 제44조의 3, 제45조, 제46조, 제46조의 2부터 제46조의 5까지, 제47조, 제47조의 2, 제50조, 제51조, 제52조, 제53조, 제53조의 2 및 제54조와 「조세특례제한법」 제138조를 준용한다. 다만, 제44조의 3, 제45조, 제46조의 3 및 제46조의 4를 준용할 때 합병법인 및 분할신설법인등은 피합병법인 및 분할법인등의 결손금을 승계하지 아니하는 것으로 보아 각각의 규정을 준용한다. (2019. 12. 31. 개정)
② 제91조 제2항 및 제3항에 따른 외국법인의 각 사업연도의 국내원천소득(제93조 제7호에 따른 국내원천 부동산등양도소득은 제외한다)의 금액은 다음 각 호의 금액으로 한다. (2018. 12. 24. 개정)
1. 제93조 제1호부터 제6호까지 및 제8호부터 제10호까지의 국내원천소득의 경우에는 같은 조 각 호(제7호는 제외한다)의 소득별 수입금액으로 한다. 다만, 제93조 제9호에 따른 국내원천소득의 경우에는 그 수입금액에서 대통령령으로 정하는 바에 따라 확인된 해당 유가증권의 취득가액 및 양도비용을 공제하여 계산한 금액으로 할 수 있다. (2010. 12. 30. 개정)
1. 제93조 제1호부터 제6호까지 및 제8호부터 제10호까지의 국내원천소득의 경우에는 같은 조 각 호(제7호는 제외한다)의 소득별 수입금액으로 한다. 다만, 다음 각 목의 구분에 따른 국내원천소득의 경우에는 다음 각 목에서 정하는 바에 따라 계산한 금액으로 할 수 있다. (2020. 12. 22. 단서개정)

편주 ▶ ••
법 92조 2항의 개정규정은 2027. 1. 1.부터 시행함. (법 부칙(2020. 12. 22.) 1조 단서) (2024. 12. 31. 개정)
••

제129조【국내원천소득금액의 계산】① 법 제92조에 따라 외국법인의 각 사업연도의 국내원천소득의 총합계액을 계산할 때 익금과 손금의 계산은 법과 이 영에서 달리 정하는 것을 제외하고는 다음 각 호에 따른다. (2019. 2. 12. 개정)
1. 법 제14조의 규정에 의한 손금은 법 제93조의 규정에 의한 국내원천소득과 관련되는 수입금액·자산가액과 국내원천소득에 합리적으로 배분되는 것에 한한다. (98. 12. 31 개정)
2. 법 제33조에 따른 퇴직급여충당금을 계상하는 경우에는 해당 외국법인의 임원 또는 직원 중 해당 외국법인이 국내에서 영위하는 사업을 위하여 국내에서 채용하고 법 제94조에 따른 국내사업장(이하 "국내사업장"이라 한다)에서 상시 근무하거나 법 제93조 제3호에 따른 국내원천 부동산소득의 발생지에서 상시 근무하는 임원 또는 직원에 대한 것에 한정한다. (2019. 2. 12. 개정)
3. 법 제21조 제1호·제3호·제4호 및 제5호에 따른 법인세·법인지방소득세·벌금·과료·과태료·가산금·강제징수비·공과금 등은 외국의 법령에 따라 부과된 것을 포함한다. (2021. 2. 17. 개정)
4. 제24조 제1항 제1호의 유형자산 및 같은 항 제2호 가목부터 라목까지의 규정에 따른 무형자산은 해당 외국법인의 유형자산 및 무형자산 중 국내사업장에 귀속되는 사업용자산에 한정한다. (2020. 2. 11. 개정)
5. 제68조 제4항에 따른 장기할부기간 중에 국내사업장을 가지지 아니하게 된 때에는 회수되지 아니한 판매 또는 양도금액과 이에 대응하는 비용은 국내사업장을 가지지 아니하게 된 날이 속하는 사업연도의 익금과 손금에 각각 산입한다. (2012. 2. 2. 개정)
6. 제24조 제1항 제2호 바목 및 사목에 따른 무형자산은 해당 외국법인의 무형자산 중 해당 외국법인이 국내에서 영위하는 사업에 귀속되거나 국내사업장에 귀속되는 자산과 관련되는 것에 한정한다. (2020. 2. 11. 개정)
7. 기획재정부령으로 정하는 외국법인 국내지점의 임직원에게 부여된 기획재정부령으로 정하는 주식매수선택권 등이 행사되거나

•••
• 해외 모법인(본점)에서 발생한 비용 중 국내자회사(지점)가 부담하는 금액은 당해 자회사(지점)의 업무와 관련하여 법인세법 또는 국제조세조정에 관한 법률 등에서 손금을 허용하고 있는 사항 이외에는 손금에 산입되지 아니함. (서면2팀-2185, 2005. 12. 28.)
• 외국법인이 국내에 건설공사를 수주할 목적으로 입찰에 참여함에 있어 계약획득을 위하여 지출하는 비용은 당해 공사를 수주한 경우에 한하여 국내사업장의 손금으로 하는 것임. (서면2팀-1857, 2006. 9. 20.)
•••

제62조의 2【외국법인에 지급한 주식매수선택권등 행사·지급비용의 손금

가. 제93조 제9호에 따른 국내원천 유가증권양도소득: 수입금액에서 대통령령으로 정하는 바에 따라 확인된 해당 유가증권의 취득가액 및 양도비용을 공제하여 계산한 금액 (2020. 12. 22. 신설)
나. 제93조 제10호 카목에 따른 가상자산소득: 수입금액[외국법인이 「특정 금융거래정보의 보고 및 이용 등에 관한 법률」 제2조 제1호 하목에 따른 가상자산사업자 또는 이와 유사한 사업자(이하 "가상자산사업자등"이라 한다)가 보관·관리하는 같은 법 제2조 제3호에 따른 가상자산(이하 "가상자산"이라 한다)을 인출하는 경우에는 인출시점의 가상자산 시가로서 대통령령으로 정하는 금액을 말한다]에서 대통령령으로 정하는 취득가액 등을 공제하여 계산한 금액 (2020. 12. 22. 신설)

편주 ▶
법 92조 2항 1호 나목의 개정규정은 2027. 1. 1. 이후 가상자산을 양도·대여·인출하는 분부터 적용함. (법 부칙(2020. 12. 22.) 11조 1항) (2024. 12. 31. 개정)

2. 국내사업장이 없는 외국법인으로서 제93조 제9호에 따른 국내원천 유가증권양도소득이 다음 각 목의 요건을 모두 갖춘 경우에는 제1호 가목에도 불구하고 대통령령으로 정하는 정상가격(이하 이 호에서 "정상가격" 이라 한다)을 해당 수입금액으로 한다. (2020. 12. 22. 개정)
　가. 국내사업장이 없는 외국법인과 대통령령으로 정하는 특수관계가 있는 외국법인(비거주자를 포함한다) 간의 거래일 것 (2018. 12. 24. 개정)

지급된 경우로서 국내지점이 외국법인에 그 행사 또는 지급비용으로 보전하는 금액 중 국내 근로제공으로 발생하는 소득에 해당하는 금액은 손금에 산입한다. (2010. 2. 18. 개정)
② 국내사업장에서 발생된 판매비 및 일반관리비 기타의 경비 중 국내원천소득의 발생과 관련되지 아니하는 것으로서 기획재정부령이 정하는 것은 법 제14조에 규정하는 손금에 산입하지 아니한다. (2008. 2. 29. 직제개정 ; 기획재정부와～직제 부칙)
③ 법 제92조 제2항 제1호 가목에서 "대통령령으로 정하는 바에 따라 확인된 해당 유가증권의 취득가액 및 양도비용"이란 제132조 제8항에 따른 유가증권의 양도자 또는 그 대리인이 원천징수의무자에게 원천징수를 하는 날까지 제출하는 출자금 또는 주금납입영수증·양도증서·대금지급영수증, 그 밖에 출자 또는 취득 및 양도에 소요된 금액을 증명하는 자료에 의하여 그 유가증권의 취득가액 및 양도비용이 확인된 다음 각 호의 금액을 말한다. (2022. 3. 8. 개정)

편주 ▶
영 129조 3항 각 호 외의 부분 및 4항의 개정규정은 2027. 1. 1.부터 시행함. (영 부칙(2022. 3. 8.)) (2024. 12. 31. 개정)

1. 당해 유가증권의 취득 또는 양도에 실제로 직접 소요된 금액(그 취득 또는 양도에 따라 직접 소요된 조세·공과금 또는 중개수수료를 포함한다). 다만, 당해 유가증권이 출자증권 또는 주식으로서 그 출자증권 또는 주식에 법인의 잉여금의 전부 또는 일부를 출자 또는 자본의 금액에 전입함으로써 취득한 것이 포함되어 있는 경우에는 제14조 제2항의 규정을 준용하여 계산한 금액으로 한다. (2000. 12. 29 개정)
2. 수증자, 그 밖에 이에 준하는 자가 양도한 유가증권의 취득가액은 해당 양도자산이 당초의 증여자, 그 밖에 이에 준하는 자를 해당 유가증권의 양도자로 보고 제1호에 따라 계산한 금액. 다만, 해당 유가증권이 법 제93조 제10호 다목에 따라 과세된 경우에는 해당 유가증권의 수증당시의 시가 (2010. 12. 30. 개정)
3. 제88조 제1항 제8호 각 목의 어느 하나 또는 같은 항 제8호의 2에

산입】 (2010. 3. 31. 제목개정)
① 영 제129조 제1항 제7호에서 "기획재정부령으로 정하는 외국법인"이란 다음 각 호의 어느 하나에 해당하는 외국법인을 말한다. (2009. 3. 30. 신설)
1. 「자본시장과 금융투자업에 관한 법률」에 따른 증권시장 또는 이와 유사한 시장으로서 증권의 거래를 위하여 외국에 개설된 시장(이하 이 조에서 "국내·외증권시장"이라 한다)에 상장된 외국법인 (2009. 3. 30. 신설)
2. 국내·외증권시장에 상장되지 아니한 외국법인(이하 이 조에서 "외국법인 자회사"라 한다)의 의결권 있는 주식의 100분의 90 이상을 직접 또는 간접으로 소유한 외국법인이 국내·외증권시장에 상장된 경우에는 그 상장된 외국법인(이하 이 조에서 "외국법인 모회사"라 한다)의 외국법인 자회사. 이 경우 주식의 간접소유비율은 다음 산식에 따라 계산하되[외국법인 자회사의 주주인 법인(이하 이 호에서 "주주법인"이라 한다)이 둘 이상인 경우에는 각 주주법인별로 계산한 비율을 합산한다], 해당 외국법인 모회사와 주주법인 사이에 하나 이상의 법인이 개재되어 있고 이들 법인이 주식소유관계를 통하여 연결되어 있는 경우에도 또한 같다. (2009. 6. 8. 개정)

나. 가목의 거래에 의한 거래가격이 정상가격보다 낮은 경우로서 대통령령으로 정하는 경우일 것 (2018. 12. 24. 개정)

영 129조 5항의 개정규정은 2027. 1. 1.부터 시행함. (영 부칙(2025. 2. 28.) 1조 2호)

☞

영 129조 6항의 개정규정은 2027. 1. 1.부터 시행함. (영 부칙(2022. 3. 8.)) (2024. 12. 31. 개정)

☞

☞

통칙 92-129…4 【해외증권 관련 주식의 취득가액】
① 국내사업장이 없는 외국법인이 양도한 해외증권 관련 주식의 취득가액은 다음 각호에 의한다.

해당하는 자본거래로 인하여 취득한 유가증권의 취득가액은 제1호에 따라 계산한 금액에 제132조 제14항의 금액을 더한 금액 (2010. 12. 30. 신설)

④ 법 제92조 제2항 제1호 나목에서 "대통령령으로 정하는 금액"이란 외국법인이 가상자산을 인출하는 시점에 그 가상자산을 보관·관리하는「특정 금융거래정보의 보고 및 이용 등에 관한 법률」제2조 제1호 하목에 따른 가상자산사업자나 이와 유사한 사업자(이하 "가상자산사업자등"이라 한다)가 표시한 그 가상자산 1개의 가액에 인출한 가상자산의 수량을 곱한 금액을 말한다. (2022. 3. 8. 신설)

⑤ 법 제92조 제2항 제1호 나목에서 "대통령령으로 정하는 취득가액 등"이란「소득세법」제37조 제1항 제3호, 같은 조 제5항 및 제6항에 따른 가상자산의 필요경비 계산 규정을 준용하여 산출한 금액을 말한다. 다만, 외국법인이 가상자산사업자등에게 가상자산을 직접 입고한 경우 입고한 가상자산의 취득가액은 입고시점에 해당 가상자산사업자등이 표시한 그 가상자산 1개의 가액에 입고한 가상자산의 수량을 곱한 금액으로 한다. (2022. 3. 8. 신설)

⑤ 법 제92조 제2항 제1호 나목에서 "대통령령으로 정하는 취득가액 등"이란「소득세법」제37조 제1항 제3호, 같은 조 제5항 및 같은 법 시행령 제88조 제2항부터 제4항까지의 규정에 따른 가상자산의 필요경비 계산 규정을 준용하여 계산하되, 평가방법은「가상자산 이용자 보호 등에 관한 법률」제7조 제1항 제3호에 따른 이용자의 가상자산주소별로 이동평균법을 적용하여 계산한 금액을 말한다. 다만, 외국법인이 가상자산사업자등에게 가상자산을 직접 입고한 경우 입고한 가상자산의 취득가액은 입고시점에 해당 가상자산사업자등이 표시한 그 가상자산 1개의 가액에 입고한 가상자산의 수량을 곱한 금액으로 한다. (2025. 2. 28. 개정)

⑥ 제4항 및 제5항에 따른 수입금액과 취득가액 등을 산출할 때 가상자산의 가치가 금액으로 표시되지 않는 경우에는「소득세법 시행령」제88조 제3항 및 제4항을 준용하여 해당 금액을 산출한다. 이 경우 "교환거래"는 "가상자산의 입고 또는 인출"로 본다. (2022. 3. 8. 신설)

통칙 92-129…1 【국내원천소득과 관련 없는 개발비 등의 손금불산입】
국내사업장을 가지고 있는 외국법인이 국내원천소득에 대한 각 사업연도 소득을 계산함에 있어서 국내에서 영위하는 사업에 귀속되지 아니하거나 직접 관련이 없는 개발비 등은 손금으로 보지 아니한다.

$$\begin{array}{c} \text{외국법인} \\ \text{모회사가} \\ \text{소유하고 있는} \\ \text{주주법인의} \\ \text{의결권 있는} \\ \text{주식 수가} \\ \text{그 주주법인의} \\ \text{의결권 있는} \\ \text{총 주식 수에서} \\ \text{차지하는 비율} \end{array} \times \begin{array}{c} \text{주주법인이} \\ \text{소유하고 있는} \\ \text{외국법인 자회사의} \\ \text{의결권 있는 주식} \\ \text{수가} \\ \text{그 외국법인} \\ \text{자회사의 의결권} \\ \text{있는 총 주식} \\ \text{수에서 차지하는} \\ \text{비율} \end{array}$$

② 영 제129조 제1항 제7호에서 "기획재정부령으로 정하는 주식매수선택권등"이란 다음 각 호의 요건을 모두 갖춘 것을 말한다. (2010. 3. 31. 개정)

1.「상법」에 따른 주식매수선택권과 유사한 것으로서 제1항에 따른 외국법인 또는 외국법인 모회사의 주식을 미리 정한 가액(이하 이 조에서 "행사가액"이라 한다)으로 인수 또는 매수(행사가액과 주식의 실질가액과의 차액을 현금 또는 외국법인이나 외국법인 모회사의 주식으로 보상하는 경우를 포함한다)할 수 있는 권리일 것 (주식매수선택권만 해당한다) (2010. 3. 31. 개정)

2. 외국법인 또는 외국법인 모회사가 발행주식총수의 100분의 10의 범위에서 부여하거나 지급한 것일 것 (2010. 3. 31. 개정)

3. 외국법인 또는 외국법인 모회사와 국내지점 간에 주식매수선택권등의 행사 또는 지급비용의 보전에 관하여 사전에 서면으로 약정하였을 것 (2010. 3. 31.

1. 전환사채의 전환권을 행사하여 취득한 주식의 1주당 취득가액은 당해 전환사채의 취득에 실제로 직접 소요된 금액을 전환권을 행사하여 취득한 주식수로 나눈 금액으로 한다.
2. 신주인수권부사채의 신주인수권을 행사하여 취득한 주식의 1주당 취득가액은 1주당 신주인수권의 취득가액과 1주당 주금납입금액의 합계액으로 한다. 다만, 신주인수권부사채 구입시 신주인수권을 따로 분리하지 않고 취득한 경우에 1주당 신주인수권의 취득가액은 당해 신주인수권부사채의 취득에 실제로 직접 소요된 금액에서 동 사채만의 가치를 차감한 금액(이하 "신주인수권의 취득가액"이라 한다)을 신주인수권을 행사하여 취득한 주식수로 나눈 금액으로 하되, 이 때 신주인수권의 취득가액은 신주인수권부사채의 발행주간사가 동 신주인수권부사채의 발행조건 확정시 고시하는 가격의 범위 안에서 투자자의 장부가격으로 할 수 있다. 한편 신주인수권 만을 분리하여 취득한 경우에 1주당 신주인수권의 취득가액은 신주인수권의 구입에 직접 소요된 금액을 동 권리행사로 취득한 주식수로 나눈 금액으로 한다.
② 제1항에서 해외증권 관련주식이라 함은 금융위원회가 정한 규정에 따라 외국에서 발행되는 전환사채 또는 신주인수권부사채의 전환권 또는 신주인수권을 행사하여 취득한 국내주식을 말한다. (2008. 10. 14. 직제개정)

③ 제91조 제2항에 따른 외국법인의 각 사업연도의 국내원천소득의 금액 중 제93조 제7호에 따른 국내원천 부동산등양도소득 금액은 그 소득을 발생시키는 자산(이하 이 조에서 "토지등"이라 한다)의 양도가액에서 다음 각 호의 금액을 뺀 금액으로 한다. (2018. 12. 24. 개정)
1. 취득가액. 다만, 「상속세 및 증여세법」에 따라 상속세 과세가액 또는 증여세 과세가액에 산입되지 아니한 재산을 출연받은 외국법인이 대통령령으로 정하는 토지 등을 양도하는 경우에는 그 토지 등을 출연한 출연자의 취득가액을 그 외국법인의 취득가액으로 한다. (2010. 12. 30. 개정)
2. 토지 등을 양도하기 위하여 직접 지출한 비용 (2010. 12. 30. 개정)
④ 제3항을 적용할 때 취득가액과 양도가액은 실지 거래가액으로 하되, 실지 거래가액이 불분명한 경우에는 「소득세법」 제99조·제100조 및 제114조 제7항을 준용하여 계산한 가액으로 한다. (2018. 12. 24. 개정)
⑤ 제3항을 적용할 때 해당 자산의 양도시기 및 취득시기에 관하여는 「소득세법」 제98조를 준용한다. (2010. 12. 30. 개정)

92 - 129…3 【외국은행 국내지점의 대손충당금의 구분계산】
① 국내에서 원화 대부 등의 과세사업과 외화대부 등의 면세사업을 겸영하는 외국은행의 국내지점이 대손충당금을 설정하는 경우에 동 대손충당금은 원칙적으로 과세사업과 면세사업의 공통손금으로 보아 규칙 제76조 제6항 및 제7항의 규정에 의하여 안분계산한다. 이 경우 공통손금에 산입한 대손충당금은 당해 사업연도 종료일 현재의 과세사업채권과 면세사업채권의 장부가액 합계액의 100분의 1에 상당하는 금액과 채권잔액에 대손실적률을 곱하여 계산한 금액 중 큰 금액으로 한다. (2019. 12. 23. 개정)
② 외국은행의 국내지점이 법인세 과세표준 및 세액신고시에 대손충당금을 과세사업과 면세사업의 개별손금으로 신고하는 경우에는 동 대손충당금은 개별손금으로 본다. 이 경우에 있어 과세사업의 개별손금에 산입할 대손충당금은 당해 사업연도 종료일 현재의 과세사업채권의 장부가액 합계액의 100분의 1에 상당하는 금액과 채권잔액에 대손실적률을 곱하여 계산한 금액 중 큰 금액으로 한다. (2019. 12. 23. 개정)
③ 외국은행의 국내지점이 전항의 방법 중 어느 방법으로 대손충당금을 계산할 것인지에 대하여는 당해 국내지점이 선택하여 적용할 수 있다. 다만, 당해 국내지점은 동일한 방법을 계속 적용하여 각 사업연도의 손금에 산입할 대손충당금을 계산하여야 한다. (2001. 11. 1 개정)

제129조의 2 【국내사업장이 없는 외국법인 등의 양도소득금액의 계산】 ① 법 제92조 제3항 제1호 단서에서 "대통령령으로 정하는 토지 등"이란 출연받은 날부터 3년 이내에 양도하는 토지 등을 말한다. 다만, 1년 이상 다음 각 호의 어느 하나에 해당하는 사업(보건업 외에 제3조 제1항에 따른 수익사업은 제외한다)에 직접 사용한 토지 등을 제외한다. (2019. 2. 12. 단서개정)
1. 법령에서 직접 사업을 정한 경우에는 그 법령에 규정된 사업 (2001. 12. 31 신설)
2. 행정관청으로부터 허가·인가 등을 받은 경우에는 그 허가·인가 등을 받은 사업 (2001. 12. 31 신설)
② 「상속세 및 증여세법」에 의하여 상속세과세가액 또는 증여세과세가액에 산입되지 아니한 출연재산이 그 후에 과세요인이 발생하여 그 과

개정)

제63조 【국내원천소득금액의 계산】
영 제129조 제2항에서 "기획재정부령이 정하는 것"이라 함은 다음 각 호의 어느 하나에 해당하는 것을 말한다. (2013. 2. 23. 개정)
1. 국내사업장이 약정 등에 따른 대가를 받지 아니하고 본점등을 위하여 재고자산을 구입하거나 보관함으로써 발생한 경비 (2013. 2. 23. 개정)
2. 기타 국내원천소득의 발생과 합리적으로 관련되지 아니하는 경비 (99. 5. 24 개정)

⑥ 제3항에 따른 국내원천 부동산등양도소득의 부당행위계산에 관하여 는「소득세법」제101조를 준용한다. 이 경우 "특수관계인"은 "「법인세 법」제2조 제12호에 따른 특수관계인"으로 본다. (2018. 12. 24. 개정)
⑦ 외국법인의 국내사업장과 관련된 각 사업연도의 소득금액을 계산할 때 국외의 본점 및 다른 지점의 손비 배분 등에 필요한 사항은 대통령 령으로 정한다. (2018. 12. 24. 신설)

통칙 92 - 0…2【주식 등 양도소득금액 계산상 양도차익과 양도차손의 통산 배제】
국내사업장이 없는 외국법인의 유가증권 양도소득금액은 유가증권의 종목별 및 매매거래건별로 구분하여 계산하며 이 때 종목간 및 매매거래건간 양도차 익과 양도차손은 상호 통산하지 아니한다. 단, 증권회사에 개설된 수개의 계좌 를 통하여 한국증권거래소에 상장된 유가증권에 투자하면서 취득한 주식을 각 각 다른 증권회사에 보관시키고 있는 경우에는 각 증권사에 개설한 계좌별로 위의 규정을 적용할 수 있다. (2001. 11. 1. 개정)
92 - 0…3【유가증권 양도소득의 계산방법】
① 법 제93조 제9호에서 "그 밖의 유가증권"이란 재산적 이익을 얻을 수 있는 모 든 종류의 유가증권을 말한다. (2019. 12. 23. 개정)
② 외국법인이 외화금액을 기준으로 내국법인이 발행한 유가증권을 취득하거나 양도한 경우 유가증권 양도소득은 양도가액 또는 취득가액을 원화로 환산한 금액 으로 계산한다. (2001. 11. 1 신설)

세가액에 산입되지 아니한 상속세 또는 증여세의 전액 상당액이 부과되 는 경우에는 제1항의 규정을 적용하지 아니한다. (2005. 2. 19. 개정)
③ 법 제92조 제3항 제1호를 적용할 때 수증자 그밖에 이에 준하는 자가 양도한 자산의 취득가액은 당초 증여자 그밖에 이에 준하는 자를 당해 양도자산의 양도자로 보아 계산한 금액으로 한다. 다만, 해당 자 산이 법 제93조 제10호 다목에 따라 과세된 경우에는 해당 자산의 수 증당시 시가로 계산한 금액으로 한다. (2010. 12. 30. 개정)
④ 법 제92조 제3항 제2호의 규정을 적용함에 있어 토지 등을 양도하 기 위하여 직접 지출한 비용은「소득세법 시행령」제163조 제5항의 규정을 준용하여 계산한 금액으로 한다. (2005. 2. 19. 개정)
⑤ 법 제92조 제4항의 규정을 적용함에 있어 취득가액의 실지거래가 액은「소득세법 시행령」제163조 제1항 및 제3항을 준용하여 계산한 금액으로 한다. (2005. 2. 19. 개정)
⑥ 법 제91조 제2항의 규정에 의한 외국법인이 각 사업연도에 법 제93 조 제7호의 자산을 2회 이상 양도한 경우에 있어서 법 제92조 제3항에 의한 양도소득금액의 계산은 당해 사업연도에 양도한 자산별로 법 제 92조 제3항에 의하여 계산한 소득금액을 합산한 금액으로 한다. 이 경 우 양도한 자산 중 법 제92조 제3항 제1호 및 제2호의 합계액이 당해 자산의 양도가액을 초과하는 자산이 있는 때에는 그 초과하는 금액을 차감하여 양도소득 금액을 계산한다. (2001. 12. 31 신설)

제129조의 3【외국법인 본·지점 간의 자금거래에 따른 이자의 손익 계산】 ① 외국법인 국내지점의 자본금 계정상의 금액이 다음 각 호에 따라 산정한 금액(이하 이 조에서 "자본금 추산액"이라 한다)에 미달하는 경우에는 외국법인의 본점 또는 해외지점으로부터 공급받은 총자금 중 그 미달하는 금액에 상당하는 금액에 대한 지급이자(이하 이 조에서 "간주자본 지급이자"라 한다)를 손금에 산입하지 않는다. 이 경우 국내지점은 다음 각 호의 어느 하나의 금액을 선택하여 적용할 수 있다. (2021. 1. 5. 개정 ; 어려운 법령용어~대통령령)
1. 국내지점의 총자산액에 외국법인의 본·지점 전체의 해당 사업연도 말 현재 재무상태표상의 총자산액에서 자기자본금이 차지하는 비율을 곱하여 산정한 금액 (2021. 1. 5. 개정 ; 어려운 법령용어~대통령령)

금에 산입하지 않는다. 다만, 자금거래에 따른 이자에 대해 조세조약에 따라 손금에 산입할 수 있는 경우에는 그렇지 않다. (2020. 2. 11. 개정)

③ 외국법인의 국내사업장의 각 사업연도의 소득금액을 결정함에 있어서 본점등의 경비 중 공통경비로서 그 국내사업장의 국내원천소득의 발생과 합리적으로 관련된 것은 국내사업장에 배분하여 손금에 산입한다. (2013. 2. 15. 개정)

④ 제1항 및 제2항에 따라 외국법인이 내부거래에 따른 국내원천소득금액을 계산할 때에는 내부거래 명세서, 경비배분계산서 등 기획재정부령으로 정하는 서류를 사업연도 종료일이 속하는 달의 말일부터 6개월 이내 납세지 관할 세무서장에게 제출해야 하고, 그 계산에 관한 증명서류를 보관·비치해야 한다. (2022. 2. 15. 개정)

⑤ 제1항부터 제4항까지의 규정을 적용할 때 내부거래에 따른 국내원천소득금액과 자본의 계산 절차 및 방법, 국내사업장에 배분되는 경비의 범위·배분방식, 업종별 경비배분방법 및 경비배분 시 외화의 원화 환산방법, 그 밖에 필요한 사항은 기획재정부령으로 정한다. (2020. 2. 11. 개정)

---

2. 국내지점의 기능, 소유자산, 부담한 위험 등을 반영하여 기획재정부령으로 정하는 방법으로 산정한 금액 (2009. 2. 4. 신설)

② 자본금 추산액을 산정할 때 본·지점 간 회계처리 방법에 차이가 있으면 본점의 회계처리 방법을 사용할 수 있다. 이 경우 국내지점은 본점의 회계처리 방법으로 조정한 자료를 보관·비치하여야 한다. (2009. 2. 4. 신설)

③ 「국제조세조정에 관한 법률」 제22조에 따라 손금에 산입되지 않는 지급이자(이하 이 항에서 "과소자본 지급이자"라 한다)와 간주자본 지급이자가 동시에 발생한 경우에는 다음 각 호에 따른다. (2021. 2. 17. 개정)

1. 간주자본 지급이자가 과소자본 지급이자보다 적은 경우에는 손금에 산입하지 아니하는 간주자본 지급이자는 없는 것으로 본다. (2009. 2. 4. 신설)

2. 간주자본 지급이자가 과소자본 지급이자보다 많은 경우에는 간주자본 지급이자에서 과소자본 지급이자를 뺀 금액만을 손금에 산입하지 아니한다. (2009. 2. 4. 신설)

④ 제1항의 적용대상 국내지점 등 그 밖의 필요한 사항은 기획재정부령으로 정한다. (2009. 2. 4. 신설)

제130조【국내사업장과 본점 등의 거래에 대한 국내원천소득금액의 계산】(2013. 2. 15. 제목개정)

① 외국법인의 국내사업장의 각 사업연도의 소득금액을 결정함에 있어서 국내사업장과 국외의 본점 및 다른 지점(이하 이 조에서 "본점등"이라 한다)간 거래(이하 "내부거래"라 한다)에 따른 국내원천소득금액의 계산은 법 및 이 영에서 달리 정하는 것을 제외하고는 제131조 제1항의 정상가격(이하 이 조에서 "정상가격"이라 한다)에 의하여 계산한 금액으로 한다. (2013. 2. 15. 신설)

② 제1항을 적용할 때 내부거래에 따른 비용은 정상가격의 범위에서 국내사업장에 귀속되는 소득과 필수적 또는 합리적으로 관련된 비용에 한정하여 손금에 산입하고, 자금거래에 따른 이자(제129조의 3에 따른 이자는 제외한다) 등 기획재정부령으로 정하는 비용은 이를 손

제63조의 2【외국법인 본·지점 간의 자금거래에 따른 이자의 손익 계산】

① 영 제129조의 3 제1항 제2호에서 "기획재정부령으로 정하는 방법"이란 국제결제은행이 정하는 기준에 따라 국내지점의 위험가중자산에 외국법인 본·지점의 자기자본(영 제129조의 3 제1항 제1호의 자기자본금을 말한다)이 위험가중자산에서 차지하는 비율을 곱하여 산정한 방법을 말한다. 이 경우 외국법인 본·지점이 국제결제은행이 정하는 기준을 다른 방법으로 적용하고 있는 경우에는 본점의 적용방법으로 조정할 수 있다. (2009. 6. 8. 개정)

② 영 제129조의 3 제1항의 적용대상 국내지점은 외국은행 국내지점으로 한다. (2009. 3. 30. 신설)

제64조【국내사업장과 본점 등의 거래에 대한 국내원천소득금액의 계산】(2013. 2. 23. 제목개정)

① 영 제130조 제2항 본문에서 "기획재정부령으로 정하는 비용"이란 다음 각 호의 금액을 말한다. (2020. 3. 13. 개정)

1. 자금거래에서 발생한 이자비용(제63조의 2 제2항에 따른 외국은행 국내지점의 이자비용은 제외한다) (2013. 2. 23. 신설)

2. 보증거래에서 발생한 수수료 등 비용 (2013. 2. 23. 신설)

② 영 제130조 제1항 및 제2항에 따라 외국법인의 국내사업장과 국외의 본점 및 다른 지점간 거래(이하 이 조에서 "내부거래"라 한다)에 따른 국내원천소득금액을 계산

국내 사업장이 없는 외국법인이 특수관계에 있는 다른 외국법인에게 내국
법인 주식을 양도함에 있어, 법인세법 제92조 제2항 제2호에 해당하는 경
우 양도가액은 정상가격으로함. (서면 - 2022 - 국제세원 - 1012, 2022.
5. 2.)

제93조【외국법인의 국내원천소득】(2015. 12. 15. 제목개정)
외국법인의 국내원천소득은 다음 각 호와 같이 구분한다. (2019. 12.
31. 개정)

1. 국내원천 이자소득 : 다음 각 목의 어느 하나에 해당하는 소득으로서
「소득세법」 제16조 제1항에 따른 이자소득(같은 항 제7호의 소득은
제외한다)과 그 밖의 대금의 이자 및 신탁의 이익. 다만, 거주자 또는
내국법인의 국외사업장을 위하여 그 국외사업장이 직접 차용한 차입
금의 이자는 제외한다. (2024. 12. 31. 개정)

   가. 국가, 지방자치단체, 거주자, 내국법인 또는 외국법인의 국내사
   업장이나 「소득세법」 제120조에 따른 비거주자의 국내사업장
   으로부터 지급받는 소득 (2010. 12. 30. 개정)

   나. 외국법인 또는 비거주자로부터 지급받는 소득으로서 그 소득을
   지급하는 외국법인 또는 비거주자의 국내사업장과 실질적으로
   관련하여 그 국내사업장의 소득금액을 계산할 때 필요경비 또는
   손금에 산입되는 것 (2010. 12. 30. 개정)

2. 국내원천 배당소득 : 내국법인 또는 법인으로 보는 단체나 그 밖에
국내에 소재하는 자로부터 지급받는 다음 각 목의 소득 (2020. 12.
22. 개정)

   가. 「소득세법」 제16조 제1항 제2호의 2에 따른 파생결합사채로부터의 이익 (2020. 12.
   22. 신설)

   가. 삭 제 (2024. 12. 31.)

   나. 「소득세법」 제17조 제1항에 따른 배당소득(같은 항 제6호에 따
   른 소득은 제외한다) (2020. 12. 22. 신설)

   다. 「소득세법」 제87조의 6 제1항 제4호에 따른 집합투자증권의 환매등으로 발생한 이
   익 중 대통령령으로 정하는 이익 (2022. 12. 31. 개정)

제131조【정상가격의 범위 등】 ① 법 제92조 제2항 제2호 본문
에서 "대통령령으로 정하는 정상가격"이란 「국제조세조정에 관한 법
률」 제8조 및 같은 법 시행령 제5조부터 제16조까지의 규정에 따른
방법을 준용하여 계산한 가액을 말한다. (2021. 2. 17. 개정)
② 법 제92조 제2항 제2호 가목에서 "대통령령으로 정하는 특수관계"
란 다음 각 호의 어느 하나의 관계를 말한다. (2010. 12. 30. 개정)

1. 일방이 타방의 의결권 있는 주식의 100분의 50 이상을 직접 또는
간접으로 소유하고 있는 관계 (2006. 2. 9. 신설)
2. 제3자가 일방 또는 타방의 의결권 있는 주식의 100분의 50 이상 직
접 또는 간접으로 각각 소유하고 있는 경우 그 일방과 타방간의 관
계 (2006. 2. 9. 신설)

③ 제1항에 따른 정상가격을 산출할 수 없는 경우에 한하여 「소
득세법」 제99조 제1항 제3호부터 제6호까지의 규정과 「상속세 및 증
여세법」 제63조 제3항을 준용하여 평가한 가액을 정상가격으로 한다.
(2014. 2. 21. 개정)
④ 제2항 제1호 또는 제2호에서 주식의 간접소유비율의 계산에 관하
여는 「국제조세조정에 관한 법률 시행령」 제2조 제3항을 준용한다.
(2021. 2. 17. 개정)
⑤ 법 제92조 제2항 제2호 나목에서 "대통령령으로 정하는 경우"란 정
상가격과 거래가격의 차액이 3억원 이상이거나 정상가격의 100분의 5
에 상당하는 금액 이상인 경우를 말한다. (2012. 2. 2. 신설)

**제131조의 2【외국법인의 장외 유가증권거래에 관한 자료제
출】** 법 제92조 제2항 제2호 가목에 해당하는 유가증권의 양도가 「자
본시장과 금융투자업에 관한 법률」 제9조 제13항에 따른 증권시장(이
하 "증권시장"이라 한다)을 통하지 아니하고 이루어진 경우에는 해당
유가증권의 양도로 발생하는 소득의 지급자가 기획재정부령으로 정하
는 국외특수관계인간주식양도가액검토서를 법 제98조 제1항에 따른
원천징수세액 납부기한까지 제출하여야 한다. (2012. 2. 2. 개정)

관계조문 ▶▶
규칙 82조 7항 9호의 4 ⇒ 국외특수관계인간 주식양도가액검토서(별지

하는 때 적용하는 정상가격은 외국법인의
국내사업장이 수행하는 기능[외국법인 국
내사업장의 종업원 등이 자산의 소유 및
위험의 부담과 관련하여 중요하게 수행하
는 기능(이하 이 조에서 "중요한 인적 기
능"이라 한다)을 포함한다], 부담하는 위험
및 사용하는 자산 등의 사실을 고려하여
계산한 금액으로 한다. (2020. 3. 13. 개정)
③ 제2항을 적용할 때 국내사업장의 기능
및 사실의 분석은 다음 각 호를 따른다.
(2020. 3. 13. 신설)

1. 국내사업장이 속한 본점과 독립된 기업
들 간 거래로부터 발생하는 권리 및 의무
를 국내사업장에 적절하게 배분 (2020.
3. 13. 신설)
2. 자산의 경제적 소유권의 배분과 관련된
중요한 인적 기능을 확인하여 국내사업
장에 자산의 경제적 소유권을 배분
(2020. 3. 13. 신설)
3. 위험의 부담과 관련된 중요한 인적 기
능을 확인하여 국내사업장에 위험을 배
분 (2020. 3. 13. 신설)
4. 국내사업장의 자산 및 위험배분에 기초
한 자본의 배분 (2020. 3. 13. 신설)
5. 국내사업장에 관한 중요한 인적 기능
외의 기능을 확인 (2020. 3. 13. 신설)
6. 국내사업장과 본점 및 다른 지점 간 거
래의 성격에 대한 인식 및 결정 (2020.
3. 13. 신설)

④ 영 제130조 제4항에서 "내부거래 명세서,
경비배분계산서 등 기획재정부령으로 정하
는 서류"란 다음 각 호의 어느 하나에 해당

다. 삭 제 (2024. 12. 31.)

통칙 93-0…1【외국은행차관 등의 이자소득의 계산】
① 해외에 있는 외국은행 본점 또는 지점이 내국인과 차관계약을 체결하고 제공하는 차관과 「외국환거래법」의 규정에 의하여 국내의 외국환은행의 외화차입에 대하여 제공하는 자금으로부터 취득하는 이자 및 이와 관련하여 발생하는 기타소득(이하 "차관 등의 이자소득"이라 한다)은 당해 외국은행의 국내지점이 동 차관 등을 계리하였다는 이유만으로 국내지점의 소득에 귀속되지 아니한다. (2011. 5. 20. 개정)
② 외국은행의 국내지점이 차관 등의 계약상 직접 대주로 참여하고 당해 국내지점의 책임과 위험부담으로 차관 등의 자금을 조달 제공함으로써 동 국내지점이 조세조약의 규정에 의하여 그 차관 등에 실질적으로 관련된 경우에는 동 차관 등의 이자소득과 이에 대응하는 손비는 당해 국내지점의 손익에 귀속되며, 이 경우 당해 국내지점에 귀속되는 차관 등의 이자소득에 대한 법인세의 감면은 세액감면의 방법에 의하여 계산한다. (2011. 5. 20. 개정)
③ 외국은행의 국내지점이 해외에 있는 외국은행의 본점 또는 지점이 제공한 차관 등에 실질적으로 관련됨이 없이 해외에 있는 외국은행 본점 또는 지점을 위하여 그 차관 등과 관련한 보조적 연락업무를 수행하는 경우에는 그 국내지점이 업무연락을 수행했다는 이유만으로 당해 차관 등의 이자소득은 그 국내지점의 소득에 귀속되지 아니한다. 이 경우에 있어서 그 차관 등과 관련한 연락업무에 소요되는 비용(이하 "연락업무비용"이라 한다)은 그 국내지점의 국내영업활동과 관련없는 비용으로서 그 국내지점의 당해 차관 등의 계리 유무에 불구하고 그 국내지점의 소득금액 계산상 손금에 산입하지 아니한다. 이 경우 연락업무에 관련한 비용의 계산은 당해 지점이 그 연락업무를 수행함에 있어 실제로 발생한 비용으로 하며 개별로 계산할 수 없는 경우에는 그 지점이 계속적으로 적용한 방법으로서 당해 외국은행의 본점 또는 해외지점이 공여한 차관 등의 건수, 그 연락업무를 수행한 시간, 인원수, 인건비, 기타 필요한 객관적인 요소를 감안한 합리적인 방법에 의하여 계산한 금액으로 한다. (94. 8. 1 개정)

라. 「소득세법」 제87조의 6 제1항 제5호에 따른 파생결합증권으로부터의 이익 중 대통령령으로 정하는 이익 (2020. 12. 22. 신설)

　　라. 삭 제 (2024. 12. 31.)
　　마. 「국제조세조정에 관한 법률」 제13조 또는 제22조에 따라 배당으로 처분된 금액 (2020. 12. 22. 신설)
3. 국내원천 부동산소득 : 국내에 있는 부동산 또는 부동산상의 권리와 국내에서 취득한 광업권, 조광권(租鑛權), 흙·모래·돌의 채취에

71호의 4 서식)

　제131조의 3【외국법인의 국내원천 배당소득】① 법 제93조 제2호 다목에서 "대통령령으로 정하는 이익"이란 「소득세법 시행령」 제150조의 7 제1항에 따른 집합투자증권의 환매·양도 및 집합투자기구의 해지·해산(이하 "환매등"이라 한다)으로 발생한 이익을 말한다. 다만, 다음 각 호의 어느 하나에 해당하는 이익 또는 소득은 제외한다. (2023. 2. 28. 개정)
1. 법 제93조 제7호 나목 또는 같은 조 제9호에 따른 소득 중 주식 및 출자지분의 양도로 발생한 소득(제132조 제8항 제2호 단서, 같은 항 제3호 단서 및 같은 항 제4호 단서에 따라 국내원천 유가증권양도소득에서 제외하는 소득을 포함한다) (2023. 2. 28. 개정)
2. 「자본시장과 금융투자업에 관한 법률」 제234조에 따른 상장지수집합투자기구로서 증권시장에서 거래되는 주식의 가격만을 기반으로 하는 지수의 변화를 그대로 추적하는 것을 목적으로 하는 집합투자기구의 집합투자증권을 「소득세법」 제87조의 2 제3호에 따른 양도를 하여 발생한 이익 (2023. 2. 28. 개정)
3. 증권시장에 상장된 「자본시장과 금융투자업에 관한 법률」 제9조 제18항 제2호에 따른 집합투자기구(이전 사업연도에 법 제51조의 2 제1항에 따른 배당가능이익 전체를 1회 이상 배당하지 않은 집합투자기구는 제외한다)의 집합투자증권을 「소득세법」 제87조의 2 제3호에 따른 양도를 하여 발생한 이익 (2023. 2. 28. 개정)
② 법 제93조 제2호 라목에서 "대통령령으로 정하는 이익"이란 다음 각 호의 어느 하나에 해당하는 이익을 말한다. (2021. 2. 17. 신설)
1. 「자본시장과 금융투자업에 관한 법률」 제4조 제7항에 따른 파생결합증권(이하 이 항에서 "파생결합증권"이라 한다)으로부터 발생한 이익. 다만, 당사자 일방의 의사표시에 따라 증권시장 또는 이와 유사한 시장으로서 외국에 있는 시장에서 매매거래되는 특정 주권의 가격이나 주가지수 수치의 변동과 연계하여 미리 정해진 방법에 따라 주권의 매매나 금전을 수수하는 거래를 성립시킬 수 있는 권리를 표시하는 증권 또는 증서로부터 발생한 이익은 제외한다. (2021. 2. 17. 신설)
2. 파생결합증권 중 「자본시장과 금융투자업에 관한 법률」 제4조 제10항에 따른 기초자산의 가격·이자율·지표·단위 또는 이를 기초로 하는 지수 등의 변동과 연계하여 미리 정해진 방법에 따라 이익을 얻거나 손실을 회피하기 위한 계약상의 권리를 나타내는 것으로서 증권시장에 상장되어 거래되는 증권 또는 증서(이하 이 호에서 "상장지수증권"이라 한다)를 계좌 간 이체, 계좌의 명의변경, 상장지수증권의 실물양도의 방법으로 거래하여 발생한 이익. 다만, 증권시장에서 거래되는 주식의 가격만을 기반으로 하는 지수의 변화를 그대로 추적하는 것을 목적으로 하는 상장지수증권을 계좌 간 이체, 계좌의 명의변경 및 상장지수증권의 실물양도의 방법으로 거래하여 발생한 이익은 제외한다. (2021. 2. 17. 신설)
　제131조의 3【외국법인의 국내원천 배당소득】삭 제 (2024.

하는 서류를 말한다. (2020. 3. 13. 개정)
1. 내부거래에 관한 명세서. 이 경우 내부거래에 관한 명세서는 「국제조세조정에 관한 법률 시행규칙」 제27조 제1항에 따른 별지 제16호 서식(갑)을 준용한다. (2021. 3. 16. 후단개정)
2. 「국제조세조정에 관한 법률 시행규칙」 제27조 제3항 제1호에 따른 별지 제18호 서식의 용역거래에 대한 정상가격 산출방법 신고서 (2021. 3. 16. 개정)
3. 「국제조세조정에 관한 법률 시행규칙」 제27조 제3항 제2호에 따른 별지 제19호 서식의 무형자산에 대한 정상가격 산출방법 신고서 (2021. 3. 16. 개정)
4. 「국제조세조정에 관한 법률 시행규칙」 제27조 제3항 제3호에 따른 별지 제20호 서식의 정상가격 산출방법 신고서 (2021. 3. 16. 개정)
⑤ 영 제130조 제3항에 따라 외국법인의 국내사업장에 본점 및 그 국내사업장을 관할하는 관련지점 등의 공통경비를 배분함에 있어 다음 각 호의 어느 하나에 해당하는 본점 등의 경비는 국내사업장에 배분하지 아니한다. (2020. 3. 13. 항번개정)
1. 본점 등에서 수행하는 업무 중 회계감사, 각종 재무제표의 작성 또는 주식발행 등 본점만의 고유업무를 수행함으로써 발생하는 경비 (99. 5. 24 개정)
2. 본점 등의 특정부서나 특정지점만을 위하여 지출한 경비 (99. 5. 24 개정)
3. 다른 법인에 대한 투자와 관련되어 발생하는 경비 (99. 5. 24 개정)

관한 권리 또는 지하수의 개발·이용권의 양도·임대 또는 그 밖의 운영으로 인하여 발생하는 소득. 다만, 제7호에 따른 양도소득은 제외한다. (2018. 12. 24. 개정)
4. 국내원천 선박등임대소득 : 거주자, 내국법인 또는 외국법인의 국내사업장이나 「소득세법」 제120조에 따른 비거주자의 국내사업장에 선박, 항공기, 등록된 자동차나 건설기계 또는 산업상·상업상·과학상의 기계·설비·장치, 그 밖에 대통령령으로 정하는 용구(用具)를 임대함으로써 발생하는 소득 (2018. 12. 24. 개정)
5. 국내원천 사업소득 : 외국법인이 경영하는 사업에서 발생하는 소득(조세조약에 따라 국내원천사업소득으로 과세할 수 있는 소득을 포함한다)으로서 대통령령으로 정하는 소득. 다만, 제6호에 따른 국내원천 인적용역(人的用役)소득은 제외한다. (2018. 12. 24. 개정)
6. ☞ p.579

12. 31.)

제132조 【국내원천소득의 범위】 ① 법 제93조 제4호에서 "대통령령으로 정하는 용구"란 운반구·공구·기구 및 비품을 말한다. (2011. 6. 3. 개정)
② 법 제93조 제5호 본문에서 "대통령령으로 정하는 소득"이란 「소득세법」 제19조에 따른 사업 중 국내에서 영위하는 사업에서 발생하는 다음 각 호의 소득을 말한다. (2019. 2. 12. 개정)
1. 외국법인이 국외에서 양도받은 재고자산을 국외에서 제조·가공·육성 기타 가치를 증대시키기 위한 행위(이하 이 조에서 "제조 등"이라 한다)를 하지 아니하고 이를 국내에서 양도하는 경우(당해 재고자산에 대하여 국내에서 제조 등을 한 후 양도하는 경우를 포함한다)에는 그 국내에서의 양도에 의하여 발생하는 모든 소득 (98. 12. 31 개정)
2. 외국법인이 국외에서 제조 등을 행한 재고자산을 국내에서 양도하는 경우(당해 재고자산에 대하여 국내에서 제조 등을 한 후 양도하는 경우를 포함한다)에는 그 양도에 의하여 발생하는 소득 중 국외에서 제조 등을 행한 타인으로부터 통상의 거래조건에 따라 당해 자산을 취득하였다고 가정할 때에 이를 양도하는 경우(국내에서 행한 제조 등을 한 후 양도하는 경우를 포함한다) 그 양도에 의하여 발생하는 소득 (98. 12. 31 개정)
3. 외국법인이 국내에서 제조 등을 행한 재고자산을 국외에서 양도하는 경우(당해 재고자산에 대하여 국외에서 제조 등을 한 후 양도하는 경우를 포함한다)에는 그 양도에 의하여 발생하는 소득 중 국내에서 제조한 당해 재고자산을 국외의 타인에게 통상의 거래조건에 따라 양도하였다고 가정할 때에 그 국내에서 행한 제조 등에 의하여 발생하는 소득 (98. 12. 31 개정)
4. 외국법인이 국외에서 건설·설치·조립 기타 작업에 관하여 계약을 체결하거나 필요한 인원이나 자재를 조달하여 국내에서 작업을 시행하는 경우에는 당해 작업에 의하여 발생하는 모든 소득 (98. 12. 31 개정)

4. 기타 국내원천소득의 발생과 합리적으로 관련되지 아니하는 경비 (99. 5. 24 개정)
⑥ 영 제130조 제3항에 따라 외국법인의 국내사업장에 본점 및 그 국내사업장을 관할하는 관련지점 등의 공통경비를 배분함에 있어서는 배분의 대상이 되는 경비를 경비항목별 기준에 따라 배분하는 항목별 배분방법에 의하거나 배분의 대상이 되는 경비를 국내사업장의 수입금액이 본점 및 그 국내사업장을 관할하는 관련지점 등의 총수입금액에서 차지하는 비율에 따라 배분하는 일괄배분방법에 의할 수 있다. (2020. 3. 13. 항번개정)
⑦ 제6항에 따라 공통경비를 배분하는 경우 외화의 원화환산은 당해 사업연도의 「외국환거래법」에 의한 기준환율 또는 재정환율의 평균을 적용한다. (2020. 3. 13. 개정)
⑧ 제5항부터 제7항까지의 규정을 적용할 때 구체적인 계산방법, 첨부서류의 제출 기타 필요한 사항은 국세청장이 정한다. (2020. 3. 13. 개정)

제65조 【국내원천소득과 국외원천소득의 구분기준】 ① 영 제132조 제2항 제2호·제3호 및 제9호에서 "통상의 거래조건"이란 해당 법인이 재고자산 등을 「국제조세조정에 관한 법률」 제8조 및 같은 법

　(2003. 12. 30. 신설)

③ 제2항에도 불구하고 국외에서 발생하는 소득으로서 국내사업장에 귀속되는 것은 법 제93조 제5호에 따른 국내원천 사업소득에 포함되는 것으로 한다. (2020. 2. 11. 개정)

1. 국외의 유가증권에 투자하거나 국외에 있는 자에게 금전을 대부하거나 기타 이와 유사한 행위를 함으로써 발생하는 소득 (98. 12. 31 개정)
2. 국외에서 자산이나 권리 등을 임대·사용허여·양도 또는 교환함으로써 발생하는 소득 (98. 12. 31 개정)
3. 국외에서 주식·채권 등의 자산을 발행·취득·양도 또는 교환하여 발생하 는 소득 (98. 12. 31 개정)
4. 기타 기획재정부령이 정하는 소득 (2008. 2. 29. 직제개정 ; 기획재정부와～직제 부칙)
1.～4. 삭　제 (2020. 2. 11.)

④ 외국법인이 국내에서 영위하는 사업을 위해 국외에서 광고, 선전, 정보의 수집과 제공, 시장조사, 그 밖에 그 사업수행상 예비적 또는 보조적인 성격을 가진 행위를 하는 경우 또는 국외에서 영위하는 사업을 위해 국내에서 이들 행위를 하는 경우에는 해당 행위에서는 소득이 발생하지 않는 것으로 본다. (2020. 2. 11. 개정)

⑤ 제2항 제1호 내지 제3호에서 규정하는 재고자산이 다음 각 호의 1에 해당하는 경우에는 국내에서 당해 재고자산의 양도가 이루어지는 것으로 하여 동항의 규정을 적용한다. (2003. 12. 30. 개정)

1. 당해 재고자산이 양수자에게 인도되기 직전에 국내에 있거나 또는 양도자인 당해 외국법인의 국내사업장에서 행하는 사업을 통하여 관리되고 있는 경우 (98. 12. 31 개정)
2. 당해 재고자산의 양도에 관한 계약이 국내에서 체결된 경우 (98. 12. 31 개정)
3. 당해 재고자산의 양도에 관한 계약을 체결하기 위하여 주문을 받거나 협의 등을 하는 행위 중 중요한 부분이 국내에서 이루어지는 경우 (98. 12. 31 개정)

☞ p.579 2단 연결

5. 외국법인이 국내 및 국외에 걸쳐 손해보험 또는 생명보험사업을 영위하는 경우에는 당해 사업에 의하여 발생하는 소득 중 국내에 있는 당해 사업에 관한 영업소 또는 보험계약의 체결을 대리하는 자를 통하여 체결한 보험계약에 의하여 발생하는 소득 (98. 12. 31 개정)
6. 출판사업 또는 방송사업을 영위하는 외국법인이 국내 및 국외에 걸쳐 타인을 위하여 광고에 관한 사업을 행하는 경우에는 당해 광고에 관한 사업에 의하여 발생하는 소득 중 국내에서 행하는 광고에 의하여 발생한 소득 (98. 12. 31 개정)
7. 외국법인이 국내 및 국외에 걸쳐 선박에 의한 국제운송업을 영위하는 경우에는 국내에서 승선한 여객이나 선적한 화물에 관련하여 발생하는 수입금액을 기준으로 하여 판정한 그 법인의 국내업무에서 발생하는 소득 (98. 12. 31 개정)
8. 외국법인이 국내 및 국외에 걸쳐 항공기에 의한 국제운송업을 영위하는 경우에는 국내에서 탑승한 여객이나 적재한 화물과 관련하여 발생하는 수입금액과 경비, 국내업무용 유형·무형자산의 가액이나 그 밖에 그 국내업무가 해당 운송업에 대한 소득의 발생에 기여한 정도 등을 고려하여 기획재정부령으로 정하는 방법에 따라 계산한 그 법인의 국내업무에서 발생하는 소득 (2019. 2. 12. 개정)
9. 외국법인이 국내 및 국외에 걸쳐 제1호 내지 제8호외의 사업을 영위하는 경우에는 당해 사업에서 발생하는 소득 중 당해 사업에 관련된 업무를 국내업무와 국외업무로 구분하여 이들 업무를 각각 다른 독립사업자가 행하고 또한 이들 독립사업자간에 통상의 거래조건에 의한 거래가격에 따라 거래가 이루어졌다고 가정할 경우 그 국내업무와 관련하여 발생하는 소득 또는 그 국내업무에 관한 수입금액과 경비, 소득 등을 측정하는 데 합리적이라고 판단되는 요인을 고려하여 판정한 그 국내업무와 관련하여 발생하는 소득 (98. 12. 31 개정)
10. 외국법인이 발행한 주식 또는 출자증권으로서 유가증권시장 등에 상장 또는 등록된 것에 투자하거나 기타 이와 유사한 행위를 함으로써 발생하는 소득 (2000. 12. 29 신설)
11. 외국법인이 산업상·상업상 또는 과학상의 기계·설비·장치·운반구·공구·기구 및 비품을 양도함으로 인하여 발생하는 소득

시행령 제5조부터 제16조까지의 규정에 따른 방법을 준용하여 계산한 시가에 의하여 거래하는 것을 말한다. (2021. 3. 16. 개정)

② 제1항에 따라 해당 법인이 국내원천소득을 계산한 경우에는 「국제조세조정에 관한 법률 시행규칙」 제27조 제1항에 따른 별지 제16호 서식의 국제거래명세서, 같은 조 제3항 제1호에 따른 별지 제18호 서식의 용역거래에 대한 정상가격 산출방법 신고서, 같은 항 제2호에 따른 별지 제19호 서식의 무형자산에 대한 정상가격 산출방법 신고서, 같은 항 제3호에 따른 별지 제20호 서식의 정상가격 산출방법 신고서를 법 제60조 제1항에 따른 신고기한 내에 납세지 관할세무서장에게 제출해야 한다. (2021. 3. 16. 개정)

제66조【항공기에 의한 국제운송업의 국내원천소득의 계산】영 제132조 제2항 제8호에서 "기획재정부령으로 정하는 방법"이란 다음 계산식에 따른 방법을 말한다. (2019. 3. 20. 개정)

해당 법인의 국내원천소득의 금액 =

$$\text{해당 법인의 국제노선에서 생기는 이익} \times \left\{ \left[\frac{\text{국내총수입금액}}{\text{국제노선 총수입금액}} + \frac{\text{국내 유형자산 및 무형자산의 장부가액} + \left(\text{국제노선에 취항하는 항공기의 장부가액} \times \frac{\text{국내에서의 출항횟수}}{\text{국제노선 출항횟수}} \right)}{\text{국제노선에 관련한 총 유형자산 및 무형자산의 장부가액}} \right. \right.$$

<제93조>

6. 국내원천 인적용역소득 : 국내에서 대통령령으로 정하는 인적용역을 제공함으로써 발생하는 소득(국외에서 제공하는 인적용역 중 대통령령으로 정하는 인적용역을 제공함으로써 발생하는 소득이 조세조약에 따라 국내에서 발생하는 것으로 간주되는 소득을 포함한다). 이 경우 그 인적용역을 제공받는 자가 인적용역의 제공과 관련하여 항공료 등 대통령령으로 정하는 비용을 부담하는 경우에는 그 비용을 제외한 금액을 말한다. (2018. 12. 24. 개정)

7. 국내원천 부동산등양도소득 : 국내에 있는 다음 각 목의 어느 하나에 해당하는 자산·권리를 양도함으로써 발생하는 소득 (2018. 12. 24. 개정)

　가. 「소득세법」 제94조 제1항 제1호·제2호 및 제4호 가목·나목에 따른 자산·권리 (2010. 12. 30. 개정)

　나. 내국법인의 주식 등(주식 등을 기초로 하여 발행한 예탁증서 및 신주인수권을 포함한다. 이하 이 장에서 같다) 중 양도일이 속하는 사업연도 개시일 현재의 그 법인의 자산총액 중 다음의 가액의 합계액이 100분의 50 이상인 법인의 주식 등(이하 이 조에서 "부동산주식 등"이라 한다)으로서 「자본시장과 금융투자업에 관한 법률」에 따른 증권시장에 상장되지 아니한 주식 등. 이 경우 조세조약의 해석·적용과 관련하여 그 조세조약 상대국과 상호합의에 따라 우리나라에 과세권한이 있는 것으로 인정되는 부동산주식등도 전단의 부동산주식등에 포함한다. (2019. 12. 31. 개정)

　　1) 「소득세법」 제94조 제1항 제1호 및 제2호의 자산가액 (2015. 12. 15. 신설)

　　2) 내국법인이 보유한 다른 부동산 과다보유 법인의 주식가액에 그 다른 법인의 부동산 보유비율을 곱하여 산출한 가액. 이 경우 부동산 과다보유 법인의 판정 및 부동산 보유비율의 계산방법은 대통령령으로 정한다. (2015. 12. 15. 신설)

8. 국내원천 사용료소득 : 다음 각 목의 어느 하나에 해당하는 권리·자산 또는 정보(이하 이 호에서 "권리등"이라 한다)를 국내에서 사용하거나 그 대가를 국내에서 지급하는 경우 그 대가 및

⑥ 법 제93조 제6호 전단에서 "대통령령으로 정하는 인적용역"이란 다음 각 호의 어느 하나에 해당하는 용역을 말하고, "국외에서 제공하는 인적용역 중 대통령령으로 정하는 인적용역"이란 제4호에 해당하는 용역을 말한다. (2019. 2. 12. 개정)

1. 영화·연극의 배우, 음악가 기타 공중연예인이 제공하는 용역 (98. 12. 31 개정)

2. 직업운동가가 제공하는 용역 (98. 12. 31 개정)

3. 변호사·공인회계사·건축사·측량사·변리사 기타 자유직업자가 제공하는 용역 (98. 12. 31 개정)

4. 과학기술·경영관리 기타 분야에 관한 전문적 지식 또는 특별한 기능을 가진 자가 당해 지식 또는 기능을 활용하여 제공하는 용역 (98. 12. 31 개정)

⑦ 법 제93조 제6호 후단에서 "대통령령으로 정하는 비용"이란 인적용역을 제공받는 자가 인적 용역의 제공과 관련하여 항공회사·숙박업자 또는 음식업자에게 실제로 지급(인적용역을 제공하는 자를 통해 지급하는 경우를 포함한다)한 사실이 확인되는 항공료·숙박비 또는 식사대를 말한다. (2020. 2. 11. 개정)

● 예 판 ....

- 국내사업장이 없는 미국법인이 보유하고 있는 마케팅 브랜드를 사용하여 국내에서 제품을 생산하고 지급하는 사용 대가는 사용료소득이며, 당해 브랜드가 내국법인의 국내 제조지에서 부착·사용된다면 국내원천소득에 해당함. (서면2팀-21, 2005. 1. 4.)

- 내국법인이 국내사업장이 없는 미국법인으로부터 동 법인이 개발한 공개되지 아니한 기술적 정보 등의 결과치를 어떠한 개작 등을 가하지 아니하고 그대로 이용할 수 있도록 저작권 사용허가를 받아 사용하고 지급하는 대가는 사용료소득에 해당함. (서면2팀-1547, 2005. 9. 27.)

- IT국제공인자격시험 관련 소프트웨어를 설치한 후 온라인으로 컴퓨터용 시험문제를 제공받아 시험을 실시하고 외국시험대행업체에 지급한 금액은 사용료소득에 해당함. (국심 2006서 1151, 2006. 8. 3.)

....

● 예 판 ....

내국법인이 비공개 원시코드나 복제권·개작권의 제공 없이 개발이 완료

$$\left. 국내의\ 급여액 + \left(\begin{matrix} 국제노선에 \\ 취항하는 \\ 항공기 \\ 승무원의 \\ 급여액 \end{matrix} \times \cfrac{국내에서의\ 출항횟수}{국제노선\ 출항횟수} \right) \right.$$

$$+ \ \cfrac{}{\text{국제노선에 관련한 총급여액}}$$

$$\left. \times \ \cfrac{1}{3} \right\}$$

● 예 판 ....

- 건설공사와 관련된 설계용역이 국외에서 수행되고 감리용역은 국내에서 수행되는 경우, 국외에서 수행되는 설계용역이 국내에서 행하는 사업의 일부분으로서 필수적으로 부수되는 것이라면 국외용역대가는 국내원천소득에 해당함. (서면2팀-521, 2005. 4. 11.)

- 내국법인이 국내에서 개최하는 국제축구대회에 참가한 네덜란드 축구선수단에게 지급하는 우승상금은 인적용역소득으로서 지급액의 20%(주민세 별도)를 법인세로 원천징수함. (서면2팀-1061, 2005. 7. 12.)

- 국내 사업장이 없는 중국법인이 온라인을 통하여 교육서비스용역을 제공하고 지급 받는 대가는 인적용역소득으로 국내에서 과세되지 아니함. (서면2팀-1321, 2007. 7. 12.)

....

그 권리등을 양도함으로써 발생하는 소득. 이 경우 제4호에 따른 산업상·상업상·과학상의 기계·설비·장치 등을 임대함으로써 발생하는 소득을 조세조약에서 사용료소득으로 구분하는 경우 그 사용대가를 포함한다. (2020. 12. 22. 개정)

　가. 학술 또는 예술상의 저작물(영화필름을 포함한다)의 저작권, 특허권, 상표권, 디자인, 모형, 도면, 비밀스러운 공식 또는 공정(工程), 라디오·텔레비전방송용 필름 및 테이프, 그 밖에 이와 유사한 자산이나 권리 (2010. 12. 30. 개정)

　나. 산업상·상업상·과학상의 지식·경험에 관한 정보 또는 노하우 (2010. 12. 30. 개정)

　다. 사용지(使用地)를 기준으로 국내원천소득 해당 여부를 규정하는 조세조약(이하 이 조에서 "사용지 기준 조세조약"이라 한다)에서 사용료의 정의에 포함되는 그 밖에 이와 유사한 재산 또는 권리[특허권, 실용신안권, 상표권, 디자인권 등 그 행사에 등록이 필요한 권리(이하 이 조에서 "특허권등"이라 한다)가 국내에서 등록되지 아니하였으나 그에 포함된 제조방법·기술·정보 등이 국내에서의 제조·생산과 관련되는 등 국내에서 사실상 실시되거나 사용되는 것을 말한다] (2019. 12. 31. 신설)

9. 국내원천 유가증권양도소득 : 다음 각 목의 어느 하나에 해당하는 주식등(「자본시장과 금융투자업에 관한 법률」에 따른 증권시장에 상장된 부동산주식등을 포함한다) 또는 그 밖의 유가증권(「자본시장과 금융투자업에 관한 법률」 제4조에 따른 증권을 포함한다. 이하 같다)을 양도함으로써 발생하는 소득으로서 대통령령으로 정하는 소득 (2018. 12. 24. 개정)

내국법인 甲을 100% 지배하는 일본법인 B가 B법인을 100% 지배하는 다른

되어 상용화된 소프트웨어를 국내 개별소비자로부터 주문 받아 외국법인에게 당해 소프트웨어를 주문하고 개별소비자는 License key를 이용하여 미국법인 웹사이트에서 다운로드(down‑load)받아 설치·사용할 수 있도록 불특정다수인에게 단순 공급하는 경우에는 사용료 소득에 해당하지 아니함. (서면‑2018‑법령해석국조‑1783, 2019. 2. 8.)

··

 93‑132…6 【외국법인에게 지급하는 무체재산 등의 사용대가】

① 법 제93조 제8호 본문의 "자산이나 권리 또는 정보를 국내에서 사용하는데 대한 대가"에는 이와 같은 자산이나 권리 또는 정보를 사용할 권리에 대한 대가도 포함한다. (2019. 12. 23. 개정)

② 법 제93조 제8호 가목의 "자산이나 권리" 및 동호 나목의 "지식·경험에 관한 정보"(이하 "정보 등"이라 한다)는 그 자산이나 권리 및 정보 등이 공부에 등록되었는지 여부에 관계가 없으며 또한 등록되어야 할 것을 요건으로 하지 아니한다. (2019. 12. 23. 개정)

③ 법 제93조 제8호 가목의 자산이나 권리 및 나목의 정보 등을 국내에서 사용하는데 대한 또는 이들을 국내에서 사용할 권리에 대한 대가 및 그 대가를 국내에서 지급하는 경우의 당해 대가와 이들을 양도함으로써 발생하는 소득에는 이들의 사용을 허여하는 실시권 계약에 의하여 지급하는 착수금, 선불금과 이들을 제공하거나 전수하는데 소요되는 모든 형태의 지급금이 포함되며, 또한 이들을 불법으로 복제하거나 침해함으로써 지급하는 보상적 성질의 대가도 포함된다. (2019. 12. 23. 개정)

④ 법 제93조 제8호 가목 중 "학술 또는 예술상의 저작물"에는 문학상 또는 과학상의 저작물도 포함된다. (2019. 12. 23. 개정)

⑧ 법 제93조 제9호 각 목 외의 부분에서 "대통령령으로 정하는 소득"이란 다음 각 호의 소득을 말한다. (2010. 12. 30. 개정)

1. 국내사업장을 가지고 있는 외국법인이 주식 또는 출자증권을 양도함으로써 발생하는 소득 (98. 12. 31 개정)

2. 국내사업장을 가지고 있지 아니한 외국법인이 해당 주식 또는 출자증권을 양도함으로써 발생하는 소득. 다만, 증권시장을 통하여 주식 또는 출자증권을 양도(「자본시장과 금융투자업에 관한 법률」 제78조에 따른 중개에 따라 주식을 양도하는 경우를 포함한다)함으로써

통칙 93‑132…7 【노하우와 독립적인 인적용역의 구분】

① 법 제93조 제8호 나목의 "정보 또는 노하우"란 지적재산권의 목적물이 될 수 있는 지 여부와 관계없이 제품 또는 공정의 산업적 재생산을 위하여 필요한 모든 비공개 기술정보로서 동 정보를 제공하기 전에 이미 존재하는 것을 말한다. (2019. 12. 23. 개정)

② 기술자(엔지니어)가 정형화된 전문직업적 용역이나 정형화되지는 않았으나 그 용역의 성질이 동종의 용역수행자가 통상적으로 보유하는 전문지식이나 기능을 활용하여 수행하는 용역(이하 "기술지원용역"이라 한다)은 영 제132조 제6항 제4호에 정하는 인적용역에 해당된다. (2019. 12. 23. 개정)

③ 제1항에서 말하는 정보 또는 노하우 해당 여부는 특히 다음 각호의 요소를 고려하여 결정한다. (96. 8. 1 개정)

1. 비밀보호규정이 있거나 제3자에게 공개되지 못하게 하는 특별한 장치가 있는지 여부 (96. 8. 1 개정)

2. 기술용역제공대가가 당해 용역수행에 투입되는 비용에 통상이윤을 가산한 금액을 상당히 초과하는지 여부 (96. 8. 1 개정)

3. 사용자가 제공된 정보 또는 노하우를 적용함에 있어서, 제공자가 특별한 역할을 수행하도록 요구되는지 또는 제공자가 그 적용결과를

일본법인 A에 내국법인 甲주식 100%를 현물배당 하는 경우 이는 주식의 양도에 해당되는 것임. (서면-2018-법령해석국조-1925, 2019. 5. 9.)

··

   가. 내국법인이 발행한 주식 등과 그 밖의 유가증권 (2010. 12. 30. 개정)
   나. 외국법인이 발행한 주식등(「자본시장과 금융투자업에 관한 법률」에 따른 증권시장에 상장된 것으로 한정한다) (2018. 12. 24. 개정)
   다. 외국법인의 국내사업장이 발행한 그 밖의 유가증권 (2018. 12. 24. 신설)
10. 국내원천 기타소득 : 제1호부터 제9호까지의 규정에 따른 소득 외의 소득으로서 다음 각 목의 어느 하나에 해당하는 소득 (2018. 12. 24. 개정)
   가. 국내에 있는 부동산 및 그 밖의 자산이나 국내에서 경영하는 사업과 관련하여 받은 보험금·보상금 또는 손해배상금 (2010. 12. 30. 개정)

통칙 93-132…17 【무역거래로 인한 지체상금 등】

법 제93조 제10호 가목에 규정하는 국내원천소득의 범위에는 국내사업장이 없는 외국법인이 무역거래(수출)로 인하여 지급받는 다음 각 호의 지체상금 또는 손해배상금이 포함된다. (2019. 12. 23. 개정)
1. 물품이 납품계약에 의한 납품지정기한의 위반으로 인하여 동 계약내용에 따라 지급 받는 지체상금
2. 상행위에서 발생한 크레임(Claim)에 대한 배상으로서 현실적으로 발생한 손해의 배상 또는 원상회복을 초과하는 배상금

   나. 국내에서 지급하는 위약금이나 배상금으로서 대통령령으로 정하는 소득 (2010. 12. 30. 개정)
   다. 국내에 있는 자산을 증여받아 생기는 소득 (2010. 12. 30. 개정)
   라. 국내에서 지급하는 상금·현상금·포상금, 그 밖에 이에 준하는 소득 (2010. 12. 30. 개정)
   마. 국내에서 발견된 매장물로 인한 소득 (2010. 12. 30. 개정)

발생하는 소득으로서 해당 양도법인 및 그 특수관계인이 해당 주식 또는 출자증권의 양도일이 속하는 연도와 그 직전 5년의 기간 중 계속하여 그 주식 또는 출자증권을 발행한 법인의 발행주식총수 또는 출자총액(외국법인이 발행한 주식 또는 출자증권의 경우에는 증권시장에 상장된 주식총수 또는 출자총액)의 100분의 25 미만을 소유한 경우를 제외한다. (2012. 2. 2. 단서개정)
3. 국내사업장을 가지고 있는 외국법인이 주식 또는 출자증권외의 유가증권을 양도함으로써 발생하는 소득. 다만, 당해 유가증권의 양도시에 법 제93조 제1호의 규정에 의하여 과세되는 소득을 제외한다. (98. 12. 31 개정)
4. 국내사업장을 가지고 있지 아니한 외국법인이 내국법인 또는 거주자나 비거주자·외국법인의 국내사업장에 주식 또는 출자증권외의 유가증권을 양도함으로써 발생하는 소득. 다만, 당해 유가증권의 양도시에 법 제93조 제1호의 규정에 의하여 과세되는 소득을 제외한다. (98. 12. 31 개정)
⑨ 국내사업장이 없는 외국법인이 다음 각 호의 어느 하나에 해당하는 파생상품의 거래를 통하여 취득한 소득은 국내원천소득으로 보지 아니한다. (2019. 2. 12. 개정)
1. 「자본시장과 금융투자업에 관한 법률」 제5조 제2항에 따른 장내파생상품 (2019. 2. 12. 신설)
2. 「자본시장과 금융투자업에 관한 법률」 제5조 제3항에 따른 장외파생상품으로서 같은 법 시행령 제186조의 2에 따른 위험회피목적의 거래인 것 (2019. 2. 12. 신설)

⑩ 법 제93조 제10호 나목에서 "대통령령으로 정하는 소득"이란 재산권에 관한 계약의 위약 또는 해약으로 인하여 지급받는 손해배상으로서 그 명목여하에 불구하고 본래의 계약내용이 되는 지급자체에 대한 손해를 넘어 배상받는 금전 또는 기타 물품의 가액을 말한다. (2010. 12. 30. 개정)
⑪ 법 제93조 제7호 나목 2) 후단에 따른 다른 법인의 부동산 과다보유 법인의 판정은 다음의 계산식에 따라 계산한 다른 법인의 부동산

보증하는지 여부
④ 내국법인이 외국법인과 체결한 기술도입계약상 도입대상이 제1항의 정보 또는 노하우와 제2항의 기술지원용역으로 혼합되어 있는 경우에도 다음 각호에 따라 소득을 계산한다. (96. 8. 1 개정)
1. 계약상 제공하는 정보 또는 노하우와 기술지원용역 중 어느 부분은 당해 계약의 주된 부분을 구성하고 있고, 다른 부분은 부수적이며 보조적인 부분으로 구성되어 있는 경우에는 당해 계약상의 전체 지급대가를 그 계약의 주된 부분의 소득으로 한다. (96. 8. 1 개정)
2. 상기 1호 이외의 경우에는 전체 지급대가를 계약상 제공하는 정보 또는 노하우의 대가의 크기, 작업시간, 주당임금 등을 기초로 하거나 기타 합리적인 기준에 의하여 정보 또는 노하우의 대가와 기술지원 용역의 대가를 구분하여 계산한다. (96. 8. 1 개정)

바. 국내법에 따른 면허·허가, 그 밖에 이와 유사한 처분에 의하여 설정된 권리와 부동산 외의 국내자산을 양도함으로써 생기는 소득 (2010. 12. 30. 개정)

사. 국내에서 발행된 복권·경품권, 그 밖의 추첨권에 의하여 받는 당첨금품과 승마투표권·승자투표권·소싸움경기투표권·체육진흥투표권의 구매자가 받는 환급금 (2010. 12. 30. 개정)

아. 제67조에 따라 기타소득으로 처분된 금액 (2010. 12. 30. 개정)

· 예 판 ·······································

내국법인이 국내에서 발생한 가격 담합행위로 인해 미국의 관련 법률을 위반하여 미국 법원의 판결에 따라 미국 법무부에 납부하는 손해배상금이 법인세법 21조의 2에 따른 징벌적 목적의 손해배상금에 해당하는 경우 그 손해배상금은 국내원천 기타소득에 해당하나 비영리외국법인의 수익사업에서 생기는 소득이 아니므로 국내에서 과세되지 아니하는 것임. (기획재정부 국제조세제도과 - 114, 2019. 3. 20.)

·······································

자. 대통령령으로 정하는 특수관계인(이하 제98조에서 "국외특수관계인"이라 한다)이 보유하고 있는 내국법인의 주식 등이 대통령령으로 정하는 자본거래로 인하여 그 가치가 증가함으로써 발생하는 소득 (2011. 12. 31. 개정)

차. 사용지 기준 조세조약 상대국의 법인이 소유한 특허권등으로서 국내에서 등록되지 아니하고 국외에서 등록된 특허권 등을 침해하여 발생하는 손해에 대하여 국내에서 지급하는 손해배상금·보상금·화해금·일실이익 또는 그 밖에 이와 유사한 소득. 이 경우 해당 특허권등에 포함된 제조방법·기술·정보 등이 국내에서의 제조·생산과 관련되는 등 국내에서 사실상 실시되거나 사용되는 것과 관련되어 지급하는 소득으로 한정한다. (2019. 12. 31. 신설)

카. 「소득세법」 제21조 제1항 제27호에 따른 가상자산소득(외국법인이 가상자산사업자등이 보관·관리하는 가상자산을 인출하는 경우 인출시점을 양도시점으로 보아 대통령령으로 정하는 바에

보유비율이 100분의 50 이상에 해당하는지 여부에 따른다. (2016. 2. 12. 신설)

$$\frac{\text{다른 법인이 보유하고 있는 「소득세법」 제94조 제1항 제1호 및 제2호의 자산가액}}{\text{다른 법인의 총 자산가액}}$$

⑫ 법 제93조 제7호 나목에 따른 자산총액 및 자산가액은 「소득세법 시행령」 제158조 제4항 및 제5항을 준용하여 계산한다. 이 경우 "양도일"은 "양도일이 속하는 사업연도 개시일"로 본다. (2020. 2. 11. 개정)

⑬ 법 제93조 제10호 자목에서 "대통령령으로 정하는 특수관계인"이란 다음 각 호의 어느 하나에 해당하는 관계에 있는 외국법인을 말한다. (2012. 2. 2. 개정)

1. 거주자 또는 내국법인과 「국제조세조정에 관한 법률 시행령」 제2조 제2항에 따른 특수관계 (2021. 2. 17. 개정)

2. 비거주자 또는 외국법인과 제131조 제2항 제1호 또는 제2호의 규정에 따른 특수관계 (2006. 2. 9. 개정)

⑭ 법 제93조 제10호 자목에서 "대통령령으로 정하는 자본거래로 인하여 그 가치가 증가함으로써 발생하는 소득"이란 제88조 제1항 제8호 각 목의 어느 하나 또는 같은 항 제8호의 2에 해당하는 거래로 인하여 주주 등인 외국법인이 제13항 각 호에 따른 특수관계에 있는 다른 주주 등으로부터 이익을 분여받아 발생한 소득을 말한다. (2010. 12. 30. 개정)

⑮ 국내사업장이 없는 외국법인이 「자본시장과 금융투자업에 관한 법률」에 따라 국내사업장이 없는 비거주자·외국법인과 유가증권(채권

따라 계산한 금액을 포함한다) (2020. 12. 22. 신설)

편주 ▶ 법 93조 10호 카목의 개정규정은 2027. 1. 1. 이후 가상자산을 양도·대여·인출하는 분부터 적용함. (법 부칙(2020. 12. 22.) 11조 1항) (2024. 12. 31. 개정)

타. 가목부터 카목까지의 소득 외에 국내에서 하는 사업이나 국내에서 제공하는 인적용역 또는 국내에 있는 자산과 관련하여 제공받은 경제적 이익으로 생긴 소득(국가 또는 특별법에 따라 설립된 금융회사 등이 발행한 외화표시채권을 상환함으로써 받은 금액이 그 외화표시채권의 발행가액을 초과하는 경우에는 그 차액을 포함하지 아니한다) 또는 이와 유사한 소득으로서 대통령령으로 정하는 소득 (2020. 12. 22. 개정)

편주 ▶ 법 93조 10호 타목의 개정규정은 2027. 1. 1.부터 시행함. (법 부칙(2020. 12. 22.) 1조 단서) (2024. 12. 31. 개정)

• 예 판
출자전환으로 취득하는 주식의 시가가 출자전환된 채권가액을 초과하는 경우, 동 초과액은 국내원천 기타소득에 해당함. (서면-2022-국제세원-0235, 2022. 5. 4.)

☞
통칙 93-132…1 【외국법인으로부터 지급받은 해상운임 선수금에 대한

등을 제외한다. 이하 이 항에서 같다) 대차거래를 하여 유가증권 차입자로부터 지급받는 배당 등의 보상금상당액은 국내원천소득으로 보지 아니한다. (2009. 2. 4. 개정)

⑯ 제8항 제2호 단서를 적용하는 경우 외국법인이 투자기구(법인의 거주지국에서 조세목적상 주식 또는 출자지분의 양도로 발생하는 소득에 대하여 법인이 아닌 그 주주 또는 출자자가 직접 납세의무를 부담하는 경우를 말한다. 이하 같다)를 통하여 내국법인 또는 외국법인(증권시장에 상장된 외국법인만 해당한다)의 주식(이하 이 항에서 "주식"이라 한다)을 취득하거나 출자(이하 "투자"라 한다)한 경우 그 주식 소유비율 또는 출자비율(이하 "투자비율"이라 한다)은 다음 각 호에 따라 계산한다. (2010. 12. 30. 개정)

1. 외국법인이 투자기구를 통한 투자(이하 "간접투자"라 한다)만 한 경우 : 투자기구의 투자비율. 이 경우 2 이상의 투자기구를 통하여 투자한 경우 그 투자기구들의 투자비율을 각각 합하여 산출한다. (2010. 12. 30. 개정)

2. 외국법인이 간접투자와 투자기구를 통하지 않는 직접 투자(이하 이 호에서 "직접투자"라 한다)를 동시에 한 경우 : 다음 각 목에 따라 계산한 비율 중 큰 비율 (2020. 2. 11. 개정)

가. 외국법인의 직접투자와 간접투자에 의한 투자비율을 각각 합한 비율. 이 경우 외국법인이 간접투자한 비율은 해당 외국법인이 투자기구에 투자한 비율과 투자기구의 투자비율을 곱하여 산출한다. (2020. 2. 11. 후단개정)

나. 투자기구의 투자비율. 이 경우 2 이상의 투자기구를 통하여 투자한 경우 그 투자기구들의 투자비율을 각각 합하여 산출한다. (2010. 12. 30. 개정)

⑰ 법 제93조 제10호 카목에서 "대통령령으로 정하는 바에 따라 계산한 금액"이란 가상자산을 인출하는 시점에 해당 가상자산을 양도한 것으로 보아 법 제92조 제2항 제1호 나목에 따라 계산한 가상자산소득금액을 말한다. (2022. 3. 8. 신설)

통칙 93-132…8 【외국법인에게 지급하는 소프트웨어의 지급대가】
국내사업장이 없는 외국법인에게 지급하는 소프트웨어 도입대가에 대한 법인세

편주 ▶ 영 132조 17항의 개정규정은 2027. 1. 1.부터 시행함. (영 부칙(2022. 3. 8.)) (2024. 12. 31. 개정)

☞
통칙 93-132…14 【내국법인의 해외건설공

지급이자】
외국법인인 용선자로부터 받은 해상운임 선수금에 대하여 지급하는 이자는 이를 당해 외국법인의 국내원천소득으로 본다.

93－132…2【외국보험회사에 지급하는 예수금에 대한 지급이자】
국내보험회사가 외국보험회사와의 재보험계약에 의하여 그 외국보험회사에 지급하는 보험료 중 국내에 유보하게 되는 일정률의 보험료에 대하여 지급하는 이자는 당해 외국법인의 국내원천소득으로 본다.

93－132…3【외국보험회사에 지급하는 재보험료】
국내사업장을 두지 아니한 외국보험회사가 국내에서 사업활동을 함이 없이 국내 보험업자와의 계약에 의하여 재보험을 국외에서 인수하고 그 대가인 재보험료를 지급 받은 경우 동 재보험료는 국내원천소득으로 보지 아니한다.

93－132…4【외국 생명보험회사가 국내에서 행하는 보험의 모집·신청·접수 등의 행위로 인한 소득】
외국보험회사가 국내법에 의하여 국내보험사업면허를 받아 국내에 대표자와 직원을 두고 보험의 모집과 신청 등, 보험업과 관련된 중요한 영업행위를 하고 있는 경우에는 비록 당해 외국법인의 본사가 보험증권의 교부, 보험료의 납입, 보험금의 지급 등을 행하는 경우에도 그 영업행위에서 발생한 소득은 국내원천소득으로 본다.

93－132…5【외국법인의 국내지점이 약초 등을 건조·검사하는 행위로 인한 소득】
유지비·건조비 등 일체의 비용을 외국의 본사로부터 송금을 받아 사용하고 있는 외국법인의 국내사업장이 건조시설을 갖추고, 수출하기 위하여 국내생산자 등으로부터 모집한 약초를 그 건조시설을 이용하여 건조하거나 조사 등을 하는 경우에는 그 행위로부터 발생하는 소득은 국내원천소득으로 본다.

93－132…10【외국법인의 저작권 사용료 및 양도소득】
국내에 사업장이 없는 외국법인으로부터 저작권을 양수 또는 임차하지 아니하고 단순히 서적 등을 수입하는 경우에는 저작권으로부터 국내원천소득이 발생되지 아니한다.

93－132…11【외국법인의 현금차관알선 수수료 수입】
외국법인 국내지점이 국내법인에게 현금차관을 중개 또는 알선함으로써 부수적으로 발생되는 수수료 수입은 국내원천소득으로 본다. (2001. 11. 1 개정)

93－132…12【외국법인의 관광알선 수수료 등】
외국법인이 외국에서 관광객의 모집, 쇼핑센터의 선전, 관광 및 구매 등을 알선함으로써 내국법인으로부터 받는 관광알선 수수료 등은 국내원천소득으로 보지 아니한다.

3－132…13【원양어업장에서의 어획물 용기 임차료】

원천징수는 다음 각 항에 의한다.
① 소프트웨어라 함은 특정의 결과를 얻기 위하여 컴퓨터 등 정보처리능력을 가진 기계장치 내에 직접 또는 간접적으로 사용되는 일련의 지시 또는 명령(이하 "프로그램"이라 한다) 및 동 프로그램과 관련되어 사용되는 설명서, 기술서 및 기타 보고서 등을 말한다. (94. 8. 1 개정)
② 소프트웨어의 국내도입자가 외국법인에게 지급하는 대가는 당해 거래의 성격에 따라 다음 각 호와 같이 구분한다.
1. 소프트웨어 저작권자로부터 당해 소프트웨어의 저작권을 양수하고 지급하는 대가 및 소프트웨어의 복제권, 배포권, 개작권 등의 사용 또는 사용할 권리의 대가는 법 제93조 제8호 가목에 규정하는 사용료에 해당한다. (2019. 12. 23. 개정)
2. 위 1호 이외의 방식으로 도입되는 것으로, 다음 각목에서 열거하는 경우에 지급되는 소프트웨어의 대가는 법 제93조 제8호 나목에 규정하는 사용료에 해당한다. (2019. 12. 23. 개정)
　가. 해당 소프트웨어의 비공개 원시코드(Source code)가 제공되는 경우
　나. 원시코드가 제공되지 않는 경우에는 국내도입자의 개별적인 주문에 의해 제작·개작된 소프트웨어가 제공된 경우
　다. 소프트웨어의 지급대가가 당해 소프트웨어의 사용형태 또는 재생산량의 규모 등 소프트웨어의 사용과 관련된 일정기준에 기초하여 결정되는 경우
③ 원천징수대상이 되는 소프트웨어의 대가의 범위는 다음 각 호에 의한다.
1. 하드웨어와 함께 도입되는 소프트웨어로서 당해 소프트웨어의 가격이 하드웨어의 가격과 분리 가능한 경우는 소프트웨어 대가 부분만 원천징수한다. (96. 8. 1 개정)
2. 소프트웨어를 담고 있는 매체나 용기의 가격비중이 전체 도입대가에 비하여 미미한 경우는 그 매체나 용기의 가액을 포함한 전체 도입대가에 대하여 원천징수한다. (96. 8. 1 개정)
④ 소프트웨어의 국내도입자가 외국의 소프트웨어 개발업자에게 도입자의 비용과 책임으로 자기가 원하는 소프트웨어를 개발하여 제작해 줄 것을 의뢰하고 도입한 것으로서 자기가 그 도입한 소프트웨어에 대한 포괄적인 권리(저작권을 포함한다)를 원시적으로 취득하고 지급하는 대가는 제2항 제2호의 사용료소득에 해당되지 아니한다. (96. 8. 1 개정)

93－132…9【기계설비도입에 부수되는 설립·조립용역 등의 대가】 (2024. 3. 15. 제목개정)
국내사업장이 없는 외국법인으로부터 기계설비 등 고정자산을 도입함에 따라 필수적으로 부수되어 동 외국법인으로부터 도입 제공되는 설치·조립 등의 용역 및 이의 감리·감독용역과 애프터서비스(after service) 등의 용역대가로서 동 대가가

사장에서 외국법인이 제공한 일련의 용역으로 인해 발생한 소득】
국내에 사업장이 없는 외국법인이 내국법인이 수행하는 해외건설공사와 관련하여 당해 공사의 설계용역의 제공, 자재 및 장비 등의 구매·조달의 주선, 운송에 관한 조치, 건설감독, 기술요원의 모집·훈련 등 일련의 용역을 제공하는 사업을 수행함으로써 발생하는 사업소득은 국내원천소득으로 보지 아니한다. (2001. 11. 1. 개정)

93－132…15【내국법인의 해외지점이나 건설공사현장에서 사용되는 기술도입의 대가】
내국법인이 국내사업장이 없는 외국법인으로부터 법 제93조 제8호에서 규정한 자산, 권리, 정보 등을 도입하여 제3국에 소재하는 동 내국법인의 해외지점이나 건설공사현장에서 사용하고 동 법인이 지급하는 대가는 국내원천 사용료소득에 해당한다. (2019. 12. 23. 개정)

93－132…16【외국법인에게 지급한 선박 사용료】
해운업을 영위하고 있는 내국법인이 국내사업장이 없는 외국법인으로부터 나용선계약에 의하여 용선한 선박을 직접 외국법인에게 제3국간 국제운항조건으로 임대한 경우에도 선주에게 지급하는 용선료는 법 제93조 제4호의 규정에 해당되는 국내원천소득으로 본다. (2001. 11. 1 개정)

93－132…18【투자소득 등의 국내원천소득 금액 계산기준】
① 조세조약상 투자소득(배당, 이자, 사용료) 등을 수취하는 외국법인이 국내 고정사업장을 가지고 있고 그 투자소득 등을 발생시키는 자산 또는 권리가 그 국내 고정사업장과 실질적으로 관계된 경우에는 당해 조세조약 규정에 의하여 그 투자소득에 대한 과세를 함에 있어서 투자소득 관련 조항의 제한세율을 적용하지 아니하고 사업소득

원양어업을 영위하는 내국법인이 어획물을 보관하는 용기를 외국법인으로부터 임차하여 이를 국외에서 사용하고 지급하는 임차료는 국내원천소득으로 보지 아니한다.

제93조의 2【국외투자기구에 대한 실질귀속자 특례】① 외국법인이 국외투자기구(투자권유를 하여 모은 금전 등을 재산적 가치가 있는 투자대상자산의 취득, 처분 또는 그 밖의 방법으로 운용하고 그 결과를 투자자에게 배분하여 귀속시키는 투자행위를 하는 기구로서 국외에서 설립된 기구를 말한다. 이하 같다)를 통하여 제93조에 따른 국내원천소득을 지급받는 경우에는 그 외국법인을 국내원천소득의 실질귀속자(그 국내원천소득과 관련하여 법적 또는 경제적 위험을 부담하고 그 소득을 처분할 수 있는 권리를 가지는 등 그 소득에 대한 소유권을 실질적으로 보유하고 있는 자를 말한다. 이하 같다)로 본다. 다만, 국외투자기구가 다음 각 호의 어느 하나에 해당하는 경우(「소득세법」 제2조 제3항에 따른 법인으로 보는 단체 외의 법인 아닌 단체인 국외투자기구는 이 항 제2호 및 제3호에 해당하는 경우로 한정한다)에는 그 국외투자기구를 국내원천소득의 실질귀속자로 본다. (2018. 12. 24. 신설)
1. 다음 각 목의 요건을 모두 갖추고 있는 경우 (2021. 12. 21. 개정)
   가. 조세조약에 따라 그 설립된 국가에서 납세의무를 부담하는 자에 해당할 것 (2021. 12. 21. 개정)
   나. 국내원천소득에 대하여 조세조약이 정하는 비과세·면제 또는 제한세율(조세조약에 따라 체약상대국의 거주자 또는 법인에 과세할 수 있는 최고세율을 말한다. 이하 같다)을 적용받을 수 있는 요건을 갖추고 있을 것 (2021. 12. 21. 개정)
2. 제1호에 해당하지 아니하는 국외투자기구가 조세조약에서 국내원천소득의 수익적 소유자로 취급되는 것으로 규정되고 국내원천소득에 대하여 조세조약이 정하는 비과세·면제 또는 제한세율을 적용받을 수 있는 요건을 갖추고 있는 경우 (2021. 12. 21. 개정)
3. 제1호 및 제2호에 해당하지 아니하는 국외투자기구가 그 국외투자기구에 투자한 투자자를 입증하지 못하는 경우(투자자가 둘 이상인 경우로서 투자자 중 일부만 입증하는 경우에는 입증하지 못하는 부분으로 한정한다) (2018. 12. 24. 신설)

해당 도입물품 가격에 포함되는 것은 법 제93조 제6호의 인적용역소득이나 동법 동조 제8호의 사용료소득에 해당하지 아니하며 동법 동조 제5호의 사업소득에 해당된다. (2024. 3. 15. 개정)

으로 보아 사업소득의 조항을 적용하여 과세한다. (2011. 5. 20. 개정)
② 제1항에서 규정한 자산 또는 권리가 국내 고정사업장과 실질적으로 관련되어 있는지의 여부를 결정하기 위하여는 다음 사항을 고려하여야 한다.
1. 그 자산 또는 권리가 국내 고정사업장을 통하여 사업활동에 사용하고 있는지의 여부 또는 사업활동에의 사용을 위하여 보유하고 있는지의 여부
2. 동 국내사업장을 통하여 수행된 활동이 그 자산 또는 권리로부터 발생하는 소득을 실현함에 있어서 실질적인 요소가 되었는지 여부 (85. 1. 1 신설)

93-132…19【외국금융기관에 지급하는 지급보증수수료의 소득구분】
할부금융업을 영위하는 내국법인이 전세계적으로 자금의 대부 및 공급뿐만 아니라 지급보증 등의 관계부대업무를 수행하는 외국금융기관의 지급보증을 통하여 국내은행으로부터 자금을 차입함에 따라, 당해 내국법인이 외국 금융기관에 지급하는 지급보증수수료는 법 제93조 제5호 규정에 의한 사업소득에 해당한다. (2009. 2. 2. 신설)

93-132…20【특수관계 없는 외국법인간 내국법인 주식 양수도시 시가 적용여부】
특수관계없는 외국법인간에 내국법인의 주식을 양도함에 있어 실지거래가액을 확인할 수 없는 경우에는 영 제89조에서 규정하는 시가에 의하여 양도가액을 계산하여야 하는 것이나, 추후 납세자의 소명 등으로 실지거래가액이 확인되는 경우에는 동 실지거래가액을 양도가액으로 계산하여 경정한다. (2009. 2. 2. 신설)

② 제1항 제3호에 해당하여 국외투자기구를 국내원천소득의 실질귀속자로 보는 경우에는 그 국외투자기구에 대하여 조세조약에 따른 비과세·면제 및 제한세율을 적용하지 아니한다. (2021. 12. 21. 개정)

제93조의 3【외국법인의 국채등 이자·양도소득에 대한 과세특례 등】① 제98조 제1항에 따른 원천징수의 대상이 되는 외국법인의 소득 중 다음 각 호의 소득에 대해서는 제3조 제1항 제2호에도 불구하고 법인세를 과세하지 아니한다. (2022. 12. 31. 신설)
1. 제93조 제1호의 국내원천 이자소득 중「국채법」제5조 제1항에 따라 발행하는 국채,「한국은행 통화안정증권법」에 따른 통화안정증권 및 대통령령으로 정하는 채권(이하 이 조에서 "국채등"이라 한다)에서 발생하는 소득 (2022. 12. 31. 신설)
2. 제93조 제9호의 국내원천 유가증권양도소득 중 국채등의 양도로 발생하는 소득 (2022. 12. 31. 신설)
② 제1항에 따라 법인세를 과세하지 아니하는 국채등에는 대통령령으로 정하는 요건을 갖추어 국세청장의 승인을 받은 외국금융회사 등(이하 "적격외국금융회사등"이라 한다)을 통하여 취득·보유·양도하는 국채등을 포함한다. 이 경우 적격외국금융회사등의 준수사항, 승인 및 승인 취소의 기준·절차 등에 관하여 필요한 사항은 대통령령으로 정한다. (2022. 12. 31. 신설)
③ 외국법인이 국외투자기구를 통하여 제1항 각 호의 소득을 지급받는 경우에는 제93조의 2 제1항에도 불구하고 해당 국외투자기구를 제1항 각 호의 소득의 실질귀속자로 본다. (2024. 12. 31. 신설)

편주 ▶
법 93조의 3 제3항부터 5항까지의 개정규정은 2025. 1. 1. 이후 소득을 지급받는 경우부터 적용함. (법 부칙(2024. 12. 31.) 8조 1항)

제132조의 2【적격외국금융회사등의 승인 요건 등】① 법 제93조의 3 제2항 전단에 따른 적격외국금융회사등(이하 "적격외국금융회사등"이라 한다)으로 국세청장의 승인을 받으려는 외국금융회사 등은 우리나라와 조세조약이 체결된 국가에 본점 또는 주사무소가 있는 외국법인으로서 다음 각 호의 어느 하나에 해당하는 법인이어야 한다. (2022. 12. 31. 신설)

제132조의 2【적격외국금융회사등의 승인 요건 등】① 법 제93조의 3 제2항 전단에 따른 적격외국금융회사등(이하 "적격외국금융회사등"이라 한다)으로 국세청장의 승인을 받으려는 외국금융회사 등은 우리나라와 조세조약이 체결된 국가에 본점 또는 주사무소가 있는 외국법인으로서「자본시장과 금융투자업에 관한 법률」제294조에 따른 한국예탁결제원과 유사한 업무를 수행한다고 금융감독원장이 인정하는 법인이어야 한다. (2024. 12. 31. 개정)

편주 ▶
2025. 1. 1. 전에 종전의 영 132조의 2 제1항 및 3항에 따라 적격외국금융회사등으로 승인받은 외국금융회사 등은 영 132조의 2 제1항 및 3항의 개정규정에 따라 승인받은 것으로 봄. (영 부칙(2024. 12. 31.) 2조)

1.「자본시장과 금융투자업에 관한 법률」제294조에 따른 한국예탁결제원과 유사한 업무를 영위하는 법인 (2022. 12. 31. 신설)
2. 해당 국가 외의 국가에서 발행된 증권의 보관 업무를 수행할 수 있는 법인 (2022. 12. 31. 신설)
② 적격외국금융회사등으로 승인을 받으려는 외국금융회사 등은「자

제66조의 2【적격외국금융회사등의 보고】
법 제93조의 3 제2항 전단에 따른 적격외국금융회사등(이하 "적격외국금융회사등"이라 한다)은 영 제132조의 3 제3호에 따라 같은 조 제2호에 따른 국채 등 보유·거래 명세 자료의 내용에 변동이 발생한 경우 그 변동일이 속한 분기의 마지막 달의 다음 달 말일까지 법 제93조의 3 제1항 각 호의 소득을 지급하는 자의 납세지 관할 세무서장에게 보고해야 한다. (2022. 12. 31. 신설)

제66조의 2【적격외국금융회사등의 보고】삭 제 (2025. 3. 21.)

④ 제1항에 따른 비과세를 적용받으려는 외국법인(제3항에 따라 실질귀속자로 보는 국외투자기구를 포함한다. 이하 이 조에서 같다) 또는 적격외국금융회사등은 대통령령으로 정하는 바에 따라 납세지 관할 세무서장에게 비과세 적용 신청을 하여야 한다. (2024. 12. 31. 개정)
⑤ ☞ p.590

본시장과 금융투자업에 관한 법률」 제294조에 따른 한국예탁결제원을 거쳐 국세청장에게 기획재정부령으로 정하는 적격외국금융회사등 승인 신청서를 제출해야 한다. (2022. 12. 31. 신설)
③ 제2항에 따라 신청서를 제출받은 국세청장은 신청인이 제1항에 해당하는 법인인 경우 적격외국금융회사등으로 승인해야 한다. 이 경우 국세청장은 신청인이 제1항에 해당하는 법인인지에 관하여 「자본시장과 금융투자업에 관한 법률」 제294조에 따른 한국예탁결제원에 자문할 수 있다. (2024. 12. 31. 개정)
④ 국세청장은 적격외국금융회사등이 다음 각 호의 어느 하나에 해당하는 경우에는 적격외국금융회사등의 승인을 취소할 수 있다. (2022. 12. 31. 신설)
1. 신청 서류를 허위로 기재하는 등 거짓이나 부정한 방법으로 승인을 받은 경우 (2022. 12. 31. 신설)
2. 체납세액이 있고 그 징수가 현저히 곤란하다고 인정되는 경우 (2022. 12. 31. 신설)
3. 제132조의 3 제1항 각 호의 의무를 이행하지 않는 등 적격외국금융회사등의 업무를 수행하도록 하는 것이 적절하지 않다고 인정되는 경우 (2024. 12. 31. 개정)
4. 적격외국금융회사등이 국세청장에게 적격외국금융회사등 승인의 취소를 요청하는 경우 (2024. 12. 31. 신설)

제132조의 3【적격외국금융회사등의 준수사항 등】(2024. 12. 31. 제목개정)

① 적격외국금융회사등은 다음 각 호의 의무를 이행해야 한다. (2024. 12. 31. 항번개정)
1. 해당 적격외국금융회사등을 통해 법 제93조의 3 제1항 제1호에 따른 국채등(이하 이 조 및 제132조의 4에서 "국채등"이라 한다)을 취득·보유·양도하는 외국법인의 상호, 거주지국(외국법인의 본점 또는 주사무소가 있는 국가를 말한다. 이하 제132조의 4에서 같다) 및 소재지 등을 확인하고 관련 자료를 보관·비치할 것 (2022. 12. 31. 신설)
1. 해당 적격외국금융회사등을 통해 법 제93조의 3 제1항 제1호에 따른 국채등(이하 이 조 및 제132조의 4에서 "국채등"이라 한다)을 취득·보유·양도하는 외국법인(법 제93조의 3 제3항에 따라 실질귀속자로 보는 국외투자기구를 포함한다. 이하 이 조 및 제132조의 4에서 같다)의 상호, 거주지국(외국법인의 본점 또는 주사무소가 있는 국가를 말한다. 이하 이 조 및 제132조의 4에서 같다) 및 소재지 등을 확인하고 관련 자료를 보관·비치할 것. 다만, 외국법인이 해당 국가 외의 국가에서 발행된 증권의 보관 업무를 수행하는 법인인 외국금융회사 등(이하 이 조에서 "중간수탁외국금융회사등"이라 한다)을 거쳐 적격외국금융회사등을 통해 국채등을 취득·보유·양도하는 경우에는 해당 중간수탁외국금융회사등에게 해당 외국법인의 상호, 거주지국 및 소재지 등을 확인하고 관련 자료를 보관·비치하게 할 수 있다. (2024. 12. 31. 개정)
1. 해당 적격외국금융회사등을 통해 법 제93조의 3 제1항 제1호에 따른 국채등(이하 이 조 및 제132조의 4에서 "국채등"이라 한다)을 취득·보유·양도하는 외국법인(법 제93조의 3 제3항에 따라 실질귀속자로 보는 국외투자기구를 포함한다. 이하 이 조 및 제132조의 4에서 같다)의 상호, 거주지국(외국법인의 본점 또는 주사무소가 있는 국가를 말한다. 이하 이 조 및 제132조의 4에서 같다) 및 소재지 등(이하 이 조에서 "상호등"이라 한다)에 관한 자료를 보관·비치할 것. 다만, 외국법인이 해당 국가 외의 국가에서 발행된 증권의 보관 업무를 수행하는 법인인 외국금융회사 등(이하 이 조 및 제132조의 4에서 "중간수탁외국금융회사등"이라 한다)을 거쳐 적격외국금융회사등을 통해 국채등을 취득·보유·양도하는 경우에는 해당 중간수탁외국금융회사등

☞ p.588 2단 연결

에게 해당 외국법인의 상호등에 관한 자료의 제출을 요구할 수 있다. (2025. 2. 28. 개정)

2. 국채등의 취득일, 취득금액, 보유기간, 양도일 및 양도금액 등이 포함된 외국법인별 국채등 보유·거래 명세 자료를 보관·비치할 것. 다만, 외국법인이 중간수탁외국금융회사등을 거쳐 적격외국금융회사등을 통해 국채등을 취득·보유·양도하는 경우에는 해당 중간수탁외국금융회사등에게 해당 외국법인별 국채등 보유·거래 명세 자료를 보관·비치하게 할 수 있다. (2024. 12. 31. 단서신설)

2. 삭　제 (2025. 2. 28)

3. 제2호에 따른 자료를 기획재정부령으로 정하는 바에 따라 법 제93조의 3 제1항 각 호의 소득을 지급하는 자(이하 이 조 및 제132조의 4에서 "소득지급자"라 한다)의 납세지 관할 세무서장에게 보고할 것 (2022. 12. 31. 신설)

3. 삭　제 (2025. 2. 28)

4. 국세청장 또는 소득지급자가 제1호 또는 제2호에 따른 자료의 제출을 요구하는 경우에는 요구받은 날부터 30일 이내에 그 자료를 제출할 것 (2022. 12. 31. 신설)

4. 국세청장 또는 소득지급자가 제1호 또는 제2호에 따른 자료의 제출을 요구하는 경우에는 요구받은 날부터 30일(제1호 단서 또는 제2호 단서에 해당하는 경우에는 60일) 이내에 그 자료를 제출할 것 (2024. 12. 31. 개정)

4. 국세청장 또는 소득지급자(법 제93조의 3 제1항 각 호의 소득을 지급하는 자를 말하며, 이하 제132조의 4에서 "소득지급자"라 한다)가 제1호에 따른 자료의 제출을 요구하는 경우에는 요구받은 날부터 30일(같은 호 단서에 해당하는 경우에는 60일) 이내에 그 자료를 제출할 것 (2025. 2. 28. 개정)

5. 국세청장이 적격외국금융회사등의 승인을 할 때 조건을 정한 경우에는 그 조건을 준수할 것 (2022. 12. 31. 신설)

② 적격외국금융회사등은 제1항 제3호에 따라 보고하거나 같은 항 제4호에 따라 제출하는 자료를 같은 항 제1호 단서 및 제2호 단서에 따라 중간수탁외국금융회사등에게 보관·비치하게 한 경우에는 해당 중간수탁외국금융회사등에게 해당 자료의 제출을 요구할 수 있다. 이 경우 자료의 제출을 요구받은 중간수탁외국금융회사등은 요구받은 날부터 30일 이내에 적격외국금융회사등에게 해당 자료를 제출해야 한다. (2024. 12. 31. 신설)

② 삭　제 (2025. 2. 28.)

제132조의 4 【외국법인의 국채등 이자·양도소득에 대한 비과세 적용 신청】

① 법 제93조의 3 제3항에 따른 외국법인의 비과세 적용 신청은 다음 각 호의 구분에

따른 절차에 따른다. 이 경우 해당 신청에 따라 비과세 적용을 받은 후 국채등으로 발생한 다른 이자·양도소득에 대해 비과세 적용을 받으려고 할 때 당초의 신청 내용에 변경사항이 없으면 다음 각 호의 구분에 따른 절차를 다시 거치지 않을 수 있다. (2022. 2. 28. 후단개정)

1. 법 제93조의 3 제1항 각 호의 소득이 국외투자기구(법 제93조의 2 제1항 각 호의 어느 하나에 해당하여 국외투자기구를 실질귀속자로 보는 경우의 국외투자기구 및 법 제93조의 3 제4항 각 호의 어느 하나에 해당하는 국외투자기구는 제외한다)를 통해 지급되는 경우 : 다음 각 목의 순서에 따른 절차 (2022. 12. 31. 신설)

가. 외국법인이 다음의 서류를 국외투자기구에 제출한다. (2022. 12. 31. 신설)

　1) 기획재정부령으로 정하는 세무서장제출용 비과세 신청서(이하 "세무서장제출용 외국법인비과세신청서"라 한다) (2022. 12. 31. 신설)

　2) 해당 외국법인 거주지국의 권한 있는 당국이 발급하는 거주자증명서 또는 국세청장이 정하여 고시하는 서류 (2022. 12. 31. 신설)

나. 국외투자기구가 가목에 따라 제출받은 서류를 소득지급자에게 제출한다. (2022. 12. 31. 신설)

다. 소득지급자가 기획재정부령으로 정하는 소득지급자용 거래·보유 명세서(이하 "소득지급자용 거래·보유 명세서"라 한다)를 작성하여 나목에 따라 제출받은 서류와 함께 해당 소득을 지급한 날이 속하는 달의 다음 달 9일까지 납세지 관할 세무서장에게 제출한다. (2022. 12. 31. 신설)

2. 제1호 외의 경우 : 다음 각 목의 순서에 따른 절차 (2022. 12. 31. 신설)

가. 외국법인(법 제93조의 2 제1항 각 호의 어느 하나에 해당하여 국외투자기구를 실질귀속자로 보는 경우의 국외투자기구 및 법 제93조의 3 제4항 각 호의 어느 하나에 해당하는 국외투자기구를 포함한다. 이하 이 호에서 같다)이

☞ p.589 3단 연결

편주 ▶ 영 132조의 4의 개정규정은 2025. 2. 28. 이후 비과세 적용 신청을 하는 경우부터 적용함. (영 부칙(2025. 2. 28.) 15조)

③ 삭　제 (2025. 2. 28.)
④ 외국법인과 적격외국금융회사등은 그 대리인(「국세기본법」 제82조에 따른 납세관리인을 포함한다)을 통해 제1항에 따른 신청을 할 수 있다. (2025. 2. 28. 개정)
⑤ 「소득세법 시행령」 제24조에 따른 금융회사 등이 외국법인의 국채등을 인수·매매·중개 또는 대리하는 경우에는 해당 금융회사 등과 외국법인 간에 대리 또는 위임의 관계가 있는 것으로 보아 제1항 및 제4항을 적용한다. (2025. 2. 28. 개정)
⑥ 법 제98조 제7항 본문에 따라 국채등의 양도에 관하여 「자본시장과 금융투자업에 관한 법률」에 따른 투자매매업자 또는 투자중개업자가 원천징수를 하는 경우에는 해당 투자매매업자 또는 투자중개업자와 외국법인 간에 대리 또는 위임의 관계가 있는 것으로 보아 제1항 및 제4항을 적용한다. (2025. 2. 28. 개정)

⑦ 제5항 또는 제6항이 적용되지 않는 경우로서 국내에 소득지급자의 주소, 거소, 본점, 주사무소, 사업의 실질적 관리장소 또는 국내사업장(「소득세법」 제120조에 따른 국내사업장을 포함한다)이 없는 경우에는 제1항에도 불구하고 외국법인 또는 적격외국금융회사등은 다음 각 호의 구분에 따른 신청서를 납세지 관할 세무서장에게 직접 제출할 수 있다. (2025. 2. 28. 개정)
☞ p.590 2단 연결

가. 외국법인은 기획재정부령으로 정하는 외국법인 비과세신청서(이하 이 조에서 "외국법인비과세신청서"라 한다)를 소득지급자에게 제출 (2025. 2. 28. 개정)
나. 소득지급자는 가목에 따라 제출받은 외국법인비과세신청서를 해당 소득을 지급한 날이 속하는 달의 다음 달 9일까지 납세지 관할 세무서장에게 제출 (2025. 2. 28. 개정)
2. 적격외국금융회사등을 통해(중간수탁외국금융회사등을 거치는 경우를 포함한다) 취득·보유·양도하는 국채등에 대한 법 제93조의 3 제1항 각 호의 소득이 외국법인에게 지급되는 경우: 다음 각 목의 순서에 따른 절차 (2025. 2. 28. 개정)
가. 적격외국금융회사등은 기획재정부령으로 정하는 적격외국금융회사등 비과세신청서(이하 이 조에서 "적격외국금융회사등비과세신청서"라 한다)를 작성하여 소득지급자에게 제출 (2025. 2. 28. 개정)
나. 소득지급자는 가목에 따라 제출받은 적격외국금융회사등비과세신청서를 해당 소득을 지급한 날이 속하는 달의 다음 달 9일까지 납세지 관할 세무서장에게 제출 (2025. 2. 28. 개정)

② 삭　제 (2025. 2. 28.)

① 법 제93조의 3 제4항에 따른 외국법인(같은 조 제3항에 따라 실질귀속자로 보는 국외투자기구를 포함한다. 이하 이 조에서 같다)의 비과세 적용 신청은 다음 각 호의 구분에 따른 절차에 따른다. 이 경우 해당 신청에 따라 비과세 적용을 받은 후 국채등으로 발생한 다른 이자·양도소득에 대해 비과세 적용을 받으려고 할 때 당초의 신청 내용에 변경사항이 없으면 다음 각 호의 구분에 따른 절차를 다시 거치지 않을 수 있다. (2025. 2. 28. 개정)
1. 적격외국금융회사등을 통하지 않고 취득·보유·양도하는 국채등에 대한 법 제93조의 3 제1항 각 호의 소득이 외국법인에게 지급되는 경우: 다음 각 목의 순서에 따른 절차 (2025. 2. 28. 개정)

〈제93조의 3〉

④ 다음 각 호의 어느 하나에 해당하는 국외투자기구에 투자한 투자자 중 내국법인이 포함되어 있는 경우 해당 내국법인의 제1항 각 호의 소득에 대해서는 제73조 및 제73조의 2를 적용하지 아니하며, 해당 내국법인이 대통령령으로 정하는 바에 따라 직접 신고·납부하여야 한다. (2022. 12. 31. 신설)

⑤ 내국법인이 국외투자기구를 통하여 지급받는 제1항 각 호의 소득에 대해서는 제73조 및 제73조의 2를 적용하지 아니하며, 해당 내국법인이 대통령령으로 정하는 바에 따라 직접 신고·납부하여야 한다. (2024. 12. 31. 개정)

1. 「자본시장과 금융투자업에 관한 법률」에 따른 집합투자기구와 유사한 국외투자기구로서 설립지국의 법령 등에 따라 공모(公募) 투자기구로 인정되는 국외투자기구 (2022. 12. 31. 신설)

1. 삭　제 (2024. 12. 31.)

2. 제1호에 준하는 것으로서 대통령령으로 정하는 요건을 갖춘 국외투자기구 (2022. 12. 31. 신설)

2. 삭　제 (2024. 12. 31.)

⑥ 제1항에 따른 비과세를 적용받지 못한 외국법인 또는 적격외국금융회사등이 비과세 적용을 받으려는 경우에는 외국법인, 적격외국금융회사등 또는 제1항 각 호의 소득을 지급하는 자가 납세지 관할 세무서장에게 경정을 청구할 수 있다. (2024. 12. 31. 신설)

편주 ▶

법 93조의 3 제6항 및 7항의 개정규정은 2025. 1. 1. 이후 경정을 청구하는 경우부터 적용함. (법 부칙(2024. 12. 31.) 8조 2항)

⑦ 제6항에 따른 경정청구의 기한 및 방법·절차 등에 관하여는 제98조의 4 제5항부터 제7항까지를 준용한다. 이 경우 제98조의 4 제5항 본문 중 "제3항에 따라 비과세 또는 면제"는 "제93조의 3 제1항에 따라 비과세"로, "실질귀속자가 비과세 또는 면제"는 "외국법인 또는 적격외국금융회사등이 비과세"로, "실질귀속자 또는 소득지급자가 제3항"은 "외국법인, 적격외국금융회사등 또는 제1항 각 호의 소득을 지급하는 자가 제98조 제1항"으로 본다. (2024. 12. 31. 신설)

1. 국외투자기구의 경우 : 제1항 제1호 나목에 따라 소득지급자에게 제출해야 하는 서류 (2022. 12. 31. 신설)

1. 삭　제 (2025. 2. 28.)

2. 외국법인의 경우 : 제1항 제2호 가목에 따라 소득지급자에게 제출해야 하는 서류 (2022. 12. 31. 신설)

2. 외국법인의 경우 : 제1항 제1호 가목에 따라 소득지급자에게 제출해야 하는 외국법인비과세신청서 (2025. 2. 28. 개정)

3. 적격외국금융회사등의 경우 : 제2항 제3호 또는 제3항 제2호에 따라 소득지급자에게 제출해야 하는 서류 (2022. 12. 31. 신설)

3. 적격외국금융회사등의 경우 : 제1항 제2호 가목에 따라 소득지급자에게 제출해야 하는 적격외국금융회사등비과세신청서 (2025. 2. 28. 개정)

제132조의 5 【내국법인의 국채등 소득에 대한 신고·납부】
(2023. 2. 28. 제목개정)

① 법 제93조의 3 제4항 제2호에서 "대통령령으로 정하는 요건을 갖춘 국외투자기구"란 투자설명서 작성 또는 이와 유사한 방식으로 국외에서 50명 이상의 일반 투자자에게 증권 취득의 청약을 권유한 국외투자기구를 말한다. (2023. 2. 28. 개정)

② 법 제93조의 3 제4항 각 호의 어느 하나에 해당하는 국외투자기구에 투자한 내국법인은 같은 조 제1항 각 호의 소득에 대해 법 제60조·제64조 및 「소득세법」 제17조에 따라 신고·납부해야 한다. (2023. 2. 28. 개정)

제94조【외국법인의 국내사업장】① 외국법인이 국내에 사업의 전부 또는 일부를 수행하는 고정된 장소를 가지고 있는 경우에는 국내사업장이 있는 것으로 한다. (2010. 12. 30. 개정)
② 제1항에 따른 국내사업장에는 다음 각 호의 어느 하나에 해당하는 장소를 포함하는 것으로 한다. (2010. 12. 30. 개정)
1. 지점, 사무소 또는 영업소 (2010. 12. 30. 개정)
2. 상점, 그 밖의 고정된 판매장소 (2010. 12. 30. 개정)
3. 작업장, 공장 또는 창고 (2010. 12. 30. 개정)
4. 6개월을 초과하여 존속하는 건축 장소, 건설·조립·설치공사의 현장 또는 이와 관련되는 감독 활동을 수행하는 장소 (2010. 12. 30. 개정)
5. 고용인을 통하여 용역을 제공하는 경우로서 다음 각 목의 어느 하나에 해당되는 장소 (2010. 12. 30. 개정)
　가. 용역의 제공이 계속되는 12개월 중 총 6개월을 초과하는 기간 동안 용역이 수행되는 장소 (2010. 12. 30. 개정)
　나. 용역의 제공이 계속되는 12개월 중 총 6개월을 초과하지 아니하는 경우로서 유사한 종류의 용역이 2년 이상 계속적·반복적으로 수행되는 장소 (2010. 12. 30. 개정)
6. 광산·채석장 또는 해저천연자원이나 그 밖의 천연자원의 탐사 및 채취 장소[국제법에 따라 우리나라가 영해 밖에서 주권을 행사하는 지역으로서 우리나라의 연안에 인접한 해저지역의 해상(海床)과 하층토(下層土)에 있는 것을 포함한다] (2010. 12. 30. 개정)
③ 외국법인이 제1항에 따른 고정된 장소를 가지고 있지 아니한 경우에도 다음 각 호의 어느 하나에 해당하는 자 또는 이에 준하는 자로서 대통령령으로 정하는 자를 두고 사업을 경영하는 경우에는 그 자의 사업장 소재지(사업장이 없는 경우에는 주소지로 하고, 주소지가 없는 경우에는 거소지로 한다)에 국내사업장을 둔 것으로 본다. (2018. 12. 24. 개정)
1. 국내에서 그 외국법인을 위하여 다음 각 목의 어느 하나에 해당하는 계약(이하 이 항에서 "외국법인 명의 계약등"이라 한다)을 체결할 권한을 가지고 그 권한을 반복적으로 행사하는 자 (2018. 12. 24. 신설)
　가. 외국법인 명의의 계약 (2018. 12. 24. 신설)

제133조【외국법인의 대리인 등의 범위】(2019. 2. 12. 제목개정)
① 법 제94조 제3항 각 호 외의 부분에서 "대통령령으로 정하는 자"란 다음 각 호의 어느 하나에 해당하는 자를 말한다. (2019. 2. 12. 개정)
1. 외국법인의 자산을 상시 보관하고 관례적으로 이를 배달 또는 인도하는 자 (98. 12. 31 개정)
2. 중개인·일반위탁매매인 기타 독립적 지위의 대리인으로서 주로 특정 외국법인만을 위하여 계약체결 등 사업에 관한 중요한 부분의 행위를 하는 자(이들이 자기사업의 정상적인 과정에서 활동하는 경우를 포함한다) (98. 12. 31 개정)
3. 보험사업(재보험사업을 제외한다)을 영위하는 외국법인을 위하여 보험료를 징수하거나 국내소재 피보험물에 대한 보험을 인수하는

제67조【건설공사현장 등의 존속기간 계산방법】법 제94조 제2항에 따른 국내사업장 해당 여부를 판정할 때에 외국법인이 국내에서 건축, 건설, 조립 또는 설치공사나 이들 공사와 관련한 감리, 감독, 기술용역의 활동(이하 이 조에서 "건설공사 등"이라 한다)을 수행하는 경우 그 건설공사 등의 존속기간은 다음 각 호의 방법으로 계산한다. (2009. 3. 30. 신설)
1. 건설공사 현장의 존속기간은 외국법인이 국내에서 건설공사의 작업에 착수한 날부터 해당 작업을 완료하거나 영구적으로 포기한 날까지의 기간으로 한다. 이 경우 건설공사의 작업에 착수한 날은 해당 공사를 위한 설계사무소를 설치하는 등 준비작업을 한 날로 한다. (2009. 3. 30. 신설)
2. 날씨가 고르지 못한 등 계절적 요인이나 자재 또는 노동력 부족 등으로 공사의 진행이 일시적으로 중단되는 경우의 건설공사의 존속기간은 그 일시적으로 중단된 기간을 합하여 계산한다. (2009. 3. 30. 신설)
3. 건설공사 등의 도급을 받은 외국법인이 그 공사의 전부 또는 일부를 다른 법인에게 하도급한 경우 도급을 받은 외국법인의 건설공사 현장의 존속기간은 해당 외국법인이 수행한 작업기간과 외국법인으로부터 하도급 받은 다른 법인이

나. 외국법인이 소유하는 자산의 소유권 이전 또는 소유권이나 사용권을 갖는 자산의 사용권 허락을 위한 계약 (2018. 12. 24. 신설)

다. 외국법인의 용역제공을 위한 계약 (2018. 12. 24. 신설)

2. 국내에서 그 외국법인을 위하여 외국법인 명의 계약등을 체결할 권한을 가지고 있지 아니하더라도 계약을 체결하는 과정에서 중요한 역할(외국법인이 계약의 중요사항을 변경하지 아니하고 계약을 체결하는 경우로 한정한다)을 반복적으로 수행하는 자 (2018. 12. 24. 신설)

④ 다음 각 호의 장소(이하 이 조에서 "특정 활동 장소"라 한다)가 외국법인의 사업 수행상 예비적 또는 보조적인 성격을 가진 활동을 하기 위하여 사용되는 경우에는 제1항에 따른 국내사업장에 포함되지 아니한다. (2019. 12. 31. 개정)

1. 외국법인이 자산의 단순한 구입만을 위하여 사용하는 일정한 장소 (2010. 12. 30. 개정)

2. 외국법인이 판매를 목적으로 하지 아니하는 자산의 저장이나 보관만을 위하여 사용하는 일정한 장소 (2010. 12. 30. 개정)

3. 외국법인이 광고, 선전, 정보의 수집 및 제공, 시장조사, 그 밖에 이와 유사한 활동만을 위하여 사용하는 일정한 장소 (2018. 12. 24. 개정)

4. 외국법인이 자기의 자산을 타인으로 하여금 가공하게 할 목적으로만 사용하는 일정한 장소 (2010. 12. 30. 개정)

⑤ 제4항에도 불구하고 특정 활동 장소가 다음 각 호의 어느 하나에 해당하는 경우에는 제1항에 따른 국내사업장에 포함한다. (2018. 12. 24. 신설)

1. 외국법인 또는 대통령령으로 정하는 특수관계가 있는 외국법인(비거주자를 포함한다. 이하 이 항에서 "특수관계가 있는 자"라 한다)이 특정 활동 장소와 같은 장소 또는 국내의 다른 장소에서 사업을 수행하고 다음 각 목의 요건을 모두 충족하는 경우 (2018. 12. 24. 신설)

가. 특정 활동 장소와 같은 장소 또는 국내의 다른 장소에 해당 외국법인 또는 특수관계가 있는 자의 국내사업장이 존재할 것

자 (98. 12. 31 개정)

② 제1항의 외국법인에는 해당 외국법인의 과점주주, 해당 외국법인이 과점주주인 다른 법인, 그 밖에 해당 외국법인의 특수관계인을 포함한다. (2012. 2. 2. 개정)

③ 법 제94조 제5항 제1호 각 목 외의 부분에서 "대통령령으로 정하는 특수관계"란 제131조 제2항 각 호의 어느 하나에 해당하는 관계를 말한다. (2019. 2. 12. 신설)

통칙 94 - 133…1【외국보험회사 협회의 영업행위】
외국보험회사의 공동조직인 외국보험협회가 산하 업체명의로 국내에 지점을 설치하고 자기 계산하에 보험사업을 영위하면서 또한 산하 타업체명으로 재보험계약을 체결하는 등 보험업을 영위하는 경우에는 형식상의 명의자에 불구하고 사실상의 영업자인 그 협회가 포괄적인 납세의무가 있다. 다만, 그 협회가 보험사업을 영위하지 아니하고 산하 타보험회사의 국내지점이 협회와 관계없이 자기계산하에 독자적으로 보험사업을 영위하는 경우에는 그 보험회사의 국내지점은 자기가 영위한 사업분에 한하여 납세의무가 있다.

94 - 133…2【간주 국내사업장의 판단기준 요건 등】 (2011. 5. 20. 제목개정)
① 어떤 자가 영 제133조 제1항 각 호의 규정에 해당하는지 여부를 결정함에 있어서 「국세기본법」 제14조 및 법 제4조의 규정에 따라 그 자의 당해 외국법인을 위하여 수행하는 업무와 활동의 경제적 또는 상업적 실질에 따라 판단하여야 한다. (2008. 10. 14. 개정)

② 영 제133조 제1항 각 호에 게기하는 자는 당해 외국법인의 종업원이나 제3자일 수도 있고 개인이나 법인일 수도 있다. (2001. 11. 1 개정)

③ 영 제133조 제1항 각 호에 열거하는 자가 동항 각 호의 요건을 충족시키는 경우에는 이들은 그 외국법인을 위하여 수행하는 당해 활동에 대해서 그 외국법인의 국내사업장이 있는 것으로 본다. (2011. 5. 20. 개정)

④ 법 제94조 제3항은 어떤 외국법인이 법 제94조 제1항 및 제2항에서 규정하는 국내사업장을 가지고 있는지의 여부를 결정하기 위한 제2차 적인 판단기준을 규정한 것이며 만약 그 외국법인이 자기의 사업과 관련하여 국내에 보유하고 있는 사무소, 기타 영업소 또는 대리인 등이 이들의 국내활동상황, 종업원의 구성, 외국소재 본점과의 업무관계 등 제반사항을 종합하여 판단할 때 법 제94조 제1항 및 제2항에 규정하는 국내사업장에 해당되는 것이 분명한 경우에는 동조 제3항의 규정에 불구하고 위의 제1항 및 제2항의 규정에 의한 국내사업장에 해당하는 것으로 본다. (2001. 11. 1 개정)

⑤ 법 제94조 제3항의 "국내에 자기를 위하여 계약을 체결할 권한을 가지고 그 권한을 반복적으로 행사하는 자"를 해석·적용함에 있어서 해당 용어의 해석은

수행한 작업기간을 합하여 계산한다. (2009. 3. 30. 신설)

통칙 94 - 133…3【독립대리인의 요건】
① 어떤 자가 다음 각호의 모든 요건을 갖춘 경우에는 그 자는 조세조약상 외국법인의 독립대리인(이하 "독립대리인"이라 한다)에 해당하며, 그 자는 그 외국법인의 국내사업장으로 보지 아니한다. (2011. 5. 20. 개정)

1. 그 대리인이 본인인 외국법인으로부터 법적으로 또한 경제적으로 독립된 지위에 있어야 한다.

2. 그 대리인이 이행하는 그 외국법인을 위한 행위가 그 대리인 자신의 통상적인 사업으로 수행되어야 한다.

② 대리인이 본인인 외국법인으로부터 독립된 지위에 있는지의 여부를 결정함에 있어서는 다음 각 호의 사항을 고려하여 결정하여야 한다.

1. 업무감독의 정도
그 대리인이 외국법인을 위한 활동을 함에 있어 당해 외국법인으로부터 세부적인 지시나 통제를 받는 경우에는 그 대리인은 당해 외국법인에 대하여 독립적이라고 할 수 없다.

2. 사업상의 위험 부담
그 대리인의 외국법인을 위한 사업활동으로 인하여 발생하는 사업상의 위험을 당해 외국법인이 부담하는 경우에는 그 대리인은 당해 외국법인에 대하여 독립적이라고 할 수 없다.

3. 전속대리인인지의 여부

(2018. 12. 24. 신설)
　나. 특정 활동 장소에서 수행하는 활동과 가목의 국내사업장에서 수행하는 활동이 상호 보완적일 것 (2018. 12. 24. 신설)
2. 외국법인 또는 특수관계가 있는 자가 특정 활동 장소와 같은 장소 또는 국내의 다른 장소에서 상호 보완적인 활동을 수행하고 각각의 활동을 결합한 전체적인 활동이 외국법인 또는 특수관계가 있는 자의 사업 활동에 비추어 예비적 또는 보조적인 성격을 가진 활동에 해당하지 아니하는 경우 (2019. 12. 31. 개정)

●예판●
• 인터넷을 통한 상품판매사업을 영위하는 외국법인이 중요하고도 본질적인 기능이 서버(sever)에 위치하여 이를 통하여 계속적이고 반복적으로 수행되는 경우에는 서버(sever)가 위치하는 장소는 국내 고정사업장에 해당함. (국제세원-278, 2013. 8. 7.)
• 고객과의 계약체결, 국내 계좌를 이용한 대금결제 등 사업의 중요하고도 본질적인 행위가 국내에서 계속적·반복적으로 이루어지는 경우 법인세법 94조 및 한·일 조세조약 5조의 규정에 따라 국내지점은 일본법인의 국내사업장에 해당하는 것이나, 이에 해당하는지 여부는 사실판단 사항임. (서면-2023-국제세원-1129, 2023. 6. 16.)

[통칙] 94-0…1【외국법인의 기술자가 국내에서 하천측량 등을 하는 경우의 국내사업장】
외국법인의 기술자가 국내에서 하천 또는 취수지점 측량 등을 하고 이에 대한 설계보고서를 작성하는 등의 역무를 수행하는 경우에는 국내사업장이 있는 것으로 본다. 다만, 단순한 자료의 수집과 기술협조만을 하는 때에는 국내사업장이 없는 것으로 본다.
94-0…2【예비적·보조적 활동을 위한 장소와 국내사업장의 구분】
① 외국법인의 국내사무소가 당해 법인의 영업활동을 보조하기 위하여 국내에서 자산의 단순구입, 업무연락, 광고·선전, 정보의 수집·제공, 시장조사 기타 사업의 예비적·보조적 활동만을 수행하는 경우에는 그 국내사무소는 당해 법인의 국내사업장으로 보지 아니한다. 다만, 이와 같은 활동이 해당 법인을 위한 것이 아니고 타인(법 제2조 12호의 특수관계인을 포함한다)을 위하여 행해지는 경우에는 그 국내사무소를 해당 법인의 국내사업장으로 본다. (2024. 3. 15. 개정)
② 외국법인의 국내사무소가 수행하는 활동이 사업의 예비적·보조적 활동인지의 여부를 판단함에 있어서는 그 국내사무소가 수행하는 활동이 당해 외국법인의

다음 각호에 의한다. (2001. 11. 1 개정)
1. "계약"이라 함은 외국법인의 고유사업과 관련하여 체결하는 계약을 말하며 당해 외국법인의 사무실의 임차 또는 종업원의 고용 등 기업의 내부적인 경영·관리활동과 관련하여 체결하는 계약은 포함되지 아니한다.
2. "계약을 체결할 수 있는 권한"이라 함은 당해 대리인이 당해 외국법인을 구속할 수 있는 계약의 중요하고 세부적인 사항에 관하여 상담 협의할 수 있는 권한을 말하며 당해 대리인이 그 계약체결권을 가지고 있는 경우에는 비록 그 외국법인이나 그 외국법인이 있는 국가의 제3자가 그 계약서에 서명 또는 날인할지라도 그 대리인이 한국에서 그 권한을 행사한 것으로 본다.
3. "반복적 행사"에는 장기의 대리계약에 의하여 계약체결권을 계속적·반복적으로 행사하는 경우 뿐만 아니라 2개 이상의 단기 대리계약에 의하여 계약체결권을 계속적·반복적으로 행사하는 경우도 포함된다. (2001. 11. 1 개정)

[통칙] 94-0…4【플랜트 건설·판매 외국기업에 대한 실질과세원칙의 적용】
플랜트 건설·판매업을 영위하는 외국기업이 플랜트 건설·판매계약을 체결함에 있어 플랜트 건설·판매업무를 국내와 국외에 걸쳐서 수행되는 부분과 국내에서 수행되는 부분으로 분리하여, 국내와 국외에 걸친 업무는 해당 외국법인이 수행하고 국내업무는 해당 외국기업의 자회사의 국내지점이 수행하는 것처럼 계약을 분리하여 각각 체결하였으나, 실제로는 해당 외국기업이 동 플랜트 건설·판매와 관련한 국내업무와 국내와 국외 업무의 전부를 자기 책임하에 일괄수행하는 경우에는,「국세기본법」제14조에 규정한 실질과세의 원칙에 따라, 해당 외국기업의 자회사의 국내지점은 해당 외국법인의 국내사업장으로 보며 동 플랜트 건설·판매에서 발생하는 모든 익금과 손금은 당해 외국기업에 귀속된다. (2024. 3. 15. 개정)
94-0…6【종업원 파견에 따른 국내사업장 해당여부】
외국법인이 내국법인과 종업원파견에 관한 계약을 체결하고, 동 계약에 의거 내국법인에 파견되어 고용된 종업원이 오로지 내국법인만을 위하여 근로를 제공하고

대리인이 외관상으로는 독립적 지위의 대리인이라고 하더라도 그 대리인이 전적으로 또는 거의 전적으로 특정 외국법인을 위하여 활동하는 경우에는 그 대리인은 독립적 지위의 대리인으로 볼 수 없다. (94. 8. 1 신설)

[통칙] 94-0…3【외국법인의 기술도입에 관련된 용역제공과 국내사업장】
기술도입계약에 의한 용역을 국내에서 제공하는 경우에는 외국인투자촉진법의 규정에 불구하고 다음 각 호의 예에 의한다. (2001. 11. 1 개정)
1. 도입하는 기술이 법 제93조 제8호에 해당하는 "노하우(know how)"의 사용 그 자체인 때에는 국내사업장이 없는 것으로 본다. (2019. 12. 23. 개정)
2. 도입하는 기술이 "노하우"의 사용이 아니고 법 제93조 제5호 및 제6호에 해당하는 때에는 기술제공자의 국내사업장은 법 제94조의 규정에 따라 판단한다. (2001. 11. 1 개정)

전체 사업활동 중 본질적이고 중요한 부분을 구성하고 있는지 여부에 의하여 판단하여야 한다. 예컨대 외국법인 국내사무소의 일반적인 활동목적이 당해 외국법인의 전반적 사업목적과 동일한 경우에는 그 외국법인의 국내사무소가 수행하는 활동은 사업의 예비적·보조적 활동에 해당하지 아니한다. (94. 8. 1 신설)
③ 외국법인의 국내사무소가 당해 외국법인이 국내 고객에게 판매한 자산과 관련하여 부품을 공급하거나 그 판매한 자산을 유지·보수하는 등 애프터서비스 활동을 수행하는 경우에는 그 사무소는, 그 애프터서비스에 대한 대가를 받는지 여부에 관계없이, 그 외국법인의 국내사업장에 해당한다. (94. 8. 1 신설)

제94조의 2 【외국법인연락사무소 자료 제출】 (2022. 12. 31. 제목개정)
① 외국법인이 국내에서 수익을 발생시키는 영업활동을 영위하지 아니하고 업무연락, 시장조사 등 대통령령으로 정하는 비영업적 기능만을 수행하는 사무소(제94조에 따른 국내사업장에 해당하지 아니하는 것을 말하며, 이하 이 조에서 "외국법인연락사무소"라 한다)를 국내에 두고 있는 경우에는 대통령령으로 정하는 현황 자료를 그 다음 연도 2월 10일까지 대통령령으로 정하는 바에 따라 외국법인연락사무소 소재지 관할 세무서장에게 제출하여야 한다. (2022. 12. 31. 항번개정)
② 외국법인연락사무소는 제121조 제5항 본문에 따라 발급받은 계산서의 매입처별합계표를 외국법인연락사무소 소재지 관할 세무서장에게 제출하여야 한다. (2022. 12. 31. 신설)
③ 제2항에 따른 계산서의 매입처별합계표 제출에 관하여는 제121조 제5항, 제6항 및 제8항을 준용한다. (2022. 12. 31. 신설)

외국법인이 영위하는 사업의 전부 또는 일부를 일체 수행하지 아니함에 따라 외국법인이 종업원의 파견과 관련하여 내국법인으로부터 일체의 대가(급여대지급에 따른 정산대가는 제외)를 지급받지 않는 경우 그 종업원이 근로를 제공하는 장소는 그 종업원이 외국법인과 고용계약을 유지하는지의 여부에 관계없이 법 제94조의 규정에 의한 외국법인의 국내사업장에 해당되지 아니한다. (2009. 2. 2. 신설)

제133조의 2 【연락사무소 현황 제출】 ① 법 제94조의 2 제1항에서 "업무연락, 시장조사 등 대통령령으로 정하는 비영업적 기능"이란 업무연락, 시장조사, 정보수집 등 외국 법인의 사업수행상 예비적 또는 보조적 성격을 가진 활동을 말한다. (2023. 2. 28. 개정)
② 법 제94조의 2 제1항에서 "대통령령으로 정하는 현황 자료"란 다음 각 호의 사항이 포함된 자료로서 매년 12월 31일을 기준으로 작성된 것을 말한다. (2023. 2. 28. 개정)
1. 법 제94조의 2 제1항에 따른 외국법인연락사무소의 명칭, 고유번호 등 일반현황 (2022. 12. 31. 개정)
2. 연락사무소를 설치한 외국법인의 명칭, 소재지와 국내에서의 거래·투자 등에 관한 사항 (2022. 2. 15. 신설)
3. 연락사무소의 임차 현황, 직원 현황 등 연락사무소의 운영에 관한 사항 (2022. 2. 15. 신설)
4. 연락사무소가 「소득세법」 제163조에 따른 계산서 또는 「부가가치세법」 제32조에 따른 세금계산서를 발급받은 경우 각각의 합계액 (2022. 2. 15. 신설)
③ 외국법인은 제2항의 현황 자료를 기획재정부령으로 정하는 서식에 따라 작성하여 외국법인연락사무소 소재지 관할 세무서장에게 제출해야 한다. (2022. 2. 15. 신설)

제95조【세 율】제91조 제1항에 따른 외국법인과 같은 조 제2항 및 제3항에 따른 외국법인으로서 제93조 제7호에 따른 국내원천 부동산등양도소득이 있는 외국법인의 각 사업연도의 소득에 대한 법인세는 제91조에 따른 과세표준의 금액에 제55조를 적용하여 계산한 금액(제95조의 2에 따른 토지등의 양도소득에 대한 법인세액이 있는 경우에는 이를 합한 금액으로 한다)으로 한다. (2018. 12. 24. 개정)

제95조의 2【외국법인의 토지 등 양도소득에 대한 과세특례】제91조 제1항에 따른 외국법인 및 같은 조 제2항에 따른 외국법인의 토지 등의 양도소득에 대한 법인세의 납부에 관하여는 제55조의 2를 준용한다. 이 경우 제91조 제2항에 따른 외국법인의 토지 등 양도소득은 제92조 제3항을 준용하여 계산한 금액으로 한다. (2010. 12. 30. 개정)

제96조【외국법인의 국내사업장에 대한 과세특례】① 외국법인(비영리외국법인은 제외한다)의 국내사업장은 우리나라와 그 외국법인의 본점 또는 주사무소가 있는 해당 국가(이하 이 조에서 "거주지국"이라 한다)와 체결한 조세조약에 따라 제2항에 따른 과세대상 소득금액(우리나라와 그 외국법인의 거주지국과 체결한 조세조약에서 이윤의 송금액에 대하여 과세할 수 있도록 규정하고 있는 경우에는 대통령령으로 정하는 송금액으로 한다)에 제3항에 따른 세율을 적용하여 계산한 세액을 제95조에 따른 법인세에 추가하여 납부하여야 한다. 다만, 그 외국법인의 거주지국이 그 국가에 있는 우리나라의 법인의 국외사업장에 대하여 추가하여 과세하지 아니하는 경우에는 그러하지 아니하다. (2010. 12. 30. 개정)
② 제1항의 과세대상 소득금액은 해당 국내사업장의 각 사업연도의 소득금액에서 다음 각 호의 금액을 뺀 금액으로 한다. (2010. 12. 30. 개정)
1. 제95조에 따른 법인세에 가목의 금액을 빼고 나목의 금액을 더한 금액 (2010. 12. 30. 개정)

가. 제97조 제1항에 따라 준용되는 제57조 제1항에 따른 외국납부
　　세액공제, 제58조에 따른 재해손실에 대한 세액공제와 다른
　　법률에 따른 감면세액·세액공제액 (2020. 12. 22. 개정)

나. 제75조, 제75조의 2부터 제75조의 9까지 및 「국세기본법」 제
　　47조의 2부터 제47조의 5까지의 규정에 따른 가산세와 이 법
　　또는 「조세특례제한법」에 따른 추가 납부세액 (2018. 12. 24.
　　개정)

2. 법인지방소득세 (2014. 1. 1. 개정 ; 지방세법 부칙)

3. 해당 국내사업장이 사업을 위하여 재투자할 것으로 인정되는 금액
　　등 대통령령으로 정하는 금액 (2010. 12. 30. 개정)

4. 「국제조세조정에 관한 법률」 제22조에 따라 손금에 산입되지 아니
　　한 금액 (2020. 12. 22. 개정)

③ 제1항에서 적용되는 세율은 제98조 제1항 제2호에 따른 세율로 하
되, 우리나라와 해당 외국법인의 거주지국이 체결한 조세조약으로 세
율을 따로 정하는 경우에는 그 조약에 따른다. (2018. 12. 24. 개정)

편주 ▶ ···

조세조약상 지점세의 제한세율

체약국	제한세율	관련조문
캐나다	5%	제10조 제6항
프랑스	5%	제10조 제7항
호주	15%	제10조 제6항
인도네시아	10%	제10조 제6항
필리핀	10%	의정서 제5항
브라질	15%	제10조 제5항
카자흐스탄	5%	제10조 제6항
모로코	5%	제10조 제6항
태국	10%	제10조 제5항·제6항
파나마	2%	제10조 제6항
페루	10%	제10조 제6항
인도	15%	의정서 제2조 나목

···

제134조【국내사업장의 과세대상소득금액의 계산】 ① 법 제96
조 제2항 제3호에서 "해당 국내사업장이 사업을 위하여 재투자할 것
으로 인정되는 금액 등 대통령령으로 정하는 금액"이란 다음 각 호의
금액 모두를 말하며, 해당 사업연도개시일 현재의 자본금 상당액이
해당 사업연도종료일 현재의 자본금 상당액을 초과하는 경우에는 그
초과하는 금액(이하 "자본금 상당액 감소액"이라 한다)을 해당 사업
연도의 소득금액에 합산한다. 이 경우 합산되는 금액은 직전 사업연
도종료일 현재의 미과세누적유보소득(음수가 아닌 경우만 해당한다)
을 초과하지 못한다. (2011. 3. 31. 개정)

1. 해당 사업연도 종료일 현재의 자본금상당액이 해당 사업연도 개시
　　일 현재의 자본금상당액을 초과하는 금액(이하 "자본금상당액증가
　　액"이라 한다) (2011. 3. 31. 신설)

2. 미과세누적유보소득(음수인 경우만 해당한다)에서 음의 부호를 뗀
　　금액. 다만, 그 금액은 국내사업장의 각 사업연도의 소득금액에서
　　법 제96조 제2항 제1호, 제2호, 제4호 및 자본금상당액증가액을 뺀
　　금액을 한도로 한다. (2011. 3. 31. 신설)

② 제1항에서 "자본금상당액"이란 해당 사업연도 종료일 현재 재무상
태표상의 자산의 합계액에서 부채(충당금을 포함하며, 미지급법인세를
제외한다)의 합계액을 공제한 금액을 말한다. (2021. 1. 5. 개정 ; 어려
운 법령용어~대통령령)

③ 제1항에서 "미과세누적유보소득"이란 각 사업연도의 소득금액 중
법 제96조에 따라 과세되지 아니한 부분으로서 제1호의 금액에서 제
2호의 금액을 차감한 금액을 말한다. (2014. 2. 21. 개정)

☞

통칙 96-134…1【외국법인의 자본금상당
　　　　　　　 액계산】 (2019. 12. 23.
　　　　　　　 번호개정)

영 제134조 제1항에서 "자본금상당액"은 당해
사업연도 종료일 현재 대차대조표상의 자산의 합
계액에서 부채(충당금을 포함하며, 미지급법인세
를 제외한다)의 합계액을 공제한 금액을 말한다.
이 경우 지점의 부채액을 계산함에 있어서 본점
계정의 잔액은 부채로 보지 아니한다. (2019. 12.
23. 개정)

1. 해당 사업연도의 직전사업연도까지의 각 사업연도 소득금액의 합계액에서 해당 사업연도의 직전사업연도까지의 각 사업연도 결손금 합계액과 해당 사업연도의 직전사업연도까지의 각 사업연도의 소득에 대한 법인세 및 법인지방소득세의 합계액을 차감한 금액 (2014. 2. 21. 개정)

2. 해당 사업연도의 직전사업연도까지의 각 사업연도의 법 제96조에 따른 과세대상 소득금액의 합계액 (2014. 2. 21. 개정)

④ 제1항의 규정은 당해 사업연도에 결손금이 발생한 경우 법 제96조 제1항의 과세대상 소득금액의 계산에 관하여 이를 준용한다. 다만, 당해 사업연도에 있어서 자본금 상당액 감소액이 결손금을 초과하는 경우에는 제3항의 미과세누적유보소득을 한도로 그 초과금액을 과세대상 소득금액으로 한다. (98. 12. 31 개정)

⑤ 법 제96조 제1항 본문에서 "대통령령으로 정하는 송금액"이란 각 사업연도 소득 중 실제로 송금된 이윤(각 사업연도에 실제로 송금된 이윤이 법 제96조 제2항의 직전 사업연도 과세대상소득금액을 초과할 경우 그 초과분 중 직전 사업연도까지의 제3항의 규정에 의한 미과세누적유보소득을 한도로 한다)을 말한다. (2011. 6. 3. 개정)

⑥ 외국법인이 국내사업장을 가지지 아니하게 된 경우로서 법 제8조 제5항에 따른 사업연도(이하 이 조에서 "의제사업연도"라 한다)의 과세대상소득금액을 제1항 내지 제4항에 따라 계산하는 때에는 의제사업연도 종료일 현재의 자본금 상당액은 "0"으로 본다. (2012. 2. 2. 개정)

⑦ 외국법인이 국내사업장을 가지지 아니하게 된 경우로서 의제사업연도의 과세대상소득금액을 제5항에 따라 계산하는 때에는 의제사업연도 종료일까지 미송금한 이윤 상당액은 의제사업연도 종료일에 전액 송금한 것으로 본다. (2007. 2. 28. 신설)

　제135조【외국법인의 재해손실세액공제】 외국법인에 대하여 법 제58조의 규정에 의한 재해손실에 대한 세액공제를 적용함에 있어서 제95조 제1항 각호의 자산은 그 법인이 국내에 가지고 있는 자산으로 한다. (98. 12. 31 개정)

제 3 절　신고 · 납부 · 결정 · 경정 및 징수

제97조 【신고 · 납부 · 결정 · 경정 및 징수】 ① 제91조 제1항에 해당하는 외국법인과 같은 조 제2항 및 제3항에 해당하는 외국법인으로서 제93조 제7호에 따른 국내원천 부동산등양도소득이 있는 외국법인(이하 이 항에서 "외국법인등"이라 한다)의 각 사업연도의 소득에 대한 법인세의 신고 · 납부 · 결정 · 경정 및 징수에 대하여는 이 절에서 규정하는 것을 제외하고는 다음 각 호의 구분에 따른 규정을 준용한다. 이 경우 제64조를 준용할 때 외국법인등의 각 사업연도 소득에 대한 법인세 과세표준에 제98조 제1항 제5호 또는 같은 조 제8항에 따라 원천징수된 소득이 포함되어 있는 경우에는 그 원천징수세액을 제64조 제1항 제4호에 따라 공제되는 세액으로 본다. (2020. 12. 22. 개정)

1. 세액공제와 세액감면의 경우 : 제57조 제1항 · 제2항, 제58조, 제58조의 3 및 제59조 (2018. 12. 24. 신설)
2. 신고와 납부의 경우 : 제60조(같은 조 제2항 제1호에 따른 이익잉여금처분계산서 또는 결손금처리계산서는 제외한다), 제62조 및 제64조 (2018. 12. 24. 신설)
3. 중간예납의 경우 : 제63조 및 제63조의 2 (2018. 12. 24. 신설)
4. 과세표준의 결정과 경정의 경우 : 제66조부터 제70조까지 (2018. 12. 24. 신설)
5. 세액의 징수와 환급의 경우 : 제71조 (2018. 12. 24. 신설)
6. 원천징수의 경우 : 제73조, 제73조의 2 및 제74조 (2018. 12. 24. 신설)
7. 가산세의 경우 : 제75조 및 제75조의 2부터 제75조의 9까지 (2018. 12. 24. 신설)

② 제1항에 따라 각 사업연도의 소득에 대한 법인세의 과세표준을 신고하여야 할 외국법인이 대통령령으로 정하는 사유로 그 신고기한까지 신고서를 제출할 수 없는 경우에는 제1항에도 불구하고 대통령령으로 정하는 바에 따라 납세지 관할 세무서장 또는 관할지방국세청장의 승인을 받아 그 신고기한을 연장할 수 있다. (2010. 12. 30. 개정)

제 3 절　신고 · 납부 · 결정 · 경정 및 징수

제136조 【외국법인의 신고】 ① 법 제97조 제1항에 따라 각 사업연도의 소득에 대한 법인세의 과세표준을 신고하여야 할 외국법인으로서 본점 등의 결산이 확정되지 아니하거나 기타 부득이한 사유로 인하여 법 제60조에 따른 신고서를 제출할 수 없는 외국법인은 해당 사업연도종료일부터 60일 이내에 사유서를 갖추어 납세지 관할세무서장에게 신고기한연장승인신청을 할 수 있다. (2009. 2. 4. 개정)

② 납세지 관할세무서장은 제1항의 규정에 의한 신청을 받은 때에는 그 날부터 7일 이내에 그 승인여부를 결정하여야 한다. (98. 12. 31 개정)

③ 납세지 관할세무서장은 제2항의 규정에 의한 승인여부를 결정한 때에는 지체없이 당해 외국법인에게 이를 통지하여야 한다. (98. 12. 31 개정)

④ 법 제97조 제3항에서 "대통령령으로 정하는 이율"이란 「국세기본법 시행령」 제43조의 3 제2항 본문에 따른 이자율을 말한다. (2020. 2. 11. 개정)

제136조의 2 【국내사업장이 있는 외국법인의 채권 등의 이자등에 대한 원천징수 특례】 삭 제 (2005. 2. 19.)

③ 제2항에 따라 신고기한의 연장승인을 받은 외국법인이 신고세액을 납부할 때에는 기한 연장일수에 금융회사 등의 이자율을 고려하여 대통령령으로 정하는 이율을 적용하여 계산한 금액을 가산하여 납부하여야 한다. (2010. 12. 30. 개정)

④ 제3항에 따라 가산할 금액을 계산할 때의 기한 연장일수는 제60조에 따른 신고기한의 다음 날부터 연장승인을 받은 날까지의 일수로 한다. 다만, 연장승인 기한에 신고 및 납부가 이루어진 경우에는 그 날까지의 일수로 한다. (2010. 12. 30. 개정)

⑤ 제98조, 제98조의 3, 제98조의 5 또는 제98조의 6에 따른 원천징수세액이 1천원 미만인 경우에는 해당 법인세를 징수하지 아니한다. (2013. 1. 1. 신설)

통칙 97－0…1【외국법인의 면제소득에 대한 가산세 규정의 적용】
조세특례제한법 제20조 제2항의 규정에 의하여 법인세가 감면되는 외국법인의 국내지점이 같은 규정에 의한 면제소득만이 있는 때에는 신고서를 제출하지 아니한 경우에도 규칙 제60조의 규정을 적용하는 것이며, 법인세가 면제되는 소득과 면제되지 아니하는 소득으로 구성되어 있는 경우에는 「국세기본법」 제47조의 2부터 제47조의 4까지의 가산세를 적용한다. (2019. 12. 23. 개정)

제98조【외국법인에 대한 원천징수 또는 징수의 특례】① 외국법인에 대하여 제93조 제1호·제2호 및 제4호부터 제10호까지의 규정에 따른 국내원천소득으로서 국내사업장과 실질적으로 관련되지 아니하거나 그 국내사업장에 귀속되지 아니하는 소득의 금액(국내사업장이 없는 외국법인에 지급하는 금액을 포함한다)을 지급하는 자(제93조 제7호에 따른 국내원천 부동산등양도소득의 금액을 지급하는 거주자 및 비거주자는 제외한다)는 제97조에도 불구하고 그 지급을 할 때에 다음 각 호의 구분에 따른 금액을 해당 법인의 각 사업연도의 소득에 대한 법인세로서 원천징수하여 그 원천징수한 날이 속하는 달의 다음 달 10일까지 대통령령으로 정하는 바에 따라 납세지 관할 세무서등에 납부하여야 한다. (2018. 12. 24. 개정)

1. 제93조 제1호에 따른 국내원천 이자소득 : 다음 각 목의 구분에 따른 금액 (2018. 12. 24. 개정)

　가. 국가·지방자치단체 및 내국법인이 발행하는 채권에서 발생하

통칙 97－136…1【신고기한 연장에 따른 이자상당가산액 계산방법】
법 제97조 제3항의 이자상당 가산액은 시행규칙 제1호 서식 법인세과세표준 및 세액신고서의 "차감 납부할 세액"에 시행령 제136조 제4항의 이율을 적용하여 계산한다. (2001. 11. 1 개정)

97－136…2【중간예납 및 분납과 이자상당가산액】
법 제97조 제3항의 규정에 의한 신고기한 연장에 따른 이자상당 가산액은 법 제63조의 2 제1항의 "가산세액"과 법 제64조 제2항의 "납부할 세액"에 포함된다. (2024. 3. 15. 개정)

통칙 97－0…2【국내사업장이 없는 외국법인의 세법상 협력의무】
국내사업장으로 보지 아니하는 외국법인의 국내지점은 법인세의 납세의무는 없으나 법 제73조에 규정하는 원천징수의무와 지급명세서 제출의무가 있다. (2011. 5. 20. 개정)

제137조【외국법인에 대한 원천징수】① 법 제98조에 따라 원천징수를 하는 경우 배당소득의 지급시기에 관하여는 「소득세법」 제131조 제2항 및 같은 법 시행령 제191조(제4호는 제외한다)를 준용하고, 기타소득의 지급시기에 관하여는 「소득세법」 제145조의 2 및 같은 법 시행령 제202조 제3항을 준용한다. (2012. 2. 2. 개정)

② 제1항에 불구하고 법 제51조의 2 제1항 각 호에 해당하는 내국법인 또는 「조세특례제한법」 제104조의 31 제1항에 따른 내국법인이 이익 또는 잉여금의 처분에 의한 배당소득을 그 처분을 결정한 날부터 3개월이 되는 날까지 지급하지 않은 때에는 그 3개월이 되는 날에 배당소득을 지급한 것으로 본다. (2021. 2. 17. 개정)

③ 법 제98조에 따라 징수한 원천징수세액의 납부에 관해서는 제115조부터 제117조까지 및 「소득세법 시행령」 제185조를 준용한다. (2022. 2. 15. 개정)

③ 법 제98조에 따라 징수한 원천징수세액의 납부 및 원천징수영수증의 발급에 관하여는 제115조부터 제117조까지 및 「소득세법 시행령」

제68조【원천징수의 범위】① 법 제51조의 규정에 의한 비과세소득과 다른 법률에 의하여 법인세가 전액 면제되는 소득에 대하여는 법 제98조의 규정에 의한 원천징수를 하지 아니한다. (99. 5. 24 개정)

② 법 제98조의 규정에 의한 원천징수세액이 1천원 미만인 경우에는 당해 법인세를 원천징수하지 아니한다. (99. 5. 24 개정)

② 삭　제 (2013. 2. 23.)

편주▶ ……………………………………
영 137조 3항의 개정규정은 2027. 1. 1.부

는 이자소득 : 지급금액의 100분의 14 (2018. 12. 24. 개정)

　나. 가목 외의 이자소득 : 지급금액의 100분의 20 (2018. 12. 24. 개정)

2. 제93조 제2호에 따른 국내원천 배당소득 : 지급금액의 100분의 20 (2018. 12. 24. 개정)

3. 제93조 제4호에 따른 국내원천 선박등임대소득 및 같은 조 제5호에 따른 국내원천 사업소득(조세조약에 따라 국내원천 사업소득으로 과세할 수 있는 소득은 제외한다) : 지급금액의 100분의 2 (2018. 12. 24. 개정)

4. 제93조 제6호에 따른 국내원천 인적용역소득 : 지급금액의 100분의 20. 다만, 국외에서 제공하는 인적용역 중 대통령령으로 정하는 인적용역을 제공함으로써 발생하는 소득이 조세조약에 따라 국내에서 발생하는 것으로 보는 소득에 대해서는 그 지급금액의 100분의 3으로 한다. (2018. 12. 24. 개정)

5. 제93조 제7호에 따른 국내원천 부동산등양도소득 : 지급금액의 100분의 10. 다만, 양도한 자산의 취득가액 및 양도비용이 확인되는 경우에는 그 지급금액의 100분의 10에 상당하는 금액과 그 자산의 양도차익의 100분의 20에 상당하는 금액 중 적은 금액으로 한다.

제185조를 준용한다. (2022. 3. 8. 개정)

④ 법 제98조에 따라 원천징수를 할 때 법 제93조 제1호 나목에 따른 국내원천 이자소득의 지급시기는 그 소득을 지급하는 외국법인 또는 비거주자의 해당 사업연도 또는 과세기간의 소득에 대한 과세표준의 신고기한의 종료일(법 제97조 제2항에 따라 신고기한을 연장한 경우에는 그 연장한 기한의 종료일을 말한다)로 한다. (2019. 2. 12. 개정)

⑤ 법 제98조의 규정에 의하여 원천징수를 함에 있어서 원천징수의무자가 국내에 주소, 거소, 본점, 주사무소, 사업의 실질적 관리장소 또는 국내사업장(「소득세법」 제120조의 규정에 의한 국내사업장을 포함한다)이 없는 경우에는 「국세기본법」 제82조의 규정에 의한 납세관리인을 정하여 관할세무서장에게 신고하여야 한다. (2007. 2. 28. 항번개정)

⑥ 법 제98조 제14항에서 "대통령령으로 정하는 시기"란 다음 각 호의 어느 하나에 해당하는 날을 말한다. (2010. 12. 30. 개정)

1. 제88조 제1항 제8호 가목의 경우 : 법인이 합병으로 인하여 소멸한 경우에는 그 합병등기를 한 날, 법인이 분할 또는 분할합병으로 인하여 소멸 또는 존속하는 경우에는 그 분할등기 또는 분할합병등기를 한 날 (2003. 12. 30. 신설)

2. 제88조 제1항 제8호 나목 및 다목의 경우 : 증자 또는 감자의 결정을 한 날 (2003. 12. 30. 신설)

⑦ 주식등을 발행한 내국법인은 법 제93조 제10호 자목에 따른 국내원천 기타소득을 제6항에 따른 시기에 각각 원천징수하여야 한다. (2019. 2. 12. 개정)

⑧ 법 제98조 제1항 제4호 단서에서 "대통령령으로 정하는 인적용역"이란 제132조 제6항 제4호에 해당하는 용역을 말한다. (2019. 2. 12. 개정)

⑨ 법 제98조 제1항 제5호에 따라 원천징수하는 금액을 계산할 때 양도자가 법 제97조 제1항에 따라 법인세를 신고·납부한 후 양수자가 「법인세법」 제98조 제1항에 따라 원천징수하는 경우에는 해당 양도자가 신고·납부한 세액을 뺀 금액으로 한다. (2019. 2. 12. 개정)

⑩ 법 제98조 제1항 제8호 나목 단서에서 "대통령령으로 정하는 금액"이란 다음 계산식에 따른 원천징수액에 상당하는 가상자산의 금액을 말한다. (2022. 3. 8. 신설)

터 시행함. (영 부칙(2022. 3. 8.)) (2024. 12. 31. 개정)

〔통칙〕 98 – 137…1【외국법인의 배당소득에 대한 원천징수 시기】

내국법인이 국내에 사업장 및 부동산 소득이 없는 외국법인에게 배당금을 지급하는 때의 그 원천징수 시기는 「소득세법」 제131조 제1항(이자소득 또는 배당소득 원천징수시기에 대한 특례)의 규정에 불구하고 그 배당소득을 실제 지급하는 때로 한다. (2019. 12. 23. 개정)

〔편주〕

영 137조 10항부터 14항까지의 개정규정은 2027. 1. 1.부터 시행함. (영 부칙(2022. 3. 8.)) (2024. 12. 31. 개정)

☞

(2018. 12. 24. 개정)

6. 제93조 제8호에 따른 국내원천 사용료소득 : 지급금액의 100분의 20 (2018. 12. 24. 개정)

7. 제93조 제9호에 따른 국내원천 유가증권양도소득 : 지급금액(제92조 제2항 제2호에 해당하는 경우에는 같은 호의 "정상가격"을 말한다. 이하 이 호에서 같다)의 100분의 10. 다만, 제92조 제2항 제1호 가목에 따라 해당 유가증권의 취득가액 및 양도비용이 확인되는 경우에는 그 지급금액의 100분의 10에 상당하는 금액과 같은 호 단서에 따라 계산한 금액의 100분의 20에 상당하는 금액 중 적은 금액으로 한다. (2020. 12. 22. 단서개정)

편주 ▶ ....
법 98조의 개정규정은 2027. 1. 1.부터 시행함. (법 부칙(2020. 12. 22.) 1조 단서) (2024. 12. 31. 개정)

8. 제93조 제10호에 따른 국내원천 기타소득: 지급금액(같은 호 다목의 소득에 대해서는 대통령령으로 정하는 금액)의 100분의 20. 다만, 제93조 제10호 차목의 소득에 대해서는 그 지급금액의 100분의 15로 한다. (2019. 12. 31. 개정)

8. 제93조 제10호에 따른 국내원천 기타소득: 다음 각 목의 구분에 따른 금액 (2020. 12. 22. 개정)

　가. 제93조 제10호 차목의 소득: 지급금액의 100분의 15 (2020. 12. 22. 개정)

　나. 제93조 제10호 카목의 소득: 다음의 구분에 따른 금액. 다만, 가상자산을 교환하거나 인출하는 경우에는 다음의 구분에 상당하는 금액으로서 가상자산 단위로 표시한 대통령령으로 정하는 금액으로 한다. (2020. 12. 22. 개정)

　　1) 제92조 제2항 제1호 나목에 따라 가상자산의 취득가액 등이 확인되는 경우: 지급금액의 100분의 10에 해당하는 금액과 같은 목에 따라 계산한 금액의 100분의 20에 해당하는 금액 중 적은 금액 (2020. 12. 22. 개정)

　　2) 제92조 제2항 제1호 나목에 따른 가상자산의 취득가액 등이 확인되지 아니한 경우: 지급금액의 100분의 10 (2020. 12. 22. 개정)

$$\begin{array}{c}\text{원천}\\\text{징수액에}\\\text{상당하는}\\\text{가상자산}\end{array} = \dfrac{\begin{array}{c}\text{법 제98조 제1항 제8호 나목 1)}\\\text{또는 2)에 따라 계산한 금액}\end{array}}{\begin{array}{c}\text{가상자산을 교환·인출하는 시점에 그}\\\text{가상자산을 보관·관리하는 가상자산사업자등이}\\\text{표시한 가상자산 1개의 가액}\end{array}}$$

비고 : 이 계산식 분모를 적용할 때 가상자산의 가치가 금액으로 표시되지 않는 가상자산을 교환·인출할 때의 가액은 「소득세법 시행령」 제88조 제3항 및 제4항을 준용하여 산출한다.

⑪ 법 제98조 제1항 제8호 다목에서 "대통령령으로 정하는 금액"이란 취득당시의 시가를 말한다. (2022. 3. 8. 개정)

⑫ 법 제98조 제16항에 따라 가상자산사업자등은 보관·관리하는 가상자산의 각 인출시점에 다음의 계산식에 따른 인별로 납부해야 할 금액을 월단위로 합산하여 납세지 관할 세무서, 한국은행 또는 체신관서에 납부해야 한다. (2022. 3. 8. 신설)

$$\text{인별로 납부해야 할 금액} = (A - D) \times \dfrac{B}{C}$$

A : 가상자산사업자등이 법 제98조 제1항 제8호 나목에 따라 원천징수한 금액(가상자산을 교환·인출함에 따라 원천징수를 하는 경우에는 가상자산 단위로 표시한 제10항에 따른 금액으로서 교환 또는 인출 즉시 현금으로 매각한 금액을 말한다)의 인별누적액

B : 가상자산 또는 현금의 인별인출액. 이 경우 가상자산의 인출액은 제129조 제4항에 따른 금액을 말한다.

C : 가상자산사업자등이 보관·관리하는 인별자산총액

D : 직전 인출시점으로 계산한 인별로 납부해야 할 금액의 누적액

⑬ 제12항의 계산식을 적용할 때 외국법인이 가상자산거래로 손실이 발생한 경우 가상자산사업자등은 다음의 계산식에 따라 해당 손실분을 반영하여 법 제98조 제1항 제8호 나목에 따라 원천징수한 금액의 인별누적액(제12항의 계산식 중 "A"값을 말하며, 이하 이 항에서 "원천징

통칙 98-0…1【외국법인의 국내원천소득의 과세표준 계산】

법 제93조 제8호에 규정하는 국내원천소득을 지급하는 경우에는 그 지급금액(부가가치세를 포함한 수입금액 또는 판매금액을 기초로 하여 계산한 금액을 기술사용 대가로 지급하기로 약정한 경우에는 부가가치세를 포함한 금액)을 원천징수 과세표준으로 한다. (2019. 12. 23. 개정)

98-0…2【국내원천소득을 지급하는 경우의 과세표준 계산】

국내사업장이 없는 외국법인에게 법 제93조에 규정하는 국내원천소득을 지급하는 경우에 계약조건이 "국내 세법에 의한 제세를 공제한 금액을 지급하도록" 약정되어 있는 때의 법 제91조 제2항의 규정에 의한 과세표준금액은 다음과 같이 계산한다. (2001. 11. 1 개정)

지급하기로 약정한 금액 ÷ (1 - 원천징수세율) = 과세표준

98-0…3【국제운수소득에 대한 원천징수】

국내사업장으로 보지 아니하는 외국선박회사 대리점을 통하여 운송계약을 체결한 경우의 그 운임은 당해 외국법인의 국내원천소득으로 보는 것

편주

법 98조 1항 8호 나목의 개정규정은 2027. 1. 1. 이후 발생하는 가상자산 소득분부터 적용함. (법 부칙(2020. 12. 22.) 13조) (2024. 12. 31. 개정)

다. 가목 및 나목 외의 기타소득: 지급금액(제93조 제10호 다목의 소득에 대해서는 대통령령으로 정하는 금액)의 100분의 20 (2020. 12. 22. 개정)

② 외국인의 국내 투자자금의 변동성이 확대되어 외환부문의 건전성을 해치는 등 금융시장에 불안이 초래되고 통화정책 수행을 어렵게 하거나 어렵게 할 우려가 있어 긴급히 필요하다고 인정될 때에는 외국법인의 소득 중 다음 각 호의 소득에 대해서는 제1항의 세율을 대통령령으로 정하는 바에 따라 인하하거나 영의 세율로 할 수 있다. 이 경우 기획재정부장관은 인하할 세율과 그 필요성에 관한 내용을 국회 소관 상임위원회에 사전에 보고하여야 한다. (2018. 12. 24. 개정)
1. 제93조 제1호에 따른 국내원천 이자소득 중 「국채법」 제5조 제1항에 따라 발행하는 국채 및 대통령령으로 정하는 채권(이하 이 조에서 “국채등”이라 한다)에서 발생하는 소득 (2018. 12. 24. 개정)
2. 제93조 제9호에 따른 국내원천 유가증권양도소득 중 국채 등의 양도로 인하여 발생하는 소득 (2018. 12. 24. 개정)

② 삭　제 (2022. 12. 31.)

③ 제1항 및 제5항부터 제12항까지의 규정에 따라 법인세를 원천징수한 자가 그 원천징수한 법인세를 그 납부기한이 지난 후 납부하는 경우에는 그 금액에 제76조 제2항에 따른 가산세를 더하여 납부하여야 한다. (2010. 12. 30. 개정)

③ 삭　제 (2011. 12. 31.)

④ 납세지 관할 세무서장은 원천징수의무자가 제1항 및 제5항부터 제12항까지의 규정에 따라 외국법인의 각 사업연도의 소득에 대한 법인세로서 원천징수하여야 할 금액을 원천징수하지 아니하였거나 원천징수한 금액을 제1항에 따른 기한까지 납부하지 아니하면 지체 없이 국세징수의 예에 따라 원천징수의무자로부터 그 징수하는 금액에 「국세기본법」 제47조의 5 제1항에 따른 금액을 가산하여 법인세로 징수하여야 한다. (2011. 12. 31. 개정)

⑤ 국내사업장을 가지고 있지 아니한 외국법인에 외국 차관자금으로서 제93조 제1호·제5호·제6호 및 제8호에 따른 국내원천소득의 금액을 지급하는 자는 해당 계약조건에 따라 그 소득금액을 자기가 직접

수누적액”이라 한다)을 차감 조정한다. (2022. 3. 8. 신설)

$$
\text{기준 원천징수누적액} = \text{손실발생 시 기준 원천징수누적액} - (\text{손실발생 직전 거래 시 기준 원천징수누적액과 손실금액의 100분의 20에 해당하는 금액과 Z 중 적은 금액})
$$

Z : 손실발생 직전 거래 시 기준 원천징수누적액 – 손실발생 직전 인출 시점으로 계산한 인별로 납부해야 할 금액의 누적액

⑭ 가상자산사업자등은 제13항에 따라 차감한 금액에 상당하는 금액을 손실이 발생한 외국법인에 지급해야 한다. (2022. 3. 8. 신설)

⑮ 법 제98조 제17항에 따라 가상자산사업자등은 납세자별로 같은 조 제16항에 따른 원천징수를 최초로 이행하기 전에 다음 각 호의 어느 하나에 해당하는 방법으로 가상자산을 양도·대여·인출하는 자가 원천징수 대상에 해당하는지를 확인해야 한다. (2022. 3. 8. 신설)
1. 해당 납세자로부터 원천징수 대상 여부 확인에 필요한 증빙자료를 받아 확인하는 방법 (2022. 3. 8. 신설)
2. 국세청으로부터 원천징수 대상 여부 확인에 필요한 정보를 받아 확인하는 방법 (2022. 3. 8. 신설)

⑮ 법 제98조 제17항에 따라 가상자산사업자등은 납세자별로 같은 조 제16항에 따른 원천징수를 최초로 이행하기 전에 가상자산을 양도·대여·인출하는 자로부터 원천징수 대상 여부 확인에 필요한 증명자료를 받아 해당 납세자가 원천징수 대상에 해당하는지를 확인해야 한다. (2025. 2. 28. 개정)

⑯ 가상자산사업자등은 제15항에 따라 원천징수 대상 여부를 확인한 때부터 3년마다 원천징수 대상의 변동 여부를 확인해야 한다. (2022. 3. 8. 신설)

제137조의 2 【외국법인의 국채 및 통화안정증권 이자·양도소득에 대한 탄력세율】 ① 법 제98조 제2항 제1호에서 “대통령령으로 정하는 채권”이란 「한국은행 통화안정증권법」에 따른 통화안정증권을 말한다. (2022. 10. 27. 신설)
② 법 제98조 제2항 각 호 외의 부분 전단에 따라 외국법인의 소득 중 같은 항 각 호의 소득에 대한 세율은 2022년 12월 31일까지 영의 세율로 한다. (2022. 10. 27. 신설)

제137조의 2 【외국법인의 국채 및 통화안정증권 이자·양도소득에 대한 탄력세율】 삭　제 (2023. 2. 28.)

이므로 이를 지급하는 자는 제98조 제6항의 규정에 의하여 원천징수 하여야 한다. (2019. 12. 23. 개정)

98-0…4 【공연권 사용료에 대한 원천징수】
외국법인에게 지급하는 공연권사용료에 대한 원천징수는 대금결제 방법에 불구하고 이를 지급하는 때에 원천징수하여야 한다.

편주

영 137조 15항의 개정규정은 2027. 1. 1.부터 시행함. (영 부칙(2025. 2. 28.) 1조 2호)

편주

영 137조 16항의 개정규정은 2027. 1. 1.부터 시행함. (영 부칙(2022. 3. 8.)) (2024. 12. 31. 개정)

편주

영 137조의 2의 개정규정은 2022. 10. 17.부터 2022. 12. 31.까지 이자를 지급받거나

지급하지 아니하는 경우에도 그 계약상의 지급조건에 따라 그 소득금액이 지급될 때마다 제1항에 따른 원천징수를 하여야 한다. (2010. 12. 30. 개정)

⑥ 외국을 항행하는 선박이나 항공기를 운영하는 외국법인의 국내대리점으로서 제94조 제3항에 해당하지 아니하는 자가 그 외국법인에 외국을 항행하는 선박이나 항공기의 항행에서 생기는 소득을 지급할 때에는 제1항에 따라 그 외국법인의 국내원천소득 금액에 대하여 원천징수하여야 한다. (2010. 12. 30. 개정)

⑦ 제93조 제9호에 따른 유가증권을 「자본시장과 금융투자업에 관한 법률」에 따른 투자매매업자 또는 투자중개업자를 통하여 양도하는 경우에는 그 투자매매업자 또는 투자중개업자가 제1항에 따라 원천징수를 하여야 한다. 다만, 「자본시장과 금융투자업에 관한 법률」에 따라 주식을 상장하는 경우로서 이미 발행된 주식을 양도하는 경우에는 그 주식을 발행한 법인이 원천징수하여야 한다. (2010. 12. 30. 개정)

⑧ 외국법인에 건축, 건설, 기계장치 등의 설치ㆍ조립, 그 밖의 작업이나 그 작업의 지휘ㆍ감독 등에 관한 용역을 제공함으로써 발생하는 국내원천소득 또는 제93조 제6호에 따라 인적용역을 제공함에 따른 국내원천소득(조세조약에서 사업소득으로 구분하는 경우를 포함한다)의 금액을 지급하는 자는 그 소득이 국내사업장에 귀속되는 경우에도 제1항에 따른 원천징수를 하여야 한다. 다만, 그 국내사업장이 제111조에 따라 사업자등록을 한 경우는 제외한다. (2014. 1. 1. 개정)

⑨ 제1항에 따른 국내원천소득이 국외에서 지급되는 경우 그 지급자가 국내에 주소, 거소, 본점, 주사무소 또는 국내사업장(「소득세법」 제120조에 따른 국내사업장을 포함한다)을 둔 경우에는 그 지급자가 그 국내원천소득 금액을 국내에서 지급하는 것으로 보아 제1항을 적용한다. (2010. 12. 30. 개정)

⑩ 외국법인이 「민사집행법」에 따른 경매 또는 「국세징수법」에 따른 공매로 인하여 제93조에 따른 국내원천소득을 지급받는 경우에는 해당 경매대금을 배당하거나 공매대금을 배분하는 자가 해당 외국법인에 실제로 지급하는 금액의 범위에서 제1항에 따라 원천징수를 하여야 한다. (2014. 1. 1. 개정)

제138조【투자중개업자 등의 원천징수】(2009. 2. 4. 제목개정)
법 제98조 제1항 제7호 단서를 적용할 때 취득가액이 서로 다른 동일 종목의 유가증권(채권의 경우에는 액면가액, 발행일 및 만기일, 이자율 등 발행조건이 같은 동일 종목의 채권을 말한다)을 보유한 외국법인이 해당 유가증권을 양도한 경우에 양도가액에서 공제할 취득가액은 이동평균법에 준하여 계산한다. (2019. 2. 12. 개정)

국채 및 통화안정증권을 양도하는 경우에 적용함. (영 부칙(2022. 10. 27.) 2조)

⑪ 제1항 및 제5항부터 제10항까지의 규정에 따른 원천징수의무자를 대리하거나 그 위임을 받은 자의 행위는 수권 또는 위임의 범위에서 본인 또는 위임인의 행위로 보아 제1항 및 제5항부터 제10항까지의 규정을 적용한다. (2010. 12. 30. 신설)

⑫ 금융회사 등이 내국인이 발행한 어음이나 채무증서를 인수 · 매매 · 중개 또는 대리하는 경우에는 그 금융회사 등과 해당 내국인 간에 대리 또는 위임의 관계가 있는 것으로 보아 제11항을 적용한다. (2010. 12. 30. 신설)

⑬ 원천징수의무자가 제1항, 제5항부터 제12항까지 및 제16항에 따라 법인세를 원천징수할 때에는 대통령령으로 정하는 바에따라 그 지급금액과 그 밖에 필요한 사항을 적은 원천징수영수증을 그 지급받는 자에게 발급하여야 한다. (2020. 12. 22. 개정)

편주 ···

법 98조 13항 · 16항 · 17항의 개정규정은 2027. 1. 1. 이후 발생하는 가상자산소득분부터 적용함. (법 부칙(2020. 12. 22.) 13조) (2024. 12. 31. 개정)

···

⑭ 제93조 제10호 자목에 따른 국내원천소득은 주식 등을 발행한 내국법인이 그 주식 등을 보유하고 있는 국외특수관계인으로부터 대통령령으로 정하는 시기에 원천징수하여야 한다. (2011. 12. 31. 개정)

⑮ 제14항에 따른 원천징수의 구체적인 방법은 대통령령으로 정한다. (2010. 12. 30. 개정)

⑯ 제1항에도 불구하고 가상자산사업자등을 통하여 발생하는 제93조 제10호 카목에 따른 외국법인의 국내원천 기타소득은 가상자산사업자등이 제1항 제8호 나목에 따른 금액을 원천징수하여 가상자산 또는 현금을 인출하는 달의 다음 달 10일(매년 1월 1일부터 12월 31일까지 인출하지 아니한 경우 그 다음 연도 1월 10일)까지 대통령령으로 정하는 바에 따라 납세지 관할 세무서등에 납부하여야 한다. (2020. 12. 22. 신설)

⑰ 제16항을 적용할 때 가상자산을 양도 · 대여 · 인출하는 자가 제1항 제8호 나목의 원천징수 대상에 해당하는지 여부에 대하여 가상자산사업자등이 확인하는 방법은 대통령령으로 정한다. (2020. 12. 22. 신설)

제98조의 2【외국법인의 유가증권 양도소득 등에 대한 신고·납부 등의 특례】(2011. 12. 31. 제목개정)

① 국내사업장이 없는 외국법인은 동일한 내국법인의 주식 또는 출자증권을 동일한 사업연도(그 주식 또는 출자증권을 발행한 내국법인의 사업연도를 말한다. 이하 이 조에서 같다)에 2회 이상 양도함으로써 조세조약에서 정한 과세기준을 충족하게 된 경우에는 양도 당시 원천징수되지 아니한 소득(이하 이 조에서 "소득"이라 한다)에 대한 원천징수세액 상당액을 양도일이 속하는 사업연도의 종료일부터 3개월 이내에 대통령령으로 정하는 바에 따라 납세지 관할 세무서장에게 신고·납부하여야 한다. (2010. 12. 30. 개정)

② 제1항은 국내사업장이 있는 외국법인의 소득으로서 그 국내사업장과 실질적으로 관련되지 아니하거나 그 국내사업장에 귀속되지 아니한 소득에 대하여도 준용한다. (2010. 12. 30. 개정)

③ 국내사업장이 없는 외국법인은 주식·출자증권 또는 그 밖의 유가증권(이하 이 항에서 "주식등"이라 한다)을 국내사업장이 없는 비거주자나 외국법인에 양도하는 경우로서 대통령령으로 정하는 경우에는 그 양도로 인하여 발생하는 소득에 대하여 제98조 제1항 제7호에 따른 비율을 곱하여 산출한 금액을 지급받은 날이 속하는 달의 다음다음 달 10일까지 대통령령으로 정하는 바에 따라 납세지 관할 세무서장에게 신고·납부하여야 한다. 다만, 주식등의 양도에 따른 소득의 금액을 지급하는 자가 제98조에 따라 해당 주식등의 양도로 발생한 국내원천소득에 대한 법인세를 원천징수하여 납부한 경우에는 그러하지 아니하다. (2018. 12. 24. 개정)

④ 국내사업장이 없는 외국법인이 국내에 있는 자산을 국내사업장이 없는 비거주자나 외국법인으로부터 증여받아 제93조 제10호 다목에 따른 소득이 발생하는 경우에는 제98조 제1항 제8호에 따른 금액을 증여받는 날이 속하는 달의 말일부터 3개월 이내에 대통령령으로 정하는 바에 따라 납세지 관할 세무서장에게 신고·납부하여야 한다. 다만, 국내에 있는 자산을 증여하는 자가 제98조에 따라 국내원천소득에 대한 법인세를 원천징수하여 납부한 경우에는 그러하지 아니하다. (2018. 12. 24. 개정)

⑤ 납세지 관할 세무서장은 외국법인이 제1항부터 제4항까지의 규정

제138조의 2【외국법인의 유가증권 양도소득 등에 대한 신고·납부 등의 특례】(2012. 2. 2. 제목개정)

① 외국법인은 법 제98조의 2의 규정에 의하여 양도당시 조세조약에서 정한 과세기준을 충족하지 아니하여 주식 또는 출자증권의 양도소득 중 원천징수되지 아니한 소득의 원천징수세액상당액을 당해 유가증권을 발행한 내국법인의 소재지를 관할하는 세무서장에게 신고·납부하여야 한다. (2000. 12. 29 신설)

② 제1항의 규정에 의하여 주식 또는 출자증권의 양도소득 중 원천징수되지 아니한 소득의 원천징수세액상당액을 신고·납부하고자 하는 외국법인은 동일한 사업연도에 양도한 당해 법인의 양도주식총액과 원천징수되지 아니한 양도주식총액을 구분하여 기획재정부령이 정하는 외국법인유가증권양도소득정산신고서를 제출하여야 한다. (2008. 2. 29. 직제개정 ; 기획재정부와~직제 부칙)

③ 법 제98조의 2 제3항 본문에서 "대통령령으로 정하는 경우"란 다음 각 호의 유가증권을 양도하는 경우를 말한다. (2011. 6. 3. 개정)

1. 「조세특례제한법 시행령」 제18조 제4항 제1호 및 제2호에 따라 과세되는 주식 등 유가증권 (2008. 2. 22. 신설)

2. 외국에서 거래되는 원화표시 유가증권(외국유가증권시장 외에서 거래되는 것을 말한다) (2008. 2. 22. 신설)

④ 법 제98조의 2 제3항에 따라 신고·납부하려는 외국법인은 해당 주식 등 유가증권을 발행한 내국법인의 소재지를 관할하는 세무서장에게 기획재정부령으로 정하는 외국법인유가증권양도소득신고서를 작성하여 신고·납부하여야 한다. (2008. 2. 29. 직제개정 ; 기획재정부와~직제 부칙)

⑤ 법 제98조의 2 제4항에 따라 신고·납부하려는 외국법인은 해당 자산의 소재지(유가증권인 경우에는 유가증권을 발행한 내국법인의 소재지를 말한다)를 관할하는 세무서장에게 기획재정부령으로 정하는 외국법인증여소득신고서를 작성하여 신고·납부하여야 한다. (2012. 2. 2. 신설)

제68조의 2【채권대차거래의 범위 등】삭 제 (2010. 6. 30.)

에 따른 신고·납부를 하지 아니하거나 신고하여야 할 과세표준보다 낮게 신고한 경우 또는 납부하여야 할 세액보다 적게 납부한 경우에는 제66조를 준용하여 징수하여야 한다. (2011. 12. 31. 개정)

제98조의 3 【외국법인의 원천징수대상채권 등에 대한 원천징수의 특례】 (2010. 12. 30. 제목개정)

① 외국법인(제98조 제1항을 적용받는 외국법인을 말한다. 이하 이 조에서 같다)에게 원천징수대상채권 등의 이자 등을 지급하는 자 또는 원천징수대상채권 등의 이자 등을 지급받기 전에 외국법인으로부터 원천징수대상채권 등을 매수(중개·알선, 그 밖에 대통령령으로 정하는 경우를 포함하되, 환매조건부 채권매매 거래 등 대통령령으로 정하는 경우는 제외한다. 이하 이 조에서 같다)하는 자는 그 외국법인의 보유기간을 고려하여 대통령령으로 정하는 바에 따라 원천징수하여야 한다. (2010. 12. 30. 개정)

② 삭 제 (2004. 12. 31.)

③ 제1항에 따른 원천징수를 하여야 할 자를 대리하거나 그 위임을 받는 자의 행위는 수권 또는 위임의 범위에서 본인이나 위임인의 행위로 보아 제1항을 적용한다. (2010. 12. 30. 개정)

④ 금융회사 등이 내국인이나 외국법인이 발행한 원천징수대상채권 등을 인수·매매·중개 또는 대리하는 경우에는 그 금융회사 등과 제1항의 원천징수의무자 및 원천징수대상채권 등을 매도하는 외국법인 간에 대리 또는 위임의 관계가 있는 것으로 보아 제3항을 적용한다. (2010. 12. 30. 개정)

⑤ 제1항부터 제4항까지의 규정을 적용할 때 원천징수세액의 납부기한, 가산세의 납부 및 징수에 관하여는 제98조 제1항부터 제3항까지의 규정을 준용한다. (2010. 12. 30. 개정)

⑥ 제1항을 적용할 때 이자소득의 지급시기, 원천징수대상채권 등의 보유기간의 계산, 원천징수세액의 계산 및 납부와 원천징수의무자의 범위, 원천징수영수증의 발급 등에 관하여 필요한 사항은 대통령령으로 정한다. (2010. 12. 30. 개정)

관계조문

규칙 82조 7항 9호의 6 ⇒ 외국법인유가증권양도소득정산신고서(별지 71호의 6 서식)

제138조의 3 【외국법인의 채권 등의 이자 등에 대한 원천징수특례】 ① 법 제98조 제1항을 적용받는 외국법인(이하 이 조에서 "외국법인"이라 한다)에 대하여 원천징수대상채권 등의 이자 등을 지급하는 자 또는 원천징수대상채권 등의 이자 등을 지급받기 전에 외국법인으로부터 원천징수대상채권 등을 매수하는 자는 그 지급금액에 대하여 법·「조세특례제한법」 또는 조세조약에 의한 세율(이하 이 조에서 "적용세율"이라 한다)을 적용하는 경우에 그 지급금액에 다음 각 호의 세율을 적용하여 계산한 금액을 원천징수하여야 한다. 이 경우 제1호의 세율이 법 제73조의 2 제1항 전단에 따른 세율보다 높은 경우로서 해당 외국법인이 원천징수대상채권 등의 보유기간을 입증하지 못하는 경우에는 지급금액 전액을 해당 외국법인의 보유기간이자상당액으로 보며, 제1호에 따른 적용세율이 법 제73조의 2 제1항 전단에 따른 세율보다 낮은 경우로서 해당 외국법인이 원천징수대상채권 등의 보유기간을 입증하지 못하는 경우에는 해당 외국법인의 보유기간이자상당액은 이를 없는 것으로 본다. (2019. 2. 12. 후단개정)

1. 지급금액 중 당해 외국법인의 보유기간이자상당액에 대하여는 당해 외국법인에 대한 적용세율 (2006. 2. 9. 개정)

2. 지급금액 중 제1호의 보유기간이자상당액을 차감한 금액에 대하여는 법 제73조의 2 제1항 전단에 따른 세율 (2019. 2. 12. 개정)

② 법 제98조의 3 제1항에서 "환매조건부 채권매매 거래 등 대통령령으로 정하는 경우"란 다음 각 호의 어느 하나에 해당하거나 각 호가 혼합되는 거래를 말한다. (2016. 2. 12. 개정)

1. 외국법인이 일정기간 후에 일정가격으로 환매수 또는 환매도할 것을 조건으로 하여 채권등을 매도 또는 매수하는 거래(해당 거래가 연속되는 경우를 포함한다)로서 그 거래에 해당하는 사실이 「자본시장과 금융투자업에 관한 법률」 제294조에 따른 한국예탁결제원의

계좌를 통하여 확인되는 거래 (2016. 2. 12. 개정)

2. 외국법인이 일정기간 후에 같은 종류로서 같은 양의 채권을 반환받는 조건으로 채권을 대여하는 거래(해당 거래가 연속되는 경우를 포함한다)로서 그 거래에 해당하는 사실이 채권대차거래중개기관(「자본시장과 금융투자업에 관한 법률」에 따른 한국예탁결제원, 증권금융회사, 투자매매업자 또는 투자중개업자를 말한다)이 작성한 거래 원장(전자적 형태의 원장을 포함한다)을 통하여 확인되는 거래 (2016. 2. 12. 개정)

③ 제2항에 따른 거래의 경우 채권등을 매도 또는 대여한 날부터 환매수 또는 반환받은 날까지의 기간 동안 그 채권등으로부터 발생하는 이자소득 또는 배당소득에 상당하는 금액은 매도자 또는 대여자(해당 거래가 연속되는 경우 또는 제2항 각 호의 거래가 혼합되는 경우에는 최초 매도자 또는 대여자를 말한다)에게 귀속되는 것으로 보아 법 제98조의 3을 적용한다. (2016. 2. 12. 개정)

④ 제2항에 따른 거래를 통하여 매수자 또는 차입자(이하 이 조에서 "매수자등"이라 한다)가 매입 또는 차입한 채권등이 제3자에게 매도 또는 대여되는 경우에는 매수자등(제111조 제1항 각 호의 어느 하나에 해당하는 법인은 제외한다)에게 보유기간이자상당액에 대한 세액을 법 제

☞ p.607 2단 연결

73조의 2 및 제98조의 3, 「소득세법」 제133조의 2 및 제156조의 3에 따라 원천징수하여야 하며, 매수자등은 원천징수당한 세액을 제5항에 따라 환급받을 수 있다. (2019. 2. 12. 개정)

⑤ 제4항에 따라 원천징수된 세액을 환급받으려는 매수자등은 제3자에게 매도 또는 대여한 채권등이 제2항에 따른 거래를 통하여 매입 또는 차입한 것임을 입증할 수 있는 기획재정부령으로 정하는 서류를 첨부하여 원천징수된 세액의 납부일이 속하는 달의 다음 달 10일까지 매수자등의 납세지 관할세무서장에게 환급신청서를 제출하여야 하며, 환급신청을 받은 관할세무서장은 거래사실 및 환급신청내용을 확인한 후 즉시 환급하여야 한다. (2010. 6. 8. 개정)

⑥ 제111조 제6항은 외국법인의 채권 등의 이자 등에 대한 지급시기에 관하여 이를 준용하고, 제113조의 규정은 채권 등의 보유기간계산, 보유기간이자상당액의 계산방법 및 보유기간 입증방법에 관하여 이를 준용하며, 제137조 제2항의 규정은 원천징수세액납부에 관하여 이를 준용한다. (2009. 12. 31. 개정)

⑦ 삭　제 (2005. 2. 19.)

제98조의 4【외국법인에 대한 조세조약상 비과세 또는 면제 적용 신청】(2014. 1. 1. 제목개정)

① 제93조에 따른 국내원천소득(같은 조 제5호에 따른 국내원천 사업소득 및 같은 조 제6호에 따른 국내원천 인적용역소득은 제외한다)의 실질귀속자인 외국법인이 조세조약에 따라 비과세 또는 면제를 적용받으려는 경우에는 대통령령으로 정하는 바에 따라 비과세·면제신청서 및 국내원천소득의 실질귀속자임을 증명하는 서류(이하 이 조에서 "신청서등"이라 한다)를 국내원천소득을 지급하는 자(이하 이 조에서 "소득지급자"라 한다)에게 제출하고 해당 소득지급자는 그 신청서등을 납세지 관할 세무서장에게 제출하여야 한다. 이 경우 제93조의 2 제1항 제1호에 해당하여 국외투자기구를 국내원천소득의 실질귀속자로 보는 경우에는 그 국외투자기구에 투자한 투자자의 국가별 현황 등이 포함된 국외투자기구 신고서를 함께 제출하여야 한다. (2022. 12. 31. 개정)

① 제93조에 따른 국내원천소득(같은 조 제5호에 따른 국내원천 사업소득은 제외한다)의 실질귀속자인 외국법인이 조세조약에 따라 비과세 또는 면제를 적용받으려는 경우에는 대통령령으로 정하는 바에 따라 비과세·면제신청서 및 국내원천소득의 실질귀속자임을 증명하는 서류(이하 이 조에서 "신청서등"이라 한다)를 국내원천소득을 지급하는

제138조의 4【외국법인에 대한 조세조약상 비과세 또는 면제 적용 신청】(2014. 2. 21. 제목개정)

① 법 제98조의 4 제1항에 따라 비과세 또는 면제를 적용받으려는 국내원천소득의 실질귀속자는 기획재정부령으로 정하는 비과세·면제신청서 및 국내원천소득의 실질귀속자임을 증명하는 서류(이하 이 조에서 "신청서등"이라 한다)를 소득지급자에게 제출하고 해당 소득지급자는 소득을 지급하는 날이 속하는 달의 다음 달 9일까지 소득지급자의 납세지 관할세무서장에게 제출하여야 한다. 이 경우 법 제98조의 4 제1항 후단에 해당하는 국외투자기구의 경우에는 기획재정부령으로 정하는 실질귀속자 특례 국외투자기구 신고서(이하 이 조, 제138조의 7 및 제138조의 8에서 "실질귀속자 특례 국외투자기구 신고서"라 한다)를 함께 제출해야 한다. (2023. 2. 28. 개정)

② 제1항에 따른 국내원천소득의 실질귀속자임을 증명하는 서류는 다음 각 호의 구분에 따른 서류로 한다. 다만, 국내원천소득이 국외투자기구(법 제98조의 4 제1항 후단에 해당하는 국외투자기구를 포함한다)를 통하여 지급되는 경우와 국내원천소득의 실질귀

제68조의 3【조세조약 체약상대국의 정부기관 등】① 영 제138조의 4 제2항 각 호 외의 부

자(이하 이 조에서 "소득지급자"라 한다)에게 제출하고 해당 소득지급자는 그 신청서등을 납세지 관할 세무서장에게 제출하여야 한다. 이 경우 제93조의 2 제1항 제1호에 해당하여 국외투자기구를 국내원천소득의 실질귀속자로 보는 경우에는 그 국외투자기구에 투자한 투자자의 국가별 현황 등이 포함된 국외투자기구 신고서를 함께 제출하여야 한다. (2024. 12. 31. 개정)

[편주]

• 법 98조의 4 제1항 전단의 개정규정은 2026. 1. 1.부터 시행함. (법 부칙(2024. 12. 31.) 1조 1호)
• 2026. 1. 1. 전에 발생한 국내원천 인적용역소득에 관하여는 법 98조의 4 제1항 전단의 개정규정에도 불구하고 종전의 규정에 따름. (법 부칙(2024. 12. 31.) 10조)

② 제1항을 적용할 때 해당 국내원천소득이 국외투자기구를 통하여 지급되는 경우에는 그 국외투자기구가 대통령령으로 정하는 바에 따라 실질귀속자로부터 신청서등을 제출받아 이를 그 명세가 포함된 국외투자기구 신고서와 함께 소득지급자에게 제출하고 해당 소득지급자는 그 신고서와 신청서등을 납세지 관할 세무서장에게 제출하여야 한다. (2022. 12. 31. 개정)

③ 제1항 또는 제2항에 따라 실질귀속자 또는 국외투자기구로부터 신청서등을 제출받은 소득지급자는 제출된 신청서등에 누락된 사항이나 미비한 사항이 있으면 보완을 요구할 수 있으며, 실질귀속자 또는 국외투자기구로부터 신청서등 또는 국외투자기구 신고서를 제출받지 못하거나 제출된 서류를 통해서는 실질귀속자를 파악할 수 없는 등 대통령령으로 정하는 사유에 해당하는 경우에는 비과세 또는 면제를 적용하지 아니하고 제98조 제1항 각 호의 금액을 원천징수하여야 한다. (2022. 12. 31. 개정)

④ 제1항 또는 제2항에 따라 신청서등을 제출받은 납세지 관할 세무서장은 비과세 또는 면제요건 충족 여부를 검토한 결과 비과세·면제 요건이 충족되지 아니하거나 해당 신청서의 내용이 사실과 다르다고 인정되는 경우에는 제98조 제4항에 따라 같은 항에 따른 세액을 소득지

속자가 기획재정부령으로 정하는 조세조약 체약상대국의 정부기관 등인 경우에는 비과세 또는 면제를 받으려는 세액의 액수에 관계없이 제2호에 따른 서류로 한다. (2023. 2. 28. 개정)

② 제1항에 따른 국내원천소득의 실질귀속자임을 증명하는 서류는 다음 각 호의 구분에 따른 서류로 한다. 다만, 국내원천소득이 국외투자기구(법 제98조의 4 제1항 후단에 해당하는 국외투자기구를 포함한다)를 통하여 지급되는 경우와 국내원천소득의 실질귀속자가 조세조약의 상대방국가(이하 "체약상대국"이라 한다)의 정부기관 중 기획재정부령으로 정하는 기관인 경우에는 비과세 또는 면제를 받으려는 세액의 액수에 관계없이 제2호에 따른 서류로 한다. (2025. 2. 28. 단서개정)

1. 법 제98조의 4 제1항에 따라 비과세 또는 면제를 적용받으려는 세액이 10억원 이상인 경우(같은 조에 따라 비과세 또는 면제를 적용받으려는 국내원천소득의 지급일이 속하는 달의 말일부터 과거 1년 이내에 비과세 또는 면제를 적용받은 세액의 합계액이 10억원 이상인 경우를 포함한다) : 다음 각 목의 서류. 이 경우 나목부터 라목까지의 서류는 한글번역본과 함께 제출해야 하며, 국세청장이 인정하는 경우에는 영문으로 작성된 서류만을 제출할 수 있다. (2025. 2. 28. 후단신설)

[편주]

영 138조의 4 제2항 1호의 개정규정은 2025. 2. 28. 이후 비과세 또는 면제 적용 신청을 위한 신청서등을 제출하는 경우부터 적용함. (영 부칙(2025. 2. 28.) 16조)

가. 해당 외국법인 거주지국의 권한 있는 당국이 발급하는 거주자증명서 (2023. 2. 28. 개정)

나. 해당 외국법인의 이사회 구성원의 성명 및 주소와 주주등의 인적사항 및 지분 현황. 다만, 주주등이 100명을 초과하는 경우에는 국가별 주주등의 수 및 총투자금액 명세로 갈음한다. (2023. 2. 28. 개정)

다. 최근 3년(설립 후 3년이 경과하지 않은 외국법인의 경우에는 해당 법인의 설립일부터 신청서등의 제출일 전날까지의 기간을 말한다) 동안 외국법인이 거주지국에 제출한 감사보고서 (2023. 2. 28. 개정)

다. 최근 3년(설립 후 3년이 경과하지 않은 외국법인의 경우에는 해

분 단서에서 "기획재정부령으로 정하는 조세조약 체약상대국의 정부기관 등"이란 다음 각 호의 기관을 말한다. (2023. 3. 20. 개정)

제68조의 3【조세조약 체약상대국의 정부기관 등】

① 영 제138조의 4 제2항 각 호 외의 부분 단서에서 "기획재정부령으로 정하는 기관"이란 다음 각 호의 기관을 말한다. (2025. 3. 21. 개정)

1. 체약상대국의 정부 (2023. 3. 20. 개정)
2. 체약상대국의 지방자치단체 (2023. 3. 20. 개정)
3. 「한국은행법」에 따라 설립된 한국은행과 유사한 은행으로서 체약상대국의 중앙은행 (2023. 3. 20. 개정)
4. 체약상대국의 공공기관으로서 다음 각 목의 어느 하나에 해당하는 기관 (2023. 3. 20. 개정)

　가. 「초·중등교육법」 및 「고등교육법」에 준하는 법률에 따라 설립된 학교 또는 이와 유사한 단체 (2023. 3. 20. 개정)

　나. 「지방공기업법」에 준하는 법률에 따라 설립된 지방공사, 지방공단 또는 이와 유사한 단체 (2023. 3. 20. 개정)

　다. 「공공기관의 운영에 관한 법률」에 준하는 법률의 적용을 받는 공공기관 또는 이와 유사한 단체 (2023. 3. 20. 개정)

② 영 제138조의 5 제2항 제2호에서 "기획재정부령이 정하는 조세조약 체약상대국의 정부기관 등"이란 제1항 제1호·제2

급자로부터 징수하여야 한다. 이 경우 신청서등에 기재된 내용만으로는 비과세·면제 요건의 충족 여부를 판단할 수 없는 경우에는 상당한 기한을 정하여 소득지급자에게 관련 서류의 보완을 요구할 수 있다. (2022. 12. 31. 신설)

⑤ 제3항에 따라 비과세 또는 면제를 적용받지 못한 실질귀속자가 비과세 또는 면제를 적용받으려는 경우에는 실질귀속자 또는 소득지급자가 제3항에 따라 세액이 원천징수된 날이 속하는 달의 다음 달 11일부터 5년 이내에 대통령령으로 정하는 바에 따라 소득지급자의 납세지 관할 세무서장에게 경정을 청구할 수 있다. 다만, 「국세기본법」 제45조의 2 제2항 각 호의 어느 하나에 해당하는 사유가 발생하였을 때에는 본문에도 불구하고 그 사유가 발생한 것을 안 날부터 3개월 이내에 경정을 청구할 수 있다. (2023. 12. 31. 개정)

편주 ▶
법 98조의 4 제5항 본문의 개정규정은 2024. 1. 1. 당시 같은 개정규정에 따른 경정청구기간이 만료되지 아니한 경우에도 적용함. (법 부칙(2023. 12. 31.) 7조)

⑥ 제5항에 따라 경정을 청구받은 세무서장은 청구를 받은 날부터 6개월 이내에 과세표준과 세액을 경정하거나 경정하여야 할 이유가 없다는 뜻을 청구인에게 알려야 한다. (2022. 12. 31. 개정)

⑦ 제1항부터 제6항까지에서 규정된 사항 외에 신청서등 및 국외투자기구 신고서 등 관련 서류의 제출 방법·절차, 제출된 서류의 보관의무, 경정청구의 방법·절차 등 비과세 또는 면제의 적용에 필요한 사항은 대통령령으로 정한다. (2022. 12. 31. 개정)

당 법인의 설립일부터 신청서등의 제출일 전날까지의 기간을 말한다) 동안 체약상대국의 세무당국에 제출한 재무제표(부속서류를 포함한다), 세무신고서 또는 감사보고서 (2025. 2. 28. 개정)

라. 법 제93조 제8호 각 목의 어느 하나에 해당하는 권리·자산 또는 정보(이하 이 목에서 "권리등"이라 한다)의 사용허여(使用許與) 계약서 등 해당 권리등의 등록지 및 소유권자·실시권자 등을 확인할 수 있는 서류(비과세 또는 면제를 적용받으려는 국내원천소득이 법 제93조 제8호에 따른 국내원천 사용료소득인 경우만 해당한다) (2023. 2. 28. 개정)

2. 제1호 외의 경우 : 해당 외국법인의 거주지국의 권한 있는 당국이 발급하는 거주자증명서 (2023. 2. 28. 개정)

③ 외국법인은 그 대리인(「국세기본법」 제82조의 규정에 의한 납세관리인을 포함한다) 등으로 하여금 제1항의 규정에 의한 비과세 또는 면제신청을 하게 할 수 있다. (2005. 2. 19. 개정)

④ 법 제98조의 3의 규정에 의하여 금융회사 등이 외국법인의 채권 등을 인수·매매·중개 또는 대리하는 경우에는 당해 금융회사 등과 외국법인간에 대리 또는 위임의 관계가 있는 것으로 보아 제1항의 규정을 적용한다. (2012. 2. 2. 개정)

⑤ 법 제98조 제7항에 따라 유가증권 양도에 관하여 투자매매업자, 투자중개업자 또는 주식발행법인이 원천징수하는 경우에는 해당 투자매매업자, 투자중개업자 또는 주식발행법인과 외국법인간에 대리 또는 위임의 관계가 있는 것으로 보아 제1항의 규정을 적용한다. (2012. 2. 2. 개정)

⑥ 제4항 및 제5항이 적용되지 아니하는 경우로서 소득지급자가 국내에 주소, 거소, 본점, 주사무소, 사업의 실질적 관리장소 또는 국내사업장(「소득세법」 제120조에 규정된 국내사업장을 포함한다)이 없는 경우에는 제1항에도 불구하고 소득지급자에게 제출하지 아니하고 국내원천소득의 실질귀속자가 납세지 관할세무서장에게 직접 신청서등을 제출할 수 있다. (2023. 2. 28. 개정)

⑦ 법 제93조에 따른 국내원천소득으로서 다음 각 호의 어느 하나에 해당하는 소득에 대하여는 제1항에도 불구하고 신청서등을 제출하지

☞ p.610 3단 연결

호 또는 제4호에 해당하는 기관을 말한다. (2023. 3. 20. 개정)

신고서를 제출받지 못한 경우 (2023. 2. 28. 개정)

2. 제출된 신청서등, 실질귀속자 특례 국외투자기구 신고서 또는 국외투자기구 신고서에 적힌 내용의 보완 요구에 따르지 않는 경우 (2023. 2. 28. 개정)

3. 제출된 신청서등, 실질귀속자 특례 국외투자기구 신고서 또는 국외투자기구 신고서를 통해서는 실질귀속자를 파악할 수 없는 경우 (2023. 2. 28. 개정)

⑭ 소득지급자와 국외투자기구는 신청서등, 실질귀속자 특례 국외투자기구 신고서, 국외투자기구 신고서 등 관련 자료를 제1항에 따른 기한의 다음 날부터 5년간 보관해야 한다. 이 경우 소득지급자의 납세지 관할 세무서장이 제출을 요구하는 경우에는 그 자료를 제출해야 한다. (2023. 2. 28. 개정)

⑮ 법 제98조의 4 제5항에 따라 경정을 청구하려는 자는 소득 지급자의 납세지 관할 세무서장에게 기획재정부령으로 정하는 비과세·면제 적용을 위한 경정청구서에 다음 각 호의 서류를 첨부하여 경정을 청구해야 한다. 이 경우 해당 서류는 한글번역본과 함께 제출하여야 하되, 국세청장이 인정하는 경우에는 영문으로 작성된 서류만을 제출할 수 있다. (2023. 2. 28. 개정)

1. 신청서등 (2023. 2. 28. 개정)

2. 해당 실질귀속자 거주지국의 권한 있는 당국이 발급하는 거주자증명서 (2014. 2. 21. 신설)

3. 실질귀속자 특례 국외투자기구 신고서(제1항 후단에 따라 실질귀속자 특례 국외투자기구 신고서를 제출해야 하는 경우에 한정한다) 또는 국외투자기구 신고서(제9항에 따라 국외투자기구 신고서를 제출해야 하는 경우에 한정한다) (2020. 2. 11. 개정)

⑯ 제15항에 따른 경정청구 절차에 관하여는 제138조의 6 제2항부터 제4항까지의 규정을 준용한다. (2014. 2. 21. 신설)

인할 수 있는 서류 (2014. 2. 21. 신설)

2. 해당 국외투자기구의 국가별 실질귀속자의 수 및 총투자금액 명세가 포함된 국외투자기구 신고서 (2014. 2. 21. 신설)

3. 국외공모집합투자기구의 명의로 작성한 비과세·면제신청서 (2014. 2. 21. 신설)

⑩ 제9항을 적용할 때 국외투자기구(이하 이 조에서 "1차 국외투자기구"라 한다)에 다른 국외투자기구(이하 이 조에서 "2차 국외투자기구"라 한다)가 투자하고 있는 경우 1차 국외투자기구는 2차 국외투자 기구로부터 실질귀속자별 신청서등을 제출받아 그 명세(해당 2차 국외투자기구가 국외공모집합투자기구인 경우에는 이를 확인할 수 있는 서류와 해당 국외투자기구의 국가별 실질귀속자의 수 및 총투자금액 명세를 말한다)가 포함된 국외투자기구 신고서와 제출받은 신청서등을 제출하여야 한다. 이 경우 다수의 국외투자기구가 연속적으로 투자관계에 있는 경우에는 투자를 받는 직전 국외투자기구를 1차 국외투자기구로, 투자하는 국외투자기구를 2차 국외투자기구로 본다. (2023. 2. 28. 개정)

⑪ 제1항과 제9항을 적용할 때 제138조의 7 제5항 각 호의 어느 하나에 해당하는 경우에는 이를 실질귀속자로 본다. (2014. 2. 21. 신설)

⑫ 제1항 또는 제9항을 적용할 때 신청서등 실질귀속자 특례 국외투자기구 신고서 또는 국외투자기구 신고서는 제출한 날부터 3년 이내에는 다시 제출하지 않을 수 있다. 다만, 그 내용에 변동이 있는 경우에는 변동사유가 발생한 날 이후 소득을 최초로 지급하는 날이 속하는 달의 다음 달 9일까지 그 변동 내용을 제1항 또는 제9항에 따라 제출해야 한다. (2023. 2. 28. 개정)

⑬ 법 제98조의 4 제3항에서 "신청서등 또는 국외투자기구 신고서를 제출받지 못하거나 제출된 서류를 통해서는 실질귀속자를 파악할 수 없는 등 대통령령으로 정하는 사유"란 다음 각 호의 어느 하나에 해당하는 사유를 말한다. 이 경우 제2호 또는 제3호는 그 사유가 발생한 부분으로 한정하고, 국외공모집합투자기구에 대해서는 제3호의 사유를 제외한다. (2023. 2. 28. 개정)

1. 신청서등, 실질귀속자 특례 국외투자기구 신고서 또는 국외투자기구

아니할 수 있다. (2023. 2. 28. 개정)

1. 법 및 「조세특례제한법」에 따라 법인세가 과세되지 아니하거나 면제되는 국내원천소득 (2010. 12. 30. 개정)

2. 법 제93조 제3호·제7호 및 제8호의 규정에 의한 국내원천소득 (2001. 12. 31 신설)

2. 삭 제 (2009. 2. 4.)

3. 그밖에 기획재정부령이 정하는 국내원천소득 (2008. 2. 29. 직제개정 ; 기획재정부와~직제 부칙)

⑧ 법 제98조의 4 제2항에서 "대통령령으로 정하는 국외투자기구"란 제138조의 7 제2항에 따른 국외투자기구를 말한다. (2014. 2. 21. 신설)

⑧ 삭 제 (2019. 2. 12.)

⑨ 제1항을 적용할 때 국내원천소득이 국외투자기구를 통하여 지급되는 경우에는 해당 국외투자기구가 실질귀속자로부터 신청서등을 제출받아 실질귀속자 명세를 포함하여 작성한 기획재정부령으로 정하는 국외투자기구 신고서(이하 이 조, 제138조의 7 및 제138조의 8에서 "국외투자기구 신고서"라 한다)와 제출받은 신청서등을 소득지급자에게 제출하고 해당 소득지급자는 소득을 지급하는 날이 속하는 달의 다음 달 9일까지 소득지급자의 납세지 관할 세무서장에게 제출해야 한다. 다만, 제138조의 7 제3항 단서에 따른 국외공모집합투자기구(이하 이 조에서 "국외공모집합투자기구"라 한다)로서 다음 각 호의 서류를 제출한 경우에는 그렇지 않다. (2023. 2. 28. 개정)

1. 제138조의 7 제3항 각 호의 사항을 확

제98조의 5 【특정지역 외국법인에 대한 원천징수절차 특례】
(2018. 12. 24. 제목개정)
① 제98조, 제98조의 2부터 제98조의 4까지 및 제98조의 6에 따른 원천징수의무자는 기획재정부장관이 고시하는 국가나 지역에 있는 외국법인의 국내원천소득 중 제93조 제1호, 제2호, 같은 조 제7호 나목, 같은 조 제8호 또는 제9호에 따른 소득에 대하여 각 사업연도의 소득에 대한 법인세로서 원천징수하는 경우에는 제98조의 4 및 조세조약에 따른 비과세·면제 또는 제한세율 규정에도 불구하고 제98조 제1항 각 호에서 규정하는 세율을 우선 적용하여 원천징수하여야 한다. 다만, 대통령령으로 정하는 바에 따라 조세조약에 따른 비과세·면제 또는 제한세율을 적용받을 수 있음을 국세청장이 미리 승인한 경우에는 그러하지 아니하다. (2011. 12. 31. 개정)

② ☞ p.613

제138조의 5 【조세조약상의 비과세·면제 또는 제한세율 적용을 위한 사전승인 절차】 ① 법 제98조의 5 제1항 단서에 따른 사전승인을 받으려는 자는 기획재정부령으로 정하는 원천징수특례사전승인신청서에 다음 각 호의 서류를 첨부하여 국세청장에게 신청하여야 한다. 다만, 제2항에 따라 사전승인을 받은 후 계약내용 등의 변경으로 당초 신고한 내용과 달라진 경우에는 사전승인 신청을 다시 하여야 한다. (2009. 2. 4. 개정)

1. 조세조약의 상대방국가(이하 "체약상대국"이라 한다)에서 발급하는 거주자증명서 (2012. 2. 2. 개정)

1. 체약상대국에서 발급하는 거주자증명서 (2025. 2. 28. 개정)
2. 법인 또는 단체의 설립신고서 및 정관 사본 (2006. 2. 9. 신설)
3. 이사회의 구성원의 성명 및 주소 (2006. 2. 9. 신설)
4. 주주 등의 인적사항 및 지분현황 (2008. 2. 22. 개정)
5. 법인 또는 단체의 종업원 수 및 각 종업원별 업무분장 (2006. 2. 9. 신설)
6. 해당 국내원천소득을 얻기 위한 투자와 관련된 경제적 또는 영업상 동기에 대한 설명서 (2006. 2. 9. 신설)
7. 해당 국내원천소득을 얻기 위한 투자자금 조달방법 (2006. 2. 9. 신설)
8. 해당 국내원천소득 수령 후의 처분명세서 또는 그 계획서 (2006. 2. 9. 신설)

9. 최근 3년(설립 후 3년이 경과하지 아니한 법인의 경우에는 설립일부터 신청일까지의 기간) 동안 체약상대국의 세무당국에 제출한 세무신고서·감사보고서·재무제표 및 부속서류 (2006. 2. 9. 신설)

9. 최근 3년(설립 후 3년이 경과하지 아니한 법인의 경우에는 설립일부터 신청일까지의 기간) 동안 체약상대국의 세무당국에 제출한 재무제표(부속서류를 포함한다), 세무신고서 또는 감사보고서 (2025. 2. 28. 개정)
10. 제2항 제3호에 해당하는 경우 체약상대국 유가증권시장에의 상장 등록 사항 및 그 시장에서 정규적인 거래가 이루어지고 있음을 확인할 수 있는 서류 (2006. 2. 9. 신설)
11. 제2항 제5호에 해당하는 경우 연금·기금의 수혜대상자를 확인할 수 있는 서류 (2006. 2. 9. 신설)
12. 제2항 제7호에 해당하는 경우 체약상대국의 금융당국이 규율하고

정에 따른 세율을 적용하여 계산한 세액과 해당국과의 조세조약에 따라 과세될 세액과의 차익의 100분의 50 이상이 되는 경우 (2006. 2. 9. 신설)

③ 제1항의 규정에 따라 사전승인의 신청을 받은 국세청장은 사전승인신청의 내용에 대하여 보정할 필요가 있다고 인정되는 때에는 30일 이내의 기간을 정하여 보정할 것을 요구할 수 있다. 이 경우 보정기간은 제5항의 규정에 따른 기간에 산입하지 아니한다. (2006. 2. 9. 신설)

④ 제3항의 규정에 따른 보정요구는 다음 각 호의 사항을 기재한 문서로 하여야 한다. (2006. 2. 9. 신설)

1. 보정할 사항 (2006. 2. 9. 신설)
2. 보정을 요구하는 이유 (2006. 2. 9. 신설)
3. 보정할 기간 (2006. 2. 9. 신설)
4. 그 밖에 필요한 사항 (2006. 2. 9. 신설)

⑤ 국세청장은 제1항의 규정에 따라 신청을 받은 날부터 3월 이내에 승인 여부를 통보하여야 한다. (2006. 2. 9. 신설)

⑥ 국세청장은 제출된 서류가 허위로 기재된 것임이 확인되는 경우 사전승인을 취소하여야 한다. (2006. 2. 9. 신설)

⑦ 제2항 제4호에서 주식의 간접소유비율의 계산에 관하여는 「국제조세조정에 관한 법률 시행령」 제2조 제3항을 준용한다. (2021. 2. 17. 개정)

⑧ 제1항을 적용할 때 원천징수특례사전승인 신청서에 첨부하는 서류는 한글번역본과 함께 제출하여야 한다. 다만, 국세청장이 인정하는 경우에는 영문으로 작성된 서류만을 제출할 수 있다. (2009. 2. 4. 신설)

있음을 확인할 수 있는 서류와 동호의 규정에 따른 투자회사 등의 투자자의 그 주식 또는 지분보유 현황을 확인할 수 있는 서류 (2006. 2. 9. 신설)

② 제1항에 따라 사전승인의 신청을 받은 국세청장은 법 제93조 제1호·제2호·제8호 또는 제9호에 따른 소득을 직접 또는 간접적으로 수취할 법인(이하 이 조에서 "소득수취법인"이라 한다)이 해당 국내원천소득과 관련하여 다음 각 호의 어느 하나에 해당하는 경우 사전승인할 수 있다. (2017. 2. 3. 개정)

1. 소득수취법인이 해당 국내원천소득의 실질귀속자에 해당하고 해당 체약상대국의 법인인 경우 (2017. 2. 3. 개정)
2. 소득수취법인이 기획재정부령이 정하는 조세조약 체약상대국의 정부기관 등(이하 이 조에서 "정부기관 등"이라 한다)에 해당하는 경우 (2008. 2. 29. 직제개정 ; 기획재정부와~직제 부칙)
3. 소득수취법인의 발행주식이 체약상대국의 법령에 의하여 인정되는 유가증권시장에 상장된 법인(이하 이 조에서 "상장법인"이라 한다)의 주식으로서 기획재정부령이 정하는 정규적인 거래가 이루어지는 경우 (2008. 2. 29. 직제개정 ; 기획재정부와~직제 부칙)
4. 소득수취법인의 발행주식총수(지분을 포함한다)의 100분의 50 이상이 체약상대국의 개인·정부기관 등 또는 상장법인에 의하여 직접 또는 간접으로 소유되는 법인인 경우 (2006. 2. 9. 신설)
5. 소득수취법인이 체약상대국의 연금·기금 또는 그와 유사한 단체인 경우에는 동 연금·기금 또는 단체로부터 수혜를 받는 자의 100분의 50 이상이 체약상대국의 거주자인 경우 (2006. 2. 9. 신설)
6. 소득수취법인의 최근 3년 동안의 수입금액(3년 이내에 설립된 법인은 설립 이후 현재까지의 수입금액) 중 주식·채권의 보유나 양도 또는 무형자산의 사용이나 양도로부터 발생하는 최근 3년 동안의 수입금액(3년 이내에 설립한 법인은 설립 이후 현재까지 수입금액)의 비율이 100분의 10 이하인 법인인 경우 (2006. 2. 9. 신설)
7. 소득수취법인이 제138조의 7 제3항 제1호 및 제2호의 요건을 갖춘 경우 (2012. 2. 2. 개정)
8. 소득수취법인이 당해 소득에 대하여 부담할 세액이 법 제98조의 규

제68조의 4 【유가증권시장에서의 정규적인 거래】 (2010. 3. 31. 조번개정) 영 제138조의 5 제2항 제3호에서 "기획재정부령이 정하는 정규적인 거래"라 함은 다음 각 호의 모든 요건을 충족하는 거래를 말한다. (2008. 3. 31. 직제개정)

1. 사업연도 중 해당 법인의 주식거래가 이루어진 일수가 60일 이상일 것 (2006. 3. 14. 신설)
2. 제1호의 사업연도 중 거래가 이루어진 주식의 총수가 해당 법인의 발행주식총수의 100분의 10 이상일 것 (2006. 3. 14. 신설)

〈제98조의 5〉

② 제1항에 따른 국내원천소득을 실질적으로 귀속받는 법인(그 대리인 또는 「국세기본법」 제82조에 따른 납세관리인을 포함한다)이 그 소득에 대하여 조세조약에 따른 비과세·면제 또는 제한세율의 적용을 받으려는 경우에는 제1항에 따라 세액이 원천징수된 날이 속하는 달의 다음 달 11일부터 5년 이내에 대통령령으로 정하는 바에 따라 원천징수의무자의 납세지 관할 세무서장에게 경정을 청구할 수 있다. 다만, 「국세기본법」 제45조의 2 제2항 각 호의 어느 하나에 해당하는 사유가 발생하였을 때에는 본문에도 불구하고 그 사유가 발생한 것을 안 날부터 3개월 이내에 경정을 청구할 수 있다. (2023. 12. 31. 개정)

③ 제2항에 따라 경정을 청구받은 세무서장은 그 청구를 받은 날부터 6개월 이내에 과세표준과 세액을 경정하거나 경정하여야 할 이유가 없다는 뜻을 그 청구를 한 자에게 알려야 한다. (2010. 12. 30. 개정)

제98조의 6 【외국법인에 대한 조세조약상 제한세율 적용을 위한 원천징수 절차 특례】 ① 제93조에 따른 국내원천소득의 실질귀속자인 외국법인이 조세조약에 따른 제한세율을 적용받으려는 경우에는 대통령령으로 정하는 바에 따라 제한세율 적용신청서 및 국내원천소득의 실질귀속자임을 증명하는 서류(이하 이 조에서 "신청서등"이라 한다)를 제98조 제1항에 따른 원천징수의무자(이하 이 조에서 "원천징수의무자"라 한다)에게 제출하여야 한다. 이 경우 제93조의 2 제1항 제1호에 해당하여 국외투자기구를 국내원천소득의 실질귀속자로 보는 경우에는 그 국외투자기구에 투자한 투자자의 국가별 현황 등이 포함된 국

제138조의 6 【조세조약상의 비과세·면제 또는 제한세율 적용을 위한 경정청구 절차】 ① 법 제98조의 5 제2항에 따라 경정을 청구하려는 자는 원천징수의무자의 납세지 관할 세무서장에게 기획재정부령으로 정하는 원천징수특례적용을 위한 경정청구서에 제138조의 5 제1항 제1호부터 제9호까지의 서류를 첨부하여 경정을 청구하여야 한다. 이 경우 증명서류는 한글번역본과 함께 제출하여야 하며 국세청장이 인정하는 경우에는 영문으로 작성된 서류만을 제출할 수 있다. (2019. 2. 12. 개정)

② 세무서장은 제1항에 따라 경정청구를 한 법 제93조 제1호·제2호·제8호 또는 제9호에 따른 소득을 수취한 자가 해당 국내원천소득의 실질귀속자에 해당하는 경우에는 경정하여야 한다. (2017. 2. 3. 개정)

③ 제1항의 경정청구를 받은 세무서장은 경정청구의 내용에 대하여 보정할 필요가 있다고 인정되는 때에는 30일 이내의 기간을 정하여 보정할 것을 요구할 수 있다. 이 경우 보정기간은 법 제98조의 5 제3항의 규정에 따른 기간에 산입하지 아니한다. (2006. 2. 9. 신설)

④ 제3항의 규정에 따른 보정요구는 다음 각 호의 사항을 기재한 문서로 하여야 한다. (2006. 2. 9. 신설)

1. 보정할 사항 (2006. 2. 9. 신설)

2. 보정을 요구하는 이유 (2006. 2. 9. 신설)

3. 보정할 기간 (2006. 2. 9. 신설)

4. 그 밖에 필요한 사항 (2006. 2. 9. 신설)

제138조의 7 【외국법인에 대한 조세조약상 제한세율 적용을 위한 원천징수절차 특례】 ① 법 제98조의 6 제1항에 따라 제한세율을 적용받으려는 국내원천소득의 실질귀속자는 기획재정부령으로 정하는 국내원천소득 제한세율 적용신청서(이하 이 조에서 "제한세율 적용신청서"라 한다)를 해당 국내원천소득을 지급받기 전까지 원천징수의무자에게 제출해야 한다. 이 경우 법 제98조의 6 제1항 후단에 해당하는 국외투자기구의 경우에는 실질귀속자 특례 국외투자기구 신고서를 함께 제출해야 하며 「자본시장과 금융투자업에 관한 법률」 제296조 제5호에 따른 외국예탁결제기관이 같은 법 제294조에 따른 한국예탁

외투자기구 신고서를 함께 제출하여야 한다. (2022. 12. 31. 개정)

② 제1항을 적용할 때 해당 국내원천소득이 국외투자기구를 통하여 지급되는 경우에는 그 국외투자기구가 대통령령으로 정하는 바에 따라 실질귀속자로부터 신청서등을 제출받아 이를 그 명세가 포함된 국외투자기구 신고서와 함께 원천징수의무자에게 제출하여야 한다. (2022. 12. 31. 개정)

③ 제1항 또는 제2항에 따라 실질귀속자 또는 국외투자기구로부터 신청서등을 제출받은 원천징수의무자는 제출된 신청서등에 누락된 사항이나 미비한 사항이 있으면 보완을 요구할 수 있으며, 실질귀속자 또는 국외투자기구로부터 신청서등 또는 국외투자기구 신고서를 제출받지 못하거나 제출된 서류를 통해서는 실질귀속자를 파악할 수 없는 등 대통령령으로 정하는 사유에 해당하는 경우에는 제한세율을 적용하지 아니하고 제98조 제1항 각 호의 금액을 원천징수하여야 한다. (2022. 12. 31. 개정)

결제원에 개설한 계좌를 통하여 지급받는 국내원천소득의 경우에는 제한세율 적용신청서를 제출하지 않을 수 있다. (2020. 2. 11. 개정)

② 법 제98조의 6 제2항에서 "대통령령으로 정하는 국외투자기구"란 투자권유를 하여 모은 금전 등을 재산적 가치가 있는 투자대상자산을 취득, 처분 또는 그 밖의 방법으로 운용하고 그 결과를 투자자에게 배분하여 귀속시키는 투자행위를 하는 기구로서 국외에서 설립된 것(이하 "국외투자기구"라 한다)을 말한다. (2012. 2. 2. 신설)

② 삭　제 (2019. 2. 12.)

③ 제1항을 적용할 때 국내원천소득이 국외투자기구를 통하여 지급되는 경우에는 해당 국외투자기구가 실질귀속자로부터 제한세율 적용신청서를 제출받아 국외투자기구 신고서에 실질귀속자 명세를 첨부하여 국내원천소득을 지급받기 전까지 원천징수의무자에게 제출하여야 한다. 다만, 다음 각 호의 요건을 모두 갖춘 국외투자기구(이하 이 조에서 "국외공모집합투자기구"라 한다)로서 각 호의 사항을 확인할 수 있는 서류와 해당 국외투자기구의 국가별 실질귀속자의 수 및 총투자금액 명세를 국외투자기구 신고서에 첨부하여 제출한 경우에는 그러하지 아니하다. (2019. 2. 12. 개정)

1. 「자본시장과 금융투자업에 관한 법률」에 따른 집합투자기구와 유사한 국외투자기구로서, 체약상대국의 법률에 따라 등록하거나 승인을 받은 국외투자기구 (2012. 2. 2. 신설)

2. 증권을 사모로 발행하지 아니하고 직전 회계기간 종료일(신규로 설립된 국외투자기구인 경우에는 국외투자기구 신고서 제출일을 말한다) 현재 투자자가 100명(투자자가 다른 국외 투자기구인 경우에는 그 국외투자기구를 1명으로 본다) 이상일 것 (2012. 2. 2. 신설)

3. 조세조약에서 조약상 혜택의 적용을 배제하도록 규정된 국외투자기구에 해당되지 아니할 것 (2012. 2. 2. 신설)

④ 국외투자기구(이하 이 조에서 "1차 국외투자기구"라 한다)에 다른 국외투자기구(이하 이 조에서 "2차 국외투자기구"라 한다)가 투자하고 있는 경우 1차 국외투자기구는 2차 국외투자기구로부터 실질귀속자 명세(해당 2차 국외투자기구가 국외공모집합투자기구인 경우에는 이를 확인할 수 있는 서류와 해당 국외투자기구의 국가별 실질귀속자의 수 및 총투자금액 명세를 말한다)를 첨부한 국외투자기구 신고서를 제출받아 이를 함께 제출하여야 한다. 이 경우 다수의 국외투자 기구가 연속적으

로 투자관계에 있는 경우에는 투자를 받는 직전 국외투자기구를 1차 국외투자기구로, 투자하는 국외투자기구를 2차 국외투자기구로 본다. (2012. 2. 2. 신설)

⑤ 제1항 및 제3항을 적용할 때 다음 각 호의 어느 하나에 해당하는 경우에는 이를 실질귀속자로 본다. (2012. 2. 2. 신설)

1. 「국민연금법」, 「공무원연금법」, 「군인연금법」, 「사립학교교직원 연금법」 및 「근로자퇴직급여 보장법」 등에 준하는 체약상대국의 법률에 따라 외국에서 설립된 연금 (2012. 2. 2. 신설)

2. 체약상대국의 법률에 따라 외국에서 설립된 비영리단체로서 수익을 구성원에게 분배하지 아니하는 기금 (2012. 2. 2. 신설)

3. 조세조약에서 실질귀속자로 인정되는 것으로 규정된 국외투자기구 (2012. 2. 2. 신설)

3. 삭　제 (2019. 2. 12.)

⑥ 제1항 또는 제3항에 따라 제출된 제한세율 적용신청서, 실질귀속자 특례 국외투자기구 신고서 또는 국외투자기구 신고서는 제출된 날부터 3년 이내에는 다시 제출하지 않을 수 있다. 다만, 그 내용에 변동이 있는 경우에는 변동사유가 발생한 날 이후 최초로 국내원천소득을 지급받기 전까지 그 변동 내용을 제1항 또는 제3항에 따라 제출해야 한다. (2020. 2. 11. 개정)

⑦ 법 제98조의 6 제3항에서 "대통령령으로 정하는 사유"란 다음 각 호의 어느 하나의 사유를 말한다. 이 경우 제2호 또는

☞ p.615 2단 연결

제3호는 그 사유가 발생한 부분으로 한정하고, 국외공모집합투자기구
에 대해서는 제3호의 사유는 제외한다. (2020. 2. 11. 후단개정)
1. 제한세율 적용신청서, 실질귀속자 특례 국외투자기구 신고서 또는
   국외투자기구 신고서를 제출받지 못한 경우 (2020. 2. 11. 개정)
2. 제출된 제한세율 적용신청서, 실질귀속자 특례 국외투자기구 신고서
   또는 국외투자기구 신고서에 기재된 내용의 보완 요구에 따르지 않
   은 경우 (2020. 2. 11. 개정)
3. 제출된 제한세율 적용신청서, 실질귀속자 특례 국외투자기구 신고서
   또는 국외투자기구 신고서를 통해서는 실질귀속자를 파악할 수 없
   는 경우 (2020. 2. 11. 개정)
⑧ 원천징수의무자 및 국외투자기구는 제한세율 적용신청서, 실질귀속
자 특례 국외투자기구 신고서, 국외투자기구 신고서 등 관련 자료를 법
제98조 제1항에 따른 원천징수세액의 납부기한 다음날부터 5년간 보
관해야 하고, 원천징수의무자의 납세지 관할 세무서장이 그 제출을 요
구하는 경우에는 이를 제출해야 한다. (2020. 2. 11. 개정)

④ 제1항 및 제2항에 따라 적용받은 제한세율에 오류가 있거나 제3항
에 따라 제한세율을 적용받지 못한 실질귀속자가 제한세율을 적용받으
려는 경우에는 실질귀속자 또는 원천징수의무자가 제3항에 따라 세액
이 원천징수된 날이 속하는 달의 다음 달 11일부터 5년 이내에 대통령
령으로 정하는 바에 따라 원천징수의무자의 납세지 관할 세무서장에게
경정을 청구할 수 있다. 다만, 「국세기본법」 제45조의 2 제2항 각 호의
어느 하나에 해당하는 사유가 발생하였을 때에는 본문에도 불구하고
그 사유가 발생한 것을 안 날부터 3개월 이내에 경정을 청구할 수 있
다. (2023. 12. 31. 개정)

⑤ 제4항에 따라 경정을 청구받은 세무서장은 청구를 받은 날부터 6개

**제138조의 8 【외국법인에 대한 조세조약상 제한세율 적용을 위
한 경정청구 절차】** ① 법 제98조의 6 제4항에 따라 경정을 청구하려
는 자는 원천징수의무자의 납세지 관할세무서장에게 기획재정부령
으로 정하는 제한세율 적용을 위한 경정청구서에 국내원천소득의 실
질귀속자임을 입증할 수 있는 다음 각 호의 서류를 첨부하여 경정을
청구해야 한다. 이 경우 증명서류는 한글번역본과 함께 제출해야 하
되, 국세청장이 인정하는 경우에는 영문으로 작성된 서류만을 제출
할 수 있다. (2020. 2. 11. 개정)
1. 제138조의 7 제1항에 따른 제한세율 적용신청서 (2012. 2. 2. 신설)
2. 해당 실질귀속자 거주지국의 권한 있는 당국이 발급하는 거주자증
   명서 (2012. 2. 2. 신설)
3. 실질귀속자 특례 국외투자기구 신고서(제138조의 7 제1항 후단에
   따라 실질귀속자 특례 국외투자기구 신고서를 제출해야 하는 경우
   에 한정한다) 또는 국외투자기구 신고서(같은 조 제3항에 따라 국
   외투자기구 신고서를 제출해야 하는 경우에 한정한다) (2020. 2.

월 이내에 과세표준과 세액을 경정하거나 경정하여야 할 이유가 없다
는 뜻을 청구인에게 알려야 한다.
⑥ 제1항부터 제5항까지에서 규정된 사항 외에 신청서등 및 국외투자
기구 신고서 등 관련 서류의 제출 방법·절차, 제출된 서류의 보관의
무, 경정청구 방법·절차 등 제한세율 적용에 필요한 사항은 대통령령
으로 정한다. (2022. 12. 31. 개정)

　제98조의 7【이자·배당 및 사용료에 대한 세율의 적용 특례】
① 조세조약의 규정상 외국법인의 국내원천소득 중 이자, 배당 또는
사용료소득에 대해서는 제한세율과 다음 각 호의 어느 하나에 규정
된 세율 중 낮은 세율을 적용한다. (2020. 12. 22. 신설)
1. 조세조약의 대상 조세에 지방소득세가 포함되지 아니하는 경우: 제
　98조 제1항 제1호, 제2호 및 제6호에서 규정하는 세율 (2020. 12.
　22. 신설)
2. 조세조약의 대상 조세에 지방소득세가 포함되는 경우: 제98조 제1
　항 제1호, 제2호 및 제6호에서 규정하는 세율에 「지방세법」 제103
　조의 52 제1항의 원천징수하는 법인세의 100분의 10을 반영한 세율
　(2020. 12. 22. 신설)
② 제1항에도 불구하고 제98조의 5 제1항에 해당하는 경우에는 같
은 항에 따라 원천징수한다. 이 경우 같은 조 제3항에 따라 과세표
준과 세액을 경정하는 경우에는 제한세율과 제1항 각 호에서 규정
한 세율 중 낮은 세율을 적용한다. (2020. 12. 22. 신설)

　**제98조의 8【외국인 통합계좌를 통하여 지급받는 국내원천소득
에 대한 원천징수 특례】** ① 외국법인 또는 국외투자기구가 외국인 통
합계좌(「자본시장과 금융투자업에 관한 법률」 제12조 제2항 제1호 나
목에 따른 외국 금융투자업자가 다른 외국 투자자의 주식 매매거래를
일괄하여 주문·결제하기 위하여 자기 명의로 개설한 계좌를 말한다.
이하 같다)를 통하여 제93조에 따른 국내원천소득을 지급받는 경우 해
당 국내원천소득을 외국인 통합계좌를 통하여 지급하는 자는 외국인
통합계좌의 명의인에게 그 소득금액을 지급할 때 제98조 제1항 각 호
의 구분에 따른 금액을 법인세로 원천징수하여야 한다. (2023. 12. 31.

11. 개정)
② 제1항에 따른 경정청구 절차에 관하여는 제138조의 6 제2항부터
제4항까지의 규정을 준용한다. (2012. 2. 2. 신설)

편주 ▶
법 98조의 8의 개정규정은 2024. 1. 1. 이후 외국인 통합계좌의 명의인에
게 국내원천소득을 지급하는 경우부터 적용함. (법 부칙(2023. 12. 31.)
8조)

신설)

② 제1항에 따라 소득을 지급받은 외국법인 또는 국외투자기구는 조세조약상 비과세·면제 또는 제한세율을 적용받으려는 경우에는 납세지 관할 세무서장에게 경정을 청구할 수 있다. (2023. 12. 31. 신설)

③ 외국법인 또는 국외투자기구가 제2항에 따라 경정을 청구하는 경우 경정청구의 기한 및 방법·절차 등에 관하여는 제98조의 4 제5항부터 제7항까지 및 제98조의 6 제4항부터 제6항까지를 준용한다. 이 경우 제98조의 4 제5항 본문 중 "실질귀속자가" 및 "실질귀속자 또는 소득지급자"와 제98조의 6 제4항 본문 중 "실질귀속자가" 및 "실질귀속자 또는 원천징수의무자가"는 각각 "외국법인 또는 국외투자기구가"로 본다. (2023. 12. 31. 신설)

　제99조【외국법인의 국내원천 인적용역소득에 대한 신고·납부 특례】(2018. 12. 24. 제목개정)

① 제93조 제6호에 따른 국내원천 인적용역소득이 제98조 제1항 제4호의 세율로 원천징수되는 외국법인은 국내용역 제공기간(용역 제공기간이 불분명할 때에는 입국일부터 출국일까지의 기간)에 발생한 제93조 제6호에 따른 국내원천 인적용역소득에서 그 소득과 관련되는 것으로 입증된 비용을 뺀 금액(이하 이 조에서 "과세표준"이라 한다)을 용역 제공기간 종료일부터 3개월 이내에 대통령령으로 정하는 바에 따라 원천징수의무자의 납세지 관할 세무서장에게 신고·납부할 수 있다. (2018. 12. 24. 개정)

② 제1항을 적용할 때 과세표준에 제98조 제1항 제4호에 따라 원천징수된 소득이 포함되어 있으면 원천징수세액은 이미 납부한 세액으로 공제한다. (2018. 12. 24. 개정)

③ 제1항에 따라 신고·납부하는 경우 세액의 계산방법·세율·신고·납부·결정·경정 및 징수방법에 관하여는 제95조 및 제97조를 준용한다. (2010. 12. 30. 개정)

　제139조【외국법인의 인적용역소득에 대한 신고·납부 특례】

법 제99조에 따라 법 제93조 제6호에 따른 국내원천 인적용역소득에 대한 법인세를 신고·납부하려는 외국법인은 기획재정부령으로 정하는 외국법인인적용역소득신고서에 그 소득과 관련된 비용을 입증하는 서류를 첨부하여 제출하여야 한다. (2019. 2. 12. 개정)

제 5 장　토지 등 양도에 대한 특별부가세
삭　제 (2001. 12. 31)

제 1 절　과세표준 및 계산 삭　제 (2001. 12. 31)

제100조【비과세】삭　제 (2001. 12. 31)

제 2 절　세액의 계산 삭　제 (2001. 12. 31)

제101조【세　율】삭　제 (2001. 12. 31)

제 3 절　신고 · 납부 · 결정 · 경정 및 징수
삭　제 (2001. 12. 31)

제102조【신고 · 납부 · 결정 · 경정 및 징수】삭　제 (2001. 12. 31)

제103조【비영리내국법인의 부동산등 양도소득에 대한 특례】삭　제 (2001. 12. 31)

제104조【비영리내국법인의 양도소득과세표준 예정신고 등】삭　제 (2001. 12. 31)

제 4 절　내국법인의 국외토지 등의 양도에 대한 특별부가세 삭　제 (2001. 12. 31)

제105조【과세표준】삭　제 (2001. 12. 31)

제106조【세　율】삭　제 (2001. 12. 31)

제 5 장　토지 등의 양도에 대한 특별부가세
삭　제 (2001. 12. 31)

제 1 절　과세표준과 그 계산 삭　제 (2001. 12. 31)

제140조【특별부가세의 과세표준 계산】삭　제 (2001. 12. 31)

제141조【토지 등의 가액의 안분계산】삭　제 (2001. 12. 31)

제142조【비과세소득】삭　제 (2001. 12. 31)

제 2 절　세액의 계산 삭　제 (2001. 12. 31)

제143조【미등기양도에서 제외되는 자산】삭　제 (2001. 12. 31)

제 3 절　신고 · 납부 · 결정 · 경정 및 징수
삭　제 (2001. 12. 31)

제144조【특별부가세의 과세표준신고】삭　제 (2001. 12. 31)

제144조의 2【결정 또는 경정의 사유 등】삭　제 (2001. 12. 31)

제145조【비영리내국법인의 양도소득에 대한 특례】삭　제 (2001. 12. 31)

제146조【비영리내국법인의 양도소득에 대한 과세표준의 계산】삭　제 (2001. 12. 31)

제 4 절　내국법인의 국외토지 등의 양도에 대한 특별부가세 삭　제 (2001. 12. 31)

제147조【토지 등의 범위】삭　제 (2001. 12. 31)

제148조【국외토지 등의 시가산정 등】삭　제 (2001. 12. 31)

제 5 장　토지 등 양도에 대한 특별부가세
삭　제 (2002. 3. 30)

제69조【취득가액 등의 안분계산】삭　제 (2000. 3. 9)

제70조【생산자물가상승률】삭　제 (2001. 3. 28)

제71조【환지예정지 등의 양도 또는 취득가액의 계산】삭　제 (2002. 3. 30)

제72조【기준시가의 산정】삭　제 (2001. 3. 28)

제73조【농지의 범위 등】삭　제 (2002. 3. 30)

제73조의　2【감정기관】삭　제 (2002. 3. 30)

제107조【외국납부세액공제 등】삭 제 (2001. 12. 31)
제108조【준용규정】삭 제 (2001. 12. 31)

제149조【양도차익의 외화환산】삭 제 (2001. 12. 31)
제150조【외국납부세액 공제 등】삭 제 (2001. 12. 31)
제151조【준용규정】삭 제 (2001. 12. 31)

제6장 보 칙

제109조【법인의 설립 또는 설치신고】① 내국법인은 그 설립등 기일(사업의 실질적 관리장소를 두게 되는 경우에는 그 실질적 관리장소를 두게 된 날을 말하며, 법인과세 신탁재산의 경우에는 설립일을 말한다)부터 2개월 이내에 다음 각 호의 사항을 적은 법인 설립신고서에 대통령령으로 정하는 주주등의 명세서와 사업자등록 서류 등을 첨부하여 납세지 관할 세무서장에게 신고하여야 한다. 이 경우 제111조에 따른 사업자등록을 한 때에는 법인 설립신고를 한 것으로 본다. (2020. 12. 22. 개정)
1. 법인의 명칭과 대표자의 성명[법인과세 신탁재산의 경우에는 법인과세 수탁자(둘 이상의 수탁자가 있는 경우 대표수탁자 및 그 외의 모든 수탁자를 말한다)의 명칭과 대표자의 성명을 말한다] (2020. 12. 22. 개정)
2. 본점이나 주사무소 또는 사업의 실질적 관리장소의 소재지(법인과세 신탁재산의 경우 법인과세 수탁자의 본점이나 주사무소 또는 사업의 실질적 관리장소의 소재지를 말한다) (2020. 12. 22. 개정)
3. 사업 목적 (2010. 12. 30. 개정)
4. 설립일 (2010. 12. 30. 개정)
② 외국법인이 국내사업장을 가지게 되었을 때에는 그 날부터 2개월 이내에 다음 각 호의 사항을 적은 국내사업장 설치신고서에 국내사업장을 가지게 된 날 현재의 재무상태표와 그 밖에 대통령령으로 정하는 서류를 첨부하여 납세지 관할 세무서장에게 신고하여야 한다. 이 경우 제94조 제3항에 따른 사업장을 가지게 된 외국법인은 국내사업장 설치신고서만 제출할 수 있다. (2010. 12. 30. 개정)

제152조【법인의 설립 또는 설치신고】① 법 제109조 제1항에 따라 법인의 대표자는 기획재정부령으로 정하는 법인설립신고서에 다음 각 호의 서류를 첨부하여 납세지 관할세무서장에게 제출하여야 한다. (2013. 2. 15. 개정)
1. 제2항에 따른 주주등의 명세서 (2013. 2. 15. 신설)
2. 「부가가치세법 시행령」 제11조 제3항의 표 및 같은 조 제4항의 서류 (2013. 6. 28. 개정 ; 부가가치세법 시행령 부칙)
② 법 제109조 제1항 각 호 외의 부분 전단에서 "대통령령으로 정하는 주주등의 명세서"란 주식등의 실제소유자를 기준으로 다음 각 호의 내용을 적은 서류로서 기획재정부령으로 정하는 주주등의 명세서를 말한다. (2012. 2. 2. 개정)
1. 주주등의 성명 또는 법인명, 주민등록번호 · 사업자등록번호 또는 고유번호 (2012. 2. 2. 개정)
2. 주주등별 주식등의 보유현황 (2012. 2. 2. 개정)
③ 법 제109조 제2항의 규정에 의하여 외국법인의 관리책임자는 제4항 각호의 서류를 첨부하여 납세지 관할세무서장에게 설치신고를 하여야 한다. (98. 12. 31 개정)
④ 법 제109조 제2항 각 호 외의 부분 전단에서 "대통령령으로 정하는 서류"란 다음 각호의 서류를 말한다. (2011. 6. 3. 개정)
1. 본점 등의 등기에 관한 서류 (98. 12. 31 개정)
2. 정관 (98. 12. 31 개정)
3. 지점등기부등본 또는 국내사업장의 사업영위 내용을 입증할 수 있는 서류 (98. 12. 31 개정)
3. 삭 제 (2010. 11. 2. ; 행정정보의 공동이용~개정령)

제6장 보 칙

관계조문 ≫

규칙 82조 7항 11호 ⇒ 법인설립신고 및 사업자등록신청서/국내사업장설치신고서(외국법인)

제74조【주주 등의 명세】영 제152조 제2항 제3호에서 "기획재정부령이 정하는 주주 등의 명세"라 함은 주주 등의 성명(법인의 경우에는 법인명)· 주소와 소유주식 등을 기재한 명세서를 말한다. (2008. 3. 31. 직제개정)
제74조【주주 등의 명세】삭 제 (2012. 2. 28.)

1. 법인의 명칭과 대표자의 성명 (2010. 12. 30. 개정)
2. 본점 또는 주사무소의 소재지 (2010. 12. 30. 개정)
3. 국내에서 수행하는 사업이나 국내에 있는 자산의 경영 또는 관리책임자의 성명 (2010. 12. 30. 개정)
4. 국내사업의 목적 및 종류와 국내자산의 종류 및 소재지 (2010. 12. 30. 개정)
5. 국내사업을 시작하거나 국내자산을 가지게 된 날 (2010. 12. 30. 개정)
③ 내국법인과 외국법인은 제1항과 제2항에 따라 신고한 신고서 및 그 첨부서류의 내용이 변경된 경우에는 그 변경사항이 발생한 날부터 15일 이내에 그 변경된 사항을 납세지 관할 세무서장에게 신고하여야 한다. (2010. 12. 30. 개정)
④ 제93조 제3호에 따른 국내원천 부동산소득이 있는 외국법인의 신고에 관하여는 제2항을 준용한다. (2018. 12. 24. 개정)

　제109조의 2 【법인과세 신탁재산의 수탁자 변경신고】 ① 법인과세 신탁재산에 새로운 수탁자(이하 "신수탁자"라 한다)가 선임된 경우 신수탁자는 선임일 이후 2개월 이내에 다음 각 호의 사항을 적은 신고서에 신수탁자로 선임된 사실을 증명하는 서류 등을 첨부하여 납세지 관할 세무서장에게 신고하여야 한다. (2020. 12. 22. 신설)
1. 신수탁자의 명칭과 대표자의 성명 (2020. 12. 22. 신설)
2. 법인과세 신탁재산의 명칭 (2020. 12. 22. 신설)
3. 신수탁자의 본점이나 주사무소 또는 사업의 실질적 관리장소의 소재지 (2020. 12. 22. 신설)
4. 신수탁자에게 신탁사무를 승계한 새로운 수탁자가 선임되기 전의 수탁자(이하 "전수탁자"라 한다)의 명칭 (2020. 12. 22. 신설)
5. 신수탁자 선임일 (2020. 12. 22. 신설)
6. 신수탁자 선임사유 (2020. 12. 22. 신설)
② 법인과세 신탁재산에 대하여 전수탁자의 임무가 종료된 경우 그 임무의 종료에 따라 신탁사무를 승계한 신수탁자는 승계일 이후 2개월 이내에 다음 각 호의 사항을 적은 신고서에 전수탁자의 임무가 종료된 사실을 증명하는 서류 등을 첨부하여 납세지 관할 세무서장에게 신고하여야 한다. (2020. 12. 22. 신설)

⑤ 제3항에 따라 신고서를 제출받은 납세지 관할세무서장은 「전자정부법」 제36조 제1항에 따른 행정정보의 공동이용을 통하여 지점의 법인 등기사항증명서를 확인하여야 한다. 다만, 신고인이 국내사업장의 사업영위 내용을 입증하는 다른 서류를 제출하는 경우에는 그러하지 아니하다. (2010. 11. 2. 신설 ; 행정정보의 공동이용~개정령)

　제153조 【관리책임자의 신고】 ① 외국법인이 관리책임자를 변경한 때에는 그 성명과 주소 또는 거소를 지체없이 납세지 관할세무서장에게 신고하여야 한다. (98. 12. 31 개정)
② 제1항의 규정에 의한 관리책임자는 당해 외국법인의 납세지 관할세무서의 관할구역안에 주소 또는 6월 이상 거소를 둔 자이어야 한다. (98. 12. 31 개정)
③ 제1항의 규정에 의한 관리책임자가 그 주소 또는 거소를 변경한 때에는 그 사항을 지체없이 납세지 관할세무서장에게 신고하여야 한다. (98. 12. 31 개정)

1. 전수탁자의 명칭과 대표자의 성명 (2020. 12. 22. 신설)

2. 법인과세 신탁재산의 명칭 (2020. 12. 22. 신설)

3. 전수탁자의 본점이나 주사무소 또는 사업의 실질적 관리장소의 소재지 (2020. 12. 22. 신설)

4. 신탁사무를 승계받은 신수탁자의 명칭 (2020. 12. 22. 신설)

5. 신탁사무 승계일 (2020. 12. 22. 신설)

6. 전수탁자 종료사유 (2020. 12. 22. 신설)

③ 둘 이상의 수탁자가 있는 법인과세 신탁재산의 대표수탁자가 변경되는 경우 그 변경 전의 대표수탁자와 변경 후의 대표수탁자는 각각 변경일 이후 2개월 이내에 다음 각 호의 사항을 적은 신고서에 변경사실을 증명하는 서류 등을 첨부하여 납세지 관할 세무서장에게 신고하여야 한다. (2020. 12. 22. 신설)

1. 변경 전 또는 변경 후의 대표수탁자의 명칭과 대표자의 성명 (2020. 12. 22. 신설)

2. 법인과세 신탁재산의 명칭 (2020. 12. 22. 신설)

3. 변경 전 또는 변경 후의 대표수탁자의 본점이나 주사무소 또는 사업의 실질적 관리장소의 소재지 (2020. 12. 22. 신설)

4. 대표수탁자 변경일 (2020. 12. 22. 신설)

5. 대표수탁자 변경사유 (2020. 12. 22. 신설)

제110조【비영리법인의 수익사업 개시신고】비영리내국법인과 비영리외국법인(국내사업장을 가지고 있는 외국법인만 해당한다)이 새로 수익사업(제4조 제3항 제1호 및 제7호에 따른 수익사업만 해당한다)을 시작한 경우에는 그 개시일부터 2개월 이내에 다음 각 호의 사항을 적은 신고서에 그 사업개시일 현재의 그 수익사업과 관련된 재무상태표와 그 밖에 대통령령으로 정하는 서류를 첨부하여 납세지 관할 세무서장에게 신고하여야 한다. (2018. 12. 24. 개정)

1. 법인의 명칭 (2010. 12. 30. 개정)

2. 본점이나 주사무소 또는 사업의 실질적 관리장소의 소재지 (2010. 12. 30. 개정)

3. 대표자의 성명과 경영 또는 관리책임자의 성명 (2010. 12. 30. 개정)

4. 고유목적사업 (2010. 12. 30. 개정)

5. 수익사업의 종류 (2010. 12. 30. 개정)

6. 수익사업 개시일 (2010. 12. 30. 개정)

7. 수익사업의 사업장 (2010. 12. 30. 개정)

제111조【사업자등록】① 신규로 사업을 시작하는 법인은 대통령령으로 정하는 바에 따라 납세지 관할 세무서장에게 등록하여야 한다. 이 경우 내국법인이 제109조 제1항에 따른 법인 설립신고를 하기 전에 등록하는 때에는 같은 항에 따른 주주등의 명세서를 제출하여야 한다. (2013. 1. 1. 후단신설)
②「부가가치세법」에 따라 사업자등록을 한 사업자는 그 사업에 관하여 제1항에 따른 등록을 한 것으로 본다. (2010. 12. 30. 개정)
③「부가가치세법」에 따라 법인과세 수탁자로서 사업자등록을 한 경우에는 그 법인과세 신탁재산에 관하여 제1항에 따른 등록을 한 것으로 본다. (2020. 12. 22. 신설)
④ 이 법에 따라 사업자등록을 하는 법인에 관하여는 「부가가치세법」 제8조를 준용한다. (2020. 12. 22. 항번개정)
⑤ 제109조에 따른 법인 설립신고를 한 경우에는 사업자등록신청을 한 것으로 본다. (2020. 12. 22. 항번개정)

▶ 예 판 ◀
• 법인이 폐업한 후 재개업을 하는 경우에는 종전의 사업자등록번호를 부여받아야 하며, 폐업 전 사업연도의 결손금은 공제 가능함. (서이 46012－10298, 2002. 2. 22)
• 서로 다른 법인들이 공동사업을 하는 경우, 당해 법인들과는 별개의 사업체로서 그 인격에 따라 법인 또는 개인으로 사업자등록해야 함. (서삼 46015－10863, 2002. 5. 24)
• 지점에서 상품주문 및 거래처의 수주획득만 목적으로 소수의 영업직원만 상주시켜도 그 지점은 거래 일부를 행하는 장소로 보아 법 111조의 규정에 의한 등록된 사업장에 해당함. (서면2팀－654, 2005. 5. 4.)

제112조【장부의 비치·기장】 납세의무가 있는 법인은 장부를 갖추어 두고 복식부기 방식으로 장부를 기장하여야 하며, 장부와 관계있는 중요한 증명서류를 비치·보존하여야 한다. 다만, 비영리법인은 제4조 제3항 제1호 및 제7호의 수익사업(비영리외국법인의 경우 해당 수익사업 중 국내원천소득이 발생하는 경우만 해당한다)을 하는 경우로 한정한다. (2018. 12. 24. 단서개정)

제154조【사업자등록】① 법 제111조 제1항의 규정에 의하여 등록을 하고자 하는 법인은 사업장마다 당해 사업의 개시일부터 20일 내에 사업자등록신청서를 납세지 관할세무서장에게 제출하여야 한다. (98. 12. 31 개정)
②「부가가치세법 시행령」 제11조부터 제16조까지의 규정은 제1항의 등록에 관하여 이를 준용한다. (2013. 6. 28. 개정 ; 부가가치세법 시행령 부칙)
③ 국세청장은 사업자등록번호를 교부하지 아니하는 법인에 대하여는 고유번호를 부여하여야 한다. (98. 12. 31 개정)

통 칙 111－154…1【공동대표이사의 경우 사업자등록증 기재방법】
법인의 등기부상에 2인 이상이 대표이사로 등재되어 있는 경우에는 사업자등록증의 대표자란에 대표이사로 등기된 자 전원을 기재하여야 하고, 2인 이상의 대표이사가 담당사무별로 사실상 대표권을 행사하고 있는 경우에는 사업자등록증의 발급사유란에 각자의 담당사무를 기재하여야 한다. (2024. 3. 15. 개정)
111－154…2【사업자등록증의 발급대상】 (2024. 3. 15. 제목개정)
법 제111조에 따른 사업자등록증은 법인세 납세의무가 있는 영리법인(지점 및 사업장을 포함한다)과 수익사업을 영위하는 비영리법인에 한하여 발급할 수 있다. (2024. 3. 15. 개정)
111－154…3【고유번호의 부여】
사업자등록증의 발급대상이 되지 아니하는 법인에 대하여는 「부가가치세법 시행령」 제12조 제2항에 따른 고유번호를 부여할 수 있다. (2024. 3. 15. 개정)

제155조【복식부기에 의한 기장】 법 제112조에 규정하는 복식부기에 의한 기장은 법인의 재산과 자본의 변동을 빠짐없이 이중기록하여 계산하는 정규의 부기형식에 의하여 기장하는 것으로 한다. (98. 12. 31 개정)

관계조문 ▶
규칙 82조 7항 11호 ⇒ 법인설립신고 및 사업자등록신청서/국내사업장설치신고서(외국법인)

통 칙 112－155…1【전표식 또는 카드식에 의한 장부와 전산조직에 의한 장부의 효력】
전표식 또는 카드식에 의한 장부와 전산조직에 의한 장부 등 그 명칭이나 형식에 불구하고 대차평균의 원리에 따라 이중기록함으로써 자산과 부채의 증감, 변동 및 손익을 계산할 수 있는 정도의 것은 법 제112조에 따른 적법한 장부로 본다. (2019. 12. 23. 개정)
112－155…2【매출계산서의 보조장으로서의 효력】
거래처별 세금계산서(회사보관용)를 매출처원장으로 사용하는 경우에는 이를 법 제112조에 따른 장부로 볼 수 있다. (2019. 12. 23. 개정)

제112조의 2【기부금영수증 발급명세의 작성·보관 의무 등】
(2007. 12. 31. 제목개정)
① 기부금영수증을 발급하는 법인은 대통령령으로 정하는 기부자별 발급명세를 작성하여 발급한 날부터 5년간 보관하여야 한다. 다만, 전자기부금영수증을 발급한 경우에는 그러하지 아니하다. (2020. 12. 22. 단서신설)
② 기부금영수증을 발급하는 법인은 제1항에 따라 보관하고 있는 기부자별 발급명세를 국세청장, 지방국세청장 또는 납세지 관할 세무서장이 요청하는 경우 이를 제출하여야 한다. 다만, 전자기부금영수증을 발급한 경우에는 그러하지 아니하다. (2020. 12. 22. 단서신설)
③ 기부금영수증을 발급하는 법인은 해당 사업연도의 기부금영수증 총 발급 건수 및 금액 등이 적힌 기획재정부령으로 정하는 기부금영수증 발급합계표를 해당 사업연도의 종료일이 속하는 달의 말일부터 6개월 이내에 관할 세무서장에게 제출하여야 한다. 다만, 전자기부금영수증을 발급한 경우에는 그러하지 아니하다. (2021. 12. 21. 개정)
④ 기부금영수증을 발급하는 법인은 해당 사업연도의 직전 사업연도에 받은 기부금에 대하여 발급한 기부금영수증 금액의 총합계액이 3억원 이상의 금액으로서 대통령령으로 정하는 금액을 초과하는 경우에는 해당 사업연도에 받은 기부금에 대하여 그 기부금을 받은 날이 속하는 연도의 다음 연도 1월 10일까지 전자기부금영수증을 발급하여야 한다. (2024. 12. 31. 신설)

편주 ▶ ···
법 112조의 2 제4항의 개정규정은 2025. 1. 1. 이후 기부금을 받는 경우부터 적용함. (법 부칙(2024. 12. 31.) 9조)
···

제113조【구분경리】① 비영리법인이 수익사업을 하는 경우에는 자산·부채 및 손익을 그 수익사업에 속하는 것과 수익사업이 아닌 그 밖의 사업에 속하는 것을 각각 다른 회계로 구분하여 기록하여야 한다. (2010. 12. 30. 개정)
②「자본시장과 금융투자업에 관한 법률」의 적용을 받는 법인은 각 사업연도의 소득금액을 계산할 때 신탁재산에 귀속되는 소득과 그 밖의

제155조의 2【기부금영수증 발급명세의 작성·보관의무 등】
(2008. 2. 22. 제목개정)
① 법 제75조의 4 제2항에서 "대통령령으로 정하는 전자적 방법"이란 국세청장이 구축한 전자기부금영수증 발급 시스템을 이용하는 방법을 말한다. (2021. 2. 17. 신설)
② 국세청장은 납세관리상 필요한 범위에서 전자기부금영수증 발급 신청, 발급 방법 등에 필요한 세부적인 사항을 정할 수 있다. (2021. 2. 17. 신설)
③ 법 제112조의 2 제1항에서 "대통령령으로 정하는 기부자별 발급명세"란 다음 각 호의 내용이 모두 포함된 것을 말한다. (2021. 2. 17. 항번개정)
1. 기부자의 성명, 주민등록번호 및 주소(기부자가 법인인 경우에는 상호, 사업자등록번호와 본점등의 소재지) (2014. 2. 21. 개정)
2. 기부금액 (2006. 2. 9. 신설)
3. 기부금 기부일자 (2006. 2. 9. 신설)
4. 기부금영수증 발급일자 (2006. 2. 9. 신설)
5. 그 밖에 기획재정부령이 정하는 사항 (2008. 2. 29. 직제개정 ; 기획재정부와〜직제 부칙)
④ 법 제112조의 2 제4항에서 "대통령령으로 정하는 금액"이란 3억원을 말한다. (2025. 2. 28. 신설)

제156조【구분경리】① 법 제113조 제1항부터 제5항까지의 규정에 해당하는 법인은 구분하여야 할 사업 또는 재산별로 자산·부채 및 손익을 법인의 장부상 각각 독립된 계정과목에 의하여 기획재정부령으로 정하는 바에 따라 구분경리하여야 한다. (2009. 2. 4. 개정)
② 법 제113조 제3항 각 호 외의 부분 단서 및 같은 조 제4항 각 호 외의 부분 단서에 따른 중소기업의 판정은 합병 또는 분할합병 전의

편주 ▶ ···
전자기부금영수증 발급방법 등에 대한 고시 (국세청고시 제2024-17호, 2024. 7. 1.)
···

제75조【구분경리의 범위】① 영 제156조의 규정에 의한 구분경리를 할 때에는 구분하여야 할 사업 또는 재산별로 자산·부채 및 손익을 각각 독립된 계정과목에 의하여 구분기장하여야 한다. 다만, 각 사업 또는 재산별로 구분할 수 없는 공

소득을 각각 다른 회계로 구분하여 기록하여야 한다. (2010. 12. 30. 개정)

③ 다른 내국법인을 합병하는 법인은 다음 각 호의 구분에 따른 기간 동안 자산·부채 및 손익을 피합병법인으로부터 승계받은 사업에 속하는 것과 그 밖의 사업에 속하는 것을 각각 다른 회계로 구분하여 기록하여야 한다. 다만, 중소기업 간 또는 동일사업을 하는 법인 간에 합병하는 경우에는 회계를 구분하여 기록하지 아니할 수 있다. (2018. 12. 24. 단서개정)

1. 합병등기일 현재 제13조 제1항 제1호의 결손금이 있는 경우 또는 제45조 제2항에 따라 피합병법인의 이월결손금을 공제받으려는 경우 : 그 결손금 또는 이월결손금을 공제받는 기간 (2018. 12. 24. 개정)

2. 그 밖의 경우 : 합병 후 5년간 (2010. 12. 30. 개정)

④ 내국법인이 분할합병하는 경우 분할신설법인등은 다음 각 호의 구분에 따른 기간 동안 자산·부채 및 손익을 분할법인등으로부터 승계받은 사업에 속하는 것과 그 밖의 사업에 속하는 것을 각각 별개의 회계로 구분하여 기록하여야 한다. 다만, 중소기업 간 또는 동일사업을 하는 법인 간에 분할합병하는 경우에는 회계를 구분하여 기록하지 아니할 수 있다. (2018. 12. 24. 단서개정)

1. 제46조의 4 제2항에 따라 분할법인 등의 이월결손금을 공제받으려는 경우 : 그 이월결손금을 공제받는 기간 (2010. 12. 30. 개정)

2. 그 밖의 경우 : 분할 후 5년간 (2010. 12. 30. 개정)

⑤ 연결모법인이 다른 내국법인(합병등기일 현재 연결법인이 아닌 경우만 해당한다)을 합병(연결모법인을 분할합병의 상대방 법인으로 하는 분할합병을 포함한다. 이하 이 항에서 같다)한 경우에는 다음 각 호의 구분에 따른 기간 동안 자산·부채 및 손익을 피합병법인(분할법인을 포함한다)으로부터 승계받은 사업에 속하는 것과 그 밖의 사업에 속하는 것을 각각 별개의 회계로 구분하여 기록하여야 한다. 다만, 중소기업 간 또는 동일사업을 하는 법인 간에 합병하는 경우에는 회계를 구분하여 기록하지 아니할 수 있다. (2023. 12. 31. 개정)

1. 합병등기일 현재 제76조의 13 제1항 제1호의 결손금이 있는 경우 또는 제76조의 13 제3항 제2호에 따라 피합병법인의 이월결손금을

현황에 따르고, 동일사업을 영위하는 법인(분할법인의 경우 승계된 사업분에 한정한다)의 판정은 실질적으로 동일한 사업을 영위하는 것으로서 기획재정부령으로 정하는 경우 외에는 한국표준산업분류에 따른 세분류에 따른다. 이 경우 합병법인 또는 피합병법인이나 분할법인(승계된 사업분에 한정한다) 또는 분할합병의 상대방법인이 2 이상의 세분류에 해당하는 사업을 영위하는 경우에는 사업용 자산가액 중 동일사업에 사용하는 사업용 자산가액의 비율이 각각 100분의 70을 초과하는 경우에만 동일사업을 영위하는 것으로 본다. (2019. 2. 12. 개정)

통칙 113-156…1【비영리내국법인의 급여액 등의 구분계산】
수익사업과 비영리사업을 겸영하는 경우 종업원에 대한 급여상당액(복리후생비, 퇴직금 및 퇴직급여충당금전입액을 포함한다)은 근로의 제공내용을 기준으로 구분한다. 이 경우 근로의 제공이 주로 수익사업에 관련된 것인 때에는 이를 수익사업의 비용으로 하고 근로의 제공이 주로 비영리사업에 관련된 것인 때에는 이를 비영리사업에 속한 비용으로 한다. (93. 2. 1 개정)

113-156…4【수익사업과 비영리사업의 구분경리】
수익사업과 비영리사업의 구분경리는 수익과 비용에 관한 경리뿐만 아니라 자산과 부채에 관한 경리를 포함하는 것으로 한다. (93. 2. 1 개정)

113-156…5【수개의 업종을 경영하고 있는 법인의 공통손익의 안분계산】
수개의 업종을 경영하고 있는 법인의 공통손익은 먼저 업종별로 안분계산하고 다음에 동일업종내의 공통손익을 안분계산한다.

113-156…6【개별손익·공통손익 등의 계산】
규칙 제75조 제2항에 따라 법인세가 감면되는 사업과 기타사업을 겸영하는 법인의 익금과 손금의 구분계산은 법에 특별히 규정한 것을 제외하고는 다음과 같이 계산한다. (2019. 12. 23. 개정)

1. 개별익금
　가. 매출액 또는 수입금액은 소득구분계산의 기준으로서 이는 개별익금으로 구분한다.
　나. 감면사업 또는 과세사업에 직접 관련하여 발생하는 부수수익은 개별익금으로 구분하며, 예시하면 다음과 같다.
　　(1) 부산물·작업폐물의 매출액
　　(2) 채무면제익
　　(3) 원가차익
　　(4) 채권추심익
　　(5) 지출된 손금 중 환입된 금액

통되는 익금과 손금은 그러하지 아니하다. (99. 5. 24 개정)

② 법률에 의하여 법인세가 감면되는 사업과 기타의 사업을 겸영하는 법인은 제1항과 제76조 제6항 및 제7항의 규정을 준용하여 구분경리하여야 한다. 이 경우 제76조 제6항 제2호 및 제3호의 규정에 의한 업종의 구분은 한국표준산업분류에 의한 소분류에 의하되, 소분류에 해당업종이 없는 경우에는 중분류에 의한다. (99. 5. 24 개정)

제75조의 2【동일사업 영위 법인】
영 제156조 제2항에서 "실질적으로 동일한 사업을 영위하는 것으로서 기획재정부령으로 정하는 경우"란 한국산업은행법(2014. 5. 21. 법률 제12663호로 개정된 것을 말한다) 부칙 제3조에 따른 한국산업은행, 산은금융지주주식회사 및 「한국정책금융공사법」에 따른 한국정책금융공사가 각각 영위하던 사업을 말한다. (2015. 3. 13. 신설)

제76조【비영리법인의 구분경리】
① 비영리법인이 법 제113조 제1항의 규정에 의하여 구분경리하는 경우 수익사업과 기타의 사업에 공통되는 자산과 부채는 이를 수익사업에 속하는 것으로 한다. (99. 5. 24 개정)

② 비영리법인이 구분경리를 하는 경우에는 수익사업의 자산의 합계액에서 부채(충당금을 포함한다)의 합계액을 공제한 금액을 수익사업의 자본금으로 한다. (99. 5.

공제받으려는 경우 : 그 결손금 또는 이월결손금을 공제받는 기간 (2013. 1. 1. 개정)

2. 그 밖의 경우 : 합병 후 5년간 (2013. 1. 1. 개정)

⑥ 법인과세 수탁자는 법인과세 신탁재산별로 신탁재산에 귀속되는 소득을 각각 다른 회계로 구분하여 기록하여야 한다. (2020. 12. 22. 신설)

⑦ 제50조의 2에 해당하는 다른 내국법인의 사업을 양수하는 내국법인은 사업양수일 현재 제13조 제1항 제1호에 해당하는 결손금이 있는 경우 그 결손금을 공제받는 기간 동안 자산·부채 및 손익을 양도법인으로부터 양수한 사업에 속하는 것과 그 밖의 사업에 속하는 것을 각각 다른 회계로 구분하여 기록하여야 한다. 다만, 중소기업 간 또는 동일사업을 하는 법인 간에 사업을 양수하는 경우에는 회계를 구분하여 기록하지 아니할 수 있다. (2021. 12. 21. 신설)

⑧ 제1항부터 제7항까지의 규정에 따른 구분경리의 방법, 동일사업을 하는 법인의 판정, 그 밖에 필요한 사항은 대통령령으로 정한다. (2021. 12. 21. 개정)

　　제114조【대차대조표의 공고의무】삭　제 (2001. 12. 31)
　　제115조【결합재무제표 등의 제출의무】삭　제 (2008. 12. 26.)

(6) 준비금 및 충당금의 환입액

다. 영업외수익과 특별이익 중 과세사업의 개별익금으로 구분하는 것을 예시하면 다음과 같다.
　(1) 수입배당금
　(2) 수입이자
　(3) 유가증권처분익 (97. 4. 1 개정)
　(4) 수입임대료
　(5) 가지급금인정이자
　(6) 고정자산처분익
　(7) 수증익

2. 공통익금
감면사업과 과세사업에 공통으로 발생되는 수익이나 귀속이 불분명한 부수수익은 공통익금으로 구분하며, 예시하면 다음과 같다.
가. 귀속이 불분명한 부산물·작업폐물의 매출액
나. 귀속이 불분명한 원가차익, 채무면제익
다. 공통손금의 환입액
라. 기타 개별익금으로 구분하는 것이 불합리한 수익

3. 개별손금
가. 감면사업 또는 과세사업에 직접 관련하여 발생한 비용은 당해 사업의 개별손금으로 구분하며, 예시하면 다음과 같다.
　(1) 매출원가
　(2) 특정사업에 전용되는 고정자산에 대한 제비용
　(3) 특정사업에 관련하여 손금산입하는 준비금·충당금전입액
　(4) 기타 귀속이 분명한 제비용
나. 영업외비용과 특별손실 중 과세사업의 개별손금으로 구분하는 것을 예시하면 다음과 같다.
　(1) 유가증권 처분손
　(2) 고정자산 처분손

4. 공통손금
감면사업과 과세사업에 공통으로 발생되는 비용이나 귀속이 불분명한 비용은 공통손금으로 구분하며, 예시하면 다음과 같다.
가. 사채발행비 상각
나. 사채할인발행차금 상각
다. 기타 개별손금으로 구분하는 것이 불합리한 비용

5. 지급이자
차입금에 대한 지급이자는 그 이자의 발생장소에 따라 구분하거나 그 이자전액을 공통손금으로 구분할 수 없으며, 차입한 자금의 실제 사용용도를 기준으로

24 개정)

③ 비영리법인이 기타의 사업에 속하는 자산을 수익사업에 지출 또는 전입한 경우 그 자산가액은 자본의 원입으로 경리한다. 이 경우 자산가액은 시가에 의한다. (99. 5. 24 개정)

통칙 113－156…2【비영리내국법인의 자본원입시의 시가】

규칙 제76조 제3항에서 시가가 불분명한 경우의 시가는 영 제89조 제2항을 준용하여 평가한 가액에 의한다. (2019. 12. 23. 개정)

④ 비영리법인이 수익사업에 속하는 자산을 기타의 사업에 지출한 경우 그 자산가액 중 수익사업의 소득금액(잉여금을 포함한다)을 초과하는 금액은 자본원입액의 반환으로 한다. 이 경우 「조세특례제한법」제74조 제1항 제1호의 규정을 적용받는 법인이 수익사업회계에 속하는 자산을 비영리사업회계에 전입한 경우에는 이를 비영리사업에 지출한 것으로 한다. (2005. 2. 28. 후단개정)

통칙 113－156…3【비영리법인의 잉여금의 범위】

① 규칙 제76조 제4항에서 "잉여금"이라 함은 이미 법인세가 과세된 소득(법 및 조세특례제한법에 의하여 비과세되거나 익금불산입된 금액을 포함한다)으로서 수익사업부문에 유보되어 있는 금액을 말한다. (2019. 12. 23. 개정)

② 규칙 제76조 제4항을 적용함에 있어 비영리법인이 수익사업에 속하는 자산을 비영리사업에 지출한 때에는 해당 자산가액을 다음 각 호에 규

사실판단하여 과세 및 감면사업의 개별 또는 공통손금으로 구분한다.
6. 외환차손익
　가. 감면사업 또는 과세사업에 직접 관련되는 외환차손익은 당해 사업의 개별손익으로 구분한다.
　나. 외상매출채권의 회수와 관련된 외환차손익(공사수입의 본사 송금거래로 인한 외환차손익 포함)은 외국환은행에 당해 외화를 매각할 수 있는 시점까지는 당해 외상매출채권이 발생된 사업의 개별손익으로 하고 그 이후에 발생되는 외환차손익은 과세사업의 개별손익으로 구분한다.
　다. 외상매출채권을 제외한 기타 외화채권과 관련하여 발생하는 외환차손익은 과세사업의 개별손익으로 구분한다.
　라. 외상매입채무의 변제와 관련된 외환차손익은 당해 외상매입 채무와 관련된 사업의 개별손익으로 구분한다.
　마. 외상매입채무를 제외한 기타 외화채무와 관련하여 발생하는 외환차손익은 외화채무의 용도에 따라 감면사업 또는 과세사업의 개별손익으로 구분하고, 용도가 불분명한 경우에는 공통손익으로 구분한다.
　바. 외환증서, 외화표시예금, 외화표시유가증권등과 관련하여 발생하는 외환차손익은 과세사업의 개별손익으로 구분한다.
　사. 감면사업의 손익수정에 따른 외환차손익은 감면사업의 개별손익으로 구분한다. (2001. 11. 1 개정)

제157조【결합재무제표 등의 제출】삭　제 (2009. 2. 4.)

정하는 금액과 순차적으로 상계처리하여야 한다. (2024. 3. 15. 개정)
1. 고유목적사업준비금 중 법 제29조에 따라 손금산입된 금액(같은 조 제2항 후단의 금액을 포함한다) (2019. 12. 23. 개정)
2. 고유목적사업준비금 중 손금부인된 금액
3. 법인세과세후의 수익사업소득금액(잉여금을 포함한다)
4. 자본의 원입액

⑤ 비영리법인의 경우 법 제112조의 규정에 의한 장부의 기장은 제1항 내지 제4항의 규정에 의한다. (99. 5. 24 개정)
⑥ 비영리법인이 법 제113조 제1항의 규정에 의하여 수익사업과 기타의 사업의 손익을 구분경리하는 경우 공통되는 익금과 손금은 다음 각호의 규정에 의하여 구분계산하여야 한다. 다만, 공통익금 또는 손금의 구분계산에 있어서 개별손금(공통손금외의 손금의 합계액을 말한다. 이하 이 조에서 같다)이 없는 경우나 기타의 사유로 다음 각호의 규정을 적용할 수 없거나 적용하는 것이 불합리한 경우에는 공통익금의 수입항목 또는 공통손금의 비용항목에 따라 국세청장이 정하는 작업시간·사용시간·사용면적 등의 기준에 의하여 안분계산한다. (99. 5. 24 개정)
1. 수익사업과 기타의 사업의 공통익금은 수익사업과 기타의 사업의 수입금액 또는 매출액에 비례하여 안분계산 (99. 5. 24 개정)

통칙 113-156…7【공통익금의 구분계산시

③ 법 제113조 제4항에 따라 분할신설 법인 등이 분할법인 등으로부터 승계받은 사업과 그 밖의 사업을 구분경리하는 경우에는 제1항 및 제2항을 준용한다. (2009. 3. 30. 개정)

④ 법 제113조 제5항에 따라 연결모법인이 피합병법인(분할법인을 포함한다)으로부터 승계받은 사업과 그 밖의 사업에 속하는 것을 구분경리하는 경우에는 제1항 및 제2항을 준용한다. (2009. 3. 30. 신설)

제78조【결합재무제표 등의 제출】삭제 (2009. 3. 30.)

각각 독립된 회계처리에 의하여 구분계산. 이 경우 피합병법인으로부터 승계받은 사업장의 자산·부채 및 손익은 이를 피합병법인으로부터 승계받은 사업에 속하는 것으로 한다. (99. 5. 24 개정)

2. 본점 등에서 발생한 익금과 손금 등 각 사업장에 공통되는 익금과 손금은 제76조 제6항 및 제7항을 준용하여 안분계산. 다만, 합병등기일 전부터 소유하던 유형자산 및 무형자산의 양도손익은 합병등기일 전에 유형자산 및 무형자산을 소유하던 사업부문에 속하는 익금과 손금으로 본다. (2019. 3. 20. 단서개정)

3. 제1호 및 제2호의 규정을 적용함에 있어서 합병등기일 이후 새로이 사업장을 설치하거나 기존 사업장을 통합한 경우에는 그 주된 사업내용에 따라 피합병법인으로부터 승계받은 사업장, 기타의 사업장 또는 공통사업장으로 구분. 이 경우 주된 사업내용을 판정하기 곤란한 경우에는 다음 각목에 의한다. (99. 5. 24 개정)

가. 새로이 사업장을 설치한 경우에는 합병법인의 사업장으로 보아 구분경리 (99. 5. 24 개정)

나. 기존 사업장을 통합한 경우에는 통합한 날이 속하는 사업연도의 직전 사업연도의 각 사업장별 수입금액(수입금액이 없는 사업장이 있는 경우에는 각 사업장별 자산총액을 말한다)이 많은 법인의 사업장으로 보아 구분경리 (99. 5. 24 개정)

지 아니한 차입금은 총수입금액에서 각 사업의 당해 사업연도의 수입금액이 차지하는 비율에 따라 안분계산 (2019. 3. 20. 개정)

2. 현금·예금 등 당좌자산 및 투자자산은 자금의 원천에 따라 각 사업별로 구분하되, 그 구분이 분명하지 아니한 경우에는 총수입금액에서 각 사업의 당해 사업연도의 수입금액이 차지하는 비율에 따라 안분계산 (99. 5. 24. 개정)

3. 제1호 및 제2호 외의 자산 및 잉여금등은 용도·발생원천 또는 기업회계기준에 따라 계산 (99. 5. 24 개정)

4. 각 사업에 속하는 익금과 손금은 각각 독립된 계정과목에 의하여 구분하여 기록하되, 각 사업에 공통되는 익금과 손금은 제76조 제6항 및 제7항을 준용하여 구분계산. 다만, 합병등기일 전부터 소유하던 유형자산 및 무형자산의 양도손익은 합병등기일 전에 유형자산 및 무형자산을 소유하던 사업부문에 속하는 익금과 손금으로 본다. (2019. 3. 20. 단서개정)

② 합병법인은 제1항에도 불구하고 다음 각 호의 방법으로 구분경리할 수 있다. 이 경우 합병법인은 피합병법인의 이월결손금을 공제받고자 하는 사업연도가 종료할 때(연결모법인의 경우에는 합병 후 5년간을 말한다)까지 계속 적용하여야 한다. (2009. 3. 30. 개정)

1. 피합병법인으로부터 승계받은 사업장과 기타의 사업장별로 자산·부채 및 손익을

감면사업과 과세사업을 겸영하는 법인이 부동산임대업과 기타 사업을 영위하는 경우 규칙 제76조 제6항 제1호에 따른 공통익금의 구분계산시 적용하는 부동산 임대수입금액은 임대료 수입금액에 영 제11조 제1호 단서에 따라 계산한 임대보증금에 대한 수입이자 상당액을 가산한 금액으로 한다. (2019. 12. 23. 개정)

2. 수익사업과 기타의 사업의 업종이 동일한 경우의 공통손금은 수익사업과 기타의 사업의 수입금액 또는 매출액에 비례하여 안분계산 (99. 5. 24 개정)

3. 수익사업과 기타의 사업의 업종이 다른 경우의 공통손금은 수익사업과 기타의 사업의 개별 손금액에 비례하여 안분계산 (99. 5. 24 개정)

⑦ 제6항의 규정에 의한 공통되는 익금은 과세표준이 되는 것에 한하며, 공통되는 손금은 익금에 대응하는 것에 한한다. (99. 5. 24 개정)

제77조【합병법인 및 분할신설법인 등의 구분경리】(2006. 3. 14. 제목개정)

① 법 제113조 제3항에 따라 합병법인이 피합병법인으로부터 승계받은 사업과 그 밖의 사업을 구분경리함에 있어서 자산·부채 및 손익의 구분계산은 다음 각 호에 따른다. (2014. 3. 14. 개정)

1. 유형자산 및 무형자산과 부채는 용도에 따라 각 사업별로 구분하되, 용도가 분명하

제116조 【지출증명서류의 수취 및 보관】 (2010. 12. 30. 제목개정)

① 법인은 각 사업연도에 그 사업과 관련된 모든 거래에 관한 증명서류를 작성하거나 받아서 제60조에 따른 신고기한이 지난 날부터 5년간 보관하여야 한다. 다만, 제13조 제1항 제1호에 따라 각 사업연도 개시일 전 5년이 되는 날 이전에 개시한 사업연도에서 발생한 결손금을 각 사업연도의 소득에서 공제하려는 법인은 해당 결손금이 발생한 사업연도의 증명서류를 공제되는 소득의 귀속사업연도의 제60조에 따른 신고기한부터 1년이 되는 날까지 보관하여야 한다. (2018. 12. 24. 단서개정)

② 제1항의 경우에 법인이 대통령령으로 정하는 사업자로부터 재화나 용역을 공급받고 그 대가를 지급하는 경우에는 다음 각 호의 어느 하나에 해당하는 증명서류를 받아 보관하여야 한다. 다만, 대통령령으로 정하는 경우에는 그러하지 아니하다. (2010. 12. 30. 개정)

1. 「여신전문금융업법」에 따른 신용카드 매출전표(신용카드와 유사한 것으로서 대통령령으로 정하는 것을 사용하여 거래하는 경우에는 그 증명서류를 포함한다. 이하 제117조에서 같다) (2010. 12. 30. 개정)
2. 현금영수증 (2010. 12. 30. 개정)
3. 「부가가치세법」 제32조에 따른 세금계산서 (2013. 6. 7. 개정 ; 부가가치세법 부칙)
4. 제121조 및 「소득세법」 제163조에 따른 계산서 (2010. 12. 30. 개정)

●예 판●

종업원 개인명의의 신용카드를 사용하고 매출전표를 수취한 경우에도 당해 법인의 업무와 직접 관련하여 사용된 것으로 인정되는 경우에는 접대비 등의 경우와 같이 손금불산입으로 달리 규정된 경우 외에는 법인의 비용으로 손금산입되고 정규지출증빙으로 인정되는 것임. (법인-520, 2014. 11. 28.)

③ 제2항을 적용할 때 법인이 다음 각 호의 어느 하나에 해당하는 경우에는 제2항에 따른 증명서류의 수취·보관 의무를 이행한 것으로 본다. (2022. 12. 31. 개정)

1. 제2항 제3호의 세금계산서를 발급받지 못하여 「부가가치세법」 제34조의 2 제2항에 따른 매입자발행세금계산서를 발행하여 보관한 경

제158조 【지출증명서류의 수취 및 보관】 (2019. 2. 12. 제목개정)

① 법 제116조 제2항 각 호 외의 부분 본문에서 "대통령령으로 정하는 사업자"란 다음 각 호의 어느 하나에 해당하는 사업자를 말한다. (2011. 6. 3. 개정)

1. 법인. 다만, 다음 각 목의 어느 하나에 해당하는 법인은 제외한다. (2019. 2. 12. 단서개정)
　가. 비영리법인(제3조 제1항의 수익사업과 관련된 부분은 제외한다) (2019. 2. 12. 개정)
　나. 국가 및 지방자치단체 (98. 12. 31 개정)
　다. 금융보험업을 영위하는 법인(「소득세법 시행령」 제208조의 2 제1항 제3호의 규정에 의한 금융·보험용역을 제공하는 경우에 한한다) (2005. 2. 19. 개정)
　라. 국내사업장이 없는 외국법인 (98. 12. 31 개정)
2. 「부가가치세법」 제3조에 따른 사업자. 다만, 읍·면지역에 소재하는 「부가가치세법」 제61조에 따른 간이과세자로서 「여신전문금융업법」에 의한 신용카드가맹점(이하 "신용카드가맹점"이라 한다) 또는 「조세특례제한법」 제126조의 3에 따른 현금영수증가맹점(이하 "현금영수증가맹점"이라 한다)이 아닌 사업자를 제외한다. (2013. 6. 28. 개정 ; 부가가치세법 시행령 부칙)
3. 「소득세법」 제1조의 2 제1항 제5호에 따른 사업자 및 같은 법 제119조 제3호 및 제5호에 따른 소득이 있는 비거주자. 다만, 같은 법 제120조에 따른 국내사업장이 없는 비거주자를 제외한다. (2013. 2.

통칙 116-158…1 【지출증명서류의 범위】 (2019. 12. 23. 제목개정)

다음 각 호에 해당하는 경우에는 법 제116조 제2항에 따른 증명서류로 보지 아니한다. (2019. 12. 23. 개정)

1. 실제거래처와 다른 사업자명의로 발급된 세금계산서·계산서 또는 신용카드매출전표 (2024. 3. 15. 개정)
2. 부가가치세법상 미등록사업자로부터 재화 또는 용역을 공급받고 발급받은 세금계산서 또는 계산서 (2024. 3. 15. 개정)
3. 부가가치세법상 간이과세자로부터 재화 또는 용역을 공급받고 발급받은 세금계산서 (2024. 3. 15. 개정)

우 (2022. 12. 31. 개정)

2. 제2항 제4호의 계산서를 발급받지 못하여 제121조의 2에 따른 매입
   자발행계산서를 발행하여 보관한 경우 (2022. 12. 31. 개정)

④ 제1항부터 제3항까지의 규정을 적용할 때 증명서류의 수취·보관
등에 필요한 사항은 대통령령으로 정한다. (2010. 12. 30. 개정)

- 문서로 받은 증빙서류(신용카드매출전표 매입세금계산서 등)를 스캐너나
  키보드를 통해 전산입력해 정보보존장치에 보존하는 경우, 원본증빙서류
  를 반드시 함께 보존해야 함. (서삼 46019-11334, 2003. 8. 20.)
- 판매장려금에 대한 지출증빙은 매출채권과 상계처리한 사실을 확인할
  수 있는 서류를 증빙으로 하는 것으로 반드시 입금표를 수취하여야 하는
  것은 아님. (서면2팀-585, 2005. 4. 22.)
- 법인이 고객의 구매실적에 따라 지급하는 마일리지 보상금 등은 재화나
  용역의 대가로 볼 수 없어 적격 지출증빙의 수취대상에서 제외되는 것이
  나, 마일리지 기록이나 입금증 등 보상금 지급근거는 보관해야 하는 것
  임. (서면2팀-1105, 2005. 7. 15.)

··

15. 개정)

② 법 제116조 제2항 각 호 외의 부분 단서에서 "대통령령으로 정하는
경우"란 다음 각 호의 어느 하나에 해당하는 경우를 말한다. (2011. 6.
3. 개정)

1. 공급받은 재화 또는 용역의 건당 거래금액(부가가치세를 포함한다)
   이 3만원 이하인 경우 (2009. 2. 4. 개정)

   가. 2007년 12월 31일까지 : 5만원 (2007. 2. 28. 신설)
   나. 2008년 1월 1일부터 2008년 12월 31일까지 : 3만원 (2007. 2. 28. 신설)
   다. 2009년 1월 1일 이후 : 1만원 (2007. 2. 28. 신설)

   가.~다. 삭 제 (2009. 2. 4.)

2. 농·어민(한국표준산업분류에 의한 농업 중 작물재배업·축산업·복
   합농업, 임업 또는 어업에 종사하는 자를 말하며, 법인을 제외한다)으
   로부터 재화 또는 용역을 직접 공급받은 경우 (2006. 2. 9. 개정)

3. 「소득세법」 제127조 제1항 제3호에 규정된 원천징수대상 사업소득
   자로부터 용역을 공급받은 경우(원천징수한 것에 한한다) (2005. 2.
   19. 개정)

4. 제164조 제8항 제1호에 따른 용역을 공급받는 경우 (2017. 2. 3.
   개정)

5. 기타 기획재정부령이 정하는 경우 (2008. 2. 29. 직제개정 ; 기획재
   정부와~직제 부칙)

③ 법 제116조 제2항 제1호에서 "대통령령으로 정하는 것"이란 다음
각 호의 어느 하나에 해당하는 것(이하 이 조에서 "직불카드등"이라 한
다)을 말한다. (2019. 2. 12. 개정)

1. 「여신전문금융업법」에 따른 직불카드 (2019. 2. 12. 개정)

2. 외국에서 발행된 신용카드 (2019. 2. 12. 개정)

3. 「조세특례제한법」 제126조의 2 제1항 제4호에 따른 기명식선불카
   드, 직불전자지급수단, 기명식선불전자지급수단 또는 기명식전자화
   폐 (2019. 2. 12. 개정)

④ 다음 각호의 1에 해당하는 증빙을 보관하고 있는 경우에는 법 제
116조 제2항 제1호에 규정된 신용카드매출전표를 수취하여 보관하고
있는 것으로 본다. (2002. 12. 30 신설)

1. 「여신전문금융업법」에 의한 신용카드업자로부터 교부받은 신용카

제79조【지출증명서류의 수취 특례】
(2021. 3. 16. 제목개정)

영 제158조 제2항 제5호에서 "기타 기획재
정부령이 정하는 경우"란 다음 각 호의 어
느 하나에 해당하는 경우를 말한다. (2009.
3. 30. 개정)

1. 「부가가치세법」 제10조의 규정에 의하
   여 재화의 공급으로 보지 아니하는 사
   업의 양도에 의하여 재화를 공급받은
   경우 (2013. 6. 28. 개정 ; 부가가치세법
   시행규칙 부칙)

2. 「부가가치세법」 제26조 제1항 제8호에
   따른 방송용역을 제공받은 경우 (2013.
   6. 28. 개정 ; 부가가치세법 시행규칙

제117조【신용카드가맹점 가입·발급 의무 등】(2006. 12. 30. 제목개정)
① 국세청장은 주로 사업자가 아닌 소비자에게 재화나 용역을 공급하는 법인으로서 업종 등을 고려하여 대통령령으로 정하는 요건에 해당하는 법인에 대하여 납세관리를 위하여 필요하다고 인정되면 신용카드가맹점으로 가입하도록 지도할 수 있다. (2010. 12. 30. 개정)
② 신용카드가맹점(제1항에 따른 요건에 해당하여 가맹한 사업자를 말하며, 이하 이 조, 제66조 제2항 제3호 및 제75조의 6에서 같다)은 사업과 관련하여 신용카드에 의한 거래를 이유로 재화나 용역을 공급하고 그 사실과 다르게 신용카드 매출전표를 발급하여서는 아니 된다. 다

드 및 직불카드 등의 월별이용대금명세서 (2005. 2. 19. 개정)
2. 「여신전문금융업법」에 의한 신용카드업자로부터 전송받아 전사적 자원관리 시스템에 보관하고 있는 신용카드 및 직불카드 등의 거래정보(「국세기본법 시행령」 제65조의 7의 규정에 의한 요건을 충족하는 경우에 한한다) (2005. 2. 19. 개정)
⑤ 법인이 다음 각 호의 어느 하나에 해당하는 지출증명서류를 받은 경우에는 법 제116조 제1항에 따라 지출증명서류를 보관한 것으로 보아 이를 별도로 보관하지 아니할 수 있다. (2013. 2. 15. 신설)
1. 「조세특례제한법」 제126조의 3 제4항에 따른 현금영수증 (2013. 2. 15. 신설)
2. 법 제116조 제2항 제1호에 따른 신용카드 매출전표 (2013. 2. 15. 신설)
3. 「부가가치세법」 제32조 제3항 및 제5항에 따라 국세청장에게 전송된 전자세금계산서 (2013. 6. 28. 개정 ; 부가가치세법 시행령 부칙)
4. 「소득세법」 제163조 제8항에 따라 국세청장에게 전송된 전자계산서 (2020. 2. 11. 개정)
⑥ 직전 사업연도의 수입금액이 30억원(사업연도가 1년 미만인 법인의 경우 30억원에 해당 사업연도의 월수를 곱하고 12로 나누어 산출한 금액) 이상으로서 법 제116조에 따라 지출증명서류를 수취하여 보관한 법인은 기획재정부령으로 정하는 지출증명서류 합계표를 작성하여 보관해야 한다. (2021. 2. 17. 개정)

제159조【신용카드가맹점의 가입 등】(2007. 2. 28. 제목개정)
① 법 제117조 제1항에서 "대통령령으로 정하는 요건에 해당하는 법인"이란 「소득세법 시행령」 별표 3의 2에 따른 소비자상대업종을 영위하는 법인을 말한다. (2008. 2. 22. 개정)
② 법 제117조 제2항 단서에서 "대통령령으로 정하는 사업자"란 「유통산업발전법」 제2조에 따른 대규모 점포 또는 「체육시설의 설치·이용에 관한 법률」 제3조에 따른 체육시설을 운영하는 사업자를 말한다. (2009. 2. 4. 신설)
② 법 제117조 제2항 단서에서 "대통령령으로 정하는 사업자"란 다음 각 호의 사업자를 말한다. (2025. 2. 28. 개정)
1. 「관광진흥법」 제3조 제1항 제1호에 따른 여행업을 영위하는 사업자

부칙)
3. 「전기통신사업법」에 따른 전기통신사업자로부터 전기통신용역을 공급받은 경우. 다만, 「전자상거래 등에서의 소비자보호에 관한 법률」에 따른 통신판매업자가 「전기통신사업법」에 따른 부가통신사업자로부터 같은 법 제4조 제4항에 따른 부가통신역무를 제공받는 경우를 제외한다. (2019. 3. 20. 개정)
4. 국외에서 재화 또는 용역을 공급받은 경우(세관장이 세금계산서 또는 계산서를 교부한 경우는 제외한다) (99. 5. 24 개정)
5. 공매·경매 또는 수용에 의하여 재화를 공급받은 경우 (99. 5. 24 개정)
6. 토지 또는 주택을 구입하거나 주택의 임대업을 영위하는 자(법인을 제외한다)로부터 주택임대용역을 공급받은 경우 (99. 5. 24 개정)
7. 택시운송용역을 제공받은 경우 (99. 5. 24 개정)
8. 건물(토지를 함께 공급받은 경우에는 당해 토지를 포함하며, 주택을 제외한다)을 구입하는 경우로서 거래내용이 확인되는 매매계약서 사본을 법 제60조의 규정에 의한 법인세 과세표준신고서에 첨부하여 납세지 관할세무서장에게 제출하는 경우 (99. 5. 24 개정)
9. 「소득세법 시행령」 제208조의 2 제1항 제3호의 규정에 의한 금융·보험용역을 제공받은 경우 (2005. 2. 28. 개정)
9의 2. 국세청장이 정하여 고시한 전산발매통합관리

만, 대규모점포 등 대통령령으로 정하는 사업자가 판매시점정보관리시스템을 설치·운영하는 등 대통령령으로 정하는 방법으로 다른 사업자의 매출과 합산하여 신용카드 매출전표를 발급하는 경우에는 사실과 다르게 발급한 것으로 보지 아니한다. (2018. 12. 24. 개정)

③ 신용카드가맹점으로부터 신용카드에 의한 거래가 거부되거나 신용카드 매출전표를 사실과 다르게 발급받은 자는 그 거래 내용을 국세청장, 지방국세청장 또는 세무서장에게 신고할 수 있다. (2010. 12. 30. 개정)

④ 제3항에 따라 신고를 받은 자는 신용카드가맹점의 납세지 관할 세무서장에게 이를 통보하여야 한다. 이 경우 납세지 관할 세무서장은 해당 사업연도의 신고금액을 해당 신용카드가맹점에 통보하여야 한다. (2010. 12. 30. 개정)

⑤ 국세청장은 신용카드에 의한 거래를 거부하거나 신용카드 매출전표를 사실과 다르게 발급한 신용카드가맹점에 대하여 그 시정에 필요한 명령을 할 수 있다. (2018. 12. 24. 개정)

⑥ 신용카드가맹점 가입을 위한 행정지도, 신용카드에 의한 거래의 거부 및 사실과 다른 신용카드 매출전표 발급의 신고·통보방법, 그 밖에 필요한 사항은 대통령령으로 정한다. (2010. 12. 30. 개정)

(2025. 2. 28. 개정)

2. 「유통산업발전법」에 따른 대규모점포를 운영하는 사업자 (2025. 2. 28. 개정)

3. 「체육시설의 설치·이용에 관한 법률」 제3조에 따른 체육시설을 운영하는 사업자 (2025. 2. 28. 개정)

편주 ▶ ··

영 159조 2항의 개정규정은 2025. 2. 28.이 속하는 사업연도에 재화나 용역을 공급하는 경우부터 적용함. (영 부칙(2025. 2. 28.) 17조)
··

③ 법 제117조 제2항 단서에서 "대통령령으로 정하는 방법"이란 「조세특례제한법」 제5조의 2 제1호의 전사적기업자원관리설비 또는 「유통산업발전법」 제2조 제12호의 판매시점정보관리시스템설비를 설치·운영하는 방법을 말한다. (2014. 2. 21. 개정)

④ 신용카드가맹점으로부터 신용카드에 의한 거래가 거부되거나 사실과 다르게 신용카드매출전표를 발급받은 자가 법 제117조 제3항에 따라 신고하려는 때에는 다음 각 호의 사항이 포함된 신고서에 관련 사실을 증명할 수 있는 서류 또는 자료를 첨부하여 그 거래가 거부되거나 사실과 다르게 발급받은 날부터 1개월 이내에 국세청장·지방국세청장 또는 세무서장에게 제출하여야 한다. 다만, 증명서류나 자료는 가능한 경우에만 첨부한다. (2019. 2. 12. 단서개정)

1. 신고자 성명 (2009. 2. 4. 개정)

2. 신용카드가맹점 명칭 (2007. 2. 28. 신설)

3. 신용카드에 의한 거래가 거부되거나 사실과 다르게 발급받은 일시·거래내용 및 금액 (2009. 2. 4. 개정)

⑤ 납세지 관할세무서장은 법 제117조 제4항 후단에 따라 해당 사업연도의 신고금액을 해당 신용카드가맹점에 통보하는 경우 그 사업연도 종료 후 2개월 이내에 통보하여야 한다. (2009. 2. 4. 항번개정)

⑥ 국세청장은 납세관리상 필요한 범위 안에서 신용카드가맹점 가입대상법인의 지정절차, 신용카드에 의한 거래거부 등에 관한 신고·통보절차 등에 필요한 세부적인 사항을 정할 수 있다. (2009. 2. 4. 개정)

시스템에 가입한 사업자로부터 입장권·승차권·승선권 등을 구입하여 용역을 제공받은 경우 (2000. 3. 9 신설)

9의 2. 삭 제 (2020. 3. 13.)

9의 3. 항공기의 항행용역을 제공받은 경우 (2000. 3. 9 신설)

9의 4. 부동산임대용역을 제공받은 경우로서 「부가가치세법 시행령」 제65조 제1항을 적용받는 전세금 또는 임대보증금에 대한 부가가치세액을 임차인이 부담하는 경우 (2013. 6. 28. 개정 ; 부가가치세법 시행규칙 부칙)

9의 5. 재화공급계약·용역제공계약 등에 의하여 확정된 대가의 지급지연으로 인하여 연체이자를 지급하는 경우 (2000. 3. 9 신설)

9의 6. 「한국철도공사법」에 의한 한국철도공사로부터 철도의 여객운송용역을 공급받는 경우 (2005. 2. 28. 신설)

10. 다음 각 목의 어느 하나에 해당하는 경우로서 공급받은 재화 또는 용역의 거래금액을 「금융실명거래 및 비밀보장에 관한 법률」에 의한 금융기관을 통하여 지급한 경우로서 법 제60조에 따른 법인세과세표준신고서에 송금사실을 기재한 경비 등의 송금명세서를 첨부하여 납세지 관할세무서장에게 제출하는 경우 (2019. 3. 20. 개정)

가. 「부가가치세법」 제61조를 적용받는 사업자로부터 부동산임대용역을 제공받은 경우 (2013. 6. 28. 개정 ; 부가가치세법 시행규칙 부칙)

자. 그 밖에 국세청장이 정하여 고시하는
　　경우 (2012. 2. 28. 신설)
11.「유료도로법」에 따른 유료도로를 이용하
　　고 통행료를 지급하는 경우 (2007. 3. 30.
　　신설)

편주 ▶
지출증빙서류의 수취특례 거래 고시 : 국세청
고시 제2025 - 2호 (2025. 2. 1.)

나. 임가공용역을 제공받은 경우(법인과의
　　거래를 제외한다) (2000. 3. 9 개정)
다. 운수업을 영위하는 자(「부가가치세법」
　　제61조를 적용받는 사업자에 한한다)
　　가 제공하는 운송용역을 공급받은 경
　　우(제7호의 규정을 적용받는 경우를
　　제외한다) (2013. 6. 28. 개정 ; 부가
　　가치세법 시행규칙 부칙)
라.「부가가치세법」 제61조를 적용받는
　　사업자로부터 「조세특례제한법 시행
　　령」 제110조 제4항 각 호에 따른 재
　　활용폐자원 등이나 「자원의 절약과
　　재활용촉진에 관한 법률」 제2조 제2
　　호에 따른 재활용가능자원(같은 법 시
　　행규칙 별표 1 제1호부터 제9호까지
　　의 규정에 열거된 것에 한한다)을 공
　　급받은 경우 (2019. 3. 20. 개정)
마.「항공법」에 의한 상업서류 송달용역
　　을 제공받는 경우 (2005. 2. 28. 개정)
바.「공인중개사의 업무 및 부동산 거래
　　신고에 관한 법률」에 따른 중개업자
　　에게 수수료를 지급하는 경우 (2009.
　　3. 30. 개정)
사.「복권 및 복권기금법」에 의한 복권
　　사업자가 복권을 판매하는 자에게
　　수수료를 지급하는 경우 (2005. 2.
　　28. 개정)
아.「전자상거래 등에서의 소비자보호에
　　관한 법률」 제2조 제2호 본문에 따른
　　통신판매에 따라 재화 또는 용역을 공
　　급받은 경우 (2012. 2. 28. 개정)

제117조의 2【현금영수증가맹점 가입·발급 의무 등】① 주로 사업자가 아닌 소비자에게 재화나 용역을 공급하는 사업자로서 업종 등을 고려하여 대통령령으로 정하는 요건에 해당하는 법인은 그 요건에 해당하는 날이 속하는 달의 말일부터 3개월 이내에 현금영수증가맹점으로 가입하여야 한다. (2015. 12. 15. 개정)

② 제1항에 따라 현금영수증가맹점으로 가입한 법인은 국세청장이 정하는 바에 따라 현금영수증가맹점을 나타내는 표지를 게시하여야 한다. (2010. 12. 30. 개정)

③ 현금영수증가맹점은 사업과 관련하여 재화나 용역을 공급하고, 그 상대방이 대금을 현금으로 지급한 후 현금영수증 발급을 요청하는 경우에는 이를 거부하거나 사실과 다르게 발급하여서는 아니 된다. 다만, 현금영수증 발급이 곤란한 경우로서 대통령령으로 정하는 사유에 해당하는 경우에는 현금영수증을 발급하지 아니할 수 있고, 대규모점포 등 대통령령으로 정하는 사업자가 판매시점 정보관리시스템을 설치·운영하는 등 대통령령으로 정하는 방법으로 다른 사업자의 매출과 합산하여 현금영수증을 발급하는 경우에는 사실과 다르게 발급한 것으로 보지 아니한다. (2011. 12. 31. 단서개정)

④ 대통령령으로 정하는 업종을 경영하는 내국법인이 건당 거래금액(부가가치세액을 포함한다)이 10만원 이상인 재화 또는 용역을 공급하고 그 대금을 현금으로 받은 경우에는 제3항에도 불구하고 상대방이 현금영수증 발급을 요청하지 아니하더라도 대통령령으로 정하는 바에 따라 현금영수증을 발급하여야 한다. 다만, 제111조, 「소득세법」 제168조 또는 「부가가치세법」 제8조에 따라 사업자등록을 한 자에게 재화나 용역을 공급하고 제121조, 「소득세법」 제163조 또는 「부가가치세법」 제32조에 따라 계산서·세금계산서를 발급한 경우에는 현금영수증을 발급하지 아니할 수 있다. (2014. 1. 1. 개정)

⑤ 현금영수증가맹점 또는 제4항에 따라 현금영수증을 발급하여야 하는 내국법인이 제3항 또는 제4항을 위반하여 현금영수증을 발급하지 아니하거나 사실과 다른 현금영수증을 발급한 경우에는 그 상대방은 그 현금거래 내용을 국세청장, 지방국세청장 또는 세무서장에게 신고할 수 있다. (2018. 12. 24. 개정)

⑥ 제5항에 따라 신고를 받은 자는 현금영수증가맹점의 납세지 관할

제159조의 2【현금영수증가맹점의 가입 등】① 법 제117조의 2 제1항에서 "대통령령으로 정하는 요건에 해당하는 법인"이란 제159조 제1항에 따른 법인을 말한다. 다만, 국가, 지방자치단체 및 현금영수증가맹점으로 가입하기 곤란한 경우로서 기획재정부령으로 정하는 법인은 제외한다. (2009. 2. 4. 개정)

② 법 제117조의 2 제3항 단서에서 "대통령령으로 정하는 사유"란 항공운송업을 영위하는 법인이 항공기에서 재화를 판매하는 경우를 말한다. (2012. 2. 2. 개정)

③ 법 제117조의 2 제3항 단서에서 "대통령령으로 정하는 사업자"란 제159조 제2항에 따른 사업자를 말한다. (2012. 2. 2. 신설)

④ 법 제117조의 2 제3항 단서에서 "대통령령으로 정하는 방법"이란 제159조 제3항에 따른 방법을 말한다. (2012. 2. 2. 신설)

⑤ 법 제117조의 2 제4항 본문에서 "대통령령으로 정하는 업종을 경영하는 내국법인"이란 「소득세법 시행령」 별표 3의 3에 따른 업종을 경영하는 내국법인을 말한다. (2012. 2. 2. 항번개정)

⑥ 현금영수증의 발급대상금액은 건당 1원 이상의 거래금액으로 한다. (2008. 2. 22. 개정)

⑦ 현금영수증가맹점 또는 법 제117조의 2 제4항에 따라 현금영수증을 발급해야 하는 내국법인으로부터 현금영수증 발급이 거부되거나 사실과 다른 현금영수증을 발급받은 자가 법 제117조의 2 제5항에 따라 그 거래내용을 신고하려는 때에는 다음 각 호의 사항이 포함된 신고서에 관련 사실을 증명할 수 있는 서류 또는 자료를 첨부하여 현금영수증 발급이 거부되거나 사실과 다르게 발급받은 날부터 5년 이내에 국세청장·지방국세청장 또는 세무서장에게 제출하여야 한다. (2024. 2. 29. 개정)

1. 신고자 성명 (2012. 2. 2. 개정)

2. 현금영수증가맹점 또는 법 제117조의 2 제4항에 따라 현금영수증을 발급해야 하는 내국법인의 상호 (2024. 2. 29. 개정)

3. 현금영수증 발급이 거부되거나 사실과 다르게 발급받은 일자·거래 내용 및 금액 (2012. 2. 2. 개정)

⑧ 법 제117조의 2 제4항 본문 또는 같은 조 제7항에 따라 현금영수증을 발급하는 경우에는 재화 또는 용역을 공급하고 그 대금을 현금으로

제79조의 2【현금영수증가맹점 가입제외대상 법인의 범위】영 제159조의 2 제1항 단서에서 "기획재정부령으로 정하는 법인"이란 다음 각 호의 법인을 말한다. (2008. 3. 31. 직제개정)

1. 국가 및 지방자치단체 (2007. 12. 5. 신설)

2. 항공운송업을 영위하는 법인(외국을 항행하는 항공기 안에서 영위하는 소매업만 해당한다) (2007. 12. 5. 신설)

3. 법 제117조의 2 제3항 단서에 따라 사실과 다르게 발급한 것으로 보지 아니하는 사업자를 통하여 현금영수증을 발급하는 법인 (2012. 2. 28. 신설)

세무서장에게 이를 통보하여야 한다. 이 경우 납세지 관할 세무서장은 해당 사업연도의 신고금액을 해당 현금영수증가맹점에 통보하여야 한다. (2010. 12. 30. 개정)

⑦ 현금영수증가맹점으로 가입한 법인은 그로부터 재화 또는 용역을 공급받은 상대방이 현금영수증의 발급을 요청하지 아니하는 경우에도 대통령령으로 정하는 바에 따라 현금영수증을 발급할 수 있다. (2011. 12. 31. 신설)

⑧ 국세청장은 현금영수증가맹점으로 가입한 법인에게 현금영수증 발급 요령, 현금영수증가맹점 표지 게시방법 등 현금영수증가맹점으로 가입한 법인이 준수하여야 할 사항과 관련하여 필요한 명령을 할 수 있다. (2011. 12. 31. 개정)

⑨ 현금영수증가맹점 가입 및 탈퇴, 발급대상 금액, 현금영수증의 발급거부 및 사실과 다른 발급의 신고·통보방법, 그 밖에 필요한 사항은 대통령령으로 정한다. (2011. 12. 31. 항번개정)

통칙 117의 2 - 159의 2…1 【현금영수증 발급의무대상 범위】

현금영수증가맹점으로 가입한 법인이 「소득세법 시행령」 별표 3의 2에 따른 소비자상대업종과 소비자상대업종이 아닌 업종을 겸영하는 경우로서 소비자상대업종이 아닌 업종과 관련하여 재화 또는 용역을 공급하고 그 대가로 현금을 지급받은 경우에는 해당 법인에 대하여 법 제117조의 2 제3항을 적용하지 아니한다. (2019. 12. 23. 개정)

제118조 【주주명부 등의 작성·비치】 내국법인(비영리내국법인은 제외한다)은 주주나 사원(유한회사의 사원을 말한다. 이하 이 조에서 같다)의 성명·주소 및 주민등록번호(법인인 주주나 사원은 법인명과 법인 본점 소재지 및 사업자등록번호) 등 대통령령으로 정하는 사항이 적힌 주주명부나 사원명부를 작성하여 갖추어 두어야 한다. (2010. 12. 30. 개정)

받은 날부터 5일 이내에 무기명으로 발급할 수 있다. (2012. 2. 2. 개정)

⑨ 납세지 관할 세무서장은 법 제117조의 2 제6항 후단에 따라 해당 사업연도의 신고금액을 다음 각 호의 구분에 따른 기한까지 해당 현금영수증가맹점에 통보하여야 한다. (2012. 2. 2. 신설)

1. 해당 사업연도 중에 신고를 받은 경우 : 그 사업연도 종료 후 2개월 이내 (2012. 2. 2. 신설)

2. 해당 사업연도가 지난 후에 신고를 받은 경우 : 신고일 이후 2개월 이내 (2012. 2. 2. 신설)

⑩ 현금영수증가맹점 가입대상법인의 가입, 탈퇴, 발급거부 등에 관한 신고·통보 절차, 소비자가 현금영수증의 발급을 원하지 아니할 경우 무기명으로 발급하는 방법 등에 관하여 필요한 세부적인 사항은 납세관리상 필요한 범위에서 국세청장이 정한다. (2012. 2. 2. 항번개정)

제160조 【주주명부 등의 작성·비치】 법 제118조에서 "대통령령으로 정하는 사항이 적힌 주주명부나 사원명부"란 「상법」 제352조의 규정에 의한 주주명부 또는 동법 제566조의 규정에 의한 사원명부로서 다음 각호의 구분에 의한 주주 또는 사원의 인적 사항이 기재된 것을 말한다. (2011. 6. 3. 개정)

1. 개인의 경우에는 성명·주소 및 주민등록번호(재외국민의 경우에는 여권번호 또는 「재외국민등록법」상의 등록번호) (2005. 2. 19. 개정)

2. 법인(법인으로 보는 단체를 포함한다)의 경우에는 법인명·본점 등의 소재지 및 사업자등록번호(제154조 제3항에 규정하는 고유번호를 포함한다) (98. 12. 31 개정)

3. 법인이 아닌 단체의 경우에는 당해 단체를 대표하는 자의 성명·주

소 및 주민등록번호. 다만, 「부가가치세법」에 의하여 고유번호를 부여받은 단체의 경우에는 그 단체명·소재지 및 고유번호 (2005. 2. 19. 단서개정)

4. 외국인 및 외국단체의 경우에는 「출입국관리법」에 의한 등록외국인기록표 또는 외국단체등록대장에 기재된 성명·단체명·체류지 및 등록번호. 다만, 외국인등록증이 발급되지 아니한 자의 경우에는 여권 또는 신분증에 기재된 성명 및 번호 (2005. 2. 19. 개정)

　

제119조【주식등변동상황명세서의 제출】① 사업연도 중에 주식 등의 변동사항이 있는 법인(대통령령으로 정하는 조합법인 등은 제외한다)은 제60조에 따른 신고기한까지 대통령령으로 정하는 바에 따라 주식등변동상황명세서를 납세지 관할 세무서장에게 제출하여야 한다. (2010. 12. 30. 개정)

② 다음 각 호의 어느 하나에 해당하는 주식 등에 대하여는 제1항을 적용하지 아니한다. (2010. 12. 30. 개정)

1. 주권상장법인으로서 대통령령으로 정하는 법인 : 지배주주(그 특수관계인을 포함한다) 외의 주주 등이 소유하는 주식 등 (2011. 12. 31. 개정)

2. 제1호 외의 법인 : 해당 법인의 소액주주가 소유하는 주식 등 (2010. 12. 30. 개정)

③ 제2항에 따른 지배주주 및 소액주주의 범위, 그 밖에 필요한 사항은 대통령령으로 정한다. (2010. 12. 30. 개정)

　

제161조【주식 등 변동상황명세서의 제출】① 법 제119조 제1항에서 "대통령령으로 정하는 조합법인 등"이란 다음 각 호의 어느 하나에 해당하는 법인을 말한다. (2011. 6. 3. 개정)

1. 제2조 제1항 각 호의 법인(그 중앙회 및 연합회는 제외한다) (2019. 2. 12. 개정)

2. 「자본시장과 금융투자업에 관한 법률」에 따른 투자회사, 투자유한회사, 투자합자회사(같은 법 제9조 제19항 제1호에 따른 기관전용사모집합투자기구는 제외한다) (2022. 2. 15. 개정)

3. 기업구조조정투자회사 등 「자본시장과 금융투자업에 관한 법률」 제6조 제5항 각 호의 어느 하나에 해당하는 경우의 법인 (2009. 2. 4. 개정)

4. 해당 법인의 주주 등이 기획재정부령으로 정하는 공공기관 또는 기관투자자와 주권상장법인의 소액주주로 구성된 법인 (2009. 2. 4. 개정)

5. 「도시 및 주거환경정비법」 제38조에 따른 정비사업조합 (2021. 2. 17. 신설)

6. 그밖에 기획재정부령이 정하는 법인 (2021. 2. 17. 호번개정)

② 법 제119조 제2항 제1호에서 "대통령령으로 정하는 법인"이란 해당 사업연도 중 주식의 명의개서 또는 변경을 취급하는 자를 통하여 1회 이상 주주명부를 작성하는 법인을 말한다. (2008. 2. 22. 개정)

③ 법 제119조 제2항 제1호에서 "지배주주(그 특수관계인을 포함한다)"란 지배주주 등을 말한다. (2012. 2. 2. 개정)

④ 제1항 제4호 및 법 제119조 제2항 제2호에서 "소액주주"란 소액주주 등으로서 다음 각 호의 어느 하나에 해당하는 주주 등을 말한다. (2008. 2. 22. 개정)

　

제79조의 3【주식 등 변동상황명세서의 제출】① 영 제161조 제1항 제4호에서 "기획재정부령으로 정하는 공공기관 또는 기관투자자"란 다음 각 호의 공공기관 등을 말한다. (2009. 3. 30. 개정)

1. 「공공기관의 운영에 관한 법률」에 따른 공공기관으로서 별표 11의 공공기관 (2009. 3. 30. 개정)

2. 영 제61조 제2항 제1호부터 제11호까지, 제21호 및 제28호의 금융기관 (2009. 3. 30. 개정)

3. 「자본시장과 금융투자업에 관한 법률」에 따른 집합투자업자 또는 증권금융회사 (2009. 3. 30. 개정)

1. 유가증권시장상장법인의 경우 보유하고 있는 주식의 액면금액의 합계액이 3억원에 미달하고 그 주식의 시가(기획재정부령으로 정하는 시가를 말한다)의 합계액이 100억원 미만인 주주 (2009. 2. 4. 개정)
2. 코스닥시장상장법인의 경우 보유하고 있는 주식의 액면금액의 합계액이 3억원에 미달하고 그 주식의 시가(기획재정부령으로 정하는 시가를 말한다)의 합계액이 100억원 미만인 주주. 다만, 코스닥시장상장 전에 주식을 취득한 경우에는 해당 주식의 액면금액의 합계액이 500만원 이하인 주주와 중소기업의 주식을 코스닥시장을 통하여 양도한 주주 (2009. 2. 4. 개정)
3. 제1호 및 제2호 외의 법인의 경우 보유하고 있는 주식의 액면금액 또는 출자총액의 합계액이 500만원 이하인 주주 등 (2008. 2. 22. 개정)

⑤ 제3항 및 제4항에 따른 지배주주 등 또는 소액주주 등과 액면금액·시가 또는 출자총액은 해당 법인의 사업연도개시일과 사업연도종료일 현재의 현황에 의한다. 이 경우 어느 한 날이라도 지배주주 등에 해당하면 제3항에 따른 지배주주 등으로 보고, 어느 한 날이라도 소액주주 등에 해당하지 아니하면 제4항에 따른 소액주주 등으로 보지 아니한다. (2008. 2. 22. 신설)

⑥ 법 제119조의 규정에 의한 주식 등 변동상황명세서는 기획재정부령으로 정하며, 동 명세서에는 주식등의 실제 소유자를 기준으로 다음 각 호의 내용을 적어야 한다. (2012. 2. 2. 개정)

관계조문 ▶▶

규칙 82조 1항 52호 ⇒ 주식등변동상황명세서

1. 주주 등의 성명 또는 법인명, 주민등록번호·사업자등록번호 또는 고유번호 (98. 12. 31 개정)
2. 주주 등별 주식 등의 보유현황 (98. 12. 31 개정)
3. 사업연도 중의 주식 등의 변동사항 (98. 12. 31 개정)
4. 삭　제 (2005. 2. 19.)

4. 제56조의 2 제1항 각 호의 법인 (2009. 3. 30. 개정)
5. 제56조의 2 제2항 각 호의 법인 (2009. 3. 30. 개정)

② 영 제161조 제4항 제1호 및 제2호에서 "기획재정부령으로 정하는 시가"란 「소득세법 시행령」 제157조 제6항에 따른 최종 시세가액 또는 평가액을 말한다. (2008. 3. 31. 개정)

⑦ 제6항 제3호에서 주식 등의 변동은 매매·증자·감자·상속·증여 및 출자 등에 의하여 주주 등·지분비율·보유주식액면총액 및 보유출자총액 등이 변동되는 경우를 말한다. (2008. 2. 22. 개정)

제120조【지급명세서의 제출의무】① 내국법인에 「소득세법」 제127조 제1항 제1호 또는 제2호의 소득을 지급하는 자(제73조 제4항부터 제6항까지 및 제73조의 2에 따라 원천징수를 하여야 하는 자를 포함한다)는 대통령령으로 정하는 바에 따라 납세지 관할 세무서장에게 지급명세서를 제출하여야 한다. 이 경우 「자본시장과 금융투자업에 관한 법률」의 적용을 받는 법인의 신탁재산에 귀속되는 소득은 제5조 제4항에도 불구하고 그 법인에 소득이 지급된 것으로 보아 해당 소득을 지급하는 자는 지급명세서를 제출하여야 한다. (2020. 12. 22. 후단개정)

② 제1항에 따른 지급명세서의 제출에 관하여는 「소득세법」 제164조를 준용한다. (2010. 12. 30. 후단개정)

제120조의 2【외국법인의 국내원천소득 등에 대한 지급명세서 제출의무의 특례】① 제93조에 따른 국내원천소득을 외국법인에 지급하는 자(「자본시장과 금융투자업에 관한 법률」에 따라 주식을 상장하는 경우로서 상장 전 이미 발행된 주식을 양도하는 경우에는 그 주식을 발행한 법인을 말한다)는 지급명세서를 납세지 관할 세무서장에게 그 지급일이 속하는 연도의 다음 연도 2월 말일(휴업하거나 폐업한 경우에는 휴업일 또는 폐업일이 속하는 달의 다음 다음 달 말일)까지 제출하여야 한다. 다만, 제98조의 4에 따라 비과세 또는 면제대상임이 확인되는 소득 등 대통령령으로 정하는 소득을 지급하는 경우에는 그러하지 아니하다. (2020. 12. 22. 개정)

② 제1항에 따른 지급명세서의 제출에 관하여는 「소득세법」 제164조를 준용한다. (2010. 12. 30. 개정)

제162조【지급명세서의 제출】(2008. 2. 22. 제목개정)
내국법인에 「소득세법」 제127조 제1항 제1호 또는 제2호의 소득을 지급하는 자는 이 영에 다른 규정이 있는 경우를 제외하고는 「소득세법」 제164조와 같은 법 시행령 제213조 및 같은 법 시행령 제214조의 규정을 준용하여 지급명세서를 납세지 관할세무서장에게 제출하여야 한다. 다만, 다음 각 호의 소득에 대하여는 지급명세서를 제출하지 아니할 수 있다. (2013. 2. 15. 단서개정)

1. 제111조 제1항 각 호의 금융회사 등에 지급하는 이자소득(같은 항에 따라 원천징수대상이 되는 경우는 제외한다) (2019. 7. 1. 개정)

2. 「자본시장과 금융투자업에 관한 법률」에 따른 한국예탁결제원이 증권회사 등 예탁자에게 지급하는 법 제16조 제1항에 따른 소득 (2013. 2. 15. 신설)

제162조의 2【외국법인의 국내원천소득 등에 대한 지급명세서 제출의무 특례】(2008. 2. 22. 제목개정)
① 법 제93조에 따른 국내원천소득을 외국법인에게 지급하는 자는 법 제120조의 2 제1항에 따라 납세지 관할세무서장에게 기획재정부령으로 정하는 지급명세서(이하 이 조에서 "지급명세서"라 한다)를 제출하여야 한다. 다만, 다음 각 호의 어느 하나에 해당하는 소득에 대하여는 그러하지 아니하다. (2010. 12. 30. 개정)

1. 법 및 「조세특례제한법」에 따라 법인세가 과세되지 아니하거나 면제되는 국내원천소득. 다만, 다음 각 목의 어느 하나에 해당하는 국내원천소득은 제외한다. (2014. 2. 21. 개정)

　가. 「조세특례제한법」 제21조 제1항에 따른 국내원천소득 (2014. 2. 21. 개정)

　나. 「조세특례제한법」 제21조의 2 제1항에 따른 국내원천소득 (2014. 2. 21. 개정)

　다. 「조세특례제한법」(법률 제12173호 조세특례제한법 일부개정법률로 개정되기 전의 것을 말한다) 제121조의 2제3항에 따른 국내원천소득 (2014. 2. 21. 개정)

2. 법 제93조 제1호・제2호・제4호・제8호・제9호 및 제10호(같은

제80조【지급명세서 제출 여부 등의 확인】(2008. 3. 31. 제목개정)
납세지 관할세무서장 또는 관할지방국세청장은 법 제66조의 규정에 의하여 법인세의 과세표준을 결정 또는 경정하는 경우에는 법 제120조의 규정에 의한 지급명세서의 제출여부 및 그 기재사항이 분명한지의 여부를 확인하여야 한다. (2008. 3. 31. 개정)

제80조의 2【외국법인의 국내원천소득 등에 대한 지급명세서 제출의 면제】(2008. 3. 31. 제목개정)
영 제162조의 2 제1항 제8호에서 "기획재정부령이 정하는 소득"이라 함은 다음 각 호의 1에 해당하는 소득을 말한다. (2008. 3. 31. 직제개정)

1. 예금 등의 잔액이 30만원 미만으로서 1년간 거래가 없는 계좌에서 발생하는 이자소득 또는 배당소득 (2002. 3. 30 신설)

2. 계좌별로 1년간 발생한 이자소득 또는 배당소득이 3만원 미만인 경우의 당해 소득 (2002. 3. 30 신설)

제81조【지급조서 제출의무의 면제】영 제163조 제1항의 규정을 적용함에 있어서 채권 등을 발행한 법인이 「소득세법 시행령」 제215조 제3항의 규정에 의한 이자・배당소득지급명세서(전산처리된 테이프 또는 디스켓으로 제출하는 경우에 한한다)로 지급조서 제출을 갈음하고자 하는 때에는 원천징수되는 이자소득금액만을 동 명세서에 기재할 수 있다. (2005. 2. 28. 개정)

④ 법 제93조 제1호·제2호 및 제9호의 소득에 대하여 제출하는 지급명세서는 따로 기획재정부령으로 정할 수 있다. (2010. 12. 30. 개정)
⑤ 「소득세법 시행령」 제215조 및 제216조의 규정은 외국법인의 국내원천소득 등에 대한 지급명세서의 제출에 관하여 이를 준용한다. (2008. 2. 22. 개정)

제163조【지급명세서 등의 제출특례】(2008. 2. 22. 제목개정)
① 삭　제 (2001. 12. 31)
② 천재지변 등이 발생한 경우 법 제119조 및 제120조에 따른 주식 등 변동상황명세서 및 지급명세서의 제출은 다음 각 호에 따라 그 의무를 면제하거나 그 기한을 연장할 수 있다. (2019. 2. 12. 개정)
1. 천재지변 등으로 장부나 그 밖의 증명서류가 멸실된 때에는 그 사유가 발생한 월의 전월 이후분은 해당 사업이 원상회복한 월이 속하는 전월분까지 그 보고서의 제출의무를 면제 (2019. 2. 12. 개정)
2. 권한 있는 기관에 장부나 그 밖의 증명서류가 압수 또는 영치된 경우 그 사유가 발생한 당월분과 직전 월분에 대하여는 보고서의 제출이 가능한 상태로 된 날이 속하는 월의 다음달 말일까지 제출기한을 연장 (2019. 2. 12. 개정)
③ 제2항의 규정에 의한 면제 또는 연장을 받고자 하는 법인은 법 제121조에 규정하는 보고서 제출기한내에 납세지 관할세무서장에게 그 승인을 신청하여야 한다. (98. 12. 31 개정)

호 사목의 소득을 제외한다)의 국내원천소득으로서 국내사업장과 실질적으로 관련되거나 그 국내사업장에 귀속되는 소득(법 제73조, 제73조의 2 또는 제98조의 3에 따라 원천징수되는 소득은 제외한다) (2019. 2. 12. 개정)
3. 법 제93조 제3호에 따른 국내원천 부동산소득 (2019. 2. 12. 개정)
4. 법 제93조 제5호에 따른 국내원천 사업소득 및 같은 조 제6호에 따른 국내원천 인적용역소득(법 제98조에 따라 원천징수되는 소득은 제외한다) (2019. 2. 12. 개정)
4. 법 제93조 제5호에 따른 국내원천 사업소득(법 제98조에 따라 원천징수되는 소득은 제외한다) (2025. 2. 28. 개정)

편주 ▶
• 영 162조의 2 제1항의 개정규정은 2026. 1. 1.부터 시행함. (영 부칙 (2025. 2. 28.) 1조 3호)
• 2026. 1. 1. 전에 발생한 국내원천 인적용역소득에 대한 지급명세서 제출의무에 관하여는 영 162조의 2 제1항 4호의 개정규정에도 불구하고 종전의 규정에 따름. (영 부칙(2025. 2. 28.) 18조)

5. 법 제93조 제10호 사목에 따른 국내원천 기타소득 (2019. 2. 12. 개정)
6. 법 제98조의 4의 규정에 의하여 비과세 또는 면제신청을 한 국내원천소득 (2001. 12. 31 개정)
7. 원천징수세액이 1천원 미만인 소득(법 제93조 제7호에 따른 국내원천 부동산등양도소득 및 같은 조 제9호에 따른 국내원천 유가증권양도소득은 제외한다) (2019. 2. 12. 개정)
8. 그밖에 지급명세서를 제출할 실효성이 없다고 인정되는 소득으로서 기획재정부령이 정하는 소득 (2008. 2. 29. 직제개정 ; 기획재정부와~직제 부칙)
② 삭　제 (2002. 12. 30)
③ 제138조의 3 또는 법 제98조 제7항·제16항에 따라 법인세를 원천징수하는 경우에는 해당 원천징수의무자가 그 지급금액에 대한 지급명세서를 제출해야 한다. (2022. 3. 8. 개정)

편주 ▶
영 162조의 2 제3항의 개정규정은 2027. 1. 1.부터 시행함. (영 부칙 (2022. 3. 8.)) (2024. 12. 31. 개정)

제81조【지급조서 제출의무의 면제】
삭　제 (2008. 3. 31.)

제82조【서 식】① 법인세 및 법인세에 부가되는 농어촌특별세의 신고 및 납부에 관한 서식은 다음 각 호와 같다. 이 경우 영 제97조 제5항 제1호에 따른 세무조정계산서 부속서류는 제4호, 제5호, 제6호, 제6호의 2, 제7호부터 제13호까지, 제15호 및 제16호, 제16호의 2, 제17호부터 제29호까지, 제32호부터 제35호까지, 제37호부터 제40호까지, 제40호의 2, 제41호부터 제44호까지, 제44호의 2 및 제44호의 3, 제45호부터 제50호까지, 제50호의 2, 제50호의 4, 제52호부터 제56호까지의 서류 중 해당 법인과 관련된 서류로 한다. (2021. 3. 16. 후단개정)
1. 영 제97조 제2항의 규정에 의한 별지 제1호 서식의 법인세 과세표준 및 세액신고서 (99. 5. 24 개정)
2. 「농어촌특별세법」 제7조의 규정에 의한 별지 제2호 서식의 농어촌특별세 과세표준 및 세액신고서 (2005. 2. 28. 개정)
3. 영 제97조 제4항에 따른 별지 제3호 서식의 법인세 과세표준 및 세액조정계산서 (2011. 2. 28. 개정)
3의 2. 영 제97조 제11항에 따른 별지 제3호의 2 서식(1)부터 별지 제3호의 2 서식(4)까지의 표준재무상태표 (2021. 10. 28. 개정 ; 어려운~일부개정령)
3의 3. 영 제97조 제11항에 따른 별지 제3호의 3 서식(1) 및 별지 제3호의 3 서

제120조의 3【매입처별 세금계산서합계표의 제출】① 「부가가치세법」 및 「조세특례제한법」에 따라 부가가치세가 면제되는 사업을 하는 법인은 재화나 용역을 공급받고 「부가가치세법」 제32조 제1항·제7항 및 제35조 제1항에 따라 세금계산서를 발급받은 경우에는 대통령령으로 정하는 기한까지 매입처별 세금계산서합계표(「부가가치세법」 제54조에 따른 매입처별 세금계산서합계표를 말한다. 이하 같다)를 납세지 관할 세무서장에게 제출하여야 한다. 다만, 「부가가치세법」 제54조 제5항에 따라 제출한 경우에는 그러하지 아니하다. (2013. 6. 7. 개정 ; 부가가치세법 부칙)

② 매입처별 세금계산서합계표의 제출 등에 필요한 사항은 대통령령으로 정한다. (2010. 12. 30. 개정)

제120조의 4【가상자산 거래내역 등의 제출】「특정 금융거래정보의 보고 및 이용 등에 관한 법률」 제7조에 따라 신고가 수리된 가상자산사업자는 가상자산 거래내역 등 법인세 부과에 필요한 자료를 대통령령으로 정하는 바에 따라 거래가 발생한 날이 속하는 분기 또는 연도의 종료일의 다음다음 달 말일까지 납세지 관할 세무서장에게 제출하여야 한다. (2023. 12. 31. 개정)

제120조의 4【가상자산 거래내역 등의 제출】① 「가상자산 이용자 보호 등에 관한 법률」에 따른 가상자산사업자는 가상자산 거래내역 등 법인세 부과에 필요한 자료를 대통령령으로 정하는 바에 따라 거래가 발생한 날이 속하는 분기 또는 연도의 종료일의 다음다음 달 말일까지 납세지 관할 세무서장, 지방국세청장 또는 국세청장에게 제출하여야 한다. (2024. 12. 31. 개정)

편주 ▶
2025. 1. 1. 전에 발생한 가상자산의 거래에 관하여는 법 120조의 4 제1항의 개정규정에도 불구하고 종전의 규정에 따름. (법 부칙(2024. 12. 31.) 11조 1항)

② 국세청장은 제1항에 따른 가상자산사업자가 가상자산 거래내역 등 법인세 부과에 필요한 자료를 제출하지 아니한 경우에는 그 시정에 필요한 명령을 할 수 있다. (2024. 12. 31. 신설)

제163조의 2【매입처별세금계산서합계표의 제출 등】① 법 제120조의 3 제1항 본문에서 "대통령령으로 정하는 기한"이란 매년 2월 10일을 말한다. (2012. 2. 2. 개정)

② 법 제120조의 3에 따른 매입처별세금계산서합계표의 제출 등에 관해서는 「부가가치세법 시행령」 제97조 및 제98조를 준용한다. (2013. 6. 28. 개정 ; 부가가치세법 시행령 부칙)

제163조의 3【가상자산 거래내역 등의 제출】(2025. 2. 28. 제목개정)

「특정 금융거래정보의 보고 및 이용 등에 관한 법률」 제7조에 따라 신고가 수리된 가상자산사업자는 법 제120조의 4에 따라 기획재정부령으로 정하는 가상자산거래명세서 및 가상자산거래집계표를 납세지 관할 세무서장에게 제출해야 한다. (2023. 2. 28. 신설)

「가상자산 이용자 보호 등에 관한 법률」에 따른 가상자산사업자는 법 제120조의 4 제1항에 따라 기획재정부령으로 정하는 가상자산거래명세서 및 가상자산거래집계표를 납세지 관할 세무서장, 지방국세청장 또는 국세청장에게 제출해야 한다. (2025. 2. 28. 개정)

☞

편주 ▶
법 120조의 4 제2항의 개정규정은 2026. 1. 1. 이후 발생하는 거래에 관하여 가상자산사업자가 자료를 제출하지 아니하는 경우부터 적용함. (법 부칙(2024. 12. 31.) 11조 2항)

식(2)의 표준손익계산서, 별지 제3호의 3 서식(3)의 부속명세서와 별지 제3호의 3 서식(4)의 이익잉여금처분(결손금처리)계산서 (2010. 6. 30. 개정)

4. 별지 제4호 서식의 최저한세조정계산서 (99. 5. 24 개정)

5. 별지 제5호 서식의 특별비용조정명세서 (99. 5. 24 개정)

6. 별지 제6호 서식의 비과세소득명세서 (99. 5. 24 개정)

6의 2. 별지 제6호의 2 서식에 의한 익금불산입조정명세서 (2000. 3. 9 신설)

7. 별지 제7호 서식의 소득공제조정명세서 (99. 5. 24 개정)

8. 별지 제8호 서식의 공제감면세액 및추가납부세액합계표(갑)(을) (2003. 3. 26 개정)

9. 별지 제9호 서식의 가산세액계산서 (99. 5. 24 개정)

10. 별지 제10호 서식의 원천납부세액명세서(갑)(을) (99. 5. 24 개정)

11. 영 제94조의 2 제7항에 따른 별지 제11호 서식의 간접투자회사 등의 외국납부세액계산서 (2006. 3. 14. 신설)

11. 삭 제 (2022. 3. 18.)

편주 ▶
규칙 82조 1항 11호의 개정규정은 2025. 1. 1.부터 시행함. (규칙 부칙(2022. 3. 18.) 1조 단서) (2022. 12. 31. 개정)

12. 별지 제12호 서식의 농어촌특별세 과세표준 및 세액조정계산서 (99. 5. 24

제121조【계산서의 작성·발급 등】(2010. 12. 30. 제목개정)

① 법인이 재화나 용역을 공급하면 대통령령으로 정하는 바에 따라 계산서나 영수증(이하 "계산서 등"이라 한다)을 작성하여 공급받는 자에게 발급하여야 한다. 이 경우 계산서는 대통령령으로 정하는 전자적 방법으로 작성한 계산서(이하 "전자계산서"라 한다)를 발급하여야 한다. (2014. 12. 23. 후단신설)

②「부가가치세법」제26조 제1항 제1호에 따라 부가가치세가 면제되는 농산물·축산물·수산물과 임산물의 위탁판매 또는 대리인에 의한 판매의 경우에는 수탁자(受託者)나 대리인이 재화를 공급한 것으로 보아 계산서 등을 작성하여 그 재화를 공급받는 자에게 발급하여야 한다. 다만, 제1항에 따라 대통령령으로 정하는 바에 따라 계산서 등을 발급하는 경우에는 그러하지 아니하다. (2013. 6. 7. 개정 ; 부가가치세법 부칙)

③ 세관장은 수입되는 재화에 대하여 재화를 수입하는 법인에 대통령령으로 정하는 바에 따라 계산서를 발급하여야 한다. (2010. 12. 30. 개정)

【편주 ▶】
부가가치세가 과세되는 재화의 수입시에는 세관장이 세금계산서를 교부함. (부가법 35조 1항)

④ 부동산을 매각하는 경우 등 계산서 등을 발급하는 것이 적합하지 아니하다고 인정되어 대통령령으로 정하는 경우에는 제1항부터 제3항까지의 규정을 적용하지 아니한다. (2010. 12. 30. 개정)

⑤ 법인은 제1항부터 제3항까지의 규정에 따라 발급하였거나 발급받은 계산서의 매출·매입처별합계표(이하 "매출·매입처별 계산서합계표"라 한다)를 대통령령으로 정하는 기한까지 납세지 관할 세무서장에게 제출하여야 한다. 다만, 다음 각 호의 어느 하나에 해당하는 계산서의 합계표는 제출하지 아니할 수 있다. (2014. 12. 23. 단서개정)

1. 제3항에 따라 계산서를 발급받은 법인은 그 계산서의 매입처별 합계표 (2014. 12. 23. 신설)

2. 제1항 후단에 따라 전자계산서를 발급하거나 발급받고 제7항에 따

제164조【계산서의 작성·교부 등】①「소득세법 시행령」제211조 내지 제212조의 2의 규정은 법 제121조의 규정에 의한 계산서 등의 작성·교부에 관하여 이를 준용한다. (2005. 2. 19. 개정)

② 법 제121조 제1항 후단에서 "대통령령으로 정하는 전자적 방법"이란「부가가치세법 시행령」제68조 제5항에 따른 방법으로 발급하는 것을 말하며, 법 제121조 제2항 단서에서 "대통령령으로 정하는 바에 따라 계산서등을 발급하는 경우"란 위탁자 또는 본인의 명의로「소득세법 시행령」제212조 제2항의 규정에 의하여 계산서 등을 교부하는 경우를 말한다. (2018. 2. 13. 개정)

③ 법 제121조 제4항에서 "대통령령으로 정하는 경우"란 토지 및 건축물과 그 각각의 분양권을 공급하는 경우를 말한다. (2023. 2. 28. 개정)

④ 법 제121조 제5항 본문에서 "대통령령으로 정하는 기한"이란 매년 2월 10일을 말한다. (2012. 2. 2. 개정)

⑤ 법 제121조 제7항에서 "대통령령으로 정하는 기한"이란 전자계산서 발급일의 다음 날을 말하고, "대통령령으로 정하는 전자계산서 발급명세"란「소득세법 시행령」제211조 제1항 각 호의 사항을 적은 것을 말한다. (2015. 2. 3. 신설)

⑥ 법인은 기획재정부령이 정하는 매출·매입처별계산서합계표를 제4항에 규정한 기한(외국법인의 경우에는 매년 2월 19일)까지 납세지 관할세무서장에게 제출하여야 한다. (2015. 2. 3. 항번개정)

⑦「소득세법 시행령」제212조의 규정은 이 영에 다른 규정이 있는 경우를 제외하고는 제5항의 규정에 의한 매출·매입처별계산서합계표의 제출에 관하여 이를 준용한다. (2015. 2. 3. 항번개정)

⑧「조세특례제한법」제106조 제1항 제6호에 따른 재화 또는 용역 중 다음 각 호의 어느 하나에 해당하는 것을 공급하는 경우에는「소득세법 시행령」제211조 제2항을 준용한다. (2021. 1. 5. 개정 ; 어려운 법령용어~대통령령)

1.「항만공사법」에 의한 항만공사가 공급하는 동법 시행령 제13조 제1항 제1호 나목의 규정에 의한 화물료 징수용역 (2005. 2. 19. 신설)

2. 그밖에 거래금액 및 거래건수 등을 고려하여 기획재정부령으로 정하는 재화 또는 용역 (2021. 1. 5. 개정 ; 어려운 법령용어~대통령령)

개정)

13. 별지 제13호 서식의 농어촌특별세과 세대상감면세액합계표 (2003. 3. 26 개정)

14. 삭 제 (2002. 3. 30)

15. 별지 제15호 서식의 소득금액조정합계표 (99. 5. 24 개정)

16. 별지 제16호 서식의 수입금액조정명세서 (99. 5. 24 개정)

16의 2. 영 제17조의 2 제6항에 따른 별지 제16호의 2 서식의 수입배당금액명세서 (2024. 3. 22. 개정)

16의 3. 영 제18조 제4항에 따른 별지 제16호의 3 서식의 외국자회사 수입배당금액 명세서 (2023. 3. 20. 신설)

17. 별지 제17호 서식의 조정후 수입금액명세서 (99. 5. 24 개정)

18. 별지 제18호 서식의 임대보증금등의 간주익금조정명세서 (99. 5. 24 개정)

19. 별지 제19호 서식의 가지급금등의인정이자조정명세서(갑)(을) (99. 5. 24 개정)

20. 영 제33조의 규정에 의한 별지 제20호 서식의 감가상각비조정명세서 (99. 5. 24 개정)

21. 별지 제21호 서식의 기부금조정명세서 (99. 5. 24 개정)

22. 영 제37조 제4항에 따른 별지 제22호 서식의 기부금명세서 (2024. 3. 22. 개정)

23. 별지 제23호 서식의 기업업무추진비조정명세서(갑)(을) (2023. 3. 20. 개정)

라 전자계산서 발급명세를 국세청장에게 전송한 경우에는 매출 · 매입처별 계산서합계표 (2014. 12. 23. 신설)

⑥ 「부가가치세법」에 따라 세금계산서 또는 영수증을 작성 · 발급하였거나 매출 · 매입처별 세금계산서합계표를 제출한 분(分)에 대하여는 제1항부터 제3항까지 및 제5항에 따라 계산서 등을 작성 · 발급하였거나 매출 · 매입처별 계산서합계표를 제출한 것으로 본다. (2010. 12. 30. 개정)

⑦ 제1항 후단에 따라 전자계산서를 발급하였을 때에는 대통령령으로 정하는 기한까지 대통령령으로 정하는 전자계산서 발급명세를 국세청장에게 전송하여야 한다. (2014. 12. 23. 신설)

⑧ 계산서 등의 작성 · 발급 및 매출 · 매입처별 계산서합계표의 제출에 필요한 사항은 대통령령으로 정한다. (2014. 12. 23. 항번개정)

· 예 판 ··

• 동업자가 조직한 조합이 그 조합원 등을 위하여 부가가치세가 면제되는 재화 · 용역을 공급받고 당해 계산서를 조합 등의 명의로 교부받은 경우에는 부가가치세법시행규칙 18조의 규정을 준용하여 그 교부받은 계산서의 공급가액의 범위 내에서 재화 · 용역을 실지로 사용 · 소비하는 조합원 등을 공급받는 자로 하여 계산서를 교부할 수 있는 것임. (서이 46012 - 11599, 2003. 9. 3.)

• 사업자가 리스계약 해지에 따라 시설대여업자에게 리스자산 반환시, 금융리스의 경우에는 재화의 공급으로 보아 시설대여업자에게 세금계산서를 교부하는 것이나, 운용리스의 경우에는 임차용 자산의 반환으로 보아 계산서 교부대상이 아님. (서면2팀 - 1658, 2005. 10. 17.)

• 계산서 교부의무가 없는 상품권 발행시, 계산서를 교부하고 매출처별계산서합계표를 미제출한 경우에는 가산세 적용대상이 아님. (서면2팀 - 616, 2007. 4. 9.)

⑨ 「여신전문금융업법」 제3조 제2항에 따라 자산을 시설대여하는 자(이하 이 항에서 "리스회사"라 한다)가 리스이용자와 리스계약을 체결한 경우로서 리스회사가 리스이용자와 특수관계가 없는 제3자로부터 잔존가치의 보증을 받은 때에는 계산서의 공급가액을 리스회사와 리스이용자의 리스계약에 따라 작성한다. (2021. 2. 17. 신설)

통칙 121 - 164…1【선박대리점의 계산서 제출】
외국선박회사가 부가가치세 면세사업자로부터 제공받은 용역의 대가를 국내선박대리점이 대납한 경우 그 면세사업자로부터 발급받은 계산서에 대한 매출 · 매입처별계산서합계표는 국내선박대리점이 관할세무서장에게 제출하여야 한다. (2024. 3. 15. 개정)

121 - 164…2【수산업협동조합 등의 계산서 발급방법】 (2024. 3. 15. 제목개정)
① 수산업협동조합이 군부대에 군부식인 수산물을 납품하는 경우에는 영수증을 발급할 수 있으나 그 조합 상호간의 거래에 대하여는 계산서를 작성 · 발급하여야 한다. (2024. 3. 15. 개정)
② 농업협동조합도 제1항에 준하여 계산서를 발급하여야 하나 조합원, 회원, 농민이 실수요자인 경우는 발급하지 아니할 수 있다. (2024. 3. 15. 개정)

121 - 164…3【수정계산서 작성일자 기재】
수정계산서의 작성일자는 「부가가치세법 시행령」 제70조를 준용하여 기재한다. (2019. 12. 23. 개정)

121 - 164…4【조출료 및 체선료에 대한 계산서 발급】 (2024. 3. 15. 제목개정)
선주와 화주간의 계약에 따라 화주가 조기선적으로 인하여 선주로부터 받는 조출료는 용역제공에 대한 대가가 아니므로 계산서 작성 · 발급대상이 아니며, 선주가 지연선적으로 인하여 화주로부터 받는 체선료는 운송용역에 대한 대가의 일부로서 부가가치세가 과세되는 것이므로 세금계산서를 작성 · 발급하여야 한다. (2024. 3. 15. 개정)

121 - 164…5【출판사가 교과서를 교육청 단위로 공급하는 경우 계산서 발급방법】 (2024. 3. 15. 제목개정)
제조업자가 교과용 도서를 출판하여 최종소비자인 학생에게 공급함에 있어 공급과정상 시 · 군 교육청 단위로 공급하는 경우에는 해당 교육장을 공급받는 자로 하여 계산서를 작성 · 발급하여야 한다. (2024. 3. 15. 개정)

121 - 164…6【시설대여업자의 계산서 작성 · 발급 의무】 (2024. 3. 15. 제목개정)
「여신전문금융업법」에 의한 시설대여업자가 「조세특례제한법 시행규칙」 제3조의 2에 따른 금융리스 이외의 리스(운용리스)를 실행하고 리스이용자로부터 리스료를 수취하는 경우에는 계산서를 작성하여 리스이용자에게 발급하여야 한다. (2024. 3. 15. 개정)

24. 영 제41조 제2항 제2호 또는 이 규칙 제79조 제10호에 따른 별지 제24호 서식의 경비 등의 송금명세서 (2012. 2. 28. 신설)

25. 별지 제25호 서식의 건설자금이자조정명세서 (99. 5. 24 개정)

26. 별지 제26호 서식의 업무무관부동산 등에 관련한 차입금이자조정명세서(갑)(을) (99. 5. 24 개정)

27. 영 제56조 제9항의 규정에 의한 별지 제27호 서식의 고유목적사업준비금조정명세서(갑)(을) (2006. 3. 14. 개정)

28. 영 제57조 제6항, 제58조 제5항 및 제59조 제3항에 따른 별지 제28호 서식의 책임준비금(비상위험준비금, 해약환급금준비금) 명세서 (2023. 3. 20. 개정)

29. 영 제50조의 2 제14항에 따른 별지 제29호 서식의 업무용승용차 관련비용 명세서 (2017. 3. 10. 개정)

30. 삭 제 (2001. 3. 28)

31. 별지 제31호 서식의 「조세특례제한법」에 의한 준비금조정명세서 (2005. 2. 28. 개정)

31. 삭 제 (2011. 2. 28.)

32. 영 제60조 제5항에 따른 별지 제32호 서식의 퇴직급여충당금조정명세서 (2011. 2. 28. 개정)

33. 영 제44조의 2 제5항에 따른 별지 제

제121조의 2 【매입자발행계산서】 ① 제121조 또는 「소득세법」 제163조에도 불구하고 사업과 관련하여 법인 또는 「소득세법」 제168조에 따라 사업자등록을 한 사업자(이하 이 항에서 "사업자"라 한다)로부터 재화 또는 용역을 공급받은 법인이 재화 또는 용역을 공급한 법인 또는 사업자의 부도·폐업, 공급 계약의 해제·변경 또는 그 밖에 대통령령으로 정하는 사유로 계산서를 발급받지 못한 경우에는 납세지 관할 세무서장의 확인을 받아 계산서(이하 "매입자발행계산서"라 한다)를 발행할 수 있다. (2022. 12. 31. 신설)

② 매입자발행계산서의 발급 대상·방법, 그 밖에 필요한 사항은 대통령령으로 정한다. (2022. 12. 31. 신설)

제121조의 3 【해외현지법인 등에 대한 자료제출 의무 불이행에 대한 과태료】 (2014. 12. 23. 제목개정)

① 제121조의 2에 따라 해외현지법인 명세서등(같은 조 제1항 제6호에 따른 해외 부동산등의 투자 명세 및 같은 항 제7호에 따른 외국에 있는 부동산등과 관련된 자료는 제외한다. 이하 이 항에서 같다)의 자료제출 의무가 있는 법인(제121조의 2 제1항에 따라 해외직접투자를 한 내국법인의 경우 투자 받은 법인의 발행주식총수 또는 출자총액의 100분의 10 이상을 직접 또는 간접으로 소유한 경우만 해당한다)이 다음 각 호의 어느 하나에 해당하는 경우 그 법인에 대해서는 5천만원 이하의 과태료를 부과한다. 다만, 기한 내에 자료제출이 불가능하다고 인정되는 경우 등 대통령령으로 정하는 정당한 사유가 있는 경우에는 그러하지 아니하다. (2017. 12. 19. 개정)

1. 제121조의 2 제1항에 따른 기한까지 해외현지법인 명세서 등을 제출하지 아니하거나 거짓된 해외현지법인 명세서 등을 제출하는 경우 (2014. 1. 1. 개정)

2. 제121조의 2 제2항에 따라 자료제출 또는 보완을 요구받아 같은 조 제3항에 따른 기한까지 해당 자료를 제출하지 아니하거나 거짓된 자료를 제출하는 경우 (2014. 1. 1. 개정)

② 제121조의 2에 따라 같은 조 제1항 제6호에 따른 해외 부동산등의 투자 명세 및 같은 항 제7호에 따른 외국에 있는 부동산등과 관련된 자료(이하 이 항에서 "해외 부동산등의 투자 명세등"이라 한다)의 제출의무가 있는 법인이 다음 각 호의 어느 하나에 해당하는 경우 그 법인에 대해서는 해외 부동산등의 취득가액의 100분의 1 이하의 과태료(5천만원을 한도로 한다)를 부과한다. 다만, 기한 내에 자료제출이 불가능하다고 인정되는 경우 등 대통령령으로 정하는 정당한 사유가 있는 경우에는 그러하지 아니하다. (2014. 12. 23. 신설)

1. 제121조의 2 제1항에 따른 기한까지 해외 부동산등의 투자 명세등을 제출하지 아니하거나 거짓된 해외 부동산등의 투자 명세등을 제출하는 경우 (2014. 12. 23. 신설)

2. 제121조의 2 제2항에 따라 자료제출 또는 보완을 요구받아 같은 조 제3항에 따른

제164조의 2 【매입자발행계산서의 발급 대상 및 방법 등】 법 제121조의 2 제1항에 따른 매입자발행계산서의 발급 대상 및 방법 등에 관하여는 「소득세법 시행령」 제212조의 4를 준용한다. 이 경우 "신청안"은 "신청법인"으로, "과세기간"은 "사업연도"로 본다. (2023. 2. 28. 신설)

제164조의 3 【해외현지법인 등의 자료제출 의무의 면제】 (2015. 2. 3. 제목개정)

법 제121조의 3 제1항 각 호 외의 부분 단서 및 제2항 각 호 외의 부분 단서에서 "대통령령으로 정하는 정당한 사유"란 각각 다음 각 호의 어느 하나에 해당하는 사유를 말한다. (2015. 2. 3. 개정)

1. 화재·재난 및 도난 등의 사유로 자료제출이 불가능한 경우 (2010. 2. 18. 신설)

2. 사업이 중대한 위기에 처하여 자료제출이 매우 곤란한 경우 (2010. 2. 18. 신설)

3. 수사기관 등 관계기관에 관련 장부·서류가 압수 또는 영치된 경우 (2010. 2. 18. 신설)

4. 자료의 수집·작성에 상당한 기간이 소요되어 기한 내에 자료를 제출할 수 없는 경우 (2010. 2. 18. 신설)

5. 그 밖에 제1호부터 제4호까지의 규정에 따른 사유와 비슷한 사유로서 기한 내에 자료제출이 불가능하다고 인정되는 경우 (2010. 2. 18. 신설)

제164조의 3 【해외현지법인 등의 자료제출 의무의 면제】 삭 제 (2019. 2. 12.)

제164조의 4 【과태료의 부과기준】 ① 법 제121조의 3 제1항 및 제2항에 따른 과태료의 부과기준은 별표 2와 같다. (2015. 2. 3. 개정)

② 납세지 관할 세무서장은 위반 정도, 위반 횟수, 위반행위의 동기 및 그 결과 등을 고려하여 별표 2에 따른 과태료 금액의 2분의 1의 범위에서 그 금액을 줄이거나 늘릴 수 있다. (2010. 2. 18. 신설)

제164조의 4 【과태료의 부과기준】 삭 제 (2019. 2. 12.)

33호 서식의 퇴직연금부담금 조정명세서 (2011. 2. 28. 개정)

34. 영 제19조의 2 제8항 및 영 제61조 제5항에 따른 별지 제34호 서식의 대손충당금 및 대손금조정명세서 또는 이를 준용하여 작성한 영 제63조 제5항에 따른 구상채권상각충당금조정명세서 (2019. 3. 20. 개정)

35. 영 제64조 제8항, 영 제65조 제5항 및 영 제66조 제4항의 규정에 의한 다음 각 목의 조정명세서 또는 사용계획서 (2008. 3. 31. 개정)

　가. 별지 제35호 서식의 국고보조금 등·공사부담금·보험차익상당액 손금산입조정명세서 및 별지 제35호의 2 서식의 보조금 등 수취명세서 (2004. 3. 5. 개정)

　나. 별지 제36호 서식의 국고보조금 등 사용계획서 또는 공사부담금사용계획서 (2000. 3. 9 개정)

　다. 별지 제37호 서식의 보험차익사용계획서 (99. 5. 24 개정)

36. 삭 제 (2002. 3. 30)

37. 영 제74조 제6항 및 영 제75조 제2항의 규정에 의한 별지 제39호 서식의 재고자산평가조정명세서 또는 유가증권평가조정명세서 (99. 5. 24 개정)

38. 영 제76조 제7항에 따른 별지 제40호 서식의 화폐성외화자산등 평가차손익조정명세서(갑)(을) (2011. 2. 28. 개정)

39. 영 제78조의 2 제4항에 따른 별지 제41호 서식의 재고자산평가차익 익금불산

기한까지 해당 자료를 제출하지 아니하거나 거짓된 자료를 제출하는 경우 (2014. 12. 23. 신설)

③ 제1항 및 제2항에 따른 과태료는 대통령령으로 정하는 바에 따라 납세지 관할 세무서장이 부과·징수한다. (2014. 12. 23. 개정)

제121조의 3【해외현지법인 등에 대한 자료제출 의무 불이행에 대한 과태료】 삭 제 (2018. 12. 24.)

제121조의 4【해외현지법인 등의 자료제출 의무 불이행 시 취득자금 출처에 대한 소명】 ① 내국법인이 소명요구일 전 10년 이내에 해외부동산등 또는 해외직접투자를 받은 외국법인의 주식등을 취득한 경우로서 제121조의 2 제1항에 따른 기한까지 같은 항 제1호(「외국환거래법」 제3조 제1항 제18호 가목에 따른 해외직접투자를 한 내국법인이 해외직접투자를 받은 외국법인의 발행주식 총수 또는 출자총액의 100분의 10 이상을 직접 또는 간접으로 소유한 경우로 한정한다. 이하 이 항에서 같다), 제6호 및 제7호(해외부동산등과 관련된 자료로 한정한다. 이하 이 항에서 같다)의 자료를 제출하지 아니하거나 거짓된 자료를 제출한 경우에는 해당 납세지 관할 세무서장은 그 내국법인에 다음 각 호의 금액(「외국환거래법」 제18조에 따라 신고한 금액은 제외하며, 이하 "취득자금 출처에 대한 소명대상 금액"이라 한다)의 출처에 대하여 소명을 요구할 수 있다. (2018. 12. 24. 신설)

1. 제121조의 2 제1항 제1호의 자료를 제출하지 아니하거나 거짓된 자료를 제출한 경우 : 「외국환거래법」 제3조 제1항 제18호 가목에 따른 해외직접투자를 받은 외국법인의 주식등의 취득에 든 금액 (2018. 12. 24. 신설)

2. 제121조의 2 제1항 제6호 및 제7호의 자료를 제출하지 아니하거나 거짓된 자료를 제출한 경우 : 해외부동산등의 취득에 든 금액 (2018. 12. 24. 신설)

② 제1항에 따른 소명을 요구받은 내국법인은 통지를 받은 날부터 90일 이내(이하 이 조에서 "소명기간"이라 한다)에 대통령령으로 정하는 방법에 따라 소명을 하여야 한다. 이 경우 소명을 요구받은 내국법인이 소명을 요구받은 금액의 100분의 80 이상에 대하여 출처를 소명한 경우에는 소명을 요구받은 전액에 대하여 소명한 것으로 본다. (2018. 12. 24. 신설)

③ 제2항에도 불구하고 내국법인이 자료의 수집·작성에 상당한 기간이 걸리는 등 대통령령으로 정하는 부득이한 사유로 소명기간의 연장을 신청하는 경우에는 납세지 관할 세무서장은 60일의 범위에서 한 차례만 연장할 수 있다. (2018. 12. 24. 신설)

제121조의 4【해외현지법인 등의 자료제출 의무 불이행 시 취득자금 출처에 대한 소명】 삭 제 (2020. 12. 22.)

제122조【질문·조사】 법인세에 관한 사무에 종사하는 공무원은 그 직무수행에 필요한 경우에는 다음 각 호의 어느 하나에 해당하는 자에 대하여 질문하거나 해당 장부·서류 또는 그 밖의 물건을 조사하

제164조의 5【해외현지법인 등의 자료제출 의무 불이행 시 취득자금 출처에 대한 소명】 ① 법 제121조의 4 제1항에 따라 소명을 요구받은 내국법인이 취득자금 출처에 대한 소명대상 금액의 출처에 대해 소명하려는 경우에는 기획재정부령으로 정하는 취득자금 소명대상 금액의 출처 확인서를 납세지 관할 세무서장에게 제출해야 한다. (2019. 2. 12. 신설)

② 법 제121조의 4 제3항에서 "자료의 수집·작성에 상당한 기간이 걸리는 등 대통령령으로 정하는 부득이한 사유"란 제166조 제1항 각 호의 어느 하나에 해당하는 사유를 말한다. (2019. 2. 12. 신설)

제164조의 5【해외현지법인 등의 자료제출 의무 불이행 시 취득자금 출처에 대한 소명】 삭 제 (2021. 2. 17.)

제165조【질문·조사】 ① 법인세에 관한 사무에 종사하는 공무원이 법 제122조의 규정에 의하여 법인세에 관한 조사를 위하여 장부·서류 기타의 물건을 조사할 때에는 기획재정부령이 정하는 조사원

입신청서 (2012. 2. 28. 신설)

39의 2. 영 제78조의 3 제6항에 따른 별지 제41호의 2 서식의 전환이익 익금불산입신청서 (2023. 3. 20. 신설)

40. 영 제80조 제3항 전단에 따른 별지 제42호 서식의 합병과세특례신청서 (2010. 6. 30. 개정)

40의 2. 영 제82조 제3항 전단 및 제83조의 2 제3항 전단에 따른 별지 제42호의 2 서식의 분할과세특례신청서 (2010. 6. 30. 신설)

41. 영 제84조 제12항에 따른 별지 제43호 서식의 물적분할과세특례신청서 (2013. 2. 23. 개정)

41의 2. 영 제83조 제7항 및 제83조의 2 제8항에 따른 별지 제43호의 2 서식의 합병명세서(합병법인주식취득명세서) (2009. 3. 30. 개정)

41의 2. 삭 제 (2010. 6. 30.)

42. 별지 제44호 서식의 자산교환에 따른 양도차익의 손금산입조정명세서 (99. 5. 24 개정)

43. 별지 제45호 서식의 국제선박양도차익의 손금산입조정명세서 (99. 5. 24 개정)

44. 영 제84조의 2 제16항에 따른 별지 제43호의 2 서식의 현물출자과세특례신청서 (2017. 3. 10. 개정)

44의 2. 영 제80조 제3항 후단, 제80조의 4 제10항, 제82조 제3항 후단, 제82조의 4 제9항, 제83조의 2 제3항 후단에 따른 별지 제46호 서식(갑)의 자산조정계정 명세서(갑) 및 별지 제46호 서식(을)의 자산조정계정명세서(을) (2013.

거나 그 제출을 명할 수 있다. 이 경우 직무상 필요한 범위 외에 다른 목적 등을 위하여 그 권한을 남용해서는 아니 된다. (2018. 12. 24. 후단신설)

1. 납세의무자 또는 납세의무가 있다고 인정되는 자 (2010. 12. 30. 개정)

2. 원천징수의무자 (2010. 12. 30. 개정)

3. 지급명세서 제출의무자 및 매출 · 매입처별 계산서합계표 제출의무자 (2010. 12. 30. 개정)

4. 제109조 제2항 제3호에 따른 경영 또는 관리책임자 (2010. 12. 30. 개정)

5. 제1호에 해당하는 자와 거래가 있다고 인정되는 자 (2010. 12. 30. 개정)

6. 납세의무자가 조직한 동업조합과 이에 준하는 단체 (2010. 12. 30. 개정)

7. 기부금영수증을 발급한 법인 (2010. 12. 30. 개정)

통칙 122 - 165…1【질문 · 조사권의 행사 주체】
법 제122조에 따른 질문 · 조사권은 법인세에 관한 사무에 종사하는 공무원들만이 이를 행사할 수 있는 것이므로 세무관청은 질문 · 조사권을 행사할 수 없다. 다만, 세무관서의 장이 세무공무원의 자격으로 이를 행사하는 경우에는 그러하지 아니하다. (2019. 12. 23. 개정)

　제122조의 2【등록전산정보자료의 요청】국세청장은 특수관계인 및 대통령령으로 정하는 지배주주등의 판단을 위하여 필요한 경우에는 법원행정처장에게 「가족관계의 등록 등에 관한 법률」 제11조 제4항에 따른 등록전산정보자료를 요청할 수 있다. 이 경우 요청을 받은 법원행정처장은 특별한 사유가 없으면 이에 협조하여야 한다. (2018. 12. 24. 신설)

증을 제시하여야 한다. (2008. 2. 29. 직제개정 ; 기획재정부와~직제부칙)
② 법인세에 관한 사무에 종사하는 공무원은 법 제122조의 규정에 의하여 그 직무수행상 필요한 경우에는 부가가치세 면세거래분에 대한 수입금액의 조사결정에 필요한 자료의 제출을 요구할 수 있다. (98. 12. 31 개정)

통칙 122 - 165…2【금전대부자료 수집에 대한 질문 · 조사】
금융회사의 금전대부에 관한 증서 또는 서류는 「금융실명거래 및 비밀보장에 관한 법률」 제4조 제1항 제2호에 따라 법 제122조에 따른 질문조사권의 대상이 되는 것이므로 세무공무원은 이를 열람하거나 그 제출을 명할 수 있다. (2019. 12. 23. 개정)

☞

　제164조의 6【등록전산정보자료의 요청】법 제122조의 2 전단에서 "대통령령으로 정하는 지배주주등"이란 제43조 제7항에 따른 지배주주등을 말한다. (2019. 2. 12. 신설)

2. 23. 개정)

44의 3. 영 제84조 제12항 및 제84조의 2 제16항에 따른 별지 제46호의 2 서식의 자산의 양도차익에 관한 명세서(갑)(을) (2017. 3. 10. 개정)

45. 별지 제47호 서식의 주요계정명세서(갑)(을) (2004. 3. 5. 개정)

46. 별지 제48호 서식의 소득구분계산서 (99. 5. 24 개정)

47. 별지 제49호 서식의 지점유보소득금액계산서(법 제96조의 규정에 의한 과세대상이 되는 외국법인에 한한다) (99. 5. 24 개정)

48. 별지 제50호 서식의 자본금과 적립금조정명세서(갑)(을)(병) (2022. 3. 18. 개정)

49. 별지 제51호 서식의 중소기업 등 기준검토표 (2013. 2. 23. 개정)

50. 영 제90조 제1항의 규정에 의한 별지 제52호 서식의 특수관계인간 거래명세서(갑)(을) (2012. 2. 28. 개정)

50의 2. 영(대통령령 제29529호로 개정되기 전의 것을 말한다) 제93조 제3항에 따른 별지 제52호의 2 서식의 미환류소득에 대한 법인세 신고서 (2019. 3. 20. 개정)

50의 3. 제46조의 3 제4항 제3호 후단에 따른 별지 52호의 3 서식의 부속토지 투자 승인 신청서 (2015. 3. 13. 신설)

50의 3. 삭　제 (2019. 3. 20.)

50의 4. 영 제95조의 3에 따른 별지 제52호의 4 서식의 사실과 다른 회계처리로 인하여 과다납부한 금액의 세액공제명세

제123조【해외현지법인 등의 자료제출 의무 불이행 등에 대한 과태료】① 제121조의 2에 따라 해외현지법인 명세서등(같은 조 제1항 제6호에 따른 해외부동산등의 투자 명세 및 같은 항 제7호에 따른 해외부동산등과 관련된 자료는 제외한다. 이하 이 항에서 같다)의 자료제출 의무가 있는 법인(같은 항 제1호부터 제4호까지의 자료는 「외국환거래법」 제3조 제1항 제18호에 따른 해외직접투자를 한 내국법인이 해외직접투자를 받은 법인의 발행주식총수 또는 출자총액의 100분의 10 이상을 직접 또는 간접으로 소유한 경우만 해당한다)이 다음 각 호의 어느 하나에 해당하는 경우 그 법인에 대해서는 5천만원 이하의 과태료를 부과한다. 다만, 기한까지 자료제출이 불가능하다고 인정되는 경우 등 대통령령으로 정하는 정당한 사유가 있는 경우에는 과태료를 부과하지 아니한다. (2018. 12. 24. 신설)

1. 제121조의 2 제1항에 따른 기한까지 해외현지법인 명세서등을 제출하지 아니하거나 거짓된 해외현지법인 명세서등을 제출하는 경우 (2018. 12. 24. 신설)

2. 제121조의 2 제2항에 따라 자료제출 또는 보완을 요구받아 같은 조 제3항에 따른 기한까지 해당 자료를 제출하지 아니하거나 거짓된 자료를 제출하는 경우 (2018. 12. 24. 신설)

② 제121조의 2에 따라 같은 조 제1항 제6호에 따른 해외부동산등의 투자 명세 및 같은 항 제7호에 따른 해외부동산등과 관련된 자료(이하 이 항에서 "해외부동산등의 투자 명세서등"이라 한다)의 제출의무가 있는 법인이 다음 각 호의 어느 하나에 해당하는 경우 그 법인에 대해서는 대통령령으로 정하는 해외부동산등의 취득가액, 처분가액 및 투자운용 소득의 100분의 10 이하의 과태료(1억원을 한도로 한다)를 부과한다. 다만, 기한까지 자료제출이 불가능하다고 인정되는 경우 등 대통령령으로 정하는 정당한 사유가 있는 경우에는 과태료를 부과하지 아니한다. (2018. 12. 24. 신설)

1. 제121조의 2 제1항에 따른 기한까지 해외부동산등의 투자 명세등을 제출하지 아니하거나 거짓된 해외부동산등의 투자 명세등을 제출하는 경우 (2018. 12. 24. 신설)

2. 제121조의 2 제2항에 따라 자료제출 또는 보완을 요구받아 같은 조 제3항에 따른 기한까지 해당 자료를 제출하지 아니하거나 거짓된 자료를 제출하는 경우 (2018. 12. 24. 신설)

③ 내국법인이 제121조의 4 제2항 및 제3항을 위반하여 취득자금 출처에 대한 소명대상 금액의 출처에 대하여 소명하지 아니하거나 거짓으로 소명한 경우에는 소명하지 아니하거나 거짓으로 소명한 금액의 100분의 20에 상당하는 과태료를 부과한다. 다만, 천재지변 등 대통령령으로 정하는 정당한 사유가 있는 경우에는 과태료를 부과하지 아니한다. (2018. 12. 24. 신설)

④ 제1항부터 제3항까지의 규정에 따른 과태료는 대통령령으로 정하는 바에 따라 납세지 관할 세무서장이 부과·징수한다. (2018. 12. 24. 신설)

제123조【해외현지법인 등의 자료제출 의무 불이행 등에 대한 과태료】삭 제 (2020. 12. 22.)

제7장 벌 칙 (2019. 2. 12. 신설)

제166조【해외현지법인 등의 자료제출 의무 불이행 등에 대한 과태료 면제 사유 등】① 법 제123조 제1항 각 호 외의 부분 단서 및 같은 조 제2항 각 호 외의 부분 단서에서 "기한까지 자료제출이 불가능하다고 인정되는 경우 등 대통령령으로 정하는 정당한 사유"란 다음 각 호의 어느 하나에 해당하는 사유를 말한다. (2019. 2. 12. 신설)

1. 화재·재난 및 도난 등의 사유로 자료제출이 불가능한 경우 (2019. 2. 12. 신설)

2. 사업이 중대한 위기에 처해 자료제출이 매우 곤란하다고 납세지 관할 세무서장이 인정하는 경우 (2019. 2. 12. 신설)

3. 수사기관 등 관계 기관에 관련 장부·서류가 압수 또는 영치된 경우 (2019. 2. 12. 신설)

4. 자료의 수집·작성에 상당한 기간이 필요해 기한 내에 자료를 제출할 수 없다고 납세지 관할 세무서장이 인정하는 경우 (2019. 2. 12. 신설)

5. 그 밖에 제1호부터 제4호까지의 규정에 따른 사유와 유사한 사유로서 기한 내에 자료를 제출할 수 없다고 납세지 관할 세무서장이 인정하는 경우 (2019. 2. 12. 신설)

② 법 제123조 제2항 각 호 외의 부분 본문에서 "대통령령으로 정하는 해외부동산등의 취득가액, 처분가액 및 투자운용 소득"이란 다음 각 호의 구분에 따른 것을 말한다. (2019. 2. 12. 신설)

1. 취득가액 : 법 제41조에 따른 취득가액에서 해당 해외부동산등의 취득과 관련해 「외국환거래법」 제18조에 따라 신고한 금액을 뺀 가액 (2019. 2. 12. 신설)

2. 처분가액 : 「소득세법」 제118조의 3에 따른 양도가액에서 해당 해외부동산등의 처분과 관련해 「외국환거래법」 제20조에 따라 보고한 금액을 뺀 가액 (2019. 2. 12. 신설)

3. 투자운용 소득 : 해외부동산등의 투자운용과 관련된 법 제15조에 따른 익금 (2019. 2. 12. 신설)

③ 법 제123조 제3항 단서에서 "천재지변 등 대통령령으로 정하는 정당한 사유가 있는 경우"란 다음 각 호의 어느 하나에 해당하는 경우를 말한다. (2019. 2. 12. 신설)

1. 천재지변, 재난 및 도난 등 불가항력적 사유로 증명서류 등이 멸실되어 소명이 불가능한 경우 (2019. 2. 12. 신설)

2. 해당 해외현지법인 또는 해외부동산등의 소재 국가의 사정 등으로 소명이 불가능한 경우 (2019. 2. 12. 신설)

제166조【해외현지법인 등의 자료제출 의무 불이행 등에 대한 과태료 면제 사유 등】삭 제 (2021. 2. 17.)

서 (2019. 3. 20. 개정)

51. 영 제157조 제1항의 규정에 의한 별지 제53호 서식의 내부거래상계명세서 (99. 5. 24 개정)

51. 삭 제 (2009. 3. 30.)

52. 영 제161조 제6항에 따른 별지 제54호 서식의 주식등변동상황명세서 (2009. 3. 30. 개정)

53. 별지 제55호 서식의 소득자료(인정상여·인정배당·기타소득)명세서 (99. 5. 24 개정)

54. 별지 제56호 서식의 이자소득만 있는 비영리법인의 법인세·농어촌특별세 과세표준(조정계산) 및 세액신고서 (99. 5. 24 개정)

55. 별지 제57호 서식의 비영리법인의 수익사업수입명세서(법 제112조 단서의 규정에 의한 비영리내국법인외의 비영리내국법인에 한한다) (99. 5. 24 개정)

56. 법 제60조 제2항 제1호의 규정에 의한 재무상태표·포괄손익계산서 및 이익잉여금처분계산서(또는 결손금처리계산서)의 부속서류 (2011. 2. 28. 개정)

56의 2. 영 제99조의 2 제6항의 규정에 의한 별지 제57호의 2 서식의 비영리내국법인의 양도소득과세표준 예정신고서 (2002. 3. 30 개정)

57. 영 제100조 제1항 및 같은 조 제2항에 따른 별지 제58호 서식의 법인세 중간예납신고납부계산서 (2019. 3. 20. 개정)

58. 영 제124조 제1항 및 영 제125조 제1항의 규정에 의한 별지 제59호 서식의

제124조【명령사항위반에 대한 과태료】납세지 관할 세무서장은 다음 각 호의 어느 하나에 해당하는 명령사항을 위반한 법인에 2천만원 이하의 과태료를 부과·징수한다. (2018. 12. 24. 신설)
1. 제117조 제5항에 따른 신용카드가맹점에 대한 명령 (2018. 12. 24. 신설)
2. 제117조의 2 제8항에 따른 현금영수증가맹점에 대한 명령 (2018. 12. 24. 신설)
3. 제120조의 4 제2항에 따른 가상자산사업자에 대한 명령 (2024. 12. 31. 신설)

▶편주◀ ··
법 124조 3호의 개정규정은 2026. 1. 1.부터 시행함. (법 부칙(2024. 12. 31.) 1조 1호)

제167조【과태료의 부과기준】① 법 제124조에 따른 과태료의 부과기준은 별표 2와 같다. (2021. 2. 17. 개정)

▶편주◀ ··
영 별표 2의 개정규정은 2026. 1. 1.부터 시행함. (영 부칙(2025. 2. 28.) 1조 3호)
··

② 납세지 관할 세무서장은 위반 정도, 위반 횟수, 위반행위의 동기 및 그 결과 등을 고려해 별표 2에 따른 과태료 금액의 2분의 1의 범위에서 그 금액을 줄이거나 늘릴 수 있다. 다만, 과태료 금액을 늘리는 경우에는 법 제124조에 따른 과태료 금액의 상한을 넘을 수 없다. (2021. 2. 17. 개정)

청산소득에 대한 법인세과세표준 및 세액신고서 (99. 5. 24 개정)
59. 삭 제 (2012. 2. 28.)
60. 영 제164조의 2 제1항 각 호에 따른 해외현지법인 명세서 등은 다음 각 목의 구분에 따른다. (2015. 3. 13. 개정)
　가. 해외현지법인 명세서 : 별지 제81호 서식 (2015. 3. 13. 개정)
　나. 해외현지법인 재무상황표 : 별지 제82호 서식 (2015. 3. 13. 개정)
　다. 손실거래명세서 : 별지 제82호의 2 서식 (2015. 3. 13. 개정)
　라. 해외영업소 설치현황표 : 별지 제83호 서식 (2015. 3. 13. 개정)
　마. 해외부동산 취득·투자운용(임대) 및 처분 명세서 : 별지 제84호 서식 (2019. 3. 20. 개정)
61. 영 제164조의 5 제1항에 따른 별지 제85호 서식의 취득자금 소명대상 금액의 출처 확인서 (2019. 3. 20. 신설)

60~61. 삭 제 (2021. 3. 16.)
② 법 제62조 제1항의 규정에 의한 이자소득만 있는 비영리내국법인의 과세표준신고는 제1항의 규정에 불구하고 다음 각 호의 서식에 의한다. (99. 5. 24 개정)
1. 별지 제56호 서식의 이자소득만 있는 비영리법인의 법인세·농어촌특별세과세표준(조정계산) 및 세액신고서 (99. 5. 24. 개정)
2. 제1항 제10호 내지 제13호의 서류 (99. 5. 24 개정)
3. 별지 제27호 서식의 고유목적사업준비금 조정명세서(갑)(을) (2005. 2. 28. 개정)
③ 영 제97조 제5항 각 호 외의 부분 단서에서 "기획재정부령으로 정하는 서류"란 제1항 제6호, 제6호의 2, 제8호(별지 제8

19. 별지 제76호의 23 서식의 연결법인별 법인세 과세표준 및 세액조정계산서 (2011. 2. 28. 개정)

20. 별지 제76호의 24 서식의 연결법인 최저한세조정계산서 (2011. 2. 28. 개정)

21. 별지 제76호의 25 서식의 연결법인 소득구분계산서 (2011. 2. 28. 개정)

22. 별지 제76호의 26 서식의 연결법인 법인세 중간예납 신고납부계산서 (2011. 2. 28. 개정)

⑥ 영 제120조의 11 제2항에서 "기획재정부령으로 정하는 서류"란 다음 각 호의 서류를 말한다. (2010. 3. 31. 항번개정)

1. 제1항 제3호의 2, 제3호의 3, 제9호, 제10호, 제15호, 제17호, 제48호, 제52호 및 제53호의 서류 (2009. 3. 30. 신설)

2. 별지 제58호의 3 서식의 성실중소법인 공제세액계산서 (2009. 3. 30. 신설)

3. 별지 제58호의 4 서식의 성실중소법인 감가상각비조정명세서 (2009. 3. 30. 신설)

4. 별지 제58호의 5 서식의 성실중소법인 기부금조정명세서 (2009. 3. 30. 신설)

5. 별지 제58호의 6 서식의 성실중소법인 접대비조정명세서 (2009. 3. 30. 신설)

6. 별지 제58호의 7 서식의 성실중소법인 퇴직급여충당금조정명세서 (2009. 3. 30. 신설)

7. 별지 제58호의 8 서식의 성실중소법인 법인세 중간예납 신고납부계산서 (2009. 3. 30. 신설)

⑥ 삭 제 (2011. 2. 28.)

⑦ 제1항 및 제2항에 따른 서식 외의 신청·신고 등에 관련한 서식은 다음 각 호와 같다. (2010. 3. 31. 항번개정)

1. 영 제5조에 따른 별지 제61호 서식의 사업연도변경신고서 (2019. 3. 20. 개정)

☞ p.648 4단 연결

28. 개정)

10. 별지 제76호의 14 서식의 연결법인 수입배당금액 조정명세서(갑)(을) (2011. 2. 28. 개정)

11. 별지 제76호의 15 서식의 연결법인 기업업무추진비 조정명세서(갑)(을) (2023. 3. 20. 개정)

편주 ▶●●●●●●●●●●●●●●
규칙 82조 5항 11호의 개정규정은 2024. 1. 1.부터 시행함. (규칙 부칙(2023. 3. 20.) 1조 1호)

12. 별지 제76호의 16 서식의 연결법인 기부금 조정명세서(갑)(을) (2011. 2. 28. 개정)

13. 별지 제76호의 17 서식의 연결법인 가산세액 계산서(갑)(을) (2011. 2. 28. 개정)

14. 별지 제76호의 18 서식의 연결법인 중소기업 등 기준검토표(연결집단용) (2013. 2. 23. 개정)

15. 별지 제76호의 19 서식의 연결법인 농어촌특별세 과세표준 및 세액신고서 (2011. 2. 28. 개정)

16. 별지 제76호의 20 서식의 연결법인 농어촌특별세 과세표준 및 세액조정계산서(연결집단) (2011. 2. 28. 개정)

17. 별지 제76호의 21 서식의 연결법인 농어촌특별세 과세표준 및 세액조정계산서(연결법인별) (2011. 2. 28. 개정)

18. 별지 제76호의 22 서식의 연결(모·자)법인별 기본사항 및 법인세 신고서 (2011. 2. 28. 개정)

분 후단에 따른 서류 중 각 연결법인과 관련된 서류로 한다. (2011. 2. 28. 개정)

1. 영 제120조의 24 제1항에 따른 별지 제76호의 5 서식의 각 연결사업연도의 소득에 대한 법인세 과세표준 및 세액신고서 (2011. 2. 28. 개정)

2. 법 제76조의 17 제2항 제2호에 따른 별지 제76호의 6 서식의 연결집단 법인세 과세표준 및 세액조정계산서 (2011. 2. 28. 개정)

3. 영 제120조의 24 제3항에 따른 별지 제76호의 7 서식의 연결소득금액 조정명세서 (2011. 2. 28. 개정)

4. 별지 제76호의 8 서식의 연결법인간 이연대상 자산양도소득 조정명세서 (2011. 2. 28. 개정)

5. 별지 제76호의 9 서식의 연결법인간 이연대상 자산양도손실 조정명세서 (2011. 2. 28. 개정)

6. 별지 제76호의 10 서식의 연결법인 채권에 대한 대손충당금상당액 조정명세서 (2011. 2. 28. 개정)

7. 별지 제76호의 11 서식의 피합병법인으로부터 양도받은 자산 및 연결취득자법인의 자산 처분손실 조정명세서 (2011. 2. 28. 개정)

8. 별지 제76호의 12 서식의 연결법인 이월결손금 등 명세서 (2011. 2. 28. 개정)

9. 영 제120조의 24 제4항에 따른 별지 제76호의 13 서식의 연결법인 간 출자현황 신고서 및 연결법인간 거래명세서 (2011. 2.

호 서식 부표 2 및 별지 제8호서식 부표 5의 5로 한정한다), 제11호, 제18호, 제19호[별지 제19호 서식(을)에 한정한다], 제20호[별지 제20호 서식(1), 별지 제20호 서식(2) 및 별지 제20호 서식(3)으로 한정한다], 제23호, 제25호, 제26호[별지 제26호 서식(을)으로 한정한다], 제28호, 제32호, 제33호, 제35호(별지 제36호 서식 및 별지 제37호 서식으로 한정한다), 제37호, 제38호, 제43호 및 제56호의 서류 중 해당 법인과 관련된 서류를 말한다. 다만, 다음 각 호의 어느 하나에 해당하는 법인에 대하여는 제56호 외의 서류로 한다. (2014. 3. 14. 개정)

1. 「주식회사 등의 외부감사에 관한 법률」 제2조 제7호에 따라 외부의 감사인에 의한 회계감사를 받아야 하는 법인 (2019. 3. 20. 개정)

2. 주식회사가 아닌 법인 중 직전 사업연도의 자산총액이 100억원 이상인 법인(비영리법인은 수익사업부문에 한정하여 판정한다) (2009. 3. 30. 신설)

3. 해당 사업연도 수입금액이 30억원 이상인 법인 (2009. 3. 30. 신설)

④ 영 제97조 제12항 및 제120조의 24 제2항에 따른 신고기한연장신청서는 별지 제65호의 2 서식과 같다. (2010. 6. 30. 개정)

⑤ 법 제76조의 17 제1항 본문에 따른 연결과세표준 등의 신고에 관한 서식은 다음 각 호와 같다. 이 경우 법 제76조의 17 제2항 제2호에 따른 세무조정계산서 부속서류는 제4호부터 제22호까지 및 제1항 각 호 외의 부

과세표준계산방법 신고(변경신청)서 (2011. 2. 28. 신설)

4의 7. 영 제94조의 2 제6항 및 이 규칙 제48조의 2에 따른 별지 제64호의 6 서식의 간접투자회사등의 외국납부세액 환급금 납부계산서 (2023. 3. 20. 신설)

편주 ▶
규칙 82조 7항 4호의 7의 개정규정은 2025. 1. 1.부터 시행함. (규칙 부칙(2023. 3. 20.) 1조 2호)

5. 영 제95조 제5항의 규정에 의한 별지 제65호 서식의 재해손실세액공제신청서 (99. 5. 24 개정)

6. 영 제102조 제4항 및 동조 제5항의 규정에 의한 별지 제66호 서식의 법인세물납신청서와 별지 제67호 서식의 법인세물납결정상황통지서 (2002. 3. 30 개정)

6. 삭 제 (2019. 3. 20.)

7. 영 제110조 제2항에 따른 별지 제68호 서식의 소급공제법인세액환급신청서 (2019. 3. 20. 개정)

7의 2. 삭 제 (2005. 2. 28.)

7의 3. 영 제113조 제10항의 규정에 의한 별지 제68호의 3 서식의 신탁재산에 대한 원천징수세액 확인서 (2008. 3. 31. 개정)

7의 4. 영 제114조의 2 제4항 및 제138조의 3 제5항에 따른 별지 제68호의 4 서식의 환매조건부채권매매거래확인서 (2010. 3. 31. 개정)

7의 5. 영 제114조의 2 제4항 및 제138조

☞ p.649 4단 연결

인결과 주요항목 명세서, 별지 제63호의 16(3) 서식의 성실신고 확인결과 특이사항 기술서 및 별지 제63호의 16(4) 서식의 성실신고 확인결과 사업자 확인사항 (2018. 3. 21. 신설)

4. 영 제74조 제3항 및 영 제113조 제7항에 따른 별지 제64호 서식의 재고자산 등 평가방법신고(변경신고)서 또는 채권 등의 보유기간계산방법신고서 (2009. 3. 30. 개정)

4의 2. 영 제86조의 2 제5항 제5호 및 같은 조 제7항에 따른 별지 제64호의 2 서식의 명목회사설립(변경)신고서 (2009. 3. 30. 개정)

4의 2. 삭 제 (2021. 3. 16.)

4의 3. 영 제86조의 3 제9항 단서 및 영 제120조의 4 제3항에 따른 별지 제71호의 8 서식의 동업기업 과세특례적용 및 동업자 과세여부 확인서 (2022. 3. 18. 개정)

4의 4. 영 제94조의 2 제5항에 따른 별지 제64호의 3 서식의 집합투자재산에 대한 외국납부세액 확인서 (2010. 3. 31. 호변개정)

4의 5. 영 제94조의 2 제8항에 따른 별지 제64호의 4 서식의 외국납부세액환급신청서 (2010. 3. 31. 호변개정)

4의 4.~4의 5. 삭 제 (2022. 3. 18.)

편주 ▶
규칙 82조 7항 4호의 4 및 4호의 5의 개정규정은 2025. 1. 1.부터 시행함. (규칙 부칙(2022. 3. 18.) 1조 단서) (2022. 12. 31. 개정)

4의 6. 영 제91조의 2 제1항 및 같은 조 제3항 또는 제91조의 4 제2항에 따른 별지 제64호의 5 서식의 기능통화 과세표준계산방법 신고(변경신청)서 또는 해외사업장

서식의 연간 기부금 모금액 및 활용실적 명세서 (2019. 3. 20. 개정)

3의 8. 제18조의 2 제3항 제2호 사목에 따른 별지 제63호의 8 서식의 총 지출금액 계산서 (2019. 3. 20. 개정)

3의 9. 제18조의 3 제3항 제3호 사목에 따른 별지 제63호의 9 서식의 총 수입금액 계산서 (2011. 2. 28. 신설)

3의 9. 삭 제 (2018. 3. 21.)

3의 10. 영 제39조 제6항에 따른 별지 제63호의 10 서식의 공익법인등 의무이행 여부 보고서 (2022. 3. 18. 개정)

3의 11. 영 제38조 제9항 및 제10항에 따른 별지 제63호의 11 서식의 전문모금기관 요건 충족여부등 점검결과 보고서 (2021. 3. 16. 개정)

3의 12. 영 제38조 제9항 및 제10항에 따른 별지 제63호의 12 서식의 해외 한국학교 요건 충족여부등 점검결과 보고서 (2021. 3. 16. 개정)

3의 13. 제50조의 3 제10항에 따른 별지 제63호의 13 서식의 조정반 지정 또는 변경지정 신청서 (2014. 3. 14. 신설)

3의 14. 제50조의 3 제11항에 따른 별지 제63호의 14 서식의 조정반 지정 또는 변경지정서 (2014. 3. 14. 신설)

3의 15. 영 제97조의 4 제5항에 따른 별지 제63호의 15 서식의 성실신고확인자 선임 신고서 (2018. 3. 21. 신설)

3의 15. 삭 제 (2022. 3. 18.)

3의 16. 법 제60조의 2 제1항에 따른 별지 제63호의 16(1) 서식의 성실신고확인서, 별지 제63호의 16(2) 서식의 성실신고 확

2. 영 제7조 제4항 및 영 제9조 제1항에 따른 별지 제62호 서식의 납세지신고서 또는 납세지변경신고서 (2019. 3. 20. 개정)

2의 2. 제2조의 3 제1항에 따른 별지 제62호의 2 서식의 원천징수세액 본점일괄납부신고서 (2019. 3. 20. 개정)

3. 영 제26조 제3항, 영 제27조 제2항, 영 제28조 제3항, 영 제29조 제2항 및 영 제29조의 2 제5항에 따른 별지 제63호 서식의 감가상각방법신고서, 감가상각방법변경신청서, 내용연수신고서, 내용연수승인신청서, 내용연수변경승인신청서 및 내용연수변경신고서 (2019. 3. 20. 개정)

3의 2. 제18조의 2 제3항 제1호 가목·제2호 가목 및 제18조의 3 제3항에 따른 별지 제63호의 2 서식의 공익법인등 추천서 (2021. 3. 16. 개정)

3의 3. 영 제39조 제4항에 따른 별지 제63호의 3 서식의 기부금영수증 (2019. 3. 20. 개정)

3의 4. 영 제76조 제6항 또는 이 규칙 제39조에 따른 별지 제63호의 4호 서식의 화폐성 외화자산등 평가방법 신고서 또는 특별계정평가방법신고서 (2014. 3. 14. 개정)

3의 5. 제18조의 3 제2항 각 호 외의 부분에 따른 별지 제63호의 5 서식의 공익법인등 추천·명칭변경 신청서 (2023. 3. 20. 개정)

3의 6. 제18조의 3 제2항 제5호에 따른 별지 제63호의 6 서식의 공익법인등 의무이행준수 서약서 (2023. 3. 20. 개정)

3의 7. 영 제38조 제8항 제1호 및 제39조 제5항 제3호 후단에 따른 별지 제63호의 7

정한다)과 같다. (2025. 3. 21. 신설)

⑩ 영 제115조 제1항의 규정에 의한 원천징수이행상황신고서는 「소득세법 시행규칙」 제100조 제20호에 규정된 별지 제21호 서식을 준용한다. (2025. 3. 21. 항번개정)

⑪ 법 제93조의 3 및 제98조의 4에 따른 외국법인에 대한 비과세·면제에 관한 서식은 다음 각 호와 같다. (2025. 3. 21. 항번개정)

1. 영 제132조의 2 제2항 및 제3항에 따른 적격외국금융회사등 승인 신청서 및 승인서 : 「소득세법 시행규칙」 제100조 제18호의 6에 따른 별지 제19호의 12 서식 준용 (2022. 12. 31. 개정)

2. 영 제132조의 4 제1항 제1호 가목 1)에 따른 세무서장제출용 외국법인비과세신청서 : 별지 제72호의 6 서식 (2022. 12. 31. 개정)

2. 영 제132조의 4 제1항 제1호 가목에 따른 외국법인 비과세신청서: 별지 제72호의 6 서식 (2025. 3. 21. 개정)

3. 영 제132조의 4 제1항 제1호 다목에 따른 소득지급자용 거래·보유 명세서 : 「소득세법 시행규칙」 제100조 제18호의 7 라목에 따른 별지 제19호의 14 서식 (1) 준용 (2022. 12. 31. 개정)

3. 영 제132조의 4 제1항 제2호 가목에 따른 적격외국금융회사등 비과세신청서: 「소득세법 시행규칙」 제100조 제18호의 7 나목에 따른 별지 제19호의 13 서식(2) 준용 (2025. 3. 21. 개정)

4. 영 제138조의 4 제1항 및 제2항에 따른 비과세·면제 신청서 : 「소득세법 시행규칙」 제100조 제29호의 3에 따른 별지 제29호의 2 서식 (1), 별지 제29호의 2 서식

☞ p.650 4단 연결

제75호 서식의 법인명·소재지 및 대표자 변경신고서 (99. 5. 24 개정)

13의 2. 법 제112조의 2 제1항에 따른 별지 제75호의 2 서식의 기부자별 발급명세서 (2014. 3. 14. 개정)

13의 3. 법 제112조의 2 제3항에 따른 별지 제75호의 3 서식의 기부금 영수증 발급합계표 (2022. 3. 18. 개정)

14. 영 제165조 제1항의 규정에 의한 별지 제76호 서식의 조사원증 (99. 5. 24 개정)

15. 영 제120조의 13 제1항에 따른 별지 제76호의 2 서식의 연결납세방식적용신청서 (2010. 3. 31. 신설)

15의 2. 영 제120조의 15에 따른 별지 제76호의 3 서식의 연결납세방식포기신고서 (2010. 3. 31. 신설)

15의 3. 영 제120조의 16에 따른 별지 제76호의 4 서식의 연결법인변경신고서 (2010. 3. 31. 신설)

16. 영 제158조 제6항에 따른 별지 제77호 서식의 지출증명서류 합계표 (2016. 3. 7. 신설)

17. 영 제163조의 3에 따른 별지 제81호 서식의 가상자산거래명세서 및 별지 제82호 서식의 가상자산거래집계표 (2023. 3. 20. 신설)

⑧ 영 제94조 제3항의 규정에 의한 외국납부세액공제세액계산서는 별지 제8호 서식 부표 5를 준용한다. (2010. 3. 31. 항번개정)

⑨ 영 제94조의 2 제8항에 따른 간접외국투자회사등 외국납부세액공제 계산서는 별지 제8호 서식(부표 5의 6 및 부표 5의 7로 한

10. 영 제138조의 2 제5항에 따른 별지 제72호 서식의 외국법인증여소득신고서 (2012. 2. 28. 신설)

10의 2. 영 제138조의 7 제1항에 따른 별지 제72호의 2 서식의 국내원천소득 제한세율 적용신청서(외국법인용) (2012. 2. 28. 신설)

10의 3. 영 제138조의 4 제9항에 따른 국외투자기구 신고서는 「소득세법 시행규칙」 별지 제29호의 13 서식의 국외투자기구 신고서 (2020. 3. 13. 개정)

10의 4. 영 제138조의 8 제1항에 따른 별지 제72호의 3 서식의 제한세율 적용을 위한 경정청구서 (2012. 2. 28. 신설)

10의 5. 영 제138조의 4 제15항에 따른 별지 제72호의 4 서식의 비과세·면제 적용을 위한 경정청구서 (2014. 3. 14. 신설)

10의 6. 영 제138조의 4 제1항 후단에 따른 별지 제72호의 5 서식의 실질귀속자 특례 국외투자기구 신고서 (2020. 3. 13. 신설)

11. 법 제109조 제2항, 영 제152조 제1항 및 영 제154조 제1항에 따른 별지 제73호 서식의 법인설립신고·사업자등록신청서 및 국내사업장설치신고서 (2008. 3. 31. 개정)

11의 2. 법 제109조의 2에 따른 별지 제73호의 2 서식의 법인과세 신탁재산의 수탁자 변경신고서 (2021. 3. 16. 신설)

12. 영 제152조 제2항에 따른 별지 제74호 서식의 주주등의 명세서 (2012. 2. 28. 개정)

13. 법 제109조 제3항의 규정에 의한 별지

3 제5항에 따른 별지 제68호의 5 서식의 대차거래채권 확인서 (2010. 3. 31. 개정)

7의 6. 영 제114조의 2 제4항 및 제138조의 3 제5항에 따른 별지 제68호의 6 서식의 대차거래채권매매거래 원천세액환급신청서 (2010. 3. 31. 개정)

8. 제58조의 규정에 의한 별지 제69호 서식의 신탁재산분 법인세원천세액환급(충당)계산서 (2008. 3. 31. 개정)

8. 삭 제 (2009. 3. 30.)

9. 영 제86조 제6항의 규정에 의한 별지 제70호 서식의 자산교환명세서 (2002. 3. 30 개정)

9의 2. 영 제86조의 3 제9항 및 영 제120조의 4 제2항에 따른 별지 제71호의 2 서식의 소득공제신청서 (2022. 3. 18. 개정)

9의 3. 영 제114조의 2 제4항 및 제138조의 3 제5항에 따른 별지 제71호의 3 서식의 환매조건부채권매매거래 원천세액환급신청서 (2010. 3. 31. 개정)

9의 4. 영 제131조의 2의 규정에 의한 별지 제71호의 4 서식의 국외특수관계인간주식양도가액검토서 (2012. 2. 28. 개정)

9의 5. 영 제133조의 2 제3항에 따른 별지 제71호의 5 서식의 외국법인연락사무소 현황 명세서 (2022. 3. 18. 신설)

9의 6. 영 제138조의 2 제2항에 따른 별지 제71호의 6 서식의 외국법인유가증권양도소득정산신고서 (2022. 3. 18. 개정)

9의 7. 영 제138조의 2 제4항에 따른 제71호의 7 서식의 외국법인유가증권양도소득신고서 (2022. 3. 18. 호번개정)

바에 따라 전산처리된 테이프 또는 디스켓으로 제출할 수 있다. (2025. 3. 21. 항번개정)

에 의한 관리책임자의 선정 및 변경신고서는 「국세기본법 시행규칙」 제33조에 규정된 별지 제43호 서식을 준용한다. (2025. 3. 21. 항번개정)

⑰ 법 제110조에 따른 비영리법인의 수익사업개시신고서는 별지 제75호의 4 서식과 같다. (2025. 3. 21. 항번개정)

⑱ 영 제162조의 2 제1항에 따른 이자·배당소득 원천징수영수증 및 이자·배당소득 지급명세서는 「소득세법 시행규칙」 제100조 제32호의 별지 제23호 서식(1)을, 사업·선박 등 임대·인적용역·사용료 및 기타소득 지급명세서는 같은 법 시행규칙 제100조 제32호의 별지 제23호 서식(5)를, 유가증권양도소득 원천징수영수증 및 유가증권양도소득 지급명세서는 같은 법 시행규칙 제100조 제32호의 별지 제24호 서식(7)을, 양도소득 원천징수영수증 및 지급명세서는 같은 법 시행규칙 제100조 제32호의 별지 제24호 서식(8)을 각각 준용한다. (2025. 3. 21. 항번개정)

⑲ 영 제162조의 2 제4항의 규정에 의한 지급명세서는 「소득세법 시행규칙」 제100조 제32호의 2에 규정된 별지 제30호 서식(1) 및 별지 제30호 서식(2)를 준용한다. (2025. 3. 21. 항번개정)

⑳ 영 제164조 제6항에 따른 매출·매입처별계산서합계표는 「소득세법 시행규칙」 제100조 제31호에 따른 별지 제29호 서식을 준용한다. (2025. 3. 21. 항번개정)

㉑ 제1항부터 제17항까지에 따른 서식중 국세청장이 정하는 서식은 국세청장이 정하는

(2), 별지 제29호의 2 서식 (3), 별지 제29호의 2 서식 (4) 및 별지 제29호의 2 서식 (5) 준용 (2025. 3. 21. 호번개정)

4. 영 제132조의 4 제2항 제1호 가목에 따른 적격외국금융회사등제출용 외국법인비과세신청서 : 별지 제72호의 7 서식 (2022. 12. 31. 개정)

4. 삭 제 (2025. 3. 21.)

5. 영 제132조의 4 제2항 제3호에 따른 적격외국금융회사등용 거래·보유 명세서 : 「소득세법 시행규칙」 제100조 제18호의 7 마목에 따른 별지 제19호의 14 서식 (2) 준용 (2022. 12. 31. 개정)

5. 삭 제 (2025. 3. 21.)

6. 영 제132조의 4 제2항 제3호에 따른 적격외국금융회사등비과세신청서 : 「소득세법 시행규칙」 제100조 제18호의 7 다목에 따른 별지 제19호의 13 서식 (3) 준용 (2022. 12. 31. 개정)

6. 삭 제 (2025. 3. 21.)

⑫ 영 제138조의 5 제1항에 따른 원천징수특례사전승인신청서는 「소득세법 시행규칙」 제100조 제29호의 5에 따른 별지 제29호의 4 서식을 준용한다. (2025. 3. 21. 항번개정)

⑬ 영 제138조의 6 제1항에 따른 원천징수특례 적용을 위한 경정청구서는 「소득세법 시행규칙」 제100조 제29호의 7에 따른 별지 제29호의 6 서식을 준용한다. (2025. 3. 21. 항번개정)

⑭ 영 제138조의 5 제4항 및 영 제138조의 6 제4항에 따른 보정요구는 별지 제79호 서식에 의한다. (2025. 3. 21. 항번개정)

⑮ 영 제139조에 따른 외국법인인적용역소득신고서는 별지 제80호 서식과 같다. (2025. 3. 21. 항번개정)

⑯ 영 제153조 제1항 및 동조 제3항의 규정

제1조 【시행일】 이 법은 공포한 날부터 시행한다.

제2조 【내국법인 수입배당금액의 익금불산입률에 관한 적용례】 법률 제19193호 법인세법 일부개정법률 부칙 제16조 제2항의 개정규정은 이 법 시행 이후 과세표준을 신고하는 경우부터 적용한다.

부 칙 (2024. 12. 31. 법률 제20613호)

제1조 【시행일】 이 법은 2025년 1월 1일부터 시행한다. 다만, 다음 각 호의 개정규정은 해당 호에서 정하는 날부터 시행한다.

1. 제98조의 4 제1항 전단, 제120조의 4 제2항 및 제124조 제3호의 개정규정: 2026년 1월 1일

2. 제5조 제2항 각 호 외의 부분 전단의 개정규정: 2025년 7월 1일

제2조 【신탁소득에 대한 법인세 과세에 관한 적용례】 제5조 제2항 각 호 외의 부분 전단의 개정규정은 2025년 7월 1일이 속하는 사업연도에 신탁재산에 귀속되는 소득부터 적용한다.

제3조 【기부금의 손금불산입에 관한 적용례】 제24조 제2항 제1호 마목의 개정규정은 이 법 시행 이후 과세표준을 신고하는 경우부터 적용한다.

제4조 【분할 시 분할법인등에 대한 과세에 관한 적용례】 제46조 제2항 제2호의 개정규정은 이 법 시행 이후 내국법인이 분할하는 경우부터 적용한다.

제5조 【세율에 관한 적용례】 제55조 제1항의 개정규정은 이 법 시행 이후 개시하는 사업연도의 소득에 대한 법인세액을 계산하는 경우부터 적용한다.

제6조 【중간예납세액 및 연결중간예납세액의 계산에 관한 적용례】 제63조의 2 제1항 각 호 외의 부분 단서, 같은 조 제2항, 제76조의 18 제1항 각 호 외의 부분 단서 및 같은 조 제2항의 개정규정은 이 법 시행 이후 개시하는 사업연도 또는 연결사업연도의 소득에 대한 중간예납세액 또는 연결중간예납세액을 계산하는 경우부터 적용한다.

제7조 【연결법인에 대한 중소기업 관련 규정 등의 적용에 관한 적용례】 제76조의 22의 개정규정은 이 법 시행 이후 개시하는 연결사업연도의 소득에 대한 법인세액을 계산하는 경우부터 적용한다.

제8조 【외국법인의 국채등 이자·양도소득 과세특례에 관한 적용례】 ① 제93조의 3 제3항부터 제5항까지의 개정규정은 이 법 시행 이후 소

부 칙 (2025. 2. 28. 대통령령 제35350호)

제1조 【시행일】 이 영은 공포한 날부터 시행한다. 다만, 다음 각 호의 개정규정은 해당 호에서 정하는 날부터 시행한다.

1. 제92조의 2 제2항 제1호의 15의 개정규정: 2025년 6월 4일

2. 대통령령 제32517호 법인세법 시행령 일부개정령 제129조 제5항 및 제137조 제15항의 개정규정: 2027년 1월 1일

3. 제162조의 2 제1항 및 별표 2의 개정규정: 2026년 1월 1일

제2조 【수익사업의 범위에 관한 적용례】 제3조 제2항의 개정규정은 이 영 시행 이후 유형자산 및 무형자산을 처분하는 경우부터 적용한다.

제3조 【수익 등의 범위에 관한 적용례】 제11조 제1호 본문 및 제19조 제3호의 3의 개정규정은 2025년 1월 1일 이후 재화를 판매하거나 용역을 제공하는 경우부터 적용한다.

제4조 【외국법인 등의 수입배당금액 익금불산입에 관한 적용례】 제18조 제2항 각 호 외의 부분 단서의 개정규정은 이 영 시행 이후 과세표준을 신고하는 경우부터 적용한다.

제5조 【손비로 인정되는 주식매수선택권의 범위에 관한 적용례】 제19조 제19호의 2의 개정규정은 이 영 시행 이후 주식매수선택권을 행사하는 경우부터 적용한다.

제6조 【감가상각자산의 범위 등에 관한 적용례】 제24조 제1항 제2호, 제26조 제1항·제4항 및 제28조 제1항 제2호의 개정규정은 이 영 시행일이 속하는 사업연도에 감가상각하는 경우부터 적용한다.

제7조 【일반기부금의 범위에 관한 적용례】 제39조 제1항 제1호 라목의 개정규정은 이 영 시행 이후 과세표준을 신고하는 경우부터 적용한다.

제8조 【공동경비의 손금불산입에 관한 적용례】 ① 제48조 제1항의 개정규정은 이 영 시행 이후 과세표준을 신고하는 경우부터 적용한다.

② 제48조 제2항의 개정규정은 이 영 시행일이 속하는 사업연도에 공동경비를 지출하는 경우부터 적용한다.

제9조 【고유목적사업준비금의 손금산입에 관한 적용례】 제56조 제11항 제3호의 개정규정은 이 영 시행일이 속하는 사업연도에 인건비를 지출하는 경우부터 적용한다.

제10조 【물적분할 및 현물출자로 인한 자산양도차익상당액의 손금산입에 관한 적용례】 제84조 제19항 및 제84조의 2 제18항의 개정규정은 이 영 시행 이후 과세표준을 신고하는 경우부터 적용한다.

부 칙 (2025. 3. 21. 기획재정부령 제1112호)

제1조 【시행일】 이 규칙은 공포한 날부터 시행한다.

제2조 【공동연구개발비의 안분기준에 관한 적용례】 제25조 제2항 제4호의 개정규정은 이 규칙 시행 이후 과세표준을 신고하는 경우부터 적용한다.

제3조 【분할 시 승계 가능한 주식등의 범위 확대에 관한 적용례】 제41조 제8항의 개정규정은 이 규칙 시행 이후 분할하는 경우부터 적용한다.

제4조 【서식에 관한 적용례 등】 서식에 관한 개정규정은 이 규칙 시행 이후 신고, 신청, 제출 또는 보고하는 경우부터 적용하되, 개정서식으로는 종전의 법 또는 영에 따른 신고 등을 할 수 없는 경우에는 종전의 서식에 따른다.

제5조 【정기예금이자율의 변경에 관한 경과조치】 2025년 1월 1일 전에 개시한 사업연도의 사업수입금액 계산에 적용하는 정기예금이자율에 관하여는 제6조의 개정규정에도 불구하고 종전의 규정에 따른다.

제6조 【시험연구용자산의 내용연수 단축에 관한 경과조치】 이 규칙 시행 전에 취득한 시험연구용 기계장치의 내용연수에 관하여는 별표 2의 개정규정에도 불구하고 종전의 규정에 따른다.

부 칙 (2024. 11. 11. 기획재정부령 제1085호)

제1조 【시행일】 이 규칙은 공포한 날부터 시행한다.

득을 지급받는 경우부터 적용한다.

② 제93조의 3 제6항 및 제7항의 개정규정은 이 법 시행 이후 경정을 청구하는 경우부터 적용한다.

제9조【전자기부금영수증 발급의무에 관한 적용례】제112조의 2 제4항의 개정규정은 이 법 시행 이후 기부금을 받는 경우부터 적용한다.

제10조【외국법인의 조세조약상 비과세 또는 면제 적용 신청에 관한 경과조치】제98조의 4 제1항 전단의 개정규정에 따른 시행 전에 발생한 국내원천 인적용역소득에 관하여는 같은 개정규정에도 불구하고 종전의 규정에 따른다.

제11조【가상자산 거래내역 제출에 관한 경과조치 등】① 이 법 시행 전에 발생한 가상자산의 거래에 관하여는 제120조의 4 제1항의 개정규정에도 불구하고 종전의 규정에 따른다.

② 제120조의 4 제2항의 개정규정은 2026년 1월 1일 이후 발생하는 거래에 관하여 가상자산사업자가 자료를 제출하지 아니하는 경우부터 적용한다.

부 칙 (2024. 12. 31. 법률 제20609호 ; 교통·에너지·환경세법 부칙)

제1조【시행일】이 법은 2025년 1월 1일부터 시행한다.

제2조 생 략

제3조【다른 법률의 개정】①·② 생 략

③ 법률 제10423호 법인세법 일부개정법률(법률 제11603호 교통·에너지·환경세법 일부개정법률, 법률 제13550호 교통·에너지·환경세법 일부개정법률, 법률 제16096호 교통·에너지·환경세법 일부개정법률 및 법률 제18584호 교통·에너지·환경세법 일부개정법률에 따라 각각 개정된 내용을 포함한다) 일부를 다음과 같이 개정한다.

부칙 제1조 단서 중 "2025년 1월 1일"을 "2028년 1월 1일"로 한다.

④ 생 략

부 칙 (2023. 12. 31. 법률 제19930호)

제1조【시행일】이 법은 2024년 1월 1일부터 시행한다.

제2소【자본준비금 김액 배당금액의 익금산입에 관한 적용례】제18조 제8호의 개정규정은 이 법 시행 이후 자본준비금을 감액하여 받는 배당금액부터 적용한다.

제3조【내국법인 수입배당금액의 익금산입에 관한 적용례】제18조의 2 제2항 제6호부터 제8호까지의 개정규정은 이 법 시행 이후 다른 내국법인으로부터 받는 수입배당금액부터 적용한다.

제11조【유동화전문회사 등의 소득공제 대상 배당이익에 관한 적용례】제86조의 3 제1항 제2호의 개정규정은 이 영 시행 이후 과세표준을 신고하는 경우부터 적용한다.

제12조【양도소득 과세특례 대상 주택의 범위에 관한 적용례】제92조의 2 제2항 제1호의 15의 개정규정은 2025년 6월 4일 이후 민간임대주택으로 등록한 단기민간임대주택을 양도하는 경우부터 적용한다.

제13조【간접투자회사등으로부터 지급받은 소득에 대한 외국 납부세액공제 특례에 관한 적용례 등】① 제94조의 2 제2항·제4항·제5항 및 제111조 제3항의 개정규정은 이 영 시행 이후 간접투자회사등으로부터 지급받는 소득에 대해 간접투자외국법인세액을 공제하거나 원천징수하는 경우부터 적용한다.

② 이 영 시행 전에 발생한 소득에 대한 해당 사업연도의 과세표준을 신고하는 경우 외국 납부세액공제에 관하여는 제94조의 2 제2항·제4항 및 제5항의 개정규정에도 불구하고 종전의 규정에 따른다.

제14조【연결법인의 산출세액의 계산에 관한 적용례】제120조의 22 제5항 제2호의 개정규정은 이 영 시행 이후 과세표준을 신고하는 경우부터 적용한다.

제15조【외국법인의 국채 등 이자·양도소득에 대한 비과세 적용 신청에 관한 적용례】제132조의 4의 개정규정은 이 영 시행 이후 비과세 적용 신청을 하는 경우부터 적용한다.

제16조【외국법인에 대한 조세조약상 비과세 또는 면제 적용 신청에 관한 적용례】제138조의 4 제2항 제1호의 개정규정은 이 영 시행 이후 비과세 또는 면제 적용 신청을 위한 신청서등을 제출하는 경우부터 적용한다.

제17조【신용카드가맹점의 매출전표 발급에 관한 적용례】제159조 제2항의 개정규정은 이 영 시행일이 속하는 사업연도에 재화나 용역을 공급하는 경우부터 적용한다.

제18조【외국법인의 국내원천 인적용역소득에 대한 지급명세서 제출의무에 관한 경과조치】2026년 1월 1일 전에 발생한 국내원천 인적용역소득에 대한 지급명세서 제출의무에 관하여는 제162조의 2 제1항 제4호의 개정규정에도 불구하고 종전의 규정에 따른다.

부 칙 (2024. 12. 31. 대통령령 제35122호)

제1조【시행일】이 영은 2025년 1월 1일부터 시행한다.

제2조【적격외국금융회사등의 승인에 관한 경과조치】이 영 시행 전

제2조【소액신용대출사업의 요건에 관한 적용례】제2조의 2 제2항의 개정규정은 이 규칙 시행일이 속하는 사업연도에 수입이 발생하는 분부터 적용한다.

부 칙 (2024. 3. 22. 기획재정부령 제1041호)

제1조【시행일】이 규칙은 공포한 날부터 시행한다. 다만, 별표 5의 개정규정은 2024년 4월 1일부터 시행하고, 별표 6의 개정규정은 2024년 7월 1일부터 시행한다.

제2조【서식에 관한 적용례 등】서식에 관한 개정규정은 이 규칙 시행 이후 신고, 신청, 제출 또는 보고하는 경우부터 적용하되, 개정서식으로는 종전의 법 또는 영에 따른 신고 등을 할 수 없는 경우에는 종전의 서식에 따른다.

제3조【정기예금이자율의 변경에 관한 경과조치】2024년 1월 1일 전에 개시한 사업연도의 사업수입금액 계산에 적용하는 정기예금이자율에 관하여는 제6조의 개정규정에도 불구하고 종전의 규정에 따른다.

제4조【주택도시보증공사 전환손실 금액의 계산】대통령령 제34266호 법인세법 시행령 일부개정령 부칙 제14조 제3항에서 "기획재정부령으로 정하는 계산식을 적용하여 산출한 금액"이란 제1호의 금액에서 제2호의 금액을 더하고 제3호의 금액을 뺀 금액을 말한다.

1. 2023년 1월 1일이 속하는 사업연도(이하 이 조에서 "최초적용사업연도"라 한다) 개시일 현재 주택도시보증공사가 보험감독회계기준에 따라 계상한 책임준비금(할인율 변동에 따른 책임준비금 평가액의 변동분은 제외한다)에서 2022년 12월 31일이 속하는 사업연도(이하 이 조에서 "직전사업연도"라 한다)에 손금산입한 미경과보험료적립금을 뺀 금액

2. 다음 각 목의 금액의 합계액

　가. 직전사업연도 당시의 보험감독회계기준에 따르면 자산에 해당하여 익금에 산입되었으나 최초적용사업연도 이후 새로운 보험감독회

제4조 【유동화전문회사 등에 대한 소득공제에 관한 적용례】 제51조의 2 제2항 제1호 단서 및 제75조의 14 제2항 단서의 개정규정은 2023년 12월 31일이 속하는 사업연도부터 적용한다.

제5조 【추계에 의한 과세표준 및 세액계산의 특례에 관한 적용례】 제68조 본문의 개정규정은 이 법 시행 이후 개시하는 사업연도의 과세표준 및 세액을 추계하는 경우부터 적용한다.

제6조 【연결법인별 배분금액의 정산에 관한 적용례】 제76조의 19 제5항의 개정규정은 이 법 시행 이후 개시하는 사업연도부터 적용한다.

제7조 【조세조약상 비과세ㆍ면제 또는 제한세율의 적용을 위한 경정청구기간에 관한 적용례】 제98조의 4 제5항 본문, 제98조의 5 제2항 본문 및 제98조의 6 제4항 본문의 개정규정은 이 법 시행 당시 각각 같은 개정규정에 따른 경정청구기간이 만료되지 아니한 경우에도 적용한다.

제8조 【외국인 통합계좌 원천징수 특례에 관한 적용례】 제98조의 8의 개정규정은 이 법 시행 이후 외국인 통합계좌의 명의인에게 국내원천소득을 지급하는 경우부터 적용한다.

제9조 【신탁소득에 대한 법인세 과세에 관한 경과조치】 이 법 시행 전에 신탁재산에 귀속된 소득에 대해서는 제5조 제2항 및 제3항의 개정규정에도 불구하고 종전의 규정에 따른다.

제10조 【연결자법인 변경신고기간에 관한 경과조치】 이 법 시행 전에 연결자법인 변경 사유가 발생한 경우의 신고기간에 관하여는 제76조의 12 제4항의 개정규정에도 불구하고 종전의 규정에 따른다.

부 칙 (2022. 12. 31. 법률 제19193호)

제1조 【시행일】 이 법은 2023년 1월 1일부터 시행한다. 다만, 다음 각 호의 개정규정은 해당 호에서 정하는 날부터 시행한다.

1. 제2조 제9호ㆍ제10호ㆍ제10호의 2, 제18조 제7호, 제21조 제6호, 제25조(같은 조 제2항 제3호 중 "매입자발행계산서"의 개정부분은 제외한다), 제75조의 5 제2항 제1호, 제75조의 7 제1항(「소득세법」 제164조의 3 제1항 제1호의 소득에 대한 간이지급명세서를 제출하지 아니한 경우는 제외한다), 같은 조 제3항 제2호, 같은 조 제4항(「소득세법」 제164조의 3 제1항 제1호의 소득에 관한 부분은 제외한다)의 개정규정, 같은 조 제5항의 개정규정 중 "제3호의 소득"을 개정하는 부분, 제76조의 8, 제76조의 9, 제76조의 11, 제76조의 12, 제76조의 14(같은 조 제1항 제2호 가목 및 같은 항 제4호는 제외한다), 제76조의 18 및 제76조의 19의 개정규정 : 2024년 1월 1일 (2023. 12. 31. 개정)
2. 법률 제17652호 법인세법 일부개정법률 제93조 제2호 다목의 개정규정, 법률 제18590호 법인세법 일부개정법률 제57조 제1항 후단 및 같은 항 제1호부터 제3호까지, 제57조의 2, 제73조 제1항 각 호 외의 부분 후단의 개정규정 및 제73조 제2항부터 제10항까지의 개정규정 : 2025년 1월 1일
3. 제25조 제2항 제3호의 개정규정 중 "매입자발행계산서"의 개정부분, 제116조 제3항

에 종전의 제132조의 2 제1항 및 제3항에 따라 적격외국금융회사등으로 승인받은 외국금융회사 등은 제132조의 2 제1항 및 제3항의 개정규정에 따라 승인받은 것으로 본다.

부 칙 (2024. 11. 12. 대통령령 제34991호)

이 영은 공포한 날부터 시행한다.

부 칙 (2024. 7. 23. 대통령령 제34728호 ; 기부금품의 모집 및 사용에 관한 법률 시행령 부칙)

제1조 【시행일】 이 영은 2024년 7월 31일부터 시행한다.

제2조 【다른 법령의 개정】 ①~③ 생 략

④ 법인세법 시행령 일부를 다음과 같이 개정한다.

제38조 제11항 제4호 및 제39조 제8항 제4호 중 "「기부금품의 모집 및 사용에 관한 법률」"을 각각 "「기부금품의 모집ㆍ사용 및 기부문화 활성화에 관한 법률」"로 한다.

⑤~⑬ 생 략

제3조 생 략

부 칙 (2024. 7. 2. 대통령령 제34657호 ; 벤처기업육성에 관한 특별조치법 시행령 부칙)

제1조 【시행일】 이 영은 2024년 7월 10일부터 시행한다. (단서 생략)

제2조 【다른 법령의 개정】 ①~⑬ 생 략

⑭ 법인세법 시행령 일부를 다음과 같이 개정한다.

제19조 제19호의 2 각 목 외의 부분 본문 중 "「벤처기업육성에 관한 특별조치법」"을 "「벤처기업육성에 관한 특별법」"으로 한다.

⑮~㊺ 생 략

제3조 생 략

부 칙 (2024. 5. 7. 대통령령 제34488호 ; 문화재보호법 시행령 부칙)

제1조 【시행일】 이 영은 2024년 5월 17일부터 시행한다.

제2조ㆍ제3조 생 략

제4조 【다른 법령의 개정】 ①~⑮ 생 략

⑯ 법인세법 시행령 일부를 다음과 같이 개정한다.

제92조의 6 제1항 제5호를 다음과 같이 한다.

5. 「문화유산의 보존 및 활용에 관한 법률」에 따른 보호구역 또는 「자연

계기준에 따르면 책임준비금 산출에 반영되는 항목으로 변경된 것으로서 직전사업연도 종료일 현재 다음에 해당하는 금액의 합계액
  1) 미상각신계약비
  2) 보험약관대출금(관련 미수수익을 포함한다)
  3) 보험미수금
  4) 미수금
  나. 직전사업연도 종료일 현재 「보험업법 시행령」 제63조 제2항에 따른 재보험자산
3. 다음 각 목의 금액의 합계액
  가. 직전사업연도 당시의 보험감독회계기준에 따르면 기타 부채에 해당하여 손금에 산입되었으나 최초적용사업연도 이후 새로운 보험감독회계기준에 따르면 책임준비금 산출에 반영되는 항목으로 변경된 것으로서 직전사업연도 종료일 현재 다음에 해당하는 금액의 합계액
    1) 보험미지급금
    2) 선수보험료
    3) 가수보험료
    4) 미지급비용
  나. 최초적용사업연도 개시일 현재 보험계약자산 및 재보험계약자산의 합계액

부 칙 (2023. 7. 3. 기획재정부령 제1003호)

이 규칙은 공포한 날부터 시행한다.

부 칙 (2023. 3. 20. 기획재정부령 제965호)

제1조 【시행일】 이 규칙은 공포한 날부터 시행한다. 다만, 다음 각 호의 개정규정은 해당 호에서 정한 날부터 시행한다.

1. 제2조의 2 제2항 제1호, 제20조의 제목, 같은 조 제2항, 제82조 제1항 제23호, 같은 조 제5항 제11호, 별지 제3호의 3 서식 (1)부터 별지 제3호의 3 서식 (3)까지, 별지 제23호 서식(갑), 별지 제23호 서식(을), 별지 제63호의 16 서식 (2), 별지 제63호의 16 서식 (3), 별지 제76호의 15 서식(갑) 및 별지 제76호의 15 서식(을)의 개정규정 :

및 제121조의 2의 개정규정 : 2023년 7월 1일

4. 제75조의 7 제1항(「소득세법」 제164조의 3 제1항 제1호의 소득에 대한 간이지급명세서를 제출하지 아니한 경우로 한정한다), 같은 조 제3항 제1호, 같은 조 제4항(「소득세법」 제164조의 3 제1항 제1호의 소득에 관한 부분으로 한정한다)의 개정규정 : 2026년 1월 1일 (2023. 12. 31. 신설)

제2조 【일반적 적용례】 이 법은 이 법 시행 이후 개시하는 사업연도부터 적용한다.

제3조 【자본준비금의 배당금액에 대한 익금불산입에 관한 적용례】 제18조 제8호 본문의 개정규정은 이 법 시행 이후 받는 배당금액부터 적용한다.

제4조 【외국자회사 수입배당금액에 관한 적용례】 제18조의 4(제79조의 개정규정에 따라 준용되는 경우를 포함한다), 제21조 제1호 및 제57조 제5항·제7항의 개정규정은 이 법 시행 이후 외국자회사로부터 수입배당금액을 받는 경우부터 적용한다.

제5조 【매입자발행계산서 발급 등에 관한 적용례】 제25조 제2항 제3호(매입자발행계산서에 관한 부분으로 한정한다) 및 제121조의 2의 개정규정은 2023년 7월 1일 이후 재화 또는 용역을 공급하거나 공급받는 경우부터 적용한다.

제6조 【해약환급금준비금 손금산입 등 보험회사 과세에 대한 적용시기 특례】 보험회사가 2022년 12월 31일이 속하는 사업연도에 제42조의 3 제1항에 따른 보험계약 국제회계기준을 적용하고 제32조의 해약환급금준비금을 적립한 경우 해당 보험회사에 대해서는 제30조 제1항, 제32조 및 제42조의 3의 개정규정은 이 법 시행일 이후 신고하는 분부터 적용한다.

제7조 【자산의 취득가액에 관한 적용례】 제41조 제1항 제1호의 2의 개정규정은 이 법 시행 이후 외국자회사를 인수하는 경우부터 적용한다.

제8조 【유동화전문회사 등에 대한 소득공제에 관한 적용례】 제51조의 2의 개정규정은 이 법 시행 이후 배당을 결의하는 경우부터 적용한다.

제9조 【간접투자회사등의 외국납부세액공제 특례 등에 관한 적용례 등】 ① 법률 제18590호 법인세법 일부개정법률 제57조 제1항 후단, 같은 항 제1호부터 제3호까지, 제57조의 2, 제73조 제1항 각 호 외의 부분 후단의 개정규정 및 제73조 제2항·제3항의 개정규정은 2025년 1월 1일 이후 지급받는 소득에 대하여 외국법인세액을 공제하거나 원천징수하는 경우부터 적용한다.

② 2025년 1월 1일 전에 발생한 소득에 대한 해당 사업연도의 과세표준을 신고하는 경우 외국납부세액 공제 및 환급에 관하여는 법률 제18590호 법인세법 일부개정법률 제57조의 2의 개정규정에도 불구하고 종전의 규정(법률 제18590호 법인세법 일부개정법률로 개정되기 전의 것을 말한다)에 따른다.

제10조 【이자소득의 원천징수세율에 관한 적용례】 제73조 제1항의 개정규정은 이 법 시행 이후 온라인투자연계금융업자를 통하여 지급받는 이자소득부터 적용한다.

제11조 【지급명세서 등 제출 불성실 가산세에 관한 적용례 등】 ① 제75조의 7 제1항(「소득세법」 제164조의 3 제1항 제1호의 소득에 대한 간이지급명세서를 제출하지 아니한 경우는 제외한다), 같은 조 제3항 제2호, 같은 조 제4항(「소득세법」 제164조의 3 제1항 제1호의 소득에 관한 부분은 제외한다) 및 같은 조 제5항(「소득세법」 제164조의 3 제1항 제3호의 소득에 관한 부분으로 한정한다)의 개정규정은 2024년 1월 1일

유산의 보존 및 활용에 관한 법률」에 따른 보호구역 안의 임야

제92조의 11 제1항 제2호 중 “「문화재보호법」”을 “「문화유산의 보존 및 활용에 관한 법률」 또는 「자연유산의 보존 및 활용에 관한 법률」”로 한다.

⑰~㊼ 생　략

제5조 생　략

부　칙 (2024. 2. 29. 대통령령 제34266호)

제1조 【시행일】 이 영은 공포한 날부터 시행한다. 다만, 제3조 제1항 제5호의 개정규정은 2024년 7월 1일부터 시행한다.

제2조 【이월결손금 공제한도 확대에 관한 적용례】 제10조 제1항 제7호의 개정규정은 2024년 1월 1일 이후 개시하는 사업연도의 과세표준을 신고하는 경우부터 적용한다.

제3조 【주택도시보증공사의 책임준비금 등에 관한 적용례】 제11조 제10호의 2, 제19조 제23호의 2 및 제70조 제3항·제6항의 개정규정은 이 영 시행 이후 과세표준을 신고하는 경우부터 적용한다.

제4조 【자본전입 시 과세되는 잉여금의 범위 확대에 관한 적용례】 제12조 제1항 제5호의 개정규정은 이 영 시행 이후 자본에 전입하는 경우부터 적용한다.

제5조 【손비로 인정되는 인건비의 범위 확대에 관한 적용례】 제19조 제3호의 개정규정은 이 영 시행일이 속하는 사업연도부터 적용한다.

제6조 【징벌적 목적 손해배상금의 범위 확대에 관한 적용례 등】 ① 제23조 제1항 및 별표 1의 개정규정은 이 영 시행 이후 지급하는 손해배상금부터 적용한다.

② 이 영 시행 전에 지급한 손해배상금의 손금불산입 범위에 관하여는 제23조 제2항의 개정규정에도 불구하고 종전의 규정에 따른다.

제7조 【업무용승용차 관련비용의 손금불산입에 관한 적용례】 제50조의 2 제4항 각 호 외의 부분 단서의 개정규정은 2024년 1월 1일 이후 업무용승용차 관련비용을 지출하는 경우부터 적용한다.

제8조 【국고보조금 등의 손금산입 범위 확대에 관한 적용례】 제64조 제6항 제9호의 개정규정은 2024년 1월 1일 이후 개시하는 사업연도부터 적용한다.

제9조 【개발사업의 익금 귀속사업연도 조정에 관한 적용례】 제68조 제7항의 개정규정은 이 영 시행 이후 토지를 양도하는 경우부터 적용한다.

제10조 【외국납부세액공제의 범위 확대에 관한 적용례】 제94조 제1항 각 호 외의 부분 단서의 개정규정은 2023년 8월 8일 이후 납부했거나 납부할 외국법인세액부터 적용한다.

제11조 【연결소득개별귀속액의 계산식에 관한 적용례】 제120조의 17 제4항의 개정규정은 2024년 1월 1일 이후 개시하는 사업연도부터 적용한다.

제12조 【양도손익이연자산의 범위 확대에 관한 적용례】 제120조의 18 제1항 제2호의 개정규정은 이 영 시행 이후 외국법인의 주식등을 양도하는 경우부터 적용한다.

제13조 【연결법인별 산출세액의 계산에 관한 적용례】 제120조의 22 제4항 및 제5항의 개정규정은 2024년 1월 1일 이후 개시하는 사업연도부터 적용한다.

2024년 1월 1일

2. 제48조의 2, 제56조의 2 제1항 각 호 외의 부분, 같은 조 제2항, 제57조, 제58조, 제82조 제7항 제4호의 7 및 별지 제64호의 6 서식의 개정규정 : 2025년 1월 1일

제2조 【회수불능 사유에 관한 적용례】 제10조의 4 제1항 제1호 및 제3호의 개정규정은 이 규칙 시행 전에 발생한 채권으로서 이 규칙 시행 이후 채권의 회수불능을 확인하는 경우에도 적용한다.

제3조 【의료법인의 고유목적사업 지출에 관한 적용례】 제29조의 2 제1항 제4호의 개정규정은 이 규칙 시행 이후 산후조리원 건물 및 부속토지를 취득하기 위해 지출하는 경우부터 적용한다.

제4조 【서식에 관한 적용례 등】 서식에 관한 개정규정은 이 규칙 시행 이후 신고, 신청, 제출 또는 보고하는 경우부터 적용하되, 개정서식으로는 종전의 법 또는 영에 따른 신고 등을 할 수 없는 경우에는 종전의 서식에 따른다.

제5조 【정기예금이자율 변경에 관한 경과조치】 2023년 1월 1일 전에 개시한 사업연도의 사업수입금액 계산에 적용하는 정기예금이자율에 관하여는 제6조의 개정규정에도 불구하고 종전의 규정에 따른다.

부　칙 (2022. 12. 31. 기획재정부령 제954호)

이 규칙은 2023년 1월 1일부터 시행한다.

부　칙 (2022. 3. 18. 기획재정부령 제896호)

제1조 【시행일】 이 규칙은 공포한 날부터 시행한다. 다만, 제82조 제1항 제11호, 같은 조 제7항 제4호의 4·제4호의 5, 별지 제11호 서식, 별지 제64호의 3 서식 및 별지 제64호의 4 서식의 개정규정은 2025년 1월 1일부터 시행한다. (2022. 12. 31. 개정)

제2조 【주권상장법인이 발행한 주식의 시가에 관한 적용례】 제42조의 6 제1항 단서의 개정규정은 이 규칙 시행 이후 과세표준 및 세액을 신고하는 경우부터 적용한다.

제3조 【서식에 관한 적용례 등】 서식에 관한

이후 지급하는 소득에 대하여 지급명세서등을 제출하여야 하거나 제출하는 경우부터 적용한다. (2023. 12. 31. 개정)

② 제75조의 7 제1항 제1호(「소득세법」 제164조의 3 제1항 제1호의 소득에 대한 간이지급명세서를 제출하지 아니한 경우로 한정한다), 같은 조 제3항 제1호, 같은 조 제4항(「소득세법」 제164조의 3 제1항 제1호의 소득에 관한 부분으로 한정한다)의 개정규정은 2026년 1월 1일 이후 지급하는 소득에 대하여 지급명세서등을 제출하여야 하거나 제출하는 경우부터 적용한다. (2023. 12. 31. 신설)

③ 제75조의 7 제5항(「소득세법」 제164조의 3 제1항 제2호의 소득에 관한 부분으로 한정한다)의 개정규정은 2023년 1월 1일 이후 지급하는 소득에 대하여 지급명세서등을 제출하여야 하거나 제출하는 경우부터 적용한다. (2023. 12. 31. 항번개정)

④ 2026년 1월 1일 전에 지급한 「소득세법」 제164조의 3 제1항 제1호의 소득에 대한 간이지급명세서의 지연 제출에 따른 가산세에 관하여는 제75조의 7 제1항 제1호 나목 및 같은 조 제4항의 개정규정에도 불구하고 종전의 규정에 따른다. (2023. 12. 31. 개정)

제12조【외국법인의 국채등 이자·양도소득에 대한 과세특례에 관한 적용례】제93조의 3의 개정규정은 이 법 시행 이후 이자를 지급하거나 국채등을 양도하는 경우부터 적용한다.

제13조【외국법인연락사무소 자료 제출에 관한 적용례】제94조의 2 제2항 및 제3항의 개정규정은 이 법 시행 이후 재화 또는 용역을 공급받는 경우부터 적용한다.

제14조【외국법인의 국내원천소득 비과세 또는 면제 등의 적용 신청에 관한 적용례】제98조의 4 및 제98조의 6의 개정규정은 이 법 시행 이후 조세조약에 따른 비과세, 면제 또는 제한세율의 적용을 신청하는 경우부터 적용한다.

제15조【가상자산 거래내역 등의 제출 의무에 관한 적용례】제120조의 4의 개정규정은 2023년 1월 1일 이후 가상자산을 양도·대여하는 경우부터 적용한다.

제15조의 2【연결납세방식의 포기 등에 관한 특례】① 2024년 1월 1일 당시 종전의 제2조 제10호에 따른 연결자법인 외에 다른 내국법인을 제2조 제10호의 2의 개정규정에 따라 연결지배하고 있는 연결모법인이 2024년 1월 1일 이후 개시하는 사업연도부터 연결납세방식을 적용하지 아니하려는 경우에는 제76조의 10 제1항 본문을 적용할 때 "사업연도 개시일 전 3개월이 되는 날"을 "2024년 1월 1일 이후 개시하는 사업연도 개시일 이후 2개월이 되는 날"로 보며, 같은 항 단서는 적용하지 아니한다. (2023. 12. 31. 신설)

② 제1항에 따른 연결모법인이 같은 항에 따른 신고기한 내에 연결납세방식 적용 포기 신고를 하지 아니한 경우에는 제76조의 11 제1항 및 제2항의 개정규정에도 불구하고 2024년 1월 1일이 속하는 사업연도부터 연결납세방식을 적용하여야 한다. 이 경우 제76조의 11 제3항을 적용할 때 "변경일"은 "2024년 1월 1일 이후 개시하는 사업연도 개시일 이후 2개월이 되는 날"로 본다. (2023. 12. 31. 신설)

제16조【내국법인 수입배당금액의 익금불산입률에 관한 경과조치】① 내국법인의 사업연도가 이 법 시행 전에 개시하여 이 법 시행 이후 종료하는 경우 이 법 시행 전에 받은 수입배당금액의 익금불산입률에 관하여는 제18조의 2 및 제18조의 3의 개정규정에도 불구하고 종전의 규정에 따르고, 이 법 시행 이후 받는 수입배당금액의 익금

제14조【주택도시보증공사의 대위변제 금액 등에 관한 특례】① 2022년 12월 31일이 속하는 사업연도의 종료일 현재 종전의 제19조의 2 제7항에 따라 손금불산입된 대위변제 금액의 적립금은 제19조의 2 제7항의 개정규정에도 불구하고 2023년 1월 1일이 속하는 사업연도와 그 다음 4개 사업연도에 균등하게 나누어 손금에 산입한다.

② 2022년 12월 31일이 속하는 사업연도의 종료일 현재 법 제35조 제1항 및 제2항에 따라 손금산입한 구상채권상각충당금의 적립금은 제63조 제1항 제2호, 같은 조 제2항 및 같은 조 제4항 제2호의 개정규정에도 불구하고 2023년 1월 1일이 속하는 사업연도와 그 다음 4개 사업연도에 균등하게 나누어 익금에 산입한다.

③ 2023년 1월 1일이 속하는 사업연도의 개시일 현재 주택도시보증공사가 보험감독회계기준에 따라 계상한 책임준비금에서 2022년 12월 31일이 속하는 사업연도에 손금산입한 미경과보험료적립금을 뺀 금액에 기획재정부령으로 정하는 계산식을 적용하여 산출한 금액은 제70조 제3항 및 제6항의 개정규정에도 불구하고 2023년 1월 1일이 속하는 사업연도와 그 다음 4개 사업연도에 균등하게 나누어 손금에 산입한다.

제1조【시행일】이 영은 2023년 12월 21일부터 시행한다.

제2조【다른 법령의 개정】①∼⑥ 생 략

⑦ 법인세법 시행령 일부를 다음과 같이 개정한다.

제19조의 2 제1항 제13호, 제61조 제2항 제25호 및 제78조 제2항 제1호 나목 중 "중소기업창업투자회사"를 각각 "벤처투자회사"로 한다.

⑧∼㉑ 생 략

제3조 생 략

제1조【시행일】이 영은 2023년 12월 14일부터 시행한다.

제2조【다른 법령의 개정】①∼⑥ 생 략

⑦ 법인세법 시행령 일부를 다음과 같이 개정한다.

제19조 제19호의 2 각 목 외의 부분 본문 중 "「소재·부품·장비산업 경쟁력강화를 위한 특별조치법」"을 "「소재·부품·장비산업 경쟁력 강화 및 공급망 안정화를 위한 특별조치법」"으로 한다.

⑧∼⑭ 생 략

제1조【시행일】이 영은 2023년 9월 29일부터 시행한다.

제2조【다른 법령의 개정】① 법인세법 시행령 일부를 다음과 같이 개정한다.

제86조의 3 제2항 중 "「민간임대주택에 관한 특별법 시행령」 제4조 제1항 제3호

개정규정은 이 규칙 시행 이후 신고, 신청, 제출 또는 보고하는 경우부터 적용하되, 종전의 법 또는 영에 따른 감면 등의 신고 등을 할 수 없는 경우에는 종전의 서식에 따른다.

제4조【조정반 지정 절차에 관한 특례】① 이 규칙 시행 전에 설립된 법무법인, 법무법인(유한) 또는 법무조합은 제50조의 3 제1항의 개정규정에도 불구하고 이 규칙 시행일부터 1개월 이내에 대표자의 사무소 소재지 관할 지방국세청장에게 조정반 지정 신청을 할 수 있다.

② 제1항에 따른 신청을 받은 지방국세청장은 제50조의 3 제2항에도 불구하고 신청을 받은 날이 속하는 달의 다음 달 말일까지 지정 여부를 결정하여 신청인에게 통지하고, 그 사실을 관보 또는 인터넷 홈페이지에 공고해야 한다.

이 규칙은 공포한 날부터 시행한다.

제1조【시행일】이 규칙은 공포한 날부터 시행한다.

제2조【일반적 적용례】이 규칙은 2021년 1월 1일 이후 개시하는 사업연도분부터 적용한다.

제3조【공익법인등에 대한 적용례】① 제18조의 3 제2항 제7호의 개정규정은 이 규칙 시행 이후 법인이 추천을 요청하는 경우부터 적용한다.

② 제19조 제1항 및 제19조의 2 제1항의 개정규정은 2021년 1월 1일 당시 사업연도 종료일부터 3개월이 지나지 않은 공익법인등부터 적용한다.

제4조【서식에 관한 적용례】서식에 관한 개정규정은 이 규칙 시행 이후 신고, 신청, 제출 또는 보고하는 분부터 적용한다.

제5조【정기예금이자율에 관한 경과조치】2021년 1월 1일 전에 개시한 사업연도분에 대해서는 제6조의 개정규정에도 불구하고 종전의 규정에

불산입률에 관하여는 제18조의 2의 개정규정에 따른다.

② 내국법인이 2023년 12월 31일까지 받는 수입배당금액에 대해서는 제18조의 3의 개정규정에도 불구하고 종전의 규정에 따른 익금불산입률을 적용할 수 있다.

② 내국법인이 2026년 12월 31일까지 받는 수입배당금액에 대해서는 제18조의 3의 개정규정에도 불구하고 종전의 규정에 따른 익금불산입률을 적용할 수 있다. (2025. 3. 14. 개정)

제17조【접대비 명칭의 변경에 관한 경과조치】2024년 1월 1일 전에 지출한 접대비는 제25조의 개정규정에 따른 기업업무추진비로 본다.

제18조【세율에 관한 경과조치】이 법 시행 전에 개시한 사업연도의 소득에 대한 법인세의 세율은 제55조 제1항의 개정규정에도 불구하고 종전의 규정에 따른다.

제19조【외국 납부 세액 공제에 관한 경과조치】이 법 시행 전에 외국자회사로부터 받은 수입배당금액에 대한 외국법인세액(제57조 제2항에 따라 이월된 금액을 포함한다)의 공제에 관하여는 제57조 제5항 및 제7항의 개정규정에도 불구하고 종전의 규정에 따른다.

제20조【외국법인에 대한 원천징수 또는 징수의 특례에 관한 경과조치】이 법 시행 전에 이자를 지급하거나 국채등을 양도한 경우에는 제98조 제2항의 개정규정에도 불구하고 종전의 규정에 따른다.

부　칙 (2021. 12. 21. 법률 제18590호)

제1조【시행일】이 법은 2022년 1월 1일부터 시행한다. 다만, 제57조 제1항, 제57조의 2, 제62조의 2 제1항 제1호 및 제73조 제1항의 개정규정은 2025년 1월 1일부터 시행한다. (2022. 12. 31. 단서개정)

제2조【기부금의 손금불산입에 관한 적용례】제24조 제2항 제1호라목 7)의 개정규정은 2021년 5월 2일 이후 지출한 기부금에 대해서도 적용한다.

제3조【적격합병 요건에 관한 적용례】제44조 제2항 제3호의 개정규정은 이 법 시행 이후 합병하는 경우부터 적용한다.

제4조【사업양수 시 이월결손금 공제 제한 등에 관한 적용례】제50조의 2 및 제113조 제7항의 개정규정은 이 법 시행 이후 사업 양도·양수 계약을 체결하는 경우부터 적용한다.

제5조【배당소득금액 공제 대상에서 제외되는 기관전용 사모집합투자기구에 관한 적용례 등】① 제51조의 2 제1항 제2호의 개정규정은 이 법 시행 이후 과세표준을 신고하는 경우부터 적용한다.

② 이 법 시행 당시 법률 제18128호 자본시장과 금융투자업에 관한 법률 일부개정법률 부칙 제8조 제1항부터 제4항까지에 따라 기관전용 사모집합투자기구, 기업재무안정 사모집합투자기구 및 창업·벤처전문 사모집합투자기구로 보아 존속하는 종전의 경영참여형 사모집합투자기구에 대해서는 제51조의 2 제1항 제2호의 개정규정에도 불구하고 종전의 규정에 따른다.

제6조【외국납부세액 공제 및 환급 특례 등에 관한 적용례 등】① 제57조 제1항 후단 및 제73조 제1항 각 호 외의 부분 후단의 개정규정은 2025년 1월 1일 이후 발생하

다목”을 “「민간임대주택에 관한 특별법 시행령」 제4조 제2항 제3호 다목”으로 한다.

②·③ 생　략

부　칙 (2023. 9. 26. 대통령령 제33734호)

이 영은 공포한 날부터 시행한다.

부　칙 (2023. 7. 7. 대통령령 제33621호 ; 지방자치분권 및 지역균형발전에 관한 특별법 시행령 부칙)

제1조【시행일】이 영은 2023년 7월 10일부터 시행한다.

제2조 ~ 제11조 생　략

제12조【다른 법령의 개정】①~⑮ 생　략

⑯ 법인세법 시행령 일부를 다음과 같이 개정한다.

제3조 제2항 전단 중 “「국가균형발전 특별법」 제18조”를 “「지방자치분권 및 지역균형발전에 관한 특별법」 제25조”로 한다.

⑰~㉟ 생　략

제13조·제14조 생　략

부　칙 (2023. 2. 28. 대통령령 제33265호)

제1조【시행일】이 영은 공포한 날부터 시행한다. 다만, 다음 각 호의 개정규정은 해당 호에서 정한 날부터 시행한다.

1. 제2조 제5항부터 제8항까지, 제3조의 2 제1항 제1호, 제11조 제9호, 제19조 제16호, 제40조부터 제42조까지, 제43조 제8항, 제44조 제6항, 제48조 제1항 제2호 가목, 제78조 제2항 제1호 다목, 제91조의 3 제3항 제2호, 제91조의 5 제4항, 제120조 제11항, 제120조의 12, 제120조의 13 제1항, 제120조의 17 제4항 및 제120조의 21의 개정규정 : 2024년 1월 1일

2. 제80조의 2 제5항 제1호 및 제82조의 2 제8항 제1호의 개정규정 : 2023년 3월 1일

3. 대통령령 제32418호 법인세법 시행령 일부개정령 제94조의 2의 개정규정, 제111조 제2항부터 제4항까지, 제113조 제4항·제9항, 제115조 제2항·제6항의 개정규정 및 대통령령 제31443호 법인세법 시행령 일부개정령 제131조의 3 제1항의 개정규정 : 2025년 1월 1일

4. 제164조의 2의 개정규정 : 2023년 7월 1일

제2조【수익사업의 범위에 관한 적용례】제3조 제1항 제9호의 개정규정은 2023년 1월 1일 이후 개시하는 사업연도부터 적용한다.

제3조【자기주식 양도금액의 산정에 관한 적용례】제11조 제2호의 2 후단의 개정규정은 이 영 시행 이후 주식을 양도하는 경우부터 적용한다.

제4조【수익의 범위 등 보험회사 과세에 대한 적용례】제11조 제10호, 제19조 제23호, 제70조 제6항 및 제76조 제2항의 개정규정은 2023년 1월 1일 이후 개시하는 사업연도부터 적용한다. 다만, 2022년 12월 31일이 속하는 사업연도에 법 제42조의 3 제1항에 따른 보험계약국제회계기준을 적용하고 법 제32조의 해약환급금준비금을 적립

따른다.

제6조【서식에 관한 경과조치】서식의 개정에 따라 신고 등을 할 수 없는 경우에는 종전의 서식에 따른다.

부　칙 (2020. 4. 21. 기획재정부령 제792호)

제1조【시행일】이 규칙은 공포한 날부터 시행한다.

제2조【서식에 관한 적용례】서식에 관한 개정규정은 이 규칙 시행 이후 제출하는 분부터 적용한다.

제3조【서식 개정에 관한 경과조치】서식의 개정에 따라 감면 등의 신고 등을 할 수 없는 경우에는 종전의 서식에 따른다.

부　칙 (2020. 3. 13. 기획재정부령 제 774호)

제1조【시행일】이 규칙은 공포한 날부터 시행한다. 다만, 제18조의 3, 제19조, 제19조의 2, 제47조 제1항·제2항, 별지 제63호의 5 및 별지 제63호의 6 서식은 2021년 1월 1일부터 시행한다.

제2조【일반적 적용례】이 규칙은 2020년 1월 1일 이후 개시하는 사업연도분부터 적용한다.

제3조【회수불능 확정채권의 범위에 관한 적용례】제10조의 4 제4호의 개정규정은 이 규칙 시행 이후 조정이 성립되는 분부터 적용한다.

제4조【리스료등의 귀속사업연도에 관한 적용례】제35조 제1항 단서의 개정규정은 이 규칙 시행 이후 과세표준을 신고하는 분부터 적용한다.

제5조【서식에 관한 적용례】서식에 관한 개정규정은 이 규칙 시행 이후 신고, 신청, 보고 또는 통보하는 분부터 적용한다.

제6조【정기예금이자율에 관한 경과조치】2020년 1월 1일 전에 개시한 사업연도분에 대해서는 제6조의 개정규정에도 불구하고 종전의 규정에 따른다.

제7조【서식에 관한 경과조치】서식의 개정에 따라 신고 등을 할 수 없는 경우에는 종전의 서식에 따른다.

는 소득분에 대하여 외국법인세액을 공제하거나 원천징수하는 경우부터 적용한다. (2022. 12. 31. 개정)

② 2025년 1월 1일 전에 발생한 소득분에 대하여 그 소득이 발생한 사업연도의 과세표준을 신고하는 경우 외국납부세액 공제 및 환급에 관하여는 제57조의 2의 개정규정에도 불구하고 종전의 규정에 따른다. (2022. 12. 31. 개정)

③ 제2항에 따라 2021년 10월 21일부터 2022년 12월 31일까지의 기간 동안 발생한 소득분에 대하여 종전의 제57조의 2를 적용하는 경우 같은 조 제1항 중 "경영참여형 사모집합투자기구"는 "기관전용 사모집합투자기구 또는 법률 제18128호 자본시장과 금융투자업에 관한 법률 일부개정법률 부칙 제8조 제1항부터 제4항까지에 따라 기관전용 사모집합투자기구, 기업재무안정 사모집합투자기구, 창업·벤처전문 사모집합투자기구로 보는 사모집합투자기구"로 본다.

제7조【성실신고확인서 제출에 관한 적용례】제60조의 2 제1항 제3호의 개정규정은 이 법 시행 이후 사업을 인수하는 경우부터 적용한다.

제8조【업무용승용차 관련비용 명세서 제출 불성실 가산세에 관한 적용례】제74조의 2의 개정규정은 이 법 시행 이후 개시하는 사업연도에 업무용승용차 관련비용 등을 손금에 산입하는 경우부터 적용한다.

제9조【외국법인연락사무소 현황 자료 제출에 관한 적용례】제94조의 2의 개정규정은 이 법 시행 이후 개시하는 사업연도에 대한 현황 자료를 제출하는 경우부터 적용한다.

제10조【비영리내국법인의 자산양도소득에 대한 신고 특례에 관한 경과조치】2025년 1월 1일 전에 주식등을 양도하는 경우에는 제62조의 2 제1항 제1호의 개정규정에도 불구하고 종전의 규정에 따른다. (2022. 12. 31. 개정)

제11조【성실신고확인서 제출 불성실 가산세에 관한 경과조치】이 법 시행 전에 개시한 사업연도에 대하여 이 법 시행 이후에 납부하는 성실신고확인서 제출 불성실 가산세에 관하여는 제75조 제1항 및 제3항의 개정규정에도 불구하고 종전의 규정에 따른다.

제12조【현금영수증 발급 불성실 가산세에 관한 경과조치】이 법 시행 전에 세무서에 자진 신고하거나 현금영수증을 자진 발급한 경우에 대해서는 제75조의 6 제2항 제3호의 개정규정에도 불구하고 종전의 규정에 따른다.

제13조【실질귀속자로 보는 국외투자기구의 요건 변경에 따른 경과조치】이 법 시행 전에 지급받은 국내원천소득에 대한 실질귀속자 판단에 관하여는 제93조의 2 제1항 제1호 및 제2호의 개정규정에도 불구하고 종전의 규정에 따른다.

부 칙 (2021. 12. 21. 법률 제18584호 ; 교통·에너지·환경세법 부칙)

제1조【시행일】이 법은 2022년 1월 1일부터 시행한다.

제2조【다른 법률의 개정】①~② 생 략

③ 법률 제10423호 법인세법 일부개정법률(법률 제11603호 교통·에너지·환경세법 일부개정법률, 법률 제13550호 교통·에너지·환경세법 일부개정법률 및 법률 제16096호 교통·에너지·환경세법 일부개정법률에 따라 각각 개정된 내용을 포함한다) 일부를 다음과 같이 개정한다.

한 보험회사에 대해서는 2023년 1월 1일 이후 과세표준을 신고하는 경우부터 적용한다.

제5조【채무보증 구상채권 대손금의 손금 산입에 관한 적용례】제19조의 2 제6항 제6호 및 제7호의 개정규정은 이 영 시행 전의 채무보증으로 발생한 구상채권으로서 이 영 시행 이후 해당 채권을 회수할 수 없게 되는 경우에도 적용한다.

제6조【공익법인등의 의무이행 여부 보고에 관한 적용례】제39조 제6항의 개정규정은 이 영 시행 전에 보고 의무가 발생한 경우에도 적용한다.

제7조【손익의 귀속사업연도에 관한 적용례】제69조 제2항의 개정규정은 2023년 1월 1일 이후 개시하는 사업연도부터 적용한다.

제8조【유동화전문회사 등에 대한 소득공제 신청 시 첨부서류에 관한 적용례】제86조의 3 제9항 본문의 개정규정은 이 영 시행 이후 소득공제를 신청하는 경우부터 적용한다.

제9조【외국자회사 등의 요건 변경에 관한 적용례 등】① 제94조 제9항(배당기준일에 관한 부분으로 한정한다) 및 제10항의 개정규정은 2023년 1월 1일 이후 배당받는 경우부터 적용한다.

② 2023년 1월 1일 전에 받은 배당과 관련한 외국자회사의 요건(배당기준일에 관한 부분으로 한정한다) 및 외국손회사의 요건에 관하여는 제94조 제9항 및 제10항의 개정규정에도 불구하고 종전의 규정에 따른다.

제10조【외국법인세액의 손금 산입에 관한 적용례 등】① 제94조 제15항의 개정규정은 2023년 1월 1일 이후 발생한 국외원천소득에 대한 외국법인세액부터 적용한다.

② 2023년 1월 1일 전에 발생한 국외원천소득에 대한 외국법인세액의 손금 산입에 관하여는 제94조 제15항의 개정규정에도 불구하고 종전의 규정에 따른다.

제11조【연결소득개별귀속액의 계산에 관한 적용례】제120조의 17 제4항의 개정규정은 2024년 1월 1일 이후 개시하는 사업연도부터 적용한다.

제12조【국외공모투자기구에 준하는 국외투자기구의 요건에 관한 적용례】제132조의 5 제1항의 개정규정은 2023년 1월 1일 이후 이자를 지급하거나 국채등을 양도하는 경우부터 적용한다.

제13조【신탁소득에 대한 법인세 과세에 관한 경과조치】이 영 시행 전에 신탁재산에 귀속된 소득에 대해서는 제3조의 2 제2항의 개정규정에도 불구하고 종전의 규정에 따른다.

부 칙 (2023. 1. 10. 대통령령 제33225호 ; 수산업법 시행령 부칙)

제1조【시행일】이 영은 2023년 1월 12일부터 시행한다.

제2조~제9조 생 략

제10조【다른 법령의 개정】①~⑯ 생 략

⑰ 법인세법 시행령 일부를 다음과 같이 개정한다.

제92조의 8 제1항 제11호 가목 중 "「수산업법」"을 "「양식산업발전법」"으로 한다.

⑱~㊽ 생 략

제11조 생 략

부 칙 (2019. 3. 20. 기획재정부령 제730호)

제1조【시행일】이 규칙은 공포한 날부터 시행한다. 다만, 제82조 제7항 제10호의 3, 별지 제72호의 2 서식, 별지 제72호의 5 서식(갑) 부표 외의 부분, 별지 제72호의 5 서식(갑) 부표 및 별지 제72호의 5 서식(을)의 개정규정은 2020년 1월 1일부터 시행한다.

제2조【일반적 적용례】이 규칙은 2019년 1월 1일 이후 개시하는 사업연도분부터 적용한다.

제3조【독립된 사업부문 및 포괄승계의 판단 기준 등에 관한 적용례】제41조 제3항의 개정규정은 이 규칙 시행 이후 분할하는 분부터 적용한다.

제4조【서식에 관한 적용례】서식에 관한 개정규정은 이 규칙 시행 이후 신고 또는 신청하는 분부터 적용한다.

제5조【서식개정에 관한 경과조치】서식의 개정에 따라 신고 등을 할 수 없는 경우에는 종전의 서식에 따른다.

부 칙 (2018. 3. 21. 기획재정부령 제671호)

제1조【시행일】이 규칙은 공포한 날부터 시행한다.

제2조【일반적 적용례】이 규칙은 2018년 1월 1일 이후 개시하는 사업연도분부터 적용한다.

제3조【판매부대비용 및 회비의 범위에 관한 적용례】제10조 제2항의 개정규정은 이 규칙 시행 이후 지출하는 분부터 적용한다.

제4조【지정기부금단체등의 범위에 관한 적용례】제18조 제5항 및 제9항의 개정규정(지정기부금 단체 추천 서류의 제출 기한에 관한 사항으로 한정한다)은 이 규칙 시행 이후 주무관청의 장이 기획재정부장관에게 서류를 제출하는 경우부터 적용한다.

제5조【기부금단체의 의무이행 여부 등 보고기한 등에 관한 적용례】제18조의 2 제1항부터 제3항까지의 개정규정은 2019년 1월 1일 이후 개시하는 사업연도 분에 대하여 보고하는 경우부터 적용한다.

제6조【법정기부금단체의 요건 등에 관

부칙 제1조 단서 중 "2022년 1월 1일"을 "2025년 1월 1일"로 한다.
④ 생 략

부 칙 (2021. 11. 23. 법률 제18521호 ; 세무사법 부칙)
제1조【시행일】이 법은 공포한 날부터 시행한다. (단서 생략)
제2조 ~ 제3조 생 략
제4조【다른 법률의 개정】① 생 략
② 법인세법 일부를 다음과 같이 개정한다.
　제60조 제9항 제2호 및 제3호를 각각 다음과 같이 한다.
2.「세무사법」에 따른 세무사등록부 또는 공인회계사 세무대리업무등록부에 등록한 공인회계사
3.「세무사법」에 따른 세무사등록부 또는 변호사 세무대리업무등록부에 등록한 변호사
③ ~ ⑤ 생 략

부 칙 (2021. 8. 17. 법률 제18425호 ; 근로자직업능력 개발법 부칙)
제1조【시행일】이 법은 공포 후 6개월이 경과한 날부터 시행한다.
제2조【다른 법률의 개정】① ~ ⑬ 생 략
⑭ 법인세법 일부를 다음과 같이 개정한다.
　제24조 제2항 제1호 라목 3) 중 "「근로자직업능력 개발법」"을 "「국민 평생 직업능력 개발법」"으로 한다.
⑮ ~ ㊹ 생 략
제3조 생 략

부 칙 (2021. 3. 16. 법률 제17924호)
제1조【시행일】이 법은 2021년 7월 1일부터 시행한다.
제2조【지급명세서 등 제출불성실 가산세에 관한 적용례】제75조의 7 제1항부터 제3항까지의 개정규정은 이 법 시행 이후 지급하는 소득분에 대하여「소득세법」제164조 제1항 각 호 외의 부분 단서 또는 제164조의 3 제1항 제2호에 따라 지급명세서 또는 간이지급명세서를 제출하여야 하거나 제출하는 경우부터 적용한다.
제3조【지급명세서 등 제출불성실 가산세에 관한 경과조치】이 법 시행 전에 종전의 제75조의 7 제1항에 따라 부과하였거나 부과하여야 할 가산세에 대해서는 제75조의 7 제1항의 개정규정에도 불구하고 종전의 규정에 따른다.

부 칙 (2020. 12. 29. 법률 제17799호 ; 독점규제 및 공정거래에 관한 법률 부칙)
제1조【시행일】이 법은 공포 후 1년이 경과한 날부터 시행한다. (단서 생략)
제2조 ~ 제24조 생 략
제25조【다른 법률의 개정】① ~ ㉗ 생 략
㉘ 법인세법 일부를 다음과 같이 개정한다.

부 칙 (2022. 12. 31. 대통령령 제33210호)
이 영은 2023년 1월 1일부터 시행한다.

부 칙 (2022. 10. 27. 대통령령 제32965호)
제1조【시행일】이 영은 공포한 날부터 시행한다.
제2조【외국법인의 국채 및 통화안정증권 이자·양도소득에 대한 탄력세율에 관한 적용례】제137조의 2의 개정규정은 2022년 10월 17일부터 2022년 12월 31일까지 이자를 지급받거나 국채 및 통화안정증권을 양도하는 경우에 적용한다.

부 칙 (2022. 8. 23. 대통령령 제32881호 ; 벤처투자 촉진에 관한 법률 시행령 부칙)
제1조【시행일】이 영은 공포한 날부터 시행한다.
제2조·제3조 생 략
제4조【다른 법령의 개정】① ~ ⑦ 생 략
⑧ 법인세법 시행령 일부를 다음과 같이 개정한다.
　제78조 제2항 제1호 나목 중 "「중소기업 창업지원법」,"을 "「벤처투자 촉진에 관한 법률」,"로 한다.
⑨ ~ ⑫ 생 략

부 칙 (2022. 8. 2. 대통령령 제32829호)
제1조【시행일】이 영은 공포한 날부터 시행한다.
제2조【장기일반민간임대주택등의 양도소득에 대한 과세특례 요건에 관한 적용례】제92조의 2 제2항 제1호의 13 라목 및 마목의 개정규정은 이 영 시행 이후 임대차계약을 체결하거나 갱신하는 경우부터 적용한다.
제3조【양도소득에 대한 과세특례가 적용되는 장기일반민간임대주택등의 기준시가 변경에 따른 경과조치】이 영 시행 전에 장기일반민간임대주택등을 양도한 경우의 과세특례 요건인 기준시가에 관하여는 제92조의 2 제2항 제1호의 13 다목의 개정규정에도 불구하고 종전의 규정에 따른다.

부 칙 (2022. 3. 8. 대통령령 제32517호)
이 영은 2025년 1월 1일부터 시행한다. (2022. 12. 31. 개정)
이 영은 2027년 1월 1일부터 시행한다. (2024. 12. 31. 개정)

부 칙 (2022. 2. 17. 대통령령 제32449호 ; 금융회사부실자산 등의 효율적 처리 및 한국자산관리공사의 설립에 관한 법률 시행령 부칙)
제1조【시행일】이 영은 2022년 2월 18일부터 시행한다.
제2조【다른 법령의 개정】① ~ ㉘ 생 략
㉙ 법인세법 시행령 일부를 다음과 같이 개정한다.
　제3조 제1항 제8호 라목 중 "「금융회사부실자산 등의 효율적 처리 및 한국자산관리

한 적용례】제18조의 3 제3항 제1호 다목, 같은 항 제2호 바목 및 아목의 개정규정은 이 규칙 시행 이후 주무관청의 장이 기획재정부장관에게 서류를 제출하는 경우부터 적용한다.
제7조【분할시 승계가능한 주식의 범위 확대에 관한 적용례】제41조 제8항 제4호 후단 및 같은 조 제9항의 개정규정은 이 규칙 시행 이후 분할하는 분부터 적용한다.
제8조【기금운용법인 등에 관한 적용례】제56조의 2 제2항 제11호의 개정규정은 이 규칙 시행 이후 지급하는 분부터 적용한다.
제9조【서식에 관한 적용례】서식에 관한 개정규정은 이 규칙 시행 이후 신고 또는 신청하는 분부터 적용한다.

부 칙 (2017. 10. 31. 기획재정부령 제639호)
제1조【시행일】이 규칙은 공포한 날부터 시행한다.
제2조【지정기부금단체등 및 지정기부금의 범위에 관한 적용례】별표 6의 2 및 별표 6의 3의 개정규정은 2017년 1월 1일 이후 내국법인이 지정기부금단체등에 기부금을 지출한 분부터 적용한다.

부 칙 (2017. 4. 28. 기획재정부령 제620호)
이 규칙은 공포한 날부터 시행한다.

부 칙 (2017. 3. 10. 기획재정부령 제597호)
제1조【시행일】이 규칙은 공포한 날부터 시행한다. 다만, 제18조 제5항 제1호 및 제2호 가목, 제4호 단서 및 제5호, 같은 조 제9항의 개정규정은 2017년 4월 1일부터 시행한다.
제2조【일반적 적용례】이 규칙은 2017년 1월 1일 이후 개시하는 사업연도분부터 적용한다.
제3조【지정기부금단체 등의 추천서류에 관한 적용례】제18조 제5항 제1호 및 제2호 가목, 제4호 단서 및 제5호, 같은 조 제9항의 개정규정은 2017년 4월 1일 이후 주무관청의 장이 기획재정부장관에게 서류를 제출하는 경우부터 적용한다.
제4조【기부금단체 지정 취소 등에 관한 적용

제19조의 2 제2항 제1호 중 "「독점규제 및 공정거래에 관한 법률」 제10조의 2"를 "「독점규제 및 공정거래에 관한 법률」 제24조"로 한다.
㉙~㉜ 생 략
제26조 생 략

부 칙 (2020. 12. 29. 법률 제17758호 ; 국세징수법 부칙)
제1조 【시행일】 이 법은 2021년 1월 1일부터 시행한다.
제2조 ~ 제23조 생 략
제24조 【다른 법률의 개정】 ①~⑩ 생 략
⑪ 법인세법 일부를 다음과 같이 개정한다.
제21조 제3호 중 "체납처분비"를 "강제징수비"로 한다.
⑫~㉒ 생 략
제25조 · 제26조 생 략

부 칙 (2020. 12. 22. 법률 제17652호)
제1조 【시행일】 이 법은 2021년 1월 1일부터 시행한다. 다만, 제75조의 4 제2항 및 제112조의 2의 개정규정은 2021년 7월 1일부터 시행하고, 제92조 제2항, 제93조 제1호, 같은 조 제 2호 가목·다목·라목, 같은 조 제10호 카목·타목 및 제98조의 개정규정은 2025년 1월 1일부터 시행한다. (2022. 12. 31. 단서개정)
제1조 【시행일】 이 법은 2021년 1월 1일부터 시행한다. 다만, 제75조의 4 제2항 및 제112조의 2의 개정규정은 2021년 7월 1일부터 시행하고, 제92조 제2항, 제93조 제10호 카목·타목 및 제98조의 개정규정은 2027년 1월 1일부터 시행하며, 제93조 제1호 및 같은 조 제2호 가목·다목·라목의 개정규정은 2025년 1월 1일부터 시행한다. (2024. 12. 31. 단서개정)
제2조 【일반적 적용례】 이 법은 이 법 시행 이후 개시하는 사업연도분부터 적용한다.
제3조 【법인과세 신탁재산 소득의 법인세 과세 등에 관한 적용례】 ① 제5조 제2항·제3항, 제18조의 2 제2항 제5호, 제18조의 3 제2항 제4호, 제57조의 2 제1항, 제73조의 2 제4항, 제75조의 10부터 제75조의 14까지, 제75조의 16부터 제75조의 18까지, 제109조 제1항, 제109조의 2, 제111조 제3항 및 제113조 제6항·제7항의 개정규정은 이 법 시행 이후 신탁계약을 체결하는 분부터 적용한다.
② 제75조의 15의 개정규정은 이 법 시행 이후 신탁을 합병 또는 분할하는 분부터 적용한다.
제4조 【이월결손금 공제에 관한 적용례】 제13조 제1항 제1호 가목 및 제76조의 13 제1항 제1호의 개정규정은 2020년 1월 1일 이후 개시하는 사업연도에 발생한 결손금부터 적용한다.
제5조 【대손금의 손금불산입에 관한 적용례】 제19조의 2 제2항 제2호의 개정규정은 이 법 시행 이후 대여하는 분부터 적용한다.
제6조 【기부금의 손금불산입에 관한 적용례】 제24조 제2항 제2호 및 제3항 제2

공사의 설립에 관한 법률」"을 "「한국자산관리공사 설립 등에 관한 법률」 제43조의 2"로 한다.
제42조 제1항 제5호 중 "「금융회사부실자산 등의 효율적 처리 및 한국자산관리공사의 설립에 관한 법률」"을 "「한국자산관리공사 설립 등에 관한 법률」"로 한다.
제61조 제2항 제30호 중 "「금융회사부실자산 등의 효율적 처리 및 한국자산관리공사의 설립에 관한 법률」"을 "「한국자산관리공사 설립 등에 관한 법률」"로 한다.
㉚~㉞ 생 략
제3조 생 략

부 칙 (2022. 2. 17. 대통령령 제32447호 ; 근로자직업능력 개발법 시행령 부칙)
제1조 【시행일】 이 영은 2022년 2월 18일부터 시행한다.
제2조 【다른 법령의 개정】 ①~㉙ 생 략
㉚ 법인세법 시행령 일부를 다음과 같이 개정한다.
제39조 제1항 제1호 다목 및 같은 항 제2호 가목 중 "「근로자직업능력 개발법」"을 각각 "「국민 평생 직업능력 개발법」"으로 한다.
㉛~㉜ 생 략
제3조 생 략

부 칙 (2022. 2. 15. 대통령령 제32418호)
제1조 【시행일】 이 영은 공포한 날부터 시행한다. 다만, 다음 각 호의 개정규정은 해당 호에서 정한 날부터 시행한다.
1. 제3조 제1항 제5호 다목, 제44조의 2 제3항 본문 및 제111조 제1항 제17호의 개정규정: 2022년 4월 14일
2. 제94조의 2 및 제99조의 2 제1항의 개정규정: 2025년 1월 1일 (2022. 12. 31. 개정)
제2조 【일반적 적용례】 이 영은 2022년 1월 1일 이후 개시하는 사업연도부터 적용한다.
제3조 【우리사주매수선택권의 손비 인정에 관한 적용례】 제19조 제19호의 2의 개정규정은 이 영 시행 전에 부여받은 우리사주매수선택권을 이 영 시행 이후 행사하는 경우에도 적용한다.
제4조 【적격합병의 요건에 관한 적용례】 제80조의 2 제5항 제4호의 개정규정은 2022년 1월 1일 이후 합병하는 경우부터 적용한다.
제5조 【재해손실에 대한 세액공제에 관한 적용례】 제95조 제5항의 개정규정은 이 영 시행 전에 재해가 발생한 경우로서 이 영 시행 당시 재해발생일부터 3개월이 지나지 않은 경우에도 적용한다.
제6조 【외국법인의 국내사업장 내부거래 자료 제출 기한에 관한 적용례】 제130조 제4항의 개정규정은 이 영 시행 전에 개시한 사업연도에 대해 자료 제출의무가 발생한 경우로서 이 영 시행 당시 종전의 규정에 따른 제출기한이 지나지 않은 경우에도 적용한다.

례】 제18조의 2 제6항 및 제7항의 개정규정은 이 규칙 시행 후 지정 취소나 재지정 거부를 요청하는 분부터 적용한다.
제5조 【독립된 사업부문 및 포괄승계의 판단기준 등에 관한 적용례】 ① 제41조 제4항 및 제5항의 개정규정은 이 규칙 시행 이후 분할 또는 현물출자하는 경우부터 적용한다.
② 제41조 제8항 제2호 및 제4호의 개정규정은 이 규칙 시행 이후 분할하는 경우부터 적용한다.
제6조 【서식에 관한 적용례】 서식에 관한 개정규정은 이 규칙 시행 이후 신고 또는 신청하는 분부터 적용한다.

부 칙 (2016. 11. 2. 기획재정부령 제575호)
제1조 【시행일】 이 규칙은 공포한 날부터 시행한다.
제2조 【지정기부금단체 등의 범위에 관한 적용례】 별표 6의 2 제98호의 개정규정은 2016년 9월 23일 이후 내국법인이 서민금융진흥원에 기부금을 지출한 경우부터 적용하고, 같은 표 제99호의 개정규정은 2016년 4월 18일 이후 내국법인이 한국산림복지진흥원에 기부금을 지출한 경우부터 적용한다.

부 칙 (2016. 3. 7. 기획재정부령 제544호)
제1조 【시행일】 이 규칙은 공포한 날부터 시행한다.
제2조 【일반적 적용례】 이 규칙은 2016년 1월 1일 이후 개시하는 사업연도분부터 적용한다.
제3조 【업무와 관련이 없는 부동산 등의 범위에 관한 적용례】 제26조 제5항 제31호의 개정규정은 이 규칙 시행 이후 신고하는 분부터 적용한다.
제4조 【당좌대출이자율에 관한 적용례】 제43조 제2항의 개정규정은 이 규칙 시행 이후 발생하는 분부터 적용한다.
제5조 【사업에 사용되는 그 밖의 토지의 범위에 관한 적용례】 제46조 제7항 제8호의 개정규정은 이 규칙 시행 이후 양도하는 분부터 적용한다.
제6조 【기업의 미환류소득에 대한 법인세 계산에 관한 적용례】 제46조의 3 제3항 및 제10항의

호의 개정규정은 이 법 시행 이후 개시하는 사업연도에 기부금을 지출하는 분부터 적용한다.

제7조【합병·분할 시 이월결손금 등 공제 제한에 관한 적용례】제45조 제6항부터 제8항까지 및 제46조의 4 제6항부터 제8항까지의 개정규정은 이 법 시행 이후 합병 또는 분할하는 분부터 적용한다.

제8조【외국 납부 세액공제 등에 관한 적용례】외국정부에 납부하였거나 납부할 외국법인세액이 공제한도를 초과하여 이 법 시행 이후 개시하는 사업연도의 직전 사업연도까지 공제되지 아니하고 남아있는 금액에 대해서는 이 법 시행 이후 개시하는 사업연도에 대한 과세표준 및 세액을 계산할 때 제57조 제2항의 개정규정을 적용한다.

제9조【기부금영수증 발급명세의 작성·보관 의무 등에 관한 적용례】제75조의 4 제2항 및 제112조의 2의 개정규정은 2021년 7월 1일 이후 전자기부금영수증을 발급하는 분부터 적용한다.

제10조【지급명세서 제출 불성실 가산세에 관한 적용례】① 제75조의 7 제1항 각 호 외의 부분의 개정규정은 이 법 시행 이후 지급명세서 제출의무가 발생하는 분부터 적용한다.
② 제75조의 7 제1항 제1호 나목 및 제2호 나목의 개정규정은 이 법 시행 이후 신고, 결정 또는 경정하는 분부터 적용한다.

제11조【외국법인의 국내원천소득에 관한 적용례】① 제92조 제2항 제1호 나목 및 제93조 제10호 카목의 개정규정은 2025년 1월 1일 이후 가상자산을 양도·대여·인출하는 분부터 적용한다. (2022. 12. 31. 개정)

제11조【외국법인의 국내원천소득에 관한 적용례】① 제92조 제2항 제1호 나목 및 제93조 제10호 카목의 개정규정은 2027년 1월 1일 이후 가상자산을 양도·대여·인출하는 분부터 적용한다. (2024. 12. 31. 개정)
② 제93조 제1호 및 같은 조 제2호 가목·다목·라목의 개정규정은 2025년 1월 1일 이후 발생하는 소득분부터 적용한다. (2022. 12. 31. 개정)

제12조【이자·배당 및 사용에 대한 세율의 적용 특례에 관한 적용례】제93조 제8호 각 목 외의 부분 후단 및 제98조의 7의 개정규정(산업상·상업상·과학상의 기계·설비·장치 등을 임대함으로써 발생하는 소득이 조세조약에서 사용료소득으로 구분되어 그 사용대가가 사용료소득에 포함되는 것에 관한 부분에 한정한다)은 2013년 1월 1일 이후 지급하는 소득분부터 적용한다.

제13조【외국법인의 국내원천소득에 대한 원천징수의 특례에 관한 적용례】제98조 제1항 제8호 나목 및 같은 조 제13항·제16항·제17항의 개정규정은 2025년 1월 1일 이후 발생하는 가상자산소득분부터 적용한다. (2022. 12. 31. 개정)

제13조【외국법인의 국내원천소득에 대한 원천징수의 특례에 관한 적용례】제98조 제1항 제8호 나목 및 같은 조 제13항·제16항·제17항의 개정규정은 2027년 1월 1일 이후 발생하는 가상자산소득분부터 적용한다. (2024. 12. 31. 개정)

제14조【외국법인의 국내원천소득에 대한 지급명세서 제출의무에 관한 적용례】제120조의 2 제1항의 개정규정은 이 법 시행 이후 양도대가를 지급하는 분부터 적용한다.

제7조【기관전용 집합투자기구에 관한 적용례】제161조 제1항 제2호의 개정규정은 이 영 시행 이후 2021년 12월 31일이 속하는 사업연도에 대한 과세표준을 신고하는 경우부터 적용한다.

제8조【비영리내국법인의 고유목적사업준비금 잔액의 익금 산입 시 이자상당액 이자율 등 인하에 따른 경과조치】① 이 영 시행 전에 손금에 산입한 고유목적사업준비금의 익금 산입에 따라 이 영 시행 이후 법 제29조 제7항에 따라 법인세에 대하여 이자상당액을 납부하는 경우 이 영 시행일 전일까지의 기간분에 대한 이자상당액의 계산에 적용되는 율은 제56조 제7항 제2호의 개정규정에도 불구하고 종전의 규정에 따르고, 이 영 시행 이후의 기간분에 대한 이자상당액의 계산에 적용되는 율은 제56조 제7항 제2호의 개정규정에 따른다.
② 이 영 시행 전에 환급받은 법인세액에 대하여 이 영 시행 이후 법 제72조 제5항에 따라 이자상당액을 더한 금액을 징수하는 경우 이 영 시행일 전일까지의 기간분에 대한 이자상당액의 계산에 적용되는 율은 제110조 제4항 제2호 본문의 개정규정에도 불구하고 종전의 규정에 따르고, 이 영 시행 이후의 기간분에 대한 이자상당액의 계산에 적용되는 율은 제110조 제4항 제2호 본문의 개정규정에 따른다.

제9조【성실신고확인자 선임 신고에 관한 경과조치】2020년 12월 31일이 속하는 사업연도에 대한 성실신고확인자 선임 신고에 관하여는 제97조의 4 제5항의 개정규정에도 불구하고 종전의 규정에 따른다.

부 칙 (2021. 12. 28. 대통령령 제32274호 ; 독점규제 및 공정거래에 관한 법률 시행령 부칙)

제1조【시행일】이 영은 2021년 12월 30일부터 시행한다.
제2조 ~ 제12조 생 략
제13조【다른 법령의 개정】①~㉟ 생 략
㊱ 법인세법 시행령 일부를 다음과 같이 개정한다.
제19조의 2 제6항 각 호 외의 부분 중 "「독점규제 및 공정거래에 관한 법률」 제10조의 2"를 "「독점규제 및 공정거래에 관한 법률」 제24조"로 하고, 같은 항 제1호 중 "「독점규제 및 공정거래에 관한 법률」 제10조의 2 제1항"을 "「독점규제 및 공정거래에 관한 법률」 제24조"로 한다.
㊲~㊻ 생 략
제14조 생 략

부 칙 (2021. 8. 31. 대통령령 제31961호 ; 한국광해광업공단법 시행령 부칙)

제1조【시행일】이 영은 2021년 9월 10일부터 시행한다.
제2조 · 제3조 생 략
제4조【다른 법령의 개정】①~⑧ 생 략
⑨ 법인세법 시행령 일부를 다음과 같이 개정한다.
제27조 제6항 각 호 외의 부분 후단 중 "「한국광물자원공사법」에 따른 한국광물자원공사"를 "「한국광해광업공단법」에 따른 한국광해광업공단"으로 한다.

개정규정은 이 규칙 시행 이후 신고하는 분부터 적용한다.

제7조【기금운용법인 등에 관한 적용례】제56조의 2 제2항 제10호의 개정규정은 이 규칙 시행 이후 지급하는 분부터 적용한다.

제8조【지정기부금단체 등의 범위에 관한 적용례】별표 6의 2 제93호부터 제97호까지 및 별표 6의 7 제45호부터 제48호까지의 개정규정은 2016년 1월 1일 이후 해당 법인이 기부금단체에 기부금을 지출하는 분부터 적용한다.

제9조【서식에 관한 적용례】서식에 관한 개정규정은 이 규칙 시행 이후 신고 또는 신청하는 분부터 적용한다. 다만, 별지 제8호 서식 부표4는 이 규칙 시행일이 속하는 사업연도분부터 적용한다.

제10조【조정반 지정 절차 등에 관한 특례】① 이 규칙 시행일이 속하는 사업연도의 직전 사업연도에 대하여 법 제60조 제9항에 따른 세무조정계산서를 작성하려는 자는 제50조의 3 제1항의 개정규정에도 불구하고 2016년 3월 11일까지 조정반 지정 신청을 할 수 있다. 이 경우 지방국세청장은 제50조의 3 제2항의 개정규정에도 불구하고 2016년 3월 21일까지 신청인에게 지정 여부를 통지하고, 그 사실을 관보 또는 인터넷 홈페이지에 공개하여야 한다.
② 2016년 3월 21일 이전에 법 제60조 제1항에 따라 과세표준과 세액을 신고하는 법인의 세무조정계산서를 작성한 영 제97조의 3 제1항 각 호의 어느 하나에 해당하는 자는 조정반에 소속된 자로 본다.

제11조【당좌대출이자율에 관한 경과조치】이 규칙 시행 전에 종전의 당좌대출이자율에 따라 이자를 수수하기로 약정을 체결한 경우로서 약정기간이 있는 대여금에 대해서는 제43조 제2항의 개정규정에도 불구하고 해당 약정기간 만료일까지는 종전의 규정에 따른다.

부 칙 (2015. 10. 30. 기획재정부령 제507호)
이 규칙은 공포한 날부터 시행한다.

부 칙 (2015. 3. 13. 기획재정부령 제480호)
제1조【시행일】이 규칙은 공포한 날부터 시행

제15조【이월결손금 공제에 관한 경과조치】2020년 1월 1일 전에 개시한 사업연도에 발생한 결손금에 대해서는 제13조 제1항 제1호 가목 및 제76조의 13 제1항 제1호의 개정규정에도 불구하고 종전의 규정에 따른다.

제16조【기부금 손금불산입에 관한 경과조치】이 법 시행 전에 개시한 사업연도에 기부금을 지출한 분에 대해서는 제24조 제2항 제2호 및 제3항 제2호의 개정규정에도 불구하고 종전의 규정에 따른다.

제17조【합병·분할 시 이월결손금 등 공제 제한에 관한 경과조치】이 법 시행 전에 합병 또는 분할한 분에 대해서는 제45조 제6항부터 제8항까지 및 제46조의 4 제6항부터 제8항까지의 개정규정에도 불구하고 종전의 규정에 따른다.

제18조【유동화전문회사 등에 대한 소득공제에 관한 경과조치】이 법 시행 전에 개시한 사업연도분에 대해서는 제51조의 2 제1항 제9호의 개정규정에도 불구하고 종전의 규정에 따른다.

제19조【외국 납부 세액공제 등에 관한 경과조치】이 법 시행 전의 사업연도분에 대해서는 제57조의 개정규정(손금산입방법을 삭제하는 것과 관련된 부분에 한정한다)에도 불구하고 종전의 규정에 따른다.

제20조【재해손실에 대한 세액공제 등에 관한 경과조치】2020년 1월 1일 전에 납세의무가 성립된 분에 대해서는 제58조 제1항 제1호 및 제71조 제4항의 개정규정에도 불구하고 종전의 규정에 따른다.

제21조【해외현지법인 등의 자료제출 의무 불이행 등에 대한 과태료에 관한 경과조치】이 법 시행 전 의무를 위반한 행위에 대하여 과태료 규정을 적용할 때에는 제123조의 개정규정에도 불구하고 종전의 규정에 따른다.

부 칙 (2020. 8. 18. 법률 제17476호)

제1조【시행일】이 법은 2021년 1월 1일부터 시행한다.

제2조【토지등 양도소득에 대한 과세특례에 관한 적용례】제55조의 2 제1항의 개정규정은 이 법 시행 이후 양도하는 분부터 적용한다

부 칙 (2019. 12. 31. 법률 제16833호)

제1조【시행일】이 법은 2020년 1월 1일부터 시행한다.

제2조【일반적 적용례】이 법은 이 법 시행 이후 개시하는 사업연도 분부터 적용한다.

제3조【수입배당금액의 익금불산입에 관한 적용례】제18조의 2 제1항 제1호 및 제18조의 3 제1항 제1호의 개정규정은 이 법 시행 이후 배당받는 분부터 적용한다.

제4조【기부금의 손금불산입에 관한 적용례】제24조 제2항·제5항 및 제6항의 개정규정은 이 법 시행 이후 과세표준을 신고하는 분부터 적용하되, 과세표준 신고 시 이월공제가 가능한 기부금에 대해서도 적용한다.

제5조【업무용승용차 관련비용의 손금불산입 등 특례에 관한 적용례】제27조의 2 제2항의 개정규정은 이 법 시행 이후 과세표준을 신고하는 분부터 적용한다.

제6조【계산서 등 제출 불성실 가산세에 관한 적용례】제75조의 8 제1항 제5호

⑩~㉙ 생 략

제5조 생 략

부 칙 (2021. 7. 13. 대통령령 제31883호 ; 지방자치단체 보조금 관리에 관한 법률 시행령 부칙)

제1조【시행일】이 영은 2021년 7월 13일부터 시행한다.

제2조·제3조 생 략

제4조【다른 법령의 개정】① 법인세법 시행령 일부를 다음과 같이 개정한다.
제64조 제2항 전단 중 "「지방재정법」"을 "「지방자치단체 보조금 관리에 관한 법률」"로 한다.

②~④ 생 략

제5조 생 략

부 칙 (2021. 5. 4. 대통령령 제31660호)

제1조【시행일】이 영은 2021년 7월 1일부터 시행한다. 다만, 제92조의 11 제3항의 개정규정은 공포한 날부터 시행한다.

제2조【부득이한 사유가 있어 비사업용 토지로 보지 않는 토지의 판정기준 등에 관한 적용례】제92조의 11 제3항 제2호 나목의 개정규정은 부칙 제1조 단서의 시행일 이후 사업인정고시되는 사업에 따라 협의매수 또는 수용되는 토지부터 적용한다.

제3조【지급명세서 등 제출 불성실 가산세에 관한 적용례】제120조 제9항 제2호의 개정규정은 이 영 시행 이후 지급하는 소득에 대한 지급명세서 또는 간이지급명세서를 제출하는 경우부터 적용한다.

부 칙 (2021. 2. 17. 대통령령 31443호)

제1조【시행일】이 영은 공포한 날부터 시행한다. 다만, 다음 각 호의 개정규정은 각 호에서 정한 날부터 시행한다.

1. 제155조의 2의 개정규정: 2021년 7월 1일
2. 제73조 제6호, 제77조, 제89조 제2항 제1호 단서, 제129조 제3항부터 제5항까지, 제132조 제17항, 제137조 제3항, 제10항부터 제14항까지 및 제162조의 2 제3항의 개정규정: 2022년 1월 1일
3. 제131조의 3의 개정규정: 2025년 1월 1일 (2022. 12. 31. 개정)

제2조【일반적 적용례】이 영은 2021년 1월 1일 이후 개시하는 사업연도분부터 적용한다.

제3조【수익사업의 범위에 관한 적용례】제3조 제1항 제4호 거목 및 같은 항 제15호의 개정규정은 2021년 1월 1일 이후 발생하는 수입 분부터 적용한다.

제4조【결손금공제에 관한 적용례】제10조 제1항 제3호의 개정규정은 이 영 시행 이후 과세표준을 신고하는 분부터 적용한다.

제5조【손비의 범위에 관한 적용례】제19조 제18호 및 제22호의 개정규정은 2021년 1월 1일 이후 지출하는 분부터 적용한다.

한다.

제2조【일반적 적용례】이 규칙은 2015년 1월 1일 이후 개시하는 사업연도분부터 적용한다.

제3조【비사업용 토지의 판정기준에 관한 적용례】제46조의 2 제3항 제14호의 개정규정은 이 규칙 시행 이후 양도하는 분부터 적용한다.

제4조【특허권 내용연수 단축에 관한 적용례】별표 3의 개정규정(특허권에 한정한다)은 이 규칙 시행 이후 특허권을 취득하는 분부터 적용한다.

제5조【지정기부금단체 등의 범위에 관한 적용례】별표 6의 2 제90호부터 제92호까지의 개정규정, 별표 6의 7 제40호 및 제41호의 개정규정은 2015년 1월 1일 이후 지출하는 분부터 적용한다.

제6조【서식에 관한 적용례】서식에 관한 개정규정은 이 규칙 시행 이후 신고 또는 신청하는 분부터 적용한다. 다만, 별지 제8호 서식 부표4는 이 규칙 시행일이 속하는 사업연도분부터 적용한다.

(1968. 3. 27. 재무부령 제515호~
2014. 11. 19. 기획재정부령 제444호)

생략

및 제6호의 개정규정은 이 법 시행일이 속하는 사업연도의 직전 사업연도(이하 "이전 사업연도"라 한다)에 재화 또는 용역을 공급하고 제121조 제7항에 따라 전자계산서 발급명세를 국세청장에게 전송하여야 하는 경우로서 이 법 시행 당시 이전 사업연도 말의 다음 달 11일이 경과하지 아니한 경우에도 적용한다.

제7조【국내원천소득 금액의 계산에 관한 적용례】제92조 제1항의 개정규정은 이 법 시행 이후 과세표준을 신고하는 분부터 적용한다.

제8조【외국법인의 국내원천소득에 관한 적용례】제93조 제8호 및 같은 조 제10호 차목·카목의 개정규정은 이 법 시행 이후 지급하는 소득분부터 적용한다.

제9조【외국법인에 대한 원천징수 또는 징수의 특례에 관한 적용례】제98조 제1항 제8호의 개정규정은 이 법 시행 이후 지급하는 소득분부터 적용한다.

제10조【원천징수대상 외국법인의 경정청구에 관한 적용례】제98조의 4 제4항, 제98조의 5 제2항 및 제98조의 6 제4항의 개정규정은 이 법 시행 이후 지급하는 소득분부터 적용한다.

제11조【평가이익 등의 익금불산입에 관한 경과조치】2010년 1월 1일 전에 개시한 사업연도에서 발생한 결손금에 대해서는 제18조 제6호의 개정규정에도 불구하고 종전의 규정에 따른다.

제12조【기부금영수증 발급·작성·보관 불성실 가산세에 관한 경과조치】이 법 시행 전에 기부금영수증을 발급한 분에 대해서는 제75조의 4 제1항 제1호 가목 및 나목의 개정규정에도 불구하고 종전의 규정에 따른다.

제13조【계산서 등 제출 불성실 가산세에 관한 경과조치】이 법 시행 전에 재화 또는 용역을 공급하여 제121조 제7항에 따라 전자계산서 발급명세를 국세청장에게 전송하여야 하는 경우(부칙 제6조에 해당하는 경우는 제외한다)에는 제75조의 8 제1항 제5호 및 제6호의 개정규정에도 불구하고 종전의 규정에 따른다.

제14조【외국법인의 국내원천소득에 관한 경과조치】이 법 시행 전에 지급한 소득분에 대해서는 제93조 제8호 및 같은 조 제10호 차목·카목의 개정규정에도 불구하고 종전의 규정에 따른다.

부　칙 (2018. 12. 31. 법률 제16096호 ; 교통·에너지·환경세법 부칙)

제1조【시행일】이 법은 2019년 1월 1일부터 시행한다.

제2조【다른 법률의 개정】①·② 생　략

③ 법률 제10423호 법인세법 일부개정법률(법률 제11603호 교통·에너지·환경세법 일부개정법률 및 법률 제13550호 교통·에너지·환경세법 일부개정법률에 따라 각각 개정된 내용을 포함한다) 일부를 다음과 같이 개정한다.

부칙 제1조 단서 중 "2019년 1월 1일"을 "2022년 1월 1일"로 한다.

④ 생　략

부　칙 (2018. 12. 24. 법률 제16008호)

제1조【시행일】이 법은 2019년 1월 1일부터 시행한다. 다만, 제93조의 2, 제98조의 4 제1항 후단, 제98조의 4 제2항, 제98조의 6 제1항 후단, 제98조의 6 제2항, 제121

제6조【대손금의 손금불산입에 관한 적용례】제19조의 2 제1항 제7호의 개정규정은 이 영 시행 이후 한국무역보험공사로부터 회수불능이 확인되는 경우부터 적용한다.

제7조【한국학교 등의 요건에 관한 적용례】① 제38조 제8항 제1호 본문의 개정규정은 2021년 1월 1일 당시 사업연도 종료일부터 3개월이 지나지 않은 학교등에 대해서도 적용한다.

② 제38조 제8항 제1호 단서의 개정규정은 2021년 1월 1일 이후 공시하는 경우부터 적용한다.

③ 제38조 제11항 제1호 및 제2호의 개정규정은 2021년 1월 1일 이후 제38조 제4항 제2호부터 제4호까지의 규정에 따른 요건을 위반하는 경우부터 적용한다.

제8조【공익성을 고려하여 정하는 기부금의 범위 등에 관한 적용례】① 제39조 제1항 제1호 바목 1) 가) 단서 및 같은 조 제5항 제2호 가목 단서의 개정규정은 2021년 1월 1일 이후 지정·고시하는 법인부터 적용한다.

② 제39조 제1항 제4호 타목의 개정규정은 2021년 1월 1일 이후 기부하는 분부터 적용한다.

③ 제39조 제5항 제3호 각 목 외의 부분 단서의 개정규정은 2021년 1월 1일 이후 공시하는 경우부터 적용한다.

④ 제39조 제5항 제3호 각 목 외의 부분 본문의 개정규정은 2021년 1월 1일 당시 사업연도 종료일부터 3개월이 지나지 않은 공익법인등부터 적용한다.

⑤ 제39조 제5항 제7호 본문의 개정규정은 2021년 1월 1일 당시 사업연도 종료일부터 4개월이 지나지 않은 공익법인등부터 적용한다.

⑥ 제39조 제8항 제1호 및 제2호의 개정규정은 2021년 1월 1일 이후 제39조 제5항 제6호부터 제8호까지의 규정에 따른 요건을 위반하는 경우부터 적용한다.

제9조【접대비의 신용카드등의 사용에 관한 적용례】제41조 제1항 제2호의 개정규정은 2021년 1월 1일 이후 접대비로 지출하는 분부터 적용한다.

제10조【가상자산의 평가 등에 관한 적용례】제73조 제6호, 제77조 및 제89조 제2항 제1호 단서의 개정규정은 2022년 1월 1일 이후 거래하는 분부터 적용한다.

제11조【합병·분할 등에 대한 적용례】① 제81조 제4항, 제82조의 2 제3항 제2호, 제83조 제5항·제6항, 제84조 제5항·제7항(제2호는 제외한다)·제8항·제10항·제11항 및 제84조의 2 제5항·제7항(제2호는 제외한다)·제8항·제10항·제11항의 개정규정은 2021년 1월 1일 이후 합병, 분할, 물적분할 또는 현물출자하는 법인부터 적용한다.

② 제84조 제7항 제2호 후단 및 제84조의 2 제7항 제2호 후단의 개정규정은 2021년 1월 1일 이후 자산을 처분하는 경우부터 적용한다.

제12조【부당행위계산의 유형 등에 관한 적용례】제88조 제1항 제6호 다목, 같은 항 제7호 단서 및 같은 조 제4항의 개정규정은 이 영 시행 이후 거래하는 분부터 적용한다.

제13조【시가의 범위 등에 관한 적용례】제89조 제1항의 개정규정은 이 영 시행 이후 거래하는 분부터 적용한다.

제14조【토지등 양도소득의 과세특례에 관한 적용례】제92조의 2 제4항 제6호의 개정규정은 이 영 시행 이후 양도하는 경우부터 적용한다.

[통칙] 부　칙 (2024. 3. 15.)

①【시행일】이 통칙은 2024년 3월 15일부터 시행한다.

②【일반적 적용례】이 통칙 시행당시 종전의 규정에 의하여 부과하였거나 부과할 국세에 관하여는 종전의 예에 따른다. 다만, 이 통칙 시행일 이전에 관련법률 등의 개정으로 이미 시행되는 규정은 관련법률 등의 적용례에 따른다.

③【종전예규와의 관계】이 통칙 시행 전의 예규로서 이 통칙과 상치되는 경우에는 이 통칙에 의한다.

부　칙 (2019. 12. 23.)

①【시행일】이 통칙은 2019년 12월 23일부터 시행한다.

②【일반적 적용례】이 통칙은 시행당시 종전의 규정에 의하여 부과하였거나 부과할 국세에 관하여는 종전의 예에 따른다. 다만, 이 통칙 시행일 이전에 관련법률 등의 개정으로 이미 시행되는 규정은 관련법률 등의 적용례에 따른다.

③【종전예규와의 관계】이 통칙 시행 전의 예규로서 이 통칙과 상치되는 경우에는 이 통칙에 의한다.

부　칙 (2011. 5. 20.)

①【시행일】이 통칙은 2011년 5월 20일부터 시행한다.

②【일반적 적용례】이 통칙은 시행당시 종전의 규정에 의하여 부과하였거나 부과할 국세에 관하여는 종전의 예에 의한다. 다만, 이 통칙 시행일 이전에 관련법률 등의 개정으로 이미 시행되는 규정은 관련법률 등의 적용례에 따른다.

③【종전예규와의 관계】이 통칙 시행 전의 예규로서 이 통칙과 상치되는 경우에는 이 통칙에 의한다.

부　칙 (2010. 8. 18.)

①【시행일】이 통칙은 2010년 9월 1일부터 시행한다.

②【일반적 적용례】이 통칙은 시행당시 종전의 규정에 의하여 부과하였거나 부과할 국세에 관하여는

조의 3 제2항·제3항(같은 조 제2항 관련 부분만 해당한다) 및 제123조 제2항의 개정 규정은 2020년 1월 1일부터 시행한다.

제2조【일반적 적용례】이 법은 이 법 시행 이후 개시하는 사업연도분부터 적용한다.

제3조【지주회사 수입배당금액의 익금불산입 특례에 관한 적용례】제18조의 3 제1항의 개정규정은 이 법 시행 이후 배당받는 분부터 적용한다.

제4조【기부금의 손금불산입에 관한 적용례】① 제24조 제2항 및 같은 조 제3항 제4호 마목의 개정규정은 이 법 시행 이후 과세표준을 신고하는 분부터 적용한다.
② 제24조 제5항의 개정규정은 이 법 시행 이후 과세표준을 신고하는 분부터 적용하되, 2013년 1월 1일 이후 개시한 사업연도에 지출한 기부금에 대해서도 적용한다.

제5조【성실신고확인서 제출 불성실 가산세에 관한 적용례】제75조 제1항의 개정규정은 이 법 시행 이후 성실신고확인서의 제출기한이 도래하는 분부터 적용한다.

제6조【현금영수증 발급 불성실 가산세에 관한 적용례】① 제75조의 6 제2항 제1호의 개정규정은 이 법 시행 이후 제117조의 2 제1항의 요건에 해당하게 된 경우부터 적용한다.
② 제75조의 6 제2항 제2호 및 제3호의 개정규정은 이 법 시행 이후 현금영수증 발급의무를 위반하는 분부터 적용한다.

제7조【근로소득간이지급명세서 제출 불성실 가산세에 관한 적용례】제75조의 7 제1항 제1호 나목 및 같은 항 제2호 나목의 개정규정은 이 법 시행 이후 「소득세법」 제164조의 3에 따라 근로소득간이지급명세서를 제출하여야 하거나 제출하는 분부터 적용한다.

제8조【계산서 등 제출 불성실 가산세에 관한 적용례】① 제75조의 8 제1항 제2호, 같은 항 제4호 가목, 같은 항 제5호 및 제6호의 개정규정은 이 법 시행 이후 재화 또는 용역을 공급하는 분부터 적용한다.
② 제75조의 8 제1항 제4호 나목부터 마목까지의 개정규정은 이 법 시행 이후 신용카드 매출전표, 현금영수증 또는 계산서를 발급 또는 수취하는 분부터 적용한다.

제9조【연결모법인의 합병 및 분할 시 이월결손금 등 공제 제한에 관한 적용례】제76조의 14 제2항 제2호의 개정규정은 이 법 시행 이후 과세표준을 신고하는 분부터 적용한다.

제10조【해외현지법인 등에 대한 자료제출 의무 등에 관한 적용례】① 제121조의 2 제1항 및 제4항의 개정규정은 2019년 1월 1일 이후 개시하는 사업연도에 대한 자료를 제출하는 분부터 적용한다.
② 제121조의 4의 개정규정은 2019년 1월 1일 이후 해외부동산등 또는 해외직접투자를 받은 외국법인의 주식등을 취득한 경우로서 2019년 1월 1일 이후 개시하는 사업연도에 대한 자료제출 의무를 불이행하는 분부터 적용한다.
③ 제123조 제1항 및 제3항의 개정규정은 2019년 1월 1일 이후 개시하는 사업연도에 대한 자료제출의무 불이행 분부터 적용한다.
④ 제123조 제2항의 개정규정은 2020년 1월 1일 이후 개시하는 사업연도에 대한 자료제출 의무 불이행 분부터 적용한다.

제11조【해외부동산등에 대한 자료제출 의무 불이행 과태료에 관한 특례】제

제15조【계산서의 작성·교부 등에 관한 적용례】제164조 제9항의 개정규정은 이 영 시행 이후 계약을 체결하는 경우부터 적용한다.

제16조【손비의 범위에 관한 경과조치】2021년 1월 1일 전에 지출한 분에 대해서는 제19조 제18호의 개정규정에도 불구하고 종전의 규정에 따른다.

제17조【한국학교 등의 요건에 관한 경과조치】2021년 1월 1일 전에 사업연도 종료일부터 3개월이 지난 학교등의 경우에는 제38조 제8항 제1호 본문의 개정규정에도 불구하고 종전의 규정에 따른다.

제18조【공익성을 고려하여 정하는 기부금의 범위 등에 관한 경과조치】2021년 1월 1일 전에 사업연도 종료일부터 3개월이 지난 공익법인등의 경우에는 제39조 제5항 제3호 각 목 외의 부분 본문의 개정규정에도 불구하고 종전의 규정에 따른다.

제19조【접대비의 신용카드등의 사용에 관한 경과조치】2021년 1월 1일 전에 접대비로 지출한 분에 대해서는 제41조 제1항 제2호의 개정규정에도 불구하고 종전의 규정에 따른다.

제20조【유동화전문회사 등에 대한 소득공제에 관한 경과조치】2021년 1월 1일 전에 개시한 사업연도 분에 대해서는 제86조의 2 제3항부터 제7항까지의 개정규정에도 불구하고 종전의 규정에 따른다.

제21조【지출증명서류의 수취 및 보관에 관한 경과조치】2021년 1월 1일 전에 개시한 사업연도 분에 대해서는 제158조 제6항의 개정규정에도 불구하고 종전의 규정에 따른다.

부 칙 (2021. 1. 5. 대통령령 제31380호 ; 어려운 법령용어 정비를 위한 473개 법령의 일부개정에 관한 대통령령)

이 영은 공포한 날부터 시행한다. 다만, 제36조 중 대통령령 제30584호 공공기록물 관리에 관한 법률 시행령 일부개정령 별표 6 제1호부터 제3호까지의 개정규정은 2021년 4월 1일부터 시행한다.

부 칙 (2020. 12. 8. 대통령령 제31221호 ; 소프트웨어산업 진흥법 시행령 부칙)

제1조【시행일】이 영은 2020년 12월 10일부터 시행한다.
제2조 ~ 제7조 생 략
제8조【다른 법령의 개정】①~④ 생 략
⑥ 법인세법 시행령 일부를 다음과 같이 개정한다.
제63조 제1항 제6호 중 ""「소프트웨어산업 진흥법」"을 ""「소프트웨어 진흥법」""으로 한다.
⑦~⑳ 생 략
제9조 생 략

부 칙 (2020. 12. 8. 대통령령 제31220호 ; 국가정보화 기본법 시행령 부칙)
제1조【시행일】이 영은 2020년 12월 10일부터 시행한다.

종전의 예에 의한다. 다만, 이 통칙 시행일 이전에 관련법률 등의 개정으로 이미 시행되는 규정은 관련 법률 등의 적용례에 따른다.
③ 【종전예규와의 관계】이 통칙 시행 전의 예규로서 이 통칙과 상치되는 경우에는 이 통칙에 의한다.

(1981. 3. 1.~2009. 11. 10.) 생략

121조의 2 제1항의 개정규정(해외부동산등의 물건별 처분가액이 2억원 이상인 내국법인에 대한 자료제출 의무를 부여한 부분으로 한정한다)에도 불구하고 2019년 1월 1일부터 2019년 12월 31일까지의 기간 동안 해외부동산 등을 처분한 내국법인에 대해서는 제121조의 3 제2항(법률 제16008호로 개정되기 전의 것을 말한다)에 따른 과태료를 부과하지 아니한다. (2019. 12. 31. 개정)

　제12조【기업의 미환류소득에 대한 법인세에 관한 경과조치】종전의 제56조에 따라 차기환류적립금을 적립하거나 미환류소득 또는 초과환류액을 산정할 때 자산에 대한 투자 합계액을 공제하고 그 자산을 처분한 내국법인 등에 관하여는 종전의 제56조에 따른다.

　제13조【현금영수증 발급 불성실 가산세에 관한 경과조치】이 법 시행 전에 제117조의 2 제1항의 요건에 해당하게 된 법인에 대해서는 제75조의 6 제2항 제1호의 개정규정에도 불구하고 종전의 규정에 따른다.

　제14조【해외부동산등에 대한 자료제출 의무 및 과태료에 관한 경과조치】제121조의 2 제1항 및 제123조 제2항의 개정규정에도 불구하고 2019년 1월 1일 이후 개시하는 사업연도 전의 사업연도(이하 이 조에서 "종전사업연도"라 한다)에 취득한 해외부동산등에 대해서는 종전의 제121조의 2 제1항 및 종전의 제121조의 3 제2항에 따른다. 이 경우 종전의 제121조의 2 제1항에 따라 제출하여야 하는 자료는 종전사업연도 분에 해당하는 자료로 한정한다.

　제15조【다른 법률의 개정】① 교육세법 일부를 다음과 같이 개정한다.
　제6조 제2항 중 ""법인세법」 제1조 제6호"를 ""법인세법」 제2조 제6호"로 한다.
　제8조 제1항 각 호 외의 부분 단서 중 ""법인세법」 제7조 및 제8조 제1항부터 제3항까지"를 ""법인세법」 제7조 및 제8조 제1항부터 제4항까지"로 한다.
② 농어촌특별세법 일부를 다음과 같이 개정한다.
　제7조 제2항 후단 중 ""법인세법」 제2조 제4항"을 ""법인세법」 제3조 제3항"으로 한다.
③ 부가가치세법 일부를 다음과 같이 개정한다.
　제2조 제9호 중 ""법인세법」 제1조 제3호"를 ""법인세법」 제2조 제3호"로 한다.
　제25조 제1항 중 ""법인세법」 제1조 제1호"를 ""법인세법」 제2조 제1호"로 한다.
④ 중소기업창업 지원법 일부를 다음과 같이 개정한다.
　제39조의 4 각 호 외의 부분 중 ""법인세법」 제1조 제1호"를 ""법인세법」 제2조 제1호"로 한다.
⑤ 지방세법 일부를 다음과 같이 개정한다.
　제85조 제1항 제2호 중 ""법인세법」 제3조"를 ""법인세법」 제4조"로 한다.
　제87조 제3항 각 호 외의 부분 중 ""법인세법」 제3조"를 ""법인세법」 제4조"로 하고, 같은 항 제4호를 다음과 같이 한다.
4. 「조세특례제한법」 제100조의 32에 따른 미환류소득
　제103조의 21 제1항 중 ""법인세법」 제56조에 따른 미환류소득에 대한 법인지방소득세 세액 및 「조세특례제한법」 제100조의 32에"를 ""조세특례제한법」 제100조의 32에"로 한다.

제2조 ~ 제4조 생　략
제5조【다른 법령의 개정】①～⑧ 생　략
⑨ 법인세법 시행령 일부를 다음과 같이 개정한다.
　제65조 제1항 제1호를 다음과 같이 한다.
　1. 「지능정보화 기본법」에 따른 초연결지능정보통신기반구축사업
⑩～㉑ 생　략
제6조 생　략

부　칙 (2020. 10. 7. 대통령령 제31084호)

제1조【시행일】이 영은 공포한 날부터 시행한다.
제2조【일반적 적용례】이 영은 이 영 시행 이후 양도하는 분부터 적용한다.
제3조【토지등양도소득에 대한 과세특례에 관한 적용례】① 제92조의 2 제2항 각 호 외의 부분 단서 및 같은 항 제1호의 14의 개정규정은 2020년 8월 18일 이후부터 이 영 시행 전까지 등록이 말소된 후 해당 주택을 양도한 분에 대해서도 적용한다.
② 제92조의 2 제2항 제1호의 12 가목 및 같은 항 제1호의 13 나목의 개정규정은 2020년 8월 18일 이후부터 이 영 시행 전까지 「민간임대주택에 관한 특별법」 제5조에 따라 등록 신청(임대할 주택을 추가하기 위해 등록사항의 변경 신고를 한 경우를 포함한다)한 민간임대주택에 대해서도 적용한다.
제4조【토지등양도소득에 대한 과세특례에 관한 경과조치】2020년 8월 18일 전에 「민간임대주택에 관한 특별법」 제5조에 따라 등록 신청(임대할 주택을 추가하기 위해 등록사항의 변경 신고를 한 경우를 포함한다)한 민간임대주택의 경우에는 제92조의 2 제2항 제1호의 12 가목 및 같은 항 제1호의 13 나목의 개정규정에도 불구하고 종전의 규정에 따른다.

부　칙 (2020. 8. 26. 대통령령 제30977호 ; 양식산업발전법 시행령 부칙)

제1조【시행일】이 영은 2020년 8월 28일부터 시행한다.
제2조 · 제3조 생　략
제4조【다른 법령의 개정】①～⑬ 생　략
⑭ 법인세법 시행령 일부를 다음과 같이 개정한다.
　제24조 제1항 제2호 나목 중 "어업권"을 "어업권, 양식업권"으로 한다.
⑮～㊲ 생　략
제5조 생　략

부　칙 (2020. 8. 19. 대통령령 제30954호 ; 수산업협동조합의 구조개선에 관한 법률 시행령 부칙)

제1조【시행일】이 영은 2020년 8월 19일부터 시행한다.
제2조【다른 법령의 개정】① 법인세법 시행령 일부를 다음과 같이 개정한다.
　제56조 제6항 제6호 중 ""수산업협동조합의 구조개선에 관한 법률,"을 ""수산업협동조합의 부실예방 및 구조개선에 관한 법률,"로 한다.

제103조의 22 제1항 후단 중 "「법인세법」 제56조 및 「조세특례제한법」 제100조의 32 제2항"을 "「조세특례제한법」 제100조의 32 제2항"으로 한다.

제103조의 23 제6항 단서 중 "「법인세법」 제3조 제3항 제1호 및 제7호"를 "「법인세법」 제4조 제3항 제1호 및 제7호"로 한다.

제103조의 29 제1항 중 "「법인세법」 제73조"를 "「법인세법」 제73조 및 제73조의 2"로 한다.

제103조의 30 제1항 본문 중 "「법인세법」 제76조"를 "「법인세법」 제75조, 제75조의 2부터 제75조의 9까지의 규정"으로 하고, 같은 항 단서 중 "「법인세법」 제76조 제1항"을 "「법인세법」 제75조의 3"으로 한다.

제103조의 31 제5항 중 "「법인세법」 제56조 및 「조세특례제한법」 제100조의 32 제2항"을 "「조세특례제한법」 제100조의 32 제2항"으로 한다.

제103조의 32 제1항 전단 중 "「법인세법」 제3조 제3항 제2호"를 "「법인세법」 제4조 제3항 제2호"로 한다.

⑥ 지방세특례제한법 일부를 다음과 같이 개정한다.

제2조 제1항 제2호 중 "「법인세법」 제3조 제3항"을 "「법인세법」 제4조 제3항"으로 한다.

부　칙 (2017. 12. 19. 법률 제15222호)

제1조 【시행일】 이 법은 2018년 1월 1일부터 시행한다.

제2조 【일반적 적용례】 이 법은 이 법 시행 이후 개시하는 사업연도분부터 적용한다.

제3조 【기부금의 손금불산입에 관한 적용례】 제24조 제2항의 개정규정은 이 법 시행일 이후 최초로 지출하는 기부금부터 적용한다.

제4조 【업무용승용차 관련비용의 손금불산입 등 특례에 관한 적용례】 제27조의 2 제3항의 개정규정은 이 법 시행 이후 과세표준을 신고하는 분부터 적용한다.

제5조 【합병·분할 시 고용승계 요건 추가에 관한 적용례】 제44조 제2항, 제44조의 3 제3항 제3호, 제46조 제2항, 제46조의 3 제3항 제3호, 제47조 제1항 및 같은 조 제3항 제3호의 개정규정은 이 법 시행 이후 합병 또는 분할하는 분부터 적용한다.

제6조 【적격물적분할 시 감면·세액공제 승계에 관한 적용례】 제47조 제4항 및 제5항의 개정규정은 이 법 시행 이후 물적분할하는 분부터 적용한다.

제7조 【적격현물출자 요건에서 독립된 사업부문 승계 요건 폐지에 관한 적용례】 제47조의 2 제1항 제5호의 개정규정은 이 법 시행 이후 현물출자하는 분부터 적용한다.

제8조 【가산세에 관한 적용례】 제76조 제9항 제4호의 개정규정은 이 법 시행 이후 공급하는 재화 또는 용역에 대하여 계산서를 발급하는 경우부터 적용한다.

제9조 【기부금의 손금불산입에 관한 경과조치】 제24조 제2항 제7호 및 같은 조 제3항의 개정규정에도 불구하고 이 법 시행일 이전에 종전의 규정에 따라 지정된 기관에 지출하는 기부금에 대해서는 제24조 제2항 제7호 및 같은 조 제3항에 따른 지정기간까지는 법정기부금으로 본다.

②·③ 생　략

부　칙 (2020. 8. 11. 대통령령 제30934호 ; 벤처투자 촉진에 관한 법률 시행령 부칙)

제1조 【시행일】 이 영은 2020년 8월 12일부터 시행한다.

제2조·제3조 생　략

제4조 【다른 법령의 개정】 ①～⑧ 생　략

⑨ 법인세법 시행령 일부를 다음과 같이 개정한다.

제19조의 2 제1항 제13호 및 제61조 제2항 제25호 중 "「중소기업창업 지원법」에 따른 중소기업창업투자회사"를 각각 "「벤처투자 촉진에 관한 법률」 제2조 제10호에 따른 중소기업창업투자회사"로 한다.

⑩～㉗ 생　략

제5조 생　략

부　칙 (2020. 8. 7. 대통령령 제30920호)

제1조 【시행일】 이 영은 공포한 날부터 시행한다.

제2조 【토지등양도소득에 대한 과세특례에 관한 적용례】 제92조의 2 제2항 제1호의 12의 개정규정은 이 영 시행 이후 양도하는 분부터 적용한다.

부　칙 (2020. 8. 4. 대통령령 제30892호 ; 개인정보 보호법 시행령 부칙)

제1조 【시행일】 이 영은 2020년 8월 5일부터 시행한다. (단서 생략)

제2조～제5조 생　략

제6조 【다른 법령의 개정】 ① 법인세법 시행령 일부를 다음과 같이 개정한다.

제23조 제1항 제1호 사목을 삭제한다.

②～⑤ 생　략

제7조 생　략

부　칙 (2020. 7. 28. 대통령령 제30876호 ; 항만법 시행령 부칙)

제1조 【시행일】 이 영은 2020년 7월 30일부터 시행한다.

제2조～제13조 생　략

제14조 【다른 법령의 개정】 ①～⑥ 생　략

⑦ 법인세법 시행령 일부를 다음과 같이 개정한다.

제24조 제1항 제2호 자목 중 "「항만법」 제16조"를 "「항만법」 제24조"로 한다.

제26조 제1항 제8호 중 "「항만법」 제16조"를 "「항만법」 제24조"로 한다.

⑧～㉛ 생　략

제15조 생　략

부　칙 (2020. 3. 31. 대통령령 제30586호 ; 소재·부품전문기업 등의 육성에 관한 특별조치법 시행령 부칙)

제10조 【다른 법률의 개정】 세무사법 일부를 다음과 같이 개정한다.
　제2조 제8호 중 "「소득세법」"을 "「소득세법」 또는 「법인세법」"으로 한다.

부　칙 (2017. 10. 31. 법률 제15022호 ; 주식회사의 외부감사에 관한 법률 부칙)

제1조 【시행일】 이 법은 공포 후 1년이 경과한 날부터 시행한다.
제2조 ~ 제13조 생　략
제14조 【다른 법률의 개정】 ①~⑩ 생　략
⑪ 법인세법 일부를 다음과 같이 개정한다.
　제23조 제2항 각 호 외의 부분 중 "「주식회사의 외부감사에 관한 법률」 제13조 제1항 제1호"를 "「주식회사 등의 외부감사에 관한 법률」 제5조 제1항 제1호"로 한다.
　제58조의 3 제1항 제1호 중 "「주식회사의 외부감사에 관한 법률」 제8조"를 "「주식회사 등의 외부감사에 관한 법률」 제23조"로 한다.
　제60조 제7항 중 "「주식회사의 외부감사에 관한 법률」 제2조"를 "「주식회사 등의 외부감사에 관한 법률」 제4조"로 한다.
　제61조 제1항 중 "「주식회사의 외부감사에 관한 법률」 제3조"를 "「주식회사 등의 외부감사에 관한 법률」 제2조 제7호 및 제9조"로 한다.
　제76조의 17 제1항 단서 중 "「주식회사의 외부감사에 관한 법률」 제2조"를 "「주식회사 등의 외부감사에 관한 법률」 제4조"로 한다.
⑫~㉟ 생　략
　제15조 생　략

부　칙 (2016. 12. 20. 법률 제14386호)

제1조 【시행일】 이 법은 2017년 1월 1일부터 시행한다. 다만, 제76조 제6항·제7항 및 제9항의 개정규정은 2018년 1월 1일부터 시행한다.
　제2조 【일반적 적용례】 이 법은 이 법 시행 이후 개시하는 사업연도분부터 적용한다.
　제3조 【합병 시 이월결손금 등 공제 제한에 관한 적용례】 제45조 제3항의 개정규정은 이 법 시행 이후 과세표준을 신고하는 분부터 적용한다.
　제4조 【분할 시 이월결손금 등 공제 제한에 관한 적용례】 제46조의 4 제3항의 개정규정은 이 법 시행 이후 과세표준을 신고하는 분부터 적용한다.
　제5조 【사실과 다른 회계처리로 인한 경정에 따른 세액공제에 관한 적용례】 제58조의 3의 개정규정은 이 법 시행 이후 경정하는 분부터 적용한다.
　제6조 【가산세에 관한 적용례】 제76조 제6항·제7항 및 제9항의 개정규정은 2018년 1월 1일 이후 주식등변동상황명세서, 지급명세서, 매출·매입처별 계산서합계표 또는 매입처별 세금계산서합계표의 제출기한이 도래하는 분부터 적용한다.
　제7조 【외국법인에 대한 조세조약상 비과세 또는 면제 등 적용 신청에 관한 적용례】 제98조의 4 제4항, 제98조의 5 제2항 및 제98조의 6 제4항의 개정규정은 이 법 시행 당시 종전의 경정청구기간이 경과되지 아니한 경우에도 적용한다.

제1조 【시행일】 이 영은 2020년 4월 1일부터 시행한다. (단서 생략)
제2조 ~ 제8조 생　략
제9조 【다른 법령의 개정】 ①~③ 생　략
④ 법인세법 시행령 일부를 다음과 같이 개정한다.
　제19조 제19호의 2 각 목 외의 부분 본문 중 "「소재·부품전문기업 등의 육성에 관한 특별조치법」 제15조"를 "「소재·부품·장비산업 경쟁력강화를 위한 특별조치법」 제56조"로 한다.
⑤~⑧ 생　략
　제10조 생　략

부　칙 (2020. 2. 11. 대통령령 제30396호)

제1조 【시행일】 이 영은 공포한 날부터 시행한다. 다만, 제39조 제1항, 제5항 제5호의 2, 제6항, 제7항, 제9항부터 제14항까지 및 제94조 제2항 각 호 외의 부분 후단(연구개발비용과 관련된 개정사항에 한정한다)의 개정규정은 2021년 1월 1일부터 시행한다.
　제2조 【일반적 적용례】 이 영은 2020년 1월 1일 이후 개시하는 사업연도분부터 적용한다.
　제3조 【지정기부금의 범위 등에 관한 적용례】 ① 제39조 제1항의 개정규정은 2021년 1월 1일 이후 지정기부금단체등을 지정하는 경우부터 적용한다.
② 제39조 제5항 제5호의 2, 제6항, 제7항, 제9항부터 제12항까지의 개정규정은 2021년 1월 1일 이후 개시하는 사업연도분부터 적용한다.
③ 제39조 제13항의 개정규정은 2021년 1월 1일 이후 지정기부금단체등으로 지정하거나 취소하는 경우 또는 지정기부금단체등이 제39조 제8항 각 호의 어느 하나에 해당하는 사실을 적발하는 경우부터 적용한다.
　제4조 【업무용승용차 관련비용 등의 손금불산입 특례에 관한 적용례】 ① 제50조의 2 제11항 제1호 및 같은 항 제2호 본문의 개정규정은 이 영 시행 이후 과세표준을 신고하는 분부터 적용한다.
② 제50조의 2 제11항 제2호 단서 및 같은 조 제13항의 개정규정은 업무용승용차를 처분하거나 임차계약을 종료한 날부터 이 영 시행 이후 10년이 경과하게 되는 분부터 적용한다.
　제5조 【고유목적사업준비금의 손금산입에 관한 적용례】 제56조 제2항 제1호의 개정규정은 이 영 시행 이후 과세표준을 신고하는 분부터 적용한다.
　제6조 【국고보조금 등의 손금산입에 관한 적용례】 제64조 제6항의 개정규정은 2020년 1월 1일 이후 사업용자산을 취득하거나 개량하는 분부터 적용한다.
　제7조 【부당행위계산의 유형 등에 관한 적용례】 제88조 제1항 제6호 나목의 개정규정은 이 영 시행 이후 과세표준을 신고하는 분부터 적용한다.
　제8조 【외국납부세액의 공제에 관한 적용례】 제94조 제2항 각 호 외의 부분 후단(연구개발비용과 관련된 개정사항에 한정한다)의 개정규정은 2021년 1월 1일 이후 개시하는 사업연도분부터 적용한다.

제8조【배당금 또는 분배금의 의제에 관한 경과조치】이 법 시행 전에 분할합병한 내국법인에 대해서는 제16조 제1항 제6호의 개정규정에도 불구하고 종전의 규정에 따른다.

제9조【합병 시 피합병법인에 대한 과세 등에 관한 경과조치】이 법 시행 전에 합병한 내국법인에 대해서는 제44조 제3항의 개정규정에도 불구하고 종전의 규정에 따른다.

제10조【분할 시 분할법인 등에 대한 과세 등에 관한 경과조치】이 법 시행 전에 분할합병한 내국법인에 대해서는 제46조 제2항 제2호의 개정규정에도 불구하고 종전의 규정에 따른다.

제11조【조세조약에 따른 국내원천 인적용역소득에 관한 경과조치】이 법 시행 전에 국외에서 인적용역을 제공한 경우에는 제93조 제6호 및 제98조 제1항 제2호 단서의 개정규정에도 불구하고 종전의 규정에 따른다.

부 칙 (2015. 12. 15. 법률 제13555호)

제1조【시행일】이 법은 2016년 1월 1일부터 시행한다.

제2조【일반적 적용례】이 법은 이 법 시행 이후 개시하는 사업연도분부터 적용한다.

제3조【업무용승용차 관련비용의 손금불산입 등 특례에 관한 적용례】① 제27조의 2 제1항의 개정규정은 이 법 시행 이후 개시하는 사업연도에 취득하는 승용자동차부터 적용한다.
② 제27조의 2 제2항 및 제3항의 개정규정은 이 법 시행 이후 개시하는 사업연도에 손금에 산입하거나 지출하는 분부터 적용한다.
③ 제27조의 2 제4항의 개정규정은 이 법 시행 이후 개시하는 사업연도에 발생하는 분부터 적용한다.

제4조【고유목적사업준비금의 손금산입 범위에 관한 적용례】제29조 제1항의 개정규정은 이 법 시행 이후 개시하는 사업연도에 고유목적사업준비금을 손금에 산입하는 분부터 적용한다. 다만, 특별법에 의하여 설립된 법인으로서 공제사업을 영위하는 비영리내국법인의 경우에는 2017년 1월 1일 이후 개시하는 사업연도에 고유목적사업준비금을 손금에 산입하는 분부터 적용한다.

제5조【현물출자 시 과세특례에 관한 적용례】제47조의 2의 개정규정은 이 법 시행 이후 현물출자하는 경우부터 적용한다. 다만, 특별법에 의하여 설립된 법인이 이 법 시행 전 설립근거법률에 규정된 사업이관(구조개편) 규정에 따라 현물출자하는 경우에는 종전의 규정을 적용한다. (2016. 12. 20. 단서신설)

제6조【세무조정계산서 제출에 관한 적용례】제60조 제9항 및 제76조의 17 제4항의 개정규정은 이 법 시행 이후 과세표준 및 연결과세표준을 신고하는 분부터 적용한다.

제7조【연결납세방식의 취소에 관한 적용례】제76조의 9 제2항의 개정규정은 이 법 시행 이후 연결납세방식의 적용 승인이 취소되는 경우부터 적용한다.

제8조【연결자법인의 배제에 관한 적용례】제76조의 12 제2항의 개정규정은 이 법 시행 이후 연결납세방식이 적용되지 아니하는 경우부터 적용한다.

제9조【각 연결사업연도의 소득에 관한 적용례】제76조의 14 제2항의 개정규정

제9조【성실신고확인서 등의 제출에 관한 적용례】제97조의 4 제2항의 개정규정은 이 영 시행 이후 과세표준을 신고하는 분부터 적용한다.

제10조【연결법인의 기부금의 손금불산입에 관한 적용례】제120조의 20 제2항의 개정규정은 이 영 시행 이후 과세표준을 신고하는 분부터 적용한다.

제11조【외국법인의 국내원천 인적용역소득에 관한 적용례】제132조 제7항의 개정규정은 이 영 시행 이후 지급하는 소득분부터 적용한다.

제12조【즉시상각의 의제에 관한 경과조치】2020년 1월 1일 전에 개시한 사업연도분에 대해서는 제31조 제6항 제2호의 개정규정에도 불구하고 종전의 규정에 따른다.

제13조【지정기부금 등의 범위 등에 관한 경과조치】① 2021년 1월 1일 전에 지정된 지정기부금단체등의 경우에는 제39조 제1항 제1호 각 목 외의 부분의 개정규정에도 불구하고 종전의 규정에 따른다. 이 경우 지정기부금단체등은 종전의 규정에 따라 지정받은 기간이 끝날 때까지는 제39조 제1항 바목 3)의 개정규정에 따른 지정요건을 갖춘 것으로 본다.
② 2021년 1월 1일 전에 종전의 제39조 제13항에 따라 재지정 받지 못한 지정기부금단체등의 경우에는 제39조 제1항 제1호 바목 5)의 개정규정에도 불구하고 종전의 규정에 따른다.

제14조【외국법인의 법인세 신고기한 연장에 따른 가산이자율에 관한 경과조치】이 영 시행 전에 신고기한의 연장승인을 받은 경우에는 제136조 제4항의 개정규정에도 불구하고 종전의 규정에 따른다.

부 칙 (2019. 7. 1. 대통령령 제29933호)

제1조【시행일】이 영은 공포한 날부터 시행한다.

제2조【손금산입이 가능한 대손금에 관한 적용례】제19조의 2 제1항 제5호의 2 및 같은 조 제3항 제1호의 개정규정은 이 영 시행 이후 면책으로 확정되는 채권부터 적용한다.

제3조【내국법인의 이자소득 등에 대한 원천징수 등에 관한 적용례】제111조 제1항의 개정규정은 2019년 1월 1일 이후 개시하는 사업연도 분부터 적용한다.

제4조【지급명세서의 제출에 관한 적용례】제162조 제1호의 개정규정은 2019년 1월 1일 이후 개시하는 사업연도 분부터 적용한다.

제5조【내국법인의 이자소득 등에 대한 원천징수 등에 관한 특례】제111조 제1항의 개정규정 중 "「주식·사채 등의 전자등록에 관한 법률」 제59조에 따른 단기사채등 중 같은 법 제2조 제1호 나목에 해당하는 것으로서 만기 1개월 이내의 것"은 법률 제14096호 주식·사채 등의 전자등록에 관한 법률의 시행일 전까지는 "「전자단기사채등의 발행 및 유통에 관한 법률」에 따라 발행되는 만기 1개월 이내의 전자단기사채"로 본다.

부 칙 (2019. 6. 25. 대통령령 제29892호 ; 주식·사채 등의 전자등록에 관한 법률 시행령 부칙)

제1조【시행일】이 영은 2019년 9월 16일부터 시행한다. 다만, 부칙 제2조, 부칙

은 합병 전 기존 연결집단이 보유하던 자산을 이 법 시행 이후 처분하거나 연결모법인이 연결납세방식을 적용하기 전에 취득한 자산을 이 법 시행 이후 처분하는 경우부터 적용한다.

제10조【국내원천소득에 관한 적용례】제93조 제7호 나목의 개정규정은 이 법 시행 이후 양도하는 자산분부터 적용한다.

제11조【현금영수증 가맹점 가입시기에 관한 적용례】제117조의 2의 개정규정은 이 법 시행 전에 현금영수증가맹점 가입요건에 해당하여 이 법 시행 이후 가입하는 경우부터 적용한다.

제12조【해외현지법인 등에 대한 자료제출 의무에 관한 적용례】제121조의 2 제1항의 개정규정은 이 법 시행 이후 연결납세법인의 신고기한이 속하는 사업연도의 직전 사업연도에 대한 같은 항 각 호의 서류를 제출하는 분부터 적용한다.

제13조【물납제도 폐지에 따른 경과조치】이 법 시행 전에 양도되거나 수용된 토지등에 대해서는 제62조의 2 제7항 및 제65조의 개정규정에도 불구하고 종전의 규정에 따른다.

부 칙 (2015. 12. 15. 법률 제13550호 ; 교통·에너지·환경세법 부칙)

제1조【시행일】이 법은 2015년 12월 31일부터 시행한다.

제2조【다른 법률의 개정】①·② 생 략

③ 법률 제10423호 법인세법 일부개정법률(법률 제11603호 교통·에너지·환경세법 일부개정법률에 따라 개정된 내용을 포함한다) 일부를 다음과 같이 개정한다.

부칙 제1조 단서 중 "2016년 1월 1일"을 "2019년 1월 1일"로 한다.

④ 생 략

부 칙 (2015. 8. 28. 법률 제13499호 ; 임대주택법 부칙)

제1조【시행일】이 법은 공포 후 4개월이 경과한 날부터 시행한다.

제2조 ~ 제14조 생 략

제15조【다른 법률의 개정】①~⑩ 생 략

⑪ 법인세법 일부를 다음과 같이 개정한다.

제51조의 2 제1항 제6호 중 "「임대주택법」"을 "「민간임대주택에 관한 특별법」 또는 「공공주택 특별법」"으로 한다.

⑫~㉕ 생 략

제16조 생 략

부 칙 (2015. 7. 24. 법률 제13448호 ; 자본시장과 금융투자업에 관한 법률 부칙)

제1조【시행일】이 법은 공포 후 3개월이 경과한 날부터 시행한다. (단서생략)

제2조 ~ 제18조 생 략

제19조【다른 법률의 개정】①~⑤ 생 략

⑥ 법인세법 일부를 다음과 같이 개정한다.

제4조, 부칙 제5조 및 부칙 제8조는 공포한 날부터 시행한다.

제2조~제8조 생 략

제9조【다른 법령의 개정】①~⑦ 생 략

⑧ 법인세법 시행령 일부를 다음과 같이 개정한다.

제111조 제2항 제5호 각 목 외의 부분 중 "「국채법」 또는 「공사채등록법」에 따라 등록한"을 "「국채법」에 따라 등록하거나 「주식·사채 등의 전자등록에 관한 법률」에 따라 전자등록한"으로 한다.

제113조 제4항 제3호 중 "「전자단기사채등의 발행 및 유통에 관한 법률」에 따라 발행되는 만기 1개월 이내의 전자단기사채"를 "「주식·사채 등의 전자등록에 관한 법률」 제59조에 따른 단기사채등 중 같은 법 제2조 제1호 나목에 해당하는 것으로서 만기 1개월 이내의 것"으로 한다.

⑨~⑰ 생 략

제10조 생 략

부 칙 (2019. 2. 12. 대통령령 제29529호)

제1조【시행일】이 영은 공포한 날부터 시행한다. 다만, 제2조 제2항 제3호, 제138조의 4, 제138조의 7, 제138조의 8 제1항 제3호, 제164조의 3(법 제121조의 3 제2항 관련 부분만 해당한다), 제164조의 4 제1항·제2항(법 제121조의 3 제2항 관련 부분만 해당한다), 제166조 제1항·제2항(법 제123조 제2항 관련 부분만 해당한다), 제167조 제1항·제2항(법 제123조 제2항 관련 부분만 해당한다) 및 별표 2의 개정규정은 2020년 1월 1일부터 시행한다.

제2조【일반적 적용례】이 영은 2019년 1월 1일 이후 개시하는 사업연도분부터 적용한다.

제3조【수익사업의 범위에 관한 적용례】제3조 제1항 제3호 라목의 개정규정은 이 영 시행 이후 과세표준을 신고하는 분부터 적용한다.

제4조【자본전입 시 과세되지 아니하는 잉여금의 범위 등에 관한 적용례 등】① 제12조 제1항 및 제2항의 개정규정은 합병·분할에 따라 승계한 잉여금을 이 영 시행 이후 자본으로 전입하는 분부터 적용한다.

② 합병·분할에 따라 승계한 잉여금 중 이 영 시행 전에 자본으로 전입하고 이 영 시행 당시 남은 잉여금에 대해서는 제12조 제1항·제2항의 개정규정 및 이 조 제1항에도 불구하고 종전의 규정에 따른다.

제5조【수입배당금 익금불산입에 관한 적용례】제17조의 2 제3항 및 제17조의 3 제5항의 개정규정은 이 영 시행 이후 배당받는 분부터 적용한다.

제6조【손비의 범위에 관한 적용례】① 제19조 제17호의 개정규정은 이 영 시행 이후 미술품을 취득하는 분부터 적용한다.

② 제19조 제20호의 개정규정은 이 영 시행 이후 기여금을 납입하는 분부터 적용한다.

제7조【대손금의 손금불산입에 관한 적용례】제19조의 2 제1항 제10호의 개정규정은 이 영 시행 이후 재판상 화해 등이 확정되는 분부터 적용한다.

제8조【중고자산 등의 상각범위액에 관한 적용례 등】① 제29조의 2의 개정규정

제51조의 2 제1항 제2호 중 “같은 법 제9조 제18항 제7호의 사모투자전문회사”를 “같은 법 제9조 제19항 제1호의 경영참여형 사모집합투자기구”로 한다.

제57조의 2 제1항 중 “같은 법 제9조 제18항 제7호의 사모투자전문회사”를 “같은 법 제9조 제19항 제1호의 경영참여형 사모집합투자기구”로 한다.

법률 제7317호 법인세법중개정법률 부칙 제4조의 제목 중 “사모투자전문회사”를 “경영참여형 사모집합투자기구”로 한다.

법률 제9267호 법인세법 일부개정법률 부칙 제1조 단서, 제20조의 제목, 같은 조 제1항 전단 및 같은 조 제2항 중 “사모투자전문회사”를 각각 “경영참여형 사모집합투자기구”로 한다.

법률 제12166호 법인세법 일부개정법률 부칙 제17조 중 “「자본시장과 금융투자업에 관한 법률」 제9조 제18항 제7호에 따른 사모투자전문회사”를 “「자본시장과 금융투자업에 관한 법률」 제9조 제19항 제1호에 따른 경영참여형 사모집합투자기구”로 한다.
⑦∼⑳ 생 략
　제20조 생 략

부 칙 (2015. 7. 24. 법률 제13426호 ; 제주특별자치도 설치 및 국제자유도시 조성을 위한 특별법 부칙)

제1조【시행일】이 법은 공포 후 6개월이 경과한 날부터 시행한다. (단서 생략)
제2조∼제37조 생 략
제38조【다른 법률의 개정】①∼⑳ 생 략
㉑ 법인세법 일부를 다음과 같이 개정한다.
　제55조의 2 제2항 제1호 나목 본문 중 “「제주특별자치도 설치 및 국제자유도시 조성을 위한 특별법」 제15조 제2항”을 “「제주특별자치도 설치 및 국제자유도시 조성을 위한 특별법」 제10조 제2항”으로 한다.
㉒∼㊺ 생 략
　제39조 생 략

부 칙 (2015. 3. 27. 법률 제13230호 ; 국립대학법인 울산과학기술대학교 설립·운영에 관한 법률 부칙)

제1조【시행일】이 법은 공포 후 6개월이 경과한 날부터 시행한다.
제2조∼제6조 생 략
제7조【다른 법률의 개정】① 생 략
② 법인세법 일부를 다음과 같이 개정한다.
　제24조 제2항 제4호 사목 중 “광주과학기술원 및 「대구경북과학기술원법」에 따른 대구경북과학기술원”을 “광주과학기술원, 「대구경북과학기술원법」에 따른 대구경북과학기술원 및 「울산과학기술원법」에 따른 울산과학기술원”으로 하고, 같은 호 아목 중 “서울대학교, 「국립대학법인 울산과학기술대학교 설립·운영에 관한 법률」에 따른 국립대학법인 울산과학기술대학교, 「국립대학법인 인천대학교 설립·운영에 관한 법률」”

은 이 영 시행 이후 물적분할 또는 현물출자하는 분부터 적용한다.
② 이 영 시행 전에 물적분할 또는 현물출자하여 이 영 시행 당시 종전의 제24조부터 제26조까지, 제26조의 2, 제26조의 3 및 제27조부터 제29조까지의 규정에 따라 감가상각하는 분에 대해서는 제29조의 2의 개정규정에도 불구하고 종전의 규정에 따른다.

제9조【접대비의 신용카드등의 사용에 관한 적용례】제41조 제3항 제3호의 개정규정은 이 영 시행 이후 접대비를 지출하는 분부터 적용한다.

제10조【적격합병의 요건 등에 관한 적용례】제80조의 2 제1항 제1호 및 같은 조 제8항의 개정규정은 이 영 시행 이후 주식등을 처분하는 분부터 적용한다.

제11조【감정평가사의 감정 가액 요건에 관한 적용례】제89조 제2항 제1호의 개정규정은 이 영 시행 이후 감정평가하는 분부터 적용한다.

제12조【지출증명서류에 관한 적용례】제158조 제3항의 개정규정은 이 영 시행 이후 재화나 용역을 공급받는 분부터 적용한다.

제13조【과태료 부과기준에 관한 특례】별표 2에도 불구하고 2019년 12월 31일까지는 별표 2의 2에 따른다.

제14조【외국법인의 판정기준에 관한 경과조치】부칙 제1조 단서에 따른 시행일 전에 법 제109조에 따른 외국법인의 국내사업장 설치신고 및 법 제111조에 따른 사업자등록을 한 외국단체가 부칙 제1조 단서에 따른 시행일 이후 제2조 제2항 제3호의 개정규정에 따라 외국법인에 해당하지 않는 경우에는 「소득세법」 제168조에 따른 사업자등록을 다시 해야 한다.

제15조【대손금의 손금불산입에 관한 경과조치】이 영 시행 전에 외국환거래에 관한 법령에 따라 한국은행총재 또는 외국환은행의 장으로부터 채권회수의무를 면제받은 채권에 대해서는 제19조의 2 제1항 제7호의 개정규정에도 불구하고 종전의 규정에 따른다.

제16조【중소기업 설비투자자산 가속상각에 관한 경과조치】중소기업이 2014년 10월 1일부터 2016년 6월 30일까지 취득한 설비투자자산에 대해서는 제28조 제6항 및 제7항의 개정규정에도 불구하고 종전의 규정에 따른다.

제17조【비영리내국법인의 고유목적사업준비금 잔액의 익금산입 시 이자상당액 이자율 등 인하에 관한 경과조치】이 영 시행 전에 납부기한이 지났거나 환급받은 경우로서 이 영 시행 이후 납부 또는 부과하는 경우 그 납부기한 또는 환급받은 날의 다음 날부터 이 영 시행일 전일까지의 기간에 대한 이자율은 제56조 제7항 제2호, 제110조 제4항 제2호 및 제136조 제4항의 개정규정에도 불구하고 종전의 규정에 따른다.

제18조【다른 법령의 개정】① 「교육세법 시행령」 일부를 다음과 같이 개정한다.
　제5조 제1호 중 “「법인세법」 제30조 제1항”을 “「법인세법」 제30조 제1항 및 제31조 제1항”으로 한다.
② 「교통·에너지·환경세법 시행령」 일부를 다음과 같이 개정한다.
　제2조 제4호 나목 중 “「법인세법 시행령」 제87조 제1항 각호의 1의 관계”를 “「법인세법 시행령」 제2조 제5항 각 호의 어느 하나에 해당하는 관계”로 한다.
③ 「물류정책기본법 시행령」 일부를 다음과 같이 개정한다.
　제2조 중 “「법인세법 시행령」 제87조 제1항”을 “「법인세법 시행령」 제2조 제5항”

을 “서울대학교, 「국립대학법인 인천대학교 설립 · 운영에 관한 법률」”로 한다.
　제63조 제1항 각 호 외의 부분 본문 중 “서울대학교, 「국립대학법인 울산과학기술대학교 설립 · 운영에 관한 법률」에 따른 국립대학법인 울산과학기술대학교”를 “서울대학교”로 한다.
③ · ④ 생　략

(1967. 11. 29. 법률 제1964호～
2014. 12. 23. 법률 제12850호) 생략

으로 한다.
④ 「지방세법 시행령」 일부를 다음과 같이 개정한다.
　제18조 제4항 단서 중 “「법인세법」 제52조 제1항”을 “「법인세법」 제2조 제12호”로 한다.
　제86조 제1항 중 “「법인세법 시행령」 제1조 제1항”을 “「법인세법 시행령」 제2조 제1항”으로 하고, 같은 조 제2항 중 “「법인세법 시행령」 제1조 제2항”을 “「법인세법 시행령」 제2조 제2항”으로 한다.
　제100조의 19 제4항 단서 및 같은 조 제5항 본문 중 “「법인세법」 제73조”를 각각 “「법인세법」 제73조 및 제73조의 2”로 한다.
　제100조의 27 제1항 본문 중 “「법인세법 시행령」 제7조 제1항 제2호”를 “「법인세법 시행령」 제7조 제6항 제2호”로 한다.
　제100조의 37 제1호 중 “「법인세법」 제29조 제5항 및 제30조 제4항”을 “「법인세법」 제29조 제7항 및 제30조 제3항”으로 한다.
　제107조 중 “「법인세법」 제3조 제3항”을 “「법인세법」 제4조 제3항”으로 한다.
⑤ 「지방세특례제한법 시행령」 일부를 다음과 같이 개정한다.
　제10조 제1항 각 호 외의 부분 중 “「법인세법」 제1조 제1호 및 제3호”를 “「법인세법」 제2조 제1호 및 제3호”로 한다.

부　칙 (2018. 10. 30. 대통령령 제29269호 ; 주식회사의 외부감사에 관한 법률 시행령 부칙)
제1조 【시행일】 이 영은 2018년 11월 1일부터 시행한다.
제2조 ～ 제9조 생　략
제10조 【다른 법령의 개정】 ①～⑰ 생　략
⑱ 법인세법 시행령 일부를 다음과 같이 개정한다.
　제26조의 2 제1항 중 “「주식회사의 외부감사에 관한 법률」 제13조 제1항 제1호”를 “「주식회사 등의 외부감사에 관한 법률」 제5조 제1항 제1호”로 한다.
　대통령령 제28640호 법인세법 시행령 일부개정령 제36조 제5항 제8호 본문의 개정규정 중 “「주식회사의 외부감사에 관한 법률」 제3조”를 “「주식회사 등의 외부감사에 관한 법률」 제2조 제7호”로 한다.
　제36조의 2 제4항 제2호 중 “「주식회사의 외부감사에 관한 법률」 제3조”를 “「주식회사 등의 외부감사에 관한 법률」 제2조 제7호”로 한다.
　제79조 제1호의 2 중 “「주식회사의 외부감사에 관한 법률」 제13조 제1항 제2호 및 같은 조 제4항”을 “「주식회사 등의 외부감사에 관한 법률」 제5조 제1항 제2호 및 같은 조 제4항”으로 한다.
　제95조의 3 제1항 제4호 중 “「주식회사의 외부감사에 관한 법률」 제16조 제1항”을 “「주식회사 등의 외부감사에 관한 법률」 제29조 제3항 및 제4항”으로 하고, 같은 항 제5호 중 “「주식회사의 외부감사에 관한 법률」 제16조 제2항”을 “「주식회사 등의 외부

☞ p.691 3단 연결

제9조【업무용승용차의 손금인정 한도액 계산 등에 관한 적용례】 제50조의 2 제4항, 같은 조 제7항 제1호, 같은 조 제9항 및 제10항의 개정규정은 이 영 시행 이후 과세표준을 신고하는 분부터 적용한다.

제10조【고유목적사업준비금의 손금산입에 관한 적용례】 ① 제56조 제1항 제4호의 개정규정은 이 영 시행 이후 과세표준을 신고하는 분부터 적용한다.

② 제56조 제6항의 개정규정은 이 영 시행 이후 고정자산을 취득하는 분부터 적용한다.

제11조【적격합병의 요건 등에 관한 적용례】 제80조의 2 제1항 제2호 다목의 개정규정은 이 영 시행 이후 기업개선계획의 이행을 위한 약정 등에 따라 자산을 처분하는 분부터 적용한다.

제12조【감정기관의 범위 확대에 관한 적용례】 제89조 제2항 제1호의 개정규정은 이 영 시행 이후 감정하는 분부터 적용한다.

제13조【토지등양도소득의 과세특례에 관한 적용례】 제92조의 2 제2항 제1호 단서, 같은 항 제1호의 2 단서, 같은 항 제1호의 12 및 제1호의 13의 개정규정은 2018년 4월 1일 이후 양도하는 분부터 적용한다.

제14조【성실신고 확인대상이 되는 내국법인의 요건에 관한 적용례】 제97조의 4 제3항의 개정규정은 이 영 시행 이후 법인으로 전환하는 분부터 적용한다.

제15조【계산서 미교부에 대한 가산세의 특례에 관한 적용례】 대통령령 제15970호 법인세법시행령개정령 부칙(대통령령 제17457호 법인세법시행령중개정령, 대통령령 제19328호 법인세법 시행령 일부개정령, 대통령령 제22577호 법인세법 시행령 일부개정령 및 대통령령 제24357호 법인세법 시행령 일부개정령에 따라 개정된 내용을 포함한다) 제14조의 개정규정은 2017년 1월 1일 이후 개시하는 사업연도분부터 적용한다.

제16조【지정기부금의 범위 등에 관한 경과조치】 ① 이 영 시행 전에 종전의 제36조 제1항 제1호 다목 및 라목에 따라 정부로부터 허가 또는 인가를 받은 학술연구단체, 장학단체, 기술진흥단체와 문화·예술단체(「문화예술진흥법」에 따라 지정을 받은 문화·예술법인 및 전문예술단체를 포함한다) 및 환경보호운동단체에 지출하는 기부금에 대해서는 제36조 제1항의 개정규정에도 불구하고 2020년 12월 31일까지는 지정기부금으로 본다.

② 이 영 시행 전에 종전의 제36조 제1항 제1호 아목에 따른 지정기부금단체에 지출하는 기부금에 대해서는 제36조 제1항의 개정규정에도 불구하고 2020년 12월 31일까지는 지정기부금으로 본다.

부 칙 (2017. 7. 26. 대통령령 제28211호 ; 행정안전부와 그 소속기관 직제 부칙)

제1조【시행일】 이 영은 공포한 날부터 시행한다. 다만, 부칙 제8조에 따라 개정되는 대통령령 중 이 영 시행 전에 공포되었으나 시행일이 도래하지 아니한 대통령령을 개정한 부분은 각각 해당 대통령령의 시행일부터 시행한다.

제2조~제7조 생 략

☞ p.692 3단 연결

호에 따른 공공지원민간임대주택 또는 같은 조 제5호에 따른 장기일반민간임대주택(이하 이 조에서 "장기일반민간임대주택등"이라 한다)"으로 하고, 같은 항 제1호의 13 각 목 외의 부분 중 "준공공임대주택등"을 "장기일반민간임대주택등"으로 하며, 같은 조 제4항 제5호 중 "「민간임대주택에 관한 특별법」 제2조 제8호에 따른 기업형임대사업자"를 "「민간임대주택에 관한 특별법」 제2조 제7호에 따른 임대사업자로서 장기일반민간임대주택등을 300호 또는 300세대 이상 취득하였거나 취득하려는 자"로 한다.

③~⑧ 생 략

부 칙 (2018. 2. 13. 대통령령 제28640호)

제1조【시행일】 이 영은 공포한 날부터 시행한다. 다만, 다음 각 호의 개정규정은 각 호의 구분에 따른 날부터 시행한다.

1. 제92조의 2 제2항 제1호의 12 및 제1호의 13의 개정규정 : 2018년 4월 1일
2. 제23조 제1항 제1호 아목의 개정규정 : 2018년 4월 19일
3. 제23조 제1항 제1호 다목의 개정규정 : 2018년 5월 1일
4. 제36조 제5항 제6호부터 제8호까지, 같은 조 제6항, 같은 조 제8항 제1호 및 제36조의 2 제11항 제1호의 개정규정 : 2019년 1월 1일

제2조【일반적 적용례】 이 영은 2018년 1월 1일 이후 개시하는 사업연도분부터 적용한다.

제3조【수익사업의 범위에 관한 적용례】 ① 제2조 제1항 제4호 바목의 개정규정은 이 영 시행 이후 과세표준을 신고하는 분부터 적용한다.

② 제2조 제2항의 개정규정은 이 영 시행 이후 고정자산을 고유목적사업에 전입하는 분부터 적용한다.

제4조【재산가액의 평가 등에 관한 적용례】 제14조 제1항 제1호의 2 가목의 개정규정은 이 영 시행 이후 합병하는 분부터 적용한다.

제5조【대손금의 손금불산입에 관한 적용례】 제19조의 2 제6항 제5호의 개정규정은 이 영 시행 이후 대손금으로 손금에 산입하는 분부터 적용한다.

제6조【감가상각의 의제에 관한 적용례】 제30조 제2항의 개정규정은 이 영 시행일이 속하는 사업연도에 대하여 결정 또는 경정하는 분부터 적용한다.

제7조【지정기부금의 범위 등에 관한 적용례 등】 ① 제36조 제1항 제1호 바목, 같은 항 제2호 다목 및 같은 항 제6호의 개정규정은 이 영 시행 이후 지정기부금단체 등을 지정 또는 재지정하는 경우부터 적용한다.

② 이 영 시행 전에 지출한 종전의 제36조 제1항 제3호에 따른 회비분에 대해서는 제36조 제1항 제3호의 개정규정에도 불구하고 종전의 규정에 따른다.

③ 제36조 제5항 제6호부터 제8호까지, 같은 조 제6항 및 같은 조 제8항 제1호의 개정규정은 2019년 1월 1일 이후 개시하는 사업연도 분부터 적용한다.

제8조【법정기부금단체의 요건 등에 관한 적용례】 ① 제36조의 2 제4항 제3호 및 같은 조 제8항 제1호의 개정규정은 이 영 시행 이후 공개하는 분부터 적용한다.

② 제36조의 2 제11항 제1호의 개정규정은 2019년 1월 1일 이후 개시하는 사업연도분부터 적용한다.

감사에 관한 법률」 제29조 제1항"으로 하며, 같은 항 제6호 중 "「주식회사의 외부감사에 관한 법률」 제20조"를 "「주식회사 등의 외부감사에 관한 법률」 제39조부터 제44조까지의 규정"으로 한다.

제97조 제1항 후단 및 같은 조 제5항 제1호 중 "「주식회사의 외부감사에 관한 법률」 제2조"를 각각 "「주식회사 등의 외부감사에 관한 법률」 제4조"로 한다.

제97조의 2 제1항 제1호 중 "「주식회사의 외부감사에 관한 법률」 제2조"를 "「주식회사 등의 외부감사에 관한 법률」 제4조"로 한다.

제120조의 12 제3항 제2호, 같은 조 제5항 제1호 후단, 같은 조 제6항 제1호 후단 및 같은 조 제7항 제3호 중 "「주식회사의 외부감사에 관한 법률」 제3조"를 각각 "「주식회사 등의 외부감사에 관한 법률」 제2조 제7호"로 한다.

⑲~(51) 생 략

제11조 생 략

부 칙 (2018. 7. 31. 대통령령 제29067호)

제1조【시행일】 이 영은 공포한 날부터 시행한다.

제2조【지주회사의 수입배당금액의 익금불산입에 관한 적용례】 제17조의 2 제2항 제2호의 개정규정은 2017년 7월 1일 이후 수입배당금액을 받은 분에 대하여 적용한다.

부 칙 (2018. 7. 16. 대통령령 제29045호 ; 민간임대주택에 관한 특별법 시행령 부칙)

제1조【시행일】 이 영은 2018년 7월 17일부터 시행한다.

제2조【다른 법령의 개정】 ① 생 략

② 법인세법 시행령 일부를 다음과 같이 개정한다.

제92조의 2 제2항 제1호의 12 각 목 외의 부분 중 "같은 조 제4호에 따른 기업형임대주택 또는 같은 조 제5호에 따른 준공공임대주택(이하 이 조에서 "준공공임대주택등"이라 한다)"을 "같은 조 제4

제17조 【외국납부세액공제세액계산서 제출에 관한 적용례】 제94조 제4항의 개정규정은 2017년 1월 1일 이후 제출하는 분부터 적용하되, 2016년 12월 31일 이전에 외국정부로부터 결정통지를 받은 경우로서 2016년 12월 31일 현재 그 결정통지를 받은 날부터 2개월이 경과하지 아니한 경우에 대해서도 적용한다.

제18조 【청산소득이 비과세되는 조직변경의 사유 추가에 관한 적용례】 제120조의 26 제5호의 개정규정은 이 영 시행 이후 조직을 변경하는 분부터 적용한다.

제19조 【구분경리에 관한 적용례】 제156조 제2항의 개정규정은 이 영 시행 전에 합병 또는 분할한 경우에도 적용한다.

부 칙 (2016. 11. 29. 대통령령 제27619호 ; 향토예비군 설치법 시행령 부칙)

제1조 【시행일】 이 영은 공포한 날부터 시행한다. 다만, 제22조 제1항의 개정규정은 2017년 3월 1일부터 시행한다.

제2조 생 략

제3조 【다른 법령의 개정】 ①~⑩ 생 략

⑪ 법인세법 시행령 일부를 다음과 같이 개정한다.

제38조 제2항 중 "「향토예비군 설치법」"을 "「예비군법」"으로, "향토예비군"을 "예비군"으로 한다.

⑫~⑰ 생 략

제4조 생 략

부 칙 (2016. 8. 31. 대통령령 제27472호 ; 감정평가 및 감정평가사에 관한 법률 시행령 부칙)

제1조 【시행일】 이 영은 2016년 9월 1일부터 시행한다.

제2조 ~ 제5조 생 략

제6조 【다른 법령의 개정】 ①~⑪ 생 략

⑱ 법인세법 시행령 일부를 다음과 같이 개정한다.

제89조 제2항 제1호 본문 중 "「부동산가격공시 및 감정평가에 관한 법률」"을 "「감정평가 및 감정평가사에 관한 법률」"로 한다.

⑲~⑫ 생 략

제7조 생 략

부 칙 (2016. 8. 11. 대통령령 제27445호 ; 공동주택관리법 시행령 부칙)

제1조 【시행일】 이 영은 2016년 8월 12일부터 시행한다.

제2조 ~ 제20조 생 략

제21조 【다른 법령의 개정】 ①~⑧ 생 략

⑨ 법인세법 시행령 일부를 다음과 같이 개정한다.

제56조 제1항 제4호 중 "「주택법」 제2조 제2호"를 "「공동주택관리법」 제2조 제1항 제1호 가목"으로 한다.

⑩~⑯ 생 략

☞ p.693 3단 연결

부 칙 (2017. 2. 3. 대통령령 제27828호)

제1조 【시행일】 이 영은 공포한 날부터 시행한다. 다만, 제19조 제13호의 2의 개정규정은 2017년 2월 4일부터 시행한다.

제2조 【일반적 적용례】 이 영은 2017년 1월 1일 이후 개시하는 사업연도분부터 적용한다.

제3조 【수익사업의 범위에 관한 적용례】 제2조 제2항의 개정규정은 이 영 시행 이후 과세표준을 신고하는 분부터 적용한다.

제4조 【결손금공제에 관한 적용례】 제10조 제1항 제5호의 개정규정은 이 영 시행 이후 과세표준을 신고하는 분부터 적용한다.

제5조 【재산가액의 평가 등에 관한 적용례】 제14조 제1항 제1호의 2 가목의 개정규정은 이 영 시행 이후 합병하는 분부터 적용한다.

제6조 【주식발행액면초과액 등에 관한 적용례】 제15조 제4항 제4호의 개정규정은 이 영 시행 이후 과세표준을 신고하는 분부터 적용한다.

제7조 【손비의 범위에 관한 적용례】 제19조 제13호의 2의 개정규정은 2017년 2월 4일 이후 기증하는 분부터 적용한다.

제8조 【대손금의 손금불산입에 관한 적용례】 제19조의 2 제6항 제5호의 개정규정은 이 영 시행 이후 대손금으로 손금에 산입하는 분부터 적용한다.

제9조 【업무용승용차의 업무용 사용금액 계산에 관한 적용례】 제50조의 2 제8항 및 제9항의 개정규정은 이 영 시행 이후 과세표준을 신고하는 분부터 적용한다.

제10조 【고유목적사업준비금의 손금산입에 관한 적용례】 제56조 제6항 제3호의 개정규정은 이 영 시행 이후 고유목적사업준비금으로 지출하는 분부터 적용한다.

제11조 【보증보험의 비상위험준비금 손금산입 한도 상향조정에 관한 적용례】 제57조 제8항의 개정규정은 이 영 시행 이후 과세표준을 신고하는 분부터 적용한다.

제12조 【대손충당금 손금산입에 관한 적용례】 제61조 제2항 제7호의 개정규정은 이 영 시행 이후 과세표준을 신고하는 분부터 적용한다.

제13조 【구상채권상각충당금의 손금산입에 관한 적용례】 제63조 제1항 제4호의 2의 개정규정은 이 영 시행 이후 과세표준을 신고하는 분부터 적용한다.

제14조 【적격합병의 요건 등에 관한 적용례】 제80조의 2 제1항 제1호 라목의 개정규정은 이 영 시행 이후 과세표준을 신고하는 분부터 적용한다.

제15조 【물적분할 또는 현물출자로 인한 자산양도차익상당액의 손금산입 등에 관한 적용례】 제84조 및 제84조의 2의 개정규정은 이 영 시행 이후 제84조 제5항 및 제84조의 2 제5항의 개정규정에 따른 적격구조조정을 하는 분부터 적용한다.

제16조 【기업의 미환류소득에 대한 법인세에 관한 적용례】 ① 제93조 제4항 제2호 바목, 사목, 자목 및 차목의 개정규정은 이 영 시행 이후 과세표준을 신고하는 분부터 적용한다.

② 제93조 제6항 본문, 같은 항 제3호 및 같은 조 제19항의 개정규정은 이 영 시행일이 속하는 사업연도 분부터 적용한다.

③ 제93조 제15항 제2호의 개정규정은 이 영 시행일이 속하는 사업연도 개시 전에 법 제56조 제2항 제2호의 방법을 선택하여 신고한 경우에도 적용한다.

제8조 【다른 법령의 개정】 ①~⑲ 생 략

⑳ 법인세법 시행령 일부를 다음과 같이 개정한다.

제19조의 2 제1항 제13호 및 제57조 제1항 제1호 본문 중 "중소기업청장"을 각각 "중소벤처기업부장관"으로 한다.

제57조 제1항 제1호 본문 및 같은 항 제3호 중 "행정자치부장관"을 각각 "행정안전부장관"으로 한다.

㉑~㊳ 생 략

부 칙 (2017. 5. 29. 대통령령 제28074호 ; 정신보건법 시행령 부칙)

제1조 【시행일】 이 영은 20017년 5월 30일부터 시행한다.

제2조 생 략

제3조 【다른 법령의 개정】 ①~⑤ 생 략

⑥ 법인세법 시행령 일부를 다음과 같이 개정한다.

제2조 제1항 제4호 차목을 다음과 같이 한다.

차. 「정신건강증진 및 정신질환자 복지서비스 지원에 관한 법률」 제3조 제6호 및 제7호에 따른 정신요양시설 및 정신재활시설

제36조 제1항 제4호 마목을 다음과 같이 한다.

마. 「정신건강증진 및 정신질환자 복지서비스 지원에 관한 법률」 제3조 제6호 및 제7호에 따른 정신요양시설 및 정신재활시설

⑦~㉔ 생 략

제4조 생 략

부 칙 (2017. 3. 29. 대통령령 제27972호 ; 공항시설법 시행령 부칙)

제1조 【시행일】 이 영은 2017년 3월 30일부터 시행한다

제2조 ~ 제8조 생 략

제9조 【다른 법령의 개정】 ①~㉑ 생 략

㉒ 법인세법 시행령 일부를 다음과 같이 개정한다.

제24조 제1항 제2호 아목 및 제26조 제1항 제8호 중 "「항공법」 제105조의 2"를 각각 "「공항시설법」 제26조"로 한다.

㉓~㊺ 생 략

제10조 생 략

후 완전 지배관계인 외국법인 간 합병하는 분부터 적용한다.

　제4조【기준감가상각비의 계산에 관한 적용례】제26조의 3 제2항 제3호 나목의 개정규정은 이 영 시행 이후 과세표준을 신고하는 분부터 적용한다.

　제5조【내용연수 특례에 대한 적용례】제28조 제6항의 개정규정은 2016년 1월 1일 이후 「조세특례제한법 시행령」 제2조에 따른 중소기업이 설비투자 자산을 취득하는 분부터 적용한다.

　제6조【퇴직보험료 등의 손금불산입에 관한 적용례】제44조의 2 제4항 제1호 및 제1호의 2의 개정규정은 이 영 시행 이후 과세표준을 신고하는 분부터 적용한다.

　제7조【대손충당금 손금산입에 관한 적용례】제61조 제2항 제17호의 2의 개정규정은 이 영 시행 이후 과세표준을 신고하는 분부터 적용한다.

　제8조【물적분할로 인한 자산양도차익상당액의 손금산입에 관한 적용례】제84조의 개정규정은 이 영 시행 이후 분할하는 분부터 적용한다.

　제9조【유동화전문회사 등에 대한 소득공제에 관한 적용례】제86조의 2 제1항의 개정규정은 이 영 시행 이후 경정·결정하는 분부터 적용한다.

　제10조【토지등 양도소득의 과세특례에 관한 적용례】제92조의 2 제4항 제5호의 개정규정은 이 영 시행 이후 양도하는 분부터 적용한다.

　제11조【기업의 미환류소득 계산방법에 관한 적용례】제93조 제9항의 개정규정은 이 영 시행 이후 과세표준을 신고하는 분부터 적용한다.

　제12조【환매조건부채권매매거래 등의 원천징수 및 환급 등과 외국법인의 채권 등의 이자 등에 대한 원천징수특례에 관한 적용례】제114조의 2 제1항·제2항 및 제138조의 3 제2항·제3항의 개정규정은 이 영 시행 이후 채권 등으로부터 발생하는 이자소득에 대하여 원천징수하는 분부터 적용한다.

　제13조【지출증명서류 합계표에 관한 적용례】제158조 제6항의 개정규정은 2017년 1월 1일 이후 개시하는 사업연도 분부터 적용한다.

　제14조【업무용승용차 보험가입에 관한 특례】2016년 4월 1일 이후 기존에 가입했던 자동차 보험의 만기가 도래하여 제50조의 2 제4항 제1호에 따른 업무전용자동차보험에 가입한 경우 또는 2016년 4월 1일 이전에 가입했던 자동차 보험의 만기가 도래하기 전에 업무용승용차를 처분하거나 임차계약이 종료된 경우에는 2016년 1월 1일부터 가입한 것으로 본다.

　제15조【업무용승용차 업무사용비율에 관한 특례】① 제50조의 2 제4항 제1호의 업무사용비율을 계산할 때 2016년 1월 1일부터 2016년 3월 31일까지에 해당하는 업무사용비율은 2016년 4월 1일부터 해당 사업연도 종료일까지 계산되는 업무사용비율과 동일한 것으로 본다. 다만, 법인이 별도의 기록을 통하여 업무용 사용을 입증하는 경우 이를 합산하여 업무사용비율을 계산할 수 있다.
② 제1항에도 불구하고 2016년 3월 31일 이전에 업무용승용차를 처분하거나 임차계약이 종료된 경우 해당 업무용승용차에 대한 2016년 1월 1일부터의 업무사용비율은 100분의 100으로 본다.

　제16조【퇴직보험료 등의 손금불산입에 관한 경과조치】이 영 시행 당시 종전의
☞ p.694 3단 연결

⑦~⑮ 생 략
　제4조 생 략

부 칙 (2016. 5. 31. 대통령령 제27205호 ; 기술신용보증기금법 시행령 부칙)
　제1조【시행일】이 영은 2016년 9월 30일부터 시행한다. 다만, 제22조의 8 제2항 후단 및 별표의 개정규정은 공포한 날부터 시행한다.
　제2조【다른 법령의 개정】①~⑰ 생 략
⑱ 법인세법 시행령 일부를 다음과 같이 개정한다.
　제61조 제2항 제19호를 다음과 같이 한다.
　19. 「기술보증기금법」에 따른 기술보증기금
⑲~㊾ 생 략
　제3조 생 략

부 칙 (2016. 4. 29. 대통령령 제27115호 ; 기업구조조정촉진법 시행령 부칙)
　제1조【시행일】이 영은 공포한 날부터 시행한다.
　제2조·제3조 생 략
　제4조【다른 법령의 개정】①~⑤ 생 략
⑥ 법인세법 시행령 일부를 다음과 같이 개정한다.
　제10조 제1항 제2호 중 "「기업구조조정 촉진법」 제8조 제1항"을 "「기업구조조정 촉진법」 제14조 제1항"으로, "경영정상화계획"을 각각 "기업개선계획"으로 한다.
　제15조 제4항 제2호 중 "경영정상화계획"을 "기업개선계획"으로 한다.
　제18조 제1항 제2호 다목 중 "경영정상화계획"을 "기업개선계획"으로, "채권금융기관협의회"를 "금융채권자협의회"로 한다.
⑦~⑯ 생 략
　제5조 생 략

부 칙 (2016. 3. 11. 대통령령 제27037호 ; 예금자보호법 시행령 부칙)
　제1조【시행일】이 영은 공포한 날부터 시행한다.
　제2조【다른 법령의 개정】①~⑤ 생 략
⑥ 법인세법 시행령 일부를 다음과 같이 개정한다.
　제61조 제2항 제26호 중 "정리금융기관"을 "정리금융회사"로 한다.
⑦~⑰ 생 략

부 칙 (2016. 2. 12. 대통령령 제26981호)
　제1조【시행일】이 영은 공포한 날부터 시행한다. 다만, 제50조의 2 제6항의 개정규정은 2016년 4월 1일부터 시행하고, 제158조 제6항의 개정규정은 2017년 1월 1일부터 시행한다.
　제2조【일반적 적용례】이 영은 2016년 1월 1일 이후 개시하는 사업연도분부터 적용한다.
　제3조【재산가액의 평가 등에 관한 적용례】제14조의 개정규정은 이 영 시행 이

제22조 생 략

부 칙 (2016. 8. 11. 대통령령 제27444호 ; 주택법 시행령 부칙)
　제1조【시행일】이 영은 2016년 8월 12일부터 시행한다.
　제2조~제6조 생 략
　제7조【다른 법령의 개정】①~㉘ 생 략
㉙ 법인세법 시행령 일부를 다음과 같이 개정한다.
　제92조의 2 제2항 제1호의 4 각 목 외의 부분 전단 및 같은 항 제1호의 5 각 목 외의 부분 중 "「주택법」 제38조"를 각각 "「주택법」 제54조"로 한다.
㉚~㊵ 생 략
　제8조 생 략

부 칙 (2016. 7. 6. 대통령령 제27322호 ; 대부업 등의 등록 및 금융이용자 보호에 관한 법률 시행령 부칙)
　제1조【시행일】이 영은 2016년 7월 25일부터 시행한다.
　제2조·제3조 생 략
　제4조【다른 법령의 개정】① 법인세법 시행령 일부를 다음과 같이 개정한다.
　제61조 제2항 제28호를 다음과 같이 한다.
　28. 「대부업 등의 등록 및 금융이용자 보호에 관한 법률」에 따라 대부업자로 등록한 법인
②~⑤ 생 략

부 칙 (2016. 6. 21. 대통령령 제27245호 ; 수산종자산업육성법 시행령 부칙)
　제1조【시행일】이 영은 2016년 6월 23일부터 시행한다.
　제2조 생 략
　제3조【다른 법령의 개정】①~⑤ 생 략
⑥ 법인세법 시행령 일부를 다음과 같이 개정한다.
　제92조의 8 제1항 제11호 가목을 다음과 같이 한다.
　가. 「수산업법」에 따라 허가를 받은 육상해수양식어업 또는 「수산종자산업육성법」에 따라 허가를 받은 수산종자생산업에 사용되는 토지

부 칙 (2015. 7. 20. 대통령령 제26416호 ; 수목원 조성 및 진흥에 관한 법률 시행령 부칙)

제1조 【시행일】 이 영은 2015년 7월 21일부터 시행한다.

제2조 【다른 법령의 개정】 ① · ② 생 략

③ 법인세법 시행령 일부를 다음과 같이 개정한다.

제92조의 6 제4항 제3호 중 "「수목원조성 및 진흥에 관한 법률」"을 "「수목원 · 정원의 조성 및 진흥에 관한 법률」"로 한다.

④~⑬ 생 략

제3조 생 략

부 칙 (2015. 6. 30. 대통령령 제26369호 ; 주택도시기금법 시행령 부칙)

제1조 【시행일】 이 영은 2015년 7월 1일부터 시행한다.

제2조 생 략

제3조 【다른 법령의 개정】 ①~⑪ 생 략

⑫ 법인세법 시행령 일부를 다음과 같이 개정한다.

제63조 제1항 제2호를 다음과 같이 한다.

2. 「주택도시기금법」에 따른 주택도시보증공사

제63조 제4항 제2호 중 "대한주택보증주식회사"를 "주택도시보증공사"로 한다.

제92조의 2 제2항 제1호의 7 나목, 같은 항 제1호의 9 나목 및 같은 항 제1호의 11 각 목 외의 부분 중 "「주택법」에 따른 대한주택보증주식회사"를 각각 "「주택도시기금법」에 따른 주택도시보증공사"로 한다.

제111조 제1항 제7호 중 "「주택법」 제61조 제2항의 규정에 의하여 국민주택기금"을 "「주택도시기금법」 제6조 제2항에 따라 주택도시기금"으로 한다.

⑬~㉜ 생 략

제4조 생 략

부 칙 (2015. 6. 1. 대통령령 제26302호 ; 측량 · 수로조사 및 지적에 관한 법률 시행령 부칙)

제1조 【시행일】 이 영은 2015년 6월 4일부터 시행한다.

제2조 【다른 법령의 개정】 ①~㉖ 생 략

㉗ 법인세법 시행령 일부를 다음과 같이 개정한다.

제92조의 8 제1항 제11호 각 목 외의 부분 중 "「측량 · 수로조사 및 지적에 관한 법률」"을 "「공간정보의 구축 및 관리 등에 관한 법률」"로 한다.

㉘~�554 생 략

제3조 생 략

(1967. 12. 30. 대통령령 제3319호~
2015. 2. 3. 대통령령 제26068호) 생략

부 칙 (2015. 12. 28. 대통령령 제26763호 ; 임대주택법 시행령 부칙)

제1조 【시행일】 이 영은 2015년 12월 29일부터 시행한다.

제2조 ~ 제8조 생 략

제9조 【다른 법령의 개정】 ①~⑨ 생 략

⑩ 법인세법 시행령 일부를 다음과 같이 개정한다.

제86조의 2 제2항 중 "「임대주택법 시행령」 제14조 제4항 제4호"를 "「민간임대주택에 관한 특별법 시행령」 제4조 제1항 제3호 다목의 투자회사"로 한다.

제92조의 2 제2항 제1호 각 목 외의 부분 중 "「임대주택법」 제2조 제3호에 따른 매입임대주택"을 "「민간임대주택에 관한 특별법」 제2조 제3호에 따른 민간매입임대주택 또는 「공공주택 특별법」 제2조 제1호의 3에 따른 공공매입임대주택"으로 하고, 같은 호 다목 중 "「임대주택법」 제6조에 따라 임대주택으로 등록하여"를 "「민간임대주택에 관한 특별법」 제5조에 따라 민간임대주택으로 등록하거나 「공공주택 특별법」 제2조 제1호 가목에 따른 공공임대주택으로 건설 또는 매입되어"로 하며, 같은 항 제1호의 2 각 목 외의 부분 중 "「임대주택법」 제2조 제2호에 따른 건설임대주택"을 "「민간임대주택에 관한 특별법」 제2조 제2호에 따른 민간건설임대주택 또는 「공공주택 특별법」 제2조 제1호의 2에 따른 공공건설임대주택"으로 하고, 같은 호 다목 중 "「임대주택법」 제6조에 따라 임대주택으로 등록하여"를 "「민간임대주택에 관한 특별법」 제5조에 따라 민간임대주택으로 등록하거나 「공공주택 특별법」 제2조 제1호 가목에 따른 공공임대주택으로 건설 또는 매입되어"로 하며, 같은 항 제1호의 3 각 목 외의 부분 및 같은 항 제1호의 4 각 목 외의 부분 중 "「임대주택법」 제2조 제3호에 따른 매입임대주택"을 각각 "「민간임대주택에 관한 특별법」 제2조 제3호에 따른 민간매입임대주택 또는 「공공주택 특별법」 제2조 제1호의 3에 따른 공공매입임대주택"으로 하고, 같은 조 제4항 제4호 각 목 외의 부분 중 "「임대주택법」에 따른 건설임대주택"을 "「민간임대주택에 관한 특별법」 제2조 제2호에 따른 민간건설임대주택 또는 「공공주택 특별법」 제2조 제1호의 2에 따른 공공건설임대주택"으로 한다.

⑪~㉖ 생 략

제10조 생 략

부 칙 (2015. 10. 23. 대통령령 제26600호 ; 자본시장과 금융투자업에 관한 법률 시행령 부칙)

제1조 【시행일】 이 영은 2015년 10월 25일부터 시행한다. (단서 생략)

제2조 ~ 제8조 생 략

제9조 【다른 법령의 개정】 ①~④ 생 략

⑤ 법인세법 시행령 일부를 다음과 같이 개정한다.

제111조 제2항 제4호 중 "같은 법 제9조 제18항 제7호의 사모투자전문회사"를 "같은 법 제9조 제19항 제1호에 따른 경영참여형 사모집합투자기구"로 한다.

제161조 제1항 제2호 중 "같은 법 제9조 제18항 제7호의 사모투자전문회사"를 "같은 법 제9조 제19항 제1호에 따른 경영참여형 사모집합투자기구"로 한다.

⑥~⑱ 생 략

제44조의 2 제4항 제1호 및 제1호의 2에 따라 퇴직보험료 등을 신고한 경우에는 제44조의 2 제4항 제1호 및 제1호의 2의 개정규정에도 불구하고 종전의 규정에 따른다.

제17조 【물적분할로 인한 자산양도차익상당액의 손금산입에 관한 경과조치】 이 영 시행 전에 물적분할로 분할된 분할법인이 적격분할을 한 경우에는 제84조의 개정규정에도 불구하고 종전의 규정에 따른다.

제18조 【토지등 양도소득의 과세특례에 관한 경과조치】 이 영 시행 전에 기업형임대사업자에게 토지를 양도하여 발생한 소득에 대해서는 제92조의 2 제4항 제5호의 개정규정에도 불구하고 종전의 규정에 따른다.

제19조 【환매조건부채권매매거래 등의 원천징수 및 환급등과 외국법인의 채권 등의 이자 등에 대한 원천징수특례에 관한 경과조치】 이 영 시행 전에 채권 등으로부터 발생한 이자소득에 대해서는 제114조의 2 제1항 · 제2항 및 제138조의 3 제2항 · 제3항의 개정규정에도 불구하고 종전의 규정에 따른다.

부 칙 (2016. 1. 22. 대통령령 제26922호 ; 제주특별자치도 설치 및 국제자유도시 조성을 위한 특별법 시행령 부칙)

제1조 【시행일】 이 영은 2016년 1월 25일부터 시행한다.

제2조 · 제3조 생 략

제4조 【다른 법령의 개정】 ①~⑲ 생 략

⑳ 법인세법 시행령 일부를 다음과 같이 개정한다.

제56조 제6항 제10호 중 "「제주특별자치도 설치 및 국제자유도시 조성을 위한 특별법」 제261조에 따라 설립된 제주국제자유도시개발센터"를 "「제주특별자치도 설치 및 국제자유도시 조성을 위한 특별법」 제166조에 따라 설립된 제주국제자유도시 개발센터"로, "같은 법 제265조 제1항 제1호"를 "같은 법 제170조 제1항 제1호"로 한다.

㉑~㊻ 생 략

제5조 · 제6조 생 략

법인세법 시행령 별표

[별표 1] (2024. 2. 29. 신설)

손금불산입 대상 손해배상금에 관한 법률 (제23조 제1항 제1호 관련)

1. 「가맹사업거래의 공정화에 관한 법률」 제37조의 2 제2항
2. 「개인정보 보호법」 제39조 제3항
3. 「공익신고자 보호법」 제29조의 2 제1항
4. 「기간제 및 단시간근로자 보호 등에 관한 법률」 제13조 제2항
5. 「남녀고용평등과 일·가정 양립 지원에 관한 법률」 제29조의 2 제2항
6. 「농수산물 품질관리법」 제37조 제2항
7. 「대규모유통업에서의 거래 공정화에 관한 법률」 제35조의 2 제2항
8. 「대리점거래의 공정화에 관한 법률」 제34조 제2항
9. 「대·중소기업 상생협력 촉진에 관한 법률」 제40조의 2 제2항
10. 「독점규제 및 공정거래에 관한 법률」 제109조 제2항
11. 「디자인보호법」 제115조 제7항
12. 「부정경쟁방지 및 영업비밀보호에 관한 법률」 제14조의 2 제6항
13. 「산업기술의 유출방지 및 보호에 관한 법률」 제22조의 2 제2항
14. 「상표법」 제110조 제7항
15. 「식물신품종 보호법」 제85조 제2항
16. 「신용정보의 이용 및 보호에 관한 법률」 제43조 제2항
17. 「실용신안법」 제30조
18. 「자동차관리법」 제74조의 2 제2항
19. 「제조물 책임법」 제3조 제2항
20. 「중대재해 처벌 등에 관한 법률」 제15조 제1항
21. 「축산계열화사업에 관한 법률」 제34조의 2 제2항
22. 「특허법」 제128조 제8항
23. 「파견근로자 보호 등에 관한 법률」 제21조 제3항
24. 「하도급거래 공정화에 관한 법률」 제35조 제2항
25. 「환경보건법」 제19조 제2항

[별표 1의 2] (2024. 2. 29. 개정)

축산용 토지의 기준면적 (제92조의 7 제4항 관련)

1. 가축별 기준면적

구 분	사업	가축 두수	축사 및 부대시설		초지 또는 사료포		비고
			축 사 (제곱미터)	부대시설 (제곱미터)	초 지 (헥타르)	사료포 (헥타르)	
1. 한우 (육우)	사육사업	1두당	7.5	5	0.5	0.25	말·노새 또는 당나귀를 사육하는 경우를 포함한다.
2. 한우 (육우)	비육사업	1두당	7.5	5	0.2	0.1	
3. 유우	목장사업	1두당	11	7	0.5	0.25	
4. 양	목장사업	10두당	8	3	0.5	0.25	
5. 사슴	목장사업	10두당	66	16	0.5	0.25	
6. 토끼	사육사업	100두당	33	7	0.2	0.1	친칠라를 사육하는 경우를 포함한다.
7. 돼지	양돈사업	5두당	50	13	–	–	개를 사육하는 경우를 포함한다.
8. 가금	양계사업	100수당	33	16	–	–	
9. 밍크	사육사업	5수당	7	7	–	–	여우를 사육하는 경우를 포함한다.

2. 가축두수

가축두수는 다음 각 목의 어느 하나의 방법 중 납세자가 선택하는 방법에 따라 산정한다.

가. 양도일 이전 최근 6사업연도(양도일이 속하는 사업연도를 포함한다. 이하 같다) 중 납세자가 선택하는 축산업을 영위한 3사업연도의 최고사육두수를 평균한 것

나. 양도일 이전 최근 4사업연도 중 납세자가 선택하는 축산업을 영위한 2사업연도의 최고사육두수를 평균한 것

다. 축산업을 영위한 기간이 2년 이하인 경우에는 축산업을 영위한 사업연도의 최고사육두수를 평균한 것

[별표 2] (2025. 2. 28. 개정)

과태료의 부과기준(제167조 관련) (2025. 2. 28. 제목개정)

위반행위	근거 법조문	과태료 금액
1. 법 제117조 제5항에 따른 신용카드 가맹점에 대한 명령사항을 위반한 경우	법 제124조 제1호	신용카드에 의한 거래를 거부하거나 신용카드 매출전표를 사실과 다르게 발급한 금액의 100분의 20(2천만원을 한도로 한다)
2. 법 제117조의 2 제8항에 따른 현금영수증가맹점에 대한 다음 각 목의 명령사항을 위반한 경우 가. 현금영수증을 발급하지 않거나 사실과 다르게 발급한 경우에 대한 명령 나. 그 밖의 명령	법 제124조 제2호	 현금영수증을 발급하지 않거나 사실과 다르게 발급한 금액의 100분의 20(2천만원을 한도로 한다) 건별 50만원
3. 법 제120조의 4 제2항에 따른 가상자산사업자에 대한 명령사항을 위반한 경우 (2025. 2. 28. 신설)	법 제124조 제3호	다음 각 목의 수입금액에 따라 해당 각 목에서 규정한 금액 가. 수입금액이 1,000억원 초과인 경우: 2,000만원 나. 수입금액이 500억원 초과 1,000억원 이하인 경우: 1,500만원 다. 수입금액이 100억원 초과 500억원 이하인 경우: 1,000만원 라. 수입금액이 100억원 이하인 경우: 500만원

비 고 (2025. 2. 28. 신설)

1. 위 표 제3호의 과태료 금액란에서 "수입금액"이란 위반행위를 한 날이 속하는 사업연도 또는 과세기간(이하 "과세연도"라 한다)의 직전 과세연도에 발생한 다음 각 호의 구분에 따른 금액을 말한다. 이 경우 법 제66조 또는 「소득세법」 제80조에 따라 결정·경정된 금액이 있는 경우에는 그 결정·경정된 금액으로 한다.
  가. 가상자산사업자가 법인인 경우: 법 제60조 제1항(법 제97조 제1항 제2호에 따라 준용되는 경우를 포함한다)에 따라 신고된 수입금액
  나. 가상자산사업자가 개인인 경우: 「소득세법」 제24조에 따른 총수입금액(같은 법 제70조 및 제70조의 2에 따라 신고된 금액으로서 사업소득에 관한 금액으로 한정한다)

2. 위반행위를 한 날이 속하는 과세연도의 직전 과세연도에 사업을 시작한 경우에는 다음 계산식에 따라 계산한 금액을 수입금액으로 한다.

$$\frac{\text{직전 과세연도 수입금액}}{\text{직전 과세연도 사업일수}} \times 365$$

3. 수입금액이 확인되지 않는 경우에는 100억원 이하인 것으로 본다.

[별표 2의 2] (2019. 2. 12. 신설)

과태료의 부과기준(대통령령 제29529호 법인세법 시행령 일부개정령 부칙 제13조 관련)

위반행위	근거 법조문	과태료 금액
1. 법 제121조의 2 제1항에 따른 기한까지 다음 각 목의 자료를 제출하지 않거나 거짓된 자료를 제출하는 경우 가. 해외현지법인 명세서 등 　1) 해외현지법인 명세서 　2) 해외현지법인 재무상황표 　3) 손실거래명세서 　4) 해외영업소 설치현황표 나. 해외부동산등의 투자 명세 등 : 해외부동산 취득·투자운용(임대) 및 처분 명세서	법 제123조 제1항 제1호 및 법 제121조의 3 제2항 제1호	 건별 1천만원 해외부동산등의 취득가액의 100분의 1 (5천만원을 한도로 한다)
2. 법 제121조의 2 제2항에 따라 자료제출 또는 보완을 요구받은 날부터 60일 이내에 다음 각 목의 자료를 제출하지 않거나 거짓된 자료를 제출하는 경우 가. 해외현지법인 명세서 등 　1) 해외현지법인 명세서 　2) 해외현지법인 재무상황표 　3) 손실거래명세서 　4) 해외영업소 설치현황표	법 제123조 제1항 제2호 및 법 제121조의 3 제2항 제2호	 건별 1천만원

위반행위	근거 법조문	과태료 금액
나. 해외부동산등의 투자 명세 등 : 해외부동산 취득·투자운용(임대) 및 처분 명세서		해외부동산등의 취득가액의 100분의 1 (5천만원을 한도로 한다)
3. 법 제117조 제5항에 따른 신용카드가맹점에 대한 명령사항을 위반한 경우	법 제124조 제1호	신용카드에 의한 거래를 거부하거나 신용카드 매출전표를 사실과 다르게 발급한 금액의 100분의 20 (2천만원을 한도로 한다)
4. 법 제117조의 2 제8항에 따른 현금영수증가맹점에 대한 다음 각 목의 명령사항을 위반한 경우	법 제124조 제2호	
가. 현금영수증을 발급하지 않거나 사실과 다르게 발급한 경우에 대한 명령		현금영수증을 발급하지 않거나 사실과 다르게 발급한 금액의 100분의 20 (2천만원을 한도로 한다)
나. 그 밖의 명령		건별 50만원

법인세법 시행규칙 별표

[별표 1] 기관투자자의 범위(제9조 제1항 및 제2항 관련) 삭 제 (2009. 3. 30.)

[별표 2] <u>(2025. 3. 21. 개정)</u>

시험연구용자산의 내용연수표(제15조 제1항 및 제2항 관련)

자산범위	자산명	내용연수
1. 새로운 지식이나 기술의 발견을 위한 실험연구시설 (2025. 3. 21. 개정)	(1) 건물부속설비 (2) 구축물	5년
2. 신제품이나 신기술을 개발할 목적으로 관련된 지식과 경험을 응용하는 연구시설 (2025. 3. 21. 개정) 3. 신제품이나 신기술과 관련된 시제품, 원형, 모형 또는 시험설비 등의 설계, 제작 및 시설을 위한 설비 (2025. 3. 21. 개정) 4. 새로운 기술에 수반되는 공구, 기구, 금형 등의 설계 및 시험적 제작을 위한 시설 (2025. 3. 21. 개정) 5. 직업훈련용 시설 (2025. 3. 21. 개정)	(3) 기계장치 (4) 광학기기 (5) 시험기기 (6) 측정기기 (7) 공구 (8) 기타 시험연구용 설비	3년

비고
1. 시험연구용 자산 중 「조세특례제한법 시행령」 제25조의 3 제3항 제2호에 따른 연구·시험용 시설 및 직업훈련용 시설에 대한 투자에 대해 「조세특례제한법」 제24조에 따른 세액공제를 이미 받은 자산에 대해서는 이 내용연수표에 따른 감가상각비를 손금에 산입할 수 없다.
2. 법인이 시험연구용자산에 대하여 이 내용연수표를 적용하지 않으려는 경우에는 별표 5 건축물 등의 기준내용연수 및 내용연수범위표 또는 별표 6 업종별 자산의 기준내용연수 및 내용연수범위표를 적용하여 감가상각비를 손금에 산입할 수 있다.

[별표 3] <u>(2025. 3. 21. 개정)</u>

<u>무형자산의 내용연수표</u>(제15조 제2항 관련)

무형자산	내용연수
영업권, 디자인권, 실용신안권, 상표권	5년
특허권	7년
어업권, 「해저광물자원 개발법」에 따른 채취권(생산량비례법 선택 적용), 유료도로관리권, 수리권, 전기가스공급시설이용권, 공업용수도시설이용권, 수도시설이용권, 열공급시설이용권	10년

무형자산	내용연수
광업권(생산량비례법 선택 적용), 전신전화전용시설이용권. 전용측선이용권, 하수종말처리장시설관리권, 수도시설관리권	20년
철도시설관리권	30년
댐사용권	50년

[별표 4] (99. 5. 24 개정)

감가상각자산의 상각률표(제15조 제2항 관련)

내용연수	정액법에 의한 상각률	정률법에 의한 상각률	내용연수	정액법에 의한 상각률	정률법에 의한 상각률
년	할분리	할분리	24	042	118
2	500	777	25	040	113
3	333	632	26	039	109
4	250	528	27	037	106
5	200	451	28	036	102
6	166	394	29	035	099
7	142	349	30	034	096
8	125	313	31	033	093
9	111	284	32	032	090
10	100	259	33	031	087
11	090	146	34	030	085
12	083	221	35	029	083
13	076	206	36	028	080
14	071	193	37	027	078
15	066	182	38	027	076
16	062	171	39	026	074
17	058	162	40	025	073
18	055	154	41	025	071
19	052	146	42	024	069
20	050	140	43	024	068
21	048	133	44	023	066
22	046	128	45	023	065
23	044	123	46	022	064

내용연수	정액법에 의한 상각률	정률법에 의한 상각률	내용연수	정액법에 의한 상각률	정률법에 의한 상각률
47	022	062	54	019	054
48	021	061	55	019	054
49	021	060	56	018	053
50	020	059	57	018	052
51	020	058	58	018	051
52	020	056	59	017	050
53	019	055	60	017	049

[별표 5] (2024. 11. 11. 개정)

건축물 등의 기준내용연수 및 내용연수범위(제15조 제3항 관련)

구 분	기준내용연수 및 내용연수범위(하한~상한)	구조 또는 자산명
1	5년 (4년~6년)	차량 및 운반구[운수업, 임대업(부동산은 제외한다)에 사용되는 차량 및 운반구는 제외한다], 공구, 기구, 금형 및 비품
2	12년 (9년~15년)	선박 및 항공기[어업, 운수업, 임대업(부동산은 제외한다)에 사용되는 선박 및 항공기는 제외한다]
3	20년 (15년~25년)	연와조, 블록조, 콘크리트조, 토조, 토벽조, 목조, 목골모르타르조, 기타 조의 모든 건물(부속설비를 포함한다)과 구축물
4	40년 (30년~50년)	철골·철근콘크리트조, 철근콘크리트조, 석조, 연와석조, 철골조의 모든 건물(부속설비를 포함한다)과 구축물

비 고

1. 이 표를 적용할 때 "건물(부속설비를 포함한다)"과 "구축물"이 그 기준내용연수 및 내용연수범위가 서로 다른 둘 이상의 복합구조로 구성되어 있는 경우에는 주된 구조에 따른 기준내용연수 및 내용연수범위를 적용한다.

2. 이 표 제3호 및 제4호를 적용할 때 "부속설비"에는 해당 건물과 관련된 전기설비, 급배수·위생 설비, 가스설비, 냉방·난방·통풍 및 보일러 설비, 승강기 설비 등 모든 부속설비를 포함하고, "구축물"에는 하수도, 굴뚝, 경륜장, 포장도로, 교량, 도크, 방벽, 철탑, 터널, 그 밖에 토

지에 정착한 모든 토목설비나 공작물을 포함한다. 다만, "부속설비"를 해당 건물과 구분하여 업종별 자산으로 회계처리하는 경우에는 별표 6을 적용할 수 있다.

3. 다음 각 목의 어느 하나에 해당하는 건물(부속설비를 포함한다) 또는 구축물에 대해서는 이 표 제3호의 기준내용연수 및 내용연수범위(하한~상한)를 10년(8년~12년)으로 하고, 이 표 제4호의 기준내용연수 및 내용연수범위(하한~상한)를 20년(15년~25년)으로 한다. (2024. 11. 11. 개정)

가. 건물 중 변전소, 발전소, 공장, 창고, 정거장ㆍ정류장ㆍ차고용 건물, 폐수 및 폐기물처리 용 건물, 「유통산업발전법」 별표에 따른 대형마트 또는 전문점(해당 대형마트 또는 전문점의 지상층에 주차장이 있는 경우로 한정한다), 「국제회의산업 육성에 관한 법률」에 따른 국제회의시설, 「무역거래기반 조성에 관한 법률」에 따른 무역거래기반시설(별도의 건물인 무역연수원은 제외한다), 축사 (2024. 11. 11. 개정)

나. 구축물 중 하수도, 굴뚝, 경륜장, 포장도로, 폐수 및 폐기물처리용 구축물 (2024. 11. 11. 개정)

다. 건물 또는 구축물 중 진동이 심하거나 부식성 물질에 심하게 노출된 것 (2024. 11. 11. 개정)

[별표 6] (2024. 3. 20. 개정)

업종별 자산의 기준내용연수 및 내용연수범위(제15조 제3항 관련)

구분	기준내용연수 및 내용연수범위 (하한~상한)	적용대상 자산 (다음의 한국표준산업분류상 업종에 사용되는 자산)	
		대분류	중분류
1	4년 (3년~5년)	제조업	15. 가죽, 가방 및 신발 제조업. 다만, 모피 및 가죽 제조업(1511)은 제4호의 기준내용연수 및 내용연수범위[8년(6년~10년)]를 적용한다.
		교육서비스업	85. 교육 서비스업
2	5년 (4년~6년)	농업, 임업 및 어업	01. 농업. 다만, 과수의 경우에는 제9호의 기준내용연수 및 내용연수범위[20년(15년~25년)]를 적용한다.
			02. 임업

구분	기준내용연수 및 내용연수범위 (하한~상한)	적용대상 자산 (다음의 한국표준산업분류상 업종에 사용되는 자산)	
		대분류	중분류
2	5년 (4년~6년)	광업	05. 석탄, 원유 및 천연가스 광업
		제조업	18. 인쇄 및 기록매체 복제업
			21. 의료용 물질 및 의약품 제조업
		수도, 하수 및 폐기물 처리, 원료 재생업	37. 하수, 폐수 및 분뇨 처리업
			38. 폐기물 수집, 운반, 처리 및 원료재생업. 다만, 해체, 선별 및 원료 재생업(383) 중 재생용 금속ㆍ비금속 가공원료 생산업은 제5호의 기준내용연수 및 내용연수범위[10년(8년~12년)]를 적용한다.
			39. 환경 정화 및 복원업
		건설업	42. 전문직별 공사업
		도매 및 소매업	45. 자동차 및 부품 판매업
			46. 도매 및 상품 중개업
			47. 소매업(자동차는 제외한다)
		운수 및 창고업	49. 육상운송 및 파이프라인 운송업. 다만, 철도 운송업(491) 및 도시철도 운송업(49211)은 제9호의 기준내용연수 및 내용연수범위[20년(15년~25년)]를 적용하고, 택배업(49401) 및 늘찬 배달업(49402)은 제4호의 기준내용연수 및 내용연수범위[8년(6년~10년)]를 적용한다.
		정보통신업	58. 출판업
			59. 영상ㆍ오디오 기록물 제작 및 배급업
			60. 방송 및 영상ㆍ오디오물 제공 서비스업
			62. 컴퓨터 프로그래밍, 시스템 통합 및 관리업
			63. 정보서비스업

구분	기준내용연수 및 내용연수범위 (하한~상한)	적용대상 자산 (다음의 한국표준산업분류상 업종에 사용되는 자산)	
		대분류	중분류
2	5년 (4년~6년)	금융 및 보험업	64. 금융업 65. 보험업 66. 금융 및 보험 관련 서비스업
		전문, 과학 및 기술 서비스업	70. 연구개발업 71. 전문 서비스업 72. 건축기술, 엔지니어링 및 기타 과학기술 서비스업 73. 기타 전문, 과학 및 기술 서비스업
		사업시설 관리, 사업 지원 및 임대 서비스업	74. 사업시설 관리 및 조경 서비스업 75. 사업지원 서비스업. 다만, 여행사 및 기타 여행보조 서비스업(752)은 제4호의 기준내용연수 및 내용연수범위[8년(6년~10년)]를 적용한다. 76. 임대업(부동산은 제외한다)
		공공행정, 국방 및 사회보장 행정	84. 공공행정, 국방 및 사회보장 행정
		보건업 및 사회복지 서비스업	86. 보건업 87. 사회복지 서비스업
		예술, 스포츠 및 여가관련 서비스업	90. 창작, 예술 및 여가관련 서비스업 91. 스포츠 및 오락관련 서비스업
		협회 및 단체, 수리 및 기타 개인 서비스업	94. 협회 및 단체 96. 기타 개인 서비스업
		가구 내 고용활동 및 달리 분류되지 않은 자가소비 생산활동	97. 가구 내 고용활동 98. 달리 분류되지 않은 자가소비를 위한 가구의 재화 및 서비스 생산활동
		국제 및 외국기관	99. 국제 및 외국기관
3	6년 (5년~7년)	제조업	26. 전자부품, 컴퓨터, 영상, 음향 및 통신장비 제조업. 다만, 마그네틱 및 광학
3	6년 (5년~7년)	제조업	매체 제조업(2660)은 제4호의 기준내용연수 및 내용연수범위[8년(6년~10년)]를 적용하고, 전자코일, 변성기 및 기타 전자 유도자 제조업(26293) 및 유선 통신장비 제조업(26410) 중 중앙통제실 송신용 침입 및 화재경보 시스템 제조는 제5호의 기준내용연수 및 내용연수범위[10년(8년~12년)]를 적용한다.
		정보통신업	61. 우편 및 통신업
4	8년 (6년~10년)	제조업	14. 의복, 의복 액세서리 및 모피제품 제조업. 다만, 편조의복 제조업(143) 및 편조의복 액세서리 제조업(1441)은 제5호의 기준내용연수 및 내용연수범위[10년(8년~12년)]를 적용한다. 20. 화학물질 및 화학제품 제조업(의약품은 제외한다). 다만, 살균·살충제 및 농약 제조업(2032)은 제1호의 기준내용연수 및 내용연수범위[4년(3년~5년)]을 적용하고, 화약 및 불꽃제품 제조업(20494) 중 성냥 제조는 제5호의 기준내용연수 및 내용연수범위[10년(8년~12년)]를 적용한다. 34. 산업용 기계 및 장비 수리업
		건설업	41. 종합 건설업
		운수 및 창고업	52. 창고 및 운송관련 서비스업
		숙박 및 음식점업	55. 숙박업 56. 음식점 및 주점업
		부동산업	68. 부동산업

구분	기준내용연수 및 내용연수범위 (하한~상한)	적용대상 자산 (다음의 한국표준산업분류상 업종에 사용되는 자산)	
		대분류	중분류
4	8년 (6년~10년)	협회 및 단체, 수리 및 기타 개인 서비스업	95. 개인 및 소비용품 수리업
5	10년 (8년~12년)	농업, 임업 및 어업	03. 어업. 다만, 내수면 양식 어업(03212) 중 수생파충류 및 개구리 양식은 제2호의 기준내용연수 및 내용연수범위[5년(4년~6년)]를 적용한다.
5	10년 (8년~12년)	광업	06. 금속 광업 07. 비금속광물 광업(연료용은 제외한다). 다만, 그 외 기타 비금속광물 광업(0729) 중 토탄 채굴은 제2호의 기준내용연수 및 내용연수범위[5년(4년~6년)]를 적용한다. 08. 광업 지원 서비스업. 다만, 광업 지원 서비스업(08000) 중 채굴목적 광물탐사활동, 유·무연탄 채굴 지원 서비스 및 갈탄 및 토탄 채굴 지원 서비스는 제2호의 기준내용연수 및 내용연수범위[5년(4년~6년)]를 적용한다.
		제조업	10. 식료품 제조업 11. 음료 제조업 13. 섬유제품 제조업(의복은 제외한다). 다만, 섬유제품 염색, 정리 및 마무리 가공업(134)은 제4호의 기준내용연수 및 내용연수범위[8년(6년~10년)]를 적용한다. 16. 목재 및 나무제품 제조업(가구는 제외한다) 17. 펄프, 종이 및 종이제품 제조업 22. 고무 및 플라스틱제품 제조업 23. 비금속 광물제품 제조업. 다만, 산업용

구분	기준내용연수 및 내용연수범위 (하한~상한)	적용대상 자산 (다음의 한국표준산업분류상 업종에 사용되는 자산)	
		대분류	중분류
5	10년 (8년~12년)	제조업	유리 제조업(2312) 중 평판 디스플레이용 유리의 제조업과 브라운관용 벌브유리의 제조업은 제2호의 기준내용연수 및 내용연수범위[5년(4년~6년)]를 적용한다. 24. 1차 금속 제조업. 다만, 기타 비철금속 제련, 정련 및 합금 제조업(24219) 중 우라늄 제련 및 정련업은 제4호의 기준내용연수 및 내용연수범위[8년(6년~10년)]를 적용한다. 25. 금속가공제품 제조업(기계 및 가구는 제외한다) 27. 의료, 정밀, 광학기기 및 시계 제조업 28. 전기장비 제조업 29. 기타 기계 및 장비 제조업 31. 기타 운송장비 제조업 32. 가구 제조업 33. 기타 제품 제조업
6	12년 (9년~15년)	제조업	12. 담배 제조업. 다만, 니코틴이 함유된 전자담배 기기용 용액 제조는 제4호의 기준내용연수 및 내용연수범위[8년(6년~10년)]를 적용한다. 30. 자동차 및 트레일러 제조업
		운수 및 창고업	50. 수상 운송업. 다만, 외항 화물 운송업(50112)은 제9호의 기준내용연수 및 내용연수범위[20년(15년~25년)]를 적용한다. 51. 항공 운송업
7	14년 (11년~17년)	제조업	19. 코크스, 연탄 및 석유정제품 제조업. 다만, 코크스 및 연탄 제조업(1910)

구분	기준내용연수 및 내용연수범위 (하한~상한)	적용대상 자산 (다음의 한국표준산업분류상 업종에 사용되는 자산)	
		대분류	중분류
7	14년 (11년~17년)	제조업	중 연탄, 갈탄·토탄의 응집 유·무연탄 및 기타 유·무연탄 제조는 제2호의 기준내용연수 및 내용연수범위 [5년(4년~6년)]를 적용한다.
8	16년 (12년~20년)	전기, 가스, 증기 및 공기조절 공급업	35. 전기, 가스, 증기 및 공기조절 공급업
9	20년 (15년~25년)	수도, 하수 및 폐기물 처리, 원료 재생업	36. 수도업

비 고

1. 이 표는 별표 3 또는 별표 5의 적용을 받는 자산을 제외한 모든 감가상각자산에 대해 적용한다.
2. 내용연수범위가 서로 다른 둘 이상의 업종에 공통으로 사용되는 자산이 있는 경우에는 그 사용기간이나 사용정도의 비율에 따라 사용비율이 큰 업종의 기준내용연수 및 내용연수범위를 적용한다.

[별표 6의 2] (2017. 10. 31. 개정)

지정기부금단체 등의 범위(제18조 제1항 관련)

번호	지정기부금단체
1	「국민건강보험법」에 따른 국민건강보험공단
2	삭 제 (2016. 3. 7.)
3	재일본대한민국민단 또는 주무관청의 장의 추천을 받아 기획재정부장관이 지정한 한일친선협회 및 한일협력위원회
4	「새마을운동조직육성법」의 적용을 받는 새마을운동중앙회(그 산하조직을 포함한다) (2015. 3. 13. 개정)
5	어린이육영사업을 목적으로 설립된 비영리법인 중 「공익법인의 설립·운영에 관한 법률」의 적용을 받는 법인
6	「한국보훈복지의료공단법」에 따른 한국보훈복지의료공단
7	「보호관찰 등에 관한 법률」에 따른 한국법무보호복지공단

번호	지정기부금단체
8	「대한민국재향경우회법」에 따른 대한민국재향경우회
9	「정부출연연구기관 등의 설립·운영 및 육성에 관한 법률」에 따른 한국보건사회연구원, 한국여성정책연구원, 한국개발연구원, 대외경제정책연구원 및 「조세특례제한법 시행령」 제16조 제1항 제2호의 2 각 목의 어느 하나에 해당하는 법인
10	「한국해양소년단연맹 육성에 관한 법률」의 적용을 받는 한국해양소년단연맹
11	「결핵예방법」에 따른 대한결핵협회
12	「법률구조법」에 따른 대한법률구조공단
13	「법률구조법」에 따른 법률구조법인 중 「공익법인의 설립·운영에 관한 법률」의 적용을 받는 법인
14	「청소년기본법」에 따른 한국청소년단체협의회(그 회원단체를 포함한다) 및 정부로부터 인가 또는 허가를 받은 단체로서 「청소년기본법」 제3조 제8호에 따른 청소년단체
15	「한국연구재단법」에 따른 한국연구재단
16	「근로자직업능력 개발법」에 따른 직업능력개발훈련법인
17	「도서관법」에 의하여 등록하거나 신고된 도서관 또는 작은도서관
18	「바르게살기운동조직육성법」에 따른 바르게살기운동중앙협의회(그 산하조직을 포함한다)
19	「장애인복지법」에 따른 한국장애인개발원
20	「한국사학진흥재단법」에 따른 사학진흥재단
21	「환경정책기본법」에 따른 환경보전협회, 주무관청의 장의 추천을 받아 기획재정부장관이 지정한 환경보전범국민운동추진협의회 및 환경운동연합
22	「박물관 및 미술관 진흥법」에 따라 등록한 박물관 또는 미술관
23	「과학관의 설립·운영 및 육성에 관한 법률」에 따라 등록한 과학관 (2015. 3. 13. 개정)
24	「에너지이용 합리화법」에 따른 에너지관리공단
25	「시설물의 안전관리에 관한 특별법」에 따른 한국시설안전공단
26	「국가유공자 등 단체설립에 관한 법률」에 따라 설립한 각 단체
27	주무부장관이 추천하는 외국의 국제문화친선단체
28	「정신보건법」에 따른 정신보건시설법인
29	「모자보건법」에 따른 인구보건복지협회
30	「산업재해보상보험법」에 따른 근로복지공단
31	「북한이탈주민의 보호 및 정착지원에 관한 법률」에 따른 북한이탈주민지원재단
32	「지역신용보증재단법」에 따른 신용보증재단 및 신용보증재단중앙회 (2015. 3. 13. 개정)

번호	지정기부금단체
33	「서울대학교병원 설치법」에 따른 서울대학교병원
34	「국립대학병원 설치법」에 따른 국립대학병원
35	「스카우트활동 육성에 관한 법률」에 따른 스카우트주관단체
36	「한국청소년연맹 육성에 관한 법률」에 따른 한국청소년연맹
37	「한국자유총연맹육성에 관한 법률」의 적용을 받는 사단법인 한국자유총연맹
38	「대한민국재향군인회법」에 따른 대한민국재향군인회
39	「중소기업기술혁신 촉진법」에 따른 중소기업기술정보진흥원
40	「재외동포재단법」에 따른 재외동포재단
41	「산업교육진흥 및 산학협력촉진에 관한 법률」에 따른 산학협력단
42	「서울대학교치과병원 설치법」에 따른 서울대학교치과병원
43	「민주화운동기념사업회법」에 따른 민주화운동기념사업회
44	「산지관리법」에 따른 한국산지보전협회
45	「자연공원법」에 따른 국립공원관리공단
46	「신용보증기금법」에 따른 신용보증기금
47	「기술신용보증기금법」에 따른 기술신용보증기금
48	「대·중소기업 상생협력 촉진에 관한 법률」에 따른 대·중소기업협력재단
49	「국민체육진흥법」에 따른 대한장애인체육회
50	「근로복지기본법」에 따른 사내근로복지기금 (2015. 3. 13. 개정)
51	삭 제 (2016. 3. 7.)
52	「한국교육방송공사법」에 따른 한국교육방송공사
53	「암관리법」에 따른 국립암센터 (2015. 3. 13. 개정)
54	「장애인고용촉진 및 직업재활법」에 따른 한국장애인고용공단
55	「한국국제보건의료재단법」에 따른 한국국제보건의료재단
56	「환경기술 및 환경산업 지원법」에 따른 한국환경산업기술원(종전의 친환경상품진흥원의 업무로 한정한다) (2015. 3. 13. 개정)
57	「소방기본법」에 따른 한국소방안전협회
58	「항만운송사업법」에 따른 교육훈련기관
59	「범죄피해자 보호법」에 따른 범죄피해자 지원법인
60	「공탁법」에 따라 설립된 공탁금관리위원회
61	「산업기술의 유출방지 및 보호에 관한 법률」에 따라 설립된 산업기술보호협회

번호	지정기부금단체
62	「특수임무유공자 예우 및 단체설립에 관한 법률」에 따라 설립된 대한민국특수임무유공자회 (2015. 3. 13. 개정)
63	「고엽제후유의증 등 환자지원 및 단체설립에 관한 법률」에 따라 설립된 대한민국고엽제전우회 (2015. 3. 13. 개정)
64	「겨레말큰사전남북공동편찬사업회법」에 따른 겨레말큰사전남북공동편찬사업회
65	삭 제 (2016. 3. 7.)
66	「지역균형개발 및 지방중소기업 육성에 관한 법률 시행령」에 따른 중소기업종합지원센타
67	「태권도 진흥 및 태권도 공원 조성 등에 관한 법률」에 따른 태권도진흥재단
68	「재해구호법」에 따른 전국재해구호협회
69	「소기업 및 소상공인 지원을 위한 특별조치법」에 따른 소상공인시장진흥공단 (2014. 3. 14. 개정)
70	「산림문화·휴양에 관한 법률」에 따른 한국등산지원센터
71	「도서관법」에 따라 설립된 도서관협회 (2015. 3. 13. 개정)
72	「국민연금법」에 따른 국민연금공단
73	「대한민국과 동남아시아국가연합 회원국간의 한－아세안센터 설립에 관한 양해각서」에 따라 설립된 한－아세안센터
74	「사방사업법」에 따른 사방협회
75	삭 제 (2014. 3. 14.)
76	「재외국민의 교육지원 등에 관한 법률」에 따른 한국학교
77	「독도의용수비대 지원법」에 따른 독도의용수비대기념사업회
78	「참전유공자예우 및 단체설립에 관한 법률」에 따른 대한민국6·25참전유공자회
79	「산업표준화법」에 따른 한국표준협회
80	「태권도 진흥 및 태권도공원 조성 등에 관한 법률」에 따른 국기원 (2011. 9. 30. 신설)
81	「학교안전사고 예방 및 보상에 관한 법률」에 따른 학교안전공제회 및 학교안전공제중앙회 (2011. 9. 30. 신설)
82	「지방문화원진흥법」에 따른 지방문화원 및 한국문화원연합회 (2012. 2. 28. 신설)
83	「국립대학치과병원 설치법」에 따른 국립대학치과병원 (2013. 2. 23. 신설)
84	「참전유공자예우 및 단체설립에 관한 법률」에 따른 대한민국월남전참전자회 (2013. 2. 23. 신설)
85	「군사정전에 관한 협정 체결 이후 납북피해자의 보상 및 지원에 관한 법률」에 따른 전후납북자피해가족연합회 (2013. 2. 23. 신설)
86	「영유아보육법」에 따른 어린이집 안전공제회 (2013. 2. 23. 신설)

번호	지정기부금단체
87	「대한민국재향소방동우회법」에 따른 대한민국재향소방동우회 (2013. 2. 23. 신설)
88	「유네스코 활동에 관한 법률」에 따른 유네스코한국위원회 (2013. 2. 23. 신설)
89	삭 제 (2016. 3. 7.)
90	「국민건강증진법」에 따른 한국건강증진개발원 (2015. 3. 13. 신설)
91	「입양특례법」에 따른 재단법인중앙입양원 (2015. 3. 13. 신설)
92	「창조경제 민관협의회 등의 설치 및 운영에 관한 규정」에 따라 지정된 창조경제혁신센터 (2015. 3. 13. 신설)
93	「조세특례제한법」 제8조의 3 제1항 제1호에 따른 협력중소기업의 사내근로복지기금 (2016. 3. 7. 신설)
94	「근로복지기본법」 제86조의 2에 따른 공동근로복지기금 (2016. 3. 7. 신설)
95	「신문 등의 진흥에 관한 법률」 제29조에 따른 한국언론진흥재단 (2016. 3. 7. 신설)
96	「공간정보산업진흥법」 제23조에 따른 공간정보산업진흥원 (2016. 3. 7. 신설)
97	「대한민국재향교정동우회법」 제2조에 따른 대한민국재향교정동우회 (2016. 3. 7. 신설)
98	「서민의 금융생활 지원에 관한 법률」 제3조 제1항에 따른 서민금융진흥원 (2016. 11. 2. 신설)
99	「산림복지 진흥에 관한 법률」 제49조 제1항에 따른 한국산림복지진흥원 (2016. 11. 2. 신설)
100	「서민의 금융생활 지원에 관한 법률」 제56조에 따른 신용회복위원회 (2017. 10. 31. 신설)
101	「건강가정기본법」 제34조의 2에 따른 한국건강가정진흥원 (2017. 10. 31. 신설)

[별표 6의 2] 삭 제 (2018. 3. 21.)

[별표 6의 3] (2017. 10. 31. 개정)

지정기부금의 범위(제18조 제2항 관련)

번호	기 부 금
1	지역새마을사업을 위하여 지출하는 기부금
2	불우이웃을 돕기 위하여 지출하는 기부금
3	보건복지가족부장관이 인정하는 의료취약지역에서 비영리법인이 행하는 의료사업의 사업비·시설비·운영비로 지출하는 기부금
4	「국민체육진흥법」에 따른 국민체육진흥기금으로 출연하는 기부금
5	「전쟁기념사업회법」에 따른 전쟁기념사업회에 전쟁기념관 또는 기념탑의 건립비용으로 지출하는 기부금
6	「중소기업협동조합법」에 따른 중소기업공제사업기금 또는 소기업·소상공인공제에 출연하는 기부금
7	「중소기업협동조합법」에 따른 중소기업중앙회에 중소기업연수원 및 중소기업제품전시장의 건립비와 운영비로 지출하는 기부금
8	「중소기업협동조합법」에 따른 중소기업중앙회에 중소기업글로벌지원센터(중소기업이 공동으로 이용하는 중소기업 지원시설만 해당한다)의 건립비로 지출하는 기부금
9	「중소기업협동조합법」에 따른 중소기업중앙회에 중소기업의 정보자원(정보 및 설비, 기술, 인력 등 정보화에 필요한 자원을 말한다) 도입을 무상으로 지원하기 위한 사업비로 지출하는 기부금
10	「산림조합법」에 따른 산림조합중앙회에 산림자원 조성기금으로 출연하는 기부금
11	「근로복지기본법」에 따른 근로복지진흥기금으로 출연하는 기부금
12	「발명진흥법」에 따른 발명진흥기금으로 출연하는 기부금
13	「과학기술기본법」에 따른 과학기술진흥기금으로 출연하는 기부금
14	「여성기업지원에 관한 법률」에 따른 한국여성경제인협회에 여성경제인박람회개최비 또는 연수원 및 여성기업종합지원센터의 건립비로 지출하는 기부금
15	「방송법」에 따라 종교방송을 하는 방송법인에 방송을 위한 건물(방송에 직접 사용되는 부분으로 한정한다)의 신축비로 지출하는 기부금
16	「보호관찰 등에 관한 법률」에 따른 범죄예방자원봉사위원지역협의회 및 그 전국연합회에 청소년 선도보호와 범법자 재범방지활동을 위하여 지출하는 기부금
17	「한국은행법」에 따른 한국은행, 그 밖의 금융기관이 「금융위원회의 설치 등에 관한 법률」 제46조 제2호 및 제3호에 따라 금융감독원에 지출하는 출연금
18	국제체육대회 또는 세계선수권대회의 경기종목에 속하는 경기와 씨름·국궁 및 택견의 기능향상을 위하여 지방자치단체나 대한체육회(특별시·광역시·도체육회 및 대한체육회 가맹단체를 포함한다. 이하 이 호에서 같다)가 추천하는 자에게 지출하거나 대한체육회에 운동선수양성, 단체경기

번호	기 부 금
	비용, 생활체육진흥 등을 위하여 지출하는 기부금 (2017. 10. 31. 개정)
19	국제기능올림픽대회에 참가할 선수의 파견비용으로 국제기능올림픽대회한국위원회에 지출하는 기부금
20	「국가정보화 기본법」에 따른 한국정보화진흥원에 지출하는 기부금(정보통신기기 및 소프트웨어로 기부하는 것으로 한정한다)
21	「근로자직업능력 개발법 시행령」 제2조에 따른 공공단체에 근로자훈련사업비로 지출하는 기부금
22	「숙련기술장려법」 제6조에 따라 한국산업인력공단에 숙련기술장려적립금으로 출연하는 기부금
23	「국민기초생활 보장법」 제15조의 2 제1항에 따른 중앙자활센터와 같은 법 제16조 제1항에 따른 지역자활센터에 각각 같은 법 제15조의 2 제1항 및 제16조 제1항 각 호에 따른 사업을 위하여 지출하는 기부금
24	「교통안전공단법」에 따른 교통안전공단에 자동차손해배상보장사업비로 지출하는 기부금
25	사단법인 한국중화총상회에 국내에서 개최되는 세계화상대회 개최비로 지출하는 기부금
26	「협동조합 기본법」에 따른 사회적협동조합 및 「사회적기업 육성법」에 따른 사회적기업(비영리법인으로 한정한다)의 사회서비스 또는 일자리를 제공하는 사업을 위하여 지출하는 기부금 (2017. 10. 31. 개정)
27	「농어업경영체 육성 및 지원에 관한 법률」에 따른 농어업경영체에 대한 교육사업을 위하여 사단법인 한국농수식품씨이오연합회에 지출하는 기부금
28	「대한소방공제회법」에 따른 대한소방공제회에 직무수행 중 순직한 소방공무원의 유가족 또는 상이를 입은 소방공무원의 지원을 위하여 지출하는 기부금
29	「장애인기업활동 촉진법」에 따른 한국장애경제인협회에 장애경제인에 대한 교육훈련비, 장애경제인 창업지원사업비, 장애경제인협회 회관·연수원 건립비, 장애경제인대회 개최비 및 장애인기업 종합지원센터의 설치·운영비로 지출하는 기부금
30	「대한민국헌정회 육성법」에 따른 대한민국헌정회에 정책연구비 및 헌정기념에 관한 사업비로 지출하는 기부금
31	사단법인 한국회계기준원에 국제회계기준위원회재단 재정지원을 위하여 지출하는 기부금
32	저소득층의 생활 안정 및 복지 향상을 위한 신용대출사업으로서 「법인세법 시행령」 제2조 제1항 제11호에 따른 사업을 수행하고 있는 비영리법인에 그 사업을 위한 비용으로 지출하는 기부금
33	「건설근로자의 고용개선 등에 관한 법률」에 따른 건설근로자공제회에 건설근로자의 복지증진 사업을 위하여 지출하는 기부금 (2012. 2. 28. 신설)

[별표 6의 3] 삭 제 (2018. 3. 21.)

[별표 6의 4] (2014. 3. 14. 개정)

국제기구의 범위(제18조 제7항 관련)

번호	국 제 기 구
1	유엔난민기구(United Nations High Commissioner for Refugees, UNHCR)
2	세계식량계획(World Food Programme, WFP)
3	국제이주기구(International Organization for Migration, IOM)
4	글로벌녹색성장연구소(Global Green Growth Institute, GGGI)
5	녹색기후기금(Green Climate Fund, GCF) (2014. 3. 14. 신설)

[별표 6의 4] 삭 제 (2018. 3. 21.)

[별표 6의 5] (2017. 10. 31. 개정)

법정기부금단체 중 한국학교의 범위(제18조의 3 제4항 관련)

번호	법정기부금단체	지정기간
1	모스크바한국학교	
2	연변한국국제학교	
3	칭다오청운한국학교	
4	파라과이한국학교	
5	하노이한국학교	2012. 1. 1.부터 2017. 12. 31.까지
6	호치민시한국국제학교	
7	카이로한국학교	
8	방콕한국국제학교	
9	홍콩한국국제학교	
10	리야드한국학교	
11	싱가포르한국국제학교	
12	연대한국학교	2013. 1. 1.부터 2018. 12. 31.까지
13	타이뻬이한국학교	
14	까오슝한국국제학교	
15	필리핀한국국제학교	

번호	법정기부금단체	지정기간
16	소주한국학교	2014. 1. 1.부터 2019. 12. 31.까지
17	광저우한국학교	2015. 1. 1.부터 2020. 12. 31.까지
18	말레이시아한국학교	2016. 1. 1.부터 2021. 12. 31.까지
19	교토국제학교 (2017. 10. 31. 신설)	2017. 1. 1.부터 2022. 12. 31.까지
20	오사카금강학교 (2017. 10. 31. 신설)	
21	건국한국학교 (2017. 10. 31. 신설)	
22	동경한국학교 (2017. 10. 31. 신설)	
23	대련한국국제학교 (2017. 10. 31. 신설)	
24	무석한국학교 (2017. 10. 31. 신설)	
25	북경한국국제학교 (2017. 10. 31. 신설)	
26	상해한국학교 (2017. 10. 31. 신설)	
27	선양한국국제학교 (2017. 10. 31. 신설)	
28	아르헨티나한국학교 (2017. 10. 31. 신설)	
29	자카르타한국국제학교 (2017. 10. 31. 신설)	
30	젯다한국국제학교 (2017. 10. 31. 신설)	
31	천진한국국제학교 (2017. 10. 31. 신설)	
32	테헤란한국학교 (2017. 10. 31. 신설)	

[별표 6의 5] 삭　제 (2018. 3. 21.)

[별표 6의 6] (2017. 4. 28. 개정)

법정기부금단체 중 전문모금기관의 범위(제18조의 3 제4항 관련)

번호	법정기부금단체	지정기간
1	「사회복지공동모금회법」에 따른 사회복지공동모금회	2017. 1. 1.부터 2022. 12. 31.까지
2	재단법인 바보의 나눔	

[별표 6의 6] 삭　제 (2018. 3. 21.)

[별표 6의 7] (2017. 10. 31. 개정)

법정기부금단체 중 공공기관 등의 범위(제18조의 3 제4항 관련)

번호	법정기부금단체	지정기간
1	「국방과학연구소법」에 따른 국방과학연구소	2012. 1. 1.부터 2017. 12. 31.까지
2	「고용정책기본법」 제18조의 2에 따른 한국잡월드	
3	「2018 평창 동계올림픽대회 및 동계패럴림픽대회 지원 등에 관한 특별법」 제5조에 따른 2018 평창 동계올림픽대회 및 동계패럴림픽대회 조직위원회 (2017. 10. 31. 개정)	
4	「연구개발특구의 육성에 관한 특별법」 제46조에 따른 연구개발특구 진흥재단	
5	「한국고전번역원법」 제4조에 따른 한국고전번역원	
6	「동학농민혁명 참여자 등의 명예회복에 관한 특별법」 제9조에 따른 동학농민혁명 기념재단	2013. 1. 1.부터 2018. 12. 31.까지
7	「2011대구세계육상선수권대회, 2013충주세계조정선수권대회, 2014 인천아시아경기대회, 2014인천장애인아시아경기대회 및 2015광주하계유니버시아드대회 지원법」 제3조에 따른 2014인천장애인아시아경기대회조직위원회	
8	「공중화장실 등에 관한 법률」 제15조의 2에 따른 한국화장실협회	
9	「공공기관의 운영에 관한 법률」 제5조에 따라 지정된 재단법인 한국노인인력개발원	
10	「기상산업진흥법」 제17조에 따른 한국기상산업진흥원	
11	「문화예술진흥법」 제38조에 따른 한국문화예술회관연합회	
12	「산업기술혁신 촉진법」 제38조에 따른 한국산업기술진흥원	
13	「결핵예방법」 제21조에 따른 대한결핵협회	2014. 1. 1.부터 2019. 12. 31.까지
14	「2015경북문경세계군인체육대회 지원법」 제3조에 따른 2015경북문경 세계군인체육대회조직위원회	
15	「2015세계물포럼 지원 특별법」 제3조에 따른 2015세계물포럼조직위원회	
16	「국어기본법」에 따른 세종학당재단	2015. 1. 1.부터 2020. 12. 31.까지
17	「문화재보호법」에 따른 국외소재문화재재단	
18	「국립생태원의 설립 및 운영에 관한 법률」에 따른 국립생태원	
19	「공공기관의 운영에 관한 법률」 제4조에 따라 공공기관으로 지정된 재단법인 아이오엠이민정책연구원	
20	「국제과학비즈니스벨트 조성 및 지원에 관한 특별법」 제14조에 따른 기초과학연구원	

번호	법정기부금단체	지정기간
21	삭 제 (2017. 10. 31.)	
22	「대일항쟁기 강제동원 피해조사 및 국외강제동원희생자 등 지원에 관한 특별법」 제37조에 따른 일제강제동원피해자지원재단	
23	「과학관의 설립·운영 및 육성에 관한 법률」 제19조에 따른 국립대구과학관	2016. 1. 1.부터 2021. 12. 31.까지
24	「과학관의 설립·운영 및 육성에 관한 법률」 제19조에 따른 국립광주과학관	
25	「과학관의 설립·운영 및 육성에 관한 법률」 제19조에 따른 국립부산과학관	
26	「지능형 로봇 개발 및 보급 촉진법」 제41조 제1항에 따른 한국로봇산업진흥원	
27	「방송법」 제90조의 2 제1항에 따른 시청자미디어재단	
28	「대한적십자사 조직법」에 따른 대한적십자사	
29	「한국국제교류재단법」에 따른 한국국제교류재단	
30	「과학기술기본법」 제30조의 2 제1항에 따른 한국과학창의재단	2017. 1. 1.부터 2022. 12. 31.까지
31	「사회복지사업법」 제33조에 따른 한국사회복지협의회	
32	「북한이탈주민의 보호 및 정착지원에 관한 법률」 제30조에 따른 북한이탈주민지원재단	
33	「한국장학재단 설립 등에 관한 법률」 제6조에 따른 한국장학재단	
34	「문화예술진흥법」 제20조에 따른 한국문화예술위원회 (2017. 10. 31. 신설)	
35	「독립기념관법」에 따른 독립기념관 (2017. 10. 31. 신설)	
36	「문화유산과 자연환경자산에 관한 국민신탁법」 제3조에 따른 문화유산국민신탁 및 자연환경국민신탁 (2017. 10. 31. 신설)	
37	「한국해양수산연수원법」에 따른 한국해양수산연수원 (2017. 10. 31. 신설)	
38	「국가유공자 등 단체 설립에 관한 법률」에 따른 대한민국전몰군경유족회, 대한민국전몰군경미망인회, 광복회, 재일학도의용군동지회 및 대한민국무공수훈자회 (2017. 10. 31. 신설)	2017. 1. 1.부터 2022. 12. 31.까지
39	「국민체육진흥법」 제34조에 따른 대한장애인체육회 (2017. 10. 31. 신설)	
40	「과학기술분야 정부출연연구기관 등의 설립·운영 및 육성에 관한 법률」 제8조 제1항 및 별표에 따른 한국과학기술연구원, 한국기초과학지원연구원, 한국천문연구원, 한국생명공학연구원, 한국과학기술정보연구원, 한국한의학연구원, 한국생산기술연구원, 한국철도기술연구원, 한국표준과학연구원, 한국지질자원연구원, 한국기계연구원, 한국전기연구원 및 한국화학연구원 (2017. 10. 31. 신설)	
41	「보호관찰 등에 관한 법률」 제71조에 따른 한국법무보호복지공단 (2017. 10. 31. 신설)	
42	「출판문화산업 진흥법」 제16조에 따른 한국출판문화산업진흥원 (2017. 10. 31.	

번호	법정기부금단체	지정기간
	신설)	
43	「선원법」 제142조에 따른 한국선원복지고용센터 (2017. 10. 31. 신설)	
44	「아시아문화중심도시 조성에 관한 특별법」 제28조에 따른 아시아문화원 (2017. 10. 31. 신설)	

[별표 6의 7] 삭 제 (2018. 3. 21.)

[별표 7] (2005. 12. 31. 신설)

직장운동경기부 선수전용 체육시설의 기준면적(제46조 제1항 관련)

(단위 : 제곱미터)

실외체육시설		실내체육시설	
구 분	기준면적	구 분	기준면적(체육시설 바닥면적)
1. 축구장	11,000	1. 핸드볼장, 배구장, 농구장, 탁구장, 배드민턴장, 복싱장, 유도장, 검도장, 태권도장, 펜싱장, 체조장, 역도장, 씨름장, 레스링장, 볼링장	800
2. 야구장	14,000		
3. 럭비장	9,000		
4. 필드하키장	6,500		
5. 테니스장	650	2. 수영장, 수구장, 다이빙장	1,000
6. 연식정구장	650	3. 아이스하키장, 피켜스케이트장, 롤러스케이트장	1,800
7. 미식축구장	7,000		
8. 승마장	6,200		
9. 사격장	4,000		
10. 궁도장	7,100		
11. 기 타	3,000		

비 고

1. 실내체육시설의 부속토지의 경우에는 실내체육시설의 건축물 바닥면적에 「지방세법 시행령」 제131조의 2 제2항의 규정에 따른 용도지역별 적용배율을 곱하여 산출한 면적을 기준면적으로 인정한다. 다만, 당해 토지가 「지방세법 시행령」 제131조의 2 제1항 제2호의 규정에 따른 건축물의 부속토지에 해당하는 경우에는 그러하지 아니하다.

2. 축구, 야구, 럭비, 필드하키 또는 미식축구 중 2종목 이상의 운동경기부를 두고 있는 경우에는 그 중 가장 넓은 것에 해당하는 종목의 기준면적 하나만을 기준면적으로 인정한다.
3. 실내운동경기를 할 수 있는 운동경기부를 두고 있는 법인이 설치한 실내체육시설의 건축물 바닥면적이 기준면적 이하인 경우에는 당해 건축물 바닥면적에 「지방세법 시행령」 제131조의 2 제2항의 규정에 따른 용도지역별 적용배율을 곱하여 산출한 면적을 기준면적으로 인정한다. 다만, 당해 토지가 「지방세법 시행령」 제131조의 2 제1항 제2호의 규정에 따른 건축물의 부속토지에 해당하는 경우에는 그러하지 아니하다.
4. 실내운동경기를 할 수 있는 운동경기부를 두고 있는 법인이 실내체육시설을 설치하지 아니한 경우에는 800제곱미터를 기준면적으로 인정한다.
5. 테니스장 또는 연식정구장의 경우에는 선수 2인까지를 기준으로 하며, 선수가 2인을 초과하는 경우에는 2인마다 483제곱미터를 가산하여 기준면적으로 인정한다.

[별표 8] (2005. 12. 31. 신설)

운동경기업 선수전용 체육시설의 기준면적(제46조 제3항 관련)

(단위 : 제곱미터)

실외체육시설		실내체육시설		
구 분	기준면적	구 분		기준면적 (체육시설 바닥면적)
1. 축구장	16,500	1. 핸드볼장, 배구장, 농구장, 탁구장, 배드민턴장, 복싱장, 유도장, 검도장, 태권도장, 펜싱장, 체조장, 역도장, 씨름장, 레스링장, 볼링장		1,200
2. 야구장	21,000			
3. 럭비장	13,500			
4. 필드하키장	9,750			
5. 테니스장	975	2. 수영장, 수구장, 다이빙장		1,500
6. 연식정구장	975	3. 아이스하키장, 피겨스케이트장, 롤러 스케이트장		2,700
7. 미식축구장	10,500			
8. 승마장	9,300			
9. 사격장	6,000			
10. 궁도장	10,650			
11. 기 타	4,500			

비 고
1. 실내체육시설의 부속토지의 경우에는 실내체육시설의 건축물 바닥면적에 「지방세법 시행령」 제131조의 2 제2항의 규정에 따른 용도지역별 적용배율을 곱하여 산출한 면적을 기준면적으

로 인정한다. 다만, 당해 토지가 「지방세법 시행령」 제131조의 2 제1항 제2호의 규정에 따른 건축물의 부속토지에 해당하는 경우에는 그러하지 아니하다.
2. 축구, 야구, 럭비, 필드하키 또는 미식축구 중 2종목 이상의 운동경기부를 두고 있는 경우에는 그 중 가장 넓은 것에 해당하는 종목의 기준면적 하나만을 기준면적으로 인정한다.
3. 실내운동경기를 할 수 있는 운동경기부를 두고 있는 법인이 설치한 실내체육시설의 건축물 바닥면적이 기준면적 이하인 경우에는 당해 건축물 바닥면적에 「지방세법 시행령」 제131조의 2 제2항의 규정에 따른 용도지역별 적용배율을 곱하여 산출한 면적을 기준면적으로 인정한다. 다만, 당해 토지가 「지방세법 시행령」 제131조의 2 제1항 제2호의 규정에 따른 건축물의 부속토지에 해당하는 경우에는 그러하지 아니하다.
4. 테니스장 또는 연식정구장의 경우에는 선수 2인까지를 기준으로 하며, 선수가 2인을 초과하는 경우에는 2인마다 725제곱미터를 가산하여 기준면적으로 인정한다.

[별표 9] (2005. 12. 31. 신설)

종업원 체육시설의 기준면적(제46조 제4항 관련)

(단위 : 제곱미터)

구 분		종업원 100인 이하	종업원 100인 초과 500인 이하	종업원 500인 초과 2,000인 이하	종업원 2,000인 초과 10,000인 이하	종업원 10,000인 초과
실외 체육 시설	운동장	1,000	1,000 + 100인 초과 종업원수×9	4,600 + 500인 초과 종업원수×3	9,100 + 2,000인 초과 종업원수×1	17,100
	코트	970	970	1,940	2,910	2,910
실내체육 시설		150	300	450	900	900

비 고
1. 종업원수는 당해 사업장에 근무하는 종업원을 기준으로 한다.
2. 종업원이 50인 이하인 법인의 경우에는 코트면적만을 기준면적으로 인정한다.
3. 실내체육시설의 건축물 바닥면적이 기준면적 이하인 경우에는 당해 건축물 바닥면적을 그 기준면적으로 한다.
4. 종업원용 실내체육시설의 부속토지의 경우에는 실내체육시설의 건축물 바닥면적에 「지방세법 시행령」 제131조의 2 제2항의 규정에 따른 용도지역별 적용배율을 곱하여 산출한 면적을 기

[별표 10] (2005. 12. 31. 신설)

예비군훈련장용 토지 및 시설 기준(제46조 제9항 및 제10항 관련)

1. 시설기준

시설별	시설 기준	적용 대상
교육 보조 재료 창고	교재·교육용 장비 그 밖에 교육용 소모품을 갖춘 66제곱미터 이상의 창고	대대급 이상 훈련장
강당	영화 또는 슬라이드 상영시설을 갖춘 298제곱미터(중대급 훈련장의 경우에는 185제곱미터) 이상의 강당	중대급 이상 훈련장
간이 목욕장 시설	50명 이상이 동시에 목욕할 수 있는 시설을 갖춘 목욕장	대대급 이상 훈련장

2. 기준면적

(단위 : 제곱미터)

훈련장시설 \ 부대편성 인원	중대·대대 800명 이하	대대·연대 801명~2,400명	연 대 2,401명~5,000명	여 단 5,001명 이상	용 도
전술교육장	15,000	30,000	30,000	45,000	철조망·장애물 및 총검술교육시설을 갖춘 각개전투·분대전술·수색정찰 교육장소
사격술예비훈련장	3,600	7,200	10,800	10,800	사격술의 예비훈련장소
사격장	1,650	2,475	3,300	3,300	사격장소
기초훈련장	2,500	5,000	7,500	7,500	제식훈련, 총검술·소화기 또는 기계훈련의 장소
계	22,750	44,675	51,600	66,600	

비 고

사격술예비훈련장·사격장 및 기초훈련장의 경우에는 전술교육장(사격술예비훈련장 및 기초훈련장의 경우에는 예비군훈련장 소유자의 다른 평지 또는 운동장을 포함한다)에서 그 훈련을 실시할 수 없는 경우에 한하여 당해 면적을 기준면적에 포함한다.

[별표 11] (2019. 3. 20. 개정)

공공기관의 범위(제79조의 3 제1항 제1호 관련)

구 분	공 공 기 관
1	한국전력공사
2	한국조폐공사
3	대한석탄공사
4	한국광물자원공사
5	한국석유공사
6	한국도로공사
7	한국토지주택공사
8	한국수자원공사
9	한국철도공사
10	한국관광공사
11	한국농어촌공사
12	한국농수산식품유통공사
13	대한무역투자진흥공사

부가가치세법

부가법 부칙

부가법 예규판례

제 2 절　공급시기와 공급장소

제 2 절　공급시기와 공급장소

제 2 절　공급시기와 공급장소

제 8 장 보 칙

제 9 장 벌 칙

제 8 장 보 칙

제 9 장 벌 칙

제 8 장 보 칙

<table>
<tr><th>부가가치세법</th><th>부가가치세법 시행령</th><th>부가가치세법
시행규칙</th></tr>
<tr><td>

개정 2025. 3. 14. 법률 제20776호
2024. 12. 31. 법률 제20614호
2023. 12. 31. 법률 제19931호
2022. 12. 31. 법률 제19194호
2021. 12. 8. 법률 제18577호
(국세징수법 부칙) 2020. 12. 29. 법률 제17758호
2020. 12. 22. 법률 제17653호
2019. 12. 31. 법률 제16845호
2018. 12. 31. 법률 제16101호
(법인세법 부칙) 2018. 12. 24. 법률 제16008호
2017. 12. 19. 법률 제15223호
2016. 12. 20. 법률 제14387호
(주택법 부칙) 2016. 1. 19. 법률 제13805호
2015. 12. 15. 법률 제13556호
(공동주택관리법 부칙) 2015. 8. 11. 법률 제13474호
2014. 12. 23. 법률 제12851호
2014. 1. 1. 법률 제12167호
2013. 12. 24. 법률 제12113호
2013. 7. 26. 법률 제11944호
전부개정 2013. 6. 7. 법률 제11873호
2013. 1. 1. 법률 제11608호
2011. 12. 31. 법률 제11129호
2010. 12. 27. 법률 제10409호
2010. 1. 1. 법률 제 9915호
(신용정보의 이용 및 보호에 관한 법률 부칙) 2009. 4. 1. 법률 제 9617호
2008. 12. 26. 법률 제 9268호
2007. 12. 31. 법률 제 8826호
2006. 12. 30. 법률 제 8142호
2006. 3. 24. 법률 제 7876호
2004. 12. 31. 법률 제 7318호
2003. 12. 30. 법률 제 7007호
(뉴스통신진흥에 관한 법률 부칙) 2003. 5. 29. 법률 제 6905호
2001. 12. 29. 법률 제 6539호
(담배사업법 부칙) 2001. 4. 7. 법률 제 6460호
(관세법 부칙) 2000. 12. 29. 법률 제 6305호
(한국교육방송공사법 부칙) 2000. 1. 12. 법률 제 6136호
1999. 12. 28. 법률 제 6049호
1998. 12. 28. 법률 제 5585호
(여신전문금융업법 부칙) 1997. 8. 28. 법률 제 5374호

</td><td>

개정 2025. 2. 28. 대통령령 제35353호
2024. 11. 12. 대통령령 제34993호
(문화재보호법 시행령 부칙) 2024. 5. 7. 대통령령 제34488호
2024. 2. 29. 대통령령 제34270호
2023. 12. 26. 대통령령 제34019호
2023. 9. 26. 대통령령 제33735호
(주택저당채권~부칙) 2023. 5. 16. 대통령령 제33474호
2023. 2. 28. 대통령령 제33271호
2022. 6. 30. 대통령령 제32734호
(금융회사부실자산~부칙) 2022. 2. 17. 대통령령 제32449호
2022. 2. 15. 대통령령 제32419호
(감정평가 및~시행령 부칙) 2022. 1. 21. 대통령령 제32352호
(관광진흥법 시행령 부칙) 2021. 3. 23. 대통령령 제31543호
(주류면허 등에~부칙) 2021. 2. 17. 대통령령 제31450호
2021. 2. 17. 대통령령 제31445호
(어려운 법령용어~대통령령) 2021. 1. 5. 대통령령 제31380호
(전자서명법 시행령 부칙) 2020. 12. 8. 대통령령 제31222호
2020. 10. 7. 대통령령 제31087호
(한국철도시설공단법 시행령 부칙) 2020. 9. 10. 대통령령 제31012호
(수산업협동조합의~시행령 부칙) 2020. 8. 19. 대통령령 제30954호
(벤처투자~시행령 부칙) 2020. 8. 11. 대통령령 제30934호
(건설산업기본법 시행령 부칙) 2020. 2. 18. 대통령령 제30423호
2020. 2. 11. 대통령령 제30397호
(산업안전보건법 시행령 부칙) 2019. 12. 24. 대통령령 제30256호
(전기통신사업법 시행령 부칙) 2019. 6. 25. 대통령령 제29886호
(철도건설법 시행령 부칙) 2019. 3. 12. 대통령령 제29617호
2019. 2. 12. 대통령령 제29535호
2018. 9. 28. 대통령령 제29183호
2018. 2. 13. 대통령령 제28641호
(군무원인사법 시행령 부칙) 2017. 12. 19. 대통령령 제28475호
(행정안전부와 그 소속기관 직제 부칙) 2017. 7. 26. 대통령령 제28211호
(항공사업법 시행령 부칙) 2017. 3. 29. 대통령령 제27970호
2017. 2. 7. 대통령령 제27838호
(감정평가~시행령 부칙) 2016. 8. 31. 대통령령 제27472호
(국민건강보험법 시행령 부칙) 2016. 8. 2. 대통령령 제27433호
(예금자보호법 시행령 부칙) 2016. 3. 11. 대통령령 제27037호
2016. 2. 17. 대통령령 제26983호
(자본시장과~시행령 부칙) 2015. 10. 23. 대통령령 제26600호
2015. 2. 3. 대통령령 제26071호

</td><td>

개정 2025. 3. 21. 기획재정부령 제1116호
2024. 3. 22. 기획재정부령 제1055호
2023. 12. 27. 기획재정부령 제1030호
2023. 10. 19. 기획재정부령 제1021호
2023. 6. 30. 기획재정부령 제1002호
2023. 3. 20. 기획재정부령 제 973호
2022. 9. 6. 기획재정부령 제 934호
2022. 7. 20. 기획재정부령 제 924호
2022. 6. 28. 기획재정부령 제 918호
2021. 3. 18. 기획재정부령 제 906호
(어려운 법률용어~일부개정령)
2021. 10. 28. 기획재정부령 제 867호
2021. 3. 16. 기획재정부령 제 846호
2020. 4. 21. 기획재정부령 제 793호
2020. 3. 13. 기획재정부령 제 775호
2019. 3. 20. 기획재정부령 제 718호
2019. 2. 11. 기획재정부령 제 708호
2018. 3. 19. 기획재정부령 제 662호
2018. 1. 9. 기획재정부령 제 652호
2017. 3. 10. 기획재정부령 제 598호
2016. 3. 9. 기획재정부령 제 546호
2015. 3. 6. 기획재정부령 제 470호
2014. 10. 31. 기획재정부령 제 442호
2014. 3. 14. 기획재정부령 제 413호
전부개정 2013. 6. 28. 기획재정부령 제 355호
(기획재정부와~시행규칙 부칙)
2013. 3. 23. 기획재정부령 제 342호
2013. 2. 23. 기획재정부령 제 329호
2012. 12. 31. 기획재정부령 제 313호
(전자거래기본법 시행규칙 부칙)
2012. 8. 31. 지식경제부령 제 269호
(방문판매 등에 관한 법률 시행규칙 부칙)
2012. 8. 16. 총 리 령 제 992호
2012. 2. 28. 기획재정부령 제 269호
2011. 6. 23. 기획재정부령 제 218호
2011. 3. 24. 기획재정부령 제 194호
2010. 3. 31. 기획재정부령 제 140호
2009. 3. 26. 기획재정부령 제 62호
2008. 4. 22. 기획재정부령 제 12호

</td></tr>
</table>

1995. 12. 29. 법률 제 5032호	(한국산업은행법 시행령 부칙) 2014. 12. 30. 대통령령 제25945호	2007. 4. 2. 재정경제부령 제 549호
1994. 12. 22. 법률 제 4808호	2014. 2. 21. 대통령령 제25196호	2006. 7. 11. 재정경제부령 제 513호
(농어촌특별세법 부칙) 1994. 3. 24. 법률 제 4743호	(축산물위생관리법 시행령 부칙) 2014. 1. 28. 대통령령 제25133호	2006. 3. 17. 재정경제부령 제 499호
1993. 12. 31. 법률 제 4663호	2014. 1. 1. 대통령령 제25057호	2005. 3. 11. 재정경제부령 제 422호
1989. 12. 30. 법률 제 4164호	전부개정 2013. 6. 28. 대통령령 제24638호	2004. 3. 30. 재정경제부령 제 368호
1988. 12. 26. 법률 제 4023호	(기획재정부와 그 소속기관 직제 부칙) 2013. 3. 23. 대통령령 제24441호	2004. 1. 26. 재정경제부령 제 347호
1980. 12. 13. 법률 제 3273호	2013. 2. 15. 대통령령 제24359호	2003. 1. 25. 재정경제부령 제 299호
1978. 12. 5. 법률 제 3100호	(국민건강보험법 시행령 부칙) 2012. 8. 31. 대통령령 제24077호	2002. 10. 28. 재정경제부령 제 280호
1977. 12. 19. 법률 제 3016호	(전자거래기본법 시행령 부칙) 2012. 8. 31. 대통령령 제24076호	2002. 4. 12. 재정경제부령 제 258호
제정 1976. 12. 22. 법률 제 2934호	(수산동물질병 관리법 시행령 부칙) 2012. 7. 20. 대통령령 제23965호	2001. 12. 31. 재정경제부령 제 235호
	2012. 6. 29. 대통령령 제23888호	2001. 4. 3. 재정경제부령 제 193호
	2012. 2. 2. 대통령령 제23595호	(관세법 시행규칙 부칙)
	(산업교육진흥 및 ~시행령 부칙) 2012. 1. 25. 대통령령 제23527호	2000. 12. 30. 재정경제부령 제 175호
	2011. 9. 29. 대통령령 제23162호	2000. 6. 28. 재정경제부령 제 144호
	2011. 5. 30. 대통령령 제22932호	2000. 3. 31. 재정경제부령 제 133호
	2010. 12. 30. 대통령령 제22578호	
	(전염병 예방법 시행령 부칙) 2010. 12. 29. 대통령령 제22564호	
	(공유수면 관리 및 매립에 관한 법률 시행령 부칙) 2010. 10. 14. 대통령령 제22449호	(1977. 3. 11. 재무부령 제1246호 제정~
	(우정사업 운영에 관한 특례법 시행령 부칙) 2010. 10. 13. 대통령령 제22444호	1999. 4. 8. 재정경제부령 제174호 개정) 생략
	(전기통신사업법 시행령 부칙) 2010. 10. 1. 대통령령 제22424호	
	(지방세법 시행령 부칙) 2010. 9. 20. 대통령령 제22395호	
	2010. 2. 18. 대통령령 제22043호	
	(신문 등의~시행령 부칙) 2010. 1. 27. 대통령령 제22003호	
	(신용정보의~시행령 부칙) 2009. 10. 1. 대통령령 제21765호	
	(한국토지주택공사법 시행령 부칙) 2009. 9. 21. 대통령령 제21744호	
	(저작권법 시행령 부칙) 2009. 7. 22. 대통령령 제21634호	
	(한국농촌공사~시행령 부칙) 2009. 6. 26. 대통령령 제21565호	
	(산업발전법 시행령 부칙) 2009. 5. 6. 대통령령 제21480호	
	2009. 2. 4. 대통령령 제21304호	
	(잡지 등~시행령 부칙) 2008. 12. 3. 대통령령 제21148호	
	2008. 7. 24. 대통령령 제20929호	
	(장사 등에 관한 법률 시행령 부칙) 2008. 5. 26. 대통령령 제20791호	
	(기획재정부와~직제 부칙) 2008. 2. 29. 대통령령 제20720호	
	2008. 2. 22. 대통령령 제20626호	
	(특별소비세법 시행령 부칙) 2007. 12. 31. 대통령령 제20516호	개정 2024. 3. 15.
	(폐기물관리법 시행령 부칙) 2007. 12. 28. 대통령령 제20478호	2019. 12. 23.
	(장애인복지법 시행령 부칙) 2007. 10. 15. 대통령령 제20323호	2014. 12. 30.
	(가축분뇨의~시행령 부칙) 2007. 9. 27. 대통령령 제20290호	2011. 2. 1.
	(하수도법 시행령 부칙) 2007. 9. 27. 대통령령 제20289호	2008. 10. 14.
	(폐기물관리법 시행령 부칙) 2007. 9. 6. 대통령령 제20244호	2000. 8. 1.
	2007. 6. 29. 대통령령 제20134호	전면개정 1998. 8. 1.
	2007. 2. 28. 대통령령 제19892호	1995. 9. 1.
		1985. 1. 22.
	(1976. 12. 31. 대통령령 제8409호 제정~2006. 7. 21. 대통령령 제19619호 개정) 생략	시행 1981. 10. 1.

기본통칙

제1조【목 적】이 법은 부가가치세의 과세(課稅) 요건 및 절차를 규정함으로써 부가가치세의 공정한 과세, 납세의무의 적정한 이행 확보 및 재정수입의 원활한 조달에 이바지함을 목적으로 한다. (2013. 6. 7. 개정)

제2조【정 의】이 법에서 사용하는 용어의 뜻은 다음과 같다. (2013. 6. 7. 개정)
1. "재화"란 재산 가치가 있는 물건 및 권리를 말한다. 물건과 권리의 범위에 관하여 필요한 사항은 대통령령으로 정한다. (2013. 6. 7. 개정)

2. "용역"이란 재화 외에 재산 가치가 있는 모든 역무(役務)와 그 밖의 행위를 말한다. 용역의 범위에 관하여 필요한 사항은 대통령령으로 정한다. (2013. 6. 7. 개정)
3. "사업자"란 사업 목적이 영리이든 비영리이든 관계없이 사업상 독립적으로 재화 또는 용역을 공급하는 자를 말한다. (2013. 6. 7. 개정)

제 1 장 총 칙

제1조【목 적】이 영은 「부가가치세법」에서 위임된 사항과 그 시행에 필요한 사항을 규정함을 목적으로 한다. (2013. 6. 28. 개정)

제2조【재화의 범위】① 「부가가치세법」(이하 "법"이라 한다) 제2조 제1호의 물건은 다음 각 호의 것으로 한다. (2013. 6. 28. 개정)
1. 상품, 제품, 원료, 기계, 건물 등 모든 유체물(有體物) (2013. 6. 28. 개정)
2. 전기, 가스, 열 등 관리할 수 있는 자연력 (2013. 6. 28. 개정)
② 법 제2조 제1호의 권리는 광업권, 특허권, 저작권 등 제1항에 따른 물건 외에 재산적 가치가 있는 모든 것으로 한다. (2013. 6. 28. 개정)

제3조【용역의 범위】① 법 제2조 제2호에 따른 용역은 재화 외에 재산 가치가 있는 다음 각 호의 사업에 해당하는 모든 역무(役務)와 그 밖의 행위로 한다. (2013. 6. 28. 개정)
1. 건설업 (2013. 6. 28. 개정)
2. 숙박 및 음식점업 (2013. 6. 28. 개정)
3. 운수 및 창고업 (2020. 2. 11. 개정)
4. 정보통신업(출판업과 영상·오디오 기록물 제작 및 배급업은 제외한다) (2020. 2. 11. 개정)
5. 금융 및 보험업 (2013. 6. 28. 개정)
6. 부동산업. 다만, 다음 각 목의 사업은 제외한다. (2020. 2. 11. 개정)
  가. 전·답·과수원·목장용지·임야 또는 염전 임대업 (2019. 2. 12. 신설)
  나. 「공익사업을 위한 토지 등의 취득 및 보상에 관한 법률」 제4조에 따른 공익사업과 관련해 지역권·지상권(지하 또는 공중에

제 1 장 총 칙

제1조【목 적】이 규칙은 「부가가치세법」 및 같은 법 시행령에서 위임된 사항과 그 시행에 필요한 사항을 규정함을 목적으로 한다. (2013. 6. 28. 개정)

통칙 2-2-1【재화의 범위】
재화란 재산 가치가 있는 물건 및 권리를 말하므로 물·흙·퇴비 등은 재화의 범위에 포함하며, 재산 가치가 없는 것은 재화의 범위에 포함하지 아니한다. (2014. 12. 30. 개정)

제2조【사업의 범위】① 「부가가치세법 시행령」(이하 "영"이라 한다) 제3조 제1항 제6호 가목에 따른 전·답·과수원·목장용지·임야 또는 염전은 지적공부상의 지목과 관계없이 실제로 경작하거

---

4. "간이과세자"(簡易課稅者)란 제61조 제1항에 따라 직전 연도의 재화와 용역의 공급에 대한 대가(부가가치세가 포함된 대가를 말한다. 이하 "공급대가"라 한다)의 합계액이 대통령령으로 정하는 금액에 미달하는 사업자로서, 제7장에 따라 간편한 절차로 부가가치세를 신고·납부하는 개인사업자를 말한다. (2020. 12. 22. 개정)

5. "일반과세자"란 간이과세자가 아닌 사업자를 말한다. (2013. 6. 7. 개정)

6. "과세사업"이란 부가가치세가 과세되는 재화 또는 용역을 공급하는 사업을 말한다. (2013. 6. 7. 개정)

7. "면세사업"이란 부가가치세가 면제되는 재화 또는 용역을 공급하는 사업을 말한다. (2013. 6. 7. 개정)

8. "비거주자"란 「소득세법」 제1조의 2 제1항 제2호에 따른 비거주자를 말한다. (2013. 6. 7. 개정)

9. "외국법인"이란 「법인세법」 제2조 제3호에 따른 외국법인을 말한다. (2018. 12. 24. 개정 ; 법인세법 부칙)

설정된 권리를 포함한다)을 설정하거나 대여하는 사업 (2019. 2. 12. 신설)

7. 전문, 과학 및 기술 서비스업과 사업시설 관리, 사업 지원 및 임대서비스업 (2020. 2. 11. 개정)

8. 공공행정, 국방 및 사회보장 행정 (2013. 6. 28. 개정)

9. 교육 서비스업 (2013. 6. 28. 개정)

10. 보건업 및 사회복지 서비스업 (2013. 6. 28. 개정)

11. 예술, 스포츠 및 여가관련 서비스업 (2013. 6. 28. 개정)

12. 협회 및 단체, 수리 및 기타 개인서비스업과 제조업 중 산업용 기계 및 장비 수리업 (2020. 2. 11. 개정)

13. 가구내 고용활동 및 달리 분류되지 않은 자가소비 생산활동 (2013. 6. 28. 개정)

14. 국제 및 외국기관의 사업 (2013. 6. 28. 개정)

② 제1항 제1호 및 제6호에도 불구하고 건설업과 부동산업 중 기획재정부령으로 정하는 사업은 재화(財貨)를 공급하는 사업으로 본다. (2013. 6. 28. 개정)

제5조 【간이과세자의 범위】 법 제2조 제4호에서 "대통령령으로 정하는 금액"이란 제109조 제1항에 따른 금액을 말한다. (2013. 6. 28. 개정)

제4조 【사업의 구분】 ① 재화나 용역을 공급하는 사업의 구분은 이 영에 특별한 규정이 있는 경우를 제외하고는 통계청장이 고시하는 해당 과세기간 개시일 현재의 한국표준산업분류에 따른다. (2013. 6. 28. 개정)

② 용역을 공급하는 경우 제3조 제1항에 따른 사업과 유사한 사업은 한국표준산업분류에도 불구하고 같은 항의 사업에 포함되는 것으로 본다. (2013. 6. 28. 개정)

③ 제1항과 제2항에서 규정한 사항 외에 사업의 구분에 필요한 사항은 기획재정부령으로 정한다. (2013. 6. 28. 개정)

☞ 통칙 2-4-1 【제조업의 범위】

나 해당 토지의 고유 용도에 사용하는 것으로 한다. (2025. 3. 21. 개정)

② 건설업과 부동산업 중 재화를 공급하는 사업으로 보는 사업에 관한 영 제3조 제2항에서 "기획재정부령으로 정하는 사업"이란 다음 각 호의 어느 하나에 해당하는 사업을 말한다. (2013. 6. 28. 개정)

1. 부동산 매매(주거용 또는 비거주용 건축물 및 그 밖의 건축물을 자영건설하여 분양·판매하는 경우를 포함한다) 또는 그 중개를 사업목적으로 나타내어 부동산을 판매하는 사업 (2013. 6. 28. 개정)

2. 사업상 목적으로 1과세기간 중에 1회 이상 부동산을 취득하고 2회 이상 판매하는 사업 (2013. 6. 28. 개정)

③ 「소득세법 시행령」 제9조 제1항에 따라 소득세가 과세되지 아니하는 농가부업은 영 제4조에 따라 사업을 구분할 때에 독립된 사업으로 보지 아니한다. 다만, 「소득세법 시행령」 제9조 제1항에 따른 민박, 음식물 판매, 특산물 제조, 전통차 제조 및 그 밖에 이와 유사한 활동은 독립된 사업으로 본다. (2013. 6. 28. 개정)

③ 「소득세법 시행령」 제9조 제1항에 따라 소득세가 과세되지 아니하는 농어가부업은 영 제4조에 따라 사업을 구분할 때에 독립된 사업으로 보지 아니한다. 다만, 「소득세법 시행령」 제9조 제1항에 따른 민박, 음식물 판매, 특산물 제조, 전통차 제조 및 그 밖에 이와 유사한 활동은 독립된 사업으로 본다. (2025. 3. 21. 개정)

☞ 통칙 2-4-3 【위탁가공·판매하는 사업자

제3조【납세의무자】① 다음 각 호의 어느 하나에 해당하는 자로서 개인, 법인(국가·지방자치단체와 지방자치단체조합을 포함한다), 법인격이 없는 사단·재단 또는 그 밖의 단체는 이 법에 따라 부가가치세를 납부할 의무가 있다. (2020. 12. 22. 항번개정)
1. 사업자 (2013. 6. 7. 개정)
2. 재화를 수입하는 자 (2013. 6. 7. 개정)

② 제1항에도 불구하고 대통령령으로 정하는 신탁재산(이하 "신탁재산"이라 한다)과 관련된 재화 또는 용역을 공급하는 때에는 「신탁법」 제2조에 따른 수탁자(이하 이 조, 제3조의 2, 제8조, 제10조 제9항 제4호, 제29조 제4항, 제52조의 2 및 제58조의 2에서 "수탁자"라 한다)가 신탁재산별로 각각 별도의 납세의무자로서 부가가치세를 납부할 의무가 있다. (2021. 12. 8. 개정)

사업자가 새로운 재화를 제조·가공하는 인적·물적 설비를 갖춘 장소에서 다음 예시하는 행위를 계속적으로 하는 경우에는 제조업에 해당된다. (2011. 2. 1. 개정)
1. 광업권소유자가 광구 외의 지역에 제련 또는 선광시설을 하고 자기가 채굴한 광물을 제련 또는 선광하는 경우. 다만, 단순히 자기가 채굴한 광물의 순도를 높이기 위하여 광물을 분쇄하는 것은 광산업에 해당된다. (2011. 2. 1. 개정)
2. 도정업과 제분업(떡방앗간을 포함한다) (1998. 8. 1. 개정)
3. 화장지 원지 및 필름 등을 구입하고 이를 절단하여 포장 판매하는 경우 (1998. 8. 1. 개정)
4. 타인소유 제조장을 임차하여 해당 제조장을 이용하여 제조·가공업을 영위하는 경우 (2011. 2. 1. 개정)

2-4-2【수탁가공하는 사업자의 업태】
사업자가 주요자재의 전부 또는 일부를 부담하고 상대방으로부터 인도받은 재화에 공작을 가하여 새로운 재화를 만드는 사업은 제조업에 해당하는 것이나, 인도받은 재화에 주요자재를 부담하지 아니하고 가공만 하는 것은 용역업에 해당된다. (1998. 8. 1. 개정)

제5조의 2【신탁 관련 납세의무】① 법 제3조 제2항에서 "대통령령으로 정하는 신탁재산"이란 「신탁법」 또는 다른 법률에 따른 신탁재산(해당 신탁재산의 관리, 처분 또는 운용 등을 통하여 발생한 소득 및 재산을 포함한다)을 말한다. (2021. 2. 17. 신설)
② 법 제3조 제3항 제2호에서 "대통령령으로 정하는 경우"란 다음 각 호의 어느 하나에 해당하는 경우를 말한다. (2021. 2. 17. 신설)
1. 수탁자가 위탁자로부터 「자본시장과 금융투자업에 관한 법률」 제103조 제1항 제5호 또는 제6호의 재산을 수탁받아 같은 조 제4항에 따라 부동산개발사업을 목적으로 하는 신탁계약을 체결한 경우로서 그 신탁계약에 따른 부동산개발사업비의 조달의무를 수탁자가 부담하지 않는 경우. 다만, 수탁자가 「도시 및 주거환경정비법」 제27조 제1항 또는 「빈집 및 소규모주택 정비에 관한 특례법」 제19조 제1항에 따른 재개발사업·재건축사업 또는 가로주택정비사업·소규모재건축사업·소규모재개발사업의 사업시행자인 경우는 제외한다. (2022. 6. 30. 단서개정)
2. 수탁자가 「도시 및 주거환경정비법」 제28조 제1항 또는 「빈집 및 소규모주택 정비에 관한 특례법」 제56조 제1항에 따른 재개발사

의 업태】
사업자가 제조장을 설치하지 아니하고 타제조업자에게 위탁가공(외주가공)하여 판매하는 사업은 판매업으로서 형태에 따라 도매업 또는 소매업에 해당된다. 다만, 사업자가 특정제품을 자기가 직접 제조하지 않고 다른 제조업체에 의뢰하여 제조케 하여, 이를 판매하는 경우에도 다음의 4가지 조건이 모두 충족된다면 제조업을 영위하는 것으로 본다. (1998. 8. 1. 개정)
1. 생산할 제품을 직접 기획(고안 및 디자인, 견본제작 등)하고 (1998. 8. 1. 개정)
2. 자기소유의 원재료를 다른 계약사업체에 제공하여 (1998. 8. 1. 개정)
3. 그 제품을 자기명의로 제조케 하고(자기명의로만 된 고유상표를 부착하는 경우를 말하며, 거래처의 상표를 부착하거나 O.E.M. 방식 및 상표 부착없이 판매하는 경우에는 이에 포함하지 않음) (1998. 8. 1. 개정)
4. 이를 인수하여 자기책임하에서 직접 판매하는 경우 (1998. 8. 1. 개정)

2-4-4【일부 위탁제조·가공하는 경우의 업태】
제조장을 설치하고 재화를 제조·가공하는 사업자가 다음 각호의 행위를 하는 경우에는 제조업을 영위하는 것으로 본다. (1998. 8. 1. 개정)
1. 계약된 수량의 일부를 약정된 기일내에 제조·가공할 수 없어 일시적으로 위탁제조·가공하여 공급하는 경우 (1998. 8. 1. 개정)
2. 제품 제조공정의 일부를 다른 사업자에게 위탁가공하게 하여 동 제품을 완성하는 경우 (1998. 8. 1. 개정)

2-4-5【생선 등을 가공하여 냉동하는 경우의 업태】
사업자가 시설을 갖춘 장소에서 생선의 머리·뼈·내장 등을 제거하여 사람이 소비하기에 적합한 상태로 공급하거나 구입한 생선을 구입한 상태

　　행하는 과정에서 신탁재산을 처분하는 경우
2. 1호 외의 경우: 위탁자

③ 제1항 및 제2항에도 불구하고 다음 각 호의 어느 하나에 해당하는 경우에는 「신탁법」 제2조에 따른 위탁자(이하 이 조, 제3조의 2, 제10조 제8항, 같은 조 제9항 제4호, 제29조 제4항 및 제52조의 2에서 "위탁자"라 한다)가 부가가치세를 납부할 의무가 있다. (2021. 12. 8. 개정)
1. 신탁재산과 관련된 재화 또는 용역을 위탁자 명의로 공급하는 경우 (2020. 12. 22. 신설)
2. 위탁자가 신탁재산을 실질적으로 지배·통제하는 경우로서 대통령령으로 정하는 경우 (2020. 12. 22. 신설)
3. 그 밖에 신탁의 유형, 신탁설정의 내용, 수탁자의 임무 및 신탁사무 범위 등을 고려하여 대통령령으로 정하는 경우 (2020. 12. 22. 신설)
④ 제2항에 따라 수탁자가 납세의무자가 되는 신탁재산에 둘 이상의 수탁자(이하 "공동수탁자"라 한다)가 있는 경우 공동수탁자는 부가가치세를 연대하여 납부할 의무가 있다. 이 경우 공동수탁자 중 신탁사무를 주로 처리하는 수탁자(이하 "대표수탁자"라 한다)가 부가가치세를 신고·납부하여야 한다. (2020. 12. 22. 신설)
⑤ 제2항부터 제4항까지에서 규정한 사항 외에 신탁 관련 납세의무의 적용에 필요한 사항은 대통령령으로 정한다. (2020. 12. 22. 신설)

통칙 3-0-1【납세의무자】(2019. 12. 23. 제목개정)
① 부가가치를 창출해 낼 수 있는 정도의 사업형태를 갖추고 계속적·반복적으로 재화 또는 용역을 공급하는 자는 사업자로 본다. (2019. 12. 23. 신설)
② 사업자가 부가가치세가 과세되는 재화를 공급하거나 용역을 제공하는 경우에는 해당 사업자의 사업자등록 여부 및 공급 시 부가가치세의 거래징수 여부에 불구하고 해당 재화의 공급 또는 용역의 제공에 대하여 부가가치세를 신고·납부할 의무가 있다. (2019. 12. 23. 개정)
③ 재화를 수입하는 자는 사업자 해당 여부 또는 사용목적 등에 관계없이 부가가치세를 납부할 의무가 있다. (2019. 12. 23. 신설)
3-0-2【명의자와 사실상 귀속자가 서로 다른 경우의 납세의무】
과세의 대상이 되는 행위 또는 거래의 귀속이 명의일 뿐이고 사실상 귀속되는 자가 따로 있는 경우에는 사실상 귀속되는 자에 대하여 부가가치세법을 적용한다.

업·재건축사업 또는 가로주택정비사업·소규모재건축사업·소규모재개발사업의 사업대행자인 경우 (2022. 6. 30. 개정)
3. 수탁자가 위탁자의 지시로 위탁자와 「국세기본법 시행령」 제1조의 2 제1항, 제2항, 같은 조 제3항 제1호 또는 「법인세법 시행령」 제2조 제8항 각 호의 관계에 있는 자에게 신탁재산과 관련된 재화 또는 용역을 공급하는 경우 (2025. 2. 28. 개정)
4. 「자본시장과 금융투자업에 관한 법률」 제9조 제18항 제1호에 따른 투자신탁의 경우 (2022. 6. 30. 신설)
③ 법 제10조 제8항에 따라 위탁자의 지위 이전을 신탁재산의 공급으로 보는 경우에는 법 제3조 제1항에 따라 기존 위탁자가 해당 공급에 대한 부가가치세의 납세의무자가 된다. (2022. 2. 15. 신설)

☞ 통칙 3-0-5【청산 중에 있는 내국법인의 납세의무】
청산중에 있는 내국법인은 「상법」 제229조에 따른 계속등기 여부에 불구하고 사실상 사업을 계속하는 경우에는 납세의무가 있다. (2011. 2. 1. 개정)
3-0-6【농민이 일시적으로 재화를 공급하는 경우의 납세의무】
농민이 자기농지의 확장 또는 농지개량작업에서 생긴 토사석을 일시적으로 판매하는 경우에는 납세의무가 없다. (1998. 8. 1. 개정)

로 냉동하여 공급하는 때에는 제조업을 영위하는 것으로 보는 것이나 단순히 세척·포장하고 신선도를 유지하기 위하여 일정한 온도로 냉장하는 경우에는 그러하지 아니하다. 이 경우 냉동이란 제품이 전체적으로 동결될 때까지 빙점보다 아래로 냉각시킨 상태를 말한다. (2011. 2. 1. 개정)

3-0-3【국외거래에 대한 납세의무】
1. 부가가치세의 납세의무는 대한민국의 주권이 미치는 범위 내에서 적용하므로 사업자가 대한민국의 주권이 미치지 아니하는 국외에서 재화를 공급하는 경우에는 납세의무가 없다. 다만, 영 제31조 제1항 각 호에 따른 수출의 방법으로 재화를 공급하는 경우에는 그러하지 아니한다. (2014. 12. 30. 단서개정)
2. 우리나라 국적의 항공기 또는 선박에서 이루어지는 거래는 국외거래로 보지 아니한다. (2008. 10. 14. 개정)

3-0-4【새마을금고 및 입주자대표회의의 납세의무】(2019. 12. 23. 제목개정)
1. 「새마을금고법」에 따라 설립된 새마을금고가 사업상 독립적으로 부가가치세가 과세되는 재화를 공급하는 경우에는 납세의무가 있다. (2011. 2. 1. 개정)
2. 공동주택의 입주자대표회의가 단지 내 주차장 등 부대시설을 운영·관리하면서 입주자들로부터 실비상당의 이용료를 받는 경우 부가가치세 납세의무가 없다. 다만, 외부인으로부터 이용료를 받는 경우에는 해당 외부인의 이용료에 대하여는 부가가치세 납세의무가 있다. (2019. 12. 23. 신설)

제3조의 2【신탁 관련 제2차 납세의무 및 물적납세의무】(2020. 12. 22. 제목개정)
① 제3조 제2항에 따라 수탁자가 납부하여야 하는 다음 각 호의 어느 하나에 해당하는 부가가치세 또는 강제징수비(이하 "부가가치세등"이라 한다)를 신탁재산으로 충당하여도 부족한 경우에는 그 신탁의 수익자(「신탁법」 제101조에 따라 신탁이 종료되어 신탁재산이 귀속되는 자를 포함한다)는 지급받은 수익과 귀속된 재산의 가액을 합한 금액을 한도로 하여 그 부족한 금액에 대하여 납부할 의무(이하 "제2차 납세의무"라 한다)를 진다. (2020. 12. 22. 개정)
1. 신탁 설정일 이후에 「국세기본법」 제35조 제2항에 따른 법정기일이 도래하는 부가가치세로서 해당 신탁재산과 관련하여 발생한 것 (2020. 12. 22. 개정)
2. 제1호의 금액에 대한 강제징수 과정에서 발생한 강제징수비 (2020. 12. 22. 개정)
② 제3조 제3항에 따라 부가가치세를 납부하여야 하는 위탁자가 제1항 각 호의 어느 하나에 해당하는 부가가치세등을 체납한 경우로서 그 위탁자의 다른 재산에 대하여 강제징수를 하여도 징수할

제5조의 3【신탁 관련 제2차 납세의무】(2021. 2. 17. 조번·제목개정)
① 법 제3조의 2 제1항 각 호 외의 부분에 따라 신탁의 수익자가 제2차 납세의무를 지는 경우에 신탁의 수익자에게 귀속된 재산의 가액은 신탁재산이 해당 수익자에게 이전된 날 현재의 시가(時價)로 하며, 시가의 기준은 제62조에 따른다. (2021. 2. 17. 개정)

② 법 제3조의 2 제1항 제1호에 따른 신탁 설정일은 「신탁법」 제4조에 따라 해당 재산이 신탁재산에 속한 것임을 제3자에게 대항할 수 있게 된 날로 한다. 다만, 다른 법률에서 제3자에게 대항할 수 있게 된 날을 「신탁법」과 달리 정하고 있는 경우에는 그 날로 한다. (2021. 2. 17. 개정)

금액에 미치지 못할 때에는 해당 신탁재산의 수탁자는 그 신탁재산으로써 이 법에 따라 위탁자의 부가가치세등을 납부할 의무(이하 "물적납세의무"라 한다)가 있다. (2020. 12. 22. 개정)
③ 제1항 및 제2항에서 정한 사항 외에 제2차 납세의무 및 물적납세의무의 적용에 필요한 사항은 대통령령으로 정한다. (2020. 12. 22. 개정)

제4조 【과세대상】 부가가치세는 다음 각 호의 거래에 대하여 과세한다. (2013. 6. 7. 개정)
1. 사업자가 행하는 재화 또는 용역의 공급 (2013. 6. 7. 개정)
2. 재화의 수입 (2013. 6. 7. 개정)

예 판 ··
• 가상자산의 공급은 부가가치세 과세대상에 해당하지 아니함. (기획재정부 부가가치세제과 – 145, 2021. 3. 2.)
• 두 법인이 공통업무를 수행하기 위한 공동조직을 운영하며 발생한 인건비를 매출액 기준에 따라 정산하는 경우 부가가치세 과세대상에 해당하지 아니함. (서면–2018–법령해석부가–3196, 2019. 1. 30.)
• 기프트 카드 구매자가 온라인 게임 사이트 등에 접속하여 게임 등을 할 수 있는 경우 해당 기프트 카드의 판매는 부가가치세 과세대상에 해당하는 것임. (법규부가 2013 – 279, 2013. 10. 25.)
• 내국법인(丙)은 외국법인(乙)과 제품공급계약을 체결하여 제품을 공급하고 乙은 내국법인(甲)과 제품공급계약을 체결하여 제품을 공급하는 경우로서 제품이 丙으로부터 甲에게 직접 인도되는 경우, 법인세법상 국내에 고정사업장이 없는 乙이 甲에게 제품을 공급한 거래는 부가가치세 과세거래에 해당하는지 아니함. (부가–1009, 2014. 12. 24.)
• 내국법인(질의법인)이 국내거래처(C사)와 납품계약을 맺고 국외(B사)에서 만들어진 제품을 C사 국내 수입·통관 등 제반 수입절차를 이행하여 세관장으로부터 수입세금계산서를 발급받은 경우 질의법인과 C사의 거래는 국외거래에 해당하여 부가가치세가 과세되지 아니하는 것임. (부가–801, 2014. 9. 30.)
• 모바일 앱을 국내외 사용자가 유상으로 다운로드받아 사용하는 경우 용역의 공급으로서 부가가치세 과세대상에 해당하는 것이며, 국외소비자가 다운로드받는 분은 영세율이 적용되며 한편, 국내사업자가 해당 앱을 무료로 설치할 수 있는 티켓을 판매하는 경우 쟁점 티켓판매는 재화의 공

통 칙 4 – 0 – 6 【골프장 입회금 등】
① 골프장·테니스장 경영자가 동 장소이용자로부터 받는 입회금으로서 일정기간 거치 후 반환하지 아니하는 입회금은 과세대상이 된다. 다만, 일정기간 거치 후 반환하는 입회금은 그러하지 아니한다. (1998. 8. 1. 개정)
② 사업자가 골프장·테니스장 시설이용권을 양도하는 경우에 부가가치세 과세표준은 골프장·테니스장 시설이용권의 양도가액으로 한다. (1998. 8. 1. 개정)

예 판 ···
• 민·관이 공동추진하는 국고보조사업에 참여한 민간기관이 관련협약에 따라 지급받는 보조금은 부가가치세가 과세되는 것이며, 이 경우 부가가치세 과세표준은 지급받는 보조금 전부가 되는 것임. (사전 – 2022 – 법규부가 – 1001, 2023. 1. 19.)
···

통 칙 4 – 0 – 7 【조출료·체선료】
① 선주와 하역회사간의 계약에 따라 하역회사가 조기선적을 하고 선주로부터 받는 조출료는 하역용역의 제공에 따른 대가이므로 하역용역대가에 포함하나, 지연선적으로 인하여 선주에게 지급하는 체선료는 과세대상이 아니다. (1998. 8. 1. 개정)
② 선주와 화주와의 계약에 따라 화주가 조기선적을 하고 선주로부터 받는 조출료는 용역제공에 대한 대가가 아니므로 과세대상이 아니나, 선주가 지연선적으로 인하여 화주로부터 받는 체선료는 항행용역의 제공에 따른 대가이므로 항행용역대가에 포함된다. (1998. 8. 1. 개정)
③ 화주와 선주간에 용선계약을 체결하고 화주와 하역회사간에는 본선하역에 대한 계약이 체결되어 있는 경우 화주가 선주로부터 받은 조출료의 일부 또는 전부를 하역회사에 지불하는 경우, 하역회사가 받는 동 조출료는 하역용역의 제공에 대한 대가에 포함된다. (1998. 8. 1. 개정)

급으로서 부가가치세 과세대상에 해당하는 것임 (사전법령부가-62, 2016. 3. 22.)

- 비트코인(Bitcoin)이 화폐로서 통용되는 경우에는 부가가치세 과세대상에 포함되지 아니하는 것이나, 재산적 가치가 있는 재화로서 거래되는 경우에는 부가가치세 과세대상에 해당하는 것임. (서면부가-21616, 2015. 12. 29.)
- 공익사업시행자가 손실보상금에 해당하는 지장물 이전비를 지급하는 경우 해당 이전비는 부가가치세 과세대상에 해당하지 아니하는 것이며, 지장물 관리자 등이 도급업체로부터 공급받는 지장물 이설공사 용역은 부가가치세 과세대상에 해당하는 것임. (서면-2022-법규부가-5722, 2023. 8. 10.)

통칙 4-0-1 【손해배상금 등】
① 각종 원인에 의하여 사업자가 받는 다음 각 호에 예시하는 손해배상금 등은 과세대상이 되지 아니한다. (2011. 2. 1. 항번개정)
1. 소유재화의 파손·훼손·도난 등으로 인하여 가해자로부터 받는 손해배상금 (1998. 8. 1. 개정)
2. 도급공사 및 납품계약서상 그 기일의 지연으로 인하여 발주자가 받는 지체상금 (1998. 8. 1. 개정)
3. 공급받을 자의 해약으로 인하여 공급할 자가 재화 또는 용역의 공급없이 받는 위약금 또는 이와 유사한 손해배상금 (1998. 8. 1. 개정)
4. 대여한 재화의 망실에 대하여 받는 변상금 (1998. 8. 1. 개정)
5. 부동산을 타인이 적법한 권한 없이 처음부터 계약상 또는 법률상의 원인없이 불법으로 점유하여 법원의 판결에 따라 지급받는 부당이득금 및 지연손해금은 용역의 공급에 해당하지 아니한다. (2019. 12. 23. 신설)
6. 재화 또는 용역의 공급과 직접 관계없이 지급받는 손실보상금 및 이주보상비 (2024. 3. 15. 신설)
② 부동산임대업을 영위하는 사업자가 부동산임대차 계약기간이 만료되었음에도 불구하고 임차인으로부터 임대한 부동산을 반환받지 못하여 소송을 제기한 경우 그 소송이 종료될 때까지 실질적으로 계속하여 임대용역을 제공하고 임차인으로부터 그 대가를 받거나 동 소송에서 승소하여 건물반환일까지의 임대료상당액을 받는 때에는 그 대가 또는 임대료 상당액은 과세대상이 된다. (2011. 2. 1. 신설)

　　제5조 【과세기간】 ① 사업자에 대한 부가가치세의 과세기간은 다음 각 호와 같다. (2013. 6. 7. 개정)

통칙 4-0-2 【특별회비 등】
협회 등 단체가 재화의 공급 또는 용역의 제공에 따른 대가관계없이 회원으로부터 받는 협회비·찬조비 및 특별회비 등은 과세대상이 아니다. (1998. 8. 1. 개정)
4-0-3 【유가증권 등】
수표·어음 등의 화폐대용증권, 유가증권 및 상품권, 가상자산은 과세대상이 아니다. (2024. 3. 15. 개정)
4-0-4 【면세재화를 운반·가공하거나 판매대행하는 등의 용역】
사업자가 농산물·축산물·수산물·임산물 등의 면세재화를 운반·가공하거나 판매대행하는 등의 용역을 제공하고 그 대가를 받는 경우에는 과세대상으로 한다. (2011. 2. 1. 개정)
4-0-5 【분철료의 과세대상】
광업권자가 광업권을 대여하고 그 대가로 분철료를 받는 경우에는 과세대상이 된다. (1998. 8. 1. 개정)

1. 간이과세자 : 1월 1일부터 12월 31일까지 (2013. 6. 7. 개정)
2. 일반과세자 (2013. 6. 7. 개정)

구 분	과세기간
제1기	1월 1일부터 6월 30일까지
제2기	7월 1일부터 12월 31일까지

② 신규로 사업을 시작하는 자에 대한 최초의 과세기간은 사업 개시일부터 그 날이 속하는 과세기간의 종료일까지로 한다. 다만, 제8조 제1항 단서에 따라 사업개시일 이전에 사업자등록을 신청한 경우에는 그 신청한 날부터 그 신청일이 속하는 과세기간의 종료일까지로 한다. (2013. 6. 7. 개정)

③ 사업자가 폐업하는 경우의 과세기간은 폐업일이 속하는 과세기간의 개시일부터 폐업일까지로 한다. 이 경우 폐업일의 기준은 대통령령으로 정한다. (2013. 6. 7. 개정)
④ 제1항 제1호에도 불구하고 제62조 제1항 및 제2항에 따라 간이과세자에 관한 규정이 적용되거나 적용되지 아니하게 되어 일반과세자가 간이과세자로 변경되거나 간이과세자가 일반과세자로 변경되는 경우 그 변경되는 해에 간이과세자에 관한 규정이 적용되는 기간의 부가가치세의 과세기간은 다음 각 호의 구분에 따른 기간으로 한다. (2014. 1. 1. 신설)
1. 일반과세자가 간이과세자로 변경되는 경우 : 그 변경 이후 7월 1일부터 12월 31일까지 (2014. 1. 1. 신설)
2. 간이과세자가 일반과세자로 변경되는 경우 : 그 변경 이전 1월 1일부터 6월 30일까지 (2014. 1. 1. 신설)
⑤ 간이과세자가 제70조에 따라 간이과세자에 관한 규정의 적용을 포기함으로써 일반과세자로 되는 경우 다음 각 호의 기간을 각각 하나의 과세기간으로 한다. 이 경우 제1호의 기간은 간이과세자의 과

제6조 【사업 개시일의 기준】 법 제5조 제2항에 따른 사업 개시일은 다음 각 호의 구분에 따른다. 다만, 해당 사업이 법령 개정 등으로 면세사업에서 과세사업으로 전환되는 경우에는 그 과세 전환일을 사업 개시일로 한다. (2013. 6. 28. 개정)
1. 제조업 : 제조장별로 재화의 제조를 시작하는 날 (2013. 6. 28. 개정)
2. 광업 : 사업장별로 광물의 채취·채광을 시작하는 날 (2013. 6. 28. 개정)
3. 제1호와 제2호 외의 사업 : 재화나 용역의 공급을 시작하는 날 (2013. 6. 28. 개정)

제7조 【폐업일의 기준】 ① 법 제5조 제3항에 따른 폐업일은 다음 각 호의 구분에 따른다. (2013. 6. 28. 개정)
1. 합병으로 인한 소멸법인의 경우 : 합병법인의 변경등기일 또는 설립등기일 (2013. 6. 28. 개정)
2. 분할로 인하여 사업을 폐업하는 경우 : 분할법인의 분할변경등기일(분할법인이 소멸하는 경우에는 분할신설법인의 설립등기일) (2013. 6. 28. 개정)
3. 제1호 및 제2호 외의 경우 : 사업장별로 그 사업을 실질적으로 폐업하는 날. 다만, 폐업한 날이 분명하지 아니한 경우에는 제13조 제1항에 따른 폐업신고서의 접수일 (2013. 6. 28. 개정)
② 제1항 제3호에도 불구하고 해산으로 청산 중인 내국법인(「법인세법」 제2조 제1호에 따른 내국법인을 말한다. 이하 이 항에서 같다) 또는 「채무자 회생 및 파산에 관한 법률」에 따라 법원으로부터 회생계획인가 결정을 받고 회생절차를 진행 중인 내국법인이 사업을 실질적으로 폐업하는 날부터 25일 이내에 납세지 관할 세무서장에게 신고하여 승인을 받은 경우에는 잔여재산가액 확정일(해산일

통칙 5-7-1 【합병으로 인한 소멸법인의 최종 과세기간】
합병으로 인한 소멸법인의 최종 과세기간은 법 제5조 제3항에 따라 그 과세기간의 개시일부터 합병등기를 한 날까지로 한다. (2014. 12. 30. 개정)

세기간으로, 제2호의 기간은 일반과세자의 과세기간으로 한다. (2014. 1. 1. 항번개정)

1. 제70조 제1항에 따른 간이과세의 적용 포기의 신고일이 속하는 과세기간의 개시일부터 그 신고일이 속하는 달의 마지막 날까지의 기간 (2013. 6. 7. 개정)
2. 제1호에 따른 신고일이 속하는 달의 다음 달 1일부터 그 날이 속하는 과세기간의 종료일까지의 기간 (2013. 6. 7. 개정)

　　제6조【납세지】① 사업자의 부가가치세 납세지는 각 사업장의 소재지로 한다. (2013. 6. 7. 개정)

② 제1항에 따른 사업장은 사업자가 사업을 하기 위하여 거래의 전부 또는 일부를 하는 고정된 장소로 하며, 사업장의 범위에 관하여 필요한 사항은 대통령령으로 정한다. (2013. 6. 7. 개정)

③ 사업자가 제2항에 따른 사업장을 두지 아니하면 사업자의 주소 또는 거소(居所)를 사업장으로 한다. (2013. 6. 7. 개정)

④ 제1항에도 불구하고 제8조 제3항 후단에 따른 사업자 단위 과세 사업자는 각 사업장을 대신하여 그 사업자의 본점 또는 주사무소의 소재지를 부가가치세 납세지로 한다. (2013. 6. 7. 개정)

⑤ ☞ P.760

부터 365일이 되는 날까지 잔여재산가액이 확정되지 아니한 경우에는 그 해산일부터 365일이 되는 날)을 폐업일로 할 수 있다. (2019. 2. 12. 개정)

③ 법 제8조 제1항 단서에 따라 사업 개시일 전에 사업자등록을 한 자로서 사업자등록을 한 날부터 6개월이 되는 날까지 재화와 용역의 공급실적이 없는 자에 대해서는 그 6개월이 되는 날을 폐업일로 본다. 다만, 사업장의 설치기간이 6개월 이상이거나 그 밖의 정당한 사유로 인하여 사업 개시가 지연되는 경우에는 그러하지 아니하다. (2013. 6. 28. 개정)

　　제8조【사업장】① 법 제6조 제2항에 따른 사업장의 범위는 다음 표와 같다. (2013. 6. 28. 개정)

사 업	사업장의 범위		
1. 광 업	광업사무소의 소재지. 이 경우 광업사무소가 광구(鑛區) 밖에 있을 때에는 그 광업사무소에서 가장 가까운 광구에 대하여 작성한 광업 원부의 맨 처음에 등록된 광구 소재지에 광업사무소가 있는 것으로 본다.		
2. 제조업	최종제품을 완성하는 장소. 다만, 따로 제품 포장만을 하거나 용기에 충전만을 하는 장소와 「개별소비세법」 제10조의 5에 따른 저유소(貯油所)는 제외한다.		
3. 건설업 · 운수업과 부동산매매업	가. 법인인 경우	법인의 등기부상 소재지(등기부상의 지점소재지를 포함한다)
	나. 개인인 경우	사업에 관한 업무를 총괄하는 장소
	다. 법인의 명의로 등록된 차량을 개인이 운용하는 경우	법인의 등기부상 소재지(등기부상의 지점소재지를 포함한다)

사 업	사업장의 범위	
9. 무인자동판매기를 통하여 재화·용역을 공급하는 사업	사업에 관한 업무를 총괄하는 장소	
10. 「한국철도공사법」에 따른 한국철도공사가 경영하는 사업	사업에 관한 업무를 지역별로 총괄하는 장소	
11. 「우정사업 운영에 관한 특례법」에 따른 우정사업조직이 「우편법」 제1조의2 제3호의 소포우편물을 방문접수하여 배달하는 용역을 공급하는 사업 (2016. 2. 17. 개정)	사업에 관한 업무를 총괄하는 장소	
12. 「전기사업법」에 따른 전기판매사업자가 기획재정부령으로 정하는 전기요금 통합청구의 방법으로 요금을 청구하는 전기판매사업	사업에 관한 업무를 총괄하는 장소	
13. 국가, 지방자치 단체 또는 지방자치단체조합이 공급하는 제46조 제3호에 따른 사업	사업에 관한 업무를 총괄하는 장소. 다만, 위임·위탁 또는 대리에 의하여 재화나 용역을 공급하는 경우에는 수임자·수탁자 또는 대리인이 그 업무를 총괄하는 장소를 사업장으로 본다.	

☞ p.759 2단 연결

사 업	사업장의 범위	
3. 건설업·운수업과 부동산매매업	라. 개인의 명의로 등록된 차량을 다른 개인이 운용하는 경우	그 등록된 개인이 업무를 총괄하는 장소
4. 수자원을 개발하여 공급하는 사업	사업에 관한 업무를 총괄하는 장소	
5. 「지방공기업법」 제76조에 따라 설립된 대구시설관리공단이 공급하는 사업	사업에 관한 업무를 총괄하는 장소	
5. 삭　제 (2024. 2. 29.)		
6. 「방문판매 등에 관한 법률」에 따른 다단계판매원(이하 "다단계판매원"이라 한다)이 재화나 용역을 공급하는 사업	해당 다단계판매원이 「방문판매 등에 관한 법률」 제13조에 따라 등록한 다단계판매업자(이하 "다단계판매업자"라 한다)의 주된 사업장의 소재지. 다만, 다단계판매원이 상시 주재하여 거래의 전부 또는 일부를 하는 별도의 장소가 있는 경우에는 그 장소로 한다.	
7. 「전기통신사업법」에 따른 전기통신사업자가 기획재정부령으로 정하는 통신요금 통합청구의 방법으로 요금을 청구하는 전기통신사업	사업에 관한 업무를 총괄하는 장소	
8. 「전기통신사업법」에 따른 전기통신사업자가 기획재정부령으로 정하는 이동통신역무를 제공하는 전기통신사업	가. 법인인 경우	법인의 본점 소재지
	나. 개인인 경우	사업에 관한 업무를 총괄하는 장소

동시에 세액을 추가납부하여야 한다. (2011. 2. 1. 신설)

2. 영 제92조에 따른 주사업장 총괄납부사업자가 확정신고를 하지 아니하거나 확정신고의 내용에 오류 또는 탈루가 있는 때에는 각 사업장 관할 세무서장이 과세표준과 납부세액 또는 환급세액을 경정한다. (2014. 12. 30. 개정)

제3조 【통신요금 통합청구의 방법】 영 제8조 제1항의 표 제7호에서 "기획재정부령으로 정하는 통신요금 통합청구의 방법"이란 「전기통신사업법」에 따른 전기통신사업자가 둘 이상의 단말기기(회선의 단말에 설치하여 전기통신에 이용되는 기기를 말한다)를 통하여 각 사업장에서 이용자에게 전기통신역무를 제공하고, 각 사업장의 업무를 총괄하는 장소에서 통신요금을 일괄하여 청구하는 방법을 말한다. (2013. 6. 28. 개정)

제4조 【이동통신역무】 영 제8조 제1항의 표 제8호에서 "기획재정부령으로 정하

사 업	사업장의 범위
14. 「송유관 안전관리법」 제2조 제3호의 송유관설치자가 송유관을 통하여 재화 또는 용역을 공급하는 사업	사업에 관한 업무를 총괄하는 장소
15. 부동산임대업	부동산의 등기부상 소재지

② 제1항의 표 제15호에도 불구하고 부동산상의 권리만을 대여하거나 다음 각 호의 어느 하나에 해당하는 사업자가 부동산을 임대하는 경우에는 그 사업에 관한 업무를 총괄하는 장소를 사업장으로 한다. (2013. 6. 28. 개정)

1. 「한국자산관리공사 설립 등에 관한 법률」에 따른 한국자산관리공사 (2022. 2. 17. 개정 ; 금융회사~부칙)
2. 「농업협동조합의 구조개선에 관한 법률」에 따른 농업협동조합자산관리회사 (2013. 6. 28. 개정)
3. 「부동산투자회사법」에 따른 기업구조조정 부동산투자회사
4. 「예금자보호법」에 따른 예금보험공사 및 정리금융회사 (2016. 3. 11. 개정 ; 예금자보호법 시행령 부칙)
5. 「전기사업법」에 따른 전기사업자 (2013. 6. 28. 개정)
6. 「전기통신사업법」에 따른 전기통신사업자 (2013. 6. 28. 개정)

는 이동통신역무"란 「전기통신사업법」에 따른 기간통신사업자가 제공하는 다음 각 호의 역무를 말한다. (2013. 6. 28. 개정)

1. 주파수를 이용하여 이동 중에 송신·수신할 수 있는 설비를 가진 자에게 교환설비를 통하여 음성 등을 송신하거나 수신하는 이동통신역무. 다만, 「전기통신사업법 시행령」 별표 2에 따른 설비 미보유 재판매사업은 제외한다. (2013. 6. 28. 개정)
2. 무선호출수신기를 휴대한 사람에게 용건을 알려주기 위하여 무선통신방식으로 신호·신호음 또는 전화번호나 문자를 보내는 역무 (2013. 6. 28. 개정)
3. 주파수를 공용하는 무선통신방식으로 이동체에 장착하는 송신·수신할 수 있는 설비를 가진 자에게 전용 교환설비를 통하여 주로 음성을 송신하거나 수신하는 역무 (2013. 6. 28. 개정)
4. 데이터통신을 위한 전용 교환설비를 설치하고 무선통신방식으로 데이터를 송신하거나 수신하는 역무 (2013. 6. 28. 개정)

제5조 【전기요금 통합청구의 방법】

영 제8조 제1항의 표 제12호에서 "기획재정부령으로 정하는 전기요금 통합청구의 방법"이란 「전기사업법」에 따른 전기판매사업자가 둘 이상의 전기사용계약단위를 통하여 각 사업장에서 이용자에게 전기를 공급하고, 각 사업장의 업무를 총괄하는 장소에서 전기요금을 일괄하

〈제6조〉
⑤ 다음 각 호의 장소는 사업장으로 보지 아니한다. (2013. 6. 7. 개정)
1. 재화를 보관하고 관리할 수 있는 시설만 갖춘 장소로서 대통령령으

---

7. 「지방공기업법」에 따라 설립된 지방공사로서 기획재정부령으로 정하는 지방공사 (2013. 6. 28. 개정)
8. 「한국농어촌공사 및 농지관리기금법」에 따른 한국농어촌공사 (2013. 6. 28. 개정)
9. 「한국도로공사법」에 따른 한국도로공사 (2013. 6. 28. 개정)
10. 「국가철도공단법」에 따른 국가철도공단 (2020. 9. 10. 개정 ; 한국철도시설공단법 시행령 부칙)
11. 「한국토지주택공사법」에 따른 한국토지주택공사 (2013. 6. 28. 개정)
12. 「주택도시기금법」 제16조에 따른 주택도시보증공사 (2025. 2. 28. 신설)
③ 사업자가 자기의 사업과 관련하여 생산하거나 취득한 재화를 직접 판매하기 위하여 특별히 판매시설을 갖춘 장소(이하 "직매장"이라 한다)는 사업장으로 본다. (2013. 6. 28. 개정)
④ 제1항부터 제3항까지의 규정에 따른 사업장 외의 장소도 사업자의 신청에 따라 추가로 사업장으로 등록할 수 있다. 다만, 제1항의 표 제9호에 따른 무인자동판매기를 통하여 재화·용역을 공급하는 사업의 경우에는 그러하지 아니하다. (2013. 6. 28. 개정)
⑤ 사업장을 설치하지 아니하고 법 제8조 제1항 및 제3항에 따른 등록도 하지 아니한 경우에는 과세표준 및 세액을 결정하거나 경정할 당시의 사업자의 주소 또는 거소를 사업장으로 한다. (2013. 6. 28. 개정)
⑥ 사업자가 비거주자인 경우에는 「소득세법」 제120조에 따른 장소를 사업장으로 하고, 외국법인인 경우에는 「법인세법」 제94조에 따른 장소를 사업장으로 한다. (2013. 6. 28. 개정)
⑦ 법 제8조 제6항에 따라 사업자등록을 신청하는 경우에는 해당 신탁재산의 등기부상 소재지, 등록부상 등록지 또는 신탁사업에 관한 업무를 총괄하는 장소를 사업장으로 한다. (2021. 2. 17. 신설)

제9조 【하치장】 ① 법 제6조 제5항 제1호에 따른 하치장(荷置場)을 둔 사업자는 다음 각 호의 사항을 적은 하치장 설치 신고서를 하치

여 청구하는 방법을 말한다. (2013. 6. 28. 개정)

제6조 【지방공사의 범위】 영 제8조 제2항 제7호에서 "기획재정부령으로 정하는 지방공사'란 다음 각 호의 지방공사를 말한다. (2013. 6. 28. 개정)
1. 서울주택도시공사 (2023. 3. 20. 개정)
2. 부산도시공사 (2014. 3. 14. 개정)
3. 대구도시공사 (2014. 3. 14. 개정)
3. 대구도시개발공사 (2025. 3. 21. 개정)
4. 인천도시공사 (2014. 3. 14. 개정)
5. 광주광역시도시공사 (2014. 3. 14. 개정)
6. 대전도시공사 (2014. 3. 14. 개정)
7. 울산광역시도시공사 (2013. 6. 28. 개정)
8. 강원도개발공사 (2013. 6. 28. 개정)
8. 강원개발공사 (2025. 3. 21. 개정)
9. 전북개발공사 (2013. 6. 28. 개정)
10. 경상북도개발공사 (2013. 6. 28. 개정)
11. 경남개발공사 (2014. 3. 14. 개정)
12. 경기주택도시공사 (2023. 3. 20. 개정)
13. 제주특별자치도개발공사 (2013. 6. 28. 개정)
14. 충북개발공사 (2014. 3. 14. 신설)
15. 충청남도개발공사 (2014. 3. 14. 신설)
16. 전남개발공사 (2014. 3. 14. 신설)

제7조 【하치장 설치 신고서】 영 제9조 제1항에 따른 하치장 설치 신고서

로 정하는 바에 따라 하치장(荷置場)으로 신고된 장소 (2013. 6. 7. 개정)

2. 각종 경기대회나 박람회 등 행사가 개최되는 장소에 개설한 임시사업장으로서 대통령령으로 정하는 바에 따라 신고된 장소 (2013. 6. 7. 개정)

⑥ 재화를 수입하는 자의 부가가치세 납세지는 「관세법」에 따라 수입을 신고하는 세관의 소재지로 한다. (2013. 6. 7. 개정)

　제7조 【과세 관할】 ① 사업자에 대한 부가가치세는 제6조 제1항부터 제5항까지의 규정에 따른 납세지를 관할하는 세무서장 또는 지방국세청장이 과세한다. (2013. 6. 7. 개정)

② 재화를 수입하는 자에 대한 부가가치세는 제6조 제6항에 따른 납세지를 관할하는 세관장이 과세한다. (2013. 6. 7. 개정)

장을 둔 날부터 10일 이내에 하치장 관할 세무서장에게 제출하여야 한다. 다만, 「주류 면허 등에 관한 법률 시행령」 제36조 제4항에 따라 관할 세무서장의 승인을 받은 주류하치장의 경우에는 하치장 설치 신고서의 제출을 생략할 수 있다. (2021. 2. 17. 개정 ; 주류면허~부칙)

1. 사업자의 상호, 성명(법인의 경우에는 대표자 성명), 주소, 사업자 등록번호, 주민등록번호 및 사업장 소재지와 사업의 종류(이하 "인적사항"이라 한다) (2013. 6. 28. 개정)

2. 하치장의 설치일자, 소재지 및 소속 구분 (2013. 6. 28. 개정)

3. 그 밖의 참고 사항 (2013. 6. 28. 개정)

② 제1항의 하치장 설치 신고를 받은 하치장 관할 세무서장은 하치장 설치 신고를 받은 날부터 10일 이내에 납세지 관할 세무서장에게 그 사실을 통보하여야 한다. (2013. 6. 28. 개정)

　제10조 【임시사업장】 ① 법 제6조 제5항 제2호에 따른 임시사업장은 사업자가 임시사업장을 개설하기 전에 두고 있던 제8조에 따른 사업장(이하 이 조에서 "기존사업장"이라 한다)에 포함되는 것으로 한다. (2013. 6. 28. 개정)

② 법 제6조 제5항 제2호에 따라 임시사업장을 개설하려는 자는 다음 각 호의 사항을 적은 임시사업장 개설 신고서를 해당 임시사업장의 사업 개시일부터 10일 이내에 임시사업장의 관할 세무서장에게 제출[「국세기본법」 제2조 제19호에 따른 국세정보통신망(이하 "국세정보통신망"이라 한다)에 의한 제출을 포함한다]해야 한다. 다만, 임시사업장의 설치기간이 10일 이내인 경우에는 임시사업장 개설 신고를 하지 않을 수 있다. (2021. 2. 17. 개정)

1. 사업자의 인적사항 (2013. 6. 28. 개정)

2. 임시사업장의 소재지 (2013. 6. 28. 개정)

3. 임시사업장의 설치기간 (2013. 6. 28. 개정)

4. 그 밖의 참고 사항 (2013. 6. 28. 개정)

③ 제2항에 따른 신고서를 제출받은 세무서장은 임시사업장 설치의 타당성을 확인하여 그 결과를 신청인과 기존사업장의 관할 세무서장에게 통지하여야 한다. (2013. 6. 28. 개정)

④ 임시사업장을 개설한 자가 임시사업장을 폐쇄하였을 때에는 폐쇄일

는 별지 제1호 서식과 같다. (2013. 6. 28. 개정)

　제8조 【임시사업장 개설 및 폐쇄 신고서】 ① 영 제10조 제2항에 따른 임시사업장 개설 신고서는 별지 제2호 서식과 같다. (2013. 6. 28. 개정)

② 영 제10조 제4항에 따른 임시사업장

제8조 【사업자등록】 ① 사업자는 사업장마다 대통령령으로 정하는 바에 따라 사업 개시일부터 20일 이내에 사업장 관할 세무서장에게 사업자등록을 신청하여야 한다. 다만, 신규로 사업을 시작하려는 자는 사업 개시일 이전이라도 사업자등록을 신청할 수 있다. (2013. 6. 7. 개정)

② 사업자는 제1항에 따른 사업자등록의 신청을 사업장 관할 세무서장이 아닌 다른 세무서장에게도 할 수 있다. 이 경우 사업장 관할 세무서장에게 사업자등록을 신청한 것으로 본다. (2013. 6. 7. 개정)

③ 제1항에도 불구하고 사업장이 둘 이상인 사업자(사업장이 하나이나 추가로 사업장을 개설하려는 사업자를 포함한다)는 사업자 단위로 해당 사업자의 본점 또는 주사무소 관할 세무서장에게 등록을 신청할 수 있다. 이 경우 등록한 사업자를 사업자 단위 과세 사업자라 한다. (2018. 12. 31. 개정)

④ 제1항에 따라 사업장 단위로 등록한 사업자가 제3항에 따라 사업자 단위 과세 사업자로 변경하려면 사업자 단위 과세 사업자로 적용받으려는 과세기간 개시 20일 전까지 사업자의 본점 또는 주사무소 관할 세무서장에게 변경등록을 신청하여야 한다. 사업자 단위 과세 사업자가 사업장 단위로 등록을 하려는 경우에도 또한 같다. (2013. 6. 7. 개정)

⑤ 제4항 전단에도 불구하고 사업장이 하나인 사업자가 추가로 사업장을 개설하면서 추가 사업장의 사업 개시일이 속하는 과세기간부터 사업자 단위 과세 사업자로 적용받으려는 경우에는 추가 사업장의 사업 개시일부터 20일 이내(추가 사업장의 사업 개시일이 속하는 과세기간 이내로 한정한다)에 사업자의 본점 또는 주사무소 관할 세무서장에게 변경등록을 신청하여야 한다. (2018. 12. 31. 개정)

부터 10일 이내에 다음 각 호의 사항을 적은 임시사업장 폐쇄 신고서를 그 임시사업장 관할 세무서장에게 제출하여야 한다. (2013. 6. 28. 개정)

1. 사업자의 인적사항 (2013. 6. 28. 개정)

2. 폐쇄 연월일 및 폐쇄 사유 (2013. 6. 28. 개정)

3. 그 밖의 참고 사항 (2013. 6. 28. 개정)

제11조 【사업자등록 신청과 사업자등록증 발급】 ① 법 제8조 제1항에 따라 사업자등록을 하려는 사업자는 사업장마다 다음 각 호의 사항을 적은 사업자등록 신청서를 관할 세무서장이나 그 밖에 신청인의 편의에 따라 선택한 세무서장에게 제출(국세정보통신망에 의한 제출을 포함한다)해야 한다. (2021. 2. 17. 개정)

1. 사업자의 인적사항 (2013. 6. 28. 개정)

2. 사업자등록 신청 사유 (2013. 6. 28. 개정)

3. 사업 개시 연월일 또는 사업장 설치 착수 연월일 (2013. 6. 28. 개정)

4. 그 밖의 참고 사항 (2013. 6. 28. 개정)

② 제1항에도 불구하고 법 제8조 제3항부터 제5항까지의 규정에 따라 사업자 단위 과세 사업자로 등록을 신청하려는 사업자는 본점 또는 주사무소(이하 "사업자 단위 과세 적용 사업장"이라 한다)에 대하여 제1항 각 호의 사항을 적은 사업자등록 신청서를 사업자 단위 과세 적용 사업장 관할 세무서장에게 제출하여야 한다. (2019. 2. 12. 개정)

③ 제1항과 제2항의 신청서에는 다음 표의 구분에 따른 서류를 첨부하여야 하며, 제1항과 제2항에 따른 사업자등록을 신청하려는 사업자가 미성년자인 경우에는 기획재정부령으로 정하는 법정대리인 동의서를 추가로 첨부하여야 한다. (2024. 2. 29. 개정)

구 분	첨부서류
1. 법령에 따라 허가를 받거나 등록 또는 신고를 하여야 하는 사업의 경우	사업허가증 사본, 사업등록증 사본 또는 신고확인증 사본
2. 사업장을 임차한 경우	임대차계약서 사본

폐쇄 신고서는 별지 제3호 서식과 같다. (2013. 6. 28. 개정)

제9조 【사업자등록 신청서와 사업자등록증 등】 ① 영 제11조 제1항에 따른 사업자등록 신청서는 다음 각 호의 구분에 따른 서식과 같다. (2013. 6. 28. 개정)

1. 사업자등록 신청서(개인사업자용, 법인이 아닌 단체의 고유번호 신청서) : 별지 제4호 서식. 이 경우 다음 각 목의 어느 하나에 해당하는 경우에는 사업자등록을 신청할 때 별지 제4호 서식 부표 1의 공동사업자 명세, 종업원 현황 또는 서류를 송달받을 장소를 추가로 적어 제출하여야 한다. (2013. 6. 28. 개정)

　가. 공동사업자가 있는 경우 (2013. 6. 28. 개정)

　나. 종업원을 1명 이상 고용한 경우 (2013. 6. 28. 개정)

　나. 삭　제 (2018. 3. 19.)

　다. 사업장 외의 장소에서 서류를 송달받으려는 경우 (2013. 6. 28. 개정)

2. 사업자등록 신청서(법인사업자용) : 「법인세법 시행규칙」 별지 제73호 서식 (2013. 6. 28. 개정)

② 영 제11조 제2항에 따른 사업자등록 신청서는 다음 각 호의 구분에 따른 서식과 같다. 이 경우 사업자등록을 신청할 때

⑥ 제3조 제2항에 따라 수탁자가 납세의무자가 되는 경우 수탁자(공동수탁자가 있는 경우 대표수탁자를 말한다)는 해당 신탁재산을 사업장으로 보아 대통령령으로 정하는 바에 따라 제1항에 따른 사업자등록을 신청하여야 한다. (2020. 12. 22. 신설)

⑦ ☞ P.766

구 분	첨부서류
2. 사업장을 임차하거나 전차(轉借)한 경우 (2025. 2. 28. 개정)	가. 사업장을 임차한 경우 : 임대차계약서 사본 나. 사업장을 전차한 경우 : 전대차계약서 사본 및 임대인의 전차동의서(임대차계약서에 전차를 할 때 임대인의 동의가 필요 없다는 특약이 있는 경우 해당 임대차계약서 사본)
3. 「상가건물 임대차보호법」 제2조 제1항에 따른 상가건물의 일부분만 임차한 경우	해당 부분의 도면
4. 「조세특례제한법」 제106조의3 제1항에 따른 금지금(이하 "금지금"이라 한다) 도매 및 소매업	사업자금 명세 또는 재무상황 등을 확인할 수 있는 서류로서 기획재정부령으로 정하는 서류
5. 「개별소비세법」 제1조 제4항에 따른 과세유흥장소에서 영업을 경영하는 경우	사업자금 명세 또는 재무상황 등을 확인할 수 있는 서류로서 기획재정부령으로 정하는 서류
6. 법 제8조 제3항부터 제5항까지의 규정에 따라 사업자 단위로 등록하려는 사업자 (2019. 2. 12. 개정)	사업자 단위 과세 적용 사업장 외의 사업장(이하 "종된 사업장"이라 한다)에 대한 이 표 제1호부터 제5호까지의 규정에 따른 서류 및 사업장 소재지·업태(業態)·종목 등이 적힌 기획재정부령으로 정하는 서류
7. 액체연료 및 관련제품 도매업, 기체연료 및 관련제품 도매업, 차량용 주유소운영업,	사업자금 명세 또는 재무상황 등을 확인할 수 있는 서류로서 기획재정부령으로 정하는 서류

별지 제4호 서식 부표 2(개인사업자용) 또는 별지 제4호 서식 부표 3(법인사업자용)에 따른 사업자 단위 과세 사업자의 종된 사업장 명세서를 함께 제출하여야 한다. (2014. 3. 14. 후단개정)

1. 「부가가치세법」(이하 "법"이라 한다) 제8조 제3항에 따른 사업자 단위 과세 사업자(이하 "사업자 단위 과세 사업자"라 한다)로 같은 항에 따라 사업자등록을 신청하는 경우 : 별지 제4호 서식. 이 경우 제1항 제1호 각 목의 어느 하나에 해당하는 경우에는 사업자등록을 신청할 때 별지 제4호 서식 부표 1의 공동사업자 명세 또는 서류를 송달받을 장소를 추가로 적어 제출하여야 한다. (2018. 3. 19. 후단개정)

2. 법 제8조 제4항 및 제5항에 따라 사업자 단위 과세 사업자로 변경하기 위하여 사업자등록을 신청하는 경우 : 별지 제5호 서식 (2019. 3. 20. 개정)

③ 영 제11조 제3항 표 외의 부분에서 "기획재정부령으로 정하는 법정대리인 동의서"란 별지 제5호의 2 서식의 법정대리인 동의서를 말하며, 같은 항 표 제4호·제5호·제7호 및 제8호에서 "기획재정부령으로 정하는 서류"란 별지 제6호 서식의 자금출처명세서를 말한다. (2024. 3. 22. 개정)

④ 영 제11조 제5항에 따른 사업자등록증은 다음 각 호의 구분에 따른 서식과 같다. 이 경우 제2항에 따라 사업자 단위 과세 사업자로 사업자등록을 신청한 자에 대해서는 별지 제7호 서식(1) 부표(개인사업

정될 때에는 등록을 거부할 수 있다. (2013. 6. 28. 개정)

⑧ 다단계판매원이 「방문판매 등에 관한 법률」 제15조에 따라 다단계판매업자에게 등록을 하고 도매 및 소매업을 경영할 목적으로 다단계판매업자에게 도매 및 소매업자로 신고한 경우 그 다단계판매원에 대하여 다단계판매업자가 그 신고일이 속하는 달의 다음 달 10일까지 사업장 관할 세무서장에게 그 다단계판매원의 인적사항, 사업 개시 연월일과 그 밖에 국세청장이 정하는 사항을 신고하였을 때에는 해당 다단계판매원이 제1항에 따른 등록신청을 한 것으로 본다. 다만, 법 제69조에 따라 납부의무가 면제되지 아니하는 다단계판매원과 이 영 제8조 제1항의 표 제6호의 사업장의 범위란 단서에 해당하는 다단계판매원에 대해서는 그러하지 아니하다. (2013. 6. 28. 개정)

편주 ▶
다단계판매업자가 지켜야 할 사항 고시(국세청고시 제2024-24호, 2024. 8. 23.)

⑨ 제8항 본문에 따라 신고한 다단계판매원에 대해서는 다단계판매업자가 「방문판매 등에 관한 법률」 제15조에 따라 발급한 다단계판매원 등록증을 관할 세무서장이 제5항에 따라 해당 다단계판매원에게 발급한 사업자등록증으로 본다. (2013. 6. 28. 개정)

⑩ 「소득세법」 제168조 및 「법인세법」 제111조에 따라 등록한 자로서 면세사업을 경영하는 자가 추가로 과세사업을 경영하려는 경우 제14조 제1항을 준용하여 사업자등록 정정신고서를 제출하면 제1항 및 제2항에 따른 등록신청을 한 것으로 본다. (2013. 6. 28. 개정)

⑪ 수탁자가 법 제8조 제6항에 따라 사업자등록을 신청하는 경우로서 다음 각 호의 요건을 모두 갖춘 경우에는 둘 이상의 신탁재산을 하나의 사업장으로 보아 신탁사업에 관한 업무를 총괄하는 장소를 관할하는 세무서장에게 사업자등록을 신청할 수 있다. (2022. 2. 15. 신설)

☞ p.765 2단 연결

구 분	첨부서류
차량용 가스 충전업, 가정용 액체연료 소매업과 가정용 가스연료 소매업 (2014. 2. 21. 신설)	
8. 재생용 재료 수집 및 판매업 (2014. 2. 21. 신설)	사업자금 명세 또는 재무상황 등을 확인할 수 있는 서류로서 기획재정부령으로 정하는 서류

편주 ▶
영 11조 3항의 표 2호의 개정규정은 2025. 2. 28. 이후 사업자등록을 신청하는 경우부터 적용함. (영 부칙(2025. 2. 28.) 2조)

④ 법 제8조 제1항 단서의 경우 해당 법인의 설립등기 전 또는 사업의 허가·등록이나 신고 전에 사업자등록을 할 때에는 법인 설립을 위한 사업허가신청서 사본, 사업등록신청서 사본, 사업신고서 사본 또는 사업계획서로 제3항의 표 제1호의 서류를 대신할 수 있다. (2013. 6. 28. 개정)

⑤ 제1항이나 제2항의 신청을 받은 사업장 관할 세무서장은 사업자의 인적사항과 그 밖에 필요한 사항을 적은 사업자등록증을 신청일부터 2일 이내(「국세기본법」 제5조 제1항 각 호에 해당하는 날은 산정에서 제외한다. 이하 이 항에서 같다)에 신청자에게 발급하여야 한다. 다만, 사업장시설이나 사업현황을 확인하기 위하여 국세청장이 필요하다고 인정하는 경우에는 발급기한을 5일 이내에서 연장하고 조사한 사실에 따라 사업자등록증을 발급할 수 있다. (2023. 2. 28. 개정)

⑥ 사업자가 법 제8조 제1항부터 제3항까지의 규정에 따라 사업자등록을 하지 않거나 국외사업자 등이 법 제53조의 2 제1항 및 제2항에 따른 간편사업자등록을 하지 않은 경우에는 납세지 관할 세무서장이 조사하여 등록할 수 있다. (2024. 2. 29. 개정)

⑦ 법 제8조 제1항 단서에 따라 사업자등록의 신청을 받은 사업장 관할 세무서장은 신청자가 사업을 사실상 시작하지 아니할 것이라고 인

자용) 또는 별지 제7호 서식(2) 부표(법인사업자용)에 따른 사업자 단위 과세 적용 종된 사업장 명세를 추가로 발급한다. (2013. 6. 28. 개정)

1. 개인사업자용 사업자등록증 : 별지 제7호 서식(1) (2013. 6. 28. 개정)

2. 법인사업자용 사업자등록증 : 별지 제7호 서식(2) (2013. 6. 28. 개정)

⑤ 영 제11조 제8항 본문에 따른 신고는 별지 제8호 서식의 다단계판매원 (등록·폐업) 현황신고서에 따른다. (2013. 6. 28. 개정)

1. 수탁자가 하나 또는 둘 이상의 위탁자와 둘 이상의 신탁계약을 체결하였을 것 (2022. 2. 15. 신설)
2. 신탁계약이 다음 각 목의 어느 하나에 해당할 것 (2024. 2. 29. 개정)
   가. 수탁자가 위탁자의 채무이행을 담보하기 위해 위탁자로부터 「자본시장과 금융투자업에 관한 법률」 제103조 제1항 제5호 또는 제6호의 재산을 수탁하여 운용하는 신탁계약 (2024. 2. 29. 개정)
   나. 「자본시장과 금융투자업에 관한 법률」에 따른 신탁업자가 같은 법 제103조 제1항 제7호의 재산을 수탁하여 운용하는 신탁계약 (2024. 2. 29. 개정)

   다. 「저작권법」 제2조 제26호에 따른 저작권신탁관리업을 영위하는 자가 같은 호에 따른 권리를 수탁하여 운용하는 신탁계약 (2024. 2. 29. 개정)
   라. 「기술의 이전 및 사업화 촉진에 관한 법률」 제2조 제8호에 따른 기술신탁관리업을 영위하는 자가 같은 호에 따른 기술과 그 사용에 관한 권리를 수탁하여 운용하는 신탁계약 (2024. 2. 29. 개정)
⑫ 법 제8조 제1항 단서에 따라 사업자등록을 신청받은 사업장 관할 세무서장은 「전자정부법」에 따른 행정정보의 공동이용을 통하여 발기인의 주민등록표 등본을 확인하여야 한다. 다만, 등록을 신청하는 자가 확인에 동의하지 아니하는 경우에는 발기인의 주민등록표 등본을 첨부하게 하여야 한다. (2022. 2. 15. 항번개정)
⑬ 사업장 관할 세무서장은 제1항부터 제4항까지의 규정에 따른 사업자등록의 신청 내용을 보정(補正)할 필요가 있다고 인정될 때에는 10일 이내의 기간을 정하여 보정을 요구할 수 있다. 이 경우 해당 보정기간은 제5항 본문 및 단서에 따른 기간에 산입하지 아니한다. (2022. 2. 15. 항번개정)

〈제8조〉

⑦ 제1항부터 제6항까지의 규정에 따라 신청을 받은 사업장 관할 세무서장(제3항부터 제5항까지의 규정에서는 본점 또는 주사무소 관할 세무서장을 말한다. 이하 이 조에서 같다)은 사업자등록을 하고, 대통령령으로 정하는 바에 따라 등록된 사업자에게 등록번호가 부여된 등록증(이하 "사업자등록증"이라 한다)을 발급하여야 한다. (2020. 12. 22. 개정)

⑧ 제7항에 따라 등록한 사업자는 휴업 또는 폐업을 하거나 등록사항이 변경되면 대통령령으로 정하는 바에 따라 지체 없이 사업장 관할 세무서장에게 신고하여야 한다. 제1항 단서에 따라 등록을 신청한 자가 사실상 사업을 시작하지 아니하게 되는 경우에도 또한 같다. (2020. 12. 22. 개정)

⑨ ☞ P.769

통칙 8-11-1 【미등기 지점 등의 사업자등록】

과세사업을 영위하는 법인이 지점 또는 직매장에 대한 사업자등록신청을 하는 경우에는 해당 지점의 등기 여부와는 관계없이 사업자등록신청서에 해당 법인의 법인등기부등본을 첨부하여 등록할 수 있다. (2011. 2. 1. 개정)

제12조 【등록번호】 ① 법 제8조 제7항에 따른 등록번호는 사업장마다 관할 세무서장이 부여한다. 다만, 법 제8조 제3항부터 제5항까지의 규정에 따라 사업자 단위로 등록신청을 한 경우에는 사업자 단위 과세 적용 사업장에 한 개의 등록번호를 부여한다. (2021. 2. 17. 개정)

② 관할 세무서장은 과세자료를 효율적으로 처리하기 위하여 법 제54조 제4항 또는 제5항에 따른 자에게도 등록번호에 준하는 고유번호를 부여할 수 있다. (2013. 6. 28. 개정)

③ 제11조 제8항 본문에 따라 신고한 다단계판매원에 대해서는 다단계판매업자가 「방문판매 등에 관한 법률」 제15조에 따라 다단계판매원에게 부여한 등록번호를 제1항에 따른 등록번호로 본다. (2013. 6. 28. 개정)

제13조 【휴업·폐업의 신고】 ① 법 제8조 제1항 본문 및 같은 조 제3항부터 제7항까지의 규정에 따라 사업자등록을 한 사업자가 휴업 또는 폐업을 하거나 같은 조 제1항 단서 및 같은 조 제7항에 따라 사업자등록을 한 자가 사실상 사업을 시작하지 않게 되는 경우에는 같은 조 제8항에 따라 지체 없이 다음 각 호의 사항을 적은 휴업(폐업)신고서를 관할 세무서장이나 그 밖에 신고인의 편의에 따라 선택한 세무서장에게 제출(국세정보통신망에 의한 제출을 포함한다)해야 한다. (2021. 2. 17. 개정)

1. 사업자의 인적사항 (2013. 6. 28. 개정)
2. 휴업 연월일 또는 폐업 연월일과 그 사유 (2013. 6. 28. 개정)
3. 그 밖의 참고 사항 (2013. 6. 28. 개정)

② 제1항의 폐업신고서에는 사업자등록증을 첨부해야 한다. (2021. 2. 17. 개정)

통칙 8-11-2 【겸업 사업자의 사업자등록】

부가가치세의 과세사업과 면세사업을 겸업하는 사업자는 법 제8조에 따른 사업자등록증을 발급받아야 한다. 이 경우 해당 사업자는 「소득세법」 제168조 또는 「법인세법」 제111조에 따른 사업자등록을 별도로 하지 아니한다. (2014. 12. 30. 개정)

8-11-3 【허가사업의 사업자등록】

1. 사업자등록이란 부가가치세 업무의 효율적인 운영을 위하여 납세의무자의 사업에 관한 일련의 사항을 세무관서의 공부에 등재하는 것이므로 사업자등록증의 발급이 해당 사업자에게 특정 사업을 허용하거나 사업경영을 할 권리를 인정하는 것은 아니다. (2019. 12. 23. 신설)

2. 법령에 따라 허가를 얻어야 하는 사업을 영위하는 자가 사업허가증사본을 첨부하지 아니하고 사업자등록신청서를 제출한 경우 해당 사업장에서 사실상 사업을 영위하는 때는 실지 사업내용대로 사업자등록증을 발급할 수 있다. (2019. 12. 23. 호번개정)

제10조 【휴업·폐업 신고서 등】 ① 영 제13조 제1항에 따른 휴업(폐업)신고서는 별지 제9호 서식과 같다. (2013. 6. 28. 개정)

 8-14-1【공동사업자의 사업자등록 및 정정】
1. 2인 이상의 사업자가 공동사업을 하는 경우 사업자등록신청은 공동사업자 중 1인을 대표자로 하여 대표자명의로 신청하여야 하며, 공동사업자 중 일부의 변경 및 탈퇴, 새로운 공동사업자 추가의 경우에는 사업자등록을 정정하여야 한다. (2019. 12. 23. 호번개정)
2. 개인 단독사업자가 공동사업자로, 공동사업자가 개인 단독사업자로 변경되는 경우에는 사업자등록을 정정하여야 한다. (2019. 12. 23. 신설)

8-14-2【「채무자 회생 및 파산에 관한 법률」에 따른 회생절차개시 시 사업자등록증의 정정】 (2014. 12. 30. 제목개정)

회사가 「채무자 회생 및 파산에 관한 법」에 따라 회생절차개시명령을 받아 관리인 또는 관리인 대리가 회사사업의 경영과 재산의 관리 및 처분을 할 경우에는 해당 관리인 또는 관리인 대리를 회사의 대표자로 보아 사업자등록을 정정할 수 있다. (2011. 2. 1. 개정)

---

③ 제1항에도 불구하고 폐업을 하는 사업자가 제91조에 따른 부가가치세 확정신고서에 폐업 연월일과 그 사유를 적고 사업자등록증을 첨부하여 제출하는 경우에는 폐업신고서를 제출한 것으로 본다. (2021. 2. 17. 개정)

④ 법인이 합병할 때에는 합병 후 존속하는 법인(신설합병의 경우에는 합병으로 설립된 법인) 또는 합병 후 소멸하는 법인(이 항에서 "소멸법인"이라 한다)이 다음 각 호의 사항을 적은 법인합병신고서에 사업자등록증을 첨부하여 소멸법인의 폐업 사실을 소멸법인의 관할 세무서장에게 신고하여야 한다. (2013. 6. 28. 개정)
1. 합병 후 존속하는 법인 또는 합병으로 설립된 법인의 인적사항 (2013. 6. 28. 개정)
2. 소멸법인의 인적사항 (2013. 6. 28. 개정)
3. 합병연월일 (2013. 6. 28. 개정)
4. 그 밖의 참고 사항 (2013. 6. 28. 개정)

⑤ 법령에 따라 허가를 받거나 등록 또는 신고 등을 하여야 하는 사업의 경우에는 허가, 등록, 신고 등이 필요한 사업의 주무관청에 제1항의 휴업(폐업)신고서를 제출할 수 있으며, 휴업(폐업)신고서를 받은 주무관청은 지체 없이 관할 세무서장에게 그 서류를 송부(정보통신망을 이용한 송부를 포함한다. 이하 이 항에서 같다)하여야 하고, 허가, 등록, 신고 등이 필요한 사업의 주무관청에 제출하여야 하는 해당 법령에 따른 신고서를 관할 세무서장에게 제출한 경우에는 관할 세무서장은 지체 없이 그 서류를 관할 주무관청에 송부하여야 한다. (2013. 6. 28. 개정)

⑥ 제1항에 따른 휴업을 하는 날은 사업장별로 그 사업을 실질적으로 휴업한 날(실질적으로 휴업한 날이 분명하지 아니한 경우에는 제1항에 따른 휴업신고서의 접수일)로 한다. (2013. 6. 28. 개정)

⑦ 제1항에 따른 휴업신고서에 적힌 휴업기간을 산정 때에는 계절적인 사업의 경우 그 계절이 아닌 기간은 휴업기간으로 본다. (2013. 6. 28. 개정)

제14조【사업자등록 사항의 변경】 ① 사업자가 다음 각 호의 어느 하나에 해당하는 경우에는 지체 없이 사업자의 인적사항, 사업자등

---

② 영 제13조 제4항에 따른 법인합병신고서는 별지 제10호 서식과 같다. (2013. 6. 28. 개정)

제11조【사업자등록 정정신고서】 영 제14조 제1항에 따른 사업자등록 정정신

업장을 말한다. 이하 같다]에 인적사항 등의 정보를 등록하고 재화 또는 용역을 공급하는 사업을 하는 사업자(이하 "통신판매업자"라 한다)가 사이버몰의 명칭 또는 「인터넷주소자원에 관한 법률」에 따른 인터넷 도메인이름을 변경하는 경우 (2013. 6. 28. 개정)

② 제1항의 사업자등록정정신고서에는 사업자등록증을 첨부하여야 한다. 이 경우 제11조 제3항 각 호의 구분란에 해당하는 내용이 변경된 사업자는 해당 각 호의 첨부서류를 제출하여야 한다. (2018. 2. 13. 단서개정)

③ 제1항의 신고를 받은 세무서장은 다음 각 호의 구분에 따른 기한 이내에 변경 내용을 확인하고 사업자등록증의 기재사항을 정정하여 재발급해야 한다. (2021. 2. 17. 개정)

1. 제1항 제1호 및 제11호의 경우 : 신고일 당일 (2021. 2. 17. 개정)
2. 제1항 제2호부터 제10호까지의 경우 : 신고일부터 2일 이내 (2021. 2. 17. 개정)

④ 사업자가 제1항 제4호 또는 제8호에 따른 사유로 사업자등록 정정신고를 한 경우 사업장 관할 세무서장은 종전의 사업장 관할 세무서장에게 지체 없이 사업장의 이전 또는 변경 사실을 통지하여야 한다. (2013. 6. 28. 개정)

⑤ 사업장과 주소지가 동일한 사업자가 사업자등록 신청서 또는 사업자등록 정정신고서를 제출하면서 「주민등록법」에 따른 주소가 변경되면 사업장의 주소도 변경되는 것에 동의한 경우에는 사업자가 「주민등록법」 제16조 제1항에 따른 전입신고를 하면 제1항에 따른 사업자등록 정정신고서를 제출한 것으로 본다. (2020. 2. 11. 신설)

록의 변경 사항 및 그 밖의 필요한 사항을 적은 사업자등록 정정신고서를 관할 세무서장이나 그 밖에 신고인의 편의에 따라 선택한 세무서장에게 제출(국세정보통신망에 따른 제출을 포함한다)해야 한다. (2021. 2. 17. 개정)

1. 상호를 변경하는 경우 (2013. 6. 28. 개정)
2. 법인 또는 「국세기본법」 제13조 제1항 및 제2항에 따라 법인으로 보는 단체 외의 단체로서 기획재정부령으로 정하는 단체가 대표자를 변경하는 경우 (2013. 6. 28. 개정)
3. 기획재정부령으로 정하는 사업의 종류에 변동이 있는 경우 (2013. 6. 28. 개정)
4. 사업장[법 제8조 제3항에 따른 사업자 단위 과세 사업자(이하 "사업자 단위 과세 사업자"라 한다)의 경우에는 사업자 단위 과세 적용 사업장을 말한다]을 이전하는 경우 (2013. 6. 28. 개정)
5. 상속으로 사업자의 명의가 변경되는 경우 (2013. 6. 28. 개정)
6. 공동사업자의 구성원 또는 출자지분이 변경되는 경우 (2013. 6. 28. 개정)
7. 임대인, 임대차 목적물 및 그 면적, 보증금, 임차료 또는 임대차기간이 변경되거나 새로 상가건물을 임차한 경우(「상가건물 임대차보호법」 제2조 제1항에 따른 상가건물의 임차인이 사업자등록 정정신고를 하려는 경우, 임차인이 같은 법 제5조 제2항에 따른 확정일자를 신청하려는 경우 및 확정일자를 받은 임차인에게 변경 등이 있는 경우로 한정한다) (2013. 6. 28. 개정)
8. 사업자 단위 과세 사업자가 사업자 단위 과세 적용 사업장을 변경하는 경우 (2013. 6. 28. 개정)
9. 사업자 단위 과세 사업자가 종된 사업장을 신설하거나 이전하는 경우 (2013. 6. 28. 개정)
10. 사업자 단위 과세 사업자가 종된 사업장의 사업을 휴업하거나 폐업하는 경우 (2013. 6. 28. 개정)
11. 사이버몰[「전기통신사업법」 제5조에 따른 부가통신사업을 하는 사업자(이하 "부가통신사업자"라 한다)가 컴퓨터 등과 정보통신설비를 이용하여 재화 등을 거래할 수 있도록 설정한 가상의 영

고서는 별지 제11호 서식과 같다. 이 경우 사업자 단위 과세 사업자의 영 제11조 제3항의 표 제6호에 따른 종된 사업장에 변경할 사항이 있을 때에는 별지 제11호 서식 부표 1(개인사업자용) 또는 별지 제11호 서식 부표 2(법인사업자용)에 따른 사업자 단위 과세 사업자의 종된 사업장 정정신고서를 추가로 제출하여야 한다. (2013. 6. 28. 개정)

제12조 【대표자 변경에 의한 사업자 등록 사항의 변경】 영 제14조 제1항 제2호에서 "기획재정부령으로 정하는 단체"란 「소득세법」 제2조 제3항에 따라 1거주자로 보는 단체를 말한다. (2022. 3. 18. 개정)

제13조 【사업 종류의 변동 기준】 영 제14조 제1항 제3호에서 "기획재정부령으로 정하는 사업의 종류에 변동이 있는 경우"란 다음 각 호의 사유가 발생한 경우를 말한다. (2013. 6. 28. 개정)

1. 사업의 종류를 완전히 다른 종류로 변경한 경우 (2013. 6. 28. 개정)
2. 새로운 사업의 종류를 추가하거나 사업의 종류 중 일부를 폐지한 경우 (2013. 6. 28. 개정)

<제8조>
⑨ 사업장 관할 세무서장은 제7항에 따라 등록된 사업자가 다음 각 호의 어느 하나에 해당하면 지체 없이 사업자등록을 말소하여야 한다. (2020. 12. 22. 개정)
1. 폐업(사실상 폐업한 경우로서 대통령령으로 정하는 경우를 포함한다)한 경우 (2023. 12. 31. 개정)
2. 제1항 단서에 따라 등록신청을 하고 사실상 사업을 시작하지 아니하게 되는 경우로서 대통령령으로 정하는 경우 (2023. 12. 31. 개정)

⑩ 사업장 관할 세무서장은 필요하다고 인정하면 대통령령으로 정하는 바에 따라 사업자등록증을 갱신하여 발급할 수 있다. (2020. 12. 22. 항번개정)
⑪ 개별소비세 또는 교통·에너지·환경세의 납세의무가 있는 사업자가 「개별소비세법」 또는 「교통·에너지·환경세법」에 따라 다음 각 호의 구분에 따른 신고를 한 경우에는 해당 각 호의 구분에 따른 등록신청 또는 신고를 한 것으로 본다. (2020. 12. 22. 항번개정)
1. 「개별소비세법」 제21조 제1항 전단 또는 「교통·에너지·환경세법」 제18조 제1항 전단에 따른 개업 신고를 한 경우 : 제1항 및 제2항에 따른 사업자 등록의 신청 (2014. 12. 23. 개정)

제15조 【등록말소】 ① 법 제8조 제9항에 따라 등록을 말소하는 경우 관할 세무서장은 지체 없이 등록증을 회수해야 하며, 등록증을 회수할 수 없는 경우에는 등록말소 사실을 공시해야 한다. (2021. 2. 17. 개정)
② 법 제8조 제9항 제1호 및 제2호에서 "대통령령으로 정하는 경우"란 각각 다음 각 호의 어느 하나에 해당하는 경우를 말한다. (2024. 2. 29. 개정)
1. 사업자가 사업자등록을 한 후 정당한 사유 없이 6개월 이상 사업을 시작하지 아니하는 경우 (2013. 6. 28. 개정)
2. 사업자가 부도발생, 고액체납 등으로 도산하여 소재 불명인 경우 (2013. 6. 28. 개정)
3. 사업자가 인가·허가의 취소 또는 그 밖의 사유로 사업을 수행할 수 없어 사실상 폐업상태에 있거나 사실상 사업을 시작하지 아니하는 경우로 볼 수 있는 경우 (2024. 2. 29. 개정)
4. 사업자가 정당한 사유 없이 계속하여 둘 이상의 과세기간에 걸쳐 부가가치세를 신고하지 아니하고 사실상 폐업상태에 있는 경우 (2013. 6. 28. 개정)
5. 그 밖에 사업자가 제1호부터 제4호까지의 규정과 유사한 사유로 사실상 폐업상태에 있거나 사실상 사업을 시작하지 아니하는 경우 (2024. 2. 29. 개정)

제16조 【사업자등록증의 갱신】 관할 세무서장은 법 제8조 제10항에 따라 부가가치세의 업무를 효율적으로 처리하기 위하여 필요하다고 인정되면 사업자등록증을 갱신하여 발급할 수 있다. (2021. 2. 17. 개정)

제17조 【사업자 단위 과세의 포기】 ① 사업자 단위 과세 사업자가 각 사업장별로 신고·납부하거나 제92조에 따른 주사업장 총괄 납부를 하려는 경우에는 그 납부하려는 과세기간 개시 20일 전에 다음 각 호의 사항을 적은 사업자 단위 과세 포기신고서를 사업자 단위 과세 적용 사업장 관할 세무서장에게 제출하여야 한다. (2013.

제14조 【사업자 단위 과세 포기신고서】 영 제17조 제1항에 따른 사업자 단위 과세 포기신고서는 별지 제12호 서식과 같다. (2013. 6. 28. 개정)

2. 「개별소비세법」 제21조 제1항 후단 또는 「교통·에너지·환경세법」 제18조 제1항 후단에 따른 휴업·폐업·변경 신고를 한 경우 : 제8항에 따른 해당 휴업·폐업 신고 또는 등록사항 변경 신고 (2020. 12. 22. 개정)

3. 「개별소비세법」 제21조 제2항 및 제3항 또는 「교통·에너지·환경세법」 제18조 제3항 및 제4항에 따른 사업자단위과세사업자 신고를 한 경우 : 제3항에 따른 사업자 단위 과세 사업자 등록 신청 또는 제4항에 따른 사업자 단위 과세 사업자 변경등록 신청 (2014. 12. 23. 개정)

4. 「개별소비세법」 제21조 제4항 및 제5항 또는 「교통·에너지·환경세법」 제18조 제2항에 따른 양수, 상속, 합병 신고를 한 경우 : 제8항에 따른 등록사항 변경 신고 (2020. 12. 22. 개정)

⑫ 제1항부터 제11항까지에서 규정한 사항 외에 사업자등록, 사업자등록증 발급, 등록사항의 변경 및 등록의 말소 등에 필요한 사항은 대통령령으로 정한다. (2020. 12. 22. 개정)

제 2 장   과세거래

제 1 절   과세대상 거래

제9조 【재화의 공급】 ① 재화의 공급은 계약상 또는 법률상의 모든 원인에 따라 재화를 인도(引渡)하거나 양도(讓渡)하는 것으로 한다. (2013. 6. 7. 개정)

② 제1항에 따른 재화의 공급의 범위에 관하여 필요한 사항은 대통령령으로 정한다. (2013. 6. 7. 개정)

예판 ···

• 법인의 비적격 물적분할 시 승계되는 자산에 영업권이 포함되었는지 여부는 해당 사업부문에 무형의 재산적 가치가 존재하는지 여부에 따라 사실판단할 사항이며 영업권이 존재하는 경우라도 이를 무상이전한 경우에는 재화의 공급에 해당하지 아니함 (사전-2023-법규부가-0549,

---

6. 28. 개정)

1. 사업자의 인적사항 (2013. 6. 28. 개정)

2. 사업자 단위 과세 포기사유 (2013. 6. 28. 개정)

3. 그 밖의 참고 사항 (2013. 6. 28. 개정)

② 사업자 단위 과세 적용 사업장 관할 세무서장은 제1항에 따른 사업자 단위 과세 포기신고서의 처리결과를 지체 없이 해당 사업자와 종된 사업장의 관할 세무서장에게 통지하여야 한다. (2013. 6. 28. 개정)

③ 제1항에 따라 사업자 단위 과세를 포기한 경우에는 그 포기한 날이 속하는 과세기간의 다음 과세기간부터 사업자 단위 과세 포기신고서에 적은 내용에 따라 각 사업장별로 신고·납부하거나 제92조에 따른 주사업장 총괄 납부를 하여야 한다. (2013. 6. 28. 개정)

제 2 장   과세거래

제 1 절   과세대상 거래

제18조 【재화 공급의 범위】 ① 법 제9조 제1항에 따른 재화의 공급은 다음 각 호의 것으로 한다. (2013. 6. 28. 개정)

1. 현금판매, 외상판매, 할부판매, 장기할부판매, 조건부 및 기한부 판매, 위탁판매와 그 밖의 매매계약에 따라 재화를 인도하거나 양도하는 것 (2013. 6. 28. 개정)

2. 자기가 주요자재의 전부 또는 일부를 부담하고 상대방으로부터 인도받은 재화를 가공하여 새로운 재화를 만드는 가공계약에 따라 재화를 인도하는 것 (2013. 6. 28. 개정)

3. 재화의 인도 대가로서 다른 재화를 인도받거나 용역을 제공받는 교환계약에 따라 재화를 인도하거나 양도하는 것 (2013. 6.

제 2 장   과세거래

제 1 절   과세대상 거래

통칙 9-18-1 【원료 등을 차용하여 사용하거나 소비하고 반환하는 재화】

사업자간에 상품·제품·원재료 등의 재화를 차용하여 사용하거나 소비하고 동종 또는 이종의 재화를 반환하는 소비대차의 경우에 해당 재화를 차용하거나 반환하는 것은 각각 재화의 공급에 해당한다. (2011. 2. 1. 개정)

9-18-2 【출자지분의 과세】

1. 출자자가 자기의 출자지분을 타인에게 양도·상속·증여하거나 법인 또는 공동사업자가 출

2023. 10. 5)
- 국내 을법인이 국외 A법인으로부터 구입한 재화를 국외에서 국내 갑법인에게 공급하고 선하증권 등 운송관련서류를 국외에서 교부받는 경우 해당 재화의 공급은 부가가치세 과세대상에 해당하지 아니하며, 이 경우 국내 을법인은 국내 갑법인에게 「법인세법」상 계산서를 작성·발급하여야 하는 것임. (사전-2023-법규부가-0278, 2023. 7. 18.)
- 온라인 플랫폼을 통하여 여행·레저 예약서비스를 제공하는 판매사가 공급사의 여행 및 레저 서비스를 소비자에게 판매할 수 있도록 유상으로 할당받는 때에는 부가법상 과세대상 거래에 해당하지 아니하고 세금계산서는 발급받지 아니하는 것임. (사전-2022-법규부가-0818, 2023. 2. 8.)

제10조【재화 공급의 특례】 ① 사업자가 자기의 과세사업과 관련하여 생산하거나 취득한 재화로서 다음 각 호의 어느 하나에 해당하는 재화(이하 이 조에서 "자기생산·취득재화"라 한다)를 자기의 면세사업 및 부가가치세가 과세되지 아니하는 재화 또는 용역을 공급하는 사업(이하 "면세사업등"이라 한다)을 위하여 직접 사용하거나 소비하는 것은 재화의 공급으로 본다. (2023. 12. 31. 개정)
1. 제38조에 따른 매입세액, 그 밖에 이 법 및 다른 법률에 따른 매입세액이 공제된 재화 (2013. 6. 7. 개정)
2. 제9항 제2호에 따른 사업양도로 취득한 재화로서 사업양도자가 제38조에 따른 매입세액, 그 밖에 이 법 및 다른 법률에 따른 매입세액을 공제받은 재화 (2018. 12. 31. 개정)
3. 제21조 제2항 제3호에 따른 수출에 해당하여 영(零) 퍼센트의 세율을 적용받는 재화 (2018. 12. 31. 신설)
② 다음 각 호의 어느 하나에 해당하는 자기생산·취득재화의 사용 또는 소비는 재화의 공급으로 본다. (2014. 1. 1. 개정)
1. 사업자가 자기생산·취득재화를 제39조 제1항 제5호에 따라 매입세액이 매출세액에서 공제되지 아니하는 「개별소비세법」 제1조 제2항 제3호에 따른 자동차로 사용 또는 소비하거나 그 자동차의 유지를 위하여 사용 또는 소비하는 것 (2014. 1. 1. 개정)

28. 개정)
4. 경매, 수용, 현물출자와 그 밖의 계약상 또는 법률상의 원인에 따라 재화를 인도하거나 양도하는 것 (2013. 6. 28. 개정)
5. 국내로부터 보세구역에 있는 창고(제2항 제1호 및 제2호에 따른 창고로 한정한다)에 임치된 임치물을 국내로 다시 반입하는 것 (2013. 6. 28. 개정)
② 제1항 제1호에도 불구하고 다음 각 호의 어느 하나에 해당하는 것은 재화의 공급으로 보지 아니한다. (2013. 6. 28. 개정)
1. 보세구역에 있는 조달청 창고(조달청장이 개설한 것으로서 「관세법」 제174조에 따라 세관장의 특허를 받은 보세창고를 말한다. 이하 같다)에 보관된 물품에 대하여 조달청장이 발행하는 창고증권의 양도로서 임치물의 반환이 수반되지 아니하는 것(창고증권을 가진 사업자가 보세구역의 다른 사업자에게 인도하기 위하여 조달청 창고에서 임치물을 넘겨받는 경우를 포함한다) (2013. 6. 28. 개정)
2. 보세구역에 있는 기획재정부령으로 정하는 거래소의 지정창고에 보관된 물품에 대하여 같은 거래소의 지정창고가 발행하는 창고증권의 양도로서 임치물의 반환이 수반되지 아니하는 것(창고증권을 가진 사업자가 보세구역의 다른 사업자에게 인도하기 위하여 지정창고에서 임치물을 넘겨받는 경우를 포함한다) (2013. 6. 28. 개정)
3. 사업자가 위탁가공을 위하여 원자재를 국외의 수탁가공 사업자에게 대가 없이 반출하는 것[제31조 제1항 제5호에 따라 영(零) 퍼센트의 세율(이하 "영세율"이라 한다)이 적용되는 것은 제외한다] (2013. 6. 28. 개정)
4. 「한국석유공사법」에 따른 한국석유공사가 「석유 및 석유대체연료 사업법」에 따라 비축된 석유를 수입통관하지 아니하고 보세구역에 보관하면서 제8조 제6항에 따른 국내사업장이 없는 비거주자 또는 외국법인과 무위험차익거래 방식으로 소비대차(消費貸借)하는 것 (2013. 6. 28. 개정)
③ 제1항 제4호에도 불구하고 다음 각 호의 어느 하나에 해당하는 것은 재화의 공급으로 보지 않는다. (2021. 2. 17. 개정)

자지분을 현금으로 반환하는 것은 재화의 공급에 해당하지 아니한다. (2019. 12. 23. 개정)
2. 법인 또는 공동사업자가 출자지분을 현물로 반환하는 것은 재화의 공급에 해당한다. (2019. 12. 23. 신설)
3. 공동사업자 구성원이 각각 독립적으로 사업을 영위하기 위하여 공동사업의 사업용 고정자산인 건축물을 분할등기하는 경우 해당 건축물의 이전은 재화의 공급으로 본다. (2019. 12. 23. 신설)

9-18-3【법인직영차량의 개인사업면허 전환】 (2014. 12. 30. 제목개정)
법인이 자기명의로 등록하여 직영하던 차량(위장직영차량을 포함한다)을 개인사업면허로 전환함에 따라 개인차주별로 분할매도하는 경우에는 재화의 공급으로 본다. (1998. 8. 1. 개정)

제15조【재화의 공급으로 보지 아니하는 창고증권의 범위】 영 제18조 제2항 제2호에서 "기획재정부령으로 정하는 거래소"란 런던금속거래소를 말한다. (2013. 6. 28. 개정)

통칙 9-18-4【재고자산 등의 폐품처리 시 과세】(2014. 12. 30. 제목
　　　　　　개정)
사업자가 고정자산 또는 재고자산을 폐품처리하여 장부가액을 소멸시키고 장부외
자산으로 소유하고 있는 경우에는 재화의 공급으로 보지 아니한다. 다만, 해당 재
화가 법 제9조에 따른 재화의 공급에 해당되는 경우에는 그러하지 아니하다.
(2019. 12. 23. 개정)

9-18-5【화재·도난물품 등의 과세】
수재·화재·도난·파손·재고감모손 등으로 인하여 재화를 잃어버리거나 재화
가 멸실된 경우에는 재화의 공급으로 보지 아니한다. (2011. 2. 1. 개정)

9-18-6【외국법인 등이 공급하는 재화의 과세】
국내사업장이 있는 비거주자 또는 외국법인이 외국에서 자기가 생산하거나 취득
한 재화를 국내의 다른 사업자에게 비거주자 또는 외국법인의 국외사업장에서 직
접 공급하는 것은 비거주자 또는 외국법인의 국내사업장에서 공급하는 것으로 보
지 아니한다. (1998. 8. 1. 개정)

9-18-8【기부채납하는 재화에 대한 과세】(2019. 12. 23. 제목개정)
1. 사업자가 건물 등을 신축하여 국가 또는 지방자치단체에 기부채납하고 그 대가
　로 일정기간 동 건물 등에 대한 무상사용·수익권을 얻는 경우 해당 건물등의
　공급거래는 과세대상이 된다. (2019. 12. 23. 개정)
2. 사업자가 사업을 수행하기 위한 인허가 조건에 의하여 사회기반시설 등을 국가
　나 지방자치단체에 기부채납하는 경우 해당 거래는 부가가치세가 면제된다.

1. 「국세징수법」 제66조에 따른 공매(같은 법 제67조에 따른 수의계약
　에 따라 매각하는 것을 포함한다)에 따라 재화를 인도하거나 양도하
　는 것 (2021. 2. 17. 개정)
2. 「민사집행법」에 따른 경매(같은 법에 따른 강제경매, 담보권
　실행을 위한 경매와 「민법」·「상법」 등 그 밖의 법률에 따른 경
　매를 포함한다)에 따라 재화를 인도하거나 양도하는 것 (2013. 6.
　28. 개정)
3. 「도시 및 주거환경정비법」, 「공익사업을 위한 토지 등의 취득 및
　보상에 관한 법률」 등에 따른 수용절차에서 수용대상 재화의 소
　유자가 수용된 재화에 대한 대가를 받는 경우 (2013. 6. 28. 개정)
4. 「도시 및 주거환경정비법」 제64조 제4항에 따른 사업시행자의 매도
　청구에 따라 재화를 인도하거나 양도하는 것 (2023. 2. 28. 신설)

통칙 9-18-7【보세구역에 대한 부가가치세 적용】
① 보세구역(「관세법」에 따른 보세구역 및 「자유무역지역의 지정 및 운영에 관한
법률」에 따른 자유무역지역)에 관련된 부가가치세법 적용은 다음과 같이 한다.
(2014. 12. 30. 개정)
1. 외국에서 보세구역으로 재화를 반입하는 것은 재화의 수입에 해당하지 아니한
　다. (1998. 8. 1. 개정)
2. 동일한 보세구역 내에서 재화를 공급하거나 용역을 제공하는 것은 재화의 공급
　또는 용역의 제공에 해당한다. (1998. 8. 1. 개정)
3. 보세구역 외의 장소에서 보세구역으로 재화 또는 용역을 공급하는 것은 재화
　또는 용역의 공급에 해당한다. (2011. 2. 1. 개정)
4. 사업자가 보세구역 내에서 보세구역 외의 국내에 재화를 공급하는 경우에
　공급가액 중 관세가 과세되는 부분에 대하여는 세관장이 부가가치세를 거래징수
　하고 수입세금계산서를 발급하며 공급가액 중 관세의 과세가격과 관세·개별소
　비세·주세·교육세·교통·에너지·환경세 및 농어촌특별세의 합계액을
　뺀 잔액에 대하여는 재화를 공급하는 사업자가 부가가치세를 거래징수하고
　세금계산서를 발급하여야 한다. 다만 영 제61조 제1항 제5호 단서에 해당하는
　때에는 그 선하증권의 공급가액 전체에 대하여 부가가치세를 거래징수하고
　세금계산서를 발급할 수 있다. (2014. 12. 30. 개정)
5. 사업자가 보세구역 내에서 보세구역 외의 국내로 내국신용장에 의하여 재화를
　공급하는 경우에 공급가액 중 관세가 과세되는 부분에 대하여는 세관장이 부가
　가치세를 거래징수하고 수입세금계산서를 발급하며 공급가액 중 관세의 과세

(2019. 12. 23. 신설)
3. 사업자가 생산ㆍ취득한 재화를 국가나 지방자치단체에 아무런 대가관계없이 무상으로 기부채납하는 경우 부가가치세가 면제된다. (2019. 12. 23. 신설)

2. 운수업, 자동차 판매업 등 대통령령으로 정하는 업종의 사업을 경영하는 사업자가 자기생산ㆍ취득재화 중 「개별소비세법」 제1조 제2항 제3호에 따른 자동차와 그 자동차의 유지를 위한 재화를 해당 업종에 직접 영업으로 사용하지 아니하고 다른 용도로 사용하는 것 (2014. 1. 1. 개정)
③ 사업장이 둘 이상인 사업자가 자기의 사업과 관련하여 생산 또는 취득한 재화를 판매할 목적으로 자기의 다른 사업장에 반출하는 것은 재화의 공급으로 본다. 다만, 다음 각 호의 어느 하나에 해당하는 경우는 재화의 공급으로 보지 아니한다. (2013. 6. 7. 개정)
1. 사업자가 제8조 제3항 후단에 따른 사업자 단위 과세 사업자로 적용을 받는 과세기간에 자기의 다른 사업장에 반출하는 경우 (2013. 6. 7. 개정)
2. 사업자가 제51조에 따라 주사업장 총괄 납부의 적용을 받는 과세기간에 자기의 다른 사업장에 반출하는 경우. 다만, 제32조에 따른 세금계산서를 발급하고 제48조 또는 제49조에 따라 관할 세무서장에게 신고한 경우는 제외한다. (2013. 6. 7. 개정)
④ 사업자가 자기생산ㆍ취득재화를 사업과 직접적인 관계없이 자기의 개인적인 목적이나 그 밖의 다른 목적을 위하여 사용ㆍ소비하거나 그 사용인 또는 그 밖의 자가 사용ㆍ소비하는 것으로서 사업자가 그 대가를 받지 아니하거나 시가보다 낮은 대가를 받는 경우는 재화의 공급으로 본다. 이 경우 사업자가 실비변상적이거나 복리후생적인 목적으로 그 사용인에게 대가를 받지 아니하거나 시가보다 낮은 대가를 받고 제공하는 것으로서 대통령령으로 정하는 경우는 재화의 공급으로 보지 아니한다. (2018. 12. 31. 후단신설)

가격과관세ㆍ개별소비세ㆍ주세ㆍ교육세ㆍ교통ㆍ에너지ㆍ환경세 및 농어촌특별세의 합계액을 뺀 잔액에 대하여는 재화를 공급하는 사업자가 영의 세율이 적용되는 세금계산서를 발급하여야 한다. 다만 영 제61조 제1항 제5호 단서에 해당하는 때에는 그 선하증권의 공급가액 전체에 대하여 부가가치세를 거래징수하고 세금계산서를 발급할 수 있다. (2014. 12. 30. 개정)
② 「자유무역지역의 지정 및 운영에 관한 법률」에서 제1항과 달리 규정하고 있는 경우에는 그 법률에 따른다. (2011. 2. 1. 개정)

제19조【자기생산ㆍ취득재화 중 영업 외의 용도로 사용하는 것을 재화의 공급으로 보는 자동차 관련 업종 등의 범위】(2015. 2. 3. 제목개정)
법 제10조 제2항 제2호에서 "운수업, 자동차판매업 등 대통령령으로 정하는 업종"이란 다음 각 호의 업종을 말한다. (2014. 2. 21. 개정)
1. 운수업 (2013. 6. 28. 개정)
2. 자동차 판매업 (2013. 6. 28. 개정)
3. 자동차 임대업 (2013. 6. 28. 개정)
4. 운전학원업 (2013. 6. 28. 개정)
5. 「경비업법」 제2조 제1호 라목에 따른 기계경비업무를 하는 경비업. 이 경우 법 제10조 제2항 제2호에서의 자동차는 「경비업법」 제16조의 3에 따른 출동차량에 한정하여 적용한다. (2015. 2. 3. 개정)
6. 제1호부터 제5호까지의 업종과 유사한 업종 (2015. 2. 3. 신설)

제19조의 2【실비변상적이거나 복리후생적인 목적으로 제공해 재화의 공급으로 보지 않는 경우】법 제10조 제4항 후단에서 "대통령령으로 정하는 경우"란 다음 각 호의 어느 하나에 해당하는 경우를 말한다. 이 경우 시가보다 낮은 대가를 받고 제공하는 것은 시가와 받은 대가의 차액에 한정한다. (2019. 2. 12. 신설)
1. 사업을 위해 착용하는 작업복, 작업모 및 작업화를 제공하는 경우 (2019. 2. 12. 신설)
2. 직장 연예 및 직장 문화와 관련된 재화를 제공하는 경우 (2019. 2. 12. 신설)
3. 다음 각 목의 어느 하나에 해당하는 재화를 제공하는 경우. 이 경우

•예판

• 종업원할인이 일반고객에 비해 낮은 대가를 받는 것은 사실이나, 일반고객에게도 할인행사가 이루어지고 있는 상황 하에서 거래조건에 따른 매출에누리로 볼 수 있는 경우 개인적공급으로 부가가치세를 과세하기는 어려움. (법규 - 1063, 2014. 10. 7.)
• 사업자가 자기생산 · 취득재화를 복리후생적인 목적으로 경조사와 관련하여 사용인에게 연간 수 차례 제공하는 경우 해당 재화의 연간 합계액이 10만원을 초과하게 되는 때 그 초과액은 개인적 공급으로서 부가가치세 과세대상임. (서면법령부가 - 1774, 2020. 6. 30.)

⑤ 사업자가 자기생산 · 취득재화를 자기의 고객이나 불특정 다수에게 증여하는 경우(증여하는 재화의 대가가 주된 거래인 재화의 공급에 대한 대가에 포함되는 경우는 제외한다)는 재화의 공급으로 본다. 다만, 사업자가 사업을 위하여 증여하는 것으로서 대통령령으로 정하는 것은 재화의 공급으로 보지 아니한다. (2013. 6. 7. 개정)

•예판

국민주택 규모 아파트의 수분양자가 발코니 확장 옵션 선택 시 확장형 가구를 무상으로 설치, 공급하는 경우 아파트의 공급과 별개의 사업상 증여에 해당하나(매입세액이 공제된 경우에 한함) 발코니 확장용역 대가에 확장형 가구 대가를 포함하여 공급한 경우는 사업상 증여에 해당하지 아니하며 관련 매입세액은 공제됨. (서면 - 2021 - 법령해석부가 - 0976, 2021. 3. 29.)

⑥ 사업자가 폐업할 때 자기생산 · 취득재화 중 남아 있는 재화는 자기에게 공급하는 것으로 본다. 제8조 제1항 단서에 따라 사업 개시일 이전에 사업자등록을 신청한 자가 사실상 사업을 시작하지 아니하게 되는 경우에도 또한 같다. (2013. 6. 7. 개정)

⑦ 위탁매매 또는 대리인에 의한 매매를 할 때에는 위탁자 또는 본인이 직접 재화를 공급하거나 공급받은 것으로 본다. 다만, 위탁자 또는 본인을 알 수 없는 경우로서 대통령령으로 정하는 경우에는 수탁자 또는 대리인에게 재화를 공급하거나 수탁자 또는 대리인으로부터

각 목별로 각각 사용인 1명당 연간 10만원을 한도로 하며, 10만원을 초과하는 경우 해당 초과액에 대해서는 재화의 공급으로 본다. (2020. 10. 7. 개정)

가. 경조사와 관련된 재화 (2020. 10. 7. 개정)

나. 설날 · 추석, 창립기념일 및 생일 등과 관련된 재화 (2020. 10. 7. 개정)

나. 설날 · 추석과 관련된 재화 (2024. 11. 12. 개정)

다. 창립기념일 및 생일 등과 관련된 재화 (2024. 11. 12. 신설)

제20조【사업을 위한 증여로서 재화의 공급으로 보지 아니하는 것의 범위】법 제10조 제5항 단서에서 "대통령령으로 정하는 것"이란 다음 각 호의 어느 하나에 해당하는 것을 증여하는 것을 말한다. (2013. 6. 28. 개정)

1. 사업을 위하여 대가를 받지 아니하고 다른 사업자에게 인도하거나 양도하는 견본품 (2013. 6. 28. 개정)

2. 「재난 및 안전관리 기본법」의 적용을 받아 특별재난지역에 공급하는 물품 (2013. 6. 28. 개정)

3. 제61조 제2항 제9호 나목에 따른 자기적립마일리지등으로만 전부를 결제받고 공급하는 재화 (2018. 2. 13. 개정)

제21조【위탁판매 등의 경우 수탁자 또는 대리인이 재화를 공급하거나 공급받는 것으로 보는 경우】법 제10조 제7항 단서에서 "대통령령으로 정하는 경우"란 위탁매매 또는 대리인에 의한 매매를 하는 해당 거래 또는 재화의 특성상 또는 보관 · 관리상 위탁자 또

편주 ▶

영 19조의 2 제3호 나목 및 다목의 개정규정은 2024. 11. 12.이 속하는 과세기간에 재화를 제공하는 분부터 적용함. (영 부칙 (2024. 11. 12.) 2조)

재화를 공급받은 것으로 본다. (2013. 6. 7. 개정)

⑧ 「신탁법」 제10조에 따라 위탁자의 지위가 이전되는 경우에는 기존 위탁자가 새로운 위탁자에게 신탁재산을 공급한 것으로 본다. 다만, 신탁재산에 대한 실질적인 소유권의 변동이 있다고 보기 어려운 경우로서 대통령령으로 정하는 경우에는 신탁재산의 공급으로 보지 아니한다. (2021. 12. 8. 신설)

⑨ 다음 각 호의 어느 하나에 해당하는 것은 재화의 공급으로 보지 아니한다. (2017. 12. 19. 항번개정)

1. 재화를 담보로 제공하는 것으로서 대통령령으로 정하는 것 (2013. 6. 7. 개정)

2. 사업을 양도하는 것으로서 대통령령으로 정하는 것. 다만, 제52조 제4항에 따라 그 사업을 양수받는 자가 대가를 지급하는 때에 그 대가를 받은 자로부터 부가가치세를 징수하여 납부한 경우는 제외한다. (2014. 1. 1. 단서신설)

☞

통칙 10-23-2【미수금 또는 미지급금의 범위】

영 제23조에서 규정하는 "미수금" 또는 "미지급금"은 그 명칭에 관계없이 사업의 일반적인 거래 외에서 발생한 미수채권·미지급채무를 말하는 것이며, 미수금 또는 미지급금의 포함여부는 사업양도의 요건에 해당하지 아니한다. (2019. 12. 23. 개정)

는 본인을 알 수 없는 경우를 말한다. (2013. 6. 28. 개정)

제21조의 2【위탁자 지위의 이전을 신탁재산의 공급으로 보지 않는 경우】 법 제10조 제8항 단서에서 "대통령령으로 정하는 경우"란 다음 각 호의 경우를 말한다. (2022. 2. 15. 신설)

1. 「자본시장과 금융투자업에 관한 법률」에 따른 집합투자기구의 집합투자업자가 다른 집합투자업자에게 위탁자의 지위를 이전하는 경우 (2022. 2. 15. 신설)

2. 신탁재산의 실질적인 소유권이 위탁자가 아닌 제3자에게 있는 경우 등 위탁자의 지위 이전에도 불구하고 신탁재산에 대한 실질적인 소유권의 변동이 있다고 보기 어려운 경우 (2022. 2. 15. 신설)

제22조【재화의 공급으로 보지 아니하는 담보 제공】 법 제10조 제9항 제1호에서 "대통령령으로 정하는 것"이란 질권, 저당권 또는 양도담보의 목적으로 동산, 부동산 및 부동산상의 권리를 제공하는 것을 말한다. (2018. 2. 13. 개정)

제23조【재화의 공급으로 보지 아니하는 사업 양도】 법 제10조 제9항 제2호 본문에서 "대통령령으로 정하는 것"이란 사업장별(「상법」에 따라 분할하거나 분할합병하는 경우에는 같은 사업장 안에서 사업부문별로 구분하는 경우를 포함한다)로 그 사업에 관한 모든 권리와 의무를 포괄적으로 승계시키는 것(「법인세법」 제46조 제2항 또는 제47조 제1항의 요건을 갖춘 분할의 경우 및 양수자가 승계받은 사업 외에 새로운 사업의 종류를 추가하거나 사업의 종류를 변경한 경우를 포함한다)을 말한다. 이 경우 그 사업에 관한 권리와 의무 중 다음 각 호의 것을 포함하지 아니하고 승계시킨 경우에도 그 사업을 포괄적으로 승계시킨 것으로 본다. (2018. 2. 13. 개정)

1. 미수금에 관한 것 (2013. 6. 28. 개정)

2. 미지급금에 관한 것 (2013. 6. 28. 개정)

3. 해당 사업과 직접 관련이 없는 토지·건물 등에 관한 것으로서 기획재정부령으로 정하는 것 (2013. 6. 28. 개정)

• 부동산 임대업을 영위하는 사업자가 임대업에 사용하던 건물 및 임대보증금 등 임대사업에 관련된 모든 권리와 의무를 포괄적으로 승계시킨 후, 양수자가 승계받은 건물을 임대업에 사용하다가 건물의 일부를 양수자의 다른 사업에 직접 사용하는 때에도 당초 사업양도에는 영향을 미치지 아니하는 것임. (부가-505, 2014. 5. 29.)

• 양도인의 자산을 양수하면서 사업용고정자산과 무형자산에 대한 평가를 거쳐 양도인의 사업을 그대로 승계한 것이라면 매출채권, 매입채무, 미지급금 등이 양도대상에서 제외되어도 사업양도로 보아야 함. (사전법령부가-143, 2015. 5. 29.)

☞

제16조【사업과 직접 관련이 없는 토지·건물 등의 범위】 영 제23조 제3호에서 "기획재정부령으로 정하는 것"이란 다

3. 법률에 따라 조세를 물납(物納)하는 것으로서 대통령령으로 정하는 것 (2013. 6. 7. 개정)
4. 신탁재산의 소유권 이전으로서 다음 각 목의 어느 하나에 해당하는 것 (2017. 12. 19. 신설)
　가. 위탁자로부터 수탁자에게 신탁재산을 이전하는 경우 (2017. 12. 19. 신설)
　나. 신탁의 종료로 인하여 수탁자로부터 위탁자에게 신탁재산을 이전하는 경우 (2017. 12. 19. 신설)
　다. 수탁자가 변경되어 새로운 수탁자에게 신탁재산을 이전하는 경우 (2017. 12. 19. 신설)
⑩ 제1항부터 제9항까지에서 규정된 사항 외에 재화 공급의 특례에 관하여 필요한 사항은 대통령령으로 정한다. (2017. 12. 19. 개정)

통칙 10-0-1【재화의 자가공급에 해당되지 아니하는 경우】
사업자가 자기의 사업과 관련하여 생산하거나 취득한 재화를 자기의 과세사업을 위하여 다음 각호의 예시와 같이 사용하거나 소비하는 경우에는 재화의 공급으로 보지 아니한다. (2011. 2. 1. 개정)
1. 자기의 다른 사업장에서 원료·자재 등으로 사용하거나 소비하기 위하여 반출하는 경우 (2011. 2. 1. 개정)
2. 자기사업상의 기술개발을 위하여 시험용으로 사용하거나 소비하는 경우 (2011. 2. 1. 개정)

통칙 10-23-1【사업양도의 범위 또는 유형】
다음 각 호에 예시하는 것은 법 제10조 제8항 제2호의 재화의 공급으로 보지 아니하는 "사업의 양도"로 본다. (2014. 12. 30. 개정)
1. 개인인 사업자가 법인설립을 위하여 사업장별로 그 사업에 관한 모든 권리와 의무를 포괄적으로 현물출자하는 경우 (2011. 2. 1. 개정)
2. 과세사업과 면세사업을 겸영하는 사업자가 사업장별로 과세사업에 관한 모든 권리와 의무를 포괄적으로 양도하는 경우 (2011. 2. 1. 개정)
3. 과세사업에 사용할 목적으로 건설중인 독립된 제조장으로서 등록되지 아니한 사업장에 관한 모든 권리와 의무를 포괄적으로 양도하는 경우 (2011. 2. 1. 개정)
4. 둘 이상의 사업장이 있는 사업자가 그 중 하나의 사업장에 관한 모든 권리(미수금에 관한 것을 제외한다)와 의무(미지급금에 관한 것을 제외한다)를 포괄적으로 양도하는 경우 (2011. 2. 1. 개정)

제24조 【재화의 공급으로 보지 아니하는 조세의 물납】 법 제10조 제9항 제3호에서 "대통령령으로 정하는 것"이란 사업용 자산을 「상속세 및 증여세법」 제73조 및 「지방세법」 제117조에 따라 물납(物納)하는 것을 말한다. (2019. 2. 12. 개정)

통칙 10-0-4【광고선전물의 배포】
사업자가 자기의 사업과 관련하여 생산하거나 취득한 재화를 자기사업의 광고선전 목적으로 불특정 다수인에게 광고선전용 재화로서 무상으로 배포하는 경우(직매장·대리점을 통하여 배포하는 경우를 포함한다)에는 재화의 공급으로 보지 아니한다. (1998. 8. 1. 개정)

10-0-5【판매장려금의 과세】
사업자가 자기재화의 판매촉진을 위하여 거래상대자의 판매실적에 따라 일정률

음 각 호의 구분에 따른 자산을 말한다. (2013. 6. 28. 개정)
1. 사업양도자가 법인인 경우 : 「법인세법 시행령」 제49조 제1항에 따른 자산 (2013. 6. 28. 개정)
2. 사업양도자가 법인이 아닌 사업자인 경우 : 제1호의 자산에 준하는 자산 (2013. 6. 28. 개정)

통칙 10-0-7【폐업할 때 남아 있는 재화로서 과세하지 아니하는 경우】(2014. 12. 30. 제목개정)
다음 예시의 경우에는 법 제10조 제6항에 따른 폐업할 때 남아 있는 재화로서 과세하지 아니한다. (2014. 12. 30. 개정)

3. 수선비 등에 대체하여 사용하거나 소비하는 경우 (2011. 2. 1. 개정)
4. 사후무료 서비스제공을 위하여 사용하거나 소비하는 경우 (2011. 2. 1. 개정)
5. 불량품 교환 또는 광고선전을 위한 상품진열 등의 목적으로 자기의 다른 사업장으로 반출하는 경우 (1998. 8. 1. 개정)

10-0-2【해외건설공사용 자재의 국외반출】
건설업을 영위하는 사업자가 자기의 사업과 관련하여 생산 또는 취득한 재화를 자기의 해외건설공사에서 건설용 자재로 사용하거나 소비할 목적으로 국외로 반출하는 경우에는 재화의 공급으로 보지 아니한다. (2011. 2. 1. 개정)

제11조【용역의 공급】 ① 용역의 공급은 계약상 또는 법률상의 모든 원인에 따른 것으로서 다음 각 호의 어느 하나에 해당하는 것으로 한다. (2013. 6. 7. 개정)
1. 역무를 제공하는 것 (2013. 6. 7. 개정)
2. 시설물, 권리 등 재화를 사용하게 하는 것 (2013. 6. 7. 개정)

·예 판 ···
국외 소재 외국법인(甲)이 다른 외국법인(乙)에게 전력장비 공급 및 동 전력장비 설치감독 · 시운전 감리용역(본건용역)을 제공하는 계약을 체결하고, 甲의 국내지점(丙)이 국내 보세구역에서 본건용역을 제공한 경우 丙의 본건용역 제공은 용역의 공급에 해당함. (기획재정부 조세법령운용과 - 419, 2022. 4. 26.)
···

② 제1항에 따른 용역의 공급의 범위에 관하여 필요한 사항은 대통령령으로 정한다. (2013. 6. 7. 개정)

통 칙 11-0-1【재화 · 시설물 또는 권리의 사용】
테니스장 · 냉장창고 · 자동차 정류장 등의 재화 · 시설물 또는 권리를 사용하게 하고 그 대가를 받는 것은 용역의 공급으로서 부가가치세를 과세한다. (1998. 8. 1. 개정)
11-0-2【지방자치단체의 놀이시설물 등의 포괄적 위탁 관리 · 운영】

의 장려금품을 지급 또는 공급하는 경우 금전으로 지급하는 장려금은 과세표준에서 공제하지 아니하며 재화로 공급하는 것은 사업상 증여에 해당하므로 과세한다. 다만, 해당 재화가 법 제10조 제1항에 따른 자기생산 · 취득재화에 해당하지 아니하는 것은 과세하지 아니한다. (2019. 12. 23. 개정)

10-0-6【기증품 및 경품의 과세】
1. 사업자가 자기의 제품 또는 상품을 구입하는 자에게 구입당시 그 구입액의 비율에 따라 증여하는 기증품 등은 주된 재화의 공급에 포함하므로 과세되는 재화의 공급으로 보지 아니한다. 다만, 당사자간의 약정에 따라 일정기간의 판매비율에 따라 장려금품으로 공급하는 재화는 그러하지 아니하다. (2011. 2. 1. 개정)
2. 사업자가 자기의 고객 중 추첨을 통하여 당첨된 자에게 재화를 경품으로 제공하는 경우에는 과세되는 재화의 공급으로 본다. 다만, 해당 경품이 법 제10조 제1항에 따른 자기생산 · 취득재화에 해당하지 아니하는 것은 그러하지 아니하다. (2014. 12. 30. 개정)

제25조【용역 공급의 범위】 다음 각 호의 어느 하나에 해당하는 것은 법 제11조에 따른 용역의 공급으로 본다. (2013. 6. 28. 개정)
1. 건설업의 경우 건설사업자가 건설자재의 전부 또는 일부를 부담하는 것 (2020. 2. 18. 개정 ; 건설산업기본법 시행령 부칙)
2. 자기가 주요자재를 전혀 부담하지 아니하고 상대방으로부터 인도받은 재화를 단순히 가공만 해 주는 것 (2013. 6. 28. 개정)
3. 산업상 · 상업상 또는 과학상의 지식 · 경험 또는 숙련에 관한 정보를 제공하는 것 (2013. 6. 28. 개정)

·예 판 ···
외국법인의 국내지점이 국외소재 본점에 공급하는 용역은 용역의 자기공급으로서 부가가치세 과세대상에 해당하지 아니함. (서면법령부가 - 2939, 2020. 1. 10.)
···
☞

1. 사업자가 사업의 종류를 변경한 경우 변경전 사업에 대한 잔존재화 (1998. 8. 1. 개정)
2. 동일사업장내에서 2 이상의 사업을 겸영하는 사업자가 그 중 일부 사업을 폐지하는 경우 해당 폐지한 사업과 관련된 재고재화 (2011. 2. 1. 개정)
3. 개인사업자 2인이 공동사업을 영위할 목적으로 한 사업자의 사업장을 다른 사업자의 사업장에 통합하여 공동명의로 사업을 영위하는 경우에 통합으로 인하여 폐지된 사업장의 재고재화 (1998. 8. 1. 개정)
4. 폐업일 현재 수입신고(통관)되지 아니한 미도착재화 (2011. 2. 1. 개정)
5. 사업자가 직매장을 폐지하고 자기의 다른 사업장으로 이전하는 경우 해당 직매장의 재고재화 (2011. 2. 1. 개정)

사업자가 지방자치단체로부터 놀이시설 및 노상주차장 등에 대한 유지·보수 등의 포괄적인 관리·운영을 위탁받아 자기책임과 계산하에 해당 시설의 이용자로부터 사용료를 받는 경우에는 법 제11조 제1항에 따른 과세되는 용역의 공급으로 본다. (2014. 12. 30. 개정)

제12조【용역 공급의 특례】① 사업자가 자신의 용역을 자기의 사업을 위하여 대가를 받지 아니하고 공급함으로써 다른 사업자와의 과세형평이 침해되는 경우에는 자기에게 용역을 공급하는 것으로 본다. 이 경우 그 용역의 범위는 대통령령으로 정한다. (2013. 6. 7. 개정)
② 사업자가 대가를 받지 아니하고 타인에게 용역을 공급하는 것은 용역의 공급으로 보지 아니한다. 다만, 사업자가 대통령령으로 정하는 특수관계인(이하 "특수관계인"이라 한다)에게 사업용 부동산의 임대용역 등 대통령령으로 정하는 용역을 공급하는 것은 용역의 공급으로 본다. (2013. 6. 7. 개정)
③ 고용관계에 따라 근로를 제공하는 것은 용역의 공급으로 보지 아니한다. (2013. 6. 7. 개정)
④ 제1항부터 제3항까지에서 규정된 사항 외에 용역의 공급에 관하여 필요한 사항은 대통령령으로 정한다. (2013. 6. 7. 개정)

● 예 판
사업자가 부동산 임대차 계약을 체결하고 임차자에게 그 임대차 부동산과 관련한 관리비 등을 지원하면서 임대료를 받지 않거나 임대료를 받는 경우에도 그 임대료가 관리비 등의 지원금보다 적은 경우 용역의 공급으로 볼 수 없으므로 부동산 임대업으로 보지 않음. (재부가-411, 2013. 7. 9.)

통칙 12-0-1【용역의 자가공급에 해당되어 과세되지 않는 경우】
다음 각호의 예시와 유사한 경우에는 용역의 자가공급이므로 부가가치세를 과세하지 아니한다. (1998. 8. 1. 개정)
1. 사업자가 자기의 사업과 관련하여 사업장 내에서 그 사용인에게 음식용역을 무상으로 제공하는 경우 (1998. 8. 1. 개정)
2. 사업자가 사용인의 직무상 부상 또는 질병을 무상으로 치료하는 경우 (1998. 8. 1. 개정)
3. 국내에 사업장이 각각 다른 수개의 사업을 겸영하는 사업자가 그 중 한 사업장의 재화 또는 용역의 공급에 필수적으로 부수되는 용역을 자기의 다른 사업장

제26조【용역의 공급으로 보는 특수관계인에 대한 사업용 부동산의 임대용역】① 법 제12조 제2항 단서에서 "대통령령으로 정하는 특수관계인"이란 「소득세법 시행령」 제98조 제1항 또는 「법인세법 시행령」 제2조 제8항 각 호에 따른 자(이하 "특수관계인"이라 한다)를 말한다. (2025. 2. 28. 개정)
② 법 제12조 제2항 단서에서 "사업용 부동산의 임대용역 등 대통령령으로 정하는 용역"이란 사업용 부동산의 임대용역 중 다음 각 호에 해당하는 것을 제외한 것으로 한다. (2018. 2. 13. 개정)
1. 「산업교육진흥 및 산학연협력촉진에 관한 법률」 제25조에 따라 설립된 산학협력단과 같은 법 제2조 제2호 다목의 대학 간 사업용 부동산의 임대용역 (2018. 2. 13. 신설)
2. 「공공주택 특별법」 제4조 제1항 제1호부터 제4호까지의 규정에 해당하는 자와 같은 항 제6호에 따른 부동산투자회사 간 사업용 부동산의 임대용역 (2018. 2. 13. 신설)

통칙 12-0-2【용역의 자가공급으로 보지 아니하는 경우】
국외 소재 외국법인(甲)이 다른 외국법인(乙)에게 재화의 공급 및 해당 재화 관련 용역을 제공하는 계약을 체결하고, 외국법인(甲)의 국내지점(丙)이 국내 보세구역에서 해당 용역을 공급한 경우 丙의 용역 제공은 법 제11조 제1항에 따른 용역의 공급에 해당한다. (2024. 3. 15. 신설)

● 예 판
제조업을 영위하는 법인이 다른 법인의 공장을 임차하여 일부는 직접 자기사업에 사용하고 일부 사업장은 특수관계인에게 무상으로 임대하는 경우, 부가가치세법 제12조 제2항 단서 규정에 의한 용역의 공급에 해당하여 부가가치세 과세대상임. (부가-1128, 2013. 12. 8.)

제13조【재화의 수입】재화의 수입은 다음 각 호의 어느 하나에 해당하는 물품을 국내에 반입하는 것[대통령령으로 정하는 보세구역(이하 이 조에서 "보세구역"이라 한다)을 거치는 것은 보세구역에서 반입하는 것을 말한다]으로 한다. (2013. 6. 7. 개정)
1. 외국으로부터 국내에 도착한 물품[외국 선박에 의하여 공해(公海)에서 채집되거나 잡힌 수산물을 포함한다]으로서 수입신고가 수리(受理)되기 전의 것 (2013. 6. 7. 개정)
2. 수출신고가 수리된 물품[수출신고가 수리된 물품으로서 선적(船積)되지 아니한 물품을 보세구역에서 반입하는 경우는 제외한다] (2013. 6. 7. 개정)

제14조【부수 재화 및 부수 용역의 공급】① 주된 재화 또는 용역의 공급에 부수되어 공급되는 것으로서 다음 각 호의 어느 하나에 해당하는 재화 또는 용역의 공급은 주된 재화 또는 용역의 공급에 포함되는 것으로 본다. (2013. 6. 7. 개정)
1. 해당 대가가 주된 재화 또는 용역의 공급에 대한 대가에 통상적으로 포함되어 공급되는 재화 또는 용역 (2013. 6. 7. 개정)
2. 거래의 관행으로 보아 통상적으로 주된 재화 또는 용역의 공급에 부수하여 공급되는 것으로 인정되는 재화 또는 용역 (2013. 6. 7. 개정)
② 주된 사업에 부수되는 다음 각 호의 어느 하나에 해당하는 재화 또는 용역의 공급은 별도의 공급으로 보되, 과세 및 면세 여부 등은 주된 사업의 과세 및 면세 여부 등을 따른다. (2013. 6. 7. 개정)
1. 주된 사업과 관련하여 우연히 또는 일시적으로 공급되는 재화 또는 용역 (2013. 6. 7. 개정)
2. 주된 사업과 관련하여 주된 재화의 생산 과정이나 용역의 제공 과정에서 필연적으로 생기는 재화 (2013. 6. 7. 개정)

제27조【보세구역】법 제13조에서 "대통령령으로 정하는 보세구역"이란 다음 각 호의 구역 또는 지역을 말한다. (2013. 6. 28. 개정)
1. 「관세법」에 따른 보세구역 (2013. 6. 28. 개정)
2. 「자유무역지역의 지정 및 운영에 관한 법률」에 따른 자유무역지역 (2013. 6. 28. 개정)

• 예 판 ....

사이버몰에서 과·면세 재화를 판매·배송하는 경우 해당 배송용역은 주된 재화의 판매에 부수되는 용역에 해당하는 것이고, 쟁점용역의 공급가액은 합리적인 방법으로 안분계산한 가액이 되는 것임. (서면 - 2022, 법규부가 - 4978, 2023. 7. 18.)

....

제 2 절　공급시기와 공급장소

제15조 【재화의 공급시기】 ① 재화가 공급되는 시기는 다음 각 호의 구분에 따른 때로 한다. 이 경우 구체적인 거래 형태에 따른 재화의 공급시기에 관하여 필요한 사항은 대통령령으로 정한다. (2013. 6. 7. 개정)
1. 재화의 이동이 필요한 경우 : 재화가 인도되는 때 (2013. 6. 7. 개정)
2. 재화의 이동이 필요하지 아니한 경우 : 재화가 이용가능하게 되는 때 (2013. 6. 7. 개정)
3. 제1호와 제2호를 적용할 수 없는 경우 : 재화의 공급이 확정되는 때 (2013. 6. 7. 개정)
② 제1항에도 불구하고 할부 또는 조건부로 재화를 공급하는 경우 등의 재화의 공급시기는 대통령령으로 정한다. (2013. 6. 7. 개정)

☞

● 예 판 ●
사업자가 다른 온라인쇼핑몰을 통하여 고객에게 재화를 공급하는 경우로서 해당 쇼핑몰의 개별 약관에 따라 동의조건이나 기한을 약정한 경우에는 해당 조건의 성취나 기한이 지나 판매가 확정되는 때가 공급시기가 되는 것임. (서면-2022-법규부가-1407, 2022. 6. 28.)

제 2 절　공급시기와 공급장소

제28조 【구체적인 거래 형태에 따른 재화의 공급시기】 ① 법 제15조 제1항 후단에 따른 구체적인 거래 형태별 재화의 공급시기는 다음 표에 따른다. (2013. 6. 28. 개정)

구 분	공급시기
1. 현금판매, 외상판매 또는 할부판매의 경우	재화가 인도되거나 이용가능하게 되는 때
2. 상품권 등을 현금 또는 외상으로 판매하고 그 후 그 상품권 등이 현물과 교환되는 경우	재화가 실제로 인도되는 때
3. 재화의 공급으로 보는 가공의 경우	가공된 재화를 인도하는 때

② 반환조건부 판매, 동의조건부 판매, 그 밖의 조건부 판매 및 기한부 판매의 경우에는 그 조건이 성취되거나 기한이 지나 판매가 확정되는 때를 공급시기로 본다. (2013. 6. 28. 개정)
③ 다음 각 호의 어느 하나에 해당하는 경우에는 대가의 각 부분을 받기로 한 때를 재화의 공급시기로 본다. 다만, 제2호와 제3호의 경우 재화가 인도되거나 이용가능하게 되는 날 이후에 받기로 한 대가의 부분에 대해서는 재화가 인도되거나 이용가능하게 되는 날을 그 재화의 공급시기로 본다. (2013. 6. 28. 개정)
1. 기획재정부령으로 정하는 장기할부판매의 경우 (2013. 6. 28. 개정)
2. 완성도기준지급조건부로 재화를 공급하는 경우 (2013. 6. 28. 개정)
3. 기획재정부령으로 정하는 중간지급조건부로 재화를 공급하는 경우 (2013. 6. 28. 개정)
4. 전력이나 그 밖에 공급단위를 구획할 수 없는 재화를 계속적으로 공급하는 경우 (2013. 6. 28. 개정)

제 2 절　공급시기와 공급장소

☞

● 예 판 ●
고객에게 쇼핑몰에서 재화를 판매하고 적립금을 포함하여 대가를 지급받는 경우 재화의 공급시기는 「부가가치세법 시행령」 28조 1항 2호에 따라 재화가 실제로 인도되는 때임. (서면-2024-법규부가-1732, 2024. 8. 6.)

통칙 15-28-1 【현물출자 재화의 공급시기】
사업자가 재화를 법인에 현물출자하는 경우에는 현물출자로서의 이행이 완료되는 때를 그 공급시기로 본다. 이 경우 이행이 완료되는 때란 「상법」 제295조 제2항에 따라 출자의 목적인 재산을 인도하는 때이며, 등기ㆍ등록 그 밖의 권리의 설정 또는 이전을 요할 경우에는 이에 관한 서류를 완비하여 발급하는 때를 말한다. (2011. 2. 1. 개정)

15-28-2 【상품권 등에 의하여 공급하는 재화의 공급시기】
상품권 등을 현금 또는 외상으로 판매하고 그 후 해당 상품권 등에 의하여 현물과 교환하는 경우에는 재화가 실제로 인도되는 때를 그 공급시기로 본다. (2011. 2. 1. 개정)

제17조 【장기할부판매】 영 제28조 제3항 제1호에서 "기획재정부령으로 정하는 장기할부판매"란 재화를 공급하고 그 대가를 월부, 연부 또는 그 밖의 할부의 방법에 따라 받는 것 중 다음 각 호의 요건을 모두 갖춘 것을 말한다. (2013. 6. 28. 개정)
1. 2회 이상으로 분할하여 대가를 받는 것 (2013. 6. 28. 개정)

지정창고에 보관된 임치물의 반환이 수반되어 재화를 공급하는 경우에는 다음 표의 구분에 따른 때를 재화의 공급시기로 본다. (2013. 6. 28. 개정)

구 분	공급시기
1. 창고증권을 소지한 사업자가 해당 조달청 창고 또는 거래소의 지정창고에서 실물을 넘겨받은 후 보세구역의 다른 사업자에게 해당 재화를 인도하는 경우	해당 재화를 인도하는 때
2. 해당 재화를 실물로 넘겨받는 것이 재화의 수입에 해당하는 경우	그 수입신고 수리일
3. 국내로부터 조달청 창고 또는 거래소의 지정창고에 임치된 임치물이 국내로 반입되는 경우	그 반입신고 수리일

⑨ 제1항부터 제8항까지의 규정에도 불구하고 사업자가 폐업 전에 공급한 재화의 공급시기가 폐업일 이후에 도래하는 경우에는 그 폐업일을 공급시기로 본다. (2013. 6. 28. 개정)

⑩ 법 제10조 제7항 본문에 따른 위탁판매 또는 대리인에 의한 매매의 경우에는 수탁자 또는 대리인의 공급을 기준으로 하여 제1항부터 제9항까지의 규정을 적용한다. 다만, 법 제10조 제7항 단서에 따른 위탁자 또는 본인을 알 수 없는 경우에는 위탁자와 수탁자 또는 본인과 대리인 사이에도 별개의 공급이 이루어진 것으로 보아 제1항부터 제9항까지의 규정을 적용한다. (2013. 6. 28. 개정)

⑪ 납세의무가 있는 사업자가 「여신전문금융업법」에 따라 등록한 시설대여업자로부터 시설 등을 임차하고 그 시설 등을 공급자 또는 세관장으로부터 직접 인도받은 경우에는 그 사업자가 공급자로부터 재화를 직접 공급받거나 외국으로부터 재화를 직접 수입한 것으로 보아 제1항부터 제9항까지의 규정을 적용한다. (2013. 6. 28. 개정)

☞ p.782 2단 연결

④ 법 제10조에 따라 재화의 공급으로 보는 경우에는 다음 표의 구분에 따른 때를 재화의 공급시기로 본다. (2013. 6. 28. 개정)

구 분	공급시기
1. 법 제10조 제1항·제2항 및 제4항에 따라 재화의 공급으로 보는 경우	재화를 사용하거나 소비하는 때
2. 법 제10조 제3항에 따라 재화의 공급으로 보는 경우	재화를 반출하는 때
3. 법 제10조 제5항에 따라 재화의 공급으로 보는 경우	재화를 증여하는 때
4. 법 제10조 제6항에 따라 재화의 공급으로 보는 경우	제7조에 따른 폐업일

⑤ 무인판매기를 이용하여 재화를 공급하는 경우 해당 사업자가 무인판매기에서 현금을 꺼내는 때를 재화의 공급시기로 본다. (2013. 6. 28. 개정)

⑥ 수출재화의 경우 다음 표의 구분에 따른 때를 재화의 공급시기로 본다. (2013. 6. 28. 개정)

구 분	공급시기
1. 법 제21조 제2항 제1호 또는 이 영 제31조 제1항 제1호·제6호에 해당하는 경우 (2019. 2. 12. 개정)	수출재화의 선(기)적일
2. 원양어업 또는 제31조 제1항 제2호에 해당하는 경우	수출재화의 공급가액이 확정되는 때
3. 제31조 제1항 제3호부터 제5호까지의 규정 중 어느 하나에 해당하는 경우	외국에서 해당 재화가 인도되는 때

⑦ 사업자가 보세구역 안에서 보세구역 밖의 국내에 재화를 공급하는 경우가 재화의 수입에 해당할 때에는 수입신고 수리일을 재화의 공급시기로 본다. (2013. 6. 28. 개정)

⑧ 제18조 제2항 제1호 및 제2호에 따른 조달청 창고 또는 거래소의

2. 해당 재화의 인도일의 다음 날부터 최종 할부금 지급기일까지의 기간이 1년 이상인 것 (2013. 6. 28. 개정)

제18조【중간지급조건부 재화의 공급】 영 제28조 제3항 제3호에서 "기획재정부령으로 정하는 중간지급조건부로 재화를 공급하는 경우"란 다음 각 호의 어느 하나에 해당하는 경우를 말한다. (2013. 6. 28. 개정)

1. 계약금을 받기로 한 날의 다음 날부터 재화를 인도하는 날 또는 재화를 이용 가능하게 하는 날까지의 기간이 6개월 이상인 경우로서 그 기간 이내에 계약금 외의 대가를 분할하여 받는 경우 (2013. 6. 28. 개정)

2. 「국고금 관리법」 제26조에 따라 경비를 미리 지급받는 경우 (2013. 6. 28. 개정)

3. 「지방회계법」 제35조에 따라 선금급(先金給)을 지급받는 경우 (2019. 3. 20. 개정)

통칙 15-28-7 【온라인쇼핑몰 이용약관에 따른 구매확정기한 내 신용카드 등 결제하는 경우 재화의 공급시기】
사업자가 온라인쇼핑몰을 통하여 고객에게 재화를 공급하는 경우로서 해당 쇼핑몰의 개별 약관에 따라 동의조건이나 기한을 약정한 경우에는 해당 조건의 성취나 기한이 지나 판매가 확정되는 때를 공급시기로 한다. (2024. 3. 15. 신설)

제16조 【용역의 공급시기】 ① 용역이 공급되는 시기는 다음 각 호의 어느 하나에 해당하는 때로 한다. (2013. 6. 7. 개정)
1. 역무의 제공이 완료되는 때 (2013. 6. 7. 개정)
2. 시설물, 권리 등 재화가 사용되는 때 (2013. 6. 7. 개정)
② 제1항에도 불구하고 할부 또는 조건부로 용역을 공급하는 경우 등의 용역의 공급시기는 대통령령으로 정한다. (2013. 6. 7. 개정)

• 예 판 ....
• 신축건물의 사용승인일 후에도 실질적으로 마무리공사가 진행된 경우 실제로 공사가 완성된 때가 역무의 제공이 완료되는 때로서 공급시기에 해당함. (법규부가 2014-512, 2014. 11. 17.)
• 임차인이 임대차기간 만료 전에 임대차계약의 해지를 요청하면서 사업장을 원상복구하고 퇴거함에 따라 임대인이 임대차계약의 유효여부 등에 대해 소송을 제기한 경우로서 임대료 상당액 등이 법원의 판결에 의하여 확정되는 때가 공급시기가 되는 것임 (사전-2023-법규부가-0053, 2023. 3. 23.)
....

통칙 15-28-3 【계약금의 공급시기】
완성도기준지급 및 중간지급조건부로 재화를 공급하거나 용역을 제공함에 있어서 그 대가의 일부로 계약금을 거래상대자로부터 받는 경우에는 해당 계약조건에 따라 계약금을 받기로 한 때를 그 공급시기로 본다. 이 경우 착수금 또는 선수금 등의 명칭으로 받는 경우에도 해당 착수금 또는 선수금이 계약금의 성질로 인정되는 때에는 계약금으로 본다. (2011. 2. 1. 개정)

15-28-5 【중간지급조건부계약의 잔금에 대한 공급시기】
중간지급조건부계약에 따라 부동산을 공급하는 경우 잔금약정일까지 잔금이 청산되지 아니하여 소유권이전등기가 되지 아니하고 해당 부동산의 사용·수익이 불가능한 경우 잔금의 공급시기는 입주증 교부, 소유권이전등기 등에 따라 해당 부동산이 사실상 이용가능하게 되는 날이 된다. (2019. 12. 23. 신설)

15-28-6 【내국신용장 등에 의한 재화의 공급시기】 (2019. 12. 23. 번호·제목개정)
내국신용장 또는 구매확인서에 의하여 공급하는 재화의 공급시기는 재화를 인도하는 때이다. (2019. 12. 23. 개정)

제29조 【할부 또는 조건부로 용역을 공급하는 경우 등의 용역의 공급시기】 ① 다음 각 호의 어느 하나에 해당하는 경우에는 대가의 각 부분을 받기로 한 때를 법 제16조 제2항에 따른 할부 또는 조건부로 용역을 공급하는 경우 등의 용역의 공급시기로 본다. 다만, 제2호와 제3호의 경우 역무의 제공이 완료되는 날 이후 받기로 한 대가의 부분에 대해서는 역무의 제공이 완료되는 날을 그 용역의 공급시기로 본다. (2013. 6. 28. 개정)
1. 기획재정부령으로 정하는 장기할부조건부 또는 그 밖의 조건부로 용역을 공급하는 경우 (2013. 6. 28. 개정)

통칙 16-29-1 【물품매도확약서 발행용역의 공급시기】
물품매도확약서 발행용역의 공급시기는 계약조건에 따라 역무의 제공이 완료되는 때이나, 해당 역무의 제공이 완료되는 때에 그 대가가 확정되지 아니한 경우에는 대가가 확정된 때를 그 공급시기로 본다. (2011. 2. 1. 개정)

16-29-2 【지급일을 명시하지 아니한 완성도 기준지급조건부 건설공사의 공급시기】
건설공사 계약시에 완성도에 따라 기성대가를 수차에 걸쳐 지급받기로 했으나 그 지급일을 명시하지 아니한 경우에는 공사완성도가 결정되어 그 대금을 지급받을 수 있는 날을 그 공급시기로 본다. (2011. 2. 1. 개정)

통칙 15-28-4 【중간지급조건부인 당초 계약변경시의 공급시기】
사업자가 중간지급조건부에 의한 재화 또는 용역의 공급계약을 체결하였으나 그 내용이 변경된 경우의 공급시기는 다음과 같다. (1998. 8. 1. 개정)
1. 당초 계약의 지급일자 변경 (1998. 8. 1. 개정)
　당초 계약의 지급일을 변경한 경우에는 계약의 변경내용에 따라 대가의 각 부분을 받기로 한 때
2. 계약금 외의 대가를 일시에 지급하는 경우 (2011. 2. 1. 개정)
　중간지급조건부에 의한 당초 계약내용을 변경하여 대가의 각 부분을 일시에 지급하기로 한 경우에는 재화의 인도 또는 용역의 제공이 완료된 때
3. 지급기간 중에 재화를 인도한 경우. 중간지급조건부로 재화를 공급하기로 하였으나 지급기간 중에 거래상대방에게 재화를 인도하는 경우 나머지 중도금 및 잔금의 공급시기는 해당 재화를 인도한 때로 한다. (2019. 12. 23. 신설)

제19조 【장기할부조건부 용역의 공급】 영 제29조 제1항 제1호에 따른 장기할부조건부로 용역을 공급하는 경우는 용역을 공급하고 그 대가를 월부, 연부 또는 그 밖의 할부의 방법에 따라 받는 것 중 다음 각 호의 요건을 모두 갖춘 것으로 한다. (2013. 6. 28. 개정)
1. 2회 이상으로 분할하여 대가를 받는 것 (2013. 6. 28. 개정)
2. 해당 용역의 제공이 완료되는 날의 다

2. 완성도기준지급조건부로 용역을 공급하는 경우 (2013. 6. 28. 개정)
3. 기획재정부령으로 정하는 중간지급조건부로 용역을 공급하는 경우 (2013. 6. 28. 개정)
4. 공급단위를 구획할 수 없는 용역을 계속적으로 공급하는 경우 (2013. 6. 28. 개정)
② 법 제16조 제2항에 따른 용역의 공급시기는 다음 각 호의 구분에 따른다. (2013. 6. 28. 개정)
1. 역무의 제공이 완료되는 때 또는 대가를 받기로 한 때를 공급시기로 볼 수 없는 경우 : 역무의 제공이 완료되고 그 공급가액이 확정되는 때 (2013. 6. 28. 개정)
2. 사업자가 부동산 임대용역을 공급하는 경우로서 다음 각 목의 어느 하나에 해당하는 경우 : 예정신고기간 또는 과세기간의 종료일 (2013. 6. 28. 개정)
  가. 법 제29조 제10항 제1호에 따른 경우 (2013. 6. 28. 개정)
  나. 법 제29조 제10항 제3호에 따른 경우 (2013. 6. 28. 개정)
  다. 사업자가 부동산을 임차하여 다시 임대용역을 제공하는 경우로서 제65조 제2항에 따라 과세표준을 계산하는 경우 (2013. 6. 28. 개정)
3. 다음 각 목의 어느 하나에 해당하는 용역을 둘 이상의 과세기간에 걸쳐 계속적으로 제공하고 그 대가를 선불로 받는 경우 : 예정신고기간 또는 과세기간의 종료일 (2013. 6. 28. 개정)
  가. 헬스클럽장 등 스포츠센터를 운영하는 사업자가 연회비를 미리 받고 회원들에게 시설을 이용하게 하는 것 (2013. 6. 28. 개정)
  나. 사업자가 다른 사업자와 상표권 사용계약을 할 때 사용대가 전액을 일시불로 받고 상표권을 사용하게 하는 것 (2013. 6. 28. 개정)
  다. 「노인복지법」에 따른 노인복지시설(유료인 경우에만 해당한다)을 설치·운영하는 사업자가 그 시설을 분양받은 자로부터 입

제17조【재화 및 용역의 공급시기의 특례】 ① 사업자가 제15조 또는 제16조에 따른 재화 또는 용역의 공급시기(이하 이 조에서 "재화

제20조【중간지급조건부 용역의 공급】 영 제29조 제1항 제3호에서 "기획재정부령으로 정하는 중간지급조건부로 용역을 공급하는 경우"란 다음 각 호의 어느 하나에 해당하는 경우를 말한다. (2013. 6. 28. 개정)
1. 계약금을 받기로 한 날의 다음 날부터 용역의 제공을 완료하는 날까지의 기간이 6개월 이상인 경우로서 그 기간 이내에 계약금 외의 대가를 분할하여 받는 경우 (2013. 6. 28. 개정)
2. 「국고금 관리법」 제26조에 따라 경비를 미리 지급받는 경우 (2013. 6. 28. 개정)
3. 「지방회계법」 제35조에 따라 선금급을 지급받는 경우 (2021. 3. 16. 개정)

또는 용역의 공급시기"라 한다)가 되기 전에 재화 또는 용역에 대한 대가의 전부 또는 일부를 받고, 그 받은 대가에 대하여 제32조에 따른 세금계산서 또는 제36조에 따른 영수증을 발급하면 그 세금계산서 등을 발급하는 때를 각각 그 재화 또는 용역의 공급시기로 본다. (2017. 12. 19. 개정)

② 사업자가 재화 또는 용역의 공급시기가 되기 전에 제32조에 따른 세금계산서를 발급하고 그 세금계산서 발급일부터 7일 이내에 대가를 받으면 해당 세금계산서를 발급한 때를 재화 또는 용역의 공급시기로 본다. (2013. 6. 7. 개정)

③ 제2항에도 불구하고 다음 각 호의 어느 하나에 해당하는 경우에는 재화 또는 용역을 공급하는 사업자가 그 재화 또는 용역의 공급시기가 되기 전에 제32조에 따른 세금계산서를 발급하고 그 세금계산서 발급일부터 7일이 지난 후 대가를 받더라도 해당 세금계산서를 발급한 때를 재화 또는 용역의 공급시기로 본다. (2021. 12. 8. 개정)

1. 거래 당사자 간의 계약서·약정서 등에 대금 청구시기(세금계산서 발급일을 말한다)와 지급시기를 따로 적고, 대금 청구시기와 지급시기 사이의 기간이 30일 이내인 경우 (2018. 12. 31. 개정)

2. 재화 또는 용역의 공급시기가 세금계산서 발급일이 속하는 과세기간 내(공급받는 자가 제59조 제2항에 따라 조기환급을 받은 경우에는 세금계산서 발급일부터 30일 이내)에 도래하는 경우 (2021. 12. 8. 개정)

④ 사업자가 할부로 재화 또는 용역을 공급하는 경우 등으로서 대통령령으로 정하는 경우의 공급시기가 되기 전에 제32조에 따른 세금계산서 또는 제36조에 따른 영수증을 발급하는 경우에는 그 발급한 때를 각각 그 재화 또는 용역의 공급시기로 본다. (2013. 6. 7. 개정)

제18조【재화의 수입시기】재화의 수입시기는 「관세법」에 따른 수입신고가 수리된 때로 한다. (2013. 6. 7. 개정)

제19조【재화의 공급장소】① 재화가 공급되는 장소는 다음 각 호의 구분에 따른 곳으로 한다. (2013. 6. 7. 개정)

1. 재화의 이동이 필요한 경우 : 재화의 이동이 시작되는 장소 (2013.

주 후 수영장·헬스클럽장 등을 이용하는 대가를 입주 전에 미리 받고 시설 내 수영장·헬스클럽장 등을 이용하게 하는 것 (2013. 6. 28. 개정)

라. 그 밖에 가목부터 다목까지의 규정과 유사한 용역 (2013. 6. 28. 개정)

4. 사업자가 「사회기반시설에 대한 민간투자법」 제4조 제3호의 방식을 준용하여 설치한 시설에 대하여 둘 이상의 과세기간에 걸쳐 계속적으로 시설을 이용하게 하고 그 대가를 받는 경우 : 예정신고기간 또는 과세기간의 종료일 (2013. 6. 28. 개정)

③ 제1항과 제2항에도 불구하고 폐업 전에 공급한 용역의 공급시기가 폐업일 이후에 도래하는 경우에는 폐업일을 공급시기로 본다. (2013. 6. 28. 개정)

통칙 16-29-3【지급시기를 정하지 아니한 통상적인 건설용역의 공급시기】
건설용역을 공급함에 있어 건설공사기간에 대한 약정만 체결하고 대금지급기일에 관한 약정이 없는 경우의 공급시기는 다음 각호와 같다. (1998. 8. 1. 개정)
1. 해당 건설공사에 대한 건설용역의 제공이 완료되는 때. 다만, 해당 건설용역 제공의 완료 여부가 불분명한 경우에는 준공검사일 (2011. 2. 1. 개정)
2. 해당 건설공사의 일부분을 완성하여 사용하는 경우에는 해당 부분에 대한 건설용역의 제공이 완료되는 때. 다만, 해당 건설용역 제공의 완료 여부가 불분명한 경우에는 그 부분에 대한 준공검사일 (2011. 2. 1. 개정)

제30조【할부로 공급하는 경우 등의 세금계산서 등 발급에 의한 재화 또는 용역 공급시기의 특례】법 제17조 제4항에서 "대통령령으로 정하는 경우의 공급시기"란 다음 각 호의 공급시기를 말한다. (2013. 6. 28. 개정)
1. 장기할부판매로 재화를 공급하거나 장기할부조건부로 용역을 공급하는 경우의 공급시기 (2013. 6. 28. 개정)
2. 제28조 제3항 제4호에 따라 전력이나 그 밖에 공급단위를 구획할 수 없는 재화를 계속적으로 공급하는 경우의 공급시기 (2013. 6. 28. 개정)
3. 제29조 제1항 제4호에 따라 그 공급단위를 구획할 수 없는 용역을 계속적으로 공급하는 경우의 공급시기 (2013. 6. 28. 개정)

통칙 16-29-4【완성도기준지급 또는 중간지급조건부 건설용역의 공급시기】
사업자가 완성도기준지급 또는 중간지급조건부 건설용역의 공급계약서상 특정내용에 따라 해당 건설용역에 대하여 검사를 거쳐 대가의 각 부분의 지급이 확정되는 경우에는 검사 후 대가의 지급이 확정되는 때를 그 공급시기로 본다. (2011. 2. 1. 개정)

6. 7. 개정)
2. 재화의 이동이 필요하지 아니한 경우 : 재화가 공급되는 시기에 재화가 있는 장소 (2013. 6. 7. 개정)
② 제1항에서 규정한 사항 외의 재화가 공급되는 장소에 관하여 필요한 사항은 대통령령으로 정한다. (2013. 6. 7. 개정)

　　제20조 【용역의 공급장소】 ① 용역이 공급되는 장소는 다음 각 호의 어느 하나에 해당하는 곳으로 한다. (2013. 6. 7. 개정)
1. 역무가 제공되거나 시설물, 권리 등 재화가 사용되는 장소 (2013. 6. 7. 개정)
2. 국내 및 국외에 걸쳐 용역이 제공되는 국제운송의 경우 사업자가 비거주자 또는 외국법인이면 여객이 탑승하거나 화물이 적재되는 장소 (2013. 6. 7. 개정)
3. 제53조의 2 제1항에 따른 전자적 용역의 경우 용역을 공급받는 자의 사업장 소재지, 주소지 또는 거소지 (2020. 12. 22. 신설)
② 제1항에서 규정한 사항 외의 용역이 공급되는 장소에 관하여 필요한 사항은 대통령령으로 정한다. (2013. 6. 7. 개정)

제3장　영세율과 면세

제1절　영세율의 적용

　　제21조 【재화의 수출】 ① 재화의 공급이 수출에 해당하면 그 재화의 공급에 대하여는 30조에도 불구하고 영(零) 퍼센트의 세율(이하 "영세율"이라 한다)을 적용한다. (2013. 6. 7. 개정)
② 제1항에 따른 수출은 다음 각 호의 것으로 한다. (2013. 6. 7. 개정)
1. 내국물품(대한민국 선박에 의하여 채집되거나 잡힌 수산물을 포함한다)을 외국으로 반출하는 것 (2013. 6. 7. 개정)
2. 중계무역 방식의 거래 등 대통령령으로 정하는 것으로서 국내 사업장에서 계약과 대가 수령 등 거래가 이루어지는 것 (2013. 6. 7. 개정)

4. 법 제23조에 따른 외국항행용역을 공급하는 경우로서 「상법」 제852조 및 제853조에 따라 발행된 선하증권에 따라 거래사실이 확인되는 경우의 공급시기(용역의 공급시기가 선하증권 발행일부터 90일 이내인 경우로 한정한다) (2024. 2. 29. 신설)

🔖 **통칙 20 - 0 - 1 【공급장소가 국외인 경우】** (2019. 12. 23. 제목개정)
다음 각 호의 용역은 해당 부동산 또는 광고매체가 사용되는 장소가 국외이므로 부가가치세가 과세되지 아니한다. (2019. 12. 23. 개정)
1. 국외에 있는 부동산의 임대용역 (2011. 2. 1. 개정)
2. 외국의 광고매체에 광고게재를 의뢰하고 지급하는 광고료 (1998. 8. 1. 개정)

제3장　영세율과 면세

제1절　영세율의 적용

　　제31조 【수출의 범위】 ① 법 제21조 제2항 제2호에서 "중계무역 방식의 거래 등 대통령령으로 정하는 것"이란 다음 각 호의 것

🔖 **통칙 21 - 31 - 1 【영세율에 관련한 용어의**

3. 기획재정부령으로 정하는 내국신용장 또는 구매확인서에 의하여 재화[금지금(金地金)은 제외한다]를 공급하는 것 등으로서 대통령령으로 정하는 것 (2013. 6. 7. 개정)

제22조 【용역의 국외공급】 국외에서 공급하는 용역에 대하여는 제30조에도 불구하고 영세율을 적용한다. (2013. 6. 7. 개정)

을 말한다. (2013. 6. 28. 개정)

1. 중계무역 방식의 수출(수출할 것을 목적으로 물품 등을 수입하여 「관세법」 제154조에 따른 보세구역 및 같은 법 제156조에 따라 보세구역 외 장치의 허가를 받은 장소 또는 「자유무역지역의 지정 및 운영에 관한 법률」 제4조에 따른 자유무역지역 외의 국내에 반입하지 아니하는 방식의 수출을 말한다) (2013. 6. 28. 개정)

2. 위탁판매수출[물품 등을 무환(無換)으로 수출하여 해당 물품이 판매된 범위에서 대금을 결제하는 계약에 의한 수출을 말한다] (2013. 6. 28. 개정)

3. 외국인도수출[수출대금은 국내에서 영수(領收)하지만 국내에서 통관되지 아니한 수출물품 등을 외국으로 인도하거나 제공하는 수출을 말한다] (2013. 6. 28. 개정)

4. 위탁가공무역 방식의 수출[가공임(加工賃)을 지급하는 조건으로 외국에서 가공(제조, 조립, 재성, 개조를 포함한다. 이하 같다)할 원료의 전부 또는 일부를 거래 상대방에게 수출하거나 외국에서 조달하여 가공한 후 가공물품 등을 외국으로 인도하는 방식의 수출을 말한다] (2013. 6. 28. 개정)

5. 원료를 대가 없이 국외의 수탁가공 사업자에게 반출하여 가공한 재화를 양도하는 경우에 그 원료의 반출 (2013. 6. 28. 개정)

6. 「관세법」에 따른 수입신고 수리 전의 물품으로서 보세구역에 보관하는 물품의 외국으로의 반출 (2019. 2. 12. 신설)

② 법 제21조 제2항 제3호에서 “대통령령으로 정하는 것”이란 다음 각 호의 재화를 말한다. (2013. 6. 28. 개정)

1. 사업자가 기획재정부령으로 정하는 내국신용장 또는 구매확인서에 의하여 공급하는 재화(금지금은 제외한다) (2013. 6. 28. 개정)

2. 사업자가 「한국국제협력단법」에 따른 한국국제협력단에 공급하는 재화(한국국제협력단이 같은 법 제7조에 따른 사업을 위하여 외국에 무상으로 반출하는 재화로 한정한다) (2013. 6. 28. 개정)

3. 사업자가 「한국국제보건의료재단법」에 따른 한국국제보건의료재단에 공급하는 재화(한국국제보건의료재단이 같은 법 제7조에 따른 사업을 위하여 외국에 무상으로 반출하는 재화로 한정한다) (2013. 6. 28. 개정)

이 장에서 사용하는 용어의 정의는 법령 및 이 통칙에서 특별히 정한 경우를 제외하고 다음 각 호와 같다. (2011. 2. 1. 개정)

1. “수출품생산업자”란 실제로 수출품을 생산하여 자기계산하에 외국으로 반출하는 자를 말한다. (2011. 2. 1. 개정)

2. “수출업자”란 「대외무역법」에 따라 수출입업자로 신고되어 있는 자를 말한다. (2011. 2. 1. 개정)

3. “영세율규정”이란 국세청장이 영세율적용과 그 첨부서류에 관한 사항을 규정한 “부가가치세 영세율적용에 관한 규정”을 말한다. (2011. 2. 1. 개정)

제21조 【내국신용장 등의 범위】 법 제21조 제2항 제3호와 영 제31조 제2항 제1호 및 제33조 제2항 제4호에서 “기획재정부령으로 정하는 내국신용장 또는 구매확인서”란 다음 각 호의 내국신용장 또는 구매확인서를 말한다. (2013. 6. 28. 개정)

1. 내국신용장 : 사업자가 국내에서 수출용 원자재, 수출용 완제품 또는 수출재화임가공용역을 공급받으려는 경우에 해당 사업자의 신청에 따라 외국환은행의 장이 재화나 용역의 공급시기가 속

통칙 22-0-1【국외건설공사에 대한 영세율 적용】(2019. 12. 23. 제목
　　　　　　　　　　　　　　　　　　　　개정)
① 사업자가 국외에서 건설공사를 도급받아 국외에서 건설용역을 제공하는 경우
해당 용역을 제공받는 자, 대금결제수단에 관계없이 영세율이 적용된다. (2019.
12. 23. 신설)
② 다음 각 호의 용역은 해당 부동산 또는 광고매체가 사용되는 장소가 국외이므
로 부가가치세가 과세되지 아니한다. (2011. 2. 1. 개정)
1. 국외에 있는 부동산의 임대용역 (2011. 2. 1. 개정)
2 외국의 광고매체에 광고게재를 의뢰하고 지급하는 광고료 (1998. 8. 1. 개정)

통칙 21-31-7【수출신용장의 금액과 실제수출금액이 서로 다른 경우】
사업자가 재화를 수출하고 수출금액과 신용장상의 금액과의 차액을 별도로 지급
받는 경우 그 금액에 대하여도 영의 세율을 적용한다. (1998. 8. 1. 개정)
21-31-8【내국신용장에 포함하지 아니한 공급가액】
내국신용장에 의하여 재화를 공급하고 그 대가의 일부(관세환급금 등)를 내국신용
장에 포함하지 아니하고 별도로 받는 경우 해당 금액이 대가의 일부로 확인되는
때에는 영의 세율을 적용한다. (2011. 2. 1. 개정)
21-31-9【내국신용장과 관세환급금】
내국신용장에 의하여 재화를 수출업자 또는 수출품생산업자에게 공급하고 해당
수출업자 또는 수출품생산업자로부터 그 대가의 일부로 받는 관세환급금은 영의
세율을 적용한다. 다만, 수출업자 또는 내국신용장에 의하여 완제품을 수출업자에
게 공급한 자가 세관장으로부터 직접 받는 관세환급금과 수출품생산업자가 수출
대행업자로부터 받는 관세환급금은 과세하지 아니한다. (2011. 2. 1. 개정)
21-31-10【위탁판매 재화에 대한 영세율 적용】(2019. 12. 23. 제목개정)
① 수탁자가 자기명의로 내국신용장을 개설받아 위탁자의 재화를 공급하는 경우
에는 위탁자가 영의 세율을 적용받으며, 이 경우 영세율 첨부서류는 수탁자명의의
내국신용장 사본과 위수탁매매임을 입증할 수 있는 서류로 한다. (2019. 12. 23.
항번개정)
② 「관세법」에 따른 보세판매장을 운영하는 사업자가 위탁자의 물품을 수탁받아

4. 사업자가 「대한적십자사 조직법」에 따른 대한적십자사에 공급하는
　재화(대한적십자사가 같은 법 제7조에 따른 사업을 위하여 외국에
　무상으로 반출하는 재화로 한정한다) (2013. 6. 28. 개정)
5. 사업자가 다음 각 목의 요건에 따라 공급하는 재화 (2013. 6. 28.
　개정)
　가. 국외의 비거주자 또는 외국법인(이하 이 호에서 "비거주자
　　　등"이라 한다)과 직접 계약에 따라 공급할 것 (2013. 6. 28.
　　　개정)
　나. 대금을 외국환은행에서 원화로 받을 것 (2013. 6. 28. 개정)
　다. 비거주자등이 지정하는 국내의 다른 사업자에게 인도할 것
　　　(2013. 6. 28. 개정)
　라. 국내의 다른 사업자가 비거주자등과 계약에 따라 인도받은 재화
　　　를 그대로 반출하거나 제조·가공한 후 반출할 것 (2013. 6. 28.
　　　개정)

통칙 21-31-2【수출품 생산업자의 영세율 적용】
① 수출품 생산업자가 수출업자와 다음 각호와 같이 수출대행계약을 체결하여 수
출업자의 명의로 수출하는 경우에 수출품 생산업자가 외국으로 반출하는 재화는
영의 세율을 적용한다. (1998. 8. 1. 개정)
1. 수출품 생산업자가 직접 수출신용장을 받아 수출업자에게 양도하고 수출대행
　계약을 체결한 경우 (1998. 8. 1. 개정)
2. 수출업자가 수출신용장을 받고 수출품 생산업자와 수출대행계약을 체결한 경
　우 (1998. 8. 1. 개정)
② 제1항의 경우 수출품 생산업자가 완제품 내국신용장을 개설받는 경우를 포함
한다. (1998. 8. 1. 개정)
③ 제1항의 규정을 적용함에 있어서 수출품 생산업자가 실제로 수출을 하였는지는
거래의 실질내용에 따라 판단한다. (1998. 8. 1. 개정)
21-31-3【수출품 제조장의 영세율 적용】
사업자가 본사와 제조장 등 2 이상의 사업장이 있는 경우에 자기가 제조한 수출재
화에 대한 영세율 적용 사업장은 최종 제품을 완성하여 외국으로 반출하는 제조장
으로 하고, 영세율 첨부서류는 수출실적명세서(전자계산조직을 이용하여 처리된
테이프 또는 디스켓을 포함한다)이다. (2014. 12. 30. 개정)
21-31-4【재화의 무상수출】
사업자가 재화를 국외로 무상으로 반출하는 경우에는 영의 세율을 적용한다. 다
만, 자기사업을 위하여 대가를 받지 아니하고 국외의 사업자에게 견본품을 반출하

하는 과세기간이 끝난 후 25일(그 날이
공휴일 또는 토요일인 경우에는 바로
다음 영업일을 말한다) 이내에 개설하
는 신용장 (2014. 10. 31. 개정)
2. 구매확인서 : 「대외무역법 시행령」 제
31조 및 제91조 제11항에 따라 외국환
은행의 장이나 전자무역기반사업자가
제1호의 내국신용장에 준하여 재화나
용역의 공급시기가 속하는 과세기간이
끝난 후 25일(그 날이 공휴일 또는 토
요일인 경우에는 바로 다음 영업일을
말한다) 이내에 발급하는 확인서 (2014.
10. 31. 개정)

통칙 21-31-12【영의 세율을 적용하지
　　　　　　　　아니하는 내국신용장】
외국으로 반출되지 아니하는 재화의 공급과 관련
하여 개설된 내국신용장(주한미국군 군납계약서
등)에 의한 재화 또는 용역의 공급은 영의 세율을
적용하지 아니한다. (1998. 8. 1. 개정)
21-31-13【내국신용장 유효기간 경과 후
　　　　　　재화공급시 영세율 적용】
사업자가 내국신용장의 유효기간 경과 후에 재
화를 공급한 것으로서 해당 신용장의 효력이 소
멸되지 아니하여 그 대가를 외국환은행에서 원
화로 받는 때에는 영의 세율을 적용한다. (2011.
2. 1. 개정)
21-31-14【수출품 제조용 수입원자재의
　　　　　　전용】
사업자가 수출품 제조용 수입원자재의 사후관리
를 관장하는 은행장으로부터 전용승인을 받아 다
른 수출품 생산업자에게 공급하는 경우에는 영의
세율을 적용하지 아니한다. 다만, 내국신용장 또는

외국인관광객에게 판매하고 위탁자로부터 수수료를 받는 경우 수탁물품의 공급에 대하여는 위탁자가 영세율을 적용받는다. (2019. 12. 23. 신설)

③ 면세판매장을 경영하는 사업자(위탁자)가 다른 장소에서 면세판매장을 경영하는 사업자(수탁자) 등과 위탁판매계약에 따라 수탁자의 면세판매장에서 위탁판매하는 경우 「조세특례제한법」 제107조에 따라 위탁자에게 영세율을 적용한다. (2019. 12. 23. 신설)

21-31-11【주요자재를 부담하는 임가공 용역의 영세율 적용】
사업자가 주요 자재의 전부 또는 일부를 부담하고 일부 자재는 상대방으로부터 인도받아 공작을 가하여 생산한 재화를 거래상대방이 수출하는 경우에 해당 사업자간의 거래는 재화의 공급에 해당하므로 내국신용장 또는 「대외무역법」에서 정하는 구매확인서에 의하여 공급하는 경우(금지금은 제외한다) 영의 세율을 적용한다. (2011. 2. 1. 개정)

제23조【외국항행용역의 공급】 ① 선박 또는 항공기에 의한 외국항행용역의 공급에 대하여는 제30조에도 불구하고 영세율을 적용한다. (2013. 6. 7. 개정)

② 제1항에 따른 외국항행용역은 선박 또는 항공기에 의하여 여객이나 화물을 국내에서 국외로, 국외에서 국내로 또는 국외에서 국외로 수송하는 것을 말하며, 외국항행사업자가 자기의 사업에 부수하여 공급하는 재화 또는 용역으로서 대통령령으로 정하는 것을 포함한다. (2013. 6. 7. 개정)

③ 제1항에 따른 외국항행용역의 범위에 관하여 필요한 사항은 대통령령으로 정한다. (2013. 6. 7. 개정)

제24조【외화 획득 재화 또는 용역의 공급 등】 ① 제21조부터 제23조까지의 규정에 따른 재화 또는 용역의 공급 외에 외화를 획득하기 위한 재화 또는 용역의 공급으로서 다음 각 호의 어느 하나에 해당하는

는 경우에는 재화의 공급으로 보지 아니한다. (1998. 8. 1. 개정)

21-31-5【보세구역 등에서 공급하는 재화】
사업자가 국제공항보세구역 내의 외국인전용판매장에서 재화를 공급(위수탁계약에 따른 위탁자공급분을 포함한다)하거나 세관장으로부터 승선 또는 비행기 탑승 허가를 받아 외국을 항행하는 선박 또는 항공기 내에서 공급하는 재화는 수출하는 재화에 해당하는 것으로 본다. (2011. 2. 1. 개정)

21-31-6【무환수탁가공무역의 영세율】
보세공장의 설영특허를 받아 무환수탁가공무역을 하는 사업자가 수탁보세가공한 물품을 국외로 반출하는 경우에는 수출하는 재화로서 영의 세율을 적용한다. (1998. 8. 1. 개정)

제32조【선박 또는 항공기에 의한 외국항행용역의 범위】 ① 법 제23조 제2항에서 "대통령령으로 정하는 것"이란 다음 각 호의 것을 말한다. (2013. 6. 28. 개정)

1. 다른 외국항행사업자가 운용하는 선박 또는 항공기의 탑승권을 판매하거나 화물운송계약을 체결하는 것 (2013. 6. 28. 개정)

2. 외국을 항행하는 선박 또는 항공기 내에서 승객에게 공급하는 것 (2013. 6. 28. 개정)

3. 자기의 승객만이 전용(專用)하는 버스를 탑승하게 하는 것 (2013. 6. 28. 개정)

4. 자기의 승객만이 전용하는 호텔에 투숙하게 하는 것 (2013. 6. 28. 개정)

② 다음 각 호의 어느 하나에 해당하는 용역은 법 제23조 제3항에 따라 외국항행용역의 범위에 포함된다. (2013. 6. 28. 개정)

1. 운송주선업자가 국제복합운송계약에 의하여 화주(貨主)로부터 화물을 인수하고 자기 책임과 계산으로 타인의 선박 또는 항공기 등의 운송수단을 이용하여 화물을 운송하고 화주로부터 운임을 받는 국제운송용역 (2013. 6. 28. 개정)

「대외무역법」에서 정하는 구매확인서에 의하여 전용하는 경우에는 그러하지 아니하다. (2008. 10. 14. 단서개정)

21-31-15【보세판매장에서 공급하는 재화에 대한 영세율 적용】
「관세법」에 따른 보세판매장 운영사업자가 출국인에게 재화를 공급한 경우 해당 재화가 관세청의 「보세판매장 운영에 관한 고시」 규정에 따라 외국에 반출되는 경우에는 법 제21조 제2항 제1호에 따른 수출하는 재화에 해당한다. (2019. 12. 23. 신설)

☞

통칙 23-32-1【용선과 이용운송】
① 다음 각호의 용역은 외국항행용역에 해당하므로 영의 세율을 적용한다. (1998. 8. 1. 개정)

1. 사업자가 외국항행선박으로 면허를 받은 선박을 선원부 용선계약에 의하여 타인에게 임대하여 자기책임하에 자기의 선원이 그 선박을 국제간에 운항하도록 하고 용선자로부터 용선료를 받는 경우의 선원부 선박임대용역 (1998. 8. 1. 개정)

2. 사업자가 선원부 용선계약에 의하여 임차한 선박으로 자기계산하에 여객이나 화물을 국제간에 수송해 주고 여객 또는 화주로부터 운임을 받는 경우의 운송용역 (1998. 8. 1. 개정)

3. 운송주선업을 영위하는 사업자가 국제복합운송계약에 의하여 화주로부터 화물을 인수하고 타인의 운송수단을 이용하여 화주에 대하여는 자기책임과 계산 하에 외국으로 화물을 수송해 주고 화주로부터 운임을 받는 경우

경우에는 제30조에도 불구하고 영세율을 적용한다. (2013. 6. 7. 개정)
1. 우리나라에 상주하는 외교공관, 영사기관(명예영사관원을 장으로 하
  는 영사기관은 제외한다), 국제연합과 이에 준하는 국제기구(우리나
  라가 당사국인 조약과 그 밖의 국내법령에 따라 특권과 면제를 부여
  받을 수 있는 경우만 해당한다) 등(이하 이 조에서 "외교공관등"이
  라 한다)에 재화 또는 용역을 공급하는 경우 (2013. 6. 7. 개정)

2. 외교공관등의 소속 직원으로서 해당 국가로부터 공무원 신분을 부
  여받은 자 또는 외교부장관으로부터 이에 준하는 신분임을 확인받
  은 자 중 내국인이 아닌 자에게 대통령령으로 정하는 방법에 따라
  재화 또는 용역을 공급하는 경우 (2013. 6. 7. 개정)

통칙 24 - 33 - 1【수출입알선용역의 영세율 적용】
① 국내에서 국내사업장이 없는 비거주자 또는 외국법인에게 수출알선용역을 제
공하고 그 대가를 외국환은행에서 원화로 받는 경우에는 영의 세율을 적용한다.
(1998. 8. 1. 개정)
② 외국으로부터 수출신용장을 받아 수출업자에게 양도하고 받는 대가는 영의 세
율을 적용하지 아니한다. (1998. 8. 1. 개정)
24 - 33 - 2【외국법인의 국내 건설사업장에 공급하는 재화 또는 용역】
사업자가 국내에서 공장건설(플랜트)용역을 제공하는 외국법인에게 해당 공장건
설에 소요되는 재화 또는 용역을 공급하고 그 대가를 외국법인의 본점으로부터
받는 경우에는 영의 세율을 적용하지 아니한다. (2011. 2. 1. 개정)

3. 그 밖에 외화를 획득하는 재화 또는 용역의 공급으로서 대통령령으

2. 「항공사업법」에 따른 상업서류 송달용역 (2017. 3. 29. 개정 ; 항공
  사업법 시행령 부칙)

**통칙 23 - 32 - 2【국내사업장이 있는 외국법인이 제공하는 외항용역의 영
    세율】**
국내사업장이 있는 외국법인이 제공하는 외국항행용역에 대한 영의 세율은 해
당 외국법인이 상호면세국의 사업자에 해당하는지 여부에 따라 다음 각 호와
같이 적용한다. (2011. 2. 1. 개정)
1. 상호면세국일 경우에는 우리나라에서 여객이나 화물이 탑승 또는 적재되는 것
  만 영의 세율을 적용한다. (2011. 2. 1. 개정)
2. 상호면세국이 아닐 경우에는 우리나라에서 여객이나 화물이 탑승 또는 적재되
  는 것만 과세하며, 영의 세율을 적용하지 아니한다. (2011. 2. 1. 개정)

제33조【그 밖의 외화 획득 재화 또는 용역 등의 범위】 ① 법 제
24조 제1항 제2호에서 "대통령령으로 정하는 방법에 따라 재화 또
는 용역을 공급하는 경우"란 국세청장이 정하는 바에 따라 관할 세
무서장으로부터 외교관면세점으로 지정받은 사업장(「개별소비세법
시행령」 제28조에 따라 지정받은 판매장을 포함한다)에서 외교부장
관이 발행하는 외교관 면세카드를 제시받아 다음 각 호의 어느 하나
에 해당하는 재화 또는 용역을 공급하는 경우로서 법 제24조 제1항
제2호에 따른 자(이하 이 항에서 "외교관등"이라 한다)의 성명, 국
적, 외교관 면세카드 번호, 품명, 수량, 공급가액 등이 적힌 외교관
면세 판매기록표에 의하여 외교관등에게 공급한 것이 확인되는 경
우를 말한다. (2013. 6. 28. 개정)
1. 음식ㆍ숙박 용역 (2013. 6. 28. 개정)
2. 「개별소비세법 시행령」 제24조 제1항 및 제27조에 따른 물품
  (2013. 6. 28. 개정)
3. 「교통ㆍ에너지ㆍ환경세법 시행령」 제20조 제1항에 따른 석유류
  (2013. 6. 28. 개정)
4. 「주세법」에 따른 주류 (2013. 6. 28. 개정)
5. 전력 (2013. 6. 28. 개정)
6. 외교부장관의 승인을 받아 구입하는 자동차 (2013. 6. 28. 개정)
② 법 제24조 제1항 제3호에서 "대통령령으로 정하는 경우"란 다음

의 국제간이용운송용역 (2000. 8. 1. 개정)
② 외국항행사업자가 국내의 외국항행사업자에
게 나용선으로 선박을 대여하고 그 대가를 받는
경우에는 영의 세율을 적용하지 아니한다. (1998.
8. 1. 개정)
**23 - 32 - 3【국제구간과 국내구간의 항공운
      송사업자가 다른 경우 영세율
      적용】**
항공운송사업자가 국내지정장소에서 외국지정장
소까지 또는 외국지정장소에서 국내지정장소까
지 국제운송조건으로 외국항행용역을 공급하는
경우 국내운송구간이 국제운송구간에 연결된 하
나의 항공권으로 발행되어 국내운송구간이 국제
운송의 일환이라는 것이 명백히 확인되는 경우
해당 국제항공운송사업자와 국내항공운송사업자
가 서로 다른 경우에도 법 제23조에 따라 영세율
이 적용된다. (2019. 12. 23. 신설)

로 정하는 경우 (2013. 6. 7. 개정)

• 사업자가 국내에서 국내사업장이 없는 외국법인에게 가상화폐거래관련 블록체인기반 투자시스템을 개발하여 공급하고 그 대가로 가상화폐를 받는 경우로서 해당 시스템 공급이 한국표준산업분류상 컴퓨터 프로그래밍, 시스템 통합 및 관리업(J620)에 해당하는 경우 용역의 공급에 해당하여 영세율 대상에 해당하지 아니하는 것임. (사전－2019－법령해석부가－0037, 2019. 4. 2.)
• 사업자가 국내에서 국내사업장이 없는 외국법인에게 외화획득 용역을 제공하고 외국법인으로부터 그 대금을 해외 및 국내 핀테크 기업의 외화 송금서비스를 통하여 원화로 지급받는 경우에는 영세율이 적용되지 아니하는 것임. (사전법령부가－326, 2020. 4. 3.)
···

② 제1항에 따른 외화 획득의 증명에 필요한 사항은 대통령령으로 정한다. (2013. 6. 7. 개정)

제25조 【영세율에 대한 상호주의 적용】 ① 제21조부터 제24조까지의 규정을 적용할 때 사업자가 비거주자 또는 외국법인이면 그 해당 국가에서 대한민국의 거주자(「소득세법」 제1조의 2 제1항 제1호의 거주자를 말한다. 이하 같다) 또는 내국법인(「법인세법」 제2조 제1호에 따른 내국법인을 말한다)에 대하여 동일하게 면세하는 경우에만 영세율을 적용한다. (2018. 12. 24. 개정 ; 법인세법 부칙)
② 사업자가 제24조 제1항 제2호에 따라 재화 또는 용역을 공급하는 경우에는 해당 외국에서 대한민국의 외교공관 및 영사기관 등의 직원에게 공급하는 재화 또는 용역에 대하여 동일하게 면세하는 경우에만 영세율을 적용한다. (2013. 6. 7. 개정)
③ 제1항 및 제2항에서 "동일하게 면세하는 경우"는 해당 외국의 조세로서 우리나라의 부가가치세 또는 이와 유사한 성질의 조세를 면세하는 경우와 그 외국에 우리나라의 부가가치세 또는 이와 유사한 성질의 조세가 없는 경우로 한다. (2013. 6. 7. 개정)

각 호의 어느 하나에 해당하는 것을 공급하는 경우를 말한다. (2013. 6. 28. 개정)
1. 국내에서 국내사업장이 없는 비거주자(국내에 거소를 둔 개인, 법 제24조 제1항 제1호에 따른 외교공관등의 소속 직원, 우리나라에 상주하는 국제연합군 또는 미합중국군대의 군인 또는 군무원은 제외한다. 이하 이 항에서 같다) 또는 외국법인에 공급되는 다음 각 목의 어느 하나에 해당하는 재화 또는 사업에 해당하는 용역으로서 그 대금을 외국환은행에서 원화로 받거나 기획재정부령으로 정하는 방법으로 받는 것. 다만, 나목 중 전문서비스업과 아목 및 자목에 해당하는 용역의 경우에는 해당 국가에서 우리나라의 거주자 또는 내국법인에 대하여 동일하게 면세하는 경우(우리나라의 부가가치세 또는 이와 유사한 성질의 조세가 없거나 면세하는 경우를 말한다. 이하 이 항에서 같다)에 한정한다. (2020. 2. 11. 단서개정)
가. 비거주자 또는 외국법인이 지정하는 국내사업자에게 인도되는 재화로서 해당 사업자의 과세사업에 사용되는 재화 (2013. 6. 28. 개정)
나. 전문, 과학 및 기술 서비스업[수의업(獸醫業), 제조업 회사본부 및 기타 산업 회사본부는 제외한다] (2013. 6. 28. 개정)
다. 사업지원 및 임대서비스업 중 무형재산권 임대업 (2020. 2. 11. 개정)
라. 통신업 (2013. 6. 28. 개정)
마. 컨테이너수리업, 보세구역 내의 보관 및 창고업, 「해운법」에 따른 해운대리점업, 해운중개업 및 선박관리업 (2016. 2. 17. 개정)
바. 정보통신업 중 뉴스 제공업, 영상·오디오 기록물 제작 및 배급업(영화관 운영업과 비디오물 감상실 운영업은 제외한다), 소프트웨어 개발업, 컴퓨터 프로그래밍, 시스템 통합관리업, 자료처리, 호스팅, 포털 및 기타 인터넷 정보매개서비스업, 기타 정보서비스업 (2020. 2. 11. 개정)
사. 상품 중개업 및 전자상거래 소매 중개업 (2022. 2. 15. 개정)
아. 사업시설관리 및 사업지원 서비스업(조경 관리 및 유지 서비스

제22조 【대가의 지급방법에 따른 영세율의 적용 범위】 영 제33조 제2항 제1호 각 목 외의 부분 본문 및 같은 항 제2호 단서에서 "기획재정부령으로 정하는 방법"이란 다음 각 호의 어느 하나에 해당하는 방법을 말한다. (2020. 3. 13. 개정)
1. 국외의 비거주자 또는 외국법인으로부터 외화를 직접 송금받아 외국환은행에 매각하는 방법 (2013. 6. 28. 개정)
2. 국내사업장이 없는 비거주자 또는 외국법인에 재화 또는 용역을 공급하고 그 대가를 해당 비거주자 또는 외국법인에 지급할 금액에서 빼는 방법 (2020. 3. 13. 개정)
3. 국내사업장이 없는 비거주자 또는 외국법인에 재화 또는 용역을 공급하고 그 대가를 국외에서 발급된 신용카드로 결제하는 방법 (2020. 3. 13. 신설)
4. 국내사업장이 없는 비거주자 또는 외국법인에 재화 또는 용역을 공급하고 그 대가로서 국외 금융기관이 발행한 개인수표를 받아 외국환은행에 매각하는 방법 (2020. 3. 13. 신설)
5. 국내사업장이 없는 비거주자 또는 외국법인에 재화 또는 용역을 공급하고 그 대가로서 외화를 외국환은행을 통하여 직접 송금받아 외화예금 계좌에 예치하는 방법(외국환은행이 발급한 외화입금증명서에 따라 외화 입금사실이 확인되는 경우에 한정한다) (2020. 3. 13. 신설)

통 칙 **25-0-1【상호면세국의 범위】**

법 제25조에 규정하는 영세율 적용에 대한 상호면세국이란 법 제21조부터 제24조까지의 규정을 적용할 때 사업자가 비거주자 또는 외국법인이면 그 해당 국가에서 대한민국의 거주자 또는 내국법인에 대하여 동일하게 면세하는 해당 국가를 말한다. 상호면세국을 예시하면 다음과 같다. (2019. 12. 23. 개정)

1. 그리스 (1998. 8. 1. 개정)
2. 남아공화국 (1998. 8. 1. 개정)
3. 네덜란드 (1998. 8. 1. 개정)
4. 노르웨이 (1998. 8. 1. 개정)
5. 뉴질랜드 (1998. 8. 1. 개정)
6. 덴마크 (1998. 8. 1. 개정)
7. 레바논 (1998. 8. 1. 개정)
8. 리베리아 (1998. 8. 1. 개정)
9. 말레지아 (1998. 8. 1. 개정)
10. 미국 (1998. 8. 1. 개정)
11. 베네주엘라 (1998. 8. 1. 개정)
12. 벨지움 (1998. 8. 1. 개정)
13. 사우디아라비아 (1998. 8. 1. 개정)
14. 독일 (1998. 8. 1. 개정)
15. 스웨텐 (1998. 8. 1. 개정)
16. 스위스 (1998. 8. 1. 개정)
17. 싱가포르 (1998. 8. 1. 개정)
18. 영국 (1998. 8. 1. 개정)
19. 이란 (1998. 8. 1. 개정)
20. 이태리 (1998. 8. 1. 개정)
21. 인도 (1998. 8. 1. 개정)
22. 인도네시아 (1998. 8. 1. 개정)
23. 일본 (1998. 8. 1. 개정)
24. 대만 (1998. 8. 1. 개정)
25. 칠레 (1998. 8. 1. 개정)
26. 카나다 (1998. 8. 1. 개정)
27. 태국 (1998. 8. 1. 개정)
28. 파나마 (1998. 8. 1. 개정)
29. 파키스탄 (1998. 8. 1. 개정)
30. 핀랜드 (1998. 8. 1. 개정)
31. 호주 (1998. 8. 1. 개정)

업, 여행사 및 기타 여행보조 서비스업은 제외한다) (2013. 6. 28. 개정)

자. 「자본시장과 금융투자업에 관한 법률」 제6조 제1항 제4호에 따른 투자자문업 (2020. 2. 11. 신설)

차. 교육 서비스업(교육지원 서비스업으로 한정한다) (2020. 2. 11. 목번개정)

카. 보건업(임상시험용역을 공급하는 경우로 한정한다) (2020. 2. 11. 목번개정)

타. 그 밖에 가목부터 차목까지의 규정과 유사한 재화 또는 용역으로서 기획재정부령으로 정하는 것 (2020. 2. 11. 목번개정)

2. 비거주자 또는 외국법인의 국내사업장이 있는 경우에 국내에서 국외의 비거주자 또는 외국법인과 직접 계약하여 공급하는 재화 또는 용역 중 제1호 각 목의 어느 하나에 해당하는 재화 또는 사업(제1호 나목 중 전문서비스업과 같은 호 아목 및 자목에 해당하는 용역의 경우에는 해당 국가에서 우리나라의 거주자 또는 내국법인에 대하여 동일하게 면세하는 경우에 한정한다)에 해당하는 용역. 다만, 그 대금을 해당 국외 비거주자 또는 외국법인으로부터 외국환은행에서 원화로 받거나 기획재정부령으로 정하는 방법으로 받는 경우로 한정한다. (2020. 2. 11. 개정)

예 판

• 국내에서 국내사업장이 없는 비거주자 또는 외국법인에게 재화 또는 용역을 공급하고 그 대금을 외국환 은행으로부터 비거주자 등의 국내대리점을 경유하여 원화로 받는 경우, 원화로 지급한 사실이 확인되는 때에는 영의 세율이 적용되는 것임. (재부가-348, 2014. 8. 11.)

• 국내 제3자가 외국법인 등으로부터 외화를 송금받고, 사업자가 그 제3자로부터 원화로 지급받는 경우 영세율이 적용되지 않는 것임. (기획재정부 부가가치세제과-462, 2022. 10. 13.)

• 사업자가 국내사업장이 없는 외국법인 등에 용역을 공급하고 해당 용역 대가를 외국법인의 국내지사로부터 원화로 지급받고, 동 국내지사가 외국법인 등에 지급하여야 하는 금액에서 상계한 경우 부가가치세법 시행령 제33조 제2항 제1호 및 동법 시행규칙 제22조에 따른 대가의 지급 방법에 해당하지 않음. (기획재정부 부가가치세제과-360, 2023. 6. 7.)

제23조【영세율이 적용되는 그 밖의 재화 또는 용역】 영 제33조 제2항 제1호 타목에서 "기획재정부령으로 정하는 것"이란 「관세법」에 따른 보세운송업자가 제공하는 보세운송용역을 말한다. (2020. 3. 13. 개정)

---

32. 홍콩 (1998. 8. 1. 개정)
33. 프랑스 (1998. 8. 1. 개정)

☞

통칙 24-33-6【외항선박 등의 정의】

영 제33조 제2항 제5호에서 규정하는 외국을 항행하는 선박과 원양어선의 정의는 다음과 같다. (2014. 12. 30. 개정)

1. 외국을 항행하는 선박(이하 "외항선박"이라 한다)이란 외국의 선박과 「해운법」에 따라 사업면허를 얻은 외국항행사업자가 운항하는 선박으로서 외국을 항행하는 우리나라의 선박을 말한다. (2019. 12. 23. 개정)
2. 원양어선이란 「원양산업발전법」에 따라 원양어선으로 허가를 얻어 주로 해외수역에서 조업을 하는 선박을 말한다. (2011. 2. 1. 개정)

통칙 24-33-7【외항선박의 콘테이너 수리용역】

외항선박의 콘테이너 수리용역은 외항선박에 제공하는 용역으로 보지 아니한다. (1998. 8. 1. 개정)

24-33-8【도선선박 등에 의하여 제공하는 용역】

도선선박·예인선박 또는 통선 등에 의한 용역을 외항선박에 제공하고 그 대가를 받는 것은 영의 세율을 적용한다. (1998. 8. 1. 개정)

24-33-9【외항선박 등에 제공하는 하역용역 등의 영세율】

외국을 항행하는 선박 또는 항공기에 직접 하역용역 등을 제공하고 그 대가를 받는 것은 영의 세율을 적용한다. (1998. 8. 1. 개정)

24-33-10【외국항행사업자가 공급하는 선용품 등】

---

3. 수출업자와 직접 도급계약에 의하여 수출재화를 임가공하는 수출재화임가공용역(수출재화염색임가공을 포함한다. 이하 같다). 다만, 사업자가 법 제32조에 따라 부가가치세를 별도로 적은 세금계산서를 발급한 경우는 제외한다. (2013. 6. 28. 개정)
4. 기획재정부령으로 정하는 내국신용장 또는 구매확인서에 의하여 공급하는 수출재화임가공용역 (2013. 6. 28. 개정)
5. 외국을 항행하는 선박 및 항공기 또는 원양어선에 공급하는 재화 또는 용역. 다만, 사업자가 법 제32조에 따라 부가가치세를 별도로 적은 세금계산서를 발급한 경우는 제외한다. (2013. 6. 28. 개정)
6. 우리나라에 상주(常住)하는 국제연합군 또는 미합중국군대[「대한민국과 아메리카합중국간의 상호방위조약 제4조에 의한 시설과 구역 및 대한민국에서의 합중국 군대의 지위에 관한 협정」 제16조 제3항에 따른 공인 조달기관(公認 調達機關)을 포함한다]에 공급하는 재화 또는 용역 (2021. 2. 17. 개정)
7. 「관광진흥법 시행령」에 따른 종합여행업자가 외국인 관광객에게 공급하는 관광알선용역. 다만, 그 대가를 다음 각 목의 어느 하나의 방법으로 받는 경우로 한정한다. (2021. 3. 23. 개정 ; 관광진흥법 시행령 부칙)

   가. 외국환은행에서 원화로 받는 것 (2013. 6. 28. 개정)
   나. 외화 현금으로 받은 것 중 국세청장이 정하는 관광알선수수료명세표와 외화매입증명서에 의하여 외국인 관광객과의 거래임이 확인되는 것 (2013. 6. 28. 개정)

8. 「관광진흥법 시행령」에 따른 외국인전용 관광기념품 판매업자가 외국인 관광객(출국예정사실이 확인되는 내국인을 포함한다. 이하 이 호에서 같다)에게 공급하는 관광기념품으로서 구매자의 성명, 국적, 여권번호, 품명, 수량, 공급가액 등이 적힌 물품판매기록표에 의하여 외국인 관광객과의 거래임이 표시되는 것. 다만, 출국예정사실이 확인되는 내국인의 경우에는 관광기념품이 국외로 반출되었음이 세관장에 의하여 확인되는 것으로 한정한다. (2013. 6. 28. 개정)

8. 삭　제 (2015. 2. 3.)
9. 다음 각 목의 어느 하나에 해당하는 사업자가 국내에서 공급하는 재화 또는 용역. 다만, 그 대가를 외화로 받고 그 외화를 외국환은행에서 원화로 환전하는 경우로 한정한다. (2013. 6. 28. 개정)

   가. 「개별소비세법」 제17조 제1항에 따른 지정을 받아 외국인전용판매장을 경영하는 자 (2013. 6. 28. 개정)

통칙 24-33-3【수출재화 임가공용역에 있어서의 수출업자의 범위】

영 제33조 제2항 제3호의 수출업자에는 수출업자를 통하여 대행수출을 시키는 수출품 생산업자를 포함하되, 내국신용장 또는 구매확인서에 의하여 수출재화를 수출업자에게 공급하는 사업자는 포함하지 아니한다. (2019. 12. 23. 개정)

편주▶

관광알선 수수료 명세표(국세청고시 제2021-44호, 2021. 8. 24.)

통칙 24-33-4【수출재화 임가공용역의 범위】

수출업자와 직접 도급계약에 의하여 수출재화의 부분품, 반제품 및 포장재를 임가공하는 용역은 직접 도급계약을 체결한 사업자 자신이 임가공하였는지의 여부에 불구하고 수출재화 임가공용역으로 본다. 다만, 수출재화를 생산하는 제조·가공활동에 해당하지 않는 가설구조물(발판) 설치·

외국항행사업자가 선용품 등을 다른 외항선박·원양어선에 공급하는 경우에는 영의 세율을 적용하나 국내의 다른 사업자에게 공급하는 경우에는 영의 세율을 적용하지 아니한다. (1998. 8. 1. 개정)

☞

제 2 절 면 세

제26조【재화 또는 용역의 공급에 대한 면세】① 다음 각 호의 재화 또는 용역의 공급에 대하여는 부가가치세를 면제한다. (2013. 6. 7. 개정)
1. 가공되지 아니한 식료품[식용(食用)으로 제공되는 농산물, 축산물, 수산물과 임산물을 포함한다] 및 우리나라에서 생산되어 식용으로 제공되지 아니하는 농산물, 축산물, 수산물과 임산물로서 대통령령으로 정하는 것 (2013. 6. 7. 개정)

통칙 26-34-12【식용으로 제공되는 것의 의미】
법 제26조 제1항 제1호 및 제27조 제1호에서 규정하는 식용으로 제공되는 식료품의 '식용'이란 현실적·개별적인 용도를 말하는 것이 아니고, 일반적·추상적 관념(식용에 적합한지 여부)의 용도를 말한다. (2014. 12. 30. 개정)

2. 수돗물 (2013. 6. 7. 개정)
3. 연탄과 무연탄 (2013. 6. 7. 개정)
4. 여성용 생리 처리 위생용품 (2013. 6. 7. 개정)
5. ☞ P.795

나.「조세특례제한법」제115조에 따른 주한외국군인 및 외국인선원 전용 유흥음식점업을 경영하는 자 (2013. 6. 28. 개정)

통칙 24-33-5【수출용 비축원자재의 임가공용역】
무역금융규정에 따라 수출신용장 없이 내국신용장을 개설할 수 있는 비축한도를 인정받은 수출업자와 직접 임가공도급계약을 체결하고 수출용 재화를 임가공하는 때에는 영의 세율을 적용한다. (2011. 2. 1. 개정)

제 2 절 면 세

제34조【면세하는 미가공식료품 등의 범위】① 법 제26조 제1항 제1호에 따른 가공되지 아니한 식료품(이하 이 조에서 "미가공식료품"이라 한다)은 다음 각 호의 것으로서 가공되지 아니하거나 탈곡·정미·정맥·제분·정육·건조·냉동·염장·포장이나 그 밖에 원생산물 본래의 성질이 변하지 아니하는 정도의 1차 가공을 거쳐 식용으로 제공하는 것으로 한다. 이 경우 다음 각 호에 따른 미가공식료품의 범위에 관하여 필요한 사항은 기획재정부령으로 정한다. (2013. 6. 28. 개정)
1. 곡류 (2013. 6. 28. 개정)
2. 서류 (2013. 6. 28. 개정)
3. 특용작물류 (2013. 6. 28. 개정)
4. 과실류 (2013. 6. 28. 개정)
5. 채소류 (2013. 6. 28. 개정)
6. 수축류 (2013. 6. 28. 개정)
7. 수육류 (2013. 6. 28. 개정)
8. 유란류(우유와 분유를 포함한다) (2013. 6. 28. 개정)
9. 생선류(고래를 포함한다) (2013. 6. 28. 개정)
10. 패류 (2013. 6. 28. 개정)
11. 해조류 (2013. 6. 28. 개정)

해체 용역, 설계용역, 운반(신호수), 시운전 용역 등 별도 용역에 해당하는 경우는 수출재화 임가공용역으로 보지 아니한다. (2024. 3. 15. 단서신설)

☞

제 2 절 면 세

제24조【면세하는 미가공식료품의 범위】① 영 제34조 제1항 및 제2항(영 제49조 제1항 본문에서 준용하는 경우를 포함한다)에 따른 미가공식료품의 범위는 별표 1의 면세하는 미가공식료품 분류표에 따른다. (2013. 6. 28. 개정)
② 제1항에 따른 미가공식료품 분류표를 적용할 때에는「관세법」별표의 관세율표를 기준으로 한다. (2013. 6. 28. 개정)

장·운반 등을 위하여 화학물질 등을 첨가하는 때에는 그러하지 아니하다. (1998. 8. 1. 개정)

1. 맛 김 (1998. 8. 1. 개정)

2. 볶거나 조미한 멸치 (1998. 8. 1. 개정)

3. 조미하며 건조한 쥐치포 등의 어포류 (1998. 8. 1. 개정)

4. 삭 제 (2014. 12. 30.)

26 – 34 – 4【면세하지 아니하는 가공된 식료품】

본래의 성질이 변한 정도의 가공을 거친 다음에 게기하는 식료품은 면세하지 아니한다. (1998. 8. 1. 개정)

1. 전분 (1998. 8. 1. 개정)

2. 면류 (1998. 8. 1. 개정)

3. 팥·콩 등의 앙금 (1998. 8. 1. 개정)

4. 떡 (1998. 8. 1. 개정)

5. 한천 (1998. 8. 1. 개정)

6. 묵 (1998. 8. 1. 개정)

7. 인삼차 (1998. 8. 1. 개정)

8. 엿기름 (1998. 8. 1. 개정)

26 – 34 – 6【새·열대어 등의 면세】

우리나라에서 생산되어 식용으로 제공되지 아니하는 관상용의 새·열대어·금붕어 및 갯지렁이에 대하여는 면세한다. (2011. 2. 1. 개정)

26 – 34 – 7【화초·수목의 면세와 조경공사】

우리나라에서 생산된 화초·수목 등의 공급에 대하여는 면세하나, 조경공사용역의 공급가액에 포함된 화초·수목 등에 대하여는 법 제14조에 따라 과세한다. (2014. 12. 30. 개정)

26 – 34 – 8【크로레라의 면세】

우리나라에서 생산되어 단순히 건조한 크로레라(이끼)의 공급에 대하여는 면세한다. 다만, 해당 크로레라에 벌꿀 등을 가미하거나 정제로 제조한 크로레라 제품의 공급에 대하여는 과세한다. (2011. 2. 1. 개정)

26 – 34 – 9【조개껍질의 면세】

우리나라에서 생산된 조개껍질(패각)의 공급에 대하여는 면세하나, 조개껍질(패각)을 분쇄하여 패분의 상태로 공급하는 것에 대하여는 과세한다. (1998. 8. 1. 개정)

12. 제1호부터 제11호까지의 것 외에 식용으로 제공되는 농산물, 축산물, 수산물 또는 임산물 (2013. 6. 28. 개정)

13. 소금[「식품위생법」 제7조 제1항에 따라 식품의약품안전처장이 정한 식품의 기준 및 규격에 따른 천일염(天日鹽) 및 재제(再製)소금을 말한다. 이하 같다]　(2013. 6. 28. 개정)

② 미가공식료품에는 다음 각 호의 것을 포함한다. (2013. 6. 28. 개정)

1. 김치, 두부 등 기획재정부령으로 정하는 단순 가공식료품 (2013. 6. 28. 개정)

2. 원생산물 본래의 성질이 변하지 아니하는 정도로 1차 가공을 하는 과정에서 필수적으로 발생하는 부산물 (2013. 6. 28. 개정)

3. 미가공식료품을 단순히 혼합한 것 (2013. 6. 28. 개정)

4. 쌀에 식품첨가물 등을 첨가 또는 코팅하거나 버섯균 등을 배양한 것으로서 기획재정부령으로 정하는 것 (2013. 6. 28. 개정)

③ 법 제26조 제1항 제1호에 따른 농산물, 축산물, 수산물과 임산물은 다음 각 호의 것으로 한다. (2013. 6. 28. 개정)

1. 원생산물 (2013. 6. 28. 개정)

2. 원생산물 본래의 성상(性狀)이 변하지 아니하는 정도의 원시가공을 거친 것 (2013. 6. 28. 개정)

3. 제2호에 따른 원시가공을 하는 과정에서 필수적으로 발생하는 부산물 (2013. 6. 28. 개정)

통칙 26 – 34 – 1【냉동처리한 어류의 면세】

신선한 어류의 껍질·머리·뼈·내장 등을 제거하고 냉동한순살코기와 조미하지 아니하고 단순히 분쇄냉동한 어육으로서 식용으로 제공되는 것은 면세한다. (2011. 2. 1. 개정)

26 – 34 – 2【도살·해체한 축산물의 면세】

축산물인 돼지·소·닭 등을 도살·해체하여 정육·건조·냉장 등 본래의 성질이 변하지 아니하는 정도의 1차가공을 거쳐 식용으로 제공되는 것은 면세한다. (2011. 2. 1. 개정)

26 – 34 – 3【조미·가공한 식료품】

조미료·향신료(고추·후추 등) 등을 가미하여 가공처리한 것으로서 다음에 게기하는 식료품에 대하여는 면세하지 아니한다. 다만, 어류 등의 신선도 유지·저

통칙 26 – 34 – 10【누에고치 등의 면세】

상묘·잠종·잠아·치잠 등 잠견류와 누에고치(생견)를 열처리하여 건조시킨 마른 누에고치(건견) 및 누에가루(식용에 적합한 것에 한한다)의 공급에 대하여는 면세하나, 제사공정에서 부산물로 산출되는 번데기의 공급에 대하여는 과세한다. (2000. 8. 1. 개정)

26 – 34 – 11【볏짚 등의 면세】

우리나라에서 생산된 볏짚·왕골·청올치(갈저)의 공급에 대하여는 면세하나, 이를 재료로 하여 제조한 돗자리·공예품 등의 공급에 대하여는 과세한다. (1998. 8. 1. 개정)

<제26조 ①>

5. 의료보건 용역(수의사의 용역을 포함한다)으로서 대통령령으로 정하는 것과 <u>혈액</u> (2013. 6. 7. 개정)

5. 의료보건 용역(수의사의 용역을 포함한다)으로서 대통령령으로 정하는 것과 혈액(치료·예방·진단 목적으로 조제한 동물의 혈액을 포함한다) (2024. 12. 31. 개정)

편주 ▶ ··

법 26조 1항 5호의 개정규정은 2025. 1. 1. 이후 재화를 공급하는 경우부터 적용함. (법 부칙(2024. 12. 31.) 2조)

···

6. ☞ P.797

제35조 【면세하는 의료보건 용역의 범위】법 제26조 제1항 제5호에 따른 의료보건 용역은 다음 각 호의 용역(「의료법」 또는 「수의사법」에 따라 의료기관 또는 동물병원을 개설한 자가 제공하는 것을 포함한다)으로 한다. (2013. 6. 28. 개정)

1. 「의료법」에 따른 의사, 치과의사, 한의사, 조산사 또는 간호사가 제공하는 용역. 다만, 「국민건강보험법」 제41조 제4항에 따라 요양급여의 대상에서 제외되는 다음 각 목의 진료용역은 제외한다. (2016. 8. 2. 단서개정 ; 국민건강보험법 시행령 부칙)

가. 쌍꺼풀수술, 코성형수술, 유방확대·축소술(유방암 수술에 따른 유방 재건술은 제외한다), 지방흡인술, 주름살제거술, 안면윤곽술, 치아성형(치아미백, 라미네이트와 잇몸성형술을 말한다) 등 성형수술(성형수술로 인한 후유증 치료, 선천성 기형의 재건수술과 종양 제거에 따른 재건수술은 제외한다)과 악안면 교정술(치아교정 치료가 선행되는 악안면 교정술은 제외한다) (2014. 1. 1. 개정)

나. 색소모반·주근깨·흑색점·기미 치료술, 여드름 치료술, 제모술, 탈모치료술, 모발이식술, 문신술 및 문신제거술, 피어싱, 지방융해술, 피부재생술, 피부미백술, 항노화치료술 및 모공축소술 (2014. 1. 1. 개정)

2. 「의료법」에 따른 접골사(接骨士), 침사(鍼士), 구사(灸士) 또는 안마사가 제공하는 용역 (2013. 6. 28. 개정)

3. 「의료기사 등에 관한 법률」에 따른 임상병리사, 방사선사, 물리치료사, 작업치료사, 치과기공사 또는 치과위생사가 제공하는 용역 (2013. 6. 28. 개정)

4. 「약사법」에 따른 약사가 제공하는 의약품의 조제용역 (2013. 6. 28. 개정)

5. 「수의사법」에 따른 수의사가 제공하는 용역. 다만, 동물의 진료용역은 다음 각 목의 어느 하나에 해당하는 진료용역으로 한정한다. (2013. 6. 28. 개정)

가. 「축산물 위생관리법」에 따른 가축에 대한 진료용역 (2014. 1.

🔖 **예판** ····························

임상시험용역은 부가가치세가 면제되는 의료보건용역 및 학술연구용역, 기술연구용역에 해당하지 아니하는 것임. (재부가-236, 2014. 3. 17.)

··

통칙 26-35-1【면세하지 아니하는 의료보건용역】(2019. 12. 23. 제목개정)

다음 각 호의 어느 하나에 해당하는 것은 면세하는 그 밖의 의료보건용역에 해당하지 아니한다. (2019. 12. 23. 개정)

1. 「의료법」에 따른 면허나 자격이 없는 자가 제공하거나 「의료법」 상 업무범위를 벗어나서 제공하는 의료용역 (2019. 12. 23. 신설)

2. 피부과의원에 부설된 피부관리실에서 제공하는 피부관리용역 (2019. 12. 23. 신설)

3. 안마사가 아닌 자와 안마사가 공동으로 안마시술소를 개설하여 공급하는 안마용역 (2019. 12. 23. 신설)

4. 「폐기물관리법」, 「하수도법」 및 「가축분뇨의 관리 및 이용에 관한 법률」에 따라 허가를 얻은 사업자가 수거한 폐기물, 분뇨 등으로 과세되는 재화를 제조하여 공급하는 경우 (2019. 12. 23. 호번개정)

5. 「폐기물관리법」 제29조에 따라 폐기물처리시설을 설치·운영하는 사업자 및 「하수도법」 제45조 및 「가축분뇨의 관리 및 이용에 관한 법률」 제28조에 따라 등록한 사업자가 폐기물처리시설이나 분뇨처리시설, 오수정화시설, 정화조 또는 축산폐수정화시설의 설계·시공

제공하는 응급환자이송용역 (2013. 6. 28. 개정)

10. 「하수도법」 제45조에 따른 분뇨수집·운반업의 허가를 받은 사업자와 「가축분뇨의 관리 및 이용에 관한 법률」 제28조에 따른 가축분뇨수집·운반업 또는 가축분뇨처리업의 허가를 받은 사업자가 공급하는 용역 (2013. 6. 28. 개정)

11. 「감염병의 예방 및 관리에 관한 법률」 제52조에 따라 소독업의 신고를 한 사업자가 공급하는 소독용역 (2013. 6. 28. 개정)

12. 「폐기물관리법」 제25조에 따라 생활폐기물 또는 의료폐기물의 폐기물처리업 허가를 받은 사업자가 공급하는 생활폐기물 또는 의료폐기물의 수집·운반 및 처리용역과 같은 법 제29조에 따라 폐기물처리시설의 설치승인을 받거나 그 설치의 신고를 한 사업자가 공급하는 생활폐기물의 재활용용역 (2013. 6. 28. 개정)

13. 「산업안전보건법」 제21조에 따라 보건관리전문기관으로 지정된 자가 공급하는 보건관리용역 및 같은 법 제126조에 따른 작업환경측정기관이 공급하는 작업환경측정용역 (2019. 12. 24. 개정 ; 산업안전보건법 시행령 부칙)

14. 「노인장기요양보험법」 제2조 제4호에 따른 장기요양기관이 같은 법에 따라 장기요양인정을 받은 자에게 제공하는 신체활동·가사활동의 지원 또는 간병 등의 용역 (2013. 6. 28. 개정)

15. 「사회복지사업법」 제5조의 2 제2항에 따라 보호대상자에게 지급되는 사회복지서비스 이용권을 대가로 국가 및 지방자치단체 외의 자가 공급하는 용역 (2019. 2. 12. 개정)

16. 「모자보건법」에 따른 산후조리원에서 분만직후의 임산부나 영유아에게 제공하는 급식·요양 등의 용역 (2022. 2. 15. 개정)

17. 「사회적기업 육성법」 제7조에 따라 인증받은 사회적기업 또는 「협동조합기본법」 제85조 제1항에 따라 설립인가를 받은 사회적협동조합이 직접 제공하는 간병·산후조리·보육 용역 (2020. 2. 11. 개정)

18. 「정신건강증진 및 정신질환자 복지서비스 지원에 관한 법률」 제15조 제6항에 따라 국가 및 지방자치단체로부터 같은 법 제3조 제3호에 따른 정신건강증진사업등을 위탁받은 자가 제공하는 정신건강증진사업등의 용역 (2018. 2. 13. 신설)

☞ p.797 2단 연결

28. 개정 ; 축산물위생관리법 시행령 부칙)

나. 「수산생물질병 관리법」에 따른 수산동물에 대한 진료용역 (2013. 6. 28. 개정)

다. 「장애인복지법」 제40조 제2항에 따른 장애인 보조견표지를 발급받은 장애인 보조견에 대한 진료용역 (2013. 6. 28. 개정)

라. 「국민기초생활 보장법」 제2조 제2호에 따른 수급자가 기르는 동물의 진료용역 (2013. 6. 28. 개정)

마. 가목부터 라목까지의 규정에 따른 진료용역 외에 질병 예방 및 치료를 목적으로 하는 동물의 진료용역으로서 농림축산식품부장관 또는 해양수산부장관이 기획재정부장관과 협의하여 고시하는 용역 (2023. 9. 26. 개정)

편주 ▶

• 영 35조 5호 마목의 개정규정은 2023. 10. 1. 이후 용역을 공급하는 경우부터 적용함. (영 부칙(2023. 9. 26.) 2조 1항)

• 2023. 10. 1. 당시 영 35조 5호 마목의 개정규정에 따라 부가가치세의 면세사업이 추가되는 사업자가 2023. 10. 1. 전에 생산하거나 취득한 재화를 2023. 10. 1. 이후 그 면세사업을 위하여 사용하는 경우 법 10조 1항, 40조 및 41조의 적용과 관련해서는 영 35조 5호 마목의 개정규정에도 불구하고 해당 사업을 과세사업으로 봄. (영 부칙(2023. 9. 26.) 2조 2항)

6. 장의업자가 제공하는 장의용역 (2013. 6. 28. 개정)

7. 「장사 등에 관한 법률」 제14조부터 제16조까지의 규정에 따라 사설묘지, 사설화장시설, 사설봉안시설 또는 사설자연장지를 설치·관리 또는 조성하는 자가 제공하는 묘지분양, 화장, 유골 안치, 자연장지분양 및 관리업 관련 용역 (2022. 2. 15. 개정)

8. 지방자치단체로부터 「장사 등에 관한 법률」 제13조 제1항에 따른 공설묘지, 공설화장시설, 공설봉안시설 또는 공설자연장지의 관리를 위탁받은 자가 제공하는 묘지분양, 화장, 유골 안치, 자연장지분양 및 관리업 관련 용역 (2022. 2. 15. 개정)

9. 「응급의료에 관한 법률」 제2조 제8호에 따른 응급환자이송업자가

용역을 공급하거나 정화조를 공급하는 경우 (2019. 12. 23. 호번개정)

6. 사업자가 타인에게 임대하거나 사용하게 한 공장 또는 사업장에 폐기물 또는 분뇨 등의 수거와 청소용역을 제공하는 경우 (2019. 12. 23. 호번개정)

26 - 35 - 2【의약품 조제용역의 정의】

영 제35조 제4호에서 규정하는 "의약품조제용역" 중 "조제"란 일정한 처방에 따라서 두 가지 이상의 의약품을 배합하거나 한가지의 의약품을 그대로 일정한 분량으로 나누어서 특정한 용법에 따라 특정인의 특정된 질병을 치료하거나 예방하는 등의 목적으로 사용하도록 약제를 만드는 것을 말한다. (2014. 12. 30. 개정)

18. 「정신건강증진 및 정신질환자 복지서비스 지원에 관한 법률」 제15조 제6항 및 그 밖에 기획재정부령으로 정하는 법령에 따라 국가 및 지방자치단체로부터 의료보건 용역을 위탁받은 자가 제공하는 의료보건 용역 (2024. 2. 29. 개정)

영 35조 18호의 개정규정은 2024. 2. 29. 이후 부가가치세의 과세표준과 세액을 신고하거나 결정·경정하는 경우부터 적용함. (영 부칙(2024. 2. 29.) 4조)

제36조【면세하는 교육 용역의 범위】 ① 법 제26조 제1항 제6호에 따른 교육 용역은 다음 각 호의 어느 하나에 해당하는 시설 등에서 학생, 수강생, 훈련생, 교습생 또는 청강생에게 지식, 기술 등을 가르치는 것으로 한다. (2013. 6. 28. 개정)
1. 주무관청의 허가 또는 인가를 받거나 주무관청에 등록되거나 신고된 학교, 어린이집(「영유아보육법」 제10조에 따른 어린이집을 말하며, 같은 법 제24조 제2항 및 제3항에 따라 국공립어린이집이나 직장어린이집 운영을 위탁받은 자가 제공하는 경우를 포함한다), 학원, 강습소, 훈련원, 교습소 또는 그 밖의 비영리단체 (2024. 2. 29. 개정)
2. 「청소년활동진흥법」 제10조 제1호에 따른 청소년수련시설 (2013. 6. 28. 개정)
3. 「산업교육진흥 및 산학연협력촉진에 관한 법률」 제25조에 따른 산학협력단 (2013. 6. 28. 개정)
4. 「사회적기업 육성법」 제7조에 따라 인증받은 사회적기업 (2013. 6. 28. 개정)
5. 「과학관의 설립·운영 및 육성에 관한 법률」 제6조에 따라 등록한 과학관 (2016. 2. 17. 신설)
6. 「박물관 및 미술관 진흥법」 제16조에 따라 등록한 박물관 및 미술관 (2016. 2. 17. 신설)
7. 「협동조합기본법」 제85조 제1항에 따라 설립인가를 받은 사회적 협동조합 (2020. 2. 11. 신설)

제24조의 2【면세하는 의료보건 용역의 범위】 영 제35조 제18호에서 "기획재정부령으로 정하는 법령"이란 「산업안전보건법」 제165조 제2항 제2호를 말한다. (2024. 3. 22. 신설)

〈제26조 ①〉
6. 교육 용역으로서 대통령령으로 정하는 것 (2013. 6. 7. 개정)

☞

통칙 26-36-1【교육용역의 면세 범위】
① 면세하는 교육용역은 주무관청의 허가·인가 또는 승인을 얻어 설립하거나 주무관청에 등록 또는 신고한 학원·강습소 등 및 「청소년활동진흥법」 제10조 제1호에 따른 청소년수련시설에서 지식·기술 등을 가르치는 것을 말하며, 그 지식 또는 기술의 내용은 관계없다. 이 경우 부가가치세가 면제되는 교육용역의 공급에 통상적으로 부수되는 용역의 공급은 면세용역의 공급에 포함된다. (2019. 12. 23. 개정)
② 교육용역 제공시 필요한 교재·실습자재 그 밖의 교육용구의 대가를 수강료 등에 포함하여 받거나, 별도로 받는 때에는 주된 용역인 교육용역에 부수되는 재화 또는 용역으로서 면세한다. (2011. 2. 1. 개정)
③ 「청소년활동진흥법」 제10조 제1호에 따른 청소년 수련시설에서 학생·수강생·훈련생 등이 아닌 일반 이용자에게 해당 교육용역과 관계없이 음식·숙박용역만을 제공하거나 실내수영장 등의 체육활동 시설을 이용하게 하고 대가를 받는 때에는 면세되지 아니한다. (2011. 2. 1. 신설)

7. 여객운송 용역. 다만, 다음 각 목의 어느 하나에 해당하는 여객운송 용역으로서 대통령령으로 정하는 것은 제외한다. (2018. 12. 31. 단서개정)

　가. 항공기, 고속버스, 전세버스, 택시, 특수자동차, 특종선박(特種船舶) 또는 고속철도에 의한 여객운송 용역 (2018. 12. 31. 신설)

　나. 삭도, 유람선 등 관광 또는 유흥 목적의 운송수단에 의한 여객운송 용역 (2018. 12. 31. 신설)

---

② 제1항에도 불구하고 다음 각 호의 어느 하나에 해당하는 학원에서 가르치는 것은 법 제26조 제1항 제6호에 따른 교육 용역에서 제외한다. (2013. 6. 28. 개정)

1. 「체육시설의 설치·이용에 관한 법률」 제10조 제1항 제2호의 무도학원 (2013. 6. 28. 개정)

2. 「도로교통법」 제2조 제32호의 자동차운전학원 (2013. 6. 28. 개정)

제37조【면세하지 않는 여객운송 용역의 범위】 (2019. 2. 12. 제목개정)

법 제26조 제1항 제7호 각 목 외의 부분 단서에서 "대통령령으로 정하는 것"이란 다음 각 호의 구분에 따른 것을 말한다. (2019. 2. 12. 개정)

1. 항공기, 고속버스, 전세버스, 택시, 특수자동차, 특종선박(特種船舶) 또는 고속철도에 의한 여객운송 용역의 경우에는 다음 각 목의 어느 하나에 해당하는 것 (2019. 2. 12. 개정)

　가. 「항공사업법」에 따른 항공기에 의한 여객운송 용역 (2019. 2. 12. 개정)

　나. 「여객자동차 운수사업법」에 따른 여객자동차 운수사업 중 다음의 여객자동차 운수사업에 제공되는 자동차에 의한 여객운송 용역 (2019. 2. 12. 개정)

　　1) 시외우등고속버스 및 시외고급고속버스를 사용하는 시외버스운송사업 (2024. 2. 29. 개정)

　　2) 전세버스운송사업 (2019. 2. 12. 개정)

　　3) 일반택시운송사업 및 개인택시운송사업 (2019. 2. 12. 개정)

　　4) 자동차대여사업 (2019. 2. 12. 개정)

　다. 다음의 선박에 의한 여객운송 용역. 다만, 기획재정부령으로 정하는 차도선형여객선에 의한 여객운송 용역은 제외한다. (2019. 2. 12. 개정)

　　1) 수중익선(水中翼船) (2019. 2. 12. 개정)

　　2) 에어쿠션선 (2019. 2. 12. 개정)

　　3) 자동차운송 겸용 여객선 (2019. 2. 12. 개정)

　　4) 항해시속 20노트 이상의 여객선 (2019. 2. 12. 개정)

통칙 26-37-1【전세관광버스가 일반정기노선에서 제공하는 운송용역】
일반정기노선버스의 부족에 따른 운송대책의 일환으로 지방자치단체장의 명령에 따라 전세관광버스 등을 일반정기노선에 일시적으로 운행하고 일반정기노선버스에 준하는 방법으로 요금을 받는 경우에는 해당 버스의 허가기준에 관계없이 면세한다. (2011. 2. 1. 개정)

통칙 26-37-2【관광삭도시설 등에 의한 용역】
관광 또는 유흥 등의 목적으로 설치·운행하는 삭도시설(케이블카)·구름다리·선박 등을 이용하게 하는 것은 면세되는 여객운송용역의 범위에 해당하지 아니한다. (1998. 8. 1. 개정)

26-37-3【버스표의 위탁판매】
여객운송사업자를 위하여 버스표를 위탁판매하여 주고 받는 판매수수료에 대하여는 면세하지 아니한다. (1998. 8. 1. 개정)

제25조【면세하는 차도선형여객선의 범위】 영 제37조 제1호 다목 1)부터 4)까지의 규정 외의 부분 단서에서 "기획재정부령으로 정하는 차도선형여객선"이란 같은 목 3)에 따른 자동차운송 겸용 여객선 중 차량탑재구역이 상시 개방되어 있고 주로 선수문(船首門)을 통하여 승객이 타고

라. 「철도의 건설 및 철도시설 유지관리에 관한 법률」에 따른 고속
　철도에 의한 여객운송 용역 (2019. 3. 12. 개정 ; 철도건설법~
　부칙)
2. 삭도, 유람선 등 관광 또는 유흥 목적의 운송수단에 의한 여객운송
　용역의 경우에는 다음 각 목의 어느 하나에 해당하는 것 (2019. 2.
　12. 개정)
가. 「궤도운송법」에 따른 삭도에 의한 여객운송 용역 (2019. 2. 12.
　개정)
나. 「관광진흥법 시행령」 제2조에 따른 관광유람선업, 관광순환버
　스업 또는 관광궤도업에 제공되는 운송수단에 의한 여객운송 용
　역 (2019. 2. 12. 개정)
다. 관광 사업을 목적으로 운영하는 「철도의 건설 및 철도시설 유지
　관리에 관한 법률」에 따른 일반철도에 의한 여객운송 용역(「철
　도사업법」 제9조에 따라 철도사업자가 국토교통부장관에게 신
　고한 여객 운임·요금을 초과해 용역의 대가를 받는 경우로 한
　정한다) (2019. 3. 12. 개정 ; 철도건설법~부칙)

내리거나 차량을 싣고 내리게 되어 있는
여객선을 말한다. (2019. 3. 20. 개정)

8. 도서(도서대여 및 실내 도서열람 용역을 포함한다), 신문, 잡지, 관보
(官報), 「뉴스통신 진흥에 관한 법률」에 따른 뉴스통신 및 방송으로
서 대통령령으로 정하는 것. 다만, 광고는 제외한다. (2022. 12. 31.
개정)
9. 우표(수집용 우표는 제외한다), 인지(印紙), 증지(證紙), 복권 및 공
중전화 (2013. 6. 7. 개정)

제38조【면세하는 도서, 신문, 잡지 등의 범위】① 법 제26조 제
1항 제8호에 따른 도서에는 도서에 부수하여 그 도서의 내용을 담은
음반, 녹음테이프 또는 비디오테이프를 첨부하여 통상 하나의 공급단
위로 하는 것과 기획재정부령으로 정하는 전자출판물을 포함한다.
(2013. 6. 28. 개정)
② 법 제26조 제1항 제8호에 따른 신문, 잡지는 「신문 등의 진흥에 관
한 법률」 제2조 제1호 및 제2호에 따른 신문 및 인터넷 신문과 「잡지
등 정기간행물의 진흥에 관한 법률」에 따른 정기간행물로 한다. (2015.
2. 3. 개정)
③ 법 제26조 제1항 제8호에 따른 관보(官報)는 「관보규정」의 적용을
받는 것으로 한다. (2013. 6. 28. 개정)
④ 법 제26조 제1항 제8호에 따른 뉴스통신은 「뉴스통신 진흥에
관한 법률」에 따른 뉴스통신(뉴스통신사업을 경영하는 법인이
특정회원을 대상으로 하는 금융정보 등 특정한 정보를 제공하는
경우는 제외한다)과 외국의 뉴스통신사가 제공하는 뉴스통신 용

제26조【면세하는 전자출판물의 범
위】영 제38조 제1항에서 "기획재정부령
으로 정하는 전자출판물"이란 도서나 영
제38조 제2항에 따른 간행물의 형태로 출
간된 내용 또는 출간될 수 있는 내용이 음
향이나 영상과 함께 전자적 매체에 수록되
어 컴퓨터 등 전자장치를 이용하여 그 내
용을 보고 듣고 읽을 수 있는 것으로서 문
화체육관광부장관이 정하는 기준에 맞는
전자출판물을 말한다. 다만, 「음악산업진
흥에 관한 법률」, 「영화 및 비디오물의 진
흥에 관한 법률」 및 「게임산업진흥에 관
한 법률」의 적용을 받는 것은 제외한다.
(2013. 6. 28. 개정)

10. 「담배사업법」 제2조에 따른 담배로서 다음 각 목의 어느 하나에 해당하는 것 (2013. 6. 7. 개정)
　가. 「담배사업법」 제18조 제1항에 따른 판매가격이 대통령령으로 정하는 금액 이하인 것 (2013. 6. 7. 개정)
　나. 「담배사업법」 제19조에 따른 특수용담배로서 대통령령으로 정하는 것 (2013. 6. 7. 개정)

11. 금융·보험 용역으로서 대통령령으로 정하는 것 (2013. 6. 7. 개정)
12. ☞ P.804

역으로서 「뉴스통신 진흥에 관한 법률」에 따른 뉴스통신과 유사한 것을 포함한다. (2013. 6. 28. 개정)

통칙 26-38-1 【도서·신문 등의 인쇄제작용역】
면세되는 도서·신문·잡지 등의 인쇄·제본 등을 위탁받아 인쇄·제본 등의 용역을 제공하는 것과 특정인과의 계약에 의하여 수집한 정보 및 자료를 도서의 형태로 공급하는 것에 대하여는 면세하지 아니한다. (1998. 8. 1. 개정)

제39조 【면세하는 특수용담배 등의 범위】 ① 법 제26조 제1항 제10호 가목에서 "대통령령으로 정하는 금액"이란 200원(20개비를 기준으로 한다)을 말한다. (2013. 6. 28. 개정)
② 법 제26조 제1항 제10호 나목에서 "대통령령으로 정하는 것"이란 「담배사업법」 제19조에 따른 특수용담배 중 법 제21조부터 제24조까지의 규정에 따라 영세율이 적용되는 것을 제외한 것을 말한다. (2013. 6. 28. 개정)

제40조 【면세하는 금융·보험 용역의 범위】 ① 법 제26조 제1항 제11호에 따른 금융·보험 용역은 다음 각 호의 용역, 사업 및 업무에 해당하는 역무로 한다. (2016. 2. 17. 개정)
1. 「은행법」에 따른 은행업무 및 부수업무로서 다음 각 목의 용역 (2013. 6. 28. 개정)
　가. 예금·적금의 수입 또는 유가증권 및 그 밖의 채무증서 발행 (2013. 6. 28. 개정)
　나. 자금의 대출 또는 어음의 할인 (2013. 6. 28. 개정)
　다. 내국환·외국환 (2013. 6. 28. 개정)
　라. 채무의 보증 또는 어음의 인수 (2013. 6. 28. 개정)
　마. 상호부금 (2013. 6. 28. 개정)
　바. 팩토링(기업의 판매대금 채권의 매수·회수 및 이와 관련된 업무) (2013. 6. 28. 개정)
　사. 보호예수(保護預受) (2013. 6. 28. 개정)
　사. 삭 제 (2015. 2. 3.)
　아. 수납 및 지급 대행 (2013. 6. 28. 개정)
　자. 지방자치단체의 금고대행 (2013. 6. 28. 개정)

편주 ▶
전자출판물에 대한 부가가치세 면세 대상 기준 고시 (문화체육관광부고시 제2018-36호, 2018. 10. 16.)

설립된 한국금융투자협회의 같은 법 제286조 제1항 제5
호에 따른 증권시장에 상장되지 아니한 주권의 장외매매
거래에 관한 업무 (2016. 2. 17. 개정)

  3) 「자본시장과 금융투자업에 관한 법률」 제294조에 따라 설립
된 한국예탁결제원의 업무 (2016. 2. 17. 개정)

  4) 「자본시장과 금융투자업에 관한 법률」 제373조의 2 제1
항에 따라 허가를 받은 한국거래소의 업무 (2016. 2. 17.
개정)

바. 일반사무관리회사업(집합투자기구 또는 집합투자업자에게 제
공하는 용역으로 한정한다) (2015. 2. 3. 개정)

사. 투자일임업. 다만, 투자일임업자가 투자자로부터 자금 등을 모
아서 부동산, 실물자산 및 그 밖에 기획재정부령으로 정하는
자산에 운용하는 경우는 제외한다. (2015. 2. 3. 개정)

아. 삭　제 (2015. 2. 3.)

자. 기관전용 사모집합투자기구(법률 제18128호 자본시장과 금융
투자업에 관한 법률 일부개정법률 부칙 제8조 제1항부터 제4
항까지의 규정에 따라 기관전용 사모집합투자기구, 기업재무안
정 사모집합투자기구 및 창업·벤처전문 사모집합투자기구로
보아 존속하는 종전의 경영참여형 사모집합투자기구를 포함한
다. 이하 같다)에 기관전용 사모집합투자기구 집합투자재산의
운용 및 보관·관리, 기관전용 사모집합투자기구 지분의 판매
또는 환매 등 용역을 공급하는 업무(기관전용 사모집합투자기
구의 업무집행사원이 제공하는 용역으로 한정한다) (2022. 2.
15. 개정)

차.~파. 삭　제 (2015. 2. 3.)

하. 단기금융업 (2013. 6. 28. 개정)

☞ p.802 2단 연결

차. 전자상거래와 관련한 지급대행 (2013. 6. 28. 개정)

2. 「자본시장과 금융투자업에 관한 법률」에 따른 다음 각 목의 사업
(2013. 6. 28. 개정)

가.~나. 삭　제 (2015. 2. 3.)

다. 집합투자업. 다만, 집합투자업자가 투자자로부터 자금 등을 모
아서 부동산, 실물자산 및 그 밖에 기획재정부령으로 정하는
자산에 운용하는 경우는 제외한다. (2013. 6. 28. 개정)

라. 신탁업. 다만, 다음의 구분에 따른 업무로 한정한다. (2015. 2.
3. 단서신설)

  1) 신탁업자가 위탁자로부터 「자본시장과 금융투자업에 관한
법률」 제103조 제1호부터 제4호까지 또는 제7호의 재산(같
은 법 제9조 제20항의 집합투자재산을 포함한다. 이하 이
목에서 같다)을 수탁받아 운용(집합투자 업자의 지시에 따
라 보관·관리하는 업무를 포함한다. 이하 이 목에서 같다)
하는 업무. 다만, 같은 법 제103조 제1호의 재산을 수탁받아
부동산, 실물자산 및 그 밖에 기획재정부령으로 정하는 자
산에 운용하는 업무는 제외한다. (2015. 2. 3. 신설)

  2) 신탁업자가 위탁자로부터 「자본시장과 금융투자업에 관한
법률」 제103조 제1항 제5호 또는 제6호의 재산을 수익자에
대한 채무이행을 담보하기 위하여 수탁받아 운용하는 업무
(2015. 2. 3. 신설)

  3) 신탁업자가 위탁자로부터 「자본시장과 금융투자업에 관한
법률」 제103조 제1항 제5호 또는 제6호의 재산을 수탁받아
같은 조 제4항에 따른 부동산개발사업을 하는 업무 (2015.
2. 3. 신설)

마. 투자매매업 및 투자중개업과 이와 관련된 다음의 구분에 따른
업무 (2016. 2. 17. 개정)

  1) 「자본시장과 금융투자업에 관한 법률」 제8조의 2 제5항의
다자간매매체결회사의 업무 (2016. 2. 17. 개정)

  2) 「자본시장과 금융투자업에 관한 법률」 제283조에 따라

**제27조【면세하지 아니하는 집합투
자업자 등의 투자대상 자산의 범위】** 영
제40조 제1항 제2호 다목 단서, 같은 호
라목 1) 단서, 같은 호 사목 단서, 같은 항
제13호 각 목 외의 부분 단서 및 같은 항
제16호 단서에서 "기획재정부령으로 정하
는 자산"이란 다음 각 호의 어느 하나에
해당하는 자산을 말한다. (2019. 3. 20.
개정)

1. 지상권·전세권·임차권 등 부동산
관련 권리 (2015. 3. 6. 개정)

2. 어업권 (2013. 6. 28. 개정)

3. 광업권 (2013. 6. 28. 개정)

4. 그 밖에 제1호부터 제3호까지의 자산과
유사한 재산 가치가 있는 자산 (2013.
6. 28. 개정)

가 같은 조 제8호에 따른 개인투자조합에 제공하는 자산 관리·운용 용역 (2020. 8. 11. 개정 ; 벤처투자 ~시행령 부칙)

나. 「벤처투자 촉진에 관한 법률」 제2조 제9호에 따른 창업기획자 또는 같은 법 제50조 제1항 제2호·제4호 또는 제5호에 따른 자가 같은 법 제2조 제11호에 따른 벤처투자조합(같은 법 제63조의 2에 따라 등록한 조합은 제외한다)에 제공하는 자산 관리·운용 용역 (2023. 9. 26. 개정)

다. 「벤처투자 촉진에 관한 법률」 제66조에 따른 한국벤처투자가 같은 법 제70조 제1항에 따른 벤처투자모태조합에 제공하는 자산 관리·운용 용역 (2022. 2. 15. 신설)

라. 「벤처투자 촉진에 관한 법률」 제63조의 2 제1항 제1호부터 제3호까지의 자가 같은 법 제2조 제12호에 따른 민간재간접벤처투자조합(이하 이 호에서 "민간재간접벤처투자조합"이라 한다)에 제공하는 자산 관리·운용 용역 (2023. 9. 26. 신설)

마. 「벤처투자 촉진에 관한 법률」 제63조의 2 제3항에 따라 공동으로 업무집행조합원이 되는 자로서 기획재정부령으로 정하는 자가 민간재간접벤처투자조합에 제공하는 자산 관리·운용 용역. 다만, 기획재정부령으로 정하는 자가 제공하는 자산 관리·운용 용역의 경우에는 같은 조 제4항에 따른 다른 벤처투자조합에 대한 출자와 관련하여 민간재간접벤처투자조합에 제공하는 자산 관리·운용 용역으로 한정한다. (2023. 9. 26. 신설)

14. 「산업발전법」(법률 제9584호 산업발전법 전부개정법률로 개정되기 전의 것을 말한다) 제14조에 따라 등록된 기업구조조정전문회사가 같은 법에 따른 기업구조조정조합에 제공하는 자산 관리·운용 용역. 다만, 기업구조조정전문회사가 자금을 부동산, 실물자산 및 그 밖에 기획재정부령으로 정하는 자산에 운용하는 경우는 제외한다. (2013. 6. 28. 개정)

14. 삭　제 (2015. 2. 3.)

15. 「한국투자공사법」에 따른 한국투자공사가 같은 법에 따라 제공하는 위탁자산 관리·운용 용역 (2013. 6. 28. 개정)

16. 「농림수산식품투자조합 결성 및 운용에 관한 법률」에 따른 투자관리전문기관 또는 업무집행조합원이 같은 법에 따른 농식품투자

☞ p.803 2단 연결

거. 종합금융투자사업자의 사업(기업에 대한 신용공여 업무로 한정한다) (2014. 2. 21. 신설)

3. 「기술보증기금법」에 따른 기술보증기금이 수행하는 보증 업무 (2025. 2. 28. 신설)

4. 「외국환거래법」에 따른 전문외국환업무취급업자의 외국환 업무용역 (2018. 2. 13. 개정)

5. 「상호저축은행법」에 따른 상호저축은행업 (2013. 6. 28. 개정)

6. 「신용보증기금법」에 따른 신용보증기금업 (2013. 6. 28. 개정)

7. 「주택도시기금법」에 따른 주택도시보증공사의 보증업무 및 주택도시기금의 운용·관리 업무 (2018. 2. 13. 개정)

8. 「보험업법」에 따른 보험업(보험중개·대리와 보험회사에 제공하는 손해사정용역, 보험조사 및 보고용역을 포함하되, 보험계리용역 및 「근로자퇴직급여 보장법」에 따른 연금계리용역은 제외한다) (2015. 2. 3. 개정)

9. 「여신전문금융업법」에 따른 여신전문금융업(여신전문금융업을 공동으로 수행하는 사업자 간에 상대방 사업자의 여신전문금융업무를 위임받아 수행하는 경우를 포함한다) (2013. 6. 28. 개정)

10. 「자산유동화에 관한 법률」 제2조 제5호에 따른 유동화전문회사가 하는 자산유동화사업 (2020. 2. 11. 개정)

10의 2. 「자산유동화에 관한 법률」 제10조 제1항에 따른 자산관리자가 하는 자산관리사업 (2020. 2. 11. 신설)

11. 「주택저당채권유동화회사법」에 따른 주택저당채권유동화회사 및 채권관리자가 하는 채권유동화와 관련한 사업과 주택저당채권의 관리·운용 및 처분 사업 (2013. 6. 28. 개정)

11. 삭　제 (2023. 5. 16. ; 주택저당~부칙)

12. 「한국주택금융공사법」에 따른 채권관리자가 하는 주택저당채권·학자금대출채권의 관리·운용 및 처분 사업 (2013. 6. 28. 개정)

13. 다음 각 목의 어느 하나에 해당하는 자산 관리·운용 용역. 다만, 해당 목의 용역을 제공하는 자가 자금을 부동산, 실물자산 및 그 밖에 기획재정부령으로 정하는 자산에 운용하는 경우는 제외한다. (2022. 2. 15. 단서개정)

가. 「벤처투자 촉진에 관한 법률」 제2조 제9호에 따른 창업기획자

☞ p.803 2단 연결

보험회사가 핀테크사로부터 공급받는 보험모집 용역은 「부가가치세법 시행령」 40조 1항 8호의 용역에 해당하는 것임. (기획재정부 부가가치세제과-382, 2024. 6. 13.)

제27조의 2 【면세하는 자산 관리·운용 용역을 제공하는 민간재간접벤처투자조합 공동 업무집행조합원의 범위】

① 영 제40조 제1항 제13호 마목 본문에서 "기획재정부령으로 정하는 자"란 다음 각 호의 어느 하나에 해당하는 자를 말한다. (2023. 10. 19. 신설)

1. 「자본시장과 금융투자업에 관한 법률」 제8조 제2항에 따른 투자매매업자 (2023. 10. 19. 신설)

2. 「자본시장과 금융투자업에 관한 법률」 제8조 제3항에 따른 투자중개업자 (2023. 10. 19. 신설)

3. 「자본시장과 금융투자업에 관한 법률」 제8조 제4항에 따른 집합투자업자 (2023. 10. 19. 신설)

② 영 제40조 제1항 제13호 마목 단서에서 "기획재정부령으로 정하는 자"란 제1항 제

모태조합, 농식품투자조합에 제공하는 자산 관리·운용 용역. 다만, 투자관리전문기관 또는 업무집행조합원이 자금을 부동산, 실물자산 및 그 밖에 기획재정부령으로 정하는 자산에 운용하는 경우는 제외한다. (2013. 6. 28. 개정)

17. 「민법」 제32조에 따라 설립된 금융결제원이 「한국은행법」 제81조 제2항에 따른 지급결제제도의 운영기관으로서 수행하는 지급결제제도 운영업무 (2013. 6. 28. 개정)

18. 금전대부업(어음 할인, 양도담보, 그 밖에 비슷한 방법을 통한 금전의 교부를 업으로 하는 경우를 포함한다) (2015. 2. 3. 개정)

19. 「중소기업협동조합법」에 따른 중소기업중앙회의 공제사업 계약 체결을 대리하는 용역 (2018. 2. 13. 신설)

20. 「한국해양진흥공사법」에 따른 한국해양진흥공사가 같은 법에 따라 수행하는 보증 업무 (2022. 6. 30. 신설)

② 제1항 각 호에 따른 사업 외의 사업을 하는 자가 주된 사업에 부수하여 같은 항의 금융·보험 용역과 같거나 유사한 용역을 제공하는 경우에도 법 제26조 제1항 제11호의 금융·보험 용역에 포함되는 것으로 본다. (2013. 6. 28. 개정)

③ 다음 각 호의 어느 하나에 해당하는 기관 등의 사업은 제1항 제1호에 따른 은행업에 포함되는 것으로 한다. (2013. 6. 28. 개정)

1. 「은행법」 외의 다른 법률에 따라 설립된 은행 (2013. 6. 28. 개정)

2. 「한국자산관리공사 설립 등에 관한 법률」에 따른 한국자산관리공사 (2022. 2. 17. 개정 ; 금융회사~부칙)

3. 「한국주택금융공사법」에 따른 한국주택금융공사 (2013. 6. 28. 개정)

4. 「예금자보호법」에 따른 예금보험공사 및 정리금융회사(2016. 3. 11. 개정 ; 예금자보호법 시행령 부칙)

5. 「농업협동조합의 구조개선에 관한 법률」에 따른 농업협동조합자산관리회사 및 상호금융예금자보호기금 (2013. 6. 28. 개정)

6. 「수산업협동조합의 부실예방 및 구조개선에 관한 법률」에 따른 상호금융예금자보호기금 (2020. 8. 19. 개정 ; 수산업협동조합의~시행령 부칙)

7. 「산림조합의 구조개선에 관한 법률」에 따른 상호금융예금자보호기

금 (2013. 6. 28. 개정)

8. 「한국정책금융공사법」에 따른 한국정책금융공사 (2013. 6. 28. 개정)

8. 삭 제 (2014. 12. 30. ; 한국산업은행법 시행령 부칙)

④ 제1항에도 불구하고 다음 각 호의 어느 하나에 해당하는 용역은 법 제26조 제1항 제11호에 따른 금융·보험 용역으로 보지 아니한다. (2013. 6. 28. 개정)

1. 복권, 입장권, 상품권, 지금형주화 또는 금지금에 관한 대행용역. 다만, 수익증권 등 금융업자의 금융상품 판매대행 용역, 유가증권의 명의개서 대행용역, 수납·지급 대행용역 및 국가·지방자치단체의 금고대행용역은 제외한다. (2013. 6. 28. 개정)

2. 기업합병 또는 기업매수의 중개·주선·대리, 신용정보서비스 및 은행업에 관련된 전산시스템과 소프트웨어의 판매·대여 용역 (2013. 6. 28. 개정)

3. 부동산 임대용역 (2013. 6. 28. 개정)

4. 제1호와 제2호에 따른 용역과 유사한 용역 (2013. 6. 28. 개정)

5. 그 밖에 기획재정부령으로 정하는 용역 (2013. 6. 28. 개정)

☞ p.804 2단 연결

1호 또는 제2호의 자를 말한다. (2023. 10. 19. 신설)

제28조【금융·보험 용역에서 제외되어 면세하지 아니하는 그 밖의 용역의 범위】 영 제40조 제4항 제5호에서 "기획

통칙 26-40-1【면세되는 금융·보험업의 부수용역의 범위】

금융·보험용역을 제공하는 사업자가 다음 각 호의 어느 하나에 해당하는 재화 또는 용역을 금융·보험용역에 통상적으로 부수하여 제공하는 때에는 면세한다. (2019. 12. 23. 개정)

1. 담보재화 등 자산평가용역 (1998. 8. 1. 개정)
2. 투자조사 및 상담용역 (1998. 8. 1. 개정)
3. 면세용역 제공에 사용하는 유가증권용지 등 업무용 재화 (1998. 8. 1. 개정)
4. 금융·보험업무에서 취득한 재화 (1998. 8. 1. 개정)
5. 유가증권의 대체결제업무·명의개서 대행업무 등 (1998. 8. 1. 개정)
6. 보험의 보상금 결정에 관련된 업무 (1998. 8. 1. 개정)

〈제26조 ①〉

12. 주택과 이에 부수되는 토지의 임대 용역으로서 대통령령으로 정하는 것 (2013. 6. 7. 개정)
13. 「공동주택관리법」 제18조 제2항에 따른 관리규약에 따라 같은 법 제2조 제1항 제10호에 따른 관리주체 또는 같은 법 제2조 제1항 제8호에 따른 입주자대표회의가 제공하는 「주택법」 제2조 제14호에 따른 복리시설인 공동주택 어린이집의 임대 용역 (2016. 1. 19. 개정 ; 주택법 부칙)

통칙 26-41-1【주택임대용역의 면세범위】 (2019. 12. 23. 제목개정)

1. 부동산을 2인 이상의 임차인에게 임대한 경우에는 임차인별로 주택부분의 면적(사업을 위한 거주용인 경우 제외)이 사업용 건물부분의 면적보다 큰 때에는 그 전부를 주택의 임대로 본다. (2019. 12. 23. 호변개정)
2. 영 제41조 제1항에 따른 "상시 주거용으로 사용하는 건물"이라 함은 공부상 용도에 관계없이 실제로 그 건물을 사용하는 임차자가 상시 주거용으로 사용하는지 여부에 의해 판단한다. (2019. 12. 23. 신설)
3. 주택을 임차하여 자기책임으로 전차인에게 해당 주택을 상시 주거용으로 임대하는 경우 임대인과 임차인이 제공하는 해당 주택의 임대용역은 각각 부가가치세가 면제된다. (2019. 12. 23. 신설)

26-40-2【금융업자가 담보재화를 처분하는 경우】

금융업을 영위하는 사업자가 대출을 받은 자의 채무변제불능으로 인하여 담보재화(면세재화 또는 면세사업에 관련된 재화는 제외한다)를 공매처분하는 경우, 해당 재화의 소유권이 대출받은 자에게 있는 때에는 다음과 같이 처리한다. (2011. 2. 1. 개정)

1. 대출을 받은 자가 사업자인 때에는 과세하며 (1998. 8. 1. 개정)
2. 대출을 받은 자가 사업자가 아닌 때(폐업자를 포함한다)에는 과세하지 아니한다. (1998. 8. 1. 개정)

26-40-3【신용카드와 관련된 용역】

신용카드업자가 가맹점과 체결한 지급보증계약에 따라 자기책임하에 가입회원의 물품대금을 일정기간단위로 가맹점에 일괄지급하고(수금 여부에 관계없이 가입회원을 대신하여 지급) 가맹점과 가입회원으로부터 받는 일정률의 수수료는 금융보험용역에 해당하므로 면세한다. (2011. 2. 1. 개정)

26-40-4【보험대리용역의 면세】

주무관청에 등록을 한 사업자가 보험업자와 피보험자를 위하여 보험계약의 체결·보험료의 영수·납입 등 보험업무를 대리하는 용역은 금융·보험용역에 해당한다. (2000. 8. 1. 개정)

제41조【주택과 이에 부수되는 토지의 임대 용역으로서 면세하는 것의 범위】 ① 법 제26조 제1항 제12호에 따른 주택과 이에 부수되는 토지의 임대 용역은 다음 각 호의 임대 용역으로 한다. (2024. 2. 29. 개정)

1. 상시주거용(사업을 위한 주거용의 경우는 제외한다)으로 사용하는 건물(이하 이 조에서 "주택"이라 한다)과 이에 부수되는 토지의 임대 용역 (2024. 2. 29. 개정)

재정부령으로 정하는 용역"이란 「소득세법 시행령」 제62조 또는 「법인세법 시행령」 제24조에 따른 감가상각자산(이하 "감가상각자산"이라 한다)의 대여용역(「여신전문금융업법」에 따른 시설대여업자가 제공하는 시설대여용역은 제외하되, 그 시설대여업자가 「자동차관리법」 제3조에 따른 자동차를 대여하고 정비용역을 함께 제공하는 경우는 포함한다)을 말한다. (2013. 6. 28. 개정)

편주 ·······················

영 41조의 개정규정은 2024. 7. 1. 이후 용역을 공급하는 경우부터 적용함. (영 부칙(2024. 2. 29.) 5조)

·······················

14. 토지 (2013. 6. 7. 개정)

2. 「주택법」 제2조 제9호에 따른 토지임대부 분양주택(같은 조 제6호의 국민주택규모로 한정한다)에 부수되는 토지의 임대 용역 (2024. 2. 29. 개정)

② 제1항을 적용할 때 토지의 면적이 다음 각 호의 면적 중 넓은 면적을 초과하는 경우 그 초과하는 부분의 임대 용역은 부가가치세 면제 대상이 되는 임대 용역에서 제외한다. (2024. 2. 29. 신설)

1. 주택의 연면적(지하층의 면적, 지상층의 주차용으로 사용되는 면적 및 「주택건설기준 등에 관한 규정」 제2조 제3호에 따른 주민공동시설의 면적은 제외한다) (2024. 2. 29. 신설)

2. 건물이 정착된 면적에 5배(「국토의 계획 및 이용에 관한 법률」 제6조에 따른 도시지역 밖의 토지의 경우에는 10배를 말한다)를 곱하여 산정한 면적 (2024. 2. 29. 신설)

③ 주택에 부가가치세가 과세되는 사업용 건물(이하 "사업용건물"이라 한다)이 함께 설치되어 있는 경우에는 주택과 이에 부수되는 토지의 임대의 범위는 다음 각 호에 따른다. (2024. 2. 29. 개정)

② 임대주택에 부가가치세가 과세되는 사업용 건물(이하 "사업용건물"이라 한다)이 함께 설치되어 있는 경우에는 주택과 이에 부수되는 토지의 임대의 범위는 다음 각 호에 따른다. (2013. 6. 28. 개정)

1. 주택 부분의 면적이 사업용 건물 부분의 면적보다 큰 경우에는 그 전부를 주택의 임대로 본다. 이 경우 그 주택에 부수되는 토지 임대의 범위는 제1항과 같다. (2013. 6. 28. 개정)

2. 주택 부분의 면적이 사업용 건물 부분의 면적과 같거나 그보다 작은 때에는 주택 부분 외의 사업용 건물 부분은 주택의 임대로 보지 아니한다. 이 경우 그 주택에 부수되는 토지의 면적은 총토지면적에 주택 부분의 면적이 총건물면적에서 차지하는 비율을 곱하여 계산하며, 그 범위는 제1항과 같다. (2013. 6. 28. 개정)

15. 저술가·작곡가나 그 밖의 자가 직업상 제공하는 인적(人的) 용역으로서 대통령령으로 정하는 것 (2013. 6. 7. 개정)

제42조【저술가 등이 직업상 제공하는 인적 용역으로서 면세하는 것의 범위】 법 제26조 제1항 제15호에 따른 인적(人的) 용역은 독립된 사업(여러 개의 사업을 겸영하는 사업자가 과세사업에 필수적으로 부수되지 아니하는 용역을 독립하여 공급하는 경우를 포함한다)으로 공급하는 다음 각 호의 용역으로 한다. (2013. 6. 28. 개정)

통칙 26-42-1【직업운동가·가수 등의 인적용역】

① 직업운동가·가수 등 스포츠·연예의 기능을 가진 자와 이들의 감독·매니저 ☞

등 해당 직업운동가 등의 기능발휘를 지도·주선하는 자가 물적시설없이 근로자를 고용하지 아니하고 개인의 독립된 자격으로 제공하는 용역에 대하여는 면세한다. (2011. 2. 1. 개정)

② 예술행사나 문화행사에 해당하지 아니하는 행사 또는 직업운동경기를 주최·주관하는 자(프로모터를 포함한다)와 흥행단체 등이 흥행 또는 운동경기 등과 관련하여 받는 입장료·광고료·방송중계권료 및 그 밖에 이와 유사한 수수료는 면세하지 아니한다. (2011. 2. 1. 개정)

1. 개인이 기획재정부령으로 정하는 물적 시설 없이 근로자를 고용(고용 외의 형태로 해당 용역의 주된 업무에 대해 타인으로부터 노무 등을 제공받는 경우를 포함한다)하지 아니하고 독립된 자격으로 용역을 공급하고 대가를 받는 다음 각 목의 인적 용역 (2024. 2. 29. 개정)

가. 저술·서화·도안·조각·작곡·음악·무용·만화·삽화·만담·배우·성우·가수 또는 이와 유사한 용역 (2013. 6. 28. 개정)

나. 연예에 관한 감독·각색·연출·촬영·녹음·장치·조명 또는 이와 유사한 용역 (2013. 6. 28. 개정)

다. 건축감독·학술 용역 또는 이와 유사한 용역 (2013. 6. 28. 개정)

라. 음악·재단·무용(사교무용을 포함한다)·요리·바둑의 교수 또는 이와 유사한 용역 (2013. 6. 28. 개정)

마. 직업운동가·역사·기수·운동지도가(심판을 포함한다) 또는 이와 유사한 용역 (2013. 6. 28. 개정)

바. 접대부·댄서 또는 이와 유사한 용역 (2013. 6. 28. 개정)

사. 보험가입자의 모집, 저축의 장려 또는 집금(集金) 등을 하고 실적에 따라 보험회사 또는 금융기관으로부터 모집수당·장려수당·집금수당 또는 이와 유사한 성질의 대가를 받는 용역과 서적·음반 등의 외판원이 판매실적에 따라 대가를 받는 용역 (2013. 6. 28. 개정)

아. 저작자가 저작권에 의하여 사용료를 받는 용역 (2013. 6. 28. 개정)

자. 교정·번역·고증·속기·필경(筆耕)·타자·음반취입 또는 이와 유사한 용역 (2013. 6. 28. 개정)

차. 고용관계 없는 사람이 다수인에게 강연을 하고 강연료·강사료 등의 대가를 받는 용역 (2013. 6. 28. 개정)

카. 라디오·텔레비전 방송 등을 통하여 해설·계몽 또는 연기를 하거나 심사를 하고 사례금 또는 이와 유사한 성질의 대가를 받는 용역 (2013. 6. 28. 개정)

타. 작명·관상·점술 또는 이와 유사한 용역 (2013. 6. 28. 개정)

파. 개인이 일의 성과에 따라 수당이나 이와 유사한 성질의 대가를 받는 용역 (2013. 6. 28. 개정)

제29조【물적 시설의 범위】 영 제42조 제1호에서 "기획재정부령으로 정하는 물적 시설"이란 계속적·반복적으로 사업에만 이용되는 건축물·기계장치 등의 사업설비(임차한 것을 포함한다)를 말한다. (2013. 6. 28. 개정)

제30조【외판원이 판매실적에 따라 대가를 받는 용역의 범위】 영 제42조 제1호 사목을 적용할 때 외판원이 판매실적에 따라 대가를 받는 용역은 「방문판매 등에 관한 법률」에 따른 다음 각 호의 자가 판매실적에 따라 대가를 받는 용역으로 한다. 다만, 제3호의 경우에는 후원수당을 지급받는 부분으로 한정한다. (2013. 6. 28. 개정)

1. 방문판매원 또는 후원방문판매원 (2013. 6. 28. 개정)

2. 방문판매업자 또는 후원방문판매업자로부터 사업장 관리·운영의 위탁을 받은 자 (2013. 6. 28. 개정)

3. 다단계판매원 (2013. 6. 28. 개정)

영 제42조 제2호 나목의 독립된 사업으로 제공되는 학술 또는 기술연구용역은 새로운 학술이나 기술을 개발하기 위하여 새로운 이론·방법·공법 또는 공식 등을 연구하는 것이므로 신제품을 개발하거나 제품의 성능이나 질·용도 등을 개선시키는 연구용역에 대하여는 면세한다. (20014. 12. 30. 개정)

2. 개인, 법인 또는 법인격 없는 사단·재단, 그 밖의 단체가 독립된 자격으로 용역을 공급하고 대가를 받는 다음 각 목의 인적 용역 (2013. 6. 28. 개정)

　가.「형사소송법」및「군사법원법」등에 따른 국선변호인의 국선변호,「국세기본법」에 따른 국선대리인의 국선대리 및 기획재정부령으로 정하는 법률구조(法律救助) (2019. 2. 12. 개정)

　나. 기획재정부령으로 정하는 학술연구용역과 기술연구용역 (2013. 6. 28. 개정)

　다. 직업소개소가 제공하는 용역 및 상담소 등을 경영하는 자가 공급하는 용역으로서 기획재정부령으로 정하는 용역 (2013. 6. 28. 개정)

　라.「장애인복지법」제40조에 따른 장애인보조견 훈련 용역 (2013. 6. 28. 개정)

　마. 외국 공공기관 또는「국제금융기구에의 가입조치에 관한 법률」제2조에 따른 국제금융기구로부터 받은 차관자금으로 국가 또는 지방자치단체가 시행하는 국내사업을 위하여 공급하는 용역(국내사업장이 없는 외국법인 또는 비거주자가 공급하는 용역을 포함한다) (2013. 6. 28. 개정)

　바.「민법」에 따른 후견인과 후견감독인이 제공하는 후견사무 용역 (2019. 2. 12. 신설)

　사.「가사근로자의 고용개선 등에 관한 법률」에 따른 가사서비스 제공기관이 가사서비스 이용자에게 제공하는 가사서비스 (2022. 2. 15. 신설)

제31조【법률구조의 범위】영 제42조 제2호 가목에서 "기획재정부령으로 정하는 법률구조(法律救助)"란「법률구조법」에 따른 법률구조 및「변호사법」에 따른 법률구조사업을 말한다. (2013. 6. 28. 개정)

제32조【학술연구용역과 기술연구용역의 범위】영 제42조 제2호 나목에서 "기획재정부령으로 정하는 학술연구용역과 기술연구용역"이란 새로운 학술 또는 기술 개발을 위하여 수행하는 새로운 이론·방법·공법 또는 공식 등에 관한 연구용역을 말한다. (2013. 6. 28. 개정)

제33조【직업 소개 용역 등의 범위】영 제42조 제2호 다목에서 "기획재정부령으로 정하는 용역"이란 다음 각 호의 어느 하나에 해당하는 용역을 말한다. (2013. 6. 28. 개정)

1. 인생상담, 직업재활상담 및 그 밖에 이와 유사한 상담(결혼상담은 제외한다) 용역 (2013. 6. 28. 개정)

2.「중소기업창업 지원법」에 따른 중소기업상담회사가 제공하는 창업상담용역 (2013. 6. 28. 개정)

16. 예술창작품, 예술행사, 문화행사 또는 아마추어 운동경기로서 대통령령으로 정하는 것 (2013. 6. 7. 개정)

17. 도서관, 과학관, 박물관, 미술관, 동물원, 식물원, 그 밖에 대통령령으로 정하는 곳에 입장하게 하는 것 (2013. 6. 7. 개정)

18. 종교, 자선, 학술, 구호(救護), 그 밖의 공익을 목적으로 하는 단체가 공급하는 재화 또는 용역으로서 대통령령으로 정하는 것 (2013. 6. 7. 개정)

아. 「직업안정법」에 따른 근로자공급 용역 (2024. 2. 29. 신설)
자. 다른 사업자의 사업장(다른 사업자가 제공하거나 지정한 경우로서 그 사업자가 지배·관리하는 장소를 포함한다)에서 그 사업자의 시설 또는 설비를 이용하여 물건의 제조·수리, 건설, 그 밖에 이와 유사한 것으로서 기획재정부령으로 정하는 작업을 수행하기 위한 단순 인력 공급용역(「파견근로자 보호 등에 관한 법률」에 따른 근로자파견 용역은 제외한다) (2024. 2. 29. 신설)

제43조【면세하는 예술창작품 등의 범위】 법 제26조 제1항 제16호에 따른 예술창작품, 예술행사, 문화행사 또는 아마추어 운동경기는 다음 각 호의 것으로 한다. (2013. 6. 28. 개정)
1. 예술창작품 : 미술, 음악, 사진, 연극 또는 무용에 속하는 창작품. 다만, 골동품(「관세법」 별표 관세율표 번호 제9706호의 것을 말한다)은 제외한다. (2016. 2. 17. 개정)
2. 예술행사 : 영리를 목적으로 하지 아니하는 발표회, 연구회, 경연대회 또는 그 밖에 이와 유사한 행사 (2013. 6. 28. 개정)
3. 문화행사 : 영리를 목적으로 하지 아니하는 전시회, 박람회, 공공행사 또는 그 밖에 이와 유사한 행사 (2013. 6. 28. 개정)
4. 아마추어 운동경기 : 대한체육회 및 그 산하 단체와 「태권도 진흥 및 태권도공원 조성 등에 관한 법률」에 따른 국기원이 주최, 주관 또는 후원하는 운동경기나 승단·승급·승품 심사로서 영리를 목적으로 하지 아니하는 것 (2013. 6. 28. 개정)

제44조【면세하는 입장 장소의 범위】 법 제26조 제1항 제17호에 따른 "대통령령으로 정하는 곳"이란 다음 각 호의 장소를 말한다. (2013. 6. 28. 개정)
1. 민속문화자원을 소개하는 장소 (2013. 6. 28. 개정)
2. 「전쟁기념사업회법」에 따른 전쟁기념관 (2013. 6. 28. 개정)

제45조【종교, 자선, 학술, 구호 등의 공익 목적 단체가 공급하는 재화 또는 용역으로서 면세하는 것의 범위】 법 제26조 제1항 제18호에 따른 종교, 자선, 학술, 구호(救護), 그 밖의 공익을 목적으로 하는

편주 ▶
영 42조 2호 아목 및 자목의 개정규정은 2025. 1. 1. 이후 용역을 공급하는 경우부터 적용함. (영 부칙(2024. 2. 29.) 6조)

통칙 26-43-1【모방 제작한 미술품 등】
사업자가 미술품 등의 창작품을 모방하여 대량으로 제작하는 작품은 예술창작품으로 보지 아니한다. (1998. 8. 1. 개정)

26-43-2【예술행사·문화행사의 범위】
① 영 제43조 제2호 및 제3호에 규정하는 예술행사 및 문화행사는 행사주최에 관계없이 영리를 목적으로 하지 아니하는 문학·미술·음악·연극 및 문화 등의 발표회·연주회·연구회·경연대회 등을 말한다. (2014. 12. 30. 개정)
② 제1항에 따른 영리를 목적으로 하지 않은 행사는 다음 각 호의 어느 하나에 해당하는 행사를 말한다. (2011. 2. 1. 개정)
1. 사전 행사계획서에 의해 이익금을 이익배당 또는 잔여재산의 분배 등의 형식을 통해 주체자에게 귀속시키는 것이 아닐 것 (2000. 8. 1. 신설)
2. 정부 또는 지방자치단체등 공공단체가 공식 후원하거나 협찬하는 행사 (2000. 8. 1. 신설)
3. 사전 행사계획서에 의해 입장료 수입이 실비변상적이거나 부족한 경비를 협찬에 의존하는 행사 (2000. 8. 1. 신설)
4. 자선목적의 예술행사로서 사전계획서에 의해 이익금의 전액을 공익단체에 기부하는 행사 (2000. 8. 1. 신설)
5. 비영리단체가 공익목적으로 개최하는 행사

단체가 공급하는 재화 또는 용역은 다음 각 호의 재화 또는 용역으로 한다. (2013. 6. 28. 개정)

1. 주무관청의 허가 또는 인가를 받거나 주무관청에 등록된 단체(종교단체의 경우에는 그 소속단체를 포함한다)로서 「상속세 및 증여세법 시행령」 제12조 각 호의 어느 하나에 따른 사업 또는 기획재정부령으로 정하는 사업을 하는 단체가 그 고유의 사업목적을 위하여 일시적으로 공급하거나 실비(實費) 또는 무상으로 공급하는 재화 또는 용역 (2021. 2. 17. 개정)
2. 학술 및 기술 발전을 위하여 학술 및 기술의 연구와 발표를 주된 목적으로 하는 단체(이하 "학술등 연구단체"라 한다)가 그 연구와 관련하여 실비 또는 무상으로 공급하는 재화 또는 용역 (2015. 2. 3. 개정)
3. 「문화재보호법」에 따른 지정문화재(지방문화재를 포함하며, 무형문화재는 제외한다)를 소유하거나 관리하고 있는 종교단체(주무관청에 등록된 종교단체로 한정하되, 그 소속단체를 포함한다)의 경내지(境內地) 및 경내지 안의 건물과 공작물의 임대용역 (2021. 2. 17. 개정)
3. 「문화유산의 보존 및 활용에 관한 법률」에 따른 지정문화유산 또는 「자연유산의 보존 및 활용에 관한 법률」에 따른 천연기념물등을 소유하거나 관리하고 있는 종교단체(주무관청에 등록된 종교단체로 한정하되, 그 소속단체를 포함한다)의 경내지(境內地) 및 경내지 안의 건물과 공작물의 임대용역 (2024. 5. 7. 개정 ; 문화재보호법 시행령 부칙)
4. 공익을 목적으로 기획재정부령으로 정하는 기숙사를 운영하는 자가 학생이나 근로자를 위하여 실비 또는 무상으로 공급하는 음식 및 숙박 용역 (2013. 6. 28. 개정)
5. 「저작권법」 제105조 제1항에 따라 문화체육관광부장관의 허가를 받아 설립된 저작권위탁관리업자로서 기획재정부령으로 정하는 사업자가 저작권자를 위하여 실비 또는 무상으로 공급하는 신탁관리 용역 (2013. 6. 28. 개정)
6. 「저작권법」 제25조 제7항(같은 법 제31조 제6항, 제75조 제2항, 제76조 제2항, 제76조의 2 제2항, 제82조 제2항, 제83조 제2항 및 제

(2000. 8. 1. 신설)
6. 그 밖의 이와 유사한 행사로서 영리성이 없는 행사 (2011. 2. 1. 개정)

제34조 【종교, 자선, 학술, 구호 등의 공익 목적 단체가 공급하는 재화 또는 용역으로서 면세하는 것의 범위】 ① 영 제45조 제1호에서 "기획재정부령으로 정하는 사업"이란 비영리법인의 사업으로서 종교, 자선, 학술, 구호, 사회복지, 교육, 문화, 예술 등 공익을 목적으로 하는 사업을 말한다. (2013. 6. 28. 개정)
② 영 제45조 제4호에서 "기획재정부령으로 정하는 기숙사를 운영하는 자"란 다음 각 호의 자를 말한다. (2013. 6. 28. 개정)
1. 교육부장관이나 교육부장관이 지정하는 자의 추천을 받은 자로서 학생을 위하여 기숙사를 운영하는 자 (2013. 6. 28. 개정)
2. 고용노동부장관이나 고용노동부장관이 지정하는 자의 추천을 받은 자로서 근로자를 위하여 기숙사를 운영하는 자 (2013. 6. 28. 개정)
③ 영 제45조 제5호에서 "기획재정부령으로 정하는 사업자"란 다음 각 호의 사업자를 말한다. (2013. 6. 28. 개정)
1. 사단법인 한국음악저작권협회 (2013. 6. 28. 개정)
2. 사단법인 한국문학예술저작권협회 (2022. 3. 18. 개정)
3. 사단법인 한국방송작가협회 (2013. 6. 28. 개정)

19. 국가, 지방자치단체 또는 지방자치단체조합이 공급하는 재화 또는 용역으로서 대통령령으로 정하는 것 (2013. 6. 7. 개정)

통칙 26-45-2 【공익단체의 계속적 수익사업】
주무관청에 등록된 영 제45조에 따른 종교 등 공익단체의 경우에도 다음 예시하는 경우와 같이 계속적으로 운영관리하는 수익사업과 관련하여 공급하는 재화 또는 용역에 대하여는 면세하지 아니한다. (2014. 12. 30. 개정)
1. 소유부동산의 임대 및 관리사업. 다만, 영 제45조 제3호에 해당하는 경우를 제외한다. (2014. 12. 30. 단서개정)
2. 자체기금 조성을 위하여 생활필수품, 고철 등을 공급하는 사업 (1998. 8. 1. 개정)

83조의 2 제2항에 따라 준용되는 경우를 포함한다)에 따라 문화체육관광부장관이 지정한 보상금수령단체로서 기획재정부령으로 정하는 단체인 사업자가 저작권자를 위하여 실비 또는 무상으로 공급하는 보상금 수령 관련 용역 (2022. 2. 15. 신설)
7. 「법인세법」 제24조 제2항 제1호 라목 2)에 따른 비영리 교육재단이 「초·중등교육법」 제60조의 2 제1항에 따른 외국인학교의 설립·경영 사업을 하는 자에게 제공하는 학교시설 이용 등 교육환경 개선과 관련된 용역 (2022. 2. 15. 호번개정)

통칙 26-45-1 【공익단체 등이 일시적으로 공급하는 재화 또는 용역의 범위】
주무관청에 등록된 종교·자선·학술·구호·그 밖의 공익을 목적으로 하는 단체가 그 고유의 사업목적을 위하여 일시적으로 공급하거나 실비 또는 무상으로 공급하는 것으로서 다음에 예시하는 재화 또는 용역에 대하여는 면세한다. (2011. 2. 1. 개정)
1. 한국반공연맹 등이 주관하는 바자(Bazaar)회 또는 의연금모집자선회에서 공급하는 재화 (1998. 8. 1. 개정)
2. 마을문고 본부에서 실비로 공급하는 책장 등 재화 (1998. 8. 1. 개정)

제46조 【국가, 지방자치단체 또는 지방자치단체조합이 공급하는 재화 또는 용역으로서 면세하는 것의 범위】 법 제26조 제1항 제19호에 따른 국가, 지방자치단체 또는 지방자치단체조합이 공급하는 재화 또는 용역은 다음 각 호의 재화 또는 용역을 제외한 것으로 한다. (2013. 6. 28. 개정)
1. 「우정사업 운영에 관한 특례법」에 따른 우정사업조직이 제공하는 다음 각 목의 용역 (2017. 2. 7. 개정)
　가. 「우편법」 제1조의 2 제3호의 소포우편물을 방문접수하여 배달하는 용역 (2017. 2. 7. 개정)
　나. 「우편법」 제15조 제1항에 따른 선택적 우편역무 중 기획재정부령으로 정하는 우편주문판매를 대행하는 용역 (2017. 2. 7. 개정)
2. 「철도의 건설 및 철도시설 유지관리에 관한 법률」에 따른 고속철도에 의한 여객운송용역 (2019. 3. 12. 개정 ; 철도건설법~부칙)
3. 부동산임대업, 도매 및 소매업, 음식점업·숙박업, 골프장 및 스키장

---

4. 사단법인 한국음악실연자연합회 (2013. 6. 28. 개정)
5. 사단법인 한국음반산업협회 (2017. 3. 10. 개정)
6. 사단법인 한국복제전송저작권협회 (2017. 3. 10. 개정)
6. 삭 제 (2022. 3. 18.)
7. 사단법인 한국시나리오작가협회 (2013. 6. 28. 개정)
8. 사단법인 한국방송실연자권리협회 (2022. 3. 18. 개정)
9. 재단법인 한국문화정보원 (2017. 3. 10. 개정)
10. 사단법인 한국영화배급협회 (2017. 3. 10. 개정)
11. 재단법인 한국언론진흥재단 (2017. 3. 10. 신설)
12. 사단법인 함께하는음악저작인협회 (2017. 3. 10. 신설)
13. 사단법인 한국영화제작가협회 (2017. 3. 10. 신설)
④ 영 제45조 제6호에서 "기획재정부령으로 정하는 단체인 사업자"란 다음 각 호의 사업자를 말한다. (2022. 3. 18. 신설)
1. 사단법인 한국음악실연자연합회 (2022. 3. 18. 신설)
2. 사단법인 한국문학예술저작권협회 (2022. 3. 18. 신설)
3. 사단법인 한국연예제작자협회 (2022. 3. 18. 신설)

제35조 【국가, 지방자치단체 또는 지

운영업, 기타 스포츠시설 운영업. 다만, 다음 각 목의 어느 하나에 해당하는 경우는 제외한다. (2013. 6. 28. 개정)

　가. 국방부 또는 「국군조직법」에 따른 국군이 「군인사법」 제2조에 따른 군인, 「군무원인사법」 제3조 제1항에 따른 일반군무원, 그 밖에 이들의 직계존속·비속 등 기획재정부령으로 정하는 사람에게 제공하는 소매업, 음식점업·숙박업, 기타 스포츠시설 운영업(골프 연습장 운영업은 제외한다) 관련 재화 또는 용역 (2018. 2. 13. 개정)

　나. 국가, 지방자치단체 또는 지방자치단체조합이 그 소속 직원의 복리후생을 위하여 구내에서 식당을 직접 경영하여 음식을 공급하는 용역 (2013. 6. 28. 개정)

　다. 국가 또는 지방자치단체가 「사회기반시설에 대한 민간투자법」에 따른 사업시행자로부터 같은 법 제4조 제1호 및 제2호의 방식에 따라 사회기반시설 또는 사회기반시설의 건설용역을 기부채납받고 그 대가로 부여하는 시설관리운영권 (2022. 2. 15. 개정)

4. 다음 각 목의 어느 하나에 해당하는 의료보건 용역 (2013. 6. 28. 개정)

　가. 제35조 제1호 단서에 따른 진료용역 (2013. 6. 28. 개정)

　나. 제35조 제5호에 해당하지 아니하는 동물의 진료용역 (2013. 6. 28. 개정)

제47조【공익단체의 범위】 ① 법 제26조 제1항 제20호에서 "대통령령으로 정하는 공익단체"란 주무관청의 허가 또는 인가를 받거나 주무관청에 등록된 단체로서 「상속세 및 증여세법 시행령」 제12조 각 호의 어느 하나에 해당하는 사업을 하는 단체를 말한다. (2013. 6. 28. 개정)

② 공익사업을 위하여 주무관청의 승인을 받아 금품을 모집하는 단체는 제1항에 해당하지 아니하더라도 법 제26조 제1항 제20호를 적용할 때에는 공익단체로 본다. (2013. 6. 28. 개정)

제48조【비영리 출판물과 관련되는 용역의 범위】 영리 아닌 사업을 목적으로 하는 법인이나 그 밖의 단체가 발행하는 기획재정부령

방자치단체조합이 공급하는 재화 또는 용역으로서 면세하는 것의 범위】 ① 영 제46조 제1호 나목에서 "선택적 우편역무 중 기획재정부령으로 정하는 우편주문판매를 대행하는 용역"이란 「우편법 시행규칙」 제25조 제1항 제10호에 따른 우편주문판매를 말한다. (2017. 3. 10. 신설)

② 영 제46조 제3호 가목에서 "직계존속·비속 등 기획재정부령으로 정하는 사람"이란 「군인사법」 제2조에 따른 군인 또는 「군무원인사법」 제3조 제1항에 따른 일반군무원과 생계를 같이하는 사람으로서 다음 각 호의 어느 하나에 해당하는 사람을 말한다. (2022. 3. 18. 개정)

1. 배우자 (2013. 6. 28. 개정)

2. 직계존속·비속 (2013. 6. 28. 개정)

---

20. 국가, 지방자치단체, 지방자치단체조합 또는 대통령령으로 정하는 공익단체에 무상(無償)으로 공급하는 재화 또는 용역 (2013. 6. 7. 개정)

② 제1항에 따라 면세되는 재화 또는 용역의 공급에 통상적으로 부수되는 재화 또는 용역의 공급은 그 면세되는 재화 또는 용역의

제36조【면세하는 기관지 등의 범위】 영 제48조에서 "기획재정부령으로 정하는

공급에 포함되는 것으로 본다. (2013. 6. 7. 개정)

통칙 26-0-1【수돗물의 정의】
법 제26조 제1항 제2호에 규정하는 "수돗물"은 「수도법」상의 수도사업자가 도관에 의하여 공급하는 물과 「수도법」상의 수도사업자에게 직접 공급하는 수도사업(공업용 수도사업 및 전용수도를 포함한다)용 물(원수)을 말한다. (2014. 12. 30. 개정)

26-0-2【선박 급수업】
항계내에서 선박 등에 물을 공급하는 것에 대하여는 면세하지 아니한다. (1998. 8. 1. 개정)

26-0-3【면세 연탄의 범위】
무연탄층과 착화를 용이하게 하기 위한 점화층으로 되어 있는 하향식 연속점화연탄 및 조개탄(마세크탄)의 공급에 대하여는 면세하나, 유연탄·갈탄 및 착화탄(연탄용 불쏘시개)의 공급에 대하여는 면세하지 아니한다. (1998. 8. 1. 개정)

26-0-4【복권등과 관련된 용역】
면세되는 복권과 승마투표권을 위탁판매하고 받는 수수료에 대하여는 면세하지 아니한다. (2000. 8. 1. 개정)

　제27조【재화의 수입에 대한 면세】 다음 각 호에 해당하는 재화의 수입에 대하여는 부가가치세를 면제한다. (2013. 6. 7. 개정)
1. 가공되지 아니한 식료품(식용으로 제공되는 농산물, 축산물, 수산물 및 임산물을 포함한다)으로서 대통령령으로 정하는 것 (2013. 6. 7. 개정)

통칙 27-49-2【수입하는 종축용 닭·돼지 등의 면세】
규칙 제24조 별표 1 미가공식료품분류표에 열거되고 식용으로만 제한하는 등의 별도규정을 두지 않은 농산물·축산물·수산물·임산물을 수입한 때에는 해당 농산물·축산물·수산물·임산물의 구체적인 용도(종축용 닭·돼지 또는 씨앗 등)에 관계없이 미가공식료품으로 보아 법 제27조 제1호에 따라 면세한다. (2014. 12. 30. 개정)

2. 도서, 신문 및 잡지로서 대통령령으로 정하는 것 (2013. 6. 7. 개정)

으로 정하는 기관지 또는 이와 유사한 출판물과 관련되는 용역은 법 제26조 제2항에 따라 면세되는 것으로 본다. (2013. 6. 28. 개정)

☞

통칙 26-0-5【박물관·동물원의 범위】
① 법 제26조 제1항 제17호에 규정하는 박물관에는 「문화재보호법」에 따라 지정을 받은 문화재로서 민속문화자원에 해당하는 것을 소개하는 장소·고분·사찰 및 「전쟁기념사업회법」에 따른 전쟁기념관을 포함한다. (2014. 12. 30. 개정)
② 법 제26조 제1항 제17호에 규정하는 동물원·식물원에는 지식의 보급 및 연구에 그 목적이 있는 해양수족관 등을 포함하나, 오락 및 유흥시설과 함께 있는 동물원·식물원 및 해양수족관을 포함하지 아니한다. (2014. 12. 30. 개정)

26-0-6【지방자치단체 등으로부터 위탁을 받은 시설의 관리운영】
국가·지방자치단체가 직접 관리 또는 운영하는 공원의 이용자로부터 받는 입장료에 대하여는 면세하나 동 공원안의 시설물인 유희기장이나 수영장 등의 관리를 위임받은 사업자가 그 시설의 이용자로부터 받는 입장료 및 사용료에 대하여는 면세하지 아니한다. (1998. 8. 1. 개정)

　제49조【면세하는 수입 미가공식료품의 범위】 ① 법 제27조 제1호에 따른 가공되지 아니한 식료품(이하 이 조에서 "수입 미가공식료품"이라 한다)의 범위에 관하여는 제34조 제1항 및 제2항을 준용한다. 다만, 관세가 감면되지 아니하는 수입 미가공식료품으로서 기획재정부령으로 정하는 것은 제외한다. (2013. 6. 28. 개정)
② 제1항에서 규정한 사항 외에 수입 미가공식료품의 범위에 관하여 필요한 사항은 기획재정부령으로 정한다. (2013. 6. 28. 개정)

통칙 27-49-1【수입 미가공식료품에 대한 면세】 (2019. 12. 23. 제목개정)
1. 규칙 별표 1에 열거하는 미가공식료품의 국내 공급 및 수입에 대하여 부가가치세를 면제한다. (2019. 12. 23. 개정)
2. 규칙 별표 2에 열거하는 커피두·코코아두 등의 수입에 대하여는 면세하지 아니한다. 다만, 부가가치세를 과세한 커피두 등이 영 제34조에 따른 미가공의 상태로 국내에서 공급하는 때에는 면세한다. (2019. 12. 23. 개정)

　제50조【면세하는 수입 도서, 신문 및 잡지의 범위】 법 제27조 제2호에 따른 도서, 신문 및 잡지는 「관세법」 별표 관세율표 제49

기관지 또는 이와 유사한 출판물"이란 불특정인에게 판매할 목적이 아니라 그 단체의 목적이나 정신을 널리 알리기 위하여 발행하는 것을 말한다. 다만, 그 기관의 명칭이나 별칭이 해당 출판물의 명칭에 포함되어 있는 것으로 한정한다. (2013. 6. 28. 개정)

　제37조【면세하지 아니하는 수입 미가공식료품의 범위】 ① 영 제49조 제1항 단서에 따른 관세가 감면되지 아니하는 식료품으로서 과세되는 수입 미가공식료품의 범위는 별표 2의 면세하지 아니하는 수입 미가공식료품 분류표(2025년 12월 31일까지 수입하는 물품은 제외한다)에 따른다. (2023. 12. 27. 개정)
② 제1항에 따른 면세하지 아니하는 수입 미가공식료품 분류표를 적용할 때에는 「관세법」 별표의 관세율표를 기준으로 한다. (2013. 6. 28. 개정)

　제38조【면세하는 전자출판물의 범위】
영 제50조에서 "기획재정부령으로 정하

류의 인쇄한 서적, 신문, 잡지나 그 밖의 정기간행물, 수제(手製)문서 및 타자문서와 기획재정부령으로 정하는 전자출판물로 한다. (2013. 6. 28. 개정)

3. 학술연구단체, 교육기관, 「한국교육방송공사법」에 따른 한국교육방송공사 또는 문화단체가 과학용·교육용·문화용으로 수입하는 재화로서 대통령령으로 정하는 것 (2013. 6. 7. 개정)

통칙 27 - 51 - 1 【재화의 수입에 대한 세액계산】

재화의 수입에 대한 부가가치세액은 다음 산식에 의하여 계산한다. (1998. 8. 1. 개정)

1. 법 제27조 제12호·제13호·제15호의 단서 및 영 제51조 단서에 따라 관세가 경감되어 경감되는 부분에만 부가가치세를 면제하는 경우 (2014. 12. 30. 개정)
   [(관세의 과세가격) + {관세율표상의 해당 관세율에 의한 관세액(경감전의 관세액)} + (징수하는 개별소비세) + (징수하는 주세) + (징수하는 교육세, 교통·에너지·환경세, 농어촌특별세)]×(1 – 관세경감률)×(세율)=(부가가치세액)

2. 그 밖의 경우 (2011. 2. 1. 개정)
   {(관세의 과세가격) + (징수하는 관세) + (징수하는 개별소비세) + (징수하는 주세) + (징수하는 교육세, 교통·에너지·환경세, 농어촌특별세)}×(세율)=(부가가치세액)

제51조 【과학용 등으로 수입하는 재화로서 면세하는 것의 범위】 법 제27조 제3호에 따른 과학용·교육용·문화용으로 수입하는 재화는 다음 각 호의 어느 하나에 해당하는 재화로 한다. 이 경우 제1호부터 제5호까지의 재화는 관세가 감면되는 것으로 한정하여 적용하되, 관세가 경감되는 경우에는 경감되는 부분으로 한정하여 적용한다. (2013. 6. 28. 개정)

1. 학교(「서울대학교병원 설치법」에 따라 설립된 서울대학교병원, 「국립대학병원 설치법」에 따라 설립된 국립대학병원, 「서울대학교치과병원 설치법」에 따라 설립된 서울대학교치과병원 및 「국립대학치과병원 설치법」에 따라 설립된 국립대학치과병원을 포함한다), 박물관 또는 그 밖에 기획재정부령으로 정하는 시설에서 진열하는 표본 및 참고품·교육용의 촬영된 필름, 슬라이드, 레코드, 테이프 또는 그 밖에 이와 유사한 매개체와 이러한 시설에서 사용되는 물품 (2017. 2. 7. 개정)

2. 연구원, 연구기관 등 기획재정부령으로 정하는 과학기술 연구개발 시설에서 과학기술의 연구개발에 제공하기 위하여 수입하는 물품 (2013. 6. 28. 개정)

3. 과학기술의 연구개발을 지원하는 단체에서 수입하는 과학기술의 연구개발에 사용되는 시약류 (2013. 6. 28. 개정)

4. 「정부출연연구기관 등의 설립·운영 및 육성에 관한 법률」 제8조에 따라 설립된 한국교육개발원이 학술연구를 위하여 수입하는 물품 (2013. 6. 28. 개정)

5. 「한국교육방송공사법」에 따른 한국교육방송공사가 교육방송을 위하여 수입하는 물품 (2013. 6. 28. 개정)

6. 외국으로부터 기획재정부령으로 정하는 영상 관련 공익단체에 기증되는 재화로서 그 단체가 직접 사용하는 것 (2013. 6. 28. 개정)

는 전자출판물"이란 제26조에 따른 전자출판물을 말한다. (2013. 6. 28. 개정)

제39조 【면세하는 과학용 등의 수입재화와 관련한 과학용 시설 등의 범위】 ① 영 제51조 제1호에서 "기획재정부령으로 정하는 시설"이란 다음 각 호의 시설을 말한다. (2013. 6. 28. 개정)

1. 「정부조직법」 제4조 또는 지방자치단체의 조례에 따라 설치된 기관이 운영하는 시험소, 연구소, 공공직업훈련원, 공공도서관, 동물원, 식물원 및 전시관 (2013. 6. 28. 개정)

2. 「대한무역투자진흥공사법」에 따른 대한무역투자진흥공사의 전시관 (2013. 6. 28. 개정)

3. 「산업집적활성화 및 공장설립에 관한 법률」 제31조 제2항에 따라 설립된 산업단지관리공단의 전시관 (2013. 6. 28. 개정)

4. 「정부출연연구기관 등의 설립·운영 및 육성에 관한 법률」에 따라 설립된 산업연구원과 「과학기술분야 정부출연연구기관 등의 설립·운영 및 육성에 관한 법률」에 따라 설립된 한국생산기

4. 종교의식, 자선, 구호, 그 밖의 공익을 목적으로 외국으로부터 종교단체 · 자선단체 또는 구호단체에 기증되는 재화로서 대통령령으로 정하는 것 (2013. 6. 7. 개정)

5. 외국으로부터 국가, 지방자치단체 또는 지방자치단체조합에 기증되는 재화 (2013. 6. 7. 개정)

6. 거주자가 받는 소액물품으로서 관세가 면제되는 재화 (2013. 6. 7. 개정)

7. 이사, 이민 또는 상속으로 인하여 수입하는 재화로서 관세가 면제되거나 「관세법」 제81조 제1항에 따른 간이세율이 적용되는 재화 (2013. 6. 7. 개정)

8. 여행자의 휴대품, 별송(別送) 물품 및 우송(郵送) 물품으로서 관세가 면제되거나 「관세법」 제81조 제1항에 따른 간이세율이 적용되는 재화 (2013. 6. 7. 개정)

9. 수입하는 상품의 견본과 광고용 물품으로서 관세가 면제되는 재화 (2013. 6. 7. 개정)

10. 국내에서 열리는 박람회, 전시회, 품평회, 영화제 또는 이와 유사한 행사에 출품하기 위하여 무상으로 수입하는 물품으로서 관세가 면제되는 재화 (2013. 6. 7. 개정)

11. 조약 · 국제법규 또는 국제관습에 따라 관세가 면제되는 재화로서 대통령령으로 정하는 것 (2013. 6. 7. 개정)

제52조 【종교단체 등에 기증되는 재화로서 면세하는 것의 범위】 법 제27조 제4호에 따른 종교단체 · 자선단체 또는 구호단체에 기증되는 재화는 다음 각 호의 것으로 한다. (2013. 6. 28. 개정)

1. 사원(寺院)이나 그 밖의 종교단체에 기증되는 물품으로서 관세가 면제되는 것 (2013. 6. 28. 개정)

2. 자선이나 구호의 목적으로 기증되는 급여품으로서 관세가 면제되는 것 (2013. 6. 28. 개정)

3. 구호시설 및 사회복지시설에 기증되는 구호 또는 사회복지용에 직접 제공하는 물품으로서 관세가 면제되는 것 (2013. 6. 28. 개정)

제53조 【조약 등에 따라 관세가 면제되는 재화의 범위】 법 제27조 제11호에 따른 관세가 면제되는 재화는 다음 각 호의 것으로 한다. (2013. 6. 28. 개정)

1. 대한민국을 방문하는 외국의 원수와 그 가족 및 수행원이 사용하는 물품 (2013. 6. 28. 개정)

2. 국내에 있는 외국의 대사관 · 공사관, 그 밖에 이에 준하는 기관의 업무용품 (2013. 6. 28. 개정)

3. 국내에 주재하는 외국의 대사 · 공사, 그 밖에 이에 준하는 사절 및 그 가족이 사용하는 물품 (2013. 6. 28. 개정)

4. 국내에 있는 외국의 영사관, 그 밖에 이에 준하는 기관의 업무 용품 (2013. 6. 28. 개정)

5. 국내에 있는 외국의 대사관 · 공사관 · 영사관, 그 밖에 이에 준하는 기관의 직원과 그 가족이 사용하는 물품 (2013. 6. 28. 개정)

6. 정부와의 사업계약을 수행하기 위하여 외국계약자가 계약조건에 따

술연구원 및 한국과학기술정보연구원 (2013. 6. 28. 개정)

5. 수출조합의 전시관. 다만, 산업통상자원부장관이 면세를 추천한 부분으로 한정한다. (2013. 6. 28. 개정)

6. 「중소기업진흥에 관한 법률」에 따라 설립된 중소기업진흥공단이 개설한 전시관 및 연수원 (2013. 6. 28. 개정)

7. 「소비자기본법」에 따른 한국소비자원 (2013. 6. 28. 개정)

8. 디자인 및 포장에 관한 연구개발사업을 추진하기 위하여 비영리법인이 개설한 전시관 (2013. 6. 28. 개정)

9. 「과학관의 설립 · 운영 및 육성에 관한 법률」에 따른 과학관(사립과학관의 경우에는 같은 법에 따라 등록한 것으로 한정한다) (2013. 6. 28. 개정)

② 영 제51조 제1호에 따른 물품에는 제1항 제1호에 따른 시설에서 사용하기 위하여 소관 중앙행정기관의 장이 수입하는 것을 포함한다. (2013. 6. 28. 개정)

제40조 【면세하는 과학용 등의 수입 재화와 관련한 과학기술 연구개발 시설의 범위】 영 제51조 제2호에서 "연구원, 연구기관 등 기획재정부령으로 정하는 과학기술 연구개발 시설"이란 다음 각 호의 어느 하나에 해당하는 연구원 등을 말한다. (2013. 6. 28. 개정)

1. 「특정연구기관 육성법」 제2조에 따른 연구기관 (2024. 3. 22. 개정)

2. 「산업기술혁신 촉진법」 제42조에 따라

12. 수출된 후 다시 수입하는 재화로서 관세가 감면되는 것 중 대통령령으로 정하는 것. 다만, 관세가 경감(輕減)되는 경우에는 경감되는 비율만큼만 면제한다. (2013. 6. 7. 개정)

13. 다시 수출하는 조건으로 일시 수입하는 재화로서 관세가 감면되는 것 중 대통령령으로 정하는 것. 다만, 관세가 경감되는 경우에는 경감되는 비율만큼만 면제한다. (2013. 6. 7. 개정)

14. 제26조 제1항 제10호에 따른 담배 (2013. 6. 7. 개정)

15. 제6호부터 제13호까지의 규정에 따른 재화 외에 관세가 무세(無稅)이거나 감면되는 재화로서 대통령령으로 정하는 것. 다만, 관세가 경감되는 경우에는 경감되는 비율만큼만 면제한다. (2013. 6. 7. 개정)

라 수입하는 업무 용품 (2013. 6. 28. 개정)

7. 국제기구나 외국정부로부터 정부에 파견된 고문관·기술단원, 그 밖에 이에 준하는 자가 직접 사용할 물품 (2013. 6. 28. 개정)

제54조【다시 수입하는 재화로서 관세가 감면되는 것의 범위】 법 제27조 제12호 본문에 따른 수출된 후 다시 수입하는 재화로서 관세가 감면되는 것은 사업자가 재화를 사용하거나 소비할 권한을 이전하지 아니하고 외국으로 반출하였다가 다시 수입하는 재화로서 「관세법」 제99조에 따라 관세가 면제되거나 같은 법 제101조에 따라 관세가 경감되는 재화로 한다. (2013. 6. 28. 개정)

제55조【일시 수입하는 재화로서 관세가 감면되는 것의 범위】 법 제27조 제13호 본문에 따른 다시 수출하는 조건으로 일시 수입하는 재화로서 관세가 감면되는 것은 「관세법」 제97조에 따라 관세가 감면되는 것으로 한다. (2013. 6. 28. 개정)

제56조【그 밖에 관세가 무세이거나 감면되는 재화의 범위】 법 제27조 제15호 본문에서 "대통령령으로 정하는 것"이란 다음 각 호의 어느 하나에 해당되는 재화로 한다. (2020. 2. 11. 개정)

1. 정부에서 직접 수입하는 군수품(정부의 위탁을 받아 정부 외의 자가 수입하는 경우를 포함한다) (2019. 2. 12. 개정)

2. 국가원수 경호용으로 사용할 물품 (2013. 6. 28. 개정)

3. 국내 거주자에게 수여된 훈장·기장 또는 이에 준하는 표창장과 상패 (2013. 6. 28. 개정)

4. 기록문서와 그 밖의 서류 (2013. 6. 28. 개정)

5. 외국에 주둔하거나 주재하는 국군 또는 재외공관으로부터 반환된 공용품 (2013. 6. 28. 개정)

6. 대한민국의 선박 또는 그 밖의 운수기관이 조난으로 인하여 해체된 경우 그 해체재 및 장비품 (2013. 6. 28. 개정)

7. 대한민국 수출물품의 품질·규격·안전도 등이 수입국의 권한 있는 기관이 정하는 조건을 충족하는 것임을 표시하는 수출물품 첨부용 라벨 (2013. 6. 28. 개정)

산업통상자원부장관의 허가를 받아 설립된 연구소 (2024. 3. 22. 개정)

3. 「산업교육진흥 및 산학연협력촉진에 관한 법률」 제25조에 따라 설립된 산학협력단 (2024. 3. 22. 개정)

4. 「산업기술연구조합 육성법」에 따라 설립된 산업기술연구조합(기술개발을 위한 공동연구시설을 갖추고 자연계분야의 학사 이상의 학위를 가진 연구전담요원 3인 이상을 상시 확보하고 있음을 과학기술정보통신부장관이 확인한 산업기술연구조합으로 한정한다) (2024. 3. 22. 개정)

5. 「과학기술분야 정부출연연구기관 등의 설립·운영 및 육성에 관한 법률」 제8조에 따라 설립된 연구기관 (2024. 3. 22. 개정)

▶ **편주** ··
규칙 40조 5호 및 7호의 개정규정은 2024. 3. 22. 이후 부가가치세의 과세표준과 세액을 신고하거나 결정·경정하는 경우부터 적용함. (규칙 부칙(2024. 3. 22.) 2조)
··

6. 「국방과학연구소법」에 따라 설립된 국방과학연구소 (2024. 3. 22. 개정)

7. 「한국해양과학기술원법」에 따라 설립된 한국해양과학기술원 (2024. 3. 22. 개정)

8. 「우주항공청의 설치 및 운영에 관한 특별법」 제19조에 따라 설립된 한국항공우주연구원 및 같은 법 제20조에 따라 설립된 한국천문연구원 (2025. 3. 21. 신설)

8. 항공기의 제작·수리 또는 정비에 필요한 부분품 (2020. 2. 11. 신설)
9. 항공기의 제작·수리 또는 정비에 필요한 원재료로서 소관 중앙행정기관의 장이 국내 생산이 곤란한 것으로 확인하는 것 (2013. 6. 28. 개정)
10. 국제 올림픽 및 아시아 운동 경기 대회 종목에 해당하는 운동용구(부분품을 포함한다)로서 대회 참가 선수의 훈련에 직접 사용되는 물품 (2013. 6. 28. 개정)
11. 대한민국과 외국 간의 교량, 통신시설, 해저통로, 그 밖에 이에 준하는 시설의 건설 또는 수리에 쓰이는 물품 (2013. 6. 28. 개정)
12. 국제적십자사, 그 밖의 국제기구 및 외국적십자사가 국제평화봉사활동 또는 국제친선활동을 위하여 기증하는 물품 (2013. 6. 28. 개정)
13. 박람회, 국제경기대회, 그 밖에 이에 준하는 행사에 사용하기 위하여 그 행사 참가자가 수입하는 물품 (2016. 2. 17. 개정)
14. 과학기술정보통신부장관이 국가안전보장에 긴요하다고 인정하여 수입하는 비상통신용 및 전파관리용 물품 (2017. 7. 26. 직제개정 ; 행정안전부와〜직제 부칙)
15. 수입신고한 물품으로서 수입신고 수리 전에 변질 또는 손상된 것 (2013. 6. 28. 개정)
16. 「관세법」 외의 법령(「조세특례제한법」은 제외한다)에 따라 관세가 감면되는 물품 (2013. 6. 28. 개정)
17. 지도, 설계도, 도안, 우표, 수입인지, 화폐, 유가증권, 서화, 판화, 조각, 주상, 수집품, 표본 또는 그 밖에 이와 유사한 물품 (2013. 6. 28. 개정)
18. 방위산업에 쓰이는 시설기계류 및 기초설비품 (2013. 6. 28. 개정)
18. 삭　제 (2015. 2. 3.)
19. 시각·청각 및 언어의 장애인, 지체장애인, 만성신부전증 환자, 희귀난치성 질환자 등을 위한 용도로 특수하게 제작되거나 제조된 물품(협정관세율이 0인 것을 포함한다) 중 기획재정부령으로 정하는 물품 (2020. 2. 11. 개정)
20. 국가정보원장 또는 그 위임을 받은 자가 국가안전보장 목적의 수행

9. 산업기술연구를 목적으로 「민법」 제32조 및 「협동조합 기본법」에 따라 설립된 비영리법인으로서 독립된 연구시설을 갖추고 있는 법인임을 산업통상자원부장관, 과학기술정보통신부장관 또는 기획재정부장관이 확인·추천하는 기관 (2025. 3. 21. 호번개정)

제41조【면세하는 과학용 등의 수입재화와 관련한 영상 관련 공익단체의 범위】영 제51조 제6호에서 "기획재정부령으로 정하는 영상 관련 공익단체"란 다음 각 호의 것을 말한다. (2013. 6. 28. 개정)
1. 「방송통신위원회의 설치 및 운영에 관한 법률」에 따른 방송통신위원회 (2013. 6. 28. 개정)
2. 「영화 및 비디오물의 진흥에 관한 법률」 제4조에 따른 영화진흥위원회 (2013. 6. 28. 개정)
3. 「영화 및 비디오물의 진흥에 관한 법률」 제71조에 따른 영상물등급위원회 (2013. 6. 28. 개정)
4. 「민법」 제32조에 따라 설립된 재단법인 한국영상자료원, 재단법인 한국방송진흥원 및 사단법인 한국영상미디어협회 (2013. 6. 28. 개정)

제42조【그 밖에 관세가 무세이거나 감면되는 장애인용품 등의 범위】영 제56조 제19호에서 "기획재정부령으로 정하는 물품"이란 별표 2의 2의 부가가치세가 면제되는 장애인용품을 말한다. (2020. 3.

제28조【면세의 포기】① 사업자는 제26조 또는 「조세특례제한법」 제106조 등에 따라 부가가치세가 면제되는 재화 또는 용역의 공급으로서 다음 각 호에 해당하는 것에 대하여는 대통령령으로 정하는 바에 따라 면세의 포기를 신고하여 부가가치세의 면제를 받지 아니할 수 있다. (2013. 6. 7. 개정)
1. 제21조부터 제24조까지의 규정에 따라 영세율의 적용 대상이 되는 것 (2013. 6. 7. 개정)
2. 제26조 제1항 제12호·제15호 및 제18호에 따른 재화 또는 용역의 공급 (2013. 6. 7. 개정)
② 제1항에 따라 면세의 포기를 신고한 사업자는 신고한 날부터 3년간 부가가치세를 면제받지 못한다. (2013. 6. 7. 개정)
③ 제1항에 따라 면세의 포기를 신고한 사업자가 제2항의 기간이 지난 뒤 부가가치세를 면제받으려면 대통령령으로 정하는 바에 따라 면세적용신고서를 제출하여야 하며, 면세적용신고서를 제출하지 아니하면 계속하여 면세를 포기한 것으로 본다. (2013. 6. 7. 개정)
④ 제1항에 따른 면세의 포기 절차에 관하여 필요한 사항은 대통령령으로 정한다. (2013. 6. 7. 개정)

통칙 28 - 57 - 1【면세포기의 범위】
면세되는 2 이상의 사업 또는 종목을 영위하는 사업자는 면세포기대상이 되는 재화 또는 용역의 공급 중에서 면세포기하고자 하는 재화 또는 용역의 공급만을 구분하여 면세포기할 수 있다. (1998. 8. 1. 개정)
28 - 57 - 2【면세포기한 사업자가 국내에 공급하는 재화 또는 용역】
영세율 적용의 대상이 되는 것만을 면세포기한 사업자가 면제되는 재화 또는 용역을 국내에 공급하는 때에는 면세포기의 효력이 없다. (1998. 8. 1. 개정)
28 - 57 - 3【정부업무 대행단체의 면세포기】
법 제28조 제1항에 따라 면세포기할 수 있는 사업자에는 「조세특례제한법 시행령」 제106조 제7항에서 규정하는 정부업무대행단체를 포함한다. (2014. 12. 30. 개정)
28 - 57 - 4【사업양도 시의 면세포기효력】 (2014. 12. 30. 제목개정)
① 면세포기신고를 한 사업자가 영 제23조에 따라 사업을 양도하는 경우에 면세포기의 효력은 사업을 양수한 사업자에게 승계된다. (2014. 12. 30. 개정)

에 긴요하다고 인정하여 수입하는 물품 (2013. 6. 28. 개정)
21. 정부가 직접 수입하는 물품으로서 경찰 경비함정 및 이에 장착되는 물품을 제조, 가공, 수리 또는 정비하기 위한 부분품 및 원재료 (2013. 6. 28. 개정)
21. 삭 제 (2015. 2. 3.)
22. 그 밖에 관세의 기본세율이 무세인 물품으로서 기획재정부령으로 정하는 것과 관세의 협정세율이 무세인 철도용 내연기관, 디젤기관차 및 이식용 각막 (2013. 6. 28. 개정)

제57조【면세 포기의 신고】법 제26조 제1항에 따라 부가가치세가 면제되는 재화 또는 용역의 공급이 법 제28조 제1항 제1호에 해당하는 경우와 제45조 제2호에 따라 학술등 연구단체가 그 연구와 관련하여 실비 또는 무상으로 공급하는 재화 또는 용역에 대하여 법 제28조 제1항에 따라 부가가치세의 면제를 받지 아니하려는 사업자는 다음 각 호의 사항을 적은 면세포기신고서를 관할 세무서장에게 제출(국세정보통신망에 의한 제출을 포함한다)하여야 한다. 이 경우 법 제8조에 따라 지체 없이 사업자등록을 하여야 한다. (2015. 2. 3. 개정)
1. 사업자의 인적사항 (2013. 6. 28. 개정)
2. 면세를 포기하려는 재화 또는 용역 (2013. 6. 28. 개정)
3. 그 밖의 참고 사항 (2013. 6. 28. 개정)

제58조【면세 재적용 신고의 절차】법 제28조 제1항과 이 영 제57조에 따라 면세 포기를 신고한 사업자가 법 제28조 제2항의 기간이 지난 후 부가가치세의 면제를 받으려면 같은 조 제3항에 따라 다음 각 호의 사항을 적은 면세적용신고서와 함께 제11조 제5항에 따라 발급받은 사업자등록증을 제출하여야 한다. (2013. 6. 28. 개정)
1. 사업자의 인적사항 (2013. 6. 28. 개정)
2. 면세를 받으려는 재화 또는 용역 (2013. 6. 28. 개정)
3. 그 밖의 참고 사항 (2013. 6. 28. 개정)

☞
통칙 28 - 57 - 5【영세율과 면세가 중복되는 경우의 면세포기신고】
법 제21조부터 제24조까지의 규정에 따라 영세율이 적용되는 재화 또는 용역의 공급이 「조세특례제한법」 제106조에 따라 면세되는 경우 해당 재화 또는 용역의

13. 개정)

규칙 별표 2의 2의 개정규정은 2024. 3. 22. 이후 재화를 수입신고하는 경우부터 적용함. (규칙 부칙(2024. 3. 22.) 4조)

제43조【그 밖에 관세의 기본세율이 무세인 품목으로서 면세하는 품목의 범위】영 제56조 제22호에서 "기획재정부령으로 정하는 것"이란 별표 3의 면세하는 품목의 분류표에 따른 물품을 말한다. (2013. 6. 28. 개정)

제44조【면세포기신고서 등】① 영 제57조에 따른 면세포기신고서는 별지 제13호 서식과 같다. (2013. 6. 28. 개정)
② 면세 포기의 신고에 관한 영 제57조를 적용할 때 신규로 사업을 시작하는 경우에는 면세포기신고서를 영 제11조에 따른 사업자등록 신청서와 함께 제출할 수 있다. (2013. 6. 28. 개정)

제45조【면세적용신고서】영 제58조에 따른 면세적용신고서는 별지 제13호 서식과 같다. (2013. 6. 28. 개정)

② 면세포기신고를 한 사업자가 사업장을 이전한 경우 등 사업자등록정정사유가 발생한 때에는 해당 사유의 정정신고 여부에 관계없이 면세포기의 효력이 있다. (2011. 2. 1. 개정)

제 4 장　과세표준과 세액의 계산

제 1 절　과세표준과 세율

　제29조【과세표준】① 재화 또는 용역의 공급에 대한 부가가치세의 과세표준은 해당 과세기간에 공급한 재화 또는 용역의 공급가액을 합한 금액으로 한다. (2013. 6. 7. 개정)
② 재화의 수입에 대한 부가가치세의 과세표준은 그 재화에 대한 관세의 과세가격과 관세, 개별소비세, 주세, 교육세, 농어촌특별세 및 교통·에너지·환경세를 합한 금액으로 한다. (2013. 6. 7. 개정)
③ 제1항의 공급가액은 다음 각 호의 가액을 말한다. 이 경우 대금, 요금, 수수료, 그 밖에 어떤 명목이든 상관없이 재화 또는 용역을 공급받는 자로부터 받는 금전적 가치 있는 모든 것을 포함하되, 부가가치세는 포함하지 아니한다. (2013. 6. 7. 개정)
1. 금전으로 대가를 받는 경우 : 그 대가. 다만, 그 대가를 외국통화나 그 밖의 외국환으로 받은 경우에는 대통령령으로 정한 바에 따라 환산한 가액 (2013. 6. 7. 개정)
2. 금전 외의 대가를 받는 경우 : 자기가 공급한 재화 또는 용역의 시가 (2013. 6. 7. 개정)
3. 폐업하는 경우 : 폐업 시 남아 있는 재화의 시가 (2013. 6. 7. 개정)
4. 제10조 제1항·제2항·제4항·제5항 및 제12조 제1항에 따라 재화 또는 용역을 공급한 것으로 보는 경우 : 자기가 공급한 재화 또는 용역의 시가 (2013. 6. 7. 개정)
5. 제10조 제3항에 따라 재화를 공급하는 것으로 보는 경우 : 해당 재

공급에 대하여 영 제57조에 따라 면세포기신고를 하는 때에는 영의 세율을 적용한다. (2014. 12. 30. 개정)

제 4 장　과세표준과 세액의 계산

제 1 절　과세표준과 세율

● 예 판 ···
대가로 받은 금액에 부가가치세가 별도로 표시되어 있지 않거나 부가가치세가 포함되어 있는지 불분명한 경우에는 거래금액 또는 영수할 금액의 110분의 10에 상당하는 금액을 당해 부가가치세로 보는 것임. (부가-1111, 2013. 11. 28.)
···

　제59조【외화의 환산】 법 제29조 제3항 제1호 단서에 따라 대가를 외국통화나 그 밖의 외국환으로 받은 경우에는 다음 각 호의 구분에 따른 금액을 그 대가로 한다. (2013. 6. 28. 개정)
1. 법 제15조부터 제17조까지의 규정에 따른 공급시기가 되기 전에 원화로 환가(換價)한 경우 : 환가한 금액 (2013. 6. 28. 개정)
2. 법 제15조부터 제17조까지의 규정에 따른 공급시기 이후에 외국통화나 그 밖의 외국환 상태로 보유하거나 지급받는 경우 : 법 제15조부터 제17조까지의 규정에 따른 공급시기의 「외국환거래법」에 따른 기준환율 또는 재정환율에 따라 계산한 금액 (2013. 6. 28. 개정)

　제60조【취득가액 등을 기준으로 한 공급가액】① 법 제29조 제

제 4 장　과세표준과 세액의 계산

제 1 절　과세표준과 세율

통칙 29-59-1【외환차액의 공급가액 계산】 (2014. 12. 30. 제목 개정)
재화 또는 용역의 공급시기 이후에 그 대가를 외국통화 또는 외국환으로 지급받는 경우 공급가액은 영 제59조 제2호에 따라 계산한 금액이므로 공급시기 이후에 환율변동으로 인하여 증감되는 금액은 해당 공급가액에 영향이 없다. (2014. 12. 30. 개정)

화의 취득가액 등을 기준으로 대통령령으로 정하는 가액 (2013. 6. 7. 개정)

6. 외상거래, 할부거래, 대통령령으로 정하는 마일리지 등으로 대금의 전부 또는 일부를 결제하는 거래 등 그 밖의 방법으로 재화 또는 용역을 공급하는 경우 : 공급 형태 등을 고려하여 대통령령으로 정하는 가액 (2017. 12. 19. 개정)
④ ☞ P.821

3항 제5호에서 "대통령령으로 정하는 가액"이란 「소득세법 시행령」 제89조 또는 「법인세법 시행령」 제72조 제2항 및 제4항에 따른 취득가액을 말한다. 다만, 취득가액에 일정액을 더하여 공급하여 자기의 다른 사업장에 반출하는 경우에는 그 취득가액에 일정액을 더한 금액을 공급가액으로 본다. (2014. 2. 21. 개정)
② 제1항에도 불구하고 개별소비세, 주세 및 교통·에너지·환경세가 부과되는 재화에 대해서는 개별소비세, 주세 및 교통·에너지·환경세의 과세표준에 해당 개별소비세, 주세, 교육세, 농어촌특별세 및 교통·에너지·환경세 상당액을 합계한 금액을 공급가액으로 한다. (2013. 6. 28. 개정)

제61조 【외상거래 등 그 밖의 공급가액의 계산】 ① 법 제29조 제3항 제6호에서 "대통령령으로 정하는 마일리지 등"이란 재화 또는 용역의 구입실적에 따라 마일리지, 포인트 또는 그 밖에 이와 유사한 형태로 별도의 대가 없이 적립받은 후 다른 재화 또는 용역 구입 시 결제수단으로 사용할 수 있는 것과 재화 또는 용역의 구입실적에 따라 별도의 대가 없이 교부받으며 전산시스템 등을 통하여 그 밖의 상품권과 구분 관리되는 상품권(이하 이 조에서 "마일리지등"이라 한다)을 말한다. (2018. 2. 13. 신설)
② 법 제29조 제3항 제6호에서 "대통령령으로 정하는 가액"이란 다음 각 호의 구분에 따른 가액을 말한다. (2018. 2. 13. 항번개정)
1. 외상판매 및 할부판매의 경우 : 공급한 재화의 총가액 (2013. 6. 28. 개정)
2. 다음 각 목의 어느 하나에 해당하는 경우 : 계약에 따라 받기로 한 대가의 각 부분 (2013. 6. 28. 개정)
  가. 장기할부판매의 경우 (2013. 6. 28. 개정)
  나. 완성도기준지급조건부 또는 중간지급조건부로 재화나 용역을 공급하는 경우 (2013. 6. 28. 개정)
  다. 계속적으로 재화나 용역을 공급하는 경우 (2013. 6. 28. 개정)
3. 기부채납의 경우 : 해당 기부채납의 근거가 되는 법률에 따라 기부채납된 가액. 다만, 기부채납된 가액에 부가가치세가 포함된 경우 그 부가가치세는 제외한다. (2013. 6. 28. 개정)

🔖 통칙 29-61-1 【세액이 별도 표시되지 아니한 경우의 과세표준 및 세액계산】
사업자가 재화 또는 용역을 공급하고 그 대가로

등을 적립(다른 사업자를 통하여 적립하여 준 경우를 포함한다) 하여 준 사업자에게 사용한 마일리지등(여러 사업자가 적립하여 줄 수 있거나 여러 사업자를 대상으로 사용할 수 있는 마일리지등의 경우 다음의 요건을 모두 충족한 경우로 한정한다)을 말한다. 이하 이 항에서 같다] 외의 마일리지등으로 결제받은 부분에 대하여 재화 또는 용역을 공급받는 자 외의 자로부터 보전(補塡)받았거나 보전받을 금액 (2017. 2. 7. 신설)

　1) 고객별·사업자별로 마일리지등의 적립 및 사용 실적을 구분하여 관리하는 등의 방법으로 당초 공급자와 이후 공급자가 같다는 사실이 확인될 것 (2017. 2. 7. 신설)

　2) 사업자가 마일리지등으로 결제받은 부분에 대하여 재화 또는 용역을 공급받는 자 외의 자로부터 보전받지 아니할 것 (2017. 2. 7. 신설)

10. 자기적립마일리지등 외의 마일리지등으로 대금의 전부 또는 일부를 결제받은 경우로서 다음 각 목의 어느 하나에 해당하는 경우 : 공급한 재화 또는 용역의 시가(제62조에 따른 금액을 말한다) (2017. 2. 7. 신설)

　가. 제9호 나목에 따른 금액을 보전받지 아니하고 법 제10조 제1항에 따른 자기생산·취득재화를 공급한 경우 (2017. 2. 7. 신설)

　나. 제9호 나목과 관련하여 특수관계인으로부터 부당하게 낮은 금액을 보전받거나 아무런 금액을 받지 아니하여 조세의 부담을 부당하게 감소시킬 것으로 인정되는 경우 (2017. 2. 7. 신설)

③ 통상적으로 용기 또는 포장을 해당 사업자에게 반환할 것을 조건으로 그 용기대금과 포장비용을 공제한 금액으로 공급하는 경우에는 그 용기대금과 포장비용은 공급가액에 포함하지 아니한다. (2018. 2. 13. 항번개정)

☞ p.821 2단 연결

4. 「공유수면 관리 및 매립에 관한 법률」에 따라 매립용역을 제공하는 경우 : 「공유수면 관리 및 매립에 관한 법률」에 따라 산정한 해당 매립공사에 든 총사업비 (2013. 6. 28. 개정)

5. 사업자가 보세구역 내에 보관된 재화를 다른 사업자에게 공급하고, 그 재화를 공급받은 자가 그 재화를 보세구역으로부터 반입하는 경우 : 그 재화의 공급가액에서 세관장이 법 제58조 제2항에 따라 부가가치세를 징수하고 발급한 수입세금계산서에 적힌 공급가액을 뺀 금액. 다만, 세관장이 법 제58조 제2항에 따라 부가가치세를 징수하기 전에 같은 재화에 대한 선하증권이 양도되는 경우에는 선하증권의 양수인으로부터 받은 대가를 공급가액으로 할 수 있다. (2015. 2. 3. 단서개정)

6. 사업자가 제29조 제2항 제3호에 따라 둘 이상의 과세기간에 걸쳐 용역을 제공하고 그 대가를 선불로 받는 경우 : 해당 금액을 계약기간의 개월 수로 나눈 금액의 각 과세대상기간의 합계액. 이 경우 개월 수의 계산에 관하여는 해당 계약기간의 개시일이 속하는 달이 1개월 미만이면 1개월로 하고, 해당 계약기간의 종료일이 속하는 달이 1개월 미만이면 산입하지 아니한다. (2013. 6. 28. 개정)

7. 사업자가 제29조 제2항 제4호에 따라 둘 이상의 과세기간에 걸쳐 용역을 제공하는 경우 : 그 용역을 제공하는 기간 동안 지급받는 대가와 그 시설의 설치가액을 그 용역제공 기간의 개월 수로 나눈 금액의 각 과세대상기간의 합계액. 이 경우 개월 수의 계산에 관하여는 해당 용역제공 기간의 개시일이 속하는 달이 1개월 미만이면 1개월로 하고, 해당 용역제공 기간의 종료일이 속하는 달이 1개월 미만이면 산입하지 아니한다. (2013. 6. 28. 개정)

8. 제31조 제1항 제4호에 따른 위탁가공무역 방식으로 수출하는 경우 : 완성된 제품의 인도가액 (2013. 6. 28. 개정)

9. 마일리지등으로 대금의 전부 또는 일부를 결제받은 경우(제10호에 해당하는 경우는 제외한다) : 다음 각 목의 금액을 합한 금액 (2018. 2. 13. 개정)

　가. 마일리지등 외의 수단으로 결제받은 금액 (2017. 2. 7. 신설)

　나. 자기적립마일리지등[당초 재화 또는 용역을 공급하고 마일리지

받은 금액에 공급가액과 세액이 별도 표시되어 있지 아니한 경우와 부가가치세가 포함되어 있는지 불분명한 경우에는 거래금액 또는 영수할 금액의 110분의 100에 해당하는 금액이 공급가액이 된다. (2014. 12. 30. 개정)

29-61-2【공급가액에 포함하는 금액】
(2019. 12. 23. 제목개정)

공급가액에는 거래상대자로부터 받는 대금·요금·수수료 그 밖에 어떤 명목이든 상관없이 실질적 대가관계에 있는 모든 금전적 가치있는 것으로서 다음 각 호의 어느 하나에 해당하는 것을 포함한다. (2019. 12. 23. 개정)

1. 현물로 받는 경우에는 자기가 공급한 재화 또는 용역의 시가 (1998. 8. 1. 개정)

2. 장기할부판매 또는 할부판매 경우의 이자상당액 (1995. 9. 1 개정)

3. 대가의 일부로 받는 운송보험료·산재보험료 등 (2014. 12. 30. 호번 개정)

4. 대가의 일부로 받는 운송비·포장비·하역비 등 (2014. 12. 30. 호번 개정)

5. 개별소비세와 교통·에너지·환경세 및 주세가 과세되는 재화 또는 용역에 대하여는 해당 개별소비세와 교통·에너지·환경세 및 주세와 그 교육세 및 농어촌특별세상당액 (2014. 12. 30. 호번개정)

29-61-3【부동산임대 시 월세 등과 함께 받는 공공요금】 (2014. 12. 30. 제목개정)

사업자가 부가가치세가 과세되는 부동산임대료와 해당 부동산을 관리해 주는 대가로 받는 관리비등을 구분하지 아니하고 영수하는 때에는 전체 금액에 대하여 과세하는 것이나, 임차인이 부담하여야 할 보험료·수도료 및 공공요금 등을 별도로 구분징수하여 납입을 대행하는 경우 해당 금액은 부동산임대관리에 따른 대가에 포함하지 아니한다. (2011. 2. 1. 개정)

29-61-4【공급받는 자가 부담하는 원자

봉사료를 과세표준에서 제외하고자 하는 사업자가 지켜야 할 사항 (국세청고시 제2024-22호, 2024. 8. 23.)

〈제29조〉

④ 제3항에도 불구하고 특수관계인에 대한 재화 또는 용역(수탁자가 위탁자의 특수관계인에게 공급하는 신탁재산과 관련된 재화 또는 용역을 포함한다)의 공급이 다음 각 호의 어느 하나에 해당하는 경우로서 조세의 부담을 부당하게 감소시킬 것으로 인정되는 경우에는 공급한 재화 또는 용역의 시가를 공급가액으로 본다. (2021. 12. 8. 개정)
1. 재화의 공급에 대하여 부당하게 낮은 대가를 받거나 아무런 대가를 받지 아니한 경우 (2013. 6. 7. 개정)
2. 용역의 공급에 대하여 부당하게 낮은 대가를 받는 경우 (2013. 6. 7. 개정)
3. 용역의 공급에 대하여 대가를 받지 아니하는 경우로서 제12조 제2항 단서가 적용되는 경우 (2013. 6. 7. 개정)
⑤ 다음 각 호의 금액은 공급가액에 포함하지 아니한다. (2013. 6. 7. 개정)
1. 재화나 용역을 공급할 때 그 품질이나 수량, 인도조건 또는 공급대가의 결제방법이나 그 밖의 공급조건에 따라 통상의 대가에서 일정액을 직접 깎아 주는 금액 (2013. 6. 7. 개정)

● 예 판
• 통상의 공급가액에서 직접 공제하기로 약정한 금액은 에누리에 해당하며, 재화의 인도 시 장점가액으로 세금계산서를 발급하고 공급가액 확정 시 수정세금계산서를 발급하여야 하는 것임. (사전법령부가-55, 2015. 3. 16.)
• 고객이 편의점에서 특정 제품을 구입하면서 정상 가격에서 해당 쿠폰에 기재된 할인액을 차감하여 결제할 때 제조사가 편의점에 쿠폰할인액에 상당하는 금액을 보전하기로 사전에 약정한 경우 해당 쿠폰할인액은 제

④ 사업자가 음식 · 숙박 용역이나 개인서비스 용역을 공급하고 그 대가와 함께 받는 종업원(자유직업소득자를 포함한다)의 봉사료를 세금계산서, 영수증 또는 법 제46조 제1항에 따른 신용카드매출전표등에 그 대가와 구분하여 적은 경우로서 봉사료를 해당 종업원에게 지급한 사실이 확인되는 경우에는 그 봉사료는 공급가액에 포함하지 아니한다. 다만, 사업자가 그 봉사료를 자기의 수입금액에 계상하는 경우에는 그러하지 아니하다. (2018. 2. 13. 항번개정)

제62조【시가의 기준】법 제29조 제3항 및 제4항에 따른 시가는 다음 각 호의 가격으로 한다. (2021. 2. 17. 개정)
1. 사업자가 특수관계인이 아닌 자와 해당 거래와 유사한 상황에서 계속적으로 거래한 가격 또는 제3자 간에 일반적으로 거래된 가격 (2013. 6. 28. 개정)
2. 제1호의 가격이 없는 경우에는 사업자가 그 대가로 받은 재화 또는 용역의 가격(공급받은 사업자가 특수관계인이 아닌 자와 해당 거래와 유사한 상황에서 계속적으로 거래한 해당 재화 및 용역의 가격 또는 제3자 간에 일반적으로 거래된 가격을 말한다) (2013. 6. 28. 개정)
3. 제1호나 제2호에 따른 가격이 없거나 시가가 불분명한 경우에는 「소득세법 시행령」 제98조 제3항 및 제4항 또는 「법인세법 시행령」 제89조 제2항 및 제4항에 따른 가격 (2013. 6. 28. 개정)

통 칙 29-62-1【폐업 시 남아 있는 재화의 시가】(2014. 12. 30. 제목개정)
사업자가 사업을 폐업할 때 남아 있는 재화의 시가는 사업자와 특수관계가 없는 자와의 정상적인 거래에 있어서 형성되는 가격으로서 사업자의 업태별 시가(제조업자의 제조장가격, 도매업자의 도매가격, 소매업자의 소매가격 등)를 말하며, 겸업자의 경우에는 업태별 과세표준의 비율에 따라 각각 업태별 시가를 적용한다. (2014. 12. 30. 개정)

재 등의 공급가액 계산】
(2019. 12. 23. 제목개정)
거래상대방으로부터 인도받은 원자재 등을 사용하여 제조 · 가공한 재화를 공급하거나 용역을 제공하는 경우에 해당 원자재 등의 가액은 공급가액에 포함하지 아니한다. 다만, 재화 또는 용역을 공급하고 그 대가로 원자재 등을 받는 경우에는 그러하지 아니하다. (2019. 12. 23. 개정)
29-61-5【개별소비세를 환급받는 경우 공급가액 계산】(2019. 12. 23. 제목개정)
석유류판매업자가 석유류제조업자로부터 개별소비세 및 교통 · 에너지 · 환경세가 과세된 석유류를 구입하여 외국공관에 판매하고 「개별소비세법」 제16조 및 「교통 · 에너지 · 환경세법」 제14조에 따라 개별소비세 및 교통 · 에너지 · 환경세를 환급받은 경우 해당 환급세액은 제조업자의 과세표준에서 공제하고, 해당 제조업자는 판매업자에게 영 제70조에 따라 공급가액을 수정하여 세금계산서를 발급하여야 한다. (2014. 12. 30. 개정)
29-61-6【반환하기로 한 포장용기 등의 공급가액 계산】(2019. 12. 23. 제목개정)
① 사업자가 용기 또는 포장의 회수를 보장하기 위하여 받는 보증금 등은 공급가액에 포함하지 아니한다. (2019. 12. 23. 개정)
② 반환조건으로 공급한 용기 및 포장을 회수할 수 없어 그 용기대금과 포장비용을 변상금 형식으로 변제받을 때에는 공급가액에 포함한다. (2019. 12. 23. 개정)
29-61-7【하자보증금의 공급가액 불공제】(2019. 12. 23. 제목개정)
사업자가 완성도기준지급 또는 중간지급조건부로 재화 또는 용역을 공급하고 계약에 따라 대가의 각 부분을 받을 때 일정금액을 하자보증을 위하여 공급받는 자에게 보관시키는 하자보증금은 공급가액에서 공제하지 아니한다. (2019. 12. 23.

조사 및 편의점의 특정 제품 공급가액에 각각 포함하지 아니하는 것임. (서면 - 2022 - 법규부가 - 1286, 2022. 5. 23.)
• 온라인판매업자가 오픈마켓에서 고객에게 상품을 판매할 때 공급조건에 따라 할인쿠폰을 발행하여 통상의 대가에서 일정액을 직접 깎아 주는 경우 「부가가치세법」 29조 5항 1호의 매출에누리에 해당하는 것임. (서면 - 2024 - 법규부가 - 0470, 2024. 10. 30.)

....

2. 환입된 재화의 가액 (2013. 6. 7. 개정)
3. 공급받는 자에게 도달하기 전에 파손되거나 훼손되거나 멸실한 재화의 가액 (2013. 6. 7. 개정)
4. 재화 또는 용역의 공급과 직접 관련되지 아니하는 국고보조금과 공공보조금 (2013. 6. 7. 개정)
5. 공급에 대한 대가의 지급이 지체되었음을 이유로 받는 연체이자 (2013. 6. 7. 개정)
6. 공급에 대한 대가를 약정기일 전에 받았다는 이유로 사업자가 당초의 공급가액에서 할인해 준 금액 (2013. 6. 7. 개정)
⑥ 사업자가 재화 또는 용역을 공급받는 자에게 지급하는 장려금이나 이와 유사한 금액 및 제45조 제1항에 따른 대손금액(貸損金額)은 과세표준에서 공제하지 아니한다. (2013. 6. 7. 개정)
⑦ 사업자가 재화 또는 용역을 공급하고 그 대가로 받은 금액에 부가가치세가 포함되어 있는지가 분명하지 아니한 경우에는 그 대가로 받은 금액에 110분의 100을 곱한 금액을 공급가액으로 한다. (2013. 6. 7. 개정)
⑧ 사업자가 과세사업과 면세사업등에 공통적으로 사용된 재화를 공급하는 경우에는 대통령령으로 정하는 바에 따라 계산한 금액을 공급가액으로 한다. (2023. 12. 31. 개정)

제63조【과세사업과 면세사업등에 공통으로 사용된 재화의 공급가액 계산】 ① 법 제29조 제8항에 따른 과세표준에 포함되는 공급가액은 다음 계산식에 따라 계산한다. 이 경우 휴업 등으로 인하여 직전 과세기간의 공급가액이 없을 때에는 그 재화를 공급한 날에 가장 가까운 과세기간의 공급가액으로 계산한다. (2013. 6. 28. 개정)

$$\text{공급가액} = \text{해당 재화의 공급가액} \times \frac{\text{재화를 공급한 날이 속하는 과세기간의 직전 과세기간의 과세된 공급가액}}{\text{재화를 공급한 날이 속하는 과세기간의 직전 과세기간의 총공급가액}}$$

개정)
29 - 61 - 8【할인액 또는 장려금의 과세표준】 (2014. 12. 30. 제목개정)
재화 또는 용역을 공급받는 사업자가 할인받는 금액 또는 지급받는 장려금은 재화 또는 용역의 공급에 대한 대가가 아니므로 과세하지 아니한다. (2014. 12. 30. 개정)

② 제1항에도 불구하고 제81조 제4항 제3호, 같은 조 제5항 또는 제82조 제2호를 적용받은 재화 또는 제83조에 따라 납부세액이나 환급세액을 사용면적비율에 따라 재계산한 재화로서 과세사업과 법 제29조 제8항에 따른 면세사업등(이하 "면세사업등"이라 한다)에 공통으로 사용되는 재화를 공급하는 경우에 과세표준에 포함되는 공급가액은 다음 계산식에 따라 계산한다. 이 경우 휴업 등으로 인하여 직전 과세기간의 사용면적비율이 없을 때에는 그 재화를 공급한 날에 가장 가까운 과세기간의 사용면적비율에 의하여 계산한다. (2013. 6. 28. 개정)

$$\text{공급가액} = \text{해당 재화의 공급가액} \times \frac{\text{재화를 공급한 날이 속하는 과세기간의 직전 과세기간의 과세사용면적}}{\text{재화를 공급한 날이 속하는 과세기간의 직전 과세기간의 총사용면적}}$$

③ 제1항에도 불구하고 다음 각 호의 어느 하나에 해당하는 경우에는 해당 재화의 공급가액 전부를 과세표준으로 한다. (2013. 6. 28. 개정)

1. 재화를 공급하는 날이 속하는 과세기간의 직전 과세기간의 총공급가액 중 면세공급가액이 5퍼센트 미만인 경우. 다만, 해당 재화의 공급가액이 5천만원 이상인 경우는 제외한다. (2013. 6. 28. 개정)
2. 재화의 공급가액이 50만원 미만인 경우 (2013. 6. 28. 개정)
3. 재화를 공급하는 날이 속하는 과세기간에 신규로 사업을 시작하여 직전 과세기간이 없는 경우 (2013. 6. 28. 개정)

제64조【토지와 건물 등을 함께 공급하는 경우 건물 등의 공급가액 계산】 ① 법 제29조 제9항 각 호 외의 부분 단서 및 같은 항 제2호 본문에 따른 안분계산한 금액은 다음 각 호의 구분에 따라 계산한 금액으로 한다. (2022. 2. 15. 개정)

1. 토지와 건물 또는 구축물 등(이하 이 조에서 "건물등"이라 한다)에 대한 「소득세법」 제99조에 따른 기준시가(이하 이 조에서 "기준시가"라 한다)가 모두 있는 경우: 공급계약일 현재의 기준시가에 따라 계산한 가액에 비례하여 안분(按分) 계산한 금액. 다만, 감정평가가액[제28조에 따른 공급시기(중간지급조건부 또는 장기할부판매의 경

⑨ 사업자가 토지와 그 토지에 정착된 건물 또는 구축물 등을 함께 공급하는 경우에는 건물 또는 구축물 등의 실지거래가액을 공급가액으로 한다. 다만, 다음 각 호의 어느 하나에 해당하는 경우에는 대통령령으로 정하는 바에 따라 안분계산한 금액을 공급가액으로 한다. (2018. 12. 31. 단서개정)

1. 실지거래가액 중 토지의 가액과 건물 또는 구축물 등의 가액의 구분이 불분명한 경우 (2018. 12. 31. 신설)

2. 사업자가 실지거래가액으로 구분한 토지와 건물 또는 구축물 등의 가액이 대통령령으로 정하는 바에 따라 안분계산한 금액과 100분의 30 이상 차이가 있는 경우. 다만, 다른 법령에서 정하는 바에 따라 가액을 구분한 경우 등 대통령령으로 정하는 사유에 해당하는 경우는 제외한다. (2021. 12. 8. 개정)

⑩ 사업자가 다음 각 호의 어느 하나에 해당하는 부동산 임대용역을 공급하는 경우의 공급가액은 대통령령으로 정하는 바에 따라 계산한 금액으로 한다. (2013. 6. 7. 개정)

1. 사업자가 부동산 임대용역을 공급하고 전세금 또는 임대보증금을 받는 경우 (2013. 6. 7. 개정)

통칙 29-65-1【전세금 또는 임대보증금에 대한 공급가액 계산】(2014. 12. 30. 제목개정)
영 제65조에 따른 전세금 또는 임대보증금에 대한 공급가액은 임차인이 해당 부동산을 사용하거나 사용하기로 한 때를 기준으로 하여 계산한다. (2014. 12. 30. 개정)

29-65-2【부동산임대에 따른 전세금 등에 대한 세부담】
과세되는 부동산을 임대하고 받은 전세금 또는 임대보증금의 이자상당액(이하

우는 최초 공급시기)가 속하는 과세기간의 직전 과세기간 개시일부터 공급시기가 속하는 과세기간의 종료일까지 「감정평가 및 감정평가사에 관한 법률」에 따른 감정평가법인등이 평가한 감정평가가액을 말한다. 이하 이 조에서 같다]이 있는 경우에는 그 가액에 비례하여 안분 계산한 금액으로 한다. (2022. 1. 21. 개정 ; 감정평가 및~시행령 부칙)

2. 토지와 건물등 중 어느 하나 또는 모두의 기준시가가 없는 경우로서 감정평가가액이 있는 경우 : 그 가액에 비례하여 안분 계산한 금액. 다만, 감정평가가액이 없는 경우에는 장부가액(장부가액이 없는 경우에는 취득가액)에 비례하여 안분 계산한 후 기준시가가 있는 자산에 대해서는 그 합계액을 다시 기준시가에 의하여 안분 계산한 금액으로 한다. (2013. 6. 28. 개정)

3. 제1호와 제2호를 적용할 수 없거나 적용하기 곤란한 경우 : 국세청장이 정하는 바에 따라 안분하여 계산한 금액 (2013. 6. 28. 개정)

② 법 제29조 제9항 제2호 단서에 따라 다음 각 호의 어느 하나에 해당하는 경우에는 건물등의 실지거래가액을 공급가액으로 한다. (2022. 2. 15. 신설)

1. 다른 법령에서 정하는 바에 따라 토지와 건물등의 가액을 구분한 경우 (2022. 2. 15. 신설)

2. 토지와 건물등을 함께 공급받은 후 건물등을 철거하고 토지만 사용하는 경우 (2022. 2. 15. 신설)

제65조【부동산 임대용역의 공급가액 계산】① 법 제29조 제10항 제1호에 따라 전세금이나 임대보증금을 받는 경우에는 법 제29조 제3항 제2호에 따른 금전 외의 대가를 받는 것으로 보아 다음 계산식에 따라 계산한 금액을 공급가액으로 한다. 이 경우 국가나 지방자치단체의 소유로 귀속되는 지하도의 건설비를 전액 부담한 자가 지하도로 점용허가(1차 무상점용기간으로 한정한다)를 받아 대여하는 경우에 기획재정부령으로 정하는 건설비상당액은 전세금이나 임대보증금으로 보지 아니한다. (2013. 6. 28. 개정)
공급가액 = 해당 기간의 전세금 또는 임대보증금

☞
편주 토지와 건물등의 가액구분이 불분명한 경우 과세표준 안분계산방법 (국세청고시 제2021-43호, 2021. 8. 24.)

제46조【전세금이나 임대보증금으로 보지 아니하는 건설비】영 제65조 제1항 후단에서 "기획재정부령으로 정하는 건설비상당액"이란 다음 계산식에 따라 계산한 금액을 말한다. (2013. 6. 28. 개정)
해당 기간 종료일까지의 국가 또는 지방자치단체에 기부채납된 지하도의 건설비

"간주임대료"라 한다)에 대한 부가가치세는 원칙적으로 임대인이 부담하는 것이나, 임대인과 임차인간의 약정에 의하여 임차인이 부담하는 것으로 할 수 있다. 이 경우 임차인이 부동산임차의 대가로서 월세 등의 형태로 지급하는 금액이 있는 때에는 임차인이 부담하는 간주임대료에 대한 부가가치세와 월세는 별도로 구분하여 지급하여야 한다. (1998. 8. 1. 개정)

2. 과세되는 부동산 임대용역과 면세되는 주택 임대용역을 함께 공급하여 그 임대구분과 임대료 등의 구분이 불분명한 경우 (2013. 6. 7. 개정)

3. 사업자가 둘 이상의 과세기간에 걸쳐 부동산 임대용역을 공급하고 그 대가를 선불 또는 후불로 받는 경우 (2013. 6. 7. 개정)

$$\times \quad 과세대상 \ 기간의 \ 일수 \quad \times \quad \frac{계약기간 \ 1년의 \ 정기예금 \ 이자율(해당 \ 예정신고기간 \ 또는 \ 과세기간 \ 종료일 \ 현재)}{365(윤년에는 \ 366)}$$

② 사업자가 부동산을 임차하여 다시 임대용역을 제공하는 경우에는 제1항의 계산식 중 "해당 기간의 전세금 또는 임대보증금"을 "해당 기간의 전세금 또는 임대보증금 − 임차 시 지급한 전세금 또는 임차보증금"으로 한다. 이 경우 임차한 부동산 중 직접 자기의 사업에 사용하는 부분이 있는 경우 임차 시 지불한 전세금 또는 임차보증금은 다음 계산식에 따른 금액을 제외한 금액으로 한다. (2021. 1. 5. 개정 ; 어려운 법령용어~대통령령)

$$임차 \ 시 \ 지급한 \ 전세금 \ 또는 \ 임차보증금 \quad \times \quad \frac{예정신고기간 \ 또는 \ 과세기간 \ 종료일 \ 현재 \ 직접 \ 자기의 \ 사업에 \ 사용하는 \ 면적}{예정신고기간 \ 또는 \ 과세기간 \ 종료일 \ 현재 \ 임차한 \ 부동산의 \ 총면적}$$

③ 제1항과 제2항의 경우에 사업자가 계약에 따라 전세금이나 임대보증금을 임대료에 충당하였을 때에는 그 금액을 제외한 가액을 전세금 또는 임대보증금으로 한다. (2013. 6. 28. 개정)

④ 법 제29조 제10항 제2호에 따라 과세되는 부동산 임대용역과 면세되는 주택 임대용역을 함께 공급하여 그 임대구분과 임대료 등의 구분이 불분명한 경우에는 다음 각 호의 계산식을 순차로 적용하여 공급가액을 계산한다. (2013. 6. 28. 개정)

1. 임대료 등의 대가 및 제1항에 따라 계산한 금액 (2013. 6. 28. 개정)

$$\times \quad \frac{토지가액 \ 또는 \ 건물가액}{토지가액과 \ 정착된 \ 건물가액의 \ 합계액}$$

$$= 토지분에 \ 대한 \ 임대료상당액 \ 또는 \ 건물분에 \ 대한 \ 임대료상당액$$

2. 제1호에 따른 금액 $\times \dfrac{과세되는 \ 토지임대면적}{총토지임대면적} = 토지임대공급가액$

3. 제1호에 따른 금액 $\times \dfrac{과세되는 \ 건물임대면적}{총건물임대면적} = 건물임대공급가액$

⑤ 법 제29조 제10항 제3호에 따라 사업자가 둘 이상의 과세기간에 걸쳐 부동산 임대용역을 공급하고 그 대가를 선불이나 후불로 받는 경

$$\times \quad \frac{전세금 \ 또는 \ 임대보증금을 \ 받고 \ 임대한 \ 면적}{임대가능면적}$$

제47조【정기예금 이자율】영 제65조 제1항의 계산식에 따른 계약기간 1년의 정기예금 이자율은 1,000분의 31로 한다. (2025. 3. 21. 개정)

편주 ▶ ·······························

규칙 47조의 개정규정은 2025. 3. 21.이 속하는 과세기간에 부동산 임대용역을 공급하는 경우부터 적용함. (규칙 부칙(2025. 3. 21.) 2조)

·······························

제48조【토지가액 등】① 영 제65조 제4항 제1호의 계산식에 따른 토지가액 또는 건물가액은 예정신고기간 또는 과세기간이 끝난 날 현재의 「소득세법」 제99조에 따른 기준시가에 따른다. (2013. 6. 28. 개정)

② 영 제65조 제4항 제2호의 계산식에 따른 토지임대면적 및 같은 항 제3호의 계산식에 따른 건물임대면적이 예정신고기간 또는 과세기간 중에 변동된 경우에는 그 예정신고기간 또는 과세기간 중의 해당 면

⑪ 제10조 제1항·제2항 및 제4항부터 제6항까지의 규정에 따라 재화의 공급으로 보는 재화가 대통령령으로 정하는 감가상각자산(이하 "감가상각자산"이라 한다)인 경우에는 제3항 제3호 및 제4호에도 불구하고 대통령령으로 정하는 바에 따라 계산한 금액을 공급가액으로 한다. (2013. 6. 7. 개정)

⑫ 시가와 그 밖에 공급가액 및 과세표준의 계산에 필요한 사항은 대통령령으로 정한다. (2013. 6. 7. 개정)

　제30조【세　율】부가가치세의 세율은 10퍼센트로 한다. (2013. 6. 7. 개정)

우에는 해당 금액을 계약기간의 개월 수로 나눈 금액의 각 과세대상기간의 합계액을 공급가액으로 한다. 이 경우 개월 수의 계산에 관하여는 제61조 제2항 제6호 후단을 준용한다. (2018. 2. 13. 후단개정)

⑥ 제1항부터 제5항까지에서 규정한 사항 외에 부동산 임대용역의 공급가액 계산에 필요한 사항은 기획재정부령으로 정한다. (2013. 6. 28. 개정)

　제66조【감가상각자산 자가공급 등의 공급가액 계산】① 법 제29조 제11항에서 "대통령령으로 정하는 감가상각자산"이란 「소득세법 시행령」 제62조 또는 「법인세법 시행령」 제24조에 따른 감가상각자산(이하 "감가상각자산"이라 한다)을 말한다. (2013. 6. 28. 개정)

② 과세사업에 제공한 재화가 감가상각자산에 해당하고, 해당 재화를 법 제10조 제1항·제2항 및 제4항부터 제6항까지의 규정에 따라 공급한 것으로 보는 경우에는 다음 각 호의 계산식에 따라 계산한 금액을 공급가액으로 본다. 이 경우 경과된 과세기간의 수는 법 제5조에 따른 과세기간 단위로 계산하되, 건물 또는 구축물의 경과된 과세기간의 수가 20을 초과할 때에는 20으로, 그 밖의 감가상각자산의 경과된 과세기간의 수가 4를 초과할 때에는 4로 한다. (2013. 6. 28. 개정)

1. 건물 또는 구축물 (2013. 6. 28. 개정)

$$공급가액 = \frac{해당\ 재화의}{취득가액} \times (1 - \frac{5}{100} \times 경과된\ 과세기간의\ 수)$$

2. 그 밖의 감가상각자산 (2013. 6. 28. 개정)

$$공급가액 = \frac{해당\ 재화의}{취득가액} \times (1 - \frac{25}{100} \times 경과된\ 과세기간의\ 수)$$

③ 과세사업에 제공한 감가상각자산을 면세사업에 일부 사용하는 경우에는 다음 각 호의 계산식에 따라 계산한 금액을 공급가액으로 하되, 그 면세사업에 의한 면세공급가액이 총공급가액 중 5퍼센트 미만인 경우에는 공급가액이 없는 것으로 본다. 이 경우 경과된 과세기간의 수에 관하여는 제2항 후단을 준용한다. (2013. 6. 28. 개정)

1. 건물 또는 구축물 (2013. 6. 28. 개정)

적의 적수(積數)에 따라 계산한 면적으로 한다. (2013. 6. 28. 개정)

통칙 29-66-1【사업양수자산의 자가공급 등에 대한 공급가액 계산】(2014. 12. 30. 제목개정)

사업자가 법 제10조 제9항 제2호에 따라 양수한 감가상각대상자산이 법 제10조 제1항·제2항 및 제4항부터 제6항까지의 규정에 해당하여 영 제66조 제2항에 따라 공급가액을 계산하는 경우 해당 재화의 경과된 과세기간의 수는 해당 사업의 양도자가 당초 취득한 날을 기준으로 하여 산정하는 것이며, 이 경우 '취득한 날'이란 재화가 실제로 사업에 사용된 날을 말한다. (2019. 12. 23. 개정)

$$\text{공급가액} = \text{해당 재화의 취득가액} \times \left(1 - \frac{5}{100} \times \text{경과된 과세기간의 수}\right)$$

$$\times \frac{\text{면세사업에 일부 사용한 날이 속하는 과세기간의 면세공급가액}}{\text{면세사업에 일부 사용한 날이 속하는 과세기간의 총공급가액}}$$

2. 그 밖의 감가상각자산 (2013. 6. 28. 개정)

$$\text{공급가액} = \text{해당 재화의 취득가액} \times \left(1 - \frac{25}{100} \times \text{경과된 과세기간의 수}\right)$$

$$\times \frac{\text{면세사업에 일부 사용한 날이 속하는 과세기간의 면세공급가액}}{\text{면세사업에 일부 사용한 날이 속하는 과세기간의 총공급가액}}$$

④ 제2항 및 제3항 각 호의 재화의 취득가액은 법 제38조에 따라 매입세액을 공제받은 해당 재화의 가액으로 한다. (2013. 6. 28. 개정)

⑤ 제2항과 제3항에 따라 경과된 과세기간의 수를 계산할 때 과세기간의 개시일 후에 감가상각자산을 취득하거나 해당 재화가 공급된 것으로 보게 되는 경우에는 그 과세기간의 개시일에 해당 재화를 취득하거나 해당 재화가 공급된 것으로 본다. (2013. 6. 28. 개정)

제 2 절 거래징수와 세금계산서

제31조 【거래징수】 사업자가 재화 또는 용역을 공급하는 경우에는 제29조 제1항에 따른 공급가액에 제30조에 따른 세율을 적용하여 계산한 부가가치세를 재화 또는 용역을 공급받는 자로부터 징수하여야 한다. (2013. 6. 7. 개정)

제32조 【세금계산서 등】 ① 사업자가 재화 또는 용역을 공급(부가가치세가 면제되는 재화 또는 용역의 공급은 제외한다)하는 경우에는 다음 각 호의 사항을 적은 계산서(이하 "세금계산서"라 한다)를 그 공급을 받는 자에게 발급하여야 한다. (2013. 6. 7. 개정)

제 2 절 거래징수와 세금계산서

제 2 절 거래징수와 세금계산서

제49조 【세금계산서】 법 제32조 제1항에 따른 세금계산서는 별지 제14호 서식과 같다. (2013. 6. 28. 개정)

1. 공급하는 사업자의 등록번호와 성명 또는 명칭 (2013. 6. 7. 개정)
2. 공급받는 자의 등록번호. 다만, 공급받는 자가 사업자가 아니거나 등록한 사업자가 아닌 경우에는 대통령령으로 정하는 고유번호 또는 공급받는 자의 주민등록번호 (2013. 6. 7. 개정)
3. 공급가액과 부가가치세액 (2013. 6. 7. 개정)
4. 작성 연월일 (2013. 6. 7. 개정)
5. 그 밖에 대통령령으로 정하는 사항 (2013. 6. 7. 개정)

▶예 판◀ ....

• 국내사업자(甲)가 국외사업자(乙)로부터 매수한 물품을 국내사업자(丙)에게 매도하는 계약을 체결하고, 甲은 乙로부터 丙명의의 기명식 선하증권을 포함한 운송서류를 송부받아 丙에게 교부하고 丙이 해당 물품의 수입 통관절차를 진행하는 사안에서, 甲의 丙에 대한 동 선하증권의 교부는 세금계산서 발급대상임. (기획재정부 조세법령운용과 – 418, 2022. 4. 26.)
• 제휴사가 이동통신사의 제휴할인 제도를 위탁받은 사업자와의 계약에 따라 회원에게 재화·용역을 할인된 가액으로 공급하고 사업자로부터 할인액 중 일정액을 지급받는 경우 별도의 판촉용역 대가로 보아 세금계산서 발급이 가능한 것임. (서면 – 2022 – 법규부가 – 3867, 2023. 2. 1.)
• 외국법인 본사(A)가 고객사(B)와 냉각기 공급 및 설치등 용역을 포함하는 공급계약을 체결하고 A법인이 장비 대가와 용역대가를 합한 금액을 B로부터 수취하면서 A의 기술자들이 B의 사업장에 파견되어 쟁점용역을 제공하는 경우, A의 국내사업장에서 쟁점용역을 제공한 부분에 대하여 다시 세금계산서를 교부하지 아니하는 것임. (서면 – 2022 – 법규부가 – 0781, 2023. 1. 26.)

제67조【세금계산서】① 법 제32조 제1항 제2호 단서에서 "대통령령으로 정하는 고유번호"란 제12조 제2항에 따라 부여받는 고유번호를 말한다. (2013. 6. 28. 개정)

② 법 제32조 제1항 제5호에 따라 세금계산서에 적을 그 밖의 사항은 다음 각 호와 같다. (2013. 6. 28. 개정)
1. 공급하는 자의 주소 (2013. 6. 28. 개정)
2. 공급받는 자의 상호·성명·주소 (2013. 6. 28. 개정)
3. 공급하는 자와 공급받는 자의 업태와 종목 (2013. 6. 28. 개정)
4. 공급품목 (2013. 6. 28. 개정)
5. 단가와 수량 (2013. 6. 28. 개정)
6. 공급 연월일 (2013. 6. 28. 개정)
7. 거래의 종류 (2013. 6. 28. 개정)
8. 사업자 단위 과세 사업자의 경우 실제로 재화 또는 용역을 공급하거나 공급받는 종된 사업장의 소재지 및 상호 (2013. 6. 28. 개정)
③ 사업자는 제73조 제5항에 따라 세금계산서를 발급하는 경우 비고란에 영수증 취소분이라고 적어야 한다. (2013. 6. 28. 개정)
④ 사업자는 법 제32조 제1항 제1호부터 제4호까지의 기재사항과 그 밖에 필요하다고 인정되는 사항 및 국세청장에게 신고한 계산서임을 적은 계산서를 국세청장에게 신고한 후 발급할 수 있다. (2013. 6. 28. 개정)
⑤ 제1항부터 제4항까지에서 규정한 사항 외에 세금계산서의 발급절차 및 보관요건, 신청절차, 제출형식 등에 관하여 필요한 사항은 국세청장이 정한다. (2013. 6. 28. 개정)

▶편주◀ ....

전자(세금)계산서 겸용서식 사용 사업자의 전산매체 제출 절차에 관한 고시 (국세청고시 제2023 – 22호, 2023. 12. 1.)

....

(통칙) 32 – 67 – 5【관세환급금에 대한 세금계산서 발급】
① 사업자가 수입원재료를 사용하여 제조 또는 가공한 재화를 내국신용장에

(통칙) 32 – 67 – 1【세금계산서 분실 시 처리】 (2014. 12. 30. 제목개정)
① 공급자 보관용 세금계산서를 분실한 경우에는 장부 기록 및 제증명 자료에 의하여 공급자 보관용 세금계산서를 사본으로 작성하여 보관하여야 한다. (2011. 2. 1. 개정)
② 공급받는 자 보관용 세금계산서를 분실한 경우에는 공급자가 확인한 사본을 발급받아 보관하여야 한다. (2011. 2. 1. 개정)

32 – 67 – 2【내국신용장 등에 의한 재화공급 시의 세금계산서 발급】 (2019. 12. 23. 제목개정)
영 제31조 제2항에 따른 내국신용장 또는 구매확인서에 의하여 수출용 원자재 등을 공급하는 사업자는 공급받는 사업자가 재화를 인수하는 때에 해당 일자의 「외국환거래법」에 따른 기준환율 또는 재정환율에 의하여 계산한 금액을 공급가액으로 하여 세금계산서를 발급한다. (2019. 12. 23. 개정)

32 – 67 – 3【휴·폐업 시의 세금계산서 수수】 (2014. 12. 30. 제목개정)
사업자가 사업을 폐지할 때 재고재화로서 과세된 잔존하는 재화를 실지로 처분하는 때에는 세금계산서를 발급할 수 없으며, 일반영수증을 발급하여야 한다. 다만, 휴업하는 사업자의 경우에는 전력비·난방비·불용재산 처분 등 사업장 유지관리 등에 따른 세금계산서는 발급받거나 발급할 수 있다. (2011. 2. 1. 개정)

32 – 67 – 4【수출용 원자재 등 구매 시 세금계산서 발급】 (2014. 12. 30. 제목개정)
수출품생산업자로부터 원신용장을 양도받아 대행수출하는 수출업자가 수출품생산업자의 수출용 재화의 원자재 구입을 위하여 내국신용장을 개설하

② 법인사업자와 대통령령으로 정하는 개인사업자는 제1항에 따라 세금계산서를 발급하려면 대통령령으로 정하는 전자적 방법으로 세금계산서(이하 "전자세금계산서"라 한다)를 발급하여야 한다. (2013. 6. 7. 개정)

☞

의하여 수출업자에게 공급하고 수출업자로부터 해당 수입원료에 대한 관세환급금을 받는 경우에 해당 관세환급금은 대가의 일부로서 영세율과세표준에 산입되므로 세금계산서를 발급하여야 한다. (2011. 2. 1. 개정)

② 내국신용장에 의한 재화의 공급 시 공급대가에 포함된 관세환급금상당액이 추후 수출업자가 세관장으로부터 환급받은 관세환급금과 서로 달라 그 차액을 정산하는 경우에는 해당 금액이 확정되는 때에 영 제70조에 따라 수정세금계산서를 발급한다. (2014. 12. 30. 개정)

제68조 【전자세금계산서의 발급 등】 ① 법 제32조 제2항에서 "대통령령으로 정하는 개인사업자"란 직전 연도의 사업장별 재화 및 용역의 공급가액(면세공급가액을 포함한다. 이하 이 조에서 같다)의 합계액이 8천만원 이상인 개인사업자(그 이후 직전 연도의 사업장별 재화 및 용역의 공급가액이 8천만원 미만이 된 개인사업자를 포함하며, 이하 이 조에서 "전자세금계산서 의무발급 개인사업자"라 한다)를 말한다. (2023. 2. 28. 개정)

② 전자세금계산서 의무발급 개인사업자는 사업장별 재화 및 용역의 공급가액의 합계액이 8천만원 이상인 해의 다음 해 제2기 과세기간이 시작하는 날부터 전자세금계산서를 발급해야 한다. 다만, 사업장별 재화와 용역의 공급가액의 합계액이 「국세기본법」 제45조에 따른 수정신고 또는 법 제57조에 따른 결정과 경정(이하 이 항에서 "수정신고등"이라 한다)으로 8천만원 이상이 된 경우에는 수정신고등을 한 날이 속하는 과세기간의 다음 과세기간이 시작하는 날부터 전자세금계산서를 발급해야 한다. (2023. 2. 28. 개정)

고 수출품생산업자가 원자재생산업자로부터 직접 원자재를 공급받는 경우에는 원자재생산업자는 수출품생산업자를 공급받는 자로 하여 세금계산서를 발급하여야 한다. (2011. 2. 1. 개정)

제50조 【전자세금계산서】 ① 법 제32조 제2항에 따른 전자세금계산서는 「전자문서 및 전자거래 기본법」 제24조 제1항에 따른 전자문서 및 전자거래의 표준화사업에 따라 제정된 전자세금계산서의 표준에 따라 생성하여 발급·전송되어야 한다. (2013. 6. 28. 개정)

② 영 제68조 제6항에 따라 전자세금계산서 설비 또는 시스템을 등록하려는 사업자는 국세청장으로부터 표준인증을 받아야 한다. (2022. 3. 18. 신설)

③ 제2항에 따른 표준인증(이하 이 조에서 "표준인증"이라 한다)의 기준 및 절차 등에 필요한 사항은 인증시스템의 기능 및 상호 운용성 등을 고려하여 국세청장이 정한다. (2022. 3. 18. 신설)

④ 국세청장은 다음 각 호의 어느 하나에 해당하는 경우 표준인증을 취소할 수 있다. (2022. 3. 18. 신설)

1. 거짓이나 그 밖의 부정한 방법으로 표준인증을 받은 경우 (2022. 3. 18. 신설)
2. 국세청장이 정한 표준인증기준에 미달하게 된 경우 (2022. 3. 18. 신설)
3. 전자세금계산서 설비 또는 시스템이 정당한 사유 없이 전자세금용 인증서나

(2023. 2. 28.) 3조 3항)

....

③ 제2항에 따라 전자세금계산서를 발급하였을 때에는 대통령령으로 정하는 기한까지 대통령령으로 정하는 전자세금계산서 발급명세를 국세청장에게 전송하여야 한다. (2013. 6. 7. 개정)

④ 제2항에도 불구하고 「전기사업법」 제2조 제2호에 따른 전기사업자가 산업용 전력을 공급하는 경우 등 대통령령으로 정하는 경우 해당

③ 관할 세무서장은 개인사업자가 전자세금계산서 의무발급 개인사업자에 해당하는 경우에는 제2항에 따라 전자세금계산서를 발급해야 하는 날이 시작되기 1개월 전까지 그 사실을 해당 개인사업자에게 통지하여야 한다. (2023. 2. 28. 개정)

④ 제2항에도 불구하고 개인사업자가 전자세금계산서를 발급해야 하는 날이 시작되기 1개월 전까지 제3항에 따른 통지를 받지 못한 경우에는 통지서를 수령한 날이 속하는 달의 다음 다음 달 1일부터 전자세금계산서를 발급하여야 한다. (2023. 2. 28. 개정)

⑤ 법 제32조 제2항에서 “대통령령으로 정하는 전자적 방법”이란 다음 각 호의 어느 하나에 해당하는 방법으로 같은 조 제1항 각 호의 기재사항을 계산서 작성자의 신원 및 계산서의 변경 여부 등을 확인할 수 있는 인증시스템을 거쳐 정보통신망으로 발급하는 것을 말한다. (2020. 12. 8. 개정 ; 전자서명법 시행령 부칙)

1. 「조세특례제한법」 제5조의 2 제1호에 따른 전사적(全社的) 기업자원 관리설비를 이용하는 방법 (2020. 2. 11. 개정)

2. 재화 또는 용역을 실제 공급하는 사업자를 대신하여 전자세금계산서 발급업무를 대행하는 사업자의 전자세금계산서 발급 시스템을 이용하는 방법 (2020. 2. 11. 개정)

3. 국세청장이 구축한 전자세금계산서 발급 시스템을 이용하는 방법 (2013. 6. 28. 개정)

4. 전자세금계산서 발급이 가능한 현금영수증 발급장치 및 그 밖에 국세청장이 지정하는 전자세금계산서 발급 시스템을 이용하는 방법 (2013. 6. 28. 개정)

⑥ 제5항 제1호·제2호 및 제4호에 따른 설비 또는 시스템을 구축하고 운영하려는 자는 미리 기획재정부령으로 정하는 바에 따라 국세청장 또는 관할 세무서장에게 등록하여야 한다. (2018. 2. 13. 개정)

⑦ 법 제32조 제3항에서 “대통령령으로 정하는 기한”이란 전자세금계산서 발급일의 다음 날을 말한다. (2018. 2. 13. 항번개정)

⑧ 법 제32조 제3항에서 “대통령령으로 정하는 전자세금계산서 발급명세”란 법 제32조 제1항 각 호의 사항을 말한다. (2018. 2. 13. 항번개정)

⑨ 사업자의 사업이 다음 각 호의 어느 하나에 해당하는 경우 해당 사업자는 법 제32조 제4항에 따라 해당 사업과 관련하여 법 제32조 제1

다른 발행시스템에서 발행된 세금계산서를 인식하지 못하는 경우 (2022. 3. 18. 신설)

⑤ 영 제68조 제6항에 따라 전자세금계산서 설비 또는 시스템을 등록하려는 사업자는 국세청장으로부터 표준인증을 받은 후 등록신청서에 다음 각 호의 서류를 첨부하여 국세청장 또는 관할 세무서장에게 제출해야 한다. (2022. 3. 18. 항번개정)

1. 위험관리계획서 (2013. 6. 28. 개정)

2. 전산조직운용명세서 (2013. 6. 28. 개정)

3. 대표자 보안 서약서 (2013. 6. 28. 개정)

4. 「정보통신망 이용촉진 및 정보보호 등에 관한 법률」 제52조 제1항에 따른 한국인터넷진흥원(이하 이 조에서 “한국인터넷진흥원”이라 한다) 표준인증서 사본 (2017. 3. 10. 개정)

4. 삭 제 (2021. 3. 16.)

5. 제1호부터 제3호까지의 서류 외에 전자세금계산서를 안정적으로 운영하기 위하여 국세청장이 필요하다고 인정하는 서류 (2021. 3. 16. 개정)

⑥ 제5항에 따라 등록신청서를 제출받은 국세청장 또는 관할 세무서장은 해당 사업자가 다음 각 호의 어느 하나에 해당하는 경우를 제외하고는 등록을 거부할 수 없다. 다만, 제1호부터 제3호까지의 요건은 영 제68조 제5항 제2호에 따른 실거래 사업자를 대신하여 전자세금계산서 발급업무를 대행하는 사업자(이하 제8항에서 “전자세금계산서 발급대행사업자”라 한다)에 대해서만 적용한다. (2022. 3. 18. 개정)

1. 재무상태표상의 자본금과 재무상태표상의 자산에서 부채를 차감한 금액 중 큰

사업자는 대통령령으로 정하는 바에 따라 전자세금계산서임을 적은 계산서를 발급하고 전자세금계산서 파일을 국세청장에게 전송할 수 있다. 이 경우 제2항에 따라 전자세금계산서를 발급하고 제3항에 따른 발급명세를 전송한 것으로 본다. (2013. 6. 7. 개정)

⑤ 전자세금계산서를 발급하여야 하는 사업자가 아닌 사업자도 제2항 및 제3항에 따라 전자세금계산서를 발급하고 전자세금계산서 발급명세를 전송할 수 있다. (2013. 6. 7. 개정)

항 제1호부터 제4호까지의 기재사항과 그 밖에 필요하다고 인정되는 사항 및 관할 세무서장에게 신고한 전자세금계산서임을 적은 계산서를 관할 세무서장에게 신고한 후 발급할 수 있다. 이 경우 사업자는 제5항 각 호에 따른 표준인증을 받고 공급일의 다음 달 11일까지 전자세금계산서 파일을 국세청장에게 전산매체로 제출하여야 한다. (2018. 2. 13. 개정)

1. 「전기사업법」에 따른 전기사업자가 산업용 전력을 공급하는 경우 (2013. 6. 28. 개정)
2. 「전기통신사업법」에 따른 전기통신사업자가 사업자에게 같은 법 제2조 제11호에 따른 기간통신역무(이하 이 호에서 "기간통신역무"라 한다)를 제공하는 경우와 같은 조 제12호에 따른 부가통신역무 중 월단위 요금형 서비스를 제공하는 경우로서 기간통신역무와 공급시기가 동일하여 통합하여 비용을 청구하는 경우 (2018. 2. 13. 개정)
3. 「도시가스사업법」에 따른 도시가스사업자가 산업용 도시가스를 공급하는 경우 (2013. 6. 28. 개정)
4. 「집단에너지사업법」에 따라 집단에너지를 공급하는 사업자가 산업용 열 또는 산업용 전기를 공급하는 경우 (2013. 6. 28. 개정)
5. 「방송법」 제2조 제3호에 따른 방송사업자가 사업자에게 방송용역을 제공하는 경우 (2013. 6. 28. 개정)
6. 일반과세자가 농어민에게 「조세특례제한법」 제105조의 2에 따른 농어업용 기자재를 공급하는 경우 (2013. 6. 28. 개정)
7. 「인터넷 멀티미디어 방송사업법」 제2조 제5호 가목에 따른 인터넷 멀티미디어 방송 제공사업자가 사업자에게 방송용역을 제공하는 경우 (2013. 6. 28. 개정)

⑩ 법 제32조 제5항에 따라 법인사업자 및 전자세금계산서 의무발급 개인사업자 외의 사업자도 제5항부터 제8항까지의 규정에 따라 전자세금계산서를 발급하고 전송할 수 있다. (2018. 2. 13. 개정)

⑪ 재화 또는 용역을 공급받는 자가 전자세금계산서를 발급받을 수신함을 가지고 있지 아니하거나 지정하지 아니한 경우 또는 제5항 제4호의 시스템 등 수신함이 적용될 수 없는 시스템을 사용하는 경우에는 제5항 제3호에 따른 전자세금계산서 발급 시스템을 수신함으로 지정한 것으로 본다. (2018. 2. 13. 개정)

금액(이하 이 조에서 "자본금"이라 한다)이 2억원 미만인 경우 (2018. 3. 19. 개정)
2. 사업자 또는 사업자의 대표자가 신청일 직전 5년 이내에 「조세범 처벌법」에 따른 처벌을 받은 사실이 있는 경우 (2013. 6. 28. 개정)
3. 사업자 또는 사업자의 대표자가 신청일 직전 2년 이내에 국세를 3회 이상 체납하거나 신청일 직전 5년 이내에 결손처분을 받은 사실이 있는 경우 (2013. 6. 28. 개정)
4. 해당 전자세금계산서 설비 또는 시스템의 안전성과 보안성이 미흡한 경우 (2013. 6. 28. 개정)

⑦ 제5항에 따라 등록신청서를 제출받은 국세청장 또는 관할 세무서장은 그 신청일부터 14일 이내에 등록 여부를 결정하여 사업자에게 알려야 한다. (2022. 3. 18. 개정)

⑧ 국세청장 또는 관할 세무서장은 다음 각 호의 어느 하나에 해당하는 경우에는 제7항에 따른 등록을 취소할 수 있다. 다만, 제1호의 경우에는 등록을 취소하여야 하며, 제6호부터 제9호까지의 사유는 전자세금계산서 발급대행 사업자에 대해서만 적용한다. (2022. 3. 18. 개정)
1. 거짓이나 그 밖의 부정한 방법으로 등록하거나 제4항에 따라 표준인증이 취소된 경우 (2022. 3. 18. 개정)
2. 국세청장으로부터 받은 표준인증이 취소된 경우 (2021. 3. 16. 개정)
3. 전자세금계산서 설비 또는 시스템이 정당한 사유 없이 전자세금용 인증서나 다른 발행시스템에서

⑥ 위탁판매 또는 대리인에 의한 판매 등 대통령령으로 정하는 경우에는 제1항에도 불구하고 해당 재화 또는 용역을 공급하는 자이거나 공급받는 자가 아닌 경우에도 대통령령으로 정하는 바에 따라 세금계산서 또는 전자세금계산서를 발급하거나 발급받을 수 있다. (2013. 6. 7. 개정)

⑦ ☞ P.835

⑫ 전자세금계산서가 재화 또는 용역을 공급받는 자가 지정하는 수신함에 입력되거나 제5항 제3호에 따른 전자세금계산서 발급 시스템에 입력된 때에 재화 또는 용역을 공급받는 자가 그 전자세금계산서를 수신한 것으로 본다. (2018. 2. 13. 개정)

⑬ 제1항부터 제12항까지에서 규정한 사항 외에 전자세금계산서의 발급절차 및 보관요건, 각 설비 및 시스템을 구축하여 운영하는 사업자에 관한 등록절차 및 등록요건, 제출서류, 등록 취소 사유 등에 관하여 필요한 사항은 기획재정부령으로 정한다. (2018. 2. 13. 개정)

제69조【위탁판매 등에 대한 세금계산서 발급】 ① 위탁판매 또는 대리인에 의한 판매의 경우 수탁자 또는 대리인이 재화를 인도할 때에는 법 제32조 제6항에 따라 수탁자 또는 대리인이 위탁자 또는 본인의 명의로 세금계산서를 발급하며, 위탁자 또는 본인이 직접 재화를 인도하는 때에는 위탁자 또는 본인이 세금계산서를 발급할 수 있다. 이 경우 수탁자 또는 대리인의 등록번호를 덧붙여 적어야 한다. (2013. 6. 28. 개정)

② 위탁매입 또는 대리인에 의한 매입의 경우에는 법 제32조 제6항에 따라 공급자가 위탁자 또는 본인을 공급받는 자로 하여 세금계산서를 발급한다. 이 경우 수탁자 또는 대리인의 등록번호를 덧붙여 적어야 한다. (2013. 6. 28. 개정)

③ 법 제10조 제7항 단서의 경우에는 제1항과 제2항을 적용하지 아니한다. (2013. 6. 28. 개정)

④ 수용으로 인하여 재화가 공급되는 경우에는 제1항을 준용하여 해당 사업시행자가 세금계산서를 발급할 수 있다. (2013. 6. 28. 개정)

⑤ 용역의 공급에 대한 주선·중개의 경우에는 제1항과 제2항을 준용한다. (2013. 6. 28. 개정)

⑥ 「조달사업에 관한 법률」에 따라 물자가 공급되는 경우에는 법 제32조 제6항에 따라 공급자 또는 세관장이 해당 실수요자에게 직접 세금계산서를 발급하여야 한다. 다만, 물자를 조달할 때에 그 물자의 실수요자를 알 수 없는 경우에는 조달청장에게 세금계산서를 발급하고, 조달청장이 실제로 실수요자에게 그 물자를 인도할 때에는 그 실수요자에게 세금계산서를 발급할 수 있다. (2013. 6. 28. 개정)

발행된 세금계산서를 인식하지 못하는 경우 (2021. 3. 16. 개정)

3. 삭　제 (2022. 3. 18.)

4. 사업자가 보안점검에 응하지 아니하거나 보안점검에 따른 결과를 이행하지 아니하는 경우 (2013. 6. 28. 개정)

5. 사업자가 국세청장 또는 관할 세무서장의 전산자료 요청에 응하지 아니하는 경우 (2013. 6. 28. 개정)

6. 자본금이 2억원 미만인 경우 (2013. 6. 28. 개정)

7. 사업자 또는 사업자의 대표자가 「조세범 처벌법」에 따른 처벌을 받은 경우 (2013. 6. 28. 개정)

8. 사업자 또는 사업자의 대표자가 정당한 사유 없이 3회 이상 국세를 체납한 경우 (2013. 6. 28. 개정)

9. 연속하여 3년 이상 결손이 발생하여 등록을 취소하는 것이 타당하다고 인정되는 경우 (2013. 6. 28. 개정)

10. 그 밖에 전자세금계산서 제도의 목적에 위배되는 행위를 한 경우 (2013. 6. 28. 개정)

⑨ 제1항부터 제8항까지에서 규정한 사항 외에 전자세금계산서 발급과 그 설비·시스템의 등록 등에 필요한 세부적인 사항은 국세청장이 정한다. (2022. 3. 18. 개정)

편주 ▶

전자(세금)계산서 시스템을 구축·운영하는 사업자가 지켜야 할 사항 (국세청고시 제2023-17호, 2023. 9. 1.)

따른 전기판매사업자 또는 전기사용자에게 전력을 공급하고 그 대가를 같은 법에 따른 한국전력거래소를 통하여 받는 경우에는 법 제32조 제6항에 따라 그 발전사업자가 한국전력거래소에 세금계산서를 발급하고 한국전력거래소가 그 전기판매사업자 또는 전기사용자에게 세금계산서를 발급할 수 있다. (2013. 6. 28. 개정)

⑬ 「방송법 시행령」 제1조의 2 제4호 및 제5호에 따른 위성이동멀티미디어방송사업자 및 일반위성방송사업자가 「전기통신사업법」에 따른 전기통신사업자의 이용자에게 각각 위성이동멀티미디어방송용역 또는 일반위성방송용역을 제공하고 그 대가의 징수를 전기통신사업자에게 대행하게 하는 경우에는 법 제32조 제6항에 따라 위성이동멀티미디어방송사업자 및 일반위성방송사업자는 전기통신사업자에게 세금계산서를 발급하고, 전기통신사업자가 이용자에게 세금계산서를 발급할 수 있다. (2013. 6. 28. 개정)

⑭ 「전기사업법」에 따른 전기사업자가 전력을 공급하는 경우로서 전력을 공급받는 명의자와 전력을 실제로 소비하는 자가 서로 다른 경우에 그 전기사업자가 전력을 공급받는 명의자를 공급받는 자로 하여 세금계산서를 발급하고 그 명의자는 발급받은 세금계산서에 적힌 공급가액의 범위에서 전력을 실제로 소비하는 자를 공급받는 자로 하여 세금계산서를 발급하였을 때(세금계산서의 발급이 면제되는 경우로서 기획재정부령으로 정하는 경우에 그 세금계산서를 발급하였을 때를 포함한다)에는 그 전기사업자가 전력을 실제로 소비하는 자를 공급받는 자로 하여 세금계산서를 발급한 것으로 본다. (2013. 6. 28. 개정)

 32-69-7 【전력을 공급받는 명의자의 세금계산서 발급】
영 제69조 제14항에 규정하는 전력을 공급받는 명의자의 범위에는 부가가치세법상 일반과세자가 아닌 자를 포함하며, 일반과세자가 아닌 자가 세금계산서를 발급할 때에는 간이과세자등록번호·면세사업자등록번호 또는 고유번호 등을 기재하여 일반과세자의 세금계산서발급요령에 따라 발급한다. (2014. 12. 30. 개정)

⑮ 「전기사업법」에 따른 재생에너지전기공급사업자가 같은 법에 따른 발전사업자로부터 전력을 공급받아 전기사용자에게 전력을 공급하고 같은 법에 따른 전기판매사업자 또는 한국전력거래소에 전기 공급
☞ p.834 2단 연결

⑦ 「한국가스공사법」에 따른 한국가스공사가 기획재정부령으로 정하는 가스도입판매사업자를 위하여 천연가스(액화한 것을 포함한다)를 직접 수입하는 경우에는 법 제32조 제6항에 따라 세관장이 해당 가스도입판매사업자에게 직접 세금계산서를 발급할 수 있다. (2013. 6. 28. 개정)

⑧ 납세의무가 있는 사업자가 「여신전문금융업법」 제3조에 따라 등록한 시설대여업자로부터 시설 등을 임차하고, 그 시설 등을 공급자 또는 세관장으로부터 직접 인도받는 경우에는 법 제32조 제6항에 따라 공급자 또는 세관장이 그 사업자에게 직접 세금계산서를 발급할 수 있다. (2013. 6. 28. 개정)

⑨ 제18조 제2항 제1호에 따라 조달청장이 발행한 창고증권의 양도로서 임치물의 반환이 수반되는 경우의 세금계산서 발급에 관하여는 제6항 단서를 준용한다. 이 경우 제6항 단서 중 "실수요자"는 "창고증권과의 교환으로 임치물을 반환받는 자"로 본다. (2013. 6. 28. 개정)

⑩ 「감정평가 및 감정평가사에 관한 법률」에 따른 감정평가법인등 또는 「신문 등의 진흥에 관한 법률」에 따른 신문 발행업자 및 「잡지 등 정기간행물의 진흥에 관한 법률」에 따른 정기간행물 발행업자 또는 「뉴스통신 진흥에 관한 법률」에 따른 뉴스통신사업을 경영하는 법인이 법원의 의뢰를 받아 감정평가용역 또는 광고용역을 제공하는 경우로서 그 용역을 실제로 공급받는 자를 알 수 없을 때에는 법 제32조 제6항에 따라 감정평가법인등 또는 신문 발행업자 및 정기간행물 발행업자 또는 뉴스통신사업을 경영하는 법인은 법원에 세금계산서를 발급하고, 그 법원이 감정평가용역 또는 광고용역을 실제로 공급받는 자로부터 그 용역에 대한 대가를 징수할 때에는 법원이 그 자에게 세금계산서를 발급할 수 있다. (2022. 1. 21. 개정 ; 감정평가 및~시행령 부칙)

⑪ 「전기통신사업법」에 따른 전기통신사업자가 다른 전기통신사업자의 이용자(「전기통신사업법」 제2조 제1항 제9호에 따른 이용자를 말한다. 이하 이 조에서 같다)에게 전기통신역무를 제공하고 그 대가의 징수를 다른 전기통신사업자에게 대행하게 하는 경우에는 법 제32조 제6항에 따라 해당 전기통신역무를 제공한 사업자가 다른 전기통신사업자에게 세금계산서를 발급하고, 다른 전기통신사업자가 이용자에게 세금계산서를 발급할 수 있다. (2013. 6. 28. 개정)

⑫ 「전기사업법」에 따른 발전사업자가 전력시장을 통하여 같은 법에

제51조 【공동매입 등에 대한 세금계산서 발급】 영 제69조 제14항에서 "세금계산서의 발급이 면제되는 경우로서 기획재정부령으로 정하는 경우"란 제52조 제2호에 따른 사업자가 전력이나 도시가스를 공급하는 경우에 영 제71조 제1항 제1호에 따라 세금계산서 발급이 면제되는 경우를 말한다. (2013. 6. 28. 개정)

제51조의 2 【재생에너지공급사업자의 부대비용 관련 세금계산서의 발급】 영 제69조 제15항에서 "기획재정부령으로 정하는 부대비용"이란 다음 각 호의 어느 하

할당대상업체등이 배출권 거래소에 세금계산서를 발급하고 배출권 거래소가 공급받은 할당대상업체등에 세금계산서를 발급할 수 있다. (2024. 2. 29. 항번개정)

⑳ 합병에 따라 소멸하는 법인이 합병계약서에 기재된 합병을 할 날부터 합병등기일까지의 기간에 재화 또는 용역을 공급하거나 공급받는 경우 합병 이후 존속하는 법인 또는 합병으로 신설되는 법인이 세금계산서를 발급하거나 발급받을 수 있다. (2024. 2. 29. 항번개정)

㉑ 분할 또는 분할합병에 따라 소멸하는 법인이 분할계획서에 기재된 분할을 할 날 또는 분할합병계약서에 기재된 분할합병을 할 날부터 분할등기일 또는 분할합병등기일까지의 기간에 재화 또는 용역을 공급하거나 공급받는 경우에는 다음 각 호의 어느 하나에 해당하는 법인으로서 분할계획서 또는 분할합병계약서에서 정하는 바에 따라 해당 재화 또는 용역의 공급에 관한 권리의무를 승계하는 법인이 세금계산서를 발급하거나 발급받을 수 있다. (2025. 2. 28. 신설)

1. 분할 또는 분할합병 이후 존속하는 법인 (2025. 2. 28. 신설)
2. 분할 또는 분할합병으로 신설되는 법인 (2025. 2. 28. 신설)

편주 ▶ ....
영 69조 21항의 개정규정은 2025. 2. 28. 이후 재화 또는 용역을 공급하거나 공급받는 경우 또는 재화를 수입신고하는 경우부터 적용함. (영 부칙(2025. 2. 28.) 3조)
....

통칙 32 - 69 - 1【지입차량에 대한 세금계산서 발급】
지입회사가 지입차주의 위탁을 받아 지입차량을 매입하는 경우에 지입회사는 법 제10조 제7항 단서에 따라 차량공급자로부터 자기의 명의로 세금계산서를 발급받고 자기의 명의로 지입차주에게 세금계산서를 발급하여야 한다. (2014. 12. 30. 개정)

32 - 69 - 2【보험사고 자동차 수리비의 세금계산서 발급】
보험사고자동차에 대한 수리용역을 제공하는 사업자는 해당 용역대가의 지급자 또는 해당 차량의 소유자 여부에 관계없이 실제 자기책임하에 자동차수리용역을 제공받는 자에게 세금계산서를 발급한다. (2011. 2. 1. 개정)

32 - 69 - 3【하치장에서 인도되는 재화의 세금계산서 발급】
☞ p.835 2단 연결

과 관련된 기획재정부령으로 정하는 부대비용을 각각 지급하는 경우에는 전기판매사업자 또는 한국전력거래소가 재생에너지전기공급자에게 각각의 부대비용에 대한 세금계산서를 발급하고 재생에너지공급사업자는 그 부대비용과 관련하여 발급받은 세금계산서에 적힌 공급가액의 범위에서 발전사업자 또는 전기사용자에게 각각의 세금계산서를 발급할 수 있다. (2024. 2. 29. 신설)

편주 ▶ ....
영 69조 15항 개정규정은 2024. 2. 29. 이후 재화 또는 용역을 공급하는 경우부터 적용함. (영 부칙(2024. 2. 29.) 7조)
....

⑯ 동업자가 조직한 조합 또는 이와 유사한 단체가 그 조합원이나 그 밖의 구성원을 위하여 재화 또는 용역을 공급하거나 공급받는 경우와 「국가를 당사자로 하는 계약에 관한 법률」에 따른 공동 도급계약에 의하여 용역을 공급하고 그 공동 수급체의 대표자가 그 대가를 지급받는 경우 및 「도시가스사업법」에 따른 도시가스사업자가 도시가스를 공급할 때 도시가스를 공급받는 명의자와 도시가스를 실제로 소비하는 자가 서로 다른 경우에 관하여는 제14항을 준용한다. (2024. 2. 29. 항번개정)

⑰ 제18조 제2항 제1호에 따른 조달청 창고 및 같은 항 제2호에 따른 거래소의 지정창고에 보관된 물품이 국내로 반입되는 경우에는 세관장이 수입세금계산서를 발급한다. (2024. 2. 29. 항번개정)

⑱ 법 제52조 제1항에 따른 용역등(이하 "용역등"이라 한다)을 법 제53조 제1항에 따라 공급하는 경우에는 세금계산서를 발급할 때 그 용역등을 공급하는 법 제52조 제1항 각 호의 어느 하나에 해당하는 자의 상호 및 주소를 덧붙여 적어야 한다. (2024. 2. 29. 항번개정)

⑲ 「온실가스 배출권의 할당 및 거래에 관한 법률」에 따라 배출권 거래계정을 등록한 자(이하 "할당대상업체등"이라 한다)가 같은 법에 따른 배출권 거래소가 개설한 배출권 거래시장을 통하여 다른 할당대상업체등에게 같은 법 제2조 제3호에 따른 배출권(같은 법 제29조 제3항에 따른 상쇄배출권을 포함한다)을 공급하고 그 대가를 배출권 거래소를 통하여 받는 경우에는 법 제32조 제6항에 따라 그

나에 해당하는 것을 말한다. (2024. 3. 22. 신설)

1. 「전기사업법」 제15조에 따른 송전·배전용 전기설비의 이용요금 (2024. 3. 22. 신설)
2. 「전기사업법」 제40조 제1항 제2호에 따른 전력거래에 대한 수수료 (2024. 3. 22. 신설)
3. 「전기사업법」 제43조의 전력시장운영규칙에 따른 전력거래의 정산비용 (2024. 3. 22. 신설)
4. 그 밖에 제1호부터 제3호까지의 비용과 유사한 비용으로서 재생에너지공급사업자와 전기사용자 간의 직접 전력거래에 따라 전기판매사업자 또는 한국전력거래소에 납부해야 하는 비용 (2024. 3. 22. 신설)

통칙 32-69-6【화물운송 주선의 경우 세금계산서 발급】
운송주선용역을 공급하는 사업자가 불특정다수인의 화주와 운송위탁계약을 체결하여 화주로부터 화물·운임 및 주선수수료를 받아 운수업자로 하여금 화물을 운송하게 하고 그 운임을 지불하는 경우 세금계산서의 발급은 다음 각 호와 같이 한다. (2011. 2. 1. 개정)
1. 운송주선사업자는 운송주선용역을 공급받는 자(화주 또는 운송업자)에게 운송주선용역의 대가인 수수료에 대하여 세금계산서를 발급하고 화물운송계약이 확정될 때에 운송업자의 명의로 화주에게 화물운송용역에 대한 세금계산서를 발급한다. 이 경우 화물운송주선업자의 등록번호를 비고란에 덧붙여 적는다. (2011. 2. 1. 개정)
2. 화물운송업자는 화물운송주선업자가 화물운송업자의 명의로 세금계산서를 발급하지 아니한 경우에만 화주에게 세금계산서를 발급한다. (2011. 2. 1. 개정)

〈제32조〉
⑦ 세금계산서 또는 전자세금계산서의 기재사항을 착오로 잘못 적거나 세금계산서 또는 전자세금계산서를 발급한 후 그 기재사항에 관하여 대통령령으로 정하는 사유가 발생하면 대통령령으로 정하는 바에 따라 수정한 세금계산서(이하 "수정세금계산서"라 한다) 또는 수정한 전자세금계산서(이하 "수정전자세금계산서"라 한다)를 발급할 수 있다. (2013. 6. 7. 개정)
⑧ 세금계산서, 전자세금계산서, 수정세금계산서 및 수정전자세금계산서의 작성과 발급에 필요한 사항은 대통령령으로 정한다. (2013. 6. 7. 개정)

•예판
당초 적법한 거래에 따라 용역공급이 완료된 후 합의해제를 이유로 해당 용역공급이 없었던 것이 되는 것이 아니므로 공급이 완료된 거래에 대한 수정세금계산서 발급은 불가함. (사전법령부가-176, 2015. 6. 29.)

사업자가 하치장으로 반출한 재화를 해당 하치장에서 거래상대자에게 인도하는 경우에 세금계산서는 그 재화를 하치장으로 반출한 사업장을 공급하는 자로 하여 발급하여야 한다. (2011. 2. 1. 개정)

32-69-4【사업장이 2 이상인 경우의 세금계산서 수수】 (2019. 12. 23. 제목개정)
1. 본점과 지점 등 2 이상의 사업장이 있는 법인사업자가 본점에서 계약을 체결하고 재화 또는 용역은 지점이 공급하는 경우 세금계산서는 재화나 용역을 실제 공급하는 사업장에서 발급한다. (2019. 12. 23. 신설)
2. 본점과 지점 등 2 이상의 사업장이 있는 법인사업자가 계약·발주·대금지급 등의 거래는 해당 본점에서 이루어지고, 재화 또는 용역은 지점에서 공급받는 경우 세금계산서는 본점 또는 지점 어느 쪽에서도 발급받을 수 있다. (2019. 12. 23. 신설)
3. 제조장과 직매장 등 2 이상의 사업장을 가진 사업자가 제조장에서 생산한 재화를 직매장 등에서 전담하여 판매함에 있어, 수송 등의 편의를 위하여 제조장에서 거래처에 직접 재화를 인도하는 경우에는 공급자를 제조장으로 하는 세금계산서를 직접 거래처에 발급하는 것이나, 이미 제조장에서 직매장 등으로 세금계산서(총괄납부사업자의 경우에는 거래명세서)를 발급한 경우에는 직매장 등에서 거래처에 세금계산서를 발급하여야 한다.

제70조【수정세금계산서 또는 수정전자세금계산서의 발급사유 및 발급절차】 ① 법 제32조 제7항에 따른 수정세금계산서 또는 수정전자세금계산서는 다음 각 호의 구분에 따른 사유 및 절차에 따라 발급할 수 있다. (2013. 6. 28. 개정)
1. 처음 공급한 재화가 환입(還入)된 경우 : 재화가 환입된 날을 작성일로 적고 비고란에 처음 세금계산서 작성일을 덧붙여 적은 후 붉은색 글씨로 쓰거나 음(陰)의 표시를 하여 발급 (2013. 6. 28. 개정)
2. 계약의 해제로 재화 또는 용역이 공급되지 아니한 경우 : 계약이 해제된 때에 그 작성일은 계약해제일로 적고 비고란에 처음 세금계산서 작성일을 덧붙여 적은 후 붉은색 글씨로 쓰거나 음(陰)의 표시를 하여 발급 (2013. 6. 28. 개정)
3. 계약의 해지 등에 따라 공급가액에 추가되거나 차감되는 금액이 발생한 경우 : 증감 사유가 발생한 날을 작성일로 적고 추가되는 금액은 검은색 글씨로 쓰고, 차감되는 금액은 붉은색 글씨로 쓰거나 음(陰)의 표시를 하여 발급 (2013. 6. 28. 개정)

통칙 32-69-5【위탁판매 등의 세금계산서 발급】
사업자가 위탁 또는 대리에 의하여 재화를 공급하는 경우에는 수탁자 또는 대리인이 위탁자 또는 본인의 명의로 세금계산서를 발급하여야 한다. 다만, 위탁자 또는 본인을 알 수 없는 경우에는 위탁자(본인)는 수탁자(대리인)에게, 수탁자(대리인)는 거래상대방에게 공급한 것으로 보아 세금계산서를 발급한다. (2011. 2. 1. 개정)

•예판
당초 공급한 재화가 품질불량 등으로 하자가 발생하여 약정에 따라 공급받는 자가 직접 폐기처분하는 경우 당초 공급한 재화가 환입된 것으로 수정세금계산서를 발급하여야 하며, 동종(유사)제품으로 교환하여 주는 경우에는 세금계산서를 발급하는 것이나 이에 해당하는지 여부는 사실판단사항임. (사전-2019-법령해석부가-0069, 2019. 3. 14.)

---

4. 재화 또는 용역을 공급한 후 공급시기가 속하는 과세기간 종료 후 25일(과세기간 종료 후 25일이 되는 날이 「국세기본법」 제5조 제1항 각 호에 해당하는 날인 경우에는 바로 다음 영업일을 말한다) 이내에 내국신용장이 개설되었거나 구매확인서가 발급된 경우 : 내국신용장 등이 개설된 때에 그 작성일은 처음 세금계산서 작성일을 적고 비고란에 내국신용장 개설일 등을 덧붙여 적어 영세율 적용분은 검은색 글씨로 세금계산서를 작성하여 발급하고, 추가하여 처음에 발급한 세금계산서의 내용대로 세금계산서를 붉은색 글씨로 또는 음(陰)의 표시를 하여 작성하고 발급 (2023. 2. 28. 개정)

5. 필요적 기재사항 등이 착오로 잘못 적힌 경우(다음 각 목의 어느 하나에 해당하는 경우로서 과세표준 또는 세액을 경정할 것을 미리 알고 있는 경우는 제외한다) : 처음에 발급한 세금계산서의 내용대로 세금계산서를 붉은색 글씨로 쓰거나 음(陰)의 표시를 하여 발급하고, 수정하여 발급하는 세금계산서는 검은색 글씨로 작성하여 발급 (2016. 2. 17. 개정)

　가. 세무조사의 통지를 받은 경우 (2016. 2. 17. 개정)

　나. 세무공무원이 과세자료의 수집 또는 민원 등을 처리하기 위하여 현지출장이나 확인업무에 착수한 경우 (2016. 2. 17. 개정)

　다. 세무서장으로부터 과세자료 해명안내 통지를 받은 경우 (2016. 2. 17. 개정)

　라. 그 밖에 가목부터 다목까지의 규정에 따른 사항과 유사한 경우 (2016. 2. 17. 개정)

6. 필요적 기재사항 등이 착오 외의 사유로 잘못 적힌 경우(제5호 각 목의 어느 하나에 해당하는 경우로서 과세표준 또는 세액을 경정할 것을 미리 알고 있는 경우는 제외한다) : 재화나 용역의 공급일이 속하는 과세기간에 대한 확정신고기한 다음 날부터 1년 이내에 세금계산서를 작성하되, 처음에 발급한 세금계산서의 내용대로 세금계산서를 붉은색 글씨로 쓰거나 음(陰)의 표시를 하여 발급하고, 수정하여 발급하는 세금계산서는 검은색 글씨로 작성하여 발급 (2022. 2. 15. 개정)

7. 착오로 전자세금계산서를 이중으로 발급한 경우 : 처음에 발급한 세금계산서의 내용대로 음(陰)의 표시를 하여 발급 (2013. 6. 28. 개정)

●예 판

사업자가 세금계산서를 발급한 후 공급받는 자가 잘못 적힌 경우에는 재화나 용역의 공급일이 속하는 과세기간에 대한 확정신고 기한까지 수정세금계산서를 발급할 수 있는 것이며, 이 경우 지연발급(수취) 가산세를 적용하는 것임. (서면법규 - 1255, 2013. 11. 14.)

●예 판

사업자가 세금계산서를 교부한 후 그 기재사항에 관하여 착오 또는 정정사유가 발생한 경우에는 부가가치세의 과세표준과 납부세액 또는 환급세액을 경정하여 통지하기 전까지 세금계산서를 수정하여 교부할 수 있는 것이나, 공급받는 자의 수정은 기재사항 착오로 볼 수 없으므로 수정세금계산서를 교부할 수 없는 것임. (부가 - 87, 2014. 1. 28.)

설계변경에 따른 건축허가시점 이전의 과세되는 건설용역에 대하여는 설계변경을 이유로 소급하여 면세를 적용하는 수정세금계산서를 교부할 수 없는 것임. (부가 - 864, 2013. 9. 23.)

제33조【세금계산서 발급의무의 면제 등】① 제32조에도 불구하고 세금계산서(전자세금계산서를 포함한다. 이하 같다)를 발급하기 어렵거나 세금계산서의 발급이 불필요한 경우 등 대통령령으로 정하는 경우에는 세금계산서를 발급하지 아니할 수 있다. (2013. 6. 7. 개정)
② 제32조에도 불구하고 대통령령으로 정하는 사업자가 제46조 제1항에 따른 신용카드매출전표등을 발급한 경우에는 세금계산서를 발급하

8. 면세 등 발급대상이 아닌 거래 등에 대하여 발급한 경우 : 처음에 발급한 세금계산서의 내용대로 붉은색 글씨로 쓰거나 음(陰)의 표시를 하여 발급 (2014. 2. 21. 개정)
9. 세율을 잘못 적용하여 발급한 경우(제5호 각 목의 어느 하나에 해당하는 경우로서 과세표준 또는 세액을 경정할 것을 미리 알고 있는 경우는 제외한다) : 처음에 발급한 세금계산서의 내용대로 세금계산서를 붉은색 글씨로 쓰거나 음(陰)의 표시를 하여 발급하고, 수정하여 발급하는 세금계산서는 검은색 글씨로 작성하여 발급 (2016. 2. 17. 개정)
② 일반과세자에서 간이과세자로 과세유형이 전환된 후 과세유형전환 전에 공급한 재화 또는 용역에 제1항 제1호부터 제3호까지의 사유가 발생한 경우에는 제1항 제1호부터 제3호까지의 절차에도 불구하고 처음에 발급한 세금계산서 작성일을 수정세금계산서 또는 수정전자세금계산서의 작성일로 적고, 비고란에 사유 발생일을 덧붙여 적은 후 추가되는 금액은 검은색 글씨로 쓰고 차감되는 금액은 붉은색 글씨로 쓰거나 음(陰)의 표시를 하여 수정세금계산서나 수정전자세금계산서를 발급할 수 있다. (2021. 2. 17. 개정)
③ 간이과세자에서 일반과세자로 과세유형이 전환된 후 과세유형전환 전에 공급한 재화 또는 용역에 제1항 제1호부터 제3호까지의 사유가 발생하여 수정세금계산서나 수정전자세금계산서를 발급하는 경우에는 제1항 제1호부터 제3호까지의 절차에도 불구하고 처음에 발급한 세금계산서 작성일을 수정세금계산서 또는 수정전자세금계산서의 작성일로 적고, 비고란에 사유 발생일을 덧붙여 적은 후 추가되는 금액은 검은색 글씨로 쓰고 차감되는 금액은 붉은색 글씨로 쓰거나 음(陰)의 표시를 해야 한다. (2021. 2. 17. 신설)

제71조【세금계산서 발급의무의 면제 등】① 법 제33조 제1항에서 "세금계산서를 발급하기 어렵거나 세금계산서의 발급이 불필요한 경우 등 대통령령으로 정하는 경우"란 다음 각 호의 어느 하나에 해당하는 재화 또는 용역을 공급하는 경우를 말한다. (2013. 6. 28. 개정)
1. 택시운송 사업자, 노점 또는 행상을 하는 사람, 그 밖에 기획재정부령으

 33 - 71 - 1【간주임대료에 대한 세금계산서 발급 면제】
부동산임대에 따른 간주임대료에 대한 부가가치세를 임대인 · 임차인 중 어느 편이 부담하는지에 관계없이 영 제71조에 따라 세금계산서를 발급하거나 발급받을 수 없다. (2014. 12. 30. 개정)
33 - 71 - 2【대행수출 시의 세금계산서 발급】(2014. 12. 30. 제목개정)
수출품생산업자가 수출업자와 수출대행계약을 체결하여 재화를 수출하는 때(수출대행계약과 함께 수출용 완제품 내국신용장을 개설받은 경우를 포함한다)에는 영 제71조 제1항 제4호에 따라 세금계산서 발급이 면제된다. 다만, 수출업자는 수출대행용역의 대가에 대하여 세금계산서를 발급하여야 한다. (2014. 12. 30. 개정)

제52조【세금계산서 발급의무의 면

지 아니한다. (2013. 6. 7. 개정)

제34조【세금계산서 발급시기】① 세금계산서는 사업자가 제15조 및 제16조에 따른 재화 또는 용역의 공급시기에 재화 또는 용역을 공급받는 자에게 발급하여야 한다. (2013. 6. 7. 개정)

② 제1항에도 불구하고 사업자는 제15조 또는 제16조에 따른 재화 또는 용역의 공급시기가 되기 전 제17조에 따른 때에 세금계산서를 발급할 수 있다. (2013. 6. 7. 개정)

③ 제1항에도 불구하고 다음 각 호의 어느 하나에 해당하는 경우에는 재화 또는 용역의 공급일이 속하는 달의 다음 달 10일(그 날이 공휴일 또는 토요일인 경우에는 바로 다음 영업일을 말한다)까지 세금계산서를 발급할 수 있다. (2013. 6. 7. 개정)

1. 거래처별로 달의 1일부터 말일까지 공급가액을 합하여 해당 달의 말일을 작성 연월일로 하여 세금계산서를 발급하는 경우 (2023. 12. 31. 개정)

2. 거래처별로 달의 1일부터 말일까지의 기간 이내에서 사업자가 임의로 정한 기간의 공급가액을 합하여 그 기간의 종료일을 작성 연월일로 하여 세금계산서를 발급하는 경우 (2023. 12. 31. 개정)

3. 관계 증명서류 등에 따라 실제거래사실이 확인되는 경우로서 해당 거래일을 작성 연월일로 하여 세금계산서를 발급하는 경우 (2013. 6. 7. 개정)

로 정하는 사업자가 공급하는 재화 또는 용역(2013. 6. 28. 개정)

2. 소매업 또는 미용, 욕탕 및 유사 서비스업을 경영하는 자가 공급하는 재화 또는 용역. 다만, 소매업의 경우에는 공급받는 자가 세금계산서 발급을 요구하지 아니하는 경우로 한정한다. (2013. 6. 28. 개정)

3. 법 제10조 제1항, 제2항 및 제4항부터 제6항까지의 규정에 따른 재화 (2013. 6. 28. 개정)

4. 법 제21조(제31조 제1항 제5호에 따른 원료, 같은 조 제2항 제1호에 따른 내국신용장 또는 구매확인서에 의하여 공급하는 재화와 같은 항 제2호부터 제4호까지의 규정에 따른 한국국제협력단, 한국국제보건의료재단 및 대한적십자사에 공급하는 재화는 제외한다), 제22조 및 제23조(공급받는 자가 국내에 사업장이 없는 비거주자 또는 외국법인인 경우와 법 제23조 제2항에 따른 외국항행용역으로서 항공기의 외국항행용역 및 「항공사업법」에 따른 상업서류 송달용역으로 한정한다)에 따른 재화 또는 용역 (2017. 3. 29. 개정 ; 항공사업법 시행령 부칙)

5. 제33조 제2항 제1호, 제2호, 제5호(공급받는 자가 국내에 사업장이 없는 비거주자 또는 외국법인인 경우로 한정한다), 제6호 및 제7호에 따른 재화 또는 용역과 법 제24조 제1항 제1호에 따른 외교공관 등에 공급하는 재화 또는 용역 (2022. 2. 15. 개정)

6. 부동산 임대용역 중 제65조 제1항 및 제2항이 적용되는 부분 (2013. 6. 28. 개정)

7. 「전자서명법」 제2조 제8호에 따른 전자서명인증사업자가 같은 조 제6호에 따른 인증서를 발급하는 용역. 다만, 공급받는 자가 사업자로서 세금계산서 발급을 요구하는 경우는 제외한다. (2020. 12. 8. 개정 ; 전자서명법 시행령 부칙)

8. 법 제53조의 2 제1항 또는 제2항에 따라 간편사업자등록을 한 사업자가 국내에 공급하는 전자적 용역 (2021. 2. 17. 개정)

9. 그 밖에 국내사업장이 없는 비거주자 또는 외국법인에 공급하는 재화 또는 용역. 다만, 다음 각 목의 어느 하나에 해당하는 경우는 제외한다. (2023. 2. 28. 단서개정)

제】 영 제71조 제1항 제1호에서 "기획재정부령으로 정하는 사업자"란 다음 각 호의 사업자를 말한다. (2013. 6. 28. 개정)

1. 무인자동판매기를 이용하여 재화나 용역을 공급하는 자 (2013. 6. 28. 개정)

2. 전력이나 도시가스를 실제로 소비하는 자(사업자가 아닌 자로 한정한다)를 위하여 「전기사업법」에 따른 전기사업자 또는 「도시가스사업법」에 따른 도시가스사업자로부터 전력이나 도시가스를 공급받는 명의자 (2013. 6. 28. 개정)

3. 도로 및 관련시설 운영용역을 공급하는 자. 다만, 공급받는 자로부터 세금계산서 발급을 요구받은 경우는 제외한다. (2013. 6. 28. 개정)

가. 국내사업장이 없는 비거주자 또는 외국법인이 해당 외국의 개인
　사업자 또는 법인사업자임을 증명하는 서류를 제시하고 세금계
　산서 발급을 요구하는 경우 (2023. 2. 28. 신설)
나. 「법인세법」 제94조의 2에 따른 외국법인연락사무소에 재화 또
　는 용역을 공급하는 경우 (2023. 2. 28. 신설)
② 법 제33조 제2항에서 "대통령령으로 정하는 사업자"란 제88조
제5항에 따른 사업자를 말한다. (2021. 2. 17. 개정)

제71조의 2【매입자발행세금계산서의 발행대상 사업자 및 매입세액공제 절차 등】 ① 법 제34조의 2 제1항에서 "대통령령으로 정하는 사업자"란 법 제32조에 따른 세금계산서 발급의무가 있는 사업자(제73조 제3항 및 제4항에 따라 세금계산서 발급의무가 있는 사업자를 포함한다)를 말한다. (2021. 2. 17. 개정)
② 법 제34조의 2 제1항에서 "대통령령으로 정하는 사유가 발생한 경우"란 재화 또는 용역을 공급한 자가 다음 각 호의 어느 하나에 해당하는 경우를 말한다. (2024. 2. 29. 신설)
1. 소재불명 또는 연락두절 상태인 경우 (2024. 2. 29. 신설)
2. 휴업이나 그 밖의 부득이한 사유로 세금계산서를 발급받는 것이 곤
　란하다고 국세청장이 인정하는 경우 (2024. 2. 29. 신설)
③ 법 제34조의 2 제2항에 따른 매입자발행세금계산서를 발행하려는 자(이하 이 조에서 "신청인"이라 한다)는 해당 재화 또는 용역의 공급시기가 속하는 과세기간의 종료일부터 1년 이내에 기획재정부령으로 정하는 거래사실확인신청서에 거래사실을 객관적으로 입증할 수 있는 서류를 첨부하여 신청인 관할 세무서장에게 거래사실의 확인을 신청하여야 한다. (2024. 2. 29. 개정)
④ 제2항에 따른 거래사실의 확인신청 대상이 되는 거래는 거래건당 공급대가가 5만원 이상인 경우로 한다. (2024. 2. 29. 항번개정)
⑤ 제2항에 따른 신청을 받은 관할 세무서장은 신청서에 재화 또는 용역을 공급한 자(이하 이 조에서 "공급자"라 한다)의 인적사항이 부정확하거나 신청서 기재방식에 흠이 있는 경우에는 신청일부터 7일 이내에 일정한 기간을 정하여 보정요구를 할 수 있다. (2024. 2. 29. 항번개정)

제34조의 2【매입자발행세금계산서에 따른 매입세액 공제 특례】 ① 제32조에도 불구하고 납세의무자로 등록한 사업자로서 대통령령으로 정하는 사업자(이하 이 항에서 "사업자"라 한다)가 재화 또는 용역을 공급하고 제34조에 따른 세금계산서 발급 시기에 세금계산서를 발급하지 아니한 경우(사업자의 부도·폐업, 공급 계약의 해제·변경 또는 그 밖에 대통령령으로 정하는 사유가 발생한 경우로서 사업자가 수정세금계산서 또는 수정전자세금계산서를 발급하지 아니한 경우를 포함한다) 그 재화 또는 용역을 공급받은 자는 대통령령으로 정하는 바에 따라 관할 세무서장의 확인을 받아 세금계산서를 발행할 수 있다. (2021. 12. 8. 개정)
② 제1항에 따른 세금계산서(이하 "매입자발행세금계산서"라 한다)에 기재된 부가가치세액은 대통령령으로 정하는 바에 따라 제37조, 제38조 및 제63조 제3항에 따른 공제를 받을 수 있는 매입세액으로 본다. (2016. 12. 20. 신설)
③ 제1항 및 제2항에서 정한 사항 외에 매입자발행세금계산서의 발급 대상 및 방법, 그 밖에 필요한 사항은 대통령령으로 정한다. (2016. 12. 20. 신설)

편주 ▶ ·····································
영 71조의 2 제2항 및 제3항의 개정규정은 2024. 2. 29. 이후 거래사실의 확인을 신청하는 경우부터 적용함. (영 부칙(2024. 2. 29.) 8조)
··
☞

제52조의 2【매입자발행세금계산서】 ① 영 제71조의 2 제3항에 따른 거래사실 확인신청서는 별지 제14호의 2 서식과 같다. (2024. 3. 22. 개정)
② 영 제71조의 2 제9항 단서에서 "기획재정부령으로 정하는 불가피한 사유가 있는 경우"란 다음 각 호의 어느 하나에 해당하는 경우를 말한다. (2024. 3. 22. 개정)
1. 공급자의 부도, 질병, 장기출장 등으로 거래사실 확인이 곤란하여 공급자가 연기를 요청한 경우 (2017. 3. 10. 신설)
2. 세무공무원이 거래사실의 확인을 위하여 2회 이상 공급자를 방문하였으나 폐

⑥ 신청인이 제4항의 기간 이내에 보정요구에 응하지 아니하거나 다음 각 호의 어느 하나에 해당하는 경우에는 신청인 관할 세무서장은 거래사실의 확인을 거부하는 결정을 하여야 한다. (2024. 2. 29. 항번개정)
1. 제2항의 신청기간을 넘긴 것이 명백한 경우 (2017. 2. 7. 신설)
2. 신청서의 내용으로 보아 거래 당시 미등록사업자 또는 휴·폐업자와 거래한 것이 명백한 경우 (2017. 2. 7. 신설)
⑦ 신청인 관할 세무서장은 제5항에 따른 확인을 거부하는 결정을 하지 아니한 신청에 대해서는 거래사실확인신청서가 제출된 날(제4항에 따라 보정을 요구하였을 때에는 보정이 된 날)부터 7일 이내에 신청서와 제출된 증빙서류를 공급자 관할 세무서장에게 송부하여야 한다. (2024. 2. 29. 항번개정)
⑧ 제6항에 따라 신청서를 송부받은 공급자 관할 세무서장은 신청인의 신청내용, 제출된 증빙자료를 검토하여 거래사실여부를 확인하여야 한다. 이 경우 거래사실의 존재 및 그 내용에 대한 입증책임은 신청인에게 있다. (2024. 2. 29. 항번개정)
⑨ 공급자 관할 세무서장은 신청일의 다음 달 말일까지 거래사실여부를 확인한 후 다음 각 호의 구분에 따른 통지를 공급자와 신청인 관할 세무서장에게 하여야 한다. 다만, 공급자의 부도, 일시 부재 등 기획재정부령으로 정하는 불가피한 사유가 있는 경우에는 거래사실 확인기간을 20일 이내의 범위에서 연장할 수 있다. (2024. 2. 29. 항번개정)
1. 거래사실이 확인되는 경우 : 공급자 및 공급받는 자의 사업자등록번호, 작성연월일, 공급가액 및 부가가치세액 등을 포함한 거래사실 확인 통지 (2017. 2. 7. 신설)
2. 거래사실이 확인되지 아니하는 경우 : 거래사실 확인불가 통지 (2017. 2. 7. 신설)
⑩ 신청인 관할 세무서장은 공급자 관할 세무서장으로부터 제8항의 통지를 받은 후 즉시 신청인에게 그 확인결과를 통지하여야 한다. (2024. 2. 29. 항번개정)
⑪ 제9항에 따라 신청인 관할 세무서장으로부터 제8항 제1호에 따른 거래사실 확인 통지를 받은 신청인은 공급자 관할 세무서장이 확인한

문·부재 등으로 인하여 공급자를 만나지 못한 경우 (2017. 3. 10. 신설)
③ 영 제71조의 2 제11항에 따른 매입자발행세금계산서는 별지 제14호의 3 서식과 같다. (2024. 3. 22. 개정)
④ 영 제71조의 2 제13항에 따른 매입자발행세금계산서합계표는 별지 제14호의 4 서식과 같다. (2024. 3. 22. 개정)

　제35조 【수입세금계산서】 ① 세관장은 수입되는 재화에 대하여 부가가치세를 징수할 때(제50조의 2에 따라 부가가치세의 납부가 유예되는 때를 포함한다)에는 수입된 재화에 대한 세금계산서(이하 "수입세금계산서"라 한다)를 대통령령으로 정하는 바에 따라 수입하는 자에게 발급하여야 한다. (2015. 12. 15. 개정)
② 세관장은 다음 각 호의 어느 하나에 해당하는 경우에는 수입하는 자에게 대통령령으로 정하는 바에 따라 수정한 수입세금계산서(이하 "수정수입세금계산서"라 한다)를 발급하여야 한다. (2013. 7. 26. 개정)
1. 「관세법」에 따라 세관장이 과세표준 또는 세액을 결정 또는 경정하기 전에 수입하는 자가 대통령령으로 정하는 바에 따라 수정신고 등을 하는 경우(제3호에 따라 수정신고하는 경우는 제외한다) (2022. 12. 31. 개정)
2. 「관세법」에 따라 세관장이 과세표준 또는 세액을 결정 또는 경정하는 경우(수입하는 자가 해당 재화의 수입과 관련하여 다음 각 목의 어느 하나에 해당하지 아니하는 경우로 한정한다) (2022. 12. 31. 개정)

거래일자를 작성일자로 하여 매입자발행세금계산서를 발행하여 공급자에게 교부하여야 한다. (2024. 2. 29. 항번개정)
⑫ 제10항에도 불구하고 신청인 및 공급자가 관할 세무서장으로부터 제8항 제1호의 통지를 받은 때에는 신청인이 매입자발행세금계산서를 공급자에게 교부한 것으로 본다. (2024. 2. 29. 항번개정)
⑬ 제10항 또는 제11항에 따라 매입자발행세금계산서를 공급자에게 교부하였거나 교부한 것으로 보는 경우 신청인은 법 제48조에 따른 예정신고, 법 제49조에 따른 확정신고 또는 「국세기본법」 제45조의 2 제1항에 따른 경정청구를 할 때 기획재정부령으로 정하는 매입자발행세금계산서합계표를 제출한 경우에는 매입자발행세금계산서에 기재된 매입세액을 법 제37조, 제38조 및 제63조 제3항에 따라 해당 재화 또는 용역의 공급시기에 해당하는 과세기간의 매출세액 또는 납부세액에서 매입세액으로 공제받을 수 있다. (2024. 2. 29. 항번개정)

　제72조 【수입세금계산서】 ① 법 제35조 제1항에 따른 수입세금계산서는 법 제32조 제1항에 따른 세금계산서 발급에 관한 규정을 준용하여 발급한다. 이 경우 법 제50조의 2 제1항에 따라 부가가치세 납부가 유예되는 때에는 수입세금계산서에 부가가치세 납부유예 표시를 하여 발급한다. (2016. 2. 17. 후단신설)
② 세관장은 「관세법」에 따라 과세표준 또는 세액을 결정 또는 경정하기 전에 같은 법 제28조 제2항, 제38조의 2 제1항·제2항, 제38조의 3 제1항부터 제3항까지, 제38조의 4 제1항, 제46조, 제47조, 제106조 및 제106조의 2에 따라 부가가치세를 납부받거나 징수 또는 환급하는 경우에는 법 제35조 제2항에 따라 수입자에게 수정한 수입세금계산서를 발급하여야 한다. (2023. 2. 28. 개정)

35 - 72 - 1 【수입세금계산서를 발급받을 사업장】
여러 개의 사업장이 있는 사업자가 재화를 수입하는 경우 수입신고필증상 적혀 있는 사업장과 해당 재화를 사용·소비할 사업장이 서로 다른 때에는 수입재화를 실지로 사용·소비할 사업장명의로 세금계산서를 발급받을 수 있다. (2011. 2. 1. 개정)

가. 「관세법」 제270조(제271조 제2항에 따른 미수범의 경우를 포함한다), 제270조의 2 또는 제276조를 위반하여 고발되거나 같은 법 제311조에 따라 통고처분을 받은 경우 (2022. 12. 31. 개정)

나. 「관세법」 제42조 제2항에 따른 부정한 행위 또는 「자유무역협정의 이행을 위한 관세법의 특례에 관한 법률」 제36조 제1항 제1호 단서에 따른 부정한 행위로 관세의 과세표준 또는 세액을 과소신고한 경우 (2023. 12. 31. 개정)

다. 수입자가 과세표준 또는 세액을 신고하면서 관세조사 등을 통하여 이미 통지받은 오류를 다음 신고 시에도 반복하는 등 대통령령으로 정하는 중대한 잘못이 있는 경우 (2022. 12. 31. 개정)

3. 수입하는 자가 세관공무원의 관세조사 등 대통령령으로 정하는 행위가 발생하여 과세표준 또는 세액이 결정 또는 경정될 것을 미리 알고 그 결정·경정 전에 「관세법」에 따라 수정신고하는 경우(해당 재화의 수입과 관련하여 제2호 각 목의 어느 하나에 해당하지 아니하는 경우로 한정한다) (2022. 12. 31. 신설)

③ 세관장은 제2항 제2호 또는 제3호의 결정·경정 또는 수정신고에 따라 수정수입세금계산서를 발급한 후 수입하는 자가 제2항 제2호 각 목의 어느 하나에 해당하는 사실을 알게 된 경우에는 이미 발급한 수정수입세금계산서를 그 수정 전으로 되돌리는 내용의 수정수입세금계산서를 발급하여야 한다. (2022. 12. 31. 신설)

④ 세관장은 제2항 제2호 가목에 해당하여 같은 항 제2호 또는 제3호에 따라 수정수입세금계산서를 발급하지 아니하였거나 제3항에 따라 수정수입세금계산서를 다시 발급한 이후에 수입하는 자가 무죄 취지의 불기소 처분이나 무죄 확정판결을 받은 경우에는 당초 세관장이 결정 또는 경정한 내용이나 수입하는 자가 수정신고한 내용으로 수정수입세금계산서를 발급하여야 한다. (2022. 12. 31. 신설)

⑤ 수입하는 자는 제2항 또는 제4항에도 불구하고 세관장이 수정수입세금계산서를 발급하지 아니하는 경우 「국세기본법」 제26조의 2 제1항이나 같은 조 제6항 제1호에 따른 기간 내에 대통령령으로 정하는 바에 따라 세관장에게 수정수입세금계산서의 발급을 신청할 수 있다. (2022. 12. 31. 개정)

③ 법 제35조 제2항 제3호에서 "세관공무원의 관세 조사 등 대통령령으로 정하는 행위"란 다음 각 호의 어느 하나에 해당하는 행위를 말한다. (2023. 2. 28. 개정)

1. 관세 조사 또는 관세 범칙사건에 대한 조사를 통지하는 행위 (2013. 6. 28. 개정)

2. 세관공무원이 과세자료의 수집 또는 민원 등을 처리하기 위하여 현지출장이나 확인업무에 착수하는 행위 (2013. 6. 28. 개정)

3. 그 밖에 제1호 또는 제2호와 유사한 행위 (2013. 6. 28. 개정)

④ 법 제35조 제2항 제2호 다목에서 "수입자가 과세표준 또는 세액을 신고하면서 관세조사 등을 통하여 이미 통지받은 오류를 다음 신고 시에도 반복하는 등 대통령령으로 정하는 중대한 잘못이 있는 경우"란 다음 각 호의 어느 하나에 해당하는 경우를 말한다. (2023. 2. 28. 개정)

1. 「관세법」 제37조의 4 제1항 및 제2항에 따라 세관장이 과세가격의 결정과 관계되는 자료 및 증명자료를 제출하도록 요구하였으나 수입자가 같은 조 제3항에 따른 기한까지 제출하지 않거나 거짓의 자료를 제출하는 경우 (2023. 2. 28. 개정)

2. 다음 각 목의 어느 하나에 해당하는 심사 또는 조사를 통하여 과세표준 또는 세액의 과소신고에 관한 오류를 통지받은 후에도 법 제50조에 따른 부가가치세에 관한 다음 신고 시에도 그 오류를 반복하는 경우 (2023. 2. 28. 개정)

⑥ 제2항부터 제4항까지의 규정에 따라 수정수입세금계산서를 발급한 세관장은 제54조를 준용하여 작성한 수정된 매출처별 세금계산서합계표를 해당 세관 소재지를 관할하는 세무서장에게 제출하여야 한다. (2022. 12. 31. 개정)

⑦ 제1항부터 제6항까지에서 규정한 사항 외에 수입세금계산서 또는 수정수입세금계산서의 작성과 발급 등에 필요한 사항은 대통령령으로 정한다. (2022. 12. 31. 개정)

가. 「관세법」 제38조 제2항에 따른 심사 (2023. 2. 28. 개정)

나. 「관세법」 제110조 제2항 제1호 및 제2호에 따른 조사 중 과세표준 또는 세액의 결정·경정을 위한 조사 (2023. 2. 28. 개정)

다. 「관세법」 제255조의 2에 따른 심사(같은 법 시행령 제259조의 2 제1항 제1호의 기준에 따라 과세표준 또는 세액의 결정·경정에 관련하여 심사하는 경우로 한정한다) (2023. 2. 28. 개정)

라. 「자유무역협정의 이행을 위한 관세법의 특례에 관한 법률」 제17조 제1항에 따른 조사 (2023. 2. 28. 개정)

3. 「관세법」 제38조의 2 제2항에 따라 보정신청을 하도록 통지하였으나 정당한 사유 없이 수입자가 같은 조 제1항에 따른 신청 또는 같은 법 제38조의 3 제1항에 따른 수정신고를 하지 않은 경우

4. 「관세법 시행령」 제15조 제1항 제1호에 따른 사항을 적은 서류 또는 같은 조 제5항 각 호에 해당하는 과세자료의 내용이 객관적 사실과 명백히 다른 경우 등 해당 서류 또는 과세자료에 중대한 하자가 있는 경우(수입자의 착오 또는 경미한 과실로 인한 경우는 제외한다) (2023. 2. 28. 개정)

⑤ 세관장이 제2항과 제3항에 따라 수정한 수입세금계산서를 발급하는 경우에는 부가가치세를 납부받거나 징수 또는 환급한 날을 작성일로 적고 비고란에 최초 수입세금계산서 발급일 등을 덧붙여 적은 후 추가되는 금액은 검은색 글씨로 쓰고, 차감되는 금액은 붉은색 글씨로 쓰거나 음(陰)의 표시를 하여 발급한다. (2013. 6. 28. 개정)

⑥ 법 제35조 제5항에 따라 수정수입세금계산서를 발급받으려는 자는 기획재정부령으로 정하는 수정수입세금계산서 발급신청서를 해당 부가가치세를 징수한 세관장에게 제출하여야 한다. (2023. 2. 28. 개정)

⑦ 제6항에 따라 신청을 받은 세관장은 신청을 받은 날부터 2개월 이내에 수정수입세금계산서를 발급하거나 발급할 이유가 없다는 뜻을 신청인에게 통지하여야 한다. (2018. 2. 13. 신설)

⑧ 세관장이 제7항에 따라 수정한 수입세금계산서를 발급하는 경우에는 그 작성일은 발급결정일로 적고 비고란에 최초 수입세금계산서 발급일 등을 덧붙여 적은 후 추가되는 금액은 검은색 글씨로 쓰며, 차감되는 금액은 붉은색 글씨로 쓰거나 음(陰)의 표시를 하여 발급한다.

제52조의 3 【수정수입세금계산서 발급신청서】 영 제72조 제6항에 따른 수정수입세금계산서 발급신청서는 별지 제14호의 5 서식과 같다. (2018. 3. 19. 신설)

제36조【영수증 등】 ① 제32조에도 불구하고 다음 각 호의 어느 하나에 해당하는 자가 재화 또는 용역을 공급(부가가치세가 면제되는 재화 또는 용역의 공급은 제외한다)하는 경우에는 제15조 및 제16조에 따른 재화 또는 용역의 공급시기에 대통령령으로 정하는 바에 따라 그 공급을 받은 자에게 세금계산서를 발급하는 대신 영수증을 발급하여야 한다. (2013. 6. 7. 개정)

1. 주로 사업자가 아닌 자에게 재화 또는 용역을 공급하는 사업자로서 대통령령으로 정하는 사업자 (2020. 12. 22. 개정)
2. 간이과세자 중 다음 각 목의 어느 하나에 해당하는 자 (2020. 12. 22. 개정)
   가. 직전 연도의 공급대가의 합계액(직전 과세기간에 신규로 사업을 시작한 개인사업자의 경우 제61조 제2항에 따라 환산한 금액)이 4천800만원 미만인 자 (2020. 12. 22. 개정)
   나. 신규로 사업을 시작하는 개인사업자로서 제61조 제4항에 따라 간이과세자로 하는 최초의 과세기간 중에 있는 자 (2020. 12. 22. 개정)

(2018. 2. 13. 신설)

⑨ 법인의 합병, 분할 또는 분할합병에 따른 수입세금계산서의 발급에 관하여는 제69조 제20항 및 제21항을 준용한다. 이 경우 "세금계산서"는 "수입세금계산서"로 본다. (2025. 2. 28. 신설)

⑩ 제1항부터 제9항까지에서 규정한 사항 외에 수입세금계산서 또는 수정한 수입세금계산서의 작성과 발급 등에 필요한 사항은 기획재정부령으로 정한다. (2025. 2. 28. 개정)

제73조【영수증 등】 ① 법 제36조 제1항 제1호에서 "대통령령으로 정하는 사업자"란 다음 각 호의 사업을 하는 사업자를 말한다. (2021. 2. 17. 개정)

1. 소매업 (2013. 6. 28. 개정)
2. 음식점업(다과점업을 포함한다) (2013. 6. 28. 개정)
3. 숙박업 (2013. 6. 28. 개정)
4. 미용, 욕탕 및 유사 서비스업 (2013. 6. 28. 개정)
5. 여객운송업 (2013. 6. 28. 개정)
6. 입장권을 발행하여 경영하는 사업 (2013. 6. 28. 개정)
7. 제109조 제2항 제7호에 따른 사업 및 행정사업(법 제3조 및 「소득세법」 제160조의 2 제2항에 따른 사업자에게 공급하는 것은 제외한다) (2013. 6. 28. 개정)
8. 「우정사업 운영에 관한 특례법」에 따른 우정사업조직이 「우편법」 제15조 제1항에 따른 선택적 우편업무 중 소포우편물을 방문접수하여 배달하는 용역을 공급하는 사업 (2013. 6. 28. 개정)
9. 제35조 제1호 단서의 용역을 공급하는 사업 (2013. 6. 28. 개정)
10. 제35조 제5호 단서에 해당하지 아니하는 것으로서 수의사가 제공하는 동물의 진료용역 (2013. 6. 28. 개정)
11. 제36조 제2항 제1호 및 제2호의 용역을 공급하는 사업 (2013. 6. 28. 개정)
12. 제71조 제1항 제7호에 따라 인증서를 발급하는 사업 (2020. 12. 8. 개정 ; 전자서명법 시행령 부칙)
13. 법 제53조의 2 제1항 및 제2항에 따라 간편사업자등록을 한 사업자가 국내에 전자적 용역을 공급하는 사업 (2021. 2. 17. 개정)

✎

편주 ▶ ･･･････････････････････
영 72조 9항의 개정규정은 2025. 2. 28. 이후 재화 또는 용역을 공급하거나 공급받는 경우 또는 재화를 수입신고하는 경우부터 적용함. (영 부칙(2025. 2. 28.) 3조)
･･･････････････････････

✎

통칙 36-73-1【영수증에 갈음되는 계산서 등】

공급자의 등록번호·상호(법인은 법인명) 또는 성명(법인은 대표자 성명)·공급대가 및 작성 연월일이 적혀 있는 다음 각호의 계산서 등은 영수증으로 본다. (2011. 2. 1. 개정)

1. 여객운송사업자가 발급하는 승차권·승선권·항공권 (2011. 2. 1. 개정)
2. 공연장·유기장의 사업자가 발급하는 입장권·관람권. 다만, 「개별소비세법」이 적용되는 것은 그 법에서 정하는 바에 따른다. (2011. 2. 1. 개정)
3. 금전등록기계산서와 신용카드가맹사업자가 발급하는 계산서 (2011. 2. 1. 개정)
4. 「전기사업법」에 따른 전기사업자가 발급하는 비산업용 전력사용료에 대한 영수증 (2011. 2. 1. 개정)
5. 그 밖의 전 각 호에 유사한 계산서 (2011. 2. 1. 개정)

36-73-2【수정영수증 발급】

영수증을 발급한 후에 그 기재사항에 관하여 착오 또는 정정사유가 발생한 경우에는 법 제57조에 따라 부가가치세의 과세표준과 납부세액 또는 환급세액을 경정하여 통지하기 전까지 영수증을 회수하여 파기하고 다시 발급할 수 있다. 이 경우에 회수되지 아니하는 때에는 다시 발급할 수 없다. (2014. 12. 30. 개정)

② 제32조에도 불구하고 「전기사업법」 제2조 제2호에 따른 전기사업자가 산업용이 아닌 전력을 공급하는 경우 등 대통령령으로 정하는 경우 해당 사업자는 영수증을 발급할 수 있다. 이 경우 해당 사업자가 영수증을 발급하지 아니하면 세금계산서를 발급하여야 한다. (2013. 6. 7. 개정)

③ 제1항 및 제2항에도 불구하고 재화 또는 용역을 공급받는 자가 사업자등록증을 제시하고 세금계산서의 발급을 요구하는 경우로서 대통령령으로 정하는 경우에는 세금계산서를 발급하여야 한다. (2013. 6. 7. 개정)

④ 제1항 및 제2항에도 불구하고 영수증을 발급하는 사업자는 금전등록기를 설치하여 영수증을 대신하여 공급대가를 적은 계산서를 발급할 수 있다. 이 경우 사업자가 계산서를 발급하고 해당 감사테이프를 보관한 경우에는 제1항에 따른 영수증을 발급하고 제71조에 따른 장부의 작성을 이행한 것으로 보며, 현금수입을 기준으로 부가가치세를 부과할 수 있다. (2020. 12. 22. 개정)

⑤ 제46조 제1항에 따른 신용카드매출전표등은 제1항에 따른 영수증으로 본다. (2013. 6. 7. 개정)

⑥ 영수증 및 계산서의 기재사항 및 작성 등에 필요한 사항은 대통령령으로 정한다. (2013. 6. 7. 개정)

제36조의 2 【간이과세자의 영수증 발급 적용기간】 ① 제36조 제1항 제2호 가목에 따라 영수증 발급에 관한 규정이 적용되거나 적용되지 아니하게 되는 기간은 해의 1월 1일부터 12월 31일까지의 공급대가의 합계액(신규로 사업을 시작한 개인사업자의 경우 제61조 제2항에 따라 환산한 금액)이 4천800만원에 미달하거나 그 이상이 되는 해의 다음 해의 7월 1일부터 그 다음 해의 6월 30일까지로 한다. (2023. 12. 31. 개정)

② 제36조 제1항 제2호 나목에 따라 영수증 발급에 관한 규정이 적용되는 기간은 사업 개시일부터 사업을 시작한 해의 다음 해의 6월 30일까지로 한다. (2020. 12. 22. 신설)

14. 주로 사업자가 아닌 소비자에게 재화 또는 용역을 공급하는 사업으로서 기획재정부령으로 정하는 사업 (2015. 2. 3. 호번개정)

② 법 제36조 제2항에서 "「전기사업법」 제2조 제2호에 따른 전기사업자가 산업용이 아닌 전력을 공급하는 경우 등 대통령령으로 정하는 경우"란 다음 각 호의 어느 하나에 해당하는 경우를 말한다. (2013. 6. 28. 개정)

1. 제10조에 따른 임시사업장을 개설한 사업자가 그 임시사업장에서 사업자가 아닌 소비자에게 재화 또는 용역을 공급하는 경우 (2013. 6. 28. 개정)

2. 「전기사업법」에 따른 전기사업자가 산업용이 아닌 전력을 공급하는 경우 (2013. 6. 28. 개정)

3. 「전기통신사업법」에 따른 전기통신사업자가 전기통신역무를 제공하는 경우. 다만, 부가통신사업자가 통신판매업자에게 「전기통신사업법」 제5조 제3항에 따른 부가통신역무를 제공하는 경우는 제외한다. (2019. 6. 25. 단서개정 ; 전기통신사업법 시행령 부칙)

4. 「도시가스사업법」에 따른 도시가스사업자가 산업용이 아닌 도시가스를 공급하는 경우 (2013. 6. 28. 개정)

5. 「집단에너지사업법」에 따라 집단에너지를 공급하는 사업자가 산업용이 아닌 열 또는 산업용이 아닌 전기를 공급하는 경우 (2013. 6. 28. 개정)

6. 「방송법」 제2조 제3호에 따른 방송사업자가 사업자가 아닌 자에게 방송용역을 제공하는 경우 (2013. 6. 28. 개정)

7. 「인터넷 멀티미디어 방송사업법」 제2조 제5호 가목에 따른 인터넷 멀티미디어 방송 제공사업자가 사업자가 아닌 자에게 방송용역을 제공하는 경우 (2013. 6. 28. 개정)

③ 제1항 제1호부터 제3호까지, 제5호(「여객자동차 운수사업법 시행령」 제3조 제2호 가목에 따른 전세버스운송사업으로 한정한다), 제7호, 제8호, 제12호 또는 제14호의 사업을 하는 사업자와 제2항 각 호의 어느 하나에 해당하는 사업자가 재화 또는 용역을 공급하는 경우로서 그 재화 또는 용역을 공급받는 사업자가 법 제36조 제3항에 따라 세금계산서의 발급을 요구하는 경우에는 세금계산서를 발급해야 한다. (2021. 2. 17. 개정)

제53조 【영수증을 발급하는 소비자 대상 사업의 범위】 영 제73조 제1항 제14호에서 "기획재정부령으로 정하는 사업"이란 다음 각 호의 사업을 말한다. (2015. 3. 6. 개정)

1. 도정업과 떡류 제조업 중 떡방앗간 (2013. 6. 28. 개정)

2. 양복점업, 양장점업 및 양화점업 (2013. 6. 28. 개정)

3. 주거용 건물공급업(주거용 건물을 자영건설하는 경우를 포함한다) (2013. 6. 28. 개정)

4. 운수업과 주차장 운영업 (2013. 6. 28. 개정)

5. 부동산중개업 (2013. 6. 28. 개정)

6. 예술, 스포츠 및 여가 관련 서비스업, 수리 및 기타 개인서비스업 (2024. 3. 22. 개정)

7. 가구내 고용활동 (2024. 3. 22. 개정)

8. 도로 및 관련시설 운영업 (2013. 6. 28. 개정)

9. 자동차 제조업 및 자동차 판매업 (2013. 6. 28. 개정)

10. 주거용 건물 수리·보수 및 개량업 (2013. 6. 28. 개정)

11. 그 밖에 제1호부터 제10호까지와 유사한 사업으로서 세금계산서를 발급할 수 없거나 발급하는 것이 현저히 곤란한 사업 (2013. 6. 28. 개정)

③ 제1항 및 제2항에서 규정한 영수증 발급 적용기간에 관하여 필요한 사항은 대통령령으로 정한다. (2020. 12. 22. 신설)

④ 제1항 제4호, 제5호(「여객자동차 운수사업법 시행령」 제3조 제2호 가목에 따른 전세버스운송사업은 제외한다), 제6호 또는 제9호부터 제11호까지의 사업을 하는 사업자가 감가상각자산을 공급하거나 제1항 각 호·제2항 각 호에 따른 역무 외의 역무를 공급하는 경우로서 그 재화 또는 용역을 공급받는 사업자가 법 제36조 제3항에 따라 세금계산서의 발급을 요구하는 경우에는 세금계산서를 발급해야 한다. (2021. 2. 17. 개정)

⑤ 제1항 제14호의 사업을 하는 사업자 중 자동차 제조업 및 자동차 판매업을 경영하는 사업자가 법 제36조 제1항에 따라 영수증을 발급하였으나, 그 사업자로부터 재화를 공급받는 사업자가 해당 재화를 공급받은 날이 속하는 과세기간의 다음 달 10일까지 법 제36조 제3항에 따라 세금계산서의 발급을 요구하는 경우에는 세금계산서를 발급해야 한다. 이 경우 처음에 발급한 영수증은 발급되지 않은 것으로 본다. (2021. 2. 17. 개정)

⑥ 법 제36조 제1항 각 호에 따른 사업자가 제71조 제1항에 따른 재화 또는 용역을 공급하는 경우에는 영수증을 발급하지 아니한다. 다만, 제71조 제1항 제2호에 따른 자가 재화 또는 용역을 공급하는 경우에는 공급받는 자가 영수증 발급을 요구하지 아니하는 경우로 한정한다. (2013. 6. 28. 개정)

⑦ 법 제36조에 따른 영수증에는 다음 각 호의 사항을 적어야 한다. 이 경우 영수증의 서식과 그 밖에 필요한 사항은 국세청장이 정한다. (2013. 6. 28. 개정)

1. 공급자의 등록번호·상호·성명(법인의 경우 대표자의 성명) (2013. 6. 28. 개정)
2. 공급대가 (2013. 6. 28. 개정)
3. 작성 연월일 (2013. 6. 28. 개정)
4. 그 밖에 필요한 사항 (2013. 6. 28. 개정)

⑧ 제1항 각 호의 사업을 하는 사업자와 제2항 각 호의 어느 하나에 해당하는 사업자가 신용카드기 또는 직불카드기 등 기계적 장치(금전등록기는 제외한다)를 사용하여 영수증을 발급할 때에는 제7항에도 불구하고 영수증에 공급가액과 세액을 별도로 구분하여 적어야 한다. (2021. 2. 17. 개정)

편주

• 영수증에 공급가액과 부가가치세액을 구분표시하여야 하는 사업자의 기준 (국세청고시 제2024-5호, 2024. 2. 1.)
• 영수증의 서식고시 (국세청고시 제2024-4호, 2024. 2. 1.)

⑨ 법 제36조에 따른 영수증은 다음 각 호의 어느 하나에 해당하는 방법으로 발급할 수 있다. (2020. 2. 11. 신설)

1. 신용카드단말기 또는 현금영수증 발급장치 등을 통해 법 제46조 제1항에 따른 신용카드매출전표등을 출력하여 공급받는 자에게 발급하는 방법 (2020. 2. 11. 신설)

2. 제7항 각 호에 따른 사항이 기재된 결제내역(이하 "결제내역"이라 한다)을 「전자문서 및 전자거래 기본법」 제2조 제1호에 따른 전자문서의 형태로 공급받는 자에게 송신하는 방법(공급받는 자가 동의한 경우에 한정한다). 이 경우 전자적 방법으로 생성·저장된 결제내역을 「국세기본법」 제2조 제18호에 따른 정보통신망 등을 통하여 확인할 수 있는 경우에는 공급받는 자에게 송신한 것으로 본다. (2020. 2. 11. 신설)

⑩ 간이과세자인 사업자가 법 제36조의 2 제1항 또는 제2항에 따른 영수증 발급 적용기간에 재화 또는 용역을 공급한 경우에는 제3항부터 제5항까지 및 제8항을 적용하지 않는다. (2021. 2. 17. 신설)

　　제73조의 2【간이과세자의 영수증 발급 적용기간 통지】① 법 제36조 제1항 제2호 가목에 따라 영수증 발급에 관한 규정이 적용되거나 적용되지 않게 되는 사업자의 관할 세무서장은 법 제36조의 2 제1항에 따른 기간이 시작되기 20일 전까지 영수증 발급에 관한 규정이 적용되거나 적용되지 않게 되는 사실을 그 사업자에게 통지해야 하고, 사업자등록증을 정정하여 과세기간 개시 당일까지 발급해야 한다. (2021. 2. 17. 신설)

② 법 제36조 제1항 제2호 가목에 따라 영수증 발급에 관한 규정이 적용되지 않게 되는 사업자의 관할 세무서장이 제110조 제1항에 따라 간이과세자에 관한 규정이 적용되지 않게 되는 사실을 그 사업자에게 통지하고 사업자등록증을 정정하여 발급한 경우에는 제1항에 따른 통지·발급을 하지 않는다. (2021. 2. 17. 신설)

제 3 절　납부세액 등

제37조【납부세액 등의 계산】① 매출세액은 제29조에 따른 과세표준에 제30조의 세율을 적용하여 계산한 금액으로 한다. (2013. 6. 7. 개정)

② 납부세액은 제1항에 따른 매출세액(제45조 제1항에 따른 대손세액을 뺀 금액으로 한다)에서 제38조에 따른 매입세액, 그 밖에 이 법 및 다른 법률에 따라 공제되는 매입세액을 뺀 금액으로 한다. 이 경우 매출세액을 초과하는 부분의 매입세액은 환급세액으로 한다. (2013. 6. 7. 개정)

③ 제2항에 따른 납부세액을 기준으로 사업자가 최종 납부하거나 환급받을 세액은 다음 계산식에 따라 계산한다. (2013. 6. 7. 개정)

> 납부하거나 환급받을 세액 = A - B + C
>
> A : 제2항에 따른 납부세액 또는 환급세액
> B : 제46조, 제47조 및 그 밖에 이 법 및 다른 법률에서 정하는 공제세액
> C : 제60조 및 「국세기본법」 제47조의 2부터 제47조의 5까지의 규정에 따른 가산세

제38조【공제하는 매입세액】① 매출세액에서 공제하는 매입세액은 다음 각 호의 금액을 말한다. (2013. 6. 7. 개정)

1. 사업자가 자기의 사업을 위하여 사용하였거나 사용할 목적으로 공급받은 재화 또는 용역에 대한 부가가치세액(제52조 제4항에 따라 납부한 부가가치세액을 포함한다) (2014. 1. 1. 개정)

2. 사업자가 자기의 사업을 위하여 사용하였거나 사용할 목적으로 수입하는 재화의 수입에 대한 부가가치세액 (2013. 6. 7. 개정)

② 제1항 제1호에 따른 매입세액은 재화 또는 용역을 공급받는 시기가 속하는 과세기간의 매출세액에서 공제한다. (2013. 6. 7. 개정)

③ 제1항 제2호에 따른 매입세액은 재화의 수입시기가 속하는 과세기간의 매출세액에서 공제한다. (2013. 6. 7. 개정)

통칙 38-0-1【면세포기한 사업자의 매입세액 공제】
수산업등 면세사업을 영위하는 사업자가 법 제28조 제1항에 따라 면세포기를 하는 경우에 면세포기한 사업에 대하여 해당 과세기간에 영세율이 적용되거나 부가가치세가 면제되는 재화·용역의 공급이 없는 때에도 그 과세기간의 면세포기사업과 관련된 매입세액은 법 제38조에 따라 공제한다. 다만, 면세포기한 사업에 대하여 해당 과세기간에 면세되는 재화의 공급만이 있는 경우에는 법 제39조 제1항 제7호에 따라 공제하지 아니한다. (2014. 12. 30. 개정)

38-0-2【사업상 피해재산의 복구와 관련된 매입세액 공제】
사업자가 자기사업과 관련하여 타인의 재산에 손해를 입혀 해당 피해재산의 복구에 관련된 매입세액은 법 제38조에 따라 매출세액에서 공제한다. (2019. 12. 23. 개정)

38-0-3【사업의 양도 시까지 발급받지 못한 수입세금계산서 처리】
　　(2014. 12. 30. 제목개정)
사업양도자가 수입재화에 대한 수입세금계산서를 사업양도 시까지 발급받지 못하고 사업양도 후 사업양수자가 사업양도자명의로 발급받은 경우에는 해당 수입세금계산서를 발급받은 과세기간에 매입세액으로 공제받을 수 있다. (2014. 12. 30. 개정)

사업자가 과세사업 확장, 설비투자 목적으로 유상증자를 하면서 관련 법률자문 및 컨설팅 자문용역을 제공받고 수수료를 지급한 경우로서 해당 자문용역이 자기의 과세사업과 직접 관련된 경우 수수료에 대한 매입세액은 공제할 수 있는 것임. (기준-2021-법령해석부가-0112, 2021. 6. 23.)
……………………………………………………………………………

통칙 38-0-4【사업자등록을 정정하지 아니한 경우 매입세액 공제】
사업자가 사업장 이전·상호변경 등 영 제14조 제1항에 해당하는 사업자등록증 정정사유가 발생하였으나 이를 정정하지 아니하고 세금계산서를 발급받은 경우에 해당 세금계산서의 필요적 기재사항 또는 임의적 기재사항으로 보아 그 거래사실이 확인되는 때에는 그 세금계산서의 매입세액을 매출세액에서 공제하거나 환급할 수 있다. (2014. 12. 30. 개정)

38-0-5【공동시설에 관련된 매입세액 공제방법】
둘 이상의 사업자가 공동으로 사용할 사업부대설비공사를 그 중 한 사업자의 명의로 계약을 체결한 경우에 해당 설비건설용역을 제공하는 사업자는 각 사업자를 공급받는 자로 하여 세금계산서를 발급할 수 있으며, 그 용역을 공급받은 각 사업자는 자기가 부담한 매입세액을 공제받을 수 있다. (2011. 2. 1. 개정)

38-0-6【국가·공익단체 등에 무상으로 공급하는 재화의 매입세액 공제】
자기의 사업과 관련하여 생산하거나 취득한 재화를 국가·지방자치단체 등에 무상으로 공급하는 경우 해당 재화의 매입세액은 매출세액에서 공제하나, 자기의 사업과 관련없이 취득한 재화를 국가·지방자치단체 등에 무상으로 공급하는 경우 해당 재화의 매입세액은 공제하지 아니한다. (2011. 2. 1. 개정)

38-0-7【수입세금계산서에 의한 매입세

제39조【공제하지 아니하는 매입세액】① 제38조에도 불구하고 다음 각 호의 매입세액은 매출세액에서 공제하지 아니한다. (2013. 6. 7. 개정)

 39 - 0 - 1【여행업의 매입세액 공제 범위】
「관광진흥법」에 따른 여행업을 영위하는 사업자의 과세표준은 여행알선용역을 제공하고 받는 수수료이므로 해당 여행알선용역의 공급에 직접 관련되지 아니한 관광객의 운송·숙박·식사 등에 따른 매입세액은 매출세액에서 공제하지 아니한다. (2011. 2. 1. 개정)

1. 제54조 제1항 및 제3항에 따라 매입처별 세금계산서합계표를 제출하지 아니한 경우의 매입세액 또는 제출한 매입처별 세금계산서합계표의 기재사항 중 거래처별 등록번호 또는 공급가액의 전부 또는 일부가 적히지 아니하였거나 사실과 다르게 적힌 경우 그 기재사항이 적히지 아니한 부분 또는 사실과 다르게 적힌 부분의 매입세액. 다만, 대통령령으로 정하는 경우의 매입세액은 제외한다. (2013. 6. 7. 개정)

2. 세금계산서 또는 수입세금계산서를 발급받지 아니한 경우 또는 발급받은 세금계산서 또는 수입세금계산서에 제32조 제1항 제1호부터 제4호까지의 규정에 따른 기재사항(이하 "필요적 기재사항"이라 한다)의 전부 또는 일부가 적히지 아니하였거나 사실과 다르게 적힌 경우의 매입세액(공급가액이 사실과 다르게 적힌 경

제74조【매입처별 세금계산서합계표를 제출하지 아니한 경우 등에 대한 매입세액 공제】법 제39조 제1항 제1호 단서에서 "대통령령으로 정하는 경우"란 다음 각 호의 어느 하나에 해당하는 경우를 말한다. (2013. 6. 28. 개정)

1. 법 제32조에 따라 발급받은 세금계산서에 대한 매입처별 세금계산서합계표 또는 법 제46조 제1항에 따른 신용카드매출전표등의 수령명세서(정보처리시스템으로 처리된 전산매체를 포함하며, 이하 "신용카드매출전표등 수령명세서"라 한다)를 「국세기본법 시행령」 제25조 제1항에 따라 과세표준수정신고서와 함께 제출하는 경우 (2013. 6. 28. 개정)

2. 법 제32조에 따라 발급받은 세금계산서에 대한 매입처별 세금계산서합계표 또는 신용카드매출전표등 수령명세서를 「국세기본법 시행령」 제25조의 3에 따라 경정청구서와 함께 제출하여 제102조에 따른 경정기관이 경정하는 경우 (2013. 6. 28. 개정)

3. 법 제32조에 따라 발급받은 세금계산서에 대한 매입처별 세금계산서합계표 또는 신용카드매출전표등 수령명세서를 「국세기본법 시행령」 제25조의 4에 따른 기한후과세표준신고서와 함께 제출하여 관할 세무서장이 결정하는 경우 (2013. 6. 28. 개정)

4. 법 제32조에 따라 발급받은 세금계산서에 대한 매입처별 세금계산서합계표의 거래처별 등록번호 또는 공급가액이 착오로 사실과 다르게 적힌 경우로서 발급받은 세금계산서에 의하여 거래사실이 확인되는 경우 (2013. 6. 28. 개정)

5. 법 제57조에 따른 경정을 하는 경우 사업자가 법 제32조에 따라 발급받은 세금계산서 또는 법 제46조 제3항에 따라 발급받은 신용카드매출전표등을 제102조에 따른 경정기관의 확인을 거쳐 해당 경정기관에 제출하는 경우 (2013. 6. 28. 개정)

제75조【세금계산서 등의 필요적 기재사항이 사실과 다르게 적힌 경우 등에 대한 매입세액 공제】법 제39조 제1항 제2호 단서에서 "대통령령으로 정하는 경우"란 다음 각 호의 어느 하나에 해당하는 경우를 말한다. (2013. 6. 28. 개정)

1. 제11조 제1항 또는 제2항에 따라 사업자등록을 신청한 사업자가

액 공제】
사업자가 자기의 사업과 관련된 재화의 수입에 따른 수입세금계산서를 수입일이 속하는 과세기간 경과 후에 발급받은 때에는 수입세금계산서를 발급받은 날이 속하는 과세기간의 매출세액에서 공제받을 수 있다. (2011. 2. 1. 개정)

38 - 0 - 8【사업의 양도시 부담한 수수료등의 매입세액공제】
부가가치세 과세대상인 부동산 임대업을 영위하던 사업자가 임대사업을 법 제10조 제9항 제2호에 따라 양도하면서 부담한 중개수수료 관련 매입세액은 매출세액에서 공제한다. (2024. 3. 15. 신설)
② 사업자가 거래처 갑으로부터 외상매출금 채권(거래처 갑이 거래처 을에게 회수할 매출채권)을 공급대가로 지급받은 후 거래처 갑과의 채권·채무관계를 종결하고, 거래처 을이 파산 등으로 해당 채권을 회수할 수 없는 경우 해당 외상매출금 채권은 대손세액 공제대상 매출채권에 포함되지 않는다. (2024. 3. 15. 신설)

 39 - 75 - 1【공급시기 후에 발급받은 세금계산서의 매입세액 불공제】
공급시기 후에 발급받은 세금계산서의 매입세액

우에는 실제 공급가액과 사실과 다르게 적힌 금액의 차액에 해당하는 세액을 말한다). 다만, 대통령령으로 정하는 경우의 매입세액은 제외한다. (2019. 12. 31. 개정)

●예판●⋯⋯⋯⋯⋯⋯⋯⋯⋯⋯⋯⋯⋯⋯⋯⋯⋯⋯⋯⋯⋯⋯⋯⋯⋯⋯⋯⋯

제조업자가 대리점주와 특약점 계약을 체결하여 대리점에 상품을 납품하고 일정기간 경과 후 판매되지 않는 제품은 반품받기로 한 경우로서 쟁점 거래를 매매거래로 보아 대리점과 세금계산서를 수수한 경우 해당 세금계산서는 사실과 다른 세금계산서에 해당하지 아니함. (사전–2019–법령해석부가–0237, 2019. 6. 27.)

⋯⋯⋯⋯⋯⋯⋯⋯⋯⋯⋯⋯⋯⋯⋯⋯⋯⋯⋯⋯⋯⋯⋯⋯⋯⋯⋯⋯⋯⋯⋯⋯⋯

3. ☞ P.852

제11조 제5항에 따른 사업자등록증 발급일까지의 거래에 대하여 해당 사업자 또는 대표자의 주민등록번호를 적어 발급받은 경우 (2013. 6. 28. 개정)

2. 법 제32조에 따라 발급받은 세금계산서의 필요적 기재사항 중 일부가 착오로 사실과 다르게 적혔으나 그 세금계산서에 적힌 나머지 필요적 기재사항 또는 임의적 기재사항으로 보아 거래사실이 확인되는 경우 (2013. 6. 28. 개정)

3. 재화 또는 용역의 공급시기 이후에 발급받은 세금계산서로서 해당 공급시기가 속하는 과세기간에 대한 확정신고기한까지 발급받은 경우 (2016. 2. 17. 개정)

4. 법 제32조 제2항에 따라 발급받은 전자세금계산서로서 국세청장에게 전송되지 아니하였으나 발급한 사실이 확인되는 경우 (2013. 6. 28. 개정)

5. 법 제32조 제2항에 따른 전자세금계산서 외의 세금계산서로서 재화 또는 용역의 공급시기가 속하는 과세기간에 대한 확정신고기한까지 발급받았고, 그 거래사실도 확인되는 경우 (2016. 2. 17. 개정)

6. 실제로 재화 또는 용역을 공급하거나 공급받은 사업장이 아닌 사업장을 적은 세금계산서를 발급받았더라도 그 사업장이 법 제51조 제1항에 따라 총괄하여 납부하거나 사업자 단위 과세 사업자에 해당하는 사업장인 경우로서 그 재화 또는 용역을 실제로 공급한 사업자가 법 제48조ㆍ제49조 또는 제66조ㆍ제67조에 따라 납세지 관할 세무서장에게 해당 과세기간에 대한 납부세액을 신고하고 납부한 경우 (2021. 2. 17. 개정)

7. 재화 또는 용역의 공급시기가 속하는 과세기간에 대한 확정신고기한이 지난 후 세금계산서를 발급받았더라도 그 세금계산서의 발급일이 확정신고기한 다음 날부터 1년 이내이고 다음 각 목의 어느 하나에 해당하는 경우 (2022. 2. 15. 개정)

　가. 「국세기본법 시행령」 제25조 제1항에 따른 과세표준수정신고서와 같은 영 제25조의 3에 따른 경정 청구서를 세금계산서와 함께 제출하는 경우 (2019. 2. 12. 신설)

　나. 해당 거래사실이 확인되어 법 제57조에 따라 납세지 관할 세무서장, 납세지 관할 지방국세청장 또는 국세청장(이하 이 조에서

은 매출세액에서 공제 또는 환급하지 아니한다. 다만, 재화 또는 용역의 공급시기 후에 발급받은 세금계산서로서 해당 공급시기가 속하는 과세기간에 대한 확정신고기한까지 발급받은 경우에는 그러하지 아니한다. (2019. 12. 23. 단서개정)

바. 다른 사업자로부터 사업을 위탁받아 수행하는 사업자가 위탁받은 사업의 수행에 필요한 비용을 사업을 위탁한 사업자로부터 지급받아 지출한 경우로서 해당 비용을 공급가액에서 제외해야 함에도 불구하고 거래 당사자 간 계약에 따라 이를 공급가액에 포함하여 세금계산서를 발급받은 경우 (2022. 2. 15. 개정)

사. 법 제29조 제5항 제1호에 따라 같은 호에 따른 금액을 공급가액에 포함하지 않아야 함에도 불구하고 거래 당사자 간 계약에 따라 해당 금액을 같은 조 제6항에 따른 장려금이나 이와 유사한 금액으로 보고 이를 공급가액에 포함하여 세금계산서를 발급받은 경우 (2023. 2. 28. 신설)

10. 삭　제 (2022. 2. 15.)

11. 법 제3조 제2항에 따라 부가가치세를 납부해야 하는 수탁자가 위탁자를 재화 또는 용역을 공급받는 자로 하여 발급된 세금계산서의 부가가치세액을 매출세액에서 공제받으려는 경우로서 그 거래사실이 확인되고 재화 또는 용역을 공급한 자가 법 제48조·제49조 또는 제66조·제67조에 따라 납세지 관할 세무서장에게 해당 납부세액을 신고하고 납부한 경우 (2021. 2. 17. 신설)

12. 법 제3조 제3항에 따라 부가가치세를 납부해야 하는 위탁자가 수탁자를 재화 또는 용역을 공급받는 자로 하여 발급된 세금계산서의 부가가치세액을 매출세액에서 공제받으려는 경우로서 그 거래사실이 확인되고 재화 또는 용역을 공급한 자가 법 제48조·제49조 또는 제66조·제67조에 따라 납세지 관할 세무서장에게 해당 납부세액을 신고하고 납부한 경우 (2021. 2. 17. 신설)

☞ p.852 2단 연결

"납세지 관할 세무서장등"이라 한다)이 결정 또는 경정하는 경우 (2019. 2. 12. 신설)

8. 재화 또는 용역의 공급시기 전에 세금계산서를 발급받았더라도 재화 또는 용역의 공급시기가 그 세금계산서의 발급일부터 6개월 이내에 도래하고 해당 거래사실이 확인되어 법 제57조에 따라 납세지 관할 세무서장등이 결정 또는 경정하는 경우 (2022. 2. 15. 개정)

9. 다음 각 목의 경우로서 그 거래사실이 확인되고 거래 당사자가 법 제48조·제49조 또는 제66조·제67조에 따라 납세지 관할 세무서장에게 해당 납부세액을 신고하고 납부한 경우 (2022. 2. 15. 개정)

가. 거래의 실질이 위탁매매 또는 대리인에 의한 매매에 해당함에도 불구하고 거래 당사자 간 계약에 따라 위탁매매 또는 대리인에 의한 매매가 아닌 거래로 하여 세금계산서를 발급받은 경우 (2022. 2. 15. 개정)

나. 거래의 실질이 위탁매매 또는 대리인에 의한 매매에 해당하지 않음에도 불구하고 거래 당사자 간 계약에 따라 위탁매매 또는 대리인에 의한 매매로 하여 세금계산서를 발급받은 경우 (2022. 2. 15. 개정)

다. 거래의 실질이 용역의 공급에 대한 주선·중개에 해당함에도 불구하고 거래 당사자 간 계약에 따라 용역의 공급에 대한 주선·중개가 아닌 거래로 하여 세금계산서를 발급받은 경우 (2022. 2. 15. 개정)

라. 거래의 실질이 용역의 공급에 대한 주선·중개에 해당하지 않음에도 불구하고 거래 당사자 간 계약에 따라 용역의 공급에 대한 주선·중개로 하여 세금계산서를 발급받은 경우 (2022. 2. 15. 개정)

마. 다른 사업자로부터 사업(용역을 공급하는 사업으로 한정한다. 이하 이 호에서 같다)을 위탁받아 수행하는 사업자가 위탁받은 사업의 수행에 필요한 비용을 사업을 위탁한 사업자로부터 지급받아 지출한 경우로서 해당 비용을 공급가액에 포함해야 함에도 불구하고 거래 당사자 간 계약에 따라 이를 공급가액에서 제외하여 세금계산서를 발급받은 경우 (2022. 2. 15. 개정)

〈제39조 ①〉

3. 부가가치세가 면제되는 재화 또는 용역(부가가치세가 과세되지 아니하는 재화 또는 용역을 포함한다)을 공급받으면서 세금계산서를 발급받은 경우의 매입세액. 다만, 해당 재화 또는 용역을 공급하는 사업자가 납부세액을 모두 납부한 경우로서 대통령령으로 정하는 경우의 매입세액은 제외한다. (2013. 6. 7. 개정)

3. 삭　제 (2014. 1. 1.)

4. 사업과 직접 관련이 없는 지출로서 대통령령으로 정하는 것에 대한 매입세액 (2013. 6. 7. 개정)

5. 「개별소비세법」 제1조 제2항 제3호에 따른 자동차(운수업, 자동차판매업 등 대통령령으로 정하는 업종에 직접 영업으로 사용되는 것은 제외한다)의 구입과 임차 및 유지에 관한 매입세액 (2013. 6. 7. 개정)

6. 기업업무추진비 및 이와 유사한 비용으로서 대통령령으로 정하는 비용의 지출에 관련된 매입세액 (2022. 12. 31. 개정)

▶ 편주
• 법 39조 1항 6호의 개정규정은 2024. 1. 1.부터 시행함. (법 부칙(2022. 12. 31.) 1조 2호)
• 2024. 1. 1. 전에 지출한 접대비는 법 39조 1항 6호의 개정규정에 따른 기업업무추진비로 봄. (법 부칙(2022. 12. 31.) 6조)

7. 면세사업등에 관련된 매입세액(면세사업등을 위한 투자에 관련된 매입세액을 포함한다)과 대통령령으로 정하는 토지에 관련된 매입세액 (2013. 6. 7. 개정)

8. 제8조에 따른 사업자등록을 신청하기 전의 매입세액. 다만, 공급시기가 속하는 과세기간이 끝난 후 20일 이내에 등록을 신청한

---

1. 사업자가 부가가치세가 면제되는 재화 또는 용역(부가가치세가 과세되지 아니하는 재화 또는 용역을 포함한다)을 공급하면서 발급한 세금계산서의 매출세액을 포함하여 법 제37조에 따라 계산한 해당 과세기간에 대한 납부세액을 법 제48조 및 제49조에 따라 납세지 관할 세무서장에게 신고하고 납부하였을 것 (2013. 6. 28. 개정)
2. 해당 재화 또는 용역을 공급한 사업자가 그 재화 또는 용역의 공급에 대하여 법 제32조 제7항에 따른 수정세금계산서 및 수정전자세금계산서를 발급하지 아니할 것 (2013. 6. 28. 개정)

제76조 【면세되는 공급에 세금계산서를 발급한 경우】 삭　제 (2014. 2. 21.)

제77조 【사업과 직접 관련이 없는 지출】 법 제39조 제1항 제4호에 따른 사업과 직접 관련이 없는 지출의 범위는 「소득세법 시행령」 제78조 또는 「법인세법 시행령」 제48조, 제49조 제3항 및 제50조에서 정하는 바에 따른다. (2013. 6. 28. 개정)

제78조 【운수업 등】 법 제39조 제1항 제5호에서 "운수업, 자동차판매업 등 대통령령으로 정하는 업종"이란 제19조 각 호에 따른 업종을 말한다. (2013. 6. 28. 개정)

제79조 【기업업무추진비 등】 (2023. 2. 28. 제목개정)
법 제39조 제1항 제6호에서 "대통령령으로 정하는 비용의 지출"이란 「소득세법」 제35조 및 「법인세법」 제25조에 따른 기업업무추진비 및 이와 유사한 비용의 지출을 말한다. (2023. 2. 28. 개정)

제80조 【토지에 관련된 매입세액】 법 제39조 제1항 제7호에서 "대통령령으로 정하는 토지에 관련된 매입세액"이란 토지의 조성 등을 위한 자본적 지출에 관련된 매입세액으로서 다음 각 호의 어느 하나에 해당하는 경우를 말한다. (2013. 6. 28. 개정)
1. 토지의 취득 및 형질변경, 공장부지 및 택지의 조성 등에 관련된 매

▶ 편주
영 79조의 개정규정은 2024. 1. 1.부터 시행함. (영 부칙(2023. 2. 28.) 1조 단서)

▶ 예 판
과세사업에 사용하기 위한 건물을 신축하기 위하여 건축물이 있는 토지를 취득하고 그 건축물을 철거하는 경우 철거한 건축물의 취득가액은 부가령 80조에 의한 토지의 자본

경우 등록신청일부터 공급시기가 속하는 과세기간 기산일(제5조 제1항에 따른 과세기간의 기산일을 말한다)까지 역산한 기간 내의 것은 제외한다. (2017. 12. 19. 단서개정)

② 제1항에 따라 공제되지 아니하는 매입세액의 범위에 관하여 필요한 사항은 대통령령으로 정한다. (2013. 6. 7. 개정)

통칙 39-0-2 【월합계 매입세금계산서 중 사업자등록 전 매입세액의 공제】

사업자가 재화나 용역을 공급한 자로부터 등록 전 매입분이 포함된 월합계에 의한 세금계산서를 발급받은 때에는 해당 월합계매입세금계산서에 포함된 등록 전 매입세액은 공제하지 아니한다. 다만, 공급시기가 속하는 과세기간이 끝난 후 20일 이내에 등록을 신청한 경우 등록신청일부터 공급시기가 속하는 과세기간 기산일까지 역산한 기간 내의 것은 그러하지 아니하다. (2014. 12. 30. 단서개정)

제40조 【공통매입세액의 안분】 사업자가 과세사업과 면세사업등을 겸영(兼營)하는 경우에 과세사업과 면세사업등에 관련된 매입세액의 계산은 실지귀속(實地歸屬)에 따라 하되, 실지귀속을 구분할 수 없는 매입세액(이하 "공통매입세액"이라 한다)은 총공급가액에 대한 면세공급가액의 비율 등 대통령령으로 정하는 기준(이하 "공통매입세액 안분기준"이라 한다)을 적용하여 대통령령으로 정하는 바에 따라 안분(按分)하여 계산한다. (2013. 6. 7. 개정)

●예판●
• 공통매입세액에 대하여 안분계산하지 아니하고 전액 불공제하여 신고한 경우 부가가치세법 시행령 제81조 제5항 및 제82조에 따라 정산할 수 있는 것이며, 정산할 과세기간에 정산하지 못한 경우에는 국세기본법 제45조의 2에 따라 경정청구할 수 있는 것임. (서면법규-1284, 2013. 11. 27.)
• 건물신축 중 발생한 공사비관련 공통매입세액을 건물사용면적의 비율로 안분계산한 경우, 신축 후 발생한 공사비관련 공통매입세액도 건물사용면적의 비율로 안분계산하는 것임. (법규부가 2014-256, 2014. 8. 7.)

입세액 (2013. 6. 28. 개정)

2. 건축물이 있는 토지를 취득하여 그 건축물을 철거하고 토지만 사용하는 경우에는 철거한 건축물의 취득 및 철거 비용과 관련된 매입세액 (2013. 6. 28. 개정)

3. 토지의 가치를 현실적으로 증가시켜 토지의 취득원가를 구성하는 비용에 관련된 매입세액 (2013. 6. 28. 개정)

제81조 【공통매입세액 안분 계산】 ① 법 제40조에 따라 과세사업과 면세사업등을 겸영(兼營)하는 경우로서 실지귀속(實地歸屬)을 구분할 수 없는 매입세액(이하 "공통매입세액"이라 한다)이 있는 경우 면세사업등에 관련된 매입세액은 인원 수 등에 따르는 등 기획재정부령으로 정하는 경우를 제외하고 다음 계산식에 따라 안분하여 계산한다. 다만, 예정신고를 할 때에는 예정신고기간에 있어서 총공급가액에 대한 면세공급가액(면세사업등에 대한 공급가액과 사업자가 해당 면세사업등과 관련하여 받았으나 법 제29조의 과세표준에 포함되지 아니하는 국고보조금과 공공보조금 및 이와 유사한 금액의 합계액을 말한다. 이하 이 조부터 제82조까지의 규정에서 같다)의 비율에 따라 안분하여 계산하고, 확정신고를 할 때에 정산한다. (2019. 2. 12. 단서개정)

$$\text{면세사업 등에 관련된 매입세액} = \text{공통매입세액} \times \frac{\text{면세공급가액}}{\text{총공급가액}}$$

② 제1항에도 불구하고 다음 각 호의 어느 하나에 해당하는 경우에는 해당 재화 또는 용역의 매입세액은 공제되는 매입세액으로 한다. (2013. 6. 28. 개정)

1. 해당 과세기간의 총공급가액 중 면세공급가액이 5퍼센트 미만

제54조 【공통매입세액 안분 계산】

① 영 제81조 제1항에 따른 "인원 수 등에 따르는 등 기획재정부령으로 정하는 경우"란 도축업을 영위하는 사업자가 법 제40조에 따른 공통매입세액(이하 "공통매입세액"이라 한다)을 과세사업과 면세사업에 관련된 도축 두수(頭數)에 따라 안분하여 계산하는 경우를 말한다. (2016. 3. 9. 신설)

② 영 제81조 제1항 및 제2항에 따른 총공급가액은 공통매입세액과 관련된 해당 과세기간의 과세사업에 대한 공급가액과 영 제81조 제1항 단서에 따른 면세공급가액의 합계액으로 한다. (2018. 3. 19. 개정)

③ 과세사업과 면세사업등에 공통으로 사용되는 재화를 공급받은 과세기간 중에 그 재화를 공급하여 영 제63조 제1항 및 제2항에 따라 공급가액을 계산한 경우 그 재화에 대한 매입세액의 안분(按分) 계산은 영 제63조 제1항 및 제2항에 따라 계

간에 제82조 제2호에 따라 공통매입세액을 정산한다. (2013. 6. 28. 개정)

⑥ 제1항부터 제5항까지에서 규정한 사항 외에 공통매입세액의 안분 계산에 필요한 사항은 기획재정부령으로 정한다. (2013. 6. 28. 개정)

제82조 【공통매입세액의 정산】 사업자가 제81조 제4항에 따라 매입세액을 안분하여 계산한 경우에는 해당 재화의 취득으로 과세사업과 면세사업등의 공급가액, 과세사업과 면세사업등의 사용면적이 확정되는 과세기간에 대한 납부세액을 확정신고할 때에 다음 각 호의 계산식에 따라 정산한다. 다만, 예정신고를 할 때에는 예정신고기간에 있어서 총공급가액에 대한 면세공급가액의 비율, 총사용면적에 대한 면세 또는 비과세 사용면적의 비율에 따라 안분하여 계산하고, 확정신고를 할 때에 정산한다. (2013. 6. 28. 개정)

1. 제81조 제4항 제1호 및 제2호에 따라 매입세액을 안분하여 계산한 경우 (2013. 6. 28. 개정)

$$\text{가산되거나 공제되는 세액} = \text{총공통매입세액} \times \left(1 - \frac{\text{과세사업과 면세사업등의 공급가액이 확정되는 과세기간의 면세공급가액}}{\text{과세사업과 면세사업등의 공급가액이 확정되는 과세기간의 총공급가액}}\right) - \text{이미 공제한 세액}$$

2. 제81조 제4항 제3호에 따라 매입세액을 안분하여 계산한 경우 (2013. 6. 28. 개정)

$$\text{가산되거나 공제되는 세액} = \text{총공통매입세액} \times \left(1 - \frac{\text{과세사업과 면세사업등의 사용면적이 확정되는 과세기간의 면세사용면적}}{\text{과세사업과 면세사업등의 사용면적이 확정되는 과세기간의 총사용면적}}\right) - \text{이미 공제한 세액}$$

통칙 40-82-1 【본점에서 공제받은 공통매입세액 정산사업장】
부동산임대업과 금융보험업을 겸영하는 법인사업자가 부동산임대업과 금융보험

☞ p.855 2단 연결

인 경우의 공통매입세액. 다만, 공통매입세액이 5백만원 이상인 경우는 제외한다. (2013. 6. 28. 개정)

2. 해당 과세기간 중의 공통매입세액이 5만원 미만인 경우의 매입세액 (2013. 6. 28. 개정)

3. 제63조 제3항 제3호가 적용되는 재화에 대한 매입세액 (2013. 6. 28. 개정)

③ 제1항을 적용할 때 「전기통신사업법」에 따른 전기통신사업자 및 「한국철도공사법」에 따른 한국철도공사는 실지귀속을 구분하기 어려운 재화 또는 용역에 대해서만 다음 계산식에 따라 공통매입세액을 안분하여 계산할 수 있다. (2013. 6. 28. 개정)

$$\text{면세사업 등에 관련된 매입세액} = \text{공통매입세액} \times \frac{\text{전 사업장의 면세공급가액}}{\text{전 사업장의 총공급가액}}$$

④ 제1항을 적용할 때 해당 과세기간 중 과세사업과 면세사업등의 공급가액이 없거나 그 어느 한 사업의 공급가액이 없는 경우에 해당 과세기간에 대한 안분 계산은 다음 각 호의 순서에 따른다. 다만, 건물 또는 구축물을 신축하거나 취득하여 과세사업과 면세사업등에 제공할 예정면적을 구분할 수 있는 경우에는 제3호를 제1호 및 제2호에 우선하여 적용한다. (2013. 6. 28. 개정)

1. 총매입가액(공통매입가액은 제외한다)에 대한 면세사업등에 관련된 매입가액의 비율 (2013. 6. 28. 개정)

2. 총예정공급가액에 대한 면세사업등에 관련된 예정공급가액의 비율 (2013. 6. 28. 개정)

3. 총예정사용면적에 대한 면세사업등에 관련된 예정사용면적의 비율 (2013. 6. 28. 개정)

⑤ 제4항 단서에 따라 토지를 제외한 건물 또는 구축물에 대하여 같은 항 제3호를 적용하여 공통매입세액 안분 계산을 하였을 때에는 그 후 과세사업과 면세사업등의 공급가액이 모두 있게 되어 제1항의 계산식에 따라 공통매입세액을 계산할 수 있는 경우에도 과세사업과 면세사업등의 사용면적이 확정되기 전의 과세기간까지는 제4항 제3호를 적용하고, 과세사업과 면세사업등의 사용면적이 확정되는 과세기

산한다. (2016. 3. 9. 항번개정)

④ 영 제81조 제3항의 계산식에 따른 전 사업장의 총공급가액은 해당 과세기간의 모든 사업장(「전기통신사업법」에 따른 전기통신사업자의 경우에는 공통매입세액과 관련된 해당 과세기간의 모든 사업장)의 과세사업에 대한 공급가액과 면세사업등에 대한 수입금액의 합계액으로 하고, 같은 항의 계산식에 따른 전 사업장의 면세공급가액은 해당 과세기간의 모든 사업장(「전기통신사업법」에 따른 전기통신사업자의 경우에는 공통매입세액과 관련된 해당 과세기간의 모든 사업장)의 면세사업등에 대한 수입금액으로 한다. (2016. 3. 9. 항번개정)

제41조【공통매입세액 재계산】감가상각자산에 대하여 공통매입세액의 안분계산에 따라 매입세액이 공제된 후 공통매입세액 안분기준에 따른 비율과 감가상각자산의 취득일이 속하는 과세기간(그 후의 과세기간에 재계산한 때는 그 재계산한 과세기간)에 적용되었던 공통매입세액 안분기준에 따른 비율이 5퍼센트 이상 차이가 나면 대통령령으로 정하는 바에 따라 납부세액 또는 환급세액을 다시 계산하여 제49조에 따른 해당 과세기간의 확정신고와 함께 관할 세무서장에게 신고ㆍ납부하여야 한다. (2013. 6. 7. 개정)

제83조【납부세액 또는 환급세액의 재계산】① 법 제41조에 따른 납부세액 또는 환급세액의 재계산은 감가상각자산에 대한 매입세액이 법 제38조 제1항, 이 영 제81조 및 제82조에 따라 공제된 후 총공급가액에 대한 면세공급가액의 비율 또는 총사용면적에 대한 면세사용면적의 비율과 해당 감가상각자산의 취득일이 속하는 과세기간(그 후의 과세기간에 재계산하였을 때에는 그 재계산한 기간)에 적용하였던 비율 간의 차이가 5퍼센트 이상인 경우에만 적용한다. (2013. 6. 28. 개정)

② 제1항에 따른 납부세액 또는 환급세액의 재계산에 따라 납부세액에 가산 또는 공제하거나 환급세액에 가산 또는 공제하는 세액은 다음 각 호의 계산식에 따라 계산한 금액으로 한다. 이 경우 경과된 과세기간의 수에 관하여는 제66조 제2항 후단을 준용한다. (2013. 6. 28. 개정)

1. 건물 또는 구축물 (2013. 6. 28. 개정)

$$\text{가산되거나 공제되는 세액} = \text{해당 재화의 매입세액} \times \left(1 - \frac{5}{100} \times \text{경과된 과세기간의 수}\right)$$
$$\times \text{증가되거나 감소된 면세공급가액의 비율 또는 증가되거나 감소된 면세사용면적의 비율}$$

2. 그 밖의 감가상각자산 (2013. 6. 28. 개정)

$$\text{가산되거나 공제되는 세액} = \text{해당 재화의 매입세액} \times \left(1 - \frac{25}{100} \times \text{경과된 과세기간의 수}\right)$$
$$\times \text{증가되거나 감소된 면세공급가액의 비율 또는 증가되거나 감소된 면세사용면적의 비율}$$

③ 제1항 및 제2항을 적용할 때 해당 취득일이 속하는 과세기간의 총공급가액에 대한 면세공급가액의 비율로 안분하여 계산한 경우에는 증가되거나 감소된 면세공급가액의 비율에 따라 재계산하고, 해당 취득일이 속하는 과세기간의 총사용면적에 대한 면세사용면적의 비율로 안분하여 계산한 경우에는 증가되거나 감소된 면세사용면적의 비율에 따라 재계산한다. (2013. 6. 28. 개정)

제55조【납부세액 또는 환급세액의 재계산】① 영 제83조 제1항에 따른 총공급가액은 해당 재화와 관련된 과세기간의 과세사업에 대한 공급가액과 면세사업등에 대한 수입금액의 합계액으로 하고, 같은 항에 따른 면세공급가액은 해당 재화와 관련된 과세기간의 면세사업등에 대한 수입금액으로 한다. (2013. 6. 28. 개정)

② 영 제83조 제1항에 따른 총사용면적은 해당 재화와 관련된 과세기간의 과세사업에 사용되는 면적과 면세사업등에 사용되는 면적을 합한 면적으로 하고, 같은 항에 따른 면세사용면적은 해당 재화와 관련된 과세기간의 면세사업등에 사용되는 면적으로 한다. (2013. 6. 28. 개정)

③ 영 제63조 제1항부터 제3항까지의 규정이 적용되는 재화를 공급하는 경우에 해당 재화를 공급하는 날이 속하는 과세기간에는 그 재화에 대한 영 제83조에 따른 납부세액 또는 환급세액의 재계산을 하지 아니한다. (2013. 6. 28. 개정)

제42조【면세농산물등 의제매입세액 공제특례】① 사업자가 제26조 제1항 제1호 또는 제27조 제1호에 따라 부가가치세를 면제받아 공급받거나 수입한 농산물·축산물·수산물 또는 임산물(이하 "면세농산물등"이라 한다)을 원재료로 하여 제조·가공한 재화 또는 창출한 용역의 공급에 대하여 부가가치세가 과세되는 경우(제28조에 따라 면세를 포기하고 영세율을 적용받는 경우는 제외한다)에는 면세농산물등을 공급받거나 수입할 때 매입세액이 있는 것으로 보아 면세농산물등의 가액(대통령령으로 정하는 금액을 한도로 한다)에 다음 표의 구분에 따른 율을 곱하여 계산한 금액을 매입세액으로 공제할 수 있다. (2021. 12. 8. 개정)

구 분		율
1. 음식 점업	가. 「개별소비세법」 제1조 제4항에 따른 과세유흥장소의 경영자	102분의 2
	나. 가목 외의 음식점을 경영하는 사업자 중 개인사업자	108분의 8 (과세표준 2억원 이하인 경우에는 2026년 12월 31일까지 109분의 9)

제84조【의제매입세액 계산】① 법 제42조 제1항에 따라 매입세액으로서 공제할 수 있는 면세농산물등(이하 "면세농산물등"이라 한다)은 부가가치세를 면제받아 공급받은 농산물, 축산물, 수산물 또는 임산물(제34조 제1항에 따른 1차 가공을 거친 것, 같은 조 제2항 각 호의 것 및 소금을 포함한다)로 한다. (2018. 2. 13. 개정)

② 법 제42조 제1항 표 외의 부분에서 "대통령령으로 정하는 금액"이란 해당 과세기간에 해당 사업자가 면세농산물등과 관련하여 공급한 과세표준(이하 이 항에서 "과세표준"이라 한다)에 100분의 30(개인사업자에 대해서는 과세표준이 2억원 이하인 경우에는 100분의 50, 과세표준이 2억원 초과인 경우에는 100분의 40)을 곱하여 계산한 금액을 말한다. 다만, 2025년 12월 31일까지는 사업자별로 매입세액으로서 공제할 수 있는 금액의 한도를 다음 각 호의 구분에 따라 계산한 금액으로 한다. (2023. 12. 26. 단서개정)

1. 법인사업자: 과세표준에 100분의 50을 곱하여 계산한 금액에 공제율을 곱한 금액 (2022. 6. 30. 개정)

2. 음식점업을 경영하는 개인사업자는 다음 각 목의 구분에 따라 계산한 금액에 공제율을 곱한 금액 (2016. 2. 17. 신설)

가. 과세표준이 1억원 이하인 경우: 과세표준에 100분의 75를 곱하여 계산한 금액 (2022. 6. 30. 개정)

나. 과세표준이 1억원 초과 2억원 이하인 경우: 과세표준에 100분의 70을 곱하여 계산한 금액 (2022. 6. 30. 개정)

다. 과세표준이 2억원 초과인 경우: 과세표준에 100분의 60을 곱하

④ 제66조가 적용되는 경우에는 제1항 및 제2항을 적용하지 아니한다. (2013. 6. 28. 개정)

⑤ 제2항에 따른 경과된 과세기간의 수를 계산할 때 과세기간의 개시일 후에 감가상각자산을 취득하거나 해당 재화가 제1항에 해당하게 된 경우에는 그 과세기간의 개시일에 해당 재화를 취득하거나 해당 재화가 제1항에 해당하게 된 것으로 본다. (2013. 6. 28. 개정)

⑥ 제1항부터 제5항까지에서 규정한 사항 외에 납부세액 또는 환급세액의 재계산에 필요한 사항은 기획재정부령으로 정한다. (2013. 6. 28. 개정)

제56조【의제매입세액 계산】① 수입되는 영 제84조 제1항부터 제3항까지의 규정에 따른 면세농산물등에 대하여 같은 항에 따라 의제매입세액을 계산할 때 그 수입가액은 관세의 과세가격으로 한다. (2015. 3. 6. 개정)

구 분		율
		(2023. 12. 31. 개정)
	다. 가목 및 나목 외의 사업자	106분의 6
2. 제조업	가. 과자점업, 도정업, 제분업 및 떡류 제조업 중 떡방앗간을 경영하는 개인사업자	106분의 6
	나. 가목 외의 제조업을 경영하는 사업자 중 「조세특례제한법」 제6조 제1항에 따른 중소기업 및 개인사업자 (2022. 12. 31. 개정)	104분의 4
	다. 가목 및 나목 외의 사업자	102분의 2
3. 제1호 및 제2호 외의 사업		102분의 2

통칙 42 - 84 - 1【의제매입세액 공제대상이 되는 원재료】

법 제42조 제1항에서 원재료란 다음에 게기하는 것을 말한다. (2014. 12. 30. 개정)
1. 재화를 형성하는 원료와 재료 (1998. 8. 1. 개정)
2. 재화를 형성하지는 아니하나 해당 재화의 제조·가공에 직접적으로 사용되는 것으로서 화학반응을 하는 물품 (2011. 2. 1. 개정)
3. 재화의 제조·가공과정에서 해당 물품이 직접적으로 사용되는 단용원자재 (2011. 2. 1. 개정)
4. 용역을 창출하는 데 직접적으로 사용되는 원료와 재료 (1998. 8. 1. 개정)

② 제1항을 적용받으려는 사업자는 제48조 및 제49조에 따른 신고와 함께 대통령령으로 정하는 바에 따라 면세농산물등을 공급받은 사실을 증명하는 서류를 납세지 관할 세무서장에게 제출하여야 한다. (2019. 12. 31. 개정)
③ 제1항 및 제2항에서 규정한 사항 외에 면세농산물의 범위 등 면세농산물등의 의제매입세액공제액 계산에 필요한 사항은 대통령령으로 정한다. (2017. 12. 19. 신설)

여 계산한 금액 (2022. 6. 30. 개정)
3. 제2호 외의 사업을 경영하는 개인사업자는 다음 각 목의 구분에 따라 계산한 금액에 공제율을 곱한 금액 (2018. 9. 28. 신설)
　가. 과세표준이 2억원 이하인 경우: 과세표준에 100분의 65를 곱하여 계산한 금액 (2022. 6. 30. 개정)
　나. 과세표준이 2억원 초과인 경우: 과세표준에 100분의 55를 곱하여 계산한 금액 (2022. 6. 30. 개정)
③ 제1항 및 제2항에도 불구하고 다음 각 호의 요건을 모두 충족하는 사업자는 제2기 과세기간에 대한 납부세액을 확정신고할 때, 그 해의 1월 1일부터 12월 31일까지 공급받은 면세농산물등의 가액에 공제율을 곱한 금액에서 제1기 과세기간에 제1항 및 제2항에 따라 매입세액으로 공제받은 금액을 차감한 금액을 매입세액으로 공제할 수 있다. 이 경우 그 해의 1월 1일부터 12월 31일까지의 매입세액으로서 공제할 수 있는 금액의 한도는 해당 기간에 면세농산물등과 관련하여 공급한 과세표준 합계액(이하 "과세표준 합계액"이라 한다)에 100분의 30[개인사업자에 대해서는 과세표준 합계액이 4억원 이하인 경우에는 100분의 50, 과세표준 합계액이 4억원 초과인 경우에는 100분의 40(2025년 12월 31일까지는 과세표준 합계액이 4억원 이하인 경우에는 100분의 65, 과세표준 합계액이 4억원 초과인 경우에는 100분의 55), 2025년 12월 31일까지 법인사업자에 대해서는 100분의 50]을 곱하여 계산한 금액에 공제율을 곱한 금액으로 한다. (2024. 2. 29. 개정)
1. 제1기 과세기간에 공급받은 면세농산물등의 가액을 그 해의 1월 1일부터 12월 31일까지 공급받은 면세농산물등의 가액으로 나누어 계산한 비율이 100분의 75 이상이거나 100분의 25 미만일 것 (2024. 2. 29. 개정)
2. 해당 과세기간이 속하는 해의 1월 1일부터 12월 31일까지 계속하여 제조업을 영위하였을 것 (2024. 2. 29. 개정)
④ 제1항부터 제3항까지의 규정에 따라 매입세액으로서 공제한 면세농산물등을 그대로 양도 또는 인도하거나 부가가치세가 면제되는 재화 또는 용역을 공급하는 사업, 그 밖의 목적에 사용하거나 소비할 때에는 그 공제한 금액을 납부세액에 가산하거나 환급세액에서 공제하여야 한다. (2015. 2. 3. 개정)

경우 등)에는 영 제84조 제2항에 따라 그 공제한 금액을 납부세액에 가산하거나 환급세액에서 공제하여야 한다. 이 경우 양도한 부분의 취득가액을 구분할 수 없거나 합리적인 구분 기준이 없는 때에는 양도한 부분의 양도가액을 기준으로 하여 계산할 수 있다. (2014. 12. 30. 개정)

42－84－4【겸업자의 의제매입세액 계산】
① 과세사업과 면세사업을 겸업하는 사업자가 면세원재료를 매입한 경우에는 그 과세기간종료일까지 해당 원재료의 실지귀속에 따라 의제매입세액공제대상 원재료 여부를 구분하고 차기이월원재료에 대하여는 그 용도가 불분명하므로 영 제81조 제1항을 준용한다. (2014. 12. 30. 개정)
② 영 제81조 제1항을 준용할 때 적용하는 계산식은 해당 사업장에서 매입한 면세원재료로써 제조·가공한 과세재화 또는 창출한 과세용역과 면세재화 또는 면세용역과의 총공급가액에 대한 과세재화 또는 과세용역 공급가액이 차지하는 비율에 따라 의제매입세액공제대상 원재료를 구분한다. (2014. 12. 30. 개정)
③ 구분된 의제매입세액 공제대상 원재료의 매입가액으로 의제매입세액을 계산 공제한다. (1998. 8. 1. 개정)
④ 의제매입세액이 공제된 원재료가 과세재화 또는 과세용역의 원재료로 사용되지 아니하고 면세재화 또는 면세용역의 원재료로 전용되는 경우 영 제84조 제2항에 따라 전용한 날이 속하는 예정 또는 확정신고 시 추가 납부한다. (2014. 12. 30. 개정)

42－84－5【의제매입세액 공제시기】
사업자가 면세원재료인 농산물·축산물·수산물 또는 임산물을 직접 재배·사육 또는 양식을 하거나 타인이 재배·사육 또는 양식중에 있는 농산물·축산물·수산물 또는 임산물을 구입한 때의 의제매입세액 공제시기는 해당 농산물·축산물·수산물 또는 임산물을 생산·채취 또는 벌목 등을 하여 과세재화의 제조·가공 또는 과세용역의 창출에 사용하거나 사용할 수 있는 때이다. (2011. 2. 1. 개정)

42－84－6【공제받지 못한 의제매입세액의 구제방법】
① 사업자가 예정신고 시에 영 제84조 제3항에서 정한 서류를 제출하지 못하여 공제받지 못한 의제매입세액은 확정신고 시에 제출하여 공제받을 수 있으며, 예정 또는 확정신고 시에 공제받지 못한 의제매입세액은 해당 서류를 다음 각 호와 같이 제출하는 경우에는 의제매입세액을 공제받을 수 있다. (2014. 12. 30. 개정)
1. 「국세기본법 시행령」 제25조 제1항에 따라 과세표준수정신고서와 함께 제출하는 경우 (2011. 2. 1. 개정)

☞ p.859 2단 연결

⑤ 법 제42조 제1항에 따라 매입세액을 공제받으려는 사업자는 기획재정부령으로 정하는 의제매입세액 공제신고서와 다음 각 호의 어느 하나에 해당하는 서류를 관할 세무서장에게 제출(국세정보통신망에 의한 제출을 포함한다)하여야 한다. 다만, 제조업을 경영하는 사업자가 농어민으로부터 면세농산물등을 직접 공급받는 경우에는 의제매입세액 공제신고서만 제출한다. (2015. 2. 3. 항번개정)
1. 「소득세법」 제163조 또는 「법인세법」 제121조에 따른 매입처별계산서합계표 (2013. 6. 28. 개정)
2. 기획재정부령으로 정하는 신용카드매출전표등 수령명세서 (2013. 6. 28. 개정)
3. 「소득세법 시행령」 제212조의 4 또는 「법인세법 시행령」 제164조의 2에 따른 매입자발행계산서합계표 (2023. 2. 28. 신설)
⑥ 제5항 단서에 따른 농어민은 통계청장이 고시하는 한국표준산업분류상의 농업 중 작물 재배업, 축산업, 작물재배 및 축산 복합농업에 종사하거나 임업, 어업 및 소금 채취업에 종사하는 개인을 말한다. (2016. 2. 17. 개정)
⑦ 제5항에 따른 매입세액의 공제에 관하여는 제74조와 제75조를 준용한다. (2015. 2. 3. 개정)
⑧ 제1항부터 제7항까지에서 규정한 사항 외에 의제매입세액의 계산에 필요한 사항은 기획재정부령으로 정한다. (2015. 2. 3. 개정)

통칙 42－84－2【의제매입세액 공제 원재료의 가액】
① 의제매입세액의 공제대상이 되는 원재료의 매입가액은 운임등의 부수비용을 제외한 매입원가로 한다. (2011. 2. 1. 개정)
② 과세사업과 면세사업을 겸영하는 사업자가 제조·채취·채굴·재배·양식 그 밖의 이와 유사한 방법에 의하여 취득한 면세원재료가액은 「소득세법 시행령」 제89조 또는 「법인세법 시행령」 제72조 제2항에 따라 계산된 취득가액으로 한다. (2014. 12. 30. 개정)

42－84－3【의제매입세액 재계산】
면세로 공급받은 농산물·축산물·수산물 또는 임산물을 구입 시에 의제매입세액을 공제받은 후 해당 재화의 구성부분의 일부만을 과세재화의 제조·가공 또는 과세용역의 창출에 사용하고 나머지 부분은 그대로 양도 또는 인도하는 경우(소시지 제조업자가 생돈을 구입하여 돈육을 사용하고 부산물을 판매하는

② 영 제84조 제5항에 따른 의제매입세액 공제신고서는 별지 제15호 서식과 같다. (2015. 3. 6. 개정)

③ 영 제84조 제5항 제2호에 따른 신용카드매출전표등 수령명세서는 별지 제16호 서식(1)과 같다. 다만, 적을 내용이 많아 별지 제16호 서식(1)에 모두 적을 수 없는 내용은 별지 제16호 서식(2)에 연속하여 적을 수 있다. (2015. 3. 6. 개정)
④ 영 제84조를 적용할 때 과세사업과 면세사업등을 겸영하는 경우에는 영 제81조를 준용하여 매입세액을 안분하여 계산한다. (2013. 6. 28. 개정)

2. 「국세기본법 시행령」 제25조의 3에 따라 경정청구서와 함께 제출하여 경정기
관이 경정하는 경우 (2011. 2. 1. 개정)
3. 「국세기본법 시행령」 제25조의 4에 따른 기한 후 과세표준신고서와 함께 제
출하여 관할세무서장이 결정하는 경우 (2011. 2. 1. 개정)
4. 법 제57조의 경정에 있어서 발급받은 계산서 또는 시행규칙 제56조 제3항
이 정하는 신용카드매출전표등 수령명세서를 경정기관의 확인을 거쳐 정부
에 제출하는 경우 (2014. 12. 30. 개정)
② 사업자등록을 신청한 사업자가 사업자등록증 발급일까지의 거래에 대하여
해당 사업자 또는 대표자의 주민등록번호를 기재하여 발급받은 계산서도 의제
매입세액을 공제할 수 있는 계산서로 본다. (2014. 12. 30. 개정)
③ 발급받은 계산서의 필요적 기재사항 중 일부가 착오로 기재되었으나 해당 계산
서의 그 밖의 필요적 기재사항 또는 임의적 기재사항으로 보아 거래사실이 확인된
경우의 계산서는 의제매입세액을 공제할 수 있는 계산서로 본다. (2011. 2. 1. 개정)
④ 면세되는 농산물등의 공급시기 이후에 발급받은 계산서로서 해당 공급시기가
속하는 부가가치세과세기간 내 발급받은 계산서는 의제매입세액을 공제받을 수
있는 계산서로 본다. (2011. 2. 1. 개정)

제43조 【면세사업등을 위한 감가상각자산의 과세사업 전환 시 매입세액공제 특례】 사업자는 제39조 제1항 제7호에 따라 매입세액이 공제되지 아니한 면세사업등을 위한 감가상각자산을 과세사업에 사용하거나 소비하는 경우 대통령령으로 정하는 바에 따라 계산한 금액을 그 과세사업에 사용하거나 소비하는 날이 속하는 과세기간의 매입세액으로 공제할 수 있다. (2013. 6. 7. 개정)

제85조 【면세사업등을 위한 감가상각자산의 과세사업 전환 시 매입세액 공제 특례】 ① 사업자가 법 제39조 제1항 제7호에 따라 매입세액이 공제되지 아니한 감가상각자산을 과세사업에 사용하거나 소비하는 경우 법 제43조에 따라 공제되는 세액은 다음 각 호의 계산식에 따라 계산한 금액으로 한다. 이 경우 경과된 과세기간의 수에 관하여는 제66조 제2항 후단을 준용한다. (2013. 6. 28. 개정)
1. 건물 또는 구축물 (2013. 6. 28. 개정)

$$\text{공제되는 세액} = \text{취득 당시 해당 재화의 면세사업등과 관련하여 공제되지 아니한 매입세액} \times \left(1 - \frac{5}{100} \times \text{경과된 과세기간의 수}\right)$$

2. 그 밖의 감가상각자산 (2013. 6. 28. 개정)

$$\text{공제되는 세액} = \text{취득 당시 해당 재화의 면세사업등과 관련하여 공제되지 아니한 매입세액} \times \left(1 - \frac{25}{100} \times \text{경과된 과세기간의 수}\right)$$

28. 개정)

2. 총예정공급가액에 대한 과세사업에 관련된 예정공급가액의 비율 (2013. 6. 28. 개정)

3. 총예정사용면적에 대한 과세사업에 관련된 예정사용면적의 비율 (2013. 6. 28. 개정)

④ 제3항에 따라 안분하여 계산한 매입세액을 공제한 경우에는 면세사업용 감가상각자산의 과세사업용 사용 또는 소비로 과세사업과 면세사업등의 공급가액 또는 과세사업과 면세사업의 사용면적이 확정되는 과세기간에 대한 납부세액을 확정신고할 때에 다음 각 호의 계산식에 따라 정산한다. (2013. 6. 28. 개정)

1. 제3항 제1호 및 제2호에 따라 공제매입세액을 안분하여 계산한 경우 (2013. 6. 28. 개정)

　가. 건물 또는 구축물 (2013. 6. 28. 개정)

　　가산되거나 공제되는 세액 =

$$\begin{array}{c}\text{취득 당시 해당 재화의}\\\text{면세사업등과 관련하여}\\\text{공제되지 아니한 매입세액}\end{array} \times \left(1 - \frac{5}{100} \times \begin{array}{c}\text{경과된}\\\text{과세기간}\\\text{의 수}\end{array}\right)$$

$$\times \frac{\begin{array}{c}\text{과세사업과 면세사업등의 공급가액이}\\\text{확정되는 과세기간의 과세공급가액}\end{array}}{\begin{array}{c}\text{과세사업과 면세사업등의 공급가액이}\\\text{확정되는 과세기간의 총공급가액}\end{array}} - \begin{array}{c}\text{이미}\\\text{공제한}\\\text{매입세액}\end{array}$$

　나. 그 밖의 감가상각자산 (2013. 6. 28. 개정)

　　가산되거나 공제되는 세액 =

$$\begin{array}{c}\text{취득 당시 해당 재화의}\\\text{면세사업등과 관련하여}\\\text{공제되지 아니한 매입세액}\end{array} \times \left(1 - \frac{25}{100} \times \begin{array}{c}\text{경과된}\\\text{과세기간}\\\text{의 수}\end{array}\right)$$

$$\times \frac{\begin{array}{c}\text{과세사업과 면세사업등의 공급가액이}\\\text{확정되는 과세기간의 과세공급가액}\end{array}}{\begin{array}{c}\text{과세사업과 면세사업등의 공급가액이}\\\text{확정되는 과세기간의 총공급가액}\end{array}} - \begin{array}{c}\text{이미}\\\text{공제한}\\\text{매입세액}\end{array}$$

☞ p.861 2단 연결

---

② 사업자가 법 제43조에 따라 매입세액이 공제되지 아니한 감가상각자산을 과세사업과 면세사업등에 공통으로 사용하거나 소비하는 경우에 공제되는 세액은 다음 각 호의 계산식에 따라 계산한 금액으로 하되, 그 과세사업에 의한 과세공급가액이 총공급가액 중 5퍼센트 미만일 때에는 공제세액이 없는 것으로 본다. 이 경우 경과된 과세기간의 수에 관하여는 제66조 제2항 후단을 준용한다. (2013. 6. 28. 개정)

1. 건물 또는 구축물 (2013. 6. 28. 개정)

　공제되는 세액 =

$$\begin{array}{c}\text{취득 당시 해당 재화의}\\\text{면세사업등과 관련하여}\\\text{공제되지 아니한 매입세액}\end{array} \times \left(1 - \frac{5}{100} \times \begin{array}{c}\text{경과된}\\\text{과세기간}\\\text{의 수}\end{array}\right)$$

$$\times \frac{\begin{array}{c}\text{과세사업에 사용·소비한 날이 속하는}\\\text{과세기간의 과세공급가액}\end{array}}{\begin{array}{c}\text{과세사업에 사용·소비한 날이 속하는}\\\text{과세기간의 총공급가액}\end{array}}$$

2. 그 밖의 감가상각자산 (2013. 6. 28. 개정)

　공제되는 세액 =

$$\begin{array}{c}\text{취득 당시 해당 재화의}\\\text{면세사업등과 관련하여}\\\text{공제되지 아니한 매입세액}\end{array} \times \left(1 - \frac{25}{100} \times \begin{array}{c}\text{경과된}\\\text{과세기간}\\\text{의 수}\end{array}\right)$$

$$\times \frac{\begin{array}{c}\text{과세사업에 사용·소비한 날이 속하는}\\\text{과세기간의 과세공급가액}\end{array}}{\begin{array}{c}\text{과세사업에 사용·소비한 날이 속하는}\\\text{과세기간의 총공급가액}\end{array}}$$

③ 제2항을 적용할 때 해당 과세기간 중 과세사업과 면세사업등의 공급가액이 없거나 그 어느 한 사업의 공급가액이 없는 경우에 그 과세기간에 대한 안분 계산은 다음 각 호의 순서에 따른다. 다만, 취득 시 면세사업등과 관련하여 매입세액이 공제되지 아니한 건물에 대하여 과세사업과 면세사업등에 제공할 예정면적을 구분할 수 있는 경우에는 제3호를 제1호 및 제2호에 우선하여 적용한다. (2013. 6. 28. 개정)

1. 총매입가액에 대한 과세사업에 관련된 매입가액의 비율 (2013. 6.

　　제57조 【면세사업등을 위한 감가상각자산의 과세사업 전환 시 공제되는 매입세액의 안분 계산】 영 제85조 제2항 및 제4항에 따른 총공급가액은 면세사업등을 위한 감가상각자산을 과세사업에 사용·소비한 날이 속하는 과세기간의 과세사업에 대한 공급가액과 면세사업등에 대한 수입금액의 합계액으로 한다. (2013. 6. 28. 개정)

2. 제3항 제3호에 따라 공제매입세액을 안분하여 계산한 경우 (2015.
2. 3. 개정)

가산되거나 공제되는 세액 =

$$\text{취득 당시 해당 재화의 면세사업등과 관련하여 공제되지 아니한 매입세액} \times \left(1 - \frac{5}{100} \times \text{경과된 과세기간의 수}\right)$$

$$\times \frac{\text{과세사업과 면세사업등의 사용면적이 확정되는 과세기간의 과세사용면적}}{\text{과세사업과 면세사업등의 사용면적이 확정되는 과세기간의 총사용면적}} - \text{이미 공제한 매입세액}$$

⑤ 사업자가 법 제43조에 따라 매입세액이 공제되지 아니한 감가상각자산을 과세사업에 사용하거나 소비할 때에는 그 과세사업에 사용하거나 소비하는 날이 속하는 과세기간에 대한 확정신고와 함께 기획재정부령으로 정하는 과세사업전환 감가상각자산 신고서를 작성하여 각 납세지 관할 세무서장에게 신고하여야 한다. (2013. 6. 28. 개정)

⑥ 제1항부터 제4항까지의 규정에 따라 경과된 과세기간의 수를 계산할 때 과세기간 개시일 후에 감가상각자산을 취득하는 경우에는 그 과세기간 개시일에 그 재화를 취득한 것으로 본다. (2013. 6. 28. 개정)

⑦ 제1항부터 제6항까지의 규정에 따라 매입세액이 공제된 후 총공급가액에 대한 면세공급가액의 비율 또는 총사용면적에 대한 면세사용면적의 비율과 해당 감가상각자산의 취득일이 속하는 과세기간(그 후의 과세기간에 재계산하였을 때에는 그 재계산한 기간)에 적용되었던 비율 간의 차이가 5퍼센트 이상인 경우에는 제83조를 준용하여 매입세액을 재계산한다. (2013. 6. 28. 개정)

⑧ 제1항부터 제7항까지에서 규정한 사항 외에 면세사업등을 위한 감가상각자산의 과세사업 전환 시 매입세액 공제 특례에 관하여 필요한 사항은 기획재정부령으로 정한다. (2013. 6. 28. 개정)

제58조 【과세사업전환 감가상각자산 신고서】 영 제85조 제5항에 따른 과세사업전환 감가상각자산 신고서는 별지 제17호 서식과 같다. (2013. 6. 28. 개정)

제44조 【일반과세자로 변경 시 재고품등에 대한 매입세액 공제 특례】 ① 간이과세자가 일반과세자로 변경되면 그 변경 당시의 재고품, 건설 중인 자산 및 감가상각자산(이하 이 조에서 "재고품등"이라

제86조 【일반과세자로 변경 시 재고품등에 대한 매입세액 공제 특례】 ① 법 제44조 제1항에 따라 간이과세자가 일반과세자로 변경되는 경우에는 그 변경되는 날 현재에 있는 다음 각 호의 재고품, 건

제59조 【일반과세 전환 시의 재고품등 신고서】 영 제86조 제1항에 따른 일반과세 전환 시의 재고품등 신고서는 별지

한다)에 대하여 대통령령으로 정하는 바에 따라 계산한 금액을 매입세액으로 공제할 수 있다. (2013. 6. 7. 개정)

② 재고품등의 범위, 그 적용시기 등 재고품등의 매입세액의 공제에 필요한 사항은 대통령령으로 정한다. (2013. 6. 7. 개정)

설 중인 자산 및 감가상각자산(법 제38조부터 제43조까지의 규정에 따른 매입세액 공제 대상인 것만 해당하며, 이하 이 조에서 "재고품등"이라 한다)에 대하여 일반과세 전환 시의 재고품등 신고서를 작성하여 그 변경되는 날의 직전 과세기간에 대한 신고와 함께 각 납세지 관할 세무서장에게 신고(국세정보통신망에 의한 신고를 포함한다)하여야 한다. (2013. 6. 28. 개정)

1. 상품 (2013. 6. 28. 개정)
2. 제품[반제품 및 재공품(在工品)을 포함한다] (2013. 6. 28. 개정)
3. 재료(부재료를 포함한다) (2013. 6. 28. 개정)
4. 건설 중인 자산 (2013. 6. 28. 개정)
5. 감가상각자산(건물 또는 구축물의 경우에는 취득, 건설 또는 신축 후 10년 이내의 것, 그 밖의 감가상각자산의 경우에는 취득 또는 제작 후 2년 이내의 것으로 한정한다) (2013. 6. 28. 개정)

② 제1항에 따른 재고품등의 금액은 장부 또는 세금계산서에 의하여 확인되는 해당 재고품등의 취득가액(부가가치세를 포함한다)으로 한다. (2013. 6. 28. 개정)

③ 제1항에 따라 신고한 자에 대해서는 다음 각 호의 방법에 따라 계산한 금액을 매입세액(이하 "재고매입세액"이라 한다)으로 공제한다. 이 경우 제3호와 제4호에 따른 경과된 과세기간의 수에 관하여는 제66조 제2항 후단 및 같은 조 제5항을 준용한다. (2013. 6. 28. 개정)

1. 제1항 제1호부터 제3호까지의 규정에 따른 재고품 (2021. 2. 17. 개정)

$$\text{재고매입세액} = \text{재고금액} \times \frac{10}{110} \times (1 \ - \ 0.5\text{퍼센트} \ \times \frac{110}{10})$$

2. 제1항 제4호에 따른 건설 중인 자산 (2021. 2. 17. 개정)

$$\text{재고매입세액} = \text{해당 건설 중인 자산과 관련된 공제 대상 매입세액} \times (1 \ - \ \frac{0.5}{\text{퍼센트}} \ \times \frac{110}{10})$$

3. 제1항 제5호에 따른 자산으로서 다른 사람으로부터 매입한 자산 (2013. 6. 28. 개정)
　가. 건물 또는 구축물 (2021. 2. 17. 개정)

제18호 서식과 같다. (2013. 6. 28. 개정)

$$\text{재고매입세액} = \text{취득가액} \times \left(1 - \frac{10}{100} \times \text{경과된 과세기간의 수}\right) \times \frac{10}{110} \times \left(1 - \frac{0.5}{\text{퍼센트}} \times \frac{110}{10}\right)$$

나. 그 밖의 감가상각자산 (2021. 2. 17. 개정)

$$\text{재고매입세액} = \text{취득가액} \times \left(1 - \frac{50}{100} \times \text{경과된 과세기간의 수}\right) \times \frac{10}{110} \times \left(1 - \frac{0.5}{\text{퍼센트}} \times \frac{110}{10}\right)$$

4. 제1항 제5호에 따른 자산으로서 사업자가 직접 제작, 건설 또는 신축한 자산 (2013. 6. 28. 개정)

　가. 건물 또는 구축물 (2021. 2. 17. 개정)

$$\text{재고매입세액} = \text{해당 자산의 건설 또는 신축과 관련된 공제 대상 매입세액} \times \left(1 - \frac{10}{100} \times \text{경과된 과세기간의 수}\right) \times \left(1 - \frac{0.5}{\text{퍼센트}} \times \frac{110}{10}\right)$$

　나. 그 밖의 감가상각자산 (2021. 2. 17. 개정)

$$\text{재고매입세액} = \text{해당 자산의 제작과 관련된 공제 대상 매입세액} \times \left(1 - \frac{50}{100} \times \text{경과된 과세기간의 수}\right) \times \left(1 - \frac{0.5}{\text{퍼센트}} \times \frac{110}{10}\right)$$

지난 후 1개월 이내에 해당 사업자에게 공제될 재고매입세액을 통지하여야 한다. 이 경우 그 기한 이내에 통지하지 아니하면 해당 사업자가 신고한 재고금액을 승인한 것으로 본다. (2013. 6. 28. 개정)

⑦ 제6항에 따라 결정된 재고매입세액은 그 승인을 받은 날이 속하는 예정신고기간 또는 과세기간의 매출세액에서 공제한다. (2013. 6. 28. 개정)

⑧ 제6항에 따라 승인하거나 승인한 것으로 보는 재고매입세액의 내용에 오류가 있거나 내용이 누락된 경우에는 법 제57조에 따라 재고매입세액을 조사하여 경정한다. (2013. 6. 28. 개정)

④ 제3항 각 호의 계산식에서 "제111조 제2항의 표의 구분에 따른 부가가치율"이란 일반과세자로 변경되기 직전일(감가상각자산의 경우에는 그 감가상각자산의 취득일)이 속하는 과세기간에 적용된 해당 업종의 부가가치율을 말한다. (2013. 6. 28. 개정)

④ 삭　제 (2021. 2. 17.)

⑤ 일반과세자가 간이과세자로 변경된 후에 다시 일반과세자로 변경되는 경우에는 간이과세자로 변경된 때에 제112조 제7항을 적용받지 않는 재고품등에 대해서는 제1항부터 제3항까지의 규정을 적용하지 않는다. (2021. 2. 17. 개정)

⑥ 제1항에 따른 신고를 받은 관할 세무서장은 재고매입세액으로서 공제할 수 있는 재고금액을 조사하여 승인하고 제1항에 따른 기한이

제45조 【대손세액의 공제특례】 ① 사업자는 부가가치세가 과세되는 재화 또는 용역을 공급하고 외상매출금이나 그 밖의 매출채권(부가가치세를 포함한 것을 말한다)의 전부 또는 일부가 공급을 받은 자의 파산·강제집행이나 그 밖에 대통령령으로 정하는 사유로 대손되어 회수할 수 없는 경우에는 다음의 계산식에 따라 계산한 금액(이하 "대손세액"이라 한다)을 그 대손이 확정된 날이 속하는 과세기간의 매출세액에서 뺄 수 있다. 다만, 그 사업자가 대손되어 회수할 수 없는 금액(이하 "대손금액"이라 한다)의 전부 또는 일부를 회수한 경우에는 회수한 대손금액에 관련된 대손세액을 회수한 날이 속하는 과세기간의 매출세액에 더한다. (2013. 6. 7. 개정)

　　대손세액 ＝ 대손금액 × 110분의 10

② 제1항을 적용받고자 하는 사업자는 제49조에 따른 신고와 함께 대통령령으로 정하는 바에 따라 대손금액이 발생한 사실을 증명하는 서류를 제출하여야 한다. (2019. 12. 31. 개정)

③ 제1항 및 제2항을 적용할 때 재화 또는 용역을 공급받은 사업자가 대손세액에 해당하는 금액의 전부 또는 일부를 제38조에 따라 매입세액으로 공제받은 경우로서 그 사업자가 폐업하기 전에 재화 또는 용역을 공급하는 자가 제1항에 따른 대손세액공제를 받은 경우에는 그 재화 또는 용역을 공급받은 사업자는 관련 대손세액에 해당하는 금액을 대손이 확정된 날이 속하는 과세기간에 자신의 매입세액에서 뺀다. 다만, 그 공급을 받은 사업자가 대손세액에 해당하는 금액을 빼지 아니한 경우에는 대통령령으로 정하는 바에 따라 그 사업자의 관할 세무서장이 빼야 할 매입세액을 결정 또는 경정(更正)하여야 한다. (2013. 6. 7. 개정)

제87조 【대손세액 공제의 범위】 ① 법 제45조 제1항 본문에서 "파산·강제집행이나 그 밖에 대통령령으로 정하는 사유"란 다음 각 호의 어느 하나에 해당하는 경우를 말한다. (2019. 2. 12. 개정)

1. 「소득세법 시행령」 제55조 제2항 및 「법인세법 시행령」 제19조의 2 제1항에 따라 대손금(貸損金)으로 인정되는 경우 (2019. 2. 12. 신설)

2. 「채무자 회생 및 파산에 관한 법률」에 따른 법원의 회생계획인가 결정에 따라 채무를 출자전환하는 경우. 이 경우 대손되어 회수할 수 없는 금액은 출자전환하는 시점의 출자전환된 매출채권 장부가액과 출자전환으로 취득한 주식 또는 출자지분의 시가와의 차액으로 한다. (2019. 2. 12. 신설)

② 법 제45조에 따른 대손세액 공제의 범위는 사업자가 부가가치세가 과세되는 재화 또는 용역을 공급한 후 그 공급일부터 10년이 지난 날이 속하는 과세기간에 대한 확정신고 기한까지 제1항의 사유로 확정되는 대손세액(법 제57조에 따른 결정 또는 경정으로 증가된 과세표준에 대하여 부가가치세액을 납부한 경우 해당 대손세액을 포함한다)으로 한다. (2020. 2. 11. 개정)

③ 법 제45조 제1항 본문에 따라 공급자가 대손세액을 매출세액에서 차감한 경우 공급자의 관할 세무서장은 대손세액 공제사실을 공급받는 자의 관할 세무서장에게 통지하여야 하며, 법 제45조 제3항 본문에 따라 공급받은 자가 관련 대손세액에 해당하는 금액을 매입세액에서 차감하여 신고하지 아니한 경우 같은 항 단서에 따라 결정하거나 경정하여야 한다. (2013. 6. 28. 개정)

통칙 45 ‒ 87 ‒ 4 【회생절차개시 결정일 이후 부도발생일부터 6개월 이상 지난 어음상 채권의 대손세액공제】

과세되는 재화 또는 용역을 공급하고 그 대가로 받은 수표 및 어음이 부도 발생한 경우로서 부도발생일부터 6개월 이상 지난 수표 및 어음상 채권은 해당 채무자에 대한 「채무자 회생 및 파산에 관한 법률」에 따른 회생절차개시 결정이나 회생계획인가 결정에 관계없이 부도발생일로부터 6개월 이상 지난 날이 속하는 과세기간에 대손세액공제를 할 수 있다. 다만, 회생계획인가 결정일이 속하는 과세기간에 현금으로 받거나 출자로 전환되는 부도수표 및 부도어음상의 채권에 대하여는 그러하지 아니한다. (2019. 12. 23. 신설)

통칙 45 ‒ 87 ‒ 1 【대손세액 공제대상 매출채권의 범위 등】

법 제45조에 따라 대손세액공제의 대상이 되는 외상매출금 그 밖의 매출채권은 부가가치세가 과세되는 재화 또는 용역에 대한 것으로서 각 과세기간의 과세표준에 반영되어 있는 것을 말한다. (2014. 12. 30. 개정)

45 ‒ 87 ‒ 2 【사업양도자 매출채권에 대한 대손세액 공제】

개인사업자가 자기의 과세사업을 법인으로 전환하기 위해 법인을 설립하고 개인사업에 관한 모든 권리와 의무를 해당 신설법인에 포괄적으로 양도함에 있어서 사업양도 전에 발생한 매출채권에 대한 「상법」상의 소멸시효가 법인전환 후 완성됨으로 인해 해당 매출채권(부가가치세 포함)의 전부 또는 일부가 대손되어 회수할 수 없는 경우에는 그 대손이 확정된 날이 속하는 과세기간의 매출세액에서 대손세액을 뺄 수 있다. (2011. 2. 1. 개정)

45 ‒ 87 ‒ 3 【근저당 채권최고액을 초과하는 부도수표·어음의 범위】

영 제87조 제1항에 따라 「소득세법 시행령」 제55조 제2항 및 「법인세법 시행령」 제19조의 2 제1항에서 정한 부도수표·어음에 대한 대손세액공제 적용 시 채무자의 재산에 근저당이 설정되어 있는 경우 설정된 채권최고금액을 초과하는 부도수표·어음금액에 대하여는 대손세액공제가 가능하다. (2014. 12. 30. 개정)

④ 제3항에 따라 매입세액에서 대손세액에 해당하는 금액을 뺀 (관할 세무서장이 결정 또는 경정한 경우를 포함한다) 해당 사업자가 대손금액의 전부 또는 일부를 변제한 경우에는 대통령령으로 정하는 바에 따라 변제한 대손금액에 관련된 대손세액에 해당하는 금액을 변제한 날이 속하는 과세기간의 매입세액에 더한다. (2013. 6. 7. 개정)

⑤ 제1항부터 제3항까지에서 규정한 사항 외에 대손세액 공제의 범위 및 절차에 관하여 필요한 사항은 대통령령으로 정한다. (2013. 6. 7. 개정)

④ 법 제45조 제1항에 따라 대손세액 공제를 받으려 하거나 법 제45조 제4항에 따라 대손세액을 매입세액에 더하려는 사업자는 제91조 제1항에 따른 부가가치세 확정신고서에 기획재정부령으로 정하는 대손세액 공제(변제) 신고서와 대손사실 또는 변제사실을 증명하는 서류를 첨부하여 관할 세무서장에게 제출(국세정보통신망에 의한 제출을 포함한다)하여야 한다. (2013. 6. 28. 개정)

• 중소기업의 외상매출금등에 대하여 대손금 계상 여부와 무관하게 그 회수기일이 2020. 1. 1. 이후 2년을 경과하는 경우 그 확정된 날이 속하는 과세기간에 부가가치세 대손세액을 공제받을 수 있는 것임. (사전 – 2021 – 법령해석부가 – 0749, 2021. 5. 31.)
• 사업자가 재화 또는 용역을 공급하고 지급받은 어음이 부도 발생하였으나 당해 채권을 제3자에게 양도하여 당해 사업자가 부도어음을 소지하고 있지 아니한 경우에는 부가가치세법에 따른 대손세액공제를 받을 수 없는 것임. (부가 – 767, 2013. 8. 28.)

제60조【대손세액 공제 및 변제 신고서】영 제87조 제4항에 따른 대손세액 공제(변제) 신고서는 별지 제19호 서식(1)과 같다. 다만, 대손세액 계산신고 내용 또는 변제세액 계산신고 내용이 많아 별지 제19호 서식(1)에 모두 적을 수 없는 경우에는 별지 제19호 서식(2) 또는 별지 제19호 서식(3)에 연속하여 적을 수 있다. (2013. 6. 28. 개정)

제 4 절　세액공제

제46조【신용카드 등의 사용에 따른 세액공제 등】① 제1호에 해당하는 사업자가 부가가치세가 과세되는 재화 또는 용역을 공급하고 제34조 제1항에 따른 세금계산서의 발급시기에 제2호에 해당하는 거래증빙서류(이하 이 조에서 "신용카드매출전표등"이라 한다)를 발급하거나 대통령령으로 정하는 전자적 결제수단에 의하여 대금을 결제받는 경우에는 제3호에 따른 금액을 납부세액에서 공제한다. (2019. 12. 31. 개정)

1. 사업자: 다음 각 목의 어느 하나에 해당하는 사업자 (2019. 12. 31. 개정)

　가. 주로 사업자가 아닌 자에게 재화 또는 용역을 공급하는 사업으로서 대통령령으로 정하는 사업을 하는 사업자(법인사업자와 직전 연도의 재화 또는 용역의 공급가액의 합계액이 대통령령으로 정하는 금액을 초과하는 개인사업자는 제외한다) (2020. 12.

제 4 절　세액공제

제88조【신용카드 등의 사용에 따른 세액공제 등】① 법 제46조 제1항 각 호 외의 부분에서 "대통령령으로 정하는 전자적 결제 수단에 의하여 대금을 결제받는 경우"란 다음 각 호의 어느 하나에 해당하는 것을 말한다. (2024. 2. 29. 개정)

1. 다음 각 목의 요건을 모두 갖춘 전자적 결제 수단으로 대금을 결제받는 경우 (2024. 2. 29. 개정)

　가. 카드 또는 컴퓨터 등 전자적인 매체에 화폐가치를 저장했다가 재화 또는 용역을 구매할 때 지급하는 결제 수단(이하 이 조에서 "전자화폐"라 한다)일 것 (2024. 2. 29. 개정)

　나. 전자화폐를 발행하는 사업자가 결제 명세를 가맹 사업자별로 구분하여 관리하는 결제 수단일 것 (2024. 2. 29. 개정)

2. 통신판매업자가 판매를 대행 또는 중개하는 부가통신사업자를 통해 재화 또는 용역을 공급하고 부가통신사업자로부터 전자적으로 대금

제 4 절　세액공제

영 88조 1항의 개정규정은 2024. 2. 29.이 속하는 과세기간에 재화 또는 용역을 공급하는 경우부터 적용함. (영 부칙(2024. 2. 29.) 9조)

통칙 46 – 88 – 1【신용카드 등 사용에 따른

22. 개정)

나. 제36조 제1항 제2호에 해당하는 간이과세자 (2020. 12. 22. 개정)

2. 거래증빙서류 : 다음 각 목의 어느 하나에 해당하는 서류 (2019. 12. 31. 개정)

　가. 「여신전문금융업법」에 따른 신용카드매출전표 (2019. 12. 31. 개정)

　나. 「조세특례제한법」 제126조의 3에 따른 현금영수증 (2019. 12. 31. 개정)

　다. 그 밖에 이와 유사한 것으로 대통령령으로 정하는 것 (2019. 12. 31. 개정)

● 예 판 ●··

구매대행업자가 해외 구매원가, 배송원가 및 구매대행수수료에 대하여 여전법에 따른 결제대행업체를 통한 신용카드매출전표등을 발행하는 경우 해당 결제금액 중 구매대행수수료에 대하여는 신용카드매출전표발행세액공제를 받을 수 있는 것임. (서면 – 2018 – 법령해석부가 – 2530, 2019. 1. 23.)

··

3. 공제금액(연간 500만원을 한도로 하되, 2026년 12월 31일까지는 연간 1천만원을 한도로 한다) : 발급금액 또는 결제금액의 1퍼센트(2026년 12월 31일까지는 1.3퍼센트로 한다) (2023. 12. 31. 개정)

3. 공제금액(연간 500만원을 한도로 하되, 2026년 12월 31일까지는 연간 1천만원을 한도로 한다) : 다음 각 목의 구분에 따른 금액 (2024. 12. 31. 개정)

　가. 직전 연도의 재화 또는 용역의 공급가액의 합계액이 대통령령으로 정하는 금액을 초과하는 사업자: 발급금액 또는 결제금액의 0.5퍼센트(2026년 12월 31일까지는 0.65퍼센트로 한다) (2024. 12. 31. 신설)

　나. 가목 외의 사업자: 발급금액 또는 결제금액의 1퍼센트(2026년 12월 31일까지는 1.3퍼센트로 한다) (2024. 12. 31. 신설)

② 제1항을 적용할 때 공제받는 금액이 그 금액을 차감하기 전의 납부할 세액[제37조 제2항에 따른 납부세액에서 이 법, 「국세기본법」 및

을 결제받는 경우(부가통신사업자가 법 제75조 제1항 및 이 영 제121조 제1항에 따라 제출하는 월별 거래 명세를 통해 그 결제 내역이 확인되는 경우만 해당한다) (2024. 2. 29. 개정)

② 법 제46조 제1항 제1호 가목에서 "대통령령으로 정하는 사업을 하는 사업자"란 제73조 제1항 및 제2항에 따른 사업을 하는 사업자를 말한다. (2020. 2. 11. 개정)

③ 법 제46조 제1항 제1호 가목에서 "대통령령으로 정하는 금액"이란 사업장을 기준으로 10억원을 말한다. (2020. 2. 11. 개정)

④ 법 제46조 제1항 제2호 다목에서 "대통령령으로 정하는 것"이란 다음 각 호의 어느 하나에 해당하는 것을 말한다. (2020. 2. 11. 개정)

1. 「여신전문금융업법」에 따른 다음 각 목의 것 (2013. 6. 28. 개정)

　가. 직불카드영수증 (2013. 6. 28. 개정)

　나. 결제대행업체를 통한 신용카드매출전표 (2013. 6. 28. 개정)

　다. 선불카드영수증(실제 명의가 확인되는 것으로 한정한다) (2013. 6. 28. 개정)

2. 「조세특례제한법」 제126조의 3에 따른 현금영수증(부가통신사업자가 통신판매업자를 대신하여 발급하는 현금영수증을 포함한다) (2013. 6. 28. 개정)

3. 「전자금융거래법」에 따른 다음 각 목의 것 (2019. 2. 12. 신설)

　가. 직불전자지급수단 영수증 (2019. 2. 12. 신설)

　나. 선불전자지급수단 영수증(실제 명의가 확인되는 것으로 한정한다) (2019. 2. 12. 신설)

　다. 전자지급결제대행에 관한 업무를 하는 금융회사 또는 전자금융업자를 통한 신용카드매출전표 (2019. 2. 12. 신설)

세액공제 등 】

온라인 중개플랫폼을 운영하는 사업자(수탁자)가 실제 판매자(위탁자)의 재화를 판매 대행하는 형태로 수탁자가 재화를 인도하고 위탁자가 아닌 수탁자 명의로 부가가치세액이 별도로 구분 가능한 신용카드매출전표등을 발급하는 경우, 해당 신용카드매출전표등을 발급받은 사업자는 법 제46조 제3항에 따른 매입세액으로 공제 받을 수 없다. (2024. 3. 15. 신설)

「조세특례제한법」에 따라 빼거나 더할 세액(제60조 및 「국세기본법」 제47조의 2부터 제47조의 4까지의 규정에 따른 가산세는 제외한다)을 빼거나 더하여 계산한 세액을 말하며, 그 계산한 세액이 "0"보다 작으면 "0"으로 본다]을 초과하면 그 초과하는 부분은 없는 것으로 본다. (2013. 6. 7. 개정)

③ 사업자가 대통령령으로 정하는 사업자로부터 재화 또는 용역을 공급받고 부가가치세액이 별도로 구분되는 신용카드매출전표등을 발급받은 경우로서 다음 각 호의 요건을 모두 충족하는 경우 그 부가가치세액은 제38조 제1항 또는 제63조 제3항에 따라 공제할 수 있는 매입세액으로 본다. (2020. 12. 22. 개정)

1. 대통령령으로 정하는 신용카드매출전표등 수령명세서를 제출할 것 (2013. 6. 7. 개정)

2. 신용카드매출전표등을 제71조 제3항을 준용하여 보관할 것. 이 경우 대통령령으로 정하는 방법으로 증명 자료를 보관하는 경우에는 신용카드매출전표등을 보관하는 것으로 본다. (2013. 6. 7. 개정)

3. 간이과세자가 제36조의 2 제1항 및 제2항에 따라 영수증을 발급하여야 하는 기간에 발급한 신용카드매출전표등이 아닐 것 (2020. 12. 22. 신설)

④ 국세청장은 주로 사업자가 아닌 소비자에게 재화 또는 용역을 공급하는 사업자로서 대통령령으로 정하는 자에 대하여 납세관리에 필요하다고 인정하면 「여신전문금융업법」에 따른 신용카드가맹점 가입 대상자 또는 「조세특례제한법」 제126조의 3에 따른 현금영수증가맹점 가입 대상자로 지정하여 신용카드가맹점 또는 현금영수증가맹점으로 가입하도록 지도할 수 있다. (2013. 6. 7. 개정)

⑤ 법 제46조 제3항에서 "대통령령으로 정하는 사업자"란 다음 각 호에 해당하지 않는 사업을 경영하는 사업자로서 법 제36조 제1항 제2호에 해당하지 않는 사업자를 말한다. (2021. 2. 17. 개정)
1. 목욕ㆍ이발ㆍ미용업 (2013. 6. 28. 개정)
2. 여객운송업(「여객자동차 운수사업법 시행령」 제3조에 따른 전세버스운송사업은 제외한다) (2013. 6. 28. 개정)
3. 입장권을 발행하여 경영하는 사업 (2013. 6. 28. 개정)
4. 제35조 제1호 단서의 용역을 공급하는 사업 (2013. 6. 28. 개정)
5. 제35조 제5호 단서에 해당하지 아니하는 것으로서 수의사가 제공하는 동물의 진료용역 (2013. 6. 28. 개정)
6. 제36조 제2항 제1호 및 제2호의 용역을 공급하는 사업 (2013. 6. 28. 개정)

⑥ 법 제46조 제3항 제1호에서 "대통령령으로 정하는 신용카드매출전표등 수령명세서"란 제74조 제1호에 따른 신용카드매출전표등 수령명세서를 말한다. (2016. 2. 17. 항번개정)

⑦ 법 제46조 제3항 제2호에서 "대통령령으로 정하는 방법"이란 「소득세법」 제160조의 2 제4항 또는 「법인세법」 제116조 제4항에 따른 방법을 말한다. (2016. 2. 17. 항번개정)

⑧ 법 제46조 제4항에서 "대통령령으로 정하는 자"란 소매업, 음식점업, 숙박업 또는 그 밖에 주로 사업자가 아닌 소비자를 대상으로 하는 사업을 경영하는 자로서 사업규모 및 지역 등을 고려하여 국세청장이 정하는 자를 말한다. (2016. 2. 17. 항번개정)

⑨ 국세청장은 납세보전에 필요한 범위에서 다음 각 호의 사항을 정할 수 있다. (2016. 2. 17. 항번개정)

⑤ 제1항부터 제4항까지에서 규정한 사항 외에 신용카드매출전표등에 따른 세액공제의 범위, 신용카드가맹점 가입 대상자 또는 현금영수증 가맹점 가입 대상자의 지정 및 그 밖에 필요한 사항은 대통령령으로 정한다. (2013. 6. 7. 개정)

제47조【전자세금계산서 발급 전송에 대한 세액공제 특례】① 재화 및 용역의 공급가액 등을 고려하여 대통령령으로 정하는 개인사업자가 전자세금계산서를 2024년 12월 31일까지 발급(전자세금계산서 발급명세를 제32조 제3항에 따른 기한까지 국세청장에게 전송한 경우로 한정한다)하는 경우에는 전자세금계산서 발급 건수 등을 고려하여 대통령령으로 정하는 금액을 해당 과세기간의 부가가치세 납부세액에서 공제할 수 있다. 이 경우 공제한도는 연간 100만원으로 한다. (2021. 12. 8. 개정)

제47조【전자세금계산서 발급 전송에 대한 세액공제 특례】① 재화 및 용역의 공급가액 등을 고려하여 대통령령으로 정하는 개인사업자가 전자세금계산서를 2027년 12월 31일까지 발급(전자세금계산서 발급명세를 제32조 제3항에 따른 기한까지 국세청장에게 전송한 경우로 한정한다)하는 경우에는 전자세금계산서 발급 건수 등을 고려하여 대통령령으로 정하는 금액을 해당 과세기간의 부가가치세 납부세액에서 공제할 수 있다. 이 경우 공제한도는 연간 100만원으로 한다. (2024. 12. 31. 개정)

② 제1항을 적용할 때 공제받는 금액이 그 금액을 차감하기 전의 납부할 세액[제37조 제2항에 따른 납부세액에서 이 법, 「국세기본법」 및 「조세특례제한법」에 따라 빼거나 더할 세액(제60조 및 「국세기본법」 제47조의 2부터 제47조의 4까지의 규정에 따른 가산세는 제외한다)을 빼거나 더하여 계산한 세액을 말하며, 그 계산한 세액이 0보다 작으면 0으로 본다]을 초과하면 그 초과하는 부분은 없는 것으로 본다. (2021. 12. 8. 신설)

③ 제1항에 따른 세액공제를 적용받으려는 개인사업자는 제48조 및 제49조에 따라 신고할 때 기획재정부령으로 정하는 전자세금계산서 발급세액공제신고서를 납세지 관할 세무서장에게 제출하여야 한다. (2021. 12. 8. 항번개정)

1. 신용카드매출전표와 현금영수증의 발행 및 보급 (2013. 6. 28. 개정)
2. 신용카드가맹점과 현금영수증가맹점 가입 대상자의 지정절차 (2013. 6. 28. 개정)
3. 그 밖에 납세보전 관련 업무의 집행에 필요한 사항 (2013. 6. 28. 개정)

제89조【전자세금계산서 발급 전송에 대한 세액공제 특례】① 법 제47조 제1항 전단에서 "대통령령으로 정하는 개인사업자"란 다음 각 호의 어느 하나에 해당하는 자를 말한다. (2024. 2. 29. 개정)
1. 직전 연도의 사업장별 재화 및 용역의 공급가액(부가가치세 면세공급가액을 포함한다)의 합계액이 3억원 미만인 개인사업자 (2024. 2. 29. 신설)
2. 해당 연도에 신규로 사업을 개시한 개인사업자 (2024. 2. 29. 신설)
② 법 제47조 제1항 전단에서 "대통령령으로 정하는 금액"이란 전자세금계산서 발급 건수 당 200원을 곱하여 계산한 금액을 말한다. (2022. 2. 15. 개정)

제61조【전자세금계산서 발급세액공제신고서】법 제47조 제2항에 따른 전자세금계산서 발급세액공제신고서는 별지 제20호 서식과 같다. (2013. 6. 28. 개정)

제48조【예정신고와 납부】① 사업자는 각 과세기간 중 다음 표에 따른 기간(이하 "예정신고기간"이라 한다)이 끝난 후 25일 이내에 대통령령으로 정하는 바에 따라 각 예정신고기간에 대한 과세표준과 납부세액 또는 환급세액을 납세지 관할 세무서장에게 신고하여야 한다. 다만, 신규로 사업을 시작하거나 시작하려는 자에 대한 최초의 예정신고기간은 사업 개시일(제8조 제1항 단서에 따라 사업 개시일 이전에 사업자등록을 신청한 경우에는 그 신청일을 말한다)부터 그 날이 속하는 예정신고기간의 종료일까지로 한다. (2013. 6. 7. 개정)

구 분	예정신고기간
제1기	1월 1일부터 3월 31일까지
제2기	7월 1일부터 9월 30일까지

② 사업자는 제1항에 따른 신고(이하 "예정신고"라 한다)를 할 때 그 예정신고기간의 납부세액을 부가가치세 예정신고서와 함께 각 납세지 관할 세무서장(제51조의 경우에는 주된 사업장의 관할 세무서장을 말한다)에게 납부하거나 「국세징수법」에 따른 납부서를 작성하여 한국은행(그 대리점을 포함한다) 또는 체신관서(이하 "한국은행등"이라 한다)에 납부하여야 한다. (2013. 6. 7. 개정)

② 사업자는 제1항에 따른 신고(이하 "예정신고"라 한다)를 할 때 그 예정신고기간의 납부세액(해당 예정신고기간에 대하여 제57조의 2에 따라 수시부과한 세액은 공제한다)을 부가가치세 예정신고서와 함께 각 납세지 관할 세무서장(제51조의 경우에는 주된 사업장의 관할 세무서장을 말한다)에게 납부하거나 「국세징수법」에 따른 납부서를 작성하여 한국은행(그 대리점을 포함한다) 또는 체신관서(이하 "한국은행등"이라 한다)에 납부하여야 한다. (2024. 12. 31. 개정)

제90조【예정신고와 납부】① 법 제48조 제1항·제2항 및 제4항에 따른 부가가치세의 예정신고와 납부를 할 때에는 가산세에 관한 법 제60조 및 「국세기본법」 제47조의 2부터 제47조의 4까지의 규정은 적용하지 아니하고, 공제세액에 관한 법 제46조 제1항·제2항 및 제47조 제1항은 적용한다. (2013. 6. 28. 개정)

② 법 제48조 제1항 및 제4항에 따른 부가가치세의 예정신고를 할 때에는 기획재정부령으로 정하는 다음 각 호의 사항을 적은 부가가치세 예정신고서를 각 납세지 관할 세무서장에게 제출(국세정보통신망에 의한 제출을 포함한다)하여야 한다. 다만, 제107조 제4항에 따른 신고를 할 때 이미 신고한 내용은 예정신고 대상에서 제외한다. (2013. 6. 28. 개정)

1. 사업자의 인적사항 (2013. 6. 28. 개정)
2. 납부세액 및 그 계산 근거 (2013. 6. 28. 개정)
3. 공제세액 및 그 계산 근거 (2013. 6. 28. 개정)
4. 법 제54조 제1항에 따른 매출·매입처별 세금계산서합계표(이하 "매출·매입처별 세금계산서합계표"라 한다)의 제출 내용 (2013. 6. 28. 개정)
5. 그 밖의 참고 사항 (2013. 6. 28. 개정)

③ 제2항에 따라 부가가치세 예정신고서를 제출할 때에는 기획재정부령으로 정하는 다음 표의 구분에 따른 서류를 함께 제출하여야 한다. (2013. 6. 28. 개정)

구 분	제출 서류
1. 법 제39조에 따라 공제받지 못할 매입세액이 있는 경우	공제받지 못할 매입세액 명세서
2. 법 제46조 제1항에 따라 신용카드매출전표등을 발행한 사업자의 경우	신용카드매출전표등 발행금액 집계표
3. 법 제46조 제1항에 따른	전자화폐결제명세서

통칙 48-90-1 【주사업장 총괄납부사업자의 신고 관할세무서】
주사업장 총괄납부사업자가 예정 또는 확정신고를 함에 있어 주사업장 관할세무서장에게 종된 사업장분을 합산신고하고 종된 사업장 관할세무서장에게는 신고하지 아니한 경우에 종된 사업장분은 무신고가 된다. 다만, 각 사업장별로 작성한 신고서를 관할세무서장 외의 세무서장에게 제출한 경우에는 무신고로 보지 아니한다. (2011. 2. 1. 개정)

제62조【부가가치세 예정신고 및 확정신고】① 영 제90조 제2항에 따른 부가가치세 예정신고서와 영 제91조 제1항에 따른 부가가치세 확정신고서는 별지 제21호 서식과 같다. (2013. 6. 28. 개정)

② 영 제90조 제3항의 표 제1호 및 영 제91조 제2항의 표 제2호에 따른 공제받지 못할 매입세액 명세서는 별지 제22호 서식과 같다. (2013. 6. 28. 개정)

③ 영 제90조 제3항의 표 제2호 및 영 제91조 제2항의 표 제3호에 따른 신용카드매

③ 납세지 관할 세무서장은 제1항 및 제2항에도 불구하고 개인사업자와 대통령령으로 정하는 법인사업자에 대하여는 각 예정신고기간마다 직전(直前) 과세기간에 대한 납부세액(제46조 제1항, 제47조 제1항 또는 「조세특례제한법」 제104조의 8 제2항, 제106조의 7 제1항에 따라 납부세액에서 공제하거나 경감한 세액이 있는 경우에는 그 세액을 뺀 금액으로 하고, 제57조에 따른 결정 또는 경정과 「국세기본법」 제45조 및 제45조의 2에 따른 수정신고 및 경정청구에 따른 결정이 있는 경우에는 그 내용이 반영된 금액으로 한다)의 50퍼센트(1천원 미만인 단수가 있을 때에는 그 단수금액은 버린다)로 결정하여 대통령령으로 정하는 바에 따라 해당 예정신고기간이 끝난 후 25일까지 징수한다. 다만, 다음 각 호의 어느 하나에 해당하는 경우에는 징수하지 아니한다. (2021. 12. 8. 단서개정)

③ 납세지 관할 세무서장은 제1항 및 제2항에도 불구하고 개인사업자와 대통령령으로 정하는 법인사업자에 대하여는 각 예정신고기간마다 직전(直前) 과세기간에 대한 납부세액(제46조 제1항, 제47조 제1항 또는 「조세특례제한법」 제104조의 8 제2항, 제106조의 7 제1항에 따라 납부세액에서 공제하거나 경감한 세액 및 제57조의 2에 따라 수시부과한 세액이 있는 경우에는 그 세액을 뺀 금액으로 하고, 제57조에 따른 결정 또는 경정과 「국세기본법」 제45조 및 제45조의 2에 따른 수정신고 및 경정청구에 따른 결정이 있는 경우에는 그 내용이 반영된 금액으로 한다)의 50퍼센트(1천원 미만인 단수가 있을 때에는 그 단수금액은 버린다)로 결정하여 대통령령으로 정하는 바에 따라 해당 예정신고기

구 분	제출 서류
전자적 결제 수단으로 매출하여 공제받는 경우	
4. 법 제46조 제3항에 따라 매입세액을 공제받는 경우	신용카드매출전표등 수령명세서
5. 부동산임대업자의 경우	법 제55조 제2항에 따른 부동산임대공급가액명세서와 임대차계약서 사본(사업장을 임대한 후 임대차계약을 갱신한 경우에만 해당한다)
6. 법 제55조 제1항에 따른 사업의 경우	현금매출명세서
7. 건물·기계장치 등을 취득하는 경우	건물 등 감가상각자산 취득명세서
8. 사업자 단위 과세 사업자인 경우	사업자 단위 과세의 사업장별 부가가치세 과세표준 및 납부세액(환급세액) 신고명세서
9. 법 제21조부터 제24조까지 또는 「조세특례제한법」 제105조 제1항, 제107조 및 제121조의 13에 따라 영세율을 적용하여 재화 또는 용역을 공급한 경우	영세율 매출명세서

④ 법 제48조 제3항에서 "대통령령으로 정하는 법인사업자"란 직전 과세기간 공급가액의 합계액이 1억5천만원 미만인 법인사업자를 말한다. (2020. 2. 11. 신설)

⑤ 관할 세무서장은 법 제48조 제3항 본문에 따른 부가가치세액에 대하여 다음 표의 구분에 따른 기간 이내에 납부고지서를 발부해야 한다. (2021. 2. 17. 개정)

구 분	기 간
1. 제1기분 예정신고기간분	4월 1일부터 4월 10일까지
2. 제2기분 예정신고기간분	10월 1일부터 10월 10일까지

출전표등 발행금액 집계표는 별지 제23호 서식과 같다. (2013. 6. 28. 개정)

④ 영 제90조 제3항의 표 제3호 및 영 제91조 제2항의 표 제4호에 따른 전자화폐 결제명세서는 별지 제24호 서식과 같다. (2013. 6. 28. 개정)

⑤ 영 제90조 제3항의 표 제4호 및 영 제91조 제2항의 표 제5호에 따른 신용카드 매출전표등 수령명세서는 별지 제16호 서식(1)과 같다. 다만, 적을 내용이 많아 별지 제16호 서식(1)에 모두 적을 수 없는 내용은 별지 제16호 서식(2)에 연속하여 적을 수 있다. (2013. 6. 28. 개정)

⑥ 영 제90조 제3항의 표 제5호 및 영 제91조 제2항의 표 제6호에 따른 부동산임대공급가액명세서는 별지 제25호 서식과 같다. (2013. 6. 28. 개정)

⑦ 영 제90조 제3항의 표 제6호 및 영 제91조 제2항의 표 제9호에 따른 현금매출명세서는 별지 제26호 서식과 같다. (2013. 6. 28. 개정)

⑧ 영 제90조 제3항의 표 제7호 및 영 제91조 제2항의 표 제10호에 따른 건물 등 감가상각자산 취득명세서는 별지 제27호 서식과 같다. (2013. 6. 28. 개정)

⑨ 영 제90조 제3항의 표 제8호 및 영 제91조 제2항의 표 제11호에 따른 사업자 단위 과세의 사업장별 부가가치세 과세표준 및 납부세액(환급세액) 신고명세서는 별지 제28호 서식과 같다. (2013. 6. 28. 개정)

⑩ 영 제90조 제3항의 표 제9호 및 제91

간이 끝난 후 25일까지 징수한다. 다만, 다음 각 호의 어느 하나에 해당하는 경우에는 징수하지 아니한다. (2024. 12. 31. 개정)
1. 징수하여야 할 금액이 50만원 미만인 경우 (2021. 12. 8. 신설)
2. 간이과세자에서 해당 과세기간 개시일 현재 일반과세자로 변경된 경우 (2021. 12. 8. 신설)
3. 「국세징수법」 제13조 제1항 각 호의 어느 하나에 해당하는 사유로 관할 세무서장이 징수하여야 할 금액을 사업자가 납부할 수 없다고 인정되는 경우 (2021. 12. 8. 신설)
④ 제3항에도 불구하고 휴업 또는 사업 부진으로 인하여 사업실적이 악화된 경우 등 대통령령으로 정하는 사유가 있는 사업자는 제1항에 따라 예정신고를 하고 제2항에 따라 예정신고기간의 납부세액을 납부할 수 있다. 이 경우 제3항 본문에 따른 결정은 없었던 것으로 본다. (2019. 12. 31. 개정)
④ 제3항에도 불구하고 휴업 또는 사업 부진으로 인하여 사업실적이 악화된 경우 등 대통령령으로 정하는 사유가 있는 사업자는 제1항에 따라 예정신고를 하고 제2항에 따라 예정신고기간의 납부세액(해당 예정신고기간에 대하여 제57조의 2에 따라 수시부과한 세액은 공제한다)을 납부할 수 있다. 이 경우 제3항 본문에 따른 결정은 없었던 것으로 본다. (2024. 12. 31. 개정)

제49조【확정신고와 납부】① 사업자는 각 과세기간에 대한 과세표준과 납부세액 또는 환급세액을 그 과세기간이 끝난 후 25일(폐업하는 경우 제5조 제3항에 따른 폐업일이 속한 달의 다음 달 25일) 이내에 대통령령으로 정하는 바에 따라 납세지 관할 세무서장에게 신고하

⑥ 법 제48조 제4항에서 "휴업 또는 사업 부진으로 인하여 사업실적이 악화된 경우 등 대통령령으로 정하는 사유가 있는 사업자"란 다음 각 호의 어느 하나에 해당하는 자를 말한다. (2020. 2. 11. 개정)
1. 휴업 또는 사업 부진 등으로 인하여 각 예정신고기간의 공급가액 또는 납부세액이 직전 과세기간의 공급가액 또는 법 제48조 제3항에 따른 납부세액의 3분의 1에 미달하는 자 (2013. 6. 28. 개정)
2. 각 예정신고기간분에 대하여 제107조에 따라 조기환급을 받으려는 자 (2013. 6. 28. 개정)
⑦ 비거주자 또는 외국법인의 대리인은 해당 비거주자 또는 외국법인을 대리하여 법 제48조, 제49조 및 제54조에 따른 예정신고 및 납부, 확정신고 및 납부, 매출·매입처별 세금계산서합계표의 제출을 하여야 한다. (2020. 2. 11. 항번개정)
⑧ 제2항에 따라 예정신고를 하는 경우에 다음 각 호의 구분에 따른 서류를 해당 신고서에 첨부하지 아니한 부분은 제2항의 신고로 보지 아니한다. (2020. 2. 11. 항번개정)
1. 법 제21조부터 제24조까지의 규정에 따라 영세율이 적용되는 과세표준의 경우 : 제101조에 따른 서류 (2013. 6. 28. 개정)
2. 「조세특례제한법」 제105조 제1항에 따라 영세율이 적용되는 과세표준의 경우 : 「조세특례제한법 시행령」 제106조 제12항 및 「농·축산·임·어업용 기자재 및 석유류에 대한 부가가치세 영세율 및 면세 적용 등에 관한 특례 규정」 제4조에 따른 서류 (2013. 6. 28. 개정)
⑨ 제35조 제5호 각 목의 어느 하나에 해당하는 용역을 공급하는 사업자는 법 제48조 및 제49조에 따른 예정신고 또는 확정신고를 할 때(부가가치세가 면제되는 용역만을 공급하는 경우에는 「소득세법」 제78조에 따른 사업장 현황신고를 할 때)에 기획재정부령으로 정하는 매출명세서를 첨부하여 제출하여야 한다. (2020. 2. 11. 항번개정)

제91조【확정신고와 납부】① 법 제49조 제1항에 따른 부가가치세의 확정신고를 할 때에는 기획재정부령으로 정하는 다음 각 호의 사항을 적은 부가가치세 확정신고서를 각 납세지 관할 세무서장에게 제출하여야 한다. (2013. 6. 28. 개정)

조 제2항의 표 제12호에 따른 영세율 매출명세서는 별지 제29호 서식과 같다. (2013. 6. 28. 개정)

⑪ 영 제90조 제9항에 따른 매출명세서는 별지 제30호 서식과 같다. (2020. 3. 13. 개정)

통칙 49-91-1【합병으로 인한 소멸법인의 부가가치세 확정신고】
(2019. 12. 23. 제목개정)
법인의 합병으로 인한 소멸법인의 최종과세기간분

여야 한다. 다만, 제48조 제1항 및 제4항에 따라 예정신고를 한 사업자 또는 제59조 제2항에 따라 조기에 환급을 받기 위하여 신고한 사업자는 이미 신고한 과세표준과 납부한 납부세액 또는 환급받은 환급세액은 신고하지 아니한다. (2013. 6. 7. 개정)

② 사업자는 제1항에 따른 신고(이하 "확정신고"라 한다)를 할 때 다음 각 호의 금액을 확정신고 시의 납부세액에서 빼고 부가가치세 확정신고서와 함께 각 납세지 관할 세무서장(제51조의 경우에는 주된 사업장 소재지의 관할 세무서장을 말한다)에게 납부하거나 「국세징수법」에 따른 납부서를 작성하여 한국은행등에 납부하여야 한다. (2013. 6. 7. 개정)

1. 제59조 제2항에 따라 조기 환급을 받을 환급세액 중 환급되지 아니한 세액 (2013. 6. 7. 개정)

2. 제48조 제3항 본문에 따라 징수되는 금액 (2013. 6. 7. 개정)

3. 제57조의 2에 따라 수시부과한 세액 (2024. 12. 31. 신설)

제50조 【재화의 수입에 대한 신고 · 납부】 제3조 제1항 제2호의 납세의무자가 재화의 수입에 대하여 「관세법」에 따라 관세를 세관장에게 신고하고 납부하는 경우에는 재화의 수입에 대한 부가가치세를 함께 신고하고 납부하여야 한다. (2020. 12. 22. 개정)

1. 사업자의 인적사항 (2013. 6. 28. 개정)

2. 납부세액 및 그 계산근거 (2013. 6. 28. 개정)

3. 가산세액 · 공제세액 및 그 계산근거 (2013. 6. 28. 개정)

4. 매출 · 매입처별 세금계산서합계표의 제출 내용 (2013. 6. 28. 개정)

5. 그 밖의 참고 사항 (2013. 6. 28. 개정)

② 제1항에 따라 부가가치세 확정신고서를 제출하는 경우에는 기획재정부령으로 정하는 다음 표의 구분에 따른 서류를 함께 제출하여야 한다. (2013. 6. 28. 개정)

구 분	제출 서류
1. 법 제10조 제9항 제2호에 따라 사업을 양도하는 경우 (2020. 2. 11. 개정)	사업양도신고서
2. 법 제39조에 따라 공제받지 못할 매입세액이 있는 경우	공제받지 못할 매입세액 명세서
3. 법 제46조 제1항에 따라 신용카드매출전표등을 발행한 사업자의 경우	신용카드매출전표등 발행금액 집계표
4. 법 제46조 제1항에 따른 전자적 결제 수단으로 매출하여 공제받는 경우	전자화폐결제명세서
5. 법 제46조 제3항에 따라 매입세액을 공제받는 경우	신용카드매출전표등 수령명세서
6. 부동산임대업자의 경우	법 제55조 제2항에 따른 부동산임대공급가액명세서와 임대차계약서 사본(사업장을 임대한 후 임대차계약을 갱신한 경우에만 제출한다)
7. 부동산관리업을 경영하는 사업자의 경우. 다만, 주거용건물관리는 제외한다.	건물관리명세서
8. 음식 · 숙박업자 및 그 밖의 서비스업자의 경우	사업장현황명세서

49 - 91 - 2 【사업양도 시의 부가가치세 확정신고】 (2019. 12. 23. 제목개정)

사업을 양도하고 폐업한 사업자는 폐업일이 속하는 과세기간의 개시일로부터 폐업일까지의 과세기간분에 대한 확정신고를 하여야 한다. (1998. 8. 1. 개정)

⑫ 영 제91조 제2항의 표 제1호에 따른 사업양도신고서는 별지 제31호 서식과 같다. (2013. 6. 28. 개정)

⑬ 영 제91조 제2항의 표 제7호에 따른 건물관리명세서는 별지 제32호 서식과 같다. (2013. 6. 28. 개정)

⑭ 영 제91조 제2항의 표 제8호에 따른 사업장현황명세서는 별지 제33호 서식과 같

구　분	제출 서류
9. 법 제55조 제1항에 따른 사업의 경우	현금매출명세서
10. 건물·기계장치 등을 취득하는 경우	건물 등 감가상각자산 취득명세서
11. 사업자 단위 과세 사업자인 경우	사업자 단위 과세의 사업장별 부가가치세 과세표준 및 납부세액(환급세액) 신고명세서
12. 법 제21조부터 제24조까지 또는 「조세특례제한법」 제105조 제1항, 제107조 및 제121조의 13에 따라 영세율을 적용하여 재화 또는 용역을 공급한 경우	영세율 매출명세서

③ 제1항에 따라 확정신고를 하는 경우에 다음 각 호의 구분에 따른 서류를 해당 신고서에 첨부하지 아니한 부분은 제1항의 신고로 보지 아니한다. (2013. 6. 28. 개정)

1. 법 제21조부터 제24조까지의 규정에 따라 영세율이 적용되는 과세표준의 경우 : 제101조에 따른 서류 (2013. 6. 28. 개정)

2. 「조세특례제한법」 제105조 제1항에 따라 영세율이 적용되는 과세표준의 경우 : 「조세특례제한법 시행령」 제106조 제12항 및 「농·축산·임·어업용 기자재 및 석유류에 대한 부가가치세 영세율 및 면세 적용 등에 관한 특례 규정」 제4조에 따른 서류 (2013. 6. 28. 개정)

제50조의 2【재화의 수입에 대한 부가가치세 납부의 유예】 ① 세관장은 매출액에서 수출액이 차지하는 비율 등 대통령령으로 정하는 요건을 충족하는 중소·중견사업자(이하 이 조에서 "중소·중견사업자"라 한다)가 물품을 제조·가공하기 위한 원재료 등 대통령령으로 정하는 재화의 수입에 대하여 부가가치세의 납부유예를 미리 신청하는 경우에는 제50조에도 불구하고 해당 재화를 수입할 때 부가가치세의 납부를 유예할 수 있다. (2016. 12. 20. 개정)

② 제1항에 따라 납부를 유예받은 중소·중견사업자는 납세지 관할 세

제91조의 2【재화의 수입에 대한 부가가치세 납부 유예】 ① 법 제50조의 2 제1항에서 "매출액에서 수출액이 차지하는 비율 등 대통령령으로 정하는 요건을 충족하는 중소·중견사업자"란 다음 각 호의 요건을 모두 충족하는 중소·중견사업자(이하 이 조에서 "중소·중견사업자"라 한다)를 말한다. (2017. 2. 7. 개정)

1. 직전 사업연도에 「조세특례제한법 시행령」 제2조에 따른 중소기업 또는 같은 영 제6조의 4 제1항에 따른 중견기업에 해당하는 법인(「조세특례제한법」 제6조 제3항 제2호에 따른 제조업을 주된 사업

다. (2013. 6. 28. 개정)

무서장에게 제48조에 따른 예정신고 또는 제49조에 따른 확정신고 등을 할 때 대통령령으로 정하는 바에 따라 그 납부가 유예된 세액을 정산하거나 납부하여야 한다. 이 경우 납세지 관할 세무서장에게 납부한 세액은 세관장에게 납부한 것으로 본다. (2016. 12. 20. 개정)

으로 경영하는 기업에 한정한다)일 것 (2021. 2. 17. 개정)

2. 직전 사업연도에 법 제21조에 따라 영세율을 적용받은 재화의 공급가액의 합계액(이하 이 호에서 “수출액”이라 한다)이 다음 각 목에 해당할 것 (2017. 2. 7. 개정)

　가. 직전 사업연도에 「조세특례제한법 시행령」 제2조에 따른 중소기업인 경우 : 직전 사업연도에 공급한 재화 또는 용역의 공급가액의 합계액에서 수출액이 차지하는 비율이 30퍼센트 이상이거나 수출액이 50억원 이상일 것 (2021. 2. 17. 개정)

　나. 직전 사업연도에 「조세특례제한법 시행령」 제6조의 4 제1항에 따른 중견기업인 경우 : 직전 사업연도에 공급한 재화 또는 용역의 공급가액의 합계액에서 수출액이 차지하는 비율이 30퍼센트 이상일 것 (2021. 2. 17. 개정)

3. 제3항에 따른 확인 요청일 현재 다음 각 목의 요건에 모두 해당할 것 (2016. 2. 17. 신설)

　가. 최근 3년간 계속하여 사업을 경영하였을 것 (2016. 2. 17. 신설)

　나. 최근 2년간 국세(관세를 포함한다. 이하 이 조에서 같다)를 체납(납부고지서에 따른 납부기한의 다음 날부터 15일 이내에 체납된 국세를 모두 납부한 경우는 제외한다)한 사실이 없을 것 (2021. 2. 17. 개정)

　다. 최근 2년간 「조세범처벌법」 또는 「관세법」 위반으로 처벌받은 사실이 없을 것 (2024. 2. 29. 개정)

　라. 최근 2년간 법 제50조의 2 제3항에 따라 납부유예가 취소된 사실이 없을 것 (2016. 2. 17. 신설)

② 법 제50조의 2 제1항에서 “원재료 등 대통령령으로 정하는 재화”란 중소・중견사업자가 자기의 과세사업에 사용하기 위한 재화를 말한다. 다만, 법 제39조 제1항에 따라 매출세액에서 공제되지 아니하는 매입세액과 관련된 재화는 제외한다. (2017. 2. 7. 개정)

③ 중소・중견사업자는 다음 각 호의 신고기한의 만료일 중 늦은 날부터 3개월 이내에 관할 세무서장에게 제1항 각 호 요건의 충족 여부의 확인을 요청할 수 있다. (2020. 2. 11. 개정)

1. 직전 사업연도에 대한 「법인세법」 제60조 또는 제76조의 17에 따른 신고기한 (2016. 2. 17. 신설)

업 또는 같은 영 제6조의 4 제1항에 따른 중견기업에 해당하는 법인이 적용받을 수 있다. (2024. 3. 15. 신설)

⑮ 영 제91조의 2 제3항 및 제4항에 따른 부가가치세 납부유예 요건 확인요청서 및 확인서는 별지 제33호의 2 서식과 같다. (2016. 3. 9. 신설)

2. 직전 사업연도에 대한 법 제49조에 따른 신고기한 (2016. 2. 17. 신설)

④ 관할 세무서장은 중소·중견사업자가 제3항에 따른 확인을 요청한 경우에는 해당 중소·중견사업자가 제1항 각 호에 해당하는지 여부를 확인한 후 요청일부터 1개월 이내에 기획재정부령으로 정하는 확인서를 해당 중소·중견사업자에게 발급하여야 한다. (2017. 2. 7. 개정)

⑤ 법 제50조의 2 제1항에 따라 부가가치세의 납부를 유예받으려는 중소·중견사업자는 제4항에 따라 발급받은 확인서를 첨부하여 기획재정부령으로 정하는 부가가치세 납부유예 적용 신청서를 관할 세관장에게 제출하여야 한다. (2017. 2. 7. 개정)

⑥ 법 제50조의 2 제1항에 따른 납부유예는 「관세법」 제38조에 따른 납세신고를 할 때 납부하여야 하는 부가가치세에 한정하여 적용한다. (2016. 2. 17. 신설)

⑦ 제5항에 따라 신청을 받은 관할 세관장은 신청일부터 1개월 이내에 납부유예의 승인 여부를 결정하여 해당 중소·중견사업자에게 통지하여야 한다. (2017. 2. 7. 개정)

⑧ 제7항에 따라 납부유예를 승인하는 경우 그 유예기간은 1년으로 한다. (2016. 2. 17. 신설)

⑨ 중소·중견사업자는 법 제48조 제1항, 법 제49조 제1항 또는 법 제59조 제2항에 따른 신고를 할 때 해당 재화에 대하여 법 제38조 제1항 제2호에 따라 공제하는 매입세액과 납부가 유예된 세액을 정산하여 납부하여야 한다. (2017. 2. 7. 개정)

⑩ 법 제50조의 2 제3항에서 "국세를 체납하는 등 대통령령으로 정하는 사유"란 해당 중소·중견사업자가 납부유예를 승인받은 후 다음 각 호의 어느 하나에 해당하게 된 경우를 말한다. (2017. 2. 7. 개정)

1. 해당 중소·중견사업자가 국세를 체납한 경우 (2017. 2. 7. 개정)

2. 해당 중소·중견사업자가 「조세범처벌법」 또는 「관세법」 위반으로 국세청장·지방국세청장·세무서장 또는 관세청장·세관장으로부터 고발된 경우 (2017. 2. 7. 개정)

3. 제1항 각 호의 요건을 충족하지 아니한 중소·중견사업자에게 납부유예를 승인한 사실을 관할 세관장이 알게 된 경우 (2017. 2. 7. 개정)

⑪ 국세청장, 지방국세청장, 세무서장은 해당 중소·중견사업자가 제10항 각 호의 어느 하나에 해당하는 사실을 알게 되었을 때에는 지체

③ 세관장은 제1항에 따라 부가가치세의 납부가 유예된 중소·중견사업자가 국세를 체납하는 등 대통령령으로 정하는 사유에 해당하는 경우에는 그 납부의 유예를 취소할 수 있다. 이 경우 세관장은 해당 중소·중견사업자에게 그 취소 사실을 통지하여야 한다. (2016. 12. 20. 개정)

④ 제1항부터 제3항까지의 규정에 따른 납부유예의 신청 절차, 납부유예 기간 및 그 밖에 납부유예에 필요한 사항은 대통령령으로 정한다. (2015. 12. 15. 신설)

⑯ 영 제91조의 2 제5항에 따른 부가가치세 납부유예 적용 신청서는 별지 제33호의 3 서식과 같다. (2016. 3. 9. 신설)

⑰ 영 제92조 제2항에 따라 주된 사업장에서 총괄 납부를 하는 경우에는 제1항에 따른 신고서에 별지 제34호 서식의 사업장별 부가가치세 과세표준 및 납부세액(환급세액) 신고명세서를 첨부하여야 한다. (2016. 3. 9. 항번개정)

제51조 【주사업장 총괄 납부】 ① 사업장이 둘 이상인 사업자(사업장이 하나이나 추가로 사업장을 개설하려는 사업자를 포함한다)가 대통령령으로 정하는 바에 따라 주된 사업장의 관할 세무서장에게 주사업장 총괄 납부를 신청한 경우에는 대통령령으로 정하는 바에 따라 납부할 세액을 주된 사업장에서 총괄하여 납부할 수 있다. (2018. 12. 31. 개정)	없이 그 사실을 관세청장에게 통보하여야 한다. (2017. 2. 7. 개정) ⑫ 법 제50조의 2 제3항에 따른 납부유예 취소는 중소·중견사업자가 부가가치세 납부를 유예받고 수입한 재화에 대해서는 영향을 미치지 아니한다. (2017. 2. 7. 개정) ⑬ 법 제50조의 2 제1항에 따라 납부가 유예된 후 세액을 정정하기 위한 수정신고 등에 관하여는 「관세법」에서 정하는 바에 따른다. (2016. 2. 17. 신설) 제92조 【주사업장 총괄 납부】 ① 법 제51조에 따른 주된 사업장은 법인의 본점(주사무소를 포함한다. 이하 같다) 또는 개인의 주사무소로 한다. 다만, 법인의 경우에는 지점(분사무소를 포함한다)을 주된 사업장으로 할 수 있다. (2013. 6. 28. 개정) ② 법 제51조에 따라 주된 사업장에서 총괄하여 납부하는 사업자(이하 "주사업장 총괄 납부 사업자"라 한다)가 되려는 자는 그 납부하려는 과세기간 개시 20일 전에 다음 각 호의 사항을 적은 주사업장 총괄 납부 신청서를 주된 사업장의 관할 세무서장에게 제출(국세정보통신망에 의한 제출을 포함한다)하여야 한다. (2013. 6. 28. 개정) 1. 사업자의 인적사항 (2013. 6. 28. 개정) 2. 총괄 납부 신청사유 (2013. 6. 28. 개정) 3. 그 밖의 참고 사항 (2013. 6. 28. 개정) ③ 제2항에도 불구하고 다음 각 호의 어느 하나에 해당하는 사업자가 주된 사업장에서 총괄하여 납부하려는 경우에는 다음 각 호의 구분에 따른 기한까지 제2항에 따른 주사업장 총괄 납부 신청서를 주된 사업장의 관할 세무서장에게 제출(국세정보통신망에 의한 제출을 포함한다)하여야 한다. (2019. 2. 12. 개정) 1. 신규로 사업을 시작하는 자 : 주된 사업장의 사업자등록증을 받은 날부터 20일 (2019. 2. 12. 신설) 2. 사업장이 하나이나 추가로 사업장을 개설하는 자 : 추가 사업장의 사업 개시일부터 20일(추가 사업장의 사업 개시일이 속하는 과세기간 이내로 한정한다) (2019. 2. 12. 신설) ④ 제3항에 따라 주사업장 총괄 납부를 신청한 자는 해당 신청일이 속하는 과세기간부터 총괄하여 납부한다. (2019. 2. 12. 개정)	제63조 【주사업장 총괄 납부 신청서】 영 제92조 제2항에 따른 주사업장 총괄 납부 신청서는 별지 제35호 서식과 같다. (2013. 6. 28. 개정)

② 주사업장 총괄 납부의 변경 및 적용 제외 등에 필요한 사항은 대통령령으로 정한다. (2013. 6. 7. 개정)

제93조【주사업장 총괄 납부의 변경】 ① 주사업장 총괄 납부 사업자는 다음 각 호의 사유가 발생한 경우에는 법 제51조 제2항에 따라 다음 각 호의 구분에 따른 관할 세무서장에게 사업자의 인적사항, 변경사유 등이 적힌 주사업장 총괄 납부 변경신청서를 제출(국세정보통신망에 의한 제출을 포함한다)하여야 한다. 이 경우 제1호와 제3호에 따라 신청서를 받은 종된 사업장의 관할 세무서장은 주된 사업장의 관할 세무서장에게 그 신청서를 지체 없이 보내야 한다. (2013. 6. 28. 개정)
1. 종된 사업장을 신설하는 경우 : 그 신설하는 종된 사업장 관할 세무서장 (2013. 6. 28. 개정)
2. 종된 사업장을 주된 사업장으로 변경하려는 경우 : 주된 사업장으로 변경하려는 사업장 관할 세무서장 (2013. 6. 28. 개정)
3. 제14조 제1항 각 호의 어느 하나에 해당하는 경우 : 그 정정사유가 발생한 사업장 관할 세무서장(같은 항 제2호에 해당하는 경우에는 주된 사업장 관할 세무서장) (2013. 6. 28. 개정)
4. 일부 종된 사업장을 총괄 납부 대상 사업장에서 제외하려는 경우 : 주된 사업장 관할 세무서장 (2013. 6. 28. 개정)
5. 기존의 사업장을 총괄 납부 대상 사업장에 추가하려는 경우 : 주된 사업장 관할 세무서장 (2013. 6. 28. 개정)
② 제1항에 따라 주사업장 총괄 납부 변경신청서를 제출하였을 때에는 그 변경신청서를 제출한 날이 속하는 과세기간부터 총괄하여 납부한다. (2013. 6. 28. 개정)

제94조【주사업장 총괄 납부의 적용 제외 및 포기】 ① 주사업장 총괄 납부 사업자가 다음 각 호의 어느 하나에 해당하는 경우 주된 사업장 관할 세무서장은 주사업장 총괄 납부를 적용하지 아니할 수 있다. (2013. 6. 28. 개정)
1. 사업내용의 변경으로 총괄 납부가 부적당하다고 인정되는 경우 (2013. 6. 28. 개정)
2. 주된 사업장의 이동이 빈번한 경우 (2013. 6. 28. 개정)
3. 그 밖의 사정변경으로 인하여 총괄 납부가 적당하지 아니하게 된 경우 (2013. 6. 28. 개정)

제64조【주사업장 총괄 납부 변경신청서】 영 제93조 제1항에 따른 주사업장 총괄 납부 변경신청서는 별지 제36호 서식과 같다. (2013. 6. 28. 개정)

제52조【대리납부】① 다음 각 호의 어느 하나에 해당하는 자(이하 이 조, 제53조, 제53조의 2, 제60조 제1항 및 제75조 제1항에서 “국외사업자”라 한다)로부터 국내에서 용역 또는 권리(이하 이 조 및 제53조에서 “용역등”이라 한다)를 공급(국내에 반입하는 것으로서 제50조에 따라 관세와 함께 부가가치세를 신고·납부하여야 하는 재화의 수입에 해당하지 아니하는 경우를 포함한다. 이하 이 조 및 제53조에서 같다)받는 자(공급받은 그 용역등을 과세사업에 제공하는 경우는 제외하되, 제39조에 따라 매입세액이 공제되지 아니하는 용역등을 공급받는 경우는 포함한다)는 그 대가를 지급하는 때에 그 대가를 받은 자로부터 부가가치세를 징수하여야 한다. (2025. 3. 14. 개정)

1. 「소득세법」 제120조 또는 「법인세법」 제94조에 따른 국내사업장(이하 이 조에서 “국내사업장”이라 한다)이 없는 비거주자 또는 외국법인 (2013. 6. 7. 개정)

2. 국내사업장이 있는 비거주자 또는 외국법인(비거주자 또는 외국법인의 국내사업장과 관련없이 용역등을 공급하는 경우로서 대

② 주사업장 총괄 납부 사업자가 법 제51조에 따른 주사업장 총괄 납부를 포기할 때에는 각 사업장에서 납부하려는 과세기간 개시 20일 전에 다음 각 호의 사항을 적은 주사업장 총괄 납부 포기신고서를 주된 사업장 관할 세무서장에게 제출(국세정보통신망에 의한 제출을 포함한다)하여야 한다. (2013. 6. 28. 개정)

1. 사업자의 인적사항 (2013. 6. 28. 개정)

2. 총괄 납부 포기사유 (2013. 6. 28. 개정)

3. 그 밖의 참고 사항 (2013. 6. 28. 개정)

③ 제1항과 제2항에 따라 주사업장 총괄 납부를 적용하지 아니하게 되거나 포기한 경우에 주된 사업장 관할 세무서장은 지체 없이 그 내용을 해당 사업자와 주된 사업장 외의 사업장 관할 세무서장에게 통지하여야 한다. (2013. 6. 28. 개정)

④ 제1항과 제2항에 따라 주사업장 총괄 납부를 적용하지 아니하게 되거나 포기한 경우에는 그 적용을 하지 아니하게 된 날 또는 포기한 날이 속하는 과세기간의 다음 과세기간부터 각 사업장에서 납부하여야 한다. (2013. 6. 28. 개정)

제95조【대리납부】① 법 제52조 제1항에 따라 징수한 부가가치세는 다음 각 호의 사항을 적은 부가가치세 대리납부신고서와 함께 부가가치세를 징수한 사업장 또는 주소지 관할 세무서장에게 납부하거나 「국세징수법」에 따른 납부서를 작성하여 한국은행(그 대리점을 포함한다. 이하 같다) 또는 체신관서에 납부하여야 한다. (2013. 6. 28. 개정)

1. 용역등 공급자의 상호·주소·성명 (2013. 6. 28. 개정)

2. 대리납부하는 사업자의 인적사항 (2013. 6. 28. 개정)

3. 공급가액 및 부가가치세액 (2013. 6. 28. 개정)

4. 그 밖의 참고 사항 (2013. 6. 28. 개정)

② 법 제52조 제1항을 적용할 때 비거주자 또는 외국법인으로부터 공급받은 용역등이 과세사업과 면세사업등에 공통으로 사용되어 그 실지귀속을 구분할 수 없는 경우 그 면세사업등에 사용된 용역등의 과세표준은 다음 계산식에 따라 계산한 금액으로 한다. 다만, 과세기간 중 과세사업과 면세사업등의 공급가액이 없거나 그 어느 한 사업에 공급가액이 없으면 그 과세기간에 대한 안분 계산은 제81조 제4항

제65조【주사업장 총괄 납부 포기신고서】영 제94조 제2항에 따른 주사업장 총괄 납부 포기신고서는 별지 제35호 서식과 같다. (2013. 6. 28. 개정)

제66조【부가가치세 대리납부신고서】① 영 제95조 제1항에 따른 부가가치세 대리납부신고서는 별지 제37호 서식과 같다. (2014. 3. 14. 항번개정)

통령령으로 정하는 경우만 해당한다) (2013. 6. 7. 개정)

② 제1항에 따라 부가가치세를 징수한 자는 대통령령으로 정하는 바에 따라 부가가치세 대리납부신고서를 제출하고, 제48조 제2항 및 제49조 제2항을 준용하여 부가가치세를 납부하여야 한다. (2013. 6. 7. 개정)

③ 제1항과 제2항을 적용할 때 공급받은 용역등을 과세사업과 면세사업등에 공통으로 사용하여 그 실지귀속을 구분할 수 없는 경우의 안분계산방법 등에 관하여 필요한 사항은 대통령령으로 정한다. (2013. 6. 7. 개정)

④ 제10조 제9항 제2호 본문에 따른 사업의 양도(이에 해당하는지 여부가 분명하지 아니한 경우를 포함한다)에 따라 그 사업을 양수받는 자는 그 대가를 지급하는 때에 같은 호 본문 및 제31조에도 불구하고 그 대가를 받은 자로부터 부가가치세를 징수하여 그 대가를 지급하는 날이 속하는 달의 다음 달 25일까지 제49조 제2항을 준용하여 대통령령으로 정하는 바에 따라 사업장 관할 세무서장에게 납부할 수 있다. (2018. 12. 31. 개정)

과 제82조를 준용한다. (2013. 6. 28. 개정)

과세표준 = 해당 용역 등의 총공급가액

$$\times\ \frac{대가의\ 지급일이\ 속하는\ 과세기간의\ 면세공급가액}{대가의\ 지급일이\ 속하는\ 과세기간의\ 총공급가액}$$

③ 법 제52조 제1항을 적용할 때 대가를 외화로 지급하는 경우에는 다음 각 호의 구분에 따른 금액을 그 대가로 한다. (2013. 6. 28. 개정)

1. 원화로 외화를 매입하여 지급하는 경우 : 지급일 현재의 대고객외국환매도율에 따라 계산한 금액 (2021. 2. 17. 개정)

2. 보유 중인 외화로 지급하는 경우 : 지급일 현재의 「외국환거래법」에 따른 기준환율 또는 재정환율에 따라 계산한 금액 (2013. 6. 28. 개정)

④ 법 제52조 제1항 제2호에서 "대통령령으로 정하는 경우"란 다음 각 호의 어느 하나에 해당하는 경우를 말한다. (2013. 6. 28. 개정)

1. 「소득세법」 제156조 제1항 각 호 외의 부분 또는 「법인세법」 제98조 제1항 각 호 외의 부분에 해당하는 경우 (2019. 2. 12. 개정)

2. 제1호 외의 경우로서 해당 용역등의 제공이 국내사업장에 귀속되지 아니하는 경우 (2013. 6. 28. 개정)

⑤ 법 제52조 제4항에 따라 사업을 양수받는 자가 그 대가를 받은 자로부터 징수한 부가가치세는 다음 각 호의 사항을 적은 부가가치세 대리납부신고서와 함께 사업장 관할 세무서장에게 납부하거나 「국세징수법」에 따른 납부서를 작성하여 한국은행 또는 체신관서에 납부하여야 한다. (2014. 2. 21. 신설)

1. 사업양수자의 인적사항 (2014. 2. 21. 신설)

2. 사업의 양수에 따른 대가를 받은 자의 인적사항 (2014. 2. 21. 신설)

3. 사업의 양수에 따른 대가의 가액과 부가가치세액 (2014. 2. 21. 신설)

4. 그 밖의 참고 사항 (2014. 2. 21. 신설)

통 칙 52-95-1【대리납부 대상】

법 제52조 제1항에서 규정하는 비거주자 또는 외국법인의 재화ㆍ시설물 또는 권리를 우리나라에서 사용하고 그 대가를 지급하는 자(공급받은 그 용역을 과세사업에 제공하는 경우는 제외하되, 법 제39조에 따라 매입세액이 공제되지 아니하는

② 영 제95조 제5항에 따른 부가가치세 대리납부신고서는 별지 제37호의 2 서식과 같다. (2014. 3. 14. 신설)

제52조의 2 【신탁 관련 제2차 납세의무 등에 대한 납부 특례】 (2020. 12. 22. 제목개정)

① 제3조 제2항에 따라 부가가치세를 납부하여야 하는 수탁자의 관할 세무서장은 제3조의 2 제1항에 따른 제2차 납세의무자로부터 수탁자의 부가가치세등을 징수하려면 다음 각 호의 사항을 적은 납부고지서를 제2차 납세의무자에게 발급하여야 한다. 이 경우 수탁자의 관할 세무서장은 제2차 납세의무자의 관할 세무서장과 수탁자에게 그 사실을 통지하여야 한다. (2020. 12. 22. 신설)

1. 징수하려는 부가가치세등의 과세기간, 세액 및 그 산출근거 (2020. 12. 22. 신설)

2. 납부하여야 할 기한 및 납부장소 (2020. 12. 22. 신설)

3. 제2차 납세의무자로부터 징수할 금액 및 그 산출 근거 (2020. 12. 22. 신설)

4. 그 밖에 부가가치세등의 징수를 위하여 필요한 사항 (2020. 12. 22. 신설)

② 제3조 제3항에 따라 부가가치세를 납부하여야 하는 위탁자의 관할 세무서장은 제3조의 2 제2항에 따라 수탁자로부터 위탁자의 부가가치세등을 징수하려면 다음 각 호의 사항을 적은 납부고지서를 수탁자에게 발급하여야 한다. 이 경우 수탁자의 관할 세무서장과 위탁자에게 그 사실을 통지하여야 한다. (2020. 12. 22. 개정)

1. 부가가치세등의 과세기간, 세액 및 그 산출 근거 (2020. 12. 22. 개정)

2. 납부하여야 할 기한 및 납부장소 (2020. 12. 22. 개정)

3. 그 밖에 부가가치세등의 징수를 위하여 필요한 사항 (2020. 12. 22. 개정)

③ 제2항에 따른 고지가 있은 후 납세의무자인 위탁자가 신탁의 이익을 받을 권리를 포기 또는 이전하거나 신탁재산을 양도하는 등의 경우에도 제2항에 따라 고지된 부분에 대한 납세의무에는 영향을 미치지 아니한다. (2020. 12. 22. 개정)

④ 신탁재산의 수탁자가 변경되는 경우에 새로운 수탁자는 제2항에 따라 이전의 수탁자에게 고지된 납세의무를 승계한다. (2020. 12. 22. 개정)

⑤ 제2항에 따른 납세의무자인 위탁자의 관할 세무서장은 최초의 수탁

용역을 공급받는 경우는 포함한다)는 대리납부를 하여야 하나, 법 제26조에 따라 부가가치세가 면제되는 용역은 대리납부의 대상이 되지 아니한다. 이 경우 재화·시설물 또는 권리란 부동산, 부동산상의 권리, 광업권, 조광권, 채석권, 선박, 항공기, 자동차, 건설기계, 기계, 설비, 장치, 운반구, 공구, 학술 또는 예술상의 저작물(영화필름을 포함)의 저작권, 특허권, 상표권, 의장, 모형, 도면, 비밀의 공식 또는 공정, 라디오·텔레비전·방송용 필름 및 테이프, 산업상·상업상 또는 과학상의 지식·경험 또는 숙련에 관한 정보, 우리나라 법에 따른 면허·허가 또는 이와 유사한 처분에 의하여 설정된 권리 그 밖의 이와 유사한 재화 시설물 또는 권리를 말한다. (2014. 12. 30. 개정)

52-95-2 【선박·항공기 등의 이용대가에 대한 대리납부】
법 제52조 제1항에서 규정하는 비거주자 또는 외국법인이 우리나라에서 공급하는 외국항행용역(선원부 용선계약에 따른 외국항행용역을 포함한다)은 대리납부대상이 되지 아니하나, 선박 및 항공기를 나용선(기)계약에 따라 사용하고 용선(기)료를 지급하는 때에는 대리납부를 하여야 한다. (2014. 12. 30. 개정)

52-95-3 【대리납부세액의 계산】
법 제52조에 따른 대리납부세액의 계산은 다음 각 호와 같이 한다. (2014. 12. 30. 개정)

1. 거래당사자간에 부가가치세액의 징수 및 부담에 대하여 별도의 계약이 있는 경우에는 해당 계약에 따른다. (2011. 2. 1. 개정)

2. 부가가치세액의 징수 및 부담에 대하여 별도의 계약이 없이 용역대가의 전액을 지급하는 때에는 해당 용역대가에 부가가치세가 제외되어 있는 것으로 하여 계산한다. (2011. 2. 1. 개정)

3. 부가가치세액의 징수 및 부담에 대하여 별도의 계약이 없이 용역대가에서 부가가치세액을 공제하여 지급하는 때에는 해당 용역대가에 부가가치세가 포함되어 있는 것으로 하여 계산한다. (2011. 2. 1. 개정)

52-95-4 【비거주자의 국내체재 경비의 대리납부 대상】
국내에 사업장이 없는 외국법인과 기술도입계약을 체결하여 동 법인소속의 기술자로부터 계약에 정하는 기술용역을 공급받고 기술자의 체재경비를 지급하는 경우에 해당 체재경비가 용역의 대가에 포함되는 때에는 그 대가를 지급하는 때에 부가가치세를 징수하여 대리납부하여야 한다. (2011. 2. 1. 개정)

제66조의 3 【물적납세의무에 대한 납부통지서】 법 제52조의 2 제1항에 따른 납부통지서는 「국세징수법 시행규칙」 별지 제6호 서식에 따른다. (2021. 3. 16. 개정)

자에 대한 신탁 설정일을 기준으로 제3조의 2 제2항에 따라 그 신탁재산에 대한 현재 수탁자에게 위탁자의 부가가치세등을 징수할 수 있다. (2020. 12. 22. 개정)
⑥ 신탁재산에 대하여 「국세징수법」에 따라 강제징수를 하는 경우 「국세기본법」 제35조 제1항에도 불구하고 수탁자는 「신탁법」 제48조 제1항에 따른 신탁재산의 보존 및 개량을 위하여 지출한 필요비 또는 유익비의 우선변제를 받을 권리가 있다. (2020. 12. 22. 개정)
⑦ 제1항부터 제6항까지에서 규정한 사항 외에 제2차 납세의무 및 물적납세의무의 납부 등에 필요한 사항은 대통령령으로 정한다. (2020. 12. 22. 개정)

제53조【국외사업자의 용역등 공급에 관한 특례】① 국외사업자가 제8조에 따른 사업자등록의 대상으로서 다음 각 호의 어느 하나에 해당하는 자(이하 "위탁매매인등"이라 한다)를 통하여 국내에서 용역등을 공급하는 경우에는 해당 위탁매매인등이 해당 용역등을 공급한 것으로 본다. (2020. 12. 22. 개정)
1. 위탁매매인 (2016. 12. 20. 신설)
2. 준위탁매매인 (2016. 12. 20. 신설)
3. 대리인 (2016. 12. 20. 신설)
4. 중개인(구매자로부터 거래대금을 수취하여 판매자에게 지급하는 경우에 한정한다) (2016. 12. 20. 신설)
② 국외사업자로부터 권리를 공급받는 경우에는 제19조 제1항에도 불구하고 공급받는 자의 국내에 있는 사업장의 소재지 또는 주소지를 해당 권리가 공급되는 장소로 본다. (2020. 12. 22. 개정)

제53조의 2【전자적 용역을 공급하는 국외사업자의 사업자등록 및 납부 등에 관한 특례】(2020. 12. 22. 제목개정)
① 국외사업자가 정보통신망(「정보통신망 이용촉진 및 정보보호 등에 관한 법률」 제2조 제1항 제1호에 따른 정보통신망을 말한다. 이하 이 조에서 같다)을 통하여 이동통신단말장치 또는 컴퓨터 등으로 공급하는 용역으로서 다음 각 호의 어느 하나에 해당하는 용역(이하 "전자적 용역"이라 한다)을 국내에 제공하는 경우[제8조, 「소득세법」

제96조【국외사업자의 용역등 공급에 관한 특례】삭　제 (2016. 2. 17.)

제96조의 2【전자적 용역을 공급하는 국외사업자의 용역 공급과 사업자등록 등에 관한 특례】① 법 제53조의 2 제1항 제1호에서 "게임·음성·동영상 파일 또는 소프트웨어 등 대통령령으로 정하는 용역"이란 이동통신단말장치 또는 컴퓨터 등에 저장되어 구동되거나, 저장되지 아니하고 실시간으로 사용할 수 있는 것으로서 다음 각 호의 어느 하나에 해당하는 것을 말한다. (2019. 2. 12. 개정)
1. 게임·음성·동영상 파일, 전자 문서 또는 소프트웨어와 같은 저작물

제168조 제1항 또는 「법인세법」 제111조 제1항에 따라 사업자등록을 한 자(이하 이 조에서 "등록사업자"라 한다)의 과세사업 또는 면세사업에 대하여 용역을 공급하는 경우는 제외한다]에는 사업의 개시일부터 20일 이내에 대통령령으로 정하는 간편한 방법으로 사업자등록(이하 "간편사업자등록"이라 한다)을 하여야 한다. (2021. 12. 8. 개정)
1. 게임 · 음성 · 동영상 파일 또는 소프트웨어 등 대통령령으로 정하는 용역 (2018. 12. 31. 신설)
2. 광고를 게재하는 용역 (2018. 12. 31. 신설)
3. 「클라우드컴퓨팅 발전 및 이용자 보호에 관한 법률」 제2조 제3호에 따른 클라우드컴퓨팅서비스 (2018. 12. 31. 신설)
4. 재화 또는 용역을 중개하는 용역으로서 대통령령으로 정하는 용역 (2018. 12. 31. 신설)
5. 그 밖에 제1호부터 제4호까지와 유사한 용역으로서 대통령령으로 정하는 용역 (2018. 12. 31. 신설)
② 국외사업자가 다음 각 호의 어느 하나에 해당하는 제3자(제52조 제1항 각 호의 어느 하나에 해당하는 비거주자 또는 외국법인을 포함한다)를 통하여 국내에 전자적 용역을 공급하는 경우(등록사업자의 과세사업 또는 면세사업에 대하여 용역을 공급하는 경우나 국외사업자의 용역등 공급 특례에 관한 제53조가 적용되는 경우는 제외한다)에는 그 제3자가 해당 전자적 용역을 공급한 것으로 보며, 그 제3자는 사업의 개시일부터 20일 이내에 간편사업자등록을 하여야 한다. (2021. 12. 8. 개정)
1. 정보통신망 등을 이용하여 전자적 용역의 거래가 가능하도록 오픈마켓이나 그와 유사한 것을 운영하고 관련 서비스를 제공하는 자 (2014. 12. 23. 신설)
2. 전자적 용역의 거래에서 중개에 관한 행위 등을 하는 자로서 구매자로부터 거래대금을 수취하여 판매자에게 지급하는 자 (2014. 12. 23. 신설)
3. 그 밖에 제1호 및 제2호와 유사하게 전자적 용역의 거래에 관여하는 자로서 대통령령으로 정하는 자 (2014. 12. 23. 신설)
③ 제1항과 제2항에 따라 국내에 전자적 용역을 공급하는 자(제52조 제1항 각 호의 어느 하나에 해당하는 비거주자 또는 외국법인으로 한정한다)는 대통령령으로 정하는 간

등으로서 광(光) 또는 전자적 방식으로 처리하여 부호 · 문자 · 음성 · 음향 및 영상 등의 형태로 제작 또는 가공된 것 (2015. 2. 3. 신설)
2. 제1호에 따른 전자적 용역을 개선시키는 것 (2015. 2. 3. 신설)
② 법 제53조의 2 제1항 제4호에서 "대통령령으로 정하는 용역"이란 다음 각 호의 어느 하나에 해당하는 것을 말한다. 다만, 재화 또는 용역의 공급에 대한 대가에 중개 용역의 대가가 포함되어 법 제3조에 따른 납세의무자가 부가가치세를 신고하고 납부하는 경우는 제외한다. (2019. 2. 12. 신설)
1. 국내에서 물품 또는 장소 등을 대여하거나 사용 · 소비할 수 있도록 중개하는 것 (2019. 2. 12. 신설)
2. 국내에서 재화 또는 용역을 공급하거나 공급받을 수 있도록 중개하는 것 (2019. 2. 12. 신설)
③ 법 제53조의 2 제1항 또는 제2항에 따라 간편사업자등록을 하려는 사업자는 국세정보통신망에 접속하여 다음 각 호의 사항을 입력하는 방식으로 국세청장에게 간편사업자등록을 해야 한다. (2021. 2. 17. 개정)
1. 사업자 및 대표자의 이름과 전화번호, 우편주소, 이메일 주소 및 웹사이트 주소 등의 연락처. 이 경우 법인인 사업자가 법인 이름과 다른 이름으로 거래하는 경우 거래이름을 포함한다. (2015. 2. 3. 신설)
2. 등록국가 · 주소 및 등록번호 등 용역을 제공하는 사업장이 소재하는 국외 사업자 등록 관련 정보 (2015. 2. 3. 신설)
3. 제공하는 전자적 용역의 종류, 국내에 전자적 용역을 공급하는 사업개시일 및 그 밖에 간편사업자등록을 위하여 필요한 사항으로서 기획재정부령으로 정하는 것 (2015. 2. 3. 신설)
④ 국세청장은 제3항에 따른 간편사업자등록을 한 자(이하 "간편사업자등록자"라 한다)에 대하여 간편사업자등록번호를 부여하고, 사업자(납세관리인이 있는 경우 납세관리인을 포함한다)에게 통지(정보통신망을 이용한 통지를 포함한다)하여야 한다. (2022. 2. 15. 개정)
⑤ 법 제53조의 2 제4항에 따라 부가가치세를 신고하려는 사업자는 국세정보통신망에 접속하여 다음 각 호의 사항을 입력하는 방식으로 부가가치세 예정신고 및 확정신고를 하여야 한다. (2019. 2. 12. 항번개정)
1. 사업자이름 및 간편사업자등록번호 (2015. 2. 3. 신설)

제66조의 2 【간편사업자등록】 ① 영 제96조의 2 제3항 제3호에서 "기획재정부령으로 정하는 것"이란 다음 각 호의 것을 말한다. (2022. 3. 18. 항번개정)
1. 영 제96조의 2 제4항에 따른 납세관리인이 있는 경우 납세관리인의 성명, 주민등록번호 또는 사업자등록번호, 주소 또는 거소 및 전화번호 (2019. 3. 20. 개정)
2. 부가가치세 환급금을 지급받기 위하여 금융회사 또는 체신관서에 계좌를 개설한 경우 그 계좌번호 (2015. 3. 6. 신설)

편한 방법으로 사업자등록(이하 "간편사업자등록"이라 한다)을 하여야 한다. 이 경우 그 사업의 개시일부터 20일 이내에 대통령령으로 정하는 방법으로 간편사업자등록을 신청하여야 한다. (2014. 12. 23. 신설)

③ 삭 제 (2020. 12. 22.)

④ 제52조에도 불구하고 간편사업자등록을 한 자는 대통령령으로 정하는 방법으로 제48조 제1항·제2항 및 제49조에 따른 신고 및 납부를 하여야 한다. (2014. 12. 23. 신설)

⑤ 간편사업자등록을 한 자는 해당 전자적 용역의 공급과 관련하여 제38조 및 제39조에 따라 공제되는 매입세액 외에는 매출세액 또는 납부세액에서 공제하지 아니한다. (2014. 12. 23. 신설)

⑥ 간편사업자등록을 한 자는 전자적 용역의 공급에 대한 거래명세(등록사업자의 과세사업 또는 면세사업에 대하여 용역을 공급하는 경우의 거래명세를 포함한다)를 그 거래사실이 속하는 과세기간에 대한 확정신고 기한이 지난 후 5년간 보관하여야 한다. 이 경우 거래명세에 포함되어야 할 구체적인 내용은 대통령령으로 정한다. (2021. 12. 8. 신설)

⑦ 국세청장은 부가가치세 신고의 적정성을 확인하기 위하여 간편사업자등록을 한 자에게 기획재정부령으로 정하는 전자적 용역 거래명세서(이하 이 조에서 "전자적 용역 거래명세서"라 한다)를 제출할 것을 요구할 수 있다. (2021. 12. 8. 신설)

⑧ 간편사업자등록을 한 자는 제7항에 따른 요구를 받은 날부터 60일 이내에 전자적 용역 거래명세서를 국세청장에게 제출하여야 한다. (2021. 12. 8. 신설)

⑨ 국세청장은 제1항 또는 제2항에 따라 간편사업자등록을 한 자가 국내에서 폐업한 경우(사실상 폐업한 경우로서 대통령령으로 정하는 경우를 포함한다) 간편사업자등록을 말소할 수 있다. (2021. 12. 8. 신설)

⑩ 간편사업자등록을 한 자의 납세지, 전자적 용역의 공급시기와 간편사업자등록 등에 관하여 그 밖에 필요한 사항은 대통령령으로 정한다. (2021. 12. 8. 항번개정)

2. 신고기간 동안 국내에 공급한 전자적 용역의 총 공급가액, 공제받을 매입세액 및 납부할 세액 (2015. 2. 3. 신설)

3. 그 밖에 필요한 사항으로서 기획재정부령으로 정하는 것 (2015. 2. 3. 신설)

⑥ 법 제53조의 2 제4항에 따른 납부는 국세청장이 정하는 바에 따라 외국환은행의 계좌에 납입하는 방식으로 한다. (2019. 2. 12. 항번개정)

⑦ 제59조에도 불구하고 간편사업자등록자가 국내에 공급한 전자적 용역의 대가를 외국통화나 그 밖의 외국환으로 받은 경우에는 과세기간 종료일(예정신고 및 납부에 대해서는 예정신고기간 종료일을 말한다)의 기준환율을 적용하여 환가한 금액을 과세표준으로 할 수 있다. 이 경우 국세청장은 정보통신망을 이용하여 통지하거나 국세정보통신망에 고시하는 방법 등으로 사업자(납세관리인이 있는 경우 납세관리인을 포함한다)에게 기준환율을 알려야 한다. (2019. 2. 12. 항번개정)

⑧ 법 제53조의 2 제6항에 따른 전자적 용역의 공급에 대한 거래명세에는 다음 각 호의 사항이 포함되어야 한다. (2022. 2. 15. 신설)

1. 공급한 전자적 용역의 종류 (2022. 2. 15. 신설)

2. 공급가액과 부가가치세액 (2022. 2. 15. 신설)

3. 제11항 각 호의 시기 (2022. 2. 15. 신설)

4. 공급받는 자의 등록번호(사업자인 경우로 한정한다) 및 성명·상호 (2022. 2. 15. 신설)

5. 그 밖에 기획재정부령으로 정하는 사항 (2022. 2. 15. 신설)

⑨ 간편사업자등록자는 법 제53조의 2 제6항에 따른 전자적 용역의 공급에 대한 거래명세를 정보처리장치 등의 전자적 형태로 보관할 수 있다. (2022. 2. 15. 신설)

⑩ 법 제53조의 2 제9항에서 "대통령령으로 정하는 경우"란 다음 각 호의 경우를 말한다. (2022. 2. 15. 신설)

1. 간편사업자등록자가 부도발생, 고액체납 등으로 도산하여 소재 불명인 경우 (2022. 2. 15. 신설)

2. 간편사업자등록자가 사업의 영위에 필요한 인허가 등이 취소되는 등의 사유로 대한민국 또는 제3항 제2호에 따른 등록국가에서 사업을 수행할 수 없는 경우 (2022. 2. 15. 신설)

3. 간편사업자등록자가 전자적 용역을 공급하기 위한 인터넷 홈페이지

② 법 제53조의 2 제7항에 따른 전자적 용역 거래명세서는 별지 제37호의 3 서식과 같다. (2022. 3. 18. 신설)

③ 국세청장은 자료제출의 효율성 및 사업자의 편의 등을 고려하여 필요하다고 인정하는 경우 제2항에 따른 서식을 갈음하여 간편사업자등록을 한 자가 전자적 형태로 보관하고 있는 거래명세를 전자적 방식으로 제출하게 할 수 있다. (2022. 3. 18. 신설)

[이동통신단말장치에서 사용되는 애플리케이션(Application), 그 밖에 이와 비슷한 응용프로그램을 통하여 가상의 공간에 개설한 장소를 포함한다]를 폐쇄한 경우 (2022. 2. 15. 신설)

4. 간편사업자등록자가 정당한 사유 없이 계속하여 둘 이상의 과세기간에 걸쳐 부가가치세를 신고하지 않은 경우 (2022. 2. 15. 신설)

5. 그 밖에 제1호부터 제4호까지의 경우와 유사한 경우로서 국세청장이 간편사업자등록자가 사실상 폐업상태에 있다고 인정하는 경우 (2022. 2. 15. 신설)

⑪ 법 제53조의 2 제10항에 따라 국내로 공급되는 전자적 용역의 공급시기는 다음 각 호의 시기 중 빠른 때로 한다. (2022. 2. 15. 개정)

1. 구매자가 공급하는 자로부터 전자적 용역을 제공받은 때 (2015. 2. 3. 신설)

2. 구매자가 전자적 용역을 구매하기 위하여 대금의 결제를 완료한 때 (2015. 2. 3. 신설)

⑫ 법 제53조의 2 제10항에 따라 간편사업자등록을 한 사업자의 납세지는 사업자의 신고·납부의 효율과 편의를 고려하여 국세청장이 지정한다. (2022. 2. 15. 개정)

제 2 절　제출서류 등

제97조【세금계산서합계표의 제출방법】① 사업자가 국세청장이 정하는 바에 따라 매출·매입처별 세금계산서합계표의 기재사항을 모두 적은 것으로서 전자계산조직을 이용하여 처리된 테이프 또는 디스켓을 제출하는 경우에는 법 제54조에 따른 매출·매입처별 세금계산서합계표를 제출한 것으로 본다. (2013. 6. 28. 개정)

② 제1항에서 규정한 사항 외에 세금계산서합계표의 제출 방법에 관하여 필요한 사항은 기획재정부령으로 정한다. (2013. 6. 28. 개정)

제 2 절　제출서류 등

제54조【세금계산서합계표의 제출】① 사업자는 세금계산서 또는 수입세금계산서를 발급하였거나 발급받은 경우에는 다음 각 호의 사항을 적은 매출처별 세금계산서합계표와 매입처별 세금계산서합계표(이하 "매출·매입처별 세금계산서합계표"라 한다)를 해당 예정신고 또는 확정신고(제48조 제3항 본문이 적용되는 경우는 해당 과세기간의 확정신고를 말한다)를 할 때 함께 제출하여야 한다. (2013. 6. 7. 개정)

1. 공급하는 사업자 및 공급받는 사업자의 등록번호와 성명 또는 명칭 (2013. 6. 7. 개정)

2. 거래기간 (2013. 6. 7. 개정)

3. 작성 연월일 (2013. 6. 7. 개정)

제 2 절　제출서류 등

제67조【세금계산서합계표의 제출 등】

① 영 제69조 제6항 및 제10항에 따른 자는 법 제54조 제1항에 따른 매출·매입처별 세금계산서합계표(이하 "매출·매입처별 세금계산서합계표"라 한다)를 영 제99조 각 호에 따른 자의 매출·매입처별 세금계산서합계표 제출과 관련된 규정을 준용하여 납세지 관할 세무서장에게 제출할 수 있다. (2013. 6. 28. 개정)

② 영 제69조 제14항 및 제15항에 따라

4. 거래기간의 공급가액의 합계액 및 세액의 합계액 (2013. 6. 7. 개정)
5. 그 밖에 대통령령으로 정하는 사항 (2013. 6. 7. 개정)
② 제32조 제2항 또는 제5항에 따라 전자세금계산서를 발급하거나 발급받고 제32조 제3항 및 제5항에 따른 전자세금계산서 발급명세를 해당 재화 또는 용역의 공급시기가 속하는 과세기간(예정신고의 경우에는 예정신고기간) 마지막 날의 다음 달 11일까지 국세청장에게 전송한 경우에는 제1항에도 불구하고 해당 예정신고 또는 확정신고(제48조 제3항 본문이 적용되는 경우에는 해당 과세기간의 확정신고) 시 매출·매입처별 세금계산서합계표를 제출하지 아니할 수 있다. (2013. 6. 7. 개정)
③ 제48조 제1항 및 제4항에 따라 예정신고를 하는 사업자가 각 예정신고와 함께 매출·매입처별 세금계산서합계표를 제출하지 못하는 경우에는 해당 예정신고기간이 속하는 과세기간의 확정신고를 할 때 함께 제출할 수 있다. (2013. 6. 7. 개정)
④ 수입세금계산서를 발급한 세관장은 제1항과 제2항을 준용하여 매출처별 세금계산서합계표를 해당 세관 소재지를 관할하는 세무서장에게 제출하여야 한다. (2013. 6. 7. 개정)
⑤ 세금계산서를 발급받은 국가, 지방자치단체, 지방자치단체조합, 그 밖에 대통령령으로 정하는 자는 매입처별 세금계산서합계표를 해당 과세기간이 끝난 후 25일 이내에 납세지 관할 세무서장에게 제출하여야 한다. (2013. 6. 7. 개정)
⑥ 제1항부터 제5항까지에서 규정한 사항 외에 매출·매입처별 세금계산서합계표의 작성과 제출에 필요한 사항은 대통령령으로 정한다. (2013. 6. 7. 개정)

　　　제55조【현금매출명세서 등의 제출】① 다음 각 호의 사업 중 해당 업종의 특성 및 세원관리(稅源管理)를 고려하여 대통령령으로 정

　　　제98조【세금계산서합계표】법 제54조 제1항 제5호에 따라 매출·매입처별 세금계산서합계표에 적을 사항은 거래처별 세금계산서 발급매수와 그 밖에 기획재정부령으로 정하는 것으로 한다. (2023. 2. 28. 개정)

　　　제99조【매입처별 세금계산서합계표 제출의무자의 범위】(2022. 2. 15. 제목개정)
법 제54조 제5항에서 "대통령령으로 정하는 자"란 다음 각 호의 자를 말한다. (2013. 6. 28. 개정)
1. 부가가치세가 면제되는 사업자 중 소득세 또는 법인세의 납세의무가 있는 자(「조세특례제한법」에 따라 소득세 또는 법인세가 면제되는 자를 포함한다) (2013. 6. 28. 개정)
2. 「민법」 제32조에 따라 설립된 법인 (2013. 6. 28. 개정)
3. 특별법에 따라 설립된 법인 (2013. 6. 28. 개정)
4. 각급학교 기성회, 후원회 또는 이와 유사한 단체 (2013. 6. 28. 개정)
5. 「법인세법」 제94조의 2에 따른 외국법인연락사무소 (2022. 2. 15. 신설)

　　　제100조【현금매출명세서의 제출】법 제55조 제1항에서 "대통령령으로 정하는 사업"이란 예식장업, 부동산중개업, 보건업(병원

실제로 재화를 공급하거나 공급받는 자를 위하여 세금계산서를 발급받고 발급한 자는 제1항을 준용하여 매출·매입처별 세금계산서합계표를 납세지 관할 세무서장에게 제출하여야 한다. (2013. 6. 28. 개정)
③ 법 제54조 제1항에 따른 매출처별 세금계산서합계표는 별지 제38호 서식(1)과 같다. 다만, 매출처가 많아 별지 제38호 서식(1)에 모두 적을 수 없는 매출처별 거래분은 별지 제38호 서식(2)에 연속하여 적을 수 있다. (2013. 6. 28. 개정)
④ 법 제54조 제1항에 따른 매입처별 세금계산서합계표는 별지 제39호 서식(1)과 같다. 다만, 매입처가 많아 별지 제39호 서식(1)에 모두 적을 수 없는 매입처별 거래분은 별지 제39호 서식(2)에 연속하여 적을 수 있다. (2013. 6. 28. 개정)

　　　제68조【현금매출명세서 등의 서식】① 법 제55조 제1항에서 "기획재정부령

하는 사업을 하는 사업자는 예정신고 또는 확정신고를 할 때 기획재정부령으로 정하는 현금매출명세서를 함께 제출하여야 한다. (2013. 6. 7. 개정)

1. 부동산업 (2013. 6. 7. 개정)
2. 전문서비스업, 과학서비스업 및 기술서비스업 (2013. 6. 7. 개정)
3. 보건업 (2013. 6. 7. 개정)
4. 그 밖의 개인서비스업 (2013. 6. 7. 개정)

② 부동산임대업자는 기획재정부령으로 정하는 부동산임대공급가액명세서를 예정신고 또는 확정신고를 할 때 함께 제출하여야 한다. (2014. 1. 1. 개정)

③ 현금매출명세서 및 부동산임대공급가액명세서의 작성과 제출 등에 필요한 사항은 대통령령으로 정한다. (2013. 6. 7. 개정)

제56조 【영세율 첨부서류의 제출】 ① 제21조부터 제24조까지의 규정에 따라 영세율이 적용되는 재화 또는 용역을 공급하는 사업자는 제48조 제1항·제4항 및 제49조에 따라 예정신고 및 확정신고를 할 때 예정신고서 및 확정신고서에 수출실적명세서 등 대통령령으로 정하는 서류를 첨부하여 제출하여야 한다. (2013. 6. 7. 개정)

② 제1항에 따른 서류를 첨부하지 아니한 부분에 대하여는 제48조 제1항·제4항 및 제49조에 따른 예정신고 및 확정신고로 보지 아니한다. (2013. 6. 7. 개정)

③ 제1항에 따른 서류의 작성과 제출 등에 필요한 사항은 대통령령으로 정한다. (2013. 6. 7. 개정)

과 의원으로 한정한다)과 제109조 제2항 제7호의 사업을 말한다. (2013. 6. 28. 개정)

제101조 【영세율 첨부서류의 제출】 ① 법 제21조부터 제24조까지의 규정에 따라 영세율이 적용되는 경우에는 부가가치세 예정신고서에 다음 표의 구분에 따른 서류를 첨부하여 제출하여야 한다. 다만, 부득이한 사유로 해당 서류를 첨부할 수 없을 때에는 국세청장이 정하는 서류로 대신할 수 있다. (2013. 6. 28. 개정)

구 분	제출 서류
1. 법 제21조 제2항 제1호의 경우	기획재정부령으로 정하는 수출실적명세서(전자계산조직을 이용하여 처리된 테이프 또는 디스켓을 포함한다). 다만, 소포우편을 이용하여 수출한 경우에는 해당 국장이 발행하는 소포수령증으로 한다.
2. 법 제21조 제2항 제2호의 경우	수출계약서 사본 또는 외국환은행이 발행하는 외화입금증명서. 이 경우 제31조 제1항 제3호를 적용받는 사업자가 같은 항 제4호를 적용받는 사업자로 부터 매입하는 경우는 매입계약서를 추가로 첨부한다.

으로 정하는 현금매출명세서”란 제62조 제7항에 따른 별지 제26호 서식의 현금매출명세서를 말한다. (2013. 6. 28. 개정)

② 법 제55조 제2항에서 “기획재정부령으로 정하는 부동산임대공급가액명세서”는 제62조 제6항에 따른 별지 제25호 서식의 부동산임대공급가액명세서를 말한다. (2013. 6. 28. 개정)

제69조 【영세율 첨부서류】 ① 영 제101조 제1항의 표 제1호에 따른 수출실적명세서는 별지 제40호 서식(1)과 같다. 다만, 수출실적이 많아 별지 제40호 서식(1)에 모두 적을 수 없는 수출실적분은 별지 제40호 서식(2)에 연속하여 적을 수 있다. (2013. 6. 28. 개정)

구 분		제출 서류
10. 제33조 제2항 제1호 및 제2호의 경우 (2016. 2. 17. 개정)	가.	외국환은행이 발급하는 외화입금증명서
	나.	해당 국가의 현행 법령 등 해당 국가에서 우리나라의 거주자 또는 내국법인에 대하여 동일하게 면세한다는 사실을 입증할 수 있는 관계 증명서류(제33조 제2항 제1호 나목 중 전문서비스업과 같은 호 아목 및 자목에 해당하는 용역의 경우로 한정한다) (2022. 2. 15. 개정)
	다.	정보통신망을 통해 제33조 제2항 제1호 바목에 해당하는 용역을 법 제52조 제1항 각 호의 어느 하나에 해당하는 자에게 제공하였음을 증명하는 서류(제33조 제2항 제1호 바목의 경우만 해당한다) (2023. 2. 28. 신설)
11. 제33조 제2항 제3호의 경우	가.	임가공계약서 사본(수출재화 임가공용역을 해당 수출업자와 같은 장소에서 제공하는 경우는 제외한다)
	나.	해당 수출업자가 교부한 납품사실을 증명할 수 있는 서류(수출업자와 직접 도급 계약을 한 부분으로 한정한다) 또는 수출대금입금증명서
12. 제33조 제2항 제5호의 경우		관할 세관장이 발급하는 선(기)적완료증명서. 다만, 「전기통신사업법」에 따른 전기통신사업의 경우

☞ p.888 2단 연결

구 분		제출 서류
3. 제31조 제2항 제1호 및 제33조 제2항 제4호의 경우	가.	내국신용장 또는 구매확인서가 「전자무역 촉진에 관한 법률」 제12조 제1항 제3호 및 제5호에 따라 전자무역기반시설을 통하여 개설되거나 발급된 경우
		기획재정부령으로 정하는 내국신용장·구매확인서 전자발급명세서
	나. 가목 외의 경우	내국신용장 사본
4. 제31조 제2항 제2호의 경우		한국국제협력단이 교부한 공급사실을 증명할 수 있는 서류
5. 제31조 제2항 제3호의 경우		한국국제보건의료재단이 교부한 공급사실을 증명할 수 있는 서류
6. 제31조 제2항 제4호의 경우		대한적십자사가 교부한 공급사실을 증명할 수 있는 서류
7. 제31조 제2항 제5호의 경우	가.	제31조 제2항 제5호 라목의 사실을 입증할 수 있는 관계 증명서류
	나.	외국환은행이 발행하는 외화입금증명서
8. 법 제22조의 경우		외국환은행이 발급하는 외화입금증명서 또는 국외에서 제공하는 용역에 관한 계약서
9. 법 제23조의 경우		외국환은행이 발급하는 외화입금증명서. 다만, 항공기의 외국항행용역의 경우에는 공급가액확정명세서로 한다.

② 영 제101조 제1항의 표 제3호 가목에 따른 내국신용장·구매확인서 전자발급명세서는 별지 제41호 서식(1)과 같다. 다만, 발급실적이 많아 별지 제41호 서식(1)에 모두 적을 수 없는 발급실적분은 별지 제41호 서식(2)에 연속하여 적을 수 있다. (2013. 6. 28. 개정)

통칙 22 - 101 - 1 【국외에서 제공하는 용역의 영세율 첨부서류】

국외에서 용역을 제공하는 사업자의 영세율첨부서류는 영 제101조 제1항 제8호에 따라 외화입금증명서 또는 국외에서 제공하는 용역에 관한 계약서(하도급의 경우에는 하도급계약서)사본이다. 다만, 장기해외건설공사인 경우에는 해당 건설용역에 대한 최초의 과세표준신고 시에 공사도급계약서사본을 제출하고 그 이후의 신고에 있어서는 해당 신고기간의 용역제공실적을 영세율규정에 따른 외화획득명세서에 의하여 제출할 수 있다. (2014. 12. 30. 개정)
☞

② 법 제21조부터 제24조까지의 규정과 이 영 제33조에 따라 영세율이 적용되는 경우에는 부가가치세 확정신고서에 제1항의 서류를 첨부하여 제출하여야 한다. 다만, 부가가치세 예정신고 및 제107조 제4항에 따른 신고를 할 때 이미 제출한 서류는 제외한다. (2013. 6. 28. 개정)

③ 「개별소비세법」에 따른 수출면세의 적용을 받기 위하여 제1항 각 호의 서류를 관할 세무서장에게 이미 제출한 경우에는 기획재정부령으로 정하는 영세율 첨부서류 제출명세서로 제1항의 표 각 호의 서류를 대신할 수 있다. (2013. 6. 28. 개정)

④ 사업자가 국세청장이 정하는 바에 따라 제1항의 표 제1호의 제출서류란 단서에 따른 소포수령증 및 같은 항의 표 제2호부터 제17호까지의 서류를 복사하여 저장한 테이프 또는 디스켓을 제3항의 영세율 첨부서류제출명세서(전자계산조직을 이용하여 처리된 테이프 또는 디스켓을 포함한다)와 함께 제출하는 경우에는 제1항의 표 각 호의 서류를 제출한 것으로 본다. (2013. 6. 28. 개정)

통칙 21 - 101 - 1 【대행수출하는 경우의 영세율 첨부서류】
사업자가 대행수출하는 경우에는 영세율첨부서류로서 수출실적명세서(전자계산조직을 이용하여 처리된 테이프 또는 디스켓을 포함한다)를 제출하여야 한다. (2014. 12. 30. 개정)

21 - 101 - 2 【내국신용장 등에 의하여 공급하는 재화의 영세율 첨부서류】

구 분	영 제101조 제1항의 첨부서류 (2014. 12. 30. 개정)	국세청장 지정서류
내국신용장 또는 구매확인서에 의하여 공급하는 재화(내국신용장에 포함되지 않은 관세환급금 등) (2008. 10. 14. 개정)	내국신용장 또는 구매확인서 사본(「전자무역 촉진에 관한 법률」에 따른 전자무역기반사업자를 통하여 제출하는 전자문서를 포함한다) 또는 외국환은행이 발급하는 수출대금입금증명서 (2008. 10. 14. 개정)	「관세환급금 등에 대한 첨부서류는 영세율규정에 의한 관세환급금 등 명세서 (2008. 10. 14. 개정)

23 - 101 - 1 【외국항행용역의 영세율 첨부서류】

구 분	영 제101조 제1항의 첨부서류 (2014. 12. 30. 개정)	국세청장 지정서류
1. 외국항행선박 또는 항공기에 의한 화물 또는 여객운	• 선박에 의한 외국항행용역 : 외화입금증명서 • 항공기에 의한 외국항행용역	• 영세율규정에 따른 "선박에 의한 운송용역공급가액 일람표" (2011. 2. 1. 개정)

☞ p.889 2단 연결

구 분	제출 서류
	에는 용역공급기록표로 하고, 「개별소비세법 시행령」 제20조 제2항 제3호 및 「교통·에너지·환경세법 시행령」 제17조 제2항 제2호에 따른 석유류 면세의 경우에는 유류공급명세서로 한다. (2015. 2. 3. 단서개정)
13. 법 제24조 제1항 제1호 및 제33조 제2항 제6호의 경우	외국환은행이 발급하는 수출(군납)대금입금증명서 또는 법 제24조 제1항 제1호에 따른 해당 외교공관등이 발급한 납품 또는 용역 공급사실을 증명할 수 있는 서류. 다만, 전력, 가스 또는 그 밖에 공급단위를 구획할 수 없는 재화를 계속적으로 공급하는 재화를 계속적으로 공급하는 사업의 경우에는 재화공급기록표, 「전기통신사업법」에 따른 전기통신사업의 경우에는 용역공급기록표로 한다. (2023. 2. 28. 개정)
14. 제33조 제2항 제7호의 경우	외국환은행이 발급하는 외화입금증명서. 다만, 외화 현금으로 받는 경우에는 관광알선수수료명세표 및 외화매입증명서로 한다.
15. 제33조 제2항 제8호 경우	외국인물품판매기록표
15. 삭 제 (2023. 2. 28.)	
16. 제33조 제2항 제9호의 경우	외국환은행이 발급하는 외화입금증명서 또는 외화매입증명서
17. 법 제24조 제1항 제2호 및 「조세특례제한법 시행령」 제108조의 경우	외교관면세판매기록표

③ 영 제101조 제3항에 따른 영세율 첨부서류 제출명세서는 별지 제42호 서식과 같다. (2013. 6. 28. 개정)

통칙 24 - 101 - 5 【법령 또는 훈령에 정한 서류를 제출할 수 없는 때의 첨부서류】
사업자가 법령 또는 훈령에 정하는 서류를 제출할 수 없는 경우에는 영세율규정에 따른 외화획득명세서에 해당 외화획득내역을 입증할 수 있는 증명자료를 첨부하여 제출한다. (2011. 2. 1. 개정)

24 - 101 - 6 【영세율 과세표준 신고누락 및 첨부서류 미제출 시 영세율 적용】 (2014. 12. 30. 제목개정)
영세율 적용대상 과세표준을 예정신고 또는 확정신고시에 신고를 하지 아니한 경우, 신고한 과세표준이 신고하여야 할 과세표준에 미달한 경우 또는 영세율 첨부서류를 제출하지 아니한 경우(제출하여야 할 2가지 서류 중 1가지 서류를 제출하지 아니한 경우를 포함한다)에도 해당 과세표준이 영세율 적용대상임이 확인되는 때에는 영의 세율을 적용한다. 이 경우 「국세기본법」 제47조의 2 제1항 단서에 따른 영세율과세표준 무신고가산세 또는 같은 법 제47조의 3 제1항 단서에 따른 영세율과세표준 과소신고가산세는 적용한다. (2014. 12. 30. 후단개정)

구 분	영 제101조 제1항의 첨부서류 (2014. 12. 30. 개정)	국세청장 지정서류
송용역 2. 다른 외국항행사업자의 탑승권을 판매하거나 화물운송계약을 체결하여 주는 경우	: 영세율규정에 따른 공급가액 확정명세서(2011. 2. 1. 개정)	• 영세율규정에 따른 "선박에 의한 운송용역공급가액 일람표" (2011. 2. 1. 개정)

24 - 101 - 1 【국내사업장이 없는 비거주자 등에게 재화 또는 용역의 공급 시 영세율 첨부서류】

구 분	영 제101조 제1항의 첨부서류 (2024. 3. 15. 개정)	국세청장 지정서류
부가가치세법 시행령 제33조 제2항 제1호 및 제2호에서 규정하는 거래 경우 (2014. 12. 30. 개정)	가. 외화입금증명서 나. 해당 국가에서 우리나라의 거주자 또는 내국법인에 대하여 동일하게 면세한다는 사실을 입증할 수 있는 관계 증명서류(영 제33조 제2항 제1호 나목 중 전문서비스업과 같은 호 아목 및 자목에 해당하는 용역의 경우로 한정)(2024. 3. 15. 신설) 다. 정보통신망을 통해 영 제33조 제2항 제1호 바목에 해당하는 용역을 법 제52조 제1항 각 호의 어느 하나에 해당하는 자에게 제공하였음을 증명하는 서류(영제33조 제2항 제1호 바목의 경우만 해당)(2024. 3. 15. 신설)	• 용역공급계약서사본 • 외환매입증명서 또는 외국환매각증명서는 외화입금증명서에 갈음한다. • 직접외화가 입금되지 아니하는 경우에는 영세율 규정에 의한 외화획득명세서에 외화획득 사실을 증명하는 서류를 첨부하여 제출하여야 한다. (2008. 10. 14. 개정)

24 - 101 - 2 【수출재화 임가공용역의 영세율 첨부서류】

영 제33조 제2항 제3호의 규정에 의한 수출재화 임가공용역을 제공한 사업자의 영세율첨부서류는 임가공계약서사본(수출재화임가공용역을 해당 수출업자와 동일한 장소에서 제공하는 경우를 제외한다)과 해당 수출업자가 발급한 납품사실을 증명할 수 있는 서류(수출업자와 직접 도급계약을 한 분에 한한다. 이하 같다) 또는 수출대금입금증명서이며, "임가공계약서사본"이란 명칭 여하에 불구하고 영세율규정 제3조 제3항에 규정하는 수출재화임가공내용이 기재되어 있는 것으로 한다. 다만, 장기임가공계약의 경우에는 해당 임가공용역에 대한 최초의 과세표준신고서에 임가공계약서사본을 제출하고 그 이후의 신고에 있어서는 수출업자가 발급한 납품사실을 증명할 수 있는 서류만을 제출할 수 있다. (2014. 12. 30. 개정)

24 - 101 - 3 【외국항행선박 등에 공급되는 재화 · 용역의 영세율 첨부서류】

구 분	영 제101조 제1항의 첨부서류 (2014. 12. 30. 개정)	국세청장 지정서류
1. 외항선박 또는 항공기에 공급하는 재화	선(기)적완료증명서	• 세관장이 발급하는 물품 · 선(기)용품 적재허가서. 다만, 물품 · 선(기)용품적재허가서상에 물품수량 및 금액 등이 합계로 기재되고 물품명세서는 별첨된 경우로서 사업자가 당해 물품명세서를 보관하여 확인이 가능한 경우에는 당해 물품명세의 제출을 생략할 수 있음.
2. 외항선박 또는 항공기에 공급하는 하역용역		• 세관장에게 제출한 수출(입)품목 적재(하선)에 관한 작업신고 및 교통허가서 또는 작업보고필증이나 선박회사 대금청구서
3. 외항선박 또는 항공기에 공급하는 하역용역 이외의 용역		• 세관장이 발급한 승선허가증 사본
4. 원양어선에 공급하는 재화 또는 용역		• 항만청장에게 제출한 입출항신고필증 사본과 선장이 발행하는 확인서. 다만, 외항선박 · 항공기 또는 원양어선에 공급한 용역에 대한 지정서류를 제출할 수 없는 경우에는 용역제공계약서 사본

 ## 24 - 101 - 4 【첨부서류 제출 시 부득이한 사유의 범위】
(2014. 12. 30. 제목개정)

영의 세율을 적용받는 사업자는 반드시 영 제101조 제1항 본문에 정한 영세율 첨부서류를 제출하여야 한다. 다만, 다음 각호에 규정하는 부득이한 사유가 있는 경우는 국세청장이 지정한 서류로서 이에 갈음할 수 있다. (2014. 12. 30. 개정)

1. 영의 세율 적용대상 거래로서 영 제101조 제1항 각 호에서 정한 서류가 없는 때 (2014. 12. 30. 개정)
2. 신고기한내 서류발급관서의 사정으로 제출할 수 없는 때 (1998. 8. 1. 개정)
3. 그 밖의 영세율적용사업자에게 귀책사유가 없는 때 (2011. 2. 1. 개정)

제6장　결정·경정·징수와 환급

제1절　결정 등

제57조 【결정과 경정】 ① 납세지 관할 세무서장, 납세지 관할 지방국세청장 또는 국세청장(이하 이 조에서 "납세지 관할 세무서장등"이라 한다)은 사업자가 다음 각 호의 어느 하나에 해당하는 경우에만 해당 예정신고기간 및 과세기간에 대한 부가가치세의 과세표준과 납부세액 또는 환급세액을 조사하여 결정 또는 경정한다. (2013. 6. 7. 개정)

제57조 【결정과 경정】 ① 납세지 관할 세무서장, 납세지 관할 지방국세청장 또는 국세청장(이하 이 조 및 제57조의 2에서 "납세지 관할 세무서장등"이라 한다)은 사업자가 다음 각 호의 어느 하나에 해당하는 경우에만 해당 예정신고기간 및 과세기간에 대한 부가가치세의 과세표준과 납부세액 또는 환급세액을 조사하여 결정 또는 경정한다. (2024. 12. 31. 개정)

1. 예정신고 또는 확정신고를 하지 아니한 경우 (2013. 6. 7. 개정)
2. 예정신고 또는 확정신고를 한 내용에 오류가 있거나 내용이 누락된 경우 (2013. 6. 7. 개정)
3. 확정신고를 할 때 매출처별 세금계산서합계표 또는 매입처별 세금계산서합계표를 제출하지 아니하거나 제출한 매출처별 세금계산서합계표 또는 매입처별 세금계산서합계표에 기재사항의 전부 또는 일부가 적혀 있지 아니하거나 사실과 다르게 적혀 있는 경우 (2013. 6. 7. 개정)
4. 그 밖에 대통령령으로 정하는 사유로 부가가치세를 포탈(逋脫)할 우려가 있는 경우 (2013. 6. 7. 개정)

제6장　결정·경정·징수와 환급

제1절　결정 등

제102조 【결정·경정 기관】 ① 법 제57조에 따른 부가가치세의 과세표준과 납부세액 또는 환급세액의 결정·경정은 각 납세지 관할 세무서장이 한다. 다만, 국세청장이 특히 중요하다고 인정하는 경우에는 납세지 관할 지방국세청장 또는 국세청장이 결정하거나 경정할 수 있다. (2013. 6. 28. 개정)

② 법 제51조에 따라 주사업장 총괄 납부를 하는 경우 각 납세지 관할 세무서장, 납세지 관할 지방국세청장 또는 국세청장이 제1항에 따라 과세표준과 납부세액 또는 환급세액을 결정하거나 경정하였을 때에는 지체 없이 납세지 관할 세무서장 또는 총괄 납부를 하는 주된 사업장의 관할 세무서장에게 통지하여야 한다. (2013. 6. 28. 개정)

제103조 【결정·경정 사유의 범위】 ① 법 제57조 제1항 제4호에서 "대통령령으로 정하는 사유로 부가가치세를 포탈(逋脫)할 우려가 있는 경우"란 다음 각 호의 어느 하나에 해당하는 경우를 말한다. (2013. 6. 28. 개정)

1. 사업장의 이동이 빈번한 경우 (2013. 6. 28. 개정)
2. 사업장의 이동이 빈번하다고 인정되는 지역에 사업장이 있을 경우 (2013. 6. 28. 개정)
3. 휴업 또는 폐업 상태에 있을 경우 (2013. 6. 28. 개정)
4. 법 제46조 제4항에 따라 신용카드가맹점 또는 현금영수증가맹점 가입 대상자로 지정받은 사업자가 정당한 사유 없이 신용카드가맹점

제6장　결정·경정·징수와 환급

통칙 57-103-1 【명의 위장사업자와 거래한 선의의 사업자에 대한 경정】

사업자가 거래상대방의 사업자등록증을 확인하고 거래에 따른 세금계산서를 발급하거나 발급받은 경우, 거래상대방이 관계기관의 조사로 인하여 명의위장사업자로 판정되었다 하더라도 해당 사업자를 선의의 거래당사자로 볼 수 있는 때에는 경정 또는 「조세범처벌법」에 따른 처벌 등 불이익한 처분을 받지 아니한다. (2011. 2. 1. 개정)

② 납세지 관할 세무서장등은 제1항에 따라 각 예정신고기간 및 과세기간에 대한 과세표준과 납부세액 또는 환급세액을 조사하여 결정 또는 경정하는 경우에는 세금계산서, 수입세금계산서, 장부 또는 그 밖의 증명 자료를 근거로 하여야 한다. 다만, 다음 각 호의 어느 하나에 해당하면 대통령령으로 정하는 바에 따라 추계(推計)할 수 있다. (2013. 6. 7. 개정)

1. 과세표준을 계산할 때 필요한 세금계산서, 수입세금계산서, 장부 또는 그 밖의 증명 자료가 없거나 그 중요한 부분이 갖추어지지 아니한 경우 (2013. 6. 7. 개정)

2. 세금계산서, 수입세금계산서, 장부 또는 그 밖의 증명 자료의 내용이 시설규모, 종업원 수와 원자재·상품·제품 또는 각종 요금의 시가에 비추어 거짓임이 명백한 경우 (2013. 6. 7. 개정)

3. 세금계산서, 수입세금계산서, 장부 또는 그 밖의 증명 자료의 내용이 원자재 사용량, 동력(動力) 사용량이나 그 밖의 조업 상황에 비추어 거짓임이 명백한 경우 (2013. 6. 7. 개정)

③ 납세지 관할 세무서장등은 제1항 및 제2항에 따라 결정하거나 경정한 과세표준과 납부세액 또는 환급세액에 오류가 있거나 누락된 내용이 발견되면 즉시 다시 경정한다. (2013. 6. 7. 개정)

제57조의 2 【수시부과의 결정】 ① 납세지 관할 세무서장등은 사업자가 과세기간 중에 다음 각 호의 어느 하나에 해당하는 경우에는 수시로 그 사업자에 대한 부가가치세를 부과(이하 "수시부과"라 한다)할 수

또는 현금영수증가맹점으로 가입하지 아니한 경우로서 사업 규모나 영업 상황으로 보아 신고 내용이 불성실하다고 판단되는 경우 (2013. 6. 28. 개정)

5. 법 제59조 제2항에 따른 조기환급 신고의 내용에 오류가 있거나 내용이 누락된 경우 (2013. 6. 28. 개정)

② 제73조 제1항 각 호의 사업 중 국세청장이 정하는 업종을 경영하는 사업자로서 같은 장소에서 계속하여 5년 이상 사업을 경영한 자에 대해서는 객관적인 증명자료로 보아 과소하게 신고한 것이 분명한 경우에만 경정할 수 있다. (2013. 6. 28. 개정)

제104조 【추계 결정·경정 방법】 ① 법 제57조 제2항 단서에 따른 추계는 다음 각 호의 방법에 따른다. (2013. 6. 28. 개정)

1. 장부의 기록이 정당하다고 인정되고 신고가 성실하여 법 제57조 제1항에 따른 경정을 받지 아니한 같은 업종과 같은 현황의 다른 사업자와 권형(權衡)에 따라 계산하는 방법 (2013. 6. 28. 개정)

2. 국세청장이 업종별로 투입원재료에 대하여 조사한 생산수율(生産收率)이 있을 때에는 생산수율을 적용하여 계산한 생산량에 그 과세기간 중에 공급한 수량의 시가를 적용하여 계산하는 방법 (2013. 6. 28. 개정)

3. 국세청장이 사업의 종류·지역 등을 고려하여 사업과 관련된 종업원, 객실, 사업장, 차량, 수도, 전기 등 인적·물적 시설의 수량 또는 가액과 매출액의 관계를 정한 영업효율이 있을 때에는 영업효율을 적용하여 계산하는 방법 (2021. 1. 5. 개정 ; 어려운 법령용어~대통령령)

4. 국세청장이 사업의 종류별·지역별로 정한 다음 각 목 중 어느 하나에 해당하는 기준에 따라 계산하는 방법 (2013. 6. 28. 개정)

　가. 생산에 투입되는 원재료, 부재료 중에서 일부 또는 전체의 수량과 생산량의 관계를 정한 원단위 투입량 (2013. 6. 28. 개정)

　나. 인건비, 임차료, 재료비, 수도광열비, 그 밖의 영업비용 중에서 일부 또는 전체의 비용과 매출액의 관계를 정한 비용관계비율 (2013. 6. 28. 개정)

　다. 일정기간 동안의 평균재고금액과 매출액 또는 매출원가의

있다. 이 경우 제57조 제2항 및 제3항을 준용한다. (2024. 12. 31. 신설)

1. 제60조 제3항 각 호의 어느 하나에 해당하는 경우 (2024. 12. 31. 신설)

2. 그 밖에 대통령령으로 정하는 사유로 부가가치세를 포탈할 우려가 있는 경우 (2024. 12. 31. 신설)

② 제1항은 해당 과세기간의 개시일부터 같은 항 각 호의 사유가 발생한 날까지를 수시부과기간으로 하여 적용한다. 이 경우 같은 항 각 호의 사유가 제49조에 따른 확정신고기한 이전에 발생한 경우로서 사업자가 직전 과세기간에 대하여 확정신고를 하지 아니한 경우에는 직전 과세기간을 수시부과기간에 포함한다. (2024. 12. 31. 신설)

③ 수시부과의 절차와 그 밖에 필요한 사항은 대통령령으로 정한다. (2024. 12. 31. 신설)

개정취지······························

수시부과 제도 신설

• 납세지 관할 세무서장 등은 사업자가 과세기간 중에 재화 또는 용역을 공급하지 않고 세금계산서 또는 신용카드매출전표를 발급하는 등의 경

관계를 정한 상품회전율 (2013. 6. 28. 개정)

라. 일정기간 동안의 매출액과 매출총이익의 비율을 정한 매매총이익률 (2013. 6. 28. 개정)

마. 일정기간 동안의 매출액과 부가가치액의 비율을 정한 부가가치율 (2013. 6. 28. 개정)

5. 추계 경정 · 결정 대상 사업자에 대하여 제2호부터 제4호까지의 비율을 계산할 수 있는 경우에는 그 비율을 적용하여 계산하는 방법 (2013. 6. 28. 개정)

6. 주로 최종소비자를 대상으로 거래하는 음식 및 숙박업과 서비스업에 대해서는 국세청장이 정하는 입회조사기준에 따라 계산하는 방법 (2013. 6. 28. 개정)

② 제1항에 따라 납부세액을 계산할 때 공제하는 매입세액은 법 제32조에 따라 발급받은 세금계산서를 관할 세무서장에게 제출하고 그 기재내용이 분명한 부분으로 한정한다. 다만, 재해 또는 그 밖의 불가항력으로 인하여 발급받은 세금계산서가 소멸되어 세금계산서를 제출하지 못하게 되었을 때에는 해당 사업자에게 공급한 거래상대방이 제출한 세금계산서에 의하여 확인되는 것을 납부세액에서 공제하는 매입세액으로 한다. (2013. 6. 28. 개정)

　제104조의 2 【수시부과의 결정】 법 제57조의 2 제1항 제2호에서 "대통령령으로 정하는 사유로 부가가치세를 포탈할 우려가 있는 경우"란 제103조 제1항 각 호의 어느 하나에 해당하는 경우를 말한다. (2025. 2. 28. 신설)

편주 ······························

음식 · 숙박업과 서비스업에 대한 추계경정 시 적용할 입회조사기준(국세청고시 제2021 - 42호, 2021. 8. 24.)

······························

우에는 해당 과세기간의 개시일부터 수시부과 사유가 발생한 날까지를 수시부과기간으로 하여 그 사업자에 대한 부가가치세를 부과할 수 있도록 함. (법 57조의 2 및 68조 2항 신설 ; 2024. 12. 31.)
• 법 57조의 2(법 68조 2항의 개정규정에서 준용하는 경우를 포함함)의 개정규정은 2025. 1. 1. 이후 법 57조의 2 제1항 각 호의 사유가 발생하는 경우부터 적용함. (법 부칙(2024. 12. 31.) 3조)

제58조 【징 수】 ① 납세지 관할 세무서장은 사업자가 예정신고 또는 확정신고를 할 때에 신고한 납부세액을 납부하지 아니하거나 납부하여야 할 세액보다 적게 납부한 경우에는 그 세액을 「국세징수법」에 따라 징수하고, 제57조에 따라 결정 또는 경정을 한 경우에는 추가로 납부하여야 할 세액을 「국세징수법」에 따라 징수한다. (2013. 6. 7. 개정)

제58조 【징 수】 ① 납세지 관할 세무서장은 사업자가 다음 각 호의 어느 하나에 해당하는 경우에는 다음 각 호의 구분에 따른 세액을 「국세징수법」에 따라 징수한다. (2024. 12. 31. 개정)

1. 예정신고 또는 확정신고를 할 때에 신고한 납부세액을 납부하지 아니하거나 납부하여야 할 세액보다 적게 납부한 경우: 그 미납부세액 (2024. 12. 31. 개정)

2. 제57조에 따라 결정 또는 경정을 한 경우: 추가로 납부하여야 할 세액 (2024. 12. 31. 개정)

3. 제57조의 2에 따라 수시부과한 경우: 수시부과한 세액 (2024. 12. 31. 개정)

② 재화의 수입에 대한 부가가치세는 세관장이 「관세법」에 따라 징수한다. (2013. 6. 7. 개정)

제58조의 2 【신탁재산에 대한 강제징수의 특례】 제3조 제2항에 따라 수탁자가 납부하여야 하는 부가가치세가 체납된 경우에는 「국세징수법」 제31조에도 불구하고 해당 신탁재산에 대해서만 강제징수를 할 수 있다. (2020. 12. 22. 신설)

제59조 【환 급】 ① 납세지 관할 세무서장은 각 과세기간별로 그 과세기간에 대한 환급세액을 확정신고한 사업자에게 그 확정신고기한이 지난 후 30일 이내(제2항 각 호의 어느 하나에 해당하는 경우에는

제105조 【재화의 수입에 대한 징수】 세관장이 법 제58조 제2항에 따라 부가가치세를 징수할 때(납부받거나 환급할 때를 포함한다)에는 「관세법」 제11조, 제16조부터 제19조까지, 제38조, 제38조의 2부터 제38조의 4까지, 제39조, 제41조, 제43조, 제46조, 제47조, 제106조 및 제106조의 2에 따른다. (2023. 2. 28. 개정)

제106조 【환 급】 ① 법 제59조에 따라 환급하여야 할 세액은 법 제48조·제49조 또는 이 영 제107조 제5항에 따라 제출한 신고서 및 이에 첨부된 증명서류와 법 제54조에 따라 제출한 매입처별 세금

통칙 59-107-1 **【신고기간별 영세율 적용 시의 조기환급】** (2014. 12. 30. 제목개정)

법 제59조 제2항 제1호에 따른 조기환급을 받을 수 있는 사업자는 해당 영세율 등 조기환급신고기간·예정신고기간 또는 과세기간중에 법 제21조부터 제24조까지의 규정 및 「조세특례제한법」 제105조에 따라 각 신고기간 단위별로 영세율의 적용대상이 되는 과세표준이 있는 경우에 한한다. (2014. 12. 30. 개정)

59-107-2 **【조기환급신고 시의 환급세액 계산】** (2014. 12. 30. 제목개정)

법 제59조 제2항에 따른 조기환급세액은 영의 세율이 적용되는 공급분에 관련된 매입세액·시설투자에 관련된 매입세액 또는 국내공급분에 대한 매입세액을 구분하지 아니하고 사업장별로 해당 매출세액에서 매입세액을 공제하여 계산한다. (2014. 12. 30. 개정)

59-107-3 **【사업장이 2 이상인 경우 조기환급신고】**

사업자가 어느 한 사업장에서 조기환급사유가 발생하는 경우 해당 사업장의 거래분만을 조기환급 신고할 수 있다. 다만, 법 제51조에 따른 주사업장 총괄 납부 사업자의 경우에는 그러하지 아니하다. (2014. 12. 30. 단서개정)

59-107-4 **【리스시설에 대한 조기환급】**

납세의무 있는 사업자가 사업설비를 신설·취득·확장 등의 목적으로 해당 시설 등을 「여신전

15일 이내)에 대통령령으로 정하는 바에 따라 환급하여야 한다. (2013. 6. 7. 개정)

② 제1항에도 불구하고 납세지 관할 세무서장은 다음 각 호의 어느 하나에 해당하여 환급을 신고한 사업자에게 대통령령으로 정하는 바에 따라 환급세액을 조기에 환급할 수 있다. (2013. 6. 7. 개정)
1. 사업자가 제21조부터 제24조까지의 규정에 따른 영세율을 적용받는 경우 (2013. 6. 7. 개정)
2. 사업자가 대통령령으로 정하는 사업 설비를 신설·취득·확장 또는 증축하는 경우 (2013. 6. 7. 개정)
3. 사업자가 대통령령으로 정하는 재무구조개선계획을 이행 중인 경우 (2016. 12. 20. 신설)

계산서합계표, 신용카드매출전표등 수령명세서에 의하여 확인되는 금액으로 한정한다. (2013. 6. 28. 개정)
② 관할 세무서장은 법 제57조에 따른 결정·경정에 의하여 추가로 발생한 환급세액이 있는 경우에는 지체 없이 사업자에게 환급하여야 한다. (2013. 6. 28. 개정)

제107조【조기환급】① 관할 세무서장은 법 제59조 제2항에 따른 환급세액을 각 예정신고기간별로 그 예정신고 기한이 지난 후 15일 이내에 예정신고한 사업자에게 환급하여야 한다. (2013. 6. 28. 개정)
② 법 제59조 제2항 제2호에서 "대통령령으로 정하는 사업 설비"란 「소득세법 시행령」 제62조 및 「법인세법 시행령」 제24조에 따른 감가상각자산을 말한다. (2013. 6. 28. 개정)
③ 제1항에 따라 조기환급을 받으려는 사업자가 제90조 제2항 또는 제91조 제1항에 따른 신고서를 제출한 경우에는 법 제59조 제2항에 따라 조기환급을 신고한 것으로 본다. 다만, 법 제59조 제2항 제2호에 해당하는 경우에는 다음 각 호의 사항을 적은 건물 등 감가상각자산 취득명세서를, 같은 항 제3호에 해당하는 경우에는 기획재정부령으로 정하는 재무구조개선계획서를 각각 그 신고서에 첨부하여야 한다. (2017. 2. 7. 단서개정)
1. 사업 설비의 종류, 용도, 설비예정일자 및 설비일자 (2013. 6. 28. 개정)
2. 공급받은 재화 또는 용역과 그 매입세액 (2013. 6. 28. 개정)
3. 그 밖의 참고 사항 (2013. 6. 28. 개정)
④ 법 제59조 제2항이 적용되는 사업자가 예정신고기간 중 또는 과세기간 최종 3개월 중 매월 또는 매 2월(이하 "조기환급기간"이라 한다)에 조기환급기간이 끝난 날부터 25일 이내(이하 이 항에서 "조기환급신고기한"이라 한다)에 조기환급기간에 대한 과세표준과 환급세액을 관할 세무서장에게 신고하는 경우에는 제1항에도 불구하고 조기환급기간에 대한 환급세액을 각 조기환급기간별로 해당 조기환급신고기한이 지난 후 15일 이내에 사업자에게 환급하여야 한다. (2013. 6. 28. 개정)
⑤ 제4항에 따라 조기환급을 신고할 때에는 다음 각 호의 사항을

문금융업법」 제3조에 따라 등록한 시설대여업자로부터 임차하고 영 제69조 제8항에 따라 공급자 또는 세관장으로부터 세금계산서를 발급받은 경우에는 법 제59조 제2항에 따라 조기환급을 받을 수 있다. 이 경우 사업설비란 「소득세법 시행령」 제62조 및 「법인세법 시행령」 제24조에 규정하는 감가상각자산을 말한다. (2014. 12. 30. 개정)

제70조【조기환급 신고】① 영 제107조 제3항 단서에 따른 건물 등 감가상각자산 취득명세서는 별지 제27호 서식과 같다. (2013. 6. 28. 개정)
② 영 제107조 제3항 단서에 따른 재무구조개선계획서는 별지 제27호의 2 서식과 같다. (2017. 3. 10. 신설)

③ 영 제107조 제5항에 따른 영세율 등 조

적은 영세율 등 조기환급신고서에 해당 과세표준에 대한 제101조 제1항의 표의 구분에 따른 서류와 매출·매입처별 세금계산서합계표를 첨부하여 제출하여야 한다. 다만, 법 제59조 제2항 제2호 또는 제3호에 해당하는 경우에는 제3항 단서에 따른 건물 등 감가상각자산 취득명세서 또는 재무구조개선계획서를 그 신고서에 첨부하여야 한다. (2017. 2. 7. 단서개정)

1. 사업자의 인적사항 (2013. 6. 28. 개정)
2. 과세표준과 환급세액 및 그 계산근거 (2013. 6. 28. 개정)
3. 매출·매입처별 세금계산서합계표의 제출 내용 (2013. 6. 28. 개정)
4. 그 밖의 참고 사항 (2013. 6. 28. 개정)

⑥ 제5항에 따라 매출·매입처별 세금계산서합계표를 제출한 경우에는 법 제54조 제1항에 따라 매출·매입처별 세금계산서합계표를 제출한 것으로 본다. (2013. 6. 28. 개정)

⑦ 법 제59조 제2항 제3호에서 "대통령령으로 정하는 재무구조개선계획을 이행 중인 경우"란 조기환급기간, 예정신고기간 또는 과세기간의 종료일 현재 「조세특례제한법 시행령」 제34조 제7항에 따른 재무구조개선계획승인권자가 승인한 같은 조 제6항 제1호, 제2호 또는 제4호에 따른 계획을 이행 중인 경우를 말한다. (2017. 2. 7. 신설)

기환급신고서는 별지 제21호 서식과 같다. (2017. 3. 10. 항번개정)

제 2 절 가산세

제60조 【가산세】① 사업자 또는 국외사업자가 다음 각 호의 어느 하나에 해당하면 각 호에 따른 금액을 납부세액에 더하거나 환급세액에서 뺀다. (2023. 12. 31. 개정)

1. 제8조 제1항 본문에 따른 기한까지 등록을 신청하지 아니한 경우에는 사업 개시일부터 등록을 신청한 날의 직전일까지의 공급가액 합계액의 1퍼센트 (2016. 12. 20. 개정)

1의 2. 제53조의 2 제1항 및 제2항에 따른 기한까지 등록을 하지 아니한 경우에는 사업 개시일부터 등록한 날의 직전일까지의 공급가액 합계액의 1퍼센트 (2023. 12. 31. 신설)

2. 대통령령으로 정하는 타인의 명의로 제8조에 따른 사업자등록을 하거나 그 타인 명

제 2 절 가산세

의의 제8조에 따른 사업자등록을 이용하여 사업을 하는 것으로 확인되는 경우 그 타인 명의의 사업 개시일부터 실제 사업을 하는 것으로 확인되는 날의 직전일까지의 공급가액 합계액의 1퍼센트 (2016. 12. 20. 개정)

2. 대통령령으로 정하는 타인의 명의로 제8조에 따른 사업자등록을 하거나 그 타인 명의의 제8조에 따른 사업자등록을 이용하여 사업을 하는 것으로 확인되는 경우 그 타인 명의의 사업 개시일부터 실제 사업을 하는 것으로 확인되는 날의 직전일까지의 공급가액 합계액의 2퍼센트 (2024. 12. 31. 개정)

편주 ▶
2025. 1. 1. 전에 재화 또는 용역을 공급한 경우에 대해서는 법 60조 1항 2호의 개정규정에도 불구하고 종전의 규정에 따름. (법 부칙(2024. 12. 31.) 3조)

② 사업자가 다음 각 호의 어느 하나에 해당하면 각 호에 따른 금액을 납부세액에 더하거나 환급세액에서 뺀다. 이 경우 제1호 또는 제2호가 적용되는 부분은 제3호부터 제5호까지를 적용하지 아니하고, 제5호가 적용되는 부분은 제3호 및 제4호를 적용하지 아니한다. (2013. 6. 7. 개정)

1. 제34조에 따른 세금계산서의 발급시기가 지난 후 해당 재화 또는 용역의 공급시기가 속하는 과세기간에 대한 확정신고 기한까지 세금계산서를 발급하는 경우 그 공급가액의 1퍼센트 (2016. 12. 20. 개정)

편주 ▶
당초 발급한 세금계산서의 공급가액이 착오로 과다하게 기재되어 수정세금계산서를 발급한 경우 세금계산서 지연발급 가산세를 적용하지 않는 거임. (사전 - 2023 - 법규부가 - 0236, 2023. 5. 2.)

2. 제34조에 따른 세금계산서의 발급시기가 지난 후 해당 재화 또는 용역의 공급시기가 속하는 과세기간에 대한 확정신고 기한까지 세금계산서를 발급하지 아니한 경우 그 공급가액의 2퍼센트 다만, 다음 각 목의 어느 하나에 해당하는 경우에는 그 공급가액의 1퍼센트

제108조【가산세】 ① 법 제60조 제1항 제2호에서 "대통령령으로 정하는 타인"이란 자기의 계산과 책임으로 사업을 경영하지 아니하는 자를 말한다. 다만, 다음 각 호의 어느 하나에 해당하는 자와 기획재정부령으로 정하는 자는 제외한다. (2017. 2. 7. 단서개정)

1. 사업자의 배우자 (2017. 2. 7. 신설)

2. 「상속세 및 증여세법」 제2조 제1호에 따른 상속으로 인하여 피상속인이 경영하던 사업이 승계되는 경우 그 피상속인(같은 조 제2호에 따른 상속개시일부터 같은 법 제67조에 따른 상속세 과세표준 신고기한까지의 기간 동안 상속인이 피상속인 명의의 사업자등록을 활용하여 사업을 하는 경우로 한정한다) (2017. 2. 7. 신설)

② 법 제60조 제2항 제3호 단서 및 같은 항 제4호 단서에서 "대통령령으로 정하는 개인사업자"란 전자세금계산서 의무발급 개인사업자를 말한다. (2013. 6. 28. 개정)

② 삭 제 (2019. 2. 12.)

☞
통칙 60 - 108 - 1【타인명의 등록사업자에 대한 부가가치세법 적용】
사업자가 영 제108조 제1항에서 정하는 타인의 명의로 사업자등록을 하고 부가가치세를 신고·납부하여 관할 세무서장 등이 경정하는 경우 그 타인명의로 발급받은 세금계산서의 매입세액은 「국세기본법」 제14조에 따라 해당 사업자의 매출세액에서 공제하며, 이 경우 법 제60조 제1항 제2호에 따른 가산세는 적용한다. (2014. 12. 30 개정)

60 - 108 - 2【수정세금계산서에 대한 미발급 가산세】
사업자가 세금계산서를 발급한 후 당초의 공급가액에 더하거나 빼는 금액이 발생한 경우 수정세금계산서를 발급하지 아니하거나 발급한 분에 대한 매출처별세금계산서합계표를 제출하지 아니한 때에는 법 제60조 제2항 및 제6항에 따른 가산세를 적용한다. (2014. 12. 30. 개정)

60 - 108 - 3【법정신고 기한후 제출한 매출처별세금계산서 합계표에 대한 가산세】
사업자가 매출처별세금계산서합계표를 법 제54조에 따라 제출하지 아니하고 「국세기본법」 제45조부터 제45조의 3까지의 규정에 따른 수정신고·경정 등의 청구·기한후신고 기한 내에 제출한 경우에는 법 제60조 제6항에 따른 가산세를 적용한다. (2014. 12. 30. 개정)

60 - 108 - 4【위수탁판매의 경우 가산세】
수탁자 또는 대리인이 위탁자 또는 본인을 대리하여 세금계산서를 발급하는 경우 법 제60조 제2항, 제3항 및 제6항까지의 규정에 따른 가산세는

로 한다. (2019. 12. 31. 단서개정)

　가. 제32조 제2항에 따라 전자세금계산서를 발급하여야 할 의무가 있는 자가 전자세금계산서를 발급하지 아니하고 제34조에 따른 세금계산서의 발급시기에 전자세금계산서 외의 세금계산서를 발급한 경우 (2019. 12. 31. 신설)

　나. 둘 이상의 사업장을 가진 사업자가 재화 또는 용역을 공급한 사업장 명의로 세금계산서를 발급하지 아니하고 제34조에 따른 세금계산서의 발급시기에 자신의 다른 사업장 명의로 세금계산서를 발급한 경우 (2019. 12. 31. 신설)

3. 제32조 제3항에 따른 기한이 지난 후 재화 또는 용역의 공급시기가 속하는 과세기간에 대한 확정신고기한까지 국세청장에게 전자세금계산서 발급명세를 전송하는 경우 그 공급가액의 0.3퍼센트 (2018. 12. 31. 개정)

4. 제32조 제3항에 따른 기한이 지난 후 재화 또는 용역의 공급시기가 속하는 과세기간에 대한 확정신고기한까지 국세청장에게 전자세금계산서 발급명세를 전송하지 아니한 경우 그 공급가액의 0.5퍼센트 (2018. 12. 31. 개정)

5. 세금계산서의 필요적 기재사항의 전부 또는 일부가 착오 또는 과실로 적혀 있지 아니하거나 사실과 다른 경우 그 공급가액의 1퍼센트. 다만, 대통령령으로 정하는 바에 따라 거래사실이 확인되는 경우는 제외한다. (2016. 12. 20. 개정)

③ 사업자가 다음 각 호의 어느 하나에 해당하는 경우에는 해당 각 호에 따른 금액을 납부세액에 더하거나 환급세액에서 **뺀다.** (2017. 12. 19. 개정)

1. 재화 또는 용역을 공급하지 아니하고 세금계산서 또는 제46조 제3

---

③ 법 제32조에 따라 발급한 세금계산서의 필요적 기재사항 중 일부가 착오나 과실로 사실과 다르게 적혔으나 해당 세금계산서에 적힌 나머지 필요적 기재사항 또는 임의적 기재사항으로 보아 거래사실이 확인되는 경우에는 법 제60조 제2항 제5호에 따른 사실과 다른 세금계산서로 보지 아니한다. (2013. 6. 28. 개정)

☞

위탁자 또는 본인에게 적용한다. (2014. 12. 30. 개정)

60-108-5【영세율이 적용되는 거래에 대하여 일반세금계산서를 발급한 경우 가산세 적용】

사업자가 구매확인서를 발급받았음에도 (영세율) 수정세금계산서를 발급하지 아니한 경우로서 당초 발급한 세금계산서(10%)에 따라 신고·납부를 이행한 경우에는 해당 거래에 대하여 법 제60조 제2항 및 제6항의 가산세를 적용하지 아니한다. (2019. 12. 23. 신설)

60-108-6【본점과 지점을 달리하여 발급한 세금계산서등에 대한 가산세 적용】

1. 본점과 지점을 소유한 법인이 지점의 건물을 양도하고 본점을 공급자로 하는 세금계산서를 발급한 이후 공급일이 속한 과세기간에 대한 확정신고기한 다음 날부터 1년 이내에 지점을 공급자로 하는 세금계산서를 재발급한 경우 지점에서 발급한 세금계산서에 대하여 법 제60조 제2항 제1호의 가산세를 적용하지 아니한다. (2024. 3. 15. 개정)

2. 사업자가 공급받는 자를 잘못 기재하여 세금계산서를 발급한 후 영 제70조 제1항 제6호에 따라 그 공급일이 속하는 과세기간에 대한 확정신고기한 다음 날부터 1년 이내에 수정세금계산서를 발급한 경우 법 제60조 제2항 제1호 및 제7항 제1호에 따른 가산세를 적용하지 아니한다. (2024. 3. 15. 개정)

항에 따른 신용카드매출전표등(이하 "세금계산서등"이라 한다)을 발급한 경우 : 그 세금계산서등에 적힌 공급가액의 3퍼센트 (2019. 12. 31. 개정)

2. 재화 또는 용역을 공급받지 아니하고 세금계산서등을 발급받은 경우 : 그 세금계산서등에 적힌 공급가액의 3퍼센트 (2019. 12. 31. 개정)

3. 재화 또는 용역을 공급하고 실제로 재화 또는 용역을 공급하는 자가 아닌 자 또는 실제로 재화 또는 용역을 공급받는 자가 아닌 자의 명의로 세금계산서등을 발급한 경우 : 그 공급가액의 2퍼센트 (2017. 12. 19. 개정)

4. 재화 또는 용역을 공급받고 실제로 재화 또는 용역을 공급하는 자가 아닌 자의 명의로 세금계산서등을 발급받은 경우 : 그 공급가액의 2퍼센트 (2017. 12. 19. 개정)

5. 재화 또는 용역을 공급하고 세금계산서등의 공급가액을 과다하게 기재한 경우 : 실제보다 과다하게 기재한 부분에 대한 공급가액의 2퍼센트 (2017. 12. 19. 신설)

6. 재화 또는 용역을 공급받고 제5호가 적용되는 세금계산서등을 발급받은 경우 : 실제보다 과다하게 기재된 부분에 대한 공급가액의 2퍼센트 (2017. 12. 19. 신설)

④ 사업자가 아닌 자가 재화 또는 용역을 공급하지 아니하고 세금계산서를 발급하거나 재화 또는 용역을 공급받지 아니하고 세금계산서를 발급받으면 사업자로 보고 그 세금계산서에 적힌 공급가액의 3퍼센트를 그 세금계산서를 발급하거나 발급받은 자에게 납세지 관할 세무서장이 가산세로 징수한다. 이 경우 제37조 제2항에 따른 납부세액은 0으로 본다. (2023. 12. 31. 개정)

⑤ 사업자가 다음 각 호의 어느 하나에 해당하는 경우에는 각 호의 구분에 따른 금액을 납부세액에 더하거나 환급세액에서 뺀다. (2021. 12. 8. 개정)

1. 제46조 제3항에 따라 발급받은 신용카드매출전표등을 제48조 제1항·제4항 또는 제49조 제1항에 따라 예정신고 또는 확정신고를 할 때 제출하여 매입세액을 공제받지 아니하고 대통령령으로 정하는 사유로 매입세액을 공제받은 경우 : 그 공급가액의 0.5퍼센트 (2021.

---

④ 법 제60조 제5항 제1호에서 "대통령령으로 정하는 사유"란 제74조 제5호에 따라 법 제57조에 따른 경정을 하는 경우로서 사업자가 법 제46조 제3항에 따라 발급받은 신용카드매출전표등을 제102조에 따른 경정기관의 확인을 거쳐 해당 경정기관에 제출하는 경우

12. 8. 개정)
2. 매입세액을 공제받기 위하여 제46조 제3항 제1호에 따라 제출한
   신용카드매출전표등 수령명세서에 공급가액을 과다하게 적은 경
   우 : 실제보다 과다하게 적은 공급가액(착오로 기재된 경우로서
   신용카드매출전표등에 따라 거래사실이 확인되는 부분의 공급가
   액은 제외한다)의 0.5퍼센트 (2021. 12. 8. 개정)
⑥ 사업자가 다음 각 호의 어느 하나에 해당하면 각 호에 따른 금액을
납부세액에 더하거나 환급세액에서 뺀다. 다만, 제54조 제1항에 따라
제출한 매출처별 세금계산서합계표의 기재사항이 착오로 적힌 경우로
서 사업자가 발급한 세금계산서에 따라 거래사실이 확인되는 부분의
공급가액에 대하여는 그러하지 아니하다. (2013. 6. 7. 개정)
1. 제54조 제1항 및 제3항에 따른 매출처별 세금계산서합계표를 제출
   하지 아니한 경우에는 매출처별 세금계산서합계표를 제출하지 아니
   한 부분에 대한 공급가액의 0.5퍼센트 (2016. 12. 20. 개정)
2. 제54조 제1항 및 제3항에 따라 제출한 매출처별 세금계산서합계표의
   기재사항 중 거래처별 등록번호 또는 공급가액의 전부 또는 일부가
   적혀 있지 아니하거나 사실과 다르게 적혀 있는 경우에는 매출처별
   세금계산서합계표의 기재사항이 적혀 있지 아니하거나 사실과 다르
   게 적혀 있는 부분에 대한 공급가액의 0.5퍼센트 (2016. 12. 20. 개정)
3. 제54조 제3항에 따라 예정신고를 할 때 제출하지 못하여 해당 예정
   신고기간이 속하는 과세기간에 확정신고를 할 때 매출처별 세금계
   산서합계표를 제출하는 경우로서 제2호에 해당하지 아니하는 경우
   에는 그 공급가액의 0.3퍼센트 (2016. 12. 20. 개정)
⑦ 사업자가 다음 각 호의 어느 하나에 해당하면 각 호에 따른 금액을
납부세액에 더하거나 환급세액에서 뺀다. 다만, 매입처별 세금계산서
합계표의 기재사항이 착오로 적힌 경우로서 사업자가 수령한 세금계산
서 또는 수입세금계산서에 따라 거래사실이 확인되는 부분의 공급가액
에 대하여는 그러하지 아니하다. (2013. 6. 7. 개정)
1. 제39조 제1항 제2호 단서에 따라 매입세액을 공제받는 경우로서 대
   통령령으로 정하는 경우에는 매입처별 세금계산서합계표에 따르지
   아니하고 세금계산서 또는 수입세금계산서에 따라 공제받은 매입세
   액에 해당하는 공급가액의 0.5퍼센트 (2016. 12. 20. 개정)

를 말한다. (2022. 2. 15. 개정)

⑤ 법 제60조 제7항 제1호에서 "대통령령으로 정하는 경우"란 제75조 제
3호·제7호 또는 제8호에 해당하는 경우를 말한다. (2019. 2. 12. 개정)

2. 제54조 제1항 및 제3항에 따른 매입처별 세금계산서합계표를 제출하지 아니한 경우 또는 제출한 매입처별 세금계산서합계표의 기재사항 중 거래처별 등록번호 또는 공급가액의 전부 또는 일부가 적혀 있지 아니하거나 사실과 다르게 적혀 있는 경우에는 매입처별 세금계산서합계표에 따르지 아니하고 세금계산서 또는 수입세금계산서에 따라 공제받은 매입세액에 해당하는 공급가액의 0.5퍼센트. 다만, 대통령령으로 정하는 경우는 제외한다. (2016. 12. 20. 개정)

3. 제54조 제1항 및 제3항에 따라 제출한 매입처별 세금계산서합계표의 기재사항 중 공급가액을 사실과 다르게 과다하게 적어 신고한 경우에는 제출한 매입처별 세금계산서합계표의 기재사항 중 사실과 다르게 과다하게 적어 신고한 공급가액의 0.5퍼센트 (2016. 12. 20. 개정)

⑧ 사업자가 제55조 제1항에 따른 현금매출명세서 또는 같은 조 제2항에 따른 부동산임대공급가액명세서를 제출하지 아니하거나 제출한 수입금액(현금매출명세서의 경우에는 현금매출을 말한다. 이하 이 항에서 같다)이 사실과 다르게 적혀 있으면 제출하지 아니한 부분의 수입금액 또는 제출한 수입금액과 실제 수입금액과의 차액의 1퍼센트를 납부세액에 더하거나 환급세액에서 뺀다. (2016. 12. 20. 개정)

⑨ 제1항부터 제7항까지를 적용할 때에 제1항부터 제3항까지의 규정이 적용되는 부분에는 다음 각 호의 구분에 따른 규정을 각각 적용하지 아니한다. (2018. 12. 31. 개정)

1. 제1항이 적용되는 부분 : 제2항(제2호는 제외한다) · 제5항 및 제6항 (2014. 12. 23. 개정)

2. 제2항(제2호는 제외한다)이 적용되는 부분 : 제6항 (2018. 12. 31. 개정)

3. 제2항 제2호 또는 제3항이 적용되는 부분 : 제1항 · 제6항 및 제7항 (2014. 12. 23. 개정)

4. 제3항 제3호가 적용되는 부분 : 제2항 제2호 본문 (2017. 12. 19. 신설)

5. 제3항 제5호가 적용되는 부분: 제2항 제5호 본문 (2019. 12. 31. 신설)

⑩ 「법인세법」 제75조의 6 제2항 제3호 또는 「소득세법」 제81조의

⑥ 법 제60조 제7항 제2호 단서에서 "대통령령으로 정하는 경우"란 매입처별 세금계산서합계표를 제출하지 아니한 경우 등에 대한 매입세액공제에 관하여 규정한 제74조 제1호부터 제4호까지의 경우 중 어느 하나에 해당하는 경우를 말한다. (2013. 6. 28. 개정)

제 7 장 간이과세

제61조【간이과세의 적용 범위】① 직전 연도의 공급대가의 합계액이 8천만원부터 8천만원의 130퍼센트에 해당하는 금액까지의 범위에서 대통령령으로 정하는 금액에 미달하는 개인사업자는 이 법에서 달리 정하고 있는 경우를 제외하고는 제4장부터 제6장까지의 규정에도 불구하고 이 장의 규정을 적용받는다. 다만, 다음 각 호의 어느 하나에 해당하는 사업자는 간이과세자로 보지 아니한다. (2020. 12. 22. 개정)

1. 간이과세가 적용되지 아니하는 다른 사업장을 보유하고 있는 사업자 (2013. 6. 7. 개정)

2. 업종, 규모, 지역 등을 고려하여 대통령령으로 정하는 사업자 (2013. 6. 7. 개정)

3. 부동산임대업 또는 「개별소비세법」 제1조 제4항에 따른 과세유흥장소(이하 "과세유흥장소"라 한다)를 경영하는 사업자로서 해당 업종의 직전 연도의 공급대가의 합계액이 4천800만원 이상인 사업자 (2020. 12. 22. 신설)

4. 둘 이상의 사업장이 있는 사업자로서 그 둘 이상의 사업장의 직전 연도의 공급대가의 합계액이 제1항 각 호 외의 부분 본문에 따른 금액 이상인 사업자. 다만, 부동산임대업 또는 과세유흥장소에 해당하는 사업장을 둘 이상 경영하고 있는 사업자의 경우 그 둘 이상의 사업장의 직전 연도의 공급대가(하나의 사업장에서 둘 이상의 사업을 겸영하는 사업자의 경우 부동산임대업 또는 과세유흥장소의 공급대가만을 말한다)의 합계액이 4천800만원 이상인 사업자로 한다. (2020. 12. 22. 신설)

② 직전 과세기간에 신규로 사업을 시작한 개인사업자에 대하여는 그 사업 개시일부터 그 과세기간 종료일까지의 공급대가를 합한 금액을

제 7 장 간이과세

제109조【간이과세의 적용 범위】① 법 제61조 제1항 본문 및 제62조 제1항에서 "대통령령으로 정하는 금액"이란 1억4백만원을 말한다. (2024. 2. 29. 개정)

> **편주** ▶ ⋯⋯⋯⋯⋯⋯⋯⋯⋯⋯⋯⋯⋯⋯⋯⋯⋯
> 영 109조 1항의 개정규정은 2023년도 공급대가의 합계액을 기준으로 2024. 7. 1.부터 2025. 6. 30.까지의 기간에 대한 간이과세 규정의 적용 여부를 판단하는 경우부터 적용함. (영 부칙(2024. 2. 29.) 10조)
> ⋯⋯⋯⋯⋯⋯⋯⋯⋯⋯⋯⋯⋯⋯⋯⋯⋯⋯⋯⋯⋯⋯⋯

② 법 제61조 제1항 제2호에서 "대통령령으로 정하는 사업자"란 다음 각 호의 어느 하나에 해당하는 사업을 경영하는 자를 말한다. (2021. 2. 17. 개정)

1. 광업 (2013. 6. 28. 개정)
2. 제조업. 다만, 주로 최종소비자에게 직접 재화를 공급하는 사업으로서 기획재정부령으로 정하는 것은 제외한다. (2013. 6. 28. 개정)
3. 도매업(소매업을 겸영하는 경우를 포함하되, 재생용 재료수집 및 판매업은 제외한다) 및 상품중개업 (2021. 2. 17. 개정)
4. 부동산매매업 (2013. 6. 28. 개정)

> **편주** ▶ ⋯⋯⋯⋯⋯⋯⋯⋯⋯⋯⋯⋯⋯⋯⋯⋯⋯
> 간이과세를 적용받을 수 있는 제조업(국세청고시 제2024-25호, 2024. 8. 23.)
> ⋯⋯⋯⋯⋯⋯⋯⋯⋯⋯⋯⋯⋯⋯⋯⋯⋯⋯⋯ ☞

제 7 장 간이과세

통칙 61-109-1【일부 사업을 폐지하는 경우의 간이과세적용】

동일한 사업장에서 2 이상의 사업을 겸영하는 사업자가 그 중 일부사업을 폐지하는 경우의 간이과세적용은 직전 연도의 공급대가에 폐지한 사업(광업·제조업 및 도매업등을 포함한다)의 공급대가를 포함하여 계산한다. (2011. 2. 1. 개정)

제71조【간이과세의 적용 범위】① 영 제109조 제2항 제2호 단서에서 "기획재정부령으로 정하는 것"이란 다음 각 호의 어느 하나에 해당하는 사업을 말한다. (2021. 3. 16. 개정)

1. 과자점업 (2013. 6. 28. 개정)
2. 도정업, 제분업 및 떡류 제조업 중 떡방앗간 (2013. 6. 28. 개정)
3. 양복점업 (2013. 6. 28. 개정)
4. 양장점업 (2013. 6. 28. 개정)
5. 양화점업 (2013. 6. 28. 개정)
6. 그 밖에 최종소비자에 대한 매출비중,

12개월로 환산한 금액을 기준으로 하여 제1항을 적용한다. 이 경우 1개월 미만의 끝수가 있으면 1개월로 한다. (2013. 6. 7. 개정)

5. 「개별소비세법」 제1조 제4항에 해당하는 과세유흥장소(이하 "과세유흥장소"라 한다)를 경영하는 사업으로서 기획재정부령으로 정하는 것 (2019. 2. 12. 개정)

☞

편주 ▶
간이과세배제기준 (국세청고시 제2024-35호, 2024. 11. 19.)

6. 부동산임대업으로서 기획재정부령으로 정하는 것 (2013. 6. 28. 개정)
7. 변호사업, 심판변론인업, 변리사업, 법무사업, 공인회계사업, 세무사업, 경영지도사업, 기술지도사업, 감정평가사업, 손해사정인업, 통관업, 기술사업, 건축사업, 도선사업, 측량사업, 공인노무사업, 의사업, 한의사업, 약사업, 한약사업, 수의사업과 그 밖에 이와 유사한 사업서비스업으로서 기획재정부령으로 정하는 것 (2013. 6. 28. 개정)
8. 제23조에 따라 일반과세자로부터 양수한 사업. 다만, 제1호부터 제7호까지의 규정과 제9호부터 제14호까지의 규정에 해당하지 않는

거래유형 등을 고려하여 주로 최종소비자에게 직접 재화를 공급하는 사업에 해당한다고 국세청장이 인정하여 고시하는 사업 (2021. 3. 16. 개정)
② 간이과세자로 보지 아니하는 사업자로서 과세유흥장소를 경영하는 자에 관한 영 제109조 제2항 제5호에서 "기획재정부령으로 정하는 것"이란 다음 각 호의 어느 하나에 해당하는 지역에서 「개별소비세법」 제1조 제4항에 해당하는 과세유흥장소를 경영하는 사업으로 한다. (2013. 6. 28. 개정)
1. 특별시, 광역시, 특별자치시, 「제주특별자치도 설치 및 국제자유도시 조성을 위한 특별법」 제10조 제2항에 따라 설치된 행정시(이하 이 조에서 "행정시"라 한다) 및 시 지역(광역시, 특별자치시, 행정시 및 도농복합형태의 시 지역의 읍·면 지역은 제외한다. 이하 이 조에서 같다) (2019. 3. 20. 개정)
2. 국세청장이 사업 현황과 사업 규모 등을 고려하여 간이과세 적용 대상에서 제외할 필요가 있다고 인정하여 고시하는 지역 (2013. 6. 28. 개정)
③ 영 제109조 제2항 제6호에서 "기획재정부령으로 정하는 것"이란 특별시, 광역시, 특별자치시, 행정시 및 시 지역에 소재하는 부동산임대사업장을 경영하는 사업으로서 국세청장이 정하여 고시하는 규모 이상의 사업을 말한다. (2021. 3. 16. 개정)
④ 영 제109조 제2항 제13호 단서에서 "기획재정부령으로 정하는 사업"이란 다음 각 호의 어느 하나에 해당하는 사업을 말한다.

경우로서 사업을 양수한 이후 법 제2조 제4호에 따른 공급대가(이하 "공급대가"라 한다)의 합계액이 제1항에 따른 금액에 미달하는 경우는 제외한다. (2023. 2. 28. 개정)

9. 사업장의 소재 지역과 사업의 종류·규모 등을 고려하여 국세청장이 정하는 기준에 해당하는 것 (2013. 6. 28. 개정)

10. 「소득세법 시행령」 제208조 제5항에 해당하지 아니하는 개인사업자(이하 이 호에서 "전전년도 기준 복식부기의무자"라 한다)가 경영하는 사업. 이 경우 「소득세법 시행령」 제208조 제5항을 적용할 때 같은 항 제1호 중 "해당 과세기간"은 "해당 과세기간 또는 직전 과세기간"으로, 같은 항 제2호 각 목 외의 부분 중 "직전 과세기간"은 "전전 과세기간"으로, "수입금액(결정 또는 경정으로 증가된 수입금액을 포함한다)의 합계액"은 "수입금액(결정 또는 경정으로 증가된 수입금액을 포함하되, 과세유형 전환일 현재 폐업한 사업장의 수입금액은 제외한다)의 합계액"으로 보며, 결정·경정 또는 수정신고로 인하여 수입금액의 합계액이 증가함으로써 전전년도 기준 복식부기의무자에 해당하게 되는 경우에는 그 결정·경정 또는 수정신고한 날이 속하는 과세기간까지는 전전년도 기준 복식부기의무자로 보지 아니한다. (2015. 2. 3. 후단개정)

11. 둘 이상의 사업장이 있는 사업자가 경영하는 사업으로서 그 둘 이상의 사업장의 공급대가의 합계액이 제1항의 금액 이상인 경우 (2013. 6. 28. 개정)

11. 삭 제 (2021. 2. 17.)

12. 전기·가스·증기 및 수도 사업 (2021. 2. 17. 신설)

13. 건설업. 다만, 주로 최종소비자에게 직접 재화 또는 용역을 공급하는 사업으로서 기획재정부령으로 정하는 사업은 제외한다. (2021. 2. 17. 신설)

14. 전문·과학·기술서비스업, 사업시설 관리·사업지원 및 임대 서비스업. 다만, 주로 최종소비자에게 직접 용역을 공급하는 사업으로서 기획재정부령으로 정하는 사업은 제외한다. (2021. 2. 17. 신설)

③ 제1항과 제2항 제8호 단서에 따른 금액을 계산할 때 직전 해의 1월 1일부터 12월 31일까지의 기간 중 휴업하거나 신규로 사업을 시작한 사업자나 사업을 양수한 사업자인 경우에는 휴업기간, 사업 개시 전의 기간이나 사업 양수 전의 기간을 제외한 나머지 기간에 대한 재화 또는 용

(2021. 3. 16. 신설)

1. 도배, 실내 장식 및 내장 목공사업 (2021. 3. 16. 신설)

2. 배관 및 냉·난방 공사업 (2021. 3. 16. 신설)

3. 그 밖에 최종소비자에 대한 매출비중, 거래유형 등을 고려하여 주로 최종소비자에게 직접 재화 또는 용역을 공급하는 사업에 해당한다고 국세청장이 인정하여 고시하는 사업 (2021. 3. 16. 신설)

⑤ 영 제109조 제2항 제14호 단서에서 "기획재정부령으로 정하는 사업"이란 다음 각 호의 어느 하나에 해당하는 사업을 말한다. (2021. 3. 16. 신설)

1. 개인 및 가정용품 임대업 (2021. 3. 16. 신설)

2. 인물사진 및 행사용 영상 촬영업 (2021. 3. 16. 신설)

3. 복사업 (2021. 3. 16. 신설)

4. 그 밖에 최종소비자에 대한 매출비중, 거래유형 등을 고려하여 주로 최종소비자에게 직접 용역을 공급하는 사업에 해당한다고 국세청장이 인정하여 고시하는 사업 (2021. 3. 16. 신설)

③ 신규로 사업을 시작하는 개인사업자는 사업을 시작한 날이 속하는 연도의 공급대가의 합계액이 제1항 및 제2항에 따른 금액에 미달될 것으로 예상되면 제8조 제1항 또는 제3항에 따른 등록을 신청할 때 대통령령으로 정하는 바에 따라 납세지 관할 세무서장에게 간이과세의 적용 여부를 함께 신고하여야 한다. (2013. 6. 7. 개정)
④ 제3항에 따른 신고를 한 개인사업자는 최초의 과세기간에는 간이과세자로 한다. 다만, 제1항 단서에 해당하는 사업자인 경우는 그러하지 아니하다. (2014. 1. 1. 개정)
⑤ 제8조 제1항 또는 제3항에 따른 등록을 하지 아니한 개인사업자로서 사업을 시작한 날이 속하는 연도의 공급대가의 합계액이 제1항 및 제2항에 따른 금액에 미달하면 최초의 과세기간에는 간이과세자로 한다. 다만, 제1항 단서에 해당하는 사업자는 그러하지 아니하다. (2013. 6. 7. 개정)
⑥ 제68조 제1항에 따라 결정 또는 경정한 공급대가의 합계액이 제1항 및 제2항에 따른 금액 이상인 개인사업자는 그 결정 또는 경정한 날이 속하는 과세기간까지 간이과세자로 본다. (2013. 6. 7. 개정)

제62조 【간이과세와 일반과세의 적용기간】 (2014. 1. 1. 제목개정)
① 제61조에 따라 간이과세자에 관한 규정이 적용되거나 적용되지 아니하게 되는 기간은 해의 1월 1일부터 12월 31일까지의 공급대가의 합계액이 대통령령으로 정하는 금액에 미달하거나 그 이상이 되는 해의 다음 해의 7월 1일부터 그 다음 해의 6월 30일까지로 한다. (2023. 12. 31. 개정)
② 제1항에도 불구하고 신규로 사업을 개시한 사업자의 경우 제61조에 따라 간이과세자에 관한 규정이 적용되거나 적용되지 아니하게 되는 기간은 최초로 사업을 개시한 해의 다음 해의 7월 1일부터 그 다음 해의 6월 30일까지로 한다. (2014. 1. 1. 개정)
③ 간이과세 및 일반과세의 적용시기에 관하여 필요한 사항은 대통령

역의 공급대가의 합계액을 12개월로 환산한 금액을 기준으로 하며, 휴업한 개인사업자인 경우로서 직전 해의 1월 1일부터 12월 31일까지의 기간 중 공급대가가 없는 경우에는 신규로 사업을 시작한 것으로 본다. 이 경우 1개월 미만의 끝수가 있으면 1개월로 한다. (2024. 2. 29. 개정)
④ 법 제61조 제3항에 따라 법 제7장을 적용받으려는 사업자는 제11조 제1항에 따른 사업자등록 신청서와 함께 다음 각 호의 사항을 적은 간이과세적용신고서를 관할 세무서장에게 제출(국세정보통신망에 의한 제출을 포함한다)하여야 한다. 다만, 사업자등록 신청서에 연간공급대가예상액과 그 밖의 참고 사항을 적어 제출한 경우에는 간이과세적용신고서를 제출한 것으로 본다. (2013. 6. 28. 개정)
1. 사업자의 인적사항 (2013. 6. 28. 개정)
2. 사업시설착수 연월일 또는 사업 개시 연월일 (2013. 6. 28. 개정)
3. 연간공급대가예상액 (2013. 6. 28. 개정)
4. 그 밖의 참고 사항 (2013. 6. 28. 개정)

제110조 【간이과세와 일반과세의 적용시기】 ① 법 제62조 제1항 및 제2항의 경우 해당 사업자의 관할 세무서장은 법 제61조에 따라 간이과세자에 관한 규정이 적용되거나 적용되지 아니하게 되는 과세기간 개시 20일 전까지 그 사실을 통지하여야 하며, 사업자등록증을 정정하여 과세기간 개시 당일까지 발급하여야 한다. (2013. 6. 28. 개정)
② 법 제62조 제1항 및 제2항에 따른 시기에 법 제61조에 따라 간이과세자에 관한 규정이 적용되는 사업자에게는 제1항에 따른 통지와 관계없이 법 제62조 제1항에 따른 시기에 법 제61조에 따라 간이과세자에 관한 규정을 적용한다. 다만, 부동산임대업을 경영하는 사업자의 경우에는 법 제62조 제1항에도 불구하고 제1항에 따른 통지를 받은 날이 속하는 과세기간까지는 일반과세자에 관한 규정을 적용한다. (2013. 6. 28. 개정)

⑥ 영 제109조 제4항에 따른 간이과세적용신고서는 별지 제43호 서식과 같다. (2021. 3. 16. 항번개정)

령으로 정한다. (2013. 6. 7. 개정)

③ 법 제62조 제1항 및 제2항에 따른 시기에 법 제61조가 적용되지 아니하는 사업자에 대해서는 법 제62조 제1항에도 불구하고 제1항에 따른 통지를 받은 날이 속하는 과세기간까지는 법 제61조에 따라 간이과세자에 관한 규정을 적용한다. (2013. 6. 28. 개정)

④ 간이과세자가 제109조 제2항에 따른 사업을 신규로 겸영하는 경우에는 해당 사업의 개시일이 속하는 과세기간의 다음 과세기간부터 간이과세자에 관한 규정을 적용하지 아니한다. (2013. 6. 28. 개정)

⑤ 제4항에 따라 일반과세자로 전환된 사업자로서 해당 연도 공급대가의 합계액이 제109조 제1항에 따른 금액 미만인 사업자가 같은 조 제2항에 따른 사업을 폐지하는 경우에는 해당 사업의 폐지일이 속하는 연도의 다음 연도 7월 1일부터 간이과세자에 관한 규정을 적용한다. (2020. 2. 11. 신설)

⑥ 법 제61조 제1항 제1호에 따른 간이과세가 적용되지 아니하는 다른 사업장(이하 이 조에서 "기준사업장"이라 한다)의 1월 1일부터 12월 31일까지의 공급대가의 합계액이 제109조 제1항에 따른 금액에 미달하는 경우에는 법 제62조 제1항에 따른 기간 동안에 기준사업장과 법 제61조 제1항 제1호에 따라 일반과세로 전환된 사업장 모두에 간이과세에 관한 규정을 적용한다. 다만, 법 제61조 제1항 제1호에 따라 일반과세로 전환된 사업장의 1월 1일부터 12월 31일까지의 공급대가의 합계액이 제109조 제1항에 따른 금액 이상이거나 법 제61조 제1항 제2호에 해당하는 경우에는 그러하지 아니하다. (2024. 2. 29. 개정)

⑦ 간이과세자가 법 제70조에 따른 간이과세의 포기신고를 하는 경우에는 일반과세자에 관한 규정을 적용받으려는 달이 속하는 과세기간의 다음 과세기간부터 해당 사업장 외의 사업장에 간이과세자에 관한 규정을 적용하지 아니한다. (2020. 2. 11. 항번개정)

⑧ 간이과세자가 일반과세자에 관한 규정을 적용받는 사업장을 신규로 개설하는 경우에는 해당 사업 개시일이 속하는 과세기간의 다음 과세기간부터 간이과세자에 관한 규정을 적용하지 아니한다. (2020. 2. 11. 항번개정)

⑨ 기준사업장이 폐업되는 경우에는 법 제61조 제1항 제1호에 따라 일반과세로 전환된 사업장에 대하여 기준사업장의 폐업일이 속하는 연도의 다음 연도 7월 1일부터 간이과세자에 관한 규정을 적용한다. 다만, 법 제61조 제1항 제1호에 따라 일반과세로 전환된 사업장의 1월 1일부터 12

제63조【간이과세자의 과세표준과 세액】① 간이과세자의 과세표준은 해당 과세기간(제66조 제2항 또는 제3항에 따라 신고하고 납부하는 경우에는 같은 조 제1항에 따른 예정부과기간을 말한다. 이하 이 조에서 같다)의 공급대가의 합계액으로 한다. (2020. 12. 22. 개정)
② 간이과세자의 납부세액은 다음의 계산식에 따라 계산한 금액으로 한다. 이 경우 둘 이상의 업종을 겸영하는 간이과세자의 경우에는 각각의 업종별로 계산한 금액의 합계액을 납부세액으로 한다. (2013. 6. 7. 개정)

> 납부세액 = 제1항에 따른 과세표준 × 직전 3년간 신고된 업종별 평균 부가가치율 등을 고려하여 5퍼센트에서 50퍼센트의 범위에서 대통령령으로 정하는 해당 업종의 부가가치율 × 10퍼센트

③ 간이과세자가 다른 사업자로부터 세금계산서등을 발급받아 대통령령으로 정하는 바에 따라 제54조 제1항에 따른 매입처별 세금계산서합계표 또는 대통령령으로 정하는 신용카드매출전표등 수령명세서를 납세지 관할 세무서장에게 제출하는 경우에는 다음 각 호에 따라 계산한 금액을 과세기간에 대한 납부세액에서 공제한다. 다만, 제39조에 따라 공제되지 아니하는 매입세액은 그러하지 아니하다. (2013. 6. 7. 개정)
1. 해당 과세기간에 세금계산서등을 발급받은 재화와 용역의 공급대가에 0.5퍼센트를 곱한 금액 (2020. 12. 22. 개정)

월 31일까지의 공급대가의 합계액이 제109조 제1항에 따른 금액 이상이거나 법 제61조 제1항 제2호에 해당하는 경우에는 그러하지 아니하다. (2024. 2. 29. 단서개정)

제111조【간이과세자의 과세표준 및 세액의 계산】① 간이과세자에 대한 과세표준의 계산에 관하여는 제59조부터 제66조까지의 규정을 준용한다. 이 경우 "공급가액"은 "공급대가"로 본다. (2013. 6. 28. 개정)
② 법 제63조 제2항에서 "대통령령으로 정하는 해당 업종의 부가가치율"이란 다음 표의 구분에 따른 부가가치율을 말한다. (2021. 2. 17. 개정)

구　분	부가가치율
1. 소매업, 재생용 재료수집 및 판매업, 음식점업	15퍼센트
2. 제조업, 농업·임업 및 어업, 소화물 전문 운송업	20퍼센트
3. 숙박업	25퍼센트
4. 건설업, 운수 및 창고업(소화물 전문 운송업은 제외한다), 정보통신업	30퍼센트
5. 금융 및 보험 관련 서비스업, 전문·과학 및 기술서비스업(인물사진 및 행사용 영상 촬영업은 제외한다), 사업시설관리·사업지원 및 임대서비스업, 부동산 관련 서비스업, 부동산임대업	40퍼센트
6. 그 밖의 서비스업	30퍼센트

③ 간이과세자가 다음 각 호의 어느 하나에 해당하는 서류를 법 제63조 제3항에 따라 제출하거나 법 제68조에 따른 결정·경정을 할 때 해당 간이과세자가 보관하고 있는 해당 서류를 제102조에 따른 결정·경정 기관의 확인을 거쳐 관할 세무서장에게 제출하는 경우에는 법 제63조 제3항 각 호에 따라 계산한 금액을 납부세액에서 공제한다. 다만, 법 제63조 제6항에 따라 매입세액으로 공제받는 경우에는 그러하지 아니하다. (2013. 6. 28. 개정)
1. 법 제54조 제1항 및 제3항에 따른 매입처별 세금계산서합계표 (2013. 6. 28. 개정)

2. 간이과세자가 제2항 후단에 따른 해당 업종의 부가가치율이 서로 다른 업종을 겸영하는 경우에는 대통령령으로 정하는 바에 따라 안분하여 계산한 매입세액에 같은 항에 따른 그 업종의 부가가치율을 각각 적용하여 산출한 금액 (2013. 6. 7. 개정)

2. 삭　제 (2020. 12. 22.)

3. 간이과세자가 과세사업과 면세사업등을 겸영하는 경우에는 대통령령으로 정하는 바에 따라 계산한 금액 (2013. 6. 7. 개정)

④ 간이과세자(제36조 제1항 제2호 각 목의 어느 하나에 해당하는 간이과세자는 제외한다)가 전자세금계산서를 2024년 12월 31일까지 발급(전자세금계산서 발급명세를 제32조 제3항에 따른 기한까지 국세청장에게 전송한 경우로 한정한다)하고 기획재정부령으로 정하는 전자세금계산서 발급세액공제신고서를 납세지 관할 세무서장에게 제출한 경우의 해당 과세기간에 대한 부가가치세액 공제에 관하여는 제47조 제1항을 준용한다. (2022. 12. 31. 신설)

④ 간이과세자(제36조 제1항 제2호 각 목의 어느 하나에 해당하는 간이과세자는 제외한다)가 전자세금계산서를 2027년 12월 31일까지 발급(전자세금계산서 발급명세를 제32조 제3항에 따른 기한까지 국세청장에게 전송한 경우로 한정한다)하고 기획재정부령으로 정하는 전자세금계산서 발급세액공제신고서를 납세지 관할 세무서장에게 제출한 경우의 해당 과세기간에 대한 부가가치세액 공제에 관하여는 제47조 제1항을 준용한다. (2024. 12. 31. 개정)

⑤ 간이과세자에 대한 과세표준의 계산은 제29조를 준용한다. (2022. 12. 31. 항번개정)

2. 신용카드매출전표등 수령명세서 (2013. 6. 28. 개정)

④ 법 제63조 제3항 본문에서 "대통령령으로 정하는 신용카드매출전표등 수령명세서"란 신용카드매출전표등 수령명세서를 말한다. (2013. 6. 28. 개정)

⑤ 간이과세자가 둘 이상의 업종에 공통으로 사용하던 재화를 공급하여 업종별 실지귀속을 구분할 수 없는 경우에 적용할 부가가치율은 다음 계산식에 따라 계산한 율의 합계로 한다. 이 경우 휴업 등으로 인하여 해당 과세기간의 공급대가가 없을 때에는 그 재화를 공급한 날에 가장 가까운 과세기간의 공급대가에 따라 계산한다. (2013. 6. 28. 개정)

$$\text{해당 재화와 관련된 각 업종별 부가가치율} \times \frac{\text{해당 재화의 공급일이 속하는 과세기간의 해당 재화와 관련된 각 업종의 공급대가}}{\text{해당 재화의 공급일이 속하는 과세기간의 해당 재화와 관련된 각 업종의 총공급대가}}$$

⑥ 법 제63조 제3항 제2호에 따른 공제액을 계산할 때 간이과세자가 제2항의 표 제1호부터 제4호까지의 사업을 겸영하는 경우에는 업종별 실지귀속에 따르되, 업종별 실지귀속을 구분할 수 없는 부분은 제2항 제1호를 적용한다. (2013. 6. 28. 개정)

⑥ 삭　제 (2021. 2. 17.)

⑦ 법 제63조 제3항 제3호에 따른 공제액을 계산할 때 간이과세자가 과세사업과 면세사업등을 겸영하는 경우에는 과세사업과 면세사업등의 실지귀속에 따르되, 과세사업과 면세사업등의 실지귀속을 구분할 수 없는 부분은 다음 계산식에 따라 계산한다. 이 경우 다음 계산식에서 "세금계산서등"이란 법 제60조 제3항 제1호에 따른 세금계산서등을 말한다. (2021. 2. 17. 개정)

$$\text{납부세액에서 공제할 세액} = \text{해당 과세기간에 세금계산서등을 발급받은 재화와 용역의 공급대가 합계액} \times \frac{\text{해당 과세기간의 과세공급대가}}{\text{해당 과세기간의 총공급대가}} \times 0.5\text{퍼센트}$$

⑥ 간이과세자의 경우 제3항, 제4항 및 제46조 제1항에 따라 공제하는 금액의 합계액이 각 과세기간의 납부세액을 초과하는 경우에는 그 초과하는 부분은 없는 것으로 본다. (2022. 12. 31. 개정)

⑦ 제68조 제1항에 따라 결정 또는 경정하거나 「국세기본법」 제45조에 따라 수정신고한 간이과세자의 해당 연도의 공급대가의 합계액이 제61조 제1항에 따른 금액 이상인 경우 대통령령으로 정하는 과세기간의 납부세액은 제2항에도 불구하고 제37조를 준용하여 계산한 금액으로 한다. 이 경우 공급가액은 공급대가에 110분의 100을 곱한 금액으로 하고, 매입세액을 계산할 때에는 세금계산서등을 받은 부분에 대하여 제3항에 따라 공제받은 세액은 매입세액으로 공제하지 아니한다. (2022. 12. 31. 항번개정)

제64조 【간이과세자로 변경되는 경우의 재고품 등 매입세액 가산】 일반과세자가 간이과세자로 변경되면 변경 당시의 재고품, 건설 중인 자산 및 감가상각자산(제38조부터 제43조까지의 규정에 따라 공제받은 경우만 해당하되, 제10조 제9항 제2호에 따른 사업양도에 의하여 사업양수자가 양수한 자산으로서 사업양도자가 매입세액을 공제받은 재화를 포함한다)에 대하여 대통령령으로 정하는 바에 따라 계산한 금액을 제63조 제2항에 따른 납부세액에 더하여야 한다. (2017. 12. 19. 개정)

⑧ 법 제63조 제7항 전단에서 "대통령령으로 정하는 과세기간"이란 결정·경정 과세기간의 다음 과세기간을 말한다. 다만, 결정·경정 과세기간이 신규로 사업을 시작한 자의 최초 과세기간인 경우에는 해당 과세기간의 다음 과세기간을 말한다. (2024. 2. 29. 개정)

제112조 【간이과세자로 변경되는 경우의 재고품등 특례】 ① 법 제64조에 따라 일반과세자가 간이과세자로 변경되는 경우 간이과세자로 변경된 자는 그 변경되는 날 현재 있는 다음 각 호의 재고품, 건설 중인 자산 및 감가상각자산(법 제38조부터 제43조까지의 규정에 따라 공제받은 경우만 해당하되, 법 제10조 제9항 제2호 본문에 따른 사업양도에 의하여 사업양수자가 양수한 자산으로서 사업양도자가 매입세액을 공제받은 재화를 포함한다. 이하 이 조에서 "재고품등"이라 한다)을 그 변경되는 날의 직전 과세기간에 대한 확정신고와 함께 간이과세 전환 시의 재고품등 신고서를 작성하여 각 납세지 관할 세무서장에게 신고(국세정보통신망에 의한 신고를 포함한다)하여야 한다. (2018. 2. 13. 개정)

1. 상품 (2013. 6. 28. 개정)

2. 제품(반제품 및 재공품을 포함한다) (2013. 6. 28. 개정)

3. 재료(부재료를 포함한다) (2013. 6. 28. 개정)

4. 건설 중인 자산 (2013. 6. 28. 개정)

5. 감가상각자산(건물 또는 구축물의 경우에는 취득, 건설 또는 신축 후 10년 이내의 것, 그 밖의 감가상각자산의 경우에 는 취득 또는 제작 후 2년 이내의 것으로 한정한다) (2013. 6. 28. 개정)

② 제1항에 따른 재고품등의 금액은 장부 또는 세금계산서에 의하여 확인되는 해당 재고품등의 취득가액으로 한다. 다만, 장부 또는 세금계산서가 없거나 장부에 기록이 누락된 경우 해당 재고품등의 가액은 시

제72조 【간이과세 전환 시의 재고품등 신고서】 영 제112조 제1항에 따른 간이과세 전환 시의 재고품등 신고서는 별지 제18호 서식과 같다. (2013. 6. 28. 개정)

$$\text{재고납부세액} = \text{해당 자산의 건설 또는 신축과 관련하여 공제받은 매입세액(제2항 단서가 적용되는 경우에는 시가의 10퍼센트에 상당하는 세액)} \times \left(1 - \frac{5}{100} \times \frac{\text{경과된 과세기간의 수}}{}\right) \times \left(1 - 0.5\text{퍼센트} \times \frac{110}{10}\right)$$

나. 그 밖의 감가상각자산 (2021. 2. 17. 개정)

$$\text{재고납부세액} = \text{해당 자산의 제작과 관련하여 공제받은 매입세액(제2항 단서가 적용되는 경우에는 시가의 10퍼센트에 상당하는 세액)} \times \left(1 - \frac{25}{100} \times \frac{\text{경과된 과세기간의 수}}{}\right) \times \left(1 - 0.5\text{퍼센트} \times \frac{110}{10}\right)$$

④ 제3항 각 호의 계산식에서 "제111조 제2항의 표의 구분에 따른 부가가치율"이란 간이과세자로 변경되는 날이 속하는 과세기간에 적용되는 해당 업종의 부가가치율을 말한다. (2013. 6. 28. 개정)

④ 삭 제 (2021. 2. 17.)

⑤ 제1항에 따른 신고를 받은 관할 세무서장은 재고금액을 조사·승인하고 간이과세자로 변경된 날부터 90일 이내에 해당사업자에게 재고납부세액을 통지하여야 한다. 이 경우 그 기한 이내에 통지하지 아니할 때에는 해당 사업자가 신고한 재고금액을 승인한 것으로 본다. (2013. 6. 28. 개정)

⑥ 해당 사업자가 제1항에 따라 신고를 하지 아니하거나 과소하게 신고한 경우에는 관할 세무서장이 재고금액을 조사하여 해당 재고납부세액을 결정하고 통지하여야 한다. (2013. 6. 28. 개정)

⑦ 제5항과 제6항에 따라 결정된 재고납부세액은 간이과세자로 변경된 날이 속하는 과세기간에 대한 확정신고를 할 때 납부할 세액에 더하여 납부한다. (2014. 2. 21. 개정)

⑧ 제5항에 따라 승인하거나 승인한 것으로 보는 재고납부세액의 내용에 오류가 있거나 내용이 누락된 경우에는 법 제57조에 따라 재고납부세액을 조사하여 경정한다. (2013. 6. 28. 개정)

가에 따른다. (2013. 6. 28. 개정)

③ 일반과세자가 간이과세자로 변경되는 경우에 해당 사업자는 다음 각 호의 방법에 따라 계산한 금액(이하 "재고납부세액"이라 한다)을 납부세액에 더하여 납부해야 한다. 이 경우 제3호와 제4호에 따른 경과된 과세기간의 수에 관하여는 제66조 제2항 후단 및 같은 조 제5항을 준용한다. (2021. 2. 17. 개정)

1. 제1항 제1호부터 제3호까지의 규정에 따른 재고품 (2021. 2. 17. 개정)

$$\text{재고납부세액} = \text{재고금액} \times \frac{10}{100} \times \left(1 - 0.5\text{퍼센트} \times \frac{110}{10}\right)$$

2. 제1항 제4호에 따른 건설 중인 자산 (2021. 2. 17. 개정)

$$\text{재고납부세액} = \text{해당 건설 중인 자산과 관련하여 공제받은 매입세액} \times \left(1 - 0.5\text{퍼센트} \times \frac{110}{10}\right)$$

3. 제1항 제5호에 따른 자산으로서 다른 사람으로부터 매입한 자산 (2013. 6. 28. 개정)

   가. 건물 또는 구축물 (2021. 2. 17. 개정)

$$\text{재고납부세액} = \text{취득가액} \times \left(1 - \frac{5}{100} \times \frac{\text{경과된 과세기간의 수}}{}\right) \times \frac{10}{100} \times \left(1 - \frac{0.5}{\text{퍼센트}} \times \frac{110}{10}\right)$$

   나. 그 밖의 감가상각자산 (2021. 2. 17. 개정)

$$\text{재고납부세액} = \text{취득가액} \times \left(1 - \frac{25}{100} \times \frac{\text{경과된 과세기간의 수}}{}\right) \times \frac{10}{100} \times \left(1 - \frac{0.5}{\text{퍼센트}} \times \frac{110}{10}\right)$$

4. 제1항 제5호에 따른 자산으로서 사업자가 직접 제작, 건설 또는 신축한 자산 (2013. 6. 28. 개정)

   가. 건물 또는 구축물 (2021. 2. 17. 개정)

제65조【간이과세자의 의제매입세액 공제】 ① 대통령령으로 정하는 업종을 운영하는 간이과세자가 면세농산물등을 원재료로 하여 제조·가공한 재화 또는 창출한 용역의 공급에 대하여 과세되는 경우에는 대통령령으로 정하는 바에 따라 계산한 금액을 납부세액에서 공제할 수 있다. (2013. 6. 7. 개정)
② 제1항은 간이과세자가 제66조 제2항 및 제67조 제1항에 따른 신고 시에 대통령령으로 정하는 바에 따라 면세농산물등을 공급받은 사실을 증명하는 서류를 납세지 관할 세무서장에게 제출하는 경우에만 적용한다. (2013. 6. 7. 개정)

제65조【간이과세자의 의제매입세액 공제】 삭　제 (2020. 12. 22.)

제66조【예정부과와 납부】 ① 사업장 관할세무서장은 제67조에도 불구하고 간이과세자에 대하여 직전 과세기간에 대한 납부세액(제46조 제1항, 제63조 제3항·제4항 또는「조세특례제한법」제104조의 8 제2항에 따라 납부세액에서 공제하거나 경감한 세액이 있는 경우에는 그 세액을 뺀 금액으로 하고, 제68조에 따른 결정 또는 경정과「국세기본법」제45조 및 제45조의 2에 따른 수정신고 및 경정청구에 따른 결정이 있는 경우에는 그 내용이 반영된 금액으로 한다)의 50퍼센트(직전 과세기간이 제5조 제4항 제1호의 과세기간에 해당하는 경우에는 직전 과세기간에 대한 납부세액의 전액을 말하며, 1천원 미만의 단수가 있을 때에는 그 단수금액은 버린다)를 1월 1일부터 6월 30일(이하 이 조에서 "예정부과기간"이라 한다)까지의 납부세액으로 결정하여 대통령령으로 정하는 바에 따라 예정부과기간이 끝난 후 25일 이내(이하 "예정부과기한"이라 한다)까지 징수한다. 다만, 다음 각 호의 어느 하나에 해당하는 경우에는 징수하지 아니한다. (2022. 12. 31. 개정)

제66조【예정부과와 납부】 ① 사업장 관할세무서장은 제67조에도 불구하고 간이과세자에 대하여 직전 과세기간에 대한 납부세액(제46조 제1항, 제63조 제3항·제4항 또는「조세특례제한법」제104조의

제113조【간이과세자의 의제매입세액 공제】 ① 법 제65조 제1항에서 "대통령령으로 정하는 업종"이란 음식점업과 제조업을 말한다. (2013. 6. 28. 개정)
② 법 제65조 제1항에 따라 납부세액에서 공제할 금액은 부가가치세의 면제를 받아 공급받은 면세농산물등의 가액에 다음 각 호의 구분에 따른 율을 곱하여 계산한 금액으로 한다. (2013. 6. 28. 개정)
1. 음식점업 중 과세유흥장소를 경영하는 사업자 : 102분의 2 (2020. 2. 11. 개정)
2. 제1호 외의 음식점을 경영하는 사업자 : 108분의 8(과세표준 4억원 이하인 경우에는 2021년 12월 31일까지 109분의 9) (2020. 2. 11. 개정)
3. 제조업을 경영하는 사업자 : 106분의 6 (2019. 2. 12. 신설)
③ 납부세액에서 제2항에 따른 금액을 공제한 면세농산물등을 그대로 양도 또는 인도하거나 부가가치세가 면제되는 재화 또는 용역을 공급하는 사업 등을 위하여 사용하거나 소비할 때에는 그 공제한 금액을 납부세액에 더하여야 한다. (2013. 6. 28. 개정)
④ 법 제65조 제1항에 따라 공제를 받으려는 사업자는 기획재정부령으로 정하는 의제매입세액 공제신고서와 다음 각 호의 어느 하나에 해당하는 관계 증명서류를 관할 세무서장에게 제출하여야 한다. 다만, 음식점업을 경영하는 사업자(「소득세법」제160조에 따른 복식부기의무자는 제외한다)가 농어민이나 개인으로부터 직접 공급받은 면세농산물등의 가액 중 과세공급대가의 5퍼센트에 해당하는 가액에 대해서는 의제매입세액 공제신고서만 제출한다. (2013. 6. 28. 개정)
1. 「소득세법」제163조 또는 「법인세법」제121조에 따른 매입처별 계산서합계표 (2013. 6. 28. 개정)
2. 기획재정부령으로 정하는 신용카드매출전표등 수령명세서 (2013. 6. 28. 개정)

제113조【간이과세자의 의제매입세액 공제】 삭　제 (2021. 2. 17.)

제114조【간이과세자의 신고와 납부】 ① 관할 세무서장은 법 제66조 제1항 본문에 따른 부가가치세액에 대하여 7월 1일부터 7월 10일까지 납부고지서를 발부해야 한다. (2021. 2. 17. 개정)

제73조【의제매입세액 공제신고서 등】 ① 영 제113조 제4항 본문에 따른 의제매입세액 공제신고서는 별지 제15호 서식과 같다. (2013. 6. 28. 개정)
② 영 제113조 제4항 제2호에 따른 신용카드매출전표등 수령명세서는 별지 제16호 서식(1)과 같다. 다만, 적을 내용이 많아 별지 제16호 서식(1)에 모두 적을 수 없는 내용은 별지 제16호 서식(2)에 연속하여 적을 수 있다. (2013. 6. 28. 개정)

제73조【의제매입세액 공제신고서 등】 삭　제 (2021. 3. 16.)

8 제2항에 따라 납부세액에서 공제하거나 <u>경감한 세액</u> 및 제68조 제2
항에 따라 <u>수시부과한 세액</u>이 있는 경우에는 그 세액을 **뺀** 금액으로
하고, <u>제68조 제1항에 따른 결정</u> 또는 경정과 「국세기본법」 제45조 및
제45조의 2에 따른 수정신고 및 경정청구에 따른 결정이 있는 경우에
는 그 내용이 반영된 금액으로 한다)의 50퍼센트(직전 과세기간이 제5
조 제4항 제1호의 과세기간에 해당하는 경우에는 직전 과세기간에 대
한 납부세액의 전액을 말하며, 1천원 미만의 단수가 있을 때에는 그 단
수금액은 버린다)를 1월 1일부터 6월 30일(이하 이 조에서 "예정부과
기간"이라 한다)까지의 납부세액으로 결정하여 대통령령으로 정하는
바에 따라 예정부과기간이 끝난 후 25일 이내(이하 "예정부과기한"이
라 한다)까지 징수한다. 다만, 다음 각 호의 어느 하나에 해당하는 경우
에는 징수하지 아니한다. (2024. 12. 31. 개정)
1. 징수하여야 할 금액이 50만원 미만인 경우 (2021. 12. 8. 신설)
2. 제5조 제4항 제2호의 과세기간이 적용되는 간이과세자의 경우
   (2021. 12. 8. 신설)
3. 「국세징수법」 제13조 제1항 각 호의 어느 하나에 해당하는 사유로
   관할 세무서장이 징수하여야 할 금액을 간이과세자가 납부할 수 없
   다고 인정되는 경우 (2021. 12. 8. 신설)
② 제1항에도 불구하고 대통령령으로 정하는 간이과세자는 예정부과
기간의 과세표준과 납부세액을 예정부과기한까지 사업장 관할 세무서
장에게 신고할 수 있다. (2013. 6. 7. 개정)
③ 제1항에도 불구하고 제32조 또는 제36조 제3항에 따라 예정부과기
간에 세금계산서를 발급한 간이과세자는 예정부과기간의 과세표준과
납부세액을 예정부과기한까지 사업장 관할 세무서장에게 신고하여야
한다. (2020. 12. 22. 신설)
④ 제1항 본문에 따른 결정이 있는 경우 간이과세자가 제2항 또는
제3항에 따라 신고를 한 경우에는 그 결정이 없었던 것으로 본다.
(2020. 12. 22. 개정)

② 법 제66조 제2항에서 "대통령령으로 정하는 간이과세자"란 휴업 또
는 사업 부진 등으로 인하여 법 제66조 제1항에 따른 예정부과기간(이
하 이 조에서 "예정부과기간"이라 한다)의 공급대가의 합계액 또는
납부세액이 직전 과세기간의 공급대가의 합계액 또는 법 제66조 제1항에
따른 납부세액의 3분의 1에 미달하는 자를 말한다. (2013. 6. 28. 개정)
③ 간이과세자는 법 제66조 제2항·제3항 및 제67조 제1항에 따른 부
가가치세의 신고를 할 때에는 다음 각 호의 사항을 적은 간이과세자
부가가치세 신고서와 기획재정부령으로 정하는 서류를 관할 세무서
장에게 제출(국세정보통신망에 의한 제출을 포함한다)해야 한다.
(2021. 2. 17. 개정)
1. 사업자의 인적사항 (2013. 6. 28. 개정)
2. 납부세액 및 그 계산 근거 (2013. 6. 28. 개정)
3. 가산세액 및 그 계산 근거 (2013. 6. 28. 개정)
4. 매출·매입처별 세금계산서합계표의 제출 내용 (2021. 2. 17. 개정)

제74조【간이과세자의 부가가치세 신
고】① 영 제114조 제3항에 따른 간이과
세자 부가가치세 신고서는 별지 제44호
서식과 같다. 다만, 다음 각 호의 요건을
모두 충족하는 사업자는 국세청장이 정하
는 바에 따라 별지 제45호 서식 또는 별
지 제46호 서식을 이용하여 신고할 수 있
다. (2021. 3. 16. 개정)
1. 해당 예정부과기간 또는 과세기간에 1개

⑤ 제2항 또는 제3항에 따라 신고하는 간이과세자는 예정부과기간의 납부세액을 대통령령으로 정하는 바에 따라 사업장 관할 세무서장에게 납부하여야 한다. (2020. 12. 22. 개정)

⑥ 제2항 또는 제3항에 따라 신고하는 간이과세자는 대통령령으로 정하는 바에 따라 매출·매입처별 세금계산서합계표를 제2항 또는 제3항에 따른 신고를 할 때 제출하여야 한다. 다만, 매출·매입처별 세금계산서합계표를 제2항 또는 제3항에 따른 신고를 할 때 제출하지 못하는 경우에는 제67조 제1항에 따른 신고를 할 때 이를 제출할 수 있다. (2020. 12. 22. 개정)

제67조 【간이과세자의 신고와 납부】 ① 간이과세자는 과세기간의 과세표준과 납부세액을 그 과세기간이 끝난 후 25일(폐업하는 경우 제5조 제3항에 따른 폐업일이 속한 달의 다음 달 25일) 이내에 대통령령으로 정하는 바에 따라 납세지 관할 세무서장에게 확정신고를 하고 납세지 관할 세무서장 또는 한국은행등에 납부하여야 한다. (2013. 6. 7. 개정)

② 제1항에 따라 부가가치세를 납부하는 경우 제66조 제1항 본문 및 같은 조 제5항에 따라 납부한 세액은 공제하고 납부한다. (2020. 12. 22. 개정)

② 제1항에 따라 부가가치세를 납부하는 경우 제66조 제1항 본문, 같은 조 제5항 및 제68조 제2항에 따라 납부한 세액은 공제하고 납부한다. (2024. 12. 31. 개정)

③ 간이과세자는 대통령령으로 정하는 바에 따라 매출·매입처별 세금계산서합계표를 제1항에 따른 해당 신고를 할 때 함께 제출하여야 한다. (2020. 12. 22. 개정)

5. 그 밖의 참고 사항 (2013. 6. 28. 개정)

④ 간이과세자는 법 제66조 제5항 및 제67조 제1항에 따라 부가가치세액을 납부할 때에는 해당 예정부과기간 또는 과세기간의 납부세액에서 법 제68조의 2 및 「국세기본법」 제47조의 2부터 제47조의 4까지의 규정에 따라 계산한 가산세를 더하고, 다음 각 호의 세액을 차감한 금액을 간이과세자 부가가치세 신고서와 함께 관할 세무서장에게 납부하거나 「국세징수법」에 따른 납부서를 작성하여 한국은행 또는 체신관서에 납부해야 한다. (2021. 2. 17. 개정)

1. 법 제46조 제1항에 따른 금액 (2013. 6. 28. 개정)

2. 법 제63조 제3항에 따른 금액 (2013. 6. 28. 개정)

3. 법 제63조 제4항에 따른 금액 (2023. 2. 28. 신설)

4. 법 제68조 제2항에 따라 수시부과한 세액 (2025. 2. 28. 신설)

⑤ 간이과세자가 다른 사업자로부터 발급받아 법 제66조 제6항 및 제67조 제3항에 따라 관할 세무서장에 제출하는 매입처별 세금계산서합계표의 기재사항 중 거래처별 등록번호, 공급가액의 전부 또는 일부가 적히지 않았거나 사실과 다르게 적힌 경우에는 법 제63조 제3항에 따른 공제를 적용하지 않는다. (2021. 2. 17. 개정)

⑥ 법 제67조 제1항에 따라 신고를 하는 간이과세자는 법 제21조부터 제24조까지의 규정에 따라 영세율을 적용받는 경우에는 그 신고서에 제101조 제1항의 표의 구분에 따른 서류를 첨부하여 제출하여야 한다. (2013. 6. 28. 개정)

⑦ 제6항의 서류를 해당 신고서에 첨부하지 아니한 부분은 법 제67조 제1항의 신고로 보지 아니한다. (2013. 6. 28. 개정)

업종의 사업만을 경영하였을 것 (2021. 3. 16. 신설)

2. 영세율, 영 제112조 제3항에 따른 재고납부세액, 가산세 또는 신용카드매출전표에 따른 매입세액에 대하여 신고사항이 없을 것 (2021. 3. 16. 신설)

3. 해당 예정부과기간 또는 과세기간에 세금계산서를 발급하지 않았을 것 (2021. 3. 16. 신설)

② 간이과세자가 영 제114조 제3항에 따라 간이과세자 부가가치세 신고서를 관할 세무서장에게 제출하는 경우에는 다음 각 호의 구분에 따른 서류를 함께 제출해야 한다. 다만, 제1항 단서에 따라 신고하는 경우에는 제출하지 않을 수 있다. (2021. 3. 16. 개정)

1. 법 제46조 제1항에 따라 전자적 결제 수단에 의하여 대금을 지급받는 경우 : 별지 제24호 서식의 전자화폐결제명세서 (2013. 6. 28. 개정)

2. 법 제46조 제3항에 따라 매입세액을 공제받는 경우 : 별지 제16호 서식의 신용카드매출전표등 수령명세서 (2013. 6. 28. 개정)

3. 부동산임대업자인 경우 : 별지 제25호 서식의 부동산임대공급가액명세서 (2013. 6. 28. 개정)

4. 부동산을 취득하는 경우 : 별지 제27호 서식의 건물 등 감가상각자산 취득명세서 (2013. 6. 28. 개정)

5. 법 제10조 제9항 제2호에 따라 사업을

제68조【간이과세자에 대한 결정·경정과 징수】① 간이과세자에 대한 과세표준과 납부세액의 결정 또는 경정에 관하여는 제57조를 준용한다. (2013. 6. 7. 개정)

② 간이과세자에 대한 수시부과의 결정에 관하여는 제57조의 2를 준용한다. (2024. 12. 31. 신설)

③ 세금계산서등을 발급받고 제63조 제3항에 따라 공제받지 아니한 경우로서 제57조 제1항에 따른 해당 결정 또는 경정 기관의 확인을 거쳐 제63조 제6항 전단에 따라 납부세액을 계산할 때 매입세액으로 공제받는 경우에는 그 공급가액의 1퍼센트를 납부세액에 더하거나 환급세액에서 뺀다. (2016. 12. 20. 개정)

③ 삭　제 (2020. 12. 22.)

④ 간이과세자에 대한 부가가치세의 징수에 관하여는 제58조를 준용한다. (2013. 6. 7. 개정)

제68조의 2【간이과세자에 대한 가산세】① 간이과세자에 대한 가산세 부과에 관하여는 제60조 제1항·제2항 및 같은 조 제3항 제1호·제3호·제5호를 준용한다. 이 경우 제60조 제1항 각 호 중 "공급가액"은 "공급대가"로, "1퍼센트"는 "0.5퍼센트"로 본다. (2020. 12. 22. 신설)

제68조의 2【간이과세자에 대한 가산세】① 간이과세자에 대한 가산세 부과에 관하여는 제60조 제1항·제2항 및 같은 조 제3항 제1호·제3호·제5호를 준용한다. 이 경우 제60조 제1항 각 호 중 "공급가액"은 "공급대가"로, "1퍼센트"는 "0.5퍼센트"로, "2퍼센트"는 "1퍼센트"로 본다. (2024. 12. 31. 후단개정)

편주 ▶ ●●
2025. 1. 1. 전에 재화 또는 용역을 공급한 경우에 대해서는 법 68조의 2 제1항의 개정규정에도 불구하고 종전의 규정에 따름. (법 부칙(2024. 12. 31.) 3조)
●●

② 간이과세자가 다음 각 호의 어느 하나에 해당하는 경우 다음 각 호의 구분에 따른 금액을 납부세액에 더하거나 환급세액에서 뺀다. (2020. 12. 22. 신설)

1. 제32조에 따라 세금계산서를 발급하여야 하는 사업자로부터 재화 또는 용역을 공급받고 세금계산서를 발급받지 아니한 경우(제36조

의 2 제1항 및 제2항에 따라 영수증을 발급하여야 하는 기간에 세금계산서를 발급받지 아니한 경우는 제외한다) : 그 공급대가의 0.5퍼센트 (2020. 12. 22. 신설)

2. 세금계산서등을 발급받고 제63조 제3항에 따라 공제받지 아니한 경우로서 제57조 제1항에 따른 해당 결정 또는 경정 기관의 확인을 거쳐 제63조 제7항 전단에 따라 납부세액을 계산할 때 매입세액으로 공제받는 경우 : 그 공급가액의 0.5퍼센트 (2022. 12. 31. 개정)

③ 간이과세자가 다음 각 호의 어느 하나에 해당하는 경우 다음 각 호의 구분에 따른 금액을 납부세액에 더하거나 환급세액에서 뺀다. 다만, 제66조 제6항 또는 제67조 제3항에 따라 제출한 매출처별 세금계산서합계표의 기재사항이 착오로 적힌 경우로서 사업자가 발급한 세금계산서에 따라 거래사실이 확인되는 부분의 공급가액에 대해서는 그러하지 아니하다. (2020. 12. 22. 신설)

1. 제66조 제6항 또는 제67조 제3항에 따라 매출처별 세금계산서합계표를 제출하지 아니한 경우 : 매출처별 세금계산서합계표를 제출하지 아니한 부분에 대한 공급가액의 0.5퍼센트 (2020. 12. 22. 신설)

2. 제66조 제6항 또는 제67조 제3항에 따라 제출한 매출처별 세금계산서합계표의 기재사항 중 거래처별 등록번호 또는 공급가액의 전부 또는 일부가 적혀 있지 아니하거나 사실과 다르게 적혀 있는 경우 : 매출처별 세금계산서합계표의 기재사항이 적혀 있지 아니하거나 사실과 다르게 적혀 있는 부분에 대한 공급가액의 0.5퍼센트 (2020. 12. 22. 신설)

3. 제66조 제6항 단서에 따라 신고를 할 때 제출하지 못하여 해당예정부과기간이 속하는 과세기간에 확정신고를 할 때 매출처별 세금계산서합계표를 제출하는 경우로서 제2호에 해당하지 아니하는 경우 : 그 공급가액의 0.3퍼센트 (2020. 12. 22. 신설)

④ 제1항부터 제3항까지를 적용할 때에 제1항에 따라 준용을 하는 부분에 대해서는 다음 각 호의 구분에 따른 규정을 각각 적용하지 아니한다. (2020. 12. 22. 신설)

1. 제60조 제1항이 준용되는 부분 : 제60조 제2항(제2호는 제외한다),

☞ p.914 1단 연결

양도하는 경우 : 별지 제31호 서식의 사업양도신고서 (2021. 3. 16. 개정)

6. 음식·숙박업자 및 그 밖의 서비스업자인 경우 : 별지 제33호 서식의 사업장현황명세서 (2013. 6. 28. 개정)

이 조 제2항 제2호 및 제3항 (2020. 12. 22. 신설)

2. 제60조 제2항(제2호는 제외한다)이 준용되는 부분 : 이 조 제3항 (2020. 12. 22. 신설)

3. 제60조 제2항 제2호 또는 제3항 제1호·제3호·제5호가 준용되는 부분 : 제60조 제1항 및 이 조 제3항 (2020. 12. 22. 신설)

4. 제60조 제3항 제3호가 준용되는 부분 : 제60조 제2항 제2호 본문 (2020. 12. 22. 신설)

5. 제60조 제3항 제5호가 준용되는 부분 : 제60조 제2항 제5호 본문 (2020. 12. 22. 신설)

⑤ 「소득세법」 제81조의 9 제2항 제3호의 가산세를 적용받는 부분에 대해서는 제60조 제2항 제2호 및 이 조 제3항 제2호의 가산세를 적용하지 아니한다. (2020. 12. 22. 신설)

제69조 【간이과세자에 대한 납부의무의 면제】 ① 간이과세자의 해당 과세기간에 대한 공급대가의 합계액이 4천800만원 미만이면 제66조 및 제67조에도 불구하고 제63조 제2항에 따른 납부의무를 면제한다. 다만, 제64조에 따라 납부세액에 더하여야 할 세액은 그러하지 아니하다. (2020. 12. 22. 개정)

② 제1항에 따라 납부할 의무를 면제하는 경우에 대하여는 제60조 제1항을 적용하지 아니한다. 다만, 제8조 제1항에 따른 기한까지 사업자등록을 신청하지 아니한 경우(대통령령으로 정하는 고정 사업장이 없는 경우는 제외한다)에는 제60조 제1항 제1호를 적용하되, 제60조 제1항 제1호 중 "1퍼센트"를 "0.5퍼센트와 5만원 중 큰 금액"으로 한다. (2016. 12. 20. 단서개정)

③ 제1항을 적용할 때 다음 각 호의 경우에는 같은 호의 공급대가의 합계액을 12개월로 환산한 금액을 기준으로 한다. 이 경우 1개월 미만의 끝수가 있으면 1개월로 한다. (2013. 6. 7. 개정)

1. 해당 과세기간에 신규로 사업을 시작한 간이과세자는 그 사업 개시일부터 그 과세기간 종료일까지의 공급대가의 합계액 (2013. 6. 7. 개정)

2. 휴업자·폐업자 및 과세기간 중 과세유형을 전환한 간이과세자는 그 과세기간 개시일부터 휴업일·폐업일 및 과세유형 전환일까지의 공급대가의 합계액 (2013. 6. 7. 개정)

제115조 【사업자미등록가산세가 부과되지 아니하는 납부의무 면제자의 범위】 법 제69조 제2항 단서에서 "대통령령으로 정하는 고정 사업장이 없는 경우"란 고정된 물적 시설을 갖추지 아니하고 공부(公簿)에 등록된 사업장 소재지가 없는 경우를 말한다. (2013. 6. 28. 개정)

3. 제5조 제4항 각 호에 따른 과세기간의 적용을 받는 간이과세자는 해당 과세기간의 공급대가의 합계액 (2014. 1. 1. 신설)

④ 제1항에 따라 납부의무가 면제되는 사업자가 자진 납부한 사실이 확인되면 납세지 관할 세무서장은 납부한 금액을 환급하여야 한다. (2013. 6. 7. 개정)

제70조【간이과세의 포기 및 재적용】(2023. 12. 31. 제목개정)

① 간이과세자 또는 제62조에 따라 간이과세자에 관한 규정을 적용받게 되는 일반과세자가 간이과세자에 관한 규정의 적용을 포기하고 일반과세자에 관한 규정을 적용받으려는 경우에는 제61조 제1항에도 불구하고 제4장부터 제6장까지의 규정을 적용받을 수 있다. 이 경우 적용받으려는 달의 전달의 마지막 날까지 대통령령으로 정하는 바에 따라 납세지 관할 세무서장에게 신고하여야 한다. (2014. 1. 1. 개정)

② 신규로 사업을 시작하는 개인사업자가 제8조 제1항 또는 제3항에 따른 사업자등록을 신청할 때 대통령령으로 정하는 바에 따라 납세지 관할 세무서장에게 간이과세자에 관한 규정의 적용을 포기하고 일반과세자에 관한 규정을 적용받으려고 신고한 경우에는 제61조 제1항에도 불구하고 제4장부터 제6장까지의 규정을 적용받을 수 있다. (2014. 1. 1. 신설)

③ 제1항과 제2항에 따라 신고한 개인사업자는 다음 각 호의 구분에 따른 날부터 3년이 되는 날이 속하는 과세기간까지는 간이과세자에 관한 규정을 적용받지 못한다. (2014. 1. 1. 개정)

1. 제1항에 따라 신고한 경우 : 일반과세자에 관한 규정을 적용받으려는 달의 1일 (2014. 1. 1. 신설)
2. 제2항에 따라 신고한 경우 : 사업 개시일이 속하는 달의 1일 (2014. 1. 1. 신설)

④ 제3항에도 불구하고 제1항 및 제2항에 따라 신고한 개인사업자 중 직전 연도의 공급대가의 합계액이 4천8백만원 이상 제61조 제1항 각 호 외의 부분 본문에 따른 금액 미만인 개인사업자 등 대통령령으로 정하는 개인사업자는 제3항에 따른 과세기간 이전이라도 간이과세자에 관한 규정을 적용받을 수 있다. (2023. 12. 31. 신설)

제116조【간이과세의 포기 및 재적용】(2024. 2. 29. 제목개정)

① 간이과세자 또는 법 제62조에 따라 간이과세자에 관한 규정을 적용받게 되는 일반과세자로서 간이과세자에 관한 규정의 적용을 포기하려고 하거나, 법 제70조 제2항에 따라 사업자등록을 신청할 때 간이과세자에 관한 규정의 적용을 포기하려는 자는 법 제70조 제1항 및 제2항에 따른 신고를 할 때 다음 각 호의 사항을 적은 간이과세포기신고서를 관할 세무서장에게 제출(국세정보통신망에 의한 제출을 포함한다)하여야 한다. (2014. 2. 21. 개정)

1. 사업자의 인적사항 (2013. 6. 28. 개정)
2. 간이과세를 포기하려는 과세기간 (2013. 6. 28. 개정)
3. 그 밖의 참고 사항 (2013. 6. 28. 개정)

② 제1항의 신고서를 제출한 개인사업자가 법 제70조 제3항에 따른 기간이 지난 후 법 제7장을 적용받으려면 그 적용받으려는 과세기간 개시 10일 전까지 제109조 제4항의 신고서를 관할 세무서장에게 제출하여야 한다. 이 경우 그 적용을 받을 수 있는 자는 해당 과세기간 직전 해의 1월 1일부터 12월 31일까지의 재화 또는 용역의 공급대가의 합계액이 법 제61조 제1항에 해당하는 개인사업자로 한정한다. (2024. 2. 29. 후단개정)

③ 법 제70조 제4항에 따라 간이과세자에 관한 규정을 다시 적용받을 수 있는 자는 법 제70조 제5항에 따른 신고를 한 날이 속하는 연도의 직전 연도 공급대가의 합계액이 4천8백만원 이상 1억4백만원 미만인 개인사업자로서 간이과세자에 관한 규정의 적용을 포기할 당시 법 제36조 제1항 제2호 가목 또는 나목에 해당하였던 자로 한다. (2024. 2. 29. 신설)

④ 법 제70조 제4항에 따라 간이과세자에 관한 규정을 적용받으려는 개입사업자는 같은 조 제5항에 따라 다음 각 호의 사항을 적은 간이과세재적용신고서를 납세지 관할

제75조【간이과세포기신고서 등】(2024. 3. 22. 제목개정)

영 제116조 제1항에 따른 간이과세포기신고서 및 같은 조 제4항에 따른 간이과세재적용신고서는 별지 제43호 서식과 같다. (2024. 3. 22. 개정)

편주 ▶

규칙 75조의 개정규정은 2024. 7. 1.부터 시행함. (규칙 부칙(2024. 3. 22.) 1조 단서)

편주 ▶

영 116조 3항 및 4항의 개정규정은 2024. 7. 1.부터 시행함. (영 부칙(2024. 2. 29.) 1조 단서)

편주 ▶ ··
법 70조 4항의 개정규정은 2024. 7. 1. 이후 간이과세자에 관한 규정을 다시
적용받기 위하여 신고하는 경우부터 적용함. (법 부칙(2023. 12. 31.) 3조)
··

⑤ 제4항에 따라 간이과세자에 관한 규정을 적용받으려는 개인사업자
는 적용받으려는 과세기간 개시 10일 전까지 대통령령으로 정하는 바에
따라 납세지 관할 세무서장에게 신고하여야 한다. (2023. 12. 31. 신설)

편주 ▶ ··
법 70조 5항의 개정규정은 2024. 7. 1. 이후 간이과세자에 관한 규정을 다시
적용받기 위하여 신고하는 경우부터 적용함. (법 부칙(2023. 12. 31.) 3조)
··

제 8 장　보　　칙

제71조【장부의 작성·보관】① 사업자는 자기의 납부세액 또
는 환급세액과 관계되는 모든 거래사실을 대통령령으로 정하는 바에 따
라 장부에 기록하여 사업장에 갖추어 두어야 한다. (2013. 6. 7. 개정)
② 사업자가 부가가치세가 과세되는 재화 또는 용역의 공급과 함께 부
가가치세가 면제되는 재화 또는 용역을 공급하거나 제42조 제1항을 적
용받는 경우에는 과세되는 공급과 면세되는 공급 및 면세농산물등을
공급받은 사실을 각각 구분하여 장부에 기록하여야 한다. (2013. 6. 7.
개정)

세무서장에게 제출(국세정보통신망에 의한 제출을 포함한다)해야 한다. (2024. 2. 29.
신설)
④ 법 제70조 제4항에 따라 간이과세자에 관한 규정을 적용받으려는
개인사업자는 같은 조 제5항에 따라 다음 각 호의 사항을 적은 간이과
세재적용신고서를 납세지 관할 세무서장에게 제출(국세정보통신망에
의한 제출을 포함한다)해야 한다. (2025. 2. 28. 개정)
1. 사업자의 인적사항 (2024. 2. 29. 신설)
2. 간이과세를 적용받으려는 과세기간 (2024. 2. 29. 신설)
3. 그 밖의 참고 사항 (2024. 2. 29. 신설)

제 8 장　보　　칙

제117조【장부의 작성·보관】① 법 제71조 제1항 및 제2항
에 따라 장부에 기록하여야 할 거래사실은 다음 각 호의 것으로 한다.
(2013. 6. 28. 개정)
1. 공급한 자와 공급받은 자 (2013. 6. 28. 개정)
2. 공급한 품목과 공급받은 품목 (2013. 6. 28. 개정)
3. 공급가액과 공급받은 가액 (2013. 6. 28. 개정)
4. 매출세액과 매입세액 (2013. 6. 28. 개정)
5. 공급한 시기와 공급받은 시기 (2013. 6. 28. 개정)
6. 그 밖의 참고 사항 (2013. 6. 28. 개정)
② 법 제36조 제1항 제2호에 해당하는 간이과세자는 공급가액과 부가
가치세액을 합계한 공급대가를 장부에 기록할 수 있다. (2021. 2. 17.
개정)
③ 법 제36조 제1항 제2호에 해당하는 간이과세자가 법 제32조 및 제
36조에 따라 발급받았거나 발급한 세금계산서 또는 영수증을 보관하였
을 때에는 법 제71조에 따른 장부기록의무를 이행한 것으로 본다.
(2021. 2. 17. 개정)

제 8 장　보　　칙

③ 사업자는 제1항 및 제2항에 따라 기록한 장부와 제32조, 제35조 및 제36조에 따라 발급하거나 발급받은 세금계산서, 수입세금계산서 또는 영수증을 그 거래사실이 속하는 과세기간에 대한 확정신고 기한 후 5년간 보존하여야 한다. 다만, 제32조에 따라 전자세금계산서를 발급한 사업자가 국세청장에게 전자세금계산서 발급명세를 전송한 경우에는 그러하지 아니하다. (2013. 6. 7. 개정)

④ 사업자가 「법인세법」 제112조 및 「소득세법」 제160조에 따라 장부 기록의무를 이행한 경우에는 제1항에 따른 장부기록의무를 이행한 것으로 본다. (2013. 6. 7. 개정)

제72조 【부가가치세의 세액 등에 관한 특례】 ① 제37조 및 제63조에도 불구하고 납부세액에서 이 법 및 다른 법률에서 규정하고 있는 부가가치세의 감면세액 및 공제세액을 빼고 가산세를 더한 세액의 1천분의 747을 부가가치세로, 1천분의 253을 지방소비세로 한다. (2021. 12. 8. 개정)

② 부가가치세와 「지방세법」에 따른 지방소비세를 신고·납부·경정 및 환급할 경우에는 부가가치세와 지방소비세를 합한 금액을 신고·납부·경정 및 환급한다. (2013. 6. 7. 개정)

제73조 【납세관리인】 ① 개인사업자가 다음 각 호의 어느 하나에 해당하는 경우에는 부가가치세에 관한 신고·납부·환급, 그 밖에 필요한 사항을 처리하는 납세관리인을 정하여야 한다. (2013. 6. 7. 개정)

1. 사업자가 사업장에 통상적으로 머무르지 아니하는 경우 (2013. 6. 7. 개정)

2. 사업자가 6개월 이상 국외에 체류하려는 경우 (2013. 6. 7. 개정)

② 사업자는 제1항의 경우 외에도 부가가치세에 관한 신고·납부·환급, 그 밖에 필요한 사항을 처리하게 하기 위하여 대통령령으로 정하는 자를 납세관리인으로 정할 수 있다. (2013. 6. 7. 개정)

③ 제1항과 제2항에 따라 납세관리인을 정한 사업자는 대통령령으로 정하는 바에 따라 납세지 관할 세무서장에게 신고하여야 한다. 이를 변경한 경우에도 또한 같다. (2013. 6. 7. 개정)

④ 사업자는 법 제71조 제3항에 따른 장부, 세금계산서 또는 영수증을 정보처리장치, 전산테이프 또는 디스켓 등의 전자적 형태로 보존할 수 있다. (2013. 6. 28. 개정)

⑤ 제35조 제5호 각 목의 어느 하나에 해당하는 용역을 공급하는 사업자는 기획재정부령으로 정하는 매출대장을 작성하여 사업장에 갖추어 두어야 한다. 이 경우 매출대장을 정보처리장치, 전산테이프 또는 디스켓 등의 전자적 형태로 작성할 수 있다. (2013. 6. 28. 개정)

⑥ 제5항 전단에도 불구하고 사업자가 「수의사법」 제13조 제1항에 따른 진료부에 기획재정부령으로 정하는 매출대장의 기재사항을 모두 적는 경우에는 그 진료부로 매출대장을 대신할 수 있다. (2013. 6. 28. 개정)

【편주】
• 법 72조 1항의 개정규정은 2022. 1. 1. 이후 최초로 납부 또는 환급하는 분부터 적용함. (법 부칙(2021. 12. 8.) 4조)
• 법 72조 1항의 개정규정에도 불구하고 2022. 1. 1.부터 2022. 12. 31.까지의 기간 동안 부가가치세의 납부세액에서 이 법 및 다른 법률에서 규정하고 있는 부가가치세의 감면세액 및 공제세액을 빼고 가산세를 더한 세액의 1천분의 763을 부가가치세로, 1천분의 237을 지방소비세로 함. (법 부칙(2021. 12. 8.) 5조)

제118조 【납세관리인의 선정과 신고】 ① 법 제73조 제2항에서 "대통령령으로 정하는 자"란 다음 각 호의 어느 하나에 해당하는 자를 말한다. (2013. 6. 28. 개정)

1. 「세무사법」 제6조에 따라 등록한 자 (2013. 6. 28. 개정)

2. 다단계판매업자(해당 다단계판매업자에게 등록을 한 다단계판매원 중 제11조 제8항 단서에 따른 다단계판매원 외의 다단계판매원이 다단계판매업자를 납세관리인으로 선정하는 경우로 한정한다)

제76조 【동물 진료용역 매출대장】 영 제117조 제5항 및 제6항에 따른 매출대장은 별지 제47호 서식(1)과 같다. 다만, 매출분이 많아 별지 제47호 서식(1)에 모두 적을 수 없는 경우에는 매출분을 별지 제47호 서식(2)에 연속하여 적을 수 있다. (2013. 6. 28. 개정)

제77조 【납세관리인 선정 및 변경 신고서】 영 제118조 제1항 및 제2항에 따른 납세관리인 선정(변경) 신고서는 「국세기본법 시행규칙」 제33조에 따른 별지 제43호 서식과 같다. (2013. 6. 28. 개정)

제74조 【질문·조사】 ① 부가가치세에 관한 사무에 종사하는 공무원은 부가가치세에 관한 업무를 위하여 필요하면 납세의무자, 납세의무자와 거래를 하는 자, 납세의무자가 가입한 동업조합 또는 이에 준하는 단체에 부가가치세와 관계되는 사항을 질문하거나 그 장부·서류나 그 밖의 물건을 조사할 수 있다. (2013. 6. 7. 개정)
② 납세지 관할 세무서장은 부가가치세의 납세보전 또는 조사를 위하여 납세의무자에게 장부·서류 또는 그 밖의 물건을 제출하게 하거나 그 밖에 필요한 사항을 명할 수 있다. (2013. 6. 7. 개정)
③ 부가가치세에 관한 사무에 종사하는 공무원이 제1항에 따른 질문 또는 조사를 할 때에는 그 권한을 표시하는 조사원증을 지니고 이를 관계인에게 보여주어야 한다. (2013. 6. 7. 개정)
④ 제1항 또는 제2항을 적용하는 경우 부가가치세에 관한 사무에 종사하는 공무원은 직무상 필요한 범위 외에 다른 목적 등을 위하여 그 권한을 남용해서는 아니 된다. (2018. 12. 31. 신설)

제75조 【자료제출】 ① 다음 각 호의 어느 하나에 해당하는 자는 재화 또는 용역의 공급과 관련하여 국내에서 판매 또는 결제를 대행하거나 중개하는 경우 대통령령으로 정하는 바에 따라 관련 명세를 매 분기 말일의 다음 달 15일까지 국세청장, 납세지 관할 지방국세청장 또는 납세지 관할 세무서장에게 제출하여야 한다. (2022. 12. 31. 개정)

제75조 【자료제출】 ① 다음 각 호의 어느 하나에 해당하는 자는 재화 또는 용역의 공급(국외사업자가 공급하는 경우는 제외한다)과 관련하여 판매 또는 결제를 대행하거나 중개하는 경우 대통령령으로 정하는 바에 따라 관련 명세를 매 분기 말일의 다음 달 15일까지 국세청

(2013. 6. 28. 개정)
3. 「자본시장과 금융투자업에 관한 법률」에 따른 신탁업자(같은 법에 따른 신탁업 중 부동산에 관한 신탁업으로 한정한다) (2013. 6. 28. 개정)
② 법 제73조에 따라 납세관리인을 선정하거나 변경한 사업자(제1항 제2호에 따른 다단계판매업자를 포함한다)는 다음 각 호의 사항을 적은 납세관리인 선정(변경)신고서를 지체 없이 관할 세무서장에게 제출하여야 한다. 납세관리인의 주소나 거소가 변경되었을 때에도 또한 같다. (2013. 6. 28. 개정)
1. 사업자의 인적사항 (2013. 6. 28. 개정)
2. 납세관리인의 주소, 성명 및 주민등록번호 (2013. 6. 28. 개정)
3. 그 밖의 참고 사항 (2013. 6. 28. 개정)

제119조 【질문·조사 및 명령 사항】 국세청장, 관할 지방국세청장 또는 관할 세무서장은 법 제74조 제2항에 따라 납세의무자에게 다음 각 호의 사항을 명할 수 있다. (2013. 6. 28. 개정)
1. 세금계산서의 발급 (2013. 6. 28. 개정)
2. 금전등록기의 설치·사용 (2013. 6. 28. 개정)
3. 신용카드 조회기의 설치·사용 (2013. 6. 28. 개정)
4. 현금영수증 발급장치의 설치·사용 (2013. 6. 28. 개정)
5. 표찰(標札)의 게시(揭示) (2013. 6. 28. 개정)
6. 업종별 표시 (2013. 6. 28. 개정)
7. 그 밖에 납세보전을 위한 단속에 필요한 사항 (2013. 6. 28. 개정)

제120조 【서 식】 이 영의 규정에 따른 신청서, 신고서 또는 그 밖의 서류의 작성에 필요한 사항은 기획재정부령으로 정한다. (2013. 6. 28. 개정)

제121조 【자료제출】 ① 법 제75조에 따라 해당 사업자는 기획재정부령으로 정하는 월별 거래 명세를 매 분기 말일의 다음 달 15일까지 국세청장에게 전자적 방법으로 제출하여야 한다. (2024. 2. 29. 개정)

통칙 74-119-1 【명령서 미수령 시 처벌】
(2014. 12. 30. 제목개정)
세무서장은 사업자가 명령서를 수령하기 전에는 명령사항 위반으로 처벌할 수 없다. (2014. 12. 30. 개정)

제78조 【월별 거래 명세】 ① 영 121조 제1항에 따른 월별 거래 명세의 제출은 별지 제48호 서식 및 별지 제48호의 2 서식부터 별지 제48호의 5 서식까지에 따른다. (2023. 6. 30. 개정)

장, 납세지 관할 지방국세청장 또는 납세지 관할 세무서장에게 제출하여야 한다. (2025. 3. 14. 개정)

1. 「전기통신사업법」에 따른 부가통신사업자로서 「전자상거래 등에서의 소비자보호에 관한 법률」 제2조 제3호에 따른 통신판매업자의 판매를 대행 또는 중개하는 자 (2025. 3. 14. 개정)
2. 「여신전문금융업법」 제2조 제5호 나목에 따른 결제대행업체 (2017. 12. 19. 신설)
3. 「전자금융거래법」 제2조 제4호에 따른 전자금융업자 (2017. 12. 19. 신설)
4. 「외국환거래법」 제8조 제4항에 따른 전문외국환업무취급업자 (2017. 12. 19. 신설)
5. 그 밖에 제1호부터 제4호까지의 사업자와 유사한 사업을 수행하는 자로서 대통령령으로 정하는 자 (2017. 12. 19. 신설)
6. 제1호부터 제5호까지의 사업자와 유사한 사업을 수행하는 비거주자 또는 외국법인 (2025. 3. 14. 신설)

② 국세청장, 납세지 관할 지방국세청장 또는 납세지 관할 세무서장은 제1항에 따라 관련 명세를 제출하여야 하는 자가 관련 명세를 제출하지 아니하거나 사실과 다르게 제출한 경우 그 시정에 필요한 사항을 명할 수 있다. (2022. 12. 31. 신설)

편주 ▶ 2025. 7. 1. 전에 판매 또는 결제를 대행하거나 중개한 경우에 대해서는 법 75조 1항의 개정규정에도 불구하고 종전의 규정에 따름. (법 부칙 (2025. 3. 14.) 2조)

② 법 제75조 제1항 제5호에서 "대통령령으로 정하는 자"란 「정보통신망 이용촉진 및 정보보호 등에 관한 법률」 제2조 제1항 제9호의 게시판을 운영하여 재화 또는 용역의 공급을 중개하는 자로서 국세청장이 고시하는 자를 말한다. (2023. 2. 28. 신설)

② 법 제75조 제1항 제5호에서 "대통령령으로 정하는 자"란 다음 각 호의 어느 하나에 해당하는 자를 말한다. (2025. 2. 28. 개정)
1. 「정보통신망 이용촉진 및 정보보호 등에 관한 법률」 제2조 제1항 제9호의 게시판을 운영하여 재화 또는 용역의 공급을 중개하는 자로서 국세청장이 고시하는 자 (2025. 2. 28. 개정)
2. 「전기통신사업법」 제2조 제13호에 따른 앱 마켓사업자 (2025. 2. 28. 개정)

③ 제1항 및 제2항에서 규정한 사항 외에 자료제출 등에 관하여 필요한 사항은 국세청장이 정한다. (2023. 2. 28. 개정)

편주 ▶ 영 121조 2항의 개정규정은 2025. 7. 1. 이후 국내에서 판매 또는 결제를 대행하거나 중개하는 경우부터 적용함. (영 부칙(2025. 2. 28.) 4조)

제9장 벌 칙

(2018. 12. 31. 신설)

제9장 벌 칙

(2022. 2. 15. 신설)

제76조【과태료】① 국세청장, 납세지 관할 지방국세청장 또는 납세지 관할 세무서장은 다음 각 호의 어느 하나에 해당하는 자에게 2천만원 이하의 과태료를 부과한다. (2022. 12. 31. 개정)
1. 제74조 제2항에 따른 납세보전 또는 조사를 위한 명령을 위반한 자 (2022. 12. 31. 개정)
2. 제75조 제2항에 따른 시정 명령을 위반한 자 (2022. 12. 31. 개정)

제122조【과태료】법 제76조에 따른 과태료의 부과기준은 별표와 같다. (2022. 2. 15. 신설)

부 칙 (2025. 3. 14. 법률 제20776호)

제1조 【시행일】 이 법은 2025년 7월 1일부터 시행한다.

제2조 【자료제출에 관한 경과조치】 이 법 시행 전에 판매 또는 결제를 대행하거나 중개한 경우에 대해서는 제75조 제1항의 개정규정에도 불구하고 종전의 규정에 따른다.

부 칙 (2024. 12. 31. 법률 제20614호)

제1조 【시행일】 이 법은 2025년 1월 1일부터 시행한다.

제2조 【동물의 혈액에 대한 면세에 관한 적용례】 제26조 제1항 제5호의 개정규정은 이 법 시행 이후 재화를 공급하는 경우부터 적용한다.

제3조 【수시부과의 결정에 관한 적용례】 제57조의 2 (제68조 제2항의 개정규정에서 준용하는 경우를 포함한다)의 개정규정은 이 법 시행 이후 제57조의 2 제1항 각 호의 사유가 발생하는 경우부터 적용한다.

제4조 【가산세에 관한 경과조치】 이 법 시행 전에 재화 또는 용역을 공급한 경우에 대해서는 제60조 제1항 제2호 및 제68조의 2 제1항의 개정규정에도 불구하고 종전의 규정에 따른다.

부 칙 (2023. 12. 31. 법률 제19931호)

제1조 【시행일】 이 법은 2024년 1월 1일부터 시행한다. 다만, 제70조 제4항 및 제5항의 개정규정은 2024년 7월 1일부터 시행한다.

제2조 【간편사업자등록 지연 가산세에 관한 적용례】 제60조 제1항 제1호의 2의 개정규정은 제53조의 2 제1항 및 제2항에 따른 간편사업자등록을 하지 아니한 사업자 또는 국외사업자가 2024년 1월 1일 이후 재화나 용역을 공급하는 경우부터 적용한다.

제3조 【간이과세의 재적용에 관한 적용례】 제70조 제4항 및 제5항의 개정규정은 부칙 제1조 단서에 따른 시행일 이후 간이과세자에 관한 규정을 다시 적용받기 위하여 신고하는 경우부터 적용한다.

부 칙 (2022. 12. 31. 법률 제19194호)

제1조 【시행일】 이 법은 2023년 1월 1일부터 시행한다. 다만, 다음 각 호의 개정규정은 해당 호에서 정한 날부터 시행한다.

1. 제63조 제4항부터 제7항까지, 제66조 제1항, 제68조의 2 제2항 제2호, 제75조 제1항·제2항 및 제76조 제1항의 개정규정 : 2023년 7월 1일
2. 제39조 제1항 제6호의 개정규정 : 2024년 1월 1일

제2조 【실내 도서열람 용역의 공급에 대한 면세에 관한 적용례】 제26조 제1항 제8호의 개정규정은 이 법 시행 이후 용역을 공급하는 경우부터 적용한다.

제3조 【간이과세자의 전자세금계산서 발급에 대한 세액공제에 관한 적용례】 제

부 칙 (2025. 2. 28. 대통령령 제35353호)

제1조 【시행일】 이 영은 공포한 날부터 시행한다. 다만, 제121조 제2항의 개정규정은 2025년 7월 1일부터 시행한다.

제2조 【사업장을 전차한 자의 사업자등록 신청에 관한 적용례】 제11조 제3항의 표 제2호의 개정규정은 이 영 시행 이후 사업자등록을 신청하는 경우부터 적용한다.

제3조 【분할 또는 분할합병에 따른 세금계산서 등의 발급에 관한 적용례】 제69조 제21항 및 제72조 제9항의 개정규정은 이 영 시행 이후 재화 또는 용역을 공급하거나 공급받는 경우 또는 재화를 수입신고하는 경우부터 적용한다.

제4조 【앱 마켓사업자의 자료제출에 관한 적용례】 제121조 제2항의 개정규정은 부칙 제1조 단서에 따른 시행일 이후 국내에서 판매 또는 결제를 대행하거나 중개하는 경우부터 적용한다.

부 칙 (2024. 11. 12. 대통령령 제34993호)

제1조 【시행일】 이 영은 공포한 날부터 시행한다.

제2조 【재화 공급 제외 대상의 범위에 관한 적용례】 제19조의 2 제3호 나목 및 다목의 개정규정은 이 영 시행일이 속하는 과세기간에 재화를 제공하는 분부터 적용한다.

부 칙 (2024. 5. 7. 대통령령 제34488호 ; 문화재보호법 시행령 부칙)

제1조 【시행일】 이 영은 2024년 5월 17일부터 시행한다.

제2조 · 제3조 생 략

제4조 【다른 법령의 개정】 ①~⑰ 생 략

⑱ 부가가치세법 시행령 일부를 다음과 같이 개정한다.

제45조 제3호 중 “「문화재보호법」에 따른 지정문화재(지방문화재를 포함하며, 무형문화재는 제외한다)를”을 “「문화유산의 보존 및 활용에 관한 법률」에 따른 지정문화유산 또는 “「자연유산의 보존 및 활용에 관한 법률」에 따른 천연기념물 등을”로 한다.

⑲~㊳ 생 략

제5조 생 략

부 칙 (2024. 2. 29. 대통령령 제34270호)

제1조 【시행일】 이 영은 공포한 날부터 시행한다. 다만, 제41조 및 제116조 제3

부 칙 (2025. 3. 21. 기획재정부령 제1116호)

제1조 【시행일】 이 규칙은 공포한 날부터 시행한다.

제2조 【정기예금 이자율에 관한 적용례】 제47조의 개정규정은 이 규칙 시행일이 속하는 과세기간에 부동산 임대용역을 공급하는 경우부터 적용한다.

부 칙 (2024. 3. 22. 기획재정부령 제1055호)

제1조 【시행일】 이 규칙은 공포한 날부터 시행한다. 다만, 제75조의 개정규정은 2024년 7월 1일부터 시행한다.

제2조 【면세하는 과학용 수입 재화와 관련한 과학기술 연구개발 시설의 범위에 관한 적용례】 제40조 제5호 및 제7호의 개정규정은 이 규칙 시행 이후 부가가치세의 과세표준과 세액을 신고하거나 결정 · 경정하는 경우부터 적용한다.

제3조 【정기예금 이자율에 관한 적용례】 제47조의 개정규정은 이 규칙 시행일이 속하는 과세기간에 부동산 임대용역을 공급하는 경우부터 적용한다.

제4조 【부가가치세가 면제되는 장애인용품에 관한 적용례】 별표 2의 2의 개정규정은 이 규칙 시행 이후 재화를 수입신고하는 경우부터 적용한다.

부 칙 (2023. 12. 27. 기획재정부령 제1030호)

이 규칙은 공포한 날부터 시행한다.

부 칙 (2023. 10. 19. 기획재정부령 제1021호)

이 규칙은 2023년 10월 19일부터 시행한다.

부 칙 (2023. 6. 30. 기획재정부령 제1002호)

이 규칙은 공포한 날부터 시행한다. 다만, 별지 제44호 서식의 개정규정은 2023년 7월 1일부터 시행한다.

부 칙 (2023. 3. 20. 기획재정부령 제973호)

제1조 【시행일】 이 규칙은 공포한 날부터 시행

63조 제4항의 개정규정은 2023년 7월 1일 이후 공급하는 재화 또는 용역에 대한 전자세금계산서를 발급하는 경우부터 적용한다.

제4조 【자료제출 및 시정 명령에 관한 적용례】 제75조 제1항 및 제2항의 개정규정은 2023년 7월 1일 이후 국내에서 판매 또는 결제를 대행하거나 중개하는 경우부터 적용한다.

제5조 【수정수입세금계산서의 발급에 관한 경과조치】 이 법 시행 전에 세관장이 결정 또는 경정하였거나 수입하는 자가 수정신고한 경우에 대한 수정수입세금계산서의 발급에 관하여는 제35조 제2항의 개정규정에도 불구하고 종전의 규정에 따른다.

제6조 【접대비 명칭의 변경에 관한 경과조치】 2024년 1월 1일 전에 지출한 접대비는 제39조 제1항 제6호의 개정규정에 따른 기업업무추진비로 본다.

(1976. 12. 22. 법률 제2934호 ~
2021. 12. 8. 법률 제18577호) 생략

항·제4항의 개정규정은 2024년 7월 1일부터 시행하고, 제42조 제2호 아목·자목의 개정규정은 2025년 1월 1일부터 시행한다.

제2조 【수탁자의 사업자등록 신청에 관한 적용례】 제11조 제11항 제2호 나목부터 라목까지의 개정규정은 이 영 시행 전에 사업자등록을 신청하여 이 영 시행 당시 그 절차가 진행 중인 경우에도 적용한다.

제3조 【외국항행용역에 대한 공급시기 특례에 관한 적용례】 제30조 제4호의 개정규정은 이 영 시행 이후 부가가치세의 과세표준과 세액을 신고하거나 결정·경정하는 경우부터 적용한다.

제4조 【의료보건 용역에 대한 부가가치세 면세에 관한 적용례】 제35조 제18호의 개정규정은 이 영 시행 이후 부가가치세의 과세표준과 세액을 신고하거나 결정·경정하는 경우부터 적용한다.

제5조 【주택과 이에 부수되는 토지의 임대 용역에 대한 부가가치세 면세에 관한 적용례】 제41조의 개정규정은 2024년 7월 1일 이후 용역을 공급하는 경우부터 적용한다.

제6조 【인적 용역에 대한 부가가치세 면세에 관한 적용례】 제42조 제2호 아목 및 자목의 개정규정은 2025년 1월 1일 이후 용역을 공급하는 경우부터 적용한다.

제7조 【위탁판매 등에 대한 세금계산서 발급에 관한 적용례】 제69조 제15항의 개정규정은 이 영 시행 이후 재화 또는 용역을 공급하는 경우부터 적용한다.

제8조 【매입자발행세금계산서의 발행에 관한 적용례】 제71조의 2 제2항 및 제3항의 개정규정은 이 영 시행 이후 거래사실의 확인을 신청하는 경우부터 적용한다.

제9조 【신용카드 등의 사용에 따른 세액공제 등에 관한 적용례】 제88조 제1항의 개정규정은 이 영 시행일이 속하는 과세기간에 재화 또는 용역을 공급하는 경우부터 적용한다.

제10조 【간이과세의 기준 변경에 관한 적용례】 제109조 제1항의 개정규정은 2023년도 공급대가의 합계액을 기준으로 2024년 7월 1일부터 2025년 6월 30일까지의 기간에 대한 간이과세 규정의 적용 여부를 판단하는 경우부터 적용한다.

부　칙 (2023. 12. 26. 대통령령 제34019호)

이 영은 공포한 날부터 시행한다.

부　칙 (2023. 9. 26. 대통령령 제33735호)

제1조 【시행일】 이 영은 2023년 10월 1일부터 시행한다. 다만, 제40조 제1항 제13호 나목·라목 및 마목의 개정규정은 2023년 10월 19일부터 시행한다.

제2조 【동물의 진료용역에 대한 부가가치세 면세에 관한 적용례 등】 ① 제35조 제5호 마목의 개정규정은 이 영 시행 이후 용역을 공급하는 경우부터 적용한다.

② 이 영 시행 당시 제35조 제5호 마목의 개정규정에 따라 부가가치세의 면세사업이 추가되는 사업자가 이 영 시행 전에 생산하거나 취득한 재화를 이 영 시행 이후 그 면세사업을 위하여 사용하는 경우 법 제10조 제1항, 제40조 및 제41조의 적용과 관련해서는 제35조 제5호 마목의 개정규정에도 불구하고 해당 사업을 과세사업으로 본다.

제3조 【자산 관리·운용 용역에 대한 부가가치세 면세에 관한 적용례】 제40조 제1항 제13호 나목·라목 및 마목의 개정규정은 2023년 10월 19일 이후 용역을 공급

한다.

제2조 【정기예금 이자율에 관한 적용례】 제47조의 개정규정은 이 규칙 시행일이 속하는 과세기간에 대한 과세표준을 신고하는 분부터 적용한다.

(1977. 3. 11. 재무부령 제1246호 ~
2022. 9. 6. 기획재정부령 제934호) 생략

하는 경우부터 적용한다.

부 칙 (2023. 5. 16. 대통령령 제33474호 ; 주택저당채권유동화회사법 시행령 부칙)

제1조 【시행일】 이 영은 공포한 날부터 시행한다.

제2조 【다른 법령의 개정】 ①~③ 생　략

④ 부가가치세법 시행령 일부를 다음과 같이 개정한다.

제40조 제1항 제11호를 삭제한다.

⑤~⑬ 생　략

부 칙 (2023. 2. 28. 대통령령 제33271호)

제1조 【시행일】 이 영은 공포한 날부터 시행한다. 다만, 제68조, 제71조 제1항 제9호, 제84조 제5항 제3호 및 제109조 제2항 제8호의 개정규정은 2023년 7월 1일부터 시행하고, 제79조의 개정규정은 2024년 1월 1일부터 시행한다.

제2조 【재화 공급의 범위 등에 관한 적용례】 제18조 제3항 제4호, 제71조 제1항 제9호, 제71조의 2 제3항, 제75조 제9호 사목, 제101조 제1항의 개정규정은 이 영 시행 이후 재화나 용역을 공급하거나 공급받는 경우 또는 재화를 수입신고하는 경우부터 적용한다.

제3조 【전자세금계산서의 발급 등에 관한 적용례 등】 ① 제68조 제1항부터 제4항까지의 개정규정은 2023년 7월 1일 이후 재화 및 용역을 공급하는 경우부터 적용한다. 이 경우 제68조 제1항 및 같은 조 제2항 본문의 사업장별 재화 및 용역의 공급가액(면세공급가액을 포함한다)의 합계액은 2022년에 공급된 사업장별 재화 및 용역을 기준으로 판단한다.

② 제68조 제1항 및 같은 조 제2항 본문의 개정규정에도 불구하고 2023년 7월 1일부터 2024년 6월 30일까지는 같은 개정규정 중 "8천만원"을 "1억원"으로 보아 같은 개정규정을 적용한다.

③ 제68조 제2항 단서의 개정규정에도 불구하고 2022년 1월 1일부터 2022년 12월 31일까지의 기간 동안의 사업장별 재화 및 용역의 공급가액(면세공급가액을 포함한다)의 합계액이 수정신고등으로 변경된 경우에는 같은 개정규정 중 "8천만원"을 "1억원"으로 보아 같은 개정규정을 적용한다.

제4조 【수정수입세금계산서 발급에 관한 적용례】 제72조 제4항의 개정규정은 2023년 1월 1일 이후 세관장이 결정 또는 경정하였거나 수입하는 자가 수정신고한 경우부터 적용한다.

제5조 【의제매입세액 계산에 관한 적용례】 제84조 제5항 제3호의 개정규정은 2023년 7월 1일 이후 재화 또는 용역을 거래하는 경우부터 적용한다.

제6조 【간이과세의 적용 범위에 관한 적용례】 제109조 제2항 제8호의 개정규정은 2023년 7월 1일 이후 일반과세자로부터 사업을 양수하는 경우부터 적용한다.

(1976. 12. 31. 대통령령 제8409호~
2022. 6. 30. 대통령령 제32734호) 생략

통칙 부 칙 (2024. 3. 15.)

① 【시행일】 이 통칙은 2024년 3월 15일부터 시행한다.

② 【일반적 적용례】 이 통칙은 시행일 이후 최초로 공급하거나 공급받는 분부터 적용한다. 다만, 이 통칙 시행일 이전에 관련세법 등의 개정으로 이미 시행되는 규정은 관련 법률의 적용례에 따른다.

부 칙 (2019. 12. 23.)

① 【시행일】 이 통칙은 2019년 12월 23일부터 시행한다.

② 【일반적 적용례】 이 통칙은 시행일 이후 최초로 공급하거나 공급받는 분부터 적용한다. 다만, 이 통칙 시행일 이전에 관련세법 등의 개정으로 이미 시행되는 규정은 관련 법률의 적용례에 따른다.

③ 【일반적인 경과조치】 이 통칙 시행당시 종전의 통칙·예규에 의하여 부과하였거나 부과할 부가가치세에 관하여는 종전의 예에 의한다.

(1981. 10. 1.~2014. 12. 30.) 생략

국제조세조정에 관한 법률

국조법

제 3 절 추가세액의 과세

제 3 절 추가세액의 과세

제3절 추가세액의 과세

제 4 절 특 례

제 4 절 특 례

제4절 특 례

국제조세조정에 관한 법률	국제조세조정에 관한 법률 시행령	국제조세조정에 관한 법률 시행규칙
개정 2024. 12. 31. 법률 제20612호	개정 2025. 2. 28. 대통령령 제35348호	개정 2025. 3. 21. 기획재정부령 제1114호
2023. 12. 31. 법률 제19928호	2024. 2. 29. 대통령령 제34264호	2024. 3. 22. 기획재정부령 제1048호
(가상자산이용자보호~부칙) 2023. 7. 18. 법률 제19563호	2023. 12. 29. 대통령령 제34064호	2023. 3. 20. 기획재정부령 제 983호
2022. 12. 31. 법률 제19191호	2023. 2. 28. 대통령령 제33272호	2022. 3. 18. 기획재정부령 제 901호
2021. 12. 21. 법률 제18588호	(독점규제 및~시행령 부칙) 2022. 12. 27. 대통령령 제33140호	2021. 3. 16. 기획재정부령 제 840호
전부개정 2020. 12. 22. 법률 제17651호	2022. 2. 15. 대통령령 제32423호	2021. 3. 16. 기획재정부령 제 840호
(법률용어 정비를~법률) 2020. 6. 9. 법률 제17339호	(독점규제 및~시행령 부칙) 2021. 12. 28. 대통령령 제32274호	2020. 3. 13. 기획재정부령 제 772호
2019. 12. 31. 법률 제16843호	전부개정 2021. 2. 17. 대통령령 제31448호	2019. 3. 20. 기획재정부령 제 717호
2018. 12. 31. 법률 제16099호	(벤처투자~시행령 부칙) 2020. 8. 11. 대통령령 제30934호	2018. 3. 19. 기획재정부령 제 663호
2017. 12. 19. 법률 제15221호	(신용정보의~시행령 부칙) 2020. 8. 4. 대통령령 제30893호	2017. 3. 17. 기획재정부령 제 613호
(지방세기본법 부칙) 2016. 12. 27. 법률 제14474호	2020. 2. 11. 대통령령 제30405호	2016. 4. 6. 기획재정부령 제 559호
2016. 12. 20. 법률 제14384호	2019. 2. 12. 대통령령 제29525호	2015. 12. 2. 기획재정부령 제 520호
2015. 12. 15. 법률 제13553호	2018. 2. 13. 대통령령 제28643호	2015. 9. 30. 기획재정부령 제 499호
2014. 12. 23. 법률 제12849호	(지방세기본법 시행령 부칙) 2017. 3. 27. 대통령령 제27958호	2015. 3. 13. 기획재정부령 제 484호
2014. 1. 1. 법률 제12164호	2017. 2. 7. 대통령령 제27837호	2014. 3. 14. 기획재정부령 제 417호
(지방세법 부칙) 2014. 1. 1. 법률 제12153호	(감정평가 및 감정평가사에 관한 법률 시행령 부칙) 2016. 8. 31. 대통령령 제27472호	2013. 2. 23. 기획재정부령 제 336호
2013. 1. 1. 법률 제11606호	2016. 2. 5. 대통령령 제26958호	2012. 2. 28. 기획재정부령 제 272호
2011. 12. 31. 법률 제11126호	2015. 9. 25. 대통령령 제26546호	2011. 3. 18. 기획재정부령 제 189호
(금융실명거래 및 비밀보장에 관한 법률 부칙) 2011. 7. 14. 법률 제10854호	2015. 2. 3. 대통령령 제26078호	2010. 3. 31. 기획재정부령 제 143호
2010. 12. 27. 법률 제10410호	2014. 2. 21. 대통령령 제25200호	2009. 3. 27. 기획재정부령 제 63호
(지방세법 부칙) 2010. 3. 31. 법률 제10221호	2013. 2. 15. 대통령령 제24365호	2008. 4. 28. 기획재정부령 제 14호
(지방세기본법 부칙) 2010. 3. 31. 법률 제10219호	2012. 2. 2. 대통령령 제23600호	2006. 12. 15. 재정경제부령 제 533호
(지방세법 부칙) 2010. 1. 1. 법률 제 9924호	2010. 12. 30. 대통령령 제22574호	2005. 3. 19. 재정경제부령 제 428호
2010. 1. 1. 법률 제 9914호	(지방세기본법 시행령 부칙) 2010. 9. 20. 대통령령 제22394호	2003. 1. 23. 재정경제부령 제 298호
2008. 12. 26. 법률 제 9266호	2010. 2. 18. 대통령령 제22040호	2001. 4. 3. 재정경제부령 제 196호
(국세기본법 부칙) 2008. 2. 29. 법률 제 8860호	2009. 12. 31. 대통령령 제21939호	(법인세법 시행규칙 부칙)
(정부조직법 부칙) 2008. 2. 29. 법률 제 8852호	(저작권법 시행령 부칙) 2009. 7. 22. 대통령령 제21634호	1999. 5. 24. 재정경제부령 제 86호
(통계법 부칙) 2007. 4. 27. 법률 제 8387호	2009. 2. 4. 대통령령 제21299호	1996. 12. 31. 총 리 령 제 605호
(국세기본법 부칙) 2006. 12. 30. 법률 제 8139호	2008. 10. 7. 대통령령 제21066호	제정 1996. 3. 30. 총 리 령 제 564호
2006. 5. 24. 법률 제 7956호	(기획재정부와~직제 부칙) 2008. 2. 29. 대통령령 제20720호	
2002. 12. 18. 법률 제 6779호	2007. 12. 31. 대통령령 제20494호	
2000. 12. 29. 법률 제 6304호	(통계법 시행령 부칙) 2007. 10. 23. 대통령령 제20331호	
(전화세법 부칙) 2000. 12. 29. 법률 제 6299호	2006. 8. 24. 대통령령 제19650호	
(조세특례제한법 부칙) 1998. 12. 28. 법률 제 5584호	(법인세법 시행령 부칙) 2005. 2. 19. 대통령령 제18706호	
(법인세법 부칙) 1998. 12. 28. 법률 제 5581호	2004. 12. 31. 대통령령 제18628호	
(상속세 및 증여세법 부칙) 1996. 12. 30. 법률 제 5193호	(전자적 민원처리를 위한 가석방자관리규정 등 중 개정령) 2004. 3. 17. 대통령령 제18312호	
제정 1995. 12. 6. 법률 제 4981호	2002. 12. 30. 대통령령 제17832호	
	2000. 12. 29. 대통령령 제17045호	
	(법인세법 시행령 부칙) 1998. 12. 31. 대통령령 제15970호	

1997. 3. 29. 대통령령 제15325호
1996. 12. 31. 대통령령 제15196호
제정 1995. 12. 30. 대통령령 제14870호

기본통칙

개정 2024. 3. 15.
2019. 12. 23.
2011. 5. 20.
2009. 2. 2.
2008. 7. 25.
제정 2004. 6. 15.

제1조【목 적】이 법은 국제거래에 관한 조세의 조정, 국가 간의 조세행정 협조, 해외자산의 신고 및 자료 제출과 글로벌최저한세의 과세에 관한 사항을 규정함으로써 국가 간의 이중과세 및 조세회피를 방지하고 원활한 조세협력을 도모함을 목적으로 한다. (2022. 12. 31. 개정)

제2조【정 의】① 이 법에서 사용하는 용어의 뜻은 다음과 같다. (2020. 12. 22. 개정)

1. "국제거래"란 거래 당사자 중 어느 한쪽이나 거래 당사자 양쪽이 비거주자 또는 외국법인(비거주자 또는 외국법인의 국내사업장은 제외한다)인 거래로서 유형자산 또는 무형자산의 매매·임대차, 용역의 제공, 금전의 대차(貸借), 그 밖에 거래자의 손익(損益) 및 자산과 관련된 모든 거래를 말한다. (2020. 12. 22. 개정)

2. "국내사업장"이란 다음 각 목에 따른 국내사업장을 말한다. (2020. 12. 22. 개정)

   가. 「소득세법」 제120조에 따른 비거주자의 국내사업장 (2020. 12. 22. 개정)

   나. 「법인세법」 제94조에 따른 외국법인의 국내사업장 (2020. 12. 22. 개정)

3. "특수관계"란 다음 각 목의 어느 하나에 해당하는 관계를 말하며, 그 세부 기준은 대통령령으로 정한다. (2020. 12. 22. 개정)

   가. 거래 당사자 중 어느 한쪽이 다른 쪽의 의결권 있는 주식(출자지분을 포함한다. 이하 같다)의 50퍼센트 이상을 직접 또는 간접으로 소유하고 있는 경우 그 거래 당사자 간의 관계 (2020. 12. 22. 개정)

   나. 제3자와 그 친족 등 대통령령으로 정하는 자가 거래 당사자 양쪽의 의결권 있는 주식의 50퍼센트 이상을 직접 또는 간접으로 각각 소유하고 있는 경우 그 거래 당사자 간의 관계 (2020. 12. 22. 개정)

제 1 장 총 칙

제1조【목 적】이 영은 「국제조세조정에 관한 법률」에서 위임된 사항과 그 시행에 필요한 사항을 규정함을 목적으로 한다. (2021. 2. 17. 개정)

제2조【특수관계의 세부 기준】① 「국제조세조정에 관한 법률」 (이하 "법"이라 한다) 제2조 제1항 제3호 나목에서 "친족 등 대통령령으로 정하는 자"란 「국세기본법」 제2조 제20호 가목에 따른 친족관계에 있는 자(이하 이 조에서 "친족등"이라 한다)를 말한다. (2021. 2.

제 1 장 총 칙

제1조【목 적】이 규칙은 「국제조세조정에 관한 법률」 및 같은 법 시행령에서 위임된 사항과 그 시행에 필요한 사항을 규정함을 목적으로 한다. (2021. 3. 16. 개정)

다. 거래 당사자 간에 자본의 출자관계, 재화·용역의 거래관계, 금전의 대차관계 등에 따라 소득을 조정할 만한 공통의 이해관계가 있고, 거래 당사자 중 어느 한쪽이 다른 쪽의 사업 방침을 실질적으로 결정할 수 있는 경우 그 거래 당사자 간의 관계 (2020. 12. 22. 개정)

라. 거래 당사자 간에 자본의 출자관계, 재화·용역의 거래관계, 금전의 대차관계 등에 따라 소득을 조정할 만한 공통의 이해관계가 있고, 제3자가 거래 당사자 양쪽의 사업 방침을 실질적으로 결정할 수 있는 경우 그 거래 당사자 간의 관계 (2020. 12. 22. 개정)

4. "국외특수관계인"이란 거주자, 내국법인 또는 국내사업장과 특수관계에 있는 비거주자 또는 외국법인(비거주자 또는 외국법인의 국내사업장은 제외한다)을 말한다. (2020. 12. 22. 개정)

5. "정상가격"이란 거주자, 내국법인 또는 국내사업장이 국외특수관계인이 아닌 자와의 통상적인 거래에서 적용하거나 적용할 것으로 판단되는 가격을 말한다. (2020. 12. 22. 개정)

6. "과세당국"이란 납세지 관할 세무서장 또는 지방국세청장을 말한다. (2020. 12. 22. 개정)

7. "조세조약"이란 소득·자본·재산에 대한 조세 또는 조세행정의 협력에 관하여 우리나라가 다른 국가(고유한 세법이 적용되는 지역을 포함한다)와 체결한 조약·협약·협정·각서 등 국제법에 따라 규율되는 모든 유형의 국제적 합의를 말한다. (2020. 12. 22. 개정)

8. "체약상대국"(締約相對國)이란 우리나라와 조세조약을 체결한 국가를 말한다. (2020. 12. 22. 개정)

9. "권한 있는 당국"이란 다음 각 목의 구분에 따른 자를 말한다. (2020. 12. 22. 개정)

　가. 우리나라의 경우 : 기획재정부장관 또는 그의 권한을 위임받은 자 (2020. 12. 22. 개정)

　나. 체약상대국의 경우 : 조세조약에서 권한 있는 당국으로 지정된 자 (2020. 12. 22. 개정)

10. "상호합의절차"란 조세조약의 적용 및 해석이나 부당한 과세처분 또는 과세소득의 조정에 대하여 우리나라의 권한 있는 당국과 체약상대국의 권한 있는 당국 간에 협의를 통하여 해결하는 절차를 말한

17. 개정)

② 법 제2조 제1항 제3호에 따른 특수관계는 다음 각 호의 어느 하나에 해당하는 관계로 한다. (2021. 2. 17. 개정)

1. 법 제2조 제1항 제3호 가목에 따른 관계 : 다음 각 목의 어느 하나에 해당하는 관계 (2021. 2. 17. 개정)

　가. 거주자·내국법인 또는 국내사업장을 두고 있는 외국법인이 다른 외국법인의 의결권 있는 주식(출자지분을 포함한다. 이하 같다)의 50퍼센트 이상을 직접 또는 간접으로 소유한 경우 그 거주자·내국법인 또는 국내사업장과 다른 외국법인의 관계 (2021. 2. 17. 개정)

　나. 외국에 거주하거나 소재하는 자가 내국법인 또는 국내사업장을 두고 있는 외국법인의 의결권 있는 주식의 50퍼센트 이상을 직접 또는 간접으로 소유한 경우 그 자와 내국법인 또는 국내사업장의 관계 (2021. 2. 17. 개정)

2. 법 제2조 제1항 제3호 나목에 따른 관계 : 내국법인 또는 국내사업장을 두고 있는 외국법인의 의결권 있는 주식의 50퍼센트 이상을 직접 또는 간접으로 소유하고 있는 제3자와 그의 친족등이 다른 외국법인의 의결권 있는 주식의 50퍼센트 이상을 직접 또는 간접으로 소유한 경우 그 내국법인 또는 국내사업장과 다른 외국법인의 관계 (2021. 2. 17. 개정)

3. 법 제2조 제1항 제3호 다목에 따른 관계 : 거래 당사자가 거주자·내국법인 또는 국내사업장과 비거주자·외국법인 또는 이들의 국외사업장이고, 거래 당사자 한쪽이 다음 각 목의 어느 하나의 방법으로 다른 쪽의 사업 방침 전부 또는 중요한 부분을 실질적으로 결정할 수 있는 경우 그 거래 당사자 간의 관계 (2021. 2. 17. 개정)

　가. 다른 쪽 법인의 대표임원이나 전체 임원 수의 절반 이상에 해당하는 임원이 거래 당사자 한쪽 법인의 임원 또는 종업원의 지위에 있거나 사업연도 종료일부터 소급하여 3년 이내에 거래 당사자 한쪽 법인의 임원 또는 종업원의 지위에 있었을 것 (2021. 2. 17. 개정)

　나. 거래 당사자 한쪽이 조합이나 신탁을 통하여 다른 쪽의 의결권 있는 주식의 50퍼센트 이상을 소유할 것 (2021. 2. 17. 개정)

　다. 다른 쪽이 사업활동의 50퍼센트 이상을 거래 당사자 한쪽과의 거래에 의존할 것 (2021. 2. 17. 개정)

　라. 다른 쪽이 사업활동에 필요한 자금의 50퍼센트 이상을 거래 당사자 한쪽으로부터 차입하거나 거래 당사자 한쪽에 의한 지급보증을 통하여 조달할 것 (2021. 2. 17. 개정)

　마. 다른 쪽이 사업활동의 50퍼센트 이상을 거래 당사자 한쪽으로부터 제공되는 지식재산권에 의존할 것 (2021. 2. 17. 개정)

4. 법 제2조 제1항 제3호 라목에 따른 관계 : 거래 당사자가 거주자·내국법인 또는 국내사업장과 비거주자·외국법인 또는 이들의 국외사업장이고, 제3자가 다음 각 목의 어느 하나의 방법으로 거래 당사자 양쪽의 사업 방침을 실질적으로 결정할 수 있는 경우 그 거래 당사자 간의 관계 (2021. 2. 17. 개정)

　가. 제3자가 거래 당사자 한쪽의 의결권 있는 주식의 50퍼센트 이상을 직접 또는 간접으로 소유하고, 다른 쪽 사업 방침의 전부 또는 중요한 부분을 제3호 각 목의 어느 하나의 방법으로 실질적으로 결정할 수 있을 것 (2021. 2. 17. 개정)

　나. 제3자가 거래 당사자 양쪽의 사업 방침 전부 또는 중요한 부분을 제3호 각 목의 어느 하나의 방법으로

☞ p.977 2단 연결

다. (2020. 12. 22. 개정)

② 제1항과 이 법의 다른 규정에서 특별히 정하지 아니한 용어에 관하여는 「조세특례제한법」 제2조 제1항에 따른 용어의 예와 같은 법 제3조 제1항 제1호부터 제12호까지, 제18호 및 제19호에 규정된 법률에 따른 용어의 예에 따른다. (2020. 12. 22. 개정)

제3조【국제거래에 관한 실질과세】 ① 국제거래에서 과세의 대상이 되는 소득, 수익, 재산, 행위 또는 거래의 귀속이 명의(名義)일 뿐이고 사실상 귀속되는 자가 따로 있는 경우에는 사실상 귀속되는 자를 납세의무자로 하여 조세조약을 적용한다. (2020. 12. 22. 개정)

② 국제거래에서 과세표준의 계산에 관한 규정은 소득, 수익, 재산, 행위 또는 거래의 명칭이나 형식과 관계없이 그 실질 내용에 따라 조세조약을 적용한다. (2020. 12. 22. 개정)

③ 국제거래에서 이 법 및 조세조약의 혜택을 부당하게 받기 위하여 제3자를 통한 간접적인 방법으로 거래하거나 둘 이상의 행위 또는 거래를 거친 것(이하 이 조에서 "우회거래"라 한다)으로 인정되는 경우에는 그 경제적 실질에 따라 당사자가 직접 거래한 것으로 보거나 연속된 하나의 행위 또는 거래를 한 것으로 보아 이 법 및 조세조약을 적용한다. (2020. 12. 22. 개정)

④ 우회거래를 통하여 우리나라에 납부할 조세부담이 대통령령으로 정하는 비율 이상으로 현저히 감소하는 경우(해당 우회거래의 금액 및 우리나라에 납부할 조세부담의 감소된 금액 등이 대통령령으로 정하는 요건에 해당하는 경우는 제외한다) 납세의무자가 해당 우회거래에 정당한 사업 목적이 있다는 사실 등 조세를 회피할 의도가 없음을 입증하지 아니하면 이 법 및 조세조약의 혜택을 부당하게 받기 위하여 거래한

실질적으로 결정할 수 있을 것 (2021. 2. 17. 개정)

다. 거래 당사자 한쪽이 「독점규제 및 공정거래에 관한 법률 시행령」 제4조 제1항 각 호의 어느 하나에 해당하는 기업집단에 속하는 계열회사이고, 그 기업집단 소속의 다른 계열회사가 다른 쪽의 의결권 있는 주식의 50퍼센트 이상을 직접 또는 간접으로 소유할 것 (2022. 12. 27. 개정 ; 독점규제~시행령 부칙)

③ 제2항 제1호·제2호 및 제4호를 적용할 때 어느 한쪽(거주자, 내국법인, 비거주자 또는 외국법인을 말한다. 이하 이 항에서 같다)의 다른 쪽(내국법인 또는 외국법인을 말한다. 이하 이 항에서 같다)에 대한 주식의 간접소유비율은 다음 각 호의 구분에 따른 방법으로 계산한 비율로 한다. (2021. 2. 17. 개정)

1. 다른 쪽의 주주인 법인(이하 "주주법인"이라 한다)의 의결권 있는 주식의 50퍼센트 이상을 어느 한쪽이 소유하고 있는 경우 : 주주법인이 소유하고 있는 다른 쪽의 의결권 있는 주식이 그 다른 쪽의 의결권 있는 주식에서 차지하는 비율(이하 이 항에서 "주주법인의 주식소유비율"이라 한다) (2021. 2. 17. 개정)

2. 주주법인의 의결권 있는 주식의 50퍼센트 미만을 어느 한쪽이 소유하고 있는 경우 : 그 소유비율에 주주법인의주식소유비율을 곱한 비율 (2021. 2. 17. 개정)

3. 제1호 및 제2호를 적용할 때 주주법인이 둘 이상인 경우 : 주주법인별로 제1호 및 제2호에 따라 계산한 비율을 더한 비율 (2021. 2. 17. 개정)

4. 어느 한쪽과 주주법인, 그리고 이들 사이의 하나 이상의 법인이 주식소유관계를 통하여 연결되어 있는 경우 : 제1호부터 제3호까지의 계산방법을 준용하여 계산한 비율 (2021. 2. 17. 개정)

제3조【국제거래에 대한 실질과세】 ① 법 제3조 제4항에서 "우회거래를 통하여 우리나라에 납부할 조세부담이 대통령령으로 정하는 비율 이상으로 현저히 감소하는 경우"란 우회거래를 통해 우리나라에 납부할 조세부담(이하 이 조에서 "조세부담"이라 한다)이 그 거래의 경제적 실질에 따라 계산한 조세부담의 50퍼센트 이하가 되는 경우를 말한다. (2021. 2. 17. 개정)

② 법 제3조 제4항에서 "대통령령으로 정하는 요건에 해당하는 경우"란 다음 각 호의 요건을 모두 갖춘 경우를 말한다. (2021. 2. 17. 개정)

1. 우회거래의 금액이 10억원 이하일 것 (2021. 2. 17. 개정)

2. 우회거래를 통한 조세부담 감소액이 1억원 이하일 것 (2021. 2. 17. 개정)

③ 제1항 및 제2항 제2호에 따른 조세부담은 다음 각 호의 조세만 포함하여 산정한다. (2021. 2. 17. 개정)

1. 소득세 (2021. 2. 17. 개정)

2. 법인세 (2021. 2. 17. 개정)

3. 그 밖에 조세조약의 적용대상이 되는 조세 (2021. 2. 17. 개정)

④ 제1항부터 제3항까지에서 규정한 사항 외에 조세부담 계산 등에 필요한 사항은 기획재정부령으로 정한다. (2021. 2. 17. 개정)

것으로 추정하여 제3항을 적용한다. (2020. 12. 22. 개정)
⑤ 제4항을 적용할 때 우리나라에 납부할 조세부담의 계산과 그 밖에 필요한 사항은 대통령령으로 정한다. (2020. 12. 22. 개정)

제4조 【다른 법률과의 관계】 ① 이 법은 국세와 지방세에 관하여 규정하는 다른 법률보다 우선하여 적용한다. (2020. 12. 22. 개정)
② 국제거래에 대해서는 「소득세법」 제41조와 「법인세법」 제52조를 적용하지 아니한다. 다만, 대통령령으로 정하는 자산의 증여 등에 대해서는 그러하지 아니하다. (2020. 12. 22. 개정)

제5조 【세법과 조세조약의 관계】 조세조약에서 정의하지 아니한 용어 및 문구에 대해서는 「국세기본법」 제2조 제2호에 따른 세법에서 정의하거나 사용하는 의미에 따라 조세조약을 해석·적용한다. (2020. 12. 22. 개정)

제 2 장　국제거래에 관한 조세의 조정

제 1 절　국외특수관계인과의 거래에 대한 과세조정

제 1 관　정상가격 등에 의한 과세조정

제6조 【정상가격에 의한 신고 및 경정청구】 거주자(내국법인과 국내사업장을 포함한다. 이하 이 절에서 같다)는 국외특수관계인과의 국제거래에서 그 거래가격이 정상가격보다 낮거나 높은 경우에는 정상가격을 기준으로 조정한 과세표준 및 세액을 다음 각 호의 어느 하나에 해당하는 기한까지 기획재정부령으로 정하는 거래가격 조정신고서를 첨부하여 납세지 관할 세무서장에게 신고하거나 경정청구를 할 수 있다. (2020. 12. 22. 개정)
제6조 【정상가격에 의한 신고 및 경정청구】
① 거주자(내국법인과 국내사업장을 포함한다. 이하 이 절에서 같다)는 국외특수관계인과의 국제거래에서 그 거래가격이 정상가격보다 낮거

제4조 【부당행위계산 부인의 적용 범위】 법 제4조 제2항 단서에서 "대통령령으로 정하는 자산의 증여 등"이란 다음 각 호의 경우를 말한다. (2021. 2. 17. 개정)
1. 자산을 무상(無償)으로 이전(현저히 저렴한 대가를 받고 이전하는 경우는 제외한다)하거나 채무를 면제하는 경우 (2021. 2. 17. 개정)
2. 수익이 없는 자산을 매입하거나 현물출자를 받는 경우 또는 그 자산에 대한 비용을 부담하는 경우 (2021. 2. 17. 개정)
3. 출연금을 대신 부담하는 경우 (2021. 2. 17. 개정)
4. 그 밖의 자본거래로서 「법인세법 시행령」 제88조 제1항 제8호 각 목의 어느 하나 또는 같은 항 제8호의2에 해당하는 경우 (2021. 2. 17. 개정)

제 2 장　국제거래에 관한 조세의 조정

제 1 절　국외특수관계인과의 거래에 대한 과세조정

제 1 관　정상가격 등에 의한 과세조정

개정취지 ··
정상가격 조정에 따른 경정청구제도 개선

제 2 장　국제거래에 관한 조세의 조정

제 1 절　국외특수관계인과의 거래에 대한 과세조정

제 1 관　정상가격 등에 의한 과세조정

제2조 【정상가격에 의한 신고 및 경정청구 시 제출서류】 (2025. 3. 21. 제목 개정)

나 높은 경우에는 정상가격을 기준으로 조정한 과세표준 및 세액을 다음 각 호의 어느 하나에 해당하는 기한까지 납세지 관할 세무서장에게 신고하거나 경정청구를 할 수 있다. (2024. 12. 31. 개정)
1. 「소득세법」 제70조·제70조의 2·제71조·제73조·제74조 또는 「법인세법」 제60조 제1항·제76조의 17 제1항에 따른 신고기한 (2020. 12. 22. 개정)
2. 「국세기본법」 제45조에 따른 수정신고기한 (2020. 12. 22. 개정)
3. 「국세기본법」 제45조의 2 제1항에 따른 경정청구기한 (2020. 12. 22. 개정)
4. 「국세기본법」 제45조의 3 제1항에 따른 기한 후 신고기한 (2021. 12. 21. 신설)
② 제1항에 따른 정상가격에 의한 신고 및 경정청구를 할 때에는 다음 각 호의 구분에 따른 서류를 제출하여야 한다. (2024. 12. 31. 신설)
1. 정상가격을 기준으로 조정한 과세표준 및 세액을 신고하는 경우: 기획재정부령으로 정하는 거래가격 조정신고서 (2024. 12. 31. 신설)
2. 정상가격을 기준으로 조정한 과세표준 및 세액을 경정청구하는 경우: 다음 각 목의 서류 (2024. 12. 31. 신설)
　가. 제1호의 거래가격 조정신고서 (2024. 12. 31. 신설)
　나. 기획재정부령으로 정하는 정상가격 산출방법 입증 서류 (2024. 12. 31. 신설)
③ 제1항에 따른 경정청구를 받은 납세지 관할 세무서장은 제2항 제2호에 따라 제출된 서류에 누락된 사항이나 미비한 사항이 있는 경우에는 30일 이내의 기간을 정하여 보완을 요구할 수 있다. 이 경우 보완에 걸린 기간은 제5항에 따른 기간에 산입하지 아니한다. (2024. 12. 31. 신설)
④ 납세지 관할 세무서장은 제3항 전단에 따른 보완을 요구할 때에는 보완을 요구받은 거주자가 정당한 사유 없이 같은 항 전단에 따른 기간 내에 서류를 보완하여 제출하지 아니하는 경우에는 경정하지 아니할 수 있다는 뜻을 알려야 한다. (2024. 12. 31. 신설)
⑤ 제1항에 따른 경정청구를 받은 납세지 관할 세무서장은 경정청구를 받은 날부터 6개월 이내에 과세표준 및 세액을 경정하거나 경정하여야 할 이유가 없다는 뜻을 그 청구를 한 자에게 알려야 한다. (2024. 12. 31. 신설)

• 납세자가 국외특수관계인과의 국제거래에서 정상가격을 기준으로 조정한 과세표준 및 세액을 경정청구할 때에는 정상가격 산출방법 입증서류를 제출하도록 하고, 납세지 관할 세무서장은 제출 서류에 누락된 사항이나 미비한 사항이 있는 경우에는 30일 이내의 범위에서 보완을 요구할 수 있도록 함. (법 6조 2항부터 5항까지 신설 ; 2024. 12. 31.)
• 법 6조의 개정규정은 2025. 1. 1. 전의 국제거래에 대하여 2025. 1. 1. 이후 경정청구하는 경우에도 적용함. (법 부칙(2024. 12. 31.) 2조)

① 「국제조세조정에 관한 법률」(이하 "법"이라 한다) 제6조 제2항 제1호에 따른 거래가격 조정신고서는 별지 제1호 서식에 따른다. (2025. 3. 21. 개정)
② 법 제6조 제2항 제2호 나목에서 "기획재정부령으로 정하는 정상가격 산출방법 입증 서류"란 다음 각 호의 서류를 말한다. (2025. 3. 21. 신설)

개정취지

정상가격 산출방법 입증 서류의 종류
납세자가 정상가격에 의한 신고 및 경정청구를 할 때에는 거래 당사자의 사업 연혁, 사업 내용, 조직 및 출자관계 등에 관한 설명자료, 거래 당사자의 최근 3년 동안의 재무제표, 세무신고서 사본, 국제거래에 관한 계약서 사본 및 이에 부수되는 서류 등을 제출하도록 함. (규칙 2조 2항 신설 ; 2025. 3. 21.)

1. 거래 당사자의 사업 연혁, 사업 내용, 조직 및 출자관계 등에 관한 설명자료 (2025. 3. 21. 신설)
2. 거래 당사자의 최근 3년 동안의 재무제표, 세무신고서 사본, 국제거래에 관한 계약서 사본 및 이에 부수되는 서류 (2025. 3. 21. 신설)
3. 정상가격의 세부 산출방법을 구체적으로 설명하는 다음 각 목의 자료 (2025. 3. 21. 신설)
　가. 「국제조세조정에 관한 법률 시행령」(이하 "영"이라 한다) 제14조 제2항에 따른 비교가능성 평가방법 및 제15조 제4항에 따른 요소별 차이

제7조【정상가격에 의한 결정 및 경정】① 과세당국은 거주자와 국외특수관계인 간의 국제거래에서 그 거래가격이 정상가격보다 낮거나 높은 경우에는 정상가격을 기준으로 거주자의 과세표준 및 세액을 결정하거나 경정할 수 있다. (2020. 12. 22. 개정)
② 과세당국은 제1항을 적용할 때 제8조에 따른 정상가격 산출방법 중 같은 정상가격 산출방법을 적용하여 둘 이상의 과세연도에 대하여 정상가격을 산출하고 그 정상가격을 기준으로 일부 과세연도에 대한 과세표준 및 세액을 결정하거나 경정하는 경우에는 나머지 과세연도에 대해서도 그 정상가격을 기준으로 과세표준 및 세액을 결정하거나 경정하여야 한다. (2020. 12. 22. 개정)
③ 납세자가 제2조 제1항 제3호 다목 및 라목에 따른 특수관계에 해당하지 아니한다는 명백한 사유를 제시한 경우에는 제1항 및 제2항을 적용하지 아니한다. (2020. 12. 22. 개정)

제8조【정상가격의 산출방법】① 정상가격은 국외특수관계인이 아닌 자와의 통상적인 거래에서 적용되거나 적용될 것으로 판단되는 재화 또는 용역의 특성·기능 및 경제환경 등 거래조건을 고려하여 다음 각 호의 산출방법 중 가장 합리적인 방법으로 계산한 가격으로 한다. 다만, 제6호의 방법은 제1호부터 제5호까지의 규정에 따른 방법으로 정상가격을 산출할 수 없는 경우에만 적용한다. (2020. 12. 22. 개정)
1. 비교가능 제3자 가격방법 : 거주자와 국외특수관계인 간의 국제거래와 유사한 거래 상황에서 특수관계가 없는 독립된 사업자 간의 거래가격을 정상가격으로 보는 방법 (2020. 12. 22. 개정)

제5조【비교가능 제3자 가격방법】법 제8조 제1항 제1호에 따른 비교가능 제3자 가격방법을 국내 또는 국외의 공개시장(이하 이 조에서 "공개시장"이라 한다)에서 거래되는 원유, 농산물, 광물 등에 대하여 적용할 때에는 다음 각 호의 사항을 고려해야 한다. (2021. 2. 17. 개정)
1. 거주자(내국법인과 국내사업장을 포함한다. 이하 이 절에서 같다)와 국외특수관계인 간의 물품거래와 공개시장에서 특수관계가 없는 독립된 사업자 간의 물품거래를 비교하여 물품의 물리적 특성 및 품질, 공급물량·시기, 계약기간, 운송조건 등 거래조건에 상당한 차이가 있는 경우에는 이러한 차이를 합리적으로 조정할 것 (2021. 2. 17. 개정)
2. 가격 산출의 기준이 되는 시점(이하 이 조에서 "가격결정시점"이라 한다)은 다음 각 목의 구분에 따라 결정할 것 (2021. 2. 17. 개정)
가. 거주자가 가격결정시점에 대한 신뢰할 만한 자료를 제출하는 경

조정방법 (2025. 3. 21. 신설)
나. 비교대상 기업의 재무제표를 사용하는 경우 적용된 회계처리기준의 차이와 그 조정방법 (2025. 3. 21. 신설)
다. 거래별로 구분한 재무자료 또는 원가자료를 사용하는 경우 그 작성기준 (2025. 3. 21. 신설)
라. 두 개 이상의 비교대상 거래를 사용하는 경우 정상가격으로 판단되는 범위와 그 도출방법 (2025. 3. 21. 신설)
마. 정상가격 산출방법의 전제가 되는 조건 또는 가정에 대한 설명자료 (2025. 3. 21. 신설)
4. 국제거래의 거래가격과 정상가격의 차이를 조정하는 방법에 관한 설명자료 (2025. 3. 21. 신설)
5. 그 밖에 정상가격 산출방법의 적정성을 입증할 수 있는 자료 (2025. 3. 21. 신설)

우 : 거주자가 제출한 자료에 근거하여 결정 (2021. 2. 17. 개정)

나. 거주자가 가격결정시점에 대한 자료를 제출하지 않았거나 거주자가 제출한 자료에 근거하여 가격결정시점을 결정하는 것이 실제 거래에 비추어 합리적이지 않은 경우 : 선하증권에 적힌 선적일 등 과세당국이 이용할 수 있는 자료에 근거하여 결정 (2021. 2. 17. 개정)

제6조【재판매가격방법】 ① 법 제8조 제1항 제2호에 따른 재판매가격방법을 적용할 때 구매자가 판매자로서 얻는 통상의 이윤은 그 구매자가 특수관계가 없는 자에게 판매한 금액에 판매기준 통상이익률을 곱하여 계산한 금액으로 한다. 이 경우 판매기준 통상이익률은 구매자와 특수관계가 없는 자 간의 거래 중 해당 거래와 수행된 기능, 사용된 자산 및 부담한 위험의 정도가 유사한 거래에서 실현된 매출액에 대한 매출 총이익(매출액에서 매출원가를 뺀 금액을 말한다. 이하 이 관에서 같다)의 비율로 한다. (2021. 2. 17. 개정)
② 제1항에 따른 구매자와 특수관계가 없는 자 간의 거래에서 적정한 판매기준 통상이익률을 산출할 수 없는 경우에는 특수관계가 없는 자 간의 제3의 거래 중 해당 거래와 수행된 기능, 사용된 자산 및 부담한 위험의 정도가 유사한 거래에서 발생한 판매기준 통상이익률을 제1항에 따른 판매기준 통상이익률로 사용할 수 있다. (2021. 2. 17. 개정)

제7조【원가가산방법】 ① 법 제8조 제1항 제3호에 따른 원가가산방법을 적용할 때 자산 판매자나 용역 제공자의 통상의 이윤은 다음 각 호의 구분에 따른 원가에 원가기준 통상이익률을 곱하여 계산한 금액으로 한다. 이 경우 원가기준 통상이익률은 자산 판매자 또는 용역 제공자와 특수관계가 없는 자 간의 거래 중 해당 거래와 수행된 기능, 사용된 자산 및 부담한 위험의 정도가 유사한 거래에서 발생한 원가에 대한 매출 총이익의 비율로 한다. (2021. 2. 17. 개정)
1. 자산 판매자의 경우 : 그 자산을 정상가격으로 구입·건설 또는 제조하는 데 필요한 원가 (2021. 2. 17. 개정)
2. 용역 제공자의 경우 : 그 용역을 제공하는 과정에서 정상가격에 의하여 발생한 원가 (2021. 2. 17. 개정)

2. 재판매가격방법 : 거주자와 국외특수관계인 간의 국제거래에서 거래 당사자 중 어느 한쪽인 구매자가 특수관계가 없는 자에 대한 판매자가 되는 경우 그 판매가격에서 그 구매자가 판매자로서 얻는 통상의 이윤으로 볼 수 있는 금액을 뺀 가격을 정상가격으로 보는 방법 (2020. 12. 22. 개정)

3. 원가가산방법 : 거주자와 국외특수관계인 간의 국제거래에서 거래 당사자 중 어느 한쪽이 자산을 제조·판매하거나 용역을 제공하는 경우 자산의 제조·판매나 용역의 제공 과정에서 발생한 원가에 자산 판매자나 용역 제공자의 통상의 이윤으로 볼 수 있는 금액을 더한 가격을 정상가격으로 보는 방법 (2020. 12. 22. 개정)

4. 거래순이익률방법 : 거주자와 국외특수관계인 간의 국제거래와 유사한 거래 중 거주자와 특수관계가 없는 자 간의 거래에서 실현된 통상의 거래순이익률을 기초로 산출한 거래가격을 정상가격으로 보는 방법 (2020. 12. 22. 개정)

5. 이익분할방법 : 거주자와 국외특수관계인 간의 국제거래에서 거래당사자 양쪽이 함께 실현한 거래순이익을 합리적인 배부기준에 따라 측정된 거래당사자들 간의 상대적 공헌도에 따라 배부하고, 이와 같이 배부된 이익을 기초로 산출한 거래가격을 정상가격으로 보는 방법 (2020. 12. 22. 개정)

② 제1항에 따른 자산 판매자나 용역 제공자와 특수관계가 없는 자 간의 거래에서 적정한 원가기준 통상이익률을 산출할 수 없는 경우에는 특수관계가 없는 자 간의 제3의 거래 중 해당 거래와 수행된 기능, 사용된 자산 및 부담한 위험의 정도가 유사한 거래에서 발생한 원가기준 통상이익률을 제1항에 따른 원가기준 통상이익률로 사용할 수 있다. (2021. 2. 17. 개정)

제8조 【거래순이익률방법】 ① 법 제8조 제1항 제4호에 따른 거래순이익률방법을 적용할 때 거주자와 특수관계가 없는 자 간의 거래에서 실현된 통상의 거래순이익률은 다음 각 호의 어느 하나에 해당하는 지표를 기초로 산출한다. (2021. 2. 17. 개정)

1. 매출액에 대한 거래순이익(매출 총이익에서 영업비용을 뺀 금액을 말하며, 영업비용은 판매비와 일반관리비를 말한다. 이하 이 관에서 같다)의 비율 (2021. 2. 17. 개정)
2. 자산에 대한 거래순이익의 비율 (2021. 2. 17. 개정)
3. 매출원가 및 영업비용에 대한 거래순이익의 비율 (2021. 2. 17. 개정)
4. 영업비용에 대한 매출 총이익의 비율 (2021. 2. 17. 개정)
5. 그 밖에 합리적이라고 인정될 수 있는 거래순이익률 (2021. 2. 17. 개정)

② 제1항에 따른 거주자와 특수관계가 없는 자 간의 거래에서 실현된 통상의 거래순이익률을 산출할 수 없는 경우에는 다음 각 호의 거래 중 해당 거래와 수행된 기능, 사용된 자산 및 부담한 위험의 정도가 유사한 거래에서 발생한 통상의 거래순이익률을 제1항에 따른 통상의 거래순이익률로 사용할 수 있다. (2021. 2. 17. 개정)

1. 국외특수관계인과 특수관계가 없는 자 간의 거래 (2021. 2. 17. 개정)
2. 특수관계가 없는 자 간의 제3의 거래 (2021. 2. 17. 개정)

제9조 【이익분할방법】 ① 법 제8조 제1항 제5호에 따른 이익분할방법을 적용할 때에는 다음 각 호의 사항을 고려해야 한다. (2021. 2. 17. 개정)

1. 거래 당사자 양쪽이 함께 실현한 거래순이익은 제3자와의 거래에서 실현한 거래순이익으로 할 것 (2021. 2. 17. 개정)

6. 그 밖에 대통령령으로 정하는 바에 따라 합리적이라고 인정되는 방법 (2020. 12. 22. 개정)
② ☞ p.991

2. 상대적 공헌도는 다음 각 목의 기준과 각 기준이 거래순이익의 실현에 미치는 중요도를 고려하여 유사한 상황에서 특수관계가 없는 독립된 사업자 간의 거래에 적용될 것으로 판단되는 합리적인 배부기준에 따라 측정할 것 (2021. 2. 17. 개정)
  가. 사용된 자산과 부담한 위험을 고려하여 평가된 거래 당사자가 수행한 기능의 상대적 가치 (2021. 2. 17. 개정)
  나. 영업자산, 유형·무형의 자산 또는 사용된 자본 (2021. 2. 17. 개정)
  다. 연구·개발, 설계, 마케팅 등 핵심 분야에 지출·투자된 비용 (2021. 2. 17. 개정)
  라. 그 밖에 판매 증가량, 핵심 분야의 고용인원 또는 노동 투입시간, 매장 규모 등 거래순이익의 실현과 관련하여 합리적으로 측정할 수 있는 배부기준 (2021. 2. 17. 개정)
② 법 제8조 제1항 제5호에 따른 이익분할방법은 거래 형태별로 거래 당사자들의 적절한 기본수입을 우선 배부하고, 잔여이익을 상대적 공헌도에 따라 배부하는 방법을 포함한다. (2021. 2. 17. 개정)

제10조【그 밖의 정상가격 산출방법】 법 제8조 제1항 제6호에서 "그 밖에 대통령령으로 정하는 바에 따라 합리적이라고 인정되는 방법"이란 법에서 정한 산출방법 외에 거래의 실질 및 관행에 비추어 합리적이라고 인정되는 방법을 말한다. (2021. 2. 17. 개정)

제11조【금전대차거래의 정상가격 산출방법】 ① 거주자와 국외특수관계인 간의 금전대차거래에 대한 정상가격으로서의 이자율(이하 이 조에서 "정상이자율"이라 한다)을 산출하는 경우에는 다음 각 호의 요소를 고려해야 한다. 이 경우 거주자와 국외특수관계인 간의 금전대차거래는 통상적인 회수기간 및 지급기간이 지난 채권의 회수 및 채무의 지급 등 사실상의 금전대차거래를 포함한다. (2021. 2. 17. 개정)
1. 채무액 (2021. 2. 17. 개정)
2. 채무의 만기 (2021. 2. 17. 개정)
3. 채무의 보증 여부 (2021. 2. 17. 개정)
4. 채무자의 신용 정도 (2021. 2. 17. 개정)

제2조의 2【채무자의 신용 정도 평가 시 고려사항】 영 제11조에 따른 정상가격으로서의 이자율을 산출하기 위하여 채무자의 신용 정도를 판단하려는 경우에는 다음 각 호의 사항을 고려해야 한다. (2025. 3. 21. 개정)
1. 과거의 재무정보와 합리적으로 예측 가능한 미래의 재무정보 (2022. 3. 18. 신설)
2. 국가·지역·업종·기술수준·시장지위 등 비재무적 정보 (2022. 3. 18. 신설)

여자의 예금계좌에 있는 모든 자금을 합산한 금액을 기준으로 금융회사로부터 자금을 조달하는 등 실질적으로 기업집단 내에서 자금을 통합하여 관리함으로써 자금통합거래참여자와 자금통합거래관리자 간 또는 자금통합거래참여자 간에 편익이 발생하는 거래 (2022. 2. 15. 신설)

② 자금통합거래에 대해 법 제8조에 따른 정상가격의 산출방법을 적용할 때에는 다음 각 호에 따라야 한다. (2022. 2. 15. 신설)

1. 자금통합거래관리자와 자금통합거래참여자가 자금통합거래에서 얻는 편익을 각각 고려할 것 (2022. 2. 15. 신설)

2. 자금통합거래관리자의 편익을 산정할 때에는 다음 각 목의 구분에 따른 산출방법을 적용할 것 (2022. 2. 15. 신설)

　가. 자금통합거래관리자가 기업집단 수준의 자금조달 전략 수립, 유동성 관리, 신용위험ㆍ유동성위험ㆍ환율변동위험 관리 등 적극적으로 자금을 통합관리하는 경우 : 제11조에 따른 금전대차거래의 정상가격 산출방법 (2022. 2. 15. 신설)

　나. 가목 외의 경우 : 제12조에 따른 용역거래의 정상가격 산출방법 (2022. 2. 15. 신설)

3. 자금통합거래참여자의 편익을 산정할 때에는 다음 각 목의 구분에 따른 산출방법을 적용할 것 (2022. 2. 15. 신설)

　가. 제1항 제1호에 해당하는 자금통합거래의 경우 : 제11조에 따른 금전대차거래의 정상가격 산출방법. 이 경우 자금통합거래의 기간, 기업집단 수준의 위험관리 정책 등 기획재정부령으로 정하는 사항을 고려해야 한다. (2022. 2. 15. 신설)

　나. 제1항 제2호에 해당하는 자금통합거래의 경우 : 자금통합거래참여자의 기대편익과 기여도 등 기획재정부령으로 정하는 사항을 고려한 정상가격 산출방법 (2022. 2. 15. 신설)

제12조 【용역거래의 정상가격 산출방법】 ① 거주자와 국외특수관계인 간의 용역거래(경영관리, 금융자문, 지급보증, 전산지원 및 기술지원, 그 밖에 사업상 필요하다고 인정되는 용역의 거래를

☞ p.985 2단 연결

② 거주자와 국외특수관계인 간의 금전대차거래에 대한 정상이자율의 산출방법으로 법 제8조 제1항 제6호를 적용할 때에는 다음 각 호에서 정하는 이자율을 따를 수 있다. (2022. 2. 15. 개정)

1. 「자본시장과 금융투자업에 관한 법률」 제5조에 따른 파생상품 및 이와 유사한 해외파생상품 중 채무불이행 등 신용위험에 대비하기 위한 신용부도스왑 거래에서 적용되는 보험료율 성격의 율에 제1항 각 호의 요소를 고려하여 산출한 이자율(2022. 2. 15. 개정)

2. 국제금융시장에서 통용되는 이자율 산정 모형을 기반으로 무위험이자율, 부도위험, 유동성위험, 채무의 만기, 물가상승률 등의 변수를 반영하여 산정한 이자율에 제1항 각 호의 요소를 고려하여 산출한 이자율 (2022. 2. 15. 개정)

3. 거래금액 및 국제금융시장의 실세(實勢)이자율 등을 고려하여 기획재정부령으로 정하는 이자율 (2022. 2. 15. 개정)

제11조의 2 【자금통합거래의 정상가격 산출방법】 ① 이 조에서 "자금통합거래"란 거주자와 국외특수관계인으로 구성된 기업들의 집단(이하 "기업집단"이라 한다)이 유동성을 통합적으로 관리하기 위해 그 구성 기업 중에서 기업집단의 자금을 통합적으로 관리하는 자(이하 "자금통합거래관리자"라 한다)를 선정하여 각 구성 기업이 개설ㆍ보유하고 있는 예금계좌를 기업집단 차원에서 관리함에 따라 기업집단 내부의 거주자와 국외특수관계인 간에 편익(자금거래에 따른 수수료 취득, 이자비용 감소 등의 이익을 말한다. 이하 이 조에서 같다)이 발생하는 거래로서 다음 각 호의 어느 하나에 해당하는 거래를 말한다. (2024. 2. 29. 개정)

1. 기업집단에서 자금통합거래관리자가 아닌 구성기업(이하 "자금통합거래참여자"라 한다)이 자금통합거래관리자의 예금계좌(이하 "자금통합모계좌"라 한다)에 자금을 이체하거나 자금통합모계좌로부터 자금을 이체받음으로써 자금통합거래참여자와 자금통합거래관리자 간에 편익이 발생하는 거래 (2022. 2. 15. 신설)

2. 자금통합거래관리자가 자금통합모계좌를 개설ㆍ보유함이 없이 자금통합거래참여자 간의 자금대여를 중개하거나 각 자금통합거래참

3. 거주자와 국외특수관계인으로 구성된 기업들의 집단(이하 "기업집단"이라 한다)의 구성원으로서 누리게 되는 신용등급 상승 등 부수적 이익 (2022. 3. 18. 신설)

제3조 【정상이자율로 간주되는 이자율】 영 제11조 제2항 제3호에서 "기획재정부령으로 정하는 이자율"이란 다음 각 호의 구분에 따른 이자율을 말한다. (2022. 3. 18. 개정)

1. 거주자가 국외특수관계인에게 자금을 대여하는 경우 : 「법인세법 시행규칙」 제43조 제2항에 따른 당좌대출이자율 (2021. 3. 16. 개정)

2. 거주자가 국외특수관계인에게 자금을 차입하는 경우 : 직전 사업연도 종료일의 다음 표의 구분에 따른 통화별 지표금리에 1.5퍼센트를 더한 이자율. 다만, 다음 표에 없는 통화의 경우에는 다음 표 제2호에 해당하는 지표금리에 1.5퍼센트를 더한 이자율로 한다. (2022. 3. 18. 개정)

통화		지표금리
1.	한국 (KRW)	KOFR(The Korea Overnight Financing Repo rate)
2.	미합중국 (USD)	SOFR(Secured Overnight Financing Rate)
3.	유럽연합 (EUR)	ESTR(Euro Short-Term Rate)
4.	영국 (GBP)	SONIA(Sterling Overnight Index Average)

3. 용역 제공자 및 용역을 제공받는 자는 특수관계가 없는 제3자와 유사한 용역거래를 하지 않을 것 (2021. 2. 17. 개정)
③ 해당 과세연도에 저부가가치용역거래의 원가에 5퍼센트를 가산한 금액의 합계가 기획재정부령으로 정하는 금액을 초과하는 경우에는 제2항을 적용하지 않는다. (2021. 2. 17. 개정)
④ 거주자와 국외특수관계인 간의 용역거래 중 지급보증 용역거래의 정상가격 산출방법으로 법 제8조 제1항 제6호를 적용할 때에는 다음 각 호의 어느 하나에 해당하는 방법에 따른다. (2021. 2. 17. 개정)
1. 보증인의 예상 위험과 비용을 기초로 하여 정상가격을 산출하는 방법 (2021. 2. 17. 개정)
2. 피보증인의 기대편익을 기초로 하여 정상가격을 산출하는 방법 (2021. 2. 17. 개정)
3. 보증인의 예상 위험 및 비용과 피보증인의 기대편익을 기초로 하여 정상가격을 산출하는 방법 (2021. 2. 17. 개정)
⑤ 제4항을 적용할 때 거주자가 다음 각 호의 어느 하나에 해당하는 금액을 지급보증 용역거래의 가격으로 적용한 경우에는 그 금액을 정상가격으로 본다. (2021. 2. 17. 개정)
1. 지급보증계약 체결 당시 해당 금융회사가 산정한 지급보증 유무에 따른 이자율 차이를 근거로 하여 산출한 수수료의 금액(해당 금융회사가 작성한 이자율 차이 산정 내역서에 의해 확인되는 것으로 한정한다) (2021. 2. 17. 개정)
2. 제4항 각 호의 방법으로서 국세청장이 정하는 바에 따라 산출한 수수료의 금액 (2021. 2. 17. 개정)
⑥ 제4항 및 제5항을 적용할 때 예상 위험 및 비용과 기대편익 등의 산출에 관한 구체적인 사항은 기획재정부령으로 정한다. (2021. 2. 17. 개정)
⑦ 거주자와 국외특수관계인 간의 용역거래가 다음 각 호의 요건 중 어느 하나라도 갖추지 않은 경우에는 그 용역거래의 비용을 필요경비 또는 손금에 산입하지 않는다. (2021. 2. 17. 개정)
1. 용역 제공자가 사전에 약정을 체결하고 그 약정에 따라 용역을 실

☞ p.986 2단 연결

말한다. 이하 이 조에서 같다)의 정상가격 산출방법으로 법 제8조 제1항 제3호에 따른 원가가산방법 또는 이 영 제8조 제1항 제3호에 따른 거래순이익률방법을 적용할 때에는 다음 각 호의 기준에 따라 산정한다. (2021. 2. 17. 개정)
1. 발생한 원가에는 그 용역 제공을 위하여 직접 또는 간접으로 발생한 비용 모두를 포함시킬 것 (2021. 2. 17. 개정)
2. 용역 제공자가 그 용역을 수행하기 위하여 제3자에게 그 용역의 일부 또는 전부를 대행할 것을 의뢰하고 제3자에게 대금을 한꺼번에 지급한 후 이에 대한 비용을 용역을 제공받는 자에게 재청구하는 경우에는 용역 제공자는 자신이 그 용역과 관련하여 직접 수행한 활동으로부터 발생한 원가에 대해서만 통상의 이윤을 더할 것. 다만, 용역의 내용과 거래 상황 및 관행에 비추어 합리적이라고 인정되는 경우는 제외한다. (2021. 2. 17. 개정)
② 거주자가 다음 각 호의 요건을 모두 갖춘 용역거래(이하 이 조에서 "저부가가치용역거래"라 한다)에 대하여 해당 용역의 원가에 5퍼센트를 가산한 금액을 용역거래의 가격으로 적용한 경우에는 그 금액을 정상가격으로 본다. 이 경우 해당 용역의 원가는 제1항 각 호의 기준에 따라 산정한다. (2021. 2. 17. 개정)
1. 거래대상 용역은 다음 각 목의 어느 하나에 해당하지 않는 용역으로서 거주자와 국외특수관계인의 핵심사업활동과 직접 관련되지 않는 지원적 성격의 용역일 것 (2021. 2. 17. 개정)
가. 연구개발 (2021. 2. 17. 개정)
나. 천연자원의 탐사·채취 및 가공 (2021. 2. 17. 개정)
다. 원재료 구입, 제조, 판매, 마케팅 및 홍보 (2021. 2. 17. 개정)
라. 금융, 보험 및 재보험 (2021. 2. 17. 개정)
2. 용역이 제공되는 과정에서 다음 각 목의 어느 하나에 해당하는 사실이 없을 것 (2021. 2. 17. 개정)
가. 독특하고 가치 있는 무형자산의 사용 또는 창출 (2021. 2. 17. 개정)
나. 용역 제공자가 중대한 위험을 부담 또는 관리·통제 (2021. 2. 17. 개정)

통화	지표금리
5. 스위스 (CHF)	SARON(Swiss Average Rate Overnight)
6. 일본 (JPY)	TONA(Tokyo Overnight Average Rate)

제3조의 2 【자금통합거래에 대한 편익 산정 방법 등】 ① 영 제11조의 2 제2항 제3호 가목에 따른 자금통합거래참여자의 편익을 산정할 때에는 자금통합거래의 기간, 기업집단 수준의 위험관리 정책, 상호 보증 여부 등을 고려한 신용 정도 및 자금통합거래에 참여한 각 당사자가 수행한 기능, 사용한 자산 및 부담한 위험의 정도 등을 고려해야 한다. (2022. 3. 18. 신설)
② 영 제11조의 2 제2항 제3호 나목에 따른 자금통합거래참여자의 편익을 산정할 때에는 자금통합거래에 참여함에 따라 절감되는 이자비용에 비례하여 산출하는 기대편익과 자금통합거래 참여자의 기여도 등을 고려해야 한다. (2022. 3. 18. 신설)

제4조 【저부가가치용역거래에 대한 정상가격 산출방법 특례의 적용범위】 영 제12조 제3항에서 "기획재정부령으로 정하는 금액"이란 다음 각 호의 금액 중 작은 금액을 말한다. (2021. 3. 16. 개정)
1. 거주자 매출액의 5퍼센트 (2021. 3. 16. 개정)
2. 거주자 영업비용의 15퍼센트 (2021. 3. 16. 개정)

1. 해당 무형자산의 법적 소유 여부와 관계없이 해당 무형자산의 개발, 향상, 유지, 보호 및 활용과 관련하여 수행한 기능 및 수익 창출에 기여한 상대적 가치에 상응하여 특수관계가 없는 독립된 사업자 간에 적용될 것으로 판단되는 합리적인 보상을 받았는지 여부 (2021. 2. 17. 개정)
2. 거래의 특성에 따른 다음 각 목의 요소 (2021. 2. 17. 개정)
  가. 무형자산으로 인하여 기대되는 추가적 수입 또는 절감되는 비용의 크기 (2021. 2. 17. 개정)
  나. 권리행사에 대한 제한 여부 (2021. 2. 17. 개정)
  다. 다른 사람에게 이전하거나 재사용을 허락할 수 있는지 여부 (2021. 2. 17. 개정)
③ 거주자와 국외특수관계인 간의 무형자산거래에 대한 정상가격 산출방법은 제14조 제1항에서 정한 기준을 고려하여 다음 각 호의 어느 하나에 해당하는 방법을 우선적으로 적용해야 한다. (2021. 2. 17. 개정)
1. 법 제8조 제1항 제1호에 따른 비교가능 제3자 가격방법 (2021. 2. 17. 개정)
2. 법 제8조 제1항 제5호에 따른 이익분할방법 (2021. 2. 17. 개정)
④ 거주자와 국외특수관계인 간의 무형자산거래에 대한 정상가격 산출방법으로 법 제8조 제1항 제6호를 적용할 때에는 해당 무형자산의 사용으로 창출할 수 있는 미래의 현금흐름 예상액을 현재가치로 할인하는 방법에 따른다. 이 경우 미래의 현금흐름 예상액, 성장률, 할인율, 무형자산의 내용연수 및 잔존가치, 조세부담 등 제반 요소들이 객관적이고 합리적인 방법으로 수집 또는 산출되어야 하며, 거주자는 이를 증명할 수 있는 자료를 보관·비치해야 한다. (2021. 2. 17. 개정)
⑤ 다음 각 호의 요건을 모두 갖춘 가치측정이 어려운 무형자산의 당초 거래가격과 사후에 평가된 가격의 차이가 당초 거래가격의 20퍼센트를 초과하는 등 현저한 차이가 발생한 경우 과세당국은 당초 거래가격이 합리적이지 않은 것으로 추정하고, 해당 무형자산과 관련하여 실제로 발생한 경제적 편익 등 사후에 변경된 거래 상황 및 경제 여건 등을 바탕으로 정상가격을 다시 산출할 수 있다. (2021. 2. 17. 개정)
☞ p.987 2단 연결

제로 제공할 것 (2021. 2. 17. 개정)
2. 용역을 제공받는 자가 제공받는 용역으로 추가적인 수익이 발생하거나 비용이 절감되기를 기대할 수 있을 것 (2021. 2. 17. 개정)
3. 용역을 제공받는 자가 제공받는 용역과 같은 용역을 다른 특수관계인이 자체적으로 수행하고 있거나 특수관계가 없는 제3자가 다른 특수관계인을 위하여 제공하고 있지 않을 것. 다만, 사업 및 조직구조의 개편, 구조조정 및 경영의사 결정의 오류를 줄이는 등의 합리적인 사유로 일시적으로 중복된 용역을 제공받는 경우는 제외한다. (2021. 2. 17. 개정)
4. 제1호 및 제2호의 사실을 증명하는 문서를 보관·비치하고 있을 것 (2021. 2. 17. 개정)

제13조【무형자산거래의 정상가격 산출방법】① 이 조에서 "무형자산"이란 사업활동에 사용가능한 자산(유형자산 또는 금융자산 외의 것을 말한다)으로서 특정인에 의해 소유 또는 통제가 가능하고 특수관계가 없는 독립된 사업자 간에 이전 또는 사용권 허락 등의 거래가 이루어지는 경우 통상적으로 적정한 대가가 지급되는 것을 말하며, 다음 각 호의 어느 하나에 해당하는 것을 포함한다. (2021. 2. 17. 개정)
1. 「특허법」에 따른 특허권 (2021. 2. 17. 개정)
2. 「실용신안법」에 따른 실용신안권 (2021. 2. 17. 개정)
3. 「디자인보호법」에 따른 디자인권 (2021. 2. 17. 개정)
4. 「상표법」에 따른 상표권 (2021. 2. 17. 개정)
5. 「저작권법」에 따른 저작권 (2021. 2. 17. 개정)
6. 서비스표권, 상호, 브랜드, 노하우, 영업비밀 및 고객정보·고객망 (2021. 2. 17. 개정)
7. 계약에 따른 권리 및 채취권, 유료도로관리권 등 정부로부터 부여받은 사업권 (2021. 2. 17. 개정)
8. 영업권 및 계속기업가치 (2021. 2. 17. 개정)
② 거주자와 국외특수관계인 간의 무형자산거래에 대한 정상가격을 산출하는 경우에는 다음 각 호의 사항을 고려해야 한다. (2021. 2. 17. 개정)

제5조【지급보증에 대한 예상 위험 및 비용과 기대편익 등의 산출방법】① 영 제12조 제4항 제1호의 방법에 따른 정상가격은 지급보증에 따른 보증인의 예상 위험에 보증인이 보증으로 인하여 실제로 부담한 비용을 더한 금액으로 한다. 이 경우 보증인의 예상 위험은 피보증인의 신용등급에 따른 예상 부도율과 부도 발생 시 채권자가 피보증인으로부터 채권을 회수할 수 있는 비율(이하 이 조에서 "보증금액예상회수율"이라 한다)을 기초로 하여 산출한 금액으로 한다. (2021. 3. 16. 개정)
② 영 제12조 제4항 제2호의 방법에 따른 정상가격은 지급보증이 없는 경우의 피보증인의 자금조달비용에서 지급보증이 있는 경우의 피보증인의 자금조달비용을 뺀 금액으로 한다. 이 경우 피보증인의 자금조달비용은 보증인과 피보증인의 신용등급을 기초로 하여 보증인의 지급보증 유무에 따라 산출한 차입 이자율 또는 회사채 이자율 등을 고려하여 산출한 금액으로 한다. (2021. 3. 16. 개정)
③ 영 제12조 제4항 제3호의 방법에 따른 정상가격은 제1항 및 제2항의 방법에 따라 가격을 각각 산정한 경우로서 제2항의 방법에 따라 산정된 가격이 제1항의 방법에 따라 산정된 가격보다 큰 경우에 적용하되, 제1항 및 제2항의 방법에 따라 산출한 가격의 범위에서 보증인의 예상 위험 및 비용과 피보증인의 기대편익 및 지급보증계약 조건 등을 고려하여 합리적으로 조정

래를 비교하기 위하여 설정된 경제 여건, 경영 환경 등에 대한 가정(假定)이 현실에 부합하는 정도가 높을 것 (2021. 2. 17. 개정)
4. 사용되는 자료 또는 설정된 가정의 결함이 산출된 정상가격에 미치는 영향이 적을 것 (2021. 2. 17. 개정)
5. 특수관계가 있는 자 간의 국제거래와 정상가격 산출방법의 적합성이 높을 것 (2021. 2. 17. 개정)
② 제1항 제1호에 따라 비교가능성이 높은지를 평가하는 경우에는 가격이나 이윤에 영향을 미칠 수 있는 재화나 용역의 종류 및 특성, 사업활동의 기능, 거래에 수반되는 위험, 사용되는 자산, 계약 조건, 경제 여건, 사업전략 등의 요소에 관하여 기획재정부령으로 정하는 사항을 분석해야 한다. (2021. 2. 17. 개정)
③ 제1항 제5호에 따라 적합성이 높은지를 평가하는 경우에는 특수관계 거래에서 가격·이윤 또는 거래순이익 중 어느 지표가 산출하기 쉬운지 여부, 특수관계 거래를 구별하는 요소가 거래되는 재화나 용역인지 또는 수행되는 기능의 특성인지 여부, 거래순이익률방법 적용 시 거래순이익률 지표와 영업활동의 상관관계 등에 관하여 기획재정부령으로 정하는 바에 따라 분석해야 한다. (2021. 2. 17. 개정)
④ 과세당국은 특수관계가 없는 자 간의 거래가 거래 당사자에 의하여 임의로 조작되어 정상적인 거래로 취급될 수 없는 경우에는 그 거래를 비교가능한 거래로 선택하지 않을 수 있다. (2021. 2. 17. 개정)

1. 무형자산을 거래할 당시에 비교가능성이 높은 특수관계가 없는 독립된 사업자간 거래가 없을 것 (2021. 2. 17. 개정)
2. 개발 중인 무형자산으로서 상업적으로 활용되기 위하여 많은 기간이 소요되거나 무형자산의 높은 혁신성 등으로 거래 당시에 해당 무형자산으로부터 예상되는 경제적 편익 등에 대한 불확실성이 높을 것 (2021. 2. 17. 개정)
⑥ 다음 각 호의 어느 하나에 해당하는 경우에는 제5항을 적용하지 않는다. (2021. 2. 17. 개정)
1. 무형자산의 당초 거래가격과 사후에 평가된 가격의 차이가 당초 거래를 할 때에 거래 당사자가 합리적으로 예측할 수 없는 사유에 기인한 것으로서 거래 당사자가 당초 거래 시 예측을 위하여 고려한 가정이 합리적임을 입증한 경우 (2021. 2. 17. 개정)
2. 무형자산의 당초 거래가격과 사후에 평가된 가격의 차이가 당초 거래가격의 20퍼센트를 넘지 않는 경우 (2021. 2. 17. 개정)
3. 무형자산거래에 대한 정상가격 산출방법에 대하여 법 제14조 제2항 본문에 따라 체약상대국의 권한 있는 당국과의 상호합의절차에 의한 사전승인을 받은 경우 (2021. 2. 17. 개정)

제14조【정상가격 산출방법의 선택】① 법 제8조 제1항에 따라 정상가격을 산출할 때에는 다음 각 호의 기준을 고려하여 가장 합리적인 방법을 선택해야 한다. (2021. 2. 17. 개정)
1. 다음 각 목의 어느 하나에 해당하여 특수관계가 있는 자 간의 국제거래와 특수관계가 없는 자 간의 거래 사이에 비교가능성이 높을 것 (2021. 2. 17. 개정)
  가. 비교되는 상황 간의 차이가 비교되는 거래의 가격이나 순이익에 중대한 영향을 주지 않는 경우 (2021. 2. 17. 개정)
  나. 비교되는 상황 간의 차이가 비교되는 거래의 가격이나 순이익에 중대한 영향을 주는 경우에도 그 영향에 의한 차이를 제거할 수 있는 합리적 조정이 가능한 경우 (2021. 2. 17. 개정)
2. 사용되는 자료의 확보·이용 가능성이 높을 것 (2021. 2. 17. 개정)
3. 특수관계가 있는 자 간의 국제거래와 특수관계가 없는 자 간의 거

한 금액으로 한다. (2021. 3. 16. 개정)
④ 제1항부터 제3항까지의 방법에 따라 정상가격을 산출하는 경우 신용등급, 예상 부도율, 보증금액예상회수율, 차입 이자율, 회사채 이자율 등은 자료의 확보와 이용 가능성, 신뢰성, 비교가능성 등을 고려한 합리적인 자료를 이용해야 한다. 이 경우 신용등급, 예상 부도율 및 보증금액예상회수율은 다음 각 호의 사항을 고려하여 판정 또는 산출해야 한다. (2021. 3. 16. 개정)
1. 신용등급관련 고려사항 : 과거의 재무정보와 합리적으로 예측 가능한 미래의 재무정보, 국가·지역·업종·기술수준·시장지위·보증인과 피보증인이 속한 기업군(이하 이 항에서 "기업군"이라 한다)의 신용위험 등 비재무적 정보 및 기업집단의 구성원으로서 누리게 되는 신용등급 상승 등 부수적 이익 (2022. 3. 18. 개정)
2. 예상 부도율관련 고려사항 : 피보증인의 신용등급, 기업군의 지원가능성 등 (2021. 3. 16. 개정)
3. 보증금액예상회수율관련 고려사항 : 피보증인의 재무상태와 유형자산의 규모, 산업의 특성, 담보제공 여부·시기·만기 등 (2021. 3. 16. 개정)

제6조【비교가능성 및 적합성 평가 등】① 영 제14조 제2항에 따라 비교가능성이 높은지를 평가하는 경우에는 다음 각 호의 사항을 분석해야 한다. (2021. 3. 16. 개정)
1. 재화나 용역의 종류 및 특성 (2021. 3. 16. 개정)

의 재무정보를 세분화하여 측정해야 한다.
(2021. 3. 16. 개정)

1. 매출액에 대한 거래순이익의 비율의 경우 : 특수관계인으로부터 구매한 제품을 독립된 제3자에게 재판매하는 경우에 사용할 것. 이 경우 판매장려금, 매출할인, 외환손익에 대해서는 분석대상 당사자와 비교가능 대상에 대하여 동일한 회계기준을 적용해야 한다. (2021. 3. 16. 개정)

2. 자산에 대한 거래순이익의 비율의 경우 : 유형자산 집약적인 제조활동, 자본집약적인 재무활동 등과 같이 분석대상 당사자가 창출한 거래순이익과 자산의 관련성이 큰 경우에 사용할 것. 이 경우 자산의 범위에는 다음 각 목의 것을 포함하되, 투자자산 및 현금은 금융산업인 경우에만 영업자산으로 한다. (2021. 3. 16. 개정)

   가. 토지·건물·설비·장비 등 유형의 영업자산 (2021. 3. 16. 개정)

   나. 특허권·노하우 등 영업활동에 사용되는 무형의 영업자산 (2021. 3. 16. 개정)

   다. 재고자산·매출채권(매입채무는 제외한다) 등 운전자본(運轉資本) (2021. 3. 16. 개정)

3. 매출원가 및 영업비용에 대한 거래순이익의 비율의 경우 : 거래순이익과 매출원가 및 영업비용의 관련성이 높은 경우에 사용할 것. 이 경우 매출원가 및 영업비용은 분석대상 당사자가 사용한 자산, 부담한 위험,

☞ p.989 4단 연결

대상 간에 기능상 동질성이 있는지를 우선적으로 고려해야 하며, 분석대상 당사자와 비교가능 대상 사이에서 비교되는 총이익은 원가와의 관련성이 높고 동일한 회계기준에 따라 측정될 수 있어야 한다. (2021. 3. 16. 개정)

4. 거래순이익률방법을 적용할 경우 : 거래순이익률 지표(영 제8조 제1항 각 호의 거래순이익률 지표를 말한다. 이하 같다)와 영업활동의 상관관계가 높은지 여부. 이 경우 그 밖의 정상가격 산출방법보다 더 엄격하게 특수관계 거래와 비교가능 거래의 유사성이 확보될 수 있거나 비교되는 상황 간의 차이가 합리적으로 조정될 수 있어야 한다. (2021. 3. 16. 개정)

5. 이익분할방법을 적용할 경우 : 특수관계인 양쪽이 특수한 무형자산 형성에 관여하는 등 고도로 통합된 기능을 수행하는 경우에 특수관계가 없는 독립된 당사자 사이에서도 각자의 기여에 비례하여 그 이익을 분할하는 것이 합리적으로 기대되는지 여부 (2021. 3. 16. 개정)

③ 제2항 제4호에 따른 거래순이익률의 각 지표(영 제8조 제1항 제5호의 경우는 제외한다)는 다른 특별한 사정이 없으면 다음 각 호의 구분에 따른 사항을 고려하여 선택해야 한다. 이 경우 선택된 거래순이익률 지표는 분석대상 당사자와 독립된 제3자 사이에서 같은 기준으로 측정하고, 특수관계 거래와의 직접적·간접적 관련성 및 영업활동과의 관련성 등을 고려하여 합리적인 수준까지 전체 기업

치, 시장 규모, 도매·소매 등 거래단계, 시장의 경쟁 정도 등을 말한다)과 경기 순환변동의 특성(경기·제품 주기 등을 말한다) (2021. 3. 16. 개정)

7. 사업전략 : 시장침투, 기술혁신 및 신제품 개발, 사업 다각화, 위험 회피 등 기업의 전략 (2021. 3. 16. 개정)

② 영 제14조 제3항에 따라 적합성이 높은지를 평가하는 경우에는 다음 각 호의 구분에 따른 사항을 고려하여 분석해야 한다. (2021. 3. 16. 개정)

1. 비교가능 제3자 가격방법을 적용할 경우 : 비교대상 재화나 용역 간에 동질성이 있는지 여부. 이 경우 거래 시기, 거래 시장, 거래 조건, 무형자산의 사용 여부 등에 따른 차이는 합리적으로 조정될 수 있어야 한다. (2021. 3. 16. 개정)

2. 재판매가격방법을 적용할 경우 : 분석대상 당사자가 중요한 가공기능 또는 제조기능 없이 판매 등을 하는지 여부. 이 경우 거래되는 재화나 용역의 특성보다는 분석대상 당사자와 비교가능 대상 간에 기능상 동질성이 있는지를 우선적으로 고려해야 하며, 고유한 무형자산(상표권이나 고유한 마케팅 조직 등을 말한다)의 사용 등에 따른 차이는 합리적으로 조정될 수 있어야 한다. (2021. 3. 16. 개정)

3. 원가가산방법을 적용할 경우 : 특수관계인 간에 반제품(半製品) 등의 중간재(中間材)가 거래되거나 용역이 제공되는지 여부. 이 경우 분석대상 당사자와 비교가능

가. 유형자산의 거래인 경우 : 재화의 물리적 특성, 품질 및 신뢰도, 공급물량·시기 등 공급 여건 (2021. 3. 16. 개정)

나. 무형자산의 거래인 경우 : 거래 유형(사용허락 또는 판매 등을 말한다), 자산의 형태(특허권, 상표권, 노하우 등을 말한다), 보호기간과 보호 정도, 자산 사용으로 인한 기대편익 (2021. 3. 16. 개정)

다. 용역의 제공인 경우 : 제공되는 용역의 특성 및 범위 (2021. 3. 16. 개정)

2. 사업활동의 기능 : 설계, 제조, 조립, 연구·개발, 용역, 구매, 유통, 마케팅, 광고, 운송, 재무 및 관리 등 수행하고 있는 핵심 기능 (2021. 3. 16. 개정)

3. 거래에 수반되는 위험 : 제조원가 및 제품 가격 변동 등 시장의 불확실성에 따른 위험, 유형자산에 대한 투자·사용 및 연구·개발 투자의 성공 여부 등에 따른 투자위험, 환율 및 이자율 변동 등에 따른 재무위험, 매출채권 회수 등과 관련된 신용위험 (2021. 3. 16. 개정)

4. 사용되는 자산 : 자산의 유형(유형자산·무형자산 등을 말한다)과 자산의 특성(내용연수, 시장가치, 사용지역, 법적 보호장치 등을 말한다) (2021. 3. 16. 개정)

5. 계약 조건 : 거래에 수반되는 책임, 위험, 기대편익 등이 거래 당사자 간에 배분되는 형태(사실상의 계약관계를 포함한다) (2021. 3. 16. 개정)

6. 경제 여건 : 시장 여건(시장의 지리적 위

및 선택된 산출방법에 따라 요구되는 재무지표(거래순이익률 지표를 포함한다)의 선정 (2021. 3. 16. 개정)

7. 비교가능한 거래의 선정 : 분석대상 당사자가 특수관계 없는 독립된 사업자와 한 거래 또는 특수관계가 없는 제3자 간의 거래가 비교가능한 거래로 선정되기 위하여 갖추어야 할 특성을 비교가능성 분석요소를 바탕으로 검토하여 선정 (2021. 3. 16. 개정)

8. 합리적인 차이 조정 : 회계기준, 재무정보, 수행한 기능, 사용된 자산, 부담한 위험 등 특수관계 거래와 독립된 제3자 거래 간의 가격 및 이윤 등에 실질적인 차이를 유발하는 요인들의 합리적인 조정 (2021. 3. 16. 개정)

9. 수집된 자료의 해석 및 정상가격의 결정 (2021. 3. 16. 개정)

② 제1항에도 불구하고 제1항에 따른 분석절차보다 합리적이라고 인정될 말한 분석절차가 있는 경우에는 그 분석절차를 적용할 수 있다. (2021. 3. 16. 개정)

제8조【개별 거래 통합평가】 영 제15조 제2항에 따라 다음 각 호의 경우에는 정상가격 산출방법을 적용할 때 개별 거래들을 통합하여 평가할 수 있다. (2021. 3. 16. 개정)

1. 제품라인이 같은 경우 등 서로 밀접하게 연관된 제품군(製品群)인 경우 (2021. 3. 16. 개정)

2. 제조기업에 노하우를 제공하면서 핵심 부품을 공급하는 경우 (2021. 3. 16. 개정)

3. 특수관계인을 이용한 우회거래(迂回去來)인 경우 (2021. 3. 16. 개정)

4. 프린터와 토너, 커피 제조기와 커피 캡슐 등의 경우처럼 어떤 제품의 판매가 다른 제품의 판매와 직접 관련되어 있는 경우 (2021. 3. 16. 개정)

5. 그 밖에 거래의 실질 및 관행에 비추어 개별 거래들을 통합하여 평가하는 것이 합리적이라고 인정되는 경우 (2021. 3. 16. 개정)

수행한 기능 및 영업활동과의 관련성을 고려하여 측정한다. (2021. 3. 16. 개정)

4. 영업비용에 대한 매출 총이익의 비율의 경우 : 분석대상 당사자가 재고에 대한 부담 없이 단순 판매활동을 하는 경우(특수관계인으로부터 재화를 구입하여 다른 특수관계인에게 판매하는 단순 중개활동을 하는 경우 등을 말한다)에 사용할 것 (2021. 3. 16. 개정)

제7조【분석절차】 ① 영 제15조 제1항에 따른 분석절차는 다음 각 호의 순서에 따른다. (2021. 3. 16. 개정)

1. 분석대상 연도의 선정 (2021. 3. 16. 개정)

2. 사업 환경 분석 : 산업, 경쟁, 규제 요소 등 거래와 관련된 일반적인 사업 환경 분석 (2021. 3. 16. 개정)

3. 특수관계 거래 분석 : 국내외 분석대상 당사자, 적합한 정상가격 산출방법의 선택, 핵심적인 비교가능성 분석요소의 식별 등을 위한 분석 (2021. 3. 16. 개정)

4. 내부의 비교가능한 거래에 대한 자료 수집과 검토 : 분석대상 당사자가 특수관계 없는 독립된 사업자와 한 거래의 자료 수집과 이에 대한 검토 (2021. 3. 16. 개정)

5. 외부의 비교가능한 거래에 대한 자료 수집과 검토 : 특수관계가 없는 제3자 간의 거래를 파악하기 위한 상업용 데이터베이스 등 이용 가능한 자료의 수집 및 특수관계 거래와의 관련성 검토 (2021. 3. 16. 개정)

6. 가장 합리적인 정상가격 산출방법의 선택

제15조 【정상가격 산출방법의 적용】 ① 제14조 제1항에 따라 가장 합리적인 방법을 선택하여 정상가격을 산출하는 경우에는 기획재정부령으로 정하는 바에 따라 납세자의 사업 환경 및 특수관계 거래 분석, 내부 및 외부의 비교가능한 거래에 대한 자료 수집, 정상가격 산출방법의 선택 및 가격·이윤 또는 거래순이익 산출, 비교가능한 거래의 선정 및 합리적인 차이 조정 등의 분석절차를 거쳐야 한다. (2021. 2. 17. 개정)

② 법 제8조 제1항에 따라 정상가격 산출방법을 적용할 때 개별 거래들이 서로 밀접하게 연관되거나 연속되어 있어 거래별로 구분하여 가격·이윤 또는 거래순이익을 산출하는 것이 합리적이지 않을 경우에는 개별 거래들을 통합하여 평가할 수 있다. (2021. 2. 17. 개정)

③ 법 제8조 제1항에 따라 정상가격 산출방법을 적용할 때 경제적 여건이나 사업전략 등의 영향이 여러 해에 걸쳐 발생함으로써 해당 사업연도의 자료만으로 가격·이윤 또는 거래순이익을 산출하는 것이 합리적이지 않을 경우에는 여러 사업연도의 자료를 사용할 수 있다. (2021. 2. 17. 개정)

④ 법 제8조에 따라 정상가격을 산출하는 경우 해당 거래와 특수관계가 없는 자 간의 거래 사이에서 제14조 제2항에 따른 비교가능성 분석요소의 차이로 가격·이윤 또는 거래순이익에 차이가 발생할 때에는 그 가격·이윤 또는 거래순이익의 차이를 합리적으로 조정해야 한다. (2021. 2. 17. 개정)

⑤ 법 제8조에 따라 정상가격을 산출하는 경우에는 특수관계가 없는 자 간에 있었던 둘 이상의 거래를 토대로 정상가격 범위를 산정하여 이를 법 제6조에 따라 거주자가 정상가격에 의한 신고 등의 여부를 결정하거나 법 제7조에 따라 과세당국이 정상가격에 의한 결정 및 경정 여부를 판정할 때 사용할 수 있다. (2021. 2. 17. 개정)

⑥ 거주자 또는 과세당국이 제5항에 따른 정상가격 범위를 벗어난 거래가격에 대하여 법 제6조 또는 제7조에 따라 신고 또는 결정 및 경정 등을 하는 경우에는 그 정상가격 범위의 거래에서 산정된 평균값, 중위값, 최빈값, 그 밖의 합리적인 특정 가격을 기준으로 해야 한다. (2021. 2. 17. 개정)

⑦ 법 제8조 제1항에 따라 정상가격을 산출할 때 경기침체, 대량실업 등 특수한 경제위기 상황을 고려할 필요가 있는 경우에는 경제 상황의

제9조 【다년도 자료 사용】 영 제15조 제3항에 따라 다음 각 호의 경우에는 정상가격 산출방법을 적용할 때 여러 사업연도의 자료를 사용할 수 있다. (2021. 3. 16. 개정)

1. 경기 변동 등 경제 여건의 변화에 따른 효과가 여러 사업연도에 걸쳐 제품의 가격에 영향을 미치는 경우 (2021. 3. 16. 개정)

2. 시장 침투전략, 제품 수명 주기를 고려한 판매전략 등 사업전략이 여러 사업연도에 걸쳐 제품의 가격에 영향을 미치는 경우 (2021. 3. 16. 개정)

3. 그 밖에 거래의 실질 및 관행에 비추어 여러 사업연도의 자료를 사용하는 것이 합리적이라고 인정되는 경우 (2021. 3. 16. 개정)

<제8조>

② 과세당국은 제1항을 적용할 때 거주자와 국외특수관계인 간의 상업적 또는 재무적 관계 및 해당 국제거래의 중요한 거래조건을 고려하여 해당 국제거래의 실질적인 내용을 명확하게 파악하여야 하며, 해당 국제거래가 그 거래와 유사한 거래 상황에서 특수관계가 없는 독립된 사업자 간의 거래와 비교하여 상업적으로 합리적인 거래인지를 판단하여야 한다. (2020. 12. 22. 개정)

③ 과세당국은 제2항을 적용하여 거주자와 국외특수관계인 간의 국제거래가 상업적으로 합리적인 거래가 아닌 것으로 판단하고, 해당 국제거래에 기초하여 정상가격을 산출하는 것이 현저히 곤란한 경우 그 경제적 실질에 따라 해당 국제거래를 없는 것으로 보거나 합리적인 방법에 따라 새로운 거래로 재구성하여 제1항을 적용할 수 있다. (2020. 12. 22. 개정)

④ 제1항부터 제3항까지의 규정에 따른 정상가격 산출방법에 관한 구체적인 사항은 대통령령으로 정한다. (2020. 12. 22. 개정)

변동으로 손실이 발생한 기업이 한쪽 또는 양쪽의 당사자인 거래도 거주자와 국외특수관계인 간 거래의 비교대상 거래로 삼을 수 있다. (2022. 2. 15. 신설)

제16조【국외특수관계인과의 거래의 실질적 내용과 상업적 합리성】 ① 과세당국은 법 제8조 제2항에 따라 거주자와 국외특수관계인 간의 국제거래의 실질적인 내용을 명확하게 파악하기 위하여 다음 각 호의 요소를 고려해야 한다. (2021. 2. 17. 개정)

1. 계약조건 (2021. 2. 17. 개정)
2. 사용된 자산과 부담한 위험 등을 고려하여 평가된 거래 당사자가 수행한 기능. 이 경우 부담한 위험은 거래 당사자의 위험에 대한 관리·통제 활동 및 위험을 부담할 재정적 능력 등을 고려하여 기획재정부령으로 정하는 바에 따라 분석해야 하며, 거래 당사자가 수행한 기능은 거래 당사자뿐만 아니라 거래 당사자와 특수관계가 있는 자 모두를 고려하여 전체적으로 사업활동이 수행되고 있는 방식, 거래 상황 및 관행을 종합적으로 고려해야 한다. (2021. 2. 17. 개정)
3. 거래된 재화나 용역의 종류 및 특성 (2021. 2. 17. 개정)
4. 경제 여건 및 사업전략 (2021. 2. 17. 개정)

② 과세당국은 법 제8조 제2항 및 제3항에 따라 거주자와 국외특수관계인 간의 국제거래가 상업적으로 합리적인 거래인지 여부를 판단할 때에는 다음 각 호의 기준을 고려해야 한다. (2021. 2. 17. 개정)

1. 특수관계가 없는 독립된 사업자 간에는 해당 거래조건에 대한 합의가 이루어지지 않을 것으로 예상할 수 있을 것. 이 경우 유사한 거래 상황에서 특수관계가 없는 독립된 사업자 간 해당 거래와 유사한 거래가 체결된 사례가 없다는 사실만으로 해당 거래조건에 대한 합의가 이루어지지 않을 것으로 판단해서는 안 된다. (2021. 2. 17. 개정)
2. 해당 거래를 체결하지 않거나 다른 방식으로 거래를 체결하는 것이 거주자 또는 국외특수관계인에게 사업 목적상 유리할 것 (2021. 2. 17. 개정)
3. 해당 거래로 인하여 거주자 또는 국외특수관계인의 조세부담이 상당히 감소하는 등 조세 혜택을 고려하지 않는다면 해당 거래가 발생하지 않을 것으로 예상할 수 있을 것 (2021. 2. 17. 개정)

제10조【기능 평가를 위한 위험 분석】 영 제16조 제1항 제2호에 따라 거래 당사자가 수행한 기능을 평가할 때 거래 당사자가 부담한 위험은 다음 각 호의 순서에 따라 분석한다. (2025. 3. 21. 항번개정)

1. 거래에 수반되는 경제적으로 중요한 위험의 식별 (2021. 3. 16. 개정)
2. 계약 조건에 따라 거래 당사자가 부담하는 위험의 결정 (2021. 3. 16. 개정)
3. 다음 각 목의 사항을 고려한 위험에 관한 기능 분석 (2021. 3. 16. 개정)
   가. 거래 당사자의 행위 및 거래와 관련된 그 밖의 사실관계를 바탕으로 해당 거래를 통해 발생한 경제적 이익 또는 손실이 실제로 귀속되는 거래 당사자의 식별 (2021. 3. 16. 개정)
   나. 거래 당사자가 수행한 위험에 대한 다음의 관리·통제 기능 (2021. 3. 16. 개정)
      1) 연구·개발 투자 또는 사업용 자산에 대한 투자 등 위험이 수반되는 활동의 개시 여부에 관한 의사결정 (2021. 3. 16. 개정)

제9조 【정상원가분담액 등에 의한 결정 및 경정】 ① 과세당국은 거주자와 국외특수관계인이 사전에 원가·비용·위험(이하 이 조에서 "원가등"이라 한다)의 분담에 대한 약정을 체결하고 이에 따라 무형자산을 공동으로 개발 또는 확보(이하 이 조에서 "공동개발"이라 한다)하는 경우 거주자의 원가등의 분담액이 정상원가분담액보다 적거나 많을 때에는 정상원가분담액을 기준으로 거주자의 과세표준과 세액을 결정하거나 경정할 수 있다. (2020. 12. 22. 개정)

② 제1항에 따른 정상원가분담액은 거주자가 국외특수관계인이 아닌 자와의 통상적인 원가등의 분담에 대한 약정에서 적용하거나 적용할 것으로 판단되는 분담액으로서 무형자산의 공동개발을 위한 원가등을 그 무형자산으로부터 기대되는 편익(이하 이 조에서 "기대편익"이라 한다)에 비례하여 배분한 금액으로 한다. 다만, 천재지변이나 그 밖의 불가항력적인 사유로 원가등이 당초 약정대로 분담되지 못하였다고 인정되는 경우에는 해당 사유를 고려하여 재산정한 금액을 정상원가분담액으로 할 수 있다. (2020. 12. 22. 단서신설)

③ 과세당국은 거주자와 국외특수관계인이 공동개발한 무형자산에 대하여 적정하게 원가등을 배분하여 각 참여자의 지분을 결정하는 약정을 체결한 후 공동개발한 무형자산으로부터의 기대편익이 약정 체결 시 예상한 기대편익과 비교하여 대통령령으로 정하는 비율 이상 변동된 경우에는 원래 결정된 각 참여자의 지분을 변동된 기대편익을 기준으로 조정하여 거주자의 과세표준과 세액을 결정하거나 경정할 수 있다. (2020. 12. 22. 개정)

④ 제1항부터 제3항까지의 규정을 적용할 때 무형자산의 범위, 정상원가분담액과 기대편익의 산정, 참여자의 지분 변동 산출 및 그 밖에 필요한 사항은 대통령령으로 정한다. (2020. 12. 22. 개정)

제17조 【정상원가분담액과 기대편익의 산정】 ① 법 제9조에 따른 무형자산은 제13조 제1항에 따른 무형자산을 말한다. (2021. 2. 17. 개정)

② 법 제9조 제2항에 따라 같은 조 제1항의 정상원가분담액(이하 이 관에서 "정상원가분담액"이라 한다)을 계산할 때 다음 각 호의 금액은 제외한다. (2021. 2. 17. 개정)

1. 원가·비용 및 위험(이하 "원가등"이라 한다)의 분담 약정 참여자가 소유한 무형자산의 사용대가 (2021. 2. 17. 개정)
2. 분담액 차입 시 발생하는 지급이자 (2021. 2. 17. 개정)

③ 정상원가분담액은 그에 대한 약정을 체결하고 원가등을 분담한 경우에만 거주자의 필요경비 또는 손금에 산입한다. (2021. 2. 17. 개정)

④ 법 제9조 제2항 및 제3항에 따른 기대편익은 무형자산을 공동개발한 후 실현될 것으로 추정되는 다음 각 호의 어느 하나에 해당하는 편익을 사용하여 산정한다. (2021. 2. 17. 개정)

1. 원가의 절감 (2021. 2. 17. 개정)
2. 무형자산의 활용으로 인한 다음 각 목의 어느 하나에 해당하는 것의 증가 (2021. 2. 17. 개정)
   가. 매출액 (2021. 2. 17. 개정)
   나. 영업이익 (2021. 2. 17. 개정)
   다. 사용량, 생산량 또는 판매량 (2021. 2. 17. 개정)

제18조 【기대편익 변동에 따른 참여자 지분 및 원가등의 분담액 조정】 ① 법 제9조 제3항에서 "대통령령으로 정하는 비율 이상 변동된 경우"란 무형자산 개발 후 실현되는 총 기대편익에 대한 거주자의 기대편익 비율이 처음 약정 체결 시 예상한 총 기대편익에 대한 거주자의 기대편익 비율에 비해 20퍼센트 이상 증가하거나 감소한 경우를 말한다. (2021. 2. 17. 개정)

② 과세당국이 법 제9조 제3항에 따라 참여자인 거주자의 지분을 조정하는 경우 거주자가 부담한 총원가등의 분담액을 조정된 거주자의 지분에 따라 다시 계산하여 초과 부담한 원가등의 분담액은 그 변동이 발생한 사업연도의 과세표준을 계산할 때 조정한다. (2021. 2. 17. 개정)

③ 제2항에 따라 과세당국이 원가등의 분담액을 조정한 후 제1항에 따

　　2) 위험과 관련된 거래 상황의 변화에 적절히 대응하고 위험을 감소시키기 위한 의사결정 (2021. 3. 16. 개정)
다. 거래 당사자의 위험을 부담할 수 있는 다음의 재정적 능력 (2021. 3. 16. 개정)
　　1) 위험이 수반되는 활동을 개시하기 위한 자금을 동원할 수 있는 능력 (2021. 3. 16. 개정)
　　2) 위험을 감소시키기 위한 활동에 사용되는 비용을 부담할 수 있는 능력 (2021. 3. 16. 개정)
　　3) 거래 상황의 변화에 따라 발생한 손실을 부담할 수 있는 능력 (2021. 3. 16. 개정)
4. 제2호 및 제3호의 분석 결과를 종합하여 다음 각 목에 따라 거래 당사자가 부담한 위험의 재배분 (2021. 3. 16. 개정)
가. 제2호 및 제3호 가목에 따른 분석 결과의 비교 이 경우 제2호와 제3호 가목에 따른 분석 결과가 다른 경우에는 제3호 가목에 따라 위험을 부담하는 것으로 본다. (2021. 3. 16. 개정)
나. 거래 당사자가 부담한 위험의 최종 결정. 이 경우 이 호 가목에 따라 위험을 부담하는 거래 당사자가 제3호 나목에 따른 위험에 대한 관리·통제 기능을 하지 않거나 같은 호 다목에 따른 위험을 부담

제10조【제3자 개입 거래】 거주자가 국외특수관계인이 아닌 자와 국제거래를 할 때에도 그 거래가 다음 각 호의 요건을 모두 갖춘 경우에는 국외특수관계인과 국제거래를 하는 것으로 보아 그 거래에 대하여 제6조부터 제9조까지의 규정을 적용한다. (2020. 12. 22. 개정)
1. 해당 거주자와 국외특수관계인 간에 그 거래에 대한 사전계약(거래와 관련된 증거에 따라 사전에 실질적인 합의가 있는 것으로 인정되는 경우를 포함한다)이 있을 것 (2020. 12. 22. 개정)
2. 해당 거주자와 국외특수관계인 간에 그 거래의 조건이 실질적으로 결정될 것 (2020. 12. 22. 개정)

제11조【상계거래의 인정 등】 ① 국제거래에서 그 거래가격이 정상가격보다 낮거나 높은 경우에도 다음 각 호의 요건을 모두 갖춘 경우에는 상계(相計)되는 모든 국제거래를 하나의 국제거래로 보아 제6조부터 제8조까지의 규정을 적용한다. (2020. 12. 22. 개정)
1. 거주자가 같은 국외특수관계인과 같은 과세연도 내의 다른 국제거래를 통하여 그 차액을 상계하기로 사전에 합의할 것 (2020. 12. 22. 개정)
2. 해당 거주자가 사전 합의 사실과 상계거래 내용을 증명할 것 (2020. 12. 22. 개정)
② 제1항 제2호에 따라 증명되는 상계거래 중 「소득세법」 제156조 및 제156조의 2부터 제156조의 9까지의 규정과 「법인세법」 제98조 및 제98조의 2부터 제98조의 8까지의 규정에 따라 원천징수의 대상이 되는 거래의 경우에는 상계거래가 없는 것으로 보아 해당 원천징수 규정을 적용한다. (2024. 12. 31. 개정)

른 기대편익 변동이 다시 발생한 경우 거주자는 법 제6조 제1항 각 호의 어느 하나에 해당하는 기한까지 신고하거나 경정을 청구할 수 있다. (2025. 2. 28. 개정)
④ 과세당국은 법 제9조 제3항에 따라 거주자의 과세표준과 세액을 결정하거나 경정하려는 경우에는 무형자산을 공동개발한 날이 속하는 과세연도에 대한 과세표준 신고기한의 다음 날부터 5년을 초과하여 거주자의 과세표준과 세액을 결정하거나 경정할 수 없다. (2021. 2. 17. 개정)

제19조【중도 참여자 또는 중도 탈퇴자의 대가 수수에 대한 과세표준 결정 등】 과세당국은 법 제9조 제1항에 따른 원가등의 분담에 대한 약정에 새로 참여하는 자가 참여함으로써 얻게 되는 기대편익의 대가를 지급하거나 약정에서 중도에 탈퇴하는 자가 탈퇴함으로써 다른 참여자가 얻게 되는 기대편익의 대가를 지급받은 경우로서 그 대가가 정상가격보다 낮거나 높을 때에는 정상가격을 기준으로 거주자의 과세표준 및 세액을 결정하거나 경정할 수 있다. (2021. 2. 17. 개정)

제20조【원가등의 분담액 조정 명세서 제출】 ① 법 제9조를 적용받으려는 거주자는 「소득세법」 제70조 및 제70조의 2 또는 「법인세법」 제60조 및 제76조의 17 제1항에 따른 신고를 할 때 기획재정부령으로 정하는 원가등의 분담액 조정 명세서를 과세당국에 제출해야 한다. (2021. 2. 17. 개정)
② 거주자는 제37조 제1항 각 호의 어느 하나에 해당하는 사유로 원가등의 분담액 조정 명세서를 제1항에 따른 과세표준 및 세액의 확정신고를 할 때 제출할 수 없는 경우에는 제출기한 15일 전까지 기획재정부령으로 정하는 제출기한 연장 신청서에 따라 제출기한의 연장을 과세당국에 신청할 수 있다. (2021. 2. 17. 개정)
③ 제2항에 따른 신청을 받은 과세당국은 1년의 범위에서 그 제출기한의 연장을 승인할 수 있으며, 연장 신청이 접수된 날부터 7일 이내에 연장 여부를 신청인에게 통지해야 한다. 이 경우 7일 이내에 통지하지 않은 경우에는 연장을 신청한 기한까지 제출기한이 연장된 것으로 본다. (2021. 2. 17. 개정)

할 재정적 능력이 없는 경우에는 해당 거래에서 실제로 위험에 대한 관리ㆍ통제 기능을 하고 위험을 부담할 재정적 능력을 가진 거래 당사자가 위험을 부담하는 것으로 본다. (2021. 3. 16. 개정)

제11조【원가등의 분담액 조정 명세서】 영 제20조 제1항에 따른 원가등의 분담액 조정 명세서는 별지 제2호 서식에 따른다. (2021. 3. 16. 개정)

제12조【제출기한 연장 신청서 등】 ① 영 제20조 제2항, 제37조 제2항 및 제75조 제12항에 따른 제출기한 연장 신청서는 별지 제3호 서식에 따른다. (2025. 3. 21. 개정)

② 영 제20조 제3항 및 제37조 제3항에 따른 제출기한 연장의 승인ㆍ기각에 관한

제12조【체약상대국의 과세조정에 대한 대응조정】 ① 체약상대국이 거주자와 국외특수관계인의 거래가격을 정상가격으로 조정하고, 이에 대한 상호합의절차가 종결된 경우에는 과세당국은 그 합의에 따라 거주자의 각 과세연도 과세표준 및 세액을 조정하여 계산할 수 있다. (2020. 12. 22. 개정)
② 제1항에 따라 각 과세연도 과세표준 및 세액의 조정을 받으려는 거주자는 대통령령으로 정하는 바에 따라 수정신고 또는 경정청구를 하여야 한다. (2020. 12. 22. 개정)

제13조【소득처분 및 세무조정】 ① 제6조, 제7조, 제9조, 제12조 및 제15조에 따라 내국법인의 익금(益金)에 산입(算入)된 금액이 대통령령으로 정하는 바에 따라 국외특수관계인으로부터 내국법인에 반환된 것임이 확인되지 아니하는 경우에는 그 금액은 「법인세법」 제67조에도 불구하고 대통령령으로 정하는 바에 따라 국외특수관계인에 대한 배당으로 처분하거나 출자로 조정한다. (2020. 12. 22. 개정)
② 제6조, 제7조, 제9조, 제12조 및 제15조에 따라 감액 조정된 거주자의 소득금액 중 국외특수관계인에게 반환되지 아니한 금액은 「법인세법」 제18조 제2호에 따라 익금에 산입하지 아니하는 소득으로 보아 내국법인의 익금에 산입하지 아니하거나 거주자(내국법인이 아닌 거주자를 말한다)의 소득금액으로 보지 아니한다. (2020. 12. 22. 개정)
③ 제1항과 제2항을 적용할 때 소득처분의 방법과 그 밖에 필요한 사항은 대통령령으로 정한다. (2020. 12. 22. 개정)

제21조【대응조정 신청절차】 ① 법 제12조에 따라 과세표준 및 세액을 조정받으려는 거주자는 법 제47조 제2항에 따른 통보를 받은 날부터 3개월 이내에 기획재정부령으로 정하는 소득금액 계산특례 신청서에 제88조 제2항에 따라 국세청장이 발급한 상호합의 종결 통보서를 첨부하여 납세지 관할 세무서장에게 수정신고 또는 경정청구[국세정보통신망(「국세기본법」 제2조 제19호에 따른 국세정보통신망을 말한다. 이하 같다)을 활용한 청구를 포함한다]를 해야 한다. (2021. 2. 17. 개정)
② 제1항에 따른 경정청구를 받은 납세지 관할 세무서장은 경정청구를 받은 날부터 2개월 이내에 과세표준 및 세액을 경정할 수 있다. 이 경우 경정해야 할 이유가 없을 때에는 그 사실을 경정청구를 한 자에게 통지해야 한다. (2021. 2. 17. 개정)

제22조【익금에 산입된 금액의 반환 여부 확인】 ① 법 제13조 제1항에서 "대통령령으로 정하는 바에 따라 국외특수관계인으로부터 내국법인에 반환된 것임이 확인되지 아니하는 경우"란 법 제6조, 제7조, 제9조, 제12조 및 제15조에 따라 내국법인의 익금에 산입된 금액(이하 "익금산입액"이라 한다) 중 국외특수관계인이 내국법인에 반환하려는 금액에 제2항에 따라 산출한 반환이자를 더하여 반환하였음을 확인하는 서류(기획재정부령으로 정하는 이전소득금액 반환 확인서를 말한다)를 다음 각 호의 구분에 따른 날부터 90일 이내에 과세당국에 제출하지 않은 경우를 말한다. (2021. 2. 17. 개정)
1. 내국법인이 법 제6조, 제9조, 제12조 및 제15조에 따라 과세표준 및 세액을 신고한 경우 : 신고한 날 (2021. 2. 17. 개정)
2. 과세당국이 법 제7조, 제9조, 제12조 및 제15조에 따라 과세표준 및 세액을 결정하거나 경정한 경우 : 제24조 제2항에 따른 임시유보 처분 통지서를 받은 날(임시유보 처분 통지서를 받은 날부터 90일 이내에 법 제45조에 따른 상호합의절차가 개시된 경우에는 법 제47조 제2항에 따른 결과를 통보받은 날을 말한다) (2021. 2. 17. 개정)
② 제1항에 따라 국외특수관계인이 내국법인에 반환하려는 금액에

통지는 별지 제4호 서식에 따른다. (2021. 3. 16. 개정)

제13조【소득금액 계산특례 신청서】 영 제21조 제1항 및 제31조 제1항에 따른 소득금액 계산특례 신청서는 별지 제5호 서식에 따른다. (2021. 3. 16. 개정)

제14조【이전소득금액 반환 확인서 등】 ① 영 제22조 제1항 각 호 외의 부분에 따른 이전소득금액 반환 확인서는 별지 제6호 서식에 따른다. (2021. 3. 16. 개정)
② 제1항에 따른 이전소득금액 반환 확인서를 제출하는 경우에는 국외특수관계인이 내국법인에 실제로 반환한 금액의 송금 명세서를 첨부해야 한다. (2021. 3. 16. 개정)
③ 영 제22조 제2항의 계산식에서 "기획재정부령으로 정하는 이자율"이란 반환이자 계산 대상 기간이 속하는 각 사업연도의 직전 사업연도 종료일을 기준으로 하는 다음 표의 구분에 따른 통화별 지표금리를 말한다. 다만, 다음 표에 없는 통화의 경우에는 해당 표 제2호의 지표금리로 한다. (2023. 3. 20. 개정)

④ 익금산입액 중 제1항 제3호의 국외특수관계인으로부터 내국법인에 반환되지 않아 2006년 5월 24일 전에 그 국외특수관계인에 대한 대여금으로 보아 사내유보(社內留保)로 처분한 금액은 내국법인이 제1항 제3호에 따른 배당으로 처분할 수 있다. (2021. 2. 17. 개정)

　　제24조【임시유보 처분】① 내국법인 또는 과세당국은 법 제13조 제1항에 따른 소득처분 및 세무조정을 하는 경우 제22조에 따른 반환 여부를 확인하기 전까지는 임시유보로 처분한다. (2021. 2. 17. 개정)
② 과세당국은 제1항에 따라 임시유보로 처분하는 경우 그 사실을 「소득세법 시행령」 제192조 제1항 및 제4항을 준용하여 통지해야 한다. 이 경우 기획재정부령으로 정하는 임시유보 처분 통지서에 따른다. (2021. 2. 17. 개정)

　　제25조【임시유보 처분 적용 배제 특례】① 제22조 제1항 및 제24조 제1항에도 불구하고 다음 각 호의 어느 하나에 해당하는 경우에는 내국법인 또는 과세당국이 법 제6조, 제7조, 제9조, 제12조 및 제15조에 따라 과세표준 및 세액을 신고하거나 결정 및 경정할 당시 익금산입액이 국외특수관계인으로부터 내국법인에 반환된 것임이 확인되지 않은 금액을 임시유보로 처분하지 않고 제23조 제1항 각 호에 따라 처분하거나 조정한다. (2021. 2. 17. 개정)
1. 해당 내국법인이 기획재정부령으로 정하는 이전소득금액 처분 요청서를 과세당국에 제출하는 경우 (2021. 2. 17. 개정)
2. 해당 내국법인이 폐업한 경우(사실상 폐업한 경우를 포함한다) (2021. 2. 17. 개정)
3. 과세당국이 법 제7조, 제9조, 제12조 및 제15조에 따라 과세표준 및 세액을 결정하거나 경정한 날부터 4개월 이내에 부과제척기간이 만료되는 경우 (2021. 2. 17. 개정)
4. 내국법인이 과세표준 및 세액을 신고할 당시 익금산입액이 국외특수관계인으로부터 내국법인에 반환된 것임이 확인되지 않은 금액을 임시유보로 처분하지 않고 제23조 제1항 각 호에 따라 처분하거나 조정하기를 원하는 경우 (2023. 2. 28. 신설)

☞ p.996 2단 연결

더하는 반환이자는 다음 계산식에 따라 산출한다. (2021. 2. 17. 개정)

반환이자 = 반환하려는 금액 × 거래일이 속하는 사업연도 종료일 다음 날부터 이전소득금액 반환일까지의 기간 × 국제금융시장의 실세이자율을 고려하여 기획재정부령으로 정하는 이자율 ÷ 365(윤년의 경우에는 366)

③ 내국법인이 익금산입액 중 일부를 국외특수관계인으로부터 반환받는 경우에는 익금에 산입된 금액의 발생순서에 따라 먼저 발생된 금액(해당 금액에 대한 반환이자를 포함한다)부터 반환된 것으로 본다. (2021. 2. 17. 개정)

　　제23조【반환이 확인되지 아니한 금액의 처분 및 조정 등】① 제22조에 따라 반환된 것임이 확인되지 않은 경우 그 반환이 확인되지 않은 금액은 다음 각 호의 구분에 따라 처분하거나 조정한다. (2021. 2. 17. 개정)
1. 국제거래의 상대방인 국외특수관계인이 내국법인이 출자한 법인에 해당하는 경우(제2조 제2항 제1호 가목에 해당하는 경우를 포함한다) : 그 국외특수관계인에 대한 출자의 증가 (2021. 2. 17. 개정)
2. 국제거래의 상대방인 국외특수관계인이 내국법인의 주주에 해당하는 경우(제2조 제2항 제1호 나목에 해당하는 경우를 포함한다) : 그 국외특수관계인에게 귀속되는 배당 (2021. 2. 17. 개정)
3. 국제거래의 상대방인 국외특수관계인이 제1호 및 제2호 외의 자에 해당하는 경우 : 그 국외특수관계인에게 귀속되는 배당 (2021. 2. 17. 개정)
② 제1항에 따라 과세당국이 처분이나 조정을 하는 경우에는 그 사실을 제22조 제1항에 따른 이전소득금액 반환 확인서의 제출기한 만료일부터 15일 이내에 「소득세법 시행령」 제192조 제1항 및 제4항을 준용하여 통지해야 한다. 이 경우 기획재정부령으로 정하는 이전소득금액 통지서(이하 "이전소득금액통지서"라 한다)에 따른다. (2021. 2. 17. 개정)
③ 제1항에 따른 처분을 한 경우 배당은 제2항에 따른 이전소득금액통지서를 받은 날에 지급한 것으로 본다. (2023. 2. 28. 개정)

통화	지표금리
1. 한국 (KRW)	KOFR(The Korea Overnight Financing Repo rate)
2. 미합중국 (USD)	SOFR(Secured Overnight Financing Rate)
3. 유럽연합 (EUR)	ESTR(Euro Short-Term Rate)
4. 영국 (GBP)	SONIA(Sterling Overnight Index Average)
5. 스위스 (CHF)	SARON(Swiss Average Rate Overnight)
6. 일본 (JPY)	TONA(Tokyo Overnight Average Rate)

② 제24조 제1항에 따라 임시유보 처분을 한 후에 제1항 제1호 또는 제2호에 해당하는 사유가 발생한 경우에는 제23조 제1항 각 호에 따라 다시 처분하거나 조정한다. (2021. 2. 17. 개정)

③ 제1항 또는 제2항에 따라 과세당국이 처분이나 조정을 하는 경우에는 그 사실을 법 제7조, 제9조, 제12조 및 제15조에 따라 과세표준 및 세액을 결정하거나 경정한 날부터 15일 이내에 「소득세법 시행령」 제192조 제1항 및 제4항을 준용하여 통지해야 한다. 이 경우 이전소득금액통지서에 따른다. (2021. 2. 17. 개정)

④ 제1항 또는 제2항에 따른 처분을 한 경우 배당은 다음 각 호의 구분에 따른 날에 지급한 것으로 본다. (2023. 2. 28. 개정)

1. 내국법인이 제1항 또는 제2항에 따른 처분을 한 경우 : 내국법인이 과세표준 및 세액을 신고한 날 (2023. 2. 28. 신설)

2. 과세당국이 제1항 또는 제2항에 따른 처분을 한 경우 : 내국법인이 제3항에 따라 이전소득금액통지서를 받은 날 (2023. 2. 28. 신설)

⑤ 납세자가 제3항에 따라 이전소득금액통지서를 받은 날부터 90일 이내에 제22조 제1항에 따른 이전소득금액 반환 확인서를 제출한 경우에는 제1항 또는 제2항에 따른 처분이나 조정이 없었던 것으로 본다. (2021. 2. 17. 개정)

제 2 관　정상가격 산출방법의 사전승인

제26조 【정상가격 산출방법의 사전승인 신청】 ① 법 제14조 제1항에 따라 정상가격 산출방법을 사전승인하여 줄 것을 신청하는 거주자(이하 이 관에서 "신청인"이라 한다)는 국제거래의 전부 또는 일부에 대하여 기획재정부령으로 정하는 정상가격 산출방법의 사전승인 신청서에 다음 각 호의 서류를 첨부하여 정상가격 산출방법 사전승인 신청 대상기간의 최초 과세연도 개시일의 전날까지 국세청장에게 제출해야 한다. 이 경우 제3호에 해당하는 서류는 이동식 저장장치 등 전자적 정보저장매체에 수록하여 제출할 수 있다. (2021. 2. 17. 개정)

☞ p.997 3단 연결

제15조 【이전소득금액 통지서】 영 제23조 제2항 후단 및 제25조 제3항 후단에 따른 이전소득금액 통지서는 별지 제7호 서식에 따른다. (2021. 3. 16. 개정)

제16조 【임시유보 처분 통지서】 영 제24조 제2항 후단에 따른 임시유보 처분 통지서는 별지 제8호 서식에 따른다. (2021. 3. 16. 개정)

제17조 【이전소득금액 처분 요청서】 영 제25조 제1항 제1호에 따른 이전소득금액 처분 요청서는 별지 제9호 서식에 따른다. (2021. 3. 16. 개정)

제 2 관　정상가격 산출방법의 사전승인

제 2 관　정상가격 산출방법의 사전승인

제14조 【사전승인의 신청 및 승인】 ① 거주자는 일정 기간의 과세연도에 대하여 일정한 정상가격 산출방법을 적용하려는 경우에는 대통령령으로 정하는 바에 따라 그 정상가격 산출방법을 적용하려는 일정 기간의 과세연도 중 최초의 과세연도 개시일의 전날까지 국세청장에게 사전승인을 신청할 수 있다. (2020. 12. 22. 개정)

② ☞ p.998

제18조 【정상가격 산출방법의 사전승인 신청서 등】 ① 영 제26조 제1항 각 호 외의 부분 전단에 따른 정상가격 산출방법의 사전승인 신청서는 별지 제10호 서식에 따른다. (2021. 3. 16. 개정)

② 영 제26조 제1항 제5호에 따른 상호합의절차 개시 신청서는 별지 제11호 서식에 따른다. (2021. 3. 16. 개정)

해서는 안 된다. (2021. 2. 17. 개정)

제28조【상호합의절차에 의한 사전승인 절차】① 국세청장은 사전승인 신청이 부적절하다고 판단하여 사전승인을 하지 않는 경우에는 제26조 제1항 및 제2항에 따라 제출된 모든 자료를 신청인에게 반환해야 한다. (2021. 2. 17. 개정)
② 국세청장은 신청인이 사전승인 신청을 할 때 상호합의절차의 개시 신청을 한 경우에는 체약상대국의 권한 있는 당국에 상호합의절차 개시를 요청하고 요청 사실을 신청인에게 통지해야 한다. (2021. 2. 17. 개정)
③ 국세청장은 제2항의 요청에 따른 상호합의절차에서 체약상대국과 합의가 이루어진 경우에는 상호합의절차 종료일의 다음 날부터 15일 이내에 합의 내용을 신청인에게 통지해야 한다. (2021. 2. 17. 개정)
④ 신청인은 제3항에 따른 통지를 받은 날부터 2개월 이내에 그에 대한 동의 여부를 국세청장에게 서면으로 제출해야 한다. (2021. 2. 17. 개정)
⑤ 제4항에 따라 신청인이 상호합의절차에 의한 합의 내용에 동의하는 경우에는 처음의 사전승인 신청 내용과 다르더라도 신청인이 그 내용을 처음부터 신청한 것으로 본다. (2021. 2. 17. 개정)
⑥ 국세청장은 제4항에 따라 상호합의 내용에 대한 동의서를 신청인으로부터 받은 경우에는 받은 날부터 15일 이내에 정상가격 산출방법에 대하여 사전승인하고 그 사실을 신청인에게 통지해야 한다. (2021. 2. 17. 개정)
⑦ 신청인이 제4항에 따른 기한까지 동의 여부를 국세청장에게 통보하지 않은 경우에는 동의하지 않은 것으로 보며, 처음의 사전승인 신청은 신청인이 철회한 것으로 본다. (2021. 2. 17. 개정)
⑧ 국세청장은 다음 각 호의 어느 하나에 해당하는 경우에는 각 호의 경우에 해당하게 된 날부터 15일 이내에 상호합의절차의 중단을 신청인에게 통지해야 한다. (2021. 2. 17. 개정)
1. 사전승인 신청 접수일부터 3년이 지날 때까지 상호합의가 이루어지지 않아 국세청장이 직권으로 상호합의절차를 중단하는 경우 (2021. 2. 17. 개정)

☞ p.998 2단 연결

하여 관련 체약상대국과의 상호합의를 신청하는 경우에는 기획재정부령으로 정하는 상호합의절차 개시 신청서 (2021. 2. 17. 개정)
6. 그 밖에 사전승인 신청된 정상가격 산출방법의 적정성을 증명하는 자료 (2021. 2. 17. 개정)
② 신청인은 체약상대국의 권한 있는 당국에 제출한 서류가 제1항에 따라 제출한 서류와 다른 경우에는 체약상대국의 권한 있는 당국에 제출한 서류를 추가로 제출해야 한다. (2021. 2. 17. 개정)
③ 정상가격 산출방법의 사전승인 신청 대상기간은 납세자가 정상가격 산출방법의 사전승인을 받으려는 기간으로 한다. (2021. 2. 17. 개정)
④ 신청인은 국세청장의 사전승인을 받기 전까지는 처음의 사전승인 신청 내용을 변경하거나 사전승인 신청을 철회할 수 있다. 이 경우 국세청장은 신청이 철회되었을 때에는 제1항 또는 제2항에 따라 제출된 모든 자료를 신청인에게 반환해야 한다. (2021. 2. 17. 개정)
⑤ 국세청장은 제1항 또는 제2항에 따라 제출된 자료를 사전승인의 심사, 사후관리 및 체약상대국의 권한 있는 당국과의 정보교환 외의 용도로는 사용할 수 없다. (2021. 2. 17. 개정)
⑥ 거주자 또는 국외특수관계인이 체약상대국의 권한 있는 당국에 법 제14조에 상응하는 정상가격 산출방법의 사전승인을 신청한 경우로서 우리나라와 상호합의절차를 개시할 필요가 있는 경우에는 그 거주자는 국세청장에게 법 제14조에 따라 지체 없이 정상가격 산출방법의 사전승인을 신청해야 한다. (2021. 2. 17. 개정)

제27조【사전승인 신청의 심사】① 국세청장은 사전승인 신청을 심사할 때 신청인의 납세지 관할 세무서장 및 지방국세청장의 검토의견을 참고할 수 있다. (2021. 2. 17. 개정)
② 국세청장은 사전승인 신청을 심사할 때 신청인이 동의하는 경우에는 신청인과 중립적 관계에 있는 전문가를 지정하여 신청된 정상가격 산출방법에 관한 전문가의 검토의견을 참고할 수 있다. 이 경우 국세청장은 신청인이 동의하는 경우에는 그 비용의 일부를 신청인에게 부담하게 할 수 있다. (2021. 2. 17. 개정)
③ 제2항 전단에 따른 전문가는 사전승인 신청과 관련된 정보를 신청인 및 그 대리인과 국세청장을 제외하고는 타인에게 제공하거나 공개

1. 거래 당사자의 사업 연혁, 사업 내용, 조직 및 출자관계 등에 관한 설명자료 (2021. 2. 17. 개정)
2. 거래 당사자의 최근 3년 동안의 재무제표, 세무신고서 사본, 국제거래에 관한 계약서 사본 및 이에 부수되는 서류 (2021. 2. 17. 개정)
3. 신청된 정상가격의 세부 산출방법을 구체적으로 설명하는 다음 각 목의 자료 (2021. 2. 17. 개정)
  가. 제14조 제2항 및 제15조 제4항에 따른 비교가능성 평가방법 및 요소별 차이 조정방법 (2021. 2. 17. 개정)
  나. 비교대상 기업의 재무제표를 사용하는 경우 적용된 회계처리기준의 차이와 그 조정방법 (2021. 2. 17. 개정)
  다. 거래별로 구분한 재무자료 또는 원가자료를 사용하는 경우 그 작성기준 (2021. 2. 17. 개정)
  라. 두 개 이상의 비교대상 거래를 사용하는 경우 정상가격으로 판단되는 범위와 그 도출방법 (2021. 2. 17. 개정)
  마. 정상가격 산출방법의 전제가 되는 조건 또는 가정에 대한 설명자료 (2021. 2. 17. 개정)
4. 국제거래의 거래가격과 정상가격의 차이를 조정하는 방법에 관한 설명자료 (2021. 2. 17. 개정)
5. 승인 신청된 정상가격 산출방법에 관

〈제14조〉
② 국세청장은 거주자가 제1항에 따라 정상가격 산출방법에 대한 사전승인을 신청하는 경우 대통령령으로 정하는 바에 따라 체약상대국의 권한 있는 당국과의 상호합의절차를 거쳐 합의하였을 때에는 정상가격 산출방법을 사전승인할 수 있다. 다만, 대통령령으로 정하는 경우에는 상호합의절차를 거치지 아니하고 정상가격 산출방법을 사전승인(이하 "일방적 사전승인"이라 한다)할 수 있다. (2020. 12. 22. 개정)
③ 국세청장은 거주자가 승인신청 대상 기간 전의 과세연도에 대하여 정상가격 산출방법을 소급하여 적용해 줄 것을 제1항에 따른 사전승인 신청과 동시에 신청하는 경우 「국세기본법」 제26조의 2 제1항 단서에 따른 국세부과의 제척기간(일방적 사전승인의 경우 같은 법 제45조의 2 제1항 각 호 외의 부분 본문에 따른 기한)이 지나지 아니한 범위에서 소급하여 적용하도록 승인할 수 있다. (2020. 12. 22. 개정)

제15조 【사전승인 방법의 준수 등】 ① 거주자와 국세청장은 제14조에 따라 정상가격 산출방법이 승인된 경우 그 승인된 방법을 준수하여야 한다. 다만, 대통령령으로 정하는 경우에는 그 승인된 방법을 준수하지 아니할 수 있다. (2020. 12. 22. 개정)

2. 상호합의절차에 의한 합의가 불가능하여 체약상대국과 상호합의절차를 종료하기로 한 경우 (2021. 2. 17. 개정)

제29조 【일방적 사전승인 절차】 ① 법 제14조 제2항 단서에서 "대통령령으로 정하는 경우"란 다음 각 호의 경우를 말한다. (2021. 2. 17. 개정)
1. 신청인이 법 제14조 제1항에 따른 정상가격 산출방법의 사전승인 신청을 할 때 상호합의절차를 거치지 않고 정상가격 산출방법을 사전승인(이하 "일방적사전승인"이라 한다)해 줄 것을 신청하는 경우 (2021. 2. 17. 개정)
2. 제28조 제8항 각 호의 어느 하나에 해당하는 사유로 정상가격 산출방법의 상호합의절차가 중단된 경우 (2021. 2. 17. 개정)
② 신청인이 제1항 제2호에 해당되어 일방적사전승인을 받으려는 경우에는 제28조 제8항에 따른 통지를 받은 날부터 15일 이내에 국세청장에게 일방적사전승인을 서면으로 신청해야 하며, 그 신청을 하지 않았을 때에는 처음의 사전승인 신청은 신청인이 철회한 것으로 본다. (2021. 2. 17. 개정)
③ 국세청장은 신청인이 제1항 제1호 및 제2항에 따라 일방적사전승인을 신청하는 경우에는 신청일부터 2년 이내에 사전승인 여부를 결정해야 한다. 이 경우 국세청장은 상호합의절차가 개시되는 경우에는 일방적사전승인이 취소될 수 있다는 내용의 조건을 붙일 수 있다. (2021. 2. 17. 개정)
④ 일방적사전승인에 관하여 제출된 서류의 반환, 사전승인의 결정 내용 통지 및 그에 대한 동의 여부, 동의에 따른 승인신청 내용 변경, 사전승인의 통지 및 사전승인 신청의 철회에 관하여는 제28조 제1항 및 제3항부터 제7항까지의 규정을 준용한다. (2021. 2. 17. 개정)

제30조 【사전승인의 취소 등】 ① 법 제15조 제1항 단서에서 "대통령령으로 정하는 경우"란 다음 각 호의 경우를 말한다. (2021. 2. 17. 개정)
1. 제26조 제1항·제2항 또는 제32조에 따른 자료의 중요한 부분이 제출되지 않거나 거짓으로 작성된 경우 (2021. 2. 17. 개정)

② 거주자는 제14조에 따라 정상가격 산출방법이 승인된 경우 매년 제6조 제1항 제1호에 따른 기한까지 그 승인된 방법에 따른 과세표준 및 세액을 납세지 관할 세무서장에게 신고하여야 하며, 필요한 경우 대통령령으로 정하는 바에 따라 수정신고 또는 경정청구를 하여야 한다. (2024. 12. 31. 개정)
③ 거주자는 제14조에 따라 정상가격 산출방법이 승인된 경우 이에 따라 산출된 정상가격 및 그 산출 과정 등이 포함된 보고서를 대통령령으로 정하는 바에 따라 매년 「소득세법」 제5조에 따른 과세기간 또는 「법인세법」 제6조에 따른 사업연도 종료일이 속하는 달의 말일부터 12개월 이내에 국세청장에게 제출하여야 한다. (2020. 12. 22. 개정)

2. 신청인이 사전승인 내용 또는 그 조건을 준수하지 않은 경우 (2021. 2. 17. 개정)
3. 사전승인된 정상가격 산출방법의 전제가 되는 조건이나 가정의 중요한 부분이 실현되지 않은 경우 (2021. 2. 17. 개정)
4. 관련 법령 또는 조세조약이 변경되어 사전승인 내용이 적절하지 않게 된 경우 (2021. 2. 17. 개정)
② 국세청장은 제1항 각 호의 어느 하나에 해당하는 경우에는 사전승인을 취소하거나 철회할 수 있다. (2021. 2. 17. 개정)
③ 국세청장은 사전승인을 취소하거나 철회하는 경우에는 관련된 체약상대국의 권한 있는 당국에 그 사실을 지체 없이 통보해야 한다. (2021. 2. 17. 개정)
④ 신청인은 제1항 제3호 또는 제4호에 해당하는 경우에는 그 사유가 발생한 과세연도의 과세표준 및 세액의 확정신고기한까지 해당 과세연도를 포함한 그 이후의 잔여 대상기간에 대하여 처음 사전승인 내용의 변경을 신청할 수 있다. 이 경우 제26조부터 제29조까지, 제31조 및 제32조를 준용하되, 제26조 제1항에 따른 제출 자료는 변경된 부분으로 한정한다. (2021. 2. 17. 개정)

제31조 【사전승인에 따른 과세표준 및 세액 조정 신청】 ① 법 제15조 제2항에 따라 과세표준 및 세액을 조정받으려는 신청인은 기획재정부령으로 정하는 소득금액 계산특례 신청서에 제28조 제6항 및 제29조 제4항에 따라 국세청장이 발급한 사전승인 통지서를 첨부하여 통지서를 받은 날부터 3개월 이내에 납세지 관할 세무서장에게 수정신고 또는 경정청구(국세정보통신망을 활용한 청구를 포함한다)를 해야 한다. (2021. 2. 17. 개정)
② 제1항에 따른 경정청구를 받은 납세지 관할 세무서장은 경정청구를 받은 날부터 2개월 이내에 과세표준 및 세액을 경정할 수 있다. 이 경우 경정해야 할 이유가 없을 때에는 그 사실을 경정청구를 한 자에게 통지해야 한다. (2021. 2. 17. 개정)

제32조 【사전승인에 따른 연례보고서 제출】 ① 정상가격 산출방법의 사전승인을 받은 신청인은 법 제15조 제3항에 따라 국세청장에게 다음 각 호의 사항이 포함된 연례보고서를 제출(국세정보통신망을 통한 제출을 포함한다)해야 한다. 이 경우 법 제6조 제1항 제1호에 따른 신고기한이 지난 과세기간의 연례보고서는 사전승인 이후 최초로 연례보고서를 제출할 때 함께 제출한다. (2025. 2. 28. 후단개정)
1. 사전승인된 정상가격 산출방법의 전제가 되는 근거 또는 가정의 실현 여부 (2021. 2. 17. 개정)
2. 사전승인된 정상가격 산출방법을 적용하여 산출된 정상가격 및 그 산출 과정 (2021. 2. 17. 개정)
3. 국제거래 거래가격과 정상가격이 다른 경우에는 그 차이에 대한 처리 내용 (2021. 2. 17. 개정)
4. 그 밖에 사전승인 시에 연례보고서에 포함하도록 정한 사항 (2021. 2. 17. 개정)
② 국세청장은 제1항에 따른 연례보고서를 검토할 때 추가적인 자료가 필요한 경우에는 해당 신청인에게 자료를 요구할 수 있다. (2021. 2. 17. 개정)

제3관　국제거래 자료 제출 및 가산세 적용 특례

제16조【국제거래에 대한 자료 제출의무】① 다음 각 호에 해당하는 납세의무자는 그 구분에 따라 사업활동 및 거래내용 등에 관한 대통령령으로 정하는 통합기업보고서, 개별기업보고서 및 국가별보고서(이하 "국제거래정보통합보고서"라 한다)를 「법인세법」 제6조에 따른 사업연도 종료일이 속하는 달의 말일부터 12개월 이내에 납세지 관할 세무서장에게 제출하여야 한다. (2020. 12. 22. 개정)

제3관　국제거래 자료 제출 및 가산세 적용 특례

제33조【국제거래정보통합보고서의 종류】법 제16조 제1항에서 "대통령령으로 정하는 통합기업보고서, 개별기업보고서 및 국가별보고서"란 다음 각 호의 구분에 따른 보고서로서 기획재정부령으로 정하는 보고서를 말한다. (2021. 2. 17. 개정)
1. 통합기업보고서 : 법 제16조 제1항 제1호에 해당하는 납세의무자 및 그 납세의무자와 기획재정부령으로 정하는 특수관계에 있는 법인 전체에 대한 다음 각 목의 사항을 포함하는 보고서 (2021. 2. 17. 개정)
　가. 조직구조 (2021. 2. 17. 개정)
　나. 사업내용 (2021. 2. 17. 개정)
　다. 무형자산 내역 (2021. 2. 17. 개정)
　라. 자금조달 활동 (2021. 2. 17. 개정)
　마. 재무현황 (2021. 2. 17. 개정)
2. 개별기업보고서 : 법 제16조 제1항 제1호에 해당하는 납세의무자에 대한 다음 각 목의 사항을 포함하는 보고서. 다만, 법 제14조에 따라 정상가격 산출방법의 사전승인을 받은 경우에는 사전승인이 적용되는 대상기간 동안의 해당 국제거래에 대한 내용을 개별기업보고서에서 제외할 수 있다. (2021. 2. 17. 개정)
　가. 조직구조 (2021. 2. 17. 개정)
　나. 사업내용 (2021. 2. 17. 개정)
　다. 국외특수관계인과의 거래내역 (2021. 2. 17. 개정)
　라. 다목의 거래에 관한 가격산출정보 (2021. 2. 17. 개정)
　마. 재무현황 (2021. 2. 17. 개정)
3. 국가별보고서 : 법 제16조 제1항 제2호에 해당하는 납세의무자 및 그 납세의무자와 기획재정부령으로 정하는 특수관계에 있는 법인 등에 대한 다음 각 목의 사항을 포함하는 보고서 (2021. 2. 17. 개정)
　가. 국가별 수익 내역 (2021. 2. 17. 개정)
　나. 국가별 세전(稅前)이익 및 손실 (2021. 2. 17. 개정)
　다. 국가별 납부세액 (2021. 2. 17. 개정)

제3관　국제거래 자료 제출 및 가산세 적용 특례

제19조【국제거래정보통합보고서】영 제33조 각 호 외의 부분에 따른 보고서는 다음 각 호의 구분에 따른다. (2021. 3. 16. 개정)
1. 통합기업보고서 : 별지 제12호 서식 (2021. 3. 16. 개정)
2. 개별기업보고서 : 별지 제13호 서식 (2021. 3. 16. 개정)
3. 국가별보고서 : 별지 제14호 서식 (2021. 3. 16. 개정)

제20조【통합기업보고서 작성 대상 특수관계 법인의 범위】① 영 제33조 제1호 각 목 외의 부분에서 "기획재정부령으로 정하는 특수관계가 있는 법인"이란 국제회계기준(국제회계기준위원회가 공표하는 국제회계기준을 말하며, 그 국제회계기준에 따라 각 국가에서 채택한 국제회계기준을 포함한다)에 따라 그 납세의무자가 포함되는 최상위 연결재무제표 작성 대상에 해당하는 법인을 말한다. (2021. 3. 16. 개정)
② 제1항에도 불구하고 다음 각 호에 해당하는 경우에는 그 구분에 따른 연결재무제표 작성 대상에 해당하는 법인으로 할 수 있다. (2021. 3. 16. 개정)
1. 서로 다른 국가(고유한 세법이 적용되는 지역을 포함한다)에서 과세대상이 되는

1. 매출액 및 국외특수관계인과의 국제거래 규모 등이 대통령령으로 정하는 요건을 갖춘 납세의무자 : 통합기업보고서 및 개별기업보고서 (2020. 12. 22. 개정)

라. 국가별 자본금 (2021. 2. 17. 개정)
마. 국가별 주요 사업활동 (2021. 2. 17. 개정)

제34조 【통합기업보고서 및 개별기업보고서의 제출】 ① 법 제16조 제1항 제1호에서 "대통령령으로 정하는 요건을 갖춘 납세의무자"란 내국법인 또는 국내사업장이 있는 외국법인으로서 다음 각 호의 요건을 모두 갖춘 납세의무자를 말한다. 이 경우 납세의무자가 국내사업장이 있는 외국법인인 경우 다음 각 호의 요건은 그 외국법인의 국내사업장 기준으로 판단한다. (2021. 2. 17. 개정)
1. 해당 과세연도 매출액이 1천억원을 초과할 것 (2021. 2. 17. 개정)
2. 국외특수관계인과의 해당 과세연도 재화거래, 용역거래, 무형자산거래 및 대차거래 규모(이하 이 조에서 "거래규모"라 한다)의 합계액이 500억원을 초과할 것. 이 경우 거래규모의 합계액을 계산할 때 외국법인의 국내사업장의 경우에는 그 외국법인의 본점 및 그 외국법인의 국외에 있는 지점(이하 "본점·지점"이라 한다)과의 거래규모를 포함한다. (2023. 2. 28. 개정)

사업을 수행하는 집단으로서 소유권 또는 지배력을 통해 관련된 기업들의 집단(이하 "다국적기업그룹"이라 한다)이 수행하는 사업이 2개 이상의 사업군으로 분류되는 경우 : 해당 사업군 내 최상위 연결재무제표 (2021. 3. 16. 개정)
2. 「독점규제 및 공정거래에 관한 법률」 제2조 제1호의 2에 따른 지주회사에 의해 지배되는 다국적기업그룹이 자회사별로 수행하는 사업이 서로 다른 경우 : 해당 자회사의 연결재무제표 (2021. 3. 16. 개정)

제21조 【국가별보고서 제출 대상 특수관계 법인 등의 범위】 영 제33조 제3호 각 목 외의 부분에서 "기획재정부령으로 정하는 특수관계에 있는 법인 등"이란 그 납세의무자가 포함되는 다국적기업그룹을 구성하는 다음 각 호의 법인 등(이하 "관계회사"라 한다)을 말한다. (2021. 3. 16. 개정)
1. 다국적기업그룹의 연결재무제표에 포함되는 법인 (2021. 3. 16. 개정)
2. 다국적기업그룹 내 지배법인에 종속되지만 규모나 중요성을 이유로 제1호에 따른 연결재무제표에서 제외된 법인 (2021. 3. 16. 개정)
3. 제1호 또는 제2호에 따른 법인의 고정사업장으로서 별도의 재무제표를 작성하는 경우 해당 고정사업장 (2021. 3. 16. 개정)

제22조 【매출액 및 거래규모 합계액

2. 매출액 등이 대통령령으로 정하는 요건을 갖춘 납세의무자 : 국가별
보고서 (2020. 12. 22. 개정)

② 제1항에 따른 둘 이상의 납세의무자가 동일한 통합기업보고서를 작
성하는 경우에는 해당 납세의무자 중 기획재정부령으로 정하는 납세의
무자가 대표로 통합기업보고서를 제출할 수 있다. (2021. 2. 17. 개정)
③ 통합기업보고서 및 개별기업보고서는 한글로 작성하여 「국세기본
법」 제2조 제18호에 따른 정보통신망(이하 "정보통신망"이라 한다)을
통해 제출해야 한다. (2021. 2. 17. 개정)
④ 제3항에도 불구하고 통합기업보고서는 영문으로 작성하여 제출
할 수 있다. 이 경우 제출한 날부터 1개월 이내에 한글로 작성한 통
합기업보고서를 추가로 제출해야 한다. (2021. 2. 17. 개정)
⑤ 제1항부터 제4항까지에서 규정한 사항 외에 해당 과세연도 매출액
및 거래규모의 합계액의 계산방법과 통합기업보고서 및 개별기업보고
서의 세부적 작성방법 등에 관하여 필요한 사항은 기획재정부령으로
정한다. (2021. 2. 17. 개정)

제35조【국가별보고서의 제출】① 법 제16조 제1항 제2호에서
"대통령령으로 정하는 요건을 갖춘 납세의무자"란 다음 각 호의 구분
에 따른 납세의무자를 말한다. (2021. 2. 17. 개정)
1. 기획재정부령으로 정하는 최종 모회사(이하 이 조에서 "최종모회사"
라 한다)가 국내에 소재하는 경우로서 직전 과세연도 연결재무제표
의 매출액이 1조원을 초과하는 경우 : 국내의 최종모회사 (2021. 2.
17. 개정)
2. 최종모회사가 외국에 소재하는 경우로서 직전 과세연도 연결재무제
표의 매출액이 다음 각 목의 구분에 따른 금액을 초과하는 경우 :
국내의 기획재정부령으로 정하는 관계회사(이하 이 조에서 "국내관
계회사"라 한다) (2021. 2. 17. 개정)
가. 최종모회사가 소재하는 국가의 법령상 국가별보고서 제출의

계산방법】영 제34조 제1항을 적용할 때
해당 과세연도에 사업을 경영한 기간이 1
년 미만인 납세의무자의 매출액 및 거래규
모의 합계액은 그 금액을 1년으로 환산하
여 계산한다. (2021. 3. 16. 개정)

제23조【통합기업보고서 대표제출자】
영 제34조 제2항에서 "기획재정부령으
로 정하는 납세의무자"란 다음 각 호의
구분에 따른 납세의무자를 말한다. (2021.
3. 16. 개정)
1. 납세의무자 간 지배·종속관계에 있는
경우 : 지배법인 (2021. 3. 16. 개정)
2. 납세의무자 간 지배·종속관계는 없으
나 최상위 지배법인과 지배·종속관계
상 위치가 다른 경우 : 최상위 지배법인
과 지배·종속관계상 가장 가까운 위치
에 있는 납세의무자 (2021. 3. 16. 개정)
3. 납세의무자 간 지배·종속관계가 없
으며 최상위 지배법인과 지배·종속관
계상 위치가 같은 경우 : 납세의무자 중
하나 (2021. 3. 16. 개정)

제24조【최종 모회사와 관계회사】
① 영 제35조 제1항 제1호에서 "기획재정
부령으로 정하는 최종 모회사"란 다국적
기업그룹의 최상위 지배법인으로서 관련
회계원칙 등에 따라 재무 보고 목적의 최
상위 연결재무제표를 작성하는 자를 말한
다. (2021. 3. 16. 개정)
② 영 제35조 제1항 제2호 각 목 외의 부분
에서 "기획재정부령으로 정하는 관계회

무가 있는 경우 : 해당 법령으로 정한 기준 금액 (2021. 2. 17. 개정)

　나. 최종모회사가 소재하는 국가의 법령상 국가별보고서 제출의무가 없는 경우 : 7억5천만유로 (2021. 2. 17. 개정)

② 국내의 최종모회사 및 국내관계회사는 각 사업연도 종료일이 속하는 달의 말일부터 6개월 이내에 국가별보고서 제출의무자에 대한 자료로서 기획재정부령으로 정하는 자료를 납세지 관할 세무서장에게 제출(정보통신망을 활용한 제출을 포함한다)해야 한다. (2021. 2. 17. 개정)

③ 제2항에 따른 자료를 제출기한까지 제출한 국내관계회사는 다음 각 호의 어느 하나에 해당하는 경우 국가별보고서를 제출하지 않을 수 있다. (2021. 2. 17. 개정)

1. 최종모회사가 소재하는 국가의 법령상 국가별보고서의 제출의무가 있고 그 국가별보고서가 우리나라와 조세조약에 따라 교환되는 경우 (2021. 2. 17. 개정)

2. 다른 국내관계회사가 국가별보고서를 대표하여 제출하는 경우 (2021. 2. 17. 개정)

3. 최종모회사가 제3국에 소재하는 관계회사로 하여금 해당 소재지국에 국가별보고서를 대리 제출하도록 하고 그 국가별보고서가 우리나라와 조세조약에 따라 교환되는 경우 (2021. 2. 17. 개정)

④ 국가별보고서는 한글 및 영문으로 작성하여 정보통신망을 통해 제출해야 한다. (2021. 2. 17. 개정)

⑤ 제1항부터 제4항까지에서 규정한 사항 외에 직전 과세연도 연결 재무제표 매출액 계산방법 및 국가별보고서의 세부적 작성방법 등에 관하여 필요한 사항은 기획재정부령으로 정한다. (2021. 2. 17. 개정)

제36조【국제거래에 관한 자료 제출의무의 면제】 (2023. 2. 28. 제목개정)

법 제16조 제2항 각 호 외의 부분 단서에서 "대통령령으로 정하는 요건"이란 다음 각 호의 구분에 따른 요건을 말한다. (2023. 2. 28. 개정)

1. 법 제16조 제2항 제1호에 따른 국제거래명세서의 제출의무를 면제하는 경우 : 해당 사업연도의 국외특수관계인과의 국제거래 유형별 거래금액의 합계가 다음 각 목의 요건을 모두 충족할 것 (2023. 2.

---

② 국외특수관계인과 국제거래를 하는 납세의무자는 다음 각 호의 서류를 「소득세법」 제5조에 따른 과세기간 또는 「법인세법」 제6조에 따른 사업연도 종료일이 속하는 달의 말일부터 6개월 이내에 납세지 관할 세무서장에게 제출하여야 한다. 다만, 대통령령으로 정하는 요건에 해당하는 경우에는 제1호부터 제3호까지의 규정에 따른 서류의 제출의무를 면제한다. (2023. 12. 31. 개정)

1. 기획재정부령으로 정하는 국제거래명세서(이하 "국제거래명세서"라

사"란 제21조 각 호에 따른 관계회사를 말한다. (2021. 3. 16. 개정)

제25조【연결 재무제표 매출액의 계산방법】 영 제35조 제1항 각 호를 적용할 때 연결재무제표의 매출액에는 영업외수익 및 특별수익 등 손익계산서상 수익항목을 모두 포함하고, 직전 과세연도 연결재무제표의 회계기간이 1년 미만인 경우 매출액은 그 금액을 1년으로 환산하여 계산한다. (2021. 3. 16. 개정)

제26조【국가별보고서 제출의무자에 대한 자료】 영 제35조 제2항에서 "기획재정부령으로 정하는 자료"란 별지 제15호 서식에 따른 자료를 말한다. (2021. 3. 16. 개정)

제27조【국제거래명세서 등】 ① 법

한다) (2020. 12. 22. 개정)

2. 기획재정부령으로 정하는 국외특수관계인의 요약손익계산서(이하 이 조에서 “요약손익계산서”라 한다) (2020. 12. 22. 개정)

3. 기획재정부령으로 정하는 정상가격 산출방법 신고서(이하 이 조에서 “정상가격 산출방법 신고서”라 한다) (2020. 12. 22. 개정)

③ 납세지 관할 세무서장은 납세의무자가 대통령령으로 정하는 부득이한 사유로 제1항 또는 제2항에 따른 기한까지 국제거래정보통합보고서, 국제거래명세서, 요약손익계산서 및 정상가격 산출방법 신고서를

---

28. 개정)

　가. 재화거래 금액의 합계 : 5억원 이하 (2023. 2. 28. 개정)

　나. 용역거래 금액의 합계 : 1억원 이하 (2023. 2. 28. 개정)

　다. 무형자산거래 금액의 합계 : 1억원 이하 (2023. 2. 28. 개정)

2. 법 제16조 제2항 제2호에 따른 요약손익계산서의 제출의무를 면제하는 경우 : 다음 각 목의 어느 하나에 해당할 것 (2023. 2. 28. 개정)

　가. 해당 사업연도의 국외특수관계인과의 국제거래 유형별 거래금액의 합계가 다음의 요건을 모두 충족할 것 (2023. 2. 28. 개정)

　　1) 재화거래 금액의 합계 : 10억원 이하 (2023. 2. 28. 개정)

　　2) 용역거래 금액의 합계 : 2억원 이하 (2023. 2. 28. 개정)

　　3) 무형자산거래 금액의 합계 : 2억원 이하 (2023. 2. 28. 개정)

　나. 제98조 제1항에 따른 해외현지법인 명세서와 해외현지법인 재무상황표를 제출할 것 (2023. 2. 28. 개정)

3. 법 제16조 제2항 제3호에 따른 정상가격 산출방법 신고서의 제출의무를 면제하는 경우 : 다음 각 목의 어느 하나에 해당할 것 (2023. 2. 28. 개정)

　가. 해당 사업연도의 국제거래 유형별 거래금액의 합계가 다음의 요건을 모두 충족할 것 (2023. 2. 28. 개정)

　　1) 재화거래 금액의 합계 : 50억원 이하 (2023. 2. 28. 개정)

　　2) 용역거래 금액의 합계 : 10억원 이하 (2023. 2. 28. 개정)

　　3) 무형자산거래 금액의 합계 : 10억원 이하 (2023. 2. 28. 개정)

　나. 해당 사업연도의 국외특수관계인과의 국제거래 유형별 거래금액의 합계가 국외특수관계인별로 다음의 요건을 모두 충족할 것 (2023. 2. 28. 개정)

　　1) 재화거래 금액의 합계 : 10억원 이하 (2023. 2. 28. 개정)

　　2) 용역거래 금액의 합계 : 2억원 이하 (2023. 2. 28. 개정)

　　3) 무형자산거래 금액의 합계 : 2억원 이하 (2023. 2. 28. 개정)

제37조 【국제거래에 대한 자료 제출기한 연장】 ① 법 제16조 제3항, 같은 조 제5항 단서, 같은 조 제6항 및 제7항에서 “대통령령으로 정하는 부득이한 사유”란 각각 다음 각 호의 사유를 말한다. (2021. 2.

제16조 제2항 제1호에 따른 국제거래명세서는 별지 제16호 서식(갑)에 따른다. 이 경우 영 제12조 제5항에 따른 지급보증 용역거래가 있는 경우에는 별지 제16호 서식(을)의 지급보증 용역거래 명세서를 함께 제출해야 한다. (2021. 3. 16. 개정)

② 법 제16조 제2항 제2호에 따른 국외특수관계인의 요약손익계산서는 별지 제17호 서식에 따른다. (2021. 3. 16. 개정)

③ 법 제16조 제2항 제3호에 따른 정상가격 산출방법 신고서는 국제거래의 종류별로 다음 각 호의 구분에 따른다. (2021. 3. 16. 개정)

1. 영 제12조에 따른 용역거래인 경우 : 별지 제18호 서식 (2021. 3. 16. 개정)

2. 영 제13조에 따른 무형자산거래인 경우 : 별지 제19호 서식 (2021. 3. 16. 개정)

3. 제1호 및 제2호 외의 국제거래인 경우 : 별지 제20호 서식 (2021. 3. 16. 개정)

제출할 수 없는 경우로서 납세의무자의 신청을 받은 경우에는 1년의 범위에서 그 제출기한의 연장을 승인할 수 있다. (2020. 12. 22. 개정)

④ 과세당국은 대통령령으로 정하는 바에 따라 제7조부터 제9조까지의 규정을 적용하기 위하여 필요한 거래가격 산정방법 등의 관련 자료를 제출할 것을 납세의무자에게 요구할 수 있다. (2020. 12. 22. 개정)

⑤ 제4항에 따라 자료 제출을 요구받은 납세의무자는 그 요구를 받은 날부터 60일 이내에 해당 자료를 제출하여야 한다. 다만, 대통령령으로 정하는 부득이한 사유로 제출기한의 연장을 신청하는 경우에는 과세당국은 60일의 범위에서 한 차례만 그 제출기한의 연장을 승인할 수 있다. (2020. 12. 22. 개정)

17. 개정)

1. 화재·재난 및 도난 등의 사유로 자료를 제출할 수 없는 경우 (2021. 2. 17. 개정)

2. 사업이 중대한 위기에 처하여 자료를 제출하기 매우 곤란한 경우 (2021. 2. 17. 개정)

3. 관련 장부·서류가 권한 있는 기관에 압수되거나 영치(領置)된 경우 (2021. 2. 17. 개정)

4. 국외특수관계인의 과세연도 종료일이 도래하지 않은 경우 (2021. 2. 17. 개정)

5. 자료의 수집·작성에 상당한 기간이 걸려 기한까지 자료를 제출할 수 없는 경우 (2021. 2. 17. 개정)

6. 그 밖에 제1호부터 제5호까지에서 규정한 사유에 준하는 사유가 있어 기한까지 자료를 제출할 수 없다고 판단되는 경우 (2021. 2. 17. 개정)

② 법 제16조 제3항 및 같은 조 제5항 단서에 따라 제출기한의 연장을 신청하려는 자는 제출기한 15일 전까지 기획재정부령으로 정하는 제출기한 연장 신청서를 과세당국에 제출(국세정보통신망을 활용한 제출을 포함한다)해야 한다. (2021. 2. 17. 개정)

③ 과세당국은 제2항에 따른 제출기한 연장 신청이 접수된 날부터 7일 이내에 연장 여부를 신청인에게 통지해야 한다. 이 경우 7일 이내에 통지를 하지 않은 경우에는 연장을 신청한 기한까지 제출기한이 연장된 것으로 본다. (2021. 2. 17. 개정)

제38조【과세당국이 요구하는 자료의 범위와 제출방법】 ① 법 제16조 제4항에 따라 과세당국이 납세의무자에게 요구할 수 있는 자료의 범위는 납세의무자 또는 그의 국외특수관계인의 자료로서 다음 각 호의 자료로 한다. (2021. 2. 17. 개정)

1. 법인의 조직도 및 사무 분장표 (2021. 2. 17. 개정)

2. 해당 거래와 관련된 자의 사업활동 내용 (2021. 2. 17. 개정)

3. 특수관계가 있는 자와의 상호출자 현황 (2021. 2. 17. 개정)

4. 자산의 양도·매입 등에 관한 각종 관련 계약서 (2021. 2. 17. 개정)

5. 제품의 가격표 (2021. 2. 17. 개정)

⑥ 제4항에 따라 자료 제출을 요구받은 납세의무자가 대통령령으로 정하는 부득이한 사유 없이 자료를 기한까지 제출하지 아니하고, 불복신청 또는 상호합의절차 시 자료를 제출하는 경우 과세당국과 관련 기관은 그 자료를 과세 자료로 이용하지 아니할 수 있다. (2020. 12. 22. 개정)

⑦ 제1항 제1호에 따라 통합기업보고서 및 개별기업보고서를 제출하여야 하는 납세의무자와 제4항에 따른 자료 중 정상가격 산출에 관한 대통령령으로 정하는 자료의 제출을 요구받은 납세의무자가 대통령령으로 정하는 부득이한 사유 없이 자료를 기한까지 제출하지 아니하는 경우 과세당국은 유사한 사업을 하는 사업자로부터 입수하는 자료 등 과세당국이 확보할 수 있는 자료에 근거하여 합리적으로 정상가격 및 정상원가분담액을 추정하여 제7조 및 제9조를 적용할 수 있다. (2020. 12. 22. 개정)

⑧ 국제거래정보통합보고서 또는 국제거래명세서 제출의 구체적인 범위, 방법 및 절차 등에 관하여 필요한 사항은 대통령령으로 정한다. (2020. 12. 22. 개정)

제17조 【가산세 적용의 특례】① 과세당국은 이 절의 규정을 적용할 때 다음 각 호의 어느 하나에 해당하는 경우에는 「국세기본법」 제47조의 3에 따른 과소신고가산세를 부과하지 아니한다. (2020. 12. 22. 개정)

1. 납세의무자가 신고한 거래가격과 정상가격의 차이에 대하여 납세의

6. 제조원가계산서 (2021. 2. 17. 개정)

7. 특수관계가 있는 자와 특수관계가 없는 자를 구별한 품목별 거래 명세표 (2021. 2. 17. 개정)

8. 용역의 제공이나 그 밖의 거래의 경우에는 제4호부터 제7호까지에서 규정한 자료에 준하는 서류 (2022. 2. 15. 개정)

9. 국제거래 가격 결정자료 (2021. 2. 17. 개정)

10. 특수관계가 있는 자 간의 가격 결정에 관한 내부 지침 (2021. 2. 17. 개정)

11. 해당 거래와 관련된 회계처리 기준 및 방법 (2021. 2. 17. 개정)

12. 제12조에 따른 용역거래와 관련하여 그 거래 내용을 파악할 수 있는 자료로서 기획재정부령으로 정하는 자료 (2021. 2. 17. 개정)

13. 법 제9조에 따른 정상원가분담액 등에 의한 결정 및 경정과 관련하여 원가분담 약정서 등 기획재정부령으로 정하는 자료 (2021. 2. 17. 개정)

14. 법인세 및 소득세 신고 시 누락된 서식 또는 항목 (2021. 2. 17. 개정)

15. 국제거래별 구분손익계산서 및 구분재무상태표 (2025. 2. 28. 신설)

개정취지 ....

과세당국의 요구 자료 범위 확대
정상가격을 기준으로 과세조정을 할 수 있도록 과세당국이 납세의무자에게 제출을 요구할 수 있는 자료의 범위에 '국제거래별 구분손익계산서 및 구분재무상태표'를 추가함. (영 38조 1항 15호 신설 ; 2025. 2. 28.)

....

② 법 제16조 제7항에서 "대통령령으로 정하는 자료"란 제1항 제4호부터 제15호까지에서 규정한 자료를 말한다. (2025. 2. 28. 개정)

③ 제1항 및 제2항에 해당하는 자료는 한글로 작성하여 제출해야 한다. 다만, 과세당국이 허용하는 경우에는 영문으로 작성된 자료를 제출할 수 있다. (2021. 2. 17. 개정)

제39조 【납세의무자의 과실 여부 등 판정】① 법 제17조 제1항

제28조 【용역거래 등에 대한 과세당국의 요구 자료】① 영 제38조 제1항 제12호에서 "기획재정부령으로 정하는 자료"란 다음 각 호의 자료를 말한다. (2021. 3. 16. 개정)

1. 용역거래계약서 (2021. 3. 16. 개정)

2. 거주자와 국외특수관계인 간의 관계도 (關係圖) (2021. 3. 16. 개정)

3. 용역거래 당사자의 내부 조직도 및 조직별 설명자료 (2021. 3. 16. 개정)

4. 용역 제공을 위하여 발생한 비용의 지출항목별 명세서(영 제12조 제1항에 따라 용역의 대가를 산정하는 경우만 해당한다) (2021. 3. 16. 개정)

5. 용역 제공 일정표, 용역공정표, 용역 제공자 및 직원 현황 등 용역을 제공한 사실을 확인할 수 있는 자료 (2021. 3. 16. 개정)

6. 간접적 청구방식(용역 제공자가 국내 또는 국외의 복수 특수관계인들에게 동일 또는 유사한 용역을 제공하고 발생한 비용을 용역을 제공받은 특수관계인들 사이에서 합리적으로 배분 또는 할당하는

무자의 과실이 없다고 상호합의절차의 결과에 따라 확인되는 경우 (2020. 12. 22. 개정)
2. 납세의무자가 일방적 사전승인을 받은 경우로서 신고한 거래가격과 정상가격의 차이에 대하여 납세의무자의 과실이 없다고 국세청장이 판정하는 경우 (2020. 12. 22. 개정)

3. 납세의무자가 소득세나 법인세를 신고할 때 적용한 정상가격 산출방법에 관하여 증명자료를 보관·비치하거나 제16조 제1항에 따른 개별기업보고서를 기한까지 제출하고, 합리적 판단에 따라 그 정상가격 산출방법을 선택하여 적용한 것으로 인정되는 경우 (2020. 12. 22. 개정)
② 제1항 각 호에 따른 과실 여부 또는 합리적 판단 여부의 판정은 대통령령으로 정하는 기준에 따른다. (2020. 12. 22. 개정)

제1호 및 제2호에 따라 납세의무자의 과실 여부를 판정할 때 다음 각 호의 요건을 모두 갖춘 경우에는 납세의무자의 과실이 없는 것으로 본다. (2021. 2. 17. 개정)
1. 납세의무자가 과세표준 및 세액의 확정신고를 할 때 작성한 서류를 통하여 법 제8조 제1항 각 호에 따른 방법 중 가장 합리적인 방법을 선택한 과정을 제시할 것 (2021. 2. 17. 개정)
2. 납세의무자가 제1호에 따라 선택된 방법을 실제로 적용할 것 (2021. 2. 17. 개정)
3. 제1호 및 제2호의 정상가격 산출방법과 관련하여 필요한 자료를 보관·비치할 것 (2021. 2. 17. 개정)
② 법 제17조 제1항 제3호에 따른 정상가격 산출방법에 관한 증명자료는 다음 각 호의 자료를 말하며, 납세의무자는 과세당국이 해당 자료를 요구하는 경우 그 요구를 받은 날부터 30일 이내에 그 자료를 제출해야 한다. (2021. 2. 17. 개정)
1. 사업에 관한 개략적 설명자료(자산 및 용역의 가격에 영향을 미치는 요소에 관한 분석자료를 포함한다) (2021. 2. 17. 개정)
2. 이전가격(移轉價格)에 영향을 미칠 수 있는 국외특수관계인 및 관련자와의 구조 등을 설명하는 자료 (2021. 2. 17. 개정)
3. 신고할 때 적용한 정상가격 산출방법을 선택하게 된 경위를 확인할 수 있는 다음 각 목의 자료 (2021. 2. 17. 개정)
　가. 신고할 때 적용한 정상가격 산출방법을 선택한 근거가 되는 경제적 분석 및 예측 자료 (2021. 2. 17. 개정)
　나. 정상가격을 산출하기 위하여 사용된 비교대상 수치와 수치의 비교평가 과정에서 조정된 내용에 대한 설명자료 (2021. 2. 17. 개정)
　다. 대안으로 적용될 수 있었던 정상가격 산출방법 및 그 대안을 선택하지 않은 이유에 대한 설명자료 (2021. 2. 17. 개정)
　라. 과세기간 종료 후 소득세 또는 법인세 신고를 할 때 정상가격을 산출하기 위하여 추가된 관련 자료 등 (2021. 2. 17. 개정)
③ 법 제17조 제1항 제3호에 따른 납세의무자의 합리적 판단 여부는 다음 각 호의 요건을 고려하여 판정한다. (2021. 2. 17. 개정)
1. 과세기간 종료 시점을 기준으로 수집된 비교대상 수치들이 대표성 있는 자료여야 하며, 반드시 포함되어야 할 특정 비교대상 수치가

방식을 말한다)으로 용역의 대가를 산출하는 경우에는 그 비용 배분 또는 할당에 관한 자료 (2021. 3. 16. 개정)
② 영 제38조 제1항 제13호에서 "기획재정부령으로 정하는 자료"란 다음 각 호의 자료를 말한다. (2021. 3. 16. 개정)
1. 다음 각 목의 사항이 포함된 원가분담약정서 (2021. 3. 16. 개정)
　가. 계약 참여자의 명단 (2021. 3. 16. 개정)
　나. 계약 참여자가 제공하는 자산의 유형 및 명세 (2021. 3. 16. 개정)
　다. 계약 참여자 간의 권리관계 (2021. 3. 16. 개정)
2. 제1호 각 목의 사항이 포함된 원가분담 수정약정서(영 제19조에 따라 원가등의 분담에 대한 약정에 새로 참여하거나 중도에 탈퇴하는 경우만 해당한다) (2021. 3. 16. 개정)
3. 제공되는 자산의 평가와 관련하여 적용하는 회계원칙 및 평가 명세 (2021. 3. 16. 개정)
4. 참여자 및 수혜자가 얻을 기대편익의 평가 명세 (2021. 3. 16. 개정)
5. 실제로 실현된 기대편익(이하 이 항에서 "실제편익"이라 한다)의 측정 명세 (2021. 3. 16. 개정)
6. 기대편익과 실제편익의 차이에 따른 정산 명세 (2021. 3. 16. 개정)

법 18

제4관　국세의 정상가격과 관세의 과세가격의 조정

제18조【국세의 정상가격 산출방법과 관세의 과세가격 결정방법의 사전조정】① 제14조 제1항에 따라 국세의 정상가격 산출방법에 대하여 사전승인(일방적 사전승인의 대상인 경우로 한정한다)을 신청하는 거주자는 국세의 정상가격과 관세의 과세가격을 사전에 조정(이하 이 조에서 "사전조정"이라 한다)받기 위하여 「관세법」 제37조 제1항 제3호에 따라 관세 과세가격 결정방법의 사전심사(이하 이 조에서 "관세가격 사전심사"라 한다)를 국세청장에게 신청할 수 있다. (2020. 12. 22. 개정)
② 국세청장은 제1항에 따른 신청을 받은 경우에는 관세청장에게 관세가격 사전심사 신청서류를 첨부하여 그 신청을 받은 사실을 통보하고, 관세청장과 정상가격 산출방법, 과세가격 결정방법 및 사전조정 가격

영 39~40

누락되어 납세자에게 유리한 결과가 도출되지 않았을 것 (2021. 2. 17. 개정)
2. 수집된 자료를 체계적으로 분석하여 정상가격 산출방법을 선택·적용했을 것 (2021. 2. 17. 개정)
3. 이전 과세연도 사전승인 시 합의되었거나 과세당국이 세무조사 과정에서 선택한 정상가격 산출방법이 있음에도 불구하고 다른 정상가격 산출방법을 선택·적용한 경우에는 다른 방법을 선택·적용한 타당한 이유가 있을 것 (2021. 2. 17. 개정)
④ 법 제14조에 따라 정상가격 산출방법의 사전승인을 받은 거주자가 제31조에 따라 법인세 과세표준 및 세액을 수정신고하는 경우에는 법 제17조에 따라 가산세를 부과하지 않는다. (2021. 2. 17. 개정)
⑤ 신고 시점에는 확인할 수 없었던 정상가격 산출방법 관련 중요 자료가 신고기한이 지난 후 확인된 경우로서 그 사실을 알게 된 때부터 60일 이내에 법인세 과세표준 및 세액을 수정신고하는 경우에는 법 제17조에 따라 가산세를 부과하지 않는다. 이 경우 수정신고에 관하여는 제2항 및 제3항을 준용한다. (2021. 2. 17. 개정)

제4관　국세의 정상가격과 관세의 과세가격의 조정

제40조【사전조정의 절차 등】① 국세청장은 법 제18조 제1항에 따른 국세의 정상가격과 관세의 과세가격에 대한 사전 조정(이하 이 조에서 "사전조정"이라 한다)을 신청받은 경우에는 그 신청받은 날부터 90일 이내에 같은 조 제2항에 따른 사전조정 절차를 시작하고, 그 사실을 신청인에게 통지해야 한다. 다만, 국세청장은 제26조 제1항 및 제2항에 따른 자료가 제출되지 않거나 거짓으로 작성되는 등의 사유로 사전조정 절차를 시작할 수 없으면 그 사유를 신청인에게 통지해야 한다. (2021. 2. 17. 개정)
② 신청인은 제1항 단서에 따라 사전조정 절차를 시작할 수 없다는 통지를 받은 경우에는 그 통지를 받은 날부터 30일 이내에 자료를 보완하여 제출하거나 일방적사전승인 절차와 「관세법」 제37조 제1항 제3

칙 29

제4관　국세의 정상가격과 관세의 과세가격의 조정

제29조【사전조정 신청서의 제출】 법 제18조 제1항 및 영 제40조 제1항에 따라 국세의 정상가격 산출방법과 관세의 과세가격 결정방법의 사전조정을 신청하려는 자는 별지 제21호 서식의 국세의 정상가격 산출방법과 관세의 과세가격 결정방법의 사전조정 신청서에 다음 각 호의 서류를 첨부하여 제출해야 한다. (2021. 3. 16. 개정)
1. 영 제26조 제1항 및 이 규칙 제18조 제1항에 따른 정상가격 산출방법의 사전

의 범위에 대하여 대통령령으로 정하는 바에 따라 협의하여야 한다. (2020. 12. 22. 개정)
③ 국세청장은 제2항에 따른 협의가 이루어진 경우에는 사전조정을 하여야 한다. (2020. 12. 22. 개정)
④ 국세청장은 제1항에 따른 신청의 처리 결과를 사전조정을 신청한 자와 기획재정부장관에게 통보하여야 한다. (2020. 12. 22. 개정)
⑤ 제1항부터 제4항까지의 규정에 따른 사전조정 신청의 방법 및 절차 등에 관하여 필요한 사항은 대통령령으로 정한다. (2020. 12. 22. 개정)

  제19조【관세의 경정처분에 따른 국세의 경정청구】① 국외특수관계인으로부터 물품을 수입하는 거래와 관련하여 납세의무자가 과세당국에 소득세 또는 법인세의 과세표준신고서를 제출한 후 「관세법」 제38조의 3 제6항에 따른 세관장의 경정처분으로 인하여 신고한 소득세 또는 법인세의 과세표준 및 세액의 산정기준이 된 거래가격과 관세의 과세가격 간에 차이가 발생한 경우 납세의무자는 대통령령으로 정하는 바에 따라 과세당국에 소득세 또는 법인세의 과세표준 및 세액의 경정을 청구할 수 있다. 이 경우 납세의무자는 세관장의 경정처분이 있음을 안 날(처분의 통지를 받은 때에는 그 받은 날)부터 3개월 이내에 경정을 청구하여야 한다. (2020. 12. 22. 개정)
② 제1항에 따른 경정청구를 받은 과세당국은 해당 거래와 관련한 소득세 또는 법인세의 과세표준 및 세액의 산정기준이 된 해당 수입물품의 거래가격 산출방법과 계산근거 등이 제8조에 적합하다고 인정되는 경우에는 세액을 경정할 수 있다. (2020. 12. 22. 개정)
③ 과세당국은 제1항에 따른 경정청구를 받은 날부터 2개월 이내에 과세표준 및 세액을 경정하거나, 경정하여야 할 이유가 없다는 뜻을 그 청구를 한 자에게 통지하여야 한다. (2020. 12. 22. 개정)

  제20조【국세의 정상가격과 관세의 과세가격에 대한 과세의 조정】① 납세의무자는 제19조 제3항에 따른 통지를 받은 날(2개월 이

호의 사항에 관한 사전심사를 따로 진행할 것인지를 국세청장에게 통지할 수 있다. 이 경우 통지를 받은 국세청장은 그 통지받은 사항을 지체 없이 관세청장에게 알려야 한다. (2021. 2. 17. 개정)
③ 국세청장과 관세청장은 사전조정을 위하여 공동으로 협의회를 구성·운영할 수 있다. (2021. 2. 17. 개정)
④ 법 제18조 제5항에 따른 사전조정 신청의 방법 및 절차 등에 관하여는 제26조, 제27조, 제29조부터 제32조까지 및 「관세법 시행령」 제31조를 준용한다. (2021. 2. 17. 개정)
⑤ 제1항부터 제4항까지에서 규정한 사항 외에 사전조정의 실시, 그 밖에 사전조정에 필요한 사항은 기획재정부령으로 정한다. (2021. 2. 17. 개정)

  제41조【관세의 경정처분에 따른 국세의 경정청구의 절차】법 제19조 제1항에 따라 경정청구를 하려는 자는 다음 각 호의 사항을 적은 경정청구서에 관련 증명자료를 첨부하여 과세당국에 제출(국세정보통신망을 활용한 제출을 포함한다)해야 한다. (2021. 2. 17. 개정)
1. 청구인의 성명과 주소 또는 거소 (2021. 2. 17. 개정)
2. 경정 전의 법인세 또는 소득세의 과세표준 및 세액 (2021. 2. 17. 개정)
3. 경정 후의 법인세 또는 소득세의 과세표준 및 세액 (2021. 2. 17. 개정)
4. 경정청구를 하는 이유 (2021. 2. 17. 개정)
5. 그 밖에 경정청구에 필요한 사항 (2021. 2. 17. 개정)

승인 신청서 및 첨부서류 (2021. 3. 16. 개정)
2. 「관세법 시행령」 제31조 제1항에 따른 신청서 및 첨부서류 (2021. 3. 16. 개정)

  제30조【경정의 청구】영 제41조에 따른 경정청구서는 별지 제22호 서식에 따른다. (2021. 3. 16. 개정)

내에 통지를 받지 못한 경우에는 2개월이 지난 날)부터 30일 이내에 기획재정부장관에게 국세의 정상가격과 관세의 과세가격 간 조정을 신청할 수 있다. (2020. 12. 22. 개정)

② 기획재정부장관은 납세의무자가 제1항에 따른 조정을 신청한 경우 과세당국 또는 세관장에게 국세의 정상가격과 관세의 과세가격에 대한 과세의 조정을 권고할 수 있다. 이 경우 기획재정부장관은 그 조정 권고에 대한 과세당국 또는 세관장의 이행계획(이행하지 아니할 경우 그 이유를 포함한다)을 받아 납세의무자에게 그 조정의 신청을 받은 날부터 90일 이내에 통지하여야 한다. (2020. 12. 22. 개정)

제42조 【국제거래가격과세조정협의회】 (2022. 2. 15. 제목개정)

① 법 제20조 제2항에 따른 국세의 정상가격과 관세의 과세가격에 대한 과세의 조정 권고에 필요한 사항을 협의·조정하기 위하여 기획재정부장관 소속으로 국제거래가격과세조정협의회(이하 "과세조정협의회"라 한다)를 둔다. (2022. 2. 15. 개정)

② 과세조정협의회의 위원장은 기획재정부에서 세제 관련 업무를 담당하는 고위공무원단에 속하는 일반직공무원(이에 상당하는 특정직·별정직 공무원을 포함한다. 이하 이 조에서 같다)으로 하고, 과세조정협의회의 위원은 기획재정부, 국세청 및 관세청 소속의 고위공무원단에 속하는 일반직공무원 중에서 소속 기관의 장이 지명하는 사람 각 1명으로 한다. (2022. 2. 15. 개정)

③ 제2항에서 규정한 사항 외에 과세조정협의회 구성 및 운영에 필요한 사항은 기획재정부장관이 정한다. (2022. 2. 15. 개정)

제43조 【국세의 정상가격과 관세의 과세가격에 대한 과세조정 신청 등】 ① 법 제20조 제1항에 따라 국세의 정상가격과 관세의 과세가격 간 조정을 신청하려는 납세의무자는 다음 각 호의 사항을 적은 국제거래가격 과세조정 신청서에 관련 증명자료를 첨부하여 제출해야 한다. (2021. 2. 17. 개정)

1. 신청인의 성명과 주소 또는 거소 (2021. 2. 17. 개정)

2. 세관장의 경정처분 내용 (2021. 2. 17. 개정)

3. 과세조정 신청의 이유 및 내용 (2021. 2. 17. 개정)

4. 그 밖에 국세의 정상가격과 관세의 과세가격 간 조정에 필요한 사항 (2021. 2. 17. 개정)

② 기획재정부장관은 과세조정 신청을 받은 해당 거래가 다음 각 호의 어느 하나에 해당하는 경우에는 조정 권고를 하지 않을 수 있다. (2022. 2. 15. 개정)

1. 해당 거래에 대하여 「국세기본법」 제55조 및 「관세법」 제119조에 따른 이의신청, 심사청구 또는 심판청구, 「감사원법」 제43조

제31조 【과세조정 신청】 영 제43조 제1항에 따른 국제거래가격 과세조정 신청서는 별지 제23호 서식에 따른다. (2021. 3. 16. 개정)

③ 제1항 및 제2항에 따른 조정의 신청, 조정의 방법 등에 관하여 필요한 사항은 대통령령으로 정한다. (2020. 12. 22. 개정)

④ 제1항 및 제2항에 따라 조정을 신청한 날부터 통지를 받은 날까지의 기간은 「국세기본법」 제61조·제66조·제68조 및 「관세법」 제121조·제131조·제132조의 청구기간 또는 신청기간에 산입하지 아니한다. (2020. 12. 22. 개정)

에 따른 심사의 청구가 제기되어 있거나 「행정소송법」에 따른 소송이 계속(係屬) 중인 경우 (2021. 2. 17. 개정)

2. 해당 거래가 법 제14조에 따른 정상가격 산출방법의 사전승인 및 「관세법」 제37조에 따른 과세가격 결정방법의 사전심사에 따른 것인 경우 (2021. 2. 17. 개정)

3. 해당 거래에 대하여 법 제42조 및 조세조약에 따른 상호합의절차가 진행 중이거나 종료된 경우 (2021. 2. 17. 개정)

4. 해당 거래에 대한 국세의 정상가격 및 관세의 과세가격 간 산출방법의 차이 등으로 조정 권고하기 곤란하다고 판단되는 경우 (2022. 2. 15. 개정)

③ 제2항에 따라 과세조정 신청을 심의하지 않는 경우에는 납세의무자에게 그 내용을 통지해야 한다. (2022. 2. 15. 신설)

③ 기획재정부장관은 제2항에 따라 조정 권고를 하지 않는 경우에는 납세의무자에게 그 내용을 통지해야 한다. (2025. 2. 28. 개정)

④ 기획재정부장관은 제1항에 따른 과세조정 신청 내용의 사실관계나 과세가격 산정근거 등이 명확하지 않다고 인정되는 경우에는 상당한 기간을 정하여 납세의무자·국세청장 또는 관세청장에게 이를 보정할 것을 요구할 수 있다. (2022. 2. 15. 개정)

⑤ 제4항에 따른 보정기간은 법 제20조 제2항 후단에 따른 조정기간에 산입하지 않는다. (2022. 2. 15. 신설)

⑥ 기획재정부장관은 제4항에 따라 국세청장 또는 관세청장에게 보정을 요구한 경우에는 납세의무자에게 그 사실을 통보해야 한다. (2025. 2. 28. 개정)

제21조【관세의 과세정보 제공】① 과세당국은 국제거래에 관한 조세의 부과·징수 및 국세의 정상가격과 관세의 과세가격 간의 조정을 위하여 필요한 경우에는 세관장에게 대통령령으로 정하는 정보 또는 자료를 요구할 수 있다. (2020. 12. 22. 개정)

② 제1항에 따른 요구를 받은 세관장은 정당한 사유가 없으면 과세당국의 요구에 따라야 한다. (2020. 12. 22. 개정)

제44조【관세의 과세정보 제공의 범위】법 제21조 제1항에서 "대통령령으로 정하는 정보 또는 자료"란 다음 각 호의 정보 또는 자료를 말한다. (2021. 2. 17. 개정)

1. 「관세법」 제116조 제1항에 따른 과세정보 (2021. 2. 17. 개정)

2. 그 밖에 관세의 과세가격 결정 또는 경정과 관련된 자료 (2021. 2. 17. 개정)

제 2 절 국외지배주주 등에게 지급하는 이자에 대한 과세조정

제22조【출자금액 대비 과다차입금 지급이자의 손금불산입】① 이 절에서 "국외지배주주"란 내국법인이나 외국법인의 국내사업장을 실질적으로 지배하는 다음 각 호의 구분에 따른 자를 말하며 그 세부기준은 대통령령으로 정한다. (2020. 12. 22. 개정)

1. 내국법인의 경우 : 다음 각 목의 어느 하나에 해당하는 자 (2020. 12. 22. 개정)

　가. 외국의 주주·출자자(이하 "외국주주"라 한다) (2020. 12. 22. 개정)

　나. 가목의 외국주주가 출자한 외국법인 (2020. 12. 22. 개정)

2. 외국법인의 국내사업장의 경우 : 다음 각 목의 어느 하나에 해당하는 자 (2020. 12. 22. 개정)

　가. 그 외국법인의 본점 또는 지점 (2020. 12. 22. 개정)

　나. 그 외국법인의 외국주주 (2020. 12. 22. 개정)

　다. 그 외국법인과 나목의 외국주주가 출자한 다른 외국법인 (2020. 12. 22. 개정)

② 내국법인(외국법인의 국내사업장을 포함한다. 이하 이 절에서 같다)의 차입금 중 다음 각 호의 금액을 합한 금액이 해당 국외지배주주가

제 2 절 국외지배주주 등에게 지급하는 이자에 대한 과세조정

제 1 관 출자금액 대비 과다차입금 지급이자의 손금불산입

제45조【국외지배주주의 세부 기준】① 법 제22조 제1항 제1호에 따른 내국법인의 국외지배주주는 각 사업연도 종료일 현재 다음 각 호의 어느 하나에 해당하는 자로 한다. (2021. 2. 17. 개정)

1. 내국법인의 의결권 있는 주식의 50퍼센트 이상을 직접 또는 간접으로 소유하고 있는 외국의 주주·출자자(이하 "외국주주"라 한다) (2021. 2. 17. 개정)

2. 제1호에 따른 외국주주가 의결권 있는 주식의 50퍼센트 이상을 직접 또는 간접으로 소유하고 있는 외국법인 (2021. 2. 17. 개정)

3. 내국법인과 제2조 제2항 제3호의 관계가 있는 외국주주 (2021. 2. 17. 개정)

② 법 제22조 제1항 제2호에 따른 외국법인의 국내사업장에 대한 국외지배주주는 다음 각 호의 어느 하나에 해당하는 자로 한다. (2021. 2. 17. 개정)

1. 국내사업장이 있는 외국법인의 본점·지점 (2021. 2. 17. 개정)

2. 제1호에 따른 외국법인의 의결권 있는 주식의 50퍼센트 이상을 직접 또는 간접으로 소유하는 외국주주 (2021. 2. 17. 개정)

3. 제1호에 따른 본점 또는 제2호에 따른 외국주주가 의결권 있는 주식의 50퍼센트 이상을 직접 또는 간접으로 소유하는 외국법인 (2021. 2. 17. 개정)

③ 제1항과 제2항에서 규정하는 주식의 간접소유비율의 계산방법은 제2조 제3항을 준용한다. (2021. 2. 17. 개정)

제46조【차입금의 범위】① 법 제22조 제2항 각 호에 따라 내국법인(외국법인의 국내사업장을 포함한다. 이하 이 절에서 같다)이 차입

제 2 절 국외지배주주 등에게 지급하는 이자에 대한 과세조정

제 1 관 출자금액 대비 과다차입금 지급이자의 손금불산입

출자한 출자금액의 2배를 초과하는 경우에는 그 초과분에 대한 지급이자 및 할인료(이하 이 절에서 "이자등"이라 한다)는 그 내국법인의 손금(損金)에 산입하지 아니하며 대통령령으로 정하는 바에 따라 「법인세법」 제67조에 따른 배당 또는 기타사외유출로 처분된 것으로 본다. 이 경우 차입금의 범위와 출자금액 및 손금에 산입하지 아니하는 금액의 산정방법은 대통령령으로 정한다. (2020. 12. 22. 개정)

1. 국외지배주주로부터 차입한 금액 (2020. 12. 22. 개정)
2. 국외지배주주의 「국세기본법」 제2조 제20호 가목 또는 나목에 따른 특수관계인으로부터 차입한 금액 (2020. 12. 22. 개정)
3. 국외지배주주의 지급보증(담보의 제공 등 실질적으로 지급을 보증하는 경우를 포함한다)에 의하여 제3자로부터 차입한 금액 (2020. 12. 22. 개정)

③ ☞ p.1015

한 금액(이하 이 관에서 "국외지배주주등차입금"이라 한다)의 범위는 이자 및 할인료(이하 이 절에서 "이자등"이라 한다)를 발생시키는 부채로 한다. 다만, 「은행법」에 따른 외국은행의 국내지점이 차입한 금액 중 다음 각 호의 금액은 제외한다. (2021. 2. 17. 개정)

1. 정부(「한국은행법」에 따른 한국은행을 포함한다)의 요청에 따라 외화로 차입한 금액 (2021. 2. 17. 개정)
2. 다음 각 목의 어느 하나의 방법으로 사용하기 위하여 해당 외국은행의 본점·지점으로부터 외화로 예수(豫受)하거나 차입한 금액 (2021. 2. 17. 개정)
   가. 「외국환거래법」에 따른 비거주자 또는 외국환업무취급기관에 외화로 예치하거나 대출하는 방법 (2021. 2. 17. 개정)
   나. 「외국환거래법」에 따른 비거주자 또는 외국환업무취급기관이 발행한 외화표시증권을 인수하거나 매매하는 방법 (2021. 2. 17. 개정)

② 제1항 제2호를 적용할 때 외국은행의 본점·지점으로부터 외화로 예수하거나 차입한 금액인지가 불분명한 경우로서 해당 사업연도의 재무상태표(연평균 잔액을 기준으로 한다) 등에 계상(計上)된 자금의 원천비율로 그 구분이 가능한 경우에는 그 원천비율에 따라 계산된 금액을 본점·지점으로부터 차입한 금액으로 본다. 이 경우 연평균 잔액은 일별 또는 월별로 계산할 수 있다. (2021. 2. 17. 개정)

③ 법 제22조를 적용할 때 국외지배주주에 제45조 제1항 제1호에 따른 외국주주와 같은 항 제2호에 따른 외국법인이 모두 포함된 경우에는 외국법인과 관련된 국외지배주주등차입금을 외국주주와 관련된 국외지배주주등차입금에 더한다. (2021. 2. 17. 개정)

④ 법 제22조를 적용할 때 국외지배주주등차입금은 사업연도 종료일 현재의 「외국환거래법」에 따른 기준환율 또는 재정환율을 적용하여 환산한다. (2021. 2. 17. 개정)

⑤ 제4항에도 불구하고 「통계법」 제22조에 따라 통계청장이 고시하는 한국표준산업분류에 따른 금융업(이하 이 관에서 "금융업"이라 한다)에 종사하는 내국법인은 차입한 금액을 환산할 때 다음 각 호의

☞ p.1014 3단 연결

제48조【지급이자 손금불산입액의 산정방법】① 법 제22조 제2항에 따른 손금에 산입하지 않는 금액은 다음 계산식에 따른 초과차입금적수에 각 차입금에 대한 이자율을 곱하여 더한 이자등의 금액으로 한다. (2021. 2. 17. 개정)

> 초과차입금적수 = 국외지배주주등차입금 적수 − [제47조에 따른 국외지배주주의 내국법인 출자금액 적수 × 기준배수(2배 또는 제50조에 따른 업종별 배수)]

② 제1항을 적용할 때 높은 이자율이 적용되는 차입금의 적수가 초과차입금적수에 먼저 포함되는 것으로 하고, 같은 이자율이 적용되는 차입금이 둘 이상인 경우에는 차입시기가 늦은 차입금의 적수부터 초과차입금적수에 포함하며, 이자율과 차입시기가 모두 같은 경우에는 차입금의 비율에 따라 안분하여 초과차입금적수에 포함한다. (2021. 2. 17. 개정)

③ 제1항에서 더하는 이자등의 범위는 국외지배주주등차입금에서 발생한 모든 이자로서 내국법인이 국외지배주주에게 지급해야 할 사채할인발행차금 상각액, 융통어음 할인료 등 그 경제적 실질이 이자에 해당하는 것을 모두 포함한다. 다만, 건설자금이자는 이자등의 범위에서 제외한다. (2025. 2. 28. 개정)

제49조【지급이자 손금불산입액의 소득처분】법 제22조 제2항을 적용할 때 같은 항 제1호의 국외지배주주로부터 차입한 금액에 대한 지급이자 손금불산입액은 「법인세법」 제67조에 따른 배당으로 처분된 것으로 보며, 법 제22조 제2항 제2호에 따른 국외지배주주의 특수관계인으로부터 차입한 금액 및 같은 항 제3호에 따른 제3자로부터 차입한 금액에 대한 지급이자 손금불산입액은 「법인세법」 제67조에 따른 기타사외유출(其他社外流出)로 처분된 것으로 본다. (2021. 2. 17. 개정)

액 (2021. 2. 17. 개정)

나. 다음 계산식에 따라 계산한 금액(이하 이 조에서 "납입자본금"이라 한다) (2021. 2. 17. 개정)

> 자본금 + (주식발행액면초과액 및 감자차익) − (주식할인발행차금 및 감자차손)

2. 총 납입자본금에서 국외지배주주의 납입자본금이 차지하는 비율(이하 이 조에서 "납입자본금비율"이라 한다). 다만, 국외지배주주에 제46조 제3항에 따라 차입금을 합산하는 외국주주와 외국법인이 모두 포함되어 있는 경우에는 외국주주의 납입자본금비율을 외국주주와 외국법인의 납입자본금비율로 본다. (2021. 2. 17. 개정)

② 사업연도 중 합병·분할 또는 증자·감자 등에 따라 자본이 변동된 경우에는 제1항에도 불구하고 해당 사업연도 개시일부터 자본 변동일 전날까지의 기간과 그 변동일부터 해당 사업연도 종료일까지의 기간으로 각각 나누어 계산한 자본의 적수(積數)를 합한 금액을 제1항 제1호 가목에 따른 금액의 적수 또는 같은 호 나목에 따른 납입자본금의 적수로 한다. (2021. 2. 17. 개정)

③ 제1항 제2호를 적용할 때 국외지배주주가 내국법인의 주식을 간접적으로 소유하고 있는 경우 국외지배주주의 내국법인에 대한 납입자본금비율은 다음 각 호의 방법으로 계산한 비율로 한다. (2021. 2. 17. 개정)

1. 국외지배주주와 내국법인, 그리고 이들 사이의 하나 이상의 법인이 모두 하나의 일련의 주식소유관계를 통해 연결되어 있는 경우 : 각 단계의 지분비율을 모두 곱하여 산출한 비율. 다만, 일련의 주식소유관계에 제46조 제3항에 따라 차입금을 합산하는 외국주주와 외국법인이 모두 포함된 경우에는 제2조 제3항을 준용하여 산출하며, 이 경우 "간접소유비율"은 "납입자본금비율"로 본다. (2021. 2. 17. 개정)

2. 국외지배주주와 내국법인 사이에 둘 이상의 일련의 주식소유관계가 있는 경우 : 각 일련의 주식소유관계에 대하여 제1호에 따라 산출한 납입자본금비율을 모두 더하여 산출한 비율 (2021. 2. 17. 개정)

환율 중 어느 하나를 선택하여 적용할 수 있다. (2021. 2. 17. 개정)

1. 사업연도 종료일 현재의 「외국환거래법」에 따른 기준환율 또는 재정환율 (2021. 2. 17. 개정)

2. 「외국환거래법」에 따른 일별 기준환율 또는 재정환율 (2021. 2. 17. 개정)

⑥ 내국법인이 제5항에 따라 선택하여 적용한 환산방식은 그 후의 사업연도에도 계속하여 적용해야 한다. 다만, 제5항에 따라 선택한 환산방식을 적용한 사업연도를 포함하여 5개 사업연도가 지난 후에는 다른 방법을 선택하여 적용할 수 있다. (2021. 2. 17. 개정)

제47조【국외지배주주의 출자금액 산정방법】① 법 제22조 제2항에 따른 국외지배주주의 내국법인 출자금액은 해당 내국법인의 해당 사업연도 종료일 현재 제1호의 금액에 제2호의 비율을 곱하여 산출한 금액으로 한다. 다만, 외국법인의 국내사업장의 경우에는 해당 사업연도 종료일 현재 그 국내사업장의 재무상태표상 자산총액에서 부채총액을 뺀 금액을 국외지배주주의 외국법인의 국내사업장 출자금액으로 본다. (2021. 2. 17. 개정)

1. 다음 각 목의 금액 중 큰 금액 (2021. 2. 17. 개정)

　가. 재무상태표상 자산의 합계에서 부채(충당금을 포함하며, 미지급 법인세는 제외한다)의 합계를 뺀 금

<제22조>

③ 제2항에 따른 국외지배주주의 출자금액에 대한 차입금의 배수(倍數)는 업종의 특성 등에 따라 필요한 경우 업종별로 구분하여 따로 대통령령으로 정할 수 있다. (2020. 12. 22. 개정)

④ 내국법인이 제2항 각 호에 따라 차입한 금액의 규모 및 차입 조건이 특수관계가 없는 자 간의 통상적인 차입 규모 및 차입 조건과 같거나 유사한 것임을 대통령령으로 정하는 바에 따라 증명하는 경우 그 차입금에 대한 이자등에 대해서는 제2항 및 제3항을 적용하지 아니한다. (2020. 12. 22. 개정)

제50조 【업종별 배수】 ① 법 제22조 제3항에 따라 금융업에 적용하는 국외지배주주의 출자금액에 대한 차입금의 배수는 6배로 한다. (2021. 2. 17. 개정)

② 내국법인이 금융업과 금융업이 아닌 업종을 겸영(兼營)하고, 그 내국법인의 출자금액 또는 차입금이 업종별로 구분되지 않는 경우에는 다음 각 호의 구분에 따라 출자금액 또는 차입금을 배분한 후 각각 제1항 및 법 제22조 제2항 각 호 외의 부분 전단에 따른 업종별 배수를 적용한다. (2021. 2. 17. 개정)

1. 금융업과 금융업이 아닌 업종에서 영업이익(기업회계기준에 따른 영업이익을 말한다. 이하 이 항에서 같다)이 각각 발생한 경우 : 각 영업이익에 비례하여 출자금액 또는 차입금을 배분 (2022. 2. 15. 개정)

2. 금융업과 금융업이 아닌 업종 중 어느 하나의 업종에서 영업이익이 발생하지 않은 경우 : 「법인세법 시행령」 제94조 제2항 제2호를 준용하여 출자금액 또는 차입금을 배분 (2022. 2. 15. 개정)

제51조 【통상적인 조건에 의한 차입금】 ① 국외지배주주의 출자금액에 대한 차입금의 배수가 2배 또는 제50조 제1항에서 정한 업종별 배수를 초과하는 내국법인이 법 제22조 제4항을 적용받으려는 경우에는 다음 각 호의 자료를 「법인세법」 제60조 제1항 및 제76조의 17 제1항에 따른 신고기한까지 과세당국에 제출해야 한다. (2021. 2. 17. 개정)

1. 이자율, 만기일, 지급방법, 자본전환 가능성, 다른 채권과의 우선순위 등을 고려할 때 해당 차입금이 사실상 출자에 해당되지 않는다는 것을 증명하는 자료 (2021. 2. 17. 개정)

2. 해당 내국법인과 같은 종류의 사업을 하는 비교가능한 법인의 자기자본에 대한 차입금의 배수(이하 이 조에서 "비교대상배수"라 한다)에 관한 자료. 이 경우 비교가능한 법인은 해당 내국법인과 사업 규모 및 경영 여건 등이 유사한 내국법인 중 차입금의 배수를 기준으로 대표성이 있는 법인으로 한다. (2021. 2. 17. 개정)

② 국외지배주주의 내국법인 출자금액에 대한 차입금의 배수가 비교대상배수를 초과하는 경우 내국법인의 손금불산입액의 산정방법은 제48조를 준용한다. 이 경우 "기준배수"는 "비교대상배수"로 본다. (2021.

⑤ 제2항을 적용받는 내국법인이 각 사업연도 중에 지급한 이자등에 대하여 국외지배주주에 대한 소득세 또는 법인세를 원천징수한 경우에는 제2항에 따른 배당에 대한 소득세 또는 법인세를 계산할 때 이미 원천징수한 세액과 상계하여 조정한다. (2020. 12. 22. 개정)
⑥ 제2항부터 제5항까지의 규정을 적용할 때 서로 다른 이자율이 적용되는 이자등이 함께 있는 경우에는 높은 이자율이 적용되는 것부터 먼저 손금에 산입하지 아니한다. (2020. 12. 22. 개정)

제23조 【제3자 개입 차입 거래】 내국법인이 국외지배주주가 아닌 자로부터 차입한 금액이 다음 각 호의 요건을 모두 갖춘 경우에는 국외지배주주로부터 직접 차입한 금액으로 보아 제22조를 적용한다. 다만, 내국법인이 국외지배주주가 아닌 국외특수관계인으로부터 차입한 경우에는 제2호의 요건만 갖추어도 제22조를 적용한다. (2020. 12. 22. 개정)
1. 해당 내국법인과 국외지배주주 간에 그 차입에 대한 사전계약(차입과 관련된 증거에 따라 사전에 실질적인 합의가 있는 것으로 인정되는 경우를 포함한다)이 있을 것 (2020. 12. 22. 개정)
2. 해당 내국법인과 국외지배주주 간에 그 차입의 조건이 실질적으로 결정될 것 (2020. 12. 22. 개정)

제24조 【소득 대비 과다 지급이자의 손금불산입】 ① 이 조에서 사용하는 용어의 뜻은 다음과 같다. (2020. 12. 22. 개정)
1. "순이자비용"이란 국외특수관계인에게 지급한 이자등에서 국외특수관계인으로부터 받은 이자수익을 뺀 금액을 말한다. (2020. 12. 22. 개정)

2. 17. 개정)

제52조 【원천징수세액 조정】 내국법인은 법 제22조 제5항에 따라 원천징수세액에 대한 상계조정을 한 결과 납부할 세액이 있는 경우에는 「법인세법」 제60조 제1항 및 제76조의 17 제1항에 따른 신고기한이 속하는 달의 다음 달 10일까지 납세지 관할 세무서장에게 납부해야 하며, 환급받을 세액이 있는 경우에는 납세지 관할 세무서장에게 환급을 신청할 수 있다. (2021. 2. 17. 개정)

제53조 【국외지배주주 지급이자 등에 관한 서식 제출】 ① 국외지배주주등차입금이 있는 내국법인은 기획재정부령으로 정하는 국외지배주주에게 지급하는 이자등에 대한 조정 명세서를 「법인세법」 제60조 제1항 및 제76조의 17 제1항에 따른 법인세의 과세표준과 세액의 확정신고를 할 때 납세지 관할 세무서장에게 제출해야 한다. (2021. 2. 17. 개정)
② 제52조에 따라 추가로 납부해야 하는 세액이 있거나 환급을 신청할 세액이 있는 내국법인은 기획재정부령으로 정하는 국외지배주주에 대한 원천징수세액 조정 명세서를 「법인세법」 제60조 제1항 및 제76조의 17 제1항에 따른 법인세의 과세표준과 세액의 확정신고를 할 때 납세지 관할 세무서장에게 제출해야 한다. (2021. 2. 17. 개정)

제 2 관　소득 대비 과다 지급이자의 손금불산입

제54조 【순이자비용 및 조정소득금액의 계산】 ① 법 제24조 제1항 제1호에 따른 순이자비용은 내국법인이 모든 국외특수관계인으로부터 차입한 전체 차입금에 대하여 지급하는 이자등의 총액에서 내국법인이 모든 국외특수관계인으로부터 수취하는 이자수익의 총액을 차감한 금액으로 한다. 이 경우 순이자비용이 음수인 경우에는 이를 영(零)으로 본다. (2021. 2. 17. 개정)
② 제1항을 적용할 때 이자등의 범위에 관하여는 제48조 제3항을 준용한다. (2021. 2. 17. 개정)

제32조 【국외지배주주에게 지급하는 이자등에 대한 조정 명세서 등】 ① 영 제53조 제1항에 따른 국외지배주주에게 지급하는 이자등에 대한 조정 명세서는 별지 제24호 서식(갑), 별지 제24호 서식(을), 별지 제24호 서식(병) 및 별지 제24호 서식(정)에 따른다. (2021. 3. 16. 개정)
② 영 제53조 제2항에 따른 국외지배주주에 대한 원천징수세액 조정 명세서는 별지 제25호 서식에 따른다. (2021. 3. 16. 개정)

제 2 관　소득 대비 과다 지급이자의 손금불산입

2. "조정소득금액"이란 감가상각비와 순이자비용을 빼기 전 소득금액을 말한다. (2020. 12. 22. 개정)
② 내국법인이 국외특수관계인으로부터 차입한 금액에 대한 순이자비용이 조정소득금액의 30퍼센트를 초과하는 경우에는 그 초과하는 금액은 손금에 산입하지 아니하며 「법인세법」 제67조에 따른 기타사외유출로 처분된 것으로 본다. (2020. 12. 22. 개정)

③ 제2항은 금융업 및 이와 유사한 업종 등을 하는 내국법인으로서 대통령령으로 정하는 내국법인에는 적용하지 아니한다. (2020. 12. 22. 개정)
④ 제2항을 적용할 때 서로 다른 이자율이 적용되는 이자등이 함께 있는 경우에는 높은 이자율이 적용되는 것부터 먼저 손금에 산입하지 아니한다. (2020. 12. 22. 개정)
⑤ 순이자비용 및 조정소득금액의 계산방법과 그 밖에 필요한 사항은 대통령령으로 정한다. (2020. 12. 22. 개정)

③ 법 제24조 제1항 제2호의 감가상각비와 소득금액은 다음 각 호의 구분에 따른 금액으로 한다. (2022. 2. 15. 개정)
1. 감가상각비 : 「법인세법」 제23조에 따라 손비로 계상한 감가상각비 (2021. 2. 17. 개정)
2. 소득금액 : 법 제6조, 제7조, 제22조, 제23조, 제25조 및 「법인세법」 제28조를 적용하기 전의 각 사업연도의 소득금액 (2021. 2. 17. 개정)
2. 소득금액 : 법 제6조, 제7조, 제22조, 제23조, 제25조, 「법인세법」 제28조 및 이 영 제60조의 2를 적용하기 전의 각 사업연도의 소득금액 (2025. 2. 28. 개정)
④ 법 제24조 제1항 제2호에 따라 계산한 조정소득금액이 음수인 경우에는 이를 영(零)으로 본다. (2022. 2. 15. 신설)
⑤ 법 제24조 제2항을 적용할 때 같은 이자율이 적용되는 차입금이 둘 이상인 경우에는 차입시기가 늦은 차입금부터 손금에 산입하지 않으며, 이자율과 차입시기가 모두 같은 경우에는 차입금의 비율에 따라 안분하여 손금에 산입하지 않는다. (2022. 2. 15. 신설)

제55조 【소득 대비 과다지급이자 손금불산입의 적용 배제】 법 제24조 제3항에서 "대통령령으로 정하는 내국법인"이란 「통계법」 제22조에 따라 통계청장이 고시하는 한국표준산업분류에 따른 금융 및 보험업을 영위하는 내국법인을 말한다. (2021. 2. 17. 개정)

제55조 【소득 대비 과다지급이자 손금불산입의 적용 배제】 법 제24조 제3항에서 "대통령령으로 정하는 내국법인"이란 「통계법」 제22조에 따라 통계청장이 고시하는 한국표준산업분류에 따른 금융 및 보험업을 영위하는 내국법인(「금융지주회사법」에 따른 금융지주회사가 아닌 지주회사는 제외한다)을 말한다. (2025. 2. 28. 개정)

제56조 【순이자비용에 대한 서식 제출】 국외특수관계인으로부터 자금을 차입한 내국법인은 기획재정부령으로 정하는 국외특수관계인에게 지급하는 순이자비용에 대한 조정 명세서를 「법인세법」 제60조 제1항 및 제76조의 17 제1항에 따른 법인세의 과세표준과 세액의 확정신고를 할 때 납세지 관할 세무서장에게 제출해야 한다. (2021. 2. 17. 개정)

편주 ▶
영 54조 3항 2호의 개정규정은 2025. 1. 1. 이후 개시하는 사업연도부터 적용함. (영 부칙(2025. 2. 28.) 2조)

편주 ▶
영 55조의 개정규정은 2025. 1. 1. 이후 개시하는 사업연도부터 적용함. (영 부칙(2025. 2. 28.) 3조)

제33조 【국외특수관계인에게 지급하는 순이자비용에 대한 조정 명세서】 영 제56조에 따른 국외특수관계인에게 지급하는 순이자비용에 대한 조정 명세서는 별지 제26호 서식(갑) 및 별지 제26호 서식(을)에 따른다. (2021. 3. 16. 개정)

제25조【혼성금융상품 거래에 따른 지급이자의 손금불산입】① 이 조에서 "혼성금융상품"이란 자본 및 부채의 성격을 동시에 갖고 있는 금융상품으로서 대통령령으로 정하는 금융상품을 말한다. (2020. 12. 22. 개정)

② 내국법인이 국외특수관계인과의 혼성금융상품 거래에 따라 지급한 이자등 중 대통령령으로 정하는 기간(이하 이 조에서 "적정기간"이라 한다) 이내에 그 거래 상대방이 소재한 국가에서 거래 상대방의 소득에 포함되지 아니하는 등 과세되지 아니한 금액은 적정기간 종료일이 속하는 사업연도의 소득금액을 계산할 때 대통령령으로 정하는 바에 따라 익금에 산입하며 「법인세법」 제67조에 따른 기타사외유출로 처분된 것으로 본다. 이 경우 내국법인은 대통령령으로 정하는 바에 따라 계산한 이자 상당액을 적정기간 종료일이 속하는 사업연도의 법인세에 더하여 납부하여야 한다. (2020. 12. 22. 개정)
③ 제2항 전단에 따라 익금에 산입하는 내국법인은 대통령령으로 정하는 바에 따라 혼성금융상품 거래에 관한 자료를 적정기간 종료일이 속하는 사업연도를 기준으로 하여 「법인세법」 제60조 제1항 및 제76조의 17 제1항에 따른 신고기한까지 납세지 관할 세무서장에게 제출하여야 한다. (2022. 12. 31. 신설)
④ 혼성금융상품 거래의 범위, 과세되지 아니한 금액의 범위, 그 밖에 필요한 사항은 대통령령으로 정한다. (2022. 12. 31. 항번개정)

제 3 관　혼성금융상품 거래에 따른 지급이자의 손금불산입

제57조【혼성금융상품의 범위】법 제25조 제1항에서 "대통령령으로 정하는 금융상품"이란 다음 각 호의 구분에 따른 요건을 모두 갖춘 금융상품을 말한다. 다만, 「통계법」 제22조에 따라 통계청장이 고시하는 한국표준산업분류에 따른 금융 및 보험업을 영위하는 내국법인이 발행하는 금융상품은 제외한다. (2021. 2. 17. 개정)
1. 우리나라의 경우 : 우리나라의 세법에 따라 해당 금융상품을 부채로 보아 내국법인이 해당 금융상품의 거래에 따라 국외특수관계인인 외국법인(이하 이 관에서 "거래상대방"이라 한다)에게 지급하는 이자등을 이자비용으로 취급할 것 (2021. 2. 17. 개정)
2. 거래상대방이 소재한 국가의 경우 : 그 국가의 세법에 따라 해당 금융상품을 자본으로 보아 거래상대방이 내국법인으로부터 지급받는 이자등을 배당소득으로 취급할 것 (2021. 2. 17. 개정)

제58조【적정기간】법 제25조 제2항에서 "대통령령으로 정하는 기간"이란 내국법인이 제57조에 따른 혼성금융상품(이하 "혼성금융상품"이라 한다)의 거래에 따라 이자등을 지급하는 사업연도의 종료일부터 12개월 이내에 개시하는 거래상대방의 사업연도의 종료일까지의 기간을 말한다. (2023. 2. 28. 개정)

제59조【과세되지 않은 금액의 범위 등】① 법 제25조 제2항에 따른 과세되지 않은 금액의 범위는 내국법인이 지급한 이자등이 거래상대방이 소재한 국가의 세법에 따라 배당소득으로 취급되어 과세소득에 포함되지 않은 금액으로서 다음 각 호의 구분에 따른다. (2021. 2. 17. 개정)
1. 해당 이자등의 전부가 거래상대방의 과세소득에 포함되지 않은 경우 : 전체 금액 (2021. 2. 17. 개정)
2. 해당 이자등의 10퍼센트 미만의 금액만 거래상대방의 과세소득에 포함되는 경우 : 과세소득에 포함되지 않은 금액 (2021. 2. 17. 개정)

제 3 관　혼성금융상품 거래에 따른 지급이자의 손금불산입

　제26조【지급이자의 손금불산입 적용 순서】① 제22조와 제24조가 동시에 적용되는 경우에는 그 중 손금에 산입하지 아니하는 금액이 크게 계산되는 것 하나만을 적용한다. 이 경우 그 금액이 같은 경우에는 제22조를 적용한다. (2020. 12. 22. 개정)

② 제22조 또는 제24조는 제6조, 제7조, 제25조 및 「법인세법」 제28조보다 우선하여 적용한다. (2020. 12. 22. 개정)

② 제22조 또는 제24조는 다음 각 호의 규정보다 우선하여 적용한다. (2024. 12. 31. 개정)

1. 제6조, 제7조 및 제25조 (2024. 12. 31. 개정)
2. 「법인세법」 제28조 (2024. 12. 31. 개정)
3. 「법인세법」 제40조에 따른 손금의 귀속사업연도의 범위에 관한 규정 중 대통령령으로 정하는 규정 (2024. 12. 31. 개정)

편주 ▶ ●●●
법 26조 2항 및 3항의 개정규정은 2025. 1. 1. 이후 개시하는 사업연도부터 적용함. (법 부칙(2024. 12. 31.) 4조)
●●●

③ 제25조는 제6조, 제7조 및 「법인세법」 제28조보다 우선하여 적용한다. (2020. 12. 22. 개정)

③ 제25조는 다음 각 호의 규정보다 우선하여 적용한다. (2024. 12. 31. 개정)

1. 제6조 및 제7조 (2024. 12. 31. 개정)
2. 제2항 제2호 및 제3호 (2024. 12. 31. 개정)

② 법 제25조 제2항에 따라 적정기간 종료일이 속하는 사업연도의 소득금액을 계산할 때 익금에 산입하는 금액은 제1호의 금액에 제2호의 비율을 곱하여 산출한 금액으로 한다. (2021. 2. 17. 개정)

1. 내국법인이 거래상대방에게 지급하는 이자등의 금액 (2021. 2. 17. 개정)
2. 거래상대방이 내국법인으로부터 지급받는 배당소득 금액 중 제1항에 따른 과세되지 않은 금액이 차지하는 비율 (2021. 2. 17. 개정)

③ 법 제25조 제2항 후단에서 "대통령령으로 정하는 바에 따라 계산한 이자 상당액"이란 제1호의 금액에 제2호의 비율을 곱하여 계산한 금액을 말한다. (2021. 2. 17. 개정)

1. 거래상대방에게 지급한 이자등을 손금에 산입한 사업연도에 제2항에 따라 계산한 금액을 손금에 산입하지 않았을 경우 발생했을 법인세액의 차액 (2021. 2. 17. 개정)
2. 이자등을 손금에 산입한 사업연도의 다음 사업연도 개시일부터 익금에 산입한 사업연도의 종료일까지의 기간에 대하여 1일당 10만분의 22의 율 (2022. 2. 15. 개정)

　제60조【혼성금융상품 거래에 관한 자료 제출】(2023. 2. 28. 제목개정)
법 제25조 제3항에 따라 혼성금융상품 거래에 관한 자료를 제출해야 하는 내국법인은 기획재정부령으로 정하는 혼성금융상품 관련 이자비용에 대한 조정 명세서를 작성하여 제출해야 한다. (2023. 2. 28. 개정)

　제60조의 2【지급이자의 손금불산입 적용 순서】법 제26조 제2항 제3호에서 "대통령령으로 정하는 규정"이란 「법인세법 시행령」 제70조 제1항 제2호 단서 중 "차입일부터 이자지급일이 1년을 초과하는 특수관계인과의 거래에 따른 이자 및 할인액은 제외한다"는 부분을 말한다. (2025. 2. 28. 신설)

　제34조【혼성금융상품 관련 이자비용에 대한 조정 명세서】영 제60조에 따른 혼성금융상품 관련 이자비용에 대한 조정 명세서는 별지 제27호 서식에 따른다. (2021. 3. 16. 개정)

제 3 절　특정외국법인의 유보소득에 대한 합산과세

제27조【특정외국법인의 유보소득 배당간주】① 다음 각 호의 요건을 모두 충족하는 외국법인(이하 "특정외국법인"이라 한다)에 대하여 내국인이 출자한 경우에는 특정외국법인의 각 사업연도 말 현재 배당 가능한 유보소득(留保所得) 중 내국인에게 귀속될 금액은 내국인이 배당받은 것으로 본다. (2021. 12. 21. 개정)
1. 본점, 주사무소 또는 실질적 관리장소를 둔 국가 또는 지역에서의 실제부담세액이 다음 계산식에 따라 산출한 금액 이하일 것 (2021. 12. 21. 신설)

> 외국법인의 실제발생소득 ×「법인세법」제55조에 따른 세율 중 최고세율의 70퍼센트

2. 해당 법인에 출자한 내국인과 특수관계(제2조 제1항 제3호 가목의 관계에 해당하는지를 판단할 때에는 내국인의 친족 등 대통령령으로 정하는 자가 직접 또는 간접으로 보유하는 주식을 포함한다)에 있을 것 (2021. 12. 21. 신설)
② 제1항을 적용받는 내국인의 범위는 특정외국법인의 각 사업연도 말 현재 발행주식의 총수 또는 출자총액의 10퍼센트 이상을 직접 또는 간접으로 보유한 자로 한다. 이 경우 발행주식의 총수 또는 출자총액의 10퍼센트를 판단하는 경우에는「국세기본법」제2조 제20호 가목 및 나목에 따른 내국인의 특수관계인이 직접 보유하는 발행주식 또는 출자지분을 포함한다. (2020. 12. 22. 개정)
③ 내국인이 외국신탁(외국의 법령에 따라 설정된 신탁으로서「법인세법」제5조 제2항 각 호의 어느 하나에 해당하는 신탁과 유사한 것을 말한다)의 수익권을 직접 또는 간접으로 보유하고 있는 경우에는 신탁재산별로 각각을 하나의 외국법인으로 보아 제1항 및 제2항을 적용한다. (2021. 12. 21. 개정)
④ 제1항 제1호에 따른 특정외국법인의 실제부담세액 및 실제발생소득의 범위 등은 대통령령으로 정한다. (2021. 12. 21. 개정)

제 3 절　특정외국법인의 유보소득에 대한 합산과세

제61조【실제발생소득의 범위】① 법 제27조 제1항 제1호 표의 실제발생소득은 해당 외국법인의 본점, 주사무소 또는 실질적 관리장소가 있는 국가 또는 지역(이하 이 절에서 "거주지국"이라 한다)에서 재무제표를 작성할 때에 일반적으로 인정되는 회계원칙(우리나라의 기업회계기준과 현저히 다른 경우에는 우리나라의 기업회계기준으로 한다)에 따라 산출한 해당 사업연도를 포함한 최근 3개 사업연도에 실제로 발생한 소득을 합계한 액수의 연평균액으로 한다. 이 경우 각 사업연도에 실제로 발생한 소득은 법인세 차감 전 당기순이익(해당 외국법인의 거주지국 세법에 따라 산출한 법인 소득에 대한 조세 및 이에 부수되는 조세에 의하여 부담되는 금액을 빼기 전의 순이익을 말한다. 이하 이 절에서 "세전이익"이라 한다)에 다음 각 호의 구분에 따른 사항을 반영하여 조정한 금액을 말하며, 세전이익이 결손인 사업연도는 실제로 발생한 소득은 영으로 본다. (2022. 2. 15. 개정)
1. 세전이익에 주식 또는 출자증권의 평가이익 및 평가손실(이하 이 조에서 "평가손익"이라 한다)이 반영되어 있는 경우 : 그 평가이익을 빼고 평가손실을 더할 것. 다만, 거주지국에서 그 자산의 평가손익의 전부 또는 일부가 해당 외국법인의 과세소득을 계산할 때 반영되어 있는 경우에는 그 평가손익은 빼거나 더하지 않는다. (2021. 2. 17. 개정)
2. 주식 또는 출자증권을 매각하거나 그 자산에서 생기는 배당금 또는 분배금을 받은 경우로서 그 사업연도 이전에 그 자산에 대한 평가손익이 있는 경우 : 그 평가손익을 포함할 것 (2021. 2. 17. 개정)
② 제1항 전단에 따른 최근 3개 사업연도에는 법 제29조 제1항 제1호 각 목의 업종을 하는 사업연도 또는 같은 항 제2호 각 목의 행위를 주된 사업으로 하는 사업연도만 포함되며, 3개 사업연도에 미달하는 경우에는 해당 사업연도만으로 제1항에 따른 연평균액을 계산한다. (2022. 2. 15. 신설)

제 3 절　특정외국법인의 유보소득에 대한 합산과세

제35조【일반적으로 인정되는 회계원칙 등】① 영 제61조 제1항 각 호 외의 부분, 제66조 제1항 각 호 외의 부분 및 제98조 제3항 각 호 외의 부분에 따른 재무제표를 작성할 때에 일반적으로 인정되는 회계원칙은 거주지국 정부 또는 그 정부의 위임을 받은 기관이 제정하거나 승인한 회계기준으로서 그 거주지국 기업이 재무제표를 작성할 때에 적용해야 하는 회계처리 및 보고에 관한 일반적인 기준으로 한다. (2022. 3. 18. 개정)
② 영 제61조 제1항 각 호 외의 부분, 제66조 제1항 각 호 외의 부분 및 제98조 제3항 각 호 외의 부분에 따른 우리나라의 기업회계기준은「법인세법 시행령」제79조 각 호에서 정하는 것으로 한다. (2022. 3. 18. 개정)

제36조【거주지국 세법】영 제61조 제1항 각 호 외의 부분 및 제62조 전단에 따른 거주지국의 세법은 과세권의 주체인 국가 또는 지방자치단체가 국민 또는 주민에게 부과·징수하는 조세에 관한 종목과 세율을 정한 법으로 한다. (2022. 3. 18. 개정)

제62조【실제부담세액의 범위】(2022. 2. 15. 제목개정)
법 제27조 제1항 제1호 표 외의 부분의 실제부담세액은 외국법인의 해당 사업연도를 포함한 최근 3개 사업연도(제61조 제2항에 따라 계산한 기간을 말한다)에 실제로 부담한 세액을 합계한 액수의 연평균액으로서 해당 외국법인의 거주지국 세법에 따라 산정한 금액으로 한다. 이 경우 실제로 부담한 세액은 그 외국법인의 세전이익에 대한 조세를 말하며, 해당 거주지국 외의 국가에서 납부한 세액과 이월결손금 공제로 인한 감소세액을 포함한다. (2022. 2. 15. 개정)

제63조【특수관계인의 범위 등】① 법 제27조 제1항 제2호에서 "내국인의 친족 등 대통령령으로 정하는 자"란 다음 각 호의 관계에 있는 자(이하 이 조에서 "특수관계인"이라 한다)를 말한다. (2022. 2. 15. 개정)
1. 내국인과 「국세기본법」 제2조 제20호 가목 또는 나목의 관계에 있는 자 (2021. 2. 17. 개정)
2. 내국인과 법 제2조 제1항 제3호의 특수관계에 있는 자 (2021. 2. 17. 개정)
② 특수관계인이 간접으로 보유하는 주식을 제2조 제3항에 따라 계산하는 경우 특수관계인이 해당 내국인을 통하여 간접으로 보유하는 주식은 제외한다. (2021. 2. 17. 개정)
③ 법 제27조 제2항을 적용할 때 발행주식의 총수 또는 출자총액의 간접 보유비율의 계산에 관하여는 제2조 제3항을 준용한다. (2021. 2. 17. 개정)

제28조【특정외국법인의 유보소득 배당간주 적용의 배제】특정외국법인이 다음 각 호의 어느 하나에 해당하는 경우에는 제27조를 적용하지 아니한다. (2020. 12. 22. 개정)
1. 특정외국법인의 각 사업연도 말 현재 실제발생소득이 대통령령으로 정하는 금액 이하인 경우 (2020. 12. 22. 개정)
2. 특정외국법인이 소재한 국가 또는 지역에 사업을 위하여 필요한 사무소, 점포, 공장 등의 고정된 시설을 가지고 있고, 그 법인이 스스로 사업을 관리하거나 지배 또는 운영을 하며, 그 국가 또는 지

제64조【특정외국법인의 유보소득 배당간주 적용 배제의 판정】
① 법 제28조 제1호에서 "각 사업연도 말 현재 실제발생소득이 대통령령으로 정하는 금액 이하인 경우"란 제61조에 따라 계산한 실제발생소득을 각 사업연도 말 현재 「외국환거래법」에 따른 기준환율 또는 재정환율로 환산한 금액이 2억원 이하인 경우를 말한다. 다만, 사업연도가 1년 미만인 경우에는 다음 계산식에 따라 산출한 금액 이하인 경우를 말한다. (2021. 2. 17. 개정)

역에서 주로 사업을 하는 경우 (2021. 12. 21. 개정)

3. 특정외국법인이 대통령령으로 정하는 요건에 따라 주식의 보유를 주된 사업으로 하면서 그 특정외국법인(이하 이 호에서 "해외지주회사"라 한다)이 다음 각 목의 요건을 모두 갖추어 자회사(대통령령으로 정하는 요건을 모두 갖춘 외국법인을 말한다. 이하 이 호에서 같다)의 주식을 보유하고 있는 경우 (2022. 12. 31. 개정)

가. 해외지주회사가 모든 자회사의 주식을 그 자회사의 배당기준일 현재 6개월 이상 계속하여 보유하고 있을 것 (2020. 12. 22. 개정)

나. 해외지주회사가 가목의 요건을 갖추어 주식을 보유하고 있는 자회사로부터 받은 이자소득, 배당소득 등을 고려하여 다음 계산식에 따라 계산한 소득금액비율이 각 사업연도 말 현재 대통령령으로 정하는 비율 이상일 것 (2022. 12. 31. 개정)

$$\text{소득금액비율} = \frac{A}{B-C-D}$$

A : 해외지주회사가 가목의 요건을 갖추어 주식을 보유하고 있는 자회사 중 해당 해외지주회사와 같은 국가 또는 기획재정부령으로 정하는 같은 지역(이하 제29조에서 "같은 국가등"이라 한다)에 본점 또는 주사무소를 두고 있는 자회사로부터 받은 이자소득, 배당소득, 그 밖에 대통령령으로 정하는 소득을 합친 금액

B : 해외지주회사의 소득금액

C : 해외지주회사가 사무실, 점포, 공장 등의 고정된 시설을 가지고 그 시설을 통하여 제29조 제1항 각 호에 해당하는 사업 외의 사업을 실질적으로 운영함에 따라 발생하는 소득금액

D : 해외지주회사가 가목의 요건을 갖추어 보유하고 있는 자회사의 주식을 처분함에 따라 발생하는 소득금액

$$2\text{억원} \times \frac{\text{해당 사업연도의 개월 수}}{12}$$

② 법 제28조 제3호 각 목 외의 부분에 따른 주된 사업은 해당 특정외국법인의 총 수입금액 중 50퍼센트를 초과하는 수입금액을 발생시키는 사업으로 한다. (2021. 2. 17. 개정)

③ 법 제28조 제3호 각 목 외의 부분에서 "대통령령으로 정하는 요건을 모두 갖춘 외국법인"이란 다음 각 호의 요건을 모두 갖춘 외국법인을 말한다. (2021. 2. 17. 개정)

1. 특정외국법인이 발행주식 총수 또는 출자총액의 40퍼센트 이상을 보유하고 있을 것 (2021. 2. 17. 개정)

2. 법 제27조를 적용받지 않을 것 (2021. 2. 17. 개정)

④ 법 제28조 제3호 나목 계산식 외의 부분에서 "대통령령으로 정하는 비율"이란 90퍼센트를 말한다. (2024. 2. 29. 개정)

⑤ 법 제28조 제3호 나목의 계산식에서 "대통령령으로 정하는 소득"이란 자회사로부터 받은 이자소득과 배당소득을 예금·적금으로 예치함에 따라 발생하는 이자소득을 말한다. (2024. 2. 29. 신설)

[개정취지] ┄┄┄┄┄┄┄┄┄┄┄┄┄┄┄┄┄┄

특정외국법인 유보소득 합산과세제도 합리화

• 해외지주회사인 특정외국법인의 유보소득에 대한 합산과세제도*의 적용을 배제하기 위한 요건 중 '해외지주회사가 자회사로부터 받은 이자소득과 배당소득의 합계 금액이 해당 지주회사의 소득금액에서 차지하는 비율이 90% 이상일 것의 요건'을 합리화하여 이자소득과 배당소득의 합계 금액에 해당 소득금액의 예금·적금 예치에 따라 발생하는 이자 소득금액도 합산하여 특정외국법인 유보소득 합산과세제도의 적용 배제를 판정하도록 함.(영 65조 5항 신설 ; 2024. 2. 29.)

* 특정외국법인의 유보소득에 대한 합산과세제도 : 해외 저세율국에 특정외국법인을 설립하여 소득을 이전시키거나 유보시키는 등의 조세회피행위를 방지하기 위하여 특정외국법인의 각 사업연도 말 현재 배당 가능한 유보소득 중 내국인에게 귀속될 금액은 내국인이 배당받은 것으로 간주하여 합산과세하는 제도

• 영 64조 5항의 개정규정은 2024. 2. 29.이 속하는 과세연도부터 적용함. (영 부칙(2024. 2. 29.) 2조)

┄┄┄┄┄┄┄┄┄┄┄┄┄┄┄┄┄┄┄┄┄┄┄

제37조【같은 지역의 범위】 법 제28조 제3호 나목의 계산식에서 "기획재정부령으로 정하는 같은 지역"이란 다음 각 호에 해당하는 지역을 말한다. (2021. 3. 16. 개정)

1. 유럽연합(EU) (2021. 3. 16. 개정)

2. 중국과 홍콩 (2021. 3. 16. 개정)

3. 동남아시아국가연합(ASEAN) (2021. 3. 16. 개정)

제29조【특정외국법인의 유보소득 배당간주의 예외적 적용】① 제28조 제2호에 따라 제27조를 적용받지 아니하는 특정외국법인의 경우에도 다음 각 호의 어느 하나에 해당하는 경우에는 제27조를 적용한다. 다만, 제1호 가목에 해당하는 도매업을 하는 특정외국법인이 같은 국가등에 있는 특수관계가 없는 자에게 판매하는 경우로서 대통령령으로 정하는 요건을 갖춘 경우에는 제27조를 적용하지 아니한다. (2020. 12. 22. 개정)

1. 「통계법」 제22조에 따라 통계청장이 작성·고시하는 한국표준산업분류에 따른 다음 각 목의 업종을 하는 특정외국법인으로서 대통령령으로 정하는 요건에 해당하는 법인 (2022. 12. 31. 개정)
   가. 도매업 (2020. 12. 22. 개정)
   나. 금융 및 보험업 (2020. 12. 22. 개정)
   다. 부동산업 (2020. 12. 22. 개정)
   라. 전문, 과학 및 기술 서비스업(건축 기술, 엔지니어링 및 관련 기술 서비스업은 제외한다) (2020. 12. 22. 개정)
   마. 사업시설관리, 사업지원 및 임대서비스업 (2020. 12. 22. 개정)
2. 다음 각 목의 행위를 주된 사업으로 하는 법인. 이 경우 주된 사업의 판단기준은 대통령령으로 정한다. (2020. 12. 22. 개정)
   가. 주식 또는 채권의 보유 (2020. 12. 22. 개정)
   나. 지식재산권의 제공 (2020. 12. 22. 개정)
   다. 선박·항공기·장비의 임대 (2020. 12. 22. 개정)
   라. 투자신탁 또는 기금에 대한 투자 (2020. 12. 22. 개정)
② 제28조 제2호 또는 이 조 제1항 각 호 외의 부분 단서에 따라 제27조를 적용받지 아니하는 특정외국법인의 경우에도 다음 각 호의 소득(이하 이 절에서 "수동소득"이라 한다)이 대통령령으로 정하는 기준을 갖춘 경우에는 해당 소득에 대하여 제27조를 적용한다. (2022. 12. 31. 개정)
1. 제1항 제2호 각 목의 행위에서 발생하는 소득 (2020. 12. 22. 개정)
2. 제1항 제2호 각 목의 행위에서 발생하는 소득과 관련된 자산(「통계법」 제22조에 따라 통계청장이 작성·고시하는 한국표준산업분류에 따른 금융 및 보험업을 하는 특정외국법인이 제1항 제2호 가목의 행위에서 발생하는 소득과 관련된 자산을 금융 및 보험업의 수행과 관련하여 보유하는 경우 및 특정외국법인이 같은 호 다목의

제65조【특정외국법인의 유보소득 배당간주의 예외적 적용의 판정】① 법 제29조 제1항 각 호 외의 부분 단서에서 "대통령령으로 정하는 요건"이란 같은 항 각 호 외의 부분 단서에 따른 같은 국가등에 있는 특수관계가 없는 자에게 판매한 금액이 해당 사업연도 총 수입금액의 50퍼센트를 초과하는 경우를 말한다. 이 경우 특수관계에 관하여 제2조를 적용할 때 "내국법인"은 "특정외국법인"으로 본다. (2021. 2. 17. 개정)
② 법 제29조 제1항 제1호 각 목 외의 부분에서 "대통령령으로 정하는 요건에 해당하는 법인"이란 다음 각 호의 요건을 모두 갖춘 법인을 말한다. (2021. 2. 17. 개정)
1. 해당 사업연도에 법 제29조 제1항 제1호 각 목의 업종에서 발생한 수입금액의 합계 또는 매입가액에 부대비용을 가산한 금액(이하 이 조에서 "매입원가"라 한다)의 합계가 그 특정외국법인의 총 수입금액 또는 총 매입원가의 50퍼센트를 초과하는 법인일 것. 다만, 도매업의 경우에는 해당 사업연도를 포함한 최근 3개 사업연도(3개 사업연도에 미달하는 경우에는 해당 사업연도까지의 기간으로 한다)의 평균금액을 기준으로 한다. (2021. 2. 17. 개정)
2. 해당 사업연도에 법 제29조 제1항 제1호 각 목의 업종에서 발생한 수입금액의 합계 또는 매입원가의 합계 중 특수관계가 있는 자와 거래한 금액이 해당 업종에서 발생한 수입금액 또는 매입원가의 합계의 50퍼센트를 초과하는 법인일 것. 이 경우 특수관계에 관하여 제2조를 적용할 때에는 "내국법인"은 "특정외국법인"으로 본다. (2021. 2. 17. 개정)
③ 법 제29조 제1항 제2호에 따른 주된 사업은 해당 특정외국법인의 총 수입금액 중 50퍼센트를 초과하는 수입금액을 발생시키는 사업으로 한다. (2021. 2. 17. 개정)
④ 법 제29조 제2항 각 호 외의 부분에서 "대통령령으로 정하는 기준을 갖춘 경우"란 해당 사업연도에 법 제29조 제2항 각 호에 해당하는 소득(이하 "수동소득"이라 한다)의 합계가 해당 특정외국법인의 총 수입금액의 5퍼센트를 초과하는 경우를 말한다. 다만, 해당 특정외국법인이 다음 각 호의 어느 하나에 해당하는 외국법인의 주식을 10퍼센트 이상 보유한 경우에는 그 주식에서 발생하는 배당금을 해당 수동소득에서 제외한 금액을 기준으로 한다. (2021. 2. 17. 개정)

행위에서 발생하는 소득과 관련된 자산을 특정외국법인의 사업에 직접 사용하는 경우의 해당 자산은 제외한다)의 매각손익 (2022. 12. 31. 개정)

제30조 【배당 가능한 유보소득 및 배당간주금액의 산출】 ① 제27조 제1항에 따라 내국인이 배당받은 것으로 보는 금액(이하 이 절에서 "배당간주금액"이라 한다)은 다음 계산식에 따른 금액으로 한다. (2020. 12. 22. 개정)

> 특정외국법인의 각 사업연도 말 현재 배당 가능한 유보소득 × 해당 내국인의 특정외국법인 주식 보유비율

② 제1항에도 불구하고 제29조 제2항을 적용하는 경우의 배당간주금액은 다음 계산식에 따른 금액으로 한다. (2020. 12. 22. 개정)

$$\text{특정외국법인의 각 사업연도 말 현재 배당 가능한 유보소득} \times \text{해당 내국인의 특정외국법인 주식 보유비율} \times \frac{(\text{수동소득의 합계금액} - \text{대통령령으로 정하는 금액})}{\text{특정외국법인의 총 수입금액}}$$

③ 제1항 및 제2항에 따른 배당 가능한 유보소득 및 주식 보유비율의 계산방법 등 배당간주금액을 산출하는 데 필요한 사항은 대통령령으로 정한다. (2020. 12. 22. 개정)

제31조 【배당간주금액의 익금 귀속 시기】 배당간주금액은 특정외국법인의 해당 사업연도 종료일의 다음 날부터 60일이 되는 날이 속하는 내국인의 과세연도의 익금 또는 배당소득(이하 이 절에서 "익금 등"이라 한다)에 산입한다. (2020. 12. 22. 개정)

1. 법 제29조 제1항 각 호 외의 사업을 하는 외국법인 (2021. 2. 17. 개정)
2. 법 제29조 제1항 제1호 가목에 해당하는 도매업을 하는 외국법인으로서 제1항의 요건을 갖춘 외국법인 (2021. 2. 17. 개정)

제66조 【배당 가능한 유보소득의 산출】 ① 법 제30조 제1항 및 제2항에 따른 특정외국법인의 각 사업연도 말 현재 배당 가능한 유보소득은 해당 특정외국법인의 거주지국에서 재무제표를 작성할 때에 일반적으로 인정되는 회계원칙(우리나라의 기업회계기준과 현저히 다른 경우에는 우리나라의 기업회계기준을 말한다)에 따라 산출한 처분 전 이익잉여금(해당 사업연도 중에 있었던 이익잉여금 처분에 의한 중간배당액이 있는 경우 이를 빼기 전의 금액을 말한다)으로부터 기획재정부령으로 정하는 사항을 조정한 금액에서 다음 각 호의 금액을 뺀 금액으로 한다. (2021. 2. 17. 개정)
1. 해당 사업연도에 대한 이익잉여금 처분액 중 이익의 배당금(해당 사업연도 중에 있었던 이익잉여금 처분에 의한 중간배당액을 포함한다) 또는 잉여금의 분배금 (2021. 2. 17. 개정)
2. 해당 사업연도에 대한 이익잉여금 처분액 중 상여금, 퇴직급여 및 그 밖의 사외유출 (2021. 2. 17. 개정)
3. 해당 사업연도에 대한 이익잉여금 처분액 중 거주지국의 법령으로 정하는 의무적립금 또는 의무적인 이익잉여금 처분액 (2021. 2. 17. 개정)
4. 해당 사업연도 개시일 이전에 법 제27조에 따라 해당 내국인에게 배당된 것으로 보아 이미 과세된 금액 중 제1호에 따른 이익잉여금 처분이 되지 않은 금액 (2021. 2. 17. 개정)
5. 법 제27조가 적용되지 않을 때 발생한 이익잉여금(제6호의 금액은 제외한다) 중 제1호 및 제2호에 따른 이익잉여금 처분이 되지 않은 금액 (2021. 2. 17. 개정)
6. 주식 또는 출자증권의 평가이익 중 해당 사업연도 말 현재 실현되지 않은 금액 (2021. 2. 17. 개정)
7. 제64조 제1항에 따른 금액 (2021. 2. 17. 개정)
② 다음 각 호의 금액을 보유하고 있는 특정외국법인이 제1항 제1호 및

제38조 【잉여금의 조정】 영 제66조 제1항 각 호 외의 부분에서 "기획재정부령으로 정하는 사항"이란 다음 각 호에 해당하는 것을 말한다. (2025. 3. 21. 항번개정)
1. 해당 사업연도 전의 이익잉여금 처분 명세 중 임의적립금으로 취급되는 금액을 포함시키는 것 (2021. 3. 16. 개정)
2. 해당 사업연도 전의 이익잉여금 처분 명세 중 임의적립금 이입액으로 취급되는 금액을 제외시키는 것 (2021. 3. 16. 개정)
3. 특정외국법인이 1997년 1월 1일 이전에 산출한 배당 가능한 유보소득을 보유한 경우에는 다음 계산식에 따라 계산한 금액을 제외시키는 것 (2021. 3. 16. 개정)

> 해당 배당 가능한 유보소득 − 1997년 1월 1일 후에 있었던 영 제66조 제1항 제1호 및 제2호에 따른 이익잉여금 처분 누계액

제2호에 따른 이익잉여금 처분을 하는 때에는 다음 각 호의 금액 중 먼저 발생한 것부터 우선적으로 처분된 것으로 본다. (2021. 2. 17. 개정)
1. 1997년 1월 1일 이전에 보유한 배당 가능한 유보소득 (2021. 2. 17. 개정)
2. 해당 사업연도 개시일 이전에 보유하고 있는 제1항 제4호 및 제5호의 금액 (2021. 2. 17. 개정)

제67조【주식 보유비율의 계산방법 등】① 법 제30조 제1항 및 제2항에서 내국인이 배당받은 것으로 보는 금액(이하 이 장에서 "배당간주금액"이라 한다)을 산출하기 위한 내국인의 특정외국법인 주식 보유비율은 다음 각 호의 구분에 따른 방법으로 계산한 비율로 한다. (2021. 2. 17. 개정)
1. 내국인과 특정외국법인, 그리고 이들 사이의 하나 이상의 법인이 모두 하나의 일련의 주식소유관계를 통해 연결되어 있는 경우 : 각 단계의 주식 보유비율을 모두 곱하여 산출한 비율 (2021. 2. 17. 개정)
2. 내국인과 특정외국법인 사이에 둘 이상의 일련의 주식소유관계가 있는 경우 : 각 일련의 주식소유관계에 대하여 제1호에 따라 산출한 주식 보유비율을 모두 더하여 산출한 비율 (2021. 2. 17. 개정)
② 제1항 제1호를 적용할 때 내국인과 특정외국법인 사이에 주식 보유를 통해 하나 이상의 내국법인이 끼어 있는 경우 내국인 간 주식 보유비율은 없는 것으로 본다. (2021. 2. 17. 개정)
③ 법 제30조 제1항 및 제2항을 적용할 때 배당간주금액은 해당 특정외국법인의 각 사업연도 종료일의 다음 날부터 60일이 되는 날 현재의 「외국환거래법」에 따른 기준환율 또는 재정환율을 적용하여 환산한다. (2021. 2. 17. 개정)
④ 법 제30조 제2항의 계산식에서 "대통령령으로 정하는 금액"이란 제65조 제4항 각 호 외의 부분 단서에 따른 배당금을 말한다. (2021. 2. 17. 개정)

제32조【실제 배당금액 등의 익금불산입】① 제31조에 따라 배당간주금액이 내국인의 익금등으로 산입된 후 해당 특정외국법인이 그 유보소득을 실제로 배당(「법인세법」 제16조에 따라 배당금 또는 분배금으로 보는 금액을 포함한다)한 경우에는 「법인세법」 제18조 제2호에 따라

제68조【실제 배당금액의 익금불산입 방법】① 특정외국법인이 내국인에게 실제로 배당(「법인세법」 제16조에 따라 배당금 또는 분배금으로 보는 금액을 포함한다. 이하 이 조에서 같다)을 한 경우에는 배당 가능한 유보소득이 발생한 순서에 따라 그 유보소득으로부터 실제

제39조【실제 배당금액의 익금불산입】① 내국인이 법 제32조 제1항 및 영 제68조 제2항에 따라 실제 배당금액 중 익금에 산입하지 않는 소득으로 보거나 배당

익금에 산입하지 아니하는 소득으로 보거나 「소득세법」 제17조 제1항에 따른 배당소득에 해당하지 아니하는 것으로 본다. (2020. 12. 22. 개정)
② 제31조에 따라 배당간주금액이 내국인의 익금등으로 산입된 후 그 내국인이 해당 특정외국법인의 주식을 양도한 경우에는 양도차익을 한도로 다음 계산식에 따른 금액[그 금액이 영(零) 이하인 경우에는 영으로 본다]을 「법인세법」 제18조 제2호에 따라 익금에 산입하지 아니하는 소득으로 보거나 「소득세법」 제87조의 6 제1항 제1호에 따른 금융투자소득에 해당하지 아니하는 것으로 본다. (2021. 12. 21. 개정)

> (양도한 주식에 대한 배당간주금액의 합계에 상당하는 금액) − (양도한 주식에 대하여 실제로 배당한 금액)

② 제31조에 따라 배당간주금액이 내국인의 익금등으로 산입된 후 그 내국인이 해당 특정외국법인의 주식을 양도한 경우에는 양도차익을 한도로 다음 계산식에 따른 금액[그 금액이 영(零) 이하인 경우에는 영으로 본다]을 「법인세법」 제18조 제2호에 따라 익금에 산입하지 아니하는 소득으로 보거나 「소득세법」 제94조 제1항 제3호 다목에 따른 양도소득에 해당하지 아니하는 것으로 본다. (2024. 12. 31. 개정)

> (양도한 주식에 대한 배당간주금액의 합계에 상당하는 금액) − (양도한 주식에 대하여 실제로 배당한 금액)

③ 제1항과 제2항에 따른 금액의 계산에 필요한 장부 및 증거서류는 「국세기본법」 제85조의 3 제2항에도 불구하고 배당일 또는 양도일이 속하는 과세연도의 법정신고기한까지는 보존하여야 한다. (2020. 12. 22. 개정)

제33조 【외국납부세액의 공제 및 경정청구】 ① 특정외국법인이 내국인에게 실제로 배당할 때에 외국에 납부한 세액이 있는 경우 제31조에 따라 익금등에 산입한 과세연도의 배당간주금액은 국외원천소득으로 보고, 실제 배당 시 외국에 납부한 세액은 제31조에 따라 익금등에 산입한 과세연도에 외국에 납부한 세액으로 보아 「소득세법」 제57조 제1항·제2항 또는 「법인세법」 제57조 제1항·제2항을 적용한다. (2020. 12. 22. 개정)
② 제1항을 적용받으려는 자는 실제로 배당을 받은 과세연도의 소득세 또는 법인세 신고기한부터 1년 이내에 대통령령으로 정하는 바에 따라 납세지 관할 세무서장에게 경정을 청구하여야 한다. (2020. 12. 22. 개정)

로 배당이 이루어진 것으로 본다. (2021. 2. 17. 개정)
② 내국인이 출자한 외국법인(이하 이 조에서 "중간외국법인"이라 한다)이 특정외국법인에 다시 출자한 경우로서 중간외국법인이 내국인에게 실제로 배당을 할 때에는 그 배당금액은 「법인세법」 제18조 제2호에 따라 익금에 산입하지 않는 소득으로 보거나 「소득세법」 제17조 제1항에 따른 배당소득에 해당되지 않는 것으로 본다. 이 경우 익금에 산입하지 않는 소득으로 보거나 배당소득에 해당되지 않는 것으로 보는 금액은 다음 계산식에 따라 계산한 금액을 한도로 한다. (2021. 2. 17. 개정)

> [특정외국법인이 유보소득을 중간외국법인에 실제로 배당한 금액 × 실제배당 당시의 내국인의 중간외국법인에 대한 주식 보유비율]의 합계액 − 과거 사업연도에 중간외국법인이 내국인에게 이미 실제로 배당하여 익금에 산입하지 않는 소득으로 보거나 배당소득에 해당하지 않는 것으로 본 금액

③ 내국인과 특정외국법인 사이에 둘 이상의 중간외국법인이 끼어 있는 경우에도 제2항에 따라 배당금액을 처리한다. (2021. 2. 17. 개정)

제69조 【외국납부세액 공제를 위한 경정청구】 ① 법 제33조 제1항을 적용받으려는 자는 기획재정부령으로 정하는 외국납부세액 공제세액 계산서를 첨부하여 법 제31조에 따라 배당간주금액으로 익금에 산입한 과세연도의 소득세·법인세 과세표준 및 세액을 다시 계산하여 그 금액의 환급에 대하여 경정을 청구해야 한다. (2021. 2. 17. 개정)
② 제1항에 따라 경정을 청구하려는 자가 외국정부의 배당소득에 대한 세액의 결정·통지가 지연되거나 과세기간이 다르다는 사유 등으로 법 제33조 제2항에 따른 기한까지 경정청구를 할 수 없는 경우에는 외국정부의 국외배당소득에 대한 세액결정 통지를 받은 날부터 3개월 이내에 증명서류를 첨부하여 경정을 청구할 수 있다. (2021. 2. 17. 개정)

소득에 해당되지 않는 것으로 보는 금액을 산출하는 경우에는 별지 제28호 서식의 실제 배당금액의 익금불산입(배당소득에 해당되지 않는 금액) 명세서를 작성·제출해야 한다. (2021. 3. 16. 개정)
② 내국인이 법 제32조 제2항에 따라 익금에 산입하지 않는 소득으로 보거나 양도소득에 해당되지 않는 것으로 보는 금액을 산출하는 경우에는 별지 제29호 서식의 실제 배당 전 주식등 양도 시의 익금불산입(양도소득에 해당되지 않는 금액) 명세서를 작성·제출해야 한다. (2021. 3. 16. 개정)

제40조 【외국납부세액 공제세액 계산서】 영 제69조 제1항에서 "기획재정부령으로 정하는 외국납부세액 공제세액 계산서"는 「법인세법 시행규칙」 별지 제8호 서식 부표 5 및 부표 5의 2를 준용하여 작성한 계산서를 말한다. (2021. 3. 16. 개정)

③ 제31조에 따라 익금등에 산입한 배당간주금액은 「법인세법」 제57조 제4항을 적용할 때 이를 익금등에 산입한 과세연도의 수입배당금액으로 본다. (2020. 12. 22. 개정)

제34조【특정외국법인에 대한 자료의 제출】제27조부터 제33조까지의 규정의 적용대상이 되는 내국인은 대통령령으로 정하는 바에 따라 다음 각 호의 서류를 「소득세법」 제70조 제1항 및 제70조의 2 제2항 또는 「법인세법」 제60조 제1항 및 제76조의 17 제1항에 따른 신고기한까지 납세지 관할 세무서장에게 제출하여야 한다. (2020. 12. 22. 개정)
1. 특정외국법인의 재무제표 (2020. 12. 22. 개정)
2. 특정외국법인의 법인세 신고서 및 부속서류 (2020. 12. 22. 개정)
3. 특정외국법인의 유보소득 계산 명세서 (2020. 12. 22. 개정)
4. 그 밖에 대통령령으로 정하는 서류 (2020. 12. 22. 개정)

제70조【특정외국법인 관련 과세자료의 제출】① 법 제27조, 제29조 (같은 조 제1항 각 호 외의 부분 단서에 해당하는 경우는 제외한다), 제30조부터 제33조까지에 따른 규정의 적용대상이 되는 내국인은 법 제34조에 따라 다음 각 호의 서류를 납세지 관할 세무서장에게 제출해야 한다. (2021. 2. 17. 개정)
1. 특정외국법인의 재무제표 (2021. 2. 17. 개정)
2. 특정외국법인의 법인세 신고서 및 부속서류(특정외국법인이 소재한 국가 또는 지역의 과세당국이 요구하는 부속서류를 말한다) (2021. 2. 17. 개정)
3. 기획재정부령으로 정하는 특정외국법인의 유보소득 계산 명세서 (2021. 2. 17. 개정)
4. 기획재정부령으로 정하는 특정외국법인의 유보소득 합산과세 판정 명세서 (2021. 2. 17. 개정)
5. 기획재정부령으로 정하는 특정외국법인의 유보소득 합산과세 적용범위 판정 명세서 (2021. 2. 17. 개정)
6. 기획재정부령으로 정하는 국외 출자 명세서 (2021. 2. 17. 개정)
② 법 제28조 및 제29조 제1항 각 호 외의 부분 단서에 따라 법 제27조의 적용이 배제되는 내국인은 법 제34조에 따라 제1항 제4호부터 제6호까지에서 규정하는 서류를 납세지 관할 세무서장에게 제출해야 한다. (2021. 2. 17. 개정)

제41조【특정외국법인 관련 자료의 제출】① 영 제70조 제1항 제3호에 따른 특정외국법인의 유보소득 계산 명세서는 별지 제30호 서식(갑) 및 별지 제30호 서식(을)에 따른다. (2021. 3. 16. 개정)
② 영 제70조 제1항 제4호에 따른 특정외국법인의 유보소득 합산과세 판정 명세서는 별지 제31호 서식(갑), 별지 제31호 서식(을) 및 별지 제31호 서식(병)에 따른다. (2021. 3. 16. 개정)
③ 영 제70조 제1항 제5호에 따른 특정외국법인의 유보소득 합산과세 적용범위 판정 명세서는 별지 제32호 서식(갑) 및 별지 제32호 서식(을)에 따른다. (2021. 3. 16. 개정)
④ 영 제70조 제1항 제6호에 따른 국외 출자 명세서는 별지 제33호 서식에 따른다. (2021. 3. 16. 개정)

제 3 절의 2　국외투과단체에 귀속되는 소득에 관한 과세특례
(2022. 12. 31. 신설)

제34조의 2 【국외투과단체에 귀속되는 소득에 관한 과세특례】
① 이 조에서 "국외투과단체"란 다음 각 호의 요건을 모두 충족하는 단체를 말한다. (2022. 12. 31. 신설)
1. 「법인세법」 제2조 제3호의 외국법인, 같은 법 제93조의 2의 국외투자기구 또는 「국세기본법」 제13조 제1항에 따른 법인 아닌 단체와 유사한 단체로서 국외에서 설립된 단체(이하 이 항에서 "외국법인등"이라 한다)일 것 (2022. 12. 31. 신설)
2. 외국법인등이 설립되었거나 외국법인등의 본점 또는 주사무소가 소재하는 국가의 세법에 따라 그 외국법인등의 소득에 대하여 해당 외국법인등이 아닌 외국법인등의 주주, 출자자 또는 수익자(이하 이 조에서 "출자자등"이라 한다)가 직접 납세의무를 부담할 것 (2022. 12. 31. 신설)
② 국외투과단체의 출자자등에 해당하는 대통령령으로 정하는 거주자 또는 내국법인이 제3항에 따라 이 조에서 규정하는 과세특례(이하 "국외투과단체과세특례"라 한다)의 적용 신청을 한 경우 국외투과단체에 귀속되는 소득은 그 출자자등에게 귀속되는 소득으로 보아 「소득세법」 또는 「법인세법」을 적용한다. (2022. 12. 31. 신설)
③ 제2항을 적용받으려는 출자자등은 대통령령으로 정하는 바에 따라 납세지 관할 세무서장에게 국외투과단체과세특례의 적용 신청을 하여야 한다. (2022. 12. 31. 신설)
④ 제2항을 적용받은 출자자등은 적용 신청 이후 국외투과단체가 제1항 각 호의 요건을 충족하지 못하게 된 경우 등 대통령령으로 정하는 경우를 제외하고는 국외투과단체과세특례의 적용을 포기할 수 없다. (2022. 12. 31. 신설)
⑤ 「자본시장과 금융투자업에 관한 법률」에 따른 투자신탁, 투자합자조합 및 투자익명조합(이하 이 항에서 "투자신탁등"이라 한다)의 경우에는 그 투자신탁등을 내국법인으로 보아 제2항부터 제4항까지를 적용한다. (2022. 12. 31. 신설)

제 3 절의 2 국외투과단체에 귀속되는 소득에 대한 과세특례
(2023. 2. 28. 신설)

제70조의 2 【국외투과단체에 귀속되는 소득에 대한 과세특례】
① 법 제34조의 2 제1항 제2호를 적용할 때 같은 항 제1호에 따른 외국법인등(이하 이 항에서 "외국법인등"이라 한다)이 설립되었거나 외국법인등의 본점 또는 주사무소가 소재하는 국가의 법률에 따라 개인과 법인의 소득 전부에 대해 납세의무가 없는 경우에는 같은 항 제2호에 따라 그 외국법인등의 소득에 대해 해당 외국법인등의 주주, 출자자 또는 수익자(이하 이 조에서 "출자자등"이라 한다)가 직접 납세의무를 부담하는 것으로 한다. (2023. 2. 28. 신설)
② 법 제34조의 2 제2항에서 "대통령령으로 정하는 거주자 또는 내국법인"이란 「소득세법」 제1조의 2 제1항 제1호에 따른 거주자 또는 「법인세법」 제2조 제1호에 따른 내국법인을 말한다. (2023. 2. 28. 신설)
③ 법 제34조의 2 제3항에 따른 국외투과단체과세특례의 적용 신청은 다음 각 호의 구분에 따른 자가 해야 한다. (2023. 2. 28. 신설)
1. 「국가재정법」 별표 2에서 규정하는 법률에 따라 설치된 기금 중 중앙관서의 장이 관리ㆍ운용하는 기금의 자산을 운용하는 경우 : 해당 기금을 관리ㆍ운용하는 중앙관서의 장(기금의 관리ㆍ운용 업무가 위탁된 경우에는 위탁받은 자로 한다) (2023. 2. 28. 신설)
2. 「한국투자공사법」에 따라 정부ㆍ한국은행이나 「국가재정법」에 따른 기금의 관리주체가 보유하는 자산을 운용하는 경우 : 해당 자산을 위탁받아 관리ㆍ운용하는 「한국투자공사법」에 따른 한국투자공사 (2023. 2. 28. 신설)
3. 「우체국예금ㆍ보험에 관한 법률」에 따른 우체국예금 자금 또는 「우체국보험특별회계법」에 따른 우체국보험적립금을 운용하는 경우 : 「우정사업 운영에 관한 특례법」 제2조 제2호에 따른 우정사업총괄기관 (2023. 2. 28. 신설)
4. 제1호부터 제3호까지에서 규정한 경우 외의 경우 : 제2항에 따른 거주자 또는 내국법인(이하 이 조에서 "거주자등"이라 한다) 중 법 제34조의 2 제2항에 따른 국외투과단체과세특례(이하 이 조에서 "국

제 3 절의 2 국외투과단체에 귀속되는 소득에 대한 과세특례 (2023. 3. 20. 신설)

⑥ 제2항을 적용하는 경우 출자자등에게 귀속되는 소득은 국외투과단체에 귀속되는 소득의 소득구분에 따르며, 국외투과단체에 그 소득이 귀속될 때에 즉시 그 출자자등에게 그 소득이 귀속되는 것으로 본다. (2022. 12. 31. 신설)

⑦ 제2항에 따라 국외투과단체의 소득이 출자자등의 총수입금액 또는 익금으로 산입된 후 해당 국외투과단체가 출자자등에게 실제로 분배하는 소득은 총수입금액 또는 익금에 산입되지 아니하는 소득으로 본다. (2022. 12. 31. 신설)

⑧ 국외투과단체의 소득으로서 제2항에 따라 출자자등에게 직접 귀속되는 것으로 보는 소득에 대하여 외국에서 출자자등에게 부과된 세액은 대통령령으로 정하는 바에 따라 「소득세법」 제57조 제1항 또는 「법인세법」 제57조 제1항에 따른 세액공제의 적용 대상이 되는 외국소득세액 또는 외국법인세액으로 본다. (2022. 12. 31. 신설)

⑨ 제2항이 적용되는 경우 제27조에 따른 특정외국법인의 유보소득 배당간주 규정은 적용하지 아니한다. (2022. 12. 31. 신설)

⑩ 제2항의 적용을 받는 출자자등의 소득금액 및 결손금 등의 계산 및 배분, 그 밖에 필요한 사항은 대통령령으로 정한다. (2022. 12. 31. 신설)

개정취지 ··

국외투과단체에 귀속되는 소득에 대한 과세특례 도입
- 국내 투자자가 해외에서 과세 실체로 보지 않는 파트너쉽(Partnership) 등의 형태로 투자한 경우 국내에서도 해당 파트너쉽 등의 단체를 과세 실체로 보지 않을 수 있도록 함. (법 34조의 2 신설 ; 2022. 12. 31.)
- 법 34조의 2의 개정규정은 2023. 1. 1. 이후 국외투과단체과세특례의 적용 신청을 하거나 법인세 또는 소득세 과세표준을 신고하는 분부터 적용함. (법 부칙(2022. 12. 31.) 5조)

··

외투과단체과세특례"라 한다)를 적용받으려는 거주자등 (2023. 2. 28. 신설)

④ 국외투과단체과세특례를 적용받으려는 거주자등이 법 제34조의 2 제3항에 따라 국외투과단체과세특례의 적용을 신청하는 경우에는 기획재정부령으로 정하는 국외투과단체과세특례 적용신청서에 국외투과단체과세특례를 적용받으려는 최초의 과세연도(「자본시장과 금융투자업에 관한 법률」에 따른 투자신탁, 투자합자조합 및 투자익명조합의 경우에는 회계기간으로 한다. 이하 이 조에서 같다)를 적어 납세지 관할 세무서장에게 제출해야 한다. (2023. 2. 28. 신설)

⑤ 법 제34조의 2 제3항에 따른 국외투과단체과세특례의 적용 신청은 국외투과단체과세특례를 적용받으려는 국외투과단체(법 제34조의 2 제1항에 따른 국외투과단체를 말한다. 이하 이 조에서 같다) 각각에 대해 해야 한다. (2023. 2. 28. 신설)

⑥ 제5항에도 불구하고 국외투과단체가 다른 국외투과단체에 투자하고 있는 경우 등 다수의 국외투과단체가 연속적으로 투자관계에 있는 경우에는 거주자등이 직접 투자한 국외투과단체에 대해 국외투과단체과세특례의 적용을 신청할 때 해당 국외투과단체와 연속적인 투자관계에 있는 국외투과단체 전부를 국외투과단체과세특례의 적용 대상으로 신청한 것으로 본다. 다만, 기획재정부령으로 정하는 국외투과단체과세특례 적용제외 신청서를 납세지 관할 세무서장에게 제출한 경우에는 그렇지 않다. (2023. 2. 28. 신설)

⑦ 법 제34조의 2 제4항에서 "국외투과단체가 제1항 각 호의 요건을 충족하지 못하게 된 경우 등 대통령령으로 정하는 경우"란 국외투과단체가 다음 각 호의 어느 하나에 해당하는 요건을 충족하지 못하게 된 경우를 말한다. (2023. 2. 28. 신설)

1. 법 제34조의 2 제1항 제1호 (2023. 2. 28. 신설)

2. 법 제34조의 2 제1항 제2호 (2023. 2. 28. 신설)

⑧ 국외투과단체과세특례를 적용받은 거주자등은 국외투과단체(제6항에 따라 국외투과단체과세특례의 적용 대상으로 신청된 것으로 보는 국외투과단체를 포함한다)가 제7항에 해당하게 된 경우에는 기획재정부령으로 정하는 국외투과단체과세특례 포기신청서를 납세지 관할 세무서장에게 제출해야 한다. (2023. 2. 28. 신설)

제41조의 2【국외투과단체에 귀속되는 소득에 대한 과세특례 적용신청서 등】

① 영 제70조의 2 제4항에 따른 국외투과단체과세특례 적용신청서 및 같은 조 제6항 단서에 따른 국외투과단체과세특례 적용제외 신청서는 별지 제33호의 2 서식에 따른다. (2023. 3. 14. 신설)

② 영 제70조의 2 제8항에 따른 국외투과단체과세특례 포기신청서는 별지 제33호의 3 서식에 따른다. (2023. 3. 14. 신설)

⑨ 법 제34조의 2 제6항에 따른 출자자등에게의 즉시 귀속은 국외투과단체에 그 소득이 귀속되는 날이 속하는 거주자등의 과세연도에 그 소득이 귀속되는 것으로 한다. (2023. 2. 28. 신설)

제 4 절　국외 증여에 대한 증여세 과세특례

제35조【국외 증여에 대한 증여세 과세특례】① 이 절에서 사용하는 용어의 뜻은 다음과 같다. (2020. 12. 22. 개정)
1. “거주자”란 「상속세 및 증여세법」 제2조 제8호에 따른 거주자를 말하며, 본점이나 주된 사무소의 소재지가 국내에 있는 비영리법인을 포함한다. (2020. 12. 22. 개정)
2. “비거주자”란 「상속세 및 증여세법」 제2조 제8호에 따른 비거주자를 말하며, 본점이나 주된 사무소의 소재지가 국내에 없는 비영리법인을 포함한다. (2020. 12. 22. 개정)
② 거주자가 비거주자에게 국외에 있는 재산을 증여(증여자의 사망으로 효력이 발생하는 증여는 제외한다)하는 경우 그 증여자는 이 법에 따라 증여세를 납부할 의무가 있다. (2020. 12. 22. 개정)
③ 제2항에도 불구하고 다음 각 호의 요건을 모두 갖춘 경우에는 증여세 납부의무를 면제한다. (2020. 12. 22. 개정)
1. 수증자가 증여자의 「국세기본법」 제2조 제20호에 따른 특수관계인이 아닐 것 (2020. 12. 22. 개정)
2. 해당 증여재산에 대하여 외국의 법령에 따라 증여세(실질적으로 같은 성질을 가지는 조세를 포함한다)가 부과될 것. 이 경우 세액을 면제받은 경우를 포함한다. (2020. 12. 22. 개정)
④ 제2항을 적용할 때 증여재산의 가액은 해당 재산이 있는 국가의 증여 당시 현황을 반영한 시가(時價)에 따르되, 그 시가의 산정에 관한 사항은 대통령령으로 정한다. 다만, 시가를 산정하기 어려운 경우에는 해당 재산의 종류, 규모, 거래 상황 등을 고려하여 대통령령으로 정하는 방법에 따른다. (2020. 12. 22. 개정)

제 4 절　국외 증여에 대한 증여세 과세특례

제71조【국외 증여재산의 시가 산정 등】① 법 제35조 제4항 본문에 따라 증여재산의 시가(時價)를 산정하는 경우 다음 각 호의 어느 하나에 해당하는 가액이 확인될 때에는 그 가액을 해당 증여재산의 시가로 한다. (2021. 2. 17. 개정)
1. 증여재산의 증여일 전후 6개월 이내에 이루어진 실제 매매가액 (2021. 2. 17. 개정)
2. 증여재산의 증여일 전후 6개월 이내에 공신력 있는 감정기관이 평가

제 4 절 국외 증여에 대한 증여세 과세특례

한 감정가액 (2021. 2. 17. 개정)

3. 증여재산의 증여일 전후 6개월 이내에 수용 등을 통해 확정된 증여
   재산의 보상가액 (2021. 2. 17. 개정)

② 법 제35조 제4항 단서에서 "대통령령으로 정하는 방법"이란 「상속
세 및 증여세법」 제61조부터 제65조까지의 규정을 준용하여 증여재산
가액을 평가하는 것을 말한다. 다만, 그 평가방법이 적절하지 않은 경
우에는 「감정평가 및 감정평가사에 관한 법률」 제2조 제4호에 따른
감정평가법인등이 평가하는 것을 말한다. (2021. 2. 17. 개정)

③ 유가증권가액의 산정에 관하여는 「상속세 및 증여세법」 제63조에
따른 평가방법을 준용한다. (2021. 2. 17. 개정)

제72조 【외국납부세액공제】 ① 법 제35조 제5항에 따라 증여세
산출세액에서 공제할 증여세 납부액은 다음 각 호의 세액(가산세는 제외
한다)으로서 법 제35조 제2항에 따른 증여세 납부의무자가 실제로 외국
정부(지방자치단체를 포함하며, 이하 이 조에서 같다)에 납부한 세액(이
하 이 조에서 "외국납부세액"이라 한다)으로 한다. (2022. 2. 15. 개정)

1. 증여를 원인으로 과세하고, 그 증여한 재산의 가액을 과세표준으로
   하여 외국의 법령에 따라 부과된 조세(실질적으로 이와 같은 성질을
   가지는 조세를 포함한다)의 세액 (2021. 2. 17. 개정)

2. 제1호에 따른 세액의 부가세액 (2021. 2. 17. 개정)

② 외국납부세액은 다음 계산식에 따라 산출한 금액(이하 이 조에서
"공제한도"라 한다)을 한도로 증여세 산출세액에서 공제한다. 이 경우
공제한도는 「상속세 및 증여세법」에 따른 증여세 산출세액을 초과할
수 없다. (2021. 2. 17. 개정)

$$
\text{「상속세 및 증여세법」에 따른 증여세 산출세액} \times \frac{\text{외국의 법령에 따라 증여세를 납부한 증여재산의 과세표준(해당 외국의 법령에 따른 증여세의 과세표준을 말한다)}}{\text{「상속세 및 증여세법」에 따른 증여세 과세표준}}
$$

③ 제1항 및 제2항을 적용할 때 증여재산의 과세표준에 대한 원화환산

⑤ 제2항을 적용할 때 외국의 법령에 따라 증여세를 납부한 경우에
는 대통령령으로 정하는 바에 따라 그 납부한 증여세에 상당하는 금
액을 증여세 산출세액에서 공제한다. (2020. 12. 22. 개정)

⑥ 제2항에 따라 증여세를 과세하는 경우에는 「상속세 및 증여세법」
제4조의 2 제3항, 제47조, 제53조, 제54조부터 제58조까지, 제68조, 제
69조 제2항, 제70조부터 제72조까지 및 제76조를 준용한다. (2023. 12.
31. 개정)

제42조 【외국납부세액의 원화환산】

은 증여일 현재의 「외국환거래법」에 따른 기준환율 또는 재정환율에 따르고, 외국납부세액에 대한 원화환산은 기획재정부령으로 정하는 바에 따른다. (2021. 2. 17. 개정)

④ 제1항부터 제3항까지의 규정에 따라 외국납부세액을 공제받으려는 자는 증여세 과세표준을 신고할 때 기획재정부령으로 정하는 외국납부세액공제신청서와 증명서류를 납세지 관할 세무서장에게 제출해야 한다. (2021. 2. 17. 개정)

⑤ 제4항에도 불구하고 외국정부의 증여세 결정·통지의 지연, 납부기간의 차이 등의 사유로 증여세 과세표준을 신고할 때 증명서류를 제출할 수 없는 경우에는 외국정부의 증여세 결정통지를 받은 날부터 3개월 이내에 제4항에 따른 외국납부세액공제신청서와 증명서류를 납세지 관할 세무서장에게 제출할 수 있다. (2022. 2. 15. 개정)

⑥ 외국정부가 해당 증여재산에 대하여 결정한 증여세액을 경정함으로써 외국납부세액에 변동이 생긴 경우에도 제5항을 준용한다. 이 경우 환급세액이 발생하면 「국세기본법」 제51조에 따라 충당하거나 환급할 수 있다. (2021. 2. 17. 개정)

① 영 제72조 제3항에 따른 외국납부세액에 대한 원화환산은 외국의 법령에 따라 증여세를 납부한 날의 「외국환거래법」 제5조에 따른 기준환율 또는 재정환율에 따른다. (2021. 3. 16. 개정)

② 제1항에도 불구하고 증여세의 납부의무자가 외국의 법령에 따른 증여세의 납부기간을 경과하여 증여세를 납부한 경우에는 그 납부기간의 마지막 날의 「외국환거래법」 제5조에 따른 기준환율 또는 재정환율에 따른다. (2021. 3. 16. 개정)

③ 증여세의 납부의무자가 국내에서 외국납부세액을 공제받은 후 외국에서 경정 등의 사유로 국내에 추가로 증여세를 납부하거나 환급해야 하는 경우에는 다음 각 호의 구분에 따른 날의 「외국환거래법」 제5조에 따른 기준환율 또는 재정환율에 따른다. (2021. 3. 16. 개정)

1. 제1항에 따라 외국납부세액을 공제받을 때 증여세를 납부한 날의 기준환율 또는 재정환율을 적용한 경우 : 제1항에 따른 증여세를 납부한 날 (2021. 3. 16. 개정)

2. 제2항에 따라 외국납부세액을 공제받을 때 납부기간의 마지막 날의 기준환율 또는 재정환율을 적용한 경우 : 제2항에 따른 증여세 납부기간의 마지막 날 (2021. 3. 16. 개정)

제43조 【외국납부세액공제신청서】

영 제72조 제4항에 따른 외국납부세액공제신청서는 별지 제34호 서식에 따른다. (2021. 3. 16. 개정)

제 1 절 국가 간 조세협력

제36조 【조세정보 및 금융정보 등의 교환】 (2023. 12. 31. 제목개정)
① 우리나라의 권한 있는 당국은 조세의 부과와 징수, 조세 불복에 대한 심리(審理) 및 형사 소추 등을 위하여 필요한 조세정보[납세의무자를 최종적으로 지배하거나 통제하는 개인(이하 "실제소유자"라 한다)에 대한 정보를 포함한다. 이하 같다]와 국제적 관행으로 일반화되어 있는 조세정보를 다른 법률에 어긋나지 아니하는 범위에서 획득하여 체약상대국과 교환할 수 있다. (2020. 12. 22. 개정)
② 과세당국은 제1항에 따른 조세정보의 교환을 위하여 필요한 경우 납세의무자의 실제소유자 정보를 납세의무자에게 요구할 수 있으며, 과세당국이 납세의무자에게 요구할 수 있는 실제소유자 정보의 범위 및 실제소유자 정보의 요구·제출 등에 필요한 사항은 대통령령으로 정한다. (2020. 12. 22. 개정)

제 3 장 국가 간 조세 행정 협조

제 1 절 국가 간 조세협력

제 1 관 조세정보 및 금융정보 등의 교환
(2024. 2. 29. 제목개정)

제73조 【실제소유자 정보의 범위】 법 제36조 제2항에 따라 납세의무자에게 요구할 수 있는 실제소유자 정보의 범위는 다음 각 호의 구분에 따른다. (2021. 2. 17. 개정)
1. 납세의무자가 법인 또는 단체인 경우 : 「특정 금융거래정보의 보고 및 이용 등에 관한 법률 시행령」 제10조의 5 제2항부터 같은 조 제4항 본문까지의 규정에 따른 확인 대상자(소유주식 또는 출자지분을 기준으로 실제소유자를 판단하기 어려운 경우에는 해당 법인 또는 단체의 대표자 및 임원을 말하며, 사실상 지배하는 사람이 따로 있는 경우에는 그 사람을 포함한다)의 성명, 생년월일, 주민등록번호(외국인의 경우 국적 및 여권번호 또는 외국인등록번호를 말한다) (2022. 2. 15. 개정)
2. 납세의무자가 「신탁법」에 따른 신탁에 관여한 경우 : 다음 각 목의 구분에 따른 개인의 성명, 생년월일, 주민등록번호(외국인의 경우 국적 및 여권번호 또는 외국인등록번호를 말한다) (2021. 2. 17. 개정)
가. 「신탁법」에 따른 위탁자, 수탁자, 수익자, 신탁관리인 및 신탁을 실질적으로 통제하는 사람 (2021. 2. 17. 개정)
나. 가목에 해당하는 자가 법인 또는 단체인 경우에는 제1호에 따라 확인하는 사람 (2021. 2. 17. 개정)

제 3 장 국가 간 조세 행정 협조

제 1 절 국가 간 조세협력

③ 우리나라의 권한 있는 당국은 체약상대국의 권한 있는 당국이 조세조약에 따라 거주자·내국법인 또는 비거주자·외국법인의 금융정보(「금융실명거래 및 비밀보장에 관한 법률」 제2조 제3호에 따른 금융거래의 내용에 대한 정보 또는 자료를 말한다. 이하 같다)를 요청하는 경우 「금융실명거래 및 비밀보장에 관한 법률」 제4조에도 불구하고 다음 각 호의 어느 하나에 해당하는 금융정보의 제공을 금융회사등(같은 법 제2조 제1호에 따른 금융회사등을 말한다. 이하 같다)의 특정 점포에 요구할 수 있다. 이 경우 그 금융회사등에 종사하는 사람은 요구받은 금융정보를 제공하여야 한다. (2023. 12. 31. 개정)

1. 조세에 관한 법률에 따라 제출의무가 있는 과세자료에 해당하는 금융정보 (2020. 12. 22. 개정)

2. 상속·증여재산의 확인에 필요한 금융정보 (2020. 12. 22. 개정)

3. 체약상대국의 권한 있는 당국이 조세 탈루 혐의를 인정할 만한 명백한 자료를 확인하기 위하여 필요한 금융정보 (2020. 12. 22. 개정)

4. 체약상대국 체납자의 재산조회에 필요한 금융정보 (2020. 12. 22. 개정)

5. 체약상대국의 권한 있는 당국이 「국세징수법」 제9조 제1항 각 호의 어느 하나에 해당하는 사유로 필요한 금융정보 (2020. 12. 22. 개정)

④ 우리나라의 권한 있는 당국은 제3항에 따라 체약상대국의 권한 있는 당국이 요청하는 정보가 다음 각 호에 해당하는 경우에는 그 금융정보의 제공을 금융회사등의 장에게 요구할 수 있다. 이 경우 그 금융회사등에 종사하는 사람은 요구받은 금융정보를 제공하여야 한다. (2020. 12. 22. 개정)

1. 특정 금융거래와 관련된 명의인의 인적 사항을 특정할 수 없는 집단과 관련된 정보인 경우 (2020. 12. 22. 개정)

2. 「상속세 및 증여세법」 제83조 제1항에 따른 금융재산 일괄 조회에 해당하는 정보인 경우 (2020. 12. 22. 개정)

⑤ 제3항 및 제4항에도 불구하고 우리나라의 권한 있는 당국은 상호주의 원칙에 따라 체약상대국에 금융정보를 제공하는 것을 제한할 수 있다. (2020. 12. 22. 개정)

제74조【요청에 따른 조세정보 및 금융정보의 교환】 ① 우리나라의 권한 있는 당국이 법 제36조 제3항 및 제4항에 따라 금융회사등(「금융실명거래 및 비밀보장에 관한 법률」 제2조 제1호에 따른 금융회사등을 말한다. 이하 같다)의 특정 점포 및 장에게 금융정보 제공을 요구하는 경우에는 같은 법 제4조 제2항에 따른 표준양식(이하 이 절에서 "금융거래정보제공요구서"라 한다)에 따라야 한다. 이 경우 법 제36조 제4항 제1호에 따른 특정 금융거래와 관련된 명의인의 인적사항을 특정할 수 없는 집단에 대한 금융정보의 제공을 요구하는 경우에는 금융거래정보제공요구서에 명의인의 인적사항을 작성하지 않을 수 있다. (2021. 2. 17. 개정)

② 우리나라의 권한 있는 당국은 법 제36조 제1항, 제3항 및 제4항에 따라 체약상대국의 권한 있는 당국의 요청을 받아 특정 납세의무자의 조세정보 또는 금융정보를 제공한 경우에는 제공한 날(제3항에 따라 통지를 유예한 경우에는 그 유예기간이 끝난 날을 말한다)부터 10일 이내에 조세정보 또는 금융정보 등의 제공 사실 및 제공 내용 등을 기획재정부령으로 정하는 정보제공 내용 통지서에 따라 해당 납세의무자 또는 그 대리인에게 통지해야 한다. (2021. 2. 17. 개정)

③ 제2항에도 불구하고 우리나라의 권한 있는 당국은 체약상대국의 권한 있는 당국으로부터 다음 각 호의 사유에 의한 통지의 유예를 서면으로 요청받은 경우에는 유예 요청기간(제2호 또는 제3호의 사유에 의한 요청을 받은 경우로서 그 유예 요청기간이 6개월 이상인 경우에는 6개월을 말한다) 동안 통지를 유예할 수 있다. (2021. 2. 17. 개정)

1. 해당 통지가 사람의 생명이나 신체의 안전을 위협할 우려가 있는 경우 (2021. 2. 17. 개정)

2. 해당 통지가 증거인멸, 증인 위협 등 공정한 사법절차의 진행을 방해할 우려가 명백한 경우 (2021. 2. 17. 개정)

3. 해당 통지가 질문·조사 등의 행정절차 진행을 방해하거나 지나치게 지연시킬 우려가 명백한 경우 (2021. 2. 17. 개정)

제75조【정기적인 금융정보등의 교환】 (2024. 2. 29. 제목개정)

① 법 제36조 제6항 전단에 따른 금융정보등은 다음 각 호의 정보 또는 자료로 한다. (2024. 2. 29. 신설)

1. 법 제36조 제3항 전단에 따른 금융정보 (2024. 2. 29. 신설)

제44조【정보제공 내용 통지서】 영 제74조 제2항에 따른 정보제공 내용 통지서는 별지 제35호 서식에 따른다. (2021. 3. 16. 개정)

개정취지 ·······················
국가 간 자동정보교환의 대상이 되는 암호화

⑥ 우리나라의 권한 있는 당국은 조세조약에 따라 체약상대국과 상호주의에 따른 정기적인 금융정보등(금융정보 및 그 밖에 금융거래의 내용에 관한 정보 또는 자료로서 대통령령으로 정하는 정보 또는 자료를 말한다. 이하 같다)의 교환을 위하여 필요한 경우 「금융실명거래 및 비밀보장에 관한 법률」 제4조 및 그 밖에 금융거래 정보·자료의 제공에 관한 법률에도 불구하고 체약상대국의 조세 부과 및 징수와 납세의 관리에 필요한 거주자·내국법인 또는 비거주자·외국법인의 금융정보등의 제공을 금융거래회사등(금융거래를 하는 법인 또는 단체로서 대통령령으로 정하는 법인 또는 단체를 말한다. 이하 같다)의 장에게 요구할 수 있다. 이 경우 그 금융거래회사등에 종사하는 사람은 대통령령으로 정하는 바에 따라 이를 제공하여야 한다. (2023. 12. 31. 개정)

⑥ 우리나라의 권한 있는 당국은 조세조약에 따라 체약상대국과 상호주의에 따른 정기적인 금융정보등[금융거래등(다음 각 호의 거래를 말한다. 이하 같다)의 내용에 관한 정보 또는 자료로서 대통령령으로 정하는 정보 또는 자료를 말한다. 이하 같다]의 교환을 위하여 필요한 경우 「금융실명거래 및 비밀보장에 관한 법률」 제4조 및 그 밖에 금융거래등 정보·자료의 제공에 관한 법률에도 불구하고 체약상대국의 조세 부과 및 징수와 납세의 관리에 필요한 거주자·내국법인 또는 비거주자·외국법인의 금융정보등의 제공을 금융거래회사등(금융거래등을 하는 자로서 대통령령으로 정하는 자를 말한다. 이하 같다)의 장에게 요구할 수 있다. 이 경우 그 금융거래회사등에 종사하는 사람은 대통령령으로 정하는 바에 따라 이를 제공하여야 한다. (2024. 12. 31. 개정)

1. 「금융실명거래 및 비밀보장에 관한 법률」 제2조 제3호에 따른 금융거래 (2024. 12. 31. 신설)
2. 암호화자산(거래를 인증하고 보호할 수 있도록 암호화되어 안전하게 된 분산원장 또는 이와 유사한 기술에 기초하여 자산의 가치를 디지털 방식으로 표현한 것으로서 대통령령으로 정하는 자산을 말한다)을 대상으로 하는 거래 중 대통령령으로 정하는 거래 (2024. 12. 31. 신설)
3. 그 밖에 제1호 또는 제2호에 준하는 거래로서 대통령령으로 정하는 거래 (2024. 12. 31. 신설)

개정취지
상호주의에 따른 금융거래 자동정보교환 범위 확대
• 우리나라의 권한 있는 당국과 체약당사국 간 상호주의에 따른 금융거래

---

2. 다음 각 목의 법인 또는 단체가 취급하는 금융자산[예금·적금·부금(賦金)·계금(契金)·예탁금·출자금·신탁재산·주식·채권·수익증권·출자지분·어음·수표·채무증서 등 금전 및 유가증권과 그 밖에 이와 유사한 것으로서 기획재정부령으로 정하는 것을 말한다. 이하 이 호에서 같다]을 수입(受入)·매매·환매·중개·할인·발행·상환·환급·수탁·등록·교환하거나 그 이자, 할인액 또는 배당을 지급하는 것과 이를 대행하는 것 또는 그 밖에 금융자산을 대상으로 하는 거래로서 기획재정부령으로 정하는 거래의 내용에 관한 정보 또는 자료 (2024. 2. 29. 신설)
가. 「자본시장과 금융투자업에 관한 법률」에 따른 투자자문업자·투자일임업자 및 집합투자기구 (2024. 2. 29. 신설)
나. 제2항 제14호의 법인 또는 단체 (2024. 2. 29. 신설)
3. 「특정 금융거래정보의 보고 및 이용 등에 관한 법률」 제2조 제2호나목의 거래 내용에 관한 정보 또는 자료 (2024. 2. 29. 신설)

① 법 제36조 제6항 각 호 외의 부분 전단에서 "대통령령으로 정하는 정보 또는 자료"란 다음 각 호의 구분에 따른 정보 또는 자료를 말한다. (2025. 2. 28. 개정)
1. 법 제36조 제6항 제1호 및 제3호에 따른 거래: 계좌 보유자의 성명, 주소, 조세목적상 거주관할권, 납세자번호(개별 국가에서 납세자 식별을 위하여 부여된 고유번호를 말한다. 이하 이 조에서 같다), 계좌번호, 계좌잔액 및 그 밖에 이와 유사한 정보 또는 자료로서 기획재정부장관이 정하여 고시하는 정보 또는 자료 (2025. 2. 28. 개정)
2. 법 제36조 제6항 제2호에 따른 거래: 암호화자산(거래를 인증하고 보호할 수 있도록 암호화되어 안전하게 된 분산원장 또는 이와 유사한 기술에 기초하여 자산의 가치를 디지털 방식으로 표현한 것을 말한다. 이하 이 조에서 같다) 이용자의 성명, 주소, 조세목적상 거주관할권, 납세자번호, 암호화자산 거래 총액 및 그 밖에 이와 유사한 정보 또는 자료로서 기획재정부장관이 정하여 고시하는 정보 또는 자료 (2025. 2. 28. 개정)

② 법 제36조 제6항 전단에 따른 금융거래회사등은 다음 각 호의 법인 또는 단체로 한다. (2024. 2. 29. 신설)

② 법 제36조 제6항 각 호 외의 부분 전단에서 "대통령령으로 정하는 자"란 다음 각 호의 자를 말한다. (2025. 2. 28. 개정)
1. 「은행법」에 따른 은행 (2024. 2. 29. 신설)
2. 「중소기업은행법」에 따른 중소기업은행 (2024. 2. 29. 신설)
3. 「한국산업은행법」에 따른 한국산업은행 (2024. 2. 29. 신설)

자산의 거래
• 암호화자산 자동정보교환의 대상이 되는 '암호화자산을 대상으로 하는 거래'의 범위를 중앙은행이 발행하는 전자적 형태의 법정통화, 특정전자화폐상품, 지급수단 또는 투자목적으로 사용하기 어려운 자산을 제외한 암호화자산의 교환 또는 이전 등으로 정함. (영 75조 3항 및 4항 신설 ; 2025. 2. 28.)
• 영 75조의 개정규정은 2026. 1. 1.부터 시행함. (영 부칙(2025. 2. 28.) 1조 단서)

⋯⋯⋯⋯⋯⋯⋯⋯⋯⋯⋯⋯⋯
☞

제45조 【정기적인 금융정보등의 교환】(2024. 3. 22. 제목개정)
① 영 제75조 제5항 제1호 각 목 외의 부분에서 "기획재정부령으로 정하는 것"이란 다음 각 호의 것을 말한다. (2025. 3. 21. 개정)
1. 신주인수권을 표시한 증서 (2024. 3. 22. 신설)
2. 외국이나 외국법인이 발행한 증권 또는 증서 (2024. 3. 22. 신설)
3. 그 밖에 기획재정부장관이 정하여 고시하는 것 (2025. 3. 21. 신설)

개정취지
자동정보교환 대상 금융거래 정보의 범위
자동정보교환 대상 금융거래 정보의 범위에

자동정보교환 범위에 '암호화자산을 대상으로 하는 거래'를 추가함. (법 36조 6항 ; 2024. 12. 31.)
• 법 36조 6항부터 9항까지의 개정규정은 2026. 1. 1.부터 시행함. (법 부칙(2024. 12. 31.) 1조 단서)

⑦ 금융거래회사등은 국가 간 금융정보등의 교환을 지원하기 위하여 제6항에 따른 요구가 없는 경우에도 그 사용 목적에 필요한 최소한의 범위에서 해당 금융거래회사등의 금융거래등 상대방(조세조약에 따른 체약상대국이 아닌 다른 국가의 금융거래등 상대방을 포함한다. 이하 같다)에 대한 납세자번호(개별 국가에서 납세자 식별을 위하여 부여된 고유번호를 말한다)를 포함한 인적 사항 등을 미리 확인·보유할 수 있다. (2024. 12. 31. 개정)

⑧ 제6항에 따라 금융정보등을 제공하거나 제7항에 따라 금융정보등을 확인하려는 금융거래회사등의 장은 금융거래등 상대방에게 인적 사항 등의 확인을 위하여 필요한 자료의 제출을 요청할 수 있다. (2024. 12. 31. 개정)

⑨ 금융거래회사등의 장은 제8항에 따라 자료 제출을 요청받은 금융거래등 상대방이 요청받은 자료를 제출하지 아니하여 제6항에 따른 금융정보등을 우리나라의 권한 있는 당국에 제공할 수 없거나 제7항에 따라 인적 사항 등을 확인할 수 없는 경우에는 해당 금융거래등 상대방의 계좌 개설을 거절할 수 있다. (2024. 12. 31. 개정)

⑩ 제1항에 따른 조세정보의 교환, 제3항·제4항에 따른 금융정보 및 제6항에 따른 금융정보등의 교환·제공, 제8항에 따른 인적 사항 등의 확인에 관한 구체적인 사항은 대통령령으로 정한다. (2023. 12. 31. 개정)

　　제37조 【질문·확인】 ① 세무공무원은 제36조 제6항에 따른 금융정보등의 제공과 관련하여 필요하다고 인정할 때에는 금융거래회사등에 종사하는 사람에게 같은 조 제8항에 따른 금융거래등 상대방의 인적 사항 등의 확인에 대하여 질문을 할 수 있으며 서류 등을 확인할 수 있다. (2024. 12. 31. 개정)

4. 「한국수출입은행법」에 따른 한국수출입은행 (2024. 2. 29. 신설)
5. 「자본시장과 금융투자업에 관한 법률」에 따른 투자매매업자·투자중개업자·집합투자업자·투자자문업자·투자일임업자·신탁업자 및 집합투자기구 (2024. 2. 29. 신설)
6. 「상호저축은행법」에 따른 상호저축은행 및 상호저축은행중앙회 (2024. 2. 29. 신설)
7. 「농업협동조합법」에 따른 조합, 농업협동조합중앙회 및 농협은행 (2024. 2. 29. 신설)
8. 「수산업협동조합법」에 따른 조합, 수산업협동조합중앙회 및 수협은행 (2024. 2. 29. 신설)
9. 「신용협동조합법」에 따른 신용협동조합 및 신용협동조합중앙회 (2024. 2. 29. 신설)
10. 「산림조합법」에 따른 조합 및 산림조합중앙회 (2024. 2. 29. 신설)
11. 「새마을금고법」에 따른 새마을금고 및 새마을금고중앙회 (2024. 2. 29. 신설)
12. 「보험업법」에 따른 보험회사 (2024. 2. 29. 신설)
13. 「여신전문금융업법」에 따른 여신전문금융회사 및 신기술사업투자조합 (2024. 2. 29. 신설)
14. 암호화자산사업자(제4항에 따른 거래와 관련한 서비스를 제공하는 자로서 기획재정부장관이 정하여 고시하는 자를 말한다) (2025. 2. 28. 신설)
14. 그 밖에 금융거래를 하는 법인 또는 단체로서 기획재정부장관이 정하여 고시하는 법인 또는 단체 (2024. 2. 29. 신설)
15. 그 밖에 금융거래등(법 제36조 제6항 각 호의 거래를 말한다. 이하 이 조에서 같다)을 하는 법인 또는 단체로서 기획재정부장관이 정하여 고시하는 법인 또는 단체 (2025. 2. 28. 개정)

③ 법 제36조 제6항 제2호에서 "대통령령으로 정하는 자산"이란 암호화자산 중 다음 각 호의 자산을 제외한 자산(이하 이 조에서 "정보등제공대상 암호화자산"이라 한다)을 말한다. (2025. 2. 28. 신설)
1. 중앙은행이 발행하는 전자적 형태의 법정통화 (2025. 2. 28. 신설)
2. 특정전자화폐상품(법정통화를 디지털 방식으로 표현한 것으로서 결제 거래를 목적으로 자금을 수령하여 발행된 것을 말한다)으로서 기

'신주인수권을 표시한 증서' 및 '외국이나 외국법인이 발행한 증권 또는 증서'를 대상으로 하는 거래의 내용에 관한 정보 또는 자료를 추가함. (규칙 45조 1항 신설 ; 2024. 3. 22.)

② 영 제75조 제5항에 따른 정보제공명세서는 별지 제36호 서식에 따른다. (2024. 3. 22. 개정)

② 영 제75조 제8항에 따른 정보제공명세서는 다음 각 호의 구분에 따른다. (2025. 3. 21. 개정)
1. 영 제75조 제1항 제1호에 따른 정보 또는 자료의 제공을 요구받는 경우 : 별지 제36호 서식 (2025. 3. 21. 개정)
2. 영 제75조 제1항 제2호에 따른 정보 또는 자료의 제공을 요구받는 경우 : 별지 제36호의 2 서식 (2025. 3. 21. 개정)

편주 ▶
규칙 45조의 개정규정은 2026. 1. 1.부터 시행함. (규칙 부칙(2025. 3. 21.) 1조 2호)

② 세무공무원은 제1항에 따른 질문 또는 확인을 하는 경우 직무상 필요한 범위 외에 다른 목적 등을 위하여 그 권한을 남용해서는 아니 된다. (2020. 12. 22. 개정)

제38조【비밀유지의무 등】 ① 다음 각 호의 어느 하나에 해당하는 자는 제36조 제1항에 따른 조세정보, 같은 조 제3항·제4항에 따른 금융정보 또는 같은 조 제6항에 따른 금융정보등의 획득, 교환 또는 제공을 부당하게 방해하거나 지연시켜서는 아니 된다. (2023. 12. 31. 개정)
1. 제36조 제1항에 따른 조세정보, 같은 조 제3항·제4항에 따른 금융정보 또는 같은 조 제6항에 따른 금융정보등과 관련된 자 (2023. 12. 31. 개정)
2. 제36조 제7항에 따른 <u>금융거래등</u> 상대방 (2024. 12. 31. 개정)

② 금융회사등 또는 금융거래회사등에 종사하는 사람은 제36조 제3항·제4항 및 제6항을 위반하여 금융정보 또는 금융정보등의 제공을 요구받으면 그 요구를 거부하여야 한다. (2023. 12. 31. 개정)
③ 제36조 제3항·제4항·제6항 및 제7항에 따라 금융정보 또는 금융정보등을 알게 된 사람은 그 금융정보 또는 금융정보등을 체약상대국의 권한 있는 당국 외의 자에게 제공 또는 누설하거나 그 목적 외의 용도로 이용해서는 아니 되며, 누구든지 금융정보 또는 금융정보등을 알게 된 사람에게 그 금융정보 또는 금융정보등의 제공을 요구해서는 아니 된다. (2023. 12. 31. 개정)
④ 제3항과 제36조 제3항, 제4항 및 제6항을 위반하여 제공되거나 누설

획재정부장관이 정하여 고시하는 자산 (2025. 2. 28. 신설)
3. 지급수단 또는 투자목적으로 사용하기 어려운 자산으로서 기획재정부장관이 정하여 고시하는 자산 (2025. 2. 28. 신설)
④ 법 제36조 제6항 제2호에서 "대통령령으로 정하는 거래"란 정보등 제공대상 암호화자산의 교환, 이전 등 기획재정부장관이 정하여 고시하는 거래를 말한다. (2025. 2. 28. 신설)
⑤ 법 제36조 제6항 제3호에서 "대통령령으로 정하는 거래"란 다음 각 호의 거래를 말한다. (2025. 2. 28. 신설)
1. 다음 각 목의 법인 또는 단체가 취급하는 금융자산[예금·적금·부금(賦金)·계금(契金)·예탁금·출자금·신탁재산·주식·채권·수익증권·출자지분·어음·수표·채무증서 등 금전 및 유가증권과 그 밖에 이와 유사한 것으로서 기획재정부령으로 정하는 것을 말한다. 이하 이 호에서 같다]을 수입(受入)·매매·환매·중개·할인·발행·상환·환급·수탁·등록·교환하거나 그 이자, 할인액 또는 배당을 지급하는 것과 이를 대행하는 것 또는 그 밖에 금융자산을 대상으로 하는 거래로서 기획재정부령으로 정하는 거래 (2025. 2. 28. 신설)
가. 「자본시장과 금융투자업에 관한 법률」에 따른 투자자문업자·투자일임업자 및 집합투자기구 (2025. 2. 28. 신설)
나. 제2항 제15호의 법인 또는 단체 (2025. 2. 28. 신설)
2. 「특정 금융거래정보의 보고 및 이용 등에 관한 법률」 제2조 제2호 나목의 거래 (2025. 2. 28. 신설)
3. 제3항 제1호 및 제2호의 자산을 대상으로 하는 거래 (2025. 2. 28. 신설)
⑥ 우리나라의 권한 있는 당국이 법 제36조 제6항 각 호 외의 부분 전단에 따른 금융정보등(이하 "금융정보등"이라 한다)의 제공을 같은 항 각 호 외의 부분 전단에 따른 금융거래회사등(이하 "금융거래회사등"이라 한다)의 장에게 요구하는 경우에는 금융거래정보제공요구서에 따라야 한다. 이 경우 금융정보등의 제공을 요구하는 명의인의 인적사항을 특정할 수 없는 경우에는 금융거래정보제공요구서에 명의인의 인적사항을 작성하지 않을 수 있다. (2025. 2. 28. 개정)
⑦ 제6항을 적용할 때 금융거래정보제공요구서에 요구·제공과 관련

한 기간을 정한 경우에는 그 금융거래정보제공요구서로 그 기간 중의 정보제공요구를 갈음할 수 있다. 다만, 요구대상이 되는 금융거래회사등이나 요구내용에 변동이 생긴 경우에는 새로운 금융거래정보제공요구서를 보내야 한다. (2025. 2. 28. 개정)
⑧ 법 제36조 제6항에 따라 금융정보등을 제공하는 금융거래회사등에 종사하는 사람은 우리나라의 권한 있는 당국이 금융정보등의 제공을 요구하는 날부터 3개월 이내에(제7항에 해당하는 경우에는 금융거래정보제공요구서에 정기적으로 제출하도록 지정한 날까지를 말한다) 해당 금융정보등을 기획재정부령으로 정하는 정보제공명세서에 따라 해당 금융거래회사등의 본점에서 작성하여 국세청장에게 정보통신망을 활용하여 제출해야 한다. (2025. 2. 28. 개정)
⑨ 금융거래회사등의 장이 법 제36조 제6항에 따라 금융정보등을 제공하는 경우에 확인해야 하는 인적 사항과 같은 조 제8항에 따라 <u>금융거래등</u> 상대방에게 요청할 수 있는 인적 사항은 다음 각 호의 구분에 따른다. (2025. 2. 28. 개정)
1. 개인의 경우 : 성명, 주소, 체약상대국의 납세자번호(납세자번호가 없는 경우에는 생년월일을 말한다) 및 그 밖에 인적 사항의 확인을 위하여 조세조약에서 정하는 사항 (2021. 2. 17. 개정)

☞ p.1038 2단 연결

된 금융정보 또는 금융정보등을 취득한 사람은 그 위반 사실을 알게 된 경우 그 금융정보 또는 금융정보등을 타인에게 제공하거나 누설해서는 아니 된다. (2023. 12. 31. 개정)

2. 법인의 경우 : 법인명, 본점 또는 주사무소의 주소, 실질적 지배자 및 그 밖에 인적 사항의 확인을 위하여 조세조약에서 정하는 사항 (2021. 2. 17. 개정)

⑩ 우리나라의 권한 있는 당국은 법 제36조 제6항에 따라 금융거래회사등으로부터 제공받은 정보에 명백한 오류가 있다고 판단되거나 체약상대국의 권한 있는 당국이 같은 항에 따라 교환받은 정보에 대하여 조세조약에 따라 그 오류의 시정을 요구하는 경우에는 금융거래회사등의 장에게 해당 정보의 오류에 대한 시정을 지체 없이 요구해야 한다. (2024. 2. 29. 항번개정)

⑪ 제10항에 따라 시정을 요구받은 금융거래회사등의 장은 시정을 요구받은 날부터 30일 이내에 시정을 요구한 우리나라의 권한 있는 당국에 정보통신망을 활용하여 시정된 정보를 제출하거나 오류가 없음을 소명해야 한다. (2025. 2. 28. 개정)

⑫ 금융거래회사등의 장은 제97조 제3항 각 호의 어느 하나에 해당하는 사유로 제11항에 따른 기한까지 시정된 정보를 제출하거나 소명할 수 없는 경우에는 기획재정부령으로 정하는 제출기한 연장 신청서에 따라 그 시정을 요구한 우리나라의 권한 있는 당국에 30일의 범위에서 그 제출기한의 연장을 신청할 수 있다. (2025. 2. 28. 개정)

　　제76조【정보교환 세부사항 등】이 관에서 규정한 사항 외에 실제소유자의 정보요구 및 제출, 인적 사항의 확인 등에 필요한 사항은 기획재정부장관이 정하여 고시한다. 이 경우 기획재정부장관은 해당 고시의 제정 또는 개정 시 금융위원회 위원장 및 국세청장(제73조에 해당하는 정보의 경우 국세청장으로 한정한다)과 미리 협의해야 한다. (2021. 2. 17. 개정)

제 2 관　조세 징수의 위탁 등

　　제77조【세무조사 협력】우리나라의 권한 있는 당국은 법 제39조에 따라 세무조사 협력의 절차·방법 및 범위 등 국가 간 세무조사 협력을 위하여 필요한 사항을 체약상대국의 권한 있는 당국과 합의할

　　제39조【세무조사 협력】① 우리나라의 권한 있는 당국은 조세조약이 적용되는 자와의 거래에 대하여 세무조사가 필요하다고 판단되는 경우에는 그 거래에 대하여 다음 각 호의 행위를 할 수 있다. (2020.

12. 22. 개정)
1. 체약상대국과 동시에 세무조사를 하는 행위 (2020. 12. 22. 개정)
2. 체약상대국에 세무공무원을 파견하여 직접 세무조사를 하게 하거나 체약상대국의 세무조사에 참여하게 하는 행위 (2020. 12. 22. 개정)
② 우리나라의 권한 있는 당국은 체약상대국이 조세조약에 따라 세무조사 협력을 요청하는 경우 수락할 수 있다. (2020. 12. 22. 개정)

제40조【조세 징수의 위탁】① 납세지 관할 세무서장 또는 지방자치단체의 장은 국내에서 납부할 조세를 징수하기 곤란하여 체약상대국에서 징수하는 것이 불가피하다고 판단되는 경우에는 국세청장에게 체약상대국에 대한 조세 징수를 위하여 필요한 조치를 하도록 요청할 수 있다. (2020. 12. 22. 개정)
② 국세청장은 제1항의 요청을 받은 경우에는 대통령령으로 정하는 바에 따라 체약상대국의 권한 있는 당국에 그 조세의 징수를 위탁할 수 있다. (2020. 12. 22. 개정)
③ 기획재정부장관이나 국세청장은 조세조약에 따라 체약상대국의 권한 있는 당국으로부터 체약상대국에 납부할 조세를 우리나라에서 징수하도록 위탁받은 경우 대통령령으로 정하는 바에 따라 납세지 관할 세무서장에게 국세 징수의 예에 따라 징수하도록 할 수 있다. (2020. 12. 22. 개정)

수 있다. (2021. 2. 17. 개정)

제78조【조세 징수의 위탁 절차】① 법 제40조 제1항에 따라 납세지 관할 세무서장 또는 지방자치단체의 장은 국세청장에게 체약상대국에 대한 조세 징수를 위하여 필요한 조치를 하도록 요청하려는 경우에는 다음 각 호의 서류를 제출해야 한다. 다만, 제2호의 서류는 국내에서 수집 가능한 것만 제출한다. (2021. 2. 17. 개정)
1. 기획재정부령으로 정하는 국가 간 조세 징수 위탁 요청서 (2021. 2. 17. 개정)
2. 다음 각 목에 해당하는 자의 국적 및 거주 현황 관련 서류와 국내외 재산 보유 현황 관련 서류 (2021. 2. 17. 개정)
   가. 납세의무자 (2021. 2. 17. 개정)
   나. 「국세기본법」 제25조 또는 「지방세기본법」 제44조에 따른 연대납세의무자 (2021. 2. 17. 개정)
   다. 「국세기본법」 제38조부터 제41조까지 또는 「지방세기본법」 제45조부터 제48조까지 및 「지방세징수법」 제15조에 따른 제2차 납세의무자 (2021. 2. 17. 개정)
② 국세청장은 제1항에 따른 요청을 받은 경우에는 다음 각 호의 사항을 검토하여 체약상대국의 권한 있는 당국에 조세 징수의 위탁을 요청할 것인지를 결정해야 한다. (2021. 2. 17. 개정)
1. 납세의무자의 국적 및 거주 현황, 재산 보유 현황 (2021. 2. 17. 개정)
2. 연대납세의무 및 납세담보 현황 (2021. 2. 17. 개정)
3. 조세를 징수할 수 없게 될 가능성 (2021. 2. 17. 개정)
4. 조세채권의 소멸시효 (2021. 2. 17. 개정)
5. 그 밖에 조세 징수에 필요한 사항 (2021. 2. 17. 개정)
③ 국세청장은 제2항에 따라 조세 징수 위탁의 결정을 한 경우에는 체약상대국의 권한 있는 당국에 조세 징수의 위탁을 요청해야 한다.

제46조【국가 간 조세 징수 위탁 요청서】 영 제78조 제1항 제1호에 따른 국가 간 조세 징수 위탁 요청서는 별지 제37호 서식에 따른다. (2021. 3. 16. 개정)

⑦ 제6항에 따라 조세 징수 지시를 받은 납세지 관할 세무서장은 「국세징수법」에서 정하는 바에 따라 조세를 징수하여 그 결과를 국세청장에게 보고해야 한다. 이 경우 조세 징수와 관련하여 통상적인 징수 경비를 초과하여 발생한 경비는 징수된 조세에서 차감(差減)하여 국고에 납입하고 그 계산 명세를 국세청장에게 보고해야 한다. (2021. 2. 17. 개정)

제80조 【징수된 조세의 송금】 ① 제79조 제7항에 따라 납세지 관할 세무서장의 보고를 받은 국세청장은 위탁받은 조세의 징수 결과를 징수경비 차감 명세와 함께 체약상대국에 통지해야 한다. (2021. 2. 17. 개정)

② 우리나라에서 징수된 체약상대국 조세 또는 체약상대국에서 징수된 우리나라 조세의 송금방법은 체약상대국의 권한 있는 당국과 협의하여 정한다. (2021. 2. 17. 개정)

③ 국세청장은 체약상대국에서 징수된 우리나라의 조세를 송금받은 경우에는 그 금액을 국고 또는 지방자치단체의 세입금에 귀속시켜야 한다. (2021. 2. 17. 개정)

(2021. 2. 17. 개정)

④ 국세청장은 위탁한 조세 징수의 처리 결과를 체약상대국으로부터 통지받은 경우에는 그 내용을 납세지 관할 세무서장 또는 지방자치단체의 장에게 통지해야 한다. (2021. 2. 17. 개정)

제79조 【위탁받은 조세 징수의 처리절차】 ① 기획재정부장관은 체약상대국의 권한 있는 당국으로부터 조세 징수를 위탁받은 경우에는 국세청장에게 그 처리를 하도록 할 수 있다. 이 경우 국세청장은 그 처리 결과를 기획재정부장관에게 보고해야 한다. (2021. 2. 17. 개정)

② 국세청장은 체약상대국의 권한 있는 당국으로부터 조세 징수를 위탁받거나 제1항에 따라 기획재정부장관으로부터 조세 징수의 위탁 처리를 요청받은 경우에는 국내에 거주하는 조세징수 대상자에게 조세 징수를 위탁받은 사실을 지체 없이 통지해야 한다. 이 경우 국세청장은 그 대상자에게 소명자료의 제출을 요구할 수 있다. (2021. 2. 17. 개정)

③ 국세청장은 위탁받은 조세 징수와 관련된 법원의 확정판결문, 불복쟁송의 처리 결과 등 조세 징수 대상자의 납세의무를 확인할 수 있는 자료를 체약상대국의 권한 있는 당국에 요구할 수 있다. (2021. 2. 17. 개정)

④ 국세청장은 다음 각 호의 사항을 고려하여 체약상대국의 권한 있는 당국으로부터 위탁받은 조세 징수에 관하여 협조할 것인지를 심사해야 한다. (2021. 2. 17. 개정)

1. 제2항 및 제3항에 따라 확보된 자료 (2021. 2. 17. 개정)
2. 제78조 제2항 각 호의 사항 (2021. 2. 17. 개정)
3. 체약상대국이 상호주의에 따라 조세 징수에 관하여 우리나라에 협조하는지 여부 (2021. 2. 17. 개정)

⑤ 국세청장은 제4항에 따른 심사와 관련하여 필요한 경우에는 체약상대국에 협의를 요청할 수 있다. (2021. 2. 17. 개정)

⑥ 국세청장은 조세 징수에 관하여 체약상대국에 협조하기로 결정한 경우에는 지체 없이 납세지 관할 세무서장에게 그 조세 징수를 지시해야 한다. (2021. 2. 17. 개정)

제41조【거주자증명서의 발급】과세당국은 거주자 또는 내국법인이 다음 각 호의 어느 하나에 해당하는 사유로 거주자 또는 내국법인에 해당함을 증명하는 서류의 발급을 신청하는 경우 대통령령으로 정하는 바에 따라 그 증명서를 발급할 수 있다. (2021. 12. 21. 개정)

1. 조세조약에 따른 비과세·면제 또는 제한세율(조세조약에 따라 체약상대국이 거주자 또는 법인에 대하여 과세할 수 있는 최고세율을 말한다)을 적용받으려는 경우 (2021. 12. 21. 개정)
2. 제36조 제1항에 따른 조세정보, 같은 조 제3항·제4항에 따른 금융정보 또는 같은 조 제6항에 따른 금융정보등의 교환 등 조세조약의 이행을 위하여 필요한 경우 (2023. 12. 31. 개정)
3. 그 밖에 조세 목적상 거주자 또는 내국법인임을 증명할 필요가 있는 경우 (2021. 12. 21. 개정)

제 2 절 상호합의절차

제42조【상호합의절차의 개시 요건】① 거주자 또는 내국법인과 비거주자 또는 외국법인은 다음 각 호의 구분에 따른 자에게 대통령령으로 정하는 바에 따라 상호합의절차의 개시를 신청할 수 있다. (2020. 12. 22. 개정)

1. 조세조약의 적용 및 해석에 관하여 체약상대국과 협의할 필요성이 있는 경우 : 기획재정부장관 (2020. 12. 22. 개정)
2. 체약상대국의 과세당국으로부터 조세조약의 규정에 부합하지 아니하는 과세처분을 받았거나 받을 우려가 있는 경우 : 국세청장 (2020. 12. 22. 개정)
3. 조세조약에 따라 우리나라와 체약상대국 간에 조세조정이 필요한 경우 : 국세청장 (2020. 12. 22. 개정)

② 기획재정부장관이나 국세청장은 제1항에 따라 상호합의절차 개시를 신청받은 경우에는 다음 각 호의 어느 하나에 해당하는 경우를 제외하고는 체약상대국의 권한 있는 당국에 상호합의절차 개시를 요청하여야 하고, 상호합의절차의 개시 신청을 한 거주자 또는 내국법인과 비거주자 또는 외국법인(이하 이 절에서 "신청인"이라 한다)에 그 요청 사

제81조【거주자증명서 발급절차】① 법 제41조에 따라 거주자 또는 내국법인에 해당함을 증명하는 서류(이하 이 조에서 "거주자증명서"라 한다)의 발급을 신청하려는 자는 기획재정부령으로 정하는 거주자증명서 발급 신청서를 납세지 관할 세무서장에게 제출해야 한다. (2022. 2. 15. 개정)

② 납세지 관할 세무서장은 제1항에 따른 거주자증명서 발급 신청을 받은 경우에는 사실 확인을 거쳐 기획재정부령으로 정하는 거주자증명서를 발급해야 한다. 다만, 체약상대국 정부가 발행한 거주자증명서 서식에 따라 발급해 줄 것을 신청 받은 경우에는 그 서식에 따라 거주자증명서를 발급할 수 있다. (2021. 2. 17. 개정)

제 2 절 상호합의절차

제82조【상호합의절차의 개시 신청】법 제42조 제1항에 따라 상호합의절차의 개시를 신청하는 거주자 또는 내국법인과 비거주자 또는 외국법인(이하 이 절에서 "신청인"이라 한다)은 기획재정부령으로 정하는 상호합의절차 개시 신청서에 다음 각 호의 서류를 첨부하여 기획재정부장관 또는 국세청장에게 제출해야 한다. (2021. 2. 17. 개정)

1. 상호합의절차의 개시 신청과 관련된 결산서 및 세무신고서 (2021. 2. 17. 개정)
2. 국내 또는 국외에서 이의신청·심사청구·심판청구 또는 소송제기 등의 불복절차를 신청했거나 신청 예정인 경우 그 신청서 (2021. 2. 17. 개정)
3. 상호합의절차 개시 신청 사유에 대한 신청인 의견서 등 그 밖에 기획재정부령으로 정하는 자료 (2021. 2. 17. 개정)

제83조【상호합의절차 개시 신청의 처리】① 기획재정부장관 또는 국세청장은 법 제42조 제1항에 따라 상호합의절차의 개시를 신청받은 경우에는 다음 각 호의 사항을 고려하여 신청을 받은 날부터 3개

제47조【거주자증명서 등】① 영 제81조 제1항에 따른 거주자증명서 발급 신청서는 별지 제38호 서식에 따른다. (2021. 3. 16. 개정)

② 영 제81조 제2항에 따른 거주자증명서는 별지 제39호 서식에 따른다. (2021. 3. 16. 개정)

제 2 절 상호합의절차

제48조【상호합의절차 개시 신청서 등】① 영 제82조 각 호 외의 부분에 따른 상호합의절차 개시 신청서는 별지 제11호 서식에 따른다. (2021. 3. 16. 개정)

② 영 제82조 제3호에서 "기획재정부령으로 정하는 자료"란 다음 각 호의 자료를 말한다. (2021. 3. 16. 개정)

1. 권한 있는 당국이 상호합의 신청대상 과세내역을 확인할 수 있는 서류 (2021. 3. 16. 개정)

실을 통지하여야 한다. (2020. 12. 22. 개정)

1. 국내 또는 국외에서 법원의 확정판결이 있는 경우. 다만, 체약상대국의 과세조정에 대한 대응조정이 필요한 경우 등 대통령령으로 정하는 경우는 제외한다. (2020. 12. 22. 개정)
2. 조세조약상 신청 자격이 없는 자가 신청한 경우 (2020. 12. 22. 개정)
3. 납세자가 조세 회피를 목적으로 상호합의절차를 이용하려고 하는 사실이 인정되는 경우 (2020. 12. 22. 개정)
4. 과세 사실을 안 날부터 3년이 지나 신청한 경우 (2020. 12. 22. 개정)
③ 기획재정부장관은 제1항 제1호에 해당하는 경우에는 직권으로 체약상대국의 권한 있는 당국에 상호합의절차 개시를 요청할 수 있다. (2020. 12. 22. 개정)
④ 국세청장은 제1항 제2호 및 제3호에 해당하는 경우에는 직권으로 체약상대국의 권한 있는 당국에 상호합의절차 개시를 요청할 수 있다. (2020. 12. 22. 개정)

⑤ 국세청장은 제1항의 신청을 받거나 제4항에 따라 직권으로 상호합의절차 개시를 요청한 경우에는 기획재정부장관에게 보고하여야 하며, 기획재정부장관은 필요한 경우 상호합의절차와 관련된 지시를 할 수

월 이내에 체약상대국의 권한 있는 당국에 상호합의절차 개시를 요청할 것인지 여부를 결정해야 한다. (2021. 2. 17. 개정)
1. 법 제42조 제1항 제1호부터 제3호까지의 규정 및 같은 조 제2항 제1호부터 제4호까지의 규정에 해당하는지 여부 (2021. 2. 17. 개정)
2. 과세당국이 상호합의절차를 개시하지 않고도 필요한 조치를 함으로써 합리적인 조정을 할 수 있는지 여부 (2021. 2. 17. 개정)
② 법 제42조 제2항 제1호 단서 및 법 제46조 제3항 각 호 외의 부분 단서에서 "체약상대국의 과세조정에 대한 대응조정이 필요한 경우 등 대통령령으로 정하는 경우"란 다음 각 호의 경우를 말한다. (2021. 2. 17. 개정)
1. 체약상대국이 거주자(내국법인과 국내사업장을 포함한다. 이하 이 항에서 같다)와 국외특수관계인의 거래가격을 정상가격으로 조정한 것에 대응하여 과세당국이 각 사업연도 과세표준 및 세액을 조정하여 계산할 필요가 있는 경우 (2021. 2. 17. 개정)
2. 과세당국이 거주자와 국외특수관계인의 거래가격을 정상가격으로 조정한 것에 대응하여 체약상대국이 국외특수관계인의 각 사업연도 과세표준 및 세액을 조정하여 계산할 필요가 있는 경우 (2021. 2. 17. 개정)
③ 기획재정부장관 또는 국세청장은 제1항에 따른 검토 결과 상호합의절차 신청 요건을 갖추지 못한 경우에는 신청인에게 이를 보완하여 다시 신청하도록 요구할 수 있다. (2021. 2. 17. 개정)
④ 기획재정부장관 또는 국세청장은 상호합의절차 개시 신청을 받은 이후에도 신청인이 동의하는 경우에는 체약상대국의 권한 있는 당국에 상호합의절차 개시를 요청하지 않거나 개시된 상호합의절차를 중단할 수 있다. (2021. 2. 17. 개정)
⑤ 기획재정부장관 또는 국세청장은 상호합의절차 개시 신청을 거부하는 경우 그 사실을 신청인 및 체약상대국의 권한 있는 당국에 통지해야 한다. (2021. 2. 17. 개정)

제84조 【상호합의절차 진행 현황 보고】 국세청장은 법 제42조 제5항에 따라 상호합의절차의 종료일까지 매 분기 경과 후 15일 이내에 기획재정부령으로 정하는 분기별 상호합의절차 진행 현황 보고서를

2. 적용대상 조세조약 및 관련 조항에 관한 설명자료 (2021. 3. 16. 개정)
3. 과세내용 요약, 과세대상 기간에 대한 체약상대국 부과제척기간 도과 여부, 과세대상 거래의 사실관계, 납세자가 해당 과세처분이 조세조약에 부합하지 않는다고 판단하는 근거 및 해당 과세처분에 대한 신청인 또는 관련 기업의 입장에 대한 설명자료를 포함한 납세자 의견서 (2021. 3. 16. 개정)
4. 상호합의 대상이 되는 과세의 고지세액을 납부한 경우 그 납부확인서 (2021. 3. 16. 개정)
5. 체약상대국의 권한 있는 당국에 상호합의를 신청했거나 신청예정인 경우 그 신청서 사본 (2021. 3. 16. 개정)
6. 국내 또는 국외에서 상호합의 외의 권리구제절차를 신청했거나 신청 예정인 경우 그 신청서와 결정서 사본(불복신청서 외의 서류에 한정한다) 및 권리구제절차 신청 시 제출한 증명자료 사본 (2021. 3. 16. 개정)
7. 국내 또는 국외에서 사전분쟁해결절차를 경유하였거나 진행 중인 경우 그 신청서 및 결정서 등 관련 자료의 사본 (2021. 3. 16. 개정)

제49조 【분기별 상호합의절차 진행 현황 보고서】 영 제84조에 따른 분기별 상호합의절차 진행 현황 보고서는 별지 제

있다. (2020. 12. 22. 개정)

　　제43조【상호합의에 따른 중재】① 신청인은 상호합의절차 개시 이후 조세조약에서 정한 기간이 지날 때까지 우리나라와 체약상대국의 권한 있는 당국 사이에 합의가 이루어지지 못한 경우 조세조약에서 정하는 바에 따라 권한 있는 당국이 각각 선정한 중재인단을 통하여 분쟁을 해결(이하 "중재"라 한다)하는 절차의 개시를 기획재정부장관이나 국세청장에게 요청할 수 있다. (2020. 12. 22. 개정)
② 중재의 신청 대상, 신청 시기, 적용 가능 사건의 범위, 중재인의 구성, 의사결정 방법, 중재 결정의 효력 등 중재에 관한 구체적인 사항은 조세조약에서 정하는 바에 따른다. (2020. 12. 22. 개정)
③ 중재 신청 절차, 중재인 임명, 비용의 부담 등 중재에 관한 구체적인 사항을 정하고 있는 조세조약을 시행하기 위한 구체적인 절차는 대통령령으로 정한다. (2020. 12. 22. 개정)

　　제44조【신청인의 협조의무】① 기획재정부장관이나 국세청장은 신청인에게 상호합의절차의 진행에 필요한 자료의 제출을 요구할 수 있다. (2020. 12. 22. 개정)
② 기획재정부장관이나 국세청장은 신청인이 제1항에 따른 자료 제출 요구에 성실하게 협조하지 아니하는 경우에는 상호합의절차를 직권으로 종료할 수 있다. (2020. 12. 22. 개정)

　　제45조【상호합의절차의 개시일】상호합의절차의 개시일은 다음 각 호의 어느 하나에 해당하는 날로 한다. (2020. 12. 22. 개정)
1. 체약상대국의 권한 있는 당국으로부터 상호합의절차 개시 요청을 받은 경우 : 이를 수락하는 의사를 체약상대국의 권한 있는 당국에 통보한 날 (2020. 12. 22. 개정)
2. 체약상대국의 권한 있는 당국에 상호합의절차 개시를 요청한 경우 : 체약상대국의 권한 있는 당국으로부터 이를 수락하는 의사를 통보받은 날 (2020. 12. 22. 개정)

기획재정부장관에게 제출해야 한다. 이 경우 진행 현황에는 체약상대국으로부터 개시 요청을 받은 상호합의절차의 진행 현황을 포함해야 한다. (2021. 2. 17. 개정)

　　제85조【중재절차의 개시 신청 등】① 법 제43조 제1항에 따른 중재절차(이하 이 절에서 "중재절차"라 한다)의 개시 신청을 하려는 자(이하 이 절에서 "중재신청인"이라 한다)는 기획재정부령으로 정하는 중재절차 개시 신청서를 기획재정부장관 또는 국세청장에게 제출해야 한다. (2021. 2. 17. 개정)
② 기획재정부장관 또는 국세청장은 제1항에 따라 중재절차의 개시 신청을 받은 경우에는 중재신청인에게 중재절차의 진행에 필요한 서류를 제출하도록 요구할 수 있다. (2021. 2. 17. 개정)

　　제86조【중재절차에 대한 의견제출】① 중재신청인은 조세조약에서 정하는 바에 따라 중재절차의 개시일부터 종료일까지의 기간 동안 조세조약의 해석 및 적용, 소득금액의 조정, 중재인 선정 및 그 밖에 중재절차의 진행 등에 관한 의견을 기획재정부장관 또는 국세청장에게 제출할 수 있다. (2021. 2. 17. 개정)
② 중재신청인은 조세조약에서 정하는 바에 따라 중재절차에서 직접 서면으로 의견을 제출하거나 구두(口頭)로 의견을 개진할 수 있다. 이 경우 의견제출 등과 관련하여 발생하는 비용은 모두 중재신청인이 부담한다. (2021. 2. 17. 개정)

　　제87조【중재인의 자격 요건】기획재정부장관 또는 국세청장은 조세·법률·회계분야에 관한 전문지식과 경험이 풍부하게 있는 등 기획재정부장관이 정하는 기준을 충족하는 사람으로서 중재절차의 공정성 및 독립성을 확보할 수 있는 사람을 중재인으로 임명해야 한다. 다만, 중재신청인 및 상호합의 대상 과세처분 등과 관련하여 이해관계

40호 서식에 따른다. (2021. 3. 16. 개정)

　　제50조【중재절차 개시 신청서】영 제85조 제1항에 따른 중재절차 개시 신청서는 별지 제41호 서식에 따른다. (2021. 3. 16. 개정)

제46조 【상호합의절차의 종료일】 ① 상호합의절차의 종료일은 우리나라와 체약상대국의 권한 있는 당국 간에 문서로 합의가 이루어진 날로 한다. 다만, 상호합의가 이루어지지 아니한 경우에는 개시일의 다음 날부터 5년이 되는 날을 상호합의절차의 종료일로 한다. (2020. 12. 22. 개정)
② 우리나라와 체약상대국의 권한 있는 당국 간에 상호합의절차를 계속 진행하기로 합의하는 경우에는 제1항 단서에도 불구하고 상호합의절차가 종료되지 아니한다. 이 경우 상호합의절차의 종료일은 개시일의 다음 날부터 8년을 초과할 수 없다. (2020. 12. 22. 개정)
③ 제1항 및 제2항에도 불구하고 다음 각 호의 어느 하나에 해당하는 경우에는 그 구분에 따른 날을 상호합의절차의 종료일로 한다. 다만, 체약상대국의 과세조정에 대한 대응조정이 필요한 경우 등 대통령령으로 정하는 경우에는 제1호를 적용하지 아니한다. (2020. 12. 22. 개정)
1. 상호합의절차 진행 중 법원의 확정판결이 있는 경우 : 확정판결일 (2020. 12. 22. 개정)
2. 상호합의절차 진행 중 신청인이 상호합의절차 개시 신청을 철회하는 경우 : 신청 철회일 (2020. 12. 22. 개정)
3. 제44조 제2항에 따라 기획재정부장관이나 국세청장이 상호합의절차를 직권으로 종료하는 경우 : 신청인이 상호합의절차가 종료되었음을 통지받은 날 (2020. 12. 22. 개정)

제47조 【상호합의 결과의 시행】 ① 국세청장은 상호합의절차가 종결된 경우에는 그 결과를 기획재정부장관에게 보고하여야 한다. (2020. 12. 22. 개정)
② 기획재정부장관이나 국세청장은 상호합의절차가 종결된 경우에는 과세당국, 지방자치단체의 장, 조세심판원장, 그 밖의 관계 기관 및 신청인에게 그 결과를 상호합의절차 종료일의 다음 날부터 15일 이내에 통보하여야 한다. 이 경우 기획재정부장관은 제42조 제1항 제1호에 따른 합의내용을 즉시 고시하여야 한다. (2020. 12. 22. 개정)
③ 기획재정부장관이나 국세청장은 상호합의절차를 개시하여 문서로 합의에 도달하고 다음 각 호의 요건을 모두 갖춘 경우에는 지체 없이 그 합의를 이행하여야 한다. (2020. 12. 22. 개정)

가 있는 자 등 기획재정부장관이 정하는 사람은 제외한다. (2021. 2. 17. 개정)

제88조 【상호합의 결과의 보고 및 통보】 ① 국세청장은 상호합의절차가 종결된 경우에는 법 제47조 제1항에 따라 지체 없이 상호합의서 사본을 기획재정부장관에게 제출해야 한다. (2021. 2. 17. 개정)
② 법 제47조 제2항에 따른 상호합의절차의 종결 통보는 기획재정부령으로 정하는 상호합의 종결 통보서에 따른다. (2021. 2. 17. 개정)
③ 과세당국 및 지방자치단체의 장은 법 제47조 제4항에 따라 부과처분, 경정결정 또는 그 밖에 세법상 필요한 조치를 한 경우에는 그 조치를 한 날의 다음 날부터 15일 이내에 기획재정부장관 또는 국세청장에게 그 사실을 통보해야 한다. (2021. 2. 17. 개정)

제51조 【상호합의 종결 통보서】 ① 영 제88조 제2항에 따른 상호합의 종결 통보서는 별지 제42호 서식(1) 및 별지 제42호 서식(2)에 따른다. (2021. 3. 16. 개정)

1. 신청인이 상호합의 내용을 수락하는 경우 (2020. 12. 22. 개정)
2. 상호합의절차와 불복쟁송(不服爭訟)이 동시에 진행되는 경우로서 신청인이 상호합의 결과와 관련된 불복쟁송을 취하하는 경우 (2020. 12. 22. 개정)
④ 과세당국이나 지방자치단체의 장은 상호합의 결과에 따라 부과처분, 경정결정 또는 그 밖에 세법에 따른 필요한 조치를 하여야 한다. (2020. 12. 22. 개정)

제48조【상호합의 결과의 확대 적용 등】① 신청인은 제47조 제2항에 따른 상호합의절차 종결 통보를 받은 날부터 3년 이내에 상호합의 결과를 신청인과 상호합의 대상국 외의 국가에 있는 국외특수관계인 간의 거래에 대해서도 적용하여 줄 것을 대통령령으로 정하는 바에 따라 과세당국이나 지방자치단체의 장에게 신청할 수 있다. (2020. 12. 22. 개정)
② 과세당국이나 지방자치단체의 장은 제1항에 따른 신청이 다음 각 호의 요건을 모두 갖춘 경우에는 그 상호합의 결과를 상호합의 대상국 외의 국가에 있는 국외특수관계인과의 거래에 대해서도 적용할 수 있다. (2020. 12. 22. 개정)
1. 상호합의 결과와 같은 유형의 거래일 것 (2020. 12. 22. 개정)
2. 상호합의 결과와 같은 방식으로 과세되었을 것 (2020. 12. 22. 개정)
3. 그 밖에 대통령령으로 정하는 요건을 갖출 것 (2020. 12. 22. 개정)
③ 제1항 및 제2항에 따라 상호합의 결과를 상호합의 대상국 외의 국가에 있는 국외특수관계인에게 확대 적용하는 경우에는 제47조를 준용한다. (2020. 12. 22. 개정)

제89조【상호합의 결과에 대한 수락 여부 등 제출】① 기획재정부장관 또는 국세청장은 체약상대국과 문서로 합의가 이루어진 경우에는 법 제46조 제1항 본문에 따른 상호합의절차 종료일의 다음 날부터 15일 이내에 합의 내용을 신청인에게 법 제47조 제2항 본문에 따라 통보해야 한다. (2021. 2. 17. 개정)
② 신청인은 제1항에 따라 통보받은 경우 법 제47조 제3항 각 호에 따른 상호합의 내용에 대한 수락 여부 및 관련 불복쟁송의 취하 여부를 그 통보를 받은 날부터 2개월 이내에 기획재정부장관 또는 국세청장에게 서면으로 제출해야 한다. (2021. 2. 17. 개정)
③ 신청인이 제2항에 따른 제출기한까지 합의 내용에 대하여 동의하지 않는다는 의사를 제출하거나 관련 쟁송을 취하하지 않는 경우 또는 수락 여부나 관련 불복쟁송의 취하 여부를 서면으로 제출하지 않는 경우에는 해당 상호합의절차 개시의 신청은 철회한 것으로 본다. (2021. 2. 17. 개정)

제90조【상호합의 결과의 확대 적용 등】① 법 제48조 제1항에 따라 상호합의 결과의 확대 적용을 신청하려는 자는 다음 각 호의 서류를 과세당국 또는 지방자치단체의 장에게 제출해야 한다. (2021. 2. 17. 개정)
1. 기획재정부령으로 정하는 상호합의 결과 확대 적용 신청서 (2021. 2. 17. 개정)
2. 법 제48조 제2항 각 호의 요건을 갖추고 있음을 증명하는 서류 (2021. 2. 17. 개정)

② 법 제48조 제2항 제3호에서 "대통령령으로 정하는 요건"이란 정상가격을 산출할 때 적용한 통상의 이윤 또는 거래순이익률이 같아야 하는 것을 말한다. (2021. 2. 17. 개정)

② 영 제89조 제1항에 따라 통보를 받은 신청인은 같은 조 제2항에 따라 상호합의 종결 통보서와 불복쟁송 취하서류(상호합의 내용을 수락하는 경우로 한정한다)를 첨부하여 별지 제42호 서식(3)에 따른 수락여부 통보서를 제출해야 한다. (2021. 3. 16. 개정)

제52조【상호합의 결과 확대 적용 신청서】영 제90조 제1항 제1호에 따른 상호합의 결과 확대 적용 신청서는 별지 제43호 서식에 따른다. (2021. 3. 16. 개정)

제49조【납부기한등의 연장 등의 적용 특례】① 신청인은 대통령령으로 정하는 바에 따라 납세지 관할 세무서장 또는 지방자치단체의 장에게 「국세징수법」 제13조에 따른 납부기한등의 연장(「지방세징수법」 제25조에 따른 징수유예를 포함하며, 이하 이 조에서 "납부기한등의 연장"이라 한다) 또는 「국세징수법」 제105조에 따른 압류·매각의 유예(「지방세징수법」 제105조에 따른 체납처분 유예를 포함하며, 이하 이 조에서 "압류·매각의 유예"라 한다)의 적용 특례를 신청할 수 있다. (2020. 12. 22. 개정)
② 제1항에 따른 신청을 받은 납세지 관할 세무서장 또는 지방자치단체의 장은 납부할 세액을 고지(告知)하기 전에 상호합의절차가 개시된 경우에는 상호합의절차의 종료일까지 「국세징수법」 제14조에 따른 납부고지의 유예(「지방세징수법」 제25조에 따른 고지유예와 분할고지를 포함하며, 이하 이 조에서 "납부고지의 유예"라 한다)를 할 수 있다. 이 경우 납세지 관할 세무서장 및 지방자치단체의 장은 납부할 세액을 상호합의절차 종료일의 다음 날부터 30일 이내에 고지하여야 한다. (2020. 12. 22. 개정)
③ 제1항에 따른 신청을 받은 납세지 관할 세무서장 또는 지방자치단체의 장은 납세자가 납부의 고지 또는 독촉을 받은 후 상호합의절차가 개시된 경우에는 상호합의절차의 개시일부터 종료일까지는 납부기한등의 연장 또는 압류·매각의 유예를 할 수 있다. 이 경우 납세지 관할 세무서장 및 지방자치단체의 장은 상호합의절차 종료일의 다음 날부터 30일 이내에 납부기한을 다시 정하여 연장 또는 유예된 세액을 징수하여야 한다. (2020. 12. 22. 개정)
④ 제2항과 제3항은 체약상대국이 상호합의절차의 진행 중에 납부기한등의 연장 또는 압류·매각의 유예를 허용하는 경우에만 적용한다. (2020. 12. 22. 개정)
⑤ 납세지 관할 세무서장 및 지방자치단체의 장은 제3항에 따라 납부기한등의 연장 또는 압류·매각의 유예를 허용하는 경우에는 그 기간에 대하여 대통령령으로 정하는 바에 따라 계산한 이자 상당액을 더하여 징수한다. (2020. 12. 22. 개정)

제91조【납부기한등의 연장 등의 적용 특례】① 법 제49조 제1항에 따른 납부기한등의 연장 또는 압류·매각의 유예의 적용 특례를 신청하려는 자는 다음 각 호의 서류를 갖추어 납세지 관할 세무서장 또는 지방자치단체의 장에게 신청해야 한다. (2021. 2. 17. 개정)
1. 기획재정부령으로 정하는 납부기한등의 연장 등의 적용특례 신청서 (2021. 2. 17. 개정)
2. 국세청장이 발행한 상호합의절차 개시 통보서 사본 (2021. 2. 17. 개정)
② 제1항에 따라 신청을 받은 납세지 관할 세무서장 또는 지방자치단체의 장은 법 제49조 제2항 및 제3항을 적용할 때 다음 각 호의 어느 하나에 해당하는 경우에는 납부고지의 유예, 납부기한등의 연장 또는 압류·매각의 유예(이하 이 조에서 "고지유예등"이라 한다)를 허용해서는 안 된다. 이 경우 고지유예등이 이미 허용되었을 때에는 즉시 취소하고 유예에 관계되는 세액 및 체납액을 한꺼번에 징수해야 한다. (2021. 2. 17. 개정)
1. 신청인이 제1항에 따른 신청일 현재 국세 또는 지방세를 체납하고 있는 경우 (2021. 2. 17. 개정)
2. 신청인이 다음 각 목에 따른 자료 제출의무를 이행하지 않은 경우 (2021. 2. 17. 개정)
　가. 법 제16조 제1항에 따른 국제거래정보통합보고서 (2021. 2. 17. 개정)
　나. 법 제16조 제2항 제1호에 따른 국제거래명세서 (2021. 2. 17. 개정)
　다. 법 제16조 제4항에 따라 과세당국이 제출을 요구하는 자료 (2021. 2. 17. 개정)
3. 조세를 징수할 수 없게 될 가능성이 매우 높은 경우 (2021. 2. 17. 개정)
③ 법 제49조 제5항에 따라 납부기한등의 연장 또는 압류·매각의 유예가 허용되는 경우 국세 또는 지방세에 더할 이자 상당액의 계산방법은 다음과 같다. (2021. 2. 17. 개정)

제53조【납부기한등의 연장 등의 적용특례 신청서】영 제91조 제1항 제1호에 따른 납부기한등의 연장 등의 적용특례 신청서는 별지 제44호 서식에 따른다. (2021. 3. 16. 개정)

⑥ 제2항 또는 제3항에 따라 소득세액 또는 법인세액에 대하여 납부고지의 유예, 납부기한등의 연장 또는 압류·매각의 유예(이하 이 항에서 "고지유예등"이라 한다) 중 하나가 적용되는 경우에는 그 소득세액 또는 법인세액에 부가되는 지방세액에 대해서도 이 조에서 정한 별도의 절차를 거치지 아니하고 그 고지유예등이 그대로 적용되는 것으로 한다. 이 경우 국세청장은 대통령령으로 정하는 바에 따라 지방자치단체의 장에게 고지유예등의 사실을 통지하여야 한다. (2020. 12. 22. 개정)

제50조【불복청구기간과 불복결정기간의 적용 특례】 상호합의절차가 개시된 경우 상호합의절차의 개시일부터 종료일까지의 기간은 다음 각 호의 기간에 산입하지 아니한다. (2020. 12. 22. 개정)
1. 「국세기본법」 제56조 제3항·제61조·제68조 및 「지방세기본법」 제91조의 청구기간 (2020. 12. 22. 개정)
2. 「국세기본법」 제65조·제80조의 2 및 「지방세기본법」 제96조의 결정기간 (2022. 12. 31. 개정)

제51조【부과제척기간의 특례】 ① 상호합의절차가 개시된 경우에 다음 각 호에 해당하는 기간 중 나중에 도래하는 기간의 만료일 후에는 국세를 부과할 수 없다. (2020. 12. 22. 개정)
1. 상호합의절차 종료일의 다음 날부터 1년의 기간 (2020. 12. 22. 개정)
2. 「국세기본법」 제26조의 2 제1항부터 제4항까지의 규정에 따른 부과제척기간 (2020. 12. 22. 개정)

이자 상당 가산액 =
납부기한등의 연장 또는 압류·매각의 유예를 한 해당 국세 또는 지방세 금액(상호합의절차에 의한 조정이 이루어진 경우에는 그 조정금액) × 세액 납부기한의 다음 날 또는 상호합의절차 개시일 중 나중에 도래하는 날부터 상호합의절차 종료일까지의 기간(이하 이 항에서 "유예기간"이라 한다) × 「국세기본법 시행령」 제27조의 4에 따른 이자율(유예기간이 2년을 초과하는 경우 그 초과 기간에 대해서는 같은 영 제43조의 3 제2항 본문에 따른 이자율을 적용한다)

---

④ 법 제49조 제6항에 따라 소득세액 또는 법인세액에 대하여 고지유예등을 적용하는 경우로서 「국세징수법」 제13조 제3항, 제14조 제3항 또는 제105조 제4항에 따라 납세자에게 고지유예등을 통지할 때에는 같은 법 시행령 제15조를 준용하여 고지유예등의 사실을 해당 소득세액 또는 법인세액에 부가되는 지방세를 관할하는 지방자치단체의 장에게 통지해야 한다. (2021. 2. 17. 개정)

② 상호합의절차가 개시된 경우에 다음 각 호에 해당하는 기간 중 나중에 도래하는 기간의 만료일 후에는 지방세를 부과할 수 없다. (2020. 12. 22. 개정)
1. 상호합의절차 종료일의 다음 날부터 1년의 기간 (2020. 12. 22. 개정)
2. 「지방세기본법」 제38조 제1항에 따른 부과의 제척기간 (2020. 12. 22. 개정)

　제51조의 2 【상호합의절차의 이행 등을 위한 협의기구】 기획재정부장관은 다음 각 호의 사항을 협의하기 위하여 필요한 경우에는 체약상대국의 권한 있는 당국과 공동으로 협의기구를 구성하여 운영할 수 있다. (2023. 12. 31. 신설)
1. 상호합의절차의 원활한 이행에 관한 사항 (2023. 12. 31. 신설)
2. 우리나라와 체약상대국 세법의 주요 개정내용 통보에 관한 사항 (2023. 12. 31. 신설)
3. 그 밖에 우리나라와 체약상대국 간의 조세조약 이행과 조세협력에 관한 사항 (2023. 12. 31. 신설)

제 4 장　해외자산의 신고 및 자료 제출

제 1 절　해외금융계좌의 신고

　제52조 【정　의】 이 장에서 사용하는 용어의 뜻은 다음과 같다. (2020. 12. 22. 개정)
1. "해외금융회사등"이란 국외에 소재하는 다음 각 목에 해당하는 자로서 대통령령으로 정하는 자를 말한다. 이 경우 내국법인의 국외사업장을 포함하고, 외국법인의 국내사업장은 제외한다. (2020. 12. 22. 개정)
　가. 금융 및 보험업과 이와 유사한 업종을 하는 금융회사 (2020. 12. 22. 개정)

제 4 장　해외자산의 신고 및 자료 제출

제 1 절　해외금융계좌의 신고

　제92조 【해외금융계좌의 신고 등】 ① 법 제52조 제1호 각 목 외의 부분 전단에서 "대통령령으로 정하는 자"란 금융회사등 또는 외국의 금융 관련 법령에 따라 설립된 금융회사등 중 이와 유사한 금융회사등과 「가상자산 이용자 보호 등에 관한 법률」 제2조 제2호의 가상자산사업자 또는 외국의 가상자산 관련 법령에 따라 설립된 가상자산사업자 중 이와 유사한 가상자산사업자(이하 "가상자산사업자등"이라 한

제 4 장　해외자산의 신고 및 자료 제출

제 1 절　해외금융계좌의 신고

　제54조 【해외금융계좌 신고서】 다음 각 호에 해당하는 신고서는 별지 제45호서식에 따른다.
1. 영 제92조 제4항에 따른 해외금융계좌 신고서 (2021. 3. 16. 개정)
2. 영 제96조 제1항에 따른 해외금융계좌

나. 「가상자산 이용자 보호 등에 관한 법률」 제2조 제2호의 가상자산사업자 및 이와 유사한 사업자 (2023. 7. 18. 개정 ; 가상자산~부칙)

2. "해외금융계좌"란 해외금융회사등과 금융거래(「금융실명거래 및 비밀보장에 관한 법률」 제2조 제3호의 금융거래 및 이와 유사한 거래를 포함한다) 및 가상자산거래(「특정 금융거래정보의 보고 및 이용 등에 관한 법률」 제2조 제2호 라목의 가상자산거래 및 이와 유사한 거래를 포함한다)를 위하여 해외금융회사등에 개설한 계좌로서 다음 각 목의 계좌를 말한다. (2023. 7. 18. 개정 ; 가상자산~부칙)

가. 「은행법」 제27조에 따른 은행업무와 관련하여 개설한 계좌 (2020. 12. 22. 개정)

나. 「자본시장과 금융투자업에 관한 법률」 제4조에 따른 증권 및 이와 유사한 해외증권의 거래를 위하여 개설한 계좌 (2020. 12. 22. 개정)

다. 「자본시장과 금융투자업에 관한 법률」 제5조에 따른 파생상품 및 이와 유사한 해외파생상품의 거래를 위하여 개설한 계좌 (2020. 12. 22. 개정)

라. 「가상자산 이용자 보호 등에 관한 법률」 제2조 제1호의 가상자산 및 이와 유사한 자산의 거래를 위하여 국외에 있는 같은 조 제2호의 가상자산사업자 및 이와 유사한 사업자에 개설한 계좌 (2023. 7. 18. 개정 ; 가상자산~부칙)

마. 가목부터 라목까지에서 규정한 계좌 외의 계좌로서 그 밖에 금융거래 또는 가상자산거래를 위하여 해외금융회사등에 개설한 계좌 (2020. 12. 22. 개정)

3. "해외금융계좌정보"란 다음 각 목의 정보를 말한다. (2020. 12. 22. 개정)

가. 보유자의 성명·주소 등 신원에 관한 정보 (2020. 12. 22. 개정)

나. 계좌번호, 해외금융회사등의 이름, 매월 말일의 보유계좌 잔액의 최고금액 등 보유계좌에 관한 정보 (2020. 12. 22. 개정)

다. 제53조 제2항에 따른 해외금융계좌 관련자에 관한 정보 (2020. 12. 22. 개정)

다)를 말한다. (2025. 2. 28. 개정)

② 법 제53조 제1항을 적용할 때 거주자 및 내국법인의 판정은 신고대상 연도 종료일을 기준으로 한다. (2021. 2. 17. 개정)

③ 법 제53조 제1항에서 "대통령령으로 정하는 금액"이란 5억원을 말한다. (2021. 2. 17. 개정)

④ 법 제53조 제1항에 따른 계좌신고의무자(이하 "계좌신고의무자"라 한다)는 기획재정부령으로 정하는 해외금융계좌 신고서를 신고기한까지 납세지 관할 세무서장에게 제출해야 한다. (2025. 2. 28. 개정)

⑤ 계좌신고의무자는 제4항에 따른 해외금융계좌 신고서에서 정하는 바에 따라 본인 외의 해외금융계좌 관련자 정보를 함께 제출해야 한다. (2021. 2. 17. 개정)

⑥ 법 제53조 제2항에 따른 해외금융계좌 관련자는 해당 계좌의 잔액 전부를 각각 보유한 것으로 본다. (2021. 2. 17. 개정)

⑦ 법 제53조 제2항 제2호에 따른 해외금융계좌가 공동명의계좌인지 여부와 해당 해외금융계좌의 공동명의자를 판단할 때에는 해당 해외금융계좌가 개설된 해외금융회사등이 소재하는 국가의 법령에 따른다. (2024. 2. 29. 신설)

제93조【해외금융계좌 잔액 산출방법】① 계좌신고의무자의 매월 말일 해외금융계좌 잔액은 계좌신고의무자가 보유한 각 해외금융계좌의 자산에 대하여 다음 각 호의 구분에 따라 산정한 금액을 해당 표시통화의 환율(「외국환거래법」에 따른 일별 기준환율 또는 재정환율을 말한다)로 각각 환산한 후 더하여 산출한다. 이 경우 피상속인 명의의 해외금융계좌를 여러 사람이 공동으로 상속받은 경우에는 계좌잔액 중 공동상속인 각자의 상속분에 해당하는 금액만큼만 환산하여 더한다. (2021. 2. 17. 개정)

1. 현금 : 해당하는 매월 말일의 종료시각 현재의 잔액 (2021. 2. 17. 개정)

2. 「자본시장과 금융투자업에 관한 법률」에 따른 증권시장 또는 이와 유사한 해외 증권시장에 상장된 주식과 그 주식을 기초로 발행한 예탁증서 : 해당하는 매월 말일의 종료시각 현재의 수량 × 해당하는 매월 말일의 최종 가격(해당하는 매월 말일이 거래일이 아닌 경우

수정신고서 (2021. 3. 16. 개정)

3. 영 제96조 제2항에 따른 해외금융계좌 기한 후 신고서 (2021. 3. 16. 개정)

7. 제1호부터 제6호까지에서 규정한 자산 외의 자산 : 해당하는 매월 말일의 종료시각 현재의 수량 × 해당하는 매월 말일의 시가(시가 산정이 곤란한 경우에는 취득가액) (2021. 2. 17. 개정)

② 제1항의 해외금융계좌에는 거래실적 등이 없는 계좌, 연도 중에 해지된 계좌 등 해당 연도 전체 기간 중에 보유한 모든 계좌를 포함한다. 다만, 다음 각 호의 계좌는 제외한다. (2021. 2. 17. 개정)

1. 「보험업법」에 따른 보험상품 및 이와 유사한 해외보험상품으로서 순보험료가 위험보험료만으로 구성되는 보험계약에 해당하는 금융계좌 (2021. 2. 17. 개정)

2. 「근로자퇴직급여 보장법」에 따른 퇴직연금제도 및 이와 유사한 해외퇴직연금제도에 따라 설정하는 퇴직연금계좌로서 다음 각 목의 요건을 모두 갖춘 계좌 (2021. 2. 17. 개정)

　가. 계좌가 해당 국가에서 다음의 어느 하나에 해당하는 세제 혜택 대상일 것 (2021. 2. 17. 개정)

　　1) 계좌에 대한 납입금이 계좌 보유자의 총소득에서 공제 또는 제외되는 경우 (2021. 2. 17. 개정)

　　2) 계좌에 대한 납입금이 감면된 세율로 과세되는 경우(계좌에 대한 납입금의 전부 또는 일부가 종합소득산출세액에서 공제되는 경우를 포함한다) (2021. 2. 17. 개정)

　　3) 계좌로부터 발생하는 투자소득에 대한 과세가 이연되거나 감면된 세율로 과세되는 경우 (2021. 2. 17. 개정)

　나. 계좌와 관련하여 해당 외국 과세당국에 매년 정보 보고가 이루어질 것 (2021. 2. 17. 개정)

　다. 특정 퇴직연령 도달, 장애 또는 사망과 같은 특정 사건이 발생하는 경우에만 인출이 허용되거나 특정 사건이 발생하기 전에 인출을 할 경우 불이익이 있을 것 (2021. 2. 17. 개정)

　라. 계좌에 대한 연간 납입금이 5천만원 이내로 제한되거나 전체 납입금이 10억원 이내로 제한될 것. 이 경우 해외퇴직연금제도에 따른 퇴직연금계좌가 여러 개인 경우에는 합계액을 기준으로 판단한다. (2021. 2. 17. 개정)

에는 그 직전 거래일의 최종 가격) (2021. 2. 17. 개정)

3. 「자본시장과 금융투자업에 관한 법률」에 따른 증권시장 또는 이와 유사한 해외 증권시장에 상장된 채권 : 해당하는 매월 말일의 종료시각 현재의 수량 × 해당하는 매월 말일의 최종 가격(해당하는 매월 말일이 거래일이 아닌 경우에는 그 직전 거래일의 최종 가격) (2021. 2. 17. 개정)

4. 「자본시장과 금융투자업에 관한 법률」에 따른 집합투자증권 및 이와 유사한 해외집합투자증권 : 해당하는 매월 말일의 종료시각 현재의 수량 × 해당하는 매월 말일의 기준가격(해당하는 매월 말일의 기준가격이 없는 경우에는 해당하는 매월 말일 현재의 환매가격 또는 해당하는 매월 말일 전 가장 가까운 날의 기준가격) (2021. 2. 17. 개정)

5. 「보험업법」에 따른 보험상품 및 이와 유사한 해외보험상품 : 해당하는 매월 말일의 종료시각 현재의 납입금액 (2021. 2. 17. 개정)

6. 가상자산사업자등으로서 본점 또는 주사무소가 외국에 있는 국외 가상자산사업자등(사업의 실질적 관리장소가 국내에 있지 않는 경우만 해당한다)이 보관·관리하는 「특정 금융거래정보의 보고 및 이용 등에 관한 법률」 제2조 제3호의 가상자산 및 이와 유사한 가상자산 : 해당하는 매월 말일의 종료시각 현재의 수량 × 해당하는 매월 말일의 최종 가격(해당하는 매월 말일이 거래일이 아닌 경우에는 그 직전 거래일의 최종 가격) (2021. 2. 17. 개정)

6. 가상자산사업자등으로서 본점 또는 주사무소가 외국에 있는 국외 가상자산사업자등(사업의 실질적 관리장소가 국내에 있지 않는 경우만 해당한다)이 보관·관리하는 「가상자산 이용자 보호 등에 관한 법률」 제2조 제1호의 가상자산 및 이와 유사한 가상자산 : 해당하는 매월 말일의 종료시각 현재의 수량 × 해당하는 매월 말일의 최종 가격(해당하는 매월 말일이 거래일이 아닌 경우에는 그 직전 거래일의 최종 가격으로 하되, 해당 가상자산의 매매 또는 교환을 할 수 있는 시장이 운영되지 않아 매월 말일의 최종 가격을 확인할 수 없는 경우에는 해당 가상자산이 거래되는 국내외 시장의 매월 말일의 최종 가격 중에서 계좌신고의무자가 선택한 하나의 가격으로 한다) (2025. 2. 28. 개정)

제53조【해외금융계좌의 신고】① 해외금융계좌를 보유한 거주자 및 내국법인 중에서 해당 연도의 매월 말일 중 어느 하루의 해외금융계좌 잔액(해외금융계좌가 여러 개인 경우에는 각 해외금융계좌 잔액을 합산한 금액을 말한다)이 대통령령으로 정하는 금액을 초과하는 자(이하 "계좌신고의무자"라 한다)는 해외금융계좌정보를 다음 연도 6월 1일부터 30일까지 납세지 관할 세무서장에게 신고하여야 한다. (2020. 12. 22. 개정)
② 제1항을 적용할 때 다음 각 호의 구분에 따른 자(이하 이 장에서 "해외금융계좌 관련자"라 한다)는 해당 해외금융계좌를 각각 보유한 것으로 본다. (2020. 12. 22. 개정)
1. 해외금융계좌 중 실지명의에 의하지 아니한 계좌 등 그 계좌의 명의자와 실질적 소유자가 다른 경우 : 그 명의자와 실질적 소유자 (2020. 12. 22. 개정)
2. 해외금융계좌가 공동명의계좌인 경우 : 각 공동명의자 (2020. 12. 22. 개정)
③ 제1항 및 제2항에 따른 계좌신고의무자 판정기준, 해외금융계좌 잔액 산출방법, 신고방법 및 실질적 소유자의 판단기준 등 해외금융계좌 신고에 필요한 사항은 대통령령으로 정한다. (2020. 12. 22. 개정)

제54조【해외금융계좌 신고의무의 면제】계좌신고의무자 중 다음 각 호의 어느 하나에 해당하는 경우에는 제53조에 따른 신고의무를

제94조【해외금융계좌의 실질적 소유자】① 법 제53조 제2항 제1호에 따른 실질적 소유자란 해당 계좌의 명의와는 관계없이 해당 해외금융계좌와 관련한 거래에서 경제적 위험을 부담하거나 이자·배당 등의 수익을 받거나 해당 계좌를 처분할 권한을 가지는 등 해당 계좌를 사실상 관리하는 자를 말한다. (2021. 2. 17. 개정)
② 제1항을 적용할 때 내국인이 외국법인의 의결권 있는 주식의 100퍼센트를 직접 또는 간접으로 소유(내국인과 「국세기본법」 제2조 제20호 가목 또는 나목의 관계에 있는 자가 직접 또는 간접으로 소유한 주식을 포함한다)한 경우에는 그 내국인을 실질적 소유자에 포함한다. 다만, 해당 외국법인이 우리나라와 조세조약을 체결하고 시행하는 국가에 소재하는 경우에는 그렇지 않다. (2021. 2. 17. 개정)
③ 제1항 및 제2항 본문에도 불구하고 다음 각 호의 어느 하나에 해당하는 자를 명의인으로 하는 해외금융계좌를 통해 투자한 자는 실질적 소유자로 보지 않는다. (2021. 2. 17. 개정)
1. 「자본시장과 금융투자업에 관한 법률」 제9조 제18항에 따른 집합투자기구 또는 이와 유사한 외국에서 설립된 집합투자기구(같은 법 제279조 제1항에 따라 금융위원회에 등록된 것으로 한정한다) (2021. 2. 17. 개정)
2. 「자본시장과 금융투자업에 관한 법률」 제8조 제3항에 따른 투자중개업자 또는 같은 법 제294조에 따른 한국예탁결제원 (2021. 2. 17. 개정)
3. 「자본시장과 금융투자업에 관한 법률 시행령」 제103조에 따른 금전

면제한다. (2020. 12. 22. 개정)

1. 다음 각 목의 어느 하나에 해당하는 사람 (2023. 12. 31. 개정)

　가. 「소득세법」 제3조 제1항 단서에 따른 외국인 거주자 (2023. 12. 31. 개정)

　나. 「재외동포의 출입국과 법적 지위에 관한 법률」 제2조 제1호에 따른 재외국민으로서 해당 신고대상 연도 종료일 1년 전부터 국내에 거소를 둔 기간의 합계가 183일 이하인 사람. 이 경우 국내에 거소를 둔 기간의 계산은 대통령령으로 정하는 방법에 따른다. (2023. 12. 31. 개정)

　나. 「재외동포의 출입국과 법적 지위에 관한 법률」 제2조 제1호에 따른 재외국민으로서 해당 신고대상 연도 종료일 1년 전부터 국내에 거소를 둔 기간의 합계가 182일 이하인 사람. 이 경우 국내에 거소를 둔 기간의 계산은 대통령령으로 정하는 방법에 따른다. (2024. 12. 31. 개정)

　다. 대통령령으로 정하는 국제기관에 근무하는 사람 중 대통령령으로 정하는 사람 (2023. 12. 31. 개정)

2. 다음 각 목의 어느 하나에 해당하는 기관 (2023. 12. 31. 개정)

　가. 국가, 지방자치단체 및 「공공기관의 운영에 관한 법률」에 따른 공공기관 (2023. 12. 31. 개정)

　나. 우리나라가 다른 국가와 체결한 조약·협약·협정·각서 등 국제법에 따라 규율되는 모든 유형의 국제적 합의에 의하여 설립된 기관 (2023. 12. 31. 개정)

3. 금융회사등 (2020. 12. 22. 개정)

4. 해외금융계좌 관련자 중 다른 공동명의자 등의 신고를 통하여 본인의 해외금융계좌정보를 확인할 수 있게 되는 등 대통령령으로 정하

신탁계약의 신탁업자 (2021. 2. 17. 개정)

4. 「벤처투자 촉진에 관한 법률」 제2조 제11호에 따른 벤처투자조합 (2021. 2. 17. 개정)

제95조 【해외금융계좌 신고의무의 면제】 ① 법 제54조 제1호 나목 후단에서 "대통령령으로 정하는 방법"이란 「소득세법 시행령」 제4조 제1항, 제2항 및 제4항에 따른 거주기간 계산방법을 말한다. (2024. 2. 29. 개정)

② 법 제54조 제1호 다목에서 "대통령령으로 정하는 국제기관"이란 다음 각 호의 국제기관을 말한다. (2024. 2. 29. 신설)

1. 「소득세법」 제12조 제3호 차목 본문에 따른 국제기관 (2024. 2. 29. 신설)

2. 법 제54조 제2호 나목에 따른 국제기관 (2024. 2. 29. 신설)

③ 법 제54조 제1호 다목에서 "대통령령으로 정하는 사람"이란 다음 각 호의 요건을 모두 갖춘 사람을 말한다. (2024. 2. 29. 신설)

1. 다음 각 목의 어느 하나에 해당하는 사람으로서 대한민국 국민이 아닐 것 (2024. 2. 29. 신설)

　가. 제2항 제1호의 국제기관에서의 직무수행 대가로 받는 급여에 대하여 「소득세법」 제12조 제3호 차목에 따라 소득세가 과세되지 않는 사람 (2024. 2. 29. 신설)

　나. 제2항 제2호의 국제기관에서의 직무수행 대가로 받는 급여에 대하여 우리나라가 다른 국가와 체결한 조약·협약·협정·각서 등 국제법에 따라 소득세가 과세되지 않는 사람 (2024. 2. 29. 신설)

2. 법 제36조 제6항에 따른 정기적인 금융정보등의 교환이 이루어지는 국가 외의 국가에 소재하는 해외금융회사등에 해외금융계좌를 보유하고 있지 아니할 것 (2024. 2. 29. 신설)

④ 법 제54조 제4호에서 "해외금융계좌 관련자 중 다른 공동명의자 등의 신고를 통하여 본인의 해외금융계좌정보를 확인할 수 있게 되는 등

☞ 개정취지 ··

해외금융계좌 신고의무의 면제대상

국제연합과 그 소속기구의 기관 등 국제기관에서의 직무수행 대가로 받은 급여에 대하여 비과세되는 사람으로서 대한민국 국민이 아닌 사람이 정기적인 금융거래에 관한 정보의 교환이 이루어지는 국가 외의 국가에 소재하는 해외금융회사등에 해외금융계좌를 개설하여 보유하고 있지 않는 경우에는 해외금융계좌 신고의무를 면제함. (영 95조 2항 및 3항 신설 ; 2024. 2. 29.)

··

는 요건에 해당하는 자 (2020. 12. 22. 개정)
5. 다른 법령에 따라 국가의 관리·감독이 가능한 기관으로서 대통령령으로 정하는 자 (2020. 12. 22. 개정)
6. 제58조 제3항에 따라 해외신탁명세를 제출할 때 해외금융계좌정보를 함께 제출한 자 (2024. 12. 31. 신설)
7. 조세조약에 따라 체약상대국의 거주자로 인정된 자 (2024. 12. 31. 신설)

해외금융계좌 신고의무 대상 정비
• 해외금융계좌 신고의무가 면제되는 재외국민 기준을 「소득세법」에 따른 거주자 거소 기준에 맞추어 '183일 이하'에서 '182일 이하'로 조정하고, 해외금융계좌 신고의무 면제대상에 '해외신탁명세를 제출할 때 해외금융계좌정보를 함께 제출한 자' 등을 추가함. (법 54항 1호, 6호 신설 ; 2024. 12. 31.)
• 법 54조 1호 나목 및 같은 조 6호·7호의 개정규정은 2025. 1. 1. 이후 개시하는 과세기간 또는 사업연도에 보유하는 해외금융계좌부터 적용함. (법 부칙(2024. 12. 31.) 5조)

제55조【해외금융계좌 수정신고 및 기한 후 신고】 ① 제53조 제1항에 따른 신고기한까지 해외금융계좌정보를 신고한 자로서 과소 신고한 자는 과세당국이 제90조 제1항에 따른 과태료를 부과하기 전까지 해외금융계좌정보를 수정신고할 수 있다. (2022. 12. 31. 개정)
② 제53조 제1항에 따른 신고기한까지 해외금융계좌정보를 신고하지 아니한 자는 과세당국이 제90조 제1항에 따른 과태료를 부과하기 전까지 해외금융계좌정보를 신고할 수 있다. (2022. 12. 31. 개정)
③ 제1항 및 제2항에 따른 해외금융계좌 수정신고 및 기한 후 신고의 신고방법 등에 관하여 필요한 사항은 대통령령으로 정한다. (2020. 12. 22. 개정)

제56조【해외금융계좌 신고의무 위반금액의 출처에 대한 소명】 ① 제53조 제1항에 따라 계좌신고의무자가 신고기한까지 해외금융계좌정보를 신고하지 아니하거나 과소 신고한 경우에는 해당 과세당

대통령령으로 정하는 요건에 해당하는 자"란 법 제53조 제2항에 따른 해외금융계좌 관련자 중 어느 하나가 제92조 제5항에 따라 본인의 해외금융계좌정보를 함께 제출함에 따라 납세지 관할 세무서장이 본인이 보유한 모든 해외금융계좌정보를 확인할 수 있는 자를 말한다. (2024. 2. 29. 항번개정)
⑤ 법 제54조 제5호에서 "대통령령으로 정하는 자"란 다음 각 호의 자를 말한다. (2024. 2. 29. 항번개정)
1. 「자본시장과 금융투자업에 관한 법률」에 따른 금융투자업관계기관, 집합투자기구, 집합투자기구평가회사 및 채권평가회사 (2021. 2. 17. 개정)
2. 「금융지주회사법」에 따른 금융지주회사 (2021. 2. 17. 개정)
3. 「외국환거래법」에 따른 외국환업무취급기관 및 외국환중개회사 (2021. 2. 17. 개정)
4. 「신용정보의 이용 및 보호에 관한 법률」에 따른 신용정보회사 및 채권추심회사 (2021. 2. 17. 개정)

제96조【해외금융계좌 수정신고 및 기한 후 신고】 ① 법 제55조 제1항에 따라 해외금융계좌정보를 수정신고하려는 자는 기획재정부령으로 정하는 해외금융계좌 수정신고서에 다음 각 호의 사항을 적어 납세지 관할 세무서장에게 제출해야 한다. (2021. 2. 17. 개정)
1. 처음 신고한 해외금융계좌정보 (2021. 2. 17. 개정)
2. 수정신고하는 해외금융계좌정보 (2021. 2. 17. 개정)
② 법 제55조 제2항에 따라 해외금융계좌정보를 기한 후 신고하려는 자는 기획재정부령으로 정하는 해외금융계좌 기한 후 신고서를 납세지 관할 세무서장에게 제출해야 한다. (2021. 2. 17. 개정)

제97조【해외금융계좌 신고의무 위반금액의 출처에 대한 소명】 ① 법 제56조 제1항에 따라 소명을 요구받은 계좌신고의무자가 신고의무 위반금액의 출처에 대하여 소명하려는 경우에는 기획재정부령으

제55조【해외금융계좌 신고의무 위반금액 출처 확인서】 영 제97조 제1항에 따른 해외금융계좌 신고의무 위반금액 출

국은 그 계좌신고의무자에게 신고기한까지 신고하지 아니한 금액이나 과소 신고한 금액(이하 "신고의무 위반금액"이라 한다)의 출처에 대하여 소명을 요구할 수 있다. (2020. 12. 22. 개정)

② 제1항에 따른 소명을 요구받은 해당 계좌신고의무자는 그 요구를 받은 날부터 90일 이내(이하 이 항에서 "소명기간"이라 한다)에 대통령령으로 정하는 방법에 따라 소명을 하여야 한다. 다만, 계좌신고의무자가 자료의 수집·작성에 상당한 기간이 걸리는 등 대통령령으로 정하는 부득이한 사유로 소명기간의 연장을 신청하는 경우에는 과세당국은 60일의 범위에서 한 차례만 그 소명기간의 연장을 승인할 수 있다. (2020. 12. 22. 개정)

③ 계좌신고의무자가 제55조에 따라 수정신고 및 기한 후 신고를 한 경우에는 제1항과 제2항을 적용하지 아니한다. 다만, 과세당국이 과태료를 부과할 것을 미리 알고 신고한 경우에는 제1항 및 제2항을 적용한다. (2020. 12. 22. 개정)

제57조 【해외금융계좌정보의 비밀유지】 ① 세무공무원은 해외금융계좌정보를 타인에게 제공 또는 누설하거나 목적 외의 용도로 사용해서는 아니 된다. 다만, 「국세기본법」 제81조의 13 제1항 각 호의 어느 하나에 해당하는 경우에는 그 사용 목적에 맞는 범위에서 해외금융계좌정보를 제공할 수 있다. (2020. 12. 22. 개정)

② 제1항에 따라 해외금융계좌정보를 알게 된 자는 이를 타인에게 제공 또는 누설하거나 그 목적 외의 용도로 사용해서는 아니 된다. (2020. 12. 22. 개정)

로 정하는 해외금융계좌 신고의무 위반금액 출처 확인서를 과세당국에 제출해야 한다. (2024. 2. 29. 개정)

[편주] 영 97조 1항의 개정규정은 2024. 2. 29. 전에 법 56조 1항에 따른 소명을 요구받은 계좌신고의무자가 2024. 2. 29. 이후 해외금융계좌 신고의무 위반금액 출처 확인서를 제출하는 경우에도 적용함. (영 부칙(2024. 2. 29.) 3조)

② 법 제56조 제1항에 따라 소명을 요구받은 계좌신고의무자가 소명을 요구받은 금액의 80퍼센트 이상에 대하여 출처를 소명한 해외금융계좌에 대해서는 신고의무 위반으로 소명을 요구받은 전액에 대하여 소명한 것으로 본다. (2021. 2. 17. 개정)

③ 법 제56조 제2항 단서에서 "계좌신고의무자가 자료의 수집·작성에 상당한 기간이 걸리는 등 대통령령으로 정하는 부득이한 사유"란 다음 각 호의 사유를 말한다. (2021. 2. 17. 개정)

1. 계좌신고의무자가 화재·재난 및 도난 등의 사유로 자료를 제출할 수 없는 경우 (2021. 2. 17. 개정)
2. 계좌신고의무자가 사업이 중대한 위기에 처하여 자료를 제출하기 매우 곤란한 경우 (2021. 2. 17. 개정)
3. 관련 장부·서류가 권한 있는 기관에 압수되거나 영치된 경우 (2021. 2. 17. 개정)
4. 자료의 수집·작성에 상당한 기간이 걸려 기한까지 자료를 제출할 수 없는 경우 (2021. 2. 17. 개정)
5. 제1호부터 제4호까지의 규정에 따른 사유와 유사한 사유가 있어 기한까지 자료를 제출할 수 없다고 판단되는 경우 (2021. 2. 17. 개정)

처 확인서는 별지 제46호 서식에 따른다. (2021. 3. 16. 개정)

제 2 절 해외현지법인 등의 자료 제출

제58조【해외현지법인 등에 대한 자료 제출의무】① 「외국환거래법」 제3조 제1항 제18호에 따른 해외직접투자(이하 이 항에서 "해외직접투자"라 한다)를 한 거주자(「소득세법」 제3조 제1항 단서에 따른 외국인 거주자는 제외한다. 이하 이 절에서 같다) 또는 내국법인은 「소득세법」에 따른 과세기간 또는 「법인세법」에 따른 사업연도 종료일이 속하는 달의 말일부터 6개월 이내에 다음 각 호의 자료(이하 "해외직접투자명세등"이라 한다)를 대통령령으로 정하는 바에 따라 납세지 관할 세무서장에게 제출하여야 한다. 「소득세법」에 따른 과세기간 또는 「법인세법」에 따른 사업연도 중 해외직접투자를 받은 외국법인의 주식 또는 출자지분을 양도하거나 해외직접투자를 받은 외국법인이 청산하여 해외직접투자에 해당하지 아니하게 되는 경우에도 또한 같다. (2022. 12. 31. 개정)
1. 해외직접투자의 명세 (2020. 12. 22. 개정)
2. 해외직접투자를 받은 외국법인의 재무 상황(해외직접투자를 받은 외국법인이 투자한 외국법인의 재무 상황을 포함한다) (2020. 12. 22. 개정)
3. 해외직접투자를 한 거주자 또는 내국법인의 손실거래(해외직접투자를 받은 외국법인과의 거래에서 발생한 손실거래로 한정한다) (2020. 12. 22. 개정)
4. 해외직접투자를 받은 외국법인의 손실거래(해외직접투자를 한 내국법인과의 거래에서 발생한 손실거래는 제외한다) (2020. 12. 22. 개정)
5. 해외 영업소의 설치 현황 (2020. 12. 22. 개정)
6. 그 밖에 해외직접투자와 관련하여 대통령령으로 정하는 자료 (2021. 12. 21. 개정)
7. 그 밖에 대통령령으로 정하는 해외직접투자 또는 해외부동산등의 투자운용 및 처분과 관련된 자료 (2020. 12. 22. 개정)
7. 삭 제 (2021. 12. 21.)

제 2 절 해외현지법인 등의 자료 제출

제98조【해외현지법인 등에 대한 자료 제출의무】① 법 제58조 제1항 각 호 외의 부분 전단에 따른 해외직접투자명세등은 다음 각 호의 구분에 따른 자료로 한다. (2023. 2. 28. 개정)
1. 「외국환거래법」 제3조 제1항 제18호 가목에 따른 해외직접투자를 한 거주자 또는 내국법인 : 기획재정부령으로 정하는 해외현지법인 명세서 (2021. 2. 17. 개정)
2. 제1호에 해당하는 거주자 또는 내국법인 중 다음 각 목의 어느 하나에 해당하는 거주자 또는 내국법인 : 기획재정부령으로 정하는 해외현지법인 명세서와 해외현지법인 재무상황표 (2021. 2. 17. 개정)
가. 「외국환거래법」 제3조 제1항 제18호 가목에 따른 해외직접투자를 받은 법인(이하 이 조에서 "피투자법인"이라 한다)의 발행주식 총수 또는 출자총액의 10퍼센트 이상을 소유하고 그 투자금액이 1억원 이상인 거주자 또는 내국법인 (2021. 2. 17. 개정)
나. 피투자법인의 발행주식 총수 또는 출자총액의 10퍼센트 이상을 직접 또는 간접으로 소유하고 있고, 피투자법인과 법 제2조 제1항 제3호에 따른 특수관계에 있는 거주자 또는 내국법인 (2021. 2. 17. 개정)
3. 제2호 나목에 해당하는 거주자 또는 내국법인 중 법 제58조 제1항 제3호 또는 제4호에 해당하는 거래의 건별 손실금액(이하 이 조에서 "손실거래금액"이라 한다)이 다음 각 목의 구분에 따른 요건을 갖춘 거주자 또는 내국법인 : 기획재정부령으로 정하는 해외현지법인 명세서, 해외현지법인 재무상황표와 손실거래명세서 (2021. 2. 17. 개정)
가. 거주자 : 손실거래금액이 단일 과세기간에 10억원 이상이거나 최초 손실이 발생한 과세기간부터 5년이 되는 날이 속하는 과세기간까지의 누적 손실금액이 20억원 이상일 것 (2021. 2. 17. 개정)
나. 내국법인 : 손실거래금액이 단일 사업연도에 50억원 이상이거나 최초 손실이 발생한 사업연도부터 5년이 되는 날이 속하는 사

제 2 절 해외현지법인 등의 자료 제출

제56조【해외현지법인 등에 대한 자료 제출】(2022. 3. 18. 제목개정)
① 영 제98조 제1항 각 호에 따른 해외직접투자자명세등은 다음 각 호의 구분에 따른다. (2022. 3. 18. 개정)
1. 해외현지법인 명세서 : 별지 제47호 서식 (2021. 3. 16. 개정)
2. 해외현지법인 재무상황표 : 별지 제48호 서식 (2021. 3. 16. 개정)
3. 손실거래명세서 : 별지 제49호 서식 (2021. 3. 16. 개정)
4. 해외영업소 설치현황표 : 별지 제50호 서식 (2021. 3. 16. 개정)
5. 해외부동산 취득·투자운용(임대) 및 처분 명세서 : 별지 제51호 서식 (2021. 3. 16. 개정)
5. 삭 제 (2022. 3. 18.)
② 영 제98조 제2항에 따른 해외부동산등의 취득·보유·투자운용(임대) 및 처분명세서는 별지 제51호 서식에 따른다. (2024. 3. 22. 개정)
③ 영 제98조 제4항에 따른 해외신탁명세서는 별지 제51호의 2 서식에 따른다. (2024. 3. 22. 신설)

② 「외국환거래법」 제3조 제1항 제19호에 따른 자본거래 중 외국에 있는 부동산 또는 이에 관한 권리(이하 "해외부동산등"이라 한다)를 취득하여 보유하고 있거나 처분한 거주자 또는 내국법인이 다음 각 호의 어느 하나에 해당하는 경우에는 「소득세법」에 따른 과세기간 또는 「법인세법」에 따른 사업연도 종료일이 속하는 달의 말일부터 6개월 이내에 다음 각 호의 구분에 따른 자료(이하 "해외부동산등명세"라 한다)를 대통령령으로 정하는 바에 따라 납세지 관할 세무서장에게 제출하여야 한다. (2021. 12. 21. 신설)

1. 해외부동산등의 취득가액이 2억원 이상인 경우 : 해외부동산등의 취득·투자운용(임대를 포함한다)·처분 명세 및 과세기간 또는 사업연도 종료일 현재 보유현황 (2021. 12. 21. 신설)

2. 해외부동산등의 취득가액이 2억원 미만으로서 처분가액이 2억원 이상인 경우 : 해외부동산등의 처분 명세 (2021. 12. 21. 신설)

③ 외국의 법령에 따른 신탁 중 「신탁법」에 따른 신탁과 유사한 것(이하 "해외신탁"이라 한다)을 설정(재산을 해외신탁에 이전하는 경우를 포함한다. 이하 같다)하는 거주자 또는 내국법인(이하 이 조 및 제91조에서 "위탁자"라 한다)은 다음 각 호의 구분에 따른 해외신탁명세(해외신탁의 내용과 해외신탁재산의 가액 등 해외신탁의 설정과 관련된 명세를 말한다. 이하 같다)를 「소득세법」 제5조에 따른 과세기간 또는 「법인세법」 제6조에 따른 사업연도 종료일이 속하는 달의 말일부터 6개월 이내에 대통령령으로 정하는 바에 따라 납세지 관할 세무서장에게 제출하여야 한다. (2023. 12. 31. 신설)

편주 ▶ ··

- 법 58조 3항 및 4항까지의 개정규정은 2025. 1. 1.부터 시행함. (법 부칙(2023. 12. 31.) 1조 단서)
- 법 58조 3항 1호의 개정규정은 2025. 1. 1.이 속하는 과세기간 또는 사업연도의 종료일 전에 설정하여 2025. 1. 1. 이후 개시하는 과세기간 또는 사업연도의 개시일 현재 유지하는 해외신탁에 대하여 해당 개시일이 속하는 과세기간 또는 사업연도의 해외신탁명세를 제출하는 경우부터 적용함. (법 부칙(2023. 12. 31.) 3조 1항)
- 법 58조 3항 2호의 개정규정은 2025. 1. 1. 이후 개시하는 과세기간 또는 사업연도에 설정하는 해외신탁부터 적용함. (법 부칙(2023. 12. 31.)

업연도까지의 누적 손실금액이 100억원 이상일 것 (2021. 2. 17. 개정)

4. 「외국환거래법」 제3조 제1항 제18호 나목에 따른 해외직접투자를 한 거주자 또는 내국법인 : 기획재정부령으로 정하는 해외영업소 설치현황표 (2021. 2. 17. 개정)

5. 「외국환거래법」 제3조 제1항 제19호에 따른 자본거래로서 해당 과세연도에 외국에 있는 부동산이나 이에 관한 권리(이하 "해외부동산등"이라 한다)를 취득하거나 해외부동산등을 투자운용(임대를 포함한다) 또는 처분한 사실이 있는 거주자 또는 내국법인 : 기획재정부령으로 정하는 해외부동산 취득·투자운용(임대) 및 처분 명세서 (2021. 2. 17. 개정)

5. 삭 제 (2022. 2. 15.)

② 「외국환거래법」에 따른 자본거래로서 해당 과세연도에 외국에 있는 부동산이나 이에 관한 권리(이하 "해외부동산등"이라 한다)를 취득하여 보유하고 있거나 처분한 거주자 또는 내국법인은 법 제58조 제2항에 따라 기획재정부령으로 정하는 해외부동산등의 취득·보유·투자운용(임대) 및 처분 명세서를 납세지 관할 세무서장에게 제출해야 한다. (2022. 2. 15. 신설)

③ 제1항 제3호를 적용할 때 손실거래금액은 다음 각 호에 따른 손실로서 거주자 또는 내국법인의 경우에는 기업회계기준에 따라 산출하고, 피투자법인의 경우에는 피투자법인의 거주지국에서 재무제표를 작성할 때에 일반적으로 인정되는 회계원칙(우리나라의 기업회계기준과 현저히 다른 경우에는 우리나라의 기업회계기준을 말한다)에 따라 산출한다. (2022. 2. 15. 항번개정)

1. 자산의 매입·처분·증여·평가·감액 등으로 인한 손실. 다만, 다음 각 목에 해당하는 손실은 제외한다. (2021. 2. 17. 개정)

　가. 사업 목적에 따른 재고자산의 매입·판매로 인한 손실 (2021. 2. 17. 개정)

　나. 사업 목적으로 사용되는 유형자산 및 무형자산의 감가상각비 (2021. 2. 17. 개정)

　다. 유가증권시장(외국유가증권시장을 포함한다)에서 거래되는 유가증권의 처분·평가·감액으로 인한 손실 (2021. 2. 17. 개정)

　라. 화폐성 외화자산의 환율 변동에 의한 손실(환율변동에 의한 평가 손실을 포함한다) (2022. 2. 15. 개정)

1. 위탁자가 해외신탁재산을 실질적으로 통제하는 등 대통령령으로 정하는 요건을 충족하는 해외신탁의 경우: 해외신탁 설정일부터 종료일까지의 기간이 속하는 각 「소득세법」 제5조에 따른 과세기간 또는 「법인세법」 제6조에 따른 사업연도의 해외신탁명세 (2023. 12. 31. 신설)
2. 제1호의 해외신탁을 제외한 해외신탁의 경우: 해외신탁 설정일이 속하는 「소득세법」 제5조에 따른 과세기간 또는 「법인세법」 제6조에 따른 사업연도의 해외신탁명세 (2023. 12. 31. 신설)

④ 제3항에 따라 해외신탁명세를 제출하여야 하는 위탁자가 여럿인 경우에는 각각의 위탁자가 해외신탁명세를 제출하여야 한다. 다만, 위탁자 중 일부가 해외신탁명세를 제출한 것을 납세지 관할 세무서장이 확인한 경우에는 다른 위탁자의 해외신탁명세 제출의무는 면제한다. (2023. 12. 31. 신설)

⑤ 과세당국은 거주자 또는 내국법인이 해외직접투자명세등·해외부동산등명세·해외신탁명세(이하 "해외현지법인명세서등"이라 한다)를 제출하지 아니하거나 거짓된 해외현지법인명세서등을 제출한 경우에는 해외현지법인명세서등의 제출이나 보완을 요구할 수 있다. 다만, 제1항 각 호 외의 부분, 제2항 각 호 외의 부분 또는 제3항 각 호 외의 부분에 따른 기한의 다음 날부터 2년이 지난 경우에는 해외현지법인명세서등의 제출이나 보완을 요구할 수 없다. (2023. 12. 31. 개정)

⑤ 과세당국은 거주자 또는 내국법인이 해외직접투자명세등·해외부동산등명세·해외신탁명세(이하 "해외현지법인명세서등"이라 한다)를 제출하지 아니하거나 거짓된 해외현지법인명세서등을 제출한 경우에는 해외현지법인명세서등의 제출이나 보완을 요구할 수 있다. (2024. 12. 31. 개정)

개정취지 ·····
해외현지법인 등에 대한 자료 제출·보완 요구 기한 삭제
- 과세당국이 해외직접투자 등을 한 거주자 또는 내국법인에 대하여 해외직접투자 명세 등의 자료 제출이나 보완을 요구할 수 있는 기한의 제한을 없앰. (58조 5항 ; 2024. 12. 31.)
- 법 58조 5항의 개정규정은 2025. 1. 1. 전에 법 58조 1항 각 호 외의 부분 또는 같은 조 2항 각 호 외의 부분에 따른 기한이 도래한 경우로서 2025. 1. 1. 당시 그 기한의 다음 날부터 2년이 지나지 아니한 경우에 대

2. 부채(충당금을 포함하며, 미지급 법인세는 제외한다) 인식·평가·상환 등으로 인한 손실. 다만, 화폐성 외화부채의 환율 변동에 의한 손실(환율변동에 의한 평가 손실을 포함한다)은 제외한다. (2022. 2. 15. 단서개정)
3. 증자·감자·합병·분할 등 자본거래로 인한 손실 (2021. 2. 17. 개정)

④ 법 제58조 제3항 각 호 외의 부분에 따른 해외신탁(이하 "해외신탁"이라 한다)을 설정(재산을 해외신탁에 이전하는 경우를 포함한다)하는 거주자 또는 내국법인(이하 이 조 및 별표 제3호에서 "위탁자"라 한다)은 법 제58조 제3항에 따라 기획재정부령으로 정하는 해외신탁명세서를 납세지 관할 세무서장에게 제출해야 한다. (2024. 2. 29. 신설)

⑤ 법 제58조 제3항 제1호에서 "위탁자가 해외신탁재산을 실질적으로 통제하는 등 대통령령으로 정하는 요건을 충족하는 해외신탁"이란 위탁자가 해외신탁을 해지할 수 있는 권리, 수익자를 지정하거나 변경할 수 있는 권리 또는 해외신탁 종료 후 잔여재산을 귀속 받을 권리를 보유하는 등 위탁자가 해외신탁재산을 실질적으로 지배·통제하는 해외신탁을 말한다. (2024. 2. 29. 신설)

⑥ 법 제58조 제8항 각 호 외의 부분 본문에 따른 해외신탁재산의 시가는 다음 각 호의 구분에 따른 금액으로 산정한다. (2024. 2. 29. 신설)
1. 현금: 시가기준일(법 제58조 제8항 제1호 각 목의 종료일 및 같은 항 제2호의 설정일을 말한다. 이하 이 항에서 같다)의 종료시각 현재 잔액 (2024. 2. 29. 신설)
2. 「자본시장과 금융투자업에 관한 법률」에 따른 증권시장 또는 이와 유사한 해외 증권시장에 상장된 주식과 그 주식을 기초로 발행한 예탁증서: 시가기준일의 최종 가격(시가기준일이 거래일이 아닌 경우에는 그 직전 거래일의 최종 가격으로 한다) (2024. 2. 29. 신설)
3. 「자본시장과 금융투자업에 관한 법률」에 따른 증권시장 또는 이와 유사한 해외 증권시장에 상장된 채권: 시가기준일의 최종 가격(시가기준일이 거래일이 아닌 경우에는 그 직전 거래일의 최종 가격으로 한다) (2024. 2. 29. 신설)
4. 「자본시장과 금융투자업에 관한 법률」에 따른 집합투자증권 및 이와 유사한 해외집합투자증권: 시가기준일의 기준가격(시가기준일의

해서도 적용함. (법 부칙(2023. 12. 31.) 3조의 2) (2024. 12. 31. 신설)

⑥ 제5항에 따라 자료 제출 또는 보완을 요구받은 자는 그 요구를 받은 날부터 60일 이내에 해당 자료를 제출하여야 한다. (2024. 12. 31. 개정)

⑦ 제2항을 적용할 때 취득가액 및 처분가액은 다음 각 호에 따라 계산한다. 이 경우 외화의 원화 환산은 외화를 수령하거나 지급한 날의 「외국환거래법」에 따른 기준환율 또는 재정환율을 적용하여 계산한다. (2023. 12. 31. 항번개정)

편주
법 58조 7항 및 8항의 개정규정은 2025. 1. 1.부터 시행함. (법 부칙 (2023. 12. 31.) 1조 단서)

1. 취득가액 : 다음 각 목의 구분에 따른 금액 (2020. 12. 22. 개정)
　가. 거주자 : 「소득세법」 제118조의 4 제1항 제1호에 따른 취득가액 (2020. 12. 22. 개정)
　나. 내국법인 : 「법인세법」 제41조에 따른 취득가액 (2020. 12. 22. 개정)
2. 처분가액 : 「소득세법」 제118조의 3에 따른 양도가액 (2020. 12. 22. 개정)

⑧ 제3항을 적용할 때 해외신탁재산의 가액은 해외신탁재산이 있는 국가의 현황을 반영한 것으로서 다음 각 호의 구분에 따른 시가에 따르며, 그 시가의 산정에 관한 사항은 대통령령으로 정한다. 다만, 시가를 산정하기 어려운 경우에는 해당 재산의 취득가액 등 대통령령으로 정하는 방법에 따른다. (2023. 12. 31. 신설)

1. 제3항 제1호의 경우 : 다음 각 목의 구분에 따른 시가 (2023. 12. 31. 신설)
　가. 해외신탁이 유지되는 경우 : 「소득세법」 제5조에 따른 과세기간 또는 「법인세법」 제6조에 따른 사업연도 종료일 현재의 시가 (2023. 12. 31. 신설)
　나. 해외신탁이 종료된 경우: 해외신탁 종료일 현재의 시가 (2023.

기준가격이 없는 경우에는 시가기준일의 환매가격 또는 그 전의 가장 가까운 날의 기준가격으로 한다) (2024. 2. 29. 신설)

5. 「보험업법」에 따른 보험상품 및 이와 유사한 해외보험상품: 시가기준일의 종료시각 현재의 납입금액 (2024. 2. 29. 신설)

6. 「특정 금융거래정보의 보고 및 이용 등에 관한 법률」 제2조 제3호의 가상자산 및 이와 유사한 자산: 시가기준일의 최종 가격(시가기준일이 거래일이 아닌 경우에는 그 직전 거래일의 최종 가격으로 한다) (2024. 2. 29. 신설)

6. 「가상자산 이용자 보호 등에 관한 법률」 제2조 제1호의 가상자산 및 이와 유사한 자산: 시가기준일의 최종 가격(시가기준일이 거래일이 아닌 경우에는 그 직전 거래일의 최종 가격으로 하되, 해당 가상자산의 매매 또는 교환을 할 수 있는 시장이 운영되지 않아 시가기준일의 최종 가격을 확인할 수 없는 경우에는 해당 가상자산이 거래되는 국내외 시장의 시가기준일의 최종 가격 중에서 위탁자가 선택한 하나의 가격으로 한다) (2025. 2. 28. 개정)

7. 제1호부터 제6호까지에서 규정한 해외신탁재산 외의 해외신탁재산: 불특정 다수인 사이에 자유롭게 거래가 이루어지는 경우에 통상적으로 성립된다고 인정되는 가액 (2024. 2. 29. 신설)

⑦ 법 제58조 제8항 각 호 외의 부분 단서에 따라 시가를 산정하기 어려운 경우 그 해외신탁재산의 가액은 취득가액으로 한다. (2024. 2. 29. 신설)

12. 31. 신설)

2. 제3항 제2호의 경우 : 해외신탁 설정일 현재의 시가 (2023. 12. 31. 신설)

　　제59조【해외현지법인 등의 자료 제출의무 불이행 시 취득자금 출처에 대한 소명】① 과세당국은 거주자 또는 내국법인이 소명 요구일 전 10년 이내에 해외 직접투자를 받은 외국법인의 주식 또는 출자지분을 취득하거나 해외 부동산등을 취득하거나 해외신탁을 설정한 경우로서 다음 각 호의 어느 하나에 해당하는 경우에는 그 거주자 또는 내국법인에 다음 각 호의 구분에 따른 금액(「외국환거래법」 제18조에 따라 신고한 금액은 제외하며, 이하 "취득자금출처소명대상금액"이라 한다)의 출처에 관한 소명을 요구할 수 있다. (2023. 12. 31. 개정)

편주 ┄┄┄┄┄┄┄┄┄┄┄┄┄┄┄┄┄┄┄┄┄┄┄┄┄┄┄┄
법 59조 1항의 개정규정은 2025. 1. 1.부터 시행함. (법 부칙(2023. 12. 31.) 1조 단서)
┄┄┄┄┄┄┄┄┄┄┄┄┄┄┄┄┄┄┄┄┄┄┄┄┄┄┄┄┄┄┄┄┄┄┄┄┄┄

1. 「외국환거래법」 제3조 제1항 제18호 가목에 따른 해외직접투자를 한 거주자 또는 내국법인이 해외직접투자를 받은 법인의 발행주식총수 또는 출자총액의 10퍼센트 이상을 직접 또는 간접으로 소유한 경우로서 제58조 제1항 각 호 외의 부분 전단에 따른 기한까지 같은 항 제1호의 자료를 제출하지 아니하거나 거짓된 자료를 제출한 경우 : 「외국환거래법」 제3조 제1항 제18호 가목에 따른 해외직접투자를 받은 외국법인의 주식 또는 출자지분의 취득에 든 금액 (2022. 12. 31. 개정)
2. 제58조 제2항 각 호 외의 부분에 따른 기한까지 같은 항 제1호 또는 제2호의 자료를 제출하지 아니하거나 거짓된 자료를 제출한 경우 : 해외부동산등의 취득에 든 금액 (2021. 12. 21. 개정)
3. 제58조 제3항 각 호 외의 부분에 따른 기한까지 해외신탁명세를 제출하지 아니하거나 거짓된 자료를 제출한 경우: 해외신탁재산의 취득에 든 금액 (2023. 12. 31. 신설)

　　제99조【해외현지법인 등의 자료 제출의무 불이행 시 취득자금 출처에 대한 소명】① 법 제59조 제1항에 따라 소명을 요구받은 거주자 또는 내국법인이 같은 조 제2항에 따라 소명대상 금액의 출처에 대하여 소명하려는 경우에는 기획재정부령으로 정하는 취득자금 소명대상 금액의 출처 확인서를 과세당국에 제출해야 한다. (2024. 2. 29. 개정)

편주 ┄┄┄┄┄┄┄┄┄┄┄┄┄┄┄┄┄┄┄┄┄┄┄┄┄┄
영 99조 1항의 개정규정은 2024. 2. 29. 전에 법 59조 1항에 따른 소명을 요구받은 거주자 또는 내국법인이 2024. 2. 29. 이후 취득자금 소명대상 금액의 출처 확인서를 제출하는 경우에도 적용함. (영 부칙(2024. 2. 29.) 4조)
┄┄┄┄┄┄┄┄┄┄┄┄┄┄┄┄┄┄┄┄┄┄┄┄┄┄┄┄┄┄┄┄┄┄┄┄┄┄

　　제57조【취득자금 소명대상 금액의 출처 확인서】영 제99조 제1항에 따른 취득자금 소명대상 금액의 출처 확인서는 별지 제52호 서식에 따른다. (2021. 3. 16. 개정)

② 제1항에 따른 소명을 요구받은 거주자 또는 내국법인은 통지를 받은 날부터 90일 이내(이하 이 조에서 "소명기간"이라 한다)에 대통령령으로 정하는 방법에 따라 소명을 하여야 한다. 이 경우 소명을 요구받은 거주자 또는 내국법인이 소명을 요구받은 금액의 80퍼센트 이상에 대하여 출처를 소명한 경우에는 소명을 요구받은 전액에 대하여 소명한 것으로 본다. (2020. 12. 22. 개정)

③ 제2항에도 불구하고 거주자 또는 내국법인이 자료의 수집ㆍ작성에 상당한 기간이 걸리는 등 대통령령으로 정하는 부득이한 사유로 소명기간의 연장을 신청하는 경우에는 과세당국은 60일의 범위에서 한 차례만 그 소명기간의 연장을 승인할 수 있다. (2020. 12. 22. 개정)

제 5 장　글로벌최저한세의 과세 (2022. 12. 31. 신설)

제 1 절 통 칙

제60조 【글로벌최저한세의 목적】 이 장은 다국적기업그룹의 소득이전을 통한 조세회피와 세원잠식에 대응하기 위하여 국제적으로 합의한 글로벌최저한세 규칙(Global anti-Base Erosion Rules)을 적용하는 데 필요한 사항을 규정함으로써 다국적기업그룹이 소득에 대하여 적정한 수준의 조세를 부담하도록 함을 목적으로 한다. (2022. 12. 31. 신설)

제61조 【정 의】 ① 이 장에서 사용하는 용어의 뜻은 다음과 같다.
1. "기업"(Entity)이란 다음 각 목의 것을 말한다. (2022. 12. 31. 신설)
　가. 법인. 다만, 국가 및 지방자치단체는 제외한다. (2023. 12. 31. 개정)
　나. 별도의 회계계정이 있는 조합 또는 신탁 등 약정(arrangement) (2022. 12. 31. 신설)

② 법 제59조 제3항에서 "자료의 수집ㆍ작성에 상당한 기간이 걸리는 등 대통령령으로 정하는 부득이한 사유"란 제97조 제3항 각 호의 사유를 말한다. (2021. 2. 17. 개정)

제 5 장 글로벌최저한세의 과세 (2023. 12. 29. 신설)

제 1 절 통 칙 (2023. 12. 29. 신설)

편주 ▶

법 60조부터 86조까지(법 63조의 개정규정 중 "제73조에 따라 국내구성기업에 배분되는 추가세액배분액"의 개정부분, 법 72조 1항의 개정규정 중 "제73조 제3항부터 제5항까지의 규정"의 개정부분, 법 73조의 개정규정, 법 77조 1항 2호의 개정규정 중 "제73조"의 개정부분, 법 79조 6항 2호의 개정규정 중 "제73조"의 개정부분, 법 82조의 개정규정 및 법 84조 1항 전단의 개정규정 중 "제73조에 따라 국내구성기업에 배분되는 추가세액배분액"의 개정부분은 제외함)의 개정규정은 2024. 1. 1. 이후 개시하는 사업연도분에 대하여 과세하는 경우부터 적용함. (법 부칙(2022. 12. 31.) 1조 1호 및 6조) (2023. 12. 31. 개정)

제100조 【정 의】 ① 법 제61조 제1항 제2호 가목에서 "대통령령으로 정하는 집단"이란 기업의 자산, 부채, 수익, 비용 및 현금흐름이 최종모기업의 연결재무제표에 항

제 5 장 글로벌최저한세의 과세
(2024. 3. 22. 신설)

제 1 절 통 칙 (2024. 3. 22. 신설)

제58조 【그룹에 포함되는 기업의 범위】 영 제100조 제1항 제2호에서 "기업의

2. "그룹"이란 다음 각 목의 집단 등을 말한다. (2022. 12. 31. 신설)
  가. 소유 또는 지배를 통하여 서로 연관된 기업들의 집단으로서 대통령령으로 정하는 집단 (2024. 12. 31. 개정)

편주
법 61조 1항 2호 가목, 같은 항 3호 나목·다목·라목, 같은 항 8호·9호의 개정규정은 2025. 1. 1. 이후 법 83조에 따라 글로벌최저한세정보신고서를 제출하거나 법 84조에 따라 추가세액배분액을 신고하는 경우부터 적용함. (법 부칙(2024. 12. 31.) 6조 1호)

  나. 가목의 그룹에 속하지 아니하는 기업으로서 해당 기업이 소재하는 국가[재정자치권(fiscal autonomy)을 보유하는 지역을 포함하며, 그 지역은 별개의 국가로 본다. 이하 이 장에서 같다] 외의 국가에 하나 이상의 고정사업장을 가지고 있는 기업(제3호 라목의 고정사업장만을 가지고 있는 기업은 제외한다) (2023. 12. 31. 개정)
3. "고정사업장"(Permanent Establishment)이란 사업의 전부 또는 일부를 수행하는 고정된 장소로서 다음 각 목의 사업장을 말한다. (2022. 12. 31. 신설)
  가. 적용가능하고 유효한 조세조약(우리나라가 체약당사자가 아닌 조세조약을 포함한다. 이하 이 장에서 같다)에 따라 고정된 사업장이 있는 것으로 인정되고 국제적으로 합의한 소득과 자본에 관한 경제협력개발기구모델조세조약(Model Tax Convention on Income and on Capital)에 따른 사업소득의 계산방법이나 이와 유사한 방법으로 그 사업장의 소재지국이 해당 사업장에 귀속되는 소득에 대하여 과세하는 사업장 (2023. 12. 31. 개정)
  가. 적용가능하고 유효한 조세조약(우리나라가 체약당사자가 아닌 조세조약을 포함한다. 이하 이 장에서 같다)에 따라 고정된 사업장이 있는 것으로 인정되고 경제협력개발기구에서 채택된 「소득과 자본에 관한 표준조세조약(Model Tax Convention on Income and on Capital)」(이하 이 장에서 "표준조세조약"이라 한다)에 따른 사업소득의 계산방법이나 이와 유사한 방법으로

목별로 포함되어 있는 기업(최종모기업이 소유 또는 지배하고 있는 기업으로서 기업의 규모가 작은 경우 등 기획재정부령으로 정하는 사유에 해당하여 그 자산, 부채, 수익, 비용 및 현금흐름이 최종모기업의 연결재무제표에 항목별로 포함되어 있지 않은 기업을 포함한다)들의 집단을 말한다. (2023. 12. 29. 신설)

제100조【정 의】① 법 제61조 제1항 제2호 가목에서 "대통령령으로 정하는 집단"이란 다음 각 호에 해당하는 기업의 집단을 말한다. (2025. 2. 28. 개정)
1. 기업의 자산, 부채, 수익, 비용 및 현금흐름이 최종모기업의 연결재무제표에 항목별로 포함되어 있는 기업 (2025. 2. 28. 개정)
2. 최종모기업이 소유 또는 지배하고 있는 기업으로서 기업의 규모가 작은 경우 등 기획재정부령으로 정하는 사유에 해당하여 그 자산, 부채, 수익, 비용 및 현금흐름이 최종모기업의 연결재무제표에 항목별로 포함되어 있지 않은 기업(이하 이 장에서 "연결제외기업"이라 한다) (2025. 2. 28. 개정)

② ☞ p.1063

규모가 작은 경우 등 기획재정부령으로 정하는 사유"란 다음 각 호의 어느 하나에 해당하는 사유를 말한다. (2025. 3. 21. 개정)
1. 매출이 거의 없거나 청산 중에 있는 등의 사유로 해당 기업을 연결재무제표에 포함하지 않더라도 그 이용자의 의사결정에 영향을 미치지 않는다는 점이 소명되는 경우 (2024. 3. 22. 신설)
2. 매각을 목적으로 해당 기업을 보유하는 경우 (2024. 3. 22. 신설)

편주
글로벌최저한세 제도의 적용대상 기업의 범위
글로벌최저한세 제도의 적용대상이 되는 기업의 범위에 '최종모기업이 매각을 목적으로 해당 기업을 보유하는 사유 등에 해당하여 기업의 자산, 부채, 수익, 비용 및 현금흐름이 최종모기업의 연결재무제표에 항목별로 포함되어 있지 않은 기업'을 추가함. (규칙 58조 신설 ; 2024. 3. 22.)

그 사업장의 소재지국이 해당 사업장에 귀속되는 소득에 대하여 과세하는 사업장 (2024. 12. 31. 개정)

나. 적용가능하고 유효한 조세조약이 없는 경우의 사업장으로서 그 사업장의 소재지국 세법에 따른 거주자에 대한 과세방법과 유사한 방법으로 그 사업장의 소재지국이 해당 사업장에 귀속되는 소득에 대하여 과세하는 사업장 (2023. 12. 31. 개정)

나. 적용가능하고 유효한 조세조약이 없는 경우의 사업장으로서 그 사업장의 소재지국 세법에서 정한 거주자에 대한 과세방법과 유사한 방법으로 그 사업장의 소재지국이 해당 사업장에 귀속되는 순소득에 대하여 과세하는 사업장 (2024. 12. 31. 개정)

다. 사업장 소재지국의 세법에 따라 그 사업장에 귀속되는 소득에 대하여 과세하지 아니하는 사업장으로서 국제적으로 합의한 소득과 자본에 관한 경제협력개발기구모델조세조약에 따르면 그 사업장의 소재지국이 해당 사업장에 귀속되는 소득에 대하여 과세권을 가지는 것으로 인정되는 사업장 (2023. 12. 31. 개정)

다. 법인세제가 없는 국가에 있는 사업장으로서 표준조세조약에 따르면 해당 국가에 고정된 사업장이 있는 것으로 인정되어 표준조세조약에 따른 사업소득의 계산방법에 따라 그 사업장의 소재지국이 해당 사업장에 귀속되는 소득에 대하여 과세할 수 있는 사업장 (2024. 12. 31. 개정)

라. 가목부터 다목까지에서 규정한 사업장 외의 사업장으로서 그 사업장의 소재지국이 해당 사업장에 귀속되는 소득에 대하여 과세하지 아니하는 사업장 (2023. 12. 31. 개정)

라. 가목부터 다목까지에서 규정한 사업장 외의 사업장으로서 기업이 그 사업장의 소재지국 외의 국가에서 그 사업장을 통하여 사업을 수행하고 그 기업의 소재지국이 해당 사업장에 귀속되는 소득에 대하여 과세하지 아니하는 사업장 (2024. 12. 31. 개정)

4. "다국적기업그룹"이란 최종모기업이 소재하는 국가 외의 국가에 기업 또는 고정사업장을 가지고 있는 그룹을 말한다. (2022. 12. 31. 신설)

5. "모기업"이란 제62조 제3항에 따른 제외기업이 아닌 최종모기업, 중간모기업 또는 부분소유중간모기업을 말한다. (2022. 12. 31. 신설)

5. "모기업"이란 제62조 제3항에 따른 제외기업이 아닌 최종모기업, 중간모기업 또는 부분소유모기업을 말한다. (2024. 12. 31. 개정)

6. "최종모기업"이란 다음 각 목의 기업을 말한다. (2022. 12. 31. 신설)

가. 다음의 요건을 모두 갖춘 기업 (2022. 12. 31. 신설)

1) 해당 기업이 다른 기업에 대한 지배지분을 직접 또는 간접으로 소유할 것 (2022. 12. 31. 신설)

2) 다른 기업이 해당 기업에 대한 지배지분을 직접 또는 간접으로 소유하지 아니할 것 (2022. 12. 31. 신설)

나. 제2호 나목의 그룹 본점 (2023. 12. 31. 개정)

7. "중간모기업"이란 같은 다국적기업그룹에 속하는 다른 구성기업의 소유지분을 직접 또는 간접으로 보유하는 구성기업으로서 최종모기업, 고정사업장, 부분소유중간모기업 또는 투자구성기업이 아닌 모기업을 말한다. (2023. 12. 31. 개정)

7. "중간모기업"이란 같은 다국적기업그룹에 속하는 다른 구성기업의 소유지분을 직접 또는 간접으로 보유하는 구성기업으로서 최종모기업, 고정사업장, 부분소유모기업 또는 투자구성기업이 아닌 구성기업을 말한다. (2024. 12. 31. 개정)

8. "부분소유중간모기업"이란 같은 다국적기업그룹에 속하는 다른 구성기업의 소유지분을 직접 또는 간접으로 보유하는 구성기업 중 다국적기업그룹에 속하지 아니하는 자가 그 구성기업의 소유지분 중 이익에 대한 것의 100분의 20을 초과하여 보유하는 중간모기업으로서 최종모기업, 고정사업장 또는 투자구성기업이 아닌 중간모기업을 말한다. (2023. 12. 31. 개정)

8. "부분소유모기업"이란 같은 다국적기업그룹에 속하는 다른 구성기업의 소유지분을 직접 또는 간접으로 보유하는 구성기업 중 다국적기업그룹에 속하지 아니하는 자가 그 구성기업의 소유지분 중 이익에 대한 것의 100분의 20을 초과하여 직접 또는 간접으로 보유하는 구성기업으로서 최종모기업, 고정사업장 또는 투자구성기업이 아닌 구성기업을 말한다. (2024. 12. 31. 개정)

9. "구성기업"이란 다국적기업그룹의 최종모기업, 최종모기업에 연결된 기업과 그 기업을 본점(재무제표에 고정사업장의 회계상 순손익을 포함하는 기업을 말한다. 이하 이 장에서 같다)으로 하는 고정사업장을 말한다. 이 경우 각각의 고정사업장은 본점과 그 본점의 다른 고정사업장과는 별개의 기업으로 본다. (2023. 12. 31. 개정)

9. "구성기업"이란 다국적기업그룹에 포함된 기업과 그 기업을 본점(재무제표에 고정사업장의 회계상 순손익을 포함하는 기업을 말한다. 이하 이 장에서 같다)으로 하는 고정사업장을 말한다. 이 경우 각각의 고정사업장은 본점과 그 본점의 다른 고정사업장과는 별개의 기업으로 본다. (2024. 12. 31. 개정)

10. "소유지분"이란 기업의 이익, 자본금 또는 준비금(본점의 고정사업장의 이익, 자본금 또는 준비금을 포함한다)에 대한 권리를 수반하는 주식또는 출자지분 및 이와 유사한 지분에 대한 권리를 말한다. 이 경우 본점은 고정사업장의 소유지분을 전부 보유하는 것으로 본다. (2022. 12. 31. 개정)

☞ p.1063 1단 연결

11. "지배지분"이란 기업의 소유지분을 보유한 자(제62조 제3항 제1호
의 정부기업 중 대통령령으로 정하는 정부기업은 제외한다)가 회
계기준 등을 통하여 대통령령으로 정하는 바에 따라 해당 기업을
연결하여야 하는 경우의 해당 소유지분을 말한다. 이 경우 본점은
고정사업장의 지배지분을 보유하는 것으로 본다. (2023. 12. 31.
개정)
12. "연결재무제표"란 「주식회사 등의 외부감사에 관한 법률」 제2조
제3호에 따른 연결재무제표와 그와 유사한 재무제표를 포함하는 것
으로서 하나의 기업이 다른 기업에 대한 지배지분을 소유하는 경우
그 기업들을 연결하여 작성하는 재무제표 등 대통령령으로 정하는
재무제표를 말한다. (2022. 12. 31. 신설)
13. "회계상 순손익"이란 최종모기업의 연결재무제표를 작성하기 위하
여 산정한 해당 구성기업의 순손익으로서 내부거래의 제거 등을 위
한 연결조정(consolidation adjustments)을 반영하기 전의 금액을 말
한다. (2022. 12. 31. 신설)
14. "신고구성기업"이란 제83조에 따라 글로벌최저한세정보신고서를
제출하는 기업(국외에 소재하는 구성기업이 글로벌최저한세정보신고
서를 그 기업이 소재하는 국가의 과세당국에 제출하는 경우에는 그
제출하는 구성기업으로 한다)을 말한다. (2022. 12. 31. 신설)
15. "주주구성기업"이란 같은 다국적기업그룹에 속하는 다른 구성기업의
소유지분을 직접 또는 간접으로 보유하는 구성기업을 말한다. (2022. 12.
31. 신설)
16. "소수지분구성기업"이란 최종모기업이 같은 다국적기업그룹에 속하는
구성기업에 대하여 직접 또는 간접으로 보유하는 소유지분의 비율이
100분의 30 이하인 경우 그 구성기업을 말한다. (2022. 12. 31. 신설)
17. "저율과세구성기업"이란 제69조에 따라 계산한 실효세율이 최저한
세율(100분의 15를 말한다. 이하 이 장에서 같다)보다 낮은 국가에 소
재하는 구성기업을 말한다. (2023. 12. 31. 개정)
18. "투자구성기업"이란 투자펀드, 부동산투자기구인 구성기업 등 대
통령령으로 정하는 구성기업을 말한다. (2023. 12. 31. 신설)

〈제100조〉
② 법 제61조 제1항 제11호 전단에서 "대통령령으로 정하는 정부기
업"이란 제102조 제1항 제1호 가목에 따른 정부가 국제수지의 균형,
재정수요의 대비, 그 밖에 이와 유사한 목적을 위하여 설립한 투자펀드
로서 그 운용에 직접 또는 간접적으로 관여하고 있는 정부기업을 말한
다. (2024. 2. 29. 신설)
③ 법 제61조 제1항 제11호 전단에서 "회계기준 등을 통하여 대통령령
으로 정하는 바에 따라 다른 기업을 연결하여야 하는 경우"란 다음 각
호의 어느 하나에 해당하는 경우를 말한다. (2024. 2. 29. 개정)
1. 다른 기업의 소유지분을 보유한 자가 제105조 제2항 제1호에 따른
   회계기준(이하 이 장에서 "인정회계기준"이라 한다)에 따라 해당 기
   업의 자산, 부채, 수익, 비용 및 현금흐름을 각 항목별로 연결해야
   하는 경우 (2023. 12. 29. 신설)
2. 다른 기업의 소유지분을 보유한 자가 연결재무제표를 작성할 의무
   는 없으나 연결재무제표를 작성한다고 가정할 때 해당 기업의 자산,
   부채, 수익, 비용 및 현금흐름을 항목별로 연결해야 하는 경우
   (2023. 12. 29. 신설)
④ 법 제61조 제1항 제12호에서 "하나의 기업이 다른 기업에 대한 지
배지분을 소유하는 경우 그 기업들을 연결하여 작성하는 재무제표 등
대통령령으로 정하는 재무제표"란 다음 각 호의 어느 하나에 해당하는
재무제표를 말한다. (2023. 12. 29. 신설 ; 2024. 2. 29. 항번개정)
1. 모기업이 인정회계기준에 따라 작성하는 재무제표로서 해당 기업과
   그 기업이 지배지분을 보유하는 다른 기업의 자산, 부채, 수익, 비용
   및 현금흐름이 연결되어 하나의 경제적 실체로 표시되는 재무제표
   (2023. 12. 29. 신설)
2. 최종모기업(법 제61조 제1항 제6호 나목에 해당하는 기업으로 한정한
   다)이 인정회계기준에 따라 작성하는 재무제표 (2023. 12. 29. 신설)
3. 최종모기업이 인정회계기준이 아닌 회계기준에 따라 작성하는 재무
   제표로서 중대한 왜곡을 방지하기 위한 기획재정부령으로 정하는
   조정(이하 이 장에서 "중대왜곡방지조정"이라 한다)을 거친 재무제
   표 (2023. 12. 29. 신설)
4. 제1호부터 제3호까지의 재무제표를 작성할 의무가 없는 최종모기업

제59조 【중대왜곡방지조정의 의의】
영 제100조 제4항 제3호에서 "중대한 왜곡
을 방지하기 위한 기획재정부령으로 정하
는 조정"이란 영 제100조 제3항 제1호에
따른 인정회계기준(이하 "인정회계기준"이

편주 ▶ ···

법 61조 1항의 개정규정은 2024. 1. 1. 이후 개시하는 사업연도분에 대하여 과세하는 경우부터 적용함. (법 부칙(2023. 12. 31.) 4조 1항)

···

② 제1항과 이 장의 다른 규정에서 특별히 정하지 아니한 용어로서 국제회계기준에서 그 뜻을 정하는 용어에 관하여는 국제회계기준에서 정하는 용어의 예에 따른다. (2022. 12. 31. 신설)

제62조【적용대상】① 이 장은 각 사업연도(다국적기업그룹의 최종모기업이 연결재무제표를 작성하는 대상이 되는 회계기간을 말한다. 이하 이 장에서 같다)의 직전 4개 사업연도 중 2개 이상 사업연도의 다국적기업그룹 최종모기업의 연결재무제표상 매출액(이하 이 장에서 "연결매출액"이라 한다)이 각각 7억5천만유로 이상인 경우 그에 해당하는 사업연도 다국적기업그룹의 구성기업에 대하여 적용한다. 이 경우 사업연도가 12개월이 아닌 경우에는 12개월로 환산하여 연결매출액을 계산한다. (2022. 12. 31. 신설)

제62조【적용대상】① 이 장은 각 사업연도(다국적기업그룹의 최종모기업이 연결재무제표를 작성하는 대상이 되는 회계기간을 말한다. 이하 이 장에서 같다)의 직전 4개 사업연도 중 2개 이상 사업연도의 다국적기업그룹 최종모기업의 연결재무제표상 매출액에 이와 별도로 표시되는 통상적인 사업활동에서 발생하는 수익의 가산 등 대통령령으로 정하는 조정사항을 반영한 금액(이하 이 장에서 "연결매출액"이라 한다)이 각각 7억5천만유로 이상인 경우 그에 해당하는 사업연도 다국적기업그룹의 구성기업에 대하여 적용한다. 이 경우 사업연도가 12개월이 아닌 경우에는 12개월로 환산하여 연결매출액을 계산한다. (2024. 12. 31. 개정)

편주 ▶ ···

법 62조 1항의 개정규정은 2025. 1. 1. 이후 법 83조에 따라 글로벌최저한세정보신고서를 제출하거나 법 84조에 따라 추가세액배분액을 신고하는 경우부터 적용함. (법 부칙(2024. 12. 31.) 6조 1호)

···

② ☞ p.1067

이 다음 각 목의 어느 하나에 해당하는 재무제표를 작성한다고 가정할 때 그 재무제표. 이 경우 해당 재무제표의 사업연도는 1역년(曆年)으로 한다. (2023. 12. 29. 신설)

가. 인정회계기준에 따라 작성하는 재무제표 (2023. 12. 29. 신설)

나. 제105조 제2항 제2호에 따른 회계기준(이하 이 장에서 "공인회계기준"이라 한다)에 따라 작성하는 재무제표로서 중대왜곡방지조정을 거친 재무제표 (2023. 12. 29. 신설)

⑤ 법 제61조 제1항 제18호에서 "투자펀드, 부동산투자기구인 구성기업 등 대통령령으로 정하는 구성기업"이란 다음 각 호의 어느 하나에 해당하는 구성기업을 말한다. (2024. 2. 29. 신설)

1. 투자기업: 다음 각 목의 어느 하나에 해당하는 기업 (2024. 2. 29. 신설)

가. 제102조 제1항 제5호 나목의 투자펀드 또는 같은 항 제6호 나목의 부동산투자기구 (2024. 2. 29. 신설)

나. 가목에 따른 기업이 직접 또는 가목에 따른 하나 이상의 다른 기업을 통하여 간접으로 보유하는 소유지분의 비율(기획재정부령으로 정하는 바에 따라 계산하며, 이하 이 호에서 "소유지분가치비율"이라 한다)이 100분의 95 이상인 기업으로서 가목에 따른 기업의 계산으로 자산을 보유하거나 자금을 투자하기 위한 사업활동만을 수행하는 기업 (2024. 2. 29. 신설)

다. 소유지분가치비율이 100분의 85 이상인 기업으로서 소득의 전부 또는 거의 전부가 제104조 제1항 제2호의 배당수익 또는 같은 항 제4호의 지분손익인 기업 (2024. 2. 29. 신설)

2. 보험투자기업: 다음 각 목의 요건을 모두 갖춘 기업 (2024. 2. 29. 신설)

가. 제102조 제1항 제5호 나목의 투자펀드 또는 같은 항 제6호 나목의 부동산투자기구일 것 (2024. 2. 29. 신설)

가. 다음의 어느 하나에 해당하는 기업일 것 (2025. 2. 28. 개정)

1) 「자본시장과 금융투자업에 관한 법률」 제9조 제18항에 따른 집합투자기구 또는 이와 유사한 투자기구로서 제102조 제1항 제5호 나목 2)부터 6)까지의 요건을 모두 갖춘 기업 (2025. 2. 28. 개정)

라 한다)이 아닌 회계기준의 특정 원칙이나 절차를 적용하여 계산된 금액과 그에 대응되는 국제회계기준의 원칙이나 절차를 적용하여 계산된 금액 간의 합계 편차가 각 사업연도에 7천5백만유로를 초과하는 경우에 해당 특정 원칙이나 절차가 적용된 항목이나 거래를 그에 대응되는 국제회계기준의 원칙이나 절차를 적용하여 회계처리하는 것을 말한다. (2024. 3. 22. 신설)

제60조【투자기업 소유지분가치비율의 계산방법】 영 제100조 제5항 제1호 나목에 따른 소유지분가치비율은 해당 기업에 대한 가장 최근의 소유지분 변동 당시를 기준으로 같은 호 가목에 따른 기업이 보유하고 있는 소유지분의 종류별 가치의 합계가 해당 기업에 대한 모든 소유지분의 가치에서 차지하는 비율로 한다. (2024. 3. 22. 신설)

☞

편주 ▶ ···

영 100조 5항 2호 가목의 개정규정은 2025. 2. 28. 이후 법 83조에 따라 글로벌최저한세정보신고서를 제출하거나 법 84조

는 구성기업이 더 이상 같은 최종모기업을 기준으로 연결되지 않는 경우 (2023. 12. 29. 신설)
3. 신설 : 그룹이 새로 설립되는 경우(제1호 또는 제2호에 해당하는 경우는 제외한다) (2023. 12. 29. 신설)
4. 사업연도(다국적기업그룹의 최종모기업이 연결재무제표를 작성하는 대상이 되는 회계기간을 말한다. 이하 이 장에서 같다)와 회계기간의 불일치 : 사업연도와 다음 각 목의 어느 하나에 해당하는 기업의 회계기간이 일치하지 않는 경우 (2025. 2. 28. 신설)

편주 ▶ ···
영 101조 3항 4호 · 4항 4호의 개정규정은 2025. 2. 28. 이후 법 83조에 따라 글로벌최저한세정보신고서를 제출하거나 법 84조에 따라 추가세액배분액을 신고하는 경우부터 적용함. (영 부칙(2025. 2. 28.) 4조)

가. 연결제외기업 (2025. 2. 28. 신설)
나. 법 제80조 제2항 제1호에 따른 공동기업그룹 (2025. 2. 28. 신설)
다. 법 제80조 제2항 제2호에 따른 공동기업그룹에 속하지 않는 공동기업 (2025. 2. 28. 신설)
④ 법 제62조 제2항에 따라 같은 조 제1항을 적용할 때 이 조 제3항 각 호의 사유가 발생한 경우에는 다음 각 호에서 정하는 바에 따른다. (2025. 2. 28. 개정)
1. 합병 : 다음 각 목의 구분에 따른다. (2023. 12. 29. 신설)
가. 각 사업연도(다국적기업그룹의 최종모기업이 연결재무제표를 작성하는 대상이 되는 회계기간을 말한다. 이하 이 장에서 같다)의 직전 4개 사업연도 중에 둘 이상의 그룹이 합병된 경우 : 직전 4개 사업연도 중에 합병 전 각 그룹의 연결매출액(그룹이 다국적기업그룹인 경우에는 최종모기업의 연결재무제표상 매출액을 말한다. 이하 이 조에서 같다) 합계가 7억5천만유로 이상인 사업연도는 합병으로 설립되거나 합병 이후 존속하는 그룹(이하 이 호에서 "합병그룹"이라 한다)의 해당 사업연도 연결매출액이 7억5천만유로 이상인 것으로 보아 법 제62조 제1항을 적용한다. (2025. 2. 28. 개정)
가. 각 사업연도의 직전 4개 사업연도 중에 둘 이상의 그룹이 합병된 경우 : 직전 4개 사업연도 중에 합병 전 각 그룹의 연결매출

☞ p.1066 2단 연결

2) 투자 대상이 주로 부동산(그 가치가 부동산에 연계된 증권을 포함한다)인 기업으로서 제102조 제1항 제6호 나목 2)의 요건을 갖춘 기업 (2025. 2. 28. 개정)
나. 보험 또는 연금보험 계약에 따른 채무와 관련하여 설립되고 그 소재지국에서 보험회사로 규제받는 기업이 전부 소유하는 기업일 것 (2024. 2. 29. 신설)

제101조【합병, 분할 등 사유 발생 시 연결매출액 기준의 적용방법 등】 ① 법 제62조 제1항 전단에 따른 연결재무제표상 매출액을 산정할 때 연결손익계산서에 다국적기업그룹의 통상적인 사업활동에서 발생하는 여러 종류의 매출액이 각각 별도로 표시되는 경우에는 해당 매출액을 모두 합산한다. (2025. 2. 28. 신설)
② 법 제62조 제1항 전단에서 "연결재무제표상 매출액에 이와 별도로 표시되는 통상적인 사업활동에서 발생하는 수익의 가산 등 대통령령으로 정하는 조정사항"이란 다음 각 호의 조정사항을 말한다. (2025. 2. 28. 신설)
1. 연결손익계산서에 매출액과 별도로 표시되는 특별수익 · 비경상수익의 가산 (2025. 2. 28. 신설)
2. 연결손익계산서에 매출액과 별도로 표시되는 투자에 따른 순이익(미실현 순이익을 포함하며, 투자에 따른 이익과 손실이 각각 총액으로 표시되는 경우에는 그 이익의 총액이 그 손실의 총액을 초과하는 경우에만 그 이익의 총액에서 그 손실의 총액을 차감하여 계산한다)의 가산 (2025. 2. 28. 신설)
3. 구성기업이 금융기업인 경우에는 최종모기업의 회계기준에 따른 매출액과 유사한 항목은 그 회계기준에서 항목별로 표시하는 방법에 따라 총액 또는 순액으로 조정 (2025. 2. 28. 신설)
③ 법 제62조 제2항에서 "합병, 분할 등 대통령령으로 정하는 사유"란 다음 각 호의 사유를 말한다. (2025. 2. 28. 항번개정)
1. 합병 : 둘 이상의 그룹이 합쳐져 하나의 그룹을 이루게 되거나, 그룹의 구성기업이 아닌 기업이 다른 기업 또는 그룹에 합쳐져 하나의 그룹을 이루게 되는 경우 (2023. 12. 29. 신설)
2. 분할 : 하나의 그룹이 둘 이상의 그룹으로 분리되어 각 그룹에 속하

에 따라 추가세액배분액을 신고하는 경우부터 적용함. (영 부칙(2025. 2. 28.) 4조)

☜ **개정취지** ···
다국적기업그룹 최종모기업의 연결재무제표상 매출액 조정방법
글로벌최저한세제도의 적용 기준인 연결매출액은 다국적기업그룹 최종모기업의 연결재무제표상 매출액에 연결손익계산서상 매출액과 별도로 표시되는 특별수익, 비경상수익과 투자에 따른 순이익을 가산하고, 금융기업의 경우 최종모기업의 회계기준에 따른 매출액과 유사한 항목은 그 회계기준에서 항목별로 표시하는 방법에 따라 총액 또는 순액으로 조정하여 산출하도록 함. (영 101조 2항 신설 ; 2025. 2. 28.)

2개 사업연도 중 둘 이상의 사업연도의 연결매출액이 7억5천만유로 이상인 때 법 제62조 제1항을 적용한다. (2023. 12. 29. 신설)
4. 사업연도와 회계기간의 불일치: 다국적기업그룹의 사업연도 중에 종료되는 기업(제3항 제4호 각 목의 어느 하나에 해당하는 기업을 말한다)의 회계기간을 해당 사업연도로 보아 법 제62조 제1항을 적용한다. (2025. 2. 28. 신설)
⑤ 법 제62조 제2항에 따른 연결매출액 등 법 제5장을 적용하는 데 필요한 금액을 유로로 환산하기 위한 환율은 유럽중앙은행(European Central Bank)이 해당 사업연도의 직전 사업연도 12월에 고시하는 매일 환율의 평균을 사용한다. 다만, 유럽중앙은행이 이를 고시하지 않은 경우에는 유로로 환산하려는 해당 통화의 발행 국가 중앙은행(Central Bank)이 해당 사업연도의 직전 사업연도 12월에 고시하는 매일 환율의 평균을 사용한다. (2025. 2. 28. 항번개정)

액(법 제62조 제1항에 따른 연결매출액을 말한다. 이하 이 조에서 같다) 합계가 7억5천만유로 이상인 사업연도는 합병으로 설립되거나 합병 이후 존속하는 그룹(이하 이 호에서 "합병그룹"이라 한다)의 해당 사업연도 연결매출액이 7억5천만유로 이상인 것으로 보아 법 제62조 제1항을 적용한다. (2025. 2. 28. 개정)
나. 각 사업연도의 직전 4개 사업연도 중에 그룹의 구성기업이 아닌 기업(이하 이 호에서 "피인수기업"이라 한다)이 다른 기업 또는 그룹(이하 이 호에서 "인수기업등"이라 한다)에 합병된 경우 : 직전 4개 사업연도 중에 피인수기업의 합병 전 매출액과 인수기업등의 매출액 또는 연결매출액의 합계가 7억5천만유로 이상인 사업연도는 합병그룹의 해당 사업연도 연결매출액이 7억5천만유로 이상인 것으로 보아 법 제62조 제1항을 적용한다. (2025. 2. 28. 개정)
다. 가목 및 나목을 적용할 때 합병 전의 그룹, 피인수기업, 인수기업등의 사업연도가 합병그룹의 사업연도와 일치하지 않는 경우 : 합병 전의 그룹, 피인수기업, 인수기업등의 합병일이 속하는 사업연도의 직전 4개 사업연도의 매출액 또는 연결매출액의 합계는 그 각 사업연도의 종료일이 속하는 합병그룹의 각 사업연도의 연결매출액으로 본다. (2023. 12. 29. 신설)
2. 분할 : 분할이 없었다면 분할이 이루어진 사업연도에 법 제5장 및 이 장이 적용되었을 다국적기업그룹이 둘 이상의 그룹으로 분할된 경우, 그 분할일이 속하는 사업연도(이하 이 호에서 "분할사업연도"라 한다)에 분할에 따라 설립된 그룹(이하 이 호에서 "분할그룹"이라 한다)의 연결매출액이 7억5천만유로 이상인 분할그룹에 대해서는 법 제62조 제1항을 적용하고, 분할사업연도 다음의 3개 사업연도에 대해서는 분할사업연도 및 그 직후 3개 사업연도 중 둘 이상의 사업연도에 분할그룹의 연결매출액이 7억5천만유로 이상인 때 법 제62조 제1항을 적용한다. (2023. 12. 29. 신설)
3. 신설 : 그룹이 새로 설립된 경우에는 그 설립일이 속하는 사업연도(이하 이 호에서 "신설사업연도"라 한다)와 그 직후 사업연도의 연결매출액이 7억5천만유로 이상인 때 또는 신설사업연도와 그 직후

〈제62조〉

② 합병, 분할 등 대통령령으로 정하는 사유가 발생한 경우 제1항을 적용하는 방법과 연결매출액 등 이 장을 적용하는 데 필요한 금액을 유로로 환산하기 위한 환율에 관하여는 대통령령으로 정한다. (2022. 12. 31. 신설)

③ 다음 각 호의 기관 등(이하 이 장에서 "제외기업"이라 한다)에 대해서는 구성기업이 아닌 것으로 보아 이 장을 적용하지 아니한다. (2022. 12. 31. 신설)

1. 정부기업(Governmental Entity) (2023. 12. 31. 개정)

2. 국제기구(International Organization) (2022. 12. 31. 신설)
3. 비영리기구(Non-profit Organization) (2022. 12. 31. 신설)
4. 연금펀드(Pension Fund) (2022. 12. 31. 신설)
5. 최종모기업인 투자펀드(Investment Fund) (2022. 12. 31. 신설)
6. 최종모기업인 부동산투자기구(Real Estate Investment Vehicle) (2022. 12. 31. 신설)
7. 그 밖에 제1호부터 제6호까지에서 규정한 기관 등이 소유지분가치(기업이 발행하는 모든 종류의 소유지분에 대한 가치의 합계를 말한다)를 직접 또는 간접으로 소유하는 기업으로서 대통령령으로 정하는 기업 (2022. 12. 31. 신설)

④ ☞ p.1070

제102조【제외기업의 범위 등】① 법 제62조 제3항에 따른 제외기업(이하 이 장에서 "제외기업"이라 한다)은 다음 각 호에서 정하는 기관 등으로 한다. (2023. 12. 29. 신설)

1. 정부기업 : 다음 각 목의 요건을 모두 갖춘 기업을 말한다. (2024. 2. 29. 개정)

가. 정부[국가(재정자치권을 보유하는 지역을 포함하며, 그 지역은 별개의 국가로 본다. 이하 이 장에서 같다), 지방자치단체 및 이에 준하는 정부의 정치적 하부조직 또는 지방정부를 포함한다. 이하 이 장에서 같다]에 속하거나 정부가 전부 소유할 것 (2023. 12. 29. 신설)

나. 그 활동의 주된 목적이 정부의 기능을 수행하거나 정부의 자산을 관리하고 투자하는 것으로서 영리 목적의 사업을 영위하지 않을 것 (2023. 12. 29. 신설)

다. 그 활동의 성과에 대해 정부에 책임을 지고 연간 성과를 정부에 보고할 것 (2023. 12. 29. 신설)

라. 그 순이익을 분배하는 경우 전부를 정부에 분배하고, 해산 시에는 잔여재산이 정부에 귀속될 것 (2023. 12. 29. 신설)

2. 국제기구 : 다음 각 목의 요건을 모두 갖춘 정부 간 기구(초국가 기구를 포함한다. 이하 이 장에서 같다) 또는 그 기구가 전부 소유하는 기관 또는 조직을 말한다. (2023. 12. 29. 신설)

가. 주로 정부로 구성될 것 (2023. 12. 29. 신설)

나. 본부협정(정부 간 기구와 그 본부의 소재국 간에 체결하는 협정을 말한다) 또는 이와 유사한 협정이 체결되어 발효 중일 것 (2023. 12. 29. 신설)

다. 그 소득이 사인(私人)에게 귀속되는 것이 법률이나 자체 규정에 따라 금지되어 있을 것 (2023. 12. 29. 신설)

3. 비영리기구 : 다음 각 목의 요건을 모두 갖춘 단체를 말한다. 다만,

제61조【특수관계자의 범위】영 제102조 제1항 제5호 나목 1)에서 "기획재정부령으로 정하는 특수관계자"란 경제협력개발기구에서 채택된 「소득과 자본에 관한 표준조세조약(Model Tax Convention on Income and on Capital)」 제5조 제8항에 따른 관계기업이 되는 자를 말한다. (2025. 3. 21. 개정)

제62조【기타제외기업의 기준 등】① 영 제102조 제1항 제7호 가목 1)부터 3)까지 외의 부분에 따른 소유지분가치비율은 해당 기업에 대한 가장 최근의 소유지분 변동 당시를 기준으로 해당 제외기업이 보유하고 있는 소유지분의 종류별 가치의 합계가 해당 기업에 대한 모든 소유지분의 가치에서 차지하는 비율로 한다. (2024. 3. 22. 신설)

② 영 제102조 제1항 제7호 가목 2) 후단에서 "기획재정부령으로 정하는 요건을 갖춘 기업"이란 해당 기업을 포함하는 그룹의 매출액 합계에서 다음 각 호의 매출액 합계를 제외한 금액이 7억5천만유로보다 적고 해당 다국적기업그룹의 매출액 합계의 25퍼센트에 해당하는 금액보다 적은 기업을 말한다. (2024. 3. 22. 신설)

1. 영 제102조 제1항 제3호의 비영리기구

1) 해당 기업이 설립·운영되는 국가에서 그 기업의 설립·운영 목적에 맞도록 규제할 것 (2023. 12. 29. 신설)

2) 해당 급부가 안정적으로 이행될 수 있도록 신탁을 통해 보유되는 집합자산 등으로 재원이 조달되고, 그 이행 불능을 대비하여 적절한 담보 수단이나 제도적 보장책을 갖추고 있을 것 (2023. 12. 29. 신설)

나. 다음의 어느 하나에 해당하는 목적으로 설립·운영되는 기업 (2023. 12. 29. 신설)

1) 가목에 따른 기업을 위해 자금을 투자할 것 (2023. 12. 29. 신설)

2) 가목에 따른 기업과 같은 그룹에 속한 기업으로서 가목에 따른 기업이 수행하는 급부의 지급을 위한 부수적인 활동을 수행할 것 (2023. 12. 29. 신설)

5. 최종모기업인 투자펀드 : 다음 각 목의 요건을 모두 갖춘 기업을 말한다. (2023. 12. 29. 신설)

가. 최종모기업에 해당할 것 (2023. 12. 29. 신설)

나. 「자본시장과 금융투자업에 관한 법률」 제9조 제18항에 따른 집합투자기구 또는 이와 유사한 투자기구로서 다음의 요건을 모두 갖춘 기업에 해당할 것 (2023. 12. 29. 신설)

1) 다수의 투자자들[투자자들이 모두 기획재정부령으로 정하는 특수관계자(이하 이 장에서 "특수관계자"라 한다)들로만 구성된 경우는 제외한다]로부터 자산을 모으도록 설계되고 정해진 투자 정책에 따라 투자를 실행할 것 (2023. 12. 29. 신설)

1) 투자자가 다수일 것[투자자들이 모두 기획재정부령으로 정하는 특수관계자(이하 이 장에서 "특수관계자"라 한다)들로만 구성된 경우는 제외한다] (2025. 2. 28. 개정)

2) 투자자로부터 자산을 모으도록 설계되고 정해진 투자 정책에 따라 투자를 실행할 것 (2025. 2. 28. 신설)

3) 투자자의 조사·분석 및 거래의 비용을 줄이거나 위험을 분산할 수 있도록 하고, 주로 투자수익의 창출이나 특정적 또는 일반적인 사건 및 결과에 대한 보호를 위해 설계될 것

☞ p.1069 2단 연결

해당 단체의 설립 목적과 직접 관련되지 않은 사업을 영위하는 단체는 제외한다. (2023. 12. 29. 신설)

가. 다음의 어느 하나에 해당하는 단체일 것 (2023. 12. 29. 신설)

1) 종교, 자선, 과학, 예술, 문화, 체육, 교육, 그 밖에 이와 유사한 목적을 위해 설립·운영되는 단체 (2023. 12. 29. 신설)

2) 전문직업단체, 사업연맹, 상공회의소, 노동단체, 농업 또는 원예단체, 시민단체, 그 밖에 이와 유사한 단체로서 사회복지 증진을 위해 설립·운영되는 단체 (2023. 12. 29. 신설)

나. 단체의 거의 모든 소득이 해당 단체가 설립·운영되는 국가에서 과세되지 않을 것 (2023. 12. 29. 신설)

다. 단체의 소득이나 자산에 대한 소유권 또는 사용·수익권을 전유(專有)하는 주주나 구성원이 없을 것 (2023. 12. 29. 신설)

라. 단체의 소득이나 자산이 다음의 어느 하나에 해당하는 경우를 제외하고는 사인이나 자선사업을 영위하지 않는 기업에 분배되거나 제공되지 않을 것 (2023. 12. 29. 신설)

1) 해당 단체의 자선 활동의 수행에 따른 경우 (2023. 12. 29. 신설)

2) 해당 단체가 제공받은 용역이나 사용하는 재산 또는 자본에 대해 합리적 대가를 지불하는 경우 (2023. 12. 29. 신설)

3) 해당 단체가 구매한 자산에 대해 공정가치에 상당하는 대가를 지불하는 경우 (2023. 12. 29. 신설)

마. 해당 단체가 폐업, 해산 또는 청산할 때 잔여재산이 그 단체가 설립·운영되던 국가의 다른 단체(가목부터 라목까지의 요건을 갖춘 단체로 한정한다), 정부 또는 정부기업에 귀속될 것 (2024. 2. 29. 개정)

4. 연금펀드 : 다음 각 목의 어느 하나에 해당하는 기업을 말한다. (2023. 12. 29. 신설)

가. 개인에 대한 급부[퇴직급여(그에 부수하여 지급되는 급부를 포함한다) 및 사망·상해 등 우발적 상황에서 지급되는 급부를 말한다. 이하 이 호에서 같다]를 관리하고 제공하기 위해 설립·운영되는 기업으로서 다음의 어느 하나의 요건을 갖춘 기업 (2023. 12. 29. 신설)

(이하 "비영리기구"라 한다)의 매출액 (2024. 3. 22. 신설)

2. 비영리기구가 지배하는 다음 각 목에 해당하는 기업의 매출액 (2024. 3. 22. 신설)

가. 영 제102조 제1항 제7호 가목 1) 전단에 따른 기업의 매출액 (2024. 3. 22. 신설)

나. 영 제102조 제1항 제7호 가목 2) 전단의 "부수적 활동만을 수행하는 기업"에 따른 기업의 매출액 (2024. 3. 22. 신설)

다. 영 제102조 제1항 제7호 가목 3)에 따른 기업의 매출액[같은 목 2) 후단에 해당하는 부수적 활동에 따른 매출액은 제외한다] (2024. 3. 22. 신설)

라. 영 제102조 제1항 제7호 나목에 따른 기업의 매출액 (2024. 3. 22. 신설)

편주 ▶

글로벌최저한세 제도의 적용대상 기업의 범위

글로벌최저한세 제도의 적용대상에서 배제되는 '기타제외기업'의 범위에 포함되는 기업 중 '제외기업인 비영리기구가 수행하는 활동에 대한 부수적 활동만을 수행하는 기업'을 판단할 때 그룹 매출액에서 비영리기구 관련 매출액을 제외한 금액이 7억5천만 유로보다 적을 것 등의 기준을 충족하는 기업이 수행하는 활동을 '부수적 활동'으로 보도록 하는 등 기타제외기업의 기준을 구체화함. (규칙 62조 신설 ; 2024. 3. 22.)

어느 하나에 해당하는 기업(해당 기업의 고정사업장을 포함한다) (2023. 12. 29. 신설)

1) 지배기업을 위해 자산을 보유하거나 자금을 투자하기 위한 사업활동만을 수행하는 기업(해당 사업활동 외의 사업활동을 적극적으로 수행하지 않는 경우를 포함한다). 이 경우 같은 그룹에 속한 기업이 아닌 자로부터 차입한 자금으로 자산을 보유하거나 투자하는 때에도 이를 지배기업을 위한 것으로 본다. (2023. 12. 29. 신설)

2) 지배기업이 수행하는 활동에 대한 부수적 활동만을 수행하는 기업. 이 경우 하나 이상의 제3호의 비영리기구가 소유지분가치비율의 전부를 직접 또는 간접으로 소유하고 있는 기업으로서 기획재정부령으로 정하는 요건을 갖춘 기업이 수행하는 활동은 부수적 활동에 해당하는 것으로 본다. (2023. 12. 29. 신설)

2) 지배기업이 수행하는 활동에 대한 부수적 활동만을 수행하는 기업. 이 경우 하나 이상의 제3호의 비영리기구가 법 제62조 제3항 제7호에 따른 소유지분가치의 전부를 직접 또는 간접으로 소유하고 있는 기업으로서 기획재정부령으로 정하는 요건을 갖춘 기업이 수행하는 활동은 부수적 활동에 해당하는 것으로 본다. (2025. 2. 28. 후단개정)

3) 1)에 해당하는 사업활동과 2)에 해당하는 부수적 활동을 모두 수행하는 기업 (2023. 12. 29. 신설)

나. 소유지분가치비율이 100분의 85 이상인 기업으로서 소득의 전부 또는 거의 전부가 제104조 제1항 제2호의 배당수익 또는 같은 항 제4호의 지분손익인 기업 (2023. 12. 29. 신설)

☞ p.1070 2단 연결

(2025. 2. 28. 개정)

3) 투자자들이 각자의 기여에 기초하여 펀드자산으로부터의 수익에 대한 권리를 보유할 것 (2023. 12. 29. 신설)

4) 투자자가 본인의 기여에 기초하여 펀드자산으로부터의 수익에 대한 권리를 보유할 것 (2025. 2. 28. 개정)

5) 해당 기업이나 그 경영자에게 해당 기업이 설립·운영되는 국가의 규제 체제(자금세탁방지 및 투자자 보호 규제를 포함한다)가 적용될 것 (2025. 2. 28. 번호개정)

6) 투자펀드 관리 전문가가 투자자를 대신하여 펀드를 관리할 것 (2025. 2. 28. 개정)

6. 최종모기업인 부동산투자기구 : 다음 각 목의 요건을 모두 갖춘 기업을 말한다. (2023. 12. 29. 신설)

가. 최종모기업에 해당할 것 (2023. 12. 29. 신설)

나. 투자 대상이 주로 부동산(그 가치가 부동산에 연계된 증권을 포함한다)이고, 해당 투자기구에 대한 소유가 분산된 기업으로서 해당 기업과 그 지분의 소유자 중 하나에 대해서만 과세(최대 1년까지 과세가 이연되는 경우를 포함한다)될 것 (2023. 12. 29. 신설)

나. 투자 대상이 주로 부동산(그 가치가 부동산에 연계된 증권을 포함한다)인 기업으로서 다음의 요건을 모두 갖춘 기업에 해당할 것 (2025. 2. 28. 개정)

1) 해당 투자기구에 대한 소유가 분산될 것 (2025. 2. 28. 개정)

2) 해당 기업과 그 지분의 소유자 중 하나에 대해서만 과세(최대 1년까지 과세가 이연되는 경우를 포함한다)될 것 (2025. 2. 28. 개정)

7. 기타제외기업 : 제1호부터 제6호까지에 해당하는 제외기업 중 하나 이상의 제외기업(제4호 나목의 기업은 제외하며, 이하 이 호에서 "지배기업"이라 한다)이 직접 또는 다른 제외기업을 통해 간접으로 소유하는 기업(이하 이 호에서 "피지배기업"이라 한다)으로서 다음 각 목의 어느 하나에 해당하는 기업을 말한다. (2023. 12. 29. 신설)

가. 지배기업이 소유하고 있는 피지배기업 지분의 비율(기획재정부령으로 정하는 바에 따라 계산하며, 이하 이 호에서 "소유지분가치비율"이라 한다)이 100분의 95 이상인 기업으로서 다음의

〈제62조〉

④ 제3항에도 불구하고 신고구성기업에 대해서는 해당 신고구성기업의 선택에 따라 제3항 제7호의 제외기업을 구성기업으로 보아 이 장을 적용할 수 있다. (2023. 12. 31. 개정)

④ 제3항에도 불구하고 제3항 제7호의 제외기업에 대해서는 신고구성기업의 선택에 따라 구성기업으로 보아 이 장을 적용할 수 있다. (2024. 12. 31. 개정)

⑤ 제3항에 따른 제외기업의 구체적인 범위와 제4항에 따른 신고구성기업의 선택 등에 필요한 사항은 대통령령으로 정한다. (2022. 12. 31. 신설)

제63조【납세의무자】같은 다국적기업그룹에 속하는 구성기업으로서 국내에 소재하는 구성기업(이하 "국내구성기업"이라 한다)은 제72조에 따라 모기업인 국내구성기업에 대한 추가세액배분액과 제73조에 따라 국내구성기업에 배분되는 추가세액배분액을 법인세로서 납부할 의무가 있다. (2022. 12. 31. 신설)

▶편주

법 63조의 개정규정 중 "제73조에 따라 국내구성기업에 배분되는 추가세액배분액"의 개정부분은 2025. 1. 1. 이후 개시하는 사업연도분에 대하여 과세하는 경우부터 적용함. (법 부칙(2022. 12. 31.) 1조 2호 및 6조) (2023. 12. 31. 개정)

제64조【기업의 소재지】① 이 장을 적용할 때 기업이 소재하는 국가(이하 이 장에서 "소재지국"이라 한다)는 다음 각 호의 구분에 따른다. (2022. 12. 31. 신설)

1. 기업의 소득 등이 해당 기업의 소유자에게 귀속되는 것으로 보는 기업으로서 대통령령으로 정하는 기업(이하 이 장에서 "투과기업"이라 한다)이 아닌 경우 : 다음 각 목의 구분에 따른 국가 (2023. 12. 31. 개정)

② 법 제62조 제4항에 따라 신고구성기업이 제외기업의 구성기업 포함 여부를 선택하는 경우에는 다음 각 호에서 정하는 기준(이하 이 장에서 "5년선택"이라 한다)에 따른다. (2023. 12. 29. 신설)

1. 신고구성기업의 선택은 그 선택의 대상이 되는 첫 번째 사업연도와 그 다음 4개 사업연도에 대해 적용한다. (2023. 12. 29. 신설)

2. 신고구성기업은 제1호에 따른 적용 대상 사업연도에 대해서는 그 선택을 취소할 수 없다. (2023. 12. 29. 신설)

3. 신고구성기업이 제1호에 따른 마지막 적용 대상 사업연도의 다음 사업연도에 대해 그 선택을 취소한다는 의사를 표시하지 않으면 해당 선택은 제1호에 따른 마지막 적용 대상 사업연도 후의 사업연도에도 1년 단위로 다시 적용된다. (2023. 12. 29. 신설)

4. 신고구성기업이 제1호에 따른 적용 대상 사업연도 후의 사업연도에 대해 그 선택을 취소하면 해당 취소가 적용되는 첫 번째 사업연도(이하 이 장에서 "취소사업연도"라 한다)와 그 다음 4개 사업연도에 대해서는 동일한 선택을 다시 할 수 없다. (2023. 12. 29. 신설)

제103조【기업의 소재지】① 법 제64조 제1항 제1호 각 목 외의 부분에서 "대통령령으로 정하는 기업"이란 해당 기업이 설립·운영되는 국가에서 과세상 투시(해당 기업의 소득, 지출 및 손익을 그 기업의 지분을 직접 보유하는 자에게 지분비율에 따라 귀속시켜 과세하는 것을 말한다. 이하 이 장에서 같다)되는 기업을 말한다. 다만, 실질적 관리장소 또는 설립 장소나 이와 유사한 기준에 따라 다른 국가의 세법상 거주자인 기업(해당 국가에 납세의무가 있는 경우로서 해당 국가 내의 원천으로부터 발생한 소득에 대해서만 그 국가에서 납세할 의무가 있는 경우는 제외한다)으로서 그 소득 또는 이익에 대해 그 다른 국가에서 법 제67조 제1항 전단에 따른 대상조세(이하 이 장에서 "대상조세"라 한다) 또는 법 제70조 제5항에 따른 적격소재국추가세액이 과세되는 기업은 제외한다. (2023. 12. 29. 신설)

제103조【기업의 소재지】① 법 제64조 제1항 제1호 각 목 외의 부분에서 "대통령령으로 정하는 기업"이란 해당 기업이 설립·운영되는 국가에서 과세상 투시(해당 기업의 소득, 지출 및 손익을 그 기업의 지분을 직접 보유하는 자에게 지분비율에 따라 귀속시켜 과세하는 것을 말한다. 이하 이 장에서 같다)되는 기업(이하 이 장에서 "투과기업"

▶편주

영 103조 1항 단서의 개정규정은 2025. 2. 28. 이후 법 83조에 따라 글로벌최저한세정보신고서를 제출하거나 법 84조에 따라 추가세액배분액을 신고하는 경우부터 적용함. (영 부칙(2025. 2. 28.) 4조)

☞

〔편주〕 ▶ •••
법 64조 1항 및 3항의 개정규정은 2024. 1. 1. 이후 개시하는 사업연도분
에 대하여 과세하는 경우부터 적용함. (법 부칙(2023. 12. 31.) 4조 1항)
•••

가. 실질적 관리장소 또는 설립 장소나 이와 유사한 기준에 따라 국가에 납세의무(해당 국가 내의 원천으로부터 발생한 소득에 대해서만 그 국가에 납세할 의무가 있는 경우는 제외한다)가 있는 기업인 경우 : 해당 국가 (2022. 12. 31. 신설)

나. 가목 외의 기업인 경우 : 해당 기업이 법령에 따라 설립·등록된 국가 (2022. 12. 31. 신설)

2. 투과기업으로서 다국적기업그룹의 최종모기업이거나 제72조 제4항 제1호에 따른 적격소득산입규칙을 적용하여야 하는 구성기업인 경우 : 해당 기업이 법령에 따라 설립·등록된 국가 (2022. 12. 31. 신설)

② 제1항 제2호 외의 투과기업은 소재지국이 없는 것으로 본다. (2022. 12. 31. 신설)

③ 고정사업장의 소재지국은 조세조약의 적용 여부 및 그 내용 등을 고려하여 대통령령으로 정한다. (2023. 12. 31. 개정)

④ 제1항부터 제3항까지에서 규정한 사항 외에 소재지국이 둘 이상인 경우에 대한 소재지국의 결정 등 기업의 소재지국에 관하여 필요한 사항은 대통령령으로 정한다. (2022. 12. 31. 신설)

제65조 【기업의 납세지】 국내구성기업의 납세지, 납세지의 지정·변경 등에 관하여는 「법인세법」 제9조부터 제12조까지의 규정을 준용한다.

이라 한다)을 말한다. (2025. 2. 28. 개정)

② 법 제64조 제3항에 따른 고정사업장의 소재지국은 다음 각 호의 구분에 따른 국가로 한다. 다만, 제1호부터 제3호까지에서 정한 사업장 외의 사업장으로서 해당 사업장에 귀속되는 소득에 대해 과세되지 않는 사업장(이하 이 장에서 "제4형고정사업장"이라 한다)의 경우에는 소재지국이 없는 것으로 본다. (2023. 12. 29. 신설)

1. 적용 가능하고 유효한 조세조약(우리나라가 체약당사자가 아닌 조세조약을 포함한다. 이하 이 장에서 같다)에 따라 고정된 사업장이 있는 것으로 인정되고 국제적으로 합의한 소득과 자본에 관한 경제협력개발기구모델조세조약(Model Tax Convention on Income and on Capital)에 따른 사업소득의 계산 방법이나 이와 유사한 방법으로 해당 사업장에 귀속되는 소득에 대해 과세되는 사업장(이하 이장에서 "제1형고정사업장"이라 한다)의 경우 : 해당 조세조약에 따라 고정사업장으로서 과세하는 국가 (2023. 12. 29. 신설)

1. 적용 가능하고 유효한 조세조약(우리나라가 체약당사자가 아닌 조세조약을 포함한다. 이하 이 장에서 같다)에 따라 고정된 사업장이 있는 것으로 인정되고 경제협력개발기구에서 채택된 「소득과 자본에 관한 표준조세조약(Model Tax Convention on Income and on Capital)」(이하 이 장에서 "표준조세조약"이라 한다)에 따른 사업소득의 계산 방법이나 이와 유사한 방법으로 해당 사업장에 귀속되는 소득에 대해 과세되는 사업장(이하 이장에서 "제1형고정사업장"이라 한다)의 경우 : 해당 조세조약에 따라 고정사업장으로서 과세하는 국가 (2025. 2. 28. 개정)

2. 적용 가능하고 유효한 조세조약이 없는 경우의 사업장으로서 세법상 거주자에 대한 과세 방법과 유사한 방법으로 해당 사업장에 귀속되는 소득에 대해 과세되는 사업

장(이하 이 장에서 "제2형고정사업장"이라 한다)의 경우 : 사업 장소에 기초한 순소득을 기준으로 과세하는 국가 (2023. 12. 29. 신설)

2. 적용 가능하고 유효한 조세조약이 없는 경우의 사업장으로서 세법상 거주자에 대한 과세 방법과 유사한 방법으로 해당 사업장에 귀속되는 순소득에 대해 과세되는 사업장(이하 이 장에서 "제2형고정사업장"이라 한다)의 경우 : 사업 장소에 기초한 순소득을 기준으로 과세하는 국가 (2025. 2. 28. 개정)

3. 해당 사업장에 대한 법인세제가 없는 국가에 소재하는 사업장으로서 국제적으로 합의한 소득과 자본에 관한 경제협력개발기구모델조세조약에 따르면 그 사업장이 실재하는 국가가 해당 사업장에 귀속되는 소득에 대해 과세권을 가지는 것으로 인정되는 사업장(이하 이 장에서 "제3형고정사업장"이라 한다)의 경우 : 해당 사업장이 실재하는 국가 (2023. 12. 29. 신설)

3. 해당 사업장에 대한 법인세제가 없는 국가에 소재하는 사업장으로서 표준조세조약에 따르면 그 사업장이 실재하는 국가가 해당 사업장에 귀속되는 소득에 대해 과세권을 가지는 것으로 인정되는 사업장(이하 이 장에서 "제3형고정사업장"이라 한다)의 경우 : 해당 사업장이 실재하는 국가 (2025. 2. 28. 개정)

③ 법 제64조 제4항에 따라 기업의 소재지국이 둘 이상인 경우에는 다음 각 호의 구분에 따른 방법으로 소재지국을 결정한다. (2023. 12. 29. 신설)

1. 적용 가능하고 유효한 조세조약이 있는 경우 : 해당 조세조약에 따라 결정

☞ p.1072 2단 연결

(2023. 12. 29. 신설)

2. 적용 가능하고 유효한 조세조약이 있지만 그에 따라 소재지국을 결정할 수 없는 경우 또는 적용 가능하고 유효한 조세조약이 없는 경우 : 다음 각 목의 순서에 따라 결정 (2023. 12. 29. 신설)

가. 해당 사업연도에 더 큰 금액의 대상조세(제111조 제1항 제5호에 따른 피지배외국법인과세제도의 적용에 따라 발생하는 세액은 제외한다)를 납부한 국가가 있는 경우에는 그 국가로 결정 (2023. 12. 29. 신설)

가. 해당 사업연도에 더 큰 금액의 법 제67조 제1항 전단에 따른 대상조세(이하 이 장에서 "대상조세"라 하며, 이 호에서 대상조세 금액을 계산할 때에는 제111조 제1항 제5호에 따른 과세제도의 적용에 따라 발생하는 세액은 제외한다)를 납부한 국가가 있는 경우에는 그 국가로 결정 (2025. 2. 28. 개정)

나. 해당 사업연도에 국가별로 납부한 대상조세 금액이 같거나 납부한 금액이 없는 경우에는 제118조에 따라 국가별로 계산한 실질기반제외소득금액이 더 큰 국가로 결정 (2023. 12. 29. 신설)

다. 해당 사업연도에 국가별로 납부한 대상조세 금액이 같거나 납부한 금액이 없고, 제118조에 따라 국가별로 계산한 실질기반 제외소득금액도 같거나 없는 경우에는 소재지국이 없는 것으로 결정하되, 해당 기업이 다국적기업그룹의 최종모기업인 경우에는 해당 기업이 설립·운영되는 국가에 소재하는 것으로 결정 (2023. 12. 29. 신설)

④ 제3항에 따라 결정된 모기업의 소재지국에서 법 제72조 제4항 제1호의 적격소득산입규칙을 시행하지 않는 경우 제3항에 따른 결정에서 제외된 다른 소재지국은 해당 모기업에 대해 그 적격소득산입규칙을 적용할 수 있다. 다만, 적용 가능하고 유효한 조세조약에서 그 적용을 제한하고 있는 경우에는 그렇지 않다. (2023. 12. 29. 신설)

⑤ 기업이 사업연도 중에 소재지국을 변경한 경우에는 그 사업연도 개시일 당시의 소재지국을 해당 사업연도의 소재지국으로 본다. (2023. 12. 29. 신설)

제66조【글로벌최저한세소득 · 결손의 계산】① 구성기업의 각 사업연도 글로벌최저한세소득 · 결손(제69조에 따라 실효세율을 계산하기 위한 구성기업의 소득 · 결손을 말하며, 그 금액이 양수일 때는 "글로벌최저한세소득", 영 또는 음수(陰數)일 때는 "글로벌최저한세결손"이라 한다. 이하 이 장에서 같다)은 해당 사업연도의 회계상 순손익에 순조세비용의 가산, 배당소득의 차감, 뇌물 등 정책적 부인(否認)비용의 가산 등 대통령령으로 정하는 조정사항을 반영하여 계산한다. (2022. 12. 31. 신설)

② ☞ p.1075

제104조【글로벌최저한세소득 · 결손의 계산을 위한 회계상 순손익의 조정사항】① 법 제66조 제1항에서 "순조세비용의 가산, 배당소득의 차감, 뇌물 등 정책적 부인(否認)비용의 가산 등 대통령령으로 정하는 조정사항"이란 다음 각 호의 조정사항을 말한다. (2023. 12. 29. 신설)

1. 순조세비용(구성기업의 회계상 비용으로 계상된 대상조세, 당기법인세 및 이연법인세 등 금액을 말한다)의 가산 (2023. 12. 29. 신설)
2. 배당수익(구성기업이 보유하는 소유지분에 대한 이익의 배당금 또는 그 밖의 분배금을 말한다)의 차감 (2023. 12. 29. 신설)
3. 정책적 부인비용(뇌물 등 불법적 지출과 5만유로 이상의 벌금 및 과태료를 말한다)의 가산 (2023. 12. 29. 신설)
4. 지분손익(구성기업이 보유하는 소유지분의 처분이나 공정가치평가 등과 관련하여 발생하는 손익을 말한다)의 조정 (2023. 12. 29. 신설)
5. 재평가손익(구성기업의 유형자산을 공정가치로 재평가한 가액과 장부가액 간의 차이에 따른 손익을 말한다)의 조정 (2023. 12. 29. 신설)
6. 비대칭외환손익(구성기업의 재무제표 작성에 사용된 통화와 세무상 소득금액 계산에 사용된 통화가 서로 다른 경우 발생하는 외환손익을 말한다)의 조정 (2023. 12. 29. 신설)
7. 연금손익(구성기업의 퇴직연금제도와 관련하여 발생하는 손익을 말한다)의 조정 (2023. 12. 29. 신설)
8. 주식기준보상비용(구성기업이 소속 임직원 등에게 상여금으로 지급하는 주식이나 주식가치에 상당하는 금전과 관련하여 발생하는 비용을 말한다)의 조정 (2023. 12. 29. 신설)
9. 그룹내부금융약정비용(구성기업 간에 직접 또는 간접으로 신용을 공여하거나 투자하기로 하는 약정을 체결하는 경우 그와 관련하여 발생하는 비용을 말한다)의 조정 (2023. 12. 29. 신설)
10. 총자산처분이익(구성기업이 해당 국가에서 보유하는 부동산을 처분함에 따른 이익의 합계액이 손실의 합계액을 초과하는 경우 그 금

제63조【글로벌최저한세소득 · 결손의 계산을 위한 회계상 순손익의 조정사항별 세부 기준 및 방법】영 제104조에 따른 글로벌최저한세소득 · 결손의 계산을 위한 회계상 순손익의 조정사항별 세부 기준 및 방법은 별표와 같다. (2024. 3. 22. 신설)

편주 ▶

규칙 별표의 개정규정은 2025. 3. 21. 이후 법 83조에 따라 글로벌최저한세정보신고서를 제출하거나 법 84조에 따라 추가세액배분액을 신고하는 경우부터 적용함. (규칙 부칙(2025. 3. 21.) 2조)

개정취지

회계상 순손익 조정사항의 구체화

구성기업의 각 사업연도 글로벌최저한세소득 · 결손을 계산할 때 반영하는 회계상 순손익의 조정사항으로 순조세비용의 가산, 배당수익의 차감, 뇌물 등 정책적 부인(否認)비용의 가산 등 총 19개 조정사항에 관한 세부 기준 및 방법을 구체화함. (규칙 63조 및 별표 신설 ; 2024. 3. 22.)

16. 정상가격 및 동일가격 원칙(과세목적상 서로 다른 국가에 소재하는 구성기업 간 거래가격은 실제 거래가격이 아니라 비교가능한 제3자 간 거래에서 설정되었을 조건을 적용하여 계산한 가격으로 결정하고, 다른 국가에 소재하는 구성기업들 간의 모든 거래는 각자의 회계장부에 동일한 금액으로 기록되어야 한다는 원칙을 말한다)의 적용에 따른 조정 (2023. 12. 29. 신설)

17. 보험계약자 관련 손익(보험업을 영위하는 구성기업이 보험계약자에게 귀속되는 수익에 대해 납부한 세금 등 보험계약자와 관련하여 발생하는 손익을 말한다)의 조정 (2023. 12. 29. 신설)

18. 기타기본자본 등에 대한 배당(은행업 또는 보험업을 영위하는 구성기업이 관련 법령에 따른 자본건전성 규제 또는 지급 여력 규제에 따라 발행하거나 취득하는 기타기본자본 또는 제한기본자본에 대해 지급하거나 지급할 배당 또는 수취하거나 수취할 배당을 말한다)에 따른 조정 (2023. 12. 29. 신설)

19. 기타 연결조정 사항(구성기업의 별도 회계상 계상되지 않은 연결조정 사항으로서 내부거래의 제거를 위한 목적 및 매수법회계의 적용을 위한 목적 외의 것을 말한다)의 반영에 따른 조정 (2023. 12. 29. 신설)

② 제1항 각 호의 조정사항별 조정 방법에 관한 세부사항 등은 기획재정부령으로 정한다. (2023. 12. 29. 신설)

액을 말한다)의 조정 (2023. 12. 29. 신설)

11. 채무면제이익(구성기업이 채무를 면제받게 되는 경우에 발생하는 이익을 말한다)의 조정 (2023. 12. 29. 신설)

12. 적격환급가능세액공제(구성기업이 수혜조건을 갖춘 때부터 4년 이내에 현금 또는 현금등가물로 지급받는 세액공제를 말한다. 이하 이 장에서 같다) 및 적격양도가능세액공제(구성기업이 양도 가능하고 시장성 있는 자산으로 지급받는 세액공제를 말한다. 이하 이 장에서 같다) 금액의 조정 (2023. 12. 29. 신설)

12. 적격환급가능세액공제(구성기업이 수혜조건을 갖춘 때부터 4년 이내에 현금 또는 현금등가물로 지급받는 세액공제를 말한다. 이하 이 장에서 같다) 및 적격양도가능세액공제(수혜조건을 갖춘 구성기업이 대상조세 납부를 위해 사용 가능하고 시장성 있는 자산으로서 양도 가능한 세액공제를 말한다. 이하 이 장에서 같다)에 따른 조정 (2025. 2. 28. 개정)

13. 전기 오류수정(구성기업이 제139조 제1항의 글로벌최저한세제도가 적용되었던 과거 사업연도의 회계상 오류를 수정하여 회계상 순손익에 증감이 발생하는 경우를 말한다) 또는 회계정책 변경(구성기업이 해당 사업연도에 적용하는 회계정책이나 회계원칙을 변경하여 해당 사업연도의 직전 사업연도까지 회계상 순손익에 증감이 발생하는 경우를 말한다)에 따른 조정 (2023. 12. 29. 신설)

13. 전기 오류수정[구성기업이 법 제5장 및 이 장이나 그에 상당하는 다른 국가의 법령(이하 이 장에서 "글로벌최저한세제도"라 한다)이 적용되었던 과거 사업연도의 회계상 오류를 수정하여 회계상 순손익에 증감이 발생하는 경우를 말한다] 또는 회계정책 변경(구성기업이 해당 사업연도에 적용하는 회계정책이나 회계원칙을 변경하여 해당 사업연도의 직전 사업연도까지 회계상 순손익에 증감이 발생하는 경우를 말한다)에 따른 조정 (2025. 2. 28. 개정)

14. 구성기업 간 연결회계조정(같은 국가 내 연결납세 대상 구성기업 간의 내부거래에서 발생하는 소득, 비용, 이익 및 손실을 제거하기 위해 실시하는 회계조정을 말한다) 결과의 반영에 따른 조정 (2023. 12. 29. 신설)

15. 실현주의(연결재무제표상 공정가치평가 및 손상차손평가 회계처리의 대상이 되는 구성기업의 자산 및 부채에 대해 그 자산이 양도되거나 부채가 상환되는 등의 시점에 손익을 인식하는 것을 말한다)의 적용에 따른 조정 (2023. 12. 29. 신설)

<제66조>
② 최종모기업의 연결재무제표를 작성하는 데 사용되는 회계기준(이하
이 장에서 "최종모기업회계기준"이라 한다)에 따라 제1항에 따른 구성
기업의 회계상 순손익을 산정하기 어려운 경우로서 대통령령으로 정하
는 요건을 갖춘 경우에는 최종모기업회계기준이 아닌 대통령령으로 정
하는 회계기준을 사용하여 해당 구성기업의 회계상 순손익을 산정할
수 있다. (2022. 12. 31. 신설)
③ 구성기업의 회계상 순손익에 포함된 국제항행 선박을 통한 여객 또
는 화물의 운송 소득 등 대통령령으로 정하는 국제해운소득·결손과
국제항행 선박을 통한 여객 또는 화물의 운송과 관련하여 수행하는 활
동에서 발생하는 소득·결손으로서 대통령령으로 정하는 적격국제해
운부수소득·결손은 해당 구성기업의 글로벌최저한세소득·결손의 계
산에서 제외한다. (2022. 12. 31. 신설)
④ 구성기업인 고정사업장의 회계상 순손익은 고정사업장이 별도로 재무
제표를 작성하는지 여부, 고정사업장에 귀속되어야 할 수익 및 비용 등을
고려하여 대통령령으로 정하는 바에 따라 계산한다. (2022. 12. 31. 신설)
⑤ 제4항에 따라 계산한 고정사업장의 회계상 순손익은 해당 고정사업
장 본점의 글로벌최저한세소득·결손 계산에는 포함하지 아니한다. 다
만, 고정사업장의 결손이 본점의 국내 과세소득 산정에서 손금으로 산
입되는 경우 등 대통령령으로 정하는 경우에는 해당 고정사업장 본점
의 글로벌최저한세소득·결손 계산에 포함한다. (2023. 12. 31. 개정)

[편주]▶
법 66조 5항의 개정규정은 2024. 1. 1. 이후 개시하는 사업연도분에 대하
여 과세하는 경우부터 적용함. (법 부칙(2023. 12. 31.) 4조 1항)

⑥ 구성기업인 투과기업의 회계상 순손익은 대통령령으로 정하는 바에
따라 사업이 수행되는 고정사업장이나 주주구성기업 등 다른 구성기업
에 배분하고, 그 배분된 금액은 해당 투과기업의 회계상 순손익에서 차
감한다. (2022. 12. 31. 신설)
⑦ 제1항부터 제6항까지에서 규정한 사항 외에 글로벌최저한세소득·
결손 및 회계상 순손익의 계산 등에 필요한 사항은 대통령령으로 정한
다. (2022. 12. 31. 신설)

제105조【회계상 순손익의 산정 시 적용 가능한 회계기준】①
법 제66조 제2항에서 "대통령령으로 정하는 요건을 갖춘 경우"란 다음
각 호의 요건을 모두 갖춘 경우를 말한다. (2023. 12. 29. 신설)
1. 구성기업의 회계가 제2항에 따른 회계기준에 따라 기록 및 관리되고
   있을 것 (2023. 12. 29. 신설)
2. 구성기업의 회계에 포함된 정보를 신뢰할 수 있을 것 (2023. 12. 29.
   신설)
3. 수익, 비용 또는 거래 항목에 대해 제2항에 따른 회계기준을 적용한
   결과와 최종모기업회계기준(최종모기업의 연결재무제표를 작성하
   는 데 사용되는 회계기준을 말한다. 이하 이 장에서 같다)을 적용한
   결과를 비교하였을 때 1백만유로를 넘는 영구적 차이가 발생하는
   경우 해당 항목에 대해서는 최종모기업회계기준을 적용하여 처리할
   것 (2023. 12. 29. 신설)
② 법 제66조 제2항에서 "대통령령으로 정하는 회계기준"이란 다음 각
호의 어느 하나에 해당하는 회계기준을 말한다. (2023. 12. 29. 신설)
1. 국제회계기준과 우리나라 및 기획재정부령으로 정하는 국가에 의해
   일반적으로 인정되는 회계기준 (2023. 12. 29. 신설)
2. 재무 보고 목적의 회계기준을 제시, 수립 또는 채택할 수 있는 권한
   이 있는 공인회계기구에 의해 승인된 회계기준 (2023. 12. 29. 신설)

제106조【글로벌최저한세소득·결손의 계산에서 제외되는 국제
해운소득·결손 등의 범위】① 법 제66조 제3항에서 "국제항행 선박
을 통한 여객 또는 화물의 운송 소득 등 대통령령으로 정하는 국제해운
소득·결손"이란 다음 각 호의 어느 하나에 해당하는 사업(이하 이 조
에서 "국제해운사업"이라 한다)을 영위함에 따라 발생하는 구성기업의
순손익을 말한다. 다만, 국제해운사업의 내용 중 선박의 운송활동(여객
또는 화물을 운송하는 활동을 말한다. 이하 이 조에서 같다)에 같은 국
가의 내륙수로에서 이루어지는 부분이 포함되어 있는 경우 그 부분의
사업을 영위함에 따라 발생하는 소득·결손 금액은 본문에 따른 순손
익에서 제외한다. (2023. 12. 29. 신설)
1. 구성기업이 소유 또는 임차하거나 처분 권한을 가지고 있는 국제항

제64조【인정회계기준 국가의 범
위】영 제105조 제2항 제1호에서 "기획재
정부령으로 정하는 국가"란 다음 각 호의
국가를 말한다. (2024. 3. 22. 신설)
1. 뉴질랜드 (2024. 3. 22. 신설)
2. 러시아 (2024. 3. 22. 신설)
3. 멕시코 (2024. 3. 22. 신설)
4. 미국 (2024. 3. 22. 신설)
5. 브라질 (2024. 3. 22. 신설)
6. 스위스 (2024. 3. 22. 신설)
7. 싱가포르 (2024. 3. 22. 신설)
8. 영국 (2024. 3. 22. 신설)
9. 유럽경제지역(European Economic Area,
   "EEA") 회원국 (2024. 3. 22. 신설)
10. 유럽연합 회원국 (2024. 3. 22. 신설)
11. 인도 (2024. 3. 22. 신설)
12. 일본 (2024. 3. 22. 신설)
13. 중국 (2024. 3. 22. 신설)
14. 캐나다 (2024. 3. 22. 신설)
15. 호주 (2024. 3. 22. 신설)
16. 홍콩 (2024. 3. 22. 신설)

제65조【국제해운사업 순손익의 계
산 방법 등】① 영 제106조 제1항 각 호
외의 부분 본문에 따른 국제해운사업(이하
이 조에서 "국제해운사업"이라 한다) 및
같은 조 제2항 각 호 외의 부분 본문에 따
른 국제항행 운송활동과 관련하여 수행되
는 활동(이하 이 조에서 "적격국제해운부
수활동"이라 한다)에서 발생하는 순손익
은 국제해운사업 및 적격국제해운부수활

득·결손의 계산에 포함한다. (2023. 12. 29. 신설)

④ 제1항부터 제3항까지에서 규정한 사항 외에 국제해운사업에서 발생하는 순손익의 구체적 계산 방법 등에 관하여는 기획재정부령으로 정한다. (2023. 12. 29. 신설)

제107조【고정사업장의 회계상 순손익의 계산 등】(2024. 2. 29. 제목개정)

① 법 제66조 제4항에 따른 고정사업장의 회계상 순손익의 계산 방법은 다음 각 호와 같다. (2023. 12. 29. 신설 ; 2024. 2. 29. 항번개정)

1. 제1형고정사업장, 제2형고정사업장 및 제3형고정사업장의 회계상 순손익(해당 고정사업장의 별도 회계상 순손익을 말하며, 해당 사업장에 별도 회계가 없는 경우에는 최종모기업회계기준에 따라 별도 회계를 기록·관리한다고 가정할 때 그 회계상 순손익으로 한다) : 다음 각 목의 구분에 따른 조약 또는 세법에서 정하는 바에 따라 해당 고정사업장에 귀속되어야 할 수익 및 비용만을 반영하여 계산한다. (2023. 12. 29. 신설)

　가. 제1형고정사업장의 경우 : 해당 고정사업장의 소재지국과 법 제61조 제1항 제9호 전단에 따른 본점(이하 이 장에서 "본점"이라 한다) 소재지국 간의 유효한 조세조약 (2024. 2. 29. 개정)

　나. 제2형고정사업장의 경우 : 해당 고정사업장 소재지국의 세법 (2023. 12. 29. 신설)

　다. 제3형고정사업장의 경우 : 국제적으로 합의한 소득과 자본에 관한 경제협력개발기구모델조세조약 (2023. 12. 29. 신설)

　다. 제3형고정사업장의 경우 : 표준조세조약 (2025. 2. 28. 개정)

2. 제4형고정사업장의 회계상 순손익 : 다음 계산식에 따라 계산한다. (2025. 2. 28. 개정)

> 회계상 순손익 = A － B
>
> A : 본점의 소재지국에서 과세되지 않는 소득으로서 그 소재지국 밖에서 수행하는 활동에 귀속되는 소득
> B : 본점의 소재지국에서 세무상 공제되지 않는 비용으로서 그 소재지국 밖에서 수행하는 활동에 귀속되는 비용

☞ p.1077 2단 연결

행 선박을 통한 운송활동 (2023. 12. 29. 신설)

2. 일부용선 계약에 따른 국제항행 선박의 운송활동 (2023. 12. 29. 신설)

3. 국제항행 운송활동에 사용될 선박(선박장비, 선원 및 선용품을 포함한다)의 임대 (2023. 12. 29. 신설)

4. 다른 구성기업에 대해 국제항행 운송활동에 사용될 선박을 나용선으로 임대 (2023. 12. 29. 신설)

5. 국제항행 선박의 운송활동을 위한 공동운항, 공동사업 또는 국제해운기구에의 참여 (2023. 12. 29. 신설)

6. 국제항행 운송활동에 사용된 선박으로서 구성기업이 1년 이상 보유한 선박의 매각 (2023. 12. 29. 신설)

② 법 제66조 제3항에서 "대통령령으로 정하는 적격국제해운부수소득·결손"이란 국제항행 운송활동과 관련하여 수행되는 다음 각 호의 어느 하나에 해당하는 활동에서 발생하는 순손익을 말한다. 다만, 한 국가에 소재한 구성기업의 적격국제해운부수소득·결손의 합계가 제1항에 따른 국제해운소득·결손 합계의 100분의 50을 초과하는 경우 그 초과 금액은 본문에 따른 순손익에서 제외한다. (2023. 12. 29. 신설)

1. 구성기업 외의 해운기업에 대한 나용선 임대(용선 기간이 3년을 초과하지 않는 경우로 한정한다) (2023. 12. 29. 신설)

2. 국제항행 여정의 국내 구간을 항행하는 다른 해운기업이 발권하는 표의 판매 (2023. 12. 29. 신설)

3. 컨테이너 임대(그 반납 지연에 따른 지체료 청구를 포함한다) 및 통상 5일 이하의 단기 보관 (2023. 12. 29. 신설)

4. 엔지니어, 유지보수 인력, 화물 처리 인력, 급식서비스 인력 및 고객서비스 인력이 다른 해운기업에 제공하는 서비스 (2023. 12. 29. 신설)

5. 국제해운사업의 영위를 위한 필수적인 투자[국제해운사업 영위에 필요한 예금 또는 단기 운전자금의 운용, 법률상 요구되는 보증채권의 위탁 등을 포함하고, 다른 구성기업을 위한 자금흐름 관리(cash flow management) 및 재무관리(treasury activity)는 제외한다] (2023. 12. 29. 신설)

③ 제2항 각 호 외의 부분 단서에 따라 같은 항 각 호 외의 부분 본문에 따른 순손익에서 제외되는 금액은 각 구성기업의 적격국제해운부수소득·결손 금액에 비례하여 해당 구성기업의 글로벌최저한세소

동에서 발생하는 매출액에서 다음 각 호의 비용을 각각 공제한 금액으로 한다. (2024. 3. 22. 신설)

개 정 취 지 ●●●●●●●●●●●●●●●●●●●●
국제해운사업 순손익의 계산 방법
글로벌최저한세소득·결손의 계산에서 제외되는 국제해운소득·결손의 범위인 '국제해운사업·적격국제해운부수활동을 영위함에 따라 발생하는 구성기업의 순손익'은 해당 사업·활동으로 발생하는 매출액에서 '해당 사업·활동과 직접적으로 관련되는 비용' 및 '해당 사업·활동과 간접적으로 관련되는 비용으로서 전체 매출액에서 해당 사업·활동에서의 매출액이 차지하는 비율에 따라 배분되는 비용'을 공제하여 계산하도록 함. (규칙 65조 1항 신설 ; 2024. 3. 22.)
●●●●●●●●●●●●●●●●●●●●●●●●

1. 해당 국제해운사업 및 적격국제해운부수활동과 직접적으로 관련되는 비용 (2024. 3. 22. 신설)

2. 해당 국제해운사업 및 적격국제해운부수활동과 간접적으로 관련된 비용으로서 전체 매출액에서 해당 국제해운사업 및 적격국제해운부수활동에서의 매출액이 차지하는 비율에 따라 배분되는 비용 (2024. 3. 22. 신설)

② 구성기업은 법 제66조 제3항에 따라 국제해운소득·결손 및 적격국제해운부수소득·결손을 글로벌최저한세소득·결손의 계산에서 제외하려면 해당 소득·결손과 관련하여 다음 각 호의 활동이 해당 구성기업의 소재지국에서 실효적으로 수행되었

① 법 제66조 제6항에 따라 투과기업의 회계상 순손익은 해당 투과기업의 사업 전부 또는 일부가 고정사업장을 통해 수행되는 경우 해당 고정사업장에 배분하고, 그 배분 후 남는 순손익은 다음 각 호의 구분에 따라 배분한다. (2023. 12. 29. 신설)

① 법 제66조 제6항에 따라 투과기업의 회계상 순손익은 해당 투과기업의 사업 전부 또는 일부가 고정사업장을 통해 수행되는 경우에는 제107조에 따라 계산하여 해당 고정사업장에 배분하고, 그 배분 후 남는 순손익은 다음 각 호의 구분에 따라 배분한다. (2025. 2. 28. 개정)

1. 투과기업이 법 제79조 제1항 계산식 외의 부분 전단에 따른 투시과세기업(이하 이 장에서 "투시과세기업"이라 한다)에 해당하는 경우 : 다음 각 목의 구분에 따라 배분 (2024. 2. 29. 개정)
  가. 투과기업이 최종모기업인 경우 : 해당 투과기업에 배분 (2023. 12. 29. 신설)
  나. 투과기업이 최종모기업이 아닌 경우 : 주주구성기업이 보유하는 소유지분에 따라 주주구성기업에 배분 (2023. 12. 29. 신설)
2. 투과기업이 역혼성기업(투과기업으로서 그 소유지분 보유자의 소재지국에서 과세상 투시되지 않는 기업을 말한다)에 해당하는 경우 : 해당 투과기업에 배분 (2023. 12. 29. 신설)

1. 투과기업이 그 주주구성기업 중 다음 각 목의 어느 하나에 해당하는 자(이하 이 장에서 "적격지분보유자"라 한다)의 소재지국에서 과세상 투시되는 기업(이하 이 장에서 "투시과세기업"이라 한다)으로서 최종모기업인 경우: 해당 투과기업에 배분 (2025. 2. 28. 개정)
  가. 해당 투과기업의 소유지분을 직접 보유하는 구성기업으로서 투과기업이 아닌 기업 (2025. 2. 28. 개정)
  나. 해당 투과기업의 소유지분을 다른 투과기업을 통하여 간접 보유하는 구성기업으로서 투과기업이 아닌 기업 (2025. 2. 28. 개정)
  다. 최종모기업(해당 투과기업의 소유지분을 직접 또는 간접으로 보유하는 구성기업이 전부 투과기업인 경우로 한정한다) (2025. 2. 28. 개정)
2. 투과기업이 투시과세기업으로서 최종모기업이 아닌 경우 : 적격지분보유자가 보유하는 소유지분에 따라 적격지분보유자에게 배분 (2025. 2. 28. 개정)
3. 투과기업이 적격지분보유자의 소재지국에서 과세상 투시되지 않는 기업(이하 이 장에서 "역혼성기업"이라 한다)인 경우 : 해당 투과기업에 배분 (2025. 2. 28. 개정)

☞ p.1078 2단 연결

2. 제4형고정사업장의 회계상 순손익 : 다음 계산식에 따라 계산한다. (2025. 2. 28. 개정)

$$회계상\ 순손익 = A - B$$

A : 본점의 소재지국에서 과세되지 않는 수익으로서 그 소재지국 밖에서 수행하는 활동에 귀속되는 수익
B : 본점의 소재지국에서 세무상 공제되지 않는 비용으로서 그 소재지국 밖에서 수행하는 활동에 귀속되는 비용

② 법 제66조 제5항 단서에서 "고정사업장의 결손이 본점의 국내 과세소득 산정에서 손금으로 산입되는 경우 등 대통령령으로 정하는 경우"란 다음 각 호의 요건을 모두 갖춘 경우를 말한다. (2024. 2. 29. 신설)

개정취지

본점 글로벌최저한세소득ㆍ결손 계산 시 고정사업장 결손 배분 요건
실효세율이 과소 계산되어 추가세액이 발생할 가능성을 차단할 수 있도록 고정사업장의 결손이 해당 고정사업장 본점의 국내 과세소득 산정에서 손금으로 산입되는 등의 요건을 갖춘 경우에는 고정사업장의 결손을 본점의 글로벌최저한세소득ㆍ결손 계산에 포함하여 계산하도록 함. (영 107조 2항 신설 ; 2024. 2. 29.)

1. 고정사업장의 결손이 해당 고정사업장 본점의 국내 과세소득 산정에서 손금으로 산입될 것 (2024. 2. 29. 신설)
2. 고정사업장의 결손이 해당 고정사업장 소재지국 및 해당 고정사업장 본점 소재지국의 세법에 따라 과세 대상 소득 항목과 상계되지 않을 것 (2024. 2. 29. 신설)
③ 법 제66조 제5항 단서에 따라 고정사업장의 결손이 해당 고정사업장 본점의 글로벌최저한세소득ㆍ결손의 계산에서 손금으로 산입된 후의 사업연도에 해당 고정사업장의 글로벌최저한세소득이 발생하는 경우에는 이전 사업연도에 해당 고정사업장의 결손이 본점의 손금으로 산입된 금액을 한도로 해당 고정사업장의 소득을 해당 고정사업장 본점의 글로벌최저한세소득ㆍ결손의 계산에 포함한다. (2024. 2. 29. 신설)

제108조【투과기업의 회계상 순손익의 배분】

음을 소명해야 한다. (2024. 3. 22. 신설)
1. 전략적 관리 활동 : 주요 자본투자, 자산처분, 주요 계약 체결, 전략적 제휴 및 공동운항 계약에 관한 합의, 해외 지점의 관리 등에 관한 의사결정 (2024. 3. 22. 신설)
2. 운영상 관리 활동 : 노선 계획, 화물 및 여객의 예약 접수, 보험, 자금조달, 인력 관리 및 교육, 보급 등의 관리 활동 (2024. 3. 22. 신설)

편주

영 108조의 개정규정은 2025. 2. 28. 이후 법 83조에 따라 글로벌최저한세정보신고서를 제출하거나 법 84조에 따라 추가세액배분액을 신고하는 경우부터 적용함. (영 부칙 (2025. 2. 28.) 4조)

☞

② 제1항을 적용할 때 해당 투과기업의 투시과세기업 해당 여부 또는 역혼성기업 해당 여부는 그 투과기업의 소유지분을 보유한 주주구성기업별로 판단한다. (2023. 12. 29. 신설)

② 제1항을 적용할 때 해당 투과기업이 투시과세기업 또는 역혼성기업에 해당하는지 여부는 그 투과기업의 적격지분보유자별로 판단한다. 다만, 해당 투과기업이 실질적 관리장소 또는 설립 장소나 이와 유사한 기준에 따라 어느 국가에서도 과세상 거주자 또는 내국법인(해당 국가 내의 원천으로부터 발생한 소득에 대해서만 그 국가에서 납세할 의무가 있는 경우는 제외한다)에 해당하지 않고, 그 소득 또는 이익에 대해 그 다른 국가에서 대상조세 또는 법 제70조 제5항에 따른 적격소재국추가세액이 과세되지 않는 기업으로서 다음 각 호의 요건을 모두 충족하는 경우에는 그 범위에서 투시과세기업으로 본다. (2025. 2. 28. 개정)

1. 해당 투과기업이 그 적격지분보유자의 소재지국에서 과세상 투시될 것 (2025. 2. 28. 개정)
2. 해당 투과기업이 소재하는 국가에 사업장을 가지지 않을 것 (2025. 2. 28. 개정)
3. 해당 투과기업의 수입, 비용, 이익 또는 손실이 고정사업장에 귀속되지 않을 것 (2025. 2. 28. 개정)

③ 제1항을 적용할 때 같은 다국적기업그룹에 속하지 않는 자가 직접 또는 간접(하나 이상의 투시과세기업을 통한 간접 보유로 한정한다. 이하 이 항에서 같다)으로 투과기업의 소유지분을 보유하는 경우 그 소유지분에 귀속되는 회계상 순손익은 같은 항에 따라 배분되는 회계상 순손익에서 제외한다. 다만, 해당 투과기업이 최종모기업(직접 또는 간접으로 다른 투과기업을 소유하고 있는 최종모기업을 포함한다)인 경우 글로벌최저한세소득·결손의 계산에 관하여는 법 제77조의 2 제2항에 따른다. (2024. 2. 29. 단서개정)

③ 제1항을 적용할 때 같은 다국적기업그룹에 속하지 않는 자가 직접 또는 하나 이상의 투시과세기업(해당 투과기업과 같은 다국적기업그룹에 속하는 기업으로 한정한다. 이하 이 조에서 같다)을 통하여 간접으로 투과기업의 소유지분을 보유하는 경우 그 소유지분에 귀속되는 회계상 순손익은 같은 항에 따라 배분되는 회계상 순손익에서 제외한다. (2025. 2. 28. 개정)

④ 제3항에도 불구하고 제1항을 적용할 때 해당 투과기업이 최종모기업인 경우에는 제3항을 적용하지 않고, 투과기업인 최종모기업이 직접 또는 하나 이상의 투시과세기업을 통하여 간접으로 해당 투과기업의 소유지분을 보유하는 기업인 경우에는 최종모기업을 통하여 간접으로 해당 투과기업의 소유지분을 보유하는 범위에서 제3항을 적용하지 않는다. 이 경우 글로벌최저한세소득·결손의 계산에 관하여는 법 제77조의 2 제2항에 따른다. (2025. 2. 28. 신설)

제67조【조정대상조세의 계산】① 각 사업연도 구성기업의 조정대상조세는 해당 사업연도 구성기업의 소득 또는 이익에 부과되는 세금 등 대통령령으로 정하는 조세(이하 이 장에서 "대상조세"라 한다) 중 해당 사업연도 구성기업의 회계상 당기법인세비용으로 계상된 금액에 총이연법인세조정금액과 그 밖에 대통령령으로 정하는 조정사항을 반영하여 계산한다. 이 경우 고정사업장의 소득, 다른 구성기업으로부터 받은 배당소득 등과 관련된 대상조세는 관련된 소득의 배분 등을 고려하여 대통령령으로 정하는 바에 따라 다른 구성기업에 배분한다. (2022. 12. 31. 신설)

② 제1항에 따라 대상조세에 조정사항을 반영할 때 각 사업연도 구성기업의 총이연법인세조정금액은 해당 사업연도의 회계상 이연법인세비용에 글로벌최저한세소득·결손의 계산에 포함되지 아니하는 손익에 대한 이연법인세비용을 제외하는 등 대통령령으로 정하는 조정사항을 반영하여 계산한다. 이 경우 회계상 이연법인세비용의 산정에 적용되는 세율이 최저한세율을 초과하는 경우에는 최저한세율을 적용하여 다시 계산한다. (2022. 12. 31. 신설)

③ ☞ p.1083

제109조【대상조세의 범위】① 법 제67조 제1항 전단에서 "구성기업의 소득 또는 이익에 부과되는 세금 등 대통령령으로 정하는 조세"란 다음 각 호의 세금을 말한다. (2023. 12. 29. 신설)

1. 해당 구성기업의 소득 또는 이익에 부과되는 세금 (2023. 12. 29. 신설)
2. 해당 구성기업이 소유지분을 보유한 다른 구성기업의 소득 또는 이익 중 그 소유지분의 보유 비율에 해당하는 금액에 부과되는 세금 (2023. 12. 29. 신설)
3. 법 제78조 제1항의 적격분배과세제도(이하 이 장에서 "적격분배과세제도"라 한다)를 적용받는 구성기업이 분배하는 금액(분배하는 것으로 간주되는 금액을 포함한다) 또는 지출하는 업무무관비용에 부과되는 세금 (2023. 12. 29. 신설)
4. 일반적으로 적용되는 법인세 대신에 부과되는 세금(원천징수세액 등 기획재정부령으로 정하는 것을 포함한다) (2023. 12. 29. 신설)
5. 이익잉여금 및 자본과 관련하여 부과되는 세금(소득 및 자본에 기초한 복수의 구성요소에 대한 세금을 포함한다) (2023. 12. 29. 신설)

② 제1항에도 불구하고 다음 각 호에 해당하는 것은 대상조세로 보지 않는다. (2023. 12. 29. 신설)

1. 법 제70조 제5항에 따라 구성기업이 납부하는 적격소재국추가세액 (2023. 12. 29. 신설)
2. 법 제72조 제4항 제1호의 적격소득산입규칙에 따라 모기업이 납부하는 추가세액 (2023. 12. 29. 신설)
3. 법 제73조 제4항의 적격소득산입보완규칙에 따라 구성기업이 납부하는 추가세액 (2023. 12. 29. 신설)
4. 구성기업이 지급하는 배당과 관련하여 납부하는 세금으로서 기획재정부령으로 정하는 비적격환급가능귀속세액 (2023. 12. 29. 신설)
4. 구성기업이 지급하는 배당의 원천이 되는 소득에 대하여 해당 구성기업이 납부하는 세금으로서 기획재정부령으로 정하는 비적격환급가능귀속세액 ((2025. 2. 28. 개정)
5. 보험계약자에게 귀속되는 수익에 대해 보험회사가 납부하는 세금 (2023. 12. 29. 신설)

제66조【법인세 대신 부과되는 세금의 범위】영 제109조 제1항 제4호에서 "원천징수세액 등 기획재정부령으로 정하는 것"이란 다음 각 호의 세금을 말한다. (2024. 3. 22. 신설)

1. 구성기업이 지급받는 이자·임차료·사용료 등에 대한 원천징수세액 (2024. 3. 22. 신설)
2. 구성기업의 소재자국의 법에 따라 소득이나 이익을 대체할 수 있는 과세표준(이하 이 호에서 "대체과세표준"이라 한다)을 기준으로 부과되는 세금. 이 경우 대체과세표준을 기준으로 지방정부에서 부과하는 세금으로서 해당 국가의 중앙정부가 일반적으로 부과하는 법인세에서 공제되는 것을 포함한다. (2024. 3. 22. 신설)

제67조【비적격환급가능귀속세액의 의의】① 영 제109조 제2항 제4호에서 "기획재정부령으로 정하는 비적격환급가능귀속세액"이란 다음 각 호의 어느 하나에 해당하는 요건을 충족하는 세액으로서 적격귀속세액 외의 세액을 말한다. (2024. 3. 22. 신설)

1. 해당 배당의 수익적 소유자에게 환급되거나 수익적 소유자의 해당 배당에 대한 세금 외의 세금에서 공제될 수 있을 것 (2024. 3. 22. 신설)
2. 해당 구성기업이 배당을 지급할 때 그 구성기업에 환급 가능할 것 (2024. 3. 22. 신설)

② 제1항 각 호 외의 부분에서 "적격귀속세액"이란 다음 각 호의 어느 하나에 해당

액공제로서 적격환급가능세액공제에 해당하지 않는 세액공제를 말한다. 이하 이 장에서 같다) 금액으로서 당기법인세비용의 차감으로 처리되지 않은 세액공제액 또는 환급세액. 다만, 글로벌최저한세제도가 적용되는 첫 번째 사업연도(이하 이 장에서 "최초적용연도"라 한다) 전 사업연도에 발생한 비적격환급가능세액공제가 최초적용연도 후 사업연도에 세액공제 또는 현금지급으로 정산되는 경우에는 해당 금액은 차감하지 않는다. (2025. 2. 28. 단서신설)

다. 비적격양도가능세액공제(양도는 가능하나 시장성이 없는 자산으로 지급받는 세액공제를 말한다) 금액으로서 당기법인세비용의 차감으로 처리되지 않은 세액공제액 등 기획재정부령으로 정하는 금액 (2023. 12. 29. 신설)

라. 적격환급가능세액공제 금액 및 적격양도가능세액공제 금액을 제외한 대상조세 환급액 또는 공제액으로서 회계상 당기법인세비용에서 차감되지 않은 금액 (2023. 12. 29. 신설)

마. 불확실한 세무처리 항목과 관련된 당기법인세비용 (2023. 12. 29. 신설)

바. 해당 사업연도 종료일의 다음 날부터 3년 이내에 납부되지 않을 것으로 예상되는 당기법인세비용 (2023. 12. 29. 신설)

3. 다음 각 목의 요건을 모두 갖춘 대상조세 증감액의 가산 또는 차감 (2023. 12. 29. 신설)

가. 구성기업의 글로벌최저한세소득 · 결손을 계산할 때 포함된 금액일 것 (2023. 12. 29. 신설)

나. 해당 구성기업의 소재지국에서 과세대상인 손익에 대응되는 것으로서 회계상 자본 항목 또는 기타포괄손익 항목에 반영되는 금액일 것 (2023. 12. 29. 신설)

제111조 【구성기업 간 대상조세의 배분】 ① 법 제67조 제1항 후단에 따라 다음 각 호의 구분에 따른 구성기업의 대상조세는 해당호에서 정하는 다른 구성기업에 배분한다. (2023. 12. 29. 신설)

☞ p.1081 2단 연결

③ 법 제67조 제1항에 따라 조정대상조세를 계산할 때에는 같은 대상조세를 중복하여 산입할 수 없다. (2023. 12. 29. 신설)

제110조 【대상조세의 조정사항】 법 제67조 제1항 전단에서 "대통령령으로 정하는 조정사항"이란 다음 각 호의 조정사항을 말한다. (2023. 12. 29. 신설)

1. 다음 각 목의 금액의 가산 (2023. 12. 29. 신설)

가. 회계상 세전이익의 계산에서 비용으로 계상한 대상조세 금액 (2023. 12. 29. 신설)

나. 이전 사업연도에 제2호에 따라 차감하는 것으로 처리했던 불확실한 세무처리 항목(세무상 처리 기준이 명확하지 않거나 과세당국의 세법 해석 · 적용과 일치하지 않는 등 과세당국의 수용 여부가 확실하지 않은 세무처리 항목으로서 최종모기업회계기준에 따라 대상조세를 계상한 경우를 말한다. 이하 이 장에서 같다)과 관련된 대상조세로서 해당 사업연도에 납부된 금액 (2023. 12. 29. 신설)

다. 적격환급가능세액공제 금액 또는 적격양도가능세액공제 금액으로서 당기법인세비용의 차감으로 처리된 세액공제액 또는 환급세액 (2023. 12. 29. 신설)

라. 그 밖에 기획재정부령으로 정하는 금액 (2023. 12. 29. 신설)

라. 제113조의 3 제4항에 따라 사용된 것으로 보는 결손취급특례이연법인세자산 (2025. 2. 28. 개정)

편주 ▶
영 110조의 개정규정은 2025. 2. 28. 이후 법 83조에 따라 글로벌최저한세정보신고서를 제출하거나 법 84조에 따라 추가세액배분액을 신고하는 경우부터 적용함. (영 부칙(2025. 2. 28.) 4조)

2. 다음 각 목의 금액의 차감 (2023. 12. 29. 신설)

가. 법 제66조 제1항 및 제3항에 따라 글로벌최저한세소득 · 결손의 계산에서 제외되는 소득에 대한 당기법인세비용 (2023. 12. 29. 신설)

나. 비적격환급가능세액공제(전부 또는 부분적으로 환급 가능한 세

하는 요건을 충족하는 세액을 말한다. (2024. 3. 22. 신설)

1. 해당 구성기업에 대해 세액을 부과한 국가 외의 국가로서 해당 배당의 수익적 소유자의 세무상 거주 국가가 외국납부세액공제 제도에 따라 세액을 환급하거나 공제할 것 (2024. 3. 22. 신설)

2. 해당 구성기업에 대해 세액을 부과한 국가의 국내법에 따라 해당 배당이 그 수익적 소유자에게 최저한세율 이상의 명목세율로 과세될 것 (2025. 3. 21. 개정)

편주 ▶
규칙 67조 2항 2호의 개정규정은 2025. 3. 21. 이후 법 83조에 따라 글로벌최저한세보신고서를 제출하거나 법 84조에 따라 추가세액배분액을 신고하는 경우부터 적용함. (규칙 부칙(2025. 3. 21.) 2조)

3. 해당 배당의 수익적 소유자가 해당 구성기업에 세액을 부과한 국가의 세무상 거주자인 개인으로서 해당 배당이 그 개인에게 일반적 소득으로 과세될 것 (2024. 3. 22. 신설)

4. 해당 구성기업이 납부하는 세액이 해당 배당의 수익적 소유자인 다음 각 목의 어느 하나에 해당하는 자에게 환급되거나 공제될 것. 이 경우 비영리기구 및 영 제102조 제1항 제4호의 연금펀드(이하 이 호에서 "연금펀드"라 한다)는 설립되고 관리되는 국가의 거주자로 보고, 영 제100조 제5항 제1호의 투자기업(이하 "투자기업"이라 한다)은 설립되고

분보유자가 납부하는 대상조세: 해당 대상조세에 대응되는 소득을 얻은 피지배외국법인(주주가 소유지분을 직접 또는 간접으로 보유하는 외국에 소재하는 기업을 말한다. 이하 이 호에서 같다)에 배분 (2025. 2. 28. 개정)

　　가. 피지배외국법인의 소득 중 그 소유지분에 상응하는 금액에 대한 대상조세를 그 주주가 납부하는 제도(법 제27조에 따른 특정외국법인의 유보소득 배당간주제도를 포함하며, 이하 이 장에서 "피지배외국법인과세제도"라 한다) (2025. 2. 28. 개정)

　　나. 전 세계에 소재하는 피지배외국법인의 소유지분 중 주주가 보유하는 소유지분에 귀속되는 소득과 결손을 모두 통산하고 피지배외국법인이 납부하는 세액(해당 주주구성기업의 소재지국에서 세액공제의 대상이 되는 것으로 한정한다) 중 주주가 보유하는 소유지분에 귀속되는 세액을 모두 합산하여 계산한 세율이 해당 주주의 소재지국에서 정하는 기준세율에 미달하는 경우 그 세율 차이에 상당하는 세액을 해당 주주의 소재지국에서 과세하는 제도(이하 이 장에서 "통합형피지배외국법인과세제도"라 한다) (2025. 2. 28. 개정)

6. 법 제66조 제5항 단서 및 이 영 제107조 제2항·제3항에 따라 고정사업장의 글로벌최저한세소득·결손이 해당 고정사업장 본점의 글로벌최저한세소득·결손에 포함되는 경우 해당 고정사업장이 그 소득과 관련하여 해당 고정사업장의 소재지국에 납부하는 대상조세 : 해당 고정사업장 본점에 배분 (2024. 2. 29. 신설)

7. 구성기업의 소재지국이 기획재정부령으로 정하는 외국납부세액공제제도를 채택하는 경우 해당 구성기업이 국외원천소득과 관련하여 해당 구성기업의 소재지국에 납부하는 대상조세: 해당 구성기업과 같은 다국적기업그룹에 속하는 다른 구성기업에 배분 (2025. 2. 28. 신설)

편주 ▶ ┈┈┈┈┈┈┈┈┈┈┈┈┈┈┈┈┈┈┈┈┈┈┈┈┈
영 111조 1항 7호의 개정규정은 2025. 2. 28. 이후 법 83조에 따라 글로벌최저한세정보신고서를 제출하거나 법 84조에 따라 추가세액배분액을 신고하는 경우부터 적용함. (영 부칙(2025. 2. 28.) 4조)
┈┈┈┈┈┈┈┈┈┈┈┈┈┈┈┈┈┈┈┈┈┈┈┈┈┈┈┈┈┈
☞ p.1082 2단 연결

1. 본점인 구성기업의 회계상 계상된 대상조세로서 고정사업장의 글로벌최저한세소득·결손에 귀속되는 것 : 해당 고정사업장에 배분 (2024. 2. 29. 개정)

2. 투시과세기업의 회계상 계상된 대상조세로서 주주구성기업에 귀속되는 글로벌최저한세소득·결손에 대응되는 것 : 해당 주주구성기업에 배분 (2023. 12. 29. 신설)

2. 투시과세기업의 회계상 계상된 대상조세 또는 제5호에 따라 피지배외국법인인 투시과세기업에 배분된 대상조세로서 적격지분보유자에게 귀속되는 글로벌최저한세소득·결손에 대응되는 것: 해당 적격지분보유자에게 배분 (2025. 2. 28. 개정)

3. 혼성기업(해당 기업이 소재하는 국가에서 과세되는 기업으로서 그 소유지분 보유자의 소재지국에서 과세상 투시되는 기업을 말한다)이 얻은 소득에 대한 대상조세로서 그 주주구성기업의 회계상 계상된 것 : 해당 혼성기업에 배분 (2023. 12. 29. 신설)

3. 혼성기업(해당 기업이 소재하는 국가에서 과세되는 기업으로서 그 소유지분을 직접 또는 간접으로 보유하는 자의 소재지국에서 과세상 투시되는 기업을 말하며, 제108조 제2항 단서에 따라 투시과세기업으로 보는 기업은 그 범위에서 제외한다. 이하 이 호에서 같다)이 얻은 소득에 대한 대상조세로서 그 주주구성기업의 회계상 계상된 것 : 해당 혼성기업에 배분 (2025. 2. 28. 개정)

3의 2. 역혼성기업이 얻은 소득에 대한 대상조세로서 적격지분보유자의 소유지분을 직접 또는 간접으로 보유하는 구성기업의 회계상 계상된 것: 해당 역혼성기업에 배분 (2025. 2. 28. 신설)

4. 사업연도 중에 구성기업으로부터 받는 배당(주주구성기업 소재지국 세법상 배당으로 간주되는 것을 포함한다)에 대한 대상조세로서 해당 구성기업의 소유지분을 직접 보유한 주주구성기업의 회계상 계상된 것 : 해당 배당을 지급하는 구성기업에 배분 (2023. 12. 29. 신설)

5. 피지배외국법인과세제도[주주가 소유지분을 직접 또는 간접으로 보유하는 외국에 소재하는 기업(이하 이 호에서 "피지배외국법인"이라 한다)의 소득 중 그 소유지분에 상응하는 금액에 대한 대상조세를 해당 주주가 그 소득의 발생일이 속하는 사업연도의 세금으로 납부하는 제도(법 제27조에 따른 특정외국법인의 유보소득에 대한 합산과세 제도 등 기획재정부령으로 정하는 제도를 포함한다)를 말한다]의 적용에 따라 주주구성기업이 납부하는 대상조세 : 해당 대상조세에 대응되는 소득을 얻은 피지배외국법인에 배분 (2023. 12. 29. 신설)

5. 다음 각 목의 어느 하나에 해당하는 과세제도의 적용에 따라 적격지

감독받는 국가의 거주자로 보며, 생명보험회사는 그 소재지국의 거주자로 본다. (2024. 3. 22. 신설)

　가. 정부기업 (2024. 3. 22. 신설)

　나. 국제기구 (2024. 3. 22. 신설)

　다. 거주자인 비영리기구 (2024. 3. 22. 신설)

　라. 거주자인 연금펀드 (2024. 3. 22. 신설)

　마. 거주자이고 그룹 구성원이 아닌 투자기업 (2024. 3. 22. 신설)

　바. 거주자인 생명보험회사(연금펀드 사업과 관련하여 해당 배당을 수취하고 연금펀드가 수취한 배당이 과세되는 방식과 유사한 방식으로 과세되는 범위로 한정한다) (2024. 3. 22. 신설)

제68조 【비적격양도가능세액공제 금액의 의의】 영 제110조 제2호 다목에서 "당기법인세비용의 차감으로 처리되지 않은 세액공제액 등 기획재정부령으로 정하는 금액"이란 다음 각 호의 구분에 따른 금액을 말한다. (2024. 3. 22. 신설)

1. 영 제110조 제2호 다목에 따른 비적격양도가능세액공제(이하 이 조에서 "비적격양도가능세액공제"라 한다)의 최초 수익자: 비적격양도가능세액공제 금액 중 사용한 금액 및 사용하고 남은 해당 세액공제를 양도하는 경우 그 양도가액 (2024. 3. 22. 신설)

2. 비적격양도가능세액공제 자산을 양수한 자: 양수한 자산의 세액공제 금액이 그 양수가액을 초과하는 경우 그 초과 금액 중 사용한 세액공제 금액에 상응하

이월 세액공제는 제외한다)의 발생 또는 사용 (2025. 2. 28. 개정)

4) 법 제67조 제3항에 따른 이연법인세부채 관련 법인세의 납부기간 내에 해당 금액이 납부될 것으로 예상되지 않는 이연법인세부채의 발생. 다만, 신고구성기업의 매년선택(해당 선택의 대상인 사업연도에만 그 선택이 적용되는 것을 말한다. 이하 이 장에서 같다)에 따라 해당 이연법인세비용을 총이연법인세조정금액에 포함하지 않는 경우만 해당한다. (2023. 12. 29. 신설)

4) 법 제67조 제3항에 따른 이연법인세부채 관련 법인세의 납부(자산 또는 부채의 장부가액과 세무상 가액의 일시적 차이가 해소되어 이연법인세부채에 상당하는 당기법인세비용이 발생하는 것을 말하며, 이하 이 장에서 "환원"이라 한다) 기간 내에 해당 금액이 환원될 것으로 예상되지 않는 이연법인세부채의 발생. 다만, 신고구성기업의 매년선택(해당 선택의 대상인 사업연도에만 그 선택이 적용되는 것을 말한다. 이하 이 장에서 같다) 또는 기획재정부령으로 정하는 바에 따라 5년 선택의 방법으로 해당 이연법인세비용을 총이연법인세조정금액에 포함하지 않는 경우만 해당한다. (2025. 2. 28. 개정)

다. 불확실한 세무처리 항목에 따른 이연법인세비용 등 기획재정부령으로 정하는 사항의 금액 (2023. 12. 29. 신설)

2. 다음 각 목에 해당하는 금액의 가산 (2023. 12. 29. 신설)

가. 이전 사업연도에 제1호 나목 4)에 해당하였던 이연법인세비용으로서 해당 사업연도 중 납부한 금액 (2023. 12. 29. 신설)

가. 이전 사업연도에 제1호의 2 나목 4)에 해당하였던 이연법인세비용으로서 해당 사업연도 중 환원된 금액 (2025. 2. 28. 개정)

나. 이전 사업연도에 발생한 이연법인세부채환입액(법 제67조 제3항에 따른 이연법인세부채 관련 법인세의 납부기간 내에 납부되지 않은 이연법인세부채 관련 법인세의 금액을 말한다)으로서 해당 사업연도 중 납부한 금액 (2023. 12. 29. 신설)

나. 이전 사업연도에 발생한 이연법인세부채환입액(법 제67조 제3항에 따른 기간 내에 환원되지 않은 이연법인세부채 관련 금액을 말한다. 이하 이 장에서 같다)으로서 해당 사업연도 중 환원된 금액 (2025. 2. 28. 개정)

3. 다음 각 목의 요건을 모두 갖춘 총이연법인세조정금액 감소액의 차감 (2023. 12. 29. 신설)

☞ p.1083 2단 연결

② 제1항에 따른 배분 시 그 배분 한도에 관한 사항 등은 기획재정부령으로 정한다. (2023. 12. 29. 신설)

② 제1항에 따른 배분 시 그 배분 한도, 대상조세별 세부 배분방법에 관한 사항 등은 기획재정부령으로 정한다. (2025. 2. 28. 개정)

제112조【총이연법인세조정금액의 계산】① 법 제67조 제2항 전단에서 "글로벌최저한세소득·결손의 계산에 포함되지 아니하는 손익에 대한 이연법인세비용을 제외하는 등 대통령령으로 정하는 조정사항"이란 다음 각 호의 조정사항을 말한다. (2023. 12. 29. 신설)

1. 글로벌최저한세소득·결손의 계산에 기초가 되는 자산 및 부채의 가액(이하 이 호에서 "글로벌최저한세가액"이라 한다)이 회계상 자산 및 부채의 가액과 다른 경우 등 기획재정부령으로 정하는 경우에는 회계상 이연법인세비용을 글로벌최저한세가액 기준으로 조정 (2025. 2. 28. 신설)

편주 ▶ 영 112조 1항의 개정규정은 2025. 2. 28. 이후 법 83조에 따라 글로벌최저한세정보신고서를 제출하거나 법 84조에 따라 추가세액배분액을 신고하는 경우부터 적용함. (영 부칙(2025. 2. 28.) 4조)

1의 2. 다음 각 목에 해당하는 금액의 제외 (2025. 2. 28. 호번개정)

가. 법 제66조 제1항 및 제3항에 따라 글로벌최저한세소득·결손의 계산에서 제외되는 손익에 대한 이연법인세비용 (2023. 12. 29. 신설)

나. 다음의 항목과 관련한 이연법인세비용 (2023. 12. 29. 신설)

1) 향후 사업연도 과세소득에 대한 전망의 조정 등에 따른 이연법인세자산에 대한 평가 조정 또는 인식 조정 (2023. 12. 29. 신설)

2) 법인세 세율의 변동에 따른 재계산 (2023. 12. 29. 신설)

3) 이월 세액공제(기획재정부령으로 정하는 것은 제외한다)의 발생 또는 사용 (2023. 12. 29. 신설)

3) 이월 세액공제(국내원천결손 또는 외국납부세액과 관련한 것으로서 기획재정부령으로 정하는 이연법인세자산에 대한

는 금액 및 해당 자산을 양도하는 경우 그 양도차익 금액(양도차손이 발생하는 경우에는 그 금액을 글로벌최저한세소득·결손의 계산에서 손실로 산입한다) (2024. 3. 22. 신설)

제69조【피지배외국법인과세제도의 의의】영 제111조 제1항 제5호에서 "특정외국법인의 유보소득에 대한 합산과세 제도 등 기획재정부령으로 정하는 제도"란 다음 각 호의 제도를 말한다. (2024. 3. 22. 신설)

1. 주주가 소유지분을 직접 또는 간접으로 보유하는 외국에 소재하는 기업(이하 "피지배외국법인"이라 한다)의 소득 중 그 소유지분에 상응하는 금액에 대한 대상조세를 해당 주주가 그 소득의 발생일이 속하는 사업연도의 세금으로 납부하는 제도 (2024. 3. 22. 신설)

2. 전 세계에 소재하는 피지배외국법인의 소유지분 중 주주가 보유하는 소유지분에 귀속되는 소득과 결손을 모두 통산하고 피지배외국법인이 납부하는 세액(해당 주주구성기업의 소재지국에서 세액공제의 대상이 되는 것으로 한정한다) 중 주주가 보유하는 소유지분에 귀속되는 세액을 모두 합산하여 계산한 세율이 해당 제도에서 정하는 기준세율에 미달하는 경우 그 세율 차이에 상당하는 세액을 해당 주주의 소재지국에서 과세하는 제도(이하 "통합형피지배외국법인과세제도"라 한다) (2024. 3. 22. 신설)

제69조【피지배외국법인과세제도의 의의】삭 제 (2025. 3. 21.)

제70조【수동소득 대상조세 배분 등】① 영 제111조 제1항 제3호 및 제5호를 적용할 때 다음 각 호의 어느 하나에 해당하는 소득(이하 이 조에서 "수동소득"이라 한다)으로서 주주구성기업의 소득에 포함되는 금액에 대해 납부되는 대상조세

〈제67조〉

③ 제2항을 적용할 때 구성기업이 총이연법인세조정금액에 반영된 이연법인세부채(유형자산의 감가상각과 관련된 이연법인세부채의 변동 금액 등 대통령령으로 정하는 금액은 제외한다)를 계상한 날부터 5년이 지난 날이 속하는 사업연도의 종료일까지 해당 이연법인세부채와 관련된 법인세를 납부하지 아니하는 경우에는 해당 금액을 그 계상한 날이 속하는 사업연도의 대상조세에서 차감하여 해당 사업연도의 제69조에 따른 실효세율과 제70조 및 제71조에 따른 추가세액을 다시 계산한다. (2022. 12. 31. 신설)

③ 제2항을 적용할 때 구성기업이 총이연법인세조정금액에 반영된 이연법인세부채(유형자산의 감가상각과 관련된 이연법인세부채의 변동 금액 등 대통령령으로 정하는 금액은 제외한다)를 계상한 날부터 5년이 지난 날이 속하는 사업연도의 종료일까지 해당 이연법인세부채와 관련된 법인세를 납부하지 아니하는 경우에는 대통령령으로 정하는 방법에 따라 해당 금액을 그 계상한 날이 속하는 사업연도의 대상조세에서 차감하여 해당 사업연도의 제69조에 따른 실효세율과 제70조 및 제71조에 따른 추가세액을 다시 계산한다. (2024. 12. 31. 개정)

편주 ▶ ┄┄┄┄┄┄┄┄┄┄┄┄┄┄┄┄┄┄
법 67조 3항부터 7항까지의 개정규정은 2025. 1. 1. 이후 법 83조에 따라 글로벌최저한세정보신고서를 제출하거나 법 84조에 따라 추가세액배분액을 신고하는 경우부터 적용함. (법 부칙(2024. 12. 31.) 6조 1호)
┄┄┄┄┄┄┄┄┄┄┄┄┄┄┄┄┄┄

④ ☞ p.1087

가. 해당 사업연도의 세무상 결손금이 회계상 이연법인세자산의 인식 기준을 충족하지 못하여 관련 이연법인세자산이 회계상 계상되지 않았을 것 (2023. 12. 29. 신설)

나. 해당 사업연도의 세무상 결손금을 회계상 이연법인세자산으로 인식하여 관련 이연법인세자산이 회계상 계상되었다면 총이연법인세조정금액이 감소하였을 것 (2023. 12. 29. 신설)

② 제1항을 적용할 때 최저한세율 미만의 세율로 계상한 이연법인세자산이 글로벌최저한세결손으로 인한 것임을 구성기업이 소명하는 경우에는 해당 이연법인세자산을 최저한세율로 다시 계산하여 그 증가액을 해당 이연법인세자산이 발생한 사업연도의 총이연법인세조정금액에서 차감할 수 있다. (2023. 12. 29. 신설)

제113조 【이연법인세부채의 환입 제외】 법 제67조 제3항에서 "유형자산의 감가상각과 관련된 이연법인세부채의 변동 금액 등 대통령령으로 정하는 금액"이란 다음 각 호의 사항이 발생함에 따른 이연법인세부채의 변동 금액으로서 법인세비용으로 계상된 금액을 말한다. (2023. 12. 29. 신설)

제113조 【이연법인세부채의 환입 제외】 법 제67조 제3항에서 "유형자산의 감가상각과 관련된 이연법인세부채의 변동 금액 등 대통령령으로 정하는 금액"이란 다음 각 호의 사항이 발생함에 따른 이연법인세부채의 변동 금액으로서 법인세비용으로 계상된 금액(제113조의2 제2항 제2호 또는 제3호의 단위로 계상된 금액은 제외한다)을 말한다. (2025. 2. 28. 개정)

1. 유형자산의 원가(취득원가 등에 자본화된 금액과 임차한 유형자산의 사용료를 포함한다)를 회수하기 위해 설정된 충당금 (2023. 12. 29. 신설)

1. 유형자산의 원가(취득원가 등에 자본화된 금액, 리스로 제공받은 유형자산의 사용권자산 금액과 리스로 제공한 유형자산의 원가를 리스채권으로 계상한 금액을 포함한다)를 회수하기 위해 설정된 충당금 (2025. 2. 28. 개정)

2. 부동산의 사용권 등 기획재정부령으로 정하는 사용권 또는 이와 유사한 인허가를 정부로부터 취득하는 데 든 비용 (2023. 12. 29. 신설)

3. 연구개발비 (2023. 12. 29. 신설)

4. 발전소, 유정(油井), 광산 등의 경제적 내용연수(耐用年數)가 종료할 때 발생할 해체 또는 복구 비용 (2023. 12. 29. 신설)

는 다음 계산식에 따라 계산한 금액을 한도로 배분한다. (2024. 3. 22. 신설)

> 수동소득 대상조세의 배분한도 금액
> $= A \times B$
>
> A : 수동소득에 대해 주주구성기업이 납부하는 대상조세를 해당 구성기업의 대상조세에 산입하지 않고 계산하는 해당 구성기업 소재국의 법 제70조 제2항에 따른 추가세액비율
>
> B : 해당 구성기업의 수동소득 중 주주구성기업의 과세대상 소득에 포함되는 금액

1. 이자소득 또는 이자소득에 준하는 소득 (2024. 3. 22. 신설)

2. 배당소득 또는 배당소득에 준하는 소득 (2024. 3. 22. 신설)

3. 임대료소득 (2024. 3. 22. 신설)

4. 사용료소득 (2024. 3. 22. 신설)

5. 연금소득(annuities) (2024. 3. 22. 신설)

6. 제1호부터 제5호까지의 규정에 따른 소득을 발생시키는 재산의 처분 소득 (2024. 3. 22. 신설)

② 통합형피지배외국법인과세제도에 따라 주주구성기업이 납부하는 대상조세(이하 이 조에서 "배분대상세액"이라 한다)는 다음 계산식에 따라 각 피지배외국법인에 배분한다. (2024. 3. 22. 신설)

계산식 : 현행과 같음

② 영 제111조 제1항 제5호 나목에 따른 통합형피지배외국법인과세제도(이하 "통합형피지배외국법인과세제도"라 한다)에 따라 주주구성기업이 납부하는 대상조세(이하 이 조에서 "배분대상세액"이라 한다)는

정부령으로 정하는 바에 따라 산정된 금액을 말한다)의 합계를 차감한 금액

② 제1항에 따라 이연법인세부채환입액을 계산할 때 이연법인세부채 발생금액은 다음 각 호에 해당하는 단위로 산정한다. (2025. 2. 28. 신설)
1. 개별 자산 및 부채 (2025. 2. 28. 신설)
2. 총계정원장의 계정(이하 이 항에서 "계정"이라 한다) (2025. 2. 28. 신설)
3. 둘 이상의 계정을 하나로 묶은 것(제1호 및 제2호를 하나로 묶은 것을 포함한다) (2025. 2. 28. 신설)
③ 제1항에도 불구하고 제2항 제2호 또는 제3호의 단위로 이연법인세부채환입액을 산정하는 경우로서 기획재정부령으로 정하는 경우에는 해당 단위에 따라 산정한 이연법인세부채환입액은 없는 것으로 본다. (2025. 2. 28. 신설)
④ 제1항에 따른 이연법인세부채환입액 계산에 필요한 이연법인세부채 금액의 산정 방법 및 제2항 각 호에 따른 단위의 세부 기준 등은 기획재정부령으로 정한다. (2025. 2. 28. 신설)

5. 공정가치 회계처리로 발생하는 미실현 순이익 (2023. 12. 29. 신설)
6. 기획재정부령으로 정하는 외화환산차익 (2023. 12. 29. 신설)
7. 보험 책임준비금 및 보험계약 이연신계약비(인수하는 보험사업의 가치에 따른 자산 및 부채를 고려하여 계상하는 금액을 포함한다) (2023. 12. 29. 신설)
8. 기획재정부령으로 정하는 유형자산의 매각 차익 (2023. 12. 29. 신설)
9. 제1호부터 제8호까지의 사항과 관련된 회계기준의 변경에 따라 증가하는 금액 (2023. 12. 29. 신설)

편주 ▶ ··
영 113조의 개정규정은 2025. 2. 28. 이후 법 83조에 따라 글로벌최저한세정보신고서를 제출하거나 법 84조에 따라 추가세액배분액을 신고하는 경우부터 적용함. (영 부칙(2025. 2. 28.) 4조)
···

제113조의 2 【이연법인세부채환입액의 계산】 ① 이연법인세부채환입액은 법 제67조 제3항에 따라 구성기업의 해당 사업연도의 비적격잔액(다음 계산식에 따라 산출한 금액을 말한다. 이하 이 조에서 같다)에서 직전 사업연도의 비적격잔액을 차감한 금액으로 한다. 다만, 그 계산 결과가 음수인 경우에는 해당 금액을 제112조 제1항 제2호 나목에 해당하는 금액으로 본다. (2025. 2. 28. 신설)

$$\text{비적격잔액} = A - B$$

A : 해당 사업연도 종료일 현재 이연법인세부채 금액(최초적용연도의 직전 사업연도 종료일까지의 이연법인세부채 금액은 제외한다)
B : 해당 사업연도 및 직전 4개 사업연도의 이연법인세부채 발생금액(해당 사업연도 종료일 현재 이연법인세부채 금액이 직전 사업연도 종료일 현재 이연법인세부채 금액보다 증가한 경우 그 증가한 금액을 말한다. 이하 이 조에서 같다)의 합계에서 이연법인세부채 환원금액(해당 사업연도 종료일 현재 이연법인세부채 금액이 직전 사업연도 종료일 현재 이연법인세부채 금액보다 감소한 경우 그 감소한 금액으로서 기획재

다음 계산식에 따라 각 피지배외국법인(영 제111조 제1항 제5호 각 목 외의 부분에 따른 피지배외국법인을 말한다. 이하 같다)에 배분한다. (2025. 3. 21. 개정)

$$\text{피지배외국법인에 대한 배분세액} = A \times B \div C$$

A : 배분대상세액
B : 피지배외국법인별 배분지표
C : 피지배외국법인별 배분지표의 합계

비고 : 위 계산식에서 B(피지배외국법인별 배표지표)는 다음 계산식에 따라 산정한다. 이 경우 E - F의 값이 음수인 경우 B의 값은 영(零)으로 본다.
$$B = D \times (E - F)$$
D : 통합형피지배외국법인과세제도에 따라 결정되는 피지배외국법인의 소득으로서 주주구성기업이 보유하는 소유지분에 귀속되는 금액
E : 통합형피지배외국법인과세제도에서의 기준세율(최저한세율보다 작은 경우로 한정한다)
F : 통합형피지배외국법인과세제도에 따른 세액을 고려하지 않고 계산한 해당 피지배외국법인 소재지국의 실효세율(해당 주주구성기업의 소재지국에서 적격소재국추가세액을 세액공제의 대상으로 하는 경우에는 이를 대상조세에 포함하여 계산한다)

규칙 71조 2항·3항·5항 3호의 개정규정은 2025. 3. 21. 이후 법 83조에 따라 글로벌최저한세정보신고서를 제출하거나 법 84조에 따라 추가세액배분액을 신고하는 경우부터 적용함. (규칙 부칙(2025. 3. 21.) 2조)

③ 구성기업의 소재지국 세법에서 제1항 제3호에 따른 외국납부세액의 이월공제를 허용하지 않지만 국내원천결손이 발생한 사업연도에 제1항 제1호 및 제2호에 따라 국외원천소득과 상계된 국내원천결손 금액만큼 그 후 사업연도에 발생하는 국내원천소득의 원천을 국외로 변경할 수 있도록 하여 이 소득금액에 대한 산출세액에서 해당 사업연도의 공제한도를 초과하는 외국납부세액의 공제를 허용하는 경우에는 국내원천결손이 발생한 사업연도에 국외원천소득과 상계되는 국내원천결손 금액에 대해 대체이월결손금이연법인세자산을 설정할 수 있다. 이 경우 회계상 해당 구성기업의 이연법인세비용의 산정에 적용되는 세율이 최저한세율을 초과하는 경우에는 최저한세율을 적용하여 다시 계산한다. (2024. 3. 22. 신설)

③ 구성기업의 소재지국 세법에서 제1항 제3호에 따른 외국납부세액의 이월공제를 허용하지 않지만 국내원천결손이 있는 사업연도에 제1항 제1호 및 제2호에 따라 국외원천소득과 상계된 국내원천결손 금액만큼 그 후 사업연도에 발생하는 국내원천소득의 원천을 국외로 변경할 수 있도록 하는 경우에는 국내원천결손이 있는 사업연도에 국외원천소득과 상계되는 국내원천결손 금액에 대해 대체이월결손금이연법인세자산을 설정할 수 있다. (2025. 3. 21. 개정)

④ 영 제112조 제1항 제1호의 2 나목 4) 단서에 따른 5년선택의 적용은 다음 각 호의 기준에 따른다. (2025. 3. 21. 신설)

☞ p.1086 4단 연결

(2025. 3. 21. 개정)

2. 해당 사업연도에 제1호에 따라 국외원천소득 금액의 전부 또는 일부와 상계할 수 있는 국내원천결손이 구성기업에 있을 것 (2025. 3. 21. 개정)

3. 구성기업의 소재지국 세법에 따라 제1호에 따른 상계로 인해 국내원천결손이 발생한 사업연도에 공제되지 않은 외국납부세액은 그 후 사업연도로 이월하여 글로벌최저한세소득·결손의 계산에 포함되는 소득에 대한 산출세액에서 공제하도록 할 것 (2024. 3. 22. 신설)

3. 구성기업의 소재지국 세법에 따라 제1호에 따른 상계로 인해 국내원천결손이 있는 사업연도에 공제되지 않은 외국납부세액은 그 후 사업연도로 이월하여 글로벌최저한세소득·결손의 계산에 포함되는 소득에 대한 세액에서 공제하도록 할 것 (2025. 3. 21. 개정)

② 제1항에 따라 총이연법인세조정금액의 계산에 포함되는 이연법인세자산은 다음 각 호의 금액 중 적은 금액으로 설정하고 영 제139조 제3항 제1호에 따라 조정한다. (2024. 3. 22. 신설)

② 대체이월결손금이연법인세자산은 다음 각 호의 금액 중 작은 금액으로 한다. (2025. 3. 21. 개정)

1. 국내원천결손이 있는 사업연도의 국외원천소득에 대한 외국납부세액으로서 세법상 이월공제되는 금액 (2025. 3. 21. 개정)

2. 국내원천결손 금액(국외원천소득과 상계되기 전의 금액을 말한다)에 국내 세율을 곱한 금액 (2024. 3. 22. 신설)

2. 국내원천결손 금액(국외원천소득과 상계되기 전의 금액을 말한다)에 법 제67조 제2항 후단에 따라 적용되는 최저한세율을 곱한 금액 (2025. 3. 21. 개정)

내원천결손 또는 외국납부세액과 관련하여 설정하는 이연법인세자산으로서 총이연법인세조정금액의 계산에 포함되는 것(이하 이 조에서 "대체이월결손금이연법인세자산"이라 한다)을 말한다. (2024. 3. 22. 신설)

제71조 【대체이월결손금이연법인세자산 등】 ① 영 제112조 제1항 제1호의 2 나목 3)에서 "기획재정부령으로 정하는 이연법인세자산"이란 다음 각 호의 요건을 모두 충족하는 경우에 국내원천결손[국외원천소득(구성기업의 소재지국 세법에 따라 해당 구성기업의 과세소득에 포함되는 피지배외국법인, 고정사업장, 영 제108조 제1항 제3호에 따른 역혼성기업 또는 영 제111조 제1항 제3호에 따른 혼성기업의 소득을 말한다. 이하 이 조에서 같다)을 제외하면 결손인 경우 그 결손으로서 해당 사업연도에 발생한 것과 이전 사업연도에 발생하여 그 후의 각 사업연도의 과세소득 계산 시 공제되지 않고 해당 사업연도로 이월된 것을 포함한다. 이하 이 조에서 같다]이 있는 사업연도에 국내원천결손 및 외국납부세액과 관련하여 설정하는 이연법인세자산(이하 이 조에서 "대체이월결손금이연법인세자산"이라 한다)을 말한다. (2025. 3. 21. 개정)

1. 구성기업의 소재지국 세법에서 국내원천결손이 있는 경우에 국외원천소득에 대한 산출세액에서 해당 국외원천소득에 대한 외국납부세액을 공제하기 이전에 국외원천소득 금액을 국내원천결손 금액과 상계하도록 규정되어 있을 것 (2024. 3. 22. 신설)

1. 구성기업의 소재지국 세법에서 국내원천결손이 있는 경우에 그 소재지국 세법상 과세소득 및 외국납부세액공제한도 계산에서 국외원천소득 금액을 국내원천결손 금액과 상계하도록 규정되어 있을 것

③ 영 제111조 제1항 제6호를 적용할 때 고정사업장 본점에 배분하는 대상조세는 해당 고정사업장의 소득금액에 대해 본점의 소재지국에서 일반적 소득에 대해 적용하는 법인세 최고세율을 곱한 금액을 한도로 한다. (2024. 3. 22. 신설)

제70조의 2 【회계상 이연법인세비용의 조정】 영 제112조 제1항 제1호에서 "글로벌최저한세소득·결손의 계산에 기초가 되는 자산 및 부채의 가액(이하 이 호에서 "글로벌최저한세가액"이라 한다)이 회계상 자산 및 부채의 가액과 다른 경우 등 기획재정부령으로 정하는 경우"란 다음 각 호의 어느 하나에 따라 글로벌최저한세소득·결손을 계산하는 경우를 말한다. (2025. 3. 21. 신설)

1. 법 제76조 제1항 단서 (2025. 3. 21. 신설)
2. 법 제76조 제3항 (2025. 3. 21. 신설)
3. 법 제76조 제4항 (2025. 3. 21. 신설)
4. 영 제104조 제1항 제7호 (2025. 3. 21. 신설)
5. 영 제104조 제1항 제8호 (2025. 3. 21. 신설)
6. 영 제104조 제1항 제15호 (2025. 3. 21. 신설)
7. 영 제104조 제1항 제16호 (2025. 3. 21. 신설)
8. 제80조 제1호(제80조 제2호 각 목의 요건을 모두 충족하지 않음에도 불구하고 하방회계가액을 사용한 경우로 한정한다) (2025. 3. 21. 신설)

제71조 【대체이월결손금이연법인세자산 등】 ① 영 제112조 제1항 제1호 나목 3)에서 "기획재정부령으로 정하는 것"이란 다음 각 호의 요건을 모두 충족하는 경우에 국내원천결손(세무상 국외에 원천을 둔 해당 구성기업의 소득을 제외하면 결손인 경우 그 결손을 말한다. 이하 이 조에서 같다)이 발생한 사업연도에 국

2. 해당 사업연도의 직전 사업연도 종료일 현재 이연법인세부채 금액 중 나중에 발생한 이연법인세부채부터 환원되는 것으로 보는 방법 (2025. 3. 21. 신설)

② 제1항 제1호에 따른 방법은 다음 각 호의 어느 하나에 해당하는 경우에만 적용할 수 있다. (2025. 3. 21. 신설)

1. 계정 단위로 이연법인세부채를 관리하는 경우 (2025. 3. 21. 신설)

2. 계정그룹 단위로 이연법인세부채를 관리하는 경우로서 영 제113조의 2 제2항 제1호에 따른 개별 자산 및 부채(이하 이 조에서 "개별 자산 및 부채"라 한다) 또는 계정에서 발생하는 이연법인세부채가 각각 환원되는 기간의 차이가 2년 미만인 경우 (2025. 3. 21. 신설)

3. 계정그룹 단위로 이연법인세부채를 관리하는 경우로서 계정그룹에서 발생하는 장기이연법인세부채(제4항 제2호에 따른 단기이연법인세부채 외의 이연법인세부채를 말한다. 이하 이 조에서 "장기이연법인세부채"라 한다)가 적정하게 환입될 것으로 세법 등에 따라 소명될 수 있는 경우(제2호에 해당하지 않는 경우로 한정한다) (2025. 3. 21. 신설)

③ 글로벌최저한세소득·결손의 계산에서 제외되는 소득과 관련된 자산 및 부채는 영 제113조의 2 제2항 각 호의 단위에 포함되지 않는다. (2025. 3. 21. 신설)

④ 계정그룹은 다음 각 호의 기준에 따른다.

☞ p.1087 3단 연결

차익이 외환차손을 초과하는 경우에는 그 초과 금액)을 말한다. (2024. 3. 22. 신설)

제74조 【유형자산의 매각 차익의 의의】 영 제113조 제8호에서 "기획재정부령으로 정하는 유형자산의 매각 차익"이란 구성기업 소재지국에 소재한 유형자산을 매각함으로써 발생하는 차익으로서 매도금액이 동일 국가에 소재한 유형자산에 재투자되는 경우 그 재투자되는 금액을 말한다. (2024. 3. 22. 신설)

제74조의 2 【이연법인세부채환입액의 계산 등】 ① 영 제113조의 2 제1항에 따라 이연법인세부채환입액을 계산할 때 계정 또는 계정그룹 단위로 사업연도별 이연법인세부채의 변동 금액을 관리하는 경우로서 해당 사업연도 종료일 현재 이연법인세부채 금액이 직전 사업연도 종료일 현재 이연법인세부채 금액에 비해 감소하는 경우에는 그 감소액을 그 이전 사업연도에 발생한 이연법인세부채 금액(최초적용연도 개시 전 발생한 이연법인세부채 금액을 포함한다)이 다음 각 호의 어느 하나에 해당하는 방법에 따라 환원된 것으로 본다. (2025. 3. 21. 신설)

1. 해당 사업연도의 직전 사업연도 종료일 현재 이연법인세부채 금액 중 먼저 발생한 이연법인세부채부터 환원되는 것으로 보는 방법. 다만, 최초적용연도 개시 전 발생한 이연법인세부채가 모두 환원된 이후에는 해당 사업연도 개시 전 다섯 번째 사업연도에 발생한 이연법인세부채가 환원된 것으로 본다. (2025. 3. 21. 신설)

에는 그 이후 사업연도에 환원되는 이연법인세부채 금액이 5년선택이 적용되었던 이연법인세부채에 대한 환원 금액인 경우에는 해당 금액을 환원되는 사업연도의 조정대상조세에 산입하지 않을 것 (2025. 3. 21. 신설)

⑤ 영 제112조 제1항 제1호의 2 다목에서 "불확실한 세무처리 항목에 따른 이연법인세비용 등 기획재정부령으로 정하는 사항의 금액"이란 다음 각 호의 어느 하나에 해당하는 사유로 이연법인세비용이 변동되는 금액을 말한다. (2025. 3. 21. 개정)

1. 불확실한 세무처리 항목 (2024. 3. 22. 신설)

2. 다른 구성기업으로부터 받는 분배 (2024. 3. 22. 신설)

3. 통합형피지배외국법인과세제도의 적용 (2025. 3. 21. 신설)

제72조 【사용권의 의의】 영 제113조 제2호에서 "부동산의 사용권 등 기획재정부령으로 정하는 사용권"이란 상당한 규모의 유형자산 투자가 수반되는 부동산의 사용, 천연자원의 채취, 전자통신을 위한 주파수 대역의 사용, 그 밖에 기획재정부장관이 정하여 고시하는 것을 사용할 수 있는 권리를 말한다. (2024. 3. 22. 신설)

제73조 【외화환산차익의 의의】 영 제113조 제6호에서 "기획재정부령으로 정하는 외화환산차익"이란 회계상 기능통화가 아닌 통화로 표시된 화폐성 자산 및 부채를 회계상 보고기준일의 환율에 따라 회계상 기능통화로 평가함에 따른 순외환차익(구성기업별로 외환

1. 영 제113조의 2 제2항 제2호에 따른 계정(이하 "계정"이라 한다) 또는 같은 항 제3호의 단위(이하 "계정그룹"이라 한다)별로 각각 이연법인세부채의 전체 금액에 대해 적용할 것 (2025. 3. 21. 신설)

2. 직전 사업연도까지 5년선택을 적용하지 않았으나 해당 사업연도부터 5년선택을 적용하는 경우로서 그 이후 사업연도에 환원(영 제112조 제1항 제1호의 2 나목 4)본문에 따른 환원을 말한다. 이하 같다)되는 이연법인세부채 금액이 5년선택을 적용하지 않았던 사업연도의 이연법인세부채에 대한 환원 금액인 경우에는 해당 금액을 환원되는 사업연도의 조정대상조세에 산입할 것 (2025. 3. 21. 신설)

3. 법 제67조 제5항에 따른 최초적용연도(이하 "최초적용연도"라 한다)부터 5년선택을 적용하는 경우 5년선택을 취소하는 사업연도의 직전 사업연도까지에 대해서는 5년선택이 적용되는 계정 또는 계정그룹에서 발생 또는 환원되는 모든 이연법인세부채 금액을 해당 사업연도의 조정대상조세에 산입하지 않을 것. 다만, 5년선택이 적용되는 계정 또는 계정그룹의 이연법인세부채에 최초적용연도 개시 전에 발생한 이연법인세부채가 포함되어 있는 경우에는 해당 계정 또는 계정그룹에서 환원되는 이연법인세부채 금액은 최초적용연도 개시 전에 발생한 이연법인세부채부터 환원되는 것으로 보아 해당 금액을 환원되는 사업연도의 조정대상조세에 산입한다. (2025. 3. 21. 신설)

4. 직전 사업연도까지 5년선택을 적용하였으나 해당 사업연도에 5년선택을 취소하는 경우

④ 제1항에도 불구하고 제1항에 따라 대상조세에 조정사항을 반영할 때 신고구성기업의 선택에 따라 총이연법인세조정금액을 적용하지 아니하고 대통령령으로 정하는 금액을 이연법인세자산으로 보는 글로벌최저한세결손취급특례(이하 이 장에서 "결손취급특례"라 한다)를 구성기업(제78조에 따른 적격분배과세제도에 대한 특례가 적용되는 구성기업은 제외한다)의 소재지국별로 적용할 수 있다. (2024. 12. 31. 신설)

편주 ▶

글로벌최저한세결손취급특례
각 사업연도 구성기업의 조정대상조세를 계산할 때 총이연법인세조정금액을 계산하는 대신에 대통령령으로 정하는 금액을 이연법인세자산으로 보는 글로벌최저한세결손취급특례를 구성기업의 소재지국별로 적용할 수 있도록 함. (법 67조 4항 신설 ; 2024. 12. 31.)

⑤ 신고구성기업은 결손취급특례를 적용받으려는 경우에는 제83조 제1항에 따라 글로벌최저한세제도(이 장이나 그에 상당하는 다른 국가의 법령에 따른 글로벌최저한세 제도를 말한다)가 적용되는 첫 번째 사업연도(이하 이 장에서 "최초적용연도"라 한다)에 대한 글로벌최저한세 정보신고서를 제출할 때 결손취급특례 적용 대상 구성기업의 소재지국을 선택하여 제출하여야 한다. (2024. 12. 31. 신설)
⑥ 제5항에 따라 신고구성기업이 결손취급특례 적용 여부를 선택하는 경우에는 다음 각 호의 기준에 따른다. (2024. 12. 31. 신설)
1. 신고구성기업이 결손취급특례 적용 대상으로 선택한 소재지국의 구성기업에 대해서는 최초적용연도와 그 후의 사업연도에도 계속하여 결손취급특례를 적용한다. (2024. 12. 31. 신설)
2. 신고구성기업은 제1호에 따른 결손취급특례 적용 대상 소재지국의 구성기업에 대하여 그 선택을 취소할 수 있다. (2024. 12. 31. 신설)
3. 신고구성기업이 제1호에 따른 결손취급특례 적용 대상 소재지국의 구성기업에 대하여 그 선택을 취소하면 해당 취소가 적용되는 사업연도와 그 후의 사업연도에 대해서는 계속하여 결손취급특례를 선택할 수 없다. (2024. 12. 31. 신설)
④ 제1항부터 제3항까지에서 규정한 사항 외에 조정대상조세 및 총이연법인세조정금액

제113조의 3 【글로벌최저한세결손취급특례의 적용】 ① 법 제67조 제4항에서 "대통령령으로 정하는 금액"이란 해당 사업연도 해당 국가의 법 제69조 제2항 제2호에 따른 순글로벌최저한세소득금액(최종모기업이 투과기업인 경우에는 해당 최종모기업을 제외하고 계산한 금액을 말한다. 이하 이 조에서 같다)이 음수인 경우로서 해당 금액(이하 이 조에서 "순글로벌최저한세결손금액"이라 한다)에 최저한세율을 곱하여 계산한 금액(이하 이 조에서 "결손취급특례이연법인세자산"이라 한다)을 말한다. (2025. 2. 28. 신설)
② 신고구성기업은 최종모기업이 투과기업인 경우에는 같은 국가에 소재하는 다른 구성기업들과 별도로 해당 최종모기업에 대하여 법 제67조 제4항에 따른 글로벌최저한세결손취급특례(이하 이 조에서 "결손취급특례"라 한다)의 적용 여부를 선택할 수 있다. (2025. 2. 28. 신설)
③ 신고구성기업이 제2항에 따라 최종모기업에 대하여 결손취급특례를 적용하기로 선택한 경우에는 법 제77조의 2 제2항에 따라 계산한 해당 최종모기업의 글로벌최저한세소득 금액 및 글로벌최저한세결손금액을 각각 순글로벌최저한세소득금액 및 순글로벌최저한세결손금액으로 보아 제1항에 따른 금액을 계산한다. (2025. 2. 28. 신설)
④ 제1항 및 제3항에 따라 계산한 결손취급특례이연법인세자산은 법 제67조 제4항에 따라 결손취급특례를 적용하기로 선택한 사업연도 이후 순글로벌최저한세소득금액이 발생하는 사업연도에 다음 각 호의 금액 중 작은 금액만큼 사용된 것으로 보고, 해당 금액을 해당 사업연도의 결손취급특례가 적용되는 구성기업 중 하나의 대상조세에 가산한다. (2025. 2. 28. 신설)
1. 순글로벌최저한세소득금액에 최저한세율을 곱한 금액 (2025. 2. 28. 신설)
2. 직전 사업연도 종료일 현재 결손취급특례이연법인세자산의 잔액 (2025. 2. 28. 신설)
⑤ 신고구성기업이 법 제67조 제6항 제2호에 따라 결손취급특례 적용의 선택을 취소하는 경우에는 해당 취소가 적용되는 사업연도의 개시일 현재 결손취급특례이연법인세자산의 잔액을 영으로 본다. 이 경우 결손취급특례 적용의 선택이 취소된 소재지국의 구성기업의 조정대상

(2025. 3. 21. 신설)
1. 계정그룹의 각 계정 또는 개별 자산 및 부채는 같은 재무상태표계정(재무상태표에서 구분되어 표시되는 자산 및 부채의 단위를 말한다)에 속할 것. 다만, 해당 재무상태표계정에 하위 재무상태표계정이 있는 경우에는 계정그룹의 각 계정 또는 개별 자산 및 부채는 같은 하위 재무상태표계정에 속해야 한다. (2025. 3. 21. 신설)
2. 이연법인세부채가 발생한 날부터 5년이 지난 날이 속하는 사업연도의 종료일까지 전부 환원되는 이연법인세부채(이하 이 조에서 "단기이연법인세부채"라 한다)를 발생시키는 개별 자산 및 부채 또는 계정과 장기이연법인세부채를 발생시키는 개별 자산 및 부채 또는 계정이 포함될 수 있을 것 (2025. 3. 21. 신설)
3. 다음 각 목의 어느 하나에 해당하는 계정 또는 개별 자산 및 부채가 포함되지 않을 것 (2025. 3. 21. 신설)
   가. 다음의 어느 하나에 해당하는 자산 또는 부채가 포함되어 있는 계정과 그 외의 계정 (2025. 3. 21. 신설)
     1) 회계상 상각 대상이 아닌 무형자산 (2025. 3. 21. 신설)
     2) 회계상 상각 대상인 무형자산으로서 내용연수가 5년을 초과하는 것 (2025. 3. 21. 신설)
     3) 특수관계자와의 거래로 발생하는 채권 및 채무 (2025. 3. 21. 신설)
   나. 이연법인세자산만 발생하는 계정 또는 개별 자산 및 부채 (2025. 3.

의 계산 등에 필요한 사항은 대통령령으로 정한다.

⑦ 제1항부터 제6항까지에서 규정한 사항 외에 조정대상조세 및 총이연법인세조정금액의 계산, 결손취급특례의 적용 등에 필요한 사항은 대통령령으로 정한다. (2024. 12. 31. 개정)

제68조【신고 후 조정 및 세율변경】① 각 사업연도에 구성기업의 이전 사업연도 회계상 계상된 대상조세 금액이 제83조 제1항에 따른 글로벌최저한세정보신고서의 제출 이후에 결정이나 경정 등으로 증가 또는 감소되는 경우에는 다음 각 호의 구분에 따라 결정이나 경정 등이 이루어진 날이 속하는 사업연도(이하 이 조에서 "경정사업연도"라 한다)의 대상조세 또는 결정이나 경정의 대상이 되는 이전 사업연도(이하 이 조에서 "경정대상사업연도"라 한다)의 조정대상조세에 가산하거나 조정대상조세에서 차감한다. (2022. 12. 31. 신설)

1. 경정대상사업연도의 대상조세 금액이 증가되는 경우 : 대상조세 금액의 증가액을 경정사업연도의 대상조세에 가산한다. (2022. 12. 31. 신설)
2. 경정대상사업연도의 대상조세 금액이 감소되는 경우 : 대상조세 금액의 감소액을 경정대상사업연도의 조정대상조세에서 차감하고 대통령령으로 정하는 바에 따라 경정대상사업연도의 제69조에 따른 실효세율과 제70조 및 제71조에 따른 추가세액을 다시 계산한다. (2022. 12. 31. 신설)

② 제1항 제2호에도 불구하고 경정대상사업연도 대상조세의 감소액이 대통령령으로 정하는 경미한 감액에 해당하는 경우에는 신고구성기업의 선택에 따라 그 감소액을 해당 구성기업의 경정사업연도 대상조세에서 차감할 수 있다. (2022. 12. 31. 신설)

③ 구성기업의 소재지국에서 구성기업의 이연법인세비용 산정에 적용되는 세율이 변경되는 경우에는 대통령령으로 정하는 바에 따라 대상

조세를 계산할 때 총이연법인세조정금액의 계산에 관하여는 법 제81조를 준용한다. (2025. 2. 28. 신설)

개정취지 ‥‥‥‥‥‥‥‥‥‥‥‥‥‥‥‥‥‥‥‥‥‥‥‥‥‥‥‥

글로벌최저한세결손취급특례의 적용방법

각 사업연도 구성기업의 조정대상조세를 계산할 때 총이연법인세조정금액 대신 글로벌최저한세결손취급특례를 적용하는 경우에는 해당 국가에 소재하는 각 구성기업 해당 사업연도의 글로벌최저한세소득 금액 합계액에서 글로벌최저한세결손 금액 합계액을 뺀 금액에 최저한세율을 곱하여 계산한 금액을 이연법인세자산으로 보도록 함. (영 113조의 3 신설 ; 2025. 2. 28.)

‥‥‥‥‥‥‥‥‥‥‥‥‥‥‥‥‥‥‥‥‥‥‥‥‥‥‥‥‥‥

제114조【대상조세 감액에 따른 글로벌최저한세소득·결손의 조정】법 제68조 제1항 제2호에 따라 경정대상사업연도의 대상조세 금액이 감소되어 경정대상사업연도 및 그 이후 사업연도의 글로벌최저한세소득·결손 금액을 조정할 필요가 있는 때에는 제104조 제1항 제13호의 전기오류수정에 따른 조정에도 불구하고 해당 글로벌최저한세소득·결손 금액을 대상조세 금액의 감소에 상응하여 조정한다. (2023. 12. 29. 신설)

제115조【경정대상사업연도 대상조세의 경미한 감액】① 법 제68조 제2항에서 "대통령령으로 정하는 경미한 감액"이란 같은 국가 내 구성기업들의 경정대상사업연도 조정대상조세의 합계액에서 감액되는 총금액이 1백만유로 미만인 경우를 말한다. (2023. 12. 29. 신설)
② 법 제68조 제2항에 따른 신고구성기업의 선택은 매년선택으로 한다. (2023. 12. 29. 신설)

제116조【세율 변동으로 인한 대상조세의 조정】법 제68조 제3항에 따라 구성기업의 소재지국에서 구성기업의 이연법인세비용 산정

21. 신설)
다. 이연법인세자산과 이연법인세부채를 상계한 순액이 시점에 따라 이연법인세자산 또는 이연법인세부채로 상호 교차될 수 있는 계정(swinging accounts) (2025. 3. 21. 신설)

⑤ 계정 또는 계정그룹의 구성에 변동이 발생하는 경우에는 변동 전의 계정 또는 계정그룹에 대하여 산정된 다음 각 호의 금액이 중복하여 산입되거나 누락되지 않도록 해당 금액을 변동 후의 계정 또는 계정그룹에 배분해야 한다. (2025. 3. 21. 신설)

1. 영 제113조의 2 제1항에 따른 비적격잔액 (2025. 3. 21. 신설)
2. 해당 사업연도 종료일 현재 이연법인세부채 금액(최초적용연도의 직전 사업연도 종료일까지의 이연법인세부채 금액은 제외한다) (2025. 3. 21. 신설)
3. 최초적용연도 개시 전 발생한 이연법인세부채로서 환원되지 않고 남아 있는 것으로 보는 이연법인세부채 금액 (2025. 3. 21. 신설)
4. 변동이 발생한 사업연도의 직전 5개 사업연도 중 발생한 이연법인세부채 금액 (2025. 3. 21. 신설)

⑥ 영 제113조의 2 제3항에서 "기획재정부령으로 정하는 경우"란 계정 또는 계정그룹에 속한 자산 및 부채의 성격과 경제적 특성 등을 기초로 해당 이연법인세부채가 모두 단기이연법인세부채임을 소명할 수 있는 경우를 말한다. (2025. 3. 21. 신설)

⑦ 제4항 제3호 나목에도 불구하고 단기이

조세를 조정한다. (2022. 12. 31. 신설)

④ 구성기업이 이전 사업연도에 회계상 당기법인세비용으로 계상하고 조정대상조세에 포함한 금액으로서 1백만유로를 초과하는 금액을 그 이전 사업연도의 종료일부터 3년 이내에 납부하지 아니하는 경우에는 미납된 금액을 그 이전 사업연도의 조정대상조세에서 차감하여 해당 이전 사업연도의 제69조에 따른 실효세율과 제70조 및 제71조에 따른 추가세액을 다시 계산한다. (2023. 12. 31. 개정)

⑤ 제1항부터 제4항까지에서 규정한 사항 외에 이전 사업연도의 제83조 제1항에 따른 글로벌최저한세정보신고서의 제출 이후 대상조세, 조정대상조세 등의 조정 등에 필요한 사항은 대통령령으로 정한다. (2022. 12. 31. 신설)

제69조 【실효세율의 계산】 ① 각 사업연도 다국적기업그룹의 실효세율은 국가별로 계산한다. (2022. 12. 31. 신설)

② 다국적기업그룹의 국가별 실효세율은 제1호의 금액을 제2호의 금액으로 나누어 계산한다. (2022. 12. 31. 신설)

1. 해당 국가에 소재한 각 구성기업의 제67조 제1항에 따른 조정대상조세 금액의 합계액 (2022. 12. 31. 신설)

2. 다음 계산식에 따라 계산한 금액(이하 이 장에서 "순글로벌최저한세소득금액"이라 한다) (2023. 12. 31. 개정)

> 순글로벌최저한세 소득금액 = A − B
>
> A : 해당 국가에 소재하는 각 구성기업 해당 사업연도의 글로벌최저한세소득 금액 합계액
>
> B : 해당 국가에 소재하는 각 구성기업 해당 사업연도의 글로벌최저한세결손 금액 합계액

에 적용되는 세율이 변경되는 경우에는 다음 각 호의 구분에 따른 방법으로 대상조세를 조정한다. (2023. 12. 29. 신설)

1. 해당 구성기업에 적용되는 세율이 최저한세율 미만으로 인하되어 이전 사업연도에 계상된 이연법인세비용이 감소하는 경우 : 그 감소액을 해당 이연법인세비용이 발생한 사업연도의 대상조세에서 차감하고 그 사업연도의 법 제69조에 따른 실효세율과 법 제70조 및 제71조에 따른 추가세액을 다시 계산한다. 이 경우 법 제68조 제2항을 준용한다. (2023. 12. 29. 신설)

2. 해당 구성기업에 적용되는 세율이 인상되어 이전 사업연도에 최저한세율 미만으로 계상된 이연법인세비용이 증가하는 경우 : 그 증가액(최저한세율을 적용한 금액을 한도로 한다)을 해당 법인세를 납부하는 사업연도의 대상조세에 가산한다. (2023. 12. 29. 신설)

2. 해당 구성기업에 적용되는 세율이 인상되어 이전 사업연도에 최저한세율 미만으로 계상된 이연법인세비용이 증가하는 경우 : 그 증가액(최저한세율을 적용한 금액을 한도로 한다)을 해당 이연법인세부채가 환원되는 사업연도의 대상조세에 가산한다. (2025. 2. 28. 개정)

연법인세부채 및 단기이연법인세자산(이연법인세자산이 발생한 날부터 5년이 지난 날이 속하는 사업연도의 종료일까지 전부 환원되는 이연법인세자산을 말한다)만 발생하는 계정 또는 계정그룹에 대해서는 영 제113조의 2 제3항을 적용할 수 있다. (2025. 3. 21. 신설)

⑧ 계정그룹이 제4항 각 호의 기준을 충족하지 못하거나 제6항에 해당하지 않음에도 불구하고 구성기업이 영 제113조의 2 제3항에 따라 계정그룹의 단위로 산정한 이연법인세부채환입액을 없는 것으로 본 경우에는 해당 계정그룹의 이연법인세부채와 관련된 이연법인세비용을 조정대상조세에 산입할 수 없다. (2025. 3. 21. 신설)

이연법인세부채환입액의 계산방법

1) 이연법인세부채환입액 계산 시 계정 또는 계정그룹 단위로 사업연도별 이연법인세부채의 변동 금액을 관리하는 경우로서 이연법인세부채 금액이 직전 사업연도에 비해 감소하는 경우에는 그 감소액을 그 이전 사업연도에 발생한 이연법인세부채 금액이 '먼저 발생한 이연법인세부채부터' 또는 '나중에 발생한 이연법인세부채부터' 환원되는 것으로 보도록 함.

2) 계정 또는 계정그룹에 속한 자산 및 부채의 성격과 경제적 특성 등을 기초로 이연법인세부채가 그 발생한 날부터 5년이 지난 날이 속하는 사업연도의 종료일까지 전부 환원되는 이연법인세부채임을 소명할 수 있는 경우에는 해당 단위에 따라 산정한 이연법인세부채환입액은 없는 것으로 보도록 함. (규칙 74조의 2 신설 ;

③ 제2항 제1호의 금액이 음수일 때에는 같은 항에 따라 계산되는 실효세율은 영으로 본다. (2023. 12. 31. 신설)

④ 제3항에 따라 실효세율을 영으로 보아 실효세율 계산에 산입되지 아니한 금액은 그 후 사업연도의 실효세율을 계산할 때 대통령령으로 정하는 방법에 따라 제2항 제1호의 금액에 산입한다. (2023. 12. 31. 신설)

⑤ 제2항 제2호의 금액이 영이거나 음수일 때에는 순글로벌최저한세소득금액은 없는 것으로 보아 해당 국가에 대해서는 실효세율을 계산하지 아니한다. (2023. 12. 31. 개정)

⑥ 제1항부터 제5항까지의 규정을 적용할 때 제64조 제2항에 따라 소재지국이 없는 것으로 보는 투과기업 등 대통령령으로 정하는 구성기업(이하 이 장에서 "무국적구성기업"이라 한다)은 무국적구성기업별로 별도의 국가를 가정하여 그 국가에 소재하는 구성기업으로 본다. (2023. 12. 31. 개정)

⑦ 제1항부터 제6항까지의 규정에 따라 실효세율을 계산할 때 해당 국가에 소재하는 소수지분구성기업 또는 투자구성기업의 제66조 제1항에 따른 글로벌최저한세소득·결손과 제67조 제1항에 따른 조정대상조세는 해당 국가의 순글로벌최저한세소득금액 및 조정대상조세 금액의 합계를 계산할 때 제외한다. (2023. 12. 31. 개정)

제70조 【구성기업 소재지국의 추가세액 계산】 ① 각 사업연도 해당 다국적기업그룹의 구성기업이 소재한 국가의 추가세액은 다음 계산식에 따라 계산한 금액으로 한다. (2022. 12. 31. 신설)

$$\text{해당 다국적기업그룹의 구성기업이 소재한 국가의 추가세액} = (A \times B) + C - D$$

A : 해당 다국적기업그룹의 구성기업이 소재한 국가의 추가세액비율

B : 해당 다국적기업그룹의 구성기업이 소재한 국가의 초과이익 금액

C : 해당 다국적기업그룹의 구성기업이 소재한 국가의 당기추가세

제116조의 2 【실효세율 계산에 산입되지 않은 조정대상조세 금액의 처리 방법】 법 제69조 제3항에 따라 실효세율을 영으로 보아 실효세율 계산에 산입되지 않은 금액을 같은 조 제4항에 따라 같은 조 제2항 제1호의 금액에 산입하는 경우에는 다음 각 호의 방법을 순차적으로 적용한다. (2024. 2. 29. 신설)

1. 실효세율 계산에 산입되지 않은 금액은 그 후 순글로벌최저한세소득금액이 있는 첫 번째 사업연도의 실효세율을 계산할 때 법 제69조 제2항 제1호의 금액에 산입할 것 (2024. 2. 29. 신설)

2. 제1호에 따라 산입하고 남은 금액은 그 금액이 영이 될 때까지 순글로벌최저한세소득금액이 있는 다음 사업연도로 이월하여 법 제69조 제2항 제1호의 금액에 산입할 것 (2024. 2. 29. 신설)

제117조 【무국적구성기업의 범위】 법 제69조 제6항에서 "소재지국이 없는 것으로 보는 투과기업 등 대통령령으로 정하는 구성기업"이란 다음 각 호의 어느 하나에 해당하는 구성기업(이하 이 장에서 "무국적구성기업"이라 한다)을 말한다. (2023. 12. 29. 신설, 2024. 2. 29. 개정)

1. 법 제64조 제1항 제2호 외의 투과기업 (2023. 12. 29. 신설)

2. 제4형고정사업장 (2023. 12. 29. 신설)

제118조 【실질기반제외소득금액의 계산】 ① 법 제70조 제3항에서 "대통령령으로 정하는 인건비 관련 제외금액과 유형자산 장부가액 관련 제외금액의 합계액"이란 제1호의 금액과 제2호의 금액을 더한 금액(이하 이 장에서 "실질기반제외소득금액"이라 한다)을 말한다. (2023. 12. 29. 신설)

1. 각 구성기업이 소재하는 국가에서 해당 다국적기업그룹을 위해 근로를 제공하는 기획재정부령으로 정하는 종업원(이하 이 장에서 "적격종업원"라 한다)에게 지급되는 기획재정부령으로 정하는 인건비(이하 이 장에서 "적격인건비"라 한다)에 다음 각 목의 구분에 따른 비율을 곱하여 산정한 금액 (2023. 12. 29. 신설)

☞

개정취지 ··································

국가별 실효세율 계산 시 산입되지 않은 조정대상조세 금액의 처리 방법
각 사업연도 다국적기업그룹의 국가별 실효세율*을 계산할 때 해당 국가에 소재한 각 구성기업의 조정대상조세 금액의 합계액이 음수여서 추가세액비율**이 최저한세율(100분의 15)을 초과하는 문제를 해소할 수 있도록 해당 사업연도 실효세율을 영(零)으로 보아 실효세율 계산에 산입되지 않은 조정대상조세 금액은 그 후 순글로벌최저한세소득금액이 있는 첫 번째 사업연도의 실효세율을 계산할 때 해당 국가에 소재한 각 구성기업의 조정대상조세 금액의 합계액에 산입하고, 산입하고 남은 금액은 그 금액이 영이 될 때까지 순글로벌최저한세소득금액이 있는 다음 사업연도로 이월하여 산입하도록 함. (영 116조의 2 신설 ; 2024. 2. 29.)

* 국가별 실효세율: 특정 사업연도에 다국적기업그룹의 구성기업에 적용되는 세율이 최저한세율 미만인지를 결정하는 데 필요한 비율로서 해당 국가에 소재하는 구성기업의 조정대상조세 금액의 합계를 순글로벌최저한세소득금액으로 나누어 계산함.

** 추가세액비율 : 최저한세율에서 국가별 실효세율을 차감하여 계산한 비율

··································

제75조 【적격종업원의 범위 등】 ① 영 제118조 제1항 제1호 각 목 외의 부분에서 "기획재정부령으로 정하는 종업원"이란 다음 각 호의 자를 말한다. (2024. 3. 22. 신설)

1. 해당 구성기업의 종업원(시간제 종업원

액가산액

D : 해당 다국적기업그룹의 구성기업이 소재한 국가의 적격소재국
추가세액

② 제1항의 계산식에서 "해당 다국적기업그룹의 구성기업이 소재한 국가의 추가세액비율"이란 최저한세율에서 제69조에 따른 실효세율을 차감하여 계산한 비율을 말하며, 그 계산 결과가 음수인 경우 추가세액비율은 영으로 본다. (2022. 12. 31. 신설)

③ 제1항의 계산식에서 "해당 다국적기업그룹의 구성기업이 소재한 국가의 초과이익 금액"이란 순글로벌최저한세소득금액에서 해당 국가에 소재하는 구성기업의 대통령령으로 정하는 인건비 관련 제외금액과 유형자산 장부가액 관련 제외금액의 합계액(이하 이 장에서 "실질기반제외소득금액"이라 한다)을 차감한 금액을 말하며, 그 계산 결과가 음수인 경우 초과이익 금액은 영으로 본다. (2023. 12. 31. 개정)

편주 ▶ ··
법 70조 3항부터 5항까지의 개정규정은 2024. 1. 1. 이후 개시하는 사업연도분에 대하여 과세하는 경우부터 적용함. (법 부칙(2023. 12. 31.) 4조 1항)
··

④ ☞ p.1094

가. 2024년에 시작하는 사업연도의 경우 : 1000분의 98 (2023. 12. 29. 신설)

나. 2025년에 시작하는 사업연도의 경우 : 1000분의 96 (2023. 12. 29. 신설)

다. 2026년에 시작하는 사업연도의 경우 : 1000분의 94 (2023. 12. 29. 신설)

라. 2027년에 시작하는 사업연도의 경우 : 1000분의 92 (2023. 12. 29. 신설)

마. 2028년에 시작하는 사업연도의 경우 : 1000분의 90 (2023. 12. 29. 신설)

바. 2029년에 시작하는 사업연도의 경우 : 1000분의 82 (2023. 12. 29. 신설)

사. 2030년에 시작하는 사업연도의 경우 : 1000분의 74 (2023. 12. 29. 신설)

아. 2031년에 시작하는 사업연도의 경우 : 1000분의 66 (2023. 12. 29. 신설)

자. 2032년에 시작하는 사업연도의 경우 : 1000분의 58 (2023. 12. 29. 신설)

차. 2033년 이후에 시작하는 사업연도의 경우 : 1000분의 50 (2023. 12. 29. 신설)

2. 기획재정부령으로 정하는 유형자산(이하 이 장에서 "적격유형자산"이라 한다) 장부가액에 다음 각 목의 구분에 따른 비율을 곱하여 산정한 금액 (2023. 12. 29. 신설)

가. 2024년에 시작하는 사업연도의 경우 : 1000분의 78 (2023. 12. 29. 신설)

나. 2025년에 시작하는 사업연도의 경우 : 1000분의 76 (2023. 12. 29. 신설)

다. 2026년에 시작하는 사업연도의 경우 : 1000분의 74 (2023. 12. 29. 신설)

라. 2027년에 시작하는 사업연도의 경우 : 1000분의 72 (2023. 12. 29. 신설)

마. 2028년에 시작하는 사업연도의 경우 : 1000분의 70 (2023. 12.

을 포함한다) (2024. 3. 22. 신설)

2. 해당 구성기업의 관리·감독 아래 해당 구성기업의 통상적인 사업활동에 참여하는 자연인인 독립 계약자(인력공급회사에 고용된 자를 포함하되, 해당 구성기업에 재화 또는 용역을 공급하는 법인에 고용된 자는 제외한다) (2024. 3. 22. 신설)

② 영 제118조 제1항 제1호 각 목 외의 부분에서 "기획재정부령으로 정하는 인건비"란 종업원에게 직접적이고 개별적인 편익이 되는 근로의 대가로서 다음 각 호의 금액을 말한다. (2024. 3. 22. 신설)

1. 봉급·급료·보수·세비(歲費)·임금·상여·수당과 이와 유사한 성질의 급여 (2024. 3. 22. 신설)

2. 건강보험료, 연금 기여금(퇴직급여를 포함한다) 그 밖에 고용주가 부담하는 사회보장기여금 (2024. 3. 22. 신설)

3. 회계상 주식기준보상비용 (2024. 3. 22. 신설)

4. 그 밖에 고용과 관련하여 고용주가 부담하는 세금 (2024. 3. 22. 신설)

③ 영 제118조 제1항 제2호 각 목 외의 부분에서 "기획재정부령으로 정하는 유형자산"이란 다음 각 호의 유형자산[매각·임대 또는 투자를 위해 보유하는 유형자산과 법 제66조 제3항에 따른 국제해운소득 및 적격국제해운부수소득의 창출에 사용되는 유형자산(선박, 해양 장비 및 기반시설을 포함한다)은 제외한다]을 말한다. (2024. 3. 22. 신설)

1. 해당 국가에 소재하는 재산·공장·장비 (2024. 3. 22. 신설)

바. 2029년에 시작하는 사업연도의 경우 : 1000분의 66 (2023. 12. 29. 신설)

사. 2030년에 시작하는 사업연도의 경우 : 1000분의 62 (2023. 12. 29. 신설)

아. 2031년에 시작하는 사업연도의 경우 : 1000분의 58 (2023. 12. 29. 신설)

자. 2032년에 시작하는 사업연도의 경우 : 1000분의 54 (2023. 12. 29. 신설)

차. 2033년 이후에 시작하는 사업연도의 경우 : 1000분의 50 (2023. 12. 29. 신설)

② 적격인건비 및 적격유형자산 정부가액의 구체적 계산 방법 등은 기획재정부령으로 정한다. (2023. 12. 29. 신설)

2. 해당 국가에 소재하는 석유·천연가스·목재·광물 등의 천연자원 (2024. 3. 22. 신설)

3. 해당 국가에 소재하는 유형자산에 대한 사용권(right of use) 자산 (2024. 3. 22. 신설)

4. 해당 국가에 소재하는 부동산의 사용 또는 천연자원의 개발(전자통신을 위한 주파수 대역의 사용을 포함한다)에 대해 정부로부터 받은 사용권 또는 유사한 인허가(상당한 규모의 유형자산 투자가 수반되는 것으로 한정한다) (2024. 3. 22. 신설)

④ 제2항에 따른 인건비(이하 "적격인건비"라 한다)를 계산할 때 다음 각 호의 인건비는 제외한다. (2024. 3. 22. 신설)

1. 회계상 자본화되어 제3항에 따른 유형자산(이하 "적격유형자산"이라 한다)의 장부가액에 포함되는 인건비 (2024. 3. 22. 신설)

2. 법 제66조 제3항에 따라 해당 사업연도의 글로벌최저한세소득·결손의 계산에서 제외되는 국제해운소득 및 적격국제해운부수소득과 관련된 인건비 (2024. 3. 22. 신설)

⑤ 적격유형자산의 장부가액은 해당 다국적기업그룹의 연결재무제표 작성 목적으로 계상한 적격유형자산의 장부가액으로서 해당 사업연도의 기초 가액과 기말 가액의 평균금액으로 하며, 다음 각 호의 기준에 따라 산정한다. (2024. 3. 22. 신설)

1. 취득가액에는 자본화되는 인건비를 포함할 것 (2024. 3. 22. 신설)

☞ p.1094 3단 연결

호 나목에 따라 주주구성기업에 배분되는 경우에는 그 배분비율에 따라 해당 주주구성기업에 배분할 것(해당 주주구성기업이 해당 적격근로자 및 적격유형자산의 소재지국에 소재하는 경우로 한정한다) (2024. 3. 22. 신설)

1. 투과기업의 회계상 순손익이 영 제108조 제1항 제2호에 따라 같은 항 제1호에 따른 적격지분보유자에게 배분되는 경우에는 그 배분비율에 따라 해당 적격지분보유자에 배분할 것(해당 적격지분보유자가 해당 적격근로자 및 적격유형자산의 소재지국에 소재하는 경우로 한정한다) (2025. 3. 21. 개정)

2. 투과기업이 최종모기업인 경우에는 그 금액 중 최종모기업의 소재지국에 소재하는 적격근로자 및 적격유형자산에 관련된 금액으로 한정하여 해당 최종모기업에 배분할 것. 다만, 법 제77조의 2 제2항에 따라 해당 최종모기업의 글로벌최저한세소득이 차감되는 경우에는 다음 계산식에 따라 계산한 실질기반제외금액을 해당 최종모기업의 실질기반제외소득금액에 포함하지 않는다. (2024. 3. 22. 신설)
계산식 : 현행과 같음

2. 투과기업이 최종모기업인 경우에는 그 금액 중 최종모기업의 소재지국에 소재하는 적격근로자 및 적격유형자산에 관련된 금액으로 한정하여 해당 최종모기업에 배분할 것. 다만, 법 제77조의 2 제2항에 따라 해당 최종모기업의 글로벌최저한세소득이 차감되는 경우에는 다음 계산식에 따라 계산한 실질기반제외금액을 잔여 적격인건비 금액 및 적격유형자산 장부가액에 포함하지 않는다. (2025. 3. 21. 단서개정)

(해당 구성기업 소재지국에서의 적격종업원 근무시간 또는 적격유형자산 소재 일수 등에 관한 사항을 말한다)을 기록·유지해야 한다. (2024. 3. 22. 신설)

⑨ 고정사업장인 구성기업의 적격인건비 및 적격유형자산은 영 제107조에 따라 해당 고정사업장의 별도 회계상 계상되고 조정된 것으로서 해당 고정사업장의 소재지국에 소재하는 적격근로자 및 적격유형자산으로 한정한다. 이 경우 고정사업장의 적격인건비 금액 및 적격유형자산 장부가액은 해당 고정사업장 본점의 적격인건비 금액 및 적격유형자산 장부가액에 산입하지 않는다. (2024. 3. 22. 신설)

⑩ 고정사업장의 글로벌최저한세소득의 전부 또는 일부가 해당 고정사업장의 글로벌최저한세소득 금액의 계산에서 제외되는 경우에는 제1항부터 제8항까지의 규정을 적용할 때 그 제외비율에 상당하는 해당 고정사업장의 적격인건비 금액 및 적격유형자산 장부가액을 해당 다국적기업그룹의 실질기반제외소득금액의 계산에서 제외한다. (2024. 3. 22. 신설)

⑪ 투과기업인 구성기업에 대해 제1항부터 제8항까지의 규정을 적용할 때 제9항 및 제10항에 따라 고정사업장에 배분되지 않은 투과기업의 적격인건비 금액 및 적격유형자산 장부가액(이하 이 조에서 "잔여 적격인건비 금액 및 적격유형자산 장부가액"이라 한다)은 다음 각 호에서 정하는 바에 따라 처리한다. (2024. 3. 22. 신설)

1. 투과기업의 회계상 순손익이 영 제108조 제1항 제1

나. 리스이용자 (2024. 3. 22. 신설)
1) 리스제공자가 같은 그룹의 구성기업이 아닌 경우 : 회계상 계상한 사용권자산의 장부가액 (2024. 3. 22. 신설)
2) 리스제공자가 같은 그룹의 구성기업으로서 같은 나라에 소재하는 경우 : 0원 (2024. 3. 22. 신설)

⑦ 영 제118조를 적용할 때 다음 각 호의 어느 하나에 해당하는 경우 해당 소재지국에서의 근로제공시간 비율(이하 이 조에서 "국내근로시간비율"이라 한다) 또는 해당 소재지국에서의 유형자산 소재기간 비율(이하 이 조에서 "국내소재기간비율"이라 한다)에 상당하는 적격인건비 금액 또는 적격유형자산 장부가액만을 해당 구성기업의 적격인건비 금액 또는 적격유형자산장부가액으로 산정한다. 다만, 국내근로시간비율 또는 국내소재기간비율이 100분의 50을 초과하는 경우에는 그 비율을 100분의 100으로 본다. (2024. 3. 22. 신설)

1. 구성기업의 적격종업원이 해당 구성기업의 소재지국 외에서 근로를 제공하는 경우 (2024. 3. 22. 신설)
2. 구성기업의 적격유형자산이 해당 구성기업의 소재지국 외에 소재하는 경우 (2024. 3. 22. 신설)

⑧ 구성기업은 제7항에 따라 영 제118조 제1항 각 호 외의 부분에 따른 실질기반제외소득금액(이하 "실질기반제외소득금액"이라 한다)을 계산하는 경우에는 국내근로시간비율 또는 국내소재기간비율 산정에 필요한 사항

2. 누적 감가상각·상각·감모상각 또는 손상차손 금액을 차감할 것 (2024. 3. 22. 신설)
3. 손상차손 환입 금액을 가산할 것 (2024. 3. 22. 신설)
4. 취득 이후 재평가로 증가된 장부가액은 제외할 것 (2024. 3. 22. 신설)

⑥ 적격유형자산이 운용리스의 대상인 경우 해당 운용리스의 리스제공자 및 리스이용자의 적격유형자산 장부가액은 다음 각 호의 구분에 따른 금액으로 한다. (2024. 3. 22. 신설)

1. 리스이용자가 회계상 사용권자산을 계상하지 않는 경우 (2024. 3. 22. 신설)
가. 리스제공자 : 리스자산의 장부가액 (2024. 3. 22. 신설)
나. 리스이용자 : 0원 (2024. 3. 22. 신설)
2. 리스이용자가 회계상 사용권자산을 계상하는 경우 (2024. 3. 22. 신설)
가. 리스제공자 (2024. 3. 22. 신설)
1) 리스이용자가 같은 그룹의 구성기업이 아닌 경우 : 리스자산(리스제공자의 소재지국에 소재하는 것으로 한정한다)의 장부가액에서 리스이용자의 기초 및 기말 잔여 리스기간 동안의 리스사용료 합산 금액의 평균을 차감한 금액 (2024. 3. 22. 신설)
2) 리스이용자가 같은 그룹의 구성기업으로서 리스제공자와 같은 나라에 소재하는 경우 : 리스자산(리스제공자의 소재지국에 소재하는 것으로 한정한다)의 장부가액 (2024. 3. 22. 신설)

〈제70조〉

④ 제1항의 계산식에서 "해당 다국적기업그룹의 구성기업이 소재한 국가의 당기추가세액가산액"이란 이전 사업연도의 제69조에 따른 실효세율을 다시 계산하는 경우 발생하는 추가세액의 가산금액 등 대통령령으로 정하는 바에 따라 해당 사업연도의 추가세액에 가산하는 금액을 말한다. (2023. 12. 31. 개정)

⑤ 제1항의 계산식에서 "해당 다국적기업그룹의 구성기업이 소재한 국가의 적격소재국추가세액"이란 추가세액을 영으로 만들기 위하여 소재지국에서 부과하는 세금으로서 대통령령으로 정하는 해당 국가의 적격소재국추가세제도에 따라 납부하였거나 납부할 금액을 말하며, 다음 각 호의 어느 하나에 해당하는 경우에는 해당 사업연도 추가세액은 없는 것으로 본다. (2023. 12. 31. 개정)

제119조【당기추가세액가산액의 계산】① 법 제70조 제4항에 따른 국가의 당기추가세액가산액은 다음 각 호의 규정에 따라 법 제69조에 따른 실효세율 또는 법 제70조 및 제71조에 따른 추가세액을 다시 계산한 결과 이전 사업연도의 추가세액이 증가하는 경우 그 증가액을 해당 사업연도 국가의 추가세액에 가산하는 금액으로 한다. (2023. 12. 29. 신설)

1. 법 제67조 제3항 (2023. 12. 29. 신설)
2. 법 제68조 제1항 제2호 및 같은 조 제4항 (2023. 12. 29. 신설)
3. 법 제78조 제2항 (2023. 12. 29. 신설)
4. 그 밖에 기획재정부령으로 정하는 규정 (2023. 12. 29. 신설)

② 각 사업연도에 법 제69조 제2항 제2호에 따른 순글로벌최저한세소득금액이 없는 국가의 경우 해당 국가의 조정대상조세가 음수로서 조정대상조세예상액(구성기업 소재지국의 글로벌최저한세소득·결손 금액에 최저한세율을 곱한 금액을 말한다. 이하 이 조에서 같다)보다 작을 때에는 조정대상조세와 조정대상조세예상액과의 차액을 해당 국가의 법 제70조 제4항에 따른 당기추가세액가산액으로 본다. (2023. 12. 29. 신설)

② 각 사업연도에 법 제69조 제2항 제2호에 따른 순글로벌최저한세소득금액이 없는 국가의 경우 해당 국가의 조정대상조세가 음수로서 조정대상조세예상액(글로벌최저한세소득·결손 금액에 최저한세율을 곱한 금액을 말한다. 이하 이 장에서 같다)보다 작을 때에는 조정대상조세와 조정대상조세예상액과의 차액을 해당 국가의 법 제70조 제4항에 따른 당기추가세액가산액으로 본다. (2025. 2. 28. 개정)

③ 제2항의 경우 신고구성기업은 같은 항에 따라 당기추가세액가산액으로 보는 차액을 매년선택에 따라 그 차액이 발생한 이후 순글로벌최저한세소득금액이 있는 첫 번째 사업연도의 조정대상조세에서 차감할 수 있다. 이 경우 해당 차액에서 차감되지 않고 남은 금액은 순글로벌최저한세소득금액이 있는 다음 사업연도로 이월한다. (2023. 12. 29. 신설)

제120조【적격소재국추가세제도의 요건 등】(2024. 2. 29. 제목개정)
① 법 제70조 제5항 각 호 외의 부분에서 "대통령령으로 정하는 해당 국가의 적격소재국추가세제도"란 다음 각 호의 요건을 모두 갖춘 제도를 말한다. (2024. 2. 29. 개정)

1. 국제적으로 합의한 글로벌최저한세 규칙(Global anti-Base Erosion Rules)과 부합하는 방식으로 인정회계기준 또는 중대왜곡방지조정을

실질기반제외금액 = A × B ÷ C

A : 해당 최종모기업의 잔여 적격인건비 금액 또는 잔여 적격유형자산 장부가액

B : 법 제77조의 2 제2항에 따라 차감되는 최종모기업의 글로벌최저한세소득 금액

C : 법 제77조의 2 제2항에 따라 차감되기 전의 최종모기업의 글로벌최저한세소득 금액

3. 제1호 및 제2호에 따라 배분되지 않는 잔여 적격인건비 금액 및 적격유형자산 장부가액은 해당 다국적기업그룹의 실질기반제외소득금액의 계산에서 제외할 것 (2024. 3. 22. 신설)

⑫ 법 제77조의 2 제1항에 따라 같은 항 제1호에 따른 배당공제제도(이하 "배당공제제도"라 한다)를 적용받는 구성기업의 글로벌최저한세소득이 차감되는 경우에는 다음 계산식에 따라 계산한 실질기반제외금액을 해당 구성기업의 적격인건비 금액 및 적격유형자산 장부가액에 포함하지 않는다. (2025. 3. 21. 신설)

실질기반제외금액 = A × B ÷ C

A : 해당 구성기업의 적격인건비 금액 또는 적격유형자산 장부가액

B : 법 제77조의 2 제1항에 따라 차감되는 구성기업의 글로벌최저한세소득 금액

C : 법 제77조의 2 제1항에 따라 차감되기 전의 구성기업의 글로벌최저한세소득 금액

1. 해당 다국적기업그룹의 구성기업이 소재한 국가의 적격소재국추가세액을 차감한 결과 해당 국가의 추가세액이 영이거나 음수인 경우 (2023. 12. 31. 신설)
2. 해당 다국적기업그룹의 구성기업이 소재한 국가의 적격소재국추가세제도가 해당 사업연도의 추가세액을 없는 것으로 보기 위한 회계요건 등 대통령령으로 정하는 요건을 충족하는 경우 (2023. 12. 31. 신설)

⑥ 제1항부터 제5항까지에서 규정한 사항 외에 각 사업연도 해당 다국적기업그룹의 구성기업이 소재한 국가의 추가세액 계산에 필요한 사항은 대통령령으로 정한다. (2022. 12. 31. 신설)

☞

편주 ▶ ···
영 120조 2항 각 호 외의 부분의 개정규정은 2025. 2. 28. 이후 법 83조에 따라 글로벌최저한세정보신고서를 제출하거나 법 84조에 따라 추가세액배분액을 신고하는 경우부터 적용함. (영 부칙(2025. 2. 28.) 4조)
···

거친 공인회계기준에 따라 해당 국가의 초과이익 금액을 산정할 것 (2023. 12. 29. 신설)
2. 해당 국가의 제1호에 따른 초과이익 금액에 대한 세부담을 해당 초과이익 금액에 최저한세율을 곱하여 계산되는 금액까지 증가시킬 것 (2023. 12. 29. 신설)
3. 국제적으로 합의한 글로벌최저한세 규칙을 적용한 결과에 부합하는 결과를 가져오는 방식으로 시행되고 해당 국가가 해당 규칙에 따라 추가세액을 부담하는 기업에 해당 규칙과 연관된 편익(세제 혜택 및 보조금을 포함한다)을 제공하지 않을 것 (2023. 12. 29. 신설)

② 법 제70조 제5항 제2호에서 "해당 다국적기업그룹의 구성기업이 소재한 국가의 적격소재국추가세제도가 해당 사업연도의 추가세액을 없는 것으로 보기 위한 회계요건 등 대통령령으로 정하는 요건을 충족하는 경우"란 해당 다국적기업그룹의 구성기업이 소재한 국가의 적격소재국추가세제도가 다음 각 호의 요건을 모두 충족하는 경우를 말한다. (2024. 2. 29. 신설)

② 법 제70조 제5항 제2호에서 "해당 다국적기업그룹의 구성기업이 소재한 국가의 적격소재국추가세제도가 해당 사업연도의 추가세액을 없는 것으로 보기 위한 회계요건 등 대통령령으로 정하는 요건을 충족하는 경우"란 해당 다국적기업그룹의 구성기업이 소재한 국가의 적격소재국추가세제도가 다음 각 호의 요건을 모두 충족하는 경우로서 신고구성기업이 해당 사업연도의 추가세액을 없는 것으로 선택하는 경우를 말한다. (2025. 2. 28. 개정)
1. 회계요건: 구성기업이 그 회계상 순손익을 산정할 때에는 다음 각 목의 어느 하나에 해당하는 회계기준을 따르도록 할 것. 다만, 해당 국가에 소재한 일부 구성기업이 다목 1) 및 2) 외의 부분 후단의 요건을 충족하지 못했거나 해당 국가에 소재한 일부 구성기업의 사업연도가 연결재무제표에 따른 사업연도와 다른 경우에는 가목 또는 나목의 회계기준에 따르도록 해야 한다. (2024. 2. 29. 신설)
가. 최종모기업회계기준 (2024. 2. 29. 신설)
나. 다음의 어느 하나에 해당하는 회계기준(최종모기업회계기준에 따라 구성기업의 회계상 순손익을 산정하기 어려운 경우로서 제105조 제1항 각 호의 요건을 충족해야만 적용할 수 있도록 한 경우로 한정한다) (2024. 2. 29. 신설)
   1) 인정회계기준 (2024. 2. 29. 신설)

편주 ▶ ···
규칙 75조 12항 및 13항의 개정규정은 2025. 3. 21. 이후 법 83조에 따라 글로벌최저한세정보신고서를 제출하거나 법 84조에 따라 추가세액배분액을 신고하는 경우부터 적용함. (규칙 부칙(2025. 3. 21.) 2조)
···

⑬ 제1항부터 제12항까지의 규정에 따라 적격인건비 및 적격유형자산 장부가액을 계산할 때 영 제112조 제1항 제1호에 따른 조정 금액은 포함하지 않는다. (2025. 3. 21. 신설)
⑭ 신고구성기업은 법 제83조에 따라 각 사업연도에 대한 글로벌최저한세정보신고서를 제출할 때 해당 국가에 대해 실질기반제외소득금액 전부 또는 일부(적격종업원 일부 또는 적격유형자산 일부에 대한 실질기반제외소득금액을 말한다)를 차감하지 않고 해당 국가에 대한 추가세액을 계산할 것을 매년선택[신고구성기업의 선택으로서 해당 선택의 대상인 사업연도(이하 "선택연도"라 한다)에만 적용되는 것을 말한다]할 수 있다. 이 경우 매년선택은 취소할 수 없다. (2025. 3. 21. 항번개정)

제76조【실효세율 등의 재계산에 적용되는 규정】 영 제119조 제1항 제4호에서 "기획재정부령으로 정하는 규정"이란 다음 각 호의 규정을 말한다. (2024. 3. 22. 신설)
1. 법 제68조 제3항 (2024. 3. 22. 신설)
2. 영 제104조 제1항 제10호 (2024. 3. 22. 신설)

제71조 【구성기업의 추가세액 계산】 각 사업연도 구성기업의 추가세액은 다음 계산식에 따라 계산한다. 이 경우 다음 계산식을 적용하는 데 필요한 사항은 대통령령으로 정한다. (2022. 12. 31. 신설)

2) 공인회계기준 (2024. 2. 29. 신설)

다. 구성기업의 소재지국에서 권한이 있는 공인회계기구에 의하여 승인된 회계기준으로서 다음의 어느 하나에 해당하는 회계기준. 이 경우 구성기업이 해당 회계기준에 따른 회계계정을 작성하도록 하고, 해당 회계계정이 그 소재지국의 회사법 또는 세법에 따라 작성되도록 하거나 외부회계 감사의 대상이 되도록 한 경우로 한정한다. (2024. 2. 29. 신설)

　1) 인정회계기준 (2024. 2. 29. 신설)

　2) 중대왜곡방지조정을 거친 공인회계기준 (2024. 2. 29. 신설)

2. 일관성요건: 다음 각 목의 어느 하나에 해당하는 요건을 충족할 것 (2024. 2. 29. 신설)

가. 해당 다국적기업그룹의 구성기업이 소재한 국가의 적격소재국추가세제도를 적용한 결과가 국제적으로 합의한 글로벌최저한세 규칙을 적용한 결과와 일치할 것 (2024. 2. 29. 신설)

나. 실질기반제외소득금액을 인정하지 않거나 실질기반제외소득금액을 국제적으로 합의한 글로벌최저한세 규칙을 적용하여 계산한 금액보다 적게 인정할 것 (2024. 2. 29. 신설)

다. 최소적용제외 특례(법 제74조에 따른 최소적용제외 특례에 상당하는 다른 국가의 규칙을 말한다. 이하 이 목에서 같다)를 인정하지 않거나 최소적용제외 특례 적용을 위한 매출액 및 글로벌최저한세소득ㆍ결손에 관한 기준 금액을 국제적으로 합의한 글로벌최저한세 규칙에서 정한 기준 금액보다 적게 규정할 것 (2024. 2. 29. 신설)

라. 적격소재국추가세제도에 따른 세율을 최저한세율보다 높게 규정할 것 (2024. 2. 29. 신설)

3. 운영요건: 국제적으로 합의한 글로벌최저한세 규칙의 적용에 대한 모니터링에 관한 것으로서 기획재정부령으로 정하는 요건을 충족할 것 (2024. 2. 29. 신설)

제121조 【구성기업의 추가세액 계산】 ① 법 제71조에 따라 각 사업연도 구성기업의 추가세액을 계산할 때 해당 사업연도에 해당 국가의 법 제69조 제2항 제2호에 따른 순글로벌최저한세소득금액이 없

는 경우에는 다음 각 호의 구분에 따른 방법으로 해당 국가의 당기추가세액가산액을 각 구성기업에 배분한다. (2023. 12. 29. 신설)

1. 제119조 제1항에 따른 당기추가세액가산액의 경우 : 해당 국가의 각 구성기업에 다음 계산식에 따른 배분 기준액에 비례하여 배분 (2023. 12. 29. 신설)

> 배분기준액 = A ÷ B
>
> A : 당기추가세액가산액이 발생한 이전 사업연도의 해당 구성기업의 글로벌최저한세소득 금액
>
> B : 당기추가세액가산액이 발생한 이전 사업연도의 해당 국가에 소재하는 각 구성기업의 글로벌최저한세소득 금액 합계액

2. 제119조 제2항에 따른 당기추가세액가산액의 경우 : 해당 국가의 각 구성기업(해당 사업연도의 해당 구성기업의 조정대상조세 금액이 음수로서 해당 사업연도의 해당 구성기업의 조정대상조세예상액보다 작은 경우의 구성기업으로 한정한다)에 다음 계산식에 따른 배분 기준액에 비례하여 배분 (2023. 12. 29. 신설)

> 배분기준액 = A - B
>
> A : 해당 사업연도의 해당 구성기업의 조정대상조세예상액
>
> B : 해당 사업연도의 해당 구성기업의 조정대상조세 금액

☞ p.1097 2단 연결

$$\text{구성기업의 추가세액} = A \times \frac{B}{C}$$

A : 제70조에 따른 각 사업연도 해당 다국적기업그룹의 구성기업이 소재한 국가의 추가세액
B : 각 사업연도 해당 구성기업의 글로벌최저한세소득 금액
C : 각 사업연도 해당 국가에 소재하는 각 구성기업의 글로벌최저한세소득 금액 합계

② 제1항에 따라 당기추가세액가산액이 배분되는 구성기업은 법 제72조 및 제73조를 적용할 때 저율과세구성기업으로 본다. (2023. 12. 29. 신설)

편주 ▶ ···
영 121조 2항의 개정규정 중 "및 제73조"의 개정부분 및 같은 항 2호의 개정규정은 2025. 1. 1.부터 시행함. (영 부칙(2023. 12. 29.) 단서)
···

제 3 절 추가세액의 과세

제72조【소득산입규칙의 적용】① 제71조에 따라 계산한 저율과세구성기업의 추가세액에 대해서는 추가세액배분액(발생한 추가세액을 제2항 또는 제73조 제3항부터 제6항까지의 규정에 따라 모기업 또는 다른 구성기업들에 배분한 후의 그 배분된 추가세액을 말한다. 이하 이 장에서 같다)을 제2항부터 제8항까지의 규정에 따라 계산하여 모기업에 과세하는 소득산입규칙을 우선 적용한다. (2023. 12. 31. 개정)

제72조【소득산입규칙의 적용】① 제71조에 따라 계산한 저율과세구성기업의 추가세액에 대해서는 추가세액배분액(발생한 추가세액을 제2항 또는 제73조 제3항부터 제6항까지에 따라 모기업 또는 다른 구성기업들에 배분한 후의 그 배분된 추가세액을 말한다. 이하 이 장에서 같다)을 모기업에 과세하는 소득산입규칙(이하 이 장에서 "소득산입규칙"이라 한다)을 우선 적용한다. 이 경우 국내구성기업은 제2항부터 제8항까지에 따라 추가세액배분액을 계산하여 납부하여야 한다. (2024. 12. 31. 개정)
② 각 사업연도 저율과세구성기업의 추가세액 중 모기업에 대한 추가세액배분액은 다음 계산식에 따라 계산한다. (2022. 12. 31. 신설)

$$\text{모기업에 대한 추가세액배분액} = A \times B$$

A : 제71조에 따라 계산한 저율과세구성기업의 추가세액
B : 저율과세구성기업의 글로벌최저한세소득 중 해당 모기업에 귀속되는 비율로서 대통령령으로 정하는 비율

③ 국내구성기업인 최종모기업이 해당 사업연도 중 저율과세구성기업의 소유지분을 직접 또는 간접으로 보유하는 경우 해당 최종모기업은

제 3 절 추가세액의 과세 (2023. 12. 29. 신설)

제122조【모기업에 대한 추가세액배분액의 계산】① 법 제72조 제2항의 계산식에서 "대통령령으로 정하는 비율"이란 다음 계산식에 따라 계산한 비율(이하 이 장에서 "소득산입비율"이라 한다)을 말한다. (2023. 12. 29. 신설)

$$\text{소득산입비율} = 1 - \frac{A}{B}$$

A : 저율과세구성기업의 글로벌최저한세소득 금액 중 모기업에 외의 다른 소유지분 보유자에게 귀속되는 금액
B : 저율과세구성기업의 글로벌최저한세소득 금액

제 3 절 추가세액의 과세
(2024. 3. 22. 신설)

제77조【소득산입비율의 계산】① 영 제122조 제1항의 계산식에서 "저율과세구성기업의 글로벌최저한세소득 금액 중 모기업 외의 다른 소유지분 보유자에게 귀속되는 금액"이란 다음 각 호의 요건이 모두 충족된다고 가정했을 때 해당 저율과세구성기업의 회계상 순이익 금액 중 해당 모기업 외의 다른 소유지분 보유자에게 귀속될 금액을 말한다. (2024. 3. 22. 신설)
1. 해당 저율과세구성기업의 회계상 순이

그 최종모기업에 대한 추가세액배분액을 납부하여야 한다. (2022. 12. 31. 신설)

④ 국내구성기업인 중간모기업이 해당 사업연도 중 저율과세구성기업의 소유지분을 직접 또는 간접으로 보유하는 경우(해당 중간모기업의 고정 사업장이 보유하는 해당 저율과세구성기업의 소유지분을 포함한다) 해당 중간모기업은 그 중간모기업에 대한 추가세액배분액을 납부하여야 한다. 다만, 다음 각 호에 해당하는 경우에는 그러하지 아니하다. (2022. 12. 31. 신설)

1. 해당 사업연도에 저율과세구성기업이 속하는 다국적기업그룹의 최종모기업이 소득산입규칙으로서 대통령령으로 정하는 요건을 갖춘 규칙(이하 이 장에서 "적격소득산입규칙"이라 한다)을 적용받는 경우 (2022. 12. 31. 신설)

2. 해당 사업연도에 중간모기업의 지배지분을 직접 또는 간접으로 보유하는 다른 중간모기업이 적격소득산입규칙을 적용받는 경우 (2022. 12. 31. 신설)

⑤ 국내구성기업인 부분소유중간모기업이 해당 사업연도 중 저율과세구성기업의 소유지분을 직접 또는 간접으로 보유하는 경우 해당 부분소유중간모기업은 그 부분소유중간모기업에 대한 추가세액배분액을 납부하여야 한다. (2022. 12. 31. 신설)

⑤ 국내구성기업인 부분소유모기업이 해당 사업연도 중 저율과세구성기업의 소유지분을 직접 또는 간접으로 보유하는 경우 해당 부분소유모기업은 그 부분소유모기업에 대한 추가세액배분액을 납부하여야 한다. (2024. 12. 31. 개정)

⑥ 해당 사업연도에 적격소득산입규칙을 적용하여야 하는 부분소유중간모기업이 다른 부분소유중간모기업의 소유지분을 직접 또는 간접으로 모두 보유하고 있는 경우 그 다른 부분소유중간모기업에 대해서는 제5항을 적용하지 아니한다. (2022. 12. 31. 신설)

⑥ 해당 사업연도에 적격소득산입규칙을 적용하여야 하는 부분소유모기업이 다른 부분소유모기업의 소유지분을 직접 또는 간접으로 모두 보유하고 있는 경우 그 다른 부분소유모기업에 대해서는 제5항을 적용하지 아니한다. (2024. 12. 31. 개정)

⑦ 국내 저율과세구성기업에 대해서는 제3항부터 제6항까지의 규정을 적용하지 아니한다. (2022. 12. 31. 신설)

⑧ 모기업이 적격소득산입규칙을 적용받는 기업으로서 중간모기업 또는 부분소유중간모기업을 통하여 저율과세구성기업의 소유지분을 간접으로 보유하는 경우 해당 모기업에 대한 추가세액배분액은 제2항에 따라 계산된 추가세액배분액에서 해당 중간모기업 또는 부분소유중간모기업이 납부하는 추가세액배분액을 고려하여 대통령령으로 정하는

② 소득산입비율의 구체적 계산 방법 등은 기획재정부령으로 정한다. (2023. 12. 29. 신설)

제123조 【적격소득산입규칙의 요건】 법 제72조 제4항 제1호에서 "대통령령으로 정하는 요건을 갖춘 규칙"이란 다음 각 호의 요건을 모두 갖춘 법 제72조에 따른 소득산입규칙 또는 그에 상당하는 다른 국가의 규칙(이하 이 장에서 "적격소득산입규칙"이라 한다)을 말한다. (2023. 12. 29. 신설)

1. 국제적으로 합의한 글로벌최저한세 규칙에 따른 결과와 부합하도록 시행될 것 (2023. 12. 29. 신설)

2. 해당 국가가 제139조 제1항에 따른 글로벌최저한세제도에 따라 추가세액을 부담하는 기업에 해당 제도와 연관된 편익(세제 혜택 및 보조금을 포함한다)을 제공하지 않을 것 (2023. 12. 29. 신설)

2. 해당 국가가 글로벌최저한세제도에 따라 추가세액을 부담하는 기업에 해당 제도와 연관된 편익(세제 혜택 및 보조금을 포함한다)을 제공하지 않을 것 (2025. 2. 28. 개정)

제124조 【추가세액배분액의 차감액】 법 제72조 제8항에서 "대통령령으로 정하는 금액"이란 적격소득산입규칙이 적용되는 그룹의 구성기업인 중간모기업 또는 부분소유중간모기업이 납부하는 추가세액배분액 중 해당 모기업이 직접 또는 간접으로 보유하는 해당 중간모기업 또는 해당 부분소유중간모기업의 소유지분에 귀속되는 금액을

익 금액이 글로벌최저한세소득 금액과 같을 것 (2024. 3. 22. 신설)

2. 해당 모기업이 최종모기업회계기준(최종모기업의 연결재무제표를 작성하는 데 사용되는 회계기준을 말한다. 이하 같다)에 따라 연결재무제표를 작성할 것 (2024. 3. 22. 신설)

3. 해당 모기업이 해당 저율과세구성기업의 지배지분을 보유하고 있어서 제2호에 따른 모기업의 연결재무제표에서 저율과세구성기업의 모든 수익과 비용이 항목별로 연결될 것 (2024. 3. 22. 신설)

4. 해당 저율과세구성기업의 글로벌최저한세소득 전부가 그룹(해당 모기업을 최종모기업 또는 가상의 최종모기업으로 하는 그룹을 말한다. 이하 이 항에서 같다)에 속하지 않은 자와의 거래에서 발생할 것 (2025. 3. 21. 개정)

5. 해당 저율과세구성기업의 소유지분 중 해당 모기업이 직접 또는 간접으로 보유하지 않은 것은 그 그룹에 속하지 않은 자가 보유할 것 (2025. 3. 21. 개정)

② 영 제122조 제1항의 계산식에서 "저율과세구성기업의 글로벌최저한세소득 금액"이란 다음 각 호의 구분에 따른 금액을 말한다. (2024. 3. 22. 신설)

1. 해당 사업연도에 영 제119조 제1항에 따른 당기추가세액가산액이 발생하는 경우로서 해당 국가의 순글로벌최저한세소득금액이 없는 경우 : 해당 저율과세구성기업에 배분되는 당기추가세액가산액을 최저한세율로 나누어 계산한

금액을 차감하여 계산한다. (2023. 12. 31. 개정)

⑧ 모기업이 적격소득산입규칙을 적용받는 <u>중간모기업 또는 부분소유</u> <u>모기업</u>을 통하여 저율과세구성기업의 소유지분을 간접으로 보유하는 경우 해당 모기업에 대한 추가세액배분액은 제2항에 따라 계산된 추가세액배분액에서 해당 중간모기업 또는 <u>부분소유모기업이</u> 납부하는 추가세액배분액을 고려하여 대통령령으로 정하는 금액을 차감하여 계산한다. (2024. 12. 31. 개정)

제73조【소득산입보완규칙의 적용】① 저율과세구성기업의 추가세액 중 적격소득산입규칙이 적용되지 아니하는 금액에 대해서는 추가세액배분액을 다국적기업그룹의 구성기업들에 과세하는 소득산입보완규칙(이하 이 장에서 "소득산입보완규칙"이라 한다)을 적용한다. 이 경우 국내구성기업은 제2항부터 제7항까지에 따라 추가세액배분액을 계산하여 납부하여야 한다. (2024. 12. 31. 개정)

② 각 사업연도 다국적기업그룹의 소득산입보완규칙 추가세액은 모든 저율과세구성기업의 추가세액 합계액으로 한다. (2022. 12. 31. 신설)

③ 제2항에 따른 저율과세구성기업의 추가세액은 다음 각 호의 구분에 따른 금액으로 한다. (2022. 12. 31. 신설)

1. 최종모기업이 직접 또는 간접으로 보유하고 있는 저율과세구성기업의 소유지분을 해당 사업연도에 그 저율과세구성기업에 대하여 적격소득산입규칙을 적용하는 하나 이상의 모기업이 직접 또는 간접으로 모두 보유하는 경우 : 영 (2022. 12. 31. 신설)

2. 제1호에 해당되지 아니하는 경우 : 적격소득산입규칙에 따라 해당 저율과세구성기업의 모기업에 부과된 추가세액배분액만큼 차감한 금액 (2022. 12. 31. 신설)

④ 각 사업연도 다국적기업그룹의 소득산입보완규칙 추가세액 국내 배분액은 제2항 및 제3항에 따라 산정된 소득산입보완규칙 추가세액에 다음 계산식에 따라 계산한 소득산입보완규칙 국내 배분비율을 곱하여 계산한다. 이 경우 다음 계산식을 적용하는 데 필요한 사항은 대통령령

말한다. (2023. 12. 29. 신설)

제124조【추가세액배분액의 차감액】법 제72조 제8항에서 "대통령령으로 정하는 금액"이란 적격소득산입규칙이 적용되는 그룹의 구성기업인 중간모기업 또는 <u>부분소유모기업</u>이 납부하는 추가세액배분액 중 해당 모기업이 직접 또는 간접으로 보유하는 해당 중간모기업 또는 해당 <u>부분소유모기업</u>의 소유지분에 귀속되는 금액을 말한다. (2025. 2. 28. 개정)

제125조【종업원 수의 계산 등】① 법 제73조 제4항의 계산식 중 A 및 B의 종업원 수는 각각 적격종업원에 대해 해당 사업연도의 기획재정부령으로 정하는 상시 근로시간 기준에 따라 환산하여 산정한다. (2023. 12. 29. 신설)

금액 (2024. 3. 22. 신설)

2. 해당 사업연도에 영 제119조 제2항에 따른 당기추가세액가산액이 발생하는 경우 : 영 제121조 제1항 제2호에 따라 해당 저율과세구성기업에 배분되는 당기추가세액가산액을 최저한세율로 나누어 계산한 금액 (2024. 3. 22. 신설)

제78조【종업원 수의 계산 등】① 영 제125조 제1항에 따른 종업원 수는 다음 계산식에 따라 계산한다. (2024. 3. 22. 신설)

으로 정한다. (2023. 12. 31. 개정)

소득산입보완규칙 국내 배분비율

$$= (\frac{A}{B} \times \frac{50}{100}) + (\frac{C}{D} \times \frac{50}{100})$$

A : 해당 다국적기업그룹 각 국내구성기업의 종업원 수 합계
B : 소득산입보완규칙 중 대통령령으로 정하는 요건을 갖춘 규칙
　　(이하 이 장에서 "적격소득산입보완규칙"이라 한다)을 시행하
　　는 국가에 소재하는 해당 다국적기업그룹 구성기업의 종업원
　　수 합계
C : 해당 다국적기업그룹 국내구성기업의 유형자산 순장부가액 합
　　계액
D : 적격소득산입보완규칙을 시행하는 국가에 소재하는 해당 다국
　　적기업그룹 구성기업의 유형자산 순장부가액 합계액

편주 ▶
법 73조 4항의 개정규정은 2025. 1. 1. 이후 개시하는 사업연도분에 대하
여 과세하는 경우부터 적용함. (법 부칙(2023. 12. 31.) 4조 3항)

⑤ 제4항에 따른 소득산입보완규칙 추가세액 국내 배분액을 각 사업연도 다국적기업그
룹의 각 국내구성기업에 배분하는 경우 소득산입보완규칙 추가세액배분액은 다음 각
호의 방법 중 신고구성기업이 선택하는 방법을 적용하여 계산한다. 이 경우 해당 호의
방법을 적용하는 데 필요한 사항은 대통령령으로 정한다. (2023. 12. 31. 개정)
⑤ 제4항에 따른 소득산입보완규칙 추가세액 국내 배분액을 각 사업연
도 다국적기업그룹의 각 국내구성기업(투자구성기업은 제외한다. 이하
이 항에서 같다)에 배분하는 경우 소득산입보완규칙 추가세액배분액은
다음 각 호의 방법 중 신고구성기업이 선택하는 방법을 적용하여 계산
한다. 다만, 제4항에 따른 소득산입보완규칙 추가세액 국내 배분액의
배분이 이루어지는 사업연도의 직전 사업연도 말까지 제2호의 방법을
적용하여 계산된 소득산입보완규칙 추가세액배분액의 전부 또는 일부
가 납부되지 아니한 경우 제4항에 따른 소득산입보완규칙 추가세액 국
내 배분액은 국내구성기업인 최종모기업에 배분하는 방법을 적용하여

영 125조의 개정규정은 2025. 1. 1.부터 시행함. (영 부칙(2023. 12. 29.)
단서)

② 법 제73조 제4항의 계산식 중 C 및 D의 유형자산 순장부가액은
각각 적격유형자산 장부가액으로 한다. (2023. 12. 29. 신설)
③ 법 제73조 제4항의 계산식에서 "대통령령으로 정하는 요건을 갖춘
규칙"이란 다음 각 호의 요건을 모두 갖춘 법 제73조에 따른 소득산입
보완규칙 또는 그에 상당하는 다른 국가의 규칙(이하 이 장에서 "적격
소득산입보완규칙"이라 한다)을 말한다. (2024. 2. 29. 신설)

편주 ▶
영 125조 3항 및 4항의 개정규정은 2025. 1. 1.부터 시행함. (영 부칙
(2024. 2. 29.) 1조 2호)

1. 국제적으로 합의한 글로벌최저한세 규칙에 따른 결과와 부합하도록
　 시행될 것 (2024. 2. 29. 신설)
2. 해당 국가가 제139조 제1항에 따른 글로벌최저한세제도에 따라 추가세액을 부담하
　 는 기업에 해당 제도와 연관된 편익(세제 혜택 및 보조금을 포함한다)을 제공하지
　 않을 것 (2024. 2. 29. 신설)
2. 해당 국가가 글로벌최저한세제도에 따라 추가세액을 부담하는 기업
　 에 해당 제도와 연관된 편익(세제 혜택 및 보조금을 포함한다)을 제
　 공하지 않을 것 (2025. 2. 28. 개정)
④ 제1항에 따른 종업원 수 및 제2항에 따른 유형자산 순장부가액의
국내구성기업 간 배분 방법 등은 기획재정부령으로 정한다. (2024. 2.
29. 항번개정)

편주 ▶
법 73조 5항 및 6항의 개정규정은 2025. 1. 1. 이후 법 83조에 따라 글로
벌최저한세정보신고서를 제출하거나 법 84조에 따라 추가세액배분액을 신
고하는 경우부터 적용함. (법 부칙(2024. 12. 31.) 6조 2호)

종업원 수 = A ÷ B

A : 해당 사업연도 매월 말 상시 근로시
　　간 기준으로 환산한 종업원 수의 합계
B : 해당 사업연도의 개월 수

비고 : 종업원 수의 값이 100분의 1 미
　　　만인 값은 버린다.

② 제1항에 따른 종업원 수와 영 제125조
제2항에 따른 유형자산 순장부가액은 다
음 각 호의 기준에 따라 배분한다. (2024.
3. 22. 신설)
1. 종업원의 인건비 또는 유형자산이 영
　 제107조에 따라 결정되고 조정되는 고
　 정사업장의 별도 회계에 포함되는 경우
　 그 종업원 또는 유형자산은 해당 고정
　 사업장이 소재하는 국가의 종업원 또는
　 유형자산으로 보고, 해당 종업원 수 또
　 는 유형자산의 순장부가액은 본점의 종
　 업원 수 또는 유형자산의 순장부가액에
　 산입하지 않을 것 (2024. 3. 22. 신설)
2. 투자구성기업의 종업원 수와 유형자산 순
　 장부가액은 제1항에 따른 종업원 수와 영
　 제125조 제2항에 따른 유형자산 순장부가
　 액에서 각각 제외할 것 (2024. 3. 22. 신설)
3. 고정사업장에 배분되지 않는 투과기업
　 의 종업원 수와 유형자산 순장부가액은
　 투과기업이 설립된 국가에 소재하는 다
　 른 구성기업이 있는 경우 해당 국가에
　 배분할 것 (2024. 3. 22. 신설)
4. 투과기업이 설립된 국가에 투과기업 외
　 의 어떠한 구성기업도 소재하지 않는
　 경우 제1호에 따라 고정사업장에 배분

계산하며, 국내에 해당 최종모기업이 소재하지 아니하는 경우에는 제1호의 방법을 적용하여 계산한다. (2024. 12. 31. 개정)

1. 국내구성기업이 속하는 다국적기업그룹의 최종모기업이 직접 또는 간접으로 보유하고 있는 국내구성기업에 대한 소유지분 비율과 적격소득산입보완규칙을 적용받는 각 국내구성기업의 추가세액배분액에 대한 부담능력을 고려하여 배분하는 것으로서 대통령령으로 정하는 방법 (2023. 12. 31. 개정)
2. 다국적기업그룹의 모든 국내구성기업이 합의한 것으로서 신고구성기업이 지정하는 하나 이상의 국내구성기업에 배분하는 방법 (2023. 12. 31. 개정)

⑥ 제4항에도 불구하고 적격소득산입보완규칙을 시행하는 국가에 소재하는 다국적기업그룹의 구성기업이 각 사업연도 직전 사업연도에 배분된 소득산입보완규칙 추가세액배분액 전부 또는 일부를 회계상 당기법인세비용으로 계상하지 아니하는 경우에는 해당 국가에 대한 해당 사업연도 다국적기업그룹의 소득산입보완규칙 추가세액 국내 배분액은 영으로 본다. (2023. 12. 31. 신설)

⑥ 제4항에도 불구하고 적격소득산입보완규칙을 시행하는 국가에 소재하는 다국적기업그룹의 구성기업이 각 사업연도 전 사업연도에 배분받은 소득산입보완규칙 추가세액배분액 전부 또는 일부를 회계상 당기법인세비용으로 계상하지 아니하는 경우에는 해당 국가에 대한 해당 사업연도 다국적기업그룹의 소득산입보완규칙 추가세액 국내 배분비율은 영으로 본다. 이 경우 해당 국가에 소재하는 해당 다국적기업그룹 구성기업의 종업원 수 합계와 유형자산 순장부가액 합계액도 각각 영으로 본다. (2024. 12. 31. 개정)

⑦ 다국적기업그룹의 국내구성기업은 제5항에 따라 계산한 소득산입보완규칙 추가세액배분액을 납부하여야 한다. (2023. 12. 31. 개정)

편주 ▶
법 73조 7항의 개정규정은 2025. 1. 1. 이후 개시하는 사업연도분에 대하여 과세하는 경우부터 적용함. (법 부칙(2023. 12. 31.) 4조 3항)

제125조의 2 【소득산입보완규칙 추가세액 국내 배분액의 국내구성기업 간 배분】 법 제73조 제5항 제1호에서 "대통령령으로 정하는 방법"이란 법 제73조 제4항에 따라 산정된 소득산입보완규칙 추가세액 국내 배분액에 다음 계산식에 따라 계산한 소득산입보완규칙 국내구성기업 배분비율을 곱하는 방법을 말한다. (2025. 2. 28. 신설)

$$\begin{matrix}\text{소득산입}\\\text{보완규칙}\\\text{국내구성기업}\\\text{배분비율}\end{matrix} = \left(\frac{A}{B} \times \frac{50}{100}\right) + \left(\frac{C}{D} \times \frac{50}{100}\right)$$

A : 해당 사업연도의 해당 국내구성기업이 속하는 다국적기업그룹의 최종모기업이 직접 또는 간접으로 보유하고 있는 해당 국내구성기업에 대한 소유지분 비율(기획재정부령으로 정하는 바에 따라 계산한 비율을 말한다. 이하 이 조에서 같다). 다만, 최종모기업에 대한 소득산입보완규칙 국내구성기업 배분비율을 계산하는 경우에는 1로 한다.
B : 해당 최종모기업이 직접 또는 간접으로 보유하고 있는 모든 국내구성기업에 대한 소유지분 비율의 합계에 1을 더한 값
C : 해당 사업연도 말 해당 국내구성기업의 현금 및 현금성자산 가액 평균(기초 가액과 기말 가액의 평균을 말한다. 이하 이 조에서 같다)
D : 각 국내구성기업의 현금 및 현금성자산 가액 평균의 합계

편주 ▶
영 125조의 2의 개정규정은 2025. 2. 28. 이후 법 83조에 따라 글로벌최저한세정보신고서를 제출하거나 법 84조에 따라 추가세액배분액을 신고하는 경우부터 적용함. (영 부칙(2025. 2. 28.) 4조)

되지 않는 투과기업의 종업원 수와 유형자산 순장부가액은 제1항에 따른 종업원 수와 영 제125조 제2항에 따른 유형자산 순장부가액에서 각각 제외할 것 (2024. 3. 22. 신설)

편주 ▶
규칙 78조의 개정규정은 2025. 1. 1.부터 시행함. (규칙 부칙(2024. 3. 22.) 1조 2호)

제78조의 2 【소득산입보완규칙의 소유지분 비율】 영 제125조의 2의 계산식에서 "기획재정부령으로 정하는 바에 따라 계산한 비율"이란 국내구성기업에 대한 가장 최근의 소유지분 변동 당시를 기준으로 해당 국내구성기업이 속하는 다국적기업그룹의 최종모기업이 보유하고 있는 소유지분의 종류별 가치의 합계가 해당 국내구성기업에 대한 모든 소유지분의 가치에서 차지하는 비율을 말한다. (2025. 3. 21. 신설)

개정취지 ▶
소득산입보완규칙의 소유지분 비율 계산방법
소득산입보완규칙 국내구성기업 배분비율 계산 시 해당 국내구성기업이 속하는 다국적기업그룹의 최종모기업이 직접 또는 간접으로 보유하고 있는 해당 국내 구성기업에 대한 소유지분 비율을 '국내구성기업에 대한 가장 최근의 소유지분 변동 당시를 기준으로 해당 최종모기업이 보유하고 있는 소유지분의 종류별 가치의 합계가 해당 국내구성기업에 대한 모든 소유지분의 가치에서 차지하는 비율'로 정함. (규칙 78조의 2 신설 ; 2025. 3. 21.)

제 4 절 특 례

제74조 【최소적용제외 특례】 ① 제69조부터 제71조까지의 규정에도 불구하고 신고구성기업은 각 사업연도에 다음 각 호의 요건을 모두 갖춘 국가의 경우 대통령령으로 정하는 바에 따라 해당 국가에 소재하는 각 구성기업의 추가세액을 영으로 할 수 있다. (2022. 12. 31. 신설)

제74조 【최소적용제외 특례】 ① 제69조부터 제71조까지의 규정에도 불구하고 신고구성기업은 다음 각 호의 요건을 모두 갖춘 국가의 경우에는 대통령령으로 정하는 바에 따라 해당 국가에 소재하는 각 구성기업의 각 사업연도 추가세액을 영으로 할 수 있다. (2024. 12. 31. 개정)

1. 해당 국가의 해당 사업연도와 그 직전 2개 사업연도의 대통령령으로 정하는 매출액 평균이 1천만유로 미만일 것 (2022. 12. 31. 신설)

1. 해당 국가에 소재하는 각 구성기업의 해당 사업연도와 그 직전 2개 사업연도의 대통령령으로 정하는 매출액 합계의 평균이 1천만유로 미만일 것 (2024. 12. 31. 개정)

2. 해당 국가의 해당 사업연도와 그 직전 2개 사업연도의 대통령령으로 정하는 글로벌최저한세소득·결손 금액 평균이 1백만유로 미만일 것 (2022. 12. 31. 신설)

2. 해당 국가에 소재하는 각 구성기업의 해당 사업연도와 그 직전 2개 사업연도의 대통령령으로 정하는 글로벌최저한세소득·결손 금액 합계의 평균이 1백만유로 미만일 것 (2024. 12. 31. 개정)

② 무국적구성기업 또는 투자구성기업에 대해서는 제1항을 적용하지 아니한다. (2023. 12. 31. 개정)

② 다음 각 호의 구성기업에 대해서는 제1항을 적용하지 아니한다. (2024. 12. 31. 개정)

편주 ▶

법 74조 2항의 개정규정은 2025. 1. 1. 이후 법 83조에 따라 글로벌최저한세정보신고서를 제출하거나 법 84조에 따라 추가세액배분액을 신고하는 경우부터 적용함. (법 부칙(2024. 12. 31.) 6조 3호)

1. 무국적구성기업 또는 투자구성기업 (2024. 12. 31. 신설)
2. 신고구성기업이 제83조 제1항에 따른 글로벌최저한세정보신고서를 제출할 때에는 제1항 각 호의 요건을 갖추었으나 그 후 제68조에

제 4 절 특 례 (2023. 12. 29. 신설)

제126조 【최소적용제외 특례】 ① 법 제74조 제1항 각 호 외의 부분에 따라 신고구성기업은 매년선택의 방법으로 해당 국가에 소재하는 각 구성기업의 추가세액을 영으로 할 수 있다. (2023. 12. 29. 신설)

제126조 【최소적용제외 특례】 ① 법 제74조 제1항 각 호 외의 부분에 따라 신고구성기업은 매년선택의 방법으로 해당 국가에 소재하는 각 구성기업의 각 사업연도 추가세액을 영으로 할 수 있다. (2025. 2. 28. 개정)

② 법 제74조 제1항 제1호에서 "대통령령으로 정하는 매출액 평균"이란 해당 국가에 소재하는 각 구성기업의 해당 사업연도 및 그 직전 2개 사업연도의 매출액(법 제66조 제1항에 따른 조정사항을 반영하여 계산한 것을 말한다)의 평균을 말한다. (2023. 12. 29. 신설)

② 법 제74조 제1항 제1호에서 "대통령령으로 정하는 매출액 합계의 평균"이란 해당 국가에 소재하는 각 구성기업의 해당 사업연도 및 그 직전 2개 사업연도의 매출액(법 제66조 제1항에 따른 조정사항을 반영하여 계산한 것을 말한다) 합계의 평균을 말한다. (2025. 2. 28. 개정)

③ 법 제74조 제1항 제2호에서 "대통령령으로 정하는 글로벌최저한세소득·결손 금액 평균"이란 해당 국가에 소재하는 각 구성기업의 해당 사업연도 및 그 직전 2개 사업연도의 글로벌최저한세소득 금액 또는 글로벌최저한세결손 금액의 평균을 말한다. (2023. 12. 29. 신설)

③ 법 제74조 제1항 제2호에서 "대통령령으로 정하는 글로벌최저한세소득·결손 금액 합계의 평균"이란 해당 국가에 소재하는 각 구성기업의 해당 사업연도 및 그 직전 2개 사업연도의 글로벌최저한세소득 금액 합계의 평균 또는 글로벌최저한세결손 금액 합계의 평균을 말한다. (2025. 2. 28. 개정)

④ 제2항 및 제3항에 따른 평균 금액의 구체적 계산 방법 등은 기획재정부령으로 정한다. (2023. 12. 29. 신설)

⑤ 법 제74조 제2항 제2호 및 제3호에서 "신고 후 조정 등 대통령령으로 정하는 사유"란 각각 다음 각 호의 어느 하나에 해당하는 경우를 말한다. (2025. 2. 28. 신설)

1. 법 제68조에 따른 신고 후 조정이 이루어진 경우 (2025. 2. 28. 신설)

제 4 절 특 례 (2024. 3. 22. 신설)

제79조 【매출액 평균금액 등의 계산방법】 영 제126조 제2항 및 제3항의 평균을 계산할 때 해당 국가에 직전 또는 그 직전 사업연도에 매출액 또는 글로벌최저한세소득·결손이 있는 구성기업이 없는 경우에는 그 사업연도는 제외하고 해당 국가의 매출액 평균 및 글로벌최저한세소득·결손 금액의 평균을 계산한다. (2024. 3. 22. 신설)

제79조 【매출액 평균금액 등의 계산방법】 영 제126조 제2항 및 제3항의 평균을 계산할 때 해당 국가에 직전 또는 그 직전 사업연도에 매출액 또는 글로벌최저한세결손이 있는 구성기업이 없는 경우에는 그 사업연도는 제외하고 해당 국가의 매출액 평균 및 글로벌최저한세소득·결손 금액의 평균을 계산한다. (2025. 3. 21. 개정)

따른 신고 후 조정 등 대통령령으로 정하는 사유로 제1항 각 호의 요건을 갖추지 못하게 된 국가에 소재하는 각 구성기업 (2024. 12. 31. 신설)

3. 신고구성기업이 제83조 제1항에 따른 글로벌최저한세정보신고서를 제출할 때에는 제1항 각 호의 요건을 갖추지 못하였으나 그 후 제68조에 따른 신고 후 조정 등 대통령령으로 정하는 사유로 제1항 각 호의 요건을 갖추게 된 국가에 소재하는 각 구성기업 (2024. 12. 31. 신설)

제75조【소수지분구성기업에 대한 특례】① 소수지분구성기업으로 이루어진 그룹으로서 대통령령으로 정하는 그룹(이 장에서 "소수지분하위그룹"이라 한다)에 해당하는 경우에는 그 소수지분하위그룹을 별개의 다국적기업그룹으로 보아 제66조부터 제71조까지, 제76조, 제77조 및 제78조부터 제81조까지의 규정에 따라 그 실효세율과 추가세액을 계산한다. (2024. 12. 31. 개정)

② 소수지분하위그룹에 속하지 아니하는 소수지분구성기업에 대해서는 해당 소수지분구성기업별로 제66조부터 제71조까지, 제76조, 제77조, 제78조, 제80조 및 제81조에 따라 그 실효세율과 추가세액을 계산한다. (2024. 12. 31. 개정)

③ 소수지분하위그룹에 속하지 아니하는 소수지분구성기업이 투자구성기업인 경우에는 제79조를 적용한다. (2023. 12. 31. 개정)

④ 같은 다국적기업그룹의 다른 구성기업에 대하여 순글로벌최저한세소득금액 및 제69조에 따른 실효세율을 계산하는 경우에는 소수지분하위그룹과 제2항을 적용하는 소수지분구성기업의 조정대상조세 및 글로벌최저한세소득·결손은 제외하고 계산한다. (2022. 12. 31. 신설)

제76조【조직재편에 대한 특례】① 기업에 대한 직접 또는 간접 소유지분이 이전되어 그 이전되는 기업(이하 이 항에서 "이전대상기

2. 제104조 제1항 제10호에 따른 총자산처분이익의 조정이 이루어진 경우 (2025. 2. 28. 신설)

제127조【소수지분하위그룹】법 제75조 제1항에서 "대통령령으로 정하는 그룹"이란 제1호의 소수지분모기업과 제2호의 소수지분자회사로 구성되는 그룹을 말한다. (2023. 12. 29. 신설)

1. 소수지분모기업 : 다음 각 목의 요건을 모두 갖춘 소수지분구성기업을 말한다. (2023. 12. 29. 신설)
   가. 해당 소수지분구성기업이 다른 소수지분구성기업에 대한 지배지분을 직접 또는 간접으로 소유할 것 (2023. 12. 29. 신설)
   나. 다른 소수지분구성기업이 해당 소수지분구성기업에 대한 지배지분을 직접 또는 간접으로 소유하지 않을 것 (2023. 12. 29. 신설)

2. 소수지분자회사 : 그 지배지분을 제1호의 소수지분모기업이 직접 또는 간접으로 소유하고 있는 소수지분구성기업을 말한다. (2023. 12. 29. 신설)

제128조【조직재편 시 구성기업의 처리】① 법 제76조 제1항 본문에 따른 이전대상기업(이하 이 조에서 "이전대상기업"이라 한다)이

제80조【조직재편 시 구성기업의 처리】영 제128조 제1항 각 호 외의 부분 후

업"이라 한다)이 다국적기업그룹의 구성기업이 되거나 다국적기업그룹의 구성기업에서 제외되는 경우에는 해당 기업이 다국적기업그룹의 최종모기업의 연결재무제표에 포함되는지 여부와 연결되는 금액 등을 고려하여 대통령령으로 정하는 바에 따라 이 장을 적용한다. 다만, 이전대상기업의 소재지국에서 해당 소유지분의 이전을 자산 및 부채의 이전과 같거나 유사한 방법으로 과세하는 경우로서 대통령령으로 정하는 경우에는 제2항 또는 제3항에 따른다. (2022. 12. 31. 신설)

② 자산 및 부채를 처분하는 구성기업(이하 이 조에서 "처분구성기업"이라 한다)과 자산 및 부채를 취득하는 구성기업(이하 이 조에서 "취득구성기업"이라 한다)의 글로벌최저한세소득 · 결손의 계산은 다음 각 호의 구분에 따른다. (2022. 12. 31. 신설)

1. 처분구성기업 : 해당 자산 및 부채의 처분으로 발생한 이익 또는 손실(이하 이 조에서 "처분손익"이라 한다)을 글로벌최저한세소득 · 결손 계산에 포함한다. (2022. 12. 31. 신설)

2. 취득구성기업 : 연결재무제표를 작성할 때 적용하는 회계기준에 따른 해당 자산 및 부채의 취득가액을 사용하여 취득 이후의 글로벌최저한세소득 · 결손을 계산한다. (2022. 12. 31. 신설)

③ 제2항에도 불구하고 자산 · 부채의 이전 대가가 주식 또는 출자지분일 것 등 대통령령으로 정하는 요건을 갖춘 조직재편의 일부로 자산 및 부채의 처분 · 취득이 이루어진 경우에 대한 글로벌최저한세소득 · 결손의 계산은 다음 각 호의 구분에 따른다. 이 경우 처분구성기업이 대통령령으로 정하는 바에 따라 조직재편에 따른 손익의 일부를 인식하는 경우에는 그 손익을 대통령령으로 정하는 바에 따라 글로벌최저한세소득 · 결손을 계산할 때 산입한다. (2022. 12. 31. 신설)

1. 처분구성기업 : 처분손익을 글로벌최저한세소득 · 결손의 계산에서 제외한다. (2022. 12. 31. 신설)

다국적기업그룹의 구성기업이 되거나(새로운 다국적기업그룹의 최종모회사가 되는 경우를 포함한다) 다국적기업그룹의 구성기업에서 제외되는 경우에는 다음 각 호의 구분에 따른 방법으로 이전사업연도(이전대상기업에 대한 직접 또는 간접 소유지분이 이전되는 사업연도를 말한다. 이하 이 조에서 같다)에 대해 법 제5장 및 이 장을 적용한다. 이 경우 해당 규정의 구체적 적용 방법 등에 관하여는 기획재정부령으로 정한다. (2023. 12. 29. 신설)

1. 이전대상기업의 경우 : 해당 기업의 자산, 부채, 수익, 비용 또는 현금흐름의 일부가 다국적기업그룹의 최종모기업 연결재무제표에 항목별로 포함되는 경우에는 해당 기업을 해당 다국적기업그룹의 구성기업으로 취급 (2023. 12. 29. 신설)

2. 다국적기업그룹의 경우 : 이전대상기업의 회계상 순손익 및 조정대상조세 중 해당 다국적기업그룹의 최종모기업 연결재무제표에 포함된 금액만을 해당 이전대상기업의 글로벌최저한세소득 · 결손 및 조정대상조세의 계산에 산입 (2023. 12. 29. 신설)

② 법 제76조 제1항 단서에서 "대통령령으로 정하는 경우"란 구성기업인 이전대상기업의 소재지국(이전대상기업이 투시과세기업인 경우에는 해당 자산이 소재하는 국가를 말한다)에서 이전대상기업에 대한 소유지분의 이전을 세무상 해당 이전대상기업의 자산 및 부채의 이전 또는 이와 유사한 것으로 보아 해당 자산 및 부채의 세무상 가액과 해당 소유지분의 이전대가 또는 해당 자산 및 부채의 공정가액 간의 차액을 해당 소유지분을 처분하는 기업에 과세하는 경우를 말한다. (2023. 12. 29. 신설)

제129조 【글로벌최저한세조직재편에 대한 특례】 ① 법 제76조 제3항 각 호 외의 부분 전단에서 "자산 · 부채의 이전 대가가 주식 또는 출자지분일 것 등 대통령령으로 정하는 요건을 갖춘 조직재편"이란 다음 각 호의 요건을 모두 갖춘 합병, 분할, 청산 및 이와 유사한 거래에 따른 자산 및 부채의 이전 또는 조직변경(이하 이 조에서 "글로벌최저한세조직재편"이라 한다)을 말한다. 이 경우 「법인세법」 제44조 제2항에 따른 적격합병, 같은 법 제46조 제2항에 따른 적격분할 및 같은 법 제78조에 따른 조직변경은 글로벌최저한세조직재편으로 본다. (2023. 12. 29. 신설)

단에 따른 조직재편 시 구성기업의 처리는 다음 각 호의 기준에 따른다. (2024. 3. 22. 신설)

1. 법 제76조 제1항 본문에 따른 이전대상기업(이하 이 조에서 "이전대상기업"이라 한다)은 이전사업연도와 그 후 사업연도의 글로벌최저한세소득 · 결손 및 조정대상조세를 계산할 때 기존 장부의 자산 및 부채 가액을 사용할 것 (2024. 3. 22. 신설)

2. 이전대상기업은 다음 각 목의 요건을 모두 충족하는 경우에는 제1호에도 불구하고 그 별도재무제표에 반영된 하방회계가액을 사용하여 글로벌최저한세소득 · 결손과 조정대상조세를 계산할 것. 이 경우 그 가액과 관련된 이연법인세자산과 이연법인세부채도 하방회계가액을 사용하여 계산한다. (2024. 3. 22. 신설)

가. 해당 다국적기업그룹의 최종모기업 회계기준에서 해당 이전대상기업이 하방회계가액 조정(자산 및 부채를 해당 기업이 이전된 날의 공정가치로 평가하여 해당 기업의 별도재무제표에 반영하는 회계처리를 말한다. 이하 이 장에서 같다)을 할 수 있도록 규정하고 있을 것 (2024. 3. 22. 신설)

나. 해당 이전대상기업의 인수가 2021년 11월 30일 이전에 있었을 것 (2024. 3. 22. 신설)

다. 해당 다국적기업그룹이 자산 및 부

2. 취득구성기업 : 처분구성기업이 해당 자산 및 부채를 처분할 당시의 장부가액을 사용하여 취득 이후의 글로벌최저한세소득·결손을 계산한다. (2022. 12. 31. 신설)

④ 제1항부터 제3항까지에도 불구하고 구성기업의 자산 및 부채의 처분·취득이 이루어진 경우로서 해당 구성기업의 소재지국 세법에서 자산 및 부채(재고자산 등 통상적인 자산 및 부채는 제외한다)의 장부가액을 공정가액으로 조정하도록 하거나 조정할 수 있도록 규정한 경우에는 신고구성기업의 선택에 따라 대통령령으로 정하는 방법으로 글로벌최저한세소득·결손을 계산할 수 있다. (2023. 12. 31. 신설)

④ 제1항부터 제3항까지에도 불구하고 구성기업의 소재지국 세법에서 자산 및 부채(재고자산 등 통상적인 자산 및 부채는 제외한다)의 장부가액을 공정가액으로 조정하도록 하거나 조정할 수 있도록 규정한 경우에는 신고구성기업의 선택에 따라 대통령령으로 정하는 방법으로 글로벌최저한세소득·결손을 계산할 수 있다. (2024. 12. 31. 개정)

편주 ▶ ∙∙
법 76조 4항의 개정규정은 2025. 1. 1. 이후 법 83조에 따라 글로벌최저한세정보신고서를 제출하거나 법 84조에 따라 추가세액배분액을 신고하는 경우부터 적용함. (법 부칙(2024. 12. 31.) 6조 3호)
∙∙∙

1. 자산 및 부채 이전 대가의 전부 또는 일부가 자산 및 부채를 취득하는 구성기업(이하 이 조에서 "취득구성기업"이라 한다) 또는 그 특수관계자의 출자지분[청산의 경우에는 자산 및 부채를 처분하는 구성기업(이하 이 조에서 "처분구성기업"이라 한다)의 출자지분을 말하며, 출자지분의 경제적 가치 유무는 불문한다]일 것 (2023. 12. 29. 신설)

2. 처분구성기업의 자산 처분손익 전부 또는 일부에 대해 과세되지 않을 것 (2023. 12. 29. 신설)

3. 취득구성기업이 그 소재지국의 세법에 따라 처분구성기업 자산의 처분 전 장부가액에 제3항 제2호에 따라 비적격처분손익을 조정한 후의 가액을 사용하여 취득일 이후의 과세소득을 계산할 것 (2023. 12. 29. 신설)

② 법 제76조 제3항 각 호 외의 부분 후단에서 "대통령령으로 정하는 바에 따라 조직재편에 따른 손익의 일부를 인식하는 경우"란 다음 각 호의 금액 중 작은 금액(이하 이 조에서 "비적격처분손익"이라 한다)을 인식하는 경우를 말한다. (2023. 12. 29. 신설)

1. 글로벌최저한세조직재편과 관련하여 처분구성기업의 소재지국에서 과세되는 처분손익 금액 (2023. 12. 29. 신설)

2. 글로벌최저한세조직재편과 관련하여 회계상 발생하는 처분손익 금액 (2023. 12. 29. 신설)

③ 법 제76조 제3항 각 호 외의 부분 후단에 따라 비적격처분손익은 다음 각 호의 구분에 따른 방법으로 처리한다. (2023. 12. 29. 신설)

1. 처분구성기업 : 비적격처분손익을 글로벌최저한세소득·결손의 계산에 포함 (2023. 12. 29. 신설)

2. 취득구성기업 : 처분구성기업의 장부가액에 비적격처분손익을 조정(자산의 경우에는 비적격처분이익 금액을 가산하고 비적격처분손실 금액을 차감하는 것을 말하고, 부채의 경우에는 비적격처분이익 금액을 차감하고 비적격처분손실 금액을 가산하는 것을 말한다)한 후의 가액을 사용하여 취득 이후의 글로벌최저한세소득·결손을 계산 (2023. 12. 29. 신설)

④ 법 제76조 제4항에 따라 신고구성기업이 자산 및 부채(재고자산 등 통상적인 자산 및 부채는 제외한다. 이하 이 조에서 같다)의 장부가

채의 기존 장부가액을 사용하여 해당 이전대상기업의 회계상 순손익을 정확하게 산정할 수 있는 충분한 자료를 보유하고 있지 않을 것 (2024. 3. 22. 신설)

3. 영 제118조 제1항 제1호 및 제2호에 따라 이전대상기업의 적격인건비 및 적격유형자산 장부가액을 산정할 때에는 다음 각 목의 기준에 따를 것 (2024. 3. 22. 신설)

가. 해당 이전대상기업의 적격인건비는 해당 다국적기업그룹의 연결재무제표에 반영된 것으로 산입할 것 (2024. 3. 22. 신설)

나. 해당 이전대상기업의 적격유형자산 장부가액은 해당 다국적기업그룹에 속했던 기간에 비례하여 조정하고, 취득에 따른 매수법회계 연결조정을 반영한 금액을 기준으로 계산할 것 (2024. 3. 22. 신설)

4. 다국적기업그룹 간에 구성기업인 이전대상기업이 이전되는 경우 인수하는 다국적기업그룹(이하 이 조에서 "인수다국적기업그룹"이라 한다)은 해당 이전대상기업의 이연법인세자산 및 이연법인세부채가 발생했던 당시에 해당 이전대상기업이 인수다국적기업그룹의 구성기업이었다고 가정하여 법 제5장을 적용할 것 (2024. 3. 22. 신설)

5. 이전대상기업의 총이연법인세조정금액의 계산에 포함되었던 이연법인세부채의 이전 당시 잔액은 법 제67조 제3항

편주 ▶
영 129조 4항 3호의 개정규정은 2025. 2. 28. 이후 법 83조에 따라 글로벌최저한세정보신고서를 제출하거나 법 84조에 따라 추가세액배분액을 신고하는 경우부터 적용함. (영 부칙(2025. 2. 28.) 4조)

제77조【공동기업 등에 대한 특례】 ① 다국적기업그룹의 최종모기업이 그 소유지분의 100분의 50 이상을 직접 또는 간접으로 보유하는 기업으로서 해당 최종모기업이 연결재무제표를 작성할 때 그 소유지분의 100분의 50 이상을 보유하고 있는 기업에 대한 투자를 지분법을 사용하여 회계처리하는 기업 중 대통령령으로 정하는 기업(이하 이 장에서 "공

액을 공정가액으로 조정하기로 선택한 경우에는 다음 각 호의 방법을 순차적으로 적용하여 글로벌최저한세소득·결손을 계산한다. (2024. 2. 29. 신설)

1. 자산 및 부채의 조정 전 장부가액과 조정 후 공정가액의 차액을 자산 및 부채별로 각각 계산할 것 (2024. 2. 29. 신설)

2. 제1호에 따라 장부가액과 공정가액의 차액을 계산할 때 비적격처분손익이 있는 경우에는 비적격처분이익 금액은 차감하고 비적격처분손실 금액은 가산할 것 (2024. 2. 29. 신설)

3. 제1호 및 제2호에 따라 자산 및 부채별로 각각 계산한 차액의 합계 금액을 다음 각 목의 어느 하나에 해당하는 방법으로 글로벌최저한세소득·결손의 계산에 포함할 것 (2025. 2. 28. 개정)

　가. 법 제76조 제4항에 따른 신고구성기업의 선택이 이루어진 사업연도의 글로벌최저한세소득·결손의 계산에 포함하는 방법 (2024. 2. 29. 신설)

　나. 제1호 및 제2호에 따라 자산 및 부채별로 각각 계산한 차액을 합산하여 5로 나눈 금액을 법 제76조 제4항에 따른 신고구성기업의 선택이 이루어진 사업연도부터 연속하여 5개 사업연도 동안 각 사업연도 글로벌최저한세소득·결손의 계산에 포함하는 방법. 다만, 해당 5개 사업연도 동안 해당 구성기업이 다국적기업그룹을 이탈한 경우에는 그 전 사업연도 글로벌최저한세소득·결손의 계산에 포함하고 남은 금액 전부를 해당 구성기업이 다국적기업그룹을 이탈한 사업연도 글로벌최저한세소득·결손의 계산에 포함한다. (2025. 2. 28. 개정)

⑤ 제4항에 따른 방법이 적용된 사업연도와 그 후 사업연도의 글로벌최저한세소득·결손을 계산할 때에는 자산 및 부채의 회계상 공정가액을 사용하여 계산한다. (2024. 2. 29. 신설)

제130조【공동기업 등에 대한 특례】 ① 법 제77조 제1항 각 호 외의 부분에서 "대통령령으로 정하는 기업"이란 다음 각 호에 해당하지 않는 기업을 말한다. (2023. 12. 29. 신설)

1. 법 제5장이 적용되는 다국적기업그룹의 최종모기업 (2023. 12. 29. 신설)

1. 법 제5장이 적용되는 다국적기업그룹(법 제77조 제1항 각 호 외의

에 따라 추가세액을 다시 계산할 때 다음 각 목의 기준에 따라 계산할 것 (2024. 3. 22. 신설)

가. 이전대상기업을 구성기업에서 제외하는 다국적기업그룹의 경우에는 이전대상기업이 구성기업에서 제외되는 사업연도에 해당 잔액이 납부된 것으로 볼 것 (2024. 3. 22. 신설)

나. 이전대상기업을 구성기업에 포함하는 다국적기업그룹의 경우에는 이전대상기업이 구성기업에 포함되는 사업연도에 해당 잔액에 상당하는 이연법인세부채가 새로 발생한 것으로 볼 것. 다만, 해당 이연법인세부채로 인해 발생하는 이연법인세부채환입액은 이전대상기업을 인수하는 사업연도가 아닌 해당 환입이 이루어진 사업연도의 대상조세 감액으로 처리한다. (2024. 3. 22. 신설)

6. 이전사업연도에 이전대상기업이 둘 이상의 다국적기업그룹의 모기업인 경우 해당 이전대상기업은 다국적기업그룹별로 결정된 추가세액배분액에 대해 적격소득산입규칙을 별도로 적용할 것 (2024. 3. 22. 신설)

동기업"이라 한다) 및 대통령령으로 정하는 공동기업의 자회사(이하 이 장에서 "공동기업자회사"라 한다)에 대해서는 다음 각 호의 방법에 따라 이 장을 적용한다. (2022. 12. 31. 신설)

1. 공동기업 및 공동기업자회사는 별개의 다국적기업그룹의 구성기업으로 보고, 해당 공동기업을 해당 다국적기업그룹의 최종모기업으로 보아 제66조부터 제71조까지, 제74조부터 제76조까지, 이 조 제2항, 제77조의 2 및 제78조부터 제81조까지의 규정을 적용한다. (2024. 12. 31. 개정)
2. 공동기업 또는 공동기업자회사의 소유지분을 직접 또는 간접으로 보유하는 모기업에 대해서는 대통령령으로 정하는 바에 따라 제72조 및 제73조를 적용한다. (2022. 12. 31. 신설)

부분에 따른 다국적기업그룹이 아닌 다국적기업그룹을 말한다)의 최종모기업 (2025. 2. 28. 개정)
2. 제102조 제1항 제1호부터 제6호까지의 어느 하나에 해당하는 제외기업 (2023. 12. 29. 신설)
3. 제102조 제1항 제7호에 따른 기타제외기업(같은 호에 따른 지배기업이 소유지분을 직접 보유하는 경우로 한정한다)으로서 다음 각 목의 어느 하나에 해당하는 기업 (2023. 12. 29. 신설)
   가. 전적으로 또는 거의 전적으로 투자자들을 위하여 자산을 보유하거나 자금을 투자하는 사업활동만을 수행하는 기업 (2023. 12. 29. 신설)
   나. 제102조 제1항 제7호에 따른 지배기업이 수행하는 활동에 부수적인 활동을 수행하는 기업 (2023. 12. 29. 신설)
   다. 소득의 전부 또는 거의 전부가 제104조 제1항 제2호의 배당수익 또는 같은 항 제4호의 지분손익인 기업 (2023. 12. 29. 신설)
4. 제외기업으로만 구성된 다국적기업그룹이 그 소유지분을 보유하는 기업 (2023. 12. 29. 신설)
5. 제2항에 따른 공동기업자회사 (2023. 12. 29. 신설)

② 법 제77조 제1항 각 호 외의 부분에서 "대통령령으로 정하는 공동기업의 자회사"란 인정회계기준에 따라 같은 항 각 호 외의 부분에 따른 공동기업(이하 "공동기업"이라 한다)에 연결되거나 인정회계기준을 적용한다고 가정할 때 공동기업에 연결되어야 하는 기업(이하 이 조에서 "공동기업자회사"라 한다)을 말한다. 이 경우 공동기업 또는 공동기업자회사의 고정사업장은 별개의 공동기업자회사로 본다. (2023. 12. 29. 신설)

③ 법 제77조 제1항 제2호에 따라 공동기업 또는 공동기업자회사의 소유지분을 직접 또는 간접으로 보유하는 모기업에 대해서는 다음 각 호에서 정하는 바에 따라 법 제72조 및 제73조를 적용한다. (2023. 12. 29. 신설)

1. 해당 모기업은 공동기업 및 공동기업자회사를 구성기업으로 하는 다국적기업그룹의 각 구성기업에 대한 추가세액 중 모기업에 대한 법 제72조에 따른 추가세액배분액을 납부해야 한다. (2023. 12. 29. 신설)
2. 제1호에 따른 다국적기업그룹의 각 구성기업에 대한 추가세액 중 최종모기업에 대한 추가세액배분액의 합계액에서 적격소득산입규칙에 따라 각 모기업에 부과되는 금액을 차감한 후 남는 금액은 법 제

② 다음 각 호의 요건을 모두 갖춘 둘 이상의 그룹 및 해당 각 그룹에 속하는 기업들은 대통령령으로 정하는 바에 따라 하나의 다국적기업그룹 및 그 구성기업으로 보아 이 장을 적용한다. (2022. 12. 31. 신설)
1. 각 그룹의 최종모기업 사이에서 다음 각 목의 어느 하나에 해당하는 약정이 체결되었을 것 (2022. 12. 31. 신설)

〔편주〕···
영 131조 1항 4호의 개정규정은 2025. 1. 1.부터 시행함. (영 부칙(2023. 12. 29.) 단서)
···
☞

가. 최종모기업 중 하나가 각 그룹에 속하는 모든 기업을 연결하는 하나의 연결재무제표를 작성하도록 하는 약정으로서 대통령령으로 정하는 약정(이하 이 조에서 "결합구조약정"이라 한다) (2022. 12. 31. 신설)

73조에 따른 해당 다국적기업그룹의 소득산입보완규칙 추가세액에 산입한다. (2023. 12. 29. 신설)

제131조【복수모기업다국적기업그룹에 대한 특례】① 법 제77조 제2항에 따라 하나의 다국적기업그룹 및 그 구성기업으로 보는 둘 이상의 그룹(이하 이 조에서 "복수모기업다국적기업그룹"이라 한다) 및 그에 속하는 기업들에 대해서는 다음 각 호에서 정하는 바에 따라 법 제5장 및 이 장을 적용한다. (2023. 12. 29. 신설)
1. 복수모기업다국적기업그룹을 구성하는 각 그룹의 최종모기업 각각을 해당 복수모기업다국적기업그룹의 최종모기업으로 본다. (2023. 12. 29. 신설)
2. 복수모기업다국적기업그룹을 구성하는 각 그룹의 최종모기업이 법 제77조 제2항 제1호 가목의 결합구조약정 또는 같은 호 나목의 이중상장약정에 따라 작성한 연결재무제표를 해당 복수모기업다국적기업그룹의 연결재무제표로 본다. (2023. 12. 29. 신설)
3. 국내에 소재하는 복수모기업다국적기업그룹의 모기업(최종모기업을 포함한다)에 대해 법 제72조에 따른 소득산입규칙을 적용한다. (2023. 12. 29. 신설)
4. 국내에 소재하는 복수모기업다국적기업그룹의 구성기업에 대해 법 제73조에 따른 소득산입보완규칙을 적용한다. (2023. 12. 29. 신설)
5. 복수모기업다국적기업그룹은 법 제83조에 따른 글로벌최저한세정보신고서를 기획재정부령으로 정하는 바에 따라 납세지 관할 세무서장에게 제출한다. (2023. 12. 29. 신설)
② 법 제77조 제2항 제1호 가목에서 "대통령령으로 정하는 약정"이란 다음 각 호의 요건을 모두 갖춘 약정을 말한다. (2023. 12. 29. 신설)
1. 각 그룹 최종모기업 소유지분의 100분의 50 이상이 소유권의 형식, 이전의 제한 또는 그 밖의 제약 및 조건에 따라 상호 결합되어 있어 자본시장에서 독립적으로 이전되거나 거래될 수 없고, 증권거래소에 상장된 소유지분에 대해서는 단일 가격으로 호가(呼價)될 것 (2023. 12. 29. 신설)
2. 최종모기업 중 하나가 해당 약정의 모든 그룹에 속한 기업에 대해 연결재무제표(기업의 자산, 부채, 수익, 비용 및 현금흐름이 하나의

제81조【복수모기업다국적기업그룹의 글로벌최저한세정보신고서 제출】복수모기업다국적기업그룹은 영 제131조 제1항 제5호에 따라 글로벌최저한세정보신고서를 납세지 관할 세무서장에게 제출하려는 경우에는 글로벌최저한세정보신고서에 복수모기업다국적기업그룹을 구성하는 각 그룹에 대한 정보를 포함하여 제출해야 한다. (2024. 3. 22. 신설)

나. 각 그룹의 사업을 결합하도록 하는 약정으로서 대통령령으로 정하는 약정(이하 이 조에서 "이중상장약정"이라 한다) (2022. 12. 31. 신설)
2. 결합구조약정 또는 이중상장약정에 따라 결합된 그룹의 기업 또는 고정사업장이 그 결합된 그룹 중 적어도 한 개 이상의 다른 기업과 다른 국가에 소재할 것 (2022. 12. 31. 신설)

③ 다국적기업그룹의 최종모기업이 투과기업인 경우 그 투과기업의 각 사업연도 글로벌최저한세소득·결손은 다음 각 호의 구분에 따른 금액을 차감하여 계산한다. (2022. 12. 31. 신설)
1. 각 사업연도의 글로벌최저한세소득 : 해당 투과기업의 각 소유지분에 귀속되는 글로벌최저한세소득 금액 중 최저한세율 이상으로 과세되는 등 대통령령으로 정하는 소유지분에 귀속되는 글로벌최저한세소득 금액 (2022. 12. 31. 신설)
2. 각 사업연도의 글로벌최저한세결손 : 해당 투과기업의 각 소유지분에 귀속되는 글로벌최저한세결손 금액 중 그 소유지분을 보유한 자가 과세소득을 산정할 때 해당 글로벌최저한세결손 금액을 공제할 수 있는 경우 해당 금액 (2022. 12. 31. 신설)

④ 다국적기업그룹의 최종모기업이 배당금액을 배당지급자의 과세소득에서 공제하는 제도로서 대통령령으로 정하는 제도를 적용받는 경우 해당 최종모기업의 각 사업연도 글로벌최저한세소득은 해당 사업연도의 종료일부터 12개월 이내에 분배되는 배당액으로서 대통령령으로 정하는 배당액을 차감하여 계산하며, 그 차감하고 남은 금액이 음수일 경우 글로벌최저한세소득은 영으로 본다. (2022. 12. 31. 신설)

③·④ 삭 제 (2023. 12. 31.)

제77조의 2【배당공제제도 등에 대한 특례】 ① 다국적기업그룹의 최종모기업이 배당금액을 배당지급자의 과세소득에서 공제하는 제도로서 대통령령으로 정하는 제도를 적용받는 경우 해당 최종모기업의 각 사업연도 글로벌최저한세소득은 해당 사업연도의 종료일부터 12개월 이내에 분배되는 배당액으로서 대통령령으로 정하는 배당액을 차감하여 계산하며, 그 차감하고 남은 금액이 음수일 경우 글로벌최저한세소득은 영으로 본다. (2023. 12. 31. 신설)

경제단위로 함께 표시되는 연결재무제표를 말한다)를 인정회계기준에 따라 작성하고, 이에 대한 외부감사가 의무화되어 있을 것 (2023. 12. 29. 신설)

③ 법 제77조 제2항 제1호 나목에서 "대통령령으로 정하는 약정"이란 다음 각 호의 요건을 모두 갖춘 약정을 말한다. (2023. 12. 29. 신설)
1. 최종모기업들이 그 주주에게 배당 및 청산을 하는 경우에는 상호 간에 고정된 비율로 분배하기로 할 것 (2023. 12. 29. 신설)
2. 각 그룹이 별도의 법적 정체성을 유지하지만 해당 약정에 따라 그 모든 활동이 하나의 경제적 실체에 의한 것으로 관리될 것 (2023. 12. 29. 신설)
3. 각 최종모기업의 소유지분이 서로 다른 자본시장에서 독립적으로 호가, 거래 및 이전될 것 (2023. 12. 29. 신설)
4. 최종모기업들이 해당 약정의 모든 그룹에 속한 기업에 대해 연결재무제표(기업의 자산, 부채, 수익, 비용 및 현금흐름이 하나의 경제단위로 함께 표시되는 연결재무제표를 말한다)를 인정회계기준에 따라 작성하고, 이에 대한 외부감사가 의무화되어 있을 것 (2023. 12. 29. 신설)

제132조【배당공제제도를 적용받는 최종모기업에 대한 특례】 (2024. 2. 29. 조번개정)
① 법 제77조의 2 제1항에서 "대통령령으로 정하는 제도"란 해당 기업이 그 주주, 사원 또는 출자자(이하 이 조에서 "주주등"이라 한다)에게 이익을 분배[기획재정부령으로 정하는 협동조합(이하 이 조에서 "협동조합"이라 한다)의 조합원에 대한 이용고배당을 포함한다]하는 경우 그 분배액을 해당 기업의 소득에서 공제하는 제도로서 이익의 분배액이 기업의 주주등 단계에서만 과세되도록 하는 제도(협동조합에 대한 면세제도를 포함하며, 이하 이 조에서 "배당공제제도"라 한다)를 말한다. (2024. 2. 29. 개정)
② 법 제77조의 2 제1항에서 "대통령령으로 정하는 배당액"이란 배당공제제도를 적용받는 최종모기업이 이익의 분배액을 지급할 때 해당 최종모기업 소재지국의 세법에 따라 해당 최종모기업의 과세소득에서 공제되는 이익의 분배액(협동조합의 조합원에 대한 이용고배당액을 포함한다)으로서 다음 각 호의 어느 하나에 해당하는 자에게 분배되는 배당액을 말한다. (2024. 2. 29. 개정)
1. 다국적기업그룹의 글로벌최저한세소득이 발생한 사업연도 종료일의 다음 날부터 12개월 이내에 종료하는 과세기간에 그 배당수취인에게 분배되는 금액(이하 이 조

에서 "귀속분배금액"이라 한다)이 다음 각 목의 어느 하나에 해당하는 경우 그 배당수취인 (2023. 12. 29. 신설)
가. 귀속분배금액 전액에 대해 최저한세율 이상의 명목세율(누진세율이 적용되는 경우에는 귀속소득금액이 해당 소유지분 보유자의 과세소득 전부라고 가정할 때 그 소유지분 보유자에게 적용되는 최고세율을 말한다. 이하 제133조에서 같다)로 과세(협동조합으로부터 자연인 외의 조합원이 분배받는 이용고배당의 경우에는 그 배당수취인의 과세소득 계산에서 공제되는 비용 또는 원가를 감액하는 경우에 과세되는 것으로 본다. 이하 이 조에서 같다)되는 경우 (2024. 2. 29. 개정)
나. 귀속분배금액의 원천이 되는 소득에 대한 최종모기업의 조정대상조세 금액과 해당 귀속분배금액에 대해 그 배당수취인에게 과세되는 세액의 합계액이 해당 귀속분배금액 전액에 최저한세율을 곱하여 계산되는 금액 이상이 될 것으로 합리적으로 예상하는 경우 (2023. 12. 29. 신설)
다. 배당수취인이 자연인이고 해당 귀속분배금액이 협동조합(협동조합으로서 제3자로부터 재화 또는 용역을 구매하여 조합원에 공급하는 협동조합으로 한정한다)으로부터 받는 이용고배당인 경우 (2023. 12. 29. 신설)
2. 다음 각 목의 요건을 모두 갖춘 자연인 (2023. 12. 29. 신설)
가. 해당 최종모기업 소재지국의 세법상 거주자일 것 (2023. 12. 29. 신설)
나. 해당 사업연도 종료일 현재 해당 최종모기업의 이익과 자산 각각에 대해 100분의 5 이하의 권리를 수반하는 소유지분을 보유할 것 (2023. 12. 29. 신설)
3. 최종모기업의 소재지국에서 설립·운영되는 제102조 제1항 제1호의 정부기업, 같은 항 제2호의 국제기구, 같은 항 제3호의 비영리기구 또는 같은 항 제4호의 연금펀드(같은 호 나목의 연금펀드는 제외한다) (2024. 2. 29. 개정)

제77조의 2 【배당공제제도 등에 대한 특례】 ① 다음 각 호의 구성기업의 각 사업연도 글로벌최저한세소득은 해당 사업연도의 종료일부터 12개월 이내에 분배되는 배당액으로서 대통령령으로 정하는 배당액을 차감하여 계산하며, 그 차감하고 남은 금액이 음수일 경우에는 영으로 본다. (2024. 12. 31. 개정)

편주 ▶ ··
법 77조의 2 제1항·3항 및 4항의 개정규정은 2025. 1. 1. 이후 법 83조에 따라 글로벌최저한세정보신고서를 제출하거나 법 84조에 따라 추가세액배분액을 신고하는 경우부터 적용함. (법 부칙(2024. 12. 31.) 6조 3호)
··

1. 배당금액을 배당지급자의 과세소득에서 공제하는 제도로서 대통령령으로 정하는 제도(이하 이 항에서 "배당공제제도"라 한다)를 적용받는 다국적기업그룹의 최종모기업 (2024. 12. 31. 개정)
2. 다음 각 목의 요건을 모두 충족하는 구성기업 (2024. 12. 31. 개정)
가. 배당공제제도를 적용받는 구성기업일 것 (2024. 12. 31. 개정)
나. 배당공제제도를 적용받는 다국적기업그룹의 최종모기업이 해당 구성기업(해당 최종모기업이 소재하는 국가에 소재하는 구성기업으로 한정한다. 이하 이 목에서 같다)의 지분을 직접 보유하거나 배당공제제도를 적용받는 하나 이상의 다른 구성기업을 통하여 간접 보유할 것 (2024. 12. 31. 개정)
② 다국적기업그룹의 최종모기업이 투과기업인 경우 그 투과기업의 각 사업연도 글로벌최저한세소득·결손은 다음 각 호의 구분에 따른 금액을 차감하여 계산한다. (2023. 12. 31. 신설)
1. 각 사업연도의 글로벌최저한세소득 : 해당 투과기업의 각 소유지분에 귀속되는 글로벌최저한세소득 금액 중 최저한세율 이상으로 과세되는 등 대통령령으로 정하는 소유지분에 귀속되는 글로벌최저한세소득 금액 (2023. 12. 31. 신설)
2. 각 사업연도의 글로벌최저한세결손 : 해당 투과기업의 각 소유지분에 귀속되는 글로벌최저한세결손 금액 중 그 소유지분을 보유한 자가 과세소득을 산정할 때 해당 글로벌최저한세결손 금액을 공제할 수 있는 경우 해당 금액 (2023. 12. 31. 신설)

제132조 【배당공제제도를 적용받는 최종모기업에 대한 특례】 ① 법 제77조의 2 제1항 각 호 외의 부분에서 "대통령령으로 정하는 배당액"이란 다음 각 호의 구분에 따른 배당액을 말한다. (2025. 2. 28. 개정)
1. 법 제77조의 2 제1항 제1호에 해당하는 최종모기업: 해당 최종모기업이 그 주주, 사원 또는 출자자(이하 이 조에서 "주주등"이라 한다)에게 이익을 분배[기획재정부령으로 정하는 협동조합(이하 이 조에서 "협동조합"이라 한다)의 조합원에 대한 이용고배당을 포함한다. 이하 이 조에서 같다]할 때 해당 최종모기업 소재지국의 세법에 따라 해당 최종모기업의 과세소득에서 공제되는 이익의 분배액으로서 다음 각 목의 어느 하나에 해당하는 자에게 분배되는 배당액 (2025. 2. 28. 개정)
가. 다국적기업그룹의 글로벌최저한세소득이 발생한 사업연도 종료일의 다음 날부터 12개월 이내에 종료하는 과세기간에 그 배당수취인에게 분배되는 금액(이하 이 목에서 "귀속분배금액"이라 한다)이 다음의 어느 하나에 해당하는 경우 그 배당수취인 (2025. 2. 28. 개정)
1) 귀속분배금액 전액에 대해 최저한세율 이상의 명목세율(누진세율이 적용되는 경우에는 귀속소득금액이 해당 소유지분 보유자의 과세소득 전부라고 가정할 때 그 소유지분 보유자에게 적용되는 최고세율을 말한다. 이하 제133조에서 같다)로 과세(협동조합으로부터 자연인 외의 조합원이 분배받는 이용고배당의 경우에는 그 배당수취인의 과세소득 계산에서 공제되는 비용 또는 원가를 감액하는 경우에 과세되는 것으로 본다. 이하 이 조에서 같다)되는 경우 (2025. 2. 28. 개정)
2) 귀속분배금액의 원천이 되는 소득에 대한 최종모기업의 조정대상조세 금액과 해당 귀속분배금액에 대해 그 배당수취인에게 과세되는 세액의 합계액이 해당 귀속분배금액 전액에 최저한세율을 곱하여 계산되는 금액 이상이 될 것으로 합리적으로 예상되는 경우 (2025. 2. 28. 개정)
3) 배당수취인이 자연인이고 해당 귀속분배금액이 협동조합(협동조합으로서 제3자로부터 재화 또는 용역을 구매하여 조합

제82조 【협동조합의 의의】 영 제132조 제1항 제1호 각 목 외의 부분에서 "기획재정부령으로 정하는 협동조합"이란 다음 각 호의 요건을 모두 충족하는 기업을 말한다. (2025. 3. 21. 개정)
1. 조합원을 위해 재화·용역을 공동으로 판매·구매하는 기업일 것 (2024. 3. 22. 신설)
2. 해당 기업을 통해 판매하거나 구매하는 조합원의 재화 또는 용역과 관련하여 조세중립성(다음 각 목의 경우에 기업이 부담하는 세금과 해당 조합원이 부담하는 세금이 같은 것을 말한다)이 확보되도록 하는 소재지국의 과세제도가 적용되는 기업일 것 (2024. 3. 22. 신설)
가. 해당 기업이 재화·용역을 구매한 제3자로부터 조합원이 직접 해당 재화·용역을 구매한 경우 (2024. 3. 22. 신설)
나. 해당 기업이 재화·용역을 판매한 제3자에 대해 조합원이 직접 해당 재화·용역을 판매한 경우 (2024. 3. 22. 신설)

법 77조의 2의 개정규정은 2024. 1. 1. 이후 개시하는 사업연도분에 대하여 과세하는 경우부터 적용함. (법 부칙(2023. 12. 31.) 4조 2항)

③ 다국적기업그룹의 최종모기업(투과기업으로 한정한다)의 고정사업장(다국적기업그룹의 최종모기업이 지분을 직접 보유하거나 제79조 제1항 계산식 외의 부분 전단에 따른 투시과세기업을 통하여 간접 보유하는 구성기업의 고정사업장을 포함한다. 이하 이 항에서 같다)의 각 사업연도 글로벌최저한세소득·결손은 다음 각 호의 구분에 따른 금액을 차감하여 계산한다. (2024. 12. 31. 신설)
1. 각 사업연도의 글로벌최저한세소득: 해당 고정사업장의 각 소유지분에 귀속되는 글로벌최저한세소득 금액 중 최저한세율 이상으로 과세되는 등 대통령령으로 정하는 소유지분에 귀속되는 글로벌최저한세소득 금액 (2024. 12. 31. 신설)
2. 각 사업연도의 글로벌최저한세결손: 해당 고정사업장의 각 소유지분에 귀속되는 글로벌최저한세결손 금액 중 그 소유지분을 보유한 자가 과세소득을 산정할 때 해당 글로벌최저한세결손 금액을 공제할 수 있는 경우 해당 금액 (2024. 12. 31. 신설)
④ 제1항부터 제3항까지에 따라 글로벌최저한세소득을 차감하는 구성기업의 대상조세 조정 등에 필요한 사항은 대통령령으로 정한다. (2024. 12. 31. 신설)

원에 공급하는 협동조합으로 한정한다)으로부터 받는 이용고배당인 경우 (2025. 2. 28. 개정)
나. 다음의 요건을 모두 갖춘 자연인 (2025. 2. 28. 개정)
　1) 해당 최종모기업 소재지국의 세법상 거주자일 것 (2025. 2. 28. 개정)
　2) 해당 사업연도 종료일 현재 해당 최종모기업의 이익과 자산 각각에 대해 100분의 5 이하의 권리를 수반하는 소유지분을 직접 보유할 것 (2025. 2. 28. 개정)
다. 최종모기업의 소재지국에서 설립·운영되는 제102조 제1항 제1호의 정부기업, 같은 항 제2호의 국제기구, 같은 항 제3호의 비영리기구 또는 같은 항 제4호의 연금펀드(같은 호 나목의 연금펀드는 제외한다) (2025. 2. 28. 개정)
2. 법 제77조의 2 제1항 제2호에 해당하는 구성기업: 해당 구성기업이 같은 항 제1호에 따른 배당공제제도(이하 이 조에서 "배당공제제도"라 한다)를 적용받는 다국적기업그룹의 최종모기업에 분배하는 배당액으로서 다음 각 목의 요건을 모두 충족하는 배당액 (2025. 2. 28. 개정)
가. 해당 구성기업이 직접 또는 배당공제제도를 적용받는 하나 이상의 다른 구성기업(해당 최종모기업 및 해당 구성기업과 같은 국가에 소재하는 기업으로 한정한다)을 통하여 간접으로 해당 최종모기업에 분배할 것 (2025. 2. 28. 개정)
나. 해당 최종모기업이 가목에 따라 분배받은 배당액을 제1호 각 목의 어느 하나에 해당하는 자에게 분배할 것 (2025. 2. 28. 개정)
② 법 제77조의 2 제1항 제1호에서 "대통령령으로 정하는 제도"란 해당 기업이 주주등에게 이익을 분배하는 경우 그 분배액을 해당 기업의 소득에서 공제하는 제도로서 이익의 분배액이 기업의 주주등 단계에서만 과세되도록 하는 제도(협동조합에 대한 면세제도를 포함한다)를 말한다. (2025. 2. 28. 개정)
③ 법 제77조의 2 제1항에 따라 배당공제제도를 적용받는 구성기업의 대상조세 및 글로벌최저한세소득은 각각 제1호의 금액에 제2호의 비율을 곱하여 산출한 금액을 차감하여 계산한다. (2025. 2. 28. 개정)

1. 해당 구성기업의 대상조세 (2025. 2. 28. 개정)
2. 법 제77조의 2 제1항 및 이 조 제1항에 따라 차감되는 배당액을 해당 구성기업의 글로벌최저한세소득 금액에서 제104조 제1항 제1호에 따른 순조세비용(미분배소득 또는 자본·유보 소득에 대한 세금을 제외한 금액을 말한다)을 차감한 금액으로 나눈 비율 (2025. 2. 28. 개정)

제133조 【투과기업인 최종모기업에 대한 특례】 (2024. 2. 29. 조번개정)

① 법 제77조의 2 제2항 제1호 및 제3항 제1호에서 "최저한세율 이상으로 과세되는 등 대통령령으로 정하는 소유지분"이란 각각 다음 각 호의 어느 하나에 해당하는 자에게 귀속되는 소유지분을 말한다. (2025. 2. 28. 개정)
1. 투과기업인 최종모기업의 해당 사업연도 종료일의 다음 날부터 12개월 이내에 종료하는 과세기간에 그 소유지분에 귀속되는 글로벌최저한세소득 금액(이하 이 조에서 "귀속소득금액"이라 한다)이 다음 각 목의 어느 하나에 해당하는 경우 그 소유지분의 보유자 (2023. 12. 29. 신설)
가. 귀속소득금액 전액에 대해 최저한 세율 이상의 명목세율로 과세되는 경우 (2024. 2. 29. 개정)
나. 귀속소득금액에 대한 해당 투과기업의 조정대상조세 금액과 그 소유

☞ p.1112 2단 연결

지분 보유자에게 과세되는 세액의 합계액이 해당 귀속소득금액 전액에 최저한세율을 곱하여 계산한 금액 이상이 될 것으로 합리적으로 예상되는 경우 (2023. 12. 29. 신설)

2. 다음 각 목의 요건을 모두 갖춘 자연인 (2023. 12. 29. 신설)

　가. 해당 최종모기업 소재지국의 세법상 거주자일 것 (2023. 12. 29. 신설)

　나. 해당 사업연도 종료일 현재 해당 최종모기업의 이익과 자산 각각에 대해 100분의 5 이하의 권리를 수반하는 소유지분을 직접 보유할 것 (2023. 12. 29. 신설)

3. 다음 각 목의 요건을 모두 갖춘 제102조 제1항 제1호의 정부기업, 같은 항 제2호의 국제기구, 같은 항 제3호의 비영리기구 또는 같은 항 제4호의 연금펀드 (2024. 2. 29. 개정)

　가. 해당 최종모기업 소재지국의 세법상 거주자일 것 (2023. 12. 29. 신설)

　나. 해당 사업연도 종료일 현재 해당 최종모기업의 이익과 자산 각각에 대해 100분의 5 이하의 권리를 수반하는 소유지분을 직접 보유할 것 (2023. 12. 29. 신설)

② 법 제77조의 2 제2항에 따라 글로벌최저한세소득을 차감하는 다국적기업그룹의 최종모기업의 대상조세는 글로벌최저한세소득 금액에서 같은 항 제1호에 따른 금액이 차지하는 비율을 곱하여 조정한다. (2025. 2. 28. 신설)

③ 법 제77조의 2 제3항 제1호 및 제2호에 따른 해당 고정사업장의 각 소유지분은 각각 다음 각 호의 구분에 따른 소유지분으로 한다. (2025. 2. 28. 신설)

1. 다국적기업그룹의 최종모기업의 고정사업장인 경우: 해당 최종모기업에 대한 소유지분 (2025. 2. 28. 신설)

2. 다국적기업그룹의 최종모기업이 지분을 직접 보유하거나 투시과세기업을 통하여 간접 보유하는 구성기업의 고정사업장인 경우: 해당 최종모기업의 소유지분을 보유한 자가 투시과세기업인 해당 구성기업에 대하여 간접으로 보유하는 소유지분 (2025. 2. 28. 신설)

④ 법 제77조의 2 제3항에 따라 글로벌최저한세소득을 차감하는 고정사업장의 대상조세는 글로벌최저한세소득 금액에서 같은 항 제1호에

　　제78조【적격분배과세제도에 대한 특례】① 적격분배과세제도(법인의 이익 분배 시점에 법인세를 과세하는 제도로서 대통령령으로 정하는 과세제도를 말한다)의 적용을 받는 구성기업의 경우 해당 구성기업이 소재하는 국가의 조정대상조세 합계액을 계산할 때에는 신고구성기업의 선택에 따라 실효세율이 최저한세율에 도달하기 위하여 필요한 금액 등 대통령령으로 정하는 금액(이하 이 장에서 "간주분배세액"이라 한다)을 가산할 수 있다. (2022. 12. 31. 신설)

따른 금액이 차지하는 비율을 곱하여 조정한다. (2025. 2. 28. 신설)

　　제134조【적격분배과세제도에 대한 특례】① 법 제78조 제1항에서 "대통령령으로 정하는 과세제도"란 다음 각 호의 요건을 모두 갖춘 과세제도(이하 이 조에서 "적격분배과세제도"라 한다)를 말한다. (2023. 12. 29. 신설)
1. 법인의 이익을 주주에게 분배(분배하는 것으로 간주되는 경우를 포함한다)하는 때에만 해당 이익에 대해 법인세를 부과하거나 법인의 이익 분배 시점에 법인세를 과세하는 국가에서 정하는 특정 업무무관비용을 지출하는 때에만 해당 비용에 대해 법인세를 부과할 것 (2023. 12. 29. 신설)
2. 최저한세율 이상의 세율을 적용하여 과세할 것 (2023. 12. 29. 신설)
3. 2021년 7월 1일 이전부터 시행되었을 것 (2023. 12. 29. 신설)
② 법 제78조 제1항에서 "실효세율이 최저한세율에 도달하기 위하여 필요한 금액 등 대통령령으로 정하는 금액"이란 다음 각 호의 금액 중 작은 금액(이하 이 조에서 "간주분배세액"이라 한다)을 말한다. (2023. 12. 29. 신설)
1. 해당 사업연도 해당 국가의 법 제69조에 따른 실효세율(법 제67조에 따른 총이연법인세조정금액 중 지급할 배당과 관련된 금액을 포함하지 않고 산정한 것을 말한다)이 최저한세율에 도달하기 위해 추가적으로 필요한 조정대상조세 금액 (2023. 12. 29. 신설)
2. 해당 국가의 모든 구성기업이 해당 사업연도에 발생한 적격분배과세제도 적용대상 소득의 전부를 그 사업연도 중에 분배하였다면 발생할 법인세액 (2023. 12. 29. 신설)
③ 법 제78조 제1항에 따른 신고구성기업의 선택은 매년선택으로 하고, 국가별로 적용한다. (2023. 12. 29. 신설)
④ 제3항에 따라 신고구성기업이 간주분배세액을 가산하기로 선택한 경우 다국적기업그룹은 그 선택 대상 사업연도별로 해당 사업연도의 간주분배세액과 같은 금액의 별도 계정(이하 이 조에서 "간주분배세액환입계정"이라 한다)을 국가별로 설정해야 한다. (2023. 12. 29. 신설)

　　제83조【간주분배세액환입계정의 운용 방법 등】① 다국적기업그룹은 영 제134조 제4항에 따른 간주분배세액환입계정(이하 이 조에서 "간주분배세액환입계정"이라 한다)을 설정한 사업연도 이후의 매 사업연도 말에는 해당 간주분배세액환입계정의 잔액에서 다음 각 호의 금액을 각 호의 순서에 따라 차감한다. 이 경우 먼저 설정된 간주분배세액환입계정의 잔액부터 차감하여 그 잔액이 영이 될 때까지 차감하며, 제1호에 따라 차감되는 세액은 해당 사업연도의 조정대상조세에 산입하지 않는다. (2024. 3. 22. 신설)
1. 구성기업이 실제로 분배되는 이익 또는 분배되는 것으로 간주되는 이익에 대해 해당 사업연도 중 납부한 세액 (2024. 3. 22. 신설)
2. 해당 사업연도 해당 국가에 순글로벌최저한세결손이 발생한 경우에는 해당 순글로벌최저한세결손 금액에 최저한세율을 곱하여 계산된 금액(이하 이 항에서 "환입계정결손금액"이라 한다) (2024. 3. 22. 신설)
3. 해당 사업연도로 이월된 환입계정결손 이월 금액[해당 국가의 이전 사업연도의 환입계정결손금액이 해당 국가의 해당 이전 사업연도 말의 모든 간주분배세액환입계정잔액(이전의 각 선택사업연도별로 설정되었던 간주분배세액환입계정의 잔액을 말한다. 이하 이 조에

② 제1항에 따라 간주분배세액이 가산된 구성기업은 대통령령으로 정하는 기간 이내에 그 가산한 간주분배세액에 상응하는 금액이 실제로 과세되지 아니한 경우 등 대통령령으로 정하는 경우에는 그 간주분배세액을 가산한 사업연도의 실효세율과 추가세액을 대통령령으로 정하는 바에 따라 다시 계산하여야 한다. (2022. 12. 31. 신설)

제79조 【투자구성기업에 대한 특례】 ① 최종모기업이 아닌 투자구성기업[투시과세기업(투과기업의 소유지분에 귀속되는 소득이 그 소유자가 소재하는 국가에서 과세되는 등 대통령령으로 정하는 요건을 충족하는 기업을 말한다. 이하 이 조에서 같다)은 제외한다. 이하 이 조에서 같다]의 소재지국에 대해서는 각 사업연도별로 제69조에 따른 실효세율과는 별개로 투자구성기업들의 실효세율을 다음 계산식에 따라 계산한다. 이 경우 다음 계산식을 적용하는 데 필요한 사항은 대통령령으로 정한다. (2023. 12. 31. 개정)

$$\text{해당 국가에 소재하는 투자구성기업들의 실효세율} = \frac{A}{(B - C)}$$

A : 각 투자구성기업의 조정대상조세 금액의 합계액

B : 각 투자구성기업의 글로벌최저한세소득 배분액의 합계액

C : 각 투자구성기업의 글로벌최저한세결손 배분액의 합계액

제79조 【투자구성기업에 대한 특례】 ① 최종모기업이 아닌 투자구성기업[투시과세기업(투과기업으로서 그 소유지분에 귀속되는 소득이 해당 소유지분을 직접 또는 간접으로 보유하는 자가 소재하는 국가에서 과세되는 등 대통령령으로 정하는 요건을 충족하는 기업을 말한다. 이하 이 조에서 같다)은 제외한다. 이하 이 조에서 같다]의 소재지국에 대해서는 각 사업연도별로 제69조에 따른 실효세율과는 별개로

환입계정이 설정된 날이 속하는 사업연도의 개시일부터 그 후 세 번째 사업연도의 종료일까지를 말한다. (2023. 12. 29. 신설)

⑤ 법 제78조 제2항에서 “대통령령으로 정하는 기간”이란 제4항에 따라 간주분배세액환입계정이 설정된 날이 속하는 사업연도의 개시일부터 그 후 네 번째 사업연도의 종료일까지를 말한다. (2025. 2. 28. 개정)

편주 ▶ 영 134조 5항의 개정규정은 2025. 2. 28. 이후 법 83조에 따라 글로벌최저한세정보신고서를 제출하거나 법 84조에 따라 추가세액배분액을 신고하는 경우부터 적용함. (영 부칙(2025. 2. 28.) 4조)

⑥ 법 제78조 제2항에서 “가산한 간주분배세액에 상응하는 금액이 실제로 과세되지 아니한 경우 등 대통령령으로 정하는 경우”란 가산한 간주분배세액에 상응하는 금액이 제5항에 따른 기간 내에 과세되지 않은 경우로서 그 기간의 종료일 현재 해당 간주분배세액환입계정에 잔액이 남아 있는 경우를 말한다. (2023. 12. 29. 신설)

⑦ 제6항에 해당하게 된 경우에는 법 제78조 제2항에 따라 간주분배세액환입계정에 남아 있는 잔액을 해당 계정을 설정한 사업연도의 해당 국가 조정대상조세 금액에서 차감한 후 그 실효세율과 추가세액을 다시 계산한다. (2023. 12. 29. 신설)

⑧ 제4항부터 제7항까지에서 규정한 사항 외에 간주분배세액환입계정의 운용 방법 등에 관하여는 기획재정부령으로 정한다. (2023. 12. 29. 신설)

제135조 【투자구성기업에 대한 특례】 ① 법 제79조 제1항 계산식 외의 부분 전단에서 “투과기업의 소유지분에 귀속되는 소득이 그 소유자가 소재하는 국가에서 과세되는 등 대통령령으로 정하는 요건을 충족하는 기업”이란 투과기업으로서 그 소유지분 보유자의 소재지국에서 과세상 투시되는 기업을 말한다. (2024. 2. 29. 개정)

제135조 【투자구성기업에 대한 특례】 ① 법 제79조 제1항 계산식 외의 부분 전단에서 “투과기업으로서 그 소유지분에 귀속되는 소득이 해당 소유지분을 직접 또는 간접으로 보유하는 자가 소재하는 국가에서 과세되는 등 대통령령으로 정하는 요건을 충족하는 기업”이란 투시과세기업(제108조 제2항 단서에 따라 투시과세기업으로 보는 기업을 포함한다)을 말한다. (2025. 2. 28. 개정)

서 같다)의 합계액을 초과하는 경우의 그 초과 금액을 말한다] (2024. 3. 22. 신설)

② 법 제78조 제1항에 따른 적격분배과세제도 적용국가(이하 이 조에서 “적격분배과세제도적용국가”라 한다)의 구성기업이 해당 다국적기업그룹을 이탈하거나 해당 구성기업의 자산 및 부채의 전부 또는 대부분을 해당 다국적기업그룹에 속하지 않는 기업 또는 해당 적격분배과세제도적용국가 외의 국가에 소재하는 구성기업에 이전(이하 이 조에서 “이탈등”이라 한다)하는 경우로서 이탈등이 이루어진 사업연도의 말에 해당 국가의 이전 선택연도별로 설정되었던 간주분배세액환입계정잔액이 있는 경우에는 다음 각 호의 순서에 따라 해당 국가의 추가세액 등을 다시 계산한다. (2024. 3. 22. 신설)

1. 이탈등이 이루어진 사업연도(이하 이 조에서 “이탈등사업연도”라 한다)의 말에 해당 국가의 이전 선택연도별로 설정되었던 간주분배세액환입계정잔액이 있는 경우에는 해당 간주분배세액환입계정잔액을 해당 선택연도의 해당 국가의 조정대상조세 금액에서 차감하여 해당 선택연도의 해당 국가의 실효세율과 추가세액을 다시 계산한다. (2024. 3. 22. 신설)

2. 제1호에 따라 산정된 이전 선택연도의 해당 국가의 추가세액에 다음 계산식에 따라 계산되는 처분환입비율(이하 이 조에서 “처분환입비율”이라 한다)을 곱

투자구성기업들의 실효세율을 다음 계산식에 따라 계산한다. 이 경우 다음 계산식을 적용하는 데 필요한 사항은 대통령령으로 정한다. (2024. 12. 31. 개정)

> 해당 국가에 소재하는 투자구성기업들의 실효세율 $= \dfrac{A}{(B - C)}$
>
> A : 각 투자구성기업의 조정대상조세 금액의 합계액
> B : 각 투자구성기업의 글로벌최저한세소득 배분액의 합계액
> C : 각 투자구성기업의 글로벌최저한세결손 배분액의 합계액

② 제1항의 계산식을 적용할 때 해당 사업연도에 B에서 C를 차감한 값이 영이거나 음수인 경우에는 해당 국가에 소재하는 투자구성기업들의 실효세율을 계산하지 아니한다. (2022. 12. 31. 신설)

③ 각 사업연도 해당 국가에 소재하는 투자구성기업들의 추가세액은 다음 계산식에 따라 계산한다. 이 경우 다음 계산식을 적용하는 데 필요한 사항은 대통령령으로 정한다. (2022. 12. 31. 신설)

> 해당 국가에 소재하는 투자구성기업들의 추가세액 $= (A \times B) + C - D$
>
> A : 해당 국가에 소재하는 투자구성기업들의 추가세액비율
> B : 해당 국가에 소재하는 투자구성기업들의 초과이익 금액
> C : 해당 국가에 소재하는 투자구성기업들의 당기추가세액가산액
> D : 해당 국가에 소재하는 투자구성기업들의 적격소재국추가세액

④ 각 사업연도 해당 투자구성기업의 추가세액은 다음 계산식에 따라 계산한다. (2022. 12. 31. 신설)

② 법 제79조 제1항의 계산식을 적용할 때 다음 각 호의 금액은 해당 호에서 정하는 금액으로 한다. (2023. 12. 29. 신설)

1. 각 투자구성기업(투시과세기업은 제외한다. 이하 이 조부터 제137조까지에서 같다)의 조정대상조세 금액 : 제2호에 따른 해당 투자구성기업의 글로벌최저한세소득 배분액에 해당하는 조정대상조세 금액 및 해당 투자구성기업에 대한 법 제67조에 따른 조정대상조세 배분액 (2024. 2. 29. 개정)

2. 각 투자구성기업의 글로벌최저한세소득 배분액 : 가목의 금액에 나목의 비율을 곱하여 계산한 금액 (2023. 12. 29. 신설)

   가. 해당 투자구성기업의 글로벌최저한세소득 금액 (2023. 12. 29. 신설)

   나. 해당 다국적기업그룹 최종모기업의 해당 투자구성기업에 대한 소득산입비율 중 법 제79조 제5항 또는 제6항에 따른 선택이 적용되지 않는 소유지분에 해당하는 소득산입비율(이하 이 조에서 "조정소득산입비율"이라 한다) (2023. 12. 29. 신설)

3. 각 투자구성기업의 글로벌최저한세결손 배분액 : 해당 투자구성기업의 글로벌최저한세결손 금액에 조정소득산입비율을 곱하여 계산한 금액 (2023. 12. 29. 신설)

③ 법 제79조 제3항의 계산식을 적용할 때 다음 각 호의 비율 및 금액은 해당 호에서 정하는 비율 및 금액으로 한다. (2023. 12. 29. 신설)

1. 해당 국가에 소재하는 투자구성기업들의 추가세액비율 : 최저한세율에서 투자구성기업들의 실효세율을 차감한 비율(그 계산 결과가 음수인 경우에는 영으로 본다) (2023. 12. 29. 신설 ; 2024. 2. 29. 개정)

2. 해당 국가에 소재하는 투자구성기업들의 초과이익 금액 : 가목의 금액에서 나목의 금액을 차감한 금액(그 계산 결과가 음수인 경우에는 영으로 본다) (2023. 12. 29. 신설)

하여 계산되는 금액의 합계액을 법 제70조 제4항에 따른 해당 이탈등사업연도 해당 국가의 당기추가세액가산액에 산입한다. (2024. 3. 22. 신설)

> 처분환입비율 $= A \div B$
>
> A : 제1호에 따라 해당 국가에 추가세액이 발생한 각 선택연도의 해당 이탈등을 한 구성기업의 글로벌최저한세소득 금액의 합계액
> B : 제1호에 따라 해당 국가에 추가세액이 발생한 각 선택연도의 해당 국가의 순글로벌최저한세소득금액의 합계액. 이 경우 해당 구성기업에 글로벌최저한세결손이 발생한 선택연도의 해당 국가의 순글로벌최저한세소득금액은 산입하지 않는다.

③ 제2항에 따라 추가세액을 재계산하는 경우 적격분배과세제도적용국가의 이탈등사업연도 이전 선택연도에 대한 간주분배세액환입계정잔액, 순글로벌최저한세소득금액, 조정대상조세 금액 및 실질기반제외소득금액은 각 해당 금액에 해당 선택연도의 처분환입비율을 곱하여 계산되는 금액만큼 감액한다. (2024. 3. 22. 신설)

④ 이탈등사업연도의 말에 해당 국가에 환입계정결손이월 금액이 있는 경우에는 그 환입계정결손이월 금액에서 다음의 계산식에 따라 계산되는 금액을 감액한다. (2024. 3. 22. 신설)

해당 투자구성기업의 추가세액 $= A \times \dfrac{B}{C}$

A : 제3항에 따른 해당 국가에 소재하는 투자구성기업들의 추가세액

B : 해당 투자구성기업의 글로벌최저한세소득 배분액

C : 해당 국가에 소재하는 각 투자구성기업의 글로벌최저한세소득 배분액의 합계액

---

⑤ 제1항부터 제4항까지의 규정에도 불구하고 투자구성기업의 주주구성기업이 해당 투자구성기업에 대한 소유지분의 공정가치에 기초하여 과세되는 경우 등 대통령령으로 정하는 경우에는 신고구성기업의 선택에 따라 해당 투자구성기업을 투시과세기업으로 보아 대통령령으로 정

가. 1)에서 2)를 차감한 금액 (2023. 12. 29. 신설)

　1) 제2항 제2호에 따른 각 투자구성기업의 글로벌최저한세소득 배분액의 합계액 (2023. 12. 29. 신설)

　2) 제2항 제3호에 따른 각 투자구성기업의 글로벌최저한세결손 배분액의 합계액 (2023. 12. 29. 신설)

나. 각 투자구성기업의 실질기반제외소득금액 배분액(각 투자구성기업에 대한 실질기반제외소득금액에 해당 투자구성기업의 조정소득산입비율을 적용하여 감액한 금액을 말한다)의 합계액 (2023. 12. 29. 신설)

3. 해당 국가에 소재하는 투자구성기업들의 당기추가세액가산액 : 각 투자구성기업에 대해 제119조를 준용하여 계산한 당기추가세액가산액을 합산한 금액 (2023. 12. 29. 신설)

4. 해당 국가에 소재하는 투자구성기업들의 적격소재국추가세액 : 해당 투자구성기업들과 관련하여 법 제70조 제5항에 따른 적격소재국추가세제도에 따라 납부하였거나 납부할 금액 (2023. 12. 29. 신설)

④ 법 제79조 제3항의 계산식을 적용할 때 이 조 제3항 제4호에 따른 적격소재국추가세액을 차감한 결과 해당 국가에 소재하는 투자구성기업들의 추가세액이 영이거나 음수인 경우에는 해당 사업연도의 추가세액은 없는 것으로 본다. (2023. 12. 29. 신설)

⑤ 법 제79조 제4항에 따른 투자구성기업의 추가세액에 대해 법 제72조 제2항에 따른 모기업의 추가세액배분액을 계산할 때 소득산입비율은 제122조 제1항에도 불구하고 다음 각 호의 구분에 따른 값으로 한다. (2023. 12. 29. 신설)

1. 최종모기업에 대한 추가세액배분액을 계산하는 경우 : 1 (2023. 12. 29. 신설)

2. 최종모기업이 아닌 모기업에 대한 추가세액배분액을 계산하는 경우 : 기획재정부령으로 정하는 율 (2023. 12. 29. 신설)

제136조 【투시과세기업 취급 선택】 ① 법 제79조 제5항에서 "투자구성기업의 주주구성기업이 해당 투자구성기업에 대한 소유지분의 공정가치에 기초하여 과세되는 경우 등 대통령령으로 정하는 경우"란 다음 각 호의 어느 하나에 해당하는 경우를 말한다. (2024. 2. 29. 신설)

감액하는 환입계정결손이월 금액

$= A \times B \div C$

A : 이탈등사업연도 말의 환입계정결손이월 금액

B : 해당 환입계정결손이월 금액과 관련된 순글로벌최저한세결손이 발생한 사업연도의 이탈등을 한 구성기업의 글로벌최저한세결손 금액(해당 구성기업에 글로벌최저한세소득이 발생한 경우는 이를 0원으로 한다)

C : 해당 환입계정결손이월 금액과 관련된 순글로벌최저한세결손이 발생한 사업연도의 해당 국가 구성기업의 글로벌최저한세결손 금액 합계액

제84조 【투자구성기업의 추가세액에 대한 모기업의 소득산입비율】 영 제135조 제5항 제2호에서 "기획재정부령으로 정하는 율"이란 제1호에 따른 소득산입비율을 제2호에 따른 조정소득산입비율로 나눈 값을 말한다. (2024. 3. 22. 신설)

1. 해당 모기업이 속한 다국적기업그룹의 최종모기업이 해당 모기업을 통해 간접으로 보유하는 소유지분에 해당하는 영 제122조에 따른 최종모기업의 소득산입비율 중 법 제79조 제5항 또는 제6항에 따른 선택이 적용되지 않는 소유지분에 해당하는 소득산입비율 (2024. 3. 22. 신설)

2. 영 제135조 제2항 제2호 나목에 따른 조정소득산입비율 (2024. 3. 22. 신설)

하는 바에 따라 이 장을 적용할 수 있다. (2023. 12. 31. 개정)

⑥ 제1항부터 제4항까지의 규정에도 불구하고 투자구성기업이 주주구성기업(투자구성기업인 경우는 제외한다. 이하 이 항에서 같다)에 이익 등을 분배하고 주주구성기업이 그 분배받은 금액에 대하여 최저한세율 이상으로 과세될 것이 합리적으로 예상되는 등 대통령령으로 정하는 경우에는 신고구성기업의 선택에 따라 다음 각 호의 방법을 대통령령으로 정하는 바에 따라 적용할 수 있다. (2023. 12. 31. 개정)

⑥ 제1항부터 제4항까지의 규정에도 불구하고 투자구성기업의 주주구성기업(투자구성기업인 경우는 제외한다. 이하 이 항에서 같다)에 대한 분배금(해당 국가의 세법에 따라 분배금으로 보는 금액을 포함한다)에 대하여 최저한세율 이상으로 과세될 것이 합리적으로 예상되는 등 대통령령으로 정하는 경우에는 신고구성기업의 선택에 따라 다음 각 호의 방법을 대통령령으로 정하는 바에 따라 적용할 수 있다. (2024. 12. 31. 개정)

1. 투자구성기업의 주주구성기업이 그 소재지국에서 해당 투자구성기업에 대한 소유지분의 연간 공정가치 변동에 따른 이익에 대하여 과세되거나 이와 유사한 방법으로 과세되는 경우로서 최저한세율 이상의 세율을 적용하여 과세되는 경우 (2024. 2. 29. 신설)
2. 투자구성기업의 주주구성기업이 「보험업법」에 따른 상호회사 또는 이와 유사한 기업인 경우 (2024. 2. 29. 신설)

② 법 제79조 제5항에 따라 신고구성기업이 투자구성기업을 투과기업으로 보기로 선택한 경우에는 해당 투자구성기업을 투과기업 중 투시과세기업으로 보아 제108조 제1항 및 제111조 제1항 제2호를 적용한다. (2024. 2. 29. 항번개정)

② 법 제79조 제5항에 따라 신고구성기업이 투자구성기업을 투시과세기업으로 보기로 선택한 경우에는 해당 투자구성기업에 대해 제108조 제1항 제2호 및 제111조 제1항 제2호를 적용한다. (2025. 2. 28. 개정)

③ 제2항에 따른 신고구성기업의 선택은 5년선택으로 하고, 해당 주주구성기업별로 주주구성기업이 보유하는 투자구성기업의 소유지분 전부에 대해 적용한다. (2024. 2. 29. 개정)

④ 신고구성기업이 제3항에 따른 선택을 취소하는 경우 해당 투자구성기업의 글로벌최저한세소득·결손을 계산할 때 자산 또는 부채의 처분손익은 취소사업연도 개시일의 해당 자산 또는 부채의 공정가치를 기준으로 산정한다. (2024. 2. 29. 개정)

제137조【과세분배방법 적용 선택】① 법 제79조 제6항 각 호 외의 부분에서 "주주구성기업이 그 분배받은 금액에 대하여 최저한세율 이상으로 과세될 것이 합리적으로 예상되는 등 대통령령으로 정하는 경우"란 주주구성기업(투자구성기업인 경우는 제외한다. 이하 이 조에서 같다)이 분배받은 금액의 원천이 되는 소득에 대한 투자구성기업의 조정대상조세 금액과 해당 주주구성기업이 분배받은 금액에 대하여 그 주주구성기업에 과세되는 세액의 합계액이 주주구성기업이 분배받은 금액에 최저한세율을 곱하여 계산되는 금액 이상이 될 것으로 합리적으로 예상되는 경우를 말한다. (2024. 2. 29. 신설)

제137조【과세분배방법 적용 선택】① 법 제79조 제6항 각 호 외의 부분에서 "최저한세율 이상으로 과세될 것이 합리적으로 예상되는 등 대통령령으로 정하는 경우"란 다음 각 호의 금액의 합계액이 투자구성기업의 주주구성기업(투자구성기업인 경우는 제외한다. 이하 이 조에서 같다)에 대한 분배금(해당 국가의 세법에 따라 분배금으로 보는 금액을 포함한다. 이하 이 항에서 같다)에 최저한세율을 곱하여 계산되

제85조【주주구성기업 분배금액의 글로벌최저한세 적용기준】영 제137조 제7항에 따른 법 제79조 제6항의 적용에 관한 세부기준은 다음 각 호와 같다. (2024. 3. 22. 신설)

1. 법 제79조 제6항을 적용할 때 해당 투자구성기업으로부터 분배를 받은 주주구성기업이 투자구성기업(이하 이 호에서 "중간투자구성기업"이라 한다)인 경우에는 그 분배받은 금액을 해당 중간투자구성기업의 글로벌최저한세소득·결손에 포함시키지 않을 것. 이 경우 그 분배받은 금액이 다음 각 목의 요건을 모두 충족하는 경우에는 영 제137조 제4항에 따라 해당 투자구성기업의 미분배순글로벌최저한세소득금액으로 차감한다. (2024. 3. 22. 신설)
   가. 법 제79조 제6항 각 호의 방법이 적용되는 주주구성기업에 분배되는 금액일 것 (2024. 3. 22. 신설)
   나. 가목에 따른 금액이 법 제79조 제6항 제1호에 따라 해당 주주구성기업의 글로벌최저한세소득·결손에 포함되는 금액일 것 (2024. 3. 22. 신설)
2. 법 제79조 제6항 제2호를 적용할 때 해당 미분배순글로벌최저한세소득금액의 잔액 중 해당 주주구성기업이 보유하는 소유지분에 귀속되는 금액을 해당 투자구성기업의 해당 사업연도 글로벌최저한세소득 금액으로 보며, 해당 금액에 최저한세율을 곱하여 계산한 금액을 법 제71조에 따른 해당 사업연도 저율과세구성기업의 추가

[편주] ▶ ··
법 79조 6항의 개정규정은 2025. 1. 1. 이후 법 83조에 따라 글로벌최저
한세정보신고서를 제출하거나 법 84조에 따라 추가세액배분액을 신고하는
경우부터 적용함. (법 부칙(2024. 12. 31.) 6조 3호)
··

1. 투자구성기업의 글로벌최저한세소득 중 주주구성기업에 분배되는
금액 등 대통령령으로 정하는 금액은 해당 주주구성기업의 글로벌
최저한세소득을 계산할 때 포함한다. (2022. 12. 31. 신설)
2. 각 사업연도 종료일에 해당 사업연도 개시 전 세 번째 사업연도 투
자구성기업의 글로벌최저한세소득 금액 중 아직 분배되지 아니한
금액 등 대통령령으로 정하는 금액이 있는 경우에는 해당 투자구성
기업을 저율과세구성기업으로 보고, 그 금액 중 주주구성기업에 귀
속되는 금액에 최저한세율을 곱하여 계산하는 등 대통령령으로 정
하는 방법으로 계산한 금액을 그 투자구성기업의 추가세액으로 보
아 제72조 및 제73조를 적용한다. (2023. 12. 31. 개정)

[편주] ▶ ··
법 79조 6항 2호의 개정규정 중 "제73조"의 개정부분은 2025. 1. 1. 이후
개시하는 사업연도분에 대하여 과세하는 경우부터 적용함. (법 부칙(2022.
12. 31.) 1조 2호 및 6조) (2023. 12. 31. 개정)
··

는 금액 이상이 될 것으로 합리적으로 예상되는 경우를 말한다. (2025.
2. 28. 개정)
1. 투자구성기업의 주주구성기업에 대한 분배금의 원천이 되는 소득에
대한 투자구성기업의 조정대상조세 금액 (2025. 2. 28. 개정)
2. 투자구성기업의 주주구성기업에 대한 분배금에 대하여 그 주주구성
기업에 과세되는 세액 (2025. 2. 28. 개정)
② 법 제79조 제6항 각 호 외의 부분에 따라 같은 항 각 호의 방법을 적
용할 때 해당 투자구성기업이 납부해야 하는 대상조세 금액으로서 제3항
에 따른 분배금등과 관련하여 그 주주구성기업에 발생하는 조세 금액에
서 공제되는 금액이 있는 경우에는 그 금액을 해당 주주구성기업의 글로
벌최저한세소득과 조정대상조세에 각각 산입한다. (2025. 2. 28. 개정)
③ 법 제79조 제6항 제1호에서 "투자구성기업의 글로벌최저한세소득
중 주주구성기업에 분배되는 금액 등 대통령령으로 정하는 금액"이란
투자구성기업이 주주구성기업에 분배하거나 분배하는 것으로 간주되
는 이익, 잉여금 등(이하 이 조에서 "분배금등"이라 한다)을 말한다. 이
경우 분배하는 것으로 간주되는 금액에는 주주구성기업이 직접 또는 간
접으로 보유하는 투자구성기업의 소유지분을 해당 다국적기업그룹에
속하지 않는 기업에 이전하는 경우 그 이전하는 날의 직전일의 해당 투
자구성기업의 제4항에 따른 미분배순글로벌최저한세소득금액 중 이전
대상 소유지분에 귀속되는 금액을 포함한다. (2025. 2. 28. 후단개정)
④ 법 제79조 제6항 제2호에서 "해당 사업연도 개시 전 세 번째 사업
연도 투자구성기업의 글로벌최저한세소득 금액 중 아직 분배되지 아니
한 금액 등 대통령령으로 정하는 금액"이란 각 사업연도 개시 전 세
번째 사업연도(이하 이 조에서 "대상사업연도"라 한다) 투자구성기업의
글로벌최저한세소득 금액에서 다음 각 호의 금액을 차감하여 계산한 금
액(해당 글로벌최저한세소득 금액이 영이 될 때까지만 차감하며, 이하
이 조에서 "미분배순글로벌최저한세소득금액"이라 한다)을 말한다.
(2024. 2. 29. 항번개정)
1. 해당 투자구성기업의 대상조세 금액 (2023. 12. 29. 신설)
2. 대상기간(대상사업연도의 개시일부터 각 사업연도 종료일까지의 기간으로서 해당 투
자구성기업이 속한 다국적기업그룹이 해당 투자구성기업의 소유지분을 보유하고 있
는 기간을 말한다. 이하 이 조에서 같다) 중 해당 투자구성기업의 주주구성기업에

세액(해당 투자구성기업의 주주구성기업
이 하나 이상인 경우에는 주주구성기업별
로 계산한 추가세액의 합계를 말한다)으
로 볼 것 (2024. 3. 22. 신설)
3. 법 제79조 제6항을 적용할 때 각 사업
연도 투자구성기업의 글로벌최저한세
소득 금액 또는 글로벌최저한세결손 금
액과 이에 귀속되는 조정대상조세 금액
은 법 제69조 및 법 제79조 제1항에 따
른 실효세율의 계산에 산입하지 않을
것. 다만, 영 제137조 제4항에 따른 미
분배순글로벌최저한세소득금액에 해당
하는 경우에는 법 제69조 및 제79조 제
1항에 따른 실효세율의 계산에 산입한
다. (2024. 3. 22. 신설)

제86조 【전환기 적용면제 요건】 ①
영 제138조 제1항 제1호에서 "기획재정부
령으로 정하는 재무제표"란 다음 각 호의
재무제표(이하 이 장에서 "적격재무제표"
라 한다)를 말한다. 다만, 해당 재무제표에
하방회계가액 조정이 포함되어 있는 경우
에는 2023년 1월 1일 이후에 개시하는 각
사업연도에 대한 재무제표에도 하방회계가
액 조정이 포함되어 이를 기초로 국가별보
고서가 작성되었거나 구성기업의 소재지국
에서 영 제138조 제1항 각 호 외의 부분에
따른 전환기사업연도에 대하여 하방회계가
액 조정이 의무화된 경우로 한정하여 해당
재무제표를 적격재무제표로 인정할 수 있
다. (2025. 3. 21. 개정)
1. 최종모기업의 연결재무제표 작성에 사

☞

제80조【적용면제】(2024. 12. 31. 제목개정)

① 제70조 제1항에도 불구하고 대통령령으로 정하는 적용면제 요건을 갖춘 국가에 대해서는 신고구성기업의 선택에 따라 2026년 12월 31일

대한 분배금등(해당 분배금등이 이전 대상사업연도의 미분배순글로벌최저한세소득금액을 계산하는 데 사용된 경우 그 금액은 제외한다) (2023. 12. 29. 신설)

2. 대상기간(대상사업연도의 개시일부터 각 사업연도 종료일까지의 기간으로서 해당 투자구성기업이 속한 다국적기업그룹이 해당 투자구성기업의 소유지분을 보유하고 있는 기간을 말한다. 이하 이 조에서 같다) 중 해당 투자구성기업의 주주(투자구성기업인 경우는 제외한다) 또는 다른 투자구성기업을 통하여 간접으로 해당 투자구성기업의 소유지분을 보유하는 자(투자구성기업인 경우는 제외한다)에 대한 분배금등(해당 분배금등이 이전 대상사업연도의 미분배순글로벌최저한세소득금액을 계산하는 데 사용된 경우 그 금액은 제외한다) (2025. 2. 28. 개정)

3. 대상기간 중 해당 투자구성기업의 글로벌최저한세결손 금액(해당 금액이 이전 사업연도에 미분배순글로벌최저한세소득금액을 계산하는 데 사용된 경우 그 금액은 제외하며, 대상기간이 지난 후 남은 잔액은 다음 사업연도로 이월한다) (2023. 12. 29. 신설)

⑤ 법 제79조 제6항에 따른 신고구성기업의 선택은 5년선택으로 하고, 해당 주주구성기업별로 주주구성기업이 보유하는 투자구성기업의 소유지분 전부에 대해 적용한다. (2024. 2. 29. 항번개정)

⑥ 신고구성기업이 제5항에 따른 선택을 취소하는 경우 취소사업연도의 직전 사업연도 말에 해당 주주구성기업이 보유하는 소유지분에 귀속되는 미분배순글로벌최저한세소득금액의 잔액이 있는 때에는 그 잔액을 취소사업연도의 해당 투자구성기업의 글로벌최저한세소득으로 보며, 그 금액에 최저한세율을 곱하여 계산한 금액을 법 제71조에 따른 해당투자구성기업의 추가세액으로 본다. (2025. 2. 28. 개정)

⑦ 제2항부터 제6항까지에서 규정한 사항 외에 투자구성기업에 대한 추가세액의 계산 등 신고구성기업이 법 제79조 제6항 각 호의 방법을 적용하는 데 필요한 세부사항 등은 기획재정부령으로 정한다. (2024. 2. 29. 개정)

제138조【적용면제】(2025. 2. 28. 제목개정)

① 법 제80조 제1항 본문에서 "대통령령으로 정하는 적용면제 요건을 갖춘 국가"란 2026년 12월 31일 이전에 개시하고 2028년 6월 30일 이

용된 재무제표로서 내부거래의 제거 등을 위한 연결조정을 반영하기 전의 재무제표 (2024. 3. 22. 신설)

2. 인정회계기준 또는 공인회계기준에 따라 작성된 각 구성기업의 별도재무제표(해당 별도재무제표에 포함된 정보를 신뢰할 수 있는 경우만 해당한다) (2024. 3. 22. 신설)

3. 다국적기업그룹의 국가별보고서 작성에 사용되는 해당 구성기업의 재무제표(제58조 제1호에 해당하는 사유로 해당 구성기업이 다국적기업그룹의 연결재무제표에서 제외되는 경우만 해당한다) (2024. 3. 22. 신설)

② 적격재무제표의 사용은 다음 각 호의 기준에 따른다. (2025. 3. 21. 신설)

1. 구성기업별 또는 국가별로 같은 종류의 적격재무제표를 사용해야 한다. 다만, 다음 각 목의 어느 하나에 해당하는 경우에는 적격재무제표가 아닌 자료(재무보고, 규제당국보고, 세무신고 또는 내부관리 목적의 자료를 말한다)를 사용할 수 있다. (2025. 3. 21. 신설)

　가. 영 제100조 제1항 제2호에 따른 연결제외기업(제58조 제1호에 해당하는 경우로 한정한다) (2025. 3. 21. 신설)

　나. 고정사업장 (2025. 3. 21. 신설)

2. 서로 다른 국가에 소재하는 구성기업은 다른 종류의 적격재무제표를 사용할 수 있다. (2025. 3. 21. 신설)

③ 영 제138조 제1항 제1호에서 "기획재정부령으로 정하는 총수익금액 및 세전손익금액"이란 다음 각 호의 구분에 따른 금

이전에 개시하고 2028년 6월 30일 이전에 종료하는 각 사업연도(이하 "전환기사업연도"라 한다) 해당 국가의 추가세액을 영으로 볼 수 있다. 다만, 대통령령으로 정하는 요건을 갖추었음을 소명하지 못하는 경우로서 대통령령으로 정하는 경우에는 그러하지 아니하다. (2024. 12. 31. 개정)

② 구성기업과 같은 국가에 소재하는 다음 각 호의 그룹 또는 기업은 각각 구성기업의 소재지국과는 다른 국가에 소재하는 것으로 보아 제1항을 적용한다. (2024. 12. 31. 신설)

1. 공동기업그룹(공동기업 및 공동기업자회사를 말한다) (2024. 12. 31. 신설)

2. 공동기업그룹에 속하지 아니하는 공동기업 (2024. 12. 31. 신설)

개정취지 ·····················

추가세액 과세면제 특례 확대

• '공동기업그룹' 및 '공동기업그룹에 속하지 아니하는 공동기업'은 각각 구성기업의 소재지국과는 다른 국가에 소재하는 것으로 보아 전환기사업연도* 해당 국가의 추가세액을 영으로 볼 수 있도록 함.

　* 전환기사업연도: 2026. 12. 31. 이전에 개시하고 2028. 6. 30. 이전에 종료하는 각 사업연도

• 대상조세의 명목세율이 100분의 20 이상인 최종모기업의 소재지국에 대해서는 2025. 12. 31. 이전에 개시하고 2026. 12. 30. 이전에 종료하는 각 사업연도의 소득산입보완규칙 추가세액을 계산할 때 해당 국가에 소재하는 저율과세구성기업의 추가세액을 영으로 볼 수 있도록 함. (법 80조 2항 및 3항 신설 ; 2024. 12. 31.)

• 법 80조 2항부터 4항까지의 개정규정은 2025. 1. 1. 이후 법 83조에 따라 글로벌최저한세정보신고서를 제출하거나 법 84조에 따라 추가세액 배분액을 신고하는 경우부터 적용함. (법 부칙(2024. 12. 31.) 6조 3호)

·····················

③ 제70조 제1항에도 불구하고 대상조세의 명목세율이 100분의 20 이상인 최종모기업의 소재지국에 대해서는 신고구성기업의 선택에 따라 2025년 12월 31일 이전에 개시하고 2026년 12월 30일 이전에 종료하는 각 사업연도의 제73조 제2항에 따른 소득산입보완규칙 추가세액을 계산할 때 해당 국가에 소재하는 저율과세구성기업의 추가세액을 영으로 볼 수 있다. (2024. 12. 31. 신설)

전에 종료하는 각 사업연도(이하 이 장에서 "전환기사업연도"라 한다)에 대해 다음 각 호의 어느 하나에 해당하는 요건을 갖춘 국가를 말한다. (2025. 2. 28. 개정)

1. 소액 요건 : 다국적기업그룹이 기획재정부령으로 정하는 재무제표를 기초로 작성하여 제출한 국가별보고서(이하 이 조에서 "적격국가별보고서"라 한다)에 따를 때 해당 국가의 기획재정부령으로 정하는 총수익금액 및 세전손익금액이 각각 1천만유로 및 1백만유로 보다 작을 것 (2023. 12. 29. 신설)

2. 간이 실효세율 요건 : 기획재정부령으로 정하는 바에 따라 계산한 실효세율이 다음 각 목의 구분에 따른 비율 이상일 것 (2023. 12. 29. 신설)

　가. 사업연도 개시일이 2024년에 속하는 전환기사업연도의 경우 : 15퍼센트 (2023. 12. 29. 신설)

　나. 사업연도 개시일이 2025년에 속하는 전환기사업연도의 경우 : 16퍼센트 (2023. 12. 29. 신설)

　다. 사업연도 개시일이 2026년에 속하는 전환기사업연도의 경우 : 17퍼센트 (2023. 12. 29. 신설)

3. 초과이익 요건 : 제1호에 따른 세전손익금액이 다음 각 목의 어느 하나에 해당할 것 (2023. 12. 29. 신설)

　가. 손실액이 발생한 경우일 것 (2023. 12. 29. 신설)

　나. 이익액이 발생한 경우로서 그 금액이 적격국가별보고서에 따른 해당 국가 모든 구성기업의 실질기반제외소득금액 합계보다 작거나 같은 경우일 것 (2023. 12. 29. 신설)

② 법 제80조 제1항 본문에 따른 신고구성기업의 선택은 매년선택으로 한다. (2025. 2. 28. 개정)

③ 법 제80조 제1항 단서에서 "대통령령으로 정하는 요건"이란 다음 각 호의 요건을 말한다. (2025. 2. 28. 개정)

1. 해당 국가가 제1항 각 호의 어느 하나에 해당할 것 (2023. 12. 29. 신설)

2. 해당 국가가 법 제78조 제1항에 따라 신고구성기업이 간주분배세액을 가산하기로 선택한 국가에 해당하지 않을 것 (2023. 12. 29. 신설)

3. 해당 다국적기업그룹이 복수모기업다국적기업그룹인 경우에는 하나

액을 말한다. (2025. 3. 21. 항번개정)

1. 총수익금액 : 영 제138조 제1항 제1호에 따른 적격국가별보고서(이하 "적격국가별보고서"라 한다)에 따른 해당 국가의 매출액 합계액 (2024. 3. 22. 신설)

2. 세전손익금액 : 적격국가별보고서에 따른 해당 국가의 세전손익 합계액 (2024. 3. 22. 신설)

④ 해당 국가의 구성기업에 매각을 위해 보유하는 기업이 있는 경우에는 그 기업의 매출액(적격국가별보고서에 따른 매출액을 말한다)과 총수익금액을 합계한 금액을 기준으로 영 제138조 제1항 제1호에 따른 소액 요건을 적용한다. (2025. 3. 21. 항번개정)

⑤ 영 제138조 제1항 제2호에 따른 간이 실효세율은 제1호의 금액을 제2호의 금액으로 나눈 값으로 계산한다. (2025. 3. 21. 개정)

1. 해당 구성기업의 제1항에 따른 재무제표(이하 "적격재무제표"라 한다)에 따른 해당 국가의 법인세비용 합계액에서 다음 각 목의 비용을 차감한 금액 (2024. 3. 22. 신설)

1. 해당 구성기업의 적격재무제표에 따른 해당 국가의 법인세비용(직접 사업연도 귀속 법인세의 추정액과 확정액의 차이를 포함한다. 이하 제7항 제2호 나목에서 같다) 합계액에서 다음 각 목의 비용을 차감한 금액(이하 이 조에서 "간이대상조세"라 한다) (2025. 3. 21. 개정)

　가. 영 제109조 제1항에 따른 대상조세에 해당하지 않는 법인세비용 (2024. 3. 22. 신설)

　나. 영 제110조 및 영 제112조에 따라 처리되는 불확실한 세무처리 항목

④ 제70조 제1항에도 불구하고 대통령령으로 정하는 적용면제 요건을 갖춘 국가에 대해서는 신고구성기업의 선택에 따라 각 사업연도의 추가세액을 영으로 볼 수 있다. 다만, 대통령령으로 정하는 요건을 갖추었음을 소명하지 못하는 경우로서 대통령령으로 정하는 경우에는 그러하지 아니하다. (2024. 12. 31. 신설)

의 적격국가별보고서에 그 둘 이상의 그룹에 관한 사항이 일부라도 누락되어 있는 경우에 해당하지 않을 것 (2023. 12. 29. 신설)

4. 해당 구성기업이 무국적구성기업에 해당하지 않을 것 (2023. 12. 29. 신설)

5. 해당 전환기사업연도가 국제적으로 합의한 글로벌최저한세 규칙의 적용 대상이 되는 다국적기업그룹의 전환기사업연도에 해당 국가에 법 제80조 제1항 본문에 따른 적용면제가 적용되지 않는 경우(해당 다국적기업그룹이 첫 전환기사업연도에 해당 국가에 구성기업을 두지 않은 경우는 제외한다) 해당 국가의 그 이후 전환기사업연도에 해당하지 않을 것 (2025. 2. 28. 개정)

④ 법 제80조 제1항 단서에서 "대통령령으로 정하는 경우"란 다음 각 호에 모두 해당하는 경우를 말한다. (2025. 2. 28. 개정)

1. 해당 국가의 실효세율이 최저한세율보다 낮은 경우로서 우리나라가 추가세액배분액을 부과할 수 있을 것 (2023. 12. 29. 신설)

2. 우리나라 과세당국이 법 제80조 제1항 본문에 따른 적용면제가 없었다면 추가세액배분액의 납부의무를 지게 되는 국내구성기업에 대해 제3항에 따른 요건의 충족 여부에 중대한 영향을 미칠 수 있는 사항을 기획재정부령으로 정하는 바에 따라 통보하고 그 영향 여부에 대해 소명을 요구하였을 것 (2025. 2. 28. 개정)

3. 제2호에 따른 통보를 받은 국내구성기업이 그 통보를 받은 날부터 6개월 이내에 해당 사항이 제3항에 따른 요건의 충족 여부에 중대한 영향을 미치지 않았다는 사실을 소명하지 못하였을 것 (2023. 12. 29. 신설)

⑤ 공동기업에 대해 제1항을 적용할 때 같은 항 제1호에 따른 총수익금액 및 세전손익금액의 산정 방법 등 같은 항 각 호의 요건을 적용하는 데 필요한 세부사항 등은 기획재정부령으로 정한다. (2023. 12. 29. 신설)

과 관련된 법인세비용 (2024. 3. 22. 신설)

2. 세전손익금액 (2024. 3. 22. 신설)

⑥ 제1항 각 호 외의 부분 단서에 따라 구성기업의 재무제표가 적격재무제표로 인정되는 경우로서 2021년 12월 1일 이후에 이루어지는 소유지분 이전 거래로 인해 발생하는 영업권의 손상이 해당 구성기업의 재무제표에 이익의 감소로 계상된 경우에는 그 감소액을 가산한 세전손익금액을 기준으로 영 제138조 제1항 제2호 및 제3호에 따른 요건을 적용한다. 다만, 해당 영업권의 손상과 관련하여 이연법인세부채가 환원되었거나 이연법인세자산이 발생한 경우에는 감소액을 가산하기 전의 세전손익금액을 기준으로 같은 항 제2호에 따른 요건을 적용한다. (2025. 3. 21. 신설)

⑦ 영 제138조 제1항에 따른 요건을 적용할 때 제1호에 따른 약정이 있는 경우에는 제2호에서 정하는 바에 따라 세전손익금액과 법인세비용을 조정한다. (2025. 3. 21. 신설)

1. 2022년 12월 16일 이후 체결된 약정[2022년 12월 15일 이전에 체결된 약정(이하 이 호에서 "기존약정"이라 한다)이 2022년 12월 16일 이후 변경 또는 이전되는 경우 및 2022년 12월 16일 이후 기존약정상의 권리 및 의무의 이행이 달라지거나 기존약정에 관한 회계처리가 달라지는 경우의 기존약정을 포함한다]으로서 다음 각 목의 어느 하나에 해당하는 약정(이하 이 조에서 "혼성거

제81조【최초적용연도에 대한 특례】① 다국적기업그룹이 제69조 및 제79조에 따라 국가별 실효세율을 계산할 때 해당 국가에 대하여 최초적용연도와 그 후 사업연도 다국적기업그룹의 총이연법인세조정금액은 제67조 제2항에도 불구하고 해당 국가에 소재하는 모든 구성기업의 최초적용연도 개시일의 회계계정에 계상되거나 공시된 모든 이연법인세자산과 이연법인세부채를 산입하여 산정한다 (2024. 12. 31. 개정)

② 제1항에 따른 총이연법인세조정금액의 산정 등 최초적용연도 실효세율의 계산에 필요한 사항은 대통령령으로 정한다. (2022. 12. 31. 신설)

제139조【최초적용연도의 총이연법인세조정금액의 산정 등】① 법 제81조 제1항에 따라 최초적용연도의 총이연법인세조정금액을 산정할 때 산입하는 이연법인세자산 및 이연법인세부채에 대해서는 해당 이연법인세자산 및 이연법인세부채의 산정에 적용되는 세율과 최저한세율 중 낮은 세율을 적용한다. (2025. 2. 28. 개정)

편주 ▶ ....
영 139조의 개정규정은 2025. 2. 28. 이후 법 83조에 따라 글로벌최저한세정보신고서를 제출하거나 법 84조에 따라 추가세액배분액을 신고하는 경우부터 적용함. (영 부칙(2025. 2. 28.) 4조)
....

② 제1항에도 불구하고 최저한세율보다 낮은 세율이 적용된 이연법인세자산으로서 그 발생 사업연도에 글로벌최저한세제도가 적용되었다고 가정할 경우 해당 이연법인세자산이 글로벌최저한세결손으로 인하여 발생하였을 것임을 해당 다국적기업그룹이 소명하는 경우에는 해당 이연법인세자산에 최저한세율을 적용하여 다시 계산할 수 있다. (2025. 2. 28. 개정)

③ 제1항에 따른 최초적용연도의 총이연법인세조정금액을 산정할 때에는 다음 각 호의 기준에 따른다. (2023. 12. 29. 신설)

1. 제112조 제1항 제1호의 2 나목 3)에 따른 이월 세액공제 금액으로 인하여 발생하는 이연법인세자산은 다음 각 목의 구분에 따라 처리한다. 이 경우 다음 각 목에 따라 다시 계산함으로 인한 이연법인세자산 금액의 변동은 총이연법인세조정금액의 계산에 산입하지 않는다. (2025. 2. 28. 개정)

가. 해당 이연법인세자산의 산정에 적용되는 국내세율이 최저한세율 이상인 경우 : 해당 이연법인세자산 금액에 최저한세율을 국내세율로 나눈 비율을 곱하여 다시 계산 (2023. 12. 29. 신설)

가. 해당 이연법인세자산의 산정에 적용되는 세율이 최저한세율 이상인 경우 : 해당 이연법인세자산 금액에 최저한세율을 해당 이연법인세자산의 산정에 적용되는 세율로 나눈 비율을 곱하여 다시 계산 (2025. 2. 28. 개정)

나. 해당 이연법인세자산의 산정에 적용된 세율이 최초적용연도 이후 변경(최저한세율 이상의 세율이 유지되는 경우로 한정한다)되는 경우 : 변경된 세율이 적용되기 직전의 회계상 잔존 이연법인세자산 금액에 최저한세율을 변경된 세율로 나눈 비율을 곱하

래약정"이라 한다) (2025. 3. 21. 신설)

가. 구성기업, 영 제130조 제2항에 따른 공동기업(이하 "공동기업"이라 한다), 같은 항에 따른 공동기업자회사(이하 "공동기업자회사"라 한다) 또는 적격재무제표를 사용하는 구성기업이 아닌 기업(이하 이 조에서 "구성기업등"이라 한다)이 다른 구성기업등에 직접 또는 간접으로 신용을 공여하거나 투자하는 약정으로서 해당 다른 구성기업등이 비용 또는 손실(이하 이 조에서 "비용등"이라 한다)을 인식하지만 해당 구성기업등은 이에 상응하는 수익 또는 이익을 인식하지 않거나 해당 약정 기간 동안 이에 상응하는 과세소득의 증가가 없을 것으로 합리적으로 예상되는 약정. 다만, 영 제104조 제1항 제18호에 따른 기타기본자본 또는 제한기본자본과 관련된 약정은 제외한다. (2025. 3. 21. 신설)

나. 비용등을 서로 다른 구성기업등이 중복하여 인식하는 약정. 다만, 비용등을 인식하는 구성기업등이 모두 이에 상응하는 수익을 인식하여 해당 수익이 해당 비용등과 상계되는 경우의 약정은 제외한다. (2025. 3. 21. 신설)

다. 구성기업등이 인식하는 비용등이 다른 국가에 소재하는 구성기업등의 과세소득에서 공제되는 약정. 다만, 해당 비용등을 인식하는 구성기업

여 다시 계산 (2025. 2. 28. 개정)

2. 최초적용연도 전 사업연도에 발생하였으나 해당 발생 사업연도 또는 그 후 사업연도(최초적용연도 전 사업연도로 한정한다)에 회계상 인식기준을 충족하지 못하여 최초적용연도 개시일의 회계에 이연법인세자산으로 계상되지 않은 것도 법 제81조 제1항에 따른 이연법인세자산에 포함한다. (2023. 12. 29. 신설)

3. 최초적용연도 전 사업연도에 발생한 비적격환급가능세액공제가 최초적용연도에 세액공제 또는 현금지급으로 정산되는 경우에는 제110조 제2호 나목 본문에도 불구하고 그 금액을 해당 사업연도의 대상조세에서 차감하지 않는다. (2025. 2. 28. 개정)

4. 법 제81조 제1항이 적용되는 이연법인세부채에 대해서는 법 제67조 제3항을 적용하지 않는다. (2023. 12. 29. 신설)

5. 다음 각 목의 이연법인세자산 및 이연법인세부채는 총이연법인세조정금액의 계산에 산입하지 않는다. (2025. 2. 28. 신설)

　가. 통합형피지배외국법인과세제도에 따른 이연법인세자산 및 이연법인세부채 (2025. 2. 28. 신설)

　나. 2021년 12월 1일부터 최초적용연도 개시일 전날까지의 거래에서 발생한 이연법인세자산으로서 법 제66조에 따라 글로벌최저한세소득·결손의 계산에서 제외되는 항목에 대한 이연법인세자산 (2025. 2. 28. 신설)

④ 제1항부터 제3항까지에서 규정한 사항 외에 최초적용연도 총이연법인세조정금액의 산정 등 최초적용연도 실효세율의 계산에 필요한 세부사항은 기획재정부령으로 정한다. (2023. 12. 29. 신설)

제82조【해외진출 초기의 다국적기업그룹에 대한 특례】 ① 각 사업연도에 해외진출 초기의 다국적기업그룹으로서 대통령령으로 정하는 다국적기업그룹에 대해서는 제73조를 적용하지 아니한다. 다만, 해당 다국적기업그룹이 최초적용연도에 그 다국적기업그룹이 소유한 국가별 유형자산의 순장부가액 합계가 가장 큰 국가가 우리나라인 경우에는 다음 각 호의 방법에 따라 제73조를 적용한다. (2023. 12. 31. 단서개정)

제140조【해외진출 초기의 다국적기업그룹】 법 제82조 제1항 각 호 외의 부분 본문에서 "대통령령으로 정하는 다국적기업그룹"이란 각 사업연도에 다음 각 호의 요건을 모두 갖춘 다국적기업그룹을 말한다. (2023. 12. 29. 신설)

▶ 편주 ▶ ···
영 140조의 개정규정은 2025. 1. 1.부터 시행함. (영 부칙(2023. 12. 29.) 단서)
···

등이 이에 상응하는 수익을 인식하고, 해당 비용등을 과세소득에서 공제하는 구성기업등이 이에 상응하는 과세소득을 산입하는 경우의 약정은 제외한다. (2025. 3. 21. 신설)

라. 법인세비용의 전부 또는 일부가 둘 이상의 구성기업등의 조정대상조세 또는 간이대상조세에 중복하여 산입되는 약정. 다만, 다음의 어느 하나에 해당하는 경우의 약정은 제외한다. (2025. 3. 21. 신설)

1) 해당 법인세비용의 산출과 관련된 이익이 해당 구성기업등에 인식되는 경우 (2025. 3. 21. 신설)

2) 법 제67조 제1항 후단에 따라 다른 구성기업등에 배분되는 법인세비용이 해당 구성기업등의 간이 실효세율을 계산할 때 간이대상조세에 산입되는 경우 (2025. 3. 21. 신설)

2. 다음 각 목의 구분에 따라 세전손익금액과 법인세비용을 조정할 것 (2025. 3. 21. 신설)

가. 제1호 가목부터 다목까지 중 어느 하나에 해당하는 약정이 있는 경우 : 비용등을 세전손익금액에 가산할 것. 다만, 같은 호 나목에 해당하는 약정이 있는 경우에는 어느 한 구성기업등이 인식한 비용등은 세전손익금액에 가산하지 않는다. (2025. 3. 21. 신설)

나. 제1호 라목에 해당하는 약정이 있는 경우 : 국가의 법인세비용 합계액에

편주 ▶
법 82조의 개정규정은 2025. 1. 1. 이후 개시하는 사업연도분에 대하여 과세하는 경우부터 적용함. (법 부칙(2023. 12. 31.) 4조 3항)

1. 우리나라에 저율과세구성기업이 소재하는 경우에는 제73조 제2항 및 제3항을 적용할 때 해당 저율과세구성기업의 추가세액을 영으로 본다. (2022. 12. 31. 신설)
2. 다른 국가에 저율과세구성기업이 소재하는 경우에는 제73조 제4항을 적용할 때 소득산입보완규칙 국내 배분비율을 1로 본다. (2023. 12. 31. 개정)

편주 ▶
법 82조의 개정규정은 2025. 1. 1. 이후 개시하는 사업연도분에 대하여 과세하는 경우부터 적용함. (법 부칙(2022. 12. 31.) 1조 2호 및 6조) (2023. 12. 31. 개정)

② 다국적기업그룹이 처음으로 소득산입보완규칙을 적용받는 사업연도의 개시일 이후 5년이 되는 날의 다음 날 이후에 개시하는 사업연도부터는 제1항을 적용하지 아니한다. (2023. 12. 31. 개정)

편주 ▶
법 82조의 개정규정은 2025. 1. 1. 이후 개시하는 사업연도분에 대하여 과세하는 경우부터 적용함. (법 부칙(2023. 12. 31.) 4조 3항)

1. 해당 다국적기업그룹의 구성기업이 6개국 이하의 국가에 소재할 것. 이 경우 해당 다국적기업그룹에 속한 무국적구성기업은 소재하는 국가가 없는 것으로 본다. (2023. 12. 29. 신설)
2. 준거국가(해당 다국적기업그룹이 글로벌최저한세제도를 적용받는 사업연도에 그 다국적기업그룹이 소유한 국가별 유형자산의 순장부가액 합계가 가장 큰 국가를 말한다. 이 하 이 조에서 같다) 외의 국가에 소재하는 해당 다국적기업그룹의 모든 구성기업에 대한 제125조 제2항에 따른 유형자산 순장부가액 합계가 5천만유로 이하일 것. 이 경우 해당 다국적기업그룹에 속한 무국적구성기업의 유형자산은 그 유형자산이 준거국가에 소재한다는 것을 해당 다국적기업그룹이 소명하지 못하는 경우에는 준거국가 외의 국가에 소재하는 것으로 보아 전단에 따른 유형자산 순장부가액의 계산에 산입한다. (2023. 12. 29. 신설)

서 약정에 따라 발생한 법인세비용을 차감할 것 (2025. 3. 21. 신설)
⑧ 다음 각 호의 어느 하나에 해당하는 경우에는 제7항 제1호 가목 본문에 따른 약정 기간 동안 이에 상응하는 과세소득의 증가가 없을 것으로 합리적으로 예상되는 약정으로 본다. (2025. 3. 21. 신설)
1. 다음 각 목의 어느 하나에 해당하는 경우로서 과세소득이 이월결손금이나 해당 구성기업등의 소재지국 세법에 따른 이자비용공제한도를 초과하여 이월된 이자비용등과 상계되는 경우 (2025. 3. 21. 신설)
　가. 이연법인세자산이 평가 조정 또는 인식 조정이 된 경우 (2025. 3. 21. 신설)
　나. 해당 과세소득이 없었더라면 이연법인세자산이 평가 조정 또는 인식 조정이 되었을 경우 (2025. 3. 21. 신설)
2. 어느 한 구성기업등의 비용등으로 인식되는 지급이 그 거래 상대방인 구성기업등이 소재하는 다른 국가의 세전손익금액 산정에서 공제되지 않지만 해당 거래 상대방인 구성기업등과 같은 국가에 소재하는 다른 구성기업등의 과세소득에서 공제되는 경우 (2025. 3. 21. 신설)
⑨ 제8항 제2호를 적용할 때 영 제108조 제1항 제1호 각 목 외의 부분에 따른 투시과세기업(이하 “투시과세기업”이라 한다)의 비용등을 그 투시과세기업의 주주인 구성기업등이 인식하는 경우에는 해당 투시과세기업은 해당 비용등을 인식하지 않는 것으로 본다. (2025. 3. 21. 신설)

22. 신설)

   1)~2) 삭 제 (2025. 3. 21.)

나. 투자구성기업 및 투자구성기업의 모든 주주구성기업이 같은 국가에 소재할 것 (2025. 3. 21. 신설)

편주 ▶ ⋯⋯⋯⋯⋯⋯⋯⋯⋯⋯⋯⋯

규칙 88조 1항 4호 및 2항의 개정규정은 2025. 3. 21. 이후 법 83조에 따라 글로벌최저한세정보신고서를 제출하거나 법 84조에 따라 추가세액배분액을 신고하는 경우부터 적용함. (규칙 부칙(2025. 3. 21.) 2조)

5. 제4호에 따라 투자구성기업에 대해 법 제79조에 따라 실효세율 및 추가세액을 계산하는 경우에도 투자구성기업 소재지국과 그 주주구성기업 소재지국에 대해서는 다음 각 목의 방법에 따라 전환기적용면제요건을 적용할 수 있을 것 (2024. 3. 22. 신설)

가. 투자구성기업 소재지국에 대해 전환기적용면제요건을 적용할 때 투자구성기업의 매출액, 세전손익 및 법인세비용은 고려하지 않을 것 (2024. 3. 22. 신설)

나. 주주구성기업 소재지국에 전환기적용면제요건을 적용할 때 투자구성기업의 매출액 및 세전손익 금액에 주주구성기업의 해당 투자구성기업에 대한 직접보유비율을 곱하여 계산한 금액과 투자구성기업의 제86조 제5항 제1호에 따른 금액에 주주구성기업의 해당 투자구성기업에

☞ p.1126 4단 연결

에서 감액되는 금액을 차감하여 산정하고, 대상조세 금액은 다음 계산식에 따라 계산되는 금액을 차감하여 산정할 것. 이 경우 해당 차감액은 최종모기업의 세전손익에서도 감액한다. (2025. 3. 21. 개정)

$$차감액 = A \div B \times C$$

A : 법 제77조의 2 제1항에 따라 최종모기업의 글로벌최저한세소득에서 차감되는 금액

B : 해당 최종모기업의 글로벌최저한세소득에서 별표 제1호에 따른 순조세비용을 차감한 금액

C : 해당 최종모기업의 대상조세 금액(배당공제제도를 두고 있지 않은 세목에서 발생한 것으로 한정한다)

4. 전환기적용면제요건을 적용할 때 국가별보고서에 해당 국가의 구성기업에 투자구성기업 또는 투자구성기업의 주주구성기업이 포함되어 있는 경우 투자구성기업(다음 각 목의 요건을 모두 충족하는 투자구성기업은 제외한다)에 대해서는 법 제79조에 따라 실효세율 및 추가세액을 계산할 것 (2024. 3. 22. 신설)

가. 투자구성기업에 대해 법 제79조 제5항 또는 제6항에 따른 선택을 하지 않을 것 (2025. 3. 21. 신설)

  1) 투자구성기업이 법 제79조 제5항 또는 제6항에 따른 선택을 하지 않을 것 (2024. 3. 22. 신설)

  2) 투자구성기업 및 투자구성기업의 모든 주주구성기업이 같은 국가에 소재할 것 (2024. 3.

항에 따른 통보일부터 6개월 이내에 하도록 해야 한다. (2024. 3. 22. 신설)

③ 적용면제가 없었다면 추가세액배분액의 납부의무를 지게 되는 국내구성기업이 둘 이상인 경우에는 그 중 하나에 대해서만 영 제138조 제4항 제2호에 따른 통보 및 소명의 요구를 할 수 있다. (2024. 3. 22. 신설)

제88조【공동기업에 대한 전환기 적용면제 요건의 적용방법 등】(2025. 3. 21. 제목개정)

① 영 제138조 제5항에 따른 공동기업에 대한 같은 조 제1항 각 호의 전환기 적용면제요건(이하 이 조에서 "전환기적용면제요건"이라 한다)의 적용방법은 다음 각 호와 같다. (2025. 3. 21. 항번개정)

1. 해당 국가에 소재하는 공동기업 및 공동기업자회사에 대해 전환기적용면제요건을 적용할 때에는 총수익금액 및 세전손익금액을 대신하여 해당 기업들의 적격재무제표상의 매출액 및 세전손익 금액을 사용할 것 (2024. 3. 22. 신설)

2. 영 제133조 각 호에 따른 소유지분을 보유한 자가 다국적기업그룹의 최종모기업인 투과기업의 소유지분을 모두 보유하지 않는 경우 그 최종모기업이 소재한 국가에 대해서는 전환기적용면제요건을 적용하지 않을 것 (2024. 3. 22. 신설)

3. 전환기적용면제요건을 적용할 때 배당공제제도를 적용받는 최종모기업의 세전손익은 같은 항에 따라 글로벌최저한세소득

편주 ▶ ⋯⋯⋯⋯⋯⋯⋯⋯⋯⋯

규칙 86조의 개정규정은 2025. 3. 21. 이후 법 83조에 따라 글로벌최저한세정보신고서를 제출하거나 법 84조에 따라 추가세액배분액을 신고하는 경우부터 적용함. (규칙 부칙(2025. 3. 21.) 2조)

⋯⋯⋯⋯⋯⋯⋯⋯⋯⋯⋯⋯⋯⋯

개정취지 ⋯⋯⋯⋯⋯⋯⋯⋯⋯

전환기 적용면제 요건
적격재무제표*를 기초로 작성한 적격국가별보고서에 따를 때 해당 국가의 총수익금액·세전손익금액에 관한 소액 요건 등의 전환기 적용면제 요건을 충족하면 전환기사업연도**에 대한 국가의 추가세액을 영(零)으로 볼 수 있도록 함. (규칙 86조 신설 ; 2024. 3. 22.)

  * 최종모기업의 연결재무제표 작성에 사용된 재무제표로서 내부거래의 제거 등을 위한 연결조정을 반영하기 전의 재무제표 등 전환기 적용면제를 적용받기 위해 사용되는 재무제표

  ** 전환기사업연도: 2026. 12. 31. 이전에 개시하고 2028. 6. 30. 이전에 종료하는 각 사업연도

⋯⋯⋯⋯⋯⋯⋯⋯⋯⋯⋯⋯⋯⋯

제87조【전환기 적용면제 요건에 영향을 미치는 사항의 통보 및 소명 요구】

① 영 제138조 제4항 제2호에 따른 통보는 영 제141조 제1항 전단에 따른 글로벌최저한세정보신고서 제출기한이 끝나는 날부터 36개월 이내에 해야 한다. (2024. 3. 22. 신설)

② 영 제138조 제4항 제2호에 따른 소명은 적용면제가 없었다면 추가세액배분액의 납부의무를 지게 되는 국내구성기업에 대해 제1

가. 금융리스(Capital Lease or Finance Lease) (2024. 3. 22. 신설)

나. 회계상 실질적인 판매로 간주되는 라이선스(License) (2024. 3. 22. 신설)

다. 지배지분 매각에 따른 자산의 이전 (2024. 3. 22. 신설)

라. 라이선스 보유자 또는 임대인이 수익으로 인식한 로열티 또는 임차료로서 라이선스 사용자 또는 임차인이 자산화하여 상각하는 로열티 또는 임차료의 선지급 (2024. 3. 22. 신설)

마. 기초자산을 이전하되 해당 기초자산에서 발생하는 수익 또는 처분에 따른 손익이 기초자산을 이전한 양도자에게 귀속되게 하는 총수익스왑 (2024. 3. 22. 신설)

마. 기초자산에서 발생하는 수익 또는 처분 손익에 대한 권리를 취득하는 기업에 해당 기초자산이 회계상 이전되는 것으로 취급되는 총수익스왑 (2025. 3. 21. 개정)

◀ 편주
규칙 89조 2호 마목의 개정규정은 2025. 3. 21. 이후 법 83조에 따라 글로벌최저한세정보신고서를 제출하거나 법 84조에 따라 추가세액 배분액을 신고하는 경우부터 적용함. (규칙 부칙(2025. 3. 21.) 2조)

바. 기업 소재지국이 변경될 때 세무상 가액 또는 장부가액이 공정가치 평가 등으로 증액되는 경우의 기업 소재지국 변경 (2024. 3. 22. 신설)

☞ p.1127 4단 연결

제89조【최초적용연도 실효세율의 계산】영 제139조 제4항에 따른 최초적용연도 실효세율의 계산은 다음 각 호의 방법에 따른다. (2024. 3. 22. 신설)

1. 2021년 12월 1일부터 최초적용연도 개시일 전날까지의 거래에서 발생한 이연법인세자산으로서 법 제66조에 따라 글로벌최저한세소득·결손 금액의 계산에서 제외되는 항목에 대한 금액(회계상 순손익과 과세소득 간의 영구적 차이로 발생하는 세무상 결손에 따른 이연법인세자산을 포함한다)은 법 제81조 제1항에 따른 이연법인세자산에서 제외할 것 (2024. 3. 22. 신설)

2. 2021년 12월 1일부터 최초적용연도 개시일 전날까지 구성기업(해당 거래일 직전에 글로벌최저한세제도가 적용되었다면 같은 다국적기업그룹에 속한 구성기업이었을 기업을 말한다) 간에 자산(재고자산은 제외한다. 이하 이 조에서 같다)을 이전(자산의 매각 및 회계상 이와 유사하게 처리되는 거래 등으로서 다음 각 목의 어느 하나에 해당하는 것을 포함한다)하는 경우 해당 자산을 취득하는 구성기업(이하 이 조에서 "취득구성기업"이라 한다)은 그 자산의 취득가액을 해당 자산을 처분하는 구성기업(이하 이 조에서 "처분구성기업"이라 한다)의 처분 당시 장부가액(이하 이 조에서 "처분당시장부가액"이라 한다)을 기초로 최초적용연도 및 그 후 사업연도의 글로벌최저한세소득·결손 금액을 계산할 것 (2024. 3. 22. 신설)

사업연도로 한다. (2025. 3. 21. 개정)

가. 자산(재고자산은 제외한다. 이하 이 조에서 같다)을 이전(자산의 매각 및 제89조 제2호 각 목의 거래 등을 포함한다. 이하 이 조에서 같다)하는 구성기업의 소재지국이 전환기적용면제를 적용받지 않거나 해당 이전에 따른 이익을 과세하고 해당 자산을 취득하는 구성기업의 소재지국이 전환기적용면제를 적용받는 경우에 대해 제89조 제2호가 적용되는 경우 (2024. 3. 22. 신설)

나. 법 제82조 제1항 단서에 따라 소득산입보완규칙이 적용되는 경우 (2024. 3. 22. 신설)

◀ 편주
규칙 88조 7호 나목의 개정규정은 2025. 1. 1. 부터 시행함. (규칙 부칙(2024. 3. 22.) 1조 3호)

다. 법 제83조 제1항 또는 제4항에 따른 신고를 하는 경우 (2024. 3. 22. 신설)

라. 법 제84조 제1항에 따른 신고를 하는 경우 (2024. 3. 22. 신설)

② 법 제16조 제1항 제2호에 따른 국가별보고서 제출의무가 없는 다국적기업그룹이 적격재무제표를 기초로 총수익금액 및 세전손익금액을 포함한 글로벌최저한세정보신고서를 법 제83조에 따라 납세지 관할 세무서장에게 제출한 경우에는 적격국가별보고서를 제출한 것으로 보아 해당 다국적기업그룹에 대해 영 제138조 제1항을 적용한다. (2025. 3. 21. 신설)

대한 직접보유비율을 곱하여 계산한 금액을 고려할 것 (2025. 3. 21. 개정)

6. 전환기적용면제요건을 적용할 때 적격국가별보고서에서 해당 국가의 해당 다국적기업그룹이 보유하는 소유지분[별표 제2호 나목 1) 가)에 따른 분산투자지분은 제외한다]의 공정가치 변동으로부터 발생하는 일체의 손실 금액(손상차손 및 손상차손의 환입 금액을 포함한다)에서 이익 금액을 차감하여 계산한 순손실액(이하 이 호에서 "순미실현공정가치손실액"이라 한다)이 5천만유로를 초과하는 경우에는 세전손익금액에서 순미실현공정가치손실액을 제외할 것 (2024. 3. 22. 신설)

7. 법 제80조에 따른 전환기 적용면제(이하 이 호에서 "전환기적용면제"라 한다)가 이루어지는 경우 법 제81조 제1항에 따른 최초적용연도(이하 "최초적용연도"라 한다)는 해당 국가가 전환기적용면제를 적용받지 못하거나 선택하지 않은 최초의 사업연도로 할 것. 다만, 다음 각 목의 어느 하나에 해당하는 경우 다국적기업그룹의 최초적용연도는 해당 국가에 대해 법 제5장 또는 그에 상당하는 다른 국가의 법령이 적용되는 첫 번째 사업연도로 한다. (2024. 3. 22. 신설)

7. 법 제80조 제1항에 따른 적용면제(이하 이 호에서 "전환기적용면제"라 한다)가 이루어지는 경우 최초적용연도는 해당 국가가 전환기적용면제를 적용받지 못하거나 선택하지 않은 최초의 사업연도로 할 것. 다만, 다음 각 목의 어느 하나에 해당하는 경우 다국적기업그룹의 최초적용연도는 해당 국가에 대해 법 제5장 또는 그에 상당하는 다른 국가의 법령이 적용되는 첫 번째

했거나 계상하지 못한 이연법인세자산 금액 (2024. 3. 22. 신설)

다. 해당 자산의 이전과 관련한 대상조세로서 영 제111조에 따라 해당 자산의 처분구성기업에 배분된 금액 (2024. 3. 22. 신설)

4. 제2호에 따라 글로벌최저한세소득ㆍ결손금액을 계산할 때 취득구성기업이 해당 자산의 취득 시 해당 자산을 그 세무상 가액과 동일한 공정가액으로 계상하는 경우에는 다음 각 목의 어느 하나에 해당하는 방법으로 최초적용연도 및 그 후 사업연도의 글로벌최저한세소득ㆍ결손 금액을 계산할 것 (2024. 3. 22. 신설)

가. 해당 자산을 처분당시장부가액으로 계상했더라면 발생했을 가상의 이연법인세자산을 감안하여 제3호의 방법에 따라 계산하는 방법 (2024. 3. 22. 신설)

나. 해당 자산의 공정가액을 기초로 계산하는 방법 (2024. 3. 22. 신설)

사. 공정가치 측정 회계정책으로의 변경에 따른 기초자산의 조정 (2024. 3. 22. 신설)

3. 제2호에 따라 글로벌최저한세소득ㆍ결손금액을 계산할 때 해당 자산의 세무상 가액과 처분당시장부가액의 차이로 인해 취득구성기업에 해당 자산의 이전과 관련하여 발생하는 이연법인세자산은 다음 각 목의 금액을 더한 금액 및 해당 취득자산의 세무상 가액과 처분당시장부가액의 차액에 최저한세율을 곱한 금액 중 적은 금액(이하 이 조에서 "조정이연법인세자산금액"이라 한다)을 기초로 최초적용연도 및 그 후 사업연도의 조정대상조세에 반영할 것. 이 경우 조정이연법인세자산금액은 그 발생 이후 매년 해당 사업연도 중의 감가상각ㆍ감모상각ㆍ손상ㆍ매각 등 해당 자산 장부가액 감액에 비례하여 감액하되, 최초적용연도 및 그 후 사업연도에는 해당 사업연도 중의 감액 상당액을 해당 사업연도의 조정대상조세의 계산에 산입한다. (2024. 3. 22. 신설)

가. 해당 자산의 처분구성기업이 해당 자산의 이전에 관해 납부한 대상조세 금액 (2024. 3. 22. 신설)

나. 해당 자산의 처분이익이 그 처분구성기업의 과세소득에 포함되지 않았다면 법 제81조 제1항에 따른 이연법인세자산으로 취급되었을 금액으로서 해당 자산의 처분이익이 처분구성기업의 과세소득에 포함되어 처분구성기업이 사용

제 5 절 신고 및 납부 등

제83조【글로벌최저한세정보신고서의 제출】① 국내구성기업은 각 사업연도의 글로벌최저한세정보신고서를 대통령령으로 정하는 바에 따라 해당 사업연도 종료일부터 15개월(최초적용연도의 경우에는 18개월) 이내에 납세지 관할 세무서장에게 제출하여야 한다. (2022. 12. 31. 신설)

제83조【글로벌최저한세정보신고서의 제출】① 국내구성기업은 각 사업연도의 글로벌최저한세정보신고서를 대통령령으로 정하는 바에 따라 해당 사업연도 종료일부터 15개월(최초적용연도의 경우에는 18개월)이 되는 날과 2026년 6월 30일 중 늦은 날까지 납세지 관할 세무서장에게 제출하여야 한다. (2024. 12. 31. 개정)

개정취지 ···
글로벌최저한세정보신고서 제출기한 등에 대한 특례
• 글로벌최저한세정보신고서의 제출 및 추가세액배분액의 신고는 사업연도 종료일부터 15개월(최초적용연도의 경우에는 18개월)이 되는 날과 2026. 6. 30. 중 늦은 날까지 하도록 함. (법 83조 1항 및 4항 개정 ; 2024. 12. 31.)
• 법 83조 1항의 개정규정은 2025. 1. 1. 이후 법 83조에 따라 글로벌최저한세정보신고서를 제출하거나 법 84조에 따라 추가세액배분액을 신고하는 경우부터 적용함. (법 부칙(2024. 12. 31.) 6조 3호)
···

② 제1항에 따라 국내구성기업이 제출하여야 하는 글로벌최저한세정보신고서는 해당 국내구성기업과 같은 다국적기업그룹에 속하는 국내구성기업으로서 대통령령으로 정하는 기업(이하 이 장에서 "지정국내기업"이라 한다)이 대신하여 제출할 수 있다. (2022. 12. 31. 신설)
③ 제1항 및 제2항에도 불구하고 국내구성기업은 해당 국내구성기업과 같은 다국적기업그룹에 속하는 국외 소재 구성기업이 제1항에 따른 글로벌최저한세정보신고서에 해당하는 신고서를 그 소재지국 과세당국에 제출하는 경우로서 대통령령으로 정하는 경우에는 제1항 및 제2항에 따른 글로벌최저한세정보신고서를 제출하지 아니할 수 있다. (2022. 12.

제5절 신고 및 납부 등 (2023. 12. 29. 신설)

제141조【글로벌최저한세정보신고서의 제출】① 법 제83조 제1항에 따라 국내구성기업은 기획재정부령으로 정하는 글로벌최저한세정보신고서를 각 사업연도 종료일부터 15개월(최초적용연도의 경우에는 18개월) 이내에 납세지 관할 세무서장에게 정보통신망을 통해 제출해야 한다. 이 경우 글로벌최저한세정보신고서에 포함되는 모든 금액은 해당 다국적기업그룹의 연결재무제표에서 사용되는 통화로 표시해야 한다. (2023. 12. 29. 신설)

제141조【글로벌최저한세정보신고서의 제출】① 법 제83조 제1항에 따라 국내구성기업은 기획재정부령으로 정하는 글로벌최저한세정보신고서를 각 사업연도 종료일부터 15개월(최초적용연도의 경우에는 18개월)이 되는 날과 2026년 6월 30일 중 늦은 날까지 납세지 관할 세무서장에게 정보통신망을 통해 제출해야 한다. 이 경우 글로벌최저한세정보신고서에 포함되는 모든 금액은 해당 다국적기업그룹의 연결재무제표에서 사용되는 통화로 표시해야 한다. (2025. 2. 28. 개정)
② 법 제83조 제2항에서 "대통령령으로 정하는 기업"이란 같은 다국적기업그룹에 속하는 국내구성기업을 대신하여 법 제83조 제1항에 따라 글로벌최저한세정보신고서를 제출하거나 같은 조 제4항에 따라 국외 소재 구성기업에 관한 사항을 신고할 수 있는 다른 국내구성기업으로서 기획재정부령으로 정하는 바에 따라 지정된 기업을 말한다. (2023. 12. 29. 신설)
③ 법 제83조 제3항에서 "대통령령으로 정하는 경우"란 같은 항에 따른 국외 소재 구성기업이 해당 신고대상 사업연도에 대해 글로벌최저한세정보신고서의 연례 자동정보교환을 규정한 권한 있는 당국 간의 약정이 발효 중인 국가에 소재하는 경우를 말한다. (2023. 12. 29. 신설)

제 5 절 신고 및 납부 등
(2024. 3. 22. 신설)

제90조【글로벌최저한세정보신고서 등】① 영 제141조 제1항 전단에서 "기획재정부령으로 정하는 글로벌최저한세정보신고서"란 별지 제53호 서식 및 별지 제54호 서식을 말한다. (2024. 3. 22. 신설)
② 법 제83조 제4항에 따른 국외 소재 구성기업 정보신고서는 별지 제55호 서식에 따른다. (2024. 3. 22. 신설)

31. 신설)

④ 국내구성기업이 제3항에 따라 글로벌최저한세정보신고서를 제출하지 아니하는 경우에도 해당 국내구성기업 또는 지정국내기업은 제3항에 따른 신고서를 제출하는 국외 소재 구성기업에 관한 사항을 해당 사업연도 종료일부터 15개월(최초적용연도의 경우에는 18개월) 이내에 납세지 관할 세무서장에게 신고하여야 한다. (2023. 12. 31. 신설)

④ 국내구성기업이 제3항에 따라 글로벌최저한세정보신고서를 제출하지 아니하는 경우에도 해당 국내구성기업 또는 지정국내기업은 제3항에 따른 신고서를 제출하는 국외 소재 구성기업에 관한 사항을 해당 사업연도 종료일부터 15개월(최초적용연도의 경우에는 18개월)이 되는 날과 2026년 6월 30일 중 늦은 날까지 납세지 관할 세무서장에게 신고하여야 한다. (2024. 12. 31. 개정)

⑤ 납세지 관할 세무서장 또는 관할 지방국세청장은 제1항 및 제2항에 따라 제출된 글로벌최저한세정보신고서 또는 그 밖의 제출서류에 미비한 점이 있거나 오류가 있을 때에는 보정할 것을 요구할 수 있다. (2022. 12. 31. 신설)

제84조【추가세액배분액의 신고 및 납부】① 제72조에 따라 모기업인 국내구성기업에 대한 추가세액배분액 및 제73조에 따라 국내구성기업에 배분되는 추가세액배분액을 우리나라에 납부할 의무가 있는 국내구성기업은 해당 사업연도 종료일부터 15개월(최초적용연도의 경우에는 18개월) 이내에 대통령령으로 정하는 바에 따라 추가세액배분액을 납세지 관할 세무서장에게 신고하여야 한다. 이 경우 추가세액배분액의 원화 환산에 사용되는 환율에 관하여는 대통령령으로 정한다. (2022. 12. 31. 신설)

제84조【추가세액배분액의 신고 및 납부】① 제72조에 따라 모기업인 국내구성기업에 대한 추가세액배분액 및 제73조에 따라 국내구성기업에 배분되는 추가세액배분액을 우리나라에 납부할 의무가 있는 국내구성기업은 해당 사업연도 종료일부터 15개월(최초적용연도의 경우에는 18개월)이 되는 날과 2026년 6월 30일 중 늦은 날까지 대통령령으로 정하는 바에 따라 추가세액배분액을 납세지 관할 세무서장에게 신고하여야 한다. 이 경우 추가세액배분액의 원화 환산에 사용되는 환율에 관하여는 대통령령으로 정한다. (2024. 12. 31. 개정)

개정취지
글로벌최저한세정보신고서 제출기한 등에 대한 특례
• 글로벌최저한세정보신고서의 제출 및 추가세액배분액의 신고는 사업연도 종료일부터 15개월(최초적용연도의 경우에는 18개월)이 되는 날과

편주
법 83조 4항의 개정규정은 2025. 1. 1. 이후 법 83조에 따라 글로벌최저한세정보신고서를 제출하거나 법 84조에 따라 추가세액배분액을 신고하는 경우부터 적용함. (법 부칙(2024. 12. 31.) 6조 3호)

제142조【추가세액배분액의 신고 및 납부】① 법 제84조 제1항 전단에 따라 납세지 관할 세무서장에게 추가세액배분액을 신고하려는 국내구성기업은 다음 각 호의 구분에 따른 서류를 제출해야 한다. 이 경우 법 제84조 제1항 후단에 따라 추가세액배분액을 원화로 환산할 때에는 기획재정부령으로 정하는 해당 사업연도의 평균환율을 적용한다. (2024. 2. 29. 개정)

편주
영 142조 1항의 개정규정은 2025. 1. 1.부터 시행함. (영 부칙(2024. 2. 29.) 1조 3호)

1. 법 제72조에 따라 모기업인 국내구성기업에 대한 추가세액배분액을

제91조【추가세액신고서】영 제142조 제1항 전단에서 "기획재정부령으로 정하는 추가세액신고서"란 별지 제56호 서식을 말한다. (2024. 3. 22. 신설)

제91조【추가세액신고서 등】(2025. 3. 21. 제목개정)
① 영 제142조 제1항 제1호에서 "기획재정부령으로 정하는 추가세액신고서"란 다음 각 호의 구분에 따른 서식을 말한다. (2025. 3. 21. 개정)
1. 소득산입규칙 적용대상인 국내구성기업의 경우: 별지 제56호 서식 (2025. 3. 21. 개정)
2. 소득산입보완규칙 적용대상인 국내구성기업의 경우: 별지 제56호의 2 서식 (2025. 3. 21. 개정)

2026. 6. 30. 중 늦은 날까지 하도록 함. (법 84조 1항 개정 ; 2024. 12. 31.)
• 법 84조 1항의 개정규정은 2025. 1. 1. 이후 법 83조에 따라 글로벌최저한세정보신고서를 제출하거나 법 84조에 따라 추가세액배분액을 신고하는 경우부터 적용함. (법 부칙(2024. 12. 31.) 6조 3호)

··

② 추가세액배분액을 우리나라에 납부할 의무가 있는 국내구성기업은 제1항에 따른 신고기한까지 대통령령으로 정하는 바에 따라 납세지 관할 세무서, 한국은행(그 대리점을 포함한다) 또는 체신관서에 그 금액을 납부하여야 한다. (2022. 12. 31. 신설)
③ 국내구성기업이 제2항에 따라 납부할 추가세액배분액이 1천만원을 초과하는 경우에는 대통령령으로 정하는 바에 따라 납부할 금액의 일부를 납부기한이 지난 날부터 1개월(「조세특례제한법」 제6조 제1항에 따른 중소기업의 경우에는 2개월) 이내에 분납할 수 있다. (2022. 12. 31. 신설)
④ 제1항에 따라 추가세액배분액을 신고한 경우에는 「국세기본법」을 적용할 때 국세의 과세표준과 세액을 신고한 것으로 본다. (2022. 12. 31. 신설)
⑤ 전환기사업연도의 추가세액배분액을 우리나라에 신고·납부할 의무가 있는 국내구성기업에 대해서는 「국세기본법」 제47조의 2 및 제47조의 3을 각각 적용하지 아니하며, 해당 국내구성기업에 대한 추가세액배분액의 납부지연가산세는 같은 법 제47조의 4 제1항에 따른 금액의 100분의 50에 해당하는 금액으로 한다. (2023. 12. 31. 신설)

▶편주◀ ································

법 84조 5항의 개정규정은 2024. 1. 1. 이후 개시하는 사업연도분에 대하여 과세하는 경우부터 적용함. (법 부칙(2023. 12. 31.) 4조 1항)

··

제85조【결정·경정·통지 및 징수】 ① 납세지 관할 세무서장 또는 관할 지방국세청장은 국내구성기업이 제84조에 따른 신고를 하지 아니한 경우에는 그 기업의 각 사업연도 추가세액배분액을 결정한다. (2022. 12. 31. 신설)
② 납세지 관할 세무서장 또는 관할 지방국세청장은 국내구성기업이 제84조에 따라 신고한 내용에 오류 또는 누락이 있는 경우에는 그 기

납부하는 국내구성기업의 경우: 기획재정부령으로 정하는 추가세액신고서 (2024. 2. 29. 신설)
2. 법 제73조에 따라 국내구성기업에 배분되는 추가세액배분액을 납부하는 국내구성기업의 경우: 다음 각 목의 구분에 따른 서류 (2024. 2. 29. 신설)
　가. 법 제73조 제5항 제1호의 방법을 적용하여 추가세액배분액을 계산하는 경우: 다음의 서류 (2024. 2. 29. 신설)
　　1) 제1호의 추가세액신고서 (2024. 2. 29. 신설)
　　2) 기획재정부령으로 정하는 추가세액계산내역서 (2024. 2. 29. 신설)
　나. 법 제73조 제5항 제2호의 방법을 적용하여 추가세액배분액을 계산하는 경우: 다음의 서류 (2024. 2. 29. 신설)
　　1) 제1호의 추가세액신고서 (2024. 2. 29. 신설)
　　2) 기획재정부령으로 정하는 추가세액배분지정서 및 지정합의서 (2024. 2. 29. 신설)
② 법 제84조 제2항에 따라 추가세액배분액을 납부하는 국내구성기업은 같은 조 제1항에 따른 신고와 함께 납세지 관할 세무서장에게 납부하거나 「국세징수법」 제5조에 따른 납부서를 첨부하여 한국은행(그 대리점을 포함한다) 또는 체신관서에 납부해야 한다. (2023. 12. 29. 신설)
③ 법 제84조 제3항에 따른 분납에 관하여는 「법인세법 시행령」 제101조 제2항을 준용한다. (2023. 12. 29. 신설)

② 영 제142조 제1항 제2호 가목 2)에서 "기획재정부령으로 정하는 추가세액계산내역서"란 별지 제57호 서식을 말한다. (2025. 3. 21. 개정)
③ 영 제142조 제1항 제2호 나목 2)에서 "기획재정부령으로 정하는 추가세액배분지정서 및 지정합의서"란 별지 제58호 서식을 말한다. (2025. 3. 21. 개정)

▶편주◀ ································

규칙 91조의 개정규정은 2025. 3. 21. 이후 법 83조에 따라 글로벌최저한세정보신고서를 제출하거나 법 84조에 따라 추가세액배분액을 신고하는 경우부터 적용함. (규칙 부칙(2025. 3. 21.) 2조)

··

제92조【추가세액배분액을 원화로 환산할 때 적용되는 평균환율】 영 제142조 제1항 각 호 외의 부분 후단에서 "기획재정부령으로 정하는 해당 사업연도의 평균환율"이란 해당 사업연도 매일의 제1호 또는 제2호에 따른 기준율의 합계액을 해당 사업연도의 일수로 나눈 금액을 말한다. (2025. 3. 21. 개정)
1. 최근 거래일의 외국환중개회사를 통해 거래가 이루어진 미화와 위안화 각각의 현물환매매 중 익익영업일 결제거래에서 형성되는 율과 그 거래량을 가중 평균하여 산출되는 시장평균환율 (2024. 3. 22. 신설)
2. 최근 주요 국제금융시장에서 형성된 미화와 위안화 외의 통화와 미화와의 매

업의 추가세액배분액을 경정한다. (2022. 12. 31. 신설)
③ 납세지 관할 세무서장 또는 관할 지방국세청장은 제1항과 제2항에 따라 추가세액배분액을 결정 또는 경정하는 경우에는 장부나 그 밖의 증명서류를 근거로 하여야 한다. (2022. 12. 31. 신설)
④ 납세지 관할 세무서장 또는 관할 지방국세청장은 제1항과 제2항에 따라 추가세액배분액을 결정 또는 경정한 후 그 결정 또는 경정에 오류나 누락이 있는 것을 발견한 경우에는 즉시 그 추가세액배분액을 다시 경정한다. (2022. 12. 31. 신설)
⑤ 납세지 관할 세무서장 또는 관할 지방국세청장은 국내구성기업이 그 사업연도 중에 대통령령으로 정하는 사유(이하 이 조에서 "수시부과사유"라 한다)로 추가세액배분액을 포탈할 우려가 있다고 인정되는 경우에는 수시로 그 기업에 대한 추가세액배분액의 부과(이하 "수시부과"라 한다)를 할 수 있다. 이 경우 추가세액배분액을 우리나라에 납부할 의무가 있는 국내구성기업은 수시부과된 세액을 납부한 경우에도 각 사업연도 추가세액배분액에 대하여 제84조에 따른 신고를 하여야 한다. (2022. 12. 31. 신설)
⑥ 제5항은 그 사업연도 개시일부터 수시부과사유가 발생한 날까지를 수시부과 기간으로 하여 적용한다. 다만, 직전 사업연도에 대한 제84조에 따른 추가세액배분액 신고기한 이전에 수시부과사유가 발생한 경우(직전 사업연도에 대한 추가세액배분액의 신고를 한 경우는 제외한다)에는 직전 사업연도 개시일부터 수시부과사유가 발생한 날까지를 수시부과 기간으로 한다. (2022. 12. 31. 신설)
⑦ 수시부과에 필요한 사항은 대통령령으로 정한다. (2022. 12. 31. 신설)
⑧ 납세지 관할 세무서장 또는 관할 지방국세청장은 제1항과 제2항에 따라 기업의 추가세액배분액을 결정 또는 경정한 경우에는 대통령령으로 정하는 바에 따라 그 사실을 해당 기업에 알려야 한다. (2022. 12. 31. 신설)
⑨ 납세지 관할 세무서장은 국내구성기업이 추가세액배분액의 전부 또는 일부를 납부하지 아니하면 그 미납된 추가세액배분액을 「국세징수법」에 따라 징수하여야 한다. (2022. 12. 31. 신설)

제86조【질문·조사】 글로벌최저한세에 관한 사무에 종사하는 공무원은 그 직무수행에 필요한 경우에는 다음 각 호의 어느 하나에

제143조【수시부과의 사유 등】① 법 제85조 제5항 전단에서 "대통령령으로 정하는 사유"란 국내구성기업이 다음 각 호의 어느 하나에 해당하는 경우를 말한다. (2023. 12. 29. 신설)
1. 신고를 하지 않고 사업장을 이전한 경우 (2023. 12. 29. 신설)
2. 사업부진이나 그 밖의 사유로 휴업 또는 폐업 상태에 있는 경우 (2023. 12. 29. 신설)
3. 그 밖에 조세를 포탈할 우려가 있다고 인정되는 상당한 이유가 있는 경우 (2023. 12. 29. 신설)
② 납세지 관할 세무서장 또는 관할 지방국세청장은 법 제85조 제5항 전단에 따라 이 조 제1항 각 호의 사유가 발생한 국내구성기업에 대해 수시부과를 하는 경우에는 장부나 그 밖의 증명서류를 근거로 해야 한다. (2023. 12. 29. 신설)
③ 납세지 관할 세무서장 또는 관할 지방국세청장은 법 제85조 제8항에 따라 같은 조 제1항 및 제2항에 따라 결정 또는 경정한 추가세액배분액을 해당 기업에 통지하는 경우에는 그 납부고지서에 추가세액배분액 계산명세를 첨부해야 하며, 각 사업연도의 추가세액배분액이 없는 경우에는 그 내용을 통지해야 한다. (2023. 12. 29. 신설)
④ 제3항을 적용할 때 납세지가 분명하지 않은 국내구성기업에 대해서는 공시송달의 방법으로 통지해야 한다. (2023. 12. 29. 신설)

매중간율을 미화 매매기준율로 재정(裁定)한 율 (2024. 3. 22. 신설)

해당하는 자에 대하여 질문하거나 해당 장부·서류 또는 그 밖의 물건을 조사하거나 그 제출을 명할 수 있다. 이 경우 직무상 필요한 범위 외에 다른 목적 등을 위하여 그 권한을 남용해서는 아니 된다. (2022. 12. 31. 신설)

1. 국내구성기업 (2022. 12. 31. 신설)

2. 제1호의 국내구성기업과 거래가 있다고 인정되는 자 (2022. 12. 31. 신설)

제 6 장 벌 칙 (2022. 12. 31. 장번개정)

제87조【국제거래에 대한 자료 제출의무 불이행에 대한 과태료】(2022. 12. 31. 조번개정)

① 다음 각 호의 어느 하나에 해당하는 자가 대통령령으로 정하는 부득이한 사유 없이 자료를 기한까지 제출하지 아니하거나 거짓의 자료를 제출하는 경우에는 1억원 이하의 과태료를 부과한다. (2020. 12. 22. 개정)

1. 제16조 제1항에 따른 국제거래정보통합보고서 또는 같은 조 제2항 제1호에 따른 국제거래명세서를 제출할 의무가 있는 자 (2020. 12. 22. 개정)

2. 제16조 제4항에 따라 자료 제출을 요구받은 자 (2020. 12. 22. 개정)

제 6 장 벌 칙 (2023. 12. 29. 장번개정)

제144조【국제거래에 대한 자료 제출의무 불이행에 관한 과태료 부과기준】(2023. 12. 29. 조번개정)

① 법 제87조 제1항 각 호 외의 부분에서 "대통령령으로 정하는 부득이한 사유"란 제37조 제1항 각 호의 사유를 말한다. (2023. 2. 28. 개정)

② 법 제87조 제1항에 따라 다음 각 호의 자료 전부 또는 일부를 제출하지 않거나 거짓으로 제출하는 경우에 대한 과태료의 부과기준은 각 호의 구분에 따른다. (2023. 2. 28. 개정)

1. 법 제16조 제1항에 따른 통합기업보고서, 개별기업보고서 또는 국가별보고서 : 보고서별 3천만원 (2021. 2. 17. 개정)

2. 법 제16조 제2항 제1호에 따른 국제거래명세서 : 국외특수관계인별 500만원 (2021. 2. 17. 개정)

3. 법 제16조 제4항에 따라 과세당국이 요구한 자료 : 다음 각 목의 구분에 따른 금액 (2023. 12. 29. 개정)

　가. 제38조 제1항 제1호부터 제3호까지의 자료 : 3천만원 (2021. 2. 17. 개정)

　나. 제38조 제1항 제4호부터 제13호까지 및 제15호의 자료 : 5천만원 (2025. 2. 28. 개정)

　다. 제38조 제1항 제14호의 자료 : 7천만원 (2025. 2. 28. 개정)

4. 법 제83조 제1항에 따른 글로벌최저한세정보신고서 : 1억원 (2023. 12. 29. 신설)

3. 제83조 제1항에 따라 글로벌최저한세정보신고서를 제출할 의무가 있는 국내구성기업 또는 같은 조 제4항에 따라 신고할 의무가 있는 국내구성기업. 다만, 해당 국내구성기업이 전환기사업연도의 글로벌최저한세소득·결손 계산 내용을 공개하는 등 대통령령으로 정하는 조치를 한 경우에는 해당 전환기사업연도의 글로벌최저한세정보신고서 제출과 관련한 의무 위반행위에 대한 과태료를 부과하지 아니한다. (2023. 12. 31. 개정)

편주 ▶ ┄┄┄┄┄┄┄┄┄┄┄┄┄┄┄┄┄┄┄┄┄┄┄┄┄┄
법 87조 1항의 개정규정은 2024. 1. 1. 이후 개시하는 사업연도분에 대하여 과세하는 경우부터 적용함. (법 부칙(2023. 12. 31.) 4조 1항)
┄┄┄┄┄┄┄┄┄┄┄┄┄┄┄┄┄┄┄┄┄┄┄┄┄┄┄┄┄┄┄┄┄┄

② 과세당국은 제1항에 따라 과태료를 부과받은 자에게 30일의 이행기간을 정하여 자료의 제출 또는 거짓 자료의 시정을 요구할 수 있으며, 그 기간 내에 자료 제출이나 시정 요구를 이행하지 아니하는 경우에는 지연기간에 따라 2억원 이하의 과태료를 추가로 부과할 수 있다. (2020. 12. 22. 개정)

③ 제1항 및 제2항에 따른 과태료는 대통령령으로 정하는 바에 따라 과세당국이 부과·징수한다. (2020. 12. 22. 개정)

5. 법 제83조 제4항에 따른 국외 소재 구성기업에 관한 사항의 신고·자료 : 1억원 (2023. 12. 29. 신설)

③ 법 제87조 제1항 제3호 단서에서 "해당 국내구성기업이 전환기사업연도의 글로벌최저한세소득·결손 계산 내용을 공개하는 등 대통령령으로 정하는 조치를 한 경우"란 다음 각 호의 요건을 모두 충족하는 경우를 말한다. (2024. 2. 29. 신설)

1. 해당 국내구성기업이 국제적으로 합의한 글로벌최저한세 규칙 및 법 제70조 제5항에 따른 적격소재국추가세제도에 관한 국내 법령의 내용을 이해하고 이를 준수하기 위하여 성실히 노력했다고 인정될 것 (2024. 2. 29. 신설)

2. 다음 각 목의 어느 하나에 해당할 것 (2024. 2. 29. 신설)

가. 국내구성기업인 최종모기업 또는 신고구성기업이 글로벌최저한세소득·결손 계산 내용을 과세당국에 전부 공개한 경우 (2024. 2. 29. 신설)

나. 해당 국내구성기업이 법 제83조 제1항에 따라 제출한 글로벌최저한세정보신고서 또는 같은 조 제4항에 따라 제출한 신고 자료 항목에 오류가 발생한 사실과 그 원인을 과세당국에 알리고 해당 원인이 된 사실을 오인할 만한 합리적인 사유가 있다고 인정되는 경우 (2024. 2. 29. 신설)

다. 해당 국내구성기업이 국제적으로 합의한 글로벌최저한세 규칙의 규정 내용이 불명확한 데에 의무 위반행위의 원인이 있음을 과세당국에 소명하고 그 소명 내용이 해당 규정에 대한 합리적인 해석에 기반한 것으로 인정되는 경우 (2024. 2. 29. 신설)

라. 해당 국내구성기업이 국제적으로 합의한 글로벌최저한세 규칙을 충분히 숙지하지 못한 데에 의무 위반행위의 원인이 있음을 과세당국에 소명하고 그 소명 내용이 국제적으로 합의한 글로벌최저한세 규칙의 시행 초기임을 고려할 때 합리적이라고 인정되는 경우 (2024. 2. 29. 신설)

마. 해당 국내구성기업이 글로벌최저한세정보신고서 제출과 관련한 의무 위반행위로 인하여 해당 전환기사업연도 또는 그 후 사업연도의 추가세액 납부의 부담이 경감되지 않음을 과세당국에 소명한 경우 (2024. 2. 29. 신설)

④ 법 제87조 제2항에 따른 과태료는 다음 계산식에 따라 산정한다. 이 경우 법 제87조 제2항에 따른 과태료의 상한을 넘을 수 없다. (2025. 2. 28. 개정)

$$\left(1 + \frac{\text{지연기간}}{30}\right) \times \frac{\text{제2항 각 호에 따른 금액}}{}$$

※ 지연기간(과세당국이 정한 30일의 이행기간의 말일 다음 날부터 자료 제출이나 시정요구를 이행하는 날까지의 기간)을 30으로 나눈 결과 소수점 이하는 버린다.

⑤ 제2항 또는 제4항에 따라 산정된 과태료는 그 위반행위의 정도, 위반 횟수, 위반행위의 동기와 결과 등을 고려하여 해당 과태료의 50퍼센트 범위에서 줄이거나 늘릴 수 있다. 다만, 과태료를 늘리는 경우에는 법 제87조 제1항 및 제2항에 따른 과태료의 상한을 넘을 수 없다. (2024. 2. 29. 개정)

⑥ 다음 각 호의 경우에는 제2항, 제4항 및 제5항에 따라 산정된 과태료를 해당 호에서 정하는 비율만큼 감경하여 부과한다. 다만, 납세의무자가 과세당국의 과태료 부과를 미리 알고 자료를 제출한 경우는 제외한다. (2024. 2. 29. 개정)

1. 법 제16조 제1항 및 제2항에 따른 제출기한(이하 이 조에서 "제출기한"이라 한다)이 지난 후 누락한 자료를 추가하거나 거짓된 자료를 정정하는 등 보완하여 제출한 경우 : 다음 표의 구분에 따른 비율 (2022. 2. 15. 신설)

☞ p.1134 2단 연결

보완 제출일	감경비율
가. 제출기한 후 6개월 이내	90퍼센트
나. 제출기한 후 6개월 초과 1년 이내	70퍼센트
다. 제출기한 후 1년 초과 2년 이내	50퍼센트
라. 제출기한 후 2년 초과 4년 이내	30퍼센트

2. 제출기한이 지난 후에 자료를 제출한 경우 : 다음 표의 구분에 따른 비율 (2022. 2. 15. 신설)

기한 후 제출일	감경비율
가. 제출기한 후 1개월 이내	90퍼센트
나. 제출기한 후 1개월 초과 6개월 이내	70퍼센트
다. 제출기한 후 6개월 초과 1년 이내	50퍼센트
라. 제출기한 후 1년 초과 2년 이내	30퍼센트

⑦ 제2항 또는 제4항에 따른 과태료를 부과할 때 자료를 제출하는 자가 경미한 착오로 자료의 일부를 제출하지 않거나 일부 항목에 오류를 발생시킨 경우에는 과세당국은 보정 자료를 받고 과태료를 부과하지 않을 수 있다. (2024. 2. 29. 개정)

제88조【혼성금융상품 거래 관련 자료 제출의무 불이행 등에 대한 과태료】① 제25조 제3항에 따라 혼성금융상품 거래에 관한 자료 제출 의무가 있는 내국법인이 자료를 제출하지 아니하거나 거짓의 자료를 제출하는 경우에는 상품별로 3천만원 이하의 과태료를 부과한다. (2022. 12. 31. 신설)

② 제1항에 따른 과태료는 대통령령으로 정하는 바에 따라 과세당국이 부과·징수한다. (2022. 12. 31. 신설)

제145조【혼성금융상품 거래 관련 자료 제출의무 불이행 등에 대한 과태료 부과기준】(2023. 12. 29. 조번개정)

① 법 제88조 제1항에 따른 과태료의 부과기준은 다음 각 호의 구분에 따른다. (2023. 2. 28. 신설)

1. 법 제25조 제3항에 따른 신고기한까지 제60조에 따른 혼성금융상품 관련 이자비용에 대한 조정 명세서(이하 이 항에서 “조정명세서”라 한다)를 제출하지 않은 경우 : 혼성금융상품별 2천만원 (2023. 2. 28. 신설)

2. 거짓의 조정명세서를 제출한 경우 : 혼성금융상품별 1천만원 (2023. 2. 28. 신설)

② 제1항에 따른 과태료는 그 위반행위의 정도, 위반 횟수, 위반행위의 동기와 결과 등을 고려하여 해당 과태료의 50퍼센트 범위에서 줄이거나 늘릴 수 있다. 다만, 과태료를 늘리는 경우에는 법 제88조 제1항에 따른 과태료의 상한을 넘을 수 없다. (2023. 2. 28. 신설)

제89조 【금융정보의 제공 불이행 등에 대한 과태료】(2022. 12. 31. 조번개정)

① 다음 각 호의 어느 하나에 해당하는 자가 정당한 사유 없이 요구받은 정보를 제공하지 아니하거나 거짓으로 제공하는 경우에는 3천만원 이하의 과태료를 부과한다. (2020. 12. 22. 개정)

1. 제36조 제2항에 따른 실제소유자 정보의 제공을 요구받은 자 (2020. 12. 22. 개정)

2. 제36조 제3항·제4항에 따른 금융정보 또는 같은 조 제6항에 따른 금융정보등의 제공을 요구받은 금융회사등 또는 금융거래회사등 (2023. 12. 31. 개정)

② 제1항에 따른 과태료는 대통령령으로 정하는 바에 따라 과세당국이 부과·징수한다. (2020. 12. 22. 개정)

제90조 【해외금융계좌 신고의무 불이행 등에 대한 과태료】(2022. 12. 31. 조번개정)

① 제53조 제1항에 따라 계좌신고의무자가 신고기한까지 해외금융계좌정보를 신고하지 아니하거나 과소 신고한 경우에는 신고 대상 계좌별로 다음 각 호의 구분에 따라 계산한 금액을 합하여 그 합계액의 20퍼센트 이하에 상당하는 과태료를 부과한다. (2022. 12. 31. 개정)

제146조 【금융정보의 제공 불이행 등에 대한 과태료 부과기준】(2023. 12. 29. 조번개정)

① 법 제89조 제1항에 따른 과태료의 부과기준은 다음 각 호의 구분에 따른다. 다만, 금융거래회사등의 장이 제75조 제10항에 따른 우리나라의 권한 있는 당국의 시정 요구에 따라 기한까지 시정한 경우에는 해당 과태료를 부과하지 않을 수 있다. (2025. 2. 28. 단서개정)

1. 권한 있는 당국이 법 제36조 제3항에 따라 요구한 금융정보의 전부 또는 같은 조 제6항에 따라 요구한 금융정보등의 전부를 제공하지 않거나 거짓으로 제공한 경우 : 2천만원 (2024. 2. 29. 개정)

1. 권한 있는 당국이 법 제36조 제3항에 따라 요구한 금융정보의 전부 또는 같은 조 제6항에 따라 요구한 금융정보등의 전부를 제공하지 않은 경우 : 2천만원 (2025. 2. 28. 개정)

1의 2. 권한 있는 당국이 법 제36조 제3항에 따라 요구한 금융정보 또는 같은 조 제6항에 따라 요구한 금융정보등을 거짓으로 제공한 경우 : 1계좌당 30만원(2천만원을 한도로 한다) (2025. 2. 28. 신설)

2. 권한 있는 당국이 법 제36조 제3항에 따라 요구한 금융정보의 일부 또는 같은 조 제6항에 따라 요구한 금융정보등의 일부를 제공하지 않은 경우 : 1천만원 (2024. 2. 29. 개정)

2. 권한 있는 당국이 법 제36조 제3항에 따라 요구한 금융정보의 일부 또는 같은 조 제6항에 따라 요구한 금융정보등의 일부를 제공하지 않은 경우 : 1계좌당 10만원(1천만원을 한도로 한다) (2025. 2. 28. 개정)

② 제1항에 따라 산정된 과태료는 그 위반행위의 정도, 위반 횟수, 위반행위의 동기와 결과 등을 고려하여 해당 과태료의 50퍼센트 범위에서 줄이거나 늘릴 수 있다. 다만, 과태료를 늘리는 경우에는 법 제89조 제1항에 따른 과태료의 상한을 넘을 수 없다. (2023. 2. 28. 단서개정)

제147조 【해외금융계좌 신고의무 불이행 등에 대한 과태료 부과기준】(2023. 12. 29. 조번개정)

① 법 제90조 제1항 및 같은 조 제2항 본문에 따른 과태료의 부과기준은 각 호의 구분에 따른다. (2023. 2. 28. 개정)

1. 계좌신고의무자가 신고기한까지 해외금융계좌정보를 미신고·과소신고한 경우 : 다음 표의 구분에 따른 과태료 (2023. 2. 28. 개정)

편주 ▶

영 146조 1항 각 호 외의 부분 단서의 개정 규정은 2026. 1. 1.부터 시행함. (영 부칙(2025. 2. 28.) 1조 단서)

1. 신고를 하지 아니한 경우 : 미신고 금액　(2020. 12. 22. 개정)
2. 과소 신고한 경우 : 실제 신고한 금액과 신고하여야 할 금액과의 차액 (2020. 12. 22. 개정)

② 제56조 제2항에 따라 계좌신고의무자가 신고의무 위반금액의 출처에 대하여 소명하지 아니하거나 거짓으로 소명한 경우에는 소명하지 아니하거나 거짓으로 소명한 금액의 20퍼센트 이하에 상당하는 과태료를 부과한다. 다만, 천재지변 등 대통령령으로 정하는 부득이한 사유가 있는 경우에는 과태료를 부과하지 아니한다. (2020. 12. 22. 개정)

③ 제1항과 제2항에 따른 과태료는 대통령령으로 정하는 바에 따라 과세당국이 부과·징수한다. (2020. 12. 22. 개정)

④ 「조세범 처벌법」 제16조 제1항에 따라 처벌되거나 「조세범 처벌절차법」 제15조 제1항에 따른 통고처분을 받고 그 통고대로 이행한 경우에는 제1항에 따른 과태료를 부과하지 아니한다. (2020. 12. 22. 개정)

제91조 【해외현지법인 등의 자료 제출의무 불이행 등에 대한 과태료】 (2022. 12. 31. 조번개정)

① 제58조 제1항에 따라 해외직접투자명세등의 자료 제출의무가 있는 거주자 또는 내국법인(같은 항 제1호부터 제4호까지의 규정에 따른 자료는 「외국환거래법」 제3조 제1항 제18호에 따른 해외직접투자를 한 거주자 또는 내국법인이 해외직접투자를 받은 법인의 발행주식 총수 또는 출자총액의 10퍼센트 이상을 직접 또는 간접으로 소유한 경우만 해당한다)이 다음 각 호의 어느 하나에 해당하는 경우 그 거주자 또는 그 내국법인에는 5천만원 이하의 과태료를 부과한다. 다만, 제58조 제1항 또는 제6항에 따른 기한까지 자료 제출이 불가능하다고 인정되는 경우 등 대통령령으로 정하는 부득이한 사유가 있는 경우에는 과태료를 부과하지 아니한다. (2023. 12. 31. 단서개정)

▶ 편주 ···
법 91조 1항·2항·4항·5항의 개정규정은 2025. 1. 1.부터 시행함. (법 부칙(2023. 12. 31.) 1조 단서)
···

1. 제58조 제1항에 따른 기한까지 해외직접투자명세등을 제출하지 아

신고 대상 계좌별 미신고·과소신고한 금액의 합계액	과태료
가. 신고 대상 계좌별 미신고·과소신고한 금액의 합계액이 20억원 이하인 경우	
1) 미신고한 경우	신고 대상 계좌별 미신고한 금액의 합계액 × 10퍼센트
2) 과소신고한 경우	신고 대상 계좌별 과소신고한 금액(신고해야 할 금액에서 신고한 금액을 뺀 금액을 말한다. 이하 같다)의 합계액 × 10퍼센트
나. 신고 대상 계좌별 미신고·과소신고한 금액의 합계액이 20억원 초과 50억원 이하인 경우	
1) 미신고한 경우	2억원 + (신고 대상 계좌별 미신고한 금액의 합계액 − 20억원) × 15퍼센트
2) 과소신고한 경우	2억원 + (신고 대상 계좌별 과소신고한 금액의 합계액 − 20억원) × 15퍼센트
다. 신고 대상 계좌별 미신고·과소신고한 금액의 합계액이 50억원 초과인 경우	
1) 미신고한 경우	[6억5천만원 + (신고 대상 계좌별 미신고한 금액의 합계액 − 50억원) × 20퍼센트]와 20억원 중 적은 금액
2) 과소신고한 경우	[6억5천만원 + (신고 대상 계좌별 과소신고한 금액의 합계액 − 50억원) × 20퍼센트]와 20억원 중 적은 금액

1. 계좌신고의무자가 신고기한까지 해외금융계좌정보를 미신고·과소신고한 경우 : [신고 대상 계좌별 미신고한 금액과 과소신고한 금액(신고해야 할 금액에서 신고한 금액을 뺀 금액을 말한다)의 합계액 × 10퍼센트]와 10억원 중 적은 금액 (2025. 2. 28. 개정)

[개정취지] ···
해외금융계좌 신고의무 불이행 등에 대한 과태료 부과기준 개선

1) 해외금융계좌정보를 미신고 또는 과소신고한 자에 대해 신고 대상 계좌별 미신고 또는 과소신고한 금액 합계액의 '20퍼센트'까지 과태료를 부과할 수 있도록 하던 것을 '10퍼센트'로 완화하고, 최대 '20억원'에서 '10억원'까지 부과할 수 있도록 조정함.

2) 해외금융계좌 신고의무를 불이행한 자가 신고의무 위반금액의 출처에 대해 소명하지 않거나 거짓으로 소명한 경우 해당 금액의 '20%'까지 과태료를 부과할 수 있도록 하던 것을 '10%'로 완화함. (영 147조 1항 1호 및 2호 개정 ; 2025. 2. 28.)
···

2. 계좌신고의무자가 신고의무 위반금액의 출처에 대해 소명하지 않거나 거짓으로 소명한 경우 : 소명하지 않거나 거짓으로 소명한 금액 × 20퍼센트 (2021. 2. 17. 개정)

2. 계좌신고의무자가 신고의무 위반금액의 출처에 대해 소명하지 않거나 거짓으로 소명한 경우 : 소명하지 않거나 거짓으로 소명한 금액 × 10퍼센트 (2025. 2. 28. 개정)

② 제1항에 따라 산정된 과태료는 그 위반행위의 정도, 위반 횟수, 위반행위의 동기와 결과 등을 고려하여 그 금액의 50퍼센트 범위에서 줄이거나 늘릴 수 있다. 다만, 과태료를 늘리는 경우에는 법 제90조 제1항 및 제2항에 따른 과태료의 상한을 넘을 수 없다. (2023. 2. 28. 단서개정)

③ 과세당국은 법 제90조 제1항에 따른 과태료 부과 대상자가 「외국환거래법」 제20조에 따라 해외에서 거래한 예금의 잔액현황보고서를 제출한 경우 제1항에 따른 과태료의 50퍼센트 범위에서 그 금액을 줄여 부과할 수 있다. (2023. 2. 28. 개정)

☞ p.1137 2단 연결

니하거나 거짓된 해외직접투자명세등을 제출하는 경우 (2021. 12. 21. 개정)

2. 제58조 제5항에 따라 자료 제출 또는 보완을 요구받고 같은 조 제6항에 따른 기한까지 해당 자료를 제출하지 아니하거나 거짓된 자료를 제출하는 경우 (2023. 12. 31. 개정)

② 제58조 제2항에 따라 해외부동산등명세를 제출할 의무가 있는 거주자 또는 내국법인이 다음 각 호의 어느 하나에 해당하는 경우 그 거주자 또는 내국법인에는 대통령령으로 정하는 해외부동산등의 취득가액, 처분가액 및 투자운용 소득의 10퍼센트 이하의 과태료(1억원을 한도로 한다)를 부과한다. 다만, 제58조 제2항 또는 제6항에 따른 기한까지 자료 제출이 불가능하다고 인정되는 경우 등 대통령령으로 정하는 부득이한 사유가 있는 경우에는 과태료를 부과하지 아니한다. (2023. 12. 31. 단서개정)

1. 제58조 제2항 각 호 외의 부분에 따른 기한까지 해외부동산등명세를 제출하지 아니하거나 거짓된 해외부동산등명세를 제출하는 경우 (2021. 12. 21. 개정)

2. 제58조 제5항에 따라 자료 제출 또는 보완을 요구받고 같은 조 제6항에 따른 기한까지 해당 자료를 제출하지 아니하거나 거짓된 자료를 제출하는 경우 (2023. 12. 31. 단서개정)

③ 거주자 또는 내국법인이 제59조 제2항 및 제3항을 위반하여 취득자금출처소명대상금액의 출처에 대하여 소명하지 아니하거나 거짓으로 소명한 경우에는 소명하지 아니하거나 거짓으로 소명한 금액의 20퍼센트에 상당하는 과태료를 부과한다. 다만, 천재지변 등 대통령령으로 정하는 부득이한 사유가 있는 경우에는 과태료를 부과하지 아니한다. (2021. 12. 21. 개정)

④ 제58조 제3항에 따라 해외신탁명세를 제출할 의무가 있는 위탁자가 다음 각 호의 어느 하나에 해당하는 경우 그 위탁자에게는 같은 조 제8항에 따른 해외신탁재산 가액의 10퍼센트 이하의 과태료(1억원을 한도로 한다)를 부과한다. 다만, 제58조 제3항 또는 제6항에 따른 기한까지 자료 제출이 불가능하거나 불필요하다고 인정되는 경우 등 대통령령으로 정하는 부득이한 사유가 있는 경우에는 과태료를 부과하지 아니한다. (2023. 12. 31. 신설)

④ 제1항부터 제3항까지의 규정에 따라 산정된 과태료는 다음 각 호의 어느 하나에 해당하는 경우 해당 과태료에 다음 각 호에서 정하는 감경비율을 적용해야 한다. 다만, 계좌신고의무자가 과세당국의 과태료 부과를 미리 알고 신고한 경우는 제외한다. (2021. 2. 17. 개정)

1. 법 제53조 제1항에 따른 신고기한(이하 이 조에서 "신고기한"이라 한다)이 지난 후 법 제55조 제1항에 따라 수정신고한 경우 : 다음 표의 구분에 따른 비율 (2021. 2. 17. 개정)

수정신고한 날	감경비율
가. 신고기한 후 6개월 이내	90퍼센트
나. 신고기한 후 6개월 초과 1년 이내	70퍼센트
다. 신고기한 후 1년 초과 2년 이내	50퍼센트
라. 신고기한 후 2년 초과 4년 이내	30퍼센트

2. 신고기한이 지난 후 법 제55조 제2항에 따라 기한 후 신고한 경우 : 다음 표의 구분에 따른 비율 (2021. 2. 17. 개정)

수정신고한 날	감경비율
가. 신고기한 후 1개월 이내	90퍼센트
나. 신고기한 후 1개월 초과 6개월 이내	70퍼센트
다. 신고기한 후 6개월 초과 1년 이내	50퍼센트
라. 신고기한 후 1년 초과 2년 이내	30퍼센트

⑤ 법 제90조 제2항 단서에서 "천재지변 등 대통령령으로 정하는 부득이한 사유가 있는 경우"란 다음 각 호의 경우를 말한다. (2023. 2. 28. 개정)

1. 천재지변, 화재·재난, 도난 등 불가항력적 사유로 증명서류 등이 없어져 소명이 불가능한 경우 (2021. 2. 17. 개정)

2. 해외금융계좌 소재 국가의 사정 등으로 신고의무자가 신고의무 위반금액의 출처에 대하여 소명하는 것이 불가능한 경우 (2021. 2. 17. 개정)

⑥ 제1항에 따른 과태료를 부과할 때 해외금융계좌 잔액 합산의 오류

등 단순 착오에 따라 신고하지 않았다고 인정할 만한 사유가 있는 경우에는 과태료를 부과하지 않을 수 있다. (2021. 2. 17. 개정)

⑦ 제1항에 따른 과태료를 부과할 때 신고하지 않거나 과소 신고한 계좌가 추가로 확인되는 경우 추가로 부과하는 과태료는 신고하지 않거나 과소 신고한 전체 금액을 기준으로 부과할 과태료에서 이미 부과한 과태료를 뺀 금액으로 한다. (2021. 2. 17. 개정)

제148조【해외현지법인 등의 자료 제출의무 불이행에 대한 과태료 부과기준 등】(2023. 12. 29. 조번개정)

① 법 제91조 제1항, 제2항 및 제4항에 따른 과태료의 부과기준은 별표와 같다. (2024. 2. 29. 개정)

편주 ▶

• 영 148조 1항·2항 및 4항부터 7항까지의 개정규정은 2025. 1. 1.부터 시행함. (영 부칙(2024. 2. 29.) 1조 4호)

• 영 별표 1호 나목의 위반행위란 1)부터 4)까지 외의 부분, 같은 표 2호 나목의 위반행위란 1)부터 4)까지 외의 부분 및 같은 표 3호의 개정규정은 2025. 1. 1.부터 시행함. (영 부칙(2024. 2. 29.) 1조 5호)

② 법 제91조 제1항 각 호 외의 부분 단서에서 "기한까지 자료 제출이 불가능하다고 인정되는 경우 등 대통령령으로 정

☞ p.1138 2단 연결

1. 제58조 제3항에 따른 기한까지 해외신탁명세를 제출하지 아니하거나 거짓된 해외신탁명세를 제출하는 경우 (2023. 12. 31. 신설)
2. 제58조 제5항에 따라 자료 제출 또는 보완을 요구받고 같은 조 제6항에 따른 기한까지 해당 자료를 제출하지 아니하거나 거짓된 자료를 제출하는 경우 (2023. 12. 31. 신설)
⑤ 제1항부터 제4항까지의 규정에 따른 과태료는 대통령령으로 정하는 바에 따라 과세당국이 부과·징수한다. (2023. 12. 31. 개정)

하는 부득이한 사유”란 다음 각 호의 사유를 말한다. (2024. 2. 29. 개정)
1. 화재·재난 및 도난 등의 사유로 자료를 제출할 수 없는 경우 (2024. 2. 29. 개정)
2. 사업이 중대한 위기에 처하여 자료를 제출하기 매우 곤란한 경우 (2024. 2. 29. 개정)
3. 관련 장부·서류가 권한 있는 기관에 압수되거나 영치된 경우 (2024. 2. 29. 개정)
4. 자료의 수집·작성에 상당한 기간이 걸려 기한까지 자료를 제출할 수 없는 경우 (2024. 2. 29. 개정)
5. 제1호부터 제4호까지의 규정에 따른 사유와 유사한 사유가 있어 기한까지 자료를 제출할 수 없다고 인정되는 경우 (2024. 2. 29. 개정)
③ 법 제91조 제2항 각 호 외의 부분 본문에서 “대통령령으로 정하는 해외부동산등의 취득가액, 처분가액 및 투자운용 소득”이란 다음 각 호의 구분에 따른 금액을 말한다. (2023. 2. 28. 개정)
1. 취득가액 : 다음 각 목의 구분에 따른 취득가액에서 해당 해외부동산등의 취득과 관련해 「외국환거래법」 제18조에 따라 신고한 금액을 뺀 가액 (2021. 2. 17. 개정)
　가. 거주자 : 「소득세법」 제118조의 4 제1항 제1호에 따른 취득가액 (2021. 2. 17. 개정)
　나. 내국법인 : 「법인세법」 제41조에 따른 취득가액 (2021. 2. 17. 개정)
2. 처분가액 : 「소득세법」 제118조의 3에 따른 양도가액에서 해당 해외부동산등의 처분과 관련해 「외국환거래법」 제20조에 따라 보고한 금액을 뺀 가액 (2021. 2. 17. 개정)
3. 투자운용 소득 : 해외부동산등의 투자운용과 관련된 다음 각 목의 구분에 따른 금액 (2021. 2. 17. 개정)
　가. 거주자 : 「소득세법」 제24조에 따른 총수입금액 (2021. 2. 17. 개정)
　나. 내국법인 : 「법인세법」 제15조에 따른 익금 (2021. 2. 17. 개정)
④ 법 제91조 제2항 각 호 외의 부분 단서에서 “기한까지 자료 제출이

불가능하다고 인정되는 경우 등 대통령령으로 정하는 부득이한 사유”란 제2항 각 호의 사유를 말한다. (2024. 2. 29. 신설)
⑤ 법 제91조 제3항 단서에서 “천재지변 등 대통령령으로 정하는 부득이한 사유가 있는 경우”란 다음 각 호의 경우를 말한다. (2024. 2. 29. 항번개정)
1. 천재지변, 화재·재난, 도난 등 불가항력적인 사유로 증명서류 등이 없어져 소명이 불가능한 경우 (2021. 2. 17. 개정)
2. 해당 해외현지법인, 해외부동산등 또는 해외신탁재산의 소재 국가의 사정 등으로 소명이 불가능한 경우 (2024. 2. 29. 개정)
⑥ 법 제91조 제4항 각 호 외의 부분 단서에서 “기한까지 자료 제출이 불가능하거나 불필요하다고 인정되는 경우 등 대통령령으로 정하는 부득이한 사유”란 제2항 각 호의 사유를 말한다. (2024. 2. 29. 신설)
⑦ 납세지 관할 세무서장은 위반행위의 정도, 위반 횟수, 위반행위의 동기와 그 결과 등을 고려하여 법 제91조 제3항 및 별표에 따른 과태료 금액의 50퍼센트의 범위에서 그 금액을 줄이거나 늘려 부과할 수 있다. 다만, 늘려 부과하는 경우에는 법 제91조 제1항부터 제4항까지의 규정에 따른 과태료의 상한을 넘을 수 없다. (2024. 2. 29. 개정)

제1조【시행일】이 법은 2025년 1월 1일부터 시행한다. 다만, 제36조 제6항부터 제9항까지, 제37조 제1항 및 제38조 제1항 제2호의 개정규정은 2026년 1월 1일부터 시행한다.

제2조【정상가격에 의한 경정청구에 관한 적용례】제6조의 개정규정은 이 법 시행 전의 국제거래에 대하여 이 법 시행 이후 경정청구하는 경우에도 적용한다.

제3조【상계거래의 인정 제외에 관한 적용례】제11조 제2항의 개정규정은 2025년 1월 1일 이후 원천징수의 대상이 되는 거래부터 적용한다.

제4조【지급이자의 손금불산입 적용 순서에 관한 적용례】제26조 제2항 및 제3항의 개정규정은 2025년 1월 1일 이후 개시하는 사업연도부터 적용한다.

제5조【해외금융계좌 신고의무의 면제에 관한 적용례】제54조 제1호 나목 및 같은 조 제6호·제7호의 개정규정은 2025년 1월 1일 이후 개시하는 과세기간 또는 사업연도에 보유하는 해외금융계좌부터 적용한다.

제6조【글로벌최저한세의 과세에 관한 적용례】다음 각 호의 개정규정은 이 법 시행 이후 제83조에 따라 글로벌최저한세정보신고서를 제출하거나 제84조에 따라 추가세액배분액을 신고하는 경우부터 적용한다.

1. 제61조 제1항 제2호 가목, 같은 항 제3호 나목·다목·라목, 같은 항 제8호·제9호, 제62조 제1항 및 제67조 제3항부터 제7항까지의 개정규정

2. 법률 제19928호 국제조세조정에 관한 법률 일부개정법률 제73조 제5항 및 제6항의 개정규정

3. 제74조 제2항, 제76조 제4항, 제77조의 2 제1항·제3항·제4항, 제79조 제1항·제6항, 제80조 제2항부터 제4항까지, 제83조 제1항·제4항 및 제84조 제1항의 개정규정

제1조【시행일】이 법은 2024년 1월 1일부터 시행한다. 다만, 다음 각 호의 개정규정은 2025년 1월 1일부터 시행한다.

1. 제58조 제3항부터 제8항까지, 제59조 제1항 및 제91조 제1항·제2항·제4항·제5항의 개정규정

2. 법률 제19191호 국제조세조정에 관한 법률 일부개정법률 제72조 제1항, 제73조 제1항, 같은 조 제4항부터 제7항까지 및 제82조의 개정규정

제2조【해외금융계좌 신고의무의 면제에 관한 적용례】제54조 제1호다목의 개정규정은 2023년에 보유한 해외금융계좌에 대해서도 적용한다.

제3조【해외신탁명세의 제출에 관한 적용례】① 제58조 제3항 제1호의 개정규정은 2025년 1월 1일이 속하는 과세기간 또는 사업연도의 종료일 전에 설정하여 2025년

제1조【시행일】이 영은 공포한 날부터 시행한다. 다만, 제75조 및 제146조 제1항 각 호 외의 부분 단서의 개정규정은 2026년 1월 1일부터 시행한다.

제2조【소득 대비 과다 지급이자의 손금불산입 시 소득금액 계산에 관한 적용례】제54조 제3항 제2호의 개정규정은 2025년 1월 1일 이후 개시하는 사업연도부터 적용한다.

제3조【소득 대비 과다 지급이자 손금불산입의 적용 배제에 관한 적용례】제55조의 개정규정은 2025년 1월 1일 이후 개시하는 사업연도부터 적용한다.

제4조【글로벌최저한세의 과세에 관한 적용례】제100조 제5항 제2호 가목, 제101조 제3항 제4호·제4항 제4호, 제103조 제1항 단서, 제108조, 제110조, 제111조 제1항, 제112조 제1항, 제113조, 제116조 제2호, 제120조 제2항 각 호 외의 부분, 제125조의 2, 제129조 제4항 제3호, 제134조 제5항, 제135조 제1항, 제137조 제4항 제2호, 제139조의 개정규정은 이 영 시행 이후 법 제83조에 따라 글로벌최저한세정보신고서를 제출하거나 법 제84조에 따라 추가세액배분액을 신고하는 경우부터 적용한다.

제1조【시행일】이 영은 공포한 날부터 시행한다. 다만, 다음 각 호의 개정규정은 2025년 1월 1일부터 시행한다.

1. 제98조 제4항부터 제7항까지의 개정규정

2. 대통령령 제34064호 국제조세조정에 관한 법률 시행령 일부개정령 제125조 제3항 및 제4항의 개정규정

3. 제142조 제1항의 개정규정

4. 제148조 제1항·제2항 및 제4항부터 제7항까지의 개정규정

5. 별표 제1호 나목의 위반행위란 1)부터 4)까지 외의 부분, 같은 표 제2호 나목의 위반행위란 1)부터 4)까지 외의 부분 및 같은 표 제3호의 개정규정

제2조【특정외국법인 유보소득 배당간주 적용의 배제에 관한 적용례】제64조 제5항의 개정규정은 이 영 시행일이 속하는 과세연도부터 적용한다.

제3조【해외금융계좌 신고의무 위반금액의 출처에 대한 소명에 관한 적용례】제97조 제1항의 개정규정은 이 영 시행 전에 법 제56조 제1항에 따른 소명을 요구받은 계좌신고의무자가 이 영 시행 이후 해외금융계좌 신고의무 위반금액 출처 확인서를 제출하는 경우에도 적용한다.

제4조【해외현지법인 등의 자료 제출의무 불이행 시 취득자금 출처에 대한 소명에 관한 적용례】제99조 제1항의 개정규정은 이 영 시행 전에 법 제59조 제1항에 따른

제1조【시행일】이 규칙은 공포한 날부터 시행한다. 다만, 다음 각 호의 개정규정은 2026년 1월 1일부터 시행한다.

1. 제12조 제1항 및 별지 제3호 서식의 개정규정

2. 제45조의 개정규정, 별지 제36호 서식 및 별지 제36호의 2 서식의 개정규정

제2조【글로벌최저한세의 과세에 관한 적용례】제67조 제2항 제2호, 제71조 제2항·제3항·제5항 제3호, 제75조 제12항·제13항, 제86조, 제88조 제1항 제4호·제2항, 제89조 제2호 마목, 제91조 및 별표의 개정규정은 이 규칙 시행 이후 법 제83조에 따라 글로벌최저한세정보신고서를 제출하거나 법 제84조에 따라 추가세액배분액을 신고하는 경우부터 적용한다.

제3조【서식에 관한 적용례 등】서식의 개정규정은 이 규칙 시행 이후 신고, 신청 또는 제출하는 경우부터 적용하되, 개정서식으로는 종전의 법 또는 영에 따른 신고 등을 할 수 없는 경우에는 종전의 서식에 따른다.

제1조【시행일】이 규칙은 공포한 날부터 시행한다. 다만, 다음 각 호의 개정규정은 2025년 1월 1일부터 시행한다.

1. 제56조 제3항 및 별지 제51호의 2 서식의 개정규정

2. 제78조의 개정규정

3. 제88조 제7호 나목의 개정규정

제2조【서식에 관한 적용례 등】서식의 개정규정은 이 규칙 시행 이후 신고, 신청 또는 제출하는 경우부터 적용하되, 개정서식으로는 종전의 법 또는 영에 따른 신고 등을 할 수 없는 경우에는 종전의 서

1월 1일 이후 개시하는 과세기간 또는 사업연도의 개시일 현재 유지하는 해외신탁에 대하여 해당 개시일이 속하는 과세기간 또는 사업연도의 해외신탁명세를 제출하는 경우부터 적용한다.

② 제58조 제3항 제2호의 개정규정은 2025년 1월 1일 이후 개시하는 과세기간 또는 사업연도에 설정하는 해외신탁부터 적용한다.

제3조의 2 【해외직접투자명세등·해외부동산등명세의 제출 및 보완 요구에 관한 적용례】 제58조 제5항의 개정규정은 이 법 시행 전에 제58조 제1항 각 호 외의 부분 또는 같은 조 제2항 각 호 외의 부분에 따른 기한이 도래한 경우로서 이 법 시행 당시 그 기한의 다음 날부터 2년이 지나지 아니한 경우에 대해서도 적용한다. (2024. 12. 31. 신설)

제4조 【글로벌최저한세의 과세에 관한 적용례】 ① 법률 제19191호 국제조세조정에 관한 법률 일부개정법률 제61조 제1항, 제62조 제3항·제4항, 제64조 제1항·제3항, 제66조 제5항, 제68조 제4항, 제69조 제2항부터 제7항까지, 제70조 제3항부터 제5항까지, 제72조 제8항, 제74조 제2항, 제75조 제1항부터 제3항까지, 제76조 제4항, 제77조 제3항·제4항, 제79조 제1항·제5항·제6항, 제80조, 제81조 제1항, 제83조 제4항, 제84조 제5항 및 제87조 제1항의 개정규정은 2024년 1월 1일 이후 개시하는 사업연도분에 대하여 과세하는 경우부터 적용한다.

② 제77조의 2의 개정규정은 2024년 1월 1일 이후 개시하는 사업연도분에 대하여 과세하는 경우부터 적용한다.

③ 법률 제19191호 국제조세조정에 관한 법률 일부개정법률 제72조 제1항, 제73조 제1항, 같은 조 제4항부터 제7항까지 및 제82조의 개정규정은 2025년 1월 1일 이후 개시하는 사업연도분에 대하여 과세하는 경우부터 적용한다.

제5조 【국제거래 자료의 제출에 관한 경과조치】 이 법 시행 전에 개시한 과세기간 또는 사업연도에 대한 국제거래명세서, 요약손익계산서 및 정상가격 산출방법 신고서를 제출하여야 하는 납세의무자의 범위에 관하여는 제16조 제2항 각 호 외의 부분 본문의 개정규정에도 불구하고 종전의 규정에 따른다.

부　칙 (2023. 7. 18. 법률 제19563호 ; 가상자산 이용자 보호 등에 관한 법률 부칙)

제1조 【시행일】 이 법은 공포 후 1년이 경과한 날부터 시행한다. 다만, 부칙 제2조 제6항은 2025년 1월 1일부터 시행한다.

제2조 【다른 법률의 개정】 ①~③ 생　략

④ 국제조세조정에 관한 법률 일부를 다음과 같이 개정한다.

제52조 제1호 나목 중 ""특정 금융거래정보의 보고 및 이용 등에 관한 법률』 제2조 제1호 하목"을 『"가상자산 이용자 보호 등에 관한 법률』 제2조 제2호"로 하고, 같은 조 제2호 라목 중 ""특정 금융거래정보의 보고 및 이용 등에 관한 법률』 제2조 제3호"를 ""가상자산 이용자 보호 등에 관한 법률』 제2조 제1호"로, "제1호 하목"을 "제2호"로 한다.

⑤~⑧ 생　략

(1995. 12. 6. 법률 제4981호~
2022. 12. 31. 법률 제19191호) 생략

소명을 요구받은 거주자 또는 내국법인이 이 영 시행 이후 취득자금 소명대상 금액의 출처 확인서를 제출하는 경우에도 적용한다.

부　칙 (2023. 12. 29. 대통령령 제34064호)

이 영은 2024년 1월 1일부터 시행한다. 다만, 다음 각 호의 개정규정은 2025년 1월 1일부터 시행한다.

1. 제109조 제2항 제3호의 개정규정
2. 제121조 제2항의 개정규정 중 "및 제73조"의 개정부분
3. 제125조의 개정규정
4. 제130조 제3항 각 호 외의 부분의 개정규정 중 "및 제73조"의 개정부분 및 같은 항 제2호의 개정규정
5. 제131조 제1항 제4호의 개정규정
6. 제140조의 개정규정

부　칙 (2023. 2. 28. 대통령령 제33272호)

제1조 【시행일】 이 영은 공포한 날부터 시행한다.

제2조 【국제거래 자료 제출의무 면제에 관한 적용례】 제36조의 개정규정은 2023년 1월 1일 이후 개시하는 과세연도에 국제거래를 하는 경우부터 적용한다.

(1995. 12. 30. 대통령령 제14870호~
2022. 12. 27. 대통령령 제33140호) 생략

식에 따른다.

부　칙 (2023. 3. 20. 기획재정부령 제983호)

제1조 【시행일】 이 규칙은 공포한 날부터 시행한다.

제2조 【서식에 관한 적용례 등】 ① 별지 제1호 서식, 별지 제10호 서식, 별지 제13호 서식 부표 4, 같은 서식 부표 5, 별지 제16호 서식(을), 별지 제22호 서식, 별지 제33호의 2 서식, 별지 제33호의 3 서식 및 별지 제45호 서식의 개정규정은 이 규칙 시행 이후 신고·청구 또는 신청하거나 제출하는 경우부터 적용한다.

② 별지 제13호 서식 부표 1, 같은 서식 부표 2, 별지 제16호 서식(갑), 별지 제17호 서식, 별지 제18호 서식, 별지 제19호 서식 및 별지 제20호 서식의 개정규정은 2023년 1월 1일 이후 개시하는 과세연도의 국제거래에 관한 자료를 제출하는 경우부터 적용한다.

③ 2023년 1월 1일 전에 개시한 과세연도의 국제거래에 관한 자료 중 개별기업보고서 및 국제거래명세서를 이 규칙 시행 이후 법 제16조 제1항 및 제2항에 따라 제출하는 경우에는 별지 제13호 서식 부표 2 및 별지 제16호 서식(갑)의 개정규정에도 불구하고 별지 제13호 서식 부표 2(2) 및 별지 제16호 서식(갑-2)에 따라 제출해야 한다.

④ 제3항에 따라 별지 제13호 서식 부표 2(2) 및 별지 제16호 서식(갑-2)을 제출할 때 별지 제13호 서식 부표 4 및 별지 제16호 서식(을)을 함께 제출하는 경우 2023년 1월 1일 전에 개시한 과세연도의 국제거래에 관한 자료를 제출할 때까지는 별지 제13호 서식 부표 4의 개정규정 중 "별지 제13호 서식 부표 2"는 "별지 제13호 서식 부표 2(2)"로 보고, 별지 제16호 서식(을)의 개정규정 중 "별지 제16호 서식(갑)"은 "별지 제16호 서식(갑-2)"으로 본다.

⑤ 2023년 1월 1일 전에 개시한 과세연도의 국제거래에 관한 자료를 이 규칙 시행 이후 제출하는 경우에는 별지 제13호 서식 부표 1, 별지 제17호 서식, 별지 제18호 서식, 별지 제19호 서식 및 별지 제20호 서식의 개정규정에도 불구하고 종전의 서식에 따른다.

제3조【이전소득금액에 대한 반환이자 계산 시 적용되는 이자율 변경에 따른 경과조치】이 규칙 시행 전에 내국법인의 익금에 산입된 금액을 이 규칙 시행 이후 영 제22조 제1항에 따라 국외특수관계인이 내국법인에 반환하는 경우 이 규칙 시행일이 속하는 사업연도까지의 기간분에 대한 반환이자를 계산하는 데에 적용되는 이자율은 제14조 제3항의 개정규정에도 불구하고 종전의 규정에 따르고, 이 규칙 시행 이후 개시되는 사업연도의 기간분에 대한 반환이자를 계산하는 데에 적용되는 이자율은 제14조 제3항의 개정규정에 따른다.

(1996. 3. 30. 총리령 제564호~
2022. 3. 18. 기획재정부령 제901호) 생략

국제조세조정에 관한 법률 기본통칙

개정 2024. 3. 15.
2019. 12. 23.
2011. 5. 20.
2009. 2. 2.
2008. 7. 25.
제정 2004. 6. 15.

2-2…1【사업활동에 필요한 자금의 범위】
영 제2조 제2항 제3호 라목에서 "사업활동에 필요한 자금"이라 함은 자기자본과 타인자본의 합계금액을 의미한다. (2024. 3. 15. 개정)

2-2…2【지식재산권 기준에 의한 특수관계】 (2024. 3. 15. 제목개정)
특정 지식재산권의 사용대가가 전체 영업비용의 50% 이상을 차지하는 경우에는 영 제2조 제2항 제3호 마목의 "사업활동의 50퍼센트 이상을 거래 당사자 한쪽으로부터 제공되는 지식재산권에 의존"하는 것에 해당한다. (2024. 3. 15. 개정)

2-2…3【간접소유비율 계산】
① 국외특수관계자를 판정함에 있어서 일방법인이 타방법인의 의결권 있는 주식의 100분의 50 이상을 직접 또는 간접으로 소유하는지의 여부는 일방법인의 타방법인에 대한 직접 및 간접소유 비율을 합계한 비율에 의하여 판정한다. (2004. 6. 15. 제정)
② 일방법인이 타방법인의 주주인 법인을 소유함으로써 타방법인을 소유하게 되는 것을 간접소유라고 하며 그 비율의 계산방법은 다음 각 호와 같다. (2004. 6. 15. 제정)
1. 일방법인이 타방법인의 주주인 법인의 의결권 있는 주식을 50% 이상 소유하는 경우에는 그 주주인 법인의 타방법인에 대한 의결권 있는 주식소유비율 (2004. 6. 15. 제정)
2. 일방법인이 타방법인의 주주인 법인의 의결권 있는 주식을 50% 미만 소유하는 경우에는 당해 소유 비율과 그 주주인 법인의 타방법인에 대한 의결권 있는 주식 소유비율을 곱한 비율 (2004. 6. 15. 제정)

〈사례 1〉

구 분	출자자	피출자자	출자비율
직접소유	일방법인A	타방법인B	10%

구 분	출자자	피출자자	출자비율
간접소유	일방법인A	법인C	50% 이상
	법인C	타방법인B	45%

○직접소유비율(A→B) : 10%
○간접소유비율(A→C→B) : 1 × 45% = 45%
  * 직접 또는 간접소유비율(A→B) : 10% + 45% = 55%

〈사례 2〉

구 분	출자자	피출자자	출자비율
직접소유	일방법인A	타방법인B	30%
간접소유	일방법인A	법인C	40%
	법인C	타방법인B	50%

○직접소유비율(A→B) : 30%
○간접소유비율(A→C→B) : 40% × 50% = 20%
  * 직접 또는 간접소유비율(A→B) : 30% + 20% = 50%

〈사례 3〉

구 분	출자자	피출자자	출자비율
직접소유	일방법인A	타방법인B	40%
간접소유	일방법인A	법인C	40%
	법인C	법인D	50%
	법인D	타방법인B	50%

○직접소유비율(A→B) : 40%
○간접소유비율(A→C→D→B) : 40% × 50%× 50% = 10%
  * 직접 또는 간접소유비율(A→B) : 40% + 10% = 50%

〈사례 4〉

구 분	출자자	피출자자	출자비율
직접소유	일방법인A	타방법인B	40%
간접소유	일방법인A	법인C	50%
	법인C	법인D	50%
	법인D	타방법인B	10%

○직접소유비율(A→B) : 40%
○간접소유비율(A→C→D→B) : 1 × 1 × 10% = 10%
  * 직접 또는 간접소유비율(A→B) : 40% + 10% = 50%

4-4…1【이전가격세제의 적용범위】 (2024. 3. 15. 번호개정)
영 제4조에 열거된 거래에 대하여는 「법인세법」 제52조 또는 「소득세법」 제41조를 적용하는 것이며, 정상가격에 의한 과세조정은 적용하지 아니한다. (2024. 3. 15. 개정)

6-0…1【정상가격에 의한 과세조정의 적용기준】 (2024. 3. 15. 번호개정)
① 국외특수관계인과의 국제거래에 있어서 그 거래의 정상가격에 의한 과세조정은 조세회피목적을 전제조건으로 하지 아니한다. (2019. 12. 23. 개정)
② 국외특수관계인과의 국제거래에 있어서 그 거래의 정상가격에 의한 과세조정은 당해 국외특수관계인의 과세소득실현을 전제조건으로 하지 아니한다. (2019. 12. 23. 개정)

8-0…1【특수관계인간 거래의 활용】 (2024. 3. 15. 제목개정)
특수관계기업들간의 거래로부터 수집한 자료는 비교대상거래로 사용될 수는 없으나 조사대상거래를 이해하거나 추가적인 조사가 필요한지 여부를 결정하는데 활용할 수 있다. (2019. 12. 23. 개정)

8-8…1【매출총이익의 영업비용에 대한 비율(Berry Ratio)】 (2024. 3. 15. 번호개정)
정상가격산출방법으로 영 제8조 제1항 제4호에 따른 berry ratio를 적용할 때는 다음 사항 등을 고려하여야 한다. (2024. 3. 15. 개정)
① berry ratio는 용역을 수행하는 기업이나 단순유통업 등에 적합한 방법이다. (2004. 6. 15. 제정)
② 영업비용과 수행된 용역의 정도가 상당한 상관관계가 있어야 한다. (2004. 6. 15. 제정)
③ 영업비용 증가에 대응하여 매출총이익이 증가하여야 한다. (2004. 6. 15. 제정)
④ 비교가능한 기업과 회계처리방식이 다른 경우에는 동일한 회계처리방식하에서 비교가 될 수 있도록 조정이 되어야 한다. (2004. 6. 15. 제정)

8-12…1【경영자문료의 손금산입】 (2024. 3. 15. 번호개정)
① 삭 제 (2024. 3. 15.)
① 해외모회사 등 국외특수관계인이 내국법인의 주주로서 제공하는 다음 각호의 1에 해당하는 용역은 영 제12조 제7항 제1호의 용역으로 보지 아니한다. (2024. 3. 15. 개정)
1. 모회사 소재국의 일반 회계원칙에 따른 재무제표의 작성 (2004. 6. 15. 제정)
2. 보고서의 연결 등 모회사의 보고의무와 관련된 활동 (2004. 6. 15. 제정)
3. 회계감사 등 각종 감사나 감독업무 (2004. 6. 15. 제정)

8-15…1【사분위 범위】 (2024. 3. 15. 번호개정)
정상가격범위 산정 시 활용되는 방법 중 사분위범위(interquartile range)는 다음과 같이 계산한다.
① 사분위범위(interquartile range)는 관측값을 크기의 순서대로 배열하여 상위 100분의 25에 해당하는 값과 하위 100분의 25에 해당하는 값 사이의 범위를 말한다. (2004. 6. 15. 제정)
② 하위 100분의 25에 해당하는 값을 아래사분위값(lower quartile)이라 하고 상위 100분의 25에 해당하는 값을 위사분위값(upper quartile)이라 한다. (2004. 6. 15. 제정)
③ 관측값이 n개이고 작은 값으로부터 올림차순으로 정리하였을 때, 아래 사분위 값의 위치는 (n+2)/4 이고 위 사분위값의 위치는 (3n+2)/4이다. (2004. 6. 15. 제정)
※ n이 91인 경우
* 아래 사분위값의 위치 = (91+2)/4 = 23.25
  위 공식에 의하면 23번째에다 24번째값과 23번째값의 차액에 1/4을 곱한 값을 더해서 구해야 하나, 관례적으로 23번째와 24번째값의 평균을 아래 사분위 값으로 함.
* 위 사분위값의 위치 = (91×3+2)/4 = 68.75
  위 공식에 의하면 68번째값에다 68번째값의 차액에 3/4을 곱한 값을 더해서 구해야 하나, 관례적으로 68번째와 69번째값의 평균을 위 사분위값으로 함.

11-0…1【상계거래】 (2024. 3. 15. 번호개정)
법 제11조의 "상계거래"는 국외특수관계인과의 국제거래가 정상가격으로 이루어지지 아니하여 이를 시정하고자 하는 거래를 말한다. (2024. 3. 15. 개정)

13-22…1【익금에 산입되는 금액의 화폐단위】 (2024. 3. 15. 번호개정)
영 제22조의 "익금산입액"이라 함은 내국법인의 각 사업연도의 소득금액 계산상 익금산입 또는 손금불산입되는 원화금액을 말한다. (2024. 3. 15. 개정)

13-23…1【출자의 증가로 사내유보처분한 금액의 사후관리】 (2024. 3. 15. 번호개정)
국내 모회사와 해외자회사간 거래와 관련하여 국내 모회사에 대하여 정상가격에 의한 과세조정으로 익금산입하고 동 금액에 대하여 출자의 증가로 유보 처분한 금액은 다음 각 호의 1과 같이 처리한다. (2004. 6. 15. 제정)
1. 모회사가 해외자회사의 주식을 양도하는 경우에는 양도일이 속하는 사업연도에 주식매각비율에 따라 유보 처분한 금액을 익금불산입 (2004. 6. 15. 제정)
2. 당해 해외자회사가 청산되는 경우에는 출자의 증가로 유보 처분한 금액 중 남은 잔액을 익금불산입 (2004. 6. 15. 제정)

22-0…1【지급보증의 범위】 (2024. 3. 15. 번호개정)
법 제22조 제2항의 규정을 적용받는 내국법인(외국법인의 국내사업장을 포함한다)의 제3자 차입금에 대한 국외지배주주의 지급보증의 범위에는 지급보증서의 유무, 지급보증서의 종류 또는 지급보증방법에 불구하고 내국법인 등의 채무불이행시 국외지배주주가 실질적으로 채무를 이행하여야 하는 모든 형태의 지급보증을 포함한다. (2024. 3. 15. 개정)

22-0…2【환스왑 계약수수료】 (2024. 3. 15. 번호개정)
내국법인이 법 제22조 제1항의 국외지배주주인 해외금융기관으로부터 자금을 차입하면서 환율변동위험 등을 회피하기 위하여 국외지배주주와 관련이 없는 국내은행과 환스왑계약을 체결하고 계약조건에 따라 당해 국내은행에 지급하는 수수료는 법 제22조 제2항에 규정된 지급이자 및 할인료에 해당하지 아니한다. (2024. 3. 15. 개정)

22-0…3【미지급본점송금액의 부채 포함 여부】 (2024. 3. 15. 번호개정)
법 제22조 규정 적용시, 외국법인의 국내사업장에 대한 국외지배주주의 내국법인 출자금액을 산출하기 위하여 재무상태표상 자산총액에서 차감하는 부채범위에는 미지급본점 송금액을 포함하지 아니한다 (2024. 3. 15. 개정)

22-46…1【손금불산입대상 차입금의 범위】 (2024. 3. 15. 번호개정)
내국법인이 발행한 수출환어음 또는 내국수출업체가 수출대금으로 지급 받은 외국금융기관의 해외발행 외국통화표시 약속어음(promissory note)을 외화로 매입하기 위하여, 외국은행 국내지점이 해외의 본·지점으로부터 차입한 자금은 법 제22조에서 규정한 차입금의 범위에 해당한다. (2024. 3. 15. 개정)

22-46…2【이자 또는 할인료를 발생시키지 않는 차입금】 (2024. 3. 15. 번호개정)
법 제22조 및 영 제46조에서 규정하는 차입금이란 실질적으로 이자 또는 할인료를 발생시키는 차입금이나 예수금을 말하는 것이며, 이자 또는 할인료를 발생시키지 않는 차입금은 이에 해당하지 아니한다. (2024. 3. 15. 개정)

22-48…1【이자등의 범위】 (2024. 3. 15. 번호·제목개정)

상품, 제품 등을 판매하고 받은 상업어음을 국외특수관계인에게 할인함에 있어서 해당 거래가 동 어음의 매각거래에 해당하는 경우 해당 처분손실은 영 제48조 제3항에 따른 이자등에 해당하지 아니하나, 해당 어음의 할인이 상업어음을 담보로 하는 차입거래에 해당하는 경우 동 할인료는 영 제48조 제3항에 따른 이자등에 해당한다. (2024. 3. 15. 개정)

22-49…1【배당으로 처분하는 경우 원천징수방법】 (2024. 3. 15. 번호개정)
국외지배주주로부터 차입한 금액에 대한 지급이자 중 법 제22조의 규정에 의하여 손금불산입된 이자를 영 제49조의 규정에 따라 배당으로 소득처분하는 경우에는 동 이자의 지급여부에 불구하고 「법인세법 시행령」 제137조 제1항 및 「소득세법」 제131조 제2항의 규정에 의하여 해당 법인이 법인세 과세표준 및 세액의 신고기한 종료일에 동 배당소득을 지급한 것으로 보아 법인세 등을 원천징수한다. (2024. 3. 15. 개정)

22-51…1【비교가능한 법인의 범위】 (2024. 3. 15. 번호개정)
영 제51조 제1항 제2호의 "해당 내국법인과 사업 규모 및 경영 여건 등이 유사한 내국법인 중 차입금의 배수를 기준으로 대표성이 있는 법인"이란 비교가능한 하나 또는 다수의 개별법인을 의미한다. (2024. 3. 15. 개정)

22-51…2【통상적인 조건의 차입금의 입증효력 부인】 (2024. 3. 15. 번호개정)
영 제51조의 입증자료를 납세자가 법정제출기한 경과후 제출한 경우 해당 서류의 지연제출이 조세행정의 집행에 중대한 장애를 초래하거나 납세자의 탈루혐의와 연계되어 있다고 판단되는 등 타당한 사유가 있는 때에는 해당 서류의 효력을 부인할 수 있다. (2024. 3. 15. 개정)

23-49…1【제3자로부터 자금을 차입한 경우의 소득처분】 (2024. 3. 15. 번호개정)
내국법인이 국외지배주주가 아닌 제3자로부터 차입한 금액에 대한 지급이자 중 법 제22조의 규정에 의하여 손금불산입된 금액에 대하여는 다음과 같이 소득처분한다. (2024. 3. 15. 개정)
① 해당 차입거래가 법 제23조의 "제3자 개입 차입거래"에 해당되어 국외지배주주로부터 직접 차입한 것으로 보는 경우에는 배당으로 처분한다. (2024. 3. 15. 개정)
② 해당 차입거래가 국외지배주주의 지급보증(담보의 제공 등 실질적으로 지급을 보증하는 경우를 포함한다)에 의한 경우에는 기타사외유출로 처분한다. (2024. 3. 15. 개정)

통칙 부 칙 (2024. 3. 15.)

① 【시행일】 이 통칙은 2024년 3월 15일부터 시행한다.

② 【일반적 적용례】 이 통칙 시행당시 종전의 규정에 의하여 부과하였거나 부과할 국세에 관하여는 종전의 예에 따른다. 다만, 이 통칙 시행일 이전에 관련법률 등의 개정으로 이미 시행되는 규정은 관련법률 등의 적용례에 따른다.

③ 【종전 예규와의 관계】 이 통칙 시행 전의 예규로서 이 통칙과 상치되는 경우에는 이 통칙에 의한다.

부 칙 (2011. 5. 20.)

① 【시행일】 이 통칙은 2011년 5월 20일부터 시행한다.

② 【일반적 적용례】 이 통칙은 시행 당시 종전의 규정에 의하여 부과하였거나 부과할 국세에 관하여는 종전의 예에 의한다. 다만, 이 통칙 시행일 이전에 관련법률 등의 개정으로 이미 시행되는 규정은 관련법률 등의 적용례에 따른다.

③ 【종전의 예규와의 관계】 이 통칙 시행 전의 예규로서 이 통칙과 상치되는 경우에는 이 통칙에 의한다.

(2004. 6. 15.~2009. 2. 2.) 생략

조세특례제한법

조특법

제 3 장　간접국세

제 3 장　간접국세

제4장　지방세 ＜삭　　제＞

제4장　지방세 ＜삭　　제＞

제120조의 2【노후자동차 교체에 대한 취득세 ·
　　　　　등록세 감면】<삭　제>
제121조【재산세의 감면】<삭　제>

제 5 장의 3 기업도시 개발과 지역개발사업구역 등 지원을 위한 조세특례

제 5 장의 4 아시아문화중심도시 지원을 위한 조세특례

제 5 장의 5 금융중심지의 조성과 발전을 위한 조세특례

제 5 장의 11　기회발전특구 지원을 위한 조세특례

제 5 장의 10　기회발전특구 지원을 위한 조세특례

제 6 장　그 밖의 조세특례

제 1 절　과세표준 양성화를 위한 조세특례

제 6 장　기타 조세특례

제 1 절　과세표준양성화를 위한 조세특례

제 7 장　보　　칙

제 7 장　보　　칙

<table>
<tr><td align="center">조세특례제한법</td><td align="center">조세특례제한법 시행령</td><td align="center">조세특례제한법
시행규칙</td></tr>
<tr><td>

개정 2025. 3. 14. 법률 재20778호
(기업부설연구소등의~부칙) 2025. 1. 31. 법률 제20727호
2024. 12. 31. 법률 제20617호
(관광진흥법 부칙) 2024. 2. 27. 법률 제20357호
(무역조정~부칙) 2024. 2. 20. 법률 제20320호
(벤처기업~부칙) 2024. 1. 9. 법률 제19990호
2023. 12. 31. 법률 제19936호
(벤처투자촉진에~부칙) 2023. 6. 20. 법률 제19504호
(소재ㆍ부품~부칙) 2023. 6. 13. 법률 제19438호
(지방자치분권~부칙) 2023. 6. 9. 법률 제19430호
2023. 4. 11. 법률 제19328호
2022. 12. 31. 법률 제19199호
(비상대비자원 관리법 부칙) 2022. 1. 4. 법률 제18682호
(중소기업창업 지원법 부칙) 2021. 12. 28. 법률 제18661호
2021. 12. 28. 법률 제18634호
(도서관법 부칙) 2021. 12. 7. 법률 제18547호
(세무사법 부칙) 2021. 11. 23. 법률 제18521호
(자유무역협정~법률 부칙) 2021. 10. 19. 법률 제18503호
2021. 8. 17. 법률 제18425호
2021. 8. 10. 법률 제18371호
(지역중소기업~법률 부칙) 2021. 7. 27. 법률 제18358호
(연구산업진흥법 부칙) 2021. 4. 20. 법률 제18075호
2021. 3. 16. 법률 제17926호
(5ㆍ18민주유공자~부칙) 2021. 1. 5. 법률 제17883호
(독점규제~법률 부칙) 2020. 12. 29. 법률 제17799호
2020. 12. 29. 법률 제17759호
(한국철도시설공단법 부칙) 2020. 6. 9. 법률 제17460호
(국가정보화기본법 부칙) 2020. 6. 9. 법률 제17344호
(법률용어 정비를 위한~법률) 2020. 6. 9. 법률 제17339호
2020. 5. 19. 법률 제17254호
2020. 3. 23. 법률 제17073호
(수산업협동조합~부칙) 2020. 2. 18. 법률 제17039호
(벤처투자 촉진에 관한 법률 부칙) 2020. 2. 11. 법률 제16998호
(소재ㆍ부품전문기업~부칙) 2019. 12. 31. 법률 제16859호
2019. 12. 31. 법률 제16835호
(금융회사부실자산~법률 부칙) 2019. 11. 26. 법률 제16652호
(파견근로자보호~부칙) 2019. 4. 30. 법률 제16413호
(첨단의료복합단지~부칙) 2019. 4. 30. 법률 제16407호

</td><td>

개정 2025. 3. 21. 대통령령 제35395호
2025. 2. 28. 대통령령 제35347호
2024. 12. 31. 대통령령 제35123호
(전북특별자치도~부칙) 2024. 12. 24. 대통령령 제35089호
(무역조정~부칙) 2024. 12. 10. 대통령령 제35053호
2024. 11. 12. 대통령령 제34992호
(중소기업~부칙) 2024. 10. 8. 대통령령 제34940호
(근현대문화유산~부칙) 2024. 9. 10. 대통령령 제34881호
(산업재산정보의~부칙) 2024. 8. 6. 대통령령 제34809호
(한국도로교통공단법 시행령 부칙) 2024. 7. 23. 대통령령 제34731호
(기부금품의~부칙) 2024. 7. 23. 대통령령 제34728호
(벤처기업육성~부칙) 2024. 7. 2. 대통령령 제34657호
(강원특별자치도~부칙) 2024. 6. 4. 대통령령 제34550호
(문화재보호법 시행령 부칙) 2024. 5. 7. 대통령령 제34488호
2024. 3. 28. 대통령령 제34365호
(농산물의~부칙) 2024. 3. 26. 대통령령 제34356호
2024. 2. 29. 대통령령 제34263호
(벤처투자~부칙) 2023. 12. 19. 대통령령 제34011호
(소재ㆍ부품~부칙) 2023. 12. 05. 대통령령 제33899호
(민간임대주택에~부칙) 2023. 9. 26. 대통령령 제33764호
2023. 8. 29. 대통령령 제33682호
(지방자치분권 및~부칙) 2023. 7. 7. 대통령령 제33621호
2023. 6. 7. 대통령령 제33499호
(국가보훈부와~부칙) 2023. 4. 11. 대통령령 제33382호
2023. 2. 28. 대통령령 제33264호
2022. 12. 31. 대통령령 제33208호
(농어업경영체~부칙) 2022. 5. 9. 대통령령 제32636호
(기후위기 대응을~부칙) 2022. 3. 25. 대통령령 제32557호
(금융회사부실자산~부칙) 2022. 2. 17. 대통령령 제32449호
(근로자직업능력~부칙) 2022. 2. 17. 대통령령 제32447호
(개별소비세법 시행령 부칙) 2022. 2. 15. 대통령령 제32416호
2022. 2. 15. 대통령령 제32413호
(지역중소기업~시행령 부칙) 2022. 1. 25. 대통령령 제32370호
2021. 11. 9. 대통령령 제32105호
(연구산업진흥법 시행령 부칙) 2021. 10. 19. 대통령령 제32063호
(한국광해광업공단법 시행령 부칙) 2021. 8. 31. 대통령령 제31961호
2021. 5. 4. 대통령령 제31661호
(5ㆍ18민주유공자~시행령 부칙) 2021. 4. 6. 대통령령 제31614호

</td><td>

개정 2025. 3. 21. 기획재정부령 제1119호
2024. 12. 31. 기획재정부령 제1099호
(종이 없는~기획재정부령)
2024. 12. 3. 기획재정부령 제1092호
2024. 11. 15. 기획재정부령 제1088호
2024. 3. 29. 기획재정부령 제1063호
2024. 3. 22. 기획재정부령 제1042호
(소재ㆍ부품~부칙)
2024. 1. 5. 산업통상자원부령 제 544호
2023. 12. 29. 기획재정부령 제1035호
2023. 8. 29. 기획재정부령 제1012호
2023. 6. 9. 기획재정부령 제 998호
2023. 6. 7. 기획재정부령 제 997호
2023. 3. 20. 기획재정부령 제 977호
2022. 12. 31. 기획재정부령 제 953호
2022. 3. 18. 기획재정부령 제 904호
2021. 11. 9. 기획재정부령 제 870호
2021. 5. 13. 기획재정부령 제 854호
2021. 3. 16. 기획재정부령 제 831호
2020. 6. 15. 기획재정부령 제 795호
2020. 4. 21. 기획재정부령 제 791호
2020. 3. 13. 개획재정부령 제 776호
2019. 3. 20. 기획재정부령 제 726호
2018. 3. 21. 기획재정부령 제 669호
2018. 1. 9. 기획재정부령 제 653호
2017. 12. 29. 기획재정부령 제 649호
2017. 3. 17. 기획재정부령 제 614호
2017. 3. 10. 기획재정부령 제 606호
2016. 8. 9. 기획재정부령 제 569호
2016. 3. 14. 기획재정부령 제 555호
2016. 2. 25. 기획재정부령 제 539호
2015. 10. 30. 기획재정부령 제 506호
2015. 3. 13. 기획재정부령 제 478호
2015. 2. 13. 기획재정부령 제 460호
(기획재정부와~직제 시행규칙 부칙)
2014. 11. 19. 기획재정부령 제 444호
2014. 7. 4. 기획재정부령 제 428호
(개인정보 보호를 위한~일부개정령)

</td></tr>
</table>

(중소기업진흥에~부칙) 2018. 12. 31. 법률 제16172호
(환경친화적 자동차~부칙) 2018. 12. 31. 법률 제16133호
2018. 12. 24. 법률 제16009호
(노인장기요양보험법 부칙) 2018. 12. 11. 법률 제15881호
2018. 10. 16. 법률 제15785호
2018. 5. 29. 법률 제15623호
(민간임대주택에 관한 특별법 부칙) 2018. 1. 16. 법률 제15356호
(공공기관 지방이전에~부칙) 2017. 12. 26. 법률 제15309호
2017. 12. 19. 법률 제15227호
(주식회사의~법률 부칙) 2017. 10. 31. 법률 제15022호
2017. 9. 12. 법률 제14874호
2017. 4. 18. 법률 제14760호
(빈집 및 소규모주택~부칙) 2017. 2. 8. 법률 제14569호
(도시 및 주거환경정비법 부칙) 2017. 2. 8. 법률 제14567호
(농업협동조합법 부칙) 2016. 12. 27. 법률 제14481호
2016. 12. 20. 법률 제14390호
(2018 평창 동계올림픽대회 및~특별법 부칙) 2016. 5. 29. 법률 제14198호
(여신전문금융업법 부칙) 2016. 3. 29. 법률 제14127호
(기술신용보증기금법 부칙) 2016. 3. 29. 법률 제14122호
(중소기업진흥에 관한 법률 부칙) 2016. 3. 29. 법률 제14111호
(주식·사채 등의~법률 부칙) 2016. 3. 22. 법률 제14096호
(서민의 금융생활 지원에 관한 법률 부칙) 2016. 3. 22. 법률 제14095호
(공중위생관리법 부칙) 2016. 2. 3. 법률 제13983호
(자유무역지역의 지정 및~법률 부칙) 2016. 1. 27. 법률 제13856호
(외국인투자 촉진법 부칙) 2016. 1. 27. 법률 제13854호
(주택법 부칙) 2016. 1. 19. 법률 제13805호
(부동산 거래신고에 관한 법률 부칙) 2016. 1. 19. 법률 제13797호
(예금자보호법 부칙) 2015. 12. 22. 법률 제13613호
(고엽제후유의증 등~법률 부칙) 2015. 12. 22. 법률 제13605호
2015. 12. 15. 법률 제13560호
(임대주택법 부칙) 2015. 8. 28. 법률 제13499호
(공공주택건설 등에 관한 특별법 부칙) 2015. 8. 28. 법률 제13498호
(공동주택관리법 부칙) 2015. 8. 11. 법률 제13474호
(자본시장과~법률 부칙) 2015. 7. 24. 법률 제13448호
(제주특별자치도~특별법 부칙) 2015. 7. 24. 법률 제13426호
(수산업·어촌 발전 기본법 부칙) 2015. 6. 22. 법률 제13383호
(기업도시개발 특별법 부칙) 2015. 6. 22. 법률 제13372호
(국립대학법인 울산과학기술대학교~법률 부칙) 2015. 3. 27. 법률 제13230호
(부품·소재전문기업 등의~특별조치법 부칙) 2015. 1. 28. 법률 제13082호
2014. 12. 23. 법률 제12853호
(한국산업은행법 부칙) 2014. 5. 21. 법률 제12663호
2014. 5. 14. 법률 제12570호
(보금자리주택건설 등에 관한 특별법 부칙) 2014. 1. 14. 법률 제12251호
2014. 1. 1. 법률 제12173호

(지방세법 시행령 부칙) 2021. 2. 17. 대통령령 제31463호
2021. 2. 17. 대통령령 제31444호
(소상공인기본법 시행령 부칙) 2021. 2. 2. 대통령령 제31429호
(어려운 법령용어~대통령령) 2021. 1. 5. 대통령령 제31380호
2020. 12. 29. 대통령령 제31295호
(국가정보화~시행령 부칙) 2020. 12. 8. 대통령령 제31220호
(생명공학육성법 시행령 부칙) 2020. 11. 20. 대통령령 제31168호
2020. 10. 7. 대통령령 제31086호
(양식산업발전법 시행령 부칙) 2020. 8. 26. 대통령령 제30977호
(벤처투자촉진에 관한 법률 시행령 부칙) 2020. 8. 11. 대통령령 제30934호
(외국인투자촉진법 시행령 부칙) 2020. 8. 5. 대통령령 제30918호
(신용정보의~시행령 부칙) 2020. 8. 4. 대통령령 제30893호
(개인정보보호법 시행령 부칙) 2020. 8. 4. 대통령령 제30892호
2020. 6. 2. 대통령령 제30723호
(문화재보호법 시행령 부칙) 2020. 5. 26. 대통령령 제30704호
2020. 4. 14. 대통령령 제30609호
(소재·부품전문기업 등의~시행령 부칙) 2020. 3. 31. 대통령령 제30586호
(건설산업기본법 시행령 부칙) 2020. 2. 18. 대통령령 제30423호
2020. 2. 11. 대통령령 제30390호
(문화재보호법 시행령 부칙) 2019. 12. 31. 대통령령 제30285호
2019. 7. 30. 대통령령 제30005호
(주식·사채 등의~시행령 부칙) 2019. 6. 25. 대통령령 제29892호
(한국해양교통안전공단법 시행령 부칙) 2019. 6. 11. 대통령령 제29849호
(중소기업진흥에~시행령 부칙) 2019. 4. 2. 대통령령 제29677호
(철도건설법 시행령 부칙) 2019. 3. 12. 대통령령 제29617호
2019. 2. 12. 대통령령 제29527호
2018. 10. 23. 대통령령 제29241호
(출입국관리법 시행령 부칙) 2018. 9. 18. 대통령령 제29163호
2018. 8. 28. 대통령령 제29116호
(민간임대주택에~시행령 부칙) 2018. 7. 16. 대통령령 제29045호
(공공기관 지방이전에~시행령 부칙) 2018. 2. 27. 대통령령 제28686호
2018. 2. 13. 대통령령 제28636호
(빈집 및~시행령 부칙) 2018. 2. 9. 대통령령 제28627호
(수질 및 수생태계 보전에 관한 법률 시행령 부칙) 2018. 1. 16. 대통령령 제28583호
2018. 1. 9. 대통령령 제28575호
(행정안전부와 그 소속기관 직제 부칙) 2017. 7. 26. 대통령령 제28211호
(농업협동조합법 시행령 부칙) 2017. 6. 27. 대통령령 제28152호
2017. 5. 8. 대통령령 제28009호
2017. 4. 7. 대통령령 제27978호
(공항시설법 시행령 부칙) 2017. 3. 29. 대통령령 제27972호
2017. 2. 7. 대통령령 제27848호
2017. 1. 10. 대통령령 제27771호
(광산안전법 시행령 부칙) 2017. 1. 6. 대통령령 제27767호
2016. 12. 1. 대통령령 제27649호

2014. 5. 26. 기획재정부령 제 424호
2014. 3. 14. 기획재정부령 제 406호
2014. 2. 28. 기획재정부령 제 402호
2013. 12. 30. 기획재정부령 제 392호
2013. 12. 26. 기획재정부령 제 387호
2013. 10. 21. 기획재정부령 제 373호
(부가가치세법 시행규칙 부칙)
2013. 6. 28. 기획재정부령 제 355호
2013. 5. 14. 기획재정부령 제 351호
(기획재정부와~직제 시행규칙 부칙)
2013. 3. 23. 기획재정부령 제 342호
2013. 2. 23. 기획재정부령 제 322호
2012. 12. 31. 기획재정부령 제 309호
2012. 10. 15. 기획재정부령 제 300호
2012. 2. 28. 기획재정부령 제 264호
2011. 12. 30. 기획재정부령 제 251호
2011. 8. 3. 기획재정부령 제 225호
2011. 4. 7. 기획재정부령 제 204호
2010. 12. 31. 기획재정부령 제 182호
2010. 6. 30. 기획재정부령 제 160호
(소음·진동규제법 시행규칙 부칙)
2010. 6. 30. 환경부령 제 374호
2010. 6. 8. 기획재정부령 제 157호
2010. 4. 20. 기획재정부령 제 151호
2009. 8. 28. 기획재정부령 제 96호
2009. 4. 7. 기획재정부령 제 70호
2008. 12. 31. 기획재정부령 제 48호
2008. 10. 15. 기획재정부령 제 36호
2008. 4. 30. 기획재정부령 제 21호
2008. 4. 29. 기획재정부령 제 16호
2007. 11. 23. 재정경제부령 제 584호
(행정정보공동이용 및~일부 개정령)
2007. 10. 29. 재정경제부령 제 579호
2007. 3. 30. 재정경제부령 제 548호
(행정정보의 공동이용 및~일부 개정령)
2006. 7. 5. 재정경제부령 제 512호
2006. 4. 17. 재정경제부령 제 504호
2005. 12. 31. 재정경제부령 제 478호
(대체에너지 개발 및~시행규칙 부칙)
2005. 10. 13. 산업자원부령 제 305호
2005. 3. 11. 재정경제부령 제 421호
2004. 10. 16. 재정경제부령 제 396호
2004. 4. 24. 재정경제부령 제 379호
2004. 3. 6. 재정경제부령 제 358호

(지방세법 부칙) 2014. 1. 1. 법률 제12153호
2013. 8. 13. 법률 제12031호
(축산물위생관리법 부칙) 2013. 7. 30. 법률 제11989호
(신에너지~보급 촉진법 부칙) 2013. 7. 30. 법률 제11965호
(부가가치세법 부칙) 2013. 6. 7. 법률 제11873호
(자본시장과~법률 부칙) 2013. 5. 28. 법률 제11845호
2013. 5. 10. 법률 제11759호
(정부조직법 부칙) 2013. 3. 23. 법률 제11690호
2013. 1. 1. 법률 제11614호
2012. 10. 2. 법률 제11486호
(친환경농업육성법 부칙) 2012. 6. 1. 법률 제11459호
(2012여수세계박람회 지원특별법 부칙) 2012. 1. 26. 법률 제11241호
(대덕연구개발특구 등의 육성에 관한 특별법 부칙) 2012. 1. 26. 법률 제11232호
2011. 12. 31. 법률 제11133호
(산업교육진흥 및~부칙) 2011. 7. 25. 법률 제10907호
2011. 7. 25. 법률 제10901호
(자유무역협정 체결에 따른~부칙) 2011. 7. 21. 법률 제10890호
(금융실명거래 및~부칙) 2011. 7. 14. 법률 제10854호
(영유아보육법 부칙) 2011. 6. 7. 법률 제10789호
(택지개발촉진법 부칙) 2011. 5. 30. 법률 제10764호
(기업구조조정 촉진법 부칙) 2011. 5. 19. 법률 제10684호
(금융기관부실자산 등의 효율적 처리 및~법률 부칙) 2011. 5. 19. 법률 제10682호
(접경지역지원법 부칙) 2011. 5. 19. 법률 제10653호
2011. 5. 19. 법률 제10631호
(해저광물자원 개발법 부칙) 2011. 4. 14. 법률 제10596호
(경제자유구역의 지정 및 운영에 관한 특별법 부칙) 2011. 4. 4. 법률 제10529호
(기초과학연구 진흥법 부칙) 2011. 3. 9. 법률 제10445호

(1965. 12. 20. 법률 제1723호 제정~2010. 12. 27. 법률 제10406호 개정) 생략

(지방회계법 시행령 부칙) 2016. 11. 29. 대통령령 제27621호
(병역법 시행령 부칙) 2016. 11. 29. 대통령령 제27620호
(경비교도대 폐지에 따른~시행령 부칙) 2016. 11. 29. 대통령령 제27617호
(중소기업진흥에 관한 법률 시행령 부칙) 2016. 9. 29. 대통령령 제27524호
(서민의 금융생활지원에 관한 법률 시행령 부칙) 2016. 9. 22. 대통령령 제27511호
(2018 평창 동계올림픽~시행령 부칙) 2016. 8. 29. 대통령령 제27464호
(공동주택관리법 시행령 부칙) 2016. 8. 11. 대통령령 제27445호
(주택법 시행령 부칙) 2016. 8. 11. 대통령령 제27444호
(수산종자산업육성법 시행령 부칙) 2016. 6. 21. 대통령령 제27245호
(의료 해외진출~법률 시행령 부칙) 2016. 6. 21. 대통령령 제27241호
(창조경제 민관협의회~규정 부칙) 2016. 6. 21. 대통령령 제27230호
(기술신용보증기금법 시행령 부칙) 2016. 5. 31. 대통령령 제27205호
2016. 5. 10. 대통령령 제27127호
2016. 2. 5. 대통령령 제26959호
(제주특별자치도~특별법 시행령 부칙) 2016. 1. 22. 대통령령 제26922호
(임대주택법 시행령 부칙) 2015. 12. 28. 대통령령 제26763호
(공공주택건설~시행령 부칙) 2015. 12. 28. 대통령령 제26762호
(수산업·어촌~시행령 부칙) 2015. 12. 22. 대통령령 제26754호
(기업도시개발~시행령 부칙) 2015. 12. 22. 대통령령 제26748호
(전투경찰대 설치법 시행령 부칙) 2015. 11. 20. 대통령령 제26659호
(자본시장과~시행령 부칙) 2015. 10. 23. 대통령령 제26600호
(주택도시기금법 시행령 부칙) 2015. 6. 30. 대통령령 제26369호
(신에너지 및~시행령 부칙) 2015. 6. 15. 대통령령 제26316호
(부품·소재전문기업 등의~시행령 부칙) 2015. 4. 20. 대통령령 제26205호
2015. 2. 3. 대통령령 제26070호
(한국산업은행법 시행령 부칙) 2014. 12. 30. 대통령령 제25945호
2014. 11. 4. 대통령령 제25677호
2014. 9. 11. 대통령령 제25590호
(보금자리주택건설~시행령 부칙) 2014. 4. 29. 대통령령 제25339호
(지방세법 시행령 부칙) 2014. 4. 22. 대통령령 제25317호
(금융기관부실자산~시행령 부칙) 2014. 3. 24. 대통령령 제25279호
2014. 2. 21. 대통령령 제25211호
(중소기업창업 지원법 시행령 부칙) 2014. 1. 14. 대통령령 제25079호
(병역법 시행령 부칙) 2013. 12. 4. 대통령령 제24890호
2013. 11. 29. 대통령령 제24887호
2013. 9. 2. 대통령령 제24698호
(자본시장과~시행령 부칙) 2013. 8. 27. 대통령령 제24697호
(부가가치세법 시행령 부칙) 2013. 6. 28. 대통령령 제24638호
2013. 5. 10. 대통령령 제24534호
(기획재정부와~직제 부칙) 2013. 3. 23. 대통령령 제24441호
2013. 2. 15. 대통령령 제24368호

(1974. 7. 8. 대통령령 제7198호 제정~2012. 12. 28. 대통령령 제24271호 개정) 생략

(1982. 3. 25. 재무부령 제1519호 제정~
2003. 12. 15. 건설교통부령 제382호 개정) 생략

기본통칙

개정 2024. 3. 15.
2019. 12. 23.
2013. 5. 24.
2011. 2. 1.
2005. 7. 7.
전면개정 2002. 4. 15.
전면개정 1997. 7. 1.
1993. 4. 1.
개정 1988. 3. 1.
시행 1983. 12. 1.

제1조【목 적】이 법은 조세(租稅)의 감면 또는 중과(重課) 등 조세특례와 이의 제한에 관한 사항을 규정하여 과세(課稅)의 공평을 도모하고 조세정책을 효율적으로 수행함으로써 국민경제의 건전한 발전에 이바지함을 목적으로 한다. (2020. 6. 9. 개정 ; 법률용어~법률)

제2조【정 의】① 이 법에서 사용하는 용어의 뜻은 다음과 같다. (2010. 1. 1. 개정)

1. "내국인"이란 「소득세법」에 따른 거주자 및 「법인세법」에 따른 내국법인을 말한다. (2010. 1. 1. 개정)

2. "과세연도"란 「소득세법」에 따른 과세기간 또는 「법인세법」에 따른 사업연도를 말한다. (2010. 1. 1. 개정)

3. "과세표준신고"란 「소득세법」 제70조, 제71조, 제74조 및 제110조에 따른 과세표준확정신고 및 「법인세법」 제60조에 따른 과세표준의 신고를 말한다. (2010. 1. 1. 개정)

4. "익금(益金)"이란 「소득세법」 제24조에 따른 총수입금액 또는 「법인세법」 제14조에 따른 익금을 말한다. (2010. 1. 1. 개정)

5. "손금(損金)"이란 「소득세법」 제27조에 따른 필요경비 또는 「법인세법」 제14조에 따른 손금을 말한다. (2010. 1. 1. 개정)

6. "이월과세(移越課稅)"란 개인이 해당 사업에 사용되는 사업용고정자산 등(이하 이 호에서 "종전사업용고정자산등"이라 한다)을 현물출자(現物出資) 등을 통하여 법인에 양도하는 경우 이를 양도하는 개인에 대해서는 「소득세법」 제94조에 따른 양도소득에 대한 소득세(이하 "양도소득세"라 한다)를 과세하지 아니하고, 그 대신 이를 양수한 법인이 그 사업용고정자산 등을 양도하는 경우 개인이 종전사업용고정자산등을 그 법인에 양도한 날이 속하는 과세기간에 다른 양도자산이 없다고 보아 계산한 같은 법 제104조에 따른 양도소득 산출세액 상당액을 법인세로 납부하는 것을 말한다. (2010. 1. 1. 개정)

7. "과세이연(課稅移延)"이란 공장의 이전 등을 위하여 개인이 해당

제1조【목 적】이 영은 「조세특례제한법」에서 위임된 사항과 동법의 시행에 관하여 필요한 사항을 규정함을 목적으로 한다. (2005. 2. 19 개정)

통칙 2-0…1【감액신청내용과 정부조사내용과의 차이 처리】
이 법에 따라 조세를 감면함에 있어서 감면신청서에 기재한 내용과 정부가 조사결정한 내용이 동일하지 아니한 경우에는 정부가 조사결정한 내용이 감면의 기초가 된다. (2019. 12. 23. 개정)

【관련법령】

수도권정비계획법 시행령
제2조【수도권에 포함되는 서울특별시 주변 지역의 범위】「수도권정비계획법」(이하 "법"이라 한다) 제2조 제1호에서 "대통령령으로 정하는 그 주변지역"이란 인천광역시와 경기도를 말한다. (2009. 1. 16. 개정)
제9조【권역의 범위】법 제6조에 따른 과밀억제권역·성장관리권역 및 자연보전권역의 범위는 별표 1과 같다. (2009. 1. 16. 개정)
【별표 1】(2017. 6. 20. 개정)

과밀억제권역 · 성장관리권역 및 자연보전권역의 범위(제9조 관련)

과밀억제권역	성장관리권역	자연보전권역
1. 서울특별시 2. 인천광역시[강화군, 옹진군, 서구 대곡동·불로동·마전동·금곡동·오류동·왕길동·당하동·원당동, 인천경제자유구역(경제자유구역에서 해제된 지역을 포함한다) 및 남동 국가산업단지는 제외한다] 3. 의정부시 4. 구리시 5. 남양주시(호평동, 평내동, 금곡동, 일패동, 이패동, 삼패동, 가운동, 수석동, 지금동 및 도농동만 해당	1. 인천광역시[강화군, 옹진군, 서구 대곡동·불로동·마전동·금곡동·오류동·왕길동·당하동·원당동, 인천경제자유구역(경제자유구역에서 해제된 지역을 포함한다) 및 남동 국가산업단지만 해당한다] 2. 동두천시 3. 안산시 4. 오산시 5. 평택시 6. 파주시 7. 남양주시(별내동, 와부읍, 진전읍, 별내면, 퇴계원	1. 이천시 2. 남양주시(화도읍, 수동면 및 조안면만 해당한다) 3. 용인시(김량장동, 남동, 역북동, 삼가동, 유방동, 고림동, 마평동, 운학동, 호동, 해곡동, 포곡읍, 모현면, 백암면, 양지면 및 원삼면 가재월리·사암리·미평리·좌항리·맹리·두창리만 해당한다) 4. 가평군 5. 양평군 6. 여주시 7. 광주시

제1조【목 적】이 규칙은 「조세특례제한법」 및 동법 시행령에서 위임된 사항과 그 시행에 관하여 필요한 사항을 규정함을 목적으로 한다. (2005. 3. 11. 개정)

【관련법령】

수도권정비계획법
제2조【정 의】이 법에서 사용하는 용어의 뜻은 다음과 같다. (2008. 3. 21. 개정)
1. "수도권"이란 서울특별시와 대통령령으로 정하는 그 주변 지역을 말한다. (2008. 3. 21. 개정)
제6조【권역의 구분과 지정】① 수도권의 인구와 산업을 적정하게 배치하기 위하여 수도권을 다음과 같이 구분한다. (2008. 3. 21. 개정)
1. 과밀억제권역 : 인구와 산업이 지나치게 집중되었거나 집중될 우려가 있어 이전하거나 정비할 필요가 있는 지역 (2008. 3. 21. 개정)

사업에 사용되는 사업용고정자산 등(이하 이 호에서 "종전사업용고
정자산등"이라 한다)을 양도하고 그 양도가액(讓渡價額)으로 다른
사업용고정자산 등(이하 이 호에서 "신사업용고정자산등"이라 한
다)을 대체 취득한 경우 종전사업용고정자산등의 양도에 따른 양도
차익(讓渡差益) 중 다음의 계산식에 따라 계산한 금액(신사업용고
정자산등의 취득가액이 종전사업용고정자산등의 양도가액을 초과
하는 경우에는 종전사업용고정자산등의 양도에 따른 양도차익을 한
도로 한다. 이하 이 호에서 "과세이연금액"이라 한다)에 대해서는
양도소득세를 과세하지 아니하되, 신사업용고정자산등을 양도할 때
신사업용고정자산등의 취득가액에서 과세이연금액을 뺀 금액을 취
득가액으로 보고 양도소득세를 과세하는 것을 말한다. (2010. 1. 1.
개정)

종전사업용고정자산등의 양도에 따른 양도차익 × (신사업용고정자
산등의 취득가액 / 종전사업용고정자산등의 양도가액)

8. "조세특례"란 일정한 요건에 해당하는 경우의 특례세율 적용, 세
　　액감면, 세액공제, 소득공제, 준비금의 손금산입(損金算入) 등의
　　조세감면과 특정 목적을 위한 익금산입, 손금불산입(損金不算入)
　　등의 중과세(重課稅)를 말한다. (2010. 1. 1. 개정)

9. "수도권"이란 「수도권정비계획법」 제2조 제1호에 따른 수도권을 말
　　한다. (2010. 1. 1. 개정)

10. "수도권과밀억제권역"이란 「수도권정비계획법」 제6조 제1항 제1
　　호에 따른 과밀억제권역을 말한다. (2010. 1. 1. 개정)

10의 2. "인구감소지역"이란 「지방자치분권 및 지역균형발전에 관한
　　특별법」 제2조 제12호에 따른 인구감소지역을 말한다. (2024. 12.
　　31. 신설)

11. "연구개발"이란 과학적 또는 기술적 진전을 이루기 위한 활동과 새로운 서비스 및
서비스전달체계를 개발하기 위한 활동을 말하며, 대통령령으로 정하는 활동을 제외
한다. (2019. 12. 31. 신설)

11. "연구개발"이란 과학적·기술적 진전 또는 새로운 서비스 및 서비
　　스전달체계 개발을 위한 체계적이고 창의적인 활동을 말하며, 대통

과밀억제권역	성장관리권역	자연보전권역
한다) 6. 하남시 7. 고양시 8. 수원시 9. 성남시 10. 안양시 11. 부천시 12. 광명시 13. 과천시 14. 의왕시 15. 군포시 16. 시흥시[반월특수지역 (반월특수지역에서 해 제된 지역을 포함한다) 은 제외한다]	면, 진건읍 및 오남읍만 해당한다) 8. 용인시(신갈동, 하갈동, 영덕동, 구갈동, 상갈동, 보라동, 지곡동, 공세동, 고매동, 농서동, 서천동, 언남동, 청덕동, 마북동, 동백동, 중동, 상하동, 보 정동, 풍덕천동, 신봉동, 죽전동, 동천동, 고기동, 상현동, 성복동, 남사면, 이동면 및 원삼면 목신 리·죽릉리·학일리· 독성리·고당리·문촌리 만 해당한다) 9. 연천군 10. 포천시 11. 양주시 12. 김포시 13. 화성시 14. 안성시(가사동, 가현동, 명륜동, 숭인동, 봉남동, 구포동, 동본동, 영동, 봉 산동, 성남동, 창전동, 낙 원동, 옥천동, 현수동, 발 화동, 옥산동, 석정동, 서 인동, 인지동, 아양동, 신 흥동, 도기동, 계동, 중리 동, 사곡동, 금석동, 당왕 동, 신모산동, 신소현동, 신건지동, 금산동, 연지 동, 대천동, 대덕면, 미양 면, 공도읍, 원곡면, 보개 면, 금광면, 서운면, 양성 면, 고삼면, 죽산면 두교 리·당목리·칠장리 및 삼죽면　마전리·미장 리·진촌리·기솔리· 내강리만 해당한다) 15. 시흥시 중 반월특수지역 (반월특수지역에서 해제 된 지역을 포함한다)	8. 안성시(일죽면, 죽산 면 죽산리·용설리· 장계리·매산리·장릉 리·장원리·두현리 및 삼죽면 용월리·덕 산리·율곡리·내장 리·배태리만 해당한 다)

제1조의 2 【정 의】 「조세특례제한법」(이하 "법"이라 한다) 제2
조 제1항 제11호에서 "대통령령으로 정하는 활동"이란 다음 각 호의

령령으로 정하는 활동을 제외한다. (2024. 12. 31. 개정)

12. "인력개발"이란 내국인이 고용하고 있는 임원 또는 사용인을 교육·훈련시키는 활동을 말한다. (2019. 12. 31. 신설)

② 제1항에 규정된 용어 외의 용어에 관하여는 이 법에서 특별히 정하는 경우를 제외하고는 제3조 제1항 제1호부터 제19호까지에 규정된 법률에서 사용하는 용어의 예에 따른다. (2010. 1. 1. 개정)

③ 이 법에서 사용되는 업종의 분류는 이 법에 특별한 규정이 있는 경우를 제외하고는 「통계법」 제22조에 따라 통계청장이 고시하는 한국표준산업분류에 따른다. 다만, 한국표준산업분류가 변경되어 이 법에 따른 조세특례를 적용받지 못하게 되는 업종에 대해서는 한국표준산업분류가 변경된 과세연도와 그 다음 과세연도까지는 변경 전의 한국표준산업분류에 따른 업종에 따라 조세특례를 적용한다. (2010. 1. 1. 개정)

   제3조【조세특례의 제한】 ① 이 법, 「국세기본법」 및 조약과 다음 각 호의 법률에 따르지 아니하고는 조세특례를 정할 수 없다. (2010. 1. 1. 개정)

1. 「소득세법」 (2010. 1. 1. 개정)
2. 「법인세법」 (2010. 1. 1. 개정)
3. 「상속세 및 증여세법」 (2010. 1. 1. 개정)
4. 「부가가치세법」 (2010. 1. 1. 개정)
5. 「개별소비세법」 (2007. 12. 31. 개정)
6. 「주세법」 (2010. 1. 1. 개정)
7. 「인지세법」 (2010. 1. 1. 개정)
8. 「증권거래세법」 (2010. 1. 1. 개정)
9. 「국세징수법」 (2010. 1. 1. 개정)
10. 「교통·에너지·환경세법」 (2006. 12. 30. 개정 ; 교통세법 부칙)
10. 삭　제 (2009. 1. 30.)
11. 「관세법」 (2010. 1. 1. 개정)
12. 「지방세특례제한법」 (2010. 3. 31. 개정 ; 지방세특례제한법 부칙)
13. 「임시수입부가세법」 (2010. 1. 1. 개정)
14. 삭　제 (2001. 12. 29)

활동을 말한다. (2020. 2. 11. 신설)
1. 일반적인 관리 및 지원활동 (2020. 2. 11. 신설)
2. 시장조사, 판촉활동 및 일상적인 품질시험 (2020. 2. 11. 신설)
3. 반복적인 정보수집 활동 (2020. 2. 11. 신설)
4. 경영이나 사업의 효율성을 조사·분석하는 활동 (2020. 2. 11. 신설)
5. 특허권의 신청·보호 등 법률 및 행정 업무 (2020. 2. 11. 신설)
6. 광물 등 자원 매장량 확인, 위치확인 등 조사·탐사 활동 (2020. 2. 11. 신설)
7. 위탁받아 수행하는 연구활동 (2020. 2. 11. 신설)
8. 이미 기획된 콘텐츠를 단순 제작하는 활동 (2020. 2. 11. 신설)
9. 기존에 상품화 또는 서비스화된 소프트웨어 등을 복제하여 반복적으로 제작하는 활동 (2020. 2. 11. 신설)
10. 이미 연구개발된 제품·기술·서비스·설계·디자인 등과 동일성을 유지하는 범위에서 이를 단순하게 보완·변형·개선하는 활동 (2025. 2. 28. 신설)

☞

●예 판 ··

• 조세특례제한법 등 외의 법률에 의한 조세특례의 효력(지방세운영 – 1643, 2009. 4. 24.)
  조세특례제한법에서 규정하고 있지 아니한 법률 내에 조세특례에 관한 내용이 규정되어 있더라도 해당 조세특례는 그 효력을 인정할 수 없음.

• 감면되는 조세의 의미(대법 92누16874, 1993. 5. 27.)
  "감면되는 조세"는 세액이 감면되는 경우뿐만 아니라 손금산입 등의 소득계산의 특례, 소득공제, 세액공제 등 궁극적으로 조세의 부담이 경감 또는 면제되는 조세를 말함.

··

15. 「국제조세조정에 관한 법률」 (2010. 1. 1. 개정)
16. 「금융실명거래 및 비밀보장에 관한 법률」 (2010. 1. 1. 개정)
17. 삭　제 (2000. 12. 29 ; 전화세법 부칙)
18. 「교육세법」 (2010. 1. 1. 개정)
19. 「농어촌특별세법」 (2010. 1. 1. 개정)
20. 삭　제 (99. 5. 24 ; 정부조직법 부칙)
21. 「남북교류협력에 관한 법률」 (2010. 1. 1. 개정)
22. 농어가목돈마련저축에 관한 법률 (98. 12. 28 개정)
22. 삭　제 (2010. 1. 1.)
23. 「자유무역지역의 지정 및 운영에 관한 법률」 (2010. 1. 1. 개정)
24. 「제주특별자치도 설치 및 국제자유도시 조성을 위한 특별법」(제주
　특별자치도세에 관한 규정만 해당한다) (2010. 1. 1. 개정)
25. 「종합부동산세법」 (2007. 12. 31. 신설)
② 이 법, 「국세기본법」 및 조약과 제1항 각 호의 법률에 따라 감면되
는 조세의 범위에는 해당 법률이나 조약에 특별한 규정이 있는 경우를
제외하고는 가산세와 양도소득세는 포함되지 아니한다. (2010. 1. 1.
개정)

제 2 장　직접국세

제 1 절　중소기업에 대한 조세특례

제4조 【중소기업투자준비금의 손금산입】 삭　제 (2007. 12. 31.)

제5조 【중소기업 등 투자 세액공제】 (2014. 12. 23. 제목개정)
① 대통령령으로 정하는 중소기업(이하 "중소기업"이라 한다) 및 대통령령으로 정하는
중견기업(이하 이 항, 제2항, 제4항, 제8조의 3 제3항, 제25조 및 제118조 제1항 제22호
에서 "중견기업"이라 한다)이 다음 각 호의 어느 하나에 해당하는 자산에 2021년 12월
31일까지 투자(중고품 및 대통령령으로 정하는 리스에 의한 투자는 제외한다)하는 경우
에는 해당 투자금액의 100분의 3(중견기업이 「수도권정비계획법」 제6조 제1항 제2호
의 성장관리권역 또는 같은 항 제3호의 자연보전권역 내에 투자하는 경우에는 100분의

제 2 장　직접국세

제 1 절　중소기업에 대한 조세특례

제4조 【중소기업 등 투자세액공제】 (2015. 2. 3. 제목개정)
① 법 제5조 제1항 각 호 외의 부분에서 "대통령령으로 정하는 중견기업"이란 다음 각
호의 요건을 모두 갖춘 기업을 말한다. (2018. 2. 13. 신설)
1. 중소기업이 아닐 것 (2018. 2. 13. 신설)
2. 다음 각 목의 어느 하나에 해당하는 업종을 주된 사업으로 영위하지 아니할 것. 이
경우 둘 이상의 서로 다른 사업을 영위하는 경우에는 사업별 사업수입금액이 큰 사
업을 주된 사업으로 본다. (2019. 2. 12. 후단신설)

제3조 【사업용자산의 범위】 ① 영 제4조 제2
항에서 "기획재정부령으로 정하는 것"이란 다음 각
호의 어느 하나에 해당하는 자산을 말한다. (2009.
4. 7. 개정)
1. 해당 사업에 주로 사용하는 사업용 유형자산(토지
와 별표 1의 건축물 등 사업용 유형자산은 제외한
다) (2009. 8. 28. 개정)

1, 수도권 밖의 지역에 투자하는 경우에는 100분의 2)에 상당하는 금액을 그 투자를 완료한 날이 속하는 과세연도의 소득세[사업소득(「소득세법」 제45조 제2항에 따른 부동산임대업에서 발생하는 소득은 포함하지 아니한다. 제122조의 3, 제126조의 2, 제126조의 6 및 제132조를 제외하고 이하에서 같다)에 대한 소득세만 해당한다] 또는 법인세에서 공제한다. (2019. 12. 31. 개정)

1. 기계장치 등 대통령령으로 정하는 사업용자산(이하 “사업용자산”이라 한다) (2010. 1. 1. 개정)
2. 「유통산업발전법」에 따른 판매시점 정보관리 시스템설비(이하 “판매시점 정보관리 시스템설비”라 한다) (2010. 1. 1. 개정)
3. 「지능정보화 기본법」 제2조 제15호에 따른 정보보호시스템에 사용되는 설비로서 감가상각 기간이 2년 이상인 설비(이하 “정보보호 시스템설비”라 한다) (2020. 6. 9. 개정 ; 국가정보화 기본법 부칙)

② 중견기업의 경우 해당 과세연도의 상시근로자 수가 직전 과세연도의 상시근로자 수보다 감소한 경우에는 제1항을 적용하지 아니한다. (2017. 12. 19. 신설)

③ 제1항 및 제2항에도 불구하고 2015년 1월 1일부터 2015년 12월 31일까지 「자본시장과 금융투자업에 관한 법률」에 따른 증권시장에 최초로 상장한 중소기업과 대통령령으로 정하는 중견기업이 상장일이 속하는 과세연도와 그 다음 과세연도의 개시일부터 3년 이내에 끝나는 과세연도까지 투자하는 경우에는 해당 투자금액의 100분의 4에 상당하는 금액을 공제한다. (2017. 12. 19. 신설)

④ 제1항 및 제3항에도 불구하고 중소기업 및 중견기업이 다음 각 호의 어느 하나에 해당하는 경우로서 제1항 각 호의 어느 하나에 해당하는 자산에 2021년 12월 31일까지 투자하는 경우에는 해당 투자금액에 다음 각 호의 구분에 따른 공제율을 곱한 금액을 그 투자를 완료한 날이 속하는 과세연도의 소득세(사업소득에 대한 소득세만 해당한다) 또는 법인세에서 공제한다. (2019. 12. 31. 개정)
1. 다음 각 목의 어느 하나에 해당하는 지역(이하 “위기지역”이라 한다)에서 투자(위기지역으로 지정 또는 선포된 기간이 속하는 과세연도에 투자하는 경우로 한정한다)하는 경우 : 100분의 10(중견기업의 경우에는 100분의 5) (2019. 12. 31. 개정)
  가. 「고용정책 기본법」 제32조 제1항에 따라 지원할 수 있는 지역으로서 대통령령으로 정하는 지역 (2019. 12. 31. 개정)
  나. 「고용정책 기본법」 제32조의 2 제2항에 따라 선포된 고용재난지역 (2019. 12. 31. 개정)
  다. 「국가균형발전 특별법」 제17조 제2항에 따라 지정된 산업위기대응특별지역 (2019. 12. 31. 개정)
2. 「국가균형발전 특별법」 제11조의 2 제4항에 따라 선정된 상생형지역일자리에 참여하면서 투자(상생형지역일자리로 선정된 기간이 속하는 과세연도에 투자하는 경우로 한정한다)하는 경우 : 100분의 10(중견기업의 경우에는 100분의 5) (2019. 12. 31. 개정)
3. 「규제자유특구 및 지역특화발전특구에 관한 규제특례법」 제2조 제15호에 따른 규제자유특구사업자로서 같은 법 제75조 제3항에 따라 지정된 규제자유특구에서 투자(규제자유특구로 지정된 기간이 속하는 과세연도에 투자하는 경우로 한정한다)하는

  가. 제29조 제3항에 따른 소비성서비스업 (2018. 2. 13. 신설)
  나. 「중견기업 성장촉진 및 경쟁력 강화에 관한 특별법 시행령」 제2조 제2항 제2호 각 목의 업종 (2018. 2. 13. 신설)
3. 소유와 경영의 실질적인 독립성이 「중견기업 성장촉진 및 경쟁력 강화에 관한 특별법 시행령」 제2조 제2항 제1호에 적합할 것 (2018. 2. 13. 신설)
4. 직전 3개 과세연도의 매출액(매출액은 제2조 제4항에 따른 계산방법으로 산출하며, 과세연도가 1년 미만인 과세연도의 매출액은 1년으로 환산한 매출액을 말한다)의 평균금액이 3천억원 미만인 기업일 것 (2018. 2. 13. 신설)

② 법 제5조 제1항 제1호에서 “대통령령으로 정하는 사업용자산”이란 제조업 등 해당 사업에 주로 사용하는 사업용 유형자산 중 기획재정부령으로 정하는 것(이하 이 조에서 “사업용자산”이라 한다)을 말한다. 다만, 「소득세법 시행령」 제67조 및 「법인세법 시행령」 제31조에 따라 즉시상각을 적용받은 자산은 제외한다. (2020. 2. 11. 단서신설)

③ 법 제5조 제5항 및 제6항에 따른 투자금액은 제1호 및 제2호의 금액 중 큰 금액에서 제3호의 금액을 뺀 금액으로 한다. (2019. 2. 12. 개정)
1. 총투자금액에 「법인세법 시행령」 제69조 제1항에 따른 작업진행률에 의하여 계산한 금액 (2013. 2. 15. 개정)
2. 해당 과세연도까지 실제로 지출한 금액 (2015. 2. 3. 개정)
3. 해당 과세연도 이전에 투자세액공제를 받은 투자금액과 투자세액공제제도를 적용받기 전에 투자한 분에 대하여 제1호를 준용하여 계산한 금액을 합한 금액 (2015. 2. 3. 개정)

④ 법 제5조를 적용할 때 제29조 제3항에 따른 소비성서비스업에 해당하는 사업과 그 밖의 사업에 공동으로 사용되는 사업용자산, 「유통산업발전법」에 따른 판매시점 정보관리시스템설비와 「지능정보화 기본법」 제2조 제15호에 따른 정보보호시스템에 사용되는 설비로서 감가상각 기간이 2년 이상인 설비를 취득한 경우에는 해당 자산은 그 자산을 주로 사용하는 사업의 자산으로 본다. (2020. 12. 8. 개정 ; 국가정보화~시행령 부칙)

⑤ 법 제5조 제2항을 적용할 때 상시근로자의 수 및 계산방법에 관하여는 제23조 제10항부터 제13항까지의 규정을 준용한다. (2018. 2. 13. 신설)

⑥ 법 제5조 제3항에서 “대통령령으로 정하는 중견기업”이란 다음 각 호의 요건을 모두 갖춘 기업을 말한다. (2018. 2. 13. 개정)
1. 제1항 제1호부터 제3호까지의 규정에 따른 요건을 갖출 것 (2018. 2. 13. 개정)
2. 직전 3개 과세연도의 매출액(매출액은 제2조 제4항에 따른 계산방법으로 산출하며, 과세연도가 1년 미만인 과세연도의 매출액은 1년으로 환산한 매출액을 말한다)의 평균금액이 1천500억원 미만인 기업일 것 (2018. 2. 13. 호번개정)
3. 소유와 경영의 실질적인 독립성이 「중견기업 성장촉진 및 경쟁력 강화에 관한 특별법 시행령」 제2조 제2항 제1호에 적합할 것 (2017. 2. 7. 개정)
3. 삭 제 (2018. 2. 13.)

⑦ 법 제5조 제4항 제1호 가목에서 “대통령령으로 정하는 지역”이란 「고용정책기본법 시행령」 제29조에 따라 고용노동부장관이 지정·고시한 지역을 말한다. (2020. 2. 11. 개정)

⑧ 법 제5조에 따른 투자세액공제를 받으려는 자는 투자완료일이 속하는 과세연도(같

2. 운수업을 주된 사업으로 하는 중소기업(영 제2조 제1항에 따른 중소기업을 말한다. 이하 이 조에서 “중소기업”이라 한다)이 해당 사업에 주로 사용하는 차량 및 운반구(「개별소비세법」 제1조 제2항 제3호에 따른 자동차로서 자가용인 것을 제외한다)와 선박 (2012. 2. 28. 개정)
3. 어업을 주된 사업으로 하는 중소기업이 해당 사업에 주로 사용하는 선박 (2012. 2. 28. 개정)
4. 중소기업이 해당 업종의 사업에 직접 사용하는 소프트웨어. 다만, 다음 각 목의 어느 하나에 해당하는 소프트웨어는 제외한다. (2014. 3. 14. 신설)
  가. 인사, 급여, 회계 및 재무 등 지원업무에 사용하는 소프트웨어 (2014. 3. 14. 신설)
  나. 문서, 도표 및 발표용 자료 작성 등 일반 사무에 사용하는 소프트웨어 (2014. 3. 14. 신설)
  다. 컴퓨터 등의 구동을 위한 기본 운영체제(Operating System) 소프트웨어 (2014. 3. 14. 신설)

② 제1항에 따른 사업용자산에는 운휴 중에 있는 것을 제외한다. (2012. 2. 28. 개정)

제3조 【사업용자산의 범위】 삭 제 (2021. 3. 16.)

제4조 【주로 사용하는 사업의 판정기준】 영 제4조 제4항에 따른 주로 사용하는 사업은 해당 자산의 사용시간 또는 사용정도를 비교하여 그 사용비율이 큰 사업으로 한다. (2017. 3. 17. 개정)

제4조 【주로 사용하는 사업의 판정기준】 삭 제 (2021. 3. 16.)

제6조 【온실가스 감축시설】 영 별표 1의 제5호 가목 1)에서 “기획재정부령으로 정하는 시설”이란 다음 각 호의 기술이 적용된 시설을 말한다. (2012. 2. 28. 신설)

제6조 【온실가스 감축시설】 삭 제 (2017. 3. 17.)

경우 : 100분의 5(중견기업의 경우에는 100분의 3) (2019. 12. 31. 개정)
⑤ 제1항 또는 제4항에 따른 투자가 2개 이상의 과세연도에 걸쳐서 이루어지는 경우에는 그 투자가 이루어지는 과세연도마다 해당 과세연도에 투자한 금액에 대하여 제1항 또는 제4항을 적용받을 수 있다. (2018. 12. 24. 개정)
⑥ 제1항부터 제5항까지의 규정을 적용할 때 상시근로자의 범위, 투자금액의 계산방법과 그 밖에 필요한 사항은 대통령령으로 정한다. (2018. 12. 24. 개정)
⑦ 제1항부터 제5항까지의 규정을 적용받으려는 내국인은 대통령령으로 정하는 바에 따라 세액공제신청을 하여야 한다. (2018. 12. 24. 개정)

제5조 【중소기업 등 투자 세액공제】 삭 제 (2020. 12. 29.)

▶ 예판
• 법인이 투자세액공제대상 시설을 취득하여 이를 타인에게 임대하는 경우에는 동 투자세액공제를 적용받을 수 없음. (서이 46012 - 12149, 2002. 12. 2.)
• 중고품에 해당하는 기계장치를 국외에서 수입해 설치하는 방법으로 투자하는 경우는 중소기업투자세액공제대상에서 제외됨. (서이 46012 - 10795, 2002. 4. 16.)
• '갑'이 임대한 기계장치에 의해 생산한 '을'의 제품을 '갑'이 판매대행하는 경우, '갑의 제조업용 자산'으로 볼 수 없어 중소기업투자준비금 등 설정 대상 아님. (국심 2001부307, 2001. 7. 14.)

제5조의 2 【중소기업 정보화 지원사업에 대한 과세특례】

대통령령으로 정하는 중소사업자가 「중소기업기술혁신 촉진법」 제18조, 「산업기술혁신 촉진법」 제19조 및 「정보통신산업 진흥법」 제44조 제1항에 따라 2015년 12월 31일까지 지급받는 중소기업 정보화 지원사업을 위한 출연금 등을 다음 각 호의 어느 하나에 해당하는 설비에 투자하는 경우에는 그 투자금액을 「소득세법」 제32조 및 「법인세법」 제36조를 준용하여 손금에 산입할 수 있다. (2013. 1. 1. 개정)
1. 구매 · 설계 · 건설 · 생산 · 재고 · 인력 및 경영정보 등 기업의 인적 · 물적 자원을 전자적 형태로 관리하기 위하여 사용되는 컴퓨터와 그 주변기기, 소프트웨어, 통신설비, 그 밖의 유형 · 무형의 설비로서 감가상각 기간이 2년 이상인 설비(이하 "전사적(全社的) 기업자원 관리설비"라 한다) (2010. 1. 1. 개정)
2. 전자적 형태로 수요예측 · 수주(受注) · 용역제공 · 상품판매 · 배

은 조 제5항을 적용받으려는 경우에는 해당 투자가 이루어지는 각 과세연도를 말한다)의 과세표준 신고와 함께 기획재정부령으로 정하는 투자세액공제신청서를 납세지 관할 세무서장에게 제출하여야 한다. (2019. 2. 12. 개정)

제4조 【중소기업 등 투자세액공제】 삭 제 (2021. 2. 17.)

제4조의 2 【중소기업 정보화지원사업에 대한 과세특례】

① 법 제5조의 2에서 "대통령령으로 정하는 중소사업자"란 「중소기업기본법」에 의한 중소기업자를 말한다. (2010. 2. 18. 개정)
② 법 제5조의 2 제3호에서 "대통령령으로 정하는 설비"란 컴퓨터 또는 각종 제어장치를 이용하여 경영 및 유통관리를 전산화하는 소프트웨어 등의 설비로서 다음 각 호의 어느 하나에 해당하는 것(감가상각기간이 2년 이상인 것에 한한다)을 말한다. (2008. 2. 22. 개정)
1. 법 제5조의 2 제2호에 따른 전자상거래설비 (2008. 2. 22. 개정)
1. 삭 제 (2008. 10. 7.)
2. 생산설비를 전자화하고 생산공정을 정보화하기 위한 시스템 (2001. 12. 31. 신설)
3. 제품생산정보 · 재고정보 등의 상호교환, 공동설계, 공동구매 등을 위한 기업간 정보공유시스템 (2001. 12. 31. 신설)

▶ 예판
• 당해 과세연도까지 실제로 지출한 금액의 범위(법인 - 481, 2010. 5. 26.) 내국법인이 2개 이상의 과세연도에 걸쳐서 투자를 하는 경우 투자금액 계산시 당해 과세연도까지 실제로 지출한 금액이라 함은 계약 후에 당해 과세연도까지 현금으로 지출한 계약금 및 중도금을 합한 금액을 말함.
• 감면신청을 하지 아니한 경우에 감면대상에서 제외한다는 규정이 없어, 법인세 신고시 중소기업투자세액 공제신청을 하지 않았다 하더라도 감면요건이 충족되면 세액을 감면함. (국심 2005부3338, 2006. 1. 3.)

▶ 관계조문
규칙 61조 1항 2호 ⇒ 세액공제신청서(별지 1호 서식)

송·대금결제·고객관리 등을 하기 위하여 사용되는 컴퓨터와 그 주변기기, 소프트웨어, 통신설비, 그 밖의 유형·무형의 설비로서 감가상각 기간이 2년 이상인 설비(이하 "전자상거래설비"라 한다) (2010. 1. 1. 개정)

3. 제1호와 제2호 외에 기업의 정보화에 사용되는 설비로서 대통령령으로 정하는 설비 (2010. 1. 1. 개정)

제5조의 3【중소기업의 경영컨설팅 쿠폰 구매에 대한 세액공제】삭 제 (2007. 12. 31.)

제6조【창업중소기업 등에 대한 세액감면】 농특비

① 대통령령으로 정하는 중소기업(이하 "중소기업"이라 한다) 중 2024년 12월 31일 이전에 제3항 각 호에 따른 업종으로 창업한 중소기업(이하 이 조에서 "창업중소기업"이라 한다)과 「중소기업창업 지원법」 제53조 제1항에 따라 창업보육센터사업자로 지정받은 내국인(이하 이 조에서 "창업보육센터사업자"라 한다)에 대해서는 해당 사업에서 최초로 소득이 발생한 과세연도(사업 개시일부터 5년이 되는 날이 속하는 과세연도까지 해당 사업에서 소득이 발생하지 아니하는 경우에는 5년이 되는 날이 속하는 과세연도를 말한다. 이하 제6항에서 같다)와 그 다음 과세연도의 개시일부터 4년 이내에 끝나는 과세연도까지 해당 사업에서 발생한 소득에 대한 소득세 또는 법인세에 다음 각 호의 구분에 따른 비율을 곱한 금액에 상당하는 세액을 감면한다. (2021. 12. 28. 개정 ; 중소기업창업 지원법 부칙)

① 대통령령으로 정하는 중소기업(이하 "중소기업"이라 한다) 중 2027년 12월 31일 이전에 제3항 각 호에 따른 업종으로 창업한 중소

---

4. 인사, 급여, 회계, 원가관리, 재고, 재무, 판매, 영업, 자재조달, 물류 등 2 이상의 단위업무를 통합지원하는 소프트웨어 (2001. 12. 31. 신설)

5. 그 밖에 기업의 정보화에 사용되는 설비로서 기획재정부령이 정하는 설비 (2008. 2. 29. 직제개정 ; 기획재정부와~직제 부칙)

③ 법 제5조의 2의 규정에 의하여 지급받은 출연금 등을 손금산입하고자 하는 내국인은 소득세 또는 법인세 과세표준신고와 함께 기획재정부령이 정하는 정보화지원사업출연금 등 손금산입조정명세서를 납세지 관할세무서장에게 제출하여야 한다. (2008. 2. 29. 직제개정 ; 기획재정부와~직제 부칙)

관계조문 ▶▶

규칙 61조 1항 2호의 2 ⇒ 손금산입조정명세서(별지 1호의 2 서식)

제4조의 3【중소기업의 경영컨설팅 쿠폰 구매에 대한 세액공제】법 제5조의 3의 규정에 의하여 소득세 또는 법인세를 공제받고자 하는 내국인은 과세표준신고와 함께 재정경제부령이 정하는 세액공제신청서를 납세지 관할세무서장에게 제출하여야 한다. (2005. 2. 19. 신설)

제4조의 3【중소기업의 경영컨설팅 쿠폰 구매에 대한 세액공제】삭 제 (2008. 2. 22.)

제2조【중소기업의 범위】① 법 제6조 제1항 각 호 외의 부분에서 "대통령령으로 정하는 중소기업"이란 다음 각 호의 요건을 모두 갖춘 기업(이하 "중소기업"이라 한다)을 말한다. 다만, 자산총액이 5천억원 이상인 경우에는 중소기업으로 보지 않는다. (2021. 2. 17. 개정)

편주 ▶
• 영 2조 1항의 개정규정은 2025. 2. 28. 이후 개시하는 과세연도 분부터 적용함. (영 부칙(2025. 2. 28.) 2조 1항)
• 영 부칙(2025. 2. 28.) 2조 1항에도 불구하고 2025. 2. 28. 이후 개시하는 과세연도 직전 과세연도의 종료일 이전에 다음 각 호의 어느 하나에 해당하는 규정에 따른 세액공제를 적용받고, 해당 호의 규정에 따른 세액공제 대상 과세연도에 2025. 2. 28. 이후 개시하는 과세연도가 포함되

제2조【중소기업의 범위】① 「조세특례제한법 시행령」(이하 "영"이라 한다) 제2조 제1항 각 호 외의 부분 본문에서 "기획재정부령으로 정하는 사업"이란 자기가 제품을 직접 제조하지 아니하고 제조업체(사업장이 국내 또는 「개성공업지구 지원에 관한 법률」 제2조 제1호에 따른 개성공업지구에 소재하는 업체에 한한다)에 의뢰하여 제조하는 사업으로서 그 사업이 다음 각 호의 요건을 충족하는 경우를 말한다. (2009. 4. 7. 개정)

1. 생산할 제품을 직접 기획(고안·디자인 및 견본 제작 등을 말한다)할 것 (2003. 3. 24. 신설)
2. 해당 제품을 자기명의로 제조할 것 (2012. 2. 28. 개정)

제2조【중소기업의 범위】① 삭 제 (2017. 3. 17.)

②~③ 삭 제 (2015. 3. 13.)

기업(이하 이 조에서 "창업중소기업"이라 한다)과 「중소기업창업 지원법」 제53조 제1항에 따라 창업보육센터사업자로 지정받은 내국인(이하 이 조에서 "창업보육센터사업자"라 한다)에 대해서는 해당 사업에서 최초로 소득이 발생한 과세연도(사업 개시일부터 5년이 되는 날이 속하는 과세연도까지 해당 사업에서 소득이 발생하지 아니하는 경우에는 5년이 되는 날이 속하는 과세연도를 말한다. 이하 제6항에서 같다)와 그 다음 과세연도의 개시일부터 4년 이내에 끝나는 과세연도까지 해당 사업에서 발생한 소득에 대한 소득세 또는 법인세에 다음 각 호의 구분에 따른 비율을 곱한 금액에 상당하는 세액을 감면한다. (2024. 12. 31. 개정)

• 예 판
조특령 2조에 따른 중소기업에 해당하는지를 판단하기 위해 해당 기업의 최다 출자자인 외국법인의 자산총액이 5천억원 이상인지 여부를 판단할 때에는 해당 과세연도 종료일 현재 재무상태표상 외화로 표시된 자산총액을 해당 과세연도 종료일 현재의 매매기준율 등으로 환산하여 계산하는 것임. (재조특 – 584, 2019. 9. 3.)

는 경우의 중소기업 및 중견기업의 범위에 관하여는 영 2조 1항의 개정 규정에도 불구하고 종전의 규정에 따름. (영 부칙(2025. 2. 28.) 2조 2항)
1. 법 29조의 7 제1항에 따른 고용을 증대시킨 기업에 대한 세액공제
2. 법 29조의 8 제1항에 따른 통합고용세액공제
3. 법 30조의 4 제1항에 따른 사회보험료 세액공제

1. 매출액이 업종별로 「중소기업기본법 시행령」 별표 1에 따른 규모기준("평균매출액등"은 "매출액"으로 보며, 이하 이 조에서 "중소기업기준"이라 한다) 이내일 것 (2015. 2. 3. 개정)
2. 삭　제 (2000. 12. 29.)

통칙 6-2…1 【중소기업 판정기준】 (2024. 3. 15. 번호개정)
법인 또는 거주자가 2 이상의 서로 다른 사업을 영위하는 경우 주된 사업을 기준으로 중소기업 해당 여부를 판정함에 있어서 영 제2조 제1항 각 호의 요건은 해당 법인 또는 거주자가 영위하는 사업 전체의 매출액을 기준으로 하여 판정한다. (2024. 3. 15. 개정)

3. 「독점규제 및 공정거래에 관한 법률」 제31조 제1항에 따른 공시대상기업집단에 속하는 회사 또는 같은 법 제33조에 따라 공시대상기업집단의 국내 계열회사로 편입·통지된 것으로 보는 회사에 해당하지 않으며, 실질적인 독립성이 「중소기업기본법 시행령」 제3조 제1항 제2호에 적합할 것. 이 경우 「중소기업기본법 시행령」 제3조 제1항 제2호 나목의 주식등의 간접소유 비율을 계산할 때 「자본시장과 금융투자업에 관한 법률」에 따른 집합투자기구를 통하여 간접소유한 경우는 제외하며, 「중소기업기본법 시행령」 제3조 제1항 제2호 다목을 적용할 때 "평균매출액등이 별표 1의 기준에 맞지 않는 기업"은 "매출액이 「조세특례제한법 시행령」 제2조 제1항 제1호에 따른 중소기업기준에 맞지 않는 기업"으로 본다. (2022. 2. 15. 개정)
4. 제29조 제3항에 따른 소비성서비스업을 주된 사업으로 영위하지 아니할 것 (2017. 2. 7. 신설)
4. 부동산 임대업 또는 제29조 제3항에 따른 소비성서비스업을 주된 사업으로 영위하지 아니할 것 (2025. 2. 28. 개정)
5. 「법인세법 시행령」 제42조 제2항 각 호의 요건을 모두 갖춘 내국법

---

④ 「조세특례제한법 시행령」(이하 "영"이라 한다) 제2조 제1항 제1호에 따른 매출액은 과세연도 종료일 현재 기업회계기준에 따라 작성한 해당 과세연도 손익계산서상의 매출액으로 한다. 다만, 창업·분할·합병의 경우 그 등기일의 다음날(창업의 경우에는 창업일)이 속하는 과세연도의 매출액을 연간 매출액으로 환산한 금액을 말한다. (2020. 3. 13. 개정)

• 예 판
제조 및 도소매를 영위하는 법인이 과세연도 중에 도소매 사업부분을 분할하여 분할신설법인을 설립한 경우, 분할법인의 중소기업 해당 여부를 판단함에 있어 조세특례제한법 시행령 제2조 제1항 제1호에 따른 매출액은 같은 법 시행규칙 제2조 제4항 단서가 적용되지 않고 해당 과세연도의 전체 매출액으로 하는 것임. (기준 – 2019 – 법령해석법인 – 0527, 2019. 9. 4.)

---

⑤ 영 제2조 제1항 각 호 외의 부분 단서에 따른 자산총액은 과세연도 종료일 현재 기업회계기준에 따라 작성한 재무상태표상의 자산총액으로 한다. (2015. 3. 13. 개정)
⑥ 영 제2조 제1항 제1호에 따른 자본금은 다음 각 호의 금액으로 한다. (2012. 2. 28. 개정)
1. 「자본시장과 금융투자업에 관한 법률」 제9조

인이 아닐 것 (2025. 2. 28. 신설)

② 제1항의 규정을 적용함에 있어서 중소기업이 그 규모의 확대 등으로 같은 항 각 호 외의 부분 단서에 해당되거나 같은 항 제1호 또는 제3호(「중소기업기본법 시행령」 제3조 제1항 제2호 다목의 규정으로 한정한다)의 요건을 갖추지 못하게 되어 중소기업에 해당하지 아니하게 된 때에는 최초로 그 사유가 발생한 날이 속하는 과세연도와 그 다음 5개 과세연도(최초로 그 사유가 발생한 날이 속하는 과세연도의 종료일부터 5년이 되는 날이 속하는 과세연도의 종료일 현재 해당 기업이 「자본시장과 금융투자업에 관한 법률」에 따른 유가증권시장 또는 코스닥시장에 상장되어 있는 경우에는 7개 과세연도)까지는 이를 중소기업으로 보고, 해당 기간(이하 이 조에서 "유예기간"이라 한다)이 경과한 후에는 과세연도별로 제1항의 규정에 따라 중소기업 해당여부를 판정한다. 다만, 중소기업이 다음 각 호의 어느 하나의 사유로 중소기업에 해당하지 아니하게 된 경우에는 유예기간을 적용하지 아니하고, 유예기간 중에 있는 기업에 대해서는 해당 사유가 발생한 날(제2호에 따른 유예기간 중에 있는 기업이 중소기업과 합병하는 경우에는 합병일로 한다)이 속하는 과세연도부터 유예기간을 적용하지 아니한다. (2024. 11. 12. 개정)

1. 「중소기업기본법」의 규정에 의한 중소기업 외의 기업과 합병하는 경우 (2005. 2. 19. 개정)
2. 유예기간 중에 있는 기업과 합병하는 경우 (2010. 12. 30. 개정)
3. 제1항 제3호(「중소기업기본법 시행령」 제3조 제1항 제2호 다목의 규정은 제외한다)의 요건을 갖추지 못하게 되는 경우 (2015. 2. 3.

---

2. 제1호 외의 기업인 경우에는 재무상태표상의 자본금과 재무상태표상의 자산에서 부채를 차감한 금액 중 큰 금액 (2013. 2. 23. 개정)

⑥ 삭 제 (2015. 3. 13.)

⑦ 영 제2조 제4항에 따른 발행주식의 간접소유비율의 계산에 관하여는 「국제조세조정에 관한 법률 시행령」 제2조 제3항을 준용한다. (2021. 3. 16. 개정)

☞

개정취지

중소기업 유예기간 연장

- 중소기업이 그 규모의 확대 등으로 중소기업에 해당하지 않게 된 경우 해당 기업을 중소기업으로 보는 유예기간을 최초로 그 사유가 발생한 날이 속하는 과세연도와 그 다음 '3개 과세연도까지'에서 '5개 과세연도까지'로 연장하고, 최초로 그 사유가 발생한 날이 속하는 과세연도의 종료일부터 5년이 되는 날이 속하는 과세연도의 종료일 현재 해당 기업이 유가증권시장 또는 코스닥시장에 상장되어 있는 경우에는 '7개 과세연도까지'로 연장함. (영 2조 2항 개정 ; 2024. 11. 12.)
- 영 2조 2항의 개정규정은 2024. 11. 12.이 속하는 과세연도에 최초로 중소기업에 해당하지 않게 된 사유가 발생하는 경우부터 적용함. (영 부칙(2024. 11. 12.) 2조)

☞

통칙 6-2…2 【중소기업 유예기간의 적용범위】 (2024. 3. 15. 번호개정)

영 제2조 제2항 제1호 또는 제2호에 따라 중소기업 외의 기업 또는 유예기간 중에 있는 기업과 합병하는 경우에는 합병일이 속하는 과세연도부터 이를 중소기업으로 보지 아니한다. (2019. 12. 23. 개정)

1. 창업중소기업의 경우 : 다음 각 목의 구분에 따른 비율 (2018. 5. 29. 신설)
　가. 수도권과밀억제권역 외의 지역에서 창업한 대통령령으로 정하는 청년창업중소기업(이하 "청년창업중소기업"이라 한다)의 경우 : 100분의 100 (2018. 5. 29. 신설)
　나. 수도권과밀억제권역에서 창업한 청년창업중소기업 및 수도권과밀억제권역 외의 지역에서 창업한 창업중소기업의 경우 : 100분의 50 (2018. 5. 29. 신설)
　가. 2025년 12월 31일 이전에 창업한 경우 (2024. 12. 31. 개정)
　　1) 수도권과밀억제권역 외의 지역에서 창업한 대통령령으로 정하는 청년창업중소기업(이하 "청년창업중소기업"이라 한다)의 경우 : 100분의 100 (2024. 12. 31. 개정)
　　2) 수도권과밀억제권역에서 창업한 청년창업중소기업과 수도권과밀억제권역 외의 지역에서 창업한 창업중소기업의 경우 : 100분의 50 (2024. 12. 31. 개정)
　나. 2026년 1월 1일 이후에 창업한 경우 (2024. 12. 31. 개정)
　　1) 수도권 외의 지역 또는 수도권의 인구감소지역에서 창업한 청년창업중소기업의 경우 : 100분의 100 (2024. 12. 31. 개정)
　　2) 수도권(수도권과밀억제권역과 인구감소지역은 제외한다)에서 창업한 청년창업중소기업의 경우 : 100분의 75 (2024. 12. 31. 개정)
　　3) 수도권과밀억제권역에서 창업한 청년창업중소기업과 수도권 외의 지역 또는 수도권의 인구감소지역에서 창업한 창업중

개정)
4. 창업일이 속하는 과세연도 종료일부터 2년 이내의 과세연도 종료일 현재 중소기업기준을 초과하는 경우 (2006. 2. 9. 개정)
③ 제1항의 규정을 적용함에 있어서 2 이상의 서로 다른 사업을 영위하는 경우에는 사업별 사업수입금액이 큰 사업을 주된 사업으로 본다. (2000. 12. 29. 개정)
④ 제1항 각 호 외의 부분 단서 및 같은 항 제1호 및 제3호 후단에 따른 매출액, 자산총액 및 발행주식의 간접소유비율의 계산과 「중소기업기본법 시행령」 제3조 제1항 제2호 나목에 따른 외국법인의 자산총액의 계산 및 같은 호 다목에 따른 관계기업에 속하는 기업인지의 판단에 관하여 필요한 사항은 기획재정부령으로 정한다. (2024. 2. 29. 개정)
⑤ 제1항을 적용할 때 기업이 「중소기업기본법 시행령」 제3조 제1항 제2호, 별표 1 및 별표 2의 개정으로 새로이 중소기업에 해당하게 되는 때에는 그 사유가 발생한 날이 속하는 과세연도부터 중소기업으로 보고, 중소기업에 해당하지 아니하게 되는 때에는 그 사유가 발생한 날이 속하는 과세연도와 그 다음 3개 과세연도까지 중소기업으로 본다. (2012. 2. 2. 개정)

　제5조【창업중소기업 등에 대한 세액감면】① 법 제6조 제1항 제1호 가목 1)에서 "대통령령으로 정하는 청년창업중소기업"이란 대표자「소득세법」 제43조 제1항에 따른 공동사업장의 경우에는 같은 조 제2항에 따른 손익분배비율이 가장 큰 사업자(손익분배비율이 가장 큰 사업자가 둘 이상인 경우에는 그 모두를 말한다. 이하 이 조에서 같다)를 말한다. 이하 이 조에서 같다]가 다음 각 호의 구분에 따른 요건을 충족하는 기업(이하 이 조에서 "청년창업중소기업"이라 한다)을 말한다. (2025. 2. 28. 개정)
1. 개인사업자로 창업하는 경우 : 창업 당시 15세 이상 34세 이하인 사람. 다만, 제27조 제1항 제1호 각 목의 어느 하나에 해당하는 병역을 이행한 경우에는 그 기간(6년을 한도로 한다)을 창업 당시 연령에서 빼고 계산한 연령이 34세 이하인 사람을 포함한다. (2018. 8. 28. 개정)
2. 법인으로 창업하는 경우 : 다음 각 목의 요건을 모두 갖춘 사람

⑧ 영 제2조 제4항에 따른 「중소기업기본법 시행령」 제3조 제1항 제2호 다목에 따른 관계기업에 속하는 기업인지의 판단은 과세연도 종료일 현재를 기준으로 한다. (2014. 3. 14. 신설)
⑨ 영 제2조 제4항에 따른 「중소기업기본법 시행령」 제3조 제1항 제2호 나목에 따른 외국법인의 자산총액은 해당 과세연도 종료일 현재 기업회계기준에 따라 작성한 재무상태표상 외화로 표시된 자산총액을 해당 과세연도 종료일 현재의 매매기준율(기획재정부장관이 정하여 고시하는 외국환 거래에 관한 규정에 따른 매매기준율을 말한다)로 환산한 금액으로 한다. (2024. 3. 22. 신설)

● 예 판 ·····························

• 창업벤처중소기업에 대한 세액감면을 적용받아 온 창업벤처중소기업이 벤처기업확인서의 유효기간이 만료되어 벤처기업에 해당하지 아니하게 된 경우에는 그 사유가 발생한 날이 속하는 사업연도부터 해당 세액감면을 적용받을 수 없는 것이나, 잔존감면기간 중에 벤처기업확인서를 재발급 받은 경우에는 그 사유가 발생한 날이 속하는 사업연도부터 잔존감면기간동안 해당 세액감

소기업의 경우 : 100분의 50 (2024. 12. 31. 개정)
    4) 수도권(수도권과밀억제권역과 인구감소지역은 제외한다)에
      서 창업한 창업중소기업의 경우 : 100분의 25 (2024. 12. 31.
      개정)
2. 창업보육센터사업자의 경우 : 100분의 50 (2018. 5. 29. 신설)

[통칙] 6-0…1 【창업중소기업의 범위】
① 법 제6조 제1항에 따른 창업중소기업은 같은 조 제3항 각 호에 따른 업종으로
창업하는 자에 한하여 적용한다. (2019. 12. 23. 개정)
② 법 제6조 제1항에서 창업 당시 수도권 과밀억제권역 외의 지역이었으나 그 후
행정구역의 변경으로 인하여 수도권과밀억제권역으로 변경된 경우에는 계속하여
창업중소기업으로 본다. (2019. 12. 23. 개정)
③ 법 제6조 제1항의 창업중소기업이 영 제2조 제1항 제3호에 의한 실질적인 독
립성 기준에 부적합하게 된 경우에는 그 사유가 발생한 날이 속하는 과세연도부터
세액감면을 적용받을 수 없는 것이나, 잔존감면 기간 중에 실질적인 독립성 기준
에 적합하게 된 경우에는 그 사유가 발생한 날이 속하는 과세연도부터 잔존 감면
기간 동안 세액감면을 적용받을 수 있다. 이 경우, 잔존 감면기간은 해당 사업에서
최초로 소득이 발생한 날이 속하는 과세연도부터 기산하여 계산한다. (2024. 3.
15. 개정)
④ 삭　제 (2019. 12. 23.)

6-0…2 【감면대상소득의 범위】
법 제6조 제1항 및 제2항·제7조 제1항·제63조 제1항·제64조 제1항·제66조
제1항·제67조 제1항·제68조 제1항에 따라 감면대상 소득계산시 이자수익·유
가증권처분이익·유가증권처분손실 등은 포함하지 아니한다. (2019. 12. 23. 개정)

6-0…3 【창업중소기업의 합병시 세액감면 승계】
창업중소기업에 대한 세액감면을 적용받고 있는 법인이 감면기간이 경과되기 전
에 합병으로 소멸하는 경우 합병으로 존속하는 법인이 중소기업에 해당하는 때(영
제2조 제2항에 따른 유예기간을 포함한다)에는 소멸한 창업중소기업에서 발생하
는 소득에 한하여 잔존기간에 대한 세액감면을 승계하여 적용받을 수 있다. (2019.
12. 23. 개정)

② 「벤처기업육성에 관한 특별법」 제2조 제1항에 따른 벤처기업(이하 "벤처기업"이라
한다) 중 대통령령으로 정하는 기업으로서 창업 후 3년 이내에 같은 법 제25조에 따라
2024년 12월 31일까지 벤처기업으로 확인받은 기업(이하 "창업벤처중소기업"이라 한다)
의 경우에는 그 확인받은 날 이후 최초로 소득이 발생한 과세연도(벤처기업으로 확인받
은 날부터 5년이 되는 날이 속하는 과세연도까지 해당 사업에서 소득이 발생하지 아니하

(2017. 2. 7. 신설)
　가. 제1호의 요건을 갖출 것 (2017. 2. 7. 신설)
　나. 「법인세법 시행령」 제43조 제7항에 따른 지배주주등으로서 해
　　당 법인의 최대주주 또는 최대출자자일 것 (2017. 2. 7. 신설)

② 법 제6조 제1항 제1호 가목을 적용할 때 수도권과밀억제권역 외의 지역에서 창업한
청년창업중소기업의 대표자가 감면기간 중 제1항 제2호 나목의 요건을 충족하지 못하
게 되거나 개인사업자로서 손익분배비율이 가장 큰 사업자가 아니게 된 경우에는 법
제6조 제1항 제1호 가목에 따른 감면을 적용하지 아니하고, 해당 사유가 발생한 날이
속하는 과세연도부터 남은 감면기간 동안 법 제6조 제1항 제1호 나목에 따른 감면을
적용한다. (2019. 2. 12. 개정)

② 법 제6조 제1항 제1호를 적용할 때 청년창업중소기업의 대표자가
감면기간 중 제1항 제2호 나목의 요건을 충족하지 못하게 되거나 개인
사업자로서 손익분배비율이 가장 큰 사업자가 아니게 된 경우에는 해
당 사유가 발생한 날이 속하는 과세연도부터 남은 감면기간 동안 해당
사업에서 발생한 소득에 대한 소득세 또는 법인세에 다음 각 호의 구분
에 따른 비율을 곱한 금액에 상당하는 세액을 감면한다. (2025. 2. 28.
개정)
1. 2025년 12월 31일 이전에 창업한 경우 (2025. 2. 28. 개정)
　가. 수도권과밀억제권역 외의 지역에서 창업한 경우 : 100분의 50
　　(2025. 2. 28. 개정)
　나. 수도권과밀억제권역에서 창업한 경우 : 0 (2025. 2. 28. 개정)
2. 2026년 1월 1일 이후에 창업한 경우 (2025. 2. 28. 개정)
　가. 수도권 외의 지역 또는 수도권의 인구감소지역에서 창업한 경우
　　: 100분의 50 (2025. 2. 28. 개정)
　나. 수도권(수도권과밀억제권역과 인구감소지역은 제외한다)에서
　　창업한 경우 : 100분의 25 (2025. 2. 28. 개정)
　다. 수도권과밀억제권역에서 창업한 경우 : 0 (2025. 2. 28. 개정)

③ 법 제6조 제1항 제1호 나목을 적용할 때 수도권과밀억제권역에서 창업한 청년창
업중소기업의 대표자가 감면기간 중 제1항 제2호 나목의 요건을 충족하지 못하게
되거나 개인사업자로서 손익분배비율이 가장 큰 사업자가 아니게 된 경우에는 해당
사유가 발생한 날이 속하는 과세연도부터 남은 감면기간 동안 법 제6조 제1항에 따
른 감면을 적용하지 아니한다. (2019. 2. 12. 개정)

③ 삭　제 (2025. 2. 28.)

면을 적용받을 수 있는 것임. (법규법인
2011-434, 2011. 10. 31.)
• 벤처기업 유효기간이 만료된 이후에 갱신
신청하여 재인증을 받은 경우 벤처기업확
인이 취소되지 않는 한 유효기간 만료 시
점부터 재인증시점까지의 기간도 창업벤
처기업에 대한 세액감면이 적용됨. (조심
2008서4180, 2009. 6. 23.)
• 창업중소기업에 대한 세액감면을 적용받
던 중소기업이 수도권과밀억제권역에 지
점을 설치한 후 동일 사업연도 내에 해당
지점을 폐쇄한 경우에는 같은 규정에 의한
세액감면을 적용받을 수 있는 것임. (서면
-2018-법령해석법인-3607, 2019. 2.
15.)

는 경우에는 5년이 되는 날이 속하는 과세연도)와 그 다음 과세연도의 개시일부터 4년 이내에 끝나는 과세연도까지 해당 사업에서 발생한 소득에 대한 소득세 또는 법인세의 100분의 50에 상당하는 세액을 감면한다. 다만, 제1항을 적용받는 경우는 제외하며, 감면기간 중 다음 각 호의 사유가 있는 경우에는 다음 각 호의 구분에 따른 날이 속하는 과세연도부터 감면을 적용하지 아니한다. (2024. 1. 9. 개정 ; 벤처기업~부칙)

② 「벤처기업육성에 관한 특별조치법」 제2조 제1항에 따른 벤처기업(이하 "벤처기업"이라 한다) 중 대통령령으로 정하는 기업으로서 창업 후 3년 이내에 같은 법 제25조에 따라 2027년 12월 31일까지 벤처기업으로 확인받은 기업(이하 "창업벤처중소기업"이라 한다)의 경우에는 그 확인받은 날 이후 최초로 소득이 발생한 과세연도(벤처기업으로 확인받은 날부터 5년이 되는 날이 속하는 과세연도까지 해당 사업에서 소득이 발생하지 아니하는 경우에는 5년이 되는 날이 속하는 과세연도)와 그 다음 과세연도의 개시일부터 4년 이내에 끝나는 과세연도까지 해당 사업에서 발생한 소득에 대한 소득세 또는 법인세의 100분의 50에 상당하는 세액을 감면한다. 다만, 제1항을 적용받는 경우는 제외하며, 감면기간 중 다음 각 호의 사유가 있는 경우에는 다음 각 호의 구분에 따른 날이 속하는 과세연도부터 감면을 적용하지 아니한다. (2024. 12. 31. 개정)

1. 벤처기업의 확인이 취소된 경우 : 취소일 (2016. 12. 20. 신설)
2. 「벤처기업육성에 관한 특별법」 제25조 제2항에 따른 벤처기업확인서의 유효기간이 만료된 경우(해당 과세연도 종료일 현재 벤처기업으로 재확인받은 경우는 제외한다) : 유효기간 만료일 (2024. 1. 9. 개정 ; 벤처기업~부칙)

③ 창업중소기업과 창업벤처중소기업의 범위는 다음 각 호의 업종을 경영하는 중소기업으로 한다. (2019. 12. 31. 개정)
1. 광업 (2019. 12. 31. 개정)
2. 제조업(제조업과 유사한 사업으로서 대통령령으로 정하는 사업을 포함한다. 이하 같다) (2019. 12. 31. 개정)
3. 수도, 하수 및 폐기물 처리, 원료 재생업 (2019. 12. 31. 개정)
4. 건설업 (2019. 12. 31. 개정)
5. 통신판매업 (2019. 12. 31. 개정)
6. 대통령령으로 정하는 물류산업(이하 "물류산업"이라 한다) (2019.

④ 법 제6조 제2항에서 "대통령령으로 정하는 기업"이란 다음 각 호의 1에 해당하는 기업을 말한다. (2010. 2. 18. 개정)
1. 「벤처기업육성에 관한 특별법」 제2조의 2의 요건을 갖춘 중소기업(같은 조 제1항 제2호 나목에 해당하는 중소기업을 제외한다) (2024. 7. 2. 개정 ; 벤처기업~부칙)
2. 연구개발 및 인력개발을 위한 비용으로서 별표 6의 비용(이하 이 조에서 "연구개발비"라 한다)이 당해 과세연도의 수입금액의 100분의 5 이상인 중소기업 (2012. 2. 2. 개정)

⑤ 제4항 제2호의 규정은 「벤처기업육성에 관한 특별법」 제25조의 규정에 의한 벤처기업 해당여부의 확인을 받은 날이 속하는 과세연도부터 연구개발비가 동호의 규정에 의한 비율을 계속 유지하는 경우에 한하여 적용한다. (2024. 7. 2. 개정 ; 벤처기업~부칙)

⑥ 법 제6조 제3항 제2호에서 "대통령령으로 정하는 사업"이란 자기가 제품을 직접 제조하지 아니하고 제조업체에 의뢰하여 제품을 제조하는 사업으로서 기획재정부령으로 정하는 사업을 말한다. (2017. 2. 7. 신설)

⑦ 법 제6조 제3항 제6호에서 "대통령령으로 정하는 물류산업"이란 다

제4조의 2 【제조업의 범위】 영 제5조 제6항에서 "기획재정부령으로 정하는 사업"이란 자기가 제품을 직접 제조하지 아니하고 제조업체(사업장이 국내 또는 「개성공업지구 지원에 관한 법률」 제2조 제1호에 따른 개성공업지구에 소재하는 업

12. 31. 개정)
7. 음식점업 (2019. 12. 31. 개정)
8. 정보통신업. 다만, 다음 각 목의 어느 하나에 해당하는 업종은 제외한다. (2019. 12. 31. 개정)
   가. 비디오물 감상실 운영업 (2019. 12. 31. 개정)
   나. 뉴스제공업 (2019. 12. 31. 개정)
   다. 블록체인 기반 암호화자산 매매 및 중개업 (2019. 12. 31. 개정)
   다. 가상자산 매매 및 중개업 (2024. 12. 31. 개정)
9. 금융 및 보험업 중 대통령령으로 정하는 정보통신을 활용하여 금융서비스를 제공하는 업종 (2019. 12. 31. 개정)
10. 전문, 과학 및 기술 서비스업[대통령령으로 정하는 엔지니어링사업(이하 "엔지니어링사업"이라 한다)을 포함한다]. 다만, 다음 각 목의 어느 하나에 해당하는 업종은 제외한다. (2019. 12. 31. 개정)
    가. 변호사업 (2019. 12. 31. 개정)
    나. 변리사업 (2019. 12. 31. 개정)
    다. 법무사업 (2019. 12. 31. 개정)
    라. 공인회계사업 (2019. 12. 31. 개정)
    마. 세무사업 (2019. 12. 31. 개정)
    바. 수의업 (2019. 12. 31. 개정)
    사. 「행정사법」 제14조에 따라 설치된 사무소를 운영하는 사업 (2019. 12. 31. 개정)
    아. 「건축사법」 제23조에 따라 신고된 건축사사무소를 운영하는 사업 (2019. 12. 31. 개정)
11. 사업시설 관리, 사업 지원 및 임대 서비스업 중 다음 각 목의 어느 하나에 해당하는 업종 (2019. 12. 31. 개정)
    가. 사업시설 관리 및 조경 서비스업 (2019. 12. 31. 개정)
    나. 사업 지원 서비스업(고용 알선업 및 인력 공급업은 농업노동자 공급업을 포함한다) (2019. 12. 31. 개정)
12. 사회복지 서비스업 (2019. 12. 31. 개정)
13. 예술, 스포츠 및 여가관련 서비스업. 다만, 다음 각 목의 어느 하나에 해당하는 업종은 제외한다. (2019. 12. 31. 개정)
    가. 자영예술가 (2019. 12. 31. 개정)

음 각 호의 어느 하나에 해당하는 업종(이하 "물류산업" 이라 한다)을 말한다. (2020. 2. 11. 개정)
1. 육상·수상·항공 운송업 (2020. 2. 11. 개정)
2. 화물 취급업 (2020. 2. 11. 개정)
3. 보관 및 창고업 (2020. 2. 11. 개정)
4. 육상·수상·항공 운송지원 서비스업 (2020. 2. 11. 개정)
5. 화물운송 중개·대리 및 관련 서비스업 (2020. 2. 11. 개정)
6. 화물포장·검수 및 계량 서비스업 (2020. 2. 11. 개정)
7. 「선박의 입항 및 출항 등에 관한 법률」에 따른 예선업 (2020. 2. 11. 개정)
8. 「도선법」에 따른 도선업 (2020. 2. 11. 개정)
9. 기타 산업용 기계·장비 임대업 중 파렛트 임대업 (2020. 2. 11. 개정)
⑧ 법 제6조 제3항 제9호에서 "대통령령으로 정하는 정보통신을 활용하여 금융서비스를 제공하는 업종"이란 다음 각 호의 어느 하나에 해당하는 업무를 업으로 영위하는 업종을 말한다. (2020. 2. 11. 신설)
1. 「전자금융거래법」 제2조 제1호에 따른 전자금융업무 (2020. 2. 11. 신설)
2. 「자본시장과 금융투자업에 관한 법률」 제9조 제27항에 따른 온라인소액투자중개 (2020. 2. 11. 신설)
3. 「외국환거래법 시행령」 제15조의 2 제1항에 따른 소액해외송금업무 (2020. 2. 11. 신설)
⑨ 법 제6조 제3항 제10호 각 목 외의 부분에서 "대통령령으로 정하는 엔지니어링사업"이란 「엔지니어링산업 진흥법」에 따른 엔지니어링활동(「기술사법」의 적용을 받는 기술사의 엔지니어링활동을 포함한다. 이하 같다)을 제공하는 사업(이하 "엔지니어링사업"이라 한다)을 말한다. (2020. 2. 11. 개정)

체에 한정한다)에 의뢰하여 제조하는 사업으로서 그 사업이 다음 각 호의 요건을 충족하는 경우를 말한다. (2017. 3. 17. 신설)
1. 생산할 제품을 직접 기획(고안·디자인 및 견본제작 등을 말한다)할 것 (2017. 3. 17. 신설)
2. 해당 제품을 자기명의로 제조할 것 (2017. 3. 17. 신설)
3. 해당 제품을 인수하여 자기책임하에 직접 판매할 것 (2017. 3. 17. 신설)

나. 오락장 운영업 (2019. 12. 31. 개정)

다. 수상오락 서비스업 (2019. 12. 31. 개정)

라. 사행시설 관리 및 운영업 (2019. 12. 31. 개정)

마. 그 외 기타 오락관련 서비스업 (2019. 12. 31. 개정)

14. 협회 및 단체, 수리 및 기타 개인 서비스업 중 다음 각 목의 어느 하나에 해당하는 업종 (2019. 12. 31. 개정)

가. 개인 및 소비용품 수리업 (2019. 12. 31. 개정)

나. 이용 및 미용업 (2019. 12. 31. 개정)

15. 「학원의 설립·운영 및 과외교습에 관한 법률」에 따른 직업기술 분야를 교습하는 학원을 운영하는 사업 또는 「국민 평생 직업능력 개발법」에 따른 직업능력개발훈련시설을 운영하는 사업(직업능력개발훈련을 주된 사업으로 하는 경우로 한정한다) (2021. 8. 17. 개정 ; 근로자직업능력~부칙)

16. 「관광진흥법」에 따른 관광숙박업, 국제회의업, 테마파크업 및 대통령령으로 정하는 관광객 이용시설업 (2024. 2. 27. 개정 ; 관광진흥법 부칙)

17. 「노인복지법」에 따른 노인복지시설을 운영하는 사업 (2019. 12. 31. 개정)

18. 「전시산업발전법」에 따른 전시산업 (2019. 12. 31. 개정)

④ 창업일이 속하는 과세연도와 그 다음 3개 과세연도가 지나지 아니한 중소기업으로서 2024년 12월 31일까지 대통령령으로 정하는 에너지신기술중소기업(이하 "에너지신기술중소기업"이라 한다)에 해당하는 경우에는 그 해당하는 날 이후 최초로 해당 사업에서 소득이 발생한 과세연도(에너지신기술중소기업에 해당하는 날부터 5년이 되는 날이 속하는 과세연도까지 해당 사업에서 소득이 발생하지 아니하는 경우에는 5년이 되는 날이 속하는 과세연도)와 그 다음 과세연도의 개시일부터 4년 이내에 끝나는 과세연도까지 해당 사업에서 발생한 소득에 대한 소득세 또는 법인세의 100분의 50에 상당하는 세액을 감면한다. 다만, 제1항 및 제2항을 적용받는 경우는 제외하며, 감면기간 중 에너지신기술중소기업에 해당하지 않게 되는 경우에는 그 날이 속하는 과세연도부터 감면하지 아니한다. (2021. 12. 28. 개정)

④ 창업일이 속하는 과세연도와 그 다음 3개 과세연도가 지나지 아니한 중소기업으로서 2027년 12월 31일까지 대통령령으로 정하는 에너지신기술중소기업(이하 "에너지신기술중소기업"이라 한다)에 해당하는 경우에는 그 해당하는 날 이후 최초로 해당 사업에서 소득이 발생한

⑩ 법 제6조 제3항 제16호에서 "대통령령으로 정하는 관광객이용시설업"이란 「관광진흥법 시행령」 제2조에 따른 전문휴양업, 종합휴양업, 자동차야영장업, 관광유람선업과 관광공연장업을 말한다. (2020. 2. 11. 개정)

⑪ 법 제6조 제4항에서 "대통령령으로 정하는 에너지신기술중소기업"이란 다음 각 호의 제품(이하 이 조에서 "고효율제품등"이라 한다)을 제조하는 중소기업을 말한다. (2020. 2. 11. 항번개정)

1. 「에너지이용 합리화법」 제15조에 따른 에너지소비효율 1등급 제품

• 내국법인이 종전사업자의 이전으로 미사용 중인 사업장을 임차하고 기계장치 등 사업용

과세연도(에너지신기술중소기업에 해당하는 날부터 5년이 되는 날이 속하는 과세연도까지 해당 사업에서 소득이 발생하지 아니하는 경우에는 5년이 되는 날이 속하는 과세연도)와 그 다음 과세연도의 개시일부터 4년 이내에 끝나는 과세연도까지 해당 사업에서 발생한 소득에 대한 소득세 또는 법인세의 100분의 50에 상당하는 세액을 감면한다. 다만, 제1항 및 제2항을 적용받는 경우는 제외하며, 감면기간 중 에너지신기술중소기업에 해당하지 않게 되는 경우에는 그 날이 속하는 과세연도부터 감면하지 아니한다. (2024. 12. 31. 개정)

⑤ 제1항, 제2항 및 제4항에도 불구하고 2024년 12월 31일 이전에 수도권과밀억제권역 외의 지역에서 창업한 창업중소기업(청년창업중소기업은 제외한다), 2024년 12월 31일까지 벤처기업으로 확인받은 창업벤처중소기업 및 2024년 12월 31일까지 에너지신기술중소기업에 해당하는 경우로서 대통령령으로 정하는 신성장 서비스업을 영위하는 기업의 경우에는 최초로 세액을 감면받는 과세연도와 그 다음 과세연도의 개시일부터 2년 이내에 끝나는 과세연도에는 소득세 또는 법인세의 100분의 75에 상당하는 세액을 감면하고, 그 다음 2년 이내에 끝나는 과세연도에는 소득세 또는 법인세의 100분의 50에 상당하는 세액을 감면한다. (2021. 12. 28. 개정)

⑥ 제1항 및 제5항에도 불구하고 <u>2024년 12월 31일</u> 이전에 창업한 창업중소기업(청년창업중소기업은 제외한다. 이하 이 항에서 같다)에 대해서는 최초로 소득이 발생한 과세연도와 그 다음 과세연도의 개시일부터 4년 이내에 끝나는 과세연도까지의 기간에 속하는 과세연도의 수입금액(과세기간이 1년 미만인 과세연도의 수입금액은 1년으로 환산한 총수입금액을 말한다)이 8천만원 이하인 경우 그 과세연도에 대한 소득세 또는 법인세에 다음 각 호의 구분에 따른 비율을 곱한 금액에 상당하는 세액을 감면한다. 다만, 제2항 또는 제4항을 적용받는 경우는 제외한다. (2021. 12. 28. 개정)

⑥ 제1항 및 제5항에도 불구하고 <u>2027년 12월 31일</u> 이전에 창업한 창업중소기업(청년창업중소기업은 제외한다. 이하 이 항에서 같다)에 대해서는 최초로 소득이 발생한 과세연도와 그 다음 과세연도의 개시일부터 4년 이내에 끝나는 과세연도까지의 기간에 속하는 과세연도의 수입금액(과세기간이 1년 미만인 과세연도의 수입금액은 1년으로 환산한 총수입금액을 말한다)이 8천만원 이하인 경우 그 과세연도에 대한 소득세 또는 법인세에 다음 각 호의 구분에 따른 비율을 곱한 금액에 상당하는 세액을 감면한다. 다만, 제2항 또는 제4항을 적용받는 경우는

및 같은 법 제22조에 따라 고효율에너지 기자재로 인증받은 제품 (2010. 2. 18. 신설)
2. 「신에너지 및 재생에너지 개발·이용·보급 촉진법」 제13조에 따라 신·재생에너지설비로 인증받은 제품 (2010. 2. 18. 신설)

⑫ 법 제6조 제5항에서 "대통령령으로 정하는 신성장 서비스업을 영위하는 기업"이란 다음 각 호의 어느 하나에 해당하는 사업(이하 이 조에서 "신성장서비스업종"이라 한다)을 주된 사업으로 영위하는 중소기업을 말한다. 이 경우 둘 이상의 서로 다른 사업을 영위하는 경우에는 사업별 사업수입금액이 큰 사업을 주된 사업으로 본다. (2020. 2. 11. 항번개정)
1. 컴퓨터 프로그래밍, 시스템 통합 및 관리업, 소프트웨어 개발 및 공급업, 정보서비스업(뉴스제공업은 제외한다) 또는 전기통신업 (2018. 2. 13. 신설)
2. 창작 및 예술관련 서비스업(자영예술가는 제외한다), 영화·비디오물 및 방송 프로그램 제작업, 오디오물 출판 및 원판 녹음업 또는 방송업 (2018. 2. 13. 신설)
3. 엔지니어링사업, 전문 디자인업, 보안 시스템 서비스업 또는 광고업 중 광고물 문안, 도안, 설계 등 작성업 (2018. 2. 13. 신설)
4. 서적, 잡지 및 기타 인쇄물 출판업, 연구개발업, 「학원의 설립·운영 및 과외교습에 관한 법률」에 따른 직업기술 분야를 교습하는 학원을 운영하는 사업 또는 「국민 평생 직업능력 개발법」에 따른 직업능력개발훈련시설을 운영하는 사업(직업능력개발훈련을 주된 사업으로 하는 경우로 한정한다) (2022. 2. 17. 개정 ; 근로자직업~부칙)
5. 제7항에 따른 물류산업 (2022. 2. 15. 개정)
6. 「관광진흥법」에 따른 관광숙박업, 국제회의업, 유원시설업 또는 제10항에 따른 관광객이용시설업 (2022. 2. 15. 개정)
7. 그 밖에 기획재정부령으로 정하는 신성장 서비스업 (2018. 2. 13. 신설)

자산을 새로이 취득하여 종전사업자가 영위하던 사업과 동종의 사업을 개시하는 경우에는 조세특례제한법 제6조에 따른 창업에 해당하는 것임. (법인 - 1041, 2011. 12. 28.)
• 주거용 건물을 신축하여 분양·판매하는 사업자가 그 사업을 폐업하고 주거용 건물 및 비주거용 건물을 건설하여 분양·판매하는 법인을 설립하는 경우에는 창업에 해당하지 아니하므로 세액감면을 받을 수 없는 것임. (사전 - 2018 - 법령해석소득 - 0717, 2018. 12. 10.)
....

제4조의 3 【창업중소기업 등에 대한 세액감면 적용 시 신성장 서비스업의 범

제외한다. (2024. 12. 31. 개정)
1. 수도권과밀억제권역 외의 지역에서 창업한 창업중소기업의 경우 : 100분의 100 (2018. 5. 29. 신설)
2. 수도권과밀억제권역에서 창업한 창업중소기업의 경우 : 100분의 50 (2018. 5. 29. 신설)
1. 2025년 12월 31일 이전에 창업한 경우 : 다음 각 목의 구분에 따른 비율 (2024. 12. 31. 개정)
　가. 수도권과밀억제권역 외의 지역에서 창업한 경우 : 100분의 100 (2024. 12. 31. 개정)
　나. 수도권과밀억제권역에서 창업한 경우 : 100분의 50 (2024. 12. 31. 개정)
2. 2026년 1월 1일 이후에 창업한 경우 : 다음 각 목의 구분에 따른 비율 (2024. 12. 31. 개정)
　가. 수도권 외의 지역 또는 수도권의 인구감소지역에서 창업한 경우 : 100분의 100 (2024. 12. 31. 개정)
　나. 수도권(수도권과밀억제권역과 인구감소지역은 제외한다)에서 창업한 경우 : 100분의 75 (2024. 12. 31. 개정)
　다. 수도권과밀억제권역에서 창업한 경우 : 100분의 50 (2024. 12. 31. 개정)
⑦ 제1항, 제2항 및 제4항부터 제6항까지의 규정에 따라 감면을 적용받는 업종별로 대통령령으로 정하는 상시근로자 수(이하 이 조에서 "업종별최소고용인원"이라 한다) 이상을 고용하는 수도권과밀억제권역 외의 지역에서 창업한 창업중소기업(청년창업중소기업은 제외한다), 창업보육센터사업자, 창업벤처중소기업 및 에너지신기술중소기업의 같은 항에 따른 감면기간 중 해당 과세연도의 상시근로자 수가 직전 과세연도의 상시근로자 수(직전 과세연도의 상시근로자 수가 업종별최소고용인원에 미달하는 경우에는 업종별최소고용인원을 말한다)보다 큰 경우에는 제1호의 세액에 제2호의 율을 곱하여 산출한 금액을 같은 항에 따른 감면세액에 더하여 감면한다. 다만, 제6항에 따라 100분의 100에 상당하는 세액을 감면받는 과세연도에는 이 항에 따른 감면을 적용하지 아니한다. (2019. 12. 31. 개정)
⑦ 제1항, 제2항 및 제4항부터 제6항까지의 규정에 따라 감면을 적용받는 업종별로 대통령령으로 정하는 상시근로자 수(이하 이 조에서 "업종별최소고용인원"이라 한다) 이상을 고용하는 창업중소기업, 창업보육센터사업자, 창업벤처중소기업 및 에너지신기술중소기업의 같은 항에 따른 감면기간 중 해당 과세연도의 상시근로자 수가 직전 과세연도의 상시근로자 수(직전 과세연도의 상시근로자 수가 업종별최소고용

⑬ 법 제6조 제5항을 적용할 때 감면기간 중 신성장서비스업종 이외의 업종으로 주된 사업이 변경되는 경우에는 같은 항에 따른 감면을 적용하지 아니하고, 해당 사유가 발생한 날이 속하는 과세연도부터 남은 감면기간 동안 같은 조 제1항, 제2항 또는 제4항에 따른 감면을 적용한다. (2020. 2. 11. 항번개정)
⑭ 법 제6조 제7항 각 호 외의 부분 본문에서 "업종별로 대통령령으로 정하는 상시근로자 수"란 다음 각 호의 구분에 따른 인원수를 말한다. (2020. 2. 11. 항번개정)
1. 광업·제조업·건설업 및 물류산업의 경우 : 10명 (2018. 2. 13. 신설)
2. 그 밖의 업종의 경우 : 5명 (2018. 2. 13. 신설)
⑮ 법 제6조 제8항에 따른 해당 사업에서 발생한 소득의 계산은 다음의 계산식에 따른다. (2020. 2. 11. 항번개정)
해당 과세연도의 제조업에서 발생한 소득 × (해당 과세연도의 고효율제품등의 매출액 / 해당 과세연도의 제조업에서 발생한 총매출액)
⑯ 제15항을 적용할 때 고효율제품등의 매출액은 제조업 분야의 다른 제품의 매출액과 구분경리해야 한다. (2020. 2. 11. 개정)
⑰ 법 제6조 제9항에 따른 상시근로자의 범위 및 상시근로자 수의 계산방법에 관하여는 제23조 제10항부터 제13항까지의 규정을 준용한다. (2020. 2. 11. 항번개정)
⑱ 법 제6조 제9항에 따른 상시근로자의 수를 계산할 때 해당 과세연도에 법인전환 또는 사업의 승계 등을 한 내국인의 경우에는 다음 각 호의 구분에 따른 수를 직전 또는 해당 과세연도의 상시근로자 수로 본다. (2020. 2. 11. 항번개정)
1. 법 제6조 제10항 제2호에 해당하는 경우의 직전 과세연도의 상시근로자 수 : 법인전환 전의 사업의 직전 과세연도 상시근로자 수 (2018. 8. 28. 개정)
2. 다음 각 목의 어느 하나에 해당하는 경우의 직전 또는 해당 과세연도의 상시근로자 수 : 직전 과세연도의 상시근로자 수는 승계시킨 기업의 경우에는 직전 과세연도 상시근로자 수에 승계시킨 상시근로자 수를 뺀 수로 하고, 승계한 기업의 경우에는 직전 과세연도 상시근로자 수에 승계한 상시근로자 수를 더한 수로 하며, 해당 과세연도의 상시근로자 수는 해당 과세연도 개시일에 상시근로자를 승

위】 영 제5조 제12항 제7호에서 "기획재정부령으로 정하는 신성장 서비스업"이란 다음 각 호의 어느 하나에 해당하는 사업을 말한다. (2020. 3. 13. 개정)
1. 「전시산업 발전법」 제2조 제1호에 따른 전시산업 (2020. 3. 13. 개정)
2. 기타 과학기술 서비스업 (2024. 3. 22. 개정)
3. 시장조사 및 여론조사업 (2018. 3. 21. 신설)
4. 광고업 중 광고대행업, 옥외 및 전시 광고업 (2018. 3. 21. 신설)

인원에 미달하는 경우에는 업종별최소고용인원을 말한다)보다 큰 경우에는 제1호의 세액에 제2호의 율을 곱하여 산출한 금액을 같은 항에 따른 감면세액에 더하여 감면한다. 다만, 제1항 및 제6항에 따라 100분의 100에 상당하는 세액을 감면받는 과세연도에는 이 항에 따른 감면을 적용하지 아니한다. (2024. 12. 31. 개정)

법 6조 7항의 개정규정은 2025. 1. 1. 이후 창업중소기업을 창업하는 경우, 창업보육센터사업자로 지정을 받는 경우, 벤처기업으로 확인받는 경우 또는 에너지신기술중소기업에 해당하게 되는 경우부터 적용함. (법 부칙 (2024. 12. 31.) 2조)

1. 해당 사업에서 발생한 소득에 대한 소득세 또는 법인세 (2017. 12. 19. 신설)
2. 다음의 계산식에 따라 계산한 율. 다만, 100분의 50(제5항에 따라 100분의 75에 상당하는 세액을 감면받는 과세연도의 경우에는 100분의 25)을 한도로 하고, 100분의 1 미만인 부분은 없는 것으로 본다. (2018. 5. 29. 단서개정)

$$\frac{(해당\ 과세연도의\ 상시근로자\ 수\ -\ 직전\ 과세연도의\ 상시근로자\ 수)}{직전\ 과세연도의\ 상시근로자\ 수} \times \frac{50}{100}$$

2. 다음의 계산식에 따라 계산한 율. 다만, 100분의 50(제1항, 제5항 및 제6항에 따라 100분의 75에 상당하는 세액을 감면받는 과세연도의 경우에는 100분의 25)을 한도로 하고, 100분의 1 미만인 부분은 없는 것으로 본다. (2024. 12. 31. 단서개정)

$$\frac{(해당\ 과세연도의\ 상시근로자\ 수\ -\ 직전\ 과세연도의\ 상시근로자\ 수)}{직전\ 과세연도의\ 상시근로자\ 수}$$

⑧ 제4항을 적용할 때 해당 사업에서 발생한 소득의 계산은 대통령령으로 정한다. (2018. 5. 29. 항번개정)
⑨ 제7항을 적용할 때 상시근로자의 범위, 상시근로자 수의 계산방법 및 그 밖에 필요한 사항은 대통령령으로 정한다. (2018. 5. 29. 개정)

계시키거나 승계한 것으로 보아 계산한 상시근로자 수로 한다. (2018. 2. 13. 신설)
가. 해당 과세연도에 합병·분할·현물출자 또는 사업의 양수 등에 의하여 종전의 사업부문에서 종사하던 상시근로자를 승계하는 경우 (2018. 2. 13. 신설)
나. 제11조 제1항에 따른 특수관계인으로부터 상시근로자를 승계하는 경우 (2018. 2. 13. 신설)
⑲ 법 제6조 제10항 제1호 가목에서 "토지·건물 및 기계장치 등 대통령령으로 정하는 사업용자산"이란 토지와 「법인세법 시행령」 제24조의 규정에 의한 감가상각자산을 말한다. (2020. 2. 11. 항번개정)
⑳ 법 제6조 제10항 제1호 가목에서 "대통령령으로 정하는 비율"이란 100분의 30을 말한다. (2020. 2. 11. 항번개정)
㉑ 법 제6조 제10항 제1호 나목에서 "대통령령으로 정하는 요건에 해당하는 경우"란 다음 각 호의 요건을 모두 갖춘 경우를 말한다. (2020. 2. 11. 항번개정)
1. 기업과 사업을 개시하는 해당 기업의 임직원 간에 사업 분리에 관한 계약을 체결할 것 (2018. 2. 13. 신설)
2. 사업을 개시하는 임직원이 새로 설립되는 기업의 대표자로서 「법인세법 시행령」 제43조 제7항에 따른 지배주주등에 해당하는 해당 법인의 최대주주 또는 최대출자자(개인사업자의 경우에는 대표자를 말한다)일 것 (2018. 2. 13. 신설)
㉒ 법 제6조 제10항 제1호 나목을 적용할 때 사업을 개시하는 자가 제21항 제2호의 요건을 충족하지 못하게 된 경우에는 해당 사유가 발생한 날이 속하는 과세연도부터 감면을 적용하지 않는다. (2020. 2. 11. 개정)
㉓ 법 제6조 제10항을 적용할 때 같은 종류의 사업의 분류는 「통계법」 제22조에 따라 통계청장이 작성·고시하는 표준분류(이하 "한국표준산업분류"라 한다)에 따른 세분류를 따른다. (2020. 2. 11. 항번개정)
㉔ 법 제6조 제11항에서 "대통령령으로 정하는 사유"란 제2조 제2항 각 호의 어느 하나에 해당하는 사유를 말한다. (2020. 2. 11. 항번개정)
㉕ 법 제6조 제1항·제5항·제6항 및 제7항을 적용할 때 수도권과밀억제권역 외의 지역에서 창업한 창업중소기업이 창업 이후 다음 각 호의 어느 하나에 해당하는 사유가 발생한 경우에는 해당 사유가 발생한 날이 속하는 과세연도부터 남은 감면기간 동안

해당 창업중소기업은 수도권과밀억제권역에서 창업한 창업중소기업으로 본다. (2020. 2. 11. 항번개정)
1. 창업중소기업이 사업장을 수도권과밀억제권역으로 이전한 경우 (2018. 8. 28. 신설)
2. 창업중소기업이 수도권과밀억제권역에 지점 또는 사업장을 설치(합병·분할·현물출자 또는 사업의 양수를 포함한다)한 경우 (2018. 8. 28. 신설)
㉕ 법 제6조 제1항·제6항 및 제7항을 적용할 때 수도권과밀억제권역 외의 지역에서 창업한 창업중소기업이 창업 이후 창업한 지역보다 같은 조 제1항 제1호 각 목 및 같은 조 제6항 제1호 각 목의 구분에 따른 비율이 더 낮은 지역으로 사업장을 이전하거나 해당 지역에 지점 또는 사업장을 설치(합병·분할·현물출자 또는 사업의 양수를 포함한다. 이하 이 항에서 같다)한 경우에는 해당 사유가 발생한 날이 속하는 과세연도부터 남은 감면기간 동안 해당 창업중소기업은 그 사업장을 이전하거나 지점 또는 사업장을 설치한 지역에서 창업한 창업중소기업으로 본다. (2025. 2. 28. 개정)
㉖ 법 제6조 제1항, 제2항 및 제4항부터 제7항까지의 규정에 따라 소득세 또는 법인세를 감면받으려는 자는 과세표준신고와 함께 기획재정부령으로 정하는 세액감면신청서를 납세지 관할세무서장에게 제출하여야 한다. (2020. 2. 11. 항번개정)

관계조문 ▶▶
칙 61조 1항 3호 ⇒ 세액감면(면제)신청서 (별지 2호 서식)

⑩ 제1항부터 제9항까지의 규정을 적용할 때 다음 각 호의 어느 하나에 해당하는 경우는 창업으로 보지 아니한다. (2018. 5. 29. 개정)

1. 합병·분할·현물출자 또는 사업의 양수를 통하여 종전의 사업을 승계하거나 종전의 사업에 사용되던 자산을 인수 또는 매입하여 같은 종류의 사업을 하는 경우. 다만, 다음 각 목의 어느 하나에 해당하는 경우는 제외한다. (2017. 12. 19. 단서개정)

　가. 종전의 사업에 사용되던 자산을 인수하거나 매입하여 같은 종류의 사업을 하는 경우 그 자산가액의 합계가 사업 개시 당시 토지·건물 및 기계장치 등 대통령령으로 정하는 사업용자산의 총가액에서 차지하는 비율이 100분의 50 미만으로서 대통령령으로 정하는 비율 이하인 경우 (2017. 12. 19. 신설)

　나. 사업의 일부를 분리하여 해당 기업의 임직원이 사업을 개시하는 경우로서 대통령령으로 정하는 요건에 해당하는 경우 (2017. 12. 19. 신설)

2. 거주자가 하던 사업을 법인으로 전환하여 새로운 법인을 설립하는 경우 (2010. 1. 1. 개정)

3. 폐업 후 사업을 다시 개시하여 폐업 전의 사업과 같은 종류의 사업을 하는 경우 (2010. 1. 1. 개정)

4. 사업을 확장하거나 다른 업종을 추가하는 경우 등 새로운 사업을 최초로 개시하는 것으로 보기 곤란한 경우 (2010. 1. 1. 개정)

⑪ 제1항, 제2항 및 제4항부터 제7항까지의 규정에 따라 감면을 적용받은 기업이 「중소기업기본법」에 따른 중소기업이 아닌 기업과 합병하는 등 대통령령으로 정하는 사유에 따라 중소기업에 해당하지 아니하게 된 경우에는 해당 사유 발생일이 속하는 과세연도부터 감면하지 아니한다. (2018. 5. 29. 개정)

⑫ 제1항, 제2항 및 제4항부터 제7항까지의 규정을 적용받으려는 내국인은 대통령령으로 정하는 바에 따라 세액감면신청을 하여야 한다. (2018. 5. 29. 개정)

⑬ 각 과세연도에 제1항, 제2항 및 제4항부터 제7항까지에 따라 감면받는 세액의 합계액이 5억원을 초과하는 경우에는 그 초과하는 금액은 감면하지 아니한다. (2024. 12. 31. 신설)

▶ 편주

법 6조 13항 단서의 개정규정은 2025. 1. 1. 이후 창업중소기업을 창업하는 경우, 창업보육센터사업자로 지정을 받는 경우, 벤처기업으로 확인받는 경우 또는 에너지신기술중소기업에 해당하게 되는 경우부터 적용함. (법 부칙(2024. 12. 31.) 2조)

제7조【중소기업에 대한 특별세액감면】　농특비

① 중소기업 중 다음 제1호의 감면 업종을 경영하는 기업에 대해서는 2025년 12월 31일 이전에 끝나는 과세연도까지 해당 사업장에서 발생한 소득에 대한 소득세 또는 법인세에 제2호의 감면 비율을 곱하여 계산한 세액상당액(제3호에 따라 계산한 금액을 한도로 한다)을 감면한다. 다만, 내국법인의 본점 또는 주사무소가 수도권에 있는 경우에는 모든 사업장이 수도권에 있는 것으로 보고 제2호에 따른 감면 비율을 적용한다. (2022. 12. 31. 개정)

1. 감면 업종 (2010. 1. 1. 개정)

　가. 작물재배업 (2010. 1. 1. 개정)

　나. 축산업 (2010. 1. 1. 개정)

　다. 어업 (2010. 1. 1. 개정)

　라. 광업 (2010. 1. 1. 개정)

　마. 제조업 (2010. 1. 1. 개정)

● 예 판

• 여객운송업에 해당하는 시내버스 운송사업을 영위하는 내국법인이 지방자치단체와 시내버스 준공영제 협약을 체결·시행함에 있어 해당 법인의 운송수입금이 당초 지자체가 정한 표준운송원가에 미달하여 그 차액분(운송수입 보전금)을 지자체로부터 보전받는 경우 해당 운송수입 보전금은 중소기업에 대한 특별세액감면을 적용할 때 감면대상소득에 해당하는 것임. (서면법규 - 365, 2013. 3. 29.)

• 제조업을 영위하는 내국법인이 특정거래처 주문제품을 별도로 제작하기 위하여 구입한 금형을 그 주문제품 판매와 동시에 사전계약에 따라 발주처에 처분하는 경우 해당 금형의 처분이익은 중소기업특별세액감면을 적용함에 있어서 감면대상소득에 포함하지 아니함. (법규과 - 1540, 2011. 11. 22.)

☞ p.1205 1단 연결

바. 하수·폐기물 처리(재활용을 포함한다), 원료재생 및 환경복원
　　업 (2010. 1. 1. 개정)

사. 건설업 (2010. 1. 1. 개정)

아. 도매 및 소매업 (2010. 1. 1. 개정)

자. 운수업 중 여객운송업 (2010. 1. 1. 개정)

차. 출판업 (2010. 1. 1. 개정)

카. 영상·오디오 기록물 제작 및 배급업(비디오물 감상실 운영업
　　은 제외한다) (2014. 12. 23. 개정)

타. 방송업 (2010. 1. 1. 개정)

파. 전기통신업 (2010. 1. 1. 개정)

하. 컴퓨터프로그래밍, 시스템 통합 및 관리업 (2010. 1. 1. 개정)

거. 정보서비스업(블록체인 기반 암호화자산 매매 및 중개업은 제외한다) (2018. 12.
　　24. 개정)

거. 정보서비스업(가상자산 매매 및 중개업은 제외한다) (2024. 12.
　　31. 개정)

너. 연구개발업 (2010. 1. 1. 개정)

더. 광고업 (2010. 1. 1. 개정)

러. 기타 과학기술 서비스업 (2023. 12. 31. 개정)

머. 포장 및 충전업 (2010. 1. 1. 개정)

버. 전문디자인업 (2010. 1. 1. 개정)

서. 창작 및 예술관련 서비스업(자영예술가는 제외한다) (2010. 1.
　　1. 개정)

어. 대통령령으로 정하는 주문자상표부착방식에 따른 수탁생산업
　　(受託生産業) (2010. 1. 1. 개정)

저. 엔지니어링사업 (2010. 1. 1. 개정)

처. 물류산업 (2010. 1. 1. 개정)

커. 「학원의 설립·운영 및 과외교습에 관한 법률」에 따른 직업
　　기술 분야를 교습하는 학원을 운영하는 사업 또는 「국민 평생
　　직업능력 개발법」에 따른 직업능력개발훈련시설을 운영하는
　　사업(직업능력개발훈련을 주된 사업으로 하는 경우에 한정한
　　다) (2021. 8. 17. 개정 ; 근로자직업능력~부칙)

터. 대통령령으로 정하는 자동차정비공장을 운영하는 사업 (2010.

광고수입만을 목적으로 무료신문발행업이라고 하더라도 이를 광고업이 아
닌 출판업으로 보아야 하고 출판업이 2007. 12. 28. 개정된 한국표준산업
분류상에서 제조업에서 제외되었더라도 2009 사업연도까지는 제조업이므
로 중소기업특별세액감면대상임. (조심 2011서895, 2011. 9. 26.)

　　제6조 【중소기업에 대한 특별세액감면】 ① 법 제7조 제1항 제1
호 어목에서 "대통령령으로 정하는 주문자상표부착방식에 따른 수탁생
산업"이란 위탁자로부터 주문자상표부착방식에 따른 제품생산을 위탁
받아 이를 재위탁하여 제품을 생산·공급하는 사업을 말한다. (2009.
2. 4. 개정)

② 법 제7조 제1항 제1호 터목에서 "대통령령으로 정하는 자동차정비

1. 1. 개정)

퍼. 「해운법」에 따른 선박관리업 (2010. 1. 1. 개정)

허. 「의료법」에 따른 의료기관을 운영하는 사업[의원·치과의원 및 한의원은 해당 과세연도의 수입금액(기업회계기준에 따라 계산한 매출액을 말한다)에서 「국민건강보험법」 제47조에 따라 지급받는 요양급여비용이 차지하는 비율이 100분의 80 이상으로서 해당 과세연도의 종합소득금액이 1억원 이하인 경우에 한한다. 이하 이 조에서 "의료업"이라 한다] (2016. 12. 20. 개정)

고. 「관광진흥법」에 따른 관광사업(카지노, 관광유흥음식점 및 외국인전용유흥음식점업은 제외한다) (2010. 1. 1. 개정)

노. 「노인복지법」에 따른 노인복지시설을 운영하는 사업 (2010. 1. 1. 개정)

도. 「전시산업발전법」에 따른 전시산업 (2010. 1. 1. 개정)

로. 인력공급 및 고용알선업(농업노동자 공급업을 포함한다) (2010. 12. 27. 개정)

모. 콜센터 및 텔레마케팅 서비스업 (2010. 1. 1. 개정)

보. 「에너지이용 합리화법」 제25조에 따른 에너지절약전문기업이 하는 사업 (2010. 1. 1. 개정)

소. 「노인장기요양보험법」 제31조에 따른 장기요양기관 중 재가급여를 제공하는 장기요양기관을 운영하는 사업 (2018. 12. 11. 개정 ; 노인장기요양보험법 부칙)

오. 건물 및 산업설비 청소업 (2010. 12. 27. 신설)

조. 경비 및 경호 서비스업 (2010. 12. 27. 신설)

초. 시장조사 및 여론조사업 (2010. 12. 27. 신설)

코. 사회복지 서비스업 (2013. 1. 1. 신설)

토. 무형재산권 임대업(「지식재산 기본법」 제3조 제1호에 따른 지식재산을 임대하는 경우로 한정한다) (2014. 1. 1. 신설)

포. 「연구산업진흥법」 제2조 제1호 나목의 산업 (2021. 4. 20. 개정 ; 연구산업진흥법 부칙)

호. 개인 간병 및 유사 서비스업, 사회교육시설, 직원훈련기관, 기타 기술 및 직업훈련 학원, 도서관·사적지 및 유사 여가 관련 서비스업(독서실 운영업은 제외한다) (2017. 12. 19. 개정)

공장"이란 제54조 제1항에 따른 자동차정비공장을 말한다. (2009. 2. 4. 개정)

③ 법 제7조 제1항 제1호 로목에서 "대통령령이 정하는 직업기술분야 학원"이라 함은 「학원의 설립·운영 및 과외교습에 관한 법률 시행령」에 따른 직업기술분야 학원을 말한다. (2006. 2. 9. 신설)

④ 법 제7조 제1항 제1호 소목에서 "대통령령이 정하는 토양정화업"이라 함은 「토양환경보전법」 제2조 제7호의 규정에 따른 토양정화업(동법 제23조의 7의 규정에 따라 환경부장관에게 토양정화업 등록을 한 자가 영위하는 토양정화업에 한한다)을 말한다. (2006. 2. 9. 신설)

③·④ 삭 제 (2009. 2. 4.)

구. 「민간임대주택에 관한 특별법」에 따른 주택임대관리업 (2015. 12. 15. 개정)

누. 「신에너지 및 재생에너지 개발·이용·보급 촉진법」에 따른 신·재생에너지 발전사업 (2014. 12. 23. 신설)

두. 보안시스템 서비스업 (2015. 12. 15. 신설)

루. 임업 (2016. 12. 20. 신설)

무. 통관 대리 및 관련 서비스업 (2020. 12. 29. 신설)

부. 자동차 임대업(「여객자동차 운수사업법」 제31조 제1항에 따른 자동차대여사업자로서 같은 법 제28조에 따라 등록한 자동차 중 100분의 50 이상을 「환경친화적 자동차의 개발 및 보급 촉진에 관한 법률」 제2조 제3호에 따른 전기자동차 또는 같은 조 제6호에 따른 수소전기자동차로 보유한 경우로 한정한다) (2020. 12. 29. 신설)

2. 감면 비율. 다만, 제1호 무목에 따른 업종을 경영하는 사업장의 경우 나목, 다목 및 바목에도 불구하고 나목, 다목 및 바목의 감면 비율에 100분의 50을 곱한 비율로 한다. (2020. 12. 29. 개정)

가. 대통령령으로 정하는 소기업(이하 이 조에서 "소기업"이라 한다)이 도매 및 소매업, 의료업(이하 이 조에서 "도매업등"이라 한다)을 경영하는 사업장 : 100분의 10 (2010. 1. 1. 개정)

나. 소기업이 수도권에서 제1호에 따른 감면 업종 중 도매업등을 제외한 업종을 경영하는 사업장 : 100분의 20 (2010. 1. 1. 개정)

다. 소기업이 수도권 외의 지역에서 제1호에 따른 감면 업종 중 도매업등을 제외한 업종을 경영하는 사업장 : 100분의 30 (2010. 1. 1. 개정)

라. 소기업을 제외한 중소기업(이하 이 조에서 "중기업"이라 한다)이 수도권 외의 지역에서 도매업등을 경영하는 사업장 : 100분의 5 (2010. 1. 1. 개정)

마. 중기업이 수도권에서 일반 서적 출판업 등 대통령령으로 정하는 출판업을 경영하는 사업장 : 100분의 10 (2025. 3. 14. 신설)

⑤ 법 제7조 제1항 제2호 가목에서 "대통령령으로 정하는 소기업"이란 중소기업 중 매출액이 업종별로 「중소기업기본법 시행령」 별표 3을 준용하여 산정한 규모 기준 이내인 기업을 말한다. 이 경우 "평균매출액등"은 "매출액"으로 본다. (2016. 2. 5. 개정)

 예판

• 2 이상의 서로 다른 사업을 영위하는 법인이 소기업에 해당되는지 여부는 주업종을 기준으로 해당기업 전체의 종업원수 등이 소기업요건에 충족되는지를 따져서 판단하여야 함. (국심 2004서920, 2004. 5. 13.)

• 사업자가 제조업체의 한 공장 내에서 당해 제조업체로부터 공장기계시설 및 자재를 제공받아 별도의 독립된 자격으로 자기 책임하에 특정제품을 제조하여 공급하고 그 대가를 받는 경우 제조업에 해당하는 것임. (서면1팀-967, 2005. 8. 16.)

• 내국법인이 국내에 소재하는 사업장에서 부품을 제조하고 조립을 하여 중간제품 또는 반제품 상태로 국외 현지공장에 반출하고 현지공장에서 단순 조립하여 완제품을 판매하는 경우 중소기업에 대한 특별세액 감면 시 제조업의 감면비율이 적용됨. (서면2팀-17, 2007. 1. 4.)

• 화물자동차 운수사업법에 따라 지급받는 유가보조금은 중소기업특별세액감면을 적용함에 있어 감면대상 소득에 해당함. (재조특-379, 2008. 7. 8.)

제5조 【소기업의 매출액】 (2017. 3. 17. 제목개정)
영 제6조 제5항에 따른 매출액은 제2조 제4항에 따른 매출액으로 한다. (2017. 3. 17. 개정)

바. 중기업이 수도권 외의 지역에서 제1호에 따른 감면 업종 중 도매업등을 제외한 업종을 경영하는 사업장 : 100분의 15 (2010. 1. 1. 개정)

3. 감면한도 : 다음 각 목의 구분에 따른 금액 (2017. 12. 19. 신설)

　가. 해당 과세연도의 상시근로자 수가 직전 과세연도의 상시근로자 수보다 감소한 경우 : 1억원에서 감소한 상시근로자 1명당 5백만원씩을 뺀 금액(해당 금액이 음수인 경우에는 영으로 한다) (2017. 12. 19. 신설)

　나. 그 밖의 경우 : 1억원 (2017. 12. 19. 신설)

② 제1항을 적용할 때 다음 각 호의 요건을 모두 충족하는 중소기업의 경우에는 제1항 제2호의 규정에도 불구하고 제1항 제2호에 따른 감면 비율에 100분의 110을 곱한 감면 비율을 적용한다. (2016. 12. 20. 개정)

1. 해당 과세연도 개시일 현재 10년 이상 계속하여 해당 업종을 경영한 기업일 것 (2016. 12. 20. 개정)

2. 해당 과세연도의 종합소득금액이 1억원 이하일 것 (2016. 12. 20. 개정)

3. 「소득세법」 제59조의 4 제9항에 따른 성실사업자로서 제122조의 3 제1항 제2호 및 제4호의 요건을 모두 갖춘 자일 것 (2022. 12. 31. 개정)

③ 제1항 및 제2항에도 불구하고 「석유 및 석유대체연료 사업법」에 따른 석유판매업 중 대통령령으로 정하는 석유판매업을 영위하는 중소기업으로서 제1호 각 목의 감면 요건을 모두 갖춘 자에 대해서는 2023년 12월 31일까지 해당 석유판매업에서 발생하는 소득에 대한 소득세 또는 법인세에 제2호의 감면 비율을 곱하여 계산한 세액상당액(제1항 제3호 각 목의 금액을 한도로 한다)을 감면한다. (2022. 12. 31. 신설)

1. 감면 요건 (2022. 12. 31. 신설)

　가. 2022년 1월 1일부터 2022년 12월 31일까지의 기간 중 「한국석유공사법」에 따른 한국석유공사와 석유제품(「석유 및 석유대체연료 사업법」에 따른 석유제품을 말한다. 이하 이 호에서 같다) 공급계약을 최초로 체결할 것 (2022. 12. 31. 신설)

　나. 가목에 따른 석유제품 공급계약 기간 동안 매 분기별로 「한국석유공사법」에 따른 한국석유공사로부터의 석유제품 구매량이 같은 분기의 석유제품 판매량의 100분의 50 이상일 것 (2022. 12. 31. 신설)

　다. 상표를 "알뜰주유소"로 하여 영업할 것 (2022. 12. 31. 신설)

⑥ 법 제7조 제3항 각 호 외의 부분에서 "대통령령으로 정하는 석유판매업"이란 「석유 및 석유대체연료 사업법 시행령」 제2조 제3호에 따른 주유소를 말한다. (2023. 2. 28. 개정)

2. 감면 비율 (2022. 12. 31. 신설)
  가. 소기업이 경영하는 사업장 : 100분의 20 (2022. 12. 31. 신설)
  나. 중기업이 수도권 외의 지역에서 경영하는 사업장 : 100분의 15
    (2022. 12. 31. 신설)
  다. 중기업이 수도권에서 경영하는 사업장 : 100분의 10 (2022. 12.
    31. 신설)
④ 제1항부터 제3항까지의 규정을 적용받으려는 내국인은 대통령령으
로 정하는 바에 따라 감면신청을 하여야 한다. (2022. 12. 31. 개정)
⑤ 제1항 및 제3항을 적용할 때 상시근로자의 범위, 상시근로자 수의
계산방법과 그 밖에 필요한 사항은 대통령령으로 정한다. (2022. 12.
31. 개정)

　　제7조의 2【기업의 어음제도개선을 위한 세액공제】① 중소기
업을 경영하는 내국인이 2013년 12월 31일까지 중소기업에 지급한 구
매대금[중소기업이 아닌 기업을 경영하는 내국인이 네트워크 론
(network loan) 제도를 이용하여 중소기업에 지급하는 구매대금을 포
함한다. 이하 이 조에서 같다] 중 다음 각 호의 어느 하나에 해당하는
금액(이하 이 조에서 "환어음등 지급금액"이라 한다)이 있는 경우에는
제2항에 따라 계산한 금액을 소득세(사업소득에 대한 소득세만 해당한
다) 또는 법인세에서 공제한다. 다만, 공제받는 금액이 해당 과세연도
의 소득세 또는 법인세의 100분의 10을 초과하는 경우에는 100분의
10을 한도로 한다. (2010. 12. 27. 개정)
1. 환어음 및 판매대금추심의뢰서(販賣代金推尋依賴書)로 결제한 금
  액 (2010. 1. 1. 개정)
2. 판매기업에 대한 구매대금의 지급기한이 해당 거래에 대한 「부가가
  치세법」, 「소득세법」 및 「법인세법」에 따른 세금계산서·계산서 및
  영수증(이하 이 항에서 "세금계산서등"이라 한다)의 작성일부터 60
  일 이내이고 신용카드업자가 판매기업에 대하여 상환청구권을 행사
  할 수 없는 것으로 약정된 기업구매전용카드의 사용금액 (2010. 1.
  1. 개정)
3. 구매기업의 대출금 상환기한이 세금계산서 등의 작성일부터 60일
  이내이고 금융기관이 판매기업에 대하여 상환청구권을 행사할 수

⑦ 법 제7조 제5항에 따른 상시근로자의 범위 및 상시근로자 수의 계
산방법에 관하여는 제23조 제10항부터 제13항까지의 규정을 준용한
다. (2023. 2. 28. 개정)
⑧ 법 제7조에 따라 소득세 또는 법인세를 감면받고자 하는 자는 과세
표준신고와 함께 기획재정부령으로 정하는 세액감면신청서를 납세지
관할세무서장에게 제출하여야 한다. (2013. 2. 15. 항번개정)

관계조문 ▶▶
규칙 61조 1항 3호 ⇨ 세액감면(면제)신청
서(별지 2호 서식)

없는 것으로 약정된 외상매출채권 담보대출 제도를 이용하여 지급한 금액 (2010. 1. 1. 개정)
4. 구매기업의 대금결제 기한이 세금계산서 등의 작성일부터 60일 이내이고 금융기관이 판매기업에 대하여 상환청구권을 행사할 수 없는 것으로 약정된 구매 론(loan) 제도를 이용하여 지급한 금액 (2010. 1. 1. 개정)
5. 구매기업의 대금결제 기한이 세금계산서 등의 작성일부터 60일 이내이고, 세금계산서 등의 작성일 이전에는 금융기관이 판매기업에 대하여 상환청구권을 행사하고 세금계산서 등의 작성일 후에는 금융기관이 구매기업에 대하여 상환청구권을 행사하는 것으로 약정된 네트워크 론 제도를 이용하여 지급한 금액(판매기업이 대출받은 금액을 한도로 한다) (2010. 1. 1. 개정)
② 제1항에 따라 공제할 금액은 제1호의 금액에 제2호의 금액(해당 금액이 음수(陰數)인 경우에는 영으로 본다)을 합하여 계산한 금액으로 한다. (2010. 1. 1. 개정)
1. [환어음등 지급금액 중 지급기한·상환기한 또는 대금결제 기한이 세금계산서 등의 작성일부터 30일 이내인 금액 - 구매대금을 지급하기 위하여 결제한 약속어음의 금액(지급기한·상환기한 또는 대금결제 기한이 세금계산서 등의 작성일부터 30일 이내인 환어음등 지급금액보다 작거나 같은 금액을 말한다)] × 1천분의 5(중소기업이 아닌 기업을 경영하는 내국인이 네트워크 론제도를 이용하여 중소기업에 지급하는 구매대금의 경우에는 1천분의 4) (2010. 1. 1. 개정)
2. [환어음등 지급금액 중 지급기한·상환기한 또는 대금결제 기한이 세금계산서 등의 작성일부터 30일 초과 60일 이내인 금액 - 구매대금을 지급하기 위하여 결제한 약속어음의 금액(제1호에서 빼고 남은 금액을 말한다)] × 1만분의 15 (2010. 1. 1. 개정)
③ 제1항과 제2항에서 사용하는 용어의 뜻은 다음과 같다. (2010. 1. 1. 개정)
1. "구매대금"이란 구매기업이 그 기업의 사업 목적에 맞는 경상적(經常的) 영업활동과 관련하여 판매기업으로부터 재화를 공급받거나 용역을 제공받고 그 대가로 지급하는 금액을 말한다. (2010. 1. 1. 개정)

제6조의 2 【기업의 어음제도 개선을 위한 세액공제】① 법 제7조의 2 제1항 제5호의 규정에 따라 세액공제를 적용받고자 하는 구매기업은 발주건별로 발주일자, 발주금액, 판매기업, 납품기한 등 발주 관련 자료와 납품금액, 세금계산서 작성일, 구매대금 지급기한 등 매출채권확정 관련 자료를 금융기관에 제공하여야 한다. (2006. 2. 9. 개정)
② 구매기업으로부터 제1항의 규정에 따른 자료를 제공받은 금융기관은 발주건별로 판매기업의 대출일자, 대출금액 등 세액공제에 필요한 자료를 구매기업에 제공하여야 한다. (2006. 2. 9. 개정)
③ 법 제7조의 2의 규정에 따라 소득세 또는 법인세를 공제받고자 하는 내국인은 과세표준신고와 함께 기획재정부령이 정하는 세액공제신청서 및 공제세액계산서를 납세지 관할 세무서장에게 제출하여야 한다. (2008. 2. 29. 직제개정 ; 기획재정부와~직제 부칙)

▶ 예판
• 특정매입거래는 원고와 고객들 사이의 매매와 납품업체와 원고 사이의 매매가 동시에 이루어지는 것일 뿐 위탁매매가 아니어서 그 매입대금은 구매대금에 해당하므로 특정매입거래 매입대금에 대하여도 기업의 어음제도 개선을 위한 세액공제가 적용됨. (대법 2012두28407, 2013. 4. 26.)
• 분할신설법인이 분할법인의 모든 권리와 의무를 포괄적으로 승계하고 분할법인의 재화 등 구매대금을 기업구매 전용카드를 사용하여 지급하는 경우에는 기업의 어음제도개선을 위한 세액공제를 적용받을 수 있음. (법인 46012 - 234, 2003. 4. 14.)
• 리스자산 판매자가 리스이용자에게 직접 세금계산서를 교부하는 경우에도 리스회사가 리스자산을 구입하고 구매대금을 리스자산 판매기업에 기업구매전용카드로 지급하면 기업의 어음제도개선을 위한 세액공제를 적용받을 수 있음. (서이 46012 - 11235, 2003. 6. 30.)
• 구매대금 지급기한에 대한 약정이 법에서 정하는 기한을 초과하는 경우,

☞
▶ 관계조문
• 규칙 61조 1항 2호 ⇒ 세액공제신청서(별지 1호 서식)
• 규칙 61조 1항 3호의 2 ⇒ 기업의 어음제도개선을 위한 공제세액계산서(별지 2호의 2 서식)

2. "판매대금"이란 판매기업이 그 기업의 사업 목적에 맞는 경상적 영업활동과 관련하여 구매기업에 재화를 공급하거나 용역을 제공하고 그 대가로 받는 금액을 말한다. (2010. 1. 1. 개정)

3. "환어음"이란 판매기업이 판매대금을 받기 위하여 구매기업을 지급인으로, 판매대금을 지급금액으로 하여 일람출급식(一覽出給式)으로 발행한 어음으로서 한국은행총재가 기업구매자금대출과 관련하여 정한 조건 및 양식에 따라 발행된 것을 말한다. (2010. 1. 1. 개정)

4. "판매대금추심의뢰서"란 판매기업이 판매대금을 받기 위하여 전자적 형태로 작성하여 거래 은행에 전송하는 서류로서 한국은행총재가 기업구매자금대출과 관련하여 정한 조건 및 양식에 따라 작성된 것을 말한다. (2010. 1. 1. 개정)

5. "기업구매전용카드"란 구매기업이 구매대금을 지급하기 위하여 「여신전문금융업법」에 따른 신용카드업자로부터 발급받는 신용카드 또는 직불카드로서 일반적인 신용카드 가맹점에서는 사용할 수 없고, 구매기업·판매기업 및 신용카드업자 간의 계약에 의하여 해당 판매기업에 대한 구매대금의 지급만을 목적으로 발급하는 것을 말한다. (2010. 1. 1. 개정)

6. "외상매출채권 담보대출"이란 판매기업이 판매대금을 받기 위하여 구매기업에 대한 외상매출채권을 담보로 금융기관에서 대출을 받고, 구매기업이 구매대금으로 판매기업에 대한 금융기관의 대출금을 상환하는 것으로서 한국은행총재가 정한 조건에 따라 대출이 이루어지는 것을 말한다. (2010. 1. 1. 개정)

7. "구매 론 제도"란 구매기업이 금융기관과 대출한도를 약정하여 대출받은 금액으로 정보처리시스템을 이용하여 판매기업에 구매대금을 결제하고 만기일에 대출금을 금융기관에 상환하는 결제방식을 말한다. (2010. 1. 1. 개정)

8. "네트워크 론 제도"란 판매기업과 금융기관이 대출한도를 약정한 후 판매기업이 구매기업의 발주서를 근거로 대출받고, 구매기업이 전자결제방식으로 대출금을 금융기관에 상환하는 결제방식을 말한다. (2010. 1. 1. 개정)

④ 제1항과 제2항을 적용받으려는 내국인은 대통령령으로 정하는 바에 따라 세액공제신청을 하여야 한다. (2010. 1. 1. 개정)

법에서 정한 기한 내에 대금지급이 이루어진 경우에도 세액공제를 적용하지 아니하는 것임. (서면2팀 - 1179, 2005. 7. 21.)

• 중소기업에 외상매출채권담보대출제도를 이용하여 구매대금을 지급하는 경우에 '환어음 등 지급금액'이 과세되는 재화를 공급받거나 용역을 제공받고 그 대가를 지급하는 것인 때에는 부가가치세가 포함된 금액임. (서면2팀 - 1351, 2005. 8. 22.)

• 어음제도개선 세액공제액 계산시 환어음 등 지급금액에서 차감하는 약속어음의 금액에는 타인발행 어음을 배서하여 결제한 금액을 포함함. (서면2팀 - 1020, 2007. 5. 28.)

• 최저한세의 적용으로 기업어음제도 개선 세액공제액 중 공제 받지 못한 부분에 상당하는 금액은 5년 이내의 과세연도에 이월하여 공제하는 것임. (서면2팀 - 493, 2008. 3. 19.)

• 조특법 7조의 2 제1항 4호의 "구매기업의 대금결제 기한"이란 구매기업이 금융기관에 통보한 '판매기업에 지급하여야 할 거래대금 만기일'을 의미함. (서면2팀 - 1180, 2008. 6. 12.)

....

통칙 7의 2 - 0…1 【구매대금의 지급기한 요건】
① 법 제7조의 2를 적용함에 있어, 구매대금의 지급기한·상환기한 또는 대금결제 기한(이하 "지급기한 등"이라 함)은 약정에 의한 지급기한 등으로 하고, 그 약정에 의한 지급기한 등이 동 법에서 정하는 기한을 초과하는 경우에는 해당 법정기한내에 대금지급이 이루어진 경우에도 세액공제를 적용받을 수 없다. (2024. 3. 15. 개정)
② 1역월(曆月)의 공급가액을 합계하여 해당 월의 말일 자를 발행일자로 하여 세금계산서 등을 교부하면서 지급기한 등을 발행일 이전으로 약정한 경우, 세금계산서 등의 발행일 이전에 결제하는 금액도 세액공제 대상에 해당한다. (2024. 3. 15. 개정)
③ 구매대금의 지급기한 등이 공휴일, 금융기관의 휴무토요일 또는 근로자의 날에 해당하는 경우 그 다음 영업개시일을 그 기한이 되는 날로 본다. (2011. 2. 1. 신설)
7의 2 - 0…2 【구매대금의 범위】
법 제7조의 2를 적용함에 있어, 부가가치세 과세대상인 재화 또는 용역에 대한 구매대금에 대하여는 부가가치세가 포함된 금액을 그 대가로 본다. (2019. 12. 23. 개정)

⑤ 제1항 제5호를 적용하는 경우 구매기업·금융기관과 판매기업 간의 발주서 및 대출정보 제공 절차 등에 관하여 필요한 사항은 대통령령으로 정한다. (2010. 1. 1. 개정)

　　제7조의 3【중소기업의 전자상거래에 대한 세액공제】삭　제 (2003. 12. 30.)

　　제7조의 4【상생결제 지급금액에 대한 세액공제】① 중소기업 및 대통령령으로 정하는 중견기업(이하 제10조를 제외하고 "중견기업"이라 한다)을 경영하는 내국인이 2025년 12월 31일까지 중소기업 및 중견기업에 지급한 구매대금(제7조의 2 제3항 제1호에 따른 구매대금을 말한다. 이하 이 조에서 같다) 중 대통령령으로 정하는 상생결제제도(이하 이 조에서 "상생결제제도"라 한다)를 통하여 지급한 금액이 있는 경우로서 해당 과세연도에 지급한 구매대금 중 약속어음으로 결제한 금액이 차지하는 비율이 직전 과세연도보다 증가하지 아니하는 경우에는 제2항에 따라 계산한 금액을 소득세[사업소득(「소득세법」 제45조 제2항에 따른 부동산임대업에서 발생하는 소득은 포함하지 아니한다. 제122조의 3, 제126조의 2, 제126조의 6 및 제132조를 제외하고 이하에서 같다)에 대한 소득세만 해당한다] 또는 법인세에서 공제한다. 다만, 공제받는 금액이 해당 과세연도의 소득세 또는 법인세의 100분의 10을 초과하는 경우에는 100분의 10을 한도로 한다. (2022. 12. 31. 개정)

1. 해당 과세연도에 지급한 구매대금 중 대통령령으로 정하는 현금성결제 금액이 차지하는 비율이 직전 과세연도보다 낮아지지 아니할 것 (2015. 12. 15. 신설)
2. 해당 과세연도에 구매대금을 지급하기 위하여 결제한 약속어음의 금액이 직전 과세연도보다 증가하지 아니할 것 (2015. 12. 15. 신설)

1.～2. 삭　제 (2021. 12. 28.)

② 제1항에 따라 공제할 금액은 다음 각 호의 금액(해당 금액이 0보다 작은 경우에는 0으로 한다)을 합하여 계산한 금액으로 한다. (2021. 12. 28. 개정)
1. 상생결제제도를 통한 지급금액 중 지급기한이 세금계산서등(제7조의 2 제1항 제2호에 따른 세금계산서등을 말한다. 이하 이 조

　　제6조의 3【중소기업의 전자상거래에 대한 세액공제】삭　제 (2003. 12. 30.)

　　제6조의 4【상생결제 지급금액에 대한 세액공제】① 법 제7조의 4 제1항 본문에서 "대통령령으로 정하는 중견기업"이란 다음 각 호의 요건을 모두 갖춘 기업(이하 제9조 및 제93조의 4를 제외하고 "중견기업"이라 한다)을 말한다. (2024. 2. 29. 개정)
1. 중소기업이 아닐 것 (2021. 2. 17. 개정)
1의 2. 「중견기업 성장촉진 및 경쟁력 강화에 관한 특별법 시행령」 제2조 제1항 제1호 또는 제2호에 해당하는 기관이 아닐 것 (2023. 2. 28. 신설)
2. 다음 각 목의 어느 하나에 해당하는 업종을 주된 사업으로 경영하지 않을 것. 이 경우 둘 이상의 서로 다른 사업을 경영하는 경우에는 사업별 사업수입금액이 큰 사업을 주된 사업으로 본다. (2021. 2. 17. 개정)
　가. 제29조 제3항에 따른 소비성서비스업 (2021. 2. 17. 개정)
　나. 「중견기업 성장촉진 및 경쟁력 강화에 관한 특별법 시행령」 제2조 제2항 제2호 각 목의 업종 (2021. 2. 17. 개정)
　다. 부동산 임대업 (2025. 2. 28. 신설)
3. 소유와 경영의 실질적인 독립성이 「중견기업 성장촉진 및 경쟁력 강화에 관한 특별법 시행령」 제2조 제2항 제1호에 적합할 것 (2021. 2. 17. 개정)
4. 직전 3개 과세연도의 매출액(매출액은 제2조 제4항에 따른 계산방법으로 산출하며, 과세연도가 1년 미만인 과세연도의 매출액은 1년으로 환산한 매출액을 말한다)의 평균금액이 3천억원 미만인 기업일 것 (2021. 2. 17. 개정)
5. 「법인세법 시행령」 제42조 제2항 각 호의 요건을 모두 갖춘 내국법인이 아닐 것 (2025. 2. 28. 신설)

편주
• 영 6조의 4 제1항의 개정규정은 2025. 2. 28. 이후 개시하는 과세연도 분부터 적용함. (영 부칙(2025. 2. 28.) 2조 1항)
• 영 부칙(2025. 2. 28.) 2조 1항에도 불구하고 2025. 2. 28. 이후 개시하는 과세연도 직전 과세연도의 종료일 이전에 다음 각 호의 어느 하나에 해당하는 규정에 따른 세액공제를 적용받고, 해당 호의 규정에 따른 세액공제 대상 과세연도에 2025. 2. 28. 이후 개시하는 과세연도가 포함되는 경우의 중소기업 및 중견기업의 범위에 관하여는 영 6조의 4 제1항의 개정규정에도 불구하고 종전의 규정에 따름. (영 부칙(2025. 2. 28.) 2조 2항)
1. 법 29조의 7 제1항에 따른 고용을 증대시킨 기업에 대한 세액공제
2. 법 29조의 8 제1항에 따른 통합고용세액공제
3. 법 30조의 4 제1항에 따른 사회보험료 세액공제

에서 같다)의 작성일부터 15일 이내인 지급금액에 대하여 다음의 계산식에 따라 산출한 금액 (2021. 12. 28. 개정)

(A - B) × 1천분의 5

A : 상생결제제도를 통한 지급금액 중 지급기한이 세금계산서등의 작성일부터 15일 이내인 금액

B : 직전 과세연도에 지급한 대통령령으로 정하는 현금성결제금액(이하 이 조에서 "현금성결제금액"이라 한다)이 해당 과세연도의 현금성결제금액을 초과하는 경우 그 초과하는 금액

---

2. 상생결제제도를 통한 지급금액 중 지급기한이 세금계산서등의 작성일부터 15일 초과 30일 이내인 지급금액에 대하여 다음의 계산식에 따라 산출한 금액 (2021. 12. 28. 개정)

(C - D) × 1천분의 3

C : 상생결제제도를 통한 지급금액 중 지급기한이 세금계산서등의 작성일부터 15일 초과 30일 이내인 금액

D : 제1호에 따른 B가 A를 초과하는 경우 그 초과하는 금액

---

3. 상생결제제도를 통한 지급금액 중 지급기한이 세금계산서등의 작성일부터 30일 초과 60일 이내인 지급금액에 대하여 다음의 계산식에 따라 산출한 금액 (2021. 12. 28. 개정)

(E - F) × 1만분의 15

E : 상생결제제도를 통한 지급금액 중 지급기한이 세금계산서등의 작성일부터 30일 초과 60일 이내인 금액

F : 제2호에 따른 D가 C를 초과하는 경우 그 초과하는 금액

---

③ 제1항과 제2항을 적용받으려는 내국인은 대통령령으로 정하는 바에 따라 세액공제신청을 하여야 한다. (2015. 12. 15. 신설)

제8조 【중소기업 지원설비에 대한 손금산입의 특례 등】 ① 내국인이 사업에 직접 사용하던 자동화설비 등 대통령령으로 정하는 설비를 중소기업에 2012년 12월 31일까지 무상으로 기증하거나 「법인세법」 제52조 제2항에 따른 시가(이하 이 조에서 "시가"라 한다)보다 낮은 가

② 법 제7조의 4 제1항 본문에서 "대통령령으로 정하는 상생결제제도"란 다음 각 호의 요건을 모두 충족하는 결제방법을 말한다. (2022. 2. 15. 개정)

1. 판매기업이 구매기업으로부터 판매대금으로 받은 외상매출채권을 담보로 다른 판매기업에 새로운 외상매출채권을 발행하여 구매대금을 지급할 것 (2016. 2. 5. 신설)
2. 여러 단계의 하위 판매기업들이 구매기업이 발행한 외상매출채권과 동일한 금리조건의 외상매출채권으로 판매대금을 지급할 것 (2016. 2. 5. 신설)
3. 외상매출채권의 지급기한이 법 제7조의 2 제1항 제2호에 따른 세금계산서등(이하 이 조에서 "세금계산서등"이라 한다)의 작성일부터 60일 이내일 것 (2016. 2. 5. 신설)
4. 금융기관이 판매기업에 대하여 상환청구권을 행사할 수 없는 것으로 약정될 것 (2016. 2. 5. 신설)

③ 법 제7조의 4 제2항 제1호의 계산식에서 "대통령령으로 정하는 현금성결제금액"이란 법 제7조의 2 제1항에 따른 환어음등 지급금액(같은 항 제1호에 따른 환어음 및 판매대금추심의뢰서로 결제한 금액은 대금결제 기한이 세금계산서등의 작성일부터 60일 이내이고 금융기관이 판매기업에 대하여 상환청구권을 행사할 수 없는 것으로 약정된 것에 한정한다)을 말한다. (2022. 2. 15. 개정)

④ 법 제7조의 4에 따라 소득세 또는 법인세를 공제받으려는 내국인은 과세표준신고와 함께 기획재정부령으로 정하는 세액공제신청서 및 공제세액계산서를 납세지 관할 세무서장에게 제출하여야 한다. (2018. 2. 13. 항번개정)

제7조 【중소기업지원설비에 대한 손금산입특례 등】 ① 법 제8조 제1항 각 호 외의 부분에서 "사업에 직접 사용하던 자동화설비 등 대통령령으로 정하는 설비"라 함은 다음 각 호의 어느 하나에 해당하는 설비로서 해당 사업에 1년 이상 사용한 것을 말한다. (2008. 10. 7. 개정)

액(價額)으로 양도하는 경우에는 다음 각 호의 금액을 해당 과세연도의 소득금액을 계산할 때 손금에 산입한다. (2010. 1. 1. 개정)
1. 무상으로 기증하는 경우 : 기증한 설비의 시가 (2010. 1. 1. 개정)
2. 시가보다 낮은 가액으로 양도하는 경우 : 양도한 자산의 시가(시가가 장부가액보다 낮은 경우에는 장부가액)에서 양도가액을 뺀 가액 (2010. 1. 1. 개정)
② 중소기업이 제1항에 따라 기증받은 설비의 가액에 상당하는 금액은 「소득세법」 제32조 및 「법인세법」 제36조를 준용하여 손금에 산입할 수 있다. (2010. 1. 1. 개정)
③ 제1항 및 제2항의 적용대상이 되는 중소기업의 요건과 그 밖에 필요한 사항은 대통령령으로 정한다. (2010. 1. 1. 개정)

　제8조의 2 【상생협력 중소기업으로부터 받은 수입배당금의 익금불산입】 내국법인이 2013년 12월 31일까지 「대·중소기업 상생협력 촉진에 관한 법률」 제2조에 따른 상생협력 중소기업에 출자하여 받은 수입배당금액(의결권 없는 주식으로 받은 것만 해당한다)은 각 사업연도의 소득금액을 계산할 때 익금에 산입하지 아니한다. (2010. 12. 27. 개정)

　제8조의 3 【상생협력을 위한 기금 출연 등에 대한 세액공제】 (2018. 12. 24. 제목개정)
① 내국법인이 「대·중소기업 상생협력 촉진에 관한 법률」 제2조 제3호 또는 「자유무역협정체결에 따른 농어업인 등의 지원에 관한 특별법」 제2조 제19호에 따른 상생협력을 위하여 2025년 12월 31일까지 다음 각 호의 어느 하나에 해당하는 출연을 하는 경우에는 해당 출연금의 100분의 10에 상당하는 금액을 출연한 날이 속하는 사업연도의 법인세에서 공제한다. 다만, 해당 출연금이 대통령령으로 정하는 특수관계인을 지원하기 위하여 사용된 경우 그 금액에 대해서는 공제하지 아니한다. (2022. 12. 31. 개정)
1. 「대·중소기업 상생협력 촉진에 관한 법률」 제2조 제6호에 따른 수탁기업 등 대통령령으로 정하는 중소기업(이하 이 조에서 "협력중소기업"이라 한다)에 대한 보증 또는 대출지원을 목적으로 「신용보증기금법」에 따른 신용보증기금(이하 이 조에서 "신용보증기금"이라

1. 제4조 제2항에 따른 사업용자산 (2008. 10. 7. 개정)
2. 제10조 제2항부터 제4항까지에 따른 시설 또는 자산 (2014. 2. 21. 개정)
3. 제21조 제2항 또는 제3항에 따른 시설 또는 설비 (2015. 2. 3. 개정)
4. 제22조 제1항 각 호(제8호를 제외한다)에 따른 시설 (2007. 2. 28. 신설)
② 법 제8조 제1항 및 제2항은 내국인과 다음 각 호의 어느 하나에 해당하는 특수관계에 있는 중소기업을 제외한다. (2007. 2. 28. 신설)
1. 「소득세법 시행령」 제98조 제1항에 따른 특수관계 (2007. 2. 28. 신설)
2. 「법인세법 시행령」 제87조 제1항에 따른 특수관계 (2007. 2. 28. 신설)
③ 법 제8조 제2항에 따라 기증받은 설비의 가액에 상당하는 금액을 손금에 산입하려는 중소기업은 소득세 또는 법인세 과세표준신고와 함께 기획재정부령으로 정하는 중소기업 지원설비 손금산입 조정명세서를 납세지 관할 세무서장에게 제출하여야 한다. (2008. 2. 29. 직제개정 ; 기획재정부와~직제 부칙)

　제7조의 2 【협력중소기업의 범위 등】 ① 법 제8조의 3 제1항 각 호 외의 부분 단서 및 같은 조 제2항에서 "대통령령으로 정하는 특수관계인"이란 각각 「법인세법 시행령」 제2조 제8항에 따른 특수관계인을 말한다. (2025. 2. 28. 개정)

② 법 제8조의 3 제1항 제1호에서 "「대·중소기업 상생협력 촉진에 관한 법률」 제2조 제6호에 따른 수탁기업 등 대통령령으로 정하는 중소기업"이란 다음 각 호의 어느 하나에 해당하는 중소기업을 말한다. (2017. 2. 7. 개정)

관계조문 ▶▶
규칙 61조 1항 2호의 2 ⇒ 손금산입조정명세서(별지 1호의 2 서식)

한다) 또는 「기술보증기금법」에 따른 기술보증기금(이하 이 조에서 "기술보증기금"이라 한다)에 출연하는 경우 (2016. 3. 29. 개정 ; 기술신용보증기금법 부칙)
2. 「대·중소기업 상생협력 촉진에 관한 법률」에 따른 대·중소기업·농어업협력재단(「자유무역협정 체결에 따른 농어업인 등의 지원에 관한 특별법」에 따른 농어촌상생협력기금을 포함하며, 이하 이 조에서 "협력재단"이라 한다)에 출연하는 경우 (2016. 12. 20. 개정)
3. 「대·중소기업 상생협력 촉진에 관한 법률」 제2조 제1호에 따른 중소기업(이하 이 항에서 "상생중소기업"이라 한다)이 설립한 「근로복지기본법」 제50조에 따른 사내근로복지기금에 출연하거나 상생중소기업 간에 공동으로 설립한 「근로복지기본법」 제86조의 2에 따른 공동근로복지기금에 출연하는 경우. 다만, 해당 내국법인이 설립한 사내근로복지기금 또는 해당 내국법인이 공동으로 설립한 공동근로복지기금에 출연하는 경우는 제외한다. (2019. 12. 31. 신설)
4. 「중소기업협동조합법」 제106조 제8항에 따른 공동사업지원자금에 출연하는 경우 (2021. 12. 28. 신설)

② 내국법인이 협력중소기업(해당 내국법인의 대통령령으로 정하는 특수관계인인 경우는 제외한다)을 지원하기 위하여 대통령령으로 정하는 바에 따라 2025년 12월 31일까지 대통령령으로 정하는 유형고정자산을 무상으로 임대하는 경우에는 대통령령으로 정하는 바에 따라 유형고정자산 장부가액의 100분의 3에 상당하는 금액을 무상임대를 개시하는 날이 속하는 사업연도의 법인세에서 공제한다. (2022. 12. 31. 개정)
③ 내국인이 「대·중소기업 상생협력 촉진에 관한 법률」에 따른 수탁·위탁거래의 상대방인 수탁기업에 설치(제2항에 따라 무상임대하는 경우는 제외한다)하는 대통령령으로 정하는 시설에 2025년 12월 31일까지 투자(중고품 및 대통령령으로 정하는 리스에 의한 투자는 제외한다)하는 경우에는 그 투자금액의 100분의 1(중견기업의 경우에는 100분의 3, 중소기업의 경우에는 100분의 7)에 상당하는 금액을 소득

1. 「대·중소기업 상생협력 촉진에 관한 법률」 제2조 제6호에 따른 수탁기업 (2010. 12. 30. 신설)
2. 제1호의 수탁기업과 직접 또는 간접으로 물품을 납품하는 계약관계가 있는 중소기업 (2010. 12. 30. 신설)
3. 「과학기술기본법」 제16조의 4 제3항에 따라 지정된 전담기관과 연계하여 지원하는 창업기업 (2016. 6. 21. 개정 ; 창조경제 민관협의회~규정 부칙)
4. 그 밖에 법 제8조의 3 제1항에 따른 내국법인이 협력이 필요 하다고 인정한 중소기업 (2016. 2. 5. 호번개정)

③ 삭 제 (2017. 2. 7.)
④ 법 제8조의 3 제1항을 적용받으려는 내국법인은 과세표준신고와 함께 기획재정부령으로 정하는 세액공제신청서를 납세지 관할 세무서장에게 제출하여야 한다. (2014. 2. 21. 항번개정)
⑤ 법 제8조의 3 제1항 제1호에 따른 신용보증기금, 기술보증기금 및 같은 항 제2호에 따른 협력재단은 해당 사업연도의 과세표준신고를 할 때 기획재정부령으로 정하는 출연금 사용명세서를 납세지 관할 세무서장에게 제출하여야 한다. (2016. 5. 31. 개정 ; 기술신용보증기금법 시행령 부칙)
⑥ 법 제8조의 3 제2항에서 "대통령령으로 정하는 유형고정자산"이란 연구개발을 위한 연구·시험용 자산으로서 기획재정부령으로 정하는 자산을 말한다. (2017. 2. 7. 신설)
⑦ 법 제8조의 3 제2항에 따라 내국법인이 유형고정자산을 무상으로 임대하는 경우에는 제2항 제3호에 따른 전담기관 또는 「중소기업창업지원법」에 따른 창업보육센터(이하 이 조에서 "창업보육센터등"이라 한다)와 연계하여 지원하는 창업기업에 제6항에 따른 자산을 무상으로 5년 이상 계속 임대하여야 한다. (2017. 2. 7. 신설)
⑧ 법 제8조의 3 제2항을 적용받으려는 내국법인은 과세표준신고를 할 때 기획재정부령으로 정하는 세액공제신청서 및 제9항에 따른 확인서를 납세지 관할 세무서장에게 제출하여야 한다. (2017. 2. 7. 신설)
⑨ 법 제8조의 3 제2항에 따라 자산을 무상임대받은 창업기업과 연계

관계조문 ▶▶

규칙 61조 1항 2호 ⇒ 세액공제신청서(별지 1호 서식)

☞

☞

관계조문 ▶▶

규칙 61조 1항 2호의 3 ⇒ 출연금 사용명세서(별지 1호의 3 서식)

제5조의 2 【무상임대 자산의 범위】
영 제7조의 2 제6항에서 "기획재정부령으로 정하는 자산"이란 제13조의 10 제1항 제1호에 해당하는 자산을 말한다. (2021. 3. 16. 개정)

세(사업소득에 대한 소득세만 해당한다) 또는 법인세에서 공제한다. 이 경우 세액공제의 방법에 관하여는 제24조 제1항, 제2항 및 제5항을 준용한다. (2022. 12. 31. 개정)

④ 내국법인이 사업에 사용하던 자산 중 연구시험용 시설 등 대통령령으로 정하는 자산을 「고등교육법」 제2조 제1호에 따른 대학 및 그 밖에 대통령령으로 정하는 교육기관에 2025년 12월 31일까지 무상으로 기증하는 경우에는 기증한 자산의 「법인세법」 제52조 제2항에 따른 시가의 100분의 10에 상당하는 금액을 기증하는 날이 속하는 사업연도의 법인세에서 공제한다. 이 경우 기증한 자산의 세액공제에 관하여 필요한 사항은 대통령령으로 정한다. (2022. 12. 31. 신설)

⑤ 신용보증기금, 기술보증기금, 협력재단, 사내근로복지기금 및 공동근로복지기금은 제1항에 따라 세액공제를 적용받은 해당 출연금을 회계처리할 때에는 다른 자금과 구분경리하여야 한다. (2022. 12. 31. 항번개정)

⑥ 신용보증기금 또는 기술보증기금은 제1항에 따라 받은 출연금을 같은 항에 따른 지원목적 외의 용도로 사용한 경우에는 해당 사업연도의 과세표준신고를 할 때 제1항에 따라 내국법인이 공제받은 세액상당액을 법인세로 납부하여야 한다. (2022. 12. 31. 항번개정)

⑦ 내국법인이 제2항에 따른 무상임대 개시일 이후 5년 이내에 해당 유형고정자산의 무상임대를 종료하는 경우에는 해당 사업연도의 과세표준신고를 할 때 제2항에 따라 내국법인이 공제받은 세액상당액을 법인세로 납부하여야 한다. (2022. 12. 31. 항번개정)

⑧ 제1항부터 제4항까지의 규정을 적용받으려는 내국법인은 대통령령으로 정하는 바에 따라 세액공제신청을 하여야 한다. (2022. 12. 31. 개정)

개정취지 ┈┈┈┈┈┈┈┈┈┈┈┈┈┈┈┈┈┈┈┈┈┈┈┈

상생협력을 위한 기금 출연 등에 대한 세액공제 적용기한 연장 및 대상 확대
대·중소기업 간 상생협력을 지원하기 위하여 상생협력을 위한 기금 출연 등에 대한 세액공제의 적용기한을 2025. 12. 31.까지로 3년 연장하고, 산학공동연구를 활성화하기 위하여 내국법인이 사업에 사용하던 연구시험용 시설 등을 대학 등에 무상으로 기증하는 경우 자산 시가의 100분의 10에 상당하는 금액을 법인세에서 공제하도록 함. (법 8조의 3 개정 ; 2022. 12. 31.)
┈┈┈┈┈┈┈┈┈┈┈┈┈┈┈┈┈┈┈┈┈┈┈┈┈┈┈┈

한 창업보육센터등은 무상임대가 개시되는 즉시 기획재정부령으로 정하는 무상임대 확인서(이하 이 조에서 "확인서"라 한다)를 해당 내국법인에게 발급하여야 한다. (2017. 2. 7. 신설)

⑩ 창업보육센터등은 확인서 발급일 이후 매년 무상임대 여부를 확인하여야 하며, 제7항에 따른 기간 동안 무상임대가 이루어지지 아니한 사실을 확인한 경우에는 지체 없이 그 사실을 납세지 관할 세무서장에게 알려야 한다. (2017. 2. 7. 신설)

⑪ 법 제8조의 3 제3항 전단에서 "대통령령으로 정하는 시설"이란 「대·중소기업 상생협력 촉진에 관한 법률」에 따라 위탁기업이 수탁기업에 설치하는 검사대 또는 연구시설을 말한다. (2019. 2. 12. 신설)

⑫ 법 제8조의 3 제3항을 적용받으려는 자는 투자완료일이 속하는 과세연도(법 제25조 제3항을 적용받으려는 경우에는 해당 투자가 이루어지는 각 과세연도를 말한다)에 과세표준신고와 함께 기획재정부령으로 정하는 세액공제신청서를 납세지 관할 세무서장에게 제출해야 한다. (2019. 2. 12. 신설)

⑬ 법 제8조의 3 제4항 전단에서 "연구시험용 시설 등 대통령령으로 정하는 자산"이란 반도체 관련 연구·교육에 직접 사용하기 위한 시설·장비로서 별표 1에 따른 시설·장비를 말한다. (2023. 2. 28. 신설)

⑭ 법 제8조의 3 제4항 전단에서 "대통령령으로 정하는 교육기관"이란 다음 각 호의 기관을 말한다. (2023. 2. 28. 신설)

1. 「고등교육법」 제2조 제4호에 따른 전문대학 (2023. 2. 28. 신설)
2. 「한국과학기술원법」에 따른 한국과학기술원, 「광주과학기술원법」에 따른 광주과학기술원, 「대구경북과학기술원법」에 따른 대구경북과학기술원 및 「울산과학기술원법」에 따른 울산과학기술원 (2023. 2. 28. 신설)
3. 「산업교육진흥 및 산학연협력촉진에 관한 법률」 제25조 제1항에 따른 산학협력단 (2023. 2. 28. 신설)
4. 다음 각 목의 학교 (2023. 2. 28. 신설)
　가. 「초·중등교육법 시행령」 제90조 제1항 제10호에 따른 산업수요 맞춤형 고등학교 (2023. 2. 28. 신설)
　나. 「초·중등교육법 시행령」 제91조 제1항에 따른 특성화고등학

교 (2023. 2. 28. 신설)

다. 「초·중등교육법 시행령」 제81조 제7항 제2호에 따른 학과가 설치된 일반고등학교 (2023. 2. 28. 신설)

5. 「국가첨단전략산업 경쟁력 강화 및 보호에 관한 특별조치법」 제38조 제1항에 따른 전략산업종합교육센터 (2023. 2. 28. 신설)

⑮ 법 제8조의 3 제4항에 따라 기증한 자산에 대하여 「법인세법」 제24조를 적용하는 경우에는 같은 법 시행령 제36조 제1항에 따라 가액을 산정한다. (2023. 2. 28. 신설)

⑯ 법 제8조의 3 제4항을 적용받으려는 내국법인은 과세표준신고를 할 때 기획재정부령으로 정하는 세액공제신청서를 납세지 관할 세무서장에게 제출해야 한다. (2023. 2. 28. 신설)

제3조【투자세액공제 제외 대상 리스】 법 제8조의 3 제3항 전단, 제24조 제1항 각 호 외의 부분 및 제26조 제1항 각 호 외의 부분 본문에서 "대통령령으로 정하는 리스"란 각각 내국인에게 자산을 대여하는 것으로서 기획재정부령으로 정하는 금융리스를 제외한 것을 말한다. (2021. 2. 17. 개정)

제8조의 4【중소기업의 결손금 소급공제에 따른 환급 특례】 중소기업에 해당하는 내국인은 2021년 12월 31일이 속하는 과세연도에 「소득세법」 제19조 제2항 및 「법인세법」 제14조 제2항에 따른 결손금이 발생한 경우 「소득세법」 제85조의 2 및 「법인세법」 제72조에도 불구하고 직전 2개 과세연도의 소득(거주자의 경우에는 해당 중소기업의 사업소득에 한정한다)에 대하여 부과된 소득세액 또는 법인세액을 한도로 대통령령으로 정하는 바에 따라 계산한 금액을 환급신청할 수 있다. (2021. 12. 28. 개정)

제7조의 3【중소기업의 결손금 소급공제에 따른 환급 특례】 ① 법 제8조의 4에서 "대통령령으로 정하는 바에 따라 계산한 금액"이란 다음 각 호의 구분에 따른 금액을 말한다. (2022. 2. 15. 개정)

1. 중소기업을 영위하는 자가 거주자인 경우 : 가목의 금액에서 나목의 금액을 차감한 금액 (2022. 2. 15. 개정)

가. 직전 또는 직전전 과세연도의 중소기업에 대한 종합소득산출세액 (2022. 2. 15. 개정)

나. 직전 또는 직전전 과세연도의 종합소득과세표준에서 2021년 12월 31일이 속하는 과세연도에 발생한 「소득세법」 제45조 제3항에 따른 이월결손금(같은 조 제2항의 부동산임대업에서 발생한 이월결손금은 제외한다)으로서 소급공제를 받으려는 금액(직전 또는 직전전 과세연도의 종합소득과세표준을 한도로 한다)을 차감한 금액에 직전 또는 직전전 과세연도의 세율을 각각 적용하여 계산한 해당 중소기업에 대한 종합소득산

제3조의 2【금융리스의 범위】 영 제3조에서 "기획재정부령으로 정하는 금융리스"란 다음 각 호의 어느 하나에 해당하는 경우의 자산 대여(이하 "리스"라 한다)를 말한다. (2011. 4. 7. 신설)

1. 리스기간[계약해지금지조건이 부가된 기간(명시적인 계약해지금지조건은 없으나 실질적으로 계약해지금지조건이 부가된 것으로 볼 수 있는 기간을 포함한다)을 말하며, 기간 종료시점에서 계약해지금지조건이 부가된 갱신계약의 약정이 있는 경우에는 그 약정에 따른 기간을 포함한다. 이하 이 조에서 같다] 종료 시 또는 그 이전에 리스이용자에게 해당 리스의 자산(이하 이 조에서 "리스자산"이라 한다)의 소유권을 무상 또는 당초 계약 시 정한 금액으로 이전할 것을 약정한 경우 (2011. 4. 7. 신설)

2. 리스기간 종료 시 리스자산을 취득가액의 100분의 10 이하의 금액으로 구매할

출세액 (2022. 2. 15. 개정)

2. 중소기업을 영위하는 자가 내국법인인 경우 : 가목의 금액에서 나목의 금액을 차감한 금액 (2022. 2. 15. 개정)

　가. 직전 또는 직전전 과세연도의 법인세 산출세액 (2022. 2. 15. 개정)

　나. 직전 또는 직전전 과세연도의 과세표준에서 2021년 12월 31일이 속하는 과세연도에 발생한 「법인세법」 제14조 제2항에 따른 결손금으로서 소급공제를 받으려는 금액(직전 또는 직전전 과세연도의 과세표준을 한도로 한다)을 차감한 금액에 직전 또는 직전전 과세연도의 세율을 각각 적용하여 계산한 금액 (2022. 2. 15. 개정)

② 법 제8조의 4에 따라 결손금을 소급공제하는 경우 직전 과세연도와 직전전 과세연도 각각에 해당 중소기업의 사업소득에 대한 소득세 또는 법인세의 납부세액이 있는 경우에는 직전전 과세연도의 해당 사업소득에 대한 소득세 또는 법인세의 과세표준에서 결손금을 먼저 공제한다. (2022. 2. 15. 개정)

③ 법 제8조의 4에 따라 결손금소급공제세액을 환급받으려는 자는 「소득세법」 제70조·제70조의 2·제74조에 따른 과세표준확정신고기간 또는 「법인세법」 제60조에 따른 신고기간 내에 기획재정부령으로 정하는 결손금 소급공제 세액 환급 특례 신청서를 납세지 관할 세무서장에게 제출해야 한다. (2022. 2. 15. 개정)

④ 법 제8조의 4 제5항 제1호에 해당하여 결손금이 감소된 경우 징수하는 환급세액의 계산은 다음 계산식에 따른다. 다만, 제1항의 결손금 중 그 일부 금액만을 소급공제 받은 경우에는 소급공제 받지 않은 결손금이 먼저 감소된 것으로 본다. (2020. 6. 2. 신설)

$$\text{법 제8조의 4 제3항에 따른 환급세액(이하 이 조에서 "당초 환급세액"이라 한다)} \times \frac{\text{감소된 결손금액으로서 소급공제 받지 않은 결손금을 초과하는 금액}}{\text{소급공제 받은 결손금}}$$

⑤ 법 제8조의 4 제5항 각 호 외의 부분에서 "대통령령으로 정하는 바에 따라 계산한 이자상당액"이란 제1호의 금액에 제2호의 율을 곱하여 계산한 금액을 말한다. (2020. 6. 2. 신설)

1. 법 제8조의 4 제5항에 따른 환급세액 (2020. 6. 2. 신설)

2. 당초 환급세액의 통지일의 다음 날부터 법 제8조의 4 제5항에 따라 징수하는 금액의 고지일까지의 기간에 대하여 1일 10만분의 25의 율. 다만, 납세자가 소득세액 또는 법인세액을 과다하게 환급받은 데 정당한 사유가 있는 때에는 「국세기본법 시행령」 제43조의 3 제2항 본문에 따른 이자율을 적용한다. (2020. 6. 2. 신설)

수 있는 권리가 리스실행일 현재 리스이용자에게 주어진 경우 또는 취득가액의 100분의 10 이하의 금액을 갱신계약의 원금으로 하여 리스계약을 갱신할 수 있는 권리가 리스실행일 현재 리스이용자에게 주어진 경우 (2011. 4. 7. 신설)

3. 리스기간이 「법인세법 시행규칙」 별표 5 및 별표 6에 규정된 리스자산의 자산별·업종별(리스이용자의 업종에 의한다) 기준내용연수의 100분의 75 이상인 경우 (2011. 4. 7. 신설)

4. 리스실행일 현재 최소리스료를 기업회계기준에 따라 현재가치로 평가한 가액이 해당 리스자산의 장부가액의 100분의 90 이상인 경우 (2011. 4. 7. 신설)

5. 리스자산의 용도가 리스이용자만의 특정 목적에 한정되어 있고, 다른 용도로의 전용(轉用)에 과다한 비용이 발생하여 사실상 전용이 불가능한 경우 (2011. 4. 7. 신설)

제 2 절 연구 및 인력개발에 대한 조세특례 (2002. 12. 11. 제목개정)

제9조【연구·인력개발준비금의 손금산입】① 내국인이 2013년 12월 31일 이전에 끝나는 과세연도까지 연구개발 및 인력개발(이하 "연구·인력개발"이라 한다)에 필요한 비용에 충당하기 위하여 연구·인력개발준비금을 적립한 경우에는 해당 과세연도의 수입금액(「법인세법」 제43조의 기업회계기준에 따라 계산한 매출액을 말한다. 이하 제10조에서 같다)에 100분의 3을 곱하여 산출한 금액의 범위에서 해당 과세연도의 소득금액을 계산할 때 해당 금액을 손금에 산입한다. (2011. 12. 31. 개정)

② 제1항에 따라 손금에 산입한 연구·인력개발준비금은 다음 각 호에 따라 익금에 산입한다. (2010. 1. 1. 개정)

1. 해당 준비금을 손금에 산입한 과세연도가 끝나는 날 이후 3년이 되는 날이 속하는 과세연도가 끝나는 날까지 연구·인력개발에 필요한 비용(새로운 서비스 및 서비스 전달체계를 개발하기 위한 연구개발의 경우 자체 연구개발에 필요한 비용만 해당한다) 중 대통령령으로 정하는 비용(이하 "연구·인력개발비"라 한다)에 사용한 금액에 상당하는 준비금은 그 3년이 되는 날이 속하는 과세연도부터 각 과세연도의 소득금액을 계산할 때 그 준비금을 36으로 나눈 금액에 해당 과세연도의 개월 수를 곱하여 산출한 금액을 익금에 산입한다. (2011. 12. 31. 개정)

2. 손금에 산입한 준비금이 제1호에 따라 익금에 산입할 금액을 초과하면 그 초과하는 부분에 상당하는 준비금은 그 준비금을 손금에 산입한 과세연도가 끝나는 날 이후 3년이 되는 날이 속하는 과세연도의 소득금액을 계산할 때 익금에 산입한다. 다만, 준비금을 손금에 산입한 후 사업계획 등이 변경되어 연구·인력개발에 사용하지 아니하게 된 금액은 그 3년이 되는 날이 속하는 과세연도 전에 익금에 산입할 수 있다. (2010. 1. 1. 개정)

③ 제1항에 따라 손금에 산입한 연구·인력개발준비금이 있는 내국인에게 다음 각 호의 어느 하나에 해당하는 사유가 발생하면 그 사유가 발생한 날이 속하는 과세연도의 소득금액을 계산할 때 익금에 산입하지 아니한 연구·인력개발준비금 전액을 익금에 산입한다. (2010. 1. 1. 개정)

1. 해당 사업을 폐업하였을 때 (2010. 1. 1. 개정)

2. 법인이 해산하였을 때. 다만, 합병 또는 분할(분할합병을 포함한다)로 인하여 해산하는 경우로서 합병법인, 분할로 인하여 신설되는 법인 또는 분할합병의 상대방 법인이 해당 연구·인력개발준비금을 승계한 때에는 그러하지 아니하다. (2010. 1. 1. 개정)

④ 제2항 제2호 또는 제3항에 따라 연구·인력개발준비금을 익금에 산입하는 경우 해당 준비금 중 연구·인력개발에 사용하지 아니한 금액에 상당하는 준비금에 대해서는 해당 과세연도 과세표준신고를 할 때 대통령령으로 정하는 바에 따라 계산한 이자상당 가산액을 소득세 또는 법인세로 납부하여야 하며 해당 세액은 「소득세법」 제76조 또는

제 2 절 연구 및 인력개발에 대한 조세특례 (2002. 12. 30. 제목개정)

제8조【연구 및 인력개발준비금의 범위 등】① 법 제9조 제2항 제1호에서 "대통령령으로 정하는 비용"이란 법 제9조 제5항에 따른 연구개발 및 인력개발을 위한 비용으로서 별표 6의 비용을 말한다. 다만, 다음 각 호에 해당하는 비용은 제외한다. (2013. 2. 15. 단서신설)

1. 법 제10조의 2에 따른 연구개발출연금등을 지급받아 연구개발비로 지출하는 금액 (2013. 2. 15. 신설)

2. 국가, 지방자치단체, 「공공기관의 운영에 관한 법률」에 따른 공공기관 및 「지방공기업법」에 따른 지방공기업으로부터 연구개발 또는 인력개발 등을 목적으로 출연금 등의 자산을 지급받아 연구개발비 또는 인력개발비로 지출하는 금액 (2019. 2. 12. 개정)

② 제1항의 연구개발에는 다음 각 호의 활동을 포함하지 아니한다. (2012. 2. 2. 개정)

1. 일반적인 관리 및 지원활동 (2009. 2. 4. 신설)

2. 시장조사와 판촉활동 및 일상적인 품질시험 (2009. 2. 4. 신설)

3. 반복적인 정보수집 활동 (2009. 2. 4. 신설)

4. 경영이나 사업의 효율성을 조사·분석하는 활동 (2009. 2. 4. 신설)

5. 특허권의 신청·보호 등 법률 및 행정 업무 (2009. 2. 4. 신설)

6. 광물 등 자원 매장량 확인, 위치확인 등을 조사·탐사하는 활동 (2009. 2. 4. 신설)

7. 위탁받아 수행하는 연구활동 (2009. 2. 4. 신설)

8. 이미 기획된 콘텐츠·소프트웨어 등을 제작하는 활동 (2019. 2. 12. 신설)

③ 법 제9조 제4항에서 "대통령령으로 정하는 바에 따라 계산한 이자상당가산액"이란 제1호의 금액에 제2호의 기간과 제3호의 율을 곱하여 계산한 금액을 말한다. (2012. 2. 2. 개정)

1. 연구·인력개발준비금을 손금에 산입한 과세연도에 그 준비금을 손금에 산입하지 아니하고 계산한 소득세액 또는 법인세액에서 그 준비금을 손금에 산입하여 계산한 소득세액 또는 법인세액을 뺀 금액 (2012. 2. 2. 개정)

2. 손금에 산입한 과세연도의 다음 과세연도의 개시일부터 익금에 산입한 과세연도의 종료일까지의 기간 (2012. 2. 2. 개정)

3. 1일 10만분의 25 (2019. 2. 12. 개정)

④ 법 제9조 제1항을 적용받으려는 내국인은 과세표준신고와 함께 기획재정부령으로 정하는 연구·인력개발준비금 명세서를 제출하여야 한다. (2012. 2. 2. 개정)

제8조【연구 및 인력개발준비금의 범위 등】삭 제 (2020. 2. 11.)

관련법령 ≫

규칙 61조 1항 3호의 3 ⇒ 연구·인력개발준비금 명세서(별지 2호의 3 서식)

「법인세법」 제64조에 따라 납부하여야 할 세액으로 본다. (2010. 1. 1. 개정)
⑤ 제1항에 따른 연구개발은 과학적 또는 기술적 진전을 이루기 위한 활동과 새로운 서비스 및 서비스 전달체계를 개발하기 위한 활동을 말하고, 인력개발은 내국인이 고용하고 있는 임원 또는 사용인을 교육·훈련시키는 활동을 말하며 그 구체적인 범위는 대통령령으로 정한다. (2011. 12. 31. 개정)
⑥ 제1항을 적용받으려는 내국인은 대통령령으로 정하는 바에 따라 연구·인력개발준비금 명세서를 제출하여야 한다. (2010. 1. 1. 개정)

제9조 【연구·인력개발준비금의 손금산입】 삭 제 (2019. 12. 31.)

제10조 【연구·인력개발비에 대한 세액공제】　[농특비]

① 내국인의 연구개발 및 인력개발을 위한 비용 중 대통령령으로 정하는 비용(이하 "연구·인력개발비"라 한다)이 있는 경우에는 다음 각 호의 금액을 합한 금액을 해당 과세연도의 소득세(사업소득에 대한 소득세만 해당한다) 또는 법인세에서 공제한다. 이 경우 제1호 및 제2호는 2024년 12월 31일까지 발생한 해당 연구·인력개발비에 대해서만 적용하며, 제1호 및 제2호를 동시에 적용받을 수 있는 경우에는 납세의무자의 선택에 따라 그 중 하나만을 적용한다. (2021. 12. 28. 개정)
① 내국인의 연구개발 및 인력개발을 위한 비용 중 대통령령으로 정하는 비용(이하 "연구·인력개발비"라 한다)이 있는 경우에는 다음 각 호의 금액을 합한 금액을 해당 과세연도의 소득세(사업소득에 대한 소득세만 해당한다) 또는 법인세에서 공제한다. 이 경우 제1호 및 제2호는 2027년 12월 31일까지 발생한 해당 연구·인력개발비에 대해서만 적용하며, 제1호 및 제2호를 동시에 적용받을 수 있는 경우에는 납세의무자의 선택에 따라 그 중 하나만을 적용한다. (2024. 12. 31. 후단개정)

[개정취지] ·····

연구·인력개발비에 대한 세액공제 확대

• 중소기업이 매출액 증가 등으로 중소기업에 해당하지 아니하게 된 경우 그 해당하지 아니하게 된 과세연도 개시일부터 3년 이내에 끝나는 과세연도까지 연구·인력개발비에 대한 세액공제를 신성장·원천기술연구개발비는 25%로, 국가전략기술연구개발비는 35%로 일반 중견기업 대비 5% 상향하고, 일반연구·인력개발비는 15%에서 20%로 상향함. (법 10조 1항 개정 ; 2024. 12. 31.)
• 법 10조 1항 1호 가목 2), 같은 항 제2호 가목 2) 및 같은 항 제3호 나목 2)의 개정규정은 2025. 1. 1. 이후 개시하는 과세연도에 최초로 중소기업에 해당하지 아니하게 된 경우부터 적용함. (법 부칙(2024. 12. 31.) 3조 1항)
• 2024. 12. 31.이 속하는 과세연도에 발생한 코스닥상장중견기업의 연구·인력개발비에 대해서는 법 10조 1항 1호 가목 2) 및 같은 호 나목 단서의 개정규정에도 불구하고 종전의 규정에 따름. (법 부칙(2024. 12.

제9조 【연구 및 인력개발비에 대한 세액공제】 ① 법 제10조 제1항 각 호 외의 부분 전단에서 "대통령령으로 정하는 비용"이란 연구개발 및 인력개발을 위한 비용으로서 별표 6의 비용을 말한다. 다만, 다음 각 호에 해당하는 비용은 제외한다. (2020. 2. 11. 신설)

[편주] ▶

영 별표 6의 개정규정은 2024. 2. 29.이 속하는 과세연도부터 적용함. (영 부칙(2024. 2. 29.) 14조)

·····

1. 법 제10조의 2 제1항에 따른 연구개발출연금 등을 지급받아 연구개발비로 지출하는 금액 (2022. 2. 15. 개정)
2. 국가, 지방자치단체, 「공공기관의 운영에 관한 법률」에 따른 공공기관 및 「지방공기업법」에 따른 지방공기업으로부터 출연금 등의 자산을 지급받아 연구개발비 또는 인력개발비로 지출하는 금액 (2023. 2. 28. 개정)

제7조 【연구 및 인력개발비의 범위】

① 영 별표 6 제1호 가목 1) 가)부터 다)까지 외의 부분 본문에서 "기획재정부령으로 정하는 연구소 또는 전담부서"란 다음 각 호의 어느 하나에 해당하는 연구소 및 전담부서(이하 "전담부서등"이라 한다)를 말하며, 영 별표 6 제1호 가목 1) 가)부터 다)까지 외의 부분 본문에 따른 연구개발서비스업이란 「연구산업진흥법」에 따른 전문연구사업자가 영위하는 같은 법 제2조 제1호 가목의 연구산업(이하 이 조에서 "연구개발서비스업"이라 한다)을 말한다. (2022. 3. 18. 개정)

1. 「기초연구진흥 및 기술개발지원에 관한 법률」 제14조의 2 제1항에 따라 과학기술정보통신부장관의 인정을 받은 기업부설연구소 또는 연구개발전담부서 (2019. 3. 20. 직제개정)
2. 「문화산업진흥 기본법」 제17조의 3 제1항에 따른 기업부설창작연구소 또는 기업창작전담부서 (2015. 3. 13. 개정)
3. 「산업디자인진흥법」 제9조에 따른 산업디자인전문회사(이하 이 조에서 "산업디자인전문회사"라 한다) (2019. 3. 20. 신설)

② 영 제9조 제3항 제1호 가목 본문에서 "기획재정

① 내국인의 연구개발 및 인력개발을 위한 비용 중 대통령령으로 정하는 비용(이하 "연구·인력개발비"라 한다)이 있는 경우에는 다음 각 호의 금액을 합한 금액을 해당 과세연도의 소득세(사업소득에 대한 소득세만 해당한다) 또는 법인세에서 공제한다. 이 경우 제1호 및 제2호는 2029년 12월 31일(제2호의 국가전략기술 중 반도체 분야 기술의 경우 2031년 12월 31일)까지 발생한 해당 연구·인력개발비에 대해서만 적용하며, 제1호 및 제2호를 동시에 적용받을 수 있는 경우에는 납세의무자의 선택에 따라 그 중 하나만을 적용한다. (2025. 3. 14. 후단개정)
1. 연구·인력개발비 중 미래 유망성 및 산업 경쟁력 등을 고려하여 지원할 필요성이 있다고 인정되는 기술로서 대통령령으로 정하는 기술(이하 "신성장·원천기술"이라 한다)을 얻기 위한 연구개발비(이하 이 조에서 "신성장·원천기술연구개발비"라 한다)에 대해서는 해당 과세연도에 발생한 신성장·원천기술연구개발비에 가목의 비율과 나목의 비율을 더한 비율을 곱하여 계산한 금액 (2021. 12. 28. 개정)
　가. 기업유형에 따른 비율 (2017. 12. 19. 개정)
　　1) 중소기업에 해당하는 경우 : 100분의 30 (2017. 12. 19. 개정)
　　2) 그 밖의 경우 : 100분의 20[대통령령으로 정하는 중견기업(이하 이 조에서 "중견기업"이라 한다) 중 「자본시장과 금융투자업에 관한 법률」에 따른 코스닥시장에 상장한 중견기업(이하 이 조에서 "코스닥상장중견기업"이라 한다)의 경우 100분의 25] (2017. 12. 19. 개정)
　　2) 그 밖의 경우 : 100분의 20(중소기업이 대통령령으로 정하는 바에 따라 최초로 중소기업에 해당하지 아니하게 된 경우에는 최초로 중소기업에 해당하지 아니하게 된 과세연도의 개시일부터 3년 이내에 끝나는 과세연도까지 100분의 25) (2024. 12. 31. 개정)
　나. 해당 과세연도의 수입금액(「법인세법」 제43조의 기업회계기준에 따라 계산한 매출액을 말한다. 이하 이 조에서 같다)에서 신성장·원천기술연구개발비가 차지하는 비율에 대통령령으로 정하는 일정배수를 곱한 비율. 다만, 100분의 10(코스닥상장중견기업의 경우 100분의 15)을 한도로 한다. (2021. 12. 28. 개정)
　나. 해당 과세연도의 수입금액(「법인세법」 제43조의 기업회계기준에 따라 계산한 매출액을 말한다. 이하 이 조에서 같다)에서 신

② 법 제10조 제1항 제1호 각 목 외의 부분에서 "대통령령으로 정하는 기술"이란 별표 7에 따른 기술(이하 "신성장·원천기술"이라 한다)을 말한다. (2022. 2. 15. 신설)

개정취지

신성장·원천기술 및 국가전략기술의 범위 확대
• 신성장·원천기술의 범위에 그린수소 생산 해양 플랫폼 설계기술 등을 추가하고, 국가전략기술의 범위에 3D 적층형 반도체 설계·제조 기술 등을 추가하는 등 연구·인력개발비 세액공제의 대상이 되는 신성장·원천기술과 국가전략기술 범위를 확대함. (영 별표 7 개정 ; 2025. 2. 28.)
• 영 별표 7의 개정규정은 2025. 1. 1. 이후 발생하는 연구개발비부터 적용함. (영 부칙(2025. 2. 28.) 21조)

③ 법 제10조 제1항 제1호 각 목 외의 부분에 따른 신성장·원천기술을 얻기 위한 연구개발비(이하 이 조에서 "신성장·원천기술연구개발비"라 한다)는 다음 각 호의 구분에 따른 비용을 말한다. (2022. 2. 15. 개정)
1. 자체 연구개발의 경우 : 다음 각 목의 비용 (2017. 2. 7. 개정)
　가. 기획재정부령으로 정하는 연구소 또는 전담부서에서 신성장·원천기술의 연구개발업무(이하 이 조에서 "신성장·원천기술연구개발업무"라 한다)에 종사하는 연구원 및 이들의 연구개발업무를 직접적으로 지원하는 사람에 대한 인건비. 다만, 기획재정부령으로 정하는 사람에 대한 인건비는 제외한다. (2022. 2. 15. 개정)
　가. 기획재정부령으로 정하는 연구소 또는 전담부서에서 신성장·원천기술의 연구개발업무(이하 이 조에서 "신성장·원천기술연구개발업무"라 한다)에 종사하는 연구원 및 이들의 연구개발업무를 직접

부령으로 정하는 연구소 또는 전담부서"란 전담부서등 및 연구개발서비스업을 영위하는 기업으로서 영 별표 7에 따른 신성장·원천기술의 연구개발업무(이하 이 조에서 "신성장·원천기술연구개발업무"라 한다)만을 수행하는 국내 소재 전담부서등 및 연구개발서비스업을 영위하는 기업(이하 이 조에서 "신성장·원천기술연구개발 전담부서등"이라 한다)을 말한다. 다만, 일반연구개발을 수행하는 전담부서등 및 연구개발서비스업을 영위하는 기업의 경우에는 다음 각 호의 구분에 따른 조직을 신성장·원천기술연구개발 전담부서등으로 본다. (2022. 3. 18. 개정)
1. 신성장·원천기술연구개발업무에 관한 별도의 조직을 구분하여 운영하는 경우 : 그 내부 조직 (2022. 3. 18. 개정)
2. 제1호 외의 경우 : 신성장·원천기술연구개발업무 및 일반연구개발을 모두 수행하는 전담부서등 및 연구개발서비스업을 영위하는 기업 (2022. 3. 18. 개정)

② 영 제9조 제3항 제1호 가목 및 같은 조 제7항 제1호 가목에서 "기획재정부령으로 정하는 연구소 또는 전담부서"란 각각 전담부서등 및 연구개발서비스업을 영위하는 기업을 말한다. (2025. 3. 21. 개정)

편주

규칙 7조 2항·4항·6항·10항·15항 및 16항 1호·2호의 개정규정은 2025. 3. 21.이 속하는 과세연도에 발생하는 연구 및 인력개발비부터 적용함. (규칙 부칙(2025. 3. 21.) 2조)

③ 영 별표 6 제1호 가목 1) 가)부터 다)까지 외의 부분 본문에서 "기획재정부령으로 정하는 자"란 전담부서등에서 연구업무에 종사하는 「기초연구진흥 및 기술개발지원에 관한 법률 시행령」에 따른 연구전담요원(산업디자인전문회사의 경우 연구업무에 종사하는 「산업디자인진흥법 시행규칙」 제9

성장·원천기술연구개발비가 차지하는 비율에 대통령령으로 정하는 일정배수를 곱한 비율. 다만, 100분의 10을 한도로 한다. (2024. 12. 31. 단서개정)

통칙 10-9…3 【분할 등이 속하는 사업연도에 발생한 연구 및 인력개발비 계산】
법 제10조 제1항 각 호에 따른 "해당 과세연도에 발생한 연구 및 인력개발비"를 계산함에 있어서 내국법인이 분할·분할합병·사업양도 또는 현물출자(이하 "분할 등"이라 함)를 한 후 존속하는 경우 분할·분할합병·사업양도 또는 현물출자일(이하 "분할일 등"이라 함)이 속하는 사업연도 개시일부터 분할일 등의 전일까지 분할 등을 하기전 분할법인·사업양도법인 또는 현물출자법인으로부터 발생한 연구 및 인력개발비는 분할 등을 한 후 분할법인·사업양도법인 또는 현물출자법인에서 발생한 것으로 본다. (2024. 3. 15. 개정)

통칙 10-9…1 【연구·인력개발비의 범위】 (2005. 7. 7. 제목개정)
① 삭　제 (2011. 2. 1.)
② 규칙 제7조 제8항 제1호에 따른 위탁훈련비에는 국외훈련에 따르는 체류경비는 포함되지 아니한다. (2019. 12. 23. 개정)
③ 규칙 제7조 제8항에 따른 위탁훈련비에는 경리·인사·총무 등 관리부분에 종사하는 종업원에 대한 자체·위탁교육비 등은 포함되지 아니한다. (2019. 12. 23. 개정)
④ 삭　제 (2024. 3. 15.)
10-9…4 【연구 및 인력개발비의 용어정의 등】 (2024. 3. 15. 번호개정)
영 별표 6 제1호 가목의 자체연구개발을 위한 비용에는 전담부서에서 사용

적으로 지원하는 사람(기획재정부령으로 정하는 사람은 제외한다)에 대한 별표 6 제1호 가목 1)의 인건비 및 같은 목 2)의 사회보험료 상당액 (2025. 2. 28. 개정)

나. 신성장·원천기술연구개발업무를 위하여 사용하는 견본품, 부품, 원재료와 시약류 구입비 및 소프트웨어(「문화산업진흥 기본법」 제2조 제2호에 따른 문화상품 제작을 목적으로 사용하는 경우에 한정한다)·서체·음원·이미지의 대여·구입비 (2020. 2. 11. 개정)
나. 신성장·원천기술연구개발업무를 위하여 지출하는 별표 6 제1호 가목 3)부터 5)까지 및 같은 호 다목부터 사목까지의 비용 (2025. 2. 28. 개정)

개정취지 ···
연구개발비 세액공제 대상 확대
• 신성장·원천기술연구개발업무 또는 국가전략기술연구개발업무를 위해 지출하는 연구시설 임차료, 소프트웨어 대여·구입비 및 클라우드 이용료를 세액공제 대상에 추가함. (영 9조 3항 1호 나목 개정 ; 2025. 2. 28.)
• 영 9조 3항 1호 나목, 같은 조 7항 1호 나목, 별표 6 제1호 가목 3)·5) 및 같은 표 2호 차목의 개정규정은 2025. 2. 28.이 속하는 과세연도에 발생하는 연구 및 인력개발비부터 적용함. (영 부칙(2025. 2. 28.) 3조 1항)
··

2. 위탁 및 공동연구개발의 경우 : 기획재정부령으로 정하는 기관에 신성장·원천기술연구개발업무를 위탁(재위탁을 포함한다)함에 따라 발생하는 비용(전사적 기업자원 관리설비, 판매시점 정보관리 시스템 설비 등 기업의 사업운영·관리·지원 활동과 관련된 시스템 개발을 위한 위탁비용은 제외한다) 및 이들 기관과의 공동연구개발을 수행함에 따라 발생하는 비용 (2022. 2. 15. 개정)
④ 법 제10조 제1항 제3호 가목에서 "대통령령으로 정하는 중견기업"이란 다음 각 호의 요건을 모두 갖춘 기업을 말한다. (2025. 2. 28. 개정)
1. 중소기업이 아닐 것 (2013. 2. 15. 신설)
1의 2. 「중견기업 성장촉진 및 경쟁력 강화에 관한 특별법 시행령」 제2조 제1항 제1호 또는 제2호에 해당하는 기관이 아닐 것 (2023. 2. 28. 신설)
2. 다음 각 목의 어느 하나에 해당하는 업종을 주된 사업으로 영위하지 아니할 것. 이 경우 둘 이상의 서로 다른 사업을 영위하는 경우에는 사업별 사업수입금액이 큰 사업을 주된 사업으로 본다. (2019. 2.

조 제1항 제1호에 따른 전문인력을 말한다. 이하 이 조에서 같다) 및 「기초연구진흥 및 기술개발지원에 관한 법률 시행령」에 따른 연구보조원과 연구개발서비스업에 종사하는 전담요원을 말한다. 다만, 주주인 임원으로서 다음 각 호의 어느 하나에 해당하는 자는 제외한다. (2022. 3. 18. 개정)
1. 부여받은 주식매수선택권을 모두 행사하는 경우 해당 법인의 총발행주식의 100분의 10을 초과하여 소유하게 되는 자 (2022. 3. 18. 개정)
2. 해당 법인의 주주로서 「법인세법 시행령」 제43조 제7항에 따른 지배주주등 및 해당 법인의 총발행주식의 100분의 10을 초과하여 소유하는 주주 (2022. 3. 18. 개정)
3. 제2호에 해당하는 자(법인을 포함한다)의 「소득세법 시행령」 제98조 제1항 또는 「법인세법 시행령」 제2조 제8항에 따른 특수관계인. 이 경우 「법인세법 시행령」 제2조 제8항 제7호에 해당하는 자가 해당 법인의 임원인 경우를 제외한다. (2025. 3. 21. 개정)
④ 영 제9조 제3항 제1호 가목 단서에서 "기획재정부령으로 정하는 사람"이란 다음 각 호의 어느 하나에 해당하는 사람을 말한다. (2022. 3. 18. 개정)
1. 주주인 임원으로서 제3항 각 호의 어느 하나에 해당하는 사람 (2019. 3. 20. 신설)
2. 제2항 제2호에 해당하는 경우로서 신성장·원천기술연구개발업무와 일반연구개발을 동시에 수행한 사람 (2022. 3. 18. 개정)
④ 영 제9조 제3항 제1호 가목에서 "기획재정부령으로 정하는 사람"이란 영 별표 7에 따른 신성장·원천기술의 연구개발업

하는 사무용품비등 소모품비와 복리후생비를 포함하지 아니한다. (2024. 3. 15. 개정)

1.~3. 삭 제 (2024. 3. 15.)

② 삭 제 (2011. 2. 1.)

☞

2. 연구·인력개발비 중 반도체, 이차전지, 백신, 디스플레이, 수소, 미래형 이동수단, 바이오의약품 및 그 밖에 대통령령으로 정하는 분야와 관련된 기술로서 국가안보 차원의 전략적 중요성이 인정되고 국민경제 전반에 중대한 영향을 미치는 대통령령으로 정하는 기술(이하 "국가전략기술"이라 한다)을 얻기 위한 연구개발(이하 이 조에서 "국가전략기술연구개발"이라 한다)에 대해서는 해당 과세연도에 발생한 국가전략기술연구개발비에 가목의 비율과 나목의 비율을 더한 비율을 곱하여 계산한 금액 (2023. 12. 31. 개정)

2. 연구·인력개발비 중 반도체, 이차전지, 백신, 디스플레이, 수소, 미래형 운송 및 이동수단, 바이오의약품, 인공지능 및 그 밖에 대통령령으로 정하는 분야와 관련된 기술로서 국가안보 차원의 전략적 중요성이 인정되고 국민경제 전반에 중대한 영향을 미치는 대통령령으로 정하는 기술(이하 "국가전략기술"이라 한다)을 얻기 위한 연구개발비(이하 이 조에서 "국가전략기술연구개발비"라 한다)에 대해서는 해당 과세연도에 발생한 국가전략기술연구개발비에 가목의 비율과 나목의 비율을 더한 비율을 곱하여 계산한 금액 (2025. 3. 14. 개정)

개정취지·····························
국가전략기술의 범위 확대
- 국가전략기술의 범위에 미래형 운송수단과 인공지능을 추가함. (법 10조 1항 개정 ; 2025. 3. 14.)
- 법 10조 1항 2호 각 목 외의 부분의 개정규정은 2025. 1. 1. 이후 발생한 연구개발비부터 적용함. (법 부칙(2025. 3. 14.) 3조 1항)
- 법 10조 1항 2호 각 목 외의 부분의 개정규정과 관련된 국가전략기술사업화시설 및 국가전략기술연구개발시설 투자에 대하여 법 24조의 통합투자세액공제

---

12. 후단신설)

　가. 제29조 제3항에 따른 소비성서비스업 (2017. 2. 7. 개정)

　나. 「중견기업 성장촉진 및 경쟁력 강화에 관한 특별법 시행령」 제2조 제2항 제2호 각 목의 업종 (2017. 2. 7. 개정)

　다. 부동산 임대업 (2025. 2. 28. 신설)

3. 소유와 경영의 실질적인 독립성이 「중견기업 성장촉진 및 경쟁력 강화에 관한 특별법 시행령」 제2조 제2항 제1호에 적합할 것 (2017. 2. 7. 개정)

4. 직전 3개 과세연도의 매출액(매출액은 제2조 제4항에 따른 계산방법으로 산출하며, 과세연도가 1년 미만인 과세연도의 매출액은 1년으로 환산한 매출액을 말한다)의 평균금액이 5천억원 미만인 기업일 것 (2015. 2. 3. 개정)

5. 「법인세법 시행령」 제42조 제2항 각 호의 요건을 모두 갖춘 내국법인이 아닐 것 (2025. 2. 28. 신설)

⑤ 법 제10조 제1항 제1호 나목 본문 및 같은 항 제2호 나목에서 "대통령령으로 정하는 일정배수"란 각각 3배를 말한다. (2022. 2. 15. 신설)

⑥ 법 제10조 제1항 제2호 각 목 외의 부분에서 "대통령령으로 정하는 기술"이란 별표 7의 2에 따른 기술(이하 "국가전략기술"이라 한다)을 말한다. (2022. 2. 15. 신설)

개정취지·····························
신성장·원천기술 및 국가전략기술의 범위 확대
- 신성장·원천기술의 범위에 그린수소 생산 해양 플랫폼 설계기술 등을 추가하고, 국가전략기술의 범위에 3D 적층형 반도체 설계·제조 기술 등을 추가하는 등 연구·인력개발비 세액공제의 대상이 되는 신성장·원천기술과 국가전략기술 범위를 확대함. (영 별표 7의 2 개정 ; 2025. 2. 28.)
- 영 별표 7의 2의 개정규정은 2025. 1. 1. 이후 발생하는 연구개발비부터 적용함. (영 부칙(2025. 2. 28.) 22조)
···

⑦ 법 제10조 제1항 제2호 각 목 외의 부분에 따른 국가전략기술을 얻기 위한 연구개발비(이하 이 조에서 "국가전략기술연구개발비"라 한다)는 다음 각 호의 구분에 따른 비용을 말한다. (2022. 2. 15. 신설)

무(이하 이 조에서 "신성장·원천기술연구개발업무"라 한다)와 영 별표 7의 2에 따른 국가전략기술의 연구개발업무(이하 이 조에서 "국가전략기술연구개발업무"라 한다) 또는 일반연구개발업무를 동시에 수행한 사람으로서 신성장·원천기술연구개발업무 근무시간 및 국가전략기술연구개발업무 근무시간이 전체 연구개발업무 근무시간의 100분의 50 이하인 사람을 말한다. (2025. 3. 21. 개정)

⑤ 영 별표 6 제1호 라목에서 "기획재정부령으로 정하는 비용"이란 다음 각 호의 어느 하나에 해당하는 자로부터 산업기술에 관한 자문을 받고 지급하는 기술자문료를 말한다. (2022. 3. 18. 개정)

1. 과학기술분야를 연구하는 국·공립연구기관, 정부출연연구기관, 국내외 비영리법인(부설연구기관을 포함한다), 「산업기술혁신 촉진법」 제42조에 따른 전문생산기술연구소 등 기업이 설립한 국내외 연구기관, 전담부서등 또는 국외기업에 부설된 연구기관에서 연구업무에 직접 종사하는 연구원 (2020. 3. 13. 개정)

2. 「고등교육법」 제2조에 따른 대학(교육대학 및 사범대학을 포함한다) 또는 전문대학에 근무하는 과학기술분야의 교수(조교수 이상인 자에 한한다) (2020. 3. 13. 개정)

3. 외국에서 다음 각 목의 어느 하나에 해당하는 산업분야에 5년 이상 종사하였거나 학사학위 이상의 학력을 가지고 해당 분야에 3년 이상 종사한 외국

[법]

를 적용할 때에는 2025. 1. 1. 이후 국가전략기술사업화시설 및 국가전략기술연구개발시설에 투자하는 경우부터 적용함. (법 부칙(2025. 3. 14.) 3조 2항)

가. 기업유형에 따른 비율 (2021. 12. 28. 신설)
　1) 중소기업에 해당하는 경우 : 100분의 40 (2021. 12. 28. 신설)
　2) 그 밖의 경우 : 100분의 30 (2021. 12. 28. 신설)
　2) 그 밖의 경우 : 100분의 30(중소기업이 대통령령으로 정하는 바에 따라 최초로 중소기업에 해당하지 아니하게 된 경우에는 최초로 중소기업에 해당하지 아니하게 된 과세연도의 개시일부터 3년 이내에 끝나는 과세연도까지 100분의 35) (2024. 12. 31. 개정)
나. 해당 과세연도의 수입금액에서 국가전략기술연구개발비가 차지하는 비율에 대통령령으로 정하는 일정배수를 곱한 비율(100분의 10을 초과하는 경우에는 100분의 10으로 한다) (2021. 12. 28. 신설)
3. 제1호 및 제2호에 해당하지 아니하거나 제1호 및 제2호를 선택하지 아니한 내국인의 연구ㆍ인력개발비(이하 이 조에서 "일반연구ㆍ인력개발비"라 한다)의 경우에는 다음 각 목 중에서 선택하는 어느 하나에 해당하는 금액. 다만, 해당 과세연도의 개시일부터 소급하여 4년간 일반연구ㆍ인력개발비가 발생하지 아니하거나 직전 과세연도에 발생한 일반연구ㆍ인력개발비가 해당 과세연도의 개시일부터 소급하여 4년간 발생한 일반연구ㆍ인력개발비의 연평균 발생액보다 적은 경우에는 나목에 해당하는 금액 (2021. 12. 28. 개정)
가. 해당 과세연도에 발생한 일반연구ㆍ인력개발비가 직전 과세연도에 발생한 일반연구ㆍ인력개발비를 초과하는 경우 그 초과하는 금액의 100분의 25(중견기업의 경우에는 100분의 40, 중소기업의 경우에는 100분의 50)에 상당하는 금액 (2017. 12. 19. 개정)
가. 해당 과세연도에 발생한 일반연구ㆍ인력개발비가 직전 과세연도에 발생한 일반연구ㆍ인력개발비를 초과하는 경우 그 초과하는 금액의 100분의 25[대통령령으로 정하는 중견기업(이하 이 조에서 "중견기업"이라 한다)의 경우에는 100분의 40, 중소기업의 경우에는 100분의 50]에 상당하는 금액 (2024. 12. 31. 개정)
나. 해당 과세연도에 발생한 일반연구ㆍ인력개발비에 다음의 구분에 따른 비율을 곱하여 계산한 금액 (2013. 1. 1. 개정)

[영]

1. 자체 연구개발의 경우 : 다음 각 목의 비용 (2022. 2. 15. 신설)
가. 기획재정부령으로 정하는 연구소 또는 전담부서에서 국가전략기술의 연구개발업무(이하 이 조에서 "국가전략기술연구개발업무"라 한다)에 종사하는 연구원 및 이들의 연구개발업무를 직접적으로 지원하는 사람에 대한 인건비. 다만, 기획재정부령으로 정하는 사람에 대한 인건비는 제외한다. (2022. 2. 15. 신설)
가. 기획재정부령으로 정하는 연구소 또는 전담부서에서 국가전략기술의 연구개발업무(이하 이 조에서 "국가전략기술연구개발업무"라 한다)에 종사하는 연구원 및 이들의 연구개발업무를 직접적으로 지원하는 사람(기획재정부령으로 정하는 사람은 제외한다)에 대한 별표 6 제1호 가목 1)의 인건비 및 같은 목 2)의 사회보험료 상당액 (2025. 2. 28. 개정)
나. 국가전략기술연구개발업무를 위하여 사용하는 견본품, 부품, 원재료와 시약류 구입비 (2022. 2. 15. 신설)
나. 국가전략기술연구개발업무를 위하여 지출하는 별표 6 제1호 가목 3)부터 5)까지 및 같은 호 다목부터 사목까지의 비용 (2025. 2. 28. 개정)
2. 위탁 및 공동연구개발의 경우 : 기획재정부령으로 정하는 기관에 국가전략기술연구개발업무를 위탁(재위탁을 포함한다)함에 따라 발생하는 비용(전사적 기업자원 관리설비, 판매시점 정보관리 시스템 설비 등 기업의 사업운영ㆍ관리ㆍ지원 활동과 관련된 시스템 개발을 위한 위탁비용은 제외한다) 및 이들 기관과의 공동연구개발을 수행함에 따라 발생하는 비용 (2022. 2. 15. 신설)

⑧ 법 제10조 제1항 제3호 나목 2)에서 "대통령령으로 정하는 바에 따라 최초로 중소기업에 해당하지 아니하게 된 경우"란 제2조 제2항 각 호 외의 부분 본문 및 같은 조 제5항에 따라 중소기업에 해당하지 아니하게 된 사유가 발생한 날이 속하는 과세연도

[칙]

인기술자 (2015. 3. 13. 개정)
가. 영 별표 4의 산업 (2015. 3. 13. 신설)
나. 광업 (2015. 3. 13. 신설)
다. 건설업 (2015. 3. 13. 신설)
라. 영 제5조 제9항에 따른 엔지니어링사업 (2025. 3. 21. 개정)
마. 영 제5조 제7항에 따른 물류산업 (2020. 3. 13. 개정)
바. 시장조사 및 여론조사업, 경영컨설팅업 및 공공관계 서비스업, 사업시설 유지관리 서비스업, 교육관련 자문 및 평가업, 기타 교육지원 서비스업(교환학생 프로그램 운영 등으로 한정한다), 비금융 지주회사, 기술 시험ㆍ검사 및 분석업, 측량업, 제도업, 지질조사 및 탐사업(광물채굴 목적의 조사 및 탐사를 제외한 지질조사 및 탐사활동으로 한정한다), 지도제작업, 전문디자인업, 그 외 기타 분류 안 된 전문ㆍ과학 및 기술 서비스업(지도제작, 환경정화 및 복원활동을 제외한 그 외 기타 분류 안 된 전문ㆍ과학 및 기술 서비스로 한정한다), 기타 광업 지원 서비스업(채굴목적 광물탐사활동으로 한정한다), 토양 및 지하수 정화업(토양 및 지하수 정화활동으로 한정한다), 기타 환경 정화 및 복원업[토양 및 지하수 외의 환경 정화 활동(선박유출 기름 수거운반을 제외한다)으로 한

1) 중소기업인 경우 : 100분의 25 (2013. 1. 1. 개정)
2) 중소기업이 대통령령으로 정하는 바에 따라 최초로 중소기업에 해당하지 아니하게 된 경우 : 다음의 구분에 따른 비율 (2013. 1. 1. 개정)

가) 최초로 중소기업에 해당하지 아니하게 된 과세연도의 개시일부터 3년 이내에 끝나는 과세연도까지 : 100분의 15 (2013. 1. 1. 개정)

가) 최초로 중소기업에 해당하지 아니하게 된 과세연도의 개시일부터 3년 이내에 끝나는 과세연도까지 : 100분의 20 (2024. 12. 31. 개정)

나) 가)의 기간 이후부터 2년 이내에 끝나는 과세연도까지 : 100분의 10 (2013. 1. 1. 개정)

나) 가)의 기간 이후부터 2년 이내에 끝나는 과세연도까지 : 100분의 15 (2024. 12. 31. 개정)

3) 중견기업이 2)에 해당하지 아니하는 경우 : 100분의 8 (2016. 12. 20. 개정)
4) 1)부터 3)까지의 어느 하나에 해당하지 아니하는 경우 : 다음 계산식에 따른 비율(100분의 2를 한도로 한다) (2017. 12. 19. 개정)
해당 과세연도의 수입금액에서 일반연구 · 인력개발비가 차지하는 비율 × 2분의 1

② 제1항 제3호에 따른 직전 과세연도에 발생한 일반연구 · 인력개발비 및 4년간의 일반연구 · 인력개발비의 연평균 발생액의 구분 및 계산과 그 밖에 필요한 사항은 대통령령으로 정한다. (2022. 12. 31. 개정)
③ 제1항을 적용받으려는 내국인은 대통령령으로 정하는 바에 따라 세액공제신청을 하여야 한다. (2010. 1. 1. 개정)
④ 제1항 제1호 또는 제2호를 적용받으려는 내국인은 일반연구 · 인력개발비, 신성장 · 원천기술연구개발비 및 국가전략기술연구개발비를 대통령령으로 정하는 바에 따라 구분경리(區分經理)하여야 한다. (2021. 12. 28. 개정)
⑤ 제1항을 적용할 때 새로운 서비스 및 서비스전달체계를 개발하기 위한 활동을 위하여 발생한 비용 중 과학기술분야와 결합되어 있지 아니한 금액에 대해서는 자체 연구개발을 위하여 발생한 것에

⑧ 법 제10조 제1항 제3호 나목 2)에서 "대통령령으로 정하는 바에 따라 최초로 중소기업에 해당하지 아니하게 된 경우"란 다음 각 호의 구분에 따른 기간이 지난 경우를 말한다. (2025. 2. 28. 개정)
1. 제2조 제2항 각 호 외의 부분 본문에 따라 중소기업에 해당하지 않게 된 사유가 발생한 경우 : 최초로 그 사유가 발생한 날이 속하는 과세연도와 그 다음 5개 과세연도(최초로 그 사유가 발생한 날이 속하는 과세연도의 종료일부터 5년이 되는 날이 속하는 과세연도의 종료일 현재 해당 기업이 「자본시장과 금융투자업에 관한 법률」에 따른 유가증권시장 또는 코스닥시장에 상장되어 있는 경우에는 7개 과세연도) (2025. 2. 28. 신설)
2. 제2조 제5항에 따라 중소기업에 해당하지 않게 된 사유가 발생한 경우 : 그 사유가 발생한 날이 속하는 과세연도와 그 다음 3개 과세연도 (2025. 2. 28. 신설)

편주 ▶
영 9조 8항의 개정규정은 2024. 12. 31.이 속하는 과세연도에 최초로 중소기업에 해당하지 않게 된 사유가 발생한 경우부터 적용함. (영 부칙 (2025. 2. 28.) 4조)

⑨ 법 제10조 제2항에 따른 4년간의 일반연구 · 인력개발비의 연평균 발생액은 다음 계산식에 따라 계산한 금액으로 한다. (2022. 2. 15. 항번개정)
해당 과세연도 개시일부터 소급하여 4년간 발생한 일반연구 · 인력개발비의 합계액 / 해당 과세연도 개시일부터 소급하여 4년간 일반연구 · 인력개발비가 발생한 과세연도의 수(그 수가 4 이상인 경우 4로 한다) × 해당 과세연도의 개월 수 / 12
⑩ 법 제10조 제1항 제3호에 따른 직전 과세연도에 발생한 일반연구 · 인력개발비 및 이 조 제9항의 계산식 중 해당 과세연도 개시일부터 소급하여 4년간 발생한 일반연구 · 인력개발비의 합계액을 계산할 때 합병법인, 분할신설법인, 분할합병의 상대방법인, 사업양수법인 또는 기획재정부령으로 정하는 현물출자를 받은 법인(이하 이 항에서 "합병법인 등"이라 한다)의 경우에는 합병, 분할, 분할합병, 사업양도 또는 기획

사. 「연구산업진흥법」 제2조 제1호 가목 및 나목의 연구산업 (2022. 3. 18. 개정)
아. 「조세특례제한법」(이하 "법"이라 한다) 제7조 제1항 제1호 허목의 의료업(「국가기술자격법 시행규칙」 별표 2의 국제의료관광코디네이터로 한정한다) (2019. 3. 20. 개정)

⑥ 영 제9조 제3항 제2호 및 같은 조 제7항 제2호에서 "기획재정부령으로 정하는 기관"이란 다음 각 호의 어느 하나에 해당하는 기관을 말한다. 다만, 제4호부터 제7호까지의 기관에 신성장 · 원천기술연구개발업무 또는 영 별표 7의 2에 따른 국가전략기술의 연구개발업무(이하 이 조에서 "국가전략기술연구개발업무"라 한다)를 위탁(재위탁을 포함한다)하는 경우(영 별표 7 제7호 가목 6)부터 8)까지의 규정에 따른 임상1상 · 임상2상 · 임상3상 시험, 영 별표 7의 2 제3호 나목부터 마목까지의 규정에 따른 비임상 · 임상1상 · 임상2상 · 임상3상 시험 및 같은 표 제7호 다목부터 바목까지의 규정에 따른 비임상 · 임상1상 · 임상2상 · 임상3상 시험의 경우는 제외한다)에는 국내에 소재한 기관으로 한정한다. (2024. 3. 22. 단서개정)

⑥ 영 제9조 제3항 제2호 및 같은 조 제7항 제2호에서 "기획재정부령으로 정하는 기관"이란 다음 각 호의 어느 하나에 해당하는 기관을 말한다. 다만, 제4호부터 제7호까지의 기관에 신성장 · 원천기술연구개발업무 또는 국가전략기술연구개발업무를 위탁(재위탁을 포함한다)하는 경우(영 별표 7 제7호 가목 6)부터 8)까지의 규정에 따른 임상1상 · 임상2상 · 임상3상 시험, 영 별표 7의 2 제3호 나목부터 마목까지의 규정에 따른 비임상 · 임상1상 · 임상2상 · 임상3상 시험 및

한정한다. (2021. 12. 28. 개정)

☞

통칙 10-9…2【연구·인력개발비의 연평균발생액 계산】
법령의 개정으로 최초로 세액공제대상이 되거나 제외되는 비용이 있는 경우 해당 과세연도 개시일부터 소급하여 4년간 발생한 연구및인력개발비의 합계액은 해당 과세연도와 동일한 기준에 상응하는 연구및인력개발비를 포함하여 계산한다. (2024. 3. 15. 개정)

☞

관계조문
• 규칙 61조 1항 2호 ⇒ 세액공제신청서(별지 1호 서식)
• 규칙 61조 1항 4호 ⇒ 연구 및 인력개발비명세서(별지 3호 서식(1) 및 별지 3호 서식(2))

재정부령으로 정하는 현물출자(이하 이 항에서 "합병등"이라 한다)를 하기 전에 피합병법인, 분할법인, 사업양도인 또는 현물출자자(이하 이 항에서 "피합병법인등"이라 한다)로부터 발생한 일반연구·인력개발비는 합병법인등에서 발생한 것으로 본다. 다만, 피합병법인등이 운영하던 사업의 일부를 승계한 경우로서 합병등을 하기 전에 피합병법인등의 해당 승계사업에서 발생한 일반연구·인력개발비를 구분하기 어려운 경우에는 피합병법인등에서 합병등을 하기 전에 발생한 일반연구·인력개발비에 각 사업연도의 승계사업의 매출액이 총매출액에서 차지하는 비율과 각 사업연도말 승계사업의 자산가액이 총자산가액에서 차지하는 비율 중 큰 것을 곱한 금액을 피합병법인등에서 발생한 일반연구·인력개발비로 본다. (2023. 2. 28. 개정)
⑪ 제9항의 계산식을 적용할 때 개월 수는 월력에 따라 계산하되, 과세연도 개시일이 속하는 달이 1개월 미만인 경우에는 1개월로 하고, 과세연도 종료일이 속하는 달이 1개월 미만인 경우에는 산입하지 않는다. (2022. 2. 15. 개정)
⑫ 법 제10조 제1항 제1호 또는 제2호를 적용받으려는 내국인은 신성장·원천기술연구개발비, 국가전략기술연구개발비 및 일반연구·인력개발비를 각각 별개의 회계로 구분경리해야 한다. 이 경우 신성장·원천기술연구개발비, 국가전략기술연구개발비 및 일반연구·인력개발비가 공통되는 경우에는 해당 비용을 기획재정부령으로 정하는 바에 따라 신성장·원천기술연구개발비, 국가전략기술연구개발비 및 일반연구·인력개발비로 안분하여 계산한다. (2022. 2. 15. 개정)
⑬ 법 제10조 제1항을 적용받으려는 내국인은 연구개발계획서, 연구개발보고서 및 연구노트 등 증거서류를 기획재정부령으로 정하는 바에 따라 작성·보관해야 한다. (2022. 2. 15. 항번개정)
⑭ 법 제10조 제1항을 적용받으려는 내국인은 과세표준신고를 할 때 기획재정부령으로 정하는 세액공제신청서, 연구및인력개발비명세서 및 증거서류를 납세지 관할 세무서장에게 제출하여야 한다. (2022. 2. 15. 항번개정)
⑮ 다음 각 호의 사항을 심의하기 위하여 기획재정부장관 및 산업통상자원부장관이 공동으로 운영하는 연구개발세액공제기술심의위원회를 둔다. (2022. 2. 15. 신설)

같은 표 제7호 다목부터 바목까지의 규정에 따른 비임상·임상1상·임상2상·임상3상 시험의 경우는 제외한다)에는 국내에 소재한 기관으로 한정한다. (2025. 3. 21. 단서개정)

편주
규칙 7조 6항의 개정규정은 2023. 7. 1. 이후 발생한 연구개발비부터 적용함. (규칙 부칙(2024. 3. 22.) 2조)

1. 「고등교육법」 제2조에 따른 대학 또는 전문대학 (2020. 3. 13. 개정)
2. 국공립연구기관 (2017. 3. 17. 신설)
3. 정부출연연구기관 (2017. 3. 17. 신설)
4. 비영리법인(비영리법인에 부설된 연구기관을 포함한다) (2017. 3. 17. 신설)
5. 「산업기술혁신 촉진법」 제42조에 따른 전문생산기술연구소 등 기업이 설립한 국내외 연구기관 (2020. 3. 13. 개정)
6. 전담부서등(신성장·원천기술연구개발업무 또는 국가전략기술연구개발업무만을 수행하는 전담부서등에서 직접 수행한 부분에 한정한다) 또는 국외기업에 부설된 연구기관 (2022. 3. 18. 개정)
6. 전담부서등 또는 국외기업에 부설된 연구기관 (2025. 3. 21. 개정)
7. 「연구산업진흥법」 제2조 제1호 가목 및 나목의 연구산업을 영위하는 기업 또는 영리목적으로 연구·개발을 독립적으로 수행하거나 위탁받아 수행하고 있는 국외 소재 기업 (2022. 3. 18. 개정)
8. 내국인이 의결권 있는 발행주식총수의 100분의 50 이상을 직접 소유하거나 100분의 80 이상을 직접 또는

⑥ 자체 연구개발을 위한 연구개발비가 「기업부설연구소등의 연구개발 지원에 관한 법률」 제8조 제1항 각 호에 해당하는 사유 등 대통령령으로 정하는 사유로 인하여 연구개발비에 해당하지 아니하게 되는 경우에는 대통령령으로 정하는 날 이후 발생하는 비용에 대하여 제1항에 따른 세액공제를 적용하지 아니한다. (2025. 1. 31. 개정 ; 기업부설연구소등의~부칙)

◆ 예 판 ···
• 연구·인력개발비 세액공제 대상 인건비는 명칭여하에 불구하고 근로의 제공으로 인하여 지급하는 비용을 말하는 것으로 위 과세기준자문 신청의 사실관계와 같이 내국법인이 국민연금법에 따라 2013. 1. 1. 이후 납입·적립하는 사용자부담금도 연구·인력개발비 세액공제 대상 인건비에 포함되는 것임. (기준-2018-법령해석법인-0020, 2018. 6. 15.)
• 내국법인이 바이오시밀러의 연구개발에 필수적인 임상시험연구과정을 위탁하면서 임상시험 과정에서 사용되는 연구용 바이오시밀러(바이오의약품의 복제약) 및 대조약(오리지널 바이오의약품)을 자체 생산하거나 구입하여 임상 사이트에 제공하는 경우, 해당법인이 부담한 비용은 "연구개발용

---

1. 내국인의 연구개발 대상 기술이 신성장·원천기술 또는 국가전략기술에 해당되는지 여부에 관한 사항 (2022. 2. 15. 신설)
2. 제21조 제4항 제1호 가목에 따른 신성장사업화시설의 인정에 관한 사항 (2022. 2. 15. 신설)
3. 제21조 제4항 제2호에 따른 국가전략기술사업화시설의 인정에 관한 사항 (2022. 2. 15. 신설)
4. 그 밖에 신성장·원천기술 또는 국가전략기술과 관련하여 심의가 필요하다고 기획재정부장관 또는 산업통상자원부장관이 인정하는 사항 (2022. 2. 15. 신설)
⑯ 제15항에 따른 연구개발세액공제기술심의위원회(이하 "연구개발세액공제기술심의위원회"라 한다)의 구성 및 운영 등에 필요한 사항은 기획재정부와 산업통상자원부의 공동부령으로 정한다. (2022. 2. 15. 개정)
⑰ 법 제10조 제1항을 적용받으려는 내국인은 제14항에 따른 신고를 하기 전에 지출한 비용이 연구·인력개발비에 해당하는지 여부 등에 관해 국세청장에게 미리 심사하여 줄 것을 요청할 수 있다. 이 경우 심사 방법 및 요청 절차 등에 필요한 사항은 국세청장이 정한다. (2022. 2. 15. 개정)
⑱ 법 제10조 제6항에서 "「기초연구진흥 및 기술개발지원에 관한 법률」 제14조의 3 제1항 각 호에 해당하는 사유 등 대통령령으로 정하는 사유"란 다음 각 호의 어느 하나에 해당하는 경우를 말한다. (2022. 2. 15. 항번개정)
1. 「기초연구진흥 및 기술개발지원에 관한 법률」 제14조의 3 제1항 각 호의 어느 하나에 해당하는 사유로 기업부설연구소 또는 연구개발전담부서의 인정이 취소된 경우 (2020. 2. 11. 신설)
2. 「문화산업진흥 기본법」 제17조의 3 제4항 각 호의 어느 하나에 해당하는 사유로 기업부설창작연구소 또는 기업창작전담부서의 인정이 취소된 경우 (2020. 2. 11. 신설)
⑲ 법 제10조 제6항에서 "대통령령으로 정하는 날"이란 제18항 각 호에 따른 인정취소의 사유별로 다음 각 호의 구분에 따른 날을 말한다. (2022. 2. 15. 개정)
1. 「기초연구진흥 및 기술개발지원에 관한 법률」 제14조의 3 제1항 제1호 또는 「문화산업진흥 기본법」 제17조의 3 제4항 제1호에 따라 인정이 취소된 경우 : 인정일이 속하는 과세연도의 개시일 (2020. 2. 11. 신설)
2. 「기초연구진흥 및 기술개발지원에 관한 법률」 제14조의 3 제1항 제

간접으로 소유하고 있는 외국법인(외국법인에 부설된 연구기관을 포함한다) (2020. 3. 13. 신설)
⑦ 제6항 제8호에 따른 주식의 간접소유 비율의 계산에 관하여는 「국제조세조정에 관한 법률 시행령」 제2조 제3항을 준용한다. (2021. 3. 16. 개정)
⑧ 영 별표 6 제2호 가목 5)에서 "기획재정부령으로 정하는 것"이란 전담부서등에서 연구업무에 종사하는 「기초연구진흥 및 기술개발지원에 관한 법률 시행령」 제2조 제7호에 따른 연구전담요원이 훈련을 목적으로 지출하는 다음 각 호의 어느 하나에 해당하는 비용을 말한다. (2022. 3. 18. 개정)
1. 국내외기업(국내기업의 경우에는 전담부서등을 보유한 기업에 한한다)에의 위탁훈련비 (2012. 2. 28. 개정)
2. 「산업발전법」에 따라 설립된 한국생산성본부에의 위탁훈련비 (2007. 3. 30. 개정)
⑨ 영 별표 6 제2호 나목에서 "기획재정부령으로 정하는 것"이란 다음 각 호의 어느 하나에 해당하는 비용을 말한다. (2022. 3. 18. 개정)
1. 사업주가 단독 또는 다른 사업주와 공동으로 「국민 평생 직업능력 개발법」 제2조 제1호의 직업능력개발훈련(이하 "직업능력개발훈련"이라 한다)을 실시하는 경우의 실습재료비 (해당 기업이 생산 또는 제조하는 물품의 제조원가 중 직접 재료비를 구성하지 않는 것으로 한정한다) (2022. 3. 18. 개정)
2. 「국민 평생 직업능력 개발법」 제20조

역을 위탁함에 따른 비용”에 해당함. (사전법령법인 - 65, 2015. 7. 22.)
• 기업부설연구소 또는 연구개발 전담부서 확인을 받은 이후에 실질상 전업적으로 연구개발 관련 업무에 종사한 직원은 연구 및 인력개발비에 대한 세액공제를 적용하기 위한 연구요원에 해당됨. (서면2팀 - 176, 2006. 1. 23.)
• 전기에 이월된 최저한세 적용대상인 연구 및 인력개발비세액공제액과 당해연도에 발생한 최저한세 적용이 제외되는 연구 및 인력개발비세액공제액이 함께 있는 경우, 전기이월된 세액공제액을 최저한세 범위 내에서 먼저 공제함. (서면2팀 - 906, 2006. 5. 22.)
• 연구 및 인력개발비 세액공제의 적용대상이 되는 전담부서 연구요원의 인건비에는 소득세법상 비과세되는 근로소득이 포함됨. (서면2팀 - 62, 2007. 1. 9.)
• 기업부설연구소와 기업 내의 연구개발전담부서의 적법한 신고 전에 발생한 비용은 연구 및 인력개발비 세액공제를 받을 수 없음. (서면2팀 - 474, 2007. 3. 21.)
• 제조 및 도소매업 영위 법인의 물류 · 고객관리 · 회계 · 내부통제 등에 사용되는 전사적 자원관리시스템에 대한 위탁개발비용은 연구 및 인력개발비 세액공제 대상에 해당하지 않음. (법인 - 1007, 2009. 9. 14.)
• 조세특례제한법령에서의 종업원, 근로자 또는 직원은 원칙적으로 임원을 포함하는 개념임을 전제로 개별 규정에서 그 입법취지 등을 고려하여 주주인 임원을 제외하는 것이 타당한 경우에는 명시적으로 임원을 제외하도록 규정하고 있다고 봄이 상당하므로 연구개발비 세액공제가 적용되는 연구개발비의 범위에 있어 ‘종업원’에 ‘임원’이 포함됨. (수원지법 2011구합10134, 2012. 2. 3.)
• 실제 발생한 공동연구개발비를 지출한 것이 아니라 그룹 전체에서 발생한 연구개발 명목의 비용을 계열사 매출에 따라 단순 배분한 경우에는 연구 및 인력개발비에 대한 세액공제 적용 대상이 아님. (조심 2011중559, 2012. 7. 11.)
• 다른 업체에게 재위탁한 연구개발용역비 중 전담부서가 있는 업체에게 재위탁한 쟁점연구개발비는 연구 및 인력개발비에 대한 세액공제 대상에 해당됨. (조심 2012서3501, 2012. 11. 5.)
• 증가발생액 기준으로 연구인력개발시 세액공제 적용시, 직전 4년간 발생한 연구인력개발비는 전담부서 인정일 이후 지출한 금액으로 계산함. (재조특 - 151, 2014. 2. 18.)
• 퇴직금과 같이 장기간의 근속기간을 고려하여 일시에 지급하는 후불적 임금은 해당 과세연도의 연구 및 인력개발에 직접적으로 대응하는 비용이라고 볼 수 없고, 퇴직급여충당금은 적정한 기간손익의 계산을 위하여 합리적으로 그 비용액을 추산한 것이어서 이를 정책적 목적의 세액공제 대상인 인건비에 해당한다고 볼 수 없음. (대법 2013두24310, 2014. 3. 13.)

2호, 제3호, 제5호, 제6호 및 제8호에 따라 인정이 취소된 경우 : 인정취소일 (2020. 2. 11. 신설)
3. 「기초연구진흥 및 기술개발지원에 관한 법률」 제14조의 3 제1항 제4호 · 제7호 또는 「문화산업진흥 기본법」 제17조의 3 제4항 제2호에 따라 인정이 취소된 경우 : 인정취소일이 속하는 과세연도의 개시일 (2020. 2. 11. 신설)
⑳ 법 제10조 제1항 제1호 가목 2) 및 같은 항 제2호 가목 2)에서 “대통령령으로 정하는 바에 따라 최초로 중소기업에 해당하지 아니하게 된 경우”란 각각 다음 각 호의 구분에 따른 기간이 지난 경우를 말한다. (2025. 2. 28. 신설)
1. 2024년 12월 31일이 속하는 과세연도 직전 과세연도의 종료일 이전에 제2조 제2항 각 호 외의 부분 본문에 따라 중소기업에 해당하지 않게 된 사유가 발생한 경우 : 최초로 그 사유가 발생한 날이 속하는 과세연도와 그 다음 3개 과세연도 (2025. 2. 28. 신설)
2. 2024년 12월 31일이 속하는 과세연도의 개시일 이후에 제2조 제2항 각 호 외의 부분 본문에 따라 중소기업에 해당하지 않게 된 사유가 발생한 경우 : 최초로 그 사유가 발생한 날이 속하는 과세연도와 그 다음 5개 과세연도(최초로 그 사유가 발생한 날이 속하는 과세연도의 종료일부터 5년이 되는 날이 속하는 과세연도의 종료일 현재 해당 기업이 「자본시장과 금융투자업에 관한 법률」에 따른 유가증권시장 또는 코스닥시장에 상장되어 있는 경우에는 7개 과세연도) (2025. 2. 28. 신설)
3. 제2조 제5항에 따라 중소기업에 해당하지 않게 된 사유가 발생한 경우 : 그 사유가 발생한 날이 속하는 과세연도와 그 다음 3개 과세연도 (2025. 2. 28. 신설)

🔵칙 10 - 0…1【연구 · 인력개발비에 대한 세액공제】
① 법 제10조에 따른 연구 및 인력개발비에 대한 세액공제는 동 비용이 발생된 각 과세연도마다 적용한다. (2019. 12. 23. 개정)
② 제1항의 규정은 해당비용을 연구개발비 등 자산계정으로 처리한 경우에도 적용한다.
10 - 0…2【수탁개발비 세액공제 여부】
내국인이 타인으로부터 수탁받은 연구개발용역수행을 위해 자신의 연구개발전담부서에서 근무하는 자의 인건비 등으로 지출하는 비용은 법 제10조의 연구 및 인력개발비에 대한 세액공제를 적용받을 수 없다. (2005. 7. 7. 신설)

제1항 제2호에 따른 기술자격검정의 지원을 위한 필요경비 (2022. 3. 18. 개정)
3. 「근로자직업능력 개발법」 제8조에 따른 직업능력개발훈련의 훈련교재비 (2007. 3. 30. 개정)
3. 삭 제 (2012. 2. 28.)
4. 「국민 평생 직업능력 개발법」 제33조 제1항에 따른 직업능력개발훈련교사등에게 지급하는 급여 (2022. 3. 18. 개정)
5. 사업주가 단독 또는 다른 사업주와 공동으로 실시하는 직업능력개발훈련으로서 「국민 평생 직업능력 개발법」 제24조에 따라 고용노동부장관의 인정을 받은 직업능력개발훈련과정의 직업능력개발훈련을 받는 훈련생에게 지급하는 훈련수당 · 식비 · 훈련교재비 및 직업훈련용품비 (2022. 3. 18. 개정)
⑩ 영 별표 6 제2호 다목에서 “기획재정부령으로 정하는 갓”이란 다음 각 호의 어느 하나에 해당하는 비용을 말한다. (2022. 3. 18. 개정)
1. 지도요원의 인건비 및 지도관련경비 (2007. 3. 30. 개정)
2. 직업능력개발훈련의 훈련교재비 및 실습재료비 (2007. 3. 30. 개정)
3. 직업능력개발훈련시설의 임차비용 (2007. 3. 30. 개정)
4. 중소기업이 「중소기업 인력지원 특별법」에 따라 중소기업 핵심인력 성과보상기금에 납입하는 비용. 다만 가목에 따른 납입비용은 세액공제 대상에서 제외하고, 나목에 따른 환급받은 금액은 납입비용에서 뺀다. (2017. 3. 17. 개정)

으로 정하는 사람"이란 다음 각 호의 어느 하나에 해당하는 사람을 말한다. (2022. 3. 18. 신설)
1. 주주인 임원으로서 제3항 각 호의 어느 하나에 해당하는 사람 (2022. 3. 18. 신설)
2. 국가전략기술연구개발업무와 신성장·원천기술연구개발업무 또는 일반연구개발업무를 동시에 수행한 사람 (2022. 3. 18. 신설)
⑮ 영 제9조 제7항 제1호 가목에서 "기획재정부령으로 정하는 사람"이란 국가전략기술연구개발업무와 신성장·원천기술연구개발업무 또는 일반연구개발업무를 동시에 수행한 사람으로서 국가전략기술연구개발업무 근무시간이 전체 연구개발업무 근무시간의 100분의 50 이하인 사람을 말한다. (2025. 3. 21. 개정)
⑯ 내국인은 영 제9조 제12항에 따라 신성장·원천기술연구개발비, 국가전략기술연구개발비 및 일반연구·인력개발비에 공통되는 비용(이하 이 항에서 "공통비용"이라 한다)이 있는 경우에는 다음 각 호의 구분에 따라 계산하여 구분경리해야 한다. (2022. 3. 18. 개정)
1. 인건비에 해당하는 공통비용의 경우 (2025. 3. 21. 신설)
　가. 영 별표 6 제1호 가목 1)에 따른 직원 및 전담요원의 근무시간을 신성장·원천기술개발업무, 국가전략기술개발업무 및 일반연구개발업무로 각각 구분하여 기록·관리한 경우 (2025. 3. 21. 신설)
　　1) 일반연구개발업무 근무시간이 전체 연구개발업무 근무시간의 100분의 50 미만인 경우 : 전체 인건비를 신성장·원천기술개발업무 근무시간, 국가전략기술개발업무 근무시

☞ p.1230 4단 연결

⑫ 영 별표 6 제2호 마목에서 "기획재정부령으로 정하는 사내기술대학(대학원을 포함한다) 및 사내대학"이란 다음 각 호의 어느 하나에 해당하는 것(이하 이 조에서 "사내기술대학등"이라 한다)을 말한다. (2022. 3. 18. 개정)
1. 사내기술대학(대학원을 포함한다)의 경우 : 과학기술분야의 교육훈련을 위한 전용교육시설 및 교과과정을 갖춘 사내교육훈련기관으로서 교육부장관이 기획재정부장관과 협의하여 정하는 기준에 해당하는 사내교육훈련기관 (2013. 3. 23. 직제개정 ; 기획재정부와～ 직제 시행규칙 부칙)
2. 사내대학의 경우 : 「평생교육법」에 따라 설치된 사내대학 (2007. 3. 30. 개정)
⑬ 영 별표 6 제2호 마목에서 "기획재정부령으로 정하는 것"이란 다음 각 호의 어느 하나에 해당하는 비용을 말한다. (2022. 3. 18. 개정)
1. 교육훈련용교재비·실험실습비 및 교육용품비 (2007. 3. 30. 개정)
2. 강사에게 지급하는 강의료 (2017. 3. 17. 개정)
3. 사내기술대학 등에서 직접 사용하기 위한 실험실습용 물품·자재·장비 또는 시설의 임차비 (2007. 3. 30. 개정)
4. 사내기술대학 등의 교육훈련생에게교육훈련기간 중 지급한 교육훈련수당 및 식비 (2007. 3. 30. 개정)
⑭ 영 제9조 제7항 제1호 가목 본문에서 "기획재정부령으로 정하는 연구소 또는 전담부서"란 전담부서등 및 연구개발서비스업을 영위하는 기업을 말한다. (2022. 3. 18. 신설)
⑭ 삭　제 (2025. 3. 21.)
⑮ 영 제9조 제7항 제1호 가목 단서에서 "기획재정부령

2. 다음 각 목의 기관에 품질관리 등에 관한 훈련을 위탁하는 경우의 그 위탁훈련비. 다만, 「국민 평생 직업능력 개발법」에 따른 위탁훈련비와 「산업발전법」에 따라 설립된 한국생산성본부에의 위탁훈련비를 제외한다. (2022. 3. 18. 단서개정)
　가. 국가전문행정연수원(국제특허연수부에서 훈련받는 경우에 한한다) (2007. 3. 30. 개정)
　나. 「산업표준화법」 제32조에 따라 설립된 한국표준협회 (2020. 3. 13. 개정)
　다. 「산업발전법」에 따라 설립된 한국생산성본부 (2007. 3. 30. 개정)
　다. 삭　제 (2010. 4. 20.)
　라. 「산업디자인진흥법」 제11조에 따라 설립된 한국디자인진흥원 (2020. 3. 13. 개정)
　마. 품질관리 등에 관한 교육훈련을 목적으로 「민법」 제32조에 따라 설립된 사단법인 한국능률협회 (2007. 3. 30. 개정)
　바. 「상공회의소법」에 따라 설립된 부산상공회의소의 연수원 (2007. 3. 30. 개정)
3. 「문화산업진흥 기본법」 제31조에 따라 설립된 한국콘텐츠진흥원에 교육을 위탁하는 경우 그 위탁교육비용 (2010. 4. 20. 개정)
4. 「항공안전법」에 따른 조종사의 운항자격 정기심사를 받기 위한 위탁교육훈련비용 (2020. 3. 13. 개정)
5. 해외 호텔 및 해외 음식점에서 조리법을 배우기 위한 위탁교육훈련비용 (2009. 4. 7. 신설)

　가. 영 제26조의 6 제2항 각 호의 어느 하나에 해당하는 사람에 대한 납입비용 (2025. 3. 21. 개정)
　나. 중소기업 핵심인력 성과보상기금에 가입한 이후 5년 이내에 중도해지를 이유로 중소기업이 환급받은 금액(환급받은 금액 중 이전 과세연도에 빼지 못한 금액이 있는 경우에는 해당 금액을 포함한다) (2017. 3. 17. 개정)
　나. 중소기업 핵심인력 성과보상기금에 가입한 이후 3년 이내에 중도해지를 이유로 중소기업이 환급받은 금액(환급받은 금액 중 이전 과세연도에 빼지 못한 금액이 있는 경우에는 해당 금액을 포함한다) (2025. 3. 21. 개정)
5. 내국인이 사용하지 아니하는 자기의 특허권 및 실용신안권을 중소기업(「법인세법」 제2조 제12호 및 「소득세법」 제41조에 따른 특수관계인이 아닌 경우로 한정한다)에게 무상으로 이전하는 경우 그 특허권 및 실용신안권의 장부상 가액 (2022. 3. 18. 개정)
6. 「산업발전법」 제19조 제1항에 따른 지속가능경영과 관련된 임직원 교육 경비 및 경영수준 진단·컨설팅 비용 (2022. 3. 18. 신설)
⑪ 영 별표 6 제2호 라목에서 "기획재정부령으로 정하는 비용"이란 다음 각 호의 어느 하나에 해당하는 비용을 말한다. 다만, 교육훈련시간이 24시간 이상인 교육과정으로 한정한다. (2022. 3. 18. 개정)
1. 품질관리·생산관리·설비관리·물류관리·소프트웨어관리·데이터관리·보안관리(이하 이 항에서 "품질관리등"이라 한다)에 관한 회사내 자체교육비로서 제13항 각 호의 비용에 준하는 것 (2019. 3. 20. 개정)

수자에 대한 고용요건 등이 포함될 것 (2020. 3. 13. 신설)

라. 가목부터 다목까지의 요건 등에 관한 사항이 포함된 교육부장관이 정하는 계약서에 따라 산업체 맞춤형 직업교육훈련계약을 체결할 것 (2020. 3. 13. 신설)

2. 산업수요 맞춤형 고등학교 등 재학생에 대한 고용을 목적으로 해당 학교 및 「직업교육훈련 촉진법」 제2조 제2호에 따른 직업교육훈련기관과 체결하는 같은 법 제2조 제5호 나목에 따른 특약으로서 다음 각 목의 요건을 모두 갖춘 특약(이하 이 조에서 "취업인턴 직업교육훈련계약"이라 한다) (2020. 3. 13. 신설)

가. 산업수요 맞춤형 고등학교 등 또는 직업교육훈련기관에 교육부장관이 정하는 취업인턴 직업교육훈련과정을 설치할 것 (2020. 3. 13. 신설)

나. 해당 내국인의 생산시설 또는 근무장소에서 산업수요 맞춤형 고등학교 등 재학생에 대하여 교육부장관이 정하는 기간 이상의 현장훈련을 실시할 것 (2020. 3. 13. 신설)

다. 취업인턴 직업교육훈련과정 이수자에 대한 고용요건 등이 포함될 것 (2020. 3. 13. 신설)

라. 가목부터 다목까지의 요건 등에 관한 사항이 포함된 교육부장관이 정이 정하는 계약서에 따라 취업인턴 직업교육훈련계약을 체결할 것 (2020. 3. 13. 신설)

⑲ 영 별표 6 제2호 아목에서 "기획재정부령
☞ p.1231 3단 연결

다. 일반연구 · 인력개발비 : 제1호 및 제2호 외의 공통비용에서 가목 및 나목의 비용을 제외한 비용 (2025. 3. 21. 개정)

⑰ 법 제10조 제1항을 적용받으려는 내국인은 해당 과세연도에 수행한 연구개발 과제별로 별지 제3호의 2 서식에 따른 연구개발계획서, 연구개발보고서 및 연구노트를 작성(법 제10조 제1항 제3호를 적용받는 경우에는 연구개발계획서 및 연구개발보고서만 작성한다)하고 해당 과세연도의 종료일로부터 5년 동안 보관해야 한다. (2022. 3. 18. 항번개정)

⑱ 영 별표 6 제2호 사목에서 "기획재정부령으로 정하는 사전 취업계약 등"이란 다음 각 호의 어느 하나에 해당하는 계약을 말한다. (2022. 3. 18. 개정)

1. 산업수요 맞춤형 고등학교 등 재학생에 대한 고용을 목적으로 해당 학교와 체결하는 「직업교육훈련 촉진법」 제2조 제5호 나목에 따른 특약으로서 다음 각 목의 요건을 모두 갖춘 특약(이하 이 조에서 "산업체 맞춤형 직업교육훈련계약"이라 한다) (2020. 3. 13. 신설)

가. 산업수요 맞춤형 고등학교 등에 교육부장관이 정하는 산업체 맞춤형 직업교육훈련과정을 설치할 것 (2020. 3. 13. 신설)

나. 해당 내국인의 생산시설 또는 근무장소에서 산업수요 맞춤형 고등학교 등 재학생에 대하여 교육부장관이 정하는 기간 이상의 현장훈련을 실시할 것 (2020. 3. 13. 신설)

다. 산업체 맞춤형 직업교육훈련과정 이

가. 신성장 · 원천기술연구개발비 : 다음의 계산식에 따른 비용 (2022. 3. 18. 개정)

$$\text{제1호 외의 공통비용} \times \frac{\text{영 제9조 제3항 제1호 가목의 비용}}{\text{영 제9조 제3항 제1호 가목의 비용 + 같은 조 제7항 제1호 가목의 비용 + 일반연구 · 인력개발비 중 영 별표 6 제1호 가목 1)에 해당하는 비용}}$$

가. 신성장 · 원천기술연구개발비 : 다음의 계산식에 따른 비용 (2025. 3. 21. 개정)

$$\frac{\text{제1호 및 제2호 외의 공통비용}}{} \times \frac{\text{영 제9조 제3항 제1호 가목의 비용}}{\text{영 제9조 제3항 제1호 가목의 비용 + 같은 조 제7항 제1호 가목의 비용 + 일반연구 · 인력개발비 중 영 별표 6 제1호 가목 1) 및 2)에 해당하는 비용}}$$

나. 국가전략기술연구개발비 : 다음의 계산식에 따른 비용 (2022. 3. 18. 신설)

$$\text{제1호 외의 공통비용} \times \frac{\text{영 제9조 제7항 제1호 가목의 비용}}{\text{영 제9조 제3항 제1호 가목의 비용 + 같은 조 제7항 제1호 가목의 비용 + 일반연구 · 인력개발비 중 영 별표 6 제1호 가목 1)에 해당하는 비용}}$$

나. 국가전략기술연구개발비 : 다음의 계산식에 따른 비용 (2025. 3. 21. 개정)

$$\frac{\text{제1호 및 제2호 외의 공통비용}}{} \times \frac{\text{영 제9조 제7항 제1호 가목의 비용}}{\text{영 제9조 제3항 제1호 가목의 비용 + 같은 조 제7항 제1호 가목의 비용 + 일반연구 · 인력개발비 중 영 별표 6 제1호 가목 1) 및 2)에 해당하는 비용}}$$

간 및 일반연구개발업무 근무시간으로 각각 안분한 비용. 이 경우 국가전략기술연구개발업무 근무시간이 전체 연구개발업무 근무시간의 100분의 50 이하인 사람의 국가전략기술연구개발업무 근무시간은 신성장 · 원천기술개발업무 근무시간으로 본다. (2025. 3. 21. 신설)

2) 일반연구개발업무 근무시간이 전체 연구개발업무 근무시간의 100분의 50 이상인 경우 : 전액 일반연구개발비

나. 영 별표 6 제1호 가목 1)에 따른 직원 및 전담요원의 근무시간을 국가전략기술개발업무, 신성장 · 원천기술개발업무 및 일반연구개발업무로 구분할 수 없는 경우 : 전액 일반연구개발비 (2025. 3. 21. 신설)

1. 인건비 및 위탁 · 공동연구개발비에 해당하는 공통비용의 경우 : 다음 각 목의 구분에 따른다. (2022. 3. 18. 개정)

2. 위탁 · 공동연구개발비에 해당하는 공통비용의 경우 : 다음 각 목의 구분에 따른다. (2025. 3. 21. 개정)

가. 일반연구 · 인력개발비와 신성장 · 원천기술연구개발비 또는 국가전략기술연구개발비의 공통비용: 전액 일반연구 · 인력개발비 (2022. 3. 18. 개정)

나. 신성장 · 원천기술연구개발비와 국가전략기술연구개발비의 공통비용 : 전액 신성장 · 원천기술연구개발비 (2022. 3. 18. 개정)

3. 제1호 및 제2호 외의 공통비용의 경우 : 다음 각 목의 구분에 따른다. (2025. 3. 21. 개정)

제10조의 2【연구개발 관련 출연금 등의 과세특례】　<농특비>

① 내국인이 2026년 12월 31일까지 연구개발 등을 목적으로 「기초연구진흥 및 기술개발지원에 관한 법률」이나 그 밖에 대통령령으로 정하는 법률에 따라 출연금 등의 자산(이하 이 조에서 "연구개발출연금등"이라 한다)을 받은 경우로서 대통령령으로 정하는 방법에 따라 해당 연구개발출연금등을 구분경리하는 경우에는 연구개발출연금등에 상당하는 금액을 해당 과세연도의 소득금액을 계산할 때 익금에 산입하지 아니할 수 있다. (2023. 12. 31. 개정)

① 내국인이 2026년 12월 31일까지 연구개발 등을 목적으로 국가, 지방자치단체, 「공공기관의 운영에 관한 법률」에 따른 공공기관 또는 「지방공기업법」에 따른 지방공기업으로부터 출연금 등의 자산(이하 이 조에서 "연구개발출연금등"이라 한다)을 받은 경우로서 대통령령으로 정하는 방법에 따라 해당 연구개발출연금등을 구분경리하는 경우에는 연구개발출연금등에 상당하는 금액을 해당 과세연도의 소득금액을 계산할 때 익금에 산입하지 아니할 수 있다. (2024. 12. 31. 개정)

<편주>

법 10조의 2 제1항의 개정규정은 2025. 1. 1. 이후 개시하는 과세연도에 연구개발출연금등을 지급받는 경우부터 적용함. (법 부칙(2024. 12. 31.) 4조)

② 제1항에 따라 익금에 산입하지 아니한 금액은 다음 각 호의 방법에 따라 익금에 산입하여야 한다. (2010. 1. 1. 개정)

1. 연구개발출연금등을 해당 연구개발비로 지출하는 경우 : 해당 지출액에 상당하는 금액을 해당 지출일이 속하는 과세연도의 소득금액을 계산할 때 익금에 산입하는 방법 (2010. 1. 1. 개정)

2. 연구개발출연금등으로 해당 연구개발에 사용되는 자산을 취득하는 경우 : 대통령령으로 정하는 방법에 따라 익금에 산입하는 방법 (2010. 1. 1. 개정)

③ 제1항에 따라 연구개발출연금등에 상당하는 금액을 익금에 산입하지 아니한 내국인이 그 연구개발출연금등을 해당 연구개발 목적 외의 용도로 사용하거나 해당 연구개발에 사용하기 전에 폐업하거나 해산하는 경우 그 사용하지 아니한 금액은 해당 사유가 발생한 날이 속하는 과세연도의 소득금액을 계산할 때 익금에 산입한다. 다만, 합병하거나 분할하는 경우로서 합병법인 등이 그 금액을 승계한 경우는 제외하며, 그 금액은 합병법인 등이 제1항에 따라 익금에 산입하지 아니한 것으로 본다. (2010. 1. 1. 개정)

제9조의 2【연구개발 관련 출연금 등의 과세특례】

① 법 제10조의 2 제1항에서 "대통령령으로 정하는 법률"이란 다음 각 호의 어느 하나에 해당하는 법률을 말한다. (2010. 2. 18. 개정)

1. 「산업기술혁신 촉진법」 (2007. 2. 28. 신설)
2. 「정보통신산업 진흥법」 (2009. 8. 18. 개정 ; 정보통신산업 진흥법 시행령 부칙)
3. 「중소기업기술혁신 촉진법」 (2007. 2. 28. 신설)
4. 그 밖에 연구개발 등을 목적으로 출연금 등을 지급하도록 규정하고 있는 법률로서 기획재정부령이 정하는 법률 (2008. 2. 29. 직제개정 ; 기획재정부와~직제 부칙)

① 삭 제 (2025. 2. 28.)

② 법 제10조의 2 제1항에서 "대통령령으로 정하는 방법에 따라 해당 연구개발출연금등을 구분경리하는 경우"란 「법인세법」 제113조를 준용하여 구분경리하는 경우를 말한다. (2010. 2. 18. 개정)

③ 법 제10조의 2 제2항 제2호에서 "대통령령으로 정하는 방법에 따라 익금에 산입하는 방법"이란 다음 각 호의 방법을 말한다. (2010. 2. 18. 개정)

1. 「법인세법 시행령」 제24조 또는 「소득세법 시행령」 제62조 제2항 및 제3항에 따른 감가상각자산 : 해당 과세연도의 소득금액 계산의 경우 「법인세법 시행령」 제25조 또는 「소득세법 시행령」 제62조 제1항 및 제4항에 따라 손금에 산입하는 감가상각비에 상당하는 금액을 익금에 산입하는 방법. 다만, 해당 자산을 처분하는 경우에는 법 제10조의 2 제1항에 따라 익금에 산입하지 아니한 금액 중 이미 익금에 산입하고 남은 잔액을 그 처분한 날이 속하는 과세연도에 전액 익금에 산입한다. (2007. 2. 28. 신설)

2. 제1호 외의 자산 : 해당 자산을 처분한 날이 속하는 과세연도의 소득금액 계산의 경우 법 제10조의 2 제1항에 따라 익금에 산입하지 아니한 금액 전액을 익금에 산입하는 방법 (2007. 2. 28. 신설)

④ 법 제10조의 2 제1항 및 제2항을 적용받으려는 내국인은 과세표준 신고와 함께 기획재정부령이 정하는 출연금등익금불산입명세서를 납세지 관할 세무서장에게 제출하여야 한다. (2008. 2. 29. 직제개정 ; 기획재정부와~직제 부칙)

<관계조문>

규칙 61조 1항 4호의 3 ⇒ 출연금등익금불산입명세서(별지 3호의 3 서식)

으로 정하는 사전 취업약정 등"이란 다음 각 호의 요건을 모두 갖춘 약정 등을 말한다. (2022. 3. 18. 항번개정)

1. 대학교 등에 「산업교육진흥 및 산학연협력촉진에 관한 법률」 제11조의 3에 따라 교육부장관이 정하는 표준화된 운영기준(이하 이 조에서 "표준운영기준"이라 한다)을 준수하는 현장실습 과정을 설치할 것 (2021. 3. 16. 신설)

2. 현장실습 산업체의 생산시설 또는 근무장소에서 대학교 재학생에 대하여 「산업교육진흥 및 산학연협력촉진에 관한 법률」 제11조의 3에 따라 교육부장관이 정하는 기간 이상의 현장실습을 실시할 것 (2021. 3. 16. 신설)

3. 표준운영기준을 준수하는 현장실습의 이수자에 대한 고용조건 등이 포함될 것 (2021. 3. 16. 신설)

⑳ 영 별표 6 제1호 가목 3)에서 "기획재정부령으로 정하는 것"이란 제12조 제3항 제7호 각 목의 어느 하나에 해당하는 소프트웨어를 말한다. (2025. 3. 21. 신설)

㉑ 영 별표 6 제2호 차목에서 "기획재정부령으로 정하는 것"이란 강의료, 교육훈련용 교재비, 실습재료비 및 교육용품비를 말한다. 다만, 수강료 등 교육훈련에 대한 대가를 받은 경우 그 금액은 제외한다. (2025. 3. 21. 신설)

제7조의 2【현물출자의 범위】영 제9조 제10항 본문에서 "기획재정부령으로

④ 제3항에 따라 익금에 산입할 금액에 대해서는 제33조 제3항 후단을 준용한다. (2010. 1. 1. 개정)
⑤ 제1항부터 제4항까지의 규정을 적용하는 경우 연구개발출연금등 익금불산입명세서의 제출과 그 밖에 필요한 사항은 대통령령으로 정한다. (2011. 12. 31. 개정)

제11조【연구 및 인력개발을 위한 설비투자에 대한 세액공제】 농특비
① 내국인이 2018년 12월 31일까지 연구 및 인력개발을 위한 시설에 투자(중고품 및 대통령령으로 정하는 리스에 의한 투자는 제외한다)하는 경우에는 해당 투자금액의 100분의 1(대통령령으로 정하는 중견기업의 경우에는 100분의 3, 중소기업의 경우에는 100분의 6)에 상당하는 금액을 그 투자를 완료한 날이 속하는 과세연도의 소득세(사업소득에 대한 소득세만 해당한다) 또는 법인세에서 공제한다. (2016. 12. 20. 개정)
② 제1항에서 "연구 및 인력개발을 위한 시설"이란 다음 각 호의 어느 하나에 해당하는 것을 말한다. (2016. 12. 20. 개정)
1. 연구시험용 시설로서 대통령령으로 정하는 시설 (2010. 1. 1. 개정)
2. 직업훈련용 시설로서 대통령령으로 정하는 시설 (2010. 1. 1. 개정)
3. 삭 제 (2016. 12. 20.)
③ 제1항에 따른 투자가 2개 이상의 과세연도에 걸쳐서 이루어지는 경우에는 그 투자가 이루어지는 과세연도마다 해당 과세연도에 투자한 금액에 대하여 제1항을 적용받을 수 있다. (2010. 1. 1. 개정)
④ 제3항에 따른 투자금액의 계산에 필요한 사항은 대통령령으로 정한다. (2010. 1. 1. 개정)
⑤ 제1항이나 제3항을 적용받으려는 내국인은 대통령령으로 정하는 바에 따라 세액공제신청을 하여야 한다. (2010. 1. 1. 개정)

제11조【연구 및 인력개발을 위한 설비투자에 대한 세액공제】 삭 제 (2018. 12. 24.)

예 판

• 내국법인이 공동연구개발을 수행함에 있어 전담부서에서 사용하는 연구시험용시설에 투자하는 경우 연구 및 인력개발을 위한 설비투자세액공제를 받는 것임. (서면2팀 - 1611, 2005. 10. 6.)
• 시험연구소에서 사용하는 설비라고 하더라도 일반 사무용 집기·비품 등은 세액공제대상에 해당하지 않으며, 업종별자산 중 기계장치 등을 시험연구용으로 취득하여 연구소 등에서 연구전담용으로 사용하는 자산은 세액공제대상에 해당할 수 있음. (서면2팀 - 2189, 2005. 12. 28.)
• 연구 및 인력개발을 위한 설비투자세액공제 대상 설비를 투자하는 경우 당해 세액공제는 법인세법 시행령 31조 6항 규정에 따른 즉시상각 여부와

제10조【연구시험용시설의 범위 등】① 법 제11조 제1항에서 "대통령령으로 정하는 중견기업"이란 다음 각 호의 요건을 모두 갖춘 기업(이하 이 조에서 "중견기업"이라 한다)을 말한다. (2014. 2. 21. 신설)
1. 중소기업이 아닐 것 (2014. 2. 21. 신설)
2. 다음 각 목의 어느 하나에 해당하는 업종을 주된 사업으로 영위하지 아니할 것 (2017. 2. 7. 개정)
　가. 제29조 제3항에 따른 소비성서비스업 (2017. 2. 7. 개정)
　나.「중견기업 성장촉진 및 경쟁력 강화에 관한 특별법 시행령」제2조 제2항 제2호 각 목의 업종 (2017. 2. 7. 개정)
3. 소유와 경영의 실질적인 독립성이「중견기업 성장촉진 및 경쟁력 강화에 관한 특별법 시행령」제2조 제2항 제1호에 적합할 것 (2017. 2. 7. 개정)
4. 직전 3개 과세연도의 매출액(매출액은 제2조 제4항에 따른 계산방법으로 산출하며, 과세연도가 1년 미만인 과세연도의 매출액은 1년으로 환산한 매출액을 말한다)의 평균금액이 3천억원 미만인 기업일 것 (2015. 2. 3. 개정)
② 법 제11조 제2항 제1호에서 "대통령령으로 정하는 시설"이란 연구개발을 위한 연구·시험용시설로서 기획재정부령이 정하는 것을 말한다. (2014. 2. 21. 항번개정)
③ 법 제11조 제2항 제2호에서 "대통령령으로 정하는 시설"이란 인력개발을 위한 직업훈련용 시설로서 기획재정부령이 정하는 것을 말한다. (2014. 2. 21. 항번개정)
④ · ⑤ 삭 제 (2017. 2. 7.)
⑥ 법 제11조 제3항 및 제4항의 규정에 의한 투자금액을 계산함에 있어서는 제4조 제3항의 규정을 준용한다. (2014. 2. 21. 항번개정)
⑦ 법 제11조에 따라 투자세액공제를 받으려는 자는 투자완료일이 속하는 과세연도(같은 조 제3항을 적용받으려는 경우에는 해당 투자가 이루어지는 각 과세연도를 말한다. 이하 제21조 제5항, 제22조 제4항, 제22조의 2 제3항, 제22조의 3 제3항 및 제22조의 4 제3항에서 같다)의 과세표준신고와 함께 기획재정부령으로 정하는 세액공제신청서를 납세지 관할 세무서장에게 제출하여야 한다. (2017. 2. 7. 개정)

제10조【연구시험용시설의 범위 등】삭 제 (2019. 2. 12.)

관계조문

규칙 61조 1항 2호 ⇒ 세액공제신청서(별지 1호 서식)

정하는 현물출자"란 사업장별로 그 사업에 관한 권리(미수금에 관한 것을 제외한다)와 의무(미지급금에 관한 것을 제외한다)를 포괄적으로 출자하는 것을 말한다. (2022. 3. 18. 개정)

제7조의 3【연구개발 관련 출연금 등】영 제9조의 2 제1항 제4호에서 "기획재정부령이 정하는 법률"이란 다음 각 호의 어느 하나에 해당하는 법률을 말한다. (2012. 2. 28. 개정)
1.「소재·부품·장비산업 경쟁력 강화 및 공급망 안정화를 위한 특별조치법」(2024. 1. 5. 개정 ; 소재·부품~부칙)
2.「연구개발특구의 육성에 관한 특별법」(2013. 2. 23. 개정)
3.「기초연구진흥 및 기술개발 지원에 관한 법률」(2012. 2. 28. 개정)

제7조의 3【연구개발 관련 출연금 등】삭 제 (2025. 3. 21.)

통칙 5 – 0…1 【투자금액의 범위】
법 제5조, 법 제25조 내지 제26조의 투자금액에는 해당 투자에 따른 건설자금이자를 포함한다. (2019. 12. 23. 개정)

5 – 0…2 【투자완료일의 기준】
법 제5조 제1항 및 제11조 제1항에서 "그 투자를 완료한 날"이라 함은 당해 시설을 그 목적에 실제로 사용한 날을 말한다. (2002. 4. 15. 개정)

제12조 【기술이전 및 기술취득 등에 대한 과세특례】 (2014. 1. 1. 제목개정)

[농특비]

① 중소기업 및 중견기업이 대통령령으로 정하는 자체 연구·개발한 특허권, 실용신안권, 기술비법 또는 기술(이하 이 조에서 "특허권등"이라 한다)을 2026년 12월 31일까지 내국인에게 이전(대통령령으로 정하는 특수관계인에게 이전한 경우는 제외한다)함으로써 발생하는 소득에 대해서는 해당 소득에 대한 소득세 또는 법인세의 100분의 50에 상당하는 세액을 감면한다. (2023. 12. 31. 개정)

② 내국인이 대통령령으로 정하는 특허권등을 자체 연구·개발한 내국인으로부터 2018년 12월 31일까지 특허권등을 취득(대통령령으로 정하는 특수관계인으로부터 취득한 경우는 제외한다)한 경우에는 취득금액에 다음 각 호의 구분에 따른 비율을 곱하여 계산한 금액을 해당 과세연도의 소득세(사업소득에 대한 소득세만 해당한다) 또는 법인세에서 공제한다. 이 경우 공제받을 수 있는 금액은 해당 과세연도의 소득세 또는 법인세의 100분의 10을 한도로 한다. (2016. 12. 20. 개정)

1. 중소기업이 취득하는 경우 : 100분의 10 (2016. 12. 20. 신설)
2. 중소기업에 해당하지 아니하는 자가 취득하는 경우 : 100분의 5(중소기업으로부터 특허권등을 취득하는 경우로 한정한다) (2016. 12. 20. 신설)

③ 중소기업 및 중견기업이 대통령령으로 정하는 자체 연구·개발한 특허권등을 2026년 12월 31일까지 대여(대통령령으로 정하는 특수관

통칙 5 – 0…4 【투자자산의 사용】
이 법의 투자세액공제는 시설에 투자한 내국인이 당해 시설의 사용자인 경우에 한하여 적용한다. 다만, 법 제25조 제1항 제4호에 해당하는 경우와 자기가 제품을 직접 제조하지 아니하고 투자세액공제 적용 시설을 수탁가공업체의 사업장에 설치하고 그 시설에 대한 유지·관리비용을 부담하면서 생산한 제품을 전량 인수하여 자기 책임하에 직접 판매하는 경우에는 당해 시설을 설치한 자가 사용한 것으로 본다. (2019. 12. 23. 개정)

제11조 【기술비법의 범위 등】 (2000. 12. 29 제목개정)

① 법 제12조 제1항, 같은 조 제2항 전단 및 같은 조 제3항에서 "대통령령으로 정하는 특수관계인"이란 「법인세법 시행령」 제2조 제8항 및 「소득세법 시행령」 제98조 제1항에 따른 특수관계인을 말한다. 이 경우 「법인세법 시행령」 제2조 제8항 제2호에 따른 소액주주등을 판정할 때 「법인세법 시행령」 제50조 제2항 중 "100분의 1"은 "100분의 30"으로 본다. (2025. 2. 28. 개정)

② 법 제12조 제1항에서 "대통령령으로 정하는 중견기업"이란 제4조 제1항에 따른 중견기업을 말한다. (2019. 2. 12. 개정)

② 삭 제 (2021. 2. 17.)

③ 법 제12조 제1항에서 "대통령령으로 정하는 자체 연구·개발한 특허권, 실용신안권, 기술비법 또는 기술"은 다음 각 호의 어느 하나에 해당하는 것을 말한다. (2017. 2. 7. 개정)

1. 「특허법」 및 「실용신안법」에 따라 해당 기업이 국내에서 자체 연구·개발하여 최초로 설정등록받은 특허권 및 실용신안권 (2017. 2. 7. 개정)
2. 해당 기업이 국내에서 자체 연구·개발한 과학기술분야에 속하는 기술비법(공업소유권, 「해외건설 촉진법」에 따른 해외건설 엔지니어링활동 또는 「엔지니어링산업 진흥법」에 따른 엔지니어링활동과 관련된 기술비법은 제외한다)으로서 수입금액 기준 등 기획재정부령으로 정하는 요건을 충족하는 것 (2017. 2. 7. 개정)
3. 해당 기업이 국내에서 자체 연구·개발한 「기술의 이전 및 사업화

통칙 5 – 0…3 【투자세액공제대상자산의 범위】
이 법의 투자세액공제 적용대상이 되는 투자에는 다음 각 호의 금액을 포함하지 아니한다. (2019. 12. 23. 개정)

1. 삭 제 (2011. 2. 1.)
2. 기존설비에 대한 보수 (2002. 4. 15. 개정)
3. 기존설비에 대한 자본적지출. 다만, 통칙 60 – 56…6 【증설의 범위】에서 규정하는 증설은 제외한다. (2011. 2. 1. 개정)
4. 삭 제 (2011. 2. 1.)

제8조의 7 【기술비법의 범위 등】 영 제11조 제3항 제2호 및 제3호에서 "수입금액 기준 등 기획재정부령으로 정하는 요건을 충족하는 것"이란 다음 각 호의 요건을 모두 충족하는 경우를 말한다. (2017. 3. 17. 신설)

계인에게 대여한 경우는 제외한다)함으로써 발생하는 소득에 대해서는 해당 소득에 대한 소득세 또는 법인세의 100분의 25에 상당하는 세액을 감면한다. (2023. 12. 31. 개정)

④ 제1항 또는 제3항을 적용할 때 해당 과세연도 및 직전 4개 과세연도에 특허권등에서 발생한 손실이 있는 경우에는 특허권등을 이전 또는 대여함으로써 발생하는 소득을 계산할 때 그 소득에서 해당 손실금액을 뺀다. (2017. 12. 19. 신설)

⑤ 제1항부터 제3항까지의 규정을 적용받으려는 내국인은 대통령령으로 정하는 바에 따라 세액감면 또는 세액공제 신청을 하여야 한다. (2017. 12. 19. 항번개정)

제12조의 2 【연구개발특구에 입주하는 첨단기술기업 등에 대한 법인세 등의 감면】 농특비

① 「연구개발특구의 육성에 관한 특별법」 제2조 제1호에 따른 연구개발특구에 입주한 기업으로서 다음 각 호의 어느 하나에 해당하는 기업

촉진에 관한 법률」 제2조 제1호에 따른 기술로서 수입금액 기준 등 기획재정부령으로 정하는 요건을 충족하는 것 (2017. 2. 7. 개정)

④ 법 제12조 제2항 각 호 외의 부분 전단에서 "대통령령으로 정하는 특허권등"이란 제3항 각 호의 어느 하나에 해당하는 것을 말한다. (2017. 2. 7. 개정)

⑤ 법 제12조 제3항에서 "대통령령으로 정하는 자체 연구·개발한 특허권등"이란 제3항 제1호에 따른 특허권 및 실용신안권과 같은 항 제2호에 따른 기술비법을 말한다. (2017. 2. 7. 개정)

개정취지

주택청약종합저축 및 청년우대형주택청약종합저축의 특별해지사유 확대

• 종전에 가입한 주택청약종합저축 또는 청년우대형주택청약종합저축을 해지하고 청년우대형주택청약종합저축에 새로 가입한 후 입주자모집승인 취소 등으로 기존의 청약에 당첨된 주택에 입주할 수 없게 되어 종전에 가입한 저축에 납입금을 다시 납입하기 위해 새로 가입한 저축을 해지한 경우 등을 저축의 중도해지에 따른 세액추징에 대한 예외사유에 추가함. (영 11항 5호 신설 ; 2024. 11. 12.)

• 영 81조 11항 5호의 개정규정은 2024. 11. 12. 이후 주택청약종합저축 또는 청년우대형주택청약종합저축을 해지하는 경우부터 적용함. (영 부칙(2024. 11. 12.) 4조)

⑥ 법 제12조 제1항부터 제3항까지의 규정을 적용받으려는 자는 과세표준신고와 함께 기획재정부령으로 정하는 세액감면신청서 또는 세액공제신청서를 납세지 관할 세무서장에게 제출하여야 한다. (2015. 2. 3. 개정)

관계조문

규칙 61조 1항 2호 ⇒ 세액공제신청서(별지 1호 서식)

제11조의 2 【연구개발특구에 입주하는 첨단기술기업 등에 대한 법인세 등의 감면】 (2014. 2. 21. 조번개정)

① 법 제12조의 2 제1항에서 "생물산업·정보통신산업 등 대통령령으로 정하는 사업"이란 다음 각 호의 산업을 영위하는 사업을 말한다.

---

1. 해당 기업이나 해당 기업이 「중소기업기본법 시행령」 제2조 제3호에 따른 관계기업에 속하는 경우 해당 관계기업의 직전 5개 과세연도의 매출액(매출액은 영 제2조 제4항에 따른 계산방법으로 산출하며, 과세연도가 1년 미만인 과세연도의 매출액은 1년으로 환산한 매출액을 말한다. 이하 이 조에서 같다)의 평균금액이 500억원 이하일 것 (2017. 3. 17. 신설)

2. 해당 기업이 영 제11조 제3항 각 호에 해당하는 것을 거래하여 얻은 직전 5개 과세연도의 매출액의 평균금액이 70억원 이하일 것 (2017. 3. 17. 신설)

3. 「산업기술혁신 촉진법」 제38조에 따른 한국산업기술진흥원에 등록되어 관리되는 기술비법 또는 기술일 것 (2017. 3. 17. 신설)

3. 삭 제 (2022. 3. 18.)

이 해당 구역의 사업장(이하 이 조에서 "감면대상사업장"이라 한다)에서 생물산업ㆍ정보통신산업 등 대통령령으로 정하는 사업(이하 이 조에서 "감면대상사업"이라 한다)을 하는 경우에는 제2항부터 제8항까지의 규정에 따라 소득세 또는 법인세를 감면한다. (2021. 12. 28. 개정)

1. 「연구개발특구의 육성에 관한 특별법」 제9조 제1항에 따라 2025년 12월 31일까지 지정을 받은 첨단기술기업 (2023. 12. 31. 개정)

2. 「연구개발특구의 육성에 관한 특별법」 제9조의 3 제2항에 따라 2025년 12월 31일까지 등록한 연구소기업 (2023. 12. 31. 개정)

② 제1항에 따른 요건을 갖춘 기업의 감면대상사업에서 발생한 소득에 대해서는 해당 감면대상사업에서 최초로 소득이 발생한 과세연도(지정을 받은 날 또는 등록한 날부터 5년이 되는 날이 속하는 과세연도까지 해당 감면대상사업에서 소득이 발생하지 아니한 경우에는 5년이 되는 날이 속하는 과세연도)의 개시일부터 3년 이내에 끝나는 과세연도의 경우에는 소득세 또는 법인세의 100분의 100에 상당하는 세액을 감면하고, 그 다음 2년 이내에 끝나는 과세연도의 경우에는 소득세 또는 법인세의 100분의 50에 상당하는 세액을 감면한다. 다만, 제1항 제1호 또는 제2호에 따른 지정 또는 등록이 취소되는 경우 등 대통령령으로 정하는 사유가 발생한 경우에는 해당 사유가 발생한 날이 속하는 과세연도부터 감면을 적용하지 아니한다. (2022. 12. 31. 단서신설)

③ 제2항이 적용되는 감면기간 동안 감면받는 소득세 또는 법인세의 총합계액은 제1호와 제2호의 금액을 합한 금액을 한도(이하 이 조에서 "감면한도"라 한다)로 한다. (2018. 12. 24. 개정)

1. 대통령령으로 정하는 투자누계액의 100분의 50 (2010. 12. 27. 신설)

2. 해당 과세연도의 감면대상사업장의 상시근로자 수 × 1천5백만원[청년 상시근로자와 대통령령으로 정하는 서비스업(이하 이 조에서 "서비스업"이라 한다)을 하는 감면대상사업장의 상시근로자의 경우에는 2천만원] (2018. 12. 24. 개정)

3. 다음 각 목의 금액 중 적은 금액 (2016. 12. 20. 신설)
　가. 해당 과세연도의 감면대상사업장의 상시근로자 수 × 2천만원 (2016. 12. 20. 신설)
　나. 제1호의 투자누계액의 100분의 100 (2016. 12. 20. 신설)

3. 삭 제 (2018. 12. 24.)

(2010. 2. 18. 개정)

1. 「생명공학육성법」 제2조 제1호에 따른 생명공학과 관련된 산업(종자 및 묘목생산업, 수산물부화 및 수산종자생산업을 포함한다) (2020. 11. 20. 개정 ; 생명공학육성법 시행령 부칙)

2. 「정보통신산업 진흥법」 제2조 제2호에 따른 정보통신산업 (2009. 8. 18. 개정 ; 정보통신산업 진흥법 시행령 부칙)

3. 「정보통신망 이용촉진 및 정보보호 등에 관한 법률」 제2조 제1항 제2호에 따른 정보통신서비스를 제공하는 산업 (2012. 2. 2. 신설)

4. 「산업발전법」 제5조 제1항에 따라 산업통상자원부장관이 고시한 첨단기술 및 첨단제품과 관련된 산업 (2013. 3. 23. 직제개정 ; 기획재정부와~직제 부칙)

② 법 제12조의 2 제2항 단서에서 "지정 또는 등록이 취소되는 경우 등 대통령령으로 정하는 사유가 발생한 경우"란 다음 각 호의 경우를 말한다. (2023. 2. 28. 신설)

1. 「연구개발특구의 육성에 관한 특별법」 제9조의 2 제1항에 따라 첨단기술기업의 지정이 취소된 경우 (2023. 2. 28. 신설)

2. 「연구개발특구의 육성에 관한 특별법」 제9조의 4 제1항에 따라 연구소기업의 등록이 취소된 경우 (2023. 2. 28. 신설)

3. 「연구개발특구의 육성에 관한 특별법 시행령」 제12조의 4 제3항에 따른 첨단기술기업 지정의 유효기간이 만료된 경우. 다만, 유효기간 만료일이 속하는 과세연도 종료일 현재 첨단기술기업으로 재지정된 경우는 제외한다. (2023. 2. 28. 신설)

③ 법 제12조의 2 제3항 제1호에서 "대통령령으로 정하는 투자누계액"이란 법 제12조의 2 제2항에 따라 법인세 또는 소득세를 감면받는 해당 과세연도까지의 기획재정부령으로 정하는 사업용자산에 대한 투자 합계액을 말한다. (2023. 2. 28. 항번개정)

④ 법 제12조의 2 제3항 제2호에서 "대통령령으로 정하는 서비스업"이란 제23조 제4항에 따른 서비스업을 말한다. (2023. 2. 28. 항번개정)

⑤ 법 제12조의 2 제5항에 따라 납부해야 할 소득세액 또는 법인세액은 다음의 계산식에 따라 계산한 금액(그 수가 음수이면 영으로 보고, 감면받은 과세연도 종료일 이후 2개 과세연도 연속으로 상시근로자 수가 감소한 경우에는 두 번째 과세연도에는 첫 번째 과세연

제8조의 3 【연구개발특구 등에의 입주기업 등에 대한 법인세 등의 감면 적용 시 사업용자산의 범위】 영 제11조의 2 제3항, 제61조 제3항, 제99조의 8 제2항, 제116조의 14 제2항, 제116조의 15 제4항, 제116조의 21 제4항, 제116조의 25 제2항, 제116조의 26 제3항, 제116조의 27 제3항 및 제116조의 36 제3항에서 "기획재정부령으로 정하는 사업용자산"이란 다음 각 호의 어느 하나에 해당하는

④ 제2항에 따라 각 과세연도에 감면받을 소득세 또는 법인세에 대하여 감면한도를 적용할 때에는 제3항 제1호의 금액을 먼저 적용한 후 같은 항 제2호의 금액을 적용한다. (2010. 12. 27. 신설)

⑤ 제3항 제2호를 적용받아 소득세 또는 법인세를 감면받은 기업이 감면받은 과세연도 종료일부터 2년이 되는 날이 속하는 과세연도 종료일까지의 기간 중 각 과세연도의 감면대상사업장의 상시근로자 수가 감면받은 과세연도의 상시근로자 수보다 감소한 경우에는 대통령령으로 정하는 바에 따라 감면받은 세액에 상당하는 금액을 소득세 또는 법인세로 납부하여야 한다. (2018. 12. 24. 개정)

⑥ 제3항 및 제5항을 적용할 때 상시근로자 및 청년 상시근로자의 범위, 상시근로자 수의 계산방법, 그 밖에 필요한 사항은 대통령령으로 정한다. (2018. 12. 24. 개정)

⑦ 제2항에 따라 소득세 또는 법인세를 감면받은 기업이 다음 각 호의 어느 하나에 해당하는 경우에는 그 사유가 발생한 과세연도의 과세표

도에 납부한 금액을 뺀 금액을 말한다)으로 하며, 이를 상시근로자 수가 감소한 과세연도의 과세표준을 신고할 때 소득세 또는 법인세로 납부해야 한다. (2023. 2. 28. 개정)

> 해당 기업의 상시근로자 수가 감소한 과세연도의 직전 2년 이내의 과세연도에 법 제12조의 2 제3항 제2호를 적용하여 감면받은 세액의 합계액 − [상시근로자 수가 감소한 과세연도의 감면대상사업장의 상시근로자 수 × 1천5백만원(청년 상시근로자와 법 제12조의 2 제3항 제2호의 서비스업의 경우에는 2천만원으로 한다)]

⑥ 법 제12조의 2 제3항 및 제5항을 적용할 때 상시근로자 및 청년 상시근로자의 범위는 다음 각 호의 구분에 따른다. (2023. 2. 28. 개정)

1. 상시근로자의 범위 : 제23조 제10항에 따른 상시근로자 (2023. 2. 28. 개정)

2. 청년 상시근로자의 범위 : 제26조의 8 제3항 제1호에 해당하는 사람 (2023. 2. 28. 개정)

⑦ 법 제12조의 2 제3항 및 제5항을 적용할 때 상시근로자 수 및 청년 상시근로자 수는 다음 각 호의 구분에 따른 계산식에 따라 계산한 수(100분의 1 미만의 부분은 없는 것으로 한다)로 한다. 이 경우 상시근로자 수 및 청년 상시근로자 수의 계산에 관하여는 제23조 제11항 각 호 외의 부분 후단을 준용한다. (2023. 2. 28. 개정)

1. 상시근로자의 수 :

$$\frac{\text{해당 과세연도의 매월 말 현재 상시근로자 수의 합}}{\text{해당 과세연도의 개월 수}}$$

(2019. 2. 12. 신설)

2. 청년 상시근로자 수 :

$$\frac{\text{해당 과세연도의 매월 말 현재 청년 상시근로자 수의 합}}{\text{해당 과세연도의 개월 수}}$$

(2023. 2. 28. 개정)

⑧ 법 제12조의 2 제7항 각 호 외의 부분에서 "대통령령으로 정하는 바에 따라 계산한 세액"이란 다음 각 호의 구분에 따른 세액을 말한다.

자산을 말한다. (2024. 3. 22. 개정)

1. 해당 특구 등에 소재하거나 해당 특구 등에서 해당 사업에 주로 사용하는 사업용 유형자산 (2020. 3. 13. 개정)

2. 해당 특구 등에 소재하거나 해당 특구 등에서 해당 사업에 주로 사용하기 위해 건설 중인 자산 (2020. 3. 13. 개정)

3. 「법인세법 시행규칙」 별표 3에 따른 무형자산 (2019. 3. 20. 개정)

준신고를 할 때 대통령령으로 정하는 바에 따라 계산한 세액을 소득세 또는 법인세로 납부하여야 한다. (2021. 12. 28. 신설)
1. 감면대상사업장의 사업을 폐업하거나 법인이 해산한 경우. 다만, 법인의 합병·분할 또는 분할합병으로 인한 경우는 제외한다. (2021. 12. 28. 신설)
2. 감면대상사업장을 「연구개발특구의 육성에 관한 특별법」 제2조 제1호에 따른 연구개발특구 외의 지역으로 이전한 경우 (2021. 12. 28. 신설)
⑧ 제7항에 따라 소득세 또는 법인세를 납부하는 경우에는 대통령령으로 정하는 바에 따라 계산한 이자상당가산액을 소득세 또는 법인세에 가산하여 납부하여야 하며, 해당 세액은 「소득세법」 제76조 또는 「법인세법」 제64조에 따라 납부하여야 할 세액으로 본다. (2021. 12. 28. 신설)
⑨ 제2항을 적용받으려는 자는 대통령령으로 정하는 바에 따라 감면신청을 하여야 한다. (2021. 12. 28. 항번개정)
⑩ 제3항 제2호에 따라 서비스업에 대한 한도를 적용받는 기업은 제143조를 준용하여 서비스업과 그 밖의 사업을 각각 구분하여 경리하여야 한다. (2021. 12. 28. 항번개정)

제12조의 3【기술혁신형 합병에 대한 세액공제】 ① 내국법인이 2024년 12월 31일까지 대통령령으로 정하는 기술혁신형 중소기업을 다음 각 호의 요건을 모두 갖추어 합병(대통령령으로 정하는 특수관계인과의 합병은 제외한다)하는 경우 합병법인이 피합병법인에게 지급한 양도가액(이하 이 조에서 "양도가액"이라 한다) 중 대통령령으로 정하는 기술가치 금액의 100분의 10에 상당하는 금액을 해당 사업연도의 법인세에서 공제한다. (2021. 12. 28. 개정)
1. 합병등기일 현재 1년 이상 사업을 계속하던 내국법인 간의 합병일 것 (2014. 1. 1. 신설)

(2022. 2. 15. 신설)
1. 법 제12조의 2 제7항 제1호에 해당하는 경우 : 폐업일 또는 법인해산일부터 소급하여 3년 이내에 감면된 세액 (2022. 2. 15. 신설)
2. 법 제12조의 2 제7항 제2호에 해당하는 경우 : 이전일부터 소급하여 5년 이내에 감면된 세액 (2022. 2. 15. 신설)

⑨ 법 제12조의 2 제8항에서 "대통령령으로 정하는 바에 따라 계산한 이자상당가산액"이란 제8항 각 호의 구분에 따른 세액에 상당하는 금액에 제1호에 따른 기간과 제2호에 따른 율을 곱하여 계산한 금액을 말한다. (2022. 2. 15. 신설)
1. 감면을 받은 과세연도의 종료일 다음 날부터 법 제12조의 2 제7항 각 호의 어느 하나에 해당하는 사유가 발생한 날이 속하는 과세연도의 종료일까지의 기간 (2022. 2. 15. 신설)
2. 1일 10만분의 22 (2022. 2. 15. 신설)
⑩ 법 제12조의 2 제9항에 따라 법인세 또는 소득세를 감면받으려는 자는 과세표준신고를 할 때 기획재정부령으로 정하는 세액감면신청서를 납세지 관할세무서장에게 제출해야 한다. (2022. 2. 15. 개정)

제11조의 3【기술혁신형 합병에 대한 세액공제】 ① 법 제12조의 3 제1항 각 호 외의 부분에서 "대통령령으로 정하는 기술혁신형 중소기업"이란 다음 각 호의 어느 하나에 해당하는 중소기업을 말한다. (2014. 2. 21. 신설)
1. 합병등기일까지 「벤처기업육성에 관한 특별법」 제25조에 따라 벤처기업으로 확인받은 기업 (2024. 7. 2. 개정 ; 벤처기업~부칙)
2. 합병등기일까지 「중소기업 기술혁신 촉진법」 제15조와 같은 법 시행령 제13조에 따라 기술혁신형 중소기업으로 선정된 기업 (2014. 2. 21. 신설)
3. 합병등기일이 속하는 사업연도의 직전 사업연도의 법 제10조 제1항에 따른 연구·인력개발비가 매출액의 100분의 5 이상인 중소기업

규칙 61조 1항 3호 ⇒ 세액감면(면제)신청서(별지 2호 서식)

(2020. 2. 11. 개정)

4. 합병등기일까지 다음 각 목 중 어느 하나에 해당하는 인증 등을 받은 중소기업 (2016. 2. 5. 신설)

　가. 「산업기술혁신 촉진법」 제15조의 2 제1항에 따른 신기술 인증 (2016. 2. 5. 신설)

　나. 「보건의료기술 진흥법」 제8조 제1항에 따른 보건신기술 인증 (2016. 2. 5. 신설)

　다. 「산업기술혁신 촉진법」 제16조 제1항에 따른 신제품 인증 (2016. 2. 5. 신설)

　라. 「제약산업 육성 및 지원에 관한 법률」 제7조 제2항에 따른 혁신형 제약기업 인증 (2016. 2. 5. 신설)

　라. 「제약산업 육성 및 지원에 관한 특별법」 제7조 제2항에 따른 혁신형 제약기업 인증 (2025. 2. 28. 개정)

　마. 「중견기업 성장촉진 및 경쟁력 강화에 관한 특별법」 제18조 제1항에 따른 선정 (2016. 2. 5. 신설)

　바. 「의료기기산업 육성 및 혁신의료기기 지원법」 제10조에 따른 혁신형 의료기기기업의 인증 (2022. 2. 15. 신설)

　사. 그 밖에 가목부터 바목까지와 유사한 경우로서 기획재정부령으로 정하는 인증 등 (2022. 2. 15. 개정)

② 법 제12조의 3 제1항 각 호 외의 부분에서 "대통령령으로 정하는 특수관계인"이란 「법인세법 시행령」 제2조 제8항에 따른 특수관계인을 말한다. (2025. 2. 28. 개정)

③ 법 제12조의 3 제1항 각 호 외의 부분에서 "대통령령으로 정하는 기술가치 금액"이란 다음 각 호의 어느 하나에 해당하는 금액 중에서 합병법인이 선택한 금액을 말한다. (2014. 2. 21. 신설)

1. 「벤처기업육성에 관한 특별법 시행령」 제4조 각 호의 어느 하나에 해당하는 기관이 합병등기일 전후 3개월 이내에 피합병법인이 보유한 특허권, 실용신안권 및 기획재정부령으로 정하는 기술비법 또는 기술(이하 이 조 및 제11조의 4에서 "특허권등"이라 한다)을 평가한 금액의 합계액. 이 경우 그 합계액은 합병법인이 피합병법인에 지급한 양도가액에서 합병등기일 현재의 피합병법인의 순자산시가를 뺀 금액[음수(陰數)인 경우에는 영으로 본다]을 한도로 한다. (2024. 7.

　　　제8조의 5 【기술혁신형 중소기업의 범위 등】 (2017. 3. 17. 제목개정)

① 영 제11조의 3 제1항 제4호 사목 및 영 제11조의 4 제2항 제4호 사목에서 "기획재정부령으로 정하는 인증 등"이란 영 제11조의 3 제1항 제4호 가목부터 바목까지 및 영 제11조의 4 제2항 제4호 가목부터 바목까지와 유사한 경우로서 기획재정부장관이 정하여 고시하는 인증 등을 말한다. (2022. 3. 18. 개정)

② 영 제11조의 3 제3항 제1호에서 "기획재정부령으로 정하는 기술비법 또는 기술"이란 다음 각 호의 어느 하나에 해당하는 기술비법 또는 기술로서 「산업기술혁신 촉진법」 제38조에 따른 한국산업기술진흥

편주▶ ⋯⋯⋯⋯⋯⋯⋯⋯⋯⋯⋯⋯⋯⋯
2024. 2. 29. 전에 합병하거나 주식 또는 출자지분을 취득한 경우의 세액공제금액에 관하여는 영 11조의 3 제3항 2호의 개정규정에도 불구하고 종

전의 규정에 따름. (영 부칙(2024. 2. 29.) 18조)

··· ☞

2. 양도가액이 합병등기일 현재의 피합병법인의 순자산시가의 100분의 130 이상일 것 (2015. 12. 15. 개정)

3. 대통령령으로 정하는 피합병법인의 주주 또는 출자자(이하 이 조에서 "주주등"이라 한다)가 합병등기일부터 합병등기일이 속하는 사업연도의 종료일까지 합병법인의 지배주주등에 해당하지 아니할 것 (2017. 12. 19. 개정)

4. 합병법인이 합병등기일이 속하는 사업연도의 종료일까지 피합병법인으로부터 승계받은 사업을 계속할 것 (2014. 1. 1. 신설)
② 제1항에 따라 법인세를 공제받은 내국법인이 3년 이내의 범위에서 대통령령으로 정하는 기간에 다음 각 호의 어느 하나에 해당하는 사유

---

2. 개정 ; 벤처기업~부칙)
2. 합병법인이 피합병법인에 지급한 양도가액에서 합병등기일 현재의 피합병법인의 순자산시가의 100분의 120을 뺀 금액 (2024. 2. 29. 개정)
④ 법 제12조의 3 제1항 각 호 외의 부분에 따른 양도가액은 「법인세법 시행령」 제80조 제1항 제2호에 따른 금액으로 한다. (2014. 2. 21. 신설)
⑤ 법 제12조의 3 제1항 제2호와 이 영 제3항에 따른 피합병법인의 순자산시가는 합병등기일 현재의 피합병법인의 자산총액(특허권등의 가액을 제외한다)에서 부채총액을 뺀 금액으로 한다. (2017. 2. 7. 개정)
⑥ 법 제12조의 3 제1항 제3호에 따른 합병대가의 총합계액은 「법인세법 시행령」 제80조 제1항 제2호 가목에 따른 금액으로 한다. (2014. 2. 21. 신설)
⑦ 법 제12조의 3 제1항 제3호에 따른 합병대가의 총합계액 중 주식 또는 출자지분의 가액의 비율을 계산할 때 「법인세법 시행령」 제80조 제1항 제2호 가목 본문에 따른 합병포합주식등이 있는 경우에는 같은 목 단서를 준용하여 계산한다. (2014. 2. 21. 신설)
⑥~⑦ 삭 제 (2022. 2. 15.)
⑧ 법 제12조의 3 제1항 제3호에서 "대통령령으로 정하는 피합병법인의 주주 또는 출자자" 및 같은 조 제2항 제1호에서 "대통령령으로 정하는 피합병법인의 주주등"이란 각각 피합병법인의 「법인세법 시행령」 제43조 제3항 및 제7항에 따른 지배주주등 중 다음 각 호에 해당하는 자를 제외한 자를 말한다. (2018. 2. 13. 개정)
1. 「법인세법 시행령」 제43조 제8항 제1호 가목의 친족 중 4촌인 혈족 (2023. 2. 28. 개정)
2. 합병등기일 현재 피합병법인에 대한 지분비율이 100분의 1 미만이면서 시가로 평가한 그 지분가액이 10억원 미만인 자 (2014. 2. 21. 신설)
⑨ 법 제12조의 3 제1항 제3호 및 같은 조 제2항 제1호에 따른 합병법인의 지배주주등의 범위에 관하여는 「법인세법 시행령」 제43조 제3항 및 제7항을 준용한다. (2014. 2. 21. 신설)
⑩ 법 제12조의 3 제1항 제4호 및 같은 조 제2항 제2호에 따른 합병법인의 사업 계속 및 폐지 여부의 판정에 관하여는 「법인세법 시행령」 제80조의 2 제7항을 준용한다. (2020. 2. 11. 개정)
⑪ 법 제12조의 3 제2항 각 호 외의 부분에서 "대통령령으로 정하는

원에 등록되어 관리되는 기술비법 또는 기술을 말한다. (2017. 3. 17. 신설)
1. 피합병법인 또는 피인수법인이 국내에서 자체 연구ㆍ개발한 과학기술분야에 속하는 기술비법(공업소유권, 「해외건설 촉진법」에 따른 해외건설 엔지니어링활동 또는 「엔지니어링산업 진흥법」에 따른 엔지니어링활동과 관련된 기술비법은 제외한다) (2017. 3. 17. 신설)
2. 피합병법인 또는 피인수법인이 국내에서 자체 연구ㆍ개발한 「기술의 이전 및 사업화 촉진에 관한 법률」 제2조 제1호에 따른 기술 (2017. 3. 17. 신설)

가 발생하는 경우에는 그 사유가 발생한 날이 속하는 사업연도의 과세표준신고를 할 때 제1항에 따라 공제받은 세액에 대통령령으로 정하는 바에 따라 계산한 이자상당액을 더한 금액을 법인세로 납부하여야 한다. (2014. 1. 1. 신설)

1. 대통령령으로 정하는 피합병법인의 주주등이 합병법인의 지배주주 등에 해당하는 경우 (2014. 1. 1. 신설)

2. 합병법인이 피합병법인으로부터 승계받은 사업을 폐지하는 경우 (2014. 1. 1. 신설)

③ 제1항 제4호 및 제2항 제2호를 적용할 때 대통령령으로 정하는 부득이한 사유가 있는 경우에는 사업을 계속하는 것으로 본다. (2014. 1. 1. 신설)

④ 제1항 및 제2항에 따른 양도가액 및 피합병법인의 순자산시가의 계산, 합병대가의 총합계액의 계산, 지배주주등의 범위, 승계받은 사업의 계속 및 폐지에 관한 기준 등에 관하여 필요한 사항은 대통령령으로 정한다. (2014. 1. 1. 신설)

⑤ 제1항을 적용받으려는 내국법인은 대통령령으로 정하는 바에 따라 세액공제 신청을 하여야 한다. (2014. 1. 1. 신설)

제12조의 4 【기술혁신형 주식취득에 대한 세액공제】 ① 내국법인(이하 이 조에서 "인수법인"이라 한다)이 2024년 12월 31일까지 대통령령으로 정하는 기술혁신형 중소기업(이하 이 조에서 "피인수법인"이라 한다)의 주식 또는 출자지분(이하 이 조에서 "주식등"이라 한다)을 다음 각 호의 요건을 모두 갖추어 취득(대통령령으로 정하는 특수관계인으로부터 취득한 경우는 제외한다)하는 경우 매입가액 중 대통령령으로 정하는 기술가치 금액의 100분의 10에 상당하는 금액을 그 취득한 주식등이 제2호의 기준지분비율을 최초로 초과하는 사업연도(이하 이 조에서 "기준충족사업연도"라 한다)의 법인세에서 공제한다. (2023. 12. 31. 개정)

제12조의 4 【기술혁신형 주식취득에 대한 세액공제】 ① 내국법인(이하 이 조에서 "인수법인"이라 한다)이 2027년 12월 31일까지 대통령령으로 정하는 기술혁신형 중소기업(이하 이 조에서 "피인수법인"이라 한다)의 주식 또는 출자지분(이하 이 조에서 "주식등"이라 한다)을 다음 각 호의 요건을 모두 갖추어 취득(대통령령으로 정하는 특수관계인으로부터 취득한 경우는 제외한다)하는 경우 매입가액 중 대통령령으로 정하는 기술가치 금액의 100분의 5에 상당하는 금액을 그 취득한 주식등이

기간"이란 합병등기일이 속하는 사업연도의 다음 사업연도의 개시일부터 2년을 말한다. (2014. 2. 21. 신설)

⑫ 법 제12조의 3 제2항 각 호 외의 부분에서 "대통령령으로 정하는 바에 따라 계산한 이자상당액"이란 같은 조 제1항에 따라 공제받은 세액에 제1호의 기간과 제2호의 율을 곱하여 계산한 금액을 말한다. (2014. 2. 21. 신설)

1. 공제받은 사업연도 종료일의 다음 날부터 납부사유가 발생한 날이 속하는 사업연도의 종료일까지의 기간 (2014. 2. 21. 신설)

2. 제11조의 2 제9항 제2호에 따른 율 (2022. 2. 15. 개정)

⑬ 법 제12조의 3 제3항에서 "대통령령으로 정하는 부득이한 사유가 있는 경우"란 합병법인이 파산하거나 「채무자 회생 및 파산에 관한 법률」에 따른 회생절차에 따라 법원의 허가를 받아 승계 받은 자산을 처분한 경우를 말한다. (2014. 2. 21. 신설)

⑭ 법 제12조의 3 제1항에 따라 세액공제를 받으려는 내국법인은 과세표준신고와 함께 기획재정부령으로 정하는 세액공제신청서 및 공제세액계산서를 납세지 관할 세무서장에게 제출하여야 한다. (2014. 2. 21. 신설)

제11조의 4 【기술혁신형 주식취득에 대한 세액공제】 ① 법 제12조의 4 제1항 제1호에 따른 최초 취득한 날(이하 이 조에서 "최초취득일"이라 한다)은 인수법인이 피인수법인의 주식 또는 출자지분(이하 이 조에서 "주식등"이라 한다)을 취득한 날부터 직전 2년 이내의 기간 동안 그 주식등을 보유한 사실이 없는 경우로 한다. 다만, 인수법인이 「법인세법 시행령」 제50조 제2항에 따른 소액주주등에 해당하는 기간은 주식등을 보유한 것으로 보지 아니한다. (2024. 2. 29. 개정)

제2호의 기준지분비율을 최초로 초과하는 사업연도(이하 이 조에서 "기준충족사업연도"라 한다)의 법인세에서 공제한다. (2024. 12. 31. 개정)

1. 인수법인이 피인수법인의 주식등을 최초 취득한 날(이하 이 조에서 "최초취득일"이라 한다) 현재 1년 이상 사업을 계속하던 내국법인 간의 취득일 것 (2023. 12. 31. 개정)
2. 인수법인이 최초취득일이 속하는 사업연도 내에 또는 최초취득일이 속하는 사업연도의 다음 사업연도의 종료일까지 취득한 주식등이 해당 사업연도의 종료일 현재 피인수법인의 발행주식총수 또는 출자총액의 100분의 50(인수법인이 피인수법인의 최대출자자로서 피인수법인의 경영권을 실질적으로 지배하는 경우는 100분의 30으로 하고, 이하 이 조에서 "기준지분비율"이라 한다)을 초과하고, 인수법인이 해당 주식등을 기준충족사업연도의 종료일까지 보유할 것(2023. 12. 31. 개정)
2. 인수법인이 최초취득일부터 2년이 되는 날이 속하는 사업연도의 종료일까지 취득한 주식등이 해당 사업연도의 종료일 현재 피인수법인의 발행주식총수 또는 출자총액의 100분의 50(인수법인이 피인수법인의 최대출자자로서 피인수법인의 경영권을 실질적으로 지배하는 경우는 100분의 30으로 하고, 이하 이 조에서 "기준지분비율"이라 한다)을 초과하고, 인수법인이 해당 주식등을 기준충족사업연도의 종료일까지 보유할 것 (2024. 12. 31. 개정)
3. 인수법인이 최초취득일부터 기준충족사업연도의 종료일까지 취득한 주식등의 매입가액이 가목의 금액에 나목의 비율을 곱한 금액 이상일 것 (2023. 12. 31. 개정)
   가. 기준충족사업연도의 피인수법인의 순자산시가의 100분의 130 (2023. 12. 31. 개정)
   나. 최초취득일부터 기준충족사업연도의 종료일까지 취득한 주식등이 기준충족사업연도의 종료일 현재 피인수법인의 발행주식총수 또는 출자총액에서 차지하는 비율(이하 이 조에서 "당초지분

② 법 제12조의 4 제1항 각 호 외의 부분에서 "대통령령으로 정하는 기술혁신형 중소기업"이란 다음 각 호의 어느 하나에 해당하는 중소기업을 말한다. (2014. 2. 21. 신설)
1. 최초취득일까지 「벤처기업육성에 관한 특별법」 제25조에 따라 벤처기업으로 확인받은 기업 (2024. 7. 2. 개정 ; 벤처기업~부칙)
2. 최초취득일까지 「중소기업 기술혁신 촉진법」 제15조와 같은 법 시행령 제13조에 따라 기술혁신형 중소기업으로 선정된 기업 (2024. 2. 29. 개정)
3. 최초취득일이 속하는 사업연도의 직전 사업연도의 법 제10조 제1항에 따른 연구·인력개발비가 매출액의 100분의 5 이상인 중소기업 (2024. 2. 29. 개정)
4. 최초취득일까지 다음 각 목의 어느 하나에 해당하는 인증 등을 받은 중소기업 (2024. 2. 29. 개정)
   가. 「산업기술혁신 촉진법」 제15조의 2 제1항에 따른 신기술 인증 (2016. 2. 5. 신설)
   나. 「보건의료기술 진흥법」 제8조 제1항에 따른 보건신기술 인증 (2016. 2. 5. 신설)
   다. 「산업기술혁신 촉진법」 제16조 제1항에 따른 신제품 인증 (2016. 2. 5. 신설)
   라. 「제약산업 육성 및 지원에 관한 법률」 제7조 제2항에 따른 혁신형 제약기업 인증 (2016. 2. 5. 신설)
   라. 「제약산업 육성 및 지원에 관한 특별법」 제7조 제2항에 따른 혁신형 제약기업 인증 (2025. 2. 28. 개정)
   마. 「중견기업 성장촉진 및 경쟁력 강화에 관한 특별법」 제18조 제1항에 따른 선정 (2016. 2. 5. 신설)
   바. 「의료기기산업 육성 및 혁신의료기기 지원법」 제10조에 따른 혁신형 의료기기기업의 인증 (2022. 2. 15. 신설)
   사. 그 밖에 가목부터 바목까지와 유사한 경우로서 기획재정부령으로 정하는 인증 등 (2022. 2. 15. 개정)
③ 법 제12조의 4 제1항 각 호 외의 부분에서 "대통령령으로 정하는 특수관계인"이란 「법인세법 시행령」 제2조 제8항 각 호의 어느 하나에 해당하는 관계에 있는 자(이하 이 조에서 "특수관계인"이라 한다)를 말

비율"이라 한다) (2023. 12. 31. 개정)

4. 대통령령으로 정하는 피인수법인의 주주 또는 출자자(이하 이 조에서 "주주등"이라 한다)가 기준충족사업연도의 종료일에 인수법인 또는 피인수법인의 지배주주등에 해당하지 아니할 것 (2023. 12. 31. 개정)

5. 피인수법인이 기준충족사업연도의 종료일까지 종전에 영위하던 사업을 계속할 것 (2023. 12. 31. 개정)

② ☞ p.1244

한다. 이 경우 특수관계인 여부는 최초취득일을 기준으로 판단한다. (2025. 2. 28. 개정)

④ 법 제12조의 4 제1항 각 호 외의 부분에서 "대통령령으로 정하는 기술가치 금액"이란 다음 각 호의 어느 하나에 해당하는 금액 중에서 인수법인이 선택한 금액을 말한다. (2014. 2. 21. 신설)

1. 「벤처기업육성에 관한 특별법 시행령」 제4조 각 호의 어느 하나에 해당하는 기관이 최초취득일 전후 3개월 이내에 피인수법인이 보유한 특허권등을 평가한 금액의 합계액에 법 제12조의 4 제1항에 따른 기준충족사업연도(이하 이 조에서 "기준충족사업연도"라 한다) 종료일 현재의 지분비율을 곱하여 계산한 금액. 이 경우 그 계산한 금액은 인수법인이 피인수법인에 지급한 매입가액에서 기준충족사업연도의 피인수법인의 순자산시가에 해당 지분비율을 곱하여 계산한 금액을 뺀 금액[음수(陰數)인 경우에는 영으로 본다]을 한도로 한다. (2024. 7. 2. 개정 ; 벤처기업~부칙)

2. 인수법인이 피인수법인에 지급한 매입가액에서 가목의 금액에 나목의 비율을 곱한 금액을 뺀 금액 (2014. 2. 21. 신설)

　가. 기준충족사업연도의 피인수법인의 순자산시가의 100분의 120에 해당하는 금액 (2024. 2. 29. 개정)

　나. 기준충족사업연도 종료일 현재의 지분비율 (2024. 2. 29. 개정)

④ 법 제12조의 4 제1항 각 호 외의 부분에서 "대통령령으로 정하는 기술가치 금액"이란 「벤처기업육성에 관한 특별법 시행령」 제4조 각 호의 어느 하나에 해당하는 기관이 최초취득일 전후 3개월 이내에 피인수법인이 보유한 특허권등을 평가한 금액의 합계액에 법 제12조의 4 제1항에 따른 기준충족사업연도(이하 이 조에서 "기준충족사업연도"라 한다) 종료일 현재의 지분비율을 곱하여 계산한 금액을 말한다. 이 경우 그 계산한 금액은 인수법인이 피인수법인에 지급한 매입가액에서 기준충족사업연도의 피인수법인의 순자산시가에 해당 지분비율을 곱하여 계산한 금액을 뺀 금액[음수(陰數)인 경우에는 영으로 본다]을 한도로 한다. (2025. 2. 28. 개정)

편주 ▶ 2025. 2. 28. 전에 인수법인이 피인수법인의 주식등을 최초 취득한 경우의 기술 가치금액에 관하여는 영 11조의 4 제4항 및 5항의 개정규정에도 불구하고 종전의 규정에 따름. (영 부칙(2025. 2. 28.) 23조 1항)

⑤ 법 제12조의 4 제1항 제3호 가목, 이 조 제4항 제1호 및 제2호 가목에 따른 기준충족사업연도의 피인수법인의 순자산시가는 인수법인이 피인수법인의 주식등을 취득한 날 현재의 피인수법인의 자산총액(특허권등의 가액은 제외한다)에서 부채총액을 뺀

편주 ▶ 2024. 2. 29. 전에 합병하거나 주식 또는 출자지분을 취득한 경우의 세액공제금액에 관하여는 영 11조의 4 제4항 2호 가목의 개정규정에도 불구하고 종전의 규정에 따름. (영 부칙(2024. 2. 29.) 18조)

금액으로 하되, 인수법인이 피인수법인의 주식등을 2회 이상 취득한 경우에는 취득시점 각각의 피인수법인의 순자산시가에 취득한 주식등의 수를 곱한 금액의 합계액을 최초취득일부터 기준충족사업연도 종료일까지 취득한 주식등의 총수로 나눈 금액으로 한다. (2024. 2. 29. 개정)

⑤ 법 제12조의 4 제1항 제3호 가목 및 이 조 제4항에 따른 기준충족 사업연도의 피인수법인의 순자산시가는 인수법인이 피인수법인의 주식등을 취득한 날 현재의 피인수법인의 자산총액(특허권등의 가액은 제외한다)에서 부채총액을 뺀 금액으로 하되, 인수법인이 피인수법인의 주식등을 2회 이상 취득한 경우에는 취득시점 각각의 피인수법인의 순자산시가에 취득한 주식등의 수를 곱한 금액의 합계액을 최초취득일부터 기준충족사업연도 종료일까지 취득한 주식등의 총수로 나눈 금액으로 한다. (2025. 2. 28. 개정)

⑥ 법 제12조의 4 제1항 제4호에서 "대통령령으로 정하는 피인수법인의 주주 또는 출자자" 및 같은 조 제2항 제1호에서 "대통령령으로 정하는 피인수법인의 주주등"이란 각각 피인수법인의「법인세법 시행령」제43조 제3항 및 제7항에 따른 지배주주등 중 다음 각 호에 해당하는 자를 제외한 자를 말한다. (2018. 2. 13. 개정)

⑥ 법 제12조의 4 제1항 제4호에서 "대통령령으로 정하는 피인수법인의 주주 또는 출자자" 및 같은 조 제2항 제1호에서 "대통령령으로 정하는 피인수법인의 주주등"이란 각각 피인수법인의「법인세법 시행령」제43조 제3항 및 제7항에 따른 지배주주등(이하 이 항에서 "지배주주등"이라 한다) 중 다음 각 호에 해당하는 자를 제외한 자를 말한다. (2025. 2. 28. 개정)

1. 「법인세법 시행령」제43조 제8항 제1호 가목의 친족 중 4촌인 혈족 (2023. 2. 28. 개정)

2. 최초취득일 현재 피인수법인에 대한 지분비율이 100분의 1 미만이면서 시가로 평가한 그 지분가액이 10억원 미만인 자 (2024. 2. 29. 개정)

3. 최초취득일 당시 피인수법인의 지배주주등 중 기준충족사업연도 종료일 이후 인수법인의 「법인세법 시행령」제2조 제8항 제7호에 따른 임원에 해당하는 자로서 인수법인에 대한 지분비율이 100분의 1 미만이고, 피인수법인에 대한 지분비율이 100분의 20 미만인 자 (2025. 2. 28. 신설)

편주 ▶
영 11조의 4 제6항 3호의 개정규정은 2025. 2. 28. 이후 과세표준을 신고하는 경우부터 적용함. (영 부칙(2025. 2. 28.) 23조 2항)

⑦ 법 제12조의 4 제1항 제4호 및 같은 조 제2항 제1호에 따른 인수법인 또는 피인수법인의 지배주주등의 범위에 관하여는 「법인세법 시행령」제43조 제3항 및 제7항을 준용한다. (2014. 2. 21. 신설)

⑧ 법 제12조의 4 제1항 제5호 및 같은 조 제2항 제2호에 따른 피인수법인의 사업의 계속 및 폐지 여부의 판정에 관하여는 「법인세법 시행령」제80조의 2 제7항을 준용한다. (2020. 2. 11. 개정)

☞ p.1244 2단 연결

〈제12조의 4〉

② 제1항에 따라 법인세를 공제받은 내국법인이 5년 이내의 범위에서 대통령령으로 정하는 기간에 다음 각 호의 어느 하나에 해당하는 사유가 발생하는 경우에는 그 사유가 발생한 날이 속하는 사업연도의 과세표준신고를 할 때 제1항에 따라 공제받은 세액[제3호에 해당하는 경우로서 각 사업연도 종료일 현재 인수법인의 피인수법인 지분비율(이하 이 항에서 "현재지분비율"이라 한다)이 기준지분비율을 초과하는 경우에는 당초지분비율에서 현재지분비율을 차감한 값을 당초지분비율로 나눈 비율과 제1항에 따른 공제세액을 곱한 금액(지분비율 감소로 이미 납부한 공제세액은 제외한다)]에 대통령령으로 정하는 바에 따라 계산한 이자상당액을 더한 금액을 법인세로 납부하여야 한다. (2018. 12. 24. 개정)

1. 대통령령으로 정하는 피인수법인의 주주등이 인수법인 또는 피인수법인의 지배주주등에 해당하는 경우 (2014. 1. 1. 신설)

2. 피인수법인이 종전에 영위하던 사업을 폐지하는 경우 (2014. 1. 1. 신설)

3. 현재지분비율이 당초지분비율보다 낮아지는 경우. 다만, 다음 각 목의 어느 하나에 해당하는 사유로 지분비율이 낮아지는 경우는 제외한다. (2018. 12. 24. 개정)

　가. 「벤처기업육성에 관한 특별법」 제16조의 3 또는 「상법」 제340조의 2에 따른 주식매수선택권을 행사하는 경우 (2024. 1. 9. 개정 ; 벤처기업~부칙)

　나. 「근로복지기본법」에 따른 우리사주조합원이 우리사주를 취득하는 경우 (2015. 12. 15. 신설)

　다. 제13조 제1항 제1호에 따른 벤처투자회사, 같은 항 제2호에 따른 신기술사업금융업자, 같은 항 제3호에 따른 창투조합등이 출자하는 경우(타인 소유의 주식 또는 출자지분을 매입하는 경우는 제외한다) (2023. 6. 20. 개정 ; 벤처투자~부칙)

　다. 제13조 제1항 제1호에 따른 벤처투자회사, 같은 항 제2호에 따른 신기술사업금융업자, 같은 항 제3호에 따른 벤처투자조합등이 출자하는 경우(타인 소유의 주식 또는 출자지분을 매입하는 경우는 제외한다) (2024. 12. 31. 개정)

③ 제1항 제5호 및 제2항 제2호를 적용할 때 대통령령으로 정하는 부득이한 사유가 있는 경우에는 사업을 계속하는 것으로 본다. (2014. 1.

⑨ 법 제12조의 4 제2항 각 호 외의 부분에서 "대통령령으로 정하는 기간"이란 기준충족사업연도의 다음 사업연도의 개시일부터 2년을 말한다. 다만, 법 제12조의 4 제2항 제3호의 경우는 기준충족사업연도의 다음 사업연도의 개시일부터 4년으로 한다. (2024. 2. 29. 개정)

⑩ 법 제12조의 4 제2항 각 호 외의 부분에서 "대통령령으로 정하는 바에 따라 계산한 이자상당액"이란 같은 조 제1항에 따른 공제세액에 제1호의 기간과 제2호의 율을 곱하여 계산한 금액을 말한다. (2014. 2. 21. 신설)

1. 공제받은 사업연도 종료일의 다음 날부터 납부사유가 발생한 날이 속하는 사업연도의 종료일까지의 기간 (2014. 2. 21. 신설)

2. 제11조의 2 제9항 제2호에 따른 율 (2022. 2. 15. 개정)

⑪ 법 제12조의 4 제3항에서 "대통령령으로 정하는 부득이한 사유가 있는 경우"란 피인수법인이 파산하거나 「채무자 회생 및 파산에 관한 법률」에 따른 회생절차에 따라 법원의 허가를 받아 보유한 자산을 처분한 경우를 말한다. (2014. 2. 21. 신설)

⑫ 법 제12조의 4 제1항에 따라 세액공제를 받으려는 내국법인은 과세표준신고와 함께 기획재정부령으로 정하는 세액공제신청서 및 공제세액계산서를 납세지 관할 세무서장에게 제출하여야 한다. (2014. 2. 21. 신설)

1. 신설)
④ 제1항 및 제2항에 따른 매입가액 및 피인수법인의 순자산시가의 계산, 지배주주등의 범위, 종전에 영위하던 사업의 계속 및 폐지에 관한 기준 등에 관하여 필요한 사항은 대통령령으로 정한다. (2014. 1. 1. 신설)
⑤ 제1항을 적용받으려는 내국법인은 대통령령으로 정하는 바에 따라 세액공제 신청을 하여야 한다. (2014. 1. 1. 신설)

제13조【벤처투자회사 등의 주식양도차익 등에 대한 비과세】(2023. 6. 20. 제목개정 ; 벤처투자~부칙) 농특비
① 다음 각 호의 어느 하나에 해당하는 주식 또는 출자지분을 양도함으로써 발생하는 양도차익에 대해서는 법인세를 부과하지 아니한다. (2010. 1. 1. 개정)
1. 「중소기업창업 지원법」에 따른 벤처투자회사(이하 "벤처투자회사"라 한다) 및 창업기획자(이하 "창업기획자"라 한다)가 같은 법에 따른 창업기업(이하 "창업기업"이라 한다), 벤처기업 또는 「벤처기업 육성에 관한 특별법」에 따른 신기술창업전문회사(「중소기업기본법」 제2조에 따른 중소기업에 한정한다. 이하 "신기술창업전문회사"라 한다)에 2025년 12월 31일까지 출자함으로써 취득한 주식 또는 출자지분 (2023. 6. 20. 개정 ; 벤처투자~부칙, 2024. 1. 9. 개정 ; 벤처기업~부칙)
2. 「여신전문금융업법」에 따른 신기술사업금융업자(이하 "신기술사업금융업자"라 한다)가 「기술보증기금법」에 따른 신기술사업자(이하 "신기술사업자"라 한다), 벤처기업 또는 신기술창업전문회사에 2025년 12월 31일까지 출자함으로써 취득한 주식 또는 출자지분 (2022. 12. 31. 개정)
3. 벤처투자회사, 창업기획자, 「벤처투자 촉진에 관한 법률」 제50조 제1항 제5호에 따른 「상법」상 유한회사(이하 이 조에서 "벤처기업출자유한회사"라 한다) 또는 신기술사업금융업자가 다음 각 목의 어느 하나에 해당하는 조합(이하 "창투조합등"이라 한다)을 통하여 창업기업, 신기술사업자, 벤처기업 또는 신기술창업전문회사에 2025년 12월 31일까지 출자함으로써 취득한 주식 또는 출자지분 (2023. 6. 20. 개정 ; 벤처투자~부칙)
3. 벤처투자회사, 창업기획자, 「벤처투자 촉진에 관한 법률」 제50조 제1항 제5호에 따른 「상법」상 유한회사(이하 이 조에서 "벤처기업출

제12조【주식양도차익 및 배당소득의 계산 등】(2014. 2. 21. 조번개정)
① 법 제13조 제1항에 따라 법인세가 부과되지 아니하는 주식 또는 출자지분(이하 이 조에서 "주식등"이라 한다) 양도차익의 계산은 다음 각 호의 방법에 따른다. (2009. 2. 4. 개정)
1. 법 제13조 제1항 각 호의 방법으로 취득한 주식 등과 다른 방법으로 취득한 주식 등을 함께 보유하고 있는 벤처투자회사 또는 신기술사업금융업자(이하 이 조에서 "벤처투자회사 등"이라 한다)가 보유주식 등의 일부를 양도하는 경우에는 먼저 취득한 주식 등을 먼저 양도한 것으로 본다. (2023. 12. 19. 개정 ; 벤처투자~부칙)
2. 벤처투자회사 등이 취득한 주식 등의 취득가액은 「법인세법 시행령」 제74조 제1항 제1호 라목 또는 마목에 따른 방법 중 당해 기업이 납세지 관할 세무서장에게 신고한 방법으로 계산한다. (2023. 12. 19. 개정 ; 벤처투자~부칙)
3. 법인세가 부과되지 아니하는 주식 등 양도차익의 계산은 양도시기마다 구분 가능한 종목별로 다음 산식에 따른다. (2009. 2. 4. 개정)

$$총\ 양도차익 \times \frac{법인세가\ 부과되지\ 아니하는\ 주식\ 등의\ 수}{양도주식\ 등의\ 총수}$$

자유한회사”라 한다) 또는 신기술사업금융업자가 다음 각 목의 어느 하나에 해당하는 조합(이하 “벤처투자조합등”이라 한다)을 통하여 창업기업, 신기술사업자, 벤처기업 또는 신기술창업전문회사에 2025년 12월 31일까지 출자함으로써 취득한 주식 또는 출자지분 (2024. 12. 31. 개정)

가. 「벤처투자 촉진에 관한 법률」 제2조 제8호에 따른 개인투자조합(이하 “개인투자조합”이라 한다) 및 같은 법 제2조 제11호에 따른 벤처투자조합(이하 “벤처투자조합”이라 한다) (2020. 2. 11. 개정 ; 벤처투자~부칙)

나. 「벤처기업육성에 관한 특별조치법」 제4조의 3에 따른 한국벤처투자조합(이하 “한국벤처투자조합”이라 한다) 및 같은 법 제13조에 따른 개인투자조합 (2018. 12. 24. 개정)

나. 삭 제 (2020. 2. 11. ; 벤처투자~부칙)

다. 「여신전문금융업법」에 따른 신기술사업투자조합(이하 “신기술사업투자조합”이라 한다) (2010. 1. 1. 개정)

라. 「소재 · 부품 · 장비산업 경쟁력 강화 및 공급망 안정화를 위한 특별조치법」에 따른 전문투자조합(이하 “전문투자조합”이라 한다) (2023. 6. 13. 개정 ; 소재 · 부품~부칙)

마. 「농림수산식품투자조합 결성 및 운용에 관한 법률」에 따른 농식품투자조합(이하 “농식품투자조합”이라 한다) (2011. 12. 31. 신설)

4. 기금을 관리 · 운용하는 법인 또는 공제사업을 하는 법인으로서 대통령령으로 정하는 법인(이하 이 조에서 “기금운용법인등”이라 한다)이 창투조합등을 통하여 창업기업, 신기술사업자, 벤처기업 또는 신기술창업전문회사에 2025년 12월 31일까지 출자함으로써 취득한 주식 또는 출자지분 (2022. 12. 31. 개정)

4. 기금을 관리 · 운용하는 법인 또는 공제사업을 하는 법인으로서 대통령령으로 정하는 법인(이하 이 조에서 “기금운용법인등”이라 한다)이 벤처투자조합등을 통하여 창업기업, 신기술사업자, 벤처기업 또는 신기술창업전문회사에 2025년 12월 31일까지 출자함으로써 취득한 주식 또는 출자지분 (2024. 12. 31. 개정)

5. 벤처투자회사 또는 신기술사업금융업자가 코넥스시장(「자본시장과 금융투자업에 관한 법률」 및 같은 법 시행령에 따른 코넥스시장을 말한다)에 상장한 중소기업(이하 이 조, 제16조의 2, 제46조의 7, 제100조의 33 및 제117조에서 “코넥스상장기업”이라 한다)에

② 법 제13조 제1항 제4호에서 “대통령령으로 정하는 법인”이란 법률에 따라 설립된 기금을 관리 · 운용하거나 법률에 따라 공제사업을 영위하는 법인으로서 기획재정부령으로 정하는 법인을 말한다. (2009. 2. 4. 신설)

제8조의 2 【기금운용법인 등의 범위】 영 제12조 제2항에서 “기획재정부령으로 정하는 법인”이란 「법인세법 시행규칙」 제56조의 2 제1항 및 제2항 각 호의 법인을 말한다. (2014. 3. 14. 개정)

2025년 12월 31일까지 출자함으로써 취득한 주식 또는 출자지분 (2024. 12. 31. 개정)

6. 벤처투자회사, 벤처기업출자유한회사 또는 신기술사업금융업자가 창투조합등을 통하여 코넥스상장기업에 2025년 12월 31일까지 출자함으로써 취득한 주식 또는 출자지분 (2023. 6. 20. 개정 ; 벤처투자 ~ 부칙)

6. 벤처투자회사, 벤처기업출자유한회사 또는 신기술사업금융업자가 벤처투자조합등을 통하여 코넥스상장기업에 2025년 12월 31일까지 출자함으로써 취득한 주식 또는 출자지분 (2024. 12. 31. 개정)

7. 「벤처투자 촉진에 관한 법률」 제2조 제12호에 따른 민간재간접벤처투자조합(이하 "민간재간접벤처투자조합"이라 한다)의 업무집행조합원으로서 대통령령으로 정하는 자가 민간재간접벤처투자조합을 통하여 창업기업, 신기술사업자, 벤처기업 또는 신기술창업전문회사에 2025년 12월 31일까지 출자함으로써 취득한 주식 또는 출자지분 (2023. 12. 31. 신설)

② 제1항 제1호부터 제4호까지 및 제7호를 적용할 때 출자는 벤처투자회사, 창업기획자, 벤처기업출자유한회사 · 신기술사업금융업자 또는 기금운용법인등은 직접 또는 창투조합등을 통하여, 민간재간접벤처투자조합의 업무집행조합원은 민간재간접벤처투자조합을 통하여 각각 다음 각 호의 어느 하나에 해당하는 방법으로 창업기업, 신기술사업자, 벤처기업 또는 신기술창업전문회사의 주식 또는 출자지분을 취득하는 것으로 한다. 다만, 제1호부터 제4호까지의 규정의 경우에는 타인 소유의 주식 또는 출자지분을 매입에 의하여 취득하는 경우는 제외한다. (2023. 12. 31. 개정)

② 제1항 제1호부터 제4호까지 및 제7호를 적용할 때 출자는 벤처투자회사, 창업기획자, 벤처기업출자유한회사 · 신기술사업금융업자 또는 기금운용법인등은 직접 또는 벤처투자조합등을 통하여, 민간재간접벤처투자조합의 업무집행조합원은 민간재간접벤처투자조합을 통하여 각각 다음 각 호의 어느 하나에 해당하는 방법으로 창업기업, 신기술사업자, 벤처기업 또는 신기술창업전문회사의 주식 또는 출자지분을 취득하는 것으로 한다. 다만, 제1호부터 제4호까지의 규정의 경우에는 타인 소유의 주식 또는 출자지분을 매입에 의하여 취득하는 경우는 제외한다. (2024. 12. 31. 개정)

1. 해당 기업의 설립 시에 자본금으로 납입하는 방법 (2010. 1. 1. 개정)

2. 해당 기업이 설립된 후 7년 이내에 유상증자(有償增資)하는 경우로서 증자대금을 납입하는 방법 (2010. 1. 1. 개정)

③ 법 제13조 제1항 제7호에서 "대통령령으로 정하는 자"란 다음 각 호의 법인을 말한다. (2024. 2. 29. 신설)

1. 「벤처투자 촉진에 관한 법률」 제63조의 2 제1항 제3호에 따른 집합투자업자 (2024. 2. 29. 신설)

2. 「벤처투자 촉진에 관한 법률」 제63조의 2 제3항에 따라 공동으로 업무집행조합원이 된 법인 (2024. 2. 29. 신설)

④ 법 제13조 제4항에 따라 법인세가 부과되지 아니하는 배당소득의 계산은 구분 가능한 종목별로 다음 산식에 따른다. (2024. 2. 29. 항번개정)

$$\text{배당소득} \times \frac{\text{법인세가 부과되지 아니하는 주식등의 수}}{\text{보유하고 있는 주식등의 총수}}$$

3. 해당 기업이 설립된 후 7년 이내에 잉여금을 자본으로 전입(轉入)하는 방법 (2010. 1. 1. 개정)
4. 해당 기업이 설립된 후 7년 이내에 채무를 자본으로 전환하는 방법 (2010. 1. 1. 개정)
5. 제2호에 따라 유상증자의 증자대금을 납입한 날부터 6개월 이내에 제16조 제1항에 따라 거주자가 소득공제를 적용받아 소유하고 있는 해당 유상증자 기업의 주식 또는 출자지분으로서 해당 거주자의 출자일 또는 투자일부터 3년이 지난 것을 매입하는 방법. 다만, 제2호에 따라 납입한 증자대금의 100분의 30을 한도로 한다. (2022. 12. 31. 단서개정)

③ 제1항 제5호 또는 제6호를 적용할 때 출자는 벤처투자회사, 벤처기업출자유한회사 또는 신기술사업금융업자가 직접 또는 창투조합등을 통하여 다음 각 호의 어느 하나에 해당하는 방법으로 코넥스상장기업의 주식 또는 출자지분을 취득하는 것으로 한다. 다만, 제1호부터 제3호까지의 규정의 경우에는 타인 소유의 주식 또는 출자지분을 매입에 의하여 취득하는 경우는 제외한다. (2023. 6. 20. 개정 ; 벤처투자~부칙)

③ 제1항 제5호 또는 제6호를 적용할 때 출자는 벤처투자회사, 벤처기업출자유한회사 또는 신기술사업금융업자가 직접 또는 벤처투자조합등을 통하여 다음 각 호의 어느 하나에 해당하는 방법으로 코넥스상장기업의 주식 또는 출자지분을 취득하는 것으로 한다. 다만, 제1호부터 제3호까지의 규정의 경우에는 타인 소유의 주식 또는 출자지분을 매입에 의하여 취득하는 경우는 제외한다. (2024. 12. 31. 개정)
1. 해당 기업이 상장된 후 2년 이내에 유상증자(有償增資)하는 경우로서 증자대금을 납입하는 방법 (2014. 1. 1. 신설)
2. 해당 기업이 상장된 후 2년 이내에 잉여금을 자본으로 전입(轉入)하는 방법 (2014. 1. 1. 신설)
3. 해당 기업이 상장된 후 2년 이내에 채무를 자본으로 전환하는 방법 (2014. 1. 1. 신설)
4. 제1호에 따라 유상증자의 증자대금을 납입한 날부터 6개월 이내에 제16조 제1항에 따라 거주자가 소득공제를 적용받아 소유하고 있는 해당 유상증자 기업의 주식 또는 출자지분으로서 해당 거주자의 출자일 또는 투자일부터 3년이 지난 것을 매입하는 방법. 다만, 제1호에 따라 납입한 증자대금의 100분의 30을 한도로 한다. (2022. 12. 31. 단서개정)

④ 벤처투자회사, 창업기획자, 벤처기업출자유한회사 또는 신기술사업금융업자가 제1항에 따른 출자로 인하여 창업기업, 신기술사업자, 벤처기업, 신기술창업전문회사 또는 코넥스상장기업으로부터 2025년 12월 31일까지 받는 배당소득에 대해서는 법인세를 부과하지 아니한다. (2023. 6. 20. 개정 ; 벤처투자~부칙)

● 예 판 ....

중소기업창업투자회사가 창업자 또는 벤처기업에 출자하여 주식 또는 출자지분을 취득한 후, 창업자 또는 벤처기업이 다른 회사에 흡수 합병되면서 지급받은 금액은 배당소득에 대한 법인세를 부과하지 아니함. (서면2팀 – 188, 2008. 1. 29.)
....

⑤ 제1항부터 제4항까지의 규정에 따른 양도차익 및 배당소득의 계산 등에 관하여 필요한 사항은 대통령령으로 정한다. (2014. 1. 1. 개정)

제13조의 2【내국법인의 벤처기업 등에의 출자에 대한 과세특례】① 대통령령으로 정하는 내국법인이 2025년 12월 31일까지 다음 각 호의 어느 하나에 해당하는 주식 또는 출자지분을 취득하는 경우 주식 또는 출자지분 취득가액의 100분의 5에 상당하는 금액을 해당 사업연도의 법인세에서 공제한다. 다만, 대통령령으로 정하는 특수관계인의 주식 또는 출자지분을 취득하는 경우 그 금액에 대해서는 공제하지 아니한다. (2022. 12. 31. 개정)

1. 창업기업, 신기술사업자, 벤처기업 또는 신기술창업전문회사에 출자함으로써 취득한 주식 또는 출자지분 (2021. 12. 28. 개정 ; 중소기업창업 지원법 부칙)

2. 「자본시장과 금융투자업에 관한 법률」 제249조의 23에 따른 창업·벤처전문 사모집합투자기구(이하 "창업·벤처전문사모집합투자기구"라 한다) 또는 창투조합등(민간재간접벤처투자조합은 제외한다)을 통하여 창업기업, 신기술사업자, 벤처기업 또는 신기술창업전문회사에 출자함으로써 취득한 주식 또는 출자지분 (2023. 12. 31. 개정)

2. 「자본시장과 금융투자업에 관한 법률」 제249조의 23에 따른 창업·벤처전문 사모집합투자기구(이하 "창업·벤처전문사모집합투자기구"라 한다) 또는 벤처투자조합등(민간재간접벤처투자조합은 제외한다)을 통하여 창업기업, 신기술사업자, 벤처기업 또는 신기술창업전문회사에 출자함으로써 취득한 주식 또는 출자지분 (2024. 12. 31. 개정)

② 제1항에 따른 내국법인이 2025년 12월 31일까지 민간재간접벤처투자조합을 통하여 창업기업, 신기술사업자, 벤처기업 또는 신기술창업전문회사에 출자함으로써 주식 또는 출자지분을 취득하는 경우 다음 각 호의 금액을 합한 금액을 해당 사업연도의 법인세에서 공제한다. 이 경우 제1항 각 호 외의 부분 단서를 준용한다. (2023. 12. 31. 신설)

1. 다음 각 목의 금액 중 큰 금액의 100분의 5에 상당하는 금액 (2023. 12. 31. 신설)

　가. 해당 주식 또는 출자지분의 취득가액 (2023. 12. 31. 신설)

　나. 민간재간접벤처투자조합에 투자한 금액의 100분의 60에 상당하는 금액 (2023. 12. 31. 신설)

2. 해당 사업연도에 취득한 해당 주식 또는 출자지분의 취득가액이 직전 3개 사업연도의 해당 주식 또는 출자지분 취득가액의 평균액을 초과하는 경우 그 초과하는 금액의 100분의 3에 상당하는 금액

제12조의 2【내국법인의 벤처기업 등에의 출자에 대한 과세특례】① 법 제13조의 2 제1항 각 호 외의 부분 본문에서 "대통령령으로 정하는 내국법인"이란 다음 각 호의 자를 제외한 내국법인을 말한다. (2017. 2. 7. 신설)

1. 법 제13조 제1항 제1호에 따른 벤처투자회사 및 창업기획자 (2024. 2. 29. 개정)

2. 법 제13조 제1항 제2호에 따른 신기술사업금융업자 (2017. 2. 7. 신설)

3. 법 제13조 제1항 제3호 각 목 외의 부분에 따른 벤처기업출자유한회사 (2017. 2. 7. 신설)

4. 법 제13조 제1항 제4호에 따른 기금운용법인등 (2017. 2. 7. 신설)

② 법 제13조의 2 제1항 각 호 외의 부분 단서에서 "대통령령으로 정하는 특수관계인"이란 「법인세법 시행령」 제2조 제8항에 따른 특수관계인을 말한다. (2025. 2. 28. 개정)

(2023. 12. 31. 신설)

③ 제1항 각 호 및 제2항을 적용할 때 출자는 내국법인이 다음 각 호의 어느 하나에 해당하는 방법으로 주식 또는 출자지분을 취득하는 것으로 하되, 타인 소유의 주식 또는 출자지분을 매입에 의하여 취득하는 경우는 제외한다. (2023. 12. 31. 개정)

1. 해당 기업의 설립 시에 자본금으로 납입하는 방법 (2016. 12. 20. 신설)

2. 해당 기업이 설립된 후 7년 이내에 유상증자하는 경우로서 증자대금을 납입하는 방법 (2016. 12. 20. 신설)

④ 제1항 또는 제2항에 따라 법인세를 공제받은 내국법인이 주식 또는 출자지분을 취득한 후 5년 이내에 피출자법인의 지배주주 등에 해당하는 경우에는 지배주주 등이 되는 날이 속하는 사업연도의 과세표준신고를 할 때 주식 또는 출자지분에 대한 세액공제액 상당액에 대통령령으로 정하는 바에 따라 계산한 이자상당가산액을 더하여 법인세로 납부하여야 하며, 해당 세액은 「법인세법」 제64조에 따라 납부하여야 할 세액으로 본다. (2023. 12. 31. 개정)

⑤ 제1항 또는 제2항을 적용받으려는 내국법인은 대통령령으로 정하는 바에 따라 세액공제신청을 하여야 한다. (2023. 12. 31. 개정)

⑥ 제1항부터 제5항까지를 적용할 때 지배주주 등의 범위 등에 관하여 필요한 사항은 대통령령으로 정한다. (2023. 12. 31. 개정)

제13조의 3【내국법인의 소재·부품·장비전문기업 등에의 출자·인수에 대한 과세특례】(2022. 12. 31. 제목개정)

① 둘 이상의 내국법인(이하 이 조에서 "투자기업"이라 한다)이 2025년 12월 31일까지 다음 각 호의 요건을 모두 갖추어 대통령령으로 정하는 소재·부품·장비 관련 중소기업·중견기업(이하 이 조에서 "투자대상기업"이라 한다)의 주식 또는 출자지분(이하 이 조에서 "주식 등"이라 한다)을 대통령령으로 정하는 바에 따라 공동으로 취득(이하 이 조에서 "공동투자"라 한다)하는 경우 주식등의 취득가액의 100분의 5에 상당하는 금액을 각 내국법인의 해당 사업연도의 법인세에서 공제한다. (2022. 12. 31. 개정)

1. 투자대상기업의 대통령령으로 정하는 소재·부품·장비 관련 연구

③ 법 제13조의 2 제3항에 따른 이자상당가산액은 공제받은 세액에 제1호의 기간 및 제2호의 율을 곱하여 계산한 금액을 말한다. (2017. 2. 7. 신설)

1. 공제받은 사업연도의 과세표준신고일의 다음 날부터 법 제13조의 2 제3항의 사유가 발생한 날이 속하는 사업연도의 과세표준신고일까지의 기간 (2017. 2. 7. 신설)

2. 제11조의 2 제9항 제2호에 따른 율 (2022. 2. 15. 개정)

④ 법 제13조의 2 제3항에 따른 지배주주 등의 범위는 「법인세법 시행령」 제43조 제7항에 따른 지배주주등의 범위로 한다. (2017. 2. 7. 신설)

⑤ 법 제13조의 2 제1항을 적용받으려는 내국법인은 과세표준신고와 함께 기획재정부령으로 정하는 세액공제신청서를 납세지 관할 세무서장에게 제출하여야 한다. (2017. 2. 7. 신설)

제12조의 3【내국법인의 소재·부품·장비전문기업 등에의 출자·인수에 대한 과세특례】(2023. 2. 28. 제목개정)

① 법 제13조의 3 제1항 각 호 외의 부분에서 "대통령령으로 정하는 소재·부품·장비 관련 중소기업·중견기업"이란 「소재·부품·장비산업 경쟁력 강화 및 공급망 안정화를 위한 특별조치법」 제16조에 따른 특화선도기업등으로서 중소기업 또는 중견기업에 해당하는 기업을 말한다. (2023. 12. 5. 개정 ; 소재·부품~부칙)

② 법 제13조의 3 제1항에 따른 공동투자(이하 이 조에서 "공동투자"라 한다)는 다음 각 호의 요건을 모두 갖추어야 한다. (2020. 2. 11. 신설)

1. 법 제13조의 3 제1항에 따른 투자기업(이하 이 조에서 "투자기업"이라 한다)이 투자대상기업(이하 이 조에서 "투자대상기업"이라 한다)과 공

개발·인력개발·시설투자(이하 이 조에서 "소재·부품·장비 관련 연구·인력개발등"이라 한다)를 통하여 투자기업의 제품 생산에 도움을 받기 위한 목적일 것 (2019. 12. 31. 신설)

2. 투자대상기업이 유상증자하는 경우로서 증자대금을 납입하는 방법으로 주식등을 취득할 것 (2019. 12. 31. 신설)

3. 투자기업 간, 투자기업과 투자대상기업의 관계가 대통령령으로 정하는 특수관계인이 아닐 것. 다만, 이 항에 따른 공동투자로 서로 본문에 따른 특수관계인이 된 경우는 제외한다. (2019. 12. 31. 신설)

② 제1항에 따라 투자기업이 법인세를 공제받은 후에 다음 각 호의 어느 하나에 해당하는 사유가 발생하는 경우에는 그 사유가 발생한 날이 속하는 사업연도의 과세표준신고를 할 때 주식등에 대한 세액공제액 상당액(제3호에 해당하는 경우 대통령령으로 정하는 바에 따라 계산한 금액)에 대통령령으로 정하는 바에 따라 계산한 이자상당가산액을 더하여 법인세로 납부하여야 하며, 해당 세액은 「법인세법」 제64조에 따라 납부하여야 할 세액으로 본다. (2019. 12. 31. 신설)

1. 제1항에 따라 법인세를 공제받은 투자기업이 주식등을 취득한 후 5년 이내에 투자대상기업의 지배주주등에 해당하는 경우 (2019. 12. 31. 신설)

2. 투자대상기업이 유상증자일부터 3년이 되는 날이 속하는 사업연도 종료일까지 투자기업이 납입한 증자대금의 100분의 80에 상당하는 금액 이상을 소재·부품·장비 관련 연구·인력개발등에 지출하지 아니하는 경우 (2019. 12. 31. 신설)

3. 제1항에 따라 법인세를 공제받은 투자기업이 주식등을 취득한 후 4년 이내에 해당 주식등을 처분하는 경우. 이 경우 처분되는 주식등은 먼저 취득한 주식등이 먼저 처분되는 것으로 본다. (2019. 12. 31. 신설)

③ 내국법인[외국법인이 대통령령으로 정하는 특수관계인(이하 이 항에서 "특수관계인"이라 한다)인 법인과 금융 및 보험업을 영위하는 법인은 제외한다. 이하 이 항 및 제4항에서 같다]이 다음 각 호의 구분에 따른 요건을 모두 갖추어 2025년 12월 31일까지 국내 산업 기반, 해외 의존도 등을 고려하여 대통령령으로 정하는 소재·부품·장비 또는

동투자에 대해 체결한 협약에 따라 공동으로 주식 또는 출자지분(이하 이 조에서 "주식등"이라 한다)을 취득할 것 (2020. 2. 11. 신설)

2. 공동투자에 참여한 각 내국법인이 투자대상기업의 유상증자 금액의 100분의 25 이상을 증자대금으로 납입할 것 (2020. 2. 11. 신설)

③ 법 제13조의 3 제1항 제1호에서 "대통령령으로 정하는 소재·부품·장비 관련 연구개발·인력개발·시설투자"란 다음 각 호의 어느 하나에 해당하는 것을 말한다. (2020. 2. 11. 신설)

1. 법 제10조 제1항에 따른 연구·인력개발비 (2020. 2. 11. 신설)

2. 법 제24조 제1항 제1호에 따른 공제대상 자산에 대한 투자 (2021. 2. 17. 개정)

3. 법 제25조 제1항 제6호에 따른 생산성향상시설에 대한 투자 (2020. 2. 11. 신설)
4. 법 제25조의 5 제1항에 따른 신성장기술의 사업화를 위한 시설에 대한 투자 (2020. 2. 11. 신설)

3.~4. 삭 제 (2021. 2. 17.)

④ 법 제13조의 3 제1항 제3호 본문 및 같은 조 제3항 각 호 외의 부분 전단에서 "대통령령으로 정하는 특수관계인"이란 각각 「법인세법」 제2조 제12호에 따른 특수관계인을 말한다. (2020. 2. 11. 신설)

⑤ 법 제13조의 3 제2항 각 호 외의 부분에 따라 같은 항 제3호에 해당하여 법인세로 납부해야 하는 세액공제액 상당액은 다음 각 호의 구분에 따라 계산한 금액으로 한다. (2020. 2. 11. 신설)

1. 투자기업이 주식등 취득일부터 2년 이내에 주식등을 처분하는 경우 : 법 제13조의 3 제1항에 따라 공제받은 세액 전액 (2020. 2. 11. 신설)

2. 투자기업이 주식등 취득일부터 2년이 경과한 날부터 2년 이내에 주식등을 처분하는 경우 : 다음의 계산식에 따라 계산한 금액 (2020. 2. 11. 신설)

법 제13조의 3 제1항에 따라 각 내국법인이 공제받은 세액	×	공동투자로 각 내국법인이 취득한 주식등 중 해당 과세기간에 처분한 주식등의 수 / 공동투자로 각 내국법인이 취득한 주식등의 수

⑥ 법 제13조의 3 제2항 각 호 외의 부분, 같은 조 제4항 각 호 외의 부분 본문 및 같은 조 제5항에 따라 법인세에 더하여 납부해야 하는 이

국가전략기술 관련 외국법인(내국법인이 특수관계인인 경우는 제외하며, 이하 이 조에서 "인수대상외국법인"이라 한다)의 주식등을 취득하거나 인수대상외국법인의 소재·부품·장비 또는 국가전략기술 관련 사업의 양수 또는 사업의 양수에 준하는 자산의 양수(이하 이 조에서 "인수"라 한다)를 하는 경우[인수대상외국법인을 인수할 목적으로 설립된 대통령령으로 정하는 특수 목적 법인(이하 이 조에서 "인수목적법인"이라 한다)을 통해 간접적으로 인수하는 경우를 포함한다] 주식등 취득가액 또는 사업·자산의 양수가액(이하 이 조에서 "인수가액"이라 한다)의 100분의 5(중견기업의 경우에는 100분의 7, 중소기업의 경우에는 100분의 10)에 상당하는 금액을 해당 사업연도의 법인세에서 공제한다. 이 경우 대통령령으로 정하는 인수건별 인수가액이 5천억원을 초과하는 경우 그 초과하는 금액은 없는 것으로 본다. (2022. 12. 31. 개정)

1. 주식등을 취득하는 경우 : 다음 각 목의 요건 (2019. 12. 31. 신설)

　가. 해당 내국법인과 인수대상외국법인이 각각 1년 이상 사업을 계속하던 기업일 것 (2022. 12. 31. 개정)

　나. 인수대상외국법인의 발행주식총수 또는 출자총액의 100분의 50(내국법인이 인수대상외국법인의 최대주주 또는 최대출자자로서 그 인수대상외국법인의 경영권을 실질적으로 지배하는 경우는 100분의 30으로 하고, 이하 이 조에서 "기준지분비율"이라 한다) 이상을 직접 또는 간접적으로 취득하고, 해당 내국법인이 해당 주식등을 취득일이 속하는 사업연도의 종료일까지 보유할 것 (2022. 12. 31. 개정)

　다. 인수일 당시 인수대상외국법인의 주주 또는 출자자(이하 이 조에서 "주주등"이라 한다)가 해당 주식등을 양도한 날부터 그 날이 속하는 내국법인의 사업연도 종료일까지 내국법인 또는 인수목적법인의 지배주주등에 해당하지 아니할 것 (2022. 12. 31. 개정)

　라. 내국법인의 주식등 취득일이 속하는 사업연도의 종료일까지 인수대상외국법인이 종전에 영위하던 사업을 계속할 것 (2022. 12. 31. 개정)

자상당액은 같은 조 제1항 및 제3항에 따라 공제받은 세액(법 제13조의 3 제5항의 경우에는 같은 항에 따른 계산식, 제5항 제2호의 경우에는 같은 호에 따른 계산식에 따라 계산한 금액을 말한다)에 제1호의 기간과 제2호의 율을 곱하여 계산한 금액으로 한다. (2020. 2. 11. 신설)

1. 공제받은 사업연도 종료일의 다음 날부터 납부사유가 발생한 날이 속하는 사업연도의 종료일까지의 기간 (2020. 2. 11. 신설)

2. 제11조의 2 제9항 제2호에 따른 율 (2022. 2. 15. 개정)

⑦ 법 제13조의 3 제3항 각 호 외의 부분 전단에서 "대통령령으로 정하는 소재·부품·장비 또는 국가전략기술 관련 외국법인"이란 다음 각 호의 어느 하나에 해당하는 외국법인(이하 이 조에서 "인수대상외국법인"이라 한다)을 말한다. (2023. 2. 28. 개정)

1. 해당 소재·부품·장비 관련 국내 산업 기반, 국내 특허 보유 여부, 해외 의존도 등을 고려하여 기획재정부령으로 정하는 소재·부품·장비 품목을 생산하는 외국법인. 이 경우 주식등을 취득하는 방법으로 인수하는 경우에는 소재·부품·장비 품목의 매출액(제2조 제4항에 따른 계산방법으로 산출한 매출액으로서 주식등의 취득일이 속한 사업연도 직전 3개 사업연도의 평균 매출액을 말하며, 사업연도가 1년 미만인 사업연도의 매출액은 1년으로 환산한 매출액을 말한다. 이하 이 항에서 같다)이 전체 매출액의 100분의 50 이상인 외국법인으로 한정한다. (2023. 2. 28. 개정)

2. 국가전략기술을 활용한 사업에서 발생한 매출액이 전체 매출액의 100분의 50 이상인 외국법인 (2023. 2. 28. 개정)

3. 소재·부품·장비 품목의 매출액과 국가전략기술을 활용한 사업에서 발생한 매출액의 합계액이 전체 매출액의 100분의 50 이상인 외국법인 (2023. 2. 28. 개정)

⑧ 법 제13조의 3 제3항 각 호 외의 부분 전단에 따른 소재·부품·장비 또는 국가전략기술 관련 사업(이하 이 조에서 "인수대상사업"이라 한다)의 양수는 인수대상사업에 관한 권리와 의무를 포괄적 또는 부분적으로 승계하는 것을 말하며, 사업의 양수에 준하는 자산의 양수는 양수 전에 인수대상외국법인이 영위하던 인수대상사업이 양수 후에도 계속될 수 있는 정도의 자산을 매입하는 것을 말한다. (2023. 2. 28. 개정)

⑨ 법 제13조의 3 제3항 각 호 외의 부분 전단에서 "인수대상외국법

제8조의 8 【소재·부품·장비의 범위】 영 제12조의 3 제7항에서 "기획재정부령으로 정하는 소재·부품·장비 품목"이란 「소재·부품·장비산업 경쟁력 강화 및 공급망 안정화를 위한 특별조치법」 제12조에 따른 핵심전략기술과 관련된 품목으로서 산업통상자원부장관이 기획재정부장관과 협의하여 고시하는 품목을 말한다. (2024. 1. 5. 개정 ; 소재·부품 ~ 부칙)

제8조의 8 【소재·부품·장비의 범위】 영 제12조의 3 제7항에서 "기획재정부령으로 정하는 소재·부품·장비 품목"이란 다음 각 호의 어느 하나에 해당하는 품목을 말한다. (2025. 3. 21. 개정)

1. 「소재·부품·장비산업 경쟁력 강화 및 공급망 안정화를 위한 특별조치법」 제12조에 따른 핵심전략기술과 관련된 품목으로서 산업통상자원부장관이 기획재정부장관과 협의하여 고시하는 품목 (2025. 3. 21. 신설)

2. 「경제안보를 위한 공급망 안정화 지원 기본법」 제13조에 따른 경제안보품목(「소재·부품·장비산업 경쟁력 강화 및 공급망 안정화를 위한 특별조치법 시행규칙」 별표 1에 따른 소재·부품 및 장비로 한정한다) 중 기획재정부장관이 산업통상자원부장관 및 경제안보품목을 지정한 관계 중앙행정기관의 장과 협의하여 정하는 품목 (2025. 3. 21. 신설)

편주▶

규칙 8조의 8의 개정규정은 2025. 3. 21. 이후 외국법인을 인수하는 경우부터 적용함. (규칙 부칙(2025. 3. 21.) 3조)

2. 사업 또는 자산을 양수하는 경우 : 다음 각 목의 요건 (2019. 12. 31. 신설)

　가. 해당 내국법인과 인수대상외국법인이 각각 1년 이상 사업을 계속하던 기업일 것 (2022. 12. 31. 개정)

　나. 인수대상외국법인의 주주등이 사업 또는 자산을 양도한 날부터 그 날이 속하는 내국법인의 사업연도 종료일까지 내국법인 또는 인수목적법인의 지배주주등에 해당하지 아니할 것 (2022. 12. 31. 개정)

　다. 내국법인의 사업·자산의 양수일이 속하는 사업연도의 종료일까지 양수를 통하여 승계된 종전의 사업을 계속할 것 (2019. 12. 31. 신설)

④ 제3항에 따라 법인세를 공제받은 내국법인은 5년 이내의 범위에서 대통령령으로 정하는 기간에 다음 각 호의 사유가 발생하는 경우에는 그 사유가 발생한 날이 속하는 사업연도의 과세표준신고를 할 때 제3항에 따라 공제받은 세액에 대통령령으로 정하는 바에 따라 계산한 이자상당액을 더한 금액을 법인세로 납부하여야 하며, 해당 세액은 「법인세법」 제64조에 따라 납부하여야 할 세액으로 본다. 다만, 사업 또는 자산을 양수한 경우에는 제3호를 적용하지 아니한다. (2019. 12. 31. 신설)

1. 인수일 당시 인수대상외국법인의 주주등이 내국법인 또는 인수목적법인의 지배주주등에 해당하는 경우 (2022. 12. 31. 개정)

2. 인수대상외국법인이 종전에 영위하던 사업을 폐지하거나 양수를 통하여 승계된 종전의 사업을 폐지하는 경우 (2022. 12. 31. 개정)

3. 각 사업연도 종료일 현재 내국법인이 직접 또는 간접적으로 보유하고 있는 인수대상외국법인의 지분비율(이하 이 조에서 "현재지분비율"이라 한다)이 주식등의 취득일 당시 지분비율(이하 이 조에서 "당초지분비율"이라 한다)보다 낮아지는 경우 (2022. 12. 31. 개정)

⑤ 제4항 제3호에 해당하는 경우로서 현재지분비율이 기준지분비율 이상인 경우에는 제4항 각 호 외의 부분 본문에도 불구하고 다음의 계산식에 따라 계산한 금액(지분비율 감소로 이미 납부한 공제세액은 제외한다)에 대통령령으로 정하는 바에 따라 계산한 이자상당액을 더한 금액을 법인세로 납부하여야 한다. (2019. 12. 31. 신설)

인을 인수할 목적으로 설립된 대통령령으로 정하는 특수 목적 법인"이란 다음 각 호의 요건을 모두 충족하는 법인(이하 "인수목적법인"이라 한다)을 말한다. (2023. 2. 28. 개정)

1. 인수대상외국법인을 인수하는 것을 사업목적으로 할 것 (2023. 2. 28. 개정)

2. 법 제13조의 3 제3항 각 호 외의 부분 전단에 따른 내국법인이 발행주식총수 또는 출자총액의 100분의 100을 출자하고 있는 법인일 것 (2020. 2. 11. 신설)

⑩ 법 제13조의 3 제3항 각 호 외의 부분 후단에서 "대통령령으로 정하는 인수건별 인수가액"이란 법 제13조의 3 제3항 각 호 외의 부분 전단에 따라 인수대상외국법인의 인수대상사업 또는 자산의 양수일부터 3년 이내에 그 외국법인으로부터 인수대상사업 또는 자산의 양수가 있는 경우 그 각각의 인수가액을 합한 금액을 말한다. (2023. 2. 28. 개정)

⑪ 법 제13조의 3 제3항 각 호 외의 부분 전단에 따라 간접적으로 인수하는 경우 지분비율은 내국법인의 인수목적법인에 대한 출자비율에 그 인수목적법인의 인수대상외국법인에 대한 출자비율을 곱한 것으로 한다. (2023. 2. 28. 개정)

⑫ 법 제13조의 3 제4항 각 호 외의 부분 본문에서 "대통령령으로 정하는 기간"이란 법 제13조의 3 제3항 각 호 외의 부분 전단에 따른 인수일이 속하는 사업연도의 다음 사업연도의 개시일부터 4년을 말한다. (2020. 2. 11. 신설)

$$\frac{(당초지분비율 - 현재지분비율)}{당초지분비율} \times \frac{제3항에\ 따른}{공제세액}$$

⑥ 제3항 및 제4항을 적용할 때 둘 이상의 내국법인이 대통령령으로 정하는 바에 따라 공동으로 인수대상외국법인을 인수(이하 "공동인수"라고 한다)하는 경우 1개의 내국법인이 인수하는 것으로 보며, 공동인수에 참여한 각 내국법인의 공제금액은 인수가액에 비례하여 안분계산한 금액으로 한다. (2022. 12. 31. 개정)

⑦ 제1항 및 제3항을 적용받으려는 내국법인은 대통령령으로 정하는 바에 따라 세액공제신청을 하여야 한다. (2019. 12. 31. 신설)

⑧ 제1항부터 제7항까지의 규정에 따른 중견기업의 요건, 지배주주등의 범위, 종전에 영위하던 사업의 계속 및 폐지에 관한 기준 등과 그 밖에 필요한 사항은 대통령령으로 정한다. (2019. 12. 31. 신설)

개정취지 ······

내국법인의 소재·부품·장비전문기업 등에의 출자·인수에 대한 과세특례 적용기한 연장 등
내국법인의 소재·부품·장비전문기업 등에의 출자·인수에 대한 과세특례의 적용기한을 2025. 12. 31.까지로 3년 연장하고, 국가전략기술의 경쟁력 제고를 지원하기 위하여 과세특례가 적용되는 인수대상외국법인에 국가전략기술 관련 외국법인을 추가함. (법 13조의 3 개정 ; 2022. 12. 31.)
······

제13조의 4【벤처투자회사 등의 소재·부품·장비전문기업 주식양도차익 등에 대한 비과세】(2023. 6. 20. 제목개정 ; 벤처투자~부칙)

① 다음 각 호의 어느 하나에 해당하는 주식 또는 출자지분(이하 이 조에서 "주식등"이라 한다)을 양도함으로써 발생하는 양도차익에 대해서는 법인세를 부과하지 아니한다. 다만, 제13조 제1항 각 호의 어느 하나에 해당하는 경우는 제외한다. (2020. 12. 29. 신설)

1. 벤처투자회사, 창업기획자 또는 신기술사업금융업자가 대통령령으로 정하는 소재·부품·장비 관련 중소기업(이하 이 조에서 "투자대상기업"이라 한다)에 2025년 12월 31일까지 출자함으로써 취득

⑬ 법 제13조의 3 제6항에 따라 같은 조 제3항 및 제4항이 적용되는 공동인수는 같은 조 제3항에 따른 내국법인이 공동투자 등에 대해 체결한 협약에 따라 공동으로 같은 항에 따른 인수를 하는 경우로 한다. (2020. 2. 11. 신설)

⑭ 법 제13조의 3 제6항에 따른 공동인수에 참여한 법인이 그 공동인수에 참여하지 않은 제3자에게 주식등을 처분하여 같은 조 제4항 제3호 또는 같은 조 제5항에 해당하게 된 경우에는 해당 법인이 각각 같은 조 제4항 또는 제5항에 따른 법인세를 납부해야 한다. (2020. 2. 11. 신설)

⑮ 법 제13조의 3 제7항에 따라 세액공제를 받으려는 내국법인은 과세표준신고와 함께 기획재정부령으로 정하는 세액공제신청서 및 공제세액계산서를 납세지 관할 세무서장에게 제출해야 한다. (2020. 2. 11. 신설)

⑯ 법 제13조의 3 제2항 제1호, 같은 조 제3항 제1호 다목, 같은 항 제2호 나목 및 같은 조 제4항 제1호에 따른 지배주주등의 범위에 관하여는 「법인세법 시행령」 제43조 제7항을 준용한다. (2020. 2. 11. 신설)

⑰ 법 제13조의 3 제3항 제1호 라목, 같은 항 제2호 다목 및 같은 조 제4항 제2호에 따른 사업의 계속 및 폐지 여부의 판정에 관하여는 「법인세법 시행령」 제80조의 2 제7항을 준용한다. (2020. 2. 11. 신설)

제12조의 4【벤처투자회사 등의 소재·부품·장비전문기업 주식양도차익 등에 대한 법인세 비과세】(2023. 12. 19. 제목개정 ; 벤처투자~부칙)

한 주식등 (2023. 6. 20. 개정 ; 벤처투자~부칙)

2. 벤처투자회사, 창업기획자, 제13조 제1항 제3호 각 목 외의 부분에 따른 벤처기업출자유한회사(이하 이 조에서 "벤처기업출자유한회사"라 한다) 또는 신기술사업금융업자가 창투조합등을 통하여 투자대상기업에 2025년 12월 31일까지 출자함으로써 취득한 주식등 (2023. 6. 20. 개정 ; 벤처투자~부칙)

2. 벤처투자회사, 창업기획자, 제13조 제1항 제3호 각 목 외의 부분에 따른 벤처기업출자유한회사(이하 이 조에서 "벤처기업출자유한회사"라 한다) 또는 신기술사업금융업자가 벤처투자조합등을 통하여 투자대상기업에 2025년 12월 31일까지 출자함으로써 취득한 주식등 (2024. 12. 31. 개정)

3. 제13조 제1항 제4호에 따른 기금운용법인등(이하 이 조에서 "기금운용법인등"이라 한다)이 창투조합등을 통하여 투자대상기업에 2025년 12월 31일까지 출자함으로써 취득한 주식등 (2022. 12. 31. 개정)

3. 제13조 제1항 제4호에 따른 기금운용법인등(이하 이 조에서 "기금운용법인등"이라 한다)이 벤처투자조합등을 통하여 투자대상기업에 2025년 12월 31일까지 출자함으로써 취득한 주식등 (2024. 12. 31. 개정)

② 제1항을 적용할 때 출자는 벤처투자회사, 창업기획자, 벤처기업출자유한회사, 신기술사업금융업자 또는 기금운용법인등이 직접 또는 창투조합등을 통하여 다음 각 호의 어느 하나에 해당하는 방법으로 투자대상기업의 주식등을 취득하는 것으로 한다. 이 경우 타인 소유의 주식등을 매입으로 취득하는 경우는 제외한다. (2023. 6. 20. 개정 ; 벤처투자~부칙)

② 제1항을 적용할 때 출자는 벤처투자회사, 창업기획자, 벤처기업출자유한회사, 신기술사업금융업자 또는 기금운용법인등이 직접 또는 벤처투자조합등을 통하여 다음 각 호의 어느 하나에 해당하는 방법으로 투자대상기업의 주식등을 취득하는 것으로 한다. 이 경우 타인 소유의 주식등을 매입으로 취득하는 경우는 제외한다. (2024. 12. 31. 개정)

1. 투자대상기업의 설립 시에 자본금으로 납입하는 방법 (2020. 12. 29. 신설)

2. 투자대상기업이 유상증자하는 경우로서 증자대금을 납입하는 방법 (2020. 12. 29. 신설)

3. 투자대상기업이 잉여금을 자본으로 전입하는 방법 (2020. 12. 29. 신설)

4. 투자대상기업이 채무를 자본으로 전환하는 방법 (2020. 12. 29. 신설)

① 법 제13조의 4 제1항 제1호에서 "대통령령으로 정하는 소재 · 부품 · 장비 관련 중소기업"이란 중소기업 중 「소재 · 부품 · 장비산업 경쟁력 강화 및 공급망 안정화를 위한 특별조치법」 제13조에 따라 선정된 특화선도기업을 말한다. (2023. 12. 5. 개정 ; 소재 · 부품~부칙)

② 법 제13조의 4 제1항에 따라 법인세가 부과되지 않는 주식 또는 출자지분 양도차익의 계산은 제12조 제1항에 따른 양도차익 계산방법에 따른다. (2021. 2. 17. 신설)

③ 법 제13조의 4 제3항에 따라 법인세가 부과되지 않는 배당소득의 계산은 제12조 제4항에 따른 배당소득 계산방법에 따른다. (2024. 2. 29. 개정)

③ 벤처투자회사, 창업기획자, 벤처기업출자유한회사 또는 신기술사업금융업자가 제1항에 따른 출자로 투자대상기업으로부터 2025년 12월 31일까지 받는 배당소득에 대해서는 법인세를 부과하지 아니한다. (2023. 6. 20. 개정 ; 벤처투자~부칙)

④ 제1항부터 제3항까지의 규정에 따른 양도차익 및 배당소득의 계산 등에 관하여 필요한 사항은 대통령령으로 정한다. (2020. 12. 29. 신설)

제14조【창업기업 등에의 출자에 대한 과세특례】(2021. 12. 28. 제목개정 ; 중소기업창업 지원법 부칙)

농특비

① 다음 각 호의 어느 하나에 해당하는 주식 또는 출자지분(제1호 · 제2호 · 제2호의 2 · 제2호의 3 및 제3호부터 제6호까지의 규정에 따른 주식 또는 출자지분은 제13조 제2항 각 호의 어느 하나에 해당하는 방법으로 취득하는 경우만 해당한다)의 양도로 발생하는 소득은 「소득세법」 제87조의 7에 따른 금융투자소득금액에 포함하지 아니한다. 다만, 제1호 · 제2호 · 제2호의 2 · 제2호의 3 · 제3호부터 제6호까지 및 제8호의 경우에는 타인 소유의 주식 또는 출자지분을 매입에 의하여 취득하는 경우는 제외한다. (2021. 12. 28. 개정)

① 다음 각 호의 어느 하나에 해당하는 주식 또는 출자지분(제1호 · 제2호 · 제2호의 2 · 제2호의 3 및 제3호부터 제6호까지의 규정에 따른 주식 또는 출자지분은 제13조 제2항 각 호의 어느 하나에 해당하는 방법으로 취득하는 경우만 해당한다)의 양도로 발생하는 소득은 「소득세법」 제94조 제1항 제3호에 따른 양도소득에 포함하지 아니한다. 다만, 제1호 · 제2호 · 제2호의 2 · 제2호의 3 · 제3호부터 제6호까지 및 제8호의 경우에는 타인 소유의 주식 또는 출자지분을 매입에 의하여 취득하는 경우는 제외한다. (2024. 12. 31. 개정)

1. 벤처투자회사 또는 「여신전문금융업법」에 따른 신기술사업금융전문회사에 출자함으로써 취득한 주식 또는 출자지분 (2023. 6. 20. 개정 ; 벤처투자~부칙)

2. 벤처투자조합이 창업기업, 벤처기업 또는 신기술창업전문회사에 출자함으로써 취득한 주식 또는 출자지분 (2021. 12. 28. 개정 ; 중소기업창업 지원법 부칙)

2의 2. 민간재간접벤처투자조합이 창업기업, 벤처기업 또는 신기술창업전문회사에 출자함으로써 취득한 주식 또는 출자지분 (2023. 12. 31. 신설)

관계법령

소득법 94조 1항 3호 ⇒ 주식 또는 출자지분의 양도소득

편주

법 14조 1항의 개정규정은 2024. 1. 1. 이후 양도하는 경우부터 적용함. (법 부칙(2023. 12. 31.) 4조 1항)

예판

• 벤처기업의 유상증자에 참여하여 주식을 취득한 후 주식발행초과금의 자본전입에 따른 무상주를 취득한 경우 '벤처기업에 출자함으로써 취득한 주식'에 해당함. (기준 – 2018 – 법령해석재산 – 0137, 2018. 6. 26.)

• 국외 설립 한국벤처투자조합 귀속 이자소득의 과세특례 적용 여부(서면법규 – 160, 2013. 2. 13.)
국외에 설립된 한국벤처투자조합에 귀속되는 이자소득에 대하여는 원천징수 과세특례를 적용할 수 없음.

• 합병으로 소멸한 벤처기업의 주주가 존속하는 벤처기업으로부터 교부받은 주식을 양도하는 경우(서면4팀 – 2323, 2006. 7. 18.)
합병으로 인하여 소멸한 벤처기업의 주주가 합병 후 존속 또는 신설되는 벤처기업으로부터 교부받은 주식(소멸한 벤처기업에의 출자일부터 5년이 경과한 주식에 상당하는 것)을 양도하는 경우 양도소득세 비과세 규정을 적용함.

2의 3. 농식품투자조합이 창업기업, 벤처기업 또는 신기술창업전문회
　　사에 출자함으로써 취득한 주식 또는 출자지분 (2021. 12. 28. 개정
　　; 중소기업창업 지원법 부칙)

3. 신기술사업투자조합이 신기술사업자, 벤처기업 또는 신기술창업전
　문회사에 출자함으로써 취득한 주식 또는 출자지분 (2011. 12. 31.
　개정)

4. 벤처기업에 출자함으로써 취득(개인투자조합을 통하여 벤처기업에
　출자함으로써 취득하는 경우를 포함한다)한 대통령령으로 정하는
　주식 또는 출자지분 (2020. 2. 11. 개정 ; 벤처투자~부칙)

5. 창업기획자에 출자함으로써 취득한 주식 또는 출자지분 (2016.
　12. 20. 신설)

6. 전문투자조합이 창업기업, 신기술사업자, 벤처기업 또는 신기술창
　업전문회사에 출자함으로써 취득한 주식 또는 출자지분 (2021. 12.
　28. 개정 ; 중소기업창업 지원법 부칙)

7. 「증권거래세법」 제3조 제1호 나목에서 정하는 방법으로 거래되는 벤처기업의 주식
　(대통령령으로 정하는 소액주주가 양도하는 것으로 한정한다) (2021. 12. 28. 개정)

7. 「증권거래세법」 제3조 제1호 나목에서 정하는 방법으로 거래되는
　벤처기업의 주식(「소득세법」 제104조 제1항 제11호 가목의 대주주
　가 아닌 자가 양도하는 것으로 한정한다) (2024. 12. 31. 개정)

8. 「자본시장과 금융투자업에 관한 법률」 제117조의 10에 따라 온라인
　소액투자중개의 방법으로 모집하는 창업 후 3년 이내의 기술우수중
　소기업 등 대통령령으로 정하는 기업에 출자함으로써 취득한 대통
　령령으로 정하는 주식 또는 출자지분 (2020. 12. 29. 개정)

② 삭　제 (2008. 12. 26.)

③ 삭　제 (2003. 12. 30.)

④ 다음 각 호의 어느 하나에 해당하는 소득에 대해서는 해당 조합이
조합원에게 그 소득을 지급할 때 소득세를 원천징수한다. 다만, 그 조
합원이 민간재간접벤처투자조합인 경우에는 민간재간접벤처투자조합
이 조합원에게 그 소득을 지급할 때 소득세를 원천징수한다. (2023.
12. 31. 단서신설)

편주 ▶ ●
법 14조 4항의 개정규정은 2024. 1. 1. 이후 소득을 지급하는 경우부터

제13조【창업자 등에의 출자에 대한 과세특례】 (2014. 2. 21. 조
번개정)

① 법 제14조 제1항 제4호에서 "대통령령으로 정하는 주식 또는 출자
지분"이란 제1호 및 제2호의 규정에 적합한 출자에 의하여 취득한 주
식 또는 출자지분으로서 그 출자일부터 3년이 경과된 것을 말한다.
(2012. 2. 2. 개정)

1. 창업 후 5년 이내인 벤처기업(「벤처기업육성에 관한 특별법」 제2조
　제1항에 따른 벤처기업으로서 출자일까지 같은 법 제25조에 따라
　벤처기업 확인을 받은 벤처기업을 말한다. 이하 이 조에서 같다) 또
　는 벤처기업으로 전환한 지 3년 이내인 벤처기업에 대한 출자일 것.
　다만, 창업 후 5년 이내 최초로 출자한 날부터 3년 이내에 추가로
　출자하고 최초 출자금액과 추가 출자금액의 합계액이 10억원 이하
　인 경우에는 창업 후 5년 이내인 벤처기업에 출자한 것으로 본다.
　(2024. 7. 2. 개정 ; 벤처기업~부칙)

2. 다음 각 목의 어느 하나에 해당하는 벤처기업에 대한 출자일 것. 다
　만, 제1호 단서를 적용할 때 「법인세법 시행령」 제2조 제8항 제2호
　는 적용하지 아니한다. (2025. 2. 28. 단서개정)

　가. 「소득세법 시행령」 제98조 제1항 또는 「법인세법 시행령」 제2
　　조 제8항에 따른 특수관계(이하 이 항에서 "특수관계"라 한다)
　　가 없는 벤처기업에 대한 출자 (2025. 2. 28. 개정)

　나. 「벤처투자 촉진에 관한 법률」 제2조 제8호에 따른 개인투자조
　　합이 그 조합원과 특수관계가 없는 벤처기업에 대한 출자
　　(2020. 8. 11. 개정 ; 벤처투자 촉진~부칙)

② 법 제14조 제1항 제7호에서 "대통령령으로 정하는 소액주주"란 주식의 양도일이 속
하는 사업연도의 직전 사업연도 종료일 현재 종전의 「소득세법 시행령」(대통령령 제
31442호 소득세법 시행령 일부개정령으로 개정되기 전의 것을 말한다) 제167조의 8 제

적용함. (법 부칙(2023. 12. 31.) 4조 2항)

1. 벤처투자조합이 창업기업, 벤처기업 또는 신기술창업전문회사에 출자함으로써 발생하는 배당소득 (2021. 12. 28. 개정 ; 중소기업창업 지원법 부칙)
1의 2. 민간재간접벤처투자조합이 창업기업, 벤처기업 또는 신기술창업전문회사에 출자함으로써 발생하는 배당소득 (2023. 12. 31. 신설)
1의 3. 농식품투자조합이 창업기업, 벤처기업 또는 신기술창업전문회사에 출자함으로써 발생하는 배당소득 (2021. 12. 28. 개정 ; 중소기업창업 지원법 부칙)
2. 신기술사업투자조합이 신기술사업자, 벤처기업 또는 신기술창업전문회사에 출자함으로써 발생하는 배당소득 (2011. 12. 31. 개정)
3. 「산업발전법」(법률 제9584호 산업발전법 전부개정법률로 개정되기 전의 것을 말한다) 제15조에 따라 등록된 기업구조조정조합이 같은 법 제14조 제4항에 따른 구조조정대상기업에 출자하여 얻는 배당소득 (2010. 1. 1. 개정)
4. 전문투자조합이 창업기업, 신기술사업자, 벤처기업 또는 신기술창업전문회사에 출자함으로써 발생하는 배당소득 (2021. 12. 28. 개정 ; 중소기업창업 지원법 부칙)
⑤ 벤처투자조합, 민간재간접벤처투자조합, 농식품투자조합, 신기술사업투자조합, 기업구조조정조합 또는 전문투자조합에 귀속되는 소득으로서 「소득세법」 제16조 제1항 각 호 및 제17조 제1항 제5호의 소득에 대해서는 「소득세법」과 「법인세법」에도 불구하고 해당 조합이 조합원에게 그 소득을 지급할 때 소득세 또는 법인세를 원천징수한다. 다만, 그 조합원이 민간재간접벤처투자조합인 경우에는 민간재간접벤처투자조합이 조합원에게 그 소득을 지급할 때 소득세 또는 법인세를 원천징수한다. (2024. 12. 31. 개정)
⑥ 제4항 및 제5항에 따른 소득의 경우에는 「소득세법」 제16조 제2항, 제17조 제3항 각 호 외의 부분 본문 및 제87조의 14 제1항에도 불구하고 총수입금액에서 해당 조합이 지출한 비용(그 총수입금액에 대응되는 것으로 한정한다)을 뺀 금액을 이자소득금액, 배당소득금액 또는 금융투자소득금액으로 한다. (2021. 12. 28. 개정)
⑥ 제4항 및 제5항에 따른 소득의 경우에는 「소득세법」 제16조 제2항 및 제17조 제3항 각 호 외의 부분 본문에도 불구하고 총수입금액에서

1항 각 호의 어느 하나에 해당하는 주주가 아닌 주주를 말한다. (2022. 2. 15. 신설)
② 삭 제 (2024. 12. 31.)
② 법 제14조 제1항 제8호에서 "창업 후 3년 이내의 기술우수중소기업 등 대통령령으로 정하는 기업에 출자함으로써 취득한 대통령령으로 정하는 주식 또는 출자지분"이란 다음 각 호의 어느 하나에 해당하는 요건을 갖춘 창업 후 3년 이내의 기업으로서 제1항 제2호 가목에 따른 특수관계가 없는 기업에 출자한 주식 또는 출자지분(출자일부터 3년이 경과한 것으로 한정한다)을 말한다. (2024. 12. 31. 항번개정)
1. 「벤처기업육성에 관한 특별법」 제2조의 2 제1항 제2호 다목에 따른 기업 (2024. 7. 2. 개정 ; 벤처기업~부칙)
2. 투자받은 날이 속하는 과세연도의 직전 과세연도에 법 제10조 제1항에 따른 연구·인력개발비를 3천만원 이상 지출한 기업. 다만, 직전 과세연도의 기간이 6개월 이내인 경우에는 법 제10조 제1항에 따른 연구·인력개발비를 1천5백만원 이상 지출한 중소기업으로 한다. (2022. 2. 15. 개정)
3. 「신용정보의 이용 및 보호에 관한 법률」 제2조 제8호의 3 다목에 따른 기술신용평가업무를 하는 기업신용조회회사가 평가한 기술등급(같은 목에 따라 기업 및 법인의 기술과 관련된 기술성·시장성·사업성 등을 종합적으로 평가한 등급을 말한다)이 기술등급체계상 상위 100분의 50에 해당하는 기업 (2020. 8. 4. 개정 ; 신용정보의~부칙)

☞ 관계법령 ≫

• 소득법 16조 1항 ⇒ 이자소득
• 소득법 17조 1항 5호 ⇒ 국내 또는 국외에서 받는 투자신탁의 이익

☞

편주 ≫

영 13조 2항의 개정규정은 2025. 1. 1.부터 시행함. (영 부칙(2022. 2. 15.) 1조 1호) (2022. 12. 31. 개정)

해당 조합이 지출한 비용(그 총수입금액에 대응되는 것으로 한정한다)
을 뺀 금액을 <u>이자소득금액</u> 또는 배당소득금액으로 한다. (2024. 12.
31. 개정)
⑦ 제4항부터 제6항까지의 규정은 2025년 12월 31일까지 발생하는 소
득에 대해서만 적용한다. (2022. 12. 31. 개정)
⑧ 제1항 제1호는 2009년 12월 31일까지 취득하는 주식 또는 출자지
분에 대해서만 적용하고, 제1항 제2호 · 제2호의 2 · 제2호의 3 및 제3
호부터 제8호까지의 규정은 2025년 12월 31일까지 취득하는 주식 또
는 출자지분에 대해서만 적용한다. (2023. 12. 31. 개정)

　제15조【벤처기업 출자자의 제2차 납세의무 면제】① 벤처기업
이 2018년 1월 1일부터 2025년 12월 31일까지의 기간 중 법인세 납세
의무가 성립한 사업연도에 다음 각 호의 요건을 모두 충족하는 경우에
는 그 벤처기업의 「국세기본법」 제39조 각 호의 어느 하나에 해당하는
자(이하 이 조에서 "출자자"라 한다)는 해당 사업연도의 법인세 및 이
에 부가되는 농어촌특별세 · 강제징수비(이하 이 조에서 "법인세등"이
라 한다)에 대하여 제2차 납세의무를 지지 아니한다. 이 경우 2018년
1월 1일부터 2025년 12월 31일까지의 기간에 납세의무가 성립한 법인
세등에 대한 제2차 납세의무를 지지 아니하는 금액의 한도는 출자자
1명당 2억원으로 한다. (2022. 12. 31. 개정)
1. 수입금액(「법인세법」 제43조의 기업회계기준에 따라 계산한 매출액
　을 말한다)에서 연구 · 인력개발비가 차지하는 비율이 100분의 5 이
　상일 것 (2017. 12. 19. 신설)
2. 대통령령으로 정하는 소기업에 해당할 것 (2017. 12. 19. 신설)
② 벤처기업 또는 그 출자자가 해당 사업연도의 법인세등에 대한
대통령령으로 정하는 체납일 현재 다음 각 호의 어느 하나에 해당하
는 경우에는 제1항을 적용하지 아니한다. (2017. 12. 19. 신설)
1. 직전 3년 이내에 「조세범 처벌법」에 따른 처벌 또는 처분을 받은
　사실이나 이와 관련된 재판이 진행 중인 사실이 있는 경우 (2017.
　12. 19. 신설)
2. 「조세범 처벌법」에 따른 범칙사건에 대한 조사가 진행 중인 사실이
　있는 경우 (2017. 12. 19. 신설)

　제13조의 2【벤처기업 출자자의 제2차 납세의무 면제】① 법 제
15조 제1항 제2호에서 "대통령령으로 정하는 소기업"이란 중소기업 중
매출액이 업종별로 「중소기업기본법 시행령」 별표 3을 준용하여 산정한
규모 이내인 기업을 말한다. 이 경우 "평균매출액등"은 "매출액"으로
본다. (2018. 2. 13. 신설)
② 법 제15조 제2항 각 호 외의 부분에서 "대통령령으로 정하는 체납
일"이란 「국세기본법」 제27조 제3항 각 호의 어느 하나에 해당하는 날
을 말한다. (2020. 2. 11. 개정)

3. 직전 3년 이내에 「조세범 처벌법」 제3조 제6항 각 호에 따른 사기나 그 밖의 부정한 행위로 국세를 포탈하거나 환급 또는 공제받은 사실이 있는 경우 (2017. 12. 19. 신설)
③ 벤처기업이 그 출자자가 제1항에 따라 제2차 납세의무를 지지 아니하는 해당 사업연도의 법인세를 「조세범 처벌법」 제3조 제6항 각 호에 따른 사기나 그 밖의 부정한 행위로 포탈하거나 환급 또는 공제받은 사실이 확인되는 경우에는 해당 사업연도의 법인세등에 대하여 제1항을 적용하지 아니한다. (2017. 12. 19. 신설)
④ 제1항부터 제3항까지를 적용할 때 신청절차 및 그 밖에 필요한 사항은 대통령령으로 정한다. (2017. 12. 19. 신설)

　　제16조 【벤처투자조합 출자 등에 대한 소득공제】 (2020. 2. 11. 제목개정 ; 벤처투자~부칙)
[농특비]
① 거주자가 다음 각 호의 어느 하나에 해당하는 출자 또는 투자를 하는 경우에는 2025년 12월 31일까지 출자 또는 투자한 금액의 100분의 10(제3호·제4호 또는 제6호에 해당하는 출자 또는 투자의 경우에는 출자 또는 투자한 금액 중 3천만원 이하분은 100분의 100, 3천만원 초과분부터 5천만원 이하분까지는 100분의 70, 5천만원 초과분은 100분의 30)에 상당하는 금액(해당 과세연도의 종합소득금액의 100분의 50을 한도로 한다)을 그 출자일 또는 투자일이 속하는 과세연도(제3항의 경우에는 제1항 제3호·제4호 또는 제6호에 따른 기업에 해당하게 된 날이 속하는 과세연도를 말한다)의 종합소득금액에서 공제(거주자가 출자일 또는 투자일이 속하는 과세연도부터 출자 또는 투자 후 2년이 되는 날이 속하는 과세연도까지 1과세연도를 선택하여 대통령령으로 정하는 바에 따라 공제시기 변경을 신청하는 경우에는 신청한 과세연도의 종합소득금액에서 공제)한다. 다만, 타인의 출자지분이나 투자지분 또는 수익증권을 양수하는 방법으로 출자하거나 투자하는 경우에는 그러하지 아니하다. (2022. 12. 31. 개정)
1. 벤처투자조합, 민간재간접벤처투자조합, 신기술사업투자조합 또는 전문투자조합에 출자하는 경우 (2023. 12. 31. 개정)
2. 대통령령으로 정하는 벤처기업투자신탁(이하 이 조에서 "벤처기업투자신탁"이라 한다)의 수익증권에 투자하는 경우 (2010. 1. 1.

③ 법 제15조 제1항을 적용받으려는 출자자는 「국세징수법」 제7조 제1항에 따른 제2차 납세의무자에 대한 납부고지를 받은 날부터 90일 이내에 기획재정부령으로 정하는 제2차 납세의무 면제신청서를 관할 세무서장에게 제출하여야 한다. (2021. 2. 17. 개정)
④ 세무서장은 제3항에 따른 제2차 납세의무 면제 신청을 받은 날부터 1개월 이내에 면제 여부를 해당 출자자에게 통지하여야 한다. (2018. 2. 13. 신설)
⑤ 세무서장은 제4항에 따라 면제 결정을 통지한 이후 법 제15조 제2항 및 제3항에 따라 같은 조 제1항을 적용하지 아니하게 된 경우에는 해당 출자자에게 그 사실을 통지하여야 한다. (2018. 2. 13. 신설)

[편주] ▸ ·······························
법 16조 1항 1호의 개정규정은 2023년 과세기간의 소득에 대하여 2024. 1. 1. 이후 과세표준을 신고하거나 소득세를 결정하거나 연말정산하는 경우부터 적용함. (법 부칙(2023. 12. 31.) 5조)
·······························
☞

　　제14조 【벤처투자조합 등에의 출자 등에 대한 소득공제】 (2020. 8. 11. 제목개정 ; 벤처투자~부칙)

개정)

① 법 제16조 제1항 제2호에서 "대통령령으로 정하는 벤처기업투자신탁"이란 다음 각호의 요건을 갖춘 신탁(이하 이 조에서 "벤처기업투자신탁"이라 한다)을 말한다. (2010. 2. 18. 개정)

1. 「자본시장과 금융투자업에 관한 법률」에 의한 투자신탁(같은 법 제251조에 따른 보험회사의 특별계정을 제외한다. 이하 "투자신탁"이라 한다)으로서 계약기간이 3년 이상일 것 (2012. 2. 2. 개정)

2. 통장에 의하여 거래되는 것일 것 (1998. 12. 31. 개정)

3. 투자신탁의 설정일부터 6개월(「자본시장과 금융투자업에 관한 법률」 제9조 제19항에 따른 사모집합투자기구에 해당하지 않는 경우에는 9개월) 이내에 투자신탁 재산총액에서 다음 각 목에 따른 비율의 합계가 100분의 50 이상일 것. 이 경우 투자신탁 재산총액에서 가목 1)에 따른 투자를 하는 재산의 평가액이 차지하는 비율은 100분의 15 이상이어야 한다. (2019. 2. 12. 개정)

   가. 벤처기업에 다음의 투자를 하는 재산의 평가액의 합계액이 차지하는 비율 (2018. 2. 13. 개정)

      1) 「벤처투자 촉진에 관한 법률」 제2조 제1호에 따른 투자 (2020. 8. 11. 개정 ; 벤처투자~부칙)

      2) 타인 소유의 주식 또는 출자지분을 매입에 의하여 취득하는 방법으로 하는 투자 (2018. 2. 13. 개정)

   나. 벤처기업이었던 기업이 벤처기업에 해당하지 않게 된 이후 7년이 지나지 않은 기업으로서 「자본시장과 금융투자업에 관한 법률」에 따른 코스닥시장에 상장한 중소기업 또는 중견기업에 가목1) 및 2)에 따른 투자를 하는 재산의 평가액의 합계액이 차지하는 비율 (2021. 2. 17. 개정)

4. 제3호의 요건을 갖춘 날부터 매 6개월마다 같은 호 각 목 외의 부분 전단 및 후단에 따른 비율(투자신탁재산의 평가액이 투자원금보다 적은 경우로서 같은 후단에 따른 비율이 100분의 15 미만인 경우에는 이를 100분의 15로 본다)을 매일 6개월 동안 합산하여 같은 기간의 총일수로 나눈 비율이 각각 100분의 50 및 100분의 15 이상일 것. 다만, 투자신탁의 해지일 전 6개월에 대해서는 적용하지 아니한다. (2019. 2. 12. 개정)

3. 개인투자조합에 출자한 금액을 벤처기업 또는 이에 준하는 창업 후 3년 이내의 중소기업으로서 대통령령으로 정하는 기업(이하 이 조 및 제16조의 5에서 "벤처기업등"이라 한다)에 대통령령으로 정하는 바에 따라 투자하는 경우 (2020. 2. 11. 개정 ; 벤처투자~부칙)
4. 「벤처기업육성에 관한 특별법」에 따라 벤처기업등에 투자하는 경우 (2024. 1. 9. 개정 ; 벤처기업~부칙)
5. 창업·벤처전문사모집합투자기구에 투자하는 경우 (2021. 12. 28. 개정)
6. 「자본시장과 금융투자업에 관한 법률」 제117조의 10에 따라 온라인소액투자중개의 방법으로 모집하는 창업 후 7년 이내의 중소기업으로서 대통령령으로 정하는 기업의 지분증권에 투자하는 경우 (2017. 12. 19. 신설)

●예판 ··
벤처기업 확인 전에 설립한 법인에 출자하는 경우는 '벤처기업투자'에 대한 소득공제 적용대상 아님. (사전－2018－법령해석소득－0154, 2018. 5. 4.)
··

② 제1항 각 호 외의 부분 본문에 따라 소득공제를 적용받은 거주자가 출자일 또는 투자일부터 3년이 지나기 전에 다음 각 호의 어느 하나에 해당하게 되면 그 거주자의 주소지 관할 세무서장, 원천징수의무자 또는 벤처기업투자신탁을 취급하는 금융기관은 대통령령으로 정하는 바에 따라 거주자가 이미 공제받은 소득금액에 해당하는 세액을 추징한다. 다만, 출자자 또는 투자자의 사망이나 그 밖에 대통령령으로 정하는 사유로 인한 경우에는 그러하지 아니하다. (2018. 12. 24. 개정)
1. 제1항 제1호 및 제5호에 따른 출자지분 또는 투자지분을 이전하거나 회수하는 경우 (2016. 12. 20. 개정)
2. 제1항 제2호에 규정된 벤처기업투자신탁의 수익증권을 양도하거나 환매(還買, 일부환매를 포함한다)하는 경우 (2018. 12. 24. 개정)

② 벤처기업투자신탁의 수익증권에 투자한 경우 소득공제를 적용받을 수 있는 투자액(해당 거주자가 투자한 모든 벤처기업투자신탁의 합계액을 말한다)은 거주자 1명당 3천만원으로 한다. (2018. 2. 13. 신설)
③ 법 제16조 제1항 제3호에서 "벤처기업 또는 이에 준하는 창업 후 3년 이내의 중소기업으로서 대통령령으로 정하는 기업에 대통령령으로 정하는 바에 따라 투자하는 경우"란 「벤처투자 촉진에 관한 법률」 제2조 제8호에 따른 개인투자조합(이하 이 조에서 "개인투자조합"이라 한다)이 거주자로부터 출자받은 금액을 해당 출자일이 속하는 과세연도의 다음 과세연도 종료일까지 다음 각 호의 어느 하나에 해당하는 기업(이하 이 조 및 제14조의 5에서 "벤처기업등"이라 한다)에 같은 법에 따라 투자하는 것을 말한다. (2020. 8. 11. 개정 ; 벤처투자~부칙)
1. 벤처기업 (2016. 2. 5. 신설)
2. 창업 후 3년 이내의 중소기업으로서 「벤처기업육성에 관한 특별법」 제2조의 2 제1항 제2호 다목에 따른 기업 (2024. 7. 2. 개정 ; 벤처기업~부칙)
3. 창업 후 3년 이내의 중소기업으로서 개인투자조합으로부터 투자받은 날(법 제16조의 5의 경우에는 산업재산권을 출자받은 날을 말한다)이 속하는 과세연도의 직전 과세연도에 법 제10조 제1항에 따른 연구·인력개발비를 3천만원 이상 지출한 기업. 다만, 직전 과세연도의 기간이 6개월 이내인 경우에는 법 제10조 제1항에 따른 연구·인력개발비를 1천5백만원 이상 지출한 중소기업으로 한다. (2022. 2. 15. 개정)
4. 창업 후 3년 이내의 중소기업으로서 「신용정보의 이용 및 보호에 관한 법률」 제2조 제8호의 3 다목에 따른 기술신용평가업무를 하는 기업신용조회회사가 평가한 기술등급(같은 목에 따라 기업 및 법인의 기술과 관련된 기술성·시장성·사업성 등을 종합적으로 평가한 등급을 말한다)이 기술등급체계상 상위 100분의 50에 해당하는 기업 (2020. 8. 4. 개정 ; 신용정보의~부칙)
④ 제3항에 따라 벤처기업등에 투자한 경우 소득공제를 적용받을 수 있는 투자액은 다음 계산식에 따라 계산한 금액으로 한다. (2018. 2. 13. 개정)

{거주자가 개인투자조합에 출자한 금액 × (개인투자조합이 벤처기업등에 투자한 금액 ÷ 개인투자조합의 출자액 총액)}

④ 제3항에 따라 벤처기업등에 투자한 경우 소득공제를 적용받을 수 있는 투자액은 개인투자조합이 벤처기업등에 투자한 날(해당 과세연도에 여러 번 투자한 경우에는 마지막으로 투자한 날)을 기준으로 다음 계산식에 따라 계산한 금액으로 한다. (2025. 2. 28. 개정)

[거주자가 개인투자조합에 출자한 누적 금액 × (개인투자조합이 벤처기업등에 투자한 누적 금액 ÷ 개인투자조합의 출자액 총액)] － 소득공제가 이미 적용된 투자액

⑤ 법 제16조 제1항 제6호에서 "창업 후 7년 이내의 중소기업으로서 대통령령으로 정하는 기업의 지분증권에 투자하는 경우"란 제3항 제2호부터 제4호까지의 기업의 지분증권에 투자하는 경우를 말한다. 이 경우 "창업 후 3년 이내의 중소기업"은 "창업 후 7년 이내의 중소기업"으로 본다. (2019. 2. 12. 개정)
⑥ 법 제16조에 따른 소득공제를 받고자 하는 거주자는 기획재정부령이 정하는 소득공제신청서에 「벤처투자 촉진에 관한 법률」 제2조 제11호에 따른 벤처투자조합(이하 "벤처투자조합"이라 한다)을 관

☞ p.1263 2단 연결

3. 제1항 제3호, 제4호 및 제6호에 규정된 출자지분 또는 투자지분을 이전하거나 회수하는 경우 (2018. 12. 24. 개정)

③ 제1항에 따른 소득공제는 투자 당시에는 같은 항 제3호·제4호 또는 제6호에 따른 기업에 해당하지 아니하였으나, 투자일부터 2년이 되는 날이 속하는 과세연도까지 같은 항 제3호·제4호 또는 제6호에 따른 기업에 해당하게 된 경우에도 적용한다. (2017. 12. 19. 신설)

④ 제1항과 제2항을 적용하는 경우 공제액의 한도와 계산, 소득공제의 신청, 그 밖에 필요한 사항은 대통령령으로 정한다. (2010. 1. 1. 개정)

리하는 자, 「여신전문금융업법」에 따른 신기술사업투자조합(이하 "신기술사업투자조합"이라 한다)을 관리하는 자, 「자본시장과 금융투자업에 관한 법률」에 따른 벤처기업투자신탁의 집합투자업자 또는 그 투자신탁을 취급하는 금융회사, 같은 법에 따른 창업·벤처전문 사모집합투자기구의 업무집행사원 또는 창업·벤처전문 사모집합투자기구를 취급하는 금융회사, 「벤처기업육성에 관한 특별법」 제27조에 따라 중소벤처기업부장관의 위임을 받은 자 또는 「소재·부품·장비산업 경쟁력 강화 및 공급망 안정화를 위한 특별조치법」에 따른 전문투자조합(이하 "전문투자조합"이라 한다)을 관리하는 자(이하 이 조에서 "투자조합관리자 등"이라 한다)로부터 기획재정부령으로 정하는 출자 또는 투자확인서(이하 이 조에서 "출자 또는 투자확인서"라 한다)를 발급받아 이를 첨부하여 다음 각 호의 구분에 따른 날까지 원천징수의무자·납세조합 또는 납세지 관할세무서장에게 신청하여야 한다. (2024. 7. 2. 개정 ; 벤처기업~부칙)

1. 「소득세법」 제73조의 규정이 적용되는 거주자는 당해 연도의 다음 연도 2월분의 급여 또는 사업소득을 받는 날(퇴직 또는 폐업을 한 경우에는 당해 퇴직 또는 폐업한 날이 속하는 달의 급여 또는 사업소득을 받는 날) (2020. 2. 11. 개정)

2. 제1호 외의 거주자는 종합소득과세표준확정신고기한 (1998. 12. 31. 개정)

⑦ 법 제16조 제1항 각 호 외의 부분 본문에 따라 공제시기의 변경을 신청하려는 경우에는 거주자가 제6항에 따라 출자 또는 투자확인서를 발급받을 때(법 제16조 제1항 제2호에 해당하는 투자의 경우에는 해당 수익증권에 투자하는 때를 말한다) 투자조합관리자 등에게 기획재정부령으로 정하는 소득공제시기 변경신청서를 제출해야 한다. (2020. 2. 11. 신설)

⑧ 투자조합관리자등은 법 제16조 제2항의 규정에 의한 추징사유가 발생한 경우에는 기획재정부령이 정하는 출자지분등변경통지서를 제6항의 규정에 의하여 당해 거주자가 소득공제를 신청한 원천징수의무자·납세조합, 국세청장 또는 납세지 관할세무서장에게 제출하여야 한다. 다만, 다음 각호의 1에 해당하는 사유가 있는 경우에는 출자지

분등 변경통지서를 납세지 관할세무서장에게 제출하여야 한다. (2020. 2. 11. 항번개정)

관계조문 ▶▶

규칙 61조 1항 7호 ⇒ 출자지분등변경통지서(별지 6호 서식)

1. 원천징수의무자의 휴업 또는 폐업 (1998. 12. 31. 개정)

2. 납세조합의 해산 (1998. 12. 31. 개정)

3. 근로자의 퇴직 (1998. 12. 31. 개정)

4. 「소득세법」 제73조 제1항 제4호에 따른 사업소득만 있는 자의 휴업 또는 폐업 (2010. 2. 18. 개정)

⑨ 제8항에 따라 출자지분등 변경통지서를 제출받은 원천징수의무자·납세조합 또는 납세지 관할세무서장은 지체없이 해당 거주자가 법 제16조 제1항에 따라 공제받은 소득금액에 대한 세액(출자지분 또는 투자지분의 이전·회수나 수익증권의 양도·환매와 관련된 분에 한한다)에 상당하는 금액을 추징해야 한다. (2020. 2. 11. 개정)

⑩ 법 제16조 제2항 각 호 외의 부분 단서에서 "대통령령으로 정하는 사유"란 다음 각 호의 어느 하나에 해당하는 사유를 말한다. (2020. 2. 11. 항번개정)

1. 「해외이주법」에 의한 해외이주로 세대전원이 출국하는 경우 (2005. 2. 19. 개정)

2. 천재·지변으로 재산상 중대한 손실이

☞ p.1264 2단 연결

발생하는 경우 (1998. 12. 31. 개정)

3. 벤처투자조합, 신기술사업투자조합, 전문투자조합 또는 「자본시장과 금융투자업에 관한 법률」에 의한 집합투자업자가 해산하는 경우 (2020. 8. 11. 개정 ; 벤처투자~부칙)

3. 벤처투자조합, 신기술사업투자조합, 전문투자조합, 개인투자조합 또는 「자본시장과 금융투자업에 관한 법률」에 의한 집합투자업자가 해산하는 경우. 다만, 개인투자조합의 경우에는 벤처기업등에 대한 최초 투자일부터 1년이 지난 후 투자한 벤처기업등 전부가 「자본시장과 금융투자업에 관한 법률」 제8조의 2 제4항 제1호에 따른 증권시장(이하 이 항에서 "증권시장"이라 한다)에 상장되어 개인투자조합이 해당 벤처기업등에 대한 투자지분을 이전 또는 회수한 후 해산하는 경우로 한정한다. (2025. 2. 28. 개정)

4. 벤처기업등에 대한 최초 투자일부터 1년이 지난 후 투자한 벤처기업등 전부 또는 일부가 증권시장에 상장되어 개인투자조합이 해당 벤처기업등에 대한 투자지분을 이전하거나 회수하는 경우 (2025. 2. 28. 신설)

⑪ 제1항에 따라 소득공제를 적용받은 거주자(이하 이 항에서 "투자자"라 한다)에게 법 제16조 제2항 제2호에 따른 추징사유가 발생한 경우에는 제8항 및 제9항에도 불구하고 해당 벤처기업투자신탁을 취급하는 금융기관이 연 300만원을 한도로 벤처기업투자신탁 수익증권의 양도액 또는 환매액에 1천분의 35를 곱한 금액을 추징하여 추징사유 발생일이 속하는 달의 다음 달 10일까지 원천징수 관할 세무서장에게 납부하고 그 내용을 투자자에게 서면으로 통지해야 한다. 다만, 투자자가 해당 소득공제로 감면받은 세액이 추징하려는 세액에 미달한다는 사실을 증명하는 경우 등 해당 소득공제로 감면받은 세액과 추징세액이 다르다는 사실이 확인되는 경우에는 실제로 감면받은 세액 상당액을 추징한다. (2020. 2. 11. 개정)

⑫ 법 제16조 제2항 각 호 외의 부분 단서에 따른 사유가 발생하여 같은 항 각 호의 어느 하나에 해당하게 되는 사람은 기획재정부령으로 정하는 특별해지사유신고서를 그 거주자의 주소지 관할 세무서장, 원천징수의무자 또는 벤처기업투자신탁을 취급하는 금융기관에 제출해야 한다. (2020. 2. 11. 항번개정)

⑬ 제1항 제3호 각 목 외의 부분 후단 및 같은 항 제4호에 따른 요건의 충족 여부를 판단할 때 벤처기업투자신탁이 같은 항 제3호 가목 1) 또는 2) 중 어느 것에 따라 취득한 주식인지 여부가 불분명한 주식을 매도하는 경우에는 벤처기업투자신탁의 재산총액에서 각각의 주식의 평가액이 차지하는 비율에 비례하여 해당 주식을 각각 매도한 것으로 본다. (2022. 2. 15. 신설)

⑭ 법 제16조 제1항 제1호에 따라 「벤처투자 촉진에 관한 법률」 제51조 제6항에 해당하는 벤처투자조합에 출자하는 경우 소득공제를 적용받을 수 있는 투자액은 다음 계산식에 따라 계산한 금액으로 한다. (2024. 2. 29. 신설)

$$\text{거주자가 벤처투자조합에 출자한 금액} \times \frac{\text{벤처투자조합이 벤처기업등에 투자한 금액}}{\text{벤처투자조합의 출자액 총액}}$$

편주 ▶
영 14조 14항의 개정규정은 2024. 2. 29. 이후 벤처투자조합에 출자하는 경우부터 적용함. (영 부칙(2024. 2. 29.) 3조)

개정취지
개인투자조합을 통한 벤처기업 등 투자 시 소득공제 추징 예외사유 확대
• 벤처투자의 선순환을 지원하기 위해 개인투자조합이 벤처기업 등에 투자한 지 1년이 지난 후 벤처기업 등이 증권시장에 상장됨에 따라 그 투자지분을 이전·회수하거나 이전·회수 후 해당 개인투자조합이 해산한 경우에는 공제받은 세액을 추징하지 않도록 함. (영 14조 10항 3호 및 4호 신설 ; 2025. 2. 28.)
• 영 14조 10항 3호의 개정규정은 2025. 2. 28. 이후 개인투자조합이 해산하는 경우부터 적용함. (영 부칙(2025. 2. 28.) 5조 1항)

편주 ▶
영 14조 10항 4호의 개정규정은 2025. 2. 28. 이후 투자지분을 이전하거나 회수하는 경우부터 적용함. (영 부칙(2025. 2. 28.) 5조 2항)

제16조의 2【벤처기업 주식매수선택권 행사이익 비과세 특례】

① 벤처기업 또는 대통령령으로 정하는 바에 따라 벤처기업이 인수한 기업의 임원 또는 종업원(이하 이 조 및 제16조의 3에서 "벤처기업 임원 등"이라 한다)이 해당 벤처기업으로부터 2024년 12월 31일 이전에 부여받은 주식매수선택권을 행사(벤처기업 임원 등으로서 부여받은 주식매수선택권을 퇴직 후 행사하는 경우를 포함한다)함으로써 얻은 이익(주식매수선택권 행사 당시의 시가와 실제 매수가액과의 차액을 말하며, 주식에는 신주인수권을 포함한다. 이하 이 조부터 제16조의 4까지 "벤처기업 주식매수선택권 행사이익"이라 한다) 중 연간 2억원 이내의 금액에 대해서는 소득세를 과세하지 아니한다. 다만, 소득세를 과세하지 아니하는 벤처기업 주식매수선택권 행사이익의 벤처기업별 총 누적 금액은 5억원을 초과하지 못한다. (2022. 12. 31. 개정)

① 벤처기업 또는 대통령령으로 정하는 바에 따라 벤처기업이 인수한 기업의 임원 또는 종업원(이하 이 조 및 제16조의 3에서 "벤처기업 임원 등"이라 한다)이 해당 벤처기업으로부터 2027년 12월 31일 이전에 부여받은 주식매수선택권을 행사(벤처기업 임원 등으로서 부여받은 주식매수선택권을 퇴직 후 행사하는 경우를 포함한다)함으로써 얻은 이익(주식매수선택권 행사 당시의 시가와 실제 매수가액과의 차액을 말하며, 주식에는 신주인수권을 포함한다. 이하 이 조부터 제16조의 4까지 "벤처기업 주식매수선택권 행사이익"이라 한다) 중 연간 2억원 이내의 금액에 대해서는 소득세를 과세하지 아니한다. 다만, 소득세를 과세하지 아니하는 벤처기업 주식매수선택권 행사이익의 벤처기업별 총 누적 금액은 5억원을 초과하지 못한다. (2024. 12. 31. 개정)

② 제1항이 적용되는 주식매수선택권은 「벤처기업육성에 관한 특별법」 제16조의 3에 따라 부여받은 주식매수선택권 및 「상법」 제340조의 2 또는 제542조의 3에 따라 부여받은 주식매수선택권(코넥스상장기업으로부터 부여받은 경우로 한정한다)으로 한정한다. (2024. 1. 9. 개정 ; 벤처기업~부칙)

③ 제1항을 적용하는 경우 특례 신청절차, 그 밖에 필요한 사항은 대통령령으로 정한다. (2022. 12. 31. 항번개정)

제16조의 3【벤처기업 주식매수선택권 행사이익 납부특례】
(2017. 12. 19. 조번개정)

① 벤처기업 임원 등이 2024년 12월 31일 이전에 「벤처기업육성에 관한 특별법」 제16조의 3에 따라 부여받은 주식매수선택권 및 「상법」 제340조의 2 또는 제542조의 3에 따라

제14조의 2【벤처기업 주식매수선택권 행사이익 비과세 특례】
(2022. 2. 15. 제목개정)

① 법 제16조의 2 제1항에서 "대통령령으로 정하는 바에 따라 벤처기업이 인수한 기업"이란 벤처기업(「벤처기업육성에 관한 특별법」에 따른 벤처기업을 말하며, 이하 같다)이 발행주식 총수의 100분의 30 이상을 인수한 기업을 말한다. (2024. 7. 2. 개정 ; 벤처기업~부칙)

② 원천징수의무자는 법 제16조의 2 제1항을 적용하는 경우 기획재정부령으로 정하는 비과세특례적용명세서를 벤처기업 주식매수선택권 행사일이 속하는 연도의 다음 연도 2월 말일까지 원천징수 관할 세무서장에게 제출해야 한다. 다만, 법 제16조의 3에 따른 벤처기업 주식매수선택권 행사이익 납부특례 또는 법 제16조의 4에 따른 벤처기업 주식매수선택권 행사이익 과세특례를 적용받기 위하여 제14조의 3에 따른 특례적용대상명세서 또는 제14조의 4에 따른 특례적용대상명세서를 원천징수 관할 세무서장에게 제출한 경우에는 그렇지 않다. (2022. 2. 15. 항번개정)

③ 원천징수의무자는 법 제16조의 2 제1항 본문에 따른 벤처기업 임원 등(이하 제14조의 3에서 "벤처기업임원등"이라 한다)이 주식매수선택권 행사로 취득한 주식이 입고된 계좌를 관리하는 「금융실명거래 및 비밀보장에 관한 법률」 제2조 제1호의 금융회사등(이하 이 조 및 제14조의 3에서 "금융회사등"이라 한다)에 해당 주식의 주식매수선택권 행사 당시 시가 정보를 제공해야 한다. (2025. 2. 28. 신설)

영 14조의 2 제3항의 개정규정은 2025. 2. 28. 이후 주식매수선택권을 행사하는 경우부터 적용함. (영 부칙(2025. 2. 28.) 6조)

부여받은 주식매수선택권을 행사함으로써 발생한 벤처기업 주식매수선택권 행사이익(제16조의 2에 따라 비과세되는 금액은 제외한다)에 대한 소득세는 다음 각 호에 따라 납부할 수 있다. 다만, 주식매수선택권의 행사가격과 시가와의 차액을 현금으로 교부받는 경우에는 그러하지 아니하다. (2024. 1. 9. 개정 ; 벤처기업~부칙)

① 벤처기업 임원 등이 2027년 12월 31일 이전에 「벤처기업육성에 관한 특별법」 제16조의 3에 따라 부여받은 주식매수선택권 및 「상법」 제340조의 2 또는 제542조의 3에 따라 부여받은 주식매수선택권을 행사함으로써 발생한 벤처기업 주식매수선택권 행사이익(제16조의 2에 따라 비과세되는 금액은 제외한다)에 대한 소득세는 다음 각 호에 따라 납부할 수 있다. 다만, 주식매수선택권의 행사가격과 시가와의 차액을 현금으로 교부받는 경우에는 그러하지 아니하다. (2024. 12. 31. 개정)

1. 벤처기업 주식매수선택권 행사이익에 대하여 벤처기업 임원 등이 원천징수의무자에게 납부특례의 적용을 신청하는 경우 「소득세법」 제127조, 제134조 및 제145조에도 불구하고 소득세를 원천징수하지 아니한다. (2017. 12. 19. 개정)

2. 제1호에 따라 원천징수를 하지 아니한 경우 벤처기업 임원 등은 주식매수선택권을 행사한 날이 속하는 과세기간의 종합소득금액에 대한 「소득세법」 제70조 및 제76조에 따른 종합소득과세표준 확정신고 및 확정신고납부 시 벤처기업 주식매수선택권 행사이익을 포함하여 종합소득 과세표준을 신고하되, 벤처기업 주식매수선택권 행사이익에 관련한 소득세액으로서 대통령령으로 정하는 금액의 5분의 4에 해당하는 금액(이하 이 항에서 "분할납부세액"이라 한다)은 제외하고 납부할 수 있다. (2017. 12. 19. 개정)

3. 제2호에 따라 소득세를 납부한 경우 벤처기업 임원 등은 주식매수선택권을 행사한 날이 속하는 과세기간의 다음 4개 연도의 「소득세법」 제70조 및 제76조에 따른 종합소득과세표준 확정신고 및 확정신고납부 시 분할납부세액의 4분의 1에 해당하는 금액을 각각 납부하여야 한다. (2015. 12. 15. 개정)

② 벤처기업 임원 등이 제1항에 따라 소득세를 납부하는 중 「소득세법」 제74조 제4항의 사유가 발생한 경우에는 해당 규정을 준용한다. (2013. 8. 13. 신설)

③ 제1항과 제2항을 적용하는 경우 특례 신청절차, 그 밖에 필요한 사

제14조의 3 【벤처기업 주식매수선택권 행사이익 납부특례】
(2019. 2. 12. 조번개정)

① 법 제16조의 3 제1항 제2호에서 "대통령령으로 정하는 금액"이란 다음 계산식에 따라 계산한 금액을 말한다. 이 경우 해당 과세기간의 종합소득금액과 주식매수선택권 행사이익에 따른 소득금액을 계산할 때 법 제16조의 2에 따라 비과세되는 금액은 제외한다. (2018. 2. 13. 개정)

해당 과세기간의 종합소득금액에 대한 결정세액	-	해당 과세기간의 종합소득금액에서 주식매수선택권 행사이익에 따른 소득금액을 제외하여 산출한 결정세액

② 법 제16조의 3 제1항에 따라 소득세를 납부하려는 벤처기업의 임원 또는 종업원(이하 이 조에서 "벤처기업 임원 등"이라 한다)은 주식매수선택권을 행사한 날이 속하는 달의 다음 달 5일까지 기획재정부령으로 정하는 특례적용신청서(이하 이 조에서 "특례적용신청서"라 한다)를 원천징수의무자에게 제출하여야 한다. (2018. 2. 13. 개정)

③ 제2항에 따라 특례적용신청서를 제출받은 원천징수의무자는 기획

항은 대통령령으로 정한다. (2013. 8. 13. 신설)

재정부령으로 정하는 특례적용대상명세서를 주식매수선택권을 행사한 날이 속하는 달의 다음 달 10일까지 원천징수 관할 세무서장에게 제출하여야 한다. (2014. 2. 21. 신설)

④ 제2항에 따라 특례적용신청서를 제출한 벤처기업 임원 등은 주식매수선택권을 행사한 날이 속하는 과세기간의 종합소득금액에 대한 「소득세법」 제70조에 따른 종합소득과세표준 확정신고를 할 때 특례적용신청서의 사본을 납세지 관할 세무서장에게 제출하여야 한다. (2014. 2. 21. 신설)

⑤ 제2항부터 제4항까지의 규정에도 불구하고 제2항의 기간 내에 특례적용신청서를 제출하지 아니한 벤처기업 임원 등으로서 법 제16조의3 제1항에 따라 소득세를 납부하려는 자는 주식매수선택권을 행사한 날이 속하는 과세기간의 종합소득금액에 대한 「소득세법」 제70조에 따른 종합소득과세표준 확정신고를 할 때 특례적용신청서를 납세지 관할 세무서장에게 제출하여야 한다. (2018. 2. 13. 개정)

⑥ 제2항에 따라 특례적용신청서를 제출받은 원천징수의무자는 벤처기업임원등이 주식매수선택권 행사로 취득한 주식이 입고된 계좌를 관리하는 금융회사등에 해당 주식의 주식매수선택권 행사 당시 시가 정보를 제공해야 한다. (2025. 2. 28. 신설)

제16조의 4 【벤처기업 주식매수선택권 행사이익에 대한 과세특례】 (2017. 12. 19. 조번·제목개정)

① 벤처기업 또는 대통령령으로 정하는 바에 따라 벤처기업이 인수한 기업의 임원 또는 종업원으로서 대통령령으로 정하는 자(이하 이 조에서 "벤처기업 임직원"이라 한다)가 2024년 12월 31일 이전에 해당 벤처기업으로부터 부여받은 주식매수선택권으로서 다음 각 호의 요건을 갖춘 주식매수선택권(이하 이 조에서 "적격주식매수선택권"이라 한다)을 행사함으로써 발생한 벤처기업 주식매수선택권 행사이익에 대해서 벤처기업 임직원이 제2항을 적용받을 것을 대통령령으로 정하는 바에 따라 신청한 경우에는 「소득세법」 제20조 또는 제21조에도 불구하고 주식매수선택권 행사시에 소득세를 과세하지 아니할 수 있다. 다만, 주식매수선택권의 행사 당시 실제 매수가액이 해당 주식매수선택권 부여 당시의 시가보다 낮은 경우 그 차액(이하 "시가

제14조의 4 【벤처기업 주식매수선택권 행사이익에 대한 과세특례】 (2019. 2. 12. 조번개정)

① 법 제16조의 4 제1항 각 호 외의 부분에서 "대통령령으로 정하는 바에 따라 벤처기업이 인수한 기업"이란 벤처기업이 발행주식 총수의 100분의 30 이상을 인수한 기업을 말하며, 법 제16조의 4 제1항 각 호 외의 부분에서 "대통령령으로 정하는 자"란 「벤처기업육성에 관한 특별법」 제16조의 3 제1항에 따른 주식매수선택권을 부여받은 임직원(「벤처기업육성에 관한 특별조치법」 제16조의 3 제1항에 따른 주주총회의 결의가 있는 날 현재 다음 각 호의 어느 하나에 해당하는 자는 제외하

이하 발행이익"이라 한다)에 대해서는 주식매수선택권 행사시에 「소득세법」 제20조 또는 제21조에 따라 소득세를 과세한다. (2021. 12. 28. 개정)

개정취지 ･･

벤처기업 주식매수선택권 행사이익에 대한 비과세 · 과세특례 대상 확대 등
• 주식매수선택권을 행사하여 얻은 이익에 대하여 비과세 및 과세이연의 특례를 적용할 대상을 벤처기업의 임직원 외에 벤처기업이 인수한 기업의 임직원으로 확대하고, 비과세한도를 5천만원으로 상향하며, 특례의 적용기한을 2024. 12. 31.까지로 3년 연장함. (법 16조의 4 제1항 개정 ; 2021. 12. 28.)
• 법 16조의 4 제1항의 개정규정(시가 이하 발행이익에 관한 부분은 제외함)은 2022. 1. 1. 이전에 「벤처기업육성에 관한 특별조치법」 16조의 3에 따라 부여받은 주식매수선택권을 2021. 1. 1. 이후에 행사하는 경우에도 적용함. (법 부칙(2021. 12. 28.) 6조 2항)
• 법 16조의 4 제1항(시가 이하 발행이익에 관한 부분에 한정함)의 개정규정은 2022. 1. 1. 이후 주식매수선택권을 부여받은 분부터 적용함. (법 부칙(2021. 12. 28.) 6조 3항)

･･

① 벤처기업 또는 대통령령으로 정하는 바에 따라 벤처기업이 인수한 기업의 임원 또는 종업원으로서 대통령령으로 정하는 자(이하 이 조에서 "벤처기업 임직원"이라 한다)가 2027년 12월 31일 이전에 해당 벤처기업으로부터 부여받은 주식매수선택권으로서 다음 각 호의 요건을 갖춘 주식매수선택권(이하 이 조에서 "적격주식매수선택권"이라 한다)을 행사함으로써 발생한 벤처기업 주식매수선택권 행사이익에 대해서 벤처기업 임직원이 제2항을 적용받을 것을 대통령령으로 정하는 바에 따라 신청한 경우에는 「소득세법」 제20조 또는 제21조에도 불구하고 주식매수선택권 행사시에 소득세를 과세하지 아니할 수 있다. 다만, 주식매수선택권의 행사 당시 실제 매수가액이 해당 주식매수선택권 부여 당시의 시가보다 낮은 경우 그 차액(이하 "시가 이하 발행이익"이라 한다)에 대해서는 주식매수선택권 행사시에 「소득세법」 제20조 또는 제21조에 따라 소득세를 과세한다. (2024. 12. 31. 개정)
1. 「벤처기업육성에 관한 특별법」 제16조의 3에 따른 주식매수선택권으로서 대통령령으로 정하는 요건을 갖출 것 (2024. 1. 9. 개정 ; 벤처

며, 이하 이 조에서 "벤처기업 임직원"이라 한다)을 말한다. (2024. 7. 2. 개정 ; 벤처기업~부칙)
1. 부여받은 주식매수선택권을 모두 행사하는 경우 해당 법인의 발행주식 총수의 100분의 10을 초과하여 보유하게 되는 자 (2015. 2. 3. 신설)
2. 해당 법인의 주주로서 「법인세법 시행령」 제43조 제7항에 따른 지배주주등에 해당하는 자 (2015. 2. 3. 신설)
3. 해당 법인의 발행주식 총수의 100분의 10을 초과하여 보유하는 주주 (2015. 2. 3. 신설)
4. 제3호의 주주와 「국세기본법 시행령」 제1조의 2 제1항 및 같은 조 제3항 제1호에 따른 친족관계 또는 경영지배관계에 있는 자 (2015. 2. 3. 신설)
② 법 제16조의 4 제1항을 적용받으려는 벤처기업 임직원은 기획재정부령으로 정하는 특례적용신청서에 기획재정부령으로 정하는 주식매수선택권 전용계좌개설확인서를 첨부하여 주식매수선택권 행사일 전일까지 해당 벤처기업에 제출해야 한다. (2023. 2. 28. 개정)
③ 제2항에 따라 특례적용신청서를 제출받은 벤처기업은 주식매수선택권 행사로 지급하는 주식을 제10항에 따른 주식매수선택권 전용계좌로 입고하고, 기획재정부령으로 정하는 주식매수선택권 행사주식지급명세서(이하 이 조에서 "주식매수선택권 행사주식지급명세서"라 한다)와 기획재정부령으로 정하는 특례적용대상명세서(이하 이 조에서 "특례적용대상명세서"라 한다)를 주식매수선택권을 행사한 날이 속하는 달의 다음 달 10일까지 원천징수 관할 세무서장에게 제출하여야 한다. (2023. 2. 28. 개정)
④ 「자본시장과 금융투자업에 관한 법률」 제8조 제1항에 따른 금융투자업자(이하 이 조에서 "금융투자업자"라 한다)는 기획재정부령으로 정하는 주식매수선택권 전용계좌거래현황신고서(이하 이 조에서 "주식매수선택권 전용계좌거래현황신고서"라 한다)를 매분기 종료일의 다음 달 말일까지 본점 또는 주사무소 소재지 관할 세무서장에게 제출하여야 한다. (2023. 2. 28. 개정)
⑤ 법 제16조의 4 제1항 제1호에서 "대통령령으로 정하는 요건"이란 다음 각 호의 요건을 말한다. (2018. 2. 13. 개정)

기업~부칙)

2. 해당 벤처기업으로부터 부여받은 주식매수선택권의 행사일부터 역산하여 2년이 되는 날이 속하는 과세기간부터 해당 행사일이 속하는 과세기간까지 전체 행사가액의 합계(이하 이 조에서 "전체 행사가액"이라 한다)가 5억원 이하일 것 (2016. 12. 20. 개정)

② 적격주식매수선택권 행사시 제1항 각 호 외의 부분 본문에 따라 소득세를 과세하지 아니한 경우 적격주식매수선택권 행사에 따라 취득한 주식(해당 주식의 보유를 원인으로 해당 벤처기업의 잉여금을 자본에 전입함에 따라 무상으로 취득한 주식을 포함한다)을 양도하는 경우에는 「소득세법」 제87조의 5에 따른 금융투자소득세(이하 "금융투자소득세"라 한다)를 과세한다. (2021. 12. 28. 개정)

② 적격주식매수선택권 행사시 제1항 각 호 외의 부분 본문에 따라 소득세를 과세하지 아니한 경우 적격주식매수선택권 행사에 따라 취득한 주식(해당 주식의 보유를 원인으로 해당 벤처기업의 잉여금을 자본에 전입함에 따라 무상으로 취득한 주식을 포함한다)을 양도하여 발생하는 소득(제16조의 2에 따라 비과세되는 금액은 제외한다)에 대해서는 「소득세법」 제94조 제1항 제3호에도 불구하고 양도소득세를 과세한다. (2024. 12. 31. 개정)

③ 제2항에 따라 양도소득세를 과세하는 경우 양도소득금액은 다음 계산식에 따라 계산한 금액으로 한다. (2022. 12. 31. 개정)

> 양도소득금액 = A - B - (C - D)
>
> A : 적격주식매수선택권 행사에 따라 취득한 주식의 양도가액
> B : 적격주식매수선택권 행사 당시의 실제 매수가액과 적격주식매수선택권 부여 당시의 시가 중 큰 금액
> C : 제16조의 2에 따라 비과세되는 금액
> D : 시가 이하 발행이익에 대하여 제16조의 2에 따라 비과세를 적용받은 금액

편주 ▶

법 16조의 4 제3항의 개정규정은 2025. 1. 1. 이후 발생하는 소득부터 적용함. (법 부칙(2022. 12. 31.) 8조)

③ 제2항에 따라 양도소득세를 과세하는 경우 양도소득금액은 다음 계산식에 따라 계산한 금액으로 한다. (2024. 12. 31. 개정)

---

1. 벤처기업이 주식매수선택권을 부여하기 전에 주식매수선택권의 수량·매수가액·대상자 및 기간 등에 관하여 주주총회의 결의를 거쳐 벤처기업 임직원과 약정할 것 (2015. 2. 3. 신설)
2. 제1호에 따른 주식매수선택권을 다른 사람에게 양도할 수 없을 것 (2015. 2. 3. 신설)
3. 사망, 정년 등 기획재정부령으로 정하는 불가피한 사유가 있는 경우를 제외하고는 「벤처기업육성에 관한 특별법」 제16조의 3 제1항에 따른 주주총회의 결의가 있는 날부터 2년 이상 해당 법인에 재임 또는 재직한 후에 주식매수선택권을 행사할 것 (2024. 7. 2. 개정 ; 벤처기업~부칙)
4. 「벤처기업육성에 관한 특별조치법 시행령」 제11조의 3 제3항에 따라 부여받은 주식매수선택권이 아닐 것 (2016. 12. 1. 신설)
4. 삭 제 (2022. 2. 15.)

⑥ 법 제16조의 4 제2항에 따라 「소득세법」 제87조의 5에 따른 금융투자소득세(이하 "금융투자소득세"라 한다)를 납부하려는 벤처기업 임직원은 같은 법 제87조의 21 제1항 및 제87조의 23 제1항에 따른 신고를 하는 경우 제2항에 따른 특례적용신청서 제출에 대하여 해당 벤처기업이 발급하는 기획재정부령으로 정하는 특례신청확인서를 납세지 관할 세무서장에게 제출하여야 한다. (2022. 2. 15. 개정)

⑥ 법 제16조의 4 제2항에 따라 양도소득세를 납부하려는 벤처기업 임직원은 「소득세법」 제105조 및 제110조에 따라 양도소득과세표준을 신고하는 경우 제2항에 따른 특례적용신청서 제출에 대하여 해당 벤처기업이 발급하는 기획재정부령으로 정하는 특례신청확인서를 납세지 관할 세무서장에게 제출하여야 한다. (2024. 12. 31. 개정)

제8조의 4 【벤처기업 주식매수선택권 조기행사 사유】 (2023. 3. 20. 제목개정)

영 제14조의 4 제5항 제3호에서 "사망, 정년 등 기획재정부령으로 정하는 불가피한 사유"란 주식매수선택권을 부여받은 법 제16조의 4 제1항 각 호 외의 부분에 따른 벤처기업 임직원이 사망 또는 정년을 초과하거나 그 밖에 자신에게 책임 없는 사유로 퇴임 또는 퇴직한 경우를 말한다. (2023. 3. 20. 개정)

② 영 제14조의 4 제5항 제3호에서 "사망, 정년 등 기획재정부령으로 정하는 불가피한 사유"란 주식매수선택권을 부여받은 벤처기업 임직원이 사망 또는 정년을 초과하거나 그 밖에 자신에게 책임 없는 사유로 퇴임 또는 퇴직한 경우를 말한다. (2019. 3. 20. 개정)

$$양도소득금액 = A - B - (C - D)$$

A : 적격주식매수선택권 행사에 따라 취득한 주식의 양도가액
B : 적격주식매수선택권 행사 당시의 실제 매수가액과 적격주식
　　매수선택권 부여 당시의 시가 중 큰 금액
C : 제16조의 2에 따라 비과세되는 금액
D : 시가 이하 발행이익에 대하여 제16조의 2에 따라 비과세를
　　적용받은 금액

④ 제1항 각 호 외의 부분 본문에 따라 소득세를 과세하지 아니한 경우(주식매수선택권 행사 이후 제5항에 따라 소득세를 과세한 경우를 포함한다)에는 해당 주식매수선택권의 행사에 따라 발생하는 비용으로서 대통령령으로 정하는 금액을 「법인세법」 제19조, 제20조 및 제52조에도 불구하고 해당 벤처기업의 각 사업연도의 소득금액을 계산할 때 손금에 산입하지 아니한다. (2021. 12. 28. 개정)

⑤ 벤처기업 임직원이 다음 각 호의 어느 하나에 해당하는 경우 제1항에도 불구하고 같은 항 제2호에 따른 기간 내에 주식매수선택권을 행사함으로써 얻은 모든 이익(제1호의 경우에는 증여 또는 처분한 주식에 대한 벤처기업 주식매수선택권 행사이익)을 「소득세법」 제20조 또는 제21조에 따라 소득세로 과세하며, 이 경우 소득의 귀속시기는 다음 각 호의 구분에 따른 날이 속하는 과세연도로 한다. (2022. 12. 31. 개정)

1. 적격주식매수선택권 행사로 취득한 주식을 증여하거나 행사일부터 1년이 지나기 전에 처분하는 경우(해당 벤처기업의 파산 등 대통령령으로 정하는 부득이한 사유가 있는 경우는 제외한다) : 증여일 또는 처분일 (2016. 12. 20. 신설)

2. 전체 행사가액이 5억원을 초과하는 경우 : 전체 행사가액이 5억원을 초과한 날 (2016. 12. 20. 신설)

3. 제8항에 따른 전용계좌를 통하여 주식매수선택권 행사로 취득한 주식 외의 주식을 거래한 경우 : 주식매수선택권 행사로 취득한 주식 외의 주식을 최초로 거래한 날 (2022. 12. 31. 신설)

⑥ 적격주식매수선택권을 부여하는 벤처기업 및 「자본시장과 금융투자업에 관한 법률」 제8조 제1항에 따른 금융투자업자는 적격주식매수선

⑦ 법 제16조의 4 제4항에서 "대통령령으로 정하는 금액"이란 약정된 주식매수시기에 약정된 주식의 매수가액과 시가의 차액을 말한다. 다만, 주식매수선택권의 행사 당시 실제 매수가액이 해당 주식매수선택권 부여 당시의 시가보다 낮은 주식매수선택권의 경우에는 본문에 따른 금액에서 법 제16조의 4 제1항 각 호 외의 부분 단서에 따른 시가 이하 발행이익을 제외한 금액을 말한다. (2022. 2. 15. 단서신설)

⑧ 법 제16조의 4 제5항 제1호에서 "해당 벤처기업의 파산 등 대통령령으로 정하는 부득이한 사유"란 다음 각 호의 사유를 말한다. (2018. 2. 13. 개정)

1. 주식매수선택권을 부여한 벤처기업이 파산하는 경우 (2015. 2. 3. 신설)

2. 「채무자 회생 및 파산에 관한 법률」에 따른 회생절차에 따라 법원의 허가를 받아 주식을 처분하는 경우 (2015. 2. 3. 신설)

3. 합병·분할 등에 따라 해당 법인의 주식을 처분하고 합병법인 또는 분할신설법인의 신주를 지급받는 경우 (2015. 2. 3. 신설)

⑨ 법 제16조의 4 제6항에서 "대통령령으로 정하는 자료"란 주식매수선택권 행사주식지급명세서, 특례적용대상명세서 및 주식매수선택권 전용계좌거래현황신고서를 말한다. (2018. 2. 13. 개정)

⑩ 법 제16조의 4 제8항에 따라 벤처기업 임직원은 다음 각 호의 요건을 모두 충족하는 전용계좌를 개설해야 한다. (2023. 2. 28. 신설)

1. 벤처기업 임직원 본인의 명의로 개설할 것 (2023. 2. 28. 신설)

2. 금융투자업자가 벤처기업 임직원의 다른 매매거래계좌와 구분하여 '주식매수선택권 전용계좌'의 명칭으로 별도로 개설·관리할 것 (2023. 2. 28. 신설)

택권의 부여 및 행사와 관련한 자료, 적격주식매수선택권의 행사로 취득한 주식의 이체자료 등 제1항부터 제5항까지를 적용하기 위하여 필요한 자료로서 대통령령으로 정하는 자료를 대통령령으로 정하는 바에 따라 납세지 관할 세무서장에게 제출하여야 한다. (2014. 12. 23. 신설)

⑦ 제2항에 따라 <u>금융투자소득세를 과세하는 경우에는 제14조 제1항 제7호를 적용하지 아니한다. (2021. 12. 28. 개정)</u>

⑦ 제2항에 따라 <u>양도소득세를</u> 과세하는 경우에는 제14조 제1항 제7호를 적용하지 아니한다. (2024. 12. 31. 개정)

⑧ 제1항을 적용받으려는 벤처기업 임직원은 대통령령으로 정하는 바에 따라 주식매수선택권 행사로 취득한 주식만을 거래하는 전용계좌를 개설하여야 한다. (2022. 12. 31. 신설)

⑨ 제1항은 벤처기업 임직원이 적격주식매수선택권을 행사하는 시점에 그 주식매수선택권을 부여한 기업이 더 이상 벤처기업에 해당하지 아니하게 된 경우에도 적용한다. (2022. 12. 31. 신설)

⑩ 제1항부터 제7항까지를 적용하는 경우 특례 신청·운영절차 및 그 밖에 필요한 사항은 대통령령으로 정한다. (2022. 12. 31. 항번개정)

　제16조의 5 【산업재산권 현물출자 이익에 대한 과세특례】 (2017. 12. 19. 조번개정)

① <u>대통령령으로 정하는 특허권, 실용신안권, 디자인권, 상표권 또는 그 밖에 대통령령으로 정하는 산업재산권(이하 이 조에서 "산업재산권"이라 한다)을 보유한 거주자가 벤처기업등에 산업재산권을 2020년 12월 31일 이전에 출자(거주자가 해당 벤처기업등의 대통령령으로 정하는 특수관계인인 경우는 제외한다)하고 해당 벤처기업등의 주식을 받은 경우에 그 현물출자에 따른 이익을 거주자가 해당 주식을 양도할 때 금융투자소득세로 납부할 것을 대통령령으로 정하는 바에 따라 신청하면 「소득세법」 제21조에도 불구하고 해당 주식의 취득 시에 소득세를 과세하지 아니할 수 있다. (2021. 12. 28. 개정)</u>

① 대통령령으로 정하는 특허권, 실용신안권, 디자인권, 상표권 또는 그 밖에 대통령령으로 정하는 산업재산권(이하 이 조에서 "산업재산권"이라 한다)을 보유한 거주자가 벤처기업등에 산업재산권을 2020년 12월 31일 이전에 출자(거주자가 해당 벤처기업등의 대통령령으로 정하는 특수관계인인 경우는 제외한다)하고 해당 벤처기업등의 주식을 받은 경우에 그 현물출자에 따른 이익을 거주자가 해당 주식을 양도할 때 <u>양도소득세로</u> 납부할 것을 대통령령으로 정하는 바에 따라 신청하

3. 주식매수선택권 행사로 취득한 주식만을 거래할 것 (2023. 2. 28. 신설)

4. 계좌 개설 이후 1개월 내에 주식이 입고되지 않을 경우에는 해당 계좌를 폐쇄하는 내용으로 사전에 약정할 것 (2023. 2. 28. 신설)

　제14조의 5 【산업재산권 현물출자 이익에 대한 과세특례】 (2019. 2. 12. 조번개정)

① 법 제16조의 5 제1항에서 "대통령령으로 정하는 특허권, 실용실안권, 디자인권 및 상표권"이란 다음 각 호에 따른 권리를 말한다. (2018. 2. 13. 개정)

1. 「특허법」에 따른 특허권 (2016. 2. 5. 신설)

2. 「실용실안법」에 따른 실용실안권 (2016. 2. 5. 신설)

3. 「디자인보호법」에 따른 디자인권 (2016. 2. 5. 신설)

4. 「상표법」에 따른 상표권 (2016. 2. 5. 신설)

② 법 제16조의 5 제1항에서 "대통령령으로 정하는 특수관계안"이란 다음 각 호의 어느 하나에 해당하는 자를 말한다. (2018. 2. 13. 개정)

1. 법 제16조의 5 제1항에 따른 산업재산권(이하 이 조에서 "산업재산권"이라 한다)의 현물출자로 주식을 받는 경우 해당 법인의 발행주식 총수의 100분의 30을 초과하여 보유하게 되는 자(현물출자 이전에 해당 법인의 발행주식 총수의 100분의 30을 이미 초과하여 보유

면 「소득세법」 제21조에도 불구하고 해당 주식의 취득 시에 소득세를 과세하지 아니할 수 있다. (2024. 12. 31. 개정)

② 제1항에 따라 거주자가 산업재산권의 출자로 인하여 받은 벤처기업등의 주식을 양도하여 발생하는 소득에 대해서는 금융투자소득세를 과세한다. (2021. 12. 28. 개정)

② 제1항에 따라 거주자가 산업재산권의 출자로 인하여 받은 벤처기업등의 주식을 양도하여 발생하는 소득에 대해서는 「소득세법」 제94조 제1항 제3호에도 불구하고 양도소득세를 과세한다. (2024. 12. 31. 개정)

③ 제2항에 따라 금융투자소득세를 과세하는 경우에 주식의 취득가액은 「소득세법」 제87조의 12 제1항 제1호에도 불구하고 출자한 산업재산권의 취득가액으로 하고, 산업재산권의 취득가액의 계산은 산업재산권의 취득에 실제 소요된 비용으로서 대통령령으로 정하는 바에 따라 계산한 금액으로 한다. 이 경우 산업재산권의 현물출자에 따른 이익에 해당하는 소득에 대해서는 「소득세법」 제87조의 18에 따른 금융투자소득 기본공제를 적용하지 아니한다. (2021. 12. 28. 개정)

③ 제2항에 따라 양도소득세를 과세하는 경우에 주식의 취득가액은 「소득세법」 제97조에도 불구하고 출자한 산업재산권의 취득가액으로 하고, 산업재산권의 취득가액의 계산은 산업재산권의 취득에 실제 소요된 비용으로서 대통령령으로 정하는 바에 따라 계산한 금액으로 한다. (2024. 12. 31. 개정)

④ 주식을 부여하는 벤처기업등 및 「자본시장과 금융투자업에 관한 법률」 제8조 제1항에 따른 금융투자업자(이하 이 조에서 "금융투자업자"라 한다)는 산업재산권의 현물출자와 관련한 자료 및 현물출자로 인하여 받은 주식의 이체자료 등 제1항부터 제3항까지의 규정을 적용하기 위하여 필요한 자료로서 대통령령으로 정하는 자료를 대통령령으로 정하는 바에 따라 납세지 관할 세무서장에게 제출하여야 한다. (2016. 12. 20. 개정)

⑤ 제2항에 따라 금융투자소득세를 과세하는 경우에는 제14조 제1항 제4호 및 제7호를 적용하지 아니한다. (2021. 12. 28. 개정)

⑤ 제2항에 따라 양도소득세를 과세하는 경우에는 제14조 제1항 제4호 및 제7호를 적용하지 아니한다. (2024. 12. 31. 개정)

⑥ 제1항부터 제5항까지를 적용하는 경우 특례 신청·운영절차 및 그 밖에 필요한 사항은 대통령령으로 정한다. (2015. 12. 15. 신설)

하고 있는 주주를 포함한다) (2018. 2. 13. 개정)

2. 해당 법인의 주주로서 「법인세법 시행령」 제43조 제7항에 따른 지배주주등에 해당하는 자 (2016. 2. 5. 신설)

3. 해당 법인의 발행주식 총수의 100분의 30을 초과하여 보유하는 주주와 「국세기본법 시행령」 제1조의 2 제1항에 따른 친족관계에 있는 자, 같은 조 제2항에 따른 경제적 연관관계에 있는 자 또는 같은 조 제3항 제1호에 따른 경영지배관계에 있는 자 (2016. 2. 5. 신설)

③ 법 제16조의 5 제1항을 적용받으려는 자는 「자본시장과 금융투자업에 관한 법률」 제8조 제1항에 따른 금융투자업자(이하 이 조에서 "금융투자업자"라 한다)를 통하여 기획재정부령으로 정하는 계좌(이하 이 조에서 "산업재산권 출자 주식전용계좌"라 한다)를 개설하고, 기획재정부령으로 정하는 특례적용신청서(이하 이 조에서 "특례적용신청서"라 한다)에 금융투자업자가 발급하는 기획재정부령으로 정하는 산업재산권 출자 전용계좌개설확인서를 첨부하여 출자로 인한 주식을 부여받는 날의 전날까지 해당 벤처기업등에 제출하여야 한다. (2018. 2. 13. 개정)

④ 제3항에 따라 특례적용신청서를 제출받은 벤처기업등은 기획재정부령으로 정하는 특례신청확인서(이하 이 조에서 "특례신청확인서"라 한다)를 법 제16조의 5 제1항을 적용받으려는 자에게 발급하여야 한다. (2018. 2. 13. 개정)

⑤ 제3항에 따라 특례적용신청서를 제출받은 벤처기업등은 산업재산권 출자로 교부하는 주식을 산업재산권 출자 주식전용계좌로 입고하고, 기획재정부령으로 정하는 산업재산권 출자 주식지급명세서(이하 이 조에서 "산업재산권 출자 주식지급명세서"라 한다)와 기획재정부령으로 정하는 특례적용대상명세서(이하 이 조에서 "특례적용대상명세서"라 한다)를 산업재산권의 출자로 인하여 주식을 교부하는 날이 속하는 달의 다음 달 10일까지 원천징수 관할 세무서장에게 제출하여야 한다. (2017. 2. 7. 개정)

⑥ 금융투자업자는 기획재정부령으로 정하는 산업재산권 출자 주식 전용계좌거래현황신고서(이하 이 조에서 "산업재산권 출자 주식 전용계좌거래현황신고서"라 한다)를 매분기 종료일의 다음 달 말일까지 본점 또는 주사무소 소재지 관할 세무서장에게 제출하여야 한다. (2016. 2.

제8조의 6 【산업재산권 출자주식 전용계좌 요건】 ① 영 제14조의 5 제3항에서 "기획재정부령으로 정하는 계좌"란 다음 각 호의 요건을 모두 충족하는 계좌를 말한다. (2019. 3. 20. 개정)

1. 영 제14조의 5 제1항 각 호에 따른 권리(이하 이 조에서 "산업재산권"이라 한다)을 보유한 자가 본인의 명의로 개설할 것 (2019. 3. 20. 개정)

2. 「자본시장과 금융투자업에 관한 법률」 제8조 제1항에 따른 금융투자업자가 산업재산권을 보유한 자의 다른 매매거래계좌와 구분하여 산업재산권 출자 주식 전용계좌의 명칭으로 별도로 개설·관리할 것 (2016. 3. 14. 신설)

3. 산업재산권을 영 제14조 제3항에 따른 벤처기업등(이하 이 호에서 "벤처기업등"이라 한다)에 출자하고 취득한 벤처기업등의 주식만을 거래할 것 (2022. 3. 18. 개정)

4. 계좌 개설 이후 1개월 내 주식이 입고되지 아니할 경우에는 해당 계좌를 폐쇄하는 내용으로 사전에 약정할 것 (2016. 3. 14. 신설)

5. 신설)

⑦ 법 제16조의 5 제2항에 따라 금융투자소득세를 납부하려는 자는 「소득세법」 제87조의 21 제1항 및 제87조의 23 제1항에 따른 신고를 하는 경우 특례신청확인서를 납세지 관할 세무서장에게 제출하여야 한다. (2022. 2. 15. 개정)

⑦ 법 제16조의 5 제2항에 따라 양도소득세를 납부하려는 자는 「소득세법」 제105조 및 제110조에 따라 양도소득과세표준을 신고하는 경우 특례신청확인서를 납세지 관할 세무서장에게 제출하여야 한다. (2024. 12. 31. 개정)

⑧ 법 제16조의 5 제3항에 따른 산업재산권의 취득가액의 계산은 「소득세법 시행령」 제89조에 따른 자산의 취득가액 계산방법에 따른다. (2018. 2. 13. 개정)

⑨ 법 제16조의 5 제4항에서 "대통령령으로 정하는 자료"란 산업재산권 출자 주식지급명세서, 특례적용대상명세서 및 산업재산권 출자 주식 전용계좌거래현황신고서를 말한다. (2018. 2. 13. 개정)

제17조【투융자손실준비금의 손금산입】삭 제 (2007. 12. 31.)

제15조【투융자손실준비금의 손금산입】삭 제 (2008. 2. 22.)

제18조【외국인기술자에 대한 소득세의 감면】 (2010. 1. 1. 제목 개정)

[농특비]

① 대통령령으로 정하는 외국인기술자(이하 이 조에서 "외국인기술자"라 한다)가 국내에서 내국인에게 근로를 제공하고 받는 근로소득으로서 그 외국인기술자가 국내에서 최초로 근로를 제공한 날(2026년 12월 31일 이전인 경우만 해당한다)부터 10년이 되는 날이 속하는 달까지 발생한 근로소득에 대해서는 소득세의 100분의 50에 상당하는 세액을 감면한다. 다만, 외국인기술자 중 대통령령으로 정하는 소재 · 부품 · 장비 관련 외국인기술자의 경우에는 국내에서 내국인에게 근로를 제공하고 받는 근로소득으로서 그 외국인기술자가 국내에서 최초로 근로를 제공한 날(2022년 12월 31일 이전인 경우만 해당한다)부터 3년이 되는 날이 속하는 달까지 발생한 근로소득에 대해서는 소득세의 100분의 70에 상당하는 세액을 감면하고, 그 다음 달 1일부터 2년이 되는 날이 속하는 달까지 발생한 근로소득에 대해서는 소득세의 100분의 50에 상당하는 세액을 감면한다. (2023. 12. 31. 개정)

제16조【외국인기술자의 범위 등】 ① 법 제18조 제1항 본문에서 "대통령령으로 정하는 외국인기술자"란 대한민국의 국적을 가지지 않은 사람으로서 다음 각 호의 어느 하나에 해당하는 사람을 말한다. (2020. 2. 11. 개정)

1. 기획재정부령으로 정하는 엔지니어링기술도입계약에 의하여 국내에서 기술을 제공하는 사람 (2021. 2. 17. 개정)

2. 다음 각 목의 요건을 모두 갖춘 사람 (2021. 2. 17. 개정)

가. 자연계 · 이공계 · 의학계 분야의 학사 학위 이상을 소지한 사람일 것 (2021. 2. 17. 개정)

나. 기획재정부령으로 정하는 국외의 대학 및 연구기관 등에서 5년(박사 학위를 소지한 사람의 경우에는 박사 학위 취득 전 경력을 포함하여 2년) 이상 연구개발 및 기술개발 경험이 있을 것 (2021. 2. 17. 개정)

다. 근로를 제공하는 기업과 「국세기본법 시행령」 제1조의 2 제1항에 따른 친족관계 또는 같은 조 제3항에 따른 경영지배관계에

제9조【외국인기술자에 대한 소득세 면제 등】 ① 영 제16조 제1항 제1호에서 "기획재정부령으로 정하는 엔지니어링기술도입계약"이란 「엔지니어링산업 진흥법」 제2조 제5호에 따른 엔지니어링기술의 도입계약(계약금이 30만달러 이상인 도입계약으로 한정한다)을 말한다. (2019. 3. 20. 개정)

② 영 제16조 제1항 제2호 가목을 적용할 때 자연계 · 이공계 · 의학계 분야의 예시는 별표 1의 2와 같다. (2021. 3. 16. 개정)

② 삭　제 (2014. 12. 23.)

③ 원천징수의무자가 제1항에 따라 소득세가 감면되는 근로소득을 지급할 때에는 「소득세법」 제127조에 따라 징수할 소득세에서 제1항에 따라 감면하는 세액을 제외한 금액을 원천징수한다. (2019. 12. 31. 개정)

④ 제1항을 적용받으려는 자는 대통령령으로 정하는 바에 따라 그 감면신청을 하여야 한다. (2014. 12. 23. 개정)

예판

• 조세특례제한법 제18조 제1항은 고용관계를 전제로 한 것이므로 외국법인 국내지점에 고용되어 급여를 지급받는 경우는 면제대상에 해당하지 아니함. (조심 2011부1801, 2012. 3. 27.)

• 구 조세특례제한법 제18조 제2항에 따라 소득세를 면제받았던 외국인기술자가 재입국하여 구 조세특례제한법 제18조 제1항에 따라 소득세를 면제받는 경우에 "국내에서 최초로 근로를 제공한 날"이란 구 조세특례제한법 제18조 제2항에 따라 소득세를 면제받기 위해 최초로 국내에 근로를 제공한 날을 말하는 것임. (국제세원 - 137, 2012. 3. 21.)

• 기술개발 및 제조에 해당하지 않는 마케팅부서 업무를 수행하는 외국인은 조특령 제16조에 따른 "외국인기술자의 범위"에 해당 안됨. (국제세원 - 505, 2009. 3. 11.)

제18조의 2 【외국인근로자에 대한 과세특례】　농특비

① 외국인인 임원 또는 사용인(일용근로자는 제외하며, 이하 "외국인근로자"라 한다)이 국내에서 근무함으로써 2009년 12월 31일까지 받는 「소득세법」 제20조 제2항에 따른 총급여액의 100분의 30에 상당하는 금액에 대해서는 소득세를 과세하지 아니한다. (2010. 1. 1. 개정)

① 삭　제 (2010. 12. 27.)

있지 않을 것. 다만, 경영지배관계에 있는지를 판단할 때 「국세기본법 시행령」 제1조의 2 제4항 제1호 나목의 요건은 적용하지 않는다. (2024. 2. 29. 개정)

편주

2024. 2. 29. 전에 근로를 제공한 경우의 소득세 감면요건에 관하여는 영 16조 1항 2호 다목의 개정규정에도 불구하고 종전의 규정에 따름. (영 부칙(2024. 2. 29.) 19조 1항)

라. 다음의 어느 하나에 해당하는 사람일 것 (2024. 2. 29. 개정)

　1) 제16조의 3 제2항 각 호의 기관 또는 부서에서 연구원(행정 사무만을 담당하는 사람은 제외한다)으로 근무하는 사람 (2024. 2. 29. 개정)

　2) 「출입국관리법 시행령」 별표 1의 2 제14호의 교수(E-1) 체류자격에 해당하는 사람으로서 「연구개발특구의 육성에 관한 특별법」 제2조 제1호의 연구개발특구 또는 「첨단의료복합단지 육성에 관한 특별법」 제2조 제1호의 첨단의료복합단지에 소재한 제16조의 3 제2항 제4호의 기관에서 전문 분야의 교육 또는 지도 활동에 종사하는 사람 (2024. 2. 29. 개정)

개정취지

소득세 감면 대상 외국인기술자 추가

• 연구개발특구 또는 첨단의료복합단지에 소재한 대학에서 전문 분야의 교육 또는 지도 활동에 종사하는 외국인기술자도 소득세를 감면받을 수 있도록 함. (영 16조 1항 2호 라목 개정 ; 2024. 2. 29.)

• 영 16조 1항 2호 라목의 개정규정은 2024. 2. 29.이 속하는 과세연도에 근로를 제공하는 경우부터 적용함. (영 부칙(2024. 2. 29.) 19조 2항)

2의 2. 삭　제 (2015. 2. 3.)

3. 「첨단산업 인재혁신 특별법」 제28조 제1항에 따른 우수 해외인재 (2025. 2. 28. 신설)

개정취지

소득세 감면을 받는 외국인기술자의 범위 확대

• 첨단산업 분야의 우수 해외인재를 유치하기 위해 소득세 감면을 받는 외

---

③ 영 제16조 제1항 제2호 나목에서 "기획재정부령으로 정하는 국외의 대학 및 연구기관 등"이란 외국의 대학과 그 부설연구소, 국책연구기관 및 기업부설연구소(이하 이 조에서 "국외연구기관등"이라 한다)를 말한다. (2021. 3. 16. 신설)

④ 영 제16조 제1항 제2호 나목을 적용할 때 국외연구기관등에서 연구원(행정 사무만을 담당하는 사람은 제외한다)으로 근무한 기간이 합산하여 같은 목에 따른 기간(학위 취득 기간 및 휴직 등으로 인해 실제로 연구원으로 근무하지 않은 기간을 제외한다) 이상인 경우에는 연구개발 및 기술개발 경험이 있는 것으로 본다. (2021. 3. 16. 신설)

⑤ 영 제16조 제1항 제2호의 요건에 해당하여 영 제16조 제3항에 따른 세액감면신청서를 제출할 때에는 다음 각 호의 내용이 포함된 증명서를 함께 제출해야 한다. (2021. 3. 16. 신설)

1. 감면신청자의 이름 (2021. 3. 16. 신설)

2. 국외연구기관등의 명칭 및 주소 (2021. 3. 16. 신설)

3. 국외연구기관등에서 근무한 기간, 근무부서, 연구분야 및 해당 부서 책임자의 확인 (2021. 3. 16. 신설)

⑤ 영 제16조 제1항 제2호의 요건에 해당하여 영 제16조 제3항에 따른 세액감면신청서를 제출하는 경우에는 다음 각 호의 서류를 함께 제출해야 한다. (2025. 3. 21. 개정)

1. 학위증명서 (2025. 3. 21. 개정)

2. 국외의 대학 및 연구기관 등에서 5년(박사 학위 소지자의 경우 2년) 이상 연구개발 및 기술개발 경험이 있음을 증명할 수 있는 서류로서 다음 각 목의 내

☞

관계조문

규칙 61조 1항 8호 ⇒ 외국인기술자의 근로소득세 감면신청서(별지 7호 서식)

② 외국인인 임원 또는 사용인(일용근로자는 제외하며, 이하 "외국인근로자"라 한다)이 2026년 12월 31일 이전에 국내에서 최초로 근로를 제공하기 시작하는 경우 국내에서 근무[대통령령으로 정하는 외국인투자기업을 제외한 대통령령으로 정하는 특수관계인(이하 이 조에서 "특수관계기업"이라 한다)에게 근로를 제공하는 경우는 제외한다]함으로써 받는 근로소득으로서 국내에서 최초로 근로를 제공한 날부터 20년 이내에 끝나는 과세기간까지 받는 근로소득에 대한 소득세는 「소득세법」 제55조 제1항에도 불구하고 해당 근로소득에 100분의 19를 곱한 금액을 그 세액으로 할 수 있다. 다만, 외국인근로자가 대통령령으로 정하는 지역본부에 근무함으로써 받는 근로소득의 경우에는 국내에서 최초로 근로를 제공한 날부터 20년 이내에 끝나는 과세기간까지 받는 근로소득에 대한 소득세에 대하여 「소득세법」 제55조 제1항에도 불구하고 해당 근로소득에 100분의 19를 곱한 금액을 그 세액으로 할 수 있다. (2023. 12. 31. 개정)

국인기술자의 범위에 「첨단산업 인재혁신 특별법」에 따른 우수 해외인재를 추가함. (영 16조 1항 3호 신설 ; 2025. 2. 28.)
• 영 16조 1항 3호의 개정규정은 2025. 2. 28. 이후 우수 해외인재가 지급받는 근로소득부터 적용함. (영 부칙(2025. 2. 28.) 8조)

4. 삭 제 (2015. 2. 3.)
② 법 제18조 제1항 단서에서 "대통령령으로 정하는 소재·부품·장비 관련 외국인기술자"란 「소재·부품·장비산업 경쟁력 강화 및 공급망 안정화를 위한 특별조치법」 제16조에 따른 특화선도기업 등에서 근무하는 사람을 말한다. (2023. 12. 5. 개정 ; 소재·부품~부칙)
③ 법 제18조 제1항에 따라 소득세를 감면받으려는 사람은 근로를 제공한 날이 속하는 달의 다음달 10일까지 기획재정부령으로 정하는 바에 따라 원천징수의무자를 거쳐 원천징수 관할세무서장에게 세액감면신청서를 제출하여야 한다. (2015. 2. 3. 개정)

제16조의 2 【외국인근로자에 대한 과세특례】 ① 법 제18조의 2 제2항 본문에서 "대통령령으로 정하는 외국인투자기업"이란 해당 과세연도 종료일 현재 법 제121조의 2에 따라 법인세, 소득세, 취득세 및 재산세를 각각 감면받는 기업 또는 제116조의 2 제3항부터 제10항까지의 규정에 따른 감면요건을 갖춘 기업을 말한다. (2015. 2. 3. 개정)
② 법 제18조의 2 제2항 본문에서 "대통령령으로 정하는 특수관계인"이란 외국인근로자가 근로를 제공하는 기업과 「국세기본법 시행령」 제1조의 2 제1항 및 제3항에 따른 친족관계 또는 경영지배관계에 있는 경우의 해당 기업을 말한다. 다만, 경영지배관계에 있는지를 판단할 때 같은 조 제4항 제1호 나목의 요건은 적용하지 아니한다. (2024. 2. 29. 개정)
③ 법 제18조의 2 제2항 단서에서 "대통령령으로 정하는 지역본부"란 「외국인투자 촉진법 시행령」 제20조의 2 제5항 제1호에 따른 지역본부를 말한다. (2020. 8. 5. 개정 ; 외국인투자 촉진법 시행령 부칙)
④ 법 제18조의 2 제2항을 적용받으려는 외국인근로자(해당 과세연도 종료일 현재 대한민국의 국적을 가지지 아니한 사람만 해당한다)는 근

용이 포함된 증명서 (2025. 3. 21. 개정)
가. 감면신청자의 이름 (2025. 3. 21. 개정)
나. 국외연구기관등의 명칭 및 주소 (2025. 3. 21. 개정)
다. 국외연구기관등에서 근무한 기간, 근무부서, 연구분야 및 해당 부서 책임자의 확인 (2025. 3. 21. 개정)
3. 「기초연구진흥 및 기술개발지원에 관한 법률 시행규칙」 별지 제5호 서식의 기업부설연구소 인정서, 같은 규칙 별지 제7호 서식의 연구개발전담부서 인정서 및 그 밖에 영 제16조의 3 제2항 각 호의 기관 또는 부서에서 근무하고 있음을 증명하는 서류 (2025. 3. 21. 개정)
⑥ 영 제16조 제1항 제3호의 요건에 해당하여 영 제16조 제3항에 따른 세액감면신청서를 제출하는 경우에는 「첨단산업 인재혁신 특별법」 제28조 제1항에 따른 우수 해외인재임을 확인하는 서류로서 산업통상자원부장관이 정하여 고시하는 서류를 제출해야 한다. (2025. 3. 21. 신설)

편주

2024. 2. 29. 전에 근로를 제공한 경우의 소득세 감면요건에 관하여는 영 16조의 2 제2항의 개정규정에도 불구하고 종전의 규정에 따름. (영 부칙(2024. 2. 29.) 19조 1항)

관계조문

규칙 61조 1항 9호 ⇒ 외국인근로자단일세

③ 제2항을 적용할 때 「소득세법」 및 이 법에 따른 소득세와 관련된 비과세(「소득세법」 제12조 제3호 저목의 복리후생적 성질의 급여 중 대통령령으로 정하는 소득에 대한 비과세는 제외한다), 공제, 감면 및 세액공제에 관한 규정은 적용하지 아니하며, 해당 근로소득은 「소득세법」 제14조 제2항에 따른 종합소득과세표준에 합산하지 아니한다. (2023. 12. 31. 개정)

④ 원천징수의무자는 외국인근로자에게 매월분의 근로소득을 지급할 때 「소득세법」 제134조 제1항에도 불구하고 해당 근로소득에 100분의 19를 곱한 금액을 원천징수할 수 있다. (2016. 12. 20. 개정)
⑤ 제2항이나 제4항을 적용받으려는 외국인근로자는 대통령령으로 정하는 바에 따라 신청을 하여야 한다. (2010. 12. 27. 개정)

　　제18조의 3 【내국인 우수 인력의 국내복귀에 대한 소득세 감면】
　농특비
① 학위 취득 후 국외에서 5년 이상 거주하면서 연구개발 및 기술개발 경험을 가진 사람으로서 대통령령으로 정하는 내국인 우수 인력이 국내에 거주하면서 대통령령으로 정하는 연구기관 등(이하 이 조에서 "연구기관등"이라 한다)에 취업하여 받는 근로소득으로서 취업일(2025년 12월 31일 이전인 경우만 해당한다)부터 10년이 되는 날이 속하는 달까지 발생한 근로소득에 대해서는 소득세의 100분의 50에 상당하는 세액을 감면한다. 이 경우 소득세 감면기간은 소득세를 감면받

로소득세액의 연말정산 또는 종합소득과세표준확정신고를 하는 때에 「소득세법 시행령」 제198조 제1항에 따른 근로소득자 소득·세액공제 신고서에 기획재정부령으로 정하는 외국인근로자단일세율적용신청서를 첨부하여 원천징수의무자·납세조합 또는 납세지 관할세무서장에게 제출하여야 한다. (2015. 2. 3. 항번개정)
⑤ 법 제18조의 2 제3항에서 "대통령령으로 정하는 소득"이란 「소득세법 시행령」 제17조의 4 제1호의 소득을 말한다. (2024. 2. 29. 신설)
☞
편주 ▶ ·······························
법 18조의 2 제3항의 개정규정은 2024. 1. 1. 이후 소득을 지급받는 경우부터 적용함. (법 부칙(2023. 12. 31.) 6조)
···························

⑥ 법 제18조의 2 제4항을 적용받으려는 외국인근로자(원천징수 신청일 현재 대한민국 국적을 가지지 아니한 사람만 해당한다)는 근로를 제공한 날이 속하는 달의 다음달 10일까지 기획재정부령으로 정하는 단일세율적용 원천징수신청서를 원천징수의무자를 거쳐 원천징수 관할 세무서장에게 제출하여야 한다. (2024. 2. 29. 항번개정)
⑦ 제6항에 따라 단일세율적용 원천징수신청서를 제출한 외국인근로자가 기획재정부령으로 정하는 단일세율적용 원천징수포기신청서를 원천징수의무자를 거쳐 원천징수 관할 세무서장에게 제출하는 경우에는 제출일이 속하는 과세기간의 다음 과세기간부터 법 제18조의 2 제4항을 적용하지 아니한다. (2024. 2. 29. 개정)

　　제16조의 3 【내국인 우수 인력의 국내복귀에 대한 소득세 감면】 ① 법 제18조의 3 제1항 전단에서 "대통령령으로 정하는 내국인 우수 인력"이란 다음 각 호의 요건을 모두 갖춘 사람을 말한다. (2020. 2. 11. 신설)
1. 자연계·이공계·의학계 분야의 박사학위를 소지한 사람일 것 (2020. 2. 11. 신설)
2. 제2항 각 호의 기관 또는 부서에 취업한 날 또는 소득세를 최초로 감면받는 날이 속하는 과세기간의 직전 5개 과세기간 동안 국외에서 거주했을 것. 이 경우 1개 과세기간에 183일 이상 국외에서 체류한 경우

율적용신청서(별지 8호 서식)

☞
관계조문 ▶
규칙 61조 1항 9호의 2 ⇒ 외국인근로자 단일세율적용원천징수(포기)신청서(별지 8호의 2 서식)

　　제10조 【내국인 우수 인력의 국내복귀에 대한 소득세 감면】 ① 영 제16조의 3 제1항 제1호를 적용할 때 자연계·이공계·의학계 분야의 예시는 별표 1의 2와 같다. (2020. 3. 13. 신설)

은 사람이 다른 연구기관등에 취업하는 경우에 관계없이 소득세를 감면받은 최초 취업일부터 계산한다. (2022. 12. 31. 개정)
② 원천징수의무자가 제1항에 따라 소득세가 감면되는 근로소득을 지급할 때에는 「소득세법」 제127조에 따라 징수할 소득세의 100분의 50에 상당하는 세액을 원천징수한다. (2019. 12. 31. 신설)
③ 제1항을 적용받으려는 사람은 대통령령으로 정하는 바에 따라 감면신청을 하여야 한다. (2019. 12. 31. 신설)
④ 제1항부터 제3항까지에서 규정한 사항 외에 국외 거주기간의 판정 방법 및 그 밖에 필요한 사항은 대통령령으로 정한다. (2019. 12. 31. 신설)

해당 과세기간에는 국외에서 거주한 것으로 본다. (2020. 2. 11. 신설)
3. 기획재정부령으로 정하는 국외의 대학 및 연구기관 등에서 5년 이상 연구개발 및 기술개발 경험이 있을 것 (2020. 2. 11. 신설)
4. 근로를 제공하는 기업과 「국세기본법 시행령」 제1조의 2 제1항 또는 제3항에 따른 친족관계 또는 경영지배관계에 있지 않을 것. 다만, 경영지배관계에 있는지 여부를 판단할 때 「국세기본법 시행령」 제1조의 2 제4항 제1호 나목의 요건은 적용하지 않는다. (2024. 2. 29. 개정)

편주 ▶ ··
2024. 2. 29. 전에 근로를 제공한 경우의 소득세 감면요건에 관하여는 영 16조의 3 제1항 4호의 개정규정에도 불구하고 종전의 규정에 따름. (영 부칙(2024. 2. 29.) 19조 1항)
··

5. 해당 과세기간 종료일 현재 대한민국의 국적을 가진 사람일 것 (2020. 2. 11. 신설)
6. 제2항 각 호의 기관 또는 부서에서 연구원(행정 사무만을 담당하는 사람은 제외한다)으로 근무하는 사람일 것 (2020. 2. 11. 신설)
② 법 제18조의 3 제1항 전단에서 "대통령령으로 정하는 연구기관 등" 이란 다음 각 호의 어느 하나에 해당하는 기관 또는 부서를 말한다. (2020. 2. 11. 신설)
1. 「기초연구진흥 및 기술개발지원에 관한 법률」 제14조의 2 제1항에 따라 과학기술정보통신부장관의 인정을 받은 기업부설연구소 또는 연구개발전담부서 (2020. 2. 11. 신설)
2. 「정부출연연구기관 등의 설립·운영 및 육성에 관한 법률」 제2조에 따른 정부출연연구기관 및 「과학기술분야 정부출연연구기관 등의 설립·운영 및 육성에 관한 법률」 제2조에 따른 과학기술분야 정부출연연구기관과 그 부설 연구기관 (2020. 2. 11. 신설)
3. 「특정연구기관 육성법」 제2조에 따른 특정연구기관 및 그 부설 연구기관 (2020. 2. 11. 신설)
4. 「고등교육법」 제2조에 따른 대학, 산업대학, 전문대학 또는 기술대학 및 그 부설 연구기관 (2020. 2. 11. 신설)

② 영 제16조의 3 제1항 제3호에서 "기획재정부령으로 정하는 국외의 대학 및 연구기관 등"이란 외국의 대학과 그 부설연구소, 국책연구기관 및 기업부설연구소(이하 이 조에서 "국외연구기관등"이라 한다)를 말한다. (2020. 3. 13. 신설)
③ 영 제16조의 3 제1항 제3호를 적용할 때 국외연구기관등에서 연구원(행정 사무만을 담당하는 사람은 제외한다)으로 근무한 기간이 합산하여 5년(휴직 등으로 인해 실제로 연구원으로 근무하지 않은 기간을 제외한다) 이상인 경우에는 연구개발 및 기술개발 경험이 있는 것으로 본다. (2020. 3. 13. 신설)

제19조【성과공유 중소기업의 경영성과급에 대한 세액공제 등】

① 「중소기업 인력지원 특별법」 제27조의 2 제1항에 따른 중소기업(이하 이 조에서 "성과공유 중소기업"이라 한다)이 대통령령으로 정하는 상시근로자(이하 이 조에서 "상시근로자"라 한다)에게 2024년 12월 31일까지 대통령령으로 정하는 경영성과급(이하 이 조에서 "경영성과급"이라 한다)을 지급하는 경우 그 경영성과급의 100분의 15에 상당하는 금액을 해당 과세연도의 소득세(사업소득에 대한 소득세만 해당한다) 또는 법인세에서 공제한다. 다만, 성과공유 중소기업의 해당 과세연도의 상시근로자 수가 직전 과세연도의 상시근로자 수보다 감소한 경우에는 공제하지 아니한다. (2021. 12. 28. 개정)

① 「중소기업 인력지원 특별법」 제27조의 2 제1항에 따른 중소기업(이하 이 조에서 "성과공유 중소기업"이라 한다)이 대통령령으로 정하는 상시근로자(이하 이 조에서 "상시근로자"라 한다)에게 2027년 12월 31일까지 대통령령으로 정하는 경영성과급(이하 이 조에서 "경영성과급"이라 한다)을 지급하는 경우 그 경영성과급의 100분의 10에 상당하는 금액을 해당 과세연도의 소득세(사업소득에 대한 소득세만 해당한다) 또는 법인세에서 공제한다. 다만, 성과공유 중소기업의 해당 과세연도의 상시근로자 수가 직전 과세연도의 상시근로자 수보다 감소한 경우에는 공제하지 아니한다. (2024. 12. 31. 개정)

5. 「한국해양과학기술원법」에 따라 설립된 한국해양과학기술원 (2020. 2. 11. 신설)

6. 「국방과학연구소법」에 따라 설립된 국방과학연구소 (2020. 2. 11. 신설)

7. 「산업기술혁신 촉진법」 제42조에 따른 전문생산기술연구소 (2020. 2. 11. 신설)

8. 「산업기술연구조합 육성법」에 따라 설립된 산업기술연구조합 (2020. 2. 11. 신설)

③ 법 제18조의 3 제1항에 따라 소득세를 감면받으려는 사람은 근로를 제공한 날이 속하는 달의 다음 달 10일까지 기획재정부령으로 정하는 바에 따라 원천징수의무자를 거쳐 원천징수 관할 세무서장에게 세액감면신청서를 제출해야 한다. (2020. 2. 11. 신설)

④ 제1항부터 제3항까지에서 규정한 사항 외에 국외의 연구개발 및 기술개발 경험의 판정방법과 그 밖에 필요한 사항은 기획재정부령으로 정한다. (2020. 2. 11. 신설)

제17조【성과공유 중소기업의 경영성과급에 대한 세액공제 등】

① 법 제19조 제1항 본문에서 "대통령령으로 정하는 상시근로자"란 「근로기준법」에 따라 근로계약을 체결한 내국인 근로자를 말한다. 다만, 다음 각 호의 어느 하나에 해당하는 사람은 제외한다. (2019. 2. 12. 신설)

1. 근로계약기간이 1년 미만인 근로자(근로계약의 연속된 갱신으로 인하여 그 근로계약의 총 기간이 1년 이상인 근로자는 제외한다) (2020. 2. 11. 개정)

2. 「근로기준법」 제2조 제1항 제9호에 따른 단시간근로자. 다만, 1개월간의 소정근로시간이 60시간 이상인 근로자는 상시근로자로 본다. (2020. 6. 2. 개정)

3. 「법인세법 시행령」 제40조 제1항 각 호의 어느 하나에 해당하는 임원 (2019. 2. 12. 신설)

4. 해당 기업의 최대주주 또는 최대출자자(개인사업자의 경우에는 대표자를 말한다)와 그 배우자 (2019. 2. 12. 신설)

5. 제4호에 해당하는 자의 직계존비속(그 배우자를 포함한다) 및 「국세기본법 시행령」 제1조의 2 제1항에 따른 친족관계인 사람 (2019. 2. 12. 신설)

④ 영 제16조의 3 제3항에 따른 세액감면신청서를 제출할 때 다음 각 호의 내용이 포함된 증명서를 함께 제출해야 한다. (2020. 3. 13. 신설)

1. 감면신청자의 이름 (2020. 3. 13. 신설)

2. 국외연구기관등의 명칭 및 주소 (2020. 3. 13. 신설)

3. 국외연구기관등에서 근무한 기간, 근무부서, 연구분야 및 해당 부서 책임자의 확인 (2020. 3. 13. 신설)

④ 영 제16조의 3 제3항에 따른 세액감면신청서를 제출하는 경우에는 다음 각 호의 서류를 함께 제출해야 한다. (2025. 3. 21. 개정)

1. 박사학위증명서 (2025. 3. 21. 개정)

2. 「재외국민등록법」 제7조에 따른 재외국민등록부 등본 등 국외에서 5년 이상 거주하였음을 증명할 수 있는 서류 (2025. 3. 21. 개정)

3. 국외의 대학 및 연구기관 등에서 5년 이상 연구개발 및 기술개발 경험이 있음을 증명할 수 있는 서류로서 다음 각 목의 내용이 포함된 증명서 (2025. 3. 21. 개정)

　가. 감면신청자의 이름 (2025. 3. 21. 개정)

　나. 국외연구기관등의 명칭 및 주소 (2025. 3. 21. 개정)

　다. 국외연구기관등에서 근무한 기간, 근무부서, 연구분야 및 해당 부서 책임자의 확인 (2025. 3. 21. 개정)

4. 「기초연구진흥 및 기술개발지원에 관한 법률 시행규칙」 별지 제5호 서식의 기업부설연구소 인정서, 같은 규칙 별지

편주 ▶ ●●●●●●●●●●●●●●●●●●●●●●●●●●●●●●
2025. 1. 1. 전에 경영성과급을 지급한 경우의 세액공제에 관하여는 법 19
조 1항 본문의 개정규정에도 불구하고 종전의 규정에 따름. (법 부칙(2024.
12. 31.) 25조)
●●●●●●●●●●●●●●●●●●●●●●●●●●●●●●

② 성과공유 중소기업의 근로자 중 다음 각 호에 해당하는 사람을 제외한 근로자가 해
당 중소기업으로부터 2024년 12월 31일까지 경영성과급을 지급받는 경우 그 경영성과
급에 대한 소득세의 100분의 50에 상당하는 세액을 감면한다. (2021. 12. 28. 개정)
[농특비]

② 성과공유 중소기업의 근로자 중 다음 각 호에 해당하는 사람을 제
외한 근로자가 해당 중소기업으로부터 2027년 12월 31일까지 경영성
과급을 지급받는 경우 그 경영성과급에 대한 소득세의 100분의 50에
상당하는 세액을 감면한다. (2024. 12. 31. 개정)   [농특비]
1. 해당 과세기간의 총급여액이 7천만원을 초과하는 사람 (2018. 12.
   24. 신설)
2. 해당 기업의 최대주주 등 대통령령으로 정하는 사람 (2018. 12. 24.
   신설)
③ 제1항 및 제2항을 적용받으려는 중소기업과 근로자는 대통령으

6. 「소득세법 시행령」 제196조에 따른 근로소득원천징수부에 의하여 근로
   소득세를 원천징수한 사실이 확인되지 않고, 다음 각 목의 어느 하나에
   해당하는 금액의 납부사실도 확인되지 않은 자 (2019. 2. 12. 신설)
   가. 「국민연금법」 제3조 제1항 제11호 및 제12호에 따른 부담금 및
      기여금 (2019. 2. 12. 신설)
   나. 「국민건강보험법」 제69조에 따른 직장가입자의 보험료 (2019.
      2. 12. 신설)
7. 해당 과세기간의 총급여액이 7천만원을 초과하는 근로자 (2019. 2.
   12. 신설)
② 법 제19조 제1항 본문에서 "대통령령으로 정하는 경영성과급"이란
「중소기업 인력지원 특별법 시행령」 제26조의 2 제1항 제1호에 따른
성과급을 말한다. (2022. 2. 15. 개정)
1. 「중소기업 인력지원 특별법 시행령」 제26조의 2 제1항 제1호에 따른 성과급일 것
   (2019. 2. 12. 신설)
2. 영업이익(제1호의 성과급 지급을 약정한 과세연도의 기업회계기준에 따른 영업
   이익을 말한다)이 발생한 기업이 지급하는 성과급일 것 (2019. 2. 12. 신설)
1.～2. 삭 제 (2022. 2. 15.)
③ 법 제19조 제1항을 적용할 때 상시근로자의 수는 다음의 계산식에
따라 계산한 수(100분의 1 미만의 부분은 없는 것으로 한다)로 한다.
(2019. 2. 12. 신설)

$$\frac{\text{해당 과세연도의 매월 말 현재 상시근로자 수의 합}}{\text{해당 과세연도의 개월 수}}$$

④ 제3항에 따른 상시근로자 수의 계산에 관하여는 제23조 제11항 각
호 외의 부분 후단 및 같은 항 제2호를 준용한다. (2019. 2. 12. 신설)
⑤ 법 제19조 제1항에 따라 세액공제를 받으려는 자는 과세표준신고
와 함께 기획재정부령으로 정하는 세액공제신청서 및 공제세액계산서
를 납세지 관할 세무서장에게 제출해야 한다. (2019. 2. 12. 신설)
⑥ 법 제19조 제2항 제2호에서 "해당 기업의 최대주주 등 대통령령으
로 정하는 사람"이란 다음 각 호의 어느 하나에 해당하는 사람을 말한
다. (2019. 2. 12. 신설)
1. 해당 기업의 최대주주 또는 최대출자자(개인사업자의 경우에는 대

제7호 서식의 연구개발전담부서 인정서
및 그 밖에 영 제16조의 3 제2항 각 호
의 기관 또는 부서에서 근무하고 있음
을 증명하는 서류 (2025. 3. 21. 개정)

로 정하는 바에 따라 세액공제 또는 세액감면을 신청하여야 한다.
(2018. 12. 24. 신설)
④ 제1항 및 제2항에서 규정한 사항 외에 상시근로자 수의 계산방법, 소득세 감면의 계산방법, 그 밖에 필요한 사항은 대통령령으로 정한다. (2018. 12. 24. 신설)

표자를 말한다)와 그 배우자 (2019. 2. 12. 신설)
2. 제1호에 해당하는 자의 직계존비속(그 배우자를 포함한다) 또는 제1호에 해당하는 사람과 「국세기본법 시행령」 제1조의 2 제1항에 따른 친족관계에 있는 사람 (2019. 2. 12. 신설)
⑦ 법 제19조 제2항에 따른 감면세액은 다음 계산식에 따라 계산한 금액으로 한다. (2019. 2. 12. 신설)

$$\text{「소득세법」 제137조 제1항 제2호에 따른 종합소득산출세액(이하 이 조에서 "산출세액"이라 한다)} \times \frac{\text{「소득세법」 제20조 제2항에 따른 근로소득금액}}{\text{「소득세법」 제14조 제2항에 따른 종합소득금액}} \times \frac{\text{법 제19조 제1항에 따른 경영성과급}}{\text{해당 근로자의 총급여액}} \times \text{법 제19조 제2항의 감면율}$$

⑧ 제7항에도 불구하고 법 제19조 제2항에 따라 세액감면을 받으려는 자가 법 제30조 제1항에 따라 감면을 받는 경우 법 제19조 제2항에 따른 감면세액은 다음 계산식에 따라 계산한 금액으로 한다. (2019. 2. 12. 신설)

$$\left[\text{산출세액} \times \frac{\text{「소득세법」 제20조 제2항에 따른 근로소득금액}}{\text{「소득세법」 제14조 제2항에 따른 종합소득금액}} - \text{법 제30조 제1항에 따른 감면세액}\right] \times \frac{\text{법 제19조 제1항에 따른 경영성과급}}{\text{해당 근로자의 총급여액}} \times \text{법 제19조 제2항의 감면율}$$

⑨ 법 제19조 제2항에 따라 세액감면을 받으려는 자는 경영성과급을 지급받은 날이 속하는 달의 다음 달 말일까지 기획재정부령으로 정하는 세액감면신청서를 원천징수의무자에게 제출해야 한다. (2019. 2. 12. 신설)
⑩ 제9항에 따라 세액감면신청서를 제출받은 원천징수의무자는 기획재정부령으로 정하는 감면 대상 명세서를 신청을 받은 날이 속하는 달의 다음 달 말일까지 원천징수 관할 세무서장에게 제출해야 한다. (2019. 2. 12. 신설)

제20조【공공차관 도입에 따른 과세특례】 농특비

① 「공공차관의 도입 및 관리에 관한 법률」 제2조 제6호에 따른 공공차관(이하 이 조에서 "공공차관"이라 한다)의 도입과 직접 관련하여 같은 법 제2조 제10호에 따른 대주(이하 이 조에서 "대주"(貸主)라 한다)가 부담하여야 할 조세는 같은 법 제2조 제7호에 따른 공공차관협약(이하 이 조에서 "공공차관협약"이라 한다)에서 정하는 바에 따라 감면한다. (2010. 1. 1. 개정)

② 공공차관의 도입과 관련하여 외국인에게 지급되는 기술 또는 용역의 대가에 대해서는 해당 공공차관협약에서 정하는 바에 따라 소득세 또는 법인세를 감면한다. (2010. 1. 1. 개정)

③ 제1항 및 제2항에 따른 조세감면은 대주 또는 기술제공자의 신청에 의하여 감면하지 아니할 수 있다. (2010. 1. 1. 개정)

제21조【국제금융거래에 따른 이자소득 등에 대한 법인세 등의 면제】 농특비

① 다음 각 호의 어느 하나의 소득을 받는 자(거주자, 내국법인 및 외국법인의 국내사업장은 제외한다)에 대해서는 소득세 또는 법인세를 면제한다. (2011. 12. 31. 개정)

1. 국가·지방자치단체 또는 내국법인이 국외에서 발행하는 외화표시채권의 이자 및 수수료 (2011. 12. 31. 개정)

2. 「외국환거래법」에 따른 외국환업무취급기관이 같은 법에 따른 외국환업무를 하기 위하여 외국금융기관으로부터 차입하여 외화로 상환하여야 할 외화채무에 대하여 지급하는 이자 및 수수료 (2014. 12. 23. 개정)

3. 대통령령으로 정하는 금융회사 등이 「외국환거래법」에서 정하는 바에 따라 국외에서 발행하거나 매각하는 외화표시어음과 외화예금증서의 이자 및 수수료 (2011. 12. 31. 개정)

② 삭 제 (2002. 12. 11.)

제18조【국제금융거래에 따른 이자소득 등에 대한 법인세 등의 면제】 ① 삭 제 (2008. 2. 22.)

② 법 제21조 제1항 제3호에서 "대통령령으로 정하는 금융회사 등"이란 다음 각 호의 어느 하나에 해당하는 금융회사 등을 말한다. (2012. 2. 2. 개정)

1. 「은행법」에 의하여 은행업의 인가를 받은 은행 (2010. 11. 15. 개정 ; 은행법 시행령 부칙)

2. 「한국산업은행법」에 의하여 설립된 한국산업은행 (2005. 2. 19. 개정)

3. 「한국수출입은행법」에 의하여 설립된 한국수출입은행 (2005. 2. 19. 개정)

4. 「중소기업은행법」에 의하여 설립된 중소기업은행 (2005. 2. 19. 개정)

5. 삭 제 (2000. 1. 10.)

6. 「농업협동조합법」에 따른 농협은행 (2012. 2. 2. 개정)

7. 「수산업협동조합법」에 따라 설립된 수협은행 (2017. 2. 7. 개정)

8. 「한국정책금융공사법」에 따라 설립된 한국정책금융공사 (2010. 2. 18. 신설)

8. 삭 제 (2014. 12. 30.)

9. 「자본시장 및 금융투자업에 관한 법률」에 따른 종합금융회사 (2009. 2. 4. 개정)

③ 삭 제 (2002. 12. 30.)

③ 국가·지방자치단체 또는 내국법인이 발행한 대통령령으로 정하는 유가증권을 비거주자 또는 외국법인이 국외에서 양도함으로써 발생하는 소득에 대해서는 소득세 또는 법인세를 면제한다. (2010. 1. 1. 개정)

제21조의 2 【비거주자등의 정기외화예금에 대한 이자소득세 비과세】 ① 비거주자 또는 외국법인(비거주자 또는 외국법인의 국내사업장은 제외한다. 이하 이 조에서 "비거주자등"이라 한다)이 계약기간 1년 이상인 대통령령으로 정하는 정기외화예금에 2015년 12월 31일까지 가입하는 경우 해당 예금에서 계약기간 내에 발생하는 이자에 대해서는 소득세 또는 법인세를 부과하지 아니한다. (2013. 1. 1. 신설)
② 제1항에 따른 예금의 가입자가 계약기간 내에 계약을 해지하거나 예금의 전부 또는 일부를 인출하는 경우 해당 예금을 취급하는 제21조 제1항 제2호에 따른 외국환업무취급기관은 대통령령으로 정하는 바에 따라 부과되지 아니한 소득세 또는 법인세에 상당하는 세액을 추징하여 해지 또는 인출한 날이 속하는 달의 다음 달 10일까지 원천징수 관할 세무서장에게 납부하여야 한다. 이 경우 그 기한까지 납부하지 아니하거나 납부하여야 할 세액에 미달하게 납부한 경우에는 그 납부하지 아니한 세액 또는 미달하게 납부한 세액의 100분의 10에 해당하는 금액을 추가로 납부하여야 한다. (2013. 1. 1. 신설)

④ 법 제21조 제3항에서 "대통령령으로 정하는 유가증권"이란 다음 각 호의 어느 하나에 해당하는 것을 말한다. (2010. 2. 18. 개정)
1. 국외에서 발행한 유가증권 중 외국통화로 표시된 것 또는 외국에서 지급받을 수 있는 것으로서 기획재정부령이 정하는 것. 다만, 주식·출자증권 또는 그 밖의 유가증권(이하 이 항에서 "과세대상 주식 등"이라 한다)을 기초로 발행된 예탁증서를 양도하는 경우로서 예탁증서를 발행하기 전 과세대상 주식 등의 소유자가 예탁증서를 발행한 후에도 계속하여 해당 예탁증서를 양도하기 전까지 소유한 경우는 제외한다. (2008. 2. 29. 직제개정 ; 기획재정부와~직제 부칙)
2. 기획재정부령이 정하는 외국의 유가증권시장에 상장 또는 등록된 내국법인의 주식 또는 출자지분으로서 해당 유가증권시장에서 양도되는 것. 다만, 해당 외국의 유가증권시장에서 취득하지 아니한 과세대상 주식 등으로서 해당 외국의 유가증권시장에서 최초로 양도하는 경우는 제외하되, 외국의 유가증권시장의 상장규정상 주식분산요건을 충족하기 위해 모집·매출되는 과세대상 주식 등을 취득하여 양도하는 경우에는 그러하지 아니하다. (2013. 2. 15. 개정)

제18조의 2 【비거주자등의 정기외화예금에 대한 이자소득세 비과세】 ① 법 제21조의 2 제1항에서 "대통령령으로 정하는 정기외화예금"이란 법 제21조 제1항 제2호에 따른 외국환업무취급기관이 취급하는 정기외화예금으로서 금융감독원의 장의 약관심사를 거친 것을 말한다. (2013. 2. 15. 신설)
② 법 제21조의 2 제2항에 따라 예금의 가입자가 계약기간 내에 계약을 해지하거나 예금의 전부 또는 일부를 인출한 경우에는 다음 각 호에 따라 소득세 또는 법인세를 추징한다. 다만, 예금의 인출 없이 1년 이상 예치한 경우에는 그 1년 동안 발생한 이자에 대해서는 소득세 또는 법인세를 부과하지 아니한다. (2013. 2. 15. 신설)
1. 계약을 해지한 경우 : 발생한 이자에 대해 부과하지 아니한 소득세 또는 법인세 (2013. 2. 15. 신설)
2. 예금을 인출한 경우 : 계약일로부터 인출일까지 인출한 예금에 대하여 발생한 이자에 대해 부과하지 아니한 소득세 또는 법인세 (2013. 2. 15. 신설)

제11조 【외화증권의 범위】 ① 영 제18조 제4항 제1호에서 "기획재정부령이 정하는 것"이란 외국환거래에 관하여 기획재정부장관이 정하는 기준에 따라 발행된 외화증권을 말한다. (2010. 4. 20. 개정)

② 영 제18조 제4항 제2호에서 "기획재정부령이 정하는 외국의 유가증권시장"이란 「자본시장과 금융투자업에 관한 법률」에 따른 유가증권시장 또는 코스닥시장과 기능이 유사한 외국의 유가증권시장을 말한다. (2009. 4. 7. 개정)

③ 비거주자등의 정기외화예금 가입 시 제출서류, 예금 계약의 변경·갱신에 대한 적용방법 등 그 밖에 필요한 사항은 대통령령으로 정한다. (2013. 1. 1. 신설)

제22조【해외자원개발투자 배당소득에 대한 법인세의 면제】① 내국법인의 2015년 12월 31일 이전에 끝나는 각 사업연도의 소득에 「외국환거래법」에 따라 대통령령으로 정하는 해외자원개발사업(자원보유국의 외자도입 조건에 따른 자원의 가공업을 포함한다)에 투자함으로써 받은 배당소득이 포함되어 있는 경우에는 해당 자원보유국에서 그 배당소득에 대하여 조세를 면제받은 부분에 대해서만 법인세를 면제한다. (2013. 1. 1. 개정)

통칙 22-0…1【해외자원개발사업에 대한 감면범위】
법 제22조 제1항에서 "그 배당소득에 대하여 조세를 면제받은 부분에 대해서만 법인세를 면제한다"라 함은 자원보유국이 해외자원개발에 투자를 한 내국법인의 배당소득에 대하여, 법인세 또는 이와 유사한 성질의 조세를 면제하는 경우를 말하며, 그 내국법인이 투자하고 있는 해당 사업체에 대한 조세의 면제 등은 이에 해당되지 아니한다. (2024. 3. 15. 개정)

② 내국법인의 배당소득에 대하여 제1항과 「법인세법」 제57조 제3항이 동시에 적용되는 경우에는 그 중 하나만을 선택하여 적용받는다. (2010. 1. 1. 개정)

제23조【국제선박 양도차익의 손금산입】삭 제 (2008. 12. 26.)

제 4 절   투자촉진을 위한 조세특례

제24조【통합투자세액공제】① 대통령령으로 정하는 내국인이 제1호 가목 또는 나목에 해당하는 자산에 투자(중고품 및 대통령령으로 정하는 리스에 의한 투자는 제외한다. 이하 이 조에서 같다)하는 경우에는 제2호 각 목에 따른 기본공제 금액과 추가공제 금액을 합한 금액을 해당 투자가 이루어지는 과세연도의 소득세(사업소득에 대한

③ 법 제21조의 2 제1항을 적용받으려는 비거주자등은 국세청장이 정하는 바에 따라 비거주자등임을 증명하는 서류를 외국환업무취급기관에 제출하여야 한다. (2013. 2. 15. 신설)
④ 비거주자등이 예금 계약을 변경하거나 갱신하여 예금이 법 제21조의 2 제1항이 적용되는 정기외화예금에 해당하게 되는 경우에는 그 변경·갱신일에 새로이 가입한 것으로 본다. (2013. 2. 15. 신설)

제19조【해외자원개발사업의 범위】법 제22조에서 "대통령령으로 정하는 해외자원개발사업"이란 국외에서 다음의 자원을 개발하는 사업(자원보유국의 외자도입조건에 의한 자원의 가공사업을 포함한다)을 말한다. (2010. 2. 18. 개정)
1. 농산물 (1998. 12. 31. 개정)
2. 축산물 (1998. 12. 31. 개정)
3. 수산물 (1998. 12. 31. 개정)
4. 임산물 (1998. 12. 31. 개정)
5. 광 물 (1998. 12. 31. 개정)

제20조【국제선박 양도차익의 손금산입】삭 제 (2009. 2. 4.)

제 4 절   투자촉진을 위한 조세특례

통칙 24-21…1【투자금액의 계산】
(2024. 3. 15. 번호개정)
영 제21조 제7항 제1호에서 "지출한 금액"이라 함은 해당 과세연도 중 실제로 지출된 현금(어음 지급분으로서 해당 과세연도 중에 결제된 것을 포함한다) 지급분(선급금을 제외한다)만을 말한다. (2024. 3. 15. 개정)
24-21…2【종업원용 기숙사의 범위】
(2024. 3. 15. 번호개정)
규칙 제12조 제2항 제4호 나목에서의 종업원용

소득세만 해당한다) 또는 법인세에서 공제한다. 다만, 2023년 12월 31일이 속하는 과세연도에 투자하는 경우에는 제3호 각 목에 따른 기본공제 금액과 추가공제 금액을 합한 금액을 공제한다. (2023. 4. 11. 단서신설)

제24조【통합투자세액공제】① 대통령령으로 정하는 내국인이 제1호 가목 또는 나목에 해당하는 자산(중고품 및 대통령령으로 정하는 임대용 자산은 제외한다. 이하 이 조에서 같다)에 투자(대통령령으로 정하는 리스에 의한 투자는 제외한다. 이하 이 조에서 같다)하는 경우에는 제2호 각 목에 따른 기본공제 금액과 추가공제 금액을 합한 금액을 해당 투자가 이루어지는 과세연도의 소득세(사업소득에 대한 소득세만 해당한다) 또는 법인세에서 공제한다. 다만, 2023년 12월 31일이 속하는 과세연도에 투자하는 경우에는 제3호 각 목에 따른 기본공제 금액과 추가공제 금액을 합한 금액을 공제한다. (2024. 12. 31. 개정)

제24조【통합투자세액공제】① 대통령령으로 정하는 내국인이 제1호 가목 또는 나목에 해당하는 자산(중고품 및 대통령령으로 정하는 임대용 자산은 제외한다. 이하 이 조에서 같다)에 투자(대통령령으로 정하는 리스에 의한 투자는 제외한다. 이하 이 조에서 같다)하는 경우에는 제2호 각 목에 따른 기본공제 금액과 추가공제 금액을 합한 금액 또는 제3호 각 목에 따른 기본공제 금액과 추가공제 금액을 합한 금액을 해당 투자가 이루어지는 과세연도의 소득세(사업소득에 대한 소득세만 해당한다) 또는 법인세에서 공제한다. 이 경우 제2호 및 제3호를 동시에 적용받을 수 있는 경우에는 납세의무자의 선택에 따라 그 중 하나만을 적용한다. (2025. 3. 14. 개정)

【개정취지】

임시투자세액공제의 적용기한 연장
임시투자세액공제의 적용기한을 2025. 12. 31.이 속하는 과세연도까지 연장함. (법 24조 1항 개정 ; 2025. 3. 14.)

1. 공제대상 자산 (2020. 12. 29. 신설)
　가. 기계장치 등 사업용 유형자산. 다만, 대통령령으로 정하는 자산은 제외한다. (2020. 12. 29. 신설)
　나. 가목에 해당하지 않는 유형자산과 무형자산으로서 대통령령으로 정하는 자산 (2020. 12. 29. 신설)
2. 공제금액 (2020. 12. 29. 신설)
　가. 기본공제 금액 : 해당 과세연도에 투자한 금액의 100분의 1(중견기업은 100분의 5, 중소기업은 100분의 10)에 상당하는 금액. 다만, 다음의 어느 하나에 해당하는 경우에는 다음의 구분에 따른 금액으로 한다. (2022. 12. 31. 개정)

제21조【통합투자세액공제】① 법 제24조 제1항 각 호 외의 부분 본문에서 "대통령령으로 정하는 내국인"이란 다음 각 호의 업종 외의 사업을 경영하는 내국인을 말한다. (2021. 2. 17. 신설)

제21조【통합투자세액공제】① 법 제24조 제1항 각 호 외의 부분 본문에서 "대통령령으로 정하는 내국인"이란 다음 각 호의 업종 외의 사업을 경영하는 내국인을 말하며, "대통령령으로 정하는 임대용 자산"이란 임대사업용 자산, 그 밖에 타인에게 임대할 목적으로 취득한 자산을 말한다. (2025. 2. 28. 개정)
1. 제29조 제3항에 따른 소비성서비스업 (2021. 2. 17. 신설)
2. 부동산임대 및 공급업 (2021. 2. 17. 신설)
② 법 제24조 제1항 제1호 가목 단서에서 "대통령령으로 정하는 자산"이란 토지와 건축물 등 기획재정부령으로 정하는 자산을 말한다. (2021. 2. 17. 신설)
③ 법 제24조 제1항 제1호 나목에서 "가목에 해당하지 않는 유형자산과 무형자산으로서 대통령령으로 정하는 자산"이란 다음 각 호의 자산을 말한다. (2021. 2. 17. 신설)
1. 연구ㆍ시험, 직업훈련, 에너지 절약, 환경보전 또는 근로자복지 증진 등의 목적으로 사용되는 사업용자산으로서 기획재정부령으로 정하는 자산 (2021. 2. 17. 신설)
2. 운수업을 경영하는 자가 사업에 직접 사용하는 차량 및 운반구 등 기획재정부령으로 정하는 자산 (2021. 2. 17. 신설)
3. 중소기업 및 중견기업이 취득한 다음 각 목의 자산(제11조 제1항에 따른 특수관계인으로부터 취득한 자산은 제외한다) (2022. 2. 15. 신설)
　가. 내국인이 국내에서 연구ㆍ개발하여 「특허법」에 따라 최초로 설정등록받은 특허권 (2022. 2. 15. 신설)
　나. 내국인이 국내에서 연구ㆍ개발하여 「실용신안법」에 따라 최초로 설정등록받은 실용신안권 (2022. 2. 15. 신설)

기숙사에는 기존건물을 증축 또는 개축하여 건립한 기숙사를 포함한다. (2024. 3. 15. 개정)

24-21…3【근로자복지증진을 위한 시설투자 세액공제 대상】 (2024. 3. 15. 번호개정)
규칙 제12조 제2항 제4호 각목의 근로자복지증진을 위한 시설의 투자금액 또는 취득금액은 건축물의 장부가액(부속설비를 포함)으로 하며 토지가액, 집기, 비품 등은 제외한다. (2024. 3. 15. 개정)

제12조【사업용자산의 범위 등】① 영 제21조 제2항에서 "건축물 등 기획재정부령으로 정하는 자산"이란 별표 1의 건축물 등 사업용 유형자산을 말한다. (2021. 3. 16. 신설)
② 영 제21조 제3항 제1호에서 "사업용자산으로서 기획재정부령으로 정하는 자산"이란 다음 각 호에 해당하는 시설을 말한다. (2021. 3. 16. 신설)
1. 연구ㆍ시험 및 직업훈련시설 제13조의 10 제1항 및 제2항에 따른 시설 (2021. 3. 16. 신설)
2. 에너지절약 시설 다음 각 목의 어느 하나에 해당하는 시설 (2021. 3. 16. 신설)
　가. 「에너지이용 합리화법」 제14조 제1항에 따른 에너지절약형 시설투자

1) 신성장·원천기술의 사업화를 위한 시설로서 대통령령으로 정하는 시설(이하 이 조에서 "신성장사업화시설"이라 한다)에 투자하는 경우 : 100분의 3(중견기업은 100분의 6, 중소기업은 100분의 12)에 상당하는 금액 (2022. 12. 31. 개정)

2) 국가전략기술의 사업화를 위한 시설로서 대통령령으로 정하는 시설(이하 이 조에서 "국가전략기술사업화시설"이라 한다)에 2024년 12월 31일까지 투자하는 경우 : 100분의 15(중소기업은 100분의 25)에 상당하는 금액 (2023. 4. 11. 개정)

가. 기본공제 금액 : 해당 과세연도에 투자한 금액에 다음의 구분에 따른 비율을 곱한 금액에 상당하는 금액 (2024. 12. 31. 개정)

1) 신성장·원천기술의 사업화를 위한 시설로서 대통령령으로 정하는 시설(이하 이 조에서 "신성장사업화시설"이라 한다)에 투자하는 경우 (2024. 12. 31. 개정)

1) 신성장·원천기술의 사업화를 위한 시설로서 대통령령으로 정하는 시설(이하 이 조에서 "신성장사업화시설"이라 한다) 및 신성장·원천기술 연구개발을 위한 연구·시험용 시설로서 대통령령으로 정하는 시설(이하 이 조에서 "신성장연구개발시설"이라 한다)에 투자하는 경우 (2025. 3. 14. 개정)

다. 내국인이 국내에서 연구·개발하여 「디자인보호법」에 따라 최초로 설정등록받은 디자인권 (2022. 2. 15. 신설)

④ 법 제24조 제1항 제2호 가목 1) 및 2)에서 "대통령령으로 정하는 시설"이란 다음 각 호의 시설을 말한다. (2022. 2. 15. 개정)

1. 법 제24조 제1항 제2호 가목 1)의 시설 : 다음 각 목의 시설 (2022. 2. 15. 개정)

가. 기획재정부령으로 정하는 바에 따라 신성장·원천기술을 사업화하는 시설(신성장·원천기술을 사용하여 생산하는 제품 외에 다른 제품의 생산에도 사용되는 시설을 포함한다)로서 연구개발세액공제기술심의위원회의 심의를 거쳐 기획재정부장관과 산업통상자원부장관이 공동으로 인정하는 시설(이하 "신성장사업화시설"이라 한다) (2022. 2. 15. 개정)

나. 별표 7 제6호 가목 1) 및 2)의 기술이 적용된 5세대 이동통신 기지국(이와 연동된 교환시설을 포함한다)을 운용하기 위해 필요한 설비로서 「전기통신사업 회계정리 및 보고에 관한 규정」 제8조에 따른 전기통신설비 중 같은 조 제1호, 제2호 및 제6호에 따른 교환설비, 전송설비 및 전원설비 (2022. 2. 15. 개정)

2. 법 제24조 제1항 제2호 가목 2)의 시설 : 기획재정부령으로 정하는 바에 따라 국가전략기술을 사업화하는 시설(국가전략기술을 사용하여 생산하는 제품 외에 다른 제품의 생산에도 사용되는 시설을 포함한다)로서 연구개발세액공제기술심의위원회의 심의를 거쳐 기획재정부장관과 산업통상자원부장관이 공동으로 인정하는 시설(이하 "국가전략기술사업화시설"이라 한다) (2022. 2. 15. 개정)

⑤ 법 제24조 제3항 전단에서 "대통령령으로 정하는 기간"이란 다음 각 호의 구분에 따른 기간을 말한다. (2022. 2. 15. 개정)

1. 제3항 각 호의 어느 하나에 해당하는 사업용자산으로서 기획재정부령으로 정하는 건축물 또는 구축물 : 5년 (2021. 2. 17. 신설)

2. 신성장사업화시설 또는 국가전략기술사업화시설 중 해당 기술을 사용하여 생산하는 제품 외에 다른 제품의 생산에도 사용되는 시설 : 투자완료일이 속하는 과세연도의 다음 3개 과세연도의 종료일까지의 기간 (2022. 2. 15. 개정)

(에너지절약전문기업이 대가를 분할상환 받은 후 소유권을 이전하는 조건으로 같은 법 제25조에 따라 설치한 경우를 포함한다) 및 에너지절약형 기자재 (2021. 3. 16. 신설)

나. 「물의 재이용 촉진 및 지원에 관한 법률」 제2조 제4호에 따른 중수도 (2021. 3. 16. 신설)

3. 환경보전시설 : 별표 2에 따른 환경보전시설 (2021. 3. 16. 신설)

4. 근로자복지 증진 시설 : 다음 각 목의 어느 하나에 해당하는 시설 (2021. 3. 16. 신설)

가. 무주택 종업원(출자자인 임원은 제외한다)에게 임대하기 위한 「주택법」에 따른 국민주택 규모의 주택 (2021. 3. 16. 신설)

나. 종업원용 기숙사 (2021. 3. 16. 신설)

다. 장애인·노인·임산부 등의 편의 증진을 위한 시설 또는 장애인을 고용하기 위한 시설로서 별표 3에 따른 시설 (2021. 3. 16. 신설)

라. 종업원용 휴게실, 체력단련실, 샤워시설 또는 목욕시설(건물 등의 구조를 변경하여 해당시설을 취득하는 경우를 포함한다) (2021. 3. 16. 신설)

마. 종업원의 건강관리를 위해 「의료법」 제35조에 따라 개설한 부속 의료기관 (2021. 3. 16. 신설)

바. 「영유아보육법」 제10조 제4호에 따른 직장어린이집 (2021. 3. 16. 신설)

5. 안전시설 : 별표 4에 따른 안전시설 (2021.

전략기술연구개발시설에 관한 개정규정은 2025. 1. 1. 이후 투자하는 경우부터 적용함. (법 부칙(2025. 3. 14.) 4조 1항)

　　가) 중소기업의 경우 : 100분의 12 (2024. 12. 31. 개정)
　　나) 중소기업이 대통령령으로 정하는 바에 따라 최초로 중소기업에 해당하지 아니하게 된 경우로서 최초로 중소기업에 해당하지 아니하게 된 과세연도의 개시일부터 3년 이내에 끝나는 과세연도까지의 경우 : 100분의 9 (2024. 12. 31. 개정)
　　다) 나)에 해당하지 아니하는 중견기업의 경우 : 100분의 6 (2024. 12. 31. 개정)
　　라) 가)부터 다)까지 외의 경우 : 100분의 3 (2024. 12. 31. 개정)
　2) 국가전략기술의 사업화를 위한 시설로서 대통령령으로 정하는 시설(이하 이 조에서 "국가전략기술사업화시설"이라 한다)에 2027년 12월 31일까지 투자하는 경우 (2024. 12. 31. 개정)
　2) 국가전략기술의 사업화를 위한 시설로서 대통령령으로 정하는 시설(이하 이 조에서 "국가전략기술사업화시설"이라 한다) 및 국가전략기술 연구개발을 위한 연구 · 시험용 시설로서 대통령령으로 정하는 시설(이하 이 조에서 "국가전략기술연구개발시설"이라 한다)에 2029년 12월 31일까지 투자하는 경우[3]에 해당하는 경우는 제외한다] (2025. 3. 14. 개정)
　　가) 중소기업의 경우 : 100분의 25 (2024. 12. 31. 개정)
　　나) 중소기업이 대통령령으로 정하는 바에 따라 최초로 중소기업에 해당하지 아니하게 된 경우로서 최초로 중소기업에 해당하지 아니하게 된 과세연도의 개시일부터 3년 이내에 끝나는 과세연도까지의 경우 : 100분의 20 (2024. 12. 31. 개정)
　　다) 가) 및 나) 외의 경우 : 100분의 15 (2024. 12. 31. 개정)
　3) 반도체 분야 국가전략기술사업화시설 및 반도체 분야 국가전략기술연구개발시설로서 대통령령으로 정하는 시설에 2029년 12월 31일까지 투자하는 경우 (2025. 3. 14. 신설)
　　가) 중소기업의 경우 : 100분의 30 (2025. 3. 14. 신설)
　　나) 중소기업이 대통령령으로 정하는 바에 따라 최초로 중소

3. 제1호 및 제2호 외의 사업용자산 : 2년 (2022. 2. 15. 신설)
⑥ 법 제24조 제3항 전단에서 "대통령령으로 정하는 바에 따라 계산한 이자상당 가산액"은 공제받은 세액에 제1호의 기간과 제2호의 율을 곱하여 계산한 금액으로 한다. (2022. 2. 15. 개정)
1. 공제받은 과세연도의 과세표준신고일의 다음 날부터 법 제24조 제3항의 사유가 발생한 날이 속하는 과세연도의 과세표준신고일까지의 기간 (2021. 2. 17. 신설)
2. 제11조의 2 제9항 제2호에 따른 율 (2022. 2. 15. 개정)
⑦ 법 제24조 제1항 및 제2항에 따른 투자금액은 제1호의 금액에서 제2호의 금액을 뺀 금액으로 한다. (2021. 2. 17. 신설)
1. 총투자금액에 「법인세법 시행령」 제69조 제1항에 따른 작업진행률에 의하여 계산한 금액과 해당 과세연도까지 실제로 지출한 금액 중 큰 금액 (2021. 2. 17. 신설)
2. 다음 각 목의 금액을 더한 금액 (2021. 2. 17. 신설)
　가. 해당 과세연도 전에 법 제24조를 적용받은 투자금액 (2021. 2. 17. 신설)
　나. 해당 과세연도 전의 투자분으로서 가목의 금액을 제외한 투자분에 대하여 제1호를 준용하여 계산한 금액 (2021. 2. 17. 신설)
⑧ 법 제24조 제1항 제2호 나목 및 같은 항 제3호 나목에 따른 3년간 연평균 투자금액의 계산은 다음 계산식에 따른다. 이 경우 내국인의 투자금액이 최초로 발생한 과세연도의 개시일부터 세액공제를 받으려는 해당 과세연도 개시일까지의 기간이 36개월 미만인 경우에는 그 기간에 투자한 금액의 합계액을 36개월로 환산한 금액을 해당 과세연도의 개시일부터 소급하여 3년간 투자한 금액의 합계액으로 보며, 합병법인, 분할신설법인, 분할합병의 상대방법인, 사업양수법인 또는 현물출자를 받은 법인(이하 이 항에서 "합병법인등"이라 한다)의 경우에는 합병, 분할, 분할합병, 사업양도 또는 현물출자를 하기 전에 피합병법인, 분할법인, 사업양도인 또는 현물출자자가 투자한 금액은 합병법인등이 투자한 것으로 본다. (2023. 6. 7. 개정)

3. 16. 신설)
③ 영 제21조 제3항 제2호에서 "운수업을 경영하는 자가 사업에 직접 사용하는 차량 및 운반구 등 기획재정부령으로 정하는 자산"이란 다음 각 호의 구분에 따른 사업에 직접 사용하는 각 호의 시설을 말한다. (2021. 3. 16. 신설)
1. 운수업을 주된 사업으로 하는 중소기업(영 제2조 제1항에 따른 중소기업을 말한다. 이하 이 조에서 "중소기업"이라 한다) : 차량 및 운반구(「개별소비세법」 제1조 제2항 제3호에 따른 자동차로서 자가용인 것을 제외한다)와 선박 (2021. 3. 16. 신설)
2. 어업을 주된 사업으로 하는 중소기업 : 선박 (2021. 3. 16. 신설)
3. 건설업 : 「지방세법 시행규칙」 제3조에 따른 기계장비 (2021. 3. 16. 신설)
4. 도매업 · 소매업 · 물류산업 : 별표 5에 따른 유통산업합리화시설 (2021. 3. 16. 신설)
5. 「관광진흥법」에 따라 등록한 관광숙박업 및 국제회의기획업 : 건축물과 해당 건축물에 딸린 시설물 중 「지방세법 시행령」 제6조에 따른 시설물 (2021. 3. 16. 신설)
6. 「관광진흥법」에 따라 등록한 전문휴양업 또는 종합휴양업 : 「관광진흥법 시행령」 제2조 제1항 제3호 가목 및 제5호 가목에 따른 숙박시설, 전문휴양시설(골프장 시설은 제외한다) 및 종합유원시설업의 시설 (2021. 3. 16. 신설)
7. 중소기업이 해당 업종의 사업에 직접 사용하는 소프트웨어: 다음 각 목의 어

기업에 해당하지 아니하게 된 경우로서 최초로 중소기업에 해당하지 아니하게 된 과세연도의 개시일부터 3년 이내에 끝나는 과세연도까지의 경우 : 100분의 25 (2025. 3. 14. 신설)

다) 가) 및 나) 외의 경우 : 100분의 20 (2025. 3. 14. 신설)

4) 1)부터 3)까지 외의 자산에 투자 하는 경우 (2024. 12. 31. 개정 ; 2025. 3. 14. 개정)

가) 중소기업의 경우 : 100분의 10 (2024. 12. 31. 개정)

나) 중소기업이 대통령령으로 정하는 바에 따라 최초로 중소기업에 해당하지 아니하게 된 경우로서 최초로 중소기업에 해당하지 아니하게 된 과세연도의 개시일부터 3년 이내에 끝나는 과세연도까지의 경우 : 1000분의 75 (2024. 12. 31. 개정)

다) 나)에 해당하지 아니하는 중견기업의 경우 : 100분의 5 (2024. 12. 31. 개정)

라) 가)부터 다)까지 외의 경우 : 100분의 1 (2024. 12. 31. 개정)

나. 추가공제 금액 : 해당 과세연도에 투자한 금액이 해당 과세연도의 직전 3년간 연평균 투자 또는 취득금액을 초과하는 경우에는 그 초과하는 금액의 100분의 3(국가전략기술사업화시설의 경우에는 100분의 4)에 상당하는 금액. 다만, 추가공제 금액이 기본공제 금액을 초과하는 경우에는 기본공제 금액의 2배를 그 한도로 한다. (2023. 4. 11. 개정)

나. 추가공제 금액 : 해당 과세연도에 투자한 금액이 해당 과세연도의 직전 3년간 연평균 투자 또는 취득금액을 초과하는 경우에는 그 초과하는 금액의 100분의 10에 상당하는 금액. 다만, 추가공제 금액이 기본공제 금액을 초과하는 경우에는 기본공제 금액의 2배를 그 한도로 한다. (2024. 12. 31. 개정)

3. 임시 투자 세액공제금액 (2023. 4. 11. 신설)

가. 기본공제 금액 : 2023년 12월 31일이 속하는 과세연도에 투자한 금액의 100분의 3(중견기업은 100분의 7, 중소기업은 100분의 12)에 상당하는 금액. 다만, 다음의 어느 하나에 해당하는 경우에는 다음의 구분에 따른 금액으로 한다. (2023. 4. 11. 신설)

1) 신성장사업화시설에 투자하는 경우 : 100분의 6(중견기업은 100분의 10, 중소기업은 100분의 18)에 상당하는 금액 (2023. 4. 11. 신설)

2) 국가전략기술사업화시설에 투자하는 경우 : 제2호 가목 2)에 따른 금액 (2023. 4. 11. 신설)

$$\frac{\text{해당 과세연도의 개시일부터 소급하여}}{3} \times \frac{\text{해당 과세연도의}}{12}$$

⑨ 법 제24조 제1항 제2호 나목 및 같은 항 제3호 나목을 적용할 때 제8항에 따라 계산한 3년간 투자한 연평균 투자금액이 없는 경우에는 추가공제 금액이 없는 것으로 한다. (2023. 6. 7. 개정)

⑩ 법 제24조 제3항을 적용할 때 제5항 제2호의 시설이 다음 각 호에 해당하면 해당 호에서 정한 기간이 끝나는 날에 그 시설을 다른 목적으로 전용한 것으로 본다. 다만, 천재지변으로 인한 시설의 멸실, 그 밖에 기획재정부령으로 정하는 사유가 있는 경우에는 전용한 것으로 보지 않는다. (2022. 2. 15. 신설)

1. 신성장사업화시설의 경우 : 투자완료일(투자완료일이 2022년 4월 1일 이전인 경우에는 2022년 4월 1일)부터 제5항 제2호의 기간 동안 해당 시설에서 생산된 모든 제품의 총생산량에서 신성장·원천기술을 사용하여 생산한 제품과 국가전략기술을 사용하여 생산한 제품의 생산량의 합이 차지하는 비율이 100분의 50 이하인 경우 (2022. 2. 15. 신설)

2. 국가전략기술사업화시설의 경우 : 투자완료일(투자완료일이 2022년 4월 1일 이전인 경우에는 2022년 4월 1일)부터 제5항 제2호의 기간 동안 해당 시설에서 생산된 모든 제품의 총생산량에서 국가전략기술을 사용하여 생산한 제품의 생산량이 차지하는 비율이 100분의 50 이하인 경우 (2022. 2. 15. 신설)

⑪ 제10항에 따라 신성장사업화시설 또는 국가전략기술사업화시설을 다른 목적으로 전용한 것으로 보는 경우의 법 제24조 제3항 전단에 따른 "공제받은 세액공제액 상당액"은 다음 각 호의 구분에 따라 계산한 금액으로 한다. (2022. 2. 15. 신설)

1. 신성장사업화시설의 경우 : 공제받은 세액공제액에서 해당 시설이 신성장사업화시설 또는 국가전략기술사업화시설이 아닌 시설(이하 이 항에서 "일반시설"이라 한다)인 경우에 공제받을 수 있는 세액공제액을 뺀 금액 (2022. 2. 15. 신설)

느 하나에 해당하는 것을 제외한 소프트웨어 (2021. 3. 16. 신설)

가. 인사, 급여, 회계 및 재무 등 지원업무에 사용하는 소프트웨어 (2021. 3. 16. 신설)

나. 문서, 도표 및 발표용 자료 작성 등 일반 사무에 사용하는 소프트웨어 (2021. 3. 16. 신설)

다. 컴퓨터 등의 구동을 위한 기본운영체제(Operating System) 소프트웨어 (2021. 3. 16. 신설)

제12조의 2 【신성장·원천기술의 사업화를 위한 시설의 범위 등】 (2022. 3. 18. 제목개정)

① 영 제21조 제4항 제1호 가목에서 "기획재정부령으로 정하는 바에 따라 신성장·원천기술을 사업화하는 시설"이란 별표 6에 따른 시설을 말한다. (2022. 3. 18. 개정)

편주 ▶ ……………………………………

• 규칙 별표 6의 개정규정은 2025. 1. 1. 이후 투자하는 경우부터 적용함. (규칙 부칙 (2025. 3. 21.) 5조)

• 규칙 별표 6 제7호 가목 4)·5), 같은 표 8호 다목 4)부터 7)까지, 같은 표 13호 나목 10), 같은 호 다목 9) 및 같은 표 14호의 개정규정은 2024. 1. 1. 이후 투자하는 경우부터 적용함. (규칙 부칙(2024. 3. 22.) 4조 1항)

• 2024. 1. 1. 전에 투자한 시설에 대한 세액공제에 관하여는 규칙 별표 6 제13호 나목 5)·6) 및 같은 호 라목 1)의 개정규정에도 불구하고 종전의 규정에 따름. (규

가. 기본공제 금액 : 다음의 구분에 따른 금액 (2025. 3. 14. 개정)
　　1) 2023년 12월 31일이 속하는 과세연도 : 해당 과세연도에 투자한 금액의 100분의 3(중견기업은 100분의 7, 중소기업은 100분의 12)에 상당하는 금액. 다만, 다음의 어느 하나에 해당하는 경우에는 다음의 구분에 따른 금액으로 한다. (2025. 3. 14. 개정)
　　　가) 신성장사업화시설에 투자하는 경우 : 100분의 6(중견기업은 100분의 10, 중소기업은 100분의 18)에 상당하는 금액 (2025. 3. 14. 개정)
　　　나) 국가전략기술사업화시설에 투자하는 경우 : 제2호 가목 2)에 따른 금액 (2025. 3. 14. 개정)
　　2) 2024년 12월 31일이 속하는 과세연도 : 해당 과세연도에 투자한 금액의 100분의 1(중견기업은 100분의 7, 중소기업은 100분의 12)에 상당하는 금액. 다만, 다음의 어느 하나에 해당하는 경우에는 다음의 구분에 따른 금액으로 한다. (2025. 3. 14. 개정)

　　　가) 신성장사업화시설에 투자하는 경우 : 100분의 3(중견기업은 100분의 8, 중소기업은 100분의 14)에 상당하는 금액 (2025. 3. 14. 개정)
　　　나) 국가전략기술사업화시설에 투자하는 경우 : 제2호 가목 2)에 따른 금액 (2025. 3. 14. 개정)
　　3) 2025년 12월 31일이 속하는 과세연도 : 해당 과세연도에 투자한 금액의 100분의 1(중견기업은 100분의 7, 중소기업은 100분의 12)에 상당하는 금액. 다만, 다음의 어느 하나에 해당하는 경우에는 다음의 구분에 따른 금액으로 한다. (2025. 3. 14. 개정)

2. 국가전략기술사업화시설의 경우 : 공제받은 세액공제액에서 해당 시설이 일반시설인 경우에 공제받을 수 있는 세액공제액(해당 시설에서 생산된 모든 제품의 총생산량에서 신성장·원천기술을 사용하여 생산한 제품과 국가전략기술을 사용하여 생산한 제품의 생산량의 합이 차지하는 비율이 100분의 50을 초과하는 경우에는 신성장사업화시설로서 공제받을 수 있는 세액공제액)을 뺀 금액 (2023. 2. 28. 개정)
⑫ 제1항부터 제11항까지 및 제15항을 적용할 때 투자의 개시시기에 관하여는 제23조 제14항을 준용한다. (2025. 2. 28. 개정)
⑬ 법 제24조 제1항에 따른 세액공제를 적용받으려는 자는 해당 과세연도의 과세표준신고서와 함께 기획재정부령으로 정하는 세액공제신청서를 납세지 관할 세무서장에게 제출해야 한다. 이 경우 신성장사업화시설 또는 국가전략기술사업화시설의 인정을 받을 것을 조건으로 그 인정을 받기 전에 기획재정부령으로 정하는 바에 따라 세액공제를 신청할 수 있다. (2023. 2. 28. 후단신설)
⑭ 신성장사업화시설 또는 국가전략기술사업화시설 중 해당 기술을 사용하여 생산하는 제품 외에 다른 제품의 생산에도 사용되는 시설에 대하여 법 제24조 제1항에 따른 세액공제를 적용받으려는 자는 해당 시설에서 생산되는 모든 제품의 생산량을 기획재정부령으로 정하는 바에 따라 측정하여 작성·보관해야 하며, 제5항 제2호에 따른 기간 중 마지막 과세연도의 과세표준신고를 할 때 기획재정부령으로 정하는 생산량 실적 자료를 납세지 관할 세무서장에게 제출해야 한다. (2022. 2. 15. 신설)
⑮ 법 제24조 제1항 제2호 가목 1) 나), 같은 목 2) 나) 및 같은 목 3) 나)에서 "대통령령으로 정하는 바에 따라 최초로 중소기업에 해당하지 아니하게 된 경우"란 각각 다음 각 호의 구분에 따른 기간이 지난 경우를 말한다. (2025. 2. 28. 신설)
1. 2024년 12월 31일이 속하는 과세연도 직전 과세연도의 종료일 이전에 제2조 제2항 각 호 외의 부분 본문에 따라 중소기업에 해당하지 않게 된 사유가 발생한 경우 : 최초로 그 사유가 발생한 날이 속하는 과세연도와 그 다음 3개 과세연도 (2025. 2. 28. 신설)
2. 2024년 12월 31일이 속하는 과세연도의 개시일 이후에 제2조 제2항 각 호 외의 부분 본문에 따라 중소기업에 해당하지 않게 된 사유

② 영 제21조 제4항 제2호에서 "기획재정부령으로 정하는 바에 따라 국가전략기술을 사업화하는 시설"이란 별표 6의 2에 따른 시설을 말한다. (2022. 3. 18. 개정)

③ 영 제21조 제10항 각 호 외의 부분 단서에서 "기획재정부령으로 정하는 사유"란 해당 시설의 투자완료일부터 투자완료일이 속하는 과세연도의 다음 3개 과세연도의 종료일까지의 기간 중 화재 등으로 해당 시설이 파손되어 가동이 불가능한 경우를 말한다. (2022. 3. 18. 개정)
④ 영 제21조 제14항에 따라 같은 조 제4항 제1호 가목에 따른 신성장사업화시설(이하 "신성장사업화시설"이라 한다) 또는 같은 항 제2호에 따른 국가전략기술사업화시설(이하 "국가전략기술사업화시설"이라 한다) 중 해당 기술을 사용하여 생산하는 제품 외에 다른 제품의 생산에도 사용되는 시설에 대하여 법 제24조 제1항에 따른 세액공제를 적용받으려는 자는 다음 각 호에서 정하는 바에 따라 생산량을 측정·기록하고 제2호의 측정 기간 종료일부터 5년

법 24조 1항 3호 가목 3) 및 같은 호 나목[같은 호 가목 3)의 과세연도에 관한 부분으로 한정함]의 개정규정은 2025. 1. 1. 이후 개시하는 과세연도에 투자하는 경우부터 적용함. (법 부칙(2025. 3. 14.) 4조 3항)

가) 신성장사업화시설 및 신성장연구개발시설에 투자하는 경우 : 100분의 3(중견기업은 100분의 8, 중소기업은 100분의 14)에 상당하는 금액 (2025. 3. 14. 개정)

나) 국가전략기술사업화시설 및 국가전략기술연구개발시설에 투자하는 경우[다)에 해당하는 경우는 제외한다] : 제2호 가목 2)에 따른 금액 (2025. 3. 14. 개정)

다) 반도체 분야 국가전략기술사업화시설 및 반도체 분야 국가전략기술연구개발시설로서 대통령령으로 정하는 시설에 투자하는 경우 : 제2호 가목 3)에 따른 금액 (2025. 3. 14. 개정)

나. 추가공제 금액 : 2023년 12월 31일이 속하는 과세연도에 투자한 금액이 해당 과세연도의 직전 3년간 연평균 투자 또는 취득금액을 초과하는 경우에는 그 초과하는 금액의 100분의 10에 상당하는 금액. 다만, 추가공제 금액이 기본공제 금액을 초과하는 경우에는 기본공제 금액의 2배를 그 한도로 한다. (2023. 4. 11. 신설)

나. 추가공제 금액 : 가목 1)부터 3)까지에 따른 각 과세연도에 투자한 금액이 해당 과세연도의 직전 3년간 연평균 투자 또는 취득금액을 초과하는 경우에는 그 초과하는 금액의 100분의 10에 상당하는 금액. 다만, 추가공제 금액이 기본공제 금액을 초과하는 경우에는 기본공제 금액의 2배를 그 한도로 한다. (2025. 3. 14. 개정)

② 제1항에 따른 투자가 2개 이상의 과세연도에 걸쳐서 이루어지는 경우에는 그 투자가 이루어지는 과세연도마다 해당 과세연도에 투자한 금액에 대하여 제1항을 적용한다. (2020. 12. 29. 신설)

③ 제1항에 따라 소득세 또는 법인세를 공제받은 자가 투자완료일부터 5년 이내의 기간 중 대통령령으로 정하는 기간 내에 그 자산을 다른 목적으로 전용하는 경우에는 공제받은 세액공제액 상당액에 대통령령으로 정하는 바에 따라 계산한 이자 상당 가산액을 가산하여 소득세

가 발생한 경우 : 최초로 그 사유가 발생한 날이 속하는 과세연도와 그 다음 5개 과세연도(최초로 그 사유가 발생한 날이 속하는 과세연도의 종료일부터 5년이 되는 날이 속하는 과세연도의 종료일 현재 해당 기업이 「자본시장과 금융투자업에 관한 법률」에 따른 유가증권시장 또는 코스닥시장에 상장되어 있는 경우에는 7개 과세연도) (2025. 2. 28. 신설)

3. 제2조 제5항에 따라 중소기업에 해당하지 않게 된 사유가 발생한 경우 : 그 사유가 발생한 날이 속하는 과세연도와 그 다음 3개 과세연도 (2025. 2. 28. 신설)

제22조 【연구시험용 시설 및 직업훈련용 시설의 범위】 (2019. 2. 12. 제목개정)
법 제25조 제1항 제1호에서 "대통령령으로 정하는 연구시험용 시설 및 직업훈련용 시설"이란 다음 각 호의 어느 하나에 해당하는 시설을 말한다. (2019. 2. 12. 개정)

1. 연구개발을 위한 연구·시험용 시설로서 기획재정부령으로 정하는 시설 (2019. 2. 12. 개정)

2. 인력개발을 위한 직업훈련용 시설로서 기획재정부령으로 정하는 시설 (2019. 2. 12. 개정)

제22조 【연구시험용 시설 및 직업훈련용 시설의 범위】 삭 제 (2021. 2. 17.)

관계조문

규칙 61조 1항 2호 ⇒ 세액공제신청서(별지 1호 서식)

제22조의 2 【에너지절약시설의 범위】 법 제25조 제1항 제2호에서 "대통령령으로 정하는 에너지절약시설"이란 다음 각 호의 어느 하나에 해당하는 시설을 말한다. (2019. 2. 12. 개정)

1. 「에너지이용 합리화법」에 따른 에너지절약형 시설(대가를 분할상환한 후 소유권을 취득하는 조건으로 같은 법에 따른 에너지절약전문기업이 설치한 경우를 포함한다) 등으로서 기획재정부령으로 정하는 시설 (2019. 2. 12. 개정)

2. 「물의 재이용 촉진 및 지원에 관한 법률」에 따른 중수도와 「수도법」에 따른 절수설비 및 절수기기 (2019. 2. 12. 개정)

3. 「신에너지 및 재생에너지 개발·이용·보급 촉진법」 제2조에 따른 신에너지 및 재생에너지를 생산하는 설비의 부품·중간재 또는 완제품을 제조하기 위한 시설로서 기획재정부령으로 정하는 시설 (2019. 2. 12. 개정)

제22조의 2 【에너지절약시설의 범위】 삭 제 (2021. 2. 17.)

동안 보관해야 한다. (2022. 3. 18. 개정)

1. 해당 시설을 거쳐 저장·판매가 가능한 형태로 생산된 제품 또는 반제품(그 제품 또는 반제품을 사용하여 생산한 다른 제품 또는 반제품은 제외한다)을 측정 대상으로 할 것 (2022. 3. 18. 개정)

2. 해당 시설의 투자완료일(투자완료일이 2022년 4월 1일 이전인 경우에는 2022년 4월 1일)부터 그 날이 속하는 과세연도의 다음 3개 과세연도의 종료일까지 측정할 것 (2022. 3. 18. 개정)

3. 다음 각 목의 구분에 따른 단위로 측정할 것 (2022. 3. 18. 개정)
   가. 고체류 : 개수 (2022. 3. 18. 개정)
   나. 액체류 및 기체류 : 부피 단위 또는 해당 제품을 담은 동일한 부피의 용기 등의 개수 (2022. 3. 18. 개정)

제12조의 3 【사후관리 대상 건물 또는 구축물의 범위】 영 제21조 제5항 제1호에서 "기획재정부령으로 정하는 건축물 또는 구축물"이란 다음 각 호의 어느 하나에 해당하는 시설을 말한다. (2021. 3. 16. 신설)

1. 제12조 제2항 제4호에 따른 근로자 복지증진 시설 (2021. 3. 16. 신설)

2. 제12조 제3항 제4호에 따른 유통산업 합리화시설 중 창고시설 등 (2021. 3. 16. 신설)

3. 제12조 제3항 제6호에 따른 숙박시설, 전문휴양시설(골프장 시설은 제외한다) 및 종합유원시설업의 시설 (2021. 3. 16. 신설)

또는 법인세로 납부하여야 한다. 이 경우 해당 세액은 「소득세법」 제76조 또는 「법인세법」 제64조에 따라 납부하여야 할 세액으로 본다. (2020. 12. 29. 신설)

④ 제1항을 적용받으려는 내국인은 대통령령으로 정하는 바에 따라 세액공제신청을 하여야 한다. (2020. 12. 29. 신설)

⑤ 제1항부터 제4항까지의 규정을 적용할 때 투자금액의 계산방법, 해당 과세연도의 직전 3년간 연평균 투자금액의 계산방법, 신성장사업화시설 및 국가전략기술사업화시설의 판정방법 및 그 밖에 필요한 사항은 대통령령으로 정한다. (2023. 4. 11. 개정)

⑤ 제1항부터 제4항까지의 규정을 적용할 때 투자금액의 계산방법, 해당 과세연도의 직전 3년간 연평균 투자금액의 계산방법, 신성장사업화시설, 신성장연구개발시설, 국가전략기술사업화시설 및 국가전략기술연구개발시설의 판정방법 및 그 밖에 필요한 사항은 대통령령으로 정한다. (2025. 3. 14. 개정)

통칙 24 − 0…1 【투자금액의 범위】 (2024. 3. 15. 번호개정)
법 제24조 및 제26조의 투자금액에는 해당 투자에 따른 건설자금이자를 포함한다. (2024. 3. 15. 개정)

24 − 0…2 【투자완료일의 기준】 (2024. 3. 15. 번호개정)
법 제24조 제3항에서 "투자완료일"이라 함은 해당 시설을 그 목적에 실제로 사용한 날을 말한다. (2024. 3. 15. 개정)

24 − 0…3 【투자세액공제대상자산의 범위】 (2024. 3. 15. 번호개정)
이 법의 투자세액공제 적용대상이 되는 투자에는 다음 각 호의 금액을 포함하지 아니한다. (2019. 12. 23. 개정)
1. 삭 제 (2011. 2. 1.)
2. 기존설비에 대한 보수 (2002. 4. 15. 개정)
3. 기존설비에 대한 자본적지출 다만, 통칙 60 − 56…6 (증설의 범위)에서 규정하는 증설은 제외한다. (2011. 2. 1. 개정)
4. 삭 제 (2011. 2. 1.)

24 − 0…4 【투자자산의 사용】 (2024. 3. 15. 번호개정)
이 법의 투자세액공제는 시설에 투자한 내국인이 해당 시설의 사용자인 경우에 한하여 적용한다. 다만, 자기가 제품을 직접 제조하지 아니하고 투자세액공제 적용 시설을 수탁가공업체의 사업장에 설치하고 그 시설에 대한 유지·관리비용을 부담하면서 생산한 제품을 전량 인수하여 자기 책임하에 직접 판매하는 경우에는 해당 시설을 설치한 자가 사용한 것으로 본다. (2024. 3. 15. 개정)

관계조문
규칙 61조 1항 2호 ⇒ 세액공제신청서(별지 1호 서식)

제22조의 3 【환경보전시설의 범위】 (2019. 2. 12. 제목개정)
법 제25조 제1항 제3호에서 "대통령령으로 정하는 환경보전시설"이란 다음 각 호의 어느 하나에 해당하는 시설로서 기획재정부령으로 정하는 시설을 말한다. (2019. 2. 12. 개정)
1. 「대기환경보전법」에 따른 대기오염방지시설 및 무공해·저공해자동차 연료공급시설 (2019. 2. 12. 개정)
2. 「소음·진동관리법」에 따른 소음·진동방지시설 및 방음·방진시설 (2019. 2. 12. 개정)
3. 「가축분뇨의 관리 및 이용에 관한 법률」에 따른 처리시설 (2019. 2. 12. 개정)
4. 「하수도법 시행령」에 따른 오수처리시설 (2019. 2. 12. 개정)
5. 「물환경보전법」에 따른 수질오염방지시설 (2019. 2. 12. 개정)
6. 「폐기물관리법」에 따른 폐기물처리시설 및 폐기물 감량화시설 (2019. 2. 12. 개정)
7. 「건설폐기물의 재활용촉진에 관한 법률」에 따른 건설폐기물 처리시설 (2019. 2. 12. 개정)
8. 「자원의 절약과 재활용촉진에 관한 법률」에 따른 재활용시설 (2019. 2. 12. 개정)
9. 「해양환경관리법」에 따른 해양오염방제업의 선박·장비·자재 (2019. 2. 12. 개정)
10. 「석유 및 석유대체연료 사업법」에 따른 석유정제시설 중 탈황시설 (2019. 2. 12. 개정)
11. 「토양환경보전법」 제12조 제3항에 따른 토양오염방지시설(같은 법 시행령 제7조의 2 제2항에 따른 권장 설치·유지·관리기준에 적합한 시설로 한정한다) (2019. 2. 12. 개정)
12. 청정생산시설 (2019. 2. 12. 개정)
13. 온실가스 감축을 위한 시설 (2019. 2. 12. 개정)

제22조의 3 【환경보전시설의 범위】 삭 제 (2021. 2. 17.)

제22조의 4 【근로자복지 증진을 위한 시설의 범위】 ① 법 제25조 제1항 제4호 다목에서 "대통령령으로 정하는 장애인·노인·임산부 등의 편의 증진을 위한 시설"이란 다음 각 호의 어느 하나에 해당하는 시설로서 기획재정부령으로 정하는 시설을 말한다. (2019. 2. 12. 신설)
1. 장애인·노인·임산부 등을 위한 편의시설 (2019. 2. 12. 신설)
2. 장애인을 고용하기 위한 시설 (2019. 2. 12. 신설)
② 법 제25조 제1항 제4호 라목에서 "대통령령으로 정하는 종업원의 휴식 또는 체력단련 등을 위한 시설"이란 다음 각 호의 어느 하나에 해당하는 시설로서 기획재정부령으로 정하는 시설을 말한다. (2019. 2. 12. 신설)
1. 휴게실 (2019. 2. 12. 신설)
2. 체력단련실 (2019. 2. 12. 신설)
3. 샤워시설 또는 목욕시설 (2019. 2. 12. 신설)

제13조 【신성장사업화시설 또는 국가전략기술사업화시설의 인정 신청】 ① 영 제21조 제13항 후단에 따라 세액공제를 신청하는 자는 투자완료일이 속하는 달의 말일부터 3개월 이내에 기획재정부장관과 산업통상자원부장관에게 신성장사업화시설 또는 국가전략기술사업화시설의 인정을 신청해야 한다. 다만, 동일한 과세연도에 완료된 둘 이상의 투자에 대하여 각각 영 제21조 제13항 후단에 따라 세액공제를 신청하는 경우에는 가장 늦게 완료된 투자의 투자완료일이 속하는 달의 말일부터 3개월 이내에 인정을 신청할 수 있다. (2023. 3. 20. 신설)

② 제1항에도 불구하고 투자가 2개 이상의 과세연도에 걸쳐 이루어지는 경우로서 그 투자가 이루어지는 과세연도(투자완료일이 속하는 과세연도는 제외한다)에 투자한 금액에 대하여 영 제21조 제13항 후단에 따라 세액공제를 신청하는 경우에는 해당 과세연도 종료일부터 3개월 이내에 제1항에 따른 인정을 신청해야 한다. 다만, 다음 각 호의 어느 하나에 해당하는 경우에는 해당 과세연도의 다음 과세연도 종료일(다음 과세연도가 투자완료일이 속하는 과세연도인 경우에는 투자완료일이 속하는 달의 말일)부터 3개월 이내에 인정을 신청할 수 있다. (2023. 3. 20. 신설)
1. 투자개시일이 속하는 과세연도의 경우 (2023. 3. 20. 신설)
2. 직전 과세연도에 투자한 금액에 대하여 신성장사업화시설 또는 국가전략기술

제25조【특정 시설 투자 등에 대한 세액공제】(2018. 12. 24. 제목개정)
① 내국인이 제1호부터 제3호까지, 제5호 및 제6호에 해당하는 시설에 2021년 12월 31일까지 투자(중고품 및 대통령령으로 정하는 리스에 의한 투자는 제외한다. 이하 이 조에서 같다)하거나 제4호에 해당하는 시설을 2021년 12월 31일까지 취득(신축, 증축, 개축 또는 구입을 포함한다. 이하 이 조에서 같다)하는 경우에는 제2항에 따라 계산한 금액에 상당하는 세액을 투자를 완료한 날 또는 취득일이 속하는 과세연도의 소득세(사업소득에 대한 소득세만 해당한다) 또는 법인세에서 공제한다. (2019. 12. 31. 개정)
1. 대통령령으로 정하는 연구시험용 시설 및 직업훈련용 시설 (2018. 12. 24. 개정)
2. 대통령령으로 정하는 에너지절약시설 (2018. 12. 24. 개정)
3. 대통령령으로 정하는 환경보전시설 (2018. 12. 24. 개정)
4. 다음 각 목의 어느 하나에 해당하는 근로자복지 증진을 위한 시설 (2018. 12. 24. 개정)
　가. 무주택 종업원(출자자인 임원은 제외한다)에게 임대하기 위한 국민주택 (2018. 12. 24. 개정)
　나. 종업원용 기숙사 (2018. 12. 24. 개정)
　다. 대통령령으로 정하는 장애인·노인·임산부 등의 편의 증진을 위한 시설 (2018. 12. 24. 개정)
　라. 대통령령으로 정하는 종업원의 휴식 또는 체력단련 등을 위한 시설 (2018. 12. 24. 개정)
　마. 종업원의 건강관리를 위하여 「의료법」 제35조에 따라 개설한 부속 의료기관 (2018. 12. 24. 개정)
　바. 「영유아보육법」에 따른 직장어린이집 (2018. 12. 24. 개정)
5. 다음 각 목의 어느 하나에 해당하는 안전시설 (2018. 12. 24. 개정)
　가. 「화재예방, 소방시설 설치·유지 및 안전관리에 관한 법률」 제2조에 따른 소방시설(같은 법 제9조에 따라 특정소방대상물에 설치하여야 하는 소방시설 중 대통령령으로 정하는 시설은 제외하고 대통령령으로 정하는 소방 관련 물품을 포함한다) (2018. 12. 24. 개정)
　나. 대통령령으로 정하는 산업재해 예방시설 (2018. 12. 24. 개정)
　다. 대통령령으로 정하는 광산안전시설 (2019. 12. 31. 개정)
　라. 「비상대비자원 관리법」에 따라 중점관리대상으로 지정된 자가 정부의 시설 보강 및 확장 명령에 따라 비상대비업무를 수행하기 위하여 보강하거나 확장한 시설 (2018. 12. 24. 개정)
　마. 「축산물 위생관리법」 제9조에 따라 안전관리인증기준을 적용받거나 「식품위생법」 제48조에 따라 식품안전관리인증기준을 적용받는 영업자 등이 설치하는 대통령령으로 정하는 위해요소 방지시설 (2018. 12. 24. 개정)
　바.~사. 삭 제 (2019. 12. 31.)
　아. 대통령령으로 정하는 내진보강 시설 (2018. 12. 24. 개정)
6. 다음 각 목의 어느 하나에 해당하는 생산성향상시설 (2018. 12. 24. 개정)
　가. 대통령령으로 정하는 공정(工程) 개선 및 자동화 시설 (2018. 12. 24. 개정)
　나. 대통령령으로 정하는 첨단기술시설 (2018. 12. 24. 개정)

제22조의 4【근로자복지 증진을 위한 시설의 범위】삭 제 (2021. 2. 17.)

제22조의 5【안전시설의 범위】① 법 제25조 제1항 제5호 가목에서 "대통령령으로 정하는 시설"이란 「화재예방, 소방시설 설치·유지 및 안전관리에 관한 법률」 제11조 제1항 각 호 외의 부분 단서에 따라 강화된 기준을 적용받아 설치된 소방시설을 제외한 소방시설을 말한다. (2019. 2. 12. 신설)
② 법 제25조 제1항 제5호 가목에서 "대통령령으로 정하는 소방 관련 물품"이란 「위험물안전관리법」 제19조에 따라 자체소방대를 설치해야 하는 사업소의 관계인이 설치하는 화학소방자동차를 제외한 소방자동차로서 기획재정부령으로 정하는 것을 말한다. (2019. 2. 12. 신설)
③ 법 제25조 제1항 제5호 나목에서 "대통령령으로 정하는 산업재해 예방시설"이란 다음 각 호의 어느 하나에 해당하는 시설 중 기획재정부령으로 정하는 시설을 말한다. (2019. 2. 12. 신설)
1. 「산업안전보건법」에 따른 산업재해예방시설 (2019. 2. 12. 신설)
2. 「도시가스사업법」에 따른 가스공급시설 또는 「액화석유가스의 안전관리 및 사업법」에 따른 액화석유가스 공급시설 및 저장시설의 안전유지를 위한 시설 (2020. 2. 11. 개정)
3. 「화학물질관리법」에 따른 유해화학물질 취급시설 또는 「위험물안전관리법」에 따른 제조소·저장소 및 취급소의 안전유지를 위한 시설 (2020. 2. 11. 개정)
4. 「집단에너지사업법」에 따른 집단에너지 공급시설 및 「송유관 안전관리법」에 따른 송유관의 안전유지를 위한 시설 (2020. 2. 11. 신설)
④ 법 제25조 제1항 제5호 다목에서 "대통령령으로 정하는 광산안전시설"이란 「광산안전법」에 따른 광산안전시설로서 기획재정부령으로 정하는 시설을 말한다. (2020. 2. 11. 개정)
⑤ 법 제25조 제1항 제5호 마목에서 "대통령령으로 정하는 위해요소 방지시설"이란 축산물 또는 식품의 원료관리·처리·가공 및 유통의 모든 과정에서 위해한 물질이 해당 축산물 또는 식품에 혼입되거나 해당 축산물 또는 식품이 오염되는 것을 방지하기 위한 검사장비 등으로서 기획재정부령으로 정하는 시설을 말한다. (2019. 2. 12. 신설)
⑥~⑦ 삭 제 (2020. 2. 11.)
⑧ 법 제25조 제1항 제5호 아목에서 "대통령령으로 정하는 내진보강 시설"이란 다음 각 호의 어느 하나에 해당하는 건축물(「건축법」 제2조 제1항 제2호에 따른 건축물로 한정한다. 이하 이 항에서 같다)의 기획재정부령으로 정하는 기준에 따른 내진보강을 위한 시설로서 기획재정부령으로 정하는 시설을 말한다. (2019. 2. 12. 신설)
1. 「건축법」 제48조 제2항에 따른 구조 안전 확인 대상 건축물이 아닌 건축물 (2019. 2. 12. 신설)
2. 건축 당시 법령에 따라 구조 안전 확인 대상 건축물이 아닌 건축물 (2019. 2. 12. 신설)

제22조의 5【안전시설의 범위】삭 제 (2021. 2. 17.)

제22조의 6【생산성향상시설의 범위】① 법 제25조 제1항 제6호 가목에서 "대

사업화시설의 인정을 받은 경우 (2023. 3. 20. 신설)

제13조의 2【에너지절약시설의 범위】① 영 제22조의 2 제1호에서 "기획재정부령으로 정하는 시설"이란 별표 8의 3의 에너지절약시설을 말한다. (2019. 3. 20. 개정)
② 영 제22조의 2 제3호에서 "기획재정부령으로 정하는 시설"이란 별표 8의 4의 신에너지 및 재생에너지를 생산하기 위한 시설을 제조하는 시설을 말한다. (2019. 3. 20. 개정)

제13조의 2【에너지절약시설의 범위】삭 제 (2021. 3. 16.)

제13조의 3【환경보전시설의 범위】영 제22조의 3 각 호 외의 부분에서 "기획재정부령으로 정하는 시설"이란 별표 8의 5의 환경보전시설을 말한다. (2019. 3. 20. 개정)

제13조의 3【환경보전시설의 범위】삭 제 (2021. 3. 16.)

제13조의 4【근로자복지 증진을 위한 시설의 범위】① 영 제22조의 4 제1항 각 호 외의 부분에서 "기획재정부령으로 정하는 시설"이란 별표 9의 장애인·노인·임산부 등의 편의시설을 말한다. (2019. 3. 20. 신설)
② 영 제22조의 4 제2항 각 호 외의 부분에서 "기획재정부령으로 정하는 시설"이란 다음 각 호의 어느 하나에 해당하는 시설(건물 등의 구조를 변경하여 해당 시설을 취득하는 경우를 포함한다)을 말한다. (2019. 3. 20. 신설)
1. 종업원용 휴게실 (2019. 3. 20. 신설)
2. 체력단련실 (2019. 3. 20. 신설)
3. 샤워시설 또는 목욕시설 (2019. 3. 20. 신설)

제13조의 4【근로자복지 증진을 위한 시설의 범위】삭 제 (2021. 3. 16.)

제13조의 5【안전시설의 범위】(2019. 3. 20. 조번·제목개정)

다. 자재조달·생산계획·재고관리 등 공급망을 전자적 형태로 관리하기 위하여 사용되는 컴퓨터와 그 주변기기, 소프트웨어, 통신시설, 그 밖의 유형·무형의 시설로서 감가상각기간이 2년 이상인 시설 (2018. 12. 24. 개정)

② 제1항에 따라 공제할 금액은 제1항 각 호의 시설에 대한 투자금액 또는 취득금액(해당 시설에 딸린 토지의 매입대금은 제외한다. 이하 이 조에서 같다)에 다음 표에 따른 공제율을 곱한 금액으로 한다. 다만, 제1항 제6호의 시설에 2020년 1월 1일부터 2020년 12월 31일까지(중견기업 및 중소기업의 경우에는 2020년 1월 1일부터 2021년 12월 31일까지) 투자하는 경우에 대한 제1항에 따라 공제할 금액은 그 투자금액에 100분의 2(중견기업의 경우에는 100분의 5, 중소기업의 경우에는 100분의 10)를 곱한 금액으로 한다. (2019. 12. 31. 단서신설)

시 설	공제율		
	중소기업	중견기업	그 밖의 기업
제1항 제1호·제2호 및 제6호의 시설	100분의 7	100분의 3	100분의 1
제1항 제3호 및 제4호 가목부터 마목까지의 시설	100분의 10	100분의 5	100분의 3
제1항 제4호 바목의 시설	100분의 10	100분의 10	100분의 10
제1항 제5호의 시설	100분의 10	100분의 5	100분의 1

③ 제1항에 따른 투자가 2개 이상의 과세연도에 걸쳐서 이루어지는 경우에는 그 투자가 이루어지는 과세연도마다 해당 과세연도에 투자한 금액에 대하여 제1항을 적용받을 수 있다. (2018. 12. 24. 개정)

④ 제1항에 따른 투자금액의 계산에 필요한 사항은 대통령령으로 정한다. (2018. 12. 24. 개정)

⑤ 제1항 제4호에 해당하는 시설을 취득하는 경우에 공제세액의 계산에 필요한 사항은 대통령령으로 정한다. (2018. 12. 24. 개정)

⑥ 제1항을 적용받으려는 내국인은 대통령령으로 정하는 바에 따라 세액공제신청을 하여야 한다. (2018. 12. 24. 개정)

⑦ 제1항 제4호에 해당하는 시설을 취득하여 소득세 또는 법인세를 공제받은 자가 해당 자산의 준공일 또는 구입일부터 5년 이내에 그 자산을 다른 목적에 전용한 경우에는 전용한 날이 속하는 과세연도의 과세표준신고를 할 때 그 자산에 대한 세액공제액 상당액에 대통령령으로 정하는 바에 따라 계산한 이자 상당 가산액을 가산하여 소득세 또는 법인세로 납부하여야 하며, 해당 세액은 「소득세법」 제76조 또는 「법인세법」 제64조에 따라 납부하여야 할 세액으로 본다. (2018. 12. 24. 개정)

제25조 【특정 시설 투자 등에 대한 세액공제】 삭 제 (2020. 12. 29.)

• 가스터빈 발전설비에서 배출되는 연소폐열·공정폐열 및 폐가스를 이용하여 증기·온수 등 유효한 에너지를 발생시키는 설비는 '에너지이용시설'에 해당한다고 할 것임. (대법 2012두10703, 2013. 12. 26.)

• 에너지절약시설과 함께 행정기준에 따라 의무적으로 설치하는 시설이

통령령으로 정하는 공정(工程) 개선 및 자동화 시설"이란 공정을 개선하거나 시설의 자동화 및 정보화를 위해 투자하는 시설(데이터에 기반하여 제품의 생산 및 제조과정을 관리하거나 개선하는 지능형 공장시설을 포함한다)로서 기획재정부령으로 정하는 시설을 말한다. (2020. 2. 11. 개정)

② 법 제25조 제1항 제6호 나목에서 "대통령령으로 정하는 첨단기술시설"이란 첨단기술을 이용하거나 응용하여 제작된 시설로서 기획재정부령으로 정하는 시설을 말한다. (2019. 2. 12. 신설)

제22조의 6 【생산성향상시설의 범위】 삭 제 (2021. 2. 17.)

제22조의 7 【특정 시설 투자 등에 대한 세액공제의 계산방법 등】 ① 법 제25조 제4항에 따른 투자금액의 계산에 관하여는 제4조 제3항을 준용한다. (2019. 2. 12. 신설)

② 법 제25조 제1항 제4호 가목의 국민주택과 그 밖의 주택을 함께 취득하는 경우 또는 같은 호 나목의 기숙사와 그 밖의 건물을 함께 취득하는 경우에 같은 조 제5항에 따른 공제세액은 다음의 계산식에 따라 계산한다. (2019. 2. 12. 신설)

$$ \text{해당 주택 등의 취득금액} \times \text{법 제25조 제2항에 따른 공제율} \times \frac{\text{무주택종업원용 임대 국민주택 또는 기숙사의 총연면적}}{\text{주택 등의 총연면적}} $$

③ 법 제25조 제1항에 따라 투자세액공제를 받으려는 자는 투자완료일(같은 항 제4호에 해당하는 시설을 취득하는 경우 취득일로 한다)이 속하는 과세연도(같은 조 제3항을 적용받으려는 경우에는 해당 투자가 이루어지는 각 과세연도를 말한다. 이하 제22조의 8 제3항에서 같다)의 과세표준신고와 함께 기획재정부령으로 정하는 세액공제신청서를 납세지 관할 세무서장에게 제출해야 한다. (2019. 2. 12. 신설)

④ 법 제25조 제7항에 따른 이자상당 가산액은 공제받은 세액에 제1호의 기간과 제2호의 율을 곱하여 계산한 금액으로 한다. (2019. 2. 12. 신설)

1. 공제받은 과세연도의 과세표준신고일의 다음 날부터 법 제25조 제7항의 사유가 발생한 날이 속하는 과세연도의 과세표준신고일까지의 기간 (2019. 2. 12. 신설)

2. 1일 10만분의 25의 율 (2019. 2. 12. 신설)

제22조의 7 【특정 시설 투자 등에 대한 세액공제의 계산방법 등】 삭 제 (2021. 2. 17.)

규칙 61조 1항 2호 ⇒ 세액공제신청서(별지 1호 서식)

제22조의 8 【의약품 품질관리 개선시설의 범위】 (2019. 2. 12. 조번개정)

① 법 제25조의 4 제1항 전단에서 "대통령령으로 정하는 의약품 품질관리 개선시설"이란 품질이 우수한 의약품을 제조하거나 공급하기 위한 시설로서 기획재정부령으로 정하는 것을 말한다. (2008. 2. 29. 직제개정 ; 기획재정부와~ 직제 부칙)

---

① 영 제22조의 5 제2항에서 "기획재정부령으로 정하는 것"이란 「소방장비관리규칙」 별표 3의 2의 기준에 적합한 장비를 모두 갖춘 자동차를 말한다. (2019. 3. 20. 개정)

② 영 제22조의 5 제3항 제1호에 따른 산업재해예방시설은 사업장안에서 발생하는 산업재해를 예방하기 위한 기계·기구의 방호시설로서 별표 4의 산업재해예방시설로 한다. 이 경우 프레스·전단기·목재가공용 등 근톱·롤러기 및 양중기로서 해당 기계·기구의 방호시설의 가액이 해당 방호시설이 완비된 전체 기계·기구가액의 100분의 30이상인 경우에는 그 전체 기계·기구를 산업재해예방시설로 본다. (2019. 3. 20. 개정)

③ 영 제22조의 5 제3항 제2호에 따른 가스공급시설의 안전유지를 위한 시설은 「도시가스사업법」에 따른 도시가스사업자가 해당 사업에 직접 사용하기 위한 시설 중 별표 5의 가스안전관리시설로 하고, 액화석유가스 공급시설 및 저장시설의 안전유지를 위한 시설은 별표 5의 2의 액화석유가스 안전관리시설로 한다. (2020. 3. 13. 개정)

④ 영 제22조의 5 제3항 제3호에 따른 유해화학물질 취급시설, 위험물의 제조소·저장소 및 취급소의 안전유지를 위한 시설은 별표 5의 3의 유해화학물질 및 위험물 안전관리시설을 말한다. (2020. 3. 13. 개정)

⑤ 영 제22조의 5 제3항 제4호에 따른 집단에너지 공급시설의 안전유지를 위한 시설은 별표 5의 4의 집단에너지 안전관리시설로 하고, 송유관의 안전유지를 위한 시설은 별표 5의 5의 송유관 안전관리시설로 한다. (2020. 3. 13. 신설)

⑥ 영 제22조의 5 제4항에서 "기획재정부령으로 정하는 시설"이란 별표 6의 광산안전시설을 말한다. (2020. 3. 13. 개정)

⑦ 영 제22조의 5 제5항에서 "기획재정부령으로 정하는 시설"이란 별표 7의 위해요소방지시설을 말한다. (2020. 3. 13. 항번개정)

⑧ 영 제22조의 5 제8항 각 호 외의 부분에서 "기획재정부령으로 정하는 기준에 따른 내진보강을 위한 시설"이란 「지진·화산재해대책법 시행규칙」 제3조의 4에 따라 내진성능 확인을 받은 건축물에 보강된 시설을 말한다. (2020. 3. 13. 항번개정)

⑨ 영 제22조의 5 제8항 각 호 외의 부분에서 "기획재

환경보전설비에 해당하고 에너지절약시설과 구분 관리하는 것이 합리적인 경우에는 환경보전시설투자에 대한 세액공제를 적용함. (법인 - 738, 2001. 10. 11.)
• 특정설비의 투자시기는 투자를 완료한 날(그 목적에 실제로 사용한 날)으로 기준으로 함. (법인 46012 - 17, 2000. 1. 5.)

··

제25조의 2【에너지절약시설 투자에 대한 세액공제】① 내국인이 대통령령으로 정하는 에너지절약시설에 2018년 12월 31일까지 투자(중고품 및 대통령령으로 정하는 리스에 의한 투자는 제외한다)하는 경우에는 그 투자금액의 100분의 1(대통령령으로 정하는 중견기업의 경우에는 100분의 3, 중소기업의 경우에는 100분의 6)에 상당하는 금액을 소득세(사업소득에 대한 소득세만 해당한다) 또는 법인세에서 공제한다. (2016. 12. 20. 개정)
② 제1항을 적용할 때 세액공제의 방법에 관하여는 제11조 제1항·제3항 및 제4항을 준용한다. (2010. 1. 1. 개정)
③ 제1항을 적용받으려는 내국인은 대통령령으로 정하는 바에 따라 세액공제신청을 하여야 한다. (2010. 1. 1. 개정)

제25조의 2【에너지절약시설 투자에 대한 세액공제】삭   제 (2018. 12. 24.)

● 예 판

• 내국법인이 에너지절약시설 투자에 대한 세액공제를 적용할 때 에너지절약시설의 투자금액은 「법인세법 시행령」 제72조 제2항에 따른 취득가액을 말하는 것으로 기존 시설의 철거비용은 투자금액에 해당하지 아니함. (사전법령법인 - 22078, 2015. 5. 1.)
• 건설업 법인이 에너지절약시설을 설치해 아파트를 건설하고 동 아파트를 분양·임대하는 경우은. 동 법인이 당해 시설의 사용자가 아니므로 에너지 절약시설 투자세액 공제대상이 아님. (법인 - 2827, 2008. 10. 10.)
• 내국인이 조특칙 별표 8의 3의 에너지절약시설 중 건물에너지절약설비에 투자(정부보조금 포함)하는 경우 에너지절약시설투자에 대한 세액공제를 적용받을 수 있음. (법인 - 552, 2009. 2. 10.)
• 에너지절약시설투자에 대한 세액공제를 적용함에 있어 기계장치에 투자 시 발생하는 외환차손익은 투자금액에 포함하지 않으며, 투자개시시기는 영 23조 11항을 적용함. (법인 - 925, 2009. 8. 27.)
• 전기생산과정에서 폐기·방출되는 폐열에 해당하는 배기열을 이용하는 발전설비는 '산업' 부문에 속하는 시설로서 연소폐열을 이용하여 증기 등 유효한 에너지를 발생시키는 '에너지이용시설'에 해당하므로 에너지절약시설 투자

---

② 법 제25조의 4 제1항 전단에서 "대통령령으로 정하는 중견기업"이란 제4조 제1항에 따른 중견기업을 말한다. (2019. 2. 12. 개정)
③ 법 제25조의 4 제1항을 적용받으려는 자는 투자완료일이 속하는 과세연도에 과세표준신고와 함께 기획재정부령으로 정하는 세액공제신청서를 납세지 관할 세무서장에게 제출하여야 한다. (2014. 2. 21. 항번개정)

제22조의 8【의약품 품질관리 개선시설의 범위 등】삭 제 (2021. 2. 17.)

관계조문

규칙 61조 1항 2호 ⇒ 세액공제신청서(별지 1호 서식)

제22조의 9【신성장기술 사업화를 위한 시설투자에 대한 세액공제】(2019. 2. 12. 조번개정)
① 법 제25조의 5 제1항 각 호 외의 부분에서 "대통령령으로 정하는 신성장기술의 사업화를 위한 시설"이란 기획재정부령으로 정하는 바에 따라 별표 7에 따른 신성장·원천기술을 사업화하는 시설로서 제9조 제12항에 따른 신성장·원천기술심의위원회의 심의를 거쳐 산업통상자원부장관이 인정하는 제4조 제2항에 따른 사업용자산을 말한다. (2020. 2. 11. 개정)
② 법 제25조의 5 제1항 각 호 외의 부분에서 "대통령령으로 정하는 중견기업"이란 제4조 제1항에 따른 중견기업을 말한다. (2019. 2. 12. 개정)
③ 법 제25조의 5 제1항에 따른 투자금액은 제1호의 금액에서 제2호의 금액을 뺀 금액으로 한다. (2017. 2. 7. 신설)
1. 총투자금액에 「법인세법 시행령」 제69조 제1항에 따른 작업진행률에 따라 계산한 금액과 해당 과세연도까지 실제로 지출한 금액 중 큰 금액 (2017. 2. 7. 신설)
2. 다음 각 목의 금액을 더한 금액 (2017. 2. 7. 신설)
  가. 해당 과세연도 전에 법 제25조의 5를 적용받은 투자금액 (2017. 2. 7. 신설)
  나. 해당 과세연도 전의 투자분으로서 가목의 금액을 제외한 투자분에 대하여 제1호를 준용하여 계산한 금액 (2017. 2. 7. 신설)
④ 법 제25조의 5 제1항 제1호에서 "신성장·원천기술연구개발비 등이 대통령령으로 정하는 요건을 충족할 것"이란 다음 각 호의 어느 하나의 요건을 충족하는 것을 말한다. (2020. 2. 11. 개정)
1. 해당 투자를 개시하는 날이 속하는 과세연도의 직전 과세연도(기업을 설립한 날이 속하는 과세연도에 투자를 개시한 경우에는 해당 과세연도로 한다)의 전체 연구·인력개발비에서 신성장·원천기술연구개발비가 차지하는 비율이 100분의 10 이상일 것 (2020. 2. 11. 개정)
2. 기획재정부령으로 정하는 바에 따라 신성장·원천기술을 해당 기업이 연구·개발하여 최초로 설정등록받은 특허권을 보유하고 있을 것 (2020. 2. 11. 개정)
⑤ 법 제25조의 5 제2항 제1호에 따라 납부하여야 할 소득세액 또는 법인세액은 다음

정부령으로 정하는 시설"이란 별표 8의 7에 따른 내진보강을 위한 시설을 말한다. (2020. 3. 13. 항번개정)

제13조의 5【안전시설의 범위】삭 제 (2021. 3. 16.)

제13조의 6【생산성향상시설의 범위】(2019. 3. 20. 조번·제목개정)
① 영 제22조의 6 제1항에서 "기획재정부령으로 정하는 시설"이란 별표 2의 공정개선·자동화 및 정보화시설로서 해당 사업에 직접 사용되는 것을 말한다. (2019. 3. 20. 개정)
② 영 제22조의 6 제2항에서 "기획재정부령으로 정하는 시설"이란 별표 2의 첨단기술설비로서 해당 사업에 직접 사용되는 것을 말한다. (2019. 3. 20. 개정)
③ 삭 제 (2001. 3. 28.)

제13조의 6【생산성향상시설의 범위】삭 제 (2021. 3. 16.)

제13조의 7【의약품 품질관리 개선시설의 범위】(2020. 3. 13. 제목개정)
영 제22조의 8 제1항에서 "기획재정부령으로 정하는 것"이란 별표 8의 10에 따른 의약품 품질관리 개선시설(토지는 제외한다)로서 해당 사업에 직접 사용되는 것을 말한다. (2020. 3. 13. 개정)

제13조의 7【의약품 품질관리 개선시설의 범위】삭 제 (2021. 3. 16.)

제13조의 8【신성장기술의 사업화를 위한 시설의 범위 등】(2019. 3. 20. 조번개정)
① 영 제22조의 9 제1항 및 영 제25조의 3 제3항 제1호에서 "기획재정부령으로 정하는 바에 따라 별표 7에 따른 신성장·원천기술을 사업화하는 시설"이란 신성장·원천기술을 연구개발한 기업이 해당 기술을 사업화하는 시설로서 별표 8의 8에 따른 시설을 말한다. (2020. 3. 13. 개정)
② 영 제22조의 9 제4항 제2호에서 "기획재정부령으로 정하는 바에 따라 신성장·원천기술을 해당 기

에 대한 세액공제대상임. (대전지법 2011구합3502, 2012. 3. 21.)

⋯⋯⋯⋯⋯⋯⋯⋯⋯⋯⋯⋯⋯⋯⋯⋯⋯⋯⋯⋯⋯⋯⋯⋯⋯⋯⋯

제25조의 3 【환경보전시설 투자에 대한 세액공제】 ① 내국인이 대통령령으로 정하는 환경보전시설에 2018년 12월 31일까지 투자(중고품 및 대통령령으로 정하는 리스에 의한 투자는 제외한다)하는 경우에는 그 투자금액의 100분의 1(대통령령으로 정하는 중견기업의 경우에는 100분의 3, 중소기업의 경우에는 100분의 10)에 상당하는 금액을 소득세(사업소득에 대한 소득세만 해당한다) 또는 법인세에서 공제한다. 이 경우 세액공제의 방법은 제11조를 준용한다. (2017. 12. 19. 개정)

② 제1항을 적용받으려는 내국인은 대통령령으로 정하는 바에 따라 세액공제신청을 하여야 한다. (2010. 1. 1. 개정)

제25조의 3 【환경보전시설 투자에 대한 세액공제】 삭 제 (2018. 12. 24.)

제25조의 4 【의약품 품질관리 개선시설투자에 대한 세액공제】 ① 내국인이 대통령령으로 정하는 의약품 품질관리 개선시설에 2021년 12월 31일까지 투자(중고품 및 대통령령으로 정하는 리스에 의한 투자는 제외한다)하는 경우에는 그 투자금액의 100분의 1(대통령령으로 정하는 중견기업의 경우에는 100분의 3, 중소기업의 경우에는 100분의 6)에 상당하는 금액을 소득세(사업소득에 대한 소득세만 해당한다) 또는 법인세에서 공제한다. 이 경우 세액공제의 방법은 제25조 제1항, 제3항 및 제4항의 규정을 준용한다. (2019. 12. 31. 개정)

② 제1항을 적용받으려는 내국인은 대통령령으로 정하는 바에 따라 세액공제신청을 하여야 한다. (2010. 1. 1. 개정)

제25조의 4 【의약품 품질관리 개선시설투자에 대한 세액공제】 삭 제 (2020. 12. 29.)

제25조의 5 【신성장기술 사업화를 위한 시설투자에 대한 세액공제】 ① 내국인이 대통령령으로 정하는 신성장기술의 사업화를 위한 시설에 2021년 12월 31일까지 투자(중고품 및 대통령령으로 정하는 리스에 의한 투자는 제외한다)하는 경우로서 다음 각 호의 요건을 모두 충족하는 경우에는 그 투자금액의 100분의 5(대통령령으로 정하는 중견기업의 경우에는 100분의 7, 중소기업의 경우에는 100분의 10)에 상당하는 금액(제2호 단서에 해당하는 경우에는 해당 금액에서 감소한 상시근로자 1명당 1천만원씩을 뺀 금액을 말하며, 그 금액이 음수인 경우에는 영으로 한다)을 해당 투자가 이루어지는 각 과세연도의 소득세(사업소득에 대한 소득세만 해당한다) 또는 법인세에서 공제한다. (2018. 12. 24. 개정)

1. 해당 투자를 개시하는 날이 속하는 과세연도의 직전 과세연도(기업을 설립한 날이 속하는 과세연도에 투자를 개시하는 경우에는 해당 과세연도로 한다)의 수입금액(기

각 호의 구분에 따라 계산한 금액[제1호 및 제2호(가목 및 나목의 금액을 합한 금액을 말한다)의 금액은 상시근로자 수가 감소된 과세연도의 직전 2년 이내의 과세연도에 법 제25조의 5 및 제144조 제4항에 따라 공제받은 세액의 합계액을 한도로 한다]으로 하며, 이를 상시근로자 수가 감소된 과세연도의 과세표준을 신고할 때 소득세 또는 법인세로 납부하여야 한다. (2017. 2. 7. 신설)

1. 상시근로자 수가 1개 과세연도에만 감소한 경우 : 법 제25조의 5 제1항 또는 제144조 제4항에 따라 공제받은 과세연도(2개 과세연도 연속으로 공제받은 경우에는 두 번째 과세연도로 한다)보다 감소한 상시근로자 수 × 1천만원 (2017. 2. 7. 신설)

2. 상시근로자 수가 2개 과세연도 연속으로 감소한 경우 : (2017. 2. 7. 신설)

　가. 상시근로자 수가 감소한 첫 번째 과세연도 : 제1호에 따라 계산한 금액 (2017. 2. 7. 신설)

　나. 상시근로자 수가 감소한 두 번째 과세연도 : 해당 과세연도의 직전 과세연도보다 감소한 상시근로자 수 × 1천만원 (2017. 2. 7. 신설)

⑥ 법 제25조의 5 제1항 및 제2항을 적용할 때 상시근로자의 범위 및 상시근로자 수의 계산방법에 관하여는 제23조 제10항부터 제13항까지의 규정을 준용한다. (2017. 2. 7. 신설)

⑦ 법 제25조의 5 제2항 제2호에 해당하는 경우 가산하는 이자상당가산액은 공제받은 세액에 제1호의 기간 및 제2호의 율을 곱하여 계산한 금액으로 한다. (2017. 2. 7. 신설)

1. 공제받은 과세연도의 과세표준신고일의 다음 날부터 법 제25조의 5 제2항 제2호에 따른 사유가 발생한 날이 속하는 과세연도의 과세표준신고일까지의 기간 (2017. 2. 7. 신설)

2. 1일 10만분의 25 (2019. 2. 12. 개정)

⑧ 제1항, 제3항 및 제4항을 적용할 때 투자의 개시시기는 제23조 제14항에 따른 투자의 개시시기로 한다. (2017. 2. 7. 신설)

⑨ 법 제25조의 5 제1항에 따라 세액공제를 받으려는 자는 과세표준신고와 함께 기획재정부령으로 정하는 세액공제신청서를 납세지 관할 세무서장에게 제출하여야 한다. (2017. 2. 7. 신설)

제22조의 9 【신성장기술 사업화를 위한 시설투자에 대한 세액공제】 삭 제 (2021. 2. 17.)

제22조의 10 【영상콘텐츠 제작비용에 대한 세액공제】 (2019. 2. 12. 조번개정)

① 법 제25조의 6 제1항 각 호 외의 부분에서 "대통령령으로 정하는 내국인"이란 「저작권법」 제2조 제14호에 따른 영상제작자로서 기획재정부령으로 정하는 요건을 갖춘 자(이하 이 조에서 "영상콘텐츠 제작자"라 한다)를 말한다. (2024. 2. 29. 개정)

② 법 제25조의 6 제1항 각 호 외의 부분에서 "대통령령으로 정하는

업이 연구·개발하여 최초로 설정등록 받은 특허권을 보유하고 있을 것"이란 신성장·원천기술을 해당 기업이 연구·개발하여 최초로 설정등록받은 특허권을 보유하는 경우로서 해당 특허권이 해당 기술의 사업화 시설에 필수적인 것으로 영 제9조 제12항에 따른 신성장·원천기술심의위원회가 인정하는 경우를 말한다. (2020. 3. 13. 개정)

제13조의 8 【신성장기술의 사업화를 위한 시설의 범위 등】 삭 제 (2021. 3. 16.)

제13조의 9 【영상콘텐츠 제작비용에 대한 세액공제】 (2019. 3. 20. 조번개정)

① 영 제22조의 10 제1항에서 "기획재정부령으로 정하는 요건을 갖춘 자"란 같은 조 제2항 각 호에 따른 영상콘텐츠(이하 이 조에서 "영상콘텐츠"라 한다)의 실질적인 제작을 담당하는 자로서 다음 각 호의 구분에 따른 요건을 갖춘 자를 말한다. (2023. 3. 20. 개정)

1. 영 제22조의 10 제2항 제1호 또는 제3호에 따른 영상콘텐츠를 제작하는 자의 경우 : 다음 각 목의 요건 중 3개 이상의 요건을 갖출 것 (2023. 3. 20. 개정)

　가. 작가(극본, 시나리오 등을 집필하는 자를 말한다)와의 계약 체결을 담당할 것 (2017. 3. 17. 신설)

　나. 주요 출연자와의 계약 체결을 담당할 것 (2017. 3. 17. 신설)

　다. 주요 스태프(연출, 촬영, 편집, 조명 또는 미술 스태프) 중 2가지 이상 분야의 책임자와의 계약 체결을 담당할 것 (2017. 3. 17. 신설)

　라. 제작비의 집행 및 관리와 관련된 모

업회계기준에 따라 계산한 매출액을 말한다)에서 연구·인력개발비가 차지하는 비율이 100분의 2 이상이고, 제10조 제1항 제1호에 따른 신성장·원천기술 연구개발비 등이 대통령령으로 정하는 요건을 충족할 것 (2019. 12. 31. 개정)
2. 해당 과세연도의 상시근로자 수가 직전 과세연도의 상시근로자 수보다 감소하지 아니할 것. 다만, 중소기업의 경우에는 해당 과세연도의 상시근로자 수가 직전 과세연도의 상시근로자 수보다 감소한 경우에도 적용한다. (2016. 12. 20. 신설)
② 제1항 또는 제144조 제4항에 따라 소득세 또는 법인세를 공제받은 자가 다음 각 호의 어느 하나에 해당하는 경우에는 대통령령으로 정하는 바에 따라 공제받은 세액에 상당하는 금액(제2호에 해당하는 경우에는 대통령령으로 정하는 바에 따라 계산한 이자상당가산액을 가산한다)을 소득세 또는 법인세로 납부하여야 한다. (2016. 12. 20. 신설)
1. 공제받은 과세연도 종료일부터 2년이 되는 날이 속하는 과세연도 종료일까지의 기간 중 각 과세연도의 상시근로자 수가 공제받은 과세연도의 상시근로자 수보다 감소한 경우 (2016. 12. 20. 신설)
2. 해당 시설의 투자완료일부터 3년 이내에 그 자산을 다른 목적에 전용한 경우 (2016. 12. 20. 신설)
③ 제1항을 적용받으려는 내국인은 대통령령으로 정하는 바에 따라 세액공제신청을 하여야 한다. (2016. 12. 20. 신설)
④ 제1항부터 제3항까지 또는 제144조 제4항을 적용할 때 해당 기술 및 시설의 판정방법, 상시근로자의 범위, 상시근로자 수와 그 밖에 필요한 사항은 대통령령으로 정한다. (2016. 12. 20. 신설)

제25조의 5【신성장기술 사업화를 위한 시설투자에 대한 세액공제】삭　제 (2020. 12. 29.)

제25조의 6【영상콘텐츠 제작비용에 대한 세액공제】① 대통령령으로 정하는 내국인이 2025년 12월 31일까지 제1호 각 목의 어느 하나에 해당하는 것으로서 대통령령으로 정하는 영상콘텐츠(이하 이 조에서 "영상콘텐츠"라 한다)의 제작을 위하여 국내외에서 발생한 비용 중 대통령령으로 정하는 비용(이하 이 조에서 "영상콘텐츠 제작비용"이라 한다)이 있는 경우에는 제2호 각 목에 따른 기본공제 금액과 추가공제 금액을 합한 금액을 대통령령으로 정하는 바에 따라 해당 영상콘텐츠가 처음으로 방송되거나 영화상영관에서 상영되거나 온라인 동영상 서비스를 통하여 시청에 제공된 과세연도의 소득세(사업소득에 대한 소득세만 해당한다) 또는 법인세에서 공제한다. (2023. 12. 31. 개정)
1. 공제대상 영상콘텐츠 (2023. 12. 31. 개정)
　가.「방송법」제2조 제17호에 따른 방송프로그램으로서 같은 조 제3

영상콘텐츠"란 다음 각 호의 어느 하나에 해당하는 것(이하 이 조에서 "영상콘텐츠"라 한다)을 말한다. (2023. 2. 28. 개정)
1. 다음 각 목의 어느 하나에 해당하는「방송법」제2조 제17호에 따른 방송프로그램 (2023. 2. 28. 개정)
　가.「방송법 시행령」제50조 제2항에 따른 오락에 관한 방송프로그램 (2020. 2. 11. 개정)
　나.「방송법 시행령」제50조 제2항에 따른 교양에 관한 방송프로그램 중 다큐멘터리 (2020. 2. 11. 개정)
　다.「애니메이션산업 진흥에 관한 법률」제2조 제1호에 따른 애니메이션 중「방송법」제2조 제3호에 따른 방송사업자의 텔레비전방송으로 방송된 애니메이션 (2020. 2. 11. 개정)
2.「영화 및 비디오물의 진흥에 관한 법률」제2조 제1호에 따른 영화로서 기획재정부령으로 정하는 바에 따라 영화상영관에서 일정기간 이상 연속하여 상영된 것(이하 이 조에서 "영화"라 한다) (2017. 2. 7. 신설)
3.「영화 및 비디오물의 진흥에 관한 법률」제2조 제12호에 따른 비디오물로서 다음 각 목의 어느 하나에 해당하는 등급분류를 받고「전기통신사업법」제2조 제12호의 2에 따른 온라인 동영상 서비스를 통해 시청에 제공된 비디오물 (2023. 2. 28. 신설)
　가.「영화 및 비디오물의 진흥에 관한 법률」제50조에 따른 영상물등급위원회의 등급분류 (2023. 2. 28. 신설)
　나.「영화 및 비디오물의 진흥에 관한 법률」제50조의 2에 따른 자체등급분류사업자의 등급분류 (2023. 2. 28. 신설)
③ 법 제25조의 6 제1항 각 호 외의 부분에서 "대통령령으로 정하는 비용"이란 영상콘텐츠 제작에 참여한 사람 등에 대한 인건비 등 기획재정부령으로 정하는 비용(이하 이 조에서 "영상콘텐츠 제작비용"이라 한다)을 말한다. 다만, 다음 각 호에 해당하는 비용은 제외한다. (2017. 2. 7. 신설)
1. 국가, 지방자치단체,「공공기관의 운영에 관한 법률」에 따른 공공기관 및「지방공기업법」에 따른 지방공기업으로부터 출연금 등의 자산을 지급받아 영상콘텐츠 제작비용으로 사용한 금액 (2017. 2. 7. 신설)
2. 광고 또는 홍보비용 등 기획재정부령으로 정하는 비용 (2022. 2. 15.

든 의사 결정을 담당할 것 (2017. 3. 17. 신설)
2. 영 제22조의 10 제2항 제2호에 따른 영상콘텐츠를 제작하는 자의 경우 :「영화 및 비디오물의 진흥에 관한 법률」제2조 제9호 가목에 따른 영화제작업자로서 제1호 각 목의 요건 중 3개 이상의 요건을 갖출 것 (2023. 3. 20. 개정)
② 영 제22조의 10 제2항 제1호에서 "기획재정부령으로 정하는 것"이란 드라마, 애니메이션, 다큐멘터리[한국의 자연 또는 문화유산(「문화재보호법」제2조 제1항에 따른 유형문화재, 무형문화재, 기념물 또는 민속문화재를 말한다)을 소재로 제작한 것으로 한정한다]를 말한다(이하 이 조에서 "드라마등"이라 한다). (2019. 3. 20. 개정)
③ 제2항에도 불구하고 다음 각 호의 어느 하나에 해당하는 방송프로그램은 드라마등에서 제외한다. (2017. 3. 17. 신설)
1. 광고물 또는 그 밖의 판촉물 (2017. 3. 17. 신설)
2. 보도, 시사 프로그램 또는 토론 프로그램 (2017. 3. 17. 신설)
3. 퀴즈 쇼, 게임 쇼, 패널 쇼, 버라이어티 쇼 또는 토크 쇼 등 오락을 위한 프로그램 (2017. 3. 17. 신설)
4. 경쟁이나 대회를 포함하거나 경쟁이나 대회의 결과를 발표하는 프로그램 (2017. 3. 17. 신설)
5. 연극 또는 예술 공연을 생방송이나 녹화로 방송하는 프로그램 (2017. 3. 17. 신설)
6. 훈련을 목적으로 제작된 프로그램 (2017. 3. 17. 신설)
7. 운동경기 또는 각종 시상식 등을 중계하는 프로그램 (2017. 3. 17. 신설)
②~③ 삭　제 (2020. 3. 13.)
④ 영 제22조의 10 제2항 제2호에서 "기획재정부령으로 정하는 바에 따라 영화상영관에서 일정기간 이상 연속하여 상영된

호에 따른 방송사업자의 텔레비전방송으로 방송된 드라마, 애니메이션, 다큐멘터리 및 오락을 위한 프로그램 (2023. 12. 31. 개정)

나. 「영화 및 비디오물의 진흥에 관한 법률」 제2조 제1호에 따른 영화 (2023. 12. 31. 개정)

다. 「영화 및 비디오물의 진흥에 관한 법률」 제2조 제12호에 따른 비디오물로서 같은 법에 따른 등급분류를 받고 「전기통신사업법」 제2조 제12호의 2에 따른 온라인 동영상 서비스를 통하여 시청에 제공된 비디오물 (2023. 12. 31. 개정)

2. 공제금액 (2023. 12. 31. 개정)

가. 기본공제 금액 : 해당 영상콘텐츠 제작비용의 100분의 5(중견기업의 경우에는 100분의 10, 중소기업의 경우에는 100분의 15)에 상당하는 금액 (2023. 12. 31. 개정)

나. 추가공제 금액 : 국내에서 발생한 제작비용이 총 제작비에서 차지하는 비율 등을 고려하여 대통령령으로 정하는 요건을 충족하는 영상콘텐츠의 경우 그 제작비용의 100분의 10(중소기업의 경우에는 100분의 15)에 상당하는 금액 (2023. 12. 31. 개정)

② 제1항을 적용받으려는 내국인은 대통령령으로 정하는 바에 따라 세액공제신청을 하여야 한다. (2016. 12. 20. 신설)

③ 제1항을 적용할 때 영상콘텐츠의 범위, 제작비용의 계산방법과 그 밖에 필요한 사항은 대통령령으로 정한다. (2016. 12. 20. 신설)

개정)

3. 법 제25조의 6에 따른 세액공제를 받은 영상콘텐츠를 활용하여 다른 영상콘텐츠를 제작한 경우 이미 세액공제를 받은 기존 영상콘텐츠의 제작비용 (2023. 2. 28. 신설)

④ 법 제25조의 6 제1항 제2호 나목에서 "대통령령으로 정하는 요건을 충족하는 영상콘텐츠"란 다음 각 호의 요건을 모두 충족하는 영상콘텐츠를 말한다. (2024. 2. 29. 신설)

개정취지 ┈┈┈┈┈┈┈┈┈┈┈┈┈┈
영상콘텐츠 제작비용에 대한 추가 세액공제 요건
영상콘텐츠의 촬영제작 및 편집 등 후반제작에 든 비용 중 국내에서 지출한 비용과 작가 및 주요 스태프에게 지급한 인건비 중 내국인에게 지급한 인건비가 각각 80% 이상이고, 「저작권법」에 따른 권리 중 3개 이상의 권리를 제작자가 보유한 경우에는 제작비용 중 최대 15%에 상당하는 금액을 추가로 공제받을 수 있도록 함. (영 22조의 10 제4항 신설 ; 2024. 2. 29.)
┈┈┈┈┈┈┈┈┈┈┈┈┈┈┈┈┈┈┈┈┈┈

1. 기획재정부령으로 정하는 촬영제작에 든 비용 중 국내에서 지출한 비용이 차지하는 비율이 100분의 80 이상일 것 (2024. 2. 29. 신설)

2. 다음 각 목의 요건 중 3개 이상의 요건을 충족할 것 (2024. 2. 29. 신설)

가. 기획재정부령으로 정하는 작가 및 주요 스태프에게 지급한 인건비 중 내국인에게 지급한 인건비가 차지하는 비율이 100분의 80 이상일 것 (2024. 2. 29. 신설)

나. 기획재정부령으로 정하는 배우 출연료 중 내국인에게 지급한 출연료가 차지하는 비율이 100분의 80 이상일 것 (2024. 2. 29. 신설)

다. 기획재정부령으로 정하는 후반제작에 든 비용 중 국내에서 지출한 비용이 차지하는 비율이 100분의 80 이상일 것 (2024. 2. 29. 신설)

라. 「저작권법」에 따른 복제권, 공연권, 방송권, 전송권, 배포권 및 2차적저작물작성권 중 영상콘텐츠 제작자가 보유한 권리의 수가 3개 이상일 것. 이 경우 구체적인 권리 보유 판단기준은 기획재정부령으로 정한다. (2024. 2. 29. 신설)

⑤ 제2항 제1호 또는 제3호에 따른 영상콘텐츠가 여러 과세연도 기간 동안 연속하여 방송되거나 온라인 동영상 서비스를 통해 시청에 제공

것"이란 영화상영관에서 7일 이상 연속하여 상영된 것을 말한다. 다만, 「영화 및 비디오물의 진흥에 관한 법률」 제4조에 따른 영화진흥위원회가 예술영화 및 독립영화로 인정하는 경우에는 1일 이상 상영된 것을 말한다. (2019. 3. 20. 개정)

⑤ 제4항에 따른 상영 기간의 확인은 「영화 및 비디오물의 진흥에 관한 법률」 제39조에 따른 영화상영관입장권 통합전산망으로 한다. (2017. 3. 17. 신설)

⑥ 영 제22조의 10 제3항 각 호 외의 부분 본문에서 "기획재정부령으로 정하는 비용"이란 별표 8의 9에 따른 영상콘텐츠 제작비용을 말한다. (2019. 3. 20. 개정)

⑦ 영 제22조의 10 제3항 제2호에서 "광고 또는 홍보비용 등 기획재정부령으로 정하는 비용"이란 다음 각 호의 하나에 해당하는 비용을 말한다. (2022. 3. 18. 개정)

1. 국외에서 사용한 제작비용 (2017. 3. 17. 신설)

1. 삭　제 (2022. 3. 18.)

2. 광고 및 홍보비용 (2017. 3. 17. 신설)

3. 「소득세법」 제35조 및 「법인세법」 제25조에 따른 기업업무추진비 (2023. 3. 20. 개정)

편주 ▶ ┈┈┈┈┈┈┈┈┈┈┈┈┈┈
규칙 13조의 9 제7항 3호의 개정규정은 2024. 1. 1.부터 시행함. (규칙 부칙(2023. 3. 20.) 1조 1호)
┈┈┈┈┈┈┈┈┈┈┈┈┈┈┈┈┈┈┈┈┈┈

4. 다음 각 목의 어느 하나에 해당하는 인건비 (2017. 3. 17. 신설)

가. 「소득세법」 제22조에 따른 퇴직소득에 해당하는 금액 (2017. 3. 17.

되는 경우에는 기획재정부령으로 정하는 바에 따라 계산한 제작비용에 대하여 세액공제를 적용받을 수 있다. (2023. 2. 28. 개정)
⑥ 법 제25조의 6 제1항에 따라 세액공제를 받으려는 자는 다음 각 호의 구분에 따른 과세연도의 과세표준신고와 함께 기획재정부령으로 정하는 세액공제신청서, 공제세액계산서 및 그 밖에 필요한 서류를 납세지 관할 세무서장에게 제출하여야 한다. (2024. 2. 29. 개정)
1. 제2항 제1호 또는 제3호에 따른 영상콘텐츠의 경우 : 처음으로 방송되거나 온라인 동영상 서비스를 통해 시청에 제공된 날이 속하는 과세연도. 다만, 제5항에 해당하는 경우에는 다음 각 목의 어느 하나에 해당하는 과세연도를 말한다. (2023. 2. 28. 개정)
　가. 방송되거나 온라인 동영상 서비스를 통해 시청에 제공된 각 과세연도 (2023. 2. 28. 개정)
　나. 해당 영상콘텐츠의 마지막 회차가 방송되거나 온라인 동영상 서비스를 통해 시청에 제공된 날이 속하는 과세연도 (2023. 2. 28. 개정)
2. 영화의 경우 : 처음으로 영화상영관에서 상영된 날이 속하는 과세연도 (2017. 2. 7. 신설)

제25조의 7【내국법인의 문화산업전문회사에의 출자에 대한 세액공제】 ① 대통령령으로 정하는 중소기업 또는 중견기업이 제25조의 6 제1항 제1호 각 목의 어느 하나에 해당하는 것으로서 대통령령으로 정하는 영상콘텐츠(이하 이 조에서 "영상콘텐츠"라 한다)를 제작하는 「문화산업진흥 기본법」에 따른 문화산업전문회사(이하 이 조에서 "문화산업전문회사"라 한다)에 2025년 12월 31일까지 출자하는 경우 제1호의 금액과 제2호의 비율을 곱한 금액의 100분의 3에 상당하는 금액을 영상콘텐츠의 최초 방송·상영 또는 제공일과 해당 문화산업전문회사의 청산일 중 빠른 날이 속하는 사업연도의 법인세에서 공제한다. (2023. 12. 31. 신설)
1. 해당 중소기업 또는 중견기업이 문화산업전문회사에 출자한 금액 (2023. 12. 31. 신설)
2. 해당 영상콘텐츠 제작을 위하여 국내외에서 발생한 비용 중 대통령령으로 정하는 비용을 해당 문화산업전문회사의 총 출자금액으로 나눈 비율 (2023. 12. 31. 신설)

제22조의 11【내국법인의 문화산업전문회사에의 출자에 대한 세액공제】 ① 법 제25조의 7 제1항 각 호 외의 부분에서 "대통령령으로 정하는 중소기업 또는 중견기업"이란 「문화산업진흥 기본법」에 따른 문화산업전문회사(이하 이 조에서 "문화산업전문회사"라 한다)에 출자한 중소기업 또는 중견기업을 말한다. 다만, 문화산업전문회사로부터 「문화산업진흥 기본법」 제51조 제1항에 따른 위탁을 받아 영상콘텐츠를 제작하여 법 제25조의 6 제1항을 적용받는 중소기업 또는 중견기업은 제외한다. (2024. 2. 29. 신설)
② 법 제25조의 7 제1항 각 호 외의 부분에서 "대통령령으로 정하는 영상콘텐츠"란 제22조의 10 제2항 각 호의 영상콘텐츠를 말한다. (2024. 2. 29. 신설)
③ 법 제25조의 7 제1항 제2호에서 "대통령령으로 정하는 비용"이란 제22조의 10 제3항에 따른 영상콘텐츠 제작비용을 말한다. (2024. 2. 29. 신설)
④ 법 제25조의 7 제1항 제1호에 따른 출자금액과 같은 항 제2호에

신설)
　나. 「소득세법」 제29조 및 「법인세법」 제33조에 따른 퇴직급여충당금 (2017. 3. 17. 신설)
　다. 「소득세법 시행령」 제40조의 2 제1항 제2호의 퇴직연금계좌에 납부한 부담금 및 「법인세법 시행령」 제44조의 2 제2항에 따른 퇴직연금등의 부담금 (2022. 3. 18. 개정)
5. 별표 8의 9 제2호 가목에 따른 배우출연료가 가장 많은 배우 5인의 배우출연료 합계액이 제작비용 합계액(제1호에서 제4호까지의 규정에 따른 금액은 제외한다)의 100분의 30을 초과하는 경우 해당 초과 금액 (2017. 3. 17. 신설)
⑧ 영 제22조의 10 제4항 제1호에서 "기획재정부령으로 정하는 촬영제작에 든 비용"이란 별표 8의 9 제2호 각 목의 제작비용을 말한다. (2024. 3. 22. 신설)
⑨ 영 제22조의 10 제4항 제2호 가목에서 "기획재정부령으로 정하는 작가 및 주요 스태프에게 지급한 인건비"란 제1항 제1호 가목의 작가 및 같은 호 다목의 주요 스태프에게 지급한 인건비를 말한다. (2024. 3. 22. 신설)
⑩ 영 제22조의 10 제4항 제2호 나목에서 "기획재정부령으로 정하는 배우 출연료"란 별표 8의 9 제2호 가목의 배우출연료를 말한다. (2024. 3. 22. 신설)
⑪ 영 제22조의 10 제4항 제2호 다목에서 "기획재정부령으로 정하는 후반제작에 든

② 제1항을 적용받으려는 중소기업 또는 중견기업은 대통령령으로 정하는 바에 따라 세액공제신청을 하여야 한다. (2023. 12. 31. 신설)
③ 제1항을 적용할 때 세액공제 금액의 계산방법 및 그 밖에 필요한 사항은 대통령령으로 정한다. (2023. 12. 31. 신설)

【개정취지】●●●●●●●●●●●●●●●●●●●●●●●
영상콘텐츠 제작에 대한 세제지원 확대
• 중소기업 또는 중견기업이 문화산업전문회사에 출자하여 영상콘텐츠 제작에 투자하는 경우 일정 금액을 세액공제하도록 함. (법 25조의 7 신설 ; 2023. 12. 31.)
• 법 25조의 7의 개정규정은 2024. 1. 1. 이후 문화산업전문회사에 출자하는 경우부터 적용함. (법 부칙(2023. 12. 31.) 7조)
●●●●●●●●●●●●●●●●●●●●●●●●●●●●●●●●●●●●

제26조【고용창출투자세액공제】 (2010. 12. 27. 제목개정)
① 내국인이 2017년 12월 31일까지 대통령령으로 정하는 투자(중고품 및 대통령령으로 정하는 리스에 의한 투자와 수도권과밀억제권역 내에 투자하는 경우는 제외한다. 이하 이 조에서 같다)를 하는 경우로서 해당 과세연도의 상시근로자 수가 직전 과세연도의 상시근로자 수보다 감소하지 아니한 경우에는 다음 각 호의 구분에 따라 계산한 금액을 더한 금액을 해당 투자가 이루어지는 각 과세연도의 소득세(사업소득에 대한 소득세만 해당한다) 또는 법인세에서 공제한다. 다만, 중소기업의 경우에는 해당 과세연도의 상시근로자 수가 직전 과세연도의 상시근로자 수보다 감소한 경우에도 제1호를 적용한다. 이 경우 제1호의 금액에서 감소한 상시근로자 1명당 1천만원씩 뺀 금액으로 하며, 해당 금액이 음수(陰數)인 경우에는 영으로 한다. (2014. 12. 23. 개정)
1. 기본공제금액 : 중소기업의 경우 해당 투자금액의 100분의 3에 상당하는 금액으로 하고, 중견기업의 경우 다음 각 목에서 정한 바에 따른다. (2020. 12. 29. 개정)
　가. 「수도권정비계획법」 제6조 제1항 제2호의 성장관리권역 또는 같은 항 제3호의 자연보전권역(이하 이 조에서 "수도권과밀억제권역 외 수도권"이라 한다) 내에 투자하는 경우에는 해당 투자금액의 100분의 1에 상당하는 금액 (2014. 12. 23. 개정)

따른 제작비용은 같은 항에 따라 법인세가 공제되는 사업연도의 종료일을 기준으로 계산한다. (2024. 2. 29. 신설)
⑤ 법 제25조의 7 제1항에 따라 세액공제를 받으려는 자는 해당 사업연도의 과세표준신고를 할 때 기획재정부령으로 정하는 세액공제신청서를 납세지 관할 세무서장에게 제출해야 한다. (2024. 2. 29. 신설)

【개정취지】●●●●●●●●●●●●●●●●●●●●●●●
문화산업전문회사에의 출자에 대한 세액공제 요건
문화산업전문회사의 위탁을 받아 제작한 영상콘텐츠 제작비용에 대한 세액공제를 받지 않는 중소기업 또는 중견기업이 오락·다큐멘터리·애니메이션 방송프로그램, 영화, 비디오물 등의 영상콘텐츠를 제작하는 문화산업전문회사에 출자한 경우 세액공제를 받을 수 있도록 함. (영 22조의 11 신설 ; 2024. 2. 29.)
●●●●●●●●●●●●●●●●●●●●●●●●●●●●●●●●●●●●

제23조【고용창출투자세액공제】 ① 법 제26조 제1항 각 호 외의 부분 본문에서 "대통령령으로 정하는 투자"란 제29조 제3항에 따른 소비성서비스업 외의 사업을 영위하는 내국인이 기획재정부령으로 정하는 사업용자산(이하 이 조에서 "사업용자산"이라 한다)에 해당하는 시설을 새로 취득하여 해당 사업에 사용하기 위한 투자를 말한다. (2017. 2. 7. 개정)
② 법 제26조 제1항에 따른 투자금액은 제1호의 금액에서 제2호의 금액을 뺀 금액으로 한다. (2012. 2. 2. 개정)
1. 총투자금액에 「법인세법 시행령」 제69조 제1항에 따른 작업진행률에 따라 계산한 금액과 해당 과세연도까지 실제로 지출한 금액 중 큰 금액 (2012. 2. 2. 개정)
2. 다음 각 목의 금액을 더한 금액 (2012. 2. 2. 개정)
　가. 해당 과세연도 전에 법 제26조 제1항 제1호를 적용받은 투자금액 (2012. 2. 2. 개정)
　나. 해당 과세연도 전의 투자분으로서 가목의 금액을 제외한 투자분에 대하여 제1호를 준용하여 계산한 금액 (2012. 2. 2. 개정)
③ 법 제26조 제1항 제1호 각 목 외의 부분에서 "대통령령으로 정하는 중견기업"이란 제4조 제1항에 따른 중견기업을 말한다. (2019. 2. 12. 개정)
③ 삭 제 (2021. 2. 17.)
④ 법 제26조 제1항 제2호 각 목 외의 부분 본문에서 "대통령령으로 정

비용"이란 별표 8의 9 제3호 각 목의 제작비용을 말한다. (2024. 3. 22. 신설)
⑫ 영상콘텐츠 제작자가 영 제22조의 10 제4항 제2호 라목 전단에 따른 권리를 공동으로 보유한 경우에는 해당 권리의 행사에 따른 수익의 100분의 50 이상을 배분받는 경우에만 그 권리를 보유한 것으로 본다. (2024. 3. 22. 신설)
⑬ 영 제22조의 10 제6항에서 "그 밖에 필요한 서류"란 같은 조 제4항 각 호에 따른 요건의 충족 여부를 확인할 수 있는 서류를 말한다. (2024. 3. 22. 신설)
⑭ 영 제22조의 10 제6항 제1호 각 목의 어느 하나에 해당하는 과세연도에 대하여 법 제25조의 6 제1항에 따라 세액공제를 받으려는 경우에는 다음 각 호의 구분에 따른 영상콘텐츠 제작비용에 대하여 세액공제를 신청할 수 있다. (2024. 3. 22. 항번개정)
1. 영 제22조의 10 제6항 제1호 가목의 과세연도 : 다음 각 목의 구분에 따른 영상콘텐츠 제작비용 (2023. 3. 20. 개정)
　가. 첫번째 회차가 방송 또는 시청에 제공된 날이 속하는 과세연도 : 해당 과세연도까지 발생한 영상콘텐츠 제작비용 (2023. 3. 20. 개정)
　나. 첫번째 회차가 방송 또는 시청에 제공된 날이 속하는 과세연도 후의 과세연도 : 해당 과세연도까지 발생한 영상콘텐츠 제작비용에서 직전 과세연도까지 발생한 영상콘텐츠 제작비용을 뺀 금액(제7항 제5호에 따라 세액공제 대상에서 제외

나. 수도권 밖의 지역에 투자하는 경우에는 해당 투자금액의 100분의 2에 상당하는 금액 (2014. 12. 23. 개정)
2. 추가공제금액 : 수도권과밀억제권역 외 수도권 내에 투자하는 경우에는 해당 투자금액의 100분의 3(중소기업은 100분의 6, 중견기업은 100분의 5)에 상당하는 금액으로 하고, 수도권 밖의 지역에 투자하는 경우에는 해당 투자금액의 100분의 4(중소기업은 100분의 7, 중견기업은 100분의 6)에 상당하는 금액으로 하되, 대통령령으로 정하는 서비스업을 영위하는 경우에는 각각 해당 투자금액의 100분의 1에 상당하는 금액을 가산한 금액으로 한다. 다만, 그 금액이 가목부터 다목까지의 금액을 순서대로 더한 금액에서 라목의 금액을 뺀 금액을 초과하는 경우에는 그 초과하는 금액은 없는 것으로 한다. (2017. 4. 18. 개정)
가. 해당 과세연도에 최초로 근로계약을 체결한 상시근로자 중 「초·중등교육법」 제2조에 따른 학교로서 산업계의 수요에 직접 연계된 맞춤형 교육과정을 운영하는 고등학교 등 직업교육훈련을 실시하는 대통령령으로 정하는 학교(이하 "산업수요맞춤형고등학교등"이라 한다)의 졸업생 수 × 2천만원(중소기업의 경우는 2천500만원) (2016. 12. 20. 개정)
나. 해당 과세연도에 최초로 근로계약을 체결한 가목 외의 상시근로자 중 청년근로자, 장애인근로자, 60세 이상인 근로자 수 × 1천500만원(중소기업의 경우는 2천만원) (2016. 12. 20. 개정)
다. (해당 과세연도의 상시근로자 수 - 직전 과세연도의 상시근로자 수 - 가목에 따른 졸업생 수 - 나목에 따른 청년근로자, 장애인근로자, 60세 이상인 근로자 수) × 1천만원(중소기업의 경우는 1천500만원) (2016. 12. 20. 개정)
라. 해당 과세연도에 제144조 제3항에 따라 이월공제받는 금액 (2011. 12. 31. 개정)
② 내국법인이 「법인세법」 제63조 및 제63조의 2에 따른 중간예납[같은 법 제63조의 2 제1항 제2호의 방법으로 중간예납(中間豫納)하는 경우는 제외한다] 또는 같은 법 제76조의 18에 따른 연결중간예납(같은 법 제76조의 18 제1항 제2호의 방법으로 중간예납하는 경우는 제외

하는 서비스업"이란 다음 각 호의 어느 하나에 해당하는 사업을 제외한 사업(이하 이 조에서 "서비스업"이라 한다)을 말한다. (2017. 2. 7. 개정)
1. 농업, 임업 및 어업 (2017. 2. 7. 신설)
2. 광업 (2017. 2. 7. 신설)
3. 제조업 (2017. 2. 7. 신설)
4. 전기, 가스, 증기 및 수도사업 (2017. 2. 7. 신설)
5. 건설업 (2017. 2. 7. 신설)
6. 제29조 제3항에 따른 소비성서비스업 (2017. 2. 7. 신설)
⑤ 법 제26조 제1항 제2호 가목에서 "대통령령으로 정하는 학교"란 다음 각 호의 어느 하나에 해당하는 학교(이하 "산업수요맞춤형고등학교등"이라 한다)를 말한다. (2015. 2. 3. 개정)
1. 「초·중등교육법 시행령」 제90조 제1항 제10호에 따른 산업수요맞춤형 고등학교 (2012. 2. 2. 개정)
2. 「초·중등교육법 시행령」 제91조 제1항에 따른 특성화고등학교 (2012. 2. 2. 개정)
3. 「초·중등교육법」 제2조 제5호에 따른 각종학교(같은 법 제60조의 3에 따른 대안학교 중 직업과정을 운영하는 학교 및 같은 법 시행령 제76조의 2 제1호에 따른 일반고등학교 재학생에 대한 직업과정 위탁교육을 수행하는 학교만 해당한다) (2015. 2. 3. 개정)
⑥ 법 제26조 제1항 제2호를 적용할 때 둘 이상의 서로 다른 사업을 영위하는 내국인이 서비스업과 그 밖의 사업에 공동으로 사용되는 사업용자산을 취득한 경우에는 해당 사업용자산은 그 자산을 주로 사용하는 사업의 사업용자산으로 본다. (2017. 2. 7. 개정)
⑦ 법 제26조 제1항 제2호 가목에 따른 산업수요맞춤형고등학교등의 졸업생 수는 근로계약 체결일 현재 산업수요맞춤형고등학교등을 졸업한 날부터 2년 이상 경과하지 아니한 상시근로자 수(해당 과세연도의 상시근로자 수에서 직전 과세연도의 상시근로자 수를 뺀 수를 한도로 한다)로 한다. (2015. 2. 3. 항번개정)
⑧ 법 제26조 제1항 제2호 나목에 따른 청년근로자, 장애인근로자, 60세 이상인 근로자 수는 다음 각 호에 따라 계산한 수로 한다. (2015. 2. 3. 항번개정)
1. 청년근로자 수 : 근로계약 체결일 현재 15세 이상 29세 이하인

된 제작비용은 빼지 않는다) (2023. 3. 20. 개정)
2. 영 제22조의 10 제6항 제1호 나목의 과세연도 : 전체 영상콘텐츠 제작비용 (2023. 3. 20. 개정)

제14조【고용창출투자세액공제 대상 사업용자산의 범위】 (2011. 4. 7. 제목개정)
영 제23조 제1항에서 "기획재정부령으로 정하는 사업용자산"이란 제3조에 따른 사업용자산과 다음 각 호의 자산을 말한다. 다만, 「관광진흥법」에 따라 등록한 전문휴양업 또는 종합휴양업을 영위하는 자의 경우에는 제5호의 자산에 한정한다. (2009. 8. 28. 개정)
1. 건설업을 영위하는 자가 당해 사업에 직접 사용하는 사업용자산으로서 「지방세법 시행규칙」 제3조에 따른 기계장비 (2011. 4. 7. 개정)
2. 도매업·소매업·물류산업 또는 항공운송업을 영위하는 자가 해당 사업에 직접 사용하는 사업용자산으로서 별표 3의 유통산업합리화시설 (2014. 3. 14. 개정)
3. 「관광진흥법」에 의하여 등록한 관광숙박업 및 국제회의기획업, 「노인복지법」에 의한 노인복지시설을 운영하는 사업을 영위하는 자가 당해 사업에 직접 사용하는 사업용자산으로서 「건축법」에 의한 건축물과 당해 건축물에 부착설치된 시설물 중 「지방세법 시행령」 제6조에 따른 시설물 (2011. 4. 7. 개정)
4. 전기통신업을 영위하는 자가 타인에게 임대 또는 위탁운용하거나 공동으로 사

한다)을 할 때 그 중간예납기간에 제1항이 적용되는 투자를 한 경우에는 그 중간예납세액에서 제1항을 준용하여 계산한 중간예납기간의 투자분에 해당하는 세액공제액을 뺀 금액을 중간예납세액으로 하여 납부할 수 있다. 이 경우 "해당 과세연도"는 "중간예납기간"으로 본다. (2018. 12. 24. 개정)

③ 거주자가 「소득세법」 제65조에 따른 중간예납을 할 때 그 중간예납기간에 제1항이 적용되는 투자를 한 경우에는 그 중간예납세액에서 제1항을 준용하여 계산한 중간예납기간의 투자분에 해당하는 세액공제액(그 중간예납세액 중 사업소득에 대한 세액을 한도로 한다)을 뺀 금액을 중간예납세액으로 하여 11월 1일부터 11월 30일까지의 기간에 납세지 관할 세무서장에게 신고할 수 있다. 이 경우 "해당 과세연도"는 "중간예납기간"으로 본다. (2011. 12. 31. 개정)

④ 거주자가 제3항에 따라 신고를 한 경우에는 「소득세법」 제65조 제3항에 따라 신고한 것으로 보고 같은 법(제65조 제9항 후단은 제외한다)을 적용한다. (2011. 12. 31. 개정)

⑤ 제2항 또는 제3항에 따라 납부 또는 신고하는 중간예납세액이 제132조에 따라 계산한 직전 과세연도 최저한세액(最低限稅額)의 100분의 50에 미달하는 경우에는 그 미달하는 세액에 상당하는 중간예납기간의 투자분에 해당하는 세액공제액은 빼지 아니한다. (2011. 12. 31. 신설)

⑥ 제1항 또는 제144조 제3항에 따라 소득세 또는 법인세를 공제받은 자가 그 공제받은 과세연도 종료일부터 2년이 되는 날이 속하는 과세연도 종료일까지의 기간 중 각 과세연도의 상시근로자 수가 공제받은 과세연도의 상시근로자 수보다 감소한 경우에는 대통령령으로 정하는 바에 따라 공제받은 세액에 상당하는 금액을 소득세 또는 법인세로 납부하여야 한다. (2011. 12. 31. 개정)

⑦ 제2항 및 제3항에 따라 공제받은 중간예납기간의 투자분에 해당하는 세액공제액이 해당 과세연도의 제1항이 적용되는 투자분에 해당하는 세액공제액을 초과하는 경우에는 해당 과세연도의 과세표준을 신고할 때 그 초과하는 부분에 상당하는 금액을 소득세 또는 법인세로 납부하여야 한다. (2011. 12. 31. 개정)

⑧ 제1항부터 제3항까지, 제6항 또는 제144조 제3항을 적용할 때 상시

상시근로자 수(해당 과세연도의 상시근로자 수에서 직전 과세연도의 상시근로자 수와 제7항에 따른 산업수요맞춤형고등학교등의 졸업생 수를 뺀 수를 한도로 한다)로 한다. 다만, 그 청년근로자가 제27조 제1항 제1호 각 목의 어느 하나에 해당하는 병역을 이행한 경우에는 그 기간(6년을 한도로 한다)을 근로계약 체결일 현재 연령에서 빼고 계산한 연령이 9세 이하인 사람을 포함한다. (2015. 2. 3. 개정)

2. 장애인근로자 수 : 근로계약 체결일 현재 「장애인복지법」의 적용을 받는 장애인인 상시근로자 수와 「국가유공자 등 예우 및 지원에 관한 법률」에 따른 상이자인 상시근로자 수를 더한 수(해당 과세연도의 상시근로자 수에서 직전 과세연도의 상시근로자 수, 제7항에 따른 산업수요맞춤형고등학교등의 졸업생 수와 제1호에 따른 청년근로자 수를 뺀 수를 한도로 한다)로 한다. (2015. 2. 3. 개정)

3. 60세 이상인 근로자 수 : 근로계약 체결일 현재 60세 이상인 상시근로자 수(해당 과세연도의 상시근로자 수에서 직전 과세연도의 상시근로자 수, 제7항에 따른 산업수요맞춤형고등학교등의 졸업생 수, 제1호에 따른 청년근로자 수와 제2호에 따른 장애인근로자 수를 뺀 수를 한도로 한다)로 한다. (2015. 2. 3. 개정)

⑨ 법 제26조 제6항에 따라 납부하여야 할 소득세액 또는 법인세액은 다음 각 호의 구분에 따라 계산한 금액[제1호 및 제2호(가목 및 나목의 금액을 합한 금액을 말한다)의 금액은 상시근로자 수가 감소된 과세연도의 직전 2년 이내의 과세연도에 법 제26조 제1항 제2호 및 제144조 제3항에 따라 공제받은 세액의 합계액을 한도로 한다]으로 하며, 이를 상시근로자 수가 감소된 과세연도의 과세표준을 신고할 때 소득세 또는 법인세로 납부하여야 한다. (2015. 2. 3. 항번개정)

1. 상시근로자 수가 1개 과세연도에만 감소한 경우 : 법 제26조 제1항 제2호 또는 제144조 제3항에 따라 공제받은 과세연도(2개 과세연도 연속으로 공제받은 경우에는 두 번째 과세연도로 한다)보다 감소한 상시근로자 수 × 1천만원 (2012. 2. 2. 개정)

2. 상시근로자 수가 2개 과세연도 연속으로 감소한 경우 (2010. 12. 30. 신설)

　가. 상시근로자 수가 감소한 첫 번째 과세연도 : 제1호에 따라 계산

용하기 위하여 취득하는 사업용자산으로서 「전파법 시행령」 제68조 및 제69조에 따른 무선설비 (2009. 8. 28. 개정)

5. 「관광진흥법」에 따라 등록한 전문휴양업 또는 종합휴양업을 영위하는 자가 해당 사업에 직접 사용하는 사업용자산으로서 「관광진흥법 시행령」 제2조 제1항 제3호 가목 또는 제5호 가목에 따른 숙박시설·전문휴양시설(골프장 시설은 제외한다) 또는 종합유원시설업의 시설 (2011. 4. 7. 개정)

6. 영 제23조 제1항 각 호의 사업을 영위하는 자가 취득하거나 투자하는 다음 각 목의 자산으로서 「건축법」에 따른 건축물과 해당 건축물에 부착된 시설물 중 「지방세법 시행령」 제6조에 따른 시설물 (2013. 12. 26. 신설)

　가. 「도서관법」 제31조에 따라 등록한 사립 공공도서관 (2013. 12. 26. 신설)

　나. 「박물관 및 미술관 진흥법」 제16조에 따라 등록한 박물관이나 미술관 (2013. 12. 26. 신설)

　다. 「공연법」 제9조에 따라 등록한 공연장(「영화 및 비디오물의 진흥에 관한 법률」 제36조에 따른 영화상영관은 제외한다) (2013. 12. 26. 신설)

　라. 「과학관의 설립·운영 및 육성에 관한 법률」 제6조에 따라 등록한 과학관 (2014. 3. 14. 신설)

근로자 및 청년근로자, 장애인근로자, 60세 이상인 근로자의 범위와 상시근로자, 산업수요맞춤형고등학교등의 졸업생 및 청년근로자, 장애인근로자, 60세 이상인 근로자 수의 계산방법, 그 밖에 필요한 사항은 대통령령으로 정한다. (2014. 1. 1. 개정)

⑨ 제1항부터 제3항까지의 규정을 적용받으려는 내국인은 대통령령으로 정하는 바에 따라 세액공제신청을 하여야 한다. (2011. 12. 31. 개정)

한 금액 (2010. 12. 30. 신설)

나. 상시근로자 수가 감소한 두 번째 과세연도 : 해당 과세연도의 직전 과세연도보다 감소한 상시근로자 수 × 1천만원 (2010. 12. 30. 신설)

⑩ 제7항부터 제9항까지의 규정을 적용할 때 상시근로자는 「근로기준법」에 따라 근로계약을 체결한 내국인 근로자로 한다. 다만, 다음 각 호의 어느 하나에 해당하는 사람은 제외한다. (2015. 2. 3. 개정)

1. 근로계약기간이 1년 미만인 근로자(근로계약의 연속된 갱신으로 인하여 그 근로계약의 총 기간이 1년 이상인 근로자는 제외한다) (2020. 2. 11. 개정)

2. 「근로기준법」 제2조 제1항 제9호에 따른 단시간근로자. 다만, 1개월간의 소정근로시간이 60시간 이상인 근로자는 상시근로자로 본다. (2020. 6. 2. 개정)

3. 「법인세법 시행령」 제40조 제1항 각 호의 어느 하나에 해당하는 임원 (2019. 2. 12. 개정)

4. 해당 기업의 최대주주 또는 최대출자자(개인사업자의 경우에는 대표자를 말한다)와 그 배우자 (2012. 2. 2. 신설)

5. 제4호에 해당하는 자의 직계존비속(그 배우자를 포함한다) 및 「국세기본법 시행령」 제1조의 2 제1항에 따른 친족관계인 사람 (2012. 2. 2. 신설)

6. 「소득세법 시행령」 제196조에 따른 근로소득원천징수부에 의하여 근로소득세를 원천징수한 사실이 확인되지 아니하고, 다음 각 목의 어느 하나에 해당하는 금액의 납부사실도 확인되지 아니하는 자 (2012. 2. 2. 신설)

　　가. 「국민연금법」 제3조 제1항 제11호 및 제12호에 따른 부담금 및 기여금 (2012. 2. 2. 신설)

　　나. 「국민건강보험법」 제69조에 따른 직장가입자의 보험료 (2012. 8. 31. 개정 ; 국민건강보험법 시행령 부칙)

⑪ 제7항과 제8항을 적용할 때 상시근로자 수는 제1호의 계산식에 따라 계산한 수로 한다. 이 경우 제10항 제2호 단서에 따른 근로자 1명은 0.5명으로 하여 계산하되, 제2호 각 목의 지원요건을 모두 충족하는 경우에는 0.75명으로 하여 계산한다. (2015. 2. 3. 개정)

- 영화관 운영업 영위 내국인이 영화상영관의 시설기준에 따라 투자하는 시설은 고용창출투자세액공제를 적용받을 수 있는 사업용 유형자산에 해당하나, 인테리어 등 건축물 부속설비에 해당하는 유형자산은 제외되는 것이며, 영화상영관의 시설기준에 따라 설치하는 영화관람석 의자는 사업용 유형자산에 해당함. (재조특－54, 2014. 1. 23.)

- 고용창출투자세액공제를 적용함에 있어 상시근로자는 근로기준법에 따라 근로계약을 체결한 내국인근로자로서 조특법 시행령 제23조 제7항(2015. 2. 3.에 10항으로 개정) 각 호에 해당하는 자는 제외하는 것이나, 대한민국의 국적을 보유하지 아니한 외국인 근로자가 소득세법에 따른 거주자에 해당하는 경우에는 상시근로자에 포함하는 것임. (법규－803, 2014. 7. 29.)

- 기존의 사업용 자산의 내용연수를 증가시키거나 당해 자산의 가치를 현실적으로 증가시키기 위한 자본적지출액은 임시투자세액공제의 대상이 되는 사업용 자산에 대한 신규투자금액에 포함되는 것임. (조심 2010서1428, 2011. 3. 31.)

직전 과세연도 상시근로자 수 (2019. 2. 12. 개정)

3. 다음 각 목의 어느 하나에 해당하는 경우의 직전 또는 해당 과세연
도의 상시근로자 수 : 직전 과세연도의 상시근로자 수는 승계시킨
기업의 경우에는 직전 과세연도 상시근로자 수에 승계시킨 상시근
로자 수를 뺀 수로 하고, 승계한 기업의 경우에는 직전 과세연도
상시근로자 수에 승계한 상시근로자 수를 더한 수로 하며, 해당 과
세연도의 상시근로자 수는 해당 과세연도 개시일에 상시근로자를
승계시키거나 승계한 것으로 보아 계산한 상시근로자 수로 한다.
(2014. 2. 21. 개정)

　　가. 해당 과세연도에 합병·분할·현물출자 또는 사업의 양수 등
　　　에 의하여 종전의 사업부문에서 종사하던 상시근로자를 승계
　　　하는 경우 (2013. 2. 15. 개정)

　　나. 제11조 제1항에 따른 특수관계인으로부터 상시근로자를 승계
　　　하는 경우 (2013. 2. 15. 개정)

⑭ 제1항 및 제2항을 적용할 때 투자의 개시시기는 다음 각 호의 어느
하나에 해당하는 때로 한다. (2015. 2. 3. 항번개정)

1. 국내·국외 제작계약에 따라 발주하는 경우에는 발주자가 최초로
주문서를 발송한 때 (2008. 10. 7. 개정)

2. 제1호의 규정에 의한 발주에 의하지 아니하고 매매계약에 의하여
매입하는 경우에는 계약금 또는 대가의 일부를 지급한때(계약금 또
는 대가의 일부를 지급하기 전에 당해 시설을 인수한 경우에는 실
제로 인수한 때) (98. 12. 31 개정)

3. 당해 시설을 수입하는 경우로서 승인을 얻어야 하는 경우에는 제1호
및 제2호의 규정에 불구하고 수입승인을 얻은 때 (98. 12. 31 개정)

4. 자기가 직접 건설 또는 제작하는 경우에는 실제로 건설 또는 제작
에 착수한 때. 이 경우 사업의 타당성 및 예비적 준비를 위한 것은
착수한 때에 포함하지 아니한다. (2008. 10. 7. 후단신설)

5. 타인에게 건설을 의뢰하는 경우에는 실제로 건설에 착공한 때. 이
경우 사업의 타당성 및 예비적 준비를 위한 것은 착공한 때에 포함
하지 아니한다. (2008. 10. 7. 신설)

☞ p.1303 2단 연결

1. 계산식 (2014. 2. 21. 개정)

> 상시근로자 수 = 해당 과세연도의 매월 말 현재 상시근로자 수의
> 합 ÷ 해당 과세연도의 개월 수

2. 지원요건 (2014. 2. 21. 개정)

　　가. 해당 과세연도의 상시근로자 수(제10항 제2호 단서에 따른 근
　　　로자는 제외한다)가 직전 과세연도의 상시근로자 수(제10항 제
　　　2호 단서에 따른 근로자는 제외한다)보다 감소하지 아니하였
　　　을 것 (2015. 2. 3. 개정)

　　나. 기간의 정함이 없는 근로계약을 체결하였을 것 (2014. 2. 21. 개정)

　　다. 상시근로자와 시간당 임금(「근로기준법」 제2조 제1항 제5호
　　　에 따른 임금, 정기상여금·명절상여금 등 정기적으로 지급
　　　되는 상여금과 경영성과에 따른 성과금을 포함한다), 그 밖에
　　　근로조건과 복리후생 등에 관한 사항에서 「기간제 및 단시간
　　　근로자 보호 등에 관한 법률」 제2조 제3호에 따른 차별적 처
　　　우가 없을 것 (2014. 2. 21. 개정)

　　라. 시간당 임금이 「최저임금법」 제5조에 따른 최저임금액의 100
　　　분의 130(중소기업의 경우에는 100분의 120) 이상일 것 (2016.
　　　2. 5. 개정)

⑫ 제11항에 따라 계산한 상시근로자 수 중 100분의 1 미만 부분은
없는 것으로 한다. (2015. 2. 3. 개정)

⑬ 제7항 및 제8항을 적용할 때 해당 과세연도에 창업 등을 한 내국인
의 경우에는 다음 각 호의 구분에 따른 수를 직전 또는 해당 과세연도
의 상시근로자 수로 본다. (2015. 2. 3. 개정)

1. 창업(법 제6조 제10항 제1호부터 제3호까지의 규정에 해당하는 경
우는 제외한다)한 경우의 직전 과세연도의 상시근로자 수 : 0
(2019. 2. 12. 개정)

2. 법 제6조 제10항 제1호(합병·분할·현물출자 또는 사업의 양수
등을 통하여 종전의 사업을 승계하는 경우는 제외한다)부터 제3
호까지의 어느 하나에 해당하는 경우의 직전 과세연도의 상시근
로자 수 : 종전 사업, 법인전환 전의 사업 또는 폐업 전의 사업의

제26조의 2【특정사회기반시설 집합투자기구 투자자에 대한 과
세특례】① 거주자가 2022년 12월 31일까지 제2항에 따른 전용계좌
에 가입하고 다음 각 호의 요건을 모두 갖춘 집합투자기구(이하 이 조
에서 "특정사회기반시설 집합투자기구"라 한다)에 투자하여 발생하는
<u>배당소득</u>(가입일부터 3년 이내에 지급받는 경우로 한정한다)은 「소득
세법」 제129조에도 불구하고 100분의 9의 세율을 적용하고, 같은 법
제14조 제2항에 따른 종합소득과세표준에 합산하지 아니한다. (2024.
12. 31. 개정)

1. 대통령령으로 정하는 종류의 집합투자기구일 것 (2020. 12. 29. 신설)
2. 대통령령으로 정하는 투자대상에 집합투자재산의 100분의 50 이상
   으로서 대통령령으로 정하는 비율 이상을 투자할 것 (2020. 12. 29.
   신설)
3. 「자본시장과 금융투자업에 관한 법률」 제9조 제19항에 따른 사
   모집합투자기구에 해당하지 아니할 것 (2020. 12. 29. 신설)
② 제1항의 조세특례는 다음 각 호의 요건을 모두 갖춘 계좌(이하 이
조에서 "전용계좌"라 한다)를 통하여 투자하는 경우에 적용한다.
(2020. 12. 29. 신설)
1. 1명당 1개의 전용계좌만 가입할 것 (2020. 12. 29. 신설)
2. 납입한도가 2억원 이하일 것 (2020. 12. 29. 신설)
3. 특정사회기반시설 집합투자기구의 「자본시장과 금융투자업에 관한
   법률」 제4조에 따른 지분증권 또는 수익증권에만 투자할 것 (2020.
   12. 29. 신설)

③ 삭 제 (2024. 12. 31.)

---

⑮ 법 제26조 제1항에 따라 세액공제를 받으려는 자는 과세표준신고
와 함께 기획재정부령으로 정하는 세액공제신청서 및 공제세액계산서
를 납세지 관할세무서장에게 제출하여야 한다. (2015. 2. 3. 항번개정)
⑯ 법 제26조 제2항에 따라 세액공제를 받으려는 자는 중간예납세액
납부시 기획재정부령으로 정하는 세액공제신청서를 납세지 관할세무
서장에게 제출하여야 한다. (2017. 2. 7. 개정)
⑰ 법 제26조 제3항에 따라 중간예납세액을 신고하려는 자는 기획
재정부령으로 정하는 세액공제신청서 및 중간예납세액신고서를 납
세지 관할세무서장에게 제출하여야 한다. (2017. 2. 7. 개정)
⑱ 「개성공업지구 지원에 관한 법률」 제2조 제1호에 따른 개성공업지
구에 제1항에 따른 투자를 하는 경우에도 제2항 및 제4항부터 제17항
까지의 규정을 준용한다. (2021. 2. 17. 개정)

제24조【특정사회기반시설 집합투자기구 투자자에 대한 과세특
례】① 법 제26조의 2 제1항 제1호에서 "대통령령으로 정하는 종류의 집
합투자기구"란 다음 각 호의 집합투자기구를 말한다. (2021. 2. 17. 신설)
1. 「부동산투자회사법」 제2조 제1호에 따른 부동산투자회사 (2021. 2.
   17. 신설)
2. 「사회기반시설에 대한 민간투자법」 제41조 제2항에 따른 투융자집
   합투자기구 (2021. 2. 17. 신설)
3. 「자본시장과 금융투자업에 관한 법률」 제229조 제2호에 따른 부동
   산집합투자기구 (2021. 2. 17. 신설)
4. 「자본시장과 금융투자업에 관한 법률」 제229조 제3호에 따른 특별
   자산집합투자기구 (2021. 2. 17. 신설)
② 법 제26조의 2 제1항 제2호에서 "대통령령으로 정하는 투자대상"
이란 제1호의 자산 중 제2호의 산업과 관련된 것으로 기획재정부령으
로 정하는 바에 따라 인정된 사회기반시설 및 부동산(이하 이 조에서
"특정사회기반시설"이라 한다)에 관한 자산(이하 이 조에서 "투자대상
자산"이라 한다)을 말한다. (2021. 2. 17. 신설)
1. 특정사회기반시설 관련 자산 (2021. 2. 17. 신설)
   가. 「사회기반시설에 대한 민간투자법」 제43조 제1항 제1호 및 제2

제16조【특정사회기반시설 집합투자
기구 투자대상】① 영 제24조 제2항 각
호 외의 부분에서 "기획재정부령으로 정
하는 바에 따라 인정된 사회기반시설 및
부동산"이란 기획재정부장관이 같은 항
제2호의 산업과 관련된 것으로 인정한 사
회기반시설 및 부동산을 말한다. (2023.

③ 특정사회기반시설 집합투자기구 및 전용계좌의 구체적 요건, 투자금액의 계산방법, 전용계좌의 확인 등 그 밖에 필요한 사항은 대통령령으로 정한다. (2024. 12. 31. 항번개정)

호에 따른 주식·지분·채권(대출채권을 포함한다) (2021. 2. 17. 신설)

나.「사회기반시설에 대한 민간투자법」 제43조 제1항 제3호 및 제4호에 따라 취득한 자산 (2021. 2. 17. 신설)

다.「사회기반시설에 대한 민간투자법」 제2조 제1호에 따른 사회기반시설에 해당하는 부동산 등 기획재정부령으로 정하는 자산 (2021. 2. 17. 신설)

2. 특정사회기반시설 관련 산업 (2021. 2. 17. 신설)

가.「정보통신산업 진흥법」 제2조 제2호에 따른 정보통신산업 (2021. 2. 17. 신설)

나.「기후위기 대응을 위한 탄소중립·녹색성장 기본법」에 따른 녹색산업 (2022. 3. 25. 개정 ; 기후위기~부칙)

다. 그 밖에 기획재정부령으로 정하는 산업 (2021. 2. 17. 신설)

③ 법 제26조의 2 제1항 제2호에서 "대통령령으로 정하는 비율"이란 100분의 50을 말한다. (2021. 2. 17. 신설)

④ 제3항에 따른 비율은 투자대상자산의 가액이 법 제26조의 2 제1항에 따른 특정사회기반시설 집합투자기구(이하 이 조에서 "특정사회기반시설집합투자기구"라 한다)의 자산총액에서 차지하는 연평균 비율로서 다음 계산식에 따라 계산한다. 이 경우 연평균 비율 판정기간은 설정일·설립일·영업인가일(이하 이 항에서 "설정일등"이라 한다)부터 매 1년 동안의 기간으로 한다. (2021. 2. 17. 신설)

$$\text{연평균 비율} = A \div B$$

A : 일별 투자비율을 합산한 비율

$$\frac{\text{투자}}{\text{비율}} = \frac{\text{투자대상자산의 가액}}{\text{특정사회기반시설 집합투자기구의 자산총액}}$$

B : 설정일등부터 매 1년 동안의 총일수

⑤ 특정사회기반시설집합투자기구가 다른 집합투자기구를 통하여 투자대상자산에 투자하는 경우 제4항의 계산식 중 투자대상자산의 가액은 다음의 계산식에 따라 계산한다. (2021. 2. 17. 신설)

3. 20. 개정)

② 영 제24조 제2항 제1호 다목에서 "기획재정부령으로 정하는 자산"이란 다음 각 호의 어느 하나에 해당하는 자산을 말한다. (2021. 3. 16. 신설)

1.「사회기반시설에 대한 민간투자법」 제2조 제1호에 따른 사회기반시설에 해당하는 부동산(이하 이 조에서 "사회기반시설부동산"이라 한다) (2021. 3. 16. 신설)

2. 사회기반시설부동산을 기초자산으로 한 파생상품 (2021. 3. 16. 신설)

3.「자본시장과 금융투자업에 관한 법률 시행령」 제240조 제4항의 방법으로 사회기반시설부동산 및 사회기반시설부동산과 관련된 증권(같은 조 제5항 각 호의 증권을 말한다)에 투자하여 취득한 자산 (2021. 3. 16. 신설)

투자대상자산의 가액 = A + B
A : 특정사회기반시설집합투자기구가 보유한 투자대상자산의 가액
B : 특정사회기반시설집합투자기구가 보유한 다른 집합투자기구의 지분증권 또는 수익증권의 가액 × (다른 집합투자기구가 보유한 투자대상자산의 가액 ÷ 다른 집합투자기구의 자산총액)

⑥ 제4항 및 제5항에 따른 일별 투자비율을 계산할 때 투자대상자산의 가액이 투자원금보다 적은 경우에는 투자대상자산의 가액을 다음 계산식에 따라 계산한다. (2021. 2. 17. 신설)

투자대상자산의 가액 = A + B
A : 특정사회기반시설집합투자기구가 보유한 투자대상자산의 투자원금
B : 특정사회기반시설집합투자기구가 보유한 다른 집합투자기구의 지분증권 또는 수익증권의 투자원금 × (다른 집합투자기구가 보유한 투자대상자산의 가액 ÷ 다른 집합투자기구의 자산총액)

⑦ 제4항의 계산식에도 불구하고 다음 각 호의 어느 하나에 해당하는 기간과 그 기간의 일별 투자비율은 연평균 비율을 계산할 때 제외한다. (2021. 2. 17. 신설)

1. 특정사회기반시설집합투자기구의 설 정일등부터 3개월 (2021. 2. 17. 신설)
2. 특정사회기반시설집합투자기구의 해지·해산 이전 3개월 (2021. 2. 17. 신설)
3. 그 밖에 사회기반시설 사업의 지연 기간 등 기획재정부령으로 정하는 기간 (2021. 2. 17. 신설)

⑧ 법 제26조의 2 제2항에 따른 전용계좌(이하 이 조에서 "전용계좌"라 한다)의 구체적 요건은 다음 각 호와 같다. (2021. 2. 17. 신설)

1. 특정사회기반시설집합투자기구 전용계좌의 명칭으로 개설한 계좌일 것 (2021. 2. 17. 신설)
2. 계약기간이 1년 이상일 것 (2021. 2. 17. 신설)

⑨ 전용계좌에 지급된 배당소득 및 금융투자소득과 재투자된 금액은 법 제26조의 2 제2항 제2호에 따른 납입한도에 포함하지 않는다. (2022. 2. 15. 개정)

⑨ 전용계좌에 지급된 배당소득과 재투자된 금액은 법 제26조의 2 제2항 제2호에 따른 납입한도에 포함하지 않는다. (2024. 12. 31. 개정)

⑩ 전용계좌를 보유한 거주자(이하 "계좌보유자"라 한다)가 전용계좌에서 일부 금액을 인출하는 경우에는 투자원금부터 인출한 것으로 본다. (2021. 2. 17. 신설)

⑪ 계약기간 중 다음 각 호의 어느 하나에 해당하는 사유로 계약을 해지하는 경우에도 해지 시 지급받은 배당소득 및 금융투자소득에 대해 법 제26조의 2 제1항에 따른 조세특례를 적용한다. (2022. 2. 15. 개정)

⑪ 계약기간 중 다음 각 호의 어느 하나에 해당하는 사유로 계약을 해지하는 경우에도 해지 시 지급받은 배당소득에 대해 법 제26조의 2 제1항에 따른 조세특례를 적용한다. (2024. 12. 31. 개정)

1. 계좌보유자가 사망하거나 해외로 이주한 경우 (2021. 2. 17. 신설)
1. 계좌보유자가 사망하거나 「해외이주법」에 따라 해외이주한 경우 (2025. 2. 28. 개정)
2. 계약 해지일 전 6개월 이내에 계좌보유자에게 제81조 제6항 제3호 각 목의 어느 하나에 해당하는 사유가 발생한 경우 (2024. 11. 12. 개정)

⑫ 제11항 각 호의 사유로 계약을 해지하려는 거주자는 기획재정부령으로 정하는 특별해지사유신고서를 전용계좌를 관리하는 금융회사등(이하 이 조에서 "금융회사등"이라 한다)에 제출해야 한다. (2021.

☞ p.1306 2단 연결

제27조【투융자집합투자기구 투자자에 대한 과세특례】① 거주자가 다음 각 호의 요건을 모두 갖추어 2025년 12월 31일까지 「사회기반시설에 대한 민간투자법」 제41조 제2항에 따른 투융자집합투자기구(「자본시장과 금융투자업에 관한 법률」 제9조 제19항에 따른 사모집합투자기구에 해당하는 투융자집합투자기구는 제외하며, 이하 이 조에서 "투융자집합투자기구"라 한다)에 투자하여 발생하는 배당소득 및 금융투자소득은 「소득세법」 제14조 제2항 및 제87조의 4에 따른 종합소득과세표준 및 금융투자소득과세표준에 합산하지 아니하며, 해당 금융투자소득에 대해서는 같은 법 제129조 제1항 제9호에도 불구하고 100분의 14의 세율을 적용한다. (2022. 12. 31. 개정)

제27조【투융자집합투자기구 투자자에 대한 과세특례】① 거주자가 다음 각 호의 요건을 모두 갖추어 2025년 12월 31일까지 「사회기반시설에 대한 민간투자법」 제41조 제2항에 따른 투융자집합투자기구(「자본시장과 금융투자업에 관한 법률」 제9조 제19항에 따른 사모집합투자기구에 해당하는 투융자집합투자기구는 제외하며, 이하 이 조에서 "투융자집합투자기구"라 한다)에 투자하여 발생하는 배당소득은 「소득세법」 제14조 제2항에 따른 종합소득과세표준에 합산하지 아니한다. (2024. 12. 31. 개정)

1. 1명당 1개의 투융자집합투자기구전용계좌(이하 이 조에서 "전용계좌"라 한다)만 가입할 것 (2020. 12. 29. 신설)

2. 전용계좌를 통하여 투융자집합투자기구의 「자본시장과 금융투자업에 관한 법률」 제9조 제21항에 따른 집합투자증권에 투자할 것 (2021. 12. 28. 개정)

3. 전용계좌의 납입한도가 1억원 이하일 것 (2020. 12. 29. 신설)

② 제1항에도 불구하고 거주자가 투융자집합투자기구에 투자하여 발생하는 금융투자소득에 대하여 같은 항을 적용받지 아니할 것을 대통령령으로 정하는 바에 따라 신청한 경우에는 해당 금융투자소득에 대하여 「소득세법」 제87조의 4를 적용한다. (2021. 12. 28. 신설)

② 삭 제 (2024. 12. 31.)

② 전용계좌의 구체적 요건, 투자금액의 계산방법 등 그 밖에 필요한 사항은 대통령령으로 정한다. (2024. 12. 31. 항번개정)

2. 17. 신설)

⑬ 기획재정부에 특정사회기반시설에 대한 심의를 위한 위원회를 둘 수 있다. (2021. 2. 17. 신설)

⑭ 법 제26조의 2 제3항을 적용받으려는 자는 기획재정부령으로 정하는 금융투자소득 합산과세 신청서를 「소득세법」 제87조의 23에 따른 금융투자소득과세표준 확정신고기한까지 납세지 관할 세무서장에게 제출해야 한다. (2022. 2. 15. 신설)

⑭ 삭 제 (2024. 12. 31.)

⑮ 전용계좌의 운영, 제13항에 따른 위원회의 구성·운영, 그 밖에 필요한 사항은 기획재정부령으로 정한다. (2022. 2. 15. 항번개정)

제24조의 2【투융자집합투자기구 투자자에 대한 과세특례】① 법 제27조 제1항 제1호에 따른 전용계좌(이하 이 조에서 "전용계좌"라 한다)의 구체적 요건은 다음 각 호와 같다. (2021. 2. 17. 신설)

1. 법 제27조 제1항 각 호 외의 부분에 따른 투융자집합투자기구(이하 이 조에서 "투융자집합투자기구"라 한다) 전용계좌의 명칭으로 개설한 계좌일 것 (2021. 2. 17. 신설)

2. 계약기간이 1년 이상일 것 (2021. 2. 17. 신설)

3. 투융자집합투자기구의 「자본시장과 금융투자업에 관한 법률」 제9조 제21항에 따른 집합투자증권(이하 "집합투자증권"이라 한다)에만 투자할 것 (2021. 2. 17. 신설)

4. 전용계좌 가입 전 보유 중인 투융자집합투자기구의 집합투자증권을 이체하는 것이 제한될 것 (2021. 2. 17. 신설)

② 전용계좌에 지급된 배당소득 및 금융투자소득과 재투자된 금액은 법 제27조 제1항 제3호에 따른 납입한도에 포함하지 않는다. (2022. 2. 15. 개정)

② 전용계좌에 지급된 배당소득과 재투자된 금액은 법 제27조 제1항 제3호에 따른 납입한도에 포함하지 않는다. (2024. 12. 31. 개정)

③ 계좌보유자가 전용계좌에서 일부 금액을 인출하는 경우에는 투자원금부터 인출한 것으로 본다. (2021. 2. 17. 신설)

④ 계약기간 중 전용계좌 해지에 관하여는 제24조 제11항 및 제12항을 준용한다. (2021. 2. 17. 신설)

⑤ 전용계좌 가입여부 확인 관련 자료의 제출·조회 등에 관하여는 제24조 제13항부터 제15항까지의 규정을 준용한다. (2021. 2. 17. 신설)

⑤ 삭 제 (2022. 2. 15.)

⑥ 법 제27조 제2항을 적용받으려는 자는 기획재정부령으로 정하는 금융투자소득 합산과세 신청서를 「소득세법」 제87조의 23에 따른 금융투자소득과세표준 확정신고기한까지 납세지 관할 세무서장에게 제출해야 한다. (2022. 2. 15. 신설)

⑥ 삭 제 (2024. 12. 31.)

⑦ 제1항부터 제4항까지에서 규정한 사항 외에 전용계좌의 운영 등에 필요한 사항은 기획재정부령으로 정한다. (2024. 12. 31. 개정)

제27조의 2【과잉생산설비의 폐기에 대한 세액공제】삭 제
(2000. 12. 29)

　제28조【서비스업 감가상각비의 손금산입특례】① 대통령령으
로 정하는 서비스업을 영위하는 내국인으로서 다음 각 호의 요건을 모
두 충족하는 자가 해당 사업에 사용하기 위하여 대통령령으로 정하는
고정자산(이하 이 조에서 "설비투자자산"이라 한다)을 2015년 12월 31
일까지 취득하는 경우 해당 설비투자자산에 대한 감가상각비는 각 과
세연도의 결산을 확정할 때 손금으로 계상하였는지와 관계없이 대통령
령으로 정하는 바에 따라 계산한 금액의 범위에서 해당 과세연도의 소
득금액을 계산할 때 손금에 산입할 수 있다. (2014. 12. 23. 신설)
1. 해당 과세연도에 취득한 설비투자자산의 취득가액의 합계액이 직전
　과세연도에 취득한 설비투자자산의 취득가액의 합계액보다 클 것
　(2014. 12. 23. 신설)
2. 직전 과세연도에 취득한 설비투자자산의 취득가액의 합계액이 그
　전 과세연도에 취득한 설비투자자산의 취득가액의 합계액보다 클
　것 (2014. 12. 23. 신설)
② 제1항을 적용받으려는 자는 대통령령으로 정하는 바에 따라 손금산
입특례의 적용신청을 하여야 한다. (2014. 12. 23. 신설)
③ 제1항에 따른 감가상각비의 손금계상방법과 그 밖에 필요한 사항은
대통령령으로 정한다. (2014. 12. 23. 신설)

제24조의 3【과잉생산설비의 폐기에 대한 확인 등】삭 제
(2000. 12. 29)

　제25조【서비스업 감가상각비의 손금산입특례】① 법 제28조
제1항 각 호 외의 부분에서 "대통령령으로 정하는 서비스업"이란 제
23조 제4항에 따른 서비스업을 말한다. (2015. 2. 3. 신설)
② 법 제28조 제1항 각 호 외의 부분에서 "대통령령으로 정하는 고정
자산"이란 「법인세법 시행령」 제28조 제6항 및 「소득세법 시행령」 제
63조 제5항 각 호의 어느 하나에 해당하는 자산(이하 이 조에서 "설비
투자자산"이라 한다)을 말한다. (2015. 2. 3. 신설)
③ 법 제28조 제1항 각 호 외의 부분에서 "대통령령으로 정하는 바에
따라 계산한 금액"이란 「법인세법 시행령」 제28조 제1항 제2호 본문
및 「소득세법 시행령」 제63조 제1항 제2호에도 불구하고 제4항에 따
른 신고내용연수를 적용하여 「법인세법 시행령」 제26조 제1항 및 「소
득세법 시행령」 제64조 제1항에 따른 방법(이하 이 조에서 "상각방
법"이라 한다)으로 계산한 금액(이하 이 조에서 "상각범위액"이라 한
다)을 말한다. 이 경우 그 상각방법은 내국인이 「법인세법 시행령」 제
26조 제3항 또는 「소득세법 시행령」 제64조 제2항에 따라 신고한 방
법을 사용하여야 하며, 상각방법의 적용 및 구체적인 상각범위액의 계
산방법에 관하여는 「법인세법 시행령」 제26조 제2항 및 같은 조 제4
항부터 제9항까지와 「소득세법 시행령」 제62조 제1항 후단, 제64조
제3항·제4항, 제66조 및 제71조를 준용한다. (2015. 2. 3. 신설)
④ 상각범위액을 계산할 때 적용하는 내용연수는 「법인세법 시행령」
제26조의 3 제2항 제1호 및 「소득세법 시행령」 제63조 제1항 제2호
에 따른 기준내용연수(이하 이 조에서 "기준내용연수"라 한다)에 그
기준내용연수의 100분의 40을 더하거나 뺀 범위(1년 미만은 없는 것
으로 한다)에서 내국인이 선택하여 납세지 관할 세무서장에게 신고한
내용연수(이하 이 조에서 "신고내용연수"라 한다)로 한다. 이 경우 사
업연도가 1년 미만인 법인의 경우에는 「법인세법 시행령」 제28조 제2
항을 준용하여 계산한다. (2015. 2. 3. 신설)
⑤ 내국인이 제4항에 따라 설비투자자산에 대하여 자산별·업종별로
적용한 신고내용연수는 이후의 과세연도에 계속하여 적용하여야 한

다. (2015. 2. 3. 신설)
⑥ 법 제28조 제1항을 적용받는 설비투자
자산에 대해서는 「법인세법」 제23조 제2
항을 적용하지 아니하며, 해당 설비투자자
산을 적격합병 또는 적격분할로 취득한 경
우에는 해당 합병법인, 분할신설법인 또는
분할합병의 상대방 법인이 제1항의 사업을
영위하여 해당 사업에 사용하는 경우로 한
정하여 「법인세법 시행령」 제29조의 2 제2
항 제1호를 적용한다. (2018. 2. 13. 개정)
⑦ 내국인이 「법인세법 시행령」 제27조
및 「소득세법 시행령」 제65조에 따라 감
가상각방법을 변경한 경우에는 그 변경된
감가상각방법을 적용하여 설비투자자산
의 상각범위액을 계산한다. 이 경우 상각
범위액의 계산방법은 「법인세법 시행령」
제27조 제5항 및 제6항과 「소득세법 시행
령」 제64조 제5항 및 제65조 제5항을 준
용한다. (2015. 2. 3. 신설)
⑧ 법 제28조 제1항을 적용할 때 「법인
세법 시행령」 제30조부터 제32조까지의
규정과 「소득세법 시행령」 제62조 제5
항부터 제8항까지, 제67조, 제68조 및
제73조를 준용한다. (2015. 2. 3. 신설)
⑨ 법 제28조 제1항을 적용받으려는 자
는 설비투자자산을 그 밖의 자산과 구분
하여 기획재정부령으로 정하는 감가상각
비조정명세서를 작성·보관하고, 과세표
준 신고와 함께 기획재정부령으로 정하
는 감가상각비조정명세서합계표 및 기획

☞ p.1308 2단 연결

제28조의 2 【중소·중견기업 설비투자자산의 감가상각비 손금산입 특례】 ① 중소기업 또는 중견기업이 사업에 사용하기 위하여 대통령령으로 정하는 고정자산(이하 이 조에서 "설비투자자산"이라 한다)을 2017년 6월 30일까지 취득하는 경우 해당 설비투자자산에 대한 감가상각비는 각 과세연도의 결산을 확정할 때 손금으로 계상하였는지와 관계없이 대통령령으로 정하는 바에 따라 계산한 금액의 범위에서 해당 과세연도의 소득금액을 계산할 때 손금에 산입할 수 있다. (2020. 12. 29. 개정)

② 중소기업 또는 중견기업이 해당 사업연도에 취득한 설비투자자산에 대한 취득가액의 합계액이 직전 사업연도에 취득한 설비투자자산에 대한 취득가액의 합계액보다 적은 경우에는 제1항을 적용하지 아니한다. (2016. 12. 20. 신설)

③ 제1항에 따라 감가상각비를 손금에 산입하려는 내국인은 대통령령으로 정하는 바에 따라 손금산입특례의 적용신청을 하여야 한다. (2016. 12. 20. 신설)

④ 제1항에 따른 감가상각비의 손금계상방법과 그 밖에 필요한 사항은 대통령령으로 정한다. (2016. 12. 20. 신설)

재정부령으로 정하는 감가상각비조정명세서를 납세지 관할 세무서장에게 제출하여야 하며, 기획재정부령으로 정하는 내용연수 특례적용신청서를 해당 설비투자자산을 취득한 날이 속하는 과세연도의 과세표준 신고기한까지 납세지 관할 세무서장에게 제출[「국세기본법」 제2조 제19호에 따른 국세정보통신망(이하 "국세정보통신망"이라 한다)을 통한 제출을 포함한다]하여야 한다. (2015. 2. 3. 신설)

⑩ 제1항부터 제9항까지에서 규정한 사항 외에 설비투자자산의 감가상각비 계산에 관하여 필요한 사항은 기획재정부령으로 정한다. (2015. 2. 3. 신설)

제25조의 2 【중소·중견기업 설비투자자산의 감가상각비 손금산입 특례】

① 법 제28조의 2 제1항에서 "대통령령으로 정하는 중견기업"이란 제4조 제1항에 따른 중견기업(이하 이 조에서 "중견기업"이라 한다)을 말한다. (2019. 2. 12. 개정)

① 삭 제 (2021. 2. 17.)

② 법 제28조의 2 제1항에서 "대통령령으로 정하는 고정자산"이란 「법인세법 시행령」 제28조 제6항 각 호의 어느 하나 및 「소득세법 시행령」 제63조 제5항 각 호의 어느 하나에 해당하는 자산(이하 이 조에서 "설비투자자산"이라 한다)을 말한다. (2017. 2. 7. 신설)

③ 법 제28조의 2 제1항에서 "대통령령으로 정하는 바에 따라 계산한 금액"이란 「법인세법 시행령」 제28조 제1항 제2호 본문 및 「소득세법 시행령」 제63조 제1항 제2호에도 불구하고 제4항에 따른 신고내용연수를 적용하여 「법인세법 시행령」 제26조 제1항 및 「소득세법 시행령」 제64조 제1항에 따른 방법(이하 이 조에서 "상각방법"이라 한다)으로 계산한 금액(이하 이 조에서 "상각범위액"이라 한다)을 말한다. 이 경우 상각방법의 적용 및 구체적인 상각범위액의 계산방법에 관하여는 「법인세법 시행령」 제26조 제2항부터 제9항까지의 규정과 「소득세법 시행령」 제62조 제1항 후단, 제64조 제2항부터 제4항까지, 제66조 및 제71조를 준용한다. (2017. 2. 7. 신설)

④ 상각범위액을 계산할 때 적용하는 내용연수는 「법인세법 시행령」 제26조의 3 제2항 제1호 및 「소득세법 시행령」 제63조 제1항 제2호에 따른 기준내용연수(이하 이 조에서 "기준내용연수"라 한다)에 그 기준내용연수의 100분의 50을 더하거나 뺀 범위(1년 미만은 없는 것으로

제28조의 3【설비투자자산의 감가상각비 손금산입 특례】① 내국인이 다음 각 호의 구분에 따른 자산(이하 이 조에서 "설비투자자산"이라 한다)을 2021년 12월 31일까지 취득하는 경우 해당 설비투자자산에 대한 감가상각비는 각 과세연도의 결산을 확정할 때 손비로 계상하였는지와 관계없이 대통령령으로 정하는 바에 따라 계산한 금액의

한다)에서 중소기업 또는 중견기업이 선택하여 납세지 관할 세무서장에게 신고한 내용연수(이하 이 조에서 "신고내용연수"라 한다)로 한다. 이 경우 사업연도가 1년 미만인 법인의 경우에는 「법인세법 시행령」 제28조 제2항을 준용하여 계산한다. (2017. 2. 7. 신설)

⑤ 중소기업 또는 중견기업이 제4항에 따라 설비투자자산에 대하여 자산별·업종별로 적용한 신고내용연수는 이후의 과세연도에 계속하여 적용하여야 한다. (2017. 2. 7. 신설)

⑥ 법 제28조의 2 제1항을 적용받는 설비투자자산에 대해서는 「법인세법」 제23조 제2항을 적용하지 아니하며, 해당 설비투자자산을 적격합병 또는 적격분할로 취득한 경우에는 「법인세법 시행령」 제29조의 2 제2항 제1호를 적용한다. (2018. 2. 13. 개정)

⑦ 중소기업 또는 중견기업이 「법인세법 시행령」 제27조 및 「소득세법 시행령」 제65조에 따라 상각방법을 변경한 경우에는 그 변경된 상각방법을 적용하여 설비투자자산의 상각범위액을 계산한다. 이 경우 상각범위액의 계산방법은 「법인세법 시행령」 제27조 제5항 및 제6항과 「소득세법 시행령」 제64조 제5항 및 제65조 제5항을 준용한다. (2017. 2. 7. 신설)

⑧ 법 제28조의 2 제1항을 적용할 때 「법인세법 시행령」 제30조부터 제32조까지의 규정과 「소득세법 시행령」 제62조 제5항부터 제8항까지, 제67조, 제68조 및 제73조를 준용한다. (2017. 2. 7. 신설)

⑨ 법 제28조의 2 제1항을 적용받으려는 자는 설비투자자산을 그 밖의 자산과 구분하여 기획재정부령으로 정하는 감가상각비조정명세서를 작성·보관하고, 과세표준 신고와 함께 기획재정부령으로 정하는 감가상각비조정명세서합계표 및 기획재정부령으로 정하는 감가상각비조정명세서를 납세지 관할 세무서장에게 제출(국세정보통신망을 통한 제출을 포함한다. 이하 이 항에서 같다)하여야 하며, 기획재정부령으로 정하는 내용연수 특례적용 신청서를 해당 설비투자자산을 취득한 날이 속하는 과세연도의 과세표준 신고기한까지 납세지 관할 세무서장에게 제출하여야 한다. (2017. 2. 7. 신설)

⑩ 제2항부터 제9항까지에서 규정한 사항 외에 설비투자자산의 감가상각비 계산에 필요한 사항은 기획재정부령으로 정한다. (2021. 2. 17. 개정)

제25조의 3【설비투자자산의 감가상각비 손금산입 특례】

범위에서 해당 과세연도의 소득금액을 계산할 때 손금에 산입할 수 있다. (2020. 12. 29. 개정)

1. 중소기업 또는 중견기업 : 대통령령으로 정하는 사업용 고정자산 (2020. 12. 29. 개정)

2. 제1호 외의 기업 : 대통령령으로 정하는 혁신성장투자자산 (2018. 12. 24. 신설)
② 제1항에 따라 감가상각비를 손금에 산입하려는 내국인은 대통령령으로 정하는 바에 따라 손금산입 특례의 적용신청을 하여야 한다. (2018. 12. 24. 신설)
③ 제1항에 따른 감가상각비의 손금산입방법과 그 밖에 필요한 사항은 대통령령으로 정한다. (2018. 12. 24. 신설)

---

① 법 제28조의 3 제1항 제1호에서 "대통령령으로 정하는 중견기업"이란 제4조 제1항에 따른 중견기업을 말한다. (2019. 2. 12. 신설)
① 삭　제 (2021. 2. 17.)
② 법 제28조의 3 제1항 제1호에서 "대통령령으로 정하는 사업용 고정자산"이란 다음 각 호의 어느 하나에 해당하는 자산을 말한다. (2019. 2. 12. 신설)
1. 차량 및 운반구. 다만, 운수업에 사용되거나 임대목적으로 임대업에 사용되는 경우로 한정한다. (2019. 2. 12. 신설)
2. 선박 및 항공기. 다만, 어업 및 운수업에 사용되거나 임대목적으로 임대업에 사용되는 경우로 한정한다. (2019. 2. 12. 신설)
3. 공구, 기구 및 비품 (2019. 2. 12. 신설)
4. 기계 및 장치 (2019. 2. 12. 신설)
③ 법 제28조의 3 제1항 제2호에서 "대통령령으로 정하는 혁신성장투자자산"이란 다음 각 호의 어느 하나에 해당하는 시설을 말한다. (2019. 2. 12. 신설)
1. 신성장사업화시설 (2021. 2. 17. 개정)
2. 다음 각 목의 어느 하나에 해당하는 연구 · 시험용 시설 및 직업훈련용 시설 (2021. 2. 17. 개정)
　가. 연구개발을 위한 연구 · 시험용 시설로서 기획재정부령으로 정하는 시설 (2021. 2. 17. 개정)
　나. 인력개발을 위한 직업훈련용 시설로서 기획재정부령으로 정하는 시설 (2021. 2. 17. 개정)
3. 다음 각 목의 어느 하나에 해당하는 에너지절약시설 (2021. 2. 17. 개정)
　가. 「에너지이용 합리화법」에 따른 에너지절약형 시설(대가를 분할 상환한 후 소유권을 취득하는 조건으로 같은 법에 따른 에너지절약전문기업이 설치한 경우를 포함한다) 등으로서 기획재정부령으로 정하는 시설 (2021. 2. 17. 개정)
　나. 「물의 재이용 촉진 및 지원에 관한 법률」 제2조 제4호에 따른 중수도와 「수도법」 제3조 제30호에 따른 절수설비 및 같은 조 제31호에 따른 절수기기 (2021. 2. 17. 개정)

제13조의 10【설비투자자산의 감가상각비 손금산입 특례】① 영 제25조의 3 제3항 제2호 가목에서 "기획재정부령으로 정하는 시설"이란 전담부서등, 「국가과학기술 경쟁력강화를 위한 이공계지원특별법」 제18조 및 같은 법 시행령 제17조에 따라 과학기술정보통신부장관에게 신고한 연구개발서비스업자 및 「산업기술연구조합 육성법」에 따른 산업기술연구조합에서 직접 사용하기 위한 연구 · 시험용시설로서 다음 각 호의 어느 하나에 해당하는 것을 말한다. 다만, 운휴 중인 것은 제외한다. (2021. 3. 16. 신설)
1. 공구 또는 사무기기 및 통신기기, 시

은 없는 것으로 한다)에서 선택하여 납세지 관할 세무서장에게 신고한 내용연수(이하 이 조에서 "신고내용연수"라 한다)로 한다. 이 경우 사업연도가 1년 미만인 법인의 경우에는 「법인세법 시행령」 제28조 제2항을 준용하여 계산한다. (2021. 2. 17. 개정)

⑥ 내국인이 제5항에 따라 설비투자자산에 대해 자산별·업종별로 적용한 신고내용연수는 이후의 과세연도에 계속하여 적용해야 한다. (2019. 2. 12. 신설)

⑦ 법 제28조의 3 제1항을 적용받는 설비투자자산에 대해서는 「법인세법」 제23조 제2항을 적용하지 아니하며, 해당 설비투자자산을 적격합병 또는 적격분할로 취득한 경우에는 「법인세법 시행령」 제29조의 2 제2항 제1호를 적용한다. (2019. 2. 12. 신설)

⑧ 내국인이 「법인세법 시행령」 제27조 또는 「소득세법 시행령」 제65조에 따라 상각방법을 변경한 경우에는 그 변경된 상각방법을 적용하여 설비투자자산의 상각범위액을 계산한다. 이 경우 상각범위액의 계산방법은 「법인세법 시행령」 제27조 제5항 및 제6항과 「소득세법 시행령」 제64조 제5항 및 제65조 제5항을 준용한다. (2019. 2. 12. 신설)

⑨ 법 제28조의 3 제1항을 적용할 때 「법인세법 시행령」 제30조부터 제32조까지의 규정과 「소득세법 시행령」 제62조 제5항부터 제8항까지, 제67조, 제68조 및 제73조를 준용한다. (2019. 2. 12. 신설)

⑩ 법 제28조의 3 제1항을 적용받으려는 자는 설비투자자산을 그 밖의 자산과 구분하여 기획재정부령으로 정하는 감가상각비조정명세서를 작성·보관하고, 과세표준신고와 함께 기획재정부령으로 정하는 감가상각비조정명세서합계표 및 기획재정부령으로 정하는 감가상각비조정명세서를 납세지 관할 세무서장에게 제출(국세정보통신망을 통한 제출을 포함한다. 이하 이 항에서 같다)해야 하며, 기획재정부령으로 정하는 내용연수 특례적용 신청서를 해당 설비투자자산을 취득한 날이 속하는 과세연도의 과세표준 신고기한까지 납세지 관할 세무서장에게 제출해야 한다. (2019. 2. 12. 신설)

⑪ 제2항부터 제10항까지에서 규정한 사항 외에 설비투자자산의 감가상각비 계산에 필요한 사항은 기획재정부령으로 정한다. (2021. 2. 17. 개정)

다. 「신에너지 및 재생에너지 개발·이용·보급 촉진법」 제2조 제1호에 따른 신에너지 및 같은 조 제2호에 따른 재생에너지를 생산하는 설비의 부품·중간재 또는 완제품을 제조하기 위한 시설로서 기획재정부령으로 정하는 시설 (2021. 2. 17. 개정)

4. 다음 각 목의 어느 하나에 해당하는 생산성향상시설 (2021. 2. 17. 개정)

가. 공정을 개선하거나 시설의 자동화 및 정보화를 위해 투자하는 시설(데이터에 기반하여 제품의 생산 및 제조과정을 관리하거나 개선하는 지능형 공장시설을 포함한다)로서 기획재정부령으로 정하는 시설 (2021. 2. 17. 개정)

나. 첨단기술을 이용하거나 응용하여 제작된 시설로서 기획재정부령으로 정하는 시설 (2021. 2. 17. 개정)

다. 자재조달·생산계획·재고관리 등 공급망을 전자적 형태로 관리하기 위하여 사용되는 컴퓨터와 그 주변기기, 소프트웨어, 통신시설, 그 밖의 유형·무형의 시설로서 감가상각기간이 2년 이상인 시설 (2021. 2. 17. 개정)

④ 법 제28조의 3 제1항 각 호 외의 부분에 따라 계산한 금액은 「법인세법 시행령」 제28조 제1항 제2호 본문 및 「소득세법 시행령」 제63조 제1항 제2호에도 불구하고 제5항에 따른 신고내용연수를 적용하여 「법인세법 시행령」 제26조 제1항 및 「소득세법 시행령」 제64조 제1항에 따른 방법(이하 이 조에서 "상각방법"이라 한다)으로 계산한 금액(이하 이 조에서 "상각범위액"이라 한다)으로 한다. 이 경우 상각방법의 적용 및 구체적인 상각범위액의 계산방법에 관하여는 「법인세법 시행령」 제26조 제2항부터 제9항까지의 규정과 「소득세법 시행령」 제62조 제1항 후단, 제64조 제2항부터 제4항까지, 제66조 및 제71조를 준용한다. (2019. 2. 12. 신설)

⑤ 상각범위액을 계산할 때 적용하는 내용연수는 「법인세법 시행령」 제26조의 3 제2항 제1호 및 「소득세법 시행령」 제63조 제1항 제2호에 따른 기준내용연수(이하 이 조에서 "기준내용연수"라 한다)에 그 기준내용연수의 100분의 50(중소기업 및 중견기업이 취득하는 제2항 각 호의 자산의 경우에는 100분의 75)을 더하거나 뺀 범위(1년 미만

계·시험기기 및 계측기기, 광학기기 및 사진제작기기 (2021. 3. 16. 신설)

2. 「법인세법 시행규칙」 별표 6의 업종별 자산의 기준내용연수 및 내용연수범위표의 적용을 받는 자산 (2021. 3. 16. 신설)

② 영 제25조의 3 제3항 제2호 나목에서 "기획재정부령으로 정하는 시설"이란 「근로자직업능력 개발법」 제2조 제3호에 따른 직업능력개발훈련시설(내국인이 영 제2조 제1항에 따른 중소기업을 위해 설치하는 직업훈련용 시설을 포함한다)로서 제1항 각 호의 어느 하나에 해당하는 것을 말한다. 다만, 운휴 중인 것은 제외한다. (2021. 3. 16. 신설)

③ 영 제25조의 3 제3항 제3호 가목에서 "기획재정부령으로 정하는 시설"이란 별표 7의 에너지절약시설을 말한다. (2021. 3. 16. 신설)

④ 영 제25조의 3 제3항 제3호 다목에서 "기획재정부령으로 정하는 시설"이란 별표 7의 2의 신에너지 및 재생에너지를 생산하기 위한 시설을 제조하는 시설을 말한다. (2021. 3. 16. 신설)

⑤ 영 제25조의 3 제3항 제4호 가목 및 나목에서 "기획재정부령으로 정하는 시설"이란 별표 7의 3의 공정개선·자동화·정보화시설 및 첨단기술설비로서 해당 사업에 직접 사용되는 것을 말한다. (2021. 3. 16. 신설)

제28조의 4 【에너지절약시설의 감가상각비 손금산입 특례】① 내국인이 대통령령으로 정하는 에너지 절약시설(이하 이 조에서 "에너지절약시설"이라 한다)을 2024년 12월 31일까지 취득하는 경우 해당 에너지 절약시설에 대한 감가상각비는 각 과세연도의 결산을 확정할 때 손비로 계상하였는지와 관계없이 대통령령으로 정하는 바에 따라 계산한 금액의 범위에서 해당 과세연도의 소득금액을 계산할 때 손금에 산입할 수 있다. (2023. 12. 31. 개정)
② 제1항에 따라 감가상각비를 손금에 산입하려는 내국인은 대통령령으로 정하는 바에 따라 손금산입 특례의 적용신청을 하여야 한다. (2022. 12. 31. 신설)
③ 제1항에 따른 감가상각비의 손금산입방법과 그 밖에 필요한 사항은 대통령령으로 정한다. (2022. 12. 31. 신설)

제25조의 4 【에너지절약시설의 감가상각비 손금산입 특례】① 법 제28조의 4 제1항에서 "대통령령으로 정하는 에너지 절약시설"이란 제25조의 3 제3항 제3호 각 목의 시설(이하 이 조에서 "에너지절약시설"이라 한다)을 말한다. (2023. 2. 28. 신설)
② 법 제28조의 4 제1항에서 "대통령령으로 정하는 바에 따라 계산한 금액"이란 「법인세법 시행령」 제28조 제1항 제2호 본문 및 「소득세법 시행령」 제63조 제1항 제2호에도 불구하고 이 조 제3항에 따른 신고내용연수를 적용하여 「법인세법 시행령」 제26조 제1항 및 「소득세법 시행령」 제64조 제1항에 따른 방법(이하 이 조에서 "상각방법"이라 한다)으로 계산한 금액(이하 이 조에서 "상각범위액"이라 한다)을 말한다. 이 경우 상각방법의 적용 및 구체적인 상각범위액의 계산방법에 관하여는 「법인세법 시행령」 제26조 제2항부터 제9항까지의 규정과 「소득세법 시행령」 제62조 제1항 후단, 제64조 제2항부터 제4항까지, 제66조 및 제71조를 준용한다. (2023. 2. 28. 신설)
③ 상각범위액을 계산할 때 적용하는 내용연수는 「법인세법 시행령」 제26조의 3 제2항 제1호 및 「소득세법 시행령」 제63조 제1항 제2호에 따른 기준내용연수(이하 이 조에서 "기준내용연수"라 한다)에 그 기준내용연수의 100분의 50(중소기업 및 중견기업이 취득하는 에너지절약시설의 경우에는 100분의 75)을 더하거나 뺀 범위(1년 미만은 없는 것으로 한다)에서 선택하여 납세지 관할 세무서장에게 신고한 내용연수(이하 이 조에서 "신고내용연수"라 한다)로 한다. 이 경우 사업연도가 1년 미만인 법인의 경우에는 「법인세법 시행령」 제28조 제2항을 준용하여 계산한다. (2023. 2. 28. 신설)
④ 제3항에 따라 내용연수를 신고하려는 자는 해당 에너지절약시설을 취득한 날이 속하는 과세연도의 과세표준 신고기한까지 기획재정부령으로 정하는 내용연수 특례적용 신청서를 납세지 관할 세무서장에게 제출해야 한다. (2023. 2. 28. 신설)
⑤ 내국인이 제3항에 따라 에너지절약시설에 대해 자산별·업종별로 적용한 신고내용연수는 이후의 과세연도에 계속하여 적용한다. (2023. 2. 28. 신설)
⑥ 법 제28조의 4 제1항을 적용받는 에너지절약시설에 대해서는 「법

인세법」 제23조 제2항을 적용하지 않으며, 해당 에너지절약시설을 적격합병 또는 적격분할로 취득한 경우에는 「법인세법 시행령」 제29조의 2 제2항 제1호를 적용한다. (2023. 2. 28. 신설)
⑦ 내국인이 「법인세법 시행령」 제27조 또는 「소득세법 시행령」 제65조에 따라 상각방법을 변경한 경우에는 그 변경된 상각방법을 적용하여 에너지절약시설의 상각범위액을 계산한다. 이 경우 상각범위액의 계산방법에 관하여는 「법인세법 시행령」 제27조 제5항 및 제6항과 「소득세법 시행령」 제64조 제5항 및 제65조 제5항을 준용한다. (2023. 2. 28. 신설)
⑧ 법 제28조의 4 제1항을 적용할 때 감가상각에 관하여는 「법인세법 시행령」 제30조부터 제32조까지의 규정과 「소득세법 시행령」 제62조제5항부터 제8항까지, 제67조, 제68조 및 제73조를 준용한다. (2023. 2. 28. 신설)
⑨ 법 제28조의 4 제1항을 적용받으려는 자는 에너지절약시설을 다른 자산과 구분하여 기획재정부령으로 정하는 감가상각비조정명세서를 작성·보관해야 한다. (2023. 2. 28. 신설)
⑩ 법 제28조의 4 제1항을 적용받으려는 자는 과세표준신고를 할 때 제9항에 따른 감가상각비조정명세서 및 기획재정부령으로 정하는 감가상각비조정명세서합계표를 납세지 관할 세무서장에게 제출해야

☞ p.1313 2단 연결

한다. (2023. 2. 28. 신설)
⑪ 제2항부터 제10항까지에서 규정한 사항 외에 에너지절약시설의 감가상각비 계산에 필요한 사항은 기획재정부령으로 정한다. (2023. 2. 28. 신설)

제29조 【사회기반시설채권의 이자소득에 대한 분리과세】 (2010. 1. 1. 제목개정)
발행일부터 최종 상환일까지의 기간이 7년 이상인 대통령령으로 정하는 사회기반시설채권으로서 2014년 12월 31일까지 발행된 채권의 이자소득은 「소득세법」 제14조에도 불구하고 종합소득에 대한 과세표준을 계산할 때 산입하지 아니하고, 같은 법 제129조 제1항 제1호 라목에 따른 세율을 적용한다. (2013. 1. 1. 개정)

제26조 【사회기반시설채권 등의 범위】 (2008. 10. 7. 제목개정)
① 법 제29조에서 "대통령령으로 정하는 사회기반시설채권"이란 「사회기반시설에 대한 민간투자법」 제58조 제1항의 규정에 의한 사회기반시설채권을 말한다. (2010. 2. 18. 개정)
② 법 제29조에서 대통령령이 정하는 수해방지채권"이란 「지방자치법」 제124조에 따른 지방채로서 행정안전부장관의 승인과 지방의회의 의결을 거쳐 수해방지시설투자를 위하여 발행된 것을 말한다. (2009. 2. 4. 개정)
② 삭 제 (2010. 2. 18.)

제 4 절의 2 고용지원을 위한 조세특례
(2009. 3. 25. 제목개정)

제 4 절의 2 고용지원을 위한 조세특례
(2009. 4. 21. 제목개정)

제29조의 2 【산업수요맞춤형고등학교등 졸업자를 병역 이행 후 복직시킨 기업에 대한 세액공제】 (2017. 12. 19. 제목개정)
① 중소기업 또는 중견기업이 산업수요맞춤형고등학교등을 졸업한 사람 중 대통령령으로 정하는 사람을 고용한 경우 그 근로자가 대통령령으로 정하는 병역을 이행한 후 2020년 12월 31일까지 복직된 경우(병역을 이행한 후 1년 이내에 복직된 경우만 해당한다)에는 해당 복직자에게 복직일 이후 2년 이내에 지급한 대통령령으로 정하는 인건비의 100분의 30(중견기업의 경우에는 100분의 15)에 상당하는 금액을 해당 과세연도의 소득세(사업소득에 대한 소득세만 해당한다) 또는 법인세에서 공제한다. (2020. 12. 29. 개정)
② 제1항을 적용받으려는 중소기업 또는 중견기업은 대통령령으로 정하는 바에 따라 세액공제신청을 하여야 한다. (2017. 12. 19. 개정)

제26조의 2 【산업수요맞춤형고등학교등 졸업자를 병역 이행 후 복직시킨 기업에 대한 세액공제】 (2018. 2. 13. 제목개정)
① 법 제29조의 2 제1항에서 "대통령령으로 정하는 중견기업"이란 제4조 제1항에 따른 중견기업을 말한다. (2019. 2. 12. 개정)
① 삭 제 (2021. 2. 17.)
② 법 제29조의 2 제1항에서 "대통령령으로 정하는 사람"이란 근로계약 체결일 현재 산업수요맞춤형고등학교등을 졸업한 날부터 2년 이상 경과하지 아니한 사람을 말하고, "대통령령으로 정하는 병역"이란 제27조 제1항 제1호 각 목의 어느 하나에 해당하는 병역을 말하며, "대통령령으로 정하는 인건비"란 근로의 대가로 지급하는 비용으로서 다음 각 호에 따른 인건비를 제외한 금액을 말한다. (2019. 2. 12. 개정)
1. 「소득세법」 제22조에 따른 퇴직소득에 해당하는 금액 (2019. 2. 12. 신설)
2. 「소득세법」 제29조 및 「법인세법」 제33조에 따른 퇴직급여충당금
  (2019. 2. 12. 신설)

관계조문

• 규칙 61조 1항 2호 ⇒ 세액공제신청서(별지 1호 서식)
• 규칙 61조 1항 11호 ⇒ 산업수요맞춤형고등학교등 졸업자 복직 중소기업 세액공제신청서(별지 10호 서식)

제29조의 3【경력단절 여성 고용 기업 등에 대한 세액공제】
(2019. 12. 31. 제목개정)
① 중소기업 또는 중견기업이 다음 각 호의 요건을 모두 충족하는 여성(이하 이 조에서 "경력단절 여성"이라 한다)과 2022년 12월 31일까지 1년 이상의 근로계약을 체결하는 경우에는 고용한 날부터 2년이 되는 날이 속하는 달까지 해당 경력단절 여성에게 지급한 대통령령으로 정하는 인건비의 100분의 30(중견기업의 경우에는 100분의 15)에 상당하는 금액을 해당 과세연도의 소득세(사업소득에 대한 소득세만 해당한다) 또는 법인세에서 공제한다. (2024. 12. 31. 개정 ; 2025. 3. 14. 개정)
1. 해당 기업 또는 해당 기업과 대통령령으로 정하는 분류를 기준으로 동일한 업종의 기업에서 1년 이상 근무(대통령령으로 정하는 바에 따라 경력단절 여성의 근로소득세가 원천징수되었던 사실이 확인되는 경우로 한정한다)한 후 대통령령으로 정하는 결혼·임신·출산·육아 및 자녀교육의 사유로 퇴직하였을 것 (2019. 12. 31. 개정)
2. 제1호에 따른 사유로 퇴직한 날부터 2년 이상 15년 미만의 기간이 지났을 것 (2021. 12. 28. 개정)
3. 해당 기업의 최대주주 또는 최대출자자(개인사업자의 경우에는 대표자를 말한다)나 그와 대통령령으로 정하는 특수관계인이 아닐 것 (2019. 12. 31. 호번개정)
② 중소기업 또는 중견기업이 다음 각 호의 요건을 모두 충족하는 사람(이하 이 조에서 "육아휴직 복귀자"라 한다)을 2022년 12월 31일까지 복직시키는 경우에는 복직한 날부터 1년이 되는 날이 속하는 달까지 해당 육아휴직 복귀자에게 지급한 대통령령으로 정하는 인건비의 100분의 30(중견기업의 경우에는 100분의 15)에 상당하는 금액을 해

3. 「소득세법 시행령」 제40조의 2 제2호에 따른 퇴직연금계좌에 납부한 부담금 및 「법인세법 시행령」 제44조의 2 제2항에 따른 퇴직연금등의 부담금 (2019. 2. 12. 신설)
③ 법 제29조의 2 제1항에 따라 세액공제를 받으려는 자는 과세표준신고와 함께 기획재정부령으로 정하는 세액공제신청서를 납세지 관할세무서장에게 제출하여야 한다. (2018. 2. 13. 항번개정)

제26조의 3【경력단절 여성 고용 기업 등에 대한 세액공제】
(2020. 2. 11. 제목개정)
① 법 제29조의 3 제1항 각 호 외의 부분 및 같은 조 제2항 각 호 외의 부분 본문에서 "대통령령으로 정하는 인건비"란 근로의 대가로 지급하는 비용으로서 다음 각 호에 따른 인건비를 제외한 금액을 말한다. (2019. 2. 12. 개정)
1. 「소득세법」 제22조에 따른 퇴직소득에 해당하는 금액 (2019. 2. 12. 신설)
2. 「소득세법」 제29조 및 「법인세법」 제33조에 따른 퇴직급여충당금 (2019. 2. 12. 신설)
3. 「소득세법 시행령」 제40조의 2 제2호에 따른 퇴직연금계좌에 납부한 부담금 및 「법인세법 시행령」 제44조의 2 제2항에 따른 퇴직연금등의 부담금 (2019. 2. 12. 신설)
② 법 제29조의 3 제1항 제1호에서 "대통령령으로 정하는 분류"란 한국표준산업분류상의 중분류를 말한다. (2020. 2. 11. 신설)
③ 법 제29조의 3 제1항 제1호 및 같은 조 제2항 제1호에 따른 기업이 경력단절 여성 또는 육아휴직 복귀자의 근로소득세를 원천징수하였던 사실이 확인되는 경우는 「소득세법 시행령」 제196조 제1항에 따른 근로소득원천징수부를 통하여 근로소득세를 원천징수한 사실이 확인되는 경우로 한다. (2020. 2. 11. 개정)
④ 법 제29조의 3 제1항 제1호에서 "대통령령으로 정하는 결혼·임신·출산·육아 및 자녀교육의 사유"란 다음 각 호의 어느 하나에 해당하는 경우를 말한다. (2020. 2. 11. 개정)
1. 퇴직한 날부터 1년 이내에 혼인한 경우(가족관계기록사항에 관한 증명서를 통하여 확인되는 경우로 한정한다) (2020. 2. 11. 신설)

당 과세연도의 소득세(사업소득에 대한 소득세만 해당한다) 또는 법인세에서 공제한다. 다만, 해당 중소기업 또는 중견기업의 해당 과세연도의 상시근로자 수가 직전 과세연도의 상시근로자 수보다 감소한 경우에는 공제하지 아니한다. (2020. 12. 29. 개정)

1. 해당 기업에서 1년 이상 근무하였을 것(대통령령으로 정하는 바에 따라 해당 기업이 육아휴직 복귀자의 근로소득세를 원천징수하였던 사실이 확인되는 경우로 한정한다) (2018. 12. 24. 신설)

2. 「남녀고용평등과 일·가정 양립 지원에 관한 법률」 제19조 제1항에 따라 육아휴직한 경우로서 육아휴직 기간이 연속하여 6개월 이상일 것 (2018. 12. 24. 신설)

3. 해당 기업의 최대주주 또는 최대출자자(개인사업자의 경우에는 대표자를 말한다)나 그와 대통령령으로 정하는 특수관계인이 아닐 것 (2018. 12. 24. 신설)

③ 제2항에 따라 소득세 또는 법인세를 공제받은 기업이 해당 기업에 복직한 날부터 1년이 지나기 전에 해당 육아휴직 복귀자와의 근로관계를 종료하는 경우에는 근로관계가 종료한 날이 속하는 과세연도의 과세표준신고를 할 때 공제받은 세액에 상당하는 금액을 소득세 또는 법인세로 납부하여야 한다. (2020. 12. 29. 개정)

④ 제2항은 육아휴직 복귀자의 자녀 1명당 한 차례에 한정하여 적용한다. (2018. 12. 24. 신설)

⑤ 제1항 또는 제2항을 적용받으려는 중소기업 또는 중견기업은 대통령령으로 정하는 바에 따라 세액공제신청을 하여야 한다. (2018. 12. 24. 개정)

⑥ 제2항을 적용할 때 상시근로자의 범위와 상시근로자의 수의 계산방법, 그 밖에 필요한 사항은 대통령령으로 정한다. (2018. 12. 24. 신설)

제29조의 4 【근로소득을 증대시킨 기업에 대한 세액공제】

① 중소기업 또는 중견기업이 다음 각 호의 요건을 모두 충족하는 경우에는 2025년 12월 31일이 속하는 과세연도까지 직전 3년 평균 초과 임금 증가분의 100분의 20(중견기업의 경우에는 100분의 10)에 상당하는 금액을 해당 과세연도의 소득세(사업소득에 대한 소득세만 해당한다) 또는 법인세에서 공제한다. (2022. 12. 31. 개정)

---

2. 퇴직한 날부터 2년 이내에 임신하거나 기획재정부령으로 정하는 난임시술을 받은 경우(의료기관의 진단서 또는 확인서를 통하여 확인되는 경우에 한정한다) (2020. 2. 11. 호번개정)

3. 퇴직일 당시 임신한 상태인 경우(의료기관의 진단서를 통하여 확인되는 경우로 한정한다) (2020. 2. 11. 호번개정)

4. 퇴직일 당시 8세 이하의 자녀가 있는 경우 (2020. 2. 11. 신설)

5. 퇴직일 당시 「초·중등교육법」 제2조에 따른 학교에 재학 중인 자녀가 있는 경우 (2020. 2. 11. 신설)

⑤ 법 제29조의 3 제1항 제3호 및 같은 조 제2항 제3호에서 "대통령령으로 정하는 특수관계인"이란 「국세기본법 시행령」 제1조의 2 제1항에 따른 친족관계인 사람을 말한다. (2020. 2. 11. 개정)

⑥ 법 제29조의 3에 따라 세액공제를 받으려는 자는 과세표준 신고와 함께 기획재정부령으로 정하는 세액공제신청서를 납세지 관할 세무서장에게 제출하여야 한다. (2020. 2. 11. 항번개정)

⑦ 법 제29조의 3 제3항에 따라 계산한 이자 상당액은 같은 조 제2항에 따라 공제받은 세액에 제1호의 기간과 제2호의 율을 곱하여 계산한 금액으로 한다. (2020. 2. 11. 항번개정)

1. 공제받은 과세연도의 종료일의 다음 날부터 납부사유가 발생한 날이 속하는 과세연도의 종료일까지의 기간 (2019. 2. 12. 신설)

2. 1일 10만분의 25 (2019. 2. 12. 신설)

⑦ 삭 제 (2021. 2. 17.)

⑧ 법 제29조의 3 제2항을 적용할 때 상시근로자 및 상시근로자 수의 계산방법에 관하여는 제23조 제10항부터 제13항까지의 규정을 준용한다. (2020. 2. 11. 항번개정)

제26조의 4 【근로소득을 증대시킨 기업에 대한 세액공제】

① 법 제29조의 4 제1항 각 호 외의 부분 및 같은 조 제3항 각 호 외의 부분에서 "대통령령으로 정하는 중견기업"이란 각각 제4조 제1항에 따른 중견기업을 말한다. (2019. 2. 12. 개정)

① 삭 제 (2021. 2. 17.)

제14조의 3 【난임시술의 범위】 영 제26조의 3 제4항 제2호에서 "기획재정부령으로 정하는 난임시술"이란 「모자보건법」에 따른 보조생식술을 말한다. (2022. 3. 18. 개정)

개정취지

근로소득증대세제 적용기한 연장 등

• 근로소득 증대를 위하여 직전 3년의 평균임금 증가율을 초과하여 평균임금을 증가시킨 기업에 적용하는 세액공제의 적용기한을 2025. 12. 31.까지로 3년 연장하되, 적용 대상에서 대기업은 제외함. (법 29조의 4 개정 ; 2022. 12. 31.)

• 2023. 1. 1. 전에 개시한 과세연도에 법 29조의 4 제1항 각 호 또는 같은 조 3항 각 호의 요건을 충족한 내국인(중소기업 및 중견기업은 제외함)에 대한 세액공제에 관하여는 법 29조의 4 제1항 및 3항의 개정규정에도 불구하고 종전의 규정에 따름. (법 부칙(2022. 12. 31.) 32조)

1. 대통령령으로 정하는 상시 근로자(이하 이 조에서 "상시근로자"라 한다)의 해당 과세연도의 평균임금 증가율이 직전 3개 과세연도의 평균임금 증가율의 평균(이하 이 조에서 "직전 3년 평균임금 증가율의 평균"이라 한다)보다 클 것 (2014. 12. 23. 신설)
2. 해당 과세연도의 상시근로자 수가 직전 과세연도의 상시 근로자 수보다 크거나 같을 것 (2014. 12. 23. 신설)
② 제1항에 따른 직전 3년 평균 초과 임금증가분은 다음 계산식에 따라 계산한 금액으로 한다. (2014. 12. 23. 신설)
직전 3년 평균 초과 임금증가분 = [해당 과세연도 상시근로자의 평균임금 − 직전 과세연도 상시근로자의 평균임금 × (1 + 직전 3년 평균임금 증가율의 평균)] × 직전 과세연도 상시근로자 수
③ 중소기업 또는 중견기업이 다음 각 호의 요건을 모두 충족하는 경우에는 2025년 12월 31일이 속하는 과세연도까지 근로기간 및 근로형태 등 대통령령으로 정하는 요건을 충족하는 정규직 전환 근로자(이하 이 조에서 "정규직 전환 근로자"라 한다)에 대한 임금증가분 합계액의 100분의 20(중견기업의 경우에는 100분의 10)에 상당하는 금액을 해당 과세연도의 소득세(사업소득에 대한 소득세만 해당한다) 또는 법인세에서 공제한다. (2022. 12. 31. 개정)
1. 해당 과세연도에 정규직 전환 근로자가 있을 것 (2015. 12. 15. 신설)
2. 해당 과세연도의 상시근로자 수가 직전 과세연도의 상시 근로자 수보다 크거나 같을 것 (2015. 12. 15. 신설)

② 법 제29조의 4 제1항 제1호에서 "대통령령으로 정하는 상시 근로자"란 「근로기준법」에 따라 근로계약을 체결한 근로자(다음 각 호의 어느 하나에 해당하는 자는 제외하며, 이하 이 조에서 "상시근로자"라 한다)를 말한다. (2015. 2. 3. 신설)
1. 「법인세법 시행령」 제40조 제1항 각 호의 어느 하나에 해당하는 임원 (2019. 2. 12. 개정)
2. 「소득세법」 제20조 제1항 제1호 및 제2호에 따른 근로소득의 금액의 합계액(비과세소득의 금액은 제외한다)이 7천만원 이상인 근로자 (2023. 2. 28. 개정)
3. 기획재정부령으로 정하는 해당 기업의 최대주주 또는 최대출자자(개인사업자의 경우에는 대표자를 말한다) 및 그와 「국세기본법 시행령」 제1조의 2 제1항에 따른 친족관계인 근로자 (2015. 2. 3. 신설)
4. 「소득세법 시행령」 제196조에 따른 근로소득원천징수부에 의하여 근로소득세를 원천징수한 사실이 확인되지 아니하는 근로자 (2015. 2. 3. 신설)
5. 근로계약기간이 1년 미만인 근로자(근로계약의 연속된 갱신으로 인하여 그 근로계약의 총 기간이 1년 이상인 근로자는 제외한다) (2020. 6. 2. 개정)
6. 「근로기준법」 제2조 제1항 제9호에 따른 단시간근로자 (2020. 2. 11. 개정)
③ 법 제29조의 4 제1항부터 제6항까지의 규정을 적용할 때 상시근로

제14조의 2 【근로소득을 증대시킨 기업에 대한 세액공제】 ① 영 제26조의 4 제2항 제3호에서 "기획재정부령으로 정하는 해당 기업의 최대주주 또는 최대출자자"란 다음 각 호의 어느 하나에 해당하는 자를 말한다. (2015. 3. 13. 신설)
1. 해당 법인에 대한 직접보유비율[보유하고 있는 법인의 주식 또는 출자지분(이하 이 조에서 "주식등"이라 한다)을 그 법인의 발행주식총수 또는 출자총액(자기주식과 자기출자지분은 제외한다)으로 나눈 비율을 말한다. 이

④ 제3항에 따라 소득세 또는 법인세를 공제받은 중소기업 또는 중견기업이 공제를 받은 과세연도 종료일부터 1년이 되는 날이 속하는 과세연도의 종료일까지의 기간 중 정규직 전환 근로자와의 근로관계를 종료하는 경우에는 근로관계가 종료한 날이 속하는 과세연도의 과세표준신고를 할 때 대통령령으로 정하는 바에 따라 계산한 세액을 소득세 또는 법인세로 납부하여야 한다. (2022. 12. 31. 개정)

⑤ 제1항에도 불구하고 중소기업이 다음 각 호의 요건을 모두 충족하는 경우에는 2025년 12월 31일이 속하는 과세연도까지 전체 중소기업의 평균임금증가분을 초과하는 임금증가분의 100분의 20에 상당하는 금액을 제1항에 따른 금액 대신 해당 과세연도의 소득세(사업소득에 대한 소득세만 해당한다) 또는 법인세에서 공제할 수 있다. (2022. 12. 31. 개정)

1. 상시 근로자의 해당 과세연도의 평균임금 증가율이 전체 중소기업 임금증가율을 고려하여 대통령령으로 정한 비율보다 클 것 (2016. 12. 20. 신설)

2. 해당 과세연도의 상시근로자 수가 직전 과세연도의 상시 근로자 수보다 크거나 같을 것 (2016. 12. 20. 신설)

3. 직전 과세연도의 평균임금 증가율이 음수가 아닐 것 (2016. 12. 20. 신설)

⑥ 제5항에 따른 전체 중소기업의 평균임금증가분을 초과하는 임금증가분은 다음 계산식에 따라 계산한 금액으로 한다. (2016. 12. 20. 신설)
전체 중소기업의 평균임금증가분을 초과하는 임금증가분 = [해당 과세연도 상시근로자의 평균임금 − 직전 과세연도 상시근로자의 평균임금 × (1 + 전체 중소기업 임금증가율을 고려하여 대통령령으로 정한 비율)] × 직전 과세연도 상시근로자 수

⑦ 제1항 또는 제3항을 적용받으려는 중소기업 또는 중견기업은 대통령령으로 정하는 바에 따라 세액공제신청을 하여야 한다. (2022. 12. 31. 개정)

⑧ 제1항부터 제4항까지의 규정을 적용할 때 임금의 범위, 평균임금 증가율 및 직전 3년 평균임금 증가율의 평균의 계산방법, 정규직 전환 근로자의 임금 증가분 합계액과 그 밖에 필요한 사항은 대통령령으로 정한다. (2016. 12. 20. 항번개정)

자 수는 다음 계산식에 따라 계산한다. 이 경우 100분의 1 미만의 부분은 없는 것으로 한다. (2017. 2. 7. 개정)

$$\frac{\text{해당 과세연도의 매월 말 현재 상시근로자 수의 합}}{\text{해당 과세연도의 개월 수}}$$

④ 법 제29조의 4 제1항부터 제6항까지의 규정을 적용할 때 임금은 「소득세법」 제20조 제1항 제1호 및 제2호에 따른 소득의 합계액(비과세소득의 금액은 제외한다)을 말한다. (2023. 2. 28. 개정)

⑤ 법 제29조의 4 제1항, 제2항, 제5항 및 제6항을 적용할 때 평균임금은 다음 계산식에 따라 계산한 금액으로 한다. 이 경우 1천원 이하 부분은 없는 것으로 한다. (2017. 2. 7. 개정)

$$\frac{\text{해당 과세연도 상시근로자의 임금의 합계}}{\text{제3항에 따른 해당 과세연도의 상시근로자 수}}$$

⑥ 법 제29조의 4 제1항, 제2항 및 제5항을 적용할 때 평균임금 증가율은 다음 계산식에 따라 계산하며, 1만분의 1 미만의 부분은 없는 것으로 한다. (2017. 2. 7. 개정)

$$\frac{\text{해당 과세연도 평균임금 − 직전 과세연도 평균임금}}{\text{직전 과세연도 평균임금}}$$

⑦ 법 제29조의 4 제1항 및 제2항을 적용할 때 직전 3개 과세연도의 평균임금 증가율의 평균(이하 이 조에서 "직전 3년 평균임금 증가율의 평균"이라 한다)은 다음 계산식에 따라 계산하며, 1만분의 1 미만의 부분은 없는 것으로 한다. 이 경우 직전 2년 과세연도 평균임금 증가율 또는 직전 3년 과세연도 평균임금 증가율이 음수인 경우에는 영으로 보아 계산한다. (2015. 2. 3. 신설)

$$\frac{\text{직전 과세연도 평균임금 증가율 + 직전 2년 과세연도 평균임금 증가율 + 직전 3년 과세연도 평균임금 증가율}}{3}$$

⑧ 제5항부터 제7항까지의 규정에도 불구하고 직전 과세연도의 평균임금 증가율이 음수 또는 직전 3년 평균임금 증가율의 평균(양수인 경우로 한정한다)의 100분의 30 미만인 경우에는 기획재정부령으

하 같다]이 가장 높은 자가 개인인 경우에는 그 개인 (2015. 3. 13. 신설)

2. 해당 법인에 대한 직접보유비율이 가장 높은 자가 법인인 경우에는 해당 법인에 대한 직접보유비율과 「국제조세조정에 관한 법률 시행령」 제2조 제3항을 준용하여 계산한 간접소유비율을 합하여 계산한 비율이 가장 높은 개인 (2021. 3. 16. 개정)

② 영 제26조의 4 제8항에 따라 직전 과세연도의 평균임금 증가율이 음수 또는 직전 3년 평균임금 증가율의 평균(양수인 경우로 한정한다)의 100분의 30 미만인 경우에는 다음 각 호의 계산식에 따라 각각 평균임금, 평균임금 증가율, 직전 3개 과세연도의 평균임금 증가율의 평균(이하 이 조에서 "직전 3년 평균임금 증가율의 평균"이라 한다) 및 법 제29조의 4 제2항에 따른 직전 3년 평균 초과 임금증가분(이하 이 조에서 "직전 3년 평균 초과 임금증가분"이라 한다)을 계산한다. (2015. 3. 13. 신설)

1. 평균임금 (2015. 3. 13. 신설)

$$\frac{\text{해당 과세연도 평균임금 + 직전 과세연도 평균임금}}{2}$$

2. 평균임금 증가율 (2015. 3. 13. 신설)

$$\frac{\text{제1호에 따른 평균임금 − 직전 2년 과세연도 평균임금}}{\text{직전 2년 과세연도 평균임금}}$$

3. 직전 3년 평균임금 증가율의 평균[직전 2년 과세연도 평균임금 증가율 또는 직

⑬ 법 제29조의 4 제3항 각 호 외의 부분에서 "대통령령으로 정하는 요건을 충족하는 정규직 전환 근로자"란 「근로기준법」에 따라 근로계약을 체결한 근로자로서 다음 각 호의 요건을 모두 갖춘 자(이하 이 조에서 "정규직 전환 근로자"라 한다)를 말한다. (2016. 2. 5. 신설)
1. 직전 과세연도 개시일부터 해당 과세연도 종료일까지 계속하여 근무한 자로서 「소득세법 시행령」 제196조의 근로소득원천징수부에 따라 매월분의 근로소득세를 원천징수한 사실이 확인될 것 (2016. 2. 5. 신설)
2. 해당 과세연도 중에 비정규직 근로자(「기간제 및 단시간근로자 보호 등에 관한 법률」에 따른 기간제근로자 또는 단시간근로자를 말한다. 이하 이 호에서 같다)에서 비정규직 근로자가 아닌 근로자로 전환하였을 것 (2016. 2. 5. 신설)
3. 직전 과세연도 또는 해당 과세연도 중에 제2항 제1호부터 제3호까지의 어느 하나에 해당하는 자가 아닐 것 (2016. 2. 5. 신설)
⑭ 법 제29조의 4 제3항을 적용할 때 정규직 전환 근로자의 임금 증가분 합계액은 정규직 전환 근로자의 해당 과세연도 임금 합계액에서 직전 과세연도 임금 합계액을 뺀 금액을 말한다. 이 경우 직전 과세연도 또는 해당 과세연도의 기간이 1년 미만인 경우에는 임금 합계액을 그 과세연도의 월수(1월 미만의 일수는 1월로 한다)로 나눈 금액에 12를 곱하여 산출한 금액을 임금 합계액으로 본다. (2016. 2. 5. 신설)
⑮ 법 제29조의 4 제4항에 따라 납부하여야 할 세액은 다음 계산식에 따라 계산한 금액으로 한다. (2021. 2. 17. 개정)

$$\text{법 제29조의 4 제3항에 따라 공제받은 세액} \times \frac{\text{공제받은 과세연도의 정규직 전환 근로자 중 근로관계를 종료한 근로자 수}}{\text{공제받은 과세연도의 정규직 전환 근로자 수}}$$

⑯ 법 제29조의 4 제5항 제1호 및 같은 조 제6항에서 "전체 중소기업 임금증가율을 고려하여 대통령령으로 정한 비율"이란 각각 전체 중소기업의 직전 3년 평균임금 증가율을 고려하여 기획재정부령으로 정하

☞ p.1319 2단 연결

로 정하는 바에 따라 각각 평균임금 및 평균임금 증가율, 직전 3년 평균임금 증가율의 평균 및 법 제29조의 4 제2항에 따른 직전 3년 평균 초과 임금증가분을 계산한다. (2015. 2. 3. 신설)
⑨ 제2항 제2호에 따른 근로소득의 금액을 계산할 때 해당 과세연도의 근로제공기간이 1년 미만인 상시근로자가 있는 경우에는 해당 상시근로자의 근로소득의 금액을 해당 과세연도 근무제공월수로 나눈 금액에 12를 곱하여 산출한 금액을 해당 상시근로자의 근로소득의 금액으로 본다. (2024. 2. 29. 개정)

개정취지 ....

근로소득증대 세액공제를 위한 임금증가분 계산방법 개선
- 근로제공기간이 1년 미만인 상시근로자의 평균임금을 계산할 때 과세연도 전체로 환산하여 계산하던 것을 실수령액으로 계산하도록 함. (영 26조의 4 제9항 개정 ; 2024. 2. 29.)
- 영 26조의 4 제9항의 개정규정은 2024. 2. 29. 이후 과세표준을 신고하는 경우부터 적용함. (영 부칙(2024. 2. 29.) 4조)

....

⑩ 법 제29조의 4 제1항 및 제5항에 따라 세액공제를 받으려는 과세연도의 종료일 전 5년 이내의 기간 중에 퇴사하거나 새로 제2항 각 호의 어느 하나에 해당하게 된 근로자가 있는 경우에는 제3항에 따른 상시근로자 수 및 제5항에 따른 평균임금을 계산할 때 해당 근로자를 제외하고 계산하며, 세액공제를 받으려는 과세연도의 종료일 전 5년 이내의 기간 중에 입사한 근로자가 있는 경우에는 제6항에 따라 해당 근로자가 입사한 과세연도의 평균임금 증가율을 계산할 때 해당 근로자를 제외하고 계산한다. (2017. 2. 7. 개정)
⑪ 합병, 분할, 현물출자 또는 사업의 양수 등으로 인하여 종전의 사업부문에서 종사하던 상시근로자를 합병법인, 분할신설법인, 피출자법인 등(이하 이 조에서 "합병법인등"이라 한다)이 승계하는 경우에는 해당 상시근로자는 종전부터 합병법인등에 근무한 것으로 본다. (2015. 2. 3. 신설)
⑫ 창업 및 휴업 등의 사유로 제7항 및 제8항에 따라 직전 3년 평균임금 증가율의 평균을 계산할 수 없는 경우에는 법 제29조의 4 제1항 및 제5항을 적용하지 아니한다. (2017. 2. 7. 개정)

전 3년 과세연도 평균임금 증가율이 음수인 경우에는 각각 영(零)으로 보아 계산한다] (2015. 3. 13. 신설)

$$\frac{\text{직전 2년 과세연도 평균임금 증가율 + 직전 3년 과세연도 평균임금 증가율}}{2}$$

4. 직전 3년 평균 초과 임금증가분 (2015. 3. 13. 신설)

$$[\text{제1호에 따른 평균임금} - \text{직전 2년 과세연도 상시근로자의 평균임금} \times (1 + \text{직전 3년 평균임금 증가율의 평균})] \times \text{직전 과세연도 상시근로자 수}$$

③ 영 제26조의 4 제16항에서 "기획재정부령으로 정하는 비율"이란 1천분의 32를 말한다. (2023. 3. 20. 개정)

⑰ 법 제29조의 4 제1항, 제3항 또는 제5항에 따라 세액공제를 받으려는 자는 과세표준 신고와 함께 기획재정부령으로 정하는 세액공제신청서를 납세지 관할 세무서장에게 제출하여야 한다. (2017. 2. 7. 개정)

　제29조의 5【청년고용을 증대시킨 기업에 대한 세액공제】① 내국인(소비성서비스업 등 대통령령으로 정하는 업종을 경영하는 내국인은 제외한다)의 2017년 12월 31일이 속하는 과세연도까지의 기간 중 해당 과세연도의 대통령령으로 정하는 청년 정규직 근로자의 수(이하 이 조에서 "청년 정규직 근로자 수"라 한다)가 직전 과세연도의 청년 정규직 근로자 수보다 증가한 경우에는 증가한 인원 수[대통령령으로 정하는 정규직 근로자(이하 이 조에서 "전체 정규직 근로자"라 한다)의 증가한 인원 수와 대통령령으로 정하는 상시근로자(이하 이 조에서 "상시근로자"라 한다)의 증가한 인원 수 중 작은 수를 한도로 한다]에 300만원(중소기업의 경우에는 1천만원, 중견기업의 경우에는 700만원)을 곱한 금액을 해당 과세연도의 소득세(사업소득에 대한 소득세만 해당한다) 또는 법인세에서 공제한다. (2020. 12. 29. 개정)

② 제1항에 따라 소득세 또는 법인세를 공제받은 내국인이 공제를 받은 과세연도의 종료일부터 2년이 되는 날이 속하는 과세연도의 종료일까지의 기간 중 각 과세연도의 청년 정규직 근로자 수, 전체 정규직 근로자 수 또는 상시근로자 수가 공제를 받은 과세연도보다 감소한 경우에는 대통령령으로 정하는 바에 따라 공제받은 세액에 상당하는 금액을 소득세 또는 법인세로 납부하여야 한다. (2015. 12. 15. 신설)

③ 제1항을 적용받으려는 내국인은 대통령령으로 정하는 바에 따라 세액공제신청을 하여야 한다. (2015. 12. 15. 신설)

④ 제1항 및 제2항을 적용할 때 청년 정규직 근로자, 전체 정규직 근로자 및 상시근로자 수의 계산방법과 그 밖에 필요한 사항은 대통령령으로 정한다. (2015. 12. 15. 신설)

　제26조의 5【청년고용을 증대시킨 기업에 대한 세액공제】① 법 제29조의 5 제1항에서 "소비성서비스업 등 대통령령으로 정하는 업종"이란 제29조 제3항에 따른 소비성서비스업을 말한다. (2016. 2. 5. 신설)

② 법 제29조의 5 제1항에서 "대통령령으로 정하는 정규직 근로자"란 「근로기준법」에 따라 근로계약을 체결한 내국인 근로자 중 다음 각 호의 어느 하나에 해당하는 사람을 제외한 근로자(이하 이 조에서 "전체 정규직 근로자"라 한다)를 말한다. (2016. 2. 5. 신설)

1. 「기간제 및 단시간근로자 보호 등에 관한 법률」에 따른 기간제근로자 및 단시간근로자 (2016. 2. 5. 신설)
2. 「파견근로자보호 등에 관한 법률」에 따른 파견근로자 (2016. 2. 5. 신설)
3. 제23조 제10항 제3호부터 제6호까지의 근로자 중 어느 하나에 해당하는 근로자 (2016. 2. 5. 신설)
4. 「청소년 보호법」 제2조 제5호 각 목에 따른 업소에 근무하는 같은 조 제1호에 따른 청소년 (2016. 2. 5. 신설)

③ 법 제29조의 5 제1항에서 "대통령령으로 정하는 청년 정규직 근로자"란 제2항에 따른 정규직 근로자로서 15세 이상 29세 이하인 자(이하 이 조에서 "청년 정규직 근로자"라 한다)를 말한다. 다만, 해당 근로자가 제27조 제1항 제1호 각 목의 어느 하나에 해당하는 병역을 이행한 경우에는 그 기간(6년을 한도로 한다)을 현재 연령에서 빼고 계산한 연령이 29세 이하인 사람을 포함한다. (2016. 2. 5. 신설)

④ 법 제29조의 5 제1항에서 "대통령령으로 정하는 상시근로자"란 제23조 제10항에 따른 상시근로자(이하 이 조에서 "상시근로자"라 한다)를 말한다. (2016. 2. 5. 신설)

⑤ 법 제29조의 5 제1항에서 "대통령령으로 정하는 중견기업"이란 제4조 제1항에 따른 중견기업(이하 이 조에서 "중견기업"이라 한다)을 말한다. (2019. 2. 12. 개정)

⑤ 삭　제 (2021. 2. 17.)

2. 전체 정규직 근로자 수 :

$$\frac{\text{해당 과세연도의 매월 말 현재 전체 정규직 근로자 수의 합}}{\text{해당 과세연도의 개월 수}}$$

(2016. 2. 5. 신설)

3. 상시근로자 수 :

$$\frac{\text{해당 과세연도의 매월 말 현재 상시근로자 수의 합}}{\text{해당 과세연도의 개월 수}}$$

(2016. 2. 5. 신설)

⑨ 제8항 제3호에 따른 상시근로자 수의 계산에 관하여는 제23조 제11항 각 호 외의 부분 후단 및 같은 항 제2호를 준용한다. (2016. 2. 5. 신설)

⑩ 제8항을 적용할 때 해당 과세연도에 창업 등을 한 내국인의 경우에는 제23조 제13항을 준용한다. 이 경우 "상시근로자 수"는 "청년 정규직 근로자 수, 전체 정규직 근로자 수 또는 상시근로자 수"로, "상시근로자"는 "청년 정규직 근로자, 전체 정규직 근로자 또는 상시근로자"로 본다. (2016. 2. 5. 신설)

⑪ 법 제29조의 5 제1항에 따라 세액공제를 받으려는 자는 과세표준 신고와 함께 기획재정부령으로 정하는 세액공제신청서 및 공제세액계산서를 납세지 관할 세무서장에게 제출하여야 한다. (2016. 2. 5. 신설)

관계조문 ▶

규칙 61조 1항 11호의 4 ⇒ 청년고용 증대 기업에 대한 공제세액계산서 (별지 10호의 5 서식)

⑥ 법 제29조의 5 제2항에 따라 납부하여야 할 소득세액 또는 법인세액은 제1호의 금액(해당 과세연도의 직전 2년 이내의 과세연도에 법 제29조의 5 제1항에 따라 공제받은 세액의 합계액을 한도로 한다)에서 제2호의 금액을 뺀 금액(해당 금액이 음수인 경우에는 영으로 본다)으로 하며, 이를 해당 과세연도의 과세표준을 신고할 때 소득세 또는 법인세로 납부하여야 한다. (2016. 2. 5. 신설)

1. 법 제29조의 5 제1항에 따라 공제받은 과세연도(2개 과세연도 이상 연속으로 공제받은 경우에는 공제받은 마지막 과세연도로 하며, 이하 이 조에서 "공제받은 과세연도"라 한다) 대비 해당 과세연도의 청년 정규직 근로자 감소 인원, 전체 정규직 근로자 감소 인원 또는 상시근로자 감소 인원 중 가장 큰 수에 300만원(공제받은 과세연도에 중소기업의 경우에는 1,000만원, 중견기업의 경우에는 700만원)을 곱한 금액 (2017. 5. 8. 개정)

2. 공제받은 과세연도 대비 직전 과세연도의 청년 정규직 근로자 감소 인원, 전체 정규직 근로자 감소 인원 또는 상시근로자 감소 인원 중 가장 큰 수에 300만원(공제받은 과세연도에 중소기업의 경우에는 1,000만원, 중견기업의 경우에는 700만원)을 곱한 금액(공제받은 과세연도가 직전 과세연도인 경우에는 영으로 본다) (2017. 5. 8. 개정)

⑦ 제6항을 적용할 때 공제받은 과세연도에 제3항에 따른 청년정규직 근로자에 해당한 자는 이후 과세연도에도 청년 정규직 근로자로 보아 청년 정규직 근로자 수를 계산한다. (2020. 2. 11. 개정)

⑧ 법 제29조의 5 제1항 및 제2항을 적용할 때 청년 정규직 근로자 수, 전체 정규직 근로자 수 또는 상시근로자 수는 다음 각 호의 구분에 따른 계산식에 따라 계산한 수(100분의 1 미만의 부분은 없는 것으로 한다)로 한다. (2016. 2. 5. 신설)

1. 청년 정규직 근로자 수 :

$$\frac{\text{해당 과세연도의 매월 말 현재 청년 정규직 근로자 수의 합}}{\text{해당 과세연도의 개월 수}}$$

(2016. 2. 5. 신설)

제29조의 6【중소기업 청년근로자 및 핵심인력 성과보상기금 수령액에 대한 소득세 감면 등】(2019. 12. 31. 제목개정) 농특비

① 「중소기업 인력지원 특별법」 제35조의 2에 따른 중소기업 청년근로자 및 핵심인력 성과보상기금(이하 이 조에서 "성과보상기금"이라 한다)의 공제사업에 2024년 12월 31일까지 가입한 중소기업 또는 중견기업의 근로자(해당 기업의 최대주주 등 대통령령으로 정하는 사람은 제외한다. 이하 이 조에서 "핵심인력"이라 한다)가 공제납입금을 5년(중소기업 또는 중견기업의 청년근로자를 대상으로 하는 공제사업에 가입하여 만기까지 납입한 후에 핵심인력을 대상으로 하는 공제사업에 연계하여 납입하는 경우에는 해당 기간을 합산하여 5년) 이상 납입하고 그 성과보상기금으로부터 공제금을 수령하는 경우에 해당 공제금 중 같은 법 제35조의 3 제1호에 따라 해당 기업이 부담한 기여금(이하 이 조에서 "기여금"이라 한다) 부분에 대해서는 「소득세법」 제20조에 따른 근로소득으로 보아 소득세를 부과하되, 소득세에 다음 각 호의 구분에 따른 비율을 곱한 금액에 상당하는 세액을 감면한다. (2021. 12. 28. 개정)

① 「중소기업 인력지원 특별법」 제35조의 2에 따른 중소기업 청년근로자 및 핵심인력 성과보상기금(이하 이 조에서 "성과보상기금"이라 한다)의 공제사업으로서 대통령령으로 정하는 공제사업에 2027년 12월 31일까지 가입한 중소기업 또는 중견기업의 근로자(해당 기업의 최대주주 등 대통령령으로 정하는 사람은 제외한다. 이하 이 조에서 "핵심인력"이라 한다)가 공제납입금을 3년 이상 납입하고 그 성과보상기금으로부터 공제금을 수령하는 경우에 해당 공제금 중 같은 법 제35조의 3 제1호에 따라 해당 기업이 부담한 기여금(이하 이 조에서 "기여금"이라 한다) 부분에 대해서는 「소득세법」 제20조에 따른 근로소득으로 보아 소득세를 부과하되, 소득세에 다음 각 호의 구분에 따른 비율을 곱한 금액에 상당하는 세액을 감면한다. 다만, 해당 기업이 사업을 폐업하거나 법인을 해산하는 등 대통령령으로 정하는 부득이한 사유로 공제납입금을 3년 이상 납입하지 못하고 핵심인력이 공제금을 수령하게 된 경우에도 세액을 감면한다. (2024. 12. 31. 개정 ; 2025. 3. 14. 단서신설)

편주 ▶ ‥‥‥‥‥‥‥‥‥‥‥‥‥‥‥‥‥‥‥‥‥‥‥‥‥‥‥‥
• 법 29조의 6 제1항 각 호 외의 부분 단서의 개정규정은 2025. 3. 14. 이후 공제사업에 가입하는 경우부터 적용함. (법 부칙(2025. 3. 14.) 5조)
• 2025. 1. 1. 전에 공제사업에 가입한 근로자에 대한 소득세의 부과 및 세액감면에 관하여는 법 29조의 6 제1항의 개정규정에도 불구하고 종전의 규정에 따름. (법 부칙(2024. 12. 31.) 26조)

제26조의 6【중소기업 청년근로자 및 핵심인력 성과보상기금 수령액에 대한 소득세 감면 등】(2020. 2. 11. 제목개정)

① 법 제29조의 6 제1항 각 호 외의 부분에서 "대통령령으로 정하는 공제사업"이란 중소기업 근로자의 장기 재직 촉진 및 자산형성을 지원하기 위해 중소기업과 근로자가 공동으로 적립한 성과보상기금을 장기 재직한 근로자에게 지급하는 공제사업으로서 기획재정부장관이 고시하는 공제사업을 말한다. (2025. 2. 28. 신설)

② 법 제29조의 6 제1항 각 호 외의 부분에서 "해당 기업의 최대주주 등 대통령령으로 정하는 사람"이란 다음 각 호의 어느 하나에 해당하는 사람을 말한다. (2025. 2. 28. 항번개정)

1. 해당 기업의 최대주주 또는 최대출자자(개인사업자의 경우에는 대표자를 말한다)와 그 배우자 (2016. 2. 5. 신설)

2. 제1호에 해당하는 사람의 직계존비속(그 배우자를 포함한다) 또는 제1호에 해당하는 사람과 「국세기본법 시행령」 제1조의 2 제1항에 따른 친족관계에 있는 사람 (2023. 2. 28. 개정)

③ 법 제29조의 6 제1항 제1호 각 목 외의 부분에서 "대통령령으로 정하는 청년"이란 제26조의 8 제3항 제1호에 해당하는 사람을 말한다. (2025. 2. 28. 항번개정)

④ 법 제29조의 6 제1항에 따른 감면세액은 다음 계산식에 따라 계산한 금액으로 한다. (2025. 2. 28. 항번개정)

$$\text{「소득세법」 제137조 제1항 제2호에 따른 종합소득 산출세액} \times \frac{\text{「소득세법」 제20조 제2항에 따른 근로소득금액}}{\text{「소득세법」 제14조 제2항에 따른 종합소득금액}} \times \frac{\text{법 제29조의 6 제1항에 따라 부담한 기여금}}{\text{해당 근로자의 총급여액}} \times \text{감면율}$$

감면율: 법 제29조의 6 제1항 제1호 또는 제2호의 비율

⑤ 근로자는 법 제29조의 6 제1항에 따라 감면을 신청하려는 경우 기획재정부령으로 정하는 감면신청서를 같은 항에 따른 공제금을 수령하는 달이 속하는 달의 다음 달 말일까지 원천징수의무자에게 제출하여야 한다. (2025. 2. 28. 항번개정)

⑥ 원천징수의무자는 법 제29조의 6 제1항에 따라 감면을 받는 경우

1. 대통령령으로 정하는 청년의 경우 : 다음 각 목의 구분에 따른 비율 (2021. 12. 28. 신설)

　가. 중소기업 근로자의 경우 : 100분의 90 (2021. 12. 28. 신설)

　나. 중견기업 근로자의 경우 : 100분의 50 (2021. 12. 28. 신설)

2. 제1호 외의 경우 : 다음 각 목의 구분에 따른 비율 (2021. 12. 28. 신설)

　가. 중소기업 근로자의 경우 : 100분의 50 (2021. 12. 28. 신설)

　나. 중견기업 근로자의 경우 : 100분의 30 (2021. 12. 28. 신설)

② 공제금 중 핵심인력이 납부한 공제납입금과 기여금을 제외한 금액은 「소득세법」 제16조 제1항의 이자소득으로 보아 소득세를 부과한다. (2015. 12. 15. 신설)

③ 제1항 및 제2항에서 규정한 사항 외에 소득세 감면의 계산방법, 신청절차 및 그 밖에 필요한 사항은 대통령령으로 정한다. (2015. 12. 15. 신설)

제29조의 7 【고용을 증대시킨 기업에 대한 세액공제】 ① 내국인(소비성서비스업 등 대통령령으로 정하는 업종을 경영하는 내국인은 제외한다. 이하 이 조에서 같다)의 2024년 12월 31일이 속하는 과세연도까지의 기간 중 해당 과세연도의 대통령령으로 정하는 상시근로자(이하 이 조에서 "상시근로자"라 한다)의 수가 직전 과세연도의 상시근로자의 수보다 증가한 경우에는 다음 각 호에 따른 금액을 더한 금액을 해당 과세연도와 해당 과세연도의 종료일부터 1년(중소기업 및 중견기업의 경우에는 2년)이 되는 날이 속하는 과세연도까지의 소득세(사업소득에 대한 소득세만 해당한다) 또는 법인세에서 공제한다. (2021. 12. 28. 개정)

1. 청년 정규직 근로자, 장애인 근로자, 60세 이상인 근로자 등 대통령령으로 정하는 상시근로자(이하 이 조에서 "청년등상시근로자"라 한다)의 증가한 인원 수(증가한 상시근로자의 인원 수를 한도로 한다)에 400만원[중견기업의 경우에는 800만원, 중소기업의 경우에는 1,100만원(중소기업으로서 수도권 밖의 지역에서 증가한 경우에는 1,200만원)]을 곱한 금액. 다만, 2021년 12월 31일이 속하는 과세연도부터 2022년 12월 31일이 속하는 과세연도까지의 기간 중 수도권 밖의 지역에서 증가한 청년등상시근로자의 인원 수(증가한 상시근로자의 인원 수를 한도로 한다)에 대해서는 500만원(중견기업의 경우에는 900만원, 중소기업의 경우에는 1,300만원)을 곱한 금액으로

신청을 받은 달이 속하는 달의 다음 달 10일까지 원천징수관할세무서장에게 기획재정부령으로 정하는 감면 대상 명세서를 제출하여야 한다. (2025. 2. 28. 항번개정)

제26조의 7 【고용을 증대시킨 기업에 대한 세액공제】 ① 법 제29조의 7 제1항 각 호 외의 부분에서 "소비성서비스업 등 대통령령으로 정하는 업종"이란 제29조 제3항에 따른 소비성서비스업을 말한다. (2018. 2. 13. 신설)

② 법 제29조의 7 제1항 각 호 외의 부분에서 "대통령령으로 정하는 상시근로자"란 제23조 제10항에 따른 상시근로자(이하 이 조에서 "상시근로자"라 한다)를 말한다. (2018. 2. 13. 신설)

③ 법 제29조의 7 제1항 제1호에서 "청년 정규직 근로자, 장애인 근로자, 60세 이상인 근로자 등 대통령령으로 정하는 상시근로자"란 상시근로자 중 다음 각 호의 어느 하나에 해당하는 사람(이하 이 조에서 "청년등 상시근로자"라 한다)을 말한다. (2022. 2. 15. 개정)

1. 15세 이상 29세 이하인 사람 중 다음 각 목의 어느 하나에 해당하는 사람을 제외한 사람. 다만, 해당 근로자가 제27조 제1항 제1호 각 목의 어느 하나에 해당하는 병역을 이행한 경우에는 그 기간(6년을 한도로 한다)을 현재 연령에서 빼고 계산한 연령이 29세 이하인 사람을 포함한다. (2018. 2. 13. 신설)

　가. 「기간제 및 단시간근로자 보호 등에 관한 법률」에 따른 기간제 근로자 및 단시간근로자 (2018. 2. 13. 신설)

　나. 「파견근로자보호 등에 관한 법률」에 따른 파견근로자 (2018. 2.

한다. (2021. 12. 28. 개정)

2. 청년등상시근로자 외 상시근로자의 증가한 인원 수(증가한 상시근로자 인원 수를 한도로 한다) × 0원(중견기업의 경우에는 450만원, 중소기업의 경우에는 다음 각 목에 따른 금액) (2021. 3. 16. 개정)

  가. 수도권 내의 지역에서 증가한 경우 : 700만원 (2017. 12. 19. 신설)

  나. 수도권 밖의 지역에서 증가한 경우 : 770만원 (2017. 12. 19. 신설)

② 제1항에 따라 소득세 또는 법인세를 공제받은 내국인이 최초로 공제를 받은 과세연도의 종료일부터 2년이 되는 날이 속하는 과세연도의 종료일까지의 기간 중 전체 상시근로자의 수가 최초로 공제를 받은 과세연도에 비하여 감소한 경우에는 감소한 과세연도부터 제1항을 적용하지 아니하고, 청년등상시근로자의 수가 최초로 공제를 받은 과세연도에 비하여 감소한 경우에는 감소한 과세연도부터 제1항 제1호를 적용하지 아니한다. 이 경우 대통령령으로 정하는 바에 따라 공제받은 세액에 상당하는 금액을 소득세 또는 법인세로 납부하여야 한다. (2021. 3. 16. 개정)

③ 제1항 및 제2항에 따라 소득세 또는 법인세를 공제받은 내국인이 공제를 받은 과세연도의 종료일부터 2년이 되는 날이 속하는 과세연도의 종료일까지의 기간 중 각 과세연도의 청년등 상시근로자 수 또는 전체 상시근로자 수가 공제를 받은 과세연도보다 감소한 경우에는 대통령령으로 정하는 바에 따라 공제받은 세액에 상당하는 금액을 소득세 또는 법인세로 납부하여야 한다. (2017. 12. 19. 신설)

③ 삭 제 (2018. 12. 24.)

④ 제1항을 적용받으려는 내국인은 대통령령으로 정하는 바에 따라 세액공제신청을 하여야 한다. (2018. 12. 24. 개정)

⑤ 제1항에 따라 소득세 또는 법인세를 공제받은 내국인이 2020년 12월 31일이 속하는 과세연도의 전체 상시근로자의 수 또는 청년등 상시근로자의 수가 최초로 공제받은 과세연도에 비하여 감소한 경우에는 최초로 공제받은 과세연도의 종료일부터 3년이 되는 날이 속하는 과세연도의 종료일까지의 기간에 대하여 제2항을 적용한다. 다만, 2020년 12월 31일이 속하는 과세연도에 대해서는 제2항 후단을 적용하지 아니한다. (2021. 3. 16. 신설)

13. 신설)

  다. 「청소년 보호법」 제2조 제5호 각 목에 따른 업소에 근무하는 같은 조 제1호에 따른 청소년 (2018. 2. 13. 신설)

2. 「장애인복지법」의 적용을 받는 장애인, 「국가유공자 등 예우 및 지원에 관한 법률」에 따른 상이자, 「5·18민주유공자예우 및 단체설립에 관한 법률」 제4조 제2호에 따른 5·18민주화운동부상자와 「고엽제후유의증 등 환자지원 및 단체설립에 관한 법률」 제2조 제3호에 따른 고엽제후유의증환자로서 장애등급 판정을 받은 사람 (2021. 4. 6. 개정 ; 5·18민주유공자~시행령 부칙)

3. 근로계약 체결일 현재 연령이 60세 이상인 사람 (2021. 2. 17. 신설)

④ 법 제29조의 7 제1항 각 호 외의 부분에서 "대통령령으로 정하는 중견기업"이란 제4조 제1항에 따른 중견기업을 말한다. (2019. 2. 12. 개정)

④ 삭 제 (2021. 2. 17.)

⑤ 법 제29조의 7 제2항에 따라 납부하여야 할 소득세액 또는 법인세액은 다음 각 호의 구분에 따라 계산한 금액으로 하며, 이를 해당 과세연도의 과세표준을 신고할 때 소득세 또는 법인세로 납부하여야 한다. (2020. 2. 11. 개정)

1. 법 제29조의 7 제1항에 따라 최초로 공제받은 과세연도의 종료일부터 1년이 되는 날이 속하는 과세연도의 종료일까지의 기간 중 최초로 공제받은 과세연도보다 상시근로자 수 또는 청년등 상시근로자 수가 감소하는 경우 : 다음 각 목의 구분에 따라 계산한 금액(해당 과세연도의 직전 1년 이내의 과세연도에 법 제29조의 7 제1항에 따라 공제받은 세액을 한도로 한다) (2020. 2. 11. 개정)

  가. 상시근로자 수가 감소하는 경우 : 다음의 구분에 따라 계산한 금액 (2020. 2. 11. 개정)

   1) 청년등 상시근로자의 감소한 인원 수가 상시근로자의 감소한 인원 수 이상인 경우 : 다음의 계산식에 따라 계산한 금액 (2020. 2. 11. 개정)

[최초로 공제받은 과세연도 대비 청년등 상시근로자의 감소한 인원 수(최초로 공제받은 과세연도에 청년등 상시근로자의 증가한 인원 수를 한도로 한다) - 상시근로자의 감소한

⑥ 제5항을 적용받은 내국인이 2021년 12월 31일이 속하는 과세연도의 전체 상시근로자의 수 또는 청년등상시근로자의 수가 최초로 공제받은 과세연도에 비하여 감소하지 아니한 경우에는 제1항 각 호에 따른 금액을 더한 금액을 2021년 12월 31일이 속하는 과세연도부터 최초로 공제받은 과세연도의 종료일부터 2년(중소기업 및 중견기업의 경우에는 3년)이 되는 날이 속하는 과세연도까지 소득세(사업소득에 대한 소득세만 해당한다) 또는 법인세에서 공제한다. (2021. 3. 16. 신설)

⑦ 제6항을 적용받은 내국인이 2022년 12월 31일이 속하는 과세연도의 전체 상시근로자의 수 또는 청년등상시근로자의 수가 최초로 공제받은 과세연도에 비하여 감소한 경우에는 최초로 공제받은 과세연도의 종료일부터 3년이 되는 날이 속하는 과세연도의 종료일까지 제2항을 적용한다. (2021. 3. 16. 신설)

⑧ 제1항, 제2항 및 제5항부터 제7항까지의 규정을 적용할 때 청년등상시근로자 및 전체 상시근로자 수의 계산방법과 그 밖에 필요한 사항은 대통령령으로 정한다. (2021. 3. 16. 개정)

인원 수] × (법 제29조의 7 제1항 제1호의 금액 － 같은 항 제2호의 금액) + (상시근로자의 감소한 인원 수 × 법 제29조의 7 제1항 제1호의 금액)

2) 그 밖의 경우 : 다음의 계산식에 따라 계산한 금액 (2020. 2. 11. 개정)

[최초로 공제받은 과세연도 대비 청년등 상시근로자의 감소한 인원 수(상시근로자의 감소한 인원 수를 한도로 한다) × 법 제29조의 7 제1항 제1호의 금액] + [최초로 공제받은 과세연도 대비 청년등 상시근로자 외 상시근로자의 감소한 인원 수(상시근로자의 감소한 인원 수를 한도로 한다) × 법 제29조의 7 제1항 제2호의 금액]

나. 상시근로자 수는 감소하지 않으면서 청년등 상시근로자 수가 감소한 경우 : 다음의 계산식에 따라 계산한 금액 (2020. 2. 11. 개정)

최초로 공제받은 과세연도 대비 청년등 상시근로자의 감소한 인원 수(최초로 공제받은 과세연도에 청년등 상시근로자의 증가한 인원 수를 한도로 한다) × (법 제29조의 7 제1항 제1호의 금액 － 같은 항 제2호의 금액)

2. 제1호에 따른 기간의 다음 날부터 법 제29조의 7 제1항에 따라 최초로 공제받은 과세연도의 종료일부터 2년이 되는 날이 속하는 과세연도의 종료일까지의 기간 중 최초로 공제받은 과세연도보다 상시근로자 수 또는 청년등 상시근로자 수가 감소하는 경우 : 다음 각 목의 구분에 따라 계산한 금액(제1호에 따라 계산한 금액이 있는 경우 그 금액을 제외하며, 해당 과세연도의 직전 2년 이내의 과세연도에 법 제29조의 7 제1항에 따라 공제받은 세액의 합계액을 한도로 한다) (2020. 2. 11. 개정)

가. 상시근로자 수가 감소하는 경우 : 다음의 구분에 따라 계산한 금액 (2020. 2. 11. 개정)

　1) 청년등 상시근로자의 감소한 인원 수가 상시근로자의 감소한 인원 수 이상인 경우 : 다음의 계산식에 따라 계산한 금

액 (2020. 2. 11. 개정)

[최초로 공제받은 과세연도 대비 청년등 상시근로자의 감소한 인원 수(최초로 공제받은 과세연도에 청년등 상시근로자의 증가한 인원 수를 한도로 한다) － 상시근로자의 감소한 인원 수] × (법 제29조의 7 제1항 제1호의 금액 － 같은 항 제2호의 금액) × 직전 2년 이내의 과세연도에 공제받은 횟수 + (상시근로자의 감소한 인원 수 × 법 제29조의 7 제1항 제1호의 금액 × 직전 2년 이내의 과세연도에 공제받은 횟수)

2) 그 밖의 경우 : 최초로 공제받은 과세연도 대비 청년등 상시근로자 및 청년등 상시근로자 외 상시근로자의 감소한 인원 수(상시근로자의 감소한 인원 수를 한도로 한다)에 대해 직전 2년 이내의 과세연도에 공제받은 세액의 합계액 (2020. 2. 11. 개정)

나. 상시근로자 수는 감소하지 않으면서 청년등 상시근로자 수가 감소한 경우 : 다음의 계산식에 따라 계산한 금액 (2020. 2. 11. 개정)

최초로 공제받은 과세연도 대비 청년등 상시근로자의 감소한 인원 수(최초로 공제받은 과세연도

☞ p.1325 2단 연결

에 청년등 상시근로자의 증가한 인원 수를 한도로 한다) ×
(법 제29조의 7 제1항 제1호의 금액 − 같은 항 제2호의 금
액) × 직전 2년 이내의 과세연도에 공제받은 횟수

⑥ 제5항을 적용할 때 최초로 공제받은 과세연도에 제3항 제1호에 따른 청년등 상시근로자에 해당한 자는 이후 과세연도에도 청년등 상시근로자로 보아 청년등 상시근로자 수를 계산한다. (2020. 2. 11. 개정)

⑦ 법 제29조의 7 제1항 및 제2항을 적용할 때 상시근로자 수, 청년등 상시근로자 수는 다음 각 호의 구분에 따른 계산식에 따라 계산한 수 (100분의 1 미만의 부분은 없는 것으로 한다)로 한다. (2019. 2. 12. 개정)

1. 상시근로자 수 :

$$\frac{\text{해당 과세연도의 매월 말 현재 상시근로자 수의 합}}{\text{해당 과세연도의 개월 수}}$$

(2018. 2. 13. 신설)

2. 청년등 상시근로자 수 :

$$\frac{\text{해당 과세연도의 매월 말 현재 청년등 상시근로자 수의 합}}{\text{해당 과세연도의 개월 수}}$$

(2018. 2. 13. 신설)

⑧ 제7항에 따른 상시근로자 수의 계산에 관하여는 제23조 제11항 각 호 외의 부분 후단 및 같은 항 제2호를 준용한다. (2018. 2. 13. 신설)

⑨ 제7항을 적용할 때 해당 과세연도에 창업 등을 한 내국인의 경우에는 제23조 제13항을 준용한다. (2018. 2. 13. 신설)

⑩ 법 제29조의 7 제1항에 따라 세액공제를 받으려는 자는 과세표준 신고와 함께 기획재정부령으로 정하는 세액공제신청서 및 공제세액계산서를 납세지 관할 세무서장에게 제출하여야 한다. (2019. 2. 12. 개정)

제29조의 8 【통합고용세액공제】 ① 내국인(소비성서비스업 등 대통령령으로 정하는 업종을 경영하는 내국인은 제외한다. 이하 이 조에서 같다)의 2025년 12월 31일이 속하는 과세연도까지의 기간 중 해

제26조의 8 【통합고용세액공제】 ① 법 제29조의 8 제1항 각 호 외의 부분에서 "소비성서비스업 등 대통령령으로 정하는 업종"이란 제29조 제3항에 따른 소비성서비스업을 말한다. (2023. 2. 28. 신설)

당 과세연도의 대통령령으로 정하는 상시근로자(이하 이 조에서 "상시근로자"라 한다)의 수가 직전 과세연도의 상시근로자의 수보다 증가한 경우에는 다음 각 호에 따른 금액을 더한 금액을 해당 과세연도와 해당 과세연도의 종료일부터 1년(중소기업 및 중견기업의 경우에는 2년)이 되는 날이 속하는 과세연도까지의 소득세(사업소득에 대한 소득세만 해당한다) 또는 법인세에서 공제한다. (2022. 12. 31. 신설)

1. 청년 정규직 근로자, 장애인 근로자, 60세 이상인 근로자 또는 경력단절 여성 등 대통령령으로 정하는 상시근로자(이하 이 조에서 "청년등상시근로자"라 한다)의 증가 인원 수(전체 상시근로자의 증가 인원 수를 한도로 한다)에 400만원[중견기업의 경우에는 800만원, 중소기업의 경우에는 1,450만원(중소기업으로서 수도권 밖의 지역에서 증가한 경우에는 1,550만원)]을 곱한 금액 (2022. 12. 31. 신설)

1. 청년 정규직 근로자, 장애인 근로자, 60세 이상인 근로자 또는 경력단절 근로자 등 대통령령으로 정하는 상시근로자(이하 이 조에서 "청년등상시근로자"라 한다)의 증가 인원 수(전체 상시근로자의 증가 인원 수를 한도로 한다)에 400만원[중견기업의 경우에는 800만원, 중소기업의 경우에는 1,450만원(중소기업으로서 수도권 밖의 지역에서 증가한 경우에는 1,550만원)]을 곱한 금액 (2025. 3. 14. 개정)

편주 ▶

• 법 29조의 8 제1항 1호 및 같은 조 2항의 개정규정은 2025. 1. 1. 이후 개시하는 과세연도를 최초 공제연도로 하여 통합고용세액공제를 신청하는 경우부터 적용함. (법 부칙(2025. 3. 14.) 6조 1항)
• 2024. 12. 31. 이전에 개시하는 과세연도에 고용한 경력단절 근로자에 대해서는 법 29조의 8 제1항 1호 및 같은 조 2항의 개정규정에도 불구하고 종전의 규정에 따름. (법 부칙(2025. 3. 14.) 6조 2항)

2. 청년등상시근로자를 제외한 상시근로자의 증가 인원 수(전체 상시근로자의 증가 인원 수를 한도로 한다) × 0원(중견기업의 경우에는 450만원, 중소기업의 경우에는 다음 각 목에 따른 금액) (2022. 12. 31. 신설)

　가. 수도권 내의 지역에서 증가한 경우 : 850만원 (2022. 12. 31. 신설)

　나. 수도권 밖의 지역에서 증가한 경우 : 950만원 (2022. 12. 31. 신설)

② 법 제29조의 8 제1항 각 호 외의 부분에서 "대통령령으로 정하는 상시근로자"란 제23조 제10항에 따른 상시근로자(이하 이 조에서 "상시근로자"라 한다)를 말한다. (2023. 2. 28. 신설)

③ 법 제29조의 8 제1항 제1호에서 "청년 정규직 근로자, 장애인 근로자, 60세 이상인 근로자 또는 경력단절 여성 등 대통령령으로 정하는 상시근로자"란 상시근로자 중 다음 각 호의 어느 하나에 해당하는 사람(이하 이 조에서 "청년등상시근로자"라 한다)을 말한다. (2023. 2. 28. 신설)

1. 15세 이상 34세(제27조 제1항 제1호 각 목의 어느 하나에 해당하는 병역을 이행한 사람의 경우에는 6년을 한도로 병역을 이행한 기간을 현재 연령에서 빼고 계산한 연령을 말한다) 이하인 사람 중 다음 각 목에 해당하는 사람을 제외한 사람 (2023. 2. 28. 신설)

　가. 「기간제 및 단시간근로자 보호 등에 관한 법률」에 따른 기간제 근로자 및 단시간근로자 (2023. 2. 28. 신설)

　나. 「파견근로자 보호 등에 관한 법률」에 따른 파견근로자 (2023. 2. 28. 신설)

　다. 「청소년 보호법」에 따른 청소년유해업소에 근무하는 같은 법에 따른 청소년 (2023. 2. 28. 신설)

2. 「장애인복지법」의 적용을 받는 장애인, 「국가유공자 등 예우 및 지원에 관한 법률」에 따른 상이자, 「5·18민주유공자예우 및 단체설립에 관한 법률」 제4조 제2호에 따른 5·18민주화운동부상자와 「고엽제후유의증 등 환자지원 및 단체설립에 관한 법률」에 따른 고엽제후유의증환자로서 장애등급 판정을 받은 사람 (2023. 2. 28. 신설)

3. 근로계약 체결일 현재 연령이 60세 이상인 사람 (2023. 2. 28. 신설)

4. 법 제29조의 3 제1항에 따른 경력단절 여성 (2023. 2. 28. 신설)

5. 「북한이탈주민의 보호 및 정착지원에 관한 법률」에 따른 북한이탈주민 (2025. 2. 28. 신설)

개 정 취 지 ………………………………………………

통합고용세액공제 우대대상에 북한이탈주민 추가
• 북한이탈주민의 고용을 촉진하기 위해 일반 상시근로자보다 높은 공제금액을 적용받는 상시근로자의 범위에 「북한이탈주민의 보호 및 정착지원에 관한 법률」에 따른 북한이탈주민을 추가함. (영 26조의 8 제3항 5

② 제1항 제1호에서 "경력단절 근로자"란 다음 각 호의 요건을 모두 충족하는 근로자를 말한다. (2025. 3. 14. 신설)

1. 임금을 목적으로 같은 기업에서 1년 이상 계속하여 근로를 제공(대통령령으로 정하는 바에 따라 근로소득세를 원천징수한 사실이 확인되는 경우로 한정한다)한 후 대통령령으로 정하는 결혼ㆍ임신ㆍ출산ㆍ육아ㆍ자녀교육ㆍ가족돌봄의 사유로 퇴직하였을 것 (2025. 3. 14. 신설)

2. 제1호에 따른 사유로 퇴직한 날부터 2년 이상 15년 미만의 기간이 지났을 것 (2025. 3. 14. 신설)

3. 제1항 각 호 외의 부분에 따른 내국인의 최대주주 또는 최대출자자(개인사업자의 경우에는 대표자를 말한다) 또는 그와 대통령령으로 정하는 특수관계인이 아닐 것 (2025. 3. 14. 신설)

③ 제1항에 따라 소득세 또는 법인세를 공제받은 내국인이 최초로 공제를 받은 과세연도의 종료일부터 2년이 되는 날이 속하는 과세연도의 종료일까지의 기간 중 전체 상시근로자의 수가 최초로 공제를 받은 과세연도에 비하여 감소한 경우에는 감소한 과세연도부터 제1항을 적용하지 아니하고, 청년등상시근로자의 수가 최초로 공제를 받은 과세연도에 비하여 감소한 경우에는 감소한 과세연도부터 제1항 제1호를 적용하지 아니한다. 이 경우 대통령령으로 정하는 바에 따라 공제받은 세액에 상당하는 금액(제1항에 따른 공제금액 중 제144조에 따라 공제받지 못하고 이월된 금액이 있는 경우에는 그 금액을 차감한 후의 금액을 말한다)을 소득세 또는 법인세로 납부하여야 한다. (2025. 3. 14. 항번개정)

④ 중소기업 또는 중견기업이 2023년 6월 30일 당시 고용하고 있는 「기간제 및 단시간근로자 보호 등에 관한 법률」에 따른 기간제근로자 및 단시간근로자(이하 이 조에서 "기간제근로자 및 단시간근로자"라 한다), 「파견근로자 보호 등에 관한 법률」에 따른 파견근로자, 「하도급거래 공정화에 관한 법률」에 따른 수급사업자에게 고용된 기간제근로자 및 단시간근로자를 2024년 1월 1일부터 2024년 12월 31일까지 기간의 정함이 없는 근로계약을 체결한 근로자로 전환하거나 「파견근로자 보호 등에 관한 법률」에 따라 사용사업주가 직접 고용하거나 「하도급거래 공정화에 관한 법률」 제2조 제2항 제2호에 따른 원사업자가 기간의 정함이 없는 근로계약을 체결하여 직접 고용하는 경우(이하 이 조

호 신설 ; 2025. 2. 28.)
• 영 26조의 8 제3항 5호의 개정규정은 2025. 1. 1. 이후 개시하는 과세연도를 최초 공제연도로 하여 통합고용세액공제를 신청하는 경우부터 적용함. (영 부칙(2025. 2. 28.) 9조 1항)
• 2024. 12. 31. 이전에 개시하는 과세연도에 고용한 북한이탈주민에 관하여는 영 26조의 8 제3항 5호의 개정규정에도 불구하고 종전의 규정에 따름. (영 부칙(2025. 2. 28.) 9조 2항)

....

④ 법 제29조의 8 제2항 후단에 따라 납부해야 할 소득세액 또는 법인세액은 다음 각 호의 구분에 따라 계산한 금액으로 하며, 이를 해당 과세연도의 과세표준을 신고할 때 소득세 또는 법인세로 납부해야 한다. (2023. 2. 28. 신설)

1. 법 제29조의 8 제1항에 따라 최초로 공제받은 과세연도의 종료일부터 1년이 되는 날이 속하는 과세연도의 종료일까지의 기간 중 최초로 공제받은 과세연도보다 전체 상시근로자 수 또는 청년등상시근로자 수가 감소하는 경우 : 다음 각 목의 구분에 따라 계산한 금액(해당 과세연도의 직전 1년 이내의 과세연도에 법 제29조의 8 제1항에 따라 공제받은 세액을 한도로 한다) (2023. 2. 28. 신설)

가. 전체 상시근로자 수가 감소하는 경우 : 다음의 구분에 따라 계산한 금액 (2023. 2. 28. 신설)

1) 청년등상시근로자의 감소 인원 수가 전체 상시근로자의 감소 인원 수 이상인 경우 : 다음 계산식에 따라 계산한 금액 (2023. 2. 28. 신설)

> [최초로 공제받은 과세연도 대비 청년등상시근로자의 감소 인원 수(최초로 공제받은 과세연도의 청년등상시근로자의 증가 인원 수를 한도로 한다) − 전체 상시근로자의 감소 인원 수] × (법 제29조의 8 제1항 제1호의 금액 − 같은 항 제2호의 금액) + (전체 상시근로자의 감소 인원 수 × 법 제29조의 8 제1항 제1호의 금액)

2) 그 밖의 경우 : 다음 계산식에 따라 계산한 금액 (2023. 2. 28. 신설)

에서 "정규직 근로자로의 전환"이라 한다)에는 정규직 근로자로의 전환에 해당하는 인원[해당 기업의 최대주주 또는 최대출자자(개인사업자의 경우에는 대표자를 말한다)나 그와 대통령령으로 정하는 특수관계에 있는 사람은 제외한다]에 1,300만원(중견기업의 경우에는 900만원)을 곱한 금액을 해당 과세연도의 소득세(사업소득에 대한 소득세만 해당한다) 또는 법인세에서 공제한다. 다만, 해당 과세연도에 해당 중소기업 또는 중견기업의 상시근로자 수가 직전 과세연도의 상시근로자 수보다 감소한 경우에는 공제하지 아니한다. (2025. 3. 14. 항번개정)

⑤ 중소기업 또는 중견기업이 다음 각 호의 요건을 모두 충족하는 사람(이하 이 조에서 "육아휴직 복귀자"라 한다)을 2025년 12월 31일까지 복직시키는 경우에는 육아휴직 복귀자 인원에 1,300만원(중견기업의 경우에는 900만원)을 곱한 금액을 복직한 날이 속하는 과세연도의 소득세(사업소득에 대한 소득세만 해당한다) 또는 법인세에서 공제한다. 다만, 해당 과세연도에 해당 중소기업 또는 중견기업의 상시근로자 수가 직전 과세연도의 상시근로자 수보다 감소한 경우에는 공제하지 아니한다. (2025. 3. 14. 항번개정)

1. 해당 기업에서 1년 이상 근무하였을 것(대통령령으로 정하는 바에 따라 해당 기업이 육아휴직 복귀자의 근로소득세를 원천징수하였던 사실이 확인되는 경우로 한정한다) (2022. 12. 31. 신설)

2. 「남녀고용평등과 일·가정 양립 지원에 관한 법률」 제19조 제1항에 따라 육아휴직한 경우로서 육아휴직 기간이 연속하여 6개월 이상일 것 (2022. 12. 31. 신설)

3. 해당 기업의 최대주주 또는 최대출자자(개인사업자의 경우에는 대표자를 말한다)나 그와 대통령령으로 정하는 특수관계에 있는 사람이 아닐 것 (2022. 12. 31. 신설)

⑥ 제5항은 육아휴직 복귀자의 자녀 1명당 한 차례에 한정하여 적용한다. (2025. 3. 14. 개정)

⑦ 제4항 또는 제5항에 따라 소득세 또는 법인세를 공제받은 자가 각각 정규직 근로자로의 전환일 또는 육아휴직 복직일부터 2년이 지나기 전에 해당 근로자와의 근로관계를 종료하는 경우에는 근로관계가 종료한 날이 속하는 과세연도의 과세표준신고를 할 때 공제받은 세액에 상당하는 금액(제4항 또는 제5항에 따른 공제금액 중 제144조에 따라 공

[최초로 공제받은 과세연도 대비 청년등상시근로자의 감소 인원 수(전체 상시근로자의 감소 인원 수를 한도로 한다) × 법 제29조의 8 제1항 제1호의 금액] + [최초로 공제받은 과세연도 대비 청년등상시근로자를 제외한 상시근로자의 감소 인원 수(전체 상시근로자의 감소 인원 수를 한도로 한다) × 법 제29조의 8 제1항 제2호의 금액]

나. 전체 상시근로자 수는 감소하지 않으면서 청년등상시근로자 수가 감소한 경우 : 다음 계산식에 따라 계산한 금액 (2023. 2. 28. 신설)

최초로 공제받은 과세연도 대비 청년등상시근로자의 감소 인원 수(최초로 공제받은 과세연도의 청년등상시근로자의 증가 인원 수를 한도로 한다) × (법 제29조의 8 제1항 제1호의 금액 - 같은 항 제2호의 금액)

2. 제1호에 따른 기간의 다음 날부터 법 제29조의 8 제1항에 따라 최초로 공제받은 과세연도의 종료일부터 2년이 되는 날이 속하는 과세연도의 종료일까지의 기간 중 최초로 공제받은 과세연도보다 전체 상시근로자 수 또는 청년등상시근로자 수가 감소하는 경우 : 다음 각 목의 구분에 따라 계산한 금액(제1호에 따라 계산한 금액이 있는 경우 그 금액을 제외하며, 해당 과세연도의 직전 2년 이내의 과세연도에 법 제29조의 8 제1항에 따라 공제받은 세액의 합계액을 한도로 한다) (2023. 2. 28. 신설)

가. 전체 상시근로자 수가 감소하는 경우 : 다음의 구분에 따라 계산한 금액 (2023. 2. 28. 신설)

1) 청년등상시근로자의 감소 인원 수가 전체 상시근로자의 감소 인원 수 이상인 경우 : 다음 계산식에 따라 계산한 금액 (2023. 2. 28. 신설)

[최초로 공제받은 과세연도 대비 청년등상시근로자의 감소 인원 수(최초로 공제받은 과세연도의 청년등상시근로자의 증가 인원 수를 한도로 한다) - 전체 상시근로자의 감소 인

원 수] × (법 제29조의 8 제1항 제1호의 금액 - 같은 항 제2호의 금액) × 직전 2년 이내의 과세연도에 공제받은 횟수 + (전체 상시근로자의 감소 인원 수 × 법 제29조의 8 제1항 제1호의 금액 × 직전 2년 이내의 과세연도에 공제받은 횟수)

2) 그 밖의 경우 : 최초로 공제받은 과세연도 대비 청년등상시근로자 및 청년등상시근로자를 제외한 상시근로자의 감소 인원 수(전체 상시근로자의 감소 인원 수를 한도로 한다)에 대해 직전 2년 이내의 과세연도에 공제받은 세액의 합계액 (2023. 2. 28. 신설)

나. 전체 상시근로자 수는 감소하지 않으면서 청년등상시근로자 수가 감소한 경우 : 다음 계산식에 따라 계산한 금액 (2023. 2. 28. 신설)

최초로 공제받은 과세연도 대비 청년등상시근로자의 감소 인원 수(최초로 공제받은 과세연도의 청년등상시근로자의 증가 인원 수를 한도로 한다) × (법 제29조의 8 제1항 제1호의 금액 - 같은 항 제2호의 금액) × 직전 2년 이내의 과세연도에 공제받은 횟수

⑤ 제4항을 적용할 때 최초로 공제받은 과세연도에 제3항 제1호에 따른 청년등상

☞ p.1329 2단 연결

제받지 못하고 이월된 금액이 있는 경우에는 그 금액을 차감한 후의 금액을 말한다)을 소득세 또는 법인세로 납부하여야 한다. (2025. 3. 14. 개정)

⑧ 제1항, 제4항 또는 제5항을 적용받으려는 내국인은 대통령령으로 정하는 바에 따라 세액공제신청을 하여야 한다. (2025. 3. 14. 개정)

⑨ 제1항부터 제5항까지를 적용할 때 청년등상시근로자 및 전체 상시근로자 수의 계산 방법과 그 밖에 필요한 사항은 대통령령으로 정한다. (2025. 3. 14. 개정)

시근로자에 해당한 자는 최초로 공제받은 과세연도 이후의 과세연도에도 청년등상시근로자로 보아 청년등상시근로자 수를 계산한다. (2023. 2. 28. 신설)

⑥ 법 제29조의 8 제1항부터 제4항까지의 규정을 적용할 때 상시근로자 수 및 청년등상시근로자 수는 다음 각 호의 구분에 따른 계산식에 따라 계산한 수(100분의 1 미만의 부분은 없는 것으로 한다)로 한다. (2023. 2. 28. 신설)

1. 상시근로자 수 :

$$\frac{\text{해당 과세연도의 매월 말 현재 상시근로자 수의 합}}{\text{해당 과세연도의 개월 수}}$$

(2023. 2. 28. 신설)

2. 청년등상시근로자 수 :

$$\frac{\text{해당 과세연도의 매월 말 현재 청년등상시근로자 수의 합}}{\text{해당 과세연도의 개월 수}}$$

(2023. 2. 28. 신설)

⑦ 제6항에 따른 상시근로자 수와 청년등상시근로자 수의 계산에 관하여는 제23조 제11항 후단을 준용하며, 법 제29조의 8 제3항 및 제4항을 적용할 때 「근로기준법」 제74조에 따른 출산전후휴가를 사용 중인 상시근로자를 대체하는 상시근로자가 있는 경우 해당 출산전후휴가를 사용 중인 상시근로자는 제6항에 따른 상시근로자 수와 청년등상시근로자 수에서 제외한다. (2024. 2. 29. 개정)

개정취지

통합고용세액공제를 위한 상시근로자 수 계산방법 합리화
- 출산전후휴가를 사용 중인 근로자를 대체하는 상시근로자가 있는 경우 해당 출산전후휴가를 사용 중인 근로자는 상시근로자로 계산하지 않도록 함. (영 26조의 8 제7항 개정 ; 2024. 2. 29.)
- 영 26조의 8 제7항의 개정규정은 2024. 2. 29. 이후 과세표준을 신고하는 경우부터 적용함. (영 부칙(2024. 2. 29.) 5조)

⑧ 제6항을 적용할 때 해당 과세연도에 창업 등을 한 내국인의 경우에

는 제23조 제13항을 준용한다. 이 경우 "상시근로자 수"는 "상시근로자 수 또는 청년등상시근로자 수"로 본다. (2023. 2. 28. 신설)

⑨ 법 제29조의 8 제3항 본문 및 같은 조 제4항 제3호에서 "대통령령으로 정하는 특수관계"란 각각 「국세기본법 시행령」 제1조의 2 제1항에 따른 친족관계를 말한다. (2023. 2. 28. 신설)

⑩ 법 제29조의 8 제4항 제1호에 따라 기업의 육아휴직 복귀자에 대한 근로소득세 원천징수의 사실 여부는 「소득세법 시행령」 제196조 제1항에 따른 근로소득원천징수부를 통하여 확인한다. (2023. 2. 28. 신설)

⑪ 법 제29조의 8 제1항, 제3항 및 제4항에 따라 세액공제를 받으려는 자는 과세표준신고를 할 때 기획재정부령으로 정하는 세액공제신청서 및 공제세액계산서를 납세지 관할 세무서장에게 제출해야 한다. (2023. 2. 28. 신설)

⑪ 법 제29조의 8 제1항, 제3항 및 제4항에 따라 세액공제를 받으려는 자는 과세표준신고를 할 때 기획재정부령으로 정하는 세액공제신청서, 공제세액계산서 및 상시근로자 명세서를 납세지 관할 세무서장에게 제출해야 한다. (2025. 2. 28. 개정)

편주

영 26조의 8 제11항의 개정규정은 2025. 2. 28.이 속하는 과세연도의 과세표준신고를 하는 경우부터 적용함. (영 부칙(2025. 2. 28.) 9조 3항)

제30조 【중소기업 취업자에 대한 소득세 감면】 (2014. 1. 1. 제목개정)

농특비

① 대통령령으로 정하는 청년(이하 이 항에서 "청년"이라 한다), 60세 이상인 사람, 장애인 및 경력단절 여성이 「중소기업기본법」 제2조에 따른 중소기업(비영리기업을 포함한다)으로서 대통령령으로 정하는 기업(이하 이 조에서 "중소기업체"라 한다)에 2012년 1월 1일(60세 이상인 사람 또는 장애인의 경우 2014년 1월 1일)부터 2026년 12월 31일까지 취업하는 경우 그 중소기업체로부터 받는 근로소득으로서 그 취업일부터 3년(청년의 경우에는 5년)이 되는 날(청년으로서 대통령령으로 정하는 병역을 이행한 후 1년 이내에 병역 이행 전에 근로를 제공한 중소기업체에 복직하는 경우에는 복직한 날부터 2년이 되는 날을 말하며, 그 복직한 날이 최초 취업일부터 5년이 지나지 아니한 경우에는 최초 취업일부터 7년이 되는 날을 말한다)이 속하는 달까지 발생한 소득에 대해서는 소득세의 100분의 70(청년의 경우에는 100분의 90)에 상당하는 세액을 감면(과세기간별로 200만원을 한도로 한다)한다. 이 경우 소득세 감면기간은 소득세를 감면받은 사람이 다른 중소기업체에 취업하거나 해당 중소기업체에 재취업하는 경우 또는 합병·분할·사업 양도 등으로 다른 중소기업체로 고용이 승계되는 경우와 관계없이 소득세를 감면받은 최초 취업일부터 계산한다. (2023. 12. 31. 개정)

① 청년, 60세 이상인 사람, 장애인 및 제29조의 8 제2항에 따른 경력단절 근로자(이하 이 조에서 "경력단절 근로자"라 한다) 등 대통령령으로 정하는 사람이 「중소기업기본법」 제2조에 따른 중소기업(비영리기업을 포함한다)으로서 대통령령으로 정하는 기업(이하 이 조에서 "중소기업체"라 한다)에 2012년 1월 1일(60세 이상인 사람 또는 장애인의 경우 2014년 1월 1일)부터 2026년 12월 31일까지 취업하는 경우 그 중소기업체로부터 받는 근로소득으로서 그 취업일부터 3년[대통령령으로 정하는 청년(이하 이 항에서 "청년"이라 한다)의 경우에는 5년]이 되는 날(청년으로서 대통령령으로 정하는 병역을 이행한 후 1년 이내에 병역 이행 전에 근로를 제공한 중소기업체에 복직하는 경우에는 복직한 날부터 2년이 되는 날을 말하며, 그 복직한 날이 최초 취업일부터 5년이 지나지 아니한 경우에는 최초 취업일부터 7년이 되는 날을 말한다)이 속하는 달까지 발생한 소득에 대해서는 소득세의 100분의 70(청년의 경우에는 100분의 90)에 상당하는 세액을 감면(과세기간별로 200만원을 한도로 한다)한다. 이 경우 소득세 감면기간은 소득세를 감면받은 사람이 다른 중소기업체에 취업하거나 해당 중소기업체에 재취업하는 경우 또는 합병·분할·사업 양도 등으로 다른 중소기업체로 고용이 승계되는 경우와 관계없이 소득세를 감면받은 최초 취업일부터

제27조 【중소기업 취업자에 대한 소득세 감면】 (2014. 2. 21. 제목개정)

① 법 제30조 제1항 전단에서 "대통령령으로 정하는 청년, 60세 이상인 사람, 장애인 및 경력단절 여성"이란 다음 각 호의 구분에 따른 사람을 말한다. (2017. 2. 7. 개정)

1. 청년 : 근로계약 체결일 현재 연령이 15세 이상 34세 이하인 사람. 다만, 다음 각 목의 어느 하나에 해당하는 병역을 이행한 경우에는 그 기간(6년을 한도로 한다)을 근로계약 체결일 현재 연령에서 빼고 계산한 연령이 34세 이하인 사람을 포함한다. (2018. 8. 28. 개정)

　가. 「병역법」 제16조 또는 제20조에 따른 현역병(같은 법 제21조, 제25조에 따라 복무한 상근예비역 및 의무경찰·의무소방원을 포함한다) (2016. 11. 29. 개정 ; 경비교도대 폐지에 따른 보상 등에 관한 법률 시행령 부칙)

　나. 「병역법」 제26조 제1항에 따른 사회복무요원 (2014. 2. 21. 개정)

　다. 「군인사법」 제2조 제1호에 따른 현역에 복무하는 장교, 준사관 및 부사관 (2014. 2. 21. 개정)

2. 60세 이상의 사람 : 근로계약 체결일 현재 연령이 60세 이상인 사람 (2014. 2. 21. 개정)

3. 장애인 : 다음 각 목의 어느 하나에 해당하는 사람 (2019. 2. 12. 개정)

　가. 「장애인복지법」의 적용을 받는 장애인 (2019. 2. 12. 개정)

　나. 「국가유공자 등 예우 및 지원에 관한 법률」에 따른 상이자 (2019. 2. 12. 개정)

　다. 「5·18민주유공자예우 및 단체설립에 관한 법률」 제4조 제2호에 따른 5·18민주화운동부상자 (2021. 4. 6. 개정 ; 5·18민주유공자~시행령 부칙)

　라. 「고엽제후유의증 등 환자지원 및 단체 설립에 관한 법률」에 따른 고엽제후유의증환자로서 장애등급 판정을 받은 사람 (2019. 2. 12. 개정)

4. 경력단절 여성 : 법 제29조의 3 제1항에 따른 경력단절 여성 (2017. 2. 7. 신설)

② 제1항을 적용할 때 다음 각 호의 어느 하나에 해당하는 사람은 제

외한다. (2012. 2. 2. 신설)

1. 「법인세법 시행령」 제40조 제1항 각 호의 어느 하나에 해당하는 임원 (2019. 2. 12. 개정)

2. 해당 기업의 최대주주 또는 최대출자자(개인사업자의 경우에는 대표자를 말한다)와 그 배우자 (2012. 2. 2. 신설)

3. 제2호에 해당하는 자의 직계존속·비속(그 배우자를 포함한다) 및 「국세기본법 시행령」 제1조의 2 제1항에 따른 친족관계인 사람 (2012. 2. 2. 신설)

4. 「소득세법」 제14조 제3항 제2호에 따른 일용근로자 (2012. 2. 2. 신설)

5. 다음 각 목의 어느 하나에 해당하는 보험료 등의 납부사실이 확인되지 아니하는 사람. 다만, 「국민연금법」 제6조 단서에 따라 국민연금 가입 대상이 되지 아니하는 자와 「국민건강보험법」 제5조 제1항 단서에 따라 건강보험 가입자가 되지 아니하는 자는 제외한다. (2016. 2. 5. 단서개정)

　가. 「국민연금법」 제3조 제1항 제11호 및 제12호에 따른 부담금 및 기여금 (2012. 2. 2. 신설)

　나. 「국민건강보험법」 제69조에 따른 직장가입자의 보험료 (2012. 8. 31. 개정 ; 국민건강보험법 시행령 부칙)

③ 법 제30조 제1항 전단에서 "대통령령으로 정하는 기업"이란 다음 각 호의 어느 하나에 해당하는 사업을 주된 사업으

☞ p.1331 2단 연결

계산한다. (2025. 3. 14. 개정)

[편주] ....
법 30조 1항의 개정규정은 2025. 3. 14. 이후 취업하여 지급받는 소득부터 적용함. (법 부칙(2025. 3. 14.) 7조)
....

② 제1항을 적용받으려는 근로자는 원천징수의무자에게 감면 신청을 하여야 한다. 다만, 퇴직한 근로자의 경우 해당 근로자의 주소지 관할 세무서장에게 감면 신청을 할 수 있다. (2018. 12. 24. 단서신설)

③ 원천징수의무자는 제2항에 따라 감면 신청을 받은 경우 그 신청을 한 근로자의 명단을 신청을 받은 날이 속하는 달의 다음달 10일까지 원천징수 관할 세무서장에게 제출하여야 한다. (2011. 12. 31. 개정)

④ 원천징수 관할 세무서장은 제3항에 따라 감면 신청을 한 근로자의 명단을 받은 경우 해당 근로자가 제1항의 요건에 해당하지 아니하는 사실이 확인되는 때에는 원천징수의무자에게 그 사실을 통지하여야 한다. (2011. 12. 31. 개정)

⑤ 제4항에 따라 감면 신청을 한 근로자가 제1항의 요건을 갖추지 못한 사실을 통지받은 원천징수의무자는 그 통지를 받은 날 이후 근로소득을 지급하는 때에 당초 원천징수하였어야 할 세액에 미달하는 금액의 합계액에 100분의 105를 곱한 금액을 해당 월의 근로소득에 대한 원천징수 세액에 더하여 원천징수하여야 한다. 다만, 해당 근로자가 퇴직한 경우 원천징수의무자는 그 사실을 대통령령으로 정하는 바에 따라 원천징수 관할 세무서장에게 통지하여야 한다. (2011. 12. 31. 개정)

⑥ 제5항 단서에 따라 통지된 근로자에 대하여는 해당 근로자의 주소지 관할 세무서장이 제1항을 적용받음에 따라 과소징수된 금액에 100분의 105를 곱한 금액을 해당 근로자에게 소득세로 즉시 부과·징수하여야 한다. (2010. 3. 12. 개정)

⑦ 제2항 단서에 따라 감면 신청을 한 근로자가 제1항의 요건에 해당하지 아니하는 사실이 확인되는 때에는 해당 근로자의 주소지 관할 세무서장이 제1항을 적용받음에 따라 과소징수된 금액에 100분의 105를 곱한 금액을 해당 근로자에게 소득세로 즉시 부과·징수하여야 한다. (2018. 12. 24. 신설)

로 영위하는 기업을 말한다. 다만, 국가, 지방자치단체(지방자치단체조합을 포함한다), 「공공기관의 운영에 관한 법률」에 따른 공공기관 및 「지방공기업법」에 따른 지방공기업은 제외한다. (2020. 2. 11. 개정)

[개정취지] ....
중소기업 취업자 소득세 감면 대상 기업 정비
- 고소득직종 또는 전문직종에 해당하는 「관세사법」에 따른 통관업, 가상자산 매매 및 중개업, 부동산 임대업 및 수의업 등을 주된 사업으로 영위하는 기업은 취업자의 소득세 감면 대상 중소기업에서 제외함. (영 27조 3항 개정 ; 2025. 2. 28.)
- 영 27조 3항의 개정규정은 2025. 2. 28. 이후 취업하는 경우부터 적용함. (영 부칙(2025. 2. 28.) 10조)
....

1. 농업, 임업 및 어업 (2020. 2. 11. 개정)
2. 광업 (2020. 2. 11. 개정)
3. 제조업 (2020. 2. 11. 개정)
4. 전기, 가스, 증기 및 공기조절 공급업 (2020. 2. 11. 개정)
5. 수도, 하수 및 폐기물처리, 원료재생업 (2020. 2. 11. 개정)
6. 건설업 (2020. 2. 11. 개정)
7. 도매 및 소매업 (2020. 2. 11. 개정)
8. 운수 및 창고업 (2020. 2. 11. 개정)
8. 운수 및 창고업(「관세사법」에 따른 통관업은 제외한다) (2025. 2. 28. 개정)
9. 숙박 및 음식점업(주점 및 비알코올 음료점업은 제외한다) (2020. 2. 11. 개정)
10. 정보통신업(비디오물 감상실 운영업은 제외한다) (2020. 2. 11. 개정)
10. 정보통신업(비디오물 감상실 운영업, 가상자산 매매 및 중개업은 제외한다) (2025. 2. 28. 개정)
11. 부동산업 (2020. 2. 11. 개정)
11. 부동산업(부동산 임대업은 제외한다) (2025. 2. 28. 개정)
12. 연구개발업 (2020. 2. 11. 개정)
13. 광고업 (2020. 2. 11. 개정)
14. 시장조사 및 여론조사업 (2020. 2. 11. 개정)
15. 건축기술, 엔지니어링 및 기타 과학기술 서비스업 (2020. 2. 11. 개정)
16. 기타 전문, 과학 및 기술 서비스업 (2020. 2. 11. 개정)
16. 기타 전문, 과학 및 기술 서비스업(수의업은 제외한다) (2025. 2. 28. 개정)
17. 사업시설 관리, 사업 지원 및 임대 서비스업 (2020. 2. 11. 개정)
18. 기술 및 직업훈련학원 (2020. 2. 11. 개정)
18의 2. 컴퓨터 학원 (2024. 2. 29. 신설)

[편주] ....
영 27조 3항 18호의 2의 개정규정은 2024. 2. 29.이 속하는 과세기간에 발생하는 소득부터 적용함. (영 부칙(2024. 2. 29.) 6조)
....

19. 사회복지 서비스업 (2020. 2. 11. 개정)
20. 개인 및 소비용품 수리업 (2020. 2. 11. 개정)
21. 창작 및 예술 관련 서비스업 (2020. 2. 11. 개정)
22. 도서관, 사적지 및 유사 여가 관련 서비스업 (2020. 2. 11. 개정)
23. 스포츠 서비스업 (2020. 2. 11. 개정)

④ 법 제30조 제1항 전단에서 "대통령령으로 정하는 병역"이란 제1항 제1호 각 목의 어느 하나에 해당하는 병역을 말한다. (2015. 2. 3. 신설)

⑤ 법 제30조 제2항에 따라 감면 신청을 하려는 근로자는 기획재정부령으로 정하

☞ p.1332 2단 연결

⑧ 제1항을 적용할 때 2011년 12월 31일 이전에 중소기업체에 취업한 자(경력단절 여성은 제외한다)가 2012년 1월 1일 이후 계약기간 연장 등을 통해 해당 중소기업체에 재취업하는 경우에는 제1항에 따른 소득세 감면을 적용하지 아니한다. (2018. 12. 24. 항번개정)

⑧ 제1항을 적용할 때 2011년 12월 31일 이전에 중소기업체에 취업한 자(경력단절 근로자는 제외한다)가 2012년 1월 1일 이후 계약기간 연장 등을 통해 해당 중소기업체에 재취업하는 경우에는 제1항에 따른 소득세 감면을 적용하지 아니한다. (2025. 3. 14. 개정)

편주▶
법 30조 8항의 개정규정은 2025. 3. 14. 이후 취업하여 지급받는 소득부터 적용함. (법 부칙(2025. 3. 14.) 7조)

⑨ 제1항부터 제8항까지에서 규정한 사항 외에 소득세 감면의 신청절차, 제출서류, 그 밖에 필요한 사항은 대통령령으로 정한다. (2018. 12. 24. 개정)

•예판
• 중소기업 파견근무 후 해당 파견 중소기업의 정규직 취업시 소득세 감면 여부(서면법규 – 42, 2013. 1. 16.)
파견근로자보호 등에 관한 법률에 따라 파견사업주에 고용되어 중소기업에 파견근무를 하다가 퇴직 후 해당 중소기업의 정규직 근로자로 취업하여 근무하는 청년의 경우 그 해당 중소기업의 취업일로부터 3년간 중소기업에 취업하는 청년에 대한 소득세 감면을 적용받을 수 있음.
• 특수관계에 있는 중소기업 전입시 소득세 감면 여부(원천 – 480, 2012. 9. 13.)
중소기업에 취업한 자가 특수관계에 있는 다른 중소기업에 전입하여 근무하는 경우 소득세를 감면받을 수 없음.

는 감면신청서에 병역복무기간을 증명하는 서류 등을 첨부하여 취업일이 속하는 달의 다음 달 말일까지 원천징수의무자에게 제출하여야 한다. 이 경우 원천징수의무자는 감면신청서를 제출받은 달의 다음 달부터 「소득세법」 제134조 제1항에도 불구하고 법 제30조 제1항에 따른 감면율을 적용하여 매월분의 근로소득에 대한 소득세를 원천징수할 수 있다. (2016. 2. 5. 후단개정)

관계조문▶
규칙 61조 1항 12호 ⇒ 감면 신청서(별지 11호 서식)

⑥ 원천징수의무자는 법 제30조 제3항에 따라 감면 신청을 한 근로자의 명단을 원천징수 관할 세무서장에게 제출할 때에는 기획재정부령으로 정하는 감면 대상 명세서를 제출하여야 한다. (2015. 2. 3. 항번개정)

관계조문▶
규칙 61조 1항 12호의 2 ⇒ 감면 대상 명세서(별지 11호의 2 서식)

⑦ 원천징수의무자는 법 제30조 제5항 단서에 따라 해당 근로자가 퇴직한 사실을 원천징수 관할 세무서장에게 통지할 때에는 기획재정부령으로 정하는 감면 부적격 대상 퇴직자 명세서를 제출하여야 한다. (2015. 2. 3. 항번개정)

관계조문▶
규칙 61조 1항 12호의 3 ⇒ 감면 부적격 대상 퇴직자 명세서(별지 11호의 3 서식)

⑧ 법 제30조 제1항에 따른 중소기업체로부터 받는 근로소득(이하 이 조에서 "감면소득"이라 한다)과 그 외의 종합소득이 있는 경우에 해당 과세기간의 감면세액은 과세기간별로 200만원을 한도로 다음 계산식에 따라 계산한 금액으로 한다. (2023. 2. 28. 개정)

감면세액 = A × (B / C) × (D / E) × F
A : 「소득세법」 제55조 제1항에 따른 종합소득산출세액
B : 「소득세법」 제20조 제2항에 따른 근로소득금액
C : 「소득세법」 제14조 제2항에 따른 종합소득금액
D : 법 제30조 제1항에 따른 중소기업체로부터 받는 총급여액
E : 해당 근로자의 총급여액
F : 법 제30조 제1항의 감면율

⑨ 「소득세법」 제59조 제1항에 따른 근로소득세액공제를 할 때 감면소득과 다른 근로소득이 있는 경우(감면소득 외에 다른 근로소득이 없는 경우를 포함한다)에는 다음 계산식에 따라 계산한 금액을 근로소득세액공제액으로 한다. (2021. 2. 17. 개정)

근로소득세액공제액 = A × [1 – (B / C)]
A : 「소득세법」 제59조 제1항에 따라 계산한 근로소득세액공제액
B : 감면세액
C : 「소득세법」 제55조 제1항에 따른 종합소득산출세액 × (「소득세법」 제20조 제2항에 따른 근로소득금액 / 「소득세법」 제14조 제2항에 따른 종합소득금액)

제30조의 2 【정규직 근로자로의 전환에 따른 세액공제】 농특비

① 중소기업 또는 중견기업이 2021년 6월 30일 당시 고용하고 있는 「기간제 및 단시간 근로자 보호 등에 관한 법률」에 따른 기간제근로자 및 단시간근로자(이하 이 조에서 "기간제근로자 및 단시간근로자"라 한다), 「파견근로자 보호 등에 관한 법률」에 따른 파견근로자, 「하도급거래 공정화에 관한 법률」에 따른 수급사업자에게 고용된 기간제 근로자 및 단시간근로자를 2022년 12월 31일까지 기간의 정함이 없는 근로계약을 체결한 근로자로 전환하거나 「파견근로자 보호 등에 관한 법률」에 따라 사용사업주가 직접 고용하거나 「하도급거래 공정화에 관한 법률」 제2조 제2항 제2호에 따른 원사업자가 기간의 정함이 없는 근로계약을 체결하여 직접 고용하는 경우(이하 이 조에서 "정규직 근로자로의 전환"이라 한다)에는 정규직 근로자로의 전환에 해당하는 인원에 1천만원(중견기업의 경우에는 700만원)을 곱한 금액을 해당 과세연도의 소득세(사업소득에 대한 소득세만 해당한다) 또는 법인세에서 공제한다. 다만, 해당 과세연도에 해당 중소기업 또는 중견기업의 대통령령으로 정하는 상시근로자(이하 이 조에서 "상시근로자"라 한다) 수가 직전 과세연도의 상시근로자 수보다 감소한 경우에는 공제하지 아니한다. (2021. 12. 28. 개정)

② 제1항을 적용할 때 대통령령으로 정하는 특수관계인은 정규직 근로자로의 전환에 해당하는 인원에서 제외한다. (2021. 12. 28. 신설)

③ 제1항에 따라 소득세 또는 법인세를 공제받은 자가 정규직 근로자로의 전환을 한 날부터 2년이 지나기 전에 해당 정규직 근로자와의 근로관계를 종료하는 경우에는 근로관계가 종료한 날이 속하는 과세연도의 과세표준신고를 할 때 공제받은 세액에 상당하는 금액을 소득세 또는 법인세로 납부하여야 한다. (2021. 12. 28. 항번개정)

④ 제1항을 적용받으려는 내국인은 해당 과세연도의 과세표준신고와 함께 기획재정부령으로 정하는 세액공제신청서를 제출하여야 한다. (2021. 12. 28. 항번개정)

제30조의 2 【정규직 근로자로의 전환에 따른 세액공제】 삭 제 (2022. 12. 31.)

제30조의 3 【고용유지중소기업 등에 대한 과세특례】 (2009. 5. 21. 제목개정) 농특비

① 「중소기업기본법」 제2조에 따른 중소기업으로서 다음 각 호의 요건을 모두 충족하는 기업(이하 이 조에서 "고용유지중소기업"이라 한다)은 제2항의 계산식에 따라 계산한 금액을 2026년 12월 31일이 속하는 과세연도까지 각 과세연도의 소득세(사업소득에 대한 소득세만 해당한다) 또는 법인세에서 공제한다. (2023. 12. 31. 개정)

1. 해당 과세연도의 대통령령으로 정하는 바에 따라 계산한 상시근로자(해당 과세연도 중에 근로관계가 성립한 상시근로자는 제외한다) 1인당 시간당 임금이 직전 과세연도에 비하여 감소하지 아니한 경

제27조의 2 【정규직 근로자로의 전환에 따른 세액공제】 ① 법 제30조의 2 제1항 단서에서 "대통령령으로 정하는 상시근로자"란 제23조 제10항에 따른 상시근로자를 말한다. (2022. 2. 15. 신설)

② 법 제30조의 2 제2항에서 "대통령령으로 정하는 특수관계인"이란 해당 기업의 최대주주 또는 최대 출자자(개인사업자의 경우에는 대표자를 말한다)나 그와 「국세기본법 시행령」 제1조의 2 제1항에 따른 친족관계에 있는 사람을 말한다. (2022. 2. 15. 신설)

제27조의 2 【정규직 근로자로의 전환에 따른 세액공제】 삭 제 (2023. 2. 28.)

관계조문 ▶▶

규칙 61조 1항 2호 ⇒ 세액공제신청서(별지 1호 서식)

☞

제27조의 3 【고용유지중소기업 등에 대한 과세특례】 (2009. 6. 19. 제목개정)

① 법 제30조의 3 제1항 제1호 및 제2항 제2호에 따른 직전 또는 해당 과세연도의 상시근로자(해당 과세연도 중에 근로관계가 성립한 상시근로자는 제외한다. 이하 이 항 및 제5항에서 같다) 1인당 시간당 임금은 제1호에 따른 임금총액을 제2호에 따른 근로시간 합계로 나눈 금액으로 한다. (2017. 2. 7. 개정)

1. 임금총액 : 직전 또는 해당 과세연도에 상시근로자에게 지급한 통상임금과 정기상여금 등 고정급 성격의 금액을 합산한 금액 (2014. 2. 21. 개정)

우 (2014. 1. 1. 개정)

2. 해당 과세연도의 상시근로자 수가 직전 과세연도의 상시근로자수와 비교하여 대통령령으로 정하는 일정비율 이상 감소하지 아니한 경우 (2009. 3. 25. 신설)

3. 해당 과세연도의 대통령령으로 정하는 바에 따라 계산한 상시근로자(해당 과세연도 중에 근로관계가 성립한 상시근로자는 제외한다) 1인당 연간 임금총액이 직전 과세연도에 비하여 감소한 경우 (2014. 1. 1. 개정)

② 제1항에 따라 공제하는 금액은 제1호의 금액과 제2호의 금액(해당 금액이 음수인 경우에는 영으로 본다)을 합하여 계산한 금액으로 한다. (2018. 12. 24. 개정)

1. (직전 과세연도 상시근로자 1인당 연간 임금총액 − 해당 과세연도 상시근로자 1인당 연간 임금총액) × 해당 과세연도 상시근로자 수 × 100분의 10 (2018. 12. 24. 개정)

2. (해당 과세연도 상시근로자 1인당 시간당 임금 − 직전 과세연도 상시근로자 1인당 시간당 임금 × 100분의 105) × 해당 과세연도 전체 상시근로자의 근로시간 합계 × 100분의 15 (2018. 12. 24. 개정)

③ 고용유지중소기업에 근로를 제공하는 상시근로자에 대하여 2026년 12월 31일이 속하는 과세연도까지 다음 계산식에 따라 계산한 금액을 해당 과세연도의 근로소득금액에서 공제할 수 있다. 이 경우 공제할 금액이 1천만원을 초과하는 경우에는 그 초과하는 금액은 없는 것으로 한다. (2023. 12. 31. 개정)

> (직전 과세연도의 해당 근로자 연간 임금총액 − 해당 과세연도의 해당 근로자 연간 임금총액) × 100분의 50

④ 제1항부터 제3항까지의 규정을 적용할 때 상시근로자의 범위, 임금총액 및 그 밖에 필요한 사항은 대통령령으로 정한다. (2009. 5. 21. 개정)

⑤ 제1항부터 제4항까지의 규정은 다음 각 호의 어느 하나에 해당하는 지역(이하 "위기지역"이라 한다) 내 중견기업의 사업장에 대하여 위기지역으로 지정 또는 선포된 기간이 속하는 과세연도에도 적용한다. (2020. 12. 29. 개정)

2. 근로시간 합계 : 직전 또는 해당 과세연도의 상시근로자의 근로계약상 근로시간(「근로기준법」 제2조 제1항 제9호에 따른 단시간근로자로서 1개월간의 소정근로시간이 60시간 이상인 경우에는 실제 근로시간)의 합계 (2019. 2. 12. 개정)

② 법 제30조의 3 제1항 제2호에서 "대통령령으로 정하는 일정비율"이란 100분의 0을 말한다. (2009. 4. 21. 신설)

③ 법 제30조의 3에 따른 고용유지중소기업에 대한 과세특례를 적용받으려는 기업은 소득세 또는 법인세 과세표준신고와 함께 기획재정부령으로 정하는 세액공제신청서에 사업주와 근로자대표간 합의를 증명하는 서류 등을 첨부하여 납세지 관할세무서장에게 제출하여야 한다. (2019. 2. 12. 개정)

관계조문 »

규칙 61조 1항 12호의 4 ⇒ 고용유지중소기업 소득공제신청서(별지 11호의 4 서식)

④ 법 제30조의 3 제1항부터 제3항까지의 규정을 적용할 때 상시근로자는 「근로기준법」에 따라 근로계약을 체결한 근로자로 한다. 다만, 다음 각 호의 어느 하나에 해당하는 사람은 제외한다. (2012. 2. 2. 신설)

1. 근로계약기간이 1년 미만인 자. 다만, 법 제30조의 3 제3항을 적용할 때 근로계약의 연속된 갱신으로 인하여 그 근로계약의 총기간이 1년 이상인 근로자는 상시근로자로 본다. (2012. 2. 2. 신설)

2. 「법인세법 시행령」 제40조 제1항 각 호의 어느 하나에 해당하는 임원 (2019. 2. 12. 개정)

3. 해당 기업의 최대주주 또는 최대출자자(개인사업자의 경우 에는 대표자를 말한다)와 그 배우자 (2012. 2. 2. 신설)

4. 제3호에 해당하는 자의 직계존속·비속과 그 배우자 (2012. 2. 2. 신설)

5. 「소득세법 시행령」 제196조에 따른 근로소득원천징수부에 의하여 근로소득세를 원천징수한 사실이 확인되지 아니하고, 다음 각 목의 어느 하나에 해당하는 보험료 등의 납부사실도 확인되지 아니하는 사람 (2012. 2. 2. 신설)

가. 「국민연금법」 제3조 제1항 제11호 및 제12호에 따른 부담금 및 기여금 (2012. 2. 2. 신설)

나. 「국민건강보험법」 제69조에 따른 직장가입자의 보험료(2012. 8. 31. 개정 ; 국민건강보험법 시행령 부칙)

6. 「근로기준법」 제2조 제1항 제9호에 따른 단시간근로자. 다만, 1개월간의 소정근로시간이 60시간 이상인 근로자는 상시근로자로 본다. (2020. 6. 2. 개정)

⑤ 법 제30조의 3 제1항 제3호 및 같은 조 제2항의 규정을 적용할 때 직전 또는해당 과세연도의 상시근로자 1인당 연간 임금총액은 제1호에 따른 임금총액을 제2호의 계산식에 따라 계산한 상시근로자 수로 나눈 금액으로 한다. (2012. 2. 2. 신설)

1. 임금총액 : 직전 또는 해당 과세연도에 상시근로자에게 지급한 통상임금과 정기상여금 등 고정급 성격의 금액을 합산한 금액 (2012. 2. 2. 신설)

2. 상시근로자 수 :

> 직전 또는 해당 과세연도의 매월 말 현재 상시근로자 수의 합
> ────────────────
> 직전 또는 해당 과세연도의 개월 수

(2012. 2. 2. 신설)

⑥ 직전 또는 해당 과세연도 중에 사망, 정년퇴직 및 이에 준하는 사유로 근로관계가 종료되어 상시근로자가 감소한 경우 그 감소인원은 직전 과세연도부터 근무하지 아니한 것으로 보아 제5항에 따른 상

☞ p.1335 2단 연결

1. 「고용정책 기본법」 제32조 제1항에 따라 지원할 수 있는 지역으로 서 대통령령으로 정하는 지역 (2020. 12. 29. 신설)
2. 「고용정책 기본법」 제32조의 3 제2항에 따라 선포된 고용재난지역 (2020. 12. 29. 신설)
3. 「지역 산업위기 대응 및 지역경제 회복을 위한 특별법」 제10조 제1 항에 따라 지정된 산업위기대응특별지역 (2021. 12. 28. 개정)

시근로자 수 및 상시근로자 1인당 연간 임금총액을 산정할 때 제외한 다. (2012. 2. 2. 신설)

⑦ 직전 또는 해당 과세연도 중에 합병 또는 사업의 포괄양수 등에 의하여 종전의 사업부문에서 종사하던 상시근로자를 승계한 경 우 그 승계인원은 직전 과세연도부터 승계한 기업에서 근무한 것으로 보아 제5항에 따른 상시근로자 수 및 상시근로자 1인당 연간 임금총 액을 산정한다. (2012. 2. 2. 신설)

⑧ 직전 또는 해당 과세연도 중에 분할 또는 사업의 포괄양도 등에 의하여 상시근로자가 감소한 경우 그 감소인원은 직전 과세연도부터 분할 또는 사업을 포괄양도한 기업 등에서 근무하지 아니한 것으로 보 아 제5항에 따른 상시근로자 수 및 상시근로자 1인당 연간 임금총액 을 산정할 때 제외한다. (2012. 2. 2. 신설)

⑨ 법 제30조의 3 제2항 제2호에 따른 해당 과세연도 전체 상시근로 자의 근로시간 합계는 제1항 제2호에 따른 해당 과세연도의 근로시간 합계로 한다. (2017. 2. 7. 신설)

⑩ 법 제30조의 3 제3항에 따른 연간 임금총액은 통상임금과 정기상 여금 등 고정급 성격의 금액을 합산한 금액으로 한다. 이 경우 직전 또는 해당 과세연도 중 근로관계가 성립하거나 종료된 상시근로자의 연간 임금총액은 다음 각 호의 구분에 따라 산정한다. (2017. 2. 7. 항 번개정)

1. 직전 과세연도 중에 근로관계가 성립한 상시근로자의 해당 과세연 도의 연간 임금총액은 다음 계산식에 따라 계산한다. (2012. 2. 2. 신설)

$$해당\ 과세연도의\ 통상임금과\ 고정급\ 성격의\ 금액의\ 합산액 \times \frac{직전\ 과세연도의\ 총\ 근무일수}{해당\ 과세연도의\ 총\ 근무일수}$$

2. 해당 과세연도 중에 근로관계가 종료된 상시근로자의 직전 과세연 도의 연간 임금총액은 다음 계산식에 따라 계산한다. (2012. 2. 2. 신설)

$$직전\ 과세연도의\ 통상임금과\ 고정급\ 성격의\ 금액의\ 합산액 \times \frac{해당\ 과세연도의\ 총\ 근무일수}{직전\ 과세연도의\ 총\ 근무일수}$$

3. 제1호 및 제2호에도 불구하고 직전 또 는 해당 과세연도 중에 기업의 합병 또 는 분할 등에 의하여 근로관계가 승계 된 상시근로자의 직전 또는 해당 과세 연도의 연간 임금총액은 종전 근무지 에서 지급받은 임금총액을 합산한 금 액으로 한다. (2012. 2. 2. 신설)

⑪ 법 제30조의 3 제5항 제1호에서 "대통 령령으로 정하는 지역"이란 「고용정책 기 본법 시행령」 제29조에 따라 고용노동부 장관이 지정·고시하는 지역을 말한다. (2021. 2. 17. 개정)

제30조의 4 【중소기업 사회보험료 세액공제】(2017. 12. 19. 제목개정)

농특비

① 중소기업이 2024년 12월 31일이 속하는 과세연도까지의 기간 중 해당 과세연도의 상시근로자 수가 직전 과세연도의 상시근로자 수보다 증가한 경우에는 다음 각 호에 따른 금액을 더한 금액을 해당 과세연도와 해당 과세연도의 종료일부터 1년이 되는 날이 속하는 과세연도까지의 소득세(사업소득에 대한 소득세만 해당한다) 또는 법인세에서 공제한다. (2021. 12. 28. 개정)

1. 청년 및 경력단절 여성(이하 이 조에서 "청년등"이라 한다) 상시근로자 고용증가 인원에 대하여 사용자가 부담하는 사회보험료 상당액 : 청년등 상시근로자 고용증가인원으로서 대통령령으로 정하는 인원 × 청년등 상시근로자 고용증가인원에 대한 사용자의 사회보험료 부담금액으로서 대통령령으로 정하는 금액 × 100분의 100 (2016. 12. 20. 개정)

2. 청년등 외 상시근로자 고용증가 인원에 대하여 사용자가 부담하는 사회보험료 상당액 : 청년등 외 상시근로자 고용증가인원으로서 대통령령으로 정하는 인원 × 청년등 외 상시근로자 고용증가인원에 대한 사용자의 사회보험료 부담금액으로서 대통령령으로 정하는 금액 × 100분의 50(대통령령으로 정하는 신성장 서비스업을 영위하는 중소기업의 경우 100분의 75) (2016. 12. 20. 개정)

② 제1항에 따라 소득세 또는 법인세를 공제받은 중소기업이 최초로 공제를 받은 과세연도의 종료일부터 1년이 되는 날이 속하는 과세연도의 종료일까지의 기간 중 전체 상시근로자의 수가 최초로 공제를 받은 과세연도에 비하여 감소한 경우에는 감소한 과세연도에 대하여 같은 항을 적용하지 아니하고, 청년등상시근로자의 수가 최초로 공제를 받은 과세연도에 비하여 감소한 경우에는 감소한 과세연도에 대하여 같은 항 제1호를 적용하지 아니한다. 이 경우 대통령령으로 정하는 바에 따라 공제받은 세액에 상당하는 금액을 소득세 또는 법인세로 납부하여야 한다. (2021. 12. 28. 개정)

③ 중소기업 중 대통령령으로 정하는 기업이 2020년 1월 1일 현재 고용 중인 대통령령으로 정하는 근로자 중 2020년 12월 31일까지 사회보험에 신규 가입하는 근로자에 대하여 신규 가입을 한 날부터 2년이

제27조의 4 【중소기업 사회보험료 세액공제 적용 시 상시근로자의 범위 등】(2018. 2. 13. 제목개정)

① 법 제30조의 4 제1항에 따른 상시근로자는 「근로기준법」에 따라 근로계약을 체결한 내국인 근로자로 한다. 다만, 다음 각 호의 어느 하나에 해당하는 사람은 제외한다. (2012. 2. 2. 개정)

1. 근로계약기간이 1년 미만인 근로자(근로계약의 연속된 갱신으로 인하여 그 근로계약의 총 기간이 1년 이상인 근로자는 제외한다) (2020. 2. 11. 개정)

2. 「근로기준법」 제2조 제1항 제9호에 따른 단시간근로자. 다만, 1개월간의 소정근로시간이 60시간 이상인 근로자는 상시근로자로 본다. (2020. 6. 2. 개정)

3. 「법인세법 시행령」 제40조 제1항 각 호의 어느 하나에 해당하는 임원 (2019. 2. 12. 개정)

4. 해당 기업의 최대주주 또는 최대출자자(개인사업자의 경우에는 대표자를 말한다)와 그 배우자 (2012. 2. 2. 개정)

5. 제4호에 해당하는 자의 직계존비속(그 배우자를 포함한다) 및 「국세기본법 시행령」 제1조의 2 제1항에 따른 친족관계인 사람 (2012. 2. 2. 개정)

6. 「소득세법 시행령」 제196조에 따른 근로소득원천징수부에 의하여 근로소득세를 원천징수한 사실이 확인되지 아니하는 사람 (2012. 2. 2. 개정)

7. 법 제30조의 4 제4항에 따른 사회보험에 대하여 사용자가 부담하여야 하는 부담금 또는 보험료의 납부 사실이 확인되지 아니하는 근로자 (2018. 2. 13. 개정)

② 법 제30조의 4 제1항 제1호에 따른 청년 및 경력단절 여성(이하 이 조에서 "청년등"이라 한다) 상시근로자는 다음 각 호의 어느 하나에 해당하는 자로 하고, 같은 항 제2호에 따른 청년등 외 상시근로자는 청년등 상시근로자가 아닌 상시근로자로 한다. (2017. 2. 7. 개정)

1. 청년 상시근로자 : 15세 이상 29세 이하인 상시근로자[제27조 제1항 제1호 각 목의 어느 하나에 해당하는 병역을 이행한 경우에는 그 기간(6년을 한도로 한다)을 근로계약 체결일 현재 연령에서 빼고 계산한 연령이 29세 이하인 사람을 포함한다] (2017. 2. 7. 개정)

되는 날이 속하는 달까지 사용자가 부담하는 사회보험료 상당액(대통령령으로 정하는 국가 등의 지원금은 제외한다)으로서 대통령령으로 정하는 금액의 100분의 50에 상당하는 금액을 해당 과세연도의 소득세(사업소득에 대한 소득세만 해당한다) 또는 법인세에서 공제한다. (2019. 12. 31. 개정)

④ 제1항 및 제3항에 따른 사회보험이란 다음 각 호의 것을 말한다. (2017. 12. 19. 개정)

1. 「국민연금법」에 따른 국민연금 (2011. 12. 31. 개정)
2. 「고용보험법」에 따른 고용보험 (2011. 12. 31. 개정)
3. 「산업재해보상보험법」에 따른 산업재해보상보험 (2011. 12. 31. 개정)
4. 「국민건강보험법」에 따른 국민건강보험 (2011. 12. 31. 개정)
5. 「노인장기요양보험법」에 따른 장기요양보험 (2011. 12. 31. 개정)

⑤ 제1항부터 제3항까지의 규정을 적용받으려는 중소기업은 해당 과세연도의 과세표준신고를 할 때 기획재정부령으로 정하는 세액공제신청서 및 공제세액계산서를 제출하여야 한다. (2017. 12. 19. 개정)

관계조문 》》

• 규칙 61조 1항 2호 ⇒ 세액공제신청서(별지 1호 서식)
• 규칙 61조 1항 12호의 5 ⇒ 공제세액계산서(별지 11호의 5 서식)

⑥ 제1항부터 제3항까지의 규정을 적용할 때 상시근로자, 청년등 상시근로자의 범위, 사회보험 신규 가입 및 제29조의 3에 따른 세액공제를 적용받은 경우 청년등 상시근로자 고용증가인원의 계산방법과 그 밖에 필요한 사항은 대통령령으로 정한다. (2017. 12. 19. 개정)

2. 경력단절 여성 상시근로자 : 법 제29조의 3 제1항에 따른 경력단절 여성인 상시근로자 (2017. 2. 7. 개정)

③ 법 제30조의 4 제1항 제1호에서 "대통령령으로 정하는 인원"이란 해당 과세연도에 직전 과세연도 대비 증가한 청년등 상시근로자수(그 수가 음수인 경우 영으로 본다)를 말한다. 다만, 해당 과세연도에 직전 과세연도 대비 증가한 상시근로자 수를 한도로 한다. (2017. 2. 7. 개정)

④ 법 제30조의 4 제1항 제2호에서 "대통령령으로 정하는 인원"이란 해당 과세연도에 직전 과세연도 대비 증가한 상시근로자 수에서 제3항에 따라 계산한 수를 뺀 수(그 수가 음수인 경우 영으로 본다)를 말한다. (2012. 2. 2. 개정)

⑤ 법 제30조의 4 제1항 제2호에서 "대통령령으로 정하는 신성장 서비스업을 영위하는 중소기업"이란 다음 각 호의 어느 하나에 해당하는 사업을 주된 사업으로 영위하는 중소기업을 말한다. 이 경우 둘 이상의 서로 다른 사업을 영위하는 경우에는 사업별 사업수입금액이 큰 사업을 주된 사업으로 본다. (2017. 2. 7. 신설)

1. 컴퓨터 프로그래밍, 시스템 통합 및 관리업, 소프트웨어 개발 및 공급업, 정보서비스업 또는 전기통신업 (2017. 2. 7. 신설)
2. 창작 및 예술관련 서비스업(자영예술가는 제외한다), 영화·비디오물 및 방송프로그램 제작업, 오디오물 출판 및 원판 녹음업 또는 방송업 (2017. 2. 7. 신설)
3. 엔지니어링사업, 전문디자인업, 보안시스템 서비스업 또는 광고업 중 광고물 작성업 (2017. 2. 7. 신설)
4. 서적, 잡지 및 기타 인쇄물출판업, 연구개발업, 「학원의 설립·운영 및 과외교습에 관한 법률」에 따른 직업기술 분야를 교습하는 학원을 운영하는 사업 또는 「국민 평생 직업능력 개발법」에 따른 직업능력개발훈련시설을 운영하는 사업(직업능력개발훈련을 주된 사업으로 하는 경우로 한정한다) (2022. 2. 17. 개정 ; 근로자직업~부칙)
5. 「관광진흥법」에 따른 관광숙박업, 국제회의업, 유원시설업 또는 법 제6조 제3항 제20호에 따른 관광객이용시설업 (2017. 2. 7. 신설)
6. 제5조 제7항에 따른 물류산업 (2020. 2. 11. 개정)
7. 그 밖에 기획재정부령으로 정하는 신성장 서비스업 (2017. 2. 7. 신설)

⑥ 법 제30조의 4에 따른 세액공제를 적용하는 경우 상시근로자 수와

제14조의 4 【중소기업 사회보험료 세액공제 적용 시 신성장 서비스업의 범

청년등 상시근로자 수는 제1호 각 목의 구분에 따른 계산식에 따라 계산한 수로 한다. 다만, 제1항 제2호 단서에 따른 근로자 1명은 0.5명으로하여 계산하되, 제2호 각 목의 지원요건을 모두 충족하는 경우에는 0.75명으로 하여 계산하고 100분의 1 미만의 부분은 없는 것으로 한다. (2022. 2. 15. 개정)

1. 상시근로자 수와 청년등 상시근로자 수 계산식 (2017. 2. 7. 개정)

　가. 상시근로자 수 :

$$\frac{\text{해당 과세연도의 매월 말 현재 상시근로자 수의 합}}{\text{해당 과세연도의 개월 수}}$$

(2020. 2. 11. 개정)

　나. 청년등 상시근로자 수 :

$$\frac{\text{해당 과세연도의 매월 말 현재 청년등 상시근로자 수의 합}}{\text{해당 과세연도의 개월 수}}$$

(2020. 2. 11. 개정)

2. 지원요건 (2014. 2. 21. 개정)

　가. 해당 과세연도의 상시근로자 수(제1항 제2호 단서에 따른 근로자는 제외한다)가 직전 과세연도의 상시근로자 수(제1항 제2호 단서에 따른 근로자는 제외한다)보다 감소하지 아니하였을 것 (2014. 2. 21. 개정)

　나. 기간의 정함이 없는 근로계약을 체결하였을 것 (2014. 2. 21. 개정)

　다. 상시근로자와 시간당 임금(「근로기준법」 제2조 제1항 제5호에 따른 임금, 정기상여금·명절상여금 등 정기적으로 지급되는 상여금과 경영성과에 따른 성과금을 포함한다), 그 밖에 근로조건과 복리후생 등에 관한 사항에서 「기간제 및 단시간근로자 보호 등에 관한 법률」 제2조 제3항에 따른 차별적 처우가 없을 것 (2014. 2. 21. 개정)

　라. 시간당 임금이 「최저임금법」 제5조에 따른 최저임금액의 100분의 120 이상일 것 (2016. 2. 5. 개정)

⑦ 제3항 및 제4항에 따라 청년등 상시근로자 또는 상시근로자 증가인

☞ p.1339 3단 연결

위 등】① 영 제27조의 4 제5항 제7호에서 "기획재정부령으로 정하는 신성장 서비스업"이란 제4조의 3 각 호의 어느 하나에 해당하는 사업을 말한다. (2018. 3. 21. 신설)

② 영 제27조의 4 제13항 제2호에 따른 사업소득에 대한 소득세 과세표준의 계산은 다음의 계산식에 따른다. (2022. 3. 18. 개정)

해당 과세연도의 종합소득 과세표준 × (해당 과세연도의 사업소득금액 / 해당 과세연도의 종합소득금액)

1. 「국민건강보험법 시행령」 제44조 제1항에 따른 보험료율의 2분
   의 1 (2012. 8. 31. 개정 ; 국민건강보험법 시행령 부칙)
2. 제1호의 수에 「노인장기요양보험법 시행령」 제4조에 따른 장기요양보험료율을
   곱한 수 (2012. 2. 2. 개정)
2. 「노인장기요양보험법 시행령」 제4조에 따른 장기요양보험료율의 2
   분의 1 (2024. 11. 12. 개정)

편주▶ ••
영 27조의 4 제10항 2호의 개정규정은 2023. 12. 31.이 속하는 과세연도
의 과세표준을 신고하거나 결정 또는 경정하는 경우부터 적용함. (영 부칙
(2024. 11. 12.) 3조)
••

3. 「국민연금법」 제88조에 따른 보험료율 (2012. 2. 2. 개정)
4. 「고용보험 및 산업재해보상보험의 보험료 징수 등에 관한 법률」
   제13조 제4항 각 호에 따른 수를 합한 수 (2012. 2. 2. 개정)
5. 「고용보험 및 산업재해보상보험의 보험료 징수 등에 관한 법률」 제
   14조 제3항에 따른 산재보험료율 (2012. 2. 2. 개정)
⑪ 법 제30조의 4 제2항 후단에 따라 납부해야 할 소득세액 또는 법
인세액은 다음 각 호의 구분에 따라 계산한 금액(해당 과세연도의 직
전 과세연도에 법 제30조의 4 제1항에 따라 공제받은 세액을 한도로
한다)으로 하며, 이를 해당 과세연도의 과세표준을 신고할 때 소득세
또는 법인세로 납부해야 한다. (2022. 2. 15. 신설)
1. 상시근로자 수가 감소한 경우 : 다음 각 목의 구분에 따라 계산한
   금액 (2022. 2. 15. 신설)
   가. 감소한 청년등 상시근로자의 수가 감소한 상시근로자 수 이상
       인 경우 : 다음의 계산식에 따라 계산한 금액 (2022. 2. 15. 신설)

$$A - B + C$$
A : 최초로 공제받은 과세연도(이하 이 조에서 "최초공제연도"라
    한다)에 비해 감소한 청년등 상시근로자 수(최초공제연도에
    청년등 상시근로자가 증가한 수를 한도로 한다)에서 최초공

☞ p.1340 2단 연결

나 승계한 것으로 보아 계산한 청년등 상시근로자 수 또는 상시근로
자 수로 한다. (2017. 2. 7. 개정)
   가. 해당 과세연도에 합병·분할·현물출자 또는 사업의 양수 등
       에 의하여 종전의 사업부문에서 종사하던 청년등 상시근로자
       또는 상시근로자를 승계하는 경우 (2017. 2. 7. 개정)
   나. 제11조 제1항에 따른 특수관계인으로부터 청년등 상시근로자
       또는 상시근로자를 승계하는 경우 (2017. 2. 7. 개정)
⑧ 법 제30조의 4 제1항 제1호에서 "대통령령으로 정하는 금액"이란 다
음의 계산식에 따라 계산한 금액(해당 과세연도에 청년등 상시근로자를
대상으로 법 제30조의 4 제4항 각 호의 어느 하나에 해당하는 사회보험
에 사용자가 부담하는 사회보험료 상당액에 대하여 국가 및 「공공기관의
운영에 관한 법률」 제4조에 따른 공공기관이 지급했거나 지급하기로 한
보조금 및 감면액의 합계액은 제외한다)을 말한다. (2020. 2. 11. 개정)

$$\frac{\text{해당 과세연도에 청년등 상시근로자에게 지급하는 「소득세법」 제20조 제1항에 따른 총급여액}}{\text{해당 과세연도의 청년등 상시근로자 수}} \times \text{사회보험료율}$$

⑨ 법 제30조의 4 제1항 제2호에서 "대통령령으로 정하는 금액"이
란 다음의 계산식에 따라 계산한 금액(해당 과세연도에 청년등 외
상시근로자를 대상으로 법 제30조의 4 제4항 각 호의 어느 하나에
해당하는 사회보험에 사용자가 부담하는 사회보험료 상당액에 대
하여 국가 및 「공공기관의 운영에 관한 법률」 제4조에 따른 공공기
관이 지급했거나 지급하기로 한 보조금 및 감면액의 합계액은 제외
한다)을 말한다. (2020. 2. 11. 개정)

$$\frac{\text{해당 과세연도에 청년등 외 상시근로자에게 지급하는 「소득세법」 제20조 제1항에 따른 총급여액}}{\text{해당 과세연도의 상시근로자 수} - \text{해당 과세연도의 청년등 상시근로자 수}} \times \text{사회보험료율}$$

⑩ 제8항 및 제9항을 적용할 때 사회보험료율은 해당 과세연도 종료일
현재 적용되는 다음 각 호의 수를 더한 수로 한다. (2017. 2. 7. 개정)

원을 계산할 때 해당 과세연도에 창업 등
을 한 기업의 경우에는 다음 각 호의 구분
에 따른 수를 직전 또는 해당 과세연도의
청년등 상시근로자 수 또는 상시근로자 수
로 본다. (2017. 2. 7. 개정)
1. 창업(법 제6조 제10항 제1호부터 제3호
   까지의 규정에 해당하는 경우는 제외한
   다)한 경우의 직전 과세연도의 상시근
   로자 수 : 0 (2019. 2. 12. 개정)
2. 법 제6조 제10항 제1호(합병·분할·
   현물출자 또는 사업의 양수 등을 통하
   여 종전의 사업을 승계하는 경우는 제
   외한다)부터 제3호까지의 어느 하나에
   해당하는 경우의 직전 과세연도의 상시
   근로자 수 : 종전 사업, 법인전환 전의
   사업 또는 폐업 전의 사업의 직전 과세
   연도 청년등 상시근로자 수 또는 상시
   근로자 수 (2019. 2. 12. 개정)
3. 다음 각 목의 어느 하나에 해당하는 경우
   의 직전 또는 해당 과세연도의 상시근로
   자 수 : 직전 과세연도의 상시근로자 수
   는 승계시킨 기업의 경우에는 직전 과세
   연도 청년등 상시근로자 수 또는 상시근
   로자 수에 승계시킨 청년등 상시근로자
   수 또는 상시근로자 수를 뺀 수로 하고,
   승계한 기업의 경우에는 직전 과세연도
   청년등 상시근로자 수 또는 상시근로자
   수에 승계한 청년등 상시근로자 수 또는
   상시근로자 수를 더한 수로 하며, 해당
   과세연도의 상시근로자 수는 해당 과세
   연도 개시일에 상시근로자를 승계시키거

로자 수를 계산한다. (2022. 2. 15. 신설)

⑬ 법 제30조의 4 제3항에서 "중소기업 중 대통령령으로 정하는 기업"이란 다음 각 호의 요건을 모두 갖춘 중소기업을 말한다. (2022. 2. 15. 항번개정)

1. 해당 과세연도의 상시근로자 수가 10명 미만일 것 (2018. 2. 13. 신설)

2. 해당 과세연도의 소득세 또는 법인세 과세표준이 5억원 이하일 것. 이 경우 소득세 과세표준은 사업소득에 대한 것에 한정하며, 그 계산방법은 기획재정부령으로 정한다. (2018. 2. 13. 신설)

⑭ 법 제30조의 4 제3항에서 "대통령령으로 정하는 근로자"란 「근로기준법」에 따라 근로계약을 체결한 내국인 근로자 중 시간당 임금이 「최저임금법」 제5조에 따른 최저임금액의 100분의 100 이상 100분의 120 이하인 근로자를 말한다. (2022. 2. 15. 항번개정)

⑮ 법 제30조의 4 제3항에서 "대통령령으로 정하는 국가 등의 지원금"이란 법 제30조의 4 제4항 각 호의 어느 하나에 해당하는 사회보험에 관하여 사용자가 부담하는 사회보험료 상당액에 대하여 국가 및 「공공기관의 운영에 관한 법률」 제4조에 따른 공공기관이 지급하였거나 지급하기로 한 보조금 및 감면액의 합계액을 말한다. (2022. 2. 15. 항번개정)

⑯ 법 제30조의 4 제3항에서 "대통령령으로 정하는 금액"이란 사용자가 부담하는 사회보험료 상당액에서 제15항에 따른 금액을 제외한 금액을 말한다. (2022. 2. 15. 개정)

제연도에 비해 감소한 상시근로자 수를 뺀 인원수(이하 이 계산식에서 "차감인원수"라 한다)에 대하여 법 제30조의 4 제1항 제1호의 계산식을 준용하여 계산한 금액

B : 차감인원수에 대하여 법 제30조의 4 제1항 제2호의 계산식을 준용하여 계산한 금액

C : 최초공제연도에 비해 감소한 상시근로자 수에 대하여 법 제30조의 4 제1항 제1호의 계산식을 준용하여 계산한 금액

나. 그 밖의 경우 : 다음의 계산식에 따라 계산한 금액 (2022. 2. 15. 신설)

A + B

A : 최초공제연도에 비해 감소한 청년등 상시근로자 수(최초공제연도에 청년등 상시근로자가 증가한 수를 한도로 한다)에 대하여 법 제30조의 4 제1항 제1호의 계산식을 준용하여 계산한 금액

B : 최초공제연도에 비해 감소한 청년등 상시근로자 외의 상시근로자 수(최초공제연도에 비해 감소한 상시근로자 수를 한도로 한다)에 대하여 법 제30조의 4 제1항 제2호의 계산식을 준용하여 계산한 금액

2. 상시근로자 수는 감소하지 않으면서 청년등 상시근로자 수가 감소한 경우 : 다음의 계산식에 따라 계산한 금액 (2022. 2. 15. 신설)

A + B

A : 최초공제연도에 비해 감소한 청년 등 상시근로자 수(최초공제연도에 청년등 상시근로자가 증가한 수를 한도로 하며, 이하 이 계산식에서 "청년감소인원수"라 한다)에 대하여 법 제30조의 4 제1항 제1호의 계산식을 준용하여 계산한 금액

B : 청년감소인원수에 대하여 법 제30조의 4 제1항 제2호의 계산식을 준용하여 계산한 금액

⑫ 제11항을 적용할 때 최초공제연도에 청년등 상시근로자에 해당한 사람은 이후 과세연도에도 청년등 상시근로자로 보아 청년등 상시근

제30조의 5 【창업자금에 대한 증여세 과세특례】① 18세 이상
인 거주자가 제6조 제3항 각 호에 따른 업종을 영위하는 중소기업을
창업할 목적으로 60세 이상의 부모(증여 당시 아버지나 어머니가 사망
한 경우에는 그 사망한 아버지나 어머니의 부모를 포함한다. 이하 이
조부터 제30조의 7까지에서 같다)로부터 토지·건물 등 대통령령으로
정하는 재산을 제외한 재산을 증여받는 경우에는 「상속세 및 증여세법」
제53조, 제53조의 2 및 제56조에도 불구하고 해당 증여받은 재산의 가
액 중 대통령령으로 정하는 창업자금[증여세 과세가액 50억원(창업을
통하여 10명 이상을 신규 고용한 경우에는 100억원)을 한도로 하며,
이하 이 조에서 "창업자금"이라 한다]에 대해서는 증여세 과세가액에
서 5억원을 공제하고 세율을 100분의 10으로 하여 증여세를 부과한다.
이 경우 창업자금을 2회 이상 증여받거나 부모로부터 각각 증여받는
경우에는 각각의 증여세 과세가액을 합산하여 적용한다. (2023. 12.
31. 개정)
② 창업자금을 증여받은 자는 증여받은 날부터 2년 이내에 창업을
하여야 한다. 이 경우 사업을 확장하는 경우로서 대통령령으로 정하
는 경우는 창업으로 보며, 다음 각 호의 어느 하나에 해당하는 경우
는 창업으로 보지 아니한다. (2019. 12. 31. 개정)
1. 합병·분할·현물출자 또는 사업의 양수를 통하여 종전의 사업을
   승계하여 같은 종류의 사업을 하는 경우 (2022. 12. 31. 개정)
1의 2. 종전의 사업에 사용되던 자산을 인수 또는 매입하여 같은 종류
   의 사업을 하는 경우로서 인수 또는 매입한 자산가액의 합계액이 사
   업개시일이 속하는 과세연도의 종료일 또는 그 다음 과세연도의 종
   료일 현재 대통령령으로 정하는 사업용자산의 총 가액에서 차지하
   는 비율이 100분의 50 미만으로서 대통령령으로 정하는 비율을 초
   과하는 경우 (2022. 12. 31. 신설)
2. 거주자가 하던 사업을 법인으로 전환하여 새로운 법인을 설립하는
   경우 (2010. 1. 1. 개정)
3. 폐업 후 사업을 다시 개시하여 폐업 전의 사업과 같은 종류의 사업

제27조의 5 【창업자금에 대한 증여세 과세특례】① 법 제30조
의 5 제1항 전단에서 "토지·건물 등 대통령령으로 정하는 재산"이
란 「소득세법」 제94조 제1항에 따른 재산을 말한다. (2014. 2. 21.
개정)
② 법 제30조의 5 제1항 전단에서 "대통령령으로 정하는 창업자금"이
란 법 제30조의 5 제2항에 따른 창업에 직접 사용되는 다음 각 호의
어느 하나에 해당하는 자금을 말한다. (2016. 2. 5. 신설)
1. 제5조 제19항에 따른 사업용자산의 취득자금 (2023. 2. 28. 개정)
2. 사업장의 임차보증금(전세금을 포함한다. 이하 같다) 및 임차료 지
   급액 (2016. 2. 5. 신설)

③ 법 제30조의 5 제2항 각 호 외의 부분 전단 및 후단에서 "창업"이
란 각각 「소득세법」 제168조 제1항, 「법인세법」 제111조 제1항 또는
「부가가치세법」 제8조 제1항 및 제5항에 따라 납세지 관할 세무서장
에게 등록하는 것을 말하며, 법 제30조의 5 제2항 각 호 외의 부분 후
단에서 "대통령령으로 정하는 경우"란 제5조 제19항에 따른 사업용자
산을 취득하거나 확장한 사업장의 임차보증금 및 임차료를 지급하는
경우를 말한다. (2023. 2. 28. 개정)
④ 법 제30조의 5 제2항 제1호의 2에서 "대통령령으로 정하는 사업용
자산"이란 제5조 제19항에 따른 사업용자산을 말한다. (2023. 2. 28.
신설)
⑤ 법 제30조의 5 제2항 제1호의 2에서 "대통령령으로 정하는 비율"
이란 100분의 30을 말한다. (2023. 2. 28. 신설)
⑥ 법 제30조의 5 제5항 전단에서 "대통령령으로 정하는 날"이란 다
음 각 호에 해당하는 날을 말한다. (2023. 2. 28. 항번개정)
1. 창업일이 속하는 달의 다음달 말일 (2006. 2. 9. 신설)

●예판 ·······································

• 한국표준산업분류표상 주점 및 비알콜음
  료점업에 해당하는 커피전문점은 창업자
  금에 대한 증여세 과세특례 대상 중소기업
  에 해당하지 않음. (서면-2017-상속증
  여-0204, 2017. 2. 14.)
• 부동산임대사업자가 자기의 임대건물에서
  부로부터 증여자금으로 본인이 직접 음식
  점업을 영위하는 경우 해당 음식점은창업자
  금에 대한 증여세 과세특례 규정이 적용되
  지 아니함. (서면-2047-상속증여-0050,
  2017. 1. 24.)
• 18세 이상인 거주자가 60세 이상의 부모
  로부터 창업자금을 증여받아 법인을 설립
  하고 증여자인 부모와 함께 해당 법인의
  공동대표이사로 취임한 경우 해당 창업자
  금에 대해 창업자금에 대한 증여세 과세특
  례를 적용할 수 없는 것임. (재산-291,
  2012. 8. 21.)

···

을 하는 경우 (2010. 1. 1. 개정)

4. 다른 업종을 추가하는 등 새로운 사업을 최초로 개시하는 것으로 보기 곤란한 경우, 그 밖에 이와 유사한 것으로서 대통령령으로 정하는 경우 (2015. 12. 15. 개정)

③ 창업자금을 증여받아 제2항에 따라 창업을 한 자가 새로 창업자금을 증여받아 당초 창업한 사업과 관련하여 사용하는 경우에는 제2항 제3호 및 제4호를 적용하지 아니한다. (2010. 1. 1. 개정)

④ 창업자금을 증여받은 자는 증여받은 날부터 4년이 되는 날까지 창업자금을 모두 해당 목적에 사용하여야 한다. (2019. 12. 31. 개정)

⑤ 창업자금을 증여받은 자가 제2항에 따라 창업하는 경우에는 대통령령으로 정하는 날에 창업자금 사용명세(증여받은 창업자금이 50억원을 초과하는 경우에는 고용명세를 포함한다)를 증여세 납세지 관할 세무서장에게 제출하여야 한다. 이 경우 창업자금 사용명세를 제출하지 아니하거나 제출된 창업자금 사용명세가 분명하지 아니한 경우에는 그 미제출분 또는 불분명한 부분의 금액에 1천분의 3을 곱하여 산출한 금액을 창업자금 사용명세서 미제출 가산세로 부과한다. (2022. 12. 31. 개정)

⑥ 제1항에 따라 창업자금에 대한 증여세 과세특례를 적용받은 경우로서 다음 각 호의 어느 하나에 해당하는 경우에는 각 호의 구분에 따른 금액에 대하여 「상속세 및 증여세법」에 따라 증여세와 상속세를 각각 부과한다. 이 경우 대통령령으로 정하는 바에 따라 계산한 이자상당액을 그 부과하는 증여세에 가산하여 부과한다. (2015. 12. 15. 개정)

1. 제2항에 따라 창업하지 아니한 경우 : 창업자금 (2010. 1. 1. 개정)

2. 창업자금으로 제6조 제3항 각 호에 따른 업종 외의 업종을 경영하는 경우 : 제6조 제3항 각 호에 따른 업종 외의 업종에 사용된 창업자금 (2014. 1. 1. 개정)

3. 새로 증여받은 창업자금을 제3항에 따라 사용하지 아니한 경우 : 해당 목적에 사용되지 아니한 창업자금 (2010. 1. 1. 개정)

4. 창업자금을 제4항에 따라 증여받은 날부터 4년이 되는 날까지 모두 해당 목적에 사용하지 아니한 경우 : 해당 목적에 사용되지 아니한 창업자금 (2019. 12. 31. 개정)

2. 창업일이 속하는 과세연도부터 4년 이내의 과세연도(창업자금을 모두 사용한 경우에는 그 날이 속하는 과세연도)까지 매 과세연도의 과세표준신고기한 (2006. 2. 9. 신설)

⑦ 법 제30조의 5 제2항 제4호에서 "대통령령으로 정하는 경우"란 창업자금을 증여받기 이전부터 영위한 사업의 운용자금과 대체설비자금 등으로 사용하는 경우를 말한다. (2023. 2. 28. 항번개정)

⑧ 법 제30조의 5 제5항 전단에 따른 창업자금 사용명세에는 다음 각 호의 사항이 포함되어야 한다. (2023. 2. 28. 항번개정)

1. 증여받은 창업자금의 내역 (2006. 2. 9. 신설)

2. 증여받은 창업자금의 사용내역 및 이를 확인할 수 있는 사항 (2006. 2. 9. 신설)

3. 증여받은 창업자금이 50억원을 초과하는 경우에는 고용 내역을 확인할 수 있는 사항 (2023. 2. 28. 개정)

⑨ 법 제30조의 5 제6항 후단의 규정에 따라 증여세에 가산하여 부과하는 이자상당액은 다음 제1호의 규정에 따른 금액에 제2호의 규정에 따른 기간과 제3호의 규정에 따른 율을 곱하여 계산한 금액으로 한다. (2023. 2. 28. 항번개정)

1. 법 제30조의 5 제6항 각 호 외의 전단의 규정에 따라 결정한 증여세액 (2006. 2. 9. 신설)

2. 당초 증여받은 창업자금에 대한 증여세의 과세표준신고기한의 다음 날부터 추징사유가 발생한 날까지의 기간 (2006. 2. 9. 신설)

3. 제11조의 2 제9항 제2호에 따른 율 (2022. 2. 15. 개정)

⑩ 법 제30조의 5 제6항 제6호에서 "대통령령으로 정하는 경우"란 다음 각 호의 어느 하나에 해당하는 경우를 말한다. (2023. 2. 28. 항번개정)

1. 수증자의 사망. 다만, 다음 각목의 어느 하나에 해당하는 경우를 제외한다. (2006. 2. 9. 신설)

　가. 수증자가 창업자금을 증여받고 법 제30조의 5 제2항의 규정에 따라 창업하기 전에 사망한 경우로서 수증자의 상속인이 당초 수증자의 지위를 승계하여 동조 제2항 내지 제6항의 규

5. 증여받은 후 10년 이내에 창업자금(창업으로 인한 대통령령으로 정
   하는 바에 따라 계산한 가치증가분을 포함한다. 이하 "창업자금등"
   이라 한다)을 해당 사업용도 외의 용도로 사용한 경우 : 해당 사업용
   도 외의 용도로 사용된 창업자금등 (2015. 12. 15. 개정)
6. 창업 후 10년 이내에 해당 사업을 폐업하는 경우 등 대통령령으로
   정하는 경우 : 창업자금등과 그 밖에 대통령령으로 정하는 금액
   (2011. 12. 31. 호번개정)
7. 증여받은 창업자금이 50억원을 초과하는 경우로서 창업한 날이 속
   하는 과세연도의 종료일부터 5년 이내에 각 과세연도의 근로자 수
   가 다음 계산식에 따라 계산한 수보다 적은 경우 : 50억원을 초과하
   는 창업자금 (2022. 12. 31. 개정)

> 창업한 날의 근로자 수 - (창업을 통하여 신규 고용한 인원 수
> - 10명)

⑦ 제6항에 해당하는 거주자는 같은 항 각 호의 어느 하나에 해당하는
날이 속하는 달의 말일부터 3개월 이내에 대통령령으로 정하는 바에
따라 납세지 관할 세무서장에게 신고하고 해당 증여세와 이자상당액을
납세지 관할 세무서, 한국은행 또는 체신관서에 납부하여야 한다. 다만,
제6항에 따라 이미 증여세와 이자상당액이 부과되어 이를 납부한 경우
에는 그러하지 아니하다. (2022. 12. 31. 신설)
⑧ 창업자금은 「상속세 및 증여세법」 제3조의 2 제1항을 적용할 때
상속재산에 가산하는 증여재산으로 본다. (2022. 12. 31. 항번개정)
⑨ 창업자금은 「상속세 및 증여세법」 제13조 제1항 제1호를 적용할 때
증여받은 날부터 상속개시일까지의 기간과 관계없이 상속세 과세가액
에 가산하되, 같은 법 제24조 제3호를 적용할 때에는 상속세 과세가액
에 가산한 증여재산가액으로 보지 아니한다. (2022. 12. 31. 항번개정)
⑩ 창업자금에 대한 증여세액에 대하여 「상속세 및 증여세법」 제28조
를 적용하는 경우에는 같은 조 제2항에도 불구하고 상속세 산출세액에
서 창업자금에 대한 증여세액을 공제한다. 이 경우 공제할 증여세액이
상속세 산출세액보다 많은 경우 그 차액에 상당하는 증여세액은 환급
하지 아니한다. (2022. 12. 31. 항번개정)
⑪ 창업자금에 대하여 증여세를 부과하는 경우에는 「상속세 및 증여

정에 따라 창업하는 경우 (2006. 2. 9. 신설)
나. 수증자가 창업자금을 증여받고 법 제30조의 5 제2항의 규정
   에 따라 창업한 후 동조 제4항의 규정에 의하여 창업목적에
   사용하기 전에 사망한 경우로서 수증자의 상속인이 당초 수
   증자의 지위를 승계하여 동조 제4항 내지 제6항의 규정에 따
   라 창업하는 경우 (2006. 2. 9. 신설)
다. 수증자가 창업자금을 증여받고 법 제30조의 5 제4항의 규정에
   따라 창업을 완료한 후 사망한 경우로서 수증자의 상속인이 당
   초 수증자의 지위를 승계하여 동조 제6항의 규정에 따라 창업하
   는 경우 (2006. 2. 9. 신설)
2. 당해 사업을 폐업하거나 휴업(실질적 휴업을 포함한다)한 경우. 다
   만, 다음 각 목의 어느 하나에 해당하는 사유로 폐업하거나 휴업하
   는 경우를 제외한다. (2006. 2. 9. 신설)
   가. 부채가 자산을 초과하여 폐업하는 경우 (2006. 2. 9. 신설)
   나. 최초 창업 이후 영업상 필요 또는 사업전환을 위하여 1회에
      한하여 2년(폐업의 경우에는 폐업 후 다시 개업할 때까지 2년)
      이내의 기간동안 휴업하거나 폐업하는 경우(휴업 또는 폐업
      중 어느 하나에 한한다) (2006. 2. 9. 신설)
⑪ 법 제30조의 5 제6항 제6호에서 "대통령령으로 정하는 금액"이란
창업자금(창업으로 인한 가치증가분을 포함한다)을 말한다. (2023. 2.
28. 항번개정)
⑫ 법 제30조의 5 제6항 제7호를 적용할 때 근로자는 제27조의 3 제4
항에 따른 상시근로자를 말한다. 이 경우 근로자 수는 해당 과세연도의
매월 말일 현재의 인원을 합하여 해당 월수로 나눈 인원을 기준으로
계산한다. (2023. 2. 28. 항번개정)
⑬ 법 제30조의 5 제7항에 따라 증여세와 이자상당액을 신고하는 때에
는 기획재정부령으로 정하는 창업자금 증여세 과세특례 위반사유 신고
및 자진납부 계산서를 납세지 관할 세무서장에게 제출해야 한다.
(2023. 2. 28. 신설)

세법」 제47조 제2항에도 불구하고 동일인(그 배우자를 포함한다)으로부터 증여받은 창업자금 외의 다른 증여재산의 가액은 창업자금에 대한 증여세 과세가액에 가산하지 아니하며, 창업자금에 대한 증여세 과세표준을 신고하는 경우에도 같은 법 제69조 제2항에 따른 신고세액공제를 적용하지 아니한다. (2022. 12. 31. 항번개정)

⑫ 제1항을 적용받으려는 자는 증여세 과세표준 신고기한까지 대통령령으로 정하는 바에 따라 특례신청을 하여야 한다. 이 경우 그 신고기한까지 특례신청을 하지 아니한 경우에는 이 특례규정을 적용하지 아니한다. (2022. 12. 31. 항번개정)

⑬ 증여세 및 상속세를 과세하는 경우 이 조에서 달리 정하지 아니한 것은 「상속세 및 증여세법」에 따른다. (2022. 12. 31. 항번개정)

⑭ 제1항을 적용받는 거주자는 제30조의 6을 적용하지 아니한다. (2022. 12. 31. 항번개정)

⑮ 제1항 및 제6항을 적용할 때 신규 고용의 기준, 근로자의 범위, 근로자 수의 계산 방법 및 그 밖에 필요한 사항은 대통령령으로 정한다. (2022. 12. 31. 항번개정)

제30조의 6 【가업의 승계에 대한 증여세 과세특례】 ① 18세 이상인 거주자가 60세 이상의 부모로부터 「상속세 및 증여세법」 제18조의 2 제1항에 따른 가업(이 경우 "피상속인"은 "부모"로, "상속인"은 "거주자"로 보며, 이하 이 조 및 제30조의 7에서 "가업"이라 한다)의 승계를 목적으로 해당 가업의 주식 또는 출자지분(이하 이 조에서 "주식등"이라 한다)을 증여받고 대통령령으로 정하는 바에 따라 가업을 승계한 경우에는 「상속세 및 증여세법」 제53조, 제53조의 2 및 제56조에도 불구하고 그 주식등의 가액 중 대통령령으로 정하는 가업자산상당액에 대한 증여세 과세가액(다음 각 호의 구분에 따른 금액을 한도로 한다)에서 10억원을 공제하고 세율을 100분의 10(과세표준이 120억원을 초과하는 경우 그 초과금액에 대해서는 100분의 20)으로 하여 증여세를 부과한다. 다만, 가업의 승계 후 가업의 승계 당시 「상속세 및 증여세법」 제22조 제2항에 따른 최대주주 또는 최대출자자에 해당하는 자(가업의 승계 당시 해당 주식등의 증여자 및 해당 주식등을 증여받은 자는 제외한다)로부터 증여받는 경우에는 그러하지 아니하다. (2023. 12. 31. 개정)

제30조의 6 【가업의 승계에 대한 증여세 과세특례】 ① 18세 이상인 거주자가 60세 이상의 부모로부터 가업[대통령령으로 정하는 중소기업 또는 대통령령으로 정하는 중견기업(증여받은 날이 속하는 법인세 사업연도의 직전 3개 법인세 사업연도의 매출액 평균금액이 5천

⑭ 법 제30조의 5 제12항에 따라 같은 조 제1항에 따른 과세특례를 적용받으려는 자는 증여세 과세표준신고를 할 때 기획재정부령으로 정하는 창업자금 특례신청서 및 사용내역서를 납세지 관할 세무서장에게 제출해야 한다. (2023. 2. 28. 개정)

제27조의 6 【가업의 승계에 대한 증여세 과세특례】 ① 법 제30조의 6 제1항 각 호 외의 부분 본문에서 "대통령령으로 정하는 바에 따라 가업을 승계한 경우"란 해당 가업의 주식 또는 출자지분(이하 이 조에서 "주식 등"이라 한다)을 증여받은 자(이하 이 조, 제28조 및 제29조에서 "수증자"라 한다) 또는 그 배우자가 「상속세 및 증여세법」 제68조에 따른 증여세 과세표준 신고기한까지 가업에 종사하고 증여일부터 3년 이내에 대표이사에 취임하는 경우를 말한다. (2024. 2. 29. 개정)

제27조의 6 【가업의 승계에 대한 증여세 과세특례】 ① 법 제30조의 6 제1항 각 호 외의 부분 본문에서 "대통령령으로 정하는 바에 따라 가업을 승계한 경우"란 다음 각 호의 요건을 모두 갖춘 경우를 말한다. (2025. 2. 28. 개정)

☞

관계조문 ▶▶

규칙 61조 1항 12호의 6 ⇒ 창업자금 특례신청 및 사용내역서(별지 11호의 6 서식)

편주 ▶

영 27조의 6 제1항의 개정규정은 2025. 2. 28. 이후 가업의 주식 또는 출자지분을 증여받는 경우부터 적용함. (영 부칙(2025. 2. 28.) 11조)

☞

억원 이상인 기업은 제외한다)으로서 부모가 10년 이상 계속하여 경영한 기업을 말한다. 이하 이 조 및 제30조의 7에서 같다]-의 승계를 목적으로 해당 가업의 주식 또는 출자지분(이하 이 조에서 "주식등"이라 한다)을 증여받고 대통령령으로 정하는 바에 따라 가업을 승계한 경우에는 「상속세 및 증여세법」 제53조, 제53조의 2 및 제56조에도 불구하고 그 주식등의 가액 중 대통령령으로 정하는 가업자산상당액에 대한 증여세 과세가액(다음 각 호의 구분에 따른 금액을 한도로 한다)에서 10억원을 공제하고 세율을 100분의 10(과세표준이 120억원을 초과하는 경우 그 초과금액에 대해서는 100분의 20)으로 하여 증여세를 부과한다. 다만, 가업의 승계 후 가업의 승계 당시 「상속세 및 증여세법」 제22조 제2항에 따른 최대주주 또는 최대출자자에 해당하는 자(가업의 승계 당시 해당 주식등의 증여자 및 해당 주식등을 증여받은 자는 제외한다)로부터 증여받는 경우에는 그러하지 아니하다. (2024. 12. 31. 개정)

1. 부모가 10년 이상 20년 미만 계속하여 경영한 경우 : 300억원 (2022. 12. 31. 신설)

2. 부모가 20년 이상 30년 미만 계속하여 경영한 경우 : 400억원 (2022. 12. 31. 신설)

3. 부모가 30년 이상 계속하여 경영한 경우 : 600억원 (2022. 12. 31. 신설)

② 제1항을 적용할 때 주식등을 증여받고 가업을 승계한 거주자가 2인 이상인 경우에는 각 거주자가 증여받은 주식등을 1인이 모두 증여받은 것으로 보아 증여세를 부과한다. 이 경우 각 거주자가 납부하여야 하는 증여세액은 대통령령으로 정하는 방법에 따라 계산한 금액으로 한다. (2019. 12. 31. 신설)

③ 제1항에 따라 주식등을 증여받은 자가 대통령령으로 정하는 바에

1. 부모가 다음 각 목의 요건을 모두 갖춘 경우 (2025. 2. 28. 개정)

　가. 「상속세 및 증여세법 시행령」 제15조 제3항 제1호 가목의 요건을 갖출 것. 이 경우 "피상속인"은 "부모"로 본다. (2025. 2. 28. 개정)

　나. 법 제30조의 6 제1항 각 호 외의 부분 본문에 따른 가업(이하 이 조에서 "가업"이라 한다)의 영위기간(「상속세 및 증여세법 시행령」 별표에 따른 업종으로서 한국표준산업분류상 동일한 대분류 내의 다른 업종으로 주된 사업을 변경하여 영위한 기간을 합산한다) 중 다음의 어느 하나에 해당하는 기간을 대표이사로 재직할 것 (2025. 2. 28. 개정)

　　1) 100분의 50 이상의 기간 (2025. 2. 28. 개정)

　　2) 증여일부터 소급하여 10년 중 5년 이상의 기간 (2025. 2. 28. 개정)

2. 해당 가업의 주식 또는 출자지분(이하 이 조에서 "주식등"이라 한다)을 증여받은 자(이하 이 조, 제28조 및 제29조에서 "수증자"라 한다) 또는 그 배우자가 「상속세 및 증여세법」 제68조에 따른 증여세 과세표준 신고기한까지 가업에 종사하고 증여일부터 3년 이내에 대표이사에 취임할 것 (2025. 2. 28. 개정)

② 법 제30조의 6 제2항 후단에서 "대통령령으로 정하는 방법에 따라 계산한 금액"이란 다음 각 호의 구분에 따라 계산한 금액을 말한다. (2020. 2. 11. 신설)

1. 2인 이상의 거주자가 같은 날에 주식등을 증여받은 경우 : 1인이 모두 증여받은 것으로 보아 법 제30조의 6에 따라 부과되는 증여세액을 각 거주자가 증여받은 주식등의 가액에 비례하여 안분한 금액 (2020. 2. 11. 신설)

2. 해당 주식등의 증여일 전에 다른 거주자가 해당 가업의 주식등을 증여받고 법 제30조의 6에 따라 증여세를 부과받은 경우 : 그 다른 거주자를 해당 주식등의 수증자로 보아 법 제30조의 6에 따라 부과되는 증여세액 (2020. 2. 11. 신설)

③ 법 제30조의 6 제3항에서 가업을 승계하지 아니한 경우란 제1항 제

따라 가업을 승계하지 아니하거나 가업을 승계한 후 주식등을 증여받은 날부터 5년 이내에 대통령령으로 정하는 정당한 사유 없이 다음 각 호의 어느 하나에 해당하게 된 경우에는 그 주식 등의 가액에 대하여 「상속세 및 증여세법」에 따라 증여세를 부과한다. 이 경우 대통령령으로 정하는 바에 따라 계산한 이자상당액을 증여세에 가산하여 부과한다. (2022. 12. 31. 개정)

1. 가업에 종사하지 아니하거나 가업을 휴업하거나 폐업하는 경우 (2010. 1. 1. 개정)

편주 ▶ ....
2024. 2. 29. 전에 가업의 주된 업종을 변경한 경우에 대한 가업 종사 여부의 판단에 관하여는 영 27조의 6 제6항의 개정규정에도 불구하고 종전의 규정에 따름. (영 부칙(2024. 2. 29.) 20조)
☞

2. 증여받은 주식등의 지분이 줄어드는 경우 (2010. 1. 1. 개정)
④ 거주자 또는 부모가 가업의 경영과 관련하여 조세포탈 또는 회계부정 행위(「조세범 처벌법」 제3조 제1항 또는 「주식회사 등의 외부감사

2호에 따라 가업을 승계하지 않는 경우를 말한다. (2025. 2. 28. 개정)
④ 법 제30조의 6 제3항 각 호 외의 부분 전단에서 "대통령령으로 정하는 정당한 사유"란 다음 각 호의 어느 하나에 해당하는 경우를 말한다. (2020. 2. 11. 개정)
1. 수증자가 사망한 경우로서 수증자의 상속인이 「상속세 및 증여세법」 제67조에 따른 상속세 과세표준 신고기한까지 당초 수증자의 지위를 승계하여 가업에 종사하는 경우 (2008. 2. 22. 신설)
2. 수증자가 증여받은 주식등을 국가 또는 지방자치단체에 증여하는 경우 (2025. 2. 28. 개정)
3. 그 밖에 기획재정부령으로 정하는 부득이한 사유에 해당하는 경우 (2008. 10. 7. 개정)
⑤ 법 제30조의 6 제3항 각 호 외의 부분 후단에 따라 증여세에 가산하여 부과하는 이자상당액은 다음 제1호에 따른 금액에 제2호에 따른 기간과 제3호에 따른 율을 곱하여 계산한 금액으로 한다. (2020. 2. 11. 개정)
1. 법 제30조의 6 제3항 각 호 외의 부분 전단에 따라 결정한 증여세액 (2020. 2. 11. 개정)
2. 당초 증여받은 주식등에 대한 증여세의 과세표준 신고기한의 다음 날부터 추징사유가 발생한 날까지의 기간 (2025. 2. 28. 개정)
3. 제11조의 2 제9항 제2호에 따른 율 (2022. 2. 15. 개정)
⑥ 법 제30조의 6 제3항 제1호의 경우는 다음 각 호의 어느 하나에 해당하는 경우를 포함한다. (2020. 2. 11. 개정)
1. 수증자(제1항 제2호에 따른 수증자의 배우자를 포함한다)가 주식등을 증여받은 날부터 5년까지 대표이사직을 유지하지 아니하는 경우 (2025. 2. 28. 개정)
2. 「상속세 및 증여세법 시행령」 제15조 제11항 제2호 또는 제3호에 해당하는 경우 (2024. 2. 29. 개정)
3. 가업을 1년 이상 휴업(실적이 없는 경우를 포함한다)하거나 폐업하는 경우 (2014. 2. 21. 신설)
3. 삭 제 (2024. 2. 29.)
⑦ 법 제30조의 6 제3항 제2호의 경우는 다음 각 호의 어느 하나에 해당하는 경우를 포함한다. (2020. 2. 11. 개정)
1. 수증자가 증여받은 주식등을 처분하는 경우. 다만, 다음 각 목의

제14조의 5 【증여세를 추징하지 아니하는 부득이한 사유】 (2018. 3. 21. 조번개정)
영 제27조의 6 제4항 제3호에서 "기획재정부령으로 정하는 부득이한 사유"란 수증자가 법률에 따른 병역의무의 이행, 질병의 요양, 취학상 형편 등으로 가업에 직접 종사할 수 없는 사유를 말한다. 다만, 증여받은 주식 또는 출자지분을 처분하거나 그 부득이한 사유가 종료된 후 가업에 종사하지 아니하는 경우는 제외한다. (2020. 3. 13. 개정)

☞

편주 ▶ ....
2024. 2. 29. 전에 가업의 주된 업종을 변경한 경우에 대한 가업 종사 여부의 판단에 관하여는 영 27조의 6 제6항의 개정규정에도 불구하고 종전의 규정에 따름. (영 부칙(2024. 2. 29.) 20조)
....

에 관한 법률」 제39조 제1항에 따른 죄를 범하는 것을 말하며, 증여일 전 10년 이내 또는 증여일부터 5년 이내의 기간 중의 행위로 한정한다. 이하 제71조에서 같다)로 징역형 또는 대통령령으로 정하는 벌금형을 선고받고 그 형이 확정된 경우에는 다음 각 호의 구분에 따른다. (2023. 12. 31. 신설)

■ 편주 ▶ ┈┈┈┈┈┈┈┈┈┈┈┈┈┈┈┈┈┈┈┈┈┈┈┈┈┈┈┈
법 30조의 6 제4항의 개정규정은 2024. 1. 1. 이후 증여를 받는 경우부터 적용함. (법 부칙(2023. 12. 31.) 38조 2항)
┈┈┈┈┈┈┈┈┈┈┈┈┈┈┈┈┈┈┈┈┈┈┈┈┈┈┈┈

1. 「상속세 및 증여세법」 제76조에 따른 과세표준과 세율의 결정이 있기 전에 거주자 또는 부모에 대한 형이 확정된 경우 : 제1항을 적용하지 아니한다. (2023. 12. 31. 신설)
2. 제1항을 적용받은 후에 거주자 또는 부모에 대한 형이 확정된 경우 : 증여받은 주식등의 가액에 대하여 「상속세 및 증여세법」에 따라 증여세를 부과한다. 이 경우 대통령령으로 정하는 바에 따라 계산한 이자상당액을 증여세에 가산하여 부과한다. (2023. 12. 31. 신설)
⑤ 제1항에 따른 주식등의 증여에 관하여는 제30조의 5 제8항부터 제13항까지의 규정을 준용한다. 이 경우 "창업자금"은 "주식등"으로 본다. (2023. 12. 31. 항번개정)

■ 관계조문 ▶ ┈┈┈┈┈┈┈┈┈┈┈┈┈┈┈┈┈┈┈┈┈┈┈┈
규칙 61조 1항 12호의 7 ⇒ 가업승계 주식 등 증여세과세특례 적용신청서 (별지 11호의 7 서식)

⑥ 제1항에 따른 주식등의 증여 후 「상속세 및 증여세법」 제41조의 3 및 제41조의 5가 적용되는 경우의 증여세 과세특례 적용 방법, 해당 주식등의 증여 후 상속이 개시되는 경우의 가업상속공제 적용 방법, 증여자 및 수증자의 범위 등에 관하여 필요한 사항은 대통령령으로 정한다. (2023. 12. 31. 항번개정)
⑦ 제1항을 적용받는 거주자는 제30조의 5를 적용하지 아니한다. (2023. 12. 31. 항번개정)

어느 하나에 해당하는 경우는 제외한다. (2025. 2. 28. 개정)
가. 합병·분할 등 조직변경에 따른 처분으로서 수증자가 「상속세 및 증여세법 시행령」 제15조 제3항에 따른 최대주주등(이하 이 조에서 "최대주주등"이라 한다)에 해당하는 경우 (2015. 2. 3. 신설)
나. 「자본시장과 금융투자업에 관한 법률」 제390조 제1항에 따른 상장규정의 상장요건을 갖추기 위하여 지분을 감소시킨 경우 (2015. 2. 3. 신설)
2. 증여받은 주식등을 발행한 법인이 유상증자 등을 하는 과정에서 실권 등으로 수증자의 지분율이 낮아지는 경우. 다만, 다음 각 목의 어느 하나에 해당하는 경우는 제외한다. (2025. 2. 28. 개정)
가. 해당 법인의 시설투자·사업규모의 확장 등에 따른 유상증자로서 수증자의 특수관계인(「상속세 및 증여세법 시행령」 제2조의 2 제1항 각 호의 어느 하나에 해당하는 자를 말한다. 이하 이 조에서 같다) 외의 자에게 신주를 배정하기 위하여 실권하는 경우로서 수증자가 최대주주등에 해당하는 경우 (2018. 2. 13. 신설)
나. 해당 법인의 채무가 출자전환됨에 따라 수증자의 지분율이 낮아지는 경우로서 수증자가 최대주주 등에 해당하는 경우 (2018. 2. 13. 신설)
3. 수증자와 특수관계에 있는 자의 주식처분 또는 유상증자 시 실권 등으로 지분율이 낮아져 수증자가 최대주주등에 해당되지 아니하는 경우 (2008. 2. 22. 신설)
⑧ 법 제30조의 6 제1항에 따른 증여세 과세특례 적용대상 주식등을 증여받은 후 해당 주식등의 증여에 대한 「상속세 및 증여세법」 제41조의 3 또는 제41조의 5에 따른 증여이익(이하 이 항에서 "증여이익"이라 한다)은 증여세 과세특례 대상 주식등의 과세가액과 증여이익을 합하여 100억원까지 납세자의 선택에 따라 법 제30조의 6 제1항에 따른 증여세 과세특례를 적용받을 수 있다. 이 경우 증여세 과세특례 적용을 받은 증여이익은 「상속세 및 증여세법」 제13조 제3항에 불구하고 법 제30조의 5 제8항·제9항 및 법 제30조의 6 제5항에 따라 상속세 과세가액에 가산한다. (2025. 2. 28. 개정)

⑨ 법 제30조의 6 제1항에 따른 증여세 특례대상인 주식등을 증여받은 후 상속이 개시되는 경우 상속개시일 현재 다음 각 호의 요건을 모두 갖춘 경우에는 「상속세 및 증여세법」 제18조의 2 제1항에 따른 가업상속으로 보아 관련 규정을 적용한다. (2025. 2. 28. 개정)
1. 「상속세 및 증여세법」 제18조의 2 제1항 각 호 외의 부분 전단에 따른 가업상속에 해당할 것(해당 요건 중 매출액 평균금액은 법 제30조의 6 제1항에 따라 주식등을 증여받은 날이 속하는 사업연도의 직전 3개 사업연도의 매출액 평균금액을 기준으로 판단하며, 법 제30조의 6에 따라 피상속인이 보유한 가업의 주식등의 전부를 증여하여 「상속세 및 증여세법 시행령」 제15조 제3항 제1호 가목의 요건을 충족하지 못하는 경우에는 상속인이 증여받은 주식등을 상속개시일 현재까지 피상속인이 보유한 것으로 보아 같은 목의 요건을 적용한다). 다만, 「상속세 및 증여세법 시행령」 제15조 제3항 제1호 나목은 적용하지 아니한다. (2025. 2. 28. 개정)
2. 삭 제 (2011. 6. 3.)
3. 수증자가 증여받은 주식등을 처분하거나 지분율이 낮아지지 아니한 경우로서 가업에 종사하거나 대표이사로 재직하고 있을 것 (2025. 2. 28. 개정)

☞ p.1348 2단 연결

⑧ 제3항 또는 제4항 제2호에 해당하는 거주자는 제3항 각 호의 어느 하나 또는 제4항 제2호에 해당하게 되는 날이 속하는 달의 말일부터 3개월 이내에 대통령령으로 정하는 바에 따라 납세지 관할 세무서장에게 신고하고 해당 증여세와 이자상당액을 납세지 관할 세무서, 한국은행 또는 체신관서에 납부하여야 한다. 다만, 제3항 또는 제4항 제2호에 따라 이미 증여세와 이자상당액이 부과되어 납부된 경우에는 그러하지 아니하다. (2023. 12. 31. 개정)

●예 판●..
• 가업의 승계에 대한 증여세 과세특례는 법인의 주식 또는 출자지분을 증여받아 가업을 승계하는 경우만을 그 대상으로 하고 있음이 분명하고, 개인이 동업자 중 1인으로서 자신의 지분을 증여하여 가업을 승계하도록 하는 경우까지 적용된다고 해석할 수는 없음. (수원지법 2012구합5238, 2012. 7. 20.)
• 조특법상 가업승계에 대한 증여세 특례를 적용받기 위해서는 최대주주 및 그 특수관계자가 발행주식 총수의 50% 이상을 10년 이상 계속 보유하는 것으로 해석되는 바, 이러한 요건을 충족하지 못한 청구인이 증여받은 주식에 대하여 가업의 승계에 대한 증여세 과세특례 적용을 배제하는 것임. (조심 2012중619, 2012. 5. 9.)
• 개인공동사업자의 지분에 대하여도 법인의 주식 등과 같이 가업승계에 대한 과세특례를 적용하기는 어려운 것으로 판단됨. (조심 2011중3102, 2012. 2. 6.)
• 가업승계 증여세특례규정은 증여자인 60세 이상 부 또는 모가 각각 10년 이상 계속하여 가업을 경영한 경우에 적용되며, 여기서 경영이란 지분 소유뿐만 아니라 실제 가업운영에 참여한 경우를 의미하는 것임. (재재산 -825, 2011. 9. 30.)
....

　　제30조의 7 【가업승계 시 증여세의 납부유예】 ① 납세지 관할 세무서장은 거주자가 다음 각 호의 요건을 모두 갖추어 증여세의 납부유예를 신청하는 경우에는 대통령령으로 정하는 금액에 대하여 납부유

⑩ 법 제30조의 6 제1항 각 호 외의 부분 본문에서 "대통령령으로 정하는 가업자산상당액"이란 「상속세 및 증여세법 시행령」 제15조 제5항 제2호를 준용하여 계산한 금액을 말한다. 이 경우 "상속개시일"은 "증여일"로 본다. (2024. 2. 29. 개정)
⑪ 법 제30조의 6 제4항 각 호 외의 부분에서 "대통령령으로 정하는 벌금형"이란 「상속세 및 증여세법 시행령」 제15조 제19항 각 호의 어느 하나에 해당하는 벌금형을 말한다. (2024. 2. 29. 신설)
⑫ 법 제30조의 6 제4항 제2호 후단에서 "대통령령으로 정하는 바에 따라 계산한 이자상당액"이란 제1호의 금액에 제2호의 기간과 제3호의 율을 곱하여 계산한 금액을 말한다. (2024. 2. 29. 신설)
1. 법 제30조의 6 제4항 제2호 전단에 따라 결정한 증여세액 (2024. 2. 29. 신설)
2. 당초 증여받은 주식등에 대한 증여세 과세표준 신고기한의 다음날부터 법 제30조의 6 제4항 제2호의 사유가 발생한 날까지의 기간 (2024. 2. 29. 신설)
3. 「국세기본법 시행령」 제27조의 4에 따른 율 (2024. 2. 29. 신설)
⑬ 법 제30조의 6 제8항에 따라 증여세와 이자상당액을 신고하는 때에는 기획재정부령으로 정하는 가업승계 증여세 과세특례 추징사유 신고 및 자진납부 계산서를 납세지 관할 세무서장에게 제출하여야 한다. (2024. 2. 29. 개정)
⑭ 법 제30조의 6 제1항 각 호 외의 부분 본문에서 "대통령령으로 정하는 중소기업"이란 「상속세 및 증여세법 시행령」 제15조 제1항에 따른 중소기업을 말한다. 이 경우 "상속개시일"은 "증여일"로 본다. (2025. 2. 28. 신설)
⑮ 법 제30조의 6 제1항 각 호 외의 부분 본문에서 "대통령령으로 정하는 중견기업"이란 「상속세 및 증여세법 시행령」 제15조 제2항에 따른 중견기업을 말한다. 이 경우 "상속개시일"은 "증여일"로 본다. (2025. 2. 28. 신설)

　　제27조의 7 【가업승계에 대한 증여세의 납부유예】 ① 법 제30조의 7 제1항 또는 제6항에 따라 납부유예를 신청하려는 거주자는 「상속세 및 증여세법」 제67조 또는 제68조에 따른 상속세 과세표준신고 또

예를 허가할 수 있다. (2022. 12. 31. 신설)

1. 18세 이상인 거주자가 60세 이상의 부모로부터 대통령령으로 정하는 바에 따라 가업(대통령령으로 정하는 중소기업으로 한정한다. 이하 이 조에서 같다)의 승계를 목적으로 해당 가업의 주식 또는 출자지분(이하 이 조에서 "주식등"이라 한다)을 증여받았을 것 (2023. 12. 31. 개정)
2. 제30조의 5 또는 제30조의 6에 따른 증여세 과세특례를 적용받지 아니하였을 것 (2022. 12. 31. 신설)

② 제1항에 따른 납부유예 허가를 받으려는 자는 담보를 제공하여야 한다. (2022. 12. 31. 신설)

③ 납세지 관할세무서장은 거주자가 대통령령으로 정하는 정당한 사유 없이 다음 각 호의 어느 하나에 해당하는 경우 제1항에 따른 허가를 취소하거나 변경하고, 해당 호에 따른 세액과 대통령령으로 정하는 바에 따라 계산한 이자상당액을 징수한다. (2022. 12. 31. 신설)

1. 해당 거주자가 가업에 종사하지 아니하게 된 경우 : 납부유예된 세액의 전부 (2022. 12. 31. 신설)
2. 주식등을 증여받은 거주자의 지분이 감소한 경우 : 다음 각 목의 구분에 따른 세액 (2022. 12. 31. 신설)
　가. 증여일부터 5년 이내에 감소한 경우 : 납부유예된 세액의 전부 (2022. 12. 31. 신설)
　나. 증여일부터 5년 후에 감소한 경우 : 납부유예된 세액 중 지분 감소 비율을 고려하여 대통령령으로 정하는 바에 따라 계산한 세액 (2022. 12. 31. 신설)
3. 다음 각 목에 모두 해당하는 경우 : 납부유예된 세액의 전부 (2022. 12. 31. 신설)
　가. 증여일부터 5년간 대통령령으로 정하는 정규직 근로자(이하 이 목에서 "정규직근로자"라 한다) 수의 전체 평균이 증여일이 속하는 사업연도의 직전 2개 사업연도의 정규직근로자 수의 평균의 100분의 70에 미달하는 경우 (2022. 12. 31. 신설)
　나. 증여일부터 5년간 대통령령으로 정하는 총급여액(이하 이 목에서 "총급여액"이라 한다)의 전체 평균이 증여일이 속하는 사업연도의 직전 2개 사업연도의 총급여액 평균의 100분의 70에 미

는 증여세 과세표준신고(「국세기본법」 제45조에 따른 수정신고 또는 같은 법 제45조의 3에 따른 기한 후 신고를 포함한다)를 할 때 다음 각 호의 서류를 납세지 관할 세무서장에게 제출해야 한다. 다만, 「상속세 및 증여세법」 제77조에 따라 과세표준과 세액의 결정 통지를 받은 자는 해당 납부고지서에 따른 납부기한까지 그 서류를 제출할 수 있다. (2023. 2. 28. 신설)

1. 기획재정부령으로 정하는 납부유예신청서 (2023. 2. 28. 신설)
2. 법 제30조의 6에 따른 과세특례를 적용받았거나 법 제30조의 7에 따른 납부유예 허가를 받았음을 증명할 수 있는 서류(법 제30조의 7 제6항 제1호에 따라 신청하는 경우에만 해당한다) (2023. 2. 28. 신설)
3. 「상속세 및 증여세법」 제18조의 2 제1항에 따른 가업상속공제를 받았거나 같은 법 제72조의 2 제1항에 따른 납부유예 허가를 받았음을 증명할 수 있는 서류(법 제30조의 7 제6항 제2호에 따라 신청하는 경우에만 해당한다) (2023. 2. 28. 신설)

② 제1항에 따른 신청을 받은 납세지 관할 세무서장은 다음 각 호의 구분에 따른 기간 이내에 신청인에게 그 허가 여부를 서면으로 통지해야 한다. (2023. 2. 28. 신설)

1. 「상속세 및 증여세법」 제67조에 따른 상속세 과세표준신고를 한 경우 : 같은 조 제1항에 따른 신고기한이 지난 날부터 9개월 (2023. 2. 28. 신설)
2. 「상속세 및 증여세법」 제68조에 따른 증여세 과세표준신고를 한 경우 : 같은 조 제1항에 따른 신고기한이 지난 날부터 6개월 (2023. 2. 28. 신설)
3. 「국세기본법」 제45조에 따른 수정신고 또는 같은 법 제45조의 3에 따른 기한 후 신고를 한 경우 : 수정신고 또는 기한 후 신고를 한 날이 속하는 달의 말일부터 6개월(법 제30조의 7 제6항 제2호에 따라 신청하는 경우에는 9개월) (2023. 2. 28. 신설)
4. 제1항 각 호 외의 부분 단서의 경우 : 납부고지서에 따른 납부기한이 지난 날부터 14일 (2023. 2. 28. 신설)

③ 제2항 제4호에 따른 통지가 납부고지서에 따른 납부기한을 경과한 경우에는 그 통지일 이전의 기간에 대해서는 「국세기본법」 제47조의

4 제1항 제1호(납부고지서에 따른 납부기한의 다음 날부터 성립하는 부분으로 한정한다) 및 제3호에 따른 납부지연가산세를 부과하지 않는다. (2023. 2. 28. 신설)

④ 법 제30조의 7 제1항 각 호 외의 부분에서 "대통령령으로 정하는 금액"이란 다음 계산식에 따라 계산한 금액을 말한다. 이 경우 계산식 중 가업자산상당액이란 「상속세 및 증여세법 시행령」 제15조 제5항 제2호를 준용하여 계산한 금액을 말하며, 같은 호 중 "상속개시일"은 "증여일"로 본다. (2023. 2. 28. 신설)

$$\text{증여세 납부세액} \times \frac{\text{가업자산상당액}}{\text{총 증여재산가액}}$$

⑤ 법 제30조의 7 제1항에 따른 증여세의 납부유예 허가를 받으려는 경우에는 같은 항 제1호에 따라 가업의 주식 또는 출자지분(이하 이 조에서 "주식등"이라 한다)을 증여받은 거주자 또는 그 배우자가 「상속세 및 증여세법」 제68조에 따른 증여세 과세표준신고기한까지 해당 가업에 종사하고 증여일부터 3년 이내에 대표이사에 취임해야 한다. (2023. 2. 28. 신설)

⑥ 법 제30조의 7 제1항 제1호에서 "대통령령으로 정하는 중소기업"이란 「상속세 및 증여세법 시행령」 제15조 제1항에 따른 중소기업을 말한다. (2023. 2. 28. 신설)

⑦ 법 제30조의 7 제3항 각 호 외의 부분에서 "대통령령으로 정하는 정당한 사유"

☞ p.1350 2단 연결

　　달하는 경우 (2022. 12. 31. 신설)

4. 해당 거주자가 사망하여 상속이 개시되는 경우 : 납부유예된 세액의 전부 (2022. 12. 31. 신설)

④ 제1항에 따라 납부유예 허가를 받은 자는 제3항 각 호의 어느 하나에 해당하는 경우 그 날이 속하는 달의 말일부터 3개월 이내에 대통령령으로 정하는 바에 따라 납세지 관할세무서장에게 신고하고 해당 증여세와 이자상당액을 납세지 관할세무서, 한국은행 또는 체신관서에 납부하여야 한다. 다만, 제3항에 따라 이미 증여세와 이자상당액이 징수된 경우에는 그러하지 아니하다. (2022. 12. 31. 신설)

⑤ 납세지 관할세무서장은 제1항에 따라 납부유예 허가를 받은 자가 다음 각 호의 어느 하나에 해당하는 경우 그 허가를 취소하거나 변경하고, 납부유예된 세액의 전부 또는 일부와 대통령령으로 정하는 바에 따라 계산한 이자상당액을 징수할 수 있다. (2022. 12. 31. 신설)

1. 담보의 변경 또는 그 밖의 담보 보전에 필요한 관할 세무서장의 명령에 따르지 아니한 경우 (2022. 12. 31. 신설)

2. 「국세징수법」 제9조 제1항 각 호의 어느 하나에 해당되어 납부유예된 세액의 전액을 징수할 수 없다고 인정되는 경우 (2022. 12. 31. 신설)

⑥ 제3항 제2호 또는 제4호(제7항에 따라 준용되는 경우를 포함한다)에 따라 납부유예된 세액과 이자상당액을 납부하여야 하는 자는 다음 각 호의 어느 하나에 해당하는 경우 제3항과 제4항에도 불구하고 납세지 관할세무서장에게 해당 세액과 이자상당액의 납부유예 허가를 신청할 수 있다. (2022. 12. 31. 신설)

1. 제3항 제2호에 해당하는 경우로서 수증자가 제30조의 6에 따른 과세특례를 적용받거나 제1항에 따른 납부유예 허가를 받은 경우 (2022. 12. 31. 신설)

2. 제3항 제4호에 해당하는 경우로서 상속인이 상속받은 가업에 대하여 「상속세 및 증여세법」 제18조의 2 제1항에 따른 가업상속공제를 받거나 같은 법 제72조의 2 제1항에 따른 납부유예 허가를 받은 경우 (2022. 12. 31. 신설)

⑦ 제6항에 따른 납부유예에 관하여는 제2항부터 제5항까지의 규정(제3항 제3호는 제외한다)을 준용한다. 이 경우 제3항 제2호 가목 중

란 제27조의 6 제4항 각 호(같은 항 제1호는 제외한다)의 어느 하나에 해당하는 경우를 말한다. (2023. 2. 28. 신설)

⑧ 법 제30조의 7 제3항 제1호를 적용할 때 다음 각 호의 경우는 해당 거주자가 가업에 종사하지 않게 된 것으로 본다. (2023. 2. 28. 신설)

1. 가업의 주식등을 증여받은 거주자(제5항에 따른 거주자의 배우자를 포함한다)가 대표이사로 종사하지 않는 경우(증여일부터 5년 이내의 기간 중으로 한정한다) (2023. 2. 28. 신설)

2. 해당 가업을 1년 이상 휴업(실적이 없는 경우를 포함한다)하거나 폐업하는 경우 (2023. 2. 28. 신설)

⑨ 법 제30조의 7 제3항 제2호 각 목 외의 부분에서 "거주자의 지분이 감소한 경우"란 제27조의 6 제7항 각 호의 어느 하나에 해당하는 경우를 포함한다. (2023. 2. 28. 신설)

⑩ 법 제30조의 7 제3항 제2호 나목 및 같은 조 제7항 후단에서 "지분 감소 비율을 고려하여 대통령령으로 정하는 바에 따라 계산한 세액"이란 다음 계산식에 따라 계산한 금액을 말한다. (2023. 2. 28. 신설)

$$세액 = A \times (B \div C)$$

A : 법 제30조의 7 제1항에 따라 납부유예된 세액

B : 감소한 지분율

C : 증여일 현재 지분율

⑪ 법 제30조의 7 제3항 제3호 가목에서 "대통령령으로 정하는 정규직 근로자"란 「근로기준법」에 따라 계약을 체결한 근로자를 말한다. 다만, 「상속세 및 증여세법 시행령」 제15조 제13항 각 호의 어느 하나에 해당하는 사람은 제외한다. (2023. 2. 28. 신설)

⑫ 법 제30조의 7 제3항 제3호 나목에서 "대통령령으로 정하는 총급여액"이란 제11항 본문에 따른 근로자(제26조의 4 제2항 제3호에 해당하는 사람은 제외하되, 같은 호에 해당되는 사람만 있는 경우에는 포함한다)에게 지급한 「소득세법」 제20조 제1항 제1호 및 제2호에 따른 소득의 합계액을 말한다. (2023. 2. 28. 신설)

⑬ 법 제30조의 7 제3항 제3호 가목 및 나목에 따른 정규직 근로자 수 및 총급여액의 계산에 관하여는 「상속세 및 증여세법 시행령」 제

15조 제17항 및 제18항을 준용한다. (2023. 2. 28. 신설)

⑭ 법 제30조의 7 제3항 각 호 외의 부분에서 "대통령령으로 정하는 바에 따라 계산한 이자상당액"이란 제1호의 금액에 제2호의 기간과 제3호의 율(법 제30조의 7 제6항에 따라 납부유예 허가를 받은 경우에는 제3호의 율에 100분의 50을 곱한 율)을 곱하여 계산한 금액을 말한다. (2023. 2. 28. 신설)

1. 법 제30조의 7 제3항 각 호에 따른 증여세액 (2023. 2. 28. 신설)

2. 당초 증여받은 가업의 주식등에 대한 증여세 과세표준신고기한의 다음날부터 법 제30조의 7 제3항 각 호의 사유가 발생한 날까지의 기간 (2023. 2. 28. 신설)

3. 법 제30조의 7 제3항에 따른 납부유예 허가의 취소 또는 변경 당시의 「국세기본법 시행령」 제43조의 3 제2항 본문에 따른 이자율을 365로 나눈 율. 다만, 제2호의 기간 중에 「국세기본법 시행령」 제43조의 3 제2항 본문에 따른 이자율이 1회 이상 변경된 경우 그 변경 전의 기간에 대해서는 변경 전의 이자율을 365로 나눈 율을 적용한다. (2023. 2. 28. 신설)

⑮ 법 제30조의 7 제5항 각 호 외의 부분에서 "대통령령으로 정하는 바에 따라 계산한 이자상당액"이란 제1호의 금액에 제2호의

☞ p.1351 2단 연결

"납부유예된 세액의 전부"는 "납부유예된 세액 중 지분 감소 비율을 고려하여 대통령령으로 정하는 바에 따라 계산한 세액"으로 보고, 제6항 제2호에 따라 납부유예 허가를 받은 경우에는 제3항부터 제5항까지의 규정 중 "거주자"는 "상속인"으로, "증여받은"은 "상속받은"으로, "증여일"은 "상속개시일"로 본다. (2022. 12. 31. 신설)

⑧ 제1항에 따른 주식등의 증여에 관하여는 <u>제30조의 5 제8항부터 제11항까지 및 제13항을 준용한다. 이 경우 "창업자금"은 "주식등"으로</u> 본다. (2024. 12. 31. 개정)

⑨ 제1항부터 제8항까지의 규정을 적용할 때 납부유예 신청 절차, 담보의 제공에 관한 사항, 납부유예 허가 시기와 관련한 납부지연가산세의 부과 여부에 관한 사항, 가업 종사 여부의 판정방법, 그 밖에 필요한 사항은 대통령령으로 정한다. (2022. 12. 31. 신설)

제31조【중소기업 간의 통합에 대한 양도소득세의 이월과세 등】
① 대통령령으로 정하는 업종을 경영하는 중소기업 간의 통합으로 인하여 소멸되는 중소기업이 대통령령으로 정하는 사업용고정자산(이하 "사업용고정자산"이라 한다)을 통합에 의하여 설립된 법인 또는 통합 후 존속하는 법인(이하 이 조에서 "통합법인"이라 한다)에 양도하는 경우 그 사업용고정자산에 대해서는 이월과세를 적용받을 수 있다. (2013. 1. 1. 개정)

●예판 ···
• 법인전환에 대한 이월과세 규정을 합리적 근거 없이 유추 · 확장 해석할 수 없고, 이월과세적용신청서에 취득가액 적용의 오류로 세액이 적게 기

기간과 제3호의 율(법 제30조의 7 제6항에 따라 납부유예 허가를 받은 경우에는 제3호의 율에 100분의 50을 곱한 율)을 곱하여 계산한 금액을 말한다. (2023. 2. 28. 신설)

1. 법 제30조의 7 제5항에 따른 증여세액 (2023. 2. 28. 신설)

2. 당초 증여받은 가업의 주식등에 대한 증여세 과세표준신고기한의 다음 날부터 법 제30조의 7 제5항 각 호의 사유가 발생한 날까지의 기간 (2023. 2. 28. 신설)

3. 법 제30조의 7 제5항에 따른 납부유예 허가의 취소 또는 변경 당시의 「국세기본법 시행령」 제43조의 3 제2항 본문에 따른 이자율을 365로 나눈 율. 다만, 제2호의 기간 중에 「국세기본법 시행령」 제43조의 3 제2항 본문에 따른 이자율이 1회 이상 변경된 경우 그 변경 전의 기간에 대해서는 변경 전의 이자율을 365로 나눈 율을 적용한다. (2023. 2. 28. 신설)

⑯ 법 제30조의 7 제4항 본문에 따라 증여세와 이자상당액을 신고하는 때에는 기획재정부령으로 정하는 납부유예 사후관리추징사유 신고 및 자진납부 계산서를 납세지 관할 세무서장에게 제출해야 한다. (2023. 2. 28. 신설)

⑰ 납세지 관할 세무서장은 납부유예 허가를 받은 거주자가 법 제30조의 7 제3항 각 호에 해당하는지를 매년 확인 · 관리해야 한다. (2023. 2. 28. 신설)

제28조【중소기업 간의 통합에 대한 양도소득세의 이월과세 등】 (2014. 2. 21. 제목개정)
① 법 제31조 제1항에서 "대통령령으로 정하는 업종을 경영하는 중소기업 간의 통합"이란 제29조 제3항에 따른 소비성서비스업(소비성서비스업과 다른 사업을 겸영하고 있는 경우에는 부동산양도일이 속하는 사업연도의 직전사업연도의 소비성서비스업의 사업별 수입금액이 가장 큰 경우에 한한다)을 제외한 사업을 영위하는 중소기업자(「중소기업기본법」에 의한 중소기업자를 말한다. 이하 이 조에서 같다)가 당해 기업의 사업장별로 그 사업에 관한 주된 자산을 모두 승계하여 사업의 동일성이 유지되는 것으로서 다음 각호의 요건을 갖춘 것을 말한다. 이 경우 설립 후 1년이 경과되지 아니한 법인이 출자자인 개인(「국세기본

제15조【이월과세 적용대상자산의 취득가액】 ① 영 제28조 및 영 제29조에 따른 이월과세를 적용함에 있어서 이월과세 적용대상자산의 취득가액은 당해 자산 취득당시의 실지거래가액으로 한다. (2009. 4. 7. 개정)

② 제1항의 규정에 의한 취득당시의 실지거래가액이 불분명한 때에는 통합일 · 법인전환일 또는 현물출자일 현재의 당해 자산에 대하여 다음 각호의 규정을 순차로 적용하여 계산한 금액을 「소득세법 시

재된 것을 단순착오로 보기 어려운바, 처분청이 추가납부할 세액은 이월과세가 적용되지 아니한다고 보아 양도세를 과세한 처분은 잘못이 없음. (조심 2013부2675, 2013. 8. 12.)

• 중소기업간 통합에 대한 양도소득세 이월과세는 통합으로 인해 소멸되는 기업의 사업장별로 그 사업에 관한 주된 자산을 모두 승계하여 사업의 동일성이 유지되는 경우에 한하여 적용됨. (재재산 – 1355, 2007. 11. 12.)

• 중소기업간 통합에 관한 양도소득세 이월과세 적용시 소멸하는 사업장의 순자산가액은 통합일 현재의 시가로 평가한 자산에서 충당금을 포함한 부채의 합계액을 공제한 금액임. (서면2팀 – 1854, 2007. 10. 15.)

‥‥‥‥‥‥‥‥‥‥‥‥‥‥‥‥‥‥‥‥‥‥‥‥‥‥

② 제1항의 적용대상이 되는 중소기업 간 통합의 범위 및 요건에 관하여는 대통령령으로 정한다. (2010. 1. 1. 개정)

③ 제1항을 적용받으려는 내국인은 대통령령으로 정하는 바에 따라 이월과세 적용신청을 하여야 한다. (2010. 1. 1. 개정)

관계조문 ☞

규칙 61조 1항 13호 ⇒ 이월과세적용신청서(별지 12호 서식)

④ 제6조 제1항 및 제2항에 따른 창업중소기업 및 창업벤처중소기업 또는 제64조 제1항에 따라 세액감면을 받는 내국인이 제6조 또는 제64조에 따른 감면기간이 지나기 전에 제1항에 따른 통합을 하는 경우 통합법인은 대통령령으로 정하는 바에 따라 남은 감면기간에 대하여 제6조 또는 제64조를 적용받을 수 있다. (2014. 12. 23. 개정)

⑤ 제63조에 따른 수도권과밀억제권역 밖으로 이전하는 중소기업 또는 제68조에 따른 농업회사법인이 제63조 또는 제68조에 따른 감면기간이

법」 제39조 제2항의 규정에 의한 과점주주에 한한다)의 사업을 승계하는 것은 이를 통합으로 보지 아니한다. (2010. 2. 18. 개정)

1. 통합으로 인하여 소멸되는 사업장의 중소기업자가 통합후 존속하는 법인 또는 통합으로 인하여 설립되는 법인(이하 이 조에서 "통합법인"이라 한다)의 주주 또는 출자자일 것 (2013. 2. 15. 개정)

2. 통합으로 인하여 소멸하는 사업장의 중소기업자가 당해 통합으로 인하여 취득하는 주식 또는 지분의 가액이 통합으로 인하여 소멸하는 사업장의 순자산가액(통합일 현재의 시가로 평가한 자산의 합계액에서 충당금을 포함한 부채의 합계액을 공제한 금액을 말한다. 이하 같다) 이상일 것 (2003. 12. 30. 개정)

② 법 제31조 제1항에서 "대통령령으로 정하는 사업용고정자산"이란 당해 사업에 직접 사용하는 유형자산 및 무형자산(1981년 1월 1일 이후에 취득한 부동산으로서 기획재정부령이 정하는 법인의 업무와 관련이 없는 부동산의 판정기준에 해당되는 자산을 제외한다)을 말한다. (2010. 2. 18. 개정)

③ 법 제31조 제1항의 규정에 의하여 양도소득세의 이월과세를 적용받고자 하는 자는 통합일이 속하는 과세연도의 과세표준신고(예정신고를 포함한다)시 통합법인과 함께 기획재정부령이 정하는 이월과세적용신청서를 납세지 관할세무서장에게 제출하여야 한다. (2008. 2. 29. 직제개정 ; 기획재정부와~직제 부칙)

④ 법 제31조 제4항의 규정에 의한 잔존감면기간에 대한 감면대상이 되는 자는 통합으로 인하여 소멸되는 창업중소기업 또는 창업벤처중소기업이나 농공단지 및 「지역중소기업 육성 및 혁신촉진에 관한 법률」 제23조에 따른 중소기업특별지원지역(이하 "중소기업특별지원지역"이라 한다)의 입주기업으로부터 승계받은 사업에서 발생하는 소득에 대하여 통합당시의 잔존감면기간내에 종료하는 각 과세연도까지 그 감면을 받을 수 있다. (2024. 2. 29. 개정)

⑤ 법 제31조 제4항의 규정을 적용받고자 하는 통합법인은 제5조 제26항 또는 제61조 제7항을 준용하여 감면신청을 하여야 한다. (2020. 2. 11. 개정)

⑥ 법 제31조 제5항의 규정에 의한 잔존감면기간에 대한 감면대상이 되는 자는 통합으로 인하여 소멸되는 중소기업자로부터 승계받은 사업

행령」 제176조의 2 제2항 제2호의 규정을 준용하여 환산한 가액으로 한다. (2005. 3. 11. 개정)

1. 「감정평가 및 감정평가사에 관한 법률」에 따른 감정평가법인등이 감정한 가액이 있는 경우 그 가액. 다만, 증권거래소에 상장되지 아니한 주식 등을 제외한다. (2024. 3. 22. 개정)

2. 「상속세 및 증여세법」 제38조·동법 제39조 및 동법 제61조 내지 제64조의 규정을 준용하여 평가한 가액 (2005. 3. 11. 개정)

③ 영 제28조 제2항에서 "기획재정부령이 정하는 법인의 업무와 관련이 없는 부동산의 판정기준에 해당되는 자산"이라 함은 「법인세법 시행령」 제49조 제1항 제1호의 규정에 의한 업무와 관련이 없는 부동산(이하 이 항에서 "업무무관부동산"이라 한다)을 말한다. 이 경우 업무무관부동산에 해당하는지의 여부에 대한 판정은 양도일을 기준으로 한다. (2008. 4. 29. 직제개정)

지나기 전에 제1항에 따른 통합을 하는 경우 통합법인은 대통령령으로 정하는 바에 따라 남은 감면기간에 대하여 제63조 또는 제68조를 적용받을 수 있다. (2010. 1. 1. 개정)

⑥ 제144조에 따른 미공제 세액이 있는 내국인이 제1항에 따른 통합을 하는 경우 통합법인은 대통령령으로 정하는 바에 따라 그 내국인의 미공제 세액을 승계하여 공제받을 수 있다. (2010. 1. 1. 개정)
⑦ 제1항을 적용받은 내국인이 사업용고정자산을 양도한 날부터 5년 이내에 다음 각 호의 어느 하나에 해당하는 사유가 발생하는 경우에는 해당 내국인은 사유발생일이 속하는 달의 말일부터 2개월 이내에 제1항에 따른 이월과세액(통합법인이 이미 납부한 세액을 제외한 금액을 말한다)을 양도소득세로 납부하여야 한다. 이 경우 사업 폐지의 판단기준 등에 관하여 필요한 사항은 대통령령으로 정한다. (2014. 12. 23. 개정)
1. 통합법인이 소멸되는 중소기업으로부터 승계받은 사업을 폐지하는 경우 (2013. 1. 1. 신설)

2. 제1항을 적용받은 내국인이 통합으로 취득한 통합법인의 주식 또는 출자지분의 100분의 50 이상을 처분하는 경우 (2013. 1. 1. 신설)

에서 발생하는 소득에 관하여 통합당시 잔존감면기간 내에 종료하는 각 과세연도분까지 그 감면을 받을 수 있다. (2002. 12. 30 개정)
⑦ 법 제31조 제5항의 규정을 적용받고자 하는 통합법인의 감면신청에 관하여는 제60조 제5항 또는 제65조의 규정은 이를 준용한다. (2013. 2. 15. 개정)
⑧ 법 제31조 제6항의 규정에 의하여 미공제세액을 승계한 자는 통합으로 인하여 소멸되는 중소기업자로부터 승계받은 자산에 대한 미공제세액상당액을 당해 중소기업자의 이월공제잔여기간 내에 종료하는 각 과세연도에 이월하여 공제받을 수 있다. (2002. 12. 30 개정)
⑨ 통합법인이 통합으로 인하여 소멸되는 사업장의 중소기업자로부터 승계받은 제2항의 사업용고정자산을 2분의 1 이상 처분하거나 사업에 사용하지 않는 경우 법 제31조 제7항 제1호에 따른 사업의 폐지로 본다. 다만, 다음 각 호의 어느 하나에 해당하는 경우에는 그러하지 아니한다. (2013. 2. 15. 신설)
1. 통합법인이 파산하여 승계받은 자산을 처분한 경우 (2013. 2. 15. 신설)
2. 통합법인이 「법인세법」 제44조 제2항에 따른 합병, 같은 법 제46조 제2항에 따른 분할, 같은 법 제47조 제1항에 따른 물적분할, 같은 법 제47조의 2 제1항에 따른 현물출자의 방법으로 자산을 처분한 경우 (2013. 2. 15. 신설)
3. 통합법인이 법 제37조에 따른 자산의 포괄적 양도에 따라 자산을 장부가액으로 양도한 경우 (2013. 2. 15. 신설)
3. 삭   제 (2018. 2. 13.)
4. 통합법인이 「채무자 회생 및 파산에 관한 법률」에 따른 회생절차에 따라 법원의 허가를 받아 승계받은 자산을 처분한 경우 (2013. 2. 15. 신설)
⑩ 법 제31조 제7항 제2호의 처분은 주식 또는 출자지분의 유상이전, 무상이전, 유상감자 및 무상감자(주주 또는 출자자의 소유주식 또는 출자지분 비율에 따라 균등하게 소각하는 경우는 제외한다)를 포함한다. 다만, 다음 각 호의 어느 하나에 해당하는 경우에는 그러하지 아니하다. (2014. 2. 21. 개정)
1. 법 제31조 제1항을 적용받은 내국인(이하 이 조에서 "해당 내국인"

제32조 【법인전환에 대한 양도소득세의 이월과세】 ① 거주자가 사업용고정자산을 현물출자하거나 대통령령으로 정하는 사업 양도·양수의 방법에 따라 법인(대통령령으로 정하는 소비성서비스업을 경영하는 법인은 제외한다)으로 전환하는 경우 그 사업용고정자산에 대해서는 이월과세를 적용받을 수 있다. 다만, 해당 사업용고정자산이 주택 또는 주택을 취득할 수 있는 권리인 경우는 제외한다. (2020. 12. 29. 단서신설)
☞

통칙 32-29…2 【법인전환시 순자산가액 요건】
① 사업장의 순자산가액을 계산함에 있어서 영업권은 포함하지 아니한다.
② 영 제28조 제1항 및 제29조 제5항의 순자산가액을 계산함에 있어서 '시가'라 함은 불특정다수인 사이에 자유로이 거래가 이루어지는 경우에 통상 성립된다고

이라 한다)이 사망하거나 파산하여 주식 또는 출자지분을 처분하는 경우 (2013. 2. 15. 신설)

2. 해당 내국인이 「법인세법」 제44조 제2항에 따른 합병이나 같은 법 제46조 제2항에 따른 분할의 방법으로 주식 또는 출자지분을 처분하는 경우 (2013. 2. 15. 신설)

3. 해당 내국법인이 법 제38조에 따른 주식의 포괄적 교환·이전 또는 법 제38조의 2에 따른 주식의 현물출자의 방법으로 과세특례를 적용받으면서 주식 또는 출자지분을 처분하는 경우 (2018. 2. 13. 개정)

4. 해당 내국인이 「채무자 회생 및 파산에 관한 법률」에 따른 회생절차에 따라 법원의 허가를 받아 주식 또는 출자지분을 처분하는 경우 (2013. 2. 15. 신설)

5. 해당 내국인이 법령상 의무를 이행하기 위하여 주식 또는 출자지분을 처분하는 경우 (2013. 2. 15. 신설)

6. 해당 내국인이 가업의 승계를 목적으로 해당 가업의 주식 또는 출자지분을 증여하는 경우로서 수증자가 법 제30조의 6에 따른 증여세 과세특례를 적용받은 경우 (2015. 2. 3. 신설)

⑪ 제10항 제6호에 해당하는 경우에는 수증자를 해당 내국인으로 보아 법 제31조 제7항을 적용하되, 5년의 기간을 계산할 때 증여자가 통합으로 취득한 통합법인의 주식 또는 출자지분을 보유한 기간을 포함하여 통산한다. (2015. 2. 3. 신설)

제29조 【법인전환에 대한 양도소득세의 이월과세】 ① 삭 제 (2002. 12. 30)

② 법 제32조 제1항 본문에서 "대통령령으로 정하는 사업 양도·양수의 방법"이란 해당 사업을 영위하던 자가 발기인이 되어 제5항에 따른 금액 이상을 출자하여 법인을 설립하고, 그 법인설립일부터 3개월 이내에 해당 법인에게 사업에 관한 모든 권리와 의무를 포괄적으로 양도하는 것을 말한다. (2021. 2. 17. 개정)

③ 법 제32조 제1항 본문에서 "대통령령으로 정하는 소비성서비스업"이란 다음 각 호의 어느 하나에 해당하는 사업(이하 "소비성서비스업"이라 한다)을 말한다. (2021. 2. 17. 개정)

1. 호텔업 및 여관업(「관광진흥법」에 따른 관광숙박업은 제외한다)

제17조 【소비성서비스업의 범위】 영 제29조 제3항 제3호에서 "오락·유흥 등을 목적으로 하는 사업으로서 기획재정부령으로 정하는 사업"이란 다음 각 호의 사업을 말한다. (2024. 3. 22. 신설)

1. 무도장 운영업 (2024. 3. 22. 신설)

2. 기타 사행시설 관리 및 운영업(「관광진흥법」 제5조 또는 「폐광지역 개발 지원에 관한 특별법」 제11조에 따라 허가를 받은 카지노업은 제외한다) (2024. 3. 22. 신설)

3. 유사 의료업 중 안마를 시술하는 업

인정되는 가액을 말하며 수용·공매가격 및 감정가액 등 「상속세 및 증여세법 시행령」 제49조의 규정에 의하여 시가로 인정되는 것을 포함한다. (2013. 5. 24. 개정)

② 제1항은 새로 설립되는 법인의 자본금이 대통령령으로 정하는 금액 이상인 경우에만 적용한다. (2010. 1. 1. 개정)
③ 제1항을 적용받으려는 거주자는 대통령령으로 정하는 바에 따라 이월과세 적용신청을 하여야 한다. (2010. 1. 1. 개정)
④ 제1항에 따라 설립되는 법인에 대해서는 제31조 제4항부터 제6항까지의 규정을 준용한다. (2010. 1. 1. 개정)
⑤ 제1항에 따라 설립된 법인의 설립등기일부터 5년 이내에 다음 각 호의 어느 하나에 해당하는 사유가 발생하는 경우에는 제1항을 적용받은 거주자가 사유발생일이 속하는 달의 말일부터 2개월 이내에 제1항에 따른 이월과세액(해당 법인이 이미 납부한 세액을 제외한 금액을 말한다)을 양도소득세로 납부하여야 한다. 이 경우 사업 폐지의 판단기준 등에 관하여 필요한 사항은 대통령령으로 정한다. (2017. 12. 19. 개정)
1. 제1항에 따라 설립된 법인이 제1항을 적용받은 거주자로부터 승계받은 사업을 폐지하는 경우 (2013. 1. 1. 개정)

(2010. 2. 18. 신설)
2. 주점업(일반유흥주점업, 무도유흥주점업 및 「식품위생법 시행령」 제21조에 따른 단란주점 영업만 해당하되, 「관광진흥법」에 따른 외국인전용유흥음식점업 및 관광유흥음식점업은 제외한다) (2010. 2. 18. 신설)
3. 그 밖에 오락·유흥 등을 목적으로 하는 사업으로서 기획재정부령으로 정하는 사업 (2010. 2. 18. 신설)
④ 법 제32조 제1항의 규정에 의하여 양도소득세의 이월과세를 적용받고자 하는 자는 현물출자 또는 사업양수도를 한 날이 속하는 과세연도의 과세표준신고(예정신고를 포함한다)시 새로이 설립되는 법인과 함께 기획재정부령이 정하는 이월과세적용신청서를 납세지 관할세무서장에게 제출하여야 한다. (2010. 2. 18. 항번개정)
⑤ 법 제32조 제2항에서 "대통령령으로 정하는 금액"이란 사업용고정자산을 현물출자하거나 사업양수도하여 법인으로 전환하는 사업장의 순자산가액으로서 제28조 제1항 제2호의 규정을 준용하여 계산한 금액을 말한다. (2010. 2. 18. 개정)
⑥ 법 제32조 제1항에 따라 설립되는 법인(이하 이 조에서 "전환법인"이라 한다)이 같은 조 제1항에 따른 현물출자 또는 사업 양도·양수의 방법으로 취득한 사업용고정자산의 2분의 1 이상을 처분하거나 사업에 사용하지 않는 경우 법 제32조 제5항 제1호에 따른 사업의 폐지로 본다. 다만, 다음 각 호의 어느 하나에 해당하는 경우에는 그러하지 아니한다. (2013. 2. 15. 개정)
1. 전환법인이 파산하여 승계받은 자산을 처분한 경우 (2013. 2. 15. 개정)
2. 전환법인이 「법인세법」 제44조 제2항에 따른 합병, 같은 법 제46조 제2항에 따른 분할, 같은 법 제47조 제1항에 따른 물적분할, 같은 법 제47조의 2 제1항에 따른 현물출자의 방법으로 자산을 처분한 경우 (2013. 2. 15. 개정)
3. 전환법인이 법 제37조에 따른 자산의 포괄적 양도에 따라 자산을 장부가액으로 양도한 경우 (2013. 2. 15. 개정)
3. 삭 제 (2018. 2. 13.)
4. 전환법인이 「채무자 회생 및 파산에 관한 법률」에 따른 회생절차에 따라 법원의 허가를 받아 승계받은 자산을 처분한 경우 (2013. 2. 15. 개정)

(2024. 3. 22. 신설)
4. 마사지업 (2024. 3. 22. 신설)

[편주] ▶ ⋯⋯⋯⋯⋯⋯⋯
규칙 17조의 개정규정은 2024. 3. 22. 이후 개시하는 과세연도부터 적용함. (규칙 부칙 (2024. 3. 22.) 3조)
⋯⋯⋯⋯⋯⋯⋯⋯⋯⋯⋯

[관계조문] ▶
규칙 61조 1항 13호 ⇒ 이월과세적용신청서(별지 12호 서식)

2. 제1항을 적용받은 거주자가 법인전환으로 취득한 주식 또는 출자지분의 100분의 50 이상을 처분하는 경우 (2013. 1. 1. 개정)

● 예 판 ●

- 법인전환에 대한 양도소득세 이월과세 적용시 사업용고정자산이란 당해 사업에 직접 사용하는 유형자산과 무형자산을 말하는 것으로 건설 중인 자산에 대하여는 당해 규정이 적용되지 아니하는 것임. (서면4팀 - 1447, 2005. 8. 18.)
- 거주자가 사업용고정자산을 현물출자에 의하여 법인으로 전환하고자 하는 경우로서, 당해 법인이 농지법 등 관련 법령에 따라 법인명의로 취득할 수 없는 당해 사업용고정자산에 대하여는 조특법 32조의 규정을 적용받을 수 없음. (서면4팀 - 2440, 2005. 12. 8.)
- 거주자가 부동산임대업에 사용하는 토지와 건물을 현물출자 방법으로 법인전환하여 이월과세를 적용받은 후, 사후관리규정이 적용되지 아니하는 경우에도 건물신축을 위해 현물출자받은 건물을 철거하는 때에 전환법인이 건물에 대한 이월과세 세액을 법인세로 납부하는 것임. (서면법규 - 837, 2014. 8. 11.)

제33조 【사업전환 통상변화대응지원기업에 대한 과세특례】 (2024. 2. 20. 제목개정 ; 무역조정~부칙)　　　농톡비

① 「통상환경변화 대응 및 지원 등에 관한 법률」 제6조에 따른 통상변화대응지원기업(이하 이 조에서 "통상변화대응지원기업"이라 한다)이 경영하던

---

⑦ 법 제32조 제5항 제2호의 처분은 주식 또는 출자지분의 유상이전, 무상이전, 유상감자 및 무상감자(주주 또는 출자자의 소유주식 또는 출자지분 비율에 따라 균등하게 소각하는 경우는 제외한다)를 포함한다. 다만, 다음 각 호의 어느 하나에 해당하는 경우에는 그러하지 아니하다. (2014. 2. 21. 개정)

1. 법 제32조 제1항을 적용받은 거주자(이하 이 조에서 "해당 거주자"라 한다)가 사망하거나 파산하여 주식 또는 출자지분을 처분하는 경우 (2013. 2. 15. 신설)
2. 해당 거주자가 「법인세법」 제44조 제2항에 따른 합병이나 같은 법 제46조 제2항에 따른 분할의 방법으로 주식 또는 출자지분을 처분하는 경우 (2013. 2. 15. 신설)
3. 해당 거주자가 법 제38조에 따른 주식의 포괄적 교환·이전 또는 법 제38조의 2에 따른 주식의 현물출자의 방법으로 과세특례를 적용받으면서 주식 또는 출자지분을 처분하는 경우 (2018. 2. 13. 개정)
4. 해당 거주자가 「채무자 회생 및 파산에 관한 법률」에 따른 회생절차에 따라 법원의 허가를 받아 주식 또는 출자지분을 처분하는 경우 (2013. 2. 15. 신설)
5. 해당 거주자가 법령상 의무를 이행하기 위하여 주식 또는 출자지분을 처분하는 경우 (2013. 2. 15. 신설)
6. 해당 거주자가 가업의 승계를 목적으로 해당 가업의 주식 또는 출자지분을 증여하는 경우로서 수증자가 법 제30조의 6에 따른 증여세 과세특례를 적용받은 경우 (2015. 2. 3. 신설)

⑧ 제7항 제6호에 해당하는 경우에는 수증자를 해당 거주자로 보아 법 제32조 제5항을 적용하되, 5년의 기간을 계산할 때 증여자가 법인전환으로 취득한 주식 또는 출자지분을 보유한 기간을 포함하여 통산한다. (2015. 2. 3. 신설)

제30조 【사업전환 통상변화대응지원기업에 대한 과세특례】 (2024. 12. 10. 제목개정 : 무역조정~부칙)

① 법 제33조 제1항 전단에서 "제조업, 부가통신업, 연구 및 개발업, 과학 및 기술서비스업 등 대통령령이 정하는 사업"이라 함은 법 제6조 제3항의 규정에 해당하는 사업을 말한다. (2006. 2. 9. 신설)

---

① 삭 제 (2009. 2. 4.)

② 법 제33조 제1항 전단에서 "사업용고정자산"이라 함은 당해 사업에 직접 사용하는 유형고정자산 및 무형고정자산을 말한다. (2006. 2. 9. 신설)

③ 법 제33조 제1항의 적용대상이 되는 사업전환은 전환전 사업용고정자산을 사업장 단위별로 양도하고 양도일부터 1년 이내에 전환사업에 직접 사용할 사업용고정자산을 대체취득하여 전환사업을 개시하는 것을 말한다. (2006. 2. 9. 신설)

④ 법 제33조 제1항 전단에서 "대통령령으로 정하는 바에 따라 계산한 금액"이란 제1호의 금액에 제2호의 율을 곱하여 계산한 금액으로 한다. (2009. 2. 4. 개정)

1. 전환전 사업용고정자산의 양도가액에서 장부가액과 직전사업연도 종료일 현재 「법인세법」 제13조 제1항 제1호에 따른 이월결손금의 합계액을 차감한 금액 (2019. 2. 12. 개정)
2. 전환전 사업용고정자산의 양도가액 중 전환사업용고정자산의 취득가액이 차지하는 비율 (2006. 2. 9. 신설)

⑤ 법 제33조 제2항 제1호에 따라 감면하는 세액은 다음 계산식에 따라 계산한 금액으로 한다. (2012. 2. 2. 개정)

$$\frac{\text{전환전사업의 사업장건물 및 그 부속토지의 양도에 따른 「소득세법」 제93조 제1호에 따른 양도소득세 산출세액} \times \text{전환전사업양도가액 중 전환사업의 기계장치의 취득가액이 차지하는 비율}}{} \times \frac{50}{100}$$

☞ p.1357 2단 연결

사업(이하 이 조에서 "전환전사업"이라 한다)을 이 법 제6조 제3항 각 호의 어느 하나에 해당하는 사업(이하 이 조에서 "전환사업"이라 한다)으로 전환하기 위하여 해당 전환전사업에 직접 사용하는 사업용고정자산(이하 이 조에서 "전환전사업용고정자산"이라 한다)을 2023년 12월 31일까지 양도하고 양도일부터 1년 이내에 전환사업에 직접 사용할 사업용고정자산을 취득하는 경우 전환전사업용고정자산을 양도함에 따라 발생하는 양도차익에 대해서는 대통령령으로 정하는 바에 따라 계산한 금액을 해당 사업연도의 소득금액을 계산할 때 익금에 산입하지 아니할 수 있다. 이 경우 해당 금액은 양도일이 속하는 사업연도 종료일 이후 3년이 되는 날이 속하는 사업연도부터 3개 사업연도의 기간 동안 균분(均分)한 금액 이상을 익금에 산입하여야 한다. (2024. 2. 20. 개정 ; 무역조정~부칙)

편주 ▶ ···
법 33조의 개정규정은 2025. 1. 1.부터 시행함. (무역조정 지원 등에 관한 법률 부칙(2024. 2. 20.) 1조)
···

② 제1항을 적용할 때 거주자의 경우에는 다음 각 호의 방법에 따라 세액을 감면받거나 과세이연을 받을 수 있다. (2010. 1. 1. 개정)
1. 전환전사업의 사업장 건물 및 그 부속토지의 양도가액(이하 이 조에서 "전환전사업양도가액"이라 한다)으로 전환사업의 기계장치를 취득한 경우 : 대통령령으로 정하는 바에 따라 양도소득세의 100분의 50에 상당하는 세액을 감면하는 방법 (2010. 1. 1. 개정)
2. 전환전사업양도가액으로 전환사업의 사업장 건물 및 그 부속토지를 취득한 경우 : 대통령령으로 정하는 바에 따라 과세이연을 하는 방법 (2010. 1. 1. 개정)
③ 제1항 및 제2항을 적용받은 내국인이 사업전환을 하지 아니하거나 전환사업 개시일부터 3년 이내에 해당 사업을 폐업하거나 해산한 경우에는 그 사유가 발생한 날이 속하는 사업연도의 소득금액을 계산할 때 대통령령으로 정하는 바에 따라 계산한 금액을 익금에 산입하거나, 감면 또는 과세이연받은 세액을 양도소득세로 납부하여야 한다. 이 경우 다음 각 호의 구분에 따른 때에 대통령령으로 정하는 바에 따라 계산한 이자 상당 가산액을 가산하여 법인세 또는 양도소득세로 납부하여야

⑤ 법 제33조 제2항 제1호에 따라 감면하는 세액은 다음 계산식에 따라 계산한 금액으로 한다. (2025. 2. 28. 개정)

$$\text{제1호에 따른 양도소득 산출세액} \times \frac{\text{전환전사업양도가액 중 전환사업의 기계장치의 취득가액이 차지하는 비율}}{} \times \frac{50}{100}$$

전환전사업의 사업장건물 및 그 부속토지의 양도에 따른 「소득세법」 제92조 제3항 제1호에 따른 양도소득 산출세액 × 전환전사업양도가액 중 전환사업의 기계장치의 취득가액이 차지하는 비율 × 50/100

⑥ 법 제33조 제2항 제2호에 따른 과세이연을 적용받을 금액은 다음 계산식에 따라 계산한 금액으로 한다. (2012. 2. 2. 개정)

$$\text{「소득세법」 제95조 제1항에 따른 양도차익} \times \frac{\text{전환사업의 사업장건물 및 그 부속토지의 취득가액}}{\text{전환전사업양도가액}}$$

⑦ 제4항 내지 제6항의 규정을 적용함에 있어서 전환사업용고정자산의 양도일이 속하는 사업연도 종료일까지 전환사업용고정자산, 전환사업의 기계장치·사업장건물 및 그 부속토지를 취득하지 아니한 경우 당해 취득가액은 사업전환(예정)명세서상의 예정가액으로 한다. (2006. 2. 9. 신설)
⑧ 법 제33조 제3항 각 호 외의 부분 전단에서 "대통령령으로 정하는 바에 따라 계산한 금액"이란 다음 각 호의 금액을 말한다. (2018. 2. 13. 개정)
1. 제4항의 규정에 따라 양도차익을 익금에 산입하지 아니한 경우에는 익금에 산입하지 아니한 금액 전액 (2006. 2. 9. 신설)
2. 제5항의 규정에 따라 양도소득세를 감면받은 경우에는 감면받은 세액 전액 (2006. 2. 9. 신설)
3. 제6항에 따라 과세이연을 받은 경우에는 과세이연금액에 상당하는 세액(과세이연금액에 「소득세법」 제104조에 따른 세율을 곱하여 계산한 세액을 말하며, 이하 이 항, 제9항 및 제14항에서 "과세이연세액"이라 한다) 전액 (2017. 2. 7. 개정)
4. 제7항의 규정에 따른 예정가액에 따라 익금에 산입하지 아니하거나 세액감면 또는 과세이연을 받은 경우에는 실제 가액을 기준으로 제4항 내지 제6항의 규정에 따라 계산한 금액을 초과하여 적용받은 금액 (2006. 2. 9. 신설)

⑨ 법 제33조 제3항 후단에서 "대통령령으로 정하는 바에 따라 계산한 이자 상당 가산액"이란 다음 각 호의 구분에 따라 계산한 금액으로 한다. (2010. 2. 18. 개정)
1. 제8항 제1호 및 제4호에 따른 금액을 익금에 산입하는 경우 : 양도차익을 익금에 산입하지 아니한 사업연도에 제8항 제1호 및 제4호에 따른 금액을 익금에 산입하지 않음에 따라 발생한 법인세의 차액에 대하여 가목에 따른 기간과 나목에 따른 율을 곱하여 계산한 금액으로 한다. (2009. 2. 4. 개정)
   가. 양도차익을 익금에 산입하지 아니한 사업연도 종료일의 다음 날부터 제8항 제1호 및 제4호에 따른 금액을 익금에 산입하는 사업연도의 종료일까지의 기간 (2009. 2. 4. 개정)
   나. 제11조의 2 제9항 제2호에 따른 율 (2022. 2. 15. 개정)
2. 제8항 제2호부터 제4호까지에 따른 세액을 납부하는 경우 : 제8항 제2호부터 제4호까지에 따라 납부하여야 할 감면세액 또는 과세이연세액에 대하여 가목에 따른 기간과 나목에 따른 율을 곱하여 계산한 금액 (2009. 2. 4. 개정)
   가. 전환전사업용고정자산에 대한 양도소득세 예정신고 납부기한의 다음 날부터 법 제33조 제3항 각 호에 따른 세액의 납부일까지의 기간 (2018. 2. 13. 개정)

☞ p.1358 2단 연결

하며, 그 세액은 「법인세법」 제64조 또는 「소득세법」 제111조에 따라 납부하여야 할 세액으로 본다. (2017. 12. 19. 후단개정)
1. 법인의 경우 : 해당 사유가 발생한 날이 속하는 사업연도의 과세표준신고를 할 때 (2017. 12. 19. 신설)
2. 거주자의 경우 : 해당 사유가 발생한 날이 속하는 달의 말일부터 2개월 이내 (2017. 12. 19. 신설)

▶ 예판

사업전환 무역조정지원기업에 대한 과세특례를 적용받던 법인이 분할하는 경우 분할하는 사업부문에 대해서는 과세이연된 익금불산입액 잔액을 익금산입하는 것임. (법인 – 1157, 2009. 10. 16.)

④ 제2항 제2호에 따라 과세이연을 받은 거주자(이 항 제2호의 경우에는 해당 거주자의 상속인을 말한다)는 다음 각 호의 어느 하나에 해당하는 경우 대통령령으로 정하는 바에 따라 계산한 과세이연받은 세액을 해당 각 호의 기한까지 양도소득세로 납부하여야 한다. (2020. 6. 9. 개정 ; 법률용어~법률)
1. 거주자가 전환사업의 사업장 건물 및 그 부속토지를 증여하는 경우 : 증여일이 속하는 달의 말일부터 3개월 이내 (2016. 12. 20. 신설)
2. 거주자의 사망으로 전환사업의 사업장 건물 및 그 부속토지에 대한 상속이 이루어지는 경우 : 상속개시일이 속하는 달의 말일부터 6개월 이내 (2016. 12. 20. 신설)
⑤ 제1항부터 제4항까지의 규정을 적용하는 경우 사업전환의 범위, 사업용고정자산의 범위, 세액감면신청서 · 과세이연신청서 및 사업용고정자산 양도차익명세서의 제출, 그 밖에 필요한 사항은 대통령령으로 정한다. (2016. 12. 20. 개정)

나. 제11조의 2 제9항 제2호에 따른 율 (2022. 2. 15. 개정)
⑩ 법 제33조를 적용하는 경우 사업의 분류는 한국표준산업분류에 따른 세세분류를 따른다. (2007. 2. 28. 신설)
⑪ 법 제33조 제1항의 규정을 적용받고자 하는 내국법인은 전환전 사업용고정자산의 양도일이 속하는 사업연도의 과세표준신고와 함께 기획재정부령이 정하는 양도차익명세 및 분할익금산입조정명세서와 사업전환(예정)명세서를 제출하여야 한다. (2008. 2. 29. 직제개정 ; 기획재정부와~직제 부칙)

▶ 관계조문

• 규칙 61조 1항 13호의 2 ⇒ 양도차익명세 및 분할익금산입조정명세서(별지 12호의 2 서식)
• 규칙 61조 1항 13호의 3 ⇒ 사업전환(예정)명세서(별지 12호의 3 서식)

⑫ 법 제33조 제2항의 규정에 따라 양도소득세를 감면받거나 과세이연을 적용받고자 하는 거주자는 전환전사업용고정자산의 양도일이 속하는 과세연도의 과세표준신고(예정신고를 포함한다)와 함께 기획재정부령이 정하는 세액감면신청서 또는 과세이연신청서와 사업전환(예정)명세서를 제출하여야 한다. (2008. 2. 29. 직제개정 ; 기획재정부와~직제 부칙)

▶ 관계조문

• 규칙 61조 1항 13호의 3 ⇒ 사업전환(예정)명세서(별지 12호의 3 서식)
• 규칙 61조 1항 13호의 4 ⇒ 과세이연신청서(별지 12호의 4 서식)
• 규칙 61조 1항 14호 ⇒ 현물출자 등에 대한 세액감면(면제)신청서(별지 13호 서식)

⑬ 제7항의 규정을 적용받은 후 전환사업을 개시한 때에는 그 사업개시일이 속하는 과세연도의 과세표준신고와 함께 기획재정부령이 정하는 사업전환완료보고서를 납세지 관할 세무서장에게 제출하여야 한다. (2008. 2. 29. 직제개정 ; 기획재정부와~직제 부칙)

▶ 관계조문

규칙 61조 1항 13호의 5 ⇒ 사업전환완료보고서(별지 12호의 5 서식)

⑭ 법 제33조 제4항 각 호 외의 부분에서 "대통령령으로 정하는 바에 따라 계산한 과세이연받은 세액"이란 제8항 제3호에 따른 과세이연세액 전액을 말한다. (2017. 2. 7. 신설)

제33조의 2 【사업전환 중소기업 및 무역조정지원기업에 대한 세액감면】
(2010. 1. 1. 제목개정)

① 중소기업을 경영하는 내국인이 5년 이상 계속하여 경영하던 사업 및 무역조정지원
기업이 경영하던 사업(이하 이 조에서 "전환전사업"이라 한다)을 다음 각 호에 따라
2018년 12월 31일(공장을 신설하는 경우에는 2020년 12월 31일)까지 수도권과밀억제
권역 밖(무역조정지원기업은 수도권과밀억제권역에서 사업을 전환하는 경우를 포함한
다)에서 제6조 제3항 각 호의 어느 하나에 해당하는 사업(이하 이 조에서 "전환사업"이
라 한다)으로 전환하는 경우에는 대통령령으로 정하는 사업전환일(이하 이 조에서 "사
업전환일"이라 한다) 이후 최초로 소득이 발생한 날이 속하는 과세연도(사업전환일부터
5년이 되는 날이 속하는 과세연도까지 해당 사업에서 소득이 발생하지 아니하는 경우
에는 5년이 되는 날이 속하는 과세연도)와 그 다음 과세연도의 개시일부터 3년 이내에
끝나는 과세연도까지 해당 전환사업에서 발생하는 소득에 대한 소득세 또는 법인세의
100분의 50에 상당하는 세액을 감면한다. (2015. 12. 15. 개정)
1. 전환전사업을 양도하거나 폐업하고 양도하거나 폐업한 날부터 1년(공장을 신설
  하는 경우에는 3년) 이내에 전환사업으로 전환하는 경우 (2010. 1. 1. 개정)
2. 대통령령으로 정하는 바에 따라 전환전사업의 규모를 축소하고 전환사업을 추가하는
  경우 (2010. 1. 1. 개정)
② 제1항 제2호를 적용하는 경우 감면기간 중 대통령령으로 정하는 과세연도에 대해서
는 같은 항에 따른 감면을 적용하지 아니한다. (2010. 1. 1. 개정)
③ 제1항을 적용받은 내국인이 사업전환을 하지 아니하거나 사업전환일부터 3년 이내
에 해당 사업을 폐업하거나 해산한 경우에는 그 사유가 발생한 날이 속하는 과세연도의
소득금액을 계산할 때 감면받은 세액을 소득세 또는 법인세로 납부하여야 한다. (2010.
1. 1. 개정)
④ 제1항에 따라 감면받은 소득세액 또는 법인세액을 제3항에 따라 납부하는 경우에는
대통령령으로 정하는 바에 따라 계산한 이자상당가산액을 소득세 또는 법인세에 가산
하여 납부하여야 하며 해당 세액은 「소득세법」 제76조 또는 「법인세법」 제64조에 따라
납부하여야 할 세액으로 본다. (2010. 1. 1. 개정)
⑤ 제1항을 적용받으려는 내국인은 대통령령으로 정하는 바에 따라 세액감면신청을 하
여야 한다. (2010. 1. 1. 개정)

제33조의 2 【사업전환 중소기업 및 무역조정지원기업에 대한
세액감면】 삭 제 (2020. 12. 29.)

제30조의 2 【사업전환중소기업에 대한 세액감면】 ① 삭 제 (2009. 2. 4.)
② 법 제33조의 2 제1항 각 호 외의 부분에서 "대통령령으로 정하는 사업전환일"이란
다음 각 호의 어느 하나에 해당하는 날을 말한다. (2009. 2. 4. 개정)
1. 법 제33조의 2 제1항 제1호의 경우 : 법 제33조의 2 제1항에 따른 전환사업(이하
  이 조에서 "전환사업"이라 한다)의 개시일 (2007. 2. 28. 신설)
2. 법 제33조의 2 제1항 제2호의 경우 : 제3항에 따라 사업전환에 해당하게 되는 과세
  연도의 종료일 (2007. 2. 28. 신설)
③ 법 제33조의 2 제1항 제2호에 따른 사업전환은 전환사업을 추가한 날이 속하는 과
세연도의 다음 과세연도 개시일부터 5년 이내에 법 제33조의 2 제1항에 따른 전환전사
업(이하 이 조에서 "전환전사업"이라 한다)의 매출액을 전환사업을 추가한 날이 속하는
과세연도의 직전과세연도의 총 매출액(이하 이 항에서 "기준총매출액"이라 한다)의
100분의 50 이하로 축소하고, 전환사업의 매출액을 해당 기간 내에 기준총매출액의
100분의 50 이상으로 확대하는 경우로 한다. (2017. 2. 7. 개정)
④ 법 제33조의 2 제2항에서 "대통령령으로 정하는 과세연도"란 전환전 사업의 매출액
이 기준총매출액의 100분의 50을 초과하거나 새로 추가한 전환사업의 매출액이 기준총
매출액의 100분의 50에 미달하는 과세연도를 말한다. (2016. 2. 5. 개정)
⑤ 법 제33조의 2를 적용하는 경우 사업의 분류는 한국표준산업분류에 따른 세세분류
를 따른다. (2007. 2. 28. 신설)
⑥ 법 제33조의 2 제4항에서 "대통령령으로 정하는 바에 따라 계산한 이자상당가산액"
이란 같은 조 제3항에 따라 납부하여야 할 세액에 상당하는 금액에 제1호에 따른 기간
과 제2호에 따른 율을 곱하여 계산한 금액으로 한다. (2009. 6. 19. 신설)
1. 감면을 받은 과세연도의 종료일 다음 날부터 법 제33조의 2 제3항에 해당하는 사유
  가 발생한 과세연도의 종료일까지의 기간 (2009. 6. 19. 신설)
2. 1일 10만분의 25 (2019. 2. 12. 개정)
⑦ 법 제33조의 2 제1항에 따라 소득세 또는 법인세를 감면받으려는 내국인은 사업전
환일이 속하는 과세연도의 과세표준신고와 함께 기획재정부령으로 정하는 세액감면신
청서를 납세지 관할세무서장에게 제출하여야 한다. (2009. 6. 19. 개정)

제30조의 2 【사업전환중소기업에 대한 세액감면】 삭 제 (2021.
2. 17.)

제31조 【중소기업의 금융채무상환 등에 대한 과세특례】 삭 제
(2008. 2. 22.)

제32조 【재래사업장의 이전에 대한 양도소득세 등의 감면】 삭
제 (2001. 12. 31)

제33조 【중소사업자의 경영안정지원을 위한 양도소득세 등의 감
면】 삭 제 (2001. 12. 31)

관계조문

규칙 61조 1항 3호 ⇒ 세액감면(면제)신청
서(별지 2호 서식)

제34조 【내국법인의 금융채무 상환을 위한 자산매각에 대한 과세특례】 (2015. 12. 15. 제목개정)

① 내국법인이 재무구조를 개선하기 위하여 2026년 12월 31일 이전에 자산을 양도한 날(장기할부조건의 경우에는 대통령령으로 정하는 날을 말하며, 대통령령으로 정하는 부득이한 사유가 있는 경우에는 그 사유가 종료된 날을 말한다. 이하 이 조에서 같다)부터 대통령령으로 정하는 기한까지 채무를 상환한다는 내용이 포함되어 있는 대통령령으로 정하는 재무구조개선계획(대통령령으로 정하는 자가 승인한 것에 한정한다. 이하 이 조에서 "재무구조개선계획"이라 한다)에 따라 자산을 양도하는 경우에는 해당 자산을 양도함으로써 발생하는 양도차익 중 대통령령으로 정하는 채무상환액에 상당하는 금액(대통령령으로 정하는 결손금을 초과하는 금액에 한정한다. 이하 이 조에서 "양도차익상당액"이라 한다)에 대해서는 해당 사업연도와 해당 사업연도의 종료일 이후 3개 사업연도의 기간 중 익금에 산입하지 아니하고 그 다음 3개 사업연도의 기간 동안 균분한 금액 이상을 익금에 산입한다. (2023. 12. 31. 개정)

1. 거주자 : 양도차익상당액에 대한 양도소득세를 해당 과세연도와 해당 과세연도의 종료일 이후 3개 과세연도의 기간 중 납부하지 아니하고 해당 세액은 그 다음 3개 과세연도의 기간 동안 균분한 금액 이상을 납부하는 방법 (2010. 1. 1. 개정)
2. 내국법인 : 양도차익상당액을 해당 사업연도와 해당 사업연도의 종료일 이후 3개 사업연도의 기간 중 익금에 산입하지 아니하고 그 다음 3개 사업연도의 기간 동안 균분한 금액 이상을 익금에 산입하는 방법 (2010. 1. 1. 개정)

1. · 2. 삭 제 (2015. 12. 15.)

② 제1항을 적용받은 내국법인이 다음 각 호의 어느 하나에 해당하게 된 경우에는 대통령령으로 정하는 바에 따라 해당 사유가 발생한 사업연도의 소득금액을 계산할 때 제1항에 따라 익금에 산입하지 아니한 금액을 익금에 산입하여야 한다. 이 경우 대통령령으로 정하는 바에 따라 계산한 이자상당가산액을 법인세에 가산하여 납부하여야 하며 해당 세액은 「법인세법」 제64조에 따라 납부하여야 할 세액으로 본다. (2015. 12. 15. 개정)
1. 재무구조개선계획에 따라 채무를 상환하지 아니한 경우 (2010. 1. 1. 개정)
2. 자산을 양도한 내국법인의 부채비율이 자산 양도 후 3년 이내의 기

제34조 【내국법인의 금융채무 상환을 위한 자산매각에 대한 과세특례】 (2016. 5. 10. 제목개정)

① 법 제34조 제1항에서 "대통령령으로 정하는 날"이란 각 회의 할부금(계약금은 첫 회의 할부금에 포함되는 것으로 한다)을 받은 날을 말한다. (2016. 5. 10. 개정)

② 법 제34조 제1항 및 제2항을 적용할 때 자산을 양도한 날(이하 이 조에서 "자산양도일"이라 한다)에 대하여는 「소득세법 시행령」 제162조를 준용한다. 다만, 장기할부조건의 양도의 경우에는 제1항에 따른 날로 한다. (2009. 6. 19. 신설)

③ 법 제34조 제1항에서 "대통령령으로 정하는 부득이한 사유"란 「기업구조조정 촉진법」 제2조 제2호에 따른 금융채권자(이하 이 조에서 "금융채권자"라 한다)가 채무상환액을 수령할 수 없는 사정이 있어서 상환이 불가능한 경우를 말한다. (2018. 2. 13. 개정)

④ 법 제34조 제1항에서 "대통령령으로 정하는 기한"이란 다음 각 호의 어느 하나에 해당하는 날까지의 기한을 말한다. (2016. 5. 10. 개정)
1. 제3항에 해당하는 사유가 있는 경우로서 그 사유가 종료된 날이 제2호에 해당하는 날보다 나중에 오는 경우에는 그 사유가 종료된 날의 다음 날 (2009. 6. 19. 신설)
2. 제1호 외의 경우에는 자산양도일부터 3개월이 되는 날 (2009. 6. 19. 신설)

⑤ 법 제34조 제1항 및 제2항을 적용할 때 채무의 범위는 제6항에 따른 재무구조개선계획에 채무의 내용 및 자산의 양도를 통한 상환계획이 명시되어 있는 것으로서 다음 각 호의 금액(이하 이 조에서 "금융채권자채무"라 한다)으로 한다. (2018. 2. 13. 개정)
1. 금융채권자로부터 사업과 관련하여 차입한 차입금 (2018. 2. 13. 개정)
2. 제1호의 차입금에 대한 이자 (2009. 6. 19. 신설)
3. 해당 내국법인이 자금조달의 목적으로 발행한 회사채로서 금융채권자가 매입하거나 보증한 것 (2018. 2. 13. 개정)
4. 해당 내국법인이 자금조달의 목적으로 발행한 기업어음으로서 금융채권자가 매입한 것 (2018. 2. 13. 개정)

⑥ 법 제34조 제1항에서 "대통령령으로 정하는 재무구조개선계획"이란 다음 각 호의 어느 하나에 해당하는 것으로서 금융채권자채무의 총액, 내용, 상환계획 및 양도할 자산의 내용, 양도 계획을 명시한 것(이하 이 조에서 "재무구조개선계획"이라 한다)을 말한다. (2018. 2. 13. 개정)
1. 「기업구조조정 촉진법」 제2조 제5호에 따른 주채권은행 또는 같은 법 제22조에 따른 금융채권자협의회(이하 이 조에서 "금융채권자협의회등"이라 한다)가 같은 법 제14조에 따라 기업과 체결한 기업개선계획의 이행을 위한 약정 (2016. 5. 10. 개정)
2. 재무구조개선 대상기업에 대한 채권을 가진 은행 간 재무구조개선 대상기업의 신용위험평가 및 구조조정방안 등에 대한 협의를 위하여 설치한 협의회(이하 이 조에서 "채권은행자율협의회"라 한다)가 그 설치 근거 및 재무구조개선 대상기업에 대한 채권을 가진 은행의 공동관리절차를 규정한 협약에 따라 재무구조개선 대상기업과 체결한 기업개선계획의 이행을 위한 특별약정 (2016. 5. 10. 개정)
3. 「금융산업의 구조개선에 관한 법률」 제10조에 따라 금융위원회가 해당 금융기관에 대하여 권고·요구 또는 명령하거나 그 이행계획을 제출할 것을 명한 적기시정조치 (2009. 6. 19. 신설)
4. 「채무자 회생 및 파산에 관한 법률」 제

☞ p.1361 2단 연결

간 중 기준부채비율보다 증가하게 된 경우 (2015. 12. 15. 개정)
3. 해당 자산을 양도한 날부터 3년 이내에 해당 사업을 폐업하거나 해산한 경우로서 합병법인, 분할로 인하여 신설되는 법인 또는 분할합병의 상대방 법인이 해당 사업을 승계한 경우가 아닌 경우. 다만, 파산 등 대통령령으로 정하는 부득이한 사유가 있는 경우에는 대통령령으로 정하는 바에 따라 계산한 이자상당가산액을 가산하지 아니한다. (2010. 1. 1. 개정)

③ 제1항에 따른 재무구조개선계획을 승인한 자는 재무구조개선계획의 내용 및 그 이행실적을 매년 대통령령으로 정하는 바에 따라 납세지 관할 세무서장에게 제출하여야 한다. (2015. 12. 15. 개정)

④ 제1항에 따른 양도의 시기, 재무구조개선계획의 내용 및 승인기준 등에 관한 사항, 채무의 범위, 제2항에 따른 부채비율 및 기준부채비율의 산정, 세액감면의 신청, 그 밖에 필요한 사항은 대통령령으로 정한다. (2010. 1. 1. 개정)

193조에 따른 회생계획으로서 같은 법 제245조에 따라 법원이 인가 결정을 선고한 것 (2009. 6. 19. 신설)

5. 「한국자산관리공사 설립 등에 관한 법률」에 따른 한국자산관리공사(이하 이 조에서 "한국자산관리공사"라 한다)가 다음 각 목의 어느 하나에 해당하는 중소기업과 체결한 재무구조개선을 위한 약정 (2022. 2. 17. 개정 ; 금융회사~부칙)

가. 「한국자산관리공사 설립 등에 관한 법률」에 따른 부실징후기업 (2022. 2. 17. 개정 ; 금융회사~부칙)

나. 「한국자산관리공사 설립 등에 관한 법률」에 따른 구조개선기업 (2022. 2. 17. 개정 ; 금융회사~부칙)

⑦ 법 제34조 제1항에서 "대통령령으로 정하는 자"란 다음 각 호의 어느 하나에 해당하는 자(이하 이 조, 제36조, 제37조 및 제43조에서 "재무구조개선계획승인권자"라 한다)를 말한다. (2016. 5. 10. 개정)

1. 제6항 제1호의 경우 : 금융채권자협의회등 (2016. 5. 10. 개정)
2. 제6항 제2호의 경우 : 채권은행자율협의회 (2009. 6. 19. 신설)
3. 제6항 제3호의 경우 : 금융위원회 (2009. 6. 19. 신설)
4. 제6항 제4호의 경우 : 관할법원 (2009. 6. 19. 신설)
5. 제6항 제5호의 경우 : 한국자산관리공사 (2017. 2. 7. 신설)

⑧ 법 제34조 제1항에서 "대통령령으로 정하는 채무상환액에 상당하는 금액"으로서 "대통령령으로 정하는 결손금을 초과하는 금액"이란 다음의 산식에 의하여 계산한 금액(이하 이 조에서 "양도차익상당액"이라 한다)을 말한다. (2020. 2. 11. 개정)
[법 제34조 제1항에 따른 양도차익 – 자산양도일이 속하는 사업연도의 직전 사업연도 종료일 현재 「법인세법」 제13조 제1호에 따른 이월결손금(이하 이 조에서 "이월결손금"이라 한다). 이 경우 해당 내국법인이 무상으로 받은 자산의 가액이나 채무의 면제 또는 소멸로 인한 부채의 감소액으로 먼저 이월결손금을 보전하는 경우에는 이월결손금에서 그 보전액을 뺀 금액으로 한다] × [법 제34조 제1항에 따라 양도한 자산의 양도가액(이하 이 조에서 "양도가액"이라 한다) 중 금융채권자채무를 상환한 금액(이하 이 조에서 "채무상환액"이라 한다)/양도가액]

⑨ 제8항을 적용할 때 자산양도일이 속하는 사업연도 종료일까지 금융채권자채무를 상환하지 아니한 경우의 채무상환액은 기획재정부령으로 정하는 채무상환(예정)명세서의 채무상환 예정가액으로 한다. (2018. 2. 13. 개정)

⑩ 법 제34조 제2항 각 호 외의 부분 전단에 따라 익금에 산입하지 아니한 금액을 익금에 산입하는 경우에는 다음 각 호의 구분에 따라 계산한 금액을 익금에 산입하는 방법에 따른다. (2016. 5. 10. 개정)

1. 법 제34조 제2항 제1호에 해당하는 경우 : 다음의 산식에 따라 계산한 금액 (2016. 5. 10. 개정)
양도차익상당액 × [채무상환(예정)명세서의 채무상환 예정가액 – 양도가액 중 채무상환액] / 채무상환(예정)명세서의 채무상환 예정가액 (2016. 5. 10. 개정)

2. 법 제34조 제2항 제2호에 해당하는 경우 : 다음의 산식에 따라 계산한 금액 (2016. 5. 10. 개정)
양도차익상당액 × 부채비율에서 기준부채비율을 뺀 비율이 기준부채비율에서 차지하는 비율(이 비율이 1을 초과하는 경우에는 1로 본다) (2016. 5. 10. 개정)

3. 법 제34조 제2항 제3호에 해당하는 경우 : 양도차익상당액 중 익금에 산입하지 아니한 금액 전액 (2016. 5. 10. 개정)

⑪ 법 제34조 제2항 각 호 외의 부분 후단 및 같은 항 제3호 단서에서 "대통령령

☞ p.1362 2단 연결

에서 제2호의 비율을 뺀 비율로 한다. 이 경우 외화표시자산 및 부채에 대하여는 제15항 후단을 적용한다. (2009. 6. 19. 신설)
1. 재무구조개선계획이 최초로 승인된 날이 속하는 사업연도의 직전 사업연도 종료일(이하 이 조에서 "기준부채비율산정기준일"이라 한다) 현재의 부채를 기준부채비율산정기준일 현재의 자기자본으로 나누어 계산한 비율. 이 경우 기준부채비율산정기준일 이후 재무구조개선계획이 최초로 승인된 날의 전날까지의 기간 중 어느 한 날을 기준으로 재무구조개선계획의 수립을 위하여 평가한 부채 및 자기자본으로서 재무구조개선계획승인권자가 확인한 경우에는 그 부채 및 자기자본을 사용하여 계산할 수 있다. (2016. 5. 10. 개정)
2. 채무상환액을 제1호에 따른 자기자본으로 나누어 계산한 비율 (2009. 6. 19. 신설)
⑰ 법 제34조 제2항 제3호 단서에서 "파산 등 대통령령으로 정하는 부득이한 사유"란 다음 각 호의 어느 하나에 해당하는 경우를 말한다. (2009. 6. 19. 신설)
1. 파산선고를 받은 경우 (2009. 6. 19. 신설)
2. 천재지변, 그 밖에 이에 준하는 사유로 사업을 폐지한 경우 (2009. 6. 19. 신설)
⑱ 재무구조개선계획승인권자는 기획재정부령으로 정하는 재무구조개선계획서 및 재무구조개선계획이행보고서를 다음 각 호의 구분에 따른 기한까지 재무구조개선계획을 승인받은 내국법인(이하 이 조에서 "재무구조개선계획 승인내국법인"이라 한다)의 납세지 관할세무서장에게 제출하여야 한다. 다만, 재무구조개선계획 승인내국법인이 재무구조개선계획승인권자의 확인을 받아 재무구조개선계획서 또는 재무구조개선계획이행보고서를 납세지 관할세무서장에게 제출하는 경우에는 재무구조개선계획승인권자가 제출한 것으로 본다. (2016. 5. 10. 개정)

관계조문 ▶▶
• 규칙 61조 1항 23호 ⇒ 재무구조개선계획서(별지 21호의 2 서식)
• 규칙 61조 1항 24호 ⇒ 재무구조개선계획 이행보고서(별지 22호 서식)

☞ p.1363 2단 연결

으로 정하는 바에 따라 계산한 이자상당가산액"이란 각각 자산양도일이 속하는 사업연도에 제10항 각 호에 따른 금액을 익금에 산입하지 아니하여 발생한 법인세액의 차액에 제1호에 따른 기간과 제2호에 따른 율을 곱하여 계산한 금액을 말한다. (2016. 5. 10. 개정)
1. 자산양도일이 속하는 사업연도 종료일의 다음 날부터 제10항 각 호에 따른 금액을 익금에 산입하는 사업연도의 종료일까지의 기간 (2016. 5. 10. 개정)
2. 제11조의 2 제9항 제2호에 따른 율 (2022. 2. 15. 개정)
⑫ 제10항(같은 항 제3호는 제외한다. 이하 이 항에서 같다) 및 제11항을 적용할 때 제10항에 따른 금액을 익금에 산입하기 전에 법 제34조 제1항에 따라 익금에 산입하지 아니한 금액의 일부 또는 전부로서 그 이후 익금에 산입한 금액(이하 이 조에서 "기입금산입액"이라 한다)이 있으면 먼저 익금에 산입한 순서대로 기입금산입액을 제10항에 따른 익금산입액으로 보며 기입금산입액을 익금에 산입한 사업연도까지의 기간을 기준으로 제11항에 따른 이자상당가산액을 계산한다. (2016. 5. 10. 개정)
⑬ 법 제34조 제2항 제2호를 적용할 때 자산양도일과 금융채권자채무를 상환한 날(이하 이 조에서 "채무상환일"이라 한다)이 서로 다른 사업연도에 속하는 경우에는 채무상환일부터 3년의 기간을 계산한다. (2018. 2. 13. 개정)
⑭ 법 제34조 제2항 제2호를 적용할 때 자산양도일(제13항에 해당하는 경우에는 채무상환일을 말한다)부터 해당 사업연도종료일까지의 기간을 1년으로 보아 3년의 기간을 계산한다. (2016. 5. 10. 개정)
⑮ 법 제34조 제2항 제2호를 적용할 때 부채비율은 각 사업연도 종료일 현재 기획재정부령으로 정하는 부채(이하 이 조에서 "부채"라 한다)를 재무상태표의 자기자본(기획재정부령으로 정하는 바에 따라 계산한 금액으로 하며, 자기자본이 납입자본금보다 적은 경우에는 기획재정부령으로 정하는 바에 따라 계산한 납입자본금을 말한다. 이하 이 조에서 "자기자본"이라 한다)으로 나누어 계산한다. 이 경우 외화표시자산 및 부채에 대하여는 기획재정부령으로 정하는 바에 따라 평가한 금액으로 한다. (2021. 1. 5. 개정 ; 어려운 법령용어~대통령령)
⑯ 법 제34조 제2항 제2호를 적용할 때 기준부채비율은 제1호의 비율

제18조 【부채의 범위 등】 ① 영 제34조 제15항 전단에서 "기획재정부령으로 정하는 부채"란 각 사업연도 종료일 현재 재무상태표상의 부채의 합계액 중 타인으로부터 조달한 차입금의 합계액을 말한다. 다만, 「채무자 회생 및 파산에 관한 법률」에 따른 회생계획인가의 결정에 따라 지급이자가 차입금의 원금에 가산된 경우에는 그 지급이자 상당액은 이를 차입금으로 보

1. 재무구조개선계획서 : 재무구조개선계획 승인내국법인의 재무구조개선계획 승인일이 속하는 사업연도 종료일 (2016. 5. 10. 개정)
2. 재무구조개선계획이행보고서 : 다음 각 목에 해당하는 사업연도의 과세표준 신고기한 종료일 (2016. 5. 10. 개정)
　가. 자산양도일이 속하는 사업연도 (2016. 5. 10. 개정)
　나. 채무상환일이 속하는 사업연도(자산양도일과 채무상환일이 서로 다른 사업연도에 속하는 경우에 한정한다) (2016. 5. 10. 개정)
　다. 채무상환일이 속하는 사업연도의 다음 3개 사업연도 (2016. 5. 10. 개정)
⑲ 법 제34조 제1항을 적용받으려는 내국법인은 자산양도일이 속하는 사업연도의 과세표준신고와 함께 기획재정부령으로 정하는 양도차익명세서, 분할익금산입조정명세서 및 채무상환(예정)명세서를 납세지관할세무서장에게 제출하여야 하며, 자산양도일과 채무상환일이 서로 다른 사업연도에 속하는 경우에는 채무상환일이 속하는 사업연도의 과세표준신고와 함께 채무상환(예정)명세서를 별도로 제출하여야 한다. (2016. 5. 10. 개정)

제35조【내국법인의 피출자법인 금융채무 상환을 위한 자산매각에 대한 과세특례】 ① 법 제34조의 2 제1항 각 호 외의 부분에서 "대통령령으로 정하는 내국법인"이란 같은 항 각 호 외의 부분에 따른 출자법인(이하 이 조에서 "출자법인"이라 한다)이 같은 항 각 호 외의 부분에 따른 재무구조개선계획(이하 이 조에서 "재무구조개선계획"이라 한다)의 승인일 현재 「법인세법 시행령」 제43조 제7항에 따른 지배주주등인 법인(이하 이 조에서 "피출자법인"이라 한다)을 말한다. (2025. 3. 21. 신설)
② 법 제34조의 2 제1항 및 제2항을 적용할 때 자산을 양도한 날(이하 이 조에서 "자산양도일"이라 한다)에 관하여는 「소득세법 시행령」 제162조를 준용한다. 다만, 장기할부조건의 양도의 경우에는 각 회의 할부금(계약금은 첫 회의 할부금에 포함되는 것으로 한다)을 받은 날을 자산양도일로 한다. (2025. 3. 21. 신설)
③ 법 제34조의 2 제1항 및 제2항을 적용할 때 피출자법인의 채무의 범위는 재무구조개선계획에 채무의 내용 및 상환계획이 명시되어 있는

지 아니한다. (2016. 8. 9. 개정)
② 영 제34조 제15항 및 같은 조 제16항에 따른 부채비율 및 기준부채비율을 산정함에 있어서 자기자본은 각 사업연도 종료일 또는 같은 조 제16항 제1호에 따른 기준부채비율산정기준일(이하 이 조에서 "기준부채비율산정기준일"이라 한다) 현재의 자산총액에서 부채총액(각종 충당금을 포함하며 미지급법인세는 제외한다)을 공제하여 계산한다. 이 경우 자산총액을 산정함에 있어 각 사업연도 종료일 또는 기준부채비율산정기준일 전에 해당 법인의 보유자산에 대하여 「자산재평가법」에 따른 재평가를 한 때에는 같은 법에 따른 재평가차액(재평가세를 공제한 금액을 말한다)을 공제한다. (2016. 8. 9. 개정)
③ 영 제34조 제15항 및 같은 조 제16항에 따라 부채비율 및 기준부채비율을 산정함에 있어서 납입자본금은 각 사업연도 종료일 또는 기준부채비율산정기준일 현재의 납입자본금을 기준으로 하되, 해당 법인이 각 사업연도 종료일 이전에 무상감자를 한 경우에는 해당 감자금액을 납입자본금에 가산한다. (2016. 8. 9. 개정)
④ 금융채권자부채를 상환한 후 3년 이내에 결손금의 발생으로 각 사업연도의 자기자본이 직전 사업연도 또는 기준부채비율산정기준일 현재의 자기자본보다 감소한 경우에는 제2항 전단에도 불구하고 직전 사업연도의 자기자본과 기준부채비율산정기준일 현재의 자기자본 중 큰 금액을 기준으로 부채비율을 계산한

관계조문
• 규칙 61조 1항 22호 ⇒ 채무상환(예정)명세서(별지 21호 서식)
• 규칙 61조 1항 25호 ⇒ 양도차익명세서 및 분할납부(익금산입)조정명세서(별지 22호의 2 서식)

제34조의 2【내국법인의 피출자법인 금융채무 상환을 위한 자산매각에 대한 과세특례】 ① 내국법인이 해당 법인(이하 이 조에서 "출자법인"이라 한다)이 출자한 대통령령으로 정하는 내국법인(이하 이 조에서 "피출자법인"이라 한다)의 재무구조를 개선하기 위하여 출자법인의 자산 양도 계획, 피출자법인의 채무 상환계획 등 대통령령으로 정하는 내용이 포함되어 있는 재무구조개선계획(대통령령으로 정하는 자가 승인한 것에 한정한다. 이하 이 조에서 "재무구조개선계획"이라 한다)에 따라 2026년 12월 31일 이전에 자산을 양도한 경우로서 다음 각 호의 어느 하나에 해당하는 경우에는 해당 자산을 양도함으로써 발생하는 양도차익 중 대통령령으로 정하는 피출자법인의 채무상환액에 상당하는 금액(대통령령으로 정하는 결손금을 초과하는 금액에 한정한다)에 대해서는 해당 사업연도와 그 다음 사업연도의 익금에 산입하지 아니하고 그 다음 3개 사업연도의 기간 동안 균분한 금액 이상을 익금에 산입한다. (2025. 3. 14. 신설)
1. 출자법인이 재무구조개선계획에 따라 자산을 양도한 날부터 3개월

이내에 그 양도대금을 피출자법인에 출자한 경우 (2025. 3. 14. 신설)

2. 출자법인이 재무구조개선계획에 따라 자산을 양도한 날부터 3개월 이내에 그 양도대금을 피출자법인에 대여하고, 재무구조개선계획에 따라 그 대여금을 출자전환하거나 대통령령으로 정하는 채권으로 전환한 경우 (2025. 3. 14. 신설)

3. 출자법인이 재무구조개선계획에 따라 자산을 양도한 날이 속하는 사업연도 종료일부터 1년 이내에 그 양도대금을 다음 각 목의 어느 하나에 해당하는 차입금(재무구조개선계획 승인일 전후 2년 이내에 차입한 금액으로 한정한다. 이하 이 조에서 같다)의 상환에 사용한 경우 (2025. 3. 14. 신설)

가. 차입일부터 3개월 이내에 피출자법인에 출자한 차입금 (2025. 3. 14. 신설)

나. 차입일부터 3개월 이내에 피출자법인에 대여하고, 재무구조개선계획에 따라 그 대여금을 출자전환하거나 대통령령으로 정하는 채권으로 전환한 차입금 (2025. 3. 14. 신설)

② 제1항을 적용받은 출자법인이 다음 각 호의 어느 하나에 해당하게 된 경우에는 대통령령으로 정하는 바에 따라 해당 사유가 발생한 사업연도의 소득금액을 계산할 때 제1항에 따라 익금에 산입하지 아니한 금액을 익금에 산입하여야 한다. 이 경우 대통령령으로 정하는 바에 따라 계산한 이자상당가산액을 법인세에 가산하여 납부하여야 하며 해당 세액은 「법인세법」 제64조에 따라 납부하여야 할 세액으로 본다. (2025. 3. 14. 신설)

1. 피출자법인이 재무구조개선계획에 따라 채무를 상환하지 아니한 경우 (2025. 3. 14. 신설)

2. 출자법인이 제1항 제2호 또는 같은 항 제3호 나목에 따라 대여한 날이 속하는 사업연도의 종료일부터 1년 이내에 그 대여금을 출자전환하지 아니하거나 대통령령으로 정하는 채권으로 전환하지 아니한 경우 (2025. 3. 14. 신설)

3. 출자법인이 제1항 제3호에 따라 자산을 양도한 날이 속하는 사업연도의 종료일부터 1년 이내에 차입금을 상환하지 아니한 경우 (2025. 3. 14. 신설)

③ 제1항에 따라 재무구조개선계획을 승인한 자는 재무구조개선계획

것으로서 제34조 제5항 각 호의 금액(이하 이 조에서 "금융채권자채무"라 한다)으로 한다. (2025. 3. 21. 신설)

④ 법 제34조의 2 제1항 각 호 외의 부분에서 "출자법인의 자산 양도계획, 피출자법인의 채무 상환계획 등 대통령령으로 정하는 내용이 포함되어 있는 재무구조개선계획"이란 제34조 제6항 각 호의 어느 하나에 해당하는 것으로서 다음 각 호의 사항이 포함되어 있는 것을 말한다. (2025. 3. 21. 신설)

1. 출자법인이 법 제34조의 2 제1항 각 호 외의 부분에 따라 자산을 양도하고 그 양도대금을 피출자법인에 출자·대여(「기업구조조정 촉진법」 제2조 제8호에 따른 신용공여를 포함한다. 이하 이 조에서 같다) 등의 방법으로 지원하는 내용 (2025. 3. 21. 신설)

2. 피출자법인의 금융채권자채무의 총액, 내용 및 상환계획 (2025. 3. 21. 신설)

⑤ 법 제34조의 2 제1항 각 호 외의 부분에서 "대통령령으로 정하는 자"란 제34조 제7항 각 호의 어느 하나에 해당하는 자(이하 이 조에서 "재무구조개선계획승인권자"라 한다)를 말한다. (2025. 3. 21. 신설)

⑥ 법 제34조의 2 제1항 각 호 외의 부분에서 "대통령령으로 정하는 피출자법인의 채무상환액에 상당하는 금액"으로서 "대통령령으로 정하는 결손금을 초과하는 금액"이란 제1호의 금액에 제2호의 비율을 곱한 금액(이하 이 조에서 "양도차익상당액"이라 한다)을 말한다. (2025. 3. 21. 신설)

1. 법 제34조의 2 제1항 각 호 외의 부분에 따른 양도차익에서 자산양도일이 속하는 사업연도의 직전 사업연도 종료일 현재 「법인세법」 제13조 제1항 제1호에 따른 이월결손금의 합계액을 뺀 금액 (2025. 3. 21. 신설)

2. 다음 각 목의 금액 중 작은 금액을 법 제34조의 2 제1항 각 호 외의 부분에 따라 양도한 자산의 양도가액으로 나눈 비율 (2025. 3. 21. 신설)

가. 다음의 구분에 따른 금액의 합계액 (2025. 3. 21. 신설)

　　1) 법 제34조의 2 제1항 제1호에 따라 출자한 금액 (2025. 3. 21. 신설)

　　2) 법 제34조의 2 제1항 제2호에 따라 출자전환하거나 채권으

다. (2018. 3. 21. 개정)

⑤ 금융채권자부채 상환일 전·후에 합병한 경우 기준부채비율을 산정할 때에는 기준부채비율산정기준일 현재 피합병법인(합병으로 인하여 소멸 또는 흡수되는 법인을 말한다) 및 합병법인(합병으로 인하여 신설 또는 존속하는 법인을 말한다)의 재무상태표상의 부채(제1항에 따른 부채를 말한다) 및 자기자본의 합계액을 기준으로 합병법인의 기준부채비율을 계산한다. (2018. 3. 21. 개정)

⑥ 외화표시 자산 및 부채(이하 "외화표시 자산 등"이라 한다)를 원화로 평가하는 때에는 다음 각 호의 구분에 따른 기준일 현재의 「법인세법 시행령」 제76조 제1항에 따른 환율에 의한다. (2016. 8. 9. 개정)

1. 영 제34조 제15항에 따른 부채비율을 산정하는 경우 : 각 사업연도 종료일. 다만, 가목에 따른 부채비율이 나목에 따른 부채비율보다 낮은 경우에는 가목에 따른 기준일로 한다. (2016. 8. 9. 개정)

가. 기준부채비율산정기준일 현재의 통화별 외화표시자산등의 금액 범위 안의 외화표시자산등에 대하여는 기준부채비율산정기준일 현재의 환율로 평가하고, 그 외의 외화표시자산등에 대하여는 각 사업연도 종료일 현재의 환율로 평가한 부채비율 (2016. 8. 9. 개정)

나. 전체 외화표시자산등을 각 사업연도 종료일의 환율로 평가한 부채비율 (2016. 8. 9. 개정)

의 내용 및 그 이행실적을 매년 대통령령으로 정하는 바에 따라 납세지 관할 세무서장에게 제출하여야 한다. (2025. 3. 14. 신설)

④ 제1항을 적용받으려는 출자법인은 출자, 대여금의 전환, 출자법인 차입금 상환에 관한 이행계획과 그 이행실적 등에 관한 자료를 대통령령으로 정하는 바에 따라 납세지 관할 세무서장에게 제출하여야 한다. (2025. 3. 14. 신설)

⑤ 제1항에 따른 양도의 시기, 재무구조개선계획의 내용 및 승인기준 등에 관한 사항, 채무의 범위, 세액감면의 신청, 그 밖에 필요한 사항은 대통령령으로 정한다. (2025. 3. 14. 신설)

편주 ▶
법 34조의 2의 개정규정은 2025. 3. 14. 이후 과세표준을 신고하는 경우부터 적용함. (법 부칙(2025. 3. 14.) 8조)

제35조 【재래사업장의 이전에 대한 양도소득세 등의 감면】 삭제 (2001. 12. 29)

제36조 【중소사업자의 경영안정지원을 위한 양도소득세 등의 감면】 삭제 (2001. 12. 29)

제37조 【자산의 포괄적 양도에 대한 과세특례】 ① 내국법인(이하 이 조에서 "피인수법인"이라 한다)이 다음 각 호의 요건을 모두 갖추어 대통령령으로 정하는 바에 따라 자산의 대부분을 다른 내국법인(이하 이 조에서 "인수법인"이라 한다)에 양도(이하 이 조에서 "자산의 포괄적 양도"라 한다)하고 그 대가로 인수법인의 주식 또는 출자지분(이하 이 조에서 "주식등"이라 한다)을 받고 청산하는 경우 양도하는 자산의 가액을 대통령령으로 정하는 바에 따라 장부가액으로 할 수 있다. 이 경우 「법인세법」 제79조에 따른 해산에 의한 청산소득금액은 대통령령으로 정하는 바에 따라 계산한 금액으로 한다. (2010. 1. 1. 신설)

1. 자산의 포괄적 양도일 현재 1년 이상 계속하여 사업을 하던 내국법인 간의 양도·양수일 것 (2010. 1. 1. 신설)

2. 피인수법인이 인수법인으로부터 그 자산의 포괄적 양도로 인하여 취득하는 인수법인의 주식등의 가액과 금전, 그 밖의 재산가액의 총합계액(이하 "인수대가"라 한다) 중 의결권 있는 인수법인의 주식등의 가액이 100분의 80 이상으로서 그 주식등이 대통령령으로 정하는 바에 따라 배정되고, 피인수법인 또는 대통령령으로 정하는 피인수법인의 주주 등이 자산의 포괄적 양도일이 속하는 사업연도의 종료일까지 그 주식등을 보유할 것 (2015. 12. 15. 개정)

로 전환한 금액 (2025. 3. 21. 신설)

　3) 법 제34조의 2 제1항 제3호 가목에 따라 출자한 금액 (2025. 3. 21. 신설)

　4) 법 제34조의 2 제1항 제3호 나목에 따라 출자전환하거나 채권으로 전환한 금액 (2025. 3. 21. 신설)

나. 피출자법인의 금융채권자채무 상환액[출자법인의 자산양도일이 속하는 사업연도 종료일까지 피출자법인이 금융채권자채무를 상환하지 않은 경우에는 피출자법인의 채무상환(예정)명세서{제34조 제19항에 따른 채무상환(예정)명세서를 말한다. 이하 이 조에서 같다}상 채무상환 예정가액] (2025. 3. 21. 신설)

⑦ 법 제34조의 2 제1항 제2호, 같은 항 제3호 나목 및 같은 조 제2항 제2호에서 "대통령령으로 정하는 채권"이란 각각 다음 각 호의 요건을 모두 충족하는 채권을 말한다. (2025. 3. 21. 신설)

1. 출자법인의 피출자법인에 대한 채권으로서 「주식회사 등의 외부감사에 관한 법률」 제5조 제1항 제1호의 회계처리기준에 따라 피출자법인의 자본으로 분류될 것 (2025. 3. 21. 신설)

2. 만기가 30년 이상인 채권으로서 출자법인이 중도상환을 요구할 권리가 없을 것 (2025. 3. 21. 신설)

3. 해당 채권에 담보가 설정되어 있지 않을 것 (2025. 3. 21. 신설)

⑧ 법 제34조의 2 제2항 각 호 외의 부분 전단에 따라 익금에 산입하지 않은 금액을 익금에 산입하는 경우에는 다음 각 호의 구분에 따라 계산한 금액을 익금에 산입하는 방법에 따른다. (2025. 3. 21. 신설)

1. 법 제34조의 2 제2항 제1호에 해당하는 경우 : 다음 계산식에 따라 계산한 금액 (2025. 3. 21. 신설)

> 양도차익상당액 × [피출자법인의 채무상환(예정)명세서상 채무상환 예정가액 – 피출자법인의 채무상환액] / 피출자법인의 채무상환(예정)명세서상 채무상환 예정가액

2. 법 제34조의 2 제2항 제2호 또는 제3호에 해당하는 경우 : 양도차익상당액 중 익금에 산입하지 않은 금액 전액 (2025. 3. 21. 신설)

⑨ 법 제34조의 2 제2항 각 호 외의 부분 후단에서 "대통령령으로 정하는 바에 따라 계산한 이자상당가산액"이란 다음 계산식에 따라 계산

2. 영 제34조 제16항에 따른 기준부채비율을 산정하는 경우 : 기준부채비율산정 기준일(부채상환분에 대하여는 상환한 날) (2009. 8. 28. 개정)

⑦ 영 제37조 제18항에 따른 재무구조개선계획 또는 자구계획의 이행실적을 제출함에 있어서 1차연도에는 재무구조개선계획이행보고서 또는 자구계획이행보고서에 의하고, 2차연도 이후에는 재무구조개선(자구)계획이행상황명세서에 의한다. (2009. 4. 7. 개정)

⑦ 삭 제 (2009. 8. 28.)

관계조문 ▶

• 규칙 61조 1항 22호 ⇒ 재무구조개선계획이행보고서(별지 21호 서식)
• 규칙 61조 1항 23호 ⇒ 자구계획이행보고서(별지 22호 서식)
• 규칙 61조 1항 26호 ⇒ 재무구조개선(자구)계획이행상황명세서(별지 25호 서식)

3. 인수법인이 자산의 포괄적 양도일이 속하는 사업연도의 종료일까지 피인수법인으로부터 승계받은 사업을 계속할 것 (2010. 1. 1. 신설)

② 제1항 각 호의 요건을 모두 갖추어 자산을 포괄적으로 양도하고 해산하는 경우 피인수법인의 주주 등이 해산으로 인하여 분배받는 「법인세법」 제16조 제1항 제4호에 따른 분배금의 의제액 또는 「소득세법」 제17조 제2항 제3호에 따른 의제배당은 대통령령으로 정하는 바에 따라 계산한 금액으로 한다. (2010. 1. 1. 신설)

③ 제1항 각 호의 요건을 모두 갖춘 자산의 포괄적 양도로서 피인수법인이 자산을 장부가액으로 양도한 경우 인수법인은 그 자산을 장부가액으로 양도받은 것으로 한다. 이 경우 장부가액과 인수대가와의 차액은 대통령령으로 정하는 바에 따라 자산별로 계상하여야 한다. (2010. 1. 1. 신설)

④ 제3항에 따라 인수법인이 피인수법인의 자산을 장부가액으로 양도받은 경우 자산의 포괄적 양도일 현재의 「법인세법」 제13조 제1호에 따른 피인수법인의 결손금과 피인수법인이 각 사업연도의 소득금액 및 과세표준을 계산할 때 익금 또는 손금에 산입하거나 산입하지 아니한 금액, 「법인세법」 제59조에 따른 감면·세액공제, 그 밖의 자산·부채 등은 대통령령으로 정하는 바에 따라 인수법인이 승계한다. 이 경우 인수법인이 승계한 피인수법인의 결손금, 「법인세법」 제59조에 따른 감면·세액공제 및 자산·부채 등은 자산의 포괄적 양도일이 속한 사업연도 및 이후 사업연도의 피인수법인의 소득금액을 계산할 때 없는 것으로 본다. (2010. 12. 27. 개정)

⑤ 제1항 각 호의 요건을 모두 갖춘 자산의 포괄적 양도의 경우 자산의 포괄적 양도일 현재의 「법인세법」 제13조 제1호에 따른 인수법인의 결손금 및 피인수법인으로부터 승계한 결손금, 피인수법인으로부터 양도받은 자산의 처분손실 및 피인수법인으로부터 승계한 감면·세액공제 등은 「법인세법」 제45조를 준용하여 공제하거나 손금에 산입한다. (2010. 12. 27. 개정)

⑥ 제3항에 따라 피인수법인의 자산을 장부가액으로 양도받은 인수법인(제4항에 따라 결손금 등을 승계받은 경우를 포함한다)은 3년 이내의 범위에서 대통령령으로 정하는 기간에 다음 각 호의 어느 하나의 사유가 발생하는 경우에는 그 사유가 발생한 날이 속하는 사업연도의 소득금액을 계산할 때 양도받은 자산의 장부가액과 인수대가와의 차액(인수대가가 장부가액보다 큰 경우만 해당한다), 승계받은 결손금 중 공제한 금액 등을 대통령령으로 정하는 바에 따라 익금에 산입한다. 이 경우 제5항에 따라 피인수법인으로부터 승계받아 공제한 감면·세액공제액 등은 「법인세법」 제44조의 3 제3항을 준용하여 처리한다. (2010. 12. 27. 개정)

1. 인수법인이 피인수법인으로부터 승계받은 사업을 폐지하는 경우 (2010. 1. 1. 신설)

2. 피인수법인 또는 대통령령으로 정하는 피인수법인의 주주 등이 자산의 포괄적 양도로 인하여 취득한 인수법인의 주식등을 처분하는 경우 (2010. 1. 1. 신설)

⑦ 제1항 제2호 및 제3호와 제6항 제1호 및 제2호를 적용할 때 대통령령으로 정하는 부득이한 사유가 있는 경우에는 주식등을 보유하거나 사업을 계속하는 것으로 본다. (2010. 1. 1. 신설)

⑧ 제1항 또는 제3항을 적용받으려는 피인수법인과 인수법인은 대통령령으로 정하는 바에 따라 자산의 포괄적 양도에 관한 명세서 등을 납세지 관할 세무서장에게 각각 제

한 금액을 말한다. (2025. 3. 21. 신설)

A × B × C

A : 출자법인의 자산양도일이 속하는 사업연도에 제8항 각 호의 금액을 익금에 산입하지 않음에 따라 발생한 법인세액의 차액

B : 출자법인의 자산양도일이 속하는 사업연도 종료일의 다음날부터 제8항 각 호의 금액을 익금에 산입하는 사업연도의 종료일까지의 기간

C : 제11조의 2 제9항 제2호에 따른 율

⑩ 제8항 제1호 및 제9항을 적용할 때 제8항 제1호에 따른 금액을 익금에 산입하기 전에 법 제34조의 2 제1항에 따라 익금에 산입하지 않은 금액의 일부 또는 전부로서 익금에 산입한 금액(이하 이 조에서 "기익금산입액"이라 한다)이 있으면 먼저 익금에 산입한 순서대로 기익금산입액을 제8항 제1호에 따른 익금산입액으로 보며, 기익금산입액을 익금에 산입한 사업연도까지의 기간을 기준으로 제9항에 따른 이자상당가산액을 계산한다. (2025. 3. 21. 신설)

⑪ 재무구조개선계획승인권자는 피출자법인에 대한 다음 각 호의 서류를 해당 호의 구분에 따른 기한까지 출자법인의 납세지 관할세무서장에게 제출해야 한다. 다만, 출자법인이 재무구조개선계획승인권자의 확인을 받아 해당 호의 서류를 납세지 관할세무서장에게 제출하는 경우에는 재무구조개선계획승인권자가 제출한 것으로 본다. (2025. 3. 21. 신설)

1. 제34조 제18항에 따른 재무구조개선계획서 : 출자법인의 자산양도일이 속하는 사업연도의 과세표준 신고기한 종료일 (2025. 3. 21. 신설)

2. 제34조 제18항에 따른 재무구조개선계획이행보고서 및 출자법인이 출자·대여 등의 방법으로 피출자법인의 채무상환을 지원한 사실을 증명할 수 있는 서류 : 피출자법인의 채무상환일이 속하는 사업연도의 과세표준 신고기한 종료일 (2025. 3. 21. 신설)

⑫ 법 제34조의 2 제1항을 적용받으려는 출자법인은 자산양도일이 속하는 사업연도의 과세표준신고와 함께 다음 각 호의 서류를 납세지 관할세무서장에게 제출해야 하며, 자산양도일과 채무상환일(피출자법인

출하여야 한다. (2010. 1. 1. 신설)

⑨ 제1항부터 제7항까지의 규정에 따른 자산의 포괄적 양도 후 청산까지의 기간, 인수대가의 계산, 승계받은 사업의 계속이나 폐지에 관한 기준, 익금산입액 및 손금산입액의 계산과 그 산입방법 등에 관하여 필요한 사항은 대통령령으로 정한다. (2010. 1. 1. 신설)

제37조【자산의 포괄적 양도에 대한 과세특례】 삭 제 (2017. 12. 19.)

제38조【주식의 포괄적 교환·이전에 대한 과세특례】(2021. 12. 28. 제목개정)

① 내국법인이 다음 각 호의 요건을 모두 갖추어 「상법」 제360조의 2에 따른 주식의 포괄적 교환 또는 같은 법 제360조의 15에 따른 주식의 포괄적 이전(이하 이 조에서 "주식의 포괄적 교환등"이라 한다)에 따라 주식의 포괄적 교환등의 상대방 법인의 완전자회사로 되는 경우 그 주식의 포괄적 교환등으로 발생한 완전자회사 주주의 주식양도차익에 상당하는 금액에 대한 양도소득세, 금융투자소득세 또는 법인세에 대해서는 대통령령으로 정하는 바에 따라 완전자회사의 주주가 완전모회사 또는 그 완전모회사의 완전모회사의 주식을 처분할 때까지 과세를 이연받을 수 있다. (2021. 12. 28. 개정)

① 내국법인이 다음 각 호의 요건을 모두 갖추어 「상법」 제360조의 2에 따른 주식의 포괄적 교환 또는 같은 법 제360조의 15에 따른 주식의 포괄적 이전(이하 이 조에서 "주식의 포괄적 교환등"이라 한다)에 따라 주식의 포괄적 교환등의 상대방 법인의 완전자회사로 되는 경우 그 주식의 포괄적 교환등으로 발생한 완전자회사 주주의 주식양도차익에 상당하는 금액에 대한 양도소득세 또는 법인세에 대해서는 대통령령으로 정하는 바에 따라 완전자회사의 주주가 완전모회사 또는 그 완전모회사의 완전모회사의 주식을 처분할 때까지 과세를 이연받을 수 있다. 다만, 대통령령으로 정하는 부득이한 사유로 취득한 주식을 보유할 수 없거나 사업을 계속할 수 없는 경우에는 제2호 또는 제3호의 요건을 갖추지 못한 경우에도 취득한 주식을 처분할 때까지 과세를 이연받을 수 있다. (2024. 12. 31. 개정)

1. 주식의 포괄적 교환·이전일 현재 1년 이상 계속하여 사업을 하던 내국법인 간의 주식의 포괄적 교환등일 것. 다만, 주식의 포괄적 이전으로 신설되는 완전모회사는 제외한다. (2014. 1. 1. 단서신설)

의 채무상환일을 포함한다)이 서로 다른 사업연도에 속하는 경우에는 그 채무상환일이 속하는 사업연도의 과세표준신고와 함께 제2호 또는 제3호의 서류를 별도로 제출해야 한다. (2025. 3. 21. 신설)

1. 출자법인의 제34조 제19항에 따른 양도차익명세서 및 분할익금산입조정명세서 (2025. 3. 21. 신설)

2. 피출자법인의 채무상환(예정)명세서 (2025. 3. 21. 신설)

3. 출자법인의 채무상환(예정)명세서(법 제34조의 2 제1항 제3호에 해당하는 경우로 한정한다) (2025. 3. 21. 신설)

제35조의 2【주식의 포괄적 교환·이전에 대한 법인의 과세특례】① 내국법인(이하 이 조에서 "완전자회사"라 한다)의 주주인 법인(내국법인 및 「법인세법」 제91조 제1항에 따른 외국법인에 한정한다. 이하 이 조에서 같다)이 보유주식을 법 제38조 제1항에 따라 다른 내국법인(이하 이 조에서 "완전모회사"라 한다)에 주식의 포괄적 교환 또는 주식의 포괄적 이전(이하 이 조에서 "주식의 포괄적 교환등"이라 한다)을 하고 과세를 이연받는 경우에는 제1호의 금액에서 제2호의 금액을 뺀 금액에 상당하는 금액을 주식의 포괄적 교환·이전일이 속하는 사업연도의 소득금액을 계산할 때 손금에 산입할 수 있다. 이 경우 손금에 산입하는 금액은 주식의 포괄적 교환등으로 취득한 완전모회사 또는 그 완전모회사의 완전모회사 주식의 압축기장충당금으로 계상하여야 한다. (2017. 2. 7. 후단개정)

1. 주식의 포괄적 교환등으로 취득한 완전모회사 주식(법 제38조 제1항 제2호에 따라 받은 교환·이전대가의 총합계액 중 완전모회사의 완전모회사 주식의 가액이 100분의 80 이상인 경우에는 완전모회사의 완전모회사의 주식을 말한다. 이하 이 조에서 "완전모회사등주식"이라 한다)의 가액, 금전, 그 밖의 재산가액의 합계액(이하 이 조에서 "교환·이전대가"라 한다)에서 주식의 포괄적 교환등으로 양도한 완전자회사의 주식의 취득가액을 뺀 금액 (2017. 2. 7. 개정)

2. 제1호의 금액과 교환·이전대가로 받은 완전모회사등주식 외의 금전, 그 밖의 재산가액의 합계액 중 작은 금액 (2017. 2. 7. 개정)

② 제1항에 따라 계상한 압축기장충당금은 해당 법인이 완전모회사등주

식을 처분하는 사업연도에 다음 계산식에 따른 금액을 익금에 산입하되, 자기주식으로 소각되는 경우에는 익금에 산입하지 아니하고 소멸하는 것으로 한다. 이 경우 주식의 포괄적 교환등 외의 다른 방법으로 취득한 완전모회사등주식이 있으면 주식의 포괄적 교환등으로 취득한 주식을 먼저 양도한 것으로 본다. (2017. 2. 7. 개정)

$$\text{압축기장충당금} \times \frac{\text{처분한 주식 수}}{\text{주식의 포괄적 교환등으로 취득한 주식 수}}$$

③ 완전자회사의 주주인 거주자, 비거주자 또는 「법인세법」 제91조 제1항에 해당하지 아니하는 외국법인(이하 이 조에서 "거주자등"이라 한다)이 보유주식을 법 제38조 제1항에 따라 완전모회사에 주식의 포괄적 교환등을 하고 과세를 이연받는 경우에는 제1호와 제2호의 금액 중 작은 금액을 양도소득 또는 금융투자소득으로 보아 양도소득세 또는 금융투자소득세를 과세한다. (2022. 2. 15. 개정)

③ 완전자회사의 주주인 거주자, 비거주자 또는 「법인세법」 제91조 제1항에 해당하지 아니하는 외국법인(이하 이 조에서 "거주자등"이라 한다)이 보유주식을 법 제38조 제1항에 따라 완전모회사에 주식의 포괄적 교환등을 하고 과세를 이연받는 경우에는 제1호와 제2호의 금액 중 작은 금액을 양도소득으로 보아 양도소득세를 과세한다. (2024. 12. 31. 개정)

1. 교환·이전대가에서 주식의 포괄적 교환등으로 양도한 완전자회사 주식의 취득가액을 뺀 금액 (2010. 6. 8. 신설)

☞ p.1368 2단 연결

2. 완전자회사의 주주가 완전모회사로부터 교환·이전대가를 받은 경우 그 교환·이전대가의 총합계액 중 완전모회사 주식의 가액이 100분의 80 이상이거나 그 완전모회사의 완전모회사 주식의 가액이 100분의 80 이상으로서 그 주식이 대통령령으로 정하는 바에 따라 배정되고, 완전모회사 및 대통령령으로 정하는 완전자회사의 주주가 주식의 포괄적 교환등으로 취득한 주식을 교환·이전일이 속하는 사업연도의 종료일까지 보유할 것 (2016. 12. 20. 개정)

3. 완전자회사가 교환·이전일이 속하는 사업연도의 종료일까지 사업을 계속할 것 (2010. 1. 1. 신설)

② 완전자회사의 주주가 제1항에 따라 과세를 이연받은 경우 완전모회사는 완전자회사 주식을 「법인세법」 제52조 제2항에 따른 시가로 취득하고, 이후 3년 이내의 범위에서 대통령령으로 정하는 기간에 다음 각 호의 어느 하나의 사유가 발생하는 경우 완전모회사는 해당 사유의 발생 사실을 발생일부터 1개월 이내에 완전자회사의 주주에게 알려야 하며, 완전자회사의 주주는 제1항에 따라 과세를 이연받은 양도소득세, 금융투자소득세 또는 법인세를 대통령령으로 정하는 바에 따라 납부하여야 한다. (2021. 12. 28. 개정)

② 완전자회사의 주주가 제1항에 따라 과세를 이연받은 경우 완전모회사는 완전자회사 주식을 「법인세법」 제52조 제2항에 따른 시가로 취득하고, 이후 3년 이내의 범위에서 대통령령으로 정하는 기간에 다음 각 호의 어느 하나의 사유가 발생하는 경우 완전모회사는 해당 사유의 발생 사실을 발생일부터 1개월 이내에 완전자회사의 주주에게 알려야 하며, 완전자회사의 주주는 제1항에 따라 과세를 이연받은 양도소득세 또는 법인세를 대통령령으로 정하는 바에 따라 납부하여야 한다. (2024. 12. 31. 개정)

1. 완전자회사가 사업을 폐지하는 경우. 다만, 대통령령으로 정하는 부득이한 사유로 사업을 폐지하는 경우는 제외한다. (2024. 12. 31. 개정)

2. 완전모회사 또는 대통령령으로 정하는 완전자회사의 주주가 주식의 포괄적 교환등으로 취득한 주식을 처분하는 경우. 다만, 대통령령으로 정하는 부득이한 사유로 취득한 주식을 처분하는 경우는 제외한다. (2024. 12. 31. 개정)

③ 제1항 제2호 및 제3호와 제2항 제1호 및 제2호를 적용할 때 법령에 따라 불가피하게 주식을 처분하는 경우 등 대통령령으로 정하는 부득이한 사유가 있는 경우에는 주식을 보유하거나 사업을 계속하는 것으로 본다. (2011. 5. 19. 개정)

③ 삭 제 (2024. 12. 31.)

---

2. 교환·이전대가로 받은 완전모회사등주식 외의 금전, 그 밖의 재산가액의 합계액 (2017. 2. 7. 개정)

④ 거주자등이 제3항에 따라 취득한 완전모회사등주식의 전부 또는 일부를 양도하는 때에는 다음 계산식에 따른 금액을 취득가액으로 보아 양도소득세 또는 금융투자소득세를 과세한다. 이 경우 주식의 포괄적 교환등 외의 다른 방법으로 취득한 완전모회사등주식이 있으면 주식의 포괄적 교환등으로 취득한 주식을 먼저 양도한 것으로 본다. (2022. 2. 15. 개정)

$$\left(\frac{\text{완전자회사 주식의 취득가액} + \text{제3항에 따른 양도소득 또는 금융투자소득} - \text{제3항 제2호의 금액}}{} \right) \times \frac{\text{처분한 주식 수}}{\text{주식의 포괄적 교환등으로 취득한 주식 수}}$$

④ 거주자등이 제3항에 따라 취득한 완전모회사등주식의 전부 또는 일부를 양도하는 때에는 다음 계산식에 따른 금액을 취득가액으로 보아 양도소득세를 과세한다. 이 경우 주식의 포괄적 교환등 외의 다른 방법으로 취득한 완전모회사등주식이 있으면 주식의 포괄적 교환등으로 취득한 주식을 먼저 양도한 것으로 본다. (2024. 12. 31. 개정)

$$\left(\frac{\text{완전자회사 주식의 취득가액} + \text{제3항에 따른 양도소득} - \text{제3항 제2호의 금액}}{} \right) \times \frac{\text{처분한 주식 수}}{\text{주식의 포괄적 교환등으로 취득한 주식 수}}$$

⑤ 법 제38조 제1항 제2호에 따라 교환·이전대가의 총합계액 중 주식의 가액이 100분의 80 이상인지를 판정할 때 완전모회사가 주식의 포괄적 교환·이전일 전 2년 내에 취득한 완전자회사의 주식이 있는 경우에는 다음 각 호의 금액을 금전으로 교부한 것으로 보아 교환·이전대가의 총합계액에 더한다. (2010. 6. 8. 신설)

1. 완전모회사가 주식의 포괄적 교환·이전일 현재 완전자회사의 「법인세법 시행령」 제43조 제7항에 따른 지배주주가 아닌 경우 : 완전모회사가 주식의 포괄적 교환·이전일 전 2년 이내에 취득한 완전자회사의 주식이 완전자회사의 발행주식총수의 100분의 20을 초과하는 경우 그 초과하는 주식의 취득가액 (2010. 6. 8. 신설)

2. 완전모회사가 주식의 포괄적 교환·이전일 현재 완전자회사의 「법인세법 시행령」 제43조 제7항에 따른 지배주주인 경우 : 주식의 포괄적 교환·이전일 전 2년 이내에 취득한 주식의 취득가액 (2010.

---

6. 8. 신설)

⑥ 법 제38조 제1항 제2호 및 같은 조 제2항 제2호에서 "대통령령으로 정하는 완전자회사의 주주"란 완전자회사의 「법인세법 시행령」 제43조 제3항에 따른 지배주주등(그와 같은 조 제8항에 따른 특수관계에 있는 자를 포함한다) 중 다음 각 호의 어느 하나에 해당하는 자를 제외한 주주를 말한다. (2023. 2. 28. 개정)

1. 「법인세법 시행령」 제43조 제8항 제1호 가목의 친족 중 4촌인 혈족 (2023. 2. 28. 개정)

2. 주식의 포괄적 교환·이전일 현재 완전자회사에 대한 지분비율이 100분의 1 미만이면서 시가로 평가한 그 지분가액이 10억원 미만인 자 (2010. 6. 8. 신설)

⑦ 완전자회사의 주주에게 교환·이전대가로 받은 완전모회사등주식을 교부할 때에는 제6항에 따른 주주에게 다음 계산식에 따른 금액 이상의 완전모회사등주식을 교부하여야 한다. (2017. 2. 7. 개정)

$$\frac{\text{완전모회사가 교환·이전대가로 지급한 완전모회사등 주식의 총합계액}}{} \times \frac{\text{해당 주주의 완전자회사에 대한 지분비율}}{}$$

⑦ 완전자회사의 주주에게 교환·이전대가로 받은 완전모회사등주식을 교부할 때에는 제6항에 따른 주주에게 다음 계산식에 따른 금액 이상의 완전모회사등주식을 교부하여야 한다. (2025. 2. 28. 개정)

☞ p.1369 2단 연결

④ 제1항 및 제2항에 따른 주식양도차익의 계산, 완전자회사의 사업의 계속 및 폐지에 관한 기준, 익금산입액의 계산 및 그 산입방법, 완전자회사 주식의 장부가액의 산정방식, 주식의 포괄적 교환등에 관한 명세서 제출 등에 관하여 필요한 사항은 대통령령으로 정한다. (2024. 12. 31. 개정)

제38조의 2【주식의 현물출자 등에 의한 지주회사의 설립 등에 대한 과세특례】 (2010. 12. 27. 제목개정)

① 내국법인의 내국인 주주가 2026년 12월 31일까지 다음 각 호의 요건을 모두 갖추어 주식을 현물출자함에 따라 「독점규제 및 공정거래에 관한 법률」에 따른 지주회사(「금융지주회사법」에 따른 금융지주회사를 포함한다. 이하 이 조에서 "지주회사"라 한다)를 새로 설립하거나 기존의 내국법인을 지주회사로 전환하는 경우 그 현물출자로 인하여 취득한 주식의 가액 중 그 현물출자로 인하여 발생한 양도차익에 상당하는 금액은 제3항에서 정하는 방법에 따라 양도소득세 또는 법인세의 과세를 이연받거나 분할납부할 수 있다. (2021. 12. 28. 개정)

1. 지주회사 및 현물출자를 한 주주 중 대통령령으로 정하는 주주가 현물출자로 취득한 주식을 현물출자일이 속하는 사업연도의 종료일까지 보유할 것 (2010. 12. 27. 개정)
2. 현물출자로 인하여 지주회사의 자회사로 된 내국법인(이하 이 조에서 "자회사"라 한다)이 현물출자일이 속하는 사업연도의 종료일까지 사업을 계속할 것 (2010. 12. 27. 개정)

② 내국법인의 내국인 주주가 현물출자 또는 분할(「법인세법」 제46조 제2항 각 호 또는 같은 법 제47조 제1항에서 정한 요건을 갖춘 분할만 해당하며, 이하 이 조에서 "분할"이라 한다)에 의하여 지주회사로 전환한 내국법인(제1항에 따라 지주회사로 전환된 내국법인을 포함하며, 이하 이 조에서 "전환지주회사"라 한다)에 제1항 각 호 및 다음 각 호의 요건을 모두 갖추어 2026년 12월 31일까지 주식을 현물출자하거나 그 전환지주회사의 자기주식과 교환(이하 이 조에서 "자기주식교환"이라 한다)하는 경우 그 현물출자 또는 자기주식교환으로 인하여 취득한 전환지주회사의 주식가액 중 현물출자 또는 자기주식교환으로 인하여 발생한 양도차익에 상당하는 금액은 제3항에서 정하는 방법에 따라 양도소득세 또는 법인세의 과세를 이연받거나 분할납부 할 수 있다. 이 경우 제1항 각 호를 적용할 때 "지주회사"는 "전환지주회사"로, "자회사"는 "지분비율미달자회사"로, "현물출자"는 "현물출자 또는 자기주식교환"으로 본다. (2021. 12. 28. 개정)

1. 전환지주회사의 주식소유비율이 「독점규제 및 공정거래에 관한 법률」 제18조 제2항 제2호 각 목 외의 부분 본문에서 정한 비율 미만인 법인(이하 이 조에서 "지분비율미달자회사"라 한다)으로서 다음 각 목에 해당하는 법인의 주식을 현물출자하거나 자기주식교환하는 것일 것 (2020. 12. 29. 개정 ; 독점규제~부칙)
  가. 전환지주회사가 될 당시 해당 전환지주회사가 출자하고 있는 다른 내국법인 (2010. 1. 1. 개정)
  나. 전환지주회사의 분할로 신설·합병되는 법인 및 분할 후 존속하는 법인 (2010. 1. 1. 개정)
2. 전환지주회사가 된 날부터 2년 이내에 현물출자하거나 자기주식교환하는 것일 것

<table>
<tr><td rowspan="2">완전모회사가
교환·이전대가로 지급한
완전모회사등주식의
총합계액</td><td rowspan="2">×</td><td>해당 주주의 완전자회사에 대한 지분비율(완전자회사의 자기주식에 대해 완전모회사등주식을 교부하지 않는 경우에는 완전자회사의 자기주식을 제외하고 산정한 지분비율을 말한다)</td></tr>
</table>

⑧ 법 제38조 제1항 제3호 및 같은 조 제2항 제1호에 따른 완전자회사의 사업의 계속 및 폐지 여부를 판정할 때 완전자회사가 주식의 포괄적 교환·이전일 현재 보유하는 고정자산가액의 2분의 1 이상을 처분하거나 사업에 사용하지 아니하는 경우에는 사업을 폐지한 것으로 본다. (2010. 6. 8. 신설)

⑨ 완전모회사는 법 제38조 제2항 각 호 외의 부분에 따라 완전자회사의 주식을 장부가액으로 취득한 경우 주식의 포괄적 교환등으로 취득한 완전자회사의 주식의 가액을 주식의 포괄적 교환·이전일 현재의 시가로 계상하되, 시가에서 완전자회사의 주식의 장부가액 합계액을 뺀 금액을 자산조정계정으로 계상하여야 한다. 이 경우 계상한 자산조정계정은 다음 계산식에 따른 금액을 해당 주식을 처분하는 사업연도에 익금 또는 손금에 산입하되, 자기주식으로 소각되는 경우에는 익금 또는 손금에 산입하지 아니하고 소멸하는 것으로 한다. (2010. 6. 8. 신설)

$$\text{자산조정계정} \times \frac{\text{처분한 주식 수}}{\text{주식의 포괄적 교환등으로 취득한 주식 수}}$$

⑩ 제9항에 따른 완전자회사의 주식의 장부가액 합계액은 다음 각 호의 금액을 합한 금액으로 한다. (2010. 6. 8. 신설)

1. 제6항에 따른 주주 및 지분비율이 100분의 1 이상인 주주가 보유하던 주식 : 「소득세법」 제97조 제1항 제1호에 따른 취득가액 (2010. 6. 8. 신설)
2. 제1호의 주주 외의 주주가 보유하던 주식 : 주식의 포괄적 교환·이전일 현재 완전자회사의 순자산장부가액에 해당 주주의 지분비율을 곱한 금액 (2010. 6. 8. 신설)

⑨·⑩ 삭 제 (2018. 2. 13.)

⑪ 법 제38조 제2항 각 호 외의 부분에서 "대통령령으로 정하는 기간"이란 주식의 포괄적 교환·이전일이 속하는 사업연도의 다음 사업연도 개시일부터 2년을 말한다. (2012. 2. 2. 개정)

⑫ 완전자회사의 주주는 제11항의 기간에 법 제38조 제2항 각 호의 어느 하나에 해당하는 사유가 발생하는 경우 다음 각 호의 구분에 따라 과세를 이연받은 양도소득세, 금융투자소득세 또는 법인세를 납부하여야 한다. (2022. 2. 15. 개정)

⑫ 완전자회사의 주주는 제11항의 기간에 법 제38조 제2항 각 호의 어느 하나에 해당하는 사유가 발생하는 경우 다음 각 호의 구분에 따라

과세를 이연받은 양도소득세 또는 법인세를 납부하여야 한다. (2024. 12. 31. 개정)

1. 완전자회사의 주주가 거주자등인 경우 : 해당 사유가 발생한 날이 속하는 반기의 말일부터 2개월 이내에 법 제38조 제1항에 따라 이연받은 세액(이연받은 세액 중 이미 납부한 부분과 이 조 제3항에 따라 납부한 세액을 제외한다)을 납부. 이 경우 완전모회사등주식을 양도하는 경우에는 그 주식의 취득가액을 주식의 포괄적 교환·이전일 현재 완전모회사등 주식의 시가로 한다. (2018. 2. 13. 개정)
2. 완전자회사의 주주가 법인인 경우 : 해당 사유가 발생한 날이 속하는 사업연도의 소득금액을 계산할 때 제1항에 따라 압축기장충당금으로 손금에 산입한 금액 중 제2항에 따라 익금에 산입하고 남은 금액을 익금에 산입 (2018. 2. 13. 개정)

⑬ 법 제38조 제3항에서 "대통령령으로 정하는 부득이한 사유가 있는 경우"란 다음 각 호의 어느 하나에 해당하는 경우를 말한다. (2012. 2. 2. 개정)

1. 법 제38조 제1항 제2호 및 같은 조 제2항 제2호에 대한 부득이한 사유가 있는 것으로 보는 경우 : 완전모회사 및 제6항에 따른 주주가 「법인세법 시행령」 제80조의 2 제1항 제1호 각 목의 어느 하나에 해당하는 경우 (2010. 6. 8. 신설)
2. 법 제38조 제1항 제3호 및 같은 조 제2항 제1호에 대한 부득이한 사유가 있는 것으로 보는 경우 : 완전자회사가 「법인세법 시행령」 제80조의 2 제1항 제2호 각 목의 어느 하나에 해당하는 경우 (2010. 6. 8. 신설)

☞ p.1370 2단 연결

(2010. 1. 1. 개정)

3. 자기주식교환의 경우에는 지분비율미달자회사의 모든 주주가 그 자기주식교환에 참여할 수 있어야 하며, 그 사실을 대통령령으로 정하는 바에 따라 공시하였을 것 (2010. 1. 1. 개정)

③ 제1항 및 제2항에 따라 양도소득세 또는 법인세의 과세를 이연받거나 분할납부하는 경우에는 다음 각 호의 구분에 따른 방법에 따른다. (2019. 12. 31. 신설)

1. 내국법인: 양도차익에 상당하는 금액에 대해 양도일이 속하는 해당 사업연도와 해당 사업연도의 종료일 이후 3개 사업연도의 기간 중 익금에 산입하지 아니하고 그 다음 3개 사업연도의 기간 동안 균분한 금액 이상을 익금에 산입한다. (2019. 12. 31. 신설)

2. 거주자 : 양도소득세를 양도일이 속하는 해당 연도의 양도소득세 과세표준 확정신고 기한 종료일 이후 3년이 되는 날부터 3년의 기간 동안 균분한 금액 이상을 납부한다. (2019. 12. 31. 신설)

④ 내국법인의 내국인 주주가 제3항에 따라 양도소득세 또는 법인세 전액을 납부하기 전에 현물출자 또는 자기주식교환(이하 이 조에서 "현물출자등"이라 한다)으로 취득한 주식을 처분하는 경우에는 처분한 주식의 비율에 상당하는 금액으로서 대통령령으로 정하는 방법에 따라 계산한 금액을 주식을 처분한 날이 속하는 과세연도의 소득금액을 계산할 때 익금에 산입하거나 해당 과세연도의 양도소득세 과세표준 확정신고기한 종료일까지 납부하여야 한다. (2019. 12. 31. 신설)

⑤ 내국법인의 주주가 제1항 또는 제2항에 따른 현물출자등을 한 날부터 3년 이내의 범위에서 대통령령으로 정하는 기간에 다음 각 호의 어느 하나에 해당하는 사유가 발생하는 경우에는 익금에 산입하지 아니한 양도차익 또는 납부하지 아니한 양도소득세 전액을 해당 사유가 발생한 날이 속하는 과세연도의 소득금액을 계산할 때 익금에 산입하거나 해당 과세연도의 양도소득세 과세표준 확정신고기한 종료일까지 납부하여야 한다. (2019. 12. 31. 개정)

1. 제1항에 따라 신설되거나 전환된 지주회사 또는 전환지주회사가 지주회사에 해당하지 아니하게 되는 경우. 다만, 「독점규제 및 공정거래에 관한 법률」 등 지주회사의 기준을 정한 법령의 개정으로 지주회사에 해당하지 아니하게 된 경우로서 대통령령으로 정하는 경우는 제외한다. (2010. 12. 27. 개정)

2. 전환지주회사가 지주회사로 전환한 날의 다음 날부터 2년이 되는 날까지 지분비율미달자회사의 주식을 「독점규제 및 공정거래에 관한 법률」 제18조 제2항 제2호 각 목 외의 부분 본문에서 정한 비율 미만으로 소유하는 경우 (2020. 12. 29. 개정 ; 독점규제 및 공정거래에 관한 법률 부칙)

3. 자회사(지분비율미달자회사를 포함한다)가 사업을 폐지하는 경우 (2010. 12. 27. 개정)

4. 지주회사(전환지주회사를 포함한다) 또는 현물출자등을 한 주주 중 대통령령으로 정하는 주주가 현물출자등으로 취득한 주식을 처분하는 경우 (2010. 12. 27. 개정)

⑥ 제1항에 따라 주식을 다른 금융지주회사의 지배를 받는 금융지주회사(이하 이 항에서 "중간지주회사"라 한다)에 이전하거나 중간지주회사의 주식과 교환함에 따라 양도차익 과세 또는 양도소득세 납부를 이연받은 주주가 2026년 12월 31일까지 그 주식교환 또는 주식이전의 대가로 받은 중간지주회사의 주식을 그 중간지주회사를 지배하는 금융지주회사의 주식과 교환하는 경우에는 제4항 및 제5항에도 불구하고 해당 주주가 그 중간지주회

⑬ 법 제38조 제1항 각 호 외의 부분 단서에서 "대통령령으로 정하는 부득이한 사유로 취득한 주식을 보유할 수 없거나 사업을 계속할 수 없는 경우"란 다음 각 호의 구분에 따른 경우를 말한다. (2025. 2. 28. 개정)

1. 취득한 주식을 보유할 수 없는 경우 : 완전모회사 및 제6항에 따른 주주가 「법인세법 시행령」 제80조의 2 제1항 제1호 각 목의 어느 하나에 해당하는 경우 (2025. 2. 28. 개정)

2. 사업을 계속할 수 없는 경우 : 완전자회사가 「법인세법 시행령」 제80조의 2 제1항 제2호 각 목의 어느 하나에 해당하는 경우 (2025. 2. 28. 개정)

⑭ 법 제38조 제1항을 적용받으려는 완전자회사의 주주는 주식의 포괄적 교환·이전일이 속하는 과세연도의 과세표준 신고를 할 때 완전모회사와 함께 기획재정부령으로 정하는 주식의 포괄적 교환등 과세특례신청서를 납세지 관할 세무서장에게 제출하여야 한다. (2016. 2. 5. 개정)

관계조문

규칙 61조 1항 25호의 4 ⇒ 주식의 포괄적 교환등 과세특례신청서(별지 23호의 3 서식)

⑮ 법 제38조 제2항 제1호 단서에서 "대통령령으로 정하는 부득이한 사유로 사업을 폐지하는 경우"란 제13항 제2호에 해당하는 경우를 말한다. (2025. 2. 28. 신설)

⑯ 법 제38조 제2항 제2호 단서에서 "대통령령으로 정하는 부득이한 사유로 취득한 주식을 처분하는 경우"란 제13항 제1호에 해당하는 경우를 말한다. (2025. 2. 28. 신설)

사의 주식을 처분하지 아니한 것으로 보고, 그 주식교환의 대가로 받은 금융지주회사의 주식을 처분할 때 그 중간지주회사의 주식을 처분한 것으로 본다. (2021. 12. 28. 개정)
⑦ 제1항 각 호(제2항에서 제1항 각 호를 준용하는 경우를 포함한다) 및 제5항 제3호·제4호를 적용할 때 대통령령으로 정하는 부득이한 사유가 있는 경우에는 주식을 보유하거나 사업을 계속하는 것으로 본다. (2019. 12. 31. 개정)
⑧ 제1항부터 제7항까지의 규정을 적용하는 경우 양도차익의 계산, 자회사의 사업의 계속 및 폐지에 관한 기준, 현물출자등에 관한 명세서의 제출 등에 관하여 필요한 사항은 대통령령으로 정한다. (2019. 12. 31. 개정)

편주 ▶

법 38조의 2의 개정규정은 2027. 1. 1. 이후 현물출자하거나 주식을 교환하는 분부터 적용함. (법 부칙(2019. 12. 31.) 19조) (2023. 12. 31. 개정)

제38조의 2 【주식의 현물출자 등에 의한 지주회사의 설립 등에 대한 과세특례】 (2010. 12. 27. 제목개정)
① 내국법인의 내국인 주주가 2029년 12월 31일까지 다음 각 호의 요건을 모두 갖추어 주식을 현물출자함에 따라 「독점규제 및 공정거래에 관한 법률」에 따른 지주회사(「금융지주회사법」에 따른 금융지주회사를 포함한다. 이하 이 조에서 "지주회사"라 한다)를 새로 설립하거나 기존의 내국법인을 지주회사로 전환하는 경우 그 현물출자로 인하여 취득한 주식의 가액 중 그 현물출자로 인하여 발생한 양도차익에 상당하는 금액은 제3항에서 정하는 방법에 따라 양도소득세 또는 법인세의 과세를 이연받거나 분할납부할 수 있다. 다만, 대통령령으로 정하는 부득이한 사유로 취득한 주식을 보유할 수 없거나 사업을 계속할 수 없는 경우에는 제1호 또는 제2호의 요건을 갖추지 못한 경우에도 취득한 주식을 처분할 때까지 과세를 이연받을 수 있다. (2024. 12. 31. 개정)
1. 지주회사 및 현물출자를 한 주주 중 대통령령으로 정하는 주주가 현물출자로 취득한 주식을 현물출자일이 속하는 사업연도의 종료일까지 보유할 것 (2010. 12. 27. 개정)
2. 현물출자로 인하여 지주회사의 자회사로 된 내국법인(이하 이 조에서 "자회사"라 한다)이 현물출자일이 속하는 사업연도의 종료일까지 사업을 계속할 것 (2010. 12. 27. 개정)
② 내국법인의 내국인 주주가 현물출자 또는 분할(「법인세법」 제46조

제35조의 3 【지주회사의 설립 등에 대한 법인 주주의 과세특례】 (2023. 2. 28. 제목개정)
① 내국법인의 주주인 법인이 법 제38조의 2 제1항 또는 제2항에 따라 보유주식을 지주회사 또는 전환지주회사에 현물출자하거나 지주회사 또는 전환지주회사의 주식과 교환하고 과세를 이연받는 경우 그 주식의 현물출자 또는 교환(이하 이 조 및 제35조의 4에서 "현물출자등"이라 한다)을 한 날 현재의 그 현물출자등으로 취득한 지주회사 또는 전환지주회사의 주식가액(「법인세법」 제52조 제2항에 따른 시가 평가액을 말한다)에서 그 현물출자등을 한 날 전일의 해당 보유주식의 장부가액을 뺀 금액(그 금액이 해당 보유주식의 시가에서 장부가액을 뺀 금액을 초과하는 경우 그 초과한 금액을 제외하며, 이하 이 조에서 "주식양도차익"이라 한다)을 그 사업연도의 소득금액을 계산할 때 손금에 산입한다. 이 경우 그 금액은 해당 주식의 압축기장충당금으로 계상해야 한다. (2023. 2. 28. 개정)
② 제1항에 따라 계상한 압축기장충당금은 해당 지주회사 또는 전환지주회사의 주식을 처분(현물출자등으로 취득한 주식 외에 다른 방법으로 취득한 주식이 있는 경우에는 현물출자등으로 취득한 주식을 먼저 처분한 것으로 본다)하는 사업연도에 이를 익금에 산입하되, 일부 주식을 처분하는 경우에는 다음 계산식에 따라 계산한 금액을 익금에 산입한다. (2023. 2. 28. 개정)

제2항 각 호 또는 같은 법 제47조 제1항에서 정한 요건을 갖춘 분할만 해당하며, 이하 이 조에서 "분할"이라 한다)에 의하여 지주회사로 전환한 내국법인(제1항에 따라 지주회사로 전환된 내국법인을 포함하며, 이하 이 조에서 "전환지주회사"라 한다)에 제1항 각 호의 요건(같은 항 각 호 외의 부분 단서에 해당하는 경우를 포함한다) 및 다음 각 호의 요건을 모두 갖추어 2029년 12월 31일까지 주식을 현물출자하거나 그 전환지주회사의 자기주식과 교환(이하 이 조에서 "자기주식교환"이라 한다)하는 경우 그 현물출자 또는 자기주식교환으로 인하여 취득한 전환지주회사의 주식가액 중 현물출자 또는 자기주식교환으로 인하여 발생한 양도차익에 상당하는 금액은 제3항에서 정하는 방법에 따라 양도소득세 또는 법인세의 과세를 이연받거나 분할납부할 수 있다. 이 경우 제1항 각 호를 적용할 때 "지주회사"는 "전환지주회사"로, "자회사"는 "지분비율미달자회사"로, "현물출자"는 "현물출자 또는 자기주식교환"으로 본다. (2024. 12. 31. 개정)

1. 전환지주회사의 주식소유비율이 「독점규제 및 공정거래에 관한 법률」 제18조 제2항 제2호 각 목 외의 부분 본문에서 정한 비율 미만인 법인(이하 이 조에서 "지분비율미달자회사"라 한다)으로서 다음 각 목에 해당하는 법인의 주식을 현물출자하거나 자기주식교환하는 것일 것 (2020. 12. 29. 개정 ; 독점규제~법률 부칙)

  가. 전환지주회사가 될 당시 해당 전환지주회사가 출자하고 있는 다른 내국법인 (2010. 1. 1. 개정)

  나. 전환지주회사의 분할로 신설ㆍ합병되는 법인 및 분할 후 존속하는 법인 (2010. 1. 1. 개정)

2. 전환지주회사가 된 날부터 2년 이내에 현물출자하거나 자기주식교환하는 것일 것 (2010. 1. 1. 개정)

3. 자기주식교환의 경우에는 지분비율미달자회사의 모든 주주가 그 자기주식교환에 참여할 수 있어야 하며, 그 사실을 대통령령으로 정하는 바에 따라 공시하였을 것 (2010. 1. 1. 개정)

③ 내국법인의 주주가 제1항 또는 제2항에 따라 과세를 이연받은 경우 지주회사(전환지주회사를 포함한다)는 현물출자 또는 자기주식교환(이하 이 조에서 "현물출자등"이라 한다)으로 취득한 주식의 가액을 장부가액으로 하고, 이후 3년 이내의 범위에서 대통령령으로 정하는 기간에

$$\text{압축기장충당금} \times \frac{\text{주식의 현물출자 또는 자기주식교환으로 취득한 지주회사 또는 전환지주회사의 주식 중 처분한 주식 수}}{\text{주식의 현물출자 또는 자기주식교환으로 취득한 지주회사 또는 전환지주회사의 주식 수}}$$

③ 제2항에도 불구하고 「법인세법 시행령」 제82조의 2 제3항 제2호의 요건을 충족하는 적격분할(물적분할 및 분할합병은 제외하며, 이하 이 항에서 "적격분할"이라 한다)로 인하여 해당 지주회사 또는 전환지주회사의 주식을 양도하는 경우에는 해당 주식에 계상된 압축기장충당금을 익금에 산입하지 않으며, 적격분할로 신설되는 법인은 해당 주식에 계상된 압축기장충당금을 적격분할로 양수받은 해당 지주회사 또는 전환지주회사 주식의 압축기장충당금으로 승계하고 제2항의 계산방법에 따라 익금에 산입한다. (2023. 2. 28. 개정)

④ 법 제38조의 2 제1항 제1호 및 같은 조 제3항 제4호에서 "대통령령으로 정하는 주주"란 현물출자등의 대상이 된 주식을 발행한 법인의 주주 중 「법인세법 시행령」 제80조의 2 제5항에 해당하는 주주를 말한다. (2023. 2. 28. 개정)

⑤ 법 제38조의 2 제1항 제2호(같은 조 제2항에서 준용하는 경우를 포함한다) 및 같은 조 제3항 제3호에 따른 자회사의 사업 계속 및 폐지 여부의 판정에 관하여는 「법인세법 시행령」 제80조의 2 제7항 및 제80조의 4 제8항을 준용한다. (2023. 2. 28. 개정)

⑥ 지주회사 또는 전환지주회사는 법 제38조의 2 제3항 각 호 외의 부분 전단에 따라 같은 조 제1항 제2호에 따른 자회사(이하 이 조 및 제35조의 4에서 "자회사"라 한다)의 주식을 장부가액으로 취득한 경우 현물출자등으로 취득한 자회사의 주식의 가액을 현물출자등을 한 날 현재의 시가로 계상하되, 시가에서 자회사의 주식의 장부가액 합계액을 뺀 금액을 자산조정계정으로 계상해야 한다. 이 경우 계상한 자산조정계정은 다음 계산식에 따른 금액을 해당 주식을 처분하는 사업연도에 익금 또는 손금에 산입하되, 자기주식으로 소각되는 경우에는 익금 또는 손금에 산입하지 않고 소멸하는 것으로 한다. (2023. 2. 28. 개정)

$$\text{자산조정계정} \times \frac{\text{처분한 주식 수}}{\text{현물출자등으로 취득한 주식 수}}$$

⑦ 법 제38조의 2 제3항 각 호 외의 부분 전단에서 "대통령령으로 정하는 기간"이란 현물출자등을 한 날이 속하는 사업연도의 다음 사업연도 개시일부터 2년을 말한다. (2023. 2. 28. 개정)

⑧ 법인이 제1항에 따라 주식양도차익상당액을 손금에 산입한 후 법 제38조의 2 제3항 각 호의 어느 하나에 해당하는 사유가 발생한 경우에는 같은 항 각 호 외의 부분 전단에 따라 이 조 제6항의 자산조정계정의 잔액(잔액이 0보다 큰 경우로 한정하며, 잔액이 0보다 작은 경우에는 없는 것으로 본다)을 익금에 산입한다. 이 경우 제6항에 따라 계상한 자산조정계정은 소멸하는 것으로 한다. (2023. 2. 28. 개정)

⑨ 법 제38조의 2 제2항 제3호에 따른 자기주식교환사실의 공시는 다음 각 호의 사항을 「신문 등의 진흥에 관한 법률」에 따른 일반일간신문 또는 경제분야의 특수일간신문 중 전국을 보급지역으로 하는 신문에 1회 이상 게재하는 방법에 따라야 한다. (2023. 2. 28. 개정)

1. 자기주식교환일 및 교환대상주식의 범위 (2023. 2. 28. 개정)

2. 주권제출기한 및 제출장소 (2023. 2.

☞ p.1373 2단 연결

다음 각 호의 어느 하나의 사유가 발생하는 경우에는 현물출자등으로 취득한 주식의 장부가액과 현물출자등을 한 날 현재의 시가와의 차액(시가가 장부가액보다 큰 경우만 해당한다)을 대통령령으로 정하는 바에 따라 익금에 산입하여야 한다. 이 경우 제2호의 사유에 해당하는 경우에는 대통령령으로 정하는 바에 따라 계산한 이자상당액을 법인세 납부금액에 가산하여 납부하여야 한다. (2010. 12. 27. 개정)

1. 제1항에 따라 신설되거나 전환된 지주회사 또는 전환지주회사가 지주회사에 해당하지 아니하게 되는 경우. 다만, 「독점규제 및 공정거래에 관한 법률」 등 지주회사의 기준을 정한 법령의 개정으로 지주회사에 해당하지 아니하게 된 경우로서 대통령령으로 정하는 경우는 제외한다. (2010. 12. 27. 개정)

2. 전환지주회사가 지주회사로 전환한 날의 다음 날부터 2년이 되는 날까지 지분비율미달자회사의 주식을 「독점규제 및 공정거래에 관한 법률」 제18조 제2항 제2호 각 목 외의 부분 본문에서 정한 비율 미만으로 소유하는 경우 (2020. 12. 29. 개정 ; 독점규제 및 공정거래에 관한 법률 부칙)

3. 자회사(지분비율미달자회사를 포함한다)가 사업을 폐지하는 경우. 다만, 대통령령으로 정하는 부득이한 사유로 사업을 폐지하는 경우는 제외한다. (2024. 12. 31. 개정)

4. 지주회사(전환지주회사를 포함한다) 또는 현물출자등을 한 주주 중 대통령령으로 정하는 주주가 현물출자등으로 취득한 주식을 처분하는 경우. 다만, 대통령령으로 정하는 부득이한 사유로 취득한 주식을 처분하는 경우는 제외한다. (2024. 12. 31. 개정)

● 예 판 ┄┄┄┄┄┄┄┄┄┄┄┄┄┄┄┄┄┄┄┄┄┄┄┄┄┄┄┄┄
내국법인이 전환지주회사에 주식을 현물출자하여 발생한 양도차익에 대한 압축기장충당금은 내국법인이 해당 전환지주회사를 적격합병하는 때에 잔액을 익금산입함. (사전법령법인 – 188, 2016. 2. 11.)
┄┄┄┄┄┄┄┄┄┄┄┄┄┄┄┄┄┄┄┄┄┄┄┄┄┄┄┄┄┄┄┄┄┄┄

④ 제1항에 따라 주식을 다른 금융지주회사의 지배를 받는 금융지주회사(이하 이 항에서 "중간지주회사"라 한다)에 이전하거나 중간지주회사의 주식과 교환함에 따라 양도소득세 또는 법인세의 과세를 이연받

28. 개정)

3. 교환수량 · 교환비율 및 교환방법 (2023. 2. 28. 개정)

4. 모든 주주가 자기주식교환에 참여할 수 있다는 내용 및 그 밖에 주식교환에 필요한 사항 (2023. 2. 28. 개정)

⑩ 법 제38조의 2 제3항 각 호 외의 부분 후단에 따라 법인세에 가산하여 납부해야 하는 이자상당액은 제1호의 금액에 제2호의 값을 곱하여 계산한 금액으로 한다. (2023. 2. 28. 개정)

1. 법 제38조의 2 제3항 제2호에 해당하는 사유로 제8항에 따라 익금에 산입하는 자산조정계정 잔액을 현물출자등을 한 날이 속하는 사업연도에 익금에 산입하지 않아 발생한 법인세액의 차액 (2023. 2. 28. 개정)

2. 현물출자등을 한 날이 속하는 사업연도의 다음 사업연도의 개시일부터 제1호에 따른 자산조정계정 잔액을 익금에 산입한 사업연도의 종료일까지의 기간에 대하여 1일 10만분의 22의 율을 곱한 값 (2023. 2. 28. 개정)

⑪ 법 제38조의 2 제3항 제1호 단서에서 "대통령령으로 정하는 경우"란 법령의 개정으로 지주회사의 기준이 변경된 날(이하 이 항에서 "기준변경일"이라 한다)이 속하는 사업연도(지주회사의 기준이 변경되어 지주회사에 해당되지 않게 된 해당 지주회사의 사업연도를 말하며, 이하 이 항에서 같다)와 그 다음 사업연도 개시일부터 4년 이내에 종료하는 사업연도의 기간(이하 이 항에서 "유예기간"이라 한다) 중 각 사업연도 종료일 현재 해당 지주회사의 신설 또는 전환 당시의 법령에 따른 지주회사 기준(신설 또는 전환 이후부터 기준변경일까지의 기간 중에 지주회사의 기준이 2회 이상 변경된 경우에는 기준변경일에서 가장 가까운 때의 기준을 말한다)을 충족하고 있는 경우로서 해당 유예기간 중에 있는 경우를 말한다. (2023. 2. 28. 개정)

⑫ 법 제38조의 2 제4항에 따른 법인세의 과세의 이연에 관하여는 제1항 및 제2항을 준용한다. 이 경우 압축기장충당금으로 계상해야 할 금액은 제1항에 따라 과세를 이연받은 금액과 그 과세의 이연을 받은 중간지주회사의 주식을 해당 중간지주회사를 지배하는 금융지주회사의 주식과 교환함으로써 발생한 양도차익의 합계액으로 하고, 그 중간지주회사의

주식과 교환함으로써 취득한 금융지주회사의 주식을 처분하는 사업연도에 해당 압축기장충당금을 익금에 산입한다. (2023. 2. 28. 개정)

⑬ 법 제38조의 2 제5항에서 "대통령령으로 정하는 부득이한 사유가 있는 경우"란 다음 각 호의 어느 하나에 해당하는 경우를 말한다. (2023. 2. 28. 개정)

1. 법 제38조의 2 제1항 제1호(같은 조 제2항에서 준용하는 경우를 포함한다) 및 같은 조 제3항 제4호에 대한 부득이한 사유가 있는 것으로 보는 경우 : 지주회사, 전환지주회사 및 제4항에 따른 주주가 「법인세법 시행령」 제80조의 2 제1항 제1호 각 목의 어느 하나에 해당하는 경우 (2023. 2. 28. 개정)

2. 법 제38조의 2 제1항 제2호(같은 조 제2항에서 준용하는 경우를 포함한다) 및 같은 조 제3항 제3호에 대한 부득이한 사유가 있는 것으로 보는 경우 : 지주회사 및 전환지주회사의 자회사가 「법인세법 시행령」 제80조의 2 제1항 제2호 각 목의 어느 하나에 해당하는 경우 (2023. 2. 28. 개정)

⑬ 법 제38조의 2 제1항 각 호 외의 부분 단서에서 "대통령령으로 정하는 부득이한 사유로 취득한 주식을 보유할 수 없거나 사업을 계속할 수 없는 경우"란 다음 각 호의 구분에 따른 경우를 말한다. (2025. 2. 28. 개정)

1. 취득한 주식을 보유할 수 없는 경우 : 지주회사, 전환지주회사 및 제4항에 따른 주주가 「법인세법 시행령」 제80조의 2 제1항 제1호 각 목의 어느 하나에 해당하는 경우 (2025. 2. 28. 개정)

2. 사업을 계속할 수 없는 경우 : 지주회사 및 전환지주회사의 자회사가 「법인세법 시행령」 제80조의 2 제1항 제2호 법 시행령」 제80조의 2 제1항 제2호

☞ p.1374 2단 연결

은 주주가 2026년 12월 31일까지 그 주식교환 또는 주식이전의 대가로 받은 중간지주회사의 주식을 그 중간지주회사를 지배하는 금융지주회사의 주식과 교환하는 경우 당초 과세를 이연받은 양도소득세 또는 법인세에 대해서는 제1항에도 불구하고 해당 주주가 그 주식교환의 대가로 받은 금융지주회사의 주식을 양도할 때까지 대통령령으로 정하는 바에 따라 다시 과세를 이연받을 수 있다. (2024. 12. 31. 개정)

⑤ 삭　제 (2024. 12. 31.)

⑥ 제1항부터 제4항까지의 규정을 적용하는 경우 양도차익의 계산, 자회사의 사업의 계속 및 폐지에 관한 기준, 현물출자등에 관한 명세서의 제출 등에 관하여 필요한 사항은 대통령령으로 정한다. (2024. 12. 31. 개정)

제38조의 3 【내국법인의 외국자회사 주식 등의 현물출자에 대

각 목의 어느 하나에 해당하는 경우 (2025. 2. 28. 개정)

⑭ 지주회사 또는 전환지주회사는 제1항에 따라 자회사의 주주인 법인이 현물출자등에 따른 주식양도차익을 손금에 산입한 경우 현물출자등으로 취득한 자회사의 주식을 자회사의 주주인 법인의 장부가액으로 취득한 것으로 한다. (2023. 2. 28. 개정)

⑮ 법 제38조의 2 제1항, 제2항 및 제4항을 적용받으려는 법인은 해당 현물출자등을 한 날이 속하는 사업연도의 과세표준신고를 할 때 지주회사 또는 전환지주회사와 함께 기획재정부령으로 정하는 현물출자등 과세특례신청서를 납세지 관할세무서장에게 제출해야 한다. (2023. 2. 28. 개정)

⑯ 제14항에 따라 자회사의 주식을 장부가액으로 취득한 지주회사 또는 전환지주회사는 현물출자등을 받은 날이 속하는 사업연도의 과세표준신고를 할 때 기획재정부령으로 정하는 자회사 주식의 장부가액 계산서를 납세지 관할 세무서장에게 제출해야 한다. (2023. 2. 28. 개정)

⑰ 법 제38조의 2 제3항 제3호 단서에서 “대통령령으로 정하는 부득이한 사유로 사업을 폐지하는 경우”란 제13항 제2호에 해당하는 경우를 말한다. (2025. 2. 28. 신설)

⑱ 법 제38조의 2 제3항 제4호 단서에서 “대통령령으로 정하는 부득이한 사유로 취득한 주식을 처분하는 경우”란 제13항 제1호에 해당하는 경우를 말한다. (2025. 2. 28. 신설)

제35조의 4 【지주회사의 설립 등에 대한 거주자 주주의 과세특례】 ① 내국법인의 주주인 거주자가 법 제38조의 2 제1항 또는 제2항에 따라 보유주식을 지주회사 또는 전환지주회사에 현물출자하거나 지주회사 또는 전환지주회사의 주식과 교환하고 과세를 이연받는 경우 해당 보유주식의 현물출자등에 따라 발생하는 소득(이하 이 조에서 “주식과세이연금액”이라 한다)에 대해서는 양도소득세를 과세하지 않되, 그 지주회사 또는 전환지주회사의 주식의 양도(현물출자등으로 취득한 주식 외에 다른 방법으로 취득한 주식이 있는 경우에는 현물출자등으로 취득한 주식을 먼저 양도한 것으로 본다)에 대해서는 지주회사 또는 전환지주회사의 주식의 취득가액에서 주식과세이연금액을 뺀 금액을 취득가액으로 보아 양도소득세를 과세한다. (2023. 2. 28. 신설)

제35조의 4 【지주회사의 설립 등에 대한 거주자 주주의 과세특례】 ① 내국법인의 주주인 거주자가 법 제38조의 2 제1항 또는 제2항에 따라 보유주식을 지주회사 또는 전환지주회사에 현물출자하거나 지주회사 또는 전환지주회사의 주식과 교환하고 과세를 이연받는 경

우 해당 보유주식의 현물출자등에 따라 발생하는 소득(이하 이 조에서 “주식과세이연금액”이라 한다)에 대해서는 양도소득세를 과세하지 않되, 그 지주회사 또는 전환지주회사의 주식의 처분(현물출자등으로 취득한 주식 외에 다른 방법으로 취득한 주식이 있는 경우에는 현물출자등으로 취득한 주식을 먼저 처분한 것으로 본다)에 대해서는 지주회사 또는 전환지주회사의 주식의 취득가액에서 주식과세이연금액을 뺀 금액을 취득가액으로 보아 양도소득세를 과세한다. (2025. 2. 28. 개정)

② 법 제38조의 2 제4항에 따른 양도소득세 과세의 이연에 관하여는 제1항을 준용한다. 이 경우 과세의 이연을 받는 금액은 제1항에 따라 과세의 이연을 받은 금액과 그 과세의 이연을 받은 중간지주회사의 주식을 해당 중간지주회사를 지배하는 금융지주회사의 주식과 교환함으로써 발생한 양도차익의 합계액으로 하고, 그 중간지주회사의 주식과 교환함으로써 취득한 금융지주회사의 주식을 양도하는 때에 양도소득세를 과세한다. (2023. 2. 28. 신설)

③ 지주회사 또는 전환지주회사는 제1항에 따라 자회사의 주주인 거주자의 현물출자등에 따른 주식과세이연금액에 대하여 양도소득세를 과세하지 않은 경우 현물출자등으로 취득한 자회사의 주식을 자회사의 주주인 거주자의 취득가액으로 취득한 것으로 한다. (2023. 2. 28. 신설)

☞ p.1375 2단 연결

한 과세특례】① 5년 이상 계속하여 사업을 한 내국법인이 2021년 12월 31일까지 외국자회사(내국법인이 현물출자일 현재 발행주식총수 또는 출자총액의 100분의 20 이상을 출자하고 있는 외국법인을 말한다. 이하 이 조에서 같다)의 주식 또는 출자지분(이하 이 조에서 "주식등"이라 한다)을 현물출자하여 새로운 외국법인을 설립하거나 이미 설립된 외국법인에 현물출자하는 경우 그 현물출자로 인하여 발생한 외국자회사의 주식등의 양도차익에 상당하는 금액은 그 양도일부터 4년이 되는 날이 속하는 사업연도부터 각 사업연도의 소득금액을 계산할 때 그 금액을 36으로 나눈 금액에 해당 사업연도의 개월 수를 곱하여 산출한 금액을 익금에 산입한다. (2018. 12. 24. 개정)

② 제1항에 따라 외국자회사의 주식등을 현물출자한 내국법인이 그 주식등의 양도차익 전액을 익금에 산입하기 전에 현물출자로 취득한 주식등을 양도하는 경우에는 익금에 산입하지 아니한 금액 중 양도한 주식등의 비율에 상당하는 금액으로서 대통령령으로 정하는 방법에 따라 계산한 금액을 익금에 산입하며, 내국법인 또는 내국법인으로부터 외국자회사의 주식등을 현물출자받은 외국법인이 사업을 폐업하거나 해산하는 경우에는 그 사유가 발생한 날이 속하는 사업연도의 소득금액을 계산할 때 익금에 산입하지 아니한 금액 전액을 익금에 산입한다. 다만, 다음 각 호의 어느 하나에 해당하는 경우에는 그러하지 아니한다. (2010. 1. 1. 개정)

1. 내국법인의 합병 또는 분할로 생기는 다음 각 목의 어느 하나에 해당하는 법인이 해당 내국법인의 현물출자로 인하여 취득한 주식등을 승계하는 경우 (2010. 1. 1. 개정)

　가. 합병법인 (2010. 1. 1. 개정)

　나. 분할로 신설되는 법인 (2010. 1. 1. 개정)

　다. 분할합병의 상대방 법인 (2010. 1. 1. 개정)

2. 내국법인이 외국자회사의 주식등을 현물출자함으로써 취득한 외국법인의 주식등을 1개월 이내에 다른 외국법인에 다시 현물출자하는 경우 (2010. 1. 1. 개정)

③ 제1항을 적용받으려는 내국법인은 대통령령으로 정하는 바에 따라 주식등 현물출자 양도차익명세서를 납세지 관할 세무서장에게 제출하여야 한다. (2010. 1. 1. 개정)

④ 법 제38조의 2 제1항, 제2항 및 제4항을 적용받으려는 거주자는 해당 현물출자등을 한 날이 속하는 과세연도의 과세표준신고를 할 때 지주회사 또는 전환지주회사와 함께 기획재정부령으로 정하는 현물출자등 과세특례신청서를 납세지 관할세무서장에게 제출해야 한다. (2023. 2. 28. 신설)

⑤ 제3항에 따라 자회사의 주식을 장부가액으로 취득한 지주회사 또는 전환지주회사는 현물출자등을 받은 날이 속하는 사업연도의 과세표준신고를 할 때 기획재정부령으로 정하는 자회사 주식의 장부가액 계산서를 납세지 관할 세무서장에게 제출해야 한다. (2023. 2. 28. 신설)

제35조의 5 【내국법인의 외국자회사 주식 등의 현물출자에 대한 과세특례】(2010. 6. 8. 조번개정)

① 법 제38조의 3 제2항에서 "대통령령으로 정하는 방법에 따라 계산한 금액"이란 다음 산식에 의하여 계산한 금액을 말한다. 이 경우 현물출자로 인하여 취득한 주식 등외에 다른 방법으로 취득한 주식 등이 있는 때에는 현물출자로 인하여 취득한 주식 등을 먼저 양도하는 것으로 본다. (2010. 2. 18. 개정)

$$\begin{array}{c}\text{현물출자로 인하여 발생한}\\\text{외국자회사의 주식 등의}\\\text{양도차익에 상당하는 금액}\\\text{중 직전 사업연도 종료일}\\\text{현재까지 익금에 산입}\\\text{하지 아니한 금액}\end{array} \times \dfrac{\begin{array}{c}\text{현물출자로 인하여 취득한 외국}\\\text{법인의 주식 등 중 당해 사업}\\\text{연도에 양도한 주식 등의 수}\end{array}}{\begin{array}{c}\text{현물출자로 인하여 취득한 외국법인의}\\\text{주식 등 중 직전사업연도 종료일}\\\text{현재 보유 중인 주식 등의 수}\end{array}}$$

② 법 제38조의 3 제1항을 적용받고자 하는 내국법인은 현물출자일이 속하는 사업연도의 과세표준신고와 함께 기획재정부령으로 정하는 주식 등 현물출자 양도차익명세서 및 손금산입조정명세서를 납세지 관할세무서장에게 제출하여야 한다. (2009. 4. 21. 개정)

관계조문 ▶▶▶

규칙 61조 1항 38호의 2 ⇒ 양도차익명세서 및 손금산입조정명세서(별지 37호의 2 서식)

관계조문 ▶▶▶

• 규칙 61조 1항 27호의 3 ⇒ 현물출자등 과세특례신청서(별지 26호의 3 서식)
• 규칙 61조 1항 25호의 6 ⇒ 자법인 주식의 장부가액 계산서(별지 23호의 5 서식)

• 예판 ┈┈┈┈┈┈┈┈┈┈┈

조특법 제38조의 2 규정을 적용함에 있어 현물출자·자기주식교환명세서의 제출은 과세이연의 필수적 요건은 아님. (재재산-340, 2004. 3. 15.)

┈┈┈┈┈┈┈┈┈┈┈┈┈┈┈┈┈┈┈┈

제39조 【채무의 인수·변제에 대한 과세특례】 ① 내국법인의 주주 또는 출자자(법인인 경우에 한정한다. 이하 이 조에서 "주주등"이라 한다)가 해당 법인의 채무를 인수·변제하는 경우로서 다음 각 호의 어느 하나에 해당하는 요건을 갖춘 경우에는 해당 법인의 채무금액 중 해당 주주등이 인수·변제한 금액은 해당 연도 주주등의 소득금액을 계산할 때 대통령령으로 정하는 금액을 한도로 손금에 산입한다. (2015. 12. 15. 개정)

1. 대통령령으로 정하는 재무구조개선계획(대통령령으로 정하는 자가 승인한 것에 한정한다. 이하 이 조에서 "재무구조개선계획"이라 한다)에 따라 2026년 12월 31일까지 해당 내국법인의 지배주주·출자자 및 그 특수관계인(이하 이 조에서 "지배주주등"이라 한다)의 소유주식 또는 출자지분을 대통령령으로 정하는 특수관계인 외의 자에게 전부 양도할 것 (2023. 12. 31. 개정)

2. 대통령령으로 정하는 바에 따라 법인청산계획서를 해당 내국법인의 납세지 관할세무서장에게 제출하고 2027년 12월 31일까지 해당 내국법인의 청산을 종결할 것 (2023. 12. 31. 개정)

② 제1항에 따라 채무가 인수·변제되어 채무가 감소한 법인(이하 이 조에서 "양도등대상법인"이라 한다)은 소득금액을 계산할 때 채무의 감소액(대통령령으로 정하는 결손금을 초과하는 금액에 한정한다. 이하 이 조에서 "채무감소액"이라 한다)을 해당 사업연도와 해당 사업연도의 종료일 이후 3개 사업연도의 기간 중 익금에 산입하지 아니하고 그 다음 3개 사업연도의 기간 동안 균분한 금액 이상을 익금에 산입한다. 다만, 제1항 제2호의 요건에 해당되는 양도등대상법인의 경우에는 해산하는 날이 속하는 사업연도의 소득금액을 계산할 때 채무감소액을 익금에 산입한다. (2015. 12. 15. 개정)

③ 제1항 및 제2항을 적용할 때 제2항을 적용받은 양도등대상법인이 다음 각 호의 어느 하나에 해당하게 된 경우에는 해당 사유가 발생한 과세연도에 양도등대상법인의 소득금액을 계산할 때 대통령령으로 정하는 바에 따라 익금에 산입하지 아니한 금액을 익금에 산입하여야 한다. 이 경우 제1항에 따라 주주등이 감면받은 법인세액 및 대통령령으로 정하는 바에 따라 계산한 이자상당가산액을 법인세에 가산하여 납부하여야 하며 해당 세액은 「법인세법」 제64조에 따라 납부하여야 할

제36조 【채무의 인수·변제에 대한 과세특례】 ① 법 제39조 제1항 각 호 외의 부분에 따른 채무의 인수·변제(이하 이 조에서 "채무인수·변제"라 한다)는 같은 조 제1항 각 호 외의 부분에 따른 주주등(이하 이 조에서 "주주등"이라 한다)이 단독 또는 공동으로 하나의 계약에 의하여 일시에 인수·변제하는 것에 한정한다. (2016. 2. 5. 개정)

② 법 제39조 제1항부터 제5항까지의 규정을 적용할 때 채무의 범위는 제4항에 따른 재무구조개선계획에 채무의 내용 및 주주등의 채무인수·변제 계획이 명시되어 있는 것으로서 제34조 제5항 각 호의 금액(이하 이 조에서 "금융채권자채무"라 한다)으로 한다. (2018. 2. 13. 개정)

③ 법 제39조 제1항 각 호 외의 부분에서 "대통령령으로 정하는 금액"이란 해당 주주등이 인수·변제한 법 제39조 제2항에 따른 양도등대상법인(이하 이 조에서 "양도등대상법인"이라 한다)의 금융채권자채무 금액(이하 이 조에서 "채무인수·변제액"이라 한다)을 말한다. (2018. 2. 13. 개정)

④ 법 제39조 제1항 제1호에서 "대통령령으로 정하는 재무구조개선계획"이란 제34조 제6항 제1호부터 제4호까지의 어느 하나에 해당하는 것으로서 금융채권자채무의 총액, 내용, 주주등의 채무인수·변제 계획, 기업 양도 또는 청산 계획을 명시한 것(이하 이 조에서 "재무구조개선계획"이라 한다)을 말한다. (2018. 2. 13. 개정)

⑤ 법 제39조 제1항 제1호에서 "대통령령으로 정하는 자"란 제34조 제7항 제1호부터 제4호까지의 어느 하나에 해당하는 자를 말한다. (2017. 2. 7. 개정)

⑥ 법 제39조 제1항 제1호에 따른 "지배주주·출자자 및 그 특수관계자"란 「법인세법 시행령」 제43조 제7항 및 제8항에 따른 지배주주 등 및 특수관계에 있는 자(이하 이 조에서 "지배주주등"이라 한다)를 말한다. (2016. 2. 5. 개정)

⑦ 법 제39조 제1항 제1호에서 "대통령령으로 정하는 특수관계인"이란 해당 내국법인 또는 지배주주등과의 관계가 「법인세법 시행령」 제2조 제8항 각 호의 어느 하나에 해당하는 자를 말한다. (2025. 2. 28. 개정)

⑧ 법 제39조 제2항 본문에서 "대통령령으로 정하는 결손금을 초과하는 금액"이란 채무인수·변제를 받은 금액에서 「법인세법 시행령」 제16조 제1항에 따른 결손금(이하 이 조에서 "이월결손금"이라 한다)을

뺀 금액(이하 이 조에서 "채무감소액"이라 한다)을 말한다. 이 경우 양도등대상법인이 「법인세법」 제18조 제6호에 따라 무상으로 받은 자산의 가액과 채무의 면제 또는 소멸로 인한 부채의 감소액(채무인수·변제를 받은 금액은 제외한다)으로 먼저 이월결손금을 보전하는 경우에는 이월결손금에서 그 보전액을 제외한 잔액을 뺀 금액을 말한다. (2019. 2. 12. 개정)

⑨ 법 제39조 제3항 각 호 외의 부분 전단에 따라 양도등대상법인이 익금에 산입하여야 할 금액은 다음 각 호의 방법으로 계산한 금액을 말한다. (2016. 2. 5. 개정)

1. 법 제39조 제3항 제1호에 해당하는 경우 : 다음 산식에 따라 계산한 금액 (2016. 2. 5. 개정)

채무감소액 × 부채비율에서 기준부채비율을 뺀 비율이 기준부채비율에서 차지하는 비율(이 비율이 1을 초과하는 경우에는 1로 본다)

2. 법 제39조 제3항 제2호에 해당하는 경우 : 채무감소액 중 익금에 산입하지 아니한 금액 전액 (2016. 2. 5. 개정)

3. 법 제39조 제3항 제3호에 해당하는 경우 : 채무감소액 전액 (2016. 2. 5. 개정)

⑩ 법 제39조 제3항 각 호 외의 부분 후단 중 법인세에 가산하여 납부하여야 할 주주등이 감면받은 법인세액은 다음 각 호의 방법에 따라 계산한다. (2016. 2. 5. 개정)

☞ p.1377 2단 연결

세액으로 본다. (2015. 12. 15. 개정)
1. 양도등대상법인의 부채비율이 채무 인수·변제 후 3년 이내의 기간 중 기준부채비율보다 증가하게 된 경우(제1항 제1호에 해당되는 양도등대상법인에 한정한다) (2015. 12. 15. 개정)
2. 채무를 인수·변제한 날부터 3년 이내에 해당 사업을 폐업하거나 해산한 경우로서 합병법인, 분할로 인하여 신설되는 법인 또는 분할합병의 상대방 법인이 해당 사업을 승계한 경우가 아닌 경우(제1항 제1호에 해당되는 양도등대상법인에 한정한다). 다만, 파산 등 대통령령으로 정하는 부득이한 사유가 있는 경우에는 제1항에 따라 주주등이 감면받은 법인세액 및 대통령령으로 정하는 바에 따라 계산한 이자상당가산액을 가산하지 아니한다. (2015. 12. 15. 개정)
3. 제1항 제1호 또는 제2호의 요건을 충족하지 못한 경우 (2015. 12. 15. 개정)
④ 제1항 제1호에 따른 법인의 양도·양수에 있어서 양도등대상법인의 자산부족액을 익금에 산입하여 이를 「법인세법」 제67조에 따라 처분하는 경우 해당 양도등대상법인은 「소득세법」에도 불구하고 그 처분금액에 대한 소득세를 원천징수하지 아니한다. (2015. 12. 15. 개정)
⑤ 제1항에 따라 법인의 채무가 인수·변제됨에 따라 해당 법인의 다른 주주등이 얻는 이익에 대해서는 「상속세 및 증여세법」에 따른 증여로 보지 아니한다. 다만, 채무를 인수·변제한 주주등의 대통령령으로 정하는 특수관계인에 대해서는 그러하지 아니하다. (2015. 12. 15. 개정)
⑥ 제1항 제1호에 따른 재무구조개선계획을 승인한 자는 재무구조개선계획의 내용 및 그 이행실적을 매년 대통령령으로 정하는 바에 따라 납세지 관할 세무서장에게 제출하여야 한다. (2015. 12. 15. 개정)
⑦ 제1항부터 제6항까지의 규정을 적용할 때 채무의 범위, 재무구조개선계획의 내용 및 승인기준, 지배주주등의 범위, 자산부족액의 요건 및 신고의 방법, 법인양도·양수에 관한 명세서의 제출, 법인의 청산계획서 제출, 세액감면의 신청 및 그 밖에 필요한 사항은 대통령령으로 정한다. (2015. 12. 15. 개정)

1. 법 제39조 제3항 제1호에 해당하는 경우 : 다음 산식에 따라 계산한 금액 (2016. 2. 5. 개정)
채무인수·변제액을 손금에 산입한 사업연도에 채무인수·변제액을 손금에 산입함에 따라 발생한 법인세 차액 × 부채비율에서 기준부채비율을 뺀 비율이 기준부채비율에서 차지하는 비율(이 비율이 1을 초과하는 경우에는 1로 본다)
2. 법 제39조 제3항 제2호 본문 및 같은 항 제3호에 해당하는 경우 : 채무인수·변제액을 손금에 산입한 사업연도에 채무인수·변제액을 손금에 산입함에 따라 발생한 법인세 차액 (2016. 2. 5. 개정)
⑪ 법 제39조 제3항 각 호 외의 부분 후단 및 같은 항 제2호 단서에서 "대통령령으로 정하는 바에 따라 계산한 이자상당가산액"이란 각각 다음 각 호의 금액을 합산한 금액을 말한다. (2016. 2. 5. 개정)
1. 채무인수·변제를 받은 날이 속하는 사업연도에 제9항에 따라 익금에 산입하여야 할 금액을 익금에 산입하지 아니함에 따라 발생한 법인세액의 차액에 가목에 따른 기간과 나목에 따른 율을 곱하여 계산한 금액 (2016. 2. 5. 개정)
가. 채무인수·변제를 받은 날이 속하는 사업연도의 종료일의 다음 날부터 제9항에 따라 익금에 산입하여야 할 금액을 익금에 산입하는 사업연도의 종료일까지의 기간 (2016. 2. 5. 개정)
나. 제11조의 2 제9항 제2호에 따른 율 (2022. 2. 15. 개정)
2. 제10항에 따라 납부하여야 할 세액에 가목에 따른 기간과 나목에 따른 율을 곱하여 계산한 금액 (2016. 2. 5. 개정)
가. 채무인수·변제를 한 날이 속하는 사업연도의 종료일의 다음 날부터 제10항에 따라 납부하여야 할 세액을 납부하는 사업연도의 종료일까지의 기간 (2016. 2. 5. 개정)
나. 제11조의 2 제9항 제2호에 따른 율 (2022. 2. 15. 개정)
⑫ 법 제39조 제3항 제1호를 적용할 때 채무인수·변제를 한 날부터 해당 사업연도 종료일까지의 기간을 1년으로 보아 3년의 기간을 계산한다. (2016. 2. 5. 개정)
⑬ 법 제39조 제3항 제1호에 따른 부채비율 및 기준부채비율의 산정에 관하여는 제34조 제15항 및 제16항을 준용한다. 이 경우 "채무상

환액"을 "채무인수·변제를 받은 금액의 합계"로 본다. (2016. 2. 5. 개정)
⑭ 법 제39조 제3항 제2호 단서에서 "파산 등 대통령령으로 정하는 부득이한 사유"란 제34조 제17항 각 호의 어느 하나에 해당하는 경우를 말한다. (2016. 2. 5. 개정)
⑮ 법 제39조 제4항에 따른 법인의 양도·양수에 있어서 양도등대상법인의 자산부족액은 해당 주식양도계약에 자산의 실제조사에 대한 내용이 포함되어 있는 경우로서 주식양도일 현재의 자산부족액을 양도등대상법인이 「금융위원회의 설치 등에 관한 법률」 제19조에 따라 설립된 증권선물위원회에 요청하여 지명을 받은 회계법인으로부터 확인받아 수정하여 회계처리한 것에 한정한다. (2021. 1. 5. 개정 ; 어려운 법령용어~대통령령)
⑯ 법 제39조 제5항 단서에서 "대통령령으로 정하는 특수관계인"이란 채무인수·변제를 한 주주등과의 관계가 「상속세 및 증여세법 시행령」 제19조 제2항 각 호의 어느 하나에 해당하는 자를 말한다. (2016. 2. 5. 개정)
⑰ 재무구조개선계획승인권자는 양도등대상법인의 그 승인일이 속하는 사업연도(이하 이 조에서 "사업연도"라 한다) 종료일까지 재무구조개선계획의 내용을 기획재정부령으로 정하는 재무구조개선계획서에 따라 양도등대상법인의 납세지 관할 세무서장에게 제출하여야 하며, 다음 각

☞ p.1378 2단 연결

제40조【주주 등의 자산양도에 관한 법인세 등 과세특례】 (2009. 5. 21. 제목개정)

농특비

① 내국법인이 주주 또는 출자자(이하 이 조에서 "주주등"이라 한다)로부터 2026년 12월 31일 이전에 다음 각 호의 요건을 모두 갖추어 자산을 무상으로 받은 경우에는 해당 사업연도의 소득금액을 계산할 때 해당 자산가액(대통령령으로 정하는 결손금을 초과하는 금액에 한정한다)은 자산을 증여받은 날이 속하는 사업연도의 종료일 이후 3개 사업연도의 기간 중 익금에 산입하지 아니하고 그 다음 3개 사업연도의 기간 동안 균분한 금액 이상을 익금에 산입하여야 한다. (2023. 12. 31. 개정)

1. 대통령령으로 정하는 재무구조개선계획(대통령령으로 정하는 자가 승인한 것에 한정한다. 이하 이 조에서 "재무구조개선계획"이라 한다)에 따라 주주등의 자산증여 및 법인의 채무상환이 이루어질 것 (2010. 1. 1. 개정)

2. 재무구조개선계획에는 금전의 경우 법인이 해당 금전을 받은 날부터 2023년 12월 31일 이내에서 대통령령으로 정하는 기한까지, 금전 외의 자산의 경우에는 해당 자산을 양도한 날(장기할부조건의 경우에는 대통령령으로 정하는 날을 말한다)부터 2026년 12월 31일 이내에서 대통령령으로 정하는 기한까지 그 양도대금을 대통령령으로 정하는 금융채권자(이하 이 조 및 제44조에서 "금융채권자"라 한다)에 대한 부채의 상환에 전액 사용(대통령령으로

호에 해당하는 사업연도의 과세표준 신고기한 종료일까지 기획재정부령으로 정하는 재무구조개선계획이행보고서를 양도등대상법인의 납세지 관할세무서장에게 제출하여야 한다. 이 경우 양도등대상기업이 재무구조개선계획승인권자의 확인을 받아 재무구조개선계획서 또는 재무구조개선계획이행보고서를 납세지 관할세무서장에게 제출하는 경우에는 재무구조개선계획승인권자가 제출한 것으로 본다. (2016. 2. 5. 개정)

관계조문 ≫

• 규칙 61조 1항 28호 ⇒ 재무구조개선계획서(별지 27호 서식)
• 규칙 61조 1항 29호 ⇒ 재무구조개선계획 이행보고서(별지 28호 서식)

1. 채무인수·변제를 한 날이 속하는 사업연도 (2016. 2. 5. 개정)
2. 법 제39조 제1항 제1호에 따라 주식 등을 양도한 날 또는 같은 항 제2호에 따라 법인의 청산을 종결한 날이 속하는 사업연도 (2016. 2. 5. 개정)
3. 법 제39조 제1항 제1호에 따라 주식 등을 양도한 날이 속하는 사업연도의 다음 3년간 (2016. 2. 5. 개정)

⑱ 법 제39조 제1항을 적용받으려는 주주등은 채무인수·변제를 한 날이 속하는 사업연도의 과세표준신고와 함께 기획재정부령으로 정하는 법인양도·양수계획서 또는 법인청산계획서, 채무인수·변제명세서 및 세액감면신청서를 납세지 관할세무서장에게 제출하여야 한다. (2016. 2. 5. 개정)

관계조문 ≫

• 규칙 61조 1항 30호 ⇒ 법인 양도·양수(청산)계획서(별지 29호 서식)
• 규칙 61조 1항 31호 ⇒ 채무인수·변제명세서(별지 30호 서식)
• 규칙 61조 1항 32호 ⇒ 세액감면신청서(별지 31호 서식)

⑲ 법 제39조 제2항을 적용받으려는 법인은 채무인수·변제를 받은 날이 속하는 사업연도의 과세표준신고와 함께 기획재정부령으로 정하는 법인양도·양수계획서 또는 법인청산계획서, 채무인수·변제명세서 및 분할익금산입조정명세서를 납세지 관할세무서장에게 제출하여

야 한다. (2016. 2. 5. 개정)

관계조문 ≫

• 규칙 61조 1항 30호 ⇒ 법인 양도·양수(청산)계획서(별지 29호 서식)
• 규칙 61조 1항 31호 ⇒ 채무인수·변제명세서(별지 30호 서식)
• 규칙 61조 1항 32호의 2 ⇒ 분할익금산입조정명세서(별지 31호의 2 서식)

제37조【주주등의 자산양도에 관한 법인세 등 과세특례】 (2017. 2. 7. 제목개정)

① 법 제40조 제1항에 따른 자산의 증여는 같은 항 각 호 외의 부분에 따른 주주 또는 출자자(이하 이 조에서 "주주등"이라 한다)가 단독 또는 공동으로 하나의 계약에 의하여 일시에 증여하는 것에 한정한다. (2009. 6. 19. 개정)

② 법 제40조 제1항 각 호 외의 부분에서 "대통령령으로 정하는 결손금을 초과하는 금액"이란 제36조 제8항을 준용하여 계산한 금액(이하 이 조에서 "자산수증익"이라 한다)을 말한다. 이 경우 "채무인수·변제를 받은 금액"은 "법 제40조 제1항에 따라 증여받은 자산가액"으로 본다. (2009. 6. 19. 개정)

③ 법 제40조 제1항 제1호에서 "대통령령으로 정하는 재무구조개선계획"이란 제34조 제6항 제1호부터 제4호까지의 어느 하나에 해당하는 것으로서 주주등의 자산양도 또는 자산증여 계획, 제10항에 따른 금융채권자채무의 총액, 내용 및 상환계획을

☞ p.1379 2단 연결

정하는 부득이한 사유가 있는 경우에는 그 사유가 종료한 날의 다음 날에 부채의 상환에 전액 사용을 말한다)한다는 내용이 포함되어 있을 것 (2023. 12. 31. 개정)

② 제1항에 따라 자산을 증여한 주주등(법인인 경우에 한정한다)의 경우 증여한 자산의 가액(장부가액을 말한다) 중 대통령령으로 정하는 금액을 해당 사업연도의 소득금액을 계산할 때 손금에 산입한다. (2010. 1. 1. 개정)

③ 제1항에 따라 주주등이 법인에 자산을 증여할 때 소유하던 자산을 양도하고 2026년 12월 31일 이전에 그 양도대금을 해당 법인에 증여하는 경우에는 해당 자산을 양도함으로써 발생하는 양도차익 중 대통령령으로 정하는 증여금액에 상당하는 금액(이하 이 조에서 "양도차익상당액"이라 한다)은 다음 각 호에 해당하는 방법으로 양도소득세 또는 금융투자소득세를 감면하거나 같은 금액을 익금에 산입하지 아니할 수 있다. (2023. 12. 31. 개정)

③ 제1항에 따라 주주등이 법인에 자산을 증여할 때 소유하던 자산을 양도하고 2026년 12월 31일 이전에 그 양도대금을 해당 법인에 증여하는 경우에는 해당 자산을 양도함으로써 발생하는 양도차익 중 대통령령으로 정하는 증여금액에 상당하는 금액(이하 이 조에서 "양도차익상당액"이라 한다)은 다음 각 호에 해당하는 방법으로 양도소득세를 감면하거나 같은 금액을 익금에 산입하지 아니할 수 있다. (2024. 12. 31. 개정)

1. 거주자 : 양도차익상당액에 대한 양도소득세 또는 금융투자소득세의 100분의 100에 상당하는 세액을 감면하는 방법 (2021. 12. 28. 개정)

1. 거주자 : 양도차익상당액에 대한 양도소득세의 100분의 100에 상당하는 세액을 감면하는 방법 (2024. 12. 31. 개정)

2. 내국법인 : 양도차익상당액을 해당 사업연도의 소득금액을 계산할 때 익금에 산입하지 아니하는 방법 (2010. 1. 1. 개정)

④ 제1항에 따라 자산을 증여받은 법인이 다음 각 호의 어느 하나에 해당하는 경우에는 해당 사유가 발생한 사업연도의 소득금액을 계산할 때 대통령령으로 정하는 바에 따라 제1항에 따라 익금에 산입하지 아니한 금액을 익금에 산입한다. 이 경우 제2항 및 제3항에 따라 감면한 세액을 해당 법인이 납부할 법인세액에 가산하여 징수한다. (2010. 1. 1. 개정)

1. 재무구조개선계획에 따라 채무를 상환하지 아니한 경우 (2010. 1. 1.

명시한 것(이하 이 조에서 "재무구조개선계획"이라 한다)을 말한다. (2018. 2. 13. 개정)

④ 법 제40조 제1항 제1호에서 "대통령령으로 정하는 자"란 제34조 제7항 제1호부터 제4호까지의 어느 하나에 해당하는 자를 말한다. (2017. 2. 7. 개정)

⑤ 법 제40조 제1항 제2호에서 "대통령령으로 정하는 기한"이란 각각 제34조 제4항에 따른 기한을 말한다. (2009. 6. 19. 개정)

⑥ 법 제40조 제1항 제2호에서 "대통령령으로 정하는 날"이란 각 회의 부불금(계약금은 첫 회의 부불금에 포함되는 것으로 한다)을 받은 날을 말한다. (2009. 6. 19. 개정)

⑦ 법 제40조 제1항 및 제2항을 적용할 때 자산의 양도시기에 대하여는 「소득세법 시행령」 제162조를 준용한다. 다만, 장기할부조건의 양도의 경우에는 제6항에 따른 날로 한다. (2009. 6. 19. 개정)

⑧ 법 제40조 제1항 제2호에서 "대통령령으로 정하는 금융채권자"란 「기업구조조정 촉진법」 제2조 제2호에 따른 금융채권자를 말한다. (2018. 2. 13. 개정)

⑨ 법 제40조 제1항 제2호에서 "대통령령으로 정하는 부득이한 사유"란 제34조 제3항에 해당하는 경우를 말한다. (2009. 6. 19. 개정)

⑩ 법 제40조 제1항 제2호에 따라 상환하는 채무는 재무구조개선계획에 채무의 내용 및 주주등의 자산 증여를 통한 상환계획이 명시되어 있는 것으로서 제34조 제5항 각 호의 금액(이하 이 조에서 "금융채권자채무"라 한다)을 말한다. (2018. 2. 13. 개정)

⑪ 법 제40조 제2항에서 "대통령령으로 정하는 금액"이란 해당 주주등이 증여한 자산의 장부가액(이하 이 조에서 "자산증여액"이라 한다)을 말한다. (2017. 2. 7. 개정)

⑫ 법 제40조 제3항 각 호 외의 부분에서 "대통령령으로 정하는 증여금액에 상당하는 금액"이란 다음 산식에 의하여 계산한 금액(이하 이 조에서 "양도차익상당액"이라 한다)을 말한다. (2017. 2. 7. 개정)

법 제40조 제3항에 따라 양도한 자산의 양도차익 × [해당 자산의 양도가액 중 재무구조개선계획을 승인받은 법인(이하 이 조에서 "재무구조개선계획승인법인"이라 한다)에게 증여한 금액 / (해당 자산의 양도가액 − 법

제40조 제3항에 따라 양도한 자산의 양도차익에 대하여 해당 법인이 「농어촌특별세법」에 따라 납부한 농어촌특별세액)]

⑬ 법 제40조 제4항 각 호 외의 부분 전단에 따라 익금에 산입하는 금액은 다음 각 호의 방법으로 계산한 금액을 말한다. (2009. 6. 19. 개정)

1. 법 제40조 제4항 제1호에 해당하는 경우 : 다음 산식에 따라 계산한 금액 (2009. 6. 19. 개정)

자산수증익 × [법 제40조 제1항에 따라 증여받은 자산의 가액(금전이 아닌 자산의 경우에는 양도가액을 말한다. 이하 이 조에서 "양수자산가액"이라 한다) − 양수자산가액 중 채무상환에 사용한 금액] / 양수자산가액

2. 법 제40조 제4항 제2호에 해당하는 경우 : 다음 산식에 따라 계산한 금액 (2009. 6. 19. 개정)

자산수증익 × 부채비율에서 기준부채비율을 뺀 비율이 기준부채비율에서 차지하는 비율(이 비율이 1을 초과하는 경우에는 1로 본다)

3. 법 제40조 제4항 제3호에 해당하는 경우 : 자산수증익 중 익금에 산입하지 아니한 금액 전액 (2009. 6. 19. 개정)

⑭ 법 제40조 제2항에 따라 주주등이 감면받은 세액 중 같은 조 제4항에 따라 재무구조개선계획승인법인이 납부하여야 할 법인세에 가산하여 징수하는 금액은 다음

☞ p.1380 2단 연결

개정)

2. 해당 법인의 부채비율이 채무 상환 후 3년 이내의 기간 중 기준부채비율보다 증가하게 된 경우 (2010. 1. 1. 개정)

3. 제1항에 따라 자산을 증여받은 날부터 3년 이내에 해당 사업을 폐업하거나 해산한 경우로서 합병법인, 분할로 인하여 신설되는 법인 또는 분할합병의 상대방 법인이 해당 사업을 승계한 경우가 아닌 경우. 다만, 파산 등 대통령령으로 정하는 부득이한 사유가 있는 경우에는 제2항 및 제3항에 따라 감면한 세액을 가산하지 아니한다. (2010. 1. 1. 개정)

⑤ 제4항에 따라 법인이 납부할 세액에는 대통령령으로 정하는 바에 따라 계산한 이자상당가산액을 가산하며 해당 세액은 「법인세법」 제64조에 따라 납부하여야 할 세액으로 본다. 다만, 제4항 제3호 단서에 해당하는 경우에는 그러하지 아니하다. (2010. 1. 1. 개정)

⑥ 제1항에 따라 법인이 주주등으로부터 자산을 무상으로 받음으로써 해당 법인의 다른 주주등이 얻는 이익은 「상속세 및 증여세법」에 따른 증여로 보지 아니한다. 다만, 자산을 증여한 주주등의 특수관계인에 대해서는 그러하지 아니하다. (2011. 12. 31. 단서개정)

⑦ 제1항 제1호에 따라 재무구조개선계획을 승인한 자는 재무구조개선계획의 내용 및 그 이행실적을 매년 대통령령으로 정하는 바에 따라 납세지 관할세무서장에게 제출하여야 한다. (2010. 1. 1. 개정)

⑧ 제1항부터 제7항까지의 규정을 적용할 때 양도의 시기, 재무구조개선계획의 내용 및 승인기준 등에 관한 사항, 부채비율 및 기준부채비율의 산정, 특수관계인의 범위, 세액감면의 신청, 그 밖에 필요한 사항은 대통령령으로 정한다. (2011. 12. 31. 개정)

각 호의 금액으로 한다. (2009. 6. 19. 개정)

1. 법 제40조 제4항 제1호에 해당하는 경우 : 주주등이 자산증여액을 손금에 산입한 사업연도에 다음 산식에 따라 계산한 금액을 손금에 산입함에 따라 발생한 법인세액의 차액 (2009. 6. 19. 개정)

자산증여액 × (양수자산가액 − 양수자산가액 중 채무상환에 사용한 금액) / 양수자산가액

2. 법 제40조 제4항 제2호에 해당하는 경우 : 다음 산식에 따라 계산한 금액 (2009. 6. 19. 개정)

자산증여액을 손금에 산입한 사업연도에 자산증여액을 손금에 산입함에 따라 발생한 법인세액의 차액 × 부채비율에서 기준부채비율을 뺀 비율이 기준부채비율에서 차지하는 비율(이 비율이 1을 초과하는 경우에는 1로 본다)

3. 법 제40조 제4항 제3호 본문에 해당하는 경우 : 자산증여액을 손금에 산입한 사업연도에 자산증여액을 손금에 산입함에 따라 발생한 법인세액의 차액 (2009. 6. 19. 개정)

⑮ 법 제40조 제3항에 따라 주주등이 감면받은 세액 중 같은 조 제4항에 따라 재무구조개선계획승인법인이 납부하여야 할 법인세에 가산하여 징수하는 금액은 다음 각 호의 금액으로 한다. (2009. 6. 19. 개정)

1. 주주등이 거주자인 경우 다음 각 목에 따라 계산한 금액 (2009. 6. 19. 개정)

가. 법 제40조 제4항 제1호에 해당하는 경우 : 양도차익상당액에 대한 양도소득세 또는 금융투자소득세를 납부하지 아니한 과세연도에 다음 산식에 따라 계산한 금액을 양도차익상당액 산정 시 포함함에 따른 양도소득세액 또는 금융투자소득세액의 차액 (2022. 2. 15. 개정)

양도차익상당액 × (양수자산가액 − 양수자산가액 중 채무상환에 사용한 금액)/ 양수자산가액

가. 법 제40조 제4항 제1호에 해당하는 경우 : 양도차익상당액에 대한 양도소득세를 납부하지 아니한 과세연도에 다음 산식에 따라 계산한 금액을 양도차익상당액 산정 시 포함함에 따른 양도소득세액의 차액 (2024. 12. 31. 개정)

양도차익상당액 × (양수자산가액 − 양수자산가액 중 채무상환에 사용한 금액)/양수자산가액

나. 법 제40조 제4항 제2호에 해당하는 경우 : 다음 산식에 따라 계산한 금액 (2022.

2. 15. 개정)

양도차익상당액에 대하여 납부하지 아니한 양도소득세 또는 금융투자소득세 × 부채비율에서 기준부채비율을 뺀 비율이 기준부채비율에서 차지하는 비율(이 비율이 1을 초과하는 경우에는 1로 본다)

나. 법 제40조 제4항 제2호에 해당하는 경우 : 다음 산식에 따라 계산한 금액 (2024. 12. 31. 개정)

양도차익상당액에 대하여 납부하지 아니한 양도소득세 × 부채비율에서 기준부채비율을 뺀 비율이 기준부채비율에서 차지하는 비율(이 비율이 1을 초과하는 경우에는 1로 본다)

다. 법 제40조 제4항 제3호 본문에 해당하는 경우 : 양도차익상당액에 대하여 납부하지 아니한 양도소득세 또는 금융투자소득세 전액 (2022. 2. 15. 개정)

다. 법 제40조 제4항 제3호 본문에 해당하는 경우 : 양도차익상당액에 대하여 납부하지 아니한 양도소득세 전액 (2024. 12. 31. 개정)

2. 주주등이 내국법인인 경우 : 다음 각 목에 따라 계산한 금액 (2009. 6. 19. 개정)

가. 법 제40조 제4항 제1호에 해당하는 경우 : 양도차익상당액을 익금에 산입하지 아니한 사업연도에 다음 산식에 따라 계산한 금액을 익금에 산입하지 아니함에 따라 발생한 법인세액의 차액 (2009. 6. 19. 개정)

양도차익상당액 × (양수자산가액 − 양수자산가액 중 채무상환에 사

☞ p.1381 3단 연결

㉓ 법 제40조 제1항을 적용받으려는 법인은 자산증여일이 속하는 사업연도의 과세표준신고와 함께 기획재정부령으로 정하는 수증자산명세서, 채무상환(예정)명세서 및 분할익금산입조정명세서를 납세지 관할세무서장에게 제출하여야 하며, 자산증여일과 채무상환일이 서로 다른 사업연도에 속하는 경우에는 채무상환일이 속하는 사업연도의 과세표준신고와 함께 채무상환(예정)명세서를 별도로 제출하여야 한다. (2009. 6. 19. 개정)

관계조문 ≫
규칙 61조 1항 34호 ⇒ 수증자산명세서, 채무상환(예정)명세서 및 분할익금산입조정명세서(별지 33호 서식)

㉔ 법 제40조 제2항을 적용받으려는 주주등은 자산증여일이 속하는 사업연도의 과세표준신고와 함께 자산증여계약서, 기획재정부령으로 정하는 채무상환(예정)명세서 및 세액감면신청서를 납세지 관할세무서장에게 제출하여야 한다. (2009. 6. 19. 개정)

관계조문 ≫
• 규칙 61조 1항 35호 ⇒ 채무상환(예정)명세서(별지 34호 서식)
• 규칙 61조 1항 36호 ⇒ 세액감면신청서(별지 35호 서식)

㉕ 법 제40조 제3항을 적용받으려는 주주등은 같은 항에 따라 자산을 양도한 날이 속하는 과세연도의 과세표준신고와 함께 자산매매계약서, 증여계약서, 기획재정부령으로 정하는 채무상환(예정)명세서 및 세액감면신청서를 납세지 관할세무서장에게 제출하여야 한다. (2009. 6. 19. 개정)

관계조문 ≫
• 규칙 61조 1항 35호 ⇒ 채무상환(예정)명세서(별지 34호 서식)
• 규칙 61조 1항 36호 ⇒ 세액감면신청서(별지 35호 서식)

를 말한다. (2009. 6. 19. 개정)
⑲ 법 제40조 제5항 본문에서 "대통령령으로 정하는 바에 따라 계산한 이자상당가산액"이란 다음 각 호의 금액을 합산한 금액을 말한다. (2009. 6. 19. 개정)
1. 법 제40조 제1항에 따라 자산을 증여받은 날(이하 이 조에서 "자산증여일"이라 한다)이 속하는 사업연도에 제13항에 따른 금액을 익금에 산입하지 아니함에 따라 발생한 법인세액의 차액에 가목에 따른 기간과 나목에 따른 율을 곱하여 계산한 금액 (2009. 6. 19. 개정)
   가. 자산증여일이 속하는 사업연도의 종료일의 다음 날부터 제13항에 따른 금액을 익금에 산입하는 사업연도의 종료일까지의 기간 (2009. 6. 19. 개정)
   나. 제11조의 2 제9항 제2호에 따른 율 (2022. 2. 15. 개정)
2. 제14항 및 제15항에 따른 세액에 가목에 따른 기간과 나목에 따른 율을 곱하여 계산한 금액 (2009. 6. 19. 개정)
   가. 제14항 및 제15항에 따른 세액을 납부하지 아니한 사업연도의 종료일의 다음 날부터 제14항 및 제15항에 따른 세액을 납부하는 사업연도의 종료일까지의 기간 (2009. 6. 19. 개정)
   나. 제11조의 2 제9항 제2호에 따른 율 (2022. 2. 15. 개정)
⑳ 제13항(같은 항 제3호는 제외한다. 이하 이 항에서 같다) 및 제19항 제1호를 적용할 때 제13항에 따른 금액을 익금에 산입하기 이전에 법 제40조 제1항에 따라 익금에 산입하지 아니한 금액의 일부 또는 전부로서 익금에 산입한 금액(이하 이 조에서 "기익금산입액"이라 한다)이 있으면 먼저 익금에 산입한 순서대로 기익금산입액을 제13항에 따른 익금산입액으로 보며 기익금산입액을 익금에 산입한 사업연도까지의 기간을 기준으로 제19항 제1호에 따른 이자상당가산액을 계산한다. (2009. 6. 19. 개정)
㉑ 법 제40조 제6항 단서에 따른 "특수관계에 있는 자"의 범위에 대하여는 제36조 제16항을 준용한다. (2009. 6. 19. 개정)
㉒ 법 제40조 제7항에 따른 재무구조개선계획 및 그 이행실적의 제출 방법에 대하여는 제34조 제18항을 준용한다. 이 경우 "자산양도일"을 "자산증여일"로 본다. (2009. 6. 19. 개정)

관계조문 ≫
• 규칙 61조 1항 24호 ⇒ 재무구조개선계획 이행보고서(별지 22호 서식)

용한 금액) / 양수자산가액
나. 법 제40조 제4항 제2호에 해당하는 경우 : 다음 산식에 따라 계산한 금액 (2009. 6. 19. 개정)
양도차익상당액을 익금에 산입하지 아니한 사업연도에양도차익상당액을 익금에 산입하지 아니함에 따라 발생한 법인세액의 차액 × 부채비율에서 기준부채비율을 뺀 비율이 기준부채비율에서 차지하는 비율(이 비율이 1을 초과하는 경우에는 1로 본다)
다. 법 제40조 제4항 제3호 본문에 해당하는 경우 : 양도차익상당액을 익금에 산입하지 아니한 사업연도에 양도차익상당액을 익금에 산입하지 아니함에 따라 발생한 법인세액의 차액 (2009. 6. 19. 개정)
⑯ 법 제40조 제4항 제2호를 적용할 때 사업연도 중에 채무를 상환한 경우에는 채무를 상환한 날(이하 이 조에서 "채무상환일"이라 한다)부터 해당 사업연도 종료일까지의 기간을 1년으로 보아 3년의 기간을 계산한다. (2009. 6. 19. 개정)
⑰ 법 제40조 제4항 제2호에 따른 부채비율 및 기준부채비율의 산정에 관하여는 제34조 제15항 및 제16항을 준용한다. 이 경우 "채무상환액"을 "양수자산가액 중 채무상환에 사용한 금액"으로 본다. (2009. 6. 19. 개정)
⑱ 법 제40조 제4항 제3호 단서에서 "대통령령으로 정하는 부득이한 사유"란 제34조 제17항 각 호의 어느 하나에 해당하는 경우

제41조 【중소기업의 주주등의 자산증여에 대한 법인세 등 과세특례】 삭　제 (2007. 12. 31.)

제41조의 2 【위탁기업체의 주주의 자산증여에 대한 과세특례】 삭　제 (2008. 12. 26.)

제42조 【기업의 합병, 사업양도 · 양수 등의 지원을 위한 양도소득세 등의 감면】 삭　제 (2001. 12. 29)

제43조 【구조조정대상 부동산 취득자에 대한 양도소득세의 감면 등】 (2010. 1. 1. 제목개정)
① 제40조 제1항에 따라 양도소득세의 감면대상이 되는 부동산(이하 이 조에서 "구조조정대상부동산"이라 한다)을 1999년 12월 31일 이전에 취득한 자가 그 구조조정대상부동산을 취득한 날부터 5년 이내에 양도함으로써 발생하는 소득에 대해서는 양도소득세의 100분의 50에 상당하는 세액을 감면하며, 그 구조조정대상부동산을 취득한 날부터 5년이 지난 후에 양도하는 경우에는 그 구조조정대상부동산을 취득한 날부터 5년간 발생한 양도소득금액의 100분의 50에 상당하는 금액을 양도소득세 과세대상 소득금액에서 뺀다. (2010. 1. 1. 개정)

② 제1항을 적용받으려는 자는 대통령령으로 정하는 바에 따라 감면신청을 하여야 한다. (2010. 1. 1. 개정)
③ 제1항에 따른 구조조정대상부동산의 확인 및 부동산을 취득한 날부터 5년간 발생한 양도소득금액의 계산, 그 밖에 필요한 사항은 대통령령으로 정한다. (2010. 1. 1. 개정)

제43조의 2 【기업구조조정의 지원을 위하여 취득한 토지 등의 양도차익에 대한 법인세 과세특례】 삭　제 (2008. 12. 26.)

제44조 【재무구조개선계획 등에 따른 기업의 채무면제익에 대한

제38조 【중소기업의 주주 등의 자산증여에 대한 법인세 등 과세특례】 삭　제 (2008. 2. 22.)

제38조의 2 【위탁기업체의 주주의 자산증여에 대한 과세특례】 삭　제 (2008. 2. 22.)

제39조 【기업의 합병, 사업양도 · 양수 등의 지원을 위한 양도소득세 등의 감면】 삭　제 (2001. 12. 31)

제40조 【구조조정대상부동산의 취득자에 대한 양도소득세의 감면 등】 (2001. 12. 31. 제목개정)
① 법 제43조 제1항에 따른 구조조정대상부동산을 취득한 날부터 5년간 발생한 양도소득금액은 「소득세법」 제95조 제1항에 따른 양도소득금액 또는 「법인세법」 제55조의 2 제1항에 따른 양도소득(이하 이 항에서 "양도소득금액"이라 한다)으로서 다음 계산식에 따라 계산한 금액으로 한다. 이 경우 새로운 기준시가가 고시되기 전에 취득 또는 양도하거나 취득일부터 5년이 되는 날이 도래하는 경우에는 직전의 기준시가를 적용한다. (2015. 2. 3. 개정)

$$\text{양도소득금액} \times \left(\frac{\text{취득일부터 5년이 되는 날의 기준시가} - \text{취득 당시 기준시가}}{\text{양도 당시 기준시가} - \text{취득 당시 기준시가}} \right)$$

② 법 제43조 제2항에 따라 양도소득세의 감면신청을 하려는 자는 해당 구조조정대상부동산의 양도일이 속하는 과세연도의 과세표준 신고와 함께 기획재정부령으로 정하는 세액감면신청서를 납세지 관할 세무서장에게 제출하여야 한다. (2015. 2. 3. 개정)
③ 제2항에 따라 감면신청을 받은 납세지 관할 세무서장은 제37조 제25항에 따른 채무상환(예정)명세서 및 세액감면신청서를 통하여 해당 구조조정대상부동산을 확인하여야 한다. (2015. 2. 3. 개정)

제40조의 2 【기업구조조정의 지원을 위하여 취득한 토지 등의 양도차익에 대한 법인세 과세특례】 삭　제 (2009. 2. 4.)

제41조 【재무구조개선계획 등에 따른 기업의 채무면제익에 대한

관계조문
규칙 61조 1항 38호 ⇒ 세액감면신청서 (별지 37호 서식)

① 2026년 12월 31일까지 내국법인이 금융채권자로부터 채무의 일부를 면제받은 경우로서 다음 각 호의 어느 하나에 해당하는 경우 소득금액을 계산할 때 그 면제받은 채무에 상당하는 금액(대통령령으로 정하는 결손금을 초과하는 금액에 한정한다. 이하 이 조에서 "채무면제익"이라 한다)은 해당 사업연도와 해당 사업연도의 종료일 이후 3개 사업연도의 기간 중 익금에 산입하지 아니하고 그 다음 3개 사업연도의 기간 동안 균분한 금액 이상을 익금에 산입한다. (2023. 12. 31. 개정)

1. 「채무자 회생 및 파산에 관한 법률」에 따른 회생계획인가의 결정을 받은 법인이 금융채권자로부터 채무의 일부를 면제받은 경우로서 그 결정에 채무의 면제액이 포함된 경우 (2017. 12. 19. 개정)

2. 「기업구조조정 촉진법」 제14조 제1항에 따른 기업개선계획의 이행을 위한 약정을 체결한 부실징후기업이 금융채권자로부터 채무의 일부를 면제받은 경우로서 그 약정에 채무의 면제액이 포함된 경우 및 같은 법 제27조에 따른 반대채권자의 채권매수청구권의 행사와 관련하여 채무의 일부를 면제받은 경우 (2022. 12. 31. 개정)

3. 내국법인이 대통령령으로 정하는 바에 따라 채권을 보유한 금융채권자 간의 합의에 따라 채무를 면제받은 경우 (2017. 12. 19. 개정)

4. 그 밖에 내국법인이 관계 법률에 따라 채무를 면제받은 경우로서 대통령령으로 정하는 경우 (2010. 1. 1. 개정)

② 「기업구조조정 투자회사법」에 따른 약정체결기업이 기업구조조정투자회사로부터 채무를 출자로 전환받는 과정에서 채무의 일부를 면제받는 경우 그 채무면제익은 제1항을 준용하여 익금에 산입한다. (2010. 1. 1. 개정)

③ 제1항에 따라 채무를 면제받은 법인이 채무면제익 전액을 익금에 산입하기 전에 사업을 폐업하거나 해산하는 경우에는 그 사유가 발생한 날이 속하는 사업연도의 소득금액을 계산할 때 익금에 산입하지 아니한 금액 전액을 익금에 산입한다. (2010. 1. 1. 개정)

④ 제1항에 따라 채무를 면제(채무의 출자전환으로 채무를 면제한 경우를 포함한다)한 금융채권자(「기업구조조정투자회사법」에 따른 기업구조조정투자회사는 제외한다)는 해당 사업연도의 소득금액을 계산할 때 그 면제한 채무에 상당하는 금액을 손금에 산입한다.

① 법 제44조 제1항 각 호 외의 부분에서 "대통령령으로 정하는 결손금을 초과하는 금액"이란 제36조 제8항을 준용하여 계산한 금액을 말한다. 이 경우 "채무인수・변제를 받은 금액"은 "법 제44조 제1항 각 호 외의 부분에 따라 금융채권자로부터 면제받은 채무에 상당하는 금액"으로 본다. (2018. 2. 13. 후단개정)

1. 법 제44조 제1항에 따라 금융기관으로부터 면제받은 채무에 상당하는 금액 중 「법인세법」 제18조 제8호에 따라 이월결손금의 보전에 충당된 후의 잔액 (2007. 2. 28. 개정)

2. 「법인세법」 제18조 제8호에 따라 무상으로 받은 자산의 가액과 채무의 면제 또는 소멸로 인한 부채의 감소액으로 보전된 후의 이월결손금 잔액 (2007. 2. 28. 개정)

1.・2. 삭 제 (2009. 6. 19.)

② 법 제44조 제1항 제3호에서 "내국법인이 대통령령으로 정하는 바에 따라 채권을 보유한 금융채권자 간의 합의에 따라 채무를 면제받은 경우"란 제34조 제6항 제2호에 따른 기업개선계획 이행을 위한 특별약정에 따라 채무를 면제받은 경우를 말한다. (2018. 2. 13. 개정)

③ 법 제44조 제1항 제4호에서 "대통령령으로 정하는 경우"란 제34조 제6항 제3호에 따른 적기시정조치에 따라 채무를 면제받은 경우를 말한다. (2009. 6. 19. 신설)

④ 법 제44조 제1항・제2항 및 제4항을 적용받으려는 법인은 각각 채무면제일이 속하는 사업연도의 과세표준신고와 함께 기획재정부령으로 정하는 채무면제명세서를 채무를 면제받은 법인별로 작성하여 납세지 관할세무서장에게 제출하여야 한다. (2017. 2. 7. 개정)

관계조문

규칙 61조 1항 39호 ⇒ 채무면제명세서 (별지 38호 서식)

(2017. 12. 19. 개정)

⑤ 제1항부터 제4항까지의 규정을 적용할 때 채무의 면제에 관한 명세서의 제출, 세액 감면의 신청, 그 밖에 필요한 사항은 대통령령으로 정한다. (2011. 12. 31. 개정)

제45조【감자에 대한 과세특례】① 내국법인이 2012년 12월 31일 이전에 대통령령으로 정하는 재무구조개선계획(대통령령으로 정하는 자가 승인한 것에 한정한다. 이하 이 조에서 "재무구조개선계획"이라 한다)에 따라 주주 또는 출자자(이하 이 조에서 "주주등"이라 한다)로부터 해당 법인의 주식 또는 출자지분(이하 이 조에서 "주식등"이라 한다)을 무상으로 받아 소각하는 경우 해당 주식등의 가액(대통령령으로 정하는 결손금을 초과하는 금액에 한정한다)은 해당 사업연도의 소득금액을 계산할 때 익금에 산입하지 아니한다. (2010. 12. 27. 개정)

② 제1항에 따라 주식등을 증여한 주주등(법인인 경우에 한정한다)의 경우 「법인세법」 제52조를 적용하지 아니하며 보유 주식등을 전부 증여한 경우에는 해당 주식등의 가액(장부가액을 말한다)은 해당 사업연도의 소득금액을 계산할 때 손금에 산입한다. (2010. 1. 1. 개정)

③ 제1항에 따라 법인이 주주등으로부터 주식등을 무상으로 받아 소각함으로써 해당 법인의 다른 주주등이 얻는 이익에 대해서는 「상속세 및 증여세법」에 따른 증여 또는 「법인세법」에 따른 익금으로 보지 아니한다. 다만, 주식등을 증여한 주주등의 특수관계인에 대해서는 그러하지 아니하다. (2011. 12. 31. 단서개정)

④ 제1항부터 제3항까지의 규정을 적용할 때 재무구조개선계획의 내용 및 승인기준, 특수관계인의 범위, 세액 감면의 신청, 그 밖에 필요한 사항은 대통령령으로 정한다. (2011. 12. 31. 개정)

제45조의 2【공공기관의 구조개편을 위한 분할에 대한 과세특례】「공공기관의 운영에 관한 법률」 제4조에 따라 공공기관으로 지정된 내국법인(이하 "공공기관"이라 한다)이 민영화 등의 구조개편을 위

제42조【감자에 대한 과세특례】① 법 제45조 제1항에서 "대통령령으로 정하는 재무구조개선계획"이란 제34조 제6항 각 호의 어느 하나에 해당하는 것으로서 주주 또는 출자자(이하 이 조에서 "주주등"이라 한다)의 주식 또는 출자지분(이하 이 조에서 "주식등"이라 한다)의 증여계획 및 증여받은 주식등의 소각계획이 명시된 것을 말한다. (2009. 6. 19. 신설)

② 법 제45조 제1항에서 "대통령령으로 정하는 자"란 제34조 제7항 각 호의 어느 하나에 해당하는 자를 말한다. (2009. 6. 19. 신설)

③ 법 제45조 제1항에서 "대통령령으로 정하는 결손금을 초과하는 금액"이란 제36조 제8항을 준용하여 계산한 금액을 말한다. 이 경우 "채무인수ㆍ변제를 받은 금액"은 "법 제45조 제1항에 따라 증여받은 주식등의 가액"으로 본다. (2009. 6. 19. 신설)

④ 법 제45조 제3항 단서에 따른 "특수관계에 있는 자"의 범위에 대하여는 제36조 제16항을 준용한다. (2009. 6. 19. 신설)

⑤ 법 제45조 제1항을 적용받으려는 법인은 같은 항에 따라 주식등을 증여받은 날이 속하는 사업연도의 과세표준신고와 함께 기획재정부령으로 정하는 수증자산명세서, 재무구조개선계획서 및 세액감면신청서를 납세지 관할세무서장에게 제출하여야 한다. (2009. 6. 19. 신설)

⑥ 법 제45조 제2항을 적용받으려는 주주등은 같은 조 제1항에 따라 주식등을 증여한 날이 속하는 사업연도의 과세표준신고와 함께 증여계약서, 기획재정부령으로 정하는 재무구조개선계획서 및 세액감면신청서를 납세지 관할세무서장에게 제출하여야 한다. (2009. 6. 19. 신설)

제42조의 2【공기업 민영화에 따른 분할에 대한 과세특례】① 법 제45조의 2에서 "대통령령으로 정하는 분할"이란 다음 각 호의 어느 하나에 해당하는 분할을 말한다. (2010. 2. 18. 신설)

☞ 관계조문 »

• 규칙 61조 1항 40호 ⇒ 수증자산명세서 및 세액감면신청서(별지 39호 서식)
• 규칙 61조 1항 40호의 2 ⇒ 재무구조개선계획서(별지 39호의 2 서식)

하여 2010년 12월 31일까지 「상법」 제530조의 2부터 제530조의 11까지의 규정에 따라 대통령령으로 정하는 분할을 하는 경우로서 그 분할이 대통령령으로 정하는 요건을 갖춘 경우에는 「법인세법」 제46조 제1항 각 호의 요건을 갖춘 분할로 보아 이 법과 「법인세법」 및 「부가가치세법」의 분할에 관한 규정을 적용한다. (2010. 1. 1. 신설)

제46조【기업 간 주식등의 교환에 대한 과세특례】① 내국법인(이하 이 조에서 "교환대상법인"이라 한다)의 지배주주 · 출자자 및 그 특수관계인(이하 이 조에서 "지배주주등"이라 한다)이 2017년 12월 31일 이전에 대통령령으로 정하는 재무구조개선계획(대통령령으로 정하는 자가 승인한 것에 한정한다. 이하 이 조에서 "재무구조개선계획"이라 한다)에 따라 그 소유 주식 또는 출자지분(이하 이 조에서 "주식등"이라 한다) 전부를 양도하고 교환대상법인의 대통령령으로 정하는 특수관계인이 아닌 다른 내국법인(이하 이 조에서 "교환양수법인"이라 한다)의 주식등을 다음 각 호의 어느 하나에 해당하는 방법으로 그 소유비율에 따라 양수하는 경우에는 주식등을 양도함에 따라 발생한 양도차익(교환양수법인 및 교환양수법인의 지배주주등에 발생하는 양도차익을 포함한다)에 상당하는 금액에 대한 금융투자소득세 또는 법인세에 대해서는 대통령령으로 정하는 바에 따라 양수한 주식등을 처분(상속 · 증여를 포함한다)할 때까지 과세를 이연받을 수 있다. (2021. 12. 28. 개정)

제46조【기업 간 주식등의 교환에 대한 과세특례】① 내국법인(이하 이 조에서 "교환대상법인"이라 한다)의 지배주주 · 출자자 및 그 특수관계인(이하 이 조에서 "지배주주등"이라 한다)이 2017년 12월 31일 이전에 대통령령으로 정하는 재무구조개선계획(대통령령으로 정하는 자가 승인한 것에 한정한다. 이하 이 조에서 "재무구조개선계획"이라 한다)에 따라 그 소유 주식 또는 출자지분(이하 이 조에서 "주식등"이라 한다) 전부를 양도하고 교환대상법인의 대통령령으로 정하는 특수관계인이 아닌 다른 내국법인(이하 이 조에서 "교환양수법인"이라 한다)의 주식등을 다음 각 호의 어느 하나에 해당하는 방법으로 그 소유비율에 따라 양수하는 경우에는 주식등을 양도함에 따라 발생한 양도차익(교환양수법인 및 교환양수법인의 지배주주등에 발생하는 양도차익을 포함한다)에 상당하는 금액에 대한 양도소득세 또는 법인세에 대해서는 대통령령으로 정하는 바에 따라 양수한 주식등을 처분(상속 · 증여를 포함한다)할 때까지 과세를 이연받을 수 있다. (2024. 12. 31. 개정)

1. 「한국산업은행법」 제50조 제1항에 따른 한국산업은행의 분할 (2010. 2. 18. 신설)
1. 삭 제 (2014. 12. 30.)
2. 그 밖에 민영화 등의 구조개편을 위한 공공기관의 분할로서 기획재정부령으로 정하는 분할 (2010. 2. 18. 신설)
② 법 제45조의 2에서 "대통령령으로 정하는 요건"이란 다음 각 호의 요건을 말한다. (2010. 2. 18. 신설)
1. 「법인세법」 제46조 제1항 제2호 및 제3호에 해당할 것 (2010. 2. 18. 신설)
2. 분할등기일 현재 5년 이상 사업을 계속하던 내국법인이 「법인세법 시행령」 제82조 제3항 제3호 및 제4호의 요건을 갖추어 분할하는 것일 것 (2010. 2. 18. 신설)

제43조【기업 간 주식등의 교환에 대한 과세특례】① 법 제46조 제1항 각 호 외의 부분에 따른 "지배주주 · 출자자 및 그 특수관계자"(이하 이 조에서 "지배주주등"이라 한다)의 범위에 대하여는 제36조 제6항을 준용한다. (2009. 6. 19. 신설)
② 법 제46조 제1항 각 호 외의 부분에서 "대통령령으로 정하는 재무구조개선계획"이란 제34조 제6항 제1호부터 제4호까지의 어느 하나에 해당하는 것으로서 지배주주등이 보유한 주식 또는 출자지분(이하 이 조에서 "주식등"이라 한다)의 양도 · 양수계획이 명시된 것을 말한다. (2017. 2. 7. 개정)
③ 법 제46조 제1항 각 호 외의 부분에서 "대통령령으로 정하는 자"란 제34조 제7항 제1호부터 제4호까지의 어느 하나에 해당하는 자를 말한다. (2017. 2. 7. 개정)
④ 법 제46조 제1항 각 호 외의 부분에서 "대통령령으로 정하는 특수관계자"란 같은 항에 따른 교환대상법인(이하 이 조에서 "교환대상법인"이라 한다)과의 관계가 「법인세법 시행령」 제2조 제8항 각 호의 어느 하나에 해당하는 자를 말한다. (2025. 2. 28. 개정)

1. 교환양수법인이 이미 보유하거나 새롭게 발행한 주식등을 양수하는
   방법 (2010. 1. 1. 개정)
2. 교환양수법인의 지배주주등이 보유한 주식등의 전부를 양수하는 방
   법[교환대상법인 및 교환양수법인이 서로 다른 기업집단(「독점규제
   및 공정거래에 관한 법률」 제2조 제11호에 따른 기업집단을 말한다.
   이하 이 조에서 같다)에 소속되어 있는 경우로 한정한다] (2020. 12.
   29. 개정 ; 독점규제~법률 부칙)

⑤ 법 제46조 제1항에 따른 주식등의 양도·양수에 있어 교환대상법
인의 주식등을 양도한 지배주주등 간의 해당 법인 주식등의 보유비율
에 따라 같은 항 각 호 외의 부분에 따른 교환양수법인(이하 이 조에서
"교환양수법인"이라 한다)의 주식등이 배분되어야 한다. (2009. 6. 19.
신설)

⑥ 법 제46조 제1항에 따라 금융투자소득세 또는 법인세에 대한 과세를 이연받는 경우에
는 다음 각 호의 방법에 따른다. (2022. 2. 15. 개정)

⑥ 법 제46조 제1항에 따라 양도소득세 또는 법인세에 대한 과세를 이
연받는 경우에는 다음 각 호의 방법에 따른다. (2024. 12. 31. 개정)

1. 지배주주등이 법인인 경우 : 다음 각 목의 방법에 따라 과세를 이연
   받는 방법 (2009. 6. 19. 신설)

   가. 법 제46조 제1항에 따라 주식등을 양도함에 따라 발생한 양
       도차익은 주식등의 양도 당시의 시가(「법인세법」 제52조 제
       2항에 따른 시가를 말한다)에서 양도일 전일의 장부가액을
       뺀 금액(양수한 교환양수법인의 주식등의 가액을 한도로 한
       다. 이하 이 조에서 "과세이연금액"이라 한다)으로 하되, 그
       금액은 양수한 교환양수법인의 주식등의 압축기장충당금으
       로 계상하여야 한다. (2009. 6. 19. 신설)

   나. 가목에 따라 계상한 압축기장충당금은 양수한 교환양수법인의
       주식등을 양도, 상속 또는 증여(법 제46조 제1항에 따라 양수한
       주식등 외에 다른 방법으로 취득한 주식등이 있으면 같은 항에
       따라 양수한 주식등을 먼저 양도, 상속 또는 증여한 것으로 본
       다. 이하 이 조에서 "처분"이라 한다)하는 사업연도에 이를 익
       금에 산입하되, 일부 주식등을 처분하는 경우에는 다음 산식에
       의하여 계산한 금액을 익금에 산입한다. (2009. 6. 19. 신설)

       가목에 따른 압축기장충당금 × 양수한 교환양수법인의 주식등
       중 처분한 주식등의 수 / 양수한 교환양수법인의 주식등의 수

2. 지배주주등이 거주자인 경우 : 법 제46조 제1항에 따라 주식등을 양도할 때 금융투자
소득세를 납부하지 아니하고 양수한 교환양수법인의 주식등을 처분할 때에 교환양수
법인의 주식등의 취득가액에서 과세이연금액을 뺀 금액을 취득가액으로 보아 금융투
자소득세를 납부하는 방법 (2022. 2. 15. 개정)

2. 지배주주등이 거주자인 경우 : 법 제46조 제1항에 따라 주식등을 양
   도할 때 양도소득세를 납부하지 아니하고 양수한 교환양수법인의

② 제1항 제2호에 따른 교환대상법인의 양도·양수에 있어서 나타난 해당 법인의 자산부족액을 익금에 산입하여 이를 「법인세법」 제67조에 따라 처분하는 경우 해당 법인은 「소득세법」에도 불구하고 그 처분 금액에 대한 소득세를 원천징수하지 아니한다. (2010. 1. 1. 개정)

③ 제1항 제2호에 따라 주식등을 양도한 교환대상법인의 주주등이 다음 각 호의 어느 하나에 해당하게 된 경우에는 해당 사유가 발생한 과세연도에 납부하지 아니한 세액을 납부하거나 소득금액을 계산할 때 손금에 산입한 금액을 익금에 산입하여야 한다. 이 경우 대통령령으로 정하는 바에 따라 계산한 이자상당가산액을 가산하여 금융투자소득세 또는 법인세로 납부하여야 하며 해당 세액은 「법인세법」 제64조 또는 「소득세법」 제76조에 따라 납부하여야 할 세액으로 본다. (2021. 12. 28. 개정)

③ 제1항 제2호에 따라 주식등을 양도한 교환대상법인의 주주등이 다음 각 호의 어느 하나에 해당하게 된 경우에는 해당 사유가 발생한 과세연도에 납부하지 아니한 세액을 납부하거나 소득금액을 계산할 때 손금에 산입한 금액을 익금에 산입하여야 한다. 이 경우 대통령령으로 정하는 바에 따라 계산한 이자상당가산액을 가산하여 양도소득세 또는 법인세로 납부하여야 하며 해당 세액은 「법인세법」 제64조 또는 「소득세법」 제76조에 따라 납부하여야 할 세액으로 본다. (2024. 12. 31. 후단개정)

1. 주식등을 양도한 사업연도의 종료일 이후 5년 이내에 교환대상법인이 속하였던 기업집단에 교환대상법인과 동일한 업종을 경영하는 법인이 속하게 되는 경우 (2014. 12. 23. 개정)
2. 주식등을 양도한 사업연도의 종료일 이후 5년 이내에 지배주주등이 교환대상법인의 주식등을 다시 보유하게 되는 경우 (2014. 12. 23. 개정)

④ 내국법인이 「법인세법」 제47조에 따른 물적분할 또는 같은 법 제47조의 2에 따른 현물출자로 취득한 주식등의 전부를 제1항에 따라 다른 법인의 주식등과 교환하는 경우에 현물출자 또는 물적분할 당시 자산의 양도차익에 상당하는 금액으로서 손금에 산입하여 과세를 이연받은 금액은 대통령령으로 정하는 바에 따라 다시 과세를 이연받을 수 있다. (2010. 1. 1. 개정)

주식등을 처분할 때에 교환양수법인의 주식등의 취득가액에서 과세 이연금액을 뺀 금액을 취득가액으로 보아 양도소득세를 납부하는 방법 (2024. 12. 31. 개정)

⑦ 법 제46조 제2항에 따른 자산부족액은 교환대상법인과 교환양수 법인의 기업교환계약에 자산의 실제조사에 대한 내용이 포함되어 있는 경우로서 주식등을 양도·양수한 날 현재의 자산부족액을 해당 법인이 「금융위원회의 설치 등에 관한 법률」 제19조에 따라 설립된 증권선물위원회에 요청하여 지명을 받은 회계법인으로부터 확인받아 수정하여 회계처리한 것에 한정한다. (2021. 1. 5. 개정 ; 어려운 법령용어~대통령령)

⑧ 법 제46조 제3항 각 호 외의 부분 후단에서 "대통령령으로 정하는 바에 따라 계산한 이자상당가산액"이란 다음 각 호에 따라 계산한 금액을 말한다. (2009. 6. 19. 신설)

1. 거주자의 경우 : 법 제46조 제1항에 따라 주식등을 양도할 때 납부하지 아니한 금융투자소득세액에 가목에 따른 기간과 나목에 따른 율을 곱하여 계산한 금액 (2022. 2. 15. 개정)

1. 거주자의 경우 : 법 제46조 제1항에 따라 주식등을 양도할 때 납부하지 아니한 양도소득세액에 가목에 따른 기간과 나목에 따른 율을 곱하여 계산한 금액 (2024. 12. 31. 개정)

가. 법 제46조 제1항에 따라 주식등을 양도할 때 과세이연금액에 대한 금융투자소득세를 납부하지 아니한 과세연도의 종료일의 다음 날부터 같은 조 제3항 각 호의 사유가 발생하여 과세이연금액에 대한 금융투자소득세를 납부하는 과세연도의 종료일까지의 기간 (2022. 2. 15. 개정)

가. 법 제46조 제1항에 따라 주식등을 양도할 때 과세이연금액에 대한 양도소득세를 납부하지 아니한 과세연도의 종료일의 다음 날부터 같은 조 제3항 각 호의 사유가 발생하여 과세이연금액에 대한 양도소득세를 납부하는 과세연도의 종료일까지의 기간 (2024. 12. 31. 개정)

나. 제11조의 2 제9항 제2호에 따른 율 (2022. 2. 15. 개정)

2. 내국법인의 경우 : 과세이연금액을 익금에 산입하지 아니한 사업연도에 과세이연금액을 익금에 산입하지 아니함에 따라 발생한 법인세액의 차액에 가목에 따른 기간과 나목에 따른 율을 곱하여 계산한 금액 (2009. 6. 19. 신설)

⑤ 제1항 제2호에 따라 주식등을 양도한 교환대상법인의 재무구조개
선계획을 승인한 자는 재무구조개선계획의 내용 및 그 이행실적을 매
년 대통령령으로 정하는 바에 따라 납세지 관할세무서장에게 제출하여
야 한다. (2010. 1. 1. 개정)
⑥ 제1항부터 제5항까지의 규정을 적용할 때 지배주주등의 범위, 주식
등의 양도·양수의 방법, 손금산입대상 양도차익의 계산, 재무구조개
선계획의 내용 및 승인기준, 주식등의 양도·양수에 관한 명세서 제출,
채무의 범위, 세액감면의 신청, 그 밖에 필요한 사항은 대통령령으로
정한다. (2010. 1. 1. 개정)

제46조의 2 【벤처기업의 전략적 제휴를 위한 주식교환 등에 대
한 과세특례】

① 주식회사인 법인(이하 이 조에서 "제휴법인"이라 한다)의 주주(그 법인의 발행주식
총수의 100분의 10 이상을 보유한 주주를 말한다. 이하 이 조에서 같다)가 소유하는
제휴법인 주식을 다음 각 호의 요건을 갖추어 2009년 12월 31일 이전에 벤처기업(「자
본시장과 금융투자업에 관한 법률」에 따른 주권상장법인은 제외한다. 이하 이 조에서
같다)이 보유한 자기주식과 교환하거나 벤처기업에 현물출자하고 그 벤처기업으로부터
출자가액에 상당하는 주식을 새로 받음으로써 발생하는 양도차익에 대해서는 대통령령
으로 정하는 바에 따라 그 주주가 주식교환 또는 현물출자(이하 이 조에서 "주식교환
등"이라 한다)로 인하여 취득한 벤처기업의 주식을 처분할 때까지 금융투자소득세의 과
세를 이연받을 수 있다. (2021. 12. 28. 개정)

① 주식회사인 법인(이하 이 조에서 "제휴법인"이라 한다)의 주주(그
법인의 발행주식총수의 100분의 10 이상을 보유한 주주를 말한다. 이
하 이 조에서 같다)가 소유하는 제휴법인 주식을 다음 각 호의 요건을
갖추어 2009년 12월 31일 이전에 벤처기업(「자본시장과 금융투자업에
관한 법률」에 따른 주권상장법인은 제외한다. 이하 이 조에서 같다)이
보유한 자기주식과 교환하거나 벤처기업에 현물출자하고 그 벤처기업
으로부터 출자가액에 상당하는 주식을 새로 받음으로써 발생하는 양도
차익에 대해서는 대통령령으로 정하는 바에 따라 그 주주가 주식교환
또는 현물출자(이하 이 조에서 "주식교환등"이라 한다)로 인하여 취득
한 벤처기업의 주식을 처분할 때까지 양도소득세의 과세를 이연받을
수 있다. (2024. 12. 31. 개정)

가. 과세이연금액을 익금에 산입하지 아니한 사업연도 종료일의 다
음 날부터 법 제46조 제3항 각 호의 사유가 발생하여 과세이연
금액을 익금에 산입하는 사업연도의 종료일까지의 기간 (2009.
6. 19. 신설)
나. 제11조의 2 제9항 제2호에 따른 율 (2022. 2. 15. 개정)
⑨ 법 제46조 제3항 제1호에 따른 업종의 분류는 한국표준산업분류의
소분류에 따른다. (2009. 6. 19. 신설)
⑩ 법 제46조 제4항에 따라 과세를 이연받을 수 있는 금액은 같은 조
제1항에 따라 양수한 교환양수법인의 주식등의 가액에 상당하는 금액
의 범위에서 현물출자 또는 물적분할 당시 과세를 이연받은 금액으로
하되, 그 금액은 교환양수법인의 주식등의 압축기장충당금으로 계상하
고 제6항 제1호 나목을 준용하여 익금에 산입한다. (2009. 6. 19. 신설)
⑪ 재무구조개선계획승인권자는 교환대상법인의 그 승인일이 속하
는 사업연도(이하 이 항에서 "사업연도"라 한다) 종료일까지 재무구
조개선계획의 내용을 기획재정부령으로 정하는 재무구조개선계획
서에 따라 교환대상법인의 납세지 관할세무서장에게 제출하여야 하
며, 다음 각 호에 해당하는 사업연도의 과세표준 신고기한 종료일까
지 기획재정부령으로 정하는 재무구조개선계획이행보고서를 교환
대상법인의 납세지 관할세무서장에게 제출하여야 한다. 이 경우 교
환대상법인이 재무구조개선계획승인권자의 확인을 받아 재무구조
개선계획서 또는 재무구조개선계획이행보고서를 납세지 관할세무
서장에게 제출하는 경우에는 재무구조개선계획승인권자가 제출한
것으로 본다. (2009. 6. 19. 신설)
1. 법 제46조 제1항에 따라 주식등을 양도·양수한 날이 속하는 사업
연도 (2009. 6. 19. 신설)
2. 법 제46조 제1항에 따라 주식등을 양도·양수한 날이 속하는 사업
연도의 다음 3개 사업연도 (2009. 6. 19. 신설)
⑫ 법 제46조 제1항·제2항 및 제4항을 적용받으려는 주주등은 같은
항에 따라 주식등을 양도·양수한 날이 속하는 과세연도의 과세표준신
고와 함께 기업교환계약서, 기획재정부령으로 정하는 주식등양도·양
수명세서, 과세이연신청서를 납세지 관할세무서장에게 제출하여야 한
다. (2009. 6. 19. 신설)

관계조문
• 규칙 61조 1항 41호 ⇒ 재무구조개선계
획서(별지 40호 서식)
• 규칙 61조 1항 41호의 2 ⇒ 재무구조개
선계획이행보고서(별지 40호의 2 서식)

관계조문
• 규칙 61조 1항 41호의 3 ⇒ 주식등 양
도·양수 명세서(별지 40호의 3 서식)
• 규칙 61조 1항 41호의 4 ⇒ 과세이연신
청서(별지 40호의 4 서식)

1. 대통령령으로 정하는 바에 따라 벤처기업과 제휴법인 간의 전략적 제휴계획을 추진하고 그 계획에 따라 주식교환등이 이루어질 것 (2010. 1. 1. 개정)

2. 제휴법인의 주주 1명과 대통령령으로 정하는 특수관계인이 벤처기업의 대통령령으로 정하는 최대주주와 대통령령으로 정하는 특수관계에 있지 아니할 것 (2011. 12. 31. 개정)

3. 제휴법인의 주주가 주식교환등으로 인하여 취득한 주식과 벤처기업이 주식교환등으로 보유한 주식을 각각 1년 이상 보유하도록 하는 계약을 제휴법인과 벤처기업 간에 체결할 것 (2010. 1. 1. 개정)

② 제1항에 따라 금융투자소득세의 과세를 이연받은 제휴법인의 주주는 제1항 제3호를 위반하는 사유가 발생하면 대통령령으로 정하는 바에 따라 그 이연받은 금융투자소득세를 납부하여야 한다. (2021. 12. 28. 개정)

② 제1항에 따라 양도소득세의 과세를 이연받은 제휴법인의 주주는 제1항 제3호를 위반하는 사유가 발생하면 대통령령으로 정하는 바에 따라 그 이연받은 양도소득세를 납부하여야 한다. (2024. 12. 31. 개정)

제43조의 2 【벤처기업 주식교환 등에 대한 과세특례】 ① 법 제46조의 2 제1항 제1호에서 "전략적 제휴계획"이라 함은 벤처기업의 생산성향상 및 경쟁력강화 등을 목적으로 벤처기업과 다른 법인(이하 이 조에서 "제휴법인"이라 한다)간의 계약에 의하여 제휴법인의 주주와 벤처기업간에 주식교환 또는 주식현물출자(이하 이 조에서 "주식교환 등"이라 한다)를 통하여 벤처기업과 제휴법인간의 협력관계를 형성하고자 하는 계획을 말한다. (2003. 12. 30. 신설)

② 제1항의 규정에 의한 계약은 다음 각호의 요건을 갖추어야 한다. (2003. 12. 30. 신설)

1. 벤처기업과 제휴법인이 계약당사자가 될 것 (2003. 12. 30. 신설)

2. 제휴대상 사업내용이 실현가능하고 구체적일 것 (2003. 12. 30. 신설)

3. 제휴사업에서 발생하는 손익의 분배방법을 정할 것 (2003. 12. 30. 신설)

4. 기술·정보·시설·인력 및 자본 등의 협력에 관한 사항을 포함하고 있을 것 (2003. 12. 30. 신설)

③ 법 제46조의 2 제1항 각호 외의 부분에서 "당해 법인의 발행주식총수의 100분의 10 이상을 보유한 주주"라 함은 당해 법인의 의결권 있는 발행주식 총수의 100분의 10 이상을 보유한 주주를 말한다. (2003. 12. 30. 신설)

④ 법 제46조의 2 제1항 제2호에서 "대통령령으로 정하는 특수관계인"이란 「국세기본법 시행령」 제1조의 2 제1항 및 제2항에 해당하는 관계인 사람을 말하고, "대통령령으로 정하는 특수관계"란 「국세기본법 시행령」 제1조의 2 제1항 및 제2항에 해당하는 관계를 말한다. (2012. 2. 2. 개정)

⑤ 법 제46조의 2 제1항 제2호에서 "대통령령으로 정하는 최대주주"란 주주 1인과 제4항에서 규정하는 자가 보유하는 주식의 합계가 가장 많은 경우의 당해 주주 1인을 말한다. (2010. 2. 18. 개정)

⑥ 법 제46조의 2 제1항에 따라 제휴법인의 주주가 벤처기업과 주식교환등을 함에 따라 발생하는 소득(이하 이 조에서 "주식과세이연금액"이라 한다)에 대하여는 금융투자소득세를 과세하지 아니하되, 주식교환등으로 인하여 취득한 벤처기업의 주식을 양도(주식교환등외의 다른 방법으로 취득한 주식이 있는 경우에는 주식교환등으로 인하여 취득한 주식을 먼저 양도한 것으로 본다)한 때에는 주식교환등으로 취득한 주식의 취득가액에서 제7항의 규정에 의하여 계산한 과세이연금액을 차감한 금액을 취득가액으로

보아 금융투자소득세를 과세한다. (2022. 2. 15. 개정)

⑥ 법 제46조의 2 제1항에 따라 제휴법인의 주주가 벤처기업과 주식교환등을 함에 따라 발생하는 소득(이하 이 조에서 "주식과세이연금액"이라 한다)에 대하여는 양도소득세를 과세하지 아니하되, 주식교환등으로 인하여 취득한 벤처기업의 주식을 양도(주식교환등외의 다른 방법으로 취득한 주식이 있는 경우에는 주식교환등으로 인하여 취득한 주식을 먼저 양도한 것으로 본다)한 때에는 주식교환등으로 취득한 주식의 취득가액에서 제7항의 규정에 의하여 계산한 과세이연금액을 차감한 금액을 취득가액으로 보아 양도소득세를 과세한다. (2024. 12. 31. 개정)

⑦ 제6항의 규정에 의하여 취득가액에서 차감하는 과세이연금액은 주식과세이연금액에 제휴법인의 주주가 보유주식을 벤처기업과 주식교환 등을 하고 취득한 주식 중 양도하는 주식이 차지하는 비율을 곱하여 계산한 금액으로 한다. (2003. 12. 30. 신설)

⑧ 제휴법인의 주주가 법 제46조의 2 제1항에 따라 금융투자소득세의 과세를 이연받은 후 같은 항 제3호를 위반하는 사유(제휴법인의 주주 또는 벤처기업이 주식교환등으로 취득한 주식을 취득 후 1년 내에 양도)가 발생한 때에는 주식과세이연금액에 주식교환등으로 취득한 주식 중에서 해당 사유가 발생한 날 현재 남아 있는 주식이 차지하는 비율을 곱한 금액에 해당 주식교환등을 한 당시의 「소득세법」 제87조의 19에 따른 세율을 곱하여 계산한 금액을 해당 사유발생일이 속하는 과세연도의 과세표준신고와 함께 납부하여야 한다. (2022. 2. 15. 개정)

⑧ 제휴법인의 주주가 법 제46조의 2 제1항에 따라 양도소득세의 과세를 이연받은 후 같은 항 제3호를 위반하는 사유(제휴법인의 주주 또는 벤처기업이 주식교환등으로 취득한 주식을 취득 후 1년 내에 양도)가 발생한 때에는 주식과세이연금액에 주식교환등으로 취득한 주식 중에서 해당 사유가 발생한 날 현재 남아 있는 주식이 차지하는 비율을 곱한 금액에 해당 주식교환등을 한 당시의 「소득세법」 제104조 제1항에 따른 세율을 곱하여 계산한 금액을 해당 사유발생일이 속하는 과세연도의 과세표준신고와 함께 납부하여야 한다. (2024. 12. 31. 개정)

⑨ 법 제46조의 2 제3항에 따라 금융투자소득세의 과세이연 신청을 하려는 자는 주식교환일 또는 현물출자일이 속하는 달의 분기의 말일로부터 2월 이내에 과세표준신고와 함께 기획재정부령이 정하는 벤처기업주식교환등주식양도차익과세이연신청서에 전략적 제휴계획, 주식교환계약서 및 기획재정부령이 정하는 서류로서 세제지원대상임이 확인 가능한 서류를 첨부하여 납세지 관할세무서장에게 제출하여야 한다. (2022. 2. 15.

③ 제1항에 따라 금융투자소득세의 과세를 이연받으려는 자는 대통령령으로 정하는 바

에 따라 신청하여야 한다. (2021. 12. 28. 개정)

③ 제1항에 따라 양도소득세의 과세를 이연받으려는 자는 대통령령으로 정하는 바에 따라 신청하여야 한다. (2024. 12. 31. 개정)

☞

관계조문

규칙 61조 1항 42호 ⇒ 벤처기업(물류기업)주식교환등주식양도차익과세이연신청서(별지 41호 서식)

제46조의 3【물류기업의 전략적 제휴를 위한 주식교환 등에 대한 과세특례】
① 물류산업을 경영하는 중소기업인 법인(이하 이 조에서 "제휴물류법인"이라 한다)의 주주(그 법인의 발행주식총수의 100분의 10 이상을 보유한 주주를 말한다. 이하 이 조에서 같다)가 소유하는 제휴물류법인의 주식을 다음 각 호의 요건을 갖추어 2009년 12월 31일 이전에 물류산업을 경영하는 다른 중소기업인 법인(「자본시장과 금융투자업에 관한 법률」에 따른 주권상장법인은 제외하며, 이하 이 조에서 "제휴상대물류법인"이라 한다)이 보유한 자기주식과 교환하거나 제휴상대물류법인에 현물출자하고 그 법인으로부터 출자가액에 상당하는 주식을 새로 받음으로써 발생하는 양도차익에 대해서는 대통령령으로 정하는 바에 따라 그 주주가 주식교환 또는 현물출자(이하 이 조에서 "주식교환등"이라 한다)로 인하여 취득한 제휴상대물류법인의 주식을 처분할 때까지 금융투자소득세의 과세를 이연받을 수 있다. (2021. 12. 28. 개정)

제46조의 3【물류기업의 전략적 제휴를 위한 주식교환 등에 대한 과세특례】 ① 물류산업을 경영하는 중소기업인 법인(이하 이 조에서 "제휴물류법인"이라 한다)의 주주(그 법인의 발행주식총수의 100분의 10 이상을 보유한 주주를 말한다. 이하 이 조에서 같다)가 소유하는 제휴물류법인의 주식을 다음 각 호의 요건을 갖추어 2009년 12월 31일 이전에 물류산업을 경영하는 다른 중소기업인 법인(「자본시장과 금융투자업에 관한 법률」에 따른 주권상장법인은 제외하며, 이하 이 조에서 "제휴상대물류법인"이라 한다)이 보유한 자기주식과 교환하거나 제휴상대물류법인에 현물출자하고 그 법인으로부터 출자가액에 상당하는 주식을 새로 받음으로써 발생하는 양도차익에 대해서는 대통령령으로 정하는 바에 따라 그 주주가 주식교환 또는 현물출자(이하 이 조에서 "주식교환등"이라 한다)로 인하여 취득한 제휴상대물류법인의 주식을 처분할 때까지 양도소득세의 과세를 이연받을 수 있다. (2024. 12. 31. 개정)
1. 대통령령으로 정하는 바에 따라 제휴물류법인과 제휴상대물류법인

개정)

⑨ 법 제46조의 2 제3항에 따라 양도소득세의 과세이연 신청을 하려는 자는 주식교환일 또는 현물출자일이 속하는 달의 분기의 말일로부터 2월 이내에 과세표준신고와 함께 기획재정부령이 정하는 벤처기업주식교환등주식양도차익과세이연신청서에 전략적 제휴계획, 주식교환계약서 및 기획재정부령이 정하는 서류로서 세제지원대상임이 확인 가능한 서류를 첨부하여 납세지 관할세무서장에게 제출하여야 한다. (2024. 12. 31. 개정)

🖊
편주 ‥‥‥‥‥‥‥‥‥‥‥‥‥‥‥‥‥‥‥‥‥‥

• 법 46조의 3의 개정규정은 2025. 1. 1.부터 시행함. (법 부칙(2021. 12. 28.) 1조 1호) (2022. 12. 31. 개정)
• 2025. 1. 1. 전에 발생한 배당소득 또는 양도소득에 대해서는 법 46조의 3 제1항의 개정규정에도 불구하고 종전의 규정에 따름. (법 부칙(2021. 12. 28.) 29조 1항) (2022. 12. 31. 개정)
• 법 부칙(2021. 12. 28.) 29조 1항에도 불구하고 2025. 1. 1. 전에 종전의 법 46조 1항·3항, 46조의 2 및 46조의 3 제1항에 따라 양도소득세 과세를 이연받고 2025. 1. 1. 이후 주식 등을 처분하는 경우에는 금융투자소득세 과세를 이연받은 것으로 보아 법 46조의 3 제1항의 개정규정을 적용함. (법 부칙(2021. 12. 28.) 29조 3항) (2022. 12. 31. 개정)
‥‥‥‥‥‥‥‥‥‥‥‥‥‥‥‥‥‥‥‥‥‥

제43조의 3【물류기업 주식교환 등에 대한 과세특례】 ① 법 제46조의 3의 규정에 의하여 물류기업의 전략적 제휴를 위한 주식교환 등에 대한 과세특례를 적용함에 있어서 제43조의 2 제1항 내지 제8항의 규정을 준용한다. 이 경우 "법 제46조의 2"를 "법 제46조의 3"으로, "벤처기업"을 "제휴상대물류법인"으로, "제휴법인"을 "제휴물류법인"으로 본다. (2005. 2. 19. 신설)

제19조【벤처기업 주식교환 등에 대한 세제지원대상임을 확인한 서류】 영 제43조의 2 제9항에서 "기획재정부령이 정하는 서류로서 세제지원대상임이 확인가능한 서류"란 「벤처기업육성에 관한 특별법」 제14조 제3항에 따라 중소벤처기업부장관이 세제지원대상임을 확인한 서류를 말한다. (2025. 3. 21. 개정)

간 전략적 제휴계획을 추진하고 그 계획에 따라 주식교환등이 이루어질 것 (2010. 1. 1. 개정)

2. 제휴물류법인의 주주 또는 그 주주의 특수관계인이 제휴상대물류법인의 최대주주와 특수관계에 있지 아니할 것 (2011. 12. 31. 개정)

3. 제휴물류법인의 주주가 주식교환등으로 취득한 주식과 제휴상대물류법인이 주식교환등으로 보유한 주식을 각각 1년 이상 보유하도록 하는 계약을 제휴물류법인과 제휴상대물류법인 간에 체결할 것 (2010. 1. 1. 개정)

② 제1항을 적용하는 경우 물류산업의 범위, 최대주주의 범위 및 특수관계의 범위에 관한 사항은 대통령령으로 정한다. (2010. 1. 1. 개정)

③ 제1항에 따른 물류기업의 전략적 제휴를 위한 주식교환등에 대한 과세특례에 관하여는 제46조의 2 제2항 및 제3항을 준용한다. 이 경우 "제휴법인"은 "제휴물류법인"으로 본다. (2010. 1. 1. 개정)

제46조의 4 【자가물류시설의 양도차익에 대한 법인세 과세특례】 ① 1년 이상 계속하여 사업을 한 중소기업에 해당하는 내국법인이 대통령령으로 정하는 자가물류시설(이하 이 조에서 "자가물류시설"이라 한다)을 2013년 12월 31일까지 양도함으로써 발생하는 양도차익에 상당하는 금액에 대해서는 대통령령으로 정하는 바에 따라 계산한 금액을 해당 사업연도의 소득금액을 계산할 때 익금에 산입하지 아니할 수 있다. 이 경우 해당 금액은 양도일이 속하는 사업연도 종료일 이후 3년이 되는 날이 속하는 사업연도부터 3개 사업연도의 기간 동안 균분한 금액 이상을 익금에 산입하여야 한다. (2011. 12. 31. 개정)

② 제1항을 적용받은 내국법인이 자가물류시설의 양도일 이후 3년 이내에 해당 사업을 폐업하거나 해산한 경우 또는 다음 각 호의 어느 하나에 해당하는 요건을 충족하지 못한 경우에는 그 사유가 발생한 날이

② 법 제46조의 3 제2항의 규정에 의한 물류산업의 범위는 제5조 제7항에 따른 물류산업으로 한다. (2020. 2. 11. 개정)

③ 법 제46조의 3 제3항에 따라 금융투자소득세의 과세이연신청을 하려는 자는 주식교환등을 한 날이 속하는 분기의 마지막 날부터 2월 이내에 과세표준신고와 함께 기획재정부령이 정하는 물류기업주식교환등주식양도차익과세이연신청서에 전략적 제휴계획 및 주식교환계약서를 첨부하여 납세지 관할세무서장에게 제출하여야 한다. (2022. 2. 15. 개정)

③ 법 제46조의 3 제3항에 따라 양도소득세의 과세이연신청을 하려는 자는 주식교환등을 한 날이 속하는 분기의 마지막 날부터 2월 이내에 과세표준신고와 함께 기획재정부령이 정하는 물류기업주식교환등주식양도차익과세이연신청서에 전략적 제휴계획 및 주식교환계약서를 첨부하여 납세지 관할세무서장에게 제출하여야 한다. (2024. 12. 31. 개정)

제43조의 4 【자가물류시설의 양도차익에 대한 법인세 과세특례】 ① 법 제46조의 4 제1항 전단에서 "대통령령으로 정하는 자가물류시설"이란 「화물유통촉진법」 제2조 제5호에 따른 물류시설 중 해당 법인이 소유하며 직접 사용하는 물류시설을 말한다. (2010. 2. 18. 개정)

② 법 제46조의 4 제1항 전단에서 "대통령령으로 정하는 바에 따라 계산한 금액"이란 다음 계산식에 따라 계산한 금액을 말한다. (2012. 2. 2. 개정)

해당 자가 물류시설의 양도가액 － 해당 자가 물류시설의 장부가액 － 직전 사업연도 종료일 현재 「법인세법」 제13조 제1호에 따른 이월결손금의 합계액

③ 법 제46조의 4 제2항 각 호 외의 부분 전단에서 "대통령령으로 정

관계조문 ▶▶

규칙 61조 1항 42호 ⇒ 벤처기업(물류기업)주식교환등주식양도차익과세이연신청서(별지 41호 서식)

속하는 사업연도의 소득금액을 계산할 때 대통령령으로 정하는 바에 따라 계산한 금액을 익금에 산입하여야 한다. 이 경우 익금에 산입할 금액에 대해서는 제33조 제3항 후단을 준용한다. (2010. 1. 1. 개정)

1. 자가물류시설을 양도한 후 대통령령으로 정하는 기간 동안 각 사업연도에 지출한 물류비용 중 「법인세법」 제2조 제12호에 따른 특수관계인 외의 자에게 지출한 물류비용(이하 이 조 및 제104조의 14에서 "제3자물류비용"이라 한다)이 100분의 70 이상일 것 (2018. 12. 24. 개정)

2. 대통령령으로 정하는 기간 동안 각 사업연도의 제3자물류비용이 자가물류시설의 양도차익에 가목 및 나목의 비율을 곱하여 계산한 금액 이상일 것 (2010. 1. 1. 개정)
   가. 「법인세법」 제55조에 따른 세율 (2010. 1. 1. 개정)
   나. 금융기관의 이자율을 고려하여 대통령령으로 정하는 이자율 (2010. 1. 1. 개정)

③ 제1항 및 제2항을 적용하는 경우 물류비용의 범위, 양도차익명세서의 제출, 그 밖에 필요한 사항은 대통령령으로 정한다. (2010. 1. 1. 개정)

관계조문 ▶

규칙 61조 1항 13호의 2 ⇒ 양도차익명세 및 분할익금산입조정명세서(별지 12호의 2 서식)

☞

제46조의 5 【물류사업 분할에 대한 과세특례】 내국법인이 다음 각 호의 요건을 모두 갖추어 2009년 12월 31일 이전에 물류사업부문

하는 바에 따라 계산한 금액"이란 법 제46조의 4 제1항에 따라 익금에 산입하지 아니한 금액 전액을 말한다. (2010. 2. 18. 개정)

④ 법 제46조의 4 제2항 제1호 및 제2호에서 "대통령령으로 정하는 기간"이란 양도일이 속하는 사업연도의 다음 사업연도 이후의 3개 사업연도의 기간을 말한다. (2010. 2. 18. 개정)

⑤ 법 제46조의 4 제2항 제2호 나목에서 "대통령령으로 정하는 이자율"이란 금융기관의 정기예금이자율을 참작하여 기획재정부령이 정하는 이자율을 말한다. (2010. 2. 18. 개정)

⑥ 법 제46조의 4 제1항 및 제2항을 적용하는 경우 물류비용은 제1호 및 제2호에 따른 물류비용의 합계액으로 한다. (2007. 2. 28. 신설)

1. 물자가 조달처로부터 운송되어 물자의 보관창고에 입고, 관리되어 생산공정 또는 공장에 투입되기 직전까지의 물류활동에 따른 물류비용 (2007. 2. 28. 신설)

2. 판매가 확정되어 물자의 이동이 개시되는 시점부터 소비자에게 인도 또는 반품되거나 재사용 또는 폐기까지의 물류활동에 따른 비용으로서 기획재정부령이 정하는 물류비용 (2008. 2. 29. 직제개정 ; 기획재정부와~직제 부칙)

⑦ 법 제46조의 4 제1항을 적용받으려는 내국법인은 자가물류시설의 양도일이 속하는 사업연도의 과세표준신고와 함께 기획재정부령이 정하는 양도차익명세 및 분할익금산입조정명세서를 납세지 관할 세무서장에게 제출하여야 한다. (2008. 2. 29. 직제개정 ; 기획재정부와~직제 부칙)

제43조의 5 【물류사업 분할에 대한 과세특례】 ① 법 제46조의 5 각 호 외의 부분 본문에서 "대통령령으로 정하는 물류전문법인"이란

제19조의 2 【물류비용의 범위 등】
① 영 제43조의 4 제5항에서 "기획재정부령이 정하는 이자율"이라 함은 「법인세법 시행규칙」 제6조에 따른 이자율을 말한다. (2008. 4. 29. 직제개정)

② 영 제43조의 4 제6항 제2호에서 "기획재정부령이 정하는 물류비용"이라 함은 다음 각 호의 어느 하나에 해당하는 비용을 말한다. (2008. 4. 29. 직제개정)

1. 생산되거나 매입한 물자(포장·수송용 용기, 자재 등을 포함한다. 이하 이 항에서 같다)를 판매창고에 보관하여 소비자에게 인도할 때까지의 물류활동에 따른 비용 (2007. 3. 30. 신설)

2. 소비자에게 판매(위탁판매를 포함한다. 이하 이 항에서 같다)한 물자가 판매계약의 취소 등으로 인하여 소비자로부터

을 분할한 후 대통령령으로 정하는 물류전문법인(이하 이 조에서 "물류전문법인"이라 한다)과 합병하는 경우로서 분할로 신설되는 법인 또는 분할합병의 상대방 법인이 분할법인 또는 소멸한 분할합병의 상대방 법인의 자산을 평가하여 승계한 경우 그 승계한 자산(대통령령으로 정하는 자산만 해당한다)의 가액 중 해당 자산에 대한 분할평가차익에 상당하는 금액은 「법인세법」 제46조 제1항 각 호 외의 본문에 따라 분할등기일이 속하는 사업연도의 소득금액을 계산할 때 손금에 산입할 수 있다. 다만, 분할법인과 분할로 신설되는 법인 또는 분할합병의 상대방 법인이 「법인세법」 제2조 제12호에 따른 특수관계인에 해당하는 경우에는 그러하지 아니하다. (2018. 12. 24. 개정)
1. 분할등기일 현재 1년 이상 계속하여 사업을 한 내국법인이 대통령령으로 정하는 바에 따라 분할하는 것일 것 (2010. 1. 1. 개정)
2. 「법인세법」 제46조 제1항 제2호 및 제3호에 해당할 것 (2010. 1. 1. 개정)

　제46조의 6【물류법인의 합병 시 이월결손금의 승계에 대한 과세특례】 물류산업을 경영하는 법인(이하 이 조에서 "물류법인"이라 한다)이 2009년 12월 31일까지 다른 물류법인을 합병하는 경우로서 다음 각 호의 요건을 모두 갖춘 경우에는 합병등기일 현재 합병으로 인하여 소멸하는 법인(이하 "피합병법인"이라 한다)의 「법인세법」 제13조 제1항 제1호에 따른 결손금은 대통령령으로 정하는 금액의 범위에서 같은 법 제45조에 따라 합병법인의 각 사업연도의 과세표준을 계산할 때 공제할 수 있다. (2018. 12. 24. 개정)
1. 「법인세법」 제44조 제1항 각 호의 요건을 모두 갖출 것 (2010. 1. 1. 개정)
2. 합병법인이 피합병법인의 자산을 장부가액으로 승계할 것 (2010. 1. 1. 개정)
3. 피합병법인의 주주·사원 또는 출자자가 합병법인으로부터 받은 주식 또는 출자지분이 합병법인의 합병등기일 현재 발행주식총수 또는 출자총액의 100분의 3 이상일 것 (2010. 1. 1. 개정)
4. 「법인세법」 제45조 제1항 제3호에 해당할 것 (2010. 1. 1. 개정)

다음 각 호의 어느 하나에 해당하는 법인을 말한다. (2010. 2. 18. 개정)
1. 법인의 자산가액(분할등기일이 속하는 사업연도의 직전 사업연도 종료일 현재 재무상태표상의 자산가액을 말한다. 이하 이 호에서 같다) 중 제5조 제7항에 따른 물류산업에 사용되는 자산가액이 가장 큰 법인 (2021. 1. 5. 개정 ; 어려운 법령용어~대통령령)
2. 법인의 매출액(분할등기일이 속하는 사업연도의 직전 사업연도의 손익계산서상의 매출액을 말한다. 이하 이 호에서 같다) 중 제5조 제7항에 따른 물류산업에서 발생된 매출액이 가장 큰 법인 (2020. 2. 11. 개정)
② 법 제46조의 5 각 호 외의 부분 본문에서 "대통령령으로 정하는 자산"이란 「법인세법 시행령」 제24조 제1항 제1호에 따른 유형자산을 말한다. (2019. 2. 12. 개정)
③ 법 제46조의 5 제1호에서 "대통령령으로 정하는 바에 따라 분할하는 것"이란 「법인세법 시행령」 제82조 제3항 각 호의 요건을 모두 갖춘 분할을 말한다. (2010. 2. 18. 개정)

　제43조의 6【물류법인의 합병시 이월결손금의 승계에 대한 과세특례】 법 제46조의 6 각 호 외의 부분 본문에서 "대통령령으로 정하는 금액"이란 「법인세법 시행령」 제81조 제1항에 따른 승계결손금을 말한다. (2010. 2. 18. 개정)

판매자에게 물자가 반품될 때까지의 물류활동에 따른 비용 (2007. 3. 30. 신설)
3. 소비자로부터 재활용가능한 물자를 회수하여 다시 사용이 가능하도록 할 때까지의 물류활동에 따른 비용 (2007. 3. 30. 신설)
4. 소비자로부터 파손 또는 진부화된 물자를 회수하여 폐기할 때까지의 물류활동에 따른 비용 (2007. 3. 30. 신설)

　제46조의 7【전략적 제휴를 위한 비상장 주식교환등에 대한 과세특례】① 「자본시장과 금융투자업에 관한 법률」에 따른 주권상장법인(코넥스상장기업이 아닌 경우만 해당한다)을 제외한 벤처기업(대통령령으로 정하는 매출액 대비 연구·인력개발비 투자 비중이 5퍼센트 이상인 중소기업 및 대통령령으로 정하는 기술우수 중소기업을 포함하며, 이하 이 조에서 "벤처기업등"이라 한다)의 주주(그 법인의 발행주식 총수의 100분의 10이상을 보유한 주주를 말한다. 이하 이 조에서 같다)가 소유하는 벤처기업등의 주식을 다음 각 호의 요건을 갖추어 2024년 12월 31일 이전에 주식회사인 법인(이하 이 조에서 "제휴법인"이라 한다)이 보유한 자기주식 또는 제휴법인의 주주(발행주식 총수의 100분의 10 이상을 보유한 주주를 말한다. 이하 이 조에서 같다)의 주식과 교환하거나 제휴법인에 현물출자하고 그 제휴법인으로부터 출자가액에 상당하는 주식을 새로 받음으로써 발생하는 양도차익에 대해서는 대통령령으로 정하는 바에 따라 그 주주가 주식교환 또는 현물출자(이하 이 조에서 "주식교환등"이라 한다)로 인하여 취득한 제휴법인의 주식을 처분할 때까지 금융투자소득세의 과세를 이연받을 수 있다. (2021. 12. 28. 개정)

　제46조의 7【전략적 제휴를 위한 비상장 주식교환등에 대한 과세특례】① 「자본시장과 금융투자업에 관한 법률」에 따른 주권상장법인(코넥스상장기업이 아닌 경우만 해당한다)을 제외한 벤처기업(대통령령으로 정하는 매출액 대비 연구·인력개발비 투자 비중이 5퍼센트 이상인 중소기업 및 대통령령으로 정하는 기술우수 중소기업을 포함하며, 이하 이 조에서 "벤처기업등"이라 한다)의 주주(그 법인의 발행주식 총수의 100분의 10이상을 보유한 주주를 말한다. 이하 이 조에서 같다)가 소유하는 벤처기업등의 주식을 다음 각 호의 요건을 갖추어 2027년 12월 31일 이전에 주식회사인 법인(이하 이 조에서 "제휴법인"이라 한다)이 보유한 자기주식 또는 제휴법인의 주주(발행주식 총수의 100분의 10 이상을 보유한 주주를 말한다. 이하 이 조에서 같다)의 주식과 교환하거나 제휴법인에 현물출자하고 그 제휴법인으로부터 출자가액에 상당하는 주식을 새로 받음으로써 발생하는 양도차익에 대해서는 대통령령으로 정하는 바에 따라 그 주주가 주식교환 또는 현물출자(이하 이 조에서 "주식교환등"이라 한다)로 인하여 취득한 제휴법인의 주식을 처분할 때까지 양도소득세의 과세를 이연받을 수 있다. (2024. 12. 31. 개정)

1. 대통령령으로 정하는 바에 따라 벤처기업등과 제휴법인 간의 전략적 제휴계획을 추진하고 그 계획에 따라 주식교환등이 이루어질 것

　제43조의 7【전략적 제휴를 위한 비상장 주식교환 등에 대한 과세특례】① 법 제46조의 7 제1항 각 호 외의 부분에서 "대통령령으로 정하는 매출액 대비 연구·인력개발비 투자 비중이 5퍼센트 이상인 중소기업"이란 주식교환 또는 현물출자일이 속하는 사업연도의 직전 사업연도의 법 제10조 제1항에 따른 연구·인력개발비가 매출액의 5퍼센트 이상인 중소기업을 말한다. (2020. 2. 11. 개정)
② 법 제46조의 7 제1항 각 호 외의 부분에서 "대통령령으로 정하는 기술우수 중소기업"이란 다음 각 호의 기업을 말한다. (2022. 2. 15. 신설)
1. 창업 후 3년 이내의 중소기업으로서 「벤처기업육성에 관한 특별법」 제2조의 2 제1항 제2호 다목에 따른 기업 (2024. 7. 2. 개정 ; 벤처기업~부칙)
2. 창업 후 3년 이내의 중소기업으로서 주식교환 또는 현물출자일이 속하는 과세연도의 직전 과세연도에 법 제10조 제1항에 따른 연구·인력개발비를 3천만원 이상 지출한 기업. 다만, 직전 과세연도의 기간이 6개월 이내인 경우에는 법 제10조 제1항에 따른 연구·인력개발비를 1천5백만원 이상 지출한 중소기업으로 한다. (2022. 2. 15. 신설)
3. 창업 후 3년 이내의 중소기업으로서 「신용정보의 이용 및 보호에 관한 법률」에 따른 기술신용평가업무를 하는 기업신용조회회사가 평가한 기술등급이 기술등급체계상 상위 100분의 50에 해당하는 기

(2014. 1. 1. 신설)

2. 벤처기업등의 주주 1인과 대통령령으로 정하는 특수관계인이 제휴법인의 대통령령으로 정하는 최대주주와 대통령령으로 정하는 특수관계에 있지 않을 것 (2014. 1. 1. 신설)

3. 벤처기업등의 주주가 주식교환등으로 인하여 취득한 주식과 제휴법인 또는 제휴법인의 주주가 주식교환등으로 취득한 주식을 각각 1년 이상 보유하도록 하는 계약을 벤처기업등과 제휴법인 간에 체결할 것 (2014. 1. 1. 신설)

② 제1항에 따라 금융투자소득세의 과세를 이연받은 벤처기업등의 주주는 제1항 제3호의 계약을 위반하는 사유가 발생하면 대통령령으로 정하는 바에 따라 그 이연받은 금융투자소득세를 납부하여야 한다. (2021. 12. 28. 개정)

편주

• 법 46조의 7 제2항 및 3항의 개정규정은 2025. 1. 1.부터 시행함. (법 부칙(2021. 12. 28.) 1조 1호) (2022. 12. 31. 개정)
• 2025. 1. 1. 전에 발생한 배당소득 또는 양도소득에 대해서는 법 46조의 7 제2항 및 3항의 개정규정에도 불구하고 종전의 규정에 따름. (법 부칙(2021. 12. 28.) 29조 1항) (2022. 12. 31. 개정)

② 제1항에 따라 양도소득세의 과세를 이연받은 벤처기업등의 주주는 제1항 제3호의 계약을 위반하는 사유가 발생하면 대통령령으로 정하는 바에 따라 그 이연받은 양도소득세를 납부하여야 한다. (2024. 12. 31. 개정)

업 (2022. 2. 15. 신설)

③ 법 제46조의 7 제1항 각 호 외의 부분에 따른 발행주식 총수의 100분의 10 이상을 보유한 주주는 해당 법인의 의결권 있는 발행주식 총수의 100분의 10 이상을 보유한 주주로 한다. (2022. 2. 15. 항번개정)

④ 법 제46조의 7 제1항 제1호에 따른 전략적 제휴계획은 벤처기업(제1항에 따른 중소기업을 포함하며, 이하 이 조에서 "벤처기업등"이라 한다)이 생산성 향상과 경쟁력 강화 등을 목적으로 주식회사인 법인(이하 이 조에서 "제휴법인"이라 한다)과의 계약을 통하여 협력관계를 형성하려는 계획을 말한다. (2022. 2. 15. 항번개정)

⑤ 제4항에 따른 계약은 다음 각 호의 요건을 갖추어야 한다. (2022. 2. 15. 개정)

1. 벤처기업등과 제휴법인이 계약당사자가 될 것 (2014. 2. 21. 신설)
2. 제휴 대상 사업내용이 실현가능하고 구체적일 것 (2014. 2. 21. 신설)
3. 제휴 사업에서 발생하는 손익의 분배방법을 정할 것 (2014. 2. 21. 신설)
4. 기술·정보·시설·인력 및 자본 등의 협력에 관한 사항을 포함하고 있을 것 (2014. 2. 21. 신설)

⑥ 법 제46조의 7 제1항 제2호에서 "대통령령으로 정하는 특수관계인"이란 「국세기본법 시행령」 제1조의 2 제1항 및 제2항에 따른 관계인(이하 이 조에서 "특수관계인"이라 한다)을 말하고, "대통령령으로 정하는 특수관계"란 「국세기본법 시행령」 제1조의 2 제1항 및 제2항에 따른 관계를 말한다. (2022. 2. 15. 항번개정)

⑦ 법 제46조의 7 제1항 제2호에서 "대통령령으로 정하는 최대주주"란 법인의 의결권 있는 발행주식 총수를 기준으로 주주 1인과 그의 특수관계인이 보유하는 주식을 합하여 그 수가 가장 많은 경우의 그 주주 1인을 말한다. (2022. 2. 15. 항번개정)

⑧ 법 제46조의 7 제1항에 따라 벤처기업등의 주주가 제휴법인 또는 제휴법인의 주주와 주식교환 또는 현물출자(이하 이 조에서 "주식교환등"이라 한다)를 함에 따라 발생하는 소득(이하 이 조에서 "주식과세이연금액"이라 한다)에 대해서는 금융투자소득세를 과세하지 아니하되, 주식교환등으로 인하여 취득한 제휴법인의 주식을 양도(주식교환등 외의 다른 방법으로 취득한 주식이 있는 경우에는 주식교환등으로 인하여 취득한 주식을 먼저 양도한 것으로 본다)한 때에는 다음의 계산식에 따라 산출한 금액을 취득가액으로 보아 금융투자소득세를 과세한다. (2022. 2. 15. 개정)

주식교환등으로 취득한 주식 중 양도한 주식의 취득가액 - (주식과세이연금액 × 양도한 주식 ÷ 주식교환등으로 취득한 주식)

⑧ 법 제46조의 7 제1항에 따라 벤처기업등의 주주가 제휴법인 또는 제휴법인의 주주와 주식교환 또는 현물출자(이하 이 조에서 "주식교환등"이라 한다)를 함에 따라 발생하는 소득(이하 이 조에서 "주식과세이연금액"이라 한다)에 대해서는 양도소득세를 과세하지 아니하되, 주식교환등으로 인하여 취득한 제휴법인의 주식을 양도(주식교환등 외의 다른 방법으로 취득한 주식이 있는 경우에는 주식교환등으로 인하여 취득한 주식을 먼저 양도한 것으로 본다)한 때에는 다음의 계산식에 따라 산출한 금액을 취득가액으로 보아 양도소득세를 과세한다. (2024. 12. 31. 개정)

주식교환등으로 취득한 주식 중 양도한 주식의 취득가액 - (주식과세이연금액 × 양도한 주식 ÷ 주식교환등으로 취득한 주식)

⑨ 벤처기업등의 주주가 법 제46조의 7 제1항에 따라 금융투자소득세의 과세를 이연받은 후 같은 항 제3호의 요건을 위반하는 사유가 발생한 때에는 주식과세이연금액에 주식교환등으로 취득한 주식 중에서 해당 사유가 발생한 날 현재 남아 있는 주식이 차지하는 비율을 곱한 금액에 해당 주식교환등을 한 당시의 「소득세법」 제87조의 19에 따른 세율을 곱하여 계산한 금액을 해당 사유발생일이 속하는 과세연도의 과세표준신고와 함께 납부하여야 한다. (2022. 2. 15. 개정)

⑨ 벤처기업등의 주주가 법 제46조의 7 제1항에 따라 양도소득세의 과세를 이연받은 후 같은 항 제3호의 요건을 위반하는 사유가 발생한 때에는 주식과세이연금액에 주식교환등으로 취득한 주식 중에서 해당 사유가 발생한 날 현재 남아 있는 주식이 차지하는 비율을 곱한 금액에 해당 주식교환등을 한 당시의 「소득세법」 제104조 제1항에 따른 세율을 곱하여 계산한 금액을 해당 사유발생일이 속하는 과세연도의 과세표준신고와 함께 납부하여야 한다. (2024. 12. 31. 개정)

⑩ 법 제46조의 7 제3항에 따라 금융투자소득세의 과세이연 신청을 하려는 자는 주식교환등을 한 날이 속하는 분기의 말일부터 2개월 이내에 과세표준신고와 함께 기획재정부령으로 정하는 벤처기업등 주식교환·현물출자 주식양도차익 과세이연신청서에 전략적 제휴계획, 주식교환계약서와 세제지원대상 여부를 확인할 수 있는 서류로서 기획재정부령으로 정하는 서류를 첨부하여 납세지 관할 세무서장에게 제출해야 한다. (2022. 2. 15. 개정)

⑩ 법 제46조의 7 제3항에 따라 양도소득세의 과세이연 신청을 하려는 자는 주식교환등을 한 날이 속하는 분기의 말일부터 2개월 이내에 과세표준신고와 함께 기획재정부

③ 제1항에 따라 금융투자소득세의 과세를 이연받으려는 자는 대통령령으로 정하는 바에 따라 신청하여야 한다. (2021. 12. 28. 개정)
③ 제1항에 따라 양도소득세의 과세를 이연받으려는 자는 대통령령으로 정하는 바에 따라 신청하여야 한다. (2024. 12. 31. 개정)

제46조의 8 【주식매각 후 벤처기업등 재투자에 대한 과세특례】 (2016. 12. 20. 제목개정)
① 벤처기업 또는 벤처기업이었던 기업이 벤처기업에 해당하지 아니하게 된 이후 7년 이내 기업(이하 이 조에서 "매각대상기업"이라 한다)의 주주로서 대통령령으로 정하는 주주가 2026년 12월 31일 이전에 그가 보유한 매각대상기업의 주식 중 대통령령으로 정하는 일정비율 이상을 대통령령으로 정하는 특수관계인 외의 자에게 양도하고 그 양도대금 중 100분의 50 이상을 다음 각 호의 요건을 갖추어 출자 또는 투자(이하 "재투자"라 한다)를 한 경우에는 그 재투자에 사용된 금액에 대해서는 대통령령으로 정하는 바에 따라 재투자로 취득한 주식 또는 출자지분을 처분(재투자 대상기업이 사업을 폐지한 경우 등을 포함한다)할 때까지 금융투자소득세의 과세를 이연받을 수 있다. 다만, 타인의 출자지분이나 투자지분 또는 수익증권을 양수하는 방법으로 재투자하는 경우 또는 재투자로 취득한 주식 또는 출자지분을 처분한 후 다시 재투자 하는 경우에는 그러하지 아니하다. (2023. 12. 31. 개정)
① 벤처기업 또는 벤처기업이었던 기업이 벤처기업에 해당하지 아니하

령으로 정하는 벤처기업등 주식교환·현물출자 주식양도차익 과세이연신청서에 전략적 제휴계획, 주식교환계약서와 세제지원대상 여부를 확인할 수 있는 서류로서 기획재정부령으로 정하는 서류를 첨부하여 납세지 관할 세무서장에게 제출해야 한다. (2024. 12. 31. 개정)
⑩ 법 제46조의 7 제3항에 따라 양도소득세의 과세이연 신청을 하려는 자는 「소득세법」 제105조에 따른 양도소득과세표준 예정신고와 함께 기획재정부령으로 정하는 벤처기업등 주식교환·현물출자 주식양도차익 과세이연신청서에 전략적 제휴계획, 주식교환계약서와 세제지원대상 여부를 확인할 수 있는 서류로서 기획재정부령으로 정하는 서류를 첨부하여 납세지 관할 세무서장에게 제출해야 한다. (2025. 2. 28. 개정)

[개정취지] ....
전략적 제휴를 위한 비상장 주식교환 등에 대한 과세특례 신청 기한 변경
• 종전에는 전략적 제휴를 위한 비상장 주식교환 등에 대한 과세특례 신청 시 주식교환 등을 한 날이 속하는 분기의 말일부터 2개월 이내에 신청하도록 하였으나, 앞으로는 「소득세법」에 따른 양도소득과세표준 예정신고 기간에 맞추어 주식교환 등을 한 날이 속하는 반기의 말일부터 2개월 이내에 신청하도록 함. (영 43조의 7 제10항 개정 ; 2025. 2. 28.)
• 영 43조의 7 제10항의 개정규정은 2025. 2. 28. 이후 양도소득세의 과세이연 신청을 하는 경우부터 적용함. (영 부칙(2025. 2. 28.) 12조)
....

제43조의 8 【주식매각 후 벤처기업 등 재투자에 대한 과세특례】 (2017. 2. 7. 제목개정)
① 법 제46조의 8 제1항 각 호 외의 부분 본문에서 "대통령령으로 정하는 주주"란 벤처기업 또는 벤처기업이었던 기업이 벤처기업에 해당하지 아니하게 된 이후 7년 이내 기업(이하 이 조에서 "매각대상기업"이라 한다)의 창업주 또는 발기인으로서 매각대상기업의 주주인 자(이하 이 조에서 "매각대상기업의 주주"라 한다)를 말한다. (2017. 2. 7. 개정)
② 법 제46조의 8 제1항 각 호 외의 부분 본문에서 "대통령령으로 정하는 일정비율"이란 매각대상기업의 주주 본인이 보유한 주식의 100분의 30을 말한다. (2017. 2. 7. 개정)
③ 법 제46조의 8 제1항 각 호 외의 부분 본문 및 같은 항 제2호에서

제19조의 3 【전략적 제휴를 위한 비상장 주식교환 등에 대한 세제지원 대상임을 확인한 서류】 영 제43조의 7 제10항에서 "세제지원대상 여부를 확인할 수 있는 서류로서 기획재정부령으로 정하는 서류"란 「벤처기업육성에 관한 특별법」 제14조 제3항에 따라 중소벤처기업부장관이 세제지원 대상임을 확인한 서류를 말한다. 다만, 영 제43조의 7 제1항에 따른 중소기업의 주주 및 「자본시장과 금융투자업에 관한 법률 시행령」 제11조 제2항에 따른 코넥스시장에 상장된 벤처기업(「벤처기업육성에 관한 특별법」에 따른 벤처기업을 말한다)에 투자한 경우는 제외한다. (2025. 3. 21. 개정)

게 된 이후 7년 이내 기업(이하 이 조에서 "매각대상기업"이라 한다)의 주주로서 대통령령으로 정하는 주주가 2026년 12월 31일 이전에 그가 보유한 매각대상기업의 주식 중 대통령령으로 정하는 일정비율 이상을 대통령령으로 정하는 특수관계인 외의 자에게 양도하고 그 양도대금 중 100분의 50 이상을 다음 각 호의 요건을 갖추어 출자 또는 투자(이하 "재투자"라 한다)를 한 경우에는 그 재투자에 사용된 금액에 대해서는 대통령령으로 정하는 바에 따라 재투자로 취득한 주식 또는 출자지분을 처분(재투자 대상기업이 사업을 폐지한 경우 등을 포함한다)할 때까지 양도소득세의 과세를 이연받을 수 있다. 다만, 타인의 출자지분이나 투자지분 또는 수익증권을 양수하는 방법으로 재투자하는 경우 또는 재투자로 취득한 주식 또는 출자지분을 처분한 후 다시 재투자 하는 경우에는 그러하지 아니하다. (2024. 12. 31. 개정)

1. 제1항에 따라 주식을 양도한 날부터 대통령령으로 정하는 기간 내에 다음 각 목의 어느 하나에 해당하는 재투자를 할 것 (2014. 1. 1. 신설)

　가. 중소기업창업투자조합, 한국벤처투자조합, 신기술사업투자조합 또는 전문투자조합에 출자하는 경우 (2019. 12. 31. 개정 ; 소재ㆍ부품전문기업 등의~특별조치법 부칙)

　나. 대통령령으로 정하는 벤처기업투자신탁(이하 이 조에서 "벤처기업투자신탁"이라 한다)의 수익증권에 투자하는 경우 (2014. 1. 1. 신설)

　다. 「벤처기업육성에 관한 특별조치법」 제13조에 따른 조합에 출자한 금액을 대통령령으로 정하는 바에 따라 벤처기업 또는 이에 준하는 창업후 3년 이내 중소기업으로서 대통령령으로 정하는 기업(이하 이 조에서 "벤처기업등"이라 한다)에 투자하는 경우 (2014. 1. 1. 신설)

　라. 벤처기업등에 투자하는 경우 (2014. 1. 1. 신설)

2. 매각대상기업의 주주 1인과 대통령령으로 정하는 특수관계인이 제1호 다목 및 라목의 벤처기업등의 대통령령으로 정하는 최대주주와 대통령령으로 정하는 특수관계에 있지 아니할 것 (2014. 1. 1. 신설)

3. 재투자로 취득한 주식 또는 출자지분을 3년 이상 보유할 것 (2014. 1. 1. 신설)

"대통령령으로 정하는 특수관계인"이란 각각 「국세기본법 시행령」 제1조의 2 제1항 및 제2항에 따른 관계인(이하 이 조에서 "특수관계인"이라 한다)을 말하며, 법 제46조의 8 제1항 제2호에서 "대통령령으로 정하는 특수관계"란 「국세기본법 시행령」 제1조의 2 제1항 및 제2항에 따른 관계를 말한다. (2014. 2. 21. 신설)

④ 법 제46조의 8 제1항 제2호에서 "대통령령으로 정하는 최대주주"란 법인의 의결권 있는 발행주식 총수를 기준으로 주주 1인과 그의 특수관계인이 보유하는 주식을 합하여 그 수가 가장 많은 경우의 그 주주 1인을 말한다. (2017. 2. 7. 개정)

⑤ 법 제46조의 8 제1항 제1호 각 목 외의 부분에서 "대통령령으로 정하는 기간"이란 매각대상기업의 주식매각으로 발생하는 양도소득에 대한 「소득세법」 제105조에 따른 예정신고 기간의 종료일부터 2년을 말한다. (2024. 2. 29. 개정)

⑤ 법 제46조의 8 제1항 제1호 각 목 외의 부분에서 "대통령령으로 정하는 기간"이란 매각대상기업의 주식매각으로 발생하는 양도소득에 대한 「소득세법」 제105조에 따른 예정신고 기간의 종료일부터 1년을 말한다. (2024. 12. 31. 개정)

⑥ 법 제46조의 8 제1항 제1호 나목에서 "대통령령으로 정하는 벤처기업투자신탁"이란 제14조 제1항에 따른 벤처기업투자신탁을 말한다. (2018. 2. 13. 개정)

⑦ 법 제46조의 8 제1항 제1호 다목에 따른 재투자는 「벤처투자 촉진에 관한 법률」 제2조 제8호에 따른 개인투자조합(이하 이 조에서 "개인투자조합"이라 한다)이 거주자로부터 출자받은 금액을 해당 출자일

이 속하는 과세연도의 다음 과세연도 종료일까지 같은 법에 따라 벤처기업등에 투자하는 것을 말하며, 법 제46조의 8 제1항 제1호 다목에서 "창업후 3년이내 중소기업으로서 대통령령으로 정하는 기업"이란 창업 후 3년 이내 중소기업으로서 「벤처기업육성에 관한 특별법」 제2조의 2 제1항 제2호 다목의 (3)에 따라 기술성이 우수한 것으로 평가받은 기업을 말한다. (2024. 7. 2. 개정 ; 벤처기업~부칙)

⑧ 법 제46조의 8 제1항에 따라 매각대상기업 주식의 양도에 따라 발생하는 소득(이하 이 조에서 "주식과세이연금액"이라 한다)에 대해서는 금융투자소득세를 과세하지 아니하되, 재투자로 인하여 취득한 주식 또는 출자지분(이하 이 조에서 "주식등"이라 한다)을 양도(재투자 외의 다른 방법으로 취득한 주식등이 있는 경우에는 재투자로 인하여 취득한 주식등을 먼저 양도한 것으로 본다)한 때에는 다음의 계산식에 따라 산출한 금액을 취득가액으로 보아 금융투자소득세를 과세한다. (2022. 2. 15. 개정)

재투자로 취득한 주식등 중 양도한 주식등의 취득가액 - (주식과세이연금액 × 양도한 주식 ÷ 재투자로 취득한 주식등)

⑧ 법 제46조의 8 제1항에 따라 매각대상기업 주식의 양도에 따라 발생하는 소득(이하 이 조에서 "주식과세이연금액"이라 한다)에 대해서는 양도소득세를 과세하지 아니하되, 재투자로 인하여 취득한 주식 또는 출자지분(이하 이 조에서 "주식등"이라 한다)을 양도(재투자 외의 다른 방법으로 취득한 주식등이 있는 경

☞ p.1400 2단 연결

우에는 재투자로 인하여 취득한 주식등을 먼저 양도한 것으로 본다)
한 때에는 다음의 계산식에 따라 산출한 금액을 취득가액으로 보아
양도소득세를 과세한다. (2024. 12. 31. 개정)

재투자로 취득한 주식등 중 양도한 주식등의 취득가액 − (주식과세
이연금액 × 양도한 주식 ÷ 재투자로 취득한 주식등)

⑨ 매각대상기업의 주주가 법 제46조의 8 제1항에 따라 금융투자소득세의 과세를 이연
받은 후 같은 항 제1호를 위반하는 사유가 발생한 때에는 매각대상기업의 주주가 예정
신고는 했으나 금융투자소득세를 납부하지 아니한 것으로 본다. (2022. 2. 15. 개정)
⑨ 매각대상기업의 주주가 법 제46조의 8 제1항에 따라 양도소득세
의 과세를 이연받은 후 같은 항 제1호를 위반하는 사유가 발생한 때
에는 매각대상기업의 주주가 예정신고는 했으나 양도소득세를 납부
하지 아니한 것으로 본다. (2024. 12. 31. 개정)
⑩ 매각대상기업의 주주는 법 제46조의 8 제1항 제1호를 위반하는 사유가 발생한 직후
과세표준신고와 함께 매각대상기업의 주식 양도에 따른 금융투자소득세와 「국세기본
법」 제47조의 4 제1항에 따른 가산세를 납부하여야 한다. (2022. 2. 15. 개정)
⑩ 매각대상기업의 주주는 법 제46조의 8 제1항 제1호를 위반하는 사
유가 발생한 직후 과세표준신고와 함께 매각대상기업의 주식 양도에
따른 양도소득세와 「국세기본법」 제47조의 4 제1항에 따른 가산세를
납부하여야 한다. (2024. 12. 31. 개정)
⑪ 매각대상기업의 주주가 법 제46조의 8 제1항에 따라 금융투자소득세의 과세를 이연
받은 후 같은 항 제3호를 위반하는 사유가 발생한 때에는 주식과세이연금액에 재투자
로 취득한 주식 중에서 해당 사유가 발생한 날 현재 남아 있는 주식이 차지하는 비율을
곱한 금액에 기업매각을 위하여 주식을 양도한 당시의 「소득세법」 제87조의 19에 따른
세율을 곱하여 계산한 금액을 해당 사유발생일이 속하는 과세연도의 과세표준신고서와
함께 납부하여야 한다. (2022. 2. 15. 개정)
⑪ 매각대상기업의 주주가 법 제46조의 8 제1항에 따라 양도소득세의
과세를 이연받은 후 같은 항 제3호를 위반하는 사유가 발생한 때에는
주식과세이연금액에 재투자로 취득한 주식 중에서 해당 사유가 발생한
날 현재 남아 있는 주식이 차지하는 비율을 곱한 금액에 기업매각을
위하여 주식을 양도한 당시의 「소득세법」 제104조 제1항에 따른 세율
을 곱하여 계산한 금액을 해당 사유발생일이 속하는 과세연도의 과세
표준신고서와 함께 납부하여야 한다. (2024. 12. 31. 개정)
⑫ 법 제46조의 8 제2항에 따라 금융투자소득세의 과세이연 신청을 하려는 자는 「소득
세법」 제87조의 21에 따른 금융투자소득세 예정신고와 함께 기획재정부령으로 정하는

② 제1항에 따라 금융투자소득세의 과세를 이연받으려는 자는 예정신고 기간 내에 대통령령으로 정하는 바에 따라 신청하여야 한다. (2021. 12. 28. 개정)

② 제1항에 따라 양도소득세의 과세를 이연받으려는 자는 예정신고 기간 내에 대통령령으로 정하는 바에 따라 신청하여야 한다. (2024. 12. 31. 개정)

③ 제1항에 따라 금융투자소득세의 과세를 이연받은 자는 제1항 제1호 또는 제3호를 위반하는 사유가 발생하면 대통령령으로 정하는 바에 따라 그 이연받은 금융투자소득세를 납부하여야 하며, 제1항 제1호를 위반하는 경우 예정신고 기간 내에 신고는 했으나 금융투자소득세는 납부하지 아니한 것으로 간주하여 납부할 세액을 계산하되 대통령령으로 정하는 사유로 재투자를 하지 아니한 경우는 제외한다. (2021. 12. 28. 개정)

• 법 46조의 8 제2항 및 3항의 개정규정은 2025. 1. 1.부터 시행함. (법 부칙(2021. 12. 28.) 1조 1호) (2022. 12. 31. 개정)
• 2025. 1. 1. 전에 발생한 배당소득 또는 양도소득에 대해서는 법 46조의 8 제2항 및 3항의 개정규정에도 불구하고 종전의 규정에 따름. (법 부칙(2021. 12. 28.) 29조 1항) (2022. 12. 31. 개정)

③ 제1항에 따라 양도소득세의 과세를 이연받은 자는 제1항 제1호 또는 제3호를 위반하는 사유가 발생하면 대통령령으로 정하는 바에 따라 그 이연받은 양도소득세를 납부하여야 하며, 제1항 제1호를 위반하는 경우 예정신고 기간 내에 신고는 했으나 양도소득세는 납부하지 아니한 것으로 간주하여 납부할 세액을 계산하되 대통령령으로 정하는 사유로 재투자를 하지 아니한 경우는 제외한다. (2024. 12. 31. 개정)

재투자에 따른 주식양도차익과세이연신청서에 주식매매계약서 및 세제지원대상 여부를 확인할 수 있는 서류로서 기획재정부령으로 정하는 서류를 첨부하여 납세지 관할 세무서장에게 제출하여야 한다. 다만, 재투자를 한 이후에는 기획재정부령으로 정하는 재투자 확인서를 납세지 관할 세무서장에게 제출하여야 한다. (2022. 2. 15. 개정)

⑫ 법 제46조의 8 제2항에 따라 양도소득세의 과세이연 신청을 하려는 자는 「소득세법」 제105조에 따른 양도소득과세표준 예정신고와 함께 기획재정부령으로 정하는 재투자에 따른 주식양도차익과세이연신청서에 주식매매계약서 및 세제지원대상 여부를 확인할 수 있는 서류로서 기획재정부령으로 정하는 서류를 첨부하여 납세지 관할 세무서장에게 제출하여야 한다. 다만, 재투자를 한 이후에는 기획재정부령으로 정하는 재투자 확인서를 납세지 관할 세무서장에게 제출하여야 한다. (2024. 12. 31. 개정)

⑬ 법 제46조의 8 제3항에서 "대통령령으로 정하는 사유"란 다음 각 호의 어느 하나에 해당하는 사유를 말한다. (2014. 2. 21. 신설)
1. 매각대상기업의 주주의 사망 (2014. 2. 21. 신설)
2. 「해외이주법」에 따른 해외이주로 세대전원이 출국하는 경우 (2014. 2. 21. 신설)
3. 천재지변으로 재산상 중대한 손실이 발생하는 경우 (2014. 2. 21. 신설)

⑭ 제13항 각 호의 어느 하나에 해당하는 사유가 발생한 경우에는 그 사유의 발생일을 양도일로 보아 「소득세법」 제87조의 21에 따른 기간 내에 금융투자소득세 예정신고와 함께 과세이연금액에 대한 금융투자소득세를 납부해야 한다. 이 경우 금융투자소득세의 세율은 매각대상기업 주식을 양도한 당시의 「소득세법」 제87조의 19에 따른 세율로 한다. (2022. 2. 15. 개정)

⑭ 제13항 각 호의 어느 하나에 해당하는 사유가 발생한 경우에는 그 사유의 발생일을 양도일로 보아 「소득세법」 제105조에 따른 기간 내

제19조의 4 【주식매각 후 벤처기업 등 재투자에 대한 세제지원 대상임을 확인한 서류】 (2017. 3. 17. 제목개정)
영 제43조의 8 제12항에서 "세제지원대상 여부를 확인할 수 있는 서류로서 기획재정부령으로 정하는 서류"란 다음 각 호의 서류를 말한다. (2014. 3. 14. 신설)
1. 정관 사본 또는 그 밖에 과세이연 신청을 하려는 자가 영 제43조의 8 제1항에 따른 매각대상기업(이하 이 조에서 "매각대상기업"이라 한다)의 창업주 또는 발기인임을 확인할 수 있는 서류 (2014. 3. 14. 신설)
2. 매각대상기업에 대한 「벤처기업육성에 관한 특별법」 제25조 제2항에 따른 벤처기업확인서 (2025. 3. 21. 개정)
3. 재투자한 법인에 대한 「벤처기업육성에 관한 특별법」 제25조 제2항에 따른 벤처기업확인서 또는 같은 법 제2조의 2 제1항 제2호 다목 (3)에 따라 기술성이 우수한 것으로 평가를 받은 것을 확인할 수 있는 서류. 다만, 법 제46조의 8 제1항 제1호 다목 및 라목에 해당하는 재투자의 경우로 한정한다. (2025. 3. 21. 개정)

제47조【벤처기업 복수의결권주식 취득에 대한 과세특례】① 「벤처기업육성에 관한 특별법」 제16조의 11 제5항의 창업주(이하 이 조에서 "창업주"라 한다)가 같은 조 제8항에 따라 보통주식으로 같은 조 제1항에 따른 복수의결권주식(이하 이 조에서 "복수의결권주식"이라 한다)에 대한 납입을 함으로써 발생하는 양도차익에 대해서는 해당 복수의결권주식이 같은 법 제16조의 12 제1항에 따라 보통주식으로 전환될 때까지 대통령령으로 정하는 바에 따라 양도소득세의 과세를 이연받을 수 있다. (2024. 12. 31. 신설)

② 제1항에 따라 양도소득세의 과세를 이연받은 창업주는 복수의결권주식이 「벤처기업육성에 관한 특별법」 제16조의 12 제2항에 해당하는 경우에는 대통령령으로 정하는 바에 따라 그 이연받은 양도소득세를 납부하여야 한다. (2024. 12. 31. 신설)

③ 제1항에 따라 양도소득세의 과세를 이연받으려는 자는 대통령령으로 정하는 바에 따라 신청하여야 한다. (2024. 12. 31. 신설)

편주 ▶ ⋯⋯⋯⋯⋯⋯⋯⋯⋯⋯⋯⋯⋯⋯⋯⋯⋯⋯⋯⋯⋯⋯⋯⋯⋯⋯⋯⋯⋯⋯

법 47조의 개정규정은 2025. 1. 1. 이후 보통주식으로 복수의결권주식에 대한 납입을 하는 경우부터 적용함. (법 부칙(2024. 12. 31.) 6조)

⋯⋯⋯⋯⋯⋯⋯⋯⋯⋯⋯⋯⋯⋯⋯⋯⋯⋯⋯⋯⋯⋯⋯⋯⋯⋯⋯⋯⋯⋯⋯⋯⋯

에 양도소득과세표준 예정신고와 함께 과세이연금액에 대한 양도소득세를 납부해야 한다. 이 경우 양도소득세의 세율은 매각대상기업 주식을 양도한 당시의 「소득세법」 제104조 제1항에 따른 세율로 한다. (2024. 12. 31. 개정)

제44조【벤처기업 복수의결권주식 취득에 대한 과세특례】① 법 제47조 제1항에 따라 「벤처기업육성에 관한 특별법」 제16조의 11 제5항의 창업주(이하 이 조에서 "창업주"라 한다)가 같은 조 제8항에 따라 보통주식으로 같은 조 제1항에 따른 복수의결권주식(이하 이 조에서 "복수의결권주식"이라 한다)에 대한 납입(이하 이 조에서 "현물출자"라 한다)을 함으로써 발생하는 양도차익(이하 이 조에서 "과세이연금액"이라 한다)에 대해서는 양도소득세를 과세하지 않되, 창업주가 복수의결권주식을 양도(현물출자 외의 다른 방법으로 취득한 복수의결권주식이 있는 경우에는 현물출자로 취득한 복수의결권주식을 먼저 양도한 것으로 본다)한 경우에는 다음 계산식에 따라 계산한 금액을 취득가액으로 보아 양도소득세를 과세한다. (2025. 2. 28. 신설)

현물출자로 취득한 전체 복수의결권주식 중 양도한 복수의결권주식의 취득가액 − (과세이연금액 × 현물출자로 취득한 전체 복수의결권주식 중 양도한 복수의결권주식 수 ÷ 현물출자로 취득한 전체 복수의결권주식 수)

② 법 제47조 제1항에 따라 양도소득세의 과세를 이연받은 후 다음 각 호의 어느 하나에 해당하는 사유가 발생하여 복수의결권주식이 「벤처기업육성에 관한 특별법」 제16조의 12 제1항에 따라 보통주식으로 전환된 경우에는 해당 호의 구분에 따라 양도소득세를 납부해야 한다. (2025. 2. 28. 신설)

1. 다음 각 목의 어느 하나에 해당하는 사유가 발생하는 경우 : 해당 목의 구분에 따른 날을 양도일로 보아 「소득세법」 제105조에 따른 양도소득과세표준 예정신고와 함께 다음 계산식에 따라 계산한 금액을 양도소득세로 납부할 것 (2025. 2. 28. 신설)

☞

개정취지 ⋯⋯⋯⋯⋯⋯⋯⋯⋯⋯⋯⋯⋯⋯⋯⋯⋯⋯⋯⋯⋯⋯⋯⋯⋯⋯⋯⋯

벤처기업 복수의결권주식 취득에 대한 과세이연

「벤처기업육성에 관한 특별법」에 따른 창업주가 보통주식을 납입하여 복수의결권주식을 취득하는 경우 발생하는 양도차익에 대해서는 양도소득세를 과세하지 않되, 창업주가 복수의결권주식을 양도하거나 복수의결권주식의 존속기간이 만료되는 등의 사유로 복수의결권주식이 보통주식으로 전환되는 경우에는 그 양도일 또는 전환일이 속하는 과세연도의 과세표준 신고 시 이연된 양도소득세를 납부하도록 함. (영 44조 신설 ; 2025. 2. 28.)

⋯⋯⋯⋯⋯⋯⋯⋯⋯⋯⋯⋯⋯⋯⋯⋯⋯⋯⋯⋯⋯⋯⋯⋯⋯⋯⋯⋯⋯⋯⋯⋯⋯

에는 같은 법 시행령 제11조의 9 제2항에 따른 통지일을 양도일로 보아 과세이연금액에 현물출자 당시의 「소득세법」 제104조 제1항에 따른 세율을 곱하여 계산한 금액을 같은 법 제105조에 따른 양도소득과세표준 예정신고와 함께 납부해야 한다. (2025. 2. 28. 신설)
④ 법 제47조 제3항에 따라 양도소득세의 과세이연 신청을 하려는 자는 「소득세법」 제105조에 따른 양도소득과세표준 예정신고와 함께 기획재정부령으로 정하는 벤처기업 복수의결권주식 취득에 따른 양도차익 과세이연신청서에 과세특례 대상 여부를 확인할 수 있는 서류로서 기획재정부령으로 정하는 서류를 첨부하여 납세지 관할 세무서장에게 제출해야 한다. (2025. 2. 28. 신설)

과세이연금액 × (보통주식으로 전환된 복수의결권주식 수 ÷ 현물출자로 취득한 전체 복수의결권주식 수) × 현물출자 당시의 「소득세법」 제104조 제1항에 따른 세율

가. 복수의결권주식의 존속기간이 만료된 경우 : 만료일의 다음 날 (2025. 2. 28. 신설)
나. 창업주가 「벤처기업육성에 관한 특별법」 제16조의 11 제5항 제2호에 따른 이사의 직을 상실한 경우 : 상실일 (2025. 2. 28. 신설)
다. 주식회사인 벤처기업이 「자본시장과 금융투자업에 관한 법률」 제8조의 2 제4항 제1호에 따른 증권시장에 상장된 경우 : 해당 벤처기업이 상장된 날부터 3년이 지난 날(복수의결권주식의 존속기간이 그 전에 만료되는 경우에는 그 만료일의 다음 날) (2025. 2. 28. 신설)
라. 주식회사인 벤처기업이 「독점규제 및 공정거래에 관한 법률」 제31조 제1항에 따라 공시대상기업집단 지정 사실의 통지를 받거나 같은 법 제32조 제1항에 따라 공시대상기업집단 국내 계열회사 편입의 통지(같은 법 제33조에 따라 공시대상기업집단의 국내 계열회사 또는 특수관계인으로 편입·통지된 것으로 보는 경우를 포함한다)를 받은 경우 : 통지일 (2025. 2. 28. 신설)
마. 주식회사인 벤처기업이 「독점규제 및 공정거래에 관한 법률」 제32조 제1항에 따라 공시대상기업집단의 국내 계열회사로 편입되어야 할 사유가 있음에도 불구하고 「벤처기업육성에 관한 특별법 시행령」 제11조의 9 제1항에 해당하여 제외 통지를 받은 경우 : 통지일 (2025. 2. 28. 신설)
2. 복수의결권주식에 대한 상속이 이루어지는 경우 : 상속인은 상속개시일이 속하는 달의 말일부터 6개월 이내에 제1호 각 목 외의 부분 계산식에 따라 계산한 금액을 양도소득세로 납부할 것 (2025. 2. 28. 신설)
③ 법 제47조 제1항에 따라 양도소득세의 과세를 이연받은 창업주는 「벤처기업육성에 관한 특별법」 제16조의 12 제2항에 해당하는 경우

제19조의 5【벤처기업 복수의결권주식 취득에 대한 과세특례 신청 서류】
영 제44조 제4항에서 "기획재정부령으로 정하는 서류"란 다음 각 호의 서류를 말한다. (2025. 3. 21. 신설)
1. 복수의결권주식 취득을 위한 보통주식

제47조의 2 【합병시 이월결손금의 승계에 대한 과세특례 등】
삭　제 (2008. 12. 26.)

제47조의 3 【벤처기업의 합병시 이월결손금의 승계에 대한 과세특례】 법인(벤처기업을 포함한다)이 2012년 12월 31일까지 벤처기업을 합병하는 경우로서 법인세법 제44조 제2항 각 호의 요건(이 경우 같은 항 제1호를 적용할 때 벤처기업이 연구·개발 등 사업을 하기 위하여 자산을 취득하거나 비용을 지출한 때부터 1년이 지난 경우에는 1년 이상 계속하여 사업을 한 것으로 본다)을 갖춘 경우에는 합병등기일 현재 피합병법인의 「법인세법」 제13조 제1항 제1호에 따른 결손금은 대통령령으로 정하는 금액의 범위에서 같은 법 제45조에 따라 합병법인의 각 사업연도의 과세표준을 계산할 때 공제할 수 있다. (2018. 12. 24. 개정)

제 6 절　금융기관 구조조정을 위한 조세특례

제47조의 4 【합병에 따른 중복자산의 양도에 대한 과세특례】 (2014. 1. 1. 제목개정)
① 제약업 등 대통령령으로 정하는 업종을 경영하는 내국법인 간에 2021년 12월 31일까지 합병(분할합병을 포함하며, 같은 업종 간의 합병으로 한정한다)함으로써 중복자산이 발생한 경우로서 합병법인이 합병등기일부터 1년 이내에 그 중복자산을 양도하는 경우 그 중복자산을 양도함에 따라 발생하는 양도차익(그 중복자산에 대한 합병평가차익 및 분할평가차익을 포함한다)에 대해서는 대통령령으로 정하는 바에 따라 계산한 금액을 해당 사업연도의 소득금액을 계산할 때 익금에 산입하지 아니할 수 있다. 이 경우 해당 금액은 양도일이 속하는 사업연도의 종료일 이후 3년이 되는 날이 속하는 사업연도부터 3개 사업연도의 기간 동안 균분한 금액 이상을 익금에 산입하여야 한다. (2018. 12. 24. 개정)

제44조의 2 【합병시 이월결손금의 승계에 대한 과세특례 등】
삭　제 (2009. 2. 4.)

제44조의 3 【벤처기업의 합병시 승계되는 이월결손금의 범위】 법 제47조의 3 각호 외의 부분에서 "대통령령으로 정하는 금액"이란 「법인세법 시행령」 제81조 제1항의 규정에 의한 승계결손금의 금액을 말한다. (2010. 2. 18. 개정)

제 6 절　금융기관 구조조정을 위한 조세특례

제44조의 4 【합병에 따른 중복자산의 양도에 대한 과세특례】 (2014. 2. 21. 제목개정)
① 법 제47조의 4 제1항 전단에서 "제약업 등 대통령령으로 정하는 업종을 경영하는 내국법인"이란 다음 각 호의 업종을 주된 사업으로 경영하는 내국법인을 말한다. 이 경우 주된 사업은 합병등기일이 속하는 사업연도의 직전 사업연도를 기준으로 한국표준산업분류상의 분류에 따라 판단하며 둘 이상의 서로 다른 사업을 경영하는 경우에는 사업별 사업수입금액이 큰 사업을 주된 사업으로 본다. (2014. 2. 21. 개정)
1. 의료용 물질 및 의약품 제조업 (2014. 2. 21. 신설)
2. 의료용 기기 제조업 (2014. 2. 21. 신설)
3. 건설업 (2014. 2. 21. 신설)
4. 해상 운송업 (2014. 2. 21. 신설)
5. 선박 및 수상 부유 구조물 건조업 (2018. 2. 13. 개정)
6. 1차 철강 제조업 (2017. 2. 7. 신설)
7. 기초유기화학물질 제조업 (2017. 2. 7. 신설)

납입 계약서 (2025. 3. 21. 신설)
2. 「벤처기업육성에 관한 특별법」 제16조의 14 제3항에 따른 벤처기업의 명단 (2025. 3. 21. 신설)
3. 「벤처기업육성에 관한 특별법 시행규칙」 별지 제9호 서식의 벤처기업 복수의결권주식 보고서 (2025. 3. 21. 신설)

8. 합성고무 및 플라스틱 물질 제조업 (2017. 2. 7. 신설)

② 법 제47조의 4 제1항 전단에서 "중복자산"이라 함은 합병당사법인 (분할합병의 경우를 포함한다)의 사업에 직접 사용되던 자산으로서 그 용도가 동일하거나 유사한 사업용유형고정자산을 말한다. (2013. 2. 15. 항번개정)

③ 법 제47조의 4 제1항 전단에서 "새로운 사업용고정자산"이라 함은 합병법인의 사업에 직접 사용되는 토지ㆍ건물, 기계장치 등 사업용유형고정자산을 말한다. (2013. 2. 15. 항번개정)

③ 삭 제 (2017. 2. 7.)

④ 법 제47조의 4 제1항 전단에서 "대통령령으로 정하는 바에 따라 계산한 금액"이란 제1호 및 제2호의 규정에 따른 금액을 합한 금액으로 한다. (2017. 2. 7. 개정)

1. 제30조 제4항 제1호의 규정을 준용하여 계산한 금액. 이 경우 "전환전사업용고정자산"은 "중복자산"으로 본다. (2006. 2. 9. 개정)

2. 피합병법인으로부터 승계받은 중복자산의 경우 당해 자산에 대한 합병평가차익 및 분할평가차익상당액 (2006. 2. 9. 개정)

3. 제30조 제4항 제2호의 규정을 준용하여 계산한 율. 이 경우 "전환전사업용고정자산"은 "중복자산"으로, "전환사업용고정자산"은 "새로운 사업용고정자산"으로 본다. (2006. 2. 9. 개정)

3. 삭 제 (2017. 2. 7.)

⑤ 제4항을 적용함에 있어서 중복자산의 양도일이 속하는 사업연도 종료일까지 새로운 사업용고정자산을 취득하지 아니한 경우의 새로운 사업용고정자산의 취득가액은 고정자산취득(예정)명세서상의 예정가액으로 한다. (2013. 2. 15. 개정)

⑤ 삭 제 (2017. 2. 7.)

⑥ 법 제47조의 4 제2항 전단에서 "대통령령으로 정하는 바에 따라 계산한 금액"이란 법 제47조의 4 제1항 전단에 따라 양도차익을 익금에 산입하지 아니한 경우에는 익금에 산입하지 아니한 금액 전액을 말한다. (2017. 2. 7. 개정)

1. 법 제47조의 4 제1항 전단의 규정에 따라 양도차익을 익금에 산입하지 아니한 경우에는 익금에 산입하지 아니한 금액 전액 (2006. 2. 9. 개정)

2. 제5항에 따른 예정가액에 따라 익금에 산입하지 아니한 경우에는 실제 가액을 기준으로 제4항에 따라 계산한 금액을 초과하는 금액 (2013. 2. 15. 개정)

1.ㆍ2. 삭 제 (2017. 2. 7.)

⑦ 법 제47조의 4 제1항의 규정을 적용받고자 하는 법인은 중복자산

---

② 제1항을 적용받은 내국법인이 합병등기일부터 3년 이내에 해당 사업을 폐업하거나 해산한 경우에는 그 사유가 발생한 날이 속하는 사업연도의 소득금액을 계산할 때 대통령령으로 정하는 바에 따라 계산한 금액을 익금에 산입한다. 이 경우 익금에 산입한 금액에 대해서는 제33조 제3항 후단을 준용한다. (2016. 12. 20. 개정)

③ 제1항을 적용하는 경우 중복자산의 범위, 양도차익명세서의 제출, 그 밖에 필요한 사항은 대통령령으로 정한다. (2016. 12. 20. 개정)

관계조문

• 규칙 61조 1항 13호의 2 ⇒ 양도차익명세 및 분할익금산입조정명세서(별지 12호의 2 서식)
• 규칙 61조 1항 42호의 2 ⇒ 고정자산취득(예정)명세서(별지 41호의 2 서식)
• 규칙 61조 1항 43호 ⇒ 고정자산취득완료보고서(별지 41호의 3 서식)

제48조 【구조개선적립금에 대한 과세특례】 ① 「상호저축은행법」 제25조에 따른 상호저축은행중앙회(이하 이 조에서 "상호저축은행중앙회"라 한다)가 2013년 6월 30일이 속하는 사업연도까지 부실상호저축은행의 인수(「금융산업의 구조개선에 관한 법률」 제2조 제4호에 따른 인수를 말한다) · 증자 등 상호저축은행의 구조개선사업(이하 이 조에서 "구조개선사업"이라 한다)에 사용하기 위하여 대통령령으로 정하는 구조개선적립금(이하 이 조에서 "구조개선적립금"이라 한다)을 적립하는 경우에는 해당 사업연도의 소득금액을 계산할 때 그 적립금 상당액을 손금에 산입한다. (2010. 1. 1. 개정)

② 상호저축은행중앙회가 구조개선적립금의 운용으로 발생한 이익을 구조개선사업에서 발생하는 손실을 보전하기 위하여 2013년 6월 30일이 속하는 사업연도까지 손실보전준비금으로 계상한 경우에는 해당 사업연도의 소득금액을 계산할 때 해당 금액을 손금에 산입한다. (2010. 1. 1. 개정)

③ 상호저축은행중앙회는 구조개선사업에서 손실이 발생한 경우에는 먼저 계상한 손실보전준비금부터 차례로 상계하여야 한다. (2010. 1. 1. 개정)

④ 상호저축은행중앙회는 손실보전준비금을 손금에 산입한 사업연도의 종료일 이후 5년이 되는 날이 속하는 사업연도의 종료일까지 제3항에 따라 상계하고 남은 준비금의 잔액이 있으면 그 금액을 5년이 되는 날이 속하는 사업연도의 소득금액을 계산할 때 익금에 산입한다. (2010. 1. 1. 개정)

⑤ 상호저축은행중앙회는 다음 각 호의 어느 하나에 해당하는 사유가 발생한 경우에는 제1항 및 제2항에 따라 손금에 산입한 금액을 대통령령으로 정하는 방법으로 익금에 산입하여야 한다. (2010. 1. 1. 개정)

1. 구조개선적립금을 폐지한 경우 (2010. 1. 1. 개정)

2. 구조개선적립금의 일부를 구조개선적립금 회계에서 상호저축은행중앙회의 다른 회계로 이전한 경우 (2010. 1. 1. 개정)

3. 상호저축은행중앙회가 해산한 경우 (2010. 1. 1. 개정)

⑥ 상호저축은행중앙회가 제1항과 제2항을 적용받으려는 경우에는 손

양도일이 속하는 사업연도의 과세표준신고와 함께 기획재정부령이 정하는 양도차익명세 및 분할익금산입조정명세서를 납세지 관할 세무서장에게 제출하여야 한다. (2017. 2. 7. 개정)

제45조 【구조개선적립금에 대한 과세특례】 ① 법 제48조 제1항에서 "대통령령으로 정하는 구조개선적립금"이란 부실 상호저축은행의 인수 및 인수한 상호저축은행에 대한 증자 · 대출 등 상호저축은행의 구조개선에 사용하기 위하여 적립한 것으로서 그 목적, 관리 및 운용방법 등을 금융위원회가 기획재정부장관과 협의하여 고시한 것을 말한다. (2009. 6. 19. 신설)

② 법 제48조 제5항에 따라 익금에 산입하는 금액은 다음 각 호의 금액으로 한다. (2009. 6. 19. 신설)

1. 법 제48조 제5항 제1호 또는 제3호에 해당하는 경우 : 구조개선적립금 잔액 (2009. 6. 19. 신설)

2. 법 제48조 제5항 제2호에 해당하는 경우 : 구조개선적립금 회계에서 상호저축은행중앙회의 다른 회계로 이전한 금액에 해당하는 금액 (2009. 6. 19. 신설)

③ 상호저축은행중앙회는 법 제48조 제1항부터 제4항까지의 규정을

실보전준비금에 관한 명세서를 납세지 관할세무서장에게 제출하여야 한다. (2010. 1. 1. 개정)

⑦ 상호저축은행중앙회가 구조개선적립금을 적립하는 경우에는 「법인세법」 제113조에 따라 구조개선적립금 회계를 상호저축은행중앙회의 다른 회계와 구분경리하여야 한다. (2010. 1. 1. 개정)

⑧ 제1항·제2항 및 제6항을 적용할 때 손실보전준비금에 관한 명세서의 제출, 그밖에 필요한 사항은 대통령령으로 정한다. (2010. 1. 1. 개정)

　제49조 【금융기관합병에 대한 법인세 등 과세특례】 삭　제 (2008. 12. 26.)

　제50조 【금융기관 등의 합병 등에 따른 특별부가세의 감면】 삭 제 (2001. 12. 29)

　제51조 【금융산업구조개선에 따른 부동산양도에 대한 특별부가세의 감면】 삭　제 (2001. 12. 29)

　제52조 【금융기관의 자산·부채 인수에 대한 법인세 과세특례】 「금융산업의 구조개선에 관한 법률」 제10조에 따른 적기시정조치 (이하 제117조에서 "적기시정조치"라 한다) 중 계약이전에 관한 명령 또는 같은 법 제14조 제2항에 따른 계약이전의 결정(이하 제117조에서 "계약이전결정"이라 한다)에 따라 같은 법 제2조 제1호에 따른 금융기관(이하 이 조에서 "인수금융기관"이라 한다)이 2026년 12월 31일까지 같은 법 제2조 제3호에 따른 부실금융기관(이하 "부실금융기관"이라 한다)으로부터 자산의 가액을 초과하는 부채를 이전받은 경우로서 다음 각 호의 요건을 갖춘 경우에는 이전받은 부채의 가액 중 이전받은 자산의 가액을 초과하는 금액(이하 이 조에서 "순부채액"이라 한다)을 해당 사업연도의 소득금액을 계산할 때 손금에 산입한다. (2023. 12. 31. 개정)

1. 인수금융기관이 「예금자보호법」 제3조에 따른 예금보험공사(이하 "예금보험공사"라 한다)로부터 순부채액에 상당하는 금액을 보전(補塡)받을 것 (2010. 1. 1. 개정)

2. 인수금융기관이 이전받은 자산과 부채의 가액이 금융감독원장이

적용받으려는 경우에는 과세표준신고서와 함께 기획재정부령으로 정하는 손실보전준비금명세서를 납세지 관할세무서장에게 제출하여야 한다. (2009. 6. 19. 신설)

관계조문 ▶

규칙 61조 1항 43호의 2 ⇒ 손실보전준비금명세서(별지 42호 서식)

　제46조 【금융기관의 대손충당금 손금산입 특례】 삭　제 (2000. 12. 29)

　제47조 【금융기관 등의 합병 등에 따른 특별부가세의 감면】 삭 제 (2001. 12. 31)

　제48조 【금융산업구조개선에 따른 부동산양도에 대한 특별부가세의 감면】 삭　제 (2001. 12. 31)

확인한 가액일 것 (2010. 1. 1. 개정)

제52조의 2【금융지주회사의 설립 등에 대한 과세특례】삭 제 (2008. 12. 26.)

제53조【증권투자회사에 대한 과세특례】삭 제 (99. 12. 28)

제54조【기업구조조정 증권투자회사 등에 대한 과세특례】삭 제 (2008. 12. 26.)

제55조【기업구조조정전문회사 등에 대한 과세특례】삭 제 (2008. 12. 26.)

제55조의 2【자기관리 부동산투자회사 등에 대한 과세특례】(2015. 12. 15. 제목개정)

① · ② 삭 제 (2006. 12. 30.)

③ 삭 제 (2001. 12. 29)

④ 「부동산투자회사법」 제2조 제1호 가목에 따른 자기관리 부동산투자회사(이하 이 조에서 "자기관리 부동산투자회사"라 한다)가 2009년 12월 31일 이전에 대통령령으로 정하는 규모 이하의 주택(이하 "국민주택"이라 한다)을 신축하거나 취득 당시 입주된 사실이 없는 국민주택을 매입하여 임대업을 경영하는 경우에는 그 임대업으로부터 최초로 소득이 발생한 사업연도(임대사업 개시일부터 5년이 되는 날이 속하는 사업연도까지 그 사업에서 소득이 발생하지 아니하는 경우에는 5년이 되는 날이 속하는 사업연도)와 그 다음 사업연도 개시일부터 5년 이내에 끝나는 사업연도까지 국민주택을 임대함으로써 발생한 소득금액의 100분의 50에 상당하는 금액을 각 사업연도의 소득금액에서 공제한다. (2015. 12. 15. 개정)

⑤ 자기관리 부동산투자회사가 2021년 12월 31일 이전에 다음 각 호의 어느 하나에 해당하는 주택을 신축하거나 취득 당시 입주된 사실이 없는 대통령령으로 정하는 규모 이하의 주택을 매입하여 임대업을 경영하는 경우에는 그 임대업으로부터 최초로 소득이 발생한 사업연도(임대사업 개시일부터 5년이 되는 날이 속하는 사업연도까지 그 사업에서 소득이 발생하지 아니하는 경우에는 5년이 되는 날이 속하는 사업연도)와 그 다

제48조의 2【금융지주회사의 설립 등에 대한 법인의 과세특례】삭 제 (2009. 2. 4.)

제48조의 3【금융지주회사의 설립 등에 대한 거주자 등의 과세특례】삭 제 (2009. 2. 4.)

제49조【증권투자회사에 대한 과세특례】삭 제 (2000. 1. 10)

제50조【기업구조조정 증권투자회사 등에 대한 과세특례】삭 제 (2009. 2. 4.)

제51조【기업구조조정전문회사에 대한 과세특례】삭 제 (2009. 2. 4.)

제51조의 2【자기관리부동산투자회사 등에 대한 과세특례】(2005. 2. 19. 제목개정)

① · ② 삭 제 (2007. 2. 28.)

③ 법 제55조의 2 제4항에서 "대통령령으로 정하는 규모"란 「주택법」에 따른 국민주택 규모(기획재정부령이 정하는 다가구주택의 경우에는 가구당 전용면적을 기준으로 한 면적을 말한다)를 말한다. (2010. 2. 18. 개정)

제20조【다가구주택의 정의】(2002. 3. 30 제목개정)

영 제51조의 2 제3항에서 "기획재정부령이 정하는 다가구주택"이라 함은 「건축법 시행령」 별표 1 제1호 다목에 해당하는 것을 말한다. 이 경우 한 가구가 독립하여 거주할 수 있도록 구획된 부분을 각각 하나의 주택으로 본다. (2008. 4. 29. 직제개정)

음 사업연도 개시일부터 8년(제2호에 해당하는 주택의 경우에는 5년) 이
내에 끝나는 사업연도까지 해당 주택을 임대함으로써 발생한 소득금액
의 100분의 100에 상당하는 금액을 각 사업연도의 소득금액에서 공제한
다. (2018. 12. 24. 개정)
1. 「민간임대주택에 관한 특별법」 제2조 제4호에 따른 공공지원민간임
   대주택 또는 같은 법 제2조 제5호에 따른 장기일반민간임대주택으
   로서 대통령령으로 정하는 규모 이하의 주택 (2018. 1. 16. 개정 ;
   민간임대주택에 관한 특별법 부칙)
2. 제1호에 해당하지 아니하는 주택으로서 대통령령으로 정하는 규모
   이하의 주택 (2015. 12. 15. 신설)
⑥ 제4항 및 제5항을 적용받으려는 자기관리 부동산투자회사가 소득공
제를 적용받는 사업과 그 밖의 사업을 겸영하는 경우에는 「법인세법」 제
113조에 따라 구분하여 경리하여야 한다. (2015. 12. 15. 개정)
⑦ 제4항 및 제5항을 적용하는 경우, 소득공제금액의 계산, 소득공제의 신
청 등에 관하여 필요한 사항은 대통령령으로 정한다. (2011. 7. 25. 개정)

　　　제56조【유동화전문회사 등에 대한 특별부가세의 감면】삭　제
(2001. 12. 29)

　　　제57조【증권시장안정기금 등에 출자함으로써 발생하는 손익의
귀속사업연도】법인이 상장유가증권 투자 등을 통한 증권시장 또는 투
자신탁시장의 안정을 목적으로 설립된 조합으로서 대통령령으로 정하
는 조합에 2004년 12월 31일까지 출자함으로써 발생하는 손익의 귀속
사업연도는 「법인세법」 제40조에도 불구하고 그 조합으로부터 그 손익
을 실제로 배분받는 날이 속하는 사업연도로 한다. (2010. 1. 1. 개정)

④ 법 제55조의 2 제5항 제1호 및 제2호에서 "대통령으로 정하는
규모 이하의 주택"이란 각각 다음 각 호의 구분에 따른 주택을 말한
다. (2016. 2. 5. 개정)
1. 법 제55조의 2 제5항 제1호의 경우 : 주택의 연면적(공동주택의 경
   우 전용면적)이 85제곱미터 이하인 주택 (2016. 2. 5. 신설)
2. 법 제55조의 2 제5항 제2호의 경우 : 주택의 연면적(공동주택의 경
   우 전용면적)이 149제곱미터 이하인 주택 (2016. 2. 5. 신설)
⑤ 법 제55조의 2 제4항 및 제5항을 적용받으려는 자기관리부동산투
자회사는 법인세과세표준신고와 함께 기획재정부령으로 정하는 소득
공제신청서를 납세지 관할세무서장에게 제출하여야 한다. (2011. 7.
25. 개정)

　　　제52조【유동화전문회사 등에 대한 특별부가세의 감면】삭　제
(2001. 12. 31)

　　　제53조【증권시장안정기금 등의 범위】법 제57조에서 "대통령령
으로 정하는 조합"이란 다음 각 호의 어느 하나에 해당하는 조합을 말
한다. (2019. 2. 12. 개정)
1. 「법인세법 시행령」 제111조 제4항 제6호 각 목에 따른 조합 (2025.
   2. 28. 개정)
2. 투자신탁시장의 안정을 목적으로 설립된 조합으로서 기획재정부령
   이 정하는 조합 (2008. 2. 29. 직제개정 ; 기획재정부와~직제 부칙)

관계조문

규칙 61조 1항 44호 ⇒ 소득공제신청서(별
지 43호 서식)

　　　제21조【투자신탁안정기금의　범
위】영 제53조 제2호에서 "기획재정부령
이 정하는 조합"이라 함은 「증권투자신탁
업법」에 의한 위탁회사 및 투자신탁협회
등이 증권투자신탁시장의 안정을 목적으
로 공동출자하여 1998년 2월 6일에 설립
한 투자신탁안정기금을 말한다. (2008. 4.
29. 직제개정)

제 7 절　지역 간의 균형발전을 위한 조세특례

제58조【고향사랑 기부금에 대한 세액공제 등】① 거주자가 「고향사랑 기부금에 관한 법률」에 따라 고향사랑 기부금을 지방자치단체에 기부한 경우 다음 각 호의 계산식에 따라 계산한 금액을 이를 지출한 해당 과세연도의 종합소득산출세액에서 공제한다. 다만, 사업자인 거주자의 경우 10만원 이하의 금액에 대해서는 제1호를 따르되, 10만원을 초과하는 금액에 대해서는 이월결손금을 뺀 후의 소득금액의 범위에서 손금에 산입한다. (2021. 12. 28. 신설)

1. 10만원 이하의 금액을 기부한 경우 : 고향사랑 기부금 × 110분의 100 (2021. 12. 28. 신설)

2. 10만원 초과 5백만원 이하의 금액을 기부한 경우 : 10만원 × 110분의 100 + (고향사랑 기부금 − 10만원) × 100분의 15 (2021. 12. 28. 신설)

2. 10만원 초과 2천만원 이하의 금액을 기부한 경우 : 10만원 × 110분의 100 + (고향사랑 기부금 − 10만원) × 100분의 15 (2024. 12. 31. 개정)

2. 10만원 초과 2천만원 이하의 금액을 기부한 경우 : 10만원 × 110분의 100 + (고향사랑 기부금 − 10만원) × 100분의 15(「재난 및 안전관리 기본법」 제60조에 따라 특별재난지역으로 선포된 지방자치단체에 특별재난지역 선포일부터 대통령령으로 정하는 기간 이내에 기부한 경우에는 100분의 30) (2025. 3. 14. 개정)

② 제1항에 따라 세액공제받는 금액은 해당 과세기간의 종합소득산출세액을 한도로 하며, 사업자인 거주자가 필요경비에 산입하는 경우 해당 과세기간의 소득금액에서 「소득세법」 제45조에 따른 이월결손금을 뺀 금액을 한도로 한다. (2021. 12. 28. 신설)

③ 이 법에 따라 세액공제받거나 필요경비에 산입한 고향사랑 기부금과 제2항의 한도를 초과한 고향사랑 기부금에 대해서는 「소득세법」 제34조 제2항 또는 같은 법 제59조의 4 제4항을 적용하지 아니한다. (2021. 12. 28. 신설)

제59조【법인본사 지방이전준비금의 손금산입】삭 제 (99. 8. 31)

제60조【공장의 대도시 밖 이전에 대한 법인세 과세특례】(2007.

제 7 절　지역간의 균형발전을 위한 조세특례

편주 ▶
법 58조 1항 2호의 개정규정은 2025. 1. 1. 이후 기부하는 경우부터 적용함. (법 부칙(2024. 12. 31.) 7조)

편주 ▶
법 58조 1항 2호의 개정규정(30%)은 2025. 3. 14. 이 속하는 과세기간에 기부하는 경우부터 적용함. (법 부칙(2025. 3. 14.) 9조)

제55조【법인본사 지방이전준비금의 손금산입】삭 제 (99. 10. 30)

제54조【공장의 범위 등】① 법 제60조 및 제63조에서 "공장"이

제22조【자동차정비공장의 범위】영 제54조 제1항에서 "기획재정부령이 정하는 자동차정비공장"이라 함은 「자동차관리법 시행규칙」 제131조의 규정에 의한 자동차종합정비업 또는 소형자동차정비업의 사업장을 말한다. (2008. 4. 29. 직제개정)

제22조【자동차정비공장의 범위】영

12. 31. 제목개정)
① 삭　제 (2001. 12. 29)

② 다음 각 호의 어느 하나에 해당하는 지역(이하 "대도시"라 한다)에서 공장시설을 갖추고 사업을 하는 내국법인이 대도시에 있는 공장을 대도시 밖(이하 이 조에서 "지방"이라 한다)으로 이전(수도권 밖에 있는 공장을 수도권으로 이전하는 경우는 제외한다)하기 위하여 해당 공장의 대지와 건물을 2025년 12월 31일까지 양도함으로써 발생하는 양도차익에 대해서는 해당 양도차익에서 양도일이 속하는 사업연도의 직전 사업연도 종료일 현재 「법인세법」 제13조 제1항 제1호에 따른 이월결손금을 뺀 금액의 범위에서 대통령령으로 정하는 바에 따라 계산한 금액을 해당 사업연도의 소득금액을 계산할 때 익금에 산입하지 아니할 수 있다. 이 경우 해당 금액은 양도일이 속하는 사업연도 종료일 이후 5년이 되는 날이 속하는 사업연도부터 5개 사업연도의 기간 동안 균분한 금액 이상을 익금에 산입하여야 한다. (2022. 12. 31. 개정)
1. 수도권과밀억제권역 (2022. 12. 31. 신설)
2. 수도권과밀억제권역 외의 지역으로서 대통령령으로 정하는 지역. 다만,

란 각각 제조장 또는 기획재정부령이 정하는 자동차정비공장으로서 제조 또는 사업단위로 독립된 것을 말한다. (2021. 2. 17. 개정)

통칙 60-54…1 【독립된 제조장의 범위】
① 영 제54조 제1항에서 "제조 또는 사업단위로 독립된 것"이라 함은 동일부지내에 원재료투입공정으로부터 제품생산공정까지 일관된 작업을 할 수 있는 제조설비를 갖춘 장소(생산에 직접 공여되는 공장구내창고, 사무실, 종업원을 위한 기숙사, 식당 및 사내훈련시설 등을 포함한다. 이하 같다)와 그 부속토지로 한다.
② 두 가지 이상의 제품(제조공정이 서로 무관한 제품에 한한다)을 생산하는 내국인이 동일부지내에 각 제품별로 제조설비 및 공장건물을 별도로 설치하고 있는 경우에는 각 제품별 제조설비를 갖춘 장소와 그 부속토지를 각각 독립된 제조장 단위로 한다. 이 경우 부속토지 중 각 제품의 생산에 공통적으로 사용됨으로써 구분할 수 없는 경우에는 각 제품의 생산에 직접적으로 사용되는 토지의 면적에 비례하여 계산된 각각의 면적을 각 제품제조설비의 부속토지로 한다.

② 법 제60조 제3항에서 "대통령령으로 정하는 분류"란 한국표준산업분류상의 세분류를 말한다. (2012. 2. 2. 개정)
③·④ 삭　제 (99. 10. 30)

　　　제56조 【공장의 대도시 밖 이전에 대한 법인세 과세특례】 (2008. 2. 22. 제목개정)
① 법 제60조 제2항의 규정이 적용되는 대도시공장의 지방이전은 다음 각호의 1에 해당하는 경우로 한다. 다만, 대도시공장 또는 지방공장의 대지가 기획재정부령으로 정하는 공장입지기준면적을 초과하는 경우 그 초과하는 부분에 대하여는 법 제60조 제2항의 규정을 적용하지 아니한다. (2010. 2. 18. 단서개정)
1. 지방으로 공장을 이전하여 사업을 개시한 날부터 2년 이내에 대도시 공장을 양도하는 경우 (98. 12. 31 개정)

통칙 60-56…1 【사업개시일의 정의】
영 제56조 제1항 제1호에서 "사업을 개시한 날"이라 함은 신공장 시설을 이용하여 정상상품으로 판매할 수 있는 완성품제조를 개시한 날을 말한다.
60-56…3 【종전 공장을 일시 다른 용도로 사용할 때 조세특례】
영 제56조 제1항 제1호의 규정을 적용함에 있어서 공장을 양도하는 경우에는 공장용도 외의 다른 용도로 일시 사용 후 양도하는 경우를 포함한다.

제54조 제1항에서 "기획재정부령이 정하는 자동차정비공장"이란 「자동차관리법 시행규칙」 제131조 제1항 제1호에 따른 자동차종합정비업 또는 같은 항 제2호에 따른 소형자동차종합정비업의 사업장을 말한다. (2025. 3. 21. 개정)

　　　제23조의 2 【대도시의 범위에서 제외되는 지역】 삭　제 (2003. 3. 24)

　　　제23조 【공장입지기준면적】 영 제56조 제1항·제79조의 3 제5항·제79조의 8 제5항·제79조의 9 제5항 각 호 외의 부분 단서에서 "기획재정부령으로 정하는 공장입지기준면적"이란 다음 각 호의 구분에 따른 면적을 말한다. (2010. 4. 20. 개정)
1. 제조공장의 경우에는 「지방세법 시행규칙」 별표 3에 따른 공장입지기준면적 (2011. 4. 7. 개정)
2. 자동차정비공장의 경우에는 건축물의 바닥면적(시설물의 경우에는 그 수평투영면적)에 「지방세법 시행령」 제101조 제2항에 따른 용도지역별 적용배율을 곱하여 산정한 면적과 당해 사업의 등록

해당 지역에 위치한 「산업입지 및 개발에 관한 법률」에 따른 산업단지(이하 이 조에서 "산업단지"라 한다)는 제외한다. (2022. 12. 31. 신설)

● 예판 ┈┈┈┈┈┈┈┈┈┈┈┈┈┈┈┈┈┈┈┈┈┈┈┈
공장으로 사용하던 대지·건물을 양도하여 발생한 양도차익에 대한 과세특례인 조특법 제60조 규정은 본사로 사용하던 대지·건물의 양도여부와 관계없이 적용됨. (법인 – 2324, 2008. 9. 5.)
┈┈┈┈┈┈┈┈┈┈┈┈┈┈┈┈┈┈┈┈┈┈┈┈┈┈┈┈

③ 제2항을 적용받으려는 내국법인은 대통령령으로 정하는 분류를 기준으로 이전 전의 공장에서 영위하던 업종과 이전 후의 공장에서 영위하는 업종이 같아야 한다. (2011. 12. 31. 신설)

☞

통칙 60 – 56…5 【지방공장가액의 범위】
영 제56조 제3항 제3호를 적용함에 있어서 이전한 공장건물 및 그 부속토지의 가액(이하 "지방공장의 가액"이라 한다)에는 다음 각호의 금액을 포함한다. (2019. 12. 23. 개정)
1. 대도시안의 구공장을 여러 개의 지방공장으로 분할이전하여 사업을 개시하고 대도시공장을 양도한 경우에는 그 지방공장 중 대도시공장 양도일로부터 소급하여 2년 이내에 이전하여 사업을 개시한 모든 지방공장의 가액(선이전 후양도)
2. 대도시안의 구공장을 양도한 후 여러개의 지방공장으로 분할이전하여 사업을 개시한 경우에는 그 지방공장 중 대도시공장을 양도한 날부터 영 제56조 제1항 제2호 및 제3호의 기간내에 이전하여 사업을 개시한 모든 지방공장의 가액(선양도 후이전)
3. 대도시공장을 여러 개의 지방공장으로 이전하되 일부 지방공장은 대도시공장 양도전에 취득 또는 준공하여 사업을 개시하고 나머지 지방공장은 대도시공장 양도후 취득 또는 준공하여 사업을 개시한 경우에는 대도시공장 양도일로부터 소급하여 2년 이내에 취득 또는 준공하여 사업을 개시한 지방공장의 가액과 대도시공장 양도일로부터 영 제56조 제1항 제2호 및 제3호의 기간내에 취득 또는 준공하여 사업을 개시한 지방공장의 가액을 합하여 계산한 금액(선이전 후양도, 선양도 후이전)

④ 제2항을 적용받는 내국법인이 해당 익금불산입액 전액을 익금에 산입하기 전에 지방 공장을 취득하여 사업을 개시하지 아니하거나 사업을 폐업 또는 해산하는 경우 등 대통령령으로 정하는 사유가 있는 경우에는 그 사유가 발생한 날이 속하는 사업연도의 소득금액을 계산할 때 익금에 산입하지 아니한 금액 중 대통령령으로 정하는 바에 따라 계산한 금액을

---

2. 대도시공장을 양도한 날부터 1년 이내에 지방에서 기존공장을 취득하여 사업을 개시하는 경우 (98. 12. 31 개정)
3. 대도시공장을 양도한 날부터 3년 이내에 지방공장을 준공하여 사업을 개시하는 경우 (98. 12. 31 개정)
② 법 제60조 제2항 제2호 본문에서 "대통령령으로 정하는 지역"이란 부산광역시(기장군을 제외한다), 대구광역시(달성군 및 군위군을 제외한다), 광주광역시, 대전광역시 및 울산광역시의 관할구역을 말한다. (2023. 6. 7. 개정)
③ 법 제60조 제2항에서 "대통령령으로 정하는 바에 따라 계산한 금액"이란 제1호의 금액에서 제2호의 금액을 뺀 금액에 제3호의 비율을 곱하여 계산한 금액을 말한다. (2009. 2. 4. 개정)
1. 대도시공장의 양도가액에서 당해 공장의 장부가액을 차감한 금액 (99. 10. 30 신설)
2. 양도일이 속하는 사업연도의 직전사업연도 종료일 현재 「법인세법」 제13조 제1항 제1호에 따른 이월결손금 (2019. 2. 12. 개정)
3. 대도시공장의 양도가액에서 공장시설의 이전비용과 이전한 공장건물 및 그 부속토지와 기계장치의 취득·개체·증축 및 증설에 소요된 금액의 합계액이 차지하는 비율(100분의 100을 한도로 한다) (2000. 12. 29 개정)
④ 제3항의 규정을 적용함에 있어서 제1항 제2호 또는 제3호에 해당하는 경우에는 각각 제1항 제2호 또는 제3호의 규정에 의한 공장의 사업개시일까지는 이전계획서상의 예정가액에 의한다. (2001. 12. 31 개정)

⑤ 법 제60조 제4항 전단에서 "지방 공장을 취득하여 사업을 개시하지 아니하거나 사업을 폐업 또는 해산하는 경우 등 대통령령으로 정하는 사유가 있는 경우"란 다음 각 호의 어느 하나에 해당하는 경우를 말한다. (2020. 2. 11. 개정)
1. 제1항 각호에서 정하는 바에 따라 사업을 개시하지 아니한 경우

당시의 관계법령에 의한 최소기준면적의 1.5배에 해당하는 면적 중 큰 면적 (2011. 4. 7. 개정)

통칙 60 – 56…2 【준공일의 판정기준】
영 제56조 제1항 제3호에서 "준공"이라 함은 사용의 허가·인가 또는 검사 등의 완료와 관계없이 공장건설과 기계장치를 완비하여 사실상 사업의 목적에 공할 수 있는 상태에 있게 된 날을 말한다. 이 경우 그 시기를 판단하기 어려운 때에는 사용의 허가, 인가 또는 검사일을 준공일로 본다.
60 – 56…4 【장부가액의 범위】
영 제56조 제3항 및 영 제57조 제4항에서 "장부가액"이라 함은 당해 과세연도의 감가상각을 한 후의 장부가액으로서 취득가액과 자본적지출의 합계액에서 감가상각누계액을 차감한 금액을 말한다. 이 경우 감가상각누계액에는 공사부담금, 보험차익 또는 국고보조금으로 취득한 고정자산의 일시상각충당금을 포함하는 것으로 한다. (2019. 12. 23. 개정)
60 – 56…6 【증설의 범위】
영 제56조 제3항 제3호에 따른 증설에는 기존설비를 생산능력이 큰 설비로 개체하거나 생산능력이 현저히 증가되도록 기존설비를 확장하는 것을 포함하고 원상의 회복을 위한 부품의 개체는 제외한다. (2019. 12. 23. 개정)

익금에 산입한다. 이 경우 익금에 산입한 금액(합병 또는 분할 및 분할합병에 의하여 사업을 폐업하거나 해산함으로써 익금에 산입한 금액은 제외한다)에 대해서는 제33조 제3항 후단을 준용한다. (2019. 12. 31. 개정)

⑤ 제2항 제2호 단서에도 불구하고 「산업입지 및 개발에 관한 법률」에 따라 산업단지로 지정되기 전부터 해당 지역에서 공장시설을 갖추고 사업을 하는 내국법인이 그 공장을 지방으로 이전하기 위하여 해당 공장의 대지와 건물을 양도하는 경우에는 해당 지역을 대도시로 보아 제2항을 적용한다. (2022. 12. 31. 신설)

⑥ 제2항을 적용받으려는 내국법인은 대통령령으로 정하는 바에 따라 토지 또는 건물(이하 "토지등"이라 한다)의 양도차익에 관한 명세서 등을 납세지 관할 세무서장에게 제출하여야 한다. (2010. 1. 1. 개정)

통칙 **60-0…1【공장양도차익에 대한 법인세 과세특례의 범위】**
다음 각호의 어느 하나에 해당하는 경우에는 법 제60조 제2항의 규정에 의한 법인세의 과세특례를 적용하지 아니한다. (2024. 3. 15. 개정)
1. 휴업 중이던 공장을 지방으로 이전하는 경우
2. 타인에게 임대하던 공장을 지방으로 이전하는 경우
3. 이전전의 대도시공장을 양도하기 전에 이전후의 지방공장을 양도 또는 임대한 경우
4. 이전전의 공장건물을 철거하고 그 부지위에 건물을 신축하여 양도하는 경우
5. 이전후 공장의 사업이 이전전 공장의 사업과 다른 경우. 다만, 한국표준산업분류상의 세분류가 동일한 경우를 제외한다.
6. 이전후 이전전의 대도시공장을 증·개축하여 임대하다 양도하는 경우

(2001. 12. 31. 개정)
2. 사업을 폐지 또는 해산한 경우 (2001. 12. 31. 개정)
3. 제4항에 따른 예정가액에 의하여 익금에 산입하지 않은 금액이 제3항에 따라 계산한 금액을 초과하는 경우 (2020. 2. 11. 신설)

⑥ 법 제60조 제4항에서 "대통령령으로 정하는 바에 따라 계산한 금액"이란 다음 각호의 1에 해당하는 금액을 말한다. (2010. 2. 18. 개정)
1. 법 제60조 제2항의 규정에 의하여 양도차익을 익금에 산입하지 아니한 내국법인이 제1항 제2호 또는 제3호의 규정에 적합하게 사업을 개시하지 아니한 때에는 그 익금에 산입하지 아니한 금액 (99. 10. 30 신설)
2. 제4항의 규정에 의한 예정가액에 의하여 익금에 산입하지 아니한 금액이 제3항의 규정에 의하여 계산한 금액을 초과하는 때에는 그 초과금액 (99. 10. 30 신설)
3. 법 제60조 제2항의 규정에 의하여 익금에 산입하지 아니한 금액을 전액 익금에 산입하기 전에 사업을 폐지 또는 해산한 때에는 사업의 폐지 또는 해산당시 익금에 산입하지 아니한 금액 (99. 10. 30 신설)

관계조문 ▶▶
• 규칙 61조 1항 46호의 2 ⇒ 토지 등 양도차익명세서(별지 45호의 2 서식)
• 규칙 61조 1항 16호 ⇒ 이전완료보고서(별지 15호 서식)
• 규칙 61조 1항 17호 ⇒ 이전계획서(별지 16호 서식)

⑦ 법 제60조 제6항의 규정을 적용받고자 하는 내국법인은 대도시공장의 양도일이 속하는 과세연도의 과세표준신고와 함께 기획재정부령이 정하는 토지 등 양도차익명세서에 다음의 서류를 첨부하여 납세지 관할세무서장에게 제출하여야 한다. (2008. 2. 29. 직제개정 ; 기획재정부와~직제 부칙)
1. 제1항 제1호에 해당하는 경우에는 기획재정부령이 정하는 이전완료보고서 (2008. 2. 29. 직제개정 ; 기획재정부와~직제 부칙)
2. 제1항 제2호 또는 제3호에 해당하는 경우에는 기획재정부령이 정하는 이전계획서. 이 경우 제1항 제2호 또는 제3호의 규정에 의하여 사업을 개시한 때에는 그 사업개시일이 속하는 과세연도의 과세표준신고와 함께 기획재정부령이 정하는 이전완료보고서를 제출하여야 한다. (2008. 2. 29. 직제개정 ; 기획재정부와~직제 부칙)

　제61조【법인 본사를 수도권과밀억제권역 밖으로 이전하는 데 따른 양도차익에 대한 법인세 과세특례】(2010. 1. 1. 제목개정)
①~② 삭　제 (2001. 12. 29)
③ 수도권과밀억제권역에 본점이나 주사무소를 둔 내국법인이 본점이나 주사무소를 수도권과밀억제권역 밖으로 이전하기 위하여 해당 본점 또는 주사무소의 대지와 건물을 2025년 12월 31일까지 양도하여 발생한 양도차익은 해당 양도차익에서 양도일이 속하는 사업연도의 직전 사업연도 종료일 현재 「법인세법」 제13조 제1항 제1호에 따른 이월결손금을 뺀 금액의 범위에서 대통령령으로 정하는 바에 따라 계산한 금액을 해당 사업연도의 소득금액을 계산할 때 익금에 산입하지 아니할 수 있다. 이 경우 해당 금액은 양도일이 속하는 사업연도 종료일 이후 5년이 되는 날이 속하는 사업연도부터 5개 사업연도의 기간 동안 균분한 금액 이상을 익금에 산입하여야 한다. (2022. 12. 31. 개정)
④ 제3항을 적용받으려는 내국법인은 대통령령으로 정하는 분류를 기준으로 이전 전의 본점 또는 주사무소에서 영위하던 업종과 이전 후의 본점 또는 주사무소에서 영위하는 업종이 같아야 한다. (2014. 12. 23. 신설)

　제57조【법인본사를 수도권과밀억제권역 밖으로 이전하는 데 따른 양도차익에 대한 법인세 과세특례】(2010. 2. 18. 제목개정)
① 삭　제 (2002. 12. 30)
② 법 제61조 제3항의 규정을 적용받을 수 있는 경우는 다음 각호의 1에 해당하는 경우로 한다. (2001. 12. 31 개정)
1. 수도권 과밀억제권역 외의 지역으로 수도권 과밀억제권역 안의 본점 또는 주사무소(이하 “수도권 과밀억제권역 내 본사”라 한다)를 이전한 날부터 2년 이내에 수도권 과밀억제권역 내 본사의 대지와 건물을 양도하는 경우 (2002. 12. 30 개정)
2. 수도권 과밀억제권역 내 본사의 대지와 건물을 양도한 날부터 3년 이내에 수도권 과밀억제권역 외의 지역으로 본점 또는 주사무소를 이전하는 경우 (2002. 12. 30 개정)
③ 삭　제 (2001. 12. 31)
④ 법 제61조 제3항에서 “대통령령으로 정하는 바에 따라 계산한 금액”이란 제1호의 금액에서 제2호의 금액을 뺀 금액에 제3호의 비율을 곱하여 계산한 금액을 말한다. (2009. 2. 4. 개정)
1. 수도권 과밀억제권역 내 본사의 양도가액에서 당해 자산의 장부가액을 차감한 금액 (2002. 12. 30 개정)
2. 수도권 과밀억제권역내 본사의 양도일이 속하는 사업연도의 직전사업연도 종료일 현재 「법인세법」 제13조 제1항 제1호에 따른 이월결손금 (2019. 2. 12. 개정)
3. 수도권 과밀억제권역 내 본사의 양도가액에서 다음 각목의 금액의 합계액이 차지하는 비율(100분의 100을 한도로 한다) (2002. 12. 30 개정)
　가. 수도권 과밀억제권역 외의 지역에 소재하는 법인의 본사 또는 주사무소의 대지와 건물의 취득가액 또는 임차보증금(전세금을 포함한다. 이하 같다). 다만, 당해 건물중 당해 법인이 직접 사용하지 아니하는 부분이 있는 경우에는 취득가액 또는 임차보증금에 당해 법인이 직접 사용하는 면적이 건물연면적에서 차지하는 비율을 곱하여 계산한 금액으로 한다. (2002. 12. 30 개정)
　나. 수도권 과밀억제권역 내 본사의 양도일부터 1년 이내에 수도권 과밀억제권역 외의 법인의 본사 또는 주사무소의 사업용고정자

🖐 통칙 61 – 57…1 【법인본사의 이전한 날】
영 제57조 제2항 제1호에서 “수도권 과밀억제권역 외의 지역으로 수도권 과밀억제권역 안의 본점 또는 주사무소를 이전한 날”이라 함은 본점 또는 주사무소의 이전등기일로 한다. 다만, 이전등기일 이후에 실제로 이전한 경우에는 실제로 이전한 날로 한다. (2011. 2. 1. 개정)

⑤ 제3항을 적용받은 내국법인이 해당 익금불산입액 전액을 익금에 산입하기 전에 다음 각 호의 어느 하나에 해당하는 경우에는 그 사유가 발생한 날이 속하는 사업연도의 소득금액을 계산할 때 익금에 산입하지 아니한 금액 중 대통령령으로 정하는 바에 따라 계산한 금액을 익금에 산입한다. 이 경우 익금에 산입한 금액(합병 또는 분할 및 분할합병에 의하여 사업을 폐업하거나 해산함으로써 익금에 산입한 금액은 제외한다)에 대해서는 제33조 제3항 후단을 준용한다. (2014. 12. 23. 개정)
1. 대통령령으로 정하는 바에 따라 본점 또는 주사무소를 수도권과밀억제권역 밖으로 이전한 경우에 해당하지 아니하는 경우 (2010. 1. 1. 개정)
2. 수도권과밀억제권역에 대통령령으로 정하는 기준 이상의 사무소를 둔 경우 (2010. 1. 1. 개정)

3. 수도권과밀억제권역의 본점 또는 주사무소의 대지와 건물을 처분한 대금을 대통령령으로 정하는 용도 외에 사용한 경우 (2010. 1. 1. 개정)
4. 해당 사업을 폐업하거나 법인이 해산한 경우 (2010. 1. 1. 개정)

산(가목의 대지와 건물을 제외한다)의 취득가액 (2002. 12. 30 개정)
다. 수도권 과밀억제권역 내 본사의 이전비용 (2002. 12. 30 개정)
⑤ 수도권과밀억제권역내 본사 건물의 일부를 해당 법인이 직접 업무용으로 사용하고, 나머지 일부를 다른 사람이 사용하는 경우에는 해당 건물의 연면적 중 해당 법인이 양도일(제2항 제1호의 경우에는 수도권과밀억제권역 내 본사를 이전한 날을 말한다)부터 소급하여 2년 이상 업무용으로 직접 사용한 면적이 차지하는 비율에 따라 계산한 부분에 대하여 법 제61조를 적용한다. (2017. 2. 7. 개정)
⑥ 제4항의 규정을 적용함에 있어서 제2항 제2호의 경우와 제4항 제3호 나목의 경우에는 이전완료 또는 사용완료시까지 제11항 제2호 전단의 규정에 의한 이전계획서 또는 처분대금사용계획서상의 예정가액에 의한다. (2001. 12. 31 개정)
⑦ 법 제61조 제5항 제1호에서 "대통령령으로 정하는 바에 따라 본점 또는 주사무소를 수도권과밀억제권역 밖으로 이전한 경우"란 제2항 각 호에서 정한 바에 따라 이전한 경우를 말한다. (2010. 2. 18. 개정)
⑧ 법 제61조 제5항 제2호에서 "대통령령으로 정하는 기준 이상"이란 수도권과밀억제권역 밖으로 수도권과밀억제권역내 본사를 이전한 날부터 3년이 되는 날이 속하는 과세연도가 지난 후 수도권과밀억제권역 안의 사무소에서 본사업무에 종사하는 연평균 상시근무인원(해당 과세연도의 매월 말일 현재의 인원을 합하고 이를 해당 월수로 나누어 계산한 인원을 말한다. 이하 이 조 및 제60조의 2에서 같다)이 본사업무에 종사하는 연평균 상시근무인원의 100분의 50 이상인 경우를 말한다. (2015. 2. 3. 개정)
⑨ 법 제61조 제5항 제3호에서 "대통령령으로 정하는 용도 외에 사용한 경우"란 다음 각호의 용도가 아닌 다른 용도로 사용한 때를 말한다. 이 경우 제1호의 규정을 적용함에 있어서 수도권 과밀억제권역 외의 본사의 대지와 건물을 당해 법인이 직접 사용하지 아니하는 부분이 있는 때에는 그 부분은 이를 용도 외에 사용한 것으로 본다. (2010. 2. 18. 개정)
1. 제2항 각호의 규정에 의한 기한내에 수도권 과밀억제권역외의 본사의 대지와 건물을 취득 또는 임차한 때 (2002. 12. 30 개정)

⑥ 제3항을 적용받으려는 내국법인은 대통령령으로 정하는 바에 따라 토지등 양도차익 명세서 등을 납세지 관할 세무서장에게 제출하여야 한다. (2010. 1. 1. 개정)

2. 수도권 과밀억제권역내 본사 양도일부터 1년 이내에 수도권 과밀억제권역외의 본사의 사업용고정자산(제1호의 규정에 의한 대지와 건물을 제외한다)을 취득한 때 (2002. 12. 30 개정)

⑩ 법 제61조 제5항 각호 외의 부분 전단에서 "대통령령으로 정하는 바에 따라 계산한 금액"이란 다음 각호의 1에 해당하는 금액을 말한다. (2010. 2. 18. 개정)

1. 법 제61조 제5항 제1호 또는 제2호에 해당하는 때에는 당해 사유발생일 현재 익금에 산입하지 아니한 금액 (2001. 12. 31 개정)

2. 법 제61조 제5항 제3호에 해당하거나 제6항의 규정에 의한 예정가액에 의하여 익금에 산입하지 아니한 경우에는 익금에 산입하지 아니한 금액에서 제4항의 규정에 의하여 계산한 금액을 차감한 금액 (2001. 12. 31 개정)

3. 법 제61조 제3항의 규정에 의하여 익금에 산입하지 아니한 금액을 전액 익금에 산입하기 전에 사업을 폐지 또는 해산한 때에는 사업의 폐지 또는 해산당시 익금에 산입하지 아니한 금액 (1999. 10. 30 신설)

⑪ 법 제61조 제6항의 규정을 적용받고자 하는 내국법인은 수도권 과밀억제권역 내 본사의 양도일이 속하는 과세연도의 과세표준신고와 함께 기획재정부령이 정하는 토지 등 양도차익명세서에 다음의 서류를 첨부하여 납세지 관할세무서장에게 제출하여야 한다. (2008. 2. 29. 직제개정 ; 기획재정부와~직제 부칙)

관계조문

• 규칙 61조 1항 16호 · 17호 ⇒ 이전완료보고서(별지 15호 서식) · 이전계획서(별지 16호 서식)
• 규칙 61조 1항 46호 ⇒ 처분대금사용계획서 또는 처분대금사용명세서(별지 45호 서식)
• 규칙 61조 1항 46호의 2 ⇒ 토지 등 양도차익명세서(별지 45호의 2 서식)

1. 제2항 제1호의 규정에 해당하는 경우에는 기획재정부령이 정하는 이전완료보고서 및 처분대금사용계획서. 이 경우 제4항 제3호 나목 또는 제9항 제2호의 규정에 의하여 사업용고정자산을 취득한 때에는 그 취득일이 속하는 과세연도의 과세표준신고와 함께 기획재정

부령이 정하는 처분대금사용명세서를 제출하여야 한다. (2008. 2. 29. 직제개정 ; 기획재정부와~직제 부칙)

2. 제2항 제2호에 해당하는 경우에는 기획재정부령이 정하는 이전계획서 및 처분대금사용계획서. 이 경우 제2항 제2호의 규정에 의하여 수도권 과밀억제권역 외의 지역으로 본점 또는 주사무소를 이전한 때에는 이전일이 속하는 과세연도의 과세표준신고와 함께 기획재정부령이 정하는 이전완료보고서 및 처분대금사용명세서를 제출하여야 한다. (2008. 2. 29. 직제개정 ; 기획재정부와~직제 부칙)

⑫ 법 제61조 제4항에서 "대통령령으로 정하는 분류"란 한국표준산업분류상의 세분류를 말한다. (2015. 2. 3. 신설)

제62조【공공기관이 혁신도시 등으로 이전하는 경우 법인세 등 감면】(2014. 12. 23. 제목개정)

① 「혁신도시 조성 및 발전에 관한 특별법」 제2조 제2호에 따른 이전공공기관(이하 이 조에서 "이전공공기관"이라 한다)이 본점 또는 주사무소(이하 이 조에서 "본사"라 한다)를 같은 법 제2조 제3호에 따른 혁신도시(이하 이 조에서 "혁신도시"라 한다) 또는 「세종특별자치시 설치 등에 관한 특별법」에 따른 세종특별자치시(이하 이 조에서 "세종시"라 한다)로 이전하기 위하여 「혁신도시 조성 및 발전에 관한 특별법」 제2조 제6호의 종전부동산으로서 대통령령으로 정하는 부동산(이하 이 조에서 "종전부동산"이라 한다)을 2026년 12월 31일까지 양도함으로써 발생하는 양도차익에 대해서는 해당 양도차익에서 양도일이 속하는 사업연도의 직전 사업연도 종료일 현재 「법인세법」 제13조 제1항 제1호에 따른 이월결손금을 뺀 금액의 범위에서 대통령령으로 정하는 바에 따라 계산한 금액을 해당 사업연도의 소득금액을 계산할 때 익금에 산입하지 아니할 수 있다. 이 경우 해당 금액은 양도일이 속하는 사업연도 종료일 이후 5년이 되는 날이 속하는 사업연도부터 5개 사업연도의 기간 동안 균분한 금액 이상을 익금에 산입하여야 한다. (2023. 12. 31. 개정)

② 제1항을 적용받는 내국법인에 대하여는 대통령령으로 정하는 바에 따라 제61조 제5항을 준용한다. 이 경우 "수도권과밀억제권역 밖"은 "혁신도시 또는 세종시"로 보고, "수도권과밀억제권역"은 "수도권"으로 보며, "수도권과밀억제권역의 본점 또는 주사무소의 대지와 건물"은 "종전부동산"으로 본다. (2014. 1. 1. 후단개정)

③ 제1항을 적용받으려는 내국법인은 대통령령으로 정하는 바에 따라 토지등 양도차익 명세서 등을 납세지 관할 세무서장에게 제출하여야 한다. (2011. 12. 31. 신설)

④ 「수도권정비계획법」 제6조 제1항 제2호에 따른 성장관리권역(이하 이 조에서 "성장관리권역"이라 한다)에 본사가 소재하는 이전공공기관이 2018년 12월 31일까지 혁신도시로 본사를 이전하는 경우, 이전공공기관은 과세연도별로 제1호의 금액에 제3호의 비율을 곱하여 산출한 금액에 상당하는 소득에 대하여 이전일 이후 이전공공기관에서 최초로 소득이 발생한 과세연도(이전일부터 5년이 되는 날이 속하는 과

제58조【공공기관이 혁신도시 등으로 이전하는 경우 법인세 등 감면】(2014. 2. 21. 제목개정)

① 법 제62조 제1항 전단에서 "대통령령으로 정하는 부동산"이란 「혁신도시 조성 및 발전에 관한 특별법」 제43조에 따른 종전부동산 처리계획에 매각시기 및 방법이 규정된 건축물과 그 부지를 말한다. (2018. 2. 27. 개정 ; 공공기관 지방이전~부칙)

② 법 제62조 제1항 전단에서 "대통령령으로 정하는 바에 따라 계산한 금액"이란 제57조 제4항부터 제6항까지의 규정을 준용하여 계산한 금액을 말한다. 이 경우 "수도권 과밀억제권역내"는 "수도권내"로, "수도권 과밀억제권역외의 지역"은 "혁신도시 및 세종시"로 본다. (2014. 2. 21. 후단개정)

③ 법 제62조 제2항에 따라 법 제61조 제5항을 준용하는 경우 그 범위는 제57조 제7항부터 제10항까지로 한다. (2013. 2. 15. 항번개정)

④ 법 제62조 제3항에 따른 토지등 양도차익 명세서 및 해당 서류 등의 제출에 관하여는 제57조 제11항을 준용한다. 이 경우 "수도권 과밀억제권역내"는 "수도권내"로 보고, "수도권 과밀억제권역외의 지역"은 "혁신도시 및 세종시"로 본다. (2014. 2. 21. 후단개정)

세연도까지 소득이 발생하지 아니한 경우에는 이전일부터 5년이 되는 날이 속하는 과세연도)와 그 다음 과세연도의 개시일부터 2년 이내에 끝나는 과세연도까지는 법인세의 전액을, 그 다음 2년 이내에 끝나는 과세연도에는 법인세의 100분의 50에 상당하는 세액을 감면한다. (2017. 12. 19. 개정)

1. 해당 과세연도의 과세표준에서 토지·건물 및 부동산을 취득할 수 있는 권리의 양도차익 및 대통령령으로 정하는 소득을 뺀 금액 (2011. 12. 31. 신설)

2. 해당 과세연도의 혁신도시로 이전(移轉)한 본사(이하 이 조에서 "이전본사"라 한다) 근무인원이 이전 후에 근로를 제공함에 따라 발생한 급여 총액이 법인 전체 근무인원이 근로를 제공함에 따라 발생한 연간 급여 총액에서 차지하는 비율 (2014. 12. 23. 개정)

2. 삭　제 (2017. 12. 19.)

3. 해당 과세연도의 혁신도시로 이전한 본사(이하 이 조에서 "이전본사"라 한다) 근무인원이 법인 전체 근무인원에서 차지하는 비율 (2017. 12. 19. 개정)

⑤ 제4항을 적용할 때 이전본사 근무인원이란 이전본사에서 본사 업무에 종사하는 상시 근무인원의 연평균 인원(매월 말 현재의 인원을 합하고 이를 해당 개월 수로 나누어 계산한 인원을 말하며, 이전일부터 소급하여 2년이 되는 날이 속하는 과세연도 이후 수도권 밖의 지역에서 본사 업무에 종사하는 근무인원이 이전본사로 이전한 근무인원은 제외한다)에서 이전일부터 소급하여 3년이 되는 날이 속하는 과세연도에 이전본사에서 본사 업무에 종사하던 상시 근무인원의 연평균 인원을 빼고 계산한 인원을 말하며, 법인 전체 근무인원이란 법인 전체의 상시 근무인원의 연평균 인원을 말한다. (2014. 12. 23. 개정)

⑥ 제4항을 적용할 때 법인세 감면기간에 대통령령으로 정하는 임원(이하 이 조에서 "임원"이라 한다) 중 이전본사 근무 임원 수가 수도권의 본사 근무 임원과 이전본사 근무 임원의 합계 인원에서 차지하는 비율이 100분의 50에 미달하게 되는 경우 해당 과세연도부터 제4항에 따른 법인세 감면을 받을 수 없다. (2011. 12. 31. 신설)

⑦ 제4항에 따라 법인세를 감면받은 이전공공기관이 다음 각 호의 어

⑤ 법 제62조 제4항 제1호에서 "대통령령으로 정하는 소득"이란 고정자산처분익, 유가증권처분익, 수입이자, 수입배당금 및 자산수증익을 합한 금액[금융 및 보험업을 영위하는 공공기관(「금융지주회사법」에 따른 금융지주회사는 제외한다)의 경우에는 기업회계기준에 따라 영업수익에 해당하는 유가증권처분익, 수입이자 및 수입배당금은 제외한다]에서 고정자산처분손, 유가증권처분손 및 지급이자를 합한 금액[금융 및 보험업을 영위하는 공공기관(「금융지주회사법」에 따른 금융지주회사는 제외한다)의 경우에는 기업회계기준에 따라 영업비용에 해당하는 유가증권처분손 및 지급이자는 제외한다]을 뺀 금액(그 수가 음수이면 영으로 본다)을 말한다. (2016. 2. 5. 개정)

⑥ 법 제62조 제4항 제2호에 따른 급여는 「소득세법」 제20조 제1항 제1호 및 제4호에 따른 급여와 소득으로 한다. (2013. 2. 15. 항번개정)

⑥ 삭　제 (2018. 2. 13.)

⑦ 법 제62조 제6항에서 "대통령령으로 정하는 임원"이란 「법인세법 시행령」 제40조 제1항 각 호의 어느 하나에 해당하는 사람을 말한다. 다만, 상시 근무하지 아니하는 임원은 제외한다. (2019. 2. 12. 개정)

⑧ 법 제62조 제7항 제2호에서 "대통령령으로 정하는 경우"란 다음 각 호의 어느 하나에 해당하는 경우를 말한다. (2013. 2. 15. 항번개정)

1. 본사를 혁신도시로 이전한 후 2018년 12월 31일까지 사업을 개시하

느 하나에 해당하는 경우에는 그 사유가 발생한 과세연도의 과세표준신고를 할 때 대통령령으로 정하는 바에 따라 계산한 세액을 법인세로 납부하여야 한다. (2011. 12. 31. 신설)

1. 본사를 혁신도시로 이전하여 사업을 개시한 날부터 3년 이내에 그 사업을 폐업하거나 법인이 해산한 경우 (2011. 12. 31. 신설)
2. 본사를 혁신도시로 이전하여 사업을 개시하지 아니한 경우 등 대통령령으로 정하는 경우 (2011. 12. 31. 신설)
3. 수도권에 대통령령으로 정하는 기준 이상의 사무소를 둔 경우 (2011. 12. 31. 신설)
4. 임원 중 이전본사 근무 임원 수가 수도권의 본사 근무 임원과 이전본사 근무 임원의 합계 인원에서 차지하는 비율이 100분의 50에 미달하게 되는 경우 (2011. 12. 31. 신설)

⑧ 제4항에 따라 감면받은 법인세액을 제7항에 따라 납부하는 경우에는 제63조 제3항의 이자상당 가산액에 관한 규정을 준용한다. (2020. 12. 29. 개정)

⑨ 제4항부터 제6항까지를 적용하는 경우 기간 계산의 방법, 급여의 범위, 세액감면신청, 그 밖의 필요한 사항은 대통령령으로 정한다. (2011. 12. 31. 신설)

제63조【수도권 밖으로 공장을 이전하는 기업에 대한 세액감면 등】(2020. 12. 29. 제목개정)

① 제1호 각 목의 요건을 모두 갖춘 내국인(이하 이 조에서 "공장이전기업"이라 한다)이 공장을 이전하여 2025년 12월 31일(공장을 신축하는 경우로서 공장의 부지를 2025년 12월 31일까지 보유하고 2025년 12월 31일이 속하는 과세연도의 과세표준 신고를 할 때 이전계획서를 제출하는 경우에는 2028년 12월 31일)까지 사업을 개시하는 경우에는 이전 후의 공장에서 발생하는 소득(공장이전기업이 이전 후 합병ㆍ분할ㆍ현물출

지 아니한 경우 (2017. 2. 7. 개정)
2. 혁신도시로 본사를 이전하여 사업을 개시한 날부터 2년 이내에 수도권 안의 본사를 양도하지 아니한 경우 (2012. 2. 2. 신설)

⑨ 법 제62조 제7항 제3호에서 "대통령령으로 정하는 기준 이상"이란 수도권 안의 사무소에서 본사업무에 종사하는 연평균 상시근무인원이 본사업무에 종사하는 연평균 상시근무인원의 100분의 50 이상인 경우를 말한다. (2013. 2. 15. 항번개정)

⑩ 법 제62조 제7항에 따라 납부하여야 하는 세액은 다음 각 호의 구분에 따라 계산한다. (2013. 2. 15. 항번개정)

1. 법 제62조 제7항 제1호에 해당하는 경우 : 사업폐지일 또는 법인해산일부터 소급하여 3년 이내에 감면된 세액 (2012. 2. 2. 신설)
2. 법 제62조 제7항 제2호에 해당하는 경우 : 제8항에 해당하게 된 날부터 소급하여 5년 이내에 감면된 세액 (2013. 2. 15. 개정)
3. 법 제62조 제7항 제3호에 해당하는 경우 : 제9항에서 규정하는 기준 이상의 사무소를 둔 날부터 소급하여 5년 이내에 감면된 세액 (2013. 2. 15. 개정)
4. 법 제62조 제7항 제4호에 해당하는 경우 : 해당 비율에 미달하게 된 날부터 소급하여 5년 이내에 감면된 세액 (2012. 2. 2. 신설)

⑪ 법 제62조 제4항 및 제9항에 따라 법인세의 감면을 받으려는 법인은 과세표준신고와 함께 기획재정부령으로 정하는 세액감면신청서 및 감면세액계산서를 납세지 관할 세무서장에게 제출하여야 한다. (2013. 2. 15. 항번개정)

제59조【지방이전법인본사의 설비투자에 대한 세액공제】삭 제 (2003. 12. 30.)

제60조【수도권 밖으로 공장을 이전하는 기업에 대한 세액감면 등】

① 법 제63조 제1항 각 호 외의 부분 단서에서 "대통령령으로 정하는 부동산업, 건설업, 소비성서비스업, 무점포판매업 및 해운중개업"이란 다음 각 호의 사업을 말한다. 다만, 「혁신도시 조성 및 발전에 관한 특별법」 제2조 제2호의 이전공공기관이 경영하는 다음 각 호의 어느 하나에 해당하는 사업은 제외한다. (2021. 2. 17. 개정)
1. 부동산임대업 (2021. 2. 17. 개정)
2. 부동산중개업 (2021. 2. 17. 개정)

관계조문

- 규칙 61조 1항 3호 ⇒ 세액감면(면제)신청서 (별지 2호 서식)
- 규칙 61조 1항 46호의 3 ⇒ 감면세액계산서(별지 45호의 3 서식)

☞

관계조문

- 규칙 61조 1항 3호 ⇒ 세액감면(면제)신청서 (별지 2호 서식)
- 규칙 61조 1항 47호의 2 ⇒ 공장 및 본사를 수도권 외의 지역으로 이전하는 법인에 대한 감면세액계산서(별지 46호의 2 서식)

☞

통 칙 63-60…1【3년 이상 계속 조업한 실적이 있는 공장의 범위】(2024. 3. 15. 제목개정)

① 영 제60조 제2항에서 "3년(중소기업의 경우 2년) 이상 계속 조업한 실적이 있을 것"이라 함은

자 또는 사업의 양수를 통하여 사업을 승계하는 경우 승계한 사업장에서 발생한 소득은 제외한다)에 대하여 제2호의 구분에 따라 소득세 또는 법인세를 감면한다. 다만, 대통령령으로 정하는 부동산업, 건설업, 소비성서비스업, 무점포판매업 및 해운중개업을 경영하는 내국인인 경우에는 그러하지 아니한다. (2022. 12. 31. 개정)

① 제1호 각 목의 요건을 모두 갖춘 내국인(이하 이 조에서 "공장이전기업"이라 한다)이 공장을 이전하여 2025년 12월 31일(공장을 신축하는 경우로서 공장의 부지를 2025년 12월 31일까지 보유하고 2025년 12월 31일이 속하는 과세연도의 과세표준 신고를 할 때 이전계획서를 제출하는 경우에는 2028년 12월 31일)까지 사업을 개시하는 경우에는 이전 후의 공장에서 발생하는 소득(공장이전기업이 이전 후 합병·분할·현물출자 또는 사업의 양수를 통하여 사업을 승계하는 경우 승계한 사업장에서 발생한 소득은 제외한다)에 대하여 제2호의 구분에 따라 소득세 또는 법인세를 감면한다. (2024. 12. 31. 단서삭제)

[개정취지] ....

수도권에 소재한 공장을 이전하는 기업에 대한 감면 요건 강화

• 기존에는 중소기업이 수도권 과밀억제권역 밖으로 공장을 이전하는 경우 소득세 또는 법인세를 감면하였으나, 앞으로는 수도권 밖의 지역 또는 수도권의 인구감소지역으로 이전하는 경우에만 감면하도록 함. (법 63조 개정 ; 2024. 12. 31.)

• 2025. 1. 1. 전에 공장을 이전한 경우의 세액감면에 관하여는 법 63조의 개정규정에도 불구하고 종전의 규정에 따름. (법 부칙(2024. 12. 31.) 27조 1항)

• 2025. 1. 1. 이후 공장을 이전하는 경우로서 공장이전기업이 종전의 법 63조 1항을 적용받기 위하여 2025. 1. 1. 전에 다음 각 호의 어느 하나에 해당하는 행위를 한 경우에는 법 63조의 개정규정에도 불구하고 종전의 규정에 따름. (법 부칙(2024. 12. 31.) 27조 2항)

1. 공장을 신축하는 경우로서 법 63조 1항에 따라 이전계획서를 제출한 경우

2. 공장 이전을 위하여 기존 공장의 부지나 공장용 건축물을 양도(양도계약을 체결한 경우를 포함한다)하거나 공장을 철거 또는 폐쇄한 경우

3. 공장 이전을 위하여 신규 공장의 부지나 공장용 건축물을 매입(매입계약을 체결한 경우를 포함한다)한 경우

4. 공장을 신축하기 위하여 건축허가를 받은 경우

5. 1호부터 4호까지의 행위에 준하는 행위를 한 경우로서 실질적으로 이전에 착수한 것으로 볼 수 있는 경우

....

3. 「소득세법 시행령」 제122조 제1항에 따른 부동산매매업 (2021. 2. 17. 개정)

4. 건설업[한국표준산업분류에 따른 주거용 건물 개발 및 공급업(구입한 주거용 건물을 재판매하는 경우는 제외한다)을 포함한다] (2021. 2. 17. 개정)

5. 소비성서비스업 (2021. 2. 17. 개정)

6. 「유통산업발전법」 제2조 제9호에 따른 무점포판매에 해당하는 사업 (2021. 2. 17. 개정)

7. 「해운법」 제2조 제5호에 따른 해운중개업 (2021. 2. 17. 개정)

① 삭 제 (2025. 2. 28.)

② 법 제63조 제1항 제1호 가목에 따른 세액감면 요건이란 수도권과밀억제권역 안에 소재하는 공장시설을 수도권 밖(중소기업의 경우 수도권과밀억제권역 밖을 말한다. 이하 이 조에서 같다)으로 이전하기 위하여 조업을 중단한 날부터 소급하여 3년(중소기업의 경우 2년) 이상 계속 조업(「대기환경보전법」, 「물환경보전법」 또는 「소음·진동관리법」에 따라 배출시설이나 오염물질배출방지시설의 개선·이전 또는 조업정지명령을 받아 조업을 중단한 기간은 이를 조업한 것으로 본다)한 실적이 있을 것을 말한다. (2021. 2. 17. 개정)

② 법 제63조 제1항 제1호 가목에 따른 세액감면 요건이란 수도권과밀억제권역 안에 소재하는 공장시설을 <u>수도권 밖(중소기업은 수도권 밖 또는 수도권의 인구감소지역)</u>으로 이전하기 위하여 조업을 중단한 날부터 소급하여 3년(중소기업의 경우 2년) 이상 계속 조업(「대기환경보전법」, 「물환경보전법」 또는 「소음·진동관리법」에 따라 배출시설이나 오염물질배출방지시설의 개선·이전 또는 조업정지명령을 받아 조업을 중단한 기간은 이를 조업한 것으로 본다)한 실적이 있을 것을 말한다. (2025. 2. 28. 개정)

③ 법 제63조 제1항 제1호 나목에서 "공장시설의 전부를 <u>수도권 밖</u>으로 대통령령으로 정하는 바에 따라 이전할 것"이란 다음 각 호의 어느 하나의 요건을 갖춘 것을 말한다. 이 경우 법 제63조 제4항을 적용할 때에는 수도권과밀억제권역 안의 공장을 양도하는 경우로 한정한다. (2021. 2. 17. 개정)

③ 법 제63조 제1항 제1호 나목에서 "공장시설의 전부를 <u>수도권 밖(중소기업은 수도권 밖 또는 수도권의 인구감소지역)</u>으로 대통령령으로 정하는 바에 따라 이전할 것"이란 다음 각 호의 어느 하나의 요건을 갖춘 것을 말한다. 이 경우 법 제63조 제4항을 적용할 때에는 수도권과밀억제권역 안의 공장을 양도하는 경우로 한정한다. (2025. 2. 28. 개정)

1. <u>수도권 밖</u>으로 공장을 이전하여 사업을 개시한 날부터 2년 이내에 수도권과밀억제권역 안의 공장을 양도하거나 수도권과밀억제권역 안에 남아 있는 공장시설의 전부를 철거 또는 폐쇄하여 해당 공장시설에 의한 조업이 불가능한 상태일 것 (2021. 2. 17. 개정)

제조장단위별로 3년(중소기업의 경우 2년) 이상 조업한 경우를 말하며, 제조시설중 일부가 3년(중소기업의 경우 2년) 미만 조업한 경우에도 해당 제조장을 3년(중소기업의 경우 2년) 이상 조업한 경우에는 3년(중소기업의 경우 2년) 이상 조업한 것으로 본다. (2024. 3. 15. 개정)

② 제1항의 규정을 적용함에 있어서 개인사업자가 대도시 안에서 영위하던 사업을 법 제32조의 규정에 의하여 법인으로 전환하고 해당 공장시설을 지방으로 이전하는 경우에는 해당 개인사업자가 조업한 기간을 합산한다. (2024. 3. 15. 개정)

1. 세액감면 요건 (2020. 12. 29. 개정)

가. 수도권과밀억제권역에 3년(중소기업은 2년) 이상 계속하여 공장시설을 갖추고 사업을 한 기업일 것. 다만, 공장시설을 이전하기 위하여 조업을 중단한 날이 속하는 과세연도 개시일부터 소급하여 10년 이내에 이 조에 따른 감면을 적용받은 기업은 제외한다. (2024. 12. 31. 개정)

가. 수도권과밀억제권역에 3년(중소기업은 2년) 이상 계속하여 공장시설을 갖추고 사업을 한 기업일 것. 다만, 공장시설을 이전하기 위하여 조업을 중단한 날이 속하는 과세연도 개시일부터 소급하여 10년 이내에 동일한 공장에 대하여 이 조에 따른 감면을 적용받은 기업은 제외한다. (2025. 3. 14. 개정)

나. 공장시설의 전부를 수도권(중소기업은 수도권과밀억제권역) 밖으로 대통령령으로 정하는 바에 따라 이전할 것 (2020. 12. 29. 개정)

나. 공장시설의 전부를 수도권 밖(중소기업은 수도권 밖 또는 수도권의 인구감소지역)으로 대통령령으로 정하는 바에 따라 이전할 것 (2024. 12. 31. 개정)

다. 다음의 어느 하나에 해당하는 경우 다음의 구분에 따른 요건을 갖출 것 (2020. 12. 29. 개정)

1) 중소기업이 공장시설을 수도권 안(수도권과밀억제권역은 제외한다)으로 이전하는 경우로서 본점이나 주사무소(이하 이 조 및 제63조의 2에서 "본사"라 한다)가 수도권과밀억제권역에 있는 경우 : 해당 본사도 공장시설과 함께 이전할 것(2020. 12. 29. 개정)

1) 중소기업이 공장시설을 수도권의 인구감소지역으로 이전하는 경우로서 본점이나 주사무소(이하 이 조 및 제63조의 2에서 "본사"라 한다)가 수도권과밀억제권역에 있는 경우 : 해당 본사도 공장시설과 함께 이전할 것

2) 중소기업이 아닌 기업이 광역시로 이전하는 경우 : 「산업입지 및 개발에 관한 법률」 제2조 제8호에 따른 산업단지로 이전할 것 (2020. 12. 29. 개정)

2. 감면기간 및 감면세액 (2020. 12. 29. 개정)

가. 공장 이전일 이후 해당 공장에서 최초로 소득이 발생한 과세연도(공장 이전일부터 5년이 되는 날이 속하는 과세연도까지 소득이 발생하지 아니한 경우에는 이전일부터 5년이 되는 날이 속하는 과세연도)의 개시일부터 다음의 구분에 따른 기간 이내에 끝

1. 수도권 밖(중소기업은 수도권 밖 또는 수도권의 인구감소지역)으로 공장을 이전하여 사업을 개시한 날부터 2년 이내에 수도권과밀억제권역 안의 공장을 양도하거나 수도권과밀억제권역 안에 남아 있는 공장시설의 전부를 철거 또는 폐쇄하여 해당 공장시설에 의한 조업이 불가능한 상태일 것 (2025. 2. 28. 개정)

2. 수도권과밀억제권역 안의 공장을 양도 또는 폐쇄한 날(공장의 대지 또는 건물을 임차하여 자기공장시설을 갖추고 있는 경우에는 공장이전을 위하여 조업을 중단한 날을 말한다. 이하 이 호에서 같다)부터 2년 이내에 수도권 밖에서 사업을 개시할 것. 다만, 공장을 신축하여 이전하는 경우에는 수도권과밀억제권역 안의 공장을 양도 또는 폐쇄한 날부터 3년 이내에 사업을 개시해야 한다. (2021. 2. 17. 개정)

2. 수도권과밀억제권역 안의 공장을 양도 또는 폐쇄한 날(공장의 대지 또는 건물을 임차하여 자기공장시설을 갖추고 있는 경우에는 공장이전을 위하여 조업을 중단한 날을 말한다. 이하 이 호에서 같다)부터 2년 이내에 수도권 밖(중소기업은 수도권 밖 또는 수도권의 인구감소지역)에서 사업을 개시할 것. 다만, 공장을 신축하여 이전하는 경우에는 수도권과밀억제권역 안의 공장을 양도 또는 폐쇄한 날부터 3년 이내에 사업을 개시해야 한다. (2025. 2. 28. 개정)

④ 법 제63조 제1항 제2호 가목 1)에서 "수도권 등 대통령령으로 정하는 지역"이란 다음 각 호의 지역을 말한다. 다만, 제2호의 지역은 해당 지역으로 이전하는 기업이 중소기업인 경우로 한정한다. (2023. 2. 28. 개정)

1. 당진시, 아산시, 원주시, 음성군, 진천군, 천안시, 춘천시, 충주시, 홍천군(내면은 제외한다) 및 횡성군의 관할구역 (2023. 2. 28. 개정)

2. 「수도권정비계획법」 제6조 제1항 제2호 및 제3호에 따른 성장관리권역 및 자연보전권역 (2023. 2. 28. 개정)

2. 수도권의 인구감소지역 (2025. 2. 28. 개정)

⑤ 법 제63조 제1항 제2호 가목 2)에서 "수도권 밖에 소재하는 광역시 등 대통령령으로 정하는 지역"이란 다음 각 호의 지역을 말한다. (2023. 2. 28. 신설)

1. 수도권 밖에 소재하는 광역시의 관할구역 (2023. 2. 28. 신설)

2. 구미시, 김해시, 전주시, 제주시, 진주시, 창원시, 청주시 및 포항시의 관할구역 (2023. 2. 28. 신설)

⑥ 법 제63조 제2항에 따라 납부해야 하는 세액은 다음 각 호의 구분

나는 과세연도 : 소득세 또는 법인세의 100분의 100에 상당하는 세액 (2022. 12. 31. 개정)

1) 수도권 등 대통령령으로 정하는 지역으로 이전하는 경우 : 5년 (2022. 12. 31. 신설)

2) 수도권 밖에 소재하는 광역시 등 대통령령으로 정하는 지역으로 이전하는 경우 (2022. 12. 31. 신설)

　가) 위기지역, 「지방자치분권 및 지역균형발전에 관한 특별법」에 따른 성장촉진지역 또는 인구감소지역(이하 이 조 및 제63조의 2에서 "성장촉진지역등"이라 한다)으로 이전하는 경우 : 7년 (2023. 6. 9. 개정 ; 지방자치~부칙)

　나) 가)에 따른 지역 외의 지역으로 이전하는 경우 : 5년 (2022. 12. 31. 신설)

3) 1) 또는 2)에 따른 지역 외의 지역으로 이전하는 경우 (2022. 12. 31. 신설)

　가) 성장촉진지역등으로 이전하는 경우 : 10년 (2022. 12. 31. 신설)

　나) 가)에 따른 지역 외의 지역으로 이전하는 경우 : 7년 (2022. 12. 31. 신설)

나. 가목에 따른 과세연도의 다음 2년[가목 2) 가) 또는 같은 목 3) 나)에 해당하는 경우에는 3년] 이내에 끝나는 과세연도 : 소득세 또는 법인세의 100분의 50에 상당하는 세액 (2022. 12. 31. 개정)

② 제1항에 따라 감면을 적용받은 공장이전기업이 다음 각 호의 어느 하나에 해당하는 경우에는 그 사유가 발생한 과세연도의 과세표준신고를 할 때 대통령령으로 정하는 바에 따라 계산한 세액을 소득세 및 법인세로 납부하여야 한다. (2020. 12. 29. 개정)

1. 공장을 이전하여 사업을 개시한 날부터 3년 이내에 그 사업을 폐업하거나 법인이 해산한 경우. 다만, 합병·분할 또는 분할합병으로 인한 경우에는 그러하지 아니하다. (2020. 12. 29. 개정)

2. 대통령령으로 정하는 바에 따라 공장을 수도권(중소기업은 수도권과밀억제권역) 밖으로 이전하여 사업을 개시하지 아니한 경우 (2020. 12. 29. 개정)

2. 대통령령으로 정하는 바에 따라 공장을 수도권 밖(중소기업은 수도권 밖 또는 수도권의 인구감소지역)으로 이전하여 사업을 개시하지

에 따라 계산한다. (2023. 2. 28. 항번개정)

1. 법 제63조 제2항 제1호에 해당하는 경우 : 폐업일 또는 법인해산일부터 소급하여 3년 이내에 감면된 세액 (2021. 2. 17. 개정)

2. 법 제63조 제2항 제2호에 해당하는 경우 : 제3항 각 호의 요건을 갖추지 못하게 된 날부터 소급하여 5년 이내에 감면된 세액 (2021. 2. 17. 개정)

3. 법 제63조 제2항 제3호에 해당하는 경우 : 공장설치일[중소기업이 법 제63조 제1항 제1호 다목 1)에 따라 본점이나 주사무소를 이전한 경우에는 본점 또는 주사무소 설치일을 포함한다]부터 소급하여 5년 이내에 감면된 세액. 이 경우 이전한 공장이 둘 이상이고 해당 공장에서 서로 다른 제품을 생산하는 경우에는 수도권(중소기업의 경우 수도권과밀억제권역) 안의 공장에서 생산하는 제품과 동일한 제품을 생산하는 공장의 이전으로 인하여 감면받은 분에 한정한다. (2021. 2. 17. 개정)

3. 법 제63조 제2항 제3호에 해당하는 경우 : 공장설치일[중소기업이 법 제63조 제1항 제1호 다목 1)에 따라 본점이나 주사무소를 이전한 경우에는 본점 또는 주사무소 설치일을 포함한다]부터 소급하여 5년 이내에 감면된 세액. 이 경우 이전한 공장이 둘 이상이고 해당 공장에서 서로 다른 제품을 생산하는 경우에는 수도권(중소기업의 경우 수도권 중 인구감소지역을 제외한 지역) 안의 공장에서 생산하는 제품과 동일한 제품을 생산하는 공장의 이전으로 인하여 감면받은 분에 한정한다. (2025. 2. 28. 후단개정)

⑦ 법 제63조 제2항 제2호에서 "대통령령으로 정하는 바에 따라 공장을 수도권(중소기업은 수도권과밀억제권역) 밖으로 이전하여 사업을 개시하지 아니한 경우"란 제3항 각 호의 요건을 갖추지 않은 경우를 말한다. (2023. 2. 28. 항번개정)

⑦ 법 제63조 제2항 제2호에서 "대통령령으로 정하는 바에 따라 공장을 수도권 밖(중소기업은 수도권 밖 또는 수도권의 인구감소지역)으로 이전하여 사업을 개시하지 아니한 경우"란 제3항 각 호의 요건을 갖추지 않은 경우를 말한다. (2025. 2. 28. 개정)

⑧ 법 제63조 제3항에서 "대통령령으로 정하는 바에 따라 계산한 이자상당가산액"이란 법 제63조 제2항에 따라 납부해야 할 세액에 상당하는 금액에 제1호에 따른 기간과 제2호에 따른 율을 곱하여 계산한 금액으로 한다. (2023. 2. 28. 항번개정)

1. 감면을 받은 과세연도의 종료일 다음 날부터 법 제63조 제2항에 해

아니한 경우 (2024. 12. 31. 개정)

3. 수도권(중소기업은 <u>수도권과밀억제권역</u>)에 제1항에 따라 이전한 공장에서 생산하는 제품과 같은 제품을 생산하는 공장(중소기업이 <u>수도권 안으로</u> 이전한 경우에는 공장 또는 본사)을 설치한 경우 (2020. 12. 29. 개정)

3. 수도권(중소기업은 <u>수도권 중 인구감소지역을 제외한 지역</u>)에 제1항에 따라 이전한 공장에서 생산하는 제품과 같은 제품을 생산하는 공장(중소기업이 <u>수도권의 인구감소지역으로</u> 이전한 경우에는 공장 또는 본사)을 설치한 경우 (2024. 12. 31. 개정)

③ 제1항에 따라 감면받은 소득세액 또는 법인세액을 제2항에 따라 납부하는 경우에는 대통령령으로 정하는 바에 따라 계산한 이자상당가산액을 소득세 또는 법인세에 가산하여 납부하여야 하며, 해당 세액은 「소득세법」 제76조 또는 「법인세법」 제64조에 따라 납부하여야 할 세액으로 본다. (2020. 12. 29. 개정)

④ 공장이전기업 중 법인(이하 이 조에서 "공장이전법인"이라 한다)이 공장을 수도권 밖으로 이전한 경우에는 수도권과밀억제권역에 있는 공장을 양도함으로써 발생한 양도차익에 대한 법인세에 관하여는 제60조 제2항·제4항 및 제6항을 준용한다. (2020. 12. 29. 개정)

⑤ 공장을 수도권 밖으로 이전한 공장이전법인이 소유(합병·분할 또는 분할합병으로 소유권이 이전된 경우를 포함한다)하는 이전 전 공장용 건축물의 부속토지로서 공장 이전일 현재 「지방세법」 제106조 제1항 제3호 가목이 적용되는 토지는 공장을 전부 이전한 날부터 5년간 「지방세법」 제106조 제1항 제3호 가목을 적용하는 토지로 본다. 다만, 공장을 이전하여 사업을 개시한 후 그 사업을 폐업한 이후에는 그러하지 아니하다. (2020. 12. 29. 개정)

⑥ 제5항에 따라 이전한 날부터 5년간 이전 전 공장용 건축물의 부속토지에 대하여 「지방세법」 제106조 제1항 제3호 가목을 적용받은 공장이전법인이 제2항 제1호부터 제3호까지의 규정 중 어느 하나에 해당하는 경우에는 대통령령으로 정하는 바에 따라 재산세액 및 종합부동산세액과 이자상당가산액을 추징한다. (2020. 12. 29. 개정)

⑦ 제1항, 제4항 또는 제5항을 적용받으려는 공장이전기업은 대통령령으로 정하는 분류를 기준으로 이전 전의 공장에서 <u>영위하던</u> 업종과 이전 후의 공장에서 영위하는 업종이 같아야 한다. (2020. 12. 29. 개정)

⑦ 제1항, 제4항 또는 제5항을 적용받으려는 공장이전기업은 대통령령

당하는 사유가 발생한 날이 속하는 과세연도의 종료일까지의 기간 (2021. 2. 17. 개정)

2. 제11조의 2 제9항 제2호에 따른 율 (2022. 2. 15. 개정)

⑨ 법 제63조 제1항을 적용받으려는 자는 과세표준신고와 함께 기획재정부령으로 정하는 세액감면신청서 및 감면세액계산서를 납세지 관할 세무서장에게 제출해야 한다. (2023. 2. 28. 항번개정)

⑩ 법 제63조 제6항에 따라 추징해야 하는 재산세액은 다음 각 호의 기간에 법 제63조 제5항을 적용받아 납부한 재산세액과 「지방세법」 제106조 제1항 제1호 또는 제2호를 적용할 경우 납부할 재산세액의 차액으로 하고, 법 제63조 제6항에 따라 추징해야 하는 종합부동산세액은 다음 각 호의 기간에 「지방세법」 제106조 제1항 제1호 또는 제2호를 적용할 경우 납부할 종합부동산세액으로 한다. (2023. 2. 28. 항번개정)

1. 법 제63조 제2항 제1호에 해당하는 경우 : 폐업일 또는 법인해산일부터 소급하여 3년 이내 (2021. 2. 17. 개정)

2. 법 제63조 제2항 제2호에 해당하는 경우 : 제3항 각 호의 요건을 갖추지 못한 날부터 소급하여 5년 이내 (2021. 2. 17. 개정)

3. 법 제63조 제2항 제3호에 해당하는 경우 : 공장설치일부터 소급하여 5년 이내 (2021. 2. 17. 개정)

⑪ 법 제63조 제6항에 따른 이자상당가산액은 제10항에 따른 재산세액의 차액과 종합부동산세액에 제1호의 기간과 제2호의 율을 곱하여 계산한 금액으로 한다. (2023. 2. 28. 개정)

1. 법 제63조 제5항을 적용받은 과세연도의 납부기한의 다음 날부터 법 제63조 제6항에 따라 추징할 세액의 고지일까지의 기간 (2021. 2. 17. 개정)

2. 제11조의 2 제9항 제2호에 따른 율 (2022. 2. 15. 개정)

⑫ 법 제63조 제7항에서 "대통령령으로 정하는 분류"란 한국표준산업분류상의 세분류를 말한다. (2023. 2. 28. 항번개정)

⑬ 법 제63조 제8항에서 "「중소기업기본법」에 따른 중소기업이 아닌 기업과 합병하는 등 대통령령으로 정하는 사유"란 제2조 제2항 각 호의 사유를 말한다. (2023. 2. 28. 항번개정)

으로 정하는 분류를 기준으로 이전 전의 공장에서 공장시설을 이전하기 위하여 조업을 중단한 날부터 소급하여 2년(중소기업은 1년) 이상 계속 영위하던 업종과 이전 후의 공장에서 영위하는 업종이 같아야 한다. (2024. 12. 31. 개정)

⑧ 제1항에 따라 감면을 적용받은 중소기업이 수도권 안으로 이전한 경우로서 「중소기업기본법」에 따른 중소기업이 아닌 기업과 합병하는 등 대통령령으로 정하는 사유에 따라 중소기업에 해당하지 아니하게 된 경우에는 해당 사유 발생일이 속하는 과세연도부터 감면하지 아니한다. (2020. 12. 29. 개정)

⑨ 제1항부터 제8항까지의 규정을 적용할 때 기간 계산의 방법, 세액감면 신청, 그 밖에 필요한 사항은 대통령령으로 정한다. (2020. 12. 29. 개정)

제63조의 2 【수도권 밖으로 본사를 이전하는 법인에 대한 세액감면 등】(2020. 12. 29. 제목개정)

① 제1호 각 목의 요건을 모두 갖추어 본사를 이전하여 2025년 12월 31일(본사를 신축하는 경우로서 본사의 부지를 2025년 12월 31일까지 보유하고 2025년 12월 31일이 속하는 과세연도의 과세표준신고를 할 때 이전계획서를 제출하는 경우에는 2028년 12월 31일)까지 사업을 개시하는 법인(이하 이 조에서 "본사이전법인"이라 한다)은 제2호에 따른 감면대상소득(이전 후 합병·분할·현물출자 또는 사업의 양수를 통하여 사업을 승계하는 경우 승계한 사업장에서 발생한 소득은 제외한다)에 대하여 제3호의 구분에 따라 법인세를 감면한다. 다만, 대통령령으로 정하는 부동산업, 건설업, 소비성서비스업, 무점포판매업 및 해운중개업을 경영

개인사업자가 법 32조에 따라 법인으로 전환하는 경우, 전환 후 법인은 개인사업자의 잔존 감면기간동안 수도권과밀억제권역 밖으로 이전하는 중소기업에 대한 세액감면을 적용받을 수 있는 것임. (소득 - 629, 2012. 8. 20.)

통칙 63 - 0…1 【공장시설 전부이전의 범위】
법 제63조 제1항 제1호 나목에서 "공장시설의 전부이전"은 서로 다른 여러 종류의 제품 중 한 제품만을 생산하는 독립된 공장시설을 완전히 이전하고 해당 공장건물을 사무실이나 창고 등으로 사용하는 경우에는 동 부분에 한하여 공장시설을 전부 이전한 것으로 본다. (2024. 3. 15. 개정)

63 - 60…2 【공장 이전 후 추가 업종에서 발생한 소득의 세액감면 적용여부】
수도권 과밀억제권역에서 공장시설을 갖추고 제조업을 영위하던 법인이 당해 공장시설과 수도권 과밀억제권역 안에 소재하던 본점을 수도권 과밀억제권역 밖으로 함께 이전한 후 한국표준산업분류상의 세분류를 기준으로 이전전의 업종과 다른 새로운 업종을 추가한 경우, 그 추가한 업종에서 발생한 소득에 대하여는 법 제63조 규정의 수도권 과밀억제권역 밖으로 이전하는 중소기업에 대한 세액감면을 적용하지 아니한다. (2011. 2. 1. 신설)

제60조의 2 【수도권 밖으로 본사를 이전하는 법인에 대한 세액감면 등】① 법 제63조의 2 제1항 각 호 외의 부분 단서에서 "대통령령으로 정하는 부동산업, 건설업, 소비성서비스업, 무점포판매업 및 해운중개업"이란 제60조 제1항에 따른 사업을 말한다. (2021. 2. 17. 개정)

제60조의 2 【수도권 밖으로 본사를 이전하는 법인에 대한 세액감면 등】① 법 제63조의 2 제1항 각 호 외의 부분 단서에서 "대통령령으로 정하는 부동산업, 건설업, 소비성서비스업, 무점포판매업 및 해운중개업"이란 다음 각 호의 사업을 말한다. 다만, 「혁신도시 조성 및 발전에 관한 특별법」 제2조 제2호의 이전공공기관이 경영하는 사업은 제외한다. (2025. 2. 28. 개정)

1. 건설업 (2025. 2. 28. 개정)

2. 부동산 임대업 (2025. 2. 28. 개정)

3. 주거용 건물 개발 및 공급업(구입한 주거용 건물을 재판매하는 경우는 제외한다) (2025. 2. 28. 개정)

4. 부동산 중개 및 대리업 (2025. 2. 28. 개정)

하는 법인인 경우에는 그러하지 아니하다. (2022. 12. 31. 개정)

1. 세액감면 요건 (2020. 12. 29. 개정)

가. 수도권과밀억제권역에 3년 이상 계속하여 본사를 둔 법인일 것. 다만, 본사의 이전등기일이 속하는 과세연도 개시일부터 소급하여 10년 이내에 이 조에 따라 감면받은 법인은 제외한다. (2024. 12. 31. 개정)

나. 본사를 수도권 밖으로 대통령령으로 정하는 바에 따라 이전할 것 (2020. 12. 29. 개정)

다. 수도권 밖으로 이전한 본사(이하 이 조에서 "이전본사"라 한다)에 대한 투자금액 및 이전본사의 근무인원이 지역경제에 미치는 영향 등을 고려하여 대통령령으로 정하는 기준을 충족할 것 (2021. 12. 28. 신설)

2. 감면대상소득 : 가목의 금액에 나목의 비율과 다목의 비율을 곱하여 산출한 금액에 상당하는 금액 (2020. 12. 29. 개정)

5. 제29조 제3항에 따른 소비성서비스업 (2025. 2. 28. 개정)

6. 「소득세법 시행령」 제122조 제1항에 따른 부동산매매업 (2025. 2. 28. 개정)

7. 「유통산업발전법」 제2조 제9호에 따른 무점포판매에 해당하는 사업 (2025. 2. 28. 개정)

8. 「해운법」 제2조 제5호에 따른 해운중개업 (2025. 2. 28. 개정)

② 법 제63조의 2 제1항 제1호 가목에 따른 세액감면 요건이란 본점 또는 주사무소(이하 이 조에서 "본사"라 한다)의 이전등기일부터 소급하여 3년 이상 계속하여 수도권과밀억제권역 안에 본사를 두고 사업을 경영한 실적이 있을 것을 말한다. (2021. 2. 17. 개정)

③ 법 제63조의 2 제1항 제1호 나목에서 "본사를 수도권 밖으로 대통령령으로 정하는 바에 따라 이전할 것"이란 다음 각 호의 어느 하나의 요건을 갖춘 것을 말한다. 이 경우 법 제63조의 2 제4항을 적용할 때에는 수도권과밀억제권역 안의 본사를 양도하는 경우로 한정한다. (2021. 2. 17. 개정)

1. 수도권 밖으로 본사를 이전하여 사업을 개시한 날부터 2년 이내에 수도권과밀억제권역 안의 본사를 양도하거나 본사 외의 용도(제12항에서 정하는 기준 미만의 사무소로 사용하는 경우를 포함한다. 이하 이 조에서 같다)로 전환할 것 (2021. 2. 17. 개정)

2. 수도권과밀억제권역 안의 본사를 양도하거나 본사 외의 용도로 전환한 날부터 2년 이내에 수도권 밖에서 사업을 개시할 것. 다만, 본사를 신축하여 이전하는 경우에는 수도권과밀억제권역 안의 본사를 양도하거나 본사 외의 용도로 전환한 날부터 3년 이내에 사업을 개시해야 한다. (2021. 2. 17. 개정)

④ 법 제63조의 2 제1항 제1호 다목에서 "대통령령으로 정하는 기준"이란 다음 각 호와 같다. (2022. 2. 15. 신설)

1. 투자금액 : 기획재정부령으로 정하는 사업용자산에 대한 누적 투자액으로서 기획재정부령으로 정하는 바에 따라 계산한 금액이 10억원 이상일 것 (2022. 2. 15. 신설)

2. 근무인원 : 해당 과세연도에 수도권 밖으로 이전한 본사(이하 이 조에서 "이전본사"라 한다)의 근무인원이 20명 이상일 것 (2022. 2.

제24조 【수도권 밖으로 본사를 이전하는 법인에 대한 세액감면 적용 시 사업용자산의 범위 등】 ① 영 제60조의 2 제4항 제1호에서 "기획재정부령으로 정하는 사업용자산"이란 다음 각 호의 자산을 말한다. (2022. 3. 18. 신설)

가. 해당 과세연도의 과세표준에서 토지·건물 및 부동산을 취득할 수 있는 권리의 양도차익 및 대통령령으로 정하는 소득을 뺀 금액 (2020. 12. 29. 개정)

나. 해당 과세연도의 이전본사의 근무인원이 법인전체 근무인원에서 차지하는 비율 (2021. 12. 28. 개정)

다. 해당 과세연도의 전체 매출액에서 대통령령으로 정하는 위탁가공무역에서 발생하는 매출액을 뺀 금액이 해당 과세연도의 전체 매출액에서 차지하는 비율 (2020. 12. 29. 개정)

3. 감면기간 및 감면세액 (2020. 12. 29. 개정)

가. 본사 이전일 이후 본사이전법인에서 최초로 소득이 발생한 과세연도(본사 이전일부터 5년이 되는 날이 속하는 과세연도까지 소득이 발생하지 아니한 경우에는 이전일부터 5년이 되는 날이 속하는 과세연도)의 개시일부터 다음의 구분에 따른 기간 이내에 끝나는 과세연도 : 감면대상소득에 대한 법인세의 100분의 100에 상당하는 세액 (2022. 12. 31. 개정)

1) 제63조 제1항 제2호 가목 1)에 따른 지역으로서 수도권 밖의 지역으로 이전하는 경우 : 5년 (2022. 12. 31. 신설)

2) 제63조 제1항 제2호 가목 2)에 따른 지역으로 이전하는 경우 (2022. 12. 31. 신설)

가) 성장촉진지역등으로 이전하는 경우 : 7년 (2022. 12. 31. 신설)

나) 가)에 따른 지역 외의 지역으로 이전하는 경우 : 5년 (2022. 12. 31. 신설)

3) 1) 또는 2)에 따른 지역 외의 지역으로서 수도권 밖의 지역으로 이전하는 경우 (2022. 12. 31. 신설)

가) 성장촉진지역등으로 이전하는 경우 : 10년 (2022. 12. 31. 신설)

나) 가)에 따른 지역 외의 지역으로 이전하는 경우 : 7년 (2022. 12. 31. 신설)

나. 가목에 따른 과세연도의 다음 2년[가목 2) 가) 또는 같은 목 3) 나)에 해당하는 경우에는 3년] 이내에 끝나는 과세연도 : 감면대상소득에 대한 법인세의 100분의 50에 상당하는 세액 (2022.

15. 신설)

⑤ 법 제63조의 2 제1항 제2호 가목에서 "대통령령으로 정하는 소득"이란 제1호의 금액에서 제2호의 금액을 뺀 금액을 말한다. 이 경우 그 차액이 음수일 경우에는 0원으로 본다. (2022. 2. 15. 항번개정)

1. 고정자산처분익, 유가증권처분익, 수입이자, 수입배당금 및 자산수증익을 합한 금액. 다만, 금융 및 보험업을 경영하는 법인(「금융지주회사법」에 따른 금융지주회사는 제외한다)의 경우에는 기업회계기준에 따라 영업수익에 해당하는 유가증권처분익, 수입이자 및 수입배당금은 제외한다. (2021. 2. 17. 개정)

2. 고정자산처분손, 유가증권처분손 및 지급이자를 합한 금액. 다만, 금융 및 보험업을 경영하는 법인(「금융지주회사법」에 따른 금융지주회사는 제외한다)의 경우에는 기업회계기준에 따라 영업비용에 해당하는 유가증권처분손 및 지급이자는 제외한다. (2021. 2. 17. 개정)

⑥ 해당 과세연도에 이전본사의 근무인원 및 법인 전체 근무인원은 다음 각 호에서 정하는 바에 따라 계산한 인원으로 한다. (2022. 2. 15. 개정)

1. 이전본사의 근무인원 : 가목에서 나목을 뺀 인원 (2021. 2. 17. 개정)

가. 이전본사에서 본사업무에 종사하는 상시 근무인원의 연평균 인원(매월 말 현재의 인원을 합하고 이를 해당 개월 수로 나누어 계산한 인원을 말한다. 이하 이 조에서 같다). 다만, 이전일부터 소급하여 2년이 되는 날이 속하는 과세연도 이후 수도권 외의 지역에서 본사업무에 종사하는 근무인원이 이전본사로 이전한 경우는 제외한다. (2021. 2. 17. 개정)

나. 이전일부터 소급하여 3년이 되는 날이 속하는 과세연도에 이전본사에서 본사업무에 종사하던 상시 근무인원의 연평균 인원 (2021. 2. 17. 개정)

2. 법인 전체 근무인원 : 법인 전체의 상시 근무인원의 연평균 인원 (2021. 2. 17. 개정)

⑦ 제6항을 적용할 때 상시 근무인원은 「근로기준법」 제2조 제1항 제2호에 따른 사용자 중 상시 근무하는 자 및 같은 법에 따라 근로계약을 체결한 내국인 근로자로 한다. 다만, 다음 각 호의 어느 하나에 해당하는 사람은 제외한다. (2022. 2. 15. 개정)

1. 수도권 밖으로 이전한 본점 또는 주사무소(이하 이 조에서 "이전본사"라 한다)에 소재하거나 이전본사에서 주로 사용하는 사업용 유형자산 (2022. 3. 18. 신설)

2. 이전본사에 소재하거나 이전본사에서 주로 사용하기 위해 건설 중인 자산 (2022. 3. 18. 신설)

② 영 제60조의 2 제4항 제1호에서 "기획재정부령으로 정하는 바에 따라 계산한 금액"이란 제1호의 금액에서 제2호의 금액을 뺀 금액을 말한다. (2022. 3. 18. 신설)

1. 이전본사의 이전등기일부터 소급하여 2년이 되는 날이 속하는 과세연도부터 법 제63조의 2 제1항에 따라 법인세를 감면받는 과세연도까지 제1항 각 호의 자산에 투자한 금액의 합계액 (2022. 3. 18. 신설)

2. 제1호에 따른 기간 중 투자한 제1항 각 호의 자산을 처분한 경우(임대한 경우를 포함하며, 영 제137조 제1항 각 호의 어느 하나에 해당하는 경우는 제외한다) 해당 자산의 취득 당시 가액 (2022. 3. 18. 신설)

12. 31. 개정)

② 제1항에 따라 감면을 적용받는 본사이전법인이 다음 각 호의 어느 하나에 해당하는 경우에는 그 사유가 발생한 과세연도의 과세표준신고를 할 때 대통령령으로 정하는 바에 따라 계산한 세액을 법인세로 납부하여야 한다. (2020. 12. 29. 개정)

1. 본사를 이전하여 사업을 개시한 날부터 3년 이내에 그 사업을 폐업하거나 법인이 해산한 경우. 다만, 합병·분할 또는 분할합병으로 인한 경우에는 그러하지 아니하다. (2020. 12. 29. 개정)

2. 대통령령으로 정하는 바에 따라 본사를 수도권 밖으로 이전하여 사업을 개시하지 아니한 경우 (2020. 12. 29. 개정)

3. 수도권에 본사를 설치하거나 대통령령으로 정하는 기준 이상의 사무소를 둔 경우 (2020. 12. 29. 개정)

4. 제1항에 따른 감면기간에 대통령령으로 정하는 임원 중 이전본사의 근무 임원 수가 수도권 안의 사무소에서 근무하는 임원과 이전본사 근무 임원의 합계 인원에서 차지하는 비율이 100분의 50에 미달하게 된 경우 (2020. 12. 29. 개정)

③ 제1항에 따라 감면받은 법인세액을 제2항에 따라 납부하는 경우에는 제63조 제3항의 이자 상당 가산액에 관한 규정을 준용한다. (2020. 12. 29. 개정)

④ 본사이전법인이 수도권과밀억제권역에 있는 본사를 양도함으로써 발생한 양도차익에 대한 법인세에 관하여는 제61조 제3항·제5항 및 제6항을 준용한다. (2020. 12. 29. 개정)

⑤ 제1항 및 제4항을 적용받으려는 본사이전법인은 대통령령으로 정하는 분류를 기준으로 이전 전의 본사에서 본사의 이전등기일부터 소급하여 2년 이상 영위하던 업종과 이전 후의 본사에서 영위하는 업종이 같아야 한다. (2024. 12. 31. 개정)

⑥ 공장과 본사를 함께 이전하는 경우에는 제1항과 제63조 제1항에도 불구하고 제1항에 따른 감면대상소득과 제63조 제1항에 따라 이전한 공장에서 발생하는 소득을 합하여 산출한 금액에 상당하는 소득을 감

1. 근로계약기간이 1년 미만인 근로자(근로계약의 연속된 갱신으로 인하여 그 근로계약의 총 기간이 1년 이상인 근로자는 제외한다) (2021. 2. 17. 개정)

2. 「근로기준법」 제2조 제1항 제9호에 따른 단시간근로자. 다만, 1개월간의 소정근로시간이 60시간 이상인 근로자는 상시근로자로 본다. (2021. 2. 17. 개정)

3. 「법인세법 시행령」 제40조 제1항 각 호의 어느 하나에 해당하는 임원 중 상시 근무하지 않는 자 (2021. 2. 17. 개정)

4. 「소득세법 시행령」 제196조에 따른 근로소득원천징수부에 따라 근로소득세를 원천징수한 사실이 확인되지 않고, 다음 각 목의 어느 하나에 해당하는 금액의 납부사실도 확인되지 않는 자 (2021. 2. 17. 개정)

　　가. 「국민연금법」 제3조 제1항 제11호 및 제12호에 따른 부담금 및 기여금 (2021. 2. 17. 개정)

　　나. 「국민건강보험법」 제69조에 따른 직장가입자의 보험료 (2021. 2. 17. 개정)

⑧ 법 제63조의 2 제1항 제2호 다목에서 "대통령령으로 정하는 위탁가공무역"이란 가공임(加工賃)을 지급하는 조건으로 외국에서 가공(제조, 조립, 재생 및 개조를 포함한다. 이하 이 조에서 같다)할 원료의 전부 또는 일부를 거래 상대방에게 수출하거나 외국에서 조달하여 가공한 후 가공물품 등을 수입하거나 외국으로 인도하는 것을 말한다. (2022. 2. 15. 항번개정)

⑨ 법 제63조의 2 제1항 제2호 다목에 따른 위탁가공무역에서 발생한 매출액은 다른 매출액과 구분하여 경리해야 한다. (2022. 2. 15. 항번개정)

⑩ 삭 제 (2023. 2. 28.)

⑪ 법 제63조의 2 제2항에 따라 납부해야 하는 세액은 다음 각 호의 구분에 따라 계산한다. (2022. 2. 15. 항번개정)

1. 법 제63조의 2 제2항 제1호에 해당하는 경우 : 폐업일 또는 법인해산일부터 소급하여 3년 이내에 감면된 세액 (2021. 2. 17. 개정)

2. 법 제63조의 2 제2항 제2호에 해당하는 경우 : 제3항 각 호의 요건

면대상소득으로 한다. 다만, 해당 과세연도의 소득금액을 한도로 한다. (2020. 12. 29. 개정)
⑦ 제1항부터 제6항까지의 규정을 적용할 때 투자금액·근무인원·기간의 계산방법, 세액감면신청 및 그 밖에 필요한 사항은 대통령령으로 정한다. (2021. 12. 28. 개정)

● 예 판 ··

• 수도권의 단일공장에서 생산기간이 3년 이상인 제품과 3년 미만인 제품을 동시에 생산하다가 수도권 외의 지역으로 공장을 이전하여서 생산라인을 나누어 별개의 공장에서 각각 제품을 계속 생산하는 경우 세액감면을 적용함. (조심 2010전38765, 2011. 10. 7.)
• 수도권 외의 지역으로 이전하면서 3년 이상된 업종은 폐업하고 3년 미만 업종만 이전하는 등 실질적으로 이전한 법인의 영위업종이 3년 미만인 경우에는 감면대상에서 제외됨. (서면2팀 – 1886, 2006. 9. 21.)
• 수도권 외 지역이전법인이 이전 후 공장에서 생산한 제품을 다른 사업장의 재료비로 대체하는 경우 독립된 사업자간에 통상의 거래조건에 따라 매매할 경우 적용하는 시가에 따라 계산한 금액을 이전 후 공장에서 발생한 소득에 포함함. (서면2팀 – 2075, 2007. 11. 14.)
• 법인등기부상의 본점이전등기일이 주주총회 등의 사유로 늦게 등기된 경우 실제 본점이전등기일을 기준으로 법인본사의 수도권외의 지역으로의 이전에 대한 임시특별세액감면을 적용함. (국심 2007전5018, 2008. 4. 25.)
• 수도권 내 자회사에 근무하는 인원이 사실상 모회사의 본사업무를 수행하는 경우 '수도권 안의 본사근무인원'에 해당함. (법인 – 42, 2009. 1. 5.)
• 3년 이상 사업을 영위한 법인이 수도권 외의 지역으로 이전 전에 분할하는 경우, 분할신설법인의 사업영위기간(조특법 제63조의 2 제1항 제1호에 따라 사업을 영위하거나 본점 또는 주사무소를 둔 기간을 말함)은 분할 전 분할법인의 사업기간을 포함하여 계산함. (법인 – 907, 2009. 3. 5.)

··

통칙 63의 2 – 60의 2…1 【이전본사인원 및 급여액 계산방법】
① 삭　제 (2019. 12. 23.)
② 법 제63조의 2 제1항 제2호 나목의 근무인원에 대한 비율 계산은 소숫점 이하를 절사 또는 반올림하지 아니하고 산출된 비율을 그대로 적용한다. (2024. 3. 15. 개정)

63의 2 – 0…2 【본사 근무인원의 범위】
법 제63조의 2 제1항을 적용함에 있어서 일용근로자 및 기업부설연구소의 연구전

을 갖추지 못하게 된 날부터 소급하여 5년 이내에 감면된 세액 (2021. 2. 17. 개정)
3. 법 제63조의 2 제2항 제3호에 해당하는 경우 : 본사설치일 또는 제12항에서 정하는 기준 이상의 사무소를 둔 날부터 소급하여 5년 이내에 감면된 세액 (2021. 2. 17. 개정)
4. 법 제63조의 2 제2항 제4호에 해당하는 경우 : 같은 호에서 정하는 비율에 미달하게 되는 날부터 소급하여 5년 이내에 감면된 세액 (2021. 2. 17. 개정)
⑫ 법 제63조의 2 제2항 제2호에서 "대통령령으로 정하는 바에 따라 본사를 수도권 밖으로 이전하여 사업을 개시하지 아니한 경우"란 제3항 각 호의 요건을 갖추지 않은 경우를 말한다. (2022. 2. 15. 항번개정)
⑬ 법 제63조의 2 제2항 제3호에서 "대통령령으로 정하는 기준 이상"이란 본사를 수도권 밖으로 이전한 날부터 3년이 되는 날이 속하는 과세연도가 지난 후 본사업무에 종사하는 총 상시 근무인원의 연평균 인원 중 수도권 안의 사무소에서 본사업무에 종사하는 상시 근무인원의 연평균 인원의 비율이 100분의 50 이상인 경우를 말한다. (2022. 2. 15. 항번개정)
⑭ 법 제63조의 2 제2항 제4호에서 "대통령령으로 정하는 임원"이란 「법인세법 시행령」 제40조 제1항 각 호의 자를 말한다. 다만, 상시 근무하지 않는 임원은 제외한다. (2022. 2. 15. 항번개정)
⑮ 다음 각 호의 어느 하나에 해당하는 경우에는 해당 과세연도부터 법 제63조의 2 제1항에 따라 법인세를 감면받을 수 없다. (2022. 2. 15. 개정)
1. 제4항 제2호의 요건을 충족하지 못한 경우 (2022. 2. 15. 신설)
2. 법 제63조의 2 제2항 제4호에 해당하는 경우 (2022. 2. 15. 신설)
⑯ 법 제63조의 2 제1항에 따라 법인세의 감면을 받으려는 법인은 과세표준신고와 함께 기획재정부령으로 정하는 세액감면신청서 및 감면세액계산서를 납세지 관할 세무서장에게 제출해야 한다. (2022. 2. 15. 항번개정)
⑰ 법 제63조의 2 제5항에서 "대통령령으로 정하는 분류"란 한국표준산업분류상의 세분류를 말한다. (2022. 2. 15. 항번개정)

　제60조의 3 【학교에 기부하는 연구 및 인력개발을 위한 시설의 범위】 삭　제 (2009. 2. 4.)

제63조의 3【지방대학 맞춤형 교육비용 등에 대한 세액공제】
삭　제 (2008. 12. 26.)

제64조【농공단지 입주기업 등에 대한 세액감면】 [농특비]
① 다음 각 호의 어느 하나에 해당하는 자에 대해서는 제2항부터 제7항까지의 규정에 따라 해당 사업(이하 이 조에서 "감면대상사업"이라 한다)에서 발생한 소득에 대한 소득세 또는 법인세를 감면한다. (2021. 12. 28. 개정)
1. 2025년 12월 31일까지 「산업입지 및 개발에 관한 법률」에 따른 농공단지 중 대통령령으로 정하는 농공단지에 입주하여 농어촌소득원 개발사업을 하는 내국인 (2023. 12. 31. 개정)
2. 2025년 12월 31일까지 「지역중소기업 육성 및 혁신촉진 등에 관한 법률」 제23조에 따른 중소기업특별지원지역으로서 대통령령으로 정하는 지역에 입주하여 사업을 하는 중소기업 (2023. 12. 31. 개정)
② 제1항에 따른 요건을 갖춘 자의 감면대상사업에서 발생한 소득에 대해서는 해당 감면대상사업에서 최초로 소득이 발생한 과세연도(사업 개시일부터 5년이 되는 날이 속하는 과세연도까지 해당 감면대상사업에서 소득이 발생하지 아니한 경우에는 5년이 되는 날이 속하는 과세연도)의 개시일부터 5년 이내에 끝나는 과세연도까지 소득세 또는 법인세의 100분의 50에 상당하는 세액을 감면한다. (2018. 12. 24. 신설)
③ 제2항이 적용되는 감면기간 동안 감면받는 소득세 또는 법인세의 총합계액은 제1호와 제2호의 금액을 합한 금액을 한도(이하 이 조에서 "감면한도"라 한다)로 한다. (2018. 12. 24. 신설)
1. 대통령령으로 정하는 투자누계액의 100분의 50 (2018. 12. 24. 신설)
2. 해당 과세연도에 제1항의 적용대상이 되는 사업장(이하 이 조에서 "감면대상사업장"이라 한다)의 상시근로자 수 × 1천5백만원[청년 상시근로자와 대통령령으로 정하는 서비스업(이하 이 조에서 "서비스업"이라 한다)을 하는 감면대상사업장의 상시근로자의 경우에는 2천만원] (2018. 12. 24. 신설)

제61조【농공단지 입주기업 등에 대한 세액감면】 ① 법 제64조 제1항 제1호에서 "대통령령으로 정하는 농공단지"란 수도권 과밀억제권역 외의 지역으로서 농공단지지정일 현재 인구 20만 미만인 시(특별자치시와 「제주특별자치도의 설치 및 국제자유도시 조성을 위한 특별법」 제10조 제2항에 따른 행정시를 포함한다. 이하 제2항에서 같다)·군·구(자치구인 구를 말한다. 이하 제2항에서 같다)에 소재하는 농공단지를 말한다. (2023. 2. 28. 개정)
② 법 제64조 제1항 제2호에서 "대통령령으로 정하는 지역"이란 수도권과밀억제권역 외의 지역으로서 중소기업특별지원지역의 지정일 현재 인구 20만 미만인 시·군·구에 소재하는 중소기업특별지원지역으로서 기획재정부령으로 정하는 지역을 말한다. (2023. 2. 28. 개정)
③ 법 제64조 제3항 제1호에서 "대통령령으로 정하는 투자누계액"이란 법 제64조 제2항에 따라 소득세 또는 법인세를 감면받는 해당 과세연도까지의 기획재정부령으로 정하는 사업용자산에 대한 투자 합계액을 말한다. (2019. 2. 12. 신설)
④ 법 제64조 제3항 제2호에서 "대통령령으로 정하는 서비스업"이란 제23조 제4항에 따른 서비스업을 말한다. (2019. 2. 12. 신설)
⑤ 법 제64조 제5항에 따라 납부해야 할 소득세 또는 법인세액은 다음의 계산식에 따라 계산한 금액(그 수가 음수이면 영으로 보고, 감면받은 과세연도 종료일 이후 2개 과세연도 연속으로 상시근로자 수가 감소한 경우에는 두 번째 과세연도에는 첫 번째 과세연도에 납부한 금

제25조【지방중소기업 특별지원지역의 범위】 영 제61조 제2항에서 "기획재정부령으로 정하는 지역"이란 「지역중소기업 육성 및 혁신촉진 등에 관한 법률」 제23조에 따른 중소기업특별지원지역 중 다음 각 호의 어느 하나에 해당하는 지역을 말한다. (2022. 3. 18. 개정)
1. 나주일반산업단지 (2022. 3. 18. 개정)
2. 김제지평선일반산업단지 (2022. 3. 18. 개정)
3. 장흥바이오식품일반산업단지 (2022. 3. 18. 개정)
4. 북평국가산업단지 (2022. 3. 18. 개정)
5. 북평일반산업단지 (2022. 3. 18. 개정)

④ 제2항에 따라 각 과세연도에 감면받을 소득세 또는 법인세에 대하여 감면한도를 적용할 때에는 제3항 제1호의 금액을 먼저 적용한 후 같은 항 제2호의 금액을 적용한다. (2018. 12. 24. 신설)

⑤ 제3항 제2호를 적용받아 소득세 또는 법인세를 감면받은 자가 감면받은 과세연도 종료일부터 2년이 되는 날이 속하는 과세연도 종료일까지의 기간 중 각 과세연도의 감면대상사업장의 상시근로자 수가 감면받은 과세연도의 상시근로자 수보다 감소한 경우에는 대통령령으로 정하는 바에 따라 감면받은 세액에 상당하는 금액을 소득세 또는 법인세로 납부하여야 한다. (2018. 12. 24. 신설)

⑥ 제3항 및 제5항을 적용할 때 상시근로자 및 청년 상시근로자의 범위, 상시근로자 수의 계산방법, 그 밖에 필요한 사항은 대통령령으로 정한다. (2018. 12. 24. 신설)

⑦ 제2항에 따라 소득세 또는 법인세를 감면받은 자가 다음 각 호의 어느 하나에 해당하는 경우에는 그 사유가 발생한 과세연도의 과세표준신고를 할 때 대통령령으로 정하는 바에 따라 계산한 세액을 소득세 또는 법인세로 납부하여야 한다. 이 경우 제12조의 2 제8항의 이자상당가산액 등에 관한 규정을 준용한다. (2021. 12. 28. 신설)

1. 감면대상사업장의 사업을 폐업하거나 법인이 해산한 경우. 다만, 법인의 합병·분할 또는 분할합병으로 인한 경우는 제외한다. (2021. 12. 28. 신설)

2. 감면대상사업장을 다음 각 목의 어느 하나에 해당하는 곳 외의 지역으로 이전한 경우 (2021. 12. 28. 신설)

　가. 제1항 제1호에 해당하여 소득세 또는 법인세를 감면받은 자인 경우 : 같은 호에서 정하는 농공단지 (2021. 12. 28. 신설)

　나. 제1항 제2호에 해당하여 소득세 또는 법인세를 감면받은 자인 경우 : 같은 호에서 정하는 중소기업특별지원지역 (2021. 12. 28. 신설)

⑧ 제2항을 적용받으려는 자는 대통령령으로 정하는 바에 따라 세액감면신청을 하여야 한다. (2021. 12. 28. 항번개정)

⑨ 제3항 제2호에 따라 서비스업에 대한 한도를 적용받는 자는 제143조를 준용하여 서비스업과 그 밖의 사업을 각각 구분하여 경리하여야 한다. (2021. 12. 28. 항번개정)

액을 뺀 금액을 말한다)으로 하며, 이를 상시근로자 수가 감소한 과세연도의 과세표준을 신고할 때 소득세 또는 법인세로 납부해야 한다. (2023. 2. 28. 개정)

> 해당 기업의 상시근로자 수가 감소한 과세연도의 직전 2년 이내의 과세연도에 법 제64조 제3항 제2호를 적용하여 감면받은 세액의 합계액 － [상시근로자 수가 감소한 과세연도의 감면대상사업장의 상시근로자 수 × 1천5백만원(청년 상시근로자와 법 제64조 제3항 제2호의 서비스업의 경우에는 2천만원으로 한다)]

⑥ 법 제64조 제3항 및 제5항을 적용할 때 상시근로자 및 청년 상시근로자의 범위, 상시근로자 수 및 청년 상시근로자 수의 계산방법에 관하여는 제11조의 2 제6항 및 제7항을 준용한다. (2023. 2. 28. 개정)

⑦ 법 제64조 제7항에서 "대통령령으로 정하는 바에 따라 계산한 세액"이란 다음 각 호의 구분에 따른 세액을 말한다. (2022. 2. 15. 신설)

1. 법 제64조 제7항 제1호에 해당하는 경우 : 폐업일 또는 법인 해산일부터 소급하여 3년 이내에 감면된 세액 (2022. 2. 15. 신설)

2. 법 제64조 제7항 제2호에 해당하는 경우 : 이전일부터 소급하여 5년 이내에 감면된 세액 (2022. 2. 15. 신설)

⑧ 법 제64조 제1항의 규정을 적용받고자 하는 자는 과세표준신고와 함께 기획재정부령이 정하는 세액감면신청서를 납세지 관할세무서장에게 제출하여야 한다. (2022. 2. 15. 항번개정)

관계조문 ≫

규칙 61조 1항 3호 ⇒ 세액감면(면제)신청서(별지 2호 서식)

---

6. 나주혁신일반산업단지 (2022. 3. 18. 개정)
7. 강진산업단지 (2020. 3. 13. 개정)
8. 정읍첨단과학산업단지 (2022. 3. 18. 개정)
9. 담양일반산업단지 (2022. 3. 18. 개정)
9. 삭　제 (2025. 3. 21.)
10. 대마전기자동차산업단지 (2022. 3. 18. 개정)
10. 삭　제 (2025. 3. 21.)

편주 ▶

2025. 3. 21. 전에 담양일반산업단지 및 대마전기자동차산업단지에 입주한 중소기업에 관하여는 규칙 25조 9호 및 10호의 개정규정에도 불구하고 종전의 규정에 따름. (규칙 부칙(2025. 3. 21.) 7조 1항)

---

11. 동함평일반산업단지 (2022. 3. 18. 개정)
12. 세풍일반산업단지(1단계) (2022. 3. 18. 개정)
13. 보령 주포제2농공단지 (2022. 3. 18. 신설)
14. 장성 동화농공단지 (2025. 3. 21. 신설)
15. 장성 삼계농공단지 (2025. 3. 21. 신설)
16. 장성 동화전자종합농공단지 (2025. 3. 21. 신설)
17. 장성 황룡면 월평 준공업지역 (2025. 3. 21. 신설)

편주 ▶

규칙 25조 14호부터 17호까지의 개정규정은 2024. 7. 22. 이후 장성 동화농공단지, 장성 삼계농공단지, 장성 동화전자종합농공단지 또는 장성 황룡면 월평 준공업지역에 최초로 입주한 중소기업부터 적용함. (규칙

통칙 64 - 0…1【농공단지 입주기업 등 판정】

다음 각 호의 경우에는 법 제64조에 따른 감면을 적용하지 아니한다. (2019. 12. 23. 개정)

1. 농공단지·개발촉진지구 또는 지방중소기업특별지원지역(이하 "농공단지등"이라 한다) 안의 기존공장을 매입하여 사업을 영위하는 경우
2. 공장을 설치하여 사업을 개시한 날 이후 새로이 농공단지 등으로 지정되는 경우

64 - 0…2【농공단지 입주기업 등 소득금액 계산】

농공단지 등의 공장에서 생산된 반제품으로 농공단지 등의 밖의 공장에서 완제품을 생산하여 매출하는 경우와 그 반대의 경우에 농공단지 등의 공장에서 발생한 소득금액의 계산에 있어서는 특수관계가 없는 서로 독립된 타인에 의하여 경영되고 있는 경우로 보아 완제품 제조공장으로 반출되는 부품의 가격은 독립된 사업자 간에 통상의 거래조건에 따라 매매할 경우 적용되는 시가에 의하고, 각 공장의 공통손금에 대하여는 「법인세법 시행규칙」 제76조 제6항을 준용하여 계산한다. (2019. 12. 23. 개정)

　　제65조【의료취약지역에서의 병원신설에 대한 세액감면 등】삭제 (2000. 12. 29)

　　제66조【영농조합법인 등에 대한 법인세의 면제 등】 　**농특비**
① 「농어업경영체 육성 및 지원에 관한 법률」 제4조에 따라 농어업경영정보를 등록한 영농조합법인(이하 "영농조합법인"이라 한다)에 대해서는 2026년 12월 31일 이전에 끝나는 과세연도까지 곡물 및 기타 식량작물재배업에서 발생하는 소득(이하 "식량작물재배업소득"이라 한다) 전액과 식량작물재배업소득 외의 소득 중 대통령령으로 정하는 범위의 금액에 대하여 법인세를 면제한다. (2023. 12. 31. 개정)

　　제62조【의료취약지역에서의 병원신설에 대한 세액감면 등】삭제 (2000. 12. 29)

　　제63조【영농조합법인 등에 대한 법인세의 면제 등】① 법 제66조 제1항에서 "대통령령으로 정하는 범위의 금액"이란 「농어업경영체 육성 및 지원에 관한 법률 시행령」 제20조의 5 제1항 각 호의 사업에서 발생한 소득으로서 다음 각 호의 어느 하나에 해당하는 소득금액을 말한다. (2022. 5. 9. 개정 ; 농어업경영체~부칙)

1. 곡물 및 기타 식량작물재배(이하 이 조 및 제65조에서 "식량작물재배업"이라 한다) 외의 작물재배업에서 발생하는 소득금액으로서 각 사업연도별로 다음의 계산식에 따라 계산한 금액 이하의 금액 (2014. 2. 21. 개정)

> 식량작물재배업 외의 작물재배업에서 발생하는 소득금액 × {6억원 × 조합원 수 × (사업연도 월수 ÷ 12) ÷ 식량작물재배업 외의 작물재배업에서 발생하는 수입금액}

2. 작물재배업에서 발생하는 소득을 제외한 소득금액으로서 각 사업연도별로 다음의 계산식에 따라 계산한 금액 이하의 금액 (2014. 2.

② 영농조합법인의 조합원이 영농조합법인으로부터 2026년 12월 31일까지 받는 배당소득 중 식량작물재배업소득에서 발생한 배당소득 전액과 식량작물재배업소득 외의 소득에서 발생한 배당소득 중 대통령령으로 정하는 범위의 금액에 대해서는 소득세를 면제한다. 이 경우 식량작물재배업소득에서 발생한 배당소득과 식량작물재배업소득 외의 소득에서 발생한 배당소득의 계산은 대통령령으로 정하는 바에 따른다. (2023. 12. 31. 개정)

③ 영농조합법인이 조합원에게 지급하는 배당소득 중 제2항에 따라 소득세가 면제되는 금액을 제외한 배당소득으로서 2026년 12월 31일까지 받는 소득에 대한 소득세의 원천징수세율은 「소득세법」 제129조에도 불구하고 100분의 5로 하고, 그 배당소득은 「소득세법」 제14조 제2항에 따른 종합소득과세표준에 합산하지 아니한다. (2023. 12. 31. 개정)

21. 개정)

$$\{1천\ 200만원 \times 조합원\ 수 \times (사업연도\ 월수 \div 12)\}$$

② 법 제66조 제2항 전단에서 "대통령령으로 정하는 범위의 금액"이란 제1항 제1호에 따라 법인세가 면제되는 소득에서 발생한 배당소득의 경우에는 그 배당소득 전액을 말하고, 영농조합법인의 전체 소득에서 식량작물재배업에서 발생하는 소득과 제1항 제1호에 따라 법인세가 면제되는 소득을 제외한 소득에서 발생한 배당소득의 경우에는 그 배당소득 중 과세연도별로 1천 200만원 이하의 금액을 말한다. (2014. 2. 21. 개정)

③ 법 제66조 제2항 후단에 따른 배당소득은 각 배당 시마다 다음 각 호의 구분에 따른 계산식에 따라 계산한 금액으로 한다. 이 경우 각 소득금액은 배당확정일이 속하는 사업연도의 직전 사업연도에 해당하는 분으로 하며, 각 소득금액이 음수(陰數)인 경우에는 영으로 본다. (2014. 2. 21. 개정)

1. 식량작물재배업소득에서 발생한 배당소득 :

$$\{영농조합법인으로부터\ 지급받은\ 배당소득 \times (식량작물재배업에서\ 발생하는\ 소득금액 \div 총\ 소득금액)\}$$

(2014. 2. 21. 개정)

2. 제1항 제1호에 따라 법인세가 면제되는 소득에서 발생한 배당소득 :

$$\{영농조합법인으로부터\ 지급받은\ 배당소득 \times (제1항\ 제1호에\ 따라\ 법인세가\ 면제되는\ 소득금액 \div 총\ 소득금액)\}$$

(2014. 2. 21. 개정)

3. 전체소득에서 식량작물재배업소득과 제1항 제1호에 따라 법인세가 면제되는 소득을 제외한 소득에서 발생한 배당소득 :

$$[영농조합법인으로부터\ 지급받은\ 배당소득 \times \{1 - (식량작물재배업에서\ 발생하는\ 소득금액 + 제1항\ 제1호에\ 따라\ 법인세가\ 면제되는\ 소득금액) \div 총\ 소득금액\}]$$

(2014. 2. 21. 개정)

④ 대통령령으로 정하는 농업인이 2026년 12월 31일 이전에 농지 또는 「초지법」 제5조에 따른 초지조성허가를 받은 초지(이하 "초지"라 한다)를 영농조합법인에 현물출자함으로써 발생하는 소득(현물출자와 관련하여 영농조합법인이 인수한 채무가액에 상당하는 대통령령으로 정하는 소득은 제외한다)에 대해서는 양도소득세의 100분의 100에 상당하는 세액을 감면한다. 다만, 해당 농지 또는 초지가 「국토의 계획 및 이용에 관한 법률」에 따른 주거지역 · 상업지역 및 공업지역(이하 이 조부터 제69조까지, 제69조의 2부터 제69조의 4까지 및 제70조에서 "주거지역등"이라 한다)에 편입되거나 「도시개발법」 또는 그 밖의 법률에 따라 환지처분(換地處分) 전에 농지 또는 초지 외의 토지로 환지예정지 지정을 받은 경우에는 주거지역등에 편입되거나, 환지예정지 지정을 받은 날까지 발생한 소득으로서 대통령령으로 정하는 소득에 대해서만 양도소득세의 100분의 100에 상당하는 세액을 감면한다. (2023. 12. 31. 개정)

⑤ 제4항에 따라 양도소득세를 감면받은 자가 그 출자지분을 출자일부터 3년 이내에 다른 사람에게 양도하는 경우에는 그 양도일이 속하는 과세연도의 과세표준신고를 할 때 대통령령으로 정하는 바에 따라 계산한 세액을 양도소득세로 납부하여야 한다. 다만, 대통령령으로 정하는 경우에는 그러하지 아니하다. (2014. 12. 23. 개정)

④ 법 제66조 제4항 본문 및 제68조 제2항 본문에서 "대통령령으로 정하는 농업인"이란 각각 「농업 · 농촌 및 식품산업 기본법」 제3조 제2호에 따른 농업인으로서 현물출자하는 농지 · 초지 또는 부동산(이하 이 조에서 "농지등"이라 한다)이 소재하는 시(특별자치시와 「제주특별자치도 설치 및 국제자유도시 조성을 위한 특별법」 제10조 제2항에 따른 행정시를 포함한다. 이하 이 조에서 같다) · 군 · 구(자치구인 구를 말한다. 이하 이 조에서 같다), 그와 연접한 시 · 군 · 구 또는 해당 농지등으로부터 직선거리 30킬로미터 이내에 거주하면서 4년 이상 직접 경작한 자를 말하며, 법 제66조 제7항 및 제68조 제3항에서 "대통령령으로 정하는 농업인"이란 각각 「농업 · 농촌 및 식품산업 기본법」 제3조 제2호에 따른 농업인으로서 현물출자하는 농지등이 소재하는 시 · 군 · 구, 그와 연접한 시 · 군 · 구 또는 해당 농지등으로부터 직선거리 30킬로미터 이내에 거주하면서 4년 이상 직접 경작한 자를 말한다. (2017. 2. 7. 개정)
⑤ 법 제66조 제4항 및 제68조 제2항에 따라 현물출자함으로써 발생한 소득에 대하여 양도소득세가 감면되는 농지는 전 · 답으로서 지적공부상의 지목에 관계없이 실제로 경작에 사용되는 토지와 그 경작에 직접 필요한 농막 · 퇴비사 · 양수장 · 지소 · 농로 · 수로 등에 사용되는 토지로 한다. 다만, 제66조 제4항 각 호의 어느 하나에 해당하는 농지를 제외한다. (2017. 2. 7. 개정)
⑥ 법 제66조 제5항에 따른 양도소득세의 납부는 농지를 현물출자하기 전에 자경하였던 기간과 현물출자 후 출자지분 양도시까지의 기간을 합한 기간이 8년 미만인 경우에 한정하되, 납부하여야 하는 세액은 해당 농지에 대한 감면세액에 총출자지분에서 3년 이내에 양도한 출자지분이 차지하는 비율을 곱하여 계산한다. 이 경우 상속받은 농지의 경작기간을 계산할 때 상속인이 상속받은 농지를 1년 이상 계속하여 경작하는 경우(제4항의 현물출자하는 농지등이 소재하는 시 · 군 · 구, 그와 연접한 시 · 군 · 구 또는 해당 농지등으로부터 직선거리 30킬로미터 이내에 거주하면서 경작하는 경우를 말한다) 다음 각 호의 기간은 상속인이 이를 경작한 기간으로 본다. (2016. 2. 5. 개정)
1. 피상속인이 취득하여 경작한 기간(직전 피상속인의 경작 기간으로 한정한다) (2015. 2. 3. 신설)

⑥ 제4항에 따라 감면받은 양도소득세를 제5항 본문에 따라 납부하는 경우에는 대통령령으로 정하는 바에 따라 계산한 이자 상당액을 가산한다. (2014. 12. 23. 개정)

⑦ 대통령령으로 정하는 농업인이 2026년 12월 31일 이전에 영농조합법인에 「농업·농촌 및 식품산업 기본법」 제3조 제1호에 따른 농작물재배업·축산업 및 임업에 직접 사용되는 부동산(제4항에 따른 농지 및 초지는 제외한다)을 현물출자하는 경우에는 이월과세를 적용받을 수 있다. (2023. 12. 31. 개정)

⑧ 제1항·제2항·제4항 및 제7항을 적용받으려는 자는 대통령령으로 정하는 바에 따라 신청을 하여야 한다. (2010. 1. 1. 개정)

---

2. 피상속인이 배우자로부터 상속받아 경작한 사실이 있는 경우에는 피상속인의 배우자가 취득하여 경작한 기간 (2015. 2. 3. 신설)

⑦ 법 제66조 제1항에 따라 법인세를 면제받으려는 영농조합법인은 과세표준신고와 함께 기획재정부령으로 정하는 세액면제신청서 및 면제세액계산서와 「농어업경영체 육성 및 지원에 관한 법률」 제4조에 따른 농어업경영체 등록(변경등록) 확인서(이하 "농어업경영체 등록확인서"라 한다)를 납세지 관할세무서장에게 제출하여야 한다. 다만, 납부할 법인세가 없는 경우에는 그러하지 아니한다. (2014. 2. 21. 개정)

⑧ 법 제66조 제2항에 따라 배당소득에 대한 소득세를 면제받으려는 자는 해당 배당소득을 지급받는 때에 기획재정부령이 정하는 세액면제신청서를 영농조합법인에 제출하여야 한다. 이 경우 영농조합법인은 배당금을 지급한 날이 속하는 달의 다음달 말일까지 조합원이 제출한 세액면제신청서와 해당 영농조합법인의 농어업경영체 등록확인서를 원천징수 관할세무서장에게 제출하여야 한다. (2014. 2. 21. 개정)

⑨ 법 제66조 제6항 및 제10항에서 "대통령령으로 정하는 바에 따라 계산한 이자상당액"이란 각각 법 제66조 제5항 또는 제9항에 따라 납부하여야 할 세액에 상당하는 금액에 제1호의 기간과 제2호의 율을 곱하여 계산한 금액으로 한다. (2014. 2. 21. 개정)

1. 당초 현물출자한 농지등에 대한 양도소득세 예정신고 납부기한의 다음 날부터 법 제66조 제5항 또는 제9항에 따른 세액의 납부일까지의 기간 (2014. 2. 21. 개정)

2. 제11조의 2 제9항 제2호에 따른 율 (2022. 2. 15. 개정)

⑩ 법 제66조 제8항에 따라 양도소득세를 감면받거나 이월과세를 적용받고자 하는 자는 과세표준신고와 함께 기획재정부령이 정하는 세액감면신청서 또는 이월과세적용신청서에 해당 영농조합법인의 농어업경영체 등록확인서와 현물출자계약서 사본을 첨부하여 납세지 관할세무서장에게 제출하여야 한다. 이 경우 이월과세적용신청서는 영농조합법인과 함께 제출하여야 한다. (2016. 2. 5. 개정)

■ 관계조문 ▶▶

• 규칙 61조 1항 13호 ⇒ 이월과세적용신청서(별지 12호 서식)
• 규칙 61조 1항 14호 ⇒ 현물출자 등에 대한 세액감면(면제)신청서(별지

☞
■ 관계조문 ▶▶

• 규칙 61조 1항 3호 ⇒ 세액감면(면제)신청서(별지 2호 서식)
• 규칙 61조 1항 48호 ⇒ 면제세액계산서(별지 47호 서식)

☞
■ 관계조문 ▶▶

규칙 61조 1항 49호 ⇒ 세액면제신청서(별지 48호 서식)

1. 현물출자계약서 사본 1부 (98. 12. 31 개정)
2. 당해 농지의 등기부등본 1부 (98. 12. 31 개정)
1.·2. 삭　제 (2010. 11. 2. ; 행정정보의 공동이용~일부개정령)
⑪ 제10항에 따른 세액감면신청서 또는 이월과세적용신청서를 제출받은 납세지 관할세무서장은 「전자정부법」 제36조 제1항에 따른 행정정보의 공동이용을 통하여 해당 농지의 토지 등기부등본을 확인하여야 한다. (2016. 2. 5. 개정)
⑫ 법 제66조 제9항을 적용할 때 현물출자로 취득한 주식 또는 출자지분의 100분의 50 이상을 처분하는 경우의 판단기준에 관하여는 제28조 제10항을 준용한다. (2014. 2. 21. 신설)
⑬ 법 제66조 제9항에 따른 양도소득세는 해당 부동산을 현물출자하기 전에 직접 사용하였던 기간과 현물출자 후 주식 또는 출자지분의 처분일까지의 기간을 합한 기간이 8년 미만인 경우에 납부한다. 이 경우 상속받은 부동산의 사용기간을 계산할 때 피상속인이 사용한 기간은 상속인이 사용한 기간으로 본다. (2014. 2. 21. 신설)
⑭ 제4항 및 제6항에 따른 경작기간을 계산할 때 다음 각 호의 과세기간은 해당 거주자 또는 피상속인(피상속인의 경우 그 배우자를 포함한다. 이하 이 항에서 같다)이 경작한 기간에서 제외한다. (2024. 2. 29. 개정)

1. 해당 거주자 또는 피상속인의 「소득세법」 제19조 제2항에 따른 사업소득금액(농업·임업에서 발생하는 소득, 같은 법 제45조 제2항에 따른 부동산임대업에서 발생하는 소득 및 같은 법 시행령 제9조에 따른 농가부업소득은 제외한다. 이하 이 항에서 "사업소득금액"이라 한다)과 같은 법 제20조 제2항에 따른 총급여액의 합계액이 3천700만원 이상인 과세기간. 이 경우 사업소득금액이 음수인 경우에는 해당 금액을 0으로 본다. (2024. 2. 29. 개정)
2. 해당 거주자 또는 피상속인의 「소득세법」 제24조 제1항에 따른 사업소득 총수입금액(농업·임업에서 발생하는 소득, 같은 법 제45조 제2항에 따른 부동산임대업에서 발생하는 소득 및 같은 법 시행령 제9조에 따른 농가부업소득은 제외한다)이 같은 법 시행령 제208조

⑨ 제7항을 적용받은 농업인이 현물출자로 취득한 주식 또는 출자지분의 100분의 50 이상을 출자일부터 3년 이내에 처분하는 경우에는 처분일이 속하는 달의 말일부터 2개월 이내에 제7항에 따른 이월과세액(해당 영농조합법인이 이미 납부한 세액을 제외한 금액을 말한다)을 대통령령으로 정하는 바에 따라 양도소득세로 납부하여야 한다. (2014. 12. 23. 개정)
⑩ 제7항에 따른 이월과세액을 제9항에 따라 납부하는 경우 주식 또는 출자지분의 100분의 50 이상을 처분하는 경우의 판단기준 등에 관하여 필요한 사항은 대통령령으로 정하며, 대통령령으로 정하는 바에 따라 계산한 이자상당액을 가산한다. (2014. 1. 1. 신설)

편주

영 63조 14항 2호의 개정규정(영 64조 11항의 개정규정에 따라 준용되는 경우를 포함함)은 2024. 2. 29. 이후 농지등을 영농조합법인 또는 농업회사법인에 현물출자하는 경우부터 적용함. (영 부칙(2024. 2. 29.) 7조)

제67조 【영어조합법인 등에 대한 법인세의 면제 등】　농특비
① 「농어업경영체 육성 및 지원에 관한 법률」 제4조에 따라 농어업경영정보를 등록한 영어조합법인[이하 "영어조합법인"(營漁組合法人)이라 한다]에 대해서는 2026년 12월 31일 이전에 끝나는 과세연도까지 각 사업연도의 소득 중 대통령령으로 정하는 범위의 금액에 대하여 법인세를 면제한다. (2023. 12. 31. 개정)
② 영어조합법인의 조합원이 영어조합법인으로부터 2026년 12월 31일까지 받는 배당소득 중 대통령령으로 정하는 범위의 금액에 대해서는 소득세를 면제한다. (2023. 12. 31. 개정)
③ 영어조합법인이 조합원에게 지급하는 배당소득 중 제2항에 따라 소

제5항 제2호 각 목의 금액 이상인 과세기간 (2024. 2. 29. 개정)
⑮ 법 제66조 제4항 본문에서 "대통령령으로 정하는 소득"이란 다음의 계산식에 따른 금액을 말한다. (2020. 2. 11. 신설)

$$\text{「소득세법」 제95조 제1항에 따른 양도소득금액} \times \frac{\text{현물출자한 자산에 담보된 채무}}{\text{양도가액}}$$

⑯ 법 제66조 제4항 단서에서 "대통령령으로 정하는 소득"이란 「소득세법」 제95조 제1항에 따른 양도소득금액(이하 이 항에서 "양도소득금액"이라 한다) 중 다음의 계산식에 따라 계산한 금액을 말한다. 이 경우 「공익사업을 위한 토지 등의 취득 및 보상에 관한 법률」 및 그 밖의 법률에 따라 협의매수되거나 수용되는 경우에는 보상가액 산정의 기초가 되는 기준시가를 양도 당시의 기준시가로 보며, 새로운 기준시가가 고시되기 전에 취득하거나 양도한 경우 또는 「국토의 계획 및 이용에 관한 법률」에 따른 주거지역·상업지역 및 공업지역(이하 이 조부터 제66조까지, 제66조의 2, 제66조의 3 및 제67조에서 "주거지역등"이라 한다)에 편입되거나 환지예정지 지정을 받은 날이 도래하는 경우에는 직전의 기준시가를 적용한다. (2020. 2. 11. 항번개정)

$$\text{양도소득금액} \times \left(\frac{\text{주거지역등에 편입되거나 환지예정지 지정을 받은 날의 기준시가} - \text{취득 당시 기준시가}}{\text{양도 당시 기준시가} - \text{취득 당시 기준시가}} \right)$$

제64조 【영어조합법인 등에 대한 법인세의 면제 등】 ① 법 제67조 제1항에 따라 법인세가 면제되는 소득금액은 「농어업경영체 육성 및 지원에 관한 법률 시행령」 제20조의 5 제2항 각 호의 사업에서 발생한 소득으로서 각 사업연도별로 다음 각 호의 어느 하나에 해당하는 소득금액을 말한다. (2022. 5. 9. 개정 ; 농어업경영체~부칙)
1. 한국표준산업분류에 따른 연근해어업, 내수면어업 또는 양식어업에서 발생하는 소득금액(이하 이 조에서 "어업소득"이라 한다)으로서 각 사업연도별로 다음의 계산식에 따라 계산한 금액 이하의 금액 (2024. 2. 29. 개정)

득세가 면제되는 금액을 제외한 배당소득으로서 2026년 12월 31일까지 받는 소득에 대한 소득세의 원천징수세율은 「소득세법」 제129조에도 불구하고 100분의 5로 하고, 그 배당소득은 「소득세법」 제14조 제2항에 따른 종합소득과세표준에 합산하지 아니한다. (2023. 12. 31. 개정)

④ 대통령령으로 정하는 어업인이 2026년 12월 31일 이전에 대통령령으로 정하는 어업용 토지 등(이하 이 조 및 제71조에서 "어업용 토지 등"이라 한다)을 영어조합법인과 「농어업경영체 육성 및 지원에 관한 법률」 제4조에 따라 농어업경영정보를 등록한 어업회사법인(이하 "어업회사법인"이라 한다)에 현물출자함으로써 발생하는 소득(현물출자와 관련하여 영어조합법인과 어업회사법인이 인수한 채무가액에 상당하는 대통령령으로 정하는 소득은 제외한다)에 대해서는 양도소득세의 100분의 100에 상당하는 세액을 감면한다. 다만, 해당 어업용 토지등이 주거지역등에 편입되거나 「도시개발법」 또는 그 밖의 법률에 따라 환지처분 전에 어업용 토지등 외의 토지로 환지예정지 지정을 받은 경우에는 주거지역등에 편입되거나, 환지예정지 지정을 받은 날까지 발생한 소득으로서 대통령령으로 정하는 소득에 대해서만 양도소득세의 100분의 100에 상당하는 세액을 감면한다. (2023. 12. 31. 개정)

⑤ 제4항에 따라 양도소득세를 감면받은 자가 그 출자지분을 출자일부터 3년 이내에 다른 사람에게 양도하는 경우에는 그 양도일이 속하는 과세연도의 과세표준신고를 할 때 대통령령으로 정하는 바에 따라 계산한 세액을 양도소득세로 납부하여야 한다. 다만, 대통령령으로 정하는 경우에는 그러하지 아니하다. (2014. 12. 23. 개정)

⑥ 제1항·제2항 및 제4항에 따른 면제 또는 감면 신청과 제5항 본문에 따른 세액의 납부에 관하여는 제66조 제6항 및 제8항을 준용한다. (2014. 12. 23. 개정)

$$3\text{천만원} \times \text{조합원 수} \times (\text{사업연도 월수} \div 12)$$

[개정취지] ....

영어조합법인의 양식어업 소득에 대한 법인세 면제 한도 상향
- 영어조합법인의 양식어업 소득에 대한 법인세 면제 한도를 조합원 수 1인당 1,200만원에서 3,000만원으로 상향함. (영 64조 1항 개정 ; 2024. 2. 29.)
- 영 64조 1항 1호 및 2호의 개정규정은 2024. 1. 1. 이후 개시하는 사업연도부터 적용함. (영 부칙(2024. 2. 29.) 8조)

....

2. 어업소득을 제외한 소득금액으로서 각 사업연도별로 다음의 계산식에 따라 계산한 금액 이하의 금액 (2024. 2. 29. 개정)

$$1\text{천}200\text{만원} \times \text{조합원 수} \times (\text{사업연도 월수} \div 12)$$

② 법 제67조 제2항의 규정에 의하여 소득세가 면제되는 배당소득은 과세연도별로 1천200만원 이하의 금액으로 한다. (98. 12. 31 개정)

③ 법 제67조 제4항에서 "대통령령으로 정하는 어업인"이란 「수산업법」에 따른 어업인 또는 「수산종자산업육성법」에 따른 수산종자생산업자(바다, 바닷가, 수산종자생산업을 목적으로 인공적으로 조성된 육상의 해수면을 이용하는 수산종자생산업자로 한정한다)로서 현물출자하는 어업용 토지 또는 건물(이하 "토지등"이라 한다)이 소재하는 시(특별자치시와 「제주특별자치도 설치 및 국제자유도시 조성을 위한 특별법」 제10조 제2항에 따른 행정시를 포함한다. 이하 이 조에서 같다)·군·구(자치구인 구를 말한다. 이하 이 조에서 같다), 그와 연접한 시·군·구 또는 해당 어업용 토지등으로부터 직선거리 30킬로미터 이내에 거주하면서 해당 어업용 토지를 어업에 4년 이상 직접 사용한 자를 말한다. (2016. 6. 21. 개정 ; 수산종자산업육성법 시행령 부칙)

④ 법 제67조 제4항에서 "대통령령으로 정하는 어업용 토지등"이란 「양식산업발전법」 제43조 제1항 제1호에 따른 육상해수양식업 및 「수산종자산업육성법」 제21조 제1항에 따른 수산종자생산업(바다, 바닷가, 수산종자생산업을 목적으로 인공적으로 조성된 육상의 해수면

을 이용하는 수산종자생산업으로 한정한다)에 직접 사용되는 토지 및 건물을 말한다. (2020. 8. 26. 개정 ; 양식산업발전법 시행령 부칙)

⑤ 법 제67조 제5항에 따른 양도소득세는 해당 어업용 토지등을 현물출자하기 전에 어업에 직접 사용하였던 기간과 현물출자 후 출자지분 양도시까지의 기간을 합한 기간이 8년 미만인 경우에 납부하여야 한다. 이 경우 상속받은 어업용 토지등을 어업에 직접 사용한 기간을 계산할 때 상속인이 상속받은 어업용 토지등을 1년 이상 계속하여 직접 어업에 사용하는 경우(현물출자하는 어업용 토지등이 소재하는 시·군·구, 그와 연접한 시·군·구 또는 해당 어업용 토지등으로부터 직선거리 30킬로미터 이내에 거주하면서 어업에 직접 사용하는 경우를 말한다)에 한정하여 다음 각 호의 기간은 상속인이 이를 어업에 직접 사용한 기간으로 본다. (2016. 2. 5. 신설)

1. 피상속인이 취득하여 직접 어업에 사용한 기간(직전 피상속인이 어업에 직접 사용한 기간으로 한정한다) (2016. 2. 5. 신설)

2. 피상속인이 배우자로부터 상속받아 어업에 직접 사용한 사실이 있는 경우에는 피상속인의 배우자가 취득하여 어업에 직접 사용한 기간 (2016. 2. 5. 신설)

⑥ 법 제67조 제5항에 따라 납부하여야

☞ p.1438 2단 연결

하는 세액은 해당 어업용 토지 등에 대한 감면세액에 현물출자로 취득한 총출자지분 중 3년 이내에 양도한 출자지분이 차지하는 비율을 곱하여 계산한다. (2016. 2. 5. 개정)

⑦ 법 제67조 제5항 단서에서 "대통령령으로 정하는 경우"란 「해외이주법」에 의한 해외이주에 의하여 세대전원이 출국하는 경우를 말한다. (2016. 2. 5. 항번개정)

⑧ 법 제67조 제1항에 따라 법인세를 면제받으려는 영어조합법인은 과세표준신고와 함께 기획재정부령이 정하는 세액면제 신청서와 면제세액계산서 및 농어업경영체 등록확인서를 납세지 관할 세무서장에게 제출하여야 한다. 다만, 납부할 법인세가 없는 경우에는 그러하지 아니하다. (2016. 2. 5. 항번개정)

관계조문 ▶▶

• 규칙 61조 1항 3호 ⇒ 세액감면(면제) 신청서(별지 2호 서식)
• 규칙 61조 1항 50호 ⇒ 면제세액계산서(별지 49호 서식)

⑨ 법 제67조 제2항에 따라 배당소득에 대한 소득세를 면제받으려는 자는 해당 배당소득을 지급받는 때에 기획재정부령으로 정하는 세액면제신청서를 영어조합법인에 제출하여야 한다. 이 경우 영어조합법인은 배당금을 지급한 날이 속하는 달의 다음 달 말일까지 조합원이 제출한 세액면제신청서와 해당 영어조합법인의 농어업경영체 등록확인서를 원천징수 관할세무서장에게 제출하여야 한다. (2016. 2. 5. 항번개정)

관계조문 ▶▶

규칙 61조 1항 51호 ⇒ 세액면제신청서(별지 50호 서식)

⑩ 법 제67조 제6항에 따라 양도소득세의 감면신청을 하려는 자는 해당 어업용 토지등을 양도한 날이 속하는 과세연도의 과세표준신고와 함께 기획재정부령으로 정하는 세액감면신청서에 해당 어업법인의 농어업경영체 등록확인서와 현물출자계약서 사본 1부를 첨부하여 납세지 관할세무서장에게 제출(국세정보통신망에 의한 제출을 포함한다)

하여야 한다. 이 경우 납세지 관할세무서장은 「전자정부법」 제36조 제1항에 따른 행정정보의 공동이용을 통하여 해당 어업용 토지등의 등기사항증명서를 확인하여야 한다. (2018. 2. 13. 후단개정)

관계조문 ▶▶

규칙 61조 1항 14호 ⇒ 현물출자 등에 대한 세액감면(면제)신청서(별지 13호 서식)

⑪ 제3항 및 제5항에 따른 어업에 직접 사용한 기간의 계산에 관하여는 제63조 제14항을 준용한다. 이 경우 같은 항 제1호 및 제2호에서 "농업·임업에서 발생하는 소득"은 각각 "어업에서 발생하는 소득"으로 본다. (2024. 2. 29. 개정)

⑫ 법 제67조 제4항 본문에서 "대통령령으로 정하는 소득"이란 다음의 계산식에 따른 금액을 말한다. (2020. 2. 11. 신설)

$$\text{「소득세법」 제95조 제1항에 따른 양도소득금액} \times \frac{\text{현물출자한 자산에 담보된 채무}}{\text{양도가액}}$$

⑬ 법 제67조 제4항 단서에서 "대통령령으로 정하는 소득"이란 「소득세법」 제95조 제1항에 따른 양도소득금액(이하 이 항에서 "양도소득금액"이라 한다) 중 다음의 계산식에 따라 계산한 금액을 말한다. 이 경우 「공익사업을 위한 토지 등의 취득 및 보상에 관한 법률」 및 그 밖의 법률에 따라 협의매수되거나 수용되는 경우

☞ p.1439 2단 연결

제68조【농업회사법인에 대한 법인세의 면제 등】 농특비
① 「농어업경영체 육성 및 지원에 관한 법률」 제4조에 따라 농어업경영정보를 등록한 농업회사법인(이하 "농업회사법인"이라 한다)에 대해서는 2026년 12월 31일 이전에 끝나는 과세연도까지 식량작물재배업소득 전액과 식량작물재배업소득 외의 작물재배업에서 발생하는 소득 중 대통령령으로 정하는 범위의 금액에 대하여 법인세를 면제하고, 작물재배업에서 발생하는 소득 외의 소득 중 대통령령으로 정하는 소득에 대해서는 최초로 해당 소득이 발생한 과세연도(사업개시일부터 5년이 되는 날이 속하는 과세연도까지 해당 소득이 발생하지 아니하는 경우에는 5년이 되는 날이 속하는 과세연도를 말한다)와 그 다음 과세연도의 개시일부터 4년 이내에 끝나는 과세연도까지 해당 소득에 대한 법인세의 100분의 50에 상당하는 세액을 감면한다. (2023. 12. 31. 개정)
② 대통령령으로 정하는 농업인이 2026년 12월 31일 이전에 농지 또는 초지를 농업회사법인(「농지법」에 따른 농업법인의 요건을 갖춘 경우만 해당한다)에 현물출자함으로써 발생하는 소득(현물출자와 관련하여 농업회사법인이 인수한 채무가액에 상당하는 대통령령으로 정하는 소득은 제외한다)에 대해서는 양도소득세의 100분의 100에 상당하는 세액을 감면한다. 다만, 해당 농지 또는 초지가 주거지역등에 편입되거나 「도시개발법」 또는 그 밖의 법률에 따라 환지처분 전에 농지 또는 초지 외의 토지로 환지예정지 지정을 받은 경우에는 주거지역등에 편입되거나, 환지예정지 지정을 받은 날까지 발생한 소득으로서 대통령령으로 정하는 소득에 대해서만 양도소득세의 100분의 100에 상당하는 세액을 감면한다. (2023. 12. 31. 개정)

에는 보상가액 산정의 기초가 되는 기준시가를 양도 당시의 기준시가로 보며, 새로운 기준시가가 고시되기 전에 취득하거나 양도한 경우 또는 주거지역등에 편입되거나 환지예정지 지정을 받은 날이 도래하는 경우에는 직전의 기준시가를 적용한다. (2020. 2. 11. 항번개정)

$$\text{양도소득금액} \times \left(\frac{\text{주거지역등에 편입되거나 환지예정지 지정을 받은 날의 기준시가} - \text{취득 당시 기준시가}}{\text{양도 당시 기준시가} - \text{취득 당시 기준시가}} \right)$$

제65조【농업회사법인에 대한 세액감면 등】① 법 제68조 제1항에서 "대통령령으로 정하는 범위"란 다음의 계산식에 따라 계산한 금액 이하를 말한다. (2014. 2. 21. 신설)

$$\text{식량작물재배업 외의 작물재배업에서 발생하는 소득금액} \times \{50억원 \times (\text{사업연도 개월 수} \div 12) \div \text{식량작물재배업 외의 작물재배업에서 발생하는 수입금액}\}$$

② 법 제68조 제1항에서 "대통령령으로 정하는 소득"이란 다음 각 호의 소득(농업인이 아닌 자가 지배하는 기획재정부령으로 정하는 농업회사법인의 경우에는 기획재정부령으로 정하는 업종에서 발생하는 소득은 제외한다)을 말한다. (2019. 2. 12. 개정)
1. 「농업·농촌 및 식품산업 기본법 시행령」 제2조에 따른 축산업, 임업에서 발생한 소득 (2015. 12. 22. 개정 ; 수산업·어촌~시행령 부칙)
2. 「농어업경영체 육성 및 지원에 관한 법률」에 따른 농업회사법인(이하 이 조에서 "농업회사법인"이라 한다)의 같은 법 시행령 제20조5 제1항 제6호 가목부터 마목까지의 사업에서 발생한 소득 (2022. 5. 9. 개정 ; 농어업경영체~부칙)
3. 「농어업경영체 육성 및 지원에 관한 법률」 제19조 제1항에 따른 농산물 유통·가공·판매 및 농작업 대행에서 발생한 소득. 다만, 수입 농산물의 유통 및 판매에서 발생하는 소득은 제외한다. (2024. 2. 29. 단서신설)

제26조【농업회사법인 법인세 감면배제 소득 등】① 영 제65조 제2항에서 "기획재정부령으로 정하는 농업회사법인"이란 출자총액이 80억원을 초과하고 출자총액 중 「농어업경영체 육성 및 지원에 관한 법률」 제2조 제1호에 따른 농업인 및 「농업·농촌 및 식품산업 기본법」 제3조 제4호에 따른 농업 관련 생산자단체의 출자지분 합계의 비중이 100분의 50 미만인 농업회사법인을 말한다. (2019. 3. 20. 신설)
② 영 제65조 제2항에서 "기획재정부령으로 정하는 업종"이란 도·소매업 및 서비스업(작물재배 관련 서비스업은 제외한다)을 말한다. (2019. 3. 20. 신설)

③ 대통령령으로 정하는 농업인이 2026년 12월 31일 이전에 농업회사법인에 「농업·농촌 및 식품산업 기본법」 제3조 제1호에 따른 농작물재배업·축산업 및 임업에 직접 사용되는 부동산(제2항에 따른 농지 및 초지는 제외한다)을 현물출자하는 경우에는 이월과세를 적용받을 수 있다. 이 경우 제66조 제9항 및 제10항을 준용한다. (2023. 12. 31. 개정)

④ 농업회사법인에 출자한 거주자가 2026년 12월 31일까지 받는 배당소득 중 식량작물재배업소득에서 발생한 배당소득 전액에 대해서는 소득세를 면제하고, 식량작물재배업소득 외의 소득 중 대통령령으로 정하는 소득에서 발생한 배당소득은 「소득세법」 제14조 제2항에 따른 종합소득과세표준에 합산하지 아니한다. 이 경우 식량작물재배업소득에서 발생한 배당소득과 식량작물재배업소득 외의 소득 중 대통령령으로 정하는 소득에서 발생한 배당소득의 계산은 대통령령으로 정하는 바에 따른다. (2023. 12. 31. 개정)

⑤ 제1항·제3항 및 제4항을 적용받으려는 자는 대통령령으로 정하는 바에 따라 신청을 하여야 한다. (2010. 1. 1. 개정)

⑥ 제2항 본문 및 단서에 따른 양도소득세의 감면에 관하여는 제66조 제5항, 제6항 및 제8항을 준용한다. (2016. 12. 20. 신설)

농업회사법인에 대한 법인세 감면 대상 소득의 명확화
농업회사법인에 대해 5년간 법인세의 50%가 감면되는 소득의 범위에서 수입 농산물을 단순 유통·판매하는 소득은 제외됨을 명확히 함. (영 65조 2항 3호 단서 신설 ; 2024. 2. 29.)

---

③ 법 제68조 제4항 전단에서 "대통령령으로 정하는 소득"이란 제2항 각 호의 소득(이하 이 조에서 "부대사업등 소득"이라 한다) 및 식량작물재배업 외의 작물재배업에서 발생하는 소득을 말한다. (2020. 2. 11. 개정)

④ 법 제68조 제4항 후단에 따른 배당소득은 각 배당시마다 다음 각 호의 계산식에 따라 계산한 금액으로 한다. 이 경우 각 소득금액은 배당확정일이 속하는 사업연도의 직전 사업연도에 해당하는 분으로 하며, 각 소득금액이 음수인 경우 영으로 본다. (2014. 2. 21. 개정)

1. 식량작물재배업소득에서 발생한 배당소득 :

$$\text{농업회사법인으로부터 지급받은 배당소득} \times \frac{\text{식량작물재배업에서 발생하는 소득금액}}{\text{총 소득금액}}$$

(2014. 2. 21. 개정)

2. 부대사업등 소득 및 식량작물재배업 외의 작물재배업에서 발생하는 소득에서 발생한 배당소득 :

$$\text{농업회사법인으로부터 지급받은 배당소득} \times \frac{(\text{부대사업등 소득금액} + \text{식량작물재배업 외의 작물재배업에서 발생하는 소득금액})}{\text{총 소득금액}}$$

(2014. 2. 21. 개정)

⑤ 법 제68조 제1항 또는 제3항에 따라 법인세를 감면받거나 이월과세를 적용받으려는 자는 과세표준신고와 함께 기획재정부령으로 정하는 세액감면신청서, 면제세액계산서 또는 이월과세적용신청서와 농어업경영체 등록확인서를 납세지 관할 세무서장에게 제출하여야 한다. 이 경우 이월과세적용신청서는 농업회사법인과 함께 제출하여야 한다. (2014. 2. 21. 개정)

• 규칙 61조 1항 3호 ⇒ 세액감면(면제)신청서(별지 2호 서식)
• 규칙 61조 1항 13호 ⇒ 이월과세적용신청서(별지 12호 서식)
• 규칙 61조 1항 51호의 2 ⇒ 면제세액계산서(별지 50호의 2 서식)

---

⑥ 법 제68조 제4항에 따라 배당소득에 대한 소득세를 면제받으려는 자는 해당 배당소득을 지급받는 때에 기획재정부령으로 정하는 세액면제신청서를 농업회사법인에 제출하여야 한다. 이 경우 농업회사법인은 배당금을 지급한 날이 속하는 달의 다음달 말일까지 조합원이 제출한 세액면제신청서와 해당 농업회사법인의 농어업경영체 등록확인서를 원천징수 관할 세무서장에게 제출하여야 한다. (2014. 2. 21. 개정)

규칙 61조 1항 52호 ⇒ 세액면제신청서(별지 51호 서식)

⑦ 법 제68조 제2항 본문에서 "대통령령으로 정하는 소득"이란 다음의 계산식에 따른 금액을 말한다. (2020. 2. 11. 신설)

$$\text{「소득세법」 제95조 제1항에 따른 양도소득금액} \times \frac{\text{현물출자한 자산에 담보된 채무}}{\text{양도가액}}$$

☞ p.1441 2단 연결

⑧ 법 제68조 제2항 단서에서 "대통령령으로 정하는 소득"이란 「소득세법」 제95조 제1항에 따른 양도소득금액(이하 이 항에서 "양도소득금액"이라 한다) 중 다음의 계산식에 따라 계산한 금액을 말한다. 이 경우 「공익사업을 위한 토지 등의 취득 및 보상에 관한 법률」 및 그 밖의 법률에 따라 협의매수되거나 수용되는 경우에는 보상가액 산정의 기초가 되는 기준시가를 양도 당시의 기준시가로 보며, 새로운 기준시가가 고시되기 전에 취득하거나 양도한 경우 또는 주거지역등에 편입되거나 환지예정지 지정을 받은 날이 도래하는 경우에는 직전의 기준시가를 적용한다. (2020. 2. 11. 항번개정)

$$\text{양도소득} \times \frac{\begin{pmatrix}\text{주거지역등에 편입되거나} \\ \text{환지 예정지 지정을 받은} \\ \text{날의 기준시가}\end{pmatrix} - \text{취득 당시 기준 시가}}{\text{양도 당시 기준시가} - \text{취득 당시 기준시가}}$$

제69조【자경농지에 대한 양도소득세의 감면】 (2001. 12. 29 제목개정)

① 농지 소재지에 거주하는 대통령령으로 정하는 거주자가 8년 이상[대통령령으로 정하는 경영이양 직접지불보조금의 지급대상이 되는 농지를 「한국농어촌공사 및 농지관리기금법」에 따른 한국농어촌공사 또는 농업을 주업으로 하는 법인으로서 대통령령으로 정하는 법인(이하 이 조에서 "농업법인"이라 한다)에 2026년 12월 31일까지 양도하는 경우에는 3년 이상] 대통령령으로 정하는 방법으로 직접 경작한 토지 중 대통령령으로 정하는 토지의 양도로 인하여 발생하는 소득에 대해서는 양도소득세의 100분의 100에 상당하는 세액을 감면한다. 다만, 해당 토지가 주거지역등에 편입되거나 「도시개발법」 또는 그 밖의 법률에 따라 환지처분 전에 농지 외의 토지로 환지예정지 지정을 받은 경우에는 주거지역등에 편입되거나, 환지예정지 지정을 받은 날까지 발생한 소득으로서 대통령령으로 정하는 소득에 대해서만 양도소득세의 100분의 100에 상당하는 세액을 감면한다. (2023. 12. 31. 개정)

제66조【자경농지에 대한 양도소득세의 감면】 (2001. 12. 31 제목개정)

① 법 제69조 제1항 본문에서 "농지소재지에 거주하는 대통령령으로 정하는 거주자"란 8년[제3항의 규정에 의한 경영이양보조금의 지급대상이 되는 농지를 「한국농어촌공사 및 농지관리기금법」에 따른 한국농어촌공사(이하 이 조에서 "한국농어촌공사"라 한다) 또는 제2항의 규정에 따른 법인에게 양도하는 경우에는 3년] 이상 다음 각 호의 어느 하나에 해당하는 지역(경작개시 당시에는 당해 지역에 해당하였으나 행정구역의 개편 등으로 이에 해당하지 아니하게 된 지역을 포함한다)에 거주하면서 경작한 자로서 농지 양도일 현재 「소득세법」 제1조의 2 제1항 제1호에 따른 거주인 자(비거주자가 된 날부터 2년 이내인 자를 포함한다)를 말한다. (2013. 2. 15. 개정)

① 법 제69조 제1항 본문에서 "농지소재지에 거주하는 대통령령으로 정하는 거주자"란 8년[제3항의 규정에 의한 농지이양은퇴보조금의 지급대상이 되는 농지를 「한국농어촌공사 및 농지관리기금법」에 따른 한국농어촌공사(이하 이 조에서 "한국농어촌공사"라 한다) 또는 제2항의 규정에 따른 법인에게 양도하는 경우에는 3년] 이상 다음 각 호의 어느 하나에 해당하는 지역(경작개시 당시에는 당해 지역에 해당하였으나 행정구역의 개편 등으로 이에 해당하지 아니하게 된 지역을 포함한다)에 거주하면서 경작한 자로서 농지 양도일 현재 「소득세법」 제1조의

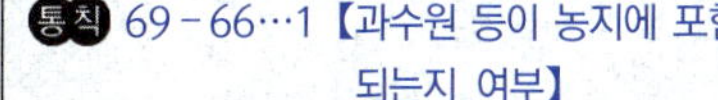

통칙 69－66…1【과수원 등이 농지에 포함되는지 여부】

① 영 제66조의 규정에 의한 농지에는 직접 공부상의 지목에 관계없이 실제로 경작에 사용되는 과수원을 포함한다.

② 삭 제 (2013. 5. 24.)

② 농업법인이 해당 토지를 취득한 날부터 3년 이내에 그 토지를 양도하거나 대통령령으로 정하는 사유가 발생한 경우에는 그 법인이 그 사유가 발생한 과세연도의 과세표준신고를 할 때 제1항에 따라 감면된 세액에 상당하는 금액을 법인세로 납부하여야 한다. (2010. 1. 1. 개정)

③ 제1항을 적용받으려는 자는 대통령령으로 정하는 바에 따라 감면신청을 하여야 한다. (2010. 1. 1. 개정)

통칙 69-0…1 【농지의 자경기간 계산】

① 환지된 농지의 자경기간 계산은 환지전 자경기간도 합산하여 계산한다.

② 증여받은 농지는 수증일 이후 수증인이 경작한 기간으로 계산한다.

③ 교환으로 인하여 취득하는 농지에 대하여는 교환일 이후 경작한 기간으로 계산한다.

69-0…2 【양도일 현재 농지 여부】

양도일 현재 실제로 경작에 사용되는 토지를 대지가액에 상당하는 가액으로 양도하거나 또는 양도후 건축용 대지로 사용하기 위하여 매각되는 경우에도 양도일 현재 농지(영 제66조 제4항 제1호 및 제2호의 토지는 제외한다)로 본다. (2013. 5. 24. 개정)

69-0…3 【자경농지의 범위】 (2013. 5. 24. 제목개정)

① 법 제69조 제1항의 규정을 적용받을 수 있는 자경농지는 농지소재지에 거주하면서 자기가 직접 경작한 농지로서 위탁경영하거나 대리경작 또는 임대차한 농지를 제외한다. (2013. 5. 24. 개정)

② 종중소유농지를 종중원 중 일부가 농지소재지에 거주하면서 직접 농작물을 경작하는 경우 법 제69조 제1항의 규정에 의한 자경농지로 본다. (2013. 5. 24. 개정)

69-0…4 【자경농지에 대한 양도소득세의 면제】

법 제69조에서 "8년 이상 계속하여 직접 경작한 토지"라 함은 양도일 현재 농지이고 당해 농지 보유기간동안에 8년 이상 농지소재지에 거주하면서 자기가 직접 경작한 사실이 있는 경우로서 영 제66조 규정의 요건에 해당하는 경우를 말하는 것으로 양도일 현재 농지소재지에 거주하지 아니한 경우에도 양도소득세의 면제대상이 된다.

예판 ‥‥‥‥‥‥‥‥‥‥‥‥‥‥‥‥‥‥‥‥‥‥‥‥‥‥‥‥

• 양도일 현재 도·농복합형태의 시의 동 지역에 있는 자경농지가 주거지역 등에 편입된지는 3년이 지났으나 동 지역에 편입된 지가 3년이 지나지 아니한 경우에는 '자경농지'에 해당함. (서면4팀-4041, 2006. 12. 12.)

• 상속받은 농지의 경작기간을 계산함에 있어 피상속인이 취득하여 경작한 기간은 상속인이 경작한 기간으로 보는 것이나 상속인이 상속받은 농지를 경작하지 아니한 경우에는 상속받은 날부터 3년이 되는 날까지 양

2 제1항 제1호에 따른 거주자인 자(비거주자가 된 날부터 2년 이내인 자를 포함한다)를 말한다. (2024. 3. 26. 개정 ; 농산물의~부칙)

1. 농지가 소재하는 시(특별자치시와 「제주특별자치도 설치 및 국제자유도시 조성을 위한 특별법」 제10조 제2항에 따라 설치된 행정시를 포함한다. 이하 이 항에서 같다)·군·구(자치구인 구를 말한다. 이하 이 항에서 같다)안의 지역 (2016. 1. 22. 개정 ; 제주특별자치도~시행령 부칙)

2. 제1호의 지역과 연접한 시·군·구안의 지역 (2001. 12. 31 신설)

3. 해당 농지로부터 직선거리 30킬로미터 이내의 지역 (2015. 2. 3. 개정)

② 법 제69조 제1항 본문에서 "대통령령으로 정하는 법인"이란 「농어업경영체 육성 및 지원에 관한 법률」 제16조에 따른 영농조합법인 및 같은 법 제19조에 따른 농업회사법인을 말한다. (2010. 2. 18. 개정)

③ 법 제69조 제1항 본문에서 "대통령령으로 정하는 경영이양직접지불보조금"이란 「농산물의 생산자를 위한 직접지불제도 시행규정」 제4조에 따른 경영이양보조금을 말한다. (2010. 2. 18. 개정)

③ 법 제69조 제1항 본문에서 "대통령령으로 정하는 경영이양직접지불보조금"이란 「농산물의 생산자를 위한 직접지불제도 시행규정」 제4조에 따른 농지이양은퇴보조금을 말한다. (2024. 3. 26. 개정 ; 농산물의~부칙)

④ 법 제69조 제1항 본문에서 "대통령령으로 정하는 토지"란 취득한 때부터 양도할 때까지의 사이에 8년(제3항의 규정에 따른 경영이양보조금의 지급대상이 되는 농지를 한국농어촌공사 또는 제2항의 규정에 의한 법인에게 양도하는 경우에는 3년) 이상 자기가 경작한 사실이 있는 농지로서 다음 각 호의 어느 하나에 해당하는 것을 제외한 것을 말한다. (2010. 2. 18. 개정)

④ 법 제69조 제1항 본문에서 "대통령령으로 정하는 토지"란 취득한 때부터 양도할 때까지의 사이에 8년(제3항의 규정에 따른 농지이양은퇴보조금의 지급대상이 되는 농지를 한국농어촌공사 또는 제2항의 규정에 의한 법인에게 양도하는 경우에는 3년) 이상 자기가 경작한 사실이 있는 농지로서 다음 각 호의 어느 하나에 해당하는 것을 제외한 것을 말한다. (2024. 3. 26. 개정 ; 농산물의~부칙)

1. 양도일 현재 특별시·광역시(광역시에 있는 군을 제외한다) 또는 시[「지방자치법」 제3조 제4항에 따라 설치된 도농(都農) 복합형태의 시의 읍·면 지역 및 「제주특별자치도 설치 및 국제자유도시

第27조 【농지의 범위 등】 ① 영 제66조 제4항 및 제67조 제3항의 규정에 의한 농지는 전·답으로서 지적공부상의 지목에 관계없이 실지로 경작에 사용되는 토지로 하며, 농지경영에 직접 필요한 농막·퇴비사·양수장·지소·농도·수로 등을 포함하는 것으로 한다. (2005. 12. 31. 개정)

② 영 제66조 제4항 및 제67조 제3항에

도하는 경우에 한하여 피상속인이 취득하여 경작한 기간을 상속인이 경작한 기간으로 보는 것임. (서면5팀 - 347, 2007. 1. 29.)

- 도시개발법에 따른 도시개발사업이 시행되는 경우에는 도시개발법에서 규정하는 실시계획인가 고시일에 용도지역이 변경된 것으로 봄. (서면5팀 - 2959, 2007. 11. 12.)
- 비거주자가 자경농지의 양도소득세 감면요건을 모두 충족하는 농지를 피상속인으로부터 상속받아 양도하는 경우, 법 69조를 적용받을 수 있음. (재재산 - 1533, 2007. 12. 20.)
- 자경농지에 대한 양도소득세의 감면규정은 직접경작한 경우에 한하여 적용되는 것으로, 농지가 혁신도시지구로 지정되어 사업시행자로부터 경작금지 협조요청에 따라 휴경한 기간은 자경기간에 포함되지 아니함. (재재산 - 1095, 2008. 12. 26.)
- 2004년에 상속받은 농지를 상속인이 재촌 자경(2009. 1.~2011. 12.)을 하고 2012년에 양도하는 경우, 조특령 66조 4항에 따른 경작기간을 계산함에 있어서 피상속인 취득하여 경작한 기간은 상속인이 경작한 기간으로 봄. (재산 - 4440, 2008. 12. 29.)

··

조성을 위한 특별법」 제10조 제2항에 따라 설치된 행정시의 읍·면 지역은 제외한다]에 있는 농지 중 「국토의 계획 및 이용에 관한 법률」에 의한 주거지역·상업지역 및 공업지역안에 있는 농지로서 이들 지역에 편입된 날부터 3년이 지난 농지. 다만, 다음 각 목의 어느 하나에 해당하는 경우는 제외한다. (2016. 1. 22. 개정 ; 제주특별자치도~시행령 부칙)

가. 사업시행지역 안의 토지소유자가 1천명 이상이거나 사업시행면적이 기획재정부령으로 정하는 규모 이상인 개발사업(이하 이 호에서 "대규모개발사업"이라 한다)지역(사업인정고시일이 같은 하나의 사업시행지역을 말한다) 안에서 대규모개발사업의 시행으로 인하여 「국토의 계획 및 이용에 관한 법률」에 따른 주거지역·상업지역 또는 공업지역에 편입된 농지로서 사업시행자의 단계적 사업시행 또는 보상지연으로 이들 지역에 편입된 날부터 3년이 지난 경우 (2013. 2. 15. 개정)

나. 사업시행자가 국가, 지방자치단체, 그 밖에 기획재정부령으로 정하는 공공기관인 개발사업지역 안에서 개발사업의 시행으로 인하여 「국토의 계획 및 이용에 관한 법률」에 따른 주거지역·상업지역 또는 공업지역에 편입된 농지로서 기획재정부령으로 정하는 부득이한 사유에 해당하는 경우 (2008. 2. 29. 직제개정 ; 기획재정부와~직제 부칙)

다. 「국토의 계획 및 이용에 관한 법률」에 따른 주거지역·상업지역 및 공업지역에 편입된 농지로서 편입된 후 3년 이내에 대규모개발사업이 시행되고, 대규모개발사업 시행자의 단계적 사업시행 또는 보상지연으로 이들 지역에 편입된 날부터 3년이 지난 경우(대규모개발사업지역 안에 있는 경우로 한정한다) (2013. 2. 15. 신설)

2. 「도시개발법」 또는 그 밖의 법률에 따라 환지처분 이전에 농지 외의 토지로 환지예정지를 지정하는 경우에는 그 환지예정지 지정일부터 3년이 지난 농지. 다만, 환지처분에 따라 교부받는 환지청산금에 해당하는 부분은 제외한다. (2011. 6. 3. 개정)

⑤ 제4항의 규정을 적용받는 농지는 「소득세법 시행령」 제162조에 따른 양도일 현재의 농지를 기준으로 한다. 다만, 다음 각 호의 어느

따른 농지에 해당하는지 여부의 확인은 다음 각 호의 기준에 따른다. (2011. 8. 3. 개정)

1. 양도자가 8년(「한국농어촌공사 및 농지관리기금법」에 따른 한국농어촌공사, 「농어업경영체 육성 및 지원에 관한 법률」에 따른 영농조합법인 및 농업회사법인에게 양도하는 경우에는 3년, 영 제67조 제3항 제1호 및 제2호에 따른 종전의 농지를 양도하는 경우에는 4년) 이상 소유한 사실이 다음 각 목의 어느 하나의 방법에 의하여 확인되는 토지일 것. 이 경우 법 제70조의 2 제1항에 따라 양도소득세를 환급받은 농업인이 환매한 농지등을 다시 양도하는 경우로서 영 제66조 제4항에 따른 농지에 해당하는지를 확인하는 경우 「한국농어촌공사 및 농지관리기금법」 제24조의 3 제3항에 따른 임차기간 내에 경작한 기간은 해당 농업인이 해당 농지등을 소유한 것으로 본다. (2014. 3. 14. 개정)

가. 「전자정부법」 제36조 제1항에 따른 행정정보의 공동이용을 통한 등기사항증명서 또는 토지대장 등본의 확인 (2017. 3. 17. 개정)

나. 가목에 따른 방법으로 확인할 수 없는 경우에는 그 밖의 증빙자료의 확인 (2006. 7. 5. 개정 ; 행정정보의 공동이용 및~일부 개정령)

2. 양도자가 8년 이상(「한국농어촌공사 및 농지관리기금법」에 따른 한국농어촌공사, 「농어업경영체 육성 및 지원에 관한

란 다음 각호의 1에 해당하는 경우를 말한다. (2010. 2. 18. 개정)

1. 당해 토지를 취득한 날부터 3년 이내에 휴업·폐업하거나 해산하는 경우 (2002. 12. 30 신설)
2. 당해 토지를 3년 이상 경작하지 아니하고 다른 용도로 사용하는 경우 (2002. 12. 30 신설)

⑨ 법 제69조 제3항의 규정에 의하여 양도소득세의 감면신청을 하고자 하는 자는 당해 농지를 양도한 날이 속하는 과세연도의 과세표준신고(예정신고를 포함한다)와 함께 기획재정부령이 정하는 세액감면신청서를 납세지 관할세무서장에게 제출하여야 한다. 이 경우 제2항의 규정에 의한 법인에게 양도한 경우에는 당해 양수인과 함께 세액감면신청서를 제출하여야 한다. (2008. 2. 29. 직제개정 ; 기획재정부와~직제 부칙)

관계조문 »

규칙 61조 1항 14호 ⇒ 현물출자 등에 대한 세액감면(면제)신청서(별지 13호 서식)

⑩ 제9항 후단의 규정에 의한 세액감면신청서를 접수한 당해 세무서장은 제2항의 규정에 의한 법인의 납세지 관할세무서장에게 이를 즉시 통지하여야 한다. (2003. 12. 30. 개정)

⑪ 제4항의 규정에 따른 경작한 기간을 계산할 때 상속인이 상속받은 농지를 1년 이상 계속하여 경작하는 경우(제1항 각 호의 어느 하나에 따른 지역에 거주하면서 경작하는 경우를 말한다. 이하 이 항 및 제12항에서 같다) 다음 각 호의 기간은 상속인이 이를 경작한 기간으로 본다. (2012. 2. 2. 개정)

1. 피상속인이 취득하여 경작한 기간(직전 피상속인의 경작기간으로 한정한다) (2011. 6. 3. 개정)
2. 피상속인이 배우자로부터 상속받아 경작한 사실이 있는 경우에는 피상속인의 배우자가 취득하여 경작한 기간 (2010. 2. 18. 신설)

⑫ 제11항에도 불구하고 상속인이 상속받은 농지를 1년 이상 계속하여 경작하지 아니하더라도 상속받은 날부터 3년이 되는 날까지 양도하거

☞ p.1445 2단 연결

하나에 해당하는 경우에는 다음 각 호의 구분에 따른 기준에 따른다. (2016. 2. 5. 개정)

1. 양도일 이전에 매매계약조건에 따라 매수자가 형질변경, 건축착공 등을 한 경우 : 매매계약일 현재의 농지 기준 (2012. 2. 2. 신설)
2. 환지처분 전에 해당 농지가 농지 외의 토지로 환지예정지 지정이 되고 그 환지예정지 지정일부터 3년이 경과하기 전의 토지로서 토지조성공사의 시행으로 경작을 못하게 된 경우 : 토지조성공사 착수일 현재의 농지 기준 (2016. 2. 5. 개정)
3. 「광산피해의 방지 및 복구에 관한 법률」, 지방자치단체의 조례 및 지방자치단체의 예산에 따라 광산피해를 방지하기 위하여 휴경하고 있는 경우 : 휴경계약일 현재의 농지 기준 (2012. 2. 2. 신설)

⑥ 「소득세법」 제89조 제1항 제2호 및 법 제70조의 규정에 의하여 농지를 교환·분합 및 대토한 경우로서 새로이 취득하는 농지가 「공익사업을 위한 토지 등의 취득 및 보상에 관한 법률」에 의한 협의매수·수용 및 그 밖의 법률에 의하여 수용되는 경우에 있어서는 교환·분합 및 대토전의 농지에서 경작한 기간을 당해 농지에서 경작한 기간으로 보아 제1항 본문의 규정을 적용한다. (2010. 2. 18. 개정)

⑦ 법 제69조 제1항 단서에서 "대통령령으로 정하는 소득"이란 「소득세법」 제95조 제1항에 따른 양도소득금액(이하 이 항에서 "양도소득금액"이라 한다) 중 다음 계산식에 의하여 계산한 금액을 말한다. 이 경우 「공익사업을 위한 토지 등의 취득 및 보상에 관한 법률」 및 그 밖의 법률에 따라 협의매수되거나 수용되는 경우에는 보상가액 산정의 기초가 되는 기준시가를 양도 당시의 기준시가로 보며, 새로운 기준시가가 고시되기 전에 취득하거나 양도한 경우 또는 주거지역등에 편입되거나 환지예정지 지정을 받은 날이 도래하는 경우에는 직전의 기준시가를 적용한다. (2015. 2. 3. 개정)

$$\text{양도소득금액} \times \left(\frac{\text{주거지역등에 편입되거나 환지예정지 지정을 받은 날의 기준시가} - \text{취득 당시 기준시가}}{\text{양도 당시 기준시가} - \text{취득 당시 기준시가}} \right)$$

⑧ 법 제69조 제2항에서 "대통령령으로 정하는 사유가 발생한 경우"

「법률」에 따른 영농조합법인 및 농업회사법인에게 양도하는 경우에는 3년, 영 제67조 제3항 제1호 및 제2호에 따른 종전의 농지를 양도하는 경우에는 4년) 농지소재지에 거주하면서 자기가 경작한 사실이 있고 양도일 현재 농지임을 다음 각 목 모두의 방법에 의하여 확인되는 토지일 것 (2014. 3. 14. 개정)

가. 「전자정부법」 제36조 제1항에 따른 행정정보의 공동이용을 통한 주민등록표 초본의 확인. 다만, 신청인이 확인에 동의하지 아니한 경우에는 그 서류를 제출하게 하여야 한다. (2018. 3. 21. 개정)

나. 시·구·읍·면장이 교부 또는 발급하는 농지원부원본과 자경증명의 확인 (2006. 7. 5. 개정 ; 행정정보의 공동이용 및~일부 개정령)

나. 시·구·읍·면장이 교부 또는 발급하는 농지대장 등본과 자경증명의 확인 (2024. 12. 3. 개정 ; 종이 없는~기획재정부령)

③ 영 제66조 제4항 제1호 가목 및 제67조 제8항 제1호 가목에서 "기획재정부령으로 정하는 규모"란 100만제곱미터로 한다. 다만, 「택지개발촉진법」에 따른 택지개발사업 또는 「주택법」에 따른 대지조성사업의 경우에는 10만제곱미터로 한다. (2018. 3. 21. 개정)

④ 영 제66조 제4항 제1호 나목 및 제67조 제8항 제1호 나목에서 "기획재정부령으로 정하는 공공기관"이란 「공공기관의 운영에 관한 법률」에 따라 지정된 공공기

업에서 발생하는 소득, 같은 법 제45조 제2항에 따른 부동산임대업
에서 발생하는 소득과 같은 법 시행령 제9조에 따른 농가부업소득
은 제외한다)이 같은 법 시행령 제208조 제5항 제2호 각 목의 금액
이상인 과세기간이 있는 경우 (2020. 2. 11. 신설)

나 「공익사업을 위한 토지 등의 취득 및 보상에 관한 법률」 및 그 밖의
법률에 따라 협의매수 또는 수용되는 경우로서 상속받은 날부터 3년이
되는 날까지 다음 각 호의 어느 하나에 해당하는 지역으로 지정(관계
행정기관의 장이 관보 또는 공보에 고시한 날을 말한다)되는 경우(상속
받은 날 전에 지정된 경우를 포함한다)에는 제11항 제1호 및 제2호의
경작기간을 상속인이 경작한 기간으로 본다. (2010. 12. 30. 개정)
1. 「택지개발촉진법」 제3조에 따라 지정된 택지개발지구 (2011. 8.
  30. 개정 ; 택지개발촉진법 시행령 부칙)
2. 「산업입지 및 개발에 관한 법률」 제6조·제7조·제7조의 2 또는
  제8조에 따라 지정된 산업단지 (2010. 2. 18. 개정)
3. 제1호 및 제2호 외의 지역으로서 기획재정부령으로 정하는 지역
  (2009. 2. 4. 신설)
⑬ 법 제69조 제1항 본문에서 "대통령령으로 정하는 방법으로 직접 경작"
이란 다음 각 호의 어느 하나에 해당하는 것을 말한다. (2016. 2. 5. 개정)
1. 거주자가 그 소유농지에서 농작물의 경작 또는 다년생식물의 재배
  에 상시 종사하는 것 (2016. 2. 5. 신설)
2. 거주자가 그 소유농지에서 농작업의 2분의 1 이상을 자기의 노동
  력에 의하여 경작 또는 재배하는 것 (2016. 2. 5. 신설)
⑭ 제4항·제6항·제11항 및 제12항에 따른 경작한 기간 중 해당 피
상속인(그 배우자를 포함한다. 이하 이 항에서 같다) 또는 거주자 각
각에 대하여 다음 각 호의 어느 하나에 해당하는 과세기간이 있는 경
우 그 기간은 해당 피상속인 또는 거주자가 경작한 기간에서 제외한
다. (2020. 2. 11. 개정)
1. 「소득세법」 제19조 제2항에 따른 사업소득금액(농업·임업에서
  발생하는 소득, 같은 법 제45조 제2항에 따른 부동산임대업에서
  발생하는 소득과 같은 법 시행령 제9조에 따른 농가부업소득은
  제외하며, 이하 이 항에서 "사업소득금액"이라 한다)과 같은 법
  제20조 제2항에 따른 총급여액의 합계액이 3천700만원 이상인
  과세기간이 있는 경우. 이 경우 사업소득금액이 음수인 경우에는
  해당 금액을 0으로 본다. (2020. 2. 11. 신설)
2. 「소득세법」 제24조 제1항에 따른 사업소득 총수입금액(농업·임

관과 「지방공기업법」에 따라 설립된 지방
직영기업·지방공사·지방공단을 말한다.
(2014. 3. 14. 개정)
⑤ 영 제66조 제4항 제1호 나목 및 제67
조 제8항 제1호 나목에서 "기획재정부령
으로 정하는 부득이한 사유"란 사업 또는
보상을 지연시키는 사유로서 그 책임이 사
업시행자에게 있다고 인정되는 사유를 말
한다. (2014. 3. 14. 개정)
⑥ 영 제66조 제7항 단서 및 제67조 제7
항 단서에 따른 보상가액 산정의 기초가
되는 기준시가는 보상금 산정 당시 해당
토지의 개별공시지가로 한다. (2014. 3.
14. 개정)
⑦ 영 제66조 제12항 제3호에서 "기획재
정부령으로 정하는 지역"이란 다음 각 호
의 어느 하나에 해당하는 지역을 말한다.
(2010. 4. 20. 항번개정)
1. 「공공주택 특별법」 제6조에 따라 지정된
  공공주택지구 (2017. 3. 17. 개정)
2. 「도시 및 주거환경정비법」 제16조에
  따라 지정·고시된 정비구역 (2018. 3.
  21. 개정)
3. 「신항만건설 촉진법」 제5조에 따라 지
  정된 신항만건설 예정지역 (2018. 3.
  21. 개정)
4. 「도시개발법」 제3조 및 제9조에 따라
  지정·고시된 도시개발구역 (2018. 3.
  21. 개정)
5. 「철도건설법」 제9조에 따라 철도건설
  사업실시계획 승인을 받은 지역 (2009.
  4. 7. 신설)

제69조의 2【축사용지에 대한 양도소득세의 감면】 농특비
① 축산에 사용하는 축사와 이에 딸린 토지(이하 이 조 및 제71조에서 "축사용지"라 한다) 소재지에 거주하는 대통령령으로 정하는 거주자가 8년 이상 대통령령으로 정하는 방법으로 직접 축산에 사용한 대통령령으로 정하는 축사용지를 폐업을 위하여 2025년 12월 31일까지 양도함에 따라 발생하는 소득에 대하여는 양도소득세의 100분의 100에 상당하는 세액을 감면한다. 다만, 해당 토지가 주거지역등에 편입되거나 「도시개발법」 또는 그 밖의 법률에 따라 환지처분 전에 해당 축사용지 외의 토지로 환지예정지 지정을 받은 경우에는 주거지역등에 편입되거나, 환지예정지 지정을 받은 날까지 발생한 소득으로서 대통령령으로 정하는 소득에 대하여만 양도소득세의 100분의 100에 상당하는 세액을 감면한다. (2022. 12. 31. 개정)

② ☞ p.1448

제66조의 2【축사용지에 대한 양도소득세의 감면】 ① 법 제69조의 2 제1항 본문에서 "대통령령으로 정하는 거주자"란 8년 이상 다음 각 호의 어느 하나에 해당하는 지역(축산 개시 당시에는 그 지역에 해당하였으나 행정구역의 개편 등으로 이에 해당하지 아니하게 된 지역을 포함한다)에 거주한 자로서 축사용지 양도일 현재 「소득세법」 제1조의 2 제1항 제1호에 따른 거주자인 자(비거주자가 된 날부터 2년 이내인 자를 포함한다)를 말한다. (2013. 2. 15. 개정)

1. 축산에 사용하는 축사와 이에 딸린 토지(이하 이 조 및 제68조에서 "축사용지"라 한다)가 소재하는 시(특별자치시와 「제주특별자치도 설치 및 국제자유도시 조성을 위한 특별법」에 따른 행정시를 포함한다. 이하 이 항에서 같다)·군·구(자치구인 구를 말한다. 이하 이 항에서 같다) 안의 지역 (2016. 2. 5. 개정)

2. 제1호의 지역과 연접한 시·군·구 안의 지역 (2011. 7. 25. 신설)

3. 해당 축사용지로부터 직선거리로 30킬로미터 이내의 지역 (2015. 2. 3. 개정)

② 법 제69조의 2 제1항 본문에서 "대통령령으로 정하는 방법으로 직접 축산"이란 다음 각 호의 어느 하나에 해당하는 것을 말한다. (2016. 2. 5. 개정)

1. 거주자가 그 소유 축사용지에서 「축산법」 제2조 제1호에 따른 가축의 사육에 상시 종사하는 것 (2016. 2. 5. 신설)

2. 거주자가 그 소유 축사용지에서 축산작업의 2분의 1 이상을 자기의 노동력에 의하여 수행하는 것 (2016. 2. 5. 신설)

③ 법 제69조의 2 제1항 본문에서 "대통령령으로 정하는 축사용지"란 해당 토지를 취득한 때부터 양도할 때까지의 사이에 8년 이상 자기가 직접 축산에 사용한 축사용지로서 다음 각 호의 어느 하나에 해당하는 것을 제외한 것을 말한다. (2011. 7. 25. 신설)

1. 양도일 현재 특별시·광역시(광역시에 있는 군은 제외한다) 또는 시[「지방자치법」 제3조 제4항에 따라 설치된 도농(都農) 복합형태의 시의 읍·면 지역 및 「제주특별자치도 설치 및 국제자유도시 조성을 위한 특별법」 제10조 제2항에 따라 설치된 행정시의 읍·면 지역은 제외한다]에 있는 축사용지 중 「국토의 계획 및 이용에 관한 법률」에 따른 주거지역·상업지역 또는 공업지역 안에 있는 축사

6. 제1호부터 제5호까지와 유사한 경우로서 다른 법률에 따라 예정지구 또는 실시계획 승인을 받은 지역 등 해당 공익사업으로 인하여 해당 주민이 직접적인 행위제한(건축물의 건축, 토지의 형질변경·분할 등)을 받는 지역 (2018. 3. 21. 개정)

제27조의 2【축사용지의 범위 등】
① 영 제66조의 2 제3항에 따른 축사용지는 지적공부상의 지목에 관계없이 실지로 가축의 사육에 사용한 축사와 이에 딸린 토지로 한다. (2011. 8. 3. 신설)

② 영 제66조의 2 제3항에 따른 축사용지에 해당하는지 여부의 확인은 다음 각 호의 기준에 따른다. (2011. 8. 3. 신설)

1. 양도자가 8년 이상 소유한 축사용지임이 다음 각 목의 어느 하나의 방법에

부터 3년이 경과하기 전의 토지로서 환지예정지 지정 후 토지조성공사의 시행으로 축산을 하지 못하게 된 경우에는 토지조성공사 착수일 현재의 축사용지를 기준으로 한다. (2011. 7. 25. 신설)

⑤ 제3항에 따른 축산에 사용한 기간을 계산할 때 축사용지를 교환·분합 및 대토한 경우로서 새로이 취득하는 축사용지가 「공익사업을 위한 토지 등의 취득 및 보상에 관한 법률」 및 그 밖의 법률에 따라 협의매수되거나 수용되는 경우에는 교환·분합 및 대토 전의 축사용지를 축산에 사용한 기간을 포함하여 계산한다. (2011. 7. 25. 신설)

⑥ 제3항에 따른 축산에 사용한 기간을 계산할 때 상속인이 상속받은 축사용지를 1년 이상 계속하여 축산에 사용하는 경우(제1항 각 호의 어느 하나에 따른 지역에 거주하면서 축산에 사용하는 경우를 말한다. 이하 이 항 및 제7항에서 같다)에는 다음 각 호의 기간은 상속인이 축산에 사용한 기간으로 본다. (2012. 2. 2. 개정)

1. 피상속인이 취득하여 축산에 사용한 기간(직전 피상속인이 축산에 사용한 기간으로 한정한다) (2011. 7. 25. 신설)

2. 피상속인이 그 배우자로부터 상속받은 축사용지를 축산에 사용한 사실이 있는 경우에는 피상속인의 배우자가 취득한 축사용지를 축산에 사용한 기간 (2011. 7. 25. 신설)

⑦ 제6항에도 불구하고 상속인이 상속받은 축사용지를 1년 이상 계속하여 축산에 사용하지 아니하더라도 상속받은 날부터 3년이 되는 날까지 양도하거나 「공익사업을 위한 토지 등의 취득 및 보상에 관한 법률」 및 그 밖의 법률에 따라 협의매수 또는 수용되는 경우로서 상속받은 날부터 3년이 되는 날까지 다음 각 호의 어느 하나에 해당하는 지역으로 지정(관계 행정기관의 장이 관보 또는 공보에 고시한 날을 말한다)되는 경우(상속받은 날 전에 지정된 경우를 포함한다)에는 제6항 제1호 및 제2호의 축산에 사용한 기간을 상속인이 축산에 사용한 기간으로 본다. (2011. 7. 25. 신설)

1. 「택지개발촉진법」 제3조에 따라 지정된 택지개발지구 (2011. 7. 25. 신설)

☞ p.1448 2단 연결

용지로서 이들 지역에 편입된 날부터 3년이 지난 축사용지. 다만, 다음 각목의 어느 하나에 해당하는 경우는 제외한다. (2016. 1. 22. 개정 ; 제주특별자치도~시행령 부칙)

가. 사업시행지역 안의 토지소유자가 1천명 이상이거나 사업시행 면적이 기획재정부령으로 정하는 규모 이상인 개발사업(이하 이 호에서 "대규모개발사업"이라 한다)지역(사업인정고시일이 같은 하나의 사업시행지역을 말한다) 안에서 대규모개발사업의 시행으로 인하여 「국토의 계획 및 이용에 관한 법률」에 따른 주거지역·상업지역 또는 공업지역에 편입된 축사용지로서 사업시행자의 단계적 사업시행 또는 보상지연으로 이들 지역에 편입된 날부터 3년이 지난 경우 (2013. 2. 15. 개정)

나. 사업시행자가 국가, 지방자치단체, 그 밖에 기획재정부령으로 정하는 공공기관인 개발사업지역 안에서 개발사업의 시행으로 인하여 「국토의 계획 및 이용에 관한 법률」에 따른 주거지역·상업지역 또는 공업지역에 편입된 축사용지로서 기획재정부령으로 정하는 부득이한 사유에 해당하는 경우 (2011. 7. 25. 신설)

다. 「국토의 계획 및 이용에 관한 법률」에 따른 주거지역·상업지역 및 공업지역에 편입된 축사용지로서 편입된 후 3년 이내에 대규모개발사업이 시행되고, 대규모개발사업 시행자의 단계적 사업시행 또는 보상지연으로 이들 지역에 편입된 날부터 3년이 지난 경우(대규모개발사업지역 안에 있는 경우로 한정한다) (2013. 2. 15. 신설)

2. 「도시개발법」 또는 그 밖의 법률에 따라 환지처분 이전에 축사용지 외의 토지로 환지 예정지를 지정하는 경우에는 그 환지 예정지 지정일부터 3년이 지난 축사용지. 다만, 환지처분에 따라 교부받는 환지 청산금에 해당하는 부분은 제외한다. (2011. 7. 25. 신설)

④ 제3항을 적용할 때에는 「소득세법 시행령」 제162조에 따른 양도일 현재의 축사용지를 기준으로 한다. 다만, 양도일 이전에 매매계약 조건에 따라 매수자가 형질변경, 건축착공 등을 한 경우에는 매매계약일 현재의 축사용지를 기준으로 하며, 환지처분 전에 해당 축사용지가 축사용지 외의 토지로 환지예정지 지정이 되고 그 환지예정지 지정일

의하여 확인될 것 (2011. 8. 3. 신설)

가. 「전자정부법」 제36조 제1항에 따른 행정정보의 공동이용을 통한 등기사항증명서 또는 토지대장 등본의 확인 (2017. 3. 17. 개정)

나. 가목에 따른 방법으로 확인할 수 없는 경우에는 그 밖의 증빙자료의 확인 (2011. 8. 3. 신설)

2. 양도자가 8년 이상 축사용지 소재지에 거주하면서 직접 가축의 사육에 종사한 사실이 있고 양도일 현재 축사용지임이 다음 각 목 모두의 방법에 의하여 확인될 것 (2011. 8. 3. 신설)

가. 「전자정부법」 제36조 제1항에 따른 행정정보의 공동이용을 통한 주민등록표 초본의 확인. 다만, 신청인이 확인에 동의하지 아니하는 경우에는 그 서류를 제출하게 하여야 한다. (2018. 3. 21. 개정)

나. 제7항 나목의 축산기간 및 폐업 확인서의 확인 (2011. 8. 3. 신설)

③ 영 제66조의 2 제3항 제1호 가목에서 "기획재정부령으로 정하는 규모"란 100만 제곱미터를 말한다. 다만, 「택지개발촉진법」에 따른 택지개발사업 또는 「주택법」에 따른 대지조성사업의 경우에는 10만제곱미터로 한다. (2011. 8. 3. 신설)

④ 영 제66조의 2 제3항 제1호 나목에서 "기획재정부령으로 정하는 공공기관"이란 「공공기관의 운영에 관한 법률」에 따라 지정된 공공기관과 「지방공기업법」에 따라 설립된 지방직영기업·지방공사·지

〈제69조의 2〉

② 제1항에 따라 양도소득세를 감면받은 거주자가 해당 축사용지 양도 후 5년 이내에 축산업을 다시 하는 경우에는 감면받은 세액을 추징한다. 다만, 상속 등 대통령령으로 정하는 경우에는 그러하지 아니한다.

2. 「산업입지 및 개발에 관한 법률」 제6조·제7조·제7조의 2 또는 제8조에 따라 지정된 산업단지 (2011. 7. 25. 신설)

3. 제1호 및 제2호 외의 지역으로서 기획재정부령으로 정하는 지역 (2011. 7. 25. 신설)

⑧ 법 제69조의 2 제1항 본문에 따른 폐업은 거주자가 축산을 사실상 중단하는 것으로서 해당 축사용지 소재지의 시장(「제주특별자치도 설치 및 국제자유도시 조성을 위한 특별법」에 따른 행정시장을 포함한다)·군수·구청장(자치구의 구청장을 말한다)으로부터 기획재정부령으로 정하는 축산기간 및 폐업 확인서에 폐업임을 확인받은 경우를 말한다. (2011. 7. 25. 신설)

⑨ 법 제69조의 2 제1항에 따라 감면하는 세액은 다음 계산식에 따라 계산한다. (2019. 2. 12. 개정)

$$\text{감면세액} = \text{양도소득세 산출세액} \times \frac{\text{축사용지면적}}{\text{총 양도면적}}$$

⑩ 법 제69조의 2 제1항 단서에서 "대통령령으로 정하는 소득"이란 「소득세법」 제95조 제1항에 따른 양도소득금액(이하 이 항에서 "양도소득금액"이라 한다) 중 다음 계산식에 따라 계산한 금액을 말한다. 이 경우 「공익사업을 위한 토지 등의 취득 및 보상에 관한 법률」 및 그 밖의 법률에 따라 협의매수되거나 수용되는 경우에는 보상가액 산정의 기초가 되는 기준시가를 양도 당시의 기준시가로 보며, 새로운 기준시가가 고시되기 전에 취득하거나 양도한 경우 또는 주거지역등에 편입되거나 환지예정지 지정을 받은 날이 도래하는 경우에는 직전의 기준시가를 적용한다. (2015. 2. 3. 개정)

$$\text{양도소득금액} \times \frac{\text{주거지역등에 편입되거나 환지예정지 지정을 받은 날의 기준시가} - \text{취득 당시 기준시가}}{\text{양도 당시 기준시가} - \text{취득 당시 기준시가}}$$

⑪ 법 제69조의 2 제2항 단서에서 "상속 등 대통령령으로 정하는 경우"란 법 제69조의 2 제1항에 따라 축산용지에 대한 양도소득세 감면을 받은 사람이 그 이후에 상속으로 인하여 축산업을 하게 되는 경우를

방공단을 말한다. (2011. 8. 3. 신설)

⑤ 영 제66조의 2 제3항 제1호 나목에서 "기획재정부령으로 정하는 부득이한 사유"란 사업 또는 보상을 지연시키는 사유로서 그 책임이 사업시행자에게 있다고 인정되는 사유를 말한다. (2011. 8. 3. 신설)

⑥ 영 제66조의 2 제7항 제3호에서 "기획재정부령으로 정하는 지역"이란 다음 각 호의 어느 하나에 해당하는 지역을 말한다. (2011. 8. 3. 신설)

1. 「공공주택 특별법」 제6조에 따라 지정된 공공주택지구 (2017. 3. 17. 개정)

2. 「도시 및 주거환경정비법」 제16조에 따라 지정·고시된 정비구역 (2018. 3. 21. 개정)

3. 「신항만건설 촉진법」 제5조에 따라 지정된 신항만건설 예정지역 (2018. 3. 21. 개정)

4. 「도시개발법」 제3조 및 제9조에 따라 지정·고시된 도시개발구역 (2018. 3. 21. 개정)

5. 「철도건설법」 제9조에 따라 철도건설사업실시계획 승인을 받은 지역 (2011. 8. 3. 신설)

6. 제1호부터 제5호까지와 유사한 경우로서 다른 법률에 따라 예정지구 또는 실시계획 승인을 받은 지역 해당 공익사업으로 인하여 해당 주민이 직접적인 행위제한(건축물의 건축, 토지의 형질 변경·분할 등)을 받는 지역 (2018. 3. 21. 개정)

⑦ 영 제66조의 2 제8항에 따른 폐업 여부

(2011. 7. 25. 신설)

③ 제1항을 적용받으려는 자는 대통령령으로 정하는 바에 따라 감면신청을 하여야 한다. (2011. 7. 25. 신설)

④ 제1항부터 제3항까지의 규정을 적용하는 경우 축사용지의 보유기간, 폐업의 범위, 감면세액의 계산방법 및 그 밖에 필요한 사항은 대통령령으로 정한다. (2011. 7. 25. 신설)

　　제69조의 3【어업용 토지등에 대한 양도소득세의 감면】① 어업용 토지등 소재지에 거주하는 대통령령으로 정하는 거주자가 8년 이상 대통령령으로 정하는 방법으로 직접 어업에 사용한 대통령령으로 정하는 어업용 토지등을 2025년 12월 31일까지 양도함에 따라 발생하는 소득에 대해서는 양도소득세의 100분의 100에 상당하는 세액을 감면한다. 다만, 해당 어업용 토지등이 주거지역등에 편입되거나 「도시개발법」 또는 그 밖의 법률에 따라 환지처분 전에 해당 어업용 토지등 외의 토지로 환지예정지 지정을 받은 경우에는 주거지역등에 편입되거나 환지예정지 지정을 받은 날까지 발생한 소득으로서 대통령령으로 정하는 소득에 대해서만 양도소득세의 100분의 100에 상당하는 세액을 감면한다. (2022. 12. 31. 개정)

② ☞ p.1452

말한다. (2011. 7. 25. 신설)

⑫ 법 제69조의 2 제3항에 따라 양도소득세 감면신청을 하려는 사람은 해당 축사용지를 양도한 날이 속하는 과세기간의 과세표준신고(예정신고를 포함한다)와 함께 기획재정부령으로 정하는 세액감면신청서 및 제8항에 따른 축산 기간 및 폐업 확인서(「축산법」 제22조 제3항에 따른 가축사육업으로서 이 조 제8항에 따른 축산기간 및 폐업 확인을 할 수 없는 경우에는 축산기간 및 폐업 여부를 확인할 수 있는 서류)를 납세지 관할세무서장에게 제출하여야 한다. (2016. 2. 5. 개정)

⑬ 제3항에 따른 축산에 사용한 기간의 계산에 관하여는 제66조 제14항을 준용한다. (2014. 2. 21. 신설)

　　제66조의 3【어업용 토지등에 대한 양도소득세의 감면】① 법 제69조의 3 제1항 본문에서 "어업용 토지등 소재지에 거주하는 대통령령으로 정하는 거주자"란 8년 이상 다음 각 호의 어느 하나에 해당하는 지역(제2항에 따른 양식등의 개시 당시에는 그 지역에 해당하였으나 행정구역의 개편 등으로 이에 해당하지 아니하게 된 지역을 포함한다)에 거주한 「수산업·어촌 발전 기본법」에 따른 어업인으로서 어업용 토지등 양도일 현재 「소득세법」 제1조의 2 제1항 제1호에 따른 거주자인 자(같은 항 제2호에 따른 비거주자가 된 날부터 2년 이내인 자를 포함한다)를 말한다. (2018. 2. 13. 신설)

1. 양식등에 사용하는 어업용 토지등이 소재하는 시(특별자치시와 「제주특별자치도 설치 및 국제자유도시 조성을 위한 특별법」에 따른 행정시를 포함한다. 이하 이 항에서 같다)·군·구(자치구인 구를 말한다. 이하 이 항에서 같다) 안의 지역 (2018. 2. 13. 신설)

2. 제1호의 지역과 연접한 시·군·구 안의 지역 (2018. 2. 13. 신설)

3. 해당 어업용 토지등으로부터 직선거리로 30킬로미터 이내의 지역 (2018. 2. 13. 신설)

② 법 제69조의 3 제1항 본문에서 "대통령령으로 정하는 방법으로 직접 어업에 사용"이란 다음 각 호의 어느 하나에 해당하는 것을 말한다. (2019. 2. 12. 개정)

1. 거주자가 그 소유 어업용 토지등에서 「양식산업발전법」에 따른 육

는 다음 각 목 모두의 방법에 의하여 확인되어야 한다. (2011. 8. 3. 신설)

　가. 「전자정부법」 제36조 제1항에 따른 행정정보의 공동이용을 통한 등기사항증명서 또는 토지대장 등본의 확인 (2017. 3. 17. 개정)

　나. 시장·군수·구청장이 발급하는 축산기간 및 폐업 확인서의 확인 (2011. 8. 3. 신설)

⑧ 영 제66조의 2 제10항 단서에 따른 보상액 산정의 기초가 되는 기준시가는 보상액 산정 당시 해당 토지의 개별공시지가로 한다. (2011. 8. 3. 신설)

기획재정부령으로 정하는 부득이한 사유에 해당하는 경우 (2018. 2. 13. 신설)

　다. 「국토의 계획 및 이용에 관한 법률」에 따른 주거지역·상업지역 및 공업지역에 편입된 어업용 토지등으로서 편입된 후 3년 이내에 대규모개발사업이 시행되고, 대규모개발사업 시행자의 단계적 사업시행 또는 보상지연으로 이들 지역에 편입된 날부터 3년이 지난 경우(대규모개발사업지역 안에 있는 경우로 한정한다) (2018. 2. 13. 신설)

2. 「도시개발법」 또는 그 밖의 법률에 따라 환지처분 이전에 어업용 토지등 외의 토지로 환지 예정지를 지정하는 경우에는 그 환지 예정지 지정일부터 3년이 지난 어업용 토지등. 다만, 환지처분에 따라 교부받는 환지 청산금에 해당하는 부분은 제외한다. (2018. 2. 13. 신설)

④ 제3항을 적용할 때에는 「소득세법 시행령」 제162조에 따른 양도일 현재의 어업용 토지등을 기준으로 한다. 다만, 양도일 이전에 매매계약 조건에 따라 매수자가 형질변경, 건축착공 등을 한 경우에는 매매계약일 현재의 어업용 토지등을 기준으로 하며, 환지처분 전에 해당 어업용 토지등이 어업용 토지등 외의 토지로 환지예정지 지정이 되고 그 환지예정지 지정일부터 3년이 경과하기 전의 토지로서 환지예정지 지정 후 토지조성공사의 시행으로 양식등을 하지 못하게 된 경우에는 토지조성공사 착수일 현재의 어업용 토지등을 기준으로 한다. (2018. 2. 13. 신설)

⑤ 제3항에 따른 양식등에 사용한 기간을 계산할 때 어업용 토지등을 교환·분합 및 대토한 경우로서 새로이 취득하는 어업용 토지등이 「공익사업을 위한 토지 등의 취득 및 보상에 관한 법률」 및 그 밖의 법률에 따라 협의매수되거나 수용되는 경우에는 교환·분합 및 대토 전의 어업용 토지등을 양식등에 사용한 기간을 포함하여 계산한다. (2018. 2. 13. 신설)

⑥ 제3항에 따른 양식등에 사용한 기간을 계산할 때 상속인이 상속받은 어업용 토지등을 1년 이상 계속하여 양식등에 사용하는 경우(제2항 각 호의 어느 하나에 따른 지역에 거주하면서 양식등에 사용하는 경우를 말한다. 이하 이 항 및 제7항에서 같다)에는 다음 각 호의 기간

☞ p.1451 2단 연결

상해수양식업, 같은 법 시행령에 따른 육상수조식내수양식업 및 「수산종자산업육성법」에 따른 수산종자생산업(이하 이 조에서 "양식등"이라 한다)에 상시 종사하는 것 (2020. 8. 26. 개정 ; 양식산업발전법 시행령 부칙)

2. 거주자가 그 소유 어업용 토지등에서 양식등의 2분의 1 이상을 자기의 노동력에 의하여 수행하는 것 (2018. 2. 13. 신설)

③ 법 제69조의 3 제1항 본문에서 "대통령령으로 정하는 어업용 토지등"이란 해당 토지등을 취득한 때부터 양도할 때까지의 사이에 8년 이상 자기가 직접 양식등에 사용한 어업용 토지등으로서 다음 각 호의 어느 하나에 해당하는 것을 제외한 것을 말한다. (2019. 2. 12. 개정)

1. 양도일 현재 특별시·광역시(광역시에 있는 군은 제외한다) 또는 시[「지방자치법」 제3조 제4항에 따라 설치된 도농(都農) 복합형태의 시의 읍·면 지역 및 「제주특별자치도 설치 및 국제자유도시 조성을 위한 특별법」 제10조 제2항에 따라 설치된 행정시의 읍·면 지역은 제외한다]에 있는 어업용 토지등 중 「국토의 계획 및 이용에 관한 법률」에 따른 주거지역·상업지역 또는 공업지역 안에 있는 어업용 토지등으로서 이들 지역에 편입된 날부터 3년이 지난 어업용 토지등. 다만, 다음 각 목의 어느 하나에 해당하는 경우는 제외한다. (2018. 2. 13. 신설)

　가. 사업시행지역 안의 토지소유자가 1천명 이상이거나 사업시행면적이 기획재정부령으로 정하는 규모 이상인 개발사업(이하 이 호에서 "대규모개발사업"이라 한다)지역(사업인정고시일이 같은 하나의 사업시행지역을 말한다) 안에서 대규모개발사업의 시행으로 인하여 「국토의 계획 및 이용에 관한 법률」에 따른 주거지역·상업지역 또는 공업지역에 편입된 어업용 토지등으로서 사업시행자의 단계적 사업시행 또는 보상지연으로 이들 지역에 편입된 날부터 3년이 지난 경우 (2018. 2. 13. 신설)

　나. 사업시행자가 국가, 지방자치단체, 그 밖에 기획재정부령으로 정하는 공공기관인 개발사업지역 안에서 개발사업의 시행으로 인하여 「국토의 계획 및 이용에 관한 법률」에 따른 주거지역·상업지역 또는 공업지역에 편입된 어업용 토지등으로서

제27조의 3 【어업용 토지등의 범위 등】

① 영 제66조의 3 제3항에 따른 어업용 토지등은 지적공부상의 지목에 관계없이 실지로 양식 또는 수산종자생산에 사용한 건물과 토지로 한다. (2018. 3. 21. 신설)

② 영 제66조의 3 제3항에 따른 어업용 토지등에 해당하는지 여부의 확인은 다음 각 호의 기준에 따른다. (2018. 3. 21. 신설)

1. 양도자가 8년 이상 소유한 어업용 토지등임이 다음 각 목의 어느 하나의 방법에 의하여 확인될 것 (2018. 3. 21. 신설)

　가. 「전자정부법」 제36조 제1항에 따른 행정정보의 공동이용을 통한 등기사항증명서 또는 토지대장 등본의 확인 (2018. 3. 21. 신설)

　나. 가목에 따른 방법으로 확인할 수 없는 경우에는 그 밖의 증빙자료의 확인 (2018. 3. 21. 신설)

2. 양도자가 8년 이상 어업용 토지등 소재지에 거주하면서 직접 양식 또는 수산종자생산에 종사한 사실이 있고 양도일 현재 어업용 토지등임이 다음 각 목 모

은 상속인이 양식등에 사용한 기간으로 본다. (2018. 2. 13. 신설)
1. 피상속인이 취득하여 양식등에 사용한 기간(직전 피상속인이 양식등에 사용한 기간으로 한정한다) (2018. 2. 13. 신설)
2. 피상속인이 그 배우자로부터 상속받은 어업용 토지등을 양식등에 사용한 사실이 있는 경우에는 피상속인의 배우자가 취득한 어업용 토지등을 양식등에 사용한 기간 (2018. 2. 13. 신설)
⑦ 제6항에도 불구하고 상속인이 상속받은 어업용 토지등을 1년 이상 계속하여 양식등에 사용하지 아니하더라도 상속받은 날부터 3년이 되는 날까지 양도하거나 「공익사업을 위한 토지 등의 취득 및 보상에 관한 법률」 및 그 밖의 법률에 따라 협의매수 또는 수용되는 경우로서 상속받은 날부터 3년이 되는 날까지 다음 각 호의 어느 하나에 해당하는 지역으로 지정(관계행정기관의 장이 관보 또는 공보에 고시한 날을 말한다)되는경우(상속받은 날 전에 지정된 경우를 포함한다)에는 제6항 제1호 및 제2호의 양식등에 사용한 기간을 상속인이 양식등에 사용한 기간으로 본다. (2018. 2. 13. 신설)
1. 「택지개발촉진법」 제3조에 따라 지정된 택지개발지구 (2018. 2. 13. 신설)
2. 「산업입지 및 개발에 관한 법률」 제6조·제7조·제7조의 2 또는 제8조에 따라 지정된 산업단지 (2018. 2. 13. 신설)
3. 제1호 및 제2호 외의 지역으로서 기획재정부령으로 정하는 지역 (2018. 2. 13. 신설)
⑧ 법 제69조의 3 제1항 단서에서 "대통령령으로 정하는 소득"이란 「소득세법」 제95조 제1항에 따른 양도소득금액(이하 이 항에서 "양도소득금액"이라 한다) 중 다음 계산식에 따라 계산한 금액을 말한다. 이 경우 「공익사업을 위한 토지 등의 취득 및 보상에 관한 법률」 및 그 밖의 법률에 따라 협의매수되거나 수용되는 경우에는 보상가액 산정의 기초가 되는 기준시가를 양도 당시의 기준시가로 보며, 새로운 기준시가가 고시되기 전에 취득하거나 양도한 경우 또는 주거지역등에 편입되거나 환지예정지 지정을 받은 날이 도래하는 경우에는 직전의 기준시가를 적용한다. (2018. 2. 13. 신설)

$$\text{양도소득금액} \times \frac{\text{주거지역등에 편입되거나 환지예정지 지정을 받은 날의 기준시가} - \text{취득 당시 기준시가}}{\text{양도 당시 기준시가} - \text{취득 당시 기준시가}}$$

☞ p.1452 2단 연결

두의 방법에 의하여 확인될 것 (2018. 3. 21. 신설)
가. 「전자정부법」 제36조 제1항에 따른 행정정보의 공동이용을 통한 주민등록표 초본의 확인. 다만, 신청인이 확인에 동의하지 아니하는 경우에는 그 서류를 제출하게 하여야 한다. (2018. 3. 21. 신설)
나. 시장·군수·구청장이 발급하는 양식 또는 수산종자생산 종사 기간 확인서의 확인 (2018. 3. 21. 신설)
③ 영 제66조의 3 제3항 제1호 가목에서 "기획재정부령으로 정하는 규모"란 100만 제곱미터를 말한다. 다만, 「택지개발촉진법」에 따른 택지개발사업 또는 「주택법」에 따른 대지조성사업의 경우에는 10만제곱미터로 한다. (2018. 3. 21. 신설)
④ 영 제66조의 3 제3항 제1호 나목에서 "기획재정부령으로 정하는 공공기관"이란 「공공기관의 운영에 관한 법률」에 따라 지정된 공공기관과 「지방공기업법」에 따라 설립된 지방직영기업·지방공사 및 지방공단을 말한다. (2018. 3. 21. 신설)
⑤ 영 제66조의 3 제3항 제1호 나목에서 "기획재정부령으로 정하는 부득이한 사유"란 사업 또는 보상을 지연시키는 사유로서 그 책임이 사업시행자에게 있다고 인정되는 사유를 말한다. (2018. 3. 21. 신설)
⑥ 영 제66조의 3 제7항 제3호에서 "기획재정부령으로 정하는 지역"이란 다음 각 호의 어느 하나에 해당하는 지역을 말한다. (2018. 3. 21. 신설)

〈제69조의 3〉
② 제1항을 적용받으려는 자는 대통령령으로 정하는 바에 따라 감면신청을 하여야 한다. (2017. 12. 19. 신설)
③ 제1항 및 제2항을 적용하는 경우 어업용 토지등의 보유기간, 감면세액의 계산방법과 그 밖에 필요한 사항은 대통령령으로 정한다. (2017. 12. 19. 신설)

제69조의 4 【자경산지에 대한 양도소득세의 감면】 ① 산지 소재지에 거주하는 대통령령으로 정하는 거주자가 「산림자원의 조성 및 관리에 관한 법률」 제13조에 따른 산림경영계획인가를 받아 10년 이상 대통령령으로 정하는 방법으로 직접 경영한 산지 중 대통령령으로 정하는 산지를 양도함에 따라 발생하는 소득에 대해서는 다음 표에 따른 세액을 감면한다. 다만, 해당 산지가 주거지역등에 편입되거나 「도시개발법」 또는 그 밖의 법률에 따라 환지처분 전에 산지 외의 토지로 환지예정지 지정을 받은 경우에는 주거지역등에 편입되거나, 환지예정지 지정을 받은 날까지 발생한 소득으로서 대통령령으로 정하는 소득에 대해서만 세액을 감면한다. (2017. 12. 19. 신설)

직접 경영한 기간	감면 세액
10년 이상 20년 미만	양도소득세의 100분의 10에 상당하는 세액
20년 이상 30년 미만	양도소득세의 100분의 20에 상당하는 세액
30년 이상 40년 미만	양도소득세의 100분의 30에 상당하는 세액
40년 이상 50년 미만	양도소득세의 100분의 40에 상당하는 세액
50년 이상	양도소득세의 100분의 50에 상당하는 세액

② 제1항을 적용받으려는 자는 대통령령으로 정하는 바에 따라 감면신청을 하여야 한다. (2017. 12. 19. 신설)

⑨ 법 제69조의 3 제2항에 따라 양도소득세 감면신청을 하려는 사람은 해당 어업용 토지등을 양도한 날이 속하는 과세기간의 과세표준신고(예정신고를 포함한다)와 함께 기획재정부령으로 정하는 세액감면신청서를 납세지 관할 세무서장에게 제출하여야 한다. (2018. 2. 13. 신설)
⑩ 제3항에 따른 양식등에 사용한 기간의 계산에 관하여는 제66조 제14항을 준용한다. 이 경우 제66조 제14항 전단의 “농업・임업에서 발생하는 소득”은 “어업・임업에서 발생하는 소득”으로 본다. (2019. 2. 12. 후단신설)

제66조의 4 【자경산지에 대한 양도소득세의 감면】 ① 법 제69조의 4 제1항 표 외의 부분 본문에서 “대통령령으로 정하는 거주자”란 법 제69조의 4 제1항의 표의 직접 경영한 기간 이상 다음 각 호의 어느 하나에 해당하는 지역(임업 개시 당시에는 그 지역에 해당하였으나 행정구역의 개편 등으로 이에 해당하지 아니하게 된 지역을 포함한다)에 거주한 「임업 및 산촌 진흥촉진에 관한 법률」에 따른 임업인으로서 산지 양도일 현재 「소득세법」 제1조의 2 제1항 제1호에 따른 거주자인 사람(같은 항 제2호에 따른 비거주자가 된 날부터 2년 이내인 사람을 포함한다)을 말한다. (2018. 2. 13. 신설)
1. 산지가 소재하는 시(특별자치시와 「제주특별자치도 설치 및 국제자유도시 조성을 위한 특별법」 제10조 제2항에 따른 행정시를 포함한다. 이하 이 항에서 같다)・군・구(자치구인 구를 말한다. 이하 이 항에서 같다) 안의 지역 (2018. 2. 13. 신설)
2. 제1호의 지역과 연접한 시・군・구 안의 지역 (2018. 2. 13. 신설)
3. 해당 산지로부터 직선거리로 30킬로미터 이내의 지역 (2018. 2. 13. 신설)
② 법 제69조의 4 제1항 표 외의 부분 본문에서 “대통령령으로 정하는 방법으로 직접 경영한 산지”란 다음 각 호의 어느 하나에 해당하는 방법으로 경영한 산지를 말한다. (2018. 2. 13. 신설)
1. 거주자가 그 소유 산지에서 「임업 및 산촌 진흥촉진에 관한 법률」에 따른 임업(이하 이 조에서 “임업”이라 한다)에 상시 종사하는 것

1. 「공공주택 특별법」 제6조에 따라 지정된 공공주택지구 (2018. 3. 21. 신설)
2. 「도시 및 주거환경정비법」 제16조에 따라 지정・고시된 정비구역 (2018. 3. 21. 신설)
3. 「신항만건설 촉진법」 제5조에 따라 지정된 신항만건설 예정지역 (2018. 3. 21. 신설)
4. 「도시개발법」 제3조 및 제9조에 따라 지정・고시된 도시개발구역 (2018. 3. 21. 신설)
5. 「철도건설법」 제9조에 따라 철도건설 사업실시계획 승인을 받은 지역 (2018. 3. 21. 신설)
6. 제1호부터 제5호까지와 유사한 경우로서 다른 법률에 따라 예정지구 또는 실시계획 승인을 받은 지역 해당 공익사업으로 인하여 해당 주민이 직접적인 행위제한(건축물의 건축, 토지의 형질변경・분할 등)을 받는 지역 (2018. 3. 21. 신설)
⑦ 영 제66조의 3 제8항 후단에 따른 보상액 산정의 기초가 되는 기준시가는 보상액 산정 당시 해당 토지의 개별공시지가로 한다. (2018. 3. 21. 신설)

다. 「국토의 계획 및 이용에 관한 법률」에 따른 주거지역·상업지
역 및 공업지역에 편입된 산지로서 편입된 후 3년 이내에 대규
모개발사업이 시행되고, 대규모개발사업 시행자의 단계적 사
업시행 또는 보상지연으로 이들 지역에 편입된 날부터 3년이
지난 경우(대규모개발사업지역 안에 있는 경우로 한정한다)
(2018. 2. 13. 신설)
2. 「도시개발법」 또는 그 밖의 법률에 따라 환지처분 이전에 산지 외
의 토지로 환지 예정지를 지정하는 경우에는 그 환지 예정지 지정
일부터 3년이 지난 산지. 다만, 환지처분에 따라 교부받는 환지 청
산금에 해당하는 부분은 제외한다. (2018. 2. 13. 신설)
④ 제3항을 적용할 때에는 「소득세법 시행령」 제162조에 따른 양도
일 현재의 산지를 기준으로 한다. 다만, 양도일 이전에 매매계약조건
에 따라 매수자가 형질변경, 건축착공 등을 한 경우에는 매매계약일
현재의 산지를 기준으로 하며, 환지처분 전에 해당 산지가 산지 외의
토지로 환지예정지 지정이 되고 그 환지예정지 지정일부터 3년이 경
과하기 전의 토지로서 환지예정지 지정 후 토지조성공사의 시행으로
임업을 하지 못하게 된 경우에는 토지조성공사 착수일 현재의 산지를
기준으로 한다. (2018. 2. 13. 신설)
⑤ 제3항에 따른 임업에 사용한 기간을 계산할 때 산지를 교환·분합
및 대토한 경우로서 새로이 취득하는 산지가 「공익사업을 위한 토지
등의 취득 및 보상에 관한 법률」 및 그 밖의 법률에 따라 협의매수되
거나 수용되는 경우에는 교환·분합 및 대토 전의 산지를 임업에 사
용한 기간을 포함하여 계산한다. (2018. 2. 13. 신설)
⑥ 제3항에 따른 임업에 사용한 기간을 계산할 때 상속인이 상속받
은 산지를 1년 이상 계속하여 임업에 사용하는 경우(제1항 각 호의
어느 하나에 따른 지역에 거주하면서 임업에 사용하는 경우를 말한
다. 이하 이 항 및 제7항에서 같다)에는 다음 각 호의 기간은 상속인
이 임업에 사용한 기간으로 본다. (2018. 2. 13. 신설)
1. 피상속인이 취득하여 임업에 사용한 기간(직전 피상속인이 임업에
사용한 기간으로 한정한다) (2018. 2. 13. 신설)

☞ p.1454 2단 연결

(2018. 2. 13. 신설)
2. 거주자가 그 소유 산지에서 임작업의 2분의 1 이상을 자기의 노동
력에 의하여 수행하는 것 (2018. 2. 13. 신설)
③ 법 제69조의 4 제1항 표 외의 부분 본문에서 "대통령령으로 정하
는 산지"란 해당 토지를 취득하고 「산림자원의 조성 및 관리에 관한
법률」 제13조에 따른 산림경영계획인가를 받은 날부터 양도할 때까지
의 기간에 법 제69조의 4 제1항 표의 직접 경영한 기간 이상 자기가
직접 임업에 사용한 「산지관리법」 제4조 제1항 제1호에 따른 보전산
지로서 다음 각 호의 어느 하나에 해당하는 것을 제외한 것을 말한다.
(2018. 2. 13. 신설)
1. 양도일 현재 특별시·광역시(광역시에 있는 군은 제외한다) 또는
시[「지방자치법」 제3조 제4항에 따라 설치된 도농(都農) 복합형태
의 시의 읍·면 지역 및 「제주특별자치도 설치 및 국제자유도시 조
성을 위한 특별법」 제10조 제2항에 따라 설치된 행정시의 읍·면
지역은 제외한다]에 있는 산지 중 「국토의 계획 및 이용에 관한 법
률」에 따른 주거지역·상업지역 또는 공업지역 안에 있는 산지로
서 이들 지역에 편입된 날부터 3년이 지난 산지. 다만, 다음 각 목
의 어느 하나에 해당하는 경우는 제외한다. (2018. 2. 13. 신설)
가. 사업시행지역 안의 토지소유자가 1천명 이상이거나 사업시행
면적이 기획재정부령으로 정하는 규모 이상인 개발사업(이하
이 호에서 "대규모개발사업"이라 한다)지역(사업인정고시일이
같은 하나의 사업시행지역을 말한다) 안에서 대규모개발사업
의 시행으로 인하여 「국토의 계획 및 이용에 관한 법률」에 따
른 주거지역·상업지역 또는 공업지역에 편입된 산지로서 사
업시행자의 단계적 사업시행 또는 보상지연으로 이들 지역에
편입된 날부터 3년이 지난 경우 (2018. 2. 13. 신설)
나. 사업시행자가 국가, 지방자치단체, 그 밖에 기획재정부령으로
정하는 공공기관인 개발사업지역 안에서 개발사업의 시행으로
인하여 「국토의 계획 및 이용에 관한 법률」에 따른 주거지역·
상업지역 또는 공업지역에 편입된 산지로서 기획재정부령으로
정하는 부득이한 사유에 해당하는 경우 (2018. 2. 13. 신설)

제27조의 4【자경산지의 범위 등】
① 영 제66조의 4 제3항에 따른 산지는 지
적공부상의 지목에 관계없이 실지로 경작
에 사용되는 토지로 한다. (2018. 3. 21.
신설)
② 영 제66조의 4 제3항에 따른 산지에
해당하는지 여부의 확인은 다음 각 호의
기준에 따른다. (2018. 3. 21. 신설)
1. 양도자가 8년 이상 소유한 산지임이 다
음 각 목의 어느 하나의 방법에 의하여
확인될 것 (2018. 3. 21. 신설)
가. 「전자정부법」 제36조 제1항에 따
른 행정정보의 공동이용을 통한 등
기사항증명서 또는 토지대장 등본
의 확인 (2018. 3. 21. 신설)
나. 가목에 따른 방법으로 확인할 수
없는 경우에는 그 밖의 증빙자료
의 확인 (2018. 3. 21. 신설)
2. 양도자가 8년 이상 산지 소재지에 거주
하면서 직접 경작한 사실이 있고 양도일
현재 산지임이 다음 각 목 모두의 방법
에 의하여 확인될 것 (2018. 3. 21. 신설)
가. 「전자정부법」 제36조 제1항에 따른
행정정보의 공동이용을 통한 주민등
록표 초본의 확인. 다만, 신청인이
확인에 동의하지 아니하는 경우에는
그 서류를 제출하게 하여야 한다.
(2018. 3. 21. 신설)

⑨ 법 제69조의 4 제2항에 따라 양도소득세 감면신청을 하려는 사람은 해당 산지를 양도한 날이 속하는 과세기간의 과세표준신고(예정신고를 포함한다)와 함께 기획재정부령으로 정하는 세액감면신청서를 납세지 관할 세무서장에게 제출하여야 한다. (2018. 2. 13. 신설)
⑩ 제3항에 따른 임업에 사용한 기간의 계산에 관하여는 제66조 제14항을 준용한다. (2018. 2. 13. 신설)

2. 피상속인이 그 배우자로부터 상속받은 산지를 임업에 사용한 사실이 있는 경우에는 피상속인의 배우자가 취득한 산지를 임업에 사용한 기간 (2018. 2. 13. 신설)
⑦ 제6항에도 불구하고 상속인이 상속받은 산지를 1년 이상 계속하여 임업에 사용하지 아니하더라도 상속받은 날부터 3년이 되는 날까지 양도하거나 「공익사업을 위한 토지 등의 취득 및 보상에 관한 법률」 및 그 밖의 법률에 따라 협의매수되거나 수용되는 경우로서 상속받은 날부터 3년이 되는 날까지 다음 각 호의 어느 하나에 해당하는 지역으로 지정(관계 행정기관의 장이 관보 또는 공보에 고시한 날을 말한다)되는 경우(상속받은 날 전에 지정된 경우를 포함한다)에는 제6항 제1호 및 제2호의 임업에 사용한 기간을 상속인이 임업에 사용한 기간으로 본다. (2018. 2. 13. 신설)
1. 「택지개발촉진법」 제3조에 따라 지정된 택지개발지구 (2018. 2. 13. 신설)
2. 「산업입지 및 개발에 관한 법률」 제6조・제7조・제7조의 2 또는 제8조에 따라 지정된 산업단지 (2018. 2. 13. 신설)
3. 제1호 및 제2호 외의 지역으로서 기획재정부령으로 정하는 지역 (2018. 2. 13. 신설)
⑧ 법 제69조의 4 제1항 표 외의 부분 단서에서 "대통령령으로 정하는 소득"이란 「소득세법」 제95조 제1항에 따른 양도소득금액(이하 이 항에서 "양도소득금액"이라 한다) 중 다음 계산식에 따라 계산한 금액을 말한다. 이 경우 「공익사업을 위한 토지 등의 취득 및 보상에 관한 법률」 및 그 밖의 법률에 따라 협의매수되거나 수용되는 경우에는 보상가액 산정의 기초가 되는 기준시가를 양도 당시의 기준시가로 보며, 새로운 기준시가가 고시되기 전에 취득하거나 양도한 경우 또는 주거지역등에 편입되거나 환지예정지 지정을 받은 날이 도래하는 경우에는 직전의 기준시가를 적용한다. (2018. 2. 13. 신설)

$$\text{양도소득금액} \times \frac{\text{주거지역등에 편입되거나 환지 예정지 지정을 받은 날의 기준시가} - \text{취득 당시 기준시가}}{\text{양도 당시 기준시가} - \text{취득 당시 기준시가}}$$

나. 시장・군수・구청장이 발급하는 자경기간 확인서의 확인 (2018. 3. 21. 신설)
③ 영 제66조의 4 제3항 제1호 가목에서 "기획재정부령으로 정하는 규모"란 100만제곱미터를 말한다. 다만, 「택지개발촉진법」에 따른 택지개발사업 또는 「주택법」에 따른 대지조성사업의 경우에는 10만제곱미터로 한다. (2018. 3. 21. 신설)
④ 영 제66조의 4 제3항 제1호 나목에서 "기획재정부령으로 정하는 공공기관"이란 「공공기관의 운영에 관한 법률」에 따라 지정된 공공기관과 「지방공기업법」에 따라 설립된 지방직영기업・지방공사 및 지방공단을 말한다. (2018. 3. 21. 신설)
⑤ 영 제66조의 4 제3항 제1호 나목에서 "기획재정부령으로 정하는 부득이한 사유"란 사업 또는 보상을 지연시키는 사유로서 그 책임이 사업시행자에게 있다고 인정되는 사유를 말한다. (2018. 3. 21. 신설)
⑥ 영 제66조의 3 제7항 제3호에서 "기획재정부령으로 정하는 지역"이란 다음 각 호의 어느 하나에 해당하는 지역을 말한다. (2018. 3. 21. 신설)
1. 「공공주택 특별법」 제6조에 따라 지정된 공공주택지구 (2018. 3. 21. 신설)
2. 「도시 및 주거환경정비법」 제16조에 따라 지정・고시된 정비구역 (2018. 3. 21. 신설)
3. 「신항만건설 촉진법」 제5조에 따라 지정된 신항만건설 예정지역 (2018. 3. 21. 신설)

제70조【농지대토에 대한 양도소득세 감면】 농특비
① 농지 소재지에 거주하는 대통령령으로 정하는 거주자가 대통령령으로 정하는 방법으로 직접 경작한 토지를 경작상의 필요에 의하여 대통령령으로 정하는 경우에 해당하는 농지로 대토(代土)함으로써 발생하는 소득에 대해서는 양도소득세의 100분의 100에 상당하는 세액을 감면한다. 다만, 해당 토지가 주거지역등에 편입되거나 「도시개발법」 또는 그 밖의 법률에 따라 환지처분 전에 농지 외의 토지로 환지예정지 지정을 받은 경우에는 주거지역 등에 편입되거나, 환지예정지 지정을 받은 날까지 발생한 소득으로서 대통령령으로 정하는 소득에 대해서만 양도소득세를 감면한다. (2016. 12. 20. 단서개정)
② ☞ p.1457

☞

제67조【농지대토에 대한 양도소득세 감면요건 등】 ① 법 제70조 제1항에서 "대통령령으로 정하는 거주자"란 대토 전의 농지 양도일 현재 4년 이상 다음 각 호의 어느 하나에 해당하는 지역(경작을 개시할 당시에는 해당 호의 지역에 해당하였으나 행정구역의 개편 등으로 이에 해당하지 아니하게 된 지역을 포함한다. 이하 이 조에서 "농지소재지"라 한다)에 거주하고 있는 자로서 「소득세법」 제1조의 2 제1항 제1호에 따른 거주자인 자(비거주자가 된 날부터 2년 이내인 자를 포함한다)를 말한다. (2024. 2. 29. 개정)
1. 농지가 소재하는 시(특별자치시와 「제주특별자치도 설치 및 국제자유도시 조성을 위한 특별법」 제10조 제2항에 따라 설치된 행정시를 포함한다. 이하 이 항에서 같다)·군·구(자치구인 구를 말한다. 이하 이 항에서 같다) 안의 지역 (2016. 1. 22. 개정 ; 제주특별자치도~시행령 부칙)
2. 제1호의 지역과 연접한 시·군·구 안의 지역 (2005. 12. 31. 신설)
3. 해당 농지로부터 직선거리 30킬로미터 이내의 지역 (2015. 2. 3. 개정)
② 법 제70조 제1항 본문에서 "대통령령으로 정하는 방법으로 직접 경작"이란 다음 각 호의 어느 하나에 해당하는 것을 말한다. (2016. 2. 5. 개정)
1. 거주자가 그 소유농지에서 농작물의 경작 또는 다년생식물의 재배에 상시 종사하는 것 (2016. 2. 5. 신설)
2. 거주자가 그 소유농지에서 농작업의 2분의 1 이상을 자기의 노동력에 의하여 경작 또는 재배하는 것 (2016. 2. 5. 신설)
③ 법 제70조 제1항에서 "대통령령으로 정하는 경우"란 경작상의 필요에 의하여 대토하는 농지로서 다음 각 호의 어느 하나에 해당하는 경우를 말한다. (2010. 2. 18. 개정)
1. 4년 이상 종전의 농지소재지에 거주하면서 경작한 자가 종전의 농지의 양도일부터 1년(「공익사업을 위한 토지 등의 취득 및 보상에 관한 법률」에 따른 협의매수·수용 및 그 밖의 법률에 따라 수용되는 경우에는 2년) 내에 새로운 농지를 취득(상속·증여받은 경우는 제외한다. 이하 이 조에서 같다)하여, 그 취득한 날부터 1년(질병의 요양 등 기획재정부령으로 정하는 부득이한 사유로 경작하지 못하는 경우에는 기획재정부령으로 정하는 기간) 내에 새로운 농지소재지

4. 「도시개발법」 제3조 및 제9조에 따라 지정·고시된 도시개발구역 (2018. 3. 21. 신설)
5. 「철도건설법」 제9조에 따라 철도건설사업실시계획 승인을 받은 지역 (2018. 3. 21. 신설)
6. 제1호부터 제5호까지와 유사한 경우로서 다른 법률에 따라 예정지구 또는 실시계획 승인을 받은 지역 해당 공익사업으로 인하여 해당 주민이 직접적인 행위제한(건축물의 건축, 토지의 형질 변경·분할 등)을 받는 지역 (2018. 3. 21. 신설)
⑦ 영 제66조의 4 제8항 후단에 따른 보상액 산정의 기초가 되는 기준시가는 보상액 산정 당시 해당 토지의 개별공시지가로 한다. (2018. 3. 21. 신설)

제28조【농지대토 경작개시기간의 예외 등】 (2018. 3. 21. 조번개정)
① 영 제67조 제3항 제1호·제2호 및 같은 조 제10항 제2호에서 "기획재정부령으로 정하는 부득이한 사유"란 각각 다음 각 호의 어느 하나에 해당하는 경우를 말한다. (2014. 3. 14. 신설)
1. 1년 이상의 치료나 요양을 필요로 하는 질병의 치료 또는 요양을 위한 경우 (2014. 3. 14. 신설)

운 농지 경작기간의 계산에 관하여는 제66조 제14항을 준용한다. 이 경우 새로운 농지의 경작기간을 계산할 때 새로운 농지의 경작을 개시한 후 종전의 농지 경작기간과 새로운 농지 경작기간을 합산하여 8년이 지나기 전에 제66조 제14항에 해당하는 기간이 있는 경우에는 새로운 농지를 계속하여 경작하지 아니한 것으로 본다. (2014. 2. 21. 신설)

⑦ 법 제70조 제1항 단서에서 "대통령령으로 정하는 소득"이란 「소득세법」 제95조 제1항에 따른 양도소득금액(이하 이 항에서 "양도소득금액"이라 한다) 중 다음의 계산식에 따라 계산한 금액을 말한다. 이 경우 「공익사업을 위한 토지 등의 취득 및 보상에 관한 법률」 및 그 밖의 법률에 따라 협의매수되거나 수용되는 경우에는 보상가액 산정의 기초가 되는 기준시가를 양도 당시의 기준시가로 보며, 새로운 기준시가가 고시되기 전에 취득하거나 양도한 경우 또는 주거지역등에 편입되거나 환지예정지 지정을 받은 날이 도래하는 경우에는 직전의 기준시가를 적용한다. (2015. 2. 3. 개정)

$$\text{양도소득금액} \times \frac{\text{주거지역등에 편입되거나 환지예정지 지정을 받은 날의 기준시가} - \text{취득 당시 기준시가}}{\text{양도 당시 기준시가} - \text{취득 당시 기준시가}}$$

☞ p.1457 2단 연결

에 거주하면서 경작을 개시한 경우로서 다음 각 목의 어느 하나에 해당하는 경우. 다만, 새로운 농지의 경작을 개시한 후 새로운 농지소재지에 거주하면서 계속하여 경작한 기간과 종전의 농지 경작기간을 합산한 기간이 8년 이상인 경우로 한정한다. (2020. 2. 11. 개정)

가. 새로 취득하는 농지의 면적이 양도하는 농지의 면적의 3분의 2 이상일 것 (2014. 2. 21. 개정)

나. 새로 취득하는 농지의 가액이 양도하는 농지의 가액의 2분의 1 이상일 것 (2014. 2. 21. 개정)

2. 4년 이상 종전의 농지소재지에 거주하면서 경작한 자가 새로운 농지의 취득일부터 1년 내에 종전의 농지를 양도한 후 종전의 농지양도일부터 1년(질병의 요양 등 기획재정부령으로 정하는 부득이한 사유로 경작하지 못하는 경우에는 기획재정부령으로 정하는 기간) 내에 새로운 농지소재지에 거주하면서 경작을 개시한 경우로서 다음 각 목의 어느 하나에 해당하는 경우. 다만, 새로운 농지의 경작을 개시한 후 새로운 농지소재지에 거주하면서 계속하여 경작한 기간과 종전의 농지 경작기간을 합산한 기간이 8년 이상인 경우로 한정한다. (2014. 2. 21. 개정)

가. 새로 취득하는 농지의 면적이 양도하는 농지의 면적의 3분의 2 이상일 것 (2014. 2. 21. 개정)

나. 새로 취득하는 농지의 가액이 양도하는 농지의 가액의 2분의 1 이상일 것 (2014. 2. 21. 개정)

④ 제3항 제1호 및 제2호를 적용할 때 새로운 농지를 취득한 후 4년 이내에 「공익사업을 위한 토지 등의 취득 및 보상에 관한 법률」에 따른 협의매수·수용 및 그 밖의 법률에 따라 수용되는 경우에는 4년 동안 농지소재지에 거주하면서 경작한 것으로 본다. (2014. 2. 21. 개정)

⑤ 제3항 제1호 및 제2호를 적용할 때 새로운 농지를 취득한 후 종전의 농지 경작기간과 새로운 농지 경작기간을 합산하여 8년이 지나기 전에 농지 소유자가 사망한 경우로서 상속인이 농지소재지에 거주하면서 계속 경작한 때에는 피상속인의 경작기간과 상속인의 경작기간을 통산한다. (2014. 2. 21. 개정)

⑥ 제3항 제1호 및 제2호를 적용할 때 종전의 농지 경작기간과 새로

2. 「농지법 시행령」 제3조의 2에 따른 농지개량을 하기 위하여 휴경하는 경우 (2014. 3. 14. 신설)

3. 자연재해로 인하여 영농이 불가능하게 되어 휴경하는 경우 (2014. 3. 14. 신설)

② 영 제67조 제3항 제1호·제2호 및 같은 조 제10항 제2호에서 "기획재정부령으로 정하는 기간"이란 각각 2년을 말한다. (2014. 3. 14. 신설)

<제70조>

② 제1항에 따라 양도하거나 취득하는 토지가 주거지역등에 편입되거나 「도시개발법」 또는 그 밖의 법률에 따라 환지처분 전에 농지 외의 토지로 환지예정지 지정을 받은 토지로서 대통령령으로 정하는 토지의 경우에는 제1항을 적용하지 아니한다. (2016. 12. 20. 개정)

⑧ 법 제70조 제2항에서 "대통령령으로 정하는 토지"란 다음 각 호의 어느 하나에 해당하는 농지를 말한다. (2014. 2. 21. 항번개정)

1. 양도일 현재 특별시·광역시(광역시에 있는 군을 제외한다) 또는 시 [「지방자치법」 제3조 제4항에 따라 설치된 도농(都農) 복합형태의 시의 읍·면 지역 및 「제주특별자치도 설치 및 국제자유도시 조성을 위한 특별법」 제10조 제2항에 따라 설치된 행정시의 읍·면 지역은 제외한다] 지역에 있는 농지 중 「국토의 계획 및 이용에 관한 법률」에 따른 주거지역·상업지역 또는 공업지역 안의 농지로서 이들 지역에 편입된 날부터 3년이 지난 농지. 다만, 다음 각 목의 어느 하나에 해당하는 경우는 제외한다. (2016. 1. 22. 개정 ; 제주특별자치도~시행령 부칙)

가. 사업시행지역 안의 토지소유자가 1천명 이상이거나 사업시행면적이 기획재정부령으로 정하는 규모 이상인 개발사업(이하 이 호에서 "대규모개발사업"이라 한다)지역(사업인정고시일이 같은 하나의 사업시행지역을 말한다) 안에서 대규모개발사업의 시행으로 인하여 「국토의 계획 및 이용에 관한 법률」에 따른 주거지역·상업지역 또는 공업지역에 편입된 농지로서 사업시행자의 단계적 사업시행 또는 보상지연으로 이들 지역에 편입된 날부터 3년이 지난 경우 (2013. 2. 15. 개정)

나. 사업시행자가 국가, 지방자치단체, 그 밖에 기획재정부령으로 정하는 공공기관인 개발사업지역 안에서 개발사업의 시행으로 인하여 「국토의 계획 및 이용에 관한 법률」에 따른 주거지역·상업지역 또는 공업지역에 편입된 농지로서 기획재정부령으로 정하는 부득이한 사유에 해당하는 경우 (2008. 2. 29. 직제개정 ; 기획재정부와~직제 부칙)

다. 「국토의 계획 및 이용에 관한 법률」에 따른 주거지역·상업지역 및 공업지역에 편입된 농지로서 편입된 후 3년 이내에 대규모개발사업이 시행되고, 대규모개발사업 시행자의 단계적 사업시행 또는 보상지연으로 이들 지역에 편입된 날부터 3년이 지난 경우(대규모개발사업지역 안에 있는 경우로 한정한다) (2013. 2. 15. 신설)

③ 제1항에 따라 감면을 받으려는 자는 대통령령으로 정하는 바에 따라 감면신청을 하여야 한다. (2010. 1. 1. 개정)

④ 제1항에 따라 양도소득세의 감면을 적용받은 거주자가 대통령령으로 정하는 사유가 발생하여 제1항에서 정하는 요건을 충족하지 못하는 경우에는 그 사유가 발생한 날이 속하는 달의 말일부터 2개월 이내에 감면받은 양도소득세를 납부하여야 한다. (2014. 1. 1. 신설)

⑤ 제1항에 따라 감면받은 양도소득세를 제4항에 따라 납부하는 경우에는 대통령령으로 정하는 바에 따라 계산한 이자상당액을 가산한다. (2014. 1. 1. 신설)

2. 「도시개발법」 또는 그 밖의 법률에 따라 환지처분 이전에 농지 외의 토지로 환지예정지를 지정하는 경우에는 그 환지예정지 지정일부터 3년이 지난 농지. 다만, 환지처분에 따라 교부받는 환지청산금에 해당하는 부분은 제외한다. (2012. 2. 2. 개정)

⑨ 법 제70조 제3항의 규정에 따라 양도소득세의 감면신청을 하고자 하는 자는 당해 농지를 양도한 날이 속하는 과세연도의 과세표준신고(예정신고를 포함한다)와 함께 기획재정부령이 정하는 세액감면신청서를 납세지 관할세무서장에게 제출하여야 한다. (2014. 2. 21. 항번개정)

⑩ 법 제70조 제4항에서 "대통령령으로 정하는 사유"란 다음 각 호의 어느 하나에 해당하는 경우를 말한다. 이 경우 경작기간의 계산 등에 관하여는 제4항 및 제5항을 준용한다. (2014. 2. 21. 신설)

1. 종전의 농지의 양도일부터 1년(「공익사업을 위한 토지 등의 취득 및 보상에 관한 법률」에 따른 협의매수·수용 및 그 밖의 법률에 따라 수용되는 경우에는 2년) 내에 새로운 농지를 취득하지 아니하거나 새로 취득하는 농지의 면적 또는 가액이 제3항 제1호 각 목의 어느 하나에 해당하지 아니하는 경우 (2014. 2. 21. 신설)

2. 새로운 농지의 취득일(제3항 제2호에 해당하는 경우에는 종전의 농지의 양도일)부터 1년(질병의 요양 등 기획재정부령으로 정하는 부득이한 사유로 경작하지 못하는 경우에는 기획재정부령으로 정하는 기간) 이내에 새로운 농지소재지에 거주하면서 경작을 개시하지 아니하는 경우 (2014. 2. 21. 신설)

3. 새로운 농지의 경작을 개시한 후 새로운 농지소재지에 거주하면서 계속하여 경작한 기간과 종전의 농지 경작기간을 합산한 기간이 8년 미만인 경우 (2014. 2. 21. 신설)

4. 새로운 농지의 경작을 개시한 후 종전의 농지 경작기간과 새로운 농지 경작기간을 합산하여 8년이 지나기 전에 제66조 제14항에 해당하는 기간이 있는 경우 (2014. 2. 21. 신설)

⑪ 법 제70조 제5항에서 "대통령령으로 정하는 바에 따라 계산한 이자상당액"이란 법 제70조 제4항에 따라 납부하여야 할 세액에 상당하는 금액에 제1호의 기간과 제2호의 율을 곱하여 계산한 금액으로 한다. (2014. 2. 21. 신설)

1. 종전의 농지에 대한 양도소득세 예정신고 납부기한의 다음 날부터

관계조문

규칙 61조 1항 14호 ⇒ 현물출자 등에 대한 세액감면(면제)신청서(별지 13호 서식)

제70조의 2【경영회생 지원을 위한 농지 매매 등에 대한 양도소득세 과세특례】 ① 「농지법」 제2조에 따른 농업인(이하 이 조에서 "농업인"이라 한다)이 「한국농어촌공사 및 농지관리기금법」 제24조의 3 제1항에 따라 직접 경작하거나 직접 축산에 사용한 농지 및 그 농지에 딸린 농업용시설(이하 이 조에서 "농지등"이라 한다)을 같은 법 제3조에 따른 한국농어촌공사(이하 이 조에서 "한국농어촌공사"라 한다)에 양도한 후 같은 법 제24조의 3 제3항에 따라 임차하여 직접 경작하거나 직접 축산에 사용한 경우로서 해당 농지등을 같은 법 제24조의 3 제3항에 따른 임차기간 내에 환매한 경우 대통령령으로 정하는 바에 따라 해당 농지등의 양도소득에 대하여 납부한 양도소득세를 환급받을 수 있다. (2023. 12. 31. 개정)

② 제1항에 따라 양도소득세를 환급받은 농업인이 환매한 해당 농지등을 다시 양도하는 경우 그 농지등에 대한 양도소득세액은 「소득세법」 제95조 제4항, 제97조 제1항 제1호, 제98조 및 제104조 제2항에도 불구하고 다음 각 호의 취득가액 및 취득시기를 적용하여 계산하되, 해당 농지등이 한국농어촌공사에 양도되기 전에 제71조 제1항에 따라 증여세를 감면받은 농지등에 해당하는 경우에는 같은 조 제4항에 따른 취득시기 및 필요경비를 적용하여 계산한다. (2023. 12. 31. 개정)
1. 취득가액 : 한국농어촌공사에 양도하기 전 농업인의 해당 농지등 취득 당시의 취득가액 (2016. 12. 20. 개정)
2. 취득시기 : 한국농어촌공사에 양도하기 전 해당 농지등의 취득일 (2016. 12. 20. 개정)
③ 제1항에 따라 환급받으려는 자는 대통령령으로 정하는 바에 따라

법 제70조 제4항에 따른 양도소득세 납부일까지의 기간 (2014. 2. 21. 신설)
2. 제11조의 2 제9항 제2호에 따른 율 (2022. 2. 15. 개정)

제67조의 2【경영회생 지원을 위한 농지 매매 등에 대한 양도소득세 과세특례】 ① 법 제70조의 2 제1항 및 제5항에 따라 양도소득세를 환급받으려는 자는 기획재정부령으로 정하는 환급신청서에 다음 각 호의 서류를 첨부하여 납세지 관할 세무서장에게 제출하여야 한다. (2024. 2. 29. 개정)
1. 농지등을 「한국농어촌공사 및 농지관리기금법」에 따른 한국농어촌공사(이하 이 조에서 "한국농어촌공사"라 한다)에 양도한 매매계약서 사본 (2014. 2. 21. 신설)
2. 해당 농지등을 한국농어촌공사로부터 환매한 환매계약서 사본 (2014. 2. 21. 신설)
② 제1항에 따라 환급신청서를 제출받은 납세지 관할 세무서장이 환급을 하는 경우에 관하여는 「국세기본법」 제51조를 준용한다. 이 경우 같은 법 제52조의 국세환급가산금에 관한 규정은 적용하지 아니한다. (2014. 2. 21. 신설)
③ 법 제70조의 2 제1항 및 제5항에 따라 양도소득세를 환급받은 자가 환매한 농지등을 다시 양도하는 경우 「한국농어촌공사 및 농지관리기금법」 제24조의 3 제3항에 따른 임차기간 내에 직접 경작하거나 직접 축산에 사용한 기간은 해당 농지등을 한국농어촌공사에 양도한 자가 직접 농지등을 경작하거나 직접 축산에 사용한 것으로 보아 제66조 또는 제66조의 2를 적용한다. (2024. 2. 29. 개정)
④ 「한국농어촌공사 및 농지관리기금법 시행령」 제19조의 6 제2항에 따라 농지등의 일부에 대하여 환매를 신청한 경우 제2항에 따른 환급세액은 환매한 농지등에 대하여 납부한 양도소득세에 상당하는 금액으로 한다. (2014. 2. 21. 신설)

환급신청을 하여야 한다. (2014. 1. 1. 신설)

④ 제1항 및 제2항을 적용할 때 환매한 농지등을 다시 양도하는 경우 제69조에 따른 자경농지 또는 제69조의 2에 따른 축사용지에 대한 양도소득세의 감면의 적용방법 등 그 밖에 필요한 사항은 대통령령으로 정한다. (2023. 12. 31. 개정)

⑤ 제1항에 따른 환매요건을 갖춘 농업인이 그 임차기간 중 사망한 경우로서 다음 각 호의 요건을 모두 갖춘 상속인이 해당 농지등에 대한 임차기간 내에 환매한 경우 그 상속인은 대통령령으로 정하는 바에 따라 피상속인이 해당 농지등의 양도소득에 대하여 납부한 양도소득세를 환급받을 수 있다. 이 경우 제2항부터 제4항까지를 준용한다. (2023. 12. 31. 신설)

1. 농업인에 해당할 것 (2023. 12. 31. 신설)

2. 해당 농지등을 직접 경작하거나 직접 축산에 사용할 것 (2023. 12. 31. 신설)

제71조 【영농자녀등이 증여받는 농지 등에 대한 증여세의 감면】 (2017. 12. 19. 제목개정)

① 다음 각 호의 요건을 모두 충족하는 농지 · 초지 · 산림지 · 어선 · 어업권 · 어업용 토지등 · 염전 또는 축사용지(해당 농지 · 초지 · 산림지 · 어선 · 어업권 · 어업용 토지등 · 염전 또는 축사용지를 영농조합법인 또는 영어조합법인에 현물출자하여 취득한 출자지분을 포함한다. 이하 이 조에서 "농지등"이라 한다)를 농지등의 소재지에 거주하면서 「상속세 및 증여세법」 제18조의 3 제1항에 따른 영농(이하 이 조에서 "영농"이라 한다)에 종사하는 대통령령으로 정하는 거주자(이하 이 조에서 "자경농민등"이라 한다)가 대통령령으로 정하는 직계비속(이하 이 조에서 "영농자녀등"이라 한다)에게 2025년 12월 31일까지 증여하는 경우에는 해당 농지등의 가액에 대한 증여세의 100분의 100에 상당하는 세액을 감면한다. (2023. 12. 31. 개정)

1. 다음 각 목의 어느 하나에 해당하는 농지등 (2010. 1. 1. 개정)

　가. 농지 : 「농지법」 제2조 제1호 가목에 따른 토지로서 4만제곱미터 이내의 것 (2015. 12. 15. 개정)

　나. 초지 : 「초지법」 제5조에 따른 초지조성허가를 받은 초지로서

🖝
편주 ▶ ··
법 70조의 2 제1항 · 4항 및 5항의 개정규정은 2024. 1. 1. 이후 농지등을 한국농어촌공사에 양도하는 경우부터 적용함. (법 부칙(2023. 12. 31.) 8조)
··

🖝
편주 ▶ ··
법 70조의 2 제1항 · 4항 및 5항의 개정규정은 2024. 1. 1. 이후 농지등을 한국농어촌공사에 양도하는 경우부터 적용함. (법 부칙(2023. 12. 31.) 8조)
··

제68조 【영농자녀등이 증여받는 농지 등에 대한 증여세의 감면】 (2018. 2. 13. 제목개정)

① 법 제71조 제1항 각 호 외의 부분에서 "대통령령으로 정하는 거주자"란 다음 각 호의 요건을 모두 갖춘 자(이하 이 조에서 "자경농민등"이라 한다)를 말한다. (2018. 2. 13. 개정)

1. 법 제71조 제1항 각 호 외의 부분에 따른 농지 등(이하 이 조에서 "농지 등"이라 한다)이 소재하는 시 · 군 · 구(자치구를 말한다. 이하 이 조에서 같다), 그와 연접한 시 · 군 · 구 또는 해당 농지등으로부터 직선거리 30킬로미터 이내에 거주할 것 (2015. 2. 3. 개정)

2. 농지 등의 증여일부터 소급하여 3년 이상 계속하여 직접 「상속세 및 증여세법」 제18조의 3 제1항에 따른 영농(이하 "영농"이라 한다)에 종사하고 있을 것 (2024. 2. 29. 개정)

② 법 제71조 제1항 각 호 외의 부분에서 "직접 경작"이라 함은 거주자가 「상속세 및 증여세법 시행령」 제16조 제6항 제1호, 제2호 및 제4호 중 어느 하나에 해당하는 경우를 말한다. (2015. 2. 3. 개정)

② 삭　제 (2016. 2. 5.)

③ 법 제71조 제1항 각 호 외의 부분에서 "대통령령으로 정하는 직계

14만8천500제곱미터 이내의 것 (2015. 12. 15. 개정)

다. 산림지 : 「산지관리법」 제4조 제1항 제1호에 따른 보전산지 중
「산림자원의 조성 및 관리에 관한 법률」에 따라 산림경영계획
을 인가받거나 특수산림사업지구로 지정받아 새로 조림(造林)
한 기간이 5년 이상인 산림지(채종림, 「산림보호법」 제7조에 따
른 산림보호구역을 포함한다. 이하 이 목에서 같다)로서 29만7
천제곱미터 이내의 것. 다만, 조림 기간이 20년 이상인 산림지
의 경우에는 조림 기간이 5년 이상인 29만7천제곱미터 이내의
산림지를 포함하여 99만 제곱미터 이내의 것으로 한다. (2015.
12. 15. 개정)

라. 축사용지 : 축사 및 축사에 딸린 토지로서 해당 축사의 실제 건
축면적을 「건축법」 제55조에 따른 건폐율로 나눈 면적의 범위
이내의 것 (2015. 12. 15. 신설)

마. 어선 : 「어선법」 제13조의 2에 따른 총톤수 20톤 미만의 어선
(2017. 12. 19. 신설)

바. 어업권 : 「수산업법」 제2조 또는 「내수면어업법」 제7조에 따른 어업권으로서 10만
제곱미터 이내의 것 (2017. 12. 19. 신설)

바. 어업권 : 다음의 어느 하나에 해당하는 어업권 또는 양식업권으
로서 10만제곱미터 이내의 것 (2024. 12. 31. 개정)

   1) 「수산업법」 제2조 제7호의 어업권 (2024. 12. 31. 개정)

   2) 「내수면어업법」 제7조의 어업권 (2024. 12. 31. 개정)

   3) 「양식산업발전법」 제2조 제8호의 양식업권 (2024. 12. 31.
   개정)

사. 어업용 토지등 : 4만제곱미터 이내의 것 (2017. 12. 19. 신설)

아. 염전 : 「소금산업 진흥법」 제2조 제3호에 따른 염전으로서 6만
제곱미터 이내의 것 (2019. 12. 31. 신설)

2. 「국토의 계획 및 이용에 관한 법률」 제36조에 따른 주거지역·상
업지역 및 공업지역 외에 소재하는 농지등 (2010. 1. 1. 개정)

3. 「택지개발촉진법」에 따른 택지개발지구나 그 밖에 대통령령으로 정
하는 개발사업지구로 지정된 지역 외에 소재하는 농지등 (2011. 5.
30. 개정 ; 택지개발촉진법 부칙)

② 제1항에 따라 증여세를 감면받은 농지등을 영농자녀등의 사망 등 대

비속”이란 다음 각 호의 요건을 모두 충족하는 자(이하 이 조에서 “영
농자녀등”이라 한다)를 말한다. (2018. 2. 13. 개정)

1. 농지등의 증여일 현재 18세 이상인 직계비속일 것 (2024. 2. 29. 개정)

2. 「상속세 및 증여세법」 제68조에 따른 증여세 과세표준 신고기한까
지 제1항 제1호의 요건을 갖추고 증여받은 농지등에서 직접 영농에
종사할 것 (2015. 2. 3. 개정)

④ 법 제71조 제1항 제3호에서 “대통령령으로 정하는 개발사업지구”란
별표 6의 2에 따른 사업지구를 말한다. (2010. 2. 18. 개정)

⑤ 법 제71조 제2항에서 “영농자녀등의 사망 등 대통령령으로 정하는
정당한 사유”란 다음 각 호의 어느 하나에 해당하는 경우를 말한다.
(2018. 2. 13. 개정)

1. 「공익사업을 위한 토지 등의 취득 및 보상에 관한 법률」에 따른 협의매
수·수용 및 그 밖의 법률에 따라 수용되는 경우 (2007. 2. 28. 신설)

2. 국가·지방자치단체에 양도하는 경우 (2007. 2. 28. 신설)

3. 「농어촌정비법」 그 밖의 법률에 따른 환지처분에 따라 해당 농지
등이 농지 등으로 사용될 수 없는 다른 지목으로 변경되는 경우
(2007. 2. 28. 신설)

4. 영농자녀등이 「해외이주법」에 따른 해외이주를 하는 경우 (2018. 2.
13. 개정)

5. 「소득세법」 제89조 제1항 제2호 및 법 제70조에 따라 농지를 교
환·분합 또는 대토한 경우로서 종전 농지 등의 자경기간과 교환·
분합 또는 대토 후의 농지 등의 자경기간을 합하여 8년 이상이 되는
경우 (2007. 2. 28. 신설)

6. 그 밖에 기획재정부령이 정하는 부득이한 사유가 있는 경우 (2008.
2. 29. 직제개정 ; 기획재정부와~직제 부칙)

⑥ 법 제71조 제2항에서 “질병·취학 등 대통령령으로 정하는 정당한
사유”란 다음 각 호의 어느 하나에 해당하는 경우를 말한다. (2010. 2.
18. 개정)

1. 영농자녀등이 1년 이상의 치료나 요양을 필요로 하는 질병으로 인하
여 치료나 요양을 하는 경우 (2018. 2. 13. 개정)

2. 영농자녀등이 「고등교육법」에 따른 학교 중 농업계열(영어의 경우는

통령령으로 정하는 정당한 사유 없이 증여받은 날부터 5년 이내에 양도하거나 질병·취학 등 대통령령으로 정하는 정당한 사유 없이 해당 농지등에서 직접 영농에 종사하지 아니하게 된 경우에는 즉시 그 농지등에 대한 증여세의 감면세액에 상당하는 금액에 대통령령으로 정하는 바에 따라 계산한 이자상당액을 가산하여 징수한다. (2023. 12. 31. 개정)
③ 영농자녀등 또는 자경농민등이 영농과 관련하여 조세포탈 또는 회계부정 행위로 징역형 또는 대통령령으로 정하는 벌금형을 선고받고 그 형이 확정된 경우에는 다음 각 호의 구분에 따른다. (2023. 12. 31. 신설)

▶ 편주 ……………………………………………………………

법 71조 3항의 개정규정은 2024. 1. 1. 이후 증여를 받는 경우부터 적용함. (법 부칙(2023. 12. 31.) 9조)

………………………………………………………………………………

1. 「상속세 및 증여세법」 제76조에 따른 과세표준과 세율의 결정이 있기 전에 영농자녀등 또는 자경농민등에 대한 형이 확정된 경우 : 제1항을 적용하지 아니한다. (2023. 12. 31. 신설)
2. 제1항에 따라 증여세를 감면받은 후에 영농자녀등 또는 자경농민등에 대한 형이 확정된 경우 : 증여받은 농지등에 대한 증여세의 감면세액에 상당하는 금액에 대통령령으로 정하는 바에 따라 계산한 이자상당액을 가산하여 징수한다. (2023. 12. 31. 신설)
④ 제2항 또는 제3항 제2호에 해당하는 영농자녀등은 제2항 또는 제3항 제2호에 해당하게 되는 날이 속하는 달의 말일부터 3개월 이내에 대통령령으로 정하는 바에 따라 납세지 관할 세무서장에게 신고하고 해당 증여세와 이자상당액을 납세지 관할 세무서, 한국은행 또는 체신관서에 납부하여야 한다. 다만, 제2항 또는 제3항 제2호에 따라 이미 증여세와 이자상당액이 징수된 경우에는 그러하지 아니하다. (2023. 12. 31. 개정)
⑤ 제1항에 따라 증여세를 감면받은 농지등을 양도하여 양도소득세를 부과하는 경우 「소득세법」에도 불구하고 취득 시기는 자경농민등이 그 농지등을 취득한 날로 하고, 필요경비는 자경농민등의 취득 당시 필요경비로 한다. (2023. 12. 31. 항번개정)
⑥ 제1항에 따라 증여세를 감면받은 농지등은 「상속세 및 증여세법」 제3조의 2 제1항을 적용하는 경우 상속재산에 가산하는 증여재산으로

제외한다) 또는 수산계열(영어의 경우에 한정한다)의 학교에 진학하여 일시적으로 영농에 종사하지 못하는 경우 (2018. 2. 13. 개정)
3. 「병역법」에 따라 징집되는 경우 (2007. 2. 28. 신설)
4. 「공직선거법」에 따른 선거에 의하여 공직에 취임하는 경우 (2007. 2. 28. 신설)
5. 그 밖에 기획재정부령이 정하는 부득이한 사유가 있는 경우 (2008. 2. 29. 직제개정 ; 기획재정부와~직제 부칙)
⑦ 법 제71조 제2항에서 "대통령령으로 정하는 바에 따라 계산한 이자상당액"이란 제1호의 금액에 제2호의 기간과 제3호의 율을 곱하여 계산한 금액을 말한다. (2024. 2. 29. 신설)
1. 당초 증여받은 농지등에 대한 증여세의 감면세액에 상당하는 금액 (2024. 2. 29. 신설)
2. 당초 증여받은 농지등에 대한 증여세 과세표준 신고기한의 다음날부터 직접 영농에 종사하지 않게 된 날까지의 기간 (2024. 2. 29. 신설)
3. 「국세기본법 시행령」 제27조의 4에 따른 율 (2024. 2. 29. 신설)
⑧ 법 제71조 제3항 각 호 외의 부분에서 "대통령령으로 정하는 벌금형"이란 「상속세 및 증여세법 시행령」 제15조 제19항 각 호의 어느 하나에 해당하는 벌금형을 말한다. (2024. 2. 29. 신설)
⑨ 법 제71조 제3항 제2호에서 "대통령령으로 정하는 바에 따라 계산한 이자상당액"이란 제1호의 금액에 제2호의 기간과 제3호의 율을 곱하여 계산한 금액을 말한다. (2024. 2. 29. 신설)
1. 당초 증여받은 농지등에 대한 증여세의 감면세액에 상당하는 금액 (2024. 2. 29. 신설)
2. 당초 증여받은 농지등에 대한 증여세 과세표준 신고기한의 다음날부터 법 제71조 제3항 제2호의 사유가 발생한 날까지의 기간 (2024. 2. 29. 신설)
3. 「국세기본법 시행령」 제27조의 4에 따른 율 (2024. 2. 29. 신설)
⑩ 농지 등을 양도하는 경우로서 법 제71조 제1항에 따라 증여받은 농지 등이 포함되어 있는 경우에는 증여세를 감면받은 부분과 과세된 부분을 각각 구분하여 양도소득금액을 계산한다. (2024. 2. 29. 항번개정)
⑪ 영농자녀등이 농지등을 동시에 2필지 이상 증여받은 경우에는 증여

세를 감면받으려는 농지등의 순위를 정하여 감면을 신청하여야 한다. 다만, 영농자녀등이 감면받으려는 농지등의 순위를 정하지 아니하고 감면을 신청한 경우에는 증여 당시 농지등의 가액이 높은 순으로 감면을 신청한 것으로 본다. (2024. 2. 29. 항번개정)
⑫ 법 제71조 제1항에 따라 감면신청을 하려는 영농자녀등은 기획재정부령이 정하는 세액감면신청서에 다음 각 호의 서류를 첨부하여 납세지 관할세무서장에게 제출하여야 한다. (2024. 2. 29. 항번개정)

▶ 관계조문 ▶▶

규칙 61조 1항 53호 ⇒ 세액감면신청서(별지 52호 서식)

────────────────────────────

1. 자경농민 및 영농자녀의 농업소득세 납세증명서 또는 영농사실을 확인할 수 있는 서류 (2007. 2. 28. 신설)
2. 해당 농지 등 취득시의 매매계약서 사본 (2007. 2. 28. 신설)
3. 해당 농지 등에 대한 증여계약서 사본 (2007. 2. 28. 신설)
4. 증여받은 농지 등의 명세서 (2007. 2. 28. 신설)
5. 해당 농지등을 영농조합법인 또는 영어조합법인에 현물출자한 경우에는 영농조합법인 또는 영어조합법인에 출자한 증서 (2018. 2. 13. 개정)
6. 자경농민등의 가족관계기록사항에 관한

☞ p.1463 2단 연결

보지 아니하며, 같은 법 제13조 제1항에 따라 상속세 과세가액에 가산하는 증여재산가액에 포함시키지 아니한다. (2022. 12. 31. 항번개정)
⑦ 제1항에 따라 증여세를 감면받은 농지등은 「상속세 및 증여세법」 제47조 제2항에 따라 해당 증여일 전 10년 이내에 자경농민등(자경농민등의 배우자를 포함한다)으로부터 증여받아 합산하는 증여재산가액에 포함시키지 아니한다. (2022. 12. 31. 항번개정)
⑧ 제1항에 따라 증여세를 감면받으려는 영농자녀등은 증여세 과세표준 신고기한까지 대통령령으로 정하는 바에 따라 감면신청을 하여야 한다. (2022. 12. 31. 항번개정)
⑨ 제1항부터 제7항까지의 규정을 적용하는 경우 증여세를 감면받은 농지등의 보유기간 및 취득가액의 계산방법, 그 밖에 필요한 사항은 대통령령으로 정한다. (2022. 12. 31. 항번개정)

● 예 판 ┄┄┄

- 자경농민이 소유하는 농지 등을 2 이상의 자녀에게 증여하는 경우 면적 이내의 농지 등에 해당하는지 여부는 증여자인 자경농민을 기준으로 판단함. (서면4팀 - 1193, 2007. 4. 11.)
- 감면한도를 초과하는 1필지를 영농자녀가 증여받은 후 일부를 양도하는 경우 감면한도를 초과하는 부분이 먼저 양도된 것으로 봄. (서면4팀 - 2623, 2007. 9. 10.)
- 영농자녀가 증여받은 농지 등을 영농조합법인에 현물출자한 후에도 당해 농지 등에서 직접 영농에 종사하는 경우로서 직접 영농종사기간이 현물출자일 전후에 통산하여 5년을 초과하는 경우에는 증여세를 추징하지 아니함. (서면4팀 - 3726, 2007. 12. 28.)
- 증여세 면제대상인 농지와 과세대상인 대지 등을 동시에 증여받은 경우에 대하여 합산한 증여세 산출세액에서 감면부분이 차지하는 비율에 따라 감면세액을 계산한 처분은 정당함. (조심 2008전1172, 2008. 9. 1.)

┄┄┄

제71조의 2 【인구감소지역 주택 취득자에 대한 양도소득세 및 종합부동산세 과세특례】 ① 주택, 조합원입주권(「소득세법」 제88조 제9호의 조합원입주권을 말한다. 이하 이 항에서 같다) 또는 분양권(같은 조 제10호의 분양권을 말한다. 이하 이 항에서 같다) 중 1채 또는 1개를 보유한 1세대(같은 조 제6호의 1세대를 말한다)가 2024년 1월 4일부터 2026년 12월 31일까지의 기간 중에 인구감소지역에 소재하는

증명서 (2018. 2. 13. 개정)
7. 기타 기획재정부령이 정하는 서류 (2008. 2. 29. 직제개정 ; 기획재정부와~직제 부칙)
⑬ 제12항에 따라 세액감면신청서를 제출받은 납세지 관할세무서장은 「전자정부법」 제36조 제1항에 따른 행정정보의 공동이용을 통하여 다음 각 호의 서류를 확인하여야 한다. 다만, 신청인이 제1호 및 제2호의 확인에 동의하지 아니하는 경우에는 그 서류를 첨부하도록 하여야 한다. (2024. 2. 29. 개정)
1. 자경농민등의 주민등록표 등본 (2018. 2. 13. 개정)
2. 신청인의 주민등록표 등본 (2007. 2. 28. 신설)
3. 증여받은 농지등의 등기사항증명서 (2018. 2. 13. 개정)
4. 증여받은 농지등의 토지이용계획 확인서 (2010. 11. 2. 신설 ; 행정정보의 공동이용 및~일부개정령)
⑭ 제1항 제2호 및 제3항 제2호에서 "직접 영농에 종사"하는 경우에 대한 판단기준은 「상속세 및 증여세법 시행령」 제16조 제4항을 준용한다. 이 경우 "피상속인"은 "자경농민등"으로, "상속인"은 "영농자녀등"으로 본다. (2024. 2. 29. 항번개정)
⑮ 법 제71조 제4항 본문에 따라 증여세와 이자상당액을 신고하는 때에는 기획재정부령으로 정하는 영농자녀 증여세 감면 위반사유 신고 및 자진납부 계산서를 납세지 관할 세무서장에게 제출해야 한다. (2024. 2. 29. 개정)

제68조의 2 【인구감소지역 주택 취득자에 대한 양도소득세 및 종합부동산세 과세특례】 ① 법 제71조의 2 제1항에서 "대통령령으로 정하는 주택"이란 다음 각 호의 요건을 모두 충족하는 주택(이하 이 조에서 "인구감소지역주택"이라 한다)을 말한다. (2025. 2. 28. 신설)

제28조의 2 【인구감소지역 주택 취득자에 대한 양도소득세 및 종합부동산세 과세특례 신청서】 영 제68조의 2 제4항 본문에서 "기획재정부령으로 정하는 신청서"란 「종합부동산세법 시행규칙」 별지 제24호 서식을 말한다. (2025. 3. 21. 신설)

주택으로서 주택 소재지, 주택 가액 등을 고려하여 대통령령으로 정하는 주택(이하 이 조에서 "인구감소지역주택"이라 한다) 1채를 취득한 후 인구감소지역주택을 취득하기 전에 보유한 주택, 조합원입주권 또는 분양권을 양도하는 경우에는 그 인구감소지역주택을 해당 1세대의 소유주택이 아닌 것으로 보아 「소득세법」 제89조 제1항 제3호 또는 제4호를 적용한다. (2024. 12. 31. 신설)

② 1주택을 보유한 1세대(「종합부동산세법」 제2조 제8호의 세대를 말한다)가 2024년 1월 4일부터 2026년 12월 31일까지의 기간 중에 인구감소지역주택 1채를 취득한 경우에는 같은 법 제8조 제1항 제1호에 따른 1세대 1주택자로 본다. (2024. 12. 31. 신설)

③ 제2항을 적용받으려는 납세의무자는 해당 연도 9월 16일부터 9월 30일까지 대통령령으로 정하는 바에 따라 관할 세무서장에게 신청하여야 한다. (2024. 12. 31. 신설)

④ 제1항부터 제3항까지를 적용할 때 인구감소지역주택 취득 확인 절차, 그 밖에 필요한 사항은 대통령령으로 정한다. (2024. 12. 31. 신설)

【개정취지】 ··

인구감소지역 주택 취득자에 대한 과세특례 신설
- 주택, 조합원입주권, 분양권 중 1채 또는 1개를 보유한 1세대가 인구감소지역의 주택 1채를 취득하는 경우에는 양도소득세 및 종합부동산세를 과세할 때 1세대 1주택자로 보도록 함. (법 71조의 2 신설 ; 2024. 12. 31.)
- 법 71조의 2의 개정규정은 2025. 1. 1. 이후 결정하거나 경정하는 경우부터 적용함. (법 부칙(2024. 12. 31.) 8조)
···

【개정취지】 ··

과세특례 대상 인구감소지역 주택의 요건
1세대 1주택자가 인구감소지역 중 수도권(접경지역은 제외한다), 광역시(군지역은 제외한다) 및 기존 주택과 동일한 시·군·구가 아닌 지역에 소재하고 그 가액이 4억원을 초과하지 않는 주택을 취득하는 경우에는 양도소득세 및 종합부동산세를 과세할 때 1세대 1주택자로 보도록 함. (영 68조의 2 신설 ; 2025. 2. 28.)
···

1. 취득 당시 인구감소지역에 소재할 것. 다만, 다음 각 목의 어느 하나에 해당하는 지역에 소재하는 주택은 제외한다. (2025. 2. 28. 신설)
　가. 수도권(「접경지역 지원 특별법」 제2조 제1호에 따른 접경지역은 제외한다) (2025. 2. 28. 신설)
　나. 광역시(광역시에 있는 군은 제외한다) (2025. 2. 28. 신설)
　다. 해당 주택 취득 전에 보유한 주택(해당 주택 취득 전에 조합원입주권 또는 분양권을 보유한 경우에는 해당 조합원입주권 또는 분양권을 통해 공급하는 주택)과 동일한 시·군·구 (2025. 2. 28. 신설)

2. 주택 및 이에 딸린 토지의 가액(「소득세법」 제99조 제1항에 따른 기준시가를 말한다)의 합계액이 해당 주택 취득일(법 제71조의 2 제2항을 적용하는 경우에는 해당 주택 취득일 및 「종합부동산세법」 제3조에 따른 과세기준일) 현재 4억원을 초과하지 않을 것 (2025. 2. 28. 신설)

② 법 제71조의 2 제1항에 따른 과세특례를 적용받으려는 자는 「소득세법」 제105조 또는 같은 법 제110조에 따른 양도소득과세표준신고와 함께 기획재정부령으로 정하는 과세특례신고서를 제출해야 한다. 이 경우 납세지 관할세무서장은 「전자정부법」 제36조 제1항에 따른 행정정보의 공동이용을 통해 다음 각 호의 서류를 확인해야 한다. (2025. 2. 28. 신설)
1. 인구감소지역주택의 토지대장 및 건축물대장 (2025. 2. 28. 신설)
2. 인구감소지역주택 취득 전에 보유한 주택의 토지대장 및 건축물대장 (2025. 2. 28. 신설)
③ 인구감소지역주택 취득 전에 조합원입주권 또는 분양권을 보유한

자는 제2항에 따라 양도소득과세표준신고와 함께 과세특례신고서를 제출하는 경우에는 해당 조합원입주권 또는 분양권 보유 여부를 증명할 수 있는 서류를 함께 제출해야 한다. (2025. 2. 28. 신설)

④ 법 제71조의 2 제2항에 따른 과세특례를 적용받으려는 1세대 1주택자는 기획재정부령으로 정하는 신청서를 관할세무서장에게 제출해야 한다. 다만, 최초로 신청을 한 연도의 다음 연도부터는 그 신청 내용에 변동이 없으면 신청하지 않을 수 있다. (2025. 2. 28. 신설)

제72조【조합법인 등에 대한 법인세 과세특례】① 다음 각 호의 어느 하나에 해당하는 법인의 각 사업연도의 소득에 대한 법인세는 2025년 12월 31일 이전에 끝나는 사업연도까지 「법인세법」 제13조 및 같은 법 제55조에도 불구하고 해당 법인의 결산재무제표상 당기순이익[법인세 등을 공제하지 아니한 당기순이익(當期純利益)을 말한다]에 「법인세법」 제24조에 따른 기부금(해당 법인의 수익사업과 관련된 것만 해당한다)의 손금불산입액과 같은 법 제25조에 따른 기업업무추진비(해당 법인의 수익사업과 관련된 것만 해당한다)의 손금불산입액 등 대통령령으로 정하는 손금의 계산에 관한 규정을 적용하여 계산한 금액을 합한 금액에 100분의 9[해당금액이 20억원(2016년 12월 31일 이전에 조합법인간 합병하는 경우로서 합병에 따라 설립되거나 합병 후 존속하는 조합법인의 합병등기일이 속하는 사업연도와 그 다음 사업연도에 대하여는 40억원을 말한다)을 초과하는 경우 그 초과분에 대해서는 100분의 12]의 세율을 적용하여 과세(이하 이 조에서 "당기순이익과세"라 한다)한다. 다만, 해당 법인이 대통령령으로 정하는 바에 따라 당기순이익과세를 포기한 경우에는 그 이후의 사업연도에 대하여 당기순이익과세를 하지 아니한다. (2022. 12. 31. 개정)

법 72조 1항의 개정규정 중 "기업업무추진비"의 개정부분은 2024. 1. 1. 부터 시행함. (법 부칙(2022. 12. 31.) 1조 1호)

1. 「신용협동조합법」에 따라 설립된 신용협동조합 및 「새마을금고법」에 따라 설립된 새마을금고 (2010. 1. 1. 개정)
2. 「농업협동조합법」에 따라 설립된 조합 및 조합공동사업법인 (2010. 1. 1. 개정) `농특비`
3. 삭 제 (99. 12. 28)
4. 「수산업협동조합법」에 따라 설립된 조합(어촌계를 포함한다) 및 조합공동사업법인 (2016. 12. 20. 개정) `농특비`

제69조【조합법인 등에 대한 법인세 과세특례】(2013. 2. 15. 제목개정)

① 법 제72조 제1항 각 호 외의 부분 본문에서 "대통령령으로 정하는 손금의 계산에 관한 규정을 적용하여 계산한 금액"이란 「법인세법」 제19조의 2 제2항, 제24조부터 제28조까지, 제33조 및 제34조 제2항에 따른 손금불산입액(해당 법인의 수익사업과 관련된 것만 해당한다)을 말한다. (2019. 2. 12. 개정)

관계조문
규칙 61조 1항 54호 ⇒ 당기순이익과세포기에 관한 신청서(별지 53호 서식)

예 판

• 당기순이익과세법인에 해당하는지 여부는 각 사업연도 종료일을 기준으로 판단하는 것이고, 당기순이익과세법인이 당기순이익과세 포기 등의 사유로 당기순이익과세법인에서 제외된 경우 당기순이익과세법인에서 제외된 사업연도 이후에 발생한 결손금에 대하여만 이월결손금공제를 적용함. (서면2팀-731, 2004. 4. 8.)
• 당기순이익과세법인의 기부금손금불산입액을 계산함에 있어 법인세법상 전기 기부금한도초과액의 이월공제 규정은 적용되지 아니함. (서면2팀-1806, 2007. 10. 9.)

② 법 제72조 제1항 단서의 규정에 의하여 당기순이익과세를 포기하고자 하는 법인은 당기순이익과세를 적용받지 아니하고자 하는 사업연도의 직전사업연도종료일(신설법인의 경우에는 사업자등록증교부신청일)까지 기획재정부령이 정하는 신청서를 납세지 관할세무서장에게 제출(국세정보통신망에 의한 제출을 포함한다)하여야 한다. (2013. 2. 15. 항번개정)
③ 법 제72조 제1항의 규정을 적용함에 있어서 당해 조합법인등의 설립에 관한 법령 또는 정관(당해 법령 또는 정관의 위임을 받아 제정된 규정을 포함한다)에 규정된 설립목적을 직접 수행하는 사업

제29조【조합법인 등에 대한 법인세 과세특례】(2013. 2. 23. 제목개정)

① 영 제69조 제1항에 의하여 「법인세법」 제26조에 따른 손금불산입액을 계산함에 있어서 같은 법 시행령 제44조의 2 제4항에 따라 계산한 한도액이 음수인 경우 영으로 한다. (2013. 2. 23. 개정)
② 영 제69조 제1항에 의하여 「법인세법」 제33조에 따른 손금불산입액을 계산함에 있어서 2012년 12월 31일이 속하는 사업연도 종료일 현재 결산재무제표상 퇴직급여충당금의 누적액은 같은 법 시행령 제60조 제2항에 따라 손금에 산입한 것으로 보아 같은 조 제3항을 적용한다. (2013. 2. 23. 개정)
③ 법 제72조 제4항에서 "기획재정부령으로 정하는 방법"이란 재무구조개선을 위한 자금을 수산업협동조합중앙회에 예치함에 따라 발생하는 이자 및 그 이자금액의 지출에 관하여 다른 회계와 구분하여 독립적으로 경리하는 것을 말한다. (2013. 2. 23. 개정)
④ 법 제72조 제5항에서 "기획재정부령으로 정하는 방법"이란 계약이전의 이행을 위한 자금을 신용협동조합중앙회 또는 새마을금고중앙회에 예치함에 따라 발생하는 이자 및 그 이자금액의 지출에 관하여 다른 회계와 구분하여 독립적으로 경리하는 것을 말한다. (2013. 2. 23. 개정)

5. 「중소기업협동조합법」에 따라 설립된 협동조합·사업협동조합 및 협동조합연합회 (2010. 1. 1. 개정)
6. 「산림조합법」에 따라 설립된 산림조합(산림계를 포함한다) 및 조합공동사업법인 (2013. 1. 1. 개정) 〔농특비〕
7. 「엽연초생산협동조합법」에 따라 설립된 엽연초생산협동조합 (2010. 1. 1. 개정) 〔농특비〕
8. 「소비자생활협동조합법」에 따라 설립된 소비자생활협동조합 (2010. 1. 1. 개정)

② 제1항 각 호의 법인(제1항 각 호 외의 부분 단서에 따라 당기순이익 과세를 포기한 법인은 제외한다)에는 제5조의 2, 제6조, 제7조, 제7조의 2, 제7조의 4, 제8조, 제8조의 2, 제8조의 3, 제10조, 제10조의 2, 제12조, 제12조의 2부터 제12조의 4까지, 제13조, 제14조, 제19조, 제22조, 제24조, 제25조의 6, 제26조, 제28조, 제28조의 3, 제29조의 2부터 제29조의 4까지, 제29조의 8 제4항·제5항, 제30조의 4, 제31조 제4항부터 제6항까지, 제32조 제4항, 제33조, 제63조, 제63조의 2, 제63조의 3, 제64조, 제66조부터 제68조까지, 제99조의 9, 제102조, 제104조의 14 및 제104조의 15를 적용하지 아니한다. (2025. 3. 14. 개정)

〔통칙〕 72 – 0…1 【결산재무제표상 당기순이익의 범위】
① 법 제72조 제1항에서 "결산재무제표상 당기순이익"이라 함은 「법인세법 시행령」 제79조에 따른 기업회계기준 또는 관행에 의하여 작성한 결산재무제표상 법인세비용차감전순이익을 말한다. 이 경우 해당 법인이 수익사업과 비수익사업을 구분경리한 경우에는 각 사업의 당기순손익을 합산한 금액을 과세표준으로 한다. (2024. 3. 15. 개정)
② 제1항을 적용함에 있어서 해당 조합법인등이 법인세추가납부세액을 영업외비용으로 계상한 경우 이를 결산재무제표상 법인세비용차감전순이익에 가산한다. (2024. 3. 15. 개정)
③ 제1항에 따른 과세표준에는 「법인세법」 제4조 제3항 제5호 및 같은 법 시행령 제3조 제2항에 따른 3년이상 고유목적사업에 직접 사용하던 고정자산의 처분익을 포함한다. (2019. 12. 23. 개정)
④ 기업회계기준상 당기순손익을 과소계상한 조합법인이 그 다음사업연도 결산시 해당 과소계상상당액을 전기오류수정손익으로 이익잉여금처분계산서에 계상한 경우 법인세 과세표준계산은 국세기본법상 수정신고 또는 경정청구를 통해 과소계상한 사업연도의 과세표준을 조정하여야 한다. (2024. 3. 15. 개정)

(「법인세법 시행령」 제3조 제1항에 따른 수익사업외의 사업에 한한다)을 위하여 지출하는 금액은 「법인세법」 제24조 또는 제25조에 따른 기부금 또는 기업업무추진비로 보지 아니하며, 「법인세법」 제25조 제4항 제2호 단서의 규정은 당해 조합법인등에 출자한 조합원 또는 회원과의 거래에서 발생한 수입금액에 대하여는 이를 적용하지 아니한다. (2023. 2. 28. 개정)
④ 법 제72조 제1항에 따라 조합법인등의 기부금의 손금불산입액을 계산할 때 「법인세법」 제24조 제2항 제2호에 따른 기준소득금액은 해당 조합법인등의 결산재무제표상 당기순이익에 같은 조 제2항 제1호에 따른 기부금 및 같은 조 제3항 제1호에 따른 기부금과 법 제76조에 따른 기부금을 합한 금액으로 한다. (2021. 2. 17. 개정)
⑤ 제1항에 따른 손금불산입액의 계산 등에 필요한 사항은 기획재정부령으로 정한다. (2013. 2. 15. 신설)

제69조의 2 【기부금의 손금산입 특례】삭 제 (2010. 12. 30.)

〔통칙〕 72 – 0…2 【당기순이익과세 적용시 과세표준 계산】
① 법 제72조 제1항에 따라 기업회계기준에 의하여 적정하게 작성한 결산재무제표상 당기순이익에 당해 법인의 수익사업과 관련된 기부금 또는 기업업무추진비의 손금불산입액을 합한 금액을 과세표준으로 하여 법인세를 과세하는 경우에는 「법인세법」 제52조에 따른 부당행위 계산의 부인규정을 적용하지 아니한다. (2024. 3. 15. 개정)
② 당기순이익과세법인의 기부금손금불산입액을 계산함에 있어 법인세법상 전기 기부금한도초과액의 이월공제 규정은 적용되지 아니한다. (2019. 12. 23. 신설)

〔편주〕 ‥‥‥‥‥‥‥‥‥‥‥‥
영 69조 3항의 개정규정은 2024. 1. 1.부터 시행함. (영 부칙(2023. 2. 28.) 1조 3호)
‥‥‥‥‥‥‥‥‥‥‥‥‥

③ 제1항 각 호의 법인(제1항 각 호 외의 부분 단서에 따라 당기순이익과세를 포기한 법인은 제외한다)은 복식부기(複式簿記)에 의한 기장(記帳)을 하지 아니할 수 있다. (2010. 1. 1. 개정)
③ 삭 제 (2013. 1. 1.)
④ 제1항을 적용하는 경우 같은 항 제4호 및 제6호에 따른 조합 및 산림조합이 2010년 12월 31일까지 「수산업협동조합의 부실 예방 및 구조개선에 관한 법률」 제7조 제1항 제3호 및 「산림조합의 구조개선에 관한 법률」 제7조 제1항 제3호에 따라 재무구조개선을 위한 자금을 지원(자금을 각 법에 따른 상호금융예금자보호기금으로부터 무이자로 대출받아 수산업협동조합중앙회 또는 산림조합중앙회에 예치하고 정기적으로 이자를 받은 후 상환하는 방식의 지원을 말한다)받은 경우로서 그 자금을 기획재정부령으로 정하는 방법으로 구분하여 경리하는 경우에는 해당 자금을 예치함에 따라 발생하는 이자를 당기순이익을 계산할 때 수익으로 보지 아니할 수 있다. 이 경우 해당 조합이 그 이자금액을 지출하고 비용으로 계상(자산 취득에 지출한 경우에는 감가상각비 또는 처분 당시 장부가액으로 계상하는 것을 말한다)한 경우에는 그 이자금액을 비용으로 보지 아니한다. (2020. 2. 18. 개정 ; 부산업협동조합의~부칙)
⑤ 제1항을 적용하는 경우 같은 항 제1호에 따른 신용협동조합 및 새마을금고 중 「신용협동조합법」 제86조의 4 제2항 및 「새마을금고법」 제80조의 2 제2항에 따른 인수조합 및 인수금고(이하 이 조에서 "인수조합등"이라 한다)가 2015년 12월 31일까지 「신용협동조합법」 제86조의 4 제3항 및 「새마을금고법」 제80조의 2 제3항에 따라 계약이전의 이행을 위하여 자금을 지원(자금을 각 법에 따른 예금자보호기금 및 예금자보호준비금으로부터 무이자로 대출받아 신용협동조합중앙회 또는 새마을금고중앙회에 예치하고 정기적으로 이자를 받은 후 상환하는 방식의 지원을 말한다)받은 경우로서 그 자금을 기획재정부령으로 정하는 방법으로 구분하여 경리하는 경우에는 해당 자금을 예치함에 따라 발생하는 이자를 당기순이익을 계산할 때 수익으로 보지 아니할 수 있다. 이 경우 해당 인수조합등이 그 이자금액을 지출하고 비용으로 계상(자산 취득에 지출한 경우에는 감가상각비 또는 처분 당시 장부가액으로 계상하는 것을 말한다)한 경우에는 그 이자금액을 비용으로 보지 아니한다. (2013. 1. 1. 신설)
⑥ 제1항에 따른 조합법인 등의 기부금 및 기업업무추진비의 손금불산입액 계산 등에 관하여 필요한 사항은 대통령령으로 정한다. (2022. 12. 31. 개정)

편주 ▶
법 72조 6항의 개정규정은 2024. 1. 1.부터 시행함. (법 부칙(2022. 12. 31.) 1조 1호)

제72조의 2 【농업협동조합중앙회 등의 합병에 대한 법인세 과세특례】 삭 제 (2006. 12. 30.)

제73조 【기부금의 과세특례】 삭 제 (2010. 12. 27.)

제74조 【고유목적사업준비금의 손금산입특례】 ① 다음 각 호의 어느 하나에 해당하는 법인에 대해서는 2025년 12월 31일 이전에 끝나는 사업연도까지 「법인세법」 제29조를 적용하는 경우 같은 조 제1항 제2호에도 불구하고 해당 법인의 수익사업(이 항 제4호 및 제5호의 경우에는 해당 사업과 해당 사업 시설에서 그 시설을 이용하는 자를 대상으로 하는 수익사업만 해당하고, 제6호의 체육단체의 경우에는 국가대표의 활동과 관련된 수익사업만 해당한다)에서 발생한 소득을 고유목적사업준비금으로 손금에 산입할 수 있다. (2022. 12. 31. 개정)
1. 다음 각 목의 어느 하나에 해당하는 법인 (2011. 12. 31. 개정)
　가. 「사립학교법」에 따른 학교법인 (2011. 12. 31. 개정)
　나. 「산업교육진흥 및 산학연협력촉진에 관한 법률」에 따른 산학협력단 (2011. 12. 31. 개정)
　다. 「평생교육법」에 따른 원격대학 형태의 평생교육시설을 운영하는 「민법」 제32조에 따른 비영리법인 (2011. 12. 31. 개정)
　라. 「국립대학법인 서울대학교 설립·운영에 관한 법률」에 따른 국립대학법인 서울대학교 및 발전기금 (2011. 12. 31. 개정)
　마. 「국립대학법인 울산과학기술대학교 설립·운영에 관한 법률」에 따른 국립대학법인 울산과학기술대학교 (2011. 12. 31. 개정)
　마. 삭 제 (2015. 3. 27. ; 국립대학법인~법률 부칙)
　바. 「국립대학법인 인천대학교 설립·운영에 관한 법률」에 따른 국립대학법인 인천대학교 및 발전기금 (2013. 1. 1. 신설)
2. 「사회복지사업법」에 따른 사회복지법인 (2010. 1. 1. 개정)
3. 다음 각 목의 어느 하나에 해당하는 법인 (2010. 1. 1. 개정)

편주 ▶
법 74조 1항 3호의 개정규정은 2025. 1. 1. 이후 과세표준을 신고하는 경우부터 적용함. (법 부칙(2024. 12. 31.) 9조)

　가. 「국립대학병원 설치법」에 따른 국립대학병원 및 「국립대학치과병원 설치법」에 따른 국립대학치과병원 (2013. 1. 1. 개정)
　나. 「서울대학교병원 설치법」에 따른 서울대학교병원 (2010. 1. 1. 개정)
　다. 「서울대학교치과병원 설치법」에 따른 서울대학교치과병원 (2010. 1. 1. 개정)
　라. 「암관리법」에 따른 국립암센터 (2024. 12. 31. 개정)
　마. 「지방의료원의 설립 및 운영에 관한 법률」에 따른 지방의료원 (2010. 1. 1. 개정)
　바. 「대한적십자사 조직법」에 따른 대한적십자사가 운영하는 병원 (2010. 1. 1. 개정)
　사. 「국립중앙의료원의 설립 및 운영에 관한 법률」에 따른 국립중앙의료원 (2013. 1. 1. 신설)
　아. 다음의 어느 하나에 해당하는 법인이 「보건의료기술 진흥법」 제28조의 2에 따라 설립한 의료기술협력단 (2024. 12. 31. 신설)
　　1) 제1호 가목의 법인 (2024. 12. 31. 신설)

☞ p.1468 1단 연결

2) 제2호의 법인 (2024. 12. 31. 신설)
　　3) 가목부터 사목까지의 법인 (2024. 12. 31. 신설)
4. 「도서관법」에 따라 등록한 도서관을 운영하는 법인 (2010. 1. 1. 개정)
5. 「박물관 및 미술관 진흥법」에 따라 등록한 박물관 또는 미술관을 운영하는 법인 (2010. 1. 1. 개정)
6. 정부로부터 허가 또는 인가를 받은 문화예술단체 및 체육단체로서 대통령령으로 정하는 법인 (2022. 12. 31. 개정)
7. 「국제경기대회 지원법」에 따라 설립된 조직위원회로서 기획재정부장관이 효율적인 준비와 운영을 위하여 필요하다고 인정하여 고시한 조직위원회 (2022. 12. 31. 개정)
　가. 「국제경기대회 지원법」에 따라 설립된 조직위원회로서 기획재정부장관이 효율적인 준비와 운영을 위하여 필요하다고 인정하여 고시한 조직위원회 (2016. 12. 20. 신설)
　나. 「2011대구세계육상선수권대회, 2013충주세계조정선수권대회, 2014인천아시아경기대회, 2014인천장애인아시아경기대회 및 2015광주하계유니버시아드대회 지원법」에 따라 설립된 2014인천아시아경기대회조직위원회(이하 "2014인천아시아경기대회조직위원회"라 한다), 2014인천장애인아시아경기대회조직위원회(이하 "2014인천장애인아시아경기대회조직위원회"라 한다) 및 2015광주하계유니버시아드대회조직위원회(이하 "2015광주하계유니버시아드대회조직위원회"라 한다) (2014. 12. 23. 개정)
　다. 「2018 평창 동계올림픽대회 및 동계패럴림픽대회 지원 등에 관한 특별법」에 따라 설립된 2018 평창 동계올림픽대회 및 동계패럴림픽대회 조직위원회(이하 "2018 평창 동계올림픽대회 및 동계패럴림픽대회 조직위원회"라 한다) (2016. 5. 29. 개정 ; 2018 평창 동계올림픽 ~ 부칙)
　가.~다. 삭　제 (2022. 12. 31.)
　라. 「2013 평창 동계스페셜올림픽 세계대회 지원법」에 따라 설립된 2013평창동계스페셜올림픽세계대회조직위원회(이하 "2013평창동계스페셜올림픽세계대회조직위원회"라 한다) (2011. 12. 31. 신설)
　라. 삭　제 (2014. 12. 23.)
　마. 「포뮬러원 국제자동차경주대회 지원법」에 따라 설립된 포뮬러원국제자동차경주대회조직위원회(이하 "포뮬러원국제자동차경주대회조직위원회"라 한다) (2011. 12. 31. 신설)
　마. 삭　제 (2022. 12. 31.)
　바. 「2015경북문경세계군인체육대회 지원법」에 따라 설립된 2015경북문경세계군인체육대회조직위원회(이하 "2015 경북문경세계군인체육대회조직위원회"라 한다) (2014. 1. 1. 신설)
　바. 삭　제 (2017. 12. 19.)

제70조 【고유목적사업준비금의 손금산입】 ① 법 제74조 제1항 제6호에서 "대통령령으로 정하는 법인"이란 다음 각 호의 어느 하나에 해당하는 법인을 말한다. (2009. 2. 4. 개정)
1. 「지방문화원진흥법」에 의하여 주무부장관의 인가를 받아 설립된 지방문화원 (2005. 2. 19. 개정)
2. 「문화예술진흥법」 제23조의 2의 규정에 의한 예술의 전당 (2005. 2. 19. 개정)
2의 2. 「국민체육진흥법」 제33조 및 제34조에 따른 대한체육회 및 대한장애인체육회 (2023. 2. 28. 신설)
3. 그 밖의 문화예술단체 또는 체육단체로서 기획재정부령으로 정하는 법인 (2023. 2. 28. 개정)

제29조의 2 【문화예술단체 및 체육단체의 범위】 (2023. 3. 20. 제목개정)
영 제70조 제1항 제3호에서 "기획재정부령으로 정하는 법인"이란 다음 각 호의 어느 하나에 해당하는 법인 또는 단체로서 기획재정부장관이 문화체육관광부장관과 협의하여 고시하는 법인 또는 단체를 말한다. (2023. 3. 20. 개정)
1. 「문화예술진흥법」 제7조에 따라 지정된 전문예술법인 또는 전문예술단체
2. 「국민체육진흥법」 제33조 또는 제34조에 따른 대한체육회 또는 대한장애인체육회에 가맹된 체육단체 (2023. 3. 20. 개정)

편주 ▶ ···
고유목적사업준비금 손금산입특례대상 문화예술단체 ; 재정경제부고시 제2001 - 11호,

8. 「공익법인의 설립·운영에 관한 법률」에 따라 설립된 법인으로서 해당 과세연도의 고유목적사업이나 「법인세법」 제24조 제3항 제1호에 따른 일반기부금에 대한 지출액 중 100분의 80 이상의 금액을 장학금으로 지출한 법인 (2022. 12. 31. 개정)

9. 다음 각 목의 어느 하나에 해당하는 법인 (2014. 1. 1. 신설)
　가. 「공무원연금법」에 따른 공무원연금공단 (2014. 1. 1. 신설)
　나. 「사립학교교직원연금법」에 따른 사립학교교직원연금공단 (2014. 1. 1. 신설)

② 다음 각 호의 어느 하나에 해당하는 법인에 대해서는 2011년 12월 31일 이전에 끝나는 사업연도까지 「법인세법」 제29조를 적용하는 경우 그 법인의 수익사업에서 발생한 소득 중 대통령령으로 정하는 금액을 고유목적사업준비금으로 손금에 산입할 수 있다. (2010. 1. 1. 개정)
1. 「농업협동조합법」에 따라 설립된 농업협동조합중앙회 (2010. 1. 1. 개정)
2. 「수산업협동조합법」에 따라 설립된 수산업협동조합중앙회 (2010. 1. 1. 개정)
3. 「산림조합법」에 따라 설립된 산림조합중앙회 (2010. 1. 1. 개정)
③ 「국가재정법」 별표 2에서 규정하는 법률에 따라 설립된 기금을 관리·운용하는 법인 중 대통령령으로 정하는 비영리법인이 해당 기금에서 취득한 「자본시장과 금융투자업에 관한 법률」에 따른 주권상장법인의 주식을 2009년 12월 31일 이전에 끝나는 사업연도까지 양도함에 따라 소득이 발생한 경우에는 「법인세법」 제29조 제1항 제2호에도 불구하고 그 소득 전액을 고유목적사업준비금으로 손금에 산입할 수 있다. (2018. 12. 24. 개정)

② · ③ 삭 제 (2022. 12. 31.)

④ 수도권 과밀억제권역 및 광역시를 제외하고 인구 등을 고려하여 대통령령으로 정하는 지역에 「의료법」 제3조 제2항 제1호 또는 제3호의 의료기관을 개설하여 의료업을 영위하는 비영리내국법인(제1항이 적용되는 비영리내국법인은 제외한다)에 대하여는 2025년 12월 31일 이전에 끝나는 사업연도까지 「법인세법」 제29조를 적용하는 경우 그 법인의 수익사업에서 발생한 소득을 고유목적사업준비금으로 손금에 산입할 수 있다. (2022. 12. 31. 개정)

　　제75조 【기부장려금】 ① 「소득세법」 제59조의 4 제4항에 따라 기부금 세액공제를 신청할 수 있는 거주자(이하 이 조에서 "기부자"라 한다)는 본인이 기부금 세액공제를 받는 대신 그 기부금에 대한 세액공제 상당액(이하 이 조에서 "기부장려금"이라 한다)을 당초 기부금을 받

② 법 제74조 제2항에서 "대통령령으로 정하는 금액"이란 해당 사업연도의 수익사업에서 발생한 소득금액에서 「법인세법 시행령」 제16조 제1항에 따른 이월결손금을 뺀 금액의 100분의 60을 말한다. (2019. 2. 12. 개정)
③ 법 제74조 제2항의 규정을 적용함에 있어서 동조 동항 제1호의 규정에 의한 농업협동조합중앙회가 「농어촌발전 특별조치법」 제12조의 규정에 의한 생산조정 또는 출하조정약정의 이행에 따른 손실보전을 목적으로 적립하는 금액은 이를 고유목적사업준비금으로 본다. (2005. 2. 19. 개정)
④ 법 제74조 제3항에서 "대통령령으로 정하는 비영리법인"이란 「국가재정법」 별표 2에 규정된 법률에 따라 설치된 기금 중 해당 법률에서 주식의 취득 및 양도가 허용된 기금을 관리·운용하는 비영리법인을 말한다. (2009. 2. 4. 개정)

②~④ 삭 제 (2024. 2. 29.)

⑤ 법 제74조 제4항에서 "대통령령으로 정하는 지역"이란 다음 각 호의 요건을 모두 갖춘 지역으로서 기획재정부령으로 정하는 지역을 말한다. (2010. 12. 30. 신설)
1. 인구수가 30만명 이하인 시(「제주특별자치도 설치 및 국제자유도시 조성을 위한 특별법」 제10조 제2항에 따라 제주특별자치도에 두는 행정시를 포함한다)·군 지역 (2016. 1. 22. 개정 ; 제주특별자치도~시행령 부칙)
2. 「국립대학병원 설치법」에 따른 국립대학병원 또는 「사립학교법」에 따른 사립학교가 운영하는 병원이 소재하고 있지 아니한 지역 (2010. 12. 30. 신설)

　　제29조의 3 【고유목적사업준비금의 손금산입 특례를 적용받는 비영리의료법인의 소재 지역의 범위】 영 제70조 제5항 각 호 외의 부분에서 "기획재정부령으로 정하는 지역"이란 별표 8의 6에 따른 지역을 말한다. (2011. 4. 7. 신설)

은 자가 지급받을 수 있도록 기부장려금을 신청할 수 있다. (2016. 12. 20. 단서삭제)

② 기획재정부장관은 「소득세법」 제160조의 3 또는 「법인세법」 제112조의 2에 따른 기부금영수증(이하 이 조에서 "기부금영수증"이라 한다)을 발급하는 자로서 기부금영수증 발급명세서의 작성·보관 의무 등 납세협력의무의 이행과 회계 투명성 등 대통령령으로 정하는 요건을 갖춘 것으로 인정되어 국세청장이 추천하는 자를 기부장려금단체로 지정할 수 있다. (2014. 12. 23. 신설)

③ 제2항에 따라 지정된 기부장려금단체(이하 이 조에서 "기부장려금단체"라 한다)는 기부자에게 기부금영수증을 발급할 때 기부장려금 신청 여부를 확인하여 「소득세법」 제160조의 3 제3항 또는 「법인세법」 제112조의 2 제3항에 따라 기부금영수증 발급명세서를 납세지 관할 세무서장에게 제출할 때 기획재정부령으로 정하는 기부장려금 신청명세를 제출하여야 한다. (2014. 12. 23. 신설)

④ 제3항에 따라 기부장려금단체로부터 기부장려금 신청명세를 제출받은 납세지 관할 세무서장은 제1호의 금액에서 제2호의 금액을 뺀 금액을 기부장려금으로 결정한다. 이 경우 납세지 관할 세무서장은 제3항의 기부장려금 신청명세 제출기한이 지난 후 4개월 이내에 기부장려금을 결정하여야 한다. (2016. 12. 20. 개정)

1. 기부장려금을 신청한 기부자의 해당 과세기간의 종합소득 결정세액 (2016. 12. 20. 개정)

2. 기부자가 기부장려금을 신청한 기부금에 대하여 「소득세법」 제59조의 4 제4항에 따른 기부금 세액공제를 신청한 것으로 보아 계산한 종합소득 결정세액. 이 경우 같은 항에 따른 기부금 세액공제액을 계산할 때 기부장려금을 신청한 기부금에 대해서는 같은 항 제2호에 따른 기부금의 한도액을 적용하지 아니한다. (2020. 12. 29. 후단 개정)

⑤ 납세지 관할 세무서장은 제4항에 따라 결정된 기부장려금을 기부장려금단체에 국세환급금에 관한 「국세기본법」 제51조를 준용하여 지급한다. 이 경우 "국세환급금"은 "기부장려금"으로, "환급"은 "지급"으로 본다. (2014. 12. 23. 신설)

⑥ 납세지 관할 세무서장은 제4항에 따라 기부장려금을 결정한 후 그

제71조 【기부장려금】 ① 법 제75조 제2항에서 "기부금영수증 발급명세서의 작성·보관 의무 등 납세협력의무의 이행과 회계 투명성 등 대통령령으로 정하는 요건"이란 다음 각 호의 요건을 말한다. (2015. 2. 3. 신설)

1. 기부금영수증을 사실과 다르게 발급하지 아니할 것 (2015. 2. 3. 신설)

2. 기부자별 발급명세를 「소득세법」 제160조의 3 또는 「법인세법」 제112조의 2에 따라 작성·보관하며, 기부금영수증 발급명세서를 「소득세법」 제160조의 3 제3항 또는 「법인세법」 제112조의 2 제3항에 따라 제출할 것 (2015. 2. 3. 신설)

3. 「소득세법」 제165조에 따라 기부금 세액공제 증명서류를 국세청장에게 제출할 것 (2015. 2. 3. 신설)

4. 인터넷 홈페이지를 개설하고 연간 기부금 모금액 및 그 활용 실적을 다음 연도(제2항에 따라 지정을 신청하는 경우에는 신청일이 속하는 연도를 말한다) 4월 30일까지 기획재정부령으로 정하는 기부금 모금액 및 활용실적 명세서를 통하여 해당 인터넷 홈페이지 및 국세청의 인터넷 홈페이지에 공개할 것. 다만, 「상속세 및 증여세법」 제50조의 3 제1항 제2호에 따른 사항을 같은 법 시행령 제43조의 3 제4항에 따른 표준서식에 따라 공시하는 경우에는 기부금 모금액 및 활용실적을 공개한 것으로 본다. (2021. 2. 17. 개정)

5. 「주식회사의 외부감사에 관한 법률」 제3조에 따른 감사인에게 회계감사를 받을 것 (2015. 2. 3. 신설)

6. 「상속세 및 증여세법」 제50조의 2에 따른 전용계좌를 개설하여 사용할 것 (2015. 2. 3. 신설)

7. 「상속세 및 증여세법」 제50조의 3 제1항(제5호는 제외한다)에 따른 결산서류등을 제4호에 따른 인터넷 홈페이지 또는 국세청의 인터넷 홈페이지를 통하여 공시할 것 (2015. 2. 3. 신설)

8. 법 제75조 제8항 제1호·제2호 또는 제4호에 따라 지정이 취소된 경우에는 그 취소된 날부터 5년이 지났을 것 (2015. 2. 3. 신설)

② 법 제75조 제3항에 따른 기부장려금단체(이하 이 조에서 "기부장려금단체"라 한다)로 지정받으려는 자는 기획재정부령으로 정하

제29조의 4 【기부장려금단체의 해당 요건충족 여부 보고기한 등】 ① 법 제75조 제2항에 따라 지정된 기부장려금단체는 영 제71조 제1항 각 호의 요건충족(이하 이 조에서 "해당 요건충족"이라 한다) 여부를 별지 제53호의 3 서식의 기부장려금단체 해당 요건충족 여부 보고서에 작성하여 다음 각 호의 구분에 따른 기한까지 국세청장에게 보고하여야 한다. (2017. 3. 17. 개정)

1. 지정일이 속하는 연도와 그 다음 연도의 해당 요건충족 여부 : 지정일부터 2년이 되는 날이 속하는 연도의 3월 31일 (2016. 2. 25. 신설)

2. 지정일부터 2년이 되는 날이 속하는 연도와 그 다음 연도의 해당 요건충족 여부 : 지정일부터 4년이 되는 날이 속하는 연도의 3월 31일 (2016. 2. 25. 신설)

3. 지정일부터 4년이 되는 날이 속하는 연도와 그 다음 연도의 해당 요건충족 여부 : 지정일부터 6년이 되는 날이 속하는 연도의 3월 31일 (2016. 2. 25. 신설)

② 국세청장은 기부장려금단체가 제1항 각 호의 기한까지 해당 요건충족 여부를 보고하지 아니한 경우에는 제1항 각 호의 기한이 속하는 연도의 5월 31일까지 해당 요건충족 여부를 보고하도록 지체 없이 기부장려금단체에게 요구하여야 한다. (2016. 2. 25. 신설)

③ 영 제71조 제1항 제4호 본문에서 "기

결정에 탈루나 오류가 있을 때에는 기부장려금을 경정하여야 한다. (2014. 12. 23. 신설)

⑦ 납세지 관할 세무서장은 기부장려금단체가 기부장려금 신청명세를 사실과 다르게 작성하여 제6항에 따른 경정으로 기부장려금이 줄어든 경우에는 초과하여 지급받은 기부장려금(이하 이 조에서 "초과지급금"이라 한다)에 다음 각 호의 금액을 합한 금액을 징수하여야 한다. (2014. 12. 23. 신설)

1. 초과지급금의 100분의 3에 상당하는 금액 (2014. 12. 23. 신설)
2. 초과지급금 × 기부장려금을 환급받은 날의 다음 날부터 자진납부일 또는 납부고지일까지의 기간 × 금융기관이 연체대출금에 대하여 적용하는 이자율 등을 고려하여 대통령령으로 정하는 이자율 (2020. 12. 29. 개정)

⑧ 기획재정부장관은 기부장려금단체가 다음 각 호의 어느 하나에 해당하는 경우에는 대통령령으로 정하는 바에 따라 기부장려금단체의 지정을 취소할 수 있다. (2014. 12. 23. 신설)

1. 기부장려금단체가 기부장려금 신청명세를 사실과 다르게 작성한 경우 (2014. 12. 23. 신설)
2. 「국세기본법」 제85조의 5에 따라 불성실기부금수령단체로 명단이 공개된 경우 (2014. 12. 23. 신설)
3. 기부장려금단체가 해산한 경우 (2014. 12. 23. 신설)
4. 그 밖에 법령을 위반하거나 목적 외 사업을 하는 등 대통령령으로 정하는 사유가 있는 경우 (2014. 12. 23. 신설)

⑨ 제8항 제1호·제2호·제4호에 따라 기부장려금단체의 지정이 취소된 경우 그 지정이 취소된 날이 속하는 과세연도부터 5년간 기부장려금단체로 지정하지 아니한다. (2014. 12. 23. 신설)

⑩ 기부자가 「소득세법」 제59조의 4 제4항에 따른 기부금 세액공제와 기부장려금을 중복하여 신청한 경우에는 기부금 세액공제를 신청한 것으로 보아 「소득세법」 제59조의 4 제4항을 적용한다. 다만, 기부장려금을 신청한 기부자가 제3항의 기부장려금 신청명세 제출기한이 지난 후에 기부금 세액공제를 중복하여 신청한 경우에는 기부장려금을 신청한 것으로 보아 제1항부터 제9항까지의 규정을 적용한다. (2016. 12. 20. 신설)

는 기부장려금단체 지정신청서에 다음 각 호의 서류를 첨부하여 매 반기(半期) 마지막 달의 직전월의 1일부터 말일까지의 기간(2016년의 경우에는 3월 1일부터 3월 31일까지의 기간을 추가한다) 동안 국세청장에게 신청하여야 한다. (2016. 2. 5. 개정)
1. 법인설립허가서(법인의 경우로 한정한다) (2015. 2. 3. 신설)
2. 최근 5년간의 결산서 및 해당 사업연도 예산서 (2015. 2. 3. 신설)
3. 최근 5년간의 결산서에 대한 회계감사 보고서 (2015. 2. 3. 신설)

③ 제2항에 따른 신청을 받은 국세청장은 신청일이 속하는 반기 마지막 달의 다음 달 말일까지(제2항에 따라 2016년 3월 1일부터 3월 31일까지의 기간 동안 기부장려금 단체 지정을 신청한 경우에는 2016년 5월 31일까지) 기획재정부장관에게 기부장려금단체 지정 추천을 하여야 하며, 추천을 받은 기획재정부장관은 추천을 받은 날부터 2개월이 되는 날이 속하는 달의 말일까지 기부장려금단체의 지정 여부를 결정하여야 한다. 이 경우 지정을 받은 기부장려금단체의 지정기간은 지정일이 속하는 연도의 1월 1일부터 6년간으로 한다. (2016. 2. 5. 개정)

④ 제3항에 따라 지정된 기부장려금단체는 기획재정부령으로 정하는 바에 따라 제1항 각 호의 요건 충족 여부(이하 이 조에서 "요건충족 여부"라 한다)를 국세청장에게 보고하여야 한다. 이 경우 해당 기부장려금단체가 요건충족 여부를 보고하지 아니하면 국세청장은 기획재정부령으로 정하는 바에 따라 보고하도록 요구하여야 한다. (2015. 2. 3. 신설)

⑤ 기부자가 2개 이상의 기부장려금단체에 대하여 기부장려금을 신청한 경우에는 납세지 관할 세무서장은 다음의 계산식에 따라 계산한 금액을 해당 기부장려금단체의 기부장려금으로 각각 결정한다. (2017. 2. 7. 개정)

$$\text{법 제75조 제4항에 따른 기부장려금} = \text{기부자의 해당 기부장려금단체에 대한 기부장려금 신청 기부금액} \times \frac{\text{기부자의 해당 기부장려금단체에 대한 기부장려금 신청 기부금액}}{\text{기부자의 기부장려금 신청 기부금 총액}}$$

⑥ 법 제75조 제7항 제2호에서 "대통령령으로 정하는 이자율"이란 제11조의 2 제9항 제2호에 따른 율을 말한다. (2022. 2. 15. 개정)
⑦ 법 제75조 제8항 제4호에서 "그 밖에 법령을 위반하거나 목적 외

획재정부령으로 정하는 기부금 모금액 및 활용실적 명세서"란 「소득세법 시행규칙」 제100조 제7호에 따른 별지 제6호의 2 서식 또는 「법인세법 시행규칙」 제19조 제5항 및 제19조의 2 제4항에 따른 별지 제63호의 7 서식을 말한다. (2025. 3. 21. 개정)

④ 국세청장은 영 제71조 제8항에 따라 기부장려금단체 지정취소를 기획재정부장관에게 요청하는 경우에는 다음 각 호의 사항을 포함한 문서로 하여야 한다. 이 경우 제1항에 따른 기부장려금단체 해당 요건충족 여부 보고서를 첨부하여야 한다. (2016. 2. 25. 신설)

1. 지정취소 대상 기부금단체명 (2016. 2. 25. 신설)
2. 지정취소 사유 (2016. 2. 25. 신설)
3. 그 밖에 지정취소에 필요한 사항 (2016. 2. 25. 신설)

정치자금법
제59조 【조세의 감면】 (2016. 1. 15. 제목개정)
① 이 법에 의하여 정치자금을 기부한 자 또는 기부받은 자에 대하여는 「조세특례제한법」이 정하는 바에 따라 그 정치자금에 상당하는 금액에 대한 소득세 및 증여세를 면제하되, 개인이 기부한 정치자금은 해당 과세연도의 소득금액에서 10만원까지는 그 기부금액의 110분의 100을, 10만원을 초과한 금액에 대해서는 해당 금액의 100분의 15(해당 금액이 3천만원을 초과하는 경우 그 초과분에 대

⑪ 제1항부터 제10항까지에서 규정한 사항 외에 기부장려금의 신청 절차, 배분방법과 환급 방법 등에 관하여 필요한 사항은 대통령령으로 정한다. (2016. 12. 20. 개정)

　제76조【정치자금의 손금산입특례 등】① 거주자가 「정치자금법」에 따라 정당(같은 법에 따른 후원회 및 선거관리위원회를 포함한다)에 기부한 정치자금은 이를 지출한 해당 과세연도의 소득금액에서 10만원까지는 그 기부금액의 110분의 100을, 10만원을 초과한 금액에 대해서는 해당 금액의 100분의 15(해당 금액이 3천만원을 초과하는 경우 그 초과분에 대해서는 100분의 25)에 해당하는 금액을 종합소득산출세액에서 공제한다. 다만, 사업자인 거주자가 정치자금을 기부한 경우 10만원을 초과한 금액에 대해서는 이월결손금을 뺀 후의 소득금액의 범위에서 손금에 산입한다. (2014. 1. 1. 개정)　[농특비]

② 제1항에 따라 기부하는 정치자금에 대해서는 상속세 또는 증여세를 부과하지 아니한다. (2010. 1. 1. 개정)

③ 제1항에 따른 정치자금 외의 정치자금에 대해서는 「상속세 및 증여세법」 제12조 제4호, 제46조 제3호 및 다른 세법의 규정에도 불구하고 그 기부받은 자가 상속받거나 증여받은 것으로 보아 상속세 또는 증여세를 부과한다. (2010. 1. 1. 개정)

[통칙] 76-0…1【정치자금의 손금산입범위】

① 내국인이 정치자금에 관한 법률에 의하여 선거관리위원회에 기탁한 정치자금은 법 제76조 제1항의 규정에 의한 정치자금으로 한다.

② 법인 또는 당원이 아닌 거주자가 특별지원비 · 찬조비 등을 정당에 직접 지출한 경우에는 법 제76조의 규정이 적용되지 아니한다.

제77조【공익사업용 토지 등에 대한 양도소득세의 감면】(2003.

사업을 하는 등 대통령령으로 정하는 사유가 있는 경우”란 다음 각 호의 경우를 말한다. (2015. 2. 3. 신설)

1. 제1항 제1호부터 제4호까지 및 제8호에 따른 요건을 충족하지 못한 경우 또는 제4항 후단에 따른 요구에도 불구하고 요건충족 여부를 보고하지 않은 경우 (2021. 2. 17. 개정)

2. 기부장려금단체의 대표자, 대리인, 사용인 또는 그 밖의 종업원이 「기부금품의 모집 · 사용 및 기부문화 활성화에 관한 법률」을 위반하여 같은 법 제16조에 따라 법인 또는 개인이 벌금 이상의 형을 받은 경우 (2024. 7. 23. 개정 ; 기부금품~부칙)

3. 「상속세 및 증여세법」 제48조 제2항, 제3항 및 제8항부터 제11항까지, 제78조 제5항 제3호, 같은 조 제10항 및 제11항에 따라 1천만원 이상의 상속세(그 가산세를 포함한다) 또는 증여세(그 가산세를 포함한다)를 추징당한 경우 (2021. 2. 17. 개정)

4. 목적 외의 사업을 하거나 설립허가의 조건을 위반하는 등 공익목적을 위반한 사실이 있는 경우 (2015. 2. 3. 신설)

5. 해당 사업연도의 수익사업의 지출을 제외한 지출액의 100분의 80 이상을 직접 고유목적사업에 지출하지 아니한 경우 (2015. 2. 3. 신설)

⑧ 국세청장은 기부장려금단체가 법 제75조 제8항 각 호 또는 이 영 제7항 각 호의 사유에 해당하는 경우에는 그 지정을 취소할 것을 기획재정부장관에게 요청할 수 있다. (2015. 2. 3. 신설)

⑨ 기획재정부장관은 법 제75조 제8항에 따라 기부장려금단체의 지정을 취소하는 경우 해당 기부장려금단체의 명칭과 지정 취소 사실 및 기부장려금단체 지정배제기간(법 제75조 제9항에 따른 기간을 말한다)을 지정취소일이 속하는 연도의 12월 31일(지정취소일이 속하는 달이 12월인 경우에는 다음 연도 1월 31일을 말한다)까지 관보에 공고하여야 한다. (2015. 2. 3. 신설)

⑩ 법 제75조 제1항에 따라 기부자가 기부금에 대한 세액공제 상당액을 당초 기부금을 받은 기부장려금단체가 지급받을 수 있도록 하기 위해서는 기획재정부령으로 정하는 기부장려금 신청서를 해당 기부장려금단체에 제출하여야 한다. (2016. 2. 5. 신설)

제72조【공익사업용토지 등에 대한 양도소득세의 감면】(2003.

해서는 100분의 25)에 해당하는 금액을 종합소득산출세액에서 공제하고, 「지방세특례제한법」에 따라 그 공제금액의 100분의 10에 해당하는 금액을 해당 과세연도의 개인지방소득세 산출세액에서 추가로 공제한다. 다만, 제11조(후원인의 기부한도 등) 제3항의 규정에 의한 익명기부, 후원회 또는 소속 정당 등으로부터 기부받거나 지원받은 정치자금을 당비로 납부하거나 후원회에 기부하는 경우에는 그러하지 아니하다. (2016. 1. 15. 개정)

② 후원회의 명의로 개설된 정치자금 예금계좌에 입금하는 방법으로 1회 10만원, 연간 120만원 이하의 정치자금을 기부한 자는 그 후원회의 명의와 기부자의 성명 · 생년월일 등 인적 사항, 거래일자 · 거래금액 등 기부내역이 기재된 금융거래 입금증이나 위조 · 복사 · 변조를 방지하기 위한 장치가 된 전자결제영수증 원본을 제1항의 규정에 따른 세액공제를 위한 영수증으로 사용할 수 있다. (2016. 1. 15. 개정)

12. 30. 제목개정)

① 다음 각 호의 어느 하나에 해당하는 소득으로서 해당 토지등이 속한 사업지역에 대한 사업인정고시일(사업인정고시일 전에 양도하는 경우에는 양도일)부터 소급하여 2년 이전에 취득한 토지등을 2026년 12월 31일 이전에 양도함으로써 발생하는 소득에 대해서는 양도소득세의 <u>100분의 10</u>[토지등의 양도대금을 대통령령으로 정하는 채권으로 받는 부분에 대해서는 <u>100분의 15</u>로 하되, 「공공주택 특별법」 등 대통령령으로 정하는 법률에 따라 협의매수 또는 수용됨으로써 발생하는 소득으로서 대통령령으로 정하는 방법으로 해당 채권을 3년 이상의 만기까지 보유하기로 특약을 체결하는 경우에는 <u>100분의 30</u>(만기가 5년 이상인 경우에는 <u>100분의 40</u>)]에 상당하는 세액을 감면한다. (2023. 12. 31. 개정)

① 다음 각 호의 어느 하나에 해당하는 소득으로서 해당 토지등이 속한 사업지역에 대한 사업인정고시일(사업인정고시일 전에 양도하는 경우에는 양도일)부터 소급하여 2년 이전에 취득한 토지등을 2026년 12월 31일 이전에 양도함으로써 발생하는 소득에 대해서는 양도소득세의 <u>100분의 15</u>[토지등의 양도대금을 대통령령으로 정하는 채권으로 받는 부분에 대해서는 <u>100분의 20으로</u> 하되, 「공공주택 특별법」 등 대통령령으로 정하는 법률에 따라 협의매수 또는 수용됨으로써 발생하는 소득으로서 대통령령으로 정하는 방법으로 해당 채권을 3년 이상의 만기까지 보유하기로 특약을 체결하는 경우에는 <u>100분의 35</u>(만기가 5년 이상인 경우에는 <u>100분의 45</u>)]에 상당하는 세액을 감면한다. (2025. 3. 14. 개정)

개정취지

공익사업용 토지 등에 대한 양도소득세 감면율 종합한도 상향
• 당사자의 자발적인 의사와 관계없이 협의·수용되는 공익사업용 토지 양도에 대한 보상을 강화하기 위하여 유형별 양도소득세 감면율을 5%p 상향하고, 종합한도를 연간 1억원에서 2억원으로, 5년간 2억원에서 3억원으로 상향 조정함. (법 77조 개정 ; 2025. 3. 14.)
• 법 77조 1항 및 4항의 개정규정은 2025. 3. 14. 이 속하는 과세연도에 양도하는 경우부터 적용함. (법 부칙(2025. 3. 14.) 10조)

1. 「공익사업을 위한 토지 등의 취득 및 보상에 관한 법률」이 적용되는 공익사업에 필요한 토지등을 그 공익사업의 시행자에게 양도함으로써 발생하는 소득 (2010. 1. 1. 개정)

---

12. 30. 제목개정)

① 법 제77조 제1항 각 호 외의 부분에서 "대통령령으로 정하는 채권"이란 법률 제6656호 공익사업을 위한 토지 등의 취득 및 보상에 관한 법률 부칙 제2조에 따라 폐지된 「토지수용법」 제45조 또는 「공익사업을 위한 토지 등의 취득 및 보상에 관한 법률」 제63조의 규정에 의한 보상채권(이하 이 조에서 "보상채권"이라 한다)을 말한다. (2010. 2. 18. 개정)

② 법 제77조 제1항 각 호 외의 부분에서 "「공공주택 특별법」 등 대통령령으로 정하는 법률"이란 다음 각 호의 어느 하나에 해당하는 법률을 말한다. (2015. 12. 28. 개정 ; 공공주택건설~부칙)
1. 「공공주택 특별법」 (2015. 12. 28. 개정 ; 공공주택~부칙)
2. 「택지개발촉진법」 (2010. 2. 18. 신설)
3. 「공익사업을 위한 토지 등의 취득 및 보상에 관한 법률」 (2010. 2. 18. 신설)
4. 그 밖에 제1호부터 제3호까지에 따른 법률과 유사한 법률로서 공익사업에 따른 협의매수 또는 수용에 관한 사항을 규정하고 있는 법률 (2010. 2. 18. 신설)

③ 법 제77조 제1항 각 호 외의 부분에서 "대통령령으로 정하는 방법"이란 보상채권을 해당 사업시행자를 「주식·사채 등의 전자등록에 관한 법률」 제19조에 따른 계좌관리기관으로 하여 개설한 계좌를 통하여 만기까지 보유하는 것을 말한다. (2019. 6. 25. 개정 ; 주식·사채~시행령 부칙)

구토지수용법
제45조【손실보상】 ① 토지를 수용 또는 사용함으로 인하여 토지소유자 또는 관계인이 입은 손실은 기업자가 이를 보상하여야 한다.

② 제1항의 규정에 의한 보상은 피보상자에게 개인별로 하여야 한다. 다만, 피보상자의 개인별로 산정할 수 없을 때에는 예외로 한다.

③ 제16조의 규정에 의한 사업인정의 고시가 있은 후 소유권등의 변동이 있는 경우에는 그 소유권등을 승계한 자에게 제1항 및 제2항의 규정에 의한 보상을 하여야 한다. 제61조 제2항 또는 제75조 제2항 단서의 규정에 의하여 공탁하는 경우에도 또한 같으며, 이 경우에는 그 소유권등을 승계한 자가 공탁금을 수령한다. (81. 12. 31 신설)

④ 제1항의 규정에 의한 보상은 다른 법률에 특별한 규정이 있는 경우를 제외하고는 현금으로 지급한다. (91. 12. 31 신설)

⑤ 제4항의 규정에 불구하고 기업자가 국가·지방자치단체·한국토지공사 기타 대통령령이 정하는 정부투자기관 및 공공단체인 경우로서 다음 각호의 1에 해당되는 경우에는 당해 기업자가 발행하는 채권으로 지급할 수 있다. (95. 12. 29 개정)
1. 토지소유자 및 관계인이 원하는 경우
2. 대통령령이 정하는 부재부동산 소유자의 토지 또는 비업무용토지로서 보상금이 대통령령으로 정하는 일정금액을 초과하는 경우 그 초과하는 금액에 대하여 보상하는 경우 (91. 12. 31 신설)

⑥ 제5항의 규정에 의하여 채권으로 지급할 경우에는 정당한 보상이 될 수 있도록 채권의 상환기한·이율등을 정하여야 한다. 이

● 예 판 ──────────────────────────

비영리내국법인이 자산을 양도하고 자산양도소득에 대한 과세특례 규정에 따라 신고하는 경우 자경농지에 대한 양도소득세 감면규정은 적용할 수 없으나, 공익사업용 토지 등에 대한 양도소득세 감면규정은 적용 가능함. (법인－602, 2009. 5. 21.)

──────────────────────────

통칙 77－0…3 【공익사업의 범위】 (2013. 5. 24. 제목개정)

법 제77조 제1항 제1호에서 "공익사업"이라 함은 「공익사업을 위한 토지등의 취득 및 보상에 관한 법률」 제4조에 따라 토지 등을 수용할 수 있는 사업(토지구획정리사업·재개발사업 및 농지개량사업을 포함한다)을 말한다. (2013. 5. 24. 개정)

2. 「도시 및 주거환경정비법」에 따른 정비구역(정비기반시설을 수반하지 아니하는 정비구역은 제외한다)의 토지등을 같은 법에 따른 사업시행자에게 양도함으로써 발생하는 소득 (2010. 1. 1. 개정)

3. 「공익사업을 위한 토지 등의 취득 및 보상에 관한 법률」이나 그 밖의 법률에 따른 토지등의 수용으로 인하여 발생하는 소득 (2010. 1. 1. 개정)

② 거주자가 제1항 제1호에 따른 공익사업의 시행자 및 같은 항 제2호에 따른 사업시행자(이하 이 조에서 "사업시행자"라 한다)로 지정되기 전의 사업자(이하 이 항에서 "지정 전 사업자"라 한다)에게 2년 이상 보유한 토지등(제1항 제1호의 공익사업에 필요한 토지등 또는 같은 항 제2호에 따른 정비구역의 토지등을 말한다. 이하 이 항에서 같다)을 2015년 12월 31일 이전에 양도하고 해당 토지등을 양도한 날이 속하는 과세기간의 과세표준신고(예정신고를 포함한다)를 법정신고기한까지 한 경우로서 지정 전 사업자가 그 토지등의 양도일부터 5년 이내에 사업시행자로 지정받은 경우에는 대통령령으로 정하는 바에 따라 제1항에 따른 양도소득세 감면을 받을 수 있다. 이 경우 감면할 양도소득세의 계산은 감면율 등이 변경되더라도 양도 당시 법률에 따른다. (2013. 1. 1. 개정)

③ 다음 각 호의 어느 하나에 해당하는 경우 해당 사업시행자는 제1항 또는 제2항에 따라 감면된 세액에 상당하는 금액을 그 사유가 발생한 과세연도의 과세표준신고를 할 때 소득세 또는 법인세로 납부하여야 한다. (2010. 12. 27. 개정)

1. 제1항 제1호에 따른 공익사업의 시행자가 사업시행인가 등을 받은

통칙 77－0…2 【토지수용의 범위】

법 제77조 제1항 제3호에 규정하는 "토지 등의 수용"에는 「공익사업을 위한 토지 등의 취득 및 보상에 관한 법률」 및 기타 법률에 따른 사업인정 고시일 이후 협의에 의하여 매매계약이 체결되어 양도한 경우를 포함한다. (2013. 5. 24. 개정)

1.～2. 삭 제 (2013. 5. 24.)

☞

④ 법 제77조 제2항에 따라 공익사업용 토지 등을 양도한 자가 양도소득세를 감면받으려는 경우에는 법 제77조 제1항 제1호에 따른 공익사업의 시행자 및 같은 항 제2호에 따른 사업시행자(이하 이 조에서 "사업시행자"라 한다)가 해당 사업시행자로 지정받은 날부터 2개월 이내에 기획재정부령으로 정하는 세액감면신청서에 해당 사업시행자임을 확인할 수 있는 서류를 첨부하여 양도자의 납세지 관할 세무서장에게 제출하여야 한다. (2010. 12. 30. 신설)

관계조문 ▶

규칙 61조 1항 55호 ⇒ 공익사업용토지 등에 대한 세액감면신청서(별지 54호 서식)

☞

통칙 77－0…1 【공익사업용토지 등에 대한 양도소득세 등 감면 적용】
(2013. 5. 24. 제목개정)

법 제77조 제3항 각호의 1에 규정하는 사유에 따라 감면세액 등을 추징받은 공익사업시행자 등이 소유토지 등을 새로이 지정된 공익사업시행자 등에게 다시 양

경우 상환기한은 5년을 넘지 아니하는 범위 내에서 정하여야 하며, 이율은 채권발행당시 1년만기 정기예금 금리수준이상이어야 한다. (91. 12. 31 신설)

※ 토지수용법과 공공용지의 취득 및 보상에 관한 법률이 2002. 2. 4. 법률 제6656호로 공익사업을 위한 토지 등의 취득 및 보상에 관한 법률로 통합되어 폐지됨.

공익사업을 위한 토지 등의 취득 및 보상에 관한 법률

제63조 【현금보상 등】 ① 손실보상은 다른 법률에 특별한 규정이 있는 경우를 제외하고는 현금으로 지급하여야 한다. 다만, 토지소유자가 원하는 경우로서 사업시행자가 해당 공익사업의 합리적인 토지이용계획과 사업계획 등을 고려하여 토지로 보상이 가능한 경우에는 토지소유자가 받을 보상금 중 본문에 따른 현금 또는 제7항 및 제8항에 따른 채권으로 보상받는 금액을 제외한 부분에 대하여 다음 각 호에서 정하는 기준과 절차에 따라 그 공익사업의 시행으로 조성한 토지로 보상할 수 있다. (2011. 8. 4. 개정)

1. 토지로 보상받을 수 있는 자 : 토지의 보유기간 등 대통령령으로 정하는 요건을 갖춘 자로서 「건축법」 제57조 제1항에 따른 대지의 분할 제한 면적 이상의 토지를 사업시행자에게 양도한 자(공익사업을 위한 관계 법령에 따른 고시 등이 있은 날 당시 다음 각 목의 어느 하나에 해당하는 기관에 종사하는 자 및 종사하였던 날부터 10년이 경과하지 아니한 자는 제외한다)가 된다. 이 경우 대상자가 경합(競合)할 때에는 제7항 제2호에 따른 부재부동산(不在不動産) 소유자가 아닌 자 중 해당 공익사업지구 내 거주하는 자로서 토지 보유기간이 오래된 자 순으로 토지로 보상하며, 그 밖의 우선순위 및 대상자 결정

날부터 3년 이내에 그 공익사업을 시작하지 아니하는 경우 (2020. 6. 9. 개정 ; 법률용어~법률)

2. 제1항 제2호에 따른 사업시행자가 대통령령으로 정하는 기한까지 「도시 및 주거환경정비법」에 따른 사업시행계획인가를 받지 아니하거나 그 사업을 완료하지 아니하는 경우 (2017. 2. 8. 개정 ; 도시 및 주거환경정비법 부칙)

④ 제1항에 따라 해당 채권을 만기까지 보유하기로 특약을 체결하고 양도소득세의 100분의 30(만기가 5년 이상인 경우에는 100분의 40)에 상당하는 세액을 감면받은 자가 그 특약을 위반하게 된 경우에는 즉시 감면받은 세액 중 양도소득세의 100분의 15(만기가 5년 이상인 경우에는 100분의 25)에 상당하는 금액을 징수한다. (2018. 12. 24. 개정)

④ 제1항에 따라 해당 채권을 만기까지 보유하기로 특약을 체결하고 양도소득세의 100분의 35(만기가 5년 이상인 경우에는 100분의 45)에 상당하는 세액을 감면받은 자가 그 특약을 위반하게 된 경우에는 즉시 감면받은 세액 중 양도소득세의 100분의 15(만기가 5년 이상인 경우에는 100분의 25)에 상당하는 금액을 징수한다. (2025. 3. 14. 개정)

⑤ 제1항 제1호·제2호 또는 제2항에 따라 감면받은 세액을 제3항에 따라 납부하는 경우에는 제63조 제3항의 이자 상당 가산액에 관한 규정을 준용하고 제1항에 따라 감면받은 세액을 제4항에 따라 징수하는 경우에는 제66조 제6항을 준용한다. (2020. 12. 29. 개정)

⑥ 제1항 제1호 또는 제2호에 따라 세액을 감면받으려면 해당 사업시행자가 대통령령으로 정하는 바에 따라 감면신청을 하여야 한다. (2010. 12. 27. 개정)

규칙 61조 1항 55호 ⇒ 공익사업용토지 등에 대한 세액감면신청서(별지 54호 서식)

⑦ 제1항 제3호에 따른 감면을 받으려는 자는 대통령령으로 정하는 바에 따라 감면신청을 하여야 한다. (2010. 12. 27. 항번개정)

⑧ 제1항과 제4항을 적용하는 경우 채권을 만기까지 보유하기로 한 특약의 내용, 특약을 위반하였을 때 그 위반 사실을 국세청에 통보하는 방법, 그 밖에 필요한 사항은 대통령령으로 정한다. (2010. 12. 27. 개정)

도함으로써 발생하는 소득에 대하여는 같은 조 제1항의 규정에 의한 감면이 적용된다. (2013. 5. 24. 개정)

⑤ 법 제77조 제3항 제2호에서 "대통령령으로 정하는 기한"이란 사업시행계획인가에 있어서는 「도시 및 주거환경정비법」에 의하여 사업시행자의 지정을 받은 날부터 1년이 되는 날, 사업완료에 있어서는 「도시 및 주거환경정비법」에 의하여 사업시행계획인가를 받은 사업시행계획서상의 공사완료일을 말한다. (2018. 2. 9. 개정 ; 빈집 및~부칙)

⑥ 사업시행자는 법 제77조 제1항에 따라 보상채권을 만기까지 보유하기로 특약을 체결한 자(이하 이 조에서 "특약체결자"라 한다)가 있으면 그 특약체결자에 대한 보상명세를, 특약체결자가 그 특약을 위반하는 경우 그 위반사실을 다음 달 말일까지 납세지 관할 세무서장에게 통보하여야 한다. (2010. 12. 30. 항번개정)

규칙 61조 1항 56호 ⇒ 보상채권 만기보유 특약체결자의 보상명세서(대토보상자의 보상명세서)(별지 55호 서식(1)), 보상채권 만기보유 특약 위반사실 통보서(대토보상자의 현금보상 전환 통보서)(별지 55호 서식(2))

⑦ 법 제77조 제6항에 따른 감면신청을 하고자 하는 사업시행자는 당해 토지 등을 양도한 날이 속하는 과세연도의 과세표준신고와 함께 기획재정부령이 정하는 세액감면신청서에 당해 사업시행자임을 확인할 수 있는 서류(특약체결자의 경우에는 특약체결 사실 및 보상채권 보유사실을 확인할 수 있는 서류를 포함한다)를 첨부하여 양도자의 납세지 관할세무서장에게 제출하여야 한다. (2019. 6. 25. 개정 ; 주식·사채~시행령 부칙)

⑧ 법 제77조 제7항에 따른 감면신청을 하고자 하는 자는 당해 토지 등을 양도한 날이 속하는 과세연도의 과세표준신고(거주자와 「법인세법」 제62조의 2 제7항의 규정에 의하여 예정신고를 한 비영리내국법인의 경우에는 예정신고를 포함한다)와 함께 기획재정부령이 정하는 세액감면신청서에 수용된 사실을 확인할 수 있는 서류(특약체결자의 경우에는 특약체결 사실 및 보상채권 보유사실을 확인할 수 있는 서류를 포함한다)를 첨부하여 납세지 관할세무서장에게 제출하여야 한다. (2019. 6. 25. 개정 ; 주식·사채~시행령 부칙)

방법 등은 사업시행자가 정하여 공고한다. (2022. 2. 3. 개정)

가. 국토교통부 (2022. 2. 3. 신설)

나. 사업시행자 (2022. 2. 3. 신설)

다. 제21조 제2항에 따라 협의하거나 의견을 들어야 하는 공익사업의 허가·인가·승인 등을 하는 기관 (2022. 2. 3. 신설)

라. 공익사업을 위한 관계 법령에 따른 고시 등이 있기 전에 관계 법령에 따라 실시한 협의, 의견청취 등의 대상인 중앙행정기관, 지방자치단체, 「공공기관의 운영에 관한 법률」 제4조에 따른 공공기관 및 「지방공기업법」에 따른 지방공기업 (2022. 2. 3. 신설)

2. 보상하는 토지가격의 산정 기준금액 : 다른 법률에 특별한 규정이 있는 경우를 제외하고는 일반분양가격으로 한다. (2011. 8. 4. 개정)

3. 보상기준 등의 공고 : 제15조에 따라 보상계획을 공고할 때에 토지로 보상하는 기준을 포함하여 공고하거나 토지로 보상하는 기준을 따로 일간신문에 공고할 것이라는 내용을 포함하여 공고한다. (2011. 8. 4. 개정)

② 제1항 단서에 따라 토지소유자에게 토지로 보상하는 면적은 사업시행자가 그 공익사업의 토지이용계획과 사업계획 등을 고려하여 정한다. 이 경우 그 보상면적은 주택용지는 990제곱미터, 상업용지는 1천100제곱미터를 초과할 수 없다. (2011. 8. 4. 개정)

③ 제1항 단서에 따라 토지로 보상받기로 결정된 권리(제4항에 따라 현금으로 보상받을 권리를 포함한다)는 그 보상계약의 체결일부터 소유권이전등기를 마칠 때까지 전매(매매, 증여, 그 밖에 권리의 변동을 수반하는 모든 행위를 포함하되, 상속 및 「부동산투자회사법」에 따른 개발전문 부동산투자회사에 현물출

⑨ 제1항 및 제2항을 적용하는 경우 상속받거나 「소득세법」 제97조의 2 제1항이 적용되는 증여받은 토지등은 피상속인 또는 증여자가 해당 토지등을 취득한 날을 해당 토지등의 취득일로 본다. (2014. 1. 1. 개정)

제77조의 2 【대토보상에 대한 양도소득세 과세특례】 ① 거주자가 「공익사업을 위한 토지 등의 취득 및 보상에 관한 법률」에 따른 공익사업의 시행으로 해당 사업지역에 대한 사업인정고시일(사업인정고시일 전에 양도하는 경우에는 양도일)부터 소급하여 2년 이전에 취득한 토지등을 2026년 12월 31일 이전에 해당 공익사업의 시행자에게 양도함으로써 발생하는 양도차익으로서 토지등의 양도대금을 같은 법 제63조 제1항 각 호 외의 부분 단서에 따라 해당 공익사업의 시행으로 조성한 토지로 보상(이하 이 조에서 "대토보상"이라 한다)받는 부분에 대해서는 대통령령으로 정하는 바에 따라 양도소득세의 100분의 40에 상당하는 세액을 감면받거나 양도소득세의 과세를 이연받을 수 있다. (2023. 12. 31. 개정)

② 제1항은 해당 공익사업의 시행자가 대통령령으로 정하는 방법으로 대토보상 명세를 국세청에 통보하는 경우에만 적용한다. (2010. 1. 1. 개정)

② 제1항에 따른 공익사업의 시행자는 거주자가 같은 항에 따라 양도소득세의 세액을 감면받거나 해당 과세를 이연받으려는 경우에는 대통령령으로 정하는 방법으로 대토보상 명세를 국세청에 통보하여야 한다. (2024. 12. 31. 개정)

편주 ▶
법 77조의 2 제2항의 개정규정은 2025. 1. 1. 전에 대토보상을 받은 경우에도 적용함. (법 부칙(2024. 12. 31.) 10조)

③ 제1항에 따라 양도소득세를 감면받거나 과세이연받은 거주자는 다음 각 호의 어느 하나에 해당하는 경우 대통령령으로 정하는 바에 따라 감면받거나 과세이연받은 세액 및 이자 상당 가산액을 양도소득세로 납부하여야 한다. (2014. 12. 23. 개정)
1. 대토보상받기로 한 보상금을 현금으로 받는 경우 등 대통령령으로

관계조문 ▶
• 규칙 61조 1항 14호 ⇒ 현물출자 등에 대한 세액감면(면제)신청서(별지 13호 서식)
• 규칙 61조 1항 55호의 2 ⇒ 토지 등 수용사실 확인서(별지 54호 서식 부표)

제73조 【대토보상에 대한 양도소득세 과세특례】 ① 거주자가 법 제77조의 2 제1항에 따라 토지등을 사업시행자에게 양도하고 토지등의 양도대금의 전부 또는 일부를 해당 공익사업의 시행으로 조성한 토지(이하 이 조에서 "대토"라 한다)로 보상받은 경우에는 다음 각 호의 구분에 따라 양도소득세 과세특례를 적용한다. (2015. 2. 3. 개정)
1. 세액의 감면을 신청하는 경우 : 거주자가 해당 토지등을 사업시행자에게 양도하여 발생하는 양도차익 중 다음 계산식에 따라 계산한 금액에 대한 양도소득세의 100분의 40에 상당하는 세액을 감면한다. (2020. 2. 11. 개정)

$$\left(\text{해당 토지등의 「소득세법」 제95조 제1항에 따른 양도차익에서 같은 조 제2항에 따른 장기보유특별공제액을 뺀 금액} \right) \times \frac{\text{대토보상상당액}}{\text{총보상액}}$$

2. 과세이연을 신청하는 경우 : 거주자가 해당 토지등을 사업시행자에게 양도하여 발생하는 양도차익 중 다음 계산식에 따라 계산한 금액(이하 "과세이연금액"이라 한다)에 대해서는 양도소득세를 과세하지 아니하되, 해당 대토를 양도할 때에 대토의 취득가액에서 과세이연금액을 뺀 금액을 취득가액으로 보아 양도소득세를 과세한다. 이 경우 대토를 양도할 때는 「소득세법」 제95조 제2항에 따른 장기보유특별공제액을 계산할 때 보유기간은 대토의 취득 시부터 양도 시까지로 본다. (2015. 2. 3. 개정)

$$\left(\text{해당 토지등의 「소득세법」 제95조 제1항에 따른 양도차익에서 같은 조 제2항에 따른 장기보유특별공제액을 뺀 금액} \right) \times \frac{\text{대토보상상당액}}{\text{총보상액}}$$

② 법 제77조의 2 제2항에서 "대통령령으로 정하는 방법"이란 법 제77조의 2 제1항에 따라 대토보상을 받은 자(이하 "대토보상자"라 한다)에 대한 보상명세를 다음 달 말일까

자를 하는 경우는 제외한다)할 수 없으며, 이를 위반하거나 해당 공익사업과 관련하여 다음 각 호의 어느 하나에 해당하는 경우에 사업시행자는 토지로 보상하기로 한 보상금을 현금으로 보상하여야 한다. 이 경우 현금보상액에 대한 이자율은 제9항 제1호 가목에 따른 이자율의 2분의 1로 한다. (2022. 2. 3. 개정)
1. 제93조, 제96조 및 제97조 제2호의 어느 하나에 해당하는 위반행위를 한 경우 (2022. 2. 3. 신설)
2. 「농지법」 제57조부터 제61조까지의 어느 하나에 해당하는 위반행위를 한 경우 (2022. 2. 3. 신설)
3. 「산지관리법」 제53조, 제54조 제1호・제2호・제3호의 2・제4호부터 제8호까지 및 제55조 제1호・제2호・제4호부터 제10호까지의 어느 하나에 해당하는 위반행위를 한 경우 (2022. 2. 3. 신설)
4. 「공공주택 특별법」 제57조 제1항 및 제58조 제1항 제1호의 어느 하나에 해당하는 위반행위를 한 경우 (2022. 2. 3. 신설)
5. 「한국토지주택공사법」 제28조의 위반행위를 한 경우 (2022. 2. 3. 신설)
④ 제1항 단서에 따라 토지소유자가 토지로 보상받기로 한 경우 그 보상계약 체결일부터 1년이 지나면 이를 현금으로 전환하여 보상하여 줄 것을 요청할 수 있다. 이 경우 현금보상액에 대한 이자율은 제9항 제2호 가목에 따른 이자율로 한다. (2011. 8. 4. 개정)
⑤ 사업시행자는 해당 사업계획의 변경 등 국토교통부령으로 정하는 사유로 보상하기로 한 토지의 전부 또는 일부를 토지로 보상할 수 없는 경우에는 현금으로 보상할 수 있다. 이 경우 현금보상액에 대한 이자율은 제9항 제2호 가목에 따른 이자율로 한다. (2013. 3. 23. 직제개정 ; 정부조직법 부칙)

정하는 사유가 발생하는 경우 (2010. 1. 1. 개정)

2. 「공익사업을 위한 토지 등의 취득 및 보상에 관한 법률」 제63조 제1항 단서에 따라 토지로 보상받기로 결정된 권리를 「부동산투자회사법」에 따른 부동산투자회사에 현물출자하는 경우 등 대토보상으로 취득하는 토지에 관한 소유권이전등기의 등기원인이 대토보상으로 기재되지 아니하는 경우 (2019. 12. 31. 개정)

지 대토보상자의 납세지 관할 세무서장에게 통보하는 것을 말한다. (2008. 2. 22. 신설)

② 법 제77조의 2 제2항에서 "대통령령으로 정하는 방법"이란 법 제77조의 2 제1항에 따라 대토보상을 받은 자(이하 "대토보상자"라 한다)에 대한 보상명세를 해당 보상계약(「공익사업을 위한 토지 등의 취득 및 보상에 관한 법률」 제63조 제3항에 따른 보상계약을 말한다)의 체결일이 속하는 달의 다음 달 말일까지 대토보상자의 납세지 관할 세무서장에게 통보하는 것을 말한다. (2025. 2. 28. 개정)

관계조문 ▶▶

규칙 61조 1항 56호 ⇒ 보상채권 만기보유 특약체결자의 보상명세서(대토보상자의 보상명세서)(별지 55호 서식(1))

③ 사업시행자는 대토보상자에게 대토보상을 현금보상으로 전환한 때에는 그 전환내역을 다음 달 말일까지 제2항의 세무서장에게 통보하여야 한다. (2008. 2. 22. 신설)

관계조문 ▶▶

규칙 61조 1항 56호 ⇒ 보상채권 만기보유 특약 위반사실 통보서(대토보상자의 현금보상 전환 통보서)(별지 55호 서식(2))

④ 법 제77조의 2 제1항에 따라 양도소득세를 감면받거나 과세이연을 받은 거주자는 다음 각 호의 어느 하나에 해당하면 제1항 제1호에 따른 양도소득세 감면세액 전액[제1항 제2호에 따라 과세이연을 받은 경우에는 총보상액에 대한 세액(거주자가 해당 토지등을 사업시행자에게 양도하여 발생하는 양도소득금액에 법 제77조에 따른 세액감면율을 적용한 세액)에서 거주자가 현금보상 또는 채권보상 등을 통하여 이미 납부한 세액을 뺀 금액으로 하며, 이하 이 조에서 "과세이연금액 상당 세액"이라 한다]에 제63조 제9항을 준용하여 계산한 이자상당액을 가산하여 해당 사유가 발생한 날이 속하는 달의 말일부터 2개월 이내에 양도소득세로 신고 · 납부하여야 한다. (2015. 2. 3. 개정)

1. 「공익사업을 위한 토지 등의 취득 및 보상에 관한 법률」 제63조 제3항에 따른 전매금지를 위반함에 따라 대토보상이 현금보상으로 전환된 경우 (2008. 2. 22. 신설)

⑥ 사업시행자는 토지소유자가 다음 각 호의 어느 하나에 해당하여 토지로 보상받기로 한 보상금에 대하여 현금보상을 요청한 경우에는 현금으로 보상하여야 한다. 이 경우 현금보상액에 대한 이자율은 제9항 제2호 가목에 따른 이자율로 한다. (2011. 8. 4. 개정)

1. 국세 및 지방세의 체납처분 또는 강제집행을 받는 경우 (2011. 8. 4. 개정)

2. 세대원 전원이 해외로 이주하거나 2년 이상 해외에 체류하려는 경우 (2011. 8. 4. 개정)

3. 그 밖에 제1호 · 제2호와 유사한 경우로서 국토교통부령으로 정하는 경우 (2013. 3. 23. 직제개정 ; 정부조직법 부칙)

⑦ 사업시행자가 국가, 지방자치단체, 그 밖에 대통령령으로 정하는 「공공기관의 운영에 관한 법률」에 따라 지정 · 고시된 공공기관 및 공공단체인 경우로서 다음 각 호의 어느 하나에 해당되는 경우에는 제1항 본문에도 불구하고 해당 사업시행자가 발행하는 채권으로 지급할 수 있다. (2011. 8. 4. 개정)

1. 토지소유자나 관계인이 원하는 경우 (2011. 8. 4. 개정)

2. 사업인정을 받은 사업의 경우에는 대통령령으로 정하는 부재부동산 소유자의 토지에 대한 보상금이 대통령령으로 정하는 일정 금액을 초과하는 경우로서 그 초과하는 금액에 대하여 보상하는 경우 (2011. 8. 4. 개정)

⑧ 토지투기가 우려되는 지역으로서 대통령령으로 정하는 지역에서 다음 각 호의 어느 하나에 해당하는 공익사업을 시행하는 자 중 대통령령으로 정하는 「공공기관의 운영에 관한 법률」에 따라 지정 · 고시된 공공기관 및 공공단체는 제7항에도 불구하고 제7항 제2호에 따른 부재부동산 소유자의 토지에 대한 보상금 중 대통령령으로 정하는 1억원 이상의 일정 금액을 초과하는

④ 제1항에 따른 감면이나 과세이연을 받으려는 자는 대통령령으로 정하는 바에 따라 신청하여야 한다. (2014. 12. 23. 개정)

⑤ 제1항부터 제3항까지의 규정을 적용하는 경우 대토보상의 요건 및 방법, 감면받거나 과세이연받은 세액의 납부 사유 및 방법, 그 밖에 필요한 사항은 대통령령으로 정한다. (2014. 12. 23. 개정)

편주 ▶

2024. 2. 29. 전에 대토를 증여하거나 그 상속이 이루어진 경우의 양도소득세 납부에 관하여는 영 73조 5항 3호의 개정규정에도 불구하고 종전의 규정에 따름. (영 부칙(2024. 2. 29.) 22조)

☞

2. 해당 대토에 대한 소유권 이전등기를 완료한 후 3년 이내에 해당 대토를 양도하는 경우. 다만, 대토를 취득한 후 3년 이내에 「공익사업을 위한 토지 등의 취득 및 보상에 관한 법률」이나 그 밖의 법률에 따라 협의매수되거나 수용되는 경우에는 그러하지 아니하다. (2008. 2. 22. 신설)

⑤ 법 제77조의 2 제1항에 따라 양도소득세를 감면받거나 과세이연을 받은 거주자(제3호의 상속의 경우에는 해당 거주자의 상속인을 말한다)는 다음 각 호의 어느 하나에 해당하면 대토보상과 현금보상(제4호의 경우 법 제77조 제1항에 따른 3년 만기보유특약이 체결된 때의 채권보상을 말하되, 현물 출자를 통해 받은 주식을 「부동산투자회사법」 제26조의 3 제4항 제1호의 요건을 갖추지 않은 상태에서 처분할 경우 만기보유특약을 체결하지 않은 때의 채권보상으로 한다)의 양도소득세 감면세액의 차액(제1항 제2호에 따라 과세이연을 받은 경우에는 과세이연금액 상당 세액)을 사유가 발생한 날이 속하는 달의 말일부터 2개월(제3호에 따른 증여의 경우에는 3개월, 같은 호에 따른 상속의 경우에는 6개월) 이내에 양도소득세로 신고·납부해야 한다. (2021. 5. 4. 개정)

1. 해당 대토에 관한 소유권 이전등기의 등기원인이 대토보상으로 기재되지 않은 경우(제4호를 적용받는 경우는 제외한다) (2020. 2. 11. 개정)

2. 제4항 제1호 외의 사유로 현금보상으로 전환된 경우 (2008. 2. 22. 신설)

3. 해당 대토에 대한 소유권 이전등기를 완료한 후 3년 이내에 그 대토의 증여 또는 상속이 이루어지는 경우 (2024. 2. 29. 개정)

4. 「공익사업을 위한 토지 등의 취득 및 보상에 관한 법률」 제63조 제1항 각 호 외의 부분 단서에 따라 토지로 보상받기로 결정된 권리를 「부동산투자회사법」에 따른 부동산투자회사에 현물출자하는 경우 (2020. 2. 11. 신설)

⑥ 법 제77조의 2 제4항에 따라 양도소득세 감면이나 과세이연을 신청하려는 자는 해당 토지등을 양도한 날이 속하는 과세연도의 과세표준신고와 함께 기획재정부령으로 정하는 세액감면신청서 또는 기획재정부령으로 정하는 과세이연신청서에 대토보상 신청서 및 대토보상 계약서 사본을 첨부하여 납세지 관할 세무서장에게 제출하여야 한다. (2015. 2. 3. 개정)

⑦ 사업시행자는 해당 토지등을 양도한 날이 속하는 과세연도의 과세표준신고와 함께 기획재정부령으로 정하는 세액감면신청서에 해당 사업시행자임을 확인할 수 있는 서류(특약체결자의 경우에는 특약체결 사실 및 보상

부분에 대하여는 해당 사업시행자가 발행하는 채권으로 지급하여야 한다. (2011. 8. 4. 개정)

1. 「택지개발촉진법」에 따른 택지개발사업 (2011. 8. 4. 개정)

2. 「산업입지 및 개발에 관한 법률」에 따른 산업단지개발사업 (2011. 8. 4. 개정)

3. 그 밖에 대규모 개발사업으로서 대통령령으로 정하는 사업 (2011. 8. 4. 개정)

⑨ 제7항 및 제8항에 따라 채권으로 지급하는 경우 채권의 상환 기한은 5년을 넘지 아니하는 범위에서 정하여야 하며, 그 이자율은 다음 각 호와 같다. (2011. 8. 4. 개정)

1. 제7항 제2호 및 제8항에 따라 부재부동산 소유자에게 채권으로 지급하는 경우 (2011. 8. 4. 개정)

가. 상환기한이 3년 이하인 채권 : 3년 만기 정기예금 이자율(채권발행일 전달의 이자율로서, 「은행법」에 따라 설립된 은행 중 전국을 영업구역으로 하는 은행이 적용하는 이자율을 평균한 이자율로 한다) (2011. 8. 4. 개정)

나. 상환기한이 3년 초과 5년 이하인 채권 : 5년 만기 국고채 금리(채권발행일 전달의 국고채 평균유통금리로 한다) (2011. 8. 4. 개정)

2. 부재부동산 소유자가 아닌 자가 원하여 채권으로 지급하는 경우 (2011. 8. 4. 개정)

가. 상환기한이 3년 이하인 채권 : 3년 만기 국고채 금리(채권발행일 전달의 국고채 평균 유통금리로 한다)로 하되, 제1호 가목에 따른 3년 만기 정기예금 이자율이 3년 만기 국고채 금리보다 높은 경우에는 3년 만기 정기예금 이자율을 적용한다. (2011. 8. 4. 개정)

나. 상환기한이 3년 초과 5년 이하인 채권

채권 보유사실을 확인할 수 있는 서류를 포함한다)를 첨부하여 양도자의 납세지 관할 세무서장에게 제출하여야 하며, 해당 대토에 대한 소유권 이전 등기를 완료한 때에는 양도자의 납세지 관할 세무서장에게 그 등기사항증명서를 제출하여야 한다. (2019. 6. 25. 개정 ; 주식·사채~시행령 부칙)

⑧ 제5항 제4호에 따라 현물출자하는 경우 현물출자자와 현물출자받은 부동산투자회사는 현물출자계약서 사본을 현물출자자의 납세지 관할 세무서장에게 제출해야 한다. (2020. 2. 11. 신설)

제77조의 3 【개발제한구역 지정에 따른 매수대상 토지등에 대한 양도소득세의 감면】 ① 「개발제한구역의 지정 및 관리에 관한 특별조치법」 제3조에 따라 지정된 개발제한구역(이하 이 조에서 "개발제한구역"이라 한다) 내의 해당 토지등을 같은 법 제17조에 따른 토지매수의 청구 또는 같은 법 제20조에 따른 협의매수를 통하여 2025년 12월 31일까지 양도함으로써 발생하는 소득에 대해서는 다음 각 호에 따른 세액을 감면한다. (2022. 12. 31. 개정)

1. 개발제한구역 지정일 이전에 해당 토지등을 취득하여 취득일부터 매수청구일 또는 협의매수일까지 해당 토지등의 소재지에서 거주하는 대통령령으로 정하는 거주자가 소유한 토지등 : 양도소득세의 100분의 40에 상당하는 세액 (2014. 1. 1. 개정)
2. 매수청구일 또는 협의매수일부터 20년 이전에 취득하여 취득일부터 매수청구일 또는 협의매수일까지 해당 토지등의 소재지에서 거주하는 대통령령으로 정하는 거주자가 소유한 토지등 : 양도소득세의 100분의 25에 상당하는 세액 (2014. 1. 1. 개정)

② 개발제한구역에서 해제된 해당 토지등을 「공익사업을 위한 토지 등의 취득 및 보상에 관한 법률」 및 그 밖의 법률에 따른 협의매수 또는 수용을 통하여 2025년 12월 31일까지 양도함으로써 발생하는 소득에 대해서는 다음 각 호에 따른 세액을 감면한다. 다만, 개발제한구역 해제일부터 1년(개발제한구역 해제 이전에 「경제자유구역의 지정 및 운영에 관한 법률」에 따른 경제자유구역의 지정 등 대통령령으로 정하는 지역으로 지정이 된 경우에는 5년) 이내에 「공익사업을 위한 토지 등의 취득 및 보상에 관한 법률」 및 그 밖의 법률에 따라 사업인정고시가 된 경우에 한정한다. (2022. 12. 31. 개정)

제74조 【개발제한구역 지정에 따른 매수대상 토지 등에 대한 양도소득세의 감면】 ① 법 제77조의 3 제1항 제1호·제2호 및 같은 조 제2항 제1호·제2호에서 "해당 토지등의 소재지에서 거주하는 대통령령으로 정하는 거주자"란 다음 각 호의 어느 하나에 해당하는 지역(거주 개시 당시에는 해당 지역에 해당하였으나 행정구역의 개편 등으로 이에 해당하지 아니하게 된 지역을 포함한다)에 거주한 자를 말한다. (2009. 4. 21. 개정)

1. 해당 토지등이 소재하는 시(특별자치시와 「제주특별자치도 설치 및 국제자유도시 조성을 위한 특별법」 제10조 제2항에 따른 행정시를 포함한다. 이하 이 항에서 같다)·군·구(자치구인 구를 말한다. 이하 이 항에서 같다) 안의 지역 (2016. 1. 22. 개정 ; 제주특별자치도~시행령 부칙)
2. 제1호의 지역과 연접한 시·군·구 안의 지역 (2009. 2. 4. 신설)
3. 해당 토지등으로부터 직선거리 30킬로미터 이내의 지역 (2015. 2. 3. 개정)

② 법 제77조의 3 제2항 각 호 외의 부분 단서에서 "「경제자유구역의 지정 및 운영에 관한 특별법」에 따른 경제자유구역의 지정 등 대통령령으로 정하는 지역"이란 다음 각 호의 어느 하나에 해당하는 지역을 말한다. (2009. 7. 30. 개정 ; 경제자유구역의 지정 및 운영에 관한 법률 시행령 부칙)

1. 「경제자유구역의 지정 및 운영에 관한 특별법」 제4조에 따라 지정된 경제자유구역 (2009. 7. 30. 개정 ; 경제자유구역의 지정 및 운영에 관한 법률 시행령 부칙)
2. 「택지개발촉진법」 제3조에 따라 지정된 택지개발지구 (2011. 8.

: 5년 만기 국고채 금리(채권발행일 전달의 국고채 평균유통금리로 한다) (2011. 8. 4. 개정)

1. 개발제한구역 지정일 이전에 해당 토지등을 취득하여 취득일부터 사업인정고시일까지 해당 토지등의 소재지에서 거주하는 대통령령으로 정하는 거주자가 소유한 토지등 : 양도소득세의 100분의 40에 상당하는 세액 (2014. 1. 1. 개정)
2. 사업인정고시일부터 20년 이전에 취득하여 취득일부터 사업인정고시일까지 해당 토지등의 소재지에서 거주하는 대통령령으로 정하는 거주자가 소유한 토지등 : 양도소득세의 100분의 25에 상당하는 세액 (2014. 1. 1. 개정)
③ 제1항 및 제2항을 적용하는 경우 상속받은 토지등은 피상속인이 해당 토지등을 취득한 날을 해당 토지등의 취득일로 본다. (2010. 1. 1. 개정)
④ 제1항 및 제2항을 적용할 때 감면신청, 거주기간의 계산, 그 밖에 필요한 사항은 대통령령으로 정한다. (2010. 1. 1. 개정)

제78조【개발사업시행자에 대한 양도소득세 등의 감면】삭 제 (2001. 12. 29)

제79조【국가 등에 양도하는 토지 등에 대한 양도소득세 등의 감면】삭 제 (2001. 12. 29)

제80조【국민주택건설용지 등에 대한 양도소득세 등의 감면】삭 제 (2001. 12. 29)

제81조【학교법인의 토지 등에 대한 특별부가세의 면제】삭 제 (2001. 12. 29)

제81조의 2【학교법인의 해산에 따른 증여세 부과특례】삭 제 (2006. 12. 30.)

제82조【사회복지법인 등에 대한 특별부가세의 면제】삭 제 (2001. 12. 29)

제83조【박물관 등의 이전에 대한 양도소득세의 과세특례】① 거주자가 3년 이상 운영한 다음 각 호의 어느 하나에 해당하는 시설(이하 이 조에서 "박물관등"이라 한다)을 이전하기 위하여 박물관등의 건물과 부속토지(이하 이 조에서 "종전시설"이라 한다)를 2022년 12월 31일까지 양도하는 경우에는 종전시설을 양도함에 따라 발생하는 양도

30. 개정 ; 택지개발촉진법 시행령 부칙)
3. 「산업입지 및 개발에 관한 법률」 제6조, 제7조, 제7조의 2 또는 제8조에 따라 지정된 산업단지 (2009. 4. 21. 신설)
4. 「기업도시개발 특별법」 제5조에 따라 지정된 기업도시개발구역 (2009. 4. 21. 신설)
5. 제1호부터 제4호까지의 규정에 따른 지역과 유사한 지역으로서 기획재정부령으로 정하는 지역 (2009. 4. 21. 신설)
③ 법 제77조의 3 제4항에 따라 양도소득세의 감면신청을 하려는 자는 해당 토지등을 양도한 날이 속하는 과세연도의 과세표준신고(예정신고를 포함한다)와 함께 기획재정부령으로 정하는 세액감면신청서에 토지매수 청구 또는 협의매수된 사실을 확인할 수 있는 서류를 첨부하여 납세지 관할 세무서장에게 제출하여야 한다. (2009. 4. 21. 개정)
④ 법 제77조의 3 제4항에 따른 거주기간을 계산하는 경우 피상속인이 해당 토지등을 취득하여 거주한 기간은 상속인이 거주한 기간으로 보고, 기획재정부령으로 정하는 취학, 징집, 질병의 요양 그 밖의 부득이한 사유로 해당 토지등의 소재지에 거주하지 못하는 기간은 거주한 것으로 본다. (2009. 4. 21. 개정)

제75조【국민주택건설용지 등에 대한 양도소득세 등의 감면】삭 제 (2001. 12. 31)

제76조【학교법인의 토지 등에 대한 특별부가세의 면제】삭 제 (2001. 12. 31)

제77조【사회복지법인 등에 대한 특별부가세의 면제】삭 제 (2001. 12. 31)

제78조【박물관 등의 이전에 대한 양도소득세의 과세특례】① 법 제83조 제1항 각 호 외의 부분에서 "대통령령으로 정하는 바에 따라 계산한 양도소득세"란 제1호의 금액에 제2호의 율을 곱하여 계산한 양도소득세를 말한다. (2017. 2. 7. 신설)
1. 「소득세법」 제95조 제1항에 따른 양도차익 (2017. 2. 7. 신설)

관계조문 ▶▶

규칙 61조 1항 15호 ⇒ 개발제한구역 지정에 따른 매수대상 토지 등에 대한 세액감면 신청서(별지 14호 서식)

☞

제30조【개발제한구역 지정에 따른 매수대상 토지 등에 대한 양도소득세의 감면】영 제74조 제4항에서 "기획재정부령으로 정하는 취학, 징집, 질병의 요양 그 밖의 부득이한 사유"란 다음 각 호의 어느 하나에 해당하는 경우를 말한다. (2009. 8. 28. 개정)
1. 「초·중등교육법」에 따른 학교(유치원·초등학교 및 중학교를 제외한다) 및 「고등교육법」에 의한 학교에의 취학 (2009. 4. 7. 신설)
2. 「병역법」에 따른 징집 (2009. 4. 7. 신설)
3. 1년 이상의 치료나 요양을 필요로 하는 질병의 치료 또는 요양 (2009. 4. 7. 신설)

제31조【국민주택건설용지 등에 대한 양도소득세 등의 감면】삭 제 (2002. 3. 30)
제32조【학교법인의　수익용재산의 범위】삭 제 (2002. 3. 30)

차익에 상당하는 금액에 대하여 대통령령으로 정하는 바에 따라 계산한 양도소득세를 양도일이 속하는 해당 연도의 양도소득세 과세표준확정신고기한종료일 이후 3년이 되는 날부터 5년의 기간 동안 균분한 금액 이상을 납부하는 방법에 따라 분할납부할 수 있다. (2019. 12. 31. 개정)

1. 「도서관법」 제36조에 따라 등록한 사립 공공도서관 (2021. 12. 7. 개정 ; 도서관법 부칙)
2. 「박물관 및 미술관 진흥법」 제16조에 따라 등록한 사립박물관 및 사립미술관 (2016. 12. 20. 신설)
3. 「과학관의 설립ㆍ운영 및 육성에 관한 법률」 제6조에 따라 등록한 사립과학관 (2016. 12. 20. 신설)

② 제1항을 적용받은 자가 대통령령으로 정하는 바에 따라 박물관등을 이전하지 아니하거나 박물관등을 이전하여 개관한 날부터 3년 이내에 해당 건물과 부속토지를 처분하거나 폐관한 경우에는 대통령령으로 정하는 바에 따라 계산한 금액을 양도소득세로 납부하여야 한다. 다만,

2. 거주자가 3년 이상 운영한 이후 양도하는 법 제83조 제1항 각 호에 따른 시설(이하 이 조에서 "박물관등"이라 한다)의 건물과 그 부속토지(이하 이 조에서 "종전시설"이라 한다)의 양도가액 중 신규로 취득한 박물관등의 건물과 그 부속토지(이하 이 조에서 "신규시설"이라 한다)의 취득가액이 차지하는 비율(100분의 100을 한도로 한다) (2017. 2. 7. 신설)

② 법 제83조 제1항이 적용되는 시설이전은 다음 각 호의 어느 하나에 해당하는 경우로 한다. (2017. 2. 7. 신설)
1. 신규시설을 취득하여 개관한 날부터 2년 이내에 종전시설을 양도하는 경우 (2017. 2. 7. 신설)
2. 종전시설을 양도한 날부터 1년(신규시설을 새로 건설하는 경우에는 3년) 이내에 신규시설을 취득하여 개관하는 경우 (2017. 2. 7. 신설)

③ 제2항 제2호에 해당하는 경우로서 종전시설의 양도일이 속하는 과세연도 종료일까지 신규시설을 취득하지 아니한 경우 신규시설의 취득가액은 제5항에 따른 이전(예정)명세서상의 예정가액으로 한다. (2017. 2. 7. 신설)

④ 법 제83조 제1항을 적용하는 경우 제3항에 따른 취득예정가액에 따라 분할납부를 적용받은 경우에는 실제 취득가액을 기준으로 제1항에 따라 계산한 금액을 초과하여 적용받은 금액을 신규시설을 취득하여 개관한 날이 속하는 과세연도의 과세표준신고 종료일까지 양도소득세로 납부하여야 한다. 이 경우 양도소득세로 납부하여야 할 금액에 대해서는 법 제33조 제3항 후단을 준용한다. (2017. 2. 7. 신설)

⑤ 법 제83조 제1항에 따라 분할납부를 적용받으려는 거주자는 종전시설의 양도일이 속하는 과세연도의 과세표준신고(예정신고를 포함한다)와 함께 기획재정부령으로 정하는 분할납부신청서와 이전(예정)명세서를 납세지 관할 세무서장에게 제출하여야 한다. (2017. 2. 7. 신설)

⑥ 제3항을 적용받은 후 신규시설을 취득하여 개관한 경우에는 그 개관일이 속하는 과세연도의 과세표준신고와 함께 기획재정부령으로 정하는 이전완료보고서를 납세지 관할 세무서장에게 제출하여야 한다. (2017. 2. 7. 신설)

⑦ 법 제83조 제2항 본문에서 "대통령령으로 정하는 바에 따라 계산한 금액"이란 제1항에 따라 계산한 양도소득세액을 말한다. 다만, 법 제83조 제1항에 따라 양도소득세액 중 일부를 납부한 경우에는 해당 금액은 제외한다. (2017. 2. 7. 신설)

대통령령으로 정하는 부득이한 사유가 있는 경우는 제외한다. (2016. 12. 20. 신설)
③ 제2항 본문에 따라 납부할 세액에 대해서는 제33조 제3항 후단을 준용한다. (2016. 12. 20. 신설)
④ 제1항 및 제2항을 적용하는 경우 분할납부신청서의 제출 등 그 밖에 필요한 사항은 대통령령으로 정한다. (2016. 12. 20. 신설)

　　제84조【농업협동조합 등에 대한 손금산입 특례】삭　제 (2006. 12. 30.)
　　제85조【지정지역 내 공익사업용 부동산에 대한 양도소득세 과세특례】삭　제 (2006. 12. 30.)

　　제85조의 2【행정중심복합도시 · 혁신도시 개발예정지구 내 공장의 지방이전에 대한 과세특례】(2007. 12. 31. 제목개정)
① 「신행정수도 후속대책을 위한 연기 · 공주지역 행정중심복합도시 건설을 위한 특별법」에 따른 행정중심복합도시 예정지역 또는 「혁신도시 조성 및 발전에 관한 특별법」에 따른 혁신도시개발예정지구(이하 이 조에서 "행정중심복합도시등"이라 한다)에서 공장시설을 갖추고 사업을 하는 내국인이 대통령령으로 정하는 행정중심복합도시등 밖(이하 이 조에서 "지방"이라 한다)으로 이전하기 위하여 그 공장의 대지와 건물을 2012년 12월 31일까지 같은 법에 따른 사업시행자에게 양도함으로써 발생하는 양도차익에 상당하는 금액에 대해서는 다음 각 호에 해당하는 방법에 따라 익금에 산입하지 아니하거나 과세이연을 받을 수 있다. (2017. 12. 26. 개정 ; 공공기관 지방이전~부칙)

1. 내국법인 : 대통령령으로 정하는 바에 따라 계산한 금액을 해당 사업연도의 소득금액을 계산할 때 익금에 산입하지 아니하는 방법. 이 경우 해당 금액은 양도일이 속하는 사업연도 종료일 이후 5년이 되

⑧ 법 제83조 제2항 단서에서 "대통령령으로 정하는 부득이한 사유가 있는 경우"란 다음 각 호의 어느 하나에 해당하는 경우를 말한다. (2017. 2. 7. 신설)
1. 해당 신규시설이 제72조 제2항 각 호의 법률에 따라 수용된 경우 (2017. 2. 7. 신설)
2. 법령에 따른 폐관 · 이전명령 등에 따라 해당 신규시설을 폐관하거나 처분하는 경우 (2017. 2. 7. 신설)

　　제79조【농업협동조합 등에 대한 손금산입의 특례】삭　제 (2007. 2. 28.)
　　제79조의 2【지정지역 내 공익사업용 부동산에 대한 양도소득세 과세특례】삭　제 (2007. 2. 28.)

　　제79조의 3【행정중심복합도시 · 혁신도시 개발예정지구 내 공장의 지방이전에 대한 과세특례】(2008. 2. 22. 제목개정)
① 법 제85조의 2 제1항 각 호 외의 부분에서 "대통령령으로 정하는 행정중심복합도시등 밖"이란 「신행정수도 후속대책을 위한 연기 · 공주지역 행정중심복합도시 건설을 위한 특별법」 제2조에 따른 행정중심복합도시 예정지역 또는 「혁신도시 조성 및 발전에 관한 특별법」에 따른 혁신도시 개발예정지구(이하 이 조, 제79조의 8 및 제79조의 10에서 "행정중심복합도시등"이라 한다) 밖으로서 다음 각 호의 어느 하나에 해당하지 아니하는 지역(이하 이 조에서 "지방"이라 한다)을 말한다. (2018. 2. 27. 개정 ; 공공기관 지방이전~부칙)
1. 수도권 과밀억제권역 (2007. 2. 28. 신설)
2. 부산광역시(기장군을 제외한다) · 대구광역시(달성군을 제외한다) · 광주광역시 · 대전광역시 및 울산광역시의 관할구역. 다만, 「산업입지 및 개발에 관한 법률」에 따라 지정된 산업단지를 제외한다. (2007. 2. 28. 신설)
② 법 제85조의 2 제1항 제1호 전단에서 "대통령령으로 정하는 바에 따라 계산한 금액"이란 제1호의 금액에 제2호 및 제3호의 율을 곱하여 계산한 금액을 말한다. (2010. 2. 18. 개정)

는 날이 속하는 사업연도부터 5개 사업연도의 기간 동안 균분한 금액 이상을 익금에 산입하여야 한다. (2010. 1. 1. 개정)

2. 거주자 : 대통령령으로 정하는 바에 따라 과세이연을 받는 방법 (2010. 1. 1. 개정)

---

1. 행정중심복합도시등에 소재하는 공장(이하 이 조에서 "기존공장"이라 한다)의 양도가액에서 장부가액과 직전 사업연도종료일 현재 「법인세법」 제13조 제1항 제1호에 따른 이월결손금의 합계액을 차감한 금액 (2019. 2. 12. 개정)
2. 기존공장의 양도가액 중 지방에 소재하는 공장(이하 이 조에서 "지방공장"이라 한다)의 취득(지방에서 공장을 준공하여 취득하는 경우를 포함한다. 이하 이 조에서 같다)가액이 차지하는 비율(100분의 100을 한도로 한다) (2007. 2. 28. 신설)
3. 지방공장의 면적비율 : 다음 산식에 따른 비율(100분의 100을 한도로 한다) (2007. 2. 28. 신설)

$$1 - \frac{\text{지방공장의 면적} - \text{기존공장 면적의 100분의 120에 상당하는 면적}}{\text{기존공장 면적의 100분의 120에 상당하는 면적}}$$

③ 법 제85조의 2 제1항 제2호에 따른 과세이연을 적용받는 금액은 제1호의 금액에 제2호 및 제3호의 율을 곱하여 계산한 금액으로 한다. (2007. 2. 28. 신설)
1. 「소득세법」 제95조 제1항에 따른 양도차익 (2007. 2. 28. 신설)
2. 기존공장 양도가액 중 지방공장의 취득가액이 차지하는 비율(100분의 100을 한도로 한다) (2007. 2. 28. 신설)
3. 지방공장의 면적비율 : 다음 산식에 따른 비율(100분의 100을 한도로 한다) (2007. 2. 28. 신설)

$$1 - \frac{\text{지방공장의 면적} - \text{기존공장 면적의 100분의 120에 상당하는 면적}}{\text{기존공장 면적의 100분의 120에 상당하는 면적}}$$

④ 제2항 및 제3항을 적용하는 경우 기존공장의 양도일이 속하는 과세연도종료일까지 지방공장을 취득하지 아니한 경우 지방공장의 취득가액 및 면적은 이전(예정)명세서상의 예정가액 및 취득예정면적에 따른다. (2007. 2. 28. 신설)
⑤ 법 제85조의 2 제1항이 적용되는 지방이전은 다음 각 호의 어느 하나에 해당하는 경우로 한다. 다만, 기존공장 또는 지방공장의 대지가 기획재정부령으로 정하는 공장입지기준면적을 초과하는 경우 그 초과하는 부분에 대해서는 법 제85조의 2 제1항을 적용하지 아니한다.

---

② 제1항을 적용받은 내국인이 대통령령으로 정하는 바에 따라 지방으로 이전하지 아니하거나 해당 공장 양도일부터 3년 이내에 해당 사업을 폐업 또는 해산한 경우에는 해당 사유가 발생한 날이 속하는 사업연도의 소득금액을 계산할 때 대통령령으로 정하는 바에 따라 계산한 금액을 익금에 산입하거나 과세이연받은 세액을 양도소득세로 납부하여야 한다. 이 경우 익금에 산입하거나 양도소득세로 납부하여야 할 금액에 대해서는 제33조 제3항 후단을 준용한다. (2010. 1. 1. 개정)

③ 행정중심복합도시등에서 공장시설을 갖추고 사업을 하던 내국인이 지방으로 이전하여 사업을 개시하는 경우 이전사업에서 발생하는 소득에 대해서는 이전일 이후 최초로 소득이 발생한 날이 속하는 과세연도(이전일부터 5년이 되는 날이 속하는 과세연도까지 해당 사업에서 소득이 발생하지 아니하는 경우에는 5년이 되는 날이 속하는 과세연도)와 그 다음 과세연도의 개시일부터 3년 이내에 끝나는 과세연도까지 이전사업에서 발생하는 소득에 대한 소득세 또는 법인세의 100분의 50에 상당하는 세액을 감면한다. (2010. 1. 1. 개정)

③ 삭　제 (2019. 12. 31.)

④ 제1항 제2호에 따라 과세이연을 받은 거주자(이 항 제2호의 경우에는 해당 거주자의 상속인을 말한다)는 다음 각 호의 어느 하나에 해당하는 경우 대통령령으로 정하는 바에 따라 계산한 과세이연받은 세액을 해당 각 호의 기한까지 양도소득세로 납부하여야 한다. (2020. 6. 9. 개정 ; 법률용어~법률)

1. 거주자가 지방으로 이전하여 취득한 공장(이하 이 조에서 "지방공장"이라 한다)을 증여하는 경우 : 증여일이 속하는 달의 말일부터 3개월 이내 (2016. 12. 20. 신설)

2. 거주자의 사망으로 지방공장에 대한 상속이 이루어지는 경우 : 상속개시일이 속하는 달의 말일부터 6개월 이내 (2016. 12. 20. 신설)

⑤ 제1항, 제2항 및 제4항을 적용하는 경우 양도차익명세서의 제출과 그 밖에 필요한 사항은 대통령령으로 정한다. (2016. 12. 20. 개정)

⑥ 제3항을 적용받으려는 내국인은 해당 과세연도의 과세표준신고와 함께 기획재정부

(2010. 2. 18. 개정)

1. 지방공장을 취득하여 사업을 개시한 날부터 2년 이내에 기존 공장을 양도하는 경우 (2010. 2. 18. 개정)

2. 기존공장을 양도한 날부터 3년(공사의 허가 또는 인가의 지연 등 기획재정부령으로 정하는 부득이한 사유가 있는 경우에는 6년) 이내에 지방공장을 취득하여 사업을 개시하는 경우 (2010. 2. 18. 개정)

⑥ 법 제85조의 2 제2항 전단에서 "대통령령으로 정하는 바에 따라 계산한 금액"이란 다음 각 호의 어느 하나에 해당하는 금액을 말한다. (2010. 2. 18. 개정)

1. 법 제85조의 2 제1항 제1호에 따라 양도차익을 익금에 산입하지 아니한 경우에는 익금에 산입하지 아니한 금액 전액 (2007. 2. 28. 신설)

2. 법 제85조의 2 제1항 제2호에 따라 과세이연을 받은 경우에는 과세이연금액에 상당하는 세액(과세이연금액에 「소득세법」 제104조에 따른 세율을 곱하여 계산한 세액을 말한다) 전액 (2007. 2. 28. 신설)

⑦ 법 제85조의 2 제1항을 적용하는 경우 제4항에 따른 취득예정가액 및 취득예정면적에 따라 익금에 산입하지 아니하거나 과세이연을 받은 때에는 실제 취득가액 및 취득면적을 기준으로 제2항 및 제3항에 따라 계산한 금액을 초과하여 적용받은 금액을 지방공장을 취득하여 사업을 개시한 날이 속하는 과세연도의 소득금액의 계산의 경우 익금에 산입하거나 양도소득세로 납부하여야 한다. 이 경우 익금에 산입하거나 양도소득세로 납부하여야 할 금액에 대하여는 법 제33조 제3항 후단을 준용한다. (2007. 2. 28. 신설)

⑧ 법 제85조의 2 제1항 제1호를 적용받으려는 내국법인은 기존공장의 양도일이 속하는 사업연도의 과세표준신고와 함께 기획재정부령이 정하는 양도차익명세 및 분할익금산입조정명세서와 이전(예정)명세서를 제출하여야 한다. (2008. 2. 29. 직제개정 ; 기획재정부와~직제 부칙)

■ 관계조문 ■

• 규칙 61조 1항 13호의 2 ⇒ 양도차익명세 및 분할익금산입조정명세서 (별지 12호의 2 서식)
• 규칙 61조 1항 16호의 2 ⇒ 이전(예정)명세서(별지 15호의 2 서식)

제32조의 2【행정중심복합도시 · 혁신도시 개발예정지구 내 공장의 지방이전에 대한 과세특례 등】(2010. 4. 20. 제목개정)

영 제79조의 3 제5항 제2호, 제79조의 8 제5항 제2호, 제79조의 9 제5항 제2호 및 제79조의 10 제6항 제2호에서 "기획재정부령으로 정하는 부득이한 사유"란 다음 각 호의 어느 하나에 해당하는 경우를 말한다. (2010. 4. 20. 개정)

1. 공사의 허가 또는 인가 등이 지연되는 경우 (2007. 3. 30. 신설)

2. 용지의 보상 등에 관한 소송이 진행되는 경우 (2007. 3. 30. 신설)

3. 「신행정수도 후속대책을 위한 연기 · 공주지역 행정중심복합도시 건설을 위한 특별법」 제19조 제4항에 따라 국토교통부장관이 고시하는 행정중심복합도시 건설기본계획에서 기존공장을 이전할 장소의 미확정 등으로 인하여 같은 장소에서 일정기간 영업이 가능하도록 한 경우 (2013. 3. 23. 직제개정 ; 기획재정부와~직제 시행규칙 부칙)

4. 「공공기관 지방이전에 따른 혁신도시 건설 및 지원에 관한 특별법」 제11조 제5항에 따라 국토교통부장관이 고시하는 혁신도시 개발계획에서 기존공장을 이전할 장소의 미확정 등으로 인하여 같은 장소에서 일정기간 영업이 가능하도록 한 경우 (2013. 3. 23. 직제개정 ;

령으로 정하는 세액감면신청서를 제출하여야 한다. (2016. 12. 20. 항변개정)
⑥ 삭 제 (2019. 12. 31.)

관계조문
규칙 61조 1항 3호 ⇒ 세액감면(면제)신청서(별지 2호 서식)

ㆍ예판
기존공장의 대지와 건물의 양도시기가 다른 경우 과세특례는 개별적으로 각각 의 양도시기를 기준으로 하고, 지방공장의 취득시한의 시기는 대지와 건물의 양도가 모두 이루어진 날을 기준으로 함. (재법인-1130, 2007. 12. 20.)

제85조의 3 【기업도시개발사업구역 등 안에 소재하는 토지의 현물출자 등에 대한 법인세 과세특례】 (2010. 1. 1. 제목개정)
① 다음 각 호의 어느 하나에 상당하는 금액은 해당 사업연도의 소득 금액을 계산할 때 대통령령으로 정하는 바에 따라 손금에 산입하여 그 내국법인이 현물출자로 취득한 주식을 처분할 때까지 과세를 이연받을 수 있다. (2010. 1. 1. 개정)
1. 내국법인이 「기업도시개발 특별법」 제2조 제3호에 따른 기업도시개 발사업을 전담하는 대통령령으로 정하는 기업(이하 이 조에서 "기업 도시개발사업전담기업"이라 한다)에게 기업도시개발사업구역 안에 소재하는 토지를 2015년 12월 31일까지 현물출자함에 따라 발생하 는 양도차익 (2013. 1. 1. 개정)
2. 내국법인이 「신발전지역 육성을 위한 투자촉진 특별법」 제2조 제4 호에 따른 신발전지역발전촉진지구의 개발사업을 전담하는 대통령

⑨ 법 제85조의 2 제1항 제2호에 따라 과세이연을 적용받으려는 거주자는 기존공장의 양도일이 속하는 과세연도의 과세표준신고(예정신고를 포함 한다)와 함께 기획재정부령이 정하는 과세이연신청서와 이전(예정)명세서 를 제출하여야 한다. (2008. 2. 29. 직제개정 ; 기획재정부와~직제 부칙)

관계조문
• 규칙 61조 1항 13호의 4 ⇒ 과세이연신청서(별지 12호의 4 서식)
• 규칙 61조 1항 16호의 2 ⇒ 이전(예정)명세서(별지 15호의 2 서식)

⑩ 제4항을 적용받은 후 지방공장을 취득하여 사업을 개시한 때에는 그 사업개시일이 속하는 과세연도의 과세표준신고와 함께 기획재정부 령이 정하는 이전완료보고서를 납세지 관할세무서장에게 제출하여야 한다. (2008. 2. 29. 직제개정 ; 기획재정부와~직제 부칙)
⑪ 법 제85조의 2에서 "공장"이란 제54조 제1항의 공장을 말한다. (2008. 2. 22. 신설)
⑫ 법 제85조의 2 제4항 각 호 외의 부분에서 "대통령령으로 정하는 바에 따라 계산한 과세이연받은 세액"이란 제6항 제2호에 따른 과세 이연금액에 상당하는 세액 전액을 말한다. (2017. 2. 7. 신설)

제79조의 4 【기업도시개발사업구역 등 안에 소재하는 토지의 현물출자에 대한 법인세 과세특례】 (2010. 2. 18. 제목개정)
① 법 제85조의 3 제1항 제1호에서 "대통령령으로 정하는 기업"이란 「기 업도시개발 특별법 시행령」 제14조 제1항 제1호 및 제2호에 따른 전담기 업을 말하고, 같은 항 제2호에서 "대통령령으로 정하는 기업"이란 「신발전 지역 육성을 위한 투자촉진 특별법 시행령」 제13조 제4항 제2호에 따른 전담기업을 말한다. (2010. 10. 1. 개정 ; 기업도시개발 특별법 시행령 부칙)
② 법 제85조의 3 제1항에 따라 내국법인이 법 제85조의 3 제1항 제1 호에 따른 기업도시개발사업전담기업 또는 같은 항 제2호에 따른 신발 전지역발전촉진지구개발사업전담기업(이하 "기업도시개발사업전담기 업등"이라 한다)에 보유한 토지를 현물출자한 경우에는 제1호의 금액 에서 제2호의 금액을 차감한 금액(그 금액이 해당 토지의 시가에서 장 부가액을 차감한 금액을 초과하는 경우 그 초과한 금액을 제외한다)을

기획재정부와~직제 시행규칙 부칙)
5. 「공익사업을 위한 토지 등의 취득 및 보상에 관한 법률」 제78조의 2에 따라 사업시행자가 수립한 공장에 대한 이주 대책에서 기존공장을 이전할 장소의 미 확정 등으로 인하여 같은 장소에서 일 정기간 영업이 가능하도록 한 경우 (2008. 4. 29. 신설)
6. 그 밖에 제1호부터 제5호까지에 준하는 사유가 발생한 경우 (2010. 4. 20. 개정)

관계조문
규칙 61조 1항 16호 ⇒ 이전완료보고서(별 지 15호 서식)

령으로 정하는 기업(이하 이 조에서 "신발전지역발전촉진지구개발사업전담기업"이라 한다)에게 신발전지역발전촉진지구 안에 소재하는 토지를 2015년 12월 31일까지 현물출자함에 따라 발생하는 양도차익 (2013. 1. 1. 개정)

② 제1항에 따라 법인세의 과세를 이연받은 내국법인이 기업도시개발사업전담기업 또는 신발전지역발전촉진지구개발사업전담기업으로부터 개발된 토지를 분양받으면서 그 대가를 현물출자로 취득한 주식으로 지급하는 경우 당초 과세를 이연받은 법인세에 대해서는 제1항에도 불구하고 과세하지 아니하고 그 분양받은 토지를 양도할 때까지 대통령령으로 정하는 바에 따라 다시 과세를 이연받을 수 있다. (2010. 1. 1. 개정)

③ 내국법인이 제1항에 따라 양도차익에 상당하는 금액을 손금에 산입한 후 토지를 현물출자받은 기업도시개발사업전담기업 또는 신발전지역발전촉진지구개발사업전담기업이 사업을 폐업하거나 해산하는 경우에는 그 사유가 발생한 날이 속하는 사업연도의 소득금액을 계산할 때 익금에 산입하지 아니한 금액 전액을 익금에 산입한다. (2010. 1. 1. 개정)

④ 내국법인이 2015년 12월 31일까지 「관광진흥개발기금법」 제5조 제3항 제4호에 따라 관광진흥개발기금으로부터 보조금을 받아 기업도시개발사업전담기업에 출자함으로써 주식을 취득하는 경우 해당 주식을 「법인세법」 제36조 제1항의 사업용자산으로 보아 같은 조를 준용하여 손금에 산입할 수 있다. (2013. 1. 1. 개정)

⑤ 제1항 및 제2항을 적용하는 경우 손금산입대상 양도차익의 계산, 과세의 이연방법, 현물출자에 관한 명세서의 제출, 그 밖에 필요한 사항은 대통령령으로 정한다. (2010. 1. 1. 개정)

제85조의 4 【경제자유구역 개발사업을 위한 토지의 현물출자에

그 토지를 현물출자한 날이 속하는 사업연도의 소득금액 계산을 하는 때에 손금에 산입한다. 이 경우 그 금액은 해당 주식의 압축기장충당금으로 계상하여야 한다. (2010. 2. 18. 개정)
1. 현물출자일의 기업도시개발사업전담기업등의 주식가액(「법인세법」 제52조 제2항에 따른 시가평가액을 말한다) (2010. 2. 18. 개정)
2. 현물출자일 전일의 해당 토지의 장부가액 (2007. 2. 28. 신설)

③ 제2항에 따라 계상한 압축기장충당금은 해당 기업도시개발사업전담기업등의 주식을 양도(현물출자로 인하여 취득한 주식 외에 다른 방법으로 취득한 주식이 있는 경우에는 현물출자로 인하여 취득한 주식을 먼저 양도하는 것으로 본다)하는 사업연도에 이를 익금에 산입한다. 이 경우 일부 주식을 양도하는 경우에는 다음 산식에 따라 계산한 금액을 익금에 산입한다. (2010. 2. 18. 개정)

$$\text{압축기장충당금} \times \frac{\text{토지의 현물출자로 인하여 취득한 기업도시개발사업전담기업등의 주식 중 양도한 주식수}}{\text{토지의 현물출자로 인하여 취득한 기업도시개발사업전담기업등의 주식수}}$$

④ 제2항 및 제3항은 법 제85조의 3 제2항에 따른 법인세의 과세의 이연에 관하여 준용한다. 이 경우 압축기장충당금으로 계상하여야 할 금액은 제2항에 따라 과세를 이연받은 금액에 기업도시개발사업전담기업등으로부터 개발된 토지를 분양받으면서 그 대가를 현물출자로 취득한 주식으로 지급함에 따라 발생하는 주식양도차익의 합계액으로 하고, 그 분양받은 토지를 양도하는 사업연도에 해당 압축기장충당금을 익금에 산입한다. (2010. 2. 18. 개정)

⑤ 법 제85조의 3 제1항 및 제2항을 적용받으려는 내국법인은 현물출자일이 속하는 사업연도의 과세표준신고와 함께 기획재정부령이 정하는 현물출자명세서를 납세지 관할 세무서장에게 제출하여야 한다. (2008. 2. 29. 직제개정 ; 기획재정부와~직제 부칙)

▶▶ 관계조문

규칙 61조 1항 27호 ⇒ 현물출자명세서(별지 26호 서식)

제79조의 5 【경제자유구역 개발사업을 위한 토지 현물출자에 대한

법인세 과세특례】 ① 법 제85조의 4 제1항에서 "대통령령으로 정하는 내국법인"이란 「경제자유구역의 지정 및 운영에 관한 특별법」 제2조에 따른 경제자유구역으로 지정된 지역 내의 토지를 현물출자받아 동법 제6조에 따른 경제자유구역개발계획에 따라 해당 토지를 개발하기 위하여 설립되는 내국법인(이하 이 조에서 "현물출자대상법인"이라 한다)을 말한다. (2010. 2. 18. 개정)

② 법 제85조의 4 제1항에 따라 내국법인이 현물출자대상 법인에 보유한 토지를 현물출자한 경우에는 제1호의 금액에서 제2호의 금액을 차감한 금액(그 금액이 해당 토지의 시가에서 장부가액을 차감한 금액을 초과한 경우 그 초과한 금액을 제외한다)을 그 토지를 현물출자한 날이 속하는 사업연도의 소득금액 계산의 경우 손금에 산입한다. 이 경우 그 금액은 해당 주식의 압축기장충당금으로 계상하여야 한다. (2007. 2. 28. 신설)
1. 현물출자일의 해당 현물출자대상 법인의 주식가액(「법인세법」 제52조 제2항에 따른 시가평가액을 말한다) (2007. 2. 28. 신설)
2. 현물출자일 전일의 해당 토지의 장부가액 (2007. 2. 28. 신설)

③ 제2항에 따라 계상한 압축기장충당금은 해당 현물출자대상 법인의 주식을 양도(현물출자로 인하여 취득한 주식 외에 다른 방법으로 취득한 주식이 있는 경우

☞ p.1487 2단 연결

대한 법인세 과세특례】 (2010. 1. 1. 제목개정)
① 「경제자유구역의 지정 및 운영에 관한 특별법」 제8조의 3 제1항 및 제2항에 따른 개발사업시행자(「외국인투자촉진법」 제2조 제1항 제6호에 따른 외국인투자기업만 해당한다)가 대통령령으로 정하는 내국법인에 보유 토지를 2014년 12월 31일까지 현물출자함에 따라 발생하는 양도차익에 상당하는 금액은 해당 사업연도의 소득금액을 계산할 때 대통령령으로 정하는 바에 따라 손금에 산입하여 해당 개발사업시행자가 현물출자로 취득한 주식을 처분할 때까지 과세를 이연받을 수 있다. (2013. 1. 1. 개정)
② 내국법인이 제1항에 따라 양도차익에 상당하는 금액을 손금에 산입한 후 토지를 현물출자받은 내국법인이 사업을 폐업하거나 해산하는 경우에는 그 사유가 발생한 날이 속하는 사업연도의 소득금액을 계산할 때 익금에 산입하지 아니한 금액 전액을 익금에 산입한다. (2010. 1. 1. 개정)
③ 제1항을 적용하는 경우 손금산입대상 양도차익의 계산, 과세의 이연방법, 현물출자에 관한 명세서의 제출, 그 밖에 필요한 사항은 대통령령으로 정한다. (2010. 1. 1. 개정)

제85조의 5 【어린이집용 토지 등의 양도차익에 대한 과세특례】 (2011. 6. 7. 제목개정 ; 영유아보육법 부칙)
① 「영유아보육법」에 따른 직장어린이집(이하 이 조에서 "종전어린이집"이라 한다)을 운영하는 자가 종전어린이집을 2009년 12월 31일까지 양도하고 양도일부터 1년 이내에 새로운 직장어린이집(이하 이 조에서 "신규어린이집"이라 한다)을 취득하는 경우 종전어린이집을 양도함에 따라 발생하는 양도차익에 상당하는 금액에 대해서는 다음 각 호에 해당하는 방법에 따라 익금에 산입하지 아니하거나 과세이연을 받을 수 있다. (2011. 6. 7. 개정 ; 영유아보육법 부칙)
1. 법인 : 대통령령으로 정하는 바에 따라 계산한 금액을 해당 사업연도의 소득금액을 계산할 때 익금에 산입하지 아니하는 방법. 이 경우 해당 금액은 양도일이 속하는 사업연도 종료일 이후 3년이 되는 날이 속하는 사업연도부터 3개 사업연도의 기간 동안 균분한 금액 이상을 익금에 산입하여야 한다. (2010. 1. 1. 개정)
2. 개인 : 대통령령으로 정하는 바에 따라 과세이연을 받는 방법 (2010.

에는 현물출자로 인하여 취득한 주식을 먼저 양도하는 것으로 본다)하는 사업연도에 이를 익금에 산입한다. 이 경우 일부 주식을 양도하는 경우에는 다음 산식에 따라 계산한 금액을 익금에 산입한다. (2007. 2. 28. 신설)

$$\text{압축기장} \atop \text{충당금} \times \frac{\text{토지의 현물출자로 인하여 취득한 현물출자대상 법인의 주식 중 양도한 주식수}}{\text{토지의 현물출자로 인하여 취득한 현물출자대상 법인의 주식수}}$$

④ 법 제85조의 4 제1항을 적용받으려는 내국법인은 현물출자일이 속하는 사업연도의 과세표준신고와 함께 기획재정부령이 정하는 현물출자명세서를 납세지 관할 세무서장에게 제출하여야 한다. (2008. 2. 29. 직제개정 ; 기획재정부와~직제 부칙)

제79조의 6 【어린이집용 토지 등의 양도차익에 대한 과세특례】 (2011. 12. 8. 제목개정 ; 영유아보육법 시행령 부칙)
① 법 제85조의 5 제1항 제1호에서 "대통령령으로 정하는 바에 따라 계산한 금액"이란 제1호의 금액에 제2호의 율을 곱하여 계산한 금액을 말한다. (2010. 2. 18. 개정)
1. 법 제85조의 5 제1항에 따른 종전어린이집(이하 "종전어린이집"이라 한다)의 양도가액에서 장부가액과 직전 사업연도종료일 현재 「법인세법」 제13조 제1항 제1호에 따른 이월결손금의 합계액을 차감한 금액 (2019. 2. 12. 개정)
2. 종전어린이집의 양도가액 중 법 제85조의 5 제1항에 따른 신규어린이집(이하 "신규어린이집"이라 한다)의 취득가액이 차지하는 비율(100분의 100을 한도로 한다) (2011. 12. 8. 개정 ; 영유아보육법 시행령 부칙)
② 법 제85조의 5 제1항 제2호에 따라 과세이연을 적용받는 금액은 제1호의 금액에 제2호의 율을 곱하여 계산한 금액으로 한다. (2007. 2.

규칙 61조 1항 27호 ⇒ 현물출자명세서(별지 26호 서식)

1. 1. 개정)

② 제1항을 적용받은 자가 신규어린이집을 취득하지 아니하거나 신규어린이집의 운영을 개시하는 날부터 3년 이내에 해당 신규어린이집을 폐쇄하는 경우에는 해당 사유가 발생한 날이 속하는 사업연도의 소득금액을 계산할 때 대통령령으로 정하는 바에 따라 계산한 금액을 익금에 산입하거나 과세이연받은 세액을 양도소득세로 납부하여야 한다. 이 경우 익금에 산입하거나 양도소득세로 납부하여야 할 금액에 대해서는 제33조 제3항 후단을 준용한다. (2011. 6. 7. 개정 ; 영유아보육법 부칙)

③ 제1항 제2호에 따라 과세이연을 받은 거주자(이 항 제2호의 경우에는 해당 거주자의 상속인을 말한다)는 다음 각 호의 어느 하나에 해당하는 경우 대통령령으로 정하는 바에 따라 계산한 과세이연받은 세액을 해당 각 호의 기한까지 양도소득세로 납부하여야 한다. (2020. 6. 9. 개정 ; 법률용어～법률)

1. 거주자가 신규어린이집을 증여하는 경우 : 증여일이 속하는 달의 말일부터 3개월 이내 (2016. 12. 20. 신설)

2. 거주자의 사망으로 신규어린이집에 대한 상속이 이루어지는 경우 : 상속개시일이 속하는 달의 말일부터 6개월 이내 (2016. 12. 20. 신설)

④ 제1항부터 제3항까지의 규정을 적용하는 경우 어린이집의 범위, 양도차익명세서, 과세이연신청서 및 분할 익금산입 조정명세서의 제출, 그 밖에 필요한 사항은 대통령령으로 정한다. (2016. 12. 20. 개정)

제85조의 6【사회적기업 및 장애인 표준사업장에 대한 법인세 등의 감면】(2010. 12. 27. 제목개정)

① 「사회적기업 육성법」 제2조 제1호에 따라 2025년 12월 31일까지 사회적기업으로 인증받은 내국인은 해당 사업에서 최초로 소득이 발생한 과세연도(인증을 받은 날부터 5년이 되는 날이 속하는 과세연도까지 해당 사업에서 소득이 발생하지 아니한 경우에는 5년이 되는 날이 속하는 과세연도)와 그 다음 과세연도의 개시일부터 2년 이내에 끝나는 과세연도까지 해당 사업에서 발생한 소득에 대한 법인세 또는 소득세의 100분의 100에 상당하는 세액을 감면하고, 그 다음 2년 이내에 끝나는 과세연도에는 소득세 또는 법인세의 100분의 50에 상당하는 세액을 감면한다. (2022. 12. 31. 개정)

28. 신설)

1. 「소득세법」 제95조 제1항에 따른 양도차익 (2007. 2. 28. 신설)

2. 종전어린이집 양도가액 중 신규어린이집의 취득가액이 차지하는 비율(100분의 100을 한도로 한다) (2011. 12. 8. 개정 ; 영유아보육법 시행령 부칙)

③ 제1항 및 제2항을 적용하는 경우 종전어린이집의 양도일이 속하는 과세연도종료일까지 신규어린이집을 취득하지 아니한 경우 신규어린이집의 취득가액은 이전(예정)명세서상의 예정가액으로 한다. (2011. 12. 8. 개정 ; 영유아보육법 시행령 부칙)

④ 법 제85조의 5 제2항 전단에서 "대통령령으로 정하는 바에 따라 계산한 금액"이란 다음 각 호의 어느 하나에 해당하는 금액을 말한다. (2010. 2. 18. 개정)

1. 법 제85조 제1항 제1호에 따라 양도차익을 익금에 산입하지 아니한 경우에는 익금에 산입하지 아니한 금액 전액 (2007. 2. 28. 신설)

2. 법 제85조 제1항 제2호에 따라 과세이연을 받은 경우에는 과세이연금액에 상당하는 세액(과세이연금액에 「소득세법」 제104조에 따른 세율을 곱하여 계산한 세액을 말한다) 전액 (2007. 2. 28. 신설)

⑤ 법 제85조의 5 제1항을 적용하는 경우 제3항에 따른 취득예정가액에 따라 익금에 산입하지 아니하거나 과세이연을 받은 때에는 실제 취득가액을 기준으로 제1항 및 제2항에 따라 계산한 금액을 초과하여 적용받은 금액을 신규어린이집을 취득하여 운영을 개시한 날이 속하는 과세연도의 소득금액 계산의 경우 익금에 산입하거나 양도소득세로 납부하여야 한다. 이 경우 익금에 산입하거나 양도소득세로 납부하여야 할 금액에 대하여는 법 제33조 제3항 후단의 규정을 준용한다. (2011. 12. 8. 개정 ; 영유아보육법 시행령 부칙)

⑥ 법 제85조의 5 제1항 제1호를 적용받으려는 법인은 종전어린이집의 양도일이 속하는 사업연도의 과세표준신고와 함께 기획재정부령이 정하는 양도차익명세 및 분할익금산입조정명세서와 이전(예정)명세서를 제출하여야 한다. (2011. 12. 8. 개정 ; 영유아보육법 시행령 부칙)

⑦ 법 제85조의 5 제1항 제2호에 따라 과세이연을 적용받으려는 개인은 종전어린이집의 양도일이 속하는 과세연도의 과세표준신고(예정신고를 포함한다)와 함께 기획재정부령으로 정하는 과세이연신청서와 이

관계조문 ▶▶

• 규칙 61조 1항 13호의 2 ⇒ 양도차익명세 및 분할익금산입조정명세서(별지 12호의 2 서식)

• 규칙 61조 1항 16호의 2 ⇒ 이전(예정)명세서(별지 15호의 2 서식)

관계조문 ▶▶

• 규칙 61조 1항 13호의 4 ⇒ 과세이연신

② 「장애인고용촉진 및 직업재활법」 제22조의 4 제1항에 따라 2025년 12월 31일까지 장애인 표준사업장으로 인증받은 내국인은 해당 사업에서 최초로 소득이 발생한 과세연도(인증을 받은 날부터 5년이 되는 날이 속하는 과세연도까지 해당 사업에서 소득이 발생하지 아니한 경우에는 5년이 되는 날이 속하는 과세연도)와 그 다음 과세연도의 개시일부터 2년 이내에 끝나는 과세연도까지 해당 사업에서 발생한 소득에 대한 법인세 또는 소득세의 100분의 100에 상당하는 세액을 감면하고, 그 다음 2년 이내에 끝나는 과세연도에는 소득세 또는 법인세의 100분의 50에 상당하는 세액을 감면한다. (2022. 12. 31. 개정)

③ 제1항 및 제2항이 적용되는 감면기간 동안 해당 과세연도에 감면받는 소득세 또는 법인세는 다음 각 호의 구분에 따른 금액을 한도로 한다. (2019. 12. 31. 신설)

1. 제1항에 따른 사회적기업으로 인증받은 내국인의 경우 : 1억원 + 「사회적기업 육성법」 제2조 제2호에 따른 취약계층에 해당하는 상시근로자 수 × 2천만원 (2019. 12. 31. 신설)

2. 제2항에 따른 장애인 표준사업장으로 인증받은 내국인의 경우 : 1억원 + 「장애인고용촉진 및 직업재활법」 제2조 제1호에 따른 장애인에 해당하는 상시근로자 수 × 2천만원 (2019. 12. 31. 신설)

④ 제1항을 적용할 때 세액감면기간 중 다음 각 호의 어느 하나에 해당하여 「사회적기업 육성법」 제18조에 따라 사회적기업의 인증이 취소되었을 때에는 해당 과세연도부터 제1항에 따른 법인세 또는 소득세를 감면받을 수 없다. (2019. 12. 31. 항번개정)

1. 거짓이나 그 밖의 부정한 방법으로 인증을 받은 경우 (2010. 1. 1. 개정)

2. 「사회적기업 육성법」 제8조의 인증요건을 갖추지 못하게 된 경우 (2010. 1. 1. 개정)

⑤ 제2항을 적용할 때 세액감면기간 중 해당 장애인 표준사업장이 다음 각 호의 어느 하나에 해당하는 경우에는 해당 과세연도부터 제2항에 따른 법인세 또는 소득세를 감면받을 수 없다. (2019. 12. 31. 항번개정)

1. 「장애인고용촉진 및 직업재활법」 제21조 또는 제22조에 따른 융자 또는 지원을 거짓이나 그 밖의 부정한 방법으로 받은 경우 (2010. 12. 27. 신설)

전(예정)명세서를 제출하여야 한다. (2011. 12. 8. 개정 ; 영유아보육법 시행령 부칙)

⑧ 제3항을 적용받은 후 신규어린이집을 취득하여 운영을 개시한 때에는 그 개시일이 속하는 과세연도의 과세표준신고와 함께 기획재정부령이 정하는 이전완료보고서를 납세지 관할 세무서장에게 제출하여야 한다. (2011. 12. 8. 개정 ; 영유아보육법 시행령 부칙)

⑨ 법 제85조의 5 제3항 각 호 외의 부분에서 "대통령령으로 정하는 바에 따라 계산한 과세이연받은 세액"이란 제4항 제2호에 따른 과세이연금액에 상당하는 세액 전액을 말한다. (2017. 2. 7. 신설)

제79조의 7 【사회적기업에 대한 법인세 등의 감면】 ① 법 제85조의 6 제3항을 적용할 때 상시근로자의 범위는 제23조 제10항을 준용하며, 상시근로자 수는 다음의 계산식에 따라 계산한 수(100분의 1 미만의 부분은 없는 것으로 한다)로 한다. (2020. 2. 11. 신설)

$$\frac{\text{해당 과세연도의 매월 말 현재 상시근로자 수의 합}}{\text{해당 과세연도의 개월 수}}$$

② 법 제85조의 6 제1항 및 제2항에 따라 법인세 또는 소득세를 감면받으려는 자는 과세표준신고와 함께 기획재정부령으로 정하는 세액감면신청서를 납세지 관할 세무서장에게 제출하여야 한다. (2020. 2. 11. 항번개정)

청서(별지 12호의 4 서식)
• 규칙 61조 1항 16호의 2 ⇒ 이전(예정)명세서(별지 15호의 2 서식)

관계조문

규칙 61조 1항 16호 ⇒ 이전완료보고서(별지 15호 서식)

관계조문

규칙 61조 1항 3호 ⇒ 세액감면(면제)신청서(별지 2호 서식)

2. 사업주가 「장애인고용촉진 및 직업재활법」 제21조 또는 제22조에 따라 받은 융자금 또는 지원금을 같은 규정에 따른 용도에 사용하지 아니한 경우 (2010. 12. 27. 신설)
3. 「장애인고용촉진 및 직업재활법」 제22조의 4 제2항에 따라 인증이 취소된 경우 (2019. 12. 31. 개정)
⑥ 제1항 및 제2항에 따라 세액을 감면받은 내국인이 제4항 제1호 또는 제5항 제1호에 해당하는 경우에는 그 사유가 발생한 과세연도의 과세표준신고를 할 때 감면받은 세액에 제63조 제3항의 이자상당 가산액에 관한 규정을 준용하여 계산한 금액을 가산하여 법인세 또는 소득세로 납부하여야 한다. (2020. 12. 29. 개정)
⑦ 제3항을 적용할 때 상시근로자의 범위, 상시근로자 수의 계산방법, 그 밖에 필요한 사항은 대통령령으로 정한다. (2019. 12. 31. 신설)
⑧ 제1항 및 제2항을 적용받으려는 자는 대통령령으로 정하는 바에 따라 감면신청을 하여야 한다. (2019. 12. 31. 항번개정)

　제85조의 7 【공익사업을 위한 수용등에 따른 공장이전에 대한 과세특례】 ① 「공익사업을 위한 토지 등의 취득 및 보상에 관한 법률」에 따른 공익사업의 시행으로 해당 공익사업지역에서 그 사업인정고시일(사업인정고시일 전에 양도하는 경우에는 양도일로 한다. 이하 이 조에서 같다)부터 소급하여 2년 이상 가동한 공장(공장을 사업인정고시일부터 소급하여 2년 미만 가동한 경우 양도일 현재 1년 이상 가동한 공장의 토지로서 사업인정고시일부터 소급하여 5년 이상 보유한 토지를 포함한다)을 공익사업 시행지역 밖의 지역(공익사업의 시행으로 조성한 공익사업 지역 안의 토지를 사업시행자로부터 직접 취득하여 해당 공장의 용지로 사용하는 경우에는 그 공익사업 시행지역을 포함한다)으로서 대통령령으로 정하는 지역으로 이전하기 위하여 그 공장의 대지와 건물을 그 공익사업의 사업시행자에게 2026년 12월 31일까지 양도(공장의 대지의 일부만 양도하는 경우를 포함한다)함으로써 발생하는 양도차익에 상당하는 금액은 다음 각 호에 해당하는 방법에 따라 익금에 산입하지 아니하거나 양도소득세를 분할납부할 수 있다. (2023. 12. 31. 개정)
1. 내국법인 : 대통령령으로 정하는 바에 따라 계산한 금액을 해당 사

　제79조의 8 【공익사업을 위한 수용등에 따른 공장이전에 대한 과세특례】 ① 법 제85조의 7 제1항 각 호 외의 부분에서 "대통령령으로 정하는 지역"이란 해당 공익사업 시행지역 외의 지역으로서 다음 각 호의 어느 하나에 해당하지 아니하는 지역(이하 이 조에서 "지방"이라 한다)을 말한다. (2008. 2. 22. 신설)
1. 수도권과밀억제권역 (2008. 2. 22. 신설)
2. 부산광역시(기장군은 제외한다)·대구광역시(달성군 및 군위군은 제외한다)·광주광역시·대전광역시 및 울산광역시의 관할 구역. 다만, 「산업입지 및 개발에 관한 법률」에 따라 지정된 산업단지는 제외한다. (2023. 6. 7. 개정)
3. 행정중심복합도시등 (2008. 2. 22. 신설)

② 법 제85조의 7 제1항 제1호 전단에서 "대통령령으로 정하는 바에

• 조특법 85조의 7 제1항의 "2년 이상 가동한 공장" 여부를 판단함에 있어, 공장을 운영하던 개인사업자가 동법 32조의 규정에 의하여 법인으로 전환한 후 가동중인 당해 공장시설을 지방으로 이전하는 경우에는 당해 개인사업자가 조업한 기간을 합산하여 2년 이상 가동한 공장 여부를 판단함. (법인 - 1883, 2008. 8. 7.)
• 조특법 85조의 7에서 "공장"이란 동법 시행령 54조 1항에서 규정하는 공장을 말하는 것으로, 물품의 제조 및 가공과 직접적으로 관련이 없는 도매 및 소매업, 운송업 등에 사용되는 창고시설은 포함 안됨. (법인 - 2606, 2008. 9. 25.)

업연도의 소득금액을 계산할 때 익금에 산입하지 아니하는 방법. 이 경우 해당 금액은 양도일이 속하는 사업연도 종료일 이후 5년이 되는 날이 속하는 사업연도부터 5개 사업연도의 기간 동안 균분한 금액 이상을 익금에 산입하여야 한다. (2019. 12. 31. 후단개정)

2. 거주자 : 대통령령으로 정하는 바에 따라 계산한 양도소득세를 양도일이 속하는 해당 연도의 양도소득세 과세표준 확정신고기한까지 납부하여야 할 양도소득세로 보지 아니하는 방법. 이 경우 해당 세액은 양도일이 속하는 해당 연도의 양도소득세 과세표준 확정신고기한 종료일 이후 5년이 되는 날부터 5년의 기간 동안 균분한 금액 이상을 납부하여야 한다. (2019. 12. 31. 후단개정)

② 제1항을 적용받은 내국인이 대통령령으로 정하는 바에 따라 공장을 이전하지 아니하거나 그 공장의 양도일부터 3년 이내에 해당 사업을

따라 계산한 금액"이란 제1호의 금액에 제2호의 율을 곱하여 계산한 금액을 말한다. (2008. 2. 22. 신설)
1. 해당 공익사업 시행지역에 소재하는 공장(이하 이 조에서 "기존공장"이라 한다)의 양도가액에서 장부가액과 직전 사업연도종료일 현재 「법인세법」 제13조 제1항 제1호에 따른 이월결손금의 합계액을 뺀 금액 (2019. 2. 12. 개정)
2. 기존공장의 양도가액 중 지방에 소재하는 공장(이하 이 조에서 "지방공장"이라 한다)의 취득(지방에서 공장을 준공하여 취득하는 경우를 포함한다. 이하 이 조에서 같다)가액이 차지하는 비율(100분의 100을 한도로 한다) (2008. 2. 22. 신설)
③ 법 제85조의 7 제1항 제2호 전단에서 "대통령령으로 정하는 바에 따라 계산한 양도소득세"란 제1호의 금액에 제2호의 율을 곱하여 계산한 양도소득세를 말한다. (2008. 2. 22. 신설)
1. 「소득세법」 제95조 제1항에 따른 양도차익 (2008. 2. 22. 신설)
2. 기존공장 양도가액 중 지방공장의 취득가액이 차지하는 비율(100분의 100을 한도로 한다) (2008. 2. 22. 신설)
④ 제2항 및 제3항을 적용할 때 기존공장의 양도일이 속하는 과세연도 종료일까지 지방공장을 취득하지 아니한 경우 지방공장의 취득가액은 이전(예정)명세서상의 예정가액으로 한다. (2009. 2. 4. 개정)
⑤ 법 제85조의 7 제1항이 적용되는 지방이전은 다음 각 호의 어느 하나에 해당하는 경우로 한다. 다만, 기존공장 또는 지방공장의 대지가 기획재정부령으로 정하는 공장입지기준면적을 초과하는 경우 그 초과하는 부분에 대해서는 법 제85조의 7 제1항을 적용하지 아니한다. (2010. 2. 18. 개정)
1. 지방공장을 취득하여 사업을 개시한 날부터 2년 이내에 기존 공장을 양도하는 경우 (2010. 2. 18. 개정)
2. 기존공장을 양도한 날부터 3년(공사의 허가 또는 인가의 지연 등 기획재정부령으로 정하는 부득이한 사유가 있으면 6년) 이내에 지방공장을 취득하여 사업을 개시하는 경우 (2010. 2. 18. 개정)
⑥ 법 제85조의 7 제2항 전단에서 "대통령령으로 정하는 바에 따라 계산한 금액"이란 다음 각 호의 어느 하나에 해당하는 금액을 말한다.

(2008. 2. 22. 신설)
1. 법 제85조의 7 제1항 제1호에 따라 양도차익을 익금에 산입하지 아니한 경우에는 익금에 산입하지 아니한 금액 전액 (2008. 2. 22. 신설)
2. 법 제85조의 7 제1항 제2호에 따라 분할납부를 적용받은 경우에는 분할납부할 세액 전액 (2008. 2. 22. 신설)
⑦ 법 제85조의 7 제1항을 적용할 때 제4항에 따른 취득 예정가액에 따라 익금에 산입하지 아니하거나 분할납부를 적용받은 때에는 실제 취득가액을 기준으로 제2항 및 제3항에 따라 계산한 금액을 초과하여 적용받은 금액을 지방공장을 취득하여 사업을 개시한 날이 속하는 과세연도의 익금에 산입하거나 양도소득세로 납부하여야 한다. 이 경우 익금에 산입하거나 양도소득세로 납부하여야 할 금액에 대하여는 법 제33조 제3항 후단을 준용한다. (2009. 2. 4. 개정)
⑧ 법 제85조의 7 제1항 제1호를 적용받으려는 내국법인은 기존공장의 양도일이 속하는 사업연도의 과세표준신고와 함께 기획재정부령으로 정하는 양도차익명세 및 분할익금산입조정명세서와 이전(예정)명세서를 납세지 관할 세무서장에게 제출하여야 한다. (2008. 2. 29. 직제개정 ; 기획재정부와∼직제 부칙)

● 규칙 61조 1항 13호의 2 ⇒ 양도차익명
☞ p.1492 2단 연결

폐업하거나 해산한 경우에는 그 사유가 발생한 날이 속하는 사업연도의 소득금액을 계산할 때 대통령령으로 정하는 바에 따라 계산한 금액을 익금에 산입하거나 분할납부할 세액을 양도소득세로 납부하여야 한다. 이 경우 익금에 산입할 금액 또는 납부할 세액에 대해서는 제33조 제3항 후단을 준용한다. (2010. 1. 1. 개정)
③ 제1항 및 제2항을 적용하는 경우 양도차익명세서의 제출이나 그 밖에 필요한 사항은 대통령령으로 정한다. (2010. 1. 1. 개정)

관계조문 ▶▶

• 규칙 61조 1항 16호 ⇒ 이전완료보고서(별지 15호 서식)

제85조의 8 【중소기업의 공장이전에 대한 과세특례】 ① 2년 이상 계속하여 공장시설을 갖추고 사업을 하는 중소기업이 대통령령으로 정하는 지역 외의 지역으로 공장을 이전하거나 「산업입지 및 개발에 관한 법률」에 따른 산업단지에서 2년 이상 계속하여 공장시설을 갖추고 사업을 하는 중소기업이 동일한 산업단지 내 다른 공장으로 이전하는 경우 해당 공장의 대지와 건물을 2025년 12월 31일까지 양도함으로써 발생하는 양도차익에 상당하는 금액은 다음 각 호의 방법에 따라 익금에 산입하지 아니하거나 양도소득세를 분할납부할 수 있다. (2022. 12. 31. 개정)
1. 내국법인 : 대통령령으로 정하는 바에 따라 계산한 금액을 해당 사업연도의 소득금액을 계산할 때 익금에 산입하지 아니하는 방법. 이 경우 해당 금액은 양도일이 속하는 사업연도가 끝나는 날 이후 5년

세 및 분할익금산입조정명세서(별지 12호의 2 서식)
• 규칙 61조 1항 16호의 2 ⇒ 이전(예정)명세서(별지 15호의 2 서식)

⑨ 법 제85조의 7 제1항 제2호에 따라 분할납부를 적용받으려는 거주자는 기존공장의 양도일이 속하는 과세연도의 과세표준신고(예정신고를 포함한다)와 함께 기획재정부령으로 정하는 분할납부신청서와 이전(예정)명세서를 납세지 관할 세무서장에게 제출하여야 한다. (2008. 2. 29. 직제개정 ; 기획재정부와~직제 부칙)

관계조문 ▶▶

• 규칙 61조 1항 16호의 2 ⇒ 이전(예정)명세서(별지 15호의 2 서식)
• 규칙 61조 1항 57호 ⇒ 양도소득세 분할납부신청서(별지 56호 서식)

⑩ 제4항을 적용받은 후 지방공장을 취득하여 사업을 개시한 때에는 그 사업개시일이 속하는 과세연도의 과세표준신고와 함께 기획재정부령으로 정하는 이전완료보고서를 납세지 관할 세무서장에게 제출하여야 한다. (2008. 2. 29. 직제개정 ; 기획재정부와~직제 부칙)
⑪ 법 제85조의 7에서 "공장"이란 제54조 제1항의 공장을 말한다. (2008. 2. 22. 신설)

제79조의 9 【중소기업의 공장이전에 대한 과세특례】 ① 법 제85조의 8 제1항 각 호 외의 부분에서 "대통령령으로 정하는 지역"이란 수도권과밀억제권역(「산업입지 및 개발에 관한 법률」에 따라 지정된 산업단지는 제외한다)을 말한다. (2009. 2. 4. 신설)
② 법 제85조의 8 제1항 제1호 전단에서 "대통령령으로 정하는 바에 따라 계산한 금액"이란 제1호의 금액에 제2호의 율을 곱하여 계산한 금액을 말한다. (2009. 2. 4. 신설)
1. 이전하기 직전 지역에 소재하는 공장(이하 이 조에서 "기존공장"이라 한다)의 양도가액에서 장부가액과 직전 사업연도종료일 현재 「법인세법」 제13조 제1항 제1호에 따른 이월결손금의 합계액을 뺀 금액 (2019. 2. 12. 개정)
2. 기존공장의 양도가액 중 새로운 공장(이하 이 조에서 "신규공장"이

라 한다)의 취득(공장을 준공하여 취득하는 경우를 포함한다. 이하 이 조에서 같다)가액이 차지하는 비율(100분의 100을 한도로 한다) (2009. 2. 4. 신설)
③ 법 제85조의 8 제1항 제2호 전단에서 "대통령령으로 정하는 바에 따라 계산한 양도소득세"란 제1호의 금액에 제2호의 율을 곱하여 계산한 양도소득세를 말한다. (2009. 2. 4. 신설)
1. 「소득세법」 제95조 제1항에 따른 양도차익 (2009. 2. 4. 신설)
2. 기존공장 양도가액 중 신규 공장 취득가액이 차지하는 비율(100분의 100을 한도로 한다) (2009. 2. 4. 신설)
④ 제2항 및 제3항을 적용할 때 기존공장의 양도일이 속하는 과세연도 종료일까지 신규공장을 취득하지 아니한 경우 신규공장의 취득가액은 이전(예정)명세서상의 예정가액으로 한다. (2009. 2. 4. 신설)
⑤ 법 제85조의 8 제1항이 적용되는 공장이전은 다음 각 호의 어느 하나에 해당하는 경우로 한다. 다만, 기존공장 또는 신규공장의 대지가 기획재정부령으로 정하는 공장입지기준면적을 초과하는 경우 그 초과하는 부분에 대해서는 법 제85조의 8 제1항을 적용하지 아니한다. (2010. 2. 18. 개정)
1. 신규공장을 취득하여 사업을 개시한 날부터 2년 이내에 기존 공장을 양도하는 경우 (2010. 2. 18. 개정)
2. 기존공장을 양도한 날부터 3년(공사의

☞ p.1493 2단 연결

이 되는 날이 속하는 사업연도부터 5개 사업연도의 기간 동안 균분한 금액 이상을 익금에 산입하여야 한다. (2019. 12. 31. 후단개정)
2. 거주자 : 대통령령으로 정하는 바에 따라 계산한 양도소득세를 양도일이 속하는 해당 연도의 양도소득세 과세표준 확정신고기한까지 납부하여야 할 양도소득세로 보지 아니하는 방법. 이 경우 해당 세액은 양도일이 속하는 해당 연도의 양도소득세 과세표준 확정신고기한이 끝나는 날 이후 5년이 되는 날부터 5년의 기간 동안 균분한 금액 이상을 납부하여야 한다. (2019. 12. 31. 후단개정)
② 제1항을 적용받은 내국인이 대통령령으로 정하는 바에 따라 공장을 이전하지 아니하거나 해당 공장의 양도일부터 3년 이내에 해당 사업을 폐업하거나 해산한 경우에는 해당 사유가 발생한 날이 속하는 사업연도의 소득금액을 계산할 때 대통령령으로 정하는 바에 따라 계산한 금액을 익금에 산입하거나 분할납부할 세액을 양도소득세로 납부하여야 한다. 이 경우 익금에 산입할 금액 또는 납부할 세액에 관하여는 제33조 제3항 후단을 준용한다. (2010. 1. 1. 개정)
③ 제1항 및 제2항을 적용하는 경우 양도차익명세서의 제출 등에 필요한 사항은 대통령령으로 정한다. (2010. 1. 1. 개정)

☞

• 규칙 61조 1항 13호의 2 ⇒ 양도차익명세 및 분할익금산입조정명세서 (별지 12호의 2 서식)
• 규칙 61조 1항 16호의 2 ⇒ 이전(예정)명세서(별지 15호의 2 서식)

허가 또는 인가의 지연 등 기획재정부령으로 정하는 부득이한 사유가 있으면 6년) 이내에 신규공장을 취득하여 사업을 개시하는 경우 (2010. 2. 18. 개정)
⑥ 법 제85조의 8 제2항 전단에서 "대통령령으로 정하는 바에 따라 계산한 금액"이란 다음 각 호의 어느 하나에 해당하는 금액을 말한다. (2009. 2. 4. 신설)
1. 법 제85조의 8 제1항 제1호에 따라 양도차익을 익금에 산입하지 아니한 경우에는 익금에 산입하지 아니한 금액 전액 (2009. 2. 4. 신설)
2. 법 제85조의 8 제1항 제2호에 따라 분할납부를 적용받은 경우에는 분할납부할 세액 전액 (2009. 2. 4. 신설)
⑦ 법 제85조의 8 제1항을 적용할 때 제4항에 따른 취득 예정가액에 따라 익금에 산입하지 아니하거나 분할납부를 적용받은 때에는 실제 취득가액을 기준으로 제2항 및 제3항에 따라 계산한 금액을 초과하여 적용받은 금액을 신규 공장을 취득하여 사업을 개시한 날이 속하는 과세연도의 익금에 산입하거나 양도소득세로 납부하여야 한다. 이 경우 익금에 산입하거나 양도소득세로 납부하여야 할 금액에 대하여는 법 제33조 제3항 후단을 준용한다. (2009. 2. 4. 신설)
⑧ 법 제85조의 8 제1항 제1호를 적용받으려는 내국법인은 기존공장의 양도일이 속하는 사업연도의 과세표준신고와 함께 기획재정부령으로 정하는 양도차익명세 및 분할익금산입조정명세서와 이전(예정)명세서를 납세지 관할 세무서장에게 제출하여야 한다. (2009. 2. 4. 신설)
⑨ 법 제85조의 8 제1항 제2호에 따라 분할납부를 적용받으려는 거주자는 기존공장의 양도일이 속하는 과세연도의 과세표준신고(예정신고를 포함한다)와 함께 기획재정부령으로 정하는 분할납부신청서와 이전(예정)명세서를 납세지 관할 세무서장에게 제출하여야 한다. (2009. 2. 4. 신설)
⑩ 제4항을 적용받은 후 신규공장을 취득하여 사업을 개시한 때에는 그 사업개시일이 속하는 과세연도의 과세표준신고와 함께 기획재정부령으로 정하는 이전완료보고서를 납세지 관할 세무서장에게 제출하여야 한다. (2009. 2. 4. 신설)
⑪ 법 제85조의 8에서 "공장"이란 제54조 제1항의 공장을 말한다. (2009. 2. 4. 신설)

• 규칙 61조 1항 16호의 2 ⇒ 이전(예정)명세서(별지 15호의 2 서식)
• 규칙 61조 1항 57호 ⇒ 양도소득세 분할납부신청서(별지 56호 서식)

☞

규칙 61조 1항 16호 ⇒ 이전완료보고서(별지 15호 서식)

제85조의 9 【공익사업을 위한 수용 등에 따른 물류시설 이전에 대한 과세특례】 ① 「공익사업을 위한 토지 등의 취득 및 보상에 관한 법률」에 따른 공익사업의 시행으로 해당 공익사업지역에서 그 사업인정고시일(사업인정고시일 전에 양도하는 경우에는 양도일)부터 소급하여 5년 이상 사용한 대통령령으로 정하는 물류시설(이하 이 조에서 "물류시설"이라 한다)을 대통령령으로 정하는 지역으로 이전하기 위하여 그 물류시설의 대지 또는 건물을 그 공익사업의 사업시행자에게 2026년 12월 31일까지 양도함으로써 발생하는 양도차익에 상당하는 금액은 다음 각 호의 구분에 따른 방법으로 익금에 산입하지 아니하거나 양도소득세를 분할납부할 수 있다. (2023. 12. 31. 개정)

1. 내국법인 : 대통령령으로 정하는 바에 따라 계산한 금액을 해당 사업연도의 소득금액을 계산할 때 익금에 산입하지 아니하는 방법. 이 경우 해당 금액은 양도일이 속하는 사업연도 종료일 이후 3년이 되는 날이 속하는 사업연도부터 3개 사업연도의 기간 동안 균분한 금액 이상을 익금에 산입하여야 한다. (2010. 1. 1. 신설)

2. 거주자 : 대통령령으로 정하는 바에 따라 계산한 양도소득세를 분할납부하는 방법. 이 경우 해당 세액은 양도일이 속하는 해당 연도의

제79조의 10 【공익사업을 위한 수용 등에 따른 물류시설 이전에 대한 과세특례】 ① 법 제85조의 9 제1항 각 호 외의 부분에서 "대통령령으로 정하는 물류시설"이란 다음 각 호의 어느 하나에 해당하는 시설로서 기획재정부령으로 정하는 것을 말한다. (2010. 2. 18. 신설)

1. 제조업자가 생산한 제품(제품생산에 사용되는 부품을 포함한다)의 보관·조립 및 수선 등을 위한 시설 (2010. 2. 18. 신설)

2. 「물류정책기본법」 제2조에 따른 물류사업을 하는 자가 보유한 물류시설 (2010. 2. 18. 신설)

② 법 제85조의 9 제1항 각 호 외의 부분에서 "대통령령으로 정하는 지역"이란 해당 공익사업 시행지역 밖의 지역으로서 다음 각 호의 어느 하나에 해당하지 아니하는 지역(이하 이 조에서 "지방"이라 한다)을 말한다. (2010. 2. 18. 신설)

1. 수도권과밀억제권역 (2010. 2. 18. 신설)

2. 부산광역시(기장군은 제외한다)·대구광역시(달성군 및 군위군은 제외한다)·광주광역시·대전광역시 및 울산광역시의 관할 구역. 다만, 「산업입지 및 개발에 관한 법률」에 따라 지정된 산업단지는 제외한다. (2023. 6. 7. 개정)

3. 행정중심복합도시등 (2010. 2. 18. 신설)

③ 법 제85조의 9 제1항 제1호 전단에서 "대통령령으로 정하는 바에 따라 계산한 금액"이란 제1호의 금액에 제2호의 비율을 곱하여 계산한 금액을 말한다. (2010. 2. 18. 신설)

1. 해당 공익사업 시행지역에 소재하는 물류시설(이하 이 조에서 "기존 물류시설"이라 한다)의 양도가액에서 장부가액과 직전 사업연도 종료일 현재 「법인세법」 제13조 제1항 제1호에 따른 이월결손금의 합계액을 뺀 금액 (2019. 2. 12. 개정)

2. 기존물류시설의 양도가액 중 지방에 소재하는 물류시설(이하 이 조에서 "지방물류시설"이라 한다)의 취득(지방에서 물류시설을 준공하여 취득하는 경우를 포함한다. 이하 이 조에서 같다)가액이 차지하는 비율(100분의 100을 한도로 한다) (2010. 2. 18. 신설)

④ 법 제85조의 9 제1항 제2호 전단에서 "대통령령으로 정하는 바에 따라 계산한 양도소득세"란 제1호의 금액에 제2호의 비율을 곱하여 계

제32조의 3 【공익사업을 위한 수용 등에 따른 물류시설 이전에 대한 과세특례】 ① 영 제79조의 10 제1항 각 호 외의 부분에서 "기획재정부령으로 정하는 것"이란 다음 각 호의 구분에 따른 물류시설을 말한다. (2010. 4. 20. 신설)

1. 물류시설용 건물이 있는 경우 : 물류시설용 건물 및 해당 건물의 바닥면적에 「지방세법 시행령」 제101조 제2항에 따른 용도지역별 적용배율을 곱하여 산정한 범위 안의 부수토지 (2011. 4. 7. 개정)

2. 물류시설용 건물이 없는 경우 : 화물의 운송·보관·하역·조립 및 수선 등에 사용된 토지로서 주무관청으로부터 인가·허가를 받았거나 신고수리된 면적 이내의 토지 (2010. 4. 20. 신설)

양도소득세 과세표준 확정신고기한 종료일 이후 3년이 되는 날부터 3년의 기간 동안 균분한 금액 이상을 납부하여야 한다. (2010. 1. 1. 신설)

② 제1항을 적용받은 내국인이 대통령령으로 정하는 바에 따라 물류시설을 이전하지 아니하거나 그 물류시설의 양도일부터 3년 이내에 해당 사업을 폐업하거나 해산한 경우에는 그 사유가 발생한 날이 속하는 사업연도의 소득금액을 계산할 때 대통령령으로 정하는 바에 따라 계산한 금액을 익금에 산입하거나 분할납부할 세액을 양도소득세로 납부하여야 한다. 이 경우 익금에 산입할 금액 또는 납부할 세액에 대해서는 제33조 제3항 후단을 준용한다. (2010. 1. 1. 신설)

③ 제1항 및 제2항을 적용하는 경우 양도차익명세서의 제출이나 그 밖에 필요한 사항은 대통령령으로 정한다. (2010. 1. 1. 신설)

• 규칙 61조 1항 16호의 2 ⇒ 이전(예정)명세서(별지 15호의 2 서식)

산한 양도소득세를 말한다. (2010. 2. 18. 신설)

1. 「소득세법」 제95조 제1항에 따른 양도차익 (2010. 2. 18. 신설)
2. 기존물류시설 양도가액 중 지방물류시설의 취득가액이 차지하는 비율(100분의 100을 한도로 한다) (2010. 2. 18. 신설)

⑤ 제3항 및 제4항을 적용할 때 기존물류시설의 양도일이 속하는 과세연도 종료일까지 지방물류시설을 취득하지 아니한 경우 지방물류시설의 취득가액은 이전(예정)명세서상의 예정가액으로 한다. (2010. 2. 18. 신설)

⑥ 법 제85조의 9 제1항이 적용되는 지방이전은 다음 각 호의 어느 하나에 해당하는 경우로 한다. (2010. 2. 18. 신설)

1. 지방물류시설을 취득하여 사업을 개시한 날부터 2년 이내에 기존물류시설을 양도하는 경우 (2010. 2. 18. 신설)
2. 기존물류시설을 양도한 날부터 3년(공사의 허가 또는 인가의 지연 등 기획재정부령으로 정하는 부득이한 사유가 있는 경우에는 6년) 이내에 지방물류시설을 취득하여 사업을 개시하는 경우 (2010. 2. 18. 신설)

⑦ 법 제85조의 9 제2항 전단에서 "대통령령으로 정하는 바에 따라 계산한 금액"이란 다음 각 호의 어느 하나에 해당하는 금액을 말한다. (2010. 2. 18. 신설)

1. 법 제85조의 9 제1항 제1호에 따라 양도차익을 익금에 산입하지 아니한 경우에는 익금에 산입하지 아니한 금액 전액 (2010. 2. 18. 신설)
2. 법 제85조의 9 제1항 제2호에 따라 분할납부를 적용받은 경우에는 분할납부할 세액 전액 (2010. 2. 18. 신설)

⑧ 법 제85조의 9 제1항을 적용할 때 제5항에 따른 취득 예정가액에 따라 익금에 산입하지 아니하거나 분할납부를 적용받은 경우에는 실제 취득가액을 기준으로 제3항 및 제4항에 따라 계산한 금액을 초과하여 적용받은 금액을 지방물류시설을 취득하여 사업을 개시한 날이 속하는 과세연도의 익금에 산입하거나 양도소득세로 납부하여야 한다. 이 경우 익금에 산입하거나 양도소득세로 납부하여야 할 금액에 대해서는 법 제33조 제3항 후단을 준용한다. (2010. 2. 18. 신설)

⑨ 법 제85조의 9 제1항 제1호를 적용받으려는 내국법인은 기존물류시설의 양도일이 속하는 사업연도의 과세표준신고를 할 때 기획재정부령으로 정하는 양도차익명세 및 분할익금산입조정명세서와 이전(예정)명

• 규칙 61조 1항 13호의 2 ⇒ 양도차익명세 및 분할익금산입조정명세서(별지 12호의 2 서식)
• 규칙 61조 1항 16호의 2 ⇒ 이전(예정)명세서(별지 15호의 2 서식)

• 규칙 61조 1항 57호 ⇒ 양도소득세 분할납부신청서(별지 56호 서식)

☞

제85조의 10【국가에 양도하는 산지에 대한 양도소득세의 감면】① 거주자가 「산지관리법」에 따른 산지(「국토의 계획 및 이용에 관한 법률」에 따른 도시지역에 소재하는 산지를 제외하며, 이하 이 항에서 "산지"라 한다)로서 2년 이상 보유한 산지를 2022년 12월 31일 이전에 「국유림의 경영 및 관리에 관한 법률」 제18조에 따라 국가에 양도함으로써 발생하는 소득에 대해서는 양도소득세의 100분의 10에 상당하는 세액을 감면한다. (2020. 12. 29. 개정)
② 제1항을 적용받으려는 자는 대통령령으로 정하는 바에 따라 감면신청을 하여야 한다. (2010. 1. 1. 신설)

제 9 절　저축지원을 위한 조세특례

제86조【개인연금저축에 대한 소득공제 등】삭 제 (2013. 1. 1.)
제86조의 2【연금저축에 대한 소득공제 등】삭 제 (2013. 1. 1.)

제86조의 3【소기업 · 소상공인 공제부금에 대한 소득공제 등】

농특비

① 거주자가 「중소기업협동조합법」 제115조에 따른 소기업 · 소상공인 공제로서 대통령령으로 정하는 공제(이하 이 조에서 "소기업 · 소상공인 공제"라 한다)에 가입하여 납부하는 공제부금에 대해서는 해당 연도의 공제부금 납부액과 다음 각 호의 구분에 따른 금액 중 적은 금액에 해당 과세연도의 사업소득금액(법인의 대표자로서 해당 과세기간

세서를 납세지 관할 세무서장에게 제출하여야 한다. (2010. 2. 18. 신설)
⑩ 법 제85조의 9 제1항 제2호에 따라 분할납부를 적용받으려는 거주자는 기존물류시설의 양도일이 속하는 과세연도의 과세표준신고(예정신고를 포함한다)를 할 때 기획재정부령으로 정하는 분할납부신청서와 이전(예정)명세서를 납세지 관할 세무서장에게 제출하여야 한다. (2010. 2. 18. 신설)
⑪ 제5항을 적용받은 후 지방물류시설을 취득하여 사업을 개시하였을 때에는 그 사업개시일이 속하는 과세연도의 과세표준신고를 할 때 기획재정부령으로 정하는 이전완료보고서를 납세지 관할 세무서장에게 제출하여야 한다. (2010. 2. 18. 신설)

제79조의 11【국가에 양도하는 산지에 대한 양도소득세의 감면신청】법 제85조의 10 제2항에 따라 감면신청을 하려는 자는 해당 산지를 양도한 날이 속하는 과세연도의 과세표준신고(예정신고를 포함한다)를 할 때 기획재정부령으로 정하는 세액감면신청서에 「국유림의 경영 및 관리에 관한 법률」 제18조 제2항에 따라 산림청장이 매수한 사실을 확인할 수 있는 매매계약서 사본을 첨부하여 납세지 관할세무서장에게 제출하여야 한다. (2010. 2. 18. 신설)

제 9 절　저축지원을 위한 조세특례

제80조【개인연금저축의 범위 등】삭 제 (2013. 2. 15.)
제80조의 2【연금저축의 범위 등】삭 제 (2013. 2. 15.)

제80조의 3【소기업 · 소상공인 공제부금에 대한 소득공제 등】
① 법 제86조의 3 제1항에서 "대통령령으로 정하는 공제"란 분기별로 300만원 이하의 공제부금을 납입하는 공제를 말한다. (2015. 2. 3. 개정)
② 제1항에도 불구하고 다음 각 호의 어느 하나에 해당하는 시기에 공제부금을 납입하는 경우에는 해당 분기의 공제부금을 납입한 것으로 본다. (2015. 2. 3. 개정)

관계조문

규칙 61조 1항 14호 ⇒ 현물출자등에 대한 세액감면(면제)신청서(별지 13호 서식)

☞

제33조【개인연금저축의 범위 등】삭 제 (2013. 2. 23.)
제33조의 2【연금저축의 해지가산세의 범위 등】삭 제 (2013. 2. 23.)

의 총급여액이 7천만원 이하인 거주자의 경우에는 근로소득금액으로 한다. 이하 이 항에서 같다)에서 「소득세법」 제45조 제2항에 따른 부동산임대업의 소득금액을 차감한 금액이 사업소득금액에서 차지하는 비율을 곱한 금액을 해당 과세연도의 사업소득금액에서 공제한다. 다만, 사업소득금액에서 공제하는 금액은 사업소득금액에서 「소득세법」 제45조 제2항에 따른 부동산임대업의 소득금액을 차감한 금액을 한도로 한다. (2018. 12. 24. 개정)

① 거주자가 「중소기업협동조합법」 제115조에 따른 소기업·소상공인 공제로서 대통령령으로 정하는 공제(이하 이 조에서 "소기업·소상공인 공제"라 한다)에 가입하여 납부하는 공제부금에 대해서는 해당 연도의 공제부금 납부액과 다음 각 호의 구분에 따른 금액 중 적은 금액에 해당 과세연도의 사업소득금액(법인의 대표자로서 해당 과세기간의 총급여액이 8천만원 이하인 거주자의 경우에는 근로소득금액으로 한다. 이하 이 항에서 같다)에서 「소득세법」 제45조 제2항에 따른 부동산임대업의 소득금액을 차감한 금액이 사업소득금액에서 차지하는 비율을 곱한 금액을 해당 과세연도의 사업소득금액에서 공제한다. 다만, 사업소득금액에서 공제하는 금액은 사업소득금액에서 「소득세법」 제45조 제2항에 따른 부동산임대업의 소득금액을 차감한 금액을 한도로 한다. (2024. 12. 31. 개정)

1. 해당 과세연도의 사업소득금액이 4천만원 이하인 경우 : 500만원 (2016. 12. 20. 신설)
1. 해당 과세연도의 사업소득금액이 4천만원 이하인 경우 : 600만원 (2024. 12. 31. 개정)
2. 해당 과세연도의 사업소득금액이 4천만원 초과 1억원 이하인 경우 : 300만원 (2016. 12. 20. 신설)
2. 해당 과세연도의 사업소득금액이 4천만원 초과 1억원 이하인 경우 : 400만원 (2024. 12. 31. 개정)

개정취지 ······································
소기업·소상공인 공제부금에 대한 소득공제 한도 확대
• 소기업·소상공인 공제부금에 대한 소득공제 한도를 사업소득금액 4천만원 이하는 500만원에서 600만원으로, 사업소득금액 4천만원 초과 1억원 이하는 300만원에서 400만원으로 상향하고, 법인 대표자에 대한 소득공제 적용대상 기준을 총급여액 7천만원에서 8천만원으로 상향함. (법 86조의 3 제1항 개정 ; 2024. 12. 31.)
• 법 86조의 3 제1항의 개정규정은 2025. 1. 1. 이후 납부하는 공제부금부터 적용함. (법 부칙(2024. 12. 31.) 11조)

---

1. 마지막 납입일이 속하는 달의 말일부터 1년 6개월이 경과하기 전에 그 기간 동안의 공제부금을 납입한 경우 (2015. 2. 3. 개정)
2. 분기 이전에 해당 연도에 납부하여야 할 공제부금 중 6개월분에 해당하는 공제부금을 먼저 납입한 경우 (2015. 2. 3. 개정)

③ 법 제86조의 3 제3항 후단에서 "대통령령으로 정하는 방법에 따라 계산한 연수"란 공제부금 납입월수를 12로 나누어 계산한 연수(1년 미만의 기간은 1년으로 본다)로 한다. 다만, 공제금을 중간정산하여 지급받은 경우에는 그 정산일 후의 납입월수를 12로 나누어 계산한 연수(1년 미만의 기간은 1년으로 본다)로 한다. (2024. 2. 29. 단서신설)

④ 법 제86조의 3 제3항 전단 및 같은 조 제4항 본문에서 "대통령령으로 정하는 사유"란 다음 각 호의 어느 하나에 해당하는 것을 말한다. (2020. 2. 11. 개정)

1. 소기업·소상공인이 폐업(개인사업자의 지위에서 공제에 가입한 자가 법인을 설립하기 위하여 현물출자를 함으로써 폐업한 경우와 개인사업자의 지위에서 공제에 가입한 자가 그 배우자 또는 자녀에게 사업의 전부를 양도함으로써 폐업한 경우를 포함한다) 또는 해산(법인에 한한다)한 때 (2007. 8. 6. 신설)
2. 공제 가입자가 사망한 때 (2007. 8. 6. 신설)
3. 법인의 대표자의 지위에서 공제에 가입한 자가 그 법인의 대표자의 지위를 상실한 때 (2007. 8. 6. 신설)
4. 60세 이상으로 공제부금 납입월수가 120개월 이상인 공제 가입자가 공제금의 지급을 청구한 때 (2024. 2. 29. 개정)
5. 「중소기업협동조합법 시행령」 제37조 제1항 제5호부터 제8호까지의 어느 하나에 해당하는 사유 (2024. 2. 29. 신설)

⑤ 법 제86조의 3 제4항 계산식 외의 부분 단서에서 "해외이주 등 대통령령으로 정하는 사유"란 해지 전 6개월 이내에 발생한 다음 각 호의 어느 하나에 해당하는 사유를 말한다. (2023. 2. 28. 개정)
1. 천재·지변의 발생 (2007. 8. 6. 신설)
2. 공제가입자의 해외이주 (2007. 8. 6. 신설)
2. 공제가입자의 「해외이주법」에 따른 해외이주 (2025. 2. 28. 개정)
3. 공제가입자의 3월 이상의 입원치료 또는 요양을 요하는 상해·질병의 발생 (2007. 8. 6. 신설)

편주 ▶·····························
영 80조의 3 제3항 단서의 개정규정은 2024. 2. 29. 이후 공제금을 지급받는 경우부터 적용함. (영 부칙(2024. 2. 29.) 9조)

편주 ▶·····························
영 80조의 3 제4항 5호의 개정규정은 2024. 6. 1.부터 시행함. (영 부칙(2024. 2. 29.) 1조 1호)

2. 해당 과세연도의 사업소득금액이 4천만원 초과 6천만원 이하인 경우 : 500만원 (2025. 3. 14. 개정)

개정취지 ┄┄┄┄┄┄┄┄┄┄┄┄┄┄┄┄┄┄┄┄┄┄┄┄┄┄┄┄┄

소기업·소상공인 공제부금에 대한 소득공제 한도 확대 등
- 소기업·소상공인 공제부금에 대한 소득공제 한도를 사업소득금액이 4천만원 초과 6천만원 이하인 경우 400만원에서 500만원으로 상향 조정함. (법 86조의 3 제1항 2호 개정 ; 2025. 3. 14.)
- 법 86조의 3 제1항의 개정규정은 2025. 3. 14. 이 속하는 과세기간에 납부하는 공제부금부터 적용함. (법 부칙(2025. 3. 14.) 11조 1항)

┄┄┄┄┄┄┄┄┄┄┄┄┄┄┄┄┄┄┄┄┄┄┄┄┄┄┄┄┄┄┄

3. 해당 과세연도의 사업소득금액이 6천만원 초과 1억원 이하인 경우 : 400만원 (2025. 3. 14. 신설)

4. 해당 과세연도의 사업소득금액이 1억원 초과인 경우 : 200만원 (2025. 3. 14. 호번개정)

② 제1항에 따른 소기업·소상공인 공제에서 발생하는 소득은 소기업·소상공인 공제 가입자가 실제로 그 소득을 받을 때 발생한 것으로 본다. (2010. 1. 1. 개정)

③ 폐업 등 대통령령으로 정하는 사유가 발생하여 소기업·소상공인 공제에서 공제금을 지급받는 경우에는 다음 계산식에 따라 계산한 금액을 「소득세법」 제22조 제1항 제2호의 퇴직소득으로 보아 소득세를 부과한다. 이 경우 「소득세법」 제48조 및 제55조에 따른 근속연수는 소기업·소상공인 공제의 가입기간을 고려하여 대통령령으로 정하는 방법에 따라 계산한 연수로 한다. (2014. 12. 23. 개정)

퇴직소득 = 공제금 − 실제 소득공제받은 금액을 초과하여 납입한 금액의 누계액

④ 폐업 등 대통령령으로 정하는 사유가 발생하기 전에 소기업·소상공인 공제계약이 해지된 경우에는 다음의 계산식에 따라 계산한 금액을 「소득세법」 제21조에 따른 기타소득으로 보아 소득세를 부과한다. 다만, 해외이주 등 대통령령으로 정하는 사유로 해지된 경우에는 제3항을 적용한다. (2010. 1. 1. 개정)

기타소득 = 해지로 인하여 받은 환급금 − 실제 소득공제받은 금액을 초과하여 납입한 금액의 누계액

④ 폐업 등 대통령령으로 정하는 사유가 발생하기 전에 소기업·소상

4. 「중소기업협동조합법」에 따른 중소기업중앙회(이하 이 조에서 "중소기업중앙회"라 한다)의 해산 (2007. 8. 6. 신설)

5. 공제 가입자가 「재난 및 안전관리 기본법」 제66조 제1항 제2호의 재난으로 15일 이상의 입원 치료가 필요한 피해를 입은 경우 (2023. 2. 28. 신설)

⑥ 법 제86조의 3 제1항에 따른 소득공제를 받으려는 자는 소득세과세표준확정신고 시 또는 연말정산 시 기획재정부령으로 정하는 공제부금납입증명서를 주소지 관할세무서장 또는 원천징수의무자에게 제출하여야 한다. 다만, 해당 증명서를 제출한 날이 속하는 연도의 다음 연도부터는 공제부금납입증명서를 해당 공제의 납입액을 증명할 수 있는 통장사본으로 갈음할 수 있다. (2015. 2. 3. 개정)

관계조문 》 ────────────────────

규칙 61조 59호의 4 ⇒ 공제부금납입증명서(별지 58호의 4 서식)

────────────────────

⑦ 「소득세법 시행령」 제216조의 3에 따라 소득공제증빙서류가 국세청장에게 제출되는 경우에는 제6항에도 불구하고 공제부금 납입내역을 일괄적으로 기재하여 국세청장이 발급하는 서류를 제출할 수 있다. (2015. 2. 3. 개정)

⑧ 제5항에 따른 사유가 발생하여 해지하려는 자는 기획재정부령으로 정하는 특별해지사유신고서를 중소기업중앙회에 제출하여야 한다. (2015. 2. 3. 개정)

⑨ 법 제86조의 3 제4항의 산식에 따라 기타소득을 계산하는 경우 실제 소득공제받은 금액을 초과하여 납입한 금액의 누계액(해당 공제금 수령자가 제출한 증빙에 따라 확인되는 금액으로 한정한다)이 해지로 인하여 지급받은 환급금보다 많은 경우에는 해당 기타소득을 영으로 본다. (2015. 2. 3. 개정)

⑩ 공제부금에 대한 소득공제 계산방법 및 절차, 그 밖에 필요한 사항은 기획재정부령으로 정한다. (2015. 2. 3. 항번개정)

관계조문 》

규칙 61조 1항 59호의 3 ⇒ 특별해지사유신고서(별지 58호의 3 서식)

공인 공제계약이 해지된 경우에는 제1호의 계산식에 따라 계산한 금액을 「소득세법」 제21조에 따른 기타소득으로 보아 소득세를 부과한다. 다만, 제2호 각 목의 사유에 해당하는 경우에는 제3항을 적용한다. (2025. 3. 14. 개정)

소기업·소상공인 공제부금 해지 환급금 소득 구분
- 소기업·소상공인 공제부금 납입월수가 120개월 이상인 가입자가 경영악화로 인해 공제계약을 해지하는 경우 환급금을 기타소득이 아닌 퇴직소득으로 분류함. (법 86조의 3 제4항 개정 ; 2025. 3. 14.)
- 법 86조의 3 제4항의 개정규정은 2025. 7. 1.부터 시행함. (법 부칙 (2025. 3. 14.) 1조 단서)

1. 계산식 (2025. 3. 14. 개정)
   기타소득 = 해지로 인하여 받은 환급금 − 실제 소득공제받은 금액
           을 초과하여 납입한 금액의 누계액
2. 해지사유 (2025. 3. 14. 개정)
   가. 공제부금 납입월수가 120개월 이상인 소기업·소상공인 공제 가입자가 대통령령으로 정하는 경영악화를 사유로 계약을 해지한 경우 (2025. 3. 14. 개정)

법 86조의 3 제4항 2호 가목의 개정규정은 2025. 3. 14. 이후 소기업·소상공인 공제계약을 해지하는 경우부터 적용함. (법 부칙(2025. 3. 14.) 11조 2항)

   나. 해외이주 등 대통령령으로 정하는 사유로 계약이 해지된 경우 (2025. 3. 14. 개정)

⑤ 가입일부터 5년 이내에 소기업·소상공인 공제계약이 해지된 경우에는 「중소기업협동조합법」에 따른 중소기업중앙회(이하 이 조에서 "중소기업중앙회"라 한다)는 매년 납입한 금액(300만원을 한도로 한다)의 누계액에 100분의 2를 곱하여 계산한 해지가산세와 제4항에 따른 소득세를 해당 공제 환급금에서 추징하여 해지일이 속하는 달의 다음 달 10일까지 원천징수 관할 세무서장에게 납부하여야 한다. 다만, 해외이주 등 대통령령으로 정하는 사유로 해지된 경우에는 해지가산세를 부과하지 아니한다.

(2010. 1. 1. 개정)
⑤ 삭 제 (2016. 12. 20.)
⑥ 제3항 및 제4항에 따라 납부하여야 할 세액을 「소득세법」 제128조 제1항에 따른 기한까지 납부하지 아니하거나 납부하여야 할 세액에 미달하게 납부한 경우 「중소기업협동조합법」에 따른 중소기업중앙회는 그 납부하지 아니한 세액 또는 미달한 세액에 「국세기본법」 제47조의 5 제1항에 따른 금액을 가산하여 납부하여야 한다. (2016. 12. 20. 개정)
⑦ 제4항에 따른 소득세는 소기업·소상공인 공제계약의 해지로 인하여 소기업·소상공인 공제 가입자가 받는 환급금을 한도로 한다. (2016. 12. 20. 개정)
⑧ 소기업·소상공인 공제 가입자에 대한 소득공제 방법 및 절차 등에 관하여 필요한 사항은 대통령령으로 정한다. (2010. 1. 1. 개정)

제86조의 4 【연금계좌세액공제 등】 종합소득이 있으며, 해당 과세기간에 「소득세법」 제14조 제3항 제6호에 따른 소득의 합계액이 2천만원을 초과하지 않는 50세 이상인 거주자는 2022년 12월 31일까지 「소득세법」 제59조의 3을 적용하는 경우 같은 조 제1항 단서에도 불구하고 연금계좌 중 연금저축계좌에 납입한 금액이 연 600만원을 초과하는 경우에는 그 초과하는 금액은 없는 것으로 하고, 연금저축계좌에 납입한 금액 중 600만원 이내의 금액과 퇴직연금계좌에 납입한 금액을 합한 금액이 연 900만원을 초과하는 경우에는 그 초과하는 금액은 없는 것으로 하되, 해당 과세기간에 종합소득과세표준을 계산할 때 합산하는 종합소득금액이 1억원 초과(근로소득만 있는 경우에는 총급여액 1억2천만원 초과)인 거주자에 대해서는 연금계좌 중 연금저축계좌에 납입한 금액이 연 300만원을 초과하는 경우에는 그 초과하는 금액은 없는 것으로 하고, 연금저축계좌에 납입한 금액 중 300만원 이내의 금액과 퇴직연금계좌에 납입한 금액을 합한 금액이 연 700만원을 초과하는 경우에는 그 초과하는 금액은 없는 것으로 한다. (2019. 12. 31. 신설)

제87조 【주택청약종합저축 등에 대한 소득공제 등】 (2014. 12.

23. 제목개정)

주택청약종합저축 등의 소득공제 및 비과세 적용대상 확대
무주택 가구의 주택 마련을 지원하기 위하여 주택청약종합저축 납입액에 대한 소득공제 및 청년우대형 주택청약종합저축 이자소득 비과세 적용대상을 무주택 세대주에서 그 배우자까지 확대함. (법 87조 개정 ; 2024. 12. 31.)

① 다음 각 호의 요건을 모두 갖춘 장기주택마련저축(이하 이 조에서 "장기주택마련저축"이라 한다)으로서 2012년 12월 31일까지 가입한 저축의 이자소득과 배당소득에 대해서는 소득세를 부과하지 아니한다. (2010. 1. 1. 개정)
1. 가입대상이 만 18세 이상의 거주자로서 가입 당시 다음 각 목의 어느 하나에 해당될 것 (2010. 1. 1. 개정)
   가. 주택을 소유하지 아니한 대통령령으로 정하는 세대(이하 이 조에서 "세대"라 한다)의 세대주 (2010. 1. 1. 개정)

☞ p.1500 1단 연결

나. 「소득세법」 제99조 제1항에 따른 주택의 기준시가(이하 이 조
　　에서 "기준시가"라 한다)가 5천만원 이하인 주택 또는 대통령령
　　으로 정하는 규모 이하의 주택(이하 이 조에서 "국민주택규모의
　　주택"이라 한다)으로서 기준시가가 3억원 이하인 주택을 한 채
　　만 소유한 세대의 세대주 (2010. 1. 1. 개정)
2. 저축 납입한도, 계약기간 등 대통령령으로 정하는 요건을 갖출 것
　(2010. 1. 1. 개정)
② 근로소득이 있는 거주자(일용근로자는 제외한다)로서 「소득세법」 제20조 제2항에
따른 해당 과세기간의 총급여액이 7천만원 이하이며 해당 과세기간 중 주택을 소유하
지 않은 세대의 세대주가 2025년 12월 31일까지 해당 과세기간에 「주택법」에 따른 주
택청약종합저축에 납입한 금액(연 300만원을 납입한도로 하며, 제4항 제1호에 따른 소
득공제 적용 과세기간 이후에 납입한 금액만 해당한다)의 100분의 40에 상당하는 금액
을 해당 과세기간의 근로소득금액에서 공제한다. 다만, 과세기간 중에 주택 당첨 등 대
통령령으로 정하는 것 외의 사유로 중도해지한 경우에는 해당 과세기간에 납입한 금액
은 공제하지 아니한다. (2023. 12. 31. 개정)
② 근로소득이 있는 거주자(일용근로자는 제외한다)로서 「소득세법」
제20조 제2항에 따른 해당 과세기간의 총급여액이 7천만원 이하이며
해당 과세기간 중 주택을 소유하지 않은 세대의 세대주 또는 세대주의
배우자(이하 이 조에서 "세대주등"이라 한다)가 2025년 12월 31일까
지 해당 과세기간에 「주택법」에 따른 주택청약종합저축에 납입한 금액
(연 300만원을 납입한도로 하며, 제4항 제1호에 따른 소득공제 적용
과세기간 이후에 납입한 금액만 해당한다)의 100분의 40에 상당하는
금액을 해당 과세기간의 근로소득금액에서 공제한다. 다만, 과세기간
중에 주택 당첨 등 대통령령으로 정하는 것 외의 사유로 중도해지한
경우에는 해당 과세기간에 납입한 금액은 공제하지 아니한다. (2024.
12. 31. 개정)

편주 ▶
법 87조 2항의 개정규정은 2025. 1. 1. 이후 주택청약종합저축에 납입하
는 금액부터 적용함. (법 부칙(2024. 12. 31.) 12조 1항)

1. 「주택법」에 따른 청약저축 (2010. 1. 1. 개정)
2. 「주택법」에 따른 주택청약종합저축 (2010. 1. 1. 개정)
1.~2. 삭 제 (2016. 1. 19. ; 주택법 부칙)

제81조【장기주택마련저축의 범위 등】① 법 제87조 제1항 제1
호 나목에서 "대통령령으로 정하는 규모 이하의 주택"이란 「주
택법」에 따른 국민주택규모의 주택(주택에 부수되는 토지를 포함하며,
그 부수되는 토지가 건물이 정착된 면적에 지역별로 정하는 배율을 곱
하여 산정한 면적을 초과하는 경우 해당 주택은 제외한다)을 말한다.
이 경우 해당 주택이 다가구주택인 때에는 가구당 전용면적을 기준으
로 판정한다. (2008. 2. 22. 개정)
② 제1항에서 "지역별로 정하는 배율"이란 다음의 배율을 말한다.
(2008. 2. 22. 개정)
1. 「국토의 계획 및 이용에 관한 법률」 제6조 제1호에 따른 도시지역
　(이하 "도시지역"이라 한다) 안의 토지 : 5배 (2008. 2. 22. 개정)
2. 도시지역 밖의 토지 : 10배 (2008. 2. 22. 개정)
③ 법 제87조 제1항 제2호에서 "저축납입한도, 계약기간 등 대통령령으
로 정하는 요건"이란 다음 각 호의 요건을 말한다. (2010. 2. 18. 개정)
1. 「금융실명거래 및 비밀보장에 관한 법률」 제2조 제1호 각 목의 어
　느 하나에 해당하는 금융기관이 취급하는 저축으로서 법 제87조에
　따라 소득세가 비과세되는 장기주택마련저축임이 표시된 통장으로
　거래될 것 (2008. 2. 22. 개정)
2. 분기마다 300만원 이내(모든 금융기관에 가입한 저축의 합계액을
　말한다)에서 납입할 것. 이 경우 해당 분기 이후의 저축금을 미리
　납입하거나 해당 분기 이전의 납입금을 후에 납입할 수 없으나 보험
　또는 공제의 경우에는 최종 납입일이 속하는 달의 말일부터 2년 2개
　월이 지나기 전에는 그동안의 저축금을 납입할 수 있다. (2008. 2.
　22. 개정)
3. 저축계약기간이 7년 이상이고 해당 기간에 원금이나 이자 등의 인출
　이 없을 것 (2008. 2. 22. 개정)
④ 법 제87조 제2항 각 호 외의 부분에서 "그 밖에 대통령령으로 정하는 저축"이란
다음 각 호의 어느 하나에 해당하는 저축을 말한다. (2008. 2. 22. 개정)
1. 「주택법」에 따른 청약저축(월 납입액이 10만원 이하인 것에 한한다) (2008. 2. 22.
　개정)
2. 법률 제7030호 한국주택금융공사법 부칙 제2조에 따라 폐지된 「근로자의 주거안정
　과 목돈마련지원에 관한 법률」에 따른 근로자주택마련저축 (2008. 2. 22. 개정)
④ 삭 제 (2010. 2. 18.)

제34조【주택마련저축 소득공제】
(2010. 4. 20. 제목개정)
① 법 제87조 제2항에 따른 소득공제를 받으
려는 자는 소득세과세표준 확정신고나 연말
정산신청을 할 때 주택마련저축납입증명서
를 주소지 관할세무서장 또는 원천징수의무
자에게 제출하여야 한다. (2008. 4. 29. 신설)

관계조문 ▶▶
규칙 61조 59호의 5 ⇒ 주택마련저축납입
증명서(별지 58호의 5 서식)

② 제1항에 따른 주택마련저축납입증명서
는 연도말 현재의 납입액이 표시되어 있는
주택마련저축통장 사본 또는 「소득세법
시행령」 제216조의 3에 따라 주택마련저
축납입내역을 일괄적으로 적어 국세청장
이 발급하는 서류로 갈음할 수 있다.

③ 다음 각 호의 요건을 모두 갖춘 주택청약종합저축(이하 이 조에서 "청년우대형주택청약종합저축"이라 한다)에 2025년 12월 31일까지 가입하는 경우 해당 저축에서 발생하는 이자소득의 합계액에 대해서는 500만원까지 소득세를 부과하지 아니한다. 이 경우 비과세를 적용받을 수 있는 납입금액은 모든 금융회사에 납입한 금액을 합하여 연 600만원을 한도로 한다. (2023. 12. 31. 개정)

1. 가입 당시 대통령령으로 정하는 청년에 해당하고 주택을 소유하지 아니하는 세대의 세대주등으로서 다음 각 목의 어느 하나에 해당하는 거주자를 가입대상으로 할 것 (2024. 12. 31. 개정)

　가. 직전 과세기간의 총급여액이 3천6백만원 이하인 근로소득자(직전 과세기간에 근로소득만 있거나 근로소득 및 종합소득과세표준에 합산되지 아니하는 종합소득이 있는 자로 한정하고, 비과세소득만 있는 자는 제외한다) (2021. 12. 28. 개정)

　나. 직전 과세기간의 종합소득과세표준에 합산되는 종합소득금액이 2천6백만원 이하인 자(직전 과세기간의 총급여액이 3천6백만원을 초과하는 근로소득이 있는 자 및 비과세소득만 있는 자는 제외한다) (2022. 12. 31. 개정)

2. 계약기간이 2년 이상일 것 (2018. 12. 24. 신설)

④ 제2항에 따라 주택청약종합저축에 납입한 금액에 대하여 소득공제를 적용받거나 제3항에 따른 청년우대형주택청약종합저축의 이자소득에 대한 비과세를 적용받으려는 사람은 해당 저축 취급기관에 주택을 소유하지 아니한 세대의 세대주임을 확인하는 대통령령으로 정하는 서류(이하 이 조에서 "무주택 확인서"라 한다)를 다음 각 호의 구분에 따른 시기에 제출하여야 한다. (2018. 12. 24. 개정)

④ 제2항에 따라 주택청약종합저축에 납입한 금액에 대하여 소득공제를 적용받거나 제3항에 따른 청년우대형주택청약종합저축의 이자소득에 대한 비과세를 적용받으려는 사람은 해당 저축 취급기관에 주택을 소유하지 아니한 세대의 세대주등에 해당하는지를 확인하는 대통령령으로 정하는 서류(이하 이 조에서 "무주택 확인서"라 한다)를 다음 각 호의 구분에 따른 시기에 제출하여야 한다. (2024. 12. 31. 개정)

1. 제2항에 따라 소득공제를 적용받으려는 경우에는 소득공제를 적용받으려는 과세기간(이하 이 조에서 "소득공제 적용 과세기간"이라 한다)의 다음 연도 2월 말까지 (2018. 12. 24. 신설)

⑤ 법 제87조 제4항 각 호 외의 부분에서 "대통령령으로 정하는 서류"란 기획재정부령으로 정하는 무주택확인서를 말한다. (2019. 2. 12. 개정)

(2008. 4. 29. 신설)

③ 영 제81조 제6항 제4호 및 같은 조 제11항 제5호에서 "입주자모집승인 취소 등으로 기존의 청약에 당첨된 주택에 입주할 수 없게 되어 종전에 가입한 주택청약종합저축 또는 청년우대형주택청약종합저축에 납입금을 다시 납입하는 등 기획재정부령으로 정하는 사유"란 다음 각 호의 어느 하나에 해당하는 사유를 말한다. (2024. 11. 15. 신설)

1. 「주택공급에 관한 규칙」 제14조 제1항 제1호에 해당하는 경우 (2024. 11. 15. 신설)

2. 국토교통부령 제1391호 주택공급에 관한 규칙 일부개정령 부칙 제7조 제1호에 해당하는 경우 (2024. 11. 15. 신설)

④ 영 제81조 제15항 제1호 단서에서 "원천징수영수증 등 기획재정부령으로 정하는 자료"란 다음 각 호의 어느 하나에 해당하는 자료를 말한다. (2025. 3. 21. 신설)

1. 원천징수영수증 (2025. 3. 21. 신설)

2. 근로소득 지급확인서 (2025. 3. 21. 신설)

⑤ 영 제81조 제15항 제2호에서 "기획재정부령으로 정하는 병역복무기간을 증명하는 서류"란 「병역법 시행규칙」 별지 제5호 서식의 병적증명서를 말한다. (2024. 11. 15. 항번개정 ; 2025. 3. 21. 항번개정)

2. 제3항에 따라 이자소득에 대한 비과세를 적용받으려는 경우에는 저축가입 후 2년 이내 (2018. 12. 24. 신설)

⑤ 제2항과 「소득세법」 제52조 제4항에 따라 공제한 금액의 합계액이 연 400만원을 초과하는 경우 그 초과하는 금액은 해당 연도의 근로소득금액에서 공제하지 아니하고, 제2항, 「소득세법」 제52조 제4항부터 제6항까지에 따라 공제한 금액의 합계액이 연 800만원(「소득세법」 제52조 제5항에 따른 장기주택저당차입금이 같은 조 제6항 각 호의 요건에 해당하는 경우에는 각각의 공제한도액)을 초과하는 경우에는 그 초과하는 금액은 해당 연도의 근로소득금액에서 공제하지 아니한다. 이 경우 세대주인지 여부는 과세기간 종료일 현재를 기준으로 판단한다. (2023. 12. 31. 개정)

⑤ 제2항과 「소득세법」 제52조 제4항에 따라 공제한 금액의 합계액이 연 400만원을 초과하는 경우 그 초과하는 금액은 해당 연도의 근로소득금액에서 공제하지 아니하고, 제2항, 「소득세법」 제52조 제4항부터 제6항까지에 따라 공제한 금액의 합계액이 연 800만원(「소득세법」 제52조 제5항에 따른 장기주택저당차입금이 같은 조 제6항 각 호의 요건에 해당하는 경우에는 각각의 공제한도액)을 초과하는 경우에는 그 초과하는 금액은 해당 연도의 근로소득금액에서 공제하지 아니한다. 이 경우 세대주등에 해당하는지 여부는 과세기간 종료일 현재를 기준으로 판단한다. (2024. 12. 31. 후단개정)

⑥ 장기주택마련저축 또는 청년우대형주택청약종합저축의 계약을 체결한 자가 해당 저축의 계약일부터 다음 각 호의 구분에 따른 기간 이내에 원금이나 이자 등을 인출하거나 계약을 해지한 경우 그 저축을 취급하는 금융기관은 이자소득과 배당소득에 대하여 소득세가 부과되지 아니함으로써 감면받은 세액을 제146조의 2에 따라 추징하여야 한다. 다만, 저축자의 사망, 해외이주 또는 대통령령으로 정하는 사유로 저축계약을 해지하는 경우에는 그러하지 아니하다. (2020. 12. 29. 개정)

1. 장기주택마련저축: 7년 (2018. 12. 24. 신설)
2. 청년우대형주택청약종합저축: 2년 (2018. 12. 24. 신설)

⑦ 주택청약종합저축 납입액에 대하여 소득공제를 받은 사람이 다음 각 호의 어느 하나에 해당하는 경우 해당 저축 취급기관은 소득공제 적용 과세기간 이후에 납입한 금액(연 300만원을 한도로 한다)의 누계액에 100분의 6을 곱하여 계산한 금액(이하 이 조에서 "추징세액"이라 한다)을 해당 저축을 해지하는 때에 해당 저축금액에서 추징하여 해지일이 속하는 달의 다음 달 10일까지 원천징수 관할 세무서장에게 납부

관계조문 ▶▶

규칙 61조 1항 59호의 7 ⇒ 무주택 확인서(별지 58호의 7 서식)

⑥ 법 제87조 제6항 각 호 외의 부분 단서에서 "대통령령으로 정하는 사유"란 해지 전후 3개월 이내에 주택을 취득한 경우(장기주택마련저축에 한정한다)와 「주택법」에 따른 사업계획승인을 받아 건설되는 국민주택규모의 주택에 청약하여 당첨된 경우(청년우대형주택청약종합저축에 한정한다) 및 해지 전 6개월 이내에 발생한 다음 각 호의 어느 하나에 해당하는 사유를 말한다. (2019. 2. 12. 개정)

1. 천재지변 (2013. 2. 15. 신설)
2. 저축자의 퇴직 (2013. 2. 15. 신설)
3. 사업장의 폐업 (2013. 2. 15. 신설)
4. 저축자의 3개월 이상의 입원치료 또는 요양을 요하는 상해·질병의 발생 (2013. 2. 15. 신설)
5. 저축취급기관의 영업의 정지, 영업인가·허가의 취소, 해산결의 또는 파산선고 (2013. 2. 15. 신설)

⑥ 법 제87조 제6항 각 호 외의 부분 단서에서 "대통령령으로 정하는 사유"란 다음 각 호의 어느 하나에 해당하는 사유를 말한다. (2024. 11. 12. 개정)

1. 해지 전후 3개월 이내에 주택을 취득한 경우(장기주택마련저축으로 한정한다) (2024. 11. 12. 개정)
2. 「주택법」에 따른 사업계획승인을 받아 건설되는 국민주택규모의 주택에 청약하여 당첨된 경우(청년우대형주택청약종합저축으로 한정한다) (2024. 11. 12. 개정)
3. 해지 전 6개월 이내에 발생한 다음 각 목의 어느 하나에 해당하는 사유 (2024. 11. 12. 개정)
　가. 천재지변 (2024. 11. 12. 개정)
　나. 저축자의 퇴직 (2024. 11. 12. 개정)
　다. 사업장의 폐업 (2024. 11. 12. 개정)
　라. 저축자의 3개월 이상의 입원치료 또는 요양을 요하는 상해·질병의 발생 (2024. 11. 12. 개정)

하여야 한다. 다만, 소득공제를 받은 사람이 해당 소득공제로 감면받은 세액이 추징세액에 미달하는 사실을 증명하는 경우에는 실제로 감면받은 세액 상당액을 추징한다. (2023. 12. 31. 개정)

1. 저축 가입일부터 5년 이내에 저축계약을 해지하는 경우. 다만, 저축자의 사망, 해외이주 또는 대통령령으로 정하는 사유로 저축계약을 해지하는 경우는 제외한다. (2010. 1. 1. 개정)
2. 「주택법」에 따른 사업계획승인을 받아 건설되는 국민주택규모를 초과하는 주택에 청약하여 당첨된 경우 (2010. 1. 1. 개정)

⑧ 제7항에 따른 추징세액을 기한까지 납부하지 아니하거나 납부하여야 할 세액에 미달하게 납부한 경우 저축 취급기관은 그 납부하지 아니한 세액 또는 미달한 세액의 100분의 10에 해당하는 금액을 추징세액에 가산하여 원천징수 관할 세무서장에게 납부하여야 한다. (2020. 12. 29. 개정)

⑨ 장기주택마련저축 가입대상의 확인과 관리는 다음 각 호에 따른다. (2018. 12. 24. 항번개정)

1. 국세청장은 장기주택마련저축의 가입자가 가입 당시 제1항 각 호의 요건을 갖추었는지를 확인하여 대통령령으로 정하는 기간에 저축 취급기관에 통보하여야 한다. (2010. 1. 1. 개정)
2. 국세청장은 장기주택마련저축의 가입자가 장기주택마련저축의 계약일부터 7년이 되는 날이 속하는 과세기간 종료일과 해당 과세기간 이후 매 3년이 되는 과세기간 종료일 현재 제1항 각 호의 요건(기준시가가 3억원 이하인 주택인지 여부는 제외한다)을 모두 갖추었는지를 확인하여 저축 취급기관에 통보하여야 한다. 이 경우 제1항 각 호(기준시가가 3억원 이하인 주택인지 여부는 제외한다)의 요건 중 어느 하나에 해당되지 아니한 경우에는 그 통보를 받은 날에 저축을 해지한 것으로 보되 제6항 및 제8항을 적용하지 아니한다. (2018.

마. 저축취급기관의 영업의 정지, 영업인가 · 허가의 취소, 해산결의 또는 파산선고 (2024. 11. 12. 개정)

4. 종전에 가입한 주택청약종합저축 또는 청년우대형주택청약종합저축을 해지하고 청년우대형주택청약종합저축에 새로 가입한 후 입주자모집승인 취소 등으로 기존의 청약에 당첨된 주택에 입주할 수 없게 되어 종전에 가입한 주택청약종합저축 또는 청년우대형주택청약종합저축에 납입금을 다시 납입하는 등 기획재정부령으로 정하는 사유로 새로 가입한 청년우대형주택청약종합저축을 해지한 경우 (2024. 11. 12. 개정)

⑦ 법 제87조 제6항 각 호 외의 부분 단서에 따른 사유가 발생하여 장기주택마련저축 또는 청년우대형주택청약종합저축을 해지하려는 자는 기획재정부령으로 정하는 특별해지사유신고서를 해당 저축 취급기관에 제출하여야 한다. 이 경우 해지 후 3개월 이내 주택 취득을 사유로 장기주택마련저축을 해지하는 경우에는 해당 저축을 해지하는 때에 이자소득과 배당소득에 대하여 소득세가 부과되지 아니함으로써 감면받은 세액에 해당하는 금액을 추징하되, 주택 취득 후 1개월 이내에 기획재정부령으로 정하는 환급신청서를 해당 장기주택마련저축 취급기관에 제출하는 경우 추징된 세액을 환급한다. (2019. 2. 12. 개정)

관계조문 ▷▷

규칙 61조 1항 59호의 3 ⇒ 특별해지사유신고서(별지 58호의 3 서식)

⑧ 법 제87조 제9항 제1호에서 "대통령령으로 정하는 기간"이란 저축 가입일이 속하는 달의 말일부터 6개월 이내를 말한다. (2019. 2. 12. 개정)

⑨ 장기주택마련저축 또는 청년우대형주택청약종합저축의 가입자는 법 제87조 제9항 제1호 · 제2호 및 같은 조 제10항 제3호에 따라 국세청장이 저축 취급기관에 통보한 내용에 이의가 있으면 기획재정부령으로 정하는 방법에 따라 국세청장에게 의견을 제시할 수 있으며 국세청장은 의견제시를 받은 날부터 14일 이내에 저축취급 금융기관에 수용 여부를 통보하여야 한다. (2019. 2. 12. 개정)

⑨ 장기주택마련저축의 가입자는 법 제87조 제9항 제1호 및 제2호에 따라 국세청장이 저축 취급기관에 통보한 내용에 이의가 있으면 기획재정부령으로 정하는 방법에 따라 국세청장에게 의견을 제시할 수 있으며 국세청장은 의견제시를 받은 날부터 14일 이내에 저축 취급기관

개정취지 ·····

주택청약종합저축 및 청년우대형주택청약종합저축의 특별해지사유 확대
• 종전에 가입한 주택청약종합저축 또는 청년우대형주택청약종합저축을 해지하고 청년우대형주택청약종합저축에 새로 가입한 후 입주자모집승인 취소 등으로 기존의 청약에 당첨된 주택에 입주할 수 없게 되어 종전에 가입한 저축에 납입금을 다시 납입하기 위해 새로 가입한 저축을 해지한 경우 등을 저축의 중도해지에 따른 세액추징에 대한 예외사유에 추가함. (영 81조 6항 신설 ; 2024. 11. 12.)
• 영 81조 6항 4호의 개정규정은 2024. 11. 12. 이후 주택청약종합저축 또는 청년우대형주택청약종합저축을 해지하는 경우부터 적용함. (영 부칙(2024. 11. 12.) 4조)

·····

제35조【통보에 대한 의견 제시 등】
법 제87조 제9항 제1호 및 제2호에 따라 국세청장으로부터 통보를 받은 저축 취급기관은 통보를 받은 날부터 14일 이내에 해당 가입자에게 그 내용을 알려야 하며, 그 통보내용에 이의가 있는 해당 가입자는 해당 저축 취급기관이 국세청장에게서 통보를 받은 날부터 2개월 이내에 납세지 관할세무서장에게 의견서를 제출하고 그 사실을 해당 저축 취급기관에 알려야 한다. 다만, 해당 가입자가 사망, 해외장기출장,

12. 24. 후단개정)

관계조문 ▶▶

규칙 61조 1항 59호의 3 ⇒ 특별해지사유신고서(별지 58호의 3 서식)

☞

에 수용 여부를 통보하여야 한다. (2025. 2. 28. 개정)

⑩ 법 제87조 제1항 제1호 가목에서 "대통령령으로 정하는 세대"란 거주자와 그 배우자, 거주자와 동일한 주소 또는 거소에서 생계를 같이하는 거주자와 그 배우자의 직계존비속(그 배우자를 포함한다) 및 형제자매를 모두 포함한 세대를 말한다. 다만, 거주자와 그 배우자는 생계를 달리하더라도 동일한 세대로 보며 거주자와 배우자가 각각 세대주인 경우에는 어느 한명만 세대주로 본다. (2015. 2. 3. 항번개정)

⑪ 법 제87조 제7항 제1호 단서에서 "대통령령으로 정하는 사유"란 다음 각 호의 어느 하나에 해당하는 경우를 말한다. (2019. 2. 12. 개정)

1. 「주택법」에 따른 사업계획승인을 받아 건설되는 국민주택규모의 주택에 청약하여 당첨된 경우 (2019. 2. 12. 신설)

2. 해지 전 6개월 이내에 발생한 제6항 각 호의 어느 하나에 해당하는 경우 (2019. 2. 12. 신설)

2. 제6항 제3호에 해당하는 경우 (2024. 11. 12. 개정)

3. 주택청약종합저축 가입자가 청년우대형주택청약종합저축에 가입하기 위해 주택청약종합저축을 해지하는 경우 (2019. 2. 12. 신설)

4. 제3호에 따라 청년우대형주택청약종합저축에 가입한 자가 청년우대형주택청약종합저축을 해지하는 경우로서 청년우대형주택종합저축에 가입하기 위해 해지한 주택청약종합저축과 청년우대형주택청약종합저축의 가입기간을 합산한 기간이 5년을 초과하는 경우 (2024. 2. 29. 신설)

5. 종전에 가입한 주택청약종합저축 또는 청년우대형주택청약종합저축을 해지하고 주택청약종합저축 또는 청년우대형주택청약종합저축에 새로 가입한 후 입주자모집승인 취소 등으로 기존의 청약에 당첨된 주택에 입주할 수 없게 되어 종전에 가입한 주택청약종합저축 또는 청년우대형주택청약종합저축에 납입금을 다시 납입하는 등 기획재정부령으로 정하는 사유로 새로 가입한 주택청약종합저축 또는 청년우대형주택청약종합저축을 해지한 경우 (2024. 11. 12. 신설)

⑫ 법 제87조 제7항 제1호 단서에 따른 사유가 발생하여 주택청약종합저축을 해지하려는 사람은 기획재정부령으로 정하는 특별해지사유신고서를 해당 주택청약종합저축 취급기관에 제출하여야 한다. (2019. 2. 12. 개정)

⑬ 법 제87조 제2항 단서에서 "주택 당첨 등 대통령령으로 정하는 것"이란 주택 당첨 및 주택청약종합저축 가입자가 청년우대형주택청약종합저축에 가입하는 것을 말

그 밖의 부득이한 사유로 위 기간 내에 의견서를 제출하지 못한 경우에는 그 사유가 끝난 날부터 7일 이내에 의견서를 제출할 수 있다. (2025. 3. 21. 개정)

관계조문 ▶▶

규칙 61조 59호의 6 ⇒ 장기주택마련저축 가입요건 충족 여부 통보에 대한 의견서(별지 58호의 6 서식)

영 81조 13항 3호·4호의 개정규정은 2024. 11. 12. 이후 주택청약종합저축 또는 청년우대형주택청약종합저축을 해지하는 경우부터 적용함. (영 부칙(2024. 11. 12.) 4조)

• 영 81조 15항 1호 단서의 개정규정은 2025. 1. 1. 이후 청년우대형주택청약종합저축에 가입하는 경우부터 적용함. (영 부칙(2025. 2. 28.) 13조 1항)
• 영 부칙(2025. 2. 28.) 13조 1항에도 불구하고 2025. 1. 1.부터 2025. 3. 31. 까지 청년우대형주택청약종합저축에 가입하는 사람이 소득확인증명서로 법 87조 3항 1호 각 목의 요건을 갖추었는지 여부를 확인하기 어려운 경우 소득확인증명서 대신 제출하는 자료에 관하여는 영 81조 15항 1호 단서의 개정규정에도 불구하고 종전의 규정에 따름. (영 부칙(2025. 2. 28.) 13조 2항)

한다. (2019. 2. 12. 신설)

⑬ 법 제87조 제2항 단서에서 "주택 당첨 등 대통령령으로 정하는 것"이란 다음 각 호의 것을 말한다. (2024. 11. 12. 개정)

1. 주택에 당첨된 것 (2024. 11. 12. 개정)

2. 주택청약종합저축 가입자가 청년우대형주택청약종합저축에 가입하는 것 (2024. 11. 12. 개정)

3. 제6항 제3호에 해당하는 것 (2024. 11. 12. 개정)

4. 제11항 제5호에 해당하는 것 (2024. 11. 12. 개정)

⑭ 법 제87조 제3항 제1호 각 목 외의 부분에서 "대통령령으로 정하는 청년"이란 청년우대형주택청약종합저축 가입일 현재 19세 이상 34세 이하인 사람[제27조 제1항 제1호 각 목의 어느 하나에 해당하는 병역을 이행한 경우에는 그 기간(6년을 한도로 한다)을 청년우대형주택청약종합저축 가입일 현재 연령에서 빼고 계산한 연령이 34세 이하인 사람을 포함한다]을 말한다. (2019. 2. 12. 신설)

⑮ 청년우대형주택청약종합저축에서 발생하는 이자소득에 대한 비과세를 적용받으려는 거주자는 해당 저축을 가입하는 때에 다음 각 호의 자료를 저축 취급기관에 제출해야 한다. 다만, 법률 제20617호 조세특례제한법 일부개정법률 부칙 제12조 제3항에 따른 세대주의 배우자는 제1호 본문의 소득확인증명서 및 제2호의 자료를 2026년 12월 31일까지 저축 취급기관에 제출해야 한다. (2025. 2. 28. 단서신설)

1. 세무서장으로부터 발급받은 기획재정부령으로 정하는 소득확인증명서. 다만, 가입일이 속하는 과세기간의 직전 과세기간에 사업소득 또는 근로소득이 최초로 발생하여 소득확인증명서로 법 제87조 제3항 제1호 각 목의 요건을 갖추었는지 여부를 확인하기 어려운 경우에는 소득확인증명서 대신 사업소득·근로소득의 지급확인서, 사업자등록증명원 또는 원천징수영수증을 제출할 수 있다. (2021. 2. 17. 개정)

1. 세무서장으로부터 발급받은 기획재정부령으로 정하는 소득확인증명서. 다만, 가입일이 속하는 과세기간의 직전 과세기간에 사업소득 또는 근로소득이 최초로 발생하여 소득확인증명서로 법 제87조 제3항 제1호 각 목의 요건을 갖추었는지 여부를 확인하기 어려운 경우에는 원천징수영수증 등 기획재정부령으로 정하는 자료를 우선 제출하고, 가입일이 속하는 연도 말일까지 소득확인증명서를 제출해야 한다. (2025. 2. 28. 단서개정)

⑩ 주택청약종합저축 및 청년우대형주택청약종합저축의 가입대상의 확인과 관리는 다음 각 호에 따른다. (2018. 12. 24. 개정)

1. 저축 취급기관은 무주택 확인서를 제출한 사람의 명단을 대통령령으로 정하는 때까지 국토교통부장관에게 제출하여야 한다. (2018. 12. 24. 개정)

2. 국토교통부장관은 무주택 확인서를 제출한 사람이 대통령령으로 정하는 시기에 주택을 소유하지 않은 세대의 세대주등에 해당하는지를 확인하여 대통령령으로 정하는 날까지 국세청장과 저축 취급기관에 통보하여야 한다. (2024. 12. 31. 개정)

3. 국세청장은 청년우대형주택청약종합저축의 가입자가 제3항 제1호 각 목의 요건을 갖추었는지를 확인하여 대통령령으로 정하는 기간에 저축 취급기관에 통보하여야 한다. (2018. 12. 24. 신설)

3. 삭 제 (2024. 12. 31.)

⑪ 장기주택마련저축 및 청년우대형주택청약종합저축의 가입, 해지 및 비과세 절차, 청약저축 및 주택청약종합저축의 소득공제 절차, 그 밖에 필요한 사항은 대통령령으로 정한다. (2018. 12. 24. 개정)

제87조의 2 【농어가목돈마련저축에 대한 비과세】 (2010. 1. 1. 제목개정)

농특비

농어민이 「농어가목돈마련저축에 관한 법률」에 따른 농어가목돈마련저축에 2025년 12월 31일까지 가입한 경우 해당 농어민 또는 그 상속인이 저축계약기간이 만료되거나 가입일부터 1년 이후 다음 각 호의 어느 하나에 해당하는 사유로 저축을 해지하여 받는 이자소득과 저축 장려금에 대해서는 소득세·증여세 또는 상속세를 부과하지 아니한다. (2022. 12. 31. 개정)

1. 농어민이 사망한 때 (2010. 1. 1. 개정)

2. 농어민이 해외로 이주한 때 (2010. 1. 1. 개정)

2. 기획재정부령으로 정하는 병역복무기간을 증명하는 서류(가입일 현재 연령이 35세 이상인 경우에 한정한다) (2019. 2. 12. 신설)

⑯ 법 제87조 제10항 제1호에서 "대통령령으로 정하는 때"란 다음 각 호의 어느 하나에 해당하는 날을 말한다. (2019. 2. 12. 신설)

1. 주택청약종합저축의 경우 : 소득공제를 적용받으려는 과세기간의 다음 연도 3월 5일 (2019. 2. 12. 신설)

2. 청년우대형주택청약종합저축의 경우 : 가입자가 무주택확인서를 제출한 날이 속하는 반기의 말일부터 5일이 되는 날 (2019. 2. 12. 신설)

⑰ 법 제87조 제10항 제2호에서 "대통령령으로 정하는 시기"란 다음 각 호의 어느 하나에 해당하는 시기를 말한다. (2019. 2. 12. 신설)

1. 주택청약종합저축의 경우 : 소득공제를 적용받으려는 과세기간 중 (2019. 2. 12. 신설)

2. 청년우대형주택청약종합저축의 경우 : 가입일 현재 (2019. 2. 12. 신설)

⑱ 법 제87조 제10항 제2호에서 "대통령령으로 정하는 날"이란 다음 각 호의 어느 하나에 해당하는 날을 말한다. (2019. 2. 12. 신설)

1. 주택청약종합저축의 경우 : 소득공제를 적용받으려는 과세기간의 다음 연도 4월 30일 (2019. 2. 12. 신설)

2. 청년우대형주택청약종합저축의 경우 : 가입자가 무주택확인서를 제출한 날이 속하는 반기의 말일부터 2개월이 되는 날 (2019. 2. 12. 신설)

⑲ 법 제87조 제10항 제3호에서 "대통령령으로 정하는 기간"이란 청년우대형주택청약종합저축 가입연도(해당 가입자에 대하여 「소득세법」 제80조에 따른 결정 또는 경정이 있는 경우에는 결정 또는 경정이 있는 해당 연도)의 다음 연도 2월 말일까지를 말한다. (2019. 2. 12. 신설)

⑲ 삭 제 (2025. 2. 28.)

⑳ 저축 취급기관은 법 제87조 제10항 제3호에 따라 청년우대형주택청약종합저축 가입자가 같은 조 제3항 제1호의 요건을 갖추지 못한 것으로 통보받은 경우에는 그 사실을 가입자에게 통보해야 한다. (2019. 2. 12. 신설)

⑳ 삭 제 (2025. 2. 28.)

㉑ 저축 취급기관은 청년우대형주택청약종합저축을 해지하는 때까지 가입자가 주택을 소유하지 않은 세대의 세대주에 해당하는지를 국토교통부장관으로부터 통보받지 못한 경우와 법 제87조 제3항 제1호 각 목의 요건을 갖추었는지를 국세청장으로부터 통보

받지 못한 경우에는 해당 저축을 해지하는 때에 이자소득에 대하여 소득세가 부과되지 아니함으로써 감면받은 세액에 해당하는 금액을 추징한다. 다만, 다음 각 호의 요건을 모두 충족하는 경우에는 추징된 세액을 환급한다. (2019. 2. 12. 신설)

1. 해당 저축을 해지한 후 1개월 이내에 기획재정부령으로 정하는 환급신청서를 해당 저축 취급기관에 제출할 것 (2019. 2. 12. 신설)

2. 가입자가 주택을 소유하지 않은 세대의 세대주에 해당하고, 법 제87조 제3항 제1호 각 목의 요건을 갖춘 것으로 확인될 것 (2019. 2. 12. 신설)

㉑ 삭 제 (2021. 2. 17.)

3. 천재지변 그 밖에 대통령령으로 정하는 사유가 발생한 때 (2010. 1.
   1. 개정)

   제87조의 3【장기증권저축에 대한 세액공제 등】삭 제 (2010.
1. 1.)
   제87조의 4【장기주식형저축에 대한 비과세】삭 제 (2005. 12.
31.)

   제87조의 5【선박투자회사의 주주에 대한 과세특례】 농특비
① 삭 제 (2005. 12. 31.)
② 거주자가「선박투자회사법」제2조 제1호에 따른 선박투자회사(이
하 "선박투자회사"라 한다)로부터 2015년 12월 31일 이전에 받는 선
박투자회사별 액면가액(額面價額) 5천만원 이하 보유주식의 배당소득
에 대해서는「소득세법」제129조에도 불구하고 100분의 9의 세율을
적용한다. 이 경우 액면가액이 2억원 이하인 보유주식의 배당소득은
「소득세법」제14조 제2항에 따른 종합소득과세표준에 합산하지 아니
한다. (2014. 1. 1. 개정)
③ 선박투자회사의 주식이 투자매매업자 또는 투자중개업자에게 전자
등록되거나 예탁된 경우 선박투자회사가 그 배당소득을 지급하려면 배
당결의를 한 후 즉시 주식보유자별, 투자매매업자 또는 투자중개업자
별로 제2항에 따른 분리과세대상소득의 명세를 직접 또는 「주식·사
채 등의 전자등록에 관한 법률」 제2조 제6호에 따른 전자등록기관(이
하 "전자등록기관"이라 한다) 또는 「자본시장과 금융투자업에 관한 법
률」 제294조에 따른 한국예탁결제원(이하 "한국예탁결제원"이라 한
다)을 통하여 주식보유자가 위탁매매하는 투자매매업자 또는 투자중개
업자에게 통지하여야 하며, 통지를 받은 투자매매업자 또는 투자중개
업자는 통지받은 내용에 따라 원천징수하여야 한다. (2016. 3. 22. 개정
; 주식·사채 등의 전자등록에 관한 법률 부칙)
④ 선박투자회사의 주권이 투자매매업자 또는 투자중개업자에게 예탁되
어 있지 아니한 경우 해당 선박투자회사는 직접 또는 해당 선박투자회사
의 명의개서대행기관(名義改書代行機關)을 통하여 주식보유자별로 제2
항 전단에 따른 과세대상소득과 「소득세법」 제129조에 따른 세율을 적용

   제81조의 2【농어가목돈마련저축 해지시 비과세 사유】(2010.
2. 18. 제목개정)
법 제87조의 2 제3호에서 "대통령령으로 정하는 사유"란 다음 각 호의
어느 하나에 해당하는 경우를 말한다. (2010. 2. 18. 개정)
1. 농어민이 상해·장해 등으로 노동력을 상실하여 매월 납입하는 저
   축의 경우는 저축금액을 계속하여 6개월 이상, 매 분기 납입하는 저
   축 및 매 반년 납입하는 저축의 경우는 저축금액을 계속하여 1년 이
   상 납입하지 못하는 경우 (2021. 1. 5. 개정 ; 어려운 법령용어~대
   통령령)
2. 5년 만기 저축에 가입하여 3년 이상 저축을 한 농어민이 계약을 해
   지하는 경우 (2010. 2. 18. 개정)
3. 병충해, 설해(雪害 : 눈피해), 바람으로 인한 피해, 수해 또는 가격
   하락 등으로 소득이 감소되어 정부의 소득세 감면대상으로 지정되
   거나 정부보조금의 지급대상으로 지정된 사람이 계약을 해지하는
   경우 (2021. 1. 5. 개정 ; 어려운 법령용어~대통령령)

하는 과세대상소득을 구분하여 원천징수하여야 한다. (2010. 1. 1. 개정)

⑤ 제3항과 제4항에 따른 원천징수의무자가 직접 선박투자회사의 배당소득을 지급할 때에는 그 배당소득을 지급하는 날이 속하는 분기의 종료일의 다음 달 말일까지 기획재정부령으로 정하는 선박투자회사 분리과세 명세서를 원천징수 관할 세무서장에게 제출하여야 한다. (2010. 1. 1. 개정)

제87조의 6 【부동산집합투자기구등 집합투자증권의 배당소득에 대한 과세특례】 ① 거주자가 대통령령으로 정하는 임대주택에 자산총액 중 대통령령으로 정하는 비율 이상을 투자하는 「자본시장과 금융투자업에 관한 법률」에 따른 부동산집합투자기구(집합투자재산의 100분의 50 이상을 같은 법 제229조 제2호에서 정한 부동산에 투자하는 같은 법 제9조 제19항에 따른 사모집합투자기구를 포함한다) 또는 「부동산투자회사법」에 따른 부동산투자회사(이하 이 조에서 “부동산집합투자기구등”이라 한다)로부터 2018년 12월 31일까지 받는 부동산집합투자기구등별 액면가액 합계액이 2억원 이하인 보유주식 또는 수익증권(이하 이 조에서 “집합투자증권”이라 한다)의 배당소득은 「소득세법」 제14조 제2항에 따른 종합소득과세표준에 합산하지 아니한다. 이 경우 부동산집합투자기구등별 액면가액 합계액이 5천만원 이하인 집합투자증권의 배당소득에 대해서는 「소득세법」 제129조에도 불구하고 100분의 5의 세율을 적용한다. (2016. 12. 20. 개정)

② 부동산집합투자기구등의 집합투자증권이 투자매매업자 또는 투자중개업자에게 전자등록되거나 예탁된 경우 부동산집합투자기구등은 그 배당소득을 지급하기로 결정한 후 즉시 제1항에 따른 집합투자증권 보유자별 · 투자매매업자별 · 투자중개업자별 분리과세대상소득의 명세를 직접 또는 전자등록기관 또는 한국예탁결제원을 통하여 집합투자증권 보유자가 위탁매매하는 투자매매업자 또는 투자중개업자에게 통지하여야 하며, 통지받은 투자매매업자 또는 투자중개업자는 통지받은 내용에 따라 원천징수하여야 한다. (2016. 3. 22. 개정 ; 주식 · 사채~법률 부칙)

③ 부동산집합투자기구등의 집합투자증권이 투자매매업자 또는 투자중개업자에게 예탁되어 있지 아니한 경우에는 그 부동산집합투자기구

관계조문 ▶▶
규칙 61조 1항 60호 ⇒ 선박투자회사분리과세명세서(별지 59호 서식)

제81조의 3 【임대주택 투자비율 등】 ① 법 제87조의 6 제1항 전단에서 “대통령령으로 정하는 임대주택”이란 「민간임대주택에 관한 특별법」 제2조에 따른 민간임대주택과 「공공주택 특별법」 제2조 제1호 가목에 따른 공공임대주택에 해당하는 주택으로서 해당 주택 및 이에 부수되는 토지의 기준시가의 합계액이 취득 당시 6억원 이하이고 주택의 연면적(공동주택의 경우에는 전용면적)이 149 제곱미터 이하인 임대주택(이하 이 조에서 “임대주택”이라 한다)을 말한다. (2017. 2. 7. 개정)

② 법 제87조의 6 제1항 전단에서 “대통령령으로 정하는 비율”이란 100분의 50을 말한다. (2011. 6. 3. 신설)

③ 제2항에 따른 비율은 법 제87조의 6 제1항 전단에 따른 부동산집합투자기구등(이하 이 조에서 “부동산집합투자기구등”이라 한다)의 설정일 또는 설립일(부동산투자회사의 경우 영업인가일을 말하며, 설정일 · 설립일 또는 영업인가일 이후 결산 · 분배가 있었던 경우에는 직전 결산 · 분배일 다음날을 말한다) 이후 결산 · 분배일까지 다음 계산식에 따른 매일의 비율을 합산하여 해당 기간의 총 일수로 나누어 계산한다. 이 경우 부동산집합투자기구등의 설정일 · 설립일 또는 영업인가일부터 최초 3개월 및 해지일 또는 해산일 이전 3개월은 제외하고 계산한다. (2017. 2. 7. 개정)

부동산집합투자기구 등이 임대주택에 투자한 자산 또는
자금의 총액 + 부동산집합투자기구등이 다른 부동산집합
투자기구등을 통하여 임대주택에 투자한 자산 또는 자금의 총액
──────────────────────
부동산집합투자기구등의 자산총액

등은 직접 또는 그 부동산집합투자기구등의 명의개서대행기관을 통하여 집합투자증권 보유자별로 분리과세대상소득을 구분하여 원천징수하여야 한다. (2011. 5. 19. 신설)

④ 제2항과 제3항에 따른 원천징수의무자가 직접 부동산집합투자기구등의 배당소득을 지급할 경우에는 그 배당소득을 지급하는 날이 속하는 분기의 종료일의 다음 달 말일까지 기획재정부령으로 정하는 부동산집합투자기구등 배당소득분리과세명세서를 원천징수 관할 세무서장에게 제출하여야 한다. (2011. 5. 19. 신설)

⑤ 거주자가 「자본시장과 금융투자업에 관한 법률」에 따른 신탁업자와 신탁계약을 통하여 부동산집합투자기구등의 집합투자증권에 투자하는 경우에는 해당 신탁업자와 부동산집합투자기구등 간에 원천징수의무의 대리 또는 위임의 관계가 있는 것으로 본다. (2016. 12. 20. 신설)

⑥ 부동산집합투자기구등의 투자비율 계산방법, 원천징수 방법 및 그 밖에 필요한 사항은 대통령령으로 정한다. (2016. 12. 20. 신설)

제87조의 7 【공모부동산집합투자기구의 집합투자증권의 배당소득에 대한 과세특례】 (2024. 12. 31. 제목개정)

① 거주자가 다음 각 호에 해당하는 신탁, 회사 또는 조합(이하 "공모부동산집합투자기구"라 한다)의 지분증권 또는 수익증권(이하 "공모부동산집합투자기구의 집합투자증권"이라 한다)에 2026년 12월 31일까지 투자하는 경우 해당 거주자가 보유하고 있는 공모부동산집합투자기구의 집합투자증권 중 거주자별 투자금액의 합계액이 5천만원을 초과하지 않는 범위에서 발생하는 배당소득 및 금융투자소득(투자일부터 3년 이내에 발생하는 경우로 한정한다)에 대해서는 「소득세법」 제14조 제2항 및 제87조의 4에 따른 종합소득과세표준 및 금융투자소득과세표준에 합산하지 아니하고 「소득세법」 제129조에도 불구하고 100분의 9의 세율을 적용한다. (2023. 12. 31. 개정)

① 거주자가 다음 각 호에 해당하는 신탁, 회사 또는 조합(이하 "공모부동산집합투자기구"라 한다)의 지분증권 또는 수익증권(이하 "공모부동산집합투자기구의 집합투자증권"이라 한다)에 2026년 12월 31일까지 투자하는 경우 해당 거주자가 보유하고 있는 공모부동산집합투자기구의 집합투자증권 중 거주자별 투자금액의 합계액이 5천만원을 초과하지 않는 범위에서 발생하는 배당소득(투자일부터 3년 이내에 발생하는 경우로 한정한다)에 대해서는 「소득세법」 제14조 제2항에 따른 종합소득과세표준에 합산하지 아니하고 「소득세법」 제129조에도

④ 제3항의 계산식 중 부동산집합투자기구등이 다른 부동산집합투자기구등을 통하여 임대주택에 투자한 자산 또는 자금의 총액은 다른 부동산집합투자기구등별로 다음의 계산식에 따라 계산한 금액의 합계액으로 한다. (2017. 2. 7. 신설)

$$\frac{\text{부동산집합투자기구등이 다른 부동산집합투자기구등에 투자한 금액} \times \text{다른 부동산집합투자기구등이 임대주택에 투자한 자산 또는 자금의 총액}}{\text{다른 부동산집합투자기구등의 자산총액}}$$

⑤ 부동산투자집합기구등이 액면가액을 초과하여 법 제87조의 6 제1항 전단에 따른 집합투자증권을 발행하는 경우 같은 항의 액면가액 합계액은 발행가액 합계액으로 한다. (2017. 2. 7. 신설)

불구하고 100분의 9의 세율을 적용한다. (2024. 12. 31. 개정)

1. 「자본시장과 금융투자업에 관한 법률」 제229조 제2호에 따른 부동산집합투자기구(같은 법 제9조 제19항에 따른 사모집합투자기구를 제외한다) (2019. 12. 31. 신설)

2. 「부동산투자회사법」 제49조의 3 제1항에 따른 공모부동산투자회사 (2019. 12. 31. 신설)

3. 집합투자재산의 투자액 전부를 제1호 또는 제2호에 투자(투자대기자금의 일시적인 운용 등을 위하여 대통령령으로 정하는 경우를 제외한다)하는 「자본시장과 금융투자업에 관한 법률」 제9조 제18항에 따른 집합투자기구(같은 법 제9조 제19항에 따른 사모집합투자기구를 제외한다) 및 「부동산투자회사법」 제49조의 3 제1항에 따른 공모부동산투자회사 (2019. 12. 31. 신설)

② 제1항을 적용받으려는 거주자는 대통령령으로 정하는 바에 따라 제1항의 적용대상이 되는 공모부동산집합투자기구의 집합투자증권의 내역을 해당 거주자가 매매를 위탁한 투자매매업자 또는 투자중개업자(공모부동산집합투자기구의 집합투자증권이 예탁되어 있지 아니한 경우에는 해당 공모부동산집합투자기구로 한다)에게 제출하여야 한다. (2019. 12. 31. 신설)

③ 제2항에 따른 투자매매업자 · 투자중개업자 또는 공모부동산집합투자기구(이하 이 조에서 "원천징수의무자"라 한다)는 제1항을 적용받는 배당소득 및 금융투자소득을 구분하여 원천징수하여야 한다. (2021. 12. 28. 개정)

③ 제2항에 따른 투자매매업자 · 투자중개업자 또는 공모부동산집합투자기구(이하 이 조에서 "원천징수의무자"라 한다)는 제1항을 적용받는 배당소득을 구분하여 원천징수하여야 한다. (2024. 12. 31. 개정)

④ 제1항에도 불구하고 원천징수의무자는 거주자가 투자일부터 3년이 되는 날 이전에 제1항을 적용받는 공모부동산집합투자기구의 집합투자증권의 소유권을 이전하는 경우에는 제1항에 따라 거주자가 과세특례를 적용받은 소득세에 상당하는 세액을 제146조의 2에 따라 추징하여야 한다. 다만, 다음 각 호의 어느 하나에 해당하는 사유로 소유권을 이전하는 경우는 제외한다. (2023. 12. 31. 개정)

▶ 편주 ······································
법 87조의 7 제4항의 개정규정은 2024. 4. 1.부터 시행함. (법 부칙(2023.

제81조의 4 【공모부동산집합투자기구의 집합투자재산 운용방법 등】 ① 법 제87조의 7 제1항 제3호에서 "대통령령으로 정하는 경우"란 집합투자재산을 「자본시장과 금융투자업에 관한 법률 시행령」 제241조 제1항 각 호의 어느 하나에 해당하는 단기금융상품 중 남은 만기가 1년 이내인 상품에 투자하는 경우(집합투자재산의 100분의 10을 초과하여 투자하는 경우는 제외한다)를 말한다. (2020. 2. 11. 신설)

② 법 제87조의 7 제1항에 따른 과세특례를 적용받으려는 자는 기획재정부령으로 정하는 특례적용신청서를 해당 거주자가 매매를 위탁한 투자매매업자 또는 투자중개업자(공모부동산집합투자기구의 집합투자증권이 예탁되어 있지 않은 경우에는 해당 공모부동산집합투자기구로 한다. 이하 이 조에서 같다)에게 제출해야 한다. (2020. 2. 11. 신설)

③ 법 제87조의 7 제4항 제1호에서 "대통령령으로 정하는 바에 따라 다른 공모부동산집합투자기구의 집합투자증권으로 전환하여 투자하는 경우"란 다음 각 호의 요건을 모두 충족하는 경우를 말한다. (2024. 2. 29. 신설)

1. 기존에 투자한 다음 각 목의 어느 하나에 해당하는 공모부동산집합투자기구의 집합투자증권(이하 이 항에서 "기존 집합투자증권"이라 한다)의 소유권을 이전할 것 (2024. 2. 29. 신설)

　가. 법 제87조의 7 제1항 제1호에 따른 부동산집합투자기구의 집합투자증권. 다만, 「자본시장과 금융투자업에 관한 법률」 제230조 제3항에 따라 증권시장에 상장된 집합투자증권 및 같은 법 제234조에 따른 상장지수집합투자기구의 집합투자증권은 제외한다. (2024. 2. 29. 신설)

　나. 법 제87조의 7 제1항 제3호에 따른 집합투자기구(「부동산투자회사법」 제49조의 3 제1항에 따른 공모부동산투자회사는 제외

1. 대통령령으로 정하는 바에 따라 다른 공모부동산집합투자기구의 집합투자증권으로 전환하여 투자하는 경우 (2023. 12. 31. 신설)

편주 ▶

법 87조의 7 제4항 1호의 개정규정은 2024. 4. 1. 이후 다른 공모부동산집합투자기구의 집합투자증권으로 전환하여 투자하는 경우부터 적용함. (법 부칙(2023. 12. 31.) 10조)

2. 대통령령으로 정하는 부득이한 사유가 있는 경우 (2023. 12. 31. 신설)

⑤ 제1항에도 불구하고 거주자가 공모부동산집합투자기구의 집합투자증권에 투자하여 발생하는 금융투자소득에 대하여 같은 항을 적용받지 아니할 것을 대통령령으로 정하는 바에 따라 신청한 경우에는 해당 금융투자소득에 대하여 「소득세법」 제87조의 4를 적용한다. (2021. 12. 28. 신설)

⑤ 삭 제 (2024. 12. 31.)

⑥ 공모부동산집합투자기구의 집합투자증권으로부터의 배당소득 및 금융투자소득 계산방법, 원천징수의무자의 제출서류 및 그 밖에 필요한 사항은 대통령령으로 정한다. (2021. 12. 28. 개정)

⑤ 공모부동산집합투자기구의 집합투자증권으로부터의 배당소득 계산방법, 원천징수의무자의 제출서류 및 그 밖에 필요한 사항은 대통령령으로 정한다. (2024. 12. 31. 개정)

한다)의 집합투자증권. 다만, 「자본시장과 금융투자업에 관한 법률」 제230조 제3항에 따라 증권시장에 상장된 집합투자증권 및 같은 법 제234조에 따른 상장지수집합투자기구의 집합투자증권은 제외한다. (2024. 2. 29. 신설)

2. 기존 집합투자증권의 소유권을 이전한 날이 속하는 달의 다음달 말일까지 기존 집합투자증권의 소유권을 이전함으로써 지급받은 금액 전액을 다른 공모부동산집합투자기구의 집합투자증권 중 제1호 각 목의 어느 하나에 해당하는 집합투자증권에 투자(기존 집합투자증권과 동일한 계좌에 예탁하는 경우로 한정한다)할 것 (2024. 2. 29. 신설)

3. 기존 집합투자증권과 제2호에 따른 집합투자증권의 투자기간을 합산한 기간이 3년 이상일 것 (2024. 2. 29. 신설)

편주 ▶

영 81조의 4 제3항부터 5항까지의 개정규정은 2024. 4. 1.부터 시행함. (영 부칙(2024. 2. 29.) 1조 2호)

④ 법 제87조의 7 제4항 제2호에서 "대통령령으로 정하는 부득이한 사유"란 다음 각 호의 어느 하나에 해당하는 사유를 말한다. (2024. 2. 29. 개정)

1. 거주자의 사망 또는 해외이주 (2020. 2. 11. 신설)

1. 거주자의 사망 또는 「해외이주법」에 따른 해외이주 (2025. 2. 28. 개정)

2. 소유권을 이전하기 전 6개월 이내에 발생한 다음 각 목의 어느 하나에 해당하는 사유 (2020. 2. 11. 신설)

가. 천재지변 (2020. 2. 11. 신설)

나. 거주자의 3개월 이상의 입원치료 또는 요양이 필요한 상해ㆍ질병의 발생 (2020. 2. 11. 신설)

다. 공모부동산집합투자기구 취급기관의 영업의 정지, 영업 인가ㆍ허가의 취소, 해산결의 또는 파산선고 (2020. 2. 11. 신설)

라. 「자본시장과 금융투자업에 관한 법률 시행령」 제223조 제3호 및 제4호에 따라 집합투자업자가 해당 공모부동산집합투자기구를 해지하는 경우 (2020. 2. 11. 신설)

⑤ 법 제87조의 7 제4항 각 호의 어느 하나에 해당하는 사유가 발생하여 공모부동산집합투자기구의 집합투자증권의 소유권을 이전하려는 거주자는 기획재정부령으로 정하는 특별해지사유신고서를 제2항에 따른 투자매매업자 또는 투자중개업자에게 제출해야 한다. (2024. 2. 29. 개정)

⑥ 법 제87조의 7 제5항을 적용받으려는 자는 기획재정부령으로 정하는 금융투자소득 합산과세 신청서를 「소득세법」 제87조의 23에 따른 금융투자소득과세표준 확정신고기한까지 납세지 관할 세무서장에게 제출해야 한다. (2024. 2. 29. 신설)

⑥ 삭 제 (2024. 12. 31.)

제88조【근로자우대저축에 대한 비과세 등】삭 제 (2010. 1. 1.)

제88조의 2【비과세종합저축에 대한 과세특례】(2014. 12. 23. 제목개정)

〔농특비〕

① 다음 각 호의 어느 하나에 해당하는 거주자가 1명당 저축원금이 5천만원(제89조에 따른 세금우대종합저축에 가입한 거주자로서 세금우대종합저축을 해지 또는 해약하지 아니한 자의 경우에는 5천만원에서 해당 거주자가 가입한 세금우대종합저축의 계약금액 총액을 뺀 금액으로 한다) 이하인 대통령령으로 정하는 저축(이하 이 조에서 "비과세종합저축"이라 한다)에 2025년 12월 31일까지 가입하는 경우 해당 저축에서 발생하는 이자소득, 배당소득 및 금융투자소득에 대해서는 소득세를 부과하지 아니한다. (2022. 12. 31. 개정)

① 다음 각 호의 어느 하나에 해당하는 거주자가 1명당 저축원금이 5천만원(제89조에 따른 세금우대종합저축에 가입한 거주자로서 세금우대종합저축을 해지 또는 해약하지 아니한 자의 경우에는 5천만원에서 해당 거주자가 가입한 세금우대종합저축의 계약금액 총액을 뺀 금액으로 한다) 이하인 대통령령으로 정하는 저축(이하 이 조에서 "비과세종합저축"이라 한다)에 2025년 12월 31일까지 가입하는 경우 해당 저축에서 발생하는 이자소득 및 배당소득에 대해서는 소득세를 부과하지 아니한다. (2024. 12. 31. 개정)

1. 65세 이상인 거주자 (2014. 12. 23. 개정)

2. 「장애인복지법」 제32조에 따라 등록한 장애인 (2010. 1. 1. 개정)

3. 「독립유공자 예우에 관한 법률」 제6조에 따라 등록한 독립유공자와 그 유족 또는 가족 (2010. 1. 1. 개정)

4. 「국가유공자 등 예우 및 지원에 관한 법률」 제6조에 따라 등록한 상이자(傷痍者) (2010. 1. 1. 개정)

5. 「국민기초생활보장법」 제2조 제2호에 따른 수급자 (2010. 1. 1. 개정)

6. 「고엽제후유의증 등 환자지원 및 단체설립에 관한 법률」 제2조 제3호에 따른 고엽제후유의증환자 (2015. 12. 22. 개정 ; 고엽제후유의증 등~법률 부칙)

7. 「5·18민주유공자예우 및 단체설립에 관한 법률」 제4조 제2호에 따른 5·18민주화운동부상자 (2021. 1. 5. 개정 ; 5·18민주~법률 부칙)

② 제1항에도 불구하고 거주자가 비과세종합저축에서 발생하는 금융투자소득에 대

제82조【근로자우대저축의 요건 등】삭 제 (2010. 2. 18.)

제82조의 2【비과세종합저축의 요건 등】(2015. 2. 3. 제목개정)

① 법 제88조의 2 제1항 각 호 외의 부분에서 "대통령령으로 정하는 저축"이란 다음 각 호의 요건을 모두 갖춘 저축(이하 이 조에서 "비과세종합저축"이라 한다)을 말한다. (2015. 2. 3. 개정)

1. 「금융실명거래 및 비밀보장에 관한 법률」 제2조 제1호에 따른 금융회사등(이하 이 조에서 "금융회사등"이라 한다) 및 다음 각 목의 어느 하나에 해당하는 공제회가 취급하는 저축(투자신탁·보험·공제·증권저축·채권저축 등을 포함한다)일 것 (2015. 2. 3. 개정)

가. 「군인공제회법」에 따라 설립된 군인공제회 (2015. 2. 3. 개정)

나. 「한국교직원공제회법」에 따라 설립된 한국교직원공제회 (2016. 5. 10. 개정)

다. 「대한지방행정공제회법」에 따라 설립된 대한지방행정공제회 (2015. 2. 3. 개정)

라. 「경찰공제회법」에 따라 설립된 경찰공제회 (2015. 2. 3. 개정)

마. 「대한소방공제회법」에 따라 설립된 대한소방공제회 (2015. 2. 3. 개정)

바. 「과학기술인공제회법」에 따라 설립된 과학기술인공제회 (2015. 2. 3. 개정)

2. 가입 당시 저축자가 비과세 적용을 신청할 것 (2015. 2. 3. 개정)

② 법 제88조의 2 제1항에 따른 저축원금은 모든 금융회사등 및 공제회에 가입한 비과세종합저축의 계약금액의 총액으로 한다. 이 경우 비과세종합저축에서 발생하여 원금에 전입되는 이자 및 배당 등은 비과세종합저축으로 보되, 계약금액의 총액을 계산할 때에는 산입하지 아니한다. (2015. 2. 3. 개정)

③ 비과세종합저축에서 일부 금액이 인출되는 경우 저축원금부터 인출되는 것으로 본다. (2016. 2. 5. 신설)

④ 비과세종합저축을 취급하는 금융회사등 및 공제회는 비과세종합저축만을 입금 또는 출금하는 비과세종합저축통장 또는 거래카드의 표지·속지 또는 거래명세서 등에 "비과세종합저축"이라는 문구를 표시하여야 한다. (2016. 2. 5. 항번개정)

하여 같은 항을 적용받지 아니할 것을 대통령령으로 정하는 바에 따라 신청한 경우에는 해당 금융투자소득에 대하여 「소득세법」 제87조의 4를 적용한다. (2021. 12. 28. 신설)
② 삭 제 (2024. 12. 31.)
③ 비과세종합저축의 가입절차, 가입대상의 확인, 계약금액 총액의 계산방법, 운용·관리 방법과 그 밖에 필요한 사항은 대통령령으로 정한다. (2019. 12. 31. 개정)

　　제88조의 3 【증권투자신탁저축에 대한 비과세 등】삭 제 (2003. 12. 30.)

　　제88조의 4 【우리사주조합원 등에 대한 과세특례】(2001. 12. 29 제목개정)
[농특비]
① 「근로복지기본법」에 따른 우리사주조합원(이하 "우리사주조합원"이라 한다)이 우리사주를 취득하기 위하여 같은 법에 따른 우리사주조합(이하 "우리사주조합"이라 한다)에 출자하는 경우에는 해당 연도의 출자금액과 400만원(제16조 제1항 제3호에 따른 벤처기업등의 우리사주조합원의 경우에는 1천500만원) 중 적은 금액을 해당 연도의 근로소득금액에서 공제한다. (2017. 12. 19. 개정)
② 「근로복지기본법」 제36조에 따른 우리사주조합기금에서 발생하거나 우리사주조합이 보유하고 있는 우리사주에서 발생하는 소득에 대해서는 소득세를 부과하지 아니한다. (2010. 6. 8. 개정 ; 근로자복지기본법 부칙)
③ 우리사주조합원이 「근로복지기본법」 제36조 제1항에 따라 해당 법인 등에 출연하거나 「자본시장과 금융투자업에 관한 법률」에 따른 증

⑤ 비과세종합저축의 계약기간의 만료일 이후 발생하는 <u>이자소득, 배당소득 및 금융투자소득</u>에 대해서는 법 제88조의 2 제1항을 적용하지 아니한다. (2022. 2. 15. 개정)
⑤ 비과세종합저축의 계약기간의 만료일 이후 발생하는 <u>이자소득 및 배당소득</u>에 대해서는 법 제88조의 2 제1항을 적용하지 아니한다. (2024. 12. 31. 개정)
⑥ 법 제88조의 2 제2항을 적용받으려는 자는 기획재정부령으로 정하는 금융투자소득 합산과세 신청서를 「소득세법」 제87조의 23에 따른 금융투자소득과세표준 확정신고기한까지 납세지 관할 세무서장에게 제출해야 한다. (2022. 2. 15. 신설)
⑥ 삭 제 (2024. 12. 31.)
⑦ 금융회사등은 제6항에 따라 통보받은 내용을 해당 가입자에게 가입연도의 다음 연도 4월 30일까지 통보해야 한다. (2020. 2. 11. 신설)
⑧ 비과세종합저축 가입자는 제7항에 따라 통보받은 내용에 이의가 있는 경우에는 기획재정부령으로 정하는 바에 따라 국세청장에게 의견을 제시할 수 있으며, 국세청장은 의견제시를 받은 날부터 14일 이내에 금융회사등에 수용 여부를 통보해야 한다. (2020. 2. 11. 신설)
⑦~⑧ 삭 제 (2021. 2. 17.)

　　제82조의 3 【비과세신탁저축의 요건 등】삭 제 (2005. 2. 19.)

　　제82조의 4 【우리사주조합원 등에 대한 과세특례】(2001. 12. 31 제목개정)
① 이 조에서 사용하는 용어의 정의는 다음과 같다. (2001. 12. 31 개정)
1. "시가"라 함은 「상속세 및 증여세법」 제63조 제1항 및 제2항의 규정을 준용하여 산정한 주식의 가액을 말한다. 이 경우 동조 제1항 제1호 가목 중 "평가기준일 이전·이후 각 2월"은 각각 "평가기준일 이전 1월"로 본다. (2005. 2. 19. 개정)
2. "매입가액 등"이라 함은 우리사주조합이 당해 자사주의 취득에 소요된 실지거래가액[당해 법인 또는 당해 법인의 주주(「소득세법 시행령」 제27조 제7항에 따른 소액주주를 제외한다)로부터 출연받거나 시가의 100분의 70보다 낮은 가액으로 취득한 자사주의 경우에는 출연일 또는 취득일 현재 시가의 100분의 70에 상당하는 가액]을 말한다. (2021. 2. 17. 개정)
3. "과세대상주식"이라 함은 우리사주조합원이 배정받은 자사주에서

　　제36조 【비과세종합저축에 대한 과세특례】
영 제82조의 2 제7항에 따라 통보받은 내용에 이의가 있는 비과세종합저축 가입자는 해당 통보를 받은 날부터 2개월 이내에 납세지 관할 세무서장에게 의견서를 제출하고 그 사실을 해당 금융회사등(「금융실명거래 및 비밀보장에 관한 법률」 제2조 제1호에 따른 금융회사등을 말한다)에게 알려야 한다. 다만, 가입자가 사망, 해외 장기출장 또는 그 밖의 부득이한 사유로 위 기간 내에 의견서를 제출하지 못한 경우에는 그 사유가 끝난 날부터 7일 이내에 의견서를 제출할 수 있다. (2020. 3. 13. 신설)

　　제36조 【비과세종합저축에 대한 과세특례】삭 제 (2021. 3. 16.)

권시장 등에서 매입하여 취득한 우리사주를 우리사주조합을 통하여 배정받는 경우에는 소득세를 부과하지 아니한다. (2010. 6. 8. 개정 ; 근로자복지기본법 부칙)

④ 제3항에도 불구하고 우리사주조합원이 우리사주조합을 통하여 배정받은 우리사주가 해당 법인이 출연하거나 해당 법인의 출연금으로 취득한 것으로서 대통령령으로 정하는 한도를 초과하는 부분에 대해서는 소득세를 부과한다. 이 경우 「근로복지기본법」 제37조에 따라 당초 배정된 우리사주가 우리사주조합원으로부터 우리사주조합에 회수되어 이미 지난 과세기간에 속하는 근로소득에서 빼야 할 금액이 있는 경우 해당 우리사주조합원은 회수일이 속하는 과세기간의 근로소득세액에 대한 연말정산 시 해당 근로소득에서 그 금액을 뺄 수 있다. (2010. 6. 8. 개정 ; 근로자복지기본법 부칙)

⑤ 우리사주조합원이 우리사주조합으로부터 배정받은 우리사주를 인출하는 경우에는 인출하는 우리사주에서 다음 각 호의 우리사주를 제외한 것(이하 이 조에서 "과세인출주식"이라 한다)에 대하여 대통령령으로 정하는 바에 따라 계산한 금액(이하 이 조에서 "인출금"이라 한다)을 「소득세법」 제20조에 따른 근로소득으로 보고 소득세를 부과한다. 이 경우 그 소득의 수입(收入) 시기는 그 우리사주의 인출일로 하고, 해당 법인은 인출금에 「소득세법」 제55조 제1항에 따른 세율을 적용하여 계산한 금액을 원천징수하여야 한다. (2010. 6. 8. 개정 ; 근로자복지기본법 부칙)

1. 제1항에 따라 소득공제를 받지 아니한 출자금액으로 취득한 우리사주 (2010. 6. 8. 개정 ; 근로자복지기본법 부칙)
2. 제4항 전단에 따른 우리사주 (2010. 6. 8. 개정 ; 근로자복지기본법 부칙)
3. 잉여금을 자본에 전입함에 따라 우리사주조합원에게 무상으로 지급된 우리사주 (2010. 6. 8. 개정 ; 근로자복지기본법 부칙)

⑥ 우리사주조합원의 과세인출주식에 대한 인출금의 경우 우리사주의 보유기간과 법인의 규모에 따라 다음 각 호의 구분에 따른 금액에 대해서는 소득세를 부과하지 아니한다. 이 경우 우리사주의 보유기간은 「자본시장과 금융투자업에 관한 법률」에 따른 증권금융회사(이하 이 조에서 "증권금융회사"라 한다)의 우리사주조합원별 계정에 의무

법 제88조의 4 제5항 각 호에 해당하는 자사주를 제외한 것을 말한다. (2007. 2. 28. 개정)

4. "우리사주조합" 및 "우리사주조합원"이라 함은 각각 「근로복지기본법」에 의한 우리사주조합 및 우리사주조합원을 말한다. (2010. 12. 7. 개정 ; 근로자복지기본법 시행령 부칙)
5. "증권금융회사"란 「자본시장과 금융투자업에 관한 법률」에 따른 증권금융회사를 말한다. (2009. 2. 4. 개정)
6. "총급여액"이라 함은 당해 법인으로부터 지급받은 「소득세법」 제20조 제2항의 규정에 의한 총급여액을 말한다. (2005. 2. 19. 개정)

② 법 제88조의 4 제4항에서 "대통령령으로 정하는 한도"란 자사주의 매입가액 등을 기준으로 연간 우리사주조합원의 직전연도 총급여액의 100분의 20에 상당하는 금액(당해 금액이 500만원 이하인 경우에는 500만원)을 말한다. (2010. 2. 18. 개정)

③ 법 제88조의 4 제4항의 규정을 적용함에 있어서 제2항에서 규정하는 한도를 초과하여 배정받은 자사주의 매입가액 등은 우리사주조합원의 근로소득으로 본다. (2007. 2. 28. 개정)

④ 법 제88조의 4 제5항에서 "대통령령으로 정하는 바에 따라 계산한 금액"이란 동항의 규정에 의한 과세인출주식의 매입가액 등과 당해 주식의 인출일 현재 시가 중 적은 금액(당해 법인이 파산선고를 받은 경우에는 0원)을 말한다. (2010. 2. 18. 개정)

⑤ 법 제88조의 4 제5항 및 제6항의 규정에 의한 과세인출주식의 수 및 보유기간 등을 계산함에 있어서는 우리사주조합원에게 먼저 배정된 자사주(동시에 배정된 자사주의 경우에는 과세대상주식외의 자사주)를 먼저 인출하는 것으로 본다. (2007. 2. 28. 개정)

⑥ 삭 제 (2007. 2. 28.)

⑦ 합병 또는 분할(분할합병을 포함한다. 이하 이 항에서 같다)로 인하여 증권금융회사에서의 우리사주조합원별 계정에 예탁되어 있는 자사주(이하 이 항에서 "구주식"이라 한다)를 새로운 주식(이하 이 항에서 "신주식"이라 한다)으로 교체하는 경우에는 다음 각호를 적용한다. (2001. 12. 31 개정)

1. 합병 또는 분할로 인하여 구주식을 신주식으로 교체하는 것은 법

제88조의 4 제5항의 규정에 의한 인출로 보지 아니한다. (2007. 2. 28. 개정)
2. 합병 또는 분할의 대가로 구주식에 대하여 신주식외에 금전 등(이하 이 항에서 "금전 등"이라 한다)을 교부받는 경우에는 아래의 산식을 적용하여 계산한 금액을 법 제88조의 4 제6항의 규정에 의한 인출금으로 본다. (2007. 2. 28. 개정)

$$\text{금전 등의 합계액} \times \frac{\text{구주식 중 과세대상주식의 수}}{\text{구주식의 총수}}$$

3. 다음 각 목의 어느 하나에 해당하는 금액은 제2호의 규정에 불구하고 법 제88조의 4 제5항 및 제6항의 규정에 의한 인출금으로 보지 아니한다. (2007. 2. 28. 개정)
　가. 1주 미만의 단주에 한하여 금전 등을 교부받은 경우 당해 금전 등 (2001. 12. 31 개정)
　나. 합병 또는 분할의 대가로 구주식에 대하여 교부받는 금전 등의 합계액이 구주식의 매입가액 등을 초과하는 경우 그 초과하는 금액 (2001. 12. 31 개정)
4. 신주식의 1주당 매입가액 등은 구주식의 매입가액 등(제3호 외의 금전 등의 합계액을 차감한다)을 신주식의 수로 나눈 금액으로 한다. (2001. 12. 31 개정)
5. 법 제88조의 4 제6항 후단을 적용함에 있어서 신주식의 보유기간은 신주식에

☞ p.1515 2단 연결

적으로 예탁하여야 하는 기간의 종료일의 다음 날부터 인출한 날까지의 기간으로 한다. (2015. 12. 15. 개정)
1. 중소기업의 경우 : 다음 각 목의 구분에 따른 금액 (2015. 12. 15. 개정)
　가. 과세인출주식을 2년 이상 4년 미만 보유하는 경우 : 인출금의 100분의 50에 상당하는 금액 (2015. 12. 15. 개정)
　나. 과세인출주식을 4년 이상 6년 미만 보유하는 경우 : 인출금의 100분의 75에 상당하는 금액 (2015. 12. 15. 개정)
　다. 과세인출주식을 6년 이상 보유하는 경우 : 인출금의 100분의 100에 상당하는 금액 (2015. 12. 15. 개정)
2. 중소기업 외의 경우 : 다음 각 목의 구분에 따른 금액 (2015. 12. 15. 개정)
　가. 과세인출주식을 2년 이상 4년 미만 보유하는 경우 : 인출금의 100분의 50에 상당하는 금액 (2015. 12. 15. 개정)
　나. 과세인출주식을 4년 이상 보유하는 경우 : 인출금의 100분의 75에 상당하는 금액 (2015. 12. 15. 개정)
⑦ 우리사주조합원이 출연금을 우리사주 취득에 사용하지 아니하고 인출하는 경우에는 해당 금액(제1항에 따라 소득공제를 받지 아니한 것은 제외한다)을 제5항에 따른 인출금에 포함한다. (2010. 6. 8. 개정 ; 근로자복지기본법 부칙)
⑧ 우리사주조합원이 우리사주조합에 출자하고 그 조합을 통하여 우리사주를 취득하는 경우 그 주식의 취득가액과 시가와의 차액에 대한 소득세 과세는 다음 각 호에 따른다. (2010. 6. 8. 개정 ; 근로자복지기본법 부칙)
1. 출자금액이 400만원(제16조 제1항 제3호에 따른 벤처기업등의 우리사주조합원의 경우에는 1천500만원) 이하인 경우에는 해당 차액에 대하여 과세하지 아니한다. (2017. 12. 19. 개정)
2. 출자금액이 400만원(제16조 제1항 제3호에 따른 벤처기업등의 우리사주조합원의 경우에는 1천500만원)을 초과하는 경우 그 초과금액으로 취득한 우리사주의 취득가액이 대통령령으로 정하는 가액(이하 이 항에서 "기준가액"이라 한다)보다 낮은 경우에는 해당 취득가

대응하는 구주식을 의무적으로 예탁하여야 하는 기간의 종료일의 다음날부터 당해 신주식을 인출한 날까지의 기간으로 한다. (2007. 2. 28. 개정)
6. 신주식 중 인출하는 때에 과세하는 주식(이하 이 호에서 "과세대상신주식"이라 한다)은 구주식의 과세대상주식에 대응하는 것으로 하며, 과세대상신주식의 수는 아래의 산식을 적용하여 산출한다. 이 경우 산출한 과세대상신주식 중 1주 미만의 주식은 이를 없는 것으로 한다. (2001. 12. 31 개정)

$$신주식의\ 수 \times \frac{구주식\ 중\ 과세대상주식의\ 수}{구주식의\ 총수}$$

⑧ 우리사주조합원이 법 제88조의 4 제3항 내지 제6항 및 제8항의 규정에 의하여 소득세를 부과받은 자사주를 양도하는 경우에는 당해 자사주의 매입가액 등을 「소득세법」 제97조 제1항 제1호의 규정에 의한 취득가액으로 한다. (2007. 2. 28. 개정)

⑨ 법 제88조의 4 제8항 제2호에서 "대통령령으로 정하는 가액"이란 자사주의 취득일 현재 시가의 100분의 70에 상당하는 가액을 말한다. 다만, 「소득세법 시행령」 제27조 제7항에 따른 소액주주에 해당하는 우리사주조합원이 「근로복지기본법」 제38조의 규정에 의하여 자사주를 우

액과 기준가액과의 차액에 대하여 근로소득으로 보아 과세한다. (2017. 12. 19. 개정)

⑨ 우리사주조합원이 우리사주조합을 통하여 취득한 후 증권금융회사에 예탁한 우리사주의 배당소득에 대해서는 다음 각 호의 요건을 갖춘 경우에 소득세를 과세하지 아니한다. 다만, 예탁일부터 1년 이내에 인출하는 경우 그 인출일 이전에 지급된 배당소득에 대해서는 인출일에 배당소득이 지급된 것으로 보아 소득세를 과세한다. (2010. 1. 1. 개정)

선배정받는 경우에는 자사주의 취득일 현재 시가의 100분의 70에 상당하는 가액과 액면가액 중 낮은 금액으로 한다. (2021. 2. 17. 단서개정)

⑩ 우리사주조합은 우리사주조합원의 출연금 중 법 제88조의 4 제1항의 규정에 의한 소득공제의 대상이 되는 금액과 그러하지 아니하는 금액을 구분하여 자사주 취득에 사용하여야 하고, 우리사주조합원별로 자사주 취득을 위한 출연내역과 자사주의 배정내역 · 인출내역을 기장하여야 하며, 증권금융회사에 자사주를 예탁하는 때에는 다음 각호의 사항을 통보하여야 한다. (2002. 12. 30 항번개정)

1. 우리사주조합원에게 배정하는 자사주의 매입가액 등 (2001. 12. 31 개정)

2. 우리사주조합원에게 배정하는 자사주가 과세대상주식(1주 미만의 단주는 없는 것으로 본다)에 해당하는지 여부 (2022. 2. 15. 개정)

⑪ 우리사주조합이 제10항 제2호에 따라 과세대상으로 통보한 자사주의 내역과 우리사주조합원이 해당 자사주에 대해 연말정산 시 실제 소득공제를 받은 내역이 일치하지 않은 경우 우리사주조합은 즉시 그 내용을 반영하여 과세대상주식(1주 미만의 단주는 없는 것으로 본다) 해당 여부를 증권금융회사에 다시 통보해야 한다. (2022. 2. 15. 개정)

⑫ 우리사주조합은 우리사주조합원이 증권금융회사에 예탁된 자사주를 인출하는 때에는 증권금융회사가 발급하는 주권인출내역서를 당해 법인에게 제출하여야 한다. (2002. 12. 30 항번개정)

⑬ 법 제88조의 4 제3항 및 제4항의 규정에 의한 당해 법인은 기획재정부령이 정하는 우리사주인출 및 과세명세서를 당해 자사주의 인출일이 속하는 연도의 다음연도 2월말(휴업 또는 폐업의 경우에는 휴업일 또는 폐업일이 속하는 달의 다음 다음달 말일)까지 원천징수 관할 세무서장에게 제출하여야 한다. (2008. 2. 29. 직제개정 ; 기획재정부와~직제 부칙)

⑭ 법 제88조의 4 제9항을 적용함에 있어서 대통령령 제19074호 근로자복지기본법 시행령 일부 개정령 부칙 제2조에 따라 조합원의 개인별 계정에 배정된 것으로 보는 가배정주식은 우리사주조합원이 우리사주조합을 통하여 취득한 후 증권금융회사에 예탁한 우리사주로 본다. (2007. 2. 28. 신설)

관계조문

규칙 61조 1항 61호의 5 ⇒ 우리사주인출 및 과세명세서(별지 60호의 5 서식)

1. 증권금융회사가 발급한 주권예탁증명서에 의하여 우리사주조합
   원이 보유하고 있는 우리사주가 배당지급 기준일 현재 증권금융
   회사에 예탁되어 있음이 확인될 것 (2010. 6. 8. 개정 ; 근로자복지
   기본법 부칙)
2. 우리사주조합원이 대통령령으로 정하는 소액주주(이하 이 조에서
   "소액주주"라 한다)일 것 (2010. 1. 1. 개정)
3. 우리사주조합원이 보유하고 있는 우리사주의 액면가액의 개인별 합계
   액이 1천8백만원 이하일 것 (2010. 6. 8. 개정 ; 근로자복지기본법 부칙)
⑩ 「농업협동조합법」 제21조의 2, 제107조 제2항, 제112조 제2항, 제
112조의 10 제2항 및 제147조와 「수산업협동조합법」 제22조의 2, 제
108조, 제113조 및 제147조에 따라 출자지분을 취득한 근로자가 보유
하고 있는 자사지분의 배당소득에 대해서는 다음 각 호의 요건을 갖춘
경우 소득세를 과세하지 아니한다. 다만, 취득일부터 1년 이상 보유하
지 아니하게 된 자사지분의 경우에는 그 사유가 발생하기 이전에 받
은 배당소득에 대하여 그 사유가 발생한 날에 배당소득이 지급된 것
으로 보아 소득세를 과세한다. (2013. 1. 1. 개정)
1. 근로자가 소액주주일 것 (2010. 1. 1. 개정)
2. 근로자가 보유하고 있는 자사지분의 액면가액의 개인별 합계액이 1
   천800만원 이하일 것 (2010. 1. 1. 개정)
⑪ 원천징수의무자는 제9항 및 제10항에 따른 우리사주조합원 및 근로
자의 배당소득에 대한 비과세명세서를 대통령령으로 정하는 바에 따라
원천징수 관할 세무서장에게 제출하여야 한다. (2010. 1. 1. 개정)
⑫ 우리사주조합원의 출연금의 소득공제, 배당소득 비과세, 인출한 우
리사주에 대한 과세, 우리사주의 보유기간 계산 및 우리사주의 기장(記
帳) 등에 관하여 필요한 사항은 대통령령으로 정한다. (2010. 6. 8. 개
정 ; 근로자복지기본법 부칙)
⑬ 거주자가 우리사주조합에 지출하는 기부금(우리사주조합원이 지출
하는 기부금은 제외한다. 이하 이 항에서 같다)은 제1호 및 제2호의 구
분에 따른 금액을 한도로 하여 「소득세법」 제34조 제3항에 따라 필요
경비에 산입하거나 「소득세법」 제59조의 4 제4항 각 호외의 부분에 따
라 종합소득산출세액에서 공제할 수 있고, 법인이 우리사주조합에 지

⑮ 원천징수의무자가 법 제88조의 4 제9항 및 제10항의 규정에 의하
여 우리사주조합원의 배당소득에 대하여 비과세하거나 원천징수세액
을 환급하는 경우에는 기획재정부령이 정하는 우리사주배당비과세및
원천징수세액환급명세서를 비과세한 날 또는 환급일이 속하는 사업연
도의 다음연도 2월 말일까지 원천징수 관할세무서장에게 제출하여야
한다. (2019. 2. 12. 개정)
⑯ 법 제88조의 4 제9항의 규정에 의하여 배당소득에 대한 비과세를
적용받고자 하는 우리사주조합원은 증권금융회사가 발급하는 주권예
탁증명서를 원천징수의무자에게 제출하여야 한다. (2007. 2. 28. 개정)
⑰ 법 제88조의 4 제9항 제2호에서 "대통령령으로 정하는 소액주주"
란 「소득세법 시행령」 제27조 제7항에 따른 소액주주를 말한다.
(2021. 2. 17. 개정)

관계조문

규칙 61조 1항 61호 ⇒ 우리사주배당비과세
및 원천징수세액환급명세서(별지 60호 서식)

출하는 기부금은 제3호의 금액을 한도로 하여 손금에 산입할 수 있다. (2020. 12. 29. 개정)

1. 거주자가 해당 과세연도의 사업소득금액을 계산할 때 해당 기부금을 필요경비에 산입하는 경우 : 다음 계산식에 따른 금액 (2020. 12. 29. 개정)

> 한도액 = [A − (B+C)] × 100분의 30
> A : 「소득세법」 제34조 제2항 제2호에 따른 기준소득금액
> B : 「소득세법」 제45조에 따른 이월결손금
> C : 「소득세법」 제34조 제2항에 따라 필요경비에 산입하는 기부금

2. 거주자가 해당 기부금에 대하여 해당 과세연도의 종합소득산출세액에서 공제하는 경우 : 다음 계산식에 따른 금액 (2020. 12. 29. 개정)

> 한도액 = (A − B) × 100분의 30
> A : 종합소득금액(「소득세법」 제62조에 따른 원천징수세율을 적용받는 이자소득 및 배당소득은 제외한다)
> B : 「소득세법」 제59조의 4 제4항 제1호에 따른 기부금

3. 법인이 해당 과세연도의 소득금액을 계산할 때 해당 기부금을 손금에 산입하는 경우 : 다음 계산식에 따른 금액 (2022. 12. 31. 개정)

> 한도액 = [A − (B+C)] × 100분의 30
> A : 「법인세법」 제24조 제2항 제2호에 따른 기준소득금액
> B : 이월결손금(다만, 「법인세법」 제13조 제1항 각 호 외의 부분 단서에 따라 각 사업연도 소득의 100분의 80을 한도로 이월결손금 공제를 적용받는 법인은 같은 법 제24조 제2항 제2호에 따른 기준소득금액의 100분의 80을 한도로 한다)
> C : 「법인세법」 제24조 제2항에 따라 손금에 산입하는 기부금 (「법인세법」 제24조 제5항에 따라 이월하여 손금에 산입한 금액을 포함한다)

⑭ 우리사주조합원이 보유하고 있는 우리사주로서 다음 각 호의 요건을 갖춘 주식을 해당 조합원이 퇴직을 원인으로 인출하여 우리사주조합에 양도함으로써 발생하는 소득은 「소득세법」 제87조의 7에 따른 금융투자소득금액에 포함하지 아니한다. 다만, 그 양도차익이 3천만원을 초과하는 경우 그 초과금액은 금융투자소득금액에 포함한다. (2021. 12. 28. 개정)

⑭ 우리사주조합원이 보유하고 있는 우리사주로서 다음 각 호의 요건을 갖춘 주식을 해당 조합원이 퇴직을 원인으로 인출하여 우리사주조합에 양도함으로써 발생하는 소득은 「소득세법」 제94조 제1항 제3호에 따른 양도소득에 포함하지 아니한다. 다만, 그 양도차익이 3천만원을 초과하는 경우 그 초과금액은 양도소득에 포함한다. (2024. 12. 31. 개정)

1. 우리사주조합원이 우리사주를 우리사주조합을 통하여 취득한 후 1년 이상 보유할 것 (2010. 6. 8. 개정 ; 근로자복지기본법 부칙)

2. 우리사주조합원이 보유하고 있는 우리사주가 양도일 현재 증권금융회사에 1년 이상 예탁된 것일 것 (2010. 6. 8. 개정 ; 근로자복지기본법 부칙)

3. 우리사주조합원이 보유하고 있는 우리사주의 액면가액 합계액이 1천800만원 이하일 것 (2010. 6. 8. 개정 ; 근로자복지기본법 부칙)

제88조의 5【조합 등 출자금 등에 대한 과세특례】 농특비

농민·어민 및 그 밖에 상호 유대를 가진 거주자를 조합원·회원 등으로 하는 금융기관에 대한 대통령령으로 정하는 출자금으로서 1명당 2천만원 이하의 출자금에 대한 배당소득과 그 조합원·회원 등이 그 금융기관으로부터 받는 사업 이용 실적에 따른 배당소득(이하 이 조에서 "배당소득등"이라 한다) 중 2025년 12월 31일까지 받는 배당소득등에 대해서는 소득세를 부과하지 아니하며, 이후 받는 배당소득등에 대한 원천징수세율은 「소득세법」 제129조에도 불구하고 다음 각 호의 구분에 따른 세율을 적용하고, 그 배당소득등은 같은 법 제14조 제2항에 따른 종합소득과세표준에 합산하지 아니한다. (2023. 12. 31. 개정)

1. 2026년 1월 1일부터 2026년 12월 31일까지 받는 배당소득등 : 100분의 5 (2022. 12. 31. 개정)

2. 2027년 1월 1일 이후 받는 배당소득등 : 100분의 9 (2022. 12. 31. 개정)

제88조의 6【근로자주식저축에 대한 세액공제 등】삭 제 (2010. 1. 1.)

제89조【세금우대종합저축에 대한 과세특례】(2001. 12. 29 제목개정)

① 거주자가 다음 각 호의 요건을 모두 갖춘 저축(이하 "세금우대종합저축"이라 한다)에 2014년 12월 31일까지 가입하는 경우 해당 저축에서 발생하는 이자소득, 배당소득 및 금융투자소득에 대해서는 「소득세법」 제129조에도 불구하고 100분의 9의 세율을 적용하고, 같은 법 제14조 제2항 및 제87조의 4에 따른 종합소득과세표준 및 금융투자소득과세표준에 합산하지 아니하며, 「지방세법」에 따른 개인지방소득세를 부과하지 아니한다. (2021. 12. 28. 개정)

① 거주자가 다음 각 호의 요건을 모두 갖춘 저축(이하 "세금우대종합저축"이라 한다)에 2014년 12월 31일까지 가입하는 경우 해당 저축에서 발생하는 이자소득 및 배당소득에 대해서는 「소득세법」 제129조에도 불구하고 100분의 9의 세율을 적용하고, 같은 법 제14조 제2

제82조의 5【조합 등 출자금의 비과세 요건 등】

법 제88조의 5에서 "대통령령으로 정하는 출자금"이란 다음 각 호의 어느 하나에 해당하는 조합 등의 조합원·준조합원·계원·준계원 또는 회원의 출자금으로서 제1호부터 제5호까지의 조합 등에 출자한 금액의 1인당 합계액이 2천만원 이하인 출자금을 말한다. (2024. 2. 29. 개정)

1. 「농업협동조합법」에 의한 조합 (2005. 2. 19. 개정)

2. 「수산업협동조합법」에 의한 수산업협동조합 (2005. 2. 19. 개정)

3. 「산림조합법」에 의한 조합 (2005. 2. 19. 개정)

4. 「신용협동조합법」에 의한 신용협동조합 (2005. 2. 19. 개정)

5. 「새마을금고법」에 의한 금고 (2005. 2. 19. 개정)

제82조의 6【근로자주식저축에 대한 원천징수 특례】삭 제 (2010. 2. 18.)

항에 따른 종합소득과세표준에 합산하지 아니하며, 「지방세법」에 따른 개인지방소득세를 부과하지 아니한다. (2024. 12. 31. 개정)

1. 「금융실명거래 및 비밀보장에 관한 법률」 제2조 제1호 각 목의 어느 하나에 해당하는 금융회사등(이하 이 조에서 "금융회사등"이라 한다)이 취급하는 적립식 또는 거치식 저축(집합투자증권저축·공제·보험·증권저축 및 대통령령으로 정하는 채권저축 등을 포함한다)으로서 저축 가입 당시 저축자가 세금우대 적용을 신청할 것 (2011. 7. 14. 개정 ; 금융실명거래 및 비밀보장에 관한 법률 부칙)

2. 계약기간이 1년 이상일 것 (2010. 1. 1. 개정)

3. 모든 금융회사등에 가입한 세금우대종합저축의 계약금액 총액이 다음 각 목의 어느 하나에 해당하는 금액 이하일 것. 다만, 세금우대종합저축에서 발생하여 원금에 전입되는 이자 및 배당 등은 세금우대종합저축으로 보되, 계약금액 총액의 1명당 한도를 계산할 때에는 산입하지 아니한다. (2011. 7. 14. 개정 ; 금융실명거래 및~법률 부칙)

　가. 20세 이상인 자 : 1명당 1천만원 (2010. 1. 1. 개정)

　나. 제88조의 2 제1항 각 호의 어느 하나에 해당하는 자 : 1명당 3천만원 (2010. 1. 1. 개정)

② 제1항에도 불구하고 거주자가 세금우대종합저축에서 발생하는 금융투자소득에 대하여 같은 항을 적용받지 아니할 것을 대통령령으로 정하는 바에 따라 신청한 경우에는 해당 금융투자소득에 대하여 「소득세법」 제87조의 4를 적용한다. (2021. 12. 28. 신설)

② 삭　제 (2024. 12. 31.)

③~⑥ 삭　제 (2001. 12. 29)

⑦ 세금우대종합저축을 계약일부터 1년 이내에 해지 또는 인출하거나 그 권리를 이전하는 경우 해당 원천징수의무자는 제1항 각 호 외의 부분을 적용하여 원천징수한 세액과 「소득세법」 제129조를 적용하여 계산한 세액의 차액을 제146조의 2에 따라 추징하여야 한다. 다만, 가입자의 사망·해외이주 등 대통령령으로 정하는 부득이한 사유가 있는 경우에는 그러하지 아니하다. (2020. 12. 29. 개정)

⑧ 세금우대종합저축의 계약금액 총액의 계산방법과 운용·관리 방법, 그 밖에 필요한 사항은 대통령령으로 정한다. (2010. 1. 1. 개정)

제83조【세금우대종합저축에 대한 원천징수의 특례】(2000. 1. 10 제목개정)

① 법 제89조 제1항 제1호에서 "대통령령으로 정하는 채권저축"이란 다음 각호의 요건을 갖춘 저축을 말한다. (2010. 2. 18. 개정)

1. 「소득세법」 제46조 제1항에서 규정하는 채권 또는 증권(이하 이 항에서 "채권 등"이라 한다)으로서 상환기간이 1년 이상인 채권 등을 「금융실명거래 및 비밀보장에 관한 법률」 제2조 제1호 각 목의 어느 하나에 해당하는 금융기관에 계좌를 개설하여 1년 이상 계속하여 전자등록(「주식·사채 등의 전자등록에 관한 법률」 제2조 제2호에 따른 전자등록을 말한다. 이하 같다)하여 보유하거나 예탁할 것 (2019. 6. 25. 개정 ; 주식·사채~시행령 부칙)

2. 금융기관으로부터 환매기간에 따른 사전약정이자율을 적용하여 환매수 또는 환매도를 조건으로 취득하는 채권 등이 아닐 것 (2001. 12. 31 개정)

3. 채권 등을 계좌에서 인출하지 아니할 것. 채권 등을 인출한 경우에는 인출한 날부터 당해 채권 등에 대하여 세금우대종합저축을 해지한 것으로 본다. (2001. 12. 31 개정)

② 삭　제 (2007. 2. 28.)

③ 삭　제 (2001. 12. 31)

④ 법 제89조 제7항에서 "대통령령으로 정하는 부득이한 사유"란 사망·해외이주 또는 해지 전 6개월 이내에 발생한 제81조 제6항 제3호 각 목의 어느 하나에 해당하는 사유를 말한다. (2024. 11. 12. 개정)

④ 법 제89조 제7항에서 "대통령령으로 정하는 부득이한 사유"란 사망, 「해외이주법」에 따른 해외이주 또는 해지 전 6개월 이내에 발생한 제81조 제6항 제3호 각 목의 어느 하나에 해당하는 사유를 말한다. (2025. 2. 28. 개정)

⑤ 세금우대종합저축의 계약금액 총액을 계산함에 있어서 적립식저축의 경우에는 저축자가 납입할 것을 계약한 금액을 기준으로 한다. (2015. 2. 3. 개정)

⑥ 투자신탁의 경우는 수익자를 기준으로 계약금액총액을 계산한다.

(2003. 12. 30. 개정)

⑦ 금융기관은 세금우대종합저축만을 입금 또는 출금하는 세금우대종합저축통장에 의하여 세금우대종합저축을 취급하여야 하며, 세금우대종합저축통장의 표지에 "세금우대종합저축통장"이라는 문구를 표시하여야 한다. (2000. 1. 10 개정)

⑧ 금융기관은 세금우대종합저축의 약관에 세금우대종합저축의 계약금액의 한도·조회 기타 필요한 사항을 명시하여야 한다. (2000. 1. 10 개정)

⑨ 「자본시장과 금융투자업에 관한 법률」 제193조에 따른 투자신탁의 합병 및 제204조에 따른 투자회사의 합병은 법 제89조의 규정을 적용함에 있어서 세금우대저축의 해지로 보지 아니한다. (2009. 2. 4. 개정)

⑩ 제4항의 규정에 따른 사유가 발생하여 해지하고자 하는 자는 기획재정부령이 정하는 특별해지사유신고서를 금융기관에 제출하여야 한다. (2008. 2. 29. 직제개정 ; 기획재정부와~직제 부칙)

⑪ 세금우대종합저축의 계약기간의 만료일 이후 발생하는 이자소득, 배당소득 및 금융투자소득에 대해서는 법 제89조 제1항을 적용하지 아니한다. (2022. 2. 15. 개정)

⑪ 세금우대종합저축의 계약기간의 만료일 이후 발생하는 이자소득 및 배당소득에 대해서는 법 제89조 제1항을 적용하지 아니한다. (2024. 12. 31. 개정)

⑫ 법 제89조 제2항을 적용받으려는 자는 기획재정부령으로 정하는 금융투자소득 합산과세 신청서를 「소득세법」 제87조의 23에 따른 금융투자소득과세표준 확정신고기한까지 납세지 관할 세무서장에게 제출해야 한다. (2022. 2. 15. 신설)

⑫ 삭 제 (2024. 12. 31.)

제89조의 2 【세금우대저축자료의 제출 등】(2001. 12. 29 제목개정)

① 다음 각 호의 어느 하나에 해당하는 저축 등을 취급하는 금융회사 등(이하 이 조에서 "세금우대저축 취급기관"이라 한다)은 각 저축별로 저축자별 성명 및 주민등록번호와 저축계약의 체결·해지·권리이전 및 그 밖의 계약 내용의 변경 사항[제2호에 따른 저축성보험의 보험금·공제금·해지환급금·중도인출금(이하 이 조에서 "보험금등"이라 한다) 지급금액과 제4호에 따른 연금계좌의 납입금액·인출금액 및 「소득세법」 제20조의 3 제1항 제2호 각 목에 해당하지 아니하는 금액

제83조의 2 【세금우대저축자료집중기관】법 제89조의 2 제1항 각 호 외의 부분에서 "대통령령으로 정하는 기관"이란 사단법인 전국은행연합회를 말한다. (2016. 2. 5. 개정)

관계조문

규칙 61조 1항 59호의 3 ⇒ 특별해지사유신고서(별지 58호의 3 서식)

을 포함하며, 이하 "세금우대저축자료"라 한다)을 컴퓨터 등 전기통신 매체를 통하여 대통령령으로 정하는 기관(이하 "세금우대저축자료 집중기관"이라 한다)에 즉시 통보하여야 한다. (2022. 12. 31. 개정)

1. 제26조의 2, 제27조, 제87조, 제87조의 7, 제88조의 2, 제88조의 5, 제89조, 제89조의 3, 제91조의 14부터 제91조의 23까지, 제121조의 35에 따른 특정사회기반시설 집합투자기구의 증권, 투융자집합투자기구의 증권, 장기주택마련저축, 청년우대형주택청약종합저축, 공모부동산집합투자기구의 집합투자증권, 비과세종합저축, 출자금, 세금우대종합저축, 조합등예탁금, 재형저축, 고위험고수익채권투자신탁, 장기집합투자증권저축, 해외주식투자전용집합투자증권저축, 개인종합자산관리계좌, 장병내일준비적금, 청년형장기집합투자증권저축, 청년희망적금, 청년도약계좌, 개인투자용국채, 기회발전특구집합투자기구의 증권 (2023. 12. 31. 개정)

2. 「소득세법」 제16조 제1항 제9호에 따른 저축성보험 (2013. 1. 1. 신설)

3. 「농어가 목돈마련저축에 관한 법률」에 따른 농어가 목돈마련저축 (2010. 1. 1. 개정)

4. 「소득세법」 제20조의 3 제1항 제2호에 따른 연금계좌 (2013. 1. 1. 신설)

② 세금우대저축 취급기관은 저축별로 가입자 수, 계좌 수, 저축 납입금액, 보험금등 지급금액을 매 분기 종료일의 다음 달 20일까지 세금우대저축자료 집중기관에 통보하여야 한다. (2013. 1. 1. 개정)

③ 국세청장은 세금우대저축자료 집중기관에 저축자의 세금우대저축자료의 조회·열람 또는 제출을 요구할 수 있다. (2010. 1. 1. 개정)

④ 세금우대저축 취급기관은 세금우대저축자료 집중기관에 저축자(신탁의 경우에는 수익자를 포함하며, 보험의 경우에는 피보험자와 수익자를 포함한다. 이하 이 조에서 같다)가 다른 세금우대저축 취급기관에 가입한 세금우대저축의 계약금액 총액, 보험금등 지급금액을 조회할 수 있으며, 저축자가 서면으로 요구하거나 동의할 때에는 계약금액 총액, 보험금등 지급금액의 명세를 조회하여 저축자에게 알려줄 수 있다. (2013. 1. 1. 개정)

⑤ 세금우대저축자료 집중기관은 세금우대저축 취급기관으로부터 통보된 세금우대저축자료를 즉시 처리·가공하여 저축별·저축자별로

세금우대저축의 계약금액, 보험금등 지급금액 및 그 명세에 관한 정보망을 구축하고, 제3항 또는 제4항에 따른 요구 또는 조회를 받으면 이에 따라야 한다. (2013. 1. 1. 개정)

⑥ 세금우대저축자료 집중기관은 세금우대저축자료를 개별 세금우대저축이 해지된 연도의 다음 연도부터 5년(제1항 제4호에 따른 연금계좌의 경우에는 해당 저축자가 가입한 모든 연금계좌를 해지한 연도의 다음 연도부터 5년)간 보관하여야 하며, 세금우대저축 취급기관 및 세금우대저축자료 집중기관에 종사하는 자(이하 이 조에서 "금융기관등 종사자"라 한다)는 저축자의 서면에 의한 요구나 동의를 받지 아니하고는 세금우대저축에 관련된 정보 또는 자료(이하 이 조에서 "자료등"이라 한다)를 타인에게 제공하거나 누설해서는 아니 되며, 누구든지 금융기관등 종사자에게 자료등의 제공을 요구해서는 아니 된다. 다만, 제3항 및 「금융실명거래 및 비밀보장에 관한 법률」 제4조 제1항 각 호의 경우는 제외한다. (2020. 12. 29. 개정)

⑥ 세금우대저축자료 집중기관은 세금우대저축자료를 개별 세금우대저축이 해지된 연도의 다음 연도부터 5년(제1항 제4호에 따른 연금계좌의 경우에는 해당 저축자가 가입한 모든 연금계좌를 해지한 연도의 다음 연도부터 5년)간 보관하여야 하며, 세금우대저축 취급기관 및 세금우대저축자료 집중기관에 종사하는 자(이하 이 조에서 "금융기관등 종사자"라 한다)는 저축자의 서면에 의한 요구나 동의를 받지 아니하고는 세금우대저축에 관련된 정보 또는 자료(이하 이 조에서 "자료등"이라 한다)를 타인에게 제공하거나 누설해서는 아니 되며, 누구든지 금융기관등 종사자에게 자료등의 제공을 요구해서는 아니 된다. 다만, 다음 각 호의 어느 하나에 해당하는 경우는 제외한다. (2024. 12. 31. 단서개정)

1. 국세청장이 제3항에 따라 요구하는 경우 (2024. 12. 31. 신설)

2. 「금융실명거래 및 비밀보장에 관한 법률」 제4조 제1항 각 호의 어느 하나에 해당하는 경우 (2024. 12. 31. 신설)

3. 통계청장이 「통계법」 제25조 제2항에 따라 이 조 제1항 제4호에 관한 세금우대저축자료를 요구하는 경우 (2024. 12. 31. 신설)

제89조의 3 【조합 등 예탁금에 대한 저율과세 등】 <농특비>

① 농민·어민 및 그 밖에 상호 유대를 가진 거주자를 조합원·회원 등으로 하는 조합 등에 대한 예탁금으로서 가입 당시 19세 이상인 거주자가 가입한 대통령령으로 정하는 예탁금(1명당 3천만원 이하의 예탁금만 해당하며, 이하 "조합등예탁금"이라 한다)에서 2007년 1월 1일부터 2025년 12월 31일까지 발생하는 이자소득에 대해서는 비과세하고, 2026년 1월 1일부터 2026년 12월 31일까지 발생하는 이자소득에 대해서는 「소득세법」 제129조에도 불구하고 100분의 5의 세율을 적용하며, 그 이자소득은 「소득세법」 제14조 제2항에 따른 종합소득과세표준에 합산하지 아니하며, 「지방세법」에 따른 개인지방소득세를 부과하지 아니한다. (2022. 12. 31. 개정)

② 2027년 1월 1일 이후 조합등예탁금에서 발생하는 이자소득에 대해서는 「소득세법」 제129조에도 불구하고 100분의 9의 세율을 적용하고, 같은 법 제14조 제2항에 따른 종합소득과세표준에 합산하지 아니하며, 「지방세법」에 따른 개인지방소득세를 부과하지 아니한다. (2022. 12. 31. 개정)

제90조 【가계생활자금저축에 대한 분리과세】 삭 제 (99. 12. 28)

제90조의 2 【세금우대자료 미제출 가산세】 (2001. 12. 29. 제목개정)

① 제87조의 5 제5항, 제87조의 6 제4항, 제88조의 4 제11항, 제89조의 2 제1항 및 제91조의 6 제4항에 따라 세금우대자료를 제출하거나 세금우대저축자료를 통보하여야 하는 자가 해당 세금우대자료 또는 세금우대저축자료를 각 조에 규정된 기간 이내(제89조의 2 제1항의 경우에는 통보 사유가 발생한 날부터 15일 이내를 말한다)에 제출 또는 통보하지 아니하거나, 제출·통보된 세금우대자료 또는 세금우대저축자료가 대통령령으로 정하는 불분명한 사유에 해당하는 경우에는 그 제출 또는 통보하지 아니하거나 불분명하게 제출·통보한 계약 또는 해지 건당 2천원을 납부세액에 가산한다. (2014. 12. 23. 개정)

② 제1항을 적용할 때 세금우대자료의 제출기간 또는 세금우대저축자료의 통보기간의 종료일이 속하는 달의 다음 달 말일까지 제출하거나 통보하는 경우에는 부과하여야 할 가산세의 100분의 50에 상당하는

제83조의 3 【조합 등 예탁금의 요건 등】 (2001. 12. 31. 조번개정)

① 법 제89조의 3 제1항에서 "대통령령으로 정하는 예탁금"이란 제82조의 5 각 호의 어느 하나에 해당하는 조합 등의 조합원·준조합원·계원·준계원 또는 회원의 예탁금으로서 같은 조 제1호부터 제5호까지의 조합 등에 예탁한 금액의 합계액이 1인당 3천만원 이하인 예탁금을 말한다. (2010. 2. 18. 개정)

② 삭 제 (2010. 2. 18.)

제85조 【근로자장기증권저축 등에 대한 원천징수특례】 삭 제 (2000. 1. 10.)

제86조 【근로자증권저축에 대한 원천징수특례】 삭 제 (2000. 1. 10.)

제87조 【소액가계저축에 대한 원천징수특례】 삭 제 (2000. 1. 10.)

제88조 【소액채권저축에 대한 원천징수특례】 삭 제 (2000. 1. 10.)

제89조 【우리사주조합원의 배당소득 및 보험차익에 대한 원천징수특례】 삭 제 (2000. 1. 10.)

제90조 【근로자장기저축 등의 추징배제저축기간 등】 삭 제 (2000. 1. 10.)

제91조 【가계생활자금저축의 범위 등】 삭 제 (2000. 1. 10.)

제92조 【장기보유주식의 배당소득 비과세에서 제외되는 지배주주 등】 삭 제 (2010. 12. 30.)

제92조의 2 【집합투자기구의 배당에 대한 과세특례】 삭 제 (2010. 2. 18.)

제37조 【근로자장기저축】 삭 제 (2000. 3. 30.)

제38조 【근로자장기증권저축 및 근로자증권저축】 삭 제 (2000. 3. 30.)

제39조 【원천징수특례가 적용되는 소액가계저축의 범위】 삭 제 (2000. 3. 30.)

제40조 【원천징수특례가 적용되는 국·공채의 범위 등】 삭 제 (2000. 3. 30.)

제41조 【가계생활자금저축의 1세대1통장 판정 등】 삭 제 (2000. 3. 30.)

세액을 경감한다. (2010. 1. 1. 개정)

제91조【장기보유주식의 배당소득에 대한 소득세 비과세 및 원천징수특례】삭　제 (2010. 12. 27.)

제91조의 2【집합투자기구에 대한 과세특례】(2020. 12. 29. 제목개정)
① 「자본시장과 금융투자업에 관한 법률」에 따른 집합투자기구 중 대통령령으로 정하는 집합투자기구(이하 이 조에서 "적격집합투자기구"라 한다)가 「자본시장과 금융투자업에 관한 법률」 제9조 제21항에 따른 집합투자증권(이하 이 조에서 "집합투자증권"이라 한다)으로서 자기의 집합투자증권을 환매하는 경우 해당 적격집합투자기구에 대한 투자자의 집합투자증권 이전은 「증권거래세법」에 따른 양도로 보지 아니한다. (2020. 12. 29. 개정)
② 「자본시장과 금융투자업에 관한 법률」 제9조 제18항 제1호·제5호 및 제6호에 따른 투자신탁·투자합자조합·투자익명조합이 적격집합투자기구가 아닌 경우에는 집합투자재산에 귀속되는 소득에 대하여 그 집합투자재산을 하나의 내국법인으로 보아 해당 투자신탁 및 투자익명조합의 집합투자업자 또는 해당 투자합자조합은 각 사업연도의 소득에 대한 법인세를 납부하여야 한다. (2020. 12. 29. 신설)
③ 제2항에 따라 법인세를 납부하는 집합투자재산에 대한 소득공제에 관하여는 「법인세법」 제75조의 14를 준용한다. (2020. 12. 29. 신설)

제91조의 2【집합투자기구에 대한 과세특례】「자본시장과 금융투자업에 관한 법률」에 따른 집합투자기구(「소득세법」 제17조 제1항 제5호에 따른 요건을 갖춘 것으로 한정한다)가 「자본시장과 금융투자업에 관한 법률」 제9조 제21항에 따른 집합투자증권(이하 이 조에서 "집합투자증권"이라 한다)으로서 자기의 집합투자증권을 환매하는 경우에는 해당 집합투자기구에 대한 투자자의 집합투자증권 이전은 「소득세법」 및 「증권거래세법」에 따른 양도로 보지 아니한다. (2024. 12. 31. 개정)

제91조의 3【선박투자회사에 대한 과세특례】삭　제 (2003. 12. 30.)

제91조의 4【투융자집합투자기구 주식등의 배당소득에 대한 과세특례】삭　제 (2013. 1. 1.)

제91조의 5【부동산간접투자기구 등에 대한 과세특례】삭　제 (2010. 1. 1.)

제84조【집합투자기구에 대한 과세특례】법 제91조의 2 제1항에서 "대통령령으로 정하는 집합투자기구"란 「소득세법 시행령」 제150조의 7 제2항에 따른 적격집합투자기구를 말한다. (2021. 2. 17. 신설)

제84조【집합투자기구에 대한 과세특례】삭　제 (2024. 12. 31.)

제92조의 3【투융자회사의 배당소득에 대한 원천징수방법 등】삭　제 (2008. 2. 22.)

제92조의 4【부동산간접투자기구 등에 대한 과세방법 등】삭　제 (2010. 2. 18.)

제91조의 6【해외자원개발투자회사 등의 주식의 배당소득에 대한 과세특례】① 「해외자원개발 사업법」 제13조에 따른 해외자원개발투자회사 및 해외자원개발투자전문회사(이하 "해외자원개발투자회사등"이라 한다)의 주식을 보유한 거주자가 해외자원개발투자회사등으로부터 2016년 12월 31일까지 받는 해외자원개발투자회사등별 액면가액 합계액이 2억원 이하인 보유주식의 배당소득은 「소득세법」 제14조 제2항에 따른 종합소득과세표준에 합산하지 아니한다. 이 경우 해외자원개발투자회사등별 액면가액 합계액이 5천만원 이하인 보유주식의 배당소득에 대해서는 「소득세법」 제129조에도 불구하고 100분의 9의 세율을 적용한다. (2014. 12. 23. 개정)

② 해외자원개발투자회사등의 주식이 투자매매업자 또는 투자중개업자에게 전자등록되거나 예탁된 경우 해외자원개발투자회사등이 그 배당소득을 지급하려면 배당 결의를 한 후 즉시 제1항에 따른 주식 보유자별·증권회사별 비과세대상소득과 분리과세대상소득의 명세를 직접 또는 전자등록기관 또는 한국예탁결제원을 통하여 주식 보유자가 위탁매매하는 투자매매업자 또는 투자중개업자에게 통지하여야 하며, 통지받은 투자매매업자 또는 투자중개업자는 통지받은 내용에 따라 비과세하거나 원천징수하여야 한다. (2016. 3. 22. 개정 ; 주식·사채 등의 전자등록에 관한 법률 부칙)

③ 해외자원개발투자회사등의 주권이 투자매매업자 또는 투자중개업자에게 예탁되어 있지 아니한 경우에는 그 해외자원개발투자회사등은 직접 또는 그 해외자원개발투자회사등의 명의개서대행기관을 통하여 주식 보유자별로 비과세대상소득과 분리과세대상소득을 구분하여 원천징수하여야 한다. (2010. 1. 1. 개정)

④ 제2항과 제3항에 따른 원천징수의무자가 직접 해외자원개발투자회사등의 배당소득을 지급하는 경우에는 그 배당소득을 지급하는 날이 속하는 분기의 종료일의 다음 달 말일까지 기획재정부령으로 정하는 해외자원개발투자회사등 배당소득비과세·분리과세 명세서를 원천징수 관할 세무서장에게 제출하여야 한다. (2010. 1. 1. 개정)

제91조의 7【고수익 고위험 투자신탁 등에 대한 과세특례】삭제 (2014. 12. 23.)

제92조의 5【해외자원개발투자회사 등의 배당소득에 대한 원천징수방법 등】삭 제 (2008. 2. 22.)

관계조문

규칙 61조 1항 61호의 7 ⇒ 해외자원개발투자회사등 배당소득비과세·분리과세명세서(별지 60호의 7 서식)

제92조의 6【고수익고위험투자신탁 등에 대한 과세특례】삭제 (2015. 2. 3.)

제91조의 8 【공익기부집합투자기구에 대한 과세특례】삭 제 (2010. 12. 27.)

제91조의 9 【장기주식형저축에 대한 소득공제 등】 삭 제 (2014. 12. 23.)

제91조의 10 【장기회사채형저축에 대한 비과세】삭 제 (2014. 12. 23.)

제91조의 11 【미분양주택 투자신탁 등에 대한 과세특례】삭 제 (2014. 12. 23.)

제91조의 12 【재외동포전용 투자신탁 등에 대한 과세특례】① 「소득세법」 제120조에 따른 국내사업장이 없는 대통령령으로 정하는 재외동포가 대통령령으로 정하는 재외동포 전용 투자신탁 및 투자회사(이하 이 조에서 "재외동포전용 투자신탁등"이라 한다)에 2010년 12월 31일까지 가입하여 2012년 12월 31일 이전에 받는 배당소득 중 해당 재외동포전용 투자신탁등별로 투자금액 1억원까지에서 발생하는 배당소득에 대해서는 「소득세법」 제156조 제1항 제3호에도 불구하고 소득세를 부과하지 아니하고, 투자금액이 1억원을 초과하는 경우 그 초과하는 금액에서 발생하는 배당소득에 대해서는 100분의 5의 세율을 적용한다. (2010. 1. 1. 개정)
② 재외동포전용 투자신탁등의 가입자가 계약체결일부터 1년 이내에 재외동포전용 투자신탁등을 환매하거나 그 권리를 이전하는 경우 원천징수의무자는 제1항에도 불구하고 다음 각 호에 따라 원천징수하여야 한다. 다만, 가입자의 사망, 그 밖에 대통령령으로 정하는 부득이한 사유가 있는 경우에는 그러하지 아니하다. (2010. 1. 1. 개정)
1. 계약체결일부터 환매 또는 증권 양도일의 기간 중 결산일이 도래하지 아니한 경우 : 「소득세법」 제156조 제1항 제3호에 따른 세율로 원천징수 (2010. 1. 1. 개정)
2. 계약체결일 이후부터 환매 또는 증권 양도일의 기간 중에 결산일이 속하여 있는 경우로서 같은 결산일에 배분받은 이익에 대하여 제1항에 따라 과세되지 아니하거나 100분의 5의 세율로 원천징수된 세액이 있는 경우 : 제1항에 따른 세액과 「소득세법」 제156조 제1항

제92조의 7 【공익기부집합투자기구에 대한 과세특례】삭 제 (2010. 12. 30.)

제92조의 8 【장기주식형저축 등에 대한 소득공제 등】삭 제 (2015. 2. 3.)

제92조의 9 【장기회사채형저축에 대한 비과세】삭 제 (2015. 2. 3.)

제92조의 10 【미분양주택 투자신탁 등에 대한 과세특례】삭 제 (2015. 2. 3.)

제92조의 11 【재외동포전용 투자신탁 등에 대한 과세특례】① 법 제91조의 12 제1항에서 "대통령령으로 정하는 재외동포"란 「소득세법」 제120조에 따른 국내사업장이 없는 비거주자로서 다음 각 호의 어느 하나에 해당하는 자를 말한다. (2009. 6. 19. 신설)
1. 「재외동포의 출입국과 법적지위에 관한 법률」 제2조 제1호에 따른 재외국민. 이 경우 「재외동포의 출입국과 법적지위에 관한 법률 시행령」 제2조 제2항에 따른 "「해외이주법」 제2조의 규정에 따른 해외이주자로서 거주국으로부터 영주권을 취득하지 아니한 자"의 경우 2년 이상 외국에 거주한 자에 한정한다. (2009. 6. 19. 신설)
2. 「재외동포의 출입국과 법적지위에 관한 법률」 제2조 제2호에 따른 외국국적동포 (2009. 6. 19. 신설)
② 법 제91조의 12 제1항에서 "대통령령으로 정하는 재외동포 전용 투자신탁 및 투자회사"(이하 이 조에서 "재외동포전용 투자신탁등"이라 한다)란 다음 각 호의 요건에 모두 해당하는 것을 말한다. (2009. 6. 19. 신설)
1. 가입자 전원이 제1항 제1호 또는 제2호에 해당할 것 (2009. 6. 19. 신설)
2. 「자본시장과 금융투자업에 관한 법률」 제9조 제18항 제1호 또는 제2호에 따른 집합투자기구일 것 (2009. 6. 19. 신설)
3. 국내자산에만 투자할 것. 이 경우 재외동포전용 투자신탁등이 투자하는 다른 집합투자기구도 국내자산에만 투자하여야 한다. (2009. 6. 19. 신설)

③ 법 제91조의 12 제2항 각 호 외의 부분 단서에서 "대통령령으로 정하는 부득이한 사유"란 다음 각 호의 어느 하나에 해당하는 사유를 말한다. (2009. 6. 19. 신설)
1. 재외동포전용 투자신탁등의 취급기관의 영업정지, 영업인가·허가의 취소, 해산결의 또는 파산선고 (2009. 6. 19. 신설)
2. 「자본시장과 금융투자업에 관한 법률 시행령」 제223조 제3호에 따라 집합투자업자가 재외동포전용 투자신탁등을 해지하는 경우 (2009. 6. 19. 신설)
④ 법 제91조의 12 제2항 각 호 외의 부분 단서에 따른 부득이한 사유가 발생하여 환매하거나 증권을 양도하려는 사람은 기획재정부령으로 정하는 특별해지사유신고서를 재외동포전용 투자신탁등의 취급기관에 제출하여야 한다. (2009. 6. 19. 신설)
⑤ 재외동포전용 투자신탁등에 가입하려는 사람은 재외동포임을 증명하는 다음 각 호의 서류를 재외동포전용 투자신탁등의 취급기관에 제출하여야 한다. (2009. 6. 19. 신설)
1. 제1항 제1호에 해당하는 경우 : 「재외국민등록법」 제7조 제1항에 따른 재외국민등록부 등본 또는 「여권법 시행령」 제6조 제4항에 따른 거주여권의 사본 (2009. 12. 30. 개정 ; 여권법 시행령 부칙)
2. 제1항 제2호에 해당하는 경우 : 다음 각 목의 서류. 다만, 「출입국관리법 시

☞ p.1527 2단 연결

제3호에 따른 세액과의 차액을 추가로 원천징수 (2010. 1. 1. 개정)

③ 재외동포 및 재외동포전용 투자신탁등의 요건, 가입 시 제출서류, 그 밖에 필요한 사항은 대통령령으로 정한다. (2010. 1. 1. 개정)

행령」 별표 1의 2 제26호에 따른 재외동포(F - 4) 체류자격을 가진 경우 다음 각 목의 서류 대신 같은 체류자격이 기재된 사증사본을 제출할 수 있다. (2018. 9. 18. 단서개정)

가. 대한민국의 국적을 보유하였던 자로서 외국국적을 취득한 자 : 가족관계기록사항에 관한 증명서 또는 제적등본, 외국국적을 취득한 원인과 그 연월일을 증명하는 서류 또는 거주지국 여권 사본 (2009. 6. 19. 신설)

나. 부모의 일방 또는 조부모의 일방이 대한민국의 국적을 보유하였던 자로서 외국국적을 취득한 자 : 가족관계기록사항에 관한 증명서 또는 제적등본, 외국국적을 취득한 원인과 그 연월일을 증명하는 서류 또는 거주지국 여권 사본, 출생증명서 등 직계존비속의 관계임을 증명하는 서류 (2009. 6. 19. 신설)

⑥ 재외동포전용 투자신탁등에 가입하여 법 제91조의 12 제1항의 특례를 적용받으려는 자는 국세청장이 정하는 바에 따라 비거주자임을 증명하는 서류를 제출하여야 한다. (2009. 6. 19. 신설)

제91조의 13 【녹색저축에 대한 과세특례】삭 제 (2014. 1. 1.)

제91조의 14 【재형저축에 대한 비과세】　농특비

① 거주자가 다음 각 호의 요건을 모두 갖춘 저축(이하 이 조에서 "재형저축"이라 한다)에 2015년 12월 31일까지 가입하는 경우 해당 저축에서 발생하는 이자소득, 배당소득 및 금융투자소득에 대해서는 소득세를 부과하지 아니한다. (2021. 12. 28. 개정)

① 거주자가 다음 각 호의 요건을 모두 갖춘 저축(이하 이 조에서 "재형저축"이라 한다)에 2015년 12월 31일까지 가입하는 경우 해당 저축에서 발생하는 이자소득 및 배당소득에 대해서는 소득세를 부과하지 아니한다. (2024. 12. 31. 개정)

1. 재형저축 가입자가 가입 당시 다음 각 목의 어느 하나에 해당하는 거주자일 것 (2013. 1. 1. 신설)

　가. 직전 과세기간의 총급여액이 5천만원 이하인 경우(직전 과세기간에 근로소득만 있거나 근로소득 및 종합소득과세표준에 합산되지 않는 종합소득이 있는 경우로 한정한다) (2013. 1. 1. 신설)

　나. 가목에 해당하는 거주자를 제외하고 직전 과세기간의 종합소득

제92조의 12 【녹색저축에 대한 과세특례】삭 제 (2014. 2. 21.)

제92조의 13 【재형저축에 대한 비과세】① 재형저축에 가입하려는 거주자는 세무서장으로부터 기획재정부령으로 정하는 소득확인증명서를 발급받아 저축취급기관에 제출하여야 한다. 이 경우 법 제91조의 14 제3항 제1호 다목에 해당하는 거주자는 최종학력, 중소기업재직 여부 등을 확인할 수 있는 기획재정부령으로 정하는 청년층 재형저축 가입요건 확인서를 함께 제출하여야 한다. (2015. 2. 3. 후단신설)

② 국세청장은 재형저축 가입자가 법 제91조의 14 제1항 제1호 및 같은 조 제3항 제1호의 요건을 갖추었는지를 확인하여 그 결과를 가입자의 저축 가입연도(저축 가입자에 대하여 「소득세법」 제80조에 따른 결정 또는 경정이 있는 경우는 결정 또는 경정이 있는 해당 연도)의 다음 연도 2월 말일까지 해당 저축취급기관에 통보하여야 한다. (2015. 2. 3. 개정)

제42조 【녹색산업 관련 자산에 대한 투자비중의 계산방법 등】삭 제 (2014. 3. 14.)

제42조의 2 【통보에 대한 의견제시 등】영 제92조의 13 제2항, 제93조의 2 제2항, 제93조의 6 제3항 또는 제93조의 7 제5항에 따라 국세청장으로부터 통보를 받은 저축취급기관 또는 「금융실명거래 및 비밀보장에 관한 법률」 제2조 제1호에

과세표준에 합산되는 종합소득금액이 3천500만원 이하인 경우(직전 과세기간에 근로소득 또는 사업소득이 있는 경우로 한정한다) (2013. 1. 1. 신설)
2. 「금융실명거래 및 비밀보장에 관한 법률」 제2조 제1호 각 목의 어느 하나에 해당하는 금융회사등(이하 이 조에서 "금융회사등"이라 한다)이 취급하는 적립식 저축으로서 소득세가 비과세되는 재형저축임이 표시된 통장으로 거래될 것 (2013. 1. 1. 신설)
3. 계약기간이 7년일 것 (2014. 12. 23. 개정)
4. 1명당 분기별 300만원 이내(해당 거주자가 가입한 모든 재형저축의 합계액을 말한다)에서 납입할 것. 이 경우 해당 분기 이후의 저축금을 미리 납입하거나 해당 분기 이전의 납입금을 후에 납입할 수 없으나 보험 또는 공제의 경우에는 최종납입일이 속하는 달의 말일부터 2년 2개월이 지나기 전에는 그 동안의 저축금을 납입할 수 있다. (2014. 1. 1. 후단신설)

② 재형저축 가입자는 최초로 재형저축의 계약을 체결한 날부터 7년이 도래하는 때에 제1항 제3호에도 불구하고 해당 저축의 계약기간을 한 차례만 3년 이내의 범위에서 추가로 연장할 수 있다. 이 경우 연장한 계약기간까지 해당 저축에서 발생하는 이자소득, 배당소득 및 금융투자소득에 대해서는 소득세를 부과하지 아니한다. (2021. 12. 28. 후단개정)

② 재형저축 가입자는 최초로 재형저축의 계약을 체결한 날부터 7년이 도래하는 때에 제1항 제3호에도 불구하고 해당 저축의 계약기간을 한 차례만 3년 이내의 범위에서 추가로 연장할 수 있다. 이 경우 연장한 계약기간까지 해당 저축에서 발생하는 이자소득 및 배당소득에 대해서는 소득세를 부과하지 아니한다. (2024. 12. 31. 후단개정)

③ 재형저축의 계약을 체결한 거주자가 다음 각 호의 구분에 따른 날 이전에 해당 저축으로부터 원금이나 이자 등을 인출하거나 해당 계약을 해지 또는 제3자에게 양도한 경우 그 저축을 취급하는 금융회사등(이하 이 조에서 "저축취급기관"이라 한다)은 이자소득, 배당소득 및 금융투자소득에 대하여 소득세가 부과되지 아니함으로써 감면받은 세액을 제146조의 2에 따라 추징하여야 한다. 다만, 저축자의 사망ㆍ해외이주 또는 대통령령으로 정하는 사유로 저축계약을 해지하는 경우에는 그러하지 아니한다. (2021. 12. 28. 개정)

③ 재형저축의 계약을 체결한 거주자가 다음 각 호의 구분에 따른 날 이전에 해당 저축으로부터 원금이나 이자 등을 인출하거나 해당 계약을 해지 또는 제3자에게 양도한 경우 그 저축을 취급하는 금융회사등

③ 재형저축 가입자는 제2항에 따라 국세청장이 저축취급기관에 통보한 내용에 이의가 있는 경우 기획재정부령으로 정하는 바에 따라 국세청장에게 의견을 제시할 수 있으며 국세청장은 의견제시를 받은 날부터 14일 이내에 저축취급기관에 수용 여부를 통보하여야 한다. (2013. 2. 15. 신설)
④ 법 제91조의 14 제1항 제2호에 따른 적립식 저축은 「자본시장과 금융투자업에 관한 법률」 제233조에 따라 설립ㆍ설정된 자집합투자기구에 가입하는 저축을 포함한다. (2013. 2. 15. 신설)

⑤ 법 제91조의 14 제3항 단서에서 "대통령령으로 정하는 사유"란 해지 전 6개월 이내에 발생한 제81조 제6항 제3호 각 목의 어느 하나에 해당하는 사유를 말하며, 법 제91조의 14 제3항 단서에 따른 사유가

따른 금융회사등(이하 이 조에서 "금융회사등"이라 한다)은 통보를 받은 날부터 14일 이내에 해당 가입자에게 그 내용을 알려야 하며, 그 통보 내용에 이의가 있는 해당 가입자는 해당 저축취급기관 또는 금융회사등이 국세청장으로부터 통보를 받은 날부터 2개월 이내에 납세지 관할 세무서장에게 의견서를 제출하고 그 사실을 해당 저축취급기관 또는 금융회사등에 알려야 한다. 다만, 해당 가입자가 사망, 해외장기출장, 그 밖의 부득이한 사유로 위 기간 내에 의견서를 제출하지 못한 경우에는 그 사유가 끝난 날부터 7일 이내에 의견서를 제출할 수 있다. (2022. 3. 18. 개정)

(이하 이 조에서 "저축취급기관"이라 한다)은 이자소득 및 배당소득에
대하여 소득세가 부과되지 아니함으로써 감면받은 세액을 제146조의
2에 따라 추징하여야 한다. 다만, 저축자의 사망·해외이주 또는 대통
령령으로 정하는 사유로 저축계약을 해지하는 경우에는 그러하지 아니
한다. (2024. 12. 31. 개정)

1. 가입 당시 다음 각 목의 어느 하나에 해당하는 거주자의 경우 : 최초
   로 계약을 체결한 날부터 3년이 되는 날 (2014. 12. 23. 신설)
   가. 제1항 제1호 가목에 해당하는 거주자로서 직전 과세기간의 총
       급여액이 2천500만원 이하인 거주자 (2014. 12. 23. 신설)
   나. 제1항 제1호 나목에 해당하는 거주자로서 직전 과세기간의 종
       합소득과세표준에 합산되는 종합소득금액이 1천600만원 이하
       인 거주자 (2014. 12. 23. 신설)
   다. 「중소기업기본법」 제2조에 따른 중소기업(비영리법인을 포함한
       다)으로서 대통령령으로 정하는 기업에 근무하고 있는 대통령
       령으로 정하는 청년(가목 및 나목에 해당하는 거주자는 제외한
       다) (2014. 12. 23. 신설)
2. 제1호 외의 거주자의 경우 : 최초로 계약을 체결한 날부터 7년이 되
   는 날 (2014. 12. 23. 신설)

④ 제1항 및 제2항에도 불구하고 거주자가 재형저축에서 발생하는 금융투자소득에 대
하여 제1항 및 제2항을 적용받지 아니할 것을 대통령령으로 정하는 바에 따라 신청한
경우에는 해당 금융투자소득에 대하여 「소득세법」 제87조의 4를 적용한다. (2021. 12.
28. 신설)

④ 삭 제 (2024. 12. 31.)

⑤ 삭 제 (2020. 12. 29.)

⑥ 국세청장은 재형저축의 가입자가 가입 당시 제1항 제1호의 요건을 갖
추었는지를 확인하여 저축취급기관에 통보하여야 한다. (2013. 1. 1. 신설)

⑦ 제6항에 따라 저축취급기관이 재형저축 가입자가 제1항 제1호의
요건에 해당하지 아니한 것으로 통보받은 경우에는 그 통보를 받은 날
에 재형저축이 해지된 것으로 보며, 해당 저축취급기관은 이를 재형저
축 가입자에게 통보하여야 한다. 이 경우 제3항을 적용하지 아니한다.
(2020. 12. 29. 후단개정)

⑧ 재형저축의 가입절차, 가입대상의 확인·관리, 해지, 그 밖에 필요

발생하여 재형저축 계약을 해지하려는 자는 기획재정부령으로 정하는
특별해지사유신고서를 저축취급기관에 제출하여야 한다. (2024. 11.
12. 개정)

⑥ 법 제91조의 14 제3항 제1호 다목에서 "대통령령으로 정하는 기업"
이란 제27조 제3항에 따른 기업을 말하며, "대통령령으로 정하는 청
년"이란 재형저축 가입일 현재 최종학력이 고등학교 졸업 이하인 거주
자로서 연령이 15세 이상 29세 이하인 사람[제27조 제1항 제1호 각 목
의 어느 하나에 해당하는 병역을 이행한 경우에는 그 기간(6년을 한도
로 한다)을 재형저축 가입일 현재 연령에서 빼고 계산한 연령이 29세
이하인 사람을 포함한다]을 말한다. (2015. 2. 3. 신설)

⑦ 저축취급기관은 재형저축만을 입금 또는 출금하는 재형저축통장에
의하여 재형저축을 취급하여야 하며, 재형저축통장의 표지에 "재형저
축통장"이라는 문구를 표시하여야 한다. (2015. 2. 3. 항번개정)

⑧ 저축취급기관은 재형저축의 약관에 재형저축의 계약금액 한도, 조
회 그 밖에 필요한 사항을 명시하여야 한다. (2015. 2. 3. 항번개정)

⑨ 재형저축의 계약기간의 만료일(법 제91조의 14 제2항에 따라 만료일을 연장한 경우
는 그 연장한 만료일) 이후 발생하는 이자소득, 배당소득 및 금융투자소득에 대해서는
법 제91조의 14 제1항을 적용하지 아니한다. (2022. 2. 15. 개정)

⑨ 재형저축의 계약기간의 만료일(법 제91조의 14 제2항에 따라 만료
일을 연장한 경우는 그 연장한 만료일) 이후 발생하는 이자소득 및 배
당소득에 대해서는 법 제91조의 14 제1항을 적용하지 아니한다.
(2024. 12. 31. 개정)

⑩ 법 제91조의 14 제4항을 적용받으려는 자는 기획재정부령으로 정하는 금융투자소득

한 사항은 대통령령으로 정한다. (2013. 1. 1. 신설)

제91조의 15【고위험고수익채권투자신탁에 대한 과세특례】(2023. 4. 11. 제목개정)

① 거주자가 대통령령으로 정하는 채권을 일정 비율 이상 편입하는 대통령령으로 정하는 투자신탁 등(이하 "고위험고수익채권투자신탁"이라 한다)에 2024년 12월 31일까지 가입하는 경우 해당 고위험고수익채권투자신탁에서 받는 이자소득 또는 배당소득은 「소득세법」 제14조 제2항에 따른 종합소득과세표준에 합산하지 아니한다. (2023. 4. 11. 개정)

② 거주자가 각 금융회사를 통하여 가입한 고위험고수익채권투자신탁에 투자한 금액의 합계액이 3천만원을 초과하는 경우 그 초과하는 금액에서 발생하는 소득에 대해서는 제1항을 적용하지 아니한다. (2023. 4. 11. 개정)

③ 고위험고수익채권투자신탁의 계약기간은 1년 이상으로 하고, 가입일부터 3년이 지나 발생한 소득에 대해서는 제1항을 적용하지 아니한다. (2023. 4. 11. 개정)

④ 고위험고수익채권투자신탁의 가입자가 가입일부터 1년 이내에 고위험고수익채권투자신탁을 해약 또는 환매하거나 그 권리를 이전하는 경우 이자소득 또는 배당소득이 종합소득과세표준에 합산되지 아니함으로써 감면받은 세액을 제146조의 2에 따라 추징한다. 다만, 가입자의 사망ㆍ해외이주 등 대통령령으로 정하는 부득이한 사유로 해약 또는 환매하거나 그 권리를 이전하는 경우에는 그러하지 아니하다. (2023. 4. 11. 개정)

⑤ 고위험고수익채권투자신탁의 채권 편입 비율의 계산방법, 채권 편입 비율 미충족 시 과세특례 적용이 제외되는 소득의 범위, 그 밖에 필요한 사항은 대통령령으로 정한다. (2023. 4. 11. 개정)

⑩ 삭 제 (2024. 12. 31.)

제93조【고위험고수익채권투자신탁에 대한 과세특례】(2023. 6. 7. 제목개정)

① 법 제91조의 15 제1항에서 "대통령령으로 정하는 채권을 일정 비율 이상 편입하는 대통령령으로 정하는 투자신탁 등"이란 「자본시장과 금융투자업에 관한 법률」에 따른 집합투자기구, 투자일임재산 또는 특정금전신탁(이하 이 조에서 "투자신탁등"이라 한다)으로서 다음 각 호의 요건을 모두 갖춘 것을 말한다. (2023. 6. 7. 개정)

1. 다음 각 목의 구분에 따른 요건을 갖출 것 (2023. 6. 7. 개정)

　가. 공모집합투자기구(「자본시장과 금융투자업에 관한 법률」 제9조 제18항에 따른 집합투자기구 중 같은 조 제19항에 따른 사모집합투자기구를 제외한 것을 말한다. 이하 이 조에서 같다)인 투자신탁등의 경우 : 신용등급(「자본시장과 금융투자업에 관한 법률」 제335조의 3에 따라 신용평가업인가를 받은 자 2 이상이 평가한 신용등급 중 낮은 신용등급을 말한다. 이하 이 조에서 같다)이 BBB+ 이하[「주식ㆍ사채 등의 전자등록에 관한 법률」 제2조 제1호 나목에 따른 사채 중 같은 법 제59조에 따른 단기사채등에 해당하는 사채(이하 이 조에서 "단기사채"라 한다)의 경우에는 A3+ 이하]인 사채권의 평균보유비율이 100분의 45 이상이고, 이를 포함한 채권의 평균보유비율이 100분의 60 이상일 것 (2023. 6. 7. 개정)

　나. 공모집합투자기구가 아닌 투자신탁등의 경우 : 신용등급이 A+, A 또는 A－(단기사채의 경우에는 A2+, A2 또는 A2－)인 사채권의 평균보유비율이 100분의 15 이상이고, 신용등급이 BBB+ 이하(단기사채의 경우에는 A3+ 이하)인 사채권의 평균보유비율이 100분의 45 이상일 것 (2023. 6. 7. 개정)

2. 국내 자산에만 투자할 것 (2023. 6. 7. 개정)

② 제1항 제1호 가목 및 나목에 따른 평균보유비율을 계산할 때 채권의 신용등급은 해당 채권이 투자신탁등에 편입된 날을 기준으로 판단한다.

다만, 해당 채권이 투자신탁등에 편입될 당시에는 신용등급이 A+ 이하(단기사채의 경우에는 A2+ 이하)인 채권(이하 이 조에서 "고위험고수익채권"이라 한다)에 해당하지 않았으나 투자신탁등에 편입된 후 고위험고수익채권에 해당하게 된 경우에는 그 해당하게 된 날부터 그 날의 신용등급을 기준으로 평균보유비율을 계산한다. (2023. 6. 7. 개정)
③ 제1항 제1호 가목 및 나목에 따른 평균보유비율은 해당 채권의 평가액이 투자신탁등의 평가액에서 차지하는 매일의 비율(이하 이 조에서 "일일보유비율"이라 한다)을 3개월 동안 합산하여 같은 기간의 총일수로 나눈 비율로 하며, 매 분기 종료일에 산정한다. (2023. 6. 7. 개정)
④ 투자신탁등의 평가액이 투자원금보다 적은 날의 일일보유비율을 계산할 때 다음 각 호에 해당하는 경우에는 해당 채권의 일일보유비율은 해당 호에서 정한 비율로 본다. (2023. 6. 7. 개정)
1. 공모집합투자기구인 투자신탁등의 경우로서 신용등급이 BBB+ 이하(단기사채의 경우에는 A3+ 이하)인 사채권의 일일보유비율이 100분의 45 미만인 경우 : 100분의 45 (2023. 6. 7. 개정)
2. 공모집합투자기구인 투자신탁등의 경우로서 제1호의 채권을 포함한 채권의 일일보유비율이 100분의 60 미만인 경우 : 100분의 60 (2023. 6. 7. 개정)
3. 공모집합투자기구가 아닌 투자신탁등의 경우로서 신용등급이 A+, A 또는 A-(단기사채의 경우에는 A2+, A2 또는 A2-)인 사채권의 일일보유비율이 100분의 15 미만인 경우 : 100분의 15 (2023. 6. 7. 개정)
4. 공모집합투자기구가 아닌 투자신탁등의 경우로서 신용등급이 BBB+ 이하(단기사채의 경우에는 A3+ 이하)인 사채권의 일일보유비율이 100분의 45 미만인 경우 : 100분의 45 (2023. 6. 7. 개정)
⑤ 제3항에도 불구하고 투자신탁등의 설정일·설립일 또는 만기일이 속하는 분기에는 제1항 제1호의 요건을 갖춘 것으로 보며, 투자신탁등의 설정일·설립일부터 기산하여 3개월이 되는 날까지의 기간 또는 만기일부터 역산하여 3개월이 되는 날까지의 기간의 일부가 포함되어 있는 분기의 경우에는 해당 기간을 제외한 나머지 기간의 일일보유비율을 합산하여 그 나머지 기간의 총일수로 나눈 비율을 해당 분기의 평균보유비율로 한다. (2023. 6. 7. 개정)

⑥ 투자신탁등의 결산기간에 제1항 제1호의 요건을 갖추지 못한 분기 또는 같은 항 제2호의 요건을 갖추지 못한 날이 포함되어 있는 경우 해당 결산기간에 발생하는 이자소득 및 배당소득은 법 제91조의 15 제1항에 따른 과세특례 적용 대상 소득에서 제외한다. (2023. 6. 7. 개정)
⑦ 법 제91조의 15 제4항 단서에서 "가입자의 사망·해외이주 등 대통령령으로 정하는 부득이한 사유"란 다음 각 호의 사유를 말한다. (2023. 6. 7. 개정)
1. 가입자의 사망 또는 해외이주 (2023. 6. 7. 개정)
1. 가입자의 사망 또는 「해외이주법」에 따른 해외이주 (2025. 2. 28. 개정)
2. 법 제91조의 15 제1항에 따른 고위험고수익채권투자신탁을 해약 또는 환매하거나 그 권리를 이전하기 전 6개월 이내에 발생한 다음 각 목의 사유 (2023. 6. 7. 개정)
가. 천재지변 (2023. 6. 7. 개정)
나. 가입자의 퇴직 (2023. 6. 7. 개정)
다. 사업장의 폐업 (2023. 6. 7. 개정)
라. 가입자의 3개월 이상의 입원치료 또는 요양이 필요한 상해·질병의 발생 (2023. 6. 7. 개정)
마. 법 제91조의 15 제1항에 따른 고위험고수익채권투자신탁 취급기관의 영업의 정지, 영업인가·허가의 취소, 해산결의 또는 파산선고 (2023. 6. 7. 개정)

☞ p.1532 2단 연결

제91조의 16 【장기집합투자증권저축에 대한 소득공제】 농특비
① 근로소득이 있는 거주자(일용근로자는 제외한다)가 다음 각 호의 요건을 모두 갖춘 저축(이하 이 조에서 "장기집합투자증권저축"이라 한다)에 2015년 12월 31일까지 가입하는 경우 가입한 날부터 10년 동안 각 과세기간에 납입한 금액의 100분의 40에 해당하는 금액을 해당 과세기간의 근로소득금액에서 공제(해당 과세기간의 근로소득금액을 한도로 한다)한다. (2020. 6. 9. 개정 ; 법률용어~법률)
1. 장기집합투자증권저축 가입자가 가입 당시 직전 과세기간의 총급여액이 5천만원 이하인 근로소득이 있는 거주자일 것(직전 과세기간에 근로소득만 있거나 근로소득 및 종합소득과세표준에 합산되지 않는 종합소득이 있는 경우로 한정한다) (2014. 1. 1. 신설)
2. 자산총액의 100분의 40 이상을 국내에서 발행되어 국내에서 거래되는 주식(「자본시장과 금융투자업에 관한 법률」에 따른 증권시장에 상장된 것으로 한정한다)에 투자하는 「소득세법」 제17조 제1항 제5호에 따른 집합투자기구의 집합투자증권 취득을 위한 저축일 것 (2014. 1. 1. 신설)
3. 장기집합투자증권저축 계약기간이 10년 이상이고 저축가입일부터 10년 미만의 기간 내에 원금ㆍ이자ㆍ배당ㆍ주식 또는 수익증권 등의 인출이 없을 것 (2014. 1. 1. 신설)
4. 적립식 저축으로서 1인당 연 600만원 이내(해당 거주자가 가입한 모든 장기집합투자증권저축의 합계액을 말한다)에서 납입할 것 (2014. 1. 1. 신설)
② 제1항에도 불구하고 장기집합투자증권저축에 가입한 거주자가 다음 각 호의 어느 하나에 해당하는 경우에는 해당 과세기간에 제1항에 따른 소득공제를 하지 아니한다. (2014. 1. 1. 신설)
1. 해당 과세기간에 근로소득만 있거나 근로소득 및 종합소득과세표준에 합산되지 않는 종합소득이 있는 경우로서 총급여액이 8천만원을

⑧ 제7항에 따른 사유가 발생하여 법 제91조의 15 제1항에 따른 고위험고수익채권투자신탁을 해약 또는 환매하거나 그 권리를 이전하려는 자는 기획재정부령으로 정하는 특별해지사유신고서를 해당 고위험고수익채권투자신탁의 취급기관에 제출해야 한다. (2023. 6. 7. 개정)

제93조의 2 【장기집합투자증권저축에 대한 소득공제】 ① 법 제91조의 16 제1항에 따른 장기집합투자증권저축에 가입하려는 자는 세무서장으로부터 기획재정부령으로 정하는 소득확인증명서를 발급받아 저축취급기관에 제출하여야 한다. (2014. 2. 21. 신설)
② 국세청장은 장기집합투자증권저축 가입자가 법 제91조의 16 제1항 제1호의 요건을 갖추었는지를 확인하여 그 결과를 가입자의 저축 가입 연도(저축 가입자에 대하여 「소득세법」 제80조에 따른 결정 또는 경정이 있는 경우에는 결정 또는 경정이 있는 해당 연도)의 다음 연도 2월 말일까지 해당 저축취급기관에 통보하여야 한다. (2014. 2. 21. 신설)
③ 장기집합투자증권저축 가입자는 제2항에 따라 국세청장이 저축취급기관에 통보한 내용에 이의가 있는 경우 기획재정부령으로 정하는 바에 따라 국세청장에게 의견을 제시할 수 있으며, 국세청장은 의견제시를 받은 날부터 14일 이내에 저축취급기관에 수용 여부를 통보하여야 한다. (2014. 2. 21. 신설)
④ 법 제91조의 16 제1항 제2호에 따른 자산총액의 100분의 40 이상인 경우는 장기집합투자증권저축의 설정일 또는 설립일부터 국내에서 발행되어 국내에서 거래되는 주식(「자본시장과 금융투자업에 관한 법률」에 따른 증권시장에 상장된 것으로 한정한다)의 매일의 보유비율이 자산총액의 100분의 40 이상인 경우로 한다. (2014. 2. 21. 신설)
⑤ 법 제91조의 16 제1항 제2호를 적용할 때 다음 각 호의 어느 하나에 해당하는 경우에는 자산총액의 100분의 40 이상 보유의무(이하 이 조에서 "최저보유의무"라 한다)를 적용하지 아니한다. 이 경우 제4호 또는 제5호에 해당하는 경우에는 최저보유의무를 위반한 날부터 15일 이내에 최저보유의무를 충족하여야 한다. (2014. 2. 21. 신설)
1. 장기집합투자증권저축의 최초 설립일 또는 설정일부터 1개월간 (2014. 2. 21. 신설)
2. 장기집합투자증권저축 회계기간 종료일 이전 1개월간(회계기간이 3

초과하는 경우 (2014. 1. 1. 신설)
2. 해당 과세기간에 근로소득이 없는 경우 (2014. 1. 1. 신설)
③ 제1항에 따라 소득공제를 받으려는 거주자는 근로소득세액의 연말정산 또는 종합소득과세표준확정신고를 하는 때에 소득공제를 받는 데 필요한 해당 연도의 저축금 납입액이 명시된 장기집합투자증권저축 납입증명서를 장기집합투자증권저축을 취급하는 금융회사(이하 이 조에서 "저축취급기관"이라 한다)로부터 발급받아 원천징수의무자 또는 주소지 관할 세무서장에게 제출하여야 한다. (2014. 1. 1. 신설)
④ 장기집합투자증권저축 가입자가 해당 저축의 가입일부터 10년 미만의 기간 내에 해당 저축으로부터 원금·이자·배당·주식 또는 수익증권 등의 전부 또는 일부를 인출하거나 해당 계약을 해지 또는 제3자에게 양도한 경우(이하 이 조에서 "해지"라 한다) 해당 과세기간부터 제1항에 따른 소득공제를 하지 아니한다. (2014. 1. 1. 신설)

⑤ 장기집합투자증권저축 가입자가 해당 저축의 가입일부터 5년 미만의 기간 내에 장기집합투자증권저축을 해지하는 경우 저축취급기관은 해당 저축에 납입한 금액의 총 누계액에 100분의 6을 곱한 금액(이하 이 조에서 "추징세액"이라 한다)을 추징하여 저축 계약이 해지된 날이 속하는 달의 다음달 10일까지 원천징수 관할 세무서장에게 납부하여야 한다. 다만, 사망·해외이주 등 대통령령으로 정하는 부득이한 사유로 해지된 경우에는 그러하지 아니하며, 소득공제를 받은 자가 해당 소득공제로 감면받은 세액이 추징세액에 미달하는 사실을 증명하는 경우에는 실제로 감면받은 세액상당액을 추징한다. (2014. 1. 1. 신설)
⑥ 저축취급기관이 제5항에 따라 추징세액을 징수한 경우 해당 저축취급기관은 저축자에게 그 내용을 서면으로 즉시 통보하여야 한다. (2014. 1. 1. 신설)
⑦ 저축취급기관이 제5항에 따른 추징세액을 기한까지 납부하지 아니

개월 이상인 경우로 한정한다) (2014. 2. 21. 신설)
3. 장기집합투자증권저축의 해산일 또는 해지일 이전 1개월간(최초 설립일 또는 설정일부터 해산일 또는 해지일까지의 기간이 3개월 이상인 경우로 한정한다) (2014. 2. 21. 신설)
4. 3영업일 동안 누적된 추가설정 또는 해지청구된 금액이 각각 장기집합투자증권저축 자산총액의 100분의 10을 초과하는 경우 (2014. 2. 21. 신설)
5. 장기집합투자증권저축 자산의 가격변동으로 최저보유의무를 위반하게 되는 경우 (2014. 2. 21. 신설)
⑥ 장기집합투자증권저축이 「자본시장과 금융투자업에 관한 법률」 제233조에 따른 자집합투자기구로 설립·설정된 경우에는 모집합투자기구에 투자하여 간접적으로 법 제91조의 16 제1항 제2호에 따른 주식을 취득하는 경우도 주식에 투자한 것으로 보아 보유비율을 산정한다. (2014. 2. 21. 신설)
⑦ 장기집합투자증권저축이 「자본시장과 금융투자업에 관한 법률」 제232조에 따른 전환형집합투자기구로 설립·설정된 경우로서 가입자가 집합투자규약에 따라 다른 집합투자증권으로 전환하는 경우에는 법 제91조의 16 제1항 제3호에 따른 인출 또는 같은 조 제4항에 따른 해지로 보지 아니한다. (2014. 2. 21. 신설)
⑧ 법 제91조의 16 제5항 단서에서 "사망·해외이주 등 대통령령으로 정하는 부득이한 사유"란 다음 각 호의 어느 하나에 해당하는 사유를 말한다. (2014. 2. 21. 신설)
1. 저축자의 사망·해외이주 (2014. 2. 21. 신설)
1. 저축자의 사망 또는 「해외이주법」에 따른 해외이주 (2025. 2. 28. 개정)
2. 해지 전 6개월 이전에 발생한 다음 각 목의 어느 하나에 해당하는 사유 (2014. 2. 21. 신설)
가. 천재지변 (2014. 2. 21. 신설)
나. 저축자의 퇴직 (2014. 2. 21. 신설)
다. 사업장의 폐업 (2014. 2. 21. 신설)
라. 저축자의 3개월 이상의 입원치료 또는 요양이 필요한 상해·질병의 발생 (2014. 2. 21. 신설)

하거나 납부하여야 할 세액에 미달하게 납부한 경우 해당 저축취급기관은 그 납부하지 아니한 세액 또는 미달하게 납부한 세액의 100분의 10에 해당하는 금액을 가산하여 원천징수 관할 세무서장에게 납부하여야 한다. (2020. 6. 9. 개정 ; 법률용어~법률)

⑧ 국세청장은 장기집합투자증권저축의 가입자가 가입 당시 제1항 제1호의 요건을 갖추었는지를 확인하여 저축취급기관에 통보하여야 한다. (2014. 1. 1. 신설)

⑨ 제8항에 따라 저축취급기관이 장기집합투자증권저축 가입자가 제1항 제1호의 요건에 해당하지 아니한 것으로 통보받은 경우에는 그 통보를 받은 날에 장기집합투자증권저축이 해지된 것으로 보며, 해당 저축취급기관은 이를 장기집합투자증권저축 가입자에게 통보하여야 한다. (2014. 1. 1. 신설)

⑩ 이 법에 따른 비과세 등 조세특례 또는 「소득세법」 제20조의 3 제1항 제2호를 적용받는 저축 등의 경우에는 제1항에 따른 소득공제를 적용하지 아니한다. (2014. 1. 1. 신설)

⑪ 장기집합투자증권저축의 가입절차, 가입대상의 확인·관리, 해지, 소득공제 절차, 그 밖에 필요한 사항은 대통령령으로 정한다. (2014. 1. 1. 신설)

제91조의　17【해외주식투자전용집합투자기구에　대한　과세특례】

농특비

① 거주자가 국외에서 발행되어 국외에서 거래되는 주식(이하 이 조에서 "해외상장주식"이라 한다)에 자산총액의 100분의 60 이상을 투자하는 「소득세법」 제17조 제1항 제5호에 따른 집합투자기구(이하 이 조에서 "해외주식투자전용집합투자기구"라 한다)의 「자본시장과 금융투자업에 관한 법률」 제9조 제21항에 따른 집합투자증권(이하 이 조에서 "집합투자증권"이라 한다)에 다음 각 호의 요건을 모두 갖추어 2017년 12월 31일까지 투자하는 경우에는 해외주식투자전용집합투자증권저축에 가입한 날부터 10년이 되는 날까지 해당 해외주식투자전용집합투자기구가 직접 또는 집합투자증권(「자본시장과 금융투자업에 관한 법률」 제279조 제1항에 따른 외국 집합투자증권을 포함한다)에 투자하여 취득하는 해외상장주식의 매매 또는 평가로 인하여 발생한 손익(환율변동에 의한 손익을 포함한다)을 「소득세법」 제17조 제1항 제5호 및 제87조의 14 제1항에도 불구하고 해당 해외주식투자전용집합투자기구로부터 받는 배당소득금액 및 금융투자소득금액에 포함하지 아니한다. (2021. 12. 28. 개정)

① 거주자가 국외에서 발행되어 국외에서 거래되는 주식(이하 이 조에

마. 저축취급기관의 영업의 정지, 영업인가·허가의 취소, 해산결의 또는 파산선고 (2014. 2. 21. 신설)

바. 최초 설립 또는 설정된 날부터 1년이 지난 날에 집합투자기구의 원본액이 50억원에 미달하거나 최초 설립 또는 설정된 날부터 1년이 지난 후 1개월간 계속하여 집합투자기구의 원본액이 50억원에 미달하여 집합투자업자가 해당 집합투자기구를 해지하는 경우 (2014. 2. 21. 신설)

⑨ 제8항에 따른 사유가 발생하여 해지하려는 자는 기획재정부령으로 정하는 특별해지사유신고서를 저축취급기관에 제출하여야 한다. (2014. 2. 21. 신설)

⑩ 저축취급기관은 장기집합투자증권저축만을 입금 또는 출금하는 장기집합투자증권저축통장에 의하여 장기집합투자증권저축을 취급하여야 하며, 장기집합투자증권저축통장의 표지에 "소득공제 장기집합투자증권저축"이라는 문구를 표시하여야 한다. (2014. 2. 21. 신설)

⑪ 저축취급기관은 장기집합투자증권저축의 약관에 장기집합투자증권저축의 계약금액 한도·조회와 그 밖의 필요한 사항을 명시하여야 한다. (2014. 2. 21. 신설)

제93조의　3【해외주식투자전용집합투자기구에　대한　과세특례】

① 법 제91조의 17 제1항 제1호에서 "대통령령으로 정하는 해외주식투자전용집합투자증권저축"이란 다음 각 호의 요건을 모두 갖춘 저축(이하 이 조에서 "전용저축"이라 한다)을 말한다. (2016. 2. 5. 신설)

1. 「금융실명거래 및 비밀보장에 관한 법률」 제2조 제1호 각 목의 어느 하나에 해당하는 금융기관이 취급하는 저축으로서 해외주식투자전용집합투자증권저축임이 표시된 통장으로 거래될 것 (2016. 2. 5. 신설)

2. 법 제91조의 17 제1항에 따른 해외주식투자전용집합투자기구(이하 이 조에서 "전용집합투자기구"라 한다)의 집합투자증권에 대한 투자만을 위한 저축으로서 저축계약기간이 10년 이내일 것 (2016. 2. 5. 신설)

② 법 제91조의 17 제1항 각 호 외의 부분에서 "해외상장주식"이란

서 "해외상장주식"이라 한다)에 자산총액의 100분의 60 이상을 투자하는 「소득세법」 제17조 제1항 제5호에 따른 집합투자기구(이하 이 조에서 "해외주식투자전용집합투자기구"라 한다)의 「자본시장과 금융투자업에 관한 법률」 제9조 제21항에 따른 집합투자증권(이하 이 조에서 "집합투자증권"이라 한다)에 다음 각 호의 요건을 모두 갖추어 2017년 12월 31일까지 투자하는 경우에는 해외주식투자전용집합투자증권저축에 가입한 날부터 10년이 되는 날까지 해당 해외주식투자전용집합투자기구가 직접 또는 집합투자증권(「자본시장과 금융투자업에 관한 법률」 제279조 제1항에 따른 외국 집합투자증권을 포함한다)에 투자하여 취득하는 해외상장주식의 매매 또는 평가로 인하여 발생한 손익(환율 변동에 의한 손익을 포함한다)을 「소득세법」 제17조 제1항 제5호에도 불구하고 해당 해외주식투자전용집합투자기구로부터 받는 <u>배당소득금액</u>에 포함하지 아니한다. (2024. 12. 31. 개정)

1. 대통령령으로 정하는 해외주식투자전용집합투자증권저축(이하 이 조에서 "해외주식투자전용집합투자증권저축"이라 한다)에 가입하여 해당 해외주식투자전용집합투자증권저축을 통하여 해외주식투자전용집합투자기구의 집합투자증권에 투자할 것 (2015. 12. 15. 신설)

2. 거주자 1명당 해외주식투자전용집합투자증권저축에 납입한 원금이

다음 각 호의 요건을 모두 갖춘 주식을 말한다. (2016. 2. 5. 신설)

1. 외국법령에 따라 설립된 외국법인이 발행한 주식일 것. 다만, 집합투자 목적으로 설립된 법인의 주식은 제외한다. (2016. 2. 5. 신설)

2. 「증권거래세법」 제2조 제1호에 따른 외국에 있는 시장(이하 이 조에서 "외국증권시장"이라 한다)에 상장된 주식일 것 (2016. 2. 5. 신설)

③ 제2항에도 불구하고 다음 각 호의 요건을 모두 갖춘 주식예탁증서는 제2항 각 호의 요건을 모두 갖춘 주식으로 본다. (2016. 2. 5. 신설)

1. 제2항 각 호의 요건을 모두 갖춘 개별 주식을 기초로 하여 발행된 주식예탁증서일 것 (2016. 2. 5. 신설)

2. 외국증권시장에 상장된 주식예탁증서일 것 (2016. 2. 5. 신설)

④ 전용집합투자기구는 제2항 및 제3항에 따른 해외상장주식의 보유비율(전용집합투자기구가 직접 해외상장주식에 투자한 비율과 해외상장주식에 직접 투자하는 다른 집합투자기구를 통하여 해외상장주식에 투자한 비율의 합계를 말한다. 이하 이 조에서 "보유비율"이라 한다)이 매일 자산총액의 100분의 60 이상이 되도록 투자(이하 이 조에서 "최저보유의무"라 한다)하여야 한다. 다만, 다음 각 호의 어느 하나에 해당하는 기간에는 보유비율이 100분의 60 미만인 경우에도 100분의 60 이상인 것으로 본다. (2016. 2. 5. 신설)

1. 전용집합투자기구의 최초 설정일 또는 설립일부터 1개월 (2016. 2. 5. 신설)

2. 전용집합투자기구의 회계기간(회계기간이 3개월 이상인 경우로 한정한다) 종료일 이전 1개월 (2016. 2. 5. 신설)

3. 전용집합투자기구의 해산일 또는 해지일(최초 설립일 또는 설정일부터 해산일 또는 해지일까지의 기간이 3개월 이상인 경우로 한정한다) 이전 1개월 (2016. 2. 5. 신설)

4. 3영업일 동안 누적된 추가설정 또는 해지청구된 금액이 각각 전용집합투자기구 자산총액의 100분의 10을 초과하여 최저보유의무를 위반하게 된 날부터 1개월 (2016. 2. 5. 신설)

5. 전용집합투자기구가 투자한 자산의 가격변동으로 최저보유의무를 위반하게 된 날부터 1개월 (2016. 2. 5. 신설)

⑤ 법 제91조의 17 제1항 제2호에서 "해외주식투자전용집합투자증권

저축에 납입한 금액의 합계액"이란 각 전용저축의 원금(각 전용저축별 납입원금의 한도액을 설정한 경우에는 해당 한도액을 말한다)을 모두 합한 금액으로 하되, 다음 각 호의 구분에 따라 계산한 금액으로 한다. (2016. 2. 5. 신설)

1. 법 제91조의 17 제1항에 따른 투자기간(이하 이 조에서 "투자기간"이라 한다)까지 : 각 전용저축에 보유 중인 집합투자증권을 일부 또는 전부 환매하여 전용저축에서 인출하지 아니하고 전용집합투자기구의 집합투자증권에 재투자하는 경우 해당 재투자금액은 전용저축의 원금에 가산하지 아니하며, 전용저축에서 일부 금액이 인출되는 경우에는 해당 저축의 원금부터 인출된 것으로 본다. (2016. 2. 5. 신설)

2. 투자기간 경과 후 : 각 전용저축에 보유 중인 집합투자증권을 일부 또는 전부 환매하여 전용집합투자기구의 집합투자증권(투자기간 중에 투자하여 전용저축에 보유 중인 집합투자 증권을 말한다)에 재투자하는 경우 해당 재투자금액은 전용저축의 원금에 가산하며, 전용저축에서 전부 또는 일부 금액이 인출되더라도 해당 저축 원금의 인출이 없는 것으로 본다. (2016. 2. 5. 신설)

3. 제1호 및 제2호를 적용할 때 전용 집합투자기구에서 발생한 이익금을 「자본시장과 금융투자업에 관한 법률」 제

☞ p.1536 2단 연결

3천만원(「금융실명거래 및 비밀보장에 관한 법률」 제2조 제1호 각 목에 따른 모든 금융회사등에 가입한 해외주식투자전용집합투자증권저축에 납입한 금액의 합계액을 말한다) 이내일 것 (2015. 12. 15. 신설)

② 제1항에도 불구하고 거주자가 해외주식투자전용집합투자증권저축에서 발생하는 금융투자소득에 대하여 같은 항을 적용받지 아니할 것을 대통령령으로 정하는 바에 따라 신청한 경우에는 해당 금융투자소득에 대하여 「소득세법」 제87조의 4를 적용한다. (2021. 12. 28. 신설)

② 삭　제 (2024. 12. 31.)

② 해외주식투자전용집합투자증권저축, 해외상장주식 및 해외주식투자전용집합투자기구의 요건과 그 밖에 필요한 사항은 대통령령으로 정한다. (2024. 12. 31. 항번개정)

제91조의 18 【개인종합자산관리계좌에 대한 과세특례】 농특비

① 다음 각 호의 어느 하나에 해당하는 거주자가 제3항 각 호의 요건을 모두 갖춘 계좌(이하 이 조에서 "개인종합자산관리계좌"라 한다)에 가입하거나 계약기간을 연장하는 경우 해당 계좌에서 발생하는 이자소득, 배당소득 및 금융투자소득(이하 이 조에서 "이자소득등"이라 한다)의 합계액에 대해서는 제2항에 따른 비과세 한도금액까지는 소득세를 부과하지 아니하며, 제2항에 따른 비과세 한도금액을 초과하는 금액에 대해서는 「소득세법」 제129조에도 불구하고 100분의 9의 세율을 적용하고 같은 법 제14조 제2항 및 제87조의 4에 따른 종합소득과세표준 및 금융투자소득과세표준에 합산하지 아니한다. (2021. 12. 28. 개정)

① 다음 각 호의 어느 하나에 해당하는 거주자가 제3항 각 호의 요건을 모두 갖춘 계좌(이하 이 조에서 "개인종합자산관리계좌"라 한다)에 가입하거나 계약기간을 연장하는 경우 해당 계좌에서 발생하는 이자소득 및 배당소득(이하 이 조에서 "이자소득등"이라 한다)의 합계액에 대해서는 제2항에 따른 비과세 한도금액까지는 소득세를 부과하지 아니하

242조에 따라 재투자하는 경우에는 해당 이익금은 전용저축의 원금에 가산하지 아니한다. (2016. 2. 5. 신설)

⑥ 투자기간 중에 투자하여 보유 중인 전용집합투자기구의 집합투자증권을 해당 투자기간 경과 후 추가로 투자하는 경우 해당 추가 투자는 법 제91조의 17 제1항에 따른 투자로 본다. (2016. 2. 5. 신설)

⑦ 전용집합투자기구의 외국납부세액공제금액 한도계산에 대해서는 「법인세법 시행령」 제94조의 2를 준용한다. 이 경우 법 제91조의 17 제1항에 따라 배당소득금액에 포함하지 않는 손익은 「법인세법 시행령」 제94조의 2 제1항 제1호에 따른 "당해 사업연도 소득금액 중 과세대상소득금액"으로 본다. (2024. 12. 31. 신설)

⑦ 삭　제 (2025. 2. 28.)

⑧ 전용저축의 가입자는 전용저축을 통하여 보유 중인 전용집합투자기구의 집합투자증권을 해당 전용저축의 계약기간 만료일까지 환매하여야 한다. (2016. 2. 5. 신설)

⑨ 법 제91조의 17 제2항을 적용받으려는 자는 기획재정부령으로 정하는 금융투자소득합산과세 신청서를 「소득세법」 제87조의 23에 따른 금융투자소득과세표준 확정신고기한까지 납세지 관할 세무서장에게 제출해야 한다. (2022. 2. 15. 신설)

⑨ 삭　제 (2024. 12. 31.)

⑨ 해외상장주식의 범위와 전용저축의 운영 및 그 밖에 필요한 사항은 기획재정부령으로 정한다. (2024. 12. 31. 항번개정)

제93조의 4 【개인종합자산관리계좌에 대한 과세특례】 ① 법 제91조의 18 제1항 각 호 외의 부분에 따른 개인종합자산관리계좌(이하 이 조에서 "개인종합자산관리계좌"라 한다)에 가입하거나 계약기간을 연장하려는 자는 다음 각 호의 구분에 따른 자료를 같은 조 제6항에 따른 신탁업자등(이하 이 조에서 "신탁업자등"이라 한다)에게 제출하여야 한다. (2021. 2. 17. 개정)

1. 법 제91조의 18 제1항 제2호 또는 같은 조 제2항 제1호에 해당하는 경우 : 세무서장으로부터 발급받은 기획재정부령으로 정하는 소득확인증명서. 다만, 가입일 또는 연장일이 속하는 과세기간의 직전 과세기간에 사업소득 또는 근로소득이 최초로 발생하여 소득확인증명서로 해당 요건을 갖추었는지 여부를 확인하기 어려운 경우에는 소득확인증명서 대신 사업소득·근로소득의 지급확인서, 사업자등록증명원 또는 원천징수영수증을 제출할 수 있다. (2021. 2. 17. 개정)

며, 제2항에 따른 비과세 한도금액을 초과하는 금액에 대해서는 「소득세법」 제129조에도 불구하고 100분의 9의 세율을 적용하고 같은 법 제14조 제2항에 따른 종합소득과세표준에 합산하지 아니한다. (2024. 12. 31. 개정)

1. 가입일 또는 연장일 기준 19세 이상인 자 (2020. 12. 29. 개정)
2. 가입일 또는 연장일 기준 15세 이상인 자로서 가입일 또는 연장일이 속하는 과세기간의 직전 과세기간에 근로소득이 있는 자(비과세소득만 있는 자는 제외한다. 이하 이 조에서 같다) (2020. 12. 29. 개정)
3. 제1호 또는 제2호에 해당하지 않는 자로서 대통령령으로 정하는 농어민 (2015. 12. 15. 신설)
3. 삭　제 (2020. 12. 29.)

② 개인종합자산관리계좌의 비과세 한도금액은 가입일 또는 연장일을 기준으로 다음 각 호의 구분에 따른 금액으로 한다. (2020. 12. 29. 개정)
1. 다음 각 목의 어느 하나에 해당하는 경우 : 400만원 (2020. 12. 29. 개정)
　가. 직전 과세기간의 총급여액이 5천만원 이하인 거주자(직전 과세기간에 근로소득만 있거나 근로소득 및 종합소득과세표준에 합산되지 아니하는 종합소득이 있는 자로 한정한다) (2020. 12. 29. 개정)
　나. 직전 과세기간의 종합소득과세표준에 합산되는 종합소득금액이 3천8백만원 이하인 거주자(직전 과세기간의 총급여액이 5천만원을 초과하지 아니하는 자로 한정한다) (2021. 12. 28. 개정)
　다. 대통령령으로 정하는 농어민(직전 과세기간의 종합소득과세표준에 합산되는 종합소득금액이 3천8백만원을 초과하는 자는 제외한다) (2021. 12. 28. 개정)
2. 제1호에 해당하지 아니하는 자의 경우 : 200만원 (2020. 12. 29. 개정)
3. 제1항 제3호에 해당하는 자(직전 과세기간의 종합소득과세표준에 합산되는 종합소득금액이 3천5백만원을 초과하는 자는 제외한다)의 경우 : 400만원 (2017. 12. 19. 개정)
3. 삭　제 (2020. 12. 29.)

③ "개인종합자산관리계좌"란 다음 각 호의 요건을 모두 갖춘 계좌를 말한다. (2015. 12. 15. 신설)

2. 법 제91조의 18 제2항 제1호 다목에 따른 농어민에 해당하는 경우 : 다음 각 목의 어느 하나에 해당하는 자료 (2021. 2. 17. 개정)
　가. 국립농산물품질관리원의 지원장 또는 사무소장으로부터 발급받은 농업인확인서 (2016. 2. 5. 신설)
　나. 지방해양수산청장 또는 제주해양수산관리단장으로부터 발급받은 어업인확인서 (2016. 2. 5. 신설)
　다. 국립농산물품질관리원장으로부터 발급받은 농업경영체 등록 확인서 또는 지방해양수산청장으로부터 발급받은 어업경영체 등록 확인서(「농어업경영체 육성 및 지원에 관한 법률」 제4조 제1항에 따라 농어업경영정보를 등록한 농어업경영체의 경영주인 농업인 또는 어업인의 경우로 한정한다) (2017. 2. 7. 신설)

② 법 제91조의 18 제2항 제1호 다목에서 "대통령령으로 정하는 농어민"이란 「농업·농촌 및 식품산업 기본법」 제3조 제2호의 농업인 또는 「수산업·어촌 발전 기본법」 제3조 제3호의 어업인에 해당하는 자를 말한다. (2021. 2. 17. 개정)

③ 국세청장은 다음 각 호의 구분에 따른 날까지 해당 요건을 확인하여 「은행법」에 따른 은행 등을 회원으로 하여 설립된 협회 중 금융위원회가 정하는 협회(이하 "전국은행연합회"라 한다)에 통지해야 한다. (2021. 2. 17. 개정)
1. 법 제91조의 18 제1항 제2호(근로소득 요건에 한정한다) : 가입일 또는 연장일이 속하는 연도(해당 거주자에 대하여 「소득세법」 제80조에 따른 결정 또는 경정이 있는 경우에는 결정 또는 경정이 있는 연도를 말한다. 이하 이 항에서 같다)의 다음 연도 8월 31일 (2021. 2. 17. 개정)
2. 법 제91조의 18 제2항 제1호(다목의 경우 종합소득금액 요건에 한정한다) : 가입일 또는 연장일이 속하는 연도의 다음 연도 2월 말일 (2021. 2. 17. 개정)

④ 제3항에 따른 국세청장의 통지에 대한 계좌보유자의 의견제시 절차는 제123조의 2 제5항을 준용한다. (2021. 2. 17. 개정)

⑤ 법 제91조의 18 제3항 제2호 가목에서 "대통령령으로 정하는 계약"이란 다음 각 호의 요건을 모두 갖춘 계약을 말한다. (2021. 2. 17. 개정)
1. 계약의 형태가 위탁매매계약 또는 매매계약일 것 (2021. 2. 17. 개정)

관계조문 ▶▶

규칙 61조 1항 61호의 19 ⇒ 소득확인증명서(별지 60호의 19 서식)

1. 1명당 1개의 계좌만 보유할 것 (2020. 12. 29. 개정)
2. 계좌의 명칭이 개인종합자산관리계좌이고 다음 각 목의 어느 하나에 해당하는 계좌일 것 (2020. 12. 29. 개정)
  가. 「자본시장과 금융투자업에 관한 법률」 제8조 제3항에 따른 투자중개업자(이하 이 조에서 "투자중개업자"라 한다)와 대통령령으로 정하는 계약을 체결하여 개설한 계좌 (2020. 12. 29. 개정)
  나. 「자본시장과 금융투자업에 관한 법률」 제8조 제6항에 따른 투자일임업자(이하 이 조에서 "투자일임업자"라 한다)와 대통령령으로 정하는 계약을 체결하여 개설한 계좌 (2020. 12. 29. 개정)
  다. 「자본시장과 금융투자업에 관한 법률」 제8조 제7항에 따른 신탁업자(이하 이 조에서 "신탁업자"라 한다)와 특정금전신탁계약을 계약을 체결하여 개설한 신탁계좌 (2020. 12. 29. 개정)
3. 다음 각 목의 재산으로 운용할 것 (2021. 12. 28. 개정)
  가. 예금·적금·예탁금 및 그 밖에 이와 유사한 것으로서 대통령령으로 정하는 금융상품 (2021. 12. 28. 개정)
  나. 「소득세법」 제16조 제1항 제2호의 2에 따른 파생결합사채 (2021. 12. 28. 개정)
  다. 「소득세법」 제17조 제1항 제9호에 따라 과세되는 증권 또는 증서 (2021. 12. 28. 개정)
  라. 「소득세법」 제87조의 6 제1항 제4호에 따른 적격집합투자기구의 집합투자증권(국외에서 설정된 집합투자기구의 집합투자증권을 포함한다) (2021. 12. 28. 개정)
  마. 「소득세법」 제87조의 6 제1항 제5호에 따른 파생결합증권 (2021. 12. 28. 개정)
  바. 「소득세법」 제87조의 18 제1항 제1호 가목에 따른 주권상장법인의 주식 (2021. 12. 28. 개정)
  사. 그 밖에 대통령령으로 정하는 재산 (2021. 12. 28. 개정)
3. 다음 각 목의 재산으로 운용할 것 (2024. 12. 31. 개정)
  가. 예금·적금·예탁금 및 그 밖에 이와 유사한 것으로서 대통령령으로 정하는 금융상품 (2024. 12. 31. 개정)
  나. 「소득세법」 제17조 제1항 제5호에 따른 집합투자기구의 집합투자증권 (2024. 12. 31. 개정)
  다. 「소득세법」 제17조 제1항 제5호의 2에 따른 파생결합증권 또는 파생결합사채 (2024. 12. 31. 개정)
  라. 「소득세법」 제17조 제1항 제9호에 따라 과세되는 증권 또는 증서 (2024. 12. 31. 개정)
  마. 「소득세법」 제88조 제3호에 따른 주권상장법인의 주식 (2024.

2. 「자본시장과 금융투자업에 관한 법률」 제72조에 따른 신용공여를 금지할 것 (2021. 2. 17. 개정)
3. 개인종합자산관리계좌가 아닌 계좌에 보유하고 있는 법 제91조의 18 제3항 제3호 각 목의 재산(이하 이 조에서 "투자대상자산"이라 한다)을 개인종합자산관리계좌에 이체하는 것이 제한될 것 (2021. 2. 17. 개정)
⑥ 법 제91조의 18 제3항 제2호 나목에서 "대통령령으로 정하는 계약"이란 다음 각 호의 요건을 모두 갖춘 계약을 말한다. (2021. 2. 17. 개정)
1. 「자본시장과 금융투자업에 관한 법률 시행령」 제98조 제2항의 자산구성형 개인종합자산관리계약일 것 (2021. 2. 17. 개정)
2. 제5항 제3호의 요건을 갖출 것 (2021. 2. 17. 개정)
⑦ 법 제91조의 18 제3항 제3호 가목에서 "대통령령으로 정하는 금융상품"이란 다음 각 호의 금융상품을 말한다. (2021. 2. 17. 개정)
1. 「자본시장과 금융투자업에 관한 법률 시행령」 제106조 제2항 각 호의 금융기관에의 예치금(「자본시장과 금융투자업에 관한 법률」 제3조에 따른 금융투자상품은 제외한다) (2021. 2. 17. 개정)
2. 「소득세법 시행령」 제24조에 따른 환매수 또는 환매도하는 조건으로 매매하는 채권 또는 증권 (2021. 2. 17. 개정)
⑧ 법 제91조의 18 제3항 제3호 바목에서 "대통령령으로 정하는 재산"이란 다음 각 호의 재산을 말한다. (2024. 12. 31. 개정)
1. 「부동산투자회사법」 제2조 제3호 가목에 따른 부동산투자회사의 주식 (2021. 2. 17. 개정)
2. 개인종합자산관리계좌에 보유하고 있는 투자대상자산을 통해 취득한 「상법」 제420조의 2 제1항에 따른 신주인수권증서 (2021. 2. 17. 개정)
3. 「소득세법」 제16조 제1항 제1호 및 제2호에 따른 채권 또는 증권 (2023. 2. 28. 신설)
4. 「자본시장과 금융투자업에 관한 법률」 제283조에 따라 설립된 한국금융투자협회가 행하는 같은 법 제286조 제1항 제5호에 따른 장외매매거래를 통해 거래되는 다음 각 목의 주식 (2023. 2. 28. 신설)
  가. 해당 주식의 개인종합자산관리계좌 편입일 현재 「중소기업기본법」 제2조에 따른 중소기업에 해당하는 기업의 주식 (2024. 2. 29. 개정)
  나. 해당 주식의 개인종합자산관리계좌 편입일 현재 「중견기업 성장촉진 및 경쟁력 강

12. 31. 개정)

바. 그 밖에 대통령령으로 정하는 재산 (2024. 12. 31. 개정)

4. 계약기간이 3년 이상일 것 (2020. 12. 29. 개정)

5. 총납입한도가 1억원(제91조의 14에 따른 재형저축 또는 제91조의 16에 따른 장기집합투자증권저축에 가입한 거주자는 재형저축 및 장기집합투자증권저축의 계약금액 총액을 뺀 금액으로 한다) 이하이고, 연간 납입한도가 다음의 계산식에 따른 금액일 것 (2021. 12. 28. 개정)

> 2천만원 × [1 + 가입 후 경과한 연수(경과한 연수가 4년 이상인 경우에는 4년으로 한다)] − 누적 납입금액

④ 개인종합자산관리계좌의 계좌보유자는 계약기간 만료일 전에 해당 계좌의 계약기간을 연장할 수 있다. (2020. 12. 29. 신설)

⑤ 제1항 또는 제2항을 적용할 때 이자소득등의 합계액은 개인종합자산관리계좌의 계약 해지일을 기준으로 하여 제3항 제3호 각 목의 재산에서 발생한 이자소득등을 대통령령으로 정하는 방법에 따라 합한 금액에서 대통령령으로 정하는 필요경비를 공제한 금액으로 한다. (2021. 12. 28. 개정)

⑤ 제1항 또는 제2항을 적용할 때 이자소득등의 합계액은 개인종합자산관리계좌의 계약 해지일을 기준으로 하여 제3항 제3호 각 목의 재산에서 발생한 이자소득등에서 제3항 제3호 각 목의 재산에서 발생한 대통령령으로 정하는 손실을 대통령령으로 정하는 방법에 따라 차감하여 계산한다. (2024. 12. 31. 개정)

⑥ 제5항을 적용할 때 「소득세법」 제87조의 18 제1항 제1호 가목 및 다목에 따른 소득금액의 합계액이 0보다 큰 경우 해당 합계액은 이자소득등의 합계액에서 제외하여 소득세를 과세하지 아니한다. (2021. 12. 28. 신설)

⑥ 삭 제 (2024. 12. 31.)

⑥ 신탁업자, 투자일임업자 및 투자중개업자(이하 이 조에서 "신탁업자등"이라 한다)는 「소득세법」 제130조 및 제155조의 2에도 불구하고 계약 해지일에 이자소득등에 대한 소득세를 원천징수하여야 한다. (2024. 12. 31. 개정)

화에 관한 특별법」 제2조 제1호에 따른 중견기업에 해당하는 기업의 주식 (2024. 2. 29. 개정)

가. 해당 주식의 개인종합자산관리계좌 편입일 현재 「중소기업기본법」 제2조에 따른 중소기업에 해당하는 기업의 주식 (2024. 12. 31. 개정)

나. 해당 주식의 개인종합자산관리계좌 편입일 현재 「중견기업 성장촉진 및 경쟁력 강화에 관한 특별법」 제2조 제1호에 따른 중견기업에 해당하는 기업의 주식 (2024. 12. 31. 개정)

⑨ 법 제91조의 18 제5항에서 "대통령령으로 정하는 방법"이란 이자소득, 배당소득 및 「소득세법」 제87조의 7 제1항에 따른 금융투자소득금액(이하 "금융투자소득금액"이라 한다)을 합산하는 방법을 말하며, 금융투자소득금액이 0보다 작은 경우에는 배당소득과 먼저 합산하고 남은 금액을 이자소득과 합산한다. 이 경우 금융투자소득금액을 계산할 때 「소득세법」 제87조의 18 제1항 제1호 가목 및 다목의 소득금액을 합산한 금액이 0보다 작으면 「소득세법 시행령」 제150조의 9 제2항 및 제3항에도 불구하고 그 금액을 전체 금융투자소득금액에서 공제한다. (2022. 2. 15. 개정)

⑨ 법 제91조의 18 제5항에서 "대통령령으로 정하는 손실"이란 투자대상자산에서 발생한 손실(기획재정부령으로 정하는 주식에서 발생한 양도차손을 포함한다)을 말한다. 다만, 다음 각 호의 손실은 제외한다. (2024. 12. 31. 개정)

1. 「소득세법」 제17조에 따른 배당소득에 포함되지 않는 손실 (2024. 12. 31. 개정)

2. 「소득세법 시행령」 제26조의 2 제4항에 따른 집합투자기구로부터의 이익에 포함되지 않는 손실 (2024. 12. 31. 개정)

3. 「소득세법 시행령」 제26조의 3 제3항에 따른 상장지수증권으로부터의 이익에 포함되지 않는 손실 (2024. 12. 31. 개정)

⑩ 법 제91조의 18 제5항에서 "대통령령으로 정하는 필요경비"란 「자본시장과 금융투자업에 관한 법률」에 따른 각종 보수 또는 수수료 등(금융투자소득금액에 포함된 경우는 제외한다)을 말한다. (2022. 2. 15. 개정)

⑩ 법 제91조의 18 제5항에서 "대통령령으로 정하는 방법"이란 다음 각 호의 순서에 따라 소득에서 손실을 차감하는 방법을 말한다. (2024. 12. 31. 개정)

제42조의 3 【개인종합자산관리계좌에 대한 과세특례】 ① 영 제93조의 4 제9항 각 호 외의 부분 본문에서 "기획재정부령으로 정하는 주식"이란 다음 각 호의 어느 하나에 해당하는 주식을 말한다. (2024. 12. 31. 신설)

1. 「자본시장과 금융투자업에 관한 법률」 제9조 제15항 제3호에 따른 주권상장법인의 주식. 다만, 「소득세법 시행령」 제157조 제1항에 따른 주권상장법인대주주가 보유한 주식은 제외한다. (2024. 12. 31. 신설)

2. 영 제93조의 4 제8항 제4호에 따른 주식. 다만, 「소득세법 시행령」 제157조 제3항에 따른 주권비상장법인의 대주주

⑧ 신탁업자등은 개인종합자산관리계좌의 계좌보유자가 최초로 계약을 체결한 날부터 3년이 되는 날 전에 계약을 해지하는 경우(계좌보유자의 사망·해외이주 등 대통령령으로 정하는 부득이한 사유로 계약을 해지하는 경우는 제외하며, 이하 이 조에서 "중도해지"라고 한다)에는 제1항, 제2항 및 제5항부터 제7항까지의 규정에도 불구하고 다음 각 호에 따라 결정된 세액을 즉시 원천징수하고 그 징수일이 속하는 달의 다음 달 10일까지 원천징수 관할 세무서장에게 납부하여야 한다. (2021. 12. 28. 개정)

1. 이자·배당소득 : 「소득세법」 제14조를 적용하여 결정된 세액 (2021. 12. 28. 개정)

2. 금융투자소득 : 해당 계좌에서 발생한 금융투자소득금액에 「소득세법」 제87조의 19에 따른 세율을 곱한 금액. 이 경우 해당 소득금액은 「소득세법」 제87조의 4에 따른 금융투자소득과세표준에 합산하지 아니한다. (2021. 12. 28. 개정)

⑦ 신탁업자등은 개인종합자산관리계좌의 계좌보유자가 최초로 계약을 체결한 날부터 3년이 되는 날 전에 계약을 해지하는 경우(계좌보유자의 사망·해외이주 등 대통령령으로 정하는 부득이한 사유로 계약을 해지하는 경우는 제외하며, 이하 이 조에서 "중도해지"라 한다)에는 과세특례를 적용받은 소득세에 상당하는 세액을 제146조의 2에 따라 추징하여야 한다. (2024. 12. 31. 개정)

⑧ 개인종합자산관리계좌의 계좌보유자가 최초로 계약을 체결한 날부터 3년이 되는 날 전에 계약기간 중 납입한 금액의 합계액을 초과하는 금액을 인출하는 경우에는 해당 인출일에 계약이 중도해지된 것으로 보아 제5항부터 제7항까지를 적용한다. (2024. 12. 31. 개정)

⑨ 국세청장은 개인종합자산관리계좌의 계좌보유자가 제1항 제2호(근로소득 요건에 한정한다), 제2항 각 호(총급여액 및 종합소득금액 요건

---

1. 각 투자대상자산별 소득에서 같은 종류의 투자대상자산에서 발생한 손실을 차감할 것 (2024. 12. 31. 개정)

2. 제1호를 적용한 후 남은 손실액은 배당소득에서 차감할 것 (2024. 12. 31. 개정)

3. 제2호를 적용한 후 남은 손실액은 이자소득에서 차감할 것 (2024. 12. 31. 개정)

⑪ 법 제91조의 18 제5항에 따른 이자소득등의 합계액은 제10항에 따라 손실을 차감하여 계산한 금액에서 「자본시장과 금융투자업에 관한 법률」에 따른 각종 보수·수수료 등(기획재정부령으로 정하는 주식에서 발생한 양도차손에 포함된 경우는 제외한다)을 뺀 금액으로 한다. (2024. 12. 31. 신설)

⑫ 개인종합자산관리계좌에 지급된 이자소득, 배당소득, 금융투자소득 및 재투자된 금액(신주인수권증서의 평가금액을 포함한다)은 법 제91조의 18 제3항 제5호에 따른 총납입한도 및 연간 납입한도에 포함하지 않는다. (2022. 2. 15. 개정)

⑫ 개인종합자산관리계좌에 지급된 이자소득, 배당소득 및 재투자된 금액(신주인수권증서의 평가금액을 포함한다)은 법 제91조의 18 제3항 제5호에 따른 총납입한도 및 연간 납입한도에 포함하지 않는다. (2024. 12. 31. 개정)

⑬ 계좌보유자가 개인종합자산관리계좌에서 일부 금액을 인출하는 경우 투자원금부터 인출한 것으로 본다. (2021. 2. 17. 개정)

⑭ 법 제91조의 18 제7항에서 "계좌보유자의 사망·해외이주 등 대통령령으로 정하는 부득이한 사유"란 다음 각 호의 사유를 말한다. (2024. 12. 31. 개정)

1. 계좌보유자가 사망하거나 해외로 이주한 경우 (2021. 2. 17. 개정)

1. 계좌보유자가 사망하거나 「해외이주법」에 따라 해외이주한 경우 (2025. 2. 28. 개정)

2. 계약 해지일 전 6개월 이내에 계좌보유자에게 제81조 제6항 제3호 각 목의 어느 하나에 해당하는 사유가 발생한 경우 (2024. 11. 12. 개정)

⑮ 제14항에 따른 사유로 계약을 해지하려는 자는 기획재정부령으로 정하는 특별해지사유신고서를 신탁업자등에게 제출해야 한다. (2021. 2. 17. 개정)

⑯ 신탁업자등은 개인종합자산관리계좌의 약관에 납입한도, 계약기간 및 운용방식 등을 명시하여야 한다. (2021. 2. 17. 개정)

가 보유한 주식은 제외한다. (2024. 12. 31. 신설)

② 제1항에 따른 주식에서 발생한 양도차손을 계산할 때 같은 종목의 주식을 2회 이상 취득한 경우 그 주식의 취득가액은 「소득세법 시행령」 제93조 제2항 제3호에 따른 이동평균법에 따라 계산한다. (2024. 12. 31. 신설)

③ 영 제93조의 4 제11항에서 "기획재정부령으로 정하는 주식"이란 「자본시장과 금융투자업에 관한 법률」 제9조 제15항 제3호에 따른 주권상장법인의 주식을 말한다. (2024. 12. 31. 신설)

④ 신탁업자는 개인종합자산관리계좌를 법 제91조의 18 제3항 제3호 각 목의 재산으로 운용할 수 없는 경우에 한하여 「자본시장과 금융투자업에 관한 법률 시행령」 제106조 제5항 제3호에 따라 해당 신탁업자의 고유재산을 관리하는 계정에 대한 일시적인 자금의 대여를 통하여 운용할 수 있다. (2021. 3. 16. 항번개정)

⑤ 제4항에 따른 운용을 통해 발생한 이자소득은 법 제91조의 18 제5항에 따른 이자소득등에 포함된다. (2021. 3. 16. 개정)

에 한정한다)에 해당하는지를 확인하여 신탁업자등에게 통보하여야 한다. (2024. 12. 31. 항번개정)

⑩ 제9항에 따라 신탁업자등이 개인종합자산관리계좌의 계좌보유자가 제1항 제2호(근로소득 요건에 한정한다)에 해당하지 아니하는 것으로 통보받은 경우에는 그 통보를 받은 날에 계약이 해지된 것으로 보며, 해당 신탁업자등은 이를 개인종합자산관리계좌의 계좌보유자에게 통보하여야 한다. (2024. 12. 31. 개정)

⑪ 개인종합자산관리계좌의 계좌보유자가 최초로 계약을 체결한 날부터 3년이 되는 날 이후에 「소득세법」 제59조의 3 제3항에 따라 해당 계좌 잔액의 전부 또는 일부를 연금계좌로 납입한 경우에는 해당 개인종합자산관리계좌의 계약기간이 만료된 것으로 본다. (2024. 12. 31. 항번개정)

⑬ 개인종합자산관리계좌의 가입·연장절차, 가입대상의 확인·관리, 이자소득등의 계산방법, 중도해지 시 원천징수 방법 및 그 밖에 필요한 사항은 대통령령으로 정한다. (2021. 12. 28. 개정)

⑫ 개인종합자산관리계좌의 가입·연장절차, 가입대상의 확인·관리, 이자소득등의 계산방법 및 그 밖에 필요한 사항은 대통령령으로 정한다. (2024. 12. 31. 개정)

제91조의 19 【장병내일준비적금에 대한 비과세】 ① 가입 당시 현역병 등 대통령령으로 정하는 요건을 충족하는 사람(이하 이 조에서 "현역병등"이라 한다)이 대통령령으로 정하는 장병내일준비적금(이하 이 조에서 "장병내일준비적금"이라 한다)에 2026년 12월 31일까지 가입하는 경우 가입일부터 「병역법」에 따른 복무기간 종료일까지 해당 적금(모든 금융회사에 납입한 금액의 합계액 기준으로 다음 각 호의 구분에 따른 금액을 한도로 한다)에서 발생하는 이자소득에 대해서는 소득세를 부과하지 아니한다. 다만, 복무기간이 24개월을 초과하는 경우 비과세 적용기간은 24개월을 초과하지 못한다. (2023. 12. 31. 개정)

1. 2024년 12월 31일 이전에 납입하는 금액 : 월 40만원 (2023. 12. 31. 신설)

2. 2025년 1월 1일 이후에 납입하는 금액 : 월 55만원 (2023. 12. 31. 신설)

② 금융회사는 장병내일준비적금의 가입자가 계약의 만기일 전에 해당

• 종업원 휴게시설과 이에 딸린 화장실, 창고, 계단(부속시설)은 근로자복지증진 시설투자 세액공제 대상이나 옥외정원은 해당 대상에서 제외됨. (서면법규 – 1233, 2013. 11. 8.)

• 내국법인이 직장어린이집을 신축하여 해당법인과 계열사가 함께 이용하는 경우 투자세액공제는 해당시설의 취득금액을 전체 이용인원 중 해당 법인의 이용인원이 차지하는 비율로 안분하여 적용함. (법규법인 2013 – 473, 2014. 1. 10.)

⑰ 개인종합자산관리계좌의 투자대상자산의 범위, 이자소득등의 계산방법 및 그 밖에 필요한 사항은 기획재정부령으로 정한다. (2021. 2. 17. 개정)

제93조의 5 【장병내일준비적금에 대한 비과세】 ① 법 제91조의 19 제1항 각 호 외의 부분 본문에서 "대통령령으로 정하는 요건을 충족하는 사람"이란 다음 각 호의 어느 하나에 해당하는 사람으로서 적금 가입 당시 잔여 복무기간이 1개월 이상인 사람을 말한다. (2024. 2. 29. 개정)

1. 「병역법」 제5조 제1항 제1호 가목에 따른 현역병 (2019. 2. 12. 신설)

2. 「병역법」 제5조 제1항 제3호 나목 1)에 따른 사회복무요원 (2019. 2. 12. 신설)

3. 「병역법」 제2조 제1항 제8호에 따른 상근예비역 (2019. 2. 12. 신설)

4. 「병역법」 제25조에 따라 전환복무를 하는 사람 (2019. 2. 12. 신설)

5. 「병역법」에 따른 대체복무요원 (2022. 2. 15. 신설)

② 법 제91조의 19 제1항 각 호 외의 부분 본문에서 "대통령령으로 정하는 장병내일준비적금"이란 다음 각 호의 요건을 모두 갖춘 적금을 말한다. (2024. 2. 29. 개정)

장병내일준비적금의 최소 가입기간 완화

• 장병내일준비적금의 가입 요건이 되는 잔여 복무기간을 6개월 이상에서 1개월 이상으로 완화함. (영 93조의 5 제1항 개정; 2024. 2. 29.)

• 영 93조의 5 제1항의 개정규정은 2024. 6. 1.부터 시행함. (영 부칙(2024. 2. 29.) 1조 1호)

적금의 계약을 해지하는 경우에는 가입자가 비과세를 적용받은 소득세에 상당하는 세액을 제146조의 2에 따라 추징하여야 한다. (2020. 12. 29. 개정)

③ 금융회사는 제2항에 따라 추징세액을 징수한 경우 해당 적금의 가입자에게 그 내용을 즉시 서면으로 통보하여야 한다. (2018. 12. 24. 신설)

④ 금융회사가 제2항에 따른 추징세액을 기한까지 납부하지 아니하거나 납부하여야 할 세액에 미달하게 납부한 경우 해당 금융회사는 그 납부하지 아니한 세액 또는 미달하게 납부한 세액의 100분의 10에 해당하는 금액을 가산하여 원천징수 관할 세무서장에게 납부하여야 한다. (2020. 6. 9. 개정 ; 법률용어~법률)

③~④ 삭　제 (2020. 12. 29.)

⑤ 장병내일준비적금의 가입, 해지 및 운용·관리 방법, 그 밖에 필요한 사항은 대통령령으로 정한다. (2018. 12. 24. 신설)

제91조의 20 【청년형 장기집합투자증권저축에 대한 소득공제】 ① 대통령령으로 정하는 청년으로서 제1호에 따른 소득기준을 충족하는 거주자가 제2호에 따른 저축(이하 이 조에서 "청년형장기집합투자증권저축"이라 한다)에 2024년 12월 31일까지 가입하는 경우 계약기간 동안 각 과세기간에 납입한 금액의 100분의 40에 해당하는 금액을 해당 과세기간의 종합소득금액에서 공제한다. (2023. 12. 31. 개정)

제91조의 20 【청년형 장기집합투자증권저축에 대한 소득공제】 ① 대통령령으로 정하는 청년으로서 제1호에 따른 소득기준을 충족하는 거주자가 제2호에 따른 저축(이하 이 조에서 "청년형장기집합투자증권저축"이라 한다)에 2025년 12월 31일까지 가입하는 경우 계약기간 동안 각 과세기간에 납입한 금액의 100분의 40에 해당하는 금액을 해당 과세기간의 종합소득금액에서 공제한다. (2024. 12. 31. 개정)

1. 다음 각 목의 어느 하나에 해당하는 소득기준을 충족할 것 (2021. 12. 28. 신설)

　가. 직전 과세기간의 총급여액이 5천만원 이하일 것(직전 과세기간에 근로소득만 있거나 근로소득과 종합소득과세표준에 합산되지 아니하는 종합소득만 있는 경우로 한정하고, 비과세소득만 있는 경우는 제외한다) (2022. 12. 31. 개정)

　나. 직전 과세기간의 종합소득과세표준에 합산되는 종합소득금액이 3천8백만원 이하일 것(직전 과세기간의 총급여액이 5천만원을

1. 「금융실명거래 및 비밀보장에 관한 법률」 제2조 제1호에 따른 금융회사등(이하 이 조에서 "금융회사등"이라 한다)이 국방부장관·병무청장·경찰청장·소방청장·해양경찰청장과 협약을 체결하여 취급하는 적금일 것 (2019. 2. 12. 신설)

2. 적금통장의 표지에 "장병내일준비적금통장"이라는 문구를 표시할 것 (2019. 2. 12. 신설)

③ 법 제91조의 19 제1항에 따른 이자소득에 대한 비과세를 적용받으려는 사람은 장병내일준비적금의 가입 시 적금을 취급하는 금융회사등에 기획재정부령으로 정하는 장병내일준비적금 가입자격 확인서를 제출해야 한다. (2019. 2. 12. 신설)

④ 장병내일준비적금의 가입자가 계약의 만기일 전에 전역하는 경우에는 해당 적금의 계약 만기일을 법 제91조의 19 제1항 본문의 「병역법」에 따른 복무기간 종료일로 본다. (2019. 2. 12. 신설)

제93조의 6 【청년형 장기집합투자증권저축에 대한 소득공제】 ① 법 제91조의 20 제1항 각 호 외의 부분에서 "대통령령으로 정하는 청년"이란 같은 항 제2호에 따른 저축(이하 이 조에서 "청년형장기집합투자증권저축"이라 한다)의 가입일 현재 19세 이상 34세 이하인 사람[제27조 제1항 제1호 각 목의 어느 하나에 해당하는 병역을 이행한 경우에는 그 기간(6년을 한도로 한다)을 가입일 현재 연령에서 빼고 계산한 연령이 34세 이하인 사람을 포함한다]을 말한다. (2022. 2. 15. 신설)

② 청년형장기집합투자증권저축에 가입하려는 거주자는 다음 각 호의 자료를 청년형장기집합투자증권저축을 취급하는 금융회사(이하 이 조에서 "저축취급기관"이라 한다)에 제출해야 한다. (2022. 2. 15. 신설)

1. 세무서장으로부터 발급받은 기획재정부령으로 정하는 소득확인증명서 (2022. 2. 15. 신설)

2. 「병역법 시행령」 제155조의 7 제2항에 따른 병적증명서(가입일 현재 연령이 35세 이상인 경우로 한정한다) (2022. 2. 15. 신설)

③ 국세청장은 저축취급기관으로부터 법 제91조의 20 제8항에 따

초과하는 근로소득이 있는 경우 및 비과세소득만 있는 경우는 제외한다) (2022. 12. 31. 개정)

2. 다음 각 목의 요건을 모두 갖춘 저축 (2021. 12. 28. 신설)

　가. 자산총액의 100분의 40 이상을 「자본시장과 금융투자업에 관한 법률」 제9조 제15항 제3호에 따른 주권상장법인의 주식에 투자하는 집합투자기구(「소득세법」 제17조 제1항 제5호에 따른 집합투자기구로 한정한다)의 집합투자증권을 취득하기 위한 저축일 것 (2021. 12. 28. 신설)

　나. 계약기간이 3년 이상 5년 이하일 것 (2021. 12. 28. 신설)

　다. 적립식 저축으로서 1인당 납입금액이 연 600만원(해당 거주자가 가입한 모든 청년형장기집합투자증권저축의 합계액을 말한다) 이내일 것 (2021. 12. 28. 신설)

② 제1항에도 불구하고 청년형장기집합투자증권저축에 가입한 거주자(이하 이 조에서 "가입자"라 한다)가 다음 각 호의 어느 하나에 해당하는 경우에는 해당 과세기간에 같은 항에 따른 소득공제를 하지 아니한다. (2021. 12. 28. 신설)

1. 해당 과세기간에 근로소득만 있거나 근로소득과 종합소득과세표준에 합산되지 아니하는 종합소득만 있는 경우로서 총급여액이 8천만원을 초과하는 경우 (2021. 12. 28. 신설)

2. 해당 과세기간의 종합소득과세표준에 합산되는 종합소득금액이 6천7백만원을 초과하는 경우 (2021. 12. 28. 신설)

3. 해당 과세기간에 근로소득 및 종합소득과세표준에 합산되는 종합소득금액이 없는 경우 (2021. 12. 28. 신설)

4. 청년형장기집합투자증권저축을 해지하고 대통령령으로 정하는 요건을 갖추어 다른 청년형장기집합투자증권저축에 가입(이하 이 조에서 "전환가입"이라 한다)한 경우. 이 경우 소득공제 대상에서 제외되는 금액은 그 다른 청년형장기집합투자증권저축에 납입된 금액 중 전환가입에 따라 종전의 청년형장기집합투자증권저축에서 이체된 금액으로 한정한다. (2023. 12. 31. 신설)

른 요청을 받으면 같은 조 제9항에 따라 청년형장기집합투자증권저축에 가입한 거주자(이하 이 조에서 "가입자"라 한다)가 같은 조 제1항 제1호 각 목의 요건을 갖추었는지를 확인하여 그 결과를 가입자의 청년형장기집합투자증권저축 가입연도(가입자에 대하여 「소득세법」 제80조에 따른 결정 또는 경정이 있는 경우에는 결정 또는 경정이 있는 해당 연도)의 다음 연도 2월 말일까지 해당 저축취급기관에 통보해야 한다. (2022. 2. 15. 신설)

④ 가입자는 제3항에 따라 국세청장이 저축취급기관에 통보한 내용에 이의가 있는 경우 기획재정부령으로 정하는 바에 따라 국세청장에게 의견을 제시할 수 있으며, 국세청장은 의견을 받은 날부터 14일 이내에 저축취급기관에 그 의견에 대한 수용 여부를 통보해야 한다. (2022. 2. 15. 신설)

⑤ 청년형장기집합투자증권저축은 청년형장기집합투자증권저축의 설립일 또는 설정일부터 매일 법 제91조의 20 제1항 제2호 가목에 따른 자산총액의 주식 투자 비율 요건(이하 이 조에서 "최저보유요건"이라 한다)을 갖추어야 한다. (2022. 2. 15. 신설)

⑥ 제5항에도 불구하고 다음 각 호의 어느 하나에 해당하는 경우에는 매일 최저보유요건을 충족한 것으로 본다. 다만, 제4호 또는 제5호의 경우에는 최저보유요건을 충족하지 못하게 된 날부터 15일 이내에 다시 최저보유요건을 충족한 경우에만 매일 최저보유요건을 충족한 것으로 본다. (2022. 2. 15. 신설)

1. 청년형장기집합투자증권저축의 최초 설립일 또는 설정일부터 1개월간 (2022. 2. 15. 신설)

2. 청년형장기집합투자증권저축 회계기간 종료일 이전 1개월간(회계기간이 3개월 이상인 경우로 한정한다) (2022. 2. 15. 신설)

3. 청년형장기집합투자증권저축의 해산일 또는 해지일 이전 1개월간(최초 설립일 또는 설정일부터 해산일 또는 해지일까지의 기간이 3개월 이상인 경우로 한정한다) (2022. 2. 15. 신설)

4. 3영업일 동안 누적된 추가설정 또는 해지청구된 금액이 각각 청년형장기집합투자증권저축 자산총액의 100분의 10을 초과하는 경우 (2022. 2. 15. 신설)

5. 청년형장기집합투자증권저축이 투자한 자산의 가격변동으로 최저보유요

- 청년형장기집합투자증권저축에 납입한 금액에 대한 소득공제 적용기한을 2024. 12. 31.까지로 1년 연장하고, 다른 청년형장기집합투자증권저축으로 전환가입하기 위하여 종전의 청년형장기집합투자증권저축을 해지한 경우에는 감면세액의 추징 등 해지에 따른 불이익을 받지 아니하도록 함. (법91조의 20 제1항·2항·4항 및 5항 개정 ; 2023. 12. 31.)
- 법 91조의 20 제2항 4호, 같은 조 4항 단서 및 같은 조 5항 1호의 개정규정은 2024. 4. 1. 이후 다른 청년형장기집합투자증권저축으로 전환가입하는 경우부터 적용함. (법 부칙(2023. 12. 31.) 12조)

③ 제1항에 따라 소득공제를 받으려는 가입자는 근로소득세액의 연말정산 또는 종합소득과세표준확정신고를 하는 때에 소득공제를 받기 위하여 필요한 해당 연도의 저축금 납입액이 명시된 청년형장기집합투자증권저축 납입증명서를 청년형장기집합투자증권저축을 취급하는 금융회사(이하 이 조에서 "저축취급기관"이라 한다)로부터 발급받아 원천징수의무자 또는 주소지 관할 세무서장에게 제출하여야 한다. (2021. 12. 28. 신설)

④ 가입자가 해당 계약을 해지한 경우(해당 저축의 가입일부터 3년이 경과하기 전에 해당 저축으로부터 원금·이자·배당·주식 또는 수익증권 등의 전부 또는 일부를 인출하거나 제3자에게 양도한 경우를 포함한다. 이하 이 조에서 같다)에는 해당 과세기간부터 제1항에 따른 소득공제를 하지 아니한다. 다만, 전환가입을 하기 위하여 해지한 경우 해지 전의 청년형장기집합투자증권저축에 납입한 금액은 제1항에 따라 해당 과세기간의 종합소득금액에서 공제한다. (2023. 12. 31. 단서신설)

⑤ 저축취급기관은 가입자가 가입일부터 3년 미만의 기간 내에 청년형장기집합투자증권저축을 해지하는 경우 해당 저축에 납입한 금액의 총 누계액에 100분의 6을 곱한 금액(이하 이 조에서 "추징세액"이라 한다)을 추징하여 저축 계약이 해지된 날이 속하는 달의 다음달 10일까지 원천징수 관할 세무서장에게 납부하여야 한다. 다만, 다음 각 호의 어느 하나에 해당하는 경우에는 추징하지 아니하며, 소득공제를 받은 자가 해당 소득공제로 감면받은 세액이 추징세액에 미달하는 사실을 증명하는 경우에는 실제로 감면받은 세액상당액을 추징한다. (2023. 12. 31. 단서개정)

건을 충족하지 못하게 된 경우 (2022. 2. 15. 신설)

⑦ 청년형장기집합투자증권저축이 「자본시장과 금융투자업에 관한 법률」 제233조에 따른 자집합투자기구로 설립·설정된 경우에는 모집합투자기구에 투자하여 간접적으로 법 제91조의 20 제1항 제2호 가목에 따른 주식을 취득하는 경우도 해당 주식에 투자한 것으로 보아 보유비율을 산정한다. (2022. 2. 15. 신설)

⑧ 청년형장기집합투자증권저축이 다른 집합투자기구에 투자하여 간접적으로 법 제91조의 20 제1항 제2호 가목에 따른 주식을 취득하는 경우도 해당 주식에 투자한 것으로 보아 다음의 계산식에 따라 보유비율을 산정한다. (2022. 2. 15. 신설)

$$\text{보유비율} = (A+B)/C$$

A : 청년형장기집합투자증권저축이 보유한 주식의 가액
B : 청년형장기집합투자증권저축이 보유한 다른 집합투자기구의 지분증권 또는 수익증권의 가액 × (다른 집합투자기구가 보유한 법 제91조의 20 제1항 제2호 가목에 따른 주식의 가액/다른 집합투자기구의 자산총액)
C : 청년형장기집합투자증권저축의 자산총액

⑨ 청년형장기집합투자증권저축이 「자본시장과 금융투자업에 관한 법률」 제232조에 따른 전환형집합투자기구로 설립·설정된 경우로서 가입자가 집합투자규약에 따라 다른 집합투자증권으로 전환하는 경우는 법 제91조의 20 제4항 및 제5항에 따른 해지로 보지 않는다. (2022. 2. 15. 신설)

⑩ 법 제91조의 20 제2항 제4호에서 "대통령령으로 정하는 요건을 갖추어 다른 청년형장기집합투자증권저축에 가입한 경우"란 다음 각 호의 요건을 모두 충족하는 경우를 말한다. (2024. 2. 29. 신설)
1. 기존 청년형장기집합투자증권저축의 해지일이 속하는 달의 다음달 말일까지 다른 청년형장기집합투자증권저축에 가입할 것(저축취급기관이 동일한 경우로 한정한다) (2024. 2. 29. 신설)
2. 기존 청년형장기집합투자증권저축을 해지함으로써 지급받은 금액 전액을 다른 청년형장기집합투자증권저축에 납입할 것 (2024. 2. 29. 신설)

편주 ▶
영 93조의 6 제10항부터 16항까지의 개정규정은 2024. 4. 1.부터 시행함. (영 부칙(2024. 2. 29.) 1조 2호)

1. 다른 청년형장기집합투자증권저축에 전환가입한 경우로서 대통령령으로 정하는 경우 (2023. 12. 31. 신설)
2. 사망·해외이주 등 대통령령으로 정하는 부득이한 사유로 해지된 경우 (2023. 12. 31. 신설)

⑥ 저축취급기관은 제5항에 따라 추징세액을 징수한 경우 가입자에게 그 내용을 서면으로 즉시 통보하여야 한다. (2021. 12. 28. 신설)
⑦ 저축취급기관은 제5항에 따른 추징세액(실제로 감면받은 세액상당액을 추징한 경우에는 해당 세액상당액을 말한다)을 기한까지 납부하지 아니하거나 납부하여야 할 세액에 미달하게 납부한 경우 그 납부하지 아니한 세액 또는 미달하게 납부한 세액의 100분의 10에 해당하는 금액을 가산하여 원천징수 관할 세무서장에게 납부하여야 한다. (2021. 12. 28. 신설)
⑧ 저축취급기관은 국세청장에게 가입자가 가입 당시 제1항 제1호 각 목의 요건을 갖추었는지 여부를 확인하여 줄 것을 요청할 수 있다. (2021. 12. 28. 신설)
⑨ 국세청장은 제8항에 따른 요청이 있는 경우 가입자의 가입 당시 요건 충족 여부를 확인하여 저축취급기관에 통보하여야 한다. (2021. 12. 28. 신설)
⑩ 제9항에 따라 저축취급기관이 가입자가 제1항 제1호 각 목의 요건에 해당하지 아니한 것을 통보받은 경우에는 그 통보를 받은 날에 청년형장기집합투자증권저축이 해지된 것으로 본다. (2021. 12. 28. 신설)
⑪ 저축취급기관은 제10항에 따라 청년형장기집합투자증권저축이 해지된 것으로 보는 경우에는 해당 사실을 가입자에게 통보하여야 한다. (2021. 12. 28. 신설)
⑫ 제1항에도 불구하고 이 법에 따른 비과세 등 조세특례 또는 「소득세법」 제20조의 3 제1항 제2호를 적용받는 저축 등의 경우에는 제1항에 따른 소득공제를 적용하지 아니한다. (2021. 12. 28. 신설)

⑪ 법 제91조의 20 제5항 제1호에서 "대통령령으로 정하는 경우"란 다음 각 호의 요건을 모두 충족하는 경우를 말한다. (2024. 2. 29. 신설)
1. 제10항 각 호의 요건 (2024. 2. 29. 신설)
2. 기존 청년형장기집합투자증권저축과 다른 청년형장기집합투자증권저축의 가입기간을 합산한 기간이 3년 이상일 것 (2024. 2. 29. 신설)
⑫ 법 제91조의 20 제5항 제2호에서 "사망·해외이주 등 대통령령으로 정하는 부득이한 사유"란 다음 각 호의 사유를 말한다. (2024. 2. 29. 개정)
1. 가입자의 사망·해외이주 (2022. 2. 15. 신설)
1. 가입자의 사망 또는 「해외이주법」에 따른 해외이주 (2025. 2. 28. 개정)
2. 계약 해지일 전 6개월 이내에 발생한 다음 각 목의 사유 (2022. 2. 15. 신설)
    가. 천재지변 (2022. 2. 15. 신설)
    나. 가입자의 퇴직 (2022. 2. 15. 신설)
    다. 사업장의 폐업 (2022. 2. 15. 신설)
    라. 가입자의 3개월 이상의 입원치료 또는 요양이 필요한 상해·질병의 발생 (2022. 2. 15. 신설)
    마. 저축취급기관의 영업의 정지, 영업인가·허가의 취소, 해산결의 또는 파산선고 (2022. 2. 15. 신설)
    바. 청년형장기집합투자증권저축의 최초 설립일 또는 설정일부터 1년이 지난 날에 집합투자기구의 원본액이 50억원에 미달하거나 최초 설립일 또는 설정일부터 1년이 지난 후 1개월간 계속하여 집합투자기구의 원본액이 50억원에 미달하여 집합투자업자가 해당 집합투자기구를 해지하는 경우 (2022. 2. 15. 신설)
⑬ 제12항에 따른 사유가 발생하여 청년형장기집합투자증권저축을 해지하려는 자는 기획재정부령으로 정하는 특별해지사유신고서를 저축취급기관에 제출해야 한다. (2024. 2. 29. 개정)
⑭ 저축취급기관은 청년형장기집합투자증권저축만을 입금 또는 출금하는 청년형장기집합투자증권저축 전용계좌로 청년형장기집합투자증권저축을 취급해야 한다. (2024. 2. 29. 항번개정)
⑮ 저축취급기관은 청년형장기집합투자증권저축의 약관에 청년형장기

⑬ 청년형장기집합투자증권저축의 가입절차, 가입대상의 확인·관리, 해지, 소득공제 절차 및 그 밖에 청년형장기집합투자증권저축에 대한 소득공제에 필요한 사항은 대통령령으로 정한다. (2021. 12. 28. 신설)

　　　제91조의 21 【청년희망적금에 대한 비과세】 ① 대통령령으로 정하는 청년으로서 다음 각 호의 어느 하나에 해당하는 거주자가 제2항에 따른 전용계좌를 통하여 2022년 12월 31일까지 대통령령으로 정하는 청년희망적금(이하 이 조에서 "청년희망적금"이라 한다)에 가입하여 2024년 12월 31일까지 받는 이자소득에 대해서는 소득세를 부과하지 아니한다. (2021. 12. 28. 신설)
1. 직전 과세기간의 총급여액이 3천6백만원 이하인 경우(직전 과세기간에 근로소득만 있거나 근로소득과 종합소득과세표준에 합산되지 아니하는 종합소득만 있는 경우로 한정하고, 비과세소득만 있는 경우는 제외한다) (2022. 12. 31. 개정)
2. 직전 과세기간의 종합소득과세표준에 합산되는 종합소득금액이 2천6백만원 이하인 경우(직전 과세기간의 총급여액이 3천6백만원을 초과하는 근로소득이 있는 경우 및 비과세소득만 있는 경우는 제외한다) (2022. 12. 31. 개정)
② 제1항의 조세특례는 다음 각 호의 요건을 모두 갖춘 계좌(이하 이 조에서 "전용계좌"라 한다)에 납입하는 경우에 적용한다. (2021. 12. 28. 신설)
1. 1명당 1개만 가입할 수 있는 계좌일 것 (2021. 12. 28. 신설)
2. 납입한도가 연 600만원일 것 (2021. 12. 28. 신설)
③ 청년희망적금의 가입절차, 가입대상의 확인·관리, 해지, 전용계좌 운용·관리방법, 그 밖에 필요한 사항은 대통령령으로 정한다. (2021. 12. 28. 신설)

집합투자증권저축의 계약금액 한도·조회와 그 밖에 필요한 사항을 명시해야 한다. (2024. 2. 29. 항번개정)
⑯ 제1항부터 제15항까지에서 규정한 사항 외에 청년형장기집합투자증권저축 전용계좌의 운용·관리 등 청년형장기집합 투자증권저축의 운영에 필요한 세부사항은 기획재정부령으로 정한다. (2024. 2. 29. 개정)

　　　제93조의 7 【청년희망적금에 대한 비과세】 ① 법 제91조의 21 제1항 각 호 외의 부분에서 "대통령령으로 정하는 청년"이란 같은 항 각 호 외의 부분에 따른 청년희망적금(이하 이 조에서 "청년희망적금"이라 한다) 가입일 현재 19세 이상 34세 이하인 사람[제27조 제1항 제1호 각 목의 어느 하나에 해당하는 병역을 이행한 경우에는 그 기간(6년을 한도로 한다)을 청년희망적금 가입일 현재 연령에서 빼고 계산한 연령이 34세 이하인 사람을 포함한다]을 말한다. (2022. 2. 15. 신설)
② 법 제91조의 21 제1항 각 호 외의 부분에서 "대통령령으로 정하는 청년희망적금"이란 다음 각 호의 요건을 모두 갖춘 적금을 말한다. (2022. 2. 15. 신설)
1. 「금융실명거래 및 비밀보장에 관한 법률」 제2조 제1호에 따른 금융회사등(이하 이 조에서 "금융회사등"이라 한다)이 「서민의 금융생활 지원에 관한 법률」 제3조에 따른 서민금융진흥원과 협약을 체결하여 취급하는 적금일 것 (2022. 2. 15. 신설)
2. 계약기간이 2년일 것 (2022. 2. 15. 신설)
③ 청년희망적금에 가입하려는 자는 다음 각 호의 자료를 금융회사등에 제출해야 한다. (2022. 2. 15. 신설)
1. 세무서장으로부터 발급받은 기획재정부령으로 정하는 소득확인증명서 (2022. 2. 15. 신설)
2. 「병역법 시행령」 제155조의 7 제2항에 따른 병적증명서(가입일 현재 연령이 35세 이상인 경우로 한정한다) (2022. 2. 15. 신설)
④ 금융회사등은 국세청장에게 청년희망적금에 가입한 거주자(이하 이 조에서 "가입자"라 한다)가 가입 당시 법 제91조의 21 제1항 각 호의 요건을 갖추었는지를 확인해 줄 것을 요청할 수 있다. (2022. 2. 15. 신설)
⑤ 제4항에 따른 요청을 받은 국세청장은 가입자가 해당 요건을 갖추었는지를 확인하여 그 결과를 가입자의 적금 가입연도(적금 가입자에

대하여 「소득세법」 제80조에 따른 결정 또는 경정이 있는 경우에는 결정 또는 경정이 있는 해당 연도)의 다음 연도 2월 말일까지 해당 금융회사등에 통보해야 한다. (2022. 2. 15. 신설)
⑥ 가입자는 제5항에 따라 국세청장이 금융회사등에 통보한 내용에 이의가 있는 경우 기획재정부령으로 정하는 바에 따라 국세청장에게 의견을 제시할 수 있으며, 국세청장은 의견을 받은 날부터 14일 이내에 금융회사등에 그 의견에 대한 수용 여부를 통보해야 한다. (2022. 2. 15. 신설)
⑦ 법 제91조의 21 제2항에 따른 전용계좌(이하 이 조에서 "전용계좌"라 한다)는 청년희망적금 전용계좌의 명칭으로 개설되어야 하며, 금융회사등은 청년희망적금만을 입금 또는 출금하는 전용계좌로 청년희망적금을 취급해야 한다. (2022. 2. 15. 신설)
⑧ 가입자가 제2항 제2호에 따른 계약기간 중 다음 각 호의 사유로 계약을 해지하는 경우에는 해지 시 지급받은 이자소득에 대해 법 제91조의 21 제1항에 따른 조세특례를 적용한다. (2022. 2. 15. 신설)
1. 가입자의 사망·해외이주 (2022. 2. 15. 신설)
1. 가입자의 사망 또는 「해외이주법」에 따른 해외이주 (2025. 2. 28. 개정)
2. 계약 해지일 전 6개월 이내에 발생한 다음 각 목의 사유 (2022. 2. 15. 신설)
가. 천재지변 (2022. 2. 15. 신설)
☞ p.1547 2단 연결

나. 가입자의 퇴직 (2022. 2. 15. 신설)

다. 사업장의 폐업 (2022. 2. 15. 신설)

라. 가입자의 3개월 이상의 입원치료 또는 요양이 필요한 상해·질병의 발생 (2022. 2. 15. 신설)

마. 금융회사등의 영업의 정지, 영업인가·허가의 취소, 해산결의 또는 파산선고 (2022. 2. 15. 신설)

⑨ 제8항 각 호의 사유가 발생하여 청년희망적금의 계약을 해지하려는 자는 기획재정부령으로 정하는 특별해지사유신고서를 전용계좌를 관리하는 금융회사등에 제출해야 한다. (2022. 2. 15. 신설)

⑩ 금융회사등은 청년희망적금의 약관에 청년희망적금의 계약금액 한도·조회와 그 밖에 필요한 사항을 명시해야 한다. (2022. 2. 15. 신설)

⑪ 제1항부터 제10항까지에서 규정한 사항 외에 전용계좌의 운용·관리 등 청년희망적금의 운영에 필요한 세부사항은 기획재정부령으로 정한다. (2022. 2. 15. 신설)

제93조의 8 【청년도약계좌에 대한 비과세】 ① 법 제91조의 22 제1항 각 호 외의 부분에서 "대통령령으로 정하는 청년"이란 같은 조 제2항에 따른 계좌(이하 이 조에서 "청년도약계좌"라 한다)의 가입일 현재 19세 이상 34세(제27조 제1항 제1호 각 목의 어느 하나에 해당하는 병역을 이행한 경우에는 6년을 한도로 병역을 이행한 기간을 현재 연령에서 빼고 계산한 연령을 말한다) 이하인 사람을 말한다. (2023. 2. 28. 신설)

② 법 제91조의 22 제2항 각 호 외의 부분에서 "대통령령으로 정하는 계좌"란 다음 각 호의 요건을 모두 갖춘 계좌를 말한다. (2023. 2. 28. 신설)

1. 「금융실명거래 및 비밀보장에 관한 법률」에 따른 금융회사등(이하 이 조에서 "금융회사등"이라 한다)이 「서민의 금융생활 지원에 관한 법률」 제3조에 따른 서민금융진흥원과 협약을 체결하여 취급하는 계좌일 것 (2023. 2. 28. 신설)

2. 계약기간이 5년일 것 (2023. 2. 28. 신설)

③ 법 제91조의 22 제2항 제2호 가목에서 "대통령령으로 정하는 금융상품"이란 금융회사등 또는 「법인세법 시행령」 제111조 제1항 각 호

의 어느 하나에 해당하는 자가 환매기간에 따른 사전약정이율을 적용하여 환매수 또는 환매도하는 조건으로 매매하는 채권 또는 증권을 말한다. (2023. 2. 28. 신설)

④ 법 제91조의 22 제2항 제2호 바목에서 "대통령령으로 정하는 재산"이란 다음 각 호의 재산을 말한다. (2023. 2. 28. 신설)

1. 「부동산투자회사법」 제2조 제3호 가목에 따른 부동산투자회사의 주식 (2023. 2. 28. 신설)

2. 청년도약계좌에 보유하고 있는 투자대상자산을 통해 취득한 「상법」 제420조의 2에 따른 신주인수권증서 (2023. 2. 28. 신설)

3. 「소득세법」 제16조 제1항 제1호 및 제2호에 따른 채권 또는 증권 (2023. 2. 28. 신설)

⑤ 청년도약계좌에 가입하려는 거주자는 다음 각 호의 자료를 청년도약계좌를 취급하는 금융회사등(이하 이 조에서 "저축취급기관"이라 한다)에 제출해야 한다. (2023. 2. 28. 신설)

1. 세무서장으로부터 발급받은 기획재정부령으로 정하는 소득확인증명서 (2023. 2. 28. 신설)

2. 「병역법 시행령」 제155조의 7 제2항에 따른 병적증명서(가입일 현재 연령이 35세 이상인 경우에만 해당한다) (2023. 2. 28. 신설)

⑥ 법 제91조의 22 제3항 단서에서 "가입자의 사망·해외이주 등 대통령령으로 정

☞ p.1548 2단 연결

제91조의 22 【청년도약계좌에 대한 비과세】 ① 대통령령으로 정하는 청년으로서 다음 각 호의 어느 하나에 해당하는 소득기준을 충족하는 거주자가 제2항 각 호의 요건을 모두 갖춘 계좌(이하 이 조에서 "청년도약계좌"라 한다)에 2025년 12월 31일까지 가입하는 경우 해당 계좌에서 발생하는 이자소득과 배당소득(이하 이 조에서 "이자소득등"이라 한다)의 합계액에 대해서는 소득세를 부과하지 아니한다. (2022. 12. 31. 신설)

1. 직전 과세기간의 총급여액이 7,500만원 이하일 것(직전 과세기간에 근로소득만 있거나 근로소득과 종합소득과세표준에 합산되지 아니하는 종합소득만 있는 경우로 한정하고, 비과세소득만 있는 경우는 제외한다) (2022. 12. 31. 신설)

2. 직전 과세기간의 종합소득과세표준에 합산되는 종합소득금액이 6,300만원 이하일 것(직전 과세기간의 총급여액이 7,500만원을 초과하는 근로소득이 있는 자 및 비과세소득만 있는 경우는 제외한다) (2022. 12. 31. 신설)

② "청년도약계좌"란 다음 각 호의 요건을 모두 갖춘 계좌로서 대통령

령으로 정하는 계좌를 말한다. (2022. 12. 31. 신설)

1. 1명당 1개의 계좌만 보유할 것 (2022. 12. 31. 신설)
2. 다음 각 목의 재산으로 운용할 것 (2022. 12. 31. 신설)
　가. 예금·적금·예탁금 및 그 밖에 이와 유사한 것으로서 대통령령으로 정하는 금융상품 (2022. 12. 31. 신설)
　나. 「소득세법」 제17조 제1항 제5호에 따른 집합투자기구의 집합투자증권 (2022. 12. 31. 신설)
　다. 「소득세법」 제17조 제1항 제5호의 2에 따른 파생결합증권 또는 파생결합사채 (2022. 12. 31. 신설)
　라. 「소득세법」 제17조 제1항 제9호에 따라 과세되는 증권 또는 증서 (2022. 12. 31. 신설)
　마. 「소득세법」 제88조 제3호에 따른 주권상장법인의 주식 (2022. 12. 31. 신설)
　바. 그 밖에 대통령령으로 정하는 재산 (2022. 12. 31. 신설)
3. 납입한도가 연 840만원 이하일 것 (2022. 12. 31. 신설)

③ 금융회사등은 청년도약계좌의 계좌보유자가 최초로 계약을 체결한 날부터 5년이 되는 날 이전에 청년도약계좌로부터 계약을 해지하는 경우에는 비과세를 적용받은 소득세에 상당하는 세액을 제146조의 2에 따라 추징하여야 한다. 다만, 가입자의 사망·해외이주 등 대통령령으로 정하는 부득이한 사유로 계약을 해지하는 경우에는 그러하지 아니한다. (2022. 12. 31. 신설)

③ 금융회사등은 청년도약계좌의 계좌보유자가 최초로 계약을 체결한 날부터 3년이 되는 날 이전에 청년도약계좌로부터 계약을 해지하는 경우에는 비과세를 적용받은 소득세에 상당하는 세액을 제146조의 2에 따라 추징하여야 한다. 다만, 가입자의 사망·해외이주 등 대통령령으로 정하는 부득이한 사유로 계약을 해지하는 경우에는 그러하지 아니한다. (2024. 12. 31. 개정)

편주▶ ……………………………………
법 91조의 22 제3항의 개정규정은 2025. 1. 1. 이후 계약을 해지하는 경우부터 적용함. (법 부칙(2024. 12. 31.) 13조)
……………………………………

④ 국세청장은 청년도약계좌의 가입자가 가입일 직전 과세기간에 제1항 제1호 및 제1항 제2호에 따른 소득요건을 충족하는지를 확인하여

하는 부득이한 사유”란 다음 각 호의 사유를 말한다. (2023. 2. 28. 신설)

1. 가입자의 사망·해외이주 (2023. 2. 28. 신설)
1. 가입자의 사망 또는 「해외이주법」에 따른 해외이주 (2025. 2. 28. 개정)
2. 계약 해지일 전 6개월 이내에 발생한 다음 각 목의 사유 (2023. 2. 28. 신설)
　가. 천재지변 (2023. 2. 28. 신설)
　나. 가입자의 퇴직 (2023. 2. 28. 신설)
　다. 사업장의 폐업 (2023. 2. 28. 신설)
　라. 가입자의 3개월 이상의 입원치료 또는 요양이 필요한 상해·질병의 발생 (2023. 2. 28. 신설)
　마. 저축취급기관의 영업의 정지, 영업인가·허가의 취소, 해산결의 또는 파산선고 (2023. 2. 28. 신설)
　바. 가입자의 주택 취득(과거에 주택을 소유한 사실이 없는 가입자가 본인이 거주할 목적으로 주택을 취득한 경우로서 취득일 당시 「소득세법」 제99조 제1항에 따른 기준시가가 5억원 이하인 「주택법」 제2조 제6호에 따른 국민주택규모의 주택을 취득한 경우로 한정한다) (2023. 2. 28. 신설)
　사. 가입자의 혼인 또는 출산(배우자의 출산을 포함한다) (2024. 2. 29. 신설)

⑦ 제6항에 따른 사유가 발생하여 청년도약계좌를 해지하려는 거주자는 기획재정부령으로 정하는 특별해지사유신고서를 저축취급기관에 제출해야 한다. (2023. 2. 28. 신설)

⑧ 제1항부터 제7항까지에서 규정한 사항 외에 청년도약계좌의 운용·관리, 그 밖에 필요한 사항은 기획재정부령으로 정한다. (2023. 2. 28. 신설)

☞
개정취지 ……………………………………
청년도약계좌 중도해지 허용사유 확대
• 청년도약계좌의 가입자가 혼인 또는 출산으로 부득이하게 계약을 해지하는 경우에는 비과세를 적용받은 소득세를 추징하지 않도록 함. (영 93조의 8 제6항 2호 사목 개정; 2024. 2. 29.)
• 영 93조의 8 제6항 2호 사목의 개정규정은 2024. 2. 29. 이후 청년도약계좌를 해지하는 경우부터 적용함. (영 부칙(2024. 2. 29.) 10조)
……………………………………

금융회사등에게 통보하여야 한다. (2022. 12. 31. 신설)

⑤ 제91조의 21에 따른 청년희망적금에 가입하여 만기일 이후에 해지한 거주자가 청년도약계좌에 가입한 경우로서 다음 각 호의 요건을 모두 충족하는 경우에는 제2항 제3호에도 불구하고 가입일부터 2년간 납입액의 합계가 1천680만원을 초과하지 아니하는 범위에서 청년희망적금의 해지로 지급받은 금액(이하 이 항에서 "만기지급금"이라 한다)을 일시에 납입할 수 있다. (2023. 12. 31. 신설)

1. 청년희망적금의 해지일이 속하는 달의 다음 달 말일까지 청년도약계좌에 가입을 신청할 것 (2023. 12. 31. 신설)

2. 청년도약계좌에 가입한 날부터 30일 이내에 만기지급금의 100분의 60 이상을 납입할 것 (2023. 12. 31. 신설)

⑥ 청년도약계좌의 가입절차, 가입대상의 확인·관리, 계좌 운용·관리방법, 이자소득등의 계산방법 및 그 밖에 필요한 사항은 대통령령으로 정한다. (2023. 12. 31. 항번개정)

제91조의 23【개인투자용국채에 대한 과세특례】① 거주자가 다음 각 호의 요건을 모두 갖춘 계좌(이하 이 조에서 "전용계좌"라 한다)를 통하여 2024년 12월 31일까지 「국채법」 제4조 제1항 제1호 나목에 따른 개인투자용국채(이하 "개인투자용국채"라 한다)를 매입하고 대통령령으로 정하는 기간 동안 보유하는 경우 개인투자용국채에서 발생하는 이자소득 중 총 2억원까지의 매입금액에서 발생하는 이자소득에 대해서는 100분의 14의 세율을 적용하고, 「소득세법」 제14조 제2항에 따른 종합소득과세표준에 합산하지 아니한다. (2023. 4. 11. 신설)

제91조의 23【개인투자용국채에 대한 과세특례】① 거주자가 다음 각 호의 요건을 모두 갖춘 계좌(이하 이 조에서 "전용계좌"라 한다)를 통하여 2027년 12월 31일까지 「국채법」 제4조 제1항 제1호 나목에 따른 개인투자용국채(이하 "개인투자용국채"라 한다)를 매입하고 대통령령으로 정하는 기간 동안 보유하는 경우 개인투자용국채에서 발생하는 이자소득 중 총 2억원까지의 매입금액에서 발생하는 이자소득에 대해서는 100분의 14의 세율을 적용하고, 「소득세법」 제14조 제2항에 따른 종합소득과세표준에 합산하지 아니한다. (2024. 12. 31. 개정)

1. 1명당 1개만 가입할 수 있는 계좌일 것 (2023. 4. 11. 신설)

2. 개인투자용국채의 매입에만 사용되는 계좌일 것 (2023. 4. 11. 신설)

② 개인투자용국채의 매입금액 계산방법, 전용계좌의 운용·관리방법

법 91조의 22 제5항의 개정규정은 2024. 1. 1. 이후 청년도약계좌에 납입하는 경우부터 적용함. (법 부칙(2023. 12. 31.) 13조)

제93조의 9【개인투자용국채에 대한 과세특례】① 법 제91조의 23 제1항 각 호 외의 부분에서 "대통령령으로 정하는 기간 동안 보유하는 경우"란 「국채법」 제4조 제1항 제1호 나목에 따른 개인투자용국채(이하 이 조에서 "개인투자용국채"라 한다)의 발행일부터 원금 상환기일(이하 이 조에서 "만기일"이라 한다)까지의 기간이 10년 이상인 개인투자용국채를 그 발행일부터 만기일까지 보유하는 경우를 말한다. (2023. 6. 7. 신설)

제93조의 9【개인투자용국채에 대한 과세특례】① 법 제91조의 23 제1항 각 호 외의 부분에서 "대통령령으로 정하는 기간 동안 보유하는 경우"란 「국채법」 제4조 제1항 제1호 나목에 따른 개인투자용국채(이하 이 조에서 "개인투자용국채"라 한다)의 발행일부터 원금 상환기일(이하 이 조에서 "만기일"이라 한다)까지의 기간이 5년 이상인 개인투자용국채를 그 발행일부터 만기일까지 보유하는 경우를 말한다. (2025. 2. 28. 개정)

② 개인투자용국채가 「국채법」 제9조 제3항에 따라 상속, 유증(遺贈) 또는 강제집행을 통해 타인에게 이전된 경우에는 해당 개인투자용국채를 이전받은 사람이 해당 개인투자용국채의 발행일부터 이전일까지의 기간 동안 그 개인투자용국채를 보유한 것으로 본다. (2023. 6. 7. 신설)

과세특례 대상 개인투자용 국채의 범위 확대
자본시장 활성화 및 국민 자산 형성 지원을 위해 이자소득 분리과세가 적용되는 개인투자용 국채의 범위를 만기 10년 이상에서 만기 5년 이상으로 확대함. (영 93조의 9 제1항 개정 ; 2025. 2. 28.)

및 그 밖에 개인투자용국채에 대한 과세특례에 관하여 필요한 사항은 대통령령으로 정한다. (2023. 4. 11. 신설)

제91조의 24 【과세특례 대상 저축 등의 소득기준 적용에 대한 특례】 제87조 제3항에 따른 청년우대형주택청약종합저축, 제91조의 18 제1항에 따른 개인종합자산관리계좌, 제91조의 20 제1항에 따른 청년형장기집합투자증권저축, 제91조의 21 제1항에 따른 청년희망적금 및 제91조의 22 제1항에 따른 청년도약계좌(이하 이 조에서 "저축등"이라 한다)의 가입 요건 또는 비과세 한도금액과 관련하여 제87조 제3항 제1호, 제91조의 18 제2항 제1호, 제91조의 20 제1항 제1호, 제91조의 21 제1항 및 제91조의 22 제1항을 적용할 때 다음 각 호에 해당하는 경우에는 해당 호에서 정하는 바에 따른다. (2023. 12. 31. 신설)

1. 저축등에의 가입 신청일 또는 연장 신청일 현재 대통령령으로 정하는 사유로 직전 과세기간의 총급여액 또는 종합소득과세표준에 합산되는 종합소득금액(이하 이 조에서 "총급여액등"이라 한다)을 확인하기 곤란한 경우 : 전전 과세기간의 총급여액등을 직전 과세기간의 총급여액등으로 보아 해당 규정을 적용한다. (2023. 12. 31. 신설)

편주 ▶
법 91조의 24 제1호의 개정규정은 2024. 1. 1. 당시 가입되어 있는 저축등의 가입요건 충족 여부 또는 비과세 한도금액을 판단하는 경우에도 적용함. (법 부칙(2023. 12. 31.) 14조 1항)

2. 거주자가 「소득세법」 제12조 제3호 마목에 따른 육아휴직 급여, 육아휴직수당 또는 대통령령으로 정하는 소득이 있는 경우 : 비과세소득만 있는 자로 보지 아니한다. (2023. 12. 31. 신설)

편주 ▶
법 91조의 24 제2호의 개정규정은 2024. 1. 1. 이후 저축등에 가입하는 경우부터 적용함. (법 부칙(2023. 12. 31.) 14조 2항)

③ 법 제91조의 23 제1항 각 호 외의 부분에 따른 매입금액은 동일인이 매입(「국채법」 제9조 제3항에 따라 강제집행을 통해 이전받은 경우를 포함한다. 이하 이 항에서 같다)한 각 개인투자용국채의 액면금액을 만기일이 먼저 도래하는 순서대로 합산하여 계산하고, 만기일이 같은 경우에는 이자율이 높은 개인투자용국채의 액면금액부터 합산하여 계산한다. 이 경우 「국채법」 제9조 제3항에 따라 상속 또는 유증을 통해 이전받은 개인투자용국채의 경우에는 본인이 매입한 개인투자용국채와 구분하여 법 제91조의 23 제1항 각 호 외의 부분에 따른 매입금액을 계산한다. (2023. 6. 7. 신설)

④ 법 제91조의 23 제1항에 따른 전용계좌는 '개인투자용국채 전용계좌'의 명칭으로 개설된 계좌로서 개인투자용국채의 매입대금 납입, 국채 교부, 원금 상환 및 이자 지급 등 개인투자용국채의 매입과 관련된 용도로만 사용되는 계좌여야 한다. (2023. 6. 7. 신설)

제93조의 10 【과세특례 대상 저축 등의 소득기준 적용에 대한 특례】 ① 법 제91조의 24 제1호에서 "대통령령으로 정하는 사유"란 매년 1월 1일부터 7월 31일까지의 기간 중 법 제91조의 24 각 호 외의 부분에 따른 저축등(이하 이 조에서 "저축등"이라 한다)에 가입 신청 또는 연장 신청을 하는 자가 해당 저축등의 가입 신청일 또는 연장 신청일 현재 전전 과세기간의 소득이 있는 경우로서 직전 과세기간의 총급여액 및 종합소득과세표준에 합산되는 종합소득금액을 제81조 제15항 제1호 본문, 제93조의 4 제1항 제1호 본문, 제93조의 6 제2항 제1호, 제93조의 7 제3항 제1호 또는 제93조의 8 제5항 제1호에 따른 소득확인증명서를 통해 확인할 수 없는 경우를 말한다. (2024. 2. 29. 신설)

② 법 제91조의 24 제2호에서 "대통령령으로 정하는 소득"이란 「소득세법」 제12조 제3호 가목에 따른 복무 중인 병(兵)이 받는 급여를 말한다. (2024. 3. 28. 신설)

③ 제91조의 24 제2호에 해당하는 거주자는 저축등에 가입하려는 경우 같은 호에 따른 소득이 있음을 확인할 수 있는 서류로서 기획재정부령으로 정하는 서류를 해당 저축취급기관에 제출해야 한다. (2024. 3. 28. 항번 개정)

☞
편주 ▶
영 93조의 10의 개정규정은 2024. 3. 28. 부터 시행함. (영 부칙(2024. 3. 28.))

제43조 【과세특례 대상 저축 등의 소득기준 적용에 대한 특례】 영 제93조의 10 제3항에서 "기획재정부령으로 정하는 서류"란 다음 각 호의 구분에 따른 서류를 말한다. (2024. 3. 29. 개정)

제92조【혼인에 대한 세액공제】① 거주자가 2026년 12월 31일 이전에 혼인신고를 한 경우에는 1회(혼인신고 후 그 혼인이 무효가 되어 제2항에 따른 신고를 한 경우는 제외한다)에 한정하여 혼인신고를 한 날이 속하는 과세기간의 종합소득산출세액에서 50만원을 공제한다. (2024. 12. 31. 신설)
② 제1항에 따른 공제를 받은 거주자가 혼인이 무효가 된 경우로서 혼인 무효의 소에 대한 판결이 확정된 날이 속하는 달의 다음 달부터 3개월이 되는 날까지 「국세기본법」 제45조에 따른 수정신고 또는 같은 법 제45조의 3에 따른 기한 후 신고를 한 경우에는 대통령령으로 정하는 바에 따라 같은 법 제47조의 2부터 제47조의 4까지에 따른 가산세의 전부 또는 일부를 부과하지 아니하되, 대통령령으로 정하는 바에 따라 계산한 이자상당액을 소득세에 가산하여 부과한다. (2024. 12. 31. 신설)
③ 제1항을 적용할 때 공제의 신청절차, 제출서류, 그 밖에 필요한 사항은 대통령령으로 정한다. (2024. 12. 31. 신설)

개정취지 ···

혼인에 대한 세액공제 신설
• 거주자가 2026. 12. 31. 이전에 혼인신고를 한 경우에는 1회에 한정하여 혼인신고를 한 날이 속하는 과세기간의 종합소득산출세액에서 50만원을 공제하도록 함. (법 92조 신설 ; 2024. 12. 31.)
• 법 92조의 개정규정은 2025. 1. 1. 이후 종합소득과세표준 확정신고를 하거나 연말정산하는 경우부터 적용함. (법 부칙(2024. 12. 31.) 14조)
··

제93조【우리사주에 대한 상속세과세가액불산입특례】삭   제 (2007. 12. 31.)

제94조【근로자복지증진을 위한 시설투자에 대한 세액공제】① 대통령령으로 정하는 내국인이 그 종업원의 주거 안정 등 복지 증진을 위하여 다음 각 호의 어느 하나에 해당하는 시설을 2018년 12월 31일까지 취득(신축, 증축, 개축 또는 구입을 포함한다. 이하 이 조에서 같다)한 경우에는 해당 시설의 취득금액(해당 시설에 딸린 토지의 매입대금은 제외한다)의 100분의 7(취득주체가 중소기업인 경우와 제1호 또는 제2호의 시설로서 수도권 밖의 지역에 있는 대통령령으로 정하는 주택과 제3호의 시설을 취득

제94조【혼인에 대한 세액공제】① 법 제92조 제2항에 따라 「국세기본법」 제45조에 따른 수정신고 또는 같은 법 제45조의 3에 따른 기한 후 신고를 한 경우에는 「국세기본법」 제47조의 2부터 제47조의 4까지의 규정에 따른 가산세를 부과하지 않는다. (2025. 2. 28. 신설)
② 법 제92조 제2항에서 "대통령령으로 정하는 바에 따라 계산한 이자상당액"이란 법 제92조 제1항에 따른 공제액에 제1호의 기간과 제2호의 율을 곱하여 계산한 금액을 말한다. (2025. 2. 28. 신설)
1. 「소득세법」 제70조 제1항에 따른 종합소득과세표준 신고기한의 다음날부터 법 제92조 제2항에 따른 신고를 한 날까지의 기간 (2025. 2. 28. 신설)
2. 「국세기본법 시행령」 제27조의 4에 따른 율 (2025. 2. 28. 신설)
③ 법 제92조 제1항을 적용받으려는 사람은 다음 각 호의 구분에 따라 기획재정부령으로 정하는 신고서(이하 이 항에서 "신고서"라 한다)와 혼인관계증명서를 제출해야 한다. (2025. 2. 28. 신설)
1. 「소득세법」 제70조에 따른 종합소득과세표준 확정신고를 하는 경우 : 같은 조에 따른 신고와 함께 신고서를 납세지 관할세무서장에게 제출할 것. 이 경우 납세지 관할세무서장은 「전자정부법」 제36조 제1항에 따른 행정정보의 공동이용을 통해 혼인관계증명서를 확인해야 하며, 신고인이 혼인관계증명서의 확인에 동의하지 않는 경우에는 그 서류를 첨부하게 해야 한다. (2025. 2. 28. 신설)
2. 근로소득(「소득세법」 제127조 제1항 제4호 각 목의 어느 하나에 해당하는 근로소득은 제외한다) 또는 「소득세법」 제144조의 2에 따라 연말정산되는 사업소득이 있는 경우 : 다음 연도 2월분의 급여를 받는 날까지 연말정산을 하는 원천징수의무자에게 신고서와 혼인관계증명서를 제출할 것. 다만, 2024년 1월 1일부터 2024년 12월 31일 사이에 혼인신고를 한 경우에는 2025년 4월분의 급여를 받는 날까지 제출해야 한다. (2025. 2. 28. 신설)

1. 육아휴직 급여 : 「고용보험법 시행규칙」 제117조 제1항에 따른 육아휴직 급여 지급 결정 통지서 (2024. 3. 22. 신설)
2. 육아휴직수당 : 「소득세법」 제12조 제3호 마목에 따른 육아휴직수당을 받는 사람이 해당 소속 기관의 장으로부터 발급받은 휴직증명서 (2024. 3. 22. 신설)
3. 복무 중인 병(兵)이 받는 급여 : 「병역법 시행령」 제155조의 7 제2항에 따른 병적증명서, 그 밖에 복무 중인 사실을 증명하는 서류 (2024. 3. 29. 신설)

제43조의 2【혼인에 대한 세액공제 신고서】영 제94조 제3항 각 호 외의 부분에서 "기획재정부령으로 정하는 신고서"란 「소득세법 시행규칙」 별지 제37호 서식을 말한다. (2025. 3. 21. 신설)

한 경우에는 100분의 10)에 상당하는 금액을 취득일이 속하는 과세연도의 소득세(사업소득에 대한 소득세로 한정한다) 또는 법인세에서 공제한다. (2016. 12. 20. 개정)

1. 무주택 종업원(출자자인 임원은 제외한다)에게 임대하기 위한 국민주택 (2010. 1. 1. 개정)

2. 종업원용 기숙사 (2010. 1. 1. 개정)

3. 「영유아보육법」에 따른 직장어린이집 (2011. 6. 7. 개정 ; 영유아보육법 부칙)

4. 장애인·노인·임산부 등의 편의 증진을 위한 시설로서 대통령령으로 정하는 시설 (2010. 1. 1. 개정)

5. 종업원의 휴식 또는 체력단련 등을 위한 시설로서 대통령령으로 정하는 시설 (2011. 12. 31. 개정)

6. 종업원의 건강관리를 위하여 「의료법」 제35조에 따라 개설한 부속 의료기관 (2014. 12. 23. 신설)

② 제1항 제1호의 국민주택과 그 밖의 주택을 함께 취득하는 경우 또는 제1항 제2호의 기숙사와 그 밖의 건물을 함께 취득하는 경우에 공제세액의 계산에 필요한 사항은 대통령령으로 정한다. (2010. 1. 1. 개정)

③ 제1항을 적용받으려는 내국인은 대통령령으로 정하는 바에 따라 세액공제신청을 하여야 한다. (2010. 1. 1. 개정)

④ 제1항 및 제2항에 따라 소득세 또는 법인세를 공제받은 자가 해당 자산의 준공일 또는 구입일부터 5년 이내에 그 자산을 다른 목적에 전용한 경우에는 전용한 날이 속하는 과세연도의 과세표준신고를 할 때 그 자산에 대한 세액공제액 상당액에 대통령령으로 정하는 바에 따라 계산한 이자 상당 가산액을 가산하여 소득세 또는 법인세로 납부하여야 하며, 해당 세액은 「소득세법」 제76조 또는 「법인세법」 제64조에 따라 납부하여야 할 세액으로 본다. (2014. 12. 23. 개정)

제94조 【근로자복지증진을 위한 시설투자에 대한 세액공제】 삭 제 (2018. 12. 24.)

제95조 【기숙사운영사업에 대한 세액감면】 삭 제 (2001. 12. 29)

제95조의 2 【월세액에 대한 세액공제】　농특비

① 과세기간 종료일 현재 주택을 소유하지 아니한 대통령령으로 정하는 세대의 세대주(세대주가 이 항, 제87조 제2항 및 「소득세법」 제52조 제4항·제5항에 따른 공제를 받지 아니하는 경우에는 세대의 구성원을 말하며, 대통령령으로 정하는 외국인을 포함한다)로서 해당 과세기간의 총급여액이 8천만원 이하인 근로소득이 있는 근로자(해당 과세기간에 종합소득과세표준을 계산할 때 합산하는 종합소득금액이 7천만원을 초과하는 사람은 제외한다)가 대통령령으로 정하는 월세액을 지급하는 경

제95조 【월세 세액공제】 ① 법 제95조의 2 제1항 본문에서 "대통령령으로 정하는 세대"란 다음 각 호의 사람을 모두 포함한 세대를 말한다. 이 경우 거주자와 그 배우자는 생계를 달리 하더라도 동일한 세대로 본다. (2021. 2. 17. 개정)

1. 거주자와 그 배우자 (2021. 2. 17. 개정)

2. 거주자와 같은 주소 또는 거소에서 생계를 같이 하는 사람으로서 다음 각 목의 어느 하나에 해당하는 사람 (2021. 2. 17. 개정)

가. 거주자의 직계존비속(그 배우자를 포함한다) 및 형제자매 (2021. 2. 17. 개정)

나. 거주자의 배우자의 직계존비속(그 배우자를 포함한다) 및 형제자매 (2021. 2. 17. 개정)

② 법 제95조의 2 제1항 본문에서 "대통령령으로 정하는 월세액"이란 다음 각 호의 요건을 충족하는 주택(「주택법 시행령」 제4조 제4호에 따른 오피스텔 및 「건축법 시행령」 별표 1 제4호 거목에 따른 고시원업의 시설을 포함한다. 이하 이 조에서 같다)을 임차하기 위하여 지급하는 월세액(사글세액을 포함한다. 이하 이 조에서 "월세액"이라 한다)을 말한다. (2017. 2. 7. 개정)

1. 「주택법」 제2조 제6호에 따른 국민주택규모의 주택이거나 기준시가 4억원 이하인 주택일 것. 이 경우 해당 주택이 다가구주택이면 가구당 전용면적을 기준으로 한다. (2023. 2. 28. 개정)

2. 주택에 딸린 토지가 다음 각 목의 구분에 따른 배율을 초과하지 아니할 것 (2015. 2. 3. 신설)

3. 「주택임대차보호법」 제3조의 2 제2항에 따른 임대차계약증서의 주소지와 주민등록표 등본의 주소지(제4항에 따른 외국인의 경우에는 「출입국관리법」 제32조 제4호에 따른 국내 체류지 또는 「재외동포의 출입국과 법적 지위에

☞ p.1553 2단 연결

우 그 금액의 100분의 15[해당 과세기간의 총급여액이 5천500만원 이하인 근로소득이 있는 근로자(해당 과세기간에 종합소득과세표준을 계산할 때 합산하는 종합소득금액이 4천500만원을 초과하는 사람은 제외한다)의 경우에는 100분의 17]에 해당하는 금액을 해당 과세기간의 종합소득산출세액에서 공제한다. 다만, 해당 월세액이 1천만원을 초과하는 경우 그 초과하는 금액은 없는 것으로 한다. (2023. 12. 31. 개정)

② 제1항에 따른 공제는 해당 거주자가 대통령령으로 정하는 바에 따라 신청한 경우에 적용한다. (2014. 12. 23. 신설)

③ 제1항에 따른 공제의 적용 등과 관련하여 그 밖에 필요한 사항은 대통령령으로 정한다. (2014. 12. 23. 신설)

제96조【소형주택 임대사업자에 대한 세액감면】 ① 대통령령으로 정하는 내국인이 대통령령으로 정하는 임대주택(이하 이 조에서 "임대주택"이라 한다)을 1호 이상 임대하는 경우에는 2025년 12월 31일 이전에 끝나는 과세연도까지 해당 임대사업에서 발생한 소득에 대해서는 다음 각 호에 따른 세액을 감면한다. (2022. 12. 31. 개정)

관한 법률」 제6조에 따라 신고한 국내거소를 말한다)가 같을 것 (2021. 2. 17. 개정)

4. 해당 거주자 또는 해당 거주자의 「소득세법」 제50조 제1항 제2호 및 제3호에 따른 기본공제대상자가 임대차계약을 체결하였을 것 (2017. 2. 7. 신설)

③ 법 제95조의 2 제1항을 적용할 때 월세액은 임대차계약증서상 주택임차 기간 중 지급하여야 하는 월세액의 합계액을 주택임대차 계약 기간에 해당하는 일수로 나눈 금액에 해당 과세기간의 임차일수를 곱하여 산정한다. (2015. 2. 3. 신설)

④ 법 제95조의 2 제1항 본문에서 "대통령령으로 정하는 외국인"이란 다음 각 호의 요건을 모두 갖춘 거주자를 말한다. (2021. 2. 17. 신설)

1. 다음 각 목의 어느 하나에 해당하는 사람일 것 (2021. 2. 17. 신설)
   가. 「출입국관리법」 제31조에 따라 등록한 외국인 (2021. 2. 17. 신설)
   나. 「재외동포의 출입국과 법적 지위에 관한 법률」 제6조에 따라 국내거소신고를 한 외국국적동포 (2021. 2. 17. 신설)

2. 다음 각 목의 어느 하나에 해당하는 사람이 법 제87조 제2항·제95조의 2 제1항 및 「소득세법」 제52조 제4항·제5항에 따른 공제를 받지 않았을 것 (2021. 2. 17. 신설)
   가. 제1호에 해당하는 사람(이하 이 호에서 "거주자"라 한다)의 배우자 (2021. 2. 17. 신설)
   나. 거주자와 같은 주소 또는 거소에서 생계를 같이 하는 사람으로서 다음의 어느 하나에 해당하는 사람 (2021. 2. 17. 신설)
      1) 거주자의 직계존비속(그 배우자를 포함한다) 및 형제자매 (2021. 2. 17. 신설)
      2) 거주자의 배우자의 직계존비속(그 배우자를 포함한다) 및 형제자매 (2021. 2. 17. 신설)

제96조【소형주택 임대사업자에 대한 세액감면】 ① 법 제96조 제1항에서 "대통령령으로 정하는 내국인"이란 다음 각 호의 요건을 모두 충족하는 내국인을 말한다. (2014. 2. 21. 신설)

1. 「소득세법」 제168조 또는 「법인세법」 제111조에 따른 사업자등록을 하였을 것 (2014. 2. 21. 신설)

2. 「민간임대주택에 관한 특별법」 제5조에 따른 임대사업자등록을 하였거나 「공공주택 특별법」 제4조에 따른 공공주택사업자로 지정되었을 것 (2015. 12. 28. 개정 ; 임대주택법 시행령 부칙)

② 법 제96조 제1항에서 "대통령령으로 정하는 임대주택"이란 다음 각 호의 요건을 모두 갖춘 임대주택(이하 이 조에서 "임대주택"이라 한다)을 말한다. (2020. 10. 7. 개정)

1. 제1항에 따른 내국인이 임대주택으로 등록한 주택으로서 다음 각 목의 어느 하나에 해당하는 주택일 것 (2020. 10. 7. 신설)
   가. 「민간임대주택에 관한 특별법」 제2조 제4호에 따른 공공지원민간임대주택. 다만, 종전의 「민간임대주택에 관한 특별법」(법률 제17482호 민간임대주택에 관한 특별법 일부개정법률로 개정되기 전의 것을 말한다. 이하 이 조에서 같다) 제2조 제6호에 따른 단기민간임대주택으로서 2020년 7월 11일 이후 같은 법 제5조 제3항에 따라 공공지원민간임대주택으로 변경 신고한 주택은 제외한다. (2020. 10. 7. 신설)
   나. 「민간임대주택에 관한 특별법」 제2조 제5호에 따른 장기일반민간임대주택(법률 제17482호 민간임대주택에 관한 특별법 일부개정법률

☞ p.1554 2단 연결

1. 임대주택을 1호 임대하는 경우 : 소득세 또는 법인세의 100분의 30 [임대주택 중 「민간임대주택에 관한 특별법」 제2조 제4호에 따른 공공지원민간임대주택 또는 같은 법 제2조 제5호에 따른 장기일반민간임대주택(이하 이 조에서 "장기일반민간임대주택등"이라 한다)의 경우에는 100분의 75]에 상당하는 세액 (2019. 12. 31. 신설)
2. 임대주택을 2호 이상 임대하는 경우 : 소득세 또는 법인세의 100분의 20(장기일반민간임대주택등의 경우에는 100분의 50)에 상당하는 세액 (2019. 12. 31. 신설)
② 제1항에 따라 소득세 또는 법인세를 감면받은 내국인이 대통령령으로 정하는 바에 따라 1호 이상의 임대주택을 4년(장기일반민간임대주택등의 경우에는 10년) 이상 임대하지 아니하는 경우 그 사유가 발생한 날이 속하는 과세연도의 과세표준신고를 할 때 감면받은 세액을 소득세 또는 법인세로 납부하여야 한다. 다만, 「민간임대주택에 관한 특별법」 제6조 제1항 제11호에 해당하여 등록이 말소되는 경우 등 대통령령으로 정하는 경우에는 그러하지 아니하다. (2020. 12. 29. 개정)

부칙 제5조 제1항에 따라 장기일반민간임대주택으로 보는 아파트를 임대하는 민간매입임대주택을 포함한다). 다만 다음의 어느 하나에 해당하는 주택은 제외한다. (2020. 10. 7. 신설)
1) 2020년 7월 11일 이후 종전의 「민간임대주택에 관한 특별법」 제5조 제1항에 따라 등록 신청(같은 조 제3항에 따라 임대할 주택을 추가하기 위해 등록한 사항을 변경 신고한 경우를 포함한다. 이하 이 호에서 같다)한 장기일반민간임대주택 중 아파트를 임대하는 민간매입임대주택 (2020. 10. 7. 신설)
2) 종전의 「민간임대주택에 관한 특별법」 제2조 제6호에 따른 단기민간임대주택으로서 2020년 7월 11일 이후 같은 법 제5조 제3항에 따라 장기일반민간임대주택으로 변경 신고한 주택 (2020. 10. 7. 신설)
다. 종전의 「민간임대주택에 관한 특별법」 제2조 제6호에 따른 단기민간임대주택. 다만, 2020년 7월 11일 이후 같은 법 제5조 제1항에 따라 등록 신청한 단기민간임대주택은 제외한다. (2020. 10. 7. 신설)
라. 「공공주택 특별법」 제2조 제1호의 2 및 제1호의 3에 따른 공공건설임대주택 또는 공공매입임대주택 (2020. 10. 7. 신설)
2. 「주택법」 제2조 제6호에 따른 국민주택규모(해당 주택이 다가구주택일 경우에는 가구당 전용면적을 기준으로 한다)의 주택(주거에 사용하는 오피스텔과 주택 및 오피스텔에 딸린 토지를 포함하며, 그 딸린 토지가 건물이 정착된 면적에 지역별로 다음 각 목에서 정하는 배율을 곱하여 산정한 면적을 초과하는 경우 해당 주택 및 오피스텔은 제외한다)일 것 (2020. 10. 7. 호번개정)
가. 「국토의 계획 및 이용에 관한 법률」 제6조 제1호에 따른 도시지역의 토지 : 5배 (2014. 2. 21. 신설)
나. 그 밖의 토지 : 10배 (2014. 2. 21. 신설)
3. 주택 및 이에 부수되는 토지의 기준시가의 합계액이 해당 주택의 임대개시일(임대 개시 후 제1항 제1호 및 제2호의 요건을 충족하는 경우 그 요건을 모두 충족한 날을 말한다. 이하 이 조에서 같다) 당시 6억원을 초과하지 않을 것 (2020. 10. 7. 호번개정)

4. 임대보증금 또는 임대료(이하 이 호에서 "임대료등"이라 한다)의 증가율이 100분의 5를 초과하지 않을 것. 이 경우 임대료등 증액 청구는 임대차계약 또는 약정한 임대료등의 증액이 있은 후 1년 이내에는 하지 못하고, 임대사업자가 임대료등의 증액을 청구하면서 임대보증금과 월임대료를 상호 간에 전환하는 경우에는 「민간임대주택에 관한 특별법」 제44조 제4항 및 「공공주택 특별법 시행령」 제44조 제3항에 따라 정한 기준을 준용한다. (2020. 10. 7. 호번개정)
③ 법 제96조 제1항 및 제2항에 따른 1호 이상의 임대주택을 4년[「민간임대주택에 관한 특별법」 제2조 제4호에 따른 공공지원민간임대주택 또는 같은 조 제5호에 따른 장기일반민간임대주택(이하 이 조에서 "장기일반민간임대주택등"이라 한다)의 경우에는 10년] 이상 임대하는지 여부는 다음 각 호에 따른다. (2021. 2. 17. 개정)
1. 해당 과세연도의 매월말 현재 실제 임대하는 임대주택이 1호 이상인 개월 수가 해당 과세연도 개월 수(1호 이상의 임대주택의 임대개시일이 속하는 과세연도의 경우에는 1호 이상의 임대주택의 임대개시일이 속하는 월부터 과세연도 종료일이 속하는 월까지의 개월 수)의 12분의 9 이상인 경우에는 1호 이상의 임대주택을 임대하고 있는 것

☞ p.1555 2단 연결

으로 본다. 다만, 법 제96조 제2항 단서에 해당하는 경우에는 등록이 말소되는 날이 속하는 해당 과세연도에 1호 이상의 임대주택을 임대하고 있는 것으로 본다. (2021. 2. 17. 단서신설)

2. 1호 이상의 임대주택의 임대개시일부터 4년(장기일반민간임대주택등의 경우에는 10년)이 되는 날이 속하는 달의 말일까지의 기간 중 매월 말 현재 실제 임대하는 임대주택이 1호 이상인 개월 수가 43개월(장기일반민간임대주택등의 경우에는 108개월) 이상인 경우에는 1호 이상의 임대주택을 4년(장기일반민간임대주택등의 경우에는 10년) 이상 임대하고 있는 것으로 본다. (2021. 2. 17. 개정)

3. 제1호 및 제2호를 적용할 때 기존 임차인의 퇴거일부터 다음 임차인의 입주일까지의 기간으로서 3개월 이내의 기간은 임대한 기간으로 본다. (2014. 2. 21. 신설)

4. 제1호 및 제2호를 적용할 때 상속, 합병, 분할, 물적분할, 현물출자로 인하여 피상속인, 피합병법인, 분할법인, 출자법인(이하 이 호에서 "피상속인등"이라 한다)이 임대하던 임대주택을 상속인, 합병법인, 분할신설법인, 피출자법인(이하 이 호에서 "상속인등"이라 한다)이 취득하여 임대하는 경우에는 피상속인등의 임대기간은 상속인등의 임대기간으로 본다. (2014. 2. 21. 신설)

5. 제1호 및 제2호를 적용할 때 「공익사업을 위한 토지 등의 취득 및 보상에 관한 법률」 또는 그 밖의 법률에 따른 수용(협의 매수를 포함한다)으로 임대주택을 처분하거나 임대를 할 수 없는 경우에는 해당 임대주택을 계속 임대하는 것으로 본다. (2014. 2. 21. 신설)

6. 제1호 및 제2호를 적용할 때 「도시 및 주거환경정비법」에 따른 재개발사업·재건축사업, 「빈집 및 소규모주택 정비에 관한 특례법」에 따른 소규모주택정비사업 또는 「주택법」에 따른 리모델링의 사유로 임대주택을 처분하거나 임대를 할 수 없는 경우에는 해당 주택의 관리처분계획 인가일(소규모주택정비사업의 경우에는 사업시행계획 인가일, 리모델링의 경우에는 허가일 또는 사업계획승인일을 말한다) 전 6개월부터 준공일 후 6개월까지의 기간은 임대한 기간으로 본다. 이 경우 임대기간 계산에 관하여는 「종합부동산세법 시행령」 제3조 제7항 제7호 및 제7호의 2를 준용한다. (2021. 2. 17. 개정)

④ 법 제96조 제1항 각 호에서 임대사업자가 임대하는 임대주택의 수를 계산할 때에는 해당 과세연도 종료일 현재 임대주택 수를 기준으로 한다. (2021. 2. 17. 항번개정)

⑤ 법 제96조 제2항 단서에서 "「민간임대주택에 관한 특별법」 제6조 제1항 제11호에 해당하여 등록이 말소되는 경우 등 대통령령으로 정하는 경우"란 다음 각 호의 경우를 말한다. (2021. 2. 17. 신설)

1. 「민간임대주택에 관한 특별법」 제6조 제1항 제11호 또는 같은 조 제5항에 따라 임대사업자 등록이 말소된 경우 (2021. 2. 17. 신설)

2. 「도시 및 주거환경정비법」에 따른 재개발사업·재건축사업, 「빈집 및 소규모주택 정비에 관한 특례법」에 따른 소규모주택정비사업으로 당초의 임대주택이 멸실되어 새로 취득하거나 「주택법」에 따른 리모델링으로 새로 취득한 주택이 아파트(당초의 임대주택이 단기민간임대주택인 경우에는 모든 주택을 말한다)인 경우. 다만, 새로 취득한 주택의 준공일부터 6개월이 되는 날이 2020년 7월 10일 이전인 경우는 제외한다. (2021. 2. 17. 신설)

⑥ 법 제96조 제2항에 따라 소득세 또는 법인세를 감면받은 내국인이 1호 이상의 임대주택을 4년(장기일반민간임대주택등의 경우에는 10년) 이상 임대하지 아니한 경우에는 그 사유가 발생한 날이 속하는

☞ p.1556 2단 연결

③ 제1항에 따라 감면받은 소득세액 또는 법인세액을 제2항에 따라 납부하는 경우에는 제63조 제3항의 이자 상당 가산액에 관한 규정을 준용한다. 다만, 대통령령으로 정하는 부득이한 사유가 있는 경우에는 그러하지 아니하다. (2020. 12. 29. 개정)

④ 제1항에 따라 소득세 또는 법인세를 감면받으려는 자는 대통령령으로 정하는 바에 따라 세액의 감면을 신청하여야 한다. (2014. 1. 1. 신설)
⑤ 제1항부터 제4항까지의 규정을 적용할 때 임대주택의 수, 세액감면의 신청, 감면받은 소득세액 또는 법인세액을 납부하는 경우의 이자상당액 계산방법 등 그 밖에 필요한 사항은 대통령령으로 정한다. (2014. 12. 23. 개정)

제96조의 2【상가건물 장기 임대사업자에 대한 세액감면】① 해당 과세연도의 부동산임대업에서 발생하는 수입금액(과세기간이 1년 미만인 과세연도의 수입금액은 1년으로 환산한 총수입금액을 말한다)이 7천5백만원 이하인 내국인이 2021년 12월 31일 이전에 끝나는 과세연도까지 다음 각 호의 요건을 모두 충족하는 임대사업(이하 이 조에서 "상가건물임대사업"이라 한다)을 하는 경우에는 해당 과세연도의 상가건물임대사업에서 발생한 소득에 대한 소득세 또는 법인세의 100분의 5에 상당하는 세액을 감면한다. (2018. 10. 16. 신설)
1. 「상가건물 임대차보호법」 제2조 제1항에 따른 상가건물을 「소득세법」 제168조 및 「부가가치세법」 제8조에 따라 사업자등록을 한 개인사업자(이하 이 조에서 "임차인"이라 한다)에게 대통령령으

과세연도의 과세표준신고를 할 때 감면받은 세액 전액(장기일반민간임대주택등을 4년 이상 10년 미만 임대한 경우에는 해당 감면받은 세액의 100분의 60에 상당하는 금액)에 법 제96조 제3항에 따라 계산한 이자 상당 가산액을 가산한 금액을 소득세 또는 법인세로 납부하여야 한다. (2021. 2. 17. 개정)
⑦ 법 제96조 제3항 단서에서 "대통령령으로 정하는 부득이한 사유가 있는 경우"란 다음 각 호의 어느 하나에 해당하는 경우를 말한다. (2020. 2. 11. 항번개정)
1. 파산, 강제집행에 따라 임대주택을 처분하거나 임대를 할 수 없는 경우 (2014. 2. 21. 신설)
2. 법령상 의무를 이행하기 위하여 임대주택을 처분하거나 임대를 할 수 없는 경우 (2014. 2. 21. 신설)
3. 「채무자 회생 및 파산에 관한 법률」에 따른 회생절차에 따라 법원의 허가를 받아 임대주택을 처분한 경우 (2014. 2. 21. 신설)
⑧ 법 제96조 제4항에 따라 세액의 감면신청을 하려는 자는 해당 과세연도의 과세표준신고와 함께 기획재정부령으로 정하는 세액감면신청서에 다음 각 호의 서류를 첨부하여 납세지 관할 세무서장에게 제출하여야 한다. (2020. 2. 11. 항번개정)
1. 「민간임대주택에 관한 특별법 시행령」 제4조 제6항에 따른 임대사업자 등록증 또는 「공공주택 특별법」 제4조에 따른 공공주택사업자로의 지정을 증명하는 자료 (2023. 9. 26. 개정 ; 민간임대주택에~부칙)
2. 「민간임대주택에 관한 특별법 시행령」 제36조 제4항에 따른 임대조건 신고증명서 (2016. 2. 5. 신설)
3. 「민간임대주택에 관한 특별법」 제47조 또는 「공공주택 특별법」 제49조의 2에 따른 표준임대차계약서 사본 (2019. 2. 12. 개정)
4. 그 밖에 기획재정부령으로 정하는 서류 (2015. 2. 3. 호번개정)

제96조의 2【상가건물 장기 임대사업자에 대한 세액감면】① 법 제96조의 2 제1항 제1호에 따른 영업용 사용 목적의 임대는 「상가건물 임대차보호법」 제2조 제1항에 따른 상가건물을 「소득세법」 제

제43조의 3【소형주택 임대사업자 세액감면 제출서류】영 제96조 제8항 제4호에서 "기획재정부령으로 정하는 서류"란 「민간임대주택에 관한 특별법 시행규칙」 제19조 제8항에 따른 별지 제23호의 2 서식을 말한다. (2020. 3. 13. 개정)

로 정하는 바에 따라 영업용 사용을 목적으로 임대할 것 (2018. 10. 16. 신설)

2. 해당 과세연도 개시일 현재 동일한 임차인에게 계속하여 임대한 기간이 5년을 초과할 것 (2018. 10. 16. 신설)

3. 동일한 임차인에 대한 해당 과세연도 종료일 이전 2년간의 연평균 임대료 인상률이 「상가건물임대차보호법」 제11조 제1항에 따른 차임 또는 보증금의 증액 청구기준 이내에서 대통령령으로 정하는 비율 이내일 것 (2018. 10. 16. 신설)

② 제1항에 따라 소득세 또는 법인세를 감면받으려는 자는 대통령령으로 정하는 바에 따라 세액의 감면을 신청하여야 한다. (2018. 10. 16. 신설)

③ 제1항을 적용할 때 임대한 기간 및 연평균 임대료 인상률의 계산방법, 세액감면의 신청, 그 밖에 필요한 사항은 대통령령으로 정한다. (2018. 10. 16. 신설)

제96조의 3【상가임대료를 인하한 임대사업자에 대한 세액공제】① 대통령령으로 정하는 부동산임대사업을 하는 자가 대통령령으로 정하는 상가건물에 대한 임대료를 임차인(대통령령으로 정하는 소상공인에 한정한다)으로부터 2020년 1월 1일부터 2024년 12월 31일까지(이하 이 조에서 "공제기간"이라 한다) 인하하여 지급받는 경우 대통령령으로 정하는 임대료 인하액의 100분의 70(대통령령으로 정하는 바에 따라 계산한 해당 과세연도의 기준소득금액이 1억원을 초과하는 경우에는 100분의 50)에 해당하는 금액을 소득세 또는 법인세에서 공제한다. (2023. 12. 31. 개정)

제96조의 3【상가임대료를 인하한 임대사업자에 대한 세액공제】① 대통령령으로 정하는 부동산임대사업을 하는 자가 대통령령으로 정하는 상가건물에 대한 임대료를 임차인(대통령령으로 정하는 소상공인에 한정한다)으로부터 2020년 1월 1일부터 2025년 12월 31일까지(이하 이 조에서 "공제기간"이라 한다) 인하하여 지급받는 경우 대통령령으로 정하는 임대료 인하액의 100분의 70(대통령령으로 정하는 바에 따라 계산한 해당 과세연도의 기준소득금액이 1억원을 초과하는 경우에는 100분의 50)에 해당하는 금액을 소득세 또는 법인세에서 공제한다. (2024. 12. 31. 개정)

168조 또는 「부가가치세법」 제8조에 따라 사업자등록을 한 개인사업자에게 자기의 계산과 책임 하에 계속적·반복적으로 행하는 활동을 위해 임대한 것으로 한다. (2019. 2. 12. 신설)

② 법 제96조의 2 제1항 제2호에 따른 해당 과세연도 개시일 현재 동일한 임차인에게 계속하여 임대한 기간이 5년을 초과했는지 여부는 월력에 따라 계산하되, 1개월 미만인 경우에는 1개월로 본다. (2019. 2. 12. 신설)

③ 법 제96조의 2 제1항 제3호에서 "대통령령으로 정하는 비율"이란 3퍼센트를 말한다. (2019. 2. 12. 신설)

④ 법 제96조의 2 제1항 제3호의 연평균 임대료 인상률은 다음 계산식에 따라 계산한 율로 한다. (2019. 2. 12. 신설)

$$\text{연평균 임대료 인상률} = \frac{(\text{해당 과세연도 종료일부터 직전 2년간의 매월말 임대료의 합계액}) \times 1/2}{(\text{해당 과세연도 종료일부터 직전 2년이 되는 월말의 임대료}) \times 12}$$

⑤ 법 제96조의 2 제2항에 따라 세액의 감면신청을 하려는 자는 해당 과세연도의 과세표준신고와 함께 기획재정부령으로 정하는 세액감면신청서에 다음 각 호의 서류를 첨부하여 납세지 관할 세무서장에게 제출해야 한다. (2019. 2. 12. 신설)

1. 임대차계약서 사본 (2019. 2. 12. 신설)

2. 그 밖에 기획재정부령으로 정하는 서류 (2019. 2. 12. 신설)

제96조의 3【상가임대료를 인하한 임대사업자에 대한 세액공제】① 법 제96조의 3 제1항에서 "대통령령으로 정하는 부동산임대사업을 하는 자"란 「소득세법」 제168조, 「법인세법」 제111조 또는 「부가가치세법」 제8조에 따라 상가건물에 대한 부동산임대업의 사업자등록을 한 자(이하 이 조에서 "상가임대인"이라 한다)를 말한다. (2020. 4. 14. 신설)

② 법 제96조의 3 제1항에서 "대통령령으로 정하는 상가건물"이란 「상가건물 임대차보호법」 제2조 제1항 본문에 따른 상가건물(이하 이 조에서 "임대상가건물"이라 한다)을 말한다. (2020. 4. 14. 신설)

③ 법 제96조의 3 제1항에서 "대통령령으로 정하는 소상공인"이란 다음

각 호의 어느 하나에 해당하는 자(이하 이 조에서 "임차소상공인"이라 한다)를 말한다. (2021. 11. 9. 개정)

1. 다음 각 목의 요건을 모두 갖춘 자 (2021. 11. 9. 개정)

가. 「소상공인기본법」 제2조에 따른 소상공인 (2021. 11. 9. 개정)

나. 임대상가건물을 2021년 6월 30일 이전부터 계속하여 임차하여 영업용 목적으로 사용하고 있는 자 (2021. 11. 9. 개정)

다. 별표 14에 따른 업종을 영위하지 않는 자 (2021. 11. 9. 개정)

라. 상가임대인과 「국세기본법」 제2조 제20호에 따른 특수관계인이 아닌 자 (2021. 11. 9. 개정)

마. 「소득세법」 제168조, 「법인세법」 제111조 또는 「부가가치세법」 제8조에 따라 사업자등록을 한 자 (2021. 11. 9. 개정)

2. 임대상가건물 임대차계약이 종료되기 전에 폐업한 자로서 다음 각 목의 요건을 모두 갖춘 자 (2021. 11. 9. 개정)

가. 폐업하기 전에 제1호에 해당했을 것 (2021. 11. 9. 개정)

나. 2021년 1월 1일 이후에 임대차계약 기간이 남아 있을 것 (2021. 11. 9. 개정)

④ 법 제96조의 3 제1항에서 "대통령령으로 정하는 임대료 인하액"이란 제1호에 따른 금액에서 제2호에 따른 금액을 뺀

☞ p.1558 2단 연결

② 공제기간을 포함하는 계약기간 중 일정한 기간 내에 임대료 또는 보증금을 인상하는 등 대통령령으로 정하는 요건에 해당하는 경우에는 제1항에 따른 공제를 적용하지 아니하거나 이미 공제받은 세액을 추징한다. (2020. 12. 29. 개정)

③ 제1항에 따라 소득세 또는 법인세를 공제받으려는 자는 대통령령으로 정하는 바에 따라 해당 상가건물에 대한 임대료를 인하한 사실을 증명하는 서류 등을 갖추어 공제를 신청하여야 한다. (2020. 3. 23. 신설)

④ 제1항 및 제2항을 적용할 때 세액공제의 계산방법, 세액공제에 대한 사후관리 및 그 밖에 필요한 사항은 대통령령으로 정한다. (2020. 3. 23. 신설)

금액(이하 이 조에서 "임대료인하액"이라 한다)을 말한다. 이 경우 보증금을 임대료로 환산한 금액은 제외한다. (2020. 4. 14. 신설)

1. 임대료를 인하하기 직전의 임대상가건물 임대차계약에 따른 임대료를 기준으로 계산한 해당 과세연도[해당 과세연도 중 법 제96조의 3 제1항에 따른 공제기간(이하 이 조에서 "공제기간"이라 한다)에 해당하는 기간으로 한정한다. 이하 제2호에서 같다]의 임대료. 다만, 공제기간 중 임대상가건물의 임대차계약을 동일한 임차소상공인과 갱신하거나 재계약(이하 이 조에서 "갱신등"이라 한다)하고 갱신등의 임대차계약에 따른 임대료가 인하된 경우 갱신등에 따른 임대차계약이 적용되는 날부터 2024년 12월 31일까지는 갱신등에 따른 임대료를 기준으로 계산한 임대료를 말한다. (2024. 2. 29. 개정)

1. 임대료를 인하하기 직전의 임대상가건물 임대차계약에 따른 임대료를 기준으로 계산한 해당 과세연도[해당 과세연도 중 법 제96조의 3 제1항에 따른 공제기간(이하 이 조에서 "공제기간"이라 한다)에 해당하는 기간으로 한정한다. 이하 제2호에서 같다]의 임대료. 다만, 공제기간 중 임대상가건물의 임대차계약을 동일한 임차소상공인과 갱신하거나 재계약(이하 이 조에서 "갱신등"이라 한다)하고 갱신등의 임대차계약에 따른 임대료가 인하된 경우 갱신등에 따른 임대차계약이 적용되는 날부터 2025년 12월 31일까지는 갱신등에 따른 임대료를 기준으로 계산한 임대료를 말한다. (2025. 2. 28. 단서개정)

2. 임대상가건물의 임대료로 지급했거나 지급하기로 하여 해당 과세연도에 상가임대인의 수입금액으로 발생한 임대료 (2021. 2. 17. 개정)

⑤ 법 제96조의 3 제1항에 따른 해당 과세연도의 기준소득금액은 해당 과세기간의 종합소득과세표준에 합산되는 종합소득금액에 임대료인하액을 더한 금액으로 한다. (2021. 5. 4. 신설)

⑥ 법 제96조의 3 제2항에서 "대통령령으로 정하는 요건에 해당하는 경우"란 임대료를 인하하기 직전의 임대차계약에 따른 임대료나 보증금보다 인상(임대차계약의 갱신등을 한 경우에는 갱신등에 따른 임대료나 보증금이 임대료를 인하하기 직전의 임대차계약에 따른 금액의 100분의 5를 초과한 것을 말한다)한 경우를 말한다. (2021. 5. 4. 항번개정)

⑦ 해당 과세연도 중 제6항에 따른 요건에 해당하는 경우에는 법 제96조의 3 제1항에 따른 공제를 적용하지 않으며, 해당 과세연도 종료일 이후 6개월 이내에 제5항에 따른 요건에 해당하게 된 경우에는 이미 공제받은 세액을 추징한다. (2021. 5. 4. 개정)

⑧ 법 제96조의 3 제1항에 따라 소득세 또는 법인세를 공제받으려는

자는 같은 조 제3항에 따라 해당 과세연도의 과세표준신고와 함께 기획재정부령으로 정하는 세액공제신청서에 다음 각 호의 서류를 첨부하여 납세지 관할 세무서장에게 제출해야 한다. (2021. 5. 4. 항번개정)

1. 임대료를 인하하기 직전에 체결한 임대차계약서 및 2020년 1월 1일 이후 임대차계약에 대한 갱신등을 한 경우 갱신등을 한 임대차계약서의 사본 (2020. 4. 14. 신설)

2. 확약서, 약정서 및 변경계약서 등 공제기간 동안 임대료 인하에 합의한 사실을 증명하는 서류 (2020. 4. 14. 신설)

3. 세금계산서, 금융거래내역 등 임대료의 지급 등을 확인할 수 있는 서류 (2020. 4. 14. 신설)

4. 임차소상공인이 제3항 제1호 가목 및 다목의 요건을 갖췄음을 「소상공인 보호 및 지원에 관한 법률」 제17조에 따른 소상공인시장진흥공단에서 확인하는 서류 (2021. 11. 9. 개정)

제97조【장기임대주택에 대한 양도소득세의 감면】(2001. 12. 29 제목개정)

① 대통령령으로 정하는 거주자가 다음 각 호의 어느 하나에 해당하는 국민주택(이에 딸린 해당 건물 연면적의 2배 이내의 토지를 포함한다)을 2000년 12월 31일 이전에 임대를 개시하여 5년 이상 임대한 후 양도하는 경우에는 그 주택(이하 "임대주택"이라 한다)을 양도함으로써 발생하는 소득에 대한 양도소득세의 100분의 50에 상당하는 세액을 감면한다. 다만, 「민간임대주택에 관한 특별법」 또는 「공공주택 특별법」에 따른 건설임대주택 중 5년 이상 임대한 임대주택과 같은 법에 따른 매입임대주택 중 1995년 1월 1일 이후 취득 및 임대를 개시하여 5년 이상 임대한 임대주택(취득 당시 입주된 사실이 없는 주택만 해당한다) 및 10년 이상 임대한 임대주택의 경우에는 양도소득세를 면제한다. (2015. 8. 28. 단서개정 ; 임대주택법 부칙)

1. 1986년 1월 1일부터 2000년 12월 31일까지의 기간 중 신축된 주택 (2010. 1. 1. 개정)
2. 1985년 12월 31일 이전에 신축된 공동주택으로서 1986년 1월 1일 현재 입주된 사실이 없는 주택 (2010. 1. 1. 개정)

② 「소득세법」 제89조 제1항 제3호를 적용할 때 임대주택은 그 거주자의 소유주택으로 보지 아니한다. (2010. 1. 1. 개정)

③ 제1항에 따라 양도소득세를 감면받으려는 자는 대통령령으로 정하는 바에 따라 주택임대에 관한 사항을 신고하고 세액의 감면신청을 하여야 한다. (2010. 1. 1. 개정)

④ 제1항에 따른 임대주택에 대한 임대기간의 계산과 그 밖에 필요한 사항은 대통령령으로 정한다. (2010. 1. 1. 개정)

제97조【장기임대주택에 대한 양도소득세의 감면】(2001. 12. 31 제목개정)

① 법 제97조 제1항 각 호 외의 부분 본문에서 "대통령령으로 정하는 거주자"란 임대주택을 5호 이상 임대하는 거주자를 말한다. 이 경우 임대주택을 여러 사람이 공동으로 소유한 경우에는 공동으로 소유하고 있는 임대주택의 호수에 지분비율을 곱하여 호수를 산정한다. (2019. 2. 12. 후단신설)

② 법 제97조 제1항 단서의 규정에 의한 건설임대주택의 일부 또는 동일한 지번상에 상가등 다른 목적의 건물이 설치된 경우의 주택으로 보는 범위 및 필요경비계산에 관하여는 「소득세법 시행령」 제122조 제4항 및 제5항을 준용한다. (2014. 2. 21. 개정)

③ 법 제97조 제3항의 규정에 의하여 주택임대에 관한 사항을 신고하고자 하는 거주자는 주택의 임대를 개시한 날부터 3월 이내에 기획재정부령이 정하는 주택임대신고서를 임대주택의 소재지 관할세무서장에게 제출하여야 한다. (2008. 2. 29. 직제개정 ; 기획재정부와~직제 부칙)

④ 법 제97조 제3항의 규정에 의하여 세액의 감면신청을 하고자 하는 자는 당해 임대주택을 양도한 날이 속하는 과세연도의 과세표준신고와 함께 기획재정부령이 정하는 세액감면신청서에 다음 각호의 서류를 첨부하여 납세지 관할세무서장에게 제출하여야 한다. (2008. 2. 29. 직제개정 ; 기획재정부와~직제 부칙)

1. 「민간임대주택에 관한 특별법 시행령」 제4조 제5항에 따른 임대사업자 등록증 또는 「공공주택특별법」 제4조에 따른 공공주택사업자로의 지정을 증명하는 자료 (2023. 9. 26. 개정 ; 민간임대주택에~부칙)
2. 임대차계약서 사본 (98. 12. 31 개정)
3. 임차인의 주민등록표 등본 또는 주민등록증 사본. 이 경우 「주민등록법」 제29조 제1항에 따라 열람한 주민등록 전입세대의 열람내역 제출로 갈음할 수 있다. (2020. 2. 11. 후단신설)
4. 삭 제 (2006. 6. 12. ; 행정정보의 공동이용 및~일부 개정령)
5. 기타 기획재정부령이 정하는 서류 (2008. 2. 29. 직제개정 ; 기획재정부와~직제 부칙)

⑤ 법 제97조 제4항의 규정에 의한 임대주택에 대한 임대기간(이하 이 조에서 "주택임대기간"이라 한다)의 계산은 다음 각호에 의한다. (98.

관계조문

규칙 61조 1항 62호 ⇒ 주택임대신고서(별지 61호 서식)

관계조문

규칙 61조 1항 63호 ⇒ 세액감면(면제)신청서(별지 62호 서식)

12. 31 개정)
1. 주택임대기간의 기산일은 주택의 임대를 개시한 날로 할 것 (98. 12. 31 개정)
2. 삭　제 (2001. 12. 31)
3. 상속인이 상속으로 인하여 피상속인의 임대주택을 취득하여 임대하는 경우에는 피상속인의 주택임대기간을 상속인의 주택임대기간에 합산할 것 (98. 12. 31 개정)
3의 2. 삭　제 (2001. 12. 31)
4. 5호 미만의 주택을 임대한 기간은 주택임대기간으로 보지 아니할 것 (98. 12. 31 개정)
5. 제1호 또는 제3호의 규정을 적용함에 있어서 기획재정부령이 정하는 기간은 이를 주택임대기간에 산입할 것 (2008. 2. 29. 직제개정 ; 기획재정부와~직제 부칙)
⑥ 법 제97조 제3항에 따라 세액의 감면신청을 받은 납세지 관할세무서장은 「전자정부법」 제36조 제1항에 따른 행정정보의 공동이용을 통하여 임대주택에 대한 등기사항증명서 또는 토지 및 건축물대장 등본을 확인하여야 한다. (2018. 2. 13. 개정)

　제97조의　2 【신축임대주택에 대한 양도소득세의 감면 특례】 (2001. 12. 29 제목개정)
① 대통령령으로 정하는 거주자가 다음 각 호의 어느 하나에 해당하는 국민주택(이에 딸린 해당 건물 연면적의 2배 이내의 토지를 포함한다)을 5년 이상 임대한 후 양도하는 경우에는 그 주택(이하 이 조에서 "신축임대주택"이라 한다)을 양도함으로써 발생하는 소득에 대한 양도소득세를 면제한다. (2010. 1. 1. 개정)
1. 다음 각 목의 어느 하나에 해당하는 「민간임대주택에 관한 특별법」 또는 「공공주택 특별법」에 따른 건설임대주택 (2015. 8. 28. 개정 ; 임대주택법 부칙)
　가. 1999년 8월 20일부터 2001년 12월 31일까지의 기간 중에 신축된 주택 (2010. 1. 1. 개정)
　나. 1999년 8월 19일 이전에 신축된 공동주택으로서 1999년 8월 20

　제97조의　2 【신축임대주택에 대한 양도소득세의 감면특례】 (2001. 12. 31 제목개정)
① 법 제97조의 2 제1항 각 호 외의 부분에서 "대통령령으로 정하는 거주자"란 1호 이상의 신축임대주택(법 제97조의 2 제1항의 규정에 의한 신축임대주택을 말한다. 이하 이 조에서 같다)을 포함하여 2호 이상의 임대주택을 5년 이상 임대하는 거주자를 말한다. (2009. 2. 4. 개정)
② 신축임대주택의 주택임대사항의 신고·세액감면의 신청·임대기간의 계산 등에 관하여는 제97조 제2항 내지 제6항의 규정을 준용한다. 다만, 제97조 제4항의 규정을 준용함에 있어서 법 제97조의 2 제1항 제2호의 규정에 의한 매입임대주택의 경우에는 제97조 제4항 각호에 규정된 서류 외에 매매계약서 사본과 계약금 지급일을 입증할 수 있는 증빙서류를 첨부하여 납세지 관할세무서장에게 제출하여야 한다. (2006. 6. 12. 개정 ; 행정정보의 공동이용 및~일부 개정령)

　제44조 【주택임대기간의 계산】 영 제97조 제5항 제5호에서 "기획재정부령이 정하는 기간"이라 함은 기존 임차인의 퇴거일부터 다음 임차인의 입주일까지의 기간으로서 3월 이내의 기간을 말한다. (2008. 4. 29. 직제개정)

일 현재 입주된 사실이 없는 주택 (2010. 1. 1. 개정)
2. 다음 각 목의 어느 하나에 해당하는 「민간임대주택에 관한 특별법」
   또는 「공공주택 특별법」에 따른 매입임대주택 중 1999년 8월 20일
   이후 취득(1999년 8월 20일부터 2001년 12월 31일까지의 기간 중
   에 매매계약을 체결하고 계약금을 지급한 경우만 해당한다) 및 임대
   를 개시한 임대주택(취득 당시 입주된 사실이 없는 주택만 해당한
   다) (2015. 8. 28. 개정 ; 임대주택법 부칙)
   가. 1999년 8월 20일 이후 신축된 주택 (2010. 1. 1. 개정)
   나. 제1호 나목에 해당하는 주택 (2010. 1. 1. 개정)
② 신축임대주택에 관하여는 제97조 제2항부터 제4항까지의 규정을
준용한다. (2010. 1. 1. 개정)

제97조의 3【장기일반민간임대주택 등에 대한 양도소득세의 과세
특례】(2022. 12. 31. 제목개정)
① 대통령령으로 정하는 거주자가 「민간임대주택에 관한 특별법」 제2조 제2호에 따른
민간건설임대주택으로서 같은 조 제4호 또는 제5호에 따른 공공지원민간임대주택 또는
장기일반민간임대주택을 2024년 12월 31일까지 등록[2020년 7월 11일 이후 장기일반
민간임대주택으로 등록 신청한 경우로서 「민간임대주택에 관한 특별법」(법률 제17482
호로 개정되기 전의 것을 말한다) 제2조 제6호에 따른 단기민간임대주택을 2020년 7월
11일 이후 같은 법 제5조 제3항에 따라 공공지원민간임대주택 또는 장기일반민간임대
주택으로 변경 신고한 주택은 제외한다]한 후 다음 각 호의 요건을 모두 갖추어 그 주택
을 양도하는 경우 대통령령으로 정하는 바에 따라 임대기간 중 발생하는 양도소득에
대해서는 「소득세법」 제95조 제1항에 따른 장기보유 특별공제액을 계산할 때 같은 조
제2항에도 불구하고 100분의 70의 공제율을 적용한다. (2022. 12. 31. 개정)
① 대통령령으로 정하는 거주자가 「민간임대주택에 관한 특별법」 제2조
제2호에 따른 민간건설임대주택으로서 같은 조 제4호 또는 제5호에 따른
공공지원민간임대주택 또는 장기일반민간임대주택을 2027년 12월 31일
까지 등록[2020년 7월 11일 이후 장기일반민간임대주택으로 등록 신청한
경우로서 「민간임대주택에 관한 특별법」(법률 제17482호로 개정되기 전
의 것을 말한다) 제2조 제6호에 따른 단기민간임대주택을 2020년 7월 11
일 이후 같은 법 제5조 제3항에 따라 공공지원민간임대주택 또는 장기일
반민간임대주택으로 변경 신고한 주택은 제외한다]한 후 다음 각 호의 요
건을 모두 갖추어 그 주택을 양도하는 경우 대통령령으로 정하는 바에

제97조의 3【장기일반민간임대주택등에 대한 양도소득세의 과
세특례】(2018. 7. 16. 제목개정 ; 민간임대주택에~시행령 부칙)
① 법 제97조의 3 제1항 각 호 외의 부분에서 "대통령령으로 정하는
거주자"란 「소득세법」 제1조의 2 제1항 제1호에 따른 거주자를 말한
다. (2014. 2. 21. 신설)
② 법 제97조의 3 제1항 제1호에 따른 10년 이상 계속하여 임대한 경
우는 「민간임대주택에 관한 특별법」 제2조 제4호 또는 제5호에 따른
공공지원민간임대주택 또는 장기일반민간임대주택(이하 이 조에서 "장
기일반민간임대주택등"이라 한다)으로 10년 이상 계속하여 등록되어
있고, 그 등록 기간 동안 통산하여 10년 이상 임대한 경우로 한다. 이
경우 「도시 및 주거환경정비법」에 따른 재개발사업·재건축사업, 「빈
집 및 소규모주택 정비에 관한 특례법」에 따른 소규모주택정비사업 또
는 「주택법」에 따른 리모델링의 시행으로 임대할 수 없는 경우에는 해
당 주택의 관리처분계획 인가일(소규모주택정비사업의 경우에는 사업
시행계획 인가일, 리모델링의 경우에는 허가일 또는 사업계획승인일을
말한다) 전 6개월부터 준공일 후 6개월까지의 기간 동안 계속하여 임
대한 것으로 보되, 임대기간 계산 시에는 실제 임대기간만 포함한다.
(2023. 2. 28. 개정)
③ 법 제97조의 3 제1항 제2호에서 "대통령령으로 정하는 임대보증금
또는 임대료 증액 제한 요건 등"이란 다음 각 호의 요건을 말한다.

따라 임대기간 중 발생하는 양도소득에 대해서는 「소득세법」 제95조 제1
항에 따른 장기보유 특별공제액을 계산할 때 같은 조 제2항에도 불구하
고 100분의 70의 공제율을 적용한다. (2024. 12. 31. 개정)
1. 10년 이상 계속하여 임대한 후 양도하는 경우 (2022. 12. 31. 개정)
2. 대통령령으로 정하는 임대보증금 또는 임대료 증액 제한 요건 등을
　준수하는 경우 (2014. 1. 1. 신설)

② 제1항에 따른 과세특례는 제97조의 4에 따른 장기임대주택에 대한 양
도소득세의 과세특례와 중복하여 적용하지 아니한다. (2018. 12. 24. 신설)
③ 제1항에 따라 과세특례를 적용받으려는 자는 대통령령으로 정하는
바에 따라 주택임대에 관한 사항을 신고하고 과세특례 적용의 신청을

(2014. 2. 21. 신설)
1. 임대보증금 또는 임대료(이하 이 호에서 "임대료등"이라 한다)의 증가
　율이 100분의 5를 초과하지 않을 것. 이 경우 임대료등 증액 청구는
　임대차계약 또는 약정한 임대료등의 증액이 있은 후 1년 이내에는 하
　지 못하고, 임대사업자가 임대료등의 증액을 청구하면서 임대보증금과
　월임대료를 상호 간에 전환하는 경우에는 「민간임대주택에 관한 특별
　법」 제44조 제4항에 따라 정한 기준을 준용한다. (2020. 2. 11. 개정)
2. 「주택법」 제2조 제6호에 따른 국민주택규모 이하의 주택(해당 주택
　이 다가구주택일 경우에는 가구당 전용면적을 기준으로 한다)일 것
　(2016. 8. 11. 개정 ; 주택법 시행령 부칙)
3. 장기일반민간임대주택등의 임대개시일부터 10년 이상 임대할 것
　(2023. 2. 28. 개정)
4. 장기일반민간임대주택등 및 이에 부수되는 토지의 기준시가의 합계액
　이 해당 주택의 임대개시일 당시 6억원(수도권 밖의 지역인 경우에는
　3억원)을 초과하지 아니할 것 (2018. 10. 23. 신설)
④ 장기일반민간임대주택등의 임대기간의 계산에 관하여는 제97조 제
5항 제1호·제3호 및 제5호를 준용한다. 이 경우 「소득세법」 제168조
에 따른 사업자등록과 「민간임대주택에 관한 특별법」 제5조에 따른 임
대사업자등록을 하고 장기일반민간임대주택등으로 등록하여 임대하는
날부터 임대를 개시한 것으로 보며, 「민간임대주택에 관한 특별법」 제
5조 제3항에 따라 같은 법 제2조 제6호의 단기민간임대주택을 장기일
반민간임대주택등으로 변경 신고한 경우에는 같은 법 시행령 제34조
제1항 제3호에 따른 시점부터 임대를 개시한 것으로 본다. (2019. 2.
12. 후단개정)
⑤ 「소득세법」 제95조 제1항에 따른 장기보유 특별공제액을 계산할
때 법 제97조의 3 제1항에 따라 100분의 70의 공제율을 적용하는 경우
에는 임대기간 중에 발생한 양도차익에 한정하여 적용하며, 임대기간
중 양도차익은 기준시가를 기준으로 산정한다. (2023. 2. 28. 개정)
⑥ 법 제97조의 3 제2항에 따라 과세특례 적용의 신청을 하려는 자는
해당 장기일반민간임대주택등의 양도소득 과세표준예정신고 또는 과
세표준확정신고와 함께 기획재정부령으로 정하는 과세특례적용신청서
를 납세지 관할 세무서장에게 제출하여야 한다. 이 경우 그 절차 등에

하여야 한다. (2018. 12. 24. 항번개정)
④ 제1항에 따른 임대주택에 대한 임대기간의 계산과 그 밖에 필요한 사항은 대통령령으로 정한다. (2018. 12. 24. 항번개정)

제97조의 4【장기임대주택에 대한 양도소득세의 과세특례】① 거주자 또는 비거주자가 「민간임대주택에 관한 특별법」 제2조 제2호에 따른 민간건설임대주택, 같은 법 제2조 제3호에 따른 민간매입임대주택, 「공공주택 특별법」 제2조 제1호의 2에 따른 공공건설임대주택 또는 같은 법 제2조 제1호의 3에 따른 공공매입임대주택으로서 대통령령으로 정하는 주택을 6년 이상 임대한 후 양도하는 경우 그 주택을 양도함으로써 발생하는 소득에 대해서는 「소득세법」 제95조 제1항에 따른 장기보유 특별공제액을 계산할 때 같은 조 제2항에 따른 보유기간별 공제율에 해당 주택의 임대기간에 따라 다음 표에 따른 추가공제율을 더한 공제율을 적용한다. 다만, 같은 항 단서에 해당하는 경우에는 그러하지 아니하다. (2015. 12. 15. 개정)

임대기간	추가공제율
6년 이상 7년 미만	100분의 2
7년 이상 8년 미만	100분의 4
8년 이상 9년 미만	100분의 6
9년 이상 10년 미만	100분의 8
10년 이상	100분의 10

② 제1항에 따라 과세특례를 적용받으려는 자는 대통령령으로 정하는 바에 따라 주택임대에 관한 사항을 신고하고 과세특례의 적용신청을 하여야 한다. (2014. 1. 1. 신설)
③ 제1항에 따른 임대주택에 대한 임대기간의 계산과 그밖에 필요한 사항은 대통령령으로 정한다. (2014. 1. 1. 신설)

제97조의 5【장기일반민간임대주택등에 대한 양도소득세 감면】(2018. 1. 16. 제목개정 ; 민간임대주택에 관한 특별법 부칙)
① 거주자가 다음 각 호의 요건을 모두 갖춘 「민간임대주택에 관한 특별법」 제2조 제4호에 따른 공공지원민간임대주택 또는 같은 법 제2조

관하여는 제97조 제3항·제4항 및 제6항을 준용한다. (2021. 2. 17. 항번개정)

제97조의 4【장기임대주택에 대한 양도소득세의 과세특례】① 법 제97조의 4 제1항에서 "대통령령으로 정하는 주택"이란 「소득세법 시행령」 제167조의 3 제1항 제2호 가목 및 다목에 따른 장기임대주택(「소득세법」 제1조의 2 제1항 제2호에 따른 비거주자가 소유한 주택을 포함하며, 이하 이 조에서 "장기임대주택"이라 한다)을 말한다. (2016. 2. 5. 개정)
② 법 제97조의 4 제1항을 적용할 때 장기임대주택의 임대기간의 계산에 관하여는 제97조 제5항 제1호·제3호 및 제5호를 준용한다. 이 경우 「소득세법」 제168조에 따른 사업자등록과 「민간임대주택에 관한 특별법」 제5조에 따른 임대사업자등록을 하거나, 「공공주택 특별법」 제4조에 따른 공공주택사업자로 지정되어 임대하는 날부터 임대를 개시한 것으로 본다. (2015. 12. 28. 후단개정 ; 임대주택법 시행령 부칙)

③ 법 제97조의 4 제2항에 따라 과세특례의 적용신청을 하려는 자는 해당 장기임대주택의 양도소득 과세표준예정신고 또는 과세표준확정신고와 함께 기획재정부령으로 정하는 과세특례적용신청서를 납세지 관할 세무서장에게 제출하여야 한다. 이 경우 그 절차 등에 관하여는 제97조 제3항, 제4항 및 제6항을 준용한다. (2014. 2. 21. 신설)

제97조의 5【장기일반민간임대주택등에 대한 양도소득세 세액감면】(2018. 7. 16. 제목개정 ; 민간임대주택에~시행령 부칙)
① 법 제97조의 5 제1항 제2호에 따른 10년 이상 계속하여 「민간임대주택에 관한 특별법」 제2조 제4호의 공공지원민간임대주택 또는 같은

제5호에 따른 장기일반민간임대주택(이하 이 조에서 "장기일반민간임대주택등"이라 한다)을 양도하는 경우에는 대통령령으로 정하는 바에 따라 임대기간 중 발생한 양도소득에 대한 양도소득세의 100분의 100에 상당하는 세액을 감면한다. (2018. 1. 16. 개정 ; 민간임대주택에 관한 특별법 부칙)

1. 2018년 12월 31일까지 「민간임대주택에 관한 특별법」 제2조 제3호의 민간매입임대주택 및 「공공주택 특별법」 제2조 제1호의 3에 따른 공공매입임대주택을 취득(2018년 12월 31일까지 매매계약을 체결하고 계약금을 납부한 경우를 포함한다)하고, 취득일로부터 3개월 이내에 「민간임대주택에 관한 특별법」에 따라 장기일반민간임대주택등으로 등록할 것 (2018. 1. 16. 개정 ; 민간임대주택에 관한 특별법 부칙)

2. 장기일반민간임대주택등으로 등록 후 10년 이상 계속하여 장기일반민간임대주택등으로 임대한 후 양도할 것 (2018. 1. 16. 개정 ; 민간임대주택에 관한 특별법 부칙)

3. 임대기간 중 제97조의 3 제1항 제2호의 요건을 준수할 것 (2014. 12. 23. 신설)

② 제1항에 따른 세액감면은 제97조의 3의 장기일반민간임대주택등에 대한 양도소득세의 과세특례 및 제97조의 4의 장기임대주택에 대한 양도소득세의 과세특례와 중복하여 적용하지 아니한다. (2018. 1. 16. 개정 ; 민간임대주택에 관한 특별법 부칙)

③ 제1항에 따라 세액감면을 적용받으려는 자는 대통령령으로 정하는 바에 따라 주택임대에 관한 사항을 신고하고 과세특례 적용의 신청을 하여야 한다. (2014. 12. 23. 신설)

④ 제1항에 따른 임대주택에 대한 임대기간의 계산과 그 밖에 필요한 사항은 대통령령으로 정한다. (2014. 12. 23. 신설)

조 제5호에 따른 장기일반민간임대주택(이하 이 조에서 "장기일반민간임대주택등"이라 한다)으로 임대한 경우는 장기일반민간임대주택등으로 10년 이상 계속하여 등록하고, 그 등록한 기간 동안 계속하여 10년 이상 임대한 경우로 한다. 이 경우 다음 각 호의 경우에는 해당 기간 동안 계속하여 임대한 것으로 본다. (2018. 7. 16. 개정 ; 민간임대주택에~시행령 부칙)

1. 기존 임차인의 퇴거일부터 다음 임차인의 주민등록을 이전하는 날까지의 기간으로서 6개월 이내의 기간 (2015. 2. 3. 신설)

2. 제72조 제2항 각 호의 법률에 따라 협의매수 또는 수용되어 임대할 수 없는 경우의 해당 기간 (2015. 2. 3. 신설)

3. 「도시 및 주거환경정비법」에 따른 재개발사업·재건축사업, 「빈집 및 소규모주택 정비에 관한 특례법」에 따른 소규모주택정비사업 또는 「주택법」에 따른 리모델링의 사유로 임대할 수 없는 경우에는 해당 주택의 관리처분계획 인가일(소규모주택정비사업의 경우에는 사업시행계획 인가일, 리모델링의 경우에는 허가일 또는 사업계획 승인일을 말한다) 전 6개월부터 준공일 후 6개월까지의 기간 (2020. 2. 11. 개정)

② 법 제97조의 5 제1항을 적용할 때 임대기간 중 발생한 양도소득은 다음 계산식에 따라 계산한 금액으로 한다. 이 경우 새로운 기준시가가 고시되기 전에 취득 또는 양도하거나 제1항에 따른 임대기간의 마지막 날이 도래하는 경우에는 직전의 기준시가를 적용하여 계산한다. (2015. 2. 3. 신설)

$$\text{「소득세법」 제95조 제1항에 따른 양도소득금액} \times \left(\frac{\text{제1항에 따른 임대기간의 마지막 날의 기준시가} - \text{취득 당시 기준시가}}{\text{양도 당시 기준시가} - \text{취득 당시 기준시가}} \right)$$

③ 장기일반민간임대주택등의 임대기간의 계산에 관하여는 제97조 제5항 제1호 및 제3호를 준용한다. 이 경우 「소득세법」 제168조에 따른 사업자등록과 「민간임대주택에 관한 특별법」 제5조에 따른 임대사업자등록을 하고 장기일반민간임대주택등으로 등록하여 임대하는 날부터 임대를 개시한 것으로 본다. (2018. 7. 16. 개정 ; 민간임대주택에~시행령 부칙)

④ 법 제97조의 5 제3항에 따라 과세특례 적용의 신청을 하려는 자는 해당 장기일반민간임대주택등의 양도소득 과세표준예정신고 또는 과세표준확정신고와 함께 기획재정부령으로 정하는 과세특례 적용신청서를 납세지 관할 세무서장에게 제출하여야 한다. 이 경우 그 절차 등에 관하여는 제97조 제3항, 제4항 및 제6항을 준용한다. (2018. 7. 16. 개정 ; 민간임대주택에~시행령 부칙)

제97조의 6 【임대주택 부동산투자회사의 현물출자자에 대한 과세특례 등】 ① 내국인이 다음 각 호의 요건을 모두 갖추어 대통령령으로 정하는 임대주택 부동산투자회사(이하 이 조에서 "임대주택 부동산투자회사"라고 한다)에 2017년 12월 31일까지 「소득세법」 제94조 제1항 제1호에 따른 토지 또는 건물을 현물출자함으로써 발생하는 양도차익에 상당하는 금액(현물출자 후 대통령령으로 정하는 바에 따라 임대주택용으로 사용되는 부분에서 발생하는 것에 한정한다)에 대하여는 대통령령으로 정하는 바에 따라 양도소득세의 납부 또는 법인세의 과세를 이연받을 수 있다. (2020. 6. 9. 개정 ; 법률용어~법률)
1. 「부동산투자회사법」 제9조 제1항에 따른 영업인가(변경인가의 경우 당초 영업인가 이후 추가적인 현물출자로 인한 변경인가에 한정한다)일부터 1년 이내에 현물출자할 것 (2014. 12. 23. 신설)
2. 현물출자의 대가를 전액 주식으로 받을 것 (2014. 12. 23. 신설)

제97조의 6 【임대주택 부동산투자회사의 현물출자자에 대한 과세특례 등】 ① 법 제97조의 6 제1항 각 호 외의 부분 및 같은 조 제2항 제3호에서 "대통령령으로 정하는 임대주택 부동산투자회사"란 각 「부동산투자회사법」 제14조의 8 제3항 제2호의 주택임대사업에 투자하는 부동산투자회사로서 기획재정부령으로 정하는 임대주택 부동산투자회사(이하 이 조에서 "임대주택 부동산투자회사"라 한다)를 말한다. (2015. 2. 3. 신설)
② 법 제97조의 6 제1항 각 호 외의 부분에서 "대통령령으로 정하는 바에 따라 임대주택용으로 사용되는 부분"이란 다음 각 호의 어느 하나에 해당하는 부분을 말한다. (2015. 2. 3. 신설)
1. 「민간임대주택에 관한 특별법」 제2조에 따른 민간임대주택과 「공공주택 특별법」 제2조 제1호 가목에 따른 공공임대주택에 해당하는 주택(주거에 사용하는 오피스텔을 포함한다) (2015. 12. 28. 개정 ; 임대주택법 시행령 부칙)
2. 제1호에 따른 주택에 딸린 토지(건물이 정착된 면적에 지역별로 다음 각 목에서 정하는 배율을 곱하여 산정한 면적을 초과하는 경우 그 초과하는 부분의 토지는 제외한다) (2015. 2. 3. 신설)
   가. 「국토의 계획 및 이용에 관한 법률」 제6조 제1호에 따른 도시지역의 토지 : 5배 (2015. 2. 3. 신설)
   나. 그 밖의 토지 : 10배 (2015. 2. 3. 신설)
③ 내국인이 법 제97조의 6 제1항에 따라 양도소득세의 납부 또는 법인세의 과세를 이연받을 수 있는 금액은 다음 각 호의 구분에 따라 계산한 금액으로 한다. (2015. 2. 3. 신설)
1. 거주자의 경우 : 「소득세법」 제92조 제3항 제2호에 따른 양도소득 결정세액 × 거주자가 현물출자한 「소득세법」 제94조 제1항 제1호에 따른 토지 또는 건물(이하 이 조에서 "자산"이라 한다) 중 제2항에 따라 임대주택용으로 사용되는 부분의 비율 (2025. 2. 28. 개정)
2. 내국법인의 경우 : (법 제97조의 6 제1항 제2호에 따른 현물출자의 대가 - 현물출자한 자산의 장부가액) × 내국법인이 현물출자한 자산 중 제2항에 따라 임대주택용으로 사용되는 부분의 비율 (2015. 2. 3. 신설)

제44조의 2 【임대주택 부동산투자회사】 영 제97조의 6 제1항에서 "「부동산투자회사법」 제14조의 8 제3항 제2호의 주택임대사업에 투자하는 부동산투자회사로서 기획재정부령으로 정하는 임대주택 부동산투자회사"란 다음 각 호의 요건을 모두 갖춘 부동산투자회사를 말한다. (2015. 10. 30. 신설)
1. 보유하고 있는 건축물 연면적의 100분의 70 이상을 「임대주택법」 제2조 제2호 또는 제3호에 따른 건설임대주택 또는 매입임대주택(이하 이 조에서 "임대주택"이라 한다)으로 제공할 것 (2015. 10. 30. 신설)
2. 임대주택으로 제공하는 각 주택과 그에 부수되는 토지의 취득 당시 기준시가의 합계액이 6억원 이하일 것 (2015. 10. 30. 신설)
3. 임대주택으로 제공하는 각 주택의 전용면적이 85제곱미터 이하일 것 (2015. 10. 30. 신설)

② 제1항을 적용받은 내국인이 다음 각 호의 어느 하나에 해당하게 되는 경우에는 대통령령으로 정하는 바에 따라 거주자의 경우에는 해당 사유 발생일이 속하는 달의 말일부터 2개월 이내(제4호의 증여의 경우 3개월 이내, 상속의 경우 6개월 이내)에 이연받은 양도소득세액을 납부하여야 하며, 내국법인의 경우에는 해당사유가 발생한 사업연도의 소득금액을 계산할 때 과세이연받은 금액을 익금에 산입하여야 한다. (2016. 12. 20. 개정)

1. 현물출자의 대가로 받은 주식의 일부 또는 전부를 처분하는 경우 (제4호에 따라 거주자가 증여하거나 거주자의 사망으로 상속이 이루어지는 경우는 제외한다) (2016. 12. 20. 개정)

2. 현물출자 받은 임대주택 부동산투자회사가 「부동산투자회사법」 제44조에 따라 해산하는 경우(다만, 「부동산투자회사법」 제43조에 따른 합병으로서 「법인세법」 제44조 제2항 각 호의 요건을 모두 갖춘 합병인 경우는 제외한다. 이 경우 합병법인을 당초에 현물출자 받은 임대주택 부동산투자회사로 보아 이 조를 적용한다) (2014. 12. 23. 신설)

3. 매분기말 2분기 연속하여 대통령령으로 정하는 임대주택 부동산투자회사 요건을 갖추지 못한 경우 (2014. 12. 23. 신설)

4. 제1항을 적용받은 거주자가 현물출자의 대가로 받은 주식의 일부 또

④ 내국법인이 법 제97조의 6 제1항에 따라 법인세의 과세를 이연받는 경우에는 제3항 제2호에 따라 계산한 금액을 현물출자일이 속하는 사업연도의 소득금액을 계산할 때 손금에 산입한다. 이 경우 손금에 산입하는 금액은 현물출자하는 자산의 개별 자산별로 계산하여야 하며, 손금에 산입하는 금액의 합계는 현물출자로 취득한 부동산투자회사 주식의 압축기장충당금으로 계상하여야 한다. (2015. 2. 3. 신설)

⑤ 현물출자를 2회 이상 하는 경우에는 각각을 독립된 현물출자로 보아 법 제97조의 6 제1항을 적용한다. (2015. 2. 3. 신설)

⑥ 제3항을 적용할 때 「소득세법」 제92조 제3항 제2호에 따른 양도소득 결정세액은 같은 법 제96조 제1항에 따른 실지거래가액을 기준으로 계산하며, 법 제97조의 6 제1항 제2호에 따른 현물출자의 대가는 현물출자한 자산의 「법인세법」 제52조 제2항에 따른 시가를 기준으로 계산한다. (2025. 2. 28. 개정)

⑦ 법 제97조의 6 제2항에 따라 이연받은 양도소득세액을 납부하거나 과세이연받은 소득금액을 익금에 산입하는 경우에는 다음 각 호의 방법에 따른다. (2015. 2. 3. 신설)

1. 거주자의 경우 : 다음 각 목에 따라 계산한 금액을 양도소득세액으로 납부한다. (2015. 2. 3. 신설)

　가. 법 제97조의 6 제2항 제1호 또는 제4호에 해당하는 경우로서 현물출자의 대가로 받은 주식 중 처분한 주식 수를 현물출자의 대가로 받은 주식 수로 나눈 비율(현물출자 외의 방법으로 취득한 주식을 처분하는 경우 현물출자의 대가로 받은 주식을 먼저 처분한 것으로 보며, 이하 이 호에서 "주식처분비율"이라 한다)을 누적한 값이 100분의 50 미만인 경우 : 제3항에 따라 납부이연받은 양도소득세액 × 주식처분비율 (2017. 2. 7. 개정)

　나. 법 제97조의 6 제2항 제1호 또는 제4호에 해당하는 경우로서 주식처분비율을 누적한 값이 100분의 50 이상인 경우 : 제3항에 따라 납부이연받은 양도소득세액 전액(가목에 따라 이미 납부한 세액이 있는 경우에는 해당 금액을 제외한다) (2017. 2. 7. 개정)

　다. 법 제97조의 6 제2항 제2호 또는 제3호에 해당하는 경우 : 제3항에 따라 납부이연받은 양도소득세액 전액(가목에 따라 이미

는 전부를 증여하거나 거주자의 사망으로 해당 주식에 대한 상속이 이루어지는 경우 (2016. 12. 20. 신설)

③ 내국인이 제1항에 따라 납부를 이연받은 양도소득세액 또는 과세를 이연받은 법인세액을 제2항 제2호(「부동산투자회사법」 제42조에 따른 영업인가 취소의 경우에 한정한다) 또는 제2항 제3호에 따라 납부하는 경우에는 대통령령으로 정하는 바에 따라 계산한 이자상당가산액을 양도소득세 또는 법인세에 더하여 납부하여야 하며, 해당세액은 「소득세법」 제111조 또는 「법인세법」 제64조에 따라 납부하여야 할 세액으로 본다. (2014. 12. 23. 신설)
④ 제1항에 따라 과세특례를 적용받으려는 자는 대통령령으로 정하는 바에 따라 과세특례의 적용을 신청하여야 한다. (2014. 12. 23. 신설)
⑤ 제1항에 따라 현물출자받은 임대주택 부동산투자회사는 대통령령으로 정하는 바에 따라 임대주택 부동산투자회사의 현물출자자에 대한

납부한 세액이 있는 경우에는 해당 금액을 제외한다) (2015. 2. 3. 신설)
2. 내국법인의 경우 : 다음 각 목에 따라 계산한 금액을 익금 에 산입한다. (2015. 2. 3. 신설)
가. 법 제97조의 6 제2항 제1호에 해당하는 경우로서 각 현물출자의 대가로 받은 주식 중 해당 사업연도에 처분한 주식 수를 현물출자의 대가로 받은 주식 수로 나눈 비율(먼저 취득한 주식을 먼저 처분한 것으로 보며, 현물출자 외의 방법으로 취득한 주식을 처분하는 경우 현물출자의 대가로 받은 주식을 먼저 처분한 것으로 본다. 이하 이 호에서 "해당연도주식처분비율"이라 한다)을 누적한 값이 100분의 50 미만인 경우 : 현물출자별로 계상된 압축기장충당금 × 해당연도주식처분비율 (2015. 2. 3. 신설)
나. 법 제97조의 6 제2항 제1호에 해당하는 경우로서 각 현물출자의 대가로 받은 주식의 해당연도주식처분비율을 누적한 값이 100분의 50 이상인 경우 : 제4항에 따라 계상한 압축기장충당금 전액(가목에 따라 이미 익금에 산입한 금액이 있는 경우에는 해당 금액을 제외한다) (2015. 2. 3. 신설)
다. 법 제97조의 6 제2항 제2호 또는 제3호에 해당하는 경우 : 제4항에 따라 계상한 압축기장충당금 전액(가목에 따라 이미 익금에 산입한 금액이 있는 경우에는 해당 금액을 제외한다) (2015. 2. 3. 신설)
⑧ 법 제97조의 6 제3항에 따른 이자상당액은 다음 각 호의 구분에 따라 계산한 금액으로 한다. (2015. 2. 3. 신설)
1. 거주자의 경우 : 제7항 제1호 다목에 따라 납부하여야 할 양도소득세 납부이연금액에 가목에 따른 기간과 나목에 따른 율을 곱하여 계산한 금액 (2015. 2. 3. 신설)
가. 현물출자한 토지등에 대한 양도소득세 예정신고 납부기한의 다음 날부터 법 제97조의 6 제2항 제2호 또는 제3호에 따른 세액의 납부일까지의 기간 (2015. 2. 3. 신설)
나. 제11조의 2 제9항 제2호에 따른 율 (2022. 2. 15. 개정)
2. 내국법인의 경우 : 제7항 제2호 다목에 따라 익금에 산입하는 금액을 제4항에 따라 손금산입하여 발생한 법인세액의 차액에 가목에

과세특례의 적용을 위해 필요한 서류를 제출하여야 한다. (2014. 12. 23. 신설)
⑥ 제1항부터 제3항까지의 규정을 적용할 때 납부 또는 과세를 이연받은 양도소득세 또는 법인세의 납부 방법 등 그 밖에 필요한 사항은 대통령령으로 정한다. (2014. 12. 23. 신설)

　　　제97조의 7 【임대사업자에게 양도한 토지에 대한 과세특례】
(2018. 1. 16. 제목개정 ; 민간임대주택에 관한 특별법 부칙)
① 거주자가 공공지원민간임대주택을 300호 이상 건설하려는 「민간임대주택에 관한 특별법」 제2조 제7호에 따른 임대사업자(이하 이 조에서 "임대사업자"라 한다)에게 2018년 12월 31일까지 토지를 양도함으로써 발생하는 소득에 대해서는 양도소득세의 100분의 10에 상당하는 세액을 감면한다. (2018. 1. 16. 개정 ; 민간임대주택에 관한 특별법 부칙)
② 제1항에 따라 세액감면을 적용받으려는 자는 대통령령으로 정하는 바에 따라 납세지 관할 세무서장에게 세액감면 신청을 하여야 한다. (2015. 12. 15. 신설)
③ 임대사업자가 다음 각 호의 사유에 해당하는 경우 제1항에 따라 감면된 세액에 상당하는 금액을 그 사유가 발생한 과세연도의 과세표준을 신고할 때 소득세 또는 법인세로 납부하여야 한다. (2018. 1. 16. 개정 ; 민간임대주택에 관한 특별법 부칙)
1. 「민간임대주택에 관한 특별법」 제23조에 따라 공공지원민간임대주택 개발사업의 시행자로 지정받은 자인 경우 : 토지 양도일로부터 대통령령으로 정하는 기간 이내에 해당 토지가 「민간임대주택에 관

따른 기간과 나목에 따른 율을 곱하여　계산한 금액 (2019. 2. 12. 개정)
　가. 현물출자일이 속하는 사업연도 종료일의 다음 날부터 제7항 제2호 다목에 따른 금액을 익금에 산입하는 사업연도의 종료일까지의 기간 (2015. 2. 3. 신설)
　나. 제11조의 2 제9항 제2호에 따른 율 (2022. 2. 15. 개정)
⑨ 법 제97조의 6 제1항을 적용받으려는 내국인은 과세표준 신고와 함께 기획재정부령으로 정하는 현물출자명세서 및 기획재정부령으로 정하는 현물출자 과세특례신청서를 납세지 관할 세무서장에게 제출하여야 한다. 이 경우 임대주택 부동산투자회사도 현물출자 과세특례신청서를 제출하여야 한다. (2015. 2. 3. 신설)
⑩ 내국인이 법 제97조의 6 제1항에 따라 과세특례를 적용받는 경우 임대주택 부동산투자회사는 매분기의 마지막 날까지 주주명부와 투자결과보고서를 납세지 관할 세무서장에게 제출하여야 한다. (2015. 2. 3. 신설)

　　　제97조의 7 【임대사업자에게 양도하는 토지에 대한 과세특례】
(2018. 7. 16. 제목개정 ; 민간임대주택에~시행령 부칙)
① 법 제97조의 7 제1항을 적용받으려는 자가 토지와 건물 등을 함께 양도하는 경우 토지와 건물 등의 양도가액 또는 취득가액의 구분이 불분명할 때에는 「소득세법 시행령」 제166조 제6항을 준용하여 안분계산한다. (2016. 2. 5. 신설)
② 법 제97조의 7 제2항에 따라 세액감면 적용을 받으려는 자는 해당 토지의 양도소득 과세표준예정신고 또는 과세표준확정신고와 함께 기획재정부령으로 정하는 세액감면신청서에 토지를 양수하는 자가 「민간임대주택에 관한 특별법」 제2조 제7호에 따른 임대사업자로서 같은 조 제4호에 따른 공공지원민간임대주택 또는 같은 조 제5호에 따른 장기일반민간임대주택을 300호 또는 300세대 이상 취득하였거나 취득하려는 자임을 증빙할 수 있는 서류를 첨부하여 납세지 관할 세무서장에게 제출하여야 한다. (2018. 7. 16. 개정 ; 민간임대주택에~시행령 부칙)
③ 법 제97조의 7 제3항 제1호 및 제2호에서 "토지 양도일로부터 대통령령으로 정하는 기간"이란 토지 양도일부터 3년을 말한다. (2016. 2.

한 특별법」 제22조에 따른 공급촉진지구로 지정을 받지 못하거나,
공급촉진지구로 지정을 받았으나 공급촉진지구 지정일로부터 대통
령령으로 정한 기간 이내에 공급촉진지구내 유상공급면적의 100분
의 50 이상을 공공지원민간임대주택으로 건설하여 취득하지 아니하
는 경우 (2018. 1. 16. 개정 ; 민간임대주택에 관한 특별법 부칙)
2. 제1호 외의 임대사업자의 경우 : 토지 양도일로부터 대통령령으로
정하는 기간 이내에 해당 토지에 공공지원민간임대주택 건설을 위
한 「주택법」 제15조에 따른 사업계획승인 또는 「건축법」 제11조에
따른 건축허가(이하 이 조에서 "사업계획승인등"이라 한다)를 받지
못하거나, 사업계획승인등을 받았으나 사업계획승인일로부터 대통
령령으로 정하는 기간 이내에 사업부지 내 전체 건축물 연면적 대비
공공지원민간임대주택 연면적의 비율이 100분의 50 이상이 되지 아
니하는 경우 (2018. 1. 16. 개정 ; 민간임대주택에 관한 특별법 부칙)
④ 제1항에 따라 감면받은 세액을 제3항에 따라 납부하는 경우에는 제
63조 제3항의 이자상당가산액에 관한 규정을 준용한다. (2020. 12. 29.
개정)
⑤ 제1항에 따른 감면 대상 양도소득금액의 계산 및 그 밖에 필요한
사항은 대통령령으로 정한다. (2015. 12. 15. 신설)

　제97조의 8 【공모부동산투자회사의 현물출자자에 대한 과세특
례】 ① 내국법인이 「부동산투자회사법」 제9조 제1항에 따른 영업인가
(변경인가의 경우 당초 영업인가 이후 추가적인 현물출자로 인한 변경
인가에 한정한다)일부터 1년 이내에 같은 법 제49조의 3 제1항에 따른
공모부동산투자회사(이하 이 조에서 "공모부동산투자회사"라 한다)에
「소득세법」 제94조 제1항 제1호에 따른 토지 또는 건물을 2022년 12
월 31일까지 현물출자함으로써 발생하는 양도차익에 상당하는 금액은
해당 사업연도의 소득금액을 계산할 때 대통령령으로 정하는 바에 따
라 손금에 산입하여 그 내국법인이 현물출자로 취득한 주식을 처분할
때까지 과세를 이연받을 수 있다. (2019. 12. 31. 개정)
② 제1항을 적용받은 내국법인이 다음 각 호의 어느 하나에 해당하게
되는 경우에는 대통령령으로 정하는 바에 따라 해당사유가 발생한 사
업연도의 소득금액을 계산할 때 과세이연받은 금액을 익금에 산입하여

5. 신설)
④ 법 제97조의 7 제3항 제1호에서 "공급촉진지구 지정일로부터 대통
령령으로 정하는 기간"이란 공급촉진지구 지정일부터 6년을 말한다.
(2016. 2. 5. 신설)
⑤ 법 제97조의 7 제3항 제2호에서 "사업계획승인일로부터 대통령령
으로 정하는 기간"이란 사업계획승인일부터 6년을 말한다. (2016. 2.
5. 신설)

　제97조의 8 【공모부동산투자회사의 현물출자자에 대한 과세특
례】 ① 법 제97조의 8 제1항에 따라 현물출자함으로써 발생하는 양도
차익에 상당하는 금액에 대하여 과세를 이연받으려는 내국법인은 다음
의 계산식에 따라 계산한 금액을 현물출자일이 속하는 사업연도의 소
득금액을 계산할 때 손금에 산입한다. 이 경우 손금에 산입하는 금액은
현물출자하는 개별 자산별로 계산하여야 하며, 손금에 산입하는 금액의
합계는 현물출자로 취득한 「부동산투자회사법」 제49조의 3 제1항에 따
른 공모부동산투자회사(이하 이 조에서 "공모부동산투자회사"라 한다)
주식의 압축기장충당금으로 계상하여야 한다. (2017. 2. 7. 신설)

법 제97조의 8 제1항에 따른 현물출자로 취득하는 주식의 가액	−	현물출자한 자산의 장부가액

② 현물출자를 2회 이상 하는 경우에는 각각을 독립된 현물출자로 보

야 한다. (2016. 12. 20. 신설)

1. 현물출자의 대가로 받은 주식을 처분하는 경우 (2016. 12. 20. 신설)

2. 현물출자를 받은 공모부동산투자회사가 「부동산투자회사법」 제44조에 따라 해산하는 경우. 다만, 「부동산투자회사법」 제43조에 따른 합병으로 해산하는 경우로서 「법인세법」 제44조 제2항 각 호의 요건을 모두 갖추어 합병하는 경우는 제외하며, 해당 합병법인을 제1항에 따라 현물출자를 받은 공모부동산투자회사로 보아 이 조를 적용한다. (2016. 12. 20. 신설)

③ 내국법인이 제1항에 따라 과세를 이연받은 법인세액을 제2항 제2호(「부동산투자회사법」 제42조에 따른 영업인가 취소로 인한 해산으로 한정한다)에 따라 납부하는 경우에는 대통령령으로 정하는 바에 따라 계산한 이자상당가산액을 법인세에 더하여 납부하여야 하며, 해당 세액은 「법인세법」 제64조에 따라 납부하여야 할 세액으로 본다. (2016. 12. 20. 신설)

④ 제1항에 따라 과세특례를 적용받으려는 내국법인은 대통령령으로 정하는 바에 따라 과세특례의 적용을 신청하여야 한다. (2016. 12. 20. 신설)

⑤ 제1항에 따라 현물출자를 받은 공모부동산투자회사는 대통령령으로 정하는 바에 따라 공모부동산투자회사의 현물출자자에 대한 과세특례의 적용을 위하여 필요한 서류를 제출하여야 한다. (2016. 12. 20. 신설)

⑥ 제1항부터 제5항까지의 규정을 적용할 때 과세를 이연받은 양도차익의 익금산입 방법 등 그 밖에 필요한 사항은 대통령령으로 정한다. (2016. 12. 20. 신설)

제97조의 9 【공공매입임대주택 건설을 목적으로 양도한 토지에 대한 과세특례】① 거주자가 「공공주택 특별법」 제2조 제1호의 3에 따른 공공매입임대주택(이하 이 조에서 "공공매입임대주택"이라 한다)을 건설할 자[같은 법 제4조에 따른 공공주택사업자(이하 이 조에서 "공공주택사업자"라 한다)와 공공매입임대주택 건설하여 양도하기로 약정을 체결한 자로 한정한다. 이하 이 조에서 "주택건설사업자"라 한다]에게 2024년 12월 31일까지 주택 건설을 위한 토지를 양도함으로써 발생하는 소득에 대해서는 양도소득세의 100분의 10에 상당하는 세액을 감면한다. (2022. 12. 31. 개정)

아 법 제97조의 8 제1항을 적용한다. (2017. 2. 7. 신설)

③ 제1항을 적용할 때 현물출자로 취득하는 주식의 가액은 현물출자한 자산의 「법인세법」 제52조 제2항에 따른 시가로 한다. (2017. 2. 7. 신설)

④ 법 제97조의 8 제2항에 따라 과세이연받은 소득금액을 익금에 산입하는 경우에는 다음 각 호의 구분에 따른 금액을 익금에 산입하여야 한다. (2017. 2. 7. 신설)

1. 법 제97조의 8 제2항 제1호에 해당하는 경우로서 각 현물출자의 대가로 받은 주식 중 해당 사업연도에 처분한 주식 수를 현물출자의 대가로 받은 주식 수로 나눈 비율(먼저 취득한 주식을 먼저 처분한 것으로 보며, 현물출자 외의 방법으로 취득한 주식을 처분하는 경우 현물출자의 대가로 받은 주식을 먼저 처분한 것으로 본다. 이하 이 호에서 "해당연도주식처분비율"이라 한다)을 누적한 값이 100분의 50 미만인 경우 : 현물출자별로 계상된 압축기장충당금 × 해당연도주식처분비율 (2017. 2. 7. 신설)

2. 법 제97조의 8 제2항 제1호에 해당하는 경우로서 각 현물출자의 대가로 받은 주식의 해당연도주식처분비율을 누적한 값이 100분의 50 이상인 경우 : 제1항에 따라 계상한 압축기장충당금 전액(제1호에 따라 이미 익금에 산입한 금액이 있는 경우에는 해당 금액을 제외한다) (2017. 2. 7. 신설)

3. 법 제97조의 8 제2항 제2호에 해당하는 경우 : 제1항에 따라 계상한 압축기장충당금 전액(제1호에 따라 이미 익금에 산입한 금액이 있는 경우에는 해당 금액을 제외한다) (2017. 2. 7. 신설)

⑤ 법 제97조의 8 제3항에서 "대통령령으로 정하는 바에 따라 계산한 이자상당가산액"이란 현물출자일이 속하는 사업연도에 익금에 산입하여야 할 금액을 익금에 산입하지 아니함에 따라 발생한 법인세액의 차액에 제1호에 따른 기간과 제2호에 따른 율을 곱하여 계산한 금액을 말한다. (2017. 2. 7. 신설)

1. 현물출자일이 속하는 사업연도의 종료일의 다음 날부터 제4항 제3호에 따라 익금에 산입하여야 할 금액을 익금에 산입하는 사업연도의 종료일까지의 기간 (2017. 2. 7. 신설)

2. 제11조의 2 제9항 제2호에 따른 율 (2022. 2. 15. 개정)

⑥ 법 제97조의 8 제1항을 적용받으려는 내국법인은 과세표준 신고와 함께 기획재정부령으로 정하는 현물출자명세서 및 기획재정부령으로 정하는 현물출자 과세특례신청서를 납세지 관할 세무서장에게 제출하여야 한다. (2017. 2. 7. 신설)

⑦ 내국법인이 법 제97조의 8 제1항에 따라 과세특례를 적용받는 경우 공모부동산투자회사는 매분기의 마지막 날까지 주주명부를 납세지 관할 세무서장에게 제출하여야 한다. (2017. 2. 7. 신설)

제97조의 9 【공공매입임대주택 건설을 목적으로 양도한 토지에 대한 과세특례】 ① 거주자가 「공공주택 특별법」 제2조 제1호의 3에 따른 공공매입임대주택(이하 이 조에서 "공공매입임대주택"이라 한다)을 건설할 재같은 법 제4조에 따른 공공주택사업자(이하 이 조에서 "공공주택사업자"라 한다)와 공공매입임대주택을 건설하여 양도하기로 약정을 체결한 자로 한정한다. 이하 이 조에서 "주택건설사업자"라 한다]에게 2027년 12월 31일까지 주택 건설을 위한 토지를 양도함으로써 발생하는 소득에 대해서는 양도소득세의 100분의 10에 상당하는 세액을 감면한다. (2024. 12. 31. 개정)
② 제1항에 따라 세액감면을 적용받으려는 사람은 대통령령으로 정하는 바에 따라 납세지 관할 세무서장에게 세액감면 신청을 하여야 한다. (2021. 3. 16. 신설)
③ 주택건설사업자가 토지를 양도받은 날(인허가 지연 등 대통령령으로 정하는 부득이한 사유로 공공매입임대주택으로 사용할 주택을 건설하여 양도하지 아니한 경우에는 해당 사유가 해소된 날)부터 3년 이내에 해당 토지에 공공매입임대주택으로 사용할 주택을 건설하여 공공주택사업자에게 양도하지 아니하는 경우 주택건설사업자는 제1항에 따라 감면된 세액에 상당하는 금액을 그 사유가 발생한 과세연도의 과세표준을 신고할 때 소득세 또는 법인세로 납부하여야 한다. (2022. 12. 31. 개정)
④ 제1항에 따라 감면받은 세액을 제3항에 따라 납부하는 경우에는 제63조 제3항을 준용하여 이자상당가산액을 납부하여야 한다. (2021. 3. 16. 신설)
⑤ 제1항에 따른 감면 대상 양도소득금액의 계산 및 그 밖에 필요한 사항은 대통령령으로 정한다. (2021. 3. 16. 신설)

제98조 【미분양주택에 대한 과세특례】 ① 거주자가 대통령령으로 정하는 미분양 국민주택(이하 이 조에서 "미분양주택"이라 한다)을 1995년 11월 1일부터 1997년 12월 31일까지의 기간 중에 취득(1997년 12월 31일까지 매매계약을 체결하고 계약금을 납부한 경우를 포함한다)하여 5년 이상 보유·임대한 후에 양도하는 경우 그 주택을 양도함으로써 발생하는 소득에 대해서는 다음 각 호의 방법 중 하나를 선

제97조의 9 【공공매입임대주택 건설을 목적으로 양도한 토지에 대한 과세특례】 ① 법 제97조의 9 제1항을 적용받으려는 자가 토지와 건물 등을 함께 양도하는 경우 토지와 건물 등의 양도가액 또는 취득가액의 구분이 불분명할 때에는 「소득세법 시행령」 제166조 제6항을 준용하여 안분계산한다. (2021. 5. 4. 신설)
② 법 제97조의 9 제2항에 따라 세액감면 적용을 받으려는 사람은 해당 토지의 양도소득 과세표준예정신고 또는 과세표준확정신고를 할 때 기획재정부령으로 정하는 세액감면신청서에 토지를 양수하는 자가 「공공주택 특별법」 제2조 제1호의 3에 따른 공공매입임대주택을 건설할 자로서 같은 법 제4조에 따른 공공주택사업자와 공공매입임대주택을 건설하여 양도하기로 약정을 체결한 자임을 증명할 수 있는 서류를 첨부하여 납세지 관할 세무서장에게 제출해야 한다. (2021. 5. 4. 신설)
③ 법 제97조의 9 제3항에서 "인허가 지연 등 대통령령으로 정하는 부득이한 사유"란 다음 각 호의 어느 하나에 해당하는 사유를 말한다. (2023. 2. 28. 신설)
1. 「공공주택 특별법」 제2조 제1호의 3에 따른 공공매입임대주택으로 사용할 주택의 건설에 필요한 인가·허가 등의 지연 (2023. 2. 28. 신설)
2. 주택건설사업자의 파산선고 (2023. 2. 28. 신설)
3. 천재지변 (2023. 2. 28. 신설)

제98조 【미분양주택에 대한 과세특례】 ① 법 제98조 제1항 본문에서 "대통령령으로 정하는 미분양 국민주택"이란 다음 각호의 요건을 모두 갖춘 국민주택규모 이하의 주택으로서 서울특별시외의 지역에 소재하는 것을 말한다. (2010. 2. 18. 개정)
1. 「주택법」에 의하여 사업계획승인을 얻어 건설하는 주택(「민간임대주택에 관한 특별법」 제2조에 따른 민간임대주택과 「공공주택

택하여 적용받을 수 있다. (2010. 1. 1. 개정)
1. 「소득세법」 제92조에 따라 양도소득의 과세표준과 세액을 계산하여 양도소득세를 납부하는 방법. 이 경우 양도소득세의 세율은 같은 법 제104조 제1항에도 불구하고 100분의 20으로 한다. (2023. 12. 31. 개정)
2. 「소득세법」 제14조 및 제15조에 따라 종합소득의 과세표준과 세액을 계산하여 종합소득세를 납부하는 방법. 이 경우 해당 주택을 양도함으로써 발생하는 소득금액의 계산에 관하여는 「소득세법」 제19조 제2항을 준용한다. (2010. 1. 1. 개정)
② 제1항을 적용할 때 「소득세법」 제89조 제1항 제3호 각 목의 어느 하나에 해당하는 주택의 판정, 과세특례 적용의 신청 등 미분양주택에 대한 과세특례에 관하여 필요한 사항은 대통령령으로 정한다. (2014. 1. 1. 개정)

③ 거주자가 대통령령으로 정하는 미분양 국민주택을 1998년 3월 1일부터 1998년 12월 31일까지의 기간 중에 취득(1998년 12월 31일까지 매매계약을 체결하고 계약금을 납부한 경우를 포함한다)하여 5년 이상 보유·임대한 후에 양도하는 경우 그 주택을 양도함으로써 발생하는 소득에 대해서는 제1항을 준용한다. (2010. 1. 1. 개정)

특별법」 제2조 제1호 가목에 따른 공공임대주택을 제외한다. 이하 이 조에서 같다)으로서 당해 주택의 소재지를 관할하는 시장·군수 또는 구청장이 1995년 10월 31일 현재 미분양주택임을 확인한 주택 (2015. 12. 28. 개정 ; 임대주택법 시행령 부칙)
2. 주택건설사업자로부터 최초로 분양받은 주택으로서 당해 주택이 완공된 후 다른 자가 입주한 사실이 없는 주택 (2020. 2. 18. 개정 ; 건설산업기본법~부칙)
② 1995년 11월 1일부터 1997년 12월 31일까지의 기간 중에 취득(1997년 12월 31일까지 매매계약을 체결하고 계약금을 납부한 경우를 포함한다)한 제1항 각 호의 미분양주택 외의 다른 주택을 소유하고 있는 거주자가 다른 주택을 양도할 경우에는 해당 미분양주택 외의 다른 주택만을 기준으로 하여 「소득세법」 제89조 제1항 제3호를 적용한다. (2014. 2. 21. 개정)
③ 법 제98조 제1항의 규정에 의한 보유기간의 계산에 관하여는 「소득세법」 제95조 제4항의 규정을 준용한다. (2005. 2. 19. 개정)
④ 법 제98조 제1항의 규정에 의하여 과세특례적용의 신청을 하고자 하는 자는 당해 주택을 양도한 날이 속하는 과세연도의 과세표준확정신고(동조 동항 제1호의 방법을 선택한 경우에는 예정신고를 포함한다)와 함께 기획재정부령이 정하는 미분양주택과세특례적용신고서에 다음 각호의 서류를 첨부하여 납세지 관할세무서장에게 제출하여야 한다. (2008. 2. 29. 직제개정 ; 기획재정부와~직제 부칙)
1. 시장·군수 또는 구청장이 발행한 미분양주택확인서 사본 (98. 12. 31 개정)
2. 미분양주택 취득시 매매계약서 사본(1998년 1월 1일 이후 취득등기 하는 분에 한한다) (98. 12. 31 개정)
⑤ 법 제98조 제3항에서 "대통령령으로 정하는 미분양 국민주택"이란 다음 각호의 요건을 모두 갖춘 국민주택규모 이하의 주택으로서 서울특별시외의 지역에 소재하는 것을 말한다. (2010. 2. 18. 개정)
1. 「주택법」에 의하여 사업계획승인을 얻어 건설하는 주택으로서 당해 주택의 소재지를 관할하는 시장·군수·구청장이 1998년 2월 28일 현재 미분양주택임을 확인한 주택 (2005. 2. 19. 개정)
2. 주택건설사업자로부터 최초로 분양받은 주택으로서 당해 주택

관계조문 »
규칙 61조 1항 64호 ⇒ 미분양주택 과세특례 적용신고서(별지 63호 서식)

제98조의 2【지방 미분양주택 취득에 대한 양도소득세 등 과세특례】① 거주자가 2008년 11월 3일부터 2010년 12월 31일까지의 기간 중에 취득(2010년 12월 31일까지 매매계약을 체결하고 계약금을 납부한 경우를 포함한다)한 수도권 밖에 있는 대통령령으로 정하는 미분양주택(이하 이 조에서 "지방 미분양주택"이라 한다)을 양도함으로써 발생하는 소득에 대해서는 「소득세법」 제95조 제2항 각 표 외의 부분 본문과 같은 법 제104조 제1항 제3호에도 불구하고 장기보유특별공제액 및 세율은 다음 각 호의 규정을 적용한다. (2014. 1. 1. 개정)

1. 장기보유특별공제액 : 양도차익에 「소득세법」 제95조 제2항 표2에 따른 보유기간별 공제율을 곱하여 계산한 금액 (2010. 1. 1. 개정)

2. 세율 : 「소득세법」 제104조 제1항 제1호에 따른 세율 (2010. 1. 1. 개정)

② 법인이 지방 미분양주택을 양도함으로써 발생하는 소득에 대해서는 「법인세법」 제55조의 2 제1항 제2호 및 제95조의 2를 적용하지 아니한다. 다만, 미등기양도의 경우에는 그러하지 아니하다. (2010. 1. 1. 개정)

③ 부동산매매업을 경영하는 거주자가 지방 미분양주택을 양도함으로써 발생하는 소득에 대한 종합소득산출세액은 「소득세법」 제64조 제1항에도 불구하고 같은 법 제55조 제1항에 따른 종합소득산출세액으로 한다. (2010. 1. 1. 개정)

이 완공된 후 다른 자가 입주한 사실이 없는 주택 (2020. 2. 18. 개정 ; 건설산업기본법~부칙)

⑥ 1998년 3월 1일부터 1998년 12월 31일까지의 기간 중에 취득(1998년 12월 31일까지 매매계약을 체결하고 계약금을 납부한 경우를 포함한다)한 제5항 각 호의 미분양주택 외의 다른 주택을 소유하고 있는 거주자가 다른 주택을 양도할 경우에는 해당 미분양주택 외의 다른 주택만을 기준으로 하여 「소득세법」 제89조 제1항 제3호를 적용한다. (2014. 2. 21. 개정)

⑦ 법 제98조 제3항의 규정에 의한 과세특례적용의 신청 및 미분양주택의 보유기간의 계산에 관하여는 제3항 및 제4항의 규정을 준용한다. (98. 12. 31 개정)

제98조의 2【지방 미분양주택 취득에 대한 양도소득세 과세특례】① 법 제98조의 2 제1항 각 호 외의 부분 중 "대통령령으로 정하는 미분양주택"이란 다음 각 호의 어느 하나에 해당하는 주택(이하 이 조에서 "미분양주택"이라 한다)을 말한다. (2009. 2. 4. 신설)

1. 「주택법」 제54조에 따른 사업주체(이하 이 조에서 "사업주체"라 한다)가 같은 조에 따라 공급하는 주택으로서 입주자모집공고에 따른 입주자의 계약일이 지난 주택단지에서 2008년 11월 2일까지 분양계약이 체결되지 아니하여 2008년 11월 3일 이후 선착순의 방법으로 공급하는 주택 (2016. 8. 11. 개정 ; 주택법 시행령 부칙)

2. 2008년 11월 3일까지 「주택법」 제15조에 따른 사업계획승인(건축법 제11조에 따른 건축허가를 포함하며, 이하 이 조에서 같다)을 얻었거나 사업계획승인신청을 한 사업주체가 해당 사업계획승인과 「주택법」 제54조에 따라 공급하는 주택(2008년 11월 3일 현재 입주자모집공고에 따른 입주자의 계약일이 지나지 아니한 주택에 한정한다)으로서 해당 사업주체와 최초로 매매계약을 체결하고 취득하는 주택 (2016. 8. 11. 개정 ; 주택법 시행령 부칙)

② 법 제98조의 2에 따라 과세특례를 적용받으려는 자는 해당 주택을 양도하는 날이 속하는 과세연도의 과세표준확정신고(법인세 과세표준신고를 포함한다) 또는 과세표준예정신고와 함께 시장·군수·구청장

④ 「소득세법」 제89조 제1항 제3호를 적용할 때 제1항을 적용받는 지방 미분양주택은 해당 거주자의 소유주택으로 보지 아니한다. (2014. 1. 1. 개정)
⑤ 제1항부터 제4항까지의 규정을 적용할 때 과세표준확정신고와 그 밖에 필요한 사항은 대통령령으로 정한다. (2010. 1. 1. 개정)

(구청장은 자치구의 구청장을 말한다. 이하 이 조에서 같다)으로부터 기획재정부령으로 정하는 미분양주택임을 확인하는 날인을 받은 매매계약서 사본을 납세지 관할세무서장에게 제출하여야 한다. 다만, 다음 각 호의 서류를 제출하는 경우에는 그러하지 아니하다. (2009. 2. 4. 신설)

관계조문 ▶▶

규칙 61조 1항 64호의 5 ⇒ 미분양주택임을 확인하는 날인(별지 63호의 5 서식)

1. 제1항 제1호의 주택 : 시장·군수·구청장이 확인한 미분양주택 확인서 및 매매계약서 사본 (2009. 2. 4. 신설)
2. 제1항 제2호의 주택 : 시장·군수·구청장이 확인한 사업계획승인 사실·사업계획승인신청 사실을 확인할 수 있는 서류 및 매매계약서 사본 (2009. 2. 4. 신설)
③ 주택 소재지 관할세무서장이 제6항에 따라 해당주택이 미분양주택임을 확인할 수 있는 경우에는 제2항에 따른 부속 서류의 제출을 생략할 수 있다. (2009. 2. 4. 신설)
④ 사업주체는 제1항에 따른 미분양주택의 매매계약을 체결한 즉시 2부의 매매계약서에 시장·군수·구청장으로부터 기획재정부령으로 정하는 미분양주택임을 확인하는 날인을 받아 그 중 1부를 해당 매매계약자에게 교부하여야 한다. (2009. 2. 4. 신설)

관계조문 ▶▶

규칙 61조 1항 64호의 5 ⇒ 미분양주택임을 확인하는 날인(별지 63호의 5 서식)

⑤ 제4항에 따라 매매계약서에 미분양주택임을 확인하는 날인을 요청받은 시장·군수·구청장은 미분양주택확인서와 사업계획승인신청서류 등에 따라 미분양주택임을 확인하고, 매매계약서에 그 사실을 증명하는 날인을 하여야 하며, 기획재정부령으로 정하는 미분양주택확인대장에 그 내용을 작성하여 보관하여야 한다. (2009. 2. 4. 신설)

관계조문 ▶▶

규칙 61조 1항 64호의 6 ⇒ 미분양주택확인대장(별지 63호의 6 서식(1) 및 별지 63호의 6 서식(2))

⑥ 시장·군수·구청장과 사업주체는 각각 기획재정부령으로 정하는 미분양주택확인대장을 매매계약일이 속하는 연도의 다음 연도 2월 말까지 정보처리장치·전산테이프 또는 디스켓·디스크 등의 전자적 형태(이하 이 조에서 "전자매체"라 한다)로 주택 소재지 관할세무서장에게 제출하여야 한다. 다만, 최초로 신고한 연도의 다음 연도부터 그 신고한 내용 중 변동이 없는 경우에는 제출하지 아니할 수 있다. (2009. 2. 4. 신설)
⑦ 제6항에 따른 전자매체 자료를 제출받은 주택 소재지 관할세무서장은 해당 자료를 기록·보관 하여야 한다. (2009. 2. 4. 신설)
⑧ 미분양주택 확인 절차 등 그 밖에 필요한 사항은 기획재정부령으로 정한다. (2009. 2. 4. 신설)

제98조의 3 【미분양주택의 취득자에 대한 양도소득세의 과세특례】
① 거주자 또는 「소득세법」 제120조에 따른 국내사업장이 없는 비거주자가 서울특별시 밖의 지역(「소득세법」 제104조의 2에 따른 지정지역은 제외한다)에 있는 대통령령으로 정하는 미분양주택(이하 이 조에서 "미분양주택"이라 한다)을 다음 각 호의 기간 중에 「주택법」 제54조에 따라 주택을 공급하는 해당 사업주체(20호 미만의 주택을 공급하는 경우 해당 주택건설사업자를 포함한다)와 최초로 매매계약을 체결하고 취득(2010년 2월 11일까지 매매계약을 체결하고 계약금을 납부한 경우를 포함한다)하여 그 취득일부터 5년 이내에 양도함으로써 발생하는 소득에 대해서는 양도소득세의 100분의 100(수도권과밀억제권역인 경우에는 100분의 60)에 상당하는 세액을 감면하고, 해당 미분양주택의 취득일부터 5년이 지난 후에 양도하는 경우에는 해당 미분양주택의 취득일부터 5년간 발생한 양도소득금액(수도권과밀억제권역인 경우에는 양도소득금액의 100분의 60에 상당하는 금액)을 해당 주택의 양도소득세 과세대상소득금액에서 뺀다. 이 경우 공제하는 금액이 과세대상소득금액을 초과하는 경우 그 초과금액은 없는 것으로 한다. (2016. 1. 19. 개정 ; 주택법 부칙)
1. 거주자인 경우 : 2009년 2월 12일부터 2010년 2월 11일까지의 기간 (2010. 1. 1. 개정)
2. 비거주자인 경우 : 2009년 3월 16일부터 2010년 2월 11일까지의 기간 (2010. 1. 1. 개정)
② 제1항을 적용할 때 자기가 건설한 신축주택으로서 2009년 2월 12일부터 2010년 2월 11일까지의 기간 중에 공사에 착공(착공일이 불분명한 경우에는 착공신고서 제출일을 기준으로 한다)하고, 사용승인 또는 사용검사(임시사용승인을 포함한다)를 받은 주택을 포함한다. 다만, 다음 각 호의 경우에는 이를 적용하지 아니한다. (2010. 1. 1. 개정)
1. 「도시 및 주거환경정비법」에 따른 재개발사업 또는 재건축사업, 「빈집 및 소규모주택 정비에 관한 특례법」에 따른 소규모재건축사업을 시행하는 정비사업조합의 조합원이 해당 관리처분계획에 따라 취득하는 주택 (2017. 2. 8. 개정 ; 빈집 및 소규모주택 ~ 부칙)
2. 거주하거나 보유하는 중에 소실·붕괴·노후 등으로 인하여 멸실되

제98조의 3 【미분양주택 취득자에 대한 양도소득세 과세특례】① 법 제98조의 3 제1항 전단에서 "대통령령으로 정하는 미분양주택"이란 다음 각 호의 어느 하나에 해당하는 주택(이하 이 조에서 "미분양주택"이라 한다)을 말한다. 다만, 수도권과밀억제권역 안의 지역인 경우에는 대지면적이 660제곱미터 이내이고, 주택의 연면적이 149제곱미터(공동주택의 경우에는 전용면적 149제곱미터) 이내인 주택에 한정한다. (2009. 4. 21. 신설)
1. 「주택법」 제54조에 따라 주택을 공급하는 사업주체(이하 이 항에서 "사업주체"라 한다)가 같은 조에 따라 공급하는 주택으로서 해당 사업주체가 입주자모집공고에 따른 입주자의 계약일이 지난 주택단지에서 2009년 2월 11일까지 분양계약이 체결되지 아니하여 2009년 2월 12일 이후 선착순의 방법으로 공급하는 주택 (2016. 8. 11. 개정 ; 주택법 시행령 부칙)
2. 「주택법」 제15조에 따른 사업계획승인(「건축법」 제11조에 따른 건축허가를 포함한다. 이하 이 조에서 같다)을 받아 해당 사업계획과 「주택법」 제54조에 따라 사업주체가 공급하는 주택(2009년 2월 12일 이후 입주자모집공고에 따른 입주자의 계약일이 도래하는 주택에 한정한다) (2016. 8. 11. 개정 ; 주택법 시행령 부칙)
3. 주택건설사업자(20호 미만의 주택을 공급하는 자를 말하며, 제1호와 제2호에 해당하는 사업주체는 제외한다)가 공급하는 주택(2009년 2월 11일까지 매매계약이 체결되지 아니한 주택을 포함한다) (2009. 4. 21. 신설)
4. 「주택도시기금법」에 따른 주택도시보증공사(이하 이 조에서 "주택도시보증공사"라 한다)가 같은 법 시행령 제22조 제1항 제1호 가목에 따라 매입한 주택으로서 주택도시보증공사가 공급하는 주택 (2015. 6. 30. 개정 ; 주택도시기금법 시행령 부칙)
5. 주택의 시공자가 해당 주택의 공사대금으로 받은 주택으로서 해당 시공자가 공급하는 주택 (2009. 4. 21. 신설)
6. 「법인세법 시행령」 제92조의 2 제2항 제1호의 5에 따른 기업구조조정부동산투자회사등이 취득한 주택으로서 해당 기업구조조정부동산투자회사등이 공급하는 주택 (2009. 4. 21. 신설)

7. 주택 외의 시설과 주택을 동일건축물로 건설·공급하는 건축주가 2004년 3월 30일 전에 「건축법」 제11조에 따라 건축허가를 신청하여 건설한 주택(2009년 2월 11일까지 매매계약이 체결되지 아니한 주택에 한정한다)으로서 해당 건축주가 공급하는 주택 (2009. 4. 21. 신설)
8. 「자본시장과 금융투자업에 관한 법률」에 따른 신탁업자가 「법인세법 시행령」 제92조의 2 제2항 제1호의 7에 따라 취득한 주택으로서 해당 신탁업자가 공급하는 주택 (2009. 9. 29. 신설)
② 제1항을 적용할 때 다음 각 호의 주택은 제외한다. (2009. 4. 21. 신설)
1. 매매계약일 현재 입주한 사실이 있는 주택 (2009. 4. 21. 신설)
2. 2009년 2월 12일부터 2010년 2월 11일까지의 기간(이하 이 조에서 "미분양주택 취득기간"이라 한다) 중에 사업주체(제1항 제3호에 따른 주택건설사업자, 같은 항 제4호에 따른 주택도시보증공사, 같은 항 제5호에 따른 시공자, 같은 항 제6호에 따른 기업구조조정부동산투자회사등, 같은 항 제7호에 따른 건축주 및 같은 항 제8호에 따른 신탁업자를 포함한다. 이하 제3호, 제6항·제8항 및 제10항에서 같다)와 매매계약을 체결한 매매계약자가 해당 계약을 해제하고 매매계약자 또는 그 배우

☞ p.1576 2단 연결

어 재건축한 주택 (2010. 1. 1. 개정)

③ 「소득세법」 제89조 제1항 제3호를 적용할 때 제1항 및 제2항을 적용받는 주택은 해당 거주자의 소유주택으로 보지 아니한다. (2014. 1. 1. 개정)

④ 제1항 및 제2항을 적용받는 주택을 양도함으로써 발생하는 소득에 대해서는 「소득세법」 제95조 제2항 및 제104조 제1항 제3호의 규정에도 불구하고 장기보유특별공제액 및 세율은 다음 각 호의 규정을 적용한다. (2014. 1. 1. 개정)

1. 장기보유특별공제액 : 양도차익에 「소득세법」 제95조 제2항 표 1 (같은 조 제2항 단서에 해당하는 경우에는 표 2)에 따른 보유기간별 공제율을 곱하여 계산한 금액 (2010. 1. 1. 개정)

2. 세율 : 「소득세법」 제104조 제1항 제1호에 따른 세율 (2010. 1. 1. 개정)

⑤ 제1항 및 제2항을 적용할 때 주택의 취득일부터 5년간 발생한 양도소득금액의 계산과 그 밖에 필요한 사항은 대통령령으로 정한다. (2010. 1. 1. 개정)

제98조의 4【비거주자의 주택취득에 대한 양도소득세의 과세특례】「소득세법」 제120조에 따른 국내사업장이 없는 비거주자가 2009년 3월 16일부터 2010년 2월 11일까지의 기간 중에 제98조의 3 제1항에 따른 미분양주택 외의 주택을 취득(2010년 2월 11일까지 매매계약을 체결하고 계약금을 납부한 경우를 포함한다)하여 양도함으로써 발생하는 소득에 대해서는 양도소득세의 100분의 10에 상당하는 세액을 감면한다. (2010. 1. 1. 개정)

자(매매계약자 또는 그 배우자의 직계존비속 및 형제자매를 포함한다)가 당초 매매계약을 체결하였던 주택을 다시 매매계약하여 취득한 주택 (2015. 6. 30. 개정 ; 주택도시기금법 시행령 부칙)

3. 미분양주택 취득기간 중에 해당 사업주체로부터 당초 매매계약을 체결하였던 주택에 대체하여 다른 주택을 매매계약하여 취득한 주택 (2009. 4. 21. 신설)

③ 법 제98조의 3 제1항에서 해당 미분양주택의 취득일부터 5년간 발생한 양도소득금액은 제40조 제1항을 준용하여 계산한 금액으로 한다. (2010. 2. 18. 개정)

④ 법 제98조의 3 제1항에서 수도권과밀억제권역에 해당하는지 여부는 매매계약일 현재를 기준으로 판단한다. (2009. 4. 21. 신설)

⑤ 법 제98조의 3에 따라 과세특례를 적용받으려는 자는 해당 주택의 양도소득 과세표준예정신고 또는 과세표준확정신고와 함께 시장·군수·구청장(구청장은 자치구의 구청장을 말한다. 이하 이 조에서 같다)으로부터 기획재정부령으로 정하는 미분양주택임을 확인하는 날인을 받은 매매계약서 사본을 납세지 관할세무서장에게 제출하여야 한다. 다만, 법 제98조의 3 제2항의 주택에 대하여는 시장·군수·구청장에게 제출한 건축착공신고서 사본과 사용검사 또는 사용승인(임시사용승인을 포함한다) 사실을 확인할 수 있는 서류를 제출하여야 한다. (2009. 4. 21. 신설)

관계조문 ▶▶

규칙 61조 1항 64호의 5 ⇒ 미분양주택임을 확인하는 날인(별지 63호의 5 서식)

⑥ 사업주체는 기획재정부령으로 정하는 미분양주택 현황(2009년 2월 11일까지 분양계약이 체결되지 아니한 것에 한정한다)을 2009년 4월30일까지 시장·군수·구청장에게 제출하여야 한다. 다만, 제1항 제2호·제3호(2009년 2월 12일 이후 공급하는 것에 한정한다)·제4호·제5호(2009년 2월 12일 이후 대물변제 받은 것에 한정한다)·제6호 및 제8호에 해당하는 미분양주택 현황의 경우에는 사업주체와 최초로 매매계약(매매계약이 다수인 때에는 최초로 체결한 매매계약을

기준으로 한다)을 체결한 날이 속하는 달의 말일부터 1개월 이내에 제출하여야 한다. (2009. 9. 29. 단서개정)

⑦ 시장·군수·구청장은 제6항에 따라 제출받은 미분양주택 현황을 관리하여야 하며, 그 현황을 제출일이 속하는 분기의 말일부터 1개월 이내에 소재지 관할세무서장에게 제출하여야 한다. (2009. 4. 21. 신설)

관계조문 ▶▶

규칙 61조 1항 64호의 7 ⇒ 미분양주택 현황(별지 63호의 7 서식(1) 및 별지 63호의 7 서식(2))

⑧ 사업주체는 제1항에 따른 미분양주택의 매매계약을 체결한 즉시 2부의 매매계약서에 시장·군수·구청장으로부터 기획재정부령으로 정하는 미분양주택임을 확인하는 날인을 받아 그 중 1부를 해당 매매계약자에게 교부하여야 하며, 그 내용을 기획재정부령으로 정하는 미분양주택확인대장에 작성하여 보관하여야 한다. (2009. 4. 21. 신설)

관계조문 ▶▶

규칙 61조 1항 64호의 6 ⇒ 미분양주택확인대장(별지 63호의 6 서식(1) 및 별지 63호의 6 서식(2))

⑨ 제8항에 따라 매매계약서에 미분양주택임을 확인하는 날인을 요청받은 시장·

☞ p.1577 2단 연결

군수·구청장은 제7항에 따른 미분양주택 현황 및 사업계획승인신청 서류 등에 따라 미분양주택임을 확인하고, 해당 매매계약서에 기획재정부령으로 정하는 미분양주택임을 확인하는 날인을 하여야 하며, 그 내용을 기획재정부령으로 정하는 미분양주택확인대장에 작성하여 보관하여야 한다. (2009. 4. 21. 신설)

⑩ 시장·군수·구청장과 사업주체는 각각 기획재정부령으로 정하는 미분양주택확인대장을 2010년 4월 30일까지 정보처리장치·전산테이프 또는 디스켓·디스크 등의 전자적 형태(이하 이 조에서 "전자매체"라 한다)로 주택 소재지 관할세무서장에게 제출하여야 한다. (2009. 4. 21. 신설)

⑪ 제10항에 따른 전자매체 자료를 제출받은 주택 소재지 관할세무서장은 해당 자료를 기록·보관하여야 한다. (2009. 4. 21. 신설)

⑫ 미분양주택 확인 절차 등 그 밖에 필요한 사항은 기획재정부령으로 정한다. (2009. 4. 21. 신설)

제98조의 5【수도권 밖의 지역에 있는 미분양주택의 취득자에 대한 양도소득세의 과세특례】 〔농특비〕
① 거주자 또는 「소득세법」 제120조에 따른 국내사업장이 없는 비거주자가 2010년 2월 11일 현재 수도권 밖의 지역에 있는 대통령령으로 정하는 미분양주택(이하 이 조에서 "미분양주택"이라 한다)을 2011년 4월 30일까지 「주택법」 제54조에 따라 주택을 공급하는 해당 사업주체 등과 최초로 매매계약을 체결하고 취득(2011년 4월 30일까지 매매계약을 체결하고 계약금을 납부한 경우를 포함한다)하여 그 취득일부터 5년 이내에 양도함으로써 발생하는 소득에 대하여는 양도소득세에 다음 각 호의 분양가격(「주택법」에 따른 입주자 모집공고안에 공시된 분양가격을 말한다. 이하 이 조에서 같다) 인하율에 따른 감면율을 곱하여 계산한 세액을 감면하고, 해당 미분양주택의 취득일부터 5년이 지난 후에 양도하는 경우에는 해당 미분양주택의 취득일부터 5년간 발생한 양도소득금액에 다음 각 호의 분양가격 인하율에 따른 감면율을 곱하여 계산한 금액을 해당 미분양주택의 양도소득세 과세대상소득금액에서 뺀다. 이 경우 공제하는 금액이 과세대상소득금액을 초과하는 경우 그 초

제98조의 4【수도권 밖의 지역에 있는 미분양주택의 취득자에 대한 양도소득세의 과세특례】 ① 법 제98조의 5 제1항 각 호 외의 부분 전단에서 "대통령령으로 정하는 미분양주택"이란 다음 각 호의 어느 하나에 해당하는 주택(이하 이 조에서 "미분양주택"이라 한다)을 말한다. (2010. 6. 8. 신설)

1. 「주택법」 제54조에 따라 주택을 공급하는 사업주체가 같은 조에 따라 공급하는 주택으로서 해당 사업주체가 입주자모집공고에 따른 입주자의 계약일이 지난 주택단지에서 2010년 2월 11일까지 분양계약이 체결되지 아니하여 선착순의 방법으로 공급하는 주택 (2016. 8. 11. 개정 ; 주택법 시행령 부칙)

2. 「주택도시기금법」에 따른 주택도시보증공사(이하 이 조에서 "주택도시보증공사"라 한다)가 같은 법 시행령 제22조 제1항 제1호 가목에 따라 매입한 주택으로서 주택도시보증공사가 공급하는 주택 (2015. 6. 30. 개정 ; 주택도시기금법 시행령 부칙)

3. 주택의 시공자가 해당 주택의 공사대금으로 받은 주택으로서 해당 시공자가 공급하는 주택 (2010. 6. 8. 신설)

4. 「법인세법 시행령」 제92조의 2 제2항 제1호의 5 및 제1호의 8에 따라 기업구조조정부동산투자회사등이 취득한 주택으로서 해당 기업구조조정부동산투자회사등이 공급하는 주택 (2010. 6. 8. 신설)

5. 「자본시장과 금융투자업에 관한 법률」에 따른 신탁업자가 「법인세법 시행령」 제92조의 2 제2항 제1호의 7 및 제1호의 9에 따라 취득한 주택으로서 해당 신탁업자가 공급하는 주택 (2010. 6. 8. 신설)

② 제1항을 적용할 때 다음 각 호의 주택은 제외한다. (2010. 6. 8. 신설)

1. 매매계약일 현재 입주한 사실이 있는 주택 (2010. 6. 8. 신설)

2. 2010년 5월 14일부터 2011년 4월 30일까지의 기간(이하 이 항에서 "미분양주택 취득기간"이라 한다) 중에 사업주체등(제1항 제1호에 따른 사업주체, 같은 항 제2호에 따른 주택도시보증공사, 같은 항 제3호에 따른 시공자, 같은 항 제4호에 따른 기업구조조정부동산투자회사등 및 같은 항 제5호에 따른 신탁업자를 말한다. 이하 제3호, 제6항, 제8항 및 제10항에서 같다)과 매매계약을 체결한 매매계약자가 해당 계약을 해제하고 매매계약자 또는 그 배우자(매매계약자 또는 그 배우자의 직계존비속 및 형제자매를 포함한다)가 당초 매

☞ p.1578 2단 연결

과금액은 없는 것으로 한다. (2016. 1. 19. 개정 ; 주택법 부칙)

1. 분양가격 인하율이 100분의 10 이하인 경우 : 100분의 60 (2010. 5. 14. 신설)

2. 분양가격 인하율이 100분의 10을 초과하고 100분의 20 이하인 경우 : 100분의 80 (2010. 5. 14. 신설)

3. 분양가격 인하율이 100분의 20을 초과하는 경우 : 100분의 100 (2010. 5. 14. 신설)

② 「소득세법」 제89조 제1항 제3호를 적용할 때 제1항을 적용받는 미분양주택은 해당 거주자의 소유주택으로 보지 아니한다. (2014. 1. 1. 개정)

③ 제1항을 적용받는 미분양주택을 양도함으로써 발생하는 소득에 대하여는 「소득세법」 제95조 제2항 및 제104조 제1항 제3호의 규정에도 불구하고 장기보유 특별공제액 및 세율은 다음 각 호를 적용한다. (2014. 1. 1. 개정)

1. 장기보유 특별공제액 : 양도차익에 「소득세법」 제95조 제2항 표 1 (같은 항 단서에 해당하는 경우에는 표 2)에 따른 보유기간별 공제율을 곱하여 계산한 금액 (2010. 5. 14. 신설)

2. 세율 : 「소득세법」 제104조 제1항 제1호에 따른 세율 (2010. 5. 14. 신설)

④ 제1항을 적용할 때 미분양주택의 취득일부터 5년간 발생한 양도소득금액의 계산, 분양가격 인하율의 산정방법과 그 밖에 필요한 사항은 대통령령으로 정한다. (2010. 5. 14. 신설)

매계약을 체결하였던 주택을 다시 매매계약하여 취득한 주택 (2015. 6. 30. 개정 ; 주택도시기금법 시행령 부칙)

3. 미분양주택 취득기간 중에 해당 사업주체등으로부터 당초 매매계약을 체결하였던 주택을 대체하여 다른 주택을 매매계약하여 취득한 주택 (2010. 6. 8. 신설)

③ 법 제98조의 5 제1항에 따른 해당 미분양주택의 취득일부터 5년간 발생한 양도소득금액은 제40조 제1항을 준용하여 계산한 금액으로 한다. (2010. 6. 8. 신설)

④ 법 제98조의 5 제1항에 따른 분양가격 인하율은 다음의 계산식에 따라 산정한다. (2010. 6. 8. 신설)

$$\text{분양가격 인하율} = \frac{\text{입주자 모집공고안에 공시된 분양가격} - \text{매계약서상의 매매가격}}{\text{입주자 모집공고안에 공시된 분양가격}} \times 100$$

⑤ 법 제98조의 5에 따라 과세특례를 적용받으려는 자는 해당 미분양주택의 양도소득 과세표준예정신고 또는 과세표준확정신고와 함께 시장(「제주특별자치도 설치 및 국제자유도시 조성을 위한 특별법」 제11조 제2항에 따른 행정시장을 포함한다. 이하 이 조에서 같다)·군수·구청장(자치구의 구청장을 말한다. 이하 이 조에서 같다)으로부터 기획재정부령으로 정하는 미분양주택임을 확인하는 날인을 받은 매매계약서 사본을 납세지 관할 세무서장에게 제출하여야 한다. (2016. 1. 22. 개정 ; 제주특별자치도~시행령 부칙)

관계조문 》》

규칙 61조 1항 64호의 5 ⇒ 미분양주택임을 확인하는 날인(별지 63호의 5 서식)

---

⑥ 사업주체등은 기획재정부령으로 정하는 미분양주택 현황(2010년 2월 11일까지 분양계약이 체결되지 아니한 것에 한정한다)을 2010년 6월 30일까지 시장·군수·구청장에게 제출하여야 한다. (2010. 6. 8. 신설)

관계조문 》》

규칙 61조 1항 64호의 7 ⇒ 미분양주택 현황(별지 63호의 7 서식(1) 및

별지 63호의 7 서식(2))

⑦ 시장·군수·구청장은 제6항에 따라 제출받은 미분양주택 현황을 관리하여야 하며, 그 현황을 2010년 7월 30일까지 주택 소재지 관할 세무서장에게 제출하여야 한다. (2010. 6. 8. 신설)

⑧ 사업주체등은 제1항에 따른 미분양주택의 매매계약을 체결한 즉시 2부의 매매계약서에 시장·군수·구청장으로부터 기획재정부령으로 정하는 미분양주택임을 확인하는 날인을 받아 그 중 1부를 해당 매매계약자에게 교부하여야 하며, 그 내용을 기획재정부령으로 정하는 미분양주택확인대장에 작성하여 보관하여야 한다. (2010. 6. 8. 신설)

관계조문 》》

• 규칙 61조 1항 64호의 5 ⇒ 미분양주택임을 확인하는 날인(별지 63호의 5 서식)

• 규칙 61조 1항 64호의 6 ⇒ 미분양주택확인대장(별지 63호의 6 서식(1) 및 별지 63호의 6 서식(2))

⑨ 제8항에 따라 매매계약서에 미분양주택임을 확인하는 날인을 요청받은 시장·군수·구청장은 제7항에 따른 미분양주택 현황 및 「주택법」 제15조에 따른 사업계획승인신청서류 등에 따라 미분양주택임을 확인하고, 해당 매매계약서에 기획재정부령으로 정하는 미분양주택임을 확

☞ p.1579 2단 연결

인하는 날인을 하여야 하며, 그 내용을 기획재정부령으로 정하는 미분양주택확인대장에 작성하여 보관하여야 한다. (2016. 8. 11. 개정 ; 주택법 시행령 부칙)

관계조문 ▶▶

• 규칙 61조 1항 64호의 5 ⇒ 미분양주택임을 확인하는 날인(별지 63호의 5 서식)
• 규칙 61조 1항 64호의 6 ⇒ 미분양주택확인대장(별지 63호의 6 서식(1) 및 별지 63호의 6 서식(2))
• 규칙 61조 1항 64호의 7 ⇒ 미분양주택 현황(별지 63호의 7 서식(1) 및 별지 63호의 7 서식(2))

⑩ 시장·군수·구청장과 사업주체등은 각각 기획재정부령으로 정하는 미분양주택확인대장을 2011년 6월 30일까지 정보처리장치·전산테이프 또는 디스켓·디스크 등의 전자적 형태(이하 이 조에서 "전자매체"라 한다)로 주택 소재지 관할 세무서장에게 제출하여야 한다. (2010. 6. 8. 신설)

⑪ 제10항에 따라 전자매체 자료를 제출받은 주택 소재지 관할 세무서장은 해당 자료를 기록·보관하여야 한다. (2010. 6. 8. 신설)

⑫ 미분양주택 확인 절차 및 그 밖에 필요한 사항은 기획재정부령으로 정한다. (2010. 6. 8. 신설)

제98조의 5【준공후미분양주택의 취득자에 대한 양도소득세의 과세특례】① 법 제98조의 6 제1항 제1호에서 "대통령령으로 정하는 사업자"란 다음 각 호의 어느 하나에 해당하는 자를 말한다. (2011. 6. 3. 신설)

1. 「주택도시기금법 시행령」 제22조 제1항 제1호 가목에 따라 주택을 매입한 주택도시보증공사 (2015. 6. 30. 개정 ; 주택도시기금법 시행령 부칙)
2. 주택의 공사대금으로 해당 주택을 받은 주택의 시공자 (2011. 6. 3. 신설)
3. 「법인세법 시행령」 제92조의 2 제2항 제1호의 5, 제1호의 8 및 제1호의 10에 따라 주택을 취득한 기업구조조정부동산투자회사등

관계조문 ▶▶

규칙 61조 1항 64호의 6 ⇒ 미분양주택확인대장(별지 63호의 6 서식(1) 및 별지 63호의 6 서식(2))

제98조의 6【준공후미분양주택의 취득자에 대한 양도소득세의 과세특례】① 거주자 또는 「소득세법」 제120조에 따른 국내사업장이 없는 비거주자(이하 이 조에서 "비거주자"라 한다)가 다음 각 호의 어느 하나에 해당하는 주택을 양도하는 경우에는 해당 주택의 취득일부터 5년 이내에 양도함으로써 발생하는 소득에 대하여는 양도소득세의 100분의 50에 상당하는 세액을 감면(제1호의 요건을 갖춘 주택에 한정한다)하고, 그 취득일부터 5년이 지난 후에 양도하는 경우에는 해당 주택의 취득일부터 5년간 발생한 양도소득금액의 100분의 50에 상당하는 금액을 해당 주택의 양도소득세 과세대상소득금액에서 뺀다. 이 경우 공제하는 금액이 과세대상소득금액을 초과하는 경우 그 초과금액은 없는 것으로 한다. (2011. 5. 19. 신설)

1. 「주택법」 제54조에 따라 주택을 공급하는 사업주체 및 그 밖에 대통령령으로 정하는 사업자(이하 이 조에서 "사업주체등"이라 한다)가 대통령령으로 정하는 준공후미분양주택(이하 이 조에서 "준공후미분양주택"이라 한다)을 2011년 12월 31일까지 임대계약을 체결하여 2년 이상 임대한 주택으로서 거주자 또는 비거주자가 해당 사업주체등과 최초로 매매계약을 체결하고 취득한 주택 (2016. 1. 19. 개정 ; 주택법 부칙)
2. 거주자 또는 비거주자가 준공후미분양주택을 사업주체등과 최초로 매매계약을 체결하여 취득하고 5년 이상 임대한 주택(거주자 또는 비거주자가 「소득세법」 제168조에 따른 사업자등록과 「민간임대주택에 관한 특별법」 제5조에 따른 임대사업자등록을 하고 2011년 12

월 31일 이전에 임대계약을 체결한 경우에 한정한다) (2015. 8. 28. 개정 ; 임대주택법 부칙)
② 「소득세법」 제89조 제1항 제3호를 적용할 때 제1항을 적용받는 주택은 해당 거주자의 소유주택으로 보지 아니한다. (2014. 1. 1. 개정)
③ 제1항을 적용받는 주택을 양도함으로써 발생하는 소득에 대하여는 「소득세법」 제95조 제2항 및 제104조 제1항 제3호의 규정에도 불구하고 장기보유 특별공제액 및 세율은 다음 각 호를 적용한다. (2014. 1. 1. 개정)
1. 장기보유 특별공제액 : 양도차익에 「소득세법」 제95조 제2항 표 1 (같은 항 단서에 해당하는 경우에는 표 2)에 따른 보유기간별 공제율을 곱하여 계산한 금액 (2011. 5. 19. 신설)
2. 세율 : 「소득세법」 제104조 제1항 제1호에 따른 세율 (2011. 5. 19. 신설)
④ 제1항을 적용할 때 양도소득금액의 계산, 준공후미분양주택·임대기간의 확인절차 및 그 밖에 필요한 사항은 대통령령으로 정한다. (2011. 5. 19. 신설)

(2011. 6. 3. 신설)
4. 「법인세법 시행령」 제92조의 2 제2항 제1호의 7, 제1호의 9 및 제1호의 11에 따라 주택을 취득한 「자본시장과 금융투자업에 관한 법률」에 따른 신탁업자 (2011. 6. 3. 신설)
② 법 제98조의 6 제1항 제1호에서 “대통령령으로 정하는 준공후미분양주택”이란 「주택법」 제54조에 따라 공급하는 주택으로서 같은 법 제49조에 따른 사용검사(임시 사용승인을 포함한다) 또는 「건축법」 제22조에 따른 사용승인(같은 조 제3항 각 호의 어느 하나에 따라 건축물을 사용할 수 있는 경우를 포함한다)을 받은 후 2011년 3월 29일 현재 분양계약이 체결되지 아니하여 선착순의 방법으로 공급하는 주택(이하 이 조에서 “준공후미분양주택”이라 한다)을 말한다. 다만, 해당 주택 및 이에 부수되는 토지의 기준시가의 합계액이 취득 당시(법 제98조의 6 제1항 제1호의 주택은 최초 임대 개시 시) 6억원을 초과하거나, 주택의 연면적(공동주택의 경우에는 전용면적)이 149제곱미터를 초과하는 주택은 제외한다. (2016. 8. 11. 개정 ; 주택법 시행령 부칙)
③ 제2항 본문을 적용할 때 다음 각 호의 주택은 제외한다. (2011. 6. 3. 신설)
1. 해당 주택이 준공된 후 입주한 사실이 있는 주택 (2011. 6. 3. 신설)
2. 2011년 3월 29일부터 2011년 12월 31일까지의 기간 중에 사업주체등(「주택법」 제54조에 따라 주택을 공급하는 해당 사업주체 및 제1항 각 호의 어느 하나에 해당하는 사업자를 말한다. 이하 이 조에서 같다)과 매매계약을 체결한 매매계약자가 해당 계약을 해제하고 매매계약자 또는 그 배우자(매매계약자 또는 그 배우자의 직계존속·비속 및 형제자매를 포함한다)가 당초 매매계약을 체결하였던 주택을 다시 매매계약하여 취득한 주택 (2016. 8. 11. 개정 ; 주택법 시행령 부칙)
3. 2011년 3월 29일부터 2011년 12월 31일까지의 기간 중에 해당 사업주체등으로부터 당초 매매계약을 체결하였던 주택을 대체하여 다른 주택을 매매계약하여 취득한 주택 (2011. 6. 3. 신설)
④ 법 제98조의 6 제1항에 따른 해당 준공후미분양주택의 취득일부터

☞ p.1581 3단 연결

로부터 기획재정부령으로 정하는 준공후미분양주택임을 확인하는 날인을 받은 매매계약서 사본 (2016. 1. 22. 개정 ; 제주특별자치도~시행령 부칙)

2. 「민간임대주택에 관한 특별법 시행령」 제4조 제5항에 따른 임대사업자등록증 사본 또는 「공공주택 특별법」 제4조에 따른 공공주택사업자를 증명하는 자료 (2023. 9. 26. 개정 ; 민간임대주택에~부칙)

3. 임대차계약서 사본 (2011. 6. 3. 신설)

4. 그 밖에 기획재정부령으로 정하는 서류 (2011. 6. 3. 신설)

⑦ 사업주체등은 기획재정부령으로 정하는 준공후미분양주택 현황(2011년 3월 29일까지 분양계약이 체결되지 아니한 것에 한정한다)을 2011년 9월 30일까지 시장·군수·구청장에게 제출하여야 한다. (2011. 6. 3. 신설)

⑧ 시장·군수·구청장은 제7항에 따라 제출받은 준공후미분양주택 현황을 관리하여야 하며, 그 현황을 2011년 10월 31일까지 준공후미분양주택 소재지 관할 세무서장에게 제출하여야 한다. (2011. 6. 3. 신설)

⑨ 사업주체등은 제2항에 따른 준공후미분양주택의 매매계약을 체결한 즉시 2부의 매매계약서에 시장·군수·구청장으로부터 기획재정부령으로 정하는 준공후미분양주택임을 확인하는 날인을 받아 그 중 1부를 해당 매매계약자에게 교부하여야 하며, 그 내용을 기획재정부령으로 정하는 준공후미분양주택확인대장(이하 이 조에서 "주택확인대장"이라 한다)에 작성하여 보관하여야 한다. (2011. 6. 3. 신설)

⑩ 제9항에 따라 매매계약서에 준공후미분양주택임을 확인하는 날인을 요청받은 시장·군수·구청장은 제7항에 따른 준공후미분양주택 현황 및 「주택법」 제15조에 따른 사업계획승인신청서류 등에 따라 준공후미분양주택임을 확인하고, 해당 매매계약서에 기획재정부령으로 정하는 준공후미분양주택임을 확인하는 날인을 하여야 하며, 그 내용을 주택확인 대장에 작성하여 보관하여야 한다. (2016. 8. 11. 개정 ; 주택법 시행령 부칙)

⑪ 사업주체등은 법 제98조의 6 제1항 제1호에 따라 준공후미분양주택의 매매계약을 체결하는 경우에는 그 즉시 제9항에 따른 매매계약서 외에도 임대사업자등록증 사본, 임대차계약서 사본, 임차인의 주민

등록표 등본 또는 주민등록증 사본 등 임대기간을 입증하는 데에 필요한 자료를 해당 매매계약자에게 교부하여야 하며, 그 내용을 주택확인대장에 작성하여 보관하여야 한다. (2011. 6. 3. 신설)

⑫ 시장·군수·구청장과 사업주체등은 각각 주택확인대장을 2012년 6월 30일까지 정보처리장치·전산테이프 또는 디스켓·디스크 등의 전자적 형태(이하 이 조에서 "전자매체"라 한다)로 준공후미분양주택 소재지 관할 세무서장에게 제출하여야 한다. (2011. 6. 3. 신설)

⑬ 제12항에 따라 전자매체 자료를 제출받은 준공후미분양주택 소재지 관할 세무서장은 해당 자료를 기록·보관하여야 한다. (2011. 6. 3. 신설)

⑭ 준공후미분양주택 확인 절차 및 그 밖에 필요한 사항은 기획재정부령으로 정한다. (2011. 6. 3. 신설)

5년간 발생한 양도소득금액은 제40조 제1항을 준용하여계산한 금액으로 한다. (2011. 6. 3. 신설)

⑤ 법 제98조의 6 제1항을 적용할 때 해당 준공후미분양주택의 임대기간(이하 이 조에서 "임대기간"이라 한다)은 다음 각 호의 방법에 따라 계산한다. (2011. 6. 3. 신설)

1. 임대인이 「소득세법」 제168조에 따른 사업자등록과 「민간임대주택에 관한 특별법」 제5조에 따른 임대사업자등록을 하거나 「공공주택 특별법」 제4조에 따른 공공주택사업자로 지정된 후 임대를 개시하는 날부터 기산할 것 (2015. 12. 28. 개정 ; 임대주택법 시행령 부칙)

2. 상속인이 상속으로 인하여 피상속인의 임대주택을 취득하여 임대하는 경우에는 피상속인의 임대기간을 상속인의 임대기간에 합산할 것 (2011. 6. 3. 신설)

⑥ 법 제98조의 6에 따라 과세특례를 적용받으려는 자는 해당 준공후미분양주택의 양도소득 과세표준예정신고 또는 과세표준확정신고와 함께 다음 각 호의 서류를 납세지 관할 세무서장에게 제출하여야 한다. (2011. 6. 3. 신설)

1. 준공후미분양주택 소재지 관할 시장(「제주특별자치도 설치 및 국제자유도시 조성을 위한 특별법」 제11조 제2항에 따른 행정시장을 포함한다. 이하 이 조에서 같다)·군수·구청장(자치구의 구청장을 말한다. 이하 이 조에서 같다)으

제98조의 7 【미분양주택의 취득자에 대한 양도소득세의 과세특례】 ① 내국인이 2012년 9월 24일 현재 대통령령으로 정하는 미분양주택으로서 취득가액이 9억원 이하인 주택(이하 이 조에서 "미분양주택"이라 한다)을 2012년 9월 24일부터 2012년 12월 31일까지 「주택법」 제54조에 따라 주택을 공급하는 해당 사업주체 또는 그 밖에 대통령령으로 정하는 사업자와 최초로 매매계약(계약금을 납부한 경우에 한정한다)을 체결하거나 그 계약에 따라 취득한 경우에는 취득일부터 5년 이내에 양도함으로써 발생하는 소득에 대하여는 양도소득세의 100분의 100에 상당하는 세액을 감면하고, 해당 미분양주택의 취득일부터 5년이 지난 후에 양도하는 경우에는 해당 미분양주택의 취득일부터 5년간 발생한 양도소득금액을 양도소득세 과세대상소득금액에서 공제한다. 이 경우 공제하는 금액이 과세대상소득금액을 초과하는 경우 그 초과금액은 없는 것으로 한다. (2016. 1. 19. 개정 ; 주택법 부칙)

② 「소득세법」 제89조 제1항 제3호를 적용할 때 제1항을 적용받는 미분양주택은 해당 거주자의 소유주택으로 보지 아니한다. (2014. 1. 1. 개정)

③ 제1항을 적용할 때 미분양주택의 취득일부터 5년간 발생한 양도소득금액의 계산과 그 밖에 필요한 사항은 대통령령으로 정한다. (2012. 10. 2. 신설)

제98조의 6 【미분양주택의 취득자에 대한 양도소득세의 과세특례】 ① 법 제98조의 7 제1항 전단에서 "대통령령으로 정하는 미분양주택"이란 「주택법」 제54조에 따라 주택을 공급하는 사업주체가 같은 조에 따라 공급하는 주택으로서 해당 사업주체가 입주자모집공고에 따른 입주자의 계약일이 지난 주택단지에서 2012년 9월 23일까지 분양계약이 체결되지 아니하여 선착순의 방법으로 공급하는 주택을 말한다. (2016. 8. 11. 개정 ; 주택법 시행령 부칙)

② 제1항을 적용할 때 다음 각 호의 주택은 제외한다. (2012. 10. 15. 신설)

1. 사업주체등(「주택법」 제54조에 따라 주택을 공급하는 해당 사업주체 및 제3항 각 호의 어느 하나에 해당하는 사업자를 말한다. 이하 이 조에서 같다)과 양수자 간에 실제로 거래한 가액이 9억원을 초과하는 주택. 이 경우 양수자가 부담하는 취득세 및 그 밖의 부대비용은 포함하지 아니한다. (2016. 8. 11. 개정 ; 주택법 시행령 부칙)

2. 매매계약일 현재 입주한 사실이 있는 주택 (2012. 10. 15. 신설)

3. 2012년 9월 23일 이전에 사업주체등과 체결한 매매계약이 2012년 9월 24일부터 2012년 12월 31일까지의 기간(이하 이 항에서 "미분양주택 취득기간"이라 한다) 중에 해제된 주택 (2012. 10. 15. 신설)

4. 제3호에 따른 매매계약을 해제한 매매계약자가 미분양주택 취득기간 중에 계약을 체결하여 취득한 미분양주택 및 해당 매매계약자의 배우자[매매계약자 또는 그 배우자의 직계존비속(그 배우자를 포함한다) 및 형제자매를 포함한다]가 미분양주택 취득기간 중에 원래 매매계약을 체결하였던 사업주체등과 계약을 체결하여 취득한 미분양주택 (2012. 10. 15. 신설)

③ 법 제98조의 7 제1항 전단에서 "대통령령으로 정하는 사업자"란 다음 각 호의 어느 하나에 해당하는 자를 말한다. (2012. 10. 15. 신설)

1. 「주택도시기금법 시행령」 제22조 제1항 제1호 가목에 따라 주택을 매입한 주택도시보증공사 (2015. 6. 30. 개정 ; 주택도시기금법 시행령 부칙)

2. 주택의 공사대금으로 해당 주택을 받은 주택의 시공자 (2012. 10. 15. 신설)

3. 「법인세법 시행령」 제92조의 2 제2항 제1호의 5, 제1호의 8 및 제1호의 10에 따라 주택을 취득한 기업구조조정부동산투자회사등 (2012. 10. 15. 신설)

4. 「법인세법 시행령」 제92조의 2 제2항 제1호의 7, 제1호의 9 및 제1호의 11에 따라 주택을 취득한 「자본시장과 금융투자업에 관한 법률」에 따른 신탁업자 (2012. 10. 15. 신설)

④ 법 제98조의 7 제1항 전단에 따른 해당 미분양주택의 취득일부터 5년간 발생한 양도소득금액은 제40조 제1항을 준용하여 계산한 금액으로 한다. (2012. 10. 15. 신설)

⑤ 법 제98조의 7에 따라 과세특례를 적용받으려는 사람은 해당 미분양주택의 양도소득 과세표준예정신고 또는 과세표준확정신고와 함께 제8항에 따라 사업주체등으로부터 교부받은 매매계약서 사본을 납세지 관할 세무서장에게 제출하여야 한다. (2012. 10. 15. 신설)

⑥ 사업주체등은 기획재정부령으로 정하는 미분양주택 현황을 2012년 11월 30일까지 시장(특별자치시장과 「제주특별자치도 설치 및 국제자유도시 조성을 위한 특별법」 제11조 제2항에 따른 행정시장을 포함한다. 이하 이 조에서 같다)·군수·구청장(자치구의 구청장을 말한다. 이하 이 조에서 같다)에게 제출하여야 한다. (2016. 1. 22. 개정 ; 제주특별자치도~시행령 부칙)

⑦ 시장·군수·구청장은 제6항에 따라 제출받은 미분양주택 현황을 관리하여야 하며, 그 현황을 2012년 12월 31일까지 주택 소재지 관할 세무서장에게 제출하여야 한다. (2012. 10. 15. 신설)

⑧ 사업주체등은 제1항에 따른 미분양주택의 매매계약을 체결한 즉시 2부의 매매계약서에 시장·군수·구청장으로부터 기획재정부령으로 정하는 미분양주택임을 확인하는 날인을 받아 그 중 1부를 해당 매매계약자에게 교부하여야 하며, 그 내용을 기획재정부령으로 정하는 미분양주택확인대장에 작성하여 보관하여야 한다. (2012. 10. 15. 신설)

⑨ 제8항에 따라 매매계약서에 미분양주택임을 확인하는 날인을 요청받은 시장·군수·구청장은 제7항에 따른 미분양주택 현황 및 「주택법」 제15조에 따른 사업계획승인신청서류 등에 따라 미분양주택임을 확인하고, 해당 매매계약서에 기획재정부령으로 정하는 미분양주택임을 확인하는 날인을 하여야 하며, 그 내용을 기획재정부령으로 정하는 미분양주택확인대장에 작성하여 보관하여야 한다. (2016. 8. 11. 개정 ; 주택법 시행령 부칙)

⑩ 시장·군수·구청장과 사업주체등은 각각 기획재정부령으로 정하는 미분양주택확인대장을 2013년 3월 31일까지 정보처리장치·전산테이프 또는 디스켓·디스크 등의 전자적 형태(이하 이 조에서 "전자매체"라 한다)로 주택 소재지 관할 세무서장에게 제출하여야 한다. (2012. 10. 15. 신설)

⑪ 제10항에 따라 전자매체 자료를 제출받은 주택 소재지 관할 세무서장은 해당 자료를 기록·보관하여야 한다. (2012. 10. 15. 신설)

⑫ 미분양주택 확인 절차 및 그 밖에 필요한 사항은 기획재정부령으로 정한다. (2012. 10. 15. 신설)

제98조의 8 【준공후미분양주택의 취득자에 대한 양도소득세 과세특례】 ① 거주자가 대통령령으로 정하는 준공후미분양주택으로서 취득 당시 취득가액이 6억원 이하이고 주택의 연면적(공동주택의 경우에는 전용면적)이 135제곱미터 이하인 주택을 「주택법」 제54조에 따라 주택을 공급하는 사업주체 등 대통령령으로 정하는 자와 2015년 1월 1일부터 2015년 12월 31일까지 최초로 매매계약을 체결하고 5년 이상 임대한 주택(거주자가 「소득세법」 제168조에 따른 사업자등록과 「민간임대주택에 관한 특별법」 제5조에 따른 임대사업자등록을 하고 2015년 12월 31일 이전에 임대계약을 체결한 경우로 한정한다)을 양도하는 경우에는 해당 주택의 취득일부터 5년간 발생하는 양도소득금액의 100분의 50에 상당하는 금액을 해당 주택의 양도소득세 과세대상소득금액에서 공제한다. 이 경우 공제하는 금액이 과세대상소득금액을 초과하는 경우 그 초과금액은 없는 것으로 한다. (2016. 1. 19. 개정 ; 주택법 부칙)

② 「소득세법」 제89조 제1항 제3호를 적용할 때 제1항에 해당하는 주택은 해당 거주자의 소유주택으로 보지 아니한다. (2014. 12. 23. 신설)

③ 제1항을 적용할 때 해당 주택의 취득일부터 5년간 발생한 양도소득금액의 계산, 준공후미분양주택·임대기간의 확인절차 및 그 밖에 필요한 사항은 대통령령으로 정한다. (2014. 12. 23. 신설)

제98조의 7 【준공후미분양주택의 취득자에 대한 양도소득세의 과세특례】 ① 법 제98조의 8 제1항 전단에서 "대통령령으로 정하는 준공후미분양주택"이란 다음 각 호의 요건을 모두 충족하는 주택(이하 이 조에서 "준공후미분양주택"이라 한다)을 말한다. (2015. 2. 3. 신설)

1. 「주택법」 제54조에 따라 공급하는 주택으로서 같은 법 제49조에 따른 사용검사(임시 사용승인을 포함한다) 또는 「건축법」 제22조에 따른 사용승인(같은 조 제3항 각 호의 어느 하나에 따라 건축물을 사용할 수 있는 경우를 포함한다)을 받은 후 2014년 12월 31일까지 분양계약이 체결되지 아니하였을 것 (2016. 8. 11. 개정 ; 주택법 시행령 부칙)

2. 2015년 1월 1일 이후 선착순의 방법으로 공급할 것 (2015. 2. 3. 신설)

② 제1항을 적용할 때 다음 각 호의 주택은 제외한다. (2015. 2. 3. 신설)

1. 사업주체등(「주택법」 제54조에 따라 주택을 공급하는 해당 사업주체 및 제3항 각 호의 어느 하나에 해당하는 사업자를 말한다. 이하 이 조에서 같다)과 양수자 간에 실제로 거래한 가액이 6억원을 초과하거나 연면적(공동주택의 경우에는 전용면적을 말한다)이 135제곱미터를 초과하는 주택. 이 경우 양수자가 부담하는 취득세 및 그 밖의 부대비용은 포함하지 아니한다. (2016. 8. 11. 개정 ; 주택법 시행령 부칙)

2. 2014년 12월 31일 이전에 사업주체등과 체결한 매매계약이 2015년 1월 1일 이후 해제된 주택 (2015. 2. 3. 신설)

3. 제2호에 따른 매매계약을 해제한 매매계약자가 2015년 1월 1일부터 2015년 12월 31일까지의 기간 중에 계약을 체결하여 취득한 준공후미분양주택 및 해당 매매계약자의 배우자[매매계약자 또는 그 배우자의 직계존비속(그 배우자를 포함한다) 및 형제자매를 포함한다]가 2015년 1월 1일부터 2015년 12월 31일까지의 기간 중에 원래 매매계약을 체결하였던 사업주체등과 계약을 체결하여 취득한 준공후미분양주택 (2015. 2. 3. 신설)

③ 법 제98조의 8 제1항 전단에서 "대통령령으로 정하는 자"란 다음 각 호의 어느 하나에 해당하는 자를 말한다. (2015. 2. 3. 신설)

1. 「주택도시기금법 시행령」 제22조 제1항 제1호 가목에 따라 주택을 매입한 주택도시보증공사 (2015. 6. 30. 개정 ; 주택도시기금법 시행령 부칙)

2. 주택의 공사대금으로 해당 주택을 받은 주택의 시공자 (2015. 2. 3. 신설)

3. 「법인세법 시행령」 제92조의 2 제2항 제1호의 5, 제1호의 8 및 제1호의 10에 따라 주택을 취득한 기업구조조정부동산투자회사등 (2015. 2. 3. 신설)

4. 「법인세법 시행령」 제92조의 2 제2항 제1호의 7, 제1호의 9 및 제1호의 11에 따라 주택을 취득한 「자본시장과 금융투자업에 관한 법률」에 따른 신탁업자 (2015. 2. 3. 신설)

④ 법 제98조의 8 제1항에 따른 준공후미분양주택의 취득일부터 5년간 발생한 양도소득금액은 제40조 제1항을 준용하여 계산한다. (2015. 2. 3. 신설)

⑤ 법 제98조의 8 제1항을 적용할 때 해당 준공후미분양주택의 임대기간(이하 이 조에서 "임대기간"이라 한다)은 제98조의 5 제5항을 준용하여 계산한다. (2015. 2. 3. 신설)

⑥ 사업주체등은 기획재정부령으로 정하는 준공후미분양주택 현황(2014년 12월 31일까지 분양계약이 체결되지 아니한 것으로 한정한다)을 2015년 4월 30일까지 시장(「제주특별자치도설치 및 국제자유도시 조성을 위한 특별법」 제11조 제2항에

☞ p.1585 2단 연결

따른 행정시장을 포함한다. 이하 이 조에서 같다)·군수·구청장(자치구의 구청장을 말한다. 이하 이 조에서 같다)에게 제출하여야 한다. (2016. 1. 22. 개정 ; 제주특별자치도~시행령 부칙)

⑦ 시장·군수·구청장은 제6항에 따라 제출받은 준공후미분양주택 현황을 관리하여야 하며, 그 현황을 2015년 12월 31일까지 준공후미분양주택 소재지 관할 세무서장에게 제출하여야 한다. (2015. 2. 3. 신설)

⑧ 법 제98조의 8에 따라 과세특례를 적용받으려는 자는 해당 준공후미분양주택의 양도소득 과세표준예정신고 또는 과세표준확정신고와 함께 다음 각 호의 서류를 납세지 관할 세무서장에게 제출하여야 한다. (2015. 2. 3. 신설)

1. 제9항에 따라 준공후미분양주택 소재지 관할 시장·군수·구청장으로부터 기획재정부령으로 정하는 준공후미분양주택임을 확인하는 날인을 받은 매매계약서의 사본 (2015. 2. 3. 신설)
2. 「민간임대주택에 관한 특별법 시행령」 제4조 제5항에 따른 임대사업자등록증 사본 또는 「공공주택 특별법」 제4조에 따른 공공주택사업자를 증명하는 자료 (2023. 9. 26. 개정 ; 민간임대주택에~부칙)
3. 임대차계약서 사본 (2015. 2. 3. 신설)
4. 그 밖에 기획재정부령으로 정하는 서류 (2015. 2. 3. 신설)

⑨ 사업주체등은 준공후미분양주택의 매매계약을 체결한 즉시 2부의 매매계약서에 시장·군수·구청장으로부터 기획재정부령으로 정하는 준공후미분양주택임을 확인하는 날인을 받아 그 중 1부를 해당 매매계약자에게 교부하여야 하며, 그 내용을 기획재정부령으로 정하는 준공후미분양주택확인대장(이하 이 조에서 "주택확인대장"이라 한다)에 기재하여 보관하여야 한다. (2015. 2. 3. 신설)

⑩ 제9항에 따라 매매계약서에 준공후미분양주택임을 확인하는 날인을 요청받은 시장·군수·구청장은 제6항에 따른 준공후미분양주택현황 및 「주택법」 제15조에 따른 사업계획승인신청서류 등에 따라 준공후미분양주택임을 확인하고, 해당 매매계약서에 기획재정부령으로 정하는 준공후미분양주택임을 확인하는 날인을 하여야 하며, 그 내용을 주택확인대장에 기재하여 보관하여야 한다. (2016. 8. 11. 개정 ; 주택법 시행령 부칙)

⑪ 사업주체등은 법 제98조의 8 제1항에 따라 준공후미분양주택의 매매계약을 체결하는 경우에는 그 즉시 제9항에 따른 매매계약서 외에도 임대사업자등록증 사본, 임대차계약서 사본, 임차인의 주민등록표 등본 또는 주민등록증 사본 등 임대기간을 입증하는 데에 필요한 자료를 해당 매매계약자에게 교부하여야 하며, 그 내용을 주택확인대장에 기재하여 보관하여야 한다. (2015. 2. 3. 신설)

⑫ 시장·군수·구청장과 사업주체등은 각각 주택확인대장을 2016년 2월 28일까지 정보처리장치·전산테이프 또는 디스켓·디스크 등의 전자적 형태(이하 이 조에서 "전자매체"라 한다)로 준공후미분양주택 소재지 관할 세무서장에게 제출하여야 한다. (2015. 2. 3. 신설)

⑬ 제12항에 따라 전자매체 자료를 제출받은 준공후미분양주택 소재지 관할 세무서장은 해당 자료를 기록·보관하여야 한다. (2015. 2. 3. 신설)

⑭ 그 밖에 준공후미분양주택의 확인절차 및 방법 등에 관하여 필요한 사항은 기획재정부령으로 정한다. (2015. 2. 3. 신설)

제98조의 9【수도권 밖의 지역에 있는 준공후미분양주택 취득자에 대한 양도소득세 및 종합부동산세 과세특례】① 1주택을 보유한 1세대(「소득세법」 제88조 제6호의 1세대를 말한다)가 2024년 1월 10일부터 2025년 12월 31일까지의 기간 중에 다음 각 호의 요건을 모두 충족하는 준공 후 미분양주택(이하 이 조에서 "준공후미분양주택"이라 한다)을 취득한 후 준공후미분양주택을 취득하기 전에 보유한 주택을 양도하는 경우에는 그 준공후미분양주택을 해당 1세대의 소유주택이 아닌 것으로 보아 같은 법 제89조 제1항 제3호를 적용한다. (2024. 12. 31. 신설)

1. 수도권 밖의 지역에 소재할 것 (2024. 12. 31. 신설)

2. 전용면적, 취득가액 등 대통령령으로 정하는 요건을 갖출 것 (2024. 12. 31. 신설)

② 1주택을 보유한 1세대(「종합부동산세법」 제2조 제8호의 세대를 말한다)가 2024년 1월 10일부터 2025년 12월 31일까지의 기간 중에 준공후미분양주택을 취득한 경우에는 같은 법 제8조 제1항 제1호에 따른 1세대 1주택자로 본다. (2024. 12. 31. 신설)

③ 제2항을 적용받으려는 납세의무자는 해당 연도 9월 16일부터 9월 30일까지 대통령령으로 정하는 바에 따라 관할세무서장에게 신청하여야 한다. (2024. 12. 31. 신설)

④ 제1항 및 제2항을 적용할 때 준공후미분양주택의 확인절차, 그 밖에 필요한 사항은 대통령령으로 정한다. (2024. 12. 31. 신설)

편주▶

법 98조의 9의 개정규정은 2025. 1. 1. 이후 결정하거나 경정하는 경우부터 적용함. (법 부칙(2024. 12. 31.) 15조)

제98조의 8【수도권 밖의 지역에 있는 준공후미분양주택 취득자에 대한 양도소득세 및 종합부동산세 과세특례】① 법 제98조의 9 제1항 제2호에서 "전용면적, 취득가액 등 대통령령으로 정하는 요건"이란 다음 각 호의 요건을 말한다. (2025. 2. 28. 신설)

1. 전용면적이 85제곱미터 이하일 것 (2025. 2. 28. 신설)

2. 취득가액이 6억원 이하일 것 (2025. 2. 28. 신설)

3. 양도자가 다음 각 목의 어느 하나에 해당할 것 (2025. 2. 28. 신설)

　가. 「주택법」 제54조 제1항 각 호 외의 부분 전단에 따른 사업주체 (2025. 2. 28. 신설)

　나. 「건축물의 분양에 관한 법률」 제2조 제3호에 따른 분양사업자 (2025. 2. 28. 신설)

　다. 가목에 따른 사업주체 또는 나목에 따른 분양사업자로부터 주택의 공사대금으로 해당 주택을 받은 시공자 (2025. 2. 28. 신설)

4. 양수자가 해당 주택에 대한 매매계약(주택공급계약 및 분양계약을 포함한다. 이하 이 항에서 같다)을 최초로 체결한 자일 것 (2025. 2. 28. 신설)

5. 「주택법」 제49조에 따른 사용검사(같은 조 제4항 단서에 따른 임시사용승인을 포함한다) 또는 「건축법」 제22조에 따른 사용승인(같은 조 제3항 각 호의 어느 하나에 따라 건축물을 사용할 수 있는 경우를 포함한다)을 받은 날까지 분양계약이 체결되지 않아 선착순의 방법으로 공급하는 것일 것 (2025. 2. 28. 신설)

② 법 제98조의 9 제1항 각 호의 요건을 모두 충족하는 준공 후 미분양주택(이하 이 조에서 "준공후미분양주택"이라 한다)의 확인 절차는 다음 각 호의 순서에 따른다. (2025. 2. 28. 신설)

1. 양도자는 해당 주택의 소재지를 관할하는 시장·군수·구청장에게 해당 주택이 준공후미분양주택인지 여부를 확인해 줄 것을 요청 (2025. 2. 28. 신설)

2. 제1호에 따라 요청받은 시장·군수·구청장은 해당 주택이 준공후미분양주택임을 확인한 경우에는 해당 주택의 매매계약서에 기획재정부령으로 정하는 준공후미분양주택 확인 날인을 하여 양도자에게 내주고, 그 확인내용을 기획재정부령으로 정하는 준공후미분양주택 확인 대장에 기재하여 매매계약서 사본과 함께 보관 (2025. 2. 28. 신설)

3. 양도자는 제2호에 따라 준공후미분양주택 확인 날인을 받은 매매계

개정취지 ····························

과세특례 대상 인구감소지역 준공 후 미분양주택의 요건

1세대 1주택자가 수도권 밖의 지역에 있는 전용면적이 85제곱미터 이하이고, 취득가액이 6억원 이하인 주택으로서 「주택법」에 따른 사용검사 등을 받은 날까지 분양계약이 체결되지 않아 선착순으로 공급하는 준공 후 미분양주택에 대해 최초로 매매계약을 체결하여 취득한 경우에는 양도소득세 및 종합부동산세를 과세할 때 1세대 1주택자로 보도록 함. (영 98조의 8 신설 ; 2025. 2. 28.)

····························

제44조의 3【수도권 밖의 지역에 있는 준공후미분양주택 취득자에 대한 양도소득세 및 종합부동산세 과세특례】① 영 제98조의 8 제2항 제2호에서 "기획재정부령으로 정하는 준공후미분양주택 확인 날인"이란 「소득세법 시행규칙」 별지 제83

약서를 양수자에게 교부 (2025. 2. 28. 신설)

4. 시장·군수·구청장은 매매계약서에 준공후미분양주택임을 확인하는 날인을 한 날이 속하는 분기의 말일부터 1개월 이내에 기획재정부령으로 정하는 준공후미분양주택 확인 대장을 정보처리장치 등의 전자적 형태로 해당 주택의 소재지를 관할하는 세무서장에게 제출 (2025. 2. 28. 신설)

③ 법 제98조의 9 제1항에 따른 과세특례를 적용받으려는 자는 「소득세법」 제105조 또는 같은 법 제110조에 따른 양도소득과세표준신고와 함께 기획재정부령으로 정하는 과세특례신고서와 준공후미분양주택 확인 날인을 받은 매매계약서 사본을 제출해야 한다. (2025. 2. 28. 신설)

④ 법 제98조의 9 제2항에 따른 과세특례를 적용받으려는 1세대 1주택자는 기획재정부령으로 정하는 신청서와 준공후미분양주택 확인 날인을 받은 매매계약서 사본을 관할세무서장에게 제출해야 한다. 다만, 최초로 신청을 한 연도의 다음 연도부터는 그 신청 내용에 변동이 없으면 신청하지 않을 수 있다. (2025. 2. 28. 신설)

제99조 【신축주택의 취득자에 대한 양도소득세의 감면】 ① 거주자(주택건설사업자는 제외한다)가 다음 각 호의 어느 하나에 해당하는 신축주택(이에 딸린 해당 건물 연면적의 2배 이내의 토지를 포함한다. 이하 이 조에서 같다)을 취득하여 그 취득한 날부터 5년 이내에 양도하는 경우에는 그 신축주택을 취득한 날부터 양도일까지 발생한 양도소득금액을 양도소득세 과세대상소득금액에서 빼며, 해당 신축주택을 취득한 날부터 5년이 지난 후에 양도하는 경우에는 그 신축주택을 취득한 날부터 5년간 발생한 양도소득금액을 양도소득세 과세대상소득금액에서 뺀다. 다만, 신축주택이 「소득세법」 제89조 제1항 제3호에 따라 양도소득세의 비과세대상에서 제외되는 고가 주택에 해당하는 경우에는 그러하지 아니하다. (2015. 12. 15. 개정)

1. 자기가 건설한 주택(「주택법」에 따른 주택조합 또는 「도시 및 주거환경정비법」에 따른 정비사업조합을 통하여 조합원이 취득하는 주택을 포함한다)으로서 1998년 5월 22일부터 1999년 6월 30일까지의 기간(국민주택의 경우에는 1998년 5월 22일부터 1999년 12월 31일까지로 한다. 이하 이 조에서 "신축주택취득기간"이라 한다) 사

호의 7 서식을 말한다. (2025. 3. 21. 신설)

② 영 제98조의 8 제2항 제2호 및 같은 항 제4호에서 "기획재정부령으로 정하는 준공후미분양주택 확인 대장"이란 「소득세법 시행규칙」 별지 제83호의 8 서식을 말한다. (2025. 3. 21. 신설)

③ 영 제98조의 8 제4항 본문에서 "기획재정부령으로 정하는 신청서"란 「종합부동산세법 시행규칙」 별지 제24호 서식을 말한다. (2025. 3. 21. 신설)

제99조 【신축주택의 취득자에 대한 양도소득세의 감면】 ① 법 제99조 제1항에 따른 양도소득세 과세대상소득금액에서 빼는 양도소득금액(이하 이 조에서 "감면대상 양도소득금액"이라 한다)은 다음 각 호의 구분에 따라 계산한다. 이 경우 새로운 기준시가가 고시되기 전인 경우에는 직전의 기준시가를 적용한다. (2016. 2. 5. 개정)

1. 취득일부터 5년 이내에 양도하는 경우 감면대상 양도소득금액은 「소득세법」 제95조 제1항에 따라 계산한다. 다만, 재개발·재건축되기 전의 주택(이하 이 조에서 "종전주택"이라 한다)을 재개발·재건축하여 취득한 법 제98조의 3 제2항 각 호에 따른 신축주택의 경우 감면대상 양도소득금액은 다음 계산식에 따라 계산한 금액으로 한다. (2016. 5. 10. 단서개정)

「소득세법」 제95조 제1항에 따라 계산한 양도소득금액	×	양도 당시 기준시가 − 신축주택 취득 당시 기준시가
		양도 당시 기준시가 − 종전주택 취득 당시 기준시가

이에 사용승인 또는 사용검사(임시 사용승인을 포함한다)를 받은 주택 (2010. 1. 1. 개정)

2. 주택건설사업자로부터 취득하는 주택으로서 신축주택취득기간에 주택건설업자와 최초로 매매계약을 체결하고 계약금을 납부한 자가 취득하는 주택(「주택법」에 따른 주택조합 또는 「도시 및 주거환경정비법」에 따른 정비사업조합을 통하여 취득하는 주택으로서 대통령령으로 정하는 주택을 포함한다). 다만, 매매계약일 현재 다른 자가 입주한 사실이 있거나 신축주택취득기간 중 대통령령으로 정하는 사유에 해당하는 사실이 있는 주택은 제외한다. (2010. 1. 1. 개정)
② 「소득세법」 제89조 제1항 제3호를 적용할 때 제1항을 적용받는 신축주택과 그 외의 주택을 보유한 거주자가 그 신축주택 외의 주택을 2007년 12월 31일까지 양도하는 경우에만 그 신축주택을 거주자의 소유주택으로 보지 아니한다. (2010. 1. 1. 개정)

2. 취득일부터 5년 후에 양도하는 경우 감면대상 양도소득금액은 다음 계산식에 따라 계산한 금액으로 한다. (2017. 5. 8. 개정)

「소득세법」 제95조 제1항에 따라 계산한 양도소득 금액	×	신축주택 취득일부터 5년이 되는 날의 기준시가 − 신축주택 취득 당시 기준시가
		양도 당시 기준시가 − 신축주택 취득 당시 기준시가(다만, 종전주택을 재개발·재건축하여 취득한 법 제98조의 3 제2항 각 호에 따른 신축주택의 경우 종전주택 취득 당시 기준시가)

② 법 제99조 제1항 제2호 단서에서 "대통령령으로 정하는 사유에 해당하는 사실이 있는 주택"이란 1998년 5월 21일 이전에 주택건설사업자와 주택분양계약을 체결한 분양계약자가 당해 계약을 해제하고 분양계약자 또는 그 배우자(분양계약자 또는 그 배우자의 직계존비속 및 형제자매를 포함한다)가 당초 분양계약을 체결하였던 주택을 다시 분양받아 취득한 주택 또는 당해 주택건설업자로부터 당초 분양계약을 체결하였던 주택에 대체하여 다른 주택을 분양받아 취득한 주택을 말한다. 다만, 기획재정부령이 정하는 사유에 해당하는 주택을 제외한다. (2020. 2. 18. 개정 ; 건설산업기본법〜부칙)
③ 법 제99조 제1항 제2호에서 "대통령령으로 정하는 주택"이란 다음 각호의 1에 해당하는 주택을 말한다. (2010. 2. 18. 개정)
1. 「주택법」에 의한 주택조합 또는 「도시 및 주거환경정비법」에 의한 정비사업조합(이하 이 조에서 "주택조합 등"이라 한다)이 그 조합원에게 공급하고 남은 주택(이하 이 조에서 "잔여주택"이라 한다)으로서 법 제99조 제1항 제1호의 규정에 의한 신축주택취득기간(이하 이 조에서 "신축주택취득기간"이라 한다)내에 주택조합 등과 직접 매매계약을 체결하고 계약금을 납부한 자가 취득하는 주택 (2005. 2. 19. 개정)
2. 조합원이 주택조합등으로부터 취득하는 주택으로서 신축주택취득기간 경과 후에 사용승인 또는 사용검사를 받는 주택. 다만, 주택조합 등이 조합원외의 자와 신축주택취득기간 내에 잔여주택에 대한 매매계약(매매계약이 다수인 때에는 최초로 체결한 매매계약을 기준

제44조의 4 【신축주택의 취득자에 대한 양도소득세의 감면】 (2025. 3. 21. 조번개정)
영 제99조 제2항 단서 및 영 제99조의 3 제4항 단서에서 "기획재정부령이 정하는 사유에 해당하는 주택"이라 함은 「소득세법 시행규칙」 제71조 제3항의 규정에 의한 사유로 당해 주택건설업자로부터 다른 주택을 분양받아 취득하는 경우의 주택을 말한다. (2010. 4. 20. 개정)

③ 제1항을 적용받으려는 자는 대통령령으로 정하는 바에 따라 감면신청을 하여야 한다. (2010. 1. 1. 개정)

④ 제1항에 따라 양도소득세 과세대상소득금액에서 빼는 양도소득금액의 계산 및 그 밖에 필요한 사항은 대통령령으로 정한다. (2015. 12. 15. 개정)

제99조의 2【신축주택 등 취득자에 대한 양도소득세의 과세특례】 ① 거주자 또는 비거주자가 대통령령으로 정하는 신축주택, 미분양주택 또는 1세대 1주택자의 주택으로서 취득가액이 6억원 이하이거나 주택의 연면적(공동주택의 경우에는 전용면적)이 85제곱미터 이하인 주택을 2013년 4월 1일부터 2013년 12월 31일까지 「주택법」 제54조에 따라 주택을 공급하는 사업주체 등 대통령령으로 정하는 자와 최초로 매매계약을 체결하여 그 계약에 따라 취득(2013년 12월 31일까지 매매계약을 체결하고 계약금을 지급한 경우를 포함한다)한 경우에 해당 주택을 취득일부터 5년 이내에 양도함으로써 발생하는 양도소득

으로 한다)을 직접 체결하여 계약금을 납부받은 사실이 있는 경우에 한한다. (99. 10. 30 신설)

④ 법 제99조 제3항의 규정에 의하여 양도소득세의 감면신청을 하고자 하는 자는 당해 부동산의 양도일이 속하는 과세연도의 과세표준 확정신고와 함께 기획재정부령이 정하는 세액감면신청서에 다음 각호의 1에 해당하는 서류를 첨부하여 납세지 관할세무서장에게 제출하여야 한다. 이 경우 납세지 관할세무서장은 「전자정부법」 제36조 제1항에 따른 행정정보의 공동이용을 통하여 해당 주택의 건축물대장을 확인하여야 한다(제3호의 경우는 제외한다). (2010. 11. 2. 후단신설 ; 행정정보의 공동이용 및~일부개정령)

1. 법 제99조 제1항 제1호의 주택의 경우에는 사용승인일 또는 사용검사일(임시사용승인일을 포함한다)을 입증할 수 있는 증빙서류 (2010. 11. 2. 개정 ; 행정정보의 공동이용 및~일부개정령)

2. 제3항 제2호의 주택 (99. 10. 30 개정)

　가. 주택조합 등이 조합원외의 자와 신축주택취득기간 내에 잔여주택에 대한 매매계약을 직접 체결하여 계약금을 납부받은 사실을 입증할 수 있는 증빙서류 (99. 10. 30 개정)

　나. 제1호의 서류 (99. 10. 30 개정)

3. 기타의 주택 (99. 10. 30 신설)

　가. 취득시의 주택매매계약서 (99. 10. 30 신설)

　나. 계약금을 납부한 사실을 입증할 수 있는 증빙서류 (99. 10. 30 신설)

제99조의 2【신축주택 등 취득자에 대한 양도소득세의 과세특례】 ① 법 제99조의 2 제1항 전단에서 "대통령령으로 정하는 신축주택, 미분양주택"이란 다음 각 호의 어느 하나에 해당하는 주택(이하 이 조에서 "신축주택등"이라 한다)을 말한다. (2013. 5. 10. 신설)

1. 「주택법」 제54조에 따라 주택을 공급하는 사업주체(이하 이 항에서 "사업주체"라 한다)가 같은 조에 따라 공급하는 주택으로서 해당 사업주체가 입주자모집공고에 따른 입주자의 계약일이 지난 주택단지에서 2013년 3월 31일까지 분양계약이 체결되지 아니하여 2013년 4월 1일 이후 선착순의 방법으로 공급하는 주택 (2016. 8. 11. 개정

규칙 61조 1항 38호 ⇒ 세액감면신청서(별지 37호 서식)

에 대하여는 양도소득세의 100분의 100에 상당하는 세액을 감면하고, 취득일부터 5년이 지난 후에 양도하는 경우에는 해당 주택의 취득일부터 5년간 발생한 양도소득금액을 해당 주택의 양도소득세 과세대상소득금액에서 공제한다. 이 경우 공제하는 금액이 과세대상소득금액을 초과하는 경우 그 초과금액은 없는 것으로 한다. (2016. 1. 19. 개정 ; 주택법 부칙)

② 「소득세법」 제89조 제1항 제3호를 적용할 때 제1항을 적용받는 주택은 해당 거주자의 소유주택으로 보지 아니한다. (2014. 1. 1. 개정)

③ 제1항은 전국 소비자물가상승률 및 전국 주택매매가격상승률을 고려하여 부동산 가격이 급등하거나 급등할 우려가 있는 지역으로서 대통령령으로 정하는 지역에는 적용하지 아니한다. (2013. 5. 10. 신설)

④ 제1항에 따른 양도소득세의 감면은 대통령령으로 정하는 방법에 따라 제1항에 따른 감면 대상 주택임을 확인받아 납세지 관할 세무서장에게 제출한 경우에만 적용한다. (2014. 1. 1. 개정)

⑤ 제1항을 적용할 때 해당 주택의 취득일부터 5년간 발생한 양도소득금액의 계산과 그 밖에 필요한 사항은 대통령령으로 정한다. (2013. 5. 10. 신설)

; 주택법 시행령 부칙)

2. 「주택법」 제15조에 따른 사업계획승인(「건축법」 제11조에 따른 건축허가를 포함한다. 이하 이 조에서 같다)을 받아 해당 사업계획과 「주택법」 제54조에 따라 사업주체가 공급하는 주택(입주자모집공고에 따른 입주자의 계약일이 2013년 4월 1일 이후 도래하는 주택으로 한정한다) (2016. 8. 11. 개정 ; 주택법 시행령 부칙)

3. 주택건설사업자(30호 미만의 주택을 공급하는 자를 말하며, 제1호와 제2호에 해당하는 사업주체는 제외한다)가 공급하는 주택(「주택법」에 따른 주택을 말하며, 이하 제4호부터 제8호까지의 규정에서 같다) (2014. 2. 21. 개정)

4. 「주택도시기금법」에 따른 주택도시보증공사(이하 이 조에서 “주택도시보증공사”라 한다)가 같은 법 시행령 제22조 제1항 제1호 가목에 따라 매입한 주택으로서 주택도시보증공사가 공급하는 주택 (2015. 6. 30. 개정 ; 주택도시기금법 시행령 부칙)

5. 주택의 시공자가 해당 주택의 공사대금으로 받은 주택으로서 해당 시공자가 공급하는 주택 (2013. 5. 10. 신설)

6. 「법인세법 시행령」 제92조의 2 제2항 제1호의 5, 제1호의 8 및 제1호의 10에 따른 기업구조조정부동산투자회사등이 취득한 주택으로서 해당 기업구조조정부동산투자회사등이 공급하는 주택 (2013. 5. 10. 신설)

7. 「자본시장과 금융투자업에 관한 법률」에 따른 신탁업자가 「법인세법 시행령」 제92조의 2 제2항 제1호의 7, 제1호의 9 및 제1호의 11에 따라 취득한 주택으로서 해당 신탁업자가 공급하는 주택 (2013. 5. 10. 신설)

8. 자기가 건설한 주택으로서 2013년 4월 1일부터 2013년 12월 31일까지의 기간(이하 이 조에서 “과세특례 취득기간”이라 한다) 중에 사용승인 또는 사용검사(임시사용승인을 포함한다)를 받은 주택. 다만, 다음 각 목의 주택은 제외한다. (2013. 5. 10. 신설)

가. 「도시 및 주거환경정비법」에 따른 재개발사업, 재건축사업 또는 「빈집 및 소규모주택 정비에 관한 특례법」에 따른 소규모주택정비사업을 시행하는 정비사업조합의 조합원이 해당 관리처

분계획(소규모주택정비사업의 경우에는 사업시행계획을 말한다)에 따라 취득하는 주택 (2018. 2. 9. 개정 ; 빈집 및~부칙)

나. 거주하거나 보유하는 중에 소실·붕괴·노후 등으로 인하여 멸실되어 재건축한 주택 (2013. 5. 10. 신설)

9. 「주택법 시행령」 제4조 제4호에 따른 오피스텔(이하 이 조에서 “오피스텔”이라 한다) 중 「건축법」 제11조에 따른 건축허가를 받아 「건축물의 분양에 관한 법률」 제6조에 따라 분양사업자가 공급(분양 광고에 따른 입주예정일이 지나고 2013년 3월 31일까지 분양계약이 체결되지 아니하여 수의계약으로 공급하는 경우를 포함한다)하거나 「건축법」 제22조에 따른 건축물의 사용승인을 받아 공급하는 오피스텔(제4호부터 제8호까지의 방법으로 공급 등을 하는 오피스텔을 포함한다) (2016. 8. 11. 개정 ; 주택법 시행령 부칙)

② 제1항을 적용할 때 다음 각 호의 신축주택등은 제외한다. (2013. 5. 10. 신설)

1. 제6항 제1호에 해당하는 사업자(이하 이 조에서 “사업주체 등”이라 한다)와 양수자 간에 실제로 거래한 가액이 6억원을 초과하고 연면적(공동주택 및 오피스텔의 경우에는 전용면적을 말한다)이 85제곱미터를 초과하는 신축주택등. 이 경우 양수자가 부담하는 취득세 및

☞ p.1591 3단 연결

④ 제3항 각 호 외의 부분에서 "지역별로 정하는 배율"이란 다음의 각 호의 구분에 따른 배율을 말한다. (2013. 5. 10. 신설)
1. 도시지역 안의 토지 : 5배 (2013. 5. 10. 신설)
2. 도시지역 밖의 토지 : 10배 (2013. 5. 10. 신설)
⑤ 제3항을 적용할 때 다음 각 호의 감면대상기존주택은 제외한다. (2013. 5. 10. 신설)
1. 감면대상기존주택 양도자와 양수자 간에 실제로 거래한 가액이 6억원을 초과하고 연면적(공동주택 및 오피스텔의 경우에는 전용면적을 말한다)이 85제곱미터를 초과하는 감면대상기존주택. 이 경우 양수자가 부담하는 취득세 및 그 밖의 부대비용은 포함하지 아니한다. (2013. 5. 10. 신설)
2. 2013년 3월 31일 이전에 체결한 매매계약을 과세특례 취득기간 중에 해제한 매매계약자 또는 그 배우자[매매계약자 또는 그 배우자의 직계존비속(그 배우자를 포함한다) 및 형제자매를 포함한다]가 과세특례 취득기간 중에 계약을 체결하여 취득한 원래 매매계약을 체결하였던 감면대상기존주택 (2013. 5. 10. 신설)
3. 감면대상기존주택 중 오피스텔을 취득하는 자가 취득 후 제2항 제4호 각 목의 모두에 해당하지 아니하게 된 경우의 해당 오피스텔 (2013. 5. 10. 신설)
⑥ 법 제99조의 2 제1항 전단에서 "대통령령으로 정하는 자"란 다음 각 호의 구분에 따른 자를 말한다. (2013. 5. 10. 신설)
1. 제1항에 해당하는 주택 : 제1항 제1호 및 같은 항 제2호에 따른 사업주체, 같은 항 제3호에 따른 주택건설사업자, 같은 항 제4호에 따른 주택도시보증공사, 같은 항 제5호에 따른 시공자, 같은 항 제6호에 따른 기업구조조정부동산투자회사등, 같은 항 제7호에 따른 신탁업자, 같은 항 제8호에 따른 주택을 건설한 자 및 같은 항 제9호에 따른 분양사업자 또는 건축주 (2015. 6. 30. 개정 ; 주택도시기금법 시행령 부칙)
2. 제3항에 해당하는 주택 : 감면대상기존주택 양도자 (2013. 5. 10. 신설)

☞ p.1592 3단 연결

공공주택사업자 또는 「민간임대주택에 관한 특별법」 제5조에 따른 임대사업자(취득 후 「민간임대주택에 관한 특별법」 제5조에 따른 임대사업자로 등록한 경우를 포함한다)가 취득한 경우로서 취득일부터 60일 이내에 임대용 주택으로 등록한 경우 (2015. 12. 28. 개정 ; 임대주택법 시행령 부칙)
③ 법 제99조의 2 제1항 전단에서 "1세대 1주택자의 주택"이란 다음 각 호의 어느 하나에 해당하는 주택(주택에 부수되는 토지로서 건물이 정착된 면적에 지역별로 정하는 배율을 곱하여 산정한 면적 이내의 토지를 포함하며, 이하 이 조에서 "감면대상기존주택"이라 한다)을 말한다. 이 경우 다음 각 호에 해당하는지를 판정할 때 1주택을 여러 사람이 공동으로 소유한 경우 공동소유자 각자가 그 주택을 소유한 것으로 보되, 1세대의 구성원이 1주택을 공동으로 소유하는 경우에는 그러하지 아니하다. (2013. 5. 10. 신설)
1. 2013년 4월 1일 현재 「주민등록법」상 1세대(부부가 각각 세대를 구성하고 있는 경우에는 이를 1세대로 보며, 이하 이 항에서 "1세대"라 한다)가 매매계약일 현재 국내에 1주택(주택은 「주택법」에 따른 주택을 말하며, 「주택법」에 따른 주택을 소유하지 아니하고 2013년 4월 1일 현재 「주민등록법」에 따른 주민등록이 되어 있는 오피스텔을 소유하고 있는 경우에는 그 1오피스텔을 1주택으로 본다. 이하 이 항에서 "1주택"이라 한다)을 보유하고 있는 경우로서 해당 주택의 취득 등기일부터 매매계약일까지의 기간이 2년 이상인 주택 (2013. 5. 10. 신설)
2. 국내에 1주택을 보유한 1세대가 그 주택(이하 이 항에서 "종전의 주택"이라 한다)을 양도하기 전에 다른 주택을 취득함으로써 일시적으로 2주택이 된 경우(제1호에 따라 1주택으로 보는 오피스텔을 소유하고 있는 자가 다른 주택을 취득하는 경우를 포함한다)로서, 종전의 주택의 취득 등기일부터 1년 이상이 지난 후 다른 주택을 취득하고 그 다른 주택을 취득한 날(등기일을 말한다)부터 3년 이내에 매매계약을 체결하고 양도하는 종전의 주택. 다만, 취득 등기일부터 매매계약일까지의 기간이 2년 이상인 종전의 주택으로 한정한다. (2014. 2. 21. 개정)

그 밖의 부대비용은 포함하지 아니한다. (2013. 5. 10. 신설)
2. 2013년 3월 31일 이전에 사업주체등과 체결한 매매계약이 과세특례 취득기간 중에 해제된 신축주택등 (2013. 5. 10. 신설)
3. 제2호에 따른 매매계약을 해제한 매매계약자가 과세특례 취득기간 중에 계약을 체결하여 취득한 신축주택등 및 해당 매매계약자의 배우자[매매계약자 또는 그 배우자의 직계존비속(그 배우자를 포함한다) 및 형제자매를 포함한다]가 과세특례 취득기간 중에 원래 매매계약을 체결하였던 사업주체등과 계약을 체결하여 취득한 신축주택등 (2013. 5. 10. 신설)
4. 제1항 제9호에 따른 오피스텔을 취득한 자가 다음 각 목의 모두에 해당하지 아니하게 된 경우의 해당 오피스텔 (2013. 5. 10. 신설)
가. 취득일부터 60일이 지난 날부터 양도일까지 해당 오피스텔의 주소지에 취득자 또는 임차인의 「주민등록법」에 따른 주민등록이 되어 있는 경우. 이 경우 기존 임차인의 퇴거일부터 취득자 또는 다음 임차인의 주민등록을 이전하는 날까지의 기간으로서 6개월 이내의 기간은 기존 임차인의 주민등록이 되어 있는 것으로 본다. (2014. 2. 21. 개정)
나. 「공공주택 특별법」 제4조에 따른

⑦ 법 제99조의 2 제1항을 적용할 때 해당 주택의 취득일부터 5년간 발생한 양도소득금액은 제40조 제1항을 준용하여 계산한 금액으로 한다. (2013. 5. 10. 신설)

⑧ 법 제99조의 2에 따라 과세특례를 적용받으려는 자는 해당 주택의 양도소득 과세표준예정신고 또는 과세표준확정신고와 함께 제11항 또는 제12항에 따라 확인하는 날인을 받아 교부받은 매매계약서 사본을 납세지 관할세무서장에게 제출하여야 한다. (2013. 5. 10. 신설)

⑨ 사업주체등은 기획재정부령으로 정하는 신축주택등 현황(2013년 3월 31일까지 분양계약이 체결되지 아니한 것으로 한정한다)을 2013년 6월 30일까지 시장(특별자치시장과 「제주특별자치도 설치 및 국제자유도시 조성을 위한 특별법」 제11조 제2항에 따른 행정시장을 포함한다. 이하 이 조에서 같다)·군수·구청장(자치구의 구청장을 말한다. 이하 이 조에서 같다)에게 제출하여야 한다. 다만, 제1항 제2호·제3호(2013년 4월 1일 이후 공급하는 것으로 한정한다)·제4호·제5호(2013년 4월 1일 이후 대물변제 받은 것으로 한정한다)·제6호·제7호 및 제9호(2013년 4월 1일 이후 공급하는 것으로 한정한다)에 해당하는 신축주택등 현황의 경우에는 사업주체등과 최초로 매매계약(매매계약이 다수인 때에는 최초로 체결한 매매계약을 기준으로 한다)을 체결한 날이 속하는 달의 말일부터 1개월 이내에 제출하여야 한다. (2016. 1. 22. 개정 ; 제주특별자치도~시행령 부칙)

⑩ 시장·군수·구청장은 제9항에 따라 제출받은 신축주택등 현황을 관리하여야 하며, 그 현황을 제출일이 속하는 분기의 말일부터 1개월 이내에 주택 소재지 관할세무서장에게 제출하여야 한다. (2013. 5. 10. 신설)

⑪ 사업주체등은 신축주택등의 매매계약을 체결한 즉시 2부의 매매계약서에 시장·군수·구청장으로부터 기획재정부령으로 정하는 신축주택등임을 확인하는 날인을 받아 그 중 1부를 해당 매매계약자에게 교부하여야 하며, 그 내용을 기획재정부령으로 정하는 신축주택등확인대장에 작성하여 보관하여야 한다. (2013. 5. 10. 신설)

⑫ 감면대상기존주택 양도자는 2014년 3월 31일까지 2부의 매매계약서에 시장·군수·구청장으로부터 기획재정부령으로 정하는 감면대상기존주택임을 확인하는 날인을 받아 그 중 1부를 해당 매매계약자에게 교부하여야 한다. (2014. 2. 21. 개정)

⑬ 국토교통부장관은 감면대상기존주택임을 확인할 수 있는 자료를 전산망 등을 통하여 시장·군수·구청장에게 제공하여야 한다. (2013. 5. 10. 신설)

⑭ 제11항에 따라 매매계약서에 신축주택등임을 확인하는 날인을 요청받은 시장·군수·구청장은 제10항에 따른 신축주택등 현황 및 「주택법」 제15조에 따른 사업계획승인신청서류등에 따라 신축주택등임을 확인하고, 해당 매매계약서에 기획재정부령으로 정하는 신축주택등임을 확인하는 날인을 하여야 하며, 그 내용을 기획재정부령으로 정하는 신축주택등확인대장에 작성하여 보관하여야 한다. (2016. 8. 11. 개정 ; 주택법 시행령 부칙)

⑮ 제12항에 따라 매매계약서에 감면대상기존주택임을 확인하는 날인을 요청받은 시장·군수·구청장은 제13항에 따라 국토교통부장관이 제공하는 자료(제3항에서 규정하는 1세대 1주택자 여부에 대한 판정 자료를 말한다), 매매계약서 및 「주민등록법」에 따른 주민등록표(주민등록전산정보자료를 포함한다)를 통하여 감면대상기존주택임을 확인하고, 해당 매매계약서에 기획재정부령으로 정하는 감면대상기존주택임을 확인하는 날인을 하여야 하며, 그 내용을 기획재정부령으로 정하는 감면대상기존주택 확인대장에 작성하여 보관하여야 한다. (2013. 5. 10. 신설)

⑯ 시장·군수·구청장과 사업주체등은 각각 기획재정부령으로 정하는 신축주택등확인대장 및 감면대상기존주택 확인장을 2014년 4월 30일까지 정보처리장치·전산테이프 또는 디스켓·디스크 등의 전자적 형태(이하 이 조에서 "전자매체"라 한다)로 주택 소재지 관할세무서장에게 제출하여야 한다. (2014. 2. 21. 개정)

⑰ 제16항에 따른 전자매체 자료를 제출받은 주택 소재지 관할세무서장은 해당 자료를 기록·보관하여야 한다. (2013. 5. 10. 신설)

⑱ 신축주택등 및 감면대상기존주택의 확인 절차 등 그 밖에 필요한 사항은 기획재정부령으로 정한다. (2013. 5. 10. 신설)

제99조의 3 【신축주택의 취득자에 대한 양도소득세의 과세특례】 (2001. 8. 14 제목개정)

① 거주자(주택건설사업자는 제외한다)가 전국소비자물가상승률 및 전국주택매매가격상승률을 고려하여 부동산 가격이 급등하거나 급등할 우려가 있는 지역으로서 대통령령으로 정하는 지역 외의 지역에 있는 다음 각 호의 어느 하나에 해당하는 신축주택(그 주택에 딸린 토지로서 해당 건물 연면적의 2배 이내의 것을 포함한다. 이하 이 조에서 같다)을 취득하여 그 취득일부터 5년 이내에 양도하는 경우에는 그 신축주택을 취득한 날부터 양도일까지 발생한 양도소득금액을 양도소득세 과세대상소득금액에서 빼며, 해당 신축주택을 취득한 날부터 5년이 지난 후에 양도하는 경우에는 그 신축주택을 취득한 날부터 5년간 발생한 양도소득금액을 양도소득세 과세대상소득금액에서 뺀다. 다만, 해당 신축주택이 「소득세법」 제89조 제1항 제3호에 따라 양도소득세의 비과세대상에서 제외되는 고가주택에 해당하는 경우에는 그러하지 아니하다. (2015. 12. 15. 개정)

1. 주택건설사업자로부터 취득한 신축주택의 경우 : 2001년 5월 23일부터 2003년 6월 30일까지의 기간(이하 이 조에서 "신축주택취득기간"이라 한다) 중에 주택건설업자와 최초로 매매계약을 체결하고 계약금을 납부한 자가 취득한 신축주택(「주택법」에 따른 주택조합 또는 「도시 및 주거환경정비법」에 따른 정비사업조합을 통하여 취득하는 주택으로서 대통령령으로 정하는 주택을 포함한다). 다만, 매매계약일 현재 입주한 사실이 있거나 신축주택취득기간 중 대통령령으로 정하는 사유에 해당하는 사실이 있는 주택은 제외한다. (2010. 1. 1. 개정)

2. 자기가 건설한 신축주택(「주택법」에 따른 주택조합 또는 「도시 및 주거환경정비법」에 따른 정비사업조합을 통하여 대통령령으로 정하는 조합원이 취득하는 주택을 포함한다)의 경우 : 신축주택취득기간에 사용승인 또는 사용검사(임시 사용승인을 포함한다)를 받은 신축주택 (2010. 1. 1. 개정)

② 「소득세법」 제89조 제1항 제3호를 적용할 때 제1항을 적용받는 신축주택과 그 외의 주택을 보유한 거주자가 그 신축주택 외의 주택을 2007년 12월 31일까지 양도하는 경우에만 그 신축주택을 거주자의 소

제99조의 3 【신축주택의 취득자에 대한 양도소득세의 과세특례】 (2001. 8. 14 제목개정)

① 법 제99조의 3 제1항 각 호 외의 부분 본문에서 "대통령령으로 정하는 지역"이란 서울특별시, 과천시 및 「택지개발촉진법」 제3조에 따라 택지개발지구로 지정·고시된 분당·일산·평촌·산본·중동 신도시지역을 말한다. (2011. 8. 30. 개정 ; 택지개발촉진법 시행령 부칙)

② 법 제99조의 3 제1항에 따른 양도소득세 과세대상소득금액에서 빼는 양도소득금액(이하 이 조에서 "감면대상 양도소득금액"이라 한다)은 다음 각 호의 구분에 따라 계산한다. 이 경우 새로운 기준시가가 고시되기 전인 경우에는 직전의 기준시가를 적용한다. (2016. 2. 5. 개정)

1. 취득일부터 5년 이내에 양도하는 경우 감면대상 양도소득금액은 「소득세법」 제95조 제1항에 따라 계산한다. 다만, 재개발·재건축되기 이전의 주택(이하 이 조에서 "종전주택"이라 한다)을 재개발·재건축하여 취득한 법 제98조의 3 제2항 각 호에 따른 신축주택인 경우 감면대상 양도소득금액은 다음 계산식에 따라 계산한 금액으로 한다. (2016. 5. 10. 단서개정)

$$
\begin{array}{c}
\text{「소득세법」 제95조} \\
\text{제1항에 따라 계산한} \\
\text{양도소득} \\
\text{금액}
\end{array}
\times
\dfrac{\text{양도 당시 기준시가} - \text{신축주택 취득 당시 기준시가}}{\text{양도 당시 기준시가} - \text{종전주택 취득 당시 기준시가}}
$$

2. 취득일부터 5년 후에 양도하는 경우 감면대상 양도소득금액은 다음 계산식에 따라 계산한 금액으로 한다. (2017. 2. 7. 개정)

$$
\begin{array}{c}
\text{「소득세법」} \\
\text{제95조} \\
\text{제1항에 따라} \\
\text{계산한 양도} \\
\text{소득금액}
\end{array}
\times
\dfrac{\text{신축주택 취득일부터 5년이 되는 날의 기준시가} - \text{신축주택 취득 당시 기준시가}}{\text{양도 당시 기준시가} - \text{신축주택 취득 당시 기준시가 (종전주택을 재개발·재건축하여 취득한 법 제98조의 3 제2항 각 호에 따른 신축주택의 경우 종전주택 취득 당시 기준시가)}}
$$

③ 법 제99조의 3 제1항 제1호에서 "대통령령으로 정하는 주택"이란 다음 각호의 1에 해당하는 주택을 말한다. (2010. 2. 18. 개정)

1. 「주택법」에 의한 주택조합 또는 「도시 및 주거환경정비법」에 의한 정비사업조합(이하 이 조에서 "주택조합 등"이라 한다)이 그 조합원에게 공급하고 남은 주택(이하 이 조에서 "잔여주택"이라 한다)으로서 법 제99조의 3 제1항 제1호의 규정에 의한 신축주택취득기간(이하 이 조에서 "신축주택취득기간"이라 한다) 이내에 주택조합 등과 직접 매매계약을 체결하고 계약금을 납부한 자가 취득하는 주택 (2005. 2. 19. 개정)

2. 조합원(「도시 및 주거환경정비법」 제48조의 규정에 의한 관리처분계획의 인가일(주택재건축사업의 경우에는 제28조의 규정에 의한 사업시행인가일을 말한다. 이하 이 조에서 같다) 또는 「주택법」 제15조에 따른 사업계획의 승인일 현재의 조합원을 말한다. 이하 이 호에서 같다)이 주택조합 등으로부터 취득하는 주택으로서 신축주택취득기간 경과후에 사용승인 또는 사용검사를 받는 주택. 다만, 주택조합 등이 조합원 외의 자와 신축주택취득기간내에 잔여주택에 대한 매매계약(매매계약이 다수인 때에는 최초로 체결한 매매계약을 기준으로 한다)

☞ p.1594 2단 연결

유주택으로 보지 아니한다. (2010. 1. 1. 개정)

③ 제1항을 적용받으려는 자는 대통령령으로 정하는 바에 따라 감면신청을 하여야 한다. (2010. 1. 1. 개정)

④ 제1항에 따라 양도소득세 과세대상소득금액에서 **빼는** 양도소득금액의 계산 및 그 밖에 필요한 사항은 대통령령으로 정한다. (2015. 12. 15. 개정)

제99조의 4 【농어촌주택등 취득자에 대한 양도소득세 과세특례】 (2008. 12. 26. 제목개정)

① 거주자 및 그 배우자가 구성하는 대통령령으로 정하는 1세대(이하 이 조에서 "1세대"라 한다)가 2003년 8월 1일(고향주택은 2009년 1월 1일)부터 2025년 12월 31일까지의 기간(이하 이 조에서 "농어촌주택등취득기간"이라 한다) 중에 다음 각 호의 어느 하나에 해당하는 1채의 주택(이하 이 조에서 "농어촌주택등"이라 한다)을 취득(자기가 건설하여 취득한 경우를 포함한다)하여 3년 이상 보유하고 그 농어촌주택등 취득 전에 보유하던 다른 주택(이하 이 조에서 "일반주택"이라 한다)을 양도하는 경우에는 그 농어촌주택등을 해당 1세대의 소유주택이 아닌 것으로 보아 「소득세법」 제89조 제1항 제3호를 적용한다. (2022. 12. 31. 개정)

1. 다음 각 목의 요건을 모두 갖춘 주택(이 조에서 "농어촌주택"이라 한다) (2010. 1. 1. 개정)

을 직접 체결하여 계약금을 납부받은 사실이 있는 경우에 한한다. (2016. 8. 11. 개정 ; 주택법 시행령 부칙)

④ 법 제99조의 3 제1항 제1호에서 "대통령령으로 정하는 사유에 해당하는 사실이 있는 주택"이란 2001년 5월 23일전에 주택건설사업자와 주택분양계약을 체결한 분양계약자가 당해 계약을 해제하고 분양계약자 또는 그 배우자(분양계약자 또는 그 배우자의 직계존비속 및 형제자매를 포함한다)가 당초 분양계약을 체결하였던 주택을 다시 분양받아 취득한 주택 또는 당해 주택건설업자로부터 당초 분양계약을 체결하였던 주택에 대체하여 다른 주택을 분양받아 취득한 주택을 말한다. 다만, 기획재정부령이 정하는 사유에 해당하는 주택을 제외한다. (2020. 2. 18. 개정 ; 건설산업기본법~부칙)

⑤ 법 제99조의 3 제1항 제2호에서 "대통령령으로 정하는 조합원"이란 「도시 및 주거환경정비법」 제48조의 규정에 의한 관리처분계획의 인가일 또는 「주택법」 제15조에 따른 사업계획의 승인일 현재의 조합원을 말한다. (2016. 8. 11. 개정 ; 주택법 시행령 부칙)

⑥ 제99조 제4항의 규정은 법 제99조의 3 제3항의 규정에 의한 양도소득세의 감면신청에 관하여 이를 준용한다. (2001. 12. 31 항번개정)

제99조의 4 【농어촌주택등 취득자에 대한 양도소득세 과세특례】 (2009. 2. 4. 제목개정)

① 법 제99조의 4 제1항 각 호 외의 부분에서 "대통령령으로 정하는 1세대"란 「소득세법」 제88조 제6호에 따른 1세대를 말한다. (2017. 2. 7. 개정)

② 법 제99조의 4 제1항 제1호 가목 1)부터 4)까지 외의 부분에서 "대통령령으로 정하는 동"이란 별표 12에 따른 시 지역에 속한 동으로서 보유하고 있던 일반주택이 소재하는 동과 같거나 연접하지 아니하는 동을 말한다. (2016. 2. 5. 신설)

③ 법 제99조의 4 제1항 제1호 가목 1) 단서에서 "대통령령으로 정하는 지역"이란 다음 각 호에 모두 해당하는 지역으로서 부동산가격동향 등을 고려하여 기획재정부령으로 정하는 지역을 말한다. (2023. 2. 28. 개정)

1. 「접경지역 지원 특별법」 제2조 제1호에 따른 접경지역 (2023. 2.

제45조 【농어촌주택등 취득자에 대한 양도소득세 과세특례】 ① 영 제99조의 4 제3항 각 호 외의 부분에서 "기획재정부령으로 정하는 지역"이란 다음 각 호의 지역을 말한다. (2023. 3. 20. 신설)

가. 취득 당시 「지방자치분권 및 지역균형발전에 관한 특별법」 제2조 제13호에 따른 기회발전특구(같은 법 제2조 제12호에 따른 인구감소지역, 「접경지역 지원 특별법」 제2조 제1호에 따른 접경지역이 아닌 수도권과밀억제권역 안의 기회발전특구는 제외한다. 이하 이 조 및 제5장의 11에서 "기회발전특구"라 한다)에 소재하거나 다음의 어느 하나에 해당하는 지역을 제외한 지역으로서 「지방자치법」 제3조 제3항 및 제4항에 따른 읍·면 또는 인구 규모 등을 고려하여 대통령령으로 정하는 동에 소재할 것 (2023. 12. 31. 개정)

가. 취득 당시 「지방자치분권 및 지역균형발전에 관한 특별법」 제2조 제13호에 따른 기회발전특구(인구감소지역 및 「접경지역 지원 특별법」 제2조 제1호에 따른 접경지역이 아닌 수도권과밀억제권역 안의 기회발전특구는 제외한다. 이하 이 조 및 제5장의 11에서 "기회발전특구"라 한다)에 소재하거나 다음의 어느 하나에 해당하는 지역을 제외한 지역으로서 「지방자치법」 제3조 제3항 및 제4항에 따른 읍·면 또는 인구 규모 등을 고려하여 대통령령으로 정하는 동에 소재할 것 (2024. 12. 31. 개정)
　1) 수도권지역. 다만, 「접경지역 지원 특별법」 제2조에 따른 접경지역 중 부동산가격동향 등을 고려하여 대통령령으로 정하는 지역은 제외한다. (2011. 5. 19. 단서개정 ; 접경지역지원법 부칙)
　2) 「국토의 계획 및 이용에 관한 법률」 제6조에 따른 도시지역. 다만, 「지방자치분권 및 지역균형발전에 관한 특별법」 제2조 제12호에 따른 인구감소지역 중 부동산가격동향 등을 고려하여 대통령령으로 정하는 지역은 제외한다. (2023. 6. 9. 단서개정 ; 지방자치~부칙)
　2) 「국토의 계획 및 이용에 관한 법률」 제6조에 따른 도시지역. 다만, 인구감소지역 중 부동산가격동향 등을 고려하여 대통령령으로 정하는 지역은 제외한다. (2024. 12. 31. 단서개정)
　3) 「주택법」 제63조의 2에 따른 조정대상지역 (2020. 12. 29. 개정)
　4) 「부동산 거래신고 등에 관한 법률」 제10조에 따른 허가구

28. 개정)
2. 「지방자치분권 및 지역균형발전에 관한 특별법」 제2조 제12호에 따른 인구감소지역 (2023. 7. 7. 개정 ; 지방자치분권~부칙)
④ 법 제99조의 4 제1항 제1호 가목 2) 단서에서 "대통령령으로 정하는 지역"이란 다음 각 호에 모두 해당하는 지역으로서 부동산가격동향 등을 고려하여 기획재정부령으로 정하는 지역을 말한다. (2023. 2. 28. 신설)
1. 지방자치분권 및 지역균형발전에 관한 특별법」 제2조 제12호에 따른 인구감소지역 (2023. 7. 7. 개정 ; 지방자치분권~부칙)
2. 「기업도시개발 특별법」 제2조 제2호에 따른 기업도시개발구역 (2023. 2. 28. 신설)
⑤ 법 제99조의 4 제1항 제1호 가목 5) 및 같은 항 제2호 나목 3)에서 "대통령령으로 정하는 지역"이란 「관광진흥법」 제2조에 따른 관광단지를 말한다. (2023. 2. 28. 항번개정)
⑥ 법 제99조의 4 제1항 제2호 가목에서 "대통령령으로 정하는 고향"이란 다음 각 호의 요건을 모두 충족한 시 지역(이와 연접한 시 지역을 포함하며, 다음 각 호의 요건을 모두 충족한 군 지역에 연접한 시 지역을 포함한다)을 말한다. 이 경우 등록기준지등 또는 거주한 사실이 있는 지역의 시·군이 행정구역의 개편 등으로 이에 해당하지 아니한 경우에도 같은 시·군으로 본다. (2016. 2. 5. 항번개정)
1. 「가족관계의 등록 등에 관한 법률」에 따른 가족관계등록부(법률 제8435호 「가족관계의 등록 등에 관한 법률」 부칙 제4조에 따른 제적부 등을 포함하며, 이하 이 조에서 "가족관계등록부등"이라 한다)에 10년 이상 등재된 등록기준지(법률 제8435호 「가족관계의 등록 등에 관한 법률」 부칙 제2조로 폐지되기 전의 「호적법」에 따른 본적지 또는 원적지를 포함하며, 이 조에서 "등록기준지등"이라 한다) (2009. 2. 4. 신설)
2. 10년 이상 거주한 사실이 있는 지역 (2009. 2. 4. 신설)
⑦ 법 제99조의 4 제1항 제2호 나목 (1)에서 (3)까지의 규정 외의 부분에서 "취득당시 인구 등을 고려하여 대통령령으로 정하는 시 지역"이란 별표 12에 따른 시 지역을 말한다. (2021. 1. 5. 개정 ;

1. 경기도 연천군 (2023. 3. 20. 신설)
1. 경기도 연천군 및 가평군 (2025. 3. 21. 개정)

2. 인천광역시 강화군 및 옹진군 (2023. 3. 20. 신설)
② 영 제99조의 4 제4항 각 호 외의 부분에서 "기획재정부령으로 정하는 지역"이란 다음 각 호의 기업도시개발구역을 말한다. (2023. 3. 20. 신설)
1. 영남·해남 관광레저형 기업도시개발구역 (2023. 3. 20. 신설)
2. 태안 관광레저형 기업도시개발구역 (2023. 3. 20. 신설)

역 (2016. 1. 19. 신설 ; 부동산 거래신고~법률 부칙)

　5) 그 밖에 관광단지 등 부동산가격안정이 필요하다고 인정되어 대통령령으로 정하는 지역 (2016. 1. 19. 번호개정 ; 부동산 거래신고~법률 부칙)

나. 주택 및 이에 딸린 토지의 가액(「소득세법」 제99조에 따른 기준시가를 말한다)의 합계액이 해당 주택의 취득 당시 3억원(대통령령으로 정하는 한옥은 4억원)을 초과하지 아니할 것 (2022. 12. 31. 개정)

2. 다음 각 목의 요건을 모두 갖춘 주택(이 조에서 "고향주택"이라 한다) (2010. 1. 1. 개정)

가. 대통령령으로 정하는 고향에 소재하는 주택일 것 (2010. 1. 1. 개정)

나. 취득 당시 인구 등을 고려하여 대통령령으로 정하는 시 지역 (다음의 지역은 제외한다)에 소재할 것 (2010. 1. 1. 개정)

　1) 수도권지역 (2010. 1. 1. 개정)

　2) 「주택법」 제63조의 2에 따른 조정대상지역 (2020. 12. 29. 개정)

　3) 그 밖에 관광단지 등 부동산가격안정이 필요하다고 인정되어 대통령령으로 정하는 지역 (2010. 1. 1. 개정)

다. 주택 및 이에 딸린 토지의 가액(「소득세법」 제99조에 따른 기준시가를 말한다)의 합계액이 해당 주택의 취득 당시 3억원(대통령령으로 정하는 한옥은 4억원)을 초과하지 아니할 것 (2022. 12. 31. 개정)

② 삭　제 (2007. 12. 31.)

③ 1세대가 취득한 농어촌주택과 보유하고 있던 일반주택이 행정구역상 같은 읍·면 또는 연접한 읍·면에 있는 경우나 1세대가 취득한 고향주택과 보유하고 있던 일반주택이 행정구역상 같은 시 또는 연접한 시에 있는 경우에는 제1항을 적용하지 아니한다. (2014. 12. 23. 개정)

④ 1세대가 제1항에 따른 농어촌주택등의 3년 이상 보유 요건을 충족하기 전에 일반주택을 양도하는 경우에도 제1항을 적용한다. (2010. 1. 1. 개정)

⑤ 1세대가 수도권 내 「주택법」 제63조의 2 제1항 제1호에 따른 조정대상지역에 소재하는 2주택(양도하는 시점의 「부동산 가격공시에 관한

어려운 법령용어~대통령령)

⑧ 법 제99조의 4 제6항 본문에서 "대통령령으로 정하는 바에 따라 계산한 세액"이란 일반주택을 양도한 시점에서의 당해 일반주택에 대한 「소득세법」 제104조의 규정에 의하여 계산한 세액을 말한다. (2019. 2. 12. 개정)

⑨ 법 제99조의 4 제6항 단서에서 "대통령령으로 정하는 부득이한 사유"란 「공익사업을 위한 토지 등의 취득 및 보상에 관한 법률」 및 그밖의 법률에 의한 수용(협의매수를 포함한다), 사망으로 인한 상속 또는 멸실의 사유로 인하여 당해 농어촌주택 또는 고향주택(이하 이 조에서 "농어촌주택등"이라 한다)을 3년 이상 보유하지 아니하게 되는 경우의 당해 사유를 말한다. (2019. 2. 12. 개정)

⑩ 법 제99조의 4에 따른 과세특례를 적용받으려는 자는 기획재정부령으로 정하는 과세특례신고서를 「소득세법」 제105조 또는 같은 법 제110조에 따른 양도소득세과세표준신고기한 내에 제출하여야 한다. 이 경우 납세지 관할 세무서장은 「전자정부법」 제36조 제1항에 따른 행정정보의 공동이용을 통하여 다음 각 호의 서류를 확인하여야 한다. (2016. 2. 5. 항번개정)

1. 일반주택의 토지대장 및 건축물대장 (2010. 11. 2. 개정 ; 행정정보의 공동이용 및~일부개정령)

2. 농어촌주택등의 토지대장 및 건축물대장 (2010. 11. 2. 개정 ; 행정정보의 공동이용 및~일부개정령)

⑪ 법 제99조의 4 제1항 제1호 나목·다목 및 같은 항 제2호 다목·라목에 따라 농어촌주택등의 면적 및 가액을 산정함에 있어서 일반주택의 양도일까지 농어촌주택등의 증축 또는 그 부수토지의 추가 취득이 있는 경우에는 당해 증가된 건물·토지의 면적 및 가액을 포함하여 계산한다. (2016. 2. 5. 항번개정)

⑫ 농어촌주택등의 증축 또는 그 부수토지의 추가 취득이 있는 경우에 있어서 법 제99조의 4 제1항 및 같은 조 제4항에 따른 농어촌주택등의 보유기간은 당초 농어촌주택등의 취득일부터 기산하여 계산한다. (2016. 2. 5. 항번개정)

⑬ 농어촌주택등의 보유기간 및 거주기간은 다음 각 호에 따라 계산한다. (2019. 2. 12. 개정)

☞ 관계조문 ▶▶
규칙 61조 1항 64호의 4 ⇒ 농어촌주택등취득자에대한과세특례적용신고서(별지 63호의 4 서식)

법률」에 따른 개별주택가격 및 공동주택가격을 합산한 금액이 6억원 이하인 경우에 한정한다)만을 소유하는 경우로서 2020년 12월 31일까지 그 중 1주택을 양도하고 「소득세법」 제105조 제1항 제1호 본문에 따른 기간 내에 농어촌주택등을 취득하는 경우에는 같은 법 제104조 제7항을 적용하지 아니하고, 「소득세법」 제95조 제2항에 따른 장기보유 특별공제액을 공제받을 수 있다. (2018. 12. 24. 신설)
⑥ 제4항에 따른 양도소득세의 특례를 적용받은 1세대가 농어촌주택등을 3년 이상 보유하지 아니하게 된 경우 또는 제5항에 따른 양도소득세의 특례를 적용받은 1세대가 농어촌주택등을 3년 이상 보유하지 아니하거나 최초 보유한 기간 3년 중 농어촌주택등에 2년 이상 거주하지 아니한 경우에는 과세특례를 적용받은 자가 과세특례를 적용받지 아니하였을 경우 납부하였을 세액에 상당하는 세액으로서 대통령령으로 정하는 바에 따라 계산한 세액을 그 보유 또는 거주하지 아니하게 된 날이 속하는 달의 말일부터 2개월 이내에 양도소득세로 납부하여야 한다. 다만, 「공익사업을 위한 토지 등의 취득 및 보상에 관한 법률」에 따른 수용 등 대통령령으로 정하는 부득이한 사유가 있는 경우에는 그러하지 아니하다. (2018. 12. 24. 개정)
⑦ 제1항, 제4항 및 제5항에 따른 과세특례를 적용받으려는 자는 대통령령으로 정하는 바에 따라 과세특례신청을 하여야 한다. (2018. 12. 24. 개정)
⑧ 농어촌주택등의 면적 및 취득가액의 산정방법, 농어촌주택등의 보유기간 및 거주기간 계산, 농어촌주택등의 판정기준 등에 관하여 필요한 사항은 대통령령으로 정한다. (2018. 12. 24. 개정)

　　제99조의 5【영세개인사업자의 체납액 납부의무 소멸특례】
(2017. 12. 19. 제목개정)
① 세무서장은 다음 각 호의 요건을 모두 갖춘 거주자의 신청에 따라 해당 거주자의 징수가 곤란한 체납액으로서 종합소득세, 부가가치세, 종합소득세 및 부가가치세에 부가되는 농어촌특별세ㆍ가산금ㆍ체납처분비(이를 모두 합친 금액을 이하 이 조에서 "소멸대상체납액"이라 한다) 중 국세징수권 소멸시효가 완성되지 아니한 금액의 납부의무를 1명당 3천만원을 한도로 소멸시킬 수 있다. 이 경우 다른 세무서에서 납부의무가 소멸된 소멸대상체납액을 모두 포함하여 한도를 적용한다.

1. 농어촌주택등의 증축 또는 그 부수토지의 추가 취득이 있는 경우에 법 제99조의 4 제1항 각 호 외의 부분에 따른 농어촌주택등취득기간 이내의 취득 또는 같은 항 제1호 가목 및 제2호 가목ㆍ나목에 따른 지역에 해당하는지 여부의 판정은 당초 농어촌주택등의 취득일을 기준으로 한다. (2019. 2. 12. 개정)
2. 농어촌주택등에서의 거주기간은 주민등록표상의 전입일부터 전출일까지의 기간으로 한다. (2019. 2. 12. 개정)
3. 농어촌주택등에서 거주하거나 보유하는 중에 소실ㆍ붕괴ㆍ노후 등으로 인하여 멸실되어 재건축한 주택인 경우에는 그 멸실된 주택과 재건축한 주택에 대한 거주기간 및 보유기간을 통산한다. (2019. 2. 12. 개정)
⑭ 법 제99조의 4 제1항 제1호 나목 및 같은 항 제2호 다목에서 "대통령령으로 정하는 한옥"이란 각각 「건축법 시행령」 제2조 제16호에 따른 한옥으로서 지방자치단체의 조례에 따라 건축비ㆍ수선비 지원, 보존의무 등의 대상으로 해당 지방자치단체의 장에게 등록된 한옥을 말한다. (2021. 2. 17. 개정)

　　제99조의 5【영세개인사업자의 체납액 납부의무 소멸특례】
(2018. 2. 13. 제목개정)
① 법 제99조의 5 제1항 제1호에서 "대통령령으로 정하는 금액"이란 「소득세법 시행령」 제133조 제1항 각 호의 구분에 따른 금액을 말한다. (2018. 2. 13. 개정)
② 법 제99조의 5 제2항 제6호에서 "대통령령으로 정하는 체납액"이란 2017년 6월 30일 현재 체납처분의 목적물인 거주자의 재산을 「상속세 및 증여세법」 제60조부터 제66조까지의 규정에 따라 평가한 금액의 140퍼센트에 해당하는 금액을 제외한 나머지 체납액을 말한다.

(2017. 12. 19. 개정)

1. 해당 거주자의 최종 폐업일이 속하는 과세연도를 포함하여 직전 3개 과세연도의 사업소득 총수입금액(과세기간이 1년 미만인 과세연도의 수입금액은 1년으로 환산한 총수입금액을 말한다)의 평균금액이 대통령령으로 정하는 금액 미만인 사람 (2010. 1. 1. 신설)

2. 2017년 12월 31일 이전에 폐업하고, 다음 각 목의 어느 하나의 요건을 충족하는 사람 (2017. 12. 19. 개정)

　가. 2018년 1월 1일부터 2018년 12월 31일까지의 기간 중 새로 사업을 하기 위하여 관할 세무서에 사업자등록을 신청할 것 (2017. 12. 19. 개정)

　나. 2018년 1월 1일부터 2018년 12월 31일까지의 기간 중 취업하여 납부의무의 소멸을 신청한 날(이하 이 조에서 "신청일"이라 한다) 현재 3개월 이상 근무할 것 (2017. 12. 19. 개정)

3. 신청일 직전 5년 이내에 「조세범 처벌법」에 따른 처벌 또는 처분을 받은 사실이나 이와 관련한 재판이 진행 중인 사실이 없는 사람 (2010. 1. 1. 신설)

4. 신청일 현재 「조세범 처벌법」에 따른 범칙사건에 대한 조사가 진행 중인 사실이 없는 사람 (2010. 1. 1. 신설)

② 제1항에서 "해당 거주자의 징수가 곤란한 체납액"이란 다음 각 호의 어느 하나에 해당하는 체납액을 말한다. (2017. 12. 19. 신설)

1. 2017년 6월 30일 현재 결손처분된 해당 거주자의 체납액 (2017. 12. 19. 신설)

2. 2017년 6월 30일 현재 체납처분 중지된 해당 거주자의 체납액 (2017. 12. 19. 신설)

3. 2017년 6월 30일 현재 재산이 없어 해당 거주자의 체납액을 징수할 수 없는 경우 그 체납액 (2017. 12. 19. 신설)

4. 2017년 6월 30일 현재 체납처분이 종결되고 해당 거주자의 체납액에 충당된 배분금액이 그 체납액에 미치지 못하는 경우 배분금액을 충당하고 남은 체납액 (2017. 12. 19. 신설)

5. 2017년 6월 30일 현재 총재산가액이 체납처분비에 충당하고 남을 여지가 없어 해당 거주자의 체납액을 징수할 수 없는 경우 그 체납액 (2017. 12. 19. 신설)

(2018. 2. 13. 신설)

③ 법 제99조의 5 제3항에 따라 소멸대상체납액에 대하여 납부의무를 소멸받으려는 거주자는 기획재정부령으로 정하는 납부의무소멸신청서를 사업자 등록 신청 또는 취업사실을 증명하는 서류 등과 함께 소멸대상체납액을 관할하는 세무서장에게 제출하여야 한다. (2018. 2. 13. 개정)

④ 관할 세무서장은 제3항에 따른 서류에 미비 또는 오류가 있는 경우에는 10일 이내의 기간을 정하여 그 보정을 요구할 수 있다. 이 경우 보정기간은 법 제99조의 5 제4항의 통지기간에 포함하지 아니한다. (2018. 2. 13. 개정)

⑤ 법 제99조의 5 제2항을 적용하기 위하여 거주자의 재산가액의 평가에 소요되는 기간은 법 제99조의 5 제4항의 통지기간에 포함하지 아니한다. (2018. 2. 13. 신설)

⑥ 관할 세무서장은 법 제99조의 5 제4항에 따라 거주자의 소멸대상체납액의 납부의무를 소멸시키는 경우 납부의무를 건별로 소멸시키고 그 순서는 거주자가 신청한 순서에 따르며, 거주자가 납부의무를 소멸시키는 순서를 정하지 아니한 경우 또는 그 순서를 알 수 없는 경우에는 국세징수권 소멸시효가 많이 남아있는 건부터 소멸시킨다. (2018. 2. 13. 개정)

⑦ 제1항부터 제6항까지에서 규정한 사항 외에 법 제99조의 5에 따른 소멸대상체납액의 납부의무 소멸에 관하여 필요한 사항은 기획재정부령으로 정한다. (2018. 2. 13. 개정)

규칙 61조 1항 64호의 8 ⇒ 체납액납부의무소멸신청서(별지 63호의 8 서식)

6. 그 밖에 징수가 곤란하다고 인정되는 경우로서 대통령령으로 정하는 체납액 (2017. 12. 19. 신설)

③ 거주자가 제1항에 따라 소멸대상체납액에 대하여 납부의무를 소멸받으려는 경우에는 대통령령으로 정하는 바에 따라 2018년 1월 1일부터 2019년 12월 31일까지 소멸대상체납액을 관할하는 세무서장에게 소멸대상체납액의 납부의무 소멸을 신청하여야 한다. (2017. 12. 19. 개정)

④ 제3항에 따라 거주자의 납부의무 소멸의 신청을 받은 세무서장은 「국세징수법」 제87조에 따른 국세체납정리위원회의 심의를 거쳐 신청일부터 2개월 이내에 납부의무의 소멸 여부를 결정하여 해당 거주자에게 그 사실을 통지하여야 한다. 이 경우 세무서장이 해당 거주자의 소멸대상체납액의 납부의무를 소멸하는 것으로 결정한 때에는 신청일에 해당 소멸대상체납액의 납부의무가 소멸한 것으로 본다. (2017. 12. 19. 개정)

관계조문 ▶▶

규칙 61조 1항 64호의 9 ⇒ 결정 통지서(별지 63호의 9 서식(1) 및 별지 63호의 9 서식(2))

⑤ 세무서장은 제1항에 따라 소멸대상체납액에 대하여 납부의무의 소멸을 결정한 후에도 2017년 6월 30일 당시 징수할 수 있는 다른 재산이 있었던 것을 발견한 때에는 지체 없이 그 재산의 가액에 상당하는 금액에 대하여 납부의무의 소멸을 취소하고 체납처분을 하여야 한다. (2017. 12. 19. 개정)

⑥ 세무서장은 제1항에 따라 소멸대상체납액에 대하여 납부의무의 소멸을 결정한 후에도 제1항 제2호 가목에 해당하는 거주자가 다음 각 호의 어느 하나에 해당하는 경우에는 지체 없이 그 납부의무의 소멸을 취소하고 체납처분을 하여야 한다. (2017. 12. 19. 신설)

1. 사업자등록을 신청한 날부터 1개월 이내에 사업자등록증을 발급받지 못한 경우 (2017. 12. 19. 신설)

2. 사업자등록을 신청한 날부터 1개월 이내에 사업을 시작하지 아니한 경우 (2017. 12. 19. 신설)

⑦ 2017년 7월 1일 이후 취득하거나 발생한 재산·소득(이하 이 조에서 "재산등"이라 한다)으로서 신청일 전에 발견된 거주자의 재산등이 있는 경우에는 체납처분을 할 수 있다. (2017. 12. 19. 개정)

⑧ 2017년 7월 1일 이후 취득하거나 발생한 재산등으로서 신청일 이후에 발견된 거주자의 재산등이 있는 경우에는 제1항에 따라 납부의무가 소멸된 금액에 대해서는 해당 거주자의 재산등에 대하여 체납처분을 할 수 없다. (2017. 12. 19. 개정)

⑨ 거주자의 소멸대상체납액 중 일부 금액만 납부의무를 소멸시키는 경우 그 소멸 순서는 건별로 국세, 가산금, 체납처분비 순으로 한다. (2017. 12. 19. 개정)

⑩ 소멸대상체납액의 납부의무 소멸에 관하여 신청방법 등 그 밖에 필요한 사항은 대통령령으로 정한다. (2017. 12. 19. 개정)

제99조의 6【재기중소기업인의 체납액 등에 대한 과세특례】
① 세무서장은 「중소기업진흥에 관한 법률」에 따른 중소벤처기업진흥공단으로부터 재창업자금을 융자받는 등 대통령령으로 정하는 내국인 중 다음 각 호의 요건을 모두 갖춘 자(이하 이 조에서 "재기중소기업인"이라 한다)의 신청에 따라 대통령령으로 정하는 기간까지 체납액(소득세, 법인세, 부가가치세 및 이에 부가되는 세목에 대한 체납액으로 한정한다)에 대하여 체납액 납부계획에 따라 「국세징수법」상 강제징수에 따른 재산의 압류(이미 압류한 재산의 압류를 포함한다)나 압류재산의 매각을 유예할 수 있다. (2020. 12. 29. 개정)

편주▶

영 99조의 6의 개정규정은 2024. 2. 29. 이후 영 99조의 6 제8항에 따라 재산의 압류 유예 등을 신청하는 경우부터 적용함. (영 부칙(2024. 2. 29.) 11조)

☞

☞

관계조문》

규칙 제45조의 2 제1항 ⇒ 체납액 납부계획서(별지 제63호의 18 서식)

1. 신청일 직전 5년 이내의 연평균 체납횟수 및 신청일 당시 체납액이 대통령령으로 정하는 기준 미만인 자 (2013. 8. 13. 신설)
2. 신청일 직전 3개 과세연도의 수입금액(기업회계기준에 따라 계산한 매출액을 말한다)의 평균금액이 대통령령으로 정하는 금액 미만인

제99조의 6【재기중소기업인의 체납액 등에 대한 과세특례 등】 (2016. 2. 5. 제목개정)
① 법 제99조의 6 제1항 각 호 외의 부분 및 법 제99조의 8 제1항 각 호 외의 부분에서 "대통령령으로 정하는 내국인"이란 각각 다음 각 호의 어느 하나에 해당하는 자를 말한다. (2016. 2. 5. 개정)
1. 「중소기업진흥에 관한 법률」에 따른 중소벤처기업진흥공단(이하 이 조에서 "중소기업진흥공단"라 한다)으로부터 재창업자금을 융자받은 자 (2019. 4. 2. 개정 ; 중소기업진흥에~부칙)
2. 「신용보증기금법」에 따른 신용보증기금(이하 이 조에서 "신용보증기금"이라 한다) 또는 「기술보증기금법」에 따른 기술보증기금(이하 이 조에서 "기술보증기금"으로 한다)으로부터 재창업자금을 융자받은 자 (2018. 2. 13. 개정)
3. 「서민의 금융생활 지원에 관한 법률」 제56조에 따른 신용회복위원회(이하 이 조에서 "신용회복위원회"라 한다)의 채무조정을 받은 자 (2018. 2. 13. 개정)
4. 「중소기업창업 지원법」 제43조 제4항에 따라 중소벤처기업부장관이 성실경영실패자로 판정한 자 (2023. 2. 28. 개정)
5. 「소상공인 보호 및 지원에 관한 법률」 제21조 제1항 제1호에 따라 소상공인의 재창업 등을 지원하는 자금으로서 기획재정부장관이 정하여 고시하는 자금을 융자받은 자 (2024. 2. 29. 신설)
② 법 제99조의 6 제1항 각 호 외의 부분 및 법 제99조의 8 제1항 각 호 외의 부분에서 "대통령령으로 정하는 기간"이란 각각 3년을 말한다. (2016. 2. 5. 개정)
③ 법 제99조의 6 제1항 각 호 외의 부분에 따른 체납액 납부계획은 다음 각 호의 사항을 적은 문서로 하여야 한다. (2013. 9. 2. 신설)
1. 체납액 납부에 제공될 재산 또는 소득에 관한 사항 (2013. 9. 2. 신설)
2. 체납액의 납부일정에 관한 사항 (2013. 9. 2. 신설)
④ 법 제99조의 6 제1항 제1호 및 법 제99조의 8 제1항 제1호에서 "대통령령으로 정하는 기준 미만인 자"란 각각 다음 각 호의 기준을 모두 충족하는 자를 말한다. (2016. 2. 5. 개정)
1. 신청일 직전 5년 이내의 연평균 체납횟수 : 3회 미만 (2013. 9. 2. 신설)

제45조의 2【재기중소기업인의 체납액 등에 대한 과세특례】① 영 제99조의 6 제3항에 따른 문서는 체납액 납부계획서를 말한다. (2013. 10. 21. 신설)
② 영 제99조의 6 제8항에 따른 신청서는 납부고지 유예, 지정납부기한·독촉장에서 정하는 기한의 연장(이하 "지정납부기한등연장"이라 한다) 및 압류·매각의 유예 신청서를 말한다. (2021. 3. 16. 개정)

내국인 중 대통령령으로 정하는 자 (2013. 8. 13. 신설)

3. 신청일 직전 5년 이내에 「조세범 처벌법」에 따른 처벌 또는 처분을 받은 사실이나 이와 관련한 재판이 진행 중인 사실이 없는 자 (2013. 8. 13. 신설)

4. 신청일 당시 「조세범 처벌법」에 따른 범칙사건에 대한 조사가 진행 중인 사실이 없는 자 (2013. 8. 13. 신설)

5. 신청일 당시 복식부기의무 등 대통령령으로 정하는 세법상 의무를 이행하고 있는 자 (2013. 8. 13. 신설)

② 재기중소기업인은 제1항에 따라 재산의 압류를 유예받거나 압류재산의 매각을 유예받으려는 때에는 대통령령으로 정하는 바에 따라 2026년 12월 31일까지 세무서장에게 신청하여야 한다. (2023. 12. 31. 개정)

2. 신청일 당시 체납액 : 5천만원 미만 (2018. 2. 13. 개정)

⑤ 법 제99조의 6 제1항 제2호 및 법 제99조의 8 제1항 제2호에서 "대통령령으로 정하는 금액"이란 각각 다음 각 호의 구분에 따른 금액을 말한다. (2016. 2. 5. 개정)

1. 제1항 제1호의 경우 : 15억원 (2022. 2. 15. 개정)

2. 제1항 제2호의 경우 : 15억원 (2022. 2. 15. 개정)

3. 제1항 제3호의 경우 : 금액 제한 없음 (2013. 9. 2. 신설)

4. 제1항 제4호의 경우 : 15억원 (2022. 2. 15. 개정)

5. 제1항 제5호의 경우 : 15억원 (2024. 2. 29. 신설)

⑥ 법 제99조의 6 제1항 제2호에서 "대통령령으로 정하는 자"란 제1항 제1호부터 제5호까지의 어느 하나에 해당하는 자를 말한다. (2024. 2. 29. 개정)

⑦ 법 제99조의 6 제1항 제5호 및 법 제99조의 8 제1항 제5호에서 "대통령령으로 정하는 세법상 의무를 이행하고 있는 자"란 각각 다음 각 호의 구분에 따른 요건을 이행하고 있는 자를 말한다. (2016. 2. 5. 개정)

1. 「소득세법」 제160조 제3항 및 「법인세법」 제112조에 따른 복식부기의무자인 경우에는 복식부기에 따라 장부를 갖추어 두고 기록하고 있을 것 (2013. 9. 2. 신설)

2. 「소득세법」 제160조의 5에 따른 사업용계좌 신고ㆍ사용의무가 있는 사업자인 경우에는 사업용계좌를 신고하여 사용하고 있을 것 (2013. 9. 2. 신설)

3. 「소득세법」 제162조의 2 제1항 및 「법인세법」 제117조 제1항에 따른 신용카드가맹점 가입 대상 사업자인 경우에는 「여신전문금융업법」 제2조 제5호에 따른 신용카드가맹점으로 가입하고 있을 것 (2013. 9. 2. 신설)

4. 「소득세법」 제162조의 3 제1항 및 「법인세법」 제117조의 2 제1항에 따라 현금영수증가맹점으로 가입하여야 하는 사업자인 경우에는

③ 삭 제 (2016. 3. 14.)

③ 제2항에 따라 재기중소기업인의 압류 또는 매각의 유예를 신청받은 세무서장은 「국세징수법」 제106조에 따른 국세체납정리위원회의 심의를 거쳐 신청일부터 2개월 이내에 납세담보의 제공 여부를 결정하여 해당 재기중소기업인에게 그 사실을 통지하여야 한다. (2020. 12. 29. 개정)

④ 세무서장은 제1항에 따라 압류 또는 매각의 유예를 결정한 후 해당 재기중소기업인이 다음 각 호의 어느 하나에 해당하게 되었을 때에는 그 유예를 취소하고, 강제징수를 하여야 한다. (2020. 12. 29. 개정)

1. 체납액 납부계획을 3회 이상 위반하였을 때 (2013. 8. 13. 신설)

2. 「국세징수법」 제9조 제1항 각 호의 어느 하나에 해당하는 사유에 해당되어 그 유예한 기한까지 유예와 관계되는 체납액의 전액을 징수할 수 없다고 인정될 때 (2020. 12. 29. 개정)

3. 재창업자금의 회수 등 대통령령으로 정하는 사유가 발생하여 유예할 필요가 없다고 인정될 때 (2013. 8. 13. 신설)

⑤ 2026년 12월 31일까지 제6조에 따른 창업, 지정 또는 확인을 받은 재기중소기업인에 대하여 제6조를 적용하는 경우에는 같은 조 제10항

「조세특례제한법」 제126조의 3 제1항에 따른 현금영수증가맹점으로 가입하고 있을 것 (2013. 9. 2. 신설)

⑧ 법 제99조의 6 제1항에 따른 재기중소기업인이 같은 조 제2항에 따라 재산의 압류 또는 압류재산의 매각을 유예받거나 법 제99조의 8 제1항에 따른 재기중소기업인이 같은 항에 따라 납부고지의 유예 또는 지정납부기한등의 연장을 받으려는 때에는 다음 각 호의 사항을 적은 신청서(전자문서를 포함한다)를 관할 세무서장에게 제출해야 한다. (2021. 2. 17. 개정)

1. 납세자의 주소 또는 거소와 성명 (2013. 9. 2. 신설)

2. 납부할 국세의 과세기간, 세목, 세액 및 납부해야 할 기한 (2021. 2. 17. 개정)

3. 압류 또는 압류재산의 매각을 유예받거나 납부고지의 유예 또는 지정납부기한등의 연장을 받으려는 이유와 기간 (2021. 2. 17. 개정)

4. 분할납부의 방법으로 압류 또는 압류재산의 매각을 유예받거나 납부고지의 유예 또는 지정납부기한등의 연장을 받으려는 경우에는 그 분납액 및 분납횟수 (2021. 2. 17. 개정)

⑨ 법 제99조의 6 제3항에 따른 재기중소기업인에 대한 통지 및 법 제99조의 8 제1항에 따른 납부고지의 유예 또는 지정납부기한등의 연장의 통지에 관하여는 「국세징수법 시행령」 제15조를 준용한다. (2021. 2. 17. 개정)

⑩ 법 제99조의 6 제4항 제3호 및 법 제99조의 8 제2항 제2호에서 "대통령령으로 정하는 사유"란 각각 다음 각 호의 어느 하나에 해당하는 경우를 말한다. (2016. 2. 5. 개정)

1. 중소기업진흥공단, 신용보증기금 또는 기술보증기금이 융자한 재창

관계조문 »

규칙 제45조의 2 제2항 ⇒ 체납처분유예 신청서(별지 제63호의 19 서식)

제3호는 적용하지 아니한다. (2023. 12. 31. 개정)
⑥ 제5항을 적용받으려는 재기중소기업인은 대통령령으로 정하는 바에 따라 세액감면신청을 하여야 한다. (2013. 8. 13. 신설)
⑦ 재기중소기업인의 체납액 등에 대한 과세특례와 관련하여 신청방법 등 그 밖에 필요한 사항은 대통령령으로 정한다. (2013. 8. 13. 신설)

제99조의 7【목돈 안드는 전세에 대한 과세특례】① 거주자가 각 호의 요건을 모두 갖춘 방식으로 주택을 임대하고 2015년 12월 31일까지 해당 차입금 이자를 지급하였을 때에는 해당 과세기간에 지급한 이자상환액의 100분의 40에 해당하는 금액을 그 과세기간의 종합소득금액에서 공제한다. 다만, 그 금액이 연 300만원을 초과하는 경우에는 연 300만원으로 한다. (2013. 8. 13. 신설)
1. 거주자가 보유주택을 임대하면서 그 주택에 저당권을 설정하고 거주자를 채무자로 하여 「금융실명거래 및 비밀보장에 관한 법률」 제2조 제1호에 따른 금융회사등(이하 이 조에서 "금융회사등"이라 한다)으로부터 전세보증금을 차입할 것 (2013. 8. 13. 신설)
2. 해당 주택의 임차인이 계약일 현재 대통령령으로 정하는 무주택세대의 세대주이면서 직전 연도 연간 총소득의 합계액(배우자의 소득을 포함한다)이 6천만원 이하일 것 (2013. 8. 13. 신설)
3. 해당 주택의 전세보증금 총액이 2억원(수도권은 3억원) 이하이면서, 제1호에 따른 차입금이 3천만원(수도권은 5천만원) 이하일 것 (2013. 8. 13. 신설)
4. 「주택임대차보호법」 제3조의 2 제2항에 따른 임대차계약증서의 입주일(계약을 갱신한 경우에는 갱신일을 말한다)과 주민등록표 등본의 전입일 중 빠른 날부터 전후 3개월 이내에 차입할 것 (2013. 8. 13. 신설)
5. 해당 주택의 임차인이 제1호에 따른 전세보증금의 이자상환액을 지

업자금을 회수한 경우 (2016. 5. 31. 개정 ; 기술신용보증기금법 시행령 부칙)
2. 신용회복위원회가 채무조정 계획을 취소한 경우 (2013. 9. 2. 신설)
3. 제1항 제5호에 따른 자금을 회수한 경우 (2024. 2. 29. 신설)
⑪ 세무서장은 법 제99조의 6 제4항에 따라 압류 또는 매각의 유예를 취소하거나 법 제99조의 8 제2항에 따라 납부고지의 유예 또는 지정납부기한등의 연장을 취소한 경우에는 해당 재기중소기업인에게 그 사실을 통지해야 한다. (2021. 2. 17. 개정)
⑫ 법 제99조의 6 제6항에 따른 재기중소기업인의 세액감면신청에 관하여는 제5조 제26항을 준용한다. (2020. 2. 11. 개정)

제99조의 7【목돈 안드는 전세에 대한 과세특례】① 법 제99조의 7 제1항 제2호에서 "대통령령으로 정하는 무주택세대"란 주택을 소유하지 아니한 「소득세법 시행령」 제112조 제1항에 따른 세대를 말한다. (2013. 11. 29. 신설)
② 법 제99조의 7 제1항에 따라 과세특례를 받으려는 사람은 과세표준신고와 함께 기획재정부령으로 정하는 이자상환액증명서를 납세지 관할 세무서장에게 제출하여야 한다. (2013. 11. 29. 신설)

영 99조의 6의 개정규정은 2024. 2. 29. 이후 영 99조의 6 제8항에 따라 재산의 압류 유예 등을 신청하는 경우부터 적용함. (영 부칙(2024. 2. 29.) 11조)

급하여야 할 금융회사등에 직접 지급하는 방식으로 할 것 (2013. 8. 13. 신설)
6. 임차인의 임대차계약증서에 따른 주소지와 주민등록표 등본의 주소지가 같을 것 (2013. 8. 13. 신설)
② 제1항 제1호에 따른 전세보증금 또는 같은 항 제5호에 따른 이자 상환액에 대해서는 2015년 12월 31일까지 소득세를 과세하지 아니한다. (2013. 8. 13. 신설)

제99조의 8 【재기중소기업인에 대한 납부고지의 유예 등의 특례】 (2020. 12. 29. 제목개정)
① 세무서장은 「중소기업진흥에 관한 법률」에 따른 중소벤처기업진흥공단(이하 이 조에서 "중소벤처기업진흥공단"이라 한다)으로부터 재창업자금을 융자받는 등 대통령령으로 정하는 내국인으로서 「국세징수법」에 따른 납부고지의 유예 또는 지정납부기한·독촉장에서 정하는 기한의 연장(이하 이 조에서 "지정납부기한등의 연장"으로 한다) 신청일 현재 다음 각 호의 요건을 모두 갖춘 자(이하 이 조에서 "재기중소기업인"이라 한다)가 「국세징수법」 제13조 제1항 제1호부터 제4호까지의 규정 중 어느 하나에 해당하는 사유로 2026년 12월 31일까지 신청한 납부고지의 유예 또는 지정납부기한등의 연장(소득세, 법인세, 부가가치세 및 이에 부가되는 세목에 대한 납부고지의 유예 또는 지정납부기한등의 연장으로 한정한다)에 대해서는 「국세징수법」 제13조 또는 제14조에도 불구하고 납부고지의 유예 또는 지정납부기한등의 연장을 한 날의 다음 날부터 대통령령으로 정하는 기간 동안 납부고지의 유예 또는 지정납부기한등의 연장을 할 수 있고, 납부고지의 유예 또는 지정납부기한등의 연장기간 중의 분납기한 및 분납금액을 정할 수 있다. (2023. 12. 31. 개정)
1. 신청일 직전 5년 이내의 연평균 체납횟수 및 신청일 당시 체납액이 대통령령으로 정하는 기준 미만인 자 (2015. 12. 15. 신설)
2. 신청일 직전 3개 과세연도의 수입금액(기업회계기준에 따라 계산한 매출액을 말한다)의 평균금액이 대통령령으로 정하는 금액 미만인 자 (2015. 12. 15. 신설)

3. 신청일 직전 5년 이내에 「조세범 처벌법」에 따른 처벌 또는 처분을 받은 사실이나 이와 관련한 재판이 진행 중인 사실이 없는 자 (2015. 12. 15. 신설)
4. 신청일 당시 「조세범 처벌법」에 따른 범칙사건에 대한 조사가 진행 중인 사실이 없는 자 (2015. 12. 15. 신설)
5. 신청일 당시 복식부기의무 등 대통령령으로 정하는 세법상 의무를 이행하고 있는 자 (2015. 12. 15. 신설)
② 세무서장은 제1항에 따라 납부고지의 유예 또는 지정납부기한등의 연장을 결정한 후 재기중소기업인이 다음 각 호의 어느 하나에 해당하게 되었을 때에는 그 납부고지의 유예 또는 지정납부기한등의 연장을 취소하고, 유예 또는 연장과 관계되는 국세 또는 체납액을 한꺼번에 징수할 수 있다. 이 경우 세무서장은 해당 재기중소기업인에게 그 사실을 통지하여야 한다. (2020. 12. 29. 개정)
1. 「국세징수법」 제16조 제1항 각 호에 해당하는 경우 (2020. 12. 29. 개정)
2. 중소벤처기업진흥공단이 재창업자금을 회수하는 등 대통령령으로 정하는 사유가 발생하여 유예할 필요가 없다고 인정되는 경우 (2018. 12. 31. 개정 ; 중소기업진흥에~부칙)

제99조의 9 【위기지역 창업기업에 대한 법인세 등의 감면】 농특비
① 위기지역에 2025년 12월 31일까지 제6조 제3항 각 호에 따른 업종(이하 이 조에서 "감면대상사업"이라 한다)으로 창업하거나 사업장을 신설(기존 사업장을 이전하는 경우는 제외하며, 위기지역으로 지정 또는 선포된 기간에 창업하거나 사업장을 신설하는 경우로 한정한다)하는 기업에 대해서는 제2항부터 제8항까지의 규정에 따라 법인세 또는 소득세를 감면한다. (2023. 12. 31. 개정)

☞ p.1605 1단 연결

② 제1항에 따른 기업은 감면대상사업에서 발생한 소득에 대하여 감면대상사업에서 최초로 소득이 발생한 과세연도(사업개시일부터 5년이 되는 날이 속하는 과세연도까지 그 사업에서 소득이 발생하지 아니한 경우에는 5년이 되는 날이 속하는 과세연도를 말한다)의 개시일부터 5년 이내에 끝나는 과세연도까지는 소득세 또는 법인세의 100분에 100에 상당하는 세액을 감면하고, 그 다음 2년 이내에 끝나는 과세연도까지는 소득세 또는 법인세의 100분의 50에 상당하는 세액을 감면한다. (2019. 12. 31. 개정)

③ 중소기업 외의 기업이 제2항이 적용되는 감면기간 동안 감면받는 소득세 또는 법인세의 총합계액은 제1호와 제2호의 금액을 합한 금액을 한도(이하 이 조에서 "감면한도"라 한다)로 한다. (2018. 12. 24. 신설)
1. 대통령령으로 정하는 투자누계액의 100분의 50 (2018. 12. 24. 신설)
2. 해당 과세연도에 제1항의 적용대상이 되는 사업장(이하 이 조에서 "감면대상사업장"이라 한다)의 상시근로자 수 × 1천5백만원[청년 상시근로자와 대통령령으로 정하는 서비스업(이하 이 조에서 "서비스업"이라 한다)을 하는 감면대상사업장의 상시근로자의 경우에는 2천만원] (2018. 12. 24. 신설)

④ 제2항에 따라 각 과세연도에 감면받을 소득세 또는 법인세에 대하여 감면한도를 적용할 때에는 제3항 제1호의 금액을 먼저 적용한 후 같은 항 제2호의 금액을 적용한다. (2018. 12. 24. 신설)

⑤ 제3항 제2호를 적용받아 소득세 또는 법인세를 감면받은 기업이 감면받은 과세연도 종료일부터 2년이 되는 날이 속하는 과세연도 종료일까지의 기간 중 각 과세연도의 감면대상사업장의 상시근로자 수가 감면받은 과세연도의 상시근로자 수보다 감소한 경우에는 대통령령으로 정하는 바에 따라 감면받은 세액에 상당하는 금액을 소득세 또는 법인세로 납부하여야 한다. (2018. 12. 24. 신설)

⑥ 제3항 및 제5항을 적용할 때 상시근로자 및 청년 상시근로자의 범위, 상시근로자의 수의 계산방법, 그 밖에 필요한 사항은 대통령령으로 정한다. (2018. 12. 24. 신설)

⑦ 제1항의 규정을 적용할 때 창업의 범위에 관하여는 제6조 제10항을 준용한다. (2018. 12. 24. 신설)

⑧ 제2항에 따라 소득세 또는 법인세를 감면받은 기업이 다음 각 호의

제99조의 8 【위기지역 창업기업에 대한 법인세 등의 감면】 ① 법 제99조의 9 제2항에서 "감면대상사업에서 발생한 소득"이란 법 제99조의 9 제1항에 따른 감면대상사업을 경영하기 위하여 법 제30조의 3 제5항에 따른 위기지역에 투자한 사업장에서 발생한 소득을 말한다. (2021. 2. 17. 신설)

② 법 제99조의 9 제3항 제1호에서 "대통령령으로 정하는 투자누계액"이란 같은 조 제2항에 따라 소득세 또는 법인세를 감면받는 해당 과세연도까지의 기획재정부령으로 정하는 사업용자산에 대한 투자 합계액을 말한다. (2021. 2. 17. 항번개정)

③ 법 제99조의 9 제3항 제2호에서 "대통령령으로 정하는 서비스업"이란 제23조 제4항에 따른 서비스업을 말한다. (2021. 2. 17. 항번개정)

④ 법 제99조의 9 제5항에 따라 납부해야 할 소득세액 또는 법인세액은 다음의 계산식에 따라 계산한 금액(그 수가 음수이면 영으로 보고, 감면받은 과세연도 종료일 이후 2개 과세연도 연속으로 상시근로자 수가 감소한 경우에는 두 번째 과세연도에는 첫 번째 과세연도에 납부한 금액을 뺀 금액을 말한다)으로 하며, 이를 상시근로자 수가 감소한 과세연도의 과세표준을 신고할 때 소득세 또는 법인세로 납부해야 한다. (2023. 2. 28. 개정)

> 해당 기업의 상시근로자 수가 감소한 과세연도의 직전 2년 이내의 과세연도에 법 제99조의 9 제3항 제2호를 적용하여 감면받은 세액의 합계액 − [상시근로자 수가 감소한 과세연도의 감면대상사업장의 상시근로자 수 × 1천5백만원(청년 상시근로자와 법 제99조의 9 제3항 제2호의 서비스업의 경우에는 2천만원으로 한다)]

⑤ 법 제99조의 9 제3항 및 제5항을 적용할 때 상시근로자 및 청년 상시근로자의 범위, 상시근로자 수 및 청년 상시근로자 수의 계산방법에 관하여는 제11조의 2 제6항 및 제7항을 준용한다. (2023. 2. 28. 개정)

⑥ 법 제99조의 9 제8항 각 호 외의 부분 전단에서 "대통령령으로 정

어느 하나에 해당하는 경우에는 그 사유가 발생한 과세연도의 과세표준신고를 할 때 대통령령으로 정하는 바에 따라 계산한 세액을 소득세 또는 법인세로 납부하여야 한다. 이 경우 제12조의 2 제8항의 이자상당가산액 등에 관한 규정을 준용한다. (2021. 12. 28. 신설)
1. 감면대상사업장의 사업을 폐업하거나 법인이 해산한 경우. 다만, 법인의 합병·분할 또는 분할합병으로 인한 경우는 제외한다. (2021. 12. 28. 신설)
2. 감면대상사업장을 위기지역 외의 지역으로 이전한 경우 (2021. 12. 28. 신설)
⑨ 제2항을 적용받으려는 자는 대통령령으로 정하는 바에 따라 감면신청을 하여야 한다. (2021. 12. 28. 항번개정)
⑩ 제3항 제2호에 따라 서비스업에 대한 한도를 적용받는 기업은 제143조를 준용하여 서비스업과 그 밖의 사업을 각각 구분하여 경리하여야 한다. (2021. 12. 28. 항번개정)

　제99조의 10 【영세개인사업자의 체납액 징수특례】 ① 세무서장은 다음 각 호의 요건을 모두 갖춘 거주자의 신청에 따라 징수가 곤란한 체납액으로서 종합소득세(이에 부가되는 농어촌특별세를 포함한다) 및 부가가치세의 합계액(이하 이 조에서 "징수곤란 체납액"이라 한다) 중 국세징수권의 소멸시효가 완성되지 아니한 금액에 대하여 그 거주자에게 제2항에 따른 체납액 징수특례를 적용할 수 있다. (2019. 12. 31. 신설)
1. 해당 거주자의 최종 폐업일이 속하는 과세연도를 포함하여 직전 3개 과세연도의 사업소득 총수입금액의 평균금액이 15억원 미만인 사람 (2019. 12. 31. 신설)
2. 2023년 12월 31일 이전에 모든 사업을 폐업한 이후, 다음 각 목의 어느 하나에 해당하는 요건을 충족하는 사람 (2023. 12. 31. 개정)
2. 2024년 12월 31일 이전에 모든 사업을 폐업한 이후 다음 각 목의 어느 하나에 해당하는 요건을 충족하는 사람 (2024. 12. 31. 개정)
가. 2020년 1월 1일부터 2026년 12월 31일까지의 기간 중 사업자등록을 신청하고 사업을 개시하여 제3항에 따른 신청일(이하 이 조에서 "신청일"이라 한다) 현재 1개월 이상 사업을 계속하고 있을 것 (2023. 12. 31. 개정)

하는 바에 따라 계산한 세액"이란 다음 각 호의 구분에 따른 세액을 말한다. (2022. 2. 15. 신설)
1. 법 제99조의 9 제8항 제1호에 해당하는 경우 : 폐업일 또는 법인해산일부터 소급하여 3년 이내에 감면된 세액 (2022. 2. 15. 신설)
2. 법 제99조의 9 제8항 제2호에 해당하는 경우 : 이전일부터 소급하여 5년 이내에 감면된 세액 (2022. 2. 15. 신설)

⑦ 법 제99조의 9 제9항에 따라 소득세 또는 법인세 감면을 받으려는 자는 과세표준신고와 함께 기획재정부령으로 정하는 세액감면신청서를 납세지 관할 세무서장에게 제출해야 한다. (2022. 2. 15. 개정)

가. 2020년 1월 1일부터 2027년 12월 31일까지의 기간 중 사업자
　 등록을 신청하고 사업을 개시하여 제3항에 따른 신청일(이하 이
　 조에서 "신청일"이라 한다) 현재 1개월 이상 사업을 계속하고
　 있을 것 (2024. 12. 31. 개정)
나. 2020년 1월 1일부터 2026년 12월 31일까지의 기간 중 취업하여 신청일 현
　 재 3개월 이상 근무하고 있는 자로서 대통령령으로 정하는 요건을 충족할
　 것 (2023. 12. 31. 개정)
나. 2020년 1월 1일부터 2027년 12월 31일까지의 기간 중 취업하
　 여 신청일 현재 3개월 이상 근무하고 있는 자로서 대통령령으로
　 정하는 요건을 충족할 것 (2024. 12. 31. 개정)
3. 신청일 직전 5년 이내에 「조세범 처벌법」에 따른 처벌 또는 처분을
　 받은 사실이나 이와 관련한 재판이 진행 중인 사실이 없는 사람
　 (2019. 12. 31. 신설)
4. 신청일 현재 「조세범 처벌법」에 따른 조세범칙사건에 대한 조사가
　 진행 중인 사실이 없는 사람 (2019. 12. 31. 신설)
5. 신청일 현재 해당 거주자의 체납액 중 종합소득세(이에 부가되는 농
　 어촌특별세를 포함한다) 및 부가가치세의 합계액이 5천만원 이하인
　 사람 (2019. 12. 31. 신설)
6. 제99조의 5에 따른 영세개인사업자의 체납액 납부의무 소멸특례를
　 적용받은 사실이 없는 사람 (2019. 12. 31. 신설)
② 제1항에서 "체납액 징수특례"란 다음 각 호의 것을 말한다. (2019.
12. 31. 신설)
1. 징수곤란 체납액에 대한 「국세기본법」 제47조의 4 제1항 제1호 및
　 제3호에 따른 납부지연가산세(신청일 이후의 납부지연가산세를 포
　 함한다. 이하 이 조에서 같다)의 납부의무 면제 (2021. 12. 28. 개정)
2. 징수곤란 체납액에 대한 분납 허가 (2019. 12. 31. 신설)
③ 제1항에 따른 체납액 징수특례를 적용받으려는 거주자는 2020년 1월 1일부터
2027년 12월 31일까지 징수곤란 체납액을 관할하는 세무서장에게 대통령령으로 정
하는 바에 따라 체납액 징수특례를 신청(분납기간은 5년 이내의 범위에서 정한다)하여
야 한다. (2023. 12. 31. 개정)
③ 제1항에 따른 체납액 징수특례를 적용받으려는 거주자는 2020
년 1월 1일부터 2028년 12월 31일까지 징수곤란 체납액을 관할하
는 세무서장에게 대통령령으로 정하는 바에 따라 체납액 징수특례를

제99조의 9 【영세개인사업자의 체납액 징수특례】 ① 법 제99조
의 10 제1항 제2호 나목에서 "대통령령으로 정하는 요건"이란 다음 각
호의 어느 하나에 해당하는 경우로서 근로소득을 지급하는 원천징수의
무자(이하 이 조에서 "원천징수의무자"라 한다)의 변경이 없는 것을 말
한다. 다만, 거주자의 근무 장소의 변경 없이 부득이한 사유로 원천징
수의무자가 변경된 경우에는 원천징수의무자의 변경이 없는 것으로 본
다. (2020. 2. 11. 신설)
1. 거주자가 원천징수의무자에게 고용되어 월 15일 이상 연속하여 3개
　 월 이상 근무할 것 (2020. 2. 11. 신설)
2. 거주자가 원천징수의무자로부터 3개월 이상 월 100만원 이상의 급
　 여를 연속하여 지급 받을 것 (2020. 2. 11. 신설)
② 법 제99조의 10 제9항 제4호에서 "대통령령으로 정하는 체납액"이
란 체납액에서 제1호의 금액을 빼고 제2호의 금액을 더한 금액을 말한
다. (2021. 2. 17. 개정)
1. 법 제99조의 10 제6항 각 호에 따른 기준일 당시 거주자로부터 체납
　 액을 징수할 수 있는 재산을 「상속세 및 증여세법」 제60조부터 제66
　 조까지의 규정에 따라 평가한 금액의 140퍼센트 (2023. 2. 28. 개정)
2. 「국세기본법」 제35조 제1항 제3호에 따른 체납된 국세의 법정기일
　 전에 등기·등록된 전세권, 질권 또는 저당권에 따라 담보된 채권의
　 금액이나 확정일자를 갖춘 임대차계약증서 또는 임대차계약서상의
　 보증금 (2021. 2. 17. 개정)
③ 법 제99조의 10 제3항에 따른 체납액 징수특례의 신청절차에 관하
여는 제99조의 5 제3항부터 제5항까지의 규정을 준용한다. 이 경우 제
99조의 5 제3항 중 "기획재정부령으로 정하는 납부의무소멸신청서"는
"기획재정부령으로 정하는 체납액징수특례신청서"로 본다. (2020. 2.

신청(분납기간은 5년 이내의 범위에서 정한다)하여야 한다. (2024. 12. 31. 개정)

④ 제3항에 따라 체납액 징수특례의 신청을 받은 세무서장은 「국세징수법」 제106조에 따른 국세체납정리위원회의 심의를 거쳐 신청일부터 2개월 이내에 체납액 징수특례의 적용 여부를 결정하여 해당 거주자에게 그 결과를 통지하여야 한다. (2020. 12. 29. 개정)

⑤ 체납액을 관할하는 세무서장은 신청일부터 제2항 제2호에 따른 최종 분납기한까지는 제1항에 따라 체납액 징수특례를 적용한 징수곤란 체납액에 대하여 강제징수를 할 수 없다. (2020. 12. 29. 개정)

⑥ 체납액을 관할하는 세무서장은 제4항에 따라 체납액 징수특례를 적용하기로 결정한 후에 다음 각 호에 따른 기준일(이하 이 조에서 "기준일"이라 한다) 당시 해당 거주자로부터 체납액을 징수할 수 있는 다른 재산이 있었던 것을 발견한 때에는 제5항에도 불구하고 지체 없이 체납액 징수특례를 취소하고 강제징수를 하여야 한다. (2020. 12. 29. 개정)

1. 2019년 12월 31일 이전 모든 사업을 폐업한 경우 : 2019년 7월 25일 (2020. 12. 29. 신설)

2. 2020년 1월 1일부터 2020년 12월 31일까지 모든 사업을 폐업한 경우 : 2020년 7월 25일 (2020. 12. 29. 신설)

3. 2021년 1월 1일부터 2021년 12월 31일까지 모든 사업을 폐업한 경우 : 2021년 7월 25일 (2021. 12. 28. 신설)

4. 2022년 1월 1일부터 2022년 12월 31일까지 모든 사업을 폐업한 경우 : 2022년 7월 25일 (2022. 12. 31. 신설)

5. 2023년 1월 1일부터 2023년 12월 31일까지 모든 사업을 폐업한 경우 : 2023년 7월 25일 (2023. 12. 31. 신설)

6. 2024년 1월 1일부터 2024년 12월 31일까지 모든 사업을 폐업한 경우 : 2024년 7월 25일 (2024. 12. 31. 신설)

⑦ 체납액을 관할하는 세무서장은 체납액 징수특례를 적용받은 거주자가 총 5회 또는 연속하여 3회 분납하지 아니한 경우에는 제5항에도 불구하고 체납액 징수특례를 취소하고 강제징수를 하여야 한다. (2020. 12. 29. 개정)

⑧ 체납액을 관할하는 세무서장은 제6항 및 제7항에 따라 체납액 징수

11. 신설)

④ 제1항부터 제3항까지에서 규정한 사항 외에 법 제99조의 10에 따른 영세개인사업자의 체납액 징수특례에 관하여 필요한 사항은 기획재정부령으로 정한다. (2020. 2. 11. 신설)

특례를 취소하는 경우에는 해당 거주자에게 그 사실을 즉시 통지하여야 한다. (2019. 12. 31. 신설)

⑨ 제1항에서 "징수곤란 체납액"이란 다음 각 호의 어느 하나에 해당하는 체납액을 말한다. 이 경우 거주자가 기준일 후에 취득한 재산으로서 체납액을 관할하는 세무서장이 신청일 전에 발견한 재산의 가액 및 거주자가 기준일부터 신청일까지 납부한 금액은 징수곤란 체납액에서 차감한다. (2020. 12. 29. 개정)

1. 기준일 현재 재산이 없어 해당 거주자의 체납액을 징수할 수 없는 경우 그 체납액 (2020. 12. 29. 개정)

2. 기준일 현재 강제징수가 종결되고 해당 거주자의 체납액에 충당된 배분금액이 그 체납액에 미치지 못하는 경우 배분금액을 충당하고 남은 체납액 (2020. 12. 29. 개정)

3. 기준일 현재 총재산가액이 강제징수비에 충당하고 남을 여지가 없어 해당 거주자의 체납액을 징수할 수 없는 경우 그 체납액 (2020. 12. 29. 개정)

4. 그 밖에 징수가 곤란하다고 인정되는 경우로서 대통령령으로 정하는 체납액 (2019. 12. 31. 신설)

⑩ 분납기한 및 분납금액 등 제2항 제2호에 따른 분납에 대한 구체적인 사항, 체납액 징수특례 신청방법과 그 밖에 필요한 사항은 대통령령으로 정한다. (2019. 12. 31. 신설)

제99조의 11【감염병 피해에 따른 특별재난지역의 중소기업에 대한 법인세 등의 감면】① 「감염병의 예방 및 관리에 관한 법률」에 따른 감염병의 확산으로 피해가 발생하여 「재난 및 안전관리 기본법」 제60조에 따라 선포된 특별재난지역에 선포일 당시 사업장(이하 이 조에서 "감면대상사업장"이라 한다)을 둔 중소기업에 대해서는 2020년 6월 30일이 속하는 과세연도에

감면대상사업장에서 영위하는 사업(부동산 임대 및 공급업 등 대통령령으로 정하는 사업은 제외한다)에서 발생한 소득에 대한 소득세 또는 법인세에 제1호의 감면비율을 곱하여 계산한 세액상당액(제2호에 따라 계산한 금액을 한도로 한다)을 감면한다. (2020. 3. 23. 신설)

1. 감면비율: 다음 각 목의 구분에 따른 비율 (2020. 3. 23. 신설)

제99조의 10【감염병 피해에 따른 특별재난지역의 중소기업에 대한 법인세 등의 감면】① 법 제99조의 11 제1항 각 호 외의 부분에서 "부동산 임대 및 공급업 등 대통령령으로 정하는 사업"이란 다음 각 호의 사업을 말한다. (2020. 4. 14. 신설)

1. 부동산 임대 및 공급업 (2020. 4. 14. 신설)

2. 부동산 감정평가업 (2020. 4. 14. 신설)

3. 사행시설 관리 및 운영업 (2020. 4. 14. 신설)

4. 법무관련 서비스업 (2020. 4. 14. 신설)

5. 회계 및 세무관련 서비스업 (2020. 4. 14. 신설)

6. 통관 대리 및 관련서비스업 (2020. 4. 14. 신설)

7. 「도선법」에 따른 도선업 (2020. 4. 14. 신설)

가. 대통령령으로 정하는 소기업(이하 이 조에서 "소기업"이라 한다)이 경영하는 감면대상사업장 : 100분의 60 (2020. 3. 23. 신설)

나. 소기업을 제외한 중소기업이 경영하는 감면대상사업장 : 100분의 30 (2020. 3. 23. 신설)

2. 감면한도 : 다음 각 목의 구분에 따른 금액 (2020. 3. 23. 신설)

가. 해당 과세연도의 상시근로자 수가 직전 과세연도의 상시근로자 수보다 감소한 경우 : 2억원에서 감소한 상시근로자 1명당 5백만원씩을 뺀 금액(해당 금액이 음수인 경우에는 영으로 한다) (2020. 3. 23. 신설)

나. 그 밖의 경우 : 2억원 (2020. 3. 23. 신설)

② 제1항을 적용할 때 상시근로자의 범위, 상시근로자 수의 계산방법과 그 밖에 필요한 사항은 대통령령으로 정한다. (2020. 3. 23. 신설)

③ 제1항에 따라 소득세 또는 법인세를 감면받으려는 중소기업은 대통령령으로 정하는 바에 따라 감면신청을 하여야 한다. (2020. 3. 23. 신설)

제99조의 12【선결제 금액에 대한 세액공제】① 내국인이 2020년 4월 1일부터 7월 31일까지 「소상공인보호 및 지원에 관한 법률」 제2조에 따른 소상공인에게 다음 각 호의 요건을 모두 갖추어 결제(이하 이 조에서 "선결제"라 한다)한 금액이 있는 경우에는 제2항에 따라 계산한 금액을 2020년 12월 31일이 속하는 과세연도의 소득세(사업소득에 대한 소득세만 해당한다) 또는 법인세에서 공제한다. (2020. 5. 19. 신설)

8. 「건축사법」 제23조에 따라 신고된 건축사사무소를 운영하는 사업 (2020. 4. 14. 신설)

9. 「의료법」 제3조 제2항 제1호에 따른 의원급 의료기관을 운영하는 사업. 다만, 다음 각 목의 요건을 모두 충족하는 의원·치과의원 및 한의원을 운영하는 사업은 제외한다. (2021. 2. 17. 개정)

가. 해당 과세연도의 수입금액(기업회계기준에 따라 계산한 매출액을 말한다)에서 「국민건강보험법」 제47조에 따라 지급받는 요양급여비용이 차지하는 비율이 100분의 80 이상일 것 (2020. 4. 14. 신설)

나. 해당 과세연도의 종합소득금액이 1억원 이하일 것 (2020. 4. 14. 신설)

10. 수의업 (2020. 4. 14. 신설)

11. 「통계법」 제22조에 따라 통계청장이 고시한 「블록체인기술 산업분류 고시」에 따른 블록체인 기반 암호화자산 매매 및 중개업 (2020. 4. 14. 신설)

11. 가상자산 매매 및 중개업 (2025. 2. 28. 개정)

12. 금융 및 보험업(「소득세법 시행령」 제137조 제1항 제1호에 해당하는 경우는 제외한다) (2020. 4. 14. 신설)

② 법 제99조의 11 제1항 제1호 가목에서 "대통령령으로 정하는 소기업"이란 중소기업 중 매출액이 업종별로 「중소기업기본법 시행령」 별표 3을 준용하여 산정한 규모 이내인 기업을 말한다. 이 경우 "평균매출액등"은 "매출액"으로 본다. (2020. 4. 14. 신설)

③ 법 제99조의 11 제1항을 적용할 때 상시근로자란 같은 항에 따른 감면대상사업장에서 근무하는 근로자로서 그 범위에 관하여는 제23조 제10항을 준용한다. (2020. 4. 14. 신설)

④ 법 제99조의 11 제1항을 적용할 때 상시근로자의 수 및 계산방법에 관하여는 제23조 제11항부터 제13항까지의 규정을 준용한다. (2020. 4. 14. 신설)

⑤ 법 제99조의 11 제1항에 따라 소득세 또는 법인세를 감면받으려는 중소기업은 같은 조 제3항에 따라 과세표준신고와 함께 기획재정부령으로 정하는 세액감면신청서를 납세지 관할 세무서장에게 제출해야 한다. (2020. 4. 14. 신설)

1. 사업과 관련한 재화 또는 용역을 2020년 12월 31일까지 공급(대통
   령령으로 정하는 업종으로부터의 공급은 제외한다)받기 위하여 지
   출한 비용으로서 공급받는 날부터 3개월 이전에 결제할 것 (2020.
   5. 19. 신설)
2. 1회 결제 건당 금액이 100만원 이상일 것 (2020. 5. 19. 신설)
3. 현금, 「여신전문금융업법」 제2조에 따른 신용카드 등 대통령령으로
   정하는 지급수단으로 결제할 것 (2020. 5. 19. 신설)

② 제1항에 따라 공제할 금액은 다음의 계산식에 따라 계산한 금액으
로 한다. (2020. 5. 19. 신설)

> 공제할 금액 = 선결제 금액(결제한 날부터 3개월이 되기 전에 공
> 급받은 금액과 2020년 12월 31일까지 공급받지 않은 금액은 제외
> 하되, 소상공인의 폐업 등 대통령령으로 정하는 사유로 공급받지
> 못한 금액은 포함한다) × 100분의 1

③ 제1항에 따라 소득세 또는 법인세를 공제받으려는 자는 대통령령으
로 정하는 바에 따라 선결제 및 재화 또는 용역을 공급받은 내역을 증
명하는 서류 등을 갖추어 공제를 신청하여야 한다. (2020. 5. 19. 신설)
④ 제1항부터 제3항까지의 규정을 적용할 때 세액공제의 세부 계산방
법, 신청 절차 및 그 밖에 필요한 사항은 대통령령으로 정한다. (2020.
5. 19. 신설)

제99조의 11 【선결제 금액에 대한 세액공제】 ① 법 제99조의
12 제1항 제1호에서 "대통령령으로 정하는 업종"이란 다음 각 호의 업
종을 말한다. (2020. 6. 2. 신설)
1. 제99조의 10 제1항 제1호부터 제8호까지의 사업 (2020. 6. 2. 신설)
2. 「개별소비세법」 제1조 제4항에 따른 과세유흥장소를 경영하는 사업
   (2020. 6. 2. 신설)
3. 금융 및 보험업 (2020. 6. 2. 신설)
② 법 제99조의 12 제1항 제3호에서 "현금, 「여신전문금융업법」 제
2조에 따른 신용카드 등 대통령령으로 정하는 지급수단"이란 다음
각 호의 어느 하나에 해당하는 지급수단을 말한다. (2020. 6. 2. 신설)
1. 현금 (2020. 6. 2. 신설)
2. 「여신전문금융업법」 제2조에 따른 신용카드, 직불카드 및 선불카드
   (2020. 6. 2. 신설)
3. 「전자금융거래법」 제2조에 따른 전자지급수단 (2020. 6. 2. 신설)
③ 법 제99조의 12 제2항 계산식에서 "소상공인의 폐업 등 대통령령으
로 정하는 사유"란 소상공인이 휴업 또는 폐업한 경우를 말한다.
(2020. 6. 2. 신설)
④ 법 제99조의 12 제1항에 따라 소득세 또는 법인세를 공제받으려는
내국인은 같은 조 제3항에 따라 과세표준신고와 함께 기획재정부령으
로 정하는 세액공제신청서에 다음 각 호의 서류를 첨부하여 납세지 관
할 세무서장에게 제출해야 한다. (2020. 6. 2. 신설)
1. 다음 각 목의 어느 하나에 해당하는 선결제 사실을 확인할 수 있는
   서류 (2020. 6. 2. 신설)
   가. 법 제126조의 3에 따른 현금영수증 (2020. 6. 2. 신설)
   나. 「여신전문금융업법」에 따른 신용카드매출전표 (2020. 6. 2. 신설)
   다. 「부가가치세법 시행령」 제88조 제4항 각 호의 어느 하나에 해
       당하는 것 (2020. 6. 2. 신설)
   라. 「부가가치세법」 제32조에 따른 세금계산서, 「소득세법」 제163
       조 또는 「법인세법」 제121조에 따른 계산서 (2020. 6. 2. 신설)
2. 재화 또는 용역을 공급받은 날짜, 금액 등 내역을 기록한 기획재정
   부령으로 정하는 선결제 이용내역 확인서 (2020. 6. 2. 신설)
3. 소상공인이 「소상공인기본법」 제2조에 따른 소상공인임을 「소

제99조의 13 【감염병 예방 조치에 따른 소상공인 손실보상금에 대한 과세특례】 ① 내국인이 「소상공인 보호 및 지원에 관한 법률」 제12조의 2에 따라 받은 손실보상금은 해당 과세연도의 소득금액을 계산할 때 익금에 산입하지 아니한다. (2023. 12. 31. 신설)

편주▶
법 99조의 13 제1항의 개정규정은 2024. 1. 1. 이후 내국인이 손실보상금을 받는 경우부터 적용함. (법 부칙(2023. 12. 31.) 17조)

② 제1항을 적용하는 경우 익금불산입의 신청, 손실보상금 익금불산입명세서의 제출과 그 밖에 필요한 사항은 대통령령으로 정한다. (2023. 12. 31. 신설)

제99조의 14 【연금계좌 납입에 대한 양도소득세의 과세특례】 ① 다음 각 호의 요건을 모두 충족하는 거주자가 보유기간 등을 고려하여 대통령령으로 정하는 부동산을 2027년 12월 31일까지 양도하고, 그 양도일부터 6개월 이내에 양도가액의 전부 또는 일부를 「소득세법」 제20조의 3 제1항 제2호에 따른 연금계좌에 납입하는 경우에는 연금계좌 납입액의 100분의 10에 상당하는 금액을 해당 부동산의 양도소득 산출세액에서 공제한다. 이 경우 공제세액은 산출세액을 한도로 한다. (2024. 12. 31. 신설)
1. 부동산 양도 당시 「기초연금법」 제2조 제3호에 따른 기초연금 수급자일 것 (2024. 12. 31. 신설)
2. 부동산 양도 당시 1주택 또는 무주택 세대의 구성원일 것 (2024. 12. 31. 신설)
② 제1항에 따라 양도소득세를 공제받은 자가 같은 항에 따른 납입액의 전부 또는 일부를 대통령령으로 정하는 바에 따라 해당 연금계좌에서 연금수령 외의 방식으로 인출하는 경우에는 그 공제받은 세액에 상

상공인 보호 및 지원에 관한 법률」 제17조 따른 소상공인시장진흥공단에서 확인하는 서류 (2021. 2. 2. 개정 ; 소상공인 기본법 시행령 부칙)

제99조의 12 【감염병 예방 조치에 따른 소상공인 손실보상금에 대한 과세특례】 법 제99조의 13 제1항을 적용받으려는 내국인은 해당 사업연도의 과세표준신고를 할 때 기획재정부령으로 정하는 손실보상금 익금불산입명세서를 납세지 관할 세무서장에게 제출해야 한다. (2024. 2. 29. 신설)

제99조의 13 【연금계좌 납입에 대한 양도소득세의 과세특례】 ① 법 제99조의 14 제1항 각 호 외의 부분 전단에서 "대통령령으로 정하는 부동산"이란 국내에 소유한 토지 또는 건물로서 10년 이상 보유한 것(이하 "연금부동산"이라 한다)을 말한다. (2025. 2. 28. 신설)
② 법 제99조의 14 제1항에 따른 과세특례를 적용받으려는 자는 「소득세법」 제105조 또는 같은 법 제110조에 따른 양도소득과세표준신고와 함께 다음 각 호의 서류를 관할 세무서장에게 제출해야 한다. (2025. 2. 28. 신설)
1. 기획재정부령으로 정하는 세액공제신청서 (2025. 2. 28. 신설)
2. 「소득세법 시행령」 제40조의 2 제2항 제1호 라목에 따른 연금계좌 납입액(이하 이 조에서 "부동산연금 납입액"이라 한다)을 확인할 수 있는 서류로서 기획재정부령으로 정하는 서류 (2025. 2. 28. 신설)
③ 법 제99조의 14 제2항에서 "대통령령으로 정하는 바에 따라 해당 연금계좌에서 연금수령 외의 방식으로 인출하는 경우"란 법 제99조의 14 제1항을 적용받은 거주자가 부동산연금 납입액을 연금계좌에 납입

제45조의 3 【연금계좌 납입에 대한 양도소득세 과세특례 신청 서류】 영 제99조의 13 제2항 제2호에서 "기획재정부령으로 정하는 서류"란 「소득세법 시행규칙」 별지 제38호의 2 서식의 납입확인서를 말한다. (2025. 3. 21. 신설)

당하는 금액을 양도소득세로 납부하여야 한다. (2024. 12. 31. 신설)
③ 제1항을 적용할 때 공제의 신청 절차, 제출 서류, 그 밖에 필요한 사항은 대통령령으로 정한다. (2024. 12. 31. 신설)

편주 ▶
법 99조의 14의 개정규정은 2025. 1. 1. 이후 부동산을 양도하는 경우부터 적용함. (법 부칙(2024. 12. 31.) 16조)

제100조 【근로자의 주거안정 지원을 위한 과세특례】 농특비
「한국주택금융공사법」 제2조 제10호에 따른 사업주(이하 이 조에서 "사업주"라 한다)가 주택이 없는 근로자에게 「주택법」에 따른 국민주택 규모 이하 주택의 취득 또는 임차에 드는 자금을 2009년 12월 31일까지 보조하는 경우 그 보조금 중 대통령령으로 정하는 보조금을 손금에 산입하고, 무주택근로자가 사업주로부터 받는 해당 주택보조금에 대해서는 소득세를 부과하지 아니한다. (2010. 1. 1. 개정)

한 날부터 5년 이내에 그 연금계좌에서 「소득세법」 제20조의 3 제1항 제2호의 연금외수령하는 경우를 말한다. (2025. 2. 28. 신설)
④ 법 제99조의 14 제1항에 따른 과세특례를 적용받은 거주자의 연금계좌에서 일부 금액이 인출되는 경우에는 「소득세법 시행령」 제40조의 3 제2항 각 호의 순서대로 연금보험료가 인출될 때 해당 호의 연금보험료 중 부동산연금 납입액이 먼저 인출된 것으로 본다. (2025. 2. 28. 신설)

제100조 【주택보조금의 범위 등】 ① 법 제100조에서 "대통령령으로 정하는 보조금"이란 보조금을 지급하는 자의 정관 또는 사규나 주주총회·사원총회 또는 이사회의 결의에 의한 지급기준이 정하여지고 당해 지급기준에 따라 지급된 금액으로서 다음 각호의 규정에 의한 한도 이내의 금액을 말한다. (2010. 2. 18. 개정)
1. 주택의 취득에 소요되는 자금을 보조하는 경우에는 당해 주택의 취득가액의 100분의 5 (2003. 12. 30. 개정)
2. 주택의 임차에 소요되는 자금을 보조하는 경우에는 당해 주택의 임차자금(전세금 또는 보증금을 말한다)의 100분의 10 (2003. 12. 30. 개정)
② 법 제100조의 규정에 의한 보조금을 지급하는 자는 보조금을 지급한 날이 속하는 과세연도의 과세표준신고시에 기획재정부령이 정하는 보조금 지급명세서를 제출하여야 한다. (2008. 2. 29. 직제개정 ; 기획재정부와~직제 부칙)

관계조문 ▶▶
규칙 61조 1항 65호 ⇒ 주택보조금에 대한 지급명세서(별지 64호 서식)

제 10 절의 2　근로장려를 위한 조세특례
(2006. 12. 30. 신설)

제100조의 2 【근로장려세제】 저소득자의 근로를 장려하고 소득을 지원하기 위하여 제100조의 3부터 제100조의 13까지의 규정에 따른 근로장려세제를 적용하여 근로장려금을 결정·환급한다. (2010. 1. 1. 개정)

제100조의 3 【근로장려금의 신청자격】 ① 소득세 과세기간 중에 「소득세법」 제19조에 따른 사업소득, 같은 법 제20조에 따른 근로소득 또는 같은 법 제21조 제1항 제26호에 따른 종교인소득이 있는 거주자로서 대통령령으로 정하는 자는 다음 각 호의 요건을 모두 갖춘 경우 해당 소득세 과세기간의 근로장려금을 신청할 수 있다. (2017. 12. 19. 개정)
1. 거주자가 다음 각 목의 어느 하나에 해당할 것 (2017. 12. 19. 개정)
　가. 배우자 또는 제100조의 4 제1항에 따른 부양자녀(이하 이 절과 제10절의 4에서 "부양자녀"라 한다)가 있거나 제5항 제2호 나목에 따른 부 또는 모가 있는 경우 (2017. 12. 19. 개정)
　나. 해당 과세기간 종료일 현재 30세 이상이거나 대통령령으로 정하는 장애인인 경우 (2017. 12. 19. 개정)
1. 삭　제 (2018. 12. 24.)
2. 거주자(그 배우자를 포함한다. 이하 이 조에서 같다)의 대통령령으로 정하는 연간 총소득의 합계액(이하 제10절의 4에서 "연간 총소득의 합계액"이라 한다)이 거주자를 포함한 대통령령으로 정하는 1세대(이하 이 절과 제10절의 4에서 "가구"라 한다)의 구성원 전원(이하 이 절과 제10절의 4에서 "가구원"이라 한다)의 구성에 따라 정한 다음 표의 총소득기준금액(이하 이 절에서 "총소득기준금액"이라 한다) 미만일 것 (2021. 12. 28. 개정)

가구원 구성	총소득기준금액
단독가구	2천200만원
홑벌이 가구	3천200만원
맞벌이 가구	3천800만원

2. 거주자(그 배우자를 포함한다. 이하 이 조에서 같다)의 대통령령으로 정하는 연간 총소득의 합계액(이하 제10절의 4에서 "연간 총소득의 합계액"이라 한다)이 거주자를 포함한 대통령령으로 정하는 1

제 10 절의 2　근로장려를 위한 조세특례
(2007. 2. 28. 신설)

개정취지 ....
근로장려금 신청을 위한 맞벌이 가구 총소득기준금액 상향
• 단독가구가 혼인으로 인하여 근로장려금 신청에 불이익을 받지 않도록 하기 위하여 근로장려금 신청기준인 총소득기준금액을 맞벌이 가구의 경우 연 3천8백만원에서 단독가구 총소득기준금액의 두 배인 연 4천4백만원으로 상향함. (법 100조의 3 제1항 2호 개정 ; 2024. 12. 31.)
• 법 100조의 3 제1항 2호, 같은 조 5항 2호 나목 2) 단서의 개정규정은 2025. 1. 1. 이후 근로장려금을 신청하는 경우(법 100조의 6 제9항에 따라 2024년 과세기간의 하반기 소득분에 대하여 같은 조 7항에 따른 반기 신청을 한 것으로 보는 경우를 포함함)부터 적용함. (법 부칙(2024. 12. 31.) 17조)
....
☞

세대(이하 이 절과 제10절의 4에서 "가구"라 한다)의 구성원 전원(이하 이 절과 제10절의 4에서 "가구원"이라 한다)의 구성에 따라 정한 다음 표의 총소득기준금액(이하 이 절에서 "총소득기준금액"이라 한다) 미만일 것 (2024. 12. 31. 개정)

가구원 구성	총소득기준금액
단독가구	2천200만원
홀벌이 가구	3천200만원
맞벌이 가구	4천400만원

3. 가구원이 무주택 또는 「소득세법」 제89조 제1항 제3호에 따른 1세대 1주택(같은 법 시행령 제154조 제1항에 따른 보유기간의 적용은 제외한다)에 해당할 것 (2014. 1. 1. 개정)

3. 삭　제 (2016. 12. 20.)

제100조의 3【연간 총소득의 범위】① 법 제100조의 3 제1항 제2호에서 "대통령령으로 정하는 연간 총소득의 합계액"이란 해당 소득세 과세기간의 다음 각 호의 소득(그 수가 음수인 경우 영으로 본다)을 모두 합한 금액을 말한다. 다만, 비과세소득을 제외한다. (2020. 2. 11. 개정)

1. 「소득세법」 제16조 제1항 각 호에 따른 이자소득의 합계액 (2007. 2. 28. 신설)

2. 「소득세법」 제17조 제1항 각 호에 따른 배당소득의 합계액 (2007. 2. 28. 신설)

3. 「소득세법」 제18조 제1항 및 제2항에 따른 부동산임대소득금액. 다만, 소득금액이 부(負)의 수인 경우에는 영원(0원)으로 한다. (2007. 2. 28. 신설)

3. 삭　제 (2010. 2. 18.)

4. 「소득세법」 제19조 제1항 각 호에 따른 사업소득(이하 이 절에서 "사업소득"이라 한다)에 다음 각 목의 율(이하 이 절에서 "조정률"이라 한다)을 곱한 금액. 다만, 2 이상의 사업소득이 있는 경우에는 각각의 사업소득에 조정률을 곱한 금액을 모두 합산한다. (2020. 2. 11. 개정)

가. 도매업 : 100분의 20 (2013. 2. 15. 개정)

나. 농업·임업 및 어업, 소매업 : 100분의 25 (2022. 2. 15. 개정)

다. 광업, 자동차 및 부품 판매업, 그 밖에 다른 목에 해당되지 않는 사업 : 100분의 30 (2022. 2. 15. 개정)

라. 제조업, 음식점업(제29조 제3항 제2호에 따른 주점업은 제외한다), 「소득세법 시행령」 제122조 제1항에 따른 부동산매매업 : 100분의 40 (2022. 2. 15. 개정)

마. 전기·가스·증기 및 수도사업, 건설업(비주거용 건물 건설업은 제외하고, 주거용 건물 개발 및 공급업을 포함한다) : 100분의 45 (2022. 2. 15. 개정)

바. 제29조 제3항 제2호에 따른 주점업, 숙박업, 하수·폐기물처리·원료재생 및 환경복원업, 운수업, 출판·영상·방송통신업 : 100분의 55 (2022. 2. 15. 신설)

사. 상품중개업, 컴퓨터 및 정보서비스업, 보험 및 연금업, 금융 및 보험관련 서비스업 : 100분의 60 (2022. 2. 15. 신설)

아. 금융업, 예술·스포츠 및 여가 관련 서비스업, 수리 및 기타 개인 서비스업[인적(人的)용역(「부가가치세법」 제26조 제1항 제15호 및 같은 법 시행령 제42조에 따른 것을 말한다. 이하 이 절에서 같다)은 제외한다] : 100분의 70 (2022. 2. 15. 신설)

자. 부동산 관련 서비스업, 전문·과학 및 기술서비스업, 사업시설관리 및 사업지원서비스업, 교육서비스업, 보건업 및 사회복지서비스업 : 100분의 75 (2022. 2. 15. 신설)

차. 「소득세법」 제45조 제2항에 따른 부동산임대업, 임대업(부동산 제외), 인적용역, 가구 내 고용활동 : 100분의 90 (2022. 2. 15. 목번개정)

5. 「소득세법」 제20조 제1항 각 호에 따른 근로소득의 합계액(이하 이 절에서 "근로소득"이라 한다) (2020. 2. 11. 개정)

6. 「소득세법」 제20조의 3 제1항 각 호에 따른 연금소득의 합계액. 이 경우 「소득세법」 제20조의 3 제2항에 따라 연금소득에서 제외되는 소득을 포함한다. (2007. 2. 28. 신설)

7. 「소득세법」 제21조 제1항(같은 항 제26호에 따른 종교인소득은 제외한다)부터 제3항까지의 규정에 따른 기타소득금액 (2022. 2. 15. 개정)

8. 「소득세법」 제21조 제1항 제26호에

☞ p.1616 2단 연결

따른 종교인소득의 합계액(이하 이 절에서 "종교인소득"이라 한다) (2020. 2. 11. 개정)

② 법 제100조의 3 제1항 제1호에 따른 배우자인지 여부는 해당 연도의 과세기간 종료일 현재를 기준으로 한다. (2012. 2. 2. 개정)

② 삭 제 (2013. 2. 15.)

③ 법 제100조의 3 제6항 각 호 외의 부분 전단에서 "대통령령으로 정하는 거주자"란 다음 각 호의 어느 하나에 해당하지 아니하는 거주자를 말한다. (2014. 2. 21. 개정)

1. 「소득세법」 제14조 제3항 제2호에 따른 일용근로자 (2012. 2. 2. 신설)

2. 「기간제 및 단시간근로자 보호 등에 관한 법률」에 따른 기간제근로자 또는 단시간근로자 (2012. 2. 2. 신설)

3. 인적 용역의 공급에서 발생하는 소득이 있는 사업자 (2014. 2. 21. 신설)

③ 삭 제 (2015. 2. 3.)

제100조의 4 【1세대의 범위 및 재산의 판정기준】 ① 법 제100조의 3 제1항 제2호에서 "대통령령으로 정하는 1세대"란 해당 소득세 과세기간 종료일 현재 거주자와 다음 각 호의 어느 하나에 해당하는 자가 구성하는 세대를 말한다. (2020. 2. 11. 개정)

1. 배우자 (2016. 2. 5. 개정)

2. 거주자 또는 그 배우자와 동일한 주소 또는 거소에 거주하는 직계존속(사망한 종전 배우자의 직계존속을 포함하고, 직계존속이 재혼한 경우에는 해당 직계존속의 배우자를 포함한다. 이하 이 항에서 같다) 및 직계비속(그 배우자 및 동거입양자와 그 배우자를 포함한다. 이하 이 항에서 같다) (2020. 2. 11. 개정)

3. 법 제100조의 4 제1항에 따른 부양자녀(이하 이 절과 제10절의 4에서 "부양자녀"라 한다) (2020. 2. 11. 개정)

4. 거주자 또는 그 배우자의 주소 또는 거소의 소유자인 직계존속 및 직계비속 (2020. 2. 11. 신설)

4. 삭 제 (2022. 2. 15.)

② 동일한 주소 또는 거소에 거주하는 형제자매인 복수의 거주자가 각각 법 제100조의 3 제5항 제2호 나목에 따른 직계존속이 있는 홑벌이 가구(이하 이 항에서 "홑벌이 가구"라 한다)에 해당하는 경우에는 다음 각 호의 순서에 따른 선순위 거주자의 가구만을 홑벌이 가구로 본다. 다만, 해당 거주자 간에 합의하여 정한 사람이 있는 경우에는 그 사람의 가구만을 홑벌이 가구로 본다. (2024. 2. 29. 개정)

1. 해당 거주자 간 상호합의로 정한 사람 (2020. 2. 11. 신설)

1. 삭 제 (2024. 2. 29.)

2. 해당 소득세 과세기간의 법 제100조의 3 제5항 제3호에 따른 총급여액 등(이하 이 절과 제10절의 4에서 "총급여액 등"이라 한다)이 많은 사람 (2020. 2. 11. 신설)

3. 홑벌이 가구로서 산정한 해당 소득세 과세기간의 근로장려금이 많은 사람 (2020. 2. 11. 신설)

4. 홑벌이 가구로서 해당 소득세 과세기간 직전 과세기간의 근로장려금을 받은 사람 (2020. 2. 11. 신설)

☞ p.1617 2단 연결

4. 가구원이 소유하고 있는 토지·건물·자동차·예금 등 대통령령으로 정하는 재산의 합계액(이하 제10절의 4에서 "가구원 재산의 합계액"이라 한다)이 2억 4천만원 미만일 것 (2022. 12. 31. 개정)

② 제1항에도 불구하고 다음 각 호의 어느 하나에 해당하는 거주자는 근로장려금을 신청할 수 없다. (2013. 1. 1. 개정)

1. 삭　제 (2014. 1. 1.)

2. 해당 소득세 과세기간 종료일 현재 대한민국 국적을 보유하지 아니한 사람. 다만, 다음 각 목의 어느 하나에 해당하는 사람은 제외한다. (2017. 12. 19. 개정)

　가. 대한민국 국적을 가진 사람과 혼인한 사람 (2017. 12. 19. 개정)

　나. 대한민국 국적의 제100조의 4 제1항에 따른 부양자녀(이하 이 절 및 제10절의 4에서 "부양자녀"라 한다)가 있는 사람 (2018. 12. 24. 개정)

3. 해당 소득세 과세기간 중 다른 거주자의 부양자녀인 자 (2013. 1. 1. 개정)

③ 거주자의 배우자에 해당하는지 여부와 직계존속 또는 직계비속의 배우자에 해당하는지 여부의 판정은 해당 소득세 과세기간 종료일 현재의 「가족관계의 등록 등에 관한 법률」 제9조 제1항에 따른 가족관계등록부에 따른다. 다만, 해당 소득세 과세기간 종료일 전에 사망한 배우자에 대해서는 사망일 전일의 「가족관계의 등록 등에 관한 법률」 제9조 제1항에 따른 가족관계등록부에 따른다. (2022. 12. 31. 개정)

④ 삭　제 (2014. 1. 1.)

⑤ 이 절과 제10절의 4에서 "단독가구", "홀벌이 가구" 및 "맞벌이 가구"의 뜻은 다음 각 호와 같다. (2019. 12. 31. 개정)

1. 단독가구 : 배우자, 부양자녀 및 제2호 나목에 따른 직계존속이 없는 가구 (2020. 12. 29. 개정)

2. 홀벌이 가구 : 다음 각 목의 어느 하나에 해당하는 가구 (2017. 12.

③ 법 제100조의 3 제1항 제4호에서 "대통령령으로 정하는 재산의 합계액"이란 다음 각 호의 재산의 가액을 모두 합한 금액을 말한다. (2010. 2. 18. 개정)

1. 「지방세법」 제104조 제1호부터 제3호까지의 규정에 따른 토지·건축물 및 주택. 다만, 「지방세법」 제109조 제3항 및 「지방세특례제한법」 제22조, 제41조, 제43조, 제50조, 제72조 제1항·제2항, 제89조 및 제90조에 따른 재산을 제외한다. (2017. 2. 7. 개정)

2. 「지방세법 시행령」 제123조 제1호 및 제2호에 따른 승용자동차. 다만, 영업용 승용자동차 및 「지방세법 시행령」 제121조 제2항 각 호에 따른 승용자동차를 제외한다. (2010. 9. 20. 개정 ; 지방세법 시행령 부칙)

3. 전세금(임차보증금을 포함한다. 이하 같다) (2012. 2. 2. 개정)

4. 현금 및 「소득세법」 제16조 제1항 제3호·제4호 및 제9호에 따른 이자소득을 발생시키는 예금·적금·부금·예탁금·저축성보험 등과 「소득세법」 제17조 제1항 제5호에 따른 배당소득을 발생시키는 집합투자기구의 금융재산 및 「소득세법」 제17조 제1항 제5호의 2에 따른 배당소득을 발생시키는 파생결합증권 또는 파생결합사채 (2020. 2. 11. 단서삭제)

5. 「지방세법」 제7조 제1항에 따른 각 회원권 (2014. 2. 21. 개정)

6. 기획재정부령으로 정하는 유가증권 (2008. 2. 29. 직제개정 ; 기획재정부와~직제 부칙)

7. 부동산을 취득할 수 있는 권리로서 기획재정부령으로 정하는 권리 (2008. 2. 29. 직제개정 ; 기획재정부와~직제 부칙)

④ 제3항 각 호에 따른 재산의 소유기준일은 해당 소득세 과세기간 종료일이 속하는 연도의 6월 1일로 한다. 다만, 다음 각 호의 어느 하나에 해당하는 경우에는 해당 소득세 과세기간 종료일이 속하는 과세연도 직전 연도의 6월 1일로 한다. (2019. 2. 12. 단서개정)

1. 거주자가 사망 또는 출국하는 경우로서 소득세 과세기간 종료일이 5월 31일 이전인 경우 (2019. 2. 12. 신설)

2. 법 제100조의 6 제7항에 따른 신청(같은 조 제9항에 따라 신청한 것으로 보는 경우를 포함한다. 이하 이 절에서 "반기 신청"이라 한

제45조의 5 【유가증권 등의 범위 및 가액】 (2025. 3. 21. 조번개정)

① 영 제100조의 4 제3항 제6호에서 "기획재정부령으로 정하는 유가증권"이란 다음 각 호의 유가증권을 말한다. (2022. 3. 18. 신설)

1. 주식 또는 출자지분 (2022. 3. 18. 신설)

2. 다음 각 목의 유가증권 (2022. 3. 18. 신설)

　가. 국채·지방채 또는 특별법에 따라 설립된 법인이 그 특별법에 따라 발행한 채권 (2022. 3. 18. 신설)

　나. 사채(회사채 등 유가증권을 말한다) (2022. 3. 18. 신설)

19. 개정)

가. 배우자의 제3호에 따른 총급여액 등이 3백만원 미만인 가구 (2017. 12. 19. 개정)

나. 배우자 없이 부양자녀 있는 가구 또는 배우자 없이 다음의 요건을 모두 갖춘 직계존속(사망한 종전 배우자의 직계존속을 포함하고, 직계존속이 재혼한 경우에는 해당 직계존속의 배우자를 포함한다. 이하 이 목에서 같다)이 있는 가구 (2020. 12. 29. 개정)

1) 직계존속 각각의 연간 소득금액의 합계액이 100만원 이하일 것 (2019. 12. 31. 개정)

2) 해당 소득세 과세기간 종료일 현재 주민등록표상의 동거가족으로서 해당 거주자의 주소나 거소에서 현실적으로 생계를 같이 할 것. 다만, 해당 소득세 과세기간 종료일 전에 사망한 직계존속에 대해서는 사망일 전일을 기준으로 한다. (2019. 12. 31. 개정)

2) 해당 소득세 과세기간 종료일 현재 주민등록표상의 동거가족으로서 해당 거주자의 주소나 거소에서 현실적으로 생계를 같이 할 것. 다만, 해당 소득세 과세기간 종료일 전에 사망한 직계존속에 대해서는 사망일 전일을 기준으로 하며, 대통령령으로 정하는 장애인이 질병의 치료, 요양 등으로 본래의 주소나 거소를 일시 퇴거한 경우에는 생계를 같이한 것으로 본다. (2024. 12. 31. 단서개정)

3) 70세 이상일 것. 다만, 대통령령으로 정하는 장애인의 경우에는 연령의 제한을 받지 아니한다. (2020. 12. 29. 신설)

다)을 한 경우 (2020. 2. 11. 개정)

⑤ 제3항 제1호에 따른 재산의 소유자의 결정에 관해서는 「지방세법」 제107조를 준용한다. 이 경우 "납세의무자"를 "소유자"로 본다. (2017. 2. 7. 개정)

⑥ 제5항에 불구하고 여러 사람이 공동으로 주택을 소유한 때에는 각각 소유한 것으로 본다. (2007. 2. 28. 신설)

⑥ 삭　제 (2017. 2. 7.)

⑦ 제3항 제2호에 따른 승용자동차의 소유자 판정은 「지방세법」 제125조를 준용한다. 이 경우 "납세의무자"를 "소유자"로 본다. (2010. 9. 20. 개정 ; 지방세법 시행령 부칙)

⑧ 제3항 각 호에 따른 재산의 평가는 제4항에 따른 소유기준일 현재의 다음 각 호의 가액에 따른다. (2007. 2. 28. 신설)

1. 제3항 제1호의 재산 : 「지방세법」 제4조 제1항 및 제2항에 따른 시가표준액 (2015. 2. 3. 개정)

2. 제3항 제2호의 승용자동차 : 「지방세법」 제4조 제2항 및 「지방세법 시행령」 제4조 제1항 제3호에 따른 시가표준액 (2010. 9. 20. 개정 ; 지방세법 시행령 부칙)

2의 2. 주택 및 오피스텔(「주택법 시행령」 제4조 제4호에 따른 오피스텔을 말한다)에 대한 제3항 제3호의 전세금 : 다음 각 목의 구분에 따른 금액 (2022. 2. 15. 개정)

가. 거주자 또는 그 배우자의 직계존비속(그 배우자를 포함한다)으로부터 임차한 주택의 경우 : 「소득세법」 제99조 제1항 제1호 다목 및 라목의 기준시가를 적용하여 평가한 금액(기준시가가 없는 경우에는 제1호에 따른 금액) (2022. 2. 15. 개정)

나. 가목 외의 경우 : 「소득세법」 제99조 제1항 제1호 다목 및 라목의 기준시가를 적용하여 평가한 금액의 100분의 60 이내에서 국세청장이 정하여 고시하는 금액(기준시가가 없는 경우에는 제1호에 따른 금액의 100분의 60 이내에서 국세청장이 정하여 고시하는 금액). 다만, 근로장려금을 신청한 거주자가 제100조의 7 제2항 제2호에 따른 임대차계약서 사본을 제출하고 그에 따른 전세금이 본문에 따른 금액보다 적은 경우에는 해당 임대차계약서에 따른 전세금으로 한다. (2022. 2. 15. 개정)

다. 수표 또는 어음 (2022. 3. 18. 신설)

② 영 제100조의 4 제3항 제7호에서 "기획재정부령으로 정하는 권리"란 다음 각 호의 권리를 말한다. (2022. 3. 18. 신설)

1. 「소득세법」 제88조 제9호에 따른 조합원입주권 (2022. 3. 18. 신설)

2. 건물이 완성되는 때에 그 건물과 이에 부수되는 토지를 취득할 수 있는 권리(제1호에 따른 조합원입주권은 제외한다) (2022. 3. 18. 신설)

3. 다음 각 목의 법률에 따른 토지상환채권 (2022. 3. 18. 신설)

가. 「택지개발촉진법」 (2022. 3. 18. 신설)

나. 「도시개발법」 (2022. 3. 18. 신설)

다. 「기업도시개발 특별법」 (2022. 3. 18. 신설)

라. 「신항만건설촉진법」 (2022. 3. 18. 신설)

마. 「혁신도시 조성 및 발전에 관한 특별법」 (2022. 3. 18. 신설)

바. 「한국토지주택공사법」 (2022. 3. 18. 신설)

4. 「주택법」 제80조에 따른 주택상환사채 (2022. 3. 18. 신설)

③ 영 제100조의 4 제8항 제5호에 따른 제1항 각 호의 유가증권에 대한 평가액은 다음 각 호의 가액으로 한다. (2022. 3. 18. 개정)

1. 「자본시장과 금융투자업에 관한 법률」에 따른 주권상장법인의 주식 : 소유기준일(영 제100조의 4 제4항에 따른 소유기준일을 말한다. 이하 이 조에서 같

3. 맞벌이 가구 : 거주자 및 그 배우자의 소득세 과세기간 중에 다음
   각 목의 금액을 모두 합한 금액(비과세소득과 대통령령으로 정하는
   사업소득, 근로소득 또는 종교인소득은 제외하며, 이하 이 절과 제
   10절의 4에서 "총급여액 등"이라 한다)이 각각 3백만원 이상인 가
   구 (2021. 12. 28. 개정)
   가. 「소득세법」 제19조 제1항 각 호에 따른 사업소득 중 대통령령
       으로 정하는 소득의 금액 (2014. 1. 1. 신설)
   나. 「소득세법」 제20조 제1항 각 호에 따른 근로소득의 금액 (2014.
       1. 1. 신설)
   다. 「소득세법」 제21조 제1항 제26호에 따른 종교인소득의 금액
       (2017. 12. 19. 신설)
⑥ 제1항부터 제5항까지의 규정에도 불구하고 제100조의 6 제7항에

근로장려금 신청자격 확인을 위한 임차주택 전세금 평가방법 (국세청고시
제2021－6호, 2021. 4. 30.)

3. 제3항 제4호의 예금·적금·부금·예탁금·저축성보험 및 집합투
   자기구 등의 금융재산 : 금융재산의 잔액. 다만, 보통예금, 저축예금
   및 자유저축예금 등 요구불예금의 경우에는 해당 소득세 과세기간
   종료일이 속하는 연도의 3월 2일부터 6월 1일까지의 기간 동안의
   일평균잔액으로 한다. (2021. 2. 17. 단서신설)
4. 제3항 제5호의 회원권 : 「소득세법 시행령」 제165조 제8항 제3호에
   따라 평가한 가액 (2007. 2. 28. 신설)
5. 제3항 제6호 및 제7호의 재산 : 해당 재산의 가치를 고려하여 기획
   재정부령으로 정하는 방법에 따라 평가한 가액 (2008. 2. 29. 직제개
   정 ; 기획재정부와～직제 부칙)
⑨ 법 제100조의 3 제5항 제2호 나목 2) 단서 및 같은 목 3) 단서에서
"대통령령으로 정하는 장애인"이란 각각 「장애인고용촉진 및 직업재
활법」 제2조 제2호에 따른 중증장애인과 「5·18민주화운동 관련자 보
상 등에 관한 법률」에 따라 장해등급 3급 이상으로 판정된 사람으로서
다음 각 호의 어느 하나에 해당하는 사람을 말한다. (2025. 2. 28. 개정)
1. 거주자 또는 그 배우자와 같은 주소 또는 거소에 거주하는 사람
   (2021. 2. 17. 신설)
2. 질병의 치료, 요양 등으로 거주자 또는 그 배우자의 주소 또는 거소
   에서 일시퇴거한 사람 (2021. 2. 17. 신설)

제100조의 6 【근로장려금 산정 등】 ① 법 제100조의 3 제5항
제3호 가목에서 "대통령령으로 정하는 소득의 금액"이란 제100조의 2
제4항에 따른 자의 해당 사업소득에 제100조의 3 제1항 제4호 각 목의
조정률을 곱한 금액의 합계를 말한다. (2015. 2. 3. 개정)

규칙 61조 1항 65호의 2 ⇒ 근로장려금신청서(별지 64호의 2 서식)

다) 현재 법률 제11845호 자본시장과
금융투자업에 관한 법률 일부개정법률
부칙 제15조 제1항에 따라 거래소허가
를 받은 것으로 보는 한국거래소(이하
"한국거래소"라 한다)의 최종시세가액.
다만, 소유기준일 현재의 최종시세가액
이 없는 경우에는 직전 거래일의 최종
시세가액으로 한다. (2015. 3. 13. 개정)
2. 제1호 외의 주식, 출자지분 및 제1항 제
   2호에 따른 유가증권 : 액면가액 (2023.
   3. 20. 개정)
④ 영 제100조의 4 제8항 제5호에 따른 제
2항 각 호의 권리에 대한 평가액은 다음 각
호의 가액으로 한다. (2022. 3. 18. 개정)
1. 제2항 제1호에 따른 조합원입주권 : 다
   음 각 목의 구분에 따른 금액 (2022. 3.
   18. 개정)
   가. 소유기준일 현재 청산금을 납부한
       경우 : 「도시 및 주거환경정비법」
       제74조에 따른 관리처분계획에 의
       하여 정하여진 가격에 청산금(납
       부한 금액에 한한다)을 합한 금액
       (2020. 3. 13. 개정)
   나. 소유기준일 현재 청산금을 지급받
       은 경우 : 「도시 및 주거환경정비
       법」 제74조에 따른 관리처분계획
       에 의하여 정하여진 가격에 청산금
       (지급받은 금액에 한한다)을 차감
       한 금액 (2020. 3. 13. 개정)
2. 제2항 제2호에 따른 권리 : 소유기준일 현
   재까지 납입한 금액 (2022. 3. 18. 개정)
3. 제2항 제3호 및 제4호에 따른 채권 : 액

따른 신청(같은 조 제9항에 따라 신청한 것으로 보는 경우를 포함한다. 이하 이 절과 제10절의 4에서 "반기 신청"이라 한다)이 있는 경우에는 해당 요건에 해당하는지 여부의 판정은 해당 소득세 직전 과세기간 종료일 현재의 상황에 따른다. (2019. 12. 31. 개정)

⑦ 제1항 제4호에 따른 재산의 소유기준일, 평가방법, 그 밖에 필요한 사항은 대통령령으로 정한다. (2016. 12. 20. 개정)

　제100조의 4【부양자녀의 요건과 판정시기】(2011. 12. 31. 제목개정)

① 부양자녀는 다음 각 호의 요건을 모두 갖춘 사람을 말한다. (2011. 12. 31. 개정)

② 법 제100조의 3 제5항 제3호 각 목 외의 부분에서 "대통령령으로 정하는 사업소득, 근로소득 또는 종교인소득"이란 다음 각 호의 어느 하나에 해당하는 소득을 말한다. (2020. 2. 11. 개정)

1. 본인 및 배우자의 직계존비속(그 배우자를 포함한다)으로부터 받은 「소득세법」 제127조 제1항 제3호에 따른 원천징수대상 사업소득 및 근로소득 (2020. 2. 11. 개정)

2. 기획재정부령으로 정하는 사업자 외의 자로부터 지급받은 근로소득 (2013. 2. 15. 개정)

3. 「소득세법」 제20조 제1항 제3호에 따른 근로소득 (2013. 2. 15. 개정)

4. 해당 소득세 과세기간 중 「소득세법」 제168조 제3항 또는 「부가가치세법」 제8조 제7항에 따른 사업자등록을 하지 아니한 자의 사업소득. 다만, 인적 용역의 공급에서 발생하는 소득으로 기획재정부령으로 정하는 사업자로부터 받은 소득은 제외한다. (2022. 2. 15. 개정)

5. 「소득세법」 제45조 제2항에 따른 부동산임대업에서 발생하는 소득 (2021. 2. 17. 신설)

③ 법 제100조의 5 제2항 제1호에서 "대통령령으로 정하는 근무월수"란 각각 월 15일 이상 근무한 월을 1월로 보아 계산하고, 신청한 연도의 6월 30일 현재 계속 근무하는 상용근로자(「소득세법」 제14조 제3항 제2호에 따른 일용근로자가 아닌 근로자를 말한다. 이하 이 절에서 같다)에게 적용한다. 다만, 일용근로소득이나 중도퇴직자의 상용근로소득(상용근로자에게 지급하는 근로소득을 말한다)에 대해서는 실제 근무월수와 무관하게 근무월수를 6개월로 본다. (2020. 2. 11. 개정)

③ 법 제100조의 5 제2항 제1호 계산식에서 "대통령령으로 정하는 근무월수"란 각각 월 15일 이상 근무한 월을 1월로 보아 계산하고, 신청한 연도의 6월 30일 현재 계속 근무하는 상용근로자(「소득세법」 제14조 제3항 제2호에 따른 일용근로자가 아닌 근로자를 말한다. 이하 이 절에서 같다)에게 적용한다. 다만, 일용근로소득이나 중도퇴직자의 상용근로소득(상용근로자에게 지급하는 근로소득을 말한다)에 대해서는 실제 근무월수와 무관하게 근무월수를 6개월로 본다. (2025. 2. 28. 개정)

④ 삭 제 (2021. 2. 17.)

⑤ 법 제100조의 5 제5항에 따른 근로장려금산정표는 별표 11과 같다. (2019. 2. 12. 개정)

면가액 (2022. 3. 18. 개정)

　제45조의 6【사업자 외의 자의 범위 등】(2025. 3. 21. 조변개정)

영 제100조의 6 제2항 제2호에서 "기획재정부령으로 정하는 사업자 외의 자"라 함은 다음 각 호의 어느 하나를 교부 또는 부여받지 아니한 자를 말하고, 같은 항 제4호의 단서에서 "기획재정부령으로 정하는 사업자"라 함은 다음 각 호의 어느 하나를 교부 또는 부여받은 자를 말한다. (2015. 3. 13. 개정)

1. 「소득세법」 제168조 제3항, 「법인세법」 제111조 제3항 또는 「부가가치세법」 제8조 제5항에 따른 사업자등록증 (2014. 3. 14. 개정)

2. 「소득세법」 제168조 제5항에 따른 고유번호 (2007. 3. 30. 신설)

편주 ▶

영 별표 11의 개정규정은 2025. 1. 1. 이후 근로장려금을 신청(법 100조의 6 제9항에 따라 2024년 과세기간의 하반기 소득분에 대하여 같은 조 7항에 따른 반기 신청을 한 것으로 보는 경우를 포함함)하는 경우부터 적용함. (영 부칙(2025. 2. 28.) 14조 2항)

1. 거주자(그 배우자를 포함한다. 이하 이 호에서 같다)의 자녀이거나
   대통령령으로 정하는 동거입양자일 것. 다만, 부모가 없거나 부모가
   자녀를 부양할 수 없는 경우로서 대통령령으로 정하는 경우에는 거
   주자의 손자·손녀 또는 형제자매를 포함한다. (2014. 1. 1. 개정)
2. 18세 미만일 것. 다만, 대통령령으로 정하는 장애인의 경우에는 연
   령의 제한을 받지 아니한다. (2011. 12. 31. 개정)
3. 연간 소득금액의 합계액이 100만원 이하일 것 (2011. 12. 31. 개정)
4. 주민등록표상의 동거가족으로서 해당 거주자의 주소나 거소에서 현
   실적으로 생계를 같이 하는 사람일 것. 다만, 직계비속의 경우에는
   그러하지 아니하다. (2011. 12. 31. 개정)
② 거주자 또는 직계비속이 아닌 부양자녀가 취학 또는 질병의 요양,
근무상 또는 사업상의 형편 등으로 본래의 주소나 거소를 일시 퇴거한
경우에는 제1항 제4호에 따른 생계를 같이 하는 사람으로 한다. (2011.
12. 31. 개정)
③ 부양자녀에 해당하는지 여부의 판정은 해당 소득세 과세기간 종
료일 현재의 상황에 따른다. 다만, 해당 소득세 과세기간 종료일 전에
사망한 자 또는 장애가 치유된 자에 대해서는 사망일 전일 또는 치유
일 전일의 상황에 따른다. (2013. 1. 1. 개정)
④ 부양자녀가 해당 소득세 과세기간 중에 18세 미만에 해당하는 날이
있는 경우에는 제3항 본문에도 불구하고 18세 미만으로 본다. (2013.
1. 1. 개정)

　　제100조의 2【부양자녀의 범위 및 근로장려금의 신청대상】
(2013. 2. 15. 제목개정)
① 법 제100조의 4 제1항 제1호 본문에서 "대통령령으로 정하는 동거
입양자"란 「민법」 또는 「입양특례법」에 따라 입양한 양자 및 사실상
입양상태에 있는 자로서 주민등록표상의 동거가족인 자(이하 이 절에
서 "동거입양자"라 한다)를 말한다. (2020. 2. 11. 개정)
② 법 제100조의 4 제1항 제1호 단서에서 "부모가 없거나 부모가 자
녀를 부양할 수 없는 경우로서 대통령령으로 정하는 경우"란 거주자
의 자녀가 아닌 주민등록표상의 동거가족으로서 다음 각 호의 어느
하나에 해당하는 경우를 말한다. (2012. 2. 2. 개정)
1. 거주자가 부모 모두가 없는 손자녀 또는 형제자매를 부양하는 경우
   (2020. 2. 11. 개정)
2. 거주자가 부모(부모 중 한 명만 있는 경우를 포함한다. 이하 이 호
   에서 같다)가 있는 손자녀 또는 형제자매를 부양하는 경우로서 다
   음 각 목의 모두에 해당하는 경우 (2020. 2. 11. 개정)
   가. 그 부모 각각의 해당 소득세 과세기간의 소득금액 합계액이 100
       만원 이하일 것 (2020. 2. 11. 개정)
   나. 그 부 또는 모가 「장애인고용촉진 및 직업재활법」 제2조 제2호
       에 따른 중증장애인이거나 「5·18민주화운동 관련자 보상 등
       에 관한 법률」 제5조 제5항에 따라 장해등급 3등급 이상으로
       지정될 것 (2020. 2. 11. 개정)
3. 거주자가 부모 중 한 명만 있는 손자녀를 부양하는 경우로서 그 부 또
   는 모가 다음 각 목의 모두에 해당하는 경우 (2020. 2. 11. 개정)
   가. 해당 소득세 과세기간 종료일 현재 18세 미만일 것. 다만, 해
       당 소득세 과세기간 중에 18세 미만에 해당하는 날이 있는
       경우에는 18세 미만으로 본다. (2020. 2. 11. 개정)
   나. 해당 소득세 과세기간의 소득금액 합계액이 100만원 이하일 것
       (2020. 2. 11. 개정)
③ 법 제100조의 4 제1항 제2호 단서에서 "대통령령으로 정하는 장애
인"이란 각각 「장애인고용촉진 및 직업재활법」 제2조 제2호에 따른 중
증장애인과 「5·18민주화운동 관련자 보상 등에 관한 법률」 제5조 제
5항에 따라 장해등급 3등급 이상으로 지정된 사람으로서 다음 각 호의

⑤ 거주자의 부양자녀가 다른 거주자의 부양자녀에 해당하는 경우에는 대통령령으로 정하는 바에 따라 어느 한 거주자의 부양자녀로 한다. (2010. 1. 1. 개정)

⑥ 제1항부터 제5항까지의 규정에도 불구하고 반기 신청이 있는 경우에는 해당 요건에 해당하는지 여부의 판정은 해당 소득세 직전 과세기간 종료일 현재의 상황에 따른다. (2019. 12. 31. 개정)

　제100조의 5 【근로장려금의 산정】 ① 근로장려금은 총급여액 등을 기준으로 다음 각 호의 구분에 따라 계산한 금액으로 한다. (2019. 12. 31. 후단삭제)

1. 단독가구인 경우 : 다음 각 목의 구분에 따라 계산한 금액 (2022. 12. 31. 개정)

목별	총급여액 등	근로장려금
가	400만원 미만	총급여액 등 × 400분의 165
나	400만원 이상 900만원 미만	165만원

어느 하나에 해당하는 사람을 말한다. (2020. 2. 11. 개정)

1. 거주자(그 배우자를 포함한다. 이하 이 항에서 같다)와 동일한 주소 또는 거소에 거주하는 사람 (2020. 2. 11. 신설)

2. 질병의 치료, 요양 등으로 거주자의 주소 또는 거소에서 일시퇴거한 사람 (2020. 2. 11. 신설)

④ 법 제100조의 3 제1항 각 호 외의 부분에서 "대통령령으로 정하는 자"란 다음 각 호의 어느 하나에 해당하는 자(그 배우자를 포함한다)를 제외한 자를 말한다. (2022. 2. 15. 개정)

1. 해당 소득세 과세기간 중 「부가가치세법 시행령」 제109조 제2항 제7호에 해당하는 사업을 영위하는 자 (2022. 2. 15. 신설)

2. 해당 소득세 과세기간 종료일 현재 계속 근무하는 상용근로자(「소득세법」 제14조 제3항 제2호에 따른 일용근로자가 아닌 근로자를 말한다)로서 기획재정부령으로 정하는 월 평균 근로소득이 500만원 이상인 자 (2022. 2. 15. 신설)

　제100조의 5 【부양자녀의 판단】 법 제100조의 4 제5항에 따라 거주자의 부양자녀가 다른 거주자의 부양자녀에 해당하는 경우에는 다음 각 호의 순서에 따른 선순위 거주자를 해당 소득세 과세기간에 부양자녀가 있는 거주자로 한다. 다만, 해당 거주자 간에 합의하여 정한 사람이 있는 경우에는 그 사람을 해당 소득세 과세기간에 부양자녀가 있는 거주자로 한다. (2024. 2. 29. 개정)

1. 해당 거주자 간 상호합의로 정한 사람 (2020. 2. 11. 개정)

1. 삭 제 (2024. 2. 29.)

2. 해당 부양자녀와 동일한 주소 또는 거소에서 거주하는 사람 (2020. 2. 11. 개정)

3. 총급여액 등이 많은 사람 (2020. 2. 11. 신설)

4. 해당 부양자녀를 본인의 부양자녀로 하여 산정한 해당 소득세 과세기간의 근로장려금이 많은 사람 (2020. 2. 11. 신설)

5. 해당 부양자녀를 본인의 부양자녀로 하여 해당 소득세 과세기간 직전 과세기간의 근로장려금을 받은 사람 (2020. 2. 11. 신설)

　제45조의 4 【월 평균 근로소득의 계산】 (2025. 3. 21. 조번개정) 영 제100조의 2 제4항 제2호에서 "기획재정부령으로 정하는 월 평균 근로소득"이란 거주자가 해당 소득세 과세기간 종료일 현재 계속 근무하는 기업에서 받은 총급여액(「소득세법」 제20조 제2항에 따른 총급여액을 말한다. 이하 이 조에서 같다)을 해당 과세기간 중 해당 기업에서 근무한 기간의 개월 수로 나눈 금액을 말한다. 이 경우 15일 미만 근무한 달은 총급여액 및 근무한 기간의 개월 수의 계산에서 제외하되, 해당 과세기간 중 12월부터 근무한 경우에는 15일 미만 근무한 경우에도 1개월로 보아 월 평균 근로소득을 산정한다. (2022. 3. 18. 개정)

목별	총급여액 등	근로장려금
다	900만원 이상 2천200만원 미만	165만원 - (총급여액 등 - 900만원) × 1천300분의 165

2. 홑벌이 가구인 경우 : 다음 각 목의 구분에 따라 계산한 금액 (2022. 12. 31. 개정)

목별	총급여액 등	근로장려금
가	700만원 미만	총급여액 등 × 700분의 285
나	700만원 이상 1천400만원 미만	285만원
다	1천400만원 이상 3천200만원 미만	285만원 - (총급여액 등 - 1천400만원) × 1천800분의 285

3. 맞벌이 가구인 경우 : 다음 각 목의 구분에 따라 계산한 금액 (2022. 12. 31. 개정)

목별	총급여액 등	근로장려금
가	800만원 미만	총급여액 등 × 800분의 330
나	800만원 이상 1천700만원 미만	330만원
다	1천700만원 이상 3천800만원 미만	330만원 - (총급여액 등 - 1천700만원) × 2천100분의 330

3. 맞벌이 가구인 경우 : 다음 각 목의 구분에 따라 계산한 금액 (2024. 12. 31. 개정)

목별	총급여액 등	근로장려금
가	800만원 미만	총급여액 등 × 800분의 330
나	800만원 이상 1천700만원 미만	330만원
다	1천700만원 이상 4천400만원 미만	330만원 - (총급여액 등 - 1천700 만원) × 2천700분의 330

4. 부양자녀가 3명 이상인 경우 : 다음 각 목의 구분에 따라 계산한 금액 (2011. 12. 31. 개정)

목별	총급여액 등	근로장려금
가	900만원 미만	총급여액 등에 9분의 2를 곱한 금액
나	900만원 이상 1천200만원 미만	200만원

편주 ▶

법 100조의 5 제1항 3호, 같은 조 2항의 개정규정은 2025. 1. 1. 이후 근로장려금을 신청하는 경우(법 100조의 6 제9항에 따라 2024년 과세기간의 하반기 소득분에 대하여 같은 조 7항에 따른 반기 신청을 한 것으로 보는 경우를 포함함)부터 적용함. (법 부칙(2024. 12. 31.) 17조)

목별	총급여액 등	근로장려금
다	1천200만원 이상 2천500만원 미만	2천500만원에서 총급여액 등을 뺀 금액에 13분의 2를 곱한 금액

4. 삭 제 (2014. 1. 1.)

② 제1항에도 불구하고 반기 신청에 따른 근로장려금은 다음 각 호의 금액을 해당 기간의 총급여액 등으로 보아 제1항 각 호의 구분에 따라 계산한 금액의 100분의 35로 한다. (2019. 12. 31. 개정)

1. 1월 1일부터 6월 30일까지 발생한 소득분(이하 이 절에서 "상반기 소득분"이라 한다) : (상반기의 「소득세법」 제164조 및 제164조의 3에 따른 지급명세서 및 간이지급명세서상 근로소득 ÷ 대통령령으로 정하는 근무월수) × (대통령령으로 정하는 근무월수 + 6) (2021. 3. 16. 개정)

2. 7월 1일부터 12월 31일까지 발생한 소득분(이하 이 절에서 "하반기 소득분"이라 한다) : 상반기의 「소득세법」 제164조 및 제164조의 3에 따른 지급명세서 및 간이지급명세서상 근로소득 + 하반기의 같은 법 제164조 및 제164조의 3에 따른 지급명세서 및 간이지급명세서상 근로소득 (2021. 3. 16. 개정)

② 제1항에도 불구하고 반기 신청에 따른 근로장려금은 다음 각 호의 구분에 따른 금액으로 한다. (2024. 12. 31. 개정)

1. 1월 1일부터 6월 30일까지 발생한 소득분(이하 이 절에서 "상반기 소득분"이라 한다)에 대한 근로장려금: 다음의 계산식에 따라 계산한 금액을 해당 기간의 총급여액 등으로 보아 제1항 각 호의 구분에 따라 계산한 금액의 100분의 35에 해당하는 금액 (2024. 12. 31. 개정)

$$\frac{A}{B} \times C$$

A : 상반기의 「소득세법」 제164조의 지급명세서 및 같은 법 제164조의 3의 간이지급명세서에 따른 근로소득

B : 대통령령으로 정하는 근무월수

C : 대통령령으로 정하는 근무월수 + 6

2. 7월 1일부터 12월 31일까지 발생한 소득분(이하 이 절에서 "하반기 소득분"이라 한다)에 대한 근로장려금: 제1항 각 호의 구분에 따라 계산한 금액에서 이미 환급받은 상반기 소득분에 대한 근로장려금을 뺀 금액 (2024. 12. 31. 개정)

③ 제1항 및 제2항을 적용하는 경우 거주자의 배우자(비거주자는 제외한다. 이하 이 항에서 같다)가 사업소득, 근로소득 또는 종교인소득

이 있을 때에는 해당 거주자와 그 배우자 중 제100조의 6에 따라 근로
장려금을 신청한 자의 총급여액 등에 그 배우자의 총급여액 등을 합산
하여 총급여액 등을 산정한다. (2020. 12. 29. 개정)
④ 제1항 및 제2항에도 불구하고 제100조의 3 제1항 제4호에 따른 재
산의 합계액이 1억7천만원 이상인 경우에는 제1항 및 제2항에 따라 계
산한 금액의 100분의 50에 해당하는 금액을 근로장려금으로 한다.
(2022. 12. 31. 개정)
⑤ 제1항, 제2항 및 제4항에도 불구하고 근로장려금은 총급여액 등의
구간별로 작성한 대통령령으로 정하는 근로장려금산정표를 적용하여
산정한다. (2019. 12. 31. 개정)

　　제100조의 6【근로장려금의 신청 등】① 근로장려금을 받으려
는 거주자는 「소득세법」 제70조 또는 제74조에 따른 종합소득과세표준
확정신고 기간(이하 이 조에서 "신청기간"이라 한다)에 다음 각 호의 사
항이 포함된 근로장려금신청서에 근로장려금 신청자격을 확인하기 위
하여 필요한 대통령령으로 정하는 증거자료를 첨부하여 납세지 관할 세
무서장에게 근로장려금을 신청하여야 한다. (2020. 12. 29. 개정)
1. 신청자격 (2010. 1. 1. 개정)
2. 제100조의 5 제1항 및 제3항부터 제5항까지의 규정에 따라 산정한
　 근로장려금 (2018. 12. 24. 개정)
② 제1항·제7항 또는 제8항을 적용하는 경우 거주자가 사망하였을
때에는 거주자의 상속인이 거주자의 근로장려금을 신청할 수 있다. 이
경우 거주자가 근로장려금을 신청한 것으로 본다. (2018. 12. 24. 개정)
③ 해당 소득세 과세기간에 근로소득 외의 소득이 있는 거주자가
제7항에 해당하는 내용의 신청을 한 경우에는 제1항에 따른 근로장
려금을 신청한 것으로 본다. (2021. 12. 28. 신설)
④ 제1항·제7항 또는 제8항을 적용하는 경우 가구 내에서 둘 이상
거주자가 근로장려금을 신청한 때에는 대통령령으로 정하는 거주자 1
명이 근로장려금을 신청한 것으로 본다. (2018. 12. 24. 개정)
⑤ 제1항은 거주자가 「소득세법」 제70조 또는 제74조에 따른 종합소
득과세표준 확정신고 기간에 종합소득과세표준 확정신고(그 배우자의
종합소득과세표준 확정신고를 포함한다)와 제1항 또는 제8항에 따른

　　제100조의 7【신청서류 등】① 법 제100조의 6 제1항 및 제7항
에 따른 근로장려금 신청서(이하 이 절에서 "근로장려금신청서"라 한
다)에는 다음 각 호의 사항이 포함되어야 한다. (2020. 2. 11. 개정)
1. 신청자격에 관한 사항 (2007. 2. 28. 신설)
2. 총급여액 등 (2020. 2. 11. 개정)
3. 근로장려금 산정액 (2007. 2. 28. 신설)
4. 그 밖에 근로장려금의 신청자격 및 산정에 필요한 사항으로서 기획
　 재정부령으로 정하는 사항 (2008. 2. 29. 직제개정 ; 기획재정부
　 와~직제 부칙)
② 법 제100조의 6 제1항 각 호 외의 부분에서 "대통령령으로 정하는
증거자료"란 다음 각 호의 자료(이하 이 절에서 "증거자료"라 한다)를
말한다. (2020. 2. 11. 개정)
1. 근로소득, 사업소득 또는 종교인소득이 있음을 입증할 수 있는 자료
　 로서 다음 각 목의 어느 하나에 해당하는 자료. 다만, 제3항에 따라
　 열람한 근로소득 또는 사업소득 지급액을 근로장려금신청서에 기재
　 하여 제출하는 경우에는 해당 자료를 제출하지 아니할 수 있다.
　 (2019. 2. 12. 개정)
　 가. 근로소득 또는 사업소득 원천징수영수증 (2013. 2. 15. 개정)
　 나. 급여 또는 사업소득 수령통장 사본 (2013. 2. 15. 개정)
　 다. 그 밖에 근로소득, 사업소득 또는 종교인소득이 있음을 객관적
　 　 으로 확인할 수 있는 자료로서 국세청장이 정하는 자료 (2019.

신청을 한 경우에만 적용한다. 다만, 종합소득과세표준 확정신고 기간에 종합소득과세표준 확정신고를 하지 아니한 자가 제100조의 7에 따른 근로장려금의 결정일까지 종합소득과세표준을 「국세기본법」 제45조의 3에 따라 기한 후 신고(그 배우자의 종합소득과세표준 기한 후 신고를 포함한다)를 한 경우에는 「소득세법」 제70조 또는 제74조에 따른 종합소득과세표준 확정신고 기간에 종합소득과세표준 확정신고를 한 것으로 본다. (2020. 12. 29. 개정)

⑥ 다음 각 호의 어느 하나에 해당하는 때에는 이 절을 적용하는 경우 「소득세법」 제70조 또는 제74조에 따른 종합소득과세표준 확정신고를 한 것으로 본다. (2014. 12. 23. 개정)

1. 「소득세법」 제14조 제3항 제2호에 따른 일용근로자가 그 급여액에 대하여 제1항 또는 제8항에 따라 근로장려금을 신청하였을 때 (2014. 12. 23. 개정)

2. 「소득세법」 제70조 또는 제74조에 따른 종합소득과세표준 확정신고를 하여야 하는 자 중에서 종합소득금액 등을 고려하여 대통령령으로 정하는 자가 제1항 또는 제8항에 따라 근로장려금을 신청하였을 때 (2014. 12. 23. 개정)

3. 「소득세법」 제73조에 따라 종합소득과세표준 확정신고를 하지 아니하는 자가 제1항 또는 제8항에 따라 근로장려금을 신청하였을 때 (2014. 12. 23. 개정)

⑦ 제1항에도 불구하고 반기(半期)동안 대통령령으로 정하는 근로소득만 있는 거주자는 상반기 소득분에 대하여 9월 1일부터 9월 15일까지, 하반기 소득분에 대하여 다음 연도 3월 1일부터 3월 15일까지 다음 각 호의 사항이 포함된 근로장려금신청서에 근로장려금 신청자격을 확인하기 위하여 필요한 대통령령으로 정하는 자료를 첨부하여 납세지 관할 세무서장에게 근로장려금을 신청할 수 있다. (2019. 12. 31. 개정)

1. 신청자격 (2018. 12. 24. 신설)

2. 제100조의 5 제2항부터 제5항까지의 규정에 따라 산정한 근로장려금 (2018. 12. 24. 신설)

⑧ 제1항에 따른 신청기간에 근로장려금의 신청을 하지 아니한 거주자는 해당 신청기간 종료일의 다음 날부터 6개월 이내에 해당 근로장려금을 신청할 수 있다. (2019. 12. 31. 개정)

2. 12. 개정)

2. 제100조의 4 제8항 제2호의 2 나목 단서에 따라 전세금을 평가받으려는 경우 : 임대차계약서 사본 (2022. 2. 15. 개정)

3. 제100조의 4 제3항 제7호에 따른 부동산을 취득할 수 있는 권리가 있는 경우 : 분양계약서 사본과 분양대금 · 청산금 등 납입영수증, 토지상환채권 사본 또는 주택상환사채 사본 (2008. 2. 22. 신설)

③ 국세청장은 근로장려금 신청의 편의를 위해 「소득세법」 제164조 및 제164조의 3에 따라 제출받은 지급명세서 및 간이지급명세서에 기재된 근로소득 또는 사업소득 지급액을 기획재정부령으로 정하는 바에 따라 거주자가 열람할 수 있도록 해야 한다. (2021. 5. 4. 개정)

④ 법 제100조의 6 제4항에서 "대통령령으로 정하는 거주자 1명"이란 다음 각 호의 순서에 따른 선순위자를 말한다. 다만, 가구 내 둘 이상의 거주자가 각각 법 제100조의 6 제1항 및 제8항에 따른 신청을 한 경우에는 같은 조 제1항에 따른 신청을 한 거주자가 근로장려금을 신청한 것으로 보고, 각각 같은 조 제7항 및 제8항에 따른 신청을 한 경우에는 같은 조 제7항에 따른 신청을 한 거주자가 근로장려금을 신청한 것으로 본다. 다만, 해당 거주자 간에 합의하여 정한 사람이 있는 경우에는 그 사람을 말한다. (2024. 2. 29. 개정)

1. 해당 거주자 간 상호합의로 정한 사람 (2020. 2. 11. 개정)

1. 삭 제 (2024. 2. 29.)

2. 총급여액 등이 많은 사람 (2020. 2. 11. 개정)

3. 해당 소득세 과세기간의 근로장려금이 많은 사람 (2020. 2. 11. 개정)

4. 해당 소득세 과세기간 직전 과세기간의 근로장려금을 받은 사람 (2020. 2. 11. 신설)

⑤ 제4항에도 불구하고 가구 내 둘 이상의 거주자가 각각 법 제100조의 6 제1항 및 제8항에 따른 신청을 한 경우에는 같은 조 제1항에 따른 신청을 한 거주자가 근로장려금을 신청한 것으로 보고, 각각 같은 조 제7항 및 제8항에 따른 신청을 한 경우에는 같은 조 제7항에 따른 신청을 한 거주자가 근로장려금을 신청한 것으로 본다. (2024. 2. 29. 신설)

⑥ 근로장려금을 신청한 자는 법 제100조의 6 제12항에 따라 납세지 관할 세무서장이 근로장려금신청서의 내용과 신청자격에 대한

제45조의 8 【근로소득 및 사업소득 지급액의 열람】 (2025. 3. 21. 조번개정)

① 국세청장은 영 제100조의 7 제3항에 따른 근로소득 또는 사업소득 지급액을 「국세기본법」 제2조 제19호에 따른 국세정보통신망 등에 게시하여 거주자가 열람할 수 있도록 하여야 한다. (2013. 2. 23. 개정)

② 국세정보통신망 등에 의한 열람시기 및 열람방법 등은 국세청장이 정한다. (2007. 3. 30. 신설)

제45조의 7 【자료의 제출 등】 (2025. 3. 21. 조번개정)

① 영 제100조의 7 제6항에서 "기획재정부령으로 정하는 자료"란 거주자의 가족관계증명서(법 제100조의 3 제2항 제2호 단서에 따른 대한민국 국적을 가진 자와 혼인한 외국인의 경우는 배우자의 가족관계증명서를 말한다) 및 주민등록표등

⑨ 상반기 소득분에 대하여 제7항에 따른 신청을 한 경우 그 신청자의 의사에 따라 하반기 소득분에 대하여 같은 항에 따른 신청을 한 것으로 본다. (2019. 12. 31. 개정)

⑩ 납세지 관할 세무서장은 「소득세법」 제164조에 따른 지급명세서 등 과세자료를 이용하여 근로장려금의 신청안내 등 필요한 조치를 할 수 있다. (2014. 1. 1. 항번개정)

⑪ 납세지 관할 세무서장 또는 그 위임을 받은 세무공무원 등은 근로장려금 환급대상자가 누락되지 아니하도록 하기 위하여 거주자가 동의한 경우에는 근로장려금을 받으려는 거주자의 근로장려금을 직권으로 신청할 수 있다. (2020. 12. 29. 신설)

⑫ 근로장려금의 신청안내, 신청절차, 신청서식, 신청자격의 확인 등을 위한 자료의 제출, 그 밖에 필요한 사항은 대통령령으로 정한다. (2020. 12. 29. 항번개정)

제100조의 7【근로장려금의 결정】 ① 납세지 관할 세무서장은 다음 각 호의 어느 하나에 해당하는 신청을 받은 경우에는 해당 호에서 정한 기한이 지난 후 3개월 이내에 대통령령으로 정하는 바에 따라 근로장려금을 결정하여야 한다. 다만, 3개월 이내에 근로장려금을 결정하기 어려운 경우로서 대통령령으로 정하는 사유에 해당할 때에는 근로장려금의 결정 기한을 2개월의 범위에서 연장할 수 있다. (2018. 12. 24. 개정)

사실을 확인하기 위하여 기획재정부령으로 정하는 자료를 요청하면 그 자료를 제출하여야 한다. (2024. 2. 29. 개정)

⑦ 법 제100조의 6 제6항에 따라 종합소득과세표준 확정신고를 한 것으로 보는 경우에는 거주자가 그 확정신고서에 근로장려금을 기납부세액으로 기재하여 신고한 것으로 본다. (2024. 2. 29. 항번개정)

⑧ 법 제100조의 6 제6항 제2호에서 "종합소득금액 등을 고려하여 대통령령으로 정하는 자"란 종합소득금액이 「소득세법」 제50조에 따른 본인에 대한 기본공제액 이하이고, 다음 각 호의 어느 하나에만 해당하는 사람을 말한다. (2024. 2. 29. 항번개정)

1. 「소득세법 시행령」 제143조 제4항 각 호의 어느 하나에 해당하는 사업자 (2020. 2. 11. 신설)

2. 2명 이상으로부터 받는 「소득세법」 제73조 제2항 각 호의 어느 하나에 해당하는 소득이 있는 상용근로자 (2020. 2. 11. 신설)

⑨ 법 제100조의 6 제7항 각 호 외의 부분에서 "대통령령으로 정하는 근로소득만 있는 거주자"란 본인과 그 배우자가 해당 소득세 과세기간이 속하는 연도의 반기(半期)동안 근로소득(제100조의 6 제2항 제1호부터 제3호까지의 근로소득은 제외한다)만 있는 사람을 말한다. (2024. 2. 29. 항번개정)

⑩ 법 제100조의 6 제7항 각 호 외의 부분에서 "대통령령으로 정하는 자료"란 제2항 각 호의 자료를 말한다. (2024. 2. 29. 항번개정)

⑪ 납세지 관할 세무서장은 근로장려금신청서나 그 밖의 서류에 누락 또는 오류가 있다고 인정되는 때에는 20일 이내의 기간을 정하여 보정할 것을 요구할 수 있다. 다만, 보정할 사항이 경미한 경우에는 직권으로 보정할 수 있다. (2024. 2. 29. 항번개정)

제100조의 8【근로장려금의 결정】 ① 납세지 관할 세무서장은 다음 각 호의 사항을 확인하고 그 확인된 총급여액 등에 따라 법 제100조의 6에 따라 근로장려금을 신청한 자에게 환급해야 하는 근로장려금을 결정해야 한다. 이 경우 근로장려금신청서 또는 증거자료에 나타난 수입금액이 제3호의 금액과 차이가 있는 경우에는 「소득세법 시행령」 제144조 제1항 및 「부가가치세법 시행령」 제104조 제1항에 따른 추계 방법 또는 그 밖에 재산상황·소비지출상황 등을 고려하여 국세청장이

본과 다음 각 호의 해당 자료를 말한다. (2024. 3. 22. 개정)

1. 영 제100조의 2 제1항에 따른 동거입양자를 부양하는 경우 : 「가족관계의 등록 등에 관한 법률」에 따른 입양관계 증명서 (2020. 3. 13. 개정)

2. 영 제100조의 2 제2항 제1호 및 제3호에 따른 거주자의 손자녀 또는 형제자매를 부양하는 경우 : 부양자녀의 재학증명서 및 교육비납입증명서 등 부양사실을 입증하는 국세청장이 정하는 자료 (2007. 3. 30. 신설)

3. 영 제100조의 2 제2항 제2호에 따른 손자녀 또는 형제자매를 부양하는 경우 : 부양자녀의 재학증명서 및 교육비납입증명서 등 부양사실을 입증하는 국세청장이 정하는 자료와 다음 각 목의 어느 하나에 해당하는 자료 (2007. 3. 30. 신설)

가. 「장애인고용촉진 및 직업재활법 시행령」 제4조 제2항에 따른 고용노동부장관의 중증장애인 확인서 사본 (2021. 3. 16. 개정)

나. 「국가유공자등 예우 및 지원에 관한 법률」에 따른 국가유공자증 사본 (2007. 3. 30. 신설)

나. 「국가유공자등 예우 및 지원에 관한 법률 시행령」 제101조에 따른 국가보훈등록증 사본 (2025. 3. 21. 개정)

다. 「5·18민주유공자예우에 관한 법률 시행령」 제6조 제6항에 따른 5·18민주유공자증 사본 (2010. 4. 20. 개정)

다. 「5·18민주유공자예우 및 단체설립에 관한 법률 시행령」 제6조의 2

1. 제100조의 6 제1항 또는 제8항에 따른 신청을 받은 경우 : 「소득세법」 제70조 또는 제74조에 따른 종합소득과세표준 확정신고기한(제100조의 6 제8항에 따른 신청의 경우에는 그 신청일이 속하는 달의 말일) (2019. 12. 31. 개정)

2. 반기 신청을 받은 경우 : 제100조의 6 제7항 각 호 외의 부분에 따른 반기별 신청기한 (2019. 12. 31. 개정)

② 납세지 관할 세무서장은 제100조의 6 제8항에 따른 신청을 받은 경우에는 제100조의 5에 따라 산정한 금액의 100분의 95에 해당하는 금액을 근로장려금으로 결정한다. (2023. 12. 31. 개정)

③ 납세지 관할 세무서장은 제100조의 5에 따라 산정한 금액(그 금액이 제2항에 따라 감액되는 경우를 포함한다)이 1만5천원 미만인 경우에는 근로장려금이 없는 것으로 결정하고, 제100조의 5 제1항 제1호 가목, 같은 항 제2호 가목 또는 같은 항 제3호가목에 따라 계산한 금액(그 금액이 같은 조 제4항 및 이 조 제2항에 따라 감액되는 경우를 포함한다)이 1만5천원 이상 10만원 미만인 경우에는 10만원을 근로장려금으로 결정하며, 제100조의 5 제1항 제1호 다목, 같은 항 제2호 다목 또는 같은 항 제3호 다목에 따라 계산한 금액(그 금액이 같은 조 제4항 및 이 조 제2항에 따라 감액되는 경우를 포함한다)이 1만5천원 이상 3만원 미만인 경우에는 3만원을 근로장려금으로 결정한다. (2019. 12. 31. 개정)

④ 제1항부터 제3항까지의 규정에 따라 결정된 근로장려금은 제100조의 8에 따라 근로장려금을 환급받는 사람이 이미 납부한 해당 소득세 과세기간의 소득세액으로 본다. (2019. 12. 31. 개정)

합리적이라고 인정하는 방법에 따라 검증하여 확정된 수입금액을 기준으로 근로장려금을 결정해야 한다. (2021. 5. 4. 개정)

1. 법 제100조의 3에 따른 근로장려금의 신청자격 (2020. 2. 11. 개정)

2. 근로장려금신청서 또는 증거자료에 나타난 총급여액 등(배우자의 총급여액 등을 포함한다)이 총급여액 등을 지급하는 자가 법 제100조의 6 제1항에 따른 신청기간(같은 조 제8항에 따라 신청한 경우에는 그 신청한 날) 또는 같은 조 제7항에 따른 반기별 신청기간의 마지막 날까지 제출한 「소득세법」 제164조 및 제164조의 3에 따른 지급명세서 및 간이지급명세서에 의하여 입증되는 경우 등 객관적으로 인정되는 총급여액 등 (2021. 5. 4. 개정)

3. 근로장려금신청서 또는 증거자료에 나타난 수입금액으로서 「소득세법」 또는 「부가가치세법」에 따른 계산서, 세금계산서, 신용카드 및 현금영수증 등에 의하여 입증되는 등 객관적으로 인정되는 수입금액 (2020. 2. 11. 개정)

② 납세지 관할 세무서장은 제1항에 따라 근로장려금을 결정할 때 신청자(그 배우자를 포함한다)가 「소득세법」 제51조 제1항 제3호에 따른 추가공제(이하 이 항에서 "부녀자공제"라 한다)를 받은 경우에는 다음 계산식에 따라 계산한 금액을 공제하여야 한다. (2014. 2. 21. 신설)

부녀자공제를 적용하지 아니한 경우의 종합소득세 결정세액 – 부녀자공제를 적용한 경우의 종합소득세 결정세액

② 삭　제 (2017. 2. 7.)

③ 제1항에 따라 근로장려금을 결정한 후 주소득자의 변동사유가 발생하는 경우 주소득자는 제100조의 6 제4항 본문에도 불구하고 근로장려금 결정일 현재의 주소득자로 본다. (2020. 2. 11. 개정)

③ 삭　제 (2021. 2. 17.)

④ 납세지 관할 세무서장은 제100조의 7 제11항에 따른 보정요구에 불구하고 근로장려금 신청자가 신청자격과 근로장려금 결정에 필요한 사항을 보정하지 아니하는 경우에는 근로장려금 급여를 거부하는 결정을 할 수 있다. (2024. 2. 29. 개정)

⑤ 법 제100조의 7 제1항 단서에서 "대통령령으로 정하는 사유"란 다음 각 호의 어느 하나에 해당하는 경우를 말한다. (2014. 2. 21. 항번개정)

1. 근로장려금신청서와 첨부서류 등에 의하여 신청자격을 확인하는데

에 따른 국가보훈등록증 사본 (2025. 3. 21. 개정)

4. 영 제100조의 2 제3항 및 제100조의 4 제9항에 따른 장애인을 부양하는 경우 : 다음 각 목의 어느 하나에 해당하는 자료 (2021. 3. 16. 개정)

가. 「장애인고용촉진 및 직업재활법 시행령」 제4조 제2항에 따른 고용노동부장관의 중증장애인 확인서 사본 (2021. 3. 16. 개정)

나. 「국가유공자등 예우 및 지원에 관한 법률」에 따른 국가유공자증 사본 (2007. 3. 30. 신설)

나. 「국가유공자등 예우 및 지원에 관한 법률 시행령」 제101조에 따른 국가보훈등록증 사본 (2025. 3. 21. 개정)

다. 「5 · 18민주유공자예우에 관한 법률 시행령」 제6조 제6항에 따른 5 · 18민주유공자증 사본 (2010. 4. 20. 개정)

다. 「5 · 18민주유공자예우 및 단체설립에 관한 법률 시행령」 제6조의 2에 따른 국가보훈등록증 사본 (2025. 3. 21. 개정)

5. 법 제100조의 4 제2항, 영 제100조의 2 제3항 제2호 및 제100조의 4 제9항 제2호에 따른 일시 퇴거의 경우 : 본래 주소지 및 일시 퇴거지의 주민등록표등본과 다음 각 목의 구분에 따른 해당 자료 (2021. 3. 16. 개정)

5. 법 제100조의 3 제5항 제2호 나목 2) 단서, 제100조의 4 제2항, 영 제100조의 2 제3항 제2호 및 제100조의 4 제9항 제2호에 따른 일시 퇴거의 경우 : 본래 주소지 및 일시 퇴거지의 주민등록표등본과 다음 각 목의 구분에 따른 해당

제100조의 8 【근로장려금의 환급 및 정산 등】(2018. 12. 24. 제목개정)

① 납세지 관할 세무서장은 제100조의 7에 따라 결정된 근로장려금을 환급세액으로 하여 「국세기본법」 제51조를 준용하여 환급한다. (2014. 1. 1. 개정)

② 제1항 및 제8항에 따른 환급세액에 대해서는 「국세기본법」 제52조를 적용하지 아니한다. (2021. 12. 28. 개정)

③ 근로장려금을 결정한 납세지 관할 세무서장은 대통령령으로 정하는 바에 따라 근로장려금의 결정일부터 30일(제100조의 7 제1항 제2호에 따른 근로장려금의 경우에는 결정일부터 15일) 이내에 그 결정 사실을 신청자에게 통지하고, 환급할 세액이 있을 경우에는 같은 기한까지 환급하여야 한다. (2020. 12. 29. 개정)

④ 제1항에 따라 「국세기본법」 제51조를 준용할 때 근로장려금을 받으려는 거주자에게 국세의 체납액(「국세징수법」 제2조 제1항 제4호에 따른 체납액을 말한다. 이하 이 항에서 같다)이 있는 경우에는 환급할 근로장려금의 100분의 30을 한도로 하여 그 국세의 체납액에 충당한다. 이 경우 다른 국세에 부가되는 국세는 본세에 따른다. (2020. 12. 29. 개정)

⑤ 제1항 및 제3항에도 불구하고 납세지 관할 세무서장은 다음 각 호의 어느 하나에 해당하는 경우에는 반기 신청에 따른 근로장려금을 환

어려움이 있어 사실확인ㆍ자료요구ㆍ조사가 필요한 경우 (2007. 2. 28. 신설)

2. 근로장려금을 신청한 자와 총급여액 등을 지급하는 자가 제출한 총급여액 등에 대한 증빙자료 등에 의하여 총급여액 등을 확인하는데 어려움이 있어 사실확인ㆍ자료요구ㆍ조사가 필요한 경우 (2020. 2. 11. 개정)

3. 제100조의 7 제6항 및 제11항에 따라 납세지 관할 세무서장이 신청자에게 증거자료의 제출 또는 보정을 요구한 경우. 다만, 법 제100조의 7 제1항 본문에 따른 결정기한이 1개월 미만 남은 시점에 요구한 경우로 한정한다. (2024. 2. 29. 개정)

4. 법 제100조의 6 제8항에 따른 신청을 받은 경우 (2014. 2. 21. 신설)

4. 삭 제 (2015. 2. 3.)

제100조의 9 【근로장려금의 환급 등】(2017. 2. 7. 제목개정)

① 근로장려금을 결정한 납세지 관할세무서장은 신청자가 금융회사 또는 체신관서 등에 계좌를 개설하고 기획재정부령으로 정하는 계좌개설(변경/철회)신고서를 제출한 경우에는 계좌이체방식으로 근로장려금을 지급할 수 있다. (2017. 2. 7. 신설)

② 근로장려금을 결정한 납세지 관할세무서장은 근로장려금의 신청자에게 근로장려금의 결정내용 및 그 결정이유, 결정일자 등이 기재된 기획재정부령으로 정하는 근로장려금결정통지서로 통지하여야 한다. 이 경우 다음 각 호의 어느 하나에 해당하는 경우에는 「국세기본법」 제8조 제1항에 따른 전자송달의 방법으로 통지할 수 있다. (2022. 2. 15. 단서삭제, 후단신설)

관계조문

규칙 61조 1항 65호의 4 ⇒ 근로장려금결정통지서(별지 64호의 4 서식)

1. 신청자의 신청금액과 납세지 관할세무서장이 결정한 결정금액이 같은 경우 (2020. 2. 11. 신설)

2. 신청자가 기획재정부령으로 정하는 결정통지 전자송달 신청서를 제출한 경우 (2022. 2. 15. 개정)

3. 근로장려금을 결정한 납세지 관할세무서장은 근로장려금을 받은 자

자료 (2025. 3. 21. 개정)

가. 취학을 위하여 일시 퇴거한 경우 : 해당 학교(학원 등을 포함한다)의 장이 발행하는 재학증명서 (2007. 3. 30. 신설)

나. 질병의 요양을 위하여 일시 퇴거한 경우 : 해당 의료기관의 장이 발행하는 요양증명서 (2007. 3. 30. 신설)

다. 근무를 위하여 일시 퇴거한 경우 : 해당 근무처의 장이 발행하는 재직증명서 (2007. 3. 30. 신설)

6. 영 제100조의 4 제3항 각 호에 따른 재산의 경우 : 다음 각 목의 구분에 따른 해당 자료 (2007. 3. 30. 신설)

가. 영 제100조의 4 제3항 제1호에 따른 토지 및 건축물 : 부동산 등기부 등본이나 토지대장 등본 또는 건축물대장 등본 (2007. 3. 30. 신설)

나. 영 제100조의 4 제3항 제2호에 따른 승용자동차 : 자동차 등록증 사본 (2007. 3. 30. 신설)

다. 영 제100조의 4 제3항 제3호에 따른 전세금 : 전세계약서 사본 또는 임대차계약서 사본 (2007. 3. 30. 신설)

라. 영 제100조의 4 제3항 제4호의 금융재산 : 해당 금융재산의 통장 사본 또는 잔액증명서. 다만, 보통예금, 저축예금 및 자유저축예금 등 요구불예금의 경우에는 해당 소득세 과세기간 종료일이 속하는 연도의 3월 2일부터 6월 1일까지의 기

급하지 아니하고 제8항에 따른 정산(환급 또는 환수하는 것을 말한다. 이하 이 절에서 같다) 시 환급 또는 환수하여야 한다. (2021. 12. 28. 개정)

1. 상반기 소득분에 대한 반기 신청에 따른 근로장려금이 대통령령으로 정하는 금액 미만인 경우 (2021. 12. 28. 개정)

2. 하반기 근로장려금 환급 시 정산할 때 환수가 예상되는 경우로서 대통령령으로 정하는 경우 (2019. 12. 31. 개정)

2. 상반기 근로장려금 환급 시 정산할 때 환수가 예상되는 경우로서 대통령령으로 정하는 경우 (2024. 12. 31. 개정)

편주 ▶
법 100조의 8 제5항 2호의 개정규정은 2025. 1. 1. 이후 근로장려금을 신청하는 경우(법 100조의 6 제9항에 따라 2024년 과세기간의 하반기 소득분에 대하여 같은 조 7항에 따른 반기 신청을 한 것으로 보는 경우를 포함함)부터 적용함. (법 부칙(2024. 12. 31.) 17조)

⑥ 제1항부터 제4항까지의 규정에 따라 환급받은 근로장려금 중 대통령령으로 정하는 액수 이하의 금액은 압류할 수 없다. (2018. 12. 24. 신설)

⑦ 환급세액의 산정방법, 환급절차, 그 밖에 필요한 사항은 대통령령으로 정한다. (2018. 12. 24. 항번개정)

⑧ 납세지 관할 세무서장은 반기 신청한 거주자에 대하여 해당 과세연도의 다음 연도 6월 30일까지 이미 환급받은 근로장려금과 제100조의 6 제1항에 따라 신청하여 이 조 제1항에 따라 환급하여야 할 해당 과세연도 근로장려금을 비교하여 그 차액을 환급하거나 환수하여야 한다. 다만, 제100조의 6 제3항에 따라 같은 조 제1항에 따른 신청을 한 것으로 보는 경우에는 해당 과세연도의 다음 연도 9월 30일까지 정산하여야 한다. (2021. 12. 28. 개정)

가 수급사실에 대한 증명을 신청하는 경우에는 국세청장이 정하는 근로장려금 수급사실 증명서를 발급하여야 한다. (2017. 2. 7. 신설)

④ 법 제100조의 8 제5항 제1호에서 "대통령령으로 정하는 금액"이란 15만원을 말한다. (2020. 2. 11. 개정)

⑤ 법 제100조의 8 제5항 제2호에서 "대통령령으로 정하는 경우"란 다음의 계산식에 해당하는 경우를 말한다. (2022. 2. 15. 개정)

법 제100조의 8에 따라 환급한 해당 소득세 과세기간의 상반기 근로장려금과 법 제100조의 8에 따라 환급할 해당 소득세 과세기간의 하반기 근로장려금의 합계액	≥	법 제100조의 6 제1항에 따라 신청하여 법제100조의 8 제1항에 따라 환급해야 할 해당 소득세 과세기간의 근로장려금

⑤ 법 제100조의 8 제5항 제2호에서 "대통령령으로 정하는 경우"란 다음의 계산식에 해당하는 경우를 말한다. (2025. 2. 28. 개정)

반기 신청하여 법 제100조의 8에 따라 환급할 해당 소득세 과세기간의 상반기 근로장려금	≥	법 제100조의 6 제1항에 따라 신청하여 법 제100조의 8 제1항에 따라 환급해야 할 해당 소득세 과세기간의 근로장려금

⑥ 법 제100조의 8 제6항에서 "대통령령으로 정하는 액수"란 연 185만원을 말한다. (2021. 2. 17. 개정)

⑦ 납세지 관할 세무서장은 법 제100조의 8 제8항에 따라 이미 환급한 근로장려금을 환수하는 경우에는 그 금액을 다음 각 호의 순서에 따라 환수해야 한다. 다만, 근로장려금 신청자가 제2호에 따른 차감 대신 잔여 환수 금액에 대한 소득세 납부 고지를 요청하는 경우에는 납세지 관할 세무서장은 즉시 환수 금액을 소득세 납부 고지해야 한다. (2021. 2. 17. 단서신설)

1. 해당 소득세 과세기간의 자녀장려금에서 환수 금액을 차감할 것 (2020. 2. 11. 신설)

2. 제1호에도 불구하고 환수 금액이 남은 경우에는 해당 소득세 과세기간의 다음 소득세 과세기간부터 5개 과세기간의 근로장려금 또는 자녀장려금에서 차감할 것 (2020. 2. 11. 신설)

2. 제1호에도 불구하고 환수 금액이 남은 경우에는 해당 소득세 과세기간의 다음 소득세 과세기간부터 10개 과세기간의 근로장려금 또는

간 동안의 일평균잔액증명서로 한다. (2021. 3. 16. 단서신설)

마. 영 제100조의 4 제3항 제5호에 따른 회원권 : 회원증 사본 (2007. 3. 30. 신설)

바. 영 제100조의 4 제3항 제6호에 따른 유가증권 : 주식 또는 국채·지방채 등의 잔고증명서 또는 국채·지방채 등의 사본 (2007. 3. 30. 신설)

사. 영 제100조의 4 제3항 제7호에 따른 부동산을 취득할 수 있는 권리 : 분양계약서 사본과 분양대금·청산금 등 납입영수증, 토지상환채권 사본 또는 주택상환사채 사본 (2007. 3. 30. 신설)

② 영 제100조의 14 제1항 제13호에서 "기획재정부령으로 정하는 단체 또는 기관"이란 다음 각 호의 어느 하나에 해당하는 단체 또는 기관을 말한다. (2017. 3. 17. 신설)

1. 「주택도시기금법」에 따라 설립된 주택도시보증공사 (2017. 3. 17. 신설)

2. 「한국주택금융공사법」에 따라 설립된 한국주택금융공사 (2017. 3. 17. 신설)

3. 「공공주택특별법」 제4조 제1항에 따른 공공주택사업자 (2017. 3. 17. 신설)

4. 「민간임대주택에 관한 특별법」 제2조 제8호에 따른 기업형임대사업자 (2017. 3. 17. 신설)

4. 삭 제 (2022. 3. 18.)

③ 영 제100조의 14 제2항 제27호에서 "기획재정부령으로 정하는 자료"란 다음 각 호의 어느 하나에 해당하는 자료를 말

자녀장려금에서 차감할 것 (2025. 2. 28. 개정)

반기 근로장려금 환수기간 연장

- 초과 지급된 반기 근로장려금을 환수할 때 환수 금액을 소득세로 납부 고지하기 전에 향후 지급할 근로장려금 또는 자녀장려금에서 차감하는 과세기간을 해당 소득세 과세기간의 다음 소득세 과세기간부터 5개 과세기간까지에서 10개 과세기간까지로 연장함. (영 100조의 9 제7항 2호 개정 ; 2025. 2. 28.)
- 영 100조의 9 제7항 2호의 개정규정은 2025. 2. 28.이 속하는 과세기간 직전 5개 과세기간의 근로장려금 또는 자녀장려금에서 차감한 후에도 환수 금액이 남은 경우에도 적용함. (영 부칙(2025. 2. 28.) 14조 1항)

제100조의 9 【근로장려금 환급의 제한】 ① 납세지 관할 세무서장은 신청자(제100조의 6 제2항의 상속인을 포함한다. 이하 이 항에서 같다)가 다음 각 호의 어느 하나에 해당하는 근로장려금의 신청요건에 관한 사항을 고의 또는 중대한 과실로 사실과 다르게 하여 신청한 경우에는 그 사실이 확인된 날이 속하는 해(그 사실이 확인된 날이 속하는 해에 제100조의 8에 따른 근로장려금을 환급받은 경우에는 그 다음 해)부터 2년간(사기나 그 밖의 부정한 행위로써 사실과 다르게 신청한 경우에는 5년간) 근로장려금을 환급하지 아니한다. (2014. 1. 1. 개정)

1. 제100조의 3 제1항 및 제2항에 따른 근로장려금의 신청자격에 관한 사항 (2011. 12. 31. 신설)
2. 제100조의 5 제1항부터 제3항까지의 규정에 따른 근로장려금의 산정을 위한 총급여액 등 (2018. 12. 24. 개정)

② 제1항은 신청자가 제1항에 따른 근로장려금의 신청요건에 관한 사항을 사실과 다르게 하여 신청하게 한 자에게도 적용한다. (2010. 1. 1. 개정)

③ 납세지 관할 세무서장은 제1항 또는 제2항에 따라 근로장려금의 환급을 제한받는 자에게 대통령령으로 정하는 바에 따라 근로장려금 환급의 제한사유와 제한기간 등을 알려야 한다. (2010. 1. 1. 개정)

3. 제2호에도 불구하고 환수 금액이 남은 경우에는 환수 금액을 소득세 납부 고지할 것 (2020. 2. 11. 신설)

⑧ 가구 내에서 둘 이상의 거주자가 법 제100조의 6 제1항 또는 제7항에 따라 근로장려금을 신청한 경우로서 같은 조 제4항에 따라 근로장려금을 신청한 것으로 보는 1명의 거주자에게 환급할 근로장려금과 그 밖의 거주자에게 환수할 근로장려금이 각각 발생한 경우에는 근로장려금을 신청한 것으로 보는 1명의 거주자의 동의를 받아 환급할 근로장려금과 환수할 근로장려금을 상계한 후 그 차액만 환급하거나 환수할 수 있다. (2023. 2. 28. 신설)

제100조의 10 【근로장려금 환급의 제한】 ① 법 제100조의 9 제1항에서 "대통령령으로 정하는 근로장려금의 신청요건에 관한 사항"이란 다음 각 호의 사항을 말한다. (2010. 2. 18. 개정)
1. 법 제100조의 3 제1항 및 제2항에 따른 근로장려금의 신청자격에 관한 사항 (2007. 2. 28. 신설)
2. 법 제100조의 5 제1항 및 제2항에 따른 근로장려금의 산정을 위한 총급여액 (2007. 2. 28. 신설)

제100조의 10 【근로장려금 환급의 제한】 ① 삭 제 (2012. 2. 2.)
② 납세지 관할 세무서장은 법 제100조의 9 제3항에 따라 근로장려금의 환급을 제한받는 자에게 환급제한사유, 환급제한기간 등을 기재한 기획재정부령으로 정하는 근로장려금 환급제한통지서에 의하여 통지

한다. (2025. 3. 21. 개정)
1. 「주택도시기금법」 제26조 제1항 제2호에 따른 보증업무 관련 자료 (2020. 3. 13. 개정)
2. 「한국주택금융공사법」 제2조 제8호에 따른 신용보증 관련 자료 (2017. 3. 17. 신설)
3. 「공공주택 특별법」 제4조 제1항에 따른 공공주택사업자와 주택임차인이 체결한 임대차계약 관련 자료 (2022. 3. 18. 개정)

규칙 61조 1항 65호의 5 ⇒ 근로장려금 환급제한통지서(별지 64호의 5 서식)

제100조의 10 【근로장려금의 경정 등】 ① 납세지 관할 세무서장은 제100조의 7 제1항에 따라 근로장려금을 결정한 후 그 결정에 탈루나 오류가 있을 때에는 근로장려금을 경정하여야 한다. (2010. 1. 1. 개정)
② 신청자가 신청한 근로장려금이 제100조의 7에 따른 근로장려금을 초과한 경우에는 「국세기본법」 제47조의 3을 적용하지 아니한다. (2011. 12. 31. 개정)
③ 제1항에 따른 경정으로 제100조의 7에 따른 근로장려금이 줄어들어 신청자가 환급받은 세액이 환급받아야 할 세액을 초과한 경우에는 다음 계산식을 이용하여 산정한 금액을 「국세기본법」 제47조의 4 제1항에 따른 가산세로 한다. 다만, 신청자에게 귀책사유가 없는 경우로서 대통령령으로 정하는 경우에는 가산세를 부과하지 아니한다. (2020. 12. 29. 개정)
초과하여 환급받은 세액 × 환급받은 날의 다음 날부터 납부고지일까지의 기간 × 금융기관이 연체대출금에 대하여 적용하는 이자율 등을 고려하여 대통령령으로 정하는 이자율

제100조의 11 【신청자 등에 대한 확인·조사】 근로장려금의 결정 등의 사무에 종사하는 공무원은 다음 각 호의 어느 하나에 해당하는 자에게 근로장려금 신청자격, 근로장려금 결정 등에 필요한 사항을 확인하고, 해당 장부·서류와 그 밖의 물건을 조사하거나 그 제출을 명할 수 있다. (2010. 1. 1. 개정)
1. 신청자(제100조의 6 제2항의 상속인을 포함한다) 및 그 밖의 가구원 (2016. 12. 20. 개정)
2. 「소득세법」 제127조에 따른 원천징수의무자 (2010. 1. 1. 개정)
3. 「소득세법」 제164조에 따른 지급명세서 제출의무자 (2010. 1. 1. 개정)
4. 제1호에 해당하는 자와 거래(「소득세법」 제19조에 따른 사업소득을 발생시키는 거래로 한정한다)한 사실이 있는 자 (2014. 12. 23. 신설)

하여야 한다. (2008. 2. 29. 직제개정 ; 기획재정부와~직제 부칙)

제100조의 11 【가산세】 ① 법 제100조의 10 제3항 계산식 외의 부분 단서에서 "대통령령으로 정하는 경우"란 다음 각 호의 어느 하나에 해당하는 경우를 말한다. (2017. 2. 7. 개정)
1. 「소득세법」 제164조 및 제164조의 3에 따라 제출받은 지급명세서 및 간이지급명세서상 근로소득, 원천징수대상 사업소득 또는 종교인소득 지급액에 오류가 있는 경우 (2021. 5. 4. 개정)
2. 법 제100조의 12 및 제100조의 13에 따라 금융회사등의 장 및 국가기관 등으로부터 제출받은 금융거래정보 또는 신청자격 확인 자료 등에 오류가 있는 경우 (2017. 2. 7. 개정)
3. 그 밖에 제1호 및 제2호와 유사한 경우로서 신청자에게 귀책사유가 없다고 인정되는 경우 (2017. 2. 7. 개정)
② 법 제100조의 10 제3항의 계산식에서 "대통령령으로 정하는 이자율"이란 제11조의 2 제9항 제2호에 따른 율을 말한다. (2022. 2. 15. 개정)

제100조의 12 【확인·조사】 근로장려금의 결정 등의 사무에 종사하는 공무원은 법 제100조의 11에 따라 근로장려금의 신청자격, 근로장려금 결정 등의 확인 또는 조사를 할 때에는 기획재정부령으로 정하는 조사원증을 관계자에게 내보여야 한다. (2008. 2. 29. 직제개정 ; 기획재정부와~직제 부칙)

관계조문 ▶▶

규칙 61조 1항 65호의 6 ⇒ 조사원증(별지 64호의 6 서식)

제100조의 12【금융거래정보에 대한 조회】① 국세청장(지방국세청장을 포함한다. 이하 이 조에서 같다)은 납세지 관할 세무서장이 근로장려금의 결정 또는 경정을 위하여 신청자 및 그 밖의 가구원의 금융거래의 내용에 관하여 확인이 필요한 경우에는 「금융실명거래 및 비밀보장에 관한 법률」 제4조에도 불구하고 대통령령으로 정하는 바에 따라 문서 또는 「국세기본법」 제2조 제18호에 따른 정보통신망(이하 이 조에서 "정보통신망"이라 한다)으로 금융회사등의 장에게 금융거래의 내용에 관한 자료를 요구할 수 있으며, 해당 금융회사등의 장은 정보통신망으로 전송하거나 디스켓 또는 자기테이프 등 전자기록매체 등으로 제출하여야 한다. (2016. 12. 20. 개정)
② 국세청장은 제1항에 따라 제출받은 자료를 제1항의 목적 외의 용도로 사용하거나 다른 기관에 제공하여서는 아니 된다. (2010. 1. 1. 개정)

제100조의 13【자료요청】국세청장은 국가기관·지방자치단체 또는 대통령령으로 정하는 단체나 기관에 대하여 제100조의 3 제1항 및 제2항에 따른 근로장려금의 신청자격 확인 및 제100조의 6 제10항에 따른 근로장려금 신청안내에 필요한 가족관계증명서, 지방세 과세정보 등 대통령령으로 정하는 자료의 제공을 요청할 수 있다. 이 경우 요청을 받은 자는 정당한 사유가 없으면 자료를 제공하여야 한다. (2017. 12. 19. 개정)

제100조의 13【금융거래내용의 요구방식】① 국세청장(지방국세청장을 포함한다)은 법 제100조의 12 제1항에 따라 금융회사등의 장에게 금융거래의 내용을 요구하는 때에는 다음 각 호의 사항을 명확히 하여 해당 자료를 요구하여야 한다. (2017. 2. 7. 개정)
1. 신청자를 포함한 가구원의 인적사항 (2014. 2. 21. 개정)
2. 사용목적 (2007. 2. 28. 신설)
3. 요구하는 금융거래의 내용 (2007. 2. 28. 신설)
② 국세청장(지방국세청장을 포함한다)은 금융회사등이 가입한 협회, 연합회 또는 중앙회(이하 "협회등"이라 한다)가 금융정보등에 관한 정보통신망을 관리하는 경우 해당 금융회사등의 장에게 그 협회등의 정보통신망을 이용하여 제1항에 따른 금융정보등을 제공하도록 요청할 수 있다. (2017. 2. 7. 개정)

제100조의 14【자료요청 대상기관의 범위와 자료의 종류】(2020. 2. 11. 제목개정)
① 법 제100조의 13 전단에서 "대통령령으로 정하는 단체나 기관"이란 다음 각 호의 어느 하나에 해당하는 단체나 기관을 말한다. (2020. 2. 11. 개정)
1. 「국민건강보험법」에 따른 국민건강보험공단 (2007. 2. 28. 신설)
2. 「산업재해보상보험법」에 따른 근로복지공단 (2007. 2. 28. 신설)
3. 「국민연금법」에 따른 국민연금공단 (2014. 2. 21. 개정)
4. 「공무원연금법」에 따른 공무원연금공단 (2014. 2. 21. 개정)
5. 「사립학교교직원 연금법」에 따른 사립학교교직원연금공단 (2014. 2. 21. 개정)
6. 「별정우체국법」에 따른 별정우체국 연금관리단 (2010. 6. 29. 개정 ; 별정우체국법 시행령 부칙)
7. 「민법」 제32조에 따라 기획재정부장관의 허가를 받아 설립 된 금융결제원 (2008. 12. 31. 직제개정 ; 행정안전부와 ~ 직제 부칙)
8. 「정보통신망 이용촉진 및 정보보호 등에 관한 법률」에 따른 정보통신서비스 제공자 (2012. 2. 2. 신설)
9. 「한국전력공사법」에 따른 한국전력공사 (2014. 2. 21. 신설)
10. 「여신전문금융업법」 제62조에 따라 설립된 여신전문금융업협회 (2015. 2. 3. 신설)

11. 「한국토지주택공사법」에 따라 설립된 한국토지주택공사 (2015. 2. 3. 신설)
12. 「지방공기업법」에 따라 설립된 에스에이치(SH)공사 (2015. 2. 3. 신설)
13. 그 밖에 제1호부터 제12호까지의 규정과 유사한 단체 또는 기관으로서 기획재정부령으로 정하는 단체 또는 기관 (2015. 2. 3. 개정)
② 법 제100조의 13 전단에서 "대통령령으로 정하는 자료"란 다음 각 호의 어느 하나에 해당하는 자료를 말한다. (2015. 2. 3. 개정)
1. 「가족관계의 등록 등에 관한 법률」 제11조 제4항에 따라 법원행정처장이 작성·관리하는 가족관계 등록사항에 대한 전산정보자료 (2012. 2. 2. 개정)
2. 「주민등록법」에 따라 주민등록사무의 지도·감독을 위임받은 기관의 장이 작성·관리하는 주민등록 전산정보자료 (2012. 2. 2. 개정)
3. 「장애인고용촉진 및 직업재활법 시행령」 제4조 제2항에 따른 중증장애인 확인자료 (2021. 2. 17. 개정)
4. 「국가유공자 등 예우 및 지원에 관한 법률」에 따른 상이자 등록자료 및 「5·18민주화운동 관련자 보상 등에 관한 법률」에 따른 부상자 등록자료 (2008. 2. 22. 개정)
5. 「출입국관리법」에 따른 외국인 등록자료 (2007. 2. 28. 신설)
6. 「지방세법 시행령」 제119조의 2 제2항에 따른 재산세 및 종합부동산세 과

☞ p.1634 2단 연결

세자료 (2021. 2. 17. 개정 ; 지방세법 시행령 부칙)

7. 「자동차관리법」 제69조에 따른 자동차 관리현황자료(매년 6월 1일 현재의 승용자동차 등록현황에 의한다) (2007. 2. 28. 신설)

8. 「지방세법 시행령」 제4조 제1항 제3호에 따른 자동차 시가표준액 결정자료 (2013. 2. 15. 개정)

9. 「주택임대차보호법」에 따른 임대차계약서의 확정일자 관련 자료 (2007. 2. 28. 신설)

10. 「부동산등기법」에 따른 전세권 등기자료 (2007. 2. 28. 신설)

11. 「국민기초생활보장법」에 따른 수급자의 월별 수급 여부에 관한 자료 및 3월 미만 수급자의 소득·재산자료(국가기관이 해당 자료의 현황을 관리하는 경우 해당 국가기관이 관리하는 현황자료를 포함한다) (2007. 2. 28. 신설)

12. 「국민건강보험법」에 따른 가입자 등의 소득·재산자료 (2007. 2. 28. 신설)

13. 「고용보험법」에 따른 피보험자 등의 임금 및 급여자료 (2007. 2. 28. 신설)

14. 「산업재해보상보험법」에 따른 수급권자 등의 임금 및 급여자료 (2014. 2. 21. 개정)

15. 「국민연금법」에 따른 가입자의 소득·재산 및 급여자료 (2007. 2. 28. 신설)

16. 「공무원연금법」·「군인연금법」·「사립학교교직원 연금법」 또는 「별정우체국법」에 따른 급여자료 (2007. 2. 28. 신설)

17. 「주택법」 제54조에 따라 주택을 공급받는 자의 명단 및 「부동산 거래신고 등에 관한 법률」 제3조 제1항 제2호·제3호에 따른 부동산거래의 신고 자료 (2018. 2. 13. 개정)

18. 「개인정보 보호법」에 따른 개인정보 (2020. 8. 4. 개정 ; 개인정보~부칙)

19. 「전기사업법」에 따른 전기요금과 「수도법」에 따른 수도요금 부과 명세 (2014. 2. 21. 신설)

20. 「지방세법」 제7조 제1항에 따른 각 회원권을 취득한 자에 대한 취득세 부과 명세 (2014. 2. 21. 신설)

21. 「지방세법 시행령」 제4조 제1항 제9호에 따른 각 회원권의 시가표준액 결정자료 (2014. 2. 21. 신설)

22. 「여신전문금융업법」에 따른 신용카드회원과 직불카드회원의 신용카드와 직불카드 이용과 관련된 대금(代金) 결제 관련 자료 (2015. 2. 3. 신설)

23. 「한국토지주택공사법」에 따라 설립된 한국토지주택공사 또는 「지방공기업법」에 따라 설립된 에스에이치(SH)공사와 주택임차인이 체결한 주택임대차계약서의 임차보증금(전세금을 포함한다) 관련 자료 (2015. 2. 3. 신설)

24. 「한부모가족지원법」에 따른 한부모가족 지원 신청자료 (2019. 2. 12. 신설)

25. 「노숙인 등의 복지 및 자립지원에 관한 법률」 제16조에 따른 노숙인복지시설에 관한 자료 및 같은 법 제17조에 따른 노숙인복지시설에 입소한 노숙인의 인적사항에 관한 자료 (2025. 2. 28. 신설)

26. 「부동산 거래신고 등에 관한 법률」 제6조의 2 제1항에 따른 주택 임대차 계약의 신고자료 및 같은 법 제6조의 3 제1항에 따른 주택 임대차 계약의 변경 및 해제 신고자료 (2025. 2. 28. 신설)

27. 제1호부터 제26호까지의 규정과 비슷한 것으로서 기획재정부령으로 정하는 자료 (2025. 2. 28. 개정)

(2007. 12. 31. 신설)

제100조의 14 【용어의 뜻】 이 절에서 사용하는 용어의 뜻은 다음과 같다. (2007. 12. 31. 신설)

1. "동업기업"이란 2명 이상이 금전이나 그 밖의 재산 또는 노무 등을 출자하여 공동사업을 경영하면서 발생한 이익 또는 손실을 배분받기 위하여 설립한 단체를 말한다. (2007. 12. 31. 신설)
2. "동업자"란 동업기업의 출자자인 거주자, 비거주자, 내국법인 및 외국법인을 말한다. (2007. 12. 31. 신설)
3. "배분"이란 동업기업의 소득금액 또는 결손금 등을 각 과세연도의 종료일에 자산의 실제 분배 여부와 관계없이 동업자의 소득금액 또는 결손금 등으로 귀속시키는 것을 말한다. (2020. 6. 9. 개정 ; 법률용어~법률)
4. "동업자군(群)별 동업기업 소득금액 또는 결손금"이란 동업자를 거주자, 비거주자, 내국법인 및 외국법인의 네 개의 군(이하 "동업자군"이라 한다)으로 구분하여 각 군별로 동업기업을 각각 하나의 거주자, 비거주자, 내국법인 또는 외국법인으로 보아 「소득세법」 또는 「법인세법」에 따라 계산한 해당 과세연도의 소득금액 또는 결손금을 말한다. (2007. 12. 31. 신설)
5. "동업자군별 손익배분비율"이란 동업자군별로 해당 군에 속하는 동업자들의 손익배분비율을 합한 비율을 말한다. (2007. 12. 31. 신설)
6. "동업자군별 배분대상 소득금액 또는 결손금"이란 동업자군별 동업기업 소득금액 또는 결손금에 동업자군별 손익배분비율을 곱하여 계산한 금액을 말한다. (2007. 12. 31. 신설)
7. "지분가액"이란 동업자가 보유하는 동업기업 지분의 세무상 장부가액으로서 동업기업 지분의 양도 또는 동업기업 자산의 분배시 과세소득의 계산 등의 기초가 되는 가액을 말한다. (2007. 12. 31. 신설)
8. "분배"란 동업기업의 자산이 동업자에게 실제로 이전되는 것을 말한다. (2007. 12. 31. 신설)

(2008. 2. 22. 신설)

제100조의 15【적용범위】① 이 절에서 규정하는 과세특례(이 절에서 "동업기업과세특례"라 한다)는 동업기업으로서 다음 각 호의 어느 하나에 해당하는 단체가 제100조의 17에 따라 적용신청을 한 경우 해당 동업기업 및 그 동업자에 대하여 적용한다. 다만, 동업기업과세특례를 적용받는 동업기업의 동업자는 동업기업의 자격으로 동업기업과세특례를 적용받을 수 없으며, 제5호에 따른 외국단체의 경우 국내사업장을 하나의 동업기업으로 보아 해당 국내사업장과 실질적으로 관련되거나 해당 국내사업장에 귀속하는 소득으로 한정하여 동업기업과세특례를 적용한다. (2013. 1. 1. 단서개정)

1. 「민법」에 따른 조합 (2013. 5. 28. 개정 ; 자본시장과~법률 부칙)

2. 「상법」에 따른 합자조합 및 익명조합(「자본시장과 금융투자업에 관한 법률」 제9조 제18항 제5호 및 제6호의 투자합자조합 및 투자익명조합은 제외한다) (2013. 5. 28. 개정 ; 자본시장과~법률 부칙)

3. 「상법」에 따른 합명회사 및 합자회사(「자본시장과 금융투자업에 관한 법률」 제9조 제18항 제4호의 투자합자회사 중 같은 조 제19항 제1호의 기관전용 사모집합투자기구가 아닌 것은 제외한다) (2021. 12. 28. 개정)

4. 제1호부터 제3호까지의 규정에 따른 단체와 유사하거나 인적용역을 주로 제공하는 단체로서 대통령령으로 정하는 것 (2010. 1. 1. 개정)

5. 「법인세법」 제2조 제3호의 외국법인 또는 「소득세법」 제2조 제3항에 따른 비거주자로 보는 법인 아닌 단체 중 제1호부터 제4호까지의 규정에 따른 단체와 유사한 단체로서 대통령령으로 정하는 기준에 해당하는 외국단체 (2018. 12. 24. 개정)

② 제1항 단서에도 불구하고 동업기업과세특례를 적용받는 동업기업에 출자한 동업자가 「자본시장과 금융투자업에 관한 법률」 제9조 제19항 제1호의 기관전용 사모집합투자기구로서 대통령령으로 정하는 요건을 갖춘 투자합자회사인 경우 그 투자합자회사는 자기에게 출자한 동업자와의 관계에서 동업기업의 자격으로 동업기업과세특례를 적용받을 수 있다. 이 경우 해당 투자합자회사의 동업자는 동업기업의 자격으로 동업기업과세특례를 적용받을 수 없다. (2023. 12. 31. 신설)

[개정취지] ··

동업기업 과세특례 적용범위 합리화

• 종전에는 동업기업 과세특례를 적용받는 동업기업의 동업자에 대해서는

제100조의 15【동업기업과세특례의 적용 범위】 (2014. 2. 21. 제목개정)

① 법 제100조의 15 제1항 제4호에서 "대통령령으로 정하는 것"이란 다음 각 호의 어느 하나에 해당하는 단체를 말한다. (2013. 2. 15. 개정)

1. 「변호사법」 제40조 및 제58조의 18에 따른 법무법인 및 법무조합 (2008. 2. 22. 신설)

2. 「변리사법」 제6조의 3 및 같은 법 시행령 제14조에 따른 특허법인 (2008. 2. 22. 신설)

3. 「공인노무사법」 제7조의 2에 따른 노무법인 (2008. 2. 22. 신설)

4. 「법무사법」 제33조에 따른 법무사합동법인 (2008. 2. 22. 신설)

5. 전문적인 인적용역을 제공하는 법인으로서 다음 각 목의 어느 하나에 해당하는 것 (2008. 2. 22. 신설)

　가. 「변호사법」 제58조의 2에 따른 법무법인(유한) (2008. 2. 22. 신설)

　나. 「변리사법」 제6조의 12에 따른 특허법인(유한) (2014. 2. 21. 신설)

　다. 「공인회계사법」 제23조에 따른 회계법인 (2014. 2. 21. 목번개정)

　라. 「세무사법」 제16조의 3에 따른 세무법인 (2014. 2. 21. 목번개정)

동업기업 과세특례를 적용하지 아니하였으나, 그 동업자가 일정 요건을 갖춘 기관전용 사모집합투자기구인 경우에는 자기에게 출자한 동업자와의 관계에서 동업기업의 자격으로 동업기업 과세특례를 적용받을 수 있도록 함. (법 100조의 15 개정 ; 2023. 12. 31.)
• 법 100조의 15 제2항 및 3항의 개정규정은 2023. 12. 31.이 속하는 과세연도부터 적용함. 이 경우 2023. 12. 31.이 속하는 과세연도 또는 2024. 1. 1. 개시하는 과세연도에 대하여 동업기업과세특례를 적용받으려는 기업은 법 100조의 17 제1항에도 불구하고 기획재정부장관이 정하여 고시하는 바에 따라 2024. 1. 31.까지 관할 세무서장에게 신청을 하여야 함. (법 부칙(2023. 12. 31.) 19조)

┄┄┄┄┄┄┄┄┄┄┄┄┄┄┄┄┄┄┄┄┄┄┄┄┄┄┄┄┄┄┄┄┄┄┄┄┄┄

③ 제2항의 경우 같은 항 전단에 따라 동업자인 동시에 동업기업의 자격으로 동업기업과세특례를 적용받는 자는 동업자의 자격으로 자기가 출자한 동업기업(동업기업과세특례를 적용받는 동업기업을 말한다)과의 관계에서 "상위 동업기업"이라 하고, 그 출자를 받은 동업기업은 상위 동업기업과의 관계에서 "하위 동업기업"이라 하며, 이하 이 절에서 같다. (2023. 12. 31. 신설)
④ 동업기업과세특례를 적용받는 동업기업과 그 동업자에 대해서는 각 세법의 규정에 우선하여 이 절의 규정을 적용한다. (2023. 12. 31. 항번개정)

제100조의 16 【동업기업 및 동업자의 납세의무】 ① 동업기업에 대해서는 「소득세법」 제2조 제1항 및 「법인세법」 제3조 제1항에도 불구하고 「소득세법」 제3조 및 「법인세법」 제4조 제1항 각 호의 소득에 대한 소득세 또는 법인세를 부과하지 아니한다. (2018. 12. 24. 개정)
② 동업자(상위 동업기업인 동업자는 제외한다)는 제100조의 18에 따라 배분받은 동업기업의 소득에 대하여 소득세 또는 법인세를 납부할 의무를 진다. (2023. 12. 31. 개정)
③ 내국법인이 동업기업과세특례를 적용받는 경우 해당 내국법인(이하 "동업기업 전환법인"이라 한다)은 「법인세법」 제79조 제1항의 "해산에 의한 청산소득"의 금액에 준하여 대통령령으로 정하는 바에 따라 계산한 과세표준에 「법인세법」 제55조 제1항에 따른 세율을 적용하여 계산한 금액을 법인세(이하 "준청산소득에 대한 법인세"라

마. 「관세사법」 제17조에 따른 관세법인 (2014. 2. 21. 목번개정)
② 법 제100조의 15 제1항 제5호에서 "대통령령으로 정하는 기준에 해당하는 외국단체"란 다음 각 호에 모두 해당하는 외국단체를 말한다. (2013. 2. 15. 신설)
1. 법 제100조의 15 제1항 제1호부터 제4호(제3호에 따른 단체 중 기관전용 사모집합투자기구는 제외한다)까지의 규정에 해당하는 단체와 유사한 외국단체 (2022. 2. 15. 개정)
2. 「법인세법」 제94조 또는 「소득세법」 제120조에 따른 국내사업장을 가지고 사업을 경영하는 외국단체 (2013. 2. 15. 신설)
3. 설립된 국가(우리나라와 조세조약이 체결된 국가에 한정한다)에서 동업기업과세특례와 유사한 제도를 적용받는 외국단체 (2013. 2. 15. 신설)
③ 법 제100조의 15 제2항 전단에서 "대통령령으로 정하는 요건"이란 법인만을 사원으로 하는 것을 말한다. (2024. 2. 29. 신설)

한다)로 납부할 의무가 있다. (2010. 1. 1. 개정)

④ 동업기업 전환법인은 동업기업과세특례를 적용받는 최초 사업연도의 직전 사업연도 종료일 이후 3개월이 되는 날까지 대통령으로 정하는 바에 따라 준청산소득에 대한 법인세의 과세표준과 세액을 납세지 관할세무서장에게 신고하여야 한다. (2010. 1. 1. 개정)

⑤ 동업기업 전환법인은 준청산소득에 대한 법인세의 세액을 제4항의 신고기한부터 3년의 기간 동안 균분한 금액 이상 납부하여야 한다. (2010. 1. 1. 개정)

　제100조의 17【동업기업과세특례의 적용 및 포기신청】① 동업기업과세특례를 적용받으려는 기업은 대통령령으로 정하는 바에 따라 관할 세무서장에게 신청을 하여야 한다. (2010. 1. 1. 개정)

② 동업기업과세특례를 적용받고 있는 동업기업은 대통령령으로 정하는 바에 따라 동업기업과세특례의 적용을 포기할 수 있다. 다만, 동업기업과세특례를 최초로 적용받은 과세연도와 그 다음 과세연도의 개시일부터 4년 이내에 끝나는 과세연도까지는 동업기업과세특례의 적용을 포기할 수 없다. (2010. 1. 1. 개정)

관계조문 》》
영 100조의 16 3항~6항 ⇒ 준청산소득에 대한 법인세 과세표준의 계산

　제100조의 16【동업기업과세특례의 적용 및 포기신청】① 동업기업과세특례를 적용받으려는 기업은 동업기업과세특례를 적용받으려는 최초의 과세연도의 개시일 이전(기업을 설립하는 경우로서 기업의 설립일이 속하는 과세연도부터 적용받으려는 경우에는 그 과세연도의 개시일부터 1개월 이내)에 동업자 전원의 동의서(외국단체의 경우에는 제100조의 15 제2항 각 호에 해당하는 사항을 입증할 수 있는 서류를 포함한다)와 함께 기획재정부령으로 정하는 동업기업과세특례 적용신청서를 납세지 관할 세무서장에게 제출하여야 한다. (2013. 2. 15. 개정)

② 동업기업과세특례를 적용받고 있는 동업기업이 동업기업과세특례의 적용을 포기하려면 동업기업과세특례를 적용받지 아니하려는 최초의 과세연도의 개시일 이전에 동업자 전원의 동의서와 함께 기획재정부령으로 정하는 동업기업과세특례 포기신청서를 납세지 관할 세무서장에게 제출하여야 한다. (2010. 12. 30. 개정)

③ 법 제100조의 16 제3항에 따른 준청산소득에 대한 법인세의 과세표준(이하 이 조에서 "준청산소득금액"이라 한다)은 해당 내국법인이 동업기업과세특례를 적용받는 최초 사업연도의 직전 사업연도의 종료일(이하 이 조에서 "준청산일"이라 한다) 현재의 잔여재산의 가액에서 자기자본의 총액을 공제한 금액으로 한다. (2009. 2. 4. 신설)

④ 제3항에 따른 "잔여재산의 가액"은 자산총액에서 부채총액을 공제한 금액으로 한다. 이 경우 자산총액 및 부채총액은 장부가액으로 계산한다. (2009. 2. 4. 신설)

관계조문 》》
규칙 61조 1항 86호 ⇒ 동업기업과세특례 적용신청서(별지 104호 서식)

⑤ 제3항에 따른 "자기자본의 총액"은 자본금 또는 출자금과 잉여금의 합계액으로 하되, 준청산일 이후 「국세기본법」에 따라 환급되는 법인세액이 있는 경우 이에 상당하는 금액은 준청산일 현재의 자기자본의 총액에 가산하고, 준청산일 현재의 「법인세법 시행령」 제18조 제1항에 따른 이월결손금의 잔액은 준청산일 현재의 자기자본의 총액에서 그에 상당하는 금액과 상계한다. 다만, 상계하는 이월결손금의 금액은 자기자본의 총액 중 잉여금의 금액을 초과하지 못하며, 초과하는 이월결손금은 없는 것으로 본다. (2019. 2. 12. 개정)

⑥ 준청산소득금액을 계산할 때 제3항부터 제5항까지에 규정하는 것을 제외하고는 「법인세법」 제14조부터 제54조까지를 준용한다. (2009. 2. 4. 신설)

⑦ 법 제100조의 16 제4항에 따라 신고하는 경우에는 기획재정부령으로 정하는 준청산소득에 대한 법인세과세표준 및 세액신고서에 기획재정부령으로 정하는 서류를 첨부하여 납세지 관할세무서장에게 제출하여야 한다. (2009. 2. 4. 신설)

제100조의 17 【손익배분비율】 ① 법 제100조의 18을 적용할 때 손익배분비율은 동업자 간에 서면으로 약정한 해당 사업연도의 손익의 분배에 관한 단일의 비율로서 제100조의 24에 따라 신고한 비율(이하 이 조에서 "약정손익분배비율"이라 한다)에 따른다. 다만, 약정손익분배비율이 없는 경우에는 출자지분의 비율에 따른다. (2010. 2. 18. 개정)

② 제1항을 적용할 때 조세회피의 우려가 있다고 인정되어 기획재정부령으로 정한 사유가 발생하면 해당 사유가 발생한 과세연도에 대하여는 직전 과세연도의 손익배분비율에 따른다. (2008. 2. 29. 직제개정 ; 기획재정부와~직제 부칙)

③ 제1항 본문을 적용할 때 어느 동업자의 출자지분과 그와 특수관계에 있는 자(「소득세법 시행령」 제98조 제1항에 따른 "특수관계에 있는 자" 또는 「법인세법 시행령」 제2조 제8항에 따른 "특수관계에 있는 자"를 말한다. 이하 이 항에서 "특수관계자"라 한다)인 동업자의 출자지분의 합계가 가장 큰 경우에는 그 동업자와 특수관계자인 동업자 간에는 출자지분의 비율에 따른다. (2025. 2. 28. 개정)

☞

관계조문 ▶▶
규칙 61조 1항 87호 ⇒ 준청산소득에 대한 법인세과세표준 및 세액신고서 (별지 105호 서식)

제100조의 18 【동업기업 소득금액 등의 계산 및 배분】 ① 동업자군별 배분대상 소득금액 또는 결손금은 각 과세연도의 종료일에 해당 동업자군에 속하는 동업자들에게 동업자 간의 손익배분비율에 따라 배분한다. 다만, 동업기업의 경영에 참여하지 아니하고 출자만 하는 자로서 대통령령으로 정하는 동업자(이하 이 절에서 "수동적동업자"라 한다)에게는 결손금을 배분하지 아니하되, 해당 과세연도의 종료일부터 15년 이내에 끝나는 각 과세연도에 그 수동적동업자에게 소득금액을 배분할 때 배분되지 아니한 결손금을 그 배분대상 소득금액에서 대통령령으로 정하는 바에 따라 공제하고 배분한다. (2021. 12. 28. 개정)

② 제1항에 따라 각 동업자에게 배분되는 결손금은 동업기업의 해당 과세연도의 종료일 현재 해당 동업자의 지분가액을 한도로 한다. 이 경우 지분가액을 초과하는 해당 동업자의 결손금은 대통령령으로 정하는 바에 따라 해당 과세연도의 다음 과세연도 개시일 이후 15년 이내에 끝나는 각 과세연도에 이월하여 배분한다. (2021. 12. 28. 후단개정)

③ 제1항 및 제2항을 적용할 때 하위 동업기업의 소득금액 또는 결손금

제45조의 9 【준청산소득에 대한 법인세 과세표준 및 세액신고시 첨부서류】 (2025. 3. 21. 조번개정) 영 제100조의 16 제7항에서 "기획재정부령으로 정하는 서류"란 다음 각 호의 서류를 말한다. (2009. 4. 7. 신설)

1. 준청산일 현재의 해당 내국법인의 재무상태표 (2013. 2. 23. 개정)
2. 준청산일 현재의 해당 내국법인의 자본금과 적립금조정명세서 (2009. 4. 7. 신설)

제46조 【조세회피 우려 사유 등】 ① 영 제100조의 17 제2항에서 "기획재정부령으로 정한 사유"란 다음 각 호의 어느 하나에 해당하는 경우로서 직전 과세연도의 손익배분비율과 해당 과세연도의 손익배분비율을 달리 적용하는 경우를 말한다. (2008. 4. 29. 신설)

1. 해당 동업기업 내 어느 하나의 동업자군의 동업자군별 동업기업 소득금액 및

에 대한 상위 동업기업의 동업자군별 배분대상 소득금액 또는 결손금은 다음의 계산식에 따라 계산한 금액으로 한다. (2023. 12. 31. 신설)

$$A \times B \times C$$

A : 하위 동업기업의 동업자군별 소득금액 및 결손금
B : 하위 동업기업에 대한 상위 동업기업의 손익배분비율
C : 상위 동업기업의 동업자군별 손익배분비율

개정취지
동업기업 과세특례 적용범위 합리화
• 종전에는 동업기업 과세특례를 적용받는 동업기업의 동업자에 대해서는 동업기업 과세특례를 적용하지 아니하였으나, 그 동업자가 일정 요건을 갖춘 기관전용 사모집합투자기구인 경우에는 자기에게 출자한 동업자와의 관계에서 동업기업의 자격으로 동업기업 과세특례를 적용받을 수 있도록 함. (법 100조의 18 개정 ; 2023. 12. 31.)
• 법 100조의18 제3항·5항·6항의 개정규정은 2023. 12. 31.이 속하는 과세연도부터 적용함. 이 경우 2023. 12. 31.이 속하는 과세연도 또는 2024. 1. 1. 개시하는 과세연도에 대하여 동업기업과세특례를 적용받으려는 기업은 법 100조의 17 제1항에도 불구하고 기획재정부장관이 정하여 고시하는 바에 따라 2024. 1. 31.까지 관할 세무서장에게 신청을 하여야 함. (법 부칙(2023. 12. 31.) 19조)

④ 동업자는 동업기업의 과세연도의 종료일이 속하는 과세연도의 소득세 또는 법인세 과세표준을 계산할 때 제1항에 따라 배분받은 소득금액 또는 결손금을 대통령령으로 정하는 구분에 따른 익금 또는 손금으로 보아 계산한다. 다만, 수동적동업자(「자본시장과 금융투자업에 관한 법률」 제9조 제19항 제1호에 따른 기관전용 사모집합투자기구의 수동적 동업자 중 비거주자 또는 외국법인은 제외한다)의 경우에는 배분받은 소득금액을 「소득세법」 제17조 제1항, 제119조 제2호 및 「법인세법」 제93조 제2호에 따른 소득으로 본다. (2023. 12. 31. 항번개정)
⑤ 동업기업과 관련된 다음 각 호의 금액은 각 과세연도의 종료일에 동업자 간의 손익배분비율에 따라 동업자에게 배분한다. 이 경우 하위 동업기업과 관련된 다음 각 호의 금액은 하위 동업기업에 대한 상위 동업기업의 손익배분비율과 상위 동업기업의 동업자 간 손익배분비율

④ 제2항 및 제3항에도 불구하고 해당 동업기업이 「자본시장과 금융투자업에 관한 법률」 제9조 제19항 제1호에 따른 기관전용 사모집합투자기구(법률 제18128호 자본시장과 금융투자업에 관한 법률 일부개정법률 부칙 제8조 제1항부터 제4항까지의 규정에 따라 기관전용 사모집합투자기구, 기업재무안정 사모집합투자기구 및 창업·벤처전문 사모집합투자기구로 보아 존속하는 종전의 경영참여형 사모집합투자기구를 포함하며, 이하 이 절에서 "기관전용 사모집합투자기구"라 한다)인 경우로서 정관, 약관 또는 투자계약서에서 정한 비율, 순서 등에 따라 결정된 이익의 배당률 또는 손실의 배분률을 약정손익배분비율로 신고한 때에는 해당 비율에 따른다. 이 경우 같은 법 제86조 제1항 및 제249조의 14 제11항에 따른 성과보수(이하 이 절에서 "성과보수"라 한다)는 업무집행사원에 대한 이익의 우선배당으로 본다. (2022. 2. 15. 개정)
⑤ 법 제100조의 18 제1항을 적용할 때 과세연도 중 동업자가 가입하거나 탈퇴하여 손익배분비율이 변경되면 변경 이전과 이후 기간별로 산출한 동업자군별 배분대상 소득금액 또는 결손금을 각각의 해당 손익배분비율에 따라 계산한다. (2009. 2. 4. 신설)

제100조의 18【동업기업 소득금액 및 결손금의 계산 및 배분】
① 법 제100조의 18 제1항 단서에서 "대통령령으로 정하는 동업자"란 다음 각 호의 어느 하나에 해당하는 동업자(이하 "수동적동업자"라 한다)를 말한다. (2023. 2. 28. 개정)
1. 다음 각 목의 요건을 모두 갖춘 동업자 (2009. 2. 4. 개정)
　가. 동업기업에 성명 또는 상호를 사용하게 하지 아니할 것 (2009. 2. 4. 개정)
　나. 동업기업의 사업에서 발생한 채무에 대하여 무한책임을 부담하기로 약정하지 아니할 것 (2009. 2. 4. 개정)
　다. 「법인세법 시행령」 제40조 제1항 각 호에 따른 임원 또는 이에 준하는 자가 아닐 것 (2019. 2. 12. 개정)
2. 해당 동업기업이 기관전용 사모집합투자기구인 경우에는 그 유한책임사원 (2022. 2. 15. 개정)

결손금의 합계가 직전 과세연도에는 영(零)보다 크고 해당 과세연도에는 영보다 적은 경우 (2008. 4. 29. 신설)
2. 해당 동업기업 내 어느 하나의 동업자군의 동업자군별 동업기업 소득금액 및 결손금의 합계가 직전 과세연도에는 영보다 적고 해당 과세연도에는 영보다 큰 경우 (2008. 4. 29. 신설)
② 제1항은 제1항의 사유가 발생한 동업자군에 속하는 동업자에 한하여 적용하며, 해당 과세연도 중 동업자가 가입하거나 탈퇴하여 변경된 경우에는 변경되지 아니한 동업자에 한하여 적용한다. (2008. 4. 29. 신설)

을 곱한 비율에 따라 상위 동업기업의 동업자에게 배분한다. (2023. 12. 31. 개정)

1. 「법인세법」 및 이 법에 따른 세액공제 및 세액감면금액 (2010. 1. 1. 개정)
2. 동업기업에서 발생한 소득에 대하여 「법인세법」 제73조 및 제73조의 2에 따라 원천징수된 세액 (2018. 12. 24. 개정)
3. 「법인세법」 제75조 및 제75조의 2부터 제75조의 9까지의 규정에 따른 가산세 및 이 법 제100조의 25에 따른 가산세 (2018. 12. 24. 개정)
4. 「법인세법」 제55조의 2에 따른 토지 등 양도소득에 대한 법인세(내국법인 및 외국법인인 동업자에게 배분하는 경우만 해당한다) (2023. 12. 31. 개정)

⑥ 동업자(상위 동업기업인 동업자는 제외한다)는 동업기업의 과세연도의 종료일이 속하는 과세연도의 소득세 또는 법인세를 신고·납부할 때 제5항에 따라 배분받은 금액 중 같은 항 제1호 및 제2호의 금액은 해당 동업자의 소득세 또는 법인세에서 공제하고, 같은 항 제3호 및 제4호의 금액은 해당 동업자의 소득세 또는 법인세에 가산한다. (2023. 12. 31. 개정)

⑦ 손익배분비율의 결정, 동업기업 소득금액 및 결손금 등의 계산 및 배분, 그 밖에 필요한 사항은 대통령령으로 정한다. (2023. 12. 31. 항번개정)

3. 「법인세법 시행령」 제43조 제6항 각 호에 따른 임원 또는 이에 준하는 자가 아닐 것 (2008. 2. 22. 신설)

3. 삭 제 (2009. 2. 4.)

② 상위 동업기업이 하위 동업기업의 수동적동업자에 해당하여 법 제100조의 18 제1항 단서에 따라 해당 상위 동업기업에 하위 동업기업의 결손금을 배분하지 않은 경우에는 그 상위 동업기업의 동업자에게도 해당 결손금을 배분하지 않는다. (2024. 2. 29. 신설)

③ 법 제100조의 18 제1항 단서에 따라 해당 동업자군별 배분대상 결손금이 발생한 과세연도의 종료일부터 15년 이내에 종료하는 각 과세연도에 그 수동적동업자에게 동업자군별 소득금액을 배분하는 경우에는 제1호의 금액에서 제2호의 금액을 공제하고 배분한다. 이 경우 법 제100조의 18 제4항 본문 또는 제100조의 24 제3항 단서가 적용되는 수동적동업자에게 배분하는 경우 제1호와 제2호의 배분대상 소득금액 및 배분대상 결손금은 「소득세법」 제119조 또는 「법인세법」 제93조의 구분에 따라 계산한 금액으로 한다. (2024. 2. 29. 후단개정)

1. 해당 과세연도에 그 수동적동업자에게 배분할 소득금액으로서 다음의 금액 (2010. 2. 18. 신설)

$$\text{해당 과세연도의 해당 동업자군별 배분대상 소득금액} \times \frac{\text{해당 과세연도의 그 수동적동업자의 손익배분비율}}{\text{해당 과세연도의 해당 동업자군별 손익배분비율}}$$

2. 해당 동업자군별 배분대상 결손금이 발생한 과세연도에 그 수동적동업자에게 배분되지 않은 결손금으로서 다음의 금액(해당 결손금이 발생한 과세연도 이후 과세연도에 공제되지 않은 금액만 해당한다) (2010. 2. 18. 신설)

$$\text{해당 동업자군별 배분대상 결손금이 발생한 과세연도의 해당 동업자군별 배분대상 결손금} \times \frac{\text{해당 동업자군별 배분대상 결손금이 발생한 과세연도의 그 수동적동업자의 손익배분비율}}{\text{해당 동업자군별 배분대상 결손금이 발생한 과세연도의 해당 동업자군별 손익배분비율}}$$

④ 법 제100조의 18 제1항을 적용할 때 결손금의 이월공제에 관하여는 동업자군별로 다음 각 호의 구분에 따른 규정을 적용한다. (2024. 2. 29. 항번개정)

1. 거주자로 구성된 동업자군(이하 "거주자군"이라 한다) : 「소득세법」 제45조 (2010. 2. 18. 신설)
2. 비거주자로 구성된 동업자군(이하 "비거주자군"이라 한다) : 「소득세법」 제122조 (2010. 2. 18. 신설)
3. 내국법인으로 구성된 동업자군(이하 "내국법인군"이라 한다) : 「법인세법」 제13조 제1항 제1호 (2019. 2. 12. 개정)
4. 외국법인으로 구성된 동업자군(이하 "외국법인군"이라 한다) : 「법인세법」 제91조 (2010. 2. 18. 신설)

⑤ 법 제100조의 18 제2항 후단을 적용할 때 지분가액을 초과하는 해당 동업자의 결손금(이하 이 절에서 "배분한도 초과결손금"이라 한다)은 이월된 각 과세연도에 배분하는 동업기업의 각 과세연도의 결손금이 지분가액에 미달할 때에만 그 미달하는 금액의 범위에서 추가로 배분한다. 이 경우 배분한도 초과결손금에 해당하는 금액은 「소득세법」 제45조 및 「법인세법」 제13조 제1항 제1호에 따라 이월결손금의 공제를 적용할 때 해당 배분한도 초과결손금이 발생한 동업기업의 과세연도의 종료일에 발생한 것으로 본다. (2024. 2. 29. 항번개정)

⑥ 법 제100조의 18 제2항 후단 및 같은

☞ p.1642 3단 연결

조의 24 제3항 단서가 적용되는 기관전용 사모집합투자기구의 수동적동업자의 경우에는 「소득세법」 제119조 또는 「법인세법」 제93조의 구분에 따른 소득금액 비율로 안분하여 계산한 금액을 말한다)을 그 동업자가 배분받은 소득금액으로 한다. (2024. 2. 29. 개정)

제100조의 19【동업기업 세액의 계산 및 배분】① 법 제100조의 18 제5항 각 호의 금액은 동업기업을 하나의 내국법인으로 보아 계산한다. (2024. 2. 29. 개정)

② 법 제100조의 18 제6항을 적용할 때 같은 조 제5항에 따라 동업자가 배분받은 금액은 다음 각 호의 방법에 따라 공제하거나 가산한다. (2024. 2. 29. 개정)

1. 세액공제 · 세액감면금액 : 산출세액에서 공제하는 방법 (2008. 2. 22. 신설)

2. 원천징수세액 : 기납부세액으로 공제하는 방법. 다만, 다음 각 목의 어느 하나에 해당하는 경우에는 동업기업이 법 제100조의 24 또는 「소득세법」 제127조에 따라 해당 동업자가 배분받은 소득에 대한 소득세 또는 법인세를 원천징수 할 때 해당 세액에서 공제하되, 해당 세액을 초과하는 금액은 없는 것으로 본다. (2009. 2. 4. 개정)

가. 거주자 · 비거주자 · 외국법인인 수동적동업자의 경우 (2009. 2. 4. 개정)

나. 거주자인 동업자(수동적 동업자는 제외한다)로서 배분받은 소득이 제100조의 18 제7항 제1호에 따라 「소득세법」 제16조, 제17조 또는 제21조의 소득에 대한 수입금액으로 구분되는 경우 (2024. 2. 29. 개정)

3. 가산세 : 산출세액에 합산하는 방법 (2008. 2. 22. 신설)

4. 토지등 양도소득에 대한 법인세에 상당하는 세액 : 산출세액에 합산하는 방법. 이 경우 토지등 양도소득에 대한 법인세에 상당하는 세액은 동업기업을 하나의 내국법인으로 보아 산출한 금액에 내국법인 및 외국법인인 동업자의 손익배분비율의 합계를 곱한 금액으로 한다. (2008. 2. 22. 신설)

☞ p.1643 2단 연결

금액은 해당 투자목적회사가 지급받은 소득의 소득구분에 따른다. (2023. 2. 28. 후단신설)

3. 내국법인군 : 「법인세법」 제15조에 따른 익금 (2010. 2. 18. 개정)

4. 외국법인군 (2010. 2. 18. 개정)

가. 「법인세법」 제97조 제1항에 따른 외국법인의 경우 : 같은 법 제92조 제1항에 따른 익금 (2009. 2. 4. 개정)

나. 가목 외의 외국법인의 경우 : 「법인세법」 제93조 제1호, 제2호, 제4호부터 제6호까지 및 제8호부터 제10호까지에 따른 각 소득에 대한 수입금액. 이 경우 동업기업인 기관전용 사모집합투자기구가 「자본시장과 금융투자업에 관한 법률」 제249조의 13에 따른 투자목적회사를 통하여 지급받은 소득을 수동적동업자에게 배분하는 경우 수동적동업자가 배분받은 소득금액은 해당 투자목적회사가 지급받은 소득의 소득구분에 따른다. (2023. 2. 28. 후단개정)

⑧ 법 제100조의 18 제4항을 적용할 때 동업자가 배분받은 결손금은 동업자군별로 다음 각 호의 구분에 따른다. 이 경우 상위 동업기업이 하위 동업기업으로부터 배분받은 결손금은 상위 동업기업의 동업자를 기준으로 한다. (2024. 2. 29. 개정)

1. 거주자군 : 「소득세법」 제19조 및 제94조에 따른 각 소득에 대한 필요경비 (2012. 2. 2. 개정)

2. 비거주자군 : 「소득세법」 제119조 제3호부터 제6호까지, 제9호부터 제11호까지에 따른 각 소득에 대한 필요경비(같은 법 제121조 제2항 및 제5항에 따른 비거주자에 한정한다) (2010. 2. 18. 개정)

3. 내국법인군 : 「법인세법」 제19조에 따른 손금 (2010. 2. 18. 개정)

4. 외국법인군 : 「법인세법」 제92조 제1항에 따른 손금(같은 법 제97조 제1항에 따른 외국법인에 한정한다) (2010. 2. 18. 개정)

⑨ 법 제100조의 18 제4항을 적용할 때 해당 동업기업이 기관전용 사모집합투자기구인 경우로서 비거주자 · 외국법인인 수동적동업자에게 소득을 배분하는 경우에는 해당 동업자가 같은 조 제1항에 따라 배분받은 소득금액에서 「자본시장과 금융투자업에 관한 법률」에 따른 보수(성과보수는 제외한다) · 수수료 중 동업기업의 손익배분비율에 따라 그 동업자에게 귀속하는 금액을 뺀 금액(법 제100조의 18 제4항 본문 또는 제100

조 제4항을 적용하는 경우 동업자군별로 둘 이상으로 구분된 결손금이 발생한 때에는 배분한도 초과결손금은 각각의 구분된 결손금의 크기에 비례하여 발생한 것으로 본다. (2024. 2. 29. 개정)

⑦ 법 제100조의 18 제4항을 적용할 때 동업자가 배분받은 소득금액은 동업자군별로 다음 각 호의 구분에 따른다. 이 경우 상위 동업기업이 하위 동업기업으로부터 배분받은 소득금액은 상위 동업기업의 동업자를 기준으로 한다. (2024. 2. 29. 개정)

1. 거주자군 : 「소득세법」 제16조부터 제19조까지, 제21조 및 제94조에 따른 각 소득에 대한 수입금액 (2010. 2. 18. 개정)

2. 비거주자군 (2010. 2. 18. 개정)

가. 「소득세법」 제121조 제2항 및 제5항에 따른 비거주자의 경우 : 같은 법 제119조 제1호부터 제6호까지, 제9호부터 제12호까지에 따른 각 소득에 대한 수입금액 (2010. 2. 18. 개정)

나. 가목 외의 비거주자의 경우 : 「소득세법」 제119조 제1호, 제2호, 제4호부터 제6호까지 및 제10호부터 제12호까지에 따른 각 소득에 대한 수입금액. 이 경우 동업기업인 기관전용 사모집합투자기구가 「자본시장과 금융투자업에 관한 법률」 제249조의 13에 따른 투자목적회사를 통하여 지급받은 소득을 수동적동업자에게 배분하는 경우 수동적동업자가 배분받은 소득

③ 법 제100조의 18 제5항 제3호를 적용할 때 동업자에게 배분하는 가산세는 다음 각 호의 가산세를 말한다. (2024. 2. 29. 개정)
1. 「법인세법」 제75조의 3, 제75조의 5부터 제75조의 8까지의 규정에 따른 가산세 (2019. 2. 12. 개정)
2. 법 제100조의 25 제1항 및 제2항에 따른 가산세 (2008. 2. 22. 신설)

제100조의 19 【동업기업과 동업자 간의 거래】 ① 동업자가 동업자의 자격이 아닌 제3자의 자격으로 동업기업과 거래를 하는 경우 동업기업과 동업자는 해당 과세연도의 소득금액을 계산할 때 그 거래에서 발생하는 수익 또는 손비를 익금 또는 손금에 산입한다. (2010. 1. 1. 개정)
② 제1항을 적용하는 경우 납세지 관할 세무서장은 동업기업 또는 동업자가 소득을 부당하게 감소시킨 것으로 인정되면 「법인세법」 제52조를 준용하여 해당 소득금액을 계산할 수 있다. 이 경우 동업기업과 동업자는 같은 조 제1항에 따른 특수관계인으로 본다. (2011. 12. 31. 후단개정)
③ 제3자의 자격으로 하는 거래의 판단 기준, 산입할 수 있는 익금과 손금의 범위, 그 밖에 필요한 사항은 대통령령으로 정한다. (2010. 1. 1. 개정)

제100조의 20 【동업기업과 동업자 간의 거래】 ① 법 제100조의 19 제1항에서 "동업자가 동업자의 자격이 아닌 제3자의 자격으로 동업기업과 거래하는 경우"란 동업자가 동업기업으로부터 얻는 거래대가가 동업기업의 소득과 관계없이 해당 거래를 통하여 공급되는 재화 또는 용역의 가치에 따라 결정되는 경우로서 다음 각 호의 어느 하나에 해당하는 거래를 말한다. (2009. 2. 4. 항번개정)
1. 동업자가 동업기업에 재화를 양도하거나 동업기업으로부터 재화를 양수하는 거래 (2008. 2. 22. 신설)
2. 동업자가 동업기업에 금전, 그 밖의 자산을 대부하거나 임대하는 거래 또는 동업기업으로부터 금전, 그 밖의 자산을 차입하거나 임차하는 거래 (2008. 2. 22. 신설)
3. 동업자가 동업기업에 용역(해당 동업기업이 영위하는 사업에 해당하는 용역은 제외한다)을 제공하는 거래 또는 동업기업으로부터 용역을 제공받는 거래 (2008. 2. 22. 신설)
4. 그 밖에 제1호부터 제3호까지의 규정과 비슷한 거래로서 기획재정부령으로 정하는 거래 (2008. 2. 29. 직제개정 ; 기획재정부와~직제부칙)
② 법 제100조의 19 제1항을 적용할 때 해당 동업기업이 기관전용 사모집합투자기구인 경우 그 업무집행사원이 「자본시장과 금융투자업에 관한 법률」 제249조의 14에 따라 해당 동업기업에 용역을 제공하는 거래는 동업자가 동업자의 자격이 아닌 제3자의 자격으로 동업기업과 거래하는 경우에 해당하는 것으로 본다. 다만, 성과보수를 지급받는 부분은 제외한다. (2022. 2. 15. 개정)

제100조의 20 【지분가액의 조정】 ① 동업자가 동업기업으로부

제100조의 21 【지분가액의 조정】 ① 동업자의 최초 지분가액

터 소득을 배분받는 경우 등 대통령령으로 정하는 사유가 발생하면 동업자의 지분가액을 증액 조정한다. (2010. 1. 1. 개정)

② 동업자가 동업기업으로부터 자산을 분배받는 경우 등 대통령령으로 정하는 사유가 발생하면 동업자의 지분가액을 감액 조정한다. (2010. 1. 1. 개정)

③ 지분가액의 조정금액, 조정순서, 그 밖에 필요한 사항은 대통령령으로 정한다. (2010. 1. 1. 개정)

은 동업기업과세특례를 적용받는 최초 과세연도의 직전 과세연도의 종료일(기업의 설립일이 속하는 과세연도부터 적용받는 경우에는 그 과세연도의 개시일) 현재의 동업기업의 출자총액에 해당 동업자의 출자비율을 곱하여 계산한 금액으로 한다. (2009. 2. 4. 개정)

② 법 제100조의 20 제1항에서 "대통령령으로 정하는 사유"와 그에 따라 증액조정하는 금액은 다음 각 호의 구분에 따른 사유와 금액을 말한다. (2009. 2. 4. 개정)

1. 동업기업에 자산을 출자하는 경우 : 출자일 현재의 자산의 시가 (2009. 2. 4. 개정)

2. 동업기업의 지분을 매입하는 경우 또는 상속·증여받는 경우 : 지분의 매입가액 또는 상속·증여일 현재의 지분의 시가 (2009. 2. 4. 개정)

3. 동업기업으로부터 소득금액을 배분받는 경우 : 소득금액(「소득세법」, 「법인세법」 및 법에 따른 비과세소득을 포함한다) (2009. 2. 4. 개정)

③ 법 제100조의 20 제2항에서 "대통령령으로 정하는 사유"와 그에 따라 감액조정하는 금액은 다음 각 호의 구분에 따른 사유와 금액을 말한다. (2009. 2. 4. 개정)

1. 동업기업의 자산을 분배받는 경우 : 분배일 현재의 자산의 시가 (2009. 2. 4. 개정)

2. 동업기업의 지분을 양도하거나 상속·증여하는 경우 : 지분의 양도일 또는 상속·증여일 현재의 해당 지분의 지분가액 (2009. 2. 4. 개정)

3. 동업기업으로부터 결손금을 배분받는 경우 : 결손금의 금액 (2009. 2. 4. 개정)

④ 제2항 및 제3항을 적용할 때 둘 이상의 지분가액 조정사유가 동시에 발생하면 다음의 순서에 따른다. 다만, 제100조의 23의 경우에는 제2호보다 제3호 또는 제4호를 먼저 적용한다. (2009. 2. 4. 개정)

1. 제2항 제1호 및 제2호에 따른 증액조정 (2009. 2. 4. 개정)

2. 제3항 제1호 및 제2호에 따른 감액조정 (2009. 2. 4. 개정)

3. 제2항 제3호에 따른 증액조정 (2009. 2. 4. 개정)

4. 제3항 제3호에 따른 감액조정 (2009. 2. 4. 개정)

제100조의 21【동업기업 지분의 양도】① 동업자가 동업기업의 지분을 타인에게 양도하는 경우「소득세법」제87조의 2 제1호 또는 제94조 제1항 제4호 다목에 따른 자산(해당 동업자가 비거주자인 경우「소득세법」제119조 제9호 나목 또는 제11호 가목에 따른 자산, 외국법인인 경우「법인세법」제93조 제7호 나목 또는 제9호 가목에 따른 자산)을 양도한 것으로 보아「소득세법」또는「법인세법」에 따라 양도소득세, 금융투자소득세 또는 법인세를 과세한다. (2021. 12. 28. 개정)

제100조의 21【동업기업 지분의 양도】① 동업자가 동업기업의 지분을 타인에게 양도하는 경우에는「소득세법」제94조 제1항 제3호 또는 제4호 다목에 따른 자산(해당 동업자가 비거주자인 경우「소득세법」제119조 제9호 나목 또는 제11호 가목에 따른 자산, 외국법인인 경우「법인세법」제93조 제7호 나목 또는 제9호 가목에 따른 자산)을 양도한 것으로 보아「소득세법」또는「법인세법」에 따라 양도소득세 또는 법인세를 과세한다. (2024. 12. 31. 개정)
② 지분의 양도소득의 계산방법과 그 밖에 필요한 사항은 대통령령으로 정한다. (2010. 1. 1. 개정)

제100조의 22【동업기업 자산의 분배】① 동업자가 동업기업으로부터 자산을 분배받은 경우 분배받은 자산의 시가가 분배일의 해당 동업자의 지분가액을 초과하면 동업자는 분배일이 속하는 과세연도의 소득금액을 계산할 때 그 초과하는 금액을「소득세법」제17조 제1항에 따른 소득으로 본다. (2007. 12. 31. 신설)
② 동업자가 동업기업의 해산 등 대통령령으로 정하는 사유가 발생함에 따라 동업기업으로부터 자산을 분배받은 경우 분배받은 자산의 시가가 분배일의 해당 동업자의 지분가액에 미달하면 동업자는 분배일이 속하는 과세연도의 소득금액을 계산할 때 그 미달하는 금액을「소득세법」제94조 제1항 제3호 또는 제4호 다목에 따른 자산을 양도함에 따라 발생한 손실로 본다. (2007. 12. 31. 신설)
③ 제1항 및 제2항의 경우 동업기업으로부터 분배받은 자산의 시가 중 분배일의 해당 동업자의 지분가액 상당액은 해당 동업자의 분배일이 속하는 과세연도의 소득세 또는 법인세 과세표준을 계산할 때 익금에 산입하지 아니한다. (2008. 12. 26. 신설)

⑤ 제3항에 따라 지분가액을 감액조정하는 경우 지분가액의 최저금액은 영(零)으로 한다. (2009. 2. 4. 개정)

제100조의 22【동업기업 지분의 양도소득 계산】법 제100조의 21 제1항을 적용할 때 지분의 양도소득 또는 금융투자소득은 양도일 현재의 해당 지분의 지분가액을 취득가액으로 보아 계산한다. (2022. 2. 15. 개정)

제100조의 22【동업기업 지분의 양도소득 계산】법 제100조의 21 제1항을 적용할 때 지분의 양도소득은 양도일 현재의 해당 지분의 지분가액을 취득가액으로 보아 계산한다. (2024. 12. 31. 개정)

제100조의 23【손실이 인정되는 자산의 분배 사유】법 제100조의 22 제2항에서 "대통령령으로 정하는 사유"란 다음 각 호의 어느 하나에 해당하는 경우를 말한다. (2008. 2. 22. 신설)
1. 동업기업이 해산에 따른 청산, 분할, 합병 등으로 소멸되는 경우 (2008. 2. 22. 신설)
2. 동업자가 동업기업을 탈퇴하는 경우 (2008. 2. 22. 신설)

제100조의 23 【동업기업의 소득의 계산 및 배분명세 신고】 ① 동업기업은 각 과세연도의 종료일이 속하는 달의 말일부터 3개월이 되는 날이 속하는 달의 15일까지 대통령령으로 정하는 바에 따라 해당 과세연도의 소득의 계산 및 배분명세를 관할 세무서장에게 신고하여야 한다. (2007. 12. 31. 신설)

② 각 과세연도의 소득금액이 없거나 결손금이 있는 동업기업의 경우에도 제1항을 적용한다. (2007. 12. 31. 신설)

③ 동업기업은 제1항에 따른 신고를 할 때 각 동업자에게 해당 동업자와 관련된 신고 내용을 통지하여야 한다. (2010. 12. 27. 신설)

제100조의 24 【비거주자 또는 외국법인인 동업자에 대한 원천징수】 ① 동업기업은 비거주자 또는 외국법인인 동업자에게 배분된 소득에 대해서는 다음 각 호의 세율을 적용하여 계산한 금액에 상당하는 소득세 또는 법인세를 징수하여 제100조의 23 제1항에 따른 신고기한(제100조의 23에 따라 신고하지 아니한 금액을 분배하는 경우에는 해당 분배일이 속하는 달의 다음 달 10일과 제100조의 23 제1항에 따른 신고기한 중 빠른 날)까지 납세지 관할 세무서장에게 납부하여야 한다. (2010. 1. 1. 개정)

1. 수동적 동업자인 경우에는 「소득세법」 제156조 제1항 제2호 및 「법인세법」 제98조 제1항 제2호에 따른 세율. 다만, 제3항 단서 및 제100조의 18 제4항 본문이 적용되는 경우에는 「소득세법」 제156조 제1항 각 호 및 「법인세법」 제98조 제1항 각 호에 따른 세율 (2023. 12. 31. 단서개정)

2. 수동적 동업자 외의 동업자인 경우에는 다음 각 목의 세율 중 최고세율 (2010. 1. 1. 개정)

　가. 비거주자인 동업자의 경우 : 「소득세법」 제55조에 따른 세율 (2010. 1. 1. 개정)

　나. 외국법인인 동업자의 경우 : 「법인세법」 제55조에 따른 세율 (2010. 1. 1. 개정)

② 동업기업은 제1항에 따라 원천징수를 하는 경우 「소득세법」 제164조의 2 및 「법인세법」 제120조의 2에 따라 지급명세서를 제출하여야 한다. 이 경우 해당 소득은 동업기업이 제100조의 23에 따른 신고를

제100조의 24 【동업기업의 소득의 계산 및 배분명세 신고】 법 제100조의 23에 따라 신고할 때 기획재정부령으로 정하는 동업기업 소득 계산 및 배분명세 신고서와 다음 각 호의 서류를 제출해야 한다. 이 경우 제1호 및 제2호의 서류를 첨부하지 않으면 법 제100조의 23에 따른 신고로 보지 않는다. (2021. 1. 5. 개정 ; 어려운 법령용어~대통령령)

1. 기업회계기준을 준용하여 작성한 재무상태표와 손익계산서 (2021. 1. 5. 개정 ; 어려운 법령용어~대통령령)

2. 기획재정부령으로 정하는 지분가액조정명세서 (2008. 2. 29. 직제개정 ; 기획재정부와~직제 부칙)

관계조문 》》

규칙 61조 1항 91호 ⇒ 지분가액조정명세서(별지 108호 서식)

2의 2. 제100조의 17 제1항 본문의 약정손익분배비율에 관한 서면약정서 (2010. 2. 18. 신설)

2의 3. 법 제100조의 18 제3항 본문을 적용받는 수동적동업자에 대하여 제100조의 18 제9항 각 호의 사실을 입증할 수 있는 서류 (2013. 2. 15. 신설)

2의 3. 삭　제 (2023. 2. 28.)

3. 그 밖에 기획재정부령으로 정하는 서류 (2008. 2. 29. 직제개정 ; 기획재정부와~직제 부칙)

제100조의 25 【비거주자 또는 외국법인인 동업자의 비과세·면제 또는 제한세율 적용을 위한 경정청구 등의 절차】 삭　제 (2009. 2. 4.)

관계조문 》》

규칙 61조 1항 90호 ⇒ 소득계산 및 배분명세신고서(별지 107호 서식(1), 별지 107호 서식(2-1), 별지 107호 서식(2-2), 별지 107호 서식(2-2) 부표, 별지 107호 서식(3-1), 별지 107호 서식(3-2), 별지 107호 서식(3-2) 부표1, 별지 107호 서식(3-2) 부표2, 별지 107호 서식(4-1), 별지 107호 서식(4-2), 별지 107호 서식(4-2) 부표, 별지 107호 서식(5-1), 별지 107호 서식(5-2), 별지 107호 서식(5-2) 부표1 및 별지 107호 서식(5-2) 부표2)

제46조의 2 【동업기업 소득계산 및 배분명세 신고 시 첨부서류】 영 제100조의 24 제3호에서 "기획재정부령으로 정하는 서류"란 다음 각 호의 서류를 말한다. (2010. 4. 20. 신설)

1. 다음 각 목의 구분에 따른 서류 (2010. 4. 20. 신설)

　가. 거주자군 및 「소득세법」 제121조 제2항 또는 제5항에 따른 비거주자로 구성된 비거주자군 : 다음의 서류 중 해당 거주자군 또는 비거주자군과 관련된 서류 (2010. 4. 20. 신설)

할 때(제100조의 23에 따른 신고를 하지 아니한 금액이 분배되는 경우
에는 분배할 때)에 비거주자 또는 외국법인인 동업자에게 지급된 것으
로 본다. (2010. 1. 1. 개정)
③ 수동적 동업자에게 배분되는 소득의 구분은 제100조의 18 제4항
단서에 따른다. 다만, 수동적 동업자가 소득을 직접 받지 아니하고 동
업기업을 통하여 받음으로써 소득세 또는 법인세를 부당하게 감소시킨
것으로 인정될 때에는 제100조의 18 제4항 단서에 따른 소득구분에 따
르지 아니하고 동업기업이 받는 소득을 기준으로 「소득세법」 제119조
또는 「법인세법」 제93조의 소득구분에 따른다. (2023. 12. 31. 개정)
④ 제1항 제2호에 따른 소득이 있는 비거주자 및 외국법인인 동업자는
「소득세법」 제121조부터 제125조까지의 규정을 준용하여 소득세의 과
세표준확정신고를 하거나 「법인세법」 제91조, 제92조, 제95조, 제95조
의 2 및 제97조를 준용하여 법인세의 과세표준신고를 하여야 한다. 다
만, 동업기업이 제1항에 따라 소득세 또는 법인세를 원천징수하여 납
부한 경우에는 과세표준확정신고 또는 과세표준신고를 하지 아니할 수
있다. (2010. 1. 1. 개정)
⑤ 수동적 동업자에 대하여 제3항 단서 및 제100조의 18 제4항 본문이
적용되어 구분된 소득이 「소득세법」 제119조 제3호, 「법인세법」 제93
조 제3호의 소득 또는 「소득세법」 제119조 제9호, 「법인세법」 제93조
제7호의 소득인 경우에는 제1항 제1호 단서의 세율로 원천징수하지 아
니하고 다음 각 호의 방법에 따른다. (2023. 12. 31. 개정)
1. 「소득세법」 제119조 제3호 또는 「법인세법」 제93조 제3호의 소득
   인 경우 : 제4항을 준용하여 동업자가 신고 · 납부하는 방법 (2010.
   1. 1. 개정)
2. 「소득세법」 제119조 제9호 또는 「법인세법」 제93조 제7호의 소득인
   경우 : 동업기업이 제1항 제1호의 세율로 원천징수하고 동업자가 제4
   항을 준용하여 신고 · 납부하는 방법 (2010. 1. 1. 개정)
⑥ 제1항 제2호 및 제4항을 적용할 때 동업기업이 국내에서 사업을 하
는 장소를 비거주자 또는 외국법인인 동업자의 국내사업장으로 본다.
(2010. 1. 1. 개정)
⑦ 제1항 제1호, 제3항 및 제5항 제2호의 원천징수의 적용방법에 관하
여는 「소득세법」 제156조의 2부터 제156조의 8까지 및 「법인세법」

1) 「소득세법 시행규칙」 별지 제40
   호 서식(1)의 이자소득명세서,
   배당소득명세서, 부동산임대소
   득 · 사업소득명세서, 근로소
   득 · 연금소득 · 기타소득명세
   서 (2010. 4. 20. 신설)
2) 「소득세법 시행규칙」 제65조 제
   2항 제1호 가목 · 다목 및 같은
   항 제2호 각 목의 서류 (2010.
   4. 20. 신설)
3) 「소득세법 시행규칙」 제102조의
   조정계산서 및 관련 서류
   (2010. 4. 20. 신설)
4) 「소득세법 시행규칙」 별지 제45
   호 서식의 기부금명세서 (2010.
   4. 20. 신설)
나. 내국법인군 및 「법인세법」 제97조
   제1항에 따른 외국법인으로 구성
   된 외국법인군 : 다음의 서류 중
   해당 내국법인군 또는 외국법인군
   과 관련된 서류 (2010. 4. 20. 신설)
1) 「법인세법 시행규칙」 제82조 제1
   항 제4호부터 제56호까지 및 제
   60호의 서류 (2010. 4. 20. 신설)
2) 「조세특례제한법 시행규칙」 제
   61조 제1항 각 호의 서류
   (2010. 4. 20. 신설)
다. 「소득세법」 제156조 제1항에 따른
   비거주자로 구성된 비거주자군 및
   「법인세법」 제98조 제1항에 따른
   외국법인으로 구성된 외국법인군 :
   다음의 서류 중 해당 비거주자군

제98조의 3부터 제98조의 7까지를 준용한다. (2020. 12. 29. 개정)

⑧ 비거주자 또는 외국법인인 동업자가 「소득세법」 제120조 또는 「법인세법」 제94조에 따른 국내사업장(제6항에 따라 국내사업장으로 보는 경우는 제외한다. 이하 이 항에서 같다)이 있고 동업자에게 배분된 소득이 그 국내사업장에 귀속되는 소득인 경우에는 제1항부터 제7항까지의 규정을 적용하지 아니하고 그 국내사업장의 과세표준에 합산하여 신고·납부하여야 한다. (2010. 1. 1. 개정)

　제100조의 25 【가산세】 ① 관할 세무서장은 동업기업이 제100조의 23 제1항에 따른 신고를 하지 아니하거나 신고하여야 할 소득금액보다 적게 신고한 경우 다음 각 호의 금액을 가산세로 징수하여야 한다. 이 경우 신고하여야 할 소득금액의 계산방법은 대통령령으로 정한다. (2007. 12. 31. 신설)

1. 신고하지 아니한 경우 : 신고하여야 할 소득금액의 100분의 4 (2007. 12. 31. 신설)

2. 신고하여야 할 소득금액보다 적게 신고한 경우 : 적게 신고한 소득금액의 100분의 2 (2007. 12. 31. 신설)

② 관할 세무서장은 동업기업이 제100조의 24에 따라 원천징수하였거나 원천징수하여야 할 세액을 납부기한에 납부하지 아니하거나 적게 납부하는 경우에는 납부하지 아니하거나 적게 납부한 세액의 100분의 10을 한도로 하여 다음 각 호의 금액을 합한 금액을 가산세로 징수하여야 한다. (2018. 12. 24. 개정)

1. 납부하지 아니하거나 적게 납부한 세액 × 납부기한의 다음 날부터 자진납부일 또는 납부고지일까지의 기간 × 금융기관이 연체대출금에 대하여 적용하는 이자율을 고려하여 대통령령으로 정하는 이자율 (2020. 12. 29. 개정)

2. 납부하지 아니하거나 적게 납부한 세액의 100분의 3 (2018. 12. 24. 개정)

　제100조의 26 【준용규정】 법인이 아닌 동업기업의 경우 과세연도, 납세지, 사업자등록, 세액공제, 세액감면, 원천징수, 가산세, 토지 등 양도소득에 대한 법인세 등 대통령령으로 정하는 사항에 대해서는

　제100조의 26 【가산세】 ① 법 제100조의 25 제1항을 적용할 때 신고하여야 할 소득금액은 동업자군별 배분대상 소득금액의 합계액으로 한다. (2008. 2. 22. 신설)

관계조문　▶▶
규칙 61조 1항 92호 ⇒ 배분한도 초과결손금계산서(별지 109호 서식)

② 법 제100조의 25 제2항 제1호에서 "대통령령으로 정하는 이자율"이란 제11조의 2 제9항 제2호에 따른 율을 말한다. (2022. 2. 15. 개정)

　제100조의 27 【준용규정】 법 제100조의 26을 적용할 때 "대통령령으로 정하는 사항"이란 다음 각 호의 사항을 말한다. (2008. 2. 22. 신설)

또는 외국법인군과 관련된 서류 (2010. 4. 20. 신설)

1) 「소득세법 시행규칙」 별지 제23호 서식(1)의 이자·배당소득지급명세서 (2010. 4. 20. 신설)

2) 「소득세법 시행규칙」 별지 제23호 서식(5)의 비거주자의 사업소득·기타소득 등 지급명세서 (2010. 4. 20. 신설)

3) 「소득세법 시행규칙」 별지 제24호 서식(7)의 유가증권양도소득 지급명세서 (2010. 4. 20. 신설)

4) 「소득세법 시행규칙」 별지 제24호 서식(8)의 양도소득 지급명세서 (2010. 4. 20. 신설)

2. 배분한도 초과결손금계산서 (2010. 4. 20. 신설)

3. 수동적동업자 이월결손금계산서 (2010. 4. 20. 신설)

관계조문　▶▶
규칙 61조 1항 93호 ⇒ 수동적동업자 이월배분결손금계산서(별지 110호 서식)

4. 동업기업 세액배분명세서 (2010. 4. 20. 신설)

관계조문　▶▶
규칙 61조 1항 94호 ⇒ 동업기업 세액배분명세서(별지 111호 서식)

그 동업기업을 하나의 내국법인(제100조의 15 제1항 제5호의 동업기업의 경우에는 외국법인)으로 보아 「법인세법」과 이 법의 해당 규정을 준용한다. (2013. 1. 1. 개정)

1. 「법인세법」 제6조 및 제7조에 따른 사업연도 (2008. 2. 22. 신설)
2. 「법인세법」 제9조부터 제12조까지의 규정에 따른 납세지와 과세 관할 (2008. 2. 22. 신설)
3. 「법인세법」 제111조에 따른 사업자등록 (2008. 2. 22. 신설)
4. 법 및 「법인세법」에 따른 세액공제 및 세액감면 (2013. 2. 15. 개정)
5. 「법인세법」 제73조, 제73조의 2 및 제74조에 따른 원천징수 (2019. 2. 12. 개정)
6. 「법인세법」 제75조의 3, 제75조의 5부터 제75조의 8까지의 규정에 따른 가산세 (2019. 2. 12. 개정)
7. 「법인세법」 제55조의 2에 따른 토지등 양도소득에 대한 법인세 (2008. 2. 22. 신설)
8. 「법인세법」 제66조에 따른 결정 및 경정 (2008. 2. 22. 신설)
9. 「법인세법」 제112조에 따른 장부의 비치·기장 (2008. 2. 22. 신설)
10. 「법인세법」 제113조에 따른 구분경리 (2008. 2. 22. 신설)
11. 「법인세법」 제116조에 따른 지출증빙서류의 제출 및 보관 (2008. 2. 22. 신설)
12. 「법인세법」 제117조에 따른 신용카드가맹점 가입·발급의무 등 (2008. 2. 22. 신설)
13. 「법인세법」 제117조의 2에 따른 현금영수증가맹점 가입·발급의무 등 (2008. 2. 22. 신설)
14. 「법인세법」 제120조 및 제120조의 2에 따른 지급명세서의 제출의무 (2013. 2. 15. 개정)
15. 「법인세법」 제120조의 3에 따른 매입처별세금계산서합계표의 제출 (2008. 2. 22. 신설)
16. 「법인세법」 제121조에 따른 계산서의 작성·교부 등 (2008. 2. 22. 신설)
17. 「법인세법」 제122조에 따른 질문·조사 (2008. 2. 22. 신설)
18. 그 밖에 기획재정부령으로 정하는 사항 (2008. 2. 29. 직제개정 ; 기획재정부와~직제 부칙)

제 10 절의 4　자녀 장려를 위한 조세특례
(2014. 1. 1. 신설)

제100조의 27【자녀장려세제】 저소득자의 자녀양육비를 지원하기 위하여 제100조의 28부터 제100조의 31까지의 규정에 따른 자녀장려세제를 적용하여 자녀장려금을 결정·환급한다. (2014. 1. 1. 신설)

제100조의 28【자녀장려금의 신청자격】 ① 소득세 과세기간 중에「소득세법」 제19조에 따른 사업소득, 같은 법 제20조에 따른 근로소득 또는 같은 법 제21조 제1항 제26호에 따른 종교인소득이 있는 거주자로서 대통령령으로 정하는 자는 다음 각 호의 요건을 모두 갖춘 경우 해당 소득세 과세기간의 자녀장려금을 신청할 수 있다. (2017. 12. 19. 개정)
1. 부양자녀가 있을 것 (2014. 1. 1. 신설)
2. 거주자(그 배우자를 포함한다. 이하 이 조에서 같다)의 연간 총소득의 합계액이 7천만원 미만일 것 (2023. 12. 31. 개정)
3. 가구원의 주택소유 현황이 제100조의 3 제1항 제3호의 요건을 충족할 것 (2014. 1. 1. 신설)
3. 삭　제 (2016. 12. 20.)
4. 가구원 재산의 합계액이 2억4천만원 미만일 것 (2022. 12. 31. 개정)
② 제1항에도 불구하고 다음 각 호의 어느 하나에 해당하는 거주자는 자녀장려금을 신청할 수 없다. (2014. 1. 1. 신설)
1. 제100조의 3 제2항 제2호 및 제3호의 어느 하나에 해당하는 경우 (2014. 1. 1. 신설)
2. 자녀장려금 신청일이 속하는 연도의 3월 1일부터 3월 31일까지의 기간 중「국민기초생활 보장법」 제7조 제1항 제1호에 따른 급여의 전부 또는 일부를 받은 경우 (2014. 1. 1. 신설)
2. 삭　제 (2018. 12. 24.)
③ 제1항과 제2항에서 규정한 사항 외에 자녀장려금의 신청자격에 관한 사항에 관하여는 제100조의 3을 준용한다. 이 경우 “근로장려금”은 “자녀장려금”으로 본다. (2014. 1. 1. 신설)
③ 삭　제 (2019. 12. 31.)

제 10 절의 4　자녀 장려를 위한 조세특례
(2014. 2. 21. 신설)

제100조의 28【자녀장려금의 신청대상】 법 제100조의 28 제1항 각 호 외의 부분에서 “대통령령으로 정하는 자”란 해당 소득세 과세기간 중「부가가치세법 시행령」 제109조 제2항 제7호에 해당하는 사업을 영위하는 자(그 배우자를 포함한다)를 제외한 자를 말한다. (2020. 2. 11. 개정)

제100조의 29 【자녀장려금의 산정】 ① 자녀장려금은 총급여액 등을 기준으로 다음 각 호의 구분에 따라 계산한 금액으로 한다. (2019. 12. 31. 단서삭제)

1. 홑벌이 가구인 경우 : 다음 각 목의 구분에 따라 계산한 금액 (2023. 12. 31. 개정)

목별	총급여액 등	자녀장려금
가	2천100만원 미만	부양자녀의 수 × 100만원
나	2천100만원 이상 7천만원 미만	부양자녀의 수 × [100만원 − (총급여액 등 − 2천100만원) × 4천900분의 50]

2. 맞벌이 가구인 경우 : 다음 각 목의 구분에 따라 계산한 금액 (2023. 12. 31. 개정)

목별	총급여액 등	자녀장려금
가	2천500만원 미만	부양자녀의 수 × 100만원
나	2천500만원 이상 7천만원 미만	부양자녀의 수 × [100만원 − (총급여액 등 − 2천500만원) × 4천500분의 50]

② 제1항에도 불구하고 자녀장려금은 총급여액 등의 구간별로 작성한 대통령령으로 정하는 자녀장려금산정표를 적용하여 산정한다. (2019. 12. 31. 개정)

③ 자녀장려금의 산정에 관하여 이 조에서 정하지 아니한 사항에 관하여는 제100조의 5 제3항부터 제5항까지의 규정을 준용한다. 이 경우 "근로장려금"은 "자녀장려금"으로 본다. (2018. 12. 24. 개정)

③ 삭 제 (2019. 12. 31.)

제100조의 30 【자녀장려금의 신청 등】 ① 자녀장려금을 받으려는 거주자는 「소득세법」 제70조 또는 제74조에 따른 종합소득과세표준 확정신고 기간에 다음 각 호의 사항이 포함된 자녀장려금신청서에 자녀장려금 신청자격을 확인하기 위하여 필요한 대통령령으로 정하는 증거자료를 첨부하여 납세지 관할 세무서장에게 자녀장려금을 신청하여야 한다. (2020. 12. 29. 개정)

제100조의 29 【자녀장려금의 산정 등】 ① 법 제100조의 29 제2항에 따른 자녀장려금산정표는 별표 11의 2와 같다. (2014. 2. 21. 신설)

② 자녀장려금의 산정에 관하여는 제1항에서 규정한 사항 외에는 제100조의 6 제1항, 제2항 및 제4항을 준용한다. 이 경우 "근로장려금신청서"는 "자녀장려금신청서"로 본다. (2019. 2. 12. 개정)

② 삭 제 (2020. 2. 11.)

제100조의 30 【자녀장려금의 신청서류 등】 ① 법 제100조의 30 제1항에 따른 자녀장려금신청서에는 다음 각 호의 사항이 포함되어야 한다. (2014. 2. 21. 신설)

1. 신청자격에 관한 사항 (2014. 2. 21. 신설)
2. 총급여액 등 (2020. 2. 11. 개정)
3. 자녀장려금 산정액 (2014. 2. 21. 신설)

편주

- 영 별표 11의 2의 개정규정은 2024. 1. 1. 이후 자녀장려금을 신청하는 경우(법 100조의 30 제3항에 따라 2023년 과세기간의 자녀장려금을 신청한 것으로 보는 경우를 포함함)부터 적용함. (영 부칙(2024. 2. 29.) 17조)
- 영 별표 11의 2의 개정규정은 2023. 1. 1. 이후 자녀장려금을 신청하는 경우부터 적용함. (영 부칙(2023. 2. 28.) 10조)

1. 신청자격 (2014. 1. 1. 신설)
2. 제100조의 29에 따라 산정한 자녀장려금 (2014. 1. 1. 신설)
② 제1항에도 불구하고 자녀장려금은 「소득세법」 제59조의 2에 따른 자녀세액공제와 중복하여 적용할 수 없다. (2014. 1. 1. 신설)
③ 제1항에도 불구하고 반기 신청을 한 경우에는 그 신청자의 의사에 의하여 제1항에 따라 해당 소득세 과세기간의 자녀장려금을 신청한 것으로 본다. (2019. 12. 31. 개정)

제100조의 31 【자녀장려금 관련 사항의 준용 등】 (2016. 12. 20. 제목개정)
① 자녀장려금의 신청자격, 부양자녀의 요건과 판정시기, 자녀장려금의 산정·신청·결정·환급 및 환급의 제한·경정 등과 신청자 등에 대한 확인·조사, 금융거래 정보에 대한 조회, 자료요청에 관하여는 제100조의 3(제1항, 제2항 및 제6항은 제외한다), 제100조의 4(제6항은 제외한다), 제100조의 5(제1항, 제2항 및 제5항은 제외한다), 제100조의 6(제1항, 제3항, 제7항 및 제9항은 제외한다), 제100조의 7(제1항 제2호 및 제3항은 제외한다) 및 제100조의 8(제5항 및 제8항은 제외한다)부터 제100조의 13까지의 규정을 준용한다. 이 경우 "근로장려금"은 "자녀장려금"으로 본다. (2021. 12. 28. 개정)
② 납세지 관할 세무서장은 제100조의 29 제2항에 따라 산정한 금액이 제1항 및 제100조의 30 제2항에 따라 감액되어 3만원 미만일 경우(영이거나 음수인 경우는 제외한다)에는 3만원을 자녀장려금으로 결정한다. 다만, 제100조의 5 제1항 제2호 가목에 따라 계산한 금액이 1만5천원 미만일 경우에는 자녀장려금이 없는 것으로 결정한다. (2019. 12. 31. 개정)

4. 그 밖에 자녀장려금의 신청자격 및 산정에 필요한 사항으로서 기획재정부령으로 정하는 사항 (2014. 2. 21. 신설)
② 자녀장려금의 신청과 관련된 증명자료 등에 관하여는 제1항에서 규정한 사항 외에는 제100조의 7 제2항부터 제7항까지 및 제10항을 준용한다. 이 경우 "근로장려금"은 "자녀장려금"으로 본다. (2019. 2. 12. 개정)
② 삭 제 (2020. 2. 11.)

제100조의 31 【자녀장려금 관련 사항의 준용 등】 (2017. 2. 7. 제목개정)
① 이 절에 따라 자녀장려를 위한 조세특례제도를 운영할 때 다음 각 호의 사항에 관하여는 해당 호에서 정한 규정을 준용한다. 이 경우 "근로장려금", "근로장려금신청서", "근로장려금결정통지서", "근로장려금환급제한통지서"는 각각 "자녀장려금", "자녀장려금신청서", "자녀장려금결정통지서", "자녀장려금환급제한통지서"로 본다. (2020. 2. 11. 개정)
1. 부양자녀의 범위 및 자녀장려금의 신청대상 : 제100조의 2(제4항은 제외한다) (2020. 2. 11. 개정)
2. 연간 총소득의 범위 : 제100조의 3 (2020. 2. 11. 개정)
3. 1세대의 범위 및 재산의 판정기준 : 제100조의 4(제2항은 제외한다) (2020. 2. 11. 개정)
4. 부양자녀의 판단 : 제100조의 5 (2020. 2. 11. 개정)
5. 자녀장려금의 산정 등 : 제100조의 6(제3항 및 제5항은 제외한다) (2020. 2. 11. 개정)
6. 신청서류 등 : 제100조의 7(제1항·제9항 및 제10항은 제외한다) (2024. 2. 29. 개정)
7. 자녀장려금의 결정 : 제100조의 8 (2020. 2. 11. 개정)
8. 자녀장려금의 환급 등 : 제100조의 9(제4항·제5항 및 제7항은 제외한다) (2020. 2. 11. 개정)
9. 자녀장려금 환급의 제한 : 제100조의 10 (2020. 2. 11. 개정)
10. 가산세 : 제100조의 11 (2020. 2. 11. 개정)

제 10 절의 5　투자·상생협력 촉진을 위한 조세특례
(2017. 12. 19. 신설)

제100조의 32 【투자·상생협력 촉진을 위한 과세특례】 ① 각 사업연도 종료일 현재 「독점규제 및 공정거래에 관한 법률」 제31조 제1항에 따른 상호출자제한기업집단에 속하는 내국법인이 제2항 제1호 가목부터 다목까지의 규정에 따른 투자, 임금 등으로 환류하지 아니한 소득이 있는 경우에는 같은 항에 따른 미환류소득(제5항에 따른 차기환류적립금과 제7항에 따라 이월된 초과환류액을 공제한 금액을 말한다)에 100분의 20을 곱하여 산출한 세액을 미환류소득에 대한 법인세로 하여 「법인세법」 제13조에 따른 과세표준에 같은 법 제55조에 따른 세율을 적용하여 계산한 법인세액에 추가하여 납부하여야 한다. (2022. 12. 31. 개정)

1. 각 사업연도 종료일 현재 대통령령으로 정하는 자기자본이 500억원을 초과하는 법인. 다만, 다음 각 목의 어느 하나에 해당하는 법인은 제외한다. (2019. 12. 31. 개정)
　가. 대통령령으로 정하는 중소기업 (2019. 12. 31. 개정)
　나. 대통령령으로 정하는 비영리법인 (2019. 12. 31. 개정)
　다. 제104조의 31 제1항 및 「법인세법」 제51조의 2 제1항 각 호의 어느 하나에 해당하는 법인 (2020. 12. 29. 개정)
2. 각 사업연도 종료일 현재 「독점규제 및 공정거래에 관한 법률」 제31조 제1항에 따른 상호출자제한기업집단에 속하는 법인 (2020. 12. 29. 개정 ; 독점규제~법률 부칙)

1.~2. 삭　제 (2022. 12. 31.)
② 제1항에 따른 내국법인은 다음 각 호의 방법 중 어느 하나를 선택하여 산정한 금액(산정한 금액이 양수인 경우에는 "미환류소득"이라 하고, 산정한 금액이 음수인 경우에는 음의 부호를 뗀 금액을 "초과환류액"이라 한다. 이하 이 조에서 같다)을 각 사업연도의 종료일이 속하는

제 10 절의 5　투자·상생협력촉진을 위한 조세특례
(2018. 2. 13. 신설)

제100조의 32 【투자·상생협력 촉진을 위한 과세특례】 ① 법 제100조의 32 제1항 제1호에서 "대통령령으로 정하는 자기자본"이란 재무상태표상의 자산의 합계액에서 부채의 합계액을 공제한 금액을 말한다. (2018. 2. 13. 신설)

제100조의 32 【투자·상생협력 촉진을 위한 과세특례】 ① 삭제 (2023. 2. 28.)

② 법 제100조의 32 제1항 제1호 가목에서 "대통령령으로 정하는 중소기업"이란 제2조에 따른 중소기업을 말하고, 법 제100조의 32 제1항 제1호 나목에서 "대통령령으로 정하는 비영리법인"이란 「법인세법」 제2조 제2호에 따른 비영리내국법인을 말한다. (2020. 2. 11. 개정)

② 삭　제 (2023. 2. 28.)

③ 법 제100조의 32 제2항에 따라 신고를 하려는 내국법인은 「법인세법」 제60조 또는 제76조의 17에 따른 과세표준 신고를 할 때 기획재정부령으로 정하는 미환류소득에 대한 법인세 신고서를 납세지 관할 세무서장에게 제출하여야 한다. (2018. 2. 13. 신설)

제45조의 10 【투자·상생협력 촉진을 위한 과세특례】 (2025. 3. 21. 조번개정)
① 영 제100조의 32 제3항에서 "기획재정부령으로 정하는 미환류소득에 대한 법인세

달의 말일부터 3개월(「법인세법」 제76조의 17에 따라 법인세의 과세
표준과 세액을 신고하는 경우에는 각 연결사업연도의 종료일이 속하는
달의 말일부터 4개월) 이내에 대통령령으로 정하는 바에 따라 납세지
관할 세무서장에게 신고하여야 한다. (2022. 12. 31. 개정)
1. 해당 사업연도[2025년 12월 31일이 속하는 사업연도까지(제6항을
   적용할 때에는 2027년 12월 31일이 속하는 사업연도까지)를 말한
   다]의 소득 중 대통령령으로 정하는 소득(이하 이 조에서 "기업소
   득"이라 한다)에 100분의 60부터 100분의 80까지의 범위에서 대통
   령령으로 정하는 비율을 곱하여 산출한 금액에서 다음 각 목의 금액
   의 합계액을 공제하는 방법 (2022. 12. 31. 개정)
   가. 기계장치 등 대통령령으로 정하는 자산에 대한 투자 합계액
      (2017. 12. 19. 신설)
   나. 대통령령으로 정하는 상시근로자(이하 이 조에서 "상시근로자"
      라 한다)의 해당 사업연도 임금증가금액으로서 다음 구분에 따
      른 금액이 있는 경우 그 금액을 합한 금액 (2017. 12. 19. 신설)
      1) 상시근로자의 해당 사업연도 임금이 증가한 경우
         (2017. 12. 19. 신설)
         가) 해당 사업연도의 상시근로자 수가 직전 사업연도의 상
             시근로자 수보다 증가하지 아니한 경우 : 상시근로자
             임금증가금액 (2017. 12. 19. 신설)
         나) 해당 사업연도의 상시근로자 수가 직전 사업연도의 상
             시근로자 수보다 증가한 경우 : 기존 상시근로자 임금
             증가금액에 100분의 150을 곱한 금액과 신규 상시근로
             자 임금증가금액에 100분의 200을 곱한 금액을 합한
             금액 (2017. 12. 19. 신설)
      2) 해당 사업연도에 대통령령으로 정하는 청년정규직근로자(이
         하 이 조에서 "청년정규직근로자"라 한다) 수가 직전 사업
         연도의 청년정규직근로자 수보다 증가한 경우 : 해당 사업
         연도의 청년정규직근로자에 대한 임금증가금액 (2017. 12.
         19. 신설)
      3) 해당 사업연도에 근로기간 및 근로형태 등 대통령령으로 정
         하는 요건을 충족하는 정규직 전환 근로자(이하 이 조에서

④ 법 제100조의 32 제2항 제1호 각 목 외의 부분에서 "대통령령으로
정하는 소득"이란 「법인세법」 제14조에 따른 각 사업연도의 소득에 제
1호의 합계액을 더한 금액에서 제2호의 합계액을 뺀 금액(그 수가 음
수인 경우 영으로 본다. 이하 이 항에서 "기업소득"이라 한다)으로 한
다. 다만, 「법인세법」 제2장의 3에 따른 연결납세방식을 적용받는 연
결법인으로서 각 연결법인의 기업소득 합계액이 3천억원을 초과하는
경우에는 다음 계산식에 따라 계산한 금액으로 하고, 그 밖의 법인의
경우로서 기업소득이 3천억원을 초과하는 경우에는 3천억원으로 한다.
(2019. 2. 12. 개정)

$$3천억원 \times \frac{해당\ 연결법인의\ 기업소득}{각\ 연결법인의\ 기업소득\ 합계액}$$

1. 다음 각 목에 따른 금액의 합계액 (2018. 2. 13. 신설)
   가. 「법인세법」 제18조 제4호에 따른 환급금에 대한 이자 (2018. 2.
      13. 신설)
   나. 「법인세법」 제18조의 2에 따른 수입배당금액 중 익금에 산입하지 아니한 금액
      (2019. 2. 12. 개정)
   나. 삭 제 (2023. 2. 28.)
   다. 「법인세법」 제24조 제5항에 따라 이월되어 해당 사업연도의 손
      금에 산입한 금액 (2019. 2. 12. 개정)
   라. 해당 사업연도에 법 제100조의 32 제2항 제1호 가목을 적용받
      은 자산에 대한 감가상각비로서 해당 사업연도에 손금으로 산
      입한 금액 (2018. 2. 13. 신설)
2. 다음 각 목에 따른 금액의 합계액 (2018. 2. 13. 신설)
   가. 해당 사업연도의 기획재정부령으로 정하는 법인세액(「법인세법」
      제57조에 따라 내국법인이 직접 납부한 외국법인세액으로서 손
      금에 산입하지 아니한 세액과 같은 법 제15조 제2항 제2호에
      따른 외국법인세액을 포함한다), 법인세 감면액에 대한 농어촌
      특별세액 및 기획재정부령으로 정하는 법인지방소득세액 (2022.
      2. 15. 개정)
   나. 「상법」 제458조에 따라 해당 사업연도에 의무적으로 적립하는
      이익준비금 (2018. 2. 13. 신설)

신고서"란 별지 제114호 서식을 말한다.
(2018. 3. 21. 신설)
② 영 제100조의 32 제4항 제2호 가목에
서 "기획재정부령으로 정하는 법인세액"이
란 「법인세법」 제13조에 따른 과세표준에
같은 법 제55조 제1항에 따른 세율을 적용
하여 계산한 금액에서 해당 사업연도의 감
면세액과 세액공제액을 차감하고 가산세를
더한 금액을 말한다. (2022. 3. 18. 신설)
③ 영 제100조의 32 제4항 제2호 가목에서
"기획재정부령으로 정하는 법인지방소득세
액"이란 「법인세법」 제13조에 따른 과세표
준에 같은 법 제55조 제1항에 따른 세율을
적용하여 계산한 금액의 100분의 10에 해
당하는 금액을 말한다. (2022. 3. 18. 신설)
④ 영 제100조의 32 제4항 제2호 다목에서
"기획재정부령으로 정하는 금액"이란 「은
행법」 등 개별 법령 등이 정하는 바에 따라
의무적으로 적립해야 하는 금액 한도 이내
에서 적립하는 다음 각 호의 어느 하나에
해당하는 금액(해당 사업연도에 손금에 산
입하지 않는 금액으로 한정한다)을 말한다.
(2022. 3. 18. 항번개정)
1. 「은행법」 등 개별 법령에 따른 해당 사
   업연도의 이익준비금(영 제100조의 32
   제4항 제2호 나목에 따른 이익준비금으
   로 적립하는 금액은 제외한다) (2018.
   3. 21. 신설)
2. 금융회사 또는 공제조합이 해당 사업연
   도에 대손충당금 또는 대손준비금 등으
   로 의무적으로 적립하는 금액 (2018. 3.
   21. 신설)

“정규직 전환 근로자”라 한다)가 있는 경우 : 정규직 전환 근로자(청년정규직근로자는 제외한다)에 대한 임금증가금액 (2017. 12. 19. 신설)

다. 「대·중소기업 상생협력 촉진에 관한 법률」 제2조 제3호에 따른 상생협력을 위하여 지출하는 금액 등 대통령령으로 정하는 금액에 100분의 300을 곱한 금액 (2017. 12. 19. 신설)

2. 기업소득에 100분의 10부터 100분의 20까지의 범위에서 대통령령으로 정하는 비율을 곱하여 산출한 금액에서 제1호 각 목(가목에 따른 자산에 대한 투자 합계액은 제외한다)의 합계액을 공제하는 방법 (2017. 12. 19. 신설)

③ 제1항에 따른 내국법인이 제2항 각 호의 방법 중 어느 하나를 선택하여 신고한 경우 해당 사업연도의 개시일부터 대통령령으로 정하는 기간까지는 그 선택한 방법을 계속 적용하여야 한다. (2022. 12. 31. 개정)

④ 제1항에 따른 내국법인이 제2항에 따라 신고를 하지 아니한 경우에는 대통령령으로 정하는 바에 따라 제2항 각 호의 방법 중 어느 하나를 선택하여 신고한 것으로 보고 제3항을 적용한다. (2022. 12. 31. 개정)

⑤ 제1항에 따른 내국법인(제4항이 적용되는 법인은 제외한다)은 제2항에 따른 해당 사업연도 미환류소득의 전부 또는 일부를 다음 2개 사업연도의 투자, 임금 등으로 환류하기 위한 금액(이하 이 조에서 “차기환류적립금”이라 한다)으로 적립하여 해당 사업연도의 미환류소득에서 차기환류적립금을 공제할 수 있다. (2022. 12. 31. 개정)

⑥ 제5항에 따라 차기환류적립금을 적립한 경우 다음 계산식에 따라 계산한 금액(음수인 경우 영으로 본다)을 그 다음다음 사업연도의 법인세액에 추가하여 납부하여야 한다. (2022. 12. 31. 개정)

(차기환류적립금 − 제2항에 따라 계산한 해당 사업연도의 초과환류액) × 100분의 20

⑦ 해당 사업연도에 초과환류액(제6항에 따라 초과환류액으로 차기환류적립금을 공제한 경우에는 그 공제 후 남은 초과환류액을 말한다)이 있는 경우에는 그 초과환류액을 그 다음 2개 사업연도까지 이월하여 그 다음 2개 사업연도 동안 미환류소득에서 공제할 수 있다. (2020. 12. 29. 개정)

다. 법령에 따라 의무적으로 적립하는 적립금으로서 기획재정부령으로 정하는 금액 (2018. 2. 13. 신설)

라. 「법인세법」 제13조 제1항 제1호에 따라 해당 사업연도에 공제할 수 있는 결손금. 이 경우 같은 조 제1항 각 호 외의 부분 단서의 한도는 적용하지 않으며, 합병법인 등의 경우에는 같은 법 제45조 제1항·제2항과 제46조의 4 제1항에 따른 공제제한 규정은 적용하지 않는다. (2022. 2. 15. 개정)

마. 「법인세법」 제16조 제1항 제5호에 해당하는 금액(합병대가 중 주식등으로 받은 부분만 해당한다)으로서 해당 사업연도의 익금에 산입한 금액(같은 법 제18조의 2에 따른 익금불산입을 적용하기 전의 금액을 말한다) (2019. 2. 12. 개정)

바. 「법인세법」 제16조 제1항 제6호에 해당하는 금액(분할대가 중 주식으로 받은 부분만 해당한다)으로서 해당 사업연도에 익금에 산입한 금액(같은 법 제18조의 2에 따른 익금불산입을 적용하기 전의 금액을 말한다) (2019. 2. 12. 개정)

사. 「법인세법」 제24조 제2항에 따라 기부금 손금산입 한도를 넘어 손금에 산입하지 아니한 금액 (2019. 2. 12. 개정)

아. 「법인세법」 제44조 제1항에 따른 양도손익으로서 해당 사업연도에 익금에 산입한 금액 (2018. 2. 13. 신설)

자. 「법인세법」 제46조 제1항에 따른 양도손익으로서 해당 사업연도에 익금에 산입한 금액 (2018. 2. 13. 신설)

차. 법 제104조의 31 제1항 또는 「법인세법」 제51조의 2 제1항에 따라 배당한 금액 (2021. 2. 17. 개정)

카. 법 제9조 제1항에 따라 적립한 연구·인력개발준비금으로서 같은 조 제2항 제1호에 따라 해당 사업연도에 익금에 산입한 금액 (2018. 2. 13. 신설)

카. 삭 제 (2020. 2. 11.)

타. 외국법인이 발행한 주식등을 보유하는 내국법인 중 기획재정부령으로 정하는 요건을 충족하는 내국법인이 그 보유주식등을 발행한 외국법인으로부터 받는 배당소득으로서 해당 사업연도에 익금에 산입한 금액 (2023. 2. 28. 개정)

타. 삭 제 (2024. 2. 29.)

편주 ▶ ……………………………………………………………………
2023. 12. 31.이 속하는 사업연도에 대한 미환류소득 또는 초과환류액의

3. 보험업을 영위하는 법인이 해당 사업연도에 「보험업법」에 따라 배당보험손실보전준비금과 보증준비금으로 의무적으로 적립하는 금액 (2018. 3. 21. 신설)

4. 「지방공기업법」 제67조 제1항 제3호에 따라 지방공사가 감채적립금으로 의무적으로 적립하는 금액 (2020. 3. 13. 신설)

5. 「자본시장과 금융투자업에 관한 법률」에 따른 부동산신탁업을 경영하는 법인이 같은 법에 따라 해당 사업연도에 신탁사업적립금으로 의무적으로 적립하는 금액 (2021. 3. 16. 신설)

⑤ 영 제100조의 32 제4항 제2호 타목에서 “기획재정부령으로 정하는 요건을 충족하는 내국법인”이란 다음 각 호의 요건을 모두 갖춘 내국법인을 말한다. (2023. 3. 20. 개정)

1. 해당 내국법인이 보유한 외국법인이 발행한 주식 또는 출자지분(이하 이 조에서 “주식등”이라 한다) 가액의 합계액이 해당 내국법인이 보유한 전체 주식등 가액의 합계액의 100분의 75 이상일 것. 이 경우 주식등 가액의 합계액은 사업연도 종료일 현재 재무상태표상의 금액을 기준으로 계산한다. (2023. 3. 20. 개정)

2. 해당 내국법인이 보유한 외국법인 주식등 가액의 합계액이 해당 내국법인 자산총액의 100분의 50 이상일 것. 이 경우 외국법인 주식등 가액의 합계액 및 내국법인 자산총액은 사업연도 종료일 현재 재무상태표상의 금액을 기준으로 계산한다. (2018. 3. 21. 신설)

3. 설립일이 속하는 사업연도의 다음 사업연도 개시일부터 2년 이내에 「자본시장과 금융투자업에 관한 법률 시행령」 제176조의 9 제1항에 따른 유가증권시장 또는 대통령령 제24697호 자본시장과 금융투자업에 관한 법률 시행령 일부개정령 부칙 제8조에 따른 코스닥시장에 해당 내국법인의 주권을 상장할 것. 이 경우 설립일이 속하는 사업연도의 다음

⑧ 제1항에 따른 내국법인이 제2항 제1호 가목에 따른 자산을 처분한 경우 등 대통령령으로 정하는 경우에는 제2항 제1호에 따라 그 자산에 대한 투자금액의 공제로 인하여 납부하지 아니한 세액에 대통령령으로 정하는 바에 따라 계산한 이자 상당액을 가산하여 납부하여야 한다. (2017. 12. 19. 신설)
⑨ 직전 사업연도에 종전의 「법인세법」(법률 제15222호로 개정된 것을 말한다) 제56조 제7항에 따라 발생한 초과환류액이 있는 경우에는 제2항에 따른 미환류소득에서 공제할 수 있다. (2018. 12. 24. 개정)
⑩ 제1항부터 제9항까지의 규정을 적용할 때 투자 합계액, 임금증가금액, 상시근로자 수 또는 청년정규직근로자 수의 계산방법 등과 그 밖에 필요한 사항은 대통령령으로 정한다. (2017. 12. 19. 신설)

제100조의 33 【유가환급금의 경정 등】삭 제 (2010. 12. 27.)
제100조의 34 【가산세 등】삭 제 (2010. 12. 27.)

계산에 관하여는 영 100조의 32 제4항 2호 타목의 개정규정에도 불구하고 종전의 규정에 따름. (영 부칙(2024. 2. 29.) 23조 1항)

파. 「공적자금관리 특별법」 제2조 제1호에 따른 공적자금의 상환과 관련하여 지출하는 금액으로서 기획재정부령으로 정하는 금액 (2019. 2. 12. 신설)
⑤ 법 제100조의 32 제2항 제1호 각 목 외의 부분에서 "대통령령으로 정하는 비율"이란 100분의 70을 말하고, 같은 항 제2호에서 "대통령령으로 정하는 비율"이란 100분의 15를 말한다. (2021. 2. 17. 개정)
⑥ 법 제100조의 32 제2항 제1호 가목에서 "기계장치 등 대통령령으로 정하는 자산"이란 다음 각 호의 자산을 말한다. (2018. 2. 13. 신설)
1. 국내사업장에서 사용하기 위하여 새로이 취득하는 사업용 자산(중고품 및 제3조에 따른 금융리스 외의 리스자산은 제외하며, 법 제104조의 10에 따라 해운기업에 대한 법인세 과세표준 계산 특례를 적용받는 내국법인의 경우에는 기획재정부령으로 정하는 자산으로 한정한다)으로서 다음 각 목의 자산. 다만, 가목의 자산(해당 사업연도 이전에 취득한 자산을 포함한다)에 대한 「법인세법 시행령」 제31조 제2항에 따른 자본적 지출을 포함하되, 같은 조 제4항·제6항에 따라 해당 사업연도에 즉시상각된 분은 제외한다. (2018. 2. 13. 신설)
가. 다음의 사업용 유형고정자산 (2018. 2. 13. 신설)
　1) 기계 및 장치, 공구, 기구 및 비품, 차량 및 운반구, 선박 및 항공기, 그 밖에 이와 유사한 사업용 유형고정자산 (2018. 2. 13. 신설)
　2) 기획재정부령으로 정하는 신축·증축하는 업무용 건축물 (2018. 2. 13. 신설)
나. 「법인세법 시행령」 제24조 제1항 제2호 가목부터 라목까지 및 바목의 무형자산. 다만, 영업권(합병 또는 분할로 인하여 합병법인등이 계상한 영업권을 포함한다)은 제외한다. (2019. 2. 12. 개정)
2. 「벤처기업육성에 관한 특별법」 제2조 제1항에 따른 벤처기업에 다음

⑤ 삭 제 (2024. 3. 22.)
⑥ 영 제100조의 32 제4항 제2호 파목에서 "기획재정부령으로 정하는 금액"이란 다음 각 호의 어느 하나에 해당하는 금액을 말한다. (2022. 3. 18. 항번개정)
1. 「수산업협동조합법」 제141조의 4에 따른 수협은행이 같은 법 제167조에 따른 신용사업특별회계에 법률 제14242호 수산업협동조합법 일부개정법률 부칙 제6조 제4항에 따른 경영정상화계획 등에 관한 약정에 따라 해당 사업연도의 잉여금처분으로 배당하는 금액 (2020. 3. 13. 개정)
2. 「보험업법」 제4조에 따른 보증보험업 허가를 받은 보험회사가 「공적자금관리 특별법」 제17조에 따른 경영정상화계획에 관한 약정에 따라 해당 사업연도의 잉여금처분으로 배당하는 금액 (2020. 3. 13. 개정)
⑦ 영 제100조의 32 제6항 제1호 각 목 외의 부분 본문에서 "기획재정부령으로

☞ p.1658 2단 연결

[편주] ▶ ···
영 100조의 32 제9항의 개정규정은 2024. 1. 1. 이후 개시하는 사업연도의 임금증가액을 계산하는 경우부터 적용함. (영 부칙(2024. 2. 29.) 23조 2항)
··

⑩ 법 제100조의 32 제2항 제1호 나목 1) 나)에 따른 기존 상시근로자 임금증가금액과 신규 상시근로자 임금증가금액은 다음 각 호의 구분에 따라 계산한 금액으로 한다. 이 경우 제2호에 따라 계산한 금액은 해당 연도 상시근로자 임금증가금액을 한도로 한다. (2018. 2. 13. 신설)

1. 기존 상시근로자 임금증가금액 : 해당 연도 상시근로자 임금증가금액에서 제2호에 따라 계산한 금액을 뺀 금액 (2018. 2. 13. 신설)

2. 신규 상시근로자 임금증가금액 : (해당 연도 상시근로자 수 – 직전 연도 상시근로자 수) × 해당 연도에 최초로 「근로기준법」에 따라 근로계약을 체결한 상시근로자(근로계약을 갱신하는 경우는 제외한다)에 대한 기획재정부령으로 정하는 임금지급액의 평균액 (2018. 2. 13. 신설)

⑪ 제8항 및 제10항에 따른 상시근로자 수의 계산은 제26조의 4 제3항을 준용한다. (2018. 2. 13. 신설)

⑫ 법 제100조의 32 제2항 제1호 나목 2)에서 "대통령령으로 정하는 청년정규직근로자"란 제26조의 5 제2항에 따른 정규직 근로자로서 15세 이상 34세(제27조 제1항 제1호 각 목의 어느 하나에 해당하는 병역을 이행한 사람의 경우에는 6년을 한도로 병역을 이행한 기간을 현재 연령에서 빼고 계산한 연령을 말한다) 이하인 사람을 말한다. 이 경우 청년정규직근로자 수의 계산은 제26조의 5 제8항 제1호를 준용한다. (2023. 2. 28. 개정)

⑬ 법 제100조의 32 제2항 제1호 나목 3)에서 "근로기간 및 근로형태 등 대통령령으로 정하는 요건을 충족하는 정규직 전환 근로자"란 제26조의 4 제13항에 따른 정규직 전환 근로자를 말한다. (2018. 2. 13. 신설)

⑭ 법 제100조의 32 제2항 제1호 다목에서 "「대·중소기업 상생협력 촉진에 관한 법률」 제2조 제3호에 따른 상생협력을 위하여 지출하는

각 목의 어느 하나에 해당하는 방법으로 출자(법 제13조의 2 제1항 제2호의 창업·벤처전문 사모집합투자기구 또는 창투조합등을 통한 출자를 포함한다)하여 취득한 주식등 (2024. 7. 2. 개정 ; 벤처기업~부칙)

가. 해당 기업의 설립 시에 자본금으로 납입하는 방법 (2018. 2. 13. 신설)

나. 해당 기업이 설립된 후 유상증자하는 경우로서 증자대금을 납입하는 방법 (2018. 2. 13. 신설)

⑦ 법 제100조의 32 제2항 제1호 가목에 따른 투자가 2개 이상의 사업연도에 걸쳐서 이루어지는 경우에는 그 투자가 이루어지는 사업연도마다 해당 사업연도에 실제 지출한 금액을 기준으로 투자 합계액을 계산한다. (2018. 2. 13. 신설)

⑧ 법 제100조의 32 제2항 제1호 나목 1)부터 3)까지 외의 부분에서 "대통령령으로 정하는 상시근로자"란 「근로기준법」에 따라 근로계약을 체결한 근로자를 말한다. 다만, 다음 각 호의 자는 제외한다. (2021. 2. 17. 개정)

1. 제26조의 4 제2항 제1호 및 제3호부터 제6호까지의 규정 중 어느 하나에 해당하는 자 (2021. 2. 17. 개정)

2. 「소득세법」 제20조 제1항 제1호 및 제2호에 따른 근로소득의 금액이 8천만원 이상인 근로자. 다만, 해당 과세연도의 근로제공기간이 1년 미만인 근로자의 경우에는 해당 근로자의 근로소득의 금액을 해당 과세연도 근무제공월수로 나눈 금액에 12를 곱하여 산출한 금액을 기준으로 판단한다. (2022. 2. 15. 단서신설)

⑨ 법 제100조의 32 제2항 제1호 나목 1)부터 3)까지 외의 부분에 따른 임금증가금액은 해당 사업연도의 매월 말 기준 상시근로자에게 지급한 「소득세법」 제20조 제1항 제1호 및 제2호에 따른 근로소득(「법인세법 시행령」 제19조 제16호에 따른 우리사주조합에 출연하는 자사주의 장부가액 또는 금품으로서 기획재정부령으로 정하는 바에 따라 계산한 금액을 포함하며, 해당 법인이 손금으로 산입한 금액에 한정한다)의 합계액(이하 이 조에서 "임금지급액"이라 한다)으로서 직전 사업연도 대비 증가한 금액으로 한다. (2024. 2. 29. 개정)

정하는 자산"이란 법 제104조의 10 제1항 제2호에 따른 비해운소득을 재원으로 취득한 자산을 말한다. 이 경우 법 제104조의 10 제1항 제1호에 따른 해운소득과 공동재원으로 취득한 자산의 투자합계액은 다음 계산식에 따라 계산한 금액으로 한다. (2022. 3. 18. 항번개정)

$$공동재원으로 취득한 자산의 투자합계액 = \frac{해당 자산을 취득하기 위하여 해당 사업연도에 지출한 금액}$$

$$× \frac{비해운소득과 관련한 해당 사업연도의 각 사업연도의 소득}{해운소득 및 비해운소득과 관련한 해당 사업연도의 전체 각 사업연도의 소득}$$

⑧ 영 제100조의 32 제6항 제1호 가목 2)에서 "기획재정부령으로 정하는 신축·증축하는 업무용 건축물"이란 공장, 영업장, 사무실 등 해당 법인이 「법인세법 시행규칙」 제26조 제2항에 따른 업무에 직접 사용하기 위하여 신축 또는 증축하는 건축물(이하 이 조에서 "업무용신증축건축물"이라 한다)을 말한다. 이 경우 법인이 해당 건축물을 임대하거나 업무의 위탁 등을 통하여 해당 건축물을 실질적으로 사용하지 아니하는 경우에는 업무에 직접 사용하지 아니하는 것으로 보되, 한국표준산업분류표상 부동산업, 건설업 또는 종합소매업을 주된 사업(둘 이상의 서로 다른 사업을 영위하는 경우 해당 사업연도의 부동산업, 건설업 또는 종합소매업의 수입금액의 합계액이 총 수입금액의

⑰ 법 제100조의 32 제2항 각 호의 방법 중 어느 하나의 방법을 선택하지 아니한 내국법인의 경우에는 해당 법인이 최초로 같은 조 제1항 각 호의 어느 하나에 해당하게 되는 사업연도에 미환류소득이 적게 산정되거나 초과환류액이 많게 산정되는 방법을 선택하여 신고한 것으로 본다. (2018. 2. 13. 신설)

⑱ 법 제100조의 32 제5항에 따라 해당 사업연도에 차기환류적립금을 적립하여 미환류소득에서 공제한 내국법인이 다음 2개 사업연도에 「독점규제 및 공정거래에 관한 법률」 제31조 제1항에 따른 상호출자제한기업집단에 속하는 내국법인에 해당하지 아니하게 되는 경우에도 같은 조 제1항 및 제6항에 따라 미환류소득에 대한 법인세를 납부하여야 한다. (2023. 2. 28. 개정)

⑲ 법 제100조의 32 제7항을 적용할 때 「법인세법」(법률 제16008호로 개정되기 전의 것을 말한다) 제56조 제5항에 따라 직전 사업연도에 적립한 차기환류적립금에서 같은 조 제6항에 따라 초과환류액을 공제한 경우에는 제1호의 금액에서 제2호의 금액을 공제하고 남은 금액을 다음 사업연도로 이월하여 다음 사업연도의 미환류소득에서 공제할 수 있다. (2019. 2. 12. 개정)
1. 법 제100조의 32 제2항에 따라 계산한 해당 사업연도의 초과환류액 (2018. 2. 13. 신설)
2. 「법인세법」(법률 제16008호로 개정되기 전의 것을 말한다) 제56조 제6항에 따라 차기환류적립금에서 공제한 초과환류액 (2019. 2. 12. 개정)

⑳ 법 제100조의 32 제8항에서 "제2항 제1호 가목에 따른 자산을 처분한 경우 등 대통령령으로 정하는 경우"란 다음 각 호의 어느 하나에 해당하는 경우를 말한다. (2018. 2. 13. 신설)
1. 제6항 제1호 가목 1)에 따른 자산의 투자완료일, 같은 항 제1호 나목의 자산(매입한 자산에 한정한다)의 매입일 또는 같은 항 제2호의 자산의 취득일부터 2년이 지나기 전에 해당 자산을 양도하거나 대여하는 경우. 다만, 다음 각 목의 어느 하나에 해당하는 경우는 제외한다. (2018. 2. 13. 신설)

☞ p.1659 2단 연결

금액 등 대통령령으로 정하는 금액"이란 해당 사업연도에 지출한 다음 각 호의 어느 하나에 해당하는 금액을 말한다. 다만, 해당 금액이 「법인세법 시행령」 제2조 제8항에 따른 특수관계인을 지원하기 위하여 사용된 경우는 제외한다. (2025. 2. 28. 단서개정)
1. 법 제8조의 3 제1항에 따라 같은 항 각 호의 어느 하나에 해당하는 출연을 하는 경우 그 출연금 (2018. 2. 13. 신설)
2. 법 제8조의 3 제1항 제1호에 따른 협력중소기업의 사내근로복지기금에 출연하는 경우 그 출연금 (2018. 2. 13. 신설)
3. 「근로복지기본법」 제86조의 2에 따른 공동근로복지기금에 출연하는 경우 그 출연금 (2018. 2. 13. 신설)
4. 다음 각 목의 구분에 따른 법인이 기획재정부령으로 정하는 바에 따라 중소기업에 대한 보증 또는 대출지원을 목적으로 출연하는 경우 그 출연금 (2018. 2. 13. 신설)
　가. 「신용보증기금법」에 따른 신용보증기금에 출연하는 경우 : 같은 법 제2조 제3호에 따른 금융회사등 (2018. 2. 13. 신설)
　나. 「기술보증기금법」에 따른 기술보증기금에 출연하는 경우 : 같은 법 제2조 제3호에 따른 금융회사 (2018. 2. 13. 신설)
　다. 「지역신용보증재단법」에 따른 신용보증재단 및 신용보증재단중앙회에 출연하는 경우 : 같은 법 제2조 제4호에 따른 금융회사등 (2018. 2. 13. 신설)
5. 그 밖에 상생협력을 위하여 지출하는 금액으로서 기획재정부령으로 정하는 금액 (2018. 2. 13. 신설)

⑮ 법 제100조의 32 제3항에서 "대통령령으로 정하는 기간"이란 다음 각 호의 구분에 따른 기간을 말한다. (2018. 2. 13. 신설)
1. 내국법인이 법 제100조의 32 제2항 제1호의 방법을 선택하여 신고한 경우 : 3년이 되는 날이 속하는 사업연도 (2018. 2. 13. 신설)
2. 내국법인이 법 제100조의 32 제2항 제2호의 방법을 선택하여 신고한 경우 : 1년이 되는 날이 속하는 사업연도 (2018. 2. 13. 신설)

⑯ 법 제100조의 32 제3항에 따라 그 선택한 방법을 계속 적용하여야 하는 법인이 합병을 하거나 사업을 양수하는 등 기획재정부령으로 정하는 경우에는 그 선택한 방법을 변경할 수 있다. (2018. 2. 13. 신설)

100분의 50 이상인 경우를 말한다)으로 하는 법인이 해당 건축물을 임대하는 경우(종합소매업의 경우에는 영업장을 임대하는 것으로 임대료를 매출액과 연계하여 수수하는 경우로 한정한다. 이하 이 조에서 같다)에는 업무에 직접 사용하는 것으로 본다. (2022. 3. 18. 항번개정)

⑨ 제7항 및 제8항을 적용할 때 해당 건축물 중 직접 업무에 사용하는 부분과 그러하지 아니한 부분이 함께 있거나 해당 건축물을 공동으로 소유하는 경우 해당 사업연도의 업무용신증축건축물에 대한 투자금액은 다음 계산식에 따른다. 다만, 해당 건축물 중 해당 법인이 직접 업무에 사용하는 부분의 연면적을 해당 건축물의 전체 연면적으로 나눈 비율(이하 이 항에서 "직접업무사용 비율"이라 한다)이 100분의 90 이상인 경우에는 100분의 100으로 보고, 해당 건축물을 공동으로 소유하는 경우에는 직접업무사용 비율은 해당 법인의 지분율을 한도로 한다. (2022. 3. 18. 개정)

> 해당 건축물을 신축 또는 증축하기 위하여 해당 법인이 해당 사업연도에 지출한 건축비 × 직접업무사용 비율

⑩ 영 제100조의 32 제9항에 따른 근로소득을 계산하는 경우 해당 사업연도에 우리사주조합에 출연하는 자사주의 장부가액 또는 금품의 합계액을 포함한다. 다만, 영 제26조의 4 제2항 각 호의 어느 하나에 해당하는 자에게 지급하는 자사주의 장부가액 또는 금품의 합계액은 제외한

가. 제137조 제1항 각 호의 어느 하나에 해당하는 경우 (2018. 2. 13. 신설)

나. 제6항 제1호 가목 1)의 자산을 「대·중소기업 상생협력 촉진에 관한 법률」 제2조 제6호에 따른 수탁기업(「법인세법 시행령」 제2조 제8항에 따른 특수관계인은 제외한다)에 무상양도 또는 무상대여하는 경우 (2025. 2. 28. 개정)

다. 천재지변, 화재 등으로 멸실되거나 파손되어 사용이 불가능한 자산을 처분하는 경우 (2023. 2. 28. 신설)

라. 그 밖에 업종 등의 특성을 고려하여 기획재정부령으로 정하는 경우 (2023. 2. 28. 목번개정)

2. 제6항 제1호 가목 2)에 따른 업무용 건축물에 해당하지 아니하게 되는 등 기획재정부령으로 정하는 경우 (2018. 2. 13. 신설)

㉑ 법 제100조의 32 제8항에 따라 내국법인은 투자금액의 공제로 인하여 납부하지 아니한 세액에 제1호의 기간 및 제2호의 율을 곱하여 계산한 금액을 이자상당액으로 하여 제20항 각 호의 어느 하나에 해당하는 사유가 발생하는 날 등 기획재정부령으로 정하는 날이 속하는 사업연도의 과세표준 신고를 할 때(이하 이 항에서 "이자상당액납부일"이라 한다) 납부하여야 한다. (2018. 2. 13. 신설)

1. 투자금액을 공제받은 사업연도의 법인세 과세표준 신고일의 다음 날부터 이자상당액납부일까지의 기간 (2018. 2. 13. 신설)

2. 제11조의 2 제9항 제2호에 따른 율 (2022. 2. 15. 개정)

㉒ 제9항에 따라 근로소득의 합계액을 계산할 때에는 다음 각호에 따른다. (2018. 2. 13. 신설)

1. 합병·분할·현물출자 또는 사업의 양수 등에 따라 종전의 사업부문에서 종사하던 근로자를 합병법인, 분할신설법인, 피출자법인, 양수법인 등(이하 이 항에서 "합병법인등"이라 한다)이 승계하는 경우에는 해당 근로자는 종전부터 합병법인등에 근무한 것으로 본다. (2018. 2. 13. 신설)

2. 법인이 새로 설립된 경우에는 직전 사업연도의 근로소득의 합계액은 영으로 본다. 다만, 제1호가 적용되는 경우는 제외한다. (2018. 2. 13. 신설)

다. (2022. 3. 18. 항번개정)

⑪ 영 제100조의 32 제10항 제2호에서 "기획재정부령으로 정하는 임금지급액의 평균액"이란 제1호의 금액을 제2호의 금액으로 나누어 계산한 금액을 말한다. (2022. 3. 18. 항번개정)

1. 해당 사업연도에 최초로 「근로기준법」에 따라 근로계약을 체결한 상시근로자(근로계약을 갱신하는 경우는 제외하며, 이하 이 항에서 "신규 상시근로자"라 한다)에 대한 영 제100조의 32 제9항에 따른 임금지급액 (2018. 3. 21. 신설)

2. 영 제26조의 4 제3항의 상시근로자 수 계산방법을 준용하여 계산한 신규 상시근로자 수 (2018. 3. 21. 신설)

⑫ 영 제100조의 32 제14항 제4호 각 목 외의 부분에서 "기획재정부령으로 정하는 바에 따라 중소기업에 대한 보증 또는 대출지원을 목적으로 출연하는 경우"란 영 제2조 제1항에 따른 중소기업(이하 이 조에서 "중소기업"이라 한다)으로서 제1호에 해당하는 중소기업에 대한 보증 또는 대출지원을 목적으로 하는 협약을 제2호 각목에 따른 보증기관과 체결하여 같은 목의 해당 출연금으로 출연하는 경우를 말한다. (2022. 3. 18. 항번개정)

1. 다음 각 목의 어느 하나에 해당하는 중소기업 (2018. 3. 21. 신설)

가. 「소상공인 보호 및 지원에 관한 법률」에 따른 소상공인 (2018. 3. 21. 신설)

나. 「벤처기업육성에 관한 특별법」에 따른 벤처기업 및 신기술창업전문

㉓ 합병 또는 분할에 따라 피합병법인 또는 분할법인이 소멸하는 경우 합병법인 또는 분할신설법인은 기획재정부령으로 정하는 바에 따라 법 제100조의 32에 따른 미환류소득 및 초과환류액을 승계할 수 있다. (2018. 2. 13. 신설)

㉔ 직전 사업연도에 「법인세법」 제56조 제7항에 따른 초과환류액이 발생한 경우에는 법 제100조의 32 제2항에 따른 미환류소득에서 공제할 수 있다. (2018. 2. 13. 신설)

㉔ 삭 제 (2019. 2. 12.)

㉕ 그 밖에 투자 합계액, 임금증가금액, 합병 또는 분할 등에 따른 미환류소득의 계산방법 등에 관하여 필요한 사항은 기획재정부령으로 정한다. (2018. 2. 13. 신설)

제100조의 33 【유가환급금 환급통지방법】삭 제 (2010. 12. 30.)

제100조의 34 【일용근로자에 대한 환급 등】삭 제 (2010. 12. 30.)

제100조의 35 【유가환급금의 경정 등】삭 제 (2010. 12. 30.)

따른다. (2022. 3. 18. 항번개정)

1. 피합병법인이 소멸하는 경우 : 피합병법인의 미환류소득등(합병등기일을 사업연도 종료일로 보고 계산한 금액으로서 법 제100조의 32 제2항 제1호 나목의 금액은 포함하지 아니하고 계산한 금액을 말한다)을 합병법인의 해당 사업연도말 미환류소득등의 해당 사업연도말 미환류소득등에 합산 (2018. 3. 21. 신설)

2. 분할법인이 소멸하는 경우 : 분할법인의 미환류소득등(분할등기일을 사업연도 종료일로 보고 계산한 금액으로서 법 제100조의 32 제2항 제1호 나목의 금액은 포함하지 아니하고 계산한 금액을 말한다)을 분할되는 각 사업부문의 영 제100조의 32 제1항에 따른자기자본의 비율에 따라 분할신설법인 또는 분할합병의 상대방 법인에 합산 (2018. 3. 21. 신설)

부동산업, 건설업 또는 종합소매업을 주된 사업으로 하는 법인이 해당 건축물을 임대하는 경우는 제외한다. (2022. 3. 18. 단서개정)

2. 업무용신증축건축물을 준공 전에 처분하거나 준공 후 2년 이내에 처분하는 경우. 다만, 국가 · 지방자치단체에 기부하고 그 업무용신증축건축물을 사용하는 경우는 제외한다. (2018. 3. 21. 신설)

3. 업무용신증축건축물의 건설에 착공한 후 천재지변이나 그 밖의 정당한 사유없이 건설을 중단한 경우 (2018. 3. 21. 신설)

⑯ 영 제100조의 32 제21항에서 "제20항 각 호의 어느 하나에 해당하는 사유가 발생하는 날 등 기획재정부령으로 정하는 날"이란 다음 각 호의 어느 하나에 해당하는 날을 말한다. (2022. 3. 18. 항번개정)

1. 영 제100조의 32 제20항 제1호에 따라 자산을 양도하거나 대여한 날 (2018. 3. 21. 신설)

2. 제15항 제1호에 따라 업무용신증축건축물을 임대하거나 위탁하는 날 등 업무에 직접 사용하지 아니한 날 (2022. 3. 18. 개정)

3. 제15항 제2호에 따라 업무용신증축건축물을 처분한 날 (2022. 3. 18. 개정)

4. 제15항 제3호에 따라 업무용신증축건축물의 건설을 중단한 날부터 6개월이 되는 날 (2022. 3. 18. 개정)

⑰ 영 제100조의 32 제23항에 따라 합병법인 등이 피합병법인 등의 미환류소득 또는 초과환류액(이하 이 항에서 "미환류소득등"이라 한다)을 승계할 때에는 다음 각 호의 구분에

「지역신용보증재단법」에 따른 신용보증재단 및 신용보증재단중앙회에 출연하는 출연금(같은 법 제7조 제3항에 따라 출연해야 하는 금액을 제외한다) (2021. 3. 16. 개정)

⑬ 영 제100조의 32 제16항에서 "합병을 하거나 사업을 양수하는 등 기획재정부령으로 정하는 경우"란 합병법인 또는 사업양수 법인이 해당 사업연도에 합병 또는 사업양수의 대가로 법 제100조의 32 제2항 제1호에 따른 기업소득의 100분의 50을 초과하는 금액을 금전으로 지급하는 경우를 말한다. (2022. 3. 18. 항번개정)

⑭ 영 제100조의 32 제20항 제1호 다목에서 "그 밖에 업종 등의 특성을 감안하여 기획재정부령으로 정하는 경우"란 한국표준산업분류표상 해당 자산의 임대업이 주된 사업(둘 이상의 서로 다른 사업을 영위하는 경우 해당 사업연도의 영 제100조의 32 제6항 제1호 가목 1)에 따른 자산의 임대업의 수입금액이 총 수입금액의 100분의 50 이상인 경우를 말한다)인 법인이 해당 자산을 대여하는 경우를 말한다. (2022. 3. 18. 항번개정)

⑮ 영 제100조의 32 제20항 제2호에서 "제6항 제1호 가목 2)에 따른 업무용 건축물에 해당하지 아니하게 되는 등 기획재정부령으로 정하는 경우"란 다음 각 호의 어느 하나에 해당하는 경우를 말한다. (2022. 3. 18. 항번개정)

1. 해당 법인이 업무용신증축건축물을 준공 후 2년 이내에 임대하거나 위탁하는 등 업무에 직접 사용하지 아니하는 경우. 다만, 제8항 후단에 따른 한국표준산업분류표상

회사 (2025. 3. 21. 개정)

다. 「기술보증기금법」에 따른 신기술사업자 (2018. 3. 21. 신설)

라. 설립된 후 7년 이내인 중소기업 (2018. 3. 21. 신설)마. 해당 과세연도의 상시근로자 수가 직전 과세연도 보다 증가한 중소기업 (2018. 3. 21. 신설)

바. 영 별표 7에 따른 신성장 · 원천기술을 연구하는 중소기업(영 제9조 제12항에 따라 신성장 · 원천기술심의위원회의 심의를 거쳐 기획재정부장관 및 산업통상자원부장관이 신성장 · 원천기술 연구개발비로 인정한 경우로 한정한다) (2020. 3. 13. 개정)

사. 「중소기업 기술혁신 촉진법」 제15조에 따라 기술혁신형 중소기업으로 선정된 기업 (2018. 3. 21. 신설)

2. 다음 각 목의 어느 하나에 해당하는 출연금 (2018. 3. 21. 신설)

가. 「신용보증기금법」 제2조 제3호에 따른 금융회사등이 같은 법에 따른 신용보증기금에 출연하는 출연금(같은 법 제6조 제3항에 따라 출연하여야 하는 금액을 제외한다) (2018. 3. 21. 신설)

나. 「기술보증기금법」 제2조 제3호에 따른 금융회사가 같은 법에 따른 기술보증기금에 출연하는 출연금(같은 법 제13조 제3항에 따라 출연하여야 하는 금액을 제외한다) (2018. 3. 21. 신설)

다. 「지역신용보증재단법 시행령」 제3조 제5호에 따른 상호저축은행 및 같은 영 제5조의 2 제1항에 따른 은행등이

제101조【중소기업 최대주주 등의 주식 할증평가 적용특례】(2006. 12. 30. 조번개정)
「상속세 및 증여세법」 제63조를 적용하는 경우 같은 법 제63조 제3항에 따른 중소기업의 최대주주 또는 최대출자자 및 그와 특수관계에 있는 주주 또는 출자자의 주식 또는 출자지분을 2020년 12월 31일 이전에 상속받거나 증여받는 경우에는 같은 법 제63조 제3항에도 불구하고 같은 법 제63조 제1항 제1호 및 제2항에 따라 평가한 가액에 따른다. (2017. 12. 19. 개정)

제101조【중소기업 최대주주 등의 주식 할증평가 적용특례】삭제 (2019. 12. 31.)

제102조【산림개발소득에 대한 세액감면】　農特費
① 내국인이 「산림자원의 조성 및 관리에 관한 법률」에 따른 산림경영계획 또는 특수산림사업지구사업(법률 제4206호 산림법중개정법률의 시행 전에 종전의 「산림법」에 따라 지정된 지정개발지역으로서 같은 개정법률 부칙 제2조에 해당하는 지정개발지역에서의 지정개발사업을 포함한다)에 따라 새로 조림(造林)한 산림과 채종림, 「산림보호법」 제7조에 따른 산림보호구역으로서 그가 조림한 기간이 10년 이상인 것을 2018년 12월 31일까지 벌채(伐採) 또는 양도함으로써 발생한 소득에 대해서는 소득세 또는 법인세의 100분의 50에 상당하는 세액을 감면한다. (2015. 12. 15. 개정)
② 제1항을 적용받으려는 자는 대통령령으로 정하는 바에 따라 그 감면신청을 하여야 한다. (2010. 1. 1. 개정)

제103조【의료기기 투자에 대한 세액공제】삭 제 (2000. 12. 29)
제104조【공동전산망을 이용한 화물운송 위탁시 운송비에 대한 세액공제】삭 제 (2007. 12. 31.)

제104조의 2【어업협정에 따른 어업인에 대한 지원】　農特費
① 2009년 12월 31일까지 받는 다음 각 호의 어느 하나에 해당하는 지원금에 대해서는 소득세 또는 법인세를 부과하지 아니한다. (2010.

☞

• **예판** ···
• 법인이 특수관계자인 거주자로부터 당해 거주자가 최대주주인 비상장 중소기업 주식을 소득세법시행령 167조 5항의 시가로 매입하는 경우 법인세법 15조 2항 1호가 적용되지 아니함. (서면2팀-4, 2007. 1. 2.)
···

제101조【축산업의 범위】삭 제 (2001. 12. 31)

제102조【산림개발소득에 대한 세액감면신청】법 제102조 제1항의 규정의 적용을 받고자 하는 내국인은 과세표준신고와 함께 기획재정부령이 정하는 세액감면신청서를 납세지 관할세무서장에게 제출하여야 한다. (2008. 2. 29. 직제개정 ; 기획재정부와~직제 부칙)

관계조문 ▶▶

규칙 61조 1항 3호 ⇒ 세액감면(면제)신청서(별지 2호 서식)

제103조【위탁운송비의 범위 등】삭 제 (2008. 2. 22.)

☞

• **예판** ···
• 저가·고가양도에 따른 이익의 증여규정 적용시 및 비상장법인의 순자산가액계산시 평가대상법인이 최대주주로서 보유한 중소기업주식의 평가시에 있어 '중소기업 최대주주 등의 주식 할증평가 적용특례' 규정에 따라 할증평가가 배제됨. (재재산-614, 2007. 5. 28.)
• 조세특례제한법 101조는 적용대상을 개인 또는 법인으로 구분하고 있지 아니하므로 법인이 비상장 중소기업의 최대주주로부터 주식을 증여받는 경우에도 적용되는 것임. (재재산-1138, 2008. 12. 31.)
• 거주자가 소득세법상 특수관계에 있는 법인과 거래한 중소기업 주식은 최대주주 등의 주식 할증평가 규정을 적용하지 아니한 시가를 기준으로 양도소득의 부당행위계산 부인 규정을 적용함. (서면5팀-1150, 2006. 12. 8.)
···

1. 1. 개정)
1. 「어업협정체결에 따른 어업인 등의 지원 및 수산업발전특별법」에
　따른 어업자등(이하 이 조에서 "어업자등"이라 한다)이 같은 법 제4
　조 제1항에 따라 받는 지원금 (2010. 1. 1. 개정)
2. 어선원이 「어업협정체결에 따른 어업인 등의 지원 및 수산업발전특
　별법」 제5조 제1항에 따라 받는 실업지원금 (2010. 1. 1. 개정)
② 어업자등이 「어업협정체결에 따른 어업인 등의 지원 및 수산업발전
특별법」 제4조 제3항에 따라 2009년 12월 31일까지 보조받는 어선ㆍ
어구(漁具)의 개조 비용 및 출어 비용(이하 이 항에서 "어업보조금"이
라 한다)은 해당 어업자등의 소득금액을 계산할 때 익금에 산입하지 아
니하며, 그 어업보조금을 지출하거나 어업보조금으로 취득한 사업용
자산에 대하여 감가상각을 할 때에 이를 손금에 산입하지 아니한다.
(2010. 1. 1. 개정)

　제104조의 3 【자본확충목적회사에 대한 과세특례】 ① 대통령
령으로 정하는 금융기관의 자본확충 지원을 위하여 설립된 법인으로서
기획재정부장관이 지정한 법인(이하 이 조에서 "자본확충목적회사"라
한다)이 대통령령으로 정하는 방식으로 자금을 조달ㆍ투자함으로써 발
생하는 손실을 보전하기 위하여 2021년 12월 31일 이전에 끝나는 사
업연도까지 손실보전준비금을 손금으로 계상한 경우에는 해당 사업연
도의 소득금액을 계산할 때 다음 각 호에 따라 산정된 금액 중 적은
금액의 범위에서 해당 금액을 손금에 산입한다. (2016. 12. 20. 개정)
1. 해당 사업연도 중 손실보전준비금을 손금 산입하기 이전 소득금액
　의 100분의 100 (2010. 1. 1. 개정)
2. 해당 사업연도 종료일 현재 대통령령으로 정하는 투자금액에서 손
　실보전준비금 잔액을 뺀 금액. 다만, 그 금액이 음수이면 영으로 본
　다. (2010. 1. 1. 개정)
② 제1항에 따라 손실보전준비금을 손금으로 계상한 법인은 손실이 발
생할 때에는 그 손실은 이미 손금으로 계상한 손실보전준비금과 먼저
상계하여야 한다. (2010. 1. 1. 개정)
③ 제1항에 따라 손금에 산입한 손실보전준비금으로서 그 준비금을 손
금에 산입한 사업연도의 종료일 이후 5년이 되는 날이 속하는 사업연

　제104조 【자본확충목적회사에 대한 과세특례】 ① 법 제104조
의 3 제1항 각 호 외의 부분에서 "대통령령으로 정하는 금융기관"이
란 다음 각 호의 금융기관을 말한다. (2009. 6. 19. 신설)
1. 「한국산업은행법」에 따라 설립된 한국산업은행 (2017. 2. 7. 개정)
2. 「한국수출입은행법」에 따라 설립된 한국수출입은행 (2017. 2. 7. 개정)
3. 「수산업협동조합법」에 따라 설립된 수산업협동조합중앙회 (2009. 6. 19. 신설)
4. 「중소기업은행법」에 따라 설립된 중소기업은행 (2009. 6. 19. 신설)
5. 「금융지주회사법」에 따라 설립된 금융지주회사 (2009. 6. 19. 신설)
3. ~5. 삭　제 (2017. 2. 7.)
② 법 제104조의 3 제1항 각 호 외의 부분에서 "대통령령으로 정하는
방식"이란 해당 사업연도에 다음 각 호의 방법으로 자금을 조달ㆍ투자
하는 것을 말한다. (2009. 6. 19. 신설)
1. 투자자금의 전액 또는 일부를 「한국은행법」에 따른 한국은행 또는
　「중소기업은행법」에 따른 중소기업은행으로부터 차입(중소기업은
　행 및 「한국자산관리공사 설립 등에 관한 법률」에 따른 한국자산관
　리공사를 통한 간접 차입을 포함한다) (2022. 2. 17. 개정 ; 금융회
　사~부칙)
2. 투자자금을 제1항에 따른 금융기관이 발행하는 다음 각 목의 어느
　하나에 투자 (2009. 6. 19. 신설)

도의 종료일까지 제2항에 따라 상계하고 남은 준비금의 잔액은 5년이 되는 날이 속하는 사업연도의 소득금액을 계산할 때 익금에 산입한다. (2010. 1. 1. 개정)

④ 자본확충목적회사에 다음 각 호의 어느 하나에 해당하는 사유가 발생하면 그 사유가 발생한 날이 속하는 과세연도의 소득금액을 계산할 때 익금에 산입하지 아니한 손실보전준비금 전액을 익금에 산입한다. (2010. 1. 1. 개정)

1. 해당 사업을 폐업하였을 때 (2010. 1. 1. 개정)

2. 법인이 해산하였을 때 (2010. 1. 1. 개정)

⑤ 제1항을 적용받으려는 자는 대통령령으로 정하는 바에 따라 손실보전준비금에 관한 명세서를 납세지 관할세무서장에게 제출하여야 한다. (2010. 1. 1. 개정)

제104조의 4【다자간매매체결거래에 대한 소득세 등 과세특례】 (2014. 1. 1. 제목개정)

「자본시장과 금융투자업에 관한 법률」 제8조의 2 제5항에 따른 다자간매매체결회사를 통하여 거래되는 주식 중 상장주식은 증권시장에서 거래되는 것으로 보아 「소득세법」 제94조, 「증권거래세법」 제8조 및 「농어촌특별세법」 제5조 제1항 제5호를 적용한다. (2024. 12. 31. 개정)

제104조의 5【지급명세서등에 대한 세액공제】 ① 상시고용인원 수 등을 고려하여 대통령령으로 정하는 소규모 사업자(이하 이 조에서 "소규모 사업자"라 한다)가 2026년 1월 1일부터 2027년 12월 31일까지 지급하는 「소득세법」 제164조의 3 제1항 제1호의 소득에 대한 간이지급명세서를 같은 항의 제출기한까지 「국세기본법」 제2조 제19호에 따른 국세정보통신망(이하 이 조에서 "국세정보통신망"이라 한다)을 이용하여 직접 제출하는 경우에는 해당 과세연도의 소득세 또는 법인세의 납부세액에서 간이지급명세서에 기재된 소득자의 인원 수 등을 고려하여 대통령령으로 정하는 금액을 공제한다. (2023. 12. 31. 개정)

② 「세무사법」에 따른 세무사(「세무사법」 제20조의 2 제1항에 따라

가. 신종자본증권(「은행법 시행령」 제19조에 따른 금융채 중 같은 법 시행령 제1조의 2 제1호에 따른 기본자본에 해당하는 것을 말한다) (2009. 6. 19. 신설)

나. 후순위채권(「은행법 시행령」 제19조에 따른 금융채 중 같은 법 시행령 제1조의 2 제2호에 따른 보완자본에 해당하는 것을 말한다) (2009. 6. 19. 신설)

③ 법 제104조의 3 제1항 제2호 본문에서 "대통령령으로 정하는 투자금액"이란 제2항 제2호 가목에 따른 신종자본증권의 잔액과 같은 호 나목에 따른 후순위채권의 잔액의 합계액의 100분의 10을 말한다. (2017. 2. 7. 개정)

④ 법 제104조의 3 제1항을 적용받으려는 자는 과세표준신고서와 함께 기획재정부령으로 정하는 손실보전준비금명세서를 납세지 관할세무서장에게 제출하여야 한다. (2009. 6. 19. 신설)

제104조의 2【간이지급명세서에 대한 세액공제】 ① 법 제104조의 5 제1항에서 "대통령령으로 정하는 소규모 사업자"란 세액공제를 받으려는 과세연도의 상시고용인원 수가 20명 이하인 원천징수의무자를 말한다. (2023. 2. 28. 신설)

② 제1항에 따른 상시고용인원 수는 해당 과세연도의 매월 말일 현재의 상시고용인원 수를 합하여 해당 과세연도의 개월 수로 나눈 수로 한다. (2023. 2. 28. 신설)

③ 법 제104조의 5 제1항에서 "대통령령으로 정하는 금액"이란 간이지급명세서상의 소득자 인원 수에 200원을 곱한 금액을 말한다. (2023. 2. 28. 신설)

④ 법 제104조의 5 제1항 또는 제2항에 따른 세액공제를 받으려는 자

편주

영 104조의 2의 개정규정은 2024. 1. 1.부터 시행함. (영 부칙(2023. 2. 28.) 1조 3호)

등록한 공인회계사 및 변호사, 같은 법에 따른 세무법인 및 「공인회계사법」에 따른 회계법인을 포함한다. 이하 이 조에서 같다)가 제1항에 따른 소규모 사업자를 대리하여 국세정보통신망을 통하여 「소득세법」 제164조의 3 제1항 제1호의 소득에 대한 간이지급명세서를 같은 항의 제출기한까지 제출하는 경우에는 해당 과세연도의 세무사의 소득세 또는 법인세의 납부세액에서 제1항에 따른 금액을 공제한다. (2023. 12. 31. 개정)

③ 제1항 및 제2항에 따라 계산한 금액이 간이지급명세서 제출자별로 연 1만원 미만인 때에는 이를 1만원으로 하고, 연 300만원(「세무사법」에 따른 세무법인 또는 「공인회계사법」에 따른 회계법인인 경우에는 600만원)을 초과하는 때에는 그 초과하는 금액은 이를 없는 것으로 한다. (2022. 12. 31. 신설)

　　제104조의　6 【간접외국납부세액에 대한 과세특례】삭　제
(2011. 12. 31.)

　　제104조의　7 【정비사업조합에 대한 과세특례】① 2003년 6월 30일 이전에 「주택건설촉진법」(법률 제6852호로 개정되기 전의 것을 말한다) 제44조 제1항에 따라 조합설립의 인가를 받은 재건축조합으로서 「도시 및 주거환경정비법」 제38조에 따라 법인으로 등기한 조합(이하 이 조에서 "전환정비사업조합"이라 한다)에 대해서는 「법인세법」 제3조에도 불구하고 전환정비사업조합 및 그 조합원을 각각 「소득세법」 제87조 제1항 및 같은 법 제43조 제3항에 따른 공동사업장 및 공동사업자로 보아 「소득세법」을 적용한다. 다만, 전환정비사업조합이 「법인세법」 제60조에 따라 해당 사업연도의 소득에 대한 과세표준과 세액을 납세지 관할 세무서장에게 신고하는 경우 해당 사업연도 이후부터는 그러하지 아니하다. (2018. 12. 24. 개정)

는 과세표준신고를 할 때 기획재정부령으로 정하는 세액공제신청서 및 공제세액계산서를 납세지 관할 세무서장에게 제출해야 한다. (2023. 2. 28. 신설)

☞ 개정취지 ··
상용근로소득 간이지급명세서 제출 세액공제 신설
• 상용근로소득 간이지급명세서 매월 제출에 따른 납세협력부담을 완화하기 위해 상용근로소득 간이지급명세서를 제출기한 내에 제출하는 경우 간이지급명세서에 기재된 소득자 수 등을 고려하여 대통령령으로 정하는 금액을 소득세 또는 법인세 납부세액에서 공제함. (법 104조의 5 신설 ; 2022. 12. 31.)
• 법 104조의 5의 개정규정은 2026. 1. 1. 이후 발생하는 소득에 대한 간이지급명세서를 제출하는 분부터 적용함. (법 부칙(2022. 12. 31.) 21조) (2023. 12. 31. 개정)

　　제104조의　3 【간접외국납부세액에 대한 과세특례】삭　제
(2012. 2. 2.)

☞ 예판 ···
• 정비사업조합이 조합원에게 별도의 계약에 의해 발코니샤시를 설치하여 주고 그 대가를 받는 경우 부가가치세가 과세됨. (서면3팀 – 1906, 2007. 7. 5.)
• 정비사업조합이 자기지분을 초과한 아파트를 취득하는 조합원으로부터 조합의 규약 등에 따라 분양대금으로 별도로 지급받는 금액은 수익사업의 익금에 포함되며, 조합원이 출자한 토지의 평가액이 그가 분양받게 될 신축아파트의 가액보다 커 그 차액을 조합이 조합원에게 지급하는 경우 당해 조합은 동 지급금액을 그 조합원의 출자금의 감소로 처리하고, 조합이 일반분양자를 제외한 조합원(원조합원, 승계조합원 포함)들만을 위해서 조합 명의로 지출한 샤시 비용은 조합이 사업기간 동안 발생한 이익 중

② 다음 각 호의 어느 하나에 해당하는 조합(이하 이 조에서 "정비사업조합"이라 한다)에 대해서는 「법인세법」 제2조에도 불구하고 비영리내국법인으로 보아 「법인세법」(같은 법 제29조는 제외한다)을 적용한다. 이 경우 전환정비사업조합은 제1항 단서에 따라 신고한 경우만 해당한다. (2021. 12. 28. 개정)
1. 「도시 및 주거환경정비법」 제35조에 따라 설립된 조합(전환정비사업조합을 포함한다) (2021. 12. 28. 신설)
2. 「빈집 및 소규모주택 정비에 관한 특례법」 제23조에 따라 설립된 조합 (2021. 12. 28. 신설)
③ 정비사업조합이 「도시 및 주거환경정비법」 또는 「빈집 및 소규모주택 정비에 관한 특례법」에 따라 해당 정비사업에 관한 공사를 마친 후에 그 관리처분계획에 따라 조합원에게 공급하는 것으로서 종전의 토지를 대신하여 공급하는 토지 및 건축물(해당 정비사업의 시행으로 건설된 것만 해당한다. 이하 이 조에서 같다)은 「부가가치세법」 제9조 및 제10조에 따른 재화의 공급으로 보지 아니한다. (2021. 12. 28. 개정)
④ 정비사업조합이 관리처분계획에 따라 해당 정비사업의 시행으로 조성된 토지 및 건축물의 소유권을 타인에게 모두 이전한 경우로서 그 정비사업조합이 납부할 국세 또는 강제징수비를 납부하지 아니하고 그 남은 재산을 분배하거나 인도한 경우에는 그 정비사업조합에 대하여 강제징수를 하여도 징수할 금액이 부족한 경우에만 그 남은 재산의 분배 또는 인도를 받은 자가 그 부족액에 대하여 제2차 납세의무를 진다. 이 경우 해당 제2차 납세의무는 그 남은 재산을 분배 또는 인도받은 가액을 한도로 한다. (2020. 12. 29. 개정)
⑤ 제2항을 적용할 때 정비사업조합에 대한 「법인세법」 제4조에 따른 과세소득의 범위에서 제외되는 사업의 범위 등에 관하여 필요한 사항은 대통령령으로 정한다. (2018. 12. 24. 개정)

제104조의 8【전자신고 등에 대한 세액공제】(2020. 12. 29. 제

일부를 조합원에게 분배한 것으로 보아 손금에 산입하지 아니함. (법인-669, 2009. 2. 18.)

···

제104조의 4【정비사업조합의 수익사업의 범위】법 제104조의 7 제2항을 적용할 때 정비사업조합이 「도시 및 주거환경정비법」 또는 「빈집 및 소규모주택 정비에 관한 특례법」에 따라 해당 정비사업에 관한 관리처분계획에 따라 조합원에게 종전의 토지를 대신하여 토지 및 건축물을 공급하는 사업은 「법인세법」 제4조 제3항에 따른 수익사업이 아닌 것으로 본다. (2022. 2. 15. 개정)

제104조의 5【전자신고 등에 대한 세액공제】(2021. 2. 17. 제

목개정)
① 납세자가 직접 「국세기본법」 제5조의 2에 따른 전자신고(이하 이 조에서 "전자신고"라 한다)의 방법으로 대통령령으로 정하는 소득세, 양도소득세 또는 법인세과세표준 신고를 하는 경우에는 해당 납부세액에서 대통령령으로 정하는 금액을 공제한다. 이 경우 납부할 세액이 음수인 경우에는 이를 없는 것으로 한다. (2020. 12. 29. 개정)
② 납세자가 직접 전자신고의 방법으로 대통령령으로 정하는 부가가치세 신고를 하는 경우에는 해당 납부세액에서 대통령령으로 정하는 금액을 공제하거나 환급세액에 가산한다. 다만, 매출가액과 매입가액이 없는 「부가가치세법」 제2조 제5호에 따른 일반과세자에 대하여는 본문을 적용하지 아니하며, 같은 조 제4호에 따른 간이과세자에 대하여는 공제세액이 납부세액에 같은 법 제63조 제3항, 제64조 및 제65조에 따른 금액을 가감(加減)한 후의 금액을 초과할 때에는 그 초과하는 금액은 없는 것으로 본다. (2013. 6. 7. 단서개정 ; 부가가치세법 부칙)
③ 「세무사법」에 따른 세무사(「세무사법」에 따른 세무사등록부 또는 세무대리업무등록부에 등록한 공인회계사 및 변호사, 같은 법에 따른 세무법인 및 「공인회계사법」에 따른 회계법인을 포함한다. 이하 이 조에서 같다)가 납세자를 대리하여 전자신고의 방법으로 직전 과세연도 동안 소득세, 양도소득세 또는 법인세를 신고를 한 경우에는 해당 세무사의 소득세(사업소득에 대한 소득세만 해당한다) 또는 법인세의 납부세액에서 제1항에 따른 금액을 공제하고, 직전 과세기간 동안 부가가치세를 신고한 경우에는 해당 세무사의 부가가치세 납부세액에서 제2항에 따른 금액을 공제한다. (2021. 11. 23. 개정 ; 세무사법 부칙)
④ 제3항에 따라 세무사가 공제받을 수 있는 연간 공제 한도액(해당 세무사가 소득세 또는 법인세의 납부세액에서 공제받을 금액 및 부가가치세에서 공제받을 금액을 합한 금액)은 3백만원(「세무사법」에 따른 세무법인 또는 「공인회계사법」에 따른 회계법인인 경우에는 750만원)으로 한다. (2019. 12. 31. 신설)
⑤ 납세자가 「국세기본법」 제8조 제1항에 따른 전자송달의 방법으로 납부고지서의 송달을 신청한 경우 신청한 달의 다음다음 달 이후 송달하는 분부터 다음 각 호의 어느 하나에 해당하는 국세의 납부세액에서 대통령령으로 정하는 금액을 공제한다. (2020. 12. 29. 신설)

목개정)
① 법 제104조의 8 제1항 전단에서 "대통령령으로 정하는 소득세, 양도소득세 또는 법인세 과세표준신고"란 「소득세법」 제70조에 따른 종합소득 과세표준 확정신고, 같은 법 제105조에 따른 양도소득 과세표준 예정신고 및 「법인세법」 제60조에 따른 과세표준신고를 말한다. (2021. 2. 17. 개정)
② 법 제104조의 8 제1항 전단에서 "대통령령으로 정하는 금액"이란 2만원(「소득세법」 제73조에 따라 과세표준확정신고의 예외에 해당하는 자가 과세표준확정신고를 한 경우에는 추가로 납부하거나 환급받은 결정세액과 1만원 중 적은 금액)을 말한다. (2019. 2. 12. 개정)
③ 법 제104조의 8 제2항에서 "대통령령으로 정하는 부가가치세 신고"란 「부가가치세법」 제49조에 따른 확정신고 및 같은 법 제67조에 따른 신고를 말한다. (2013. 6. 28. 개정 ; 부가가치세법 시행령 부칙)
④ 법 제104조의 8 제2항에서 "대통령령으로 정하는 금액"이란 1만원을 말한다. (2010. 2. 18. 개정)
⑤ 법 제104조의 8 제3항 후단에 따라 세무사가 공제받을 수 있는 연간 공제 한도액(해당 세무사가 소득세 또는 법인세의 납부세액에서 공제받을 금액 및 부가가치세에서 공제받을 금액을 합한 금액)은 2백만원(「세무사법」에 따른 세무법인 또는 「공인회계사법」에 따른 회계법인인 경우에는 5백만원)으로 한다. 다만, 2019년 1월 1일부터 2020년 12월 31일까지 세무사가 공제받을 수 있는 연간 공제 한도액은 300만원(「세무사법」에 따른 세무법인 또는 「공인회계사법」에 따른 회계법인인 경우에는 750만원)으로 한다. (2018. 2. 13. 개정)
⑤ 삭　제 (2020. 2. 11.)
⑥ 법 제104조의 8 제1항 및 제3항의 규정에 의하여 전자신고세액공제를 받고자 하는 자는 전자신고를 하는 때(법 제104조의 8 제3항의 규정에 의하여 세무사가 세액공제를 받고자 하는 경우에는 세무사 본인의 과세표준신고를 하는 때를 말한다)에 기획재정부령이 정하는 세액공제신청서를 관할세무서장에게 제출하여야 한다. (2008. 2. 29. 직제개정 ; 기획재정부와~직제 부칙)
⑦ 법 제104조의 8 제5항 각 호 외의 부분에서 "대통령령으로 정하는 금액"이란 납부고지서 1건당 1천원을 말한다. (2021. 2. 17. 신설)

☞ 관계조문 »
규칙 61조 1항 2호 ⇒ 세액공제신청서(별지 1호 서식)

1. 「소득세법」 제65조 제1항 전단에 따라 결정·징수하는 소득세
   (2020. 12. 29. 신설)
2. 「부가가치세법」 제48조 제3항 본문 및 같은 법 제66조 제1항 본
   문에 따라 결정·징수하는 부가가치세 (2020. 12. 29. 신설)
3. 「국세기본법」 제22조 제3항에 따라 과세표준과 세액이 정부가 결정
   하는 때 확정되는 국세(수시부과하여 징수하는 경우는 제외한다)
   (2020. 12. 29. 신설)
⑥ 제5항에 따른 세액공제 금액은 각 세법에 따라 부과하는 국세의 납
부세액에서 「국세기본법」 제83조에 따른 금액을 차감한 금액을 한도
로 한다. (2020. 12. 29. 신설)

제104조의 9 【여수세계박람회 참가준비금의 손금산입】 ① 「여
수세계박람회 지원 및 사후활용에 관한 특별법」에 따라 설립된 2012
여수세계박람회조직위원회(이하 "2012여수세계박람회조직위원회"라
한다)와 대통령령으로 정하는 사업에 대한 참가계약(이하 이 조에서
"박람회 참가계약"이라 한다)을 체결한 내국법인(그 내국법인의 도
급업자인 내국법인을 포함한다. 이하 이 조에서 같다)이 2011년 12
월 31일 이전에 끝나는 각 사업연도에 참가준비금을 손금으로 계상
한 경우에는 해당 사업연도의 소득금액을 계산할 때 그 금액을 손금
에 산입한다. (2014. 12. 23. 개정)
② 제1항에 따라 참가준비금을 손금으로 계상한 내국법인이 여수세계
박람회에 참가하기 위하여 대통령령으로 정하는 비용을 지출한 때에는
그 비용을 이미 손금으로 계상한 참가준비금과 먼저 상계하여야 한다.
(2010. 1. 1. 신설)
③ 제1항에 따라 손금에 산입한 참가준비금은 다음 각 호에 따라 익금
에 산입한다. (2010. 1. 1. 신설)
1. 2012년 12월 31일까지 「여수세계박람회 지원 및 사후활용에 관한
   특별법」 제2조 제6호에 따른 박람회장 조성사업구역에 설치할 사업
   용 고정자산을 취득하기 위하여 지출한 금액에 해당하는 참가준비
   금은 2012년 12월 31일이 속하는 사업연도부터 각 사업연도의 소득
   금액을 계산할 때 그 참가준비금을 36으로 나눈 금액에 해당 사업연
   도의 개월 수를 곱하여 계산한 금액을 익금에 산입한다. (2012. 1.

제104조의 6 【여수세계박람회 참가준비금의 손금산입】 ① 법
제104조의 9 제1항에서 "대통령령으로 정하는 사업"이란 다음 각 호의
어느 하나에 해당하는 사업을 말한다. (2010. 2. 18. 신설)
1. 「2012여수세계박람회 지원특별법」 제2조 제2호에 따른 박람회 직
   접시설의 제작 및 건설 (2010. 2. 18. 신설)
2. 한국표준산업분류상 다음 각 목의 어느 하나에 해당하는 것으로서
   여수세계박람회의 홍보 또는 여수세계박람회장 내에서의 이용을 목
   적으로 하는 사업 (2015. 2. 3. 개정)
   가. 출판업 (2010. 2. 18. 신설)
   나. 영상·오디오 기록물 제작 및 배급업 (2010. 2. 18. 신설)
   다. 방송업 (2010. 2. 18. 신설)
   라. 창작, 예술 및 여가관련 서비스업 (2010. 2. 18. 신설)
② 법 제104조의 9 제2항에서 "대통령령으로 정하는 비용"이란 제1항
각 호의 어느 하나에 해당하는 사업으로서 법 제104조의 9 제1항에 따
라 박람회 참가계약을 체결한 사업의 수행을 위하여 직접 사용되는 비용
(차입금에 대한 이자 및 「2012여수세계박람회 지원특별법」 제4조에 따
른 여수세계박람회조직위원회, 지방자치단체, 그 밖에 여수세계박람회
관련 단체 등에 대한 기부금은 제외한다)을 말한다. (2010. 2. 18. 신설)
③ 법 제104조의 9 제5항에서 "대통령령으로 정하는 바에 따라 계산한
이자상당가산액"이란 법 제104조의 9 제1항에 따라 참가준비금을 손

26. 개정 ; 2012여수세계박람회 지원특별법 부칙)

2. 제1항에 따라 손금에 산입한 참가준비금이 제2항에 따라 상계한 금액과 제1호에 따라 익금에 산입할 금액의 합계액을 초과하는 때에는 2012년 12월 31일이 속하는 사업연도의 소득금액을 계산할 때 그 초과액을 익금에 산입한다. 다만, 참가준비금을 손금에 산입한 후 사업계획이 변경되어 박람회 참가 용도에 사용하지 아니하게 된 금액은 2012년 12월 31일이 속하는 사업연도가 도래하기 전에 익금에 산입할 수 있다. (2010. 1. 1. 신설)

④ 제1항에 따라 참가준비금을 손금에 산입한 내국법인은 다음 각 호의 어느 하나에 해당하는 사유가 발생하면 그 사유가 발생한 날이 속하는 사업연도의 소득금액을 계산할 때 익금에 산입하지 아니한 참가준비금 전액을 익금에 산입한다. (2010. 1. 1. 신설)

1. 박람회참가계약 또는 도급계약이 해지된 때 (2010. 1. 1. 신설)

2. 해당 사업을 폐업한 때 (2010. 1. 1. 신설)

3. 법인이 해산한 때. 다만, 합병으로 인하여 해산한 경우 합병으로 설립된 법인 또는 합병 후 존속하는 법인에 해당 참가준비금계정의 금액을 인계한 경우는 제외한다. (2010. 1. 1. 신설)

⑤ 제3항 제2호 본문 또는 제4항에 따라 참가준비금을 익금에 산입하는 경우에는 대통령령으로 정하는 바에 따라 계산한 이자상당가산액을 법인세에 가산하여 징수한다. 다만, 여수세계박람회 종료 후 폐업하거나 해산한 경우로서 제3항 제1호에 해당하는 금액 중 익금에 산입하지 않은 금액에 대해서는 그러하지 아니하다. (2010. 1. 1. 신설)

⑥ 제1항을 적용받으려는 내국법인은 대통령령으로 정하는 바에 따라 참가준비금에 관한 명세서를 납세지 관할 세무서에 제출하여야 한다. (2010. 1. 1. 신설)

제104조의 10【해운기업에 대한 법인세 과세표준 계산 특례】

① 내국법인 중 「해운법」상 외항운송사업의 경영 등 대통령령으로 정하는 요건을 갖춘 해운기업(이하 이 조에서 "해운기업"이라 한다)의 법인세과세표준은 2024년 12월 31일까지 다음 각 호에 따라 계산한 금액을 합한 금액으로 할 수 있다. (2019. 12. 31. 개정)

① 내국법인 중 「해운법」상 외항운송사업의 경영 등 대통령령으로 정하는 요건을 갖춘 해운기업(이하 이 조에서 "해운기업"이라 한다)의 법

금에 산입하여 발생한 법인세액의 차액에 제1호의 기간과 제2호의 비율을 곱하여 계산한 금액을 말한다. (2010. 2. 18. 신설)

1. 참가준비금을 손금에 산입한 사업연도의 종료일의 다음 날부터 익금에 산입하는 날이 속하는 사업연도의 종료일까지의 기간 (2010. 2. 18. 신설)

2. 제11조의 2 제9항 제2호에 따른 율 (2022. 2. 15. 개정)

④ 법 제104조의 9 제1항을 적용받으려는 내국법인은 참가준비금을 손금 또는 익금에 산입하는 사업연도의 과세표준신고를 할 때 기획재정부령으로 정하는 참가준비금명세서를 납세지 관할 세무서장에게 제출하여야 한다. (2010. 2. 18. 신설)

■ 관계조문 ▶▶

규칙 61조 1항 65호의 16 ⇒ 참가준비금명세서(별지 64호의 17 서식)

제104조의 7【해운기업에 대한 법인세 과세표준 계산특례】

(2009. 2. 4. 제목개정)

① 법 제104조의 10 제1항 각 호 외의 부분에서 "「해운법」상 외항운송사업의 영위 등 대통령령으로 정하는 요건을 갖춘 해운기업"이란 다음 각 호의 어느 하나에 해당하는 사업을 영위하는 기업으로서 해당 기업이 용선(다른 해운기업이 기획재정부령으로 정하는 공동운항에 투입한 선박을 사용하는 경우를 포함한다. 이하 이 조에서 같다)한 선

제46조의 3【해운기업에 대한 법인세 과세표준 계산특례】

① 영 제104조의 7 제1항 각 호 외의 부분에서 "기획재정부령으로 정하는 공동운항"이란 2개 이상의 해운기업이 각 1척 이상의 선박을 투입하여 공동배선계획에 따라 운항하면서 다른

인세과세표준은 2029년 12월 31일까지 다음 각 호에 따라 계산한 금액을 합한 금액으로 할 수 있다. (2024. 12. 31. 개정)

1. 외항운송 활동과 관련된 대통령령으로 정하는 소득(이하 이 조에서 "해운소득"이라 한다)에 대해서는 「법인세법」 제13조부터 제54조까지의 규정에도 불구하고 선박별로 다음 계산식을 적용하여 계산한 개별선박표준이익의 합계액(이하 이 조에서 "선박표준이익"이라 한다) (2010. 1. 1. 개정)
   개별선박표준이익 = 개별선박순톤수 × 톤당 1운항일 이익
                              × 운항일수 × 사용률
2. 해운소득 외의 소득(이하 이 조에서 "비해운소득"이라 한다)에 대해서는 「법인세법」 제13조부터 제54조까지의 규정에 따라 계산한 금액 (2010. 1. 1. 개정)
② 제1항에 따른 해운기업의 과세표준 계산의 특례(이하 이 조에서

박의 연간운항순톤수(선박의 순톤수에 연간운항일수와 사용률을 곱하여 계산한 톤수를 말한다. 이하 이 조에서 같다)의 합계가 해당 기업이 소유한 선박 등 기획재정부령으로 정하는 기준선박의 연간운항순톤수의 합계의 5배를 초과하지 아니하는 기업을 말한다. (2010. 2. 18. 개정)

① 법 제104조의 10 제1항 각 호 외의 부분에서 "「해운법」상 외항운송사업의 영위 등 대통령령으로 정하는 요건을 갖춘 해운기업"이란 다음 각 호의 어느 하나에 해당하는 사업을 영위하는 기업으로서 해당 기업이 용선(다른 해운기업이 기획재정부령으로 정하는 공동운항에 투입한 선박을 사용하는 경우를 포함한다. 이하 이 조에서 같다)한 선박의 연간운항순톤수(선박의 순톤수에 연간운항일수와 사용률을 곱하여 계산한 톤수를 말한다. 이하 이 조에서 같다)의 합계가 해당 기업이 소유한 선박 등 기획재정부령으로 정하는 기준선박(이하 이 조에서 "기준선박"이라 한다)의 연간운항순톤수의 합계의 5배를 초과하지 아니하는 기업을 말한다. (2025. 2. 28. 개정)
1. 「해운법」 제3조에 따른 외항정기여객운송사업 또는 외항부정기여객운송사업 (2009. 2. 4. 개정)
2. 「해운법」 제23조에 따른 외항정기화물운송사업 또는 외항부정기화물운송사업. 다만, 수산물운송사업을 제외한다. (2007. 11. 30. 개정 ; 해운법 시행령 부칙)
3. 「크루즈산업의 육성 및 지원에 관한 법률」 제2조 제4호에 따른 국제순항 크루즈선 운항사업 (2016. 2. 5. 신설)
② 법 제104조의 10 제1항 제1호에서 "외항운송 활동과 관련된 대통령령으로 정하는 소득"이란 제1호 또는 제2호에 해당하는 활동으로 발생한 소득과 제3호에 해당하는 소득(이하 이 조에서 "해운소득"이라 한다)을 말한다. (2023. 2. 28. 개정)
1. 외항해상운송활동(외항해상운송에 사용하기 위한 「해운법」 제2조 제4호에 따른 용대선(傭貸船)을 포함한다. 이하 이 조에서 같다) (2009. 2. 4. 개정)
2. 외항해상운송활동과 연계된 활동으로서 다음 각 목의 어느 하나에 해당하는 활동 (2009. 2. 4. 개정)
   가. 화물의 유치·선적·하역·유지 및 관리와 관련된 활동 (2005. 2. 19. 신설)

해운기업이 투입한 선박에 대하여도 상호 일정한 선복을 사용할 수 있도록 계약된 운항형태를 말한다. (2019. 3. 20. 개정)
② 영 제104조의 7 제1항 각호 외의 부분에서 "기획재정부령으로 정하는 기준선박"이란 「국제선박등록법」 제4조의 규정에 의하여 등록한 국제선박으로서 다음 각 호에 해당하는 선박을 말한다. (2010. 4. 20. 개정)
1. 해당 기업이 소유한 선박 (2010. 4. 20. 개정)
2. 해당 기업 명의의 국적취득조건부 나용선(裸傭船) (2010. 4. 20. 개정)
3. 해당 기업이 「여신전문금융업법」 제3조 제2항에 따라 시설대여업 등록을 한 자로부터 소유권 이전 연불조건부로 리스한 선박 (2010. 4. 20. 신설)
③ 영 제104조의 7 제1항의 규정에 의한 연간운항순톤수는 과세표준계산특례 적용신청기한이 속하는 사업연도(영 제104조의 7 제6항에 따라 해운기업의 법인세 과세표준계산특례 요건명세서를 제출하는 경우에는 당해 요건명세서의 제출기한이 속하는 사업연도)의 직전 사업연도 종료일을 기준으로 산출한다. (2009. 4. 7. 개정)
④ 영 제104조의 7 제2항 제2호 나목에서 "외항해상운송활동을 위하여 필요한 시설의 임대차와 관련된 활동으로서 기획재정부령이 정하는 활동"이라 함은 외항해상운송활동을 위하여 필요한 컨테이너의 임대차와 관련된 활동을 말한다. (2008. 4. 29. 직제개정)

"과세표준계산특례"라 한다)를 적용받으려는 법인은 대통령령으로 정하는 바에 따라 과세표준계산특례 적용을 신청하여야 하며, 과세표준계산특례를 적용받으려는 사업연도부터 연속하여 5개 사업연도(이하 "과세표준계산특례적용기간"이라 한다) 동안 과세표준계산특례를 적용받아야 한다. 다만, 과세표준계산특례를 적용받고 있는 해운기업은 2017년 12월 31일이 속하는 사업연도까지 대통령령으로 정하는 바에 따라 과세표준계산특례의 적용을 포기할 수 있다. (2016. 12. 20. 단서개정)

③ 제1항을 적용할 때 비해운소득에서 발생한 결손금은 선박표준이익과 합산하지 아니하며, 해운소득에 대해서는 이 법, 「국세기본법」 및 조약과 제3조 제1항 각 호에 규정된 법률에 따른 비과세, 세액면제, 세액감면, 세액공제 또는 소득공제 등의 조세특례를 적용하지 아니한다. (2010. 1. 1. 개정)

④ 해운소득에 「법인세법」 제73조 및 제73조의 2에 따라 원천징수된 소득이 포함되어 있는 경우 그 소득에 대한 원천징수세액은 법인세의 산출세액에서 이미 납부한 세액으로 공제하지 아니한다. (2018. 12. 24. 개정)

⑤ 과세표준계산특례 적용을 받기 전에 발생한 이월결손금은 제1항 각 호의 금액 계산 시 공제하지 아니한다. (2010. 1. 1. 개정)

⑥ 과세표준계산특례를 적용받고 있는 법인이 과세표준계산특례적용기간 동안 제1항에 따른 요건을 2개 사업연도 이상 위반하는 경우에는 2회째 위반하게 된 사업연도부터 해당 과세표준계산특례적용기간의 남은 기간과 다음 5개 사업연도 기간은 과세표준계산특례를 적용받을 수 없다. (2010. 1. 1. 개정)

⑦ 과세표준계산특례를 적용받는 내국법인이 「법인세법」 제63조의 2 제1항 제2호의 방법으로 중간예납을 하는 경우 중간예납의 과세표준은 제1항부터 제5항까지의 규정에 따라 계산한 금액으로 하고, 같은 법 제63조의 2 제1항 제2호의 계산식에서 감면된 법인세액과 납부한 원천징수세액은 비해운소득과 관련된 부분에 대해서만 적용한다. (2018. 12. 24. 개정)

⑧ 제1항을 적용할 때 톤당 1운항일 이익은 선박톤수, 해운기업의 운항소득, 법인세 납부 실적 및 외국의 운영 사례 등을 고려하여 톤당 30원을 초과하지 아니하는 범위에서

나. 외항해상운송활동을 위하여 필요한 시설의 임대차와 관련된 활동으로서 기획재정부령이 정하는 활동 (2008. 2. 29. 직제개정 ; 기획재정부와~직제 부칙)

다. 직원의 모집·교육 및 훈련과 관련된 활동 (2005. 2. 19. 신설)

라. 선박의 취득·유지·관리 및 폐기와 관련된 활동 (2005. 2. 19. 신설)

마. 선박의 매각과 관련된 활동. 다만, 법 제104조의 10 제1항에 따른 해운기업의 과세표준 계산의 특례(이하 이 조에서 "과세표준계산특례"라고 한다)의 적용이전부터 소유하고 있던 선박을 매각하는 경우에는 1)의 계산식에 따라 계산한 금액(이하 이 목에서 "특례적용전 기간분"이라 한다)은 비해운소득으로 하되, 그 매각대금으로 해당 선박의 매각일이 속하는 사업연도의 종료일까지 새로운 선박을 취득하는 경우에는 2)의 계산식에 따라 계산한 금액에 상당하는 금액은 해운소득으로 한다. (2023. 2. 28. 개정)

1)
$$\text{해당 선박의 매각 손익} \times \frac{\text{해당 선박의 과세표준계산특례가 적용되기 전의 기간}}{\text{해당 선박의 총 소유기간}}$$

(2012. 2. 2. 신설)

2)
$$\text{특례적용전 기간분} \times \frac{\text{새로운 선박의 취득에 사용된 매각대금}}{\text{해당 선박의 매각대금}} \times \frac{80}{100}$$

(2012. 2. 2. 신설)

바. 단일운송계약에 의한 기획재정부령이 정하는 복합운송활동 (2008. 2. 29. 직제개정 ; 기획재정부와~직제 부칙)

사. 가목 내지 바목과 유사한 활동으로 기획재정부령이 정하는 활동 (2008. 2. 29. 직제개정 ; 기획재정부와~직제 부칙)

3. 다음 각 목의 어느 하나에 해당하는 소득 (2014. 2. 21. 개정)

가. 외항해상운송활동과 관련하여 발생한 「소득세법」 제16조의 이자소득, 동법 제17조 제1항 제5호의 투자신탁수익의 분배금(이하 이 조에서 "이자소득등"이라 한다) 및 지급이자. 다만, 기업

⑤ 영 제104조의 7 제2항 제2호 바목에서 "기획재정부령이 정하는 복합운송활동"이라 함은 선박과 항공기·철도차량 또는 자동차 등 2가지 이상의 운송수단을 이용하는 운송활동을 말한다. (2008. 4. 29. 직제개정)

⑥ 영 제104조의 7 제2항 제2호 사목에서 "기획재정부령이 정하는 활동"이란 외항

대통령령으로 정한다. (2010. 1. 1. 개정)

⑧ 제1항을 적용할 때 톤당 1운항일 이익은 선박톤수, 해운기업의 선박 소유 현황 및 운항소득, 법인세 납부 실적, 외국의 운영 사례 등을 고려하여 톤당 30원을 초과하지 아니하는 범위에서 대통령령으로 정한다. (2024. 12. 31. 개정)

⑨ 운항일수, 사용률 등 개별선박표준이익의 계산, 과세표준계산특례를 적용받지 아니하고 「법인세법」을 적용받게 되는 경우 각 사업연도 소득의 계산방법, 구분경리 방법 등 과세표준계산특례 적용에 관하여 필요한 사항은 대통령령으로 정한다. (2010. 1. 1. 개정)

편주 ▶ ··

법 104조의 10의 개정규정은 2025. 1. 1. 이후 개시하는 사업연도의 과세표준을 신고하는 경우부터 적용함. (법 부칙(2024. 12. 31.) 18조)
···

회계기준에 따른 유동자산에서 발생하는 이자소득등을 포함하되, 기업회계기준에 따른 비유동자산 중 투자자산에서 발생하는 이자소득등과 그 밖에 기획재정부령이 정하는 이자소득등은 제외한다. (2023. 2. 28. 단서개정)

나. 외항해상운송활동과 관련하여 발생한 기업회계기준에 따른 화폐성 외화자산·부채를 평가함에 따라 발생하는 원화평가금액과 원화기장액의 차익 또는 차손 (2014. 2. 21. 신설)

다. 외항해상운송활동과 관련하여 상환받거나 상환하는 외화채권·채무의 원화금액과 원화기장액의 차익 또는 차손 (2005. 2. 19. 신설)

라. 외항해상운송활동과 관련하여 발생하는 차입금에 대한 이자율 변동, 통화의 환율 변동, 운임의 변동, 선박 연료유 등 해운관련 주요 원자재 가격변동의 위험을 회피하기 위하여 체결한 기업회계기준에 의한 파생상품거래로 인한 손익 (2005. 2. 19. 신설)

③ 제1항 및 법 제104조의 10 제1항 제1호에서 "선박", "순톤수", "운항일수" 또는 "사용률"은 다음 각 호에 따른다. (2009. 2. 4. 신설)

1. 선박 : 과세표준계산특례를 적용받는 기업(이하 이 조에서 "특례적용기업"이라 한다)이 소유하거나 용선한 선박 (2009. 2. 4. 신설)

2. 순톤수 : 「선박법」 제3조 제1항 제3호에 따른 순톤수 (2009. 2. 4. 신설)

3. 운항일수 : 다음 각 목의 어느 하나의 기간에 속하는 일수. 다만, 정비·개량·보수 그 밖의 불가피한 사유로 30일 이상 연속하여 선박을 운항하지 아니한 경우 그 기간은 제외한다. (2009. 2. 4. 신설)

가. 특례적용기업이 소유한 선박의 경우에는 소유기간 (2009. 2. 4. 신설)

나. 특례적용기업이 용선한 선박의 경우에는 용선기간 (2009. 2. 4. 신설)

4. 사용률 : 다음 각 목의 어느 하나의 비율 (2009. 2. 4. 신설)

가. 특례적용기업이 선박을 소유하거나 선박 전체를 용선한 경우 : 100퍼센트 (2022. 2. 15. 개정)

☞ p.1672 3단 연결

해상운송활동을 위하여 필요한 컨테이너의 매각과 관련된 활동을 말한다. (2017. 3. 17. 신설)

⑦ ☞ p.1673

장관의 확인서를 첨부하여 납세지 관할세무서장에게 제출하여야 한다. (2013. 3. 23. 직제개정 ; 기획재정부와~직제 부칙)

»» 관계조문

규칙 61조 1항 65호의 9 ⇒ 해운기업의 법인세과세표준계산특례 요건명세서(별지 64호의 9 서식)

⑦ 특례적용기업이 법 제104조의 10 제2항 단서에 따라 과세표준계산특례의 적용을 포기하려는 때에는 과세표준계산특례를 적용받지 아니하려는 최초 사업연도의 과세표준신고기한까지 기획재정부령으로 정하는 해운기업의 법인세 과세표준계산특례 포기신청서를 납세지 관할세무서장에게 제출하여야 한다. (2009. 6. 19. 신설)

»» 관계조문

규칙 61조 1항 65호의 10 ⇒ 해운기업의 법인세 과세표준계산특례 포기신청서(별지 64호의 10 서식)

⑧ 특례적용기업은 특례적용기간이 종료되거나 제1항에 따른 요건을 위반하거나 법 제104조의 10 제2항 단서에 따라 과세표준계산특례의 적용을 포기함으로써 과세표준계산특례를 적용받지 아니하고 「법인세법」을 적용받게 되는 경우에는 특례적용기간에도 계속하여 「법인세법」을 적용받은 것으로 보고 각 사업연도의 소득을 계산한다. 다만, 다음 각 호의 「법인세법」 규정을 적용하는 때에는 각각 해당 호의 계산방법에 따른다. (2009. 6. 19. 개정)

1. 「법인세법」 제19조의 2를 적용할 때에는 같은 조 제1항의 대손금으로서 같은 법 시행령 제19조의 2 제1항 각 호의 채권을 회수할 수 없는 사유가 특례적용기간에 발생한 경우에는 같은 조 제3항도 불구하고 해당 사유가 발생한 사업연도에 손금에 산입한 것으로 본다. (2009. 6. 19. 신설)

2. 「법인세법」 제23조를 적용할 때 같은 조 제1항의 상각범위액은 같은 법 시행령 제30조를 준용하여 계산한다. 이 경우 특례적용기간에 「법인세법 시행령」 제26조 제1항 각 호의 구분을 달리하는 감가

☞ p.1673 2단 연결

개별선박의 순톤수	1톤당 1운항일이익	
	기준선박	기준선박 외의 선박
1,000톤 이하분	14원	18.2원
1,000톤 초과 10,000톤 이하분	11원	14.3원
10,000톤 초과 25,000톤 이하분	7원	9.1원
25,000톤 초과분	4원	5.2원

개정취지

해운기업에 대한 법인세 과세표준 계산특례 제도 개선
국내 해운기업이 소유한 선박 등 기준선박의 확충을 유도하기 위해 해운기업에 대한 법인세 과세표준 계산특례를 적용할 때 기준선박이 아닌 선박에 대한 1톤당 1운항일 이익을 기준선박보다 30퍼센트 할증함. (영 104조의 7 제4항 개정 ; 2025. 2. 28.)

⑤ 과세표준계산특례를 적용받으려는 법인은 과세표준계산특례를 적용받으려는 최초 사업연도의 과세표준 신고기한까지 기획재정부령으로 정하는 해운기업의 법인세과세표준계산특례 적용신청서에 제1항에 따른 요건의 충족여부에 대한 해양수산부장관의 확인서를 첨부하여 납세지 관할세무서장에게 제출하여야 한다. (2013. 3. 23. 직제개정 ; 기획재정부와~직제 부칙)

»» 관계조문

규칙 61조 1항 65호의 8 ⇒ 해운기업의 법인세과세표준계산특례 적용신청서(별지 64호의 8 서식)

⑥ 특례적용기업은 법 제104조의 10 제2항 본문에 따른 과세표준계산특례적용기간(이하 이 조에서 "특례적용기간"이라 한다)에 속하는 사업연도(제5항에 따라 제출된 해양수산부장관의 확인서에 의하여 요건의 충족을 확인할 수 있는 사업연도는 제외한다)의 과세표준을 신고하는 때에 기획재정부령으로 정하는 해운기업의 법인세과세표준계산특례 요건명세서에 제1항에 따른 요건의 충족여부에 대한 해양수산부

나. 특례적용기업이 선박의 일부를 용선한 경우 : 해당 선박의 최대 적재량에서 특례적용기업이 해당 선박에 적재한 물량이 차지하는 비율. 다만, 특례적용기업이 컨테이너 수량을 기준으로 용선을 한 경우에는 해당 선박에 적재할 수 있는 최대 컨테이너 수(선박 건조 시 설계서에 명시된 적재능력의 100분의 75에 해당하는 컨테이너 수를 말한다)에서 특례적용기업이 해당 선박에 적재한 컨테이너 수가 차지하는 비율로 한다. (2022. 2. 15. 개정)

다. 가목 및 나목에도 불구하고 특례적용기업이 제1항에 따른 공동운항에 투입한 선박의 경우에는 공동운항비율 (2009. 2. 4. 신설)

다. 삭 제 (2022. 2. 15.)

④ 법 제104조의 10 제8항에서 "1톤당 1운항일이익"은 다음과 같다. (2009. 2. 4. 신설)

개별선박의 순톤수	1톤당 1운항일이익
1,000톤 이하분	14원
1,000톤 초과 10,000톤 이하분	11원
10,000톤 초과 25,000톤 이하분	7원
25,000톤 초과분	4원

④ 법 제104조의 10 제8항에서 "1톤당 1운항일이익"은 다음과 같다. (2025. 2. 28. 개정)

상각자산이나 같은 법 시행령 제28조 제1항 제2호의 자산별·업종별 구분에 따른 기준내용연수가 다른 감가상각자산을 새로 취득한 경우에는 같은 법 시행령 제26조 제3항 및 제28조 제3항에도 불구하고 해당 자산에 관한 감가상각방법신고서 또는 내용연수신고서를 「법인세법」을 적용받게 된 최초 사업연도의 법인세 과세표준신고기한까지 납세지 관할세무서장에게 제출(국세정보통신망에 의한 제출을 포함한다)할 수 있다. (2019. 2. 12. 후단개정)

3. 「법인세법」 제33조를 적용할 때 특례적용기간에는 같은 법 시행령 제60조 제1항부터 제3항까지의 규정에 따라 계산한 각 사업연도의 퇴직급여충당금의 손금산입 한도액에 해당하는 금액을 해당 사업연도에 퇴직급여충당금으로서 손금에 산입한 것으로 보고 같은 조 제2항의 퇴직급여충당금의 누적액을 계산한다. (2009. 6. 19. 신설)

4. 「법인세법」 제13조·제34조 및 이 법 제144조를 적용할 때에는 다음 각 목에 따른다. 다만, 해당 법인이 「법인세법」을 적용받게 된 최초 사업연도의 과세표준신고기한까지 특례적용기간에 관하여 「법인세법」 제60조 제2항 제2호에 따른 세무조정계산서 등 기획재정부령으로 정하는 서류를 작성하여 같은 조 제1항에 따른 신고와 함께 납세지 관할세무서장에 게 제출하는 경우에는 특례적용기간에도 계속하여 「법인세법」을 적용받은 것으로 보고 같은 법 제13조·제34조 및 이 법 제144조를 적용한다. (2009. 6. 19. 신설)

가. 「법인세법」 제13조를 적용할 때에는 같은 조 제1항 제1호에도 불구하고 특례적용기간의 종료일 현재의 같은 법 시행령 제16조 제1항에 따른 이월결손금의 잔액은 없는 것으로 본다. (2019. 2. 12. 개정)

나. 「법인세법」 제34조를 적용할 때에는 같은 조 제3항에도 불구하고 과세표준계산특례를 적용받기 직전 사업연도종료일 현재의 대손충당금 잔액은 「법인세법」을 적용받게 된 최초 사업연도의 소득금액을 계산할 때 익금에 산입한다. (2019. 2. 12. 개정)

다. 이 법 제144조를 적용할 때에는 같은 조 제1항에도 불구하고 같은 항에 따라 이월된 특례적용기간의 종료일 현재의 미공제금액은 없는 것으로 본다. (2009. 6. 19. 신설)

⑨ 특례적용기업은 해운소득과 비해운소득을 각각 별개의 회계로 구분

〈제46조의 3〉

⑦ 영 제104조의 7 제8항 제4호 각 목 외의 부분 단서에서 "「법인세법」 제60조 제2항 제2호에 따른 세무조정계산서 등 기획재정부령으로 정하는 서류"란 특례적용기간에 관하여 작성한 「법인세법」 제60조 제2항 각 호의 서류를 말한다. (2017. 3. 17. 항번개정)

⑧ 영 제104조의 7 제9항에서 "기획재정부령으로 정하는 방법"이란 「법인세법 시행규칙」 제76조 제6항을 준용하여 계산하는 방법을 말한다. (2017. 3. 17. 항번개정)

제104조의 11 【신용회복목적회사 출연 시 손금 산입 특례】
(2023. 12. 31. 제목개정)

① 「한국자산관리공사 설립 등에 관한 법률」에 따라 설립된 한국자산관리공사(이하 "한국자산관리공사"라 한다) 및 「금융실명거래 및 비밀보장에 관한 법률」 제2조 제1호 각 목의 어느 하나에 해당하는 금융회사등(이하 이 조에서 "금융회사등"이라 한다)이 2024년 12월 31일까지 제104조의 12 제1항에 따른 신용회복목적회사에 출연하는 경우에는 그 출연금액을 해당 사업연도의 소득금액을 계산할 때 손금에 산입할 수 있다. (2023. 12. 31. 개정)

① 「한국자산관리공사 설립 등에 관한 법률」에 따라 설립된 한국자산관리공사(이하 "한국자산관리공사"라 한다) 및 「금융실명거래 및 비밀보장에 관한 법률」 제2조 제1호 각 목의 어느 하나에 해당하는 금융회

하여 경리하여야 하고, 해운소득과 비해운소득에 공통되는 익금과 손금은 기획재정부령으로 정하는 방법에 따라 안분하여 계산한다. (2009. 6. 19. 항번개정)

⑩ 과세표준계산특례를 적용받으려는 법인 또는 특례적용기업은 제5항 또는 제6항에 따른 해양수산부장관의 확인서를 받으려는 경우에는 선박 보유 현황 및 기준선박 투자계획서를 해양수산부장관에게 제출해야 한다. (2025. 2. 28. 신설)

제104조의 8 【해운기업의 법인세 과세표준 계산 특례】삭 제 (2009. 2. 4.)

제104조의 9 【금융기관의 신용회복목적회사 출자출연 시 손금산입 특례】
법 제104조의 11 제3항 본문에서 "대통령령으로 정하는 바에 따라 계산한 이자상당가산액"이란 잔여재산 반환일이 속하는 사업연도에 익금에 산입해야 할 금액을 손금에 산입함에 따라 발생한 법인세액의 차액에 제1호에 따른 기간과 제2호에 따른 율을 곱하여 계산한 금액을 말한다. (2020. 2. 11. 신설)
1. 잔여재산 반환일이 속하는 사업연도의 종료일의 다음 날부터 법 제104조의 11 제3항 본문에 따라 익금에 산입해야 할 금액을 익금에 산입하는 사업연도의 종료일까지의 기간 (2020. 2. 11. 신설)
2. 1일당 10만분의 25 (2020. 2. 11. 신설)

제104조의 9 【금융기관의 신용회복목적회사 출자·출연 시 손금산입 특례】삭 제 (2022. 2. 15.)

☞
편주 ▶ ··
법 104조의 11의 개정규정은 2024. 1. 1. 이후 과세표준을 신고하는 경우부터 적용함. (법 부칙(2023. 12. 31.) 20조)
··

☞
편주 ▶ ··
영 104조의 7 제10항의 개정규정은 2025. 1. 1. 이후 개시하는 사업연도의 과세표준을 신고하는 경우부터 적용함. (영 부칙(2025. 2. 28.) 15조)
··

사등(이하 이 조에서 "금융회사등"이라 한다)이 2027년 12월 31일까지 제104조의 12 제1항에 따른 신용회복목적회사에 출연하는 경우에는 그 출연금액을 해당 사업연도의 소득금액을 계산할 때 손금에 산입할 수 있다. (2024. 12. 31. 개정)
② 한국자산관리공사 및 금융회사등은 제1항을 적용받으려는 경우 해당 사업연도의 법인세 과세표준신고와 함께 기획재정부령으로 정하는 신용회복목적회사 출연명세서를 납세지 관할 세무서장에게 제출하여야 한다. (2023. 12. 31. 개정)

　　제104조의 12 【신용회복목적회사에 대한 과세특례】① 낮은 신용도 또는 경제력의 부족 등의 사유로 금융회사 등으로부터 여신 거래에 제한을 받고 있는 자에 대한 부실채권의 매입과 금리·만기 등의 재조정, 고금리 금융비용을 경감하기 위한 지급보증 등의 사업을 수행하는 법인으로서 기획재정부장관이 지정하여 고시한 법인(이하 이 조에서 "신용회복목적회사"라 한다)이 2026년 12월 31일 이전에 끝나는 각 사업연도에 손실보전준비금을 손금으로 계상하였을 때에는 해당 사업연도의 소득금액을 계산할 때 그 금액을 손금에 산입한다. (2023. 12. 31. 개정)
② 제1항에 따라 손실보전준비금을 손금에 산입한 법인은 손실이 발생하였을 때에는 그 손실을 이미 손금으로 산입한 손실보전준비금과 먼저 상계하여야 한다. (2010. 1. 1. 신설)
③ 제1항에 따라 손금에 산입한 손실보전준비금으로서 그 준비금을 손금에 산입한 사업연도의 종료일 이후 15년이 되는 날이 속하는 사업연도의 종료일까지 제2항에 따라 상계하고 남은 준비금의 잔액은 15년이 되는 날이 속하는 사업연도의 소득금액을 계산할 때 익금에 산입한다. (2018. 12. 24. 개정)
④ 신용회복목적회사에 다음 각 호의 어느 하나에 해당하는 사유가 발생하면 그 사유가 발생한 날이 속하는 과세연도의 소득금액을 계산할 때 익금에 산입하지 아니한 손실보전준비금 전액을 익금에 산입한다. (2010. 1. 1. 신설)
1. 해당 사업을 폐업한 때 (2010. 1. 1. 신설)
2. 법인이 해산한 때 (2010. 1. 1. 신설)

　　제104조의 10 【신용회복목적회사에 대한 과세특례】법 제104조의 12 제1항을 적용받으려는 법인은 손실보전준비금을 손금 또는 익금에 산입하는 사업연도의 과세표준신고를 할 때 기획재정부령으로 정하는 손실보전준비금명세서를 납세지 관할 세무서장에게 제출하여야 한다. (2010. 2. 18. 신설)

관계조문 »
규칙 61조 1항 65호의 17 ⇒ 손실보전준비금명세서(별지 64호의 18 서식)

⑤ 제1항을 적용받으려는 자는 대통령령으로 정하는 바에 따라 손실보전준비금에 관한 명세서를 납세지 관할 세무서장에게 제출하여야 한다. (2010. 1. 1. 신설)

제104조의 13 【향교 및 종교단체에 대한 종합부동산세 과세특례】 ① 대통령령으로 정하는 개별 향교 또는 개별 종교단체(이하 이 조에서 "개별단체"라 한다)가 소유한 주택 또는 토지 중 개별단체가 속하는 「향교재산법」에 따른 향교재단 또는 대통령령으로 정하는 종교단체(이하 이 조에서 "향교재단 등"이라 한다)의 명의로 조세포탈을 목적으로 하지 아니하고 등기한 주택 또는 토지(이하 이 조에서 "대상주택 또는 대상토지"라 한다)가 있는 경우, 대상주택 또는 대상토지를 실제 소유한 개별단체를 「종합부동산세법」 제7조 제1항 및 제12조 제1항에도 불구하고 과세기준일 현재 각각 주택분 재산세 납세의무자 및 토지분 재산세 납세의무자로 보아 개별단체가 종합부동산세를 신고할 수 있다. 이 경우 대상주택 또는 대상토지는 종합부동산세의 과세의 경우에만 개별단체의 소유로 본다. (2013. 1. 1. 개정)
② 개별단체가 제1항에 따라 종합부동산세를 신고하는 경우 향교재단 등은 대상주택 또는 대상토지의 공시가격을 한도로 그 개별단체와 연대하여 종합부동산세를 납부할 의무가 있다. (2010. 1. 1. 개정)

③ 개별단체가 제1항에 따라 종합부동산세를 신고하는 경우 향교재단 등은 대상주택 또는 대상토지를 소유하지 아니한 것으로 보아 종합부동산세를 신고하여야 한다. (2010. 1. 1. 개정)
④ 제1항에 따른 종합부동산세액의 계산 및 신고·납부 방법, 그 밖에 필요한 사항은 대통령령으로 정한다. (2010. 1. 1. 개정)

제104조의 11 【종합부동산세 과세특례대상 향교 및 종교단체의 범위】 ① 법 제104조의 13 제1항 전단에서 "대통령령으로 정하는 개별 향교 또는 개별 종교단체"란 「부동산 실권리자명의 등기에 관한 법률 시행령」 제5조 제1항 제3호에 따른 개별 향교 또는 같은 항 제2호에 따른 소속 종교단체를 말한다. (2008. 2. 22. 신설)
② 법 제104조의 13 제1항 전단에서 "대통령령으로 정하는 종교단체"란 「부동산 실권리자명의 등기에 관한 법률 시행령」 제5조 제1항 제1호에 따른 종단을 말한다. (2008. 2. 22. 신설)

제104조의 12 【향교 및 종교단체에 대한 종합부동산세 과세특례 세액 계산방법】 ① 개별 단체가 법 제104조의 13 제1항에 따라 주택분 종합부동산세를 신고하는 경우 「종합부동산세법 시행령」 제4조의 2의 산식 중 "주택분 재산세로 부과된 세액의 합계액"에는 대상주택을 개별 단체가 실제 소유한 것으로 보아 부과되었을 주택분 재산세를 포함한다. (2008. 2. 22. 신설)
② 개별 단체가 법 제104조의 13 제1항에 따라 토지분 종합부동산세를 신고하는 경우 「종합부동산세법 시행령」 제5조의 3 제1항의 산식 중 "종합합산과세대상인 토지분 재산세로 부과된 세액의 합계액" 또는 같은 조 제2항의 산식 중 "별도합산과세대상인 토지분 재산세로 부과된 세액의 합계액"에는 대상토지를 개별 단체가 실제 소유한 것으로 보아 부과되었을 토지분 재산세를 각각 포함한다. (2008. 2. 22. 신설)
③ 향교재단 등이 법 제104조의 13 제3항에 따라 대상주택을 소유하지 아니한 것으로 보아 주택분 종합부동산세를 신고하는 경우 「종합부동산세법 시행령」 제4조의 2의 산식 중 "주택분 재산세로 부과된 세액의 합계액"은 대상주택을 향교재단 등이 소유하지 아니한 것으로 보아 부과되었을 주택분 재산세로 한다. (2008. 2. 22. 신설)
④ 향교재단 등이 법 제104조의 13 제3항에 따라 대상토지를 소유하지 아니한 것으로 보아 토지분 종합부동산세를 신고하는 경우 「종합부

동산세법 시행령」 제5조의 3 제1항의 산식 중 "종합합산과세대상인 토지분 재산세로 부과된 세액의 합계액" 또는 같은 조 제2항의 산식 중 "별도합산과세대상인 토지분 재산세로 부과된 세액의 합계액"은 대상 토지를 향교재단 등이 소유하지 아니한 것으로 보아 부과되었을 토지분 재산세로 한다. (2008. 2. 22. 신설)

제104조의 13【향교 및 종교단체에 대한 종합부동산세 과세특례 신고】① 법 제104조의 13 제1항 및 제3항에 따라 신고하려는 개별 단체 및 향교재단 등은 「종합부동산세법 시행령」 제8조 제2항 각 호에 따른 서류 외에 기획재정부령으로 정하는 향교 및 종교단체 종합부동산세 과세특례신고서와 「민법」 제45조 제3항에 따른 향교재단 등에 대한 주무관청의 정관 변경허가서, 향교재단 등의 정관 및 이사회 회의록, 그 밖에 대상주택 또는 대상토지의 사실상 소유자가 개별단체임을 입증할 수 있는 서류를 해당연도의 9월 16일부터 9월 30일까지 납세지 관할 세무서장에게 각각 제출하여야 한다. (2009. 2. 4. 개정)
② 최초로 법 제104조의 13 제1항 및 제3항에 따라 신고를 한 다음 연도부터 대상주택 또는 대상토지의 소유관계에 변동이 없는 경우, 제1항에 따른 향교 및 종교단체 종합부동산세 과세특례신고서를 제외한 대상주택 또는 대상토지의 사실상 소유자가 개별단체임을 입증할 수 있는 서류는 제출하지 아니할 수 있다. (2008. 2. 29. 직제개정 ; 기획재정부와～직제 부칙)

제104조의 14【제3자물류비용에 대한 세액공제신청 등】
① 법 제104조의 14 제1항 각 호 외의 부분 본문에서 "대통령령으로 정하는 중견기업"이란 제4조 제1항에 따른 중견기업을 말한다. (2019. 2. 12. 신설)
① 삭 제 (2021. 2. 17.)
② 법 제104조의 14 제1항 및 제2항에 따라 소득세 또는 법인세를 공제받으려는 자는 과세표준신고와 함께 기획재정부령으로 정하는 세액공제신청서를 납세지 관할 세무서장에게 제출하여야 한다. (2019. 2. 12. 항번개정)

제104조의 14【제3자물류비용에 대한 세액공제】① 제조업을 경영하는 중소기업 및 중견기업이 다음 각 호의 요건을 모두 갖추어 2020년 12월 31일 이전에 끝나는 과세연도까지 각 과세연도에 지출한 물류비용 중 제3자물류비용이 직전 과세연도에 지출한 제3자물류비용을 초과하는 경우 그 초과하는 금액의 100분의 3(중소기업의 경우에는 100분의 5)에 상당하는 금액을 소득세(사업소득에 대한 소득세만 해당한다) 또는 법인세에서 공제한다. 다만, 공제받는 금액이 해당 과세연도의 소득세 또는 법인세의 100분의 10을 초과하는 경우에는 100분의 10을 한도로 한다. (2020. 12. 29. 개정)
1. 각 과세연도에 지출한 제3자물류비용이 각 과세연도에 지출한 물류

규칙 61조 1항 65호의 12 ⇒ 종합부동산세 과세특례신고서(별지 64호의 12 서식(1), 별지 64호의 12 서식(2), 별지 64호의 12 서식부표(1), 별지 64호의 12 서식부표(2), 별지 64호의 13 서식(1), 별지 64호의 13 서식(2))

규칙 61조 1항 2호 ⇒ 세액공제신청서(별지 1호 서식)

비용의 100분의 30 이상일 것 (2011. 12. 31. 개정)
2. 해당 과세연도에 지출한 물류비용 중 제3자물류비용이 차지하는 비율이 직전 과세연도보다 낮아지지 아니할 것 (2010. 1. 1. 개정)
② 직전 과세연도에 지출한 제3자물류비용이 직전 과세연도에 지출한 물류비용의 100분의 30 미만이거나 없는 경우로서 해당 과세연도에 지출한 제3자물류비용이 해당 과세연도에 지출한 물류비용의 100분의 30을 초과하는 경우에는 제1항에도 불구하고 그 초과금액의 100분의 3(중소기업의 경우에는 100분의 5)에 상당하는 금액을 소득세(사업소득에 대한 소득세만 해당한다) 또는 법인세에서 공제한다. 다만, 공제받는 금액이 해당 과세연도의 소득세 또는 법인세의 100분의 10을 초과하는 경우에는 100분의 10을 한도로 한다. (2014. 12. 23. 개정)
③ 제1항 및 제2항을 적용받으려는 중소기업 및 중견기업은 대통령령으로 정하는 바에 따라 세액공제신청을 하여야 한다. (2018. 12. 24. 개정)

　제104조의 15 【해외자원개발투자에 대한 과세특례】 ① 「해외자원개발 사업법」 제2조 제5호에 따른 해외자원개발사업자(이하 이 조에서 "해외자원개발사업자"라 한다)가 같은 조 제4호에 따른 해외자원개발을 위하여 2024년 1월 1일부터 2026년 12월 31일까지 다음 각 호의 어느 하나에 해당하는 투자나 출자를 하는 경우에는 해당 투자금액 또는 출자금액의 100분의 3에 상당하는 금액을 해당 투자 또는 출자가 이루어지는 과세연도의 법인세 또는 소득세(사업소득에 대한 소득세만 해당한다)에서 공제한다. 다만, 내국인 또는 내국인의 외국자회사(내국인이 발행주식총수 또는 출자총액의 100분의 100을 직접 출자하고 있는 외국법인을 말한다. 이하 이 조에서 같다)의 투자자산 또는 출자지분을 양수하는 방법으로 투자하거나 출자하는 경우에는 그러하지 아니하다. (2023. 12. 31. 개정)
1. 광업권과 조광권을 취득하는 투자 (2010. 1. 1. 개정)
2. 광업권 또는 조광권을 취득하기 위한 외국법인에 대한 출자로서 대통령령으로 정하는 출자 (2010. 12. 27. 개정)

👉
개정취지 ··
해외자원개발투자에 대한 과세특례 도입
자원안보를 강화하고 해외자원개발을 유도하기 위하여 2026. 12. 31.까지 해외자원개발을 위한 투자나 출자를 하는 경우 투자 또는 출자 금액의 3%를 법인세 또는 소득세에서 공제하도록 함. (법 104조의 15 개정 ; 2023. 12. 31.)
··

　제104조의 15 【해외자원개발투자에 대한 과세특례】 ① 법 제104조의 15 제1항 제2호에서 "대통령령으로 정하는 출자"란 다음 각 호의 요건을 모두 갖춘 외국법인에 대한 출자로서 발행주식총수 또는 출자총액에서 차지하는 비율이 100분의 10 이상이거나 「해외자원개발 사업법」 제2조 제5호에 따른 해외자원개발사업자(이하 "해외자원개발사업자"라 한다)의 임직원을 외국법인의 임원으로 파견하는 경우의 출

3. 내국인의 외국자회사에 대한 해외직접투자로서 「외국환거래법」 제3
조 제1항 제18호 가목에 따라 대통령령으로 정하는 투자. 다만, 내
국인의 외국자회사가 제1호와 제2호의 방법으로 광업권 또는 조광
권을 취득하는 경우로 한정한다. (2010. 1. 1. 개정)

자를 말한다. (2024. 2. 29. 개정)

1. 해외자원개발사업자가 같은 법 제5조에 따라 신고한 사업의 광구(이
   하 이 조에서 "해당 광구"라 한다)에 대한 광업권 또는 조광권을 소
   유할 것 (2024. 2. 29. 개정)
2. 해당 광구의 개발과 운영을 목적으로 설립되었을 것 (2008. 2. 22.
   신설)

② 법 제104조의 15 제1항 제3호에서 "「외국환거래법」 제3조 제1항
제18호 가목에 따라 대통령령으로 정하는 투자"란 다음 각 호의 어느
하나에 해당하는 것을 말한다. (2011. 6. 3. 개정)

1. 내국인의 외국자회사(내국인이 발행주식총수 또는 출자총액의
   100분의 100을 직접 출자하고 있는 외국법인을 말한다. 이하 이
   조에서 같다)의 증자에 참여하는 투자 (2011. 6. 3. 개정)
2. 내국인의 외국자회사에 상환기간을 5년 이상으로 하여 금전을 대여
   하는 투자 (2011. 6. 3. 개정)
3. 해외자원개발사업자가 제1호 또는 제2호에 따른 내국인과 공동으로
   내국인의 외국자회사에 상환기간을 5년 이상으로 하여 금전을 대여
   하는 투자 (2011. 6. 3. 개정)

③ 법 제104조의 15 제1항을 적용할 때 해외자원개발사업자가 광물
자원을 개발하기 위한 투자금액 또는 출자금액은 법 제104조의 15
제1항 각 호에 따라 취득하거나 소유하고 있는 광업권 또는 조광권의
금액을 한도로 하며, 제2항 제3호의 경우에는 전체 투자금액(광업권
또는 조광권의 금액을 한도로 한다)에 각 해외자원개발사업자의 투자
비율을 곱하여 계산한다. (2009. 2. 4. 신설)

④ 법 제104조의 15 제2항에서 "대통령령으로 정하는 금액"이란 다음
각 호의 구분에 따른 금액을 말한다. (2024. 2. 29. 신설)

1. 법 제104조의 15 제2항 제1호에 해당하는 경우 : 다음 계산식에 따
   라 계산한 금액 (2024. 2. 29. 신설)

$$\text{법 제104조의 15 제1항에 따라 공제받은 세액} \times \frac{\text{이전하거나 회수한 투자자산 또는 출자지분의 취득가액}}{\text{투자자산 또는 출자지분의 취득가액 총액}}$$

② 제1항 각 호 외의 부분 본문에 따라 세액공제를 적용받은 자가 다음 각 호의 어느 하나에 해당하는 경우에는 그 사유 발생일이 속하는 과세연도의 과세표준신고를 할 때 해당 투자 또는 출자금액에 대한 세액공제액 상당액으로서 대통령령으로 정하는 금액에 대통령령으로 정하는 바에 따라 계산한 이자 상당 가산액을 가산하여 소득세 또는 법인세로 납부하여야 한다. 이 경우 해당 세액은 「소득세법」 제76조 또는 「법인세법」 제64조에 따라 납부하여야 할 세액으로 본다. (2023. 12. 31. 개정)

1. 투자일 또는 출자일부터 5년이 지나기 전에 제1항 각 호에 따른 투자자산 또는 출자지분을 이전하거나 회수하는 경우 (2010. 1. 1. 개정)
2. 투자일 또는 출자일부터 3년이 되는 날까지 광업권 또는 조광권을 취득하지 못하는 경우 (2010. 1. 1. 개정)

③ 제1항을 적용받으려는 자는 대통령령으로 정하는 바에 따라 세액공제 신청을 하여야 한다. (2010. 1. 1. 개정)

④ 해외자원개발사업자가 「에너지 및 자원사업 특별회계법」에 따른 보조금을 받아 「외국환거래법」 제3조 제1항 제18호에 따른 해외직접투자로 주식 또는 출자지분을 취득하는 경우에는 해당 주식 또는 출자지분을 「법인세법」 제36조 제1항의 사업용 자산으로 보아 같은 조를 준용하여 손금에 산입할 수 있다. (2010. 1. 1. 개정)

제104조의 16 【대학 재정 건전화를 위한 과세특례】 ① 「고등교육법」에 따른 학교법인이 대통령령으로 정하는 수익용 기본재산(이하 "수익용 기본재산"이라 한다)을 양도하고 양도일부터 1년 이내에 다른 수익용 기본재산을 취득하는 경우 보유하였던 수익용 기본재산을 양도하여 발생하는 양도차익은 대통령령으로 정하는 바에 따라 계산한 금액을 해당 사업연도의 소득금액을 계산할 때 익금에 산입하지 아니할 수 있다. 이 경우 해당 금액은 양도일이 속하는 사업연도 종료일 이후 3년이 되는 날이 속하는 사업연도부터 3개 사업연도의 기간 동안 균분한 금액 이상을 익금에 산입하여야 한다. (2014. 1. 1. 개정)

② 제1항을 적용받은 학교법인이 다른 수익용 기본재산을 취득하지 아니하는 경우에는 해당 사유가 발생한 날이 속하는 사업연도의 소득금

2. 법 제104조의 15 제2항 제2호에 해당하는 경우 : 법 제104조의 15 제1항에 따라 공제받은 세액 전액 (2024. 2. 29. 신설)

⑤ 법 제104조의 15 제2항에 따른 이자상당가산액은 공제받은 세액에 제1호의 기간 및 제2호의 율을 곱하여 계산한 금액으로 한다. (2024. 2. 29. 항번개정)

1. 공제받은 과세연도의 과세표준신고일의 다음 날부터 법 제104조의 15 제2항의 사유가 발생한 날이 속하는 과세연도의 과세표준 신고일까지의 기간 (2008. 2. 22. 신설)
2. 제11조의 2 제9항 제2호에 따른 율 (2022. 2. 15. 개정)

⑥ 법 제104조의 15 제1항을 적용받으려는 자는 과세표준신고와 함께 기획재정부령으로 정하는 세액공제신청서 및 해외자원개발투자신고서를 납세지 관할 세무서장에게 제출하여야 한다. (2024. 2. 29. 항번개정)

제104조의 16 【대학재정건전화를 위한 과세특례】 ① 법 제104조의 16 제1항 전단에서 "대통령령으로 정하는 수익용기본재산"이란 「대학설립·운영 규정」 제7조에 따른 수익용기본재산 중 토지와 건축물을 말한다. (2008. 2. 22. 신설)

② 법 제104조의 16 제1항 전단에서 "양도일부터 1년 이내에 다른 수익용기본재산을 취득하는 경우"에는 종전 수익용기본재산 처분일이 속하는 사업연도가 종료된 후 다른 수익용기본재산을 취득하는 경우를 포함한다. (2008. 2. 22. 신설)

③ 법 제104조의 16 제1항 전단에서 "대통령령으로 정하는 바에 따라 계산한 금액"이란 제1호의 금액에 제2호의 율을 곱하여 계산한 금액을 말한다. (2008. 2. 22. 신설)

• 규칙 61조 1항 2호 ⇒ 세액공제신청서(별지 1호 서식)
• 규칙 61조 1항 65호의 14 ⇒ 해외자원개발투자신고서(별지 64호의 15 서식)

액을 계산할 때 대통령령으로 정하는 바에 따라 계산한 금액을 익금에 산입한다. 이 경우 익금에 산입하는 금액은 제33조 제3항 후단을 준용한다. (2010. 1. 1. 개정)

③ 제1항과 제2항을 적용하는 경우 양도차익명세서의 제출, 그 밖에 필요한 사항은 대통령령으로 정한다. (2010. 1. 1. 개정)

④ 「고등교육법」에 따른 학교법인이 발행주식총수의 100분의 50 이상을 출자하여 설립한 법인이 해당 법인에 출자한 학교법인에 출연하는 금액(이하 이 항에서 "학교법인 출연금"이라 한다)은 제1호의 금액에서 제2호의 금액을 뺀 금액을 한도로 손금에 산입한다. (2014. 1. 1. 개정)

1. 해당 사업연도의 소득금액(「법인세법」 제24조에 따른 기부금을 손금에 산입하기 전의 소득금액을 말한다) (2010. 1. 1. 개정)

2. 「법인세법」 제13조 제1항 제1호에 따른 결손금의 합계액 및 같은 법 제24조에 따른 기부금(학교법인 출연금은 제외한다)의 합계액 (2018. 12. 24. 개정)

제104조의 17【금융기관의 휴면예금 출연 시 손금산입 특례】

① 「서민의 금융생활 지원에 관한 법률」 제40조에 따라 금융기관이 휴면예금을 휴면예금관리재단에 2008년 12월 31일까지 출연하는 경우 그 출연금액을 해당 과세연도의 소득금액을 계산할 때 손금에 산입한다. (2016. 3. 22. 개정 ; 서민의 금융생활 지원에 관한 법률 부칙)

② 제1항을 적용받으려는 금융기관은 해당 과세연도의 법인세 과세표준신고와 함께 기획재정부령으로 정하는 휴면예금출연명세서를 제출하여야 한다. (2008. 9. 26. 신설)

관계조문

규칙 61조 1항 88호 ⇒ 휴면예금출연명세서(별지 106호 서식)

제104조의 18【대학 맞춤형 교육비용 등에 대한 세액공제】

① 「고등교육법」 제2조에 따른 학교(이하 이 조에서 "대학교"라 한다), 산업교육을 실시하는 학교로서 대통령령으로 정하는 학교 또는 산업수요맞춤형고등학교등이 「산업교육진흥 및 산학연협력촉진에 관한 법률」 제8조에 따라 내국인과 계약으로 직업교육훈련과정 또는 학과 등을 설치·운영하고, 해당 내국인이 그 운영비로 비용(이하 이 조에서 "맞춤형 교육비용"이라 한다)을 2019년 12월 31일까지 지급하는 경우에는 제10조를 준용한다. 이 경

---

1. 처분하는 수익용기본재산의 처분가액 - (처분하는 수익용기본재산의 장부가액 + 직전 사업연도 종료일 현재 「법인세법」 제13조 제1항 제1호에 따른 이월결손금) (2019. 2. 12. 개정)

2. 처분하는 수익용기본재산의 처분가액 중 취득하는 수익용기본재산의 취득가액이 차지하는 비율(100분의 100을 한도로 한다) (2008. 2. 22. 신설)

④ 제3항을 적용할 때 종전 수익용기본재산 양도일이 속하는 사업연도의 종료일까지 다른 수익용기본재산을 취득하지 아니한 경우 취득하는 수익용기본재산의 가액은 취득 예정인 자산의 가액(이하 이 조에서 "취득예정 자산가액"이라 한다)으로 할 수 있다. (2008. 2. 22. 신설)

⑤ 법 제104조의 16 제2항 전단에서 "대통령령으로 정하는 바에 따라 계산한 금액"이란 제3항에 따라 익금에 산입하지 아니한 금액 전액(취득예정 자산가액보다 낮은 가액의 자산을 취득한 경우에는 실제 취득가액을 기준으로 제3항에 따라 계산한 금액을 초과하는 금액을 말한다)을 말한다. (2008. 2. 22. 신설)

⑥ 법 제104조의 16 제1항을 적용받으려는 학교법인은 수익용기본재산의 양도일이 속하는 사업연도의 과세표준신고와 함께 기획재정부령으로 정하는 양도차익명세서 및 분할익금명세서를 납세지 관할 세무서장에게 제출하여야 한다. (2008. 2. 29. 직제개정 ; 기획재정부와~직제 부칙)

⑦ 제4항을 적용받은 후 수익용기본재산을 취득하는 때에는 취득일이 속하는 사업연도의 과세표준신고와 함께 기획재정부령으로 정하는 취득완료보고서를 납세지 관할 세무서장에게 제출하여야 한다. (2008. 2. 29. 직제개정 ; 기획재정부와~직제 부칙)

제104조의 17【대학 맞춤형 교육비용 등에 대한 세액공제】(2012. 2. 2. 제목개정)

① 법 제104조의 18 제1항에서 "대통령령으로 정하는 학교"란 「산업교육진흥 및 산학연협력촉진에 관한 법률 시행령」 제2조 제1항 제3호 및 제4호에 따른 학교를 말한다. (2016. 2. 5. 신설)

② 법 제104조의 18 제2항에서 "대통령령으로 정하는 연구 및 인력개발을 위한 시설"이

관계조문

규칙 61조 1항 13호의 2 ⇒ 양도차익명세 및 분할익금산입조정명세서(별지 12호의 2 서식)

☞

제46조의 4【학교에 기부하는 연구

우 "일반연구·인력개발비"를 "맞춤형 교육비용"으로 본다. (2016. 12. 20. 개정)

② 내국인이 대학교 또는 산업수요맞춤형고등학교등에 대통령령으로 정하는 연구 및 인력개발을 위한 시설(이하 이 조에서 "연구 및 인력개발 시설"이라 한다)을 2019년 12월 31일까지 기부하는 경우에는 제25조 제1항부터 제6항까지의 규정을 준용한다. 이 경우 제25조 제1항 제1호에 해당하는 시설을 "연구 및 인력개발 시설"로 본다. (2018. 12. 24. 개정)

③ 제1항 및 제2항을 적용할 때 내국인이 수도권에 있는 대학교에 지급하거나 기부하는 경우에는 해당 금액의 100분의 50을 곱한 금액을 지급하거나 기부한 것으로 본다. (2011. 12. 31. 개정)

④ 산업수요맞춤형고등학교등과 대통령령으로 정하는 사전 취업계약 등을 체결한 내국인이 해당 산업수요맞춤형고등학교등의 재학생에게 직업교육훈련을 실시하고 현장훈련수당 등 대통령령으로 정하는 비용(이하 이 조에서 "현장훈련수당등"이라 한다)을 2019년 12월 31일까지 지급하는 경우에는 제10조를 준용한다. 이 경우 "일반연구·인력개발비"는 "현장훈련수당등"으로 본다. (2016. 12. 20. 개정)

제104조의 18 【대학 맞춤형 교육비용 등에 대한 세액공제】 삭제 (2020. 12. 29.)

관계조문 ▶▶

규칙 61조 1항 2호 ⇒ 세액공제신청서(별지 1호 서식)

란 연구개발을 위한 연구·시험용시설로서 기획재정부령으로 정하는 것과 인력개발을 위한 직업훈련용 시설로서 기획재정부령으로 정하는 것을 말한다. (2016. 2. 5. 항번개정)

③ 법 제104조의 18 제4항에서 "대통령령으로 정하는 사전취업계약 등"이란 다음 각 호의 어느 하나에 해당하는 계약을 말한다. (2016. 2. 5. 항번개정)

1. 산업수요맞춤형고등학교등 재학생에 대한 고용을 목적으로 해당 학교와 체결하는 「직업교육훈련 촉진법」 제2조 제5호 나목에 따른 특약으로서 다음 각 목의 요건을 모두 갖춘 특약(이하 이 조에서 "산업체 맞춤형 직업교육훈련계약"이라 한다) (2012. 2. 2. 신설)

가. 산업수요맞춤형고등학교등에 교육부장관이 정하는 산업체 맞춤형 직업교육훈련과정을 설치할 것 (2013. 3. 23. 직제개정 ; 기획재정부와~직제 부칙)

나. 해당 내국인의 생산시설 또는 근무장소에서 산업수요맞춤형고등학교등 재학생에 대하여 교육부장관이 정하는 기간 이상의 현장훈련을 실시할 것 (2013. 3. 23. 직제개정 ; 기획재정부와~직제 부칙)

다. 산업체 맞춤형 직업교육훈련과정 이수자에 대한 고용요건 등이 포함될 것 (2012. 2. 2. 신설)

라. 가목부터 다목까지의 요건 등에 관한 사항이 포함된 교육부장관이 정하는 계약서에 따라 산업체 맞춤형 직업교육훈련계약을 체결할 것 (2013. 3. 23. 직제개정 ; 기획재정부와~직제 부칙)

2. 산업수요맞춤형고등학교등 재학생에 대한 고용을 목적으로 해당 학교 및 「직업교육훈련 촉진법」 제2조 제2호에 따른 직업교육훈련기관과 체결하는 같은 법 제2조 제5호 나목에 따른 특약으로서 다음 각 목의 요건을 모두 갖춘 특약(이하 이 조에서 "취업인턴 직업교육훈련계약"이라 한다) (2012. 2. 2. 신설)

가. 산업수요맞춤형고등학교등 또는 직업교육훈련기관에 교육부장관이 정하는 취업인턴 직업교육훈련과정을 설치할 것 (2013. 3. 23. 직제개정 ; 기획재정부와~직제 부칙)

나. 해당 내국인의 생산시설 또는 근무장소에서 산업수요맞춤형고등학교등 재학생에 대하여 교육부장관이 정하는 기간 이상의 현장훈련을 실시할 것 (2013. 3. 23. 직제개정 ; 기획재정부와~직제 부칙)

다. 취업인턴 직업교육훈련과정 이수자에 대한 고용요건 등이 포함될 것 (2012. 2. 2. 신설)

라. 가목부터 다목까지의 요건 등에 관한 사항이 포함된 교육부장관이 정하는 계약서에 따라 취업인턴 직업교육훈련계약을 체결할 것 (2013. 3. 23. 직제개정 ; 기획재정부와~직제 부칙)

④ 법 제104조의 18 제4항 전단에서 "대통령령으로 정하는 비용"이란 제1항 각 호에 따른 계약에 따라 직업교육훈련을 받는 산업수요맞춤형고등학교등의 재학생에게 해당 훈련기간 중 지급한 훈련수당, 식비, 교재비 또는 실습재료비(해당 내국인이 생산 또는 제조하는 물품의 제조원가 중 직접 재료비를 구성하지 아니하는 것만 해당한다)를 말한다. (2016. 2. 5. 항번개정)

제104조의 17 【대학 맞춤형 교육비용 등에 대한 세액공제】 삭제 (2021. 2. 17.)

및 인력개발을 위한 시설의 범위】 ① 영 제104조의 17 제2항에서 "연구·시험용시설로서 기획재정부령으로 정하는 것"이란 연구·시험용시설로서 제13조 제1항 각 호의 어느 하나에 해당하는 것을 말한다. 다만, 대상시설이 중고품이거나 기부 이후 운휴 중에 있는 것은 제외한다. (2019. 3. 20. 개정)

② 영 제104조의 17 제2항에서 "직업훈련용시설로서 기획재정부령으로 정하는 것"이란 직업훈련용시설로서 제13조 제1항 각 호의 어느 하나에 해당하는 것을 말한다. 다만, 대상시설이 중고품이거나 기부 이후 운휴 중에 있는 것은 제외한다. (2019. 3. 20. 개정)

제104조의 19 【주택건설사업자가 취득한 토지에 대한 과세특례】① 다음 각 호의 어느 하나에 해당하는 사업자(이하 이 조에서 "주택건설사업자"라 한다)가 주택을 건설하기 위하여 취득한 토지(토지를 취득한 후 해당 연도 종합부동산세 과세기준일 전까지 주택건설사업자의 지위를 얻은 자의 토지를 포함한다) 중 취득일부터 5년 이내에 「주택법」에 따른 사업계획의 승인을 받을 토지는 「종합부동산세법」 제13조 제1항에 따른 과세표준 합산의 대상이 되는 토지의 범위에 포함되지 아니하는 것으로 본다. (2013. 1. 1. 개정)

1. 「주택법」에 따라 주택건설사업자 등록을 한 주택건설사업자 (2010. 12. 27. 신설)

2. 「주택법」 제11조에 따른 주택조합 및 고용자인 사업주체 (2016. 1. 19. 개정 ; 주택법 부칙)

3. 「도시 및 주거환경정비법」 제24조부터 제28조까지 및 「빈집 및 소규모주택 정비에 관한 특례법」 제17조부터 제19조까지의 규정에 따른 사업시행자 (2017. 2. 8. 개정 ; 빈집 및 소규모주택~부칙)

4. 제104조의 31 제1항에 따른 법인 (2020. 12. 29. 개정)

② 제1항을 적용받으려는 자는 해당 연도 9월 16일부터 9월 30일까지 대통령령으로 정하는 바에 따라 납세지 관할세무서장에게 토지의 보유현황을 신고하여야 한다. (2008. 12. 26. 신설)

③ 주택건설사업자가 제1항에 따라 취득한 날부터 5년 이내에 「주택법」에 따른 주택건설을 위하여 같은 법에 따른 사업계획의 승인을 받지 못한 경우에는 대통령령으로 정하는 바에 따라 종합부동산세액과 이자상당가산액을 추징한다. (2008. 12. 26. 신설)

제104조의 20 【산업단지 개발사업 시행에 따른 양도소득세 과세특례】① 「산업입지 및 개발에 관한 법률」에 따른 산업단지 개발사업의 시행에 따라 같은 법 제36조에 따른 이주자(해당 사업의 실시계획승인일부터 소급하여 2년 이상 해당 사업을 위하여 제공된 주거용 건축물에서 거주한 자에 한정한다)가 이주대책으로 분양받은 이주택지(분양가격이 1억원 이하인 경우에 한정한다)를 2012년 12월 31일까지 양도함으로써 발생하는 소득에 대해서는 「소득세법」 제104조 제1항

제104조의 18 【주택건설사업자가 취득한 토지에 대한 과세특례】① 법 제104조의 19를 적용받으려는 자는 기획재정부령으로 정하는 신고서에 따라 신고하여야 한다. 다만, 최초로 신고한 연도의 다음 연도부터는 그 신고한 내용 중 변동이 없는 경우에는 신고하지 아니할 수 있다. (2009. 2. 4. 신설)

② 법 제104조의 19 제3항에서 종합부동산세액이란 제1호의 금액에서 제2호의 금액을 뺀 세액을 말한다. (2009. 2. 4. 신설)

1. 법 제104조의 19 제1항에 따라 과세표준 합산의 대상에 포함되지 아니하였던 해당 토지를 매 과세연도마다 종합부동산세 과세표준 합산의 대상이 되는 토지로 보고 계산한 세액 (2009. 2. 4. 신설)

2. 법 제104조의 19 제1항에 따라 과세표준 합산의 대상에 포함되지 아니하였던 해당 토지를 매 과세연도마다 종합부동산세 과세표준 합산의 대상에서 제외되는 토지로 보고 계산한 세액 (2009. 2. 4. 신설)

③ 법 제104조의 19 제3항에서 이자상당가산액이란 제2항에 따른 종합부동산세액에 제1호의 기간과 제2호의 율을 곱하여 계산한 금액을 말한다. (2009. 2. 4. 신설)

1. 법 제104조의 19 제2항에 따라 신고한 매 과세연도의 납부기한 다음날부터 법 제104조의 19 제3항에 따라 추징할 세액의 고지일까지

규칙 61조 1항 65호의 15 ⇒ 주택신축용토지 합산배제(변동)신고서(별지 64호의 16 서식(1) 및 별지 64호의 16 서식(2))

제2호 및 제3호에도 불구하고 같은 항 제1호에 따른 세율을 적용한다. (2011. 12. 31. 개정)

② 제1항에 따른 과세특례를 적용받으려는 자는 해당 이주택지를 양도한 날이 속하는 과세연도의 과세표준신고(예정신고를 포함한다)와 함께 다음 각 호의 서류를 납세지 관할 세무서장에게 제출하여야 한다. (2010. 1. 1. 개정)

1. 해당 사업을 위하여 제공된 주거용 건축물에서 2년 이상 거주하였음을 확인할 수 있는 서류 (2010. 1. 1. 개정)

2. 사업시행자와 체결한 이주택지의 분양계약서 사본 (2010. 1. 1. 개정)

제104조의 21【대한주택공사 및 한국토지공사의 합병에 대한 법인세 과세특례】 농특비

① 「한국토지주택공사법」 부칙 제7조에 따른 합병으로 한국토지주택공사를 설립하는 경우 대한주택공사 및 한국토지공사의 주주등의 「법인세법」 제16조 제1항 제5호에 따른 배당금 또는 분배금의 의제액에 상당하는 금액은 대통령령으로 정하는 바에 따라 합병등기일이 속하는 사업연도의 소득금액을 계산할 때 이를 손금에 산입할 수 있다. 이 경우 손금산입액 및 익금산입액의 계산과 그 산입방법 및 배당금 또는 분배금 의제액명세서 등에 관하여 필요한 사항은 대통령령으로 정한다. (2020. 6. 9. 개정 ; 법률용어~법률)

② 「한국토지주택공사법」 부칙 제7조에 따른 합병으로 한국토지주택공사를 설립하는 경우 대한주택공사 및 한국토지공사의 주식등을 같은 법 제52조 제2항의 시가보다 높거나 낮게 평가하여 합병함으로써 주주등이 특수관계인인 다른 주주등에게 이익을 분여한 경우에 해당되는 경우에도 이익을 분여한 주주등에 대하여 같은 법 제52조를 적용하지 아니하고 이익을 분여받은 주주등에 대하여 해당 이익을 「법인세법」 제15조의 익금으로 보지 아니한다. (2011. 12. 31. 개정)

③ 법률 제9706호 한국토지주택공사법 부칙 제7조에 따른 합병으로 설립된 한국토지주택공사는 같은 조에 따라 해산된 대한주택공사 및 한국토지공사의 각 사업연도의 소득금액 및 과세표준의 계산에서 익금 또는 손금에 산입하거나 산입하지 아니한 금액을 「법인세법」 제49조에도 불구하고 승계한다. (2020. 6. 9. 개정 ; 법률용어~법률)

의 기간 (2009. 2. 4. 신설)

2. 제11조의 2 제9항 제2호에 따른 율 (2022. 2. 15. 개정)

제104조의 19【대한주택공사 및 한국토지공사의 합병에 대한 법인세 과세특례】 ① 법 제104조의 21 제1항에 따라 손금에 산입하는 금액은 「법인세법」 제16조 제1항 제5호에 따라 계산한 배당금 또는 분배금의 의제액으로 한다. 이 경우 그 금액은 해당 주식 또는 출자지분(이하 이 조에서 "주식등"이라 한다)의 압축기장충당금으로 계상하여야 한다. (2010. 2. 18. 신설)

② 제1항에 따라 계상한 압축기장충당금은 대한주택공사 및 한국토지공사의 주주 등이 합병대가로 취득한 한국토지주택공사의 주식등을 처분하는 사업연도에 익금에 산입하되, 일부 주식등을 처분하는 경우에는 다음 계산식에 따라 계산한 금액을 익금에 산입한다. (2010. 2. 18. 신설)

$$\text{압축기장충당금} \times \frac{\text{합병대가로 취득한 한국토지주택공사 주식등 중 처분한 주식등의 수}}{\text{합병대가로 취득한 한국토지주택공사 주식등 수}}$$

③ 제2항을 적용할 때 합병 당시 대한주택공사 및 한국토지공사의 주주 등이었던 한국산업은행이 합병대가로 취득한 한국토지주택공사의 주식등을 「한국산업은행법」 제50조 제1항에 따른 분할로 인하여 설립된 분할신설법인이 승계하는 경우에는 이를 처분한 것으로 보지 아니한다. 이 경우 분할신설법인이 「법인세법 시행령」 제85조에 따라 승계한 해당 주식등의 압축기장충당금은 분할신설법인이 해당 주식등을 처분하는 사업연도에 제2항을 준용하여 익금에 산입한다. (2010. 2. 18. 신설)

③ 삭 제 (2014. 12. 30. ; 한국산업은행법 시행령 부칙)

④ 법 제104조의 21 제1항을 적용받으려는 내국법인은 「법인세법」 제60조에 따른 과세표준신고를 할 때 기획재정부령으로 정하는 배당금등

관계조문

규칙 61조 1항 95호 ⇒ 배당금등의제액상

제104조의 22【기업의 운동경기부 등 설치·운영에 대한 과세특례】 (2021. 12. 28. 제목개정)

① 내국법인이 대통령령으로 정하는 종목의 운동경기부(이하 이 조에서 "운동경기부"라 한다)를 설치하는 경우 설치한 날이 속하는 사업연도와 그 다음 사업연도의 개시일부터 2년 이내에 끝나는 사업연도까지 해당 운동경기부의 운영에 드는 비용 중 대통령령으로 정하는 비용의 100분의 10에 상당하는 금액을 법인세에서 공제한다. (2014. 1. 1. 개정)

② 내국법인이 대통령령으로 정하는 장애인운동경기부(이하 이 조에서 "장애인운동경기부"라 한다)를 설치하는 경우 설치한 날이 속하는 사업연도와 그 다음 사업연도의 개시일부터 4년 이내에 끝나는 사업연도까지 해당 장애인운동경기부의 운영에 드는 비용 중 대통령령으로 정하는 비용의 100분의 20에 상당하는 금액을 법인세에서 공제한다. (2014. 1. 1. 신설)

③ 내국법인이 「이스포츠(전자스포츠) 진흥에 관한 법률」에 따른 이스포츠 중 대통령령으로 정하는 종목의 경기부(이하 이 조에서 "이스포츠경기부"라 한다)를 설치하는 경우 설치한 날이 속하는 사업연도와 그 다음 사업연도의 개시일부터 2년 이내에 끝나는 사업연도까지 해당 이스포츠경기부의 운영에 드는 비용 중 대통령령으로 정하는 비용의 100분의 10에 상당하는 금액을 법인세에서 공제한다. (2021. 12. 28. 신설)

④ 제1항부터 제3항까지의 규정을 적용받으려는 내국법인은 대통령령으로 정하는 바에 따라 신청을 하여야 한다. (2021. 12. 28. 개정)

⑤ 제1항부터 제3항까지의 규정을 적용받은 내국법인이 운동경기부, 장애인운동경기부 또는 이스포츠경기부를 설치한 날부터 3년(장애인운동경기부의 경우 5년) 이내에 해당 운동경기부, 장애인운동경기부 또는 이스포츠경기부를 해체하거나 대통령령으로 정하는 선수단 구성 등에 관한 요건을 갖추지 못한 경우에는 해당 사업연도의 과세표준신고를 할 때 제1항부터 제3항까지의 규정에 따라 공제받은 세액에 대통령령으로 정하는 바에 따라 계산한 이자상당액을 더한 금액을 법인세로 납부하여야 한다. (2021. 12. 28. 개정)

제104조의 20【기업의 운동경기부 설치·운영에 대한 과세특례】 ① 법 제104조의 22 제1항에서 "대통령령으로 정하는 종목의 운동경기부"란 「국민체육진흥법」 제33조에 따라 설립된 대한체육회(이하 "대한체육회"라 한다)에 가맹된 경기단체 종목 중 기획재정부령으로 정하는 종목의 운동경기부로서 다음 각 호의 요건을 모두 갖춘 운동경기부를 말한다. (2022. 2. 15. 개정)

1. 대한체육회 또는 「국민체육진흥법」 제34조에 따른 대한장애인체육회(이하 "대한장애인체육회"라 한다)에 가맹된 경기단체에 등록되어 있는 선수로 구성되어 설치(재설치를 포함한다)·운영되는 운동경기부일 것 (2022. 2. 15. 개정)
2. 경기종목별 선수의 수는 해당 종목의 경기 정원 이상일 것(2010. 12. 30. 신설)
3. 경기종목별로 경기지도자가 1명 이상일 것 (2010. 12. 30. 신설)

② 법 제104조의 22 제2항에서 "대통령령으로 정하는 장애인운동경기부"란 대한장애인체육회에 가맹된 경기단체가 있는 종목의 운동경기부로서 제1항 각 호의 요건을 모두 갖춘 운동경기부를 말한다. (2014. 2. 21. 신설)

③ 법 제104조의 22 제3항에서 "대통령령으로 정하는 종목의 경기부"란 「이스포츠(전자스포츠) 진흥에 관한 법률」 제12조에 따라 선정된 종목 중 기획재정부령으로 정하는 종목의 이스포츠경기부로서 다음 각 호의 요건을 모두 갖춘 이스포츠경기부를 말한다. (2022. 2. 15. 신설)

1. 「이스포츠(전자스포츠) 진흥에 관한 법률」에 따른 이스포츠 선수로 구성되어 설치(재설치를 포함한다)·운영되는 경기부일 것 (2022. 2. 15. 신설)
2. 이스포츠 종목별로 경기지도자가 1명 이상일 것 (2022. 2. 15. 신설)

④ 법 제104조의 22 제1항부터 제3항까지의 규정에서 "대통령령으로 정하는 비용"이란 각각 다음 각 호에 해당하는 비용을 말한다. (2022. 2. 15. 개정)

1. 제1항부터 제3항까지의 규정에 따른 운동경기부 또는 이스포츠경기부(이하 이 항에서 "경기부"라 한다)에 소속된 선수, 감독 및 코치와

제47조【기업의 운동경기부 등 설치·운영에 대한 과세특례】 (2022. 3. 18. 제목개정)

① 영 제104조의 20 제1항 각 호 외의 부분 및 같은 조 제3항 각 호 외의 부분에서 "기획재정부령으로 정하는 종목"이란 각각 별표 9 제1호 및 제2호에 따른 종목을 말한다. (2022. 3. 18. 신설)

② 영 제104조의 20 제4항 제2호에서 "기획재정부령으로 정하는 비용"이란 다음 각 호의 어느 하나에 해당하는 비용을 말한다. (2022. 3. 18. 개정)

1. 선수의 선발 심사 등 운동경기부 또는 이스포츠경기부의 창단을 준비하는 과정에서 드는 비용 (2022. 3. 18. 개정)
2. 경기장 및 훈련장 사용료 (2011. 4. 7. 신설)
3. 식비 (2011. 4. 7. 신설)
4. 전지훈련비 (2011. 4. 7. 신설)
5. 훈련시설 보수비 (2011. 4. 7. 신설)
6. 경기용품, 훈련장비, 운동경기복, 약품의 구입비 및 수선비 (2011. 4. 7. 신설)
7. 경기대회 참가비 및 참가를 위한 이동경비 (2011. 4. 7. 신설)
8. 경기대회 참가를 위한 현지 숙식비 (2011. 4. 7. 신설)
9. 선수숙소 및 선수 이동차량에 대한 임차료 (2011. 4. 7. 신설)
10. 그 밖에 운동경기부 또는 이스포츠경

　제104조의 23【국제회계기준 적용 내국법인등에 대한 대손충당금 환입액의 익금불산입】(2011. 12. 31. 제목개정)

① 내국법인 또는 「법인세법」 제94조에 따른 국내사업장이 있는 외국법인(이하 이 조에서 "내국법인등"이라 한다)이 2014년 12월 31일이 속하는 사업연도 이전에 「주식회사 등의 외부감사에 관한 법률」 제5조 제1항 제1호에 따른 회계처리기준(이하 이 조에서 "국제회계기준"이라 한다)을 최초로 적용하는 경우 해당 사업연도의 소득금액 계산을 할 때 제1호의 금액에서 제2호의 금액을 뺀 금액을 익금에 산입하지 아니할 수 있다. (2017. 10. 31. 개정 ; 주식회사의~법률 부칙)

1. 「법인세법」 제34조 제3항에 따라 익금에 산입하여야 하는 직전 사업연도 대손충당금의 잔액 (2018. 12. 24. 개정)

2. 「법인세법」 제34조 제1항에 따른 해당 사업연도의 대손충당금 손금 산입액 (2010. 12. 27. 신설)

② 제1항에 따라 익금에 산입하지 아니한 금액은 이후 사업연도에 「법인세법」 제34조 제1항에 따라 손금에 산입하여야 할 금액이 같은 조 제3항에 따라 익금에 산입하여야 할 금액보다 큰 경우 그 차액과 상계하며, 상계하고 남은 금액은 2015년 1월 1일 이후 최초로 개시하는 사업연도의 소득금액을 계산할 때 익금에 산입한다. (2018. 12. 24. 개정)

③ 제1항을 적용받으려는 내국법인등은 국제회계기준을 최초로 적용하는 사업연도의 과세표준신고를 할 때 기획재정부령으로 정하는 대손충당금익금불산입신청서를 납세지 관할 세무서장에게 제출하여야 한다. (2011. 12. 31. 개정)

관계조문

규칙 61조 1항 65호의 18 ⇒ 대손충당금익금불산입신청서(별지 64호의 19 서식)

　제104조의 24【해외진출기업의 국내복귀에 대한 세액감면】 **농특비**

① 대한민국 국민 등 대통령령으로 정하는 자가 다음 각 호의 어느 하나에 해당하는 경우로서 2024년 12월 31일까지 국내(수도권과밀억제권역은 제외한다. 이하 이 조 및 제118조의 2에서 같다)에서 창업하거나 사업장을 신설 또는 증설(증설한 부분에서 발생하는 소득을 구분경리하는 경우로 한정한다)하는 경우에는 제2항 또는 제3항에 따라 소득

경기부의 운영 업무를 직접적으로 지원하는 사람에 대한 인건비 (2022. 2. 15. 개정)

2. 대회참가비, 훈련장비구입비 등 경기부를 운영하기 위하여 드는 비용으로서 기획재정부령으로 정하는 비용 (2022. 2. 15. 개정)

⑤ 법 제104조의 22 제1항부터 제3항까지의 규정을 적용받으려는 내국법인은 과세표준신고와 함께 기획재정부령으로 정하는 세액공제신청서를 납세지 관할 세무서장에게 제출하여야 한다. (2022. 2. 15. 개정)

관계조문

규칙 61조 1항 2호 ⇒ 세액공제신청서(별지 1호 서식)

⑥ 법 제104조의 22 제5항에서 "대통령령으로 정하는 선수단 구성 등에 관한 요건"이란 제1항 각 호 또는 제3항 각 호의 요건을 말한다. (2022. 2. 15. 개정)

⑦ 법 제104조의 22 제4항에서 "대통령령으로 정하는 바에 따라 계산한 이자상당액"이란 법 제104조의 22 제1항 또는 제2항에 따라 공제받은 세액에 제1호의 기간과 제2호의 율을 곱하여 계산한 금액을 말한다. (2022. 2. 15. 항번개정)

1. 공제받은 과세연도 종료일의 다음 날부터 납부사유가 발생한 날이 속하는 과세연도의 종료일까지의 기간 (2010. 12. 30. 신설)

2. 제11조의 2 제9항 제2호에 따른 율 (2022. 2. 15. 개정)

　제104조의 21【해외진출기업의 국내복귀에 대한 세액감면】

① 법 제104조의 24 제1항에서 "대한민국 국민 등 대통령령으로 정하는 자"란 국외에서 2년 이상 계속하여 경영하던 사업장을 소유하거나 기획재정부령으로 정하는 바에 따라 실질적으로 지배하는 대한민국 국민(「재외동포의 출입국과 법적 지위에 관한 법률」 제5조에

기부 운영에 직접 드는 경비 (2022. 3. 18. 개정)

　제47조의 2【실질적 지배의 기준 등】(2020. 4. 21. 제목개정)

① 영 제104조의 21 제1항 각 호 외의 부분에서 "기획재정부령으로 정하는 바에 따라 실질적으로 지배하는 대한민국 국

세 또는 법인세를 감면한다. (2021. 12. 28. 개정)

① 대한민국 국민 등 대통령령으로 정하는 자가 다음 각 호의 어느 하나에 해당하는 경우로서 2027년 12월 31일까지 국내(수도권과밀억제권역은 제외한다. 이하 이 조 및 제118조의 2에서 같다)에서 창업하거나 사업장을 신설 또는 증설(증설한 부분에서 발생하는 소득을 구분경리하는 경우로 한정한다)하는 경우에는 제2항 또는 제3항에 따라 소득세 또는 법인세를 감면한다. (2024. 12. 31. 개정)

1. 국외에서 2년 이상 계속하여 경영하던 사업장을 대통령령으로 정하는 바에 따라 국내로 이전하는 경우 (2013. 1. 1. 개정)

2. 국외에서 2년 이상 계속하여 경영하던 사업장을 부분 축소 또는 유지하면서 대통령령으로 정하는 바에 따라 국내로 복귀하는 경우 (2020. 12. 29. 개정)

② 제1항 제1호의 경우에는 이전 후의 사업장에서 발생하는 소득(기존 사업장을 증설하는 경우에는 증설한 부분에서 발생하는 소득을 말한다)으로서 대통령령으로 정하는 소득에 대하여 이전일 이후 해당 사업장(기존 사업장을 증설하는 경우에는 증설한 부분을 말한

따른 재외동포체류자격을 부여받은 재외동포를 포함한다) 또는 대한민국 법률에 따라 설립된 법인(「외국인투자 촉진법」 제2조 제6호에 따른 외국인투자기업을 포함한다)을 말하고, 법 제104조의 24 제1항 제1호에 따라 사업장을 이전하는 자는 다음 각 호의 어느 하나의 요건을 갖추어야 한다. (2013. 2. 15. 개정)

1. 수도권과밀억제권역 밖의 지역에 창업하거나 사업장을 신설 또는 증설하여 사업을 개시한 날부터 4년 이내에 국외에서 경영하던 사업장을 양도하거나 폐쇄할 것 (2020. 4. 14. 개정)

2. 국외에서 경영하던 사업장을 양도하거나 폐쇄한 날부터 3년 이내에 수도권과밀억제권역 밖의 지역에 창업하거나 사업장을 신설 또는 증설할 것 (2023. 2. 28. 개정)

② 법 제104조의 24 제1항에 따라 사업장을 국내로 이전 또는 복귀하는 경우 한국표준산업분류에 따른 세분류를 기준으로 이전 또는 복귀 전의 사업장에서 영위하던 업종과 이전 또는 복귀 후의 사업장에서 영위하는 업종이 동일하여야 한다. (2013. 2. 15. 개정)

② 삭 제 (2024. 2. 29.)

③ 법 제104조의 24 제1항 제2호에 따라 국내로 복귀하는 자는 다음 각 호의 어느 하나의 요건을 갖추어야 한다. (2021. 2. 17. 개정)

1. 국내에 사업장이 없는 내국인으로서 수도권과밀억제권역 밖의 지역에 창업할 것 (2021. 2. 17. 개정)

2. 국외에서 경영하던 사업장을 축소하여 「해외진출기업의 국내복귀 지원에 관한 법률 시행령」 제6조 제2항 제2호에 따른 산업통상자원부장관의 고시에 따라 산업통상자원부장관의 축소 확인을 받은 경우로서 그 축소를 완료한 날이 속하는 과세연도의 그 다음 과세연도의 개시일부터 3년 이내에 수도권과밀억제권역 밖의 지역에 사업장을 신설 또는 증설할 것 (2023. 2. 28. 개정)

④ 법 제104조의 24 제1항 각 호에 따른 국외에는 「개성공업지구 지원에 관한 법률」 제2조 제1호에 따른 개성공업지구를 포함한다. (2019. 2. 12. 항번개정)

⑤ 법 제104조의 24 제2항에서 "대통령령으로 정하는 소득"이란 다음 각 호의 계산식에 따라 계산한 소득을 말한다. 이 경우 계산식의 매출액은 법 제104조의 24 제6항 각 호에 따른 동일하거나 유사한 업종의 경영을 통해 발생하는 매출액을 말하며, 계산식에 따라 계산된 소득이

민(「재외동포의 출입국과 법적 지위에 관한 법률」 제5조에 따른 재외동포체류자격을 부여받은 재외동포를 포함한다) 또는 대한민국 법률에 따라 설립된 법인(「외국인투자 촉진법」 제2조 제6호에 따른 외국인투자기업을 포함한다)"이란 「해외진출기업의 국내복귀 지원에 관한 법률 시행령」 제2조의 요건에 해당하는 기업을 말한다. (2020. 4. 21. 개정)

② 영 제104조의 21 제5항 제1호·제2호 및 같은 조 제6항 제1호·제2호의 계산식에서 "환율 등을 고려하여 기획재정부령으로 정하는 바에 따라 환산한 금액"이란 다음 각 호의 구분에 따라 계산한 금액을 말한다. (2021. 3. 16. 개정)

1. 영 제104조의 21 제5항 제1호에 해당하는 경우 : 다음 계산식에 따라 계산한 금액 (2021. 3. 16. 개정)

환율 등을 고려하여 기획재정부령으로 정하는 바에 따라 환산한 금액 = A × B

A : 국내로 이전하여 사업을 개시한 날이 속하는 과세연도에 국외에서 경영하던 사업장에서 발생한 현지화로 표시된 매출액을 같은 과세연도의 「법인세법 시행규칙」 제44조의 2에 따른 평균환율(이하 이 항에서 "평균환율"이라 한다)을 적용하여 원화로 환산한 금액

B : 국내로 이전하여 사업을 개시한 날이 속하는 과세연도의 생산자물가지수의 평균값(해당 과세연도의 매월에 「한국은행법」 제86조에 따라 한국은행이 조

다)에서 최초로 소득이 발생한 과세연도(이전일부터 5년이 되는 날이 속하는 과세연도까지 소득이 발생하지 아니한 경우에는 이전일부터 5년이 되는 날이 속하는 과세연도)와 그 다음 과세연도 개시일부터 6년 이내에 끝나는 과세연도에는 소득세 또는 법인세의 100분의 100에 상당하는 세액을 감면하고, 그 다음 3년 이내에 끝나는 과세연도에는 소득세 또는 법인세의 100분의 50에 상당하는 세액을 감면한다. (2023. 12. 31. 개정)

개 정 취 지 ┈┈┈┈┈┈┈┈┈┈┈┈┈┈┈┈

해외진출기업의 국내복귀에 대한 세액감면 확대
- 해외진출기업의 국내복귀를 촉진하기 위하여 해외진출기업이 국외사업장을 국내로 이전하거나 수도권 밖으로 부분 복귀하는 경우의 소득세 또는 법인세 감면기간을 7년에서 10년으로 확대함. (법 104조의 24 개정 ; 2023. 12. 31.)
- 2024. 1. 1. 전에 국내에서 창업하거나 사업장을 신설 또는 증설한 경우의 세액감면 기간 및 업종요건에 관하여는 법 104조의 24 2항, 3항, 6항의 개정규정에도 불구하고 종전의 규정에 따름. (법 부칙(2023. 12. 31.) 41조)

┈┈┈┈┈┈┈┈┈┈┈┈┈┈┈┈┈┈┈┈┈┈┈┈

③ 제1항 제2호의 경우에는 복귀 후의 사업장에서 발생하는 소득(기존 사업장을 증설하는 경우에는 증설한 부분에서 발생하는 소득을 말한다)으로서 대통령령으로 정하는 소득에 대하여 복귀일 이후 해당 사업장(기존 사업장을 증설하는 경우에는 증설한 부분을 말한다)에서 최초로 소득이 발생한 과세연도(복귀일부터 5년이 되는 날이 속하는 과세연도까지 소득이 발생하지 아니한 경우에는 복귀일부터 5년이 되는 날이 속하는 과세연도)와 그 다음 과세연도 개시일부터 6년(수도권 내의 지역에서 창업하거나 사업장을 신설 또는 증설하는 경우에는 2년) 이내에 끝나는 과세연도에는 소득세 또는 법인세의 100분의 100에 상당하는 세액을 감면하고, 그 다음 3년(수도권 내의 지역에서 창업하거나 사업장을 신설 또는 증설하는 경우에는 2년) 이내에 끝나는 과세연도에는 소득세 또는 법인세의 100분의 50에 상당하는 세액을 감면한다.

이전 후의 사업장에서 발생한 해당 과세연도의 소득(기존 사업장을 증설하는 경우에는 증설한 부분에서 발생한 소득을 말한다. 이하 이 항에서 같다)을 초과하는 경우에는 그 초과하는 금액은 없는 것으로 한다. (2024. 2. 29. 후단개정)

1. 제1항 제1호에 따라 사업장을 이전하는 경우 (2021. 2. 17. 개정)

$$\text{이전 후의 사업장에서 발생한 해당 과세연도의 소득} \times \frac{\text{국내로 이전하여 사업을 개시한 날이 속하는 과세연도에 국외에서 경영하던 사업장에서 발생한 매출액을 환율 등을 고려하여 기획재정부령으로 정하는 바에 따라 환산한 금액}}{\text{이전 후의 사업장에서 발생한 해당 과세연도의 매출액}}$$

2. 제1항 제2호에 따라 사업장을 이전하는 경우 (2021. 2. 17. 개정)

$$\text{이전 후의 사업장에서 발생한 해당 과세연도의 소득} \times \frac{\text{국외에서 경영하던 사업장에서 그 사업장이 양도·폐쇄한 날이 속하는 과세연도의 직전 과세연도에 발생한 매출액을 환율 등을 고려하여 기획재정부령으로 정하는 바에 따라 환산한 금액}}{\text{이전 후의 사업장에서 발생한 해당 과세연도의 매출액}}$$

⑥ 법 제104조의 24 제3항에서 "대통령령으로 정하는 소득"이란 다음 각 호의 계산식에 따라 계산한 소득을 말한다. 이 경우 계산식의 매출액은 법 제104조의 24 제6항 각 호에 따른 동일하거나 유사한 업종의 경영을 통해 발생하는 매출액으로 하며, 계산식에 따라 계산된 소득이 복귀 후의 사업장에서 발생한 해당 과세연도의 소득(기존 사업장을 증설하는 경우에는 증설한 부분에서 발생한 소득으로 한다. 이하 이 항에서 같다)을 초과하는 경우에는 그 초과하는 금액은 없는 것으로 한다. (2024. 2. 29. 후단개정)

1. 제3항 제1호에 따라 국내에 창업하는 경우 (2021. 2. 17. 신설)

사·발표하는 생산자물가지수의 합계액을 해당 과세연도의 개월 수로 나눈 것을 말하며, 이하 이 항에서 같다)으로 감면대상 소득이 귀속되는 과세연도의 생산자물가지수의 평균값을 나눈 비율(1보다 작은 경우에는 1로 한다)

2. 영 제104조의 21 제5항 제2호에 해당하는 경우 : 다음 계산식에 따라 계산한 금액 (2020. 4. 21. 신설)

환율 등을 고려하여 기획재정부령으로 정하는 바에 따라 환산한 금액 = A × B

A : 국외에서 경영하던 사업장에서 그 사업장이 양도·폐쇄한 날이 속하는 과세연도의 직전 과세연도(이하 이 호에서 "직전 과세연도"라 한다)에 발생한 현지화로 표시된 매출액을 같은 과세연도의 평균환율을 적용하여 원화로 환산한 금액

B : 직전 과세연도의 생산자물가지수의 평균값으로 감면대상 소득이 귀속되는 과세연도의 생산자물가지수의 평균값을 나눈 비율(1보다 작은 경우에는 1로 한다)

3. 영 제104조의 21 제6항 제1호에 해당하는 경우 : 다음 계산식에 따라 계산한 금액 (2021. 3. 16. 신설)

환율 등을 고려하여 기획재정부령으로 정하는 바에 따라 환산한 금액 = A × B

A : 국내로 복귀하여 사업을 개시한 날이 속하는 과세연도에 국외에서 경영하

(2023. 12. 31. 개정)

④ 제1항에 따라 소득세 또는 법인세를 감면받은 내국인이 다음 각 호의 어느 하나에 해당하는 경우에는 그 사유가 발생한 과세연도의 과세표준신고를 할 때 대통령령으로 정하는 바에 따라 계산한 세액을 소득세 또는 법인세로 납부하여야 한다. (2013. 1. 1. 개정)

1. 사업장을 이전 또는 복귀하여 사업을 개시(기존 사업장의 증설을 포함한다. 이하 이 항에서 같다)한 날부터 3년 이내에 그 사업을 폐업 또는 증설한 부분을 폐쇄하거나 법인이 해산한 경우. 다만, 합병·분할 또는 분할합병으로 인한 경우는 제외한다. (2020. 3. 23. 개정)

2. 대통령령으로 정하는 바에 따라 국외에서 경영하던 사업장을 양도하거나 폐쇄하지 아니한 경우 (2020. 12. 29. 개정)

3. 국외에서 경영하던 사업장을 축소하여 제3항에 따라 감면을 받은 후 다시 확대하는 경우로서 대통령령으로 정하는 경우(2020. 12. 29. 신설)

⑤ 제1항에 따라 감면받은 소득세액 또는 법인세액을 제4항에 따라 납부하는 경우 이자상당가산액에 관하여는 제63조 제3항을 준용한다. (2020. 12. 29. 개정)

⑥ 제1항을 적용받으려는 내국인은 다음 각 호의 어느 하나에 해당하여야 한다. (2023. 12. 31. 신설)

1. 한국표준산업분류에 따른 세분류를 기준으로 이전 또는 복귀 전의 사업장에서 영위하던 업종과 이전 또는 복귀 후의 사업장에서 영위하는 업종이 동일한 경우 (2023. 12. 31. 신설)

2. 「해외진출기업의 국내복귀 지원에 관한 법률」에 따른 국내복귀기업 지원위원회에서 대통령령으로 정하는 바에 따라 업종 유사성을 확인받은 경우 (2023. 12. 31. 신설)

⑦ 제1항부터 제6항까지를 적용할 때 세액감면 신청, 증설의 범위, 구분경리, 그 밖에 필요한 사항은 대통령령으로 정한다. (2023. 12. 31. 개정)

$$\frac{\text{복귀 후의 사업장에서 발생한 해당 과세연도의 소득}}{} \times \frac{\text{국내로 복귀하여 사업을 개시한 날이 속하는 과세연도에 국외에서 경영하던 사업장에서 발생한 매출액을 환율 등을 고려하여 기획재정부령으로 정하는 바에 따라 환산한 금액}}{\text{복귀 후의 사업장에서 발생한 해당 과세연도의 매출액}}$$

2. 제3항 제2호에 따라 국내에서 사업장을 신설 또는 증설하는 경우 (2021. 2. 17. 신설)

$$\frac{\text{복귀 후의 사업장에서 발생한 해당 과세연도의 소득}}{} \times \frac{\text{국외에서 경영하던 사업장에서 축소한 생산량으로서 산업통상자원부장관이 확인한 생산량에 해당하는 금액을 환율 등을 고려하여 기획재정부령으로 정하는 바에 따라 환산한 금액}}{\text{복귀 후의 사업장에서 발생한 해당 과세연도의 매출액}}$$

⑦ 법 제104조의 24 제4항에 따라 납부해야 하는 세액은 다음 각 호의 구분에 따라 계산한다. (2021. 2. 17. 개정)

1. 법 제104조의 24 제4항 제1호에 해당하는 경우 : 폐업일(증설한 부분의 폐쇄일) 또는 법인해산일부터 소급하여 3년 이내에 감면된 세액 (2021. 2. 17. 개정)

2. 법 제104조의 24 제4항 제2호에 해당하는 경우 : 법 제104조의 24 제2항에 따라 감면받은 소득세 또는 법인세 전액 (2021. 2. 17. 개정)

3. 법 제104조의 24 제4항 제3호에 해당하는 경우 : 국외에 사업장을 신설하거나 증설하여 사업을 개시한 날부터 소급하여 3년 이내에 감면된 세액 (2021. 2. 17. 개정)

⑧ 법 제104조의 24 제4항 제2호에서 "대통령령으로 정하는 바에 따라 국외에서 경영하던 사업장을 양도하거나 폐쇄하지 아니한 경우"란 제1항 각 호의 요건을 갖추지 않은 경우를 말한다. (2021. 2. 17. 개정)

⑨ 법 제104조의 24 제4항 제3호에서 "감면을 받은 후 다시 확대하는 경우로서 대통령령으로 정하는 경우"란 제3항 제2호의 요건을 갖추어 법 제104조의 24 제3항에 따른 감면을 받는 기간 중에 국외에 사업장을 신설하거나 국외에서 경영하던 사업장을 증설하는 경우를 말한다. (2021. 2. 17. 신설)

⑩ 법 제104조의 24 제6항 제2호에서 "대통령령으로 정하는 바에 따라 업종 유사성을 확인받은 경우"란 한국표준산업분류에 따른 대분류

던 사업장에서 발생한 현지화로 표시된 매출액을 같은 과세연도의 평균환율을 적용하여 원화로 환산한 금액

B : 국내로 복귀하여 사업을 개시한 날이 속하는 과세연도의 생산자물가지수의 평균값으로 감면대상 소득이 귀속되는 과세연도의 생산자물가지수의 평균값을 나눈 비율(1보다 작은 경우에는 1로 한다)

4. 영 제104조의 21 제6항 제2호에 해당하는 경우 : 다음 계산식에 따라 계산한 금액 (2021. 3. 16. 개정)

환율 등을 고려하여 기획재정부령으로 정하는 바에 따라 환산한 금액 = A × B

A : 국외에서 경영하던 사업장에서 축소한 생산량으로서 산업통상자원부장관이 확인한 생산량에 대하여 현지화로 표시된 매출액을 국외에서 경영하던 사업장의 축소를 완료한 날이 속하는 과세연도의 평균환율을 적용하여 원화로 환산한 금액

B : 국외에서 경영하던 사업장의 축소를 완료한 날이 속하는 과세연도의 생산자물가지수의 평균값으로 감면대상 소득이 귀속되는 과세연도의 생산자물가지수의 평균값을 나눈 비율(1보다 작은 경우에는 1로 한다)

③ 영 제104조의 21 제11항 제1호에서 "기획재정부령으로 정하는 바에 따라 해당 사업장의 연면적이 증가하는 경우"란

☞

제104조의 25 【석유제품 전자상거래에 대한 세액공제】 ① 「석유 및 석유대체연료 사업법」에 따른 석유판매업자 중 대통령령으로 정하는 자가 대통령령으로 정하는 전자결제망을 이용하여 같은 법에 따른 석유제품을 2025년 12월 31일까지 공급받는 경우 공급가액(「부가가치세법」 제29조에 따른 공급가액을 말한다)의 1천분의 3에 상당하는 금액을 공급받은 날(「부가가치세법」 제15조에 따른 재화의 공급시기를 말한다)이 속하는 과세연도의 소득세(사업소득에 대한 소득세만

를 기준으로 이전 또는 복귀 전의 사업장에서 경영하던 업종과 이전 또는 복귀 후의 사업장에서 경영하는 업종이 동일한 경우로서 「해외진출기업의 국내복귀 지원에 관한 법률」 제6조에 따른 국내복귀기업지원위원회에서 사업장 간 업종 유사성을 확인받는 것을 말한다. 이 경우 유사성 판단 기준 및 절차 등에 관하여 필요한 사항은 산업통상자원부장관이 정하여 고시한다. (2024. 2. 29. 신설)

⑪ 법 제104조의 24 제7항에 따른 증설의 범위는 다음 각 호의 어느 하나에 해당하는 경우로 한다. (2024. 2. 29. 개정)

1. 사업용고정자산을 새로 설치함으로써 기획재정부령으로 정하는 바에 따라 해당 사업장의 연면적이 증가하는 경우 (2023. 2. 28. 개정)

2. 사업용고정자산을 새로 설치함으로써 사업용고정자산의 수량이 증가하는 경우. 다만, 사업장이 기획재정부령으로 정하는 공장인 경우에는 「해외진출기업의 국내복귀 지원에 관한 법률 시행령」 제6조 제2항 제2호에 따른 산업통상자원부장관의 고시에 따라 확인받은 유휴면적 내에 사업용고정자산을 새로 설치한 경우로 한정하고, 공장이 아닌 사업장의 경우에는 사업수행에 필요한 생산설비를 새로 설치한 경우로 한정한다. (2023. 2. 28. 개정)

⑫ 법 제104조의 24 제7항에 따른 구분경리는 법 제143조 제1항을 준용하여 증설한 부분에서 발생한 소득과 증설 전의 부분에서 발생한 소득을 각각 구분하여 경리하는 것으로 한다. (2024. 2. 29. 개정)

⑬ 법 제104조의 24 제1항부터 제3항까지의 규정을 적용받으려는 자는 과세표준신고와 함께 기획재정부령으로 정하는 세액감면신청서, 감면세액계산서 및 그 밖에 필요한 서류를 납세지 관할 세무서장에게 제출하여야 한다. (2024. 2. 29. 항번개정)

제104조의 22 【석유제품 전자상거래에 대한 세액공제】 ① 법 제104조의 25 제1항 본문에서 "대통령령으로 정하는 전자결제망"이란 법률 제11845호 자본시장과 금융투자업에 관한 법률 일부개정법률 부칙 제15조에 따른 한국거래소에서 운영하는 석유제품 전자결제망을 말한다. (2020. 2. 11. 개정)

② 법 제104조의 25 제1항 본문에서 "석유판매업자 중 대통령령으로 정하는 자"란 다음 각 호의 어느 하나에 해당하는 자를 말한다. (2020.

사업장 부지 안에 있는 건축물 각 층의 바닥면적(식당 · 휴게실 · 목욕실 · 세탁장 · 의료실 · 옥외체육시설 및 기숙사 등 종업원의 후생복지증진에 제공되는 시설과 대피소 · 무기고 · 탄약고 및 교육시설의 바닥면적은 제외한다)을 합산한 면적이 증가하는 경우를 말한다. (2024. 3. 22. 개정)

④ 영 제104조의 21 제11항 제2호 단서에서 "기획재정부령으로 정하는 공장"이란 「산업집적활성화 및 공장설립에 관한 법률」 제2조 제1호에 따른 공장을 말한다. (2024. 3. 22. 개정)

⑤ 영 제104조의 21 제13항에서 "그 밖에 필요한 서류"란 다음 각 호의 서류를 말한다. (2024. 3. 22. 개정)

1. 국외에서 2년 이상 계속하여 사업장을 경영했음을 증명할 수 있는 서류 (2020. 4. 21. 신설)

2. 영 제104조의 21 제1항 제1호 또는 제2호에 해당하는 경우 국외사업장을 양도했거나 폐쇄했음을 증명할 수 있는 서류(국내에서 사업을 개시한 날부터 4년이 지나지 않은 자로서 국외사업장을 양도하거나 폐쇄하지 않은 경우에는 제외한다) (2020. 4. 21. 신설)

3. 영 제104조의 21 제3항 제2호에 해당하는 경우 산업통상자원부장관이 확인한 국외에서 경영하던 사업장의 생산량 축소 확인서 사본 (2021. 3. 16. 개정)

4. 영 제104조의 21 제10항에 해당하는 경우 「해외진출기업의 국내복귀 지원에 관한 법률」 제6조에 따른 국내복귀기업

해당한다) 또는 법인세에서 공제한다. 다만, 공제받는 금액이 해당 과세연도의 소득세 또는 법인세의 100분의 10을 초과하는 경우에는 그 초과하는 금액은 없는 것으로 한다. (2022. 12. 31. 개정)

1. 석유제품을 공급하는 자 : 공급가액(「부가가치세법」 제29조에 따른 공급가액을 말한다. 이하 이 항에서 같다)의 1천분의 1에 상당하는 금액 (2016. 12. 20. 개정)
2. 석유제품을 공급받는 자 : 공급가액의 1천분의 2에 상당하는 금액 (2016. 12. 20. 개정)

1.~2. 삭   제 (2019. 12. 31.)

② 제1항을 적용받으려는 내국인은 대통령령으로 정하는 바에 따라 세액공제신청을 하여야 한다. (2011. 12. 31. 신설)

제104조의 26 【정비사업조합 설립인가등의 취소에 따른 채권의 손금산입】 ① 「도시 및 주거환경정비법」 제22조에 따라 추진위원회의 승인 또는 조합 설립인가가 취소된 경우 해당 정비사업과 관련하여 선정된 설계자·시공자 또는 정비사업전문관리업자(이하 이 조에서 "시공자등"이라 한다)가 다음 각 호에 따라 2024년 12월 31일까지 추진위원회 또는 조합(연대보증인을 포함한다. 이하 이 조에서 "조합등"이라 한다)에 대한 채권을 포기하는 경우에는 해당 채권의 가액은 시공자등이 해당 사업연도의 소득금액을 계산할 때 손금에 산입할 수 있다. (2021. 12. 28. 개정)

제104조의 26 【정비사업조합 설립인가등의 취소에 따른 채권의 손금산입】 ① 「도시 및 주거환경정비법」 제22조에 따라 추진위원회의 승인 또는 조합 설립인가가 취소된 경우 해당 정비사업과 관련하여 선정된 설계자·시공자 또는 정비사업전문관리업자(이하 이 조에서 "시공자등"이라 한다)가 다음 각 호에 따라 2027년 12월 31일까지 추진위원회 또는 조합(연대보증인을 포함한다. 이하 이 조에서 "조합등"이라 한다)에 대한 채권을 포기하는 경우에는 해당 채권의 가액은 시공자등이 해당 사업연도의 소득금액을 계산할 때 손금에 산입할 수 있다. (2024. 12. 31. 개정)

1. 시공자등이 「도시 및 주거환경정비법」 제133조에 따른 채권확인서를 시장·군수에게 제출하고 해당 채권확인서에 따라 조합등에 대한 채권을 포기하는 경우 (2017. 2. 8. 개정 ; 도시 및 주거환경정비법 부칙)
2. 시공자등이 대통령령으로 정하는 바에 따라 조합등에 대한 채권을 전부 포기하는 경우 (2014. 1. 1. 신설)

② 제1항에 따라 시공자등이 채권을 포기함에 따라 조합등이 얻는 이익에 대해서는 「상속세 및 증여세법」에 따른 증여 또는 「법인세법」에

2. 11. 개정)

1. 「석유 및 석유대체연료 사업법 시행령」 제2조 제1호에 따른 일반대리점(제1항에 따른 석유제품 전자결제망을 통하여 일반대리점으로부터 석유제품을 공급받는 경우는 제외한다) (2020. 2. 11. 개정)
2. 「석유 및 석유대체연료 사업법 시행령」 제2조 제3호에 따른 주유소 (2020. 2. 11. 개정)
3. 「석유 및 석유대체연료 사업법 시행령」 제2조 제4호에 따른 일반판매소 (2020. 2. 11. 개정)

제104조의 23 【정비사업조합 설립인가등의 취소에 따른 채권의 손금산입】 법 제104조의 26 제1항 제2호에서 "대통령령으로 정하는 바에 따라 조합등에 대한 채권을 전부 포기하는 경우"란 과세표준신고와 함께 다음 각 호의 사항을 포함하는 채권의 포기에 관한 확인서

지원위원회에서 사업장 간 업종 유사성을 확인받았음을 증명하는 서류 (2024. 3. 22. 신설)
5. 영 제104조의 21 제11항 제2호에 해당하는 경우로서 사업장이 제4항에 따른 공장인 경우 「해외진출기업의 국내복귀 지원에 관한 법률 시행령」 제6조 제2항 제2호에 따른 산업통상자원부장관의 고시에 따라 발급받은 유휴면적 현장조사 확인서 사본 (2024. 3. 22. 개정)

따른 익금으로 보지 아니한다. (2014. 1. 1. 신설)

제104조의 27【고배당기업 주식의 배당소득에 대한 과세특례】① 「자본시장과 금융투자업에 관한 법률」에 따른 주권상장법인으로서 배당성향, 배당수익률과 총배당금액 증가율 등을 고려하여 대통령령으로 정하는 법인(증권시장에 상장된 「자본시장과 금융투자업에 관한 법률」 제9조 제18항 제2호에 따른 투자회사, 「선박투자회사법」에 따른 선박투자회사, 「기업구조조정투자회사법」에 따른 기업구조조정투자회사, 「부동산투자회사법」에 따른 부동산투자회사와 그 밖에 이와 유사한 대통령령으로 정하는 투자회사로서 수익을 주주 또는 출자자에게 배분하는 것을 목적으로 하는 법인은 제외하며, 이하 이 조에서 "고배당기업"이라 한다)의 주식을 보유한 거주자가 해당 고배당기업으로부터 2017년 12월 31일이 속하는 사업연도까지 결산기의 잉여금 처분결의에 따라 지급받는 배당소득 중 대통령령으로 정하는 배당소득에 대한 원천징수세율은 「소득세법」 제129조에도 불구하고 100분의 9로 한다. (2014. 12. 23. 신설)
② 「소득세법」 제62조에 따른 이자소득등(이하 이 조에서 "이자소득등"이라 한다)이 같은 조에 따른 종합과세기준금액(이하 이 조에서 "종합과세기준금액"이라 한다)을 초과하는 과세기간 중 거주자의 이자소득등에 제1항에 따른 배당소득이 포함되어 있는 경우 종합과세기준금액을 초과하는 해당 배당소득 금액의 100분의 5에 해당하는 금액을 해당 과세기간의 종합소득산출세액에서 공제한다. 다만, 해당 공제금액이 2천만원을 초과하는 경우 그 초과하는 금액은 없는 것으로 한다. (2016. 12. 20. 개정)
③ 고배당기업은 배당을 결의한 날의 다음 날까지 기획재정부령으로 정하는 고배당기업 배당 명세서를 납세지 관할 세무서장에게 제출하여야 한다. (2016. 12. 20. 개정)
④ 원천징수의무자는 기획재정부령으로 정하는 고배당기업 배당소득 원천징수 명세서를 그 배당소득을 지급하는 날이 속하는 분기의 종료일의 다음 달 말일까지 원천징수 관할 세무서장에게 제출하여야 한다. (2016. 12. 20. 개정)
⑤ 제1항부터 제4항까지의 규정에 따른 배당성향, 배당수익률, 총배당금액 증가율의 계산방법과 절차, 자료의 제출과 그 밖에 필요한 사항은 대통령령으로 정한다. (2014. 12. 23. 신설)

제104조의 27【고배당기업 주식의 배당소득에 대한 과세특

를 납세지 관할 세무서장에게 제출한 경우를 말한다. 이 경우 설계자・시공자 또는 정비사업전문관리업자가 추진위원회 또는 조합에게 채무를 면제하는 의사를 표시한 것으로 보며, 확인서를 접수한 관할 세무서장은 즉시 해당 확인서 사본을 시장・군수・구청장에게 송부하여야 한다. (2014. 2. 21. 신설)
1. 채권의 금액과 그 증명자료 (2014. 2. 21. 신설)
2. 채권의 포기에 관한 내용 (2014. 2. 21. 신설)
3. 「도시 및 주거환경정비법」 제133조 제3호에 따라 시・도조례로 정하는 사항 (2018. 2. 9. 개정 ; 빈집 및~부칙)

제104조의 24【고배당기업 주식의 배당소득에 대한 과세특례】① 법 제104조의 27 제1항에서 "「자본시장과 금융투자업에 관한 법률」에 따른 주권상장법인으로서 배당성향, 배당수익률과 총배당금액 증가율 등을 고려하여 대통령령으로 정하는 법인"이란 「자본시장과 금융투자업에 관한 법률」에 주권상장법인(이하 이 조에서 "주권상장법인"이라 한다)으로서 다음 각 호의 어느 하나에 해당하는 법인(「자본시장과 금융투자업에 관한 법률」 제9조 제18항 제2호에 따른 투자회사, 「선박투자회사법」에 따른 선박투자회사, 「기업구조조정투자회사법」에 따른 기업구조조정투자회사, 「부동산투자회사법」에 따른 부동산투자회사는 제외하며, 이하 이 조에서 "고배당기업"이라 한다)을 말한다. (2015. 2. 3. 신설)
1. 배당성향과 배당수익률이 각각 제7항에 따라 고시된 시장평균 배당성향과 시장평균 배당수익률의 100분의 120 이상이고, 총배당금액 증가율이 100분의 10 이상인 법인 (2015. 2. 3. 신설)
2. 배당성향과 배당수익률이 각각 제7항에 따라 고시된 시장평균 배당성향과 시장평균 배당수익률의 100분의 50 이상이고, 총배당금액 증가율이 100분의 30 이상인 법인 (2015. 2. 3. 신설)
② 제1항에 따른 배당성향, 배당수익률 및 총배당금액 증가율은 각각 다음 각 호의 계산식에 따라 계산한다. 이 경우 제1호에 따라 계산한 배당성향이 음수이거나 제7항에 따라 고시된 시장평균 배당성향의 10배 이상인 경우에는 영으로 본다. (2015. 2. 3. 신설)
1. 배당성향 (2015. 2. 3. 신설)

$$\frac{(해당\ 사업연도\ 배당금\ +\ 직전\ 사업연도\ 배당금\ +\ 직전\ 2년\ 사업연도\ 배당금)}{(해당\ 사업연도\ 당기순이익\ +\ 직전\ 사업연도\ 당기순이익\ +\ 직전\ 2년\ 사업연도\ 당기순이익)}$$

2. 배당수익률 (2015. 2. 3. 신설)

$$\frac{[(해당\ 사업연도\ 주당\ 배당금\ \div\ 해당\ 사업연도\ 주가)\ +\ (직전\ 사업연도\ 주당\ 배당금\ \div\ 직전\ 사업연도\ 주가)\ +\ (직전\ 2년\ 사업연도\ 주당\ 배당금\ \div\ 직전\ 2년\ 사업연도\ 주가)]}{3}$$

3. 총배당금액 증가율 : 다음 각 목의 구분에 따른 계산식 (2015. 2. 3. 신설)
가. 직전 사업연도 배당금이 직전 3개 사업연도 배당금의 평균보다 큰 경우 (2015. 2. 3. 신설)

$$\frac{해당\ 사업연도\ 배당금\ -\ 직전\ 사업연도\ 배당금}{직전\ 사업연도\ 배당금}$$

나. 직전 사업연도 배당금이 직전 3개 사업연도 배당금의 평균보다 작은 경우 (2015. 2. 3. 신설)

$$\frac{해당\ 사업연도배당금\ -\ 직전\ 3개\ 사업연도\ 배당금의\ 평균}{직전\ 3개\ 사업연도\ 배당금의\ 평균}$$

③ 제1항 및 제2항에도 불구하고 「자본시장과 금융투자업에 관한 법률」에 따른 증권시장(이하 이 조에서 "증권시장"이라 한다)에 신규로 상장한 법인 및 직전 3개 사업연도의 배당 실적이 없는 법인(이하 이 조에서 "신규상장법인등"이라 한다)은 다음 각 호의 요건을 모두 갖춘 경우에만 고배당기업으로 본다. (2015. 2. 3. 신설)
1. 다음 계산식에 따라 계산한 신규상장법인등의 배당성향(음수이거나 제7항에 따라 고시된 시장평균 배당성향의 10배 이상인 경우에는 영으로 본다)이 제7항에 따라 고시된 시장평균 배당성향의 100분의 130 이상일 것 (2015. 2. 3. 신설)

$$\frac{해당\ 사업연도\ 배당금}{해당\ 사업연도\ 당기순이익}$$

☞ p.1693 2단 연결

【례】삭　제 (2017. 12. 19.)

　　제104조의 28【2018 평창 동계올림픽대회 및 동계패럴림픽대회에 대한 과세특례】(2016. 5. 29. 제목개정 ; 2018 평창 동계올림픽~부칙)　농특비
① 2018 평창 동계올림픽대회 및 동계패럴림픽대회(이하 이 조에서 "대회"라 한다)의 운영에 직접 관련된 자로서 다음 각 호의 어느 하나에 해당하는 외국법인이 2018년 12월 31일까지 대회 운영과 관련하여 얻은 소득에 대해서는 법인세를 부과하지 아니한다. (2016. 5. 29. 개정 ; 2018 평창 동계올림픽~부칙)
1. 국제올림픽위원회 또는 국제장애인올림픽위원회 (2015. 12. 15. 신설)
2. 각국 올림픽위원회 또는 각국 장애인올림픽위원회 (2015. 12. 15. 신설)
3. 국제올림픽위원회가 대회 방송중계에 필요한 시설과 서비스 제공을 위하여 설립한 올림픽방송제작사 (2015. 12. 15. 신설)

2. 다음 계산식에 따라 계산한 신규상장법인등의 배당수익률이 제7항에 따라 고시된 시장평균 배당수익률의 100분의 130 이상일 것 (2015. 2. 3. 신설)

$$\frac{\text{해당 사업연도 주당 배당금}}{\text{해당 사업연도 주가}}$$

④ 제1항부터 제3항까지의 규정에도 불구하고 증권시장에 신규 상장 후 4개 사업연도가 경과하지 아니한 법인 등에 대한 고배당기업 판단 기준은 기획재정부령으로 정한다. (2015. 2. 3. 신설)
⑤ 제2항 제1호·제3호 및 제3항 제1호의 계산식에 따른 배당금은 주권상장법인의 배당금으로서 사업연도 중의 「상법」 제462조의 3에 따른 중간배당(이하 이 조에서 "중간배당"이라 한다), 「자본시장과 금융투자업에 관한 법률」 제165조의 12에 따른 분기배당(이하 이 조에서 "분기배당"이라 한다)과 사업연도의 결산기 잉여금처분에 따른 배당(이하 이 조에서 "결산배당"이라 한다) 중 금전으로 배분하는 배당금의 합계액으로 하고, 제2항 제2호 및 제3항 제2호의 계산식에 따른 주당 배당금은 주권상장법인의 배당금으로서 기획재정부령으로 정하는 보통주 1주당 금전으로 배분하는 배당금(중간배당, 분기배당 및 결산배당을 포함한다)으로 한다. (2015. 2. 3. 신설)
⑥ 제2항 제1호·제2호 및 제3항 제1호·제2호의 계산식에 따른 당기순이익 및 주가 등의 산정기준은 기획재정부령으로 정한다. (2015. 2. 3. 신설)
⑦ 법률 제11845호 자본시장과 금융투자업에 관한 법률 일부개정법률 부칙 제15조 제1항에 따라 거래소허가를 받은 것으로 보는 한국거래소는 다음 각 호의 시장별로 기획재정부령으로 정하는 바에 따라 계산한 시장평균 배당성향과 시장평균 배당수익률을 기획재정부령으로 정하는 바에 따라 매년 9월 30일까지 각각 고시하여야 한다. (2015. 2. 3. 신설)
1. 「자본시장과 금융투자업에 관한 법률 시행령」 제11조 제2항에 따른 코넥스 시장 (2015. 2. 3. 신설)
2. 「자본시장과 금융투자업에 관한 법률 시행령」 제176조의 9제1항에 따른 유가증권시장 (2015. 2. 3. 신설)
3. 대통령령 제24697호 자본시장과 금융투자업에 관한 법률 시행령 일부개정령 부칙 제8조에 따른 코스닥시장 (2015. 2. 3. 신설)
⑧ 법 제104조의 27 제1항에서 "대통령령으로 정하는 배당소득"이란 해당 고배당기업의 사업연도의 결산배당 중 금전으로 배분받은 배당소득을 말한다. (2015. 2. 3. 신설)
⑨ · ⑩ 삭　제 (2017. 2. 7.)
⑪ 고배당기업의 주권이 「자본시장과 금융투자업에 관한 법률」 제8조 제2항에 따른 투자매매업자(이하 이 항에서 "투자매매업자"라 한다) 또는 같은 법 제8조 제3항에 따른 투자중개업자(이하 이 항에서 "투자중개업자"라 한다)에게 예탁된 경우 그 고배당기업은 배당결의를 한 후 즉시 해당 법인의 배당 명세를 직접 또는 「자본시장과 금융투자업에 관한 법률」 제294조에 따라 설립된 한국예탁결제원을 통하여 주식보유자가 위탁매매하는 투자매매업자 또는 투자중개업자에게 통지하여야 한다. (2017. 2. 7. 개정)

⑫ 삭　제 (2017. 2. 7.)
　　제104조의 24【고배당기업 주식의 배당소득에 대한 과세특례】삭　제 (2018. 2. 13.)

4. 국제올림픽위원회와 계약을 통하여 국제올림픽위원회의 휘장을 사용하는 대가로 국제올림픽위원회 또는 2018 평창 동계올림픽대회 및 동계패럴림픽대회 조직위원회에 금전, 재화 및 용역을 제공하는 외국법인(국내사업장이 없는 외국법인으로 한정한다) 등 대통령령으로 정하는 외국법인 (2016. 5. 29. 개정 ; 2018 평창 동계올림픽~부칙)

② 2018 평창 동계올림픽대회 및 동계패럴림픽대회 조직위원회로부터 대회에 참가하거나 그 운영에 관련된 활동을 수행하는 자로 인정받은 자로서 다음 각 호의 어느 하나에 해당하는 비거주자가 2018년 12월 31일까지 대회 참가 및 대회 운영과 관련하여 얻은 소득에 대해서는 소득세를 부과하지 아니한다. (2016. 5. 29. 개정 ; 2018 평창 동계올림픽~부칙)

1. 제1항에 따른 외국법인의 위원 또는 임직원 (2015. 12. 15. 신설)

2. 경기의 선수·감독·코치·심판 또는 운영요원 (2015. 12. 15. 신설)

3. 행사 공연자 등 대회에 참가하거나 운영에 관련된 활동을 수행하는 자 (2015. 12. 15. 신설)

③ 대회의 경기 시간 측정 및 경기 결과 기록 사업 등을 수행하는 기획재정부령으로 정하는 외국법인이 그 사업을 수행하는 국내사업장을 한시적으로 가지고 있는 경우에는 「법인세법」 제94조에도 불구하고 2018년 12월 31일까지 국내사업장이 있는 것으로 보지 아니한다. (2015. 12. 15. 신설)

④ 제2항 각 호의 어느 하나에 해당하는 자로서 기획재정부령으로 정하는 자가 한시적으로 국내에 주소 또는 거소를 두는 경우에는 「소득세법」 제1조의 2 제1항 제1호에도 불구하고 2018년 12월 31일까지 거주자로 보지 아니한다. (2015. 12. 15. 신설)

⑤ 사업자가 2018 평창 동계올림픽대회 및 동계패럴림픽대회 조직위원회에 공급하는 재화 또는 용역의 대가로 2018 평창 동계올림픽대회 및 동계패럴림픽대회 조직위원회가 지정한 대회 관련 권리 등을 2018년 12월 31일까지 공급받는 경우 에는 그 공급가액에 109분의 9를 곱하여 계산한 금액을 「부가가치세법」 제37조 제1항 및 같은 법 제38조에 따라 매출세액에서 매입세액으로 공제할 수 있다. (2017. 9. 12. 신설)

⑥ 제5항에 따른 매입세액 공제대상, 공제방법, 신청절차와 그 밖에 필요한 사항은 대통령령으로 정한다. (2017. 9. 12. 신설)

제104조의 25 【2018 평창 동계올림픽대회 및 동계패럴림픽대회에 대한 과세특례】 (2016. 8. 29. 제목개정 ; 2018 평창 동계올림픽~부칙)

① 법 제104조의 28 제1항 제4호에서 "대통령령으로 정하는 외국법인"이란 다음 각 호의 어느 하나에 해당하는 외국법인을 말한다. (2018. 1. 9. 항번개정)

1. 올림픽 종목별 국제경기연맹 또는 국제장애인경기연맹 (2016. 2. 5. 신설)

2. 세계반도핑기구 (2016. 2. 5. 신설)

3. 국제스포츠중재재판소 (2016. 2. 5. 신설)

4. 국제올림픽위원회가 설립한 올림픽문화유산재단, 방송마케팅사, 올림픽채널서비스사 (2016. 2. 5. 신설)

5. 국제장애인올림픽위원회가 장애인 체육활동을 육성·지원하기 위하여 설립한 단체 (2016. 2. 5. 신설)

6. 국제올림픽위원회와의 계약을 통하여 국제올림픽위원회의 휘장을 사용하는 경기시간 및 점수 측정업체 또는 경기관리 정보시스템 운영업체(국내사업장이 없는 경우에 한정한다) (2016. 2. 5. 신설)

7. 2018 평창 동계올림픽대회 및 동계패럴림픽대회의 지역별 독점방송중계권자 (2017. 2. 7. 신설)

② 법 제104조의 28 제5항에 따라 매입세액공제를 받으려는 사업자는 「부가가치세법」 제48조 또는 제49조에 따른 신고를 할 때 기획재정부령으로 정하는 의제매입세액공제신고서에 「소득세법」 제163조 또는 「법인세법」 제121조에 따른 매입처별 계산서합계표를 첨부하여 제출(국세정보통신망을 통한 제출을 포함한다)하여야 한다. 이 경우 의제매입세액공제신고서에 다음 각 호의 사항이 기재되어 있지 아니하거나 그 거래내용이 사실과 다른 경우에는 매입세액을 공제하지 아니한다. (2018. 1. 9. 신설)

제47조의 3 【2018 평창 동계올림픽대회 및 동계패럴림픽대회에 대한 과세특례】 (2017. 3. 17. 제목개정)

① 법 제104조의 28 제3항에서 "기획재정부령으로 정하는 외국법인"이란 다음 각 호의 어느 하나에 해당하는 외국법인을 말한다. (2017. 3. 17. 개정)

1. 국제올림픽위원회와의 계약을 통하여 국제올림픽위원회의 휘장을 사용하는 경기시간 및 점수 측정업체 또는 경기관리 정보시스템 운영업체 (2017. 3. 17. 신설)

2. 2018 평창 동계올림픽대회 및 동계패럴림픽대회의 지역별 독점방송중계권자 (2017. 3. 17. 신설)

② 법 제104조의 28 제4항에서 "기획재정부령으로 정하는 자"란 다음 각 호의 어느

1. 공급자의 명칭 및 등록번호 (2018. 1. 9. 신설)
2. 매입가액 (2018. 1. 9. 신설)
③ 제2항에 따른 매입세액의 공제에 관하여는 「부가가치세법」 제39조
제1항 제1호 단서를 준용한다. (2018. 1. 9. 신설)

제104조의 29【2019광주세계수영선수권대회에 대한 과세특례】 ① 사업자가 국제수영연맹 주관으로 2019년에 대한민국에서 개최되는 세계수영선수권대회를 위하여 「국제경기대회 지원법」 제9조에 따라 설립된 조직위원회(이하 "2019광주세계수영선수권대회 조직위원회"라 한다)에 공급하는 재화 또는 용역의 대가로 2019광주세계수영선수권대회 조직위원회가 지정한 대회 관련 권리 등을 2019년 12월 31일까지 공급받는 경우에는 그 공급가액에 109분의 9를 곱하여 계산한 금액을 「부가가치세법」 제37조 제1항 및 같은 법 제38조에 따라 매출세액에서 매입세액으로 공제할 수 있다. (2017. 12. 19. 신설)
② 제1항에 따른 매입세액 공제대상, 공제방법 및 신청절차에 필요한 사항은 대통령령으로 정한다. (2017. 12. 19. 신설)

제104조의 30【우수 선화주기업 인증을 받은 화주 기업에 대한 세액공제】 ① 「해운법」 제47조의 2에 따라 우수 선화주기업 인증을 받은 화주 기업(「물류정책기본법」 제43조 제1항에 따라 국제물류주선업자로 등록한 기업으로 한정한다) 중 대통령령으로 정하는 기업(이하 이 조에서 "화주기업"이라 한다)이 다음 각 호의 요건을 모두 충족하는 경우에는 2025년 12월 31일까지 「해운법」 제25조 제1항에 따른 외항정기화물운송사업자(이하 이 조에서 "외항정기화물운송사업자"라 한다)에게 수출입을 위하여 지출한 운송비용의 100분의 1에 상당하는 금액에 직전 과세연도에 비하여 증가한 운송비용의 100분의 3에 상당하는 금액을 더한 금액을 해당 지출일이 속하는 과세연도의 소득세(사업소득에 대한 소득세만 해당한다) 또는 법인세에서 공제한다. 다만, 공제받는 금액이 해당 과세연도의 소득세 또는 법인세의 100분의 10을 초과하는 경우에는 100분의 10을 한도로 한다. (2022. 12. 31.

제104조의 26【2019광주세계수영선수권대회에 대한 과세특례】 ① 법 제104조의 29 제1항에 따라 매입세액공제를 받으려는 사업자는 「부가가치세법」 제48조 또는 제49조에 따른 신고를 할 때 기획재정부령으로 정하는 의제매입세액공제신고서에 「소득세법」 제163조 또는 「법인세법」 제121조에 따른 매입처별 계산서합계표를 첨부하여 제출(국세정보통신망을 통한 제출을 포함한다)하여야 한다. 이 경우 의제매입세액공제신고서에 다음 각 호의 사항이 기재되어 있지 아니하거나 그 거래내용이 사실과 다른 경우에는 매입세액을 공제하지 아니한다. (2018. 2. 13. 신설)
1. 공급자의 명칭 및 등록번호 (2018. 2. 13. 신설)
2. 매입가액 (2018. 2. 13. 신설)
② 제1항에 따른 매입세액의 공제에 관하여는 「부가가치세법」 제39조
제1항 제1호 단서를 준용한다. (2018. 2. 13. 신설)

제104조의 27【우수 선화주기업 인증을 받은 화주 기업에 대한 세액공제】 ① 법 제104조의 30 제1항 각 호 외의 부분 본문에서 "대통령령으로 정하는 기업"이란 직전 과세연도에 매출액이 있는 기업을 말한다. (2022. 2. 15. 개정)
② 법 제104조의 30 제1항에 따른 운송비용 및 해상운송비용은 「해운법」 제23조 제2호에 따른 외항 정기 화물운송사업을 영위하는 자에게 지출한 비용으로서 다음 각 호의 요건을 모두 충족하는 것으로 한다. (2020. 2. 11. 신설)
1. 「대외무역법 시행령」 제2조 제3호 및 제4호에 따른 수출·수입에 따른 물품의 이동을 위해 지출하는 비용일 것 (2020. 2. 11. 신설)
2. 외항 정기 화물운송사업을 영위하는 자와 체결한 운송계약을 증명하는 선하증권 및 그 밖의 서류에 기재된 구간의 운송을 위하여 지출한 비용일 것 (2020. 2. 11. 신설)

하나에 해당하는 외국법인의 임직원을 말한다. (2016. 3. 14. 신설)
1. 국제올림픽위원회가 동계올림픽대회 방송중계에 필요한 시설과 서비스 제공을 위하여 설립한 올림픽방송제작사 (2016. 3. 14. 신설)
2. 2018 평창 동계올림픽대회 및 동계패럴림픽대회의 지역별 독점방송중계권자 (2017. 3. 17. 개정)
3. 국제올림픽위원회와의 계약을 통하여 국제올림픽위원회의 휘장을 사용하는 경기시간 및 점수 측정업체 또는 경기관리 정보시스템 운영업체 (2016. 3. 14. 신설)

개정)

1. 화주기업이 해당 과세연도에 외항정기화물운송사업자에게 지출한 해상운송비용이 전체 해상운송비용의 100분의 40 이상일 것 (2019. 12. 31. 신설)
2. 화주기업이 해당 과세연도에 지출한 해상운송비용 중 외항정기화물운송사업자에게 지출한 비용이 차지하는 비율이 직전 과세연도보다 증가할 것 (2019. 12. 31. 신설)

② 제1항을 적용받으려는 내국인은 대통령령으로 정하는 바에 따라 세액공제신청을 하여야 한다. (2019. 12. 31. 신설)

③ 제1항 및 제2항을 적용할 때 운송비용의 계산 등 그 밖에 필요한 사항은 대통령령으로 정한다. (2019. 12. 31. 신설)

제104조의 31 【프로젝트금융투자회사에 대한 소득공제】 ① 「법인세법」 제51조의 2 제1항 제1호부터 제8호까지의 규정에 따른 투자회사와 유사한 투자회사로서 다음 각 호의 요건을 모두 갖춘 법인이 2025년 12월 31일 이전에 끝나는 사업연도에 대하여 대통령령으로 정하는 배당가능이익(이하 이 조에서 "배당가능이익"이라 한다)의 100분의 90 이상을 배당한 경우 그 금액(이하 이 조에서 "배당금액"이라 한다)은 해당 배당을 결의한 잉여금 처분의 대상이 되는 사업연도의 소득금액에서 공제한다. (2022. 12. 31. 개정)

1. 회사의 자산을 설비투자, 사회간접자본 시설투자, 자원개발, 그 밖에 상당한 기간과 자금이 소요되는 특정사업에 운용하고 그 수익을 주주에게 배분하는 회사일 것 (2020. 12. 29. 신설)
2. 본점 외의 영업소를 설치하지 아니하고 직원과 상근하는 임원을 두지 아니할 것 (2020. 12. 29. 신설)
3. 한시적으로 설립된 회사로서 존립기간이 2년 이상일 것 (2020. 12. 29. 신설)
4. 「상법」이나 그 밖의 법률의 규정에 따른 주식회사로서 발기설립의 방법으로 설립할 것 (2020. 12. 29. 신설)
5. 발기인이 「기업구조조정투자회사법」 제4조 제2항 각 호의 어느 하나에 해당하지 아니하고 대통령령으로 정하는 요건을 갖출 것 (2020. 12. 29. 신설)

③ 법 제104조의 30 제2항에 따라 세액공제를 신청하려는 자는 과세표준 신고와 함께 기획재정부령으로 정하는 세액공제신청서 및 공제세액계산서를 납세지 관할 세무서장에게 제출해야 한다. (2020. 2. 11. 신설)

제104조의 28 【프로젝트금융투자회사에 대한 소득공제】 ① 법 제104조의 31 제1항 각 호 외의 부분에서 "대통령령으로 정하는 배당가능이익"이란 「법인세법 시행령」 제86조의 3 제1항에 따라 계산한 금액을 말한다. (2022. 2. 15. 개정)

② 「법인세법」 제51조의 2 제1항 각 호와 유사한 투자회사가 「주택법」에 따라 주택건설사업자와 공동으로 주택건설사업을 수행하는 경우로서 그 자산을 주택건설사업에 운용하고 해당 수익을 주주에게 배분하는 때에는 법 제104조의 31 제1항 제1호의 요건을 갖춘 것으로 본다. (2021. 2. 17. 신설)

③ 법 제104조의 31 제1항 제5호에서 "대통령령으로 정하는 요건"이란 다음 각 호의 요건을 말한다. (2021. 2. 17. 신설)

1. 발기인 중 1인 이상이 다음 각 목의 어느 하나에 해당할 것 (2021. 2. 17. 신설)
　가. 「법인세법 시행령」 제61조 제2항 제1호부터 제4호까지, 제6호부터 제13호까지 및 제24호의 어느 하나에 해당하는 금융회사 등 (2021. 2. 17. 신설)
　나. 「국민연금법」에 따른 국민연금공단(「사회기반시설에 대한 민간투자법」 제4조 제2호에 따른 방식으로 민간투자사업을 시행하는 투자회사의 경우에 한정한다) (2021. 2. 17. 신설)
2. 제1호 가목 또는 나목에 해당하는 발기인이 100분의 5(제1호 가목

6. 이사가 「기업구조조정투자회사법」 제12조 각 호의 어느 하나에 해당하지 아니할 것 (2020. 12. 29. 신설)

7. 감사는 「기업구조조정투자회사법」 제17조에 적합할 것. 이 경우 "기업구조조정투자회사"는 "회사"로 본다. (2020. 12. 29. 신설)

8. 자본금 규모, 자산관리업무와 자금관리업무의 위탁 및 설립신고 등에 관하여 대통령령으로 정하는 요건을 갖출 것 (2020. 12. 29. 신설)

② 「법인세법」 제51조의 2 제2항 각 호의 어느 하나에 해당하는 경우에는 제1항을 적용하지 아니한다. (2020. 12. 29. 신설)

③ 제1항을 적용할 때 배당금액이 해당 사업연도의 소득금액을 초과하는 경우 그 초과하는 금액(이하 이 조에서 "초과배당금액"이라 한다)은 해당 사업연도의 다음 사업연도 개시일부터 5년 이내에 끝나는 각 사업연도로 이월하여 그 이월된 사업연도의 소득금액에서 공제할 수 있다. 다만, 내국법인이 이월된 사업연도에 배당가능이익의 100분의 90 이상을 배당하지 아니하는 경우에는 그 초과배당금액을 공제하지 아니한다. (2022. 12. 31. 신설)

③ 제1항을 적용할 때 배당금액이 해당 사업연도의 소득금액에서 「법인세법」 제13조 제1항 제1호에 따른 이월결손금(이하 이 조에서 "이월결손금"이라 한다)을 뺀 금액을 최초로 초과하는 경우에는 그 초과하는 금액을 해당 사업연도의 다음 사업연도 개시일부터 5년 이내에 끝나는 각 사업연도로 이월하여 그 이월된 사업연도의 소득금액에서 공제할 수 있다. 다만, 내국법인이 이월된 사업연도에 배당가능이익의 100분의 90 이상을 배당하지 아니하는 경우에는 그 이월된 금액을 공제하지 아니한다. (2024. 12. 31. 개정)

④ 제3항 본문에 따라 최초로 이월된 사업연도 이후 사업연도의 배당금액이 해당 사업연도의 소득금액에서 이월결손금과 해당 사업연도로 이월된 금액을 순서대로 뺀 금액(해당 금액이 0보다 작은 경우에는 0으로 한다)을 초과하는 경우에는 그 초과하는 금액을 해당 사업연도의 다음 사업연도 개시일부터 5년 이내에 끝나는 각 사업연도로 이월하여 그 이월된 사업연도의 소득금액에서 공제할 수 있다. 다만, 내국법인이 이월된 사업연도에 배당가능이익의 100분의 90 이상을 배당하지 아니하는 경우에는 그 이월된 금액을 공제하지 아니한다. (2024. 12. 31. 신설)

④ 제3항 본문에 따라 이월된 초과배당금액을 해당 사업연도의 소득금액에서 공제하는 경우에는 다음 각 호의 방법에 따라 공제한다. (2022. 12. 31. 신설)

⑤ 제3항 본문 및 제4항 본문에 따라 이월된 금액(이하 이 조에서 "이

또는 나목에 해당하는 발기인이 다수인 경우에는 이를 합산한다) 이상의 자본금을 출자할 것 (2021. 2. 17. 신설)

④ 법 제104조의 31 제1항 제8호에서 "대통령령으로 정하는 요건"이란 다음 각 호의 요건을 말한다. (2021. 2. 17. 신설)

1. 자본금이 50억원 이상일 것. 다만, 「사회기반시설에 대한 민간투자법」 제4조 제2호에 따른 방식으로 민간투자사업을 시행하는 투자회사의 경우에는 10억원 이상일 것으로 한다. (2021. 2. 17. 신설)

2. 자산관리·운용 및 처분에 관한 업무를 다음 각 목의 어느 하나에 해당하는 자(이하 이 조에서 "자산관리회사"라 한다)에게 위탁할 것. 다만, 제6호 단서의 경우 「건축물의 분양에 관한 법률」 제4조 제1항 제1호에 따른 신탁계약에 관한 업무는 제3호에 따른 자금관리사무수탁회사에 위탁할 수 있다. (2021. 2. 17. 신설)

가. 해당 회사에 출자한 법인 (2021. 2. 17. 신설)

나. 해당 회사에 출자한 자가 단독 또는 공동으로 설립한 법인 (2021. 2. 17. 신설)

3. 「자본시장과 금융투자업에 관한 법률」에 따른 신탁업을 경영하는 금융회사 등(이하 이 조에서 "자금관리사무수탁회사"라 한다)에 자금관리업무를 위탁할 것 (2021. 2. 17. 신설)

4. 주주가 제3항 각 호의 요건을 갖출 것. 이 경우 "발기인"을 "주주"로 본다. (2021. 2. 17. 신설)

5. 법인설립등기일부터 2개월 이내에 다음 각 목의 사항을 적은 명목회사설립신고서에 기획재정부령으로 정하는 서류를 첨부하여 납세지 관할 세무서장에게 신고할 것 (2021. 2. 17. 신설)

가. 정관의 목적사업 (2021. 2. 17. 신설)

나. 이사 및 감사의 성명·주민등록번호 (2021. 2. 17. 신설)

다. 자산관리회사의 명칭 (2021. 2. 17. 신설)

라. 자금관리사무수탁회사의 명칭 (2021. 2. 17. 신설)

6. 자산관리회사와 자금관리사무수탁회사가 동일인이 아닐 것. 다만, 해당 회사가 자금관리사무수탁회사(해당 회사에 대하여 「법인세법 시행령」 제43조 제7항에 따른 지배주주등이 아닌 경우로서 출자비율이 100분의 10 미만일 것)와 「건축물의 분양에 관한 법률」 제4조 제1항 제1호에 따라 신탁계약과 대리사무계약을 체결한 경우는 제

　제47조의 4 【프로젝트금융투자회사에 대한 소득공제】 ① 영 제104조의 28 제4항 제5호 각 목 외의 부분 및 제6항에서 "기획재정부령으로 정하는 서류"란 다음 각 호의 서류를 말한다. 다만, 영 제104조의 28 제6항에 따른 변경신고의 경우에는 변경된 내용이 있는 서류에 한정한다. (2021. 3. 16. 신설)

1. 정관 (2021. 3. 16. 신설)

2. 회사의 자산을 운용하는 특정사업의 내용 (2021. 3. 16. 신설)

3. 자금의 조달 및 운영계획 (2021. 3. 16.

월공제배당금액"이라 한다)을 해당 사업연도의 소득금액에서 공제하는 경우에는 다음 각 호의 방법에 따라 공제한다. (2024. 12. 31. 개정)

1. 이월된 초과배당금액을 해당 사업연도의 배당금액보다 먼저 공제할 것 (2022. 12. 31. 신설)

1. 이월공제배당금액을 해당 사업연도의 배당금액보다 먼저 공제할 것 (2024. 12. 31. 개정)

2. 이월된 초과배당금액이 둘 이상인 경우에는 먼저 발생한 초과배당금액부터 공제할 것 (2022. 12. 31. 신설)

2. 이월공제배당금액이 둘 이상인 경우에는 먼저 발생한 이월공제배당금액부터 공제할 것 (2024. 12. 31. 개정)

⑥ 제1항을 적용받으려는 자는 대통령령으로 정하는 바에 따라 소득공제신청을 하여야 한다. (2024. 12. 31. 항번개정)

외한다. (2021. 2. 17. 신설)

⑤ 법 제104조의 31 제1항에 해당하는 법인이 제4항 제5호에 따라 신고한 후에 이사·감사 및 주주가 법 제104조의 31 제1항 제6호·제7호 및 이 조 제4항 제4호의 요건을 충족하지 못하게 되는 경우로서 그 사유가 발생한 날부터 1개월 이내에 해당 요건을 보완하는 경우에는 그 법인은 해당 요건을 계속 충족하는 것으로 본다. (2021. 2. 17. 신설)

⑥ 법 제104조의 31 제1항에 해당하는 법인이 제4항 제5호에 따라 신고한 후에 같은 호 각 목의 어느 하나에 해당하는 사항이 변경된 경우에는 그 법인은 변경사항이 발생한 날부터 2주 이내에 해당 변경사항을 적은 명목회사변경신고서에 기획재정부령으로 정하는 서류를 첨부하여 납세지 관할 세무서장에게 신고해야 한다. (2021. 2. 17. 신설)

⑦ 법 제104조의 31 제1항에 따라 공제하는 배당금 상당액이 해당 배당을 결의한 잉여금 처분의 대상이 되는 사업연도의 소득금액을 초과하는 경우 그 초과금액은 없는 것으로 본다. (2021. 2. 17. 신설)

⑦ 삭 제 (2023. 2. 28.)

⑧ 법 제104조의 31 제1항을 적용받으려는 법인은 「법인세법」 제60조에 따른 과세표준신고와 함께 기획재정부령으로 정하는 소득공제신청서를 납세지 관할 세무서장에게 제출해야 한다. (2021. 2. 17. 신설)

⑨ 「법인세법」 제51조의 2 제2항 제1호 단서에 해당하는 법인은 소득공제신청을 할 때 제8항에 따른 서류 외에 배당을 받은 동업기업(그 동업자들의 전부 또는 일부가 법 제100조의 15 제3항에 따른 상위 동업기업에 해당하는 경우에는 그 상위 동업기업을 포함한다)으로부터 법 제100조의 23 제1항에 따른 신고기한까지 제출받은 기획재정부령으로 정하는 동업기업과세특례적용 및 동업자과세여부 확인서를 추가로 첨부해야 한다. (2024. 2. 29. 개정)

제104조의 29 【용역제공자에 관한 과세자료 제출에 대한 세액공제】 ① 법 제104조의 32 제1항에서 "대통령령으로 정하는 금액"이란 「소득세법」 제173조 제1항에 따라 제출하는 각각의 과세자료에 기재된 용역제공자 인원 수(「소득세법 시행령」 제224조 제3항에 따른 용역제공자 인적사항 및 용역제공기간 등 기재해야 할 사항이 모두 기재된 인원 수로 한정한다)에 300원을 곱하여 계산한 금액의 합계액을 말한다. 이 경우 그 합계액이 1만원 미만인 경우에는 이를 1만원으로 하고, 200만원을 초과하는 경우에는 그 초과하는 금액은 없는 것으로 한다. (2023. 2. 28. 후단개정)

신설)

4. 주금의 납입을 증명할 수 있는 서류 (2021. 3. 16. 신설)

5. 자산관리회사 및 자금관리사무수탁회사와 체결한 업무위탁계약서 사본 (2021. 3. 16. 신설)

② 영 제104조의 28 제4항 제5호 또는 제6항에 따라 신고를 받은 납세지 관할 세무서장은 「전자정부법」 제36조 제1항에 따른 행정정보의 공동이용을 통해 신고인의 법인 등기사항증명서를 확인해야 한다. (2021. 3. 16. 신설)

제104조의 32 【용역제공자에 관한 과세자료의 제출에 대한 세액공제】① 「소득세법」 제173조 제1항에 따른 용역제공자에 관한 과세자료(이하 이 조에서 "과세자료"라 한다)를 제출하여야 할 자가 같은 항의 기한 내에 「국세기본법」 제2조 제19호에 따른 국세정보통신망을 통하여 2026년 12월 31일까지 수입금액 또는 소득금액이 발생하는 용역에 관한 과세자료를 제출하는 경우 「소득세법」 제173조 제1항에 따른 용역제공자의 인원 수 등을 고려하여 대통령령으로 정하는 금액을 해당 용역에 대한 수입금액 또는 소득금액이 발생한 달이 속하는 과세연도에 대한 소득세(사업소득에 대한 소득세만 해당한다) 또는 법인세에서 공제한다. (2023. 12. 31. 개정)
② 제1항에 따른 세액공제의 적용, 신청방법, 그 밖에 필요한 사항은 대통령령으로 정한다. (2021. 8. 10. 신설)

제104조의 33 【해외건설자회사에 지급한 대여금등에 대한 손금산입 특례】① 「해외건설 촉진법」 제2조 제5호에 따른 해외건설사업자(이하 "해외건설사업자"라 한다)인 내국법인이 대통령령으로 정하는 해외건설자회사(이하 "해외건설자회사"라 한다)에 대한 채권으로서 다음 각 호의 요건을 모두 갖춘 대여금, 그 이자 및 그 밖에 이와 유사한 것으로서 대통령령으로 정하는 채권(이하 이 조에서 "대여금등"이라 한다)의 대손(貸損)에 충당하기 위하여 대손충당금을 손비로 계상한 경우에는 제2항에 따라 계산한 금액을 한도로 그 대손충당금을 해당 사업연도의 소득금액을 계산할 때 손금에 산입할 수 있다. (2025. 3. 14. 개정)
1. 해외건설자회사의 공사 또는 운영자금으로 사용되었을 것 (2023. 12. 31. 신설)
2. 「법인세법」 제28조 제1항 제4호 나목에 해당하는 금액이 아닐 것 (2023. 12. 31. 신설)
3. 2022년 12월 31일 이전에 지급한 대여금으로서 최초 회수기일부터 5년이 경과한 후에도 회수하지 못하였을 것 (2023. 12. 31. 신설)
4. 해외건설사업자인 내국법인이 대손충당금을 손금에 산입한 사업연도 종료일 직전 10년 동안에 해외건설자회사가 계속하여 자본잠식(사업연도말 자산총액에서 부채총액을 뺀 금액이 0이거나 0보다 작은 경우를 말한다)인 경우 등 회수가 현저히 곤란하다고 인정되는 경우로서 대통령령으로 정하는 경우에 해당할 것 (2023. 12. 31. 신설)

제104조의 29 【용역제공자에 관한 과세자료 제출에 대한 세액공제】① 법 제104조의 32 제1항에서 "대통령령으로 정하는 금액"이란 「소득세법」 제173조 제1항에 따라 제출하는 각각의 과세자료에 기재된 용역제공자 인원 수(「소득세법 시행령」 제224조 제3항에 따른 용역제공자 인적사항 및 용역제공기간 등 기재해야 할 사항이 모두 기재된 인원 수로 한정한다)에 500원을 곱하여 계산한 금액의 합계액을 말한다. 이 경우 그 합계액이 1만원 미만인 경우에는 이를 1만원으로 하고, 200만원을 초과하는 경우에는 그 초과하는 금액은 없는 것으로 한다. (2025. 2. 28. 개정)
② 법 제104조의 32 제1항에 따라 세액공제를 받으려는 자는 과세표준 신고를 할 때 기획재정부령으로 정하는 세액공제신청서 및 공제세액계산서를 납세지 관할 세무서장에게 제출해야 한다. (2021. 11. 9. 신설)

제104조의 30 【해외건설자회사에 지급한 대여금등에 대한 손금산입 특례】① 법 제104조의 33 제1항 각 호 외의 부분에서 "대통령령으로 정하는 해외건설자회사"란 다음 각 호의 요건을 모두 갖춘 법인을 말한다. (2024. 2. 29. 신설)
1. 「해외건설 촉진법」 제2조 제6호에 따른 현지법인일 것 (2024. 2. 29. 신설)
2. 「해외건설 촉진법」 제2호 제5호에 따른 해외건설사업자가 출자총액의 100분의 90 이상을 출자하거나 발행주식총수의 100분의 90 이상을 보유한 법인일 것(해외건설사업자가 물적분할로 신설되는 경우에는 분할존속법인이 지주회사로서 해외건설자회사의 출자총액의 100분의 90 이상을 출자하거나 발행주식총수의 100분의 90 이상을 보유하고 있는 경우를 포함한다) (2024. 2. 29. 신설)
② 법 제104조의 33 제1항 각 호 외의 부분 본문에서 "대통령령으로 정하는 채권"이란 해외건설사업자가 해외건설자회사에 파견한 임직원에게 해외건설자회사를 대신하여 지급한 인건비로 인하여 발생한 채권을 말한다. (2024. 2. 29. 신설)

4. 해외건설사업자인 내국법인이 대손충당금을 손금에 산입한 사업연도 종료일 직전 10년 동안에 해외건설자회사가 계속하여 자본잠식(사업연도 말 자산총액에서 부채총액을 뺀 금액이 0이거나 0보다 작은 경우를 말한다. 이하 이 조에서 같다)인 경우 등 회수가 현저히 곤란하다고 인정되는 경우로서 대통령령으로 정하는 경우에 해당할 것 (2025. 3. 14. 개정)

② 제1항에 따른 대손충당금의 손금산입 한도는 해당 사업연도 종료일 현재 대여금등의 채권잔액에서 해외건설자회사의 순자산 장부가액(차입금 등을 제외한 순자산 장부가액을 말하며, 0보다 작은 경우에는 0으로 한다)을 뺀 금액에 제3항에 따른 손금산입률을 곱한 금액으로 한다. (2023. 12. 31. 신설)

③ 제2항에 따른 손금산입 한도를 계산할 때 2024년 1월 1일이 속하는 사업연도의 손금산입률은 100분의 10으로 하고, 이후 사업연도의 손금산입률은 100분의 100을 한도로 매년 직전 사업연도의 손금산입률에서 100분의 10만큼 가산한 율로 한다. (2023. 12. 31. 신설)

④ 해외건설사업자인 내국법인이 해외건설자회사에 대한 대여금, 그 이자 및 그 밖에 이와 유사한 것으로서 대통령령으로 정하는 채권(이하 이 조에서 "출자전환대여금등"이라 한다)을 출자전환하여 취득한 해외건설자회사의 주식 또는 출자지분(이하 이 조에서 "주식등"이라 한다)의 시가가 출자전환일 현재 출자전환대여금등의 장부가액에 미치지 못하는 경우로서 다음 각 호의 요건을 모두 충족하는 경우 출자전환대여금등의 장부가액과 주식등의 시가와의 차이 등을 고려하여 대통령령으로 정하는 금액(이하 이 조에서 "출자전환차액상당액"이라 한다)에 제5항에 따른 한도를 적용하여 세무조정계산서에 계상한 금액을 해당 사업연도의 소득금액을 계산할 때 손금으로 본다. (2025. 3. 14. 신설)

1. 출자전환대여금등이 제1항 제1호 및 제2호의 요건을 충족할 것 (2025. 3. 14. 신설)

2. 2022년 12월 31일 이전에 지급한 출자전환대여금등을 출자전환한 이후 5년 이상 경과하였을 것 (2025. 3. 14. 신설)

3. 해외건설사업자인 내국법인이 출자전환차액상당액을 손금에 산입한 사업연도 종료일 직전 10년 동안에 해외건설자회사가 계속하여 자본잠식인 경우에 해당할 것 (2025. 3. 14. 신설)

⑤ 출자전환차액상당액의 손금산입 한도는 출자전환차액상당액에서

③ 법 제104조의 33 제1항 제4호에서 "회수가 현저히 곤란하다고 인정되는 경우로서 대통령령으로 정하는 경우"란 다음 각 호의 어느 하나에 해당하는 경우를 말한다. (2024. 2. 29. 신설)

1. 대손충당금을 손금에 산입한 사업연도 종료일 직전 10년 동안 해외건설자회사가 계속하여 자본잠식인 경우 (2024. 2. 29. 신설)

2. 제1호와 유사한 경우로서 기획재정부령으로 정하는 해외채권추심기관으로부터 해외건설자회사의 법 제104조의 33 제1항 각 호 외의 부분에 따른 대여금등의 회수가 불가능하다는 확인을 받은 경우 (2024. 2. 29. 신설)

④ 법 제104조의 33 제1항을 적용받으려는 자는 「법인세법」 제60조에 따른 신고를 할 때 기획재정부령으로 정하는 대손충당금 손금산입 특례 적용신청서에 제3항 각 호의 어느 하나에 해당하는 사실을 확인할 수 있는 서류를 첨부하여 납세지 관할 세무서장에게 제출해야 한다. (2024. 2. 29. 신설)

☞
편주 ▶ 법 104조의 33 제4항, 5항 및 7항의 개정규정은 2025. 1. 1. 이후 개시하는 사업연도에 출자전환차액상당액을 손금에 산입하는 경우부터 적용함. (법 부칙(2025. 3. 14.) 12조)

제47조의 5 【해외채권추심기관】 영 제104조의 30 제3항 제2호에서 "기획재정부령으로 정하는 해외채권추심기관"이란 「법인세법 시행규칙」 제10조의 4 제1항 제1호의 해외채권추심기관을 말한다. (2024. 3. 22. 신설)

해당 사업연도 종료일 현재 해외건설자회사의 순자산 장부가액(0보다 작은 경우에는 0으로 한다. 이하 이 조에서 같다)을 뺀 금액에 100분의 10을 곱한 금액으로 한다. 이 경우 출자전환차액상당액을 손금에 산입할 수 있는 기간은 해당 금액을 최초로 손금에 산입한 사업연도와 그 다음 9개 사업연도의 기간으로 한정한다. (2025. 3. 14. 신설)

⑥ 제1항에 따라 대손충당금을 손금에 산입한 내국법인은 해당 대여금 등의 대손금이 발생한 경우 그 대손금을 제1항에 따라 손금에 산입한 대손충당금과 먼저 상계하고, 상계하고 남은 대손충당금의 금액은 다음 사업연도의 소득금액을 계산할 때 익금에 산입한다. (2025. 3. 14. 항번개정)

⑦ 제4항에 따라 출자전환차액상당액을 손금에 산입한 내국법인이 다음 각 호의 어느 하나에 해당하게 된 경우 대통령령으로 정하는 바에 따라 계산한 금액을 해당 사유가 발생한 사업연도의 익금에 산입한다. (2025. 3. 14. 신설)

1. 내국법인이 제4항에 따라 출자전환차액상당액을 최초로 손금에 산입한 사업연도 이후 개시하는 각 사업연도의 종료일 현재 해외건설자회사의 순자산 장부가액이 출자전환일이 속하는 사업연도 종료일 현재 해외건설자회사의 순자산 장부가액을 초과하는 경우 (2025. 3. 14. 신설)

2. 내국법인이 출자전환으로 취득한 주식등을 처분(해외건설자회사를 청산하는 경우를 포함한다)하는 경우 (2025. 3. 14. 신설)

⑤ 제1항에 따른 대여금등의 손금산입 특례 신청절차, 제출서류, 그 밖에 필요한 사항은 대통령령으로 정한다. (2023. 12. 31. 신설)

⑧ 대여금등 및 출자전환차액상당액의 손금산입 특례 신청절차, 제출서류, 그 밖에 필요한 사항은 대통령령으로 정한다. (2025. 3. 14. 개정)

개정취지 ···

해외건설자회사에 대한 대여금의 손금산입 특례 신설

- 해외건설사업자인 내국법인이 2022. 12. 31. 이전에 해외건설자회사의 공사 또는 운영 자금 용도로 지급한 대여금의 대손(貸損)에 충당하기 위하여 대손충당금을 손비로 계상한 경우 대손충당금 중 일정금액을 손금에 산입하도록 함. (법 104조의 33 신설 ; 2023. 12. 31.)
- 법 104조의 33의 개정규정은 2024. 1. 1. 이후 개시하는 사업연도에 대손충당금을 손금에 산입하는 경우부터 적용함. (법 부칙(2023. 12. 31.) 21조)

···

제104조의 34【건설기계의 양도차익에 대한 과세특례】① 사업소득이 있는 거주자로서 「건설기계관리법」 제24조에 따른 건설기계사업자 등 대통령령으로 정하는 요건을 충족하는 자가 대통령령으로 정하는 건설기계(이하 이 조에서 “건설기계”라 한다)를 양도하고 그 양도일이 속하는 과세기간에 다른 건설기계를 취득하는 경우에는 그 보유하던 건설기계(1대로 한정한다)를 양도함으로써 발생하는 양도차익 중 대통령령으로 정하는 금액(이하 이 조에서 “양도차익상당액”이라 한다)을 해당 과세기간의 사업소득금액을 계산할 때 「소득세법」 제24조 제1항에 따른 총수입금액에 산입하지 아니할 수 있다. 이 경우 총수입금액에 산입하지 아니한 양도차익상당액은 해당 건설기계의 양도일이 속하는 과세기간의 다음 과세기간부터 3개 과세기간 동안 균등하게 나누어 총수입금액에 산입한다. (2024. 12. 31. 신설)

② 제1항을 적용받은 거주자는 해당 건설기계의 양도일이 속하는 과세기간의 다음 과세기간부터 5개 과세기간 동안 다른 건설기계의 양도차익상당액에 대해서는 제1항을 적용받을 수 없다. (2024. 12. 31. 신설)

③ 제1항을 적용받은 거주자가 같은 항 후단에 따라 양도차익상당액 전액을 총수입금액에 산입하기 전에 사업을 폐업 또는 해산하는 등 대통령령으로 정하는 사유가 발생한 경우에는 해당 사유가 발생한 날이 속하는 과세기간의 사업소득금액을 계산할 때 양도차익상당액 중 총수입금액에 산입하지 아니한 금액을 총수입금액에 산입한다. 이 경우 해당 사유가 발생한 날이 속하는 과세기간의 과세표준확정신고를 할 때에 대통령령으로 정하는 바에 따라 계산한 이자 상당 가산액을 소득세에 가산하여 납부하여야 하며, 그 세액은 「소득세법」 제76조에 따라 납부하여야 할 세액으로 본다. (2024. 12. 31. 신설)

④ 제1항부터 제3항까지를 적용할 때 건설기계 양도차익명세서, 건설기계 취득명세서 및 총수입금액 분할산입 조정명세서의 제출, 그 밖에 필요한 사항은 대통령령으로 정한다. (2024. 12. 31. 신설)

편주 ▶ ⋯⋯⋯⋯⋯⋯⋯⋯⋯⋯⋯⋯⋯⋯⋯⋯⋯⋯⋯⋯⋯⋯⋯⋯⋯⋯⋯⋯⋯⋯
법 104조의 34의 개정규정은 2025. 1. 1. 이후 건설기계를 양도하는 경우부터 적용함. (법 부칙(2024. 12. 31.) 19조)
⋯⋯⋯⋯⋯⋯⋯⋯⋯⋯⋯⋯⋯⋯⋯⋯⋯⋯⋯⋯⋯⋯⋯⋯⋯⋯⋯⋯⋯⋯⋯⋯⋯⋯⋯⋯

제104조의 31【건설기계의 양도차익에 대한 과세특례】① 법 제104조의 34 제1항 전단에서 “「건설기계관리법」 제24조에 따른 건설기계사업자 등 대통령령으로 정하는 요건을 충족하는 자”란 다음 각 호의 요건을 모두 충족하는 자를 말한다. (2025. 2. 28. 신설)

1. 「소득세법」 제168조 제1항에 따라 사업자등록을 하였을 것 (2025. 2. 28. 신설)

2. 「건설기계관리법」 제21조 제1항 및 같은 법 시행령 제13조 제1항에 따라 건설기계대여업의 등록을 하였을 것 (2025. 2. 28. 신설)

② 법 제104조의 34 제1항 전단에서 “대통령령으로 정하는 건설기계”란 「건설기계관리법」 제3조에 따라 등록을 한 같은 법 제2조 제1항 제1호의 건설기계를 말한다. (2025. 2. 28. 신설)

③ 법 제104조의 34 제1항 전단에서 “대통령령으로 정하는 금액”이란 제1호의 금액에 제2호의 율을 곱하여 계산한 금액에서 1천만원을 뺀 금액(해당 금액이 음수인 경우에는 영으로 보며, 이하 이 조에서 “양도차익상당액”이라 한다)을 말한다. (2025. 2. 28. 신설)

1. 다음 계산식에 따라 계산한 금액 (2025. 2. 28. 신설)

> 양도한 건설기계의 양도가액 – (양도한 건설기계의 장부가액 + 직전 과세기간 종료일 현재 「소득세법」 제45조 제3항에 따른 이월결손금)

2. 양도한 건설기계의 양도가액 중 그 양도일이 속하는 과세기간에 취득한 다른 건설기계의 취득가액이 차지하는 비율(100분의 100을 한도로 한다) (2025. 2. 28. 신설)

④ 법 제104조의 34 제3항 전단에서 “사업을 폐업 또는 해산하는 등 대통령령으로 정하는 사유”란 다음 각 호의 어느 하나에 해당하는 사유를 말한다. (2025. 2. 28. 신설)

1. 사업을 개시하지 않은 경우 (2025. 2. 28. 신설)

2. 사업을 폐지하거나 해산한 경우 (2025. 2. 28. 신설)

⑤ 법 제104조의 34 제3항 후단에서 “대통령령으로 정하는 바에 따라 계산한 이자 상당 가산액”이란 다음 계산식에 따라 계산한 금액을 말한다. (2025. 2. 28. 신설)

제104조의 35 【이스포츠대회 운영에 대한 과세특례】 ① 내국법인이 국내(수도권은 제외한다)에서 「이스포츠(전자스포츠) 진흥에 관한 법률」 제12조에 따라 선정된 이스포츠의 종목과 관련하여 같은 법 제2조 제2호에 따른 전문 이스포츠의 대회(이하 이 조에서 "이스포츠대회"라 한다)를 개최하는 경우 2026년 12월 31일까지 해당 이스포츠대회의 운영을 위하여 발생한 비용 중 대통령령으로 정하는 비용(이하 이 조에서 "이스포츠대회운영비용"이라 한다)의 100분의 10에 상당하는 금액을 해당 이스포츠대회가 개최된 사업연도의 법인세에서 공제한다. (2025. 3. 14. 신설)

② 제1항을 적용받으려는 내국법인은 대통령령으로 정하는 바에 따라 세액공제신청을 하여야 한다. (2025. 3. 14. 신설)

③ 이스포츠대회운영비용의 계산방법과 그 밖에 필요한 사항은 대통령령으로 정한다. (2025. 3. 14. 신설)

편주 ▶ ··
법 104조의 35의 개정규정은 2025. 1. 1. 이후 발생한 이스포츠대회 운영비용부터 적용함. (법 부칙(2025. 3. 14.) 13조)
··

제 3 장 간접국세

제105조 【부가가치세 영세율의 적용】 ① 다음 각 호의 어느 하나에 해당하는 재화 또는 용역의 공급에 대한 부가가치세의 경우에는 대통령령으로 정하는 바에 따라 영(零)의 세율을 적용한다. 이 경우 제3호 및 제3호의 2는 2026년 12월 31일까지 공급한 것에 대해서만 적용하고, 제5호 및 제6호는 2025년 12월 31일까지 공급한 것에 대해서만 적용한다. (2023. 12. 31. 후단개정)

1. 「방위사업법」에 따라 지정을 받은 방산업체가 공급하는 같은 법에 따른 방산물자(경찰이 작전용으로 사용하는 것을 포함한다)와 「비상대비에 관한 법률」에 따라 중점관리대상으로 지정된 자가 생산공급하는 시제품(試製品) 및 자원 동원으로 공급하는 용역 (2022. 1. 4. 개정 ; 비상대비자원 관리법 부칙)

$$A \times B \times C$$

A : 건설기계의 양도일이 속하는 과세기간에 양도차익상당액을 총수입금액에 산입하지 않음에 따라 발생한 소득세액의 차액
B : 건설기계의 양도일이 속하는 과세기간 종료일의 다음 날부터 양도차익상당액 전액을 총수입금액에 산입하는 과세기간의 종료일까지의 기간
C : 제11조의 2 제9항 제2호에 따른 율

⑥ 법 제104조의 34 제1항에 따른 과세특례를 적용받으려는 자는 건설기계의 양도일이 속하는 과세기간의 종합소득금액에 대한 「소득세법」 제70조에 따른 종합소득과세표준 확정신고와 함께 다음 각 호의 서류를 납세지 관할 세무서장에게 제출해야 한다. (2025. 2. 28. 신설)

1. 기획재정부령으로 정하는 건설기계 양도차익명세서, 건설기계 취득명세서 및 총수입금액 분할산입 조정명세서 (2025. 2. 28. 신설)
2. 그 밖에 기획재정부령으로 정하는 서류 (2025. 2. 28. 신설)

제 3 장 간접국세

통칙 105 - 0···4 【조기환급 여부】
법 제105조에 따라 부가가치세 영세율이 적용되는 경우 「부가가치세법」 제59조 제2항을 준용하여 조기환급의 대상이 된다. (2019. 12. 23. 개정)

통칙 105 - 0···1 【방위산업물자의 범위 및 영세율 첨부서류】
방위산업체가 법 제105조 제1항 제1호에 따른 방위산업물자를 공급하는 경우에는 영의 세율을 적용하나 방위산업체 상호간의 거래시에는 영의 세율을 적용하지 아니한다. (2011. 2. 1. 개정)

제47조의 6 【건설기계의 양도차익에 대한 과세특례 신청 서류】 영 제104조의 31 제6항 제2호에서 "기획재정부령으로 정하는 서류"란 다음 각 호의 서류를 말한다. (2025. 3. 21. 신설)

1. 양도한 건설기계와 그 양도일이 속하는 과세기간에 취득한 다른 건설기계의 「건설기계관리법 시행규칙」 제2조 제1항에 따른 건설기계등록증 (2025. 3. 21. 신설)
2. 「건설기계관리법 시행규칙」 제57조 제3항에 따른 건설기계대여업등록증 (2025. 3. 21. 신설)
3. 양도한 건설기계의 매입 및 양도에 따른 각각의 건설기계 양도증명서(「건설기계관리법 시행규칙」 제7조 제2항 각 호의 건설기계양도증명서를 말한다. 이하 이 조에서 같다) 및 그 양도일이 속

2. 「국군조직법」에 따라 설치된 부대 또는 기관에 공급(「군인복지기본법」 제2조 제4호에 따른 체육시설 중 군 골프장과 그 밖에 이와 유사한 시설로서 대통령령으로 정하는 것에 공급하는 경우는 제외한다)하는 석유류 (2015. 12. 15. 개정)

통칙 105-0…2 【국군부대납품 석유류의 범위】
법 제105조 제1항 제2호에서 "석유류"란 「석유 및 석유대체연료 사업법」 제2조 제1호 및 제2호에 따른 원유·천연가스(액화한 것을 포함한다) 및 석유제품을 말한다. (2011. 2. 1. 개정)

3. 다음 각 목의 어느 하나에 해당하는 자에게 직접 공급하는 도시철도 건설용역 (2010. 1. 1. 개정)
　가. 국가 및 지방자치단체(제106조 제1항 제7호의 2에 따라 공급받는 경우는 제외한다) (2020. 12. 29. 개정)
　나. 「도시철도법」의 적용을 받는 도시철도공사(지방자치단체의 조례에 따라 도시철도를 건설할 수 있는 경우로 한정한다) (2010. 1. 1. 개정)
　다. 「국가철도공단법」에 따른 국가철도공단 (2020. 6. 9. 개정 ; 한국철도시설공단법 부칙)
　라. 「사회기반시설에 대한 민간투자법」 제2조 제8호에 따른 사업시행자 (2020. 12. 29. 개정)
　마. 「한국철도공사법」에 따른 한국철도공사 (2020. 12. 29. 신설)
3의 2. 「사회기반시설에 대한 민간투자법」 제2조 제8호에 따른 사업시행자가 부가가치세가 과세되는 사업을 할 목적으로 같은 법 제4조 제1호부터 제3호까지의 규정에 따른 방식으로 국가 또는 지방자치단체에 공급하는 같은 법 제2조 제1호에 따른 사회기반시설 또는 사회기반시설의 건설용역 (2020. 12. 29. 개정)

4. 장애인용 보장구, 장애인용 특수 정보통신기기 및 장애인의 정보통신기기 이용에 필요한 특수 소프트웨어로서 대통령령으로 정하는 것 (2010. 1. 1. 개정)

5. 대통령령으로 정하는 농민 또는 임업에 종사하는 자에게 공급(국가 및 지방자치단체와 「농업협동조합법」, 「엽연초생산협동조합법」 또는 「산림조합법」에 따라 설립된 각 조합 및 이들의 중앙회와 「농업협동

제105조 【부가가치세 영세율의 적용】 (2012. 2. 2. 제목개정)
① 법 제105조 제1항 제2호에서 "대통령령으로 정하는 것"이란 골프연습장을 말한다. (2012. 2. 2. 개정)

☞

통칙 105-0…3 【도시철도건설용역의 범위】
① 사업자가 도시철도건설용 재화를 공급하는 경우와 법 제105조 제1항 제3호에 해당하는 자에게 직접 도시철도건설용역을 공급하는 사업자로부터 하도급을 받아 도시철도건설용역을 공급하는 경우에는 영의 세율을 적용하지 아니한다. (2011. 2. 1. 개정)
1～5. 삭 제 (2011. 2. 1.)
② 법 제105조 제1항 제3호에 따른 도시철도건설용역에 대하여 부가가치세 영세율을 적용함에 있어 동 도시철도의 개념에는 도시철도의 선로 등 도시철도의 제반 시설물이 포함된다. (2011. 2. 1. 개정)

② 법 제105조 제1항 제4호에서 "대통령령으로 정하는 것"이란 「장애인·노인 등을 위한 보조기기 지원 및 활용촉진에 관한 법률」 제3조 제2호에 따른 보조기기 또는 「의료기기법」 제2조에 따른 의료기기로서 기획재정부령으로 정하는 것을 말한다. (2020. 2. 11. 개정)

통칙 105-0…5 【장애인용 보장구 등의 영세율 적용범위】

하는 과세기간에 취득한 다른 건설기계의 매입에 따른 건설기계양도증명서(해당 서류를 제출할 수 없는 경우에는 양도한 건설기계의 양도가액 및 취득가액과 그 양도일이 속하는 과세기간에 취득한 다른 건설기계의 취득가액을 확인할 수 있는 서류) (2025. 3. 21. 신설)

☞

• 예판 ....
• 사업자가 「조세특례제한법」 제105조 제1항 제3호 각 목에 해당하는 자에게 도시철도건설용역을 직접 공급하면서 이에 필수적으로 부수하여 당해 도시철도 시설물의 테스트 및 시험, 시스템 작동방법 등의 직원 교육, 재가동 용역 등을 함께 제공하는 경우 당해 도시철도건설용역에 포함되는 것으로 보는 것임. (부가-486, 2013. 5. 31.)
• 부가가치세 영세율 적용대상 도시철도건설용역에의 해당 여부는 당해 과세기간 개시일 현재의 한국표준산업분류에 의해 판단하며, 도시철도건설용역에는 새로운 도시철도의 건설 외에 기존 도시철도의 개량·증설을 포함함. (재부가-867, 2007. 12. 20.)
....

제47조의 7 【부가가치세 영세율의 적용】 (2025. 3. 21. 조번개정)
① 영 105조 제2항에서 "기획재정부령으로 정하는 것"이란 별표 9의 2에 따른 장애인용품을 말한다. (2020. 3. 13. 신설)

조합법」에 따라 설립된 농협경제지주회사 및 그 자회사를 통하여 공급하는 것을 포함한다)하는 농업용·축산업용 또는 임업용 기자재로서 다음 각 목의 어느 하나에 해당하는 것 (2014. 12. 23. 개정)

통칙 105 - 0…6【영세율 적용대상 농업용기자재 등 공급시 영수증 교부 가능 여부】

법 제105조 제1항 제5호에 따라 부가가치세 영세율이 적용되는 농·축산·임·어업용기자재의 제조업자가 동 기자재를 사업자가 아닌 농·어민에게 직접 공급하는 경우에는 「부가가치세법」 제36조 제1항에 따라 영수증을 발급할 수 있다. (2019. 12. 23. 개정)

가. 「비료관리법」에 따른 비료로서 대통령령으로 정하는 것 (2010. 1. 1. 개정)
나. 「농약관리법」에 따른 농약으로서 대통령령으로 정하는 것 (2010. 1. 1. 개정)
다. 농촌 인력의 부족을 보완하고 농업의 생산성 향상에 기여할 수 있는 농업용 기계로서 대통령령으로 정하는 것 (2010. 1. 1. 개정)
라. 축산 인력의 부족을 보완하고 축산업의 생산성 향상에 기여할 수 있는 축산업용 기자재로서 대통령령으로 정하는 것 (2010. 1. 1. 개정)
마. 「사료관리법」에 따른 사료(「부가가치세법」 제26조에 따라 부가가치세가 면제되는 것은 제외한다) (2013. 6. 7. 개정 ; 부가가치세법 부칙)
바. 산림의 보호와 개발 촉진에 기여할 수 있는 임업용 기자재로서 대통령령으로 정하는 것 (2010. 1. 1. 개정)
사. 「친환경농어업 육성 및 유기식품 등의 관리·지원에 관한 법률」에 따른 유기농어업자재로서 대통령령으로 정하는 것 (2012. 6. 1. 개정 ; 친환경농어업육성법 부칙)
6. 연근해 및 내수면어업용으로 사용할 목적으로 대통령령으로 정하는 어민에게 공급(「수산업협동조합법」에 따라 설립된 각 조합 및 어촌계와 「농업협동조합법」에 따라 설립된 각 조합 및 이들의 중앙회를 통하여 공급하는 것을 포함한다)하는 어업용 기자재로서 다음 각 목의 어느 하나에 해당하는 것 (2010. 1. 1. 개정)

사업자가 영 제105조에 규정된 장애인용 보장구, 장애인용 특수정보통신기기(텔레비전 자막수신기를 제외한다), 장애인의 정보통신기기 이용에 필요한 특수 소프트웨어를 공급하는 경우에는 공급받는 자가 누구(장애인, 사업자, 의료기관 등)인지 여부에 관계없이 부가가치세 영세율이 적용된다. (2005. 7. 7. 신설)

관계조문 ▶▶
법 105조 1항 5호, 6호 ⇒ 농·축산·임·어업용 기자재 및 석유류에 대한 부가가치세 영세율 및 면세적용 등에 관한 특례규정

가. 「사료관리법」에 따른 사료(「부가가치세법」 제26조에 따라 부가가치세가 면제되는 것은 제외한다) (2013. 6. 7. 개정 ; 부가가치세법 부칙)

나. 그 밖에 대통령령으로 정하는 것 (2010. 1. 1. 개정)

② 관할 세무서장은 제1항 제5호 각 목 외의 부분에 따른 농민에 해당하지 아니하는 자가 같은 호 라목 및 마목에 따른 축산업용 기자재 및 사료(이하 이 항에서 "축산업용 기자재등"이라 한다)를 부정하게 부가가치세 영의 세율을 적용하여 공급받은 경우에는 그 축산업용 기자재등을 공급받은 자로부터 그 축산업용 기자재등의 공급가액의 100분의 10에 해당하는 부가가치세액과 그 세액의 100분의 10에 해당하는 금액의 가산세를 추징한다. (2010. 1. 1. 개정)

제105조의 2 【농업·임업·어업용 기자재에 대한 부가가치세의 환급에 관한 특례】 (2014. 12. 23. 제목개정)

① 다음 각 호에 해당하는 세무서장(이하 이 조에서 "관할 세무서장"이라 한다)은 대통령령으로 정하는 농민, 임업에 종사하는 자와 어민(이하 이 조에서 "농어민등"이라 한다)이 농업·임업 또는 어업에 사용하기 위하여 구입하는 기자재(「부가가치세법」 제2조 제5호에 따른 일반과세자로부터 구입하는 기자재만 해당한다) 또는 직접 수입하는 기자재로서 대통령령으로 정하는 것 에 대해서는 기자재를 구입 또는 수입한 때에 부담한 부가가치세액을 해당 농어민등에게 대통령령으로 정하는 바에 따라 환급할 수 있다. (2014. 12. 23. 개정)

1. 제3항에 따른 환급대행자를 통하여 환급을 신청하는 경우에는 환급대행자의 사업장 관할 세무서장 (2010. 1. 1. 개정)

2. 제1호 외의 경우에는 해당 농어민등의 사업장 관할 세무서장 (2014. 12. 23. 개정)

② 제1항에 따른 기자재를 공급하는 일반과세자는 그 기자재를 구입하는 농어민등이 세금계산서의 발급을 요구하면 「부가가치세법」 제36조에도 불구하고 세금계산서를 발급하여야 한다. (2014. 12. 23. 개정)

③ 제1항에 따라 환급을 받으려는 농어민등은 다음 각 호의 어느 하나에 해당하는 자(이하 이 조에서 "환급대행자"라 한다)를 통하여 환급을 신청하여야 한다. 다만, 대통령령으로 정하는 자는 사업장 관할 세무서장에게 직접 환급을 신청할 수 있다. (2014. 12. 23. 개정)

1. 「농업협동조합법」에 따른 조합 (2010. 1. 1. 개정)

2. 「수산업협동조합법」에 따른 조합 (2010. 1. 1. 개정)

3. 「엽연초생산협동조합법」에 따른 엽연초생산협동조합 (2010. 1. 1. 개정)

4. 「산림조합법」에 따른 조합 (2015. 12. 15. 신설)

④ 환급대행자는 환급을 신청한 자가 다음 각 호의 어느 하나에 해당하는 경우에는 관할 세무서장에게 이를 알려야 한다. (2010. 1. 1. 개정)

1. 농어민등이 아닌 것으로 판단되는 경우 (2014. 12. 23. 개정)

2. 농어민등의 경작면적, 시설규모 등을 고려할 때 거짓이나 그 밖의 부정한 방법으로 환급을 신청한 것으로 판단되는 경우 (2014. 12. 23. 개정)

⑤ 관할 세무서장은 제1항에 따라 부가가치세액을 환급받은 자가 다음 각 호의 어느 하나에 해당하는 경우에는 그 환급받은 부가가치세액과 대통령령으로 정하는 바에 따라 계산한 이자 상당 가산액을 부가가치세로 추징한다. (2010. 1. 1. 개정)

1. 농어민등이 제1항에 따라 부가가치세액을 환급받은 기자재를 본래의 용도에 사용하지 아니하거나 농어민등 외의 자에게 양도한 경우 (2014. 12. 23. 개정)

2. 농어민등이 다음 각 목의 어느 하나에 해당하는 세금계산서에 의하여 부가가치세를 환급받은 경우 (2014. 12. 23. 개정)

　가. 재화의 공급 없이 발급된 세금계산서 (2010. 1. 1. 개정)

　나. 재화를 공급한 사업장 외의 사업장 명의로 발급된 세금계산서 (2010. 1. 1. 개정)

　다. 재화의 공급 시기가 속하는 과세기간에 대한 확정신고 기한 후

에 발급된 세금계산서 (2020. 12. 29. 개정)

　라. 정당하게 발급된 세금계산서를 해당 농어민등이 임의로 수정한 세금계산서 (2014. 12. 23. 개정)

　마. 그 밖에 사실과 다르게 적힌 대통령령으로 정하는 세금계산서 (2010. 1. 1. 개정)

3. 농어민등에 해당하지 아니하는 자가 제1항에 따른 부가가치세액을 환급받은 경우 (2014. 12. 23. 개정)

⑥ 관할 세무서장은 환급대행자가 제4항에 따른 통보를 하지 아니함에 따라 제5항 제3호가 적용되는 경우에는 환급받은 세액의 100분의 10에 상당하는 금액을 그 환급대행자로부터 가산세로 징수한다. (2010. 1. 1. 개정)

⑦ 농어민등이 다음 각 호의 어느 하나에 해당하는 경우에는 해당 요건을 충족하는 추징세액의 고지일부터 2년간 제1항에 따른 환급을 받을 수 없다. (2014. 12. 23. 개정)

1. 제5항에 따라 최근 2년 이내에 3회 이상 부가가치세를 추징당한 경우 (2010. 1. 1. 개정)

2. 제5항에 따라 추징된 세액의 합계액이 200만원 이상으로서 대통령령으로 정하는 금액을 초과하는 경우 (2010. 1. 1. 개정)

⑧ 환급대행자는 부가가치세의 환급대행

☞ p.1707 1단 연결

과 관련하여 환급신청서의 작성 및 제출, 환급관리대장의 비치, 환급금의 배분 등에 드는 비용에 충당하기 위하여 환급받는 자로부터 대통령령으로 정하는 금액을 수수료로 징수할 수 있다. (2010. 1. 1. 개정)
⑨ 제1항부터 제8항까지의 규정을 적용할 때 환급 절차, 제출 서류 등에 관하여 필요한 사항은 대통령령으로 정한다. (2010. 1. 1. 개정)

제105조의 3 【운송사업용 자동차에 대한 부가가치세의 환급에 관한 특례】 ① 다음 각 호에 해당하는 세무서장(이하 이 조에서 "관할 세무서장"이라 한다)은 「여객자동차 운수사업법」에 따른 여객자동차 운송사업자로서 대통령령으로 정하는 사업자(「부가가치세법」 제61조 제1항에 따른 간이과세자로 한정하며, 이하 "운송사업간이과세자"라 한다)가 해당 운송사업용으로 2027년 12월 31일까지 구입하는 자동차에 대하여 부담한 부가가치세액을 대통령령으로 정하는 바에 따라 해당 운송사업간이과세자에게 환급할 수 있다. (2023. 12. 31. 신설)
1. 제3항에 따른 환급대행자를 통하여 환급을 신청하는 경우에는 환급대행자의 사업장 관할 세무서장 (2023. 12. 31. 신설)
2. 제1호 외의 경우에는 운송사업간이과세자의 사업장 관할 세무서장 (2023. 12. 31. 신설)
② 제1항에 따른 자동차를 공급하는 사업자는 그 자동차를 구입하는 운송사업간이과세자가 세금계산서의 발급을 요구하면 「부가가치세법」 제36조에도 불구하고 세금계산서를 발급하여야 한다. (2023. 12. 31. 신설)
③ 제1항에 따라 환급을 받으려는 운송사업간이과세자는 사업장 관할 세무서장에게 직접 환급을 신청하거나 자동차를 제작·조립 또는 수입하는 자(이들로부터 자동차의 판매위탁을 받은 자를 포함한다) 및 그 밖에 대통령령으로 정하는 자(이하 이 조에서 "환급대행자"라 한다)를 통하여 환급을 신청할 수 있다. (2023. 12. 31. 신설)
④ 환급대행자는 환급을 신청한 자가 다음 각 호의 어느 하나에 해당하는 경우에는 관할 세무서장에게 이를 알려야 한다. (2023. 12. 31. 신설)
1. 운송사업간이과세자가 아닌 것으로 판단되는 경우 (2023. 12. 31. 신설)
2. 거짓이나 그 밖의 부정한 방법으로 환급을 신청한 것으로 판단되는 경우 (2023. 12. 31. 신설)

농·축산·임·어업용 기자재 및 석유류에 대한 부가가치세 영세율 및 면세적용 등에 관한 특례규정

☞

제105조의 2 【운송사업용 자동차에 대한 부가가치세의 환급에 관한 특례】 ① 법 제105조의 3 제1항 각 호 외의 부분에서 "대통령령으로 정하는 사업자"란 다음 각 호의 어느 하나에 해당하는 자(「부가가치세법」 제61조 제1항에 따른 간이과세자로 한정하며, 이하 이 조에서 "운송사업간이과세자"라 한다)를 말한다. (2024. 11. 12. 신설)
1. 「여객자동차 운수사업법 시행령」 제3조 제2호 다목에 따른 일반택시운송사업을 하는 자(이하 "일반택시운송사업자"라 한다) (2024. 11. 12. 신설)
2. 「여객자동차 운수사업법 시행령」 제3조 제2호 라목에 따른 개인택시운송사업을 하는 자(이하 "개인택시운송사업자"라 한다) (2024. 11. 12. 신설)
② 운송사업간이과세자는 법 제105조의 3 제3항에 따라 사업장 관할 세무서장에게 직접 환급을 신청하려는 경우에는 같은 조 제1항 각 호 외의 부분에 따른 자동차(이하 이 조에서 "운송사업용 자동차"라 한다)의 공급일이 속하는 달의 다음 달 15일까지 기획재정부령으로 정하는 환급신청서에 다음 각 호의 서류를 첨부하여 신청해야 한다. (2024. 11. 12. 신설)
1. 운송사업용 자동차 구입에 따른 세금계산서 (2024. 11. 12. 신설)

개정취지 ················

운송사업용 자동차에 대한 부가가치세의 환급절차

• 일반택시운송사업 또는 개인택시운송사업을 하는 운송사업간이과세자는 사업장 관할 세무서장에게 직접 운송사업용 자동차에 대한 부가가치세의 환급을 신청하려는 경우에는 운송사업용 자동차의 공급일이 속하는 달의 다음 달 15일까지 환급신청서에 세금계산서, 여객자동차운송사업 면허를 받았음을 증명하는 서류 등을 첨부하여 신청하도록 함.
• 운송사업간이과세자는 운송사업용 자동차를 제작·조립 또는 수입하는 등 환급을 대행하는 자를 통해 환급을 신청하려는 경우에는 운송사업용 자동차의 공급일이 속하는 달의 다음 달 말일까지 환급대행 신청서에 세금계산서 등을 첨부하여 환급대행을 신청하도록 하고, 환급대행 신청을 받은 자는 환급대행 신청을 받은 날이 속하는 달의 다음 달 15일까지 사업장 관할 세무서장에게 환급을 신청하도록 함.
• 환급신청을 받은 관할 세무서장은 환급신청기한이 지난 날부터 15일 이내에 부가가치세액을 환급하도록 함. (영 105조의 2 신설 ; 2024. 11. 12.)
• 영 105조의 2의 개정규정은 2025. 1. 1.부터 시행함. (영 부칙(2024. 11. 12.) 1조)

················

⑤ 관할 세무서장은 제1항에 따라 부가가치세액을 환급받은 운송사업간이과세자가 다음 각 호의 어느 하나에 해당하는 경우 또는 운송사업간이과세자에 해당하지 아니하는 자가 제1항에 따라 부가가치세액을 환급받은 경우에는 그 환급받은 부가가치세액과 대통령령으로 정하는 바에 따라 계산한 이자상당액을 부가가치세로 추징한다. (2023. 12. 31. 신설)

1. 제1항에 따라 부가가치세액을 환급받은 자동차를 본래의 용도에 사용하지 아니하거나 운송사업간이과세자 외의 자에게 양도한 경우. 다만, 「여객자동차 운수사업법」 제84조에 따른 연한을 넘은 자동차를 양도한 경우 및 그 밖에 대통령령으로 정하는 경우는 제외한다. (2023. 12. 31. 신설)

2. 다음 각 목의 어느 하나에 해당하는 세금계산서에 따라 부가가치세를 환급받은 경우 (2023. 12. 31. 신설)

　가. 재화의 공급 없이 발급된 세금계산서 (2023. 12. 31. 신설)

　나. 재화를 공급한 사업장 외의 사업장 명의로 발급된 세금계산서 (2023. 12. 31. 신설)

　다. 재화의 공급 시기가 속하는 과세기간에 대한 확정신고 기한 후에 발급된 세금계산서 (2023. 12. 31. 신설)

　라. 정당하게 발급된 세금계산서를 해당 운송사업간이과세자가 임의로 수정한 세금계산서 (2023. 12. 31. 신설)

　마. 그 밖에 사실과 다르게 적힌 세금계산서로서 대통령령으로 정하는 세금계산서 (2023. 12. 31. 신설)

⑥ 운송사업간이과세자가 제5항에 따라 부가가치세를 추징당한 경우에는 추징세액의 고지일부터 5년간 제1항에 따른 환급을 받을 수 없다. (2023. 12. 31. 신설)

⑦ 운송사업간이과세자가 「부가가치세법」 제2조 제5호에 따른 일반과세자로 변경되는 경우에는 제1항에 따라 환급을 받은 자동차에 대하여 「부가가치세법」 제38조 및 제44조를 적용하지 아니한다. (2023. 12. 31. 신설)

⑧ 제1항부터 제7항까지를 적용할 때 환급 절차, 제출 서류, 그 밖에 필요한 사항은 대통령령으로 정한다. (2023. 12. 31. 신설)

편주 ▶ ······························
법 105조의 3의 개정규정은 2025. 1. 1. 이후 재화를 공급하거나 공급받

2. 「여객자동차 운수사업법」 제4조 제1항에 따른 여객자동차운송사업 면허를 받았음을 증명하는 서류로서 기획재정부령으로 정하는 서류 (2024. 11. 12. 신설)

3. 「자동차관리법」 제8조 제2항에 따른 자동차등록증 사본 (2024. 11. 12. 신설)

③ 운송사업간이과세자는 법 제105조의 3 제3항에 따른 환급대행자(이하 이 조에서 "환급대행자"라 한다)를 통하여 환급을 신청하려는 경우에는 운송사업용 자동차의 공급일이 속하는 달의 다음 달 말일까지 기획재정부령으로 정하는 환급대행 신청서에 제2항 각 호의 서류를 첨부하여 환급대행자에게 환급대행을 신청해야 한다. (2024. 11. 12. 신설)

④ 운송사업용 자동차의 판매위탁을 받은 자는 제3항에 따른 환급대행 신청을 받은 경우에는 그 신청을 받은 날의 다음 날까지 해당 운송사업용 자동차의 판매위탁을 한 자에게 같은 항에 따라 제출받은 환급대행 신청서 및 제2항 각 호의 서류를 첨부하여 해당 운송사업간이과세자의 환급대행을 신청해야 한다. (2024. 11. 12. 신설)

⑤ 환급대행자(운송사업용 자동차의 판매위탁을 받은 자는 제외한다)는 제3항 또는 제4항에 따른 환급대행 신청을 받은 경우에는 해당 환급대행 신청을 받은 날이 속하는 달의 다음 달 15일까지 기획재정부령으로 정하는 환급신청서에 다음 각 호의 서류를 첨부하여 환급대행자의 사업장 관할 세무서장에게 환급을 신청해야 한다. (2024. 11. 12. 신설)

1. 「부가가치세법」 제54조에 따른 매입처별 세금계산서합계표 (2024. 11. 12. 신설)

2. 제2항 제2호 및 제3호의 서류 (2024. 11. 12. 신설)

⑥ 제2항 또는 제5항에 따른 환급신청을 받은 관할 세무서장은 제2항 또는 제5항에 따른 환급신청기한이 지난 날부터 15일 이내에 법 제105조의 3 제1항 각 호 외의 부분에 따른 부가가치세액을 환급해야 한다. (2024. 11. 12. 신설)

⑦ 환급대행자는 제6항에 따라 부가가치세액을 환급받은 날부터 5일 이내에 환급대행을 신청한 운송사업간이과세자에게 환급세액을 지급해야 한다. (2024. 11. 12. 신설)

⑧ 법 제105조의 3 제5항 각 호 외의 부분에서 "대통령령으로 정하는

제47조의 8 【운송사업용 자동차에 대한 부가가치세의 환급신청】 (2025. 3. 21. 조번개정)

영 제105조의 2 제2항 제2호에서 "기획재정부령으로 정하는 서류"란 「여객자동차 운수사업법 시행규칙」 제6조 제1항 각 호 외의 부분에 따른 여객자동차 운수사업 면허증 사본을 말한다. (2024. 12. 31. 신설)

는 경우 또는 재화를 수입신고하는 경우부터 적용함. (법 부칙(2023. 12. 31.) 22조)

제106조 【부가가치세의 면제 등】① 다음 각 호의 어느 하나에 해당하는 재화 또는 용역의 공급에 대해서는 부가가치세를 면제한다. 이 경우 제1호, 제4호의 2, 제5호, 제9호의 2, 제12호는 2025년 12월 31일까지 공급한 것에만 적용하고, 제2호, 제3호 및 제4호의 5는 2026년 12월 31일까지 공급한 것에만 적용하며, 제8호 및 제8호의 2는 2014년 12월 31일까지 실시협약이 체결된 것에만 적용하고, 제8호의 3은 2015년 1월 1일부터 2025년 12월 31일까지 실시협약이 체결된 것에만 적용하며, 제9호는 2023년 12월 31일까지 공급한 것에만 적용하고, 제9호의 3은 2024년 12월 31일까지 공급한 것에만 적용한다. (2023. 12. 31. 후단개정)

• 예 판

사립학교에서 구내식당을 직영 또는 위탁경영하는 경우 학생에게 공급하는 음식용역에 한하여 부가가치세가 면제되며, 교직원 및 선생님에게 공급하는 경우 부가가치세가 과세됨. (재부가 - 689, 2009. 10. 14.)

통 칙 106 - 0…5 【세금계산서 발급의 면제】

법 제106조에 따라 부가가치세가 면제되는 재화 또는 용역의 공급에 대해서는 「부가가치세법」 제32조 및 제36조에 따른 세금계산서 또는 영수증의 발급의무를 면제한다. 다만 해당 거래가 「소득세법」 제163조 및 「법인세법」 제121조의 규정에 해당하는 경우에는 동 규정에 따른 계산서 또는 영수증을 발급하여야 한다. (2019. 12. 23. 개정)

1. 「전기사업법」 제2조에 따른 전기사업자가 전기를 공급할 수 없거나 상당한 기간 전기공급이 곤란한 도서(島嶼)로서 산업통상자원부장관(같은 법 제98조에 따라 위임을 받은 기관을 포함한다)이 증명하는 도서지방의 자가발전에 사용할 목적으로 「수산업협동조합법」에 따라 설립된 수산업협동조합중앙회에 직접 공급하는 석유류 (2013. 3. 23. 직제개정 ; 정부조직법 부칙)

바에 따라 계산한 이자상당액"이란 다음의 계산식에 따라 계산한 금액을 말한다. (2024. 11. 12. 신설)

$$\text{이자상당액} = \text{법 제105조의 3 제1항에 따라 환급받은 부가가치세}$$
$$\text{액} \times \text{환급받은 날의 다음 날부터 추징세액의 고지일}$$
$$\text{까지의 기간(일)} \times 22/100,000$$

⑨ 법 제105조의 3 제5항 제1호 단서에서 "대통령령으로 정하는 경우"란 같은 조 제1항에 따라 부가가치세액을 환급받은 운송사업간이과세자가 다음 각 호의 어느 하나에 해당하는 경우를 말한다. (2024. 11. 12. 신설)

1. 「여객자동차 운수사업법」 제14조에 따라 이 조 제1항 제1호 또는 제2호의 운송사업을 양도한 경우 (2024. 11. 12. 신설)
2. 운송사업간이과세자가 사망한 경우로서 「여객자동차 운수사업법」 제15조에 따라 그 상속인이 이 조 제1항 제1호 또는 제2호의 운송사업을 승계한 경우 (2024. 11. 12. 신설)
3. 「여객자동차 운수사업법」 제16조 제1항에 따라 이 조 제1항 제1호 또는 제2호의 운송사업 전부에 대한 폐업 허가를 받은 경우 (2024. 11. 12. 신설)
4. 「자동차관리법」 제13조 제1항 제1호 및 제3호부터 제5호까지의 어느 하나의 사유에 해당하여 부가가치세액을 환급받은 운송사업용 자동차의 말소등록을 신청한 경우 (2024. 11. 12. 신설)
5. 부가가치세액을 환급받은 운송사업용 자동차를 구입한 날부터 5년이 지난 후에 해당 자동차를 양도하고, 그 양도일부터 6개월 이내에 다른 운송사업용 자동차를 구입한 경우 (2024. 11. 12. 신설)
6. 제12항에 따라 환급받은 부가가치세액을 납부한 경우 (2024. 11. 12. 신설)

⑩ 법 제105조의 3 제5항 제2호 마목에서 "대통령령으로 정하는 세금계산서"란 다음 각 호의 어느 하나에 해당하는 세금계산서를 말한다. (2024. 11. 12. 신설)

1. 동일한 재화의 공급에 대하여 이중으로 교부된 세금계산서 (2024. 11. 12. 신설)
2. 「부가가치세법」 제32조 제1항 제1호부터 제4호까지의 규정에 따른

2. 다음 각 목의 어느 하나에 해당하는 음식용역(식사류로 한정한다). 이 경우 위탁급식 공급가액의 증명 등 위탁급식의 부가가치세 면제에 필요한 사항은 대통령령으로 정한다. (2019. 12. 31. 개정)

통칙 106-0…4【공장등 구내식당의 부가가치세 면제】
법 제106조 제1항 제2호에서 "경영자"란 공장 등 사업장과 각급 학교의 경영자들이 비용을 공동으로 부담하여 하나의 구내식당을 직접 경영하거나 종업원 단체 또는 학생단체가 직접 경영하는 경우의 해당 사업자를 포함하며, "사업장 등의 구내"란 사업장 등과 떨어져 있더라도 해당 사업과 관련되는 기숙사·하치장 등 시설의 구내를 포함하는 것으로 한다. (2011. 2. 1. 개정)

　가. 공장, 광산, 건설사업현장 및 「여객자동차 운수사업법」에 따른 노선 여객자동차운송사업장의 경영자가 그 종업원의 복리후생을 목적으로 해당 사업장의 구내에서 식당을 직접 경영하여 공급하는 음식용역 (2019. 12. 31. 개정)
　나. 「여객자동차 운수사업법」 제11조에 따른 공동운수협정을 체결한 노선 여객자동차운송사업자로 구성된 조합이 그 사업자의 종업원에게 제공하기 위하여 대통령령으로 정하는 위탁 계약을 통하여 공급받는 음식용역 (2019. 12. 31. 개정)
　다. 「초·중등교육법」 제2조 및 「고등교육법」 제2조에 따른 학교의 경영자가 학생의 복리후생을 목적으로 학교 구내에서 식당을 직접 경영하여 공급하는 음식용역 (2019. 12. 31. 개정)
　라. 「학교급식법」 제4조 각 호의 어느 하나에 해당하는 학교의 장의 위탁을 받은 학교급식공급업자가 같은 법 제15조에 따른 위탁급식의 방법으로 해당 학교에 직접 공급하는 음식용역 (2019. 12. 31. 개정)
3. 농어업 경영 및 농어업 작업의 대행용역으로서 대통령령으로 정하는 것 (2010. 1. 1. 개정)
4. 대통령령으로 정하는 국민주택 및 그 주택의 건설용역(대통령령으로 정하는 리모델링 용역을 포함한다) (2010. 1. 1. 개정)

통칙 106-0…1【국민주택부대시설의 부가가치세 면제】
국민주택에 해당하는 집단주택의 부대설비 및 복리시설을 주택공급과 별도로 공

기재사항의 전부 또는 일부가 누락되거나 사실과 다르게 적힌 세금계산서. 다만, 기재사항이 착오로 적힌 것으로서 그 밖의 증명서류에 의하여 그 거래사실이 확인되는 경우는 제외한다. (2024. 11. 12. 신설)
⑪ 법 제105조의 3 제5항에 따른 부가가치세의 추징에 관하여는 「부가가치세법」 제58조를 준용한다. (2024. 11. 12. 신설)
⑫ 운송사업간이과세자는 법 제105조의 3 제1항에 따라 부가가치세액을 환급받은 운송사업용 자동차에 대하여 「자동차관리법」 제47조의 2에 따라 환불을 받은 경우에는 환불받은 날이 속하는 달의 다음 달 말일까지 환급받은 부가가치세액을 사업장 관할 세무서장에게 납부하거나 「국세징수법」 제5조에 따른 납부서를 작성하여 「한국은행법」에 따른 한국은행(국고대리점을 포함한다) 또는 체신관서에 납부해야 한다. (2024. 11. 12. 신설)

제106조【부가가치세 면제 등】 ① 삭　제 (2000. 12. 29)
② 법 제106조 제1항 제2호 나목에서 "대통령령으로 정하는 위탁계약"이란 다음 각 호의 요건을 모두 충족하는 계약을 말한다. (2020. 2. 11. 개정)
1. 음식용역을 공급하는 사업자(이하 이 항에서 "수탁사업자"라 한다)와 「여객자동차 운수사업법」 제11조에 따른 공동운수협정을 체결한 노선여객자동차운송사업자(이하 "운송사업자"라 한다)로 구성된 조합(이하 "조합"이라 한다) 또는 운송사업자(각 조합과 운송사업자의 임원 및 사용인을 포함한다)는 「국세기본법」 제2조 제20호에 따른 특수관계인이 아닐 것 (2022. 2. 15. 개정)
2. 수탁사업자는 조합에 소속된 운송사업자의 종업원에게만 음식용역을 제공할 것 (2022. 2. 15. 개정)
③ 법 제106조 제1항 제3호에서 "대통령령으로 정하는 것"이란 「농어업경영체 육성 및 지원에 관한 법률」 제16조에 따라 설립된 영농조합법인 및 같은 법 제19조에 따라 설립된 농업회사법인이 공급하는 농업경영 및 농작업의 대행용역과 「농어업경영체 육성 및 지원에 관한 법률」 제16조에 따라 설립된 영어조합법인 및 같은 법 제19조에 따라 설

전기사업법
제2조【정　의】 이 법에서 사용하는 용어의 뜻은 다음과 같다. (2024. 2. 6. 개정)
4. "발전사업자"란 제7조 제1항에 따라 발전사업의 허가를 받은 자를 말한다.
제98조【권한의 위임·위탁】 ① 이 법에 따른 산업통상자원부장관의 권한은 그 일부를 대통령령으로 정하는 바에 따라 그 소속 기관 또는 시·도지사에게 위임할 수 있다. (2013. 3. 23. 직제개정 ; 정부조직법 부칙)
② 이 법에 따른 산업통상자원부장관 또는 시·도지사의 권한 중 다음 각 호의 업무 중 일부를 대통령령으로 정하는 바에 따라 「전기안전관리법」 제30조에 따른 한국전기안전공사(이하 "안전공사"라 한다)에 위탁할 수 있다. (2020. 3. 31. 개정)
1. 삭　제 (2020. 3. 31.)
2. 제63조에 따른 전기설비의 검사 (2020. 3. 31. 개정)
3. 제64조에 따른 전기설비의 임시사용의 허용 (2009. 5. 21. 개정)
③ 삭　제 (2020. 3. 31.)
④ 산업통상자원부장관은 기술기준의 조사·연구 및 개정 검토에 관한 업무를 대통령령으로 정하는 바에 따라 전기설비의 안전관리와 관련된 법인 또는 단체에 위탁할 수 있다. (2013. 3. 23. 직제개정 ; 정부조직법 부칙)
⑤ 이 법에 따른 전기신사업에 관한 산업통상자원부장관의 업무는 대통령령으로 정하는 바에 따라 그 일부를 전기사업등 관련 기관 또는 단체에 위탁할 수 있다. (2018. 6. 12. 신설)

급하는 경우에는 부가가치세를 면제하지 아니하나 동 설비시설을 주택의 공급에
부수하여 공급하고 그 대가를 주택의 분양가격에 포함하여 받는 경우에는 동 부가
가치세를 면제한다.
106-0…2【건설 중인 국민주택의 부가가치세 면제】
사업자가 건설 중에 있는 국민주택을 양도하는 경우에는 면세사업에 관련된 재화
의 공급으로서 부가가치세를 면제한다.

예판
- 사업자가 주택법상 주택으로 신축·분양하는 주택 중 국민주택규모 이
하의 주택 공급에 대하여만 부가가치세를 면제하는 것임. (서면법규과-
1020, 2014. 9. 25.)
- 건설산업기본법에 의하여 등록을 한 자가 일괄계약에 의하여 도시 및 주
거환경정비법에 따라 국민주택건설을 위한 기존건물 등의 이주관리업무
및 건설폐기물의 수집·운반 및 처리용역에 대하여는 부가가치세가 과
세되는 것임. (부가-300, 2013. 4. 5.)
- 건설산업기본법 등에 의하여 등록을 한 자가 국민주택규모 이하의 주택
의 건설용역과 당해 주택에 부수되는 부대시설인 주차장의 건설용역을 함
께 제공하는 경우 부가가치세가 면제됨. (부가-1529, 2010. 11. 17.)
- 부가가치세가 면제되는 국민주택은, 그 법의 목적 등에 비추어 적어도
주택의 용도로 적법하게 건축허가를 받아 그에 따라 건축된 건물만 해당
되고, 오피스텔로 건축허가를 받아 사용승인까지 마친 다음 용도변경의
허가를 받음이 없이 주택으로 개조한 경우에는 설사 그 면적이 국민주택
규모에 해당한다고 하더라도 부가가치세가 면제되는 국민주택에 해당한
다고 할 수 없음. (대전지법 2011구합1032, 2012. 5. 30.)

4의 2. 「공동주택관리법」 제2조 제1항 제10호에 따른 관리주체(같은
호 가목은 제외한다. 이하 이 조에서 "관리주체"라 한다), 「경비업
법」 제4조 제1항에 따라 경비업의 허가를 받은 법인(이하 이 조에
서 "경비업자"라 한다) 또는 「공중위생관리법」 제3조 제1항에 따
라 건물위생관리업의 신고를 한 자(이하 이 조에서 "청소업자"라
한다)가 「주택법」 제2조 제3호에 따른 공동주택 중 국민주택을
제외한 주택으로서 다음 각 목의 주택에 공급하는 대통령령으로
정하는 일반관리용역·경비용역 및 청소용역 (2016. 2. 3. 개정 ;
공중위생 관리법 부칙)

립된 어업회사법인이 공급하는 어업경영 및 어작업의 대행용역을 말한
다. (2017. 2. 7. 개정)

④ 법 제106조 제1항 제4호에서 "대통령령으로 정하는 국민주택 및 그
주택의 건설용역"이란 다음 각 호의 것을 말한다. (2010. 2. 18. 개정)
1. 「주택법」 제2조 제1호에 따른 주택으로서 그 규모가 같은 조 제6호
에 따른 국민주택규모(기획재정부령으로 정하는 다가구주택의 경우
에는 가구당 전용면적을 기준으로 한 면적을 말한다) 이하인 주택
(2021. 2. 17. 개정)
2. 제1호의 규정에 의한 주택의 건설용역으로서 「건설산업기본법」·「전
기공사업법」·「소방시설공사업법」·「정보통신공사업법」·「주택
법」·「하수도법」 및 「가축분뇨의 관리 및 이용에 관한 법률」에 의
하여 등록을 한 자가 공급하는 것. 다만, 「소방시설공사업법」에 따
른 소방공사감리업은 제외한다. (2018. 2. 13. 개정)
3. 제1호의 규정에 의한 주택의 설계용역으로서 「건축사법」, 「전력기술
관리법」, 「소방시설공사업법」, 「기술사법」 및 「엔지니어링산업 진흥
법」에 따라 등록 또는 신고를 한 자가 공급하는 것 (2011. 1. 17.
개정 ; 엔지니어링기술 진흥법 시행령 부칙)
⑤ 법 제106조 제1항 제4호에서 "대통령령으로 정하는 리모델링용역"이

농어업경영체 육성 및 지원에 관한 법률
제16조【영농조합법인 및 영어조합법인의
설립】① 협업적 농업경영을 통하여 생산성을
높이고 농산물의 출하·유통·가공·수출 및
농어촌 관광휴양사업 등을 공동으로 하려는 농
업인 또는 「농업·농촌 및 식품산업 기본법」
제3조 제4호에 따른 농업 관련 생산자단체(이
하 "농업생산자단체"라 한다)는 5인 이상을 조
합원으로 하여 영농조합법인(營農組合法人)
을 설립할 수 있다. (2015. 6. 22. 개정)
제19조【농업회사법인 및 어업회사법인의
설립 등】① 농업의 경영이나 농산물의 유
통·가공·판매를 기업적으로 하려는 자나
농업인의 농작업을 대행하거나 농어촌 관광
휴양사업을 하려는 자는 대통령령으로 정하
는 바에 따라 농업회사법인(農業會社法人)
을 설립할 수 있다. (2015. 1. 6. 개정)

제48조【부가가치세의 면제 등】①
영 제106조 제4항 제1호에서 "기획재정부
령으로 정하는 다가구주택"이란 「건축법
시행령」 별표 1 제1호 다목에 해당하는 것
을 말한다. 이 경우 한 가구가 독립하여 거
주할 수 있도록 구획된 부분을 각각 하나의
주택으로 본다. (2021. 3. 16. 신설)

편주
규칙 별표 10 제62호의 개정규정은 2024.
3. 22.이 속하는 과세기간에 재화 또는 용역
을 공급하는 경우부터 적용함. (규칙 부칙
(2024. 3. 22.) 6조)

② 영 제106조 제8항 각 호 외의 부분 본

가. 수도권을 제외한 「국토의 계획 및 이용에 관한 법률」 제6조 제1호에 따른 도시지역이 아닌 읍 또는 면 지역의 주택 (2016. 12. 20. 개정)

나. 가목 외의 주택으로서 1호(戶) 또는 1세대당 주거전용면적이 135제곱미터 이하인 주택 (2014. 12. 23. 신설)

4의 3. 관리주체, 경비업자 또는 청소업자가 「주택법」 제2조 제3호에 따른 공동주택 중 국민주택에 공급하는 대통령령으로 정하는 일반관리용역·경비용역 및 청소용역 (2016. 1. 19. 개정 ; 주택법 부칙)

4의 4. 「노인복지법」 제32조 제1항 제3호에 따른 노인복지주택(이하 이 호에서 "노인복지주택"이라 한다)의 관리·운영자, 경비업자 및 청소업자가 「주택법」에 따른 국민주택 규모 이하의 노인복지주택에 공급하는 대통령령으로 정하는 일반관리용역·경비용역 및 청소용역 (2010. 12. 27. 신설)

4의 5. 「공공주택 특별법」 제50조의 2 제1항에 따라 영구적인 임대를 목적으로 건설한 임대주택에 공급하는 난방용역 (2015. 8. 28. 개정 ; 임대주택법 부칙)

5. 「온실가스 배출권의 할당 및 거래에 관한 법률」 제2조 제3호의 배출권과 같은 법 제29조 제1항에 따른 외부사업 온실가스 감축량 및 같은 조 제3항에 따른 상쇄배출권 (2015. 12. 15. 신설)

6. 대통령령으로 정하는 정부업무를 대행하는 단체가 공급하는 재화 또는 용역으로서 대통령령으로 정하는 것 (2010. 1. 1. 개정)

7. 「국가철도공단법」에 따른 국가철도공단이 「철도산업발전기본법」 제3조 제2호에 따른 철도시설(이하 이 호에서 "철도시설"이라 한다)을 국가에 귀속시키고 같은 법 제26조에 따라 철도시설관리권을 설정받는 방식으로 국가에 공급하는 철도시설 (2020. 6. 9. 개정 ; 한국철도시설공단법 부칙)

7의 2. 「사회기반시설에 대한 민간투자법」 제2조 제8호에 따른 사업시행자가 부가가치세가 면제되는 사업을 할 목적으로 같은 법 제4조 제1호부터 제3호까지의 규정에 따른 방식으로 국가 또는 지방자치단체에 공급하는 같은 법 제2조 제1호에 따른 사회기반시설 또는 사회기반시설의 건설용역 (2020. 12. 29. 신설)

8. 교육부장관의 추천이나 교육부장관이 지정하는 자의 추천을 받은

란 「주택법」·「도시 및 주거환경정비법」 및 「건축법」에 의하여 리모델링하는 것으로서 다음 각 호의 어느 하나에 해당하는 용역을 말하며, 당해 리모델링을 하기 전의 주택 규모가 제4항 제1호의 규정에 의한 주택에 해당하는 경우(리모델링 후 당해 주택의 규모가 제4항 제1호의 규정에 의한 규모를 초과하는 경우로서 리모델링하기 전의 주택규모의 100분의 130을 초과하는 경우를 제외한다)에 한한다. (2010. 2. 18. 개정)

1. 「건설산업기본법」·「전기공사업법」·「소방시설공사업법」·「정보통신사업법」·「주택법」·「하수도법」 및 「가축분뇨의 관리 및 이용에 관한 법률」에 의하여 등록을 한 자가 공급하는 것 (2007. 9. 27. 개정 ; 가축분뇨의 관리 ~ 시행령 부칙)

2. 당해 리모델링에 사용되는 설계용역으로서 「건축사법」에 의하여 등록을 한 자가 공급하는 것 (2005. 2. 19. 개정)

통칙 106－106…2【하도급 받은 국민주택건설용역의 부가가치세 면제여부】
「건설산업기본법」 등에 따라 등록한 사업자가 하도급 또는 재하도급을 받아 국민주택 및 이에 부수되는 부대시설의 건설용역을 공급하는 때에는 부가가치세가 면제된다. (2011. 2. 1. 개정)

⑥ 법 제106조 제1항 제4호의 2부터 제4호의 4까지의 규정에서 "대통령령으로 정하는 일반관리용역·경비용역 및 청소용역"이란 다음 각 호에 해당하는 용역을 말한다. (2010. 12. 30. 개정)

1. 관리주체 또는 「노인복지법」 제32조 제1항 제3호에 따른 노인복지주택(이하 이 항에서 "노인복지주택"이라 한다)의 관리·운영자가 각각 공동주택 또는 노인복지주택에 공급하는 경비용역 및 청소용역과 다음 각 목에 해당하는 비용을 받고 제공하는 일반관리용역을 말한다. (2010. 12. 30. 개정)

가. 「공동주택관리법 시행령」 제23조의 규정을 적용받는 공동주택의 경우 : 같은 시행령 별표 2 제1호에 따른 일반관리비(그 관리비에 같은 법 시행령 별표 2 제2호부터 제10호까지에 따른 관리비 및 이와 유사한 비용이 포함되어 있는 경우에는 이를 제외한다) (2016. 8. 11. 개정 ; 공동주택관리법 시행령 부칙)

나. 「공동주택관리법 시행령」 제23조의 규정을 적용받지 아니하는 공동주택 및 노인복지주택의 경우 : 가목에 따른 일반관리비에

문에서 "기획재정부령이 정하는 사업"이라 함은 별표 10의 정부업무대행단체의 면세사업을 말한다. (2021. 3. 16. 항번개정)

③ 영 제106조 제14항 제13호에서 "기획재정부령으로 정하는 희귀병치료제"란 「관세법 시행규칙」 별표 2 제2호 나목(13)의 희귀병치료제를 말한다. (2024. 3. 22. 신설)

④ ☞ p.1717

통칙 106－106…3【다가구주택 신축·판

자가 「사회기반시설에 대한 민간투자법」 제4조 제1호의 방식을 준용하여 건설한 학교시설(「고등교육법」 제2조에 따른 학교의 시설로서 대통령령으로 정하는 것으로 한정한다)에 대하여 학교가 제공하는 시설관리운영권 및 그 추천을 받은 자가 그 학교시설을 이용하여 제공하는 용역 (2013. 3. 23. 직제개정 ; 정부조직법 부칙)

8의 2. 「한국사학진흥재단법」에 따른 한국사학진흥재단이 설립한 특수 목적 법인이 「사회기반시설에 대한 민간투자법」 제4조 제1호의 방식을 준용하여 건설한 기숙사에 대하여 국가 및 지자체가 제공하는 시설관리운영권 및 그 법인이 그 기숙사를 이용하여 제공하는 용역 (2014. 12. 23. 신설)

8의 3. 다음 각 목의 법인이 「사회기반시설에 대한 민간투자법」 제4조 제1호에 따른 방식을 준용하여 건설한 기숙사에 대하여 국가, 지방자치단체 또는 「고등교육법」 제2조에 따른 학교(이하 이 호에서 "학교"라 한다)가 제공하는 시설관리운영권 및 그 법인이 그 기숙사를 이용하여 제공하는 용역 (2019. 12. 31. 신설)

   가. 「한국사학진흥재단법」에 따른 한국사학진흥재단이 설립한 특수 목적 법인 (2019. 12. 31. 신설)

   나. 「한국사학진흥재단법」에 따른 한국사학진흥재단과 학교가 공동으로 설립한 특수 목적 법인 (2019. 12. 31. 신설)

9. 「여객자동차 운수사업법」 및 같은 법 시행령에 따른 시내버스 및 마을버스운송사업용으로 공급하는 버스로서 천연가스를 연료로 사용하는 것 (2011. 12. 31. 개정)

9의 2. 다음 각 목의 요건을 모두 갖춘 버스 (2018. 12. 24. 개정)

   가. 「환경친화적 자동차의 개발 및 보급 촉진에 관한 법률」 제2조 제3호에 따른 전기자동차 또는 같은 조 제6호에 따른 수소전기자동차로서 같은 조 제2호 각 목의 요건을 갖춘 자동차 (2020. 12. 29. 개정)

   나. 「여객자동차 운수사업법」 및 같은 법 시행령에 따른 시내버스, 농어촌버스 및 마을버스 운송사업용으로 공급하는 버스 (2023. 12. 31. 개정)

편주 ▶

법 106조 1항 9호의 2 나목의 개정규정은 2024. 1. 1. 이후 재화를 공급하는 경우부터 적용함. (법 부칙(2023. 12. 31.) 23조)

상당하는 비용 (2016. 8. 11. 개정 ; 공동주택관리법 시행령 부칙)

2. 경비업자가 공동주택 또는 노인복지주택에 공급하거나 관리주체 또는 노인복지주택의 관리 · 운영자의 위탁을 받아 공동주택 또는 노인복지주택에 공급하는 경비용역 (2010. 12. 30. 개정)

3. 청소업자가 공동주택 또는 노인복지주택에 공급하거나 관리주체 또는 노인복지주택의 관리 · 운영자의 위탁을 받아 공동주택 또는 는 노인복지주택에 공급하는 청소용역 (2010. 12. 30. 개정)

⑦ 법 제106조 제1항 제6호에서 "대통령령으로 정하는 정부업무를 대행하는 단체"란 다음 각 호의 어느 하나에 해당하는 자를 말한다. (2010. 2. 18. 개정)

1. 「별정우체국법」에 의한 별정우체국 (2005. 2. 19. 개정)

2. 「우체국창구업무의 위탁에 관한 법률」에 의하여 우체국창구업무를 위탁받은 자 (2013. 2. 15. 개정)

3. 삭　제 (2000. 1. 10)

4. 「한국농어촌공사 및 농지관리기금법」에 따른 한국농어촌공사 (2009. 6. 26. 개정 ; 한국농촌공사 및 농지관리기금법 시행령 부칙)

5. 「농업협동조합법」에 의한 조합, 조합공동사업법인 및 중앙회(같은 법에 따라 설립된 농협경제지주회사 및 그 자회사를 포함한다) (2015. 2. 3. 개정)

6. 「수산업협동조합법」에 따른 수산업협동조합 · 중앙회, 조합공동사업법인 및 어촌계 (2017. 2. 7. 개정)

7. 「엽연초생산협동조합법」에 의한 엽연초생산협동조합 및 중앙회 (2005. 2. 19. 개정)

8. 삭　제 (2000. 1. 10)

9. 「인삼산업법」에 의한 백삼 및 태극삼의 지정검사기관 (2005. 2. 19. 개정)

10. 「한국토지주택공사법」에 따른 한국토지주택공사 (2009. 9. 21. 개정 ; 한국토지주택공사법 시행령 부칙)

11. 「한국도로공사법」에 의한 한국도로공사 (2005. 2. 19. 개정)

12. 「한국산업인력공단법」에 의한 한국산업인력공단 (2005. 2. 19. 개정)

13. 「한국국제협력단법」에 의한 한국국제협력단 (2005. 2. 19. 개정)

13. 삭　제 (2010. 2. 18.)

매시 부가가치세 면제 여부 및 다가구주택의 정의]

사업자가 가구당 전용면적을 기준으로 한 면적이 85제곱미터 이하(「수도권정비계획법」 제2조 제1호에 따른 수도권을 제외한 도시지역이 아닌 읍 또는 면 지역은 100제곱미터 이하)인 다가구주택을 공급하는 경우에는 부가가치세가 면제된다. 이 경우 다가구주택이란 다음 각호의 요건 모두를 갖춘 주택으로서 공동주택에 해당하지 아니하는 것을 말하며, 한 가구가 독립하여 거주할 수 있도록 구획된 부분을 각각 하나의 주택으로 본다. (2011. 2. 1. 개정)

1. 주택으로 쓰이는 층수(지하층을 제외한다)가 3개층 이하일 것. 다만, 1층 바닥면적의 2분의 1 이상을 피로티 구조로 하여 주차장으로 사용하고 나머지 부분을 주택 외의 용도로 사용하는 경우에는 해당 층을 주택의 층수에서 제외한다. (2011. 2. 1. 개정)

2. 1개동의 주택으로 쓰이는 바닥면적(지하주차장 면적을 제외한다)의 합계가 660제곱미터 이하일 것

3. 19세대 이하가 거주할 수 있을 것

9의 3. 「여객자동차 운수사업법」 및 같은 법 시행령에 따른 개인택시 운송사업용으로 「부가가치세법」 제61조 제1항에 따른 간이과세자에게 공급하는 자동차 (2013. 6. 7. 개정 ; 부가가치세법 부칙)

10. ☞ p.1716

14. 「한국조폐공사법」에 의한 한국조폐공사 (2005. 2. 19. 개정)

15. 「산림조합법」에 의한 조합·중앙회 및 산림계 (2005. 2. 19. 개정)

16. 삭 제 (2000. 1. 10)

17. 삭 제 (2002. 12. 30)

18. 삭 제 (2000. 12. 29)

19. 「공무원연금법」에 의한 공무원연금관리공단 (2005. 2. 19. 개정)

19. 삭 제 (2010. 2. 18.)

20. 「농수산물유통 및 가격안정에 관한 법률」에 따라 농수산물도매시장의 개설자로부터 지정을 받은 도매시장법인, 시장도매인, 비상장품목 취급 중도매인 및 대금정산조직 (2018. 2. 13. 개정)

21. 「지방공기업법」에 의하여 농수산물도매시장사업을 수행하기 위하여 지방자치단체가 설립한 지방공사 (2005. 2. 19. 개정)

22. 「지방공기업법」 제76조의 규정에 의하여 설립된 지방공단 (2005. 2. 19. 개정)

22의 2. 다음 각 목의 요건을 모두 갖춘 「지방공기업법」 제49조에 따라 설립된 지방공사 (2017. 2. 7. 신설)

　　가. 시·군 또는 자치구인 지방자치단체가 설립하였을 것 (2017. 2. 7. 신설)

　　나. 제21호에 따른 지방공사를 제외할 경우 해당 지방자치 단체가 설립한 유일한 지방공사일 것 (2017. 2. 7. 신설)

　　다. 해당 지방자치단체에 제22호에 따른 지방공단이 없을 것 (2017. 2. 7. 신설)

23. 「한국농수산식품유통공사법」에 따른 한국농수산식품유통공사 (2012. 1. 25. 개정 ; 농수산물유통공사법 시행령 부칙)

24. 「한국해양교통안전공단법」에 따라 설립된 한국해양교통안전공단 (2019. 6. 11. 개정 ; 한국해양교통안전공단법 시행령 부칙)

25. 「자연공원법」에 의한 국립공원관리공단 (2005. 2. 19. 개정)

26. 「선박안전법」 제45조 제1항에 따른 선박안전기술공단 (2007. 9. 28. 개정 ; 선박안전법 시행령 부칙)

25. · 26. 삭 제 (2010. 2. 18.)

27. 「전파법」 제66조에 따른 한국방송통신전파진흥원 (2010. 12. 31. 개정 ; 전파법 시행령 부칙)

28. 「한국산업안전보건공단법」에 따른 한국산업안전보건공단 (2009. 1. 14. 개정 ; 한국산업안전공단법 시행령 부칙)

29. · 30. 삭 제 (2003. 12. 30.)

31. 삭 제 (2000. 1. 10)

32. 「집행관법」에 의하여 집행관의 업무를 수행하는 자 (2005. 2. 19. 개정)

33. 「공증인법」에 의한 공증인의 업무를 수행하는 자 (2005. 2. 19. 개정)

34. 삭 제 (2003. 12. 30.)

35. 삭 제 (2006. 2. 9.)

36. 「상공회의소법」에 따른 대한상공회의소, 「원자력안전기술원법」에 따른 한국원자력기술원, 「영화 및 비디오물의 진흥에 관한 법률」에 따른 영화진흥위원회, 「문화산업진흥 기본법」에 따른 한국콘텐츠진흥원 및 「한국광해광업공단법」에 따른 한국광해광업공단 (2021. 8. 31. 개정 ; 한국광해광업공단법 시행령 부칙)

37. 「한국수자원공사법」에 의한 한국수자원공사 (2005. 2. 19. 개정)

38. 「한국토지공사법」에 의한 한국토지공사 (2005. 2. 19. 개정)

38. 삭 제 (2009. 9. 21. ; 한국토지주택공사법 시행령 부칙)

39. 「항만공사법」 제4조 제2항의 규정에 의하여 설립된 항만공사 (2005. 2. 19. 개정)

40. 「사회기반시설에 대한 민간투자법」 제2조 제10호의 규정에 의한 공공부

☞ p.1715 3단 연결

소벤처기업유통원 (2024. 10. 8. 개정 ; 중소기업~부칙)

61. 「해양환경관리법」 제96조에 따른 해양환경공단 (2023. 2. 28. 신설)

62. 「교통약자의 이동편의 증진법」 제16조 제11항에 따라 같은 조 제2항에 따른 이동지원센터 및 같은 조 제3항에 따른 광역이동지원센터의 운영을 위탁받은 기관 또는 단체 (2024. 2. 29. 신설)

개정 취지 ·······················

부가가치세가 면제되는 정부업무 대행단체 추가

• 「교통약자의 이동편의 증진법」에 따른 특별교통수단 이동지원센터 및 광역이동지원센터의 운영을 위탁받은 기관 또는 단체가 공급하는 재화 또는 용역에 대해서는 부가가치세를 면제하도록 함. (영 106조 7항 62호 신설 ; 2024. 2. 29.)

• 영 106조 7항 62호의 개정규정은 2024. 2. 29.이 속하는 과세기간에 재화 또는 용역을 공급하는 경우부터 적용함. (영 부칙(2024. 2. 29.) 12조 1항)

⑧ 법 제106조 제1항 제6호에서 "대통령령으로 정하는 것"이란 제7항 각 호의 1에 해당하는 자가 그 고유의 목적사업으로서 기획재정부령이 정하는 사업을 위하여 공급하는 재화 또는 용역을 말한다. 다만, 다음 각 호의 어느 하나에 해당하는 사업을 제외하며, 제7호의 규정은 「부가가치세법 시행령」 제45조 제1호에도 불구하고 적용한다. (2013. 6. 28. 단서개정 ; 부가가치세법 시행령 부칙)

1. 소매업·음식점업·숙박업·욕탕업 및 예식장업 (2006. 2. 9. 신설)
2. 「부가가치세법 시행령」 제3조 제2항에 규정된 사업 (2013. 6. 28. 개정 ; 부가가치세법 시행령 부칙)
3. 부동산임대업 (2006. 2. 9. 신설)
4. 골프장·스키장 및 기타 운동시설 운영업 (2006. 2. 9. 신설)
5. 수상오락서비스업 (2006. 2. 9. 신설)
6. 유원지·테마파크운영업 (2006. 2. 9. 신설)
7. 주차장운영업 및 자동차견인업 (2006. 2. 9. 신설)

⑨ 법 제106조 제1항 제8호에서 "대통령령으로 정하는 것"이란 「대

☞ p.1716 2단 연결

단 (2010. 12. 30. 신설)

48. 「도로교통법」 제120조에 따른 도로교통공단 (2010. 12. 30. 신설)

48. 「한국도로교통공단법」에 따른 한국도로교통공단 (2024. 7. 23. 개정 ; 한국도로~부칙)

49. 「지방회계법 시행령」 제62조 제3호에 해당하는 자 (2016. 11. 29. 개정 ; 지방회계법 시행령 부칙)

50. 「2012세계자연보전총회 지원특별법」 제4조에 따른 2012세계자원보전총회조직위원회 (2010. 12. 30. 신설)

50. 삭 제 (2013. 2. 15.)

51. 「2013 평창 동계스페셜올림픽 세계대회 지원법」 제2조에 따른 2013평창동계스페셜올림픽세계대회조직위원회 (2012. 12. 28. 신설)

51. 삭 제 (2014. 2. 21.)

52. 「2018 평창 동계올림픽대회 및 동계패럴림픽대회 지원 등에 관한 특별법」 제5조에 따른 2018 평창 동계올림픽대회 및 동계패럴림픽대회 조직위원회 (2016. 8. 29. 개정 ; 2018 평창 동계올림픽~부칙)

53. 「포뮬러원 국제자동차경주대회 지원법」 제4조에 따른 포뮬러원국제자동차경주대회조직위원회 (2013. 2. 15. 신설)

54. 「2015세계물포럼 지원 특별법」 제3조에 따른 2015세계물포럼조직위원회 (2014. 2. 21. 신설)

55. 「2015경북문경세계군인체육대회 지원법」 제3조에 따른 2015경북문경세계군인체육대회조직위원회 (2014. 2. 21. 신설)

52. ~55. 삭 제 (2025. 2. 28.)

56. 「수입인지에 관한 법률」 제9조 제2항에 따라 전자수입인지의 관리와 판매계약의 체결 등에 관한 업무를 위탁받은 전문기관 (2014. 2. 21. 신설)

57. 「산업재해보상보험법」 제10조에 따른 근로복지공단 (2018. 2. 13. 신설)

58. 「수산자원관리법」 제55조의 2에 따른 한국수산자원공단 (2021. 2. 17. 신설)

59. 「어촌·어항법」 제57조에 따른 한국어촌어항공단 (2021. 2. 17. 신설)

60. 「중소기업진흥에 관한 법률 시행령」 제71조 제1항에 따른 중소기업유통센터 (2023. 2. 28. 신설)

60. 「중소기업진흥에 관한 법률 시행령」 제71조 제1항에 따른 한국중

문 중 도로의 건설이나 운영에 대한 전문성을 보유한 법인과 장기적 투자자금을 제공하는 재무적 투자자가 각각 100분의 40 이상을 공동으로 출자하여 설립된 동조 제7호의 사업시행자 (2005. 2. 19. 신설)

41. 「중소기업협동조합법」에 따른 중소기업중앙회 (2007. 2. 28. 신설)

42. 「신문 등의 진흥에 관한 법률」 제29조에 따른 한국언론진흥재단(2011년 12월 31일까지 공급하는 분만 해당한다) (2010. 2. 18. 개정)

42. 삭 제 (2012. 2. 2.)

43. 「국세징수법」 제12조 제1항 제3호 각 목 외의 부분에 따른 국세납부대행기관 (2021. 2. 17. 개정)

44. 「국제경기대회 지원법」에 따라 설립된 조직위원회로서 기획재정부장관이 효율적인 준비와 운영을 위하여 필요하다고 인정하여 고시하는 조직위원회 (2017. 2. 7. 신설)

45. 「2011대구세계육상선수권대회, 2013충주세계조정선수권대회, 2014인천아시아경기대회, 2014인천장애인아시아경기대회 및 2015광주하계유니버시아드대회 지원법」 제3조에 따른 2014인천아시아경기대회조직위원회, 2014인천장애인아시아경기대회조직위원회 및 2015광주하계유니버시아드대회조직위원회 (2014. 2. 21. 개정)

45. 삭 제 (2018. 2. 13.)

46. 「건설산업기본법」 제50조에 따라 설립된 건설사업자단체인 대한건설협회 (2020. 2. 18. 개정 ; 건설산업기본법~부칙)

47. 「한국환경공단법」에 따른 한국환경공

통칙 106-106…1 【영세율 및 면세 첨부서류】

① 법에 따라 영의 세율을 적용받는 사업자가 부득이한 사유로 인하여 영 제106조 제12항 제1호에 따른 납품증명서를 제출할 수 없는 경우에는 부가가치세 영세율 적용에 관한 규정에 따른 외화획득명세서에 영세율이 확인되는 증빙서류를 붙여 제출할 수 있다. (2011. 2. 1. 개정)

② 법에 따른 영세율 적용대상 과세표준을 예정신고 또는 확정신고서에 신고를 하지 아니한 경우, 신고한 과세표준이 신고하여야 할 과세표준에 미달한 경우 또는 영세율 첨부서류를 제출하지 아니한 경우에도 해당 과세표준이 영세율 적용대상임이 확인되는 때에는 영의 세율을 적용한다. 이 경우 「국세기본법」 제47조의 2 제2항 제2호 또는 제47조의 3 제2항 제2호에 따른 영세율 과세표준신고불성실가산세는 적용한다. (2019. 12. 23. 개정)

③ 법에 따라 부가가치세가 면제되는 재화 또는 용역의 공급에 대하여 영 제106조 제12항 제3호에 따른 면세공급증명서를 제출하지 아니한 경우에도 해당 공급가액이 면제대상임이 확인되는 때에는 부가가치세가 면제된다. (2011. 2. 1. 개정)

〈제106조 ①〉

10. 「관세법」 제91조 제4호 및 제5호에 따른 물품 중 희귀병치료 등을 위한 것으로서 대통령령으로 정하는 것 (2010. 1. 1. 개정)

11. 영유아용 기저귀와 분유(액상 형태의 분유를 포함하되, 「부가가치세법」 제26조에 따라 부가가치세가 면제되는 분유는 제외한다) (2016. 12. 20. 개정)

12. 제105조 제1항 제5호에 따른 농민 또는 임업에 종사하는 자에게 난방용 또는 농업용·임업용으로 공급하는 목재펠릿으로서 대통령령으로 정하는 것 (2017. 12. 19. 개정)

학설립·운영 규정」 제4조 제1항에 따른 별표 2 교사시설 중 교육기본시설, 지원시설, 연구시설을 말한다. (2013. 2. 15. 신설)

⑩·⑪ 삭　제 (2000. 12. 29)

⑫ 법 제105조 제1항 제1호부터 제3호까지, 제3호의 2, 제4호 및 법 제106조 제1항 제1호·제4호의 규정이 적용되는 경우에는 「부가가치세법」에 의하여 예정신고·확정신고 또는 영세율 등 조기환급신고를 하는 때에 당해 신고서에 다음의 서류를 첨부하여 제출하여야 한다. (2008. 2. 22. 개정)

1. 법 제105조 제1항 제1호부터 제3호까지 및 제3호의 2의 경우에는 공급받는 기관의 장이 발행하는 납품증명서 또는 용역공급사실을 증명하는 서류 (2008. 2. 22. 개정)

2. 법 제105조 제1항 제4호의 경우에는 기획재정부령이 정하는 월별판매액합계표 (2008. 2. 29. 직제개정 ; 기획재정부와~직제 부칙)

3. 법 제106조 제1항의 경우에는 기획재정부령이 정하는 면세공급증명서 (2008. 2. 29. 직제개정 ; 기획재정부와~직제 부칙)

4. 삭　제 (2000. 12. 29)

⑬ 법 제106조 제1항 제2호의 규정에 의하여 부가가치세가 면세되는 위탁급식의 방법으로 음식용역을 공급하는 학교급식공급업자는 「소득세법」 제78조의 규정에 의한 사업장현황신고(부가가치세 과세사업을 겸영하는 학교급식공급업자인 경우에는 「부가가치세법」 제48조 및 제49조에 따른 부가가치세 예정신고 및 확정신고)를 할 때에 위탁급식을 공급받는 학교의 장이 확인한 위탁급식공급가액증명서를 사업장 관할세무서장에게 제출하여야 한다. (2013. 6. 28. 개정 ; 부가가치세법 시행령 부칙)

⑭ 법 제106조 제1항 제10호에서 "대통령령으로 정하는 것"이란 「관세법」 제91조 제4호의 규정에 의한 물품 중 다음 각 호의 것을 말한다. (2014. 2. 21. 개정)

1. 세레자임 등 고셔병환자가 사용할 치료제 및 로렌조오일 등 부신이영양증환자가 사용할 치료제 (99. 10. 30 신설)

2. 혈우병으로 인한 심신장애인이 사용할 열처리된 혈액응고인자농축제 (2023. 2. 28. 개정)

3. 근육이양증환자의 치료에 사용할 치료제 (2017. 2. 7. 개정)

관계조문

• 규칙 61조 1항 66호 ⇒ 월별판매액합계표(별지 65호 서식)
• 규칙 61조 1항 67호 ⇒ 면세공급증명서(별지 66호 서식)

관계조문

규칙 61조 1항 67호의 2 ⇒ 위탁급식공급가액증명서(별지 66호의 2 서식)

13. 「한국주택금융공사법」에 따른 한국주택금융공사가 같은 법 제43
조의 4에 따라 주택담보노후연금채권을 행사하거나 주택담보노후연
금보증채무 이행으로 인한 구상권을 행사하기 위하여 처분하는 주
택담보노후연금채권 담보 대상주택 (2021. 12. 28. 신설)
② 다음 각 호의 어느 하나에 해당하는 재화의 수입에 대해서는 부가
가치세를 면제한다. 이 경우 제9호는 2025년 12월 31일까지 수입신고
하는 분에만 적용하고, 제22호는 2024년 12월 31일까지 수입신고하는
분에만 적용한다. (2022. 12. 31. 후단개정)
1. 무연탄 (2010. 1. 1. 개정)
2. 삭　제 (2001. 12. 29.)
3. 과세사업에 사용하기 위한 선박(제3자에게 판매하기 위하여 선박을
수입하는 경우는 제외한다) (2014. 1. 1. 개정)
4. 과세사업에 사용하기 위한 「관세법」에 따른 보세건설물품 (2010. 1.
1. 개정)
5.~6. 삭　제 (2003. 12. 30.)
7.~8. 삭　제 (2000. 12. 29.)
9. 제105조 제1항 제5호에서 규정하는 농민 또는 임업에 종사하는 자
가 직접 수입하는 농업용·축산업용 또는 임업용 기자재와 제105
조 제1항 제6호에서 규정하는 어민이 직접 수입하는 어업용 기자
재로서 대통령령으로 정하는 것 (2020. 12. 29. 개정)
10. 삭　제 (2011. 12. 31.)
11. 삭　제 (2013. 1. 1.)
12. 삭　제 (2014. 12. 23.)
13. 삭　제 (2015. 12. 15.)
14. 삭　제 (2013. 1. 1.)
15. 삭　제 (2014. 1. 1.)
16. 포뮬러원국제자동차경주대회조직위원회 또는 지방자치단체가 「포뮬러원 국제자동
차경주대회 지원법」에 따라 개최되는 포뮬러원 국제자동차경주대회의 경기시설 제
작·건설 및 경기운영에 사용하기 위한 물품으로서 국내제작이 곤란한 것 (2011.
12. 31. 신설)
16. 삭　제 (2016. 12. 20.)
17.·18. 삭　제 (2014. 1. 1.)

4. 윌슨병환자의 치료에 사용할 치료제 (2009. 9. 21. 신설)
5. 후천성면역결핍증으로 인한 심신장애인이 사용할 치료제 (2023. 2.
28. 개정)
6. 장애인의 음식물섭취에 사용할 삼킴장애제거제 (2009. 9. 21. 신설)
7. 장기이식 후 면역억제제의 합병증으로 생긴 림파구증식증 환자의
치료에 사용할 치료제 (2009. 9. 21. 신설)
8. 니티시논 등 타이로신혈증환자가 사용할 치료제 (2009. 9. 21. 신설)
9. 뮤코다당증 Ⅱ형(헌터증후군) 환자의 치료에 사용할 치료제 (2009. 9. 21. 신설)
9. 삭　제 (2014. 2. 21.)
10. 신종 인플루엔자 A(H1N1) 환자의 치료에 사용할 치료제 및 백신(2010년 12월 31
일까지 공급하거나 공급받는 분만 해당한다) (2009. 9. 21. 신설)
10. 삭　제 (2020. 2. 11.)
11. 발작성 야간 헤모글로빈뇨증, 비정형 용혈성 요독증후군, 전신 중
증 근무력증 및 시신경 척수염 범주질환 환자의 치료에 사용할 치료
제 (2022. 2. 15. 개정)
12. 신경섬유종증 1형 환자의 치료에 사용할 치료제 (2023. 2. 28. 신설)
13. 그 밖에 기획재정부령으로 정하는 희귀병치료제 (2024. 2. 29. 신설)
⑮ 법 제106조 제1항 제12호에서 "대통령령으로 정하는 것"이란 「산
림자원의 조성 및 관리에 관한 법률」 제2조 제7호에 따른 임산물 중
목재펠릿을 말한다. (2018. 2. 13. 신설)
⑯ 법 제106조 제1항 제12호에 해당하는 재화를 공급하는 사업자는
기획재정부령으로 정하는 매출대장을 작성하여 사업장에 갖추어 두어
야 한다. 이 경우 매출대장을 정보처리장치, 전산테이프 또는 디스켓
등의 전자적 형태로 작성할 수 있다. (2018. 2. 13. 신설)
⑰ 법 제106조 제2항 제9호에서 "대통령령으로 정하는 것"이란 「농·
축산·임·어업용 기자재 및 석유류에 대한 부가가치세 영세율 및 면
세적용 등에 관한 특례규정」 제3조 제3항 내지 제6항에 규정된 농업용
기자재, 축산업용 기자재, 임업용 기자재 및 친환경농업용 기자재로서
「농업협동조합법」에 의하여 설립된 각 조합으로부터 기획재정부령이
정하는 바에 의하여 농민임을 확인받은 자가 수입하는 것과 동 규정
제3조 제7항의 규정에 의한 어업용 기자재로서 「수산업협동조합법」에
의하여 설립된 각 조합으로부터 기획재정부령이 정하는 바에 따라 어

편주 ▶ ⋯⋯⋯⋯⋯⋯⋯⋯⋯⋯⋯⋯⋯⋯⋯

영 106조 14항 13호의 개정규정은 2024.
2. 29. 이후 재화나 용역을 공급하거나 재화
를 수입신고하는 경우부터 적용함. (영 부칙
(2024. 2. 29.) 12조 2항)
⋯⋯⋯⋯⋯⋯⋯⋯⋯⋯⋯⋯⋯⋯⋯⋯

〈제48조〉
④ 영 제106조 제17항의 규정에 의한 농
민 또는 어민의 확인은 지역농업협동조
합·지역축산업협동조합, 품목별·업종
별협동조합 또는 수산업협동조합의 장이
발급하는 농·어민확인서에 의한다. (2018.
3. 21. 개정)

관계조문 ▶
규칙 61조 1항 68호 ⇒ 농·어민 확인서(별

19. 2018 평창 동계올림픽대회 및 동계패럴림픽대회 조직위원회 또는 지방자치단체가 2018 평창 동계올림픽대회 및 동계패럴림픽대회의 경기시설 제작·건설 및 경기운영에 사용하기 위한 물품으로서 국내제작이 곤란한 것 (2016. 5. 29. 개정 ; 2018 평창 동계올림픽~부칙)

20. 국제수영연맹 주관으로 2019년에 대한민국에서 개최되는 세계수영선수권대회를 위하여 「국제경기대회 지원법」 제9조에 따라 설립된 조직위원회 또는 지방자치단체가 그 경기시설 제작·건설 및 경기운영에 사용하기 위한 물품으로서 국내제작이 곤란한 것 (2017. 12. 19. 신설)

19.~20. 삭　제 (2021. 12. 28.)

21. 삭　제 (2015. 12. 15.)

22. 「국제경기대회 지원법」 제9조에 따라 설립된 2024강원동계청소년올림픽대회조직위원회 또는 지방자치단체가 2024강원동계청소년올림픽대회의 경기시설 제작·건설 및 경기운영에 사용하기 위한 물품으로서 국내제작이 곤란한 것 (2021. 12. 28. 신설)

③~④ 삭　제 (2008. 12. 26.)

⑤ 부가가치세 간이과세가 적용되는 개인택시운송업, 대통령령으로 정하는 도로화물운송업, 이용업, 미용업, 그 밖에 이와 유사한 것으로서 대통령령으로 정하는 사업에 대해서는 「부가가치세법」 제61조 제1항 단서를 적용하지 아니한다. (2024. 12. 31. 개정)

　제106조의 2 【농업·임업·어업용 및 연안여객선박용 석유류에 대한 부가가치세 등의 감면 등】(2010. 12. 27. 제목개정)

① 다음 각 호의 어느 하나에 해당하는 석유류(「석유 및 석유대체연료 사업법」에 따른 석유제품을 말한다. 이하 이 조에서 "면세유"라 한다)의 공급에 대해서는 부가가치세와 제조장 또는 보세구역에서 반출되는 것에 대한 개별소비세, 교통·에너지·환경세, 교육세 및 자동차 주행에 대한 자동차세(이하 이 조에서 "자동차세"라 한다)를 대통령령으로 정하는 바에 따라 면제한다. 이 경우 제1호는 2026년 12월 31일까지 공급하는 것에만 적용하고, 제2호는 2025년 12월 31일까지 공급하는 것에만 적용한다. (2023. 12. 31. 후단개정)

1. 대통령령으로 정하는 농민, 임업에 종사하는 자 및 어민(이하 이 조에서 "농어민등"이라 한다)이 농업·임업 또는 어업에 사용하기 위한 석유류로서 대통령령으로 정하는 것 (2010. 1. 1. 개정)

민임을 확인받은 자가 수입하는 것을 말한다. (2018. 2. 13. 항번개정)

⑱ 법 제106조 제5항에서 "대통령령으로 정하는 도로화물운송업"이란 기획재정부령으로 정하는 일반 화물자동차운송업, 개인 화물자동차운송업 및 기타 도로화물운송업을 말한다. (2025. 2. 28. 신설)

편주 ▶

영 106조 18항의 개정규정은 2025. 4. 1. 부터 시행함. (영 부칙(2025. 2. 28.) 1조 1호)

편주 ▶

법 106조 5항의 개정규정은 2025. 4. 1.부터 시행함. (법 부칙(2024. 12. 31.) 1조 1호)

　제106조의 2 【농·어업용 및 연안여객선박용 석유류에 대한 부가가치세 감면 등】 삭　제 (2001. 12. 31)

관련법령 ▶▶

농·축산·임·어업용 기자재 및 석유류에 대한 부가가치세 영세율 및 면세적용 등에 관한 특례규정

지 67호 서식)

⑤ 영 제106조 제18항에서 "기획재정부령으로 정하는 일반 화물자동차운송업, 개인 화물자동차운송업 및 기타 도로화물운송업"이란 다음 각 호의 업종을 말한다. (2025. 3. 21. 신설)

1. 「자동차관리법 시행규칙」 별표 1의 대형 화물자동차 또는 대형 특수자동차(이하 이 항에서 "대형 화물자동차등"이라 한다)를 이용하지 않는 일반 화물자동차운송업 (2025. 3. 21. 신설)

2. 대형 화물자동차등을 이용하지 않는 개인 화물자동차운송업 (2025. 3. 21. 신설)

3. 기타 도로화물운송업 (2025. 3. 21. 신설)

편주 ▶

규칙 48조 5항의 개정규정은 2025. 4. 1.부터 시행함. (규칙 부칙(2025. 3. 21.) 1조 1호)

2. 연안을 운항하는 여객선박 (「관광진흥법」 제2조에 따른 관광
   사업 목적으로 사용되는 여객선박은 제외한다)에 사용할 목적으
   로 「한국해운조합법」에 따라 설립된 한국해운조합에 직접 공급하
   는 석유류 (2010. 1. 1. 개정)
② 주유소 등 대통령령으로 정하는 석유판매업자(이하 이 조에서 "석
유판매업자"라 한다)가 부가가치세, 개별소비세, 교통·에너지·환경
세, 교육세 및 자동차세가 과세된 석유류를 공급받아 농어민등에게 공
급한 석유류가 제1항 각 호의 어느 하나에 해당하는 경우에는 석유판
매업자는 대통령령으로 정하는 바에 따라 신청하여 면제되는 세액을
환급받거나 납부 또는 징수할 세액에서 공제받을 수 있다. (2011. 12.
31. 개정)
③ 농어민등이 면세유를 공급받기 위하여는 「농업협동조합법」에
따른 조합, 「산림조합법」에 따른 조합 및 「수산업협동조합법」에 따
른 조합(이하 이 조에서 "면세유류 관리기관인 조합"이라 한다)에 대
통령령으로 정하는 농업기계, 임업기계 및 어업기계 또는 선박 및 시
설(이하 이 조에서 "농기계등"이라 한다)의 보유 현황과 영농·영림
또는 어업경영 사실을 대통령령으로 정하는 바에 따라 신고하여야 하
며, 농기계등의 취득·양도 또는 농어민등의 사망, 이농(離農) 등으로
그 신고 내용에 달라진 사항이 있으면 그 사유 발생일부터 30일 이내
에 그 변동 내용을 신고하여야 한다. (2013. 1. 1. 개정)
④ 농어민등이 면세유를 공급받으려면 면세유류 관리기관인 조합으로
부터 대통령령으로 정하는 면세유류 구입카드 또는 출고지시서(이하
이 조에서 "면세유류 구입카드등"이라 한다)를 발급받아야 한다.
(2010. 1. 1. 개정)
⑤ 농어민등이 면세유를 농기계등에 사용하려는 경우에는 다음 각 호
의 구분에 따른 사항을 준수하여야 한다. 이 경우 농어민등이 제1호
나목 및 제2호에 따른 서류를 매반기 마지막 달의 다음 달 말일(이하
이 항에서 "제출기한"이라 한다)까지 제출하지 아니한 경우에는 면세
유류 관리기관인 조합은 농어민등에게 제출기한부터 1개월이 되는 날
(이하 이 조에서 "최종 제출기한"이라 한다)까지 해당 서류를 제출할
것을 요구하여야 한다. (2018. 12. 24. 개정)

1. 대통령령으로 정하는 농업기계, 어업기계 및 선박의 경우 : 다음 각
   목의 사항 (2014. 12. 23. 개정)
   가. 사용 실적 등을 확인할 수 있는 대통령령으로 정하는 장치를
      부착할 것 (2014. 12. 23. 개정)
   나. 사용 실적 등을 확인할 수 있는 대통령령으로 정하는 서류를
      제출기한까지 면세유류 관리기관인 조합에 제출할 것 (2014.
      12. 23. 개정)
2. 대통령령으로 정하는 농업기계, 어업기계 및 농어업용 시설의 경우 :
   생산 실적 등을 확인할 수 있는 대통령령으로 정하는 서류를 제출기
   한까지 면세유류 관리기관인 조합에 제출할 것 (2014. 12. 23. 개정)
⑥ 면세유류 관리기관인 조합은 농어민등의 농기계등의 보유 현황, 영
농·영림 또는 어업경영 규모 등을 고려하여 면세유류 구입카드등을
발급하여야 한다. (2010. 1. 1. 개정)
⑦ 「농업협동조합법」에 따른 농업협동조합중앙회, 「산림조합법」
에 따른 산림조합중앙회 및 「수산업협동조합법」에 따른 수산업협동조
합중앙회(이하 이 조에서 "면세유류 관리기관인 중앙회"라 한다)는 면
세유 관리업무의 효율화 및 부정 유통 방지를 위하여 필요하면 대통령
령으로 정하는 바에 따라 석유판매업자의 신청을 받아 농어민등에게
면세유를 판매할 수 있는 석유판매업자를 지정할 수 있다. (2010. 1.
1. 개정)
⑧ 면세유류 관리기관인 중앙회와 면세유류 관리기관인 조합(이하 이
조에서 "면세유류 관리기관"이라 한다)은 농어민등에대한 면세유의
공급 명세를 면세유류 관리기관의 홈페이지에 공개할 수 있다. (2010.
1. 1. 개정)
⑨ 농어민등이 제4항에 따라 발급받은 면세유류 구입카드등으로 공급
받은 석유류를 농업·임업·어업용 외의 용도로 사용한 경우에는 대
통령령으로 정하는 바에 따라 다음 각 호에 따라 계산한 금액의 합계
액을 추징한다. (2019. 12. 31. 개정)
1. 해당 석유류에 대한 부가가치세, 개별소비세, 교통·에너지·환
   경세, 교육세 및 자동차세의 감면세액 (2011. 12. 31. 개정)
2. 제1호에 따른 감면세액의 100분의 40에 해당하는 금액의 가산세

(2010. 1. 1. 개정)
⑩ 농어민등이 다음 각 호의 어느 하나에
해당하는 경우에는 그 농어민등(그 농어민
등과 공동으로 생산 활동을 하는 배우자
및 직계존비속으로서 생계를 같이하는 자
를 포함한다)은 면세유류 관리기관이 그
사실을 안 날부터 2년간(제3호의 경우에
는 1년간, 제4호의 경우로서 제9항에 따른
추징세액을 2년이 지난 날까지 납부하지
아니한 경우에는 그 추징세액을 납부하는
날까지) 면세유를 사용할 수 없다. 다만,
천재지변 등 대통령령으로 정하는 사유로
제3항에 따른 변동신고를 하지 못하거나
제5항 제1호 나목 및 같은 항 제2호에 따
른 서류를 최종 제출기한까지 제출하지 못
한 경우에는 대통령령으로 정하는 바에 따
라 면세유를 사용할 수 있다. (2020. 6. 9.
개정 ; 법률용어~법률)
1. 제3항에 따른 신고를 거짓이나 그 밖의
   부정한 방법으로 하거나 변동신고를 하
   지 아니한 경우 (2010. 1. 1. 개정)
2. 제4항에 따라 발급받은 면세유류 구입카
   드등과 그 면세유류 구입카드등으로 공
   급받은 석유류를 타인에게 양도한 경우
   (2010. 1. 1. 개정)
3. 제5항 제1호 나목 및 같은 항 제2호에
   따른 서류를 최종 제출기한까지 제출하
   지 아니하거나 거짓으로 제출한 경우
   (2014. 12. 23. 신설)
4. 제9항에 따른 감면세액의 추징 사유가

☞ p.1720 1단 연결

발생한 경우 (2014. 12. 23. 호번개정)

⑪ 면세유류 관리기관인 조합이 제1호에 해당하는 경우에는 해당 석유류에 대한 부가가치세, 개별소비세, 교통·에너지·환경세, 교육세 및 자동차세의 감면세액의 100분의 40에 해당하는 금액을, 제2호에 해당하는 경우에는 해당 석유류에 대한 부가가치세, 개별소비세, 교통·에너지·환경세, 교육세 및 주행세의 감면세액의 100분의 20에 해당하는 금액을 대통령령으로 정하는 바에 따라 가산세로 징수한다. (2019. 12. 31. 개정)

1. 거짓이나 그 밖의 부정한 방법으로 면세유류 구입카드등을 발급하는 경우 (2010. 1. 1. 개정)

2. 관련 증거서류를 확인하지 아니하는 등 관리 부실로 인하여 농어민 등에게 면세유류 구입카드등을 잘못 발급하거나 농어민등 외의 자에게 면세유류 구입카드등을 발급하는 경우 (2010. 1. 1. 개정)

⑫ 농어민등이 아닌 자가 제4항에 따라 면세유류 구입카드등을 발급받거나 농어민등 또는 농어민등이 아닌 자가 농어민등으로부터 면세유류 구입카드등 또는 그 면세유류 구입카드등으로 공급받은 석유류를 양수받은 경우 또는 석유판매업자가 제2항에 따라 신청한 환급·공제세액이 신청하여야 할 환급·공제세액을 초과하는 경우에는 대통령령으로 정하는 바에 따라 다음 각 호에 따라 계산한 금액을 추징한다. (2019. 12. 31. 개정)

1. 면세유류 관리기관인 조합으로부터 면세유류 구입카드등을 발급받거나 농어민등으로부터 면세유류 구입카드등을 양수받은 경우에는 다음 각 목에 따라 계산한 금액을 합친 금액 (2010. 1. 1. 개정)

　가. 발급 또는 양수 당시 면세유류 구입카드등으로 석유류를 공급받을 경우의 부가가치세, 개별소비세, 교통·에너지·환경세, 교육세 및 자동차세의 감면세액 상당액 (2011. 12. 31. 개정)

　나. 가목에 따른 감면세액 상당액의 100분의 40에 해당하는 금액의 가산세 (2010. 1. 1. 개정)

2. 농어민등으로부터 면세유류 구입카드등으로 공급받은 석유류를 양수받은 경우에는 다음 각 목에 따라 계산한 금액을 합친 금액 (2010. 1. 1. 개정)

　가. 해당 석유류에 대한 부가가치세, 개별소비세, 교통·에너지·환경세, 교육세 및 자동차세의 감면세액 (2011. 12. 31. 개정)

　나. 가목에 따른 감면세액의 100분의 40에 해당하는 금액의 가산세 (2010. 1. 1. 개정)

3. 석유판매업자가 제2항에 따라 신청한 환급·공제세액이 신청하여야 할 환급·공제세액을 초과하는 경우에는 다음 각 목에 따라 계산한 금액을 합친 금액. 다만, 나목은 부당한 방법으로 신청하는 경우에만 적용한다. (2010. 1. 1. 개정)

　가. 해당 석유류에 대한 부가가치세, 개별소비세, 교통·에너지·환경세, 교육세 및 자동차세의 감면세액 (2011. 12. 31. 개정)

　나. 가목에 따른 감면세액의 100분의 40에 해당하는 금액의 가산세 (2010. 1. 1. 개정)

⑬ 석유판매업자가 다음 각 호의 어느 하나에 해당하는 경우에는 면세유류 관리기관인 중앙회는 면세유를 판매할 수 있는 석유판매업자의 지정을 취소할 수 있으며, 지정 취소된 석유판매업자는 각 호에서 정하는 기간 동안 제7항에 따른 지정 신청을 할 수 없다. (2019. 12. 31. 개정)

1. 제12항에 따른 감면세액의 추징 사유가 생긴 경우 : 지정취소일부터 5년간 (2019. 12. 31. 신설)

2. 직전 2회계연도의 기간 동안 면세유류 판매실적이 없는 경우 : 지정취소일부터 1년간 (2019. 12. 31. 신설)

⑭ 제12항에 따른 감면세액의 추징 사유가 생긴 석유판매업자와 다음 각 호의 관계에 있는 자에 대하여도 제13항을 적용한다. 다만, 그 양수인(해당 석유판매업자와 대통령령으로 정하는 특수관계에 있는 자는 제외한다) 또는 법인이 종전 석유판매업자의 감면세액 추징 사유가 생긴 것을 알지 못하였음을 증명하는 경우에는 그러하지 아니하다. (2014. 12. 23. 단서개정)

1. 석유판매업자가 사망한 경우 그 상속인 (2010. 1. 1. 개정)

2. 석유판매업자가 그 석유판매업의 전부를 양도한 경우 그 양수인 (2010. 1. 1. 개정)

3. 법인인 석유판매업자가 다른 석유판매업자와 합병을 한 경우 합병 후 존속하는 법인이나 합병에 의하여 설립되는 법인 (2010. 1. 1. 개정)

⑮ 제1항 제1호에 따른 석유류의 연간 한도량은 대통령령으로 정하는 바에 따라 농림축산식품부장관, 해양수산부장관 또는 산림청장의 신청을 받아 기획재정부장관이 석유제품별로 정한다. (2013. 3. 23. 직제개정 ; 정부조직법 부칙)

⑯ 면세유류 관리기관인 중앙회는 제15항에 따른 석유류의 연간 한도량(이하 이 항에서 "면세유류한도량"이라 한다)의 범위에서 제4항에 따른 면세유류 구입카드등이 발급되고 사용되도록 관리하여야 하며, 면세유류한도량을 초과하여 면세유류 구입카드등이 발급되어 제1항 제1호에 따른 석유류가 공급되었을 경우에는 그 면세유류 한도량을 초과하는 석유류에 대해서는 면세유류 관리기관인 중앙회가 공급받은 것으로 보아 대통령령으로 정하는 바에 따라 면세유류 관리기관인 중앙회로부터 부가가치세, 개별소비세, 교통·에너지·환경세, 교육세 및 자동차세의 감면세액을 추징한다. (2019. 12. 31. 개정)

⑰ 「농업협동조합법」에 따른 조합은 농어민에 대한 면세유류의 공급과 관련하여 면세유류 구입카드등의 발급, 관리대장의 비치, 전산처리 등에 사용되는 비용에 충당하기 위하여 면세유류 구입카드등을 발급받는 자로부터 대통령령으로 정하는 금액을 수수료로 징수할 수 있다. (2010. 1. 1. 개정)

☞ p.1721 1단 연결

⑱ 면세유류 관리기관인 조합은 제9항·제11항 및 제12항에 따른 감면세액 또는 가산세의 추징 사유가 발생하였음을 알았거나 농어민등이 「수산업법」 등 관련 법령에 따라 어업 등에 대한 제한이나 정지처분을 갈음하는 과징금을 부과받은 경우에는 면세유류 구입카드등의 발급 및 사용을 즉시 중지시키고 지체 없이 그 사실을 관할 세무서장에게 알려야 한다. (2015. 12. 15. 개정)

⑲ 관할 세무서장은 제9항부터 제14항까지 및 제16항에 따른 감면세액 추징 사유 등이 발생하였음을 알았을 때에는 지체 없이 「지방세법」 제137조 제1항에 따른 자동차세의 특별징수의무자와 면세유류관리기관인 조합에 그 사실을 알려야 한다. (2019. 12. 31. 개정)

⑳ 면세유류 관리기관은 면세유 관리업무를 효율적으로 수행하기 위하여 행정기관 등에 다음 각 호의 자료를 요청할 수 있으며, 요청받은 행정기관 등은 정당한 사유가 없으면 면세유류 관리기관에 요청받은 자료를 제출하여야 한다. (2019. 12. 31. 개정)

1. 농어민등의 「가족관계의 등록 등에 관한 법률」 제9조에 따른 사망에 관한 자료 (2019. 12. 31. 신설)
2. 농어민등의 「주민등록법」 제16조에 따른 전입신고에 관한 자료 (2019. 12. 31. 신설)
3. 「어선법」 제5조의 2에 따른 어선위치발신장치의 선박위치 관련 자료 (2019. 12. 31. 신설)
4. 제9항에 따른 추징세액의 납부 여부에 관한 자료 (2019. 12. 31. 신설)
5. 농어민등이 보유한 화물자동차의 「자동차관리법」 제69조에 따른 전산자료(자동차등록번호, 소유자 성명 및 주민등록번호를 포함한 자동차의 신규등록·이전등록·변경등록·말소등록에 관한 자료) (2019. 12. 31. 신설)

㉑ 관할 세무서장은 제1항 제1호에 따른 면세유를 공급받은 자로부터 취득하여 판매한 자에게 판매가액의 3배 이하의 과태료를 부과한다. 이 경우 과태료의 부과기준은 대통령령으로 정한다. (2021. 12. 28. 후단신설)

㉒ 제1항부터 제20항까지의 규정에 따른 면세유의 공급 및 관리절차, 면세유류 구입카드등의 발급 및 사용방법, 감면세액과 감면세액 상당액 및 가산세의 추징 절차 등에 필요한 사항은 대통령령으로 정한다. (2021. 12. 28. 개정)

제106조의 3【금지금에 대한 부가가치세 과세특례】① 대통령령으로 정하는 형태·순도 등을 갖춘 지금[이하 이 조에서 "금지금"(金地金)이라 한다]으로서 다음 각 호의 어느 하나에 해당하는 금지금(이하 이 조에서 "면세금지금"이라 한다)의 공급에 대해서는 2014년 3월 31일까지 제3항의 구분에 따라 부가가치세를 면제한다. (2014. 1. 1. 개정)

1. 대통령령으로 정하는 금지금도매업자 및 금지금제련업자(이하 이 조에서 "금지금도매업자등"이라 한다)가 대통령령으로 정하는 자(이하 이 조에서 "면세금지금 거래추천자"라 한다)의 면세 추천을 받은 대통령령으로 정하는 금세공업자 등(이하 이 조에서 "금세공업자등"이라 한다)에게 공급하는 금지금 (2010. 1. 1. 개정)

2. ☞ p.1724

제106조의 3【금지금거래에 대한 부가가치세 과세특례】① 법 제106조의 3 제1항 각 호 외의 부분에서 "대통령령이 정하는 형태·순도 등을 갖춘 지금"이란 금괴(덩어리)·골드바 등 원재료 상태로서 순도가 1000분의 995 이상인 금을 말한다. (2009. 2. 4. 개정)

② 법 제106조의 3 제1항 제1호에서 "대통령령으로 정하는 금지금도매업자 및 금지금제련업자"란 다음 각호의 1에 해당하는 자(이하 이 조·제106조의 4 및 제106조의 5에서 "금지금도매업자 등"이라 한다)를 말한다. 다만, 금세공업자로서 금지금도매업을 겸영하는 자 및 제106조의 4 제7항의 규정에 의하여 면세금지금의 거래승인이 철회된 날부터 2년이 경과되지 아니한 자를 제외한다. (2010. 2. 18. 개정)

1. 금지금도매업자 : 금지금도매업을 영위하는 자로서 다음 각목의 요건을 모두 갖춘 자(이하 이 조에서 "면세금지금도매업자"라 한다) (2002. 12. 30 신설)

　가. 사업개시일부터 1년 이상 금지금도매업을 영위하고 있을 것 (2002. 12. 30 신설)

　나. 금지금도매에 의한 매출액이 기획재정부령이 정하는 금액 이상일 것 (2008. 2. 29. 직제개정 ; 기획재정부와~직제 부칙)

　다. 사업자, 사업자의 대표자 또는 임원이 최근 2년 이내에 국세를 3회 이상 체납하거나 5년 이내에 결손처분한 사실이 없을 것 (2004. 10. 5. 개정)

2. 금지금제련업자 : 귀금속·비철금속광석·괴 및 스크랩 등을 제련하거나 정련하여 금지금을 제조하는 업을 영위하는 자 (2002. 12. 30 신설)

③ 법 제106조의 3 제1항 제1호 및 동조 제2항에서 "대통령령이 정하는 자"라 함은 국세청장이 정하는 전산시스템을 갖춘 자로서 다음 각 호의 어느 하나에 해당하는 자를 말하되,「외국환거래법」제9조의 규정에 의한 외국환중개업무의 인가를 받은 자 중 금지금중개를 하는 자로서 기획재정부령으로 정하는 요건을 갖춘 자(이하 이 조 및 제106조의 4에서 "면세금지금중개업자"라 한다)는 제1호 내지 제3호의 규정에 의한 면세금지금거래추천자 및 면세금지금수입추천자로 본다. (2009. 2. 4. 개정)

제48조의 2【면세금지금도매업자의 범위 등】① 영 제106조의 3 제2항 제1호 나목에서 "기획재정부령이 정하는 금액 이상"이라 함은 법 제106조의 3의 규정에 의하여 면세금지금을 거래하고자 하는 날이 속하는 과세기간의 직전 2개의 과세기간의 공급가액을 합계한 금액이 30억원 이상인 경우를 말한다. (2008. 4. 29. 직제개정)

② 영 제106조의 3 제3항 각 호 외의 부분에서 "기획재정부령으로 정하는 요건을 갖춘 자"라 함은 다음 각 호의 요건을 갖춘 자를 말한다. (2009. 4. 7. 개정)

1. 면세금지금중개업무 및 이에 관한 보고업무를 안정적으로 수행할 수 있는 충분한 속도 및 용량의 전산설비를 갖추고 있을 것 (2003. 3. 24 신설)

년이 경과되지 아니한 자를 제외한다. (2010. 2. 18. 개정)

1. 면세금지금도매업자 (2002. 12. 30 신설)
2. 금지금을 귀금속제품의 원재료 등으로 사용하는 귀금속의 제조업자로서 당해 사업자, 당해 사업자의 대표자 또는 임원이 최근 1년 이내에 국세를 3회 이상 체납하거나 5년 이내에 결손처분한 사실이 없는 자 (2004. 10. 5. 개정)
3. 귀금속제품을 직접 제조하지 아니하고 다른 귀금속제조업체에게 귀금속제품의 제조를 위탁하고 당해 귀금속제품을 판매하는 업을 영위하는 부가가치세 일반과세자로서 당해 사업자, 당해 사업자의 대표자 또는 임원이 최근 1년 이내에 국세를 3회 이상 체납하거나 5년 이내에 결손처분한 사실이 없는 자 (2004. 10. 5. 개정)

☞ p.1724 2단 연결

1. 법 제106조의 3 제1항 제1호 또는 제4호에 따른 면세금지금거래추천자(이하 이 조·제106조의 4 및 제106조의 5에서 "면세금지금거래추천자"라 한다) : 「상공회의소법」에 의한 대한상공회의소 및 「중소기업협동조합법」에 의하여 설립된 한국귀금속가공업협동조합연합회 (2008. 2. 22. 개정)
2. 법 제106조의 3 제1항 제2호에 따른 면세금지금거래추천자 : 제5항 제1호, 제3호부터 제8호까지에서 규정한 금융기관이 면세금지금을 구입하고자 하는 경우에는 「민법」 제32조의 규정에 의하여 설립된 사단법인 전국은행연합회, 제5항 제2호에 따른 금융투자업자가 금지금 장내파생상품거래용으로 면세금지금을 구입하고자 하는 경우에는 「자본시장과 금융투자업에 관한 법률」에 따른 거래소 (2013. 8. 27. 개정 ; 자본시장과~시행령 부칙)
3. 법 제106조의 3 제2항에 따른 면세금지금수입추천자(이하 이 조·제106조의 4 및 제106조의 5에서 "면세금지금수입추천자"라 한다) : 다음 각 목의 어느 하나에 해당하는 자(거래목적이 혼재되어 수입하는 경우에는 가목부터 다목까지 면세금지금수입추천자 중 면세금지금을 수입하고자 하는 자가 이를 선택할 수 있다) (2009. 2. 4. 개정)
    가. 법 제106조의 3 제1항 제1호의 규정에 의한 거래목적으로 수입하는 경우에는 「상공회의소법」에 의한 대한상공회의소 및 중소기업협동조합법에 의하여 설립된 한국귀금속가공업협동조합연합회 (2005. 2. 19. 개정)
    나. 법 제106조의 3 제1항 제2호 및 제4호에 따른 거래목적으로 수입하는 경우에는 「민법」 제32조의 규정에 의하여 설립된 사단법인 전국은행연합회 (2008. 2. 22. 개정)
    다. 법 제106조의 3 제1항 제3호에 따른 거래목적으로 수입하는 경우에는 「자본시장과 금융투자업에 관한 법률」에 따른 거래소 (2013. 8. 27. 개정 ; 자본시장과~시행령 부칙)
④ 법 제106조의 3 제1항 제1호에서 "대통령령으로 정하는 금세공업자 등"이란 다음 각호의 1에 해당하는 자를 말한다. 다만, 제106조의 4 제7항의 규정에 의하여 면세금지금의 거래승인이 철회된 날부터 2

2. 면세금지금중개업무에 대한 지식·경험 등 업무수행에 필요한 능력을 가진 전문인력을 갖출 것 (2003. 3. 24 신설)

〈제106조의 3 ①〉

2. 금지금도매업자등 및 대통령령으로 정하는 금융기관(이하 이 조에서 "금융기관"이라 한다)이 면세금지금 거래추천자의 면세 추천을 받은 금융기관에 공급하는 금지금 또는 금융기관이 금지금 소비대차에 의하여 공급하거나 이를 상환받는 금지금 (2010. 1. 1. 개정)

3. 「자본시장과 금융투자업에 관한 법률」에 따른 파생상품시장에서 거래되는 장내파생상품거래(이하 "장내파생상품거래"라 한다)에 의하여 공급하는 금지금. 다만, 금세공업자등(금융기관을 포함한다) 외의 자가 금지금의 실물을 인수하는 경우에는 그러하지 아니하다. (2010. 1. 1. 개정)

4. 금융기관이 면세금지금 거래추천자의 면세 추천을 받은 금세공업자 등에게 공급하는 금지금 (2010. 1. 1. 개정)

② 금세공업자등 및 금융기관이 대통령령으로 정하는 자(이하 이 조에서 "면세금지금 수입추천자"라 한다)로부터 면세수입 추천을 받아 수입하는 금지금에 대해서는 2014년 3월 31일까지 부가가치세를 면제한다. (2014. 1. 1. 개정)

③ 제1항에 따른 면세금지금에 대해서는 다음 각 호의 어느 하나의 규정에 따라 「부가가치세법」상의 특례를 적용한다. (2010. 1. 1. 개정)

1. 금융기관이 면세금지금을 공급하는 경우 「부가가치세법」 제26조를 준용한다. (2013. 6. 7. 개정 ; 부가가치세법 부칙)

2. 금융기관 외의 사업자가 면세금지금을 공급하는 경우 해당 사업자는 부가가치세 과세사업자로 보아 「부가가치세법」을 적용한다. 이 경우 그 사업자가 면세금지금의 공급과 관련하여 해당 금지금을 구입할 때에 부담한 부가가치세 매입세액에 대해서는 「부가가치세법」 제38조에 따른 공제하는 매입세액으로 보지 아니하되, 금지금도매업자등 중 금지금제련업자가 제련하여 공급하는 면세금지금 및 해당 사업자가 제1항 제2호에 따라 금융기관에 금지금 소비대차에 의하여 상환하는 면세금지금의 구입과 관련하여 부담한 부가가치세 매입세액은 공제받을 수 있다. (2013. 6. 7. 후단 개정 ; 부가가치세법 부칙)

④ 대통령령으로 정하는 부가가치세 징수의무자(이하 이 조에서 "부가가치세 징수의무자"라 한다)는 다음 각 호의 어느 하나에 해당하는 경

⑤ 법 제106조의 3 제1항 제2호에서 "대통령령으로 정하는 금융기관"이란 다음 각 호의 어느 하나에 해당하는 자를 말한다. (2010. 2. 18. 개정)

1. 「한국은행법」에 의한 한국은행 (2005. 2. 19. 개정)

2. 「자본시장과 금융투자업에 관한 법률」에 따른 금융투자업자(이하 이 조에서 "금융투자업자"라 한다) (2009. 2. 4. 개정)

3. 「은행법」에 의한 은행 (2005. 2. 19. 개정)

4. 「중소기업은행법」에 의한 중소기업은행 (2005. 2. 19. 개정)

5. 「한국산업은행법」에 의한 한국산업은행 (2005. 2. 19. 개정)

6. 「한국수출입은행법」에 의한 한국수출입은행 (2005. 2. 19. 개정)

7. 「농업협동조합법」에 의한 농협은행 (2012. 2. 2. 개정)

8. 「수산업협동조합법」에 의한 수산업협동조합중앙회 (2005. 2. 19. 개정)

⑥ 법 제106조의 3 제4항 각 호 외의 부분에서 "대통령령으로 정하는 부가가치세 징수의무자"란 다음 각 호의 어느 하나에 해당하는 자를

우 대통령령으로 정하는 공급 시기에 대통령령으로 정하는 부가가치세 징수대상자(이하 이 조에서 "부가가치세 징수대상자"라 한다)로부터 부가가치세를 징수하여 징수일이 속하는 달의 다음 달 말일까지 대통령령으로 정하는 바에 따라 사업장 관할 세무서장, 한국은행 또는 체신관서에 납부하여야 한다. (2010. 1. 1. 개정)

1. 금융기관이 금지금 소비대차에 의하여 공급한 금지금을 상환받지 못하는 경우 (2010. 1. 1. 개정)
2. 금지금 장내파생상품거래의 경우 금세공업자등(금융기관을 포함한다) 외의 자가 금지금의 실물을 인수하는 경우 (2010. 1. 1. 개정)

말한다. (2009. 2. 4. 개정)

1. 제5항 각호의 금융기관(이하 이 조·제106조의 4 및 제106조의 5에서 "금융기관"이라 한다)이 금지금소비대차에 의하여 공급하는 금지금의 경우 : 당해 금융기관 (2002. 12. 30 신설)
2. 금지금 장내파생상품거래에 의하여 제4항 각 호의 면세금지금도매업자 등(이하 이 조·제106조의 4 및 제106조의 5에서 "금세공업자 등"이라 하며, 이 항에서는 금융기관을 포함한다) 외의 자에게 금지금의 실물을 인도하는 경우 : 당해 금지금을 인도하거나 위탁받아 중개·주선 또는 대리하는 금융투자업자 (2009. 2. 4. 개정)

⑦ 법 제106조의 3 제4항 각 호 외의 부분에서 "대통령령으로 정하는 공급시기"란 다음 각 호의 어느 하나에 해당하는 때를 말한다. (2009. 2. 4. 개정)

1. 금지금소비대차의 경우 : 상환받기로 한 때 (2002. 12. 30 신설)
2. 금지금 장내파생상품거래의 경우 : 금지금의 실물을 인도한 때 (2009. 2. 4. 개정)

⑧ 법 제106조의 3 제4항 각 호 외의 부분에서 "대통령령으로 정하는 부가가치세 징수대상자"란 다음 각 호의 어느 하나에 해당하는 자(이하 이 조에서 "부가가치세 징수대상자"라 한다)를 말한다. (2009. 2. 4. 개정)

1. 금융기관으로부터 금지금소비대차에 의하여 금지금을 공급받고 상환하지 아니한 자 (2002. 12. 30 신설)
2. 금지금 장내파생상품거래의 경우에는 금지금의 실물을 인수한 금세공업자 등(금융기관을 포함한다) 외의 자 (2009. 2. 4. 개정)

⑨ 법 제106조의 3 제4항의 규정에 의하여 부가가치세를 징수한 부가가치세 징수의무자(이하 이 조에서 "부가가치세 징수의무자"라 한다)는 징수한 부가가치세를 그 징수일이 속하는 달의 다음달 말일까지 다음 각호의 사항을 기재한 기획재정부령이 정하는 금지금부가가치세납부신고서와 함께 부가가치세 징수의무자의 사업장 관할세무서장에게 납부하거나 「국세징수법」에 의한 납부서에 금지금부가가치세납부신고서를 첨부하여 한국은행 또는 체신관서에 납부하여야 한다. (2008. 2. 29. 직제개정 ; 기획재정부와~ 직제 부칙)

1. 금지금을 공급받은 자의 성명(사업자인 경우는 상호), 주소(사업자의 경우는 사업장 주소), 주민등록번호(사업자인 경우는 사업자등록

규칙 61조 2항 1호 ⇒ 금지금부가가치세납부신고서(별지 85호 서식)

⑤ 제4항에 따라 부가가치세 징수의무자가 부가가치세를 징수하는 경우에는 대통령령으로 정하는 바에 따라 금지금 부가가치세 징수영수증을 발급하여야 한다. (2010. 1. 1. 개정)

⑥ 관할 세관장은 제1항에 따라 금세공업자등에게 금지금을 공급할 목적 등으로 제2항에 따라 면세로 금지금을 수입한 자가 그 수입한 금지금을 해당 목적으로 공급하지 아니하는 경우에는 수입과 관련된 부가가치세를 수입자로부터 징수하고 세금계산서를 발급하여야 한다. 다만, 대통령령으로 정하는 경우에는 그러하지 아니하다. (2010. 1. 1. 개정)

⑦ 제1항 및 제2항에 따라 면세로 금지금을 공급(「자본시장과 금융투자업에 관한 법률」 제8조의 금융투자업자를 통하여 장내파생상품을 매매거래한 자의 공급은 제외한다)하거나 수입한 자, 면세금지금 거래추천자, 면세금지금 수입추천자 및 금융기관은 대통령령으로 정하는 바에 따라 면세금지금의 거래내용(금융투자업자를 통하여 금지금 장내파생상품을 매매거래하는 것을 포함한다. 이하 이 조에서 같다) 및 추천내용을 매 분기 마지막 달의 다음 달 말일까지 사업장 관할 세무서장에게 보고하고, 면세금지금의 거래내용, 수입내용 및 면세추천내용을 각각 구분하여 장부에 기록하여야 하며, 면세금지금의 공급일·수입일 및 추천일이 속하는 해의 말일부터 5년간 이를 보관하여야 한다. (2010. 1. 1. 개정)

⑧ 사업장 관할 세무서장 또는 관할 세관장이 다음 각 호의 구분에 따

번호) (2002. 12. 30 신설)

2. 징수납부하는 사업자의 인적사항 (2002. 12. 30 신설)

3. 공급가액·부가가치세액 및 공급량 (2002. 12. 30 신설)

4. 그 밖의 참고사항 (2002. 12. 30 신설)

⑩ 법 제106조의 3 제5항의 규정에 의하여 부가가치세를 징수한 부가가치세 징수의무자는 부가가치세를 징수하는 때에 다음 각호의 사항을 기재한 기획재정부령이 정하는 금지금부가가치세징수영수증을 제8항의 규정에 의한 부가가치세 징수대상자에게 교부하여야 한다. (2008. 2. 29. 직제개정 ; 기획재정부와~직제 부칙)

1. 금지금을 공급받은 자의 성명(사업자인 경우는 상호), 주소(사업자의 경우는 사업장 주소), 주민등록번호(사업자인 경우는 사업자등록번호) (2002. 12. 30 신설)

2. 징수납부하는 사업자의 인적사항 (2002. 12. 30 신설)

3. 공급가액·부가가치세액 및 공급량 (2002. 12. 30 신설)

4. 그 밖의 참고사항 (2002. 12. 30 신설)

⑪ 법 제106조의 3 제6항 단서의 규정에 의하여 부가가치세를 징수하지 아니하는 경우는 금지금이 법 제106조의 3 제1항 각호의 규정에 의하여 공급되는 경우를 말한다. (2002. 12. 30 신설)

⑫ 법 제106조의 3 제7항에 따라 면세로 금지금을 공급하거나 수입한 자, 면세금지금거래추천자, 면세금지금수입추천자 및 금융기관은 다음 각 호의 어느 하나에 해당하는 사항을 기재한 기획재정부령으로 정하는 면세금지금거래(수입)사실명세서 및 금지금위탁거래사실명세서를 매분기 마지막 달의 다음 달 말일까지, 면세금지금추천사실명세서를 추천일이 속하는 달의 다음 달 5일까지 해당 사업장의 관할세무서장에게 각각 제출하여야 한다. 이 경우 면세금지금거래(수입)사실명세서 등은 국세청장이 정하는 바에 따라 전산처리된 테이프 또는 디스켓·디스크로 제출하여야 한다. (2009. 2. 4. 개정)

1. 면세금지금을 공급하거나 수입한 자가 제출하는 면세금지금거래(수입)사실명세서의 경우에는 다음 각목의 사항 (2002. 12. 30 신설)

　가. 면세금지금을 공급받은 자의 상호, 사업장 주소, 사업자등록번

규칙 61조 2항 2호 ⇒ 금지금부가가치세징수영수증(별지 86호 서식)

• 규칙 61조 2항 3호 ⇒ 면세금지금거래사실명세서(별지 87호 서식(1) 및 (2))
• 규칙 61조 2항 4호 ⇒ 면세금지금수입사실명세서(별지 88호 서식(1) 및 (2))
• 규칙 61조 2항 5호 ⇒ 금지금위탁거래사실명세서(별지 89호 서식(1) 및 (2))
• 규칙 61조 2항 6호 ⇒ 면세금지금추천사실명세서(별지 90호 서식(1) 및 (2))

라 징수하는 금액은 국세징수의 예에 따라 부가가치세로 징수하는 것으로 본다. (2010. 1. 1. 개정)

1. 제1항 제1호에 따라 면세금지금 거래추천자로부터 면세추천받은 금지금을 추천받은 자 외의 자에게 공급하는 경우에는 해당 금지금에 대한 부가가치세액의 100분의 10에 상당하는 금액을 가산세로 징수한다. (2010. 1. 1. 개정)

2. 제1항 제2호에 따라 금지금을 공급한 경우로서 다음 각 목의 어느 하나에 해당하는 때에는 해당 금지금에 대한 부가가치세액의 100분의 10에 상당하는 금액을 가산세로 징수한다. (2010. 1. 1. 개정)

   가. 금지금도매업자등 및 금융기관이 면세금지금 거래추천자로부터 면세추천받은 금지금을 추천받은 금융기관 외의 자에게 금지금을 공급하는 경우 (2010. 1. 1. 개정)

   나. 사업자가 금지금 소비대차에 의하여 차입한 금지금을 상환할 때 차입한 금융기관 외의 자에게 금지금을 공급하는 경우 (2010. 1. 1. 개정)

3. 제4항에 따라 부가가치세를 징수하여 납부하여야 할 부가가치세 징수의무자가 부가가치세 징수대상자로부터 부가가치세를 징수하여 납부하지 아니한 경우에는 그 납부하지 아니한 세액에 그 세액의 100분의 10에 상당하는 금액을 가산하여 징수한다. (2010. 1. 1. 개정)

4. 제1항에 따라 금세공업자등에게 금지금을 공급할 목적 등으로 제2항에 따라 면세로 금지금을 수입한 자가 그 수입한 금지금을 해당 목적으로 공급하지 아니하여 관할 세관장이 제6항에 따라 부가가치세를 징수하는 경우에는 그 징수하는 세액에 그 세액의 100분의 10에 상당하는 금액을 가산하여 징수한다. (2010. 1. 1. 개정)

5. 제7항에 따라 면세금지금 거래내용 등에 대하여 보고·장부기록 및 관리보관 의무를 성실하게 이행하여야 할 자가 이를 이행하지 아니한 경우에는 다음 각 목에서 정하는 금액을 가산세로 징수한다. 이 경우 가목 및 나목에 동시에 해당되는 경우에는 나목을 적용한다. (2010. 1. 1. 개정)

   가. 제7항에 따른 장부를 비치·기록하지 아니하였거나 비치·기록한 장부에 따른 면세금지금의 거래금액 및 추천금액이 기록하여야 할 거래금액 및 추천금액에 미달하는 경우에는 그

호 (2002. 12. 30 신설)

   나. 면세금지금공급자 및 수입자의 인적사항 (2002. 12. 30 신설)

   다. 공급가액·공급량 또는 수입가액·수입량 (2002. 12. 30 신설)

   라. 그 밖의 참고사항 (2002. 12. 30 신설)

2. 금융투자업자가 금지금 장내파생상품거래를 위탁받아 그 위탁의 중개·주선 또는 대리한 분에 대하여 제출하는 금지금위탁거래사실명세서의 경우 다음 각 목의 사항 (2009. 2. 4. 개정)

   가. 금지금을 공급받은 자의 인적사항 (2002. 12. 30 신설)

   나. 금지금위탁자의 인적사항 (2002. 12. 30 신설)

   다. 공급가액·부가가치세액 및 공급량 (2002. 12. 30 신설)

   라. 그 밖의 참고사항 (2002. 12. 30 신설)

3. 면세금지금거래추천자 및 면세금지금수입추천자가 제출하는 면세금지금추천사실명세서의 경우에는 다음 각목의 사항 (2002. 12. 30 신설)

   가. 면세금지금을 추천받은 자의 인적사항 (2002. 12. 30 신설)

   나. 면세금지금을 추천받은 거래상대방의 인적사항 (2002. 12. 30 신설)

   다. 공급가액 및 면세추천량 (2002. 12. 30 신설)

   라. 그 밖의 참고사항 (2002. 12. 30 신설)

⑬ 법 제106조의 3 제7항의 규정에 의한 면세금지금의 거래 및 추천사실에 대한 장부의 기록·보관의무자는 당해 면세금지금에 관한 모든 거래사실 등이 객관적으로 파악될 수 있도록 장부에 기록·보관하여야 한다. 이 경우 전산처리된 테이프 또는 디스켓으로 보관하는 때에도 장부를 기록·보관한 것으로 본다. (2002. 12. 30 신설)

미달된 면세금지금의 거래금액 및 추천금액의 100분의 1(면세금지금 거래추천자, 면세금지금 수입추천자의 경우는 1,000분의 5)에 상당한 금액 (2010. 1. 1. 개정)

나. 제7항에 따라 면세금지금의 거래내용 및 추천내용을 사업장 관할 세무서장에게 보고하지 아니하거나 보고하여야 할 면세금지금의 거래금액 및 추천금액에 미달하는 경우에는 그 보고하지 아니하거나 미달한 면세금지금의 거래금액 및 추천금액의 100분의 1(면세금지금 거래추천자, 면세금지금 수입추천자의 경우는 1,000분의 5)에 상당한 금액 (2010. 1. 1. 개정)

⑨ 부가가치세 일반과세자가 제4항에 따라 부가가치세를 징수당한 부분과 제6항에 따라 세금계산서를 발급받은 부분은 「부가가치세법」 제37조부터 제39조까지의 규정을 준용하여 이를 매입세액으로 공제받을 수 있다. (2013. 6. 7. 개정 ; 부가가치세법 부칙)

⑩ 금융기관이 금지금 소비대차에 의하여 공급한 금지금을 상환받지 못하는 경우로서 그 금지금을 상환하지 못하는 자가 대통령령으로 정하는 사유에 해당할 때에는 제4항에도 불구하고 부가가치세를 징수하지 아니한다. (2010. 1. 1. 개정)

⑪ ☞ p.1731

⑭ 법 제106조의 3 제10항에서 규정하는 "대통령령으로 정하는 사유"란 부가가치세 징수대상자가 다음 각호의 1에 해당하는 경우를 말한다. (2010. 2. 18. 개정)

1. 「채무자 회생 및 파산에 관한 법률」에 의한 회생계획인가의 결정에 따라 회수불능으로 확정된 경우 (2006. 3. 29. 개정 ; 채무자 회생 및∼시행령 부칙)

2. 파산, 강제집행, 형의 집행, 사업의 폐지, 사망, 실종, 행방불명 등으로 회수불능에 해당하는 경우 (2002. 12. 30 신설)

제106조의 4 【금지금거래에 대한 승인·변경 및 철회 등】 ① 제106조의 3 제2항의 규정에 의한 금지금도매업자 등이 면세금지금의 거래를 하고자 하는 경우에는 그 면세금지금을 최초로 거래하고자 하는 달의 전달 10일까지 다음 각호의 사항을 기재한 기획재정부령이 정하는 면세금지금거래승인신청서를 당해 사업장의 관할세무서장에게 제출하여 승인을 얻어야 한다. (2008. 2. 29. 직제개정 ; 기획재정부와∼직제 부칙)

1. 사업자의 인적사항 (2002. 12. 30 신설)

2. 면세금지금 거래승인 신청사유 (2002. 12. 30 신설)

3. 월평균 면세금지금 소요량. 다만, 제106조의 3 제2항 제2호에 의한

관계조문 ▶▶
규칙 61조 2항 7호 ⇒ 면세금지금거래승인신청서(금지금도매업자 등)(별지 91호 서식)

당해 사업장의 관할세무서장에게 기획재정부령이 정하는 면세금지금 거래승인변경신고서를 제출하여야 한다. (2008. 2. 29. 직제개정 ; 기획재정부와~직제 부칙)

⑥ 제106조의 3 제2항 제1호 및 동조 제4항의 규정을 적용함에 있어서 사업자의 대표자가 변경되는 경우에는 금지금도매업자 및 금세공업자 등은 당해 사업장의 관할세무서장에게 기획재정부령이 정하는 면세금지금거래승인변경신고서를 제출하여야 한다. (2008. 2. 29. 직제개정 ; 기획재정부와~직제 부칙)

관계조문 ▷▷

규칙 61조 2항 10호 ⇒ 면세금지금거래승인변경신고서(별지 94호 서식)

⑦ 사업장의 관할세무서장은 금지금도매업자 등 및 금세공업자 등이 다음 각호의 어느 하나에 해당하는 경우에는 면세금지금을 공급하거나 공급받을 수 있는 승인을 철회할 수 있다. (2005. 2. 19. 개정)

1. 금지금도매업자 등 및 금세공업자 등(당해 사업자의 대표자 및 임원을 포함한다)이 체납 또는 결손처분 등을 받은 경우 (2005. 2. 19. 개정)

2. 금지금도매업자 등 및 금세공업자 등이 당초 승인을 얻은 제1항 제3호 및 제4항 제4호에 의한 월평균 면세금지금 소요량의 100분의 110을 초과하여 매입한 경우 (2005. 2. 19. 개정)

3. 금지금도매업자 등 및 금세공업자 등이 면세금지금을 법 제106조의 3 제1항 제1호부터 제4호까지에 규정되지 아니한 방법으로 분기별 100킬로그램을 초과하여 공급한 경우 (2008. 2. 22. 개정)

4. 「조세범처벌법」 제9조ㆍ제11조의 2ㆍ제12조의 3 및 제13조의 규정에 의한 범칙행위로 인하여 고발된 경우 (2005. 2. 19. 개정)

5. 그 밖에 금지금의 수입이 전달 또는 전분기에 비하여 현저히 증가하였거나 증가할 우려가 있어 면세금지금의 부정유통을 사전에 차단하기 위하여 거래유형을 미리 통제할 필요가 있다고 판단하여 국세청장이 정하여 고시하는 것에 해당하는 경우 (2005. 2. 19. 개정)

⑧ 국세청장은 면세금지금 거래추천자 또는 수입추천자가 다음 각호의

☞ p.1730 2단 연결

금지금제련업자의 경우에는 기재하지 아니한다. (2005. 2. 19. 신설)

4. 그 밖의 참고사항 (2005. 2. 19. 호번개정)

② 제106조의 3 제3항의 규정에 의하여 면세금지금 거래추천 또는 수입추천을 하고자 하는 자는 당해 면세금지금을 거래추천 또는 수입추천하고자 하는 달의 전달 10일까지 다음 각호의 사항을 기재한 기획재정부령이 정하는 면세금지금거래(수입)추천승인신청서를 국세청장에게 제출하여 그 승인을 얻어야 한다. (2008. 2. 29. 직제개정 ; 기획재정부와~직제 부칙)

1. 면세금지금거래(수입)추천자의 인적사항 (2002. 12. 30 신설)

2. 면세금지금거래(수입)추천 신청사유 (2002. 12. 30 신설)

3. 그 밖의 참고사항 (2002. 12. 30 신설)

③ 제106조의 3 제3항 각호 외의 부분의 규정에 의한 면세금지금중개업자가 중개하는 금지금의 거래가 법 제106조의 3 제1항 및 동조 제2항에 해당하는 경우에는 부가가치세가 면제되는 금지금의 거래 및 수입으로 본다. (2002. 12. 30 신설)

④ 제106조의 3 제4항의 규정에 의한 금세공업자 등이 면세금지금을 공급받고자 하는 경우에는 그 면세금지금을 최초로 공급받고자 하는 달의 전달 10일까지 다음 각호의 사항을 기재한 기획재정부령이 정하는 면세금지금거래승인신청서를 당해 사업장의 관할세무서장에게 제출하여 승인을 얻어야 한다. (2008. 2. 29. 직제개정 ; 기획재정부와~직제 부칙)

1. 사업자의 인적사항 (2002. 12. 30 신설)

2. 면세금지금 거래승인 신청사유 (2002. 12. 30 신설)

3. 면세금지금 거래(수입) 추천기관 (2002. 12. 30 신설)

4. 월평균 면세금지금 소요량. 다만, 제106조의 3 제4항 제1호에 의한 면세금지금도매업자가 제1항의 규정에 의하여 제출한 경우를 제외한다. (2005. 2. 19. 개정)

5. 그 밖의 참고사항 (2003. 12. 30. 신설)

⑤ 제1항 및 제4항의 규정을 적용함에 있어서 승인을 얻은 월평균 면세금지금 소요량의 증감이 예상되는 경우에는 금지금도매업자 등 및 금세공업자 등은 그 소요량을 변경하고자 하는 달의 전달 10일까지

관계조문 ▷▷

규칙 61조 2항 8호 ⇒ 면세금지금거래(수입)추천승인신청서(별지 92호 서식)

관계조문 ▷▷

규칙 61조 2항 9호 ⇒ 면세금지금거래승인신청서(금세공업자 등)(별지 93호 서식)

관계조문 ▷▷

규칙 61조 2항 10호 ⇒ 면세금지금거래승인변경신고서(별지 94호 서식)

② 관할세관장은 법 제106조의 3 제2항의 규정에 의하여 수입되는 금지금에 대하여 제1항의 규정을 준용하여 수입세금계산서를 교부하여야 한다. (2005. 2. 19. 신설)
③ 금융기관이 금지금적립계좌 등 금지금관련 저축에 의하여금지금을 거래하는 경우에는 「부가가치세법」 제15조부터 제17조까지의 규정에도 불구하고 금지금의 예금자가 금지금을 현물로 인출하는 때를 당해 금지금의 공급시기로 보아 부가가치세를 과세한다. (2013. 6. 28. 개정 ; 부가가치세법 시행령 부칙)
④ 법 제106조의 3 제10항의 규정에 의하여 금융기관이 금지금 소비대차에 의하여 공급한 금지금을 이 영 제106조의 3 제14항의 사유로 회수할 수 없는 경우에는 그 사유가 발생하는 때에 기획재정부령이 정하는 금지금부가가치세환급신고서를 당해 사업장의 관할세무서장에게 제출하고, 관할세무서장은 환급신고를 받은 날부터 30일 이내에 당해 금융기관에게 환급하여야 한다. (2008. 2. 29. 직제개정 ; 기획재정부와~직제 부칙)

【관계조문 》》】
규칙 61조 2항 12호 ⇒ 금지금부가가치세환급신고서(별지 96호 서식)

⑤ 법 제106조의 3을 적용함에 있어서 국세청장은 금지금도매업자 등, 면세금지금거래추천자, 면세금지금수입추천자, 금세공업자 등 및 금융기관 등에 대한 이 영 제106조의 4 제1항의 규정에 의한 면세금지금거래승인자료 등을 면세금지금거래추천자 등에게 통지하여야 한다. (2005. 2. 19. 항번개정)

어느 하나에 해당하여 면세금지금의 거래추천 또는 수입추천을 하는 것이 적당하지 아니하다고 인정되는 경우에는 면세금지금을 거래추천 또는 수입추천할 수 있는 승인을 철회할 수 있다. (2005. 2. 19. 신설)
1. 면세금지금추천업무 및 이에 관한 보고업무를 안정적으로 수행할 수 있는 충분한 전산설비 등을 갖추지 못한 경우 (2005. 2. 19. 신설)
2. 제106조의 8 제2항의 규정에 의한 납세담보제공확인서를 제출하지 아니한 자에 대하여 거래추천 또는 수입추천을 한 경우 (2005. 2. 19. 신설)
3. 면세금지금의 거래정상화를 위하여 유통단계 및 추천량을 조정할 필요가 있다고 판단하여 기획재정부령이 정하는 사항을 위반한 경우 (2008. 2. 29. 직제개정 ; 기획재정부와~직제 부칙)
⑨ 금세공업자 등이 면세금지금거래추천자 및 면세금지금수입추천자의 추천을 받아 면세금지금을 공급받거나 수입하고자 하는 경우에는 최초로 추천받은 기관이 면세금지금거래추천자 및 면세금지금수입추천자가 되며, 면세금지금거래추천자 및 면세금지금수입추천자를 변경하고자 하는 경우에는 기획재정부령이 정하는 면세금지금거래추천자변경신고서 및 면세금지금수입추천자변경신고서를 변경하고자 하는 달의 전달 10일까지 당해 사업장의 관할세무서장에게 제출하여 그 승인을 얻어야 한다. (2008. 2. 29. 직제개정 ; 기획재정부와~직제 부칙)

【관계조문 》》】
규칙 61조 2항 11호 ⇒ 면세금지금거래(수입)추천자변경신고서(별지 95호 서식)

제106조의 5 【금지금거래에 대한 세금계산서 교부 및 신고방법 등】 ① 금융기관 외의 사업자가 법 제106조의 3 제1항의 규정에 의하여 면세금지금을 공급하고 세금계산서를 교부하는 때에는 세금계산서의 부가가치세액란은 기재하지 아니하며, 「부가가치세법」 제48조 및 제49조에 따라 부가가치세를 신고납부하는 때에는 영세율이 적용되는 재화 또는 용역의 거래를 준용한다. (2013. 6. 28. 개정 ; 부가가치세법 시행령 부칙)

제48조의 3 【면세금지금 추천량】 영 제106조의 4 제8항 제3호에서 "기획재정부령이 정하는 사항"이라 함은 다음 각호의 어느 하나에 해당하는 것을 말한다. (2008. 4. 29. 직제개정)
1. 면세금지금 거래추천자는 한 사업자에 대하여 국세청장이 1일 100킬로그램 이내의 범위안에서 고시하는 거래추천량을 초과하여 추천하지 아니할 것 (2005. 3. 11. 개정)
2. 면세금지금 수입추천자는 한 사업자에 대하여 국세청장이 1일 300킬로그램 이내의 범위안에서 고시하는 수입추천량을 초과하여 추천하지 아니할 것 (2005. 3. 11. 개정)

〈제106조의 3〉
⑪ 관할 세무서장은 부가가치세를 보전(保全)하기 위하여 필요하다고 인정하면 대통령령으로 정하는 금지금도매업자등 및 금세공업자등에 대하여 담보의 제공을 요구할 수 있다. (2010. 1. 1. 개정)
⑫ 제1항부터 제11항까지의 규정을 적용할 때 금지금의 면세방법·절차, 세금계산서의 발급·추징·징수·신고·사후관리, 금지금에 관한 납세담보금액·기간, 납세담보 제공시기·절차·해제 등 운용에 필요한 사항은 대통령령으로 정한다. (2010. 1. 1. 개정)

제106조의 6【납세담보대상사업자】법 제106조의 3 제11항에서 "대통령령으로 정하는 금지금도매업자등 및 금세공업자등"이란 제106조의 3 제2항 제1호 및 같은 조 제4항 각 호에 따른 자 중에서 다음 각 호의 어느 하나에 해당하는 사업자를 제외한 사업자로서 관할 세무서장이 납세담보를 제공하도록 지정한 자(이하 "납세담보대상사업자"라 한다)를 말한다. (2021. 1. 5. 개정 ; 어려운 법령용어~대통령령)

1. 국세청장이 정하는 모범성실납세자 (2005. 2. 19. 개정)
2. 사업개시일부터 2년 이상 금지금도매업을 영위하고 있는 자로서 해당 사업자 및 해당 사업자의 대표자 또는 임원이 최근 2년 이내에 국세를 체납하거나 5년 이내에 결손처분한 사실이 없으며, 거래규모 및 신고상황 등을 고려할 때 담보의 제공이 필요하지 않다고 관할세무서장이 인정하는 자 (2021. 1. 5. 개정 ; 어려운 법령용어~대통령령)
3. 제106조의 3 제4항 제2호 및 제3호에 따른 사업자 및 해당 사업자의 대표자 또는 임원이 최근 1년 이내에 국세를 체납하거나 5년 이내에 결손처분한 사실이 없으며, 거래규모 및 신고상황 등을 고려할 때 담보의 제공이 필요하지 않다고 관할세무서장이 인정하는 자 (2021. 1. 5. 개정 ; 어려운 법령용어~대통령령)
4. 그 밖에 제1호부터 제3호까지에서 규정한 자에 준하는 자로서 사업영위기간, 신고·납부현황 및 거래규모·내역 등을 고려할 때 담보의 제공이 필요하지 않다고 관할세무서장이 인정하는 자 (2021. 1. 5. 개정 ; 어려운 법령용어~대통령령)

제106조의 7【납세담보 금액 및 납세담보 기간】① 납세담보금액은 다음 산식에 의하여 계산한 금액상당액으로 한다. (2005. 2. 19. 신설)
납세담보금액 = 월평균 면세금지금 소요량 × 기준가격 × 11/100 × 120/100(현금, 납세보험증권의 경우 110/100)
② 납세담보 기간은 거래일이 속하는 달의 1일부터 부가가치세 예정신고기한 또는 확정신고기한까지 지정할 수 있다. (2005. 2. 19. 신설)

③ 제1항의 규정에 의하여 납세담보의 가액을 산정하기 위한 면세금지금의 기준가격은 국세청장이 정하는 방법에 의한다. (2005. 2. 19. 신설)

제106조의 8【납세담보제공시기 및 절차 등】① 관할세무서장은 납세담보대상사업자에 대하여 제106조의 7의 규정에 의한 납세담보금액 및 기간을 정하여 납세담보를 받고자 하는 달의 전달 20일까지 그 내용을 통지하여야 한다. (2005. 2. 19. 신설)
② 납세담보대상사업자는 납세담보제공을 통지받은 달의 말일까지 납세담보를 제공하여야 하고, 관할세무서장은 납세담보를 제공받은 경우 지체없이 담보내용의 사실여부를 확인하여 기획재정부령이 정하는 납세담보제공확인서(이하 "납세담보제공확인서"라 한다)를 발급하여야 한다. (2008. 2. 29. 직제개정 ; 기획재정부와~직제 부칙)

관계조문 ≫

규칙 61조 2항 12호의 2 ⇒ 면세금지금납세담보제공확인서(별지 96호의 2 서식)

③ 납세담보대상사업자는 관할세무서장이 발급하는 납세담보제공확인서를 면세금지금 거래추천자 및 수입추천자에게 제출하여야 한다. (2005. 2. 19. 신설)
④ 면세금지금 거래추천자 및 수입추천자는 제3항에 의한 납세담보제공확인서를 제출하지 아니한 자에 대하여는 면세금지

☞ p.1732 2단 연결

제106조의 4 【금 관련 제품에 대한 부가가치세 매입자납부 특례】 ① 다음 각 호의 어느 하나에 해당하는 제품(이하 이 조에서 "금 관련 제품"이라 한다)을 공급하거나 공급받으려는 사업자 또는 수입하려는 사업자(이하 이 조에서 "금사업자"라 한다)는 대통령령으로 정하는 바에 따라 금거래계좌(이하 이 조에서 "금거래계좌"라 한다)를 개설하여야 한다. (2014. 12. 23. 개정)
1. 대통령령으로 정하는 형태·순도 등을 갖춘 지금 (2014. 12. 23. 신설)
2. 대통령령으로 정하는 형태·순도 등을 갖춘 금제품 (2014. 12. 23. 신설)
3. 대통령령으로 정하는 금 관련 웨이스트와 스크랩 (2014. 12. 23. 신설)
② 금사업자가 금 관련 제품을 다른 금사업자에게 공급하였을 때에는 「부가가치세법」 제31조에도 불구하고 부가가치세를 그 공급받는 자로부터 징수하지 아니한다. (2013. 6. 7. 개정 ; 부가가치세법 부칙)
③ 금사업자가 금 관련 제품을 다른 금사업자로부터 공급받았을 때에는 그 공급을 받은 날(금 관련 제품을 공급받은 날이 세금계산서를 발급받은 날보다 빠른 경우에는 세금계산서를 발급받은 날을 말한다)의 다음 날(이하 이 조에서 "부가가치세액 입금기한"이라 한다)까지 금거래계좌를 사용하여 제1호의 금액은 공급한 사업자에게, 제2호의 금액은 대통령령으로 정하는 자에게 입금하여야 한다. 다만, 기업구매자금대출 등 대통령령으로 정하는 방법으로 금 관련 제품의 가액을 결제하는 경우에는 제2호의 금액만 입금할 수 있다. (2018. 12. 24. 개정)
1. 금 관련 제품의 가액 (2010. 1. 1. 개정)
2. 「부가가치세법」 제29조에 따른 과세표준에 같은 법 제30조에 따른 세율을 적용하여 계산한 금액(이하 이 조에서 "부가가치세액"이라 한다) (2013. 6. 7. 개정 ; 부가가치세법 부칙)
④ 금 관련 제품 수입에 대한 부가가치세는 「부가가치세법」 제50조에도 불구하고 금거래계좌를 사용하여 대통령령으로 정하는 방법으로 납

금의 거래추천 또는 수입추천을 할 수 없다. (2005. 2. 19. 신설)
⑤ 관할세무서장은 납세담보대상사업자가 직전월에 제4항의 규정에 의하여 거래추천 또는 수입추천을 받은 면세금지금을 법 제106조의 3 제1항 제1호부터 제4호까지에 규정된 방법으로 공급한 것이 확인되는 경우에는 지체없이 담보해제의 절차를 밟아야 한다. (2008. 2. 22. 개정)
⑥ 제106조의 3 내지 제106조의 8의 규정을 적용함에 있어서 면세금지금의 공급절차·거래유형조정 및 면세방법에 대하여는 이 영에서 정한 것을 제외하고는 기획재정부령이 정하는 바에 의한다. (2008. 2. 29. 직제개정 ; 기획재정부와~직제 부칙)

제106조의 9 【금관련 제품에 대한 부가가치세 매입자납부 특례】 ① 법 제106조의 4 제1항 제1호에서 "대통령령으로 정하는 형태·순도 등을 갖춘 지금"이란 금괴(덩어리)·골드바 등 원재료 상태로서 순도가 1천분의 995 이상인 금(이하 이 조에서 "금지금"이라 한다)을 말하고, 같은 항 제2호에서 "대통령령으로 정하는 형태·순도 등을 갖춘 금제품"이란 소비자가 구입한 사실이 있는 반지 등 제품 상태인 것으로서 순도가 1천분의 585 이상인 금을 말하며, 같은 항 제3호에서 "대통령령으로 정하는 금 관련 웨이스트와 스크랩"이란 금 함유량이 10만분의 1 이상인 웨이스트와 스크랩을 말한다. (2015. 2. 3. 개정)
② 법 제106조의 4 제1항에 따른 금거래계좌는 다음 각 호의 요건을 모두 갖춘 것을 말한다. (2008. 2. 22. 신설)
1. 「금융실명거래 및 비밀보장에 관한 법률」 제2조 제1호 각 목의 어느 하나에 해당하는 금융기관 중 부가가치세 매입자납부 특례제도를 안정적으로 운영할 수 있다고 인정되어 국세청장이 지정한 금융기관(이하 이 조에서 "금융기관"이라 한다)에 개설한 계좌일 것 (2008. 2. 22. 신설)
2. 부가가치세 매입자납부 특례 대상 거래 외의 용도로 사용되지 아니할 것 (2008. 2. 22. 신설)
2. 삭 제 (2009. 2. 4.)
3. 개설되는 계좌의 명의인 표시에 사업자의 상호가 함께 기재될 것(상호가 있는 경우에 한한다) (2008. 2. 22. 신설)

부할 수 있다. (2013. 6. 7. 개정 ; 부가가치세법 부칙)

⑤ 제3항 및 제4항은 제106조의 3과 제126조의 7 제1항 제2호에 따라 부가가치세가 면제되는 경우에는 적용하지 아니한다. (2014. 1. 1. 개정)

⑥ 금 관련 제품을 공급받은 금사업자가 제3항 제2호에 따라 부가가치세액을 입금하지 아니한 경우에는 금 관련 제품을 공급한 금사업자에게서 발급받은 세금계산서에 적힌 세액은 「부가가치세법」 제37조 및 제38조에도 불구하고 매출세액에서 공제되는 매입세액으로 보지 아니한다. (2013. 6. 7. 개정 ; 부가가치세법 부칙)

⑦ 제3항에 따라 금거래계좌를 사용하지 아니하고 금 관련 제품의 가액을 결제받은 경우에는 해당 금 관련 제품을 공급한 금사업자 및 공급받은 금사업자에게 제품가액의 100분의 10을 가산세로 징수한다. 다만, 제1항 제3호의 제품과 제106조의 9 제1항 각 호의 물품이 혼합된 제품을 공급하거나 공급받으려는 사업자가 같은 항 각 호 외의 부분에 따른 스크랩등거래계좌를 사용하는 경우에는 가산세를 징수하지 아니한다. (2016. 12. 20. 단서신설)

⑧ 관할 세무서장은 금 관련 제품을 공급받은 금사업자가 제3항에 따라 부가가치세액을 입금하지 아니한 경우에는 부가가치세액 입금기한의 다음 날부터 부가가치세액을 입금한 날(「부가가치세법」 제48조, 제49조, 제66조 및 제67조에 따른 과세표준 신고기한을 한도로 한다)까지의 기간에 대하여 대통령령으로 정하는 이자율을 곱하여 계산한 금액을 입금하여야 할 부가가치세액에 가산하여 징수한다. (2018. 12. 24. 개정)

⑨ 제3항에 따라 공급받은 자가 입금한 부가가치세액은 금 관련 제품을 공급한 금사업자가 납부하여야 할 세액에서 공제하거나 환급받을 세액에 가산한다. (2010. 1. 1. 개정)

⑩ 관할 세무서장은 해당 예정신고기간 및 확정신고기간 중 금사업자의 금 관련 제품의 매출액이 금 관련 제품의 매입액에서 차지하는 비율이 대통령령으로 정하는 비율 이하인 경우에는 환급을 보류할 수 있다. 다만, 다음 각 호의 어느 하나에 해당하는 경우에는 그러하지 아니하다. (2010. 1. 1. 개정)

1. 환급받을 세액이 대통령령으로 정하는 금액 이하인 경우 (2010. 1.

4. 개설되는 계좌의 표지에 "금거래계좌"라는 문구가 표시될 것 (2008. 2. 22. 신설)

③ 사업자는 1개의 거래계좌를 2개 이상의 사업장에 대한 거래계좌로 사용할 수 있으며, 사업장별로 2개 이상의 금거래계좌를 개설할 수 있다. (2018. 2. 13. 개정)

④ 금거래계좌를 이용하여 대금을 결제한 경우에는 「소득세법」 제160조의 5에 따라 사업용계좌를 사용한 것으로 본다. (2008. 2. 22. 신설)

⑤ 법 제106조의 4 제3항 각 호 외의 부분 본문에서 "대통령령으로 정하는 자"란 입금된 부가가치세액의 환급 및 국고에의 입금 등 부가가치세 매입자납부 특례제도를 안정적으로 운영할 수 있다고 인정되어 국세청장이 지정한 자를 말한다. (2009. 2. 4. 개정)

⑥ 법 제106조의 4 제3항 각 호 외의 부분 단서에서 "기업구매자금대출 등 대통령령으로 정하는 방법"이란 다음 각 호의 어느 하나에 해당하는 것을 말한다. (2017. 2. 7. 개정)

1. 법 제7조의 2에 따른 환어음 · 판매대금추심의뢰서, 기업구매전용카드, 외상매출채권담보대출제도, 구매론제도 및 네트워크론제도 (2017. 2. 7. 개정)

2. 「전자금융거래법」 제2조에 따른 전자채권 (2017. 2. 7. 개정)

3. 외국환은행을 통하여 외화로 대금을 지급하는 거래 (2017. 2. 7. 개정)

4. 「민법」에 따른 공탁 (2019. 2. 12. 신설)

⑦ 법 제106조의 4 제4항에서 "대통령령으로 정하는 방법"이란 수입자가 금지금을 별도로 수입신고하고 그 금지금에 대한 부가가치세를 법 제106조의 4 제3항에 따라 입금하는 방법에 의한다. (2009. 2. 4. 신설)

⑧ 법 제106조의 4 제8항에서 "대통령령으로 정하는 이자율"이란 제11조의 2 제9항 제2호에 따른 율을 말한다. (2022. 2. 15. 개정)

⑨ 법 제106조의 4 제10항 각 호 외의 부분 본문에서 "대통령령으로 정하는 비율"이란 100분의 70을 말한다. (2009. 2. 4. 개정)

⑩ 법 제106조의 4 제10항 제1호에서 "대통령령으로 정하는 금액"이란 500만원을 말한다. (2009. 2. 4. 개정)

⑪ 법 제106조의 4 제10항에 따라 환급을 보류할 수 있는 기간은 해당 예정신고기한 또는 확정신고기한의 다음 날부터 6개월 이내로 한다. (2009. 2. 4. 개정)

제48조의 4 【금 관련 제품에 대한 부가가치세 매입자납부 특례】 (2023. 3. 20. 제목개정)

① 영 제106조의 9 제5항에 따라 국세청장이 지정한 자는 법 제106조의 4 제3항에 따라 금 관련 제품을 공급받은 금사업자(이하 이 조에서 "금매입사업자"라 한다)가 입금한 부가가치세액(매출세액)의 범위에서 해당 금 관련 제품을 공급한 금사업자(이하 이 조에서 "금공급사업자"라 한다)가 입금한 부가가치세액(매입세액)을 국세청장이 정하는 바에 따라 금공급사업자에게 환급할 수 있다. (2023. 3. 20. 개정)

② 제1항을 적용할 때 다음 각 호의 어느 하나에 해당하는 금액은 금공급사업자가 입금한 부가가치세액(매입세액)으로 본다. (2023. 3. 20. 개정)

1. 금공급사업자가 법 제106조의 4 제1항에 따른 금 관련 제품(이하 이 조에서

1. 개정)
2. 체납이나 포탈 등의 우려가 적다고 인정되는 대통령령으로 정하는 경우 (2010. 1. 1. 개정)
⑪ 제3항에 따라 공급받은 자가 입금한 부가가치세액 중 잘못 납부하거나 초과하여 납부한 금액은 「국세기본법」 제51조 제1항에도 불구하고 공급받은 자에게 환급하여야 한다. (2017. 12. 19. 신설)
⑫ 국세청장은 부가가치세 보전을 위하여 필요한 경우 금 관련 제품을 공급하거나 공급받는 사업자 또는 수입하는 사업자에게 세금계산서 및 세금계산서합계표의 작성 및 제출에 관한 명령을 할 수 있다. (2023. 12. 31. 신설)

▶편주◀ ·················
법 106조의 4 제12항의 개정규정은 2024. 7. 1. 이후 재화를 공급하거나 공급받는 경우 또는 재화를 수입신고하는 경우부터 적용함. (법 부칙(2023. 12. 31.) 24조)
·················

⑬ 금거래계좌 사용대상 금사업자의 범위, 금거래계좌 입금방법, 입금된 부가가치세액의 처리, 세금계산서 등의 작성·제출 명령 등 제1항부터 제12항까지의 매입자 납부제도를 운영하는 데에 필요한 사항은 대통령령으로 정한다. (2023. 12. 31. 개정)

▶편주◀ ·················
법 106조의 4 제13항의 개정규정은 2024. 7. 1.부터 시행함. (법 부칙(2023. 12. 31.) 1조 3호)
·················

⑫ 법 제106조의 4 제10항 제2호에서 "대통령령으로 정하는 경우"란 금사업자, 금사업자의 대표자 또는 임원이 다음 각 호의 요건을 모두 갖춘 경우를 말한다. (2009. 2. 4. 개정)
1. 해당 신고납부기한 종료일 현재 최근 3년간 조세범으로 처벌받은 사실이 없을 것 (2008. 2. 22. 신설)
2. 해당 신고납부기한 종료일 현재 최근 1년간 국세를 체납한 사실이 없을 것 (2008. 2. 22. 신설)
3. 해당 신고납부기한 종료일 현재 최근 3년간 결손처분을 받은 사실이 없을 것 (2008. 2. 22. 신설)
4. 해당 신고납부기한 종료일 현재 최근 1년간 금거래계좌를 이용하지 아니하고 금관련 제품의 거래를 한 사실이 없을 것 (2008. 2. 22. 신설)
5. 그 밖에 부가가치세 신고·납부 현황 등을 고려할 때 조세포탈의 우려가 없다고 국세청장이 인정하는 경우 (2008. 2. 22. 신설)
⑬ 제5항에 따라 국세청장이 지정한 자에게 입금된 부가가치세액의 관리는 국세청장이 정하는 바에 따른다. (2009. 2. 4. 항번개정)
⑭ 금거래계좌, 부가가치세액의 입금 및 입금된 부가가치세액의 처리 등 부가가치세 매입자납부 특례제도의 시행에 필요한 세부사항은 기획재정부령으로 정한다. (2009. 2. 4. 항번개정)

"금 관련 제품"이라 한다) 수입업자인 경우로서 그 수입업자가 금 관련 제품을 수입할 때 세관에 납부한 부가가치세액 (2023. 3. 20. 개정)
2. 금공급사업자가 영 제106조의 3 제2항 제2호에 따른 금지금제련업자인 경우로서 금매입사업자가 입금한 부가가치세액(매출세액)에서 그 금지금제련업자가 입금한 부가가치세액(매입세액)을 뺀 금액의 100분의 70에 해당하는 금액 (2023. 3. 20. 개정)
③ 금 관련 제품 수입업자가 제2항 제1호에 따른 부가가치세액을 환급받으려면 금 관련 제품 수입업자 부가가치세 환급신청서를 관할세무서장에게 제출해야 한다. (2023. 3. 20. 개정)

▶관계조문◀ ·················
규칙 61조 2항 15호 ⇒ 금관련 제품 수입업자 부가가치세 환급신청서(별지 99호 서식)

④ 제3항에 따라 환급신청서를 제출받은 관할 세무서장은 부가가치세액의 납부사실이 확인된 경우에는 영 제106조의 9 제5항에 따라 국세청장이 지정한 자에게 그 사실을 통보해야 한다. (2023. 3. 20. 개정)
⑤ 영 제106조의 9 제5항에 따라 국세청장이 지정한 자는 제1항 및 제2항에 따라 환급하고 남은 부가가치세액을 「부가가치세법」 제48조 및 제49조에 따른 예정신고기한 및 확정신고기한까지 국고에 입금해야 한다. (2023. 3. 20. 신설)

제106조의 5 【고금에 대한 의제매입세액공제특례】 삭　제 (2014. 1. 1.)

제106조의 6 【금지금 등의 거래내용 제출】 (2010. 1. 1. 제목개정) ① 대통령령으로 정하는 금지금제련업자는 「부가가치세법」 제48조, 제49조, 제66조 및 제67조에 따른 부가가치세의 과세표준신고를 할 때 대통령령으로 정하는 금지금의 제조반출내용을 과세표준신고서의 첨부서류로 제출하여야 한다. (2013. 6. 7. 개정 ; 부가가치세법 부칙)
② 세관장은 대통령령으로 정하는 금 관련 제품이 수입된 경우에는 그 수입신고명세를 수입자의 사업장 관할 세무서장에게 수입신고일의 다음 달 말일까지 제출하여야 한다. (2010. 1. 1. 개정)

제106조의 7 【일반택시 운송사업자의 부가가치세 납부세액 경감】 (2007. 12. 31. 조번개정)
① 「여객자동차 운수사업법」 및 같은 법 시행령에 따른 일반택시 운송사업자(이하 이 조에서 "일반택시 운송사업자"라 한다)에 대해서는 부가가치세 납부세액의 100분의 99를 2026년 12월 31일 이전에 끝나는 과세기간분까지 경감한다. (2023. 12. 31. 개정)
② 일반택시 운송사업자는 제1항에 따른 경감세액 중 부가가치세 납부세액의 100분의 90에 해당하는 금액을 국토교통부장관이 정하는 바에 따라 경감된 부가가치세의 확정신고납부기한 종료일부터 1개월(이하 이 조에서 "지급기간"이라 한다) 이내에 「여객자동차 운수사업법」에 따른 일반택시 운수종사자(이하 이 조에서 "일반택시 운수종사자"라 한다)에게 현금으로 지급하여야 한다. 이 경우 일반택시 운송사업자는 지급하는 현금이 부가가치세 경감세액임을 일반택시 운수종사자에게 알려야 한다. (2014. 12. 23. 개정)
③ 일반택시 운송사업자는 택시 감차 보상의 재원으로 사용하기 위하여 제1항에 따른 경감세액 중 부가가치세 납부세액의 100분의 5에 해당하는 금액을 국토교통부장관이 정하는 바에 따라 지급기간 이내에 국토교통부장관이 지정하는 기관(이하 이 조에서 "택시 감차보상재원 관리기관"이라 한다)에 지급하여야 한다. (2014. 12. 23. 신설)
④ 일반택시 운송사업자는 「택시운송사업의 발전에 관한 법률」 제

제106조의 10 【고금에 대한 의제매입세액공제】 삭　제 (2014. 2. 21.)

제106조의 11 【금지금 등의 거래내역 제출】 ① 법 제106조의 6 제1항에서 "대통령령으로 정하는 금지금제련업자"란 귀금속·비철금속광석·괴 및 스크랩 등을 제련하여 금지금을 제조하는 업을 영위하는 자를 말한다. (2008. 2. 22. 신설)
② 법 제106조의 6 제1항에서 "대통령령으로 정하는 금지금의 제조반출내역"이란 금지금제련업자가 제조한 금지금을 공급한 명세로서 기획재정부령으로 정하는 제조반출명세서에 기재된 것을 말한다. (2008. 2. 29. 직제개정 ; 기획재정부와~직제 부칙)
③ 법 제106조의 6 제2항에서 "대통령령으로 정하는 금관련 제품"이란 「관세법」 별표 관세율표 번호 제7108.12호 또는 제7108.13호(선으로 된 것은 제외한다)의 금을 말한다. (2008. 2. 22. 신설)

제106조의 12 【일반택시 운송사업자의 부가가치세 납부세액

제48조의 5 【고금에 대한 의제매입세액공제】 삭　제 (2014. 3. 14.)

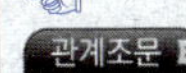

규칙 61조 2항 18호 ⇒ 금지금 제조반출 명세서(별지 103호 서식)

15조에 따른 택시운수종사자 복지기금의 재원 마련을 위하여 제1항에 따른 경감세액 중 부가가치세 납부세액의 100분의 4에 해당하는 금액을 국토교통부장관이 정하는 바에 따라 지급기간 이내에 「여객자동차 운수사업법」 제53조 또는 제59조에 따른 택시운송사업자단체 중 대통령령으로 정하는 단체에 지급하여야 한다. (2017. 12. 19. 신설)

⑤ 일반택시 운송사업자는 지급기간 종료일부터 10일 이내에 제2항에 따라 일반택시 운송종사자에게 제1항에 따른 경감세액을 지급한 명세를 국토교통부장관과 일반택시 운송사업자 관할 세무서장에게 각각 제출하여야 한다. (2017. 12. 19. 항번개정)

⑥ 국토교통부장관은 일반택시 운송사업자가 제1항에 따라 경감된 세액을 지급기간에 제2항부터 제4항까지의 규정에 따라 지급하였는지를 확인하고 그 결과를 지급기간 종료일부터 3개월 이내에 국세청장 또는 일반택시 운송사업자 관할 세무서장에게 대통령령으로 정하는 방법으로 통보(이하 이 조에서 "미지급통보"라 한다)하여야 한다. 이 경우 미지급통보 대상이 된 일반택시 운송사업자에게도 그 미지급통보 대상이 되었음을 알려야 한다. (2017. 12. 19. 개정)

⑦ 제6항에 따른 미지급통보를 받은 국세청장 또는 일반택시 운송사업자 관할 세무서장은 다음 각 호의 구분에 따라 계산한 금액을 일반택시 운송사업자로부터 추징한다. 다만, 일반택시 운송사업자가 일반택시 운수종사자의 사망 등 대통령령으로 정하는 사유로 제2항에 따른 금액을 지급하지 아니한 경우에는 제1호 나목 및 제2호 다목을 적용하지 아니한다. (2024. 12. 31. 단서신설)

1. 일반택시 운송사업자가 제2항부터 제4항까지의 규정에 따라 지급하지 아니한 경감세액(이하 이 항에서 "미지급경감세액"이라 한다)을 미지급통보를 한 날까지 지급한 경우 : 다음 각 목에 따라 계산한 금액을 합한 금액 (2017. 12. 19. 개정)

　가. 다음 계산식에 따라 계산한 경감세액 상당액의 이자상당액 (2019. 12. 31. 개정)

　　이자상당액 = 미지급경감세액 상당액 × 제1항에 따라 경감된 부가가치세의 신고납부기한 종료일의 다음 날부터 지급일까지의 기간(일) × 금융회사 등이 연체대출금에 대하여 적용하는 이자율을 고려하여

경감】① 법 제106조의 7 제4항에서 "대통령령으로 정하는 단체"란 「택시운송사업의 발전에 관한 법률 시행령」 제20조에 따라 설립된 기금관리기관을 말한다. (2018. 2. 13. 신설)

② 법 제106조의 7 제6항에 따라 미지급통보를 하는 경우에는 기획재정부령으로 정하는 서류를 첨부하여야 한다. (2018. 2. 13. 신설)

편주▶ 법 106조의 7 제7항 각 호 외의 부분 단서의 개정규정은 2025. 1. 1. 이후 미지급이 발생하는 경우부터 적용함. (법 부칙(2024. 12. 31.) 20조)

③ 법 제106조의 7 제7항 제1호 가목 및 같은 항 제2호 나목에서 "대통령령으로 정하는 이자율"이란 각각 제11조의 2 제9항 제2호에 따른 율을 말한다. (2022. 2. 15. 개정)

④ 국세청장 또는 일반택시 운송사업자 관할 세무서장은 법 제106조의 7 제7항에 따라 추징한 미지급경감세액 상당액을 법 제106조의 7 제8항에 따라 일반택시 운수종사자에게 지급하는 경우 미지급 사실,

대통령령으로 정하는 이자율

나. 미지급경감세액 상당액의 100분의 20에 해당하는 금액의 가산
    세 (2014. 1. 1. 개정)
2. 일반택시 운송사업자가 미지급경감세액을 미지급통보를 한 날까지
   지급하지 아니한 경우 : 다음 각 목에 따라 계산한 금액을 합한 금액
   (2014. 1. 1. 개정)
   가. 미지급경감세액 상당액 (2014. 1. 1. 개정)
   나. 다음 계산식에 따라 계산한 경감세액 상당액의 이자상당액
      (2019. 12. 31. 개정)
      이자상당액 = 미지급경감세액 상당액 × 제1항에 따라 경감된
                 부가가치세의 신고납부기한 종료일의 다음 날부
                 터 추징세액의 고지일까지의 기간(일) × 금융회
                 사 등이 연체대출금에 대하여 적용하는 이자율을
                 고려하여 대통령령으로 정하는 이자율
   다. 미지급경감세액 상당액의 100분의 40에 해당하는 금액의 가산
      세 (2014. 1. 1. 개정)
3. 삭 제 (2011. 12. 31.)
⑧ 국세청장 또는 일반택시 운송사업자 관할 세무서장은 제7항 제2호
가목에 따라 추징한 미지급경감세액 상당액을 해당 일반택시 운송사업
자가 제2항에 따라 지급하여야 할 일반택시 운수종사자에게 대통령령
으로 정하는 방법에 따라 지급하여야 한다. (2017. 12. 19. 신설)

제106조의 8【원산지확인서 발급에 대한 부가가치세 세액공
제】삭 제 (2014. 1. 1.)

제106조의 9【스크랩등에 대한 부가가치세 매입자 납부특례】
(2015. 12. 15. 제목개정)
① 다음 각 호의 어느 하나에 해당하는 물품(이하 "스크랩등"이라 한
다)을 공급하거나 공급받으려는 사업자 또는 수입하려는 사업자(이하
"스크랩등사업자"라 한다)는 대통령령으로 정하는 바에 따라 스크랩등
거래계좌(이하 "스크랩등거래계좌"라 한다)를 개설하여야 한다. (2015.
12. 15. 개정)

지급절차 등에 대하여 일반택시 운수종사자에게 통보한 후 미지급통보
일부터 3개월 이내에 운수종사자에게 지급하여야 한다. 다만, 일반택시
운수종사자에 대한 정보가 분명하지 아니한 경우에는 추징된 미지급경
감세액은 국고로 귀속시킬 수 있다. (2020. 2. 11. 항번개정)
⑤ 제4항에 따른 절차에 필요한 사항은 국세청장이 정한다. (2020. 2.
11. 개정)
⑥ 법 제106조의 7 제7항 각 호 외의 부분 단서에서 "일반택시 운수종
사자의 사망 등 대통령령으로 정하는 사유"란 일반택시 운수종사자가
같은 조 제2항에 따른 지급기간 종료일 현재 사망하거나 「주민등록법」
제8조 본문 또는 제20조 제6항 본문에 따라 거주불명 등록이 된 경우
를 말한다. (2025. 2. 28. 신설)

제106조의 13【스크랩등에 대한 부가가치세 매입자 납부특
례】 (2016. 2. 5. 제목개정)
① 법 제106조의 9 제1항에 따른 스크랩등거래계좌는 다음 각 호의
요건을 모두 갖춘 계좌를 말한다. (2016. 2. 5. 개정)
1. 「금융실명거래 및 비밀보장에 관한 법률」 제2조 제1호 각 목의 어
   느 하나에 해당하는 금융기관등 가운데 부가가치세액의 환급 및 국
   고에의 입금 등 부가가치세 매입자 납부특례제도를 안정적으로 운

1. 「관세법」 제84조에 따라 기획재정부장관이 고시한 「관세·통계통합품목분류표」 중 비철금속류의 웨이스트 및 스크랩과 잉곳(ingot) 또는 이와 유사한 재용해(再溶解)비철금속류의 웨이스트와 스크랩으로부터 제조된 괴상의 주조물 (2023. 12. 31. 개정)

2. 구리가 포함된 합금의 웨이스트 및 스크랩으로서 구리함유량이 100분의 40 이상인 물품 (2013. 5. 10. 신설)

2. 삭　제 (2023. 12. 31.)

◀편주 ▶ ··
법 106조의 9 제1항의 개정규정은 2024. 7. 1. 이후 재화를 공급하거나 공급받는 경우 또는 재화를 수입신고하는 경우부터 적용함. (법 부칙(2023. 12. 31.) 24조)
··

3. 「관세법」 제84조에 따라 기획재정부장관이 고시한 「관세·통계통합품목분류표」 중 철의 웨이스트와 스크랩, 철강의 재용해용 스크랩 잉곳 또는 그 밖에 이와 유사한 것으로서 대통령령으로 정하는 물품 (2015. 12. 15. 신설)

② 스크랩등사업자가 스크랩등을 다른 스크랩등사업자에게 공급하였을 때에는 「부가가치세법」 제31조에도 불구하고 부가가치세를 그 공급받는 자로부터 징수하지 아니한다. (2015. 12. 15. 개정)

③ 스크랩등사업자가 스크랩등을 다른 스크랩등사업자로부터 공급받았을 때에는 그 공급을 받은 날(스크랩등을 공급받은 날이 세금계산서를 발급받은 날보다 빠른 경우에는 세금계산서를 발급받은 날을 말한다)의 다음 날(이하 이 조에서 "부가가치세액 입금기한"이라 한다)까지 스크랩등거래계좌를 사용하여 제1호의 금액은 스크랩등을 공급한 사업자에게, 제2호의 금액은 대통령령으로 정하는 자에게 입금하여야 한다. 다만, 기업구매자금대출 등 대통령령으로 정하는 방법으로 스크랩등의 가액을 결제하는 경우에는 제2호의 금액만 입금할 수 있다. (2018. 12. 24. 개정)

1. 스크랩등의 가액 (2015. 12. 15. 개정)

2. 「부가가치세법」 제29조에 따른 과세표준에 같은 법 제30조에 따른 세율을 적용하여 계산한 금액(이하 이 조에서 "부가가치세액"이라

영할 수 있다고 인정되어 국세청장이 지정한 금융회사등에 개설한 계좌일 것 (2016. 2. 5. 개정)

2. 개설되는 계좌의 명의인 표시에 사업자의 상호가 함께 기재될 것(상호가 있는 경우로 한정한다) (2013. 11. 29. 신설)

3. 개설되는 계좌의 표지에 "스크랩등거래계좌"라는 문구가 표시될 것 (2016. 2. 5. 개정)

② 사업자는 1개의 거래계좌를 2개 이상의 사업장에 대한 거래계좌로 사용할 수 있으며, 사업장별로 2개 이상의 스크랩등거래계좌를 개설할 수 있다. (2018. 2. 13. 개정)

③ 스크랩등거래계좌를 이용하여 대금을 결제한 경우에는 「소득세법」 제160조의 5에 따라 사업용계좌를 사용한 것으로 본다. (2016. 2. 5. 개정)

④ 법 제106조의 9 제3항 각 호 외의 부분 본문에서 "대통령령으로 정하는 자"란 입금된 부가가치세액의 환급 및 국고에의 입금 등 부가가치세 매입자 납부특례제도를 안정적으로 운영할 수 있다고 인정되어 국세청장이 지정한 자를 말한다. (2016. 2. 5. 개정)

⑤ 법 제106조의 9 제3항 각 호 외의 부분 단서에서 "기업구매자금대출 등 대통령령으로 정하는 방법"이란 다음 각 호의 어느 하나에 해당하는 것을 말한다. (2017. 2. 7. 개정)

1. 법 제7조의 2에 따른 환어음·판매대금추심의뢰서, 기업구매전용카드, 외상매출채권담보대출제도, 구매론제도 및 네트워크론제도 (2017. 2. 7. 개정)

2. 「전자금융거래법」 제2조에 따른 전자채권 (2017. 2. 7. 개정)

3. 외국환은행을 통하여 외화로 대금을 지급하는 거래 (2017. 2. 7. 개정)

4. 「민법」에 따른 공탁 (2019. 2. 12. 신설)

제48조의 6【스크랩등에 대한 부가가치세 매입자납부 특례】(2016. 3. 14. 제목개정)

① 영 제106조의 13 제4항에 따라 국세청장으로부터 지정받은 자는 법 제106조의 9 제3항에 따라 매입자가 입금한 부가가치세액(매출세액)의 범위에서 해당 사업자가 입금한 부가가치세액(매입세액)을 국세청장이 정하는 바에 따라 해당 사업자에게 환급할 수 있다. (2013. 12. 30. 신설)

② 제1항에도 불구하고 스크랩등 수입할 때에 세관에 납부한 부가가치세액은 해당 사업자가 입금한 부가가치세액(매입세액)으로 보아 환급할 수 있다. (2016. 3. 14. 개정)

③ 스크랩등 수입업자가 제2항에 따른 수입을 할 때에 세관에 납부한 부가가치세액을 환급받으려면 스크랩등 수입업자 부가

한다) (2013. 5. 10. 신설)

④ 스크랩등 수입에 대한 부가가치세는 「부가가치세법」 제50조에도 불구하고 스크랩등거래계좌를 사용하여 대통령령으로 정하는 방법으로 납부할 수 있다. (2015. 12. 15. 개정)

⑤ 스크랩등을 공급받은 스크랩등사업자가 제3항 제2호에 따라 부가가치세액을 입금하지 아니한 경우에는 스크랩등을 공급한 스크랩등사업자에게서 발급받은 세금계산서에 적힌 세액은 「부가가치세법」 제38조에도 불구하고 매출세액에서 공제되는 매입세액으로 보지 아니한다. (2015. 12. 15. 개정)

⑥ 제3항에 따라 스크랩등거래계좌를 사용하지 아니하고 스크랩등의 가액을 결제받은 경우에는 해당 스크랩등을 공급하거나 공급받은 스크랩등사업자에게 제품가액의 100분의 10을 가산세로 징수한다. 다만, 제1항 각 호의 물품과 제106조의 4 제1항 제3호의 제품이 혼합된 물품을 공급하거나 공급받으려는 사업자가 같은 항 각 호 외의 부분에 따른 금거래계좌를 사용하는 경우에는 가산세를 징수하지 아니한다. (2016. 12. 20. 단서신설)

⑦ 관할 세무서장은 스크랩등을 공급받은 스크랩등사업자가 제3항에 따라 부가가치세액을 입금하지 아니한 경우에는 부가가치세액 입금기한의 다음 날부터 부가가치세액을 입금한 날(「부가가치세법」 제48조, 제49조 및 제67조에 따른 과세표준 신고기한을 한도로 한다)까지의 기간에 대하여 대통령령으로 정하는 이자율을 곱하여 계산한 금액을 입금하여야 할 부가가치세액에 가산하여 징수한다. (2018. 12. 24. 개정)

⑧ 제3항에 따라 공급받은 자가 입금한 부가가치세액은 스크랩등을 공급한 스크랩등사업자가 납부하여야 할 세액에서 공제하거나 환급받을 세액에 가산한다. (2015. 12. 15. 개정)

⑨ 관할 세무서장은 해당 예정신고기간 및 확정신고기간 중 스크랩등의 매출액이 스크랩등의 매입액에서 차지하는 비율이 대통령령으로 정하는 비율 이하인 경우에는 환급을 보류할 수 있다. 다만, 다음 각 호의 어느 하나에 해당하는 경우에는 그러하지 아니하다. (2015. 12. 15. 개정)

1. 환급받을 세액이 대통령령으로 정하는 금액 이하인 경우 (2013. 5. 10. 신설)

2. 체납이나 포탈 등의 우려가 적다고 인정되는 대통령령으로 정하는

⑥ 법 제106조의 9 제4항에서 "대통령령으로 정하는 방법"이란 수입자가 스크랩등을 별도로 수입신고하고 그 스크랩등에 대한 부가가치세를 법 제106조의 9 제3항에 따라 같은 항 제2호의 금액만 입금하는 방법을 말한다. (2016. 2. 5. 개정)

⑦ 법 제106조의 9 제7항에서 "대통령령으로 정하는 이자율"이란 제11조의 2 제9항 제2호에 따른 율을 말한다. (2022. 2. 15. 개정)

⑧ 법 제106조의 9 제9항 각 호 외의 부분 본문에서 "대통령령으로 정하는 비율"이란 100분의 70을 말한다. (2013. 11. 29. 신설)

⑨ 법 제106조의 9 제9항에 따라 환급을 보류할 수 있는 기간은 해당 예정신고기한 또는 확정신고기한의 다음 날부터 6개월 이내로 한다. (2013. 11. 29. 신설)

⑩ 법 제106조의 9 제9항 제1호에서 "대통령령으로 정하는 금액"이란 500만원을 말한다. (2013. 11. 29. 신설)

가치세 환급신청서를 관할 세무서장에게 제출하여야 한다. 다만, 사업자가 스크랩등 수입에 대한 부가가치세를 납부한 사실이 확인되는 경우에는 환급신청서를 제출하지 아니할 수 있다. (2016. 3. 14. 개정)

④ 제3항에 따라 제출받은 관할 세무서장은 부가가치세액의 납부 여부를 확인하여 납부한 경우에는 제1항의 국세청장으로부터 지정받은 자에게 그 사실을 통보하여야 한다. (2013. 12. 30. 신설)

경우 (2013. 5. 10. 신설)

⑩ 제3항에 따라 부가가치세를 입금받은 제3항 본문에 따른 대통령령으로 정하는 자는 제8항에 따라 공제하거나 환급받을 세액에 가산한 후의 부가가치세액을 매 분기가 끝나는 날의 다음 달 25일까지 국고에 납부하여야 한다. (2013. 5. 10. 신설)

⑪ 제3항에 따라 공급받은 자가 입금한 부가가치세액 중 잘못 납부하거나 초과하여 납부한 금액은 「국세기본법」 제51조 제1항에도 불구하고 공급받은 자에게 환급하여야 한다. (2017. 12. 19. 신설)

⑫ 국세청장은 부가가치세 보전을 위하여 필요한 경우 스크랩등을 공급하거나 공급받는 사업자 또는 수입하는 사업자에게 세금계산서 및 세금계산서합계표의 작성 및 제출에 관한 명령을 할 수 있다. (2023. 12. 31. 신설)

편주 ▶ ···
법 106조의 9 제12항의 개정규정은 2024. 7. 1. 이후 재화를 공급하거나 공급받는 경우 또는 재화를 수입신고하는 경우부터 적용함. (법 부칙(2023. 12. 31.) 24조)
···

⑫ 스크랩등거래계좌 사용 대상 스크랩등사업자의 범위, 스크랩등거래계좌 입금 방법, 입금된 부가가치세액의 처리, 스크랩등 품목을 취급하는 사업자의 부가가치세, 소득세 및 법인세의 신고·납부에 관한 관리 등 제1항부터 제11항까지의 매입자 납부제도를 운영하는 데에 필요한 사항은 대통령령으로 정한다. (2017. 12. 19. 개정)

⑬ 스크랩등거래계좌 사용 대상 스크랩등사업자의 범위, 스크랩등거래계좌 입금 방법, 입금된 부가가치세액의 처리, 스크랩등 품목을 취급하는 사업자의 부가가치세, 소득세 및 법인세의 신고·납부에 관한 관리, 세금계산서 등의 작성·제출 명령 등 제1항부터 제12항까지의 매입자 납부제도를 운영하는 데에 필요한 사항은 대통령령으로 정한다. (2023. 12. 31. 개정)

편주 ▶ ···
법 106조의 9 제13항의 개정규정은 2024. 7. 1.부터 시행함. (법 부칙(2023. 12. 31.) 1조 3호)
···

⑪ 법 제106조의 9 제9항 제2호에서 "대통령령으로 정하는 경우"란 스크랩등사업자, 스크랩등사업자의 대표자 또는 임원이 다음 각 호의 요건을 모두 갖춘 경우를 말한다. (2016. 2. 5. 개정)

1. 해당 신고납부기한 종료일 현재 최근 3년간 조세범으로 처벌받은 사실이 없을 것 (2013. 11. 29. 신설)

2. 해당 신고납부기한 종료일 현재 최근 1년간 국세를 체납한 사실이 없을 것 (2013. 11. 29. 신설)

3. 해당 신고납부기한 종료일 현재 최근 3년간 결손처분을 받은 사실이 없을 것 (2013. 11. 29. 신설)

4. 해당 신고납부기한 종료일 현재 최근 1년간 스크랩등거래계좌를 이용하지 아니하고 스크랩등의 거래를 한 사실이 없을 것 (2016. 2. 5. 개정)

5. 그 밖에 부가가치세 신고·납부 현황 등을 고려할 때 조세포탈의 우려가 없다고 국세청장이 인정하는 경우에 해당할 것 (2013. 11. 29. 신설)

⑫ 제4항에 따라 국세청장이 지정한 자에게 입금된 부가가치세액의 관리는 국세청장이 정하는 바에 따른다. (2013. 11. 29. 신설)

⑬ 스크랩등거래계좌, 부가가치세액의 입금과 입금된 부가가치세액의 처리 등 부가가치세 매입자 납부특례제도의 시행에 필요한 세부적인 사항은 기획재정부령으로 정한다. (2016. 2. 5. 개정)

제106조의 10 【신용카드 등 결제금액에 대한 부가가치세 대리납부 등】 ① 대통령령으로 정하는 신용카드업자(이하 이 조에서 "신용카드업자"라 한다)는 부가가치세 체납률 등을 고려하여 대통령령으로 정하는 사업자(이하 이 조에서 "특례사업자"라 한다)가 부가가치세가 과세되는 재화 또는 용역을 공급(「여신전문금융업법」 제2조에 따른 신용카드·직불카드 또는 선불카드를 사용한 거래로 한정한다)하고 그 신용카드업자로부터 공급대가를 받는 경우에는 「부가가치세법」 제31조에도 불구하고 해당 공급대가를 특례사업자에게 지급하는 때에 공급대가의 110분의 4에 해당하는 금액을 부가가치세로 징수하여 매 분기가 끝나는 날의 다음 달 25일까지 대통령령으로 정하는 대리납부신고서와 함께 신용카드업자의 관할 세무서장에게 납부하여야 한다. (2021. 12. 28. 개정)
② 제1항에 따라 신용카드업자가 납부한 부가가치세액은 특례사업자가 「부가가치세법」 제48조 및 제49조에 따른 신고 시 이미 납부한 세액으로 본다. (2017. 12. 19. 신설)
③ 특례사업자에 대하여 「부가가치세법」 제48조 제3항 본문 및 제66조 제1항 본문에 따라 부가가치세를 결정하여 징수하는 경우에는 그 결정세액에서 해당 예정신고기간 또는 예정부과기간 종료일 현재 제1항에 따라 신용카드업자가 신용카드업자의 관할 세무서장에게 납부할 부가가치세를 뺀 금액을 각각 징수한다. 다만, 그 산정한 세액이 음수인 경우에는 영으로 본다. (2017. 12. 19. 신설)
④ 특례사업자는 제2항에 따라 신용카드업자가 납부한 부가가치세액에서 금융기관의 이자율 등을 고려하여 대통령령으로 정하는 이자율을 곱한 금액을 「부가가치세법」 제48조 및 제49조에 따른 신고 시 납부세액에서 공제할 수 있다. 이 경우 해당 공제금액을 차감한 후 납부할 세액[「부가가치세법」 제37조 제2항에 따른 납부세액에서 이 법, 「부가가치세법」 및 「국세기본법」에 따라 빼거나 더할 세액(「부가가치세법」 제60조 및 「국세기본법」 제47조의 2부터 제47조의 4까지의 규정에 따른 가산세는 제외한다)을 빼거나 더하여 계산한 세액을 말한다]이 음수인 경우에는 영으로 본다. (2017. 12. 19. 신설)
⑤ 국세청장은 신용카드업자가 제1항에 따라 부가가치세를 납부할 수 있도록 신용카드업자에게 대리납부에 필요한 특례사업자에 대한 정보

제106조의 14 【신용카드 등 결제금액에 대한 부가가치세 대리납부 등】 ① 법 제106조의 10 제1항에서 "대통령령으로 정하는 신용카드업자"란 「여신전문금융업법」 제2조 제2호의 2에 따른 신용카드업자로서 부가가치세 대리납부를 안정적으로 운영할 수 있다고 인정되어 국세청장이 지정한 자(이하 이 조에서 "신용카드업자"라 한다)를 말한다. (2018. 2. 13. 신설)
② 법 제106조의 10 제1항에서 "대통령령으로 정하는 사업자"란 부가가치세가 과세되는 재화와 용역을 공급하는 사업자로서 다음 각 호의 업종을 영위하는 사업자(이하 이 조에서 "특례사업자"라 한다)를 말한다. 다만, 「부가가치세법」 제61조에 따른 간이과세자는 제외한다. (2018. 2. 13. 신설)
1. 일반유흥 주점업(「식품위생법 시행령」 제21조 제8호 다목에 따른 단란주점영업을 포함한다) (2018. 2. 13. 신설)
2. 무도유흥 주점업 (2018. 2. 13. 신설)
③ 법 제106조의 10 제1항에서 "대통령령으로 정하는 대리납부신고서"란 다음 각 호의 사항을 포함한 것으로서 기획재정부령으로 정하는 대리납부신고서를 말한다. (2018. 2. 13. 신설)
1. 신용카드업자의 인적사항 (2018. 2. 13. 신설)
2. 특례사업자의 인적사항 (2018. 2. 13. 신설)
3. 대리납부와 관련된 공급가액 (2018. 2. 13. 신설)
4. 대리납부한 부가가치세액 (2018. 2. 13. 신설)
5. 그 밖의 참고 사항 (2018. 2. 13. 신설)
④ 법 제106조의 10 제4항 전단에서 "대통령령으로 정하는 이자율"이란 100분의 1을 말한다. (2018. 2. 13. 신설)
⑤ 관할 세무서장은 사업자가 법 제106조의 10에 따라 대리납부의 적용대상이 되는 특례사업자에 해당하는 경우에는 해당 규정을 적용하여야 하는 과세기간이 시작되기 1개월 전까지 그 사실을 해당 사업자에게 통지하여야 한다. 이 경우 법 제106조의 10이 적용되어야 하는 과세기간이 시작되기 1개월 전까지 해당 사업자가 통지를 받지 못한 경우에는 통지서를 수령한 날이 속하는 달의 다음 달 1일부터 같은 조를 적용한다. (2018. 2. 13. 신설)
⑥ 관할 세무서장은 신규로 사업을 시작하는 자가 법 제106조의 10의

를 제공하여야 한다. (2017. 12. 19. 신설)

⑥ 국세청장은 신용카드업자에게 제1항에 따른 납부에 필요한 경비를 지원한다. (2017. 12. 19. 신설)

⑦ 제1항부터 제6항까지에서 규정한 사항 외에 특례사업자 지정 통지와 그 밖에 필요한 사항은 대통령령으로 정한다. (2017. 12. 19. 신설)

제106조의 11【면세점송객용역에 대한 부가가치세 매입자 납부특례】① 「관광진흥법」 제2조 제2호에 따른 관광사업자(이하 "관광사업자"라 한다)가 다른 관광사업자 또는 「관세법」 제196조에 따른 보세판매장의 특허를 받은 자(이하 "면세점사업자"라 한다)에게 관광객을 면세점에 유치하는 용역으로서 대통령령으로 정하는 송객(送客) 용역(이하 "면세점송객용역"이라 한다)을 공급하려는 경우에는 해당 면세점송객용역을 공급하는 관광사업자와 그 면세점송객용역을 공급받는 관광사업자 및 면세점사업자는 대통령령으로 정하는 바에 따라 면세점송객용역 거래계좌(이하 "면세점송객용역거래계좌"라 한다)를 개설하여야 한다. (2024. 12. 31. 신설)

② 관광사업자가 다른 관광사업자 또는 면세점사업자에게 면세점송객용역을 공급한 경우에는 「부가가치세법」 제31조에도 불구하고 그 공급받는 자로부터 부가가치세를 징수하지 아니한다. (2024. 12. 31. 신설)

③ 관광사업자로부터 면세점송객용역을 공급받은 관광사업자 또는 면세점사업자는 그 공급을 받은 날(면세점송객용역을 공급받은 날이 세금계산서를 발급받은 날보다 빠른 경우에는 세금계산서를 발급받은 날을 말한다)부터 대통령령으로 정하는 기한(이하 이 조에서 "부가가치세액 입금기한"이라 한다)까지 면세점송객용역거래계좌를 사용하여 제1호의 금액은 해당 면세점송객용역을 공급한 관광사업자에게, 제2호의 금액은 대통령령으로 정하는 자에게 입금하여야 한다. 다만, 기업구매자금대출 등 대통령령으로 정하는 방법으로 면세점송객용역의 가액을 결제하는 경우에는 제2호의 금액만 입금할 수 있다. (2024. 12. 31. 신설)

1. 면세점송객용역의 가액 (2024. 12. 31. 신설)

2. 「부가가치세법」 제29조에 따른 과세표준에 같은 법 제30조에 따른 세율을 적용하여 계산한 금액(이하 이 조에서 "부가가치세액"이라 한다) (2024. 12. 31. 신설)

적용대상에 해당하는 경우에는 「부가가치세법」 제8조 제6항에 따라 사업자등록증을 발급할 때 그 사실을 통지하여야 한다. 이 경우 해당 사업자의 최초 과세기간부터 법 제106조의 10을 적용한다. (2021. 2. 17. 개정)

제106조의 15【면세점송객용역에 대한 부가가치세 매입자 납부특례】① 법 제106조의 11 제1항에서 "대통령령으로 정하는 송객(送客) 용역"이란 「관세법」 제196조에 따른 보세판매장(이하 "면세점"이라 한다)에 관광객을 유치하기 위해 관광객을 대상으로 면세점을 홍보·안내하거나 그 밖의 편의를 제공하는 행위(이하 "면세점송객용역"이라 한다)를 말한다. (2025. 2. 28. 신설)

② 법 제106조의 11 제1항에 따른 면세점송객용역 거래계좌(이하 "면세점송객용역거래계좌"라 한다)의 개설에 관하여는 제106조의 13 제1항부터 제3항까지의 규정을 준용한다. 이 경우 "스크랩등거래계좌"는 "면세점송객용역거래계좌"로 본다. (2025. 2. 28. 신설)

③ 법 제106조의 11 제3항 각 호 외의 부분 본문에서 "대통령령으로 정하는 기한"이란 7일이 되는 날을 말한다. (2025. 2. 28. 신설)

④ 법 제106조의 11 제3항 각 호 외의 부분 본문에서 "대통령령으로 정하는 자"란 제106조의 13 제1항 제1호에 따른 금융회사등(이하 "지정금융회사등"이라 한다)을 말한다. (2025. 2. 28. 신설)

⑤ 법 제106조의 11 제3항 각 호 외의 부분 단서에서 "기업구매자금대출 등 대통령령으로 정하는 방법"이란 제106조의 13 제5항 각 호의 어느 하나에 해당하는 방법을 말한다. (2025. 2. 28. 신설)

⑥ 법 제106조의 11 제3항에 따라 지정금융회사등에 입금된 부가가치세액의 관리는 국세청장이 정하여 고시하는 바에 따른다. (2025. 2. 28. 신설)

⑦ 법 제106조의 11 제6항에서 "대통령령으로 정하는 이자율"이란 제

개정취지 ……………………………

면세점송객용역에 대한 부가가치세 매입자 납부특례

• 면세점사업자가 부가가치세를 직접 납부해야 하는 면세점 송객용역의 범위를 면세점에 관광객을 유치하기 위해 관광객을 대상으로 면세점을 홍보·안내하거나 그 밖의 편의를 제공하는 행위로 정하고, 면세점사업자는 면세점 송객용역을 제공받은 날부터 7일 이내에 부가가치세액을 국세청장이 지정한 금융회사 등에 입금하도록 함. (영 106조의 15 신설 ; 2025. 2. 28.)

• 영 106조의 15의 개정규정은 2025. 7. 1.부터 시행함. (영 부칙(2025. 2. 28.) 1조 2호)

…………………………………………

제48조의 7【면세점송객용역에 대한 부가가치세 매입자납부 특례】영 제106조의 15 제4항에 따른 지정금융회사등은 법 제106조의 11 제3항에 따라 매입자가 입금한 부가가치세액(매출세액)의 범위에서 해당 사업자가 입금한 부가가치세액(매입세액)을 국세청장이 정하는 바에 따라 해당 사업자에게 환급할 수 있다. (2025. 3. 21. 신설)

④ 면세점송객용역을 공급받은 관광사업자 또는 면세점사업자가 제3항에 따라 부가가치세액을 입금하지 아니한 경우에는 해당 면세점송객용역을 공급한 관광사업자로부터 발급받은 세금계산서에 적힌 세액은 「부가가치세법」 제38조에도 불구하고 매출세액에서 공제되는 매입세액으로 보지 아니한다. (2024. 12. 31. 신설)
⑤ 납세지 관할 세무서장은 면세점송객용역을 공급한 관광사업자가 제3항에 따라 면세점송객용역거래계좌를 사용하지 아니하고 면세점송객용역의 가액을 결제받은 경우에는 해당 면세점송객용역을 공급한 관광사업자와 공급받은 관광사업자 또는 면세점사업자에게 각각 면세점송객용역 가액의 100분의 10을 가산세로 징수한다. (2024. 12. 31. 신설)
⑥ 납세지 관할 세무서장은 면세점송객용역을 공급받은 관광사업자 또는 면세점사업자가 제3항에 따라 부가가치세액을 입금하지 아니한 경우에는 부가가치세액 입금기한의 다음 날부터 부가가치세액을 입금한 날(「부가가치세법」 제48조, 제49조 및 제67조에 따른 과세표준 신고기한을 한도로 한다)까지의 기간에 대하여 대통령령으로 정하는 이자율을 곱하여 계산한 금액을 입금하여야 할 부가가치세액에 가산하여 징수한다. (2024. 12. 31. 신설)
⑦ 면세점송객용역을 공급받은 관광사업자 또는 면세점사업자가 제3항에 따라 입금한 부가가치세액은 해당 면세점송객용역을 공급한 관광사업자가 납부하여야 할 세액에서 공제하거나 환급받을 세액에 가산한다. (2024. 12. 31. 신설)
⑧ 납세지 관할 세무서장은 해당 예정신고기간 및 확정신고기간 중 면세점송객용역의 매출액이 면세점송객용역의 매입액에서 차지하는 비율이 대통령령으로 정하는 비율 이하인 경우에는 「부가가치세법」 제59조에 따른 환급을 보류할 수 있다. 다만, 다음 각 호의 어느 하나에 해당하는 경우에는 그러하지 아니하다. (2024. 12. 31. 신설)
1. 환급받을 세액이 대통령령으로 정하는 금액 이하인 경우 (2024. 12. 31. 신설)
2. 체납이나 포탈 등의 우려가 적다고 인정되는 등 대통령령으로 정하는 경우 (2024. 12. 31. 신설)
⑨ 제3항에 따라 부가가치세액을 입금받은 자는 제7항에 따라 공제하

11조의 2 제9항 제2호에 따른 율을 말한다. (2025. 2. 28. 신설)
⑧ 법 제106조의 11 제8항 각 호 외의 부분 본문에서 "대통령령으로 정하는 비율"이란 100분의 70을 말한다. (2025. 2. 28. 신설)
⑨ 법 제106조의 11 제8항 제1호에서 "대통령령으로 정하는 금액"이란 500만원을 말한다. (2025. 2. 28. 신설)
⑩ 법 제106조의 11 제8항 제2호에서 "체납이나 포탈 등의 우려가 적다고 인정되는 등 대통령령으로 정하는 경우"란 관광사업자 및 면세점사업자의 대표자 또는 임원이 제106조의 13 제11항 각 호의 요건을 모두 갖춘 경우를 말한다. 이 경우 "스크랩등거래계좌"는 "면세점송객용역거래계좌"로, "스크랩등"은 "면세점송객용역"으로 본다. (2025. 2. 28. 신설)
⑪ 법 제106조의 11 제8항에 따라 환급을 보류할 수 있는 기간은 해당 예정신고기한 또는 확정신고기한의 다음 날부터 6개월 이내로 한다. (2025. 2. 28. 신설)
⑫ 면세점송객용역거래계좌, 부가가치세액의 입금과 입금된 부가가치세액의 처리 등 부가가치세 매입자 납부특례제도의 시행에 필요한 세부적인 사항은 기획재정부령으로 정한다. (2025. 2. 28. 신설)

[편주]
규칙 48조의 7의 개정규정은 2025. 7. 1.부터 시행함. (규칙 부칙(2025. 3. 21.) 1조 2호)

거나 환급받을 세액에 가산한 후의 부가가치세액을 매 분기가 끝나는 날의 다음 달 25일까지 국고에 납부하여야 한다. (2024. 12. 31. 신설)

⑩ 제3항에 따라 입금된 부가가치세액 중 잘못 납부하거나 초과하여 납부한 금액은 「국세기본법」 제51조 제1항에도 불구하고 해당 부가가치세액을 입금한 사업자에게 환급하여야 한다. (2024. 12. 31. 신설)

⑪ 국세청장은 부가가치세 보전을 위하여 필요한 경우에는 면세점송객용역을 공급하거나 공급받는 관광사업자 및 면세점사업자에게 세금계산서 및 세금계산서합계표의 작성 및 제출에 관한 명령을 할 수 있다. (2024. 12. 31. 신설)

⑫ 제1항부터 제11항까지를 적용할 때 면세점송객용역거래계좌의 운영방식, 입금된 부가가치세액의 처리, 그 밖에 필요한 사항은 대통령령으로 정한다. (2024. 12. 31. 신설)

[개정취지]

면세점 송객용역에 대한 부가가치세 매입자 납부특례 신설

• 투명한 세금 징수를 위하여 면세점 송객용역을 공급받는 관광사업자 또는 면세점사업자가 면세점 송객용역에 대한 부가가치세를 직접 납부하도록 함. (법 106조의 11 신설 ; 2024. 12. 31.)

• 법 106조의 11의 개정규정은 2025. 7. 1. 이후 면세점송객용역을 공급하거나 공급받는 경우부터 적용함. (법 부칙(2024. 12. 31.) 21조)

제107조 【외국사업자 등에 대한 간접세의 특례】 ① 외국인관광객 등이 국외로 반출하기 위하여 대통령령으로 정하는 사업자로부터 구입하는 재화에 대해서는 대통령령으로 정하는 바에 따라 부가가치세 영세율(零稅率)을 적용하거나 해당 재화에 대한 부가가치세액을 환급할 수 있다. (2010. 1. 1. 개정)

② 외국인관광객 등이 국외로 반출하기 위하여 대통령령으로 정하는 판매장에서 구입하는 물품에 대해서는 대통령령으로 정하는 바에 따라 개별소비세를 면제하거나 해당 물품에 대한 개별소비세액을 환급할 수 있다. (2010. 1. 1. 개정)

③ 정부는 제1항 및 제2항에 따라 부가가치세 및 개별소비세를 면제(부가가치세 영세율의 적용을 포함한다) 또는 환급받은 재화를 국외로 반출하지 아니하는 경우에는 대통령령으로 정하는 바에 따라 부가가치세 및 개별소비세를 징수하여야 한다. (2010. 1. 1. 개정)

④ 제1항부터 제3항까지의 규정을 적용할 때 외국인관광객 등의 범위, 대상 재화의 범위, 구입·판매의 절차, 세액 환급, 그 밖에 필요한 사항은 대통령령으로 정한다. (2010. 1. 1. 개정)

[관련법령]

외국인관광객 등에 대한 부가가치세 및 개별소비세 특례규정

⑤ 국세청장, 관할 지방국세청장 또는 관할 세무서장은 부정 유통 방지를 위하여 필요하다고 인정하면 대통령령으로 정하는 바에 따라 제1항의 사업자 또는 제2항의 판매장에 대하여 필요한 명령을 할 수 있다. (2010. 1. 1. 개정)

⑥ 국내에 사업장이 없는 외국법인 또는 비거주자로서 외국에서 사업을 하는 자(이하 이 조에서 "외국사업자"라 한다)가 국내에서 사업상 다음 각 호의 어느 하나에 해당하는 재화 또는 용역을 구입하거나 제공받았을 때에는 대통령령으로 정하는 바에 따라 그 재화 또는 용역과 관련된 부가가치세를 해당 외국사업자에게 환급할 수 있다. 다만, 그 외국사업자의 한 해(1월 1일부터 12월 31일까지로 한다)의 환급금액이 대통령령으로 정하는 금액 이하인 경우에는 그러하지 아니하다. (2023. 12. 31. 단서개정)

1. 음식·숙박용역 (2010. 1. 1. 개정)

2. 광고용역 (2010. 1. 1. 개정)

☞ p.1745 1단 연결

3. 그 밖에 대통령령으로 정하는 재화 또는 용역 (2010. 1. 1. 개정)

관계조문 ☞

규칙 61조 1항 69호 ⇒ 외국사업자의 거래내역서 및 부가가치세환급신청서(별지 68호 서식)

제107조【외국사업자에 대한 부가가치세의 환급】① 법 제107조 제6항 제3호에서 "대통령령으로 정하는 재화 또는 용역"이란 다음 각 호의 어느 하나에 해당하는 것을 말한다. (2010. 2. 18. 개정)

1. 전력 · 통신용역 (98. 12. 31 개정)

2. 부동산임대용역 (98. 12. 31 개정)

3. 외국사업자의 국내사무소의 운영 및 유지에 필요한 재화 또는 용역으로서 기획재정부령이 정하는 것 (2008. 2. 29. 직제개정 ; 기획재정부와~직제 부칙)

② 법 제107조 제6항에 따라 부가가치세를 환급받고자 하는 외국사업자는 매년 1월 1일부터 12월 31일까지 공급받은 재화 또는 용역에 대한 부가가치세를 다음해 6월 30일까지 다음 각호의 서류를 첨부하여 국세청장이 지정하는 지방국세청장(이하 이 조에서 "지방국세청장"이라 한다)에게 직접 또는 국세청장이 지정하는 대리인을 통하여 신청하여야 한다. (2008. 2. 22. 개정)

1. 사업자증명원(영문표기 또는 한글표기에 한한다) 1부 (98. 12. 31 개정)

2. 거래내역서 1부 (98. 12. 31 개정)

3. 세금계산서 원본(「부가가치세법」 제46조 제3항에 따라 신용카드매출전표등에 공급받는 자와 부가가치세액을 별도로 기재하고 확인한 것을 포함한다) (2013. 6. 28. 개정 ; 부가가치세법 시행령 부칙)

4. 대리인을 통하여 신청하는 경우 그 위임장 (98. 12. 31 개정)

③ 제2항의 규정에 의하여 환급신청을 받은 지방국세청장은 신청일이 속하는 연도의 12월 31일까지 거래내역을 확인한 후 당해 거래와 관련된 부가가치세를 외국사업자에게 환급하여야 한다. (98. 12. 31 개정)

④ 외국사업자가 제3항의 규정에 의한 환급일 이후 6월 이내에 제2항 제3호의 규정에 의한 세금계산서 원본의 반환을 신청한 때에는 지방국세청장은 이를 반환하여야 한다. (2000. 1. 10 신설)

⑤ 법 제107조 제6항 각 호 외의 부분 단서에서 "대통령령으로 정하는 금액"이란 30만원을 말한다. (2010. 2. 18. 개정)

⑥ 외국사업자에 대한 부가가치세의 환급에 관하여 기타 필요한 사항은 기획재정부령으로 정한다. (2008. 2. 29. 직제개정 ; 기획재정부와~직제 부칙)

⑦ 법 제107조 제9항 각 호 외의 부분 본문에서 "대통령령으로 정하는

제49조【외국사업자에 대한 부가가치세 환급대상 및 절차】① 영 제107조 제1항 제3호에서 "기획재정부령이 정하는 것"이라 함은 다음 각호의 것을 말한다. 다만, 「부가가치세법」 제39조 제1항 제2호부터 제7호까지의 규정에 따라 매입세액이 공제되지 아니하는 것을 제외한다. (2013. 6. 28. 단서개정 ; 부가가치세법 시행규칙 부칙)

1. 국내사무소용 건물 · 구축물 및 당해 건물 · 구축물의 수리용역 (99. 4. 26 개정)

2. 사무용 기구 · 비품 및 당해 기구 · 비품의 임대용역 (99. 4. 26 개정)

② 「부가가치세법」 제8조에 따라 사업자등록을 한 사업자(「부가가치세법」 제36조의 2 제1항 또는 제2항에 따라 영수증 발급에 관한 규정이 적용되는 기간에 재화 또는 용역을 공급하는 간이과세자를 제외한다)가 외국사업자에게 법 제107조 제6항 각 호의 재화 또는 용역을 공급하는 때에 해당 외국사업자로부터 세금계산서의 발급을 요구받은 경우에는 이를 발급해야 한다. (2021. 3. 16. 개정)

③ 외국사업자에 대한 부가가치세의 환급절차에 관하여 필요한 사항은 국세청장이 이를 정하여 고시한다. (99. 4. 26 개정)

⑦ 우리나라에 주재하는 외교관 및 이에 준하는 자로서 대통령령으로 정하는 자(이하 이 조에서 "외교관등"이라 한다)가 대통령령으로 정하는 면세점으로부터 재화 또는 용역(「부가가치세법」 제21조부터 제25조까지의 규정을 적용받는 재화 또는 용역은 제외한다)을 구입하거나 제공받는 경우에 부담하는 부가가치세는 대통령령으로 정하는 바에 따라 연간 200만원을 한도로 하여 그 외교관등에게 환급할 수 있다. (2018. 12. 24. 개정)

관계조문 ≫

규칙 61조 1항 69호의 2 ⇒ 외교관 등의 부가가치세 환급신청서(별지 68호의 2 서식)

☞

재화 또는 용역"이란 다음 각 호의 어느 하나에 해당하는 것을 말한다. 다만, 「부가가치세법」 제39조 제1항 제2호 및 제4호부터 제7호까지의 규정에 따라 매입세액이 공제되지 아니하는 것은 제외한다. (2017. 2. 7. 신설)

1. 대회의 방송중계를 위한 시설의 공사·설치 및 해체와 관련된 재화 또는 용역 (2017. 2. 7. 신설)

2. 방송용 카메라·케이블·차량 등 방송중계 장비 (2017. 2. 7. 신설)

3. 방송·통신 장비 및 차량의 임대·유지·보수용역 (2017. 2. 7. 신설)

4. 방송중계와 관련한 자문·운송·경비용역 (2017. 2. 7. 신설)

5. 그 밖에 이와 유사한 것으로서 대회의 방송중계와 관련된 재화 또는 용역 (2017. 2. 7. 신설)

⑧ 법 제107조 제9항 제4호에서 "대통령령으로 정하는 외국법인"이란 제104조의 25 제1호부터 제5호까지의 규정에 따른 법인을 말한다. (2017. 2. 7. 신설)

제108조【외교관 등에 대한 부가가치세의 환급】① 법 제107조 제7항에서 "대통령령으로 정하는 자"란 우리나라에 상주하는 외교공관, 영사기관(명예영사관원을 장으로 하는 영사기관은 제외한다), 국제연합과 이에 준하는 국제기구(우리나라가 당사국인 조약과 그 밖의 국내 법령에 따라 특권과 면제를 부여받을 수 있는 경우만 해당한다)의 소속 직원으로 해당 국가로부터 공무원 신분을 부여받은 자 또는 외교부장관으로부터 이에 준하는 신분임을 확인받은 자 중 내국인이 아닌 자(이하 이 조에서 "외교관등"이라 한다)를 말한다. (2013. 3. 23. 직제 개정 ; 기획재정부와~직제 부칙)

② 법 제107조 제7항에서 "대통령령으로 정하는 면세점"이란 국세청장이 정하는 바에 따라 관할세무서장의 지정을 받은 사업장(「개별소비세법 시행령」 제28조의 규정에 의하여 지정을 받은 판매장을 포함하며, 이하 이 조에서 "외교관면세점"이라 한다)을 말한다. (2010. 12. 30. 개정)

③ 재화 또는 용역을 공급받은 외교관등이 그 재화 또는 용역과 관련된 부가가치세를 환급받으려는 경우에는 기획재정부령으로 정하는 환

⑧ 제6항 또는 제7항에 따른 부가가치세의 환급은 해당 외국에서 우리나라의 사업자, 외교관 또는 외교사절에게 동일하게 환급하는 경우에만 적용한다. (2010. 1. 1. 개정)
⑨ 2018 평창 동계올림픽대회 및 동계패럴림픽대회(이하 이 조에서 "대회"라 한다)의 운영에 직접 관련된 자로서 다음 각 호의 어느 하나에 해당하는 외국법인이 2018년 12월 31일까지 대회의 운영과 관련하여 공급받은 제6항 각 호의 어느 하나에 해당하는 재화 또는 용역과 제2호에 해당하는 외국법인이 대회의 방송중계와 관련하여 공급받은 대통령령으로 정하는 재화 또는 용역에 대해서는 제6항을 준용하여 부가가치세를 환급할 수 있다. 다만, 제8항은 적용하지 아니한다. (2016. 12. 20. 신설)
1. 제104조의 28 제1항 제1호 또는 제2호의 외국법인 (2016. 12. 20. 신설)
2. 제104조의 28 제1항 제3호의 외국법인 및 국제올림픽위원회와 계약을 맺은 대회의 지역별 독점방송중계권자 (2016. 12. 20. 신설)
3. 국제올림픽위원회와 계약을 통하여 국제올림픽위원회의 휘장을 사용하는 대가로 국제올림픽위원회 또는 대회 조직위원회에 금전, 재

급신청서와 함께 외교관면세점에서 발급받은 영수증 1매를 외교부장관에게 제출하여야 한다. (2013. 3. 23. 직제개정 ; 기획재정부와~직제 부칙)
④ 외교부장관은 외교관등이 제출한 환급신청서의 내용을 확인하고 법 제107조 제7항에 따른 금액을 한도로 하여 영수증에 기재된 부가가치세액을 지급할 것을 국세청장에게 요청할 수 있다. (2013. 3. 23. 직제개정 ; 기획재정부와~직제 부칙)
⑤ 제4항에 따라 외교부장관의 지급 요청을 받은 국세청장은 관할 세무서장에게 해당 금액의 지급을 명할 수 있고, 관할 세무서장은 해당 금액을 외교부장관에게 지급하여야 하며, 외교부장관은 관할 세무서장으로부터 지급받은 금액을 외교관등에게 지급할 수 있다. (2013. 3. 23. 직제개정 ; 기획재정부와~직제 부칙)
⑥ 외교관 등에 대한 부가가치세 환급에 관하여 기타 필요한 사항은 기획재정부령으로 정한다. (2008. 2. 29. 직제개정 ; 기획재정부와~직제 부칙)

제109조 【외국사업자 등에 대한 간접세특례의 상호주의 적용】
법 제107조 제8항에서 "동일하게 환급하는 경우"란 해당 외국의 조세로서 우리나라의 부가가치세 또는 이와 유사한 조세를 환급하는 경우와 그 외국에 우리나라의 부가가치세 또는 이와 유사한 조세가 없는 경우로 한다. (2009. 2. 4. 개정)

화 및 용역을 제공하는 외국법인 (2016. 12. 20. 신설)
4. 그 밖에 대통령령으로 정하는 외국법인 (2016. 12. 20. 신설)

제107조의 2【외국인 관광객에 대한 부가가치세의 특례】① 외국인관광객 등이 2018년 1월 1일부터 2025년 12월 31일까지「관광진흥법」에 따른 호텔로서 대통령령으로 정하는 요건을 갖춘 관광호텔(이하 이 조에서 "특례적용관광호텔"이라 한다)에서 30일 이하의 숙박용역(이하 이 조에서 "환급대상 숙박용역"이라 한다)을 공급받은 경우에는 대통령령으로 정하는 바에 따라 해당 환급대상 숙박용역에 대한 부가가치세액을 환급받을 수 있다. (2022. 12. 31. 개정)

제107조의 2【외국인 관광객에 대한 부가가치세의 특례】① 외국인관광객 등이 2018년 1월 1일부터 2025년 12월 31일까지「관광진흥법」제3조 제1항 제2호 및 같은 항 제3호 나목에 따른 시설로서 대통령령으로 정하는 요건을 갖춘 관광숙박시설(이하 이 조에서 "특례적용관광숙박시설"이라 한다)에서 30일 이하의 숙박용역(이하 이 조에서 "환급대상 숙박용역"이라 한다)을 공급받은 경우에는 대통령령으로 정하는 바에 따라 해당 환급대상 숙박용역에 대한 부가가치세액을 환급받을 수 있다. (2024. 12. 31. 개정)

② 특례적용관광호텔 관할세무서장은 제1항에 따른 환급대상이 아닌 숙박용역에 대하여 외국인관광객 등이 부가가치세를 환급받은 경우에는 대통령령으로 정하는 바에 따라 특례적용관광호텔 등 대통령령으로 정하는 자에게 부가가치세액을 징수하여야 한다. (2014. 1. 1. 신설)

② 특례적용관광숙박시설의 납세지 관할 세무서장은 제1항에 따른 환급대상이 아닌 숙박용역에 대하여 외국인관광객 등이 부가가치세를 환급받은 경우에는 대통령령으로 정하는 바에 따라 특례적용관광숙박시설사업자 등 대통령령으로 정하는 자에게 부가가치세액을 징수하여야 한다. (2024. 12. 31. 개정)

③ 국세청장, 관할 지방국세청장 또는 관할 세무서장은 부정 환급 방지를 위하여 필요하다고 인정하면 대통령령으로 정하는 바에 따라 특례적용관광호텔에 대하여 필요한 명령을 할 수 있다. (2014. 1. 1. 신설)

③ 국세청장, 관할 지방국세청장 또는 관할 세무서장은 부정 환급 방지를 위하여 필요하다고 인정하면 대통령령으로 정하는 바에 따라 특례적용관광숙박시설에 대하여 필요한 명령을 할 수 있다. (2024. 12. 31. 개정)

④ 제1항과 제2항을 적용할 때 외국인관광객, 특례적용관광호텔, 환급대상 숙박용역의

제109조의 2【외국인관광객 등에 대한 부가가치세의 특례】① 법 제107조의 2 제1항에 따른 외국인관광객 등이란「외국인관광객 등에 대한 부가가치세 및 개별소비세 특례 규정」제2조 제1항에 따른 외국인관광객(이하 이 조에서 "외국인관광객 등"이라 한다)을 말한다. (2014. 2. 21. 신설)

② 법 제107조의 2 제1항에서 "대통령령으로 정하는 요건을 갖춘 관광호텔"이란 다음 각 호의 요건을 모두 갖춘 호텔로서 문화체육관광부장관이 정하여 고시한 호텔(이하 이 조에서 "특례적용관광호텔"이라 한다)을 말한다. (2014. 2. 21. 신설)

② 법 제107조의 2 제1항에서 "대통령령으로 정하는 요건을 갖춘 관광숙박시설"이란 다음 각 호의 요건을 모두 갖춘 관광숙박시설로서 문화체육관광부장관이 정하여 고시한 관광숙박시설(이하 이 조에서 "특례적용관광숙박시설"이라 한다)을 말한다. (2025. 2. 28. 개정)

1.「관광진흥법」제3조 제1항 제2호 가목에 따른 호텔업의 시설 (2024. 2. 29. 개정)

1.「관광진흥법」제3조 제1항 제2호 가목에 따른 호텔업 및 같은 호 나목에 따른 휴양 콘도미니엄업의 시설 (2025. 2. 28. 개정)

2. 해당 호텔의 외국인관광객 등에 대한 숙박용역의 객실 종류별 공급가액 평균을 해당 호텔의 전년 또는 전전 연도(2022년에 숙박용역을 공급하는 경우에는 직전 4개 연도 중 1개 연도)의 같은 기간별 외국인관광객 등에 대한 숙박용역의 객실 종류별 공급가액 평균의 100분의 110보다 높게 공급하지 아니하는 호텔 (2022. 2. 15. 개정)

2. 해당 관광숙박시설의 외국인관광객 등에 대한 숙박용역의 객실 종류별 공급가액 평균을 해당 관광숙박시설의 전년 또는 전전 연도(2022년에 숙박용역을 공급하는 경우에는 직전 4개 연도 중 1개 연도)의 같은 기간별 외국인관광객 등에 대한 숙박용역의 객실 종류별 공급가액 평균의 100분의 110보다 높게 공급하지 아니하는 호텔 (2025. 2. 28. 개정)

편주 ▶ 영 109조의 2의 개정규정은 2025. 4. 1. 부터 시행함. (영 부칙(2025. 2. 28.) 1조 1호)

편주 ▶ 2024. 4. 1. 전에 외국인관광객 등이 숙박용역을 공급받은 경우에는 영 109조의 2 제2항 1호의 개정규정에도 불구하고 종전의 규정에 따름. (영 부칙(2024. 2. 29.) 24조)

범위, 세액 환급의 절차와 그 밖에 필요한 사항은 대통령령으로 정한다. (2014. 1. 1. 신설)

④ 제1항과 제2항을 적용할 때 외국인관광객, 특례적용관광숙박시설, 환급대상 숙박용역의 범위, 세액 환급의 절차와 그 밖에 필요한 사항은 대통령령으로 정한다. (2024. 12. 31. 개정)

⊳ 편주
법 107조의 2의 개정규정은 2025. 4. 1. 이후 숙박용역을 공급받는 경우부터 적용함. (법 부칙(2024. 12. 31.) 22조)

③ 특례적용관광호텔 사업자는 외국인관광객 등에게 숙박용역을 공급한 때에는 숙박용역을 공급받은 외국인관광객 등에게 그 숙박용역 공급 사실을 증명하는 서류(이하 이 조에서 "숙박용역공급확인서"라 한다) 2부를 교부하여야 한다. 다만, 특례적용관광호텔 사업자가 외국인관광객 등이 숙박용역을 공급받은 때에 부담한 부가가치세액을 환급하는 사업을 영위하는 자(「외국인관광객 등에 대한 부가가치세 및 개별소비세 특례규정」 제5조의 2를 준용하여 지정한 자를 말하며, 이하 이 조에서 "환급창구운영사업자"라 한다)에게 정보통신망을 이용하여 전자적 방식의 숙박용역공급확인서를 전송한 경우에는 숙박용역공급확인서를 교부하지 아니할 수 있다. (2014. 2. 21. 신설)

③ 특례적용관광숙박시설 사업자는 외국인관광객 등에게 숙박용역을 공급한 때에는 숙박용역을 공급받은 외국인관광객 등에게 그 숙박용역 공급 사실을 증명하는 서류(이하 이 조에서 "숙박용역공급확인서"라 한다) 2부를 교부하여야 한다. 다만, 특례적용관광숙박시설 사업자가 외국인관광객 등이 숙박용역을 공급받은 때에 부담한 부가가치세액을 환급하는 사업을 영위하는 자(「외국인관광객 등에 대한 부가가치세 및 개별소비세 특례규정」 제5조의 2를 준용하여 지정한 자를 말하며, 이하 이 조에서 "환급창구운영사업자"라 한다)에게 정보통신망을 이용하여 전자적 방식의 숙박용역공급확인서를 전송한 경우에는 숙박용역공급확인서를 교부하지 아니할 수 있다. (2025. 2. 28. 개정)

④ 외국인관광객 등은 특례적용관광호텔에서 숙박용역을 공급받은 경우 해당 숙박용역에 따른 부가가치세액을 환급창구운영사업자로부터 환급받을 수 있다. 이 경우 환급창구운영사업자의 부가가치세액의 환급에 관하여는 「외국인관광객 등에 대한 부가가치세 및 개별소비세 특례규정」 제6조 제2항·제3항 및 제10조의 2를 준용하되, "면세물품을 구입하는 경우" 또는 "면세물품을 구입한 때"는 "숙박용역을 공급받은 때"로 본다. (2018. 2. 13. 후단개정)

④ 외국인관광객 등은 특례적용관광숙박시설에서 숙박용역을 공급받은 경우 해당 숙박용역에 따른 부가가치세액을 환급창구운영사업자로부터 환급받을 수 있다. 이 경우 환급창구운영사업자의 부가가치세액의 환급에 관하여는 「외국인관광객 등에 대한 부가가치세 및 개별소비세 특례규정」 제6조 제2항·제3항 및 제10조의 2를 준용하되, "면세물품을 구입하는 경우" 또는 "면세물품을 구입한 때"는 "숙박용역을 공급받은 때"로 본다. (2025. 2. 28. 개정)

⑤ 제4항에 따라 외국인관광객 등에게 부가가치세액을 환급한 환급창구운영사업자는 그 환급 사실을 증명하는 서류(이하 이 조에서 "환급증명서"라 한다)를 특례적용관광호텔 사업자에게 송부하여야 한다. (2014. 2. 21. 신설)

⑤ 제4항에 따라 외국인관광객 등에게 부가가치세액을 환급한 환급창구운영사업자는 그 환급 사실을 증명하는 서류(이하 이 조에서 "환급증명서"라 한다)를 특례적용관광숙박시설 사업자에게 송부하여야 한다. (2025. 2. 28. 개정)

⑥ 특례적용관광호텔 사업자는 외국인관광객 등이 숙박용역을 공급받은 날부터 3개월 이내에 부가가치세액을 환급받은 사실이 확인되는 경우에는 해당 부가가치세액을 공제받을 수 있다. (2014. 2. 21. 신설)

⑥ 특례적용관광숙박시설 사업자는 외국인관광객 등이 숙박용역을 공급받은 날부터 3개월 이내에 부가가치세액을 환급받은 사실이 확인되는 경우에는 해당 부가가치세액을 공제받을 수 있다. (2025. 2. 28. 개정)

⑦ 특례적용관광호텔 사업자가 제6항에 따라 부가가치세액을 공제받으려는 경우에는 환급증명서를 송부받은 날이 속하는 과세기간의 과세표준과 납부세액 또는 환급세액을 관할 세무서장에게 신고할 때에 기획재정부령으로 정하는 외국인관광객 숙박용역 환급실적명세서를 첨부하여 제출해야 한다. (2020. 2. 11. 개정)

⑦ 특례적용관광숙박시설 사업자가 제6항에 따라 부가가치세액을 공제받으려는 경우에는 환급증명서를 송부받은 날이 속하는 과세기간의 과세표준과 납부세액 또는 환급세액을 관할 세무서장에게 신고할 때에 기획재정부령으로 정하는 외국인관광객 숙박용역 환급실적명세서를 첨부하여 제출해야 한다. (2025. 2. 28. 개정)

⑧ 제6항 및 제7항에도 불구하고 다음 각 호의 어느 하나에 해당하는 경우에는 특례적용관광호텔 사업자가 납부할 부가가치세액에서 제4항에 따라 외국인관광객 등이 환급받은 해당 부가가치세액을 공제하지 아니한다. (2014. 2. 21. 신설)

☞ p.1750 2단 연결

⑧ 제6항 및 제7항에도 불구하고 다음 각 호의 어느 하나에 해당하는 경우에는 특례적용관광숙박시설 사업자가 납부할 부가가치세액에서 제4항에 따라 외국인관광객 등이 환급받은 해당 부가가치세액을 공제하지 아니한다. (2025. 2. 28. 개정)

1. 숙박용역의 공급가액에 관한 제2항 제2호의 요건을 갖추지 못한 경우 (2014. 2. 21. 신설)

2. 숙박용역공급확인서를 허위로 적어 교부한 경우 (2014. 2. 21. 신설)

⑨ 법 제107조의 2 제2항에서 "특례적용관광호텔 등 대통령령으로 정하는 자"란 해당 외국인관광객 등에게 숙박용역을 공급한 특례적용관광호텔 사업자를 말한다. (2014. 2. 21. 신설)

⑨ 법 제107조의 2 제2항에서 "특례적용관광숙박시설 등 대통령령으로 정하는 자"란 해당 외국인관광객 등에게 숙박용역을 공급한 특례적용관광숙박시설 사업자를 말한다. (2025. 2. 28. 개정)

⑩ 법 제107조의 2 제2항에 따라 부가가치세액을 징수할 경우 그 세액의 결정과 징수 등에 관하여는 「부가가치세법」 제57조, 제57조의 2, 제58조 및 제60조를 따른다. (2025. 2. 28. 개정)

⑪ 문화체육관광부장관은 환급대상 숙박용역에 대한 부가가치세액 환급을 위하여 필요한 경우 「출입국관리법」 제28조에 따른 외국인관광객의 출국기록을 법무부장관에게 요청할 수 있다. 이 경우 요청을 받은 법무부장관은 정당한 사유가 없으면 이에 따라야 한다. (2018. 2. 13. 신설)

⑫ 제1항부터 제11항까지에서 규정한 사항 외에 특례적용관광호텔의 선정과 환급창구운영사업자의 환급 관련 절차 등에 관하여 필요한 사항은 문화체육관광부장관이 기획재정부장관과 협의하여 고시한다. (2018. 2. 13. 개정)

⑫ 제1항부터 제11항까지에서 규정한 사항 외에 특례적용관광숙박시설의 선정과 환급창구운영사업자의 환급 관련 절차 등에 관하여 필요한 사항은 문화체육관광부장관이 기획재정부장관과 협의하여 고시한다. (2025. 2. 28. 개정)

제107조의 3 【외국인관광객 미용성형 의료용역에 대한 부가가치세환급 특례】 ① 대통령령으로 정하는 외국인관광객(이하 이 조에서 "외국인관광객"이라 한다)이 「의료 해외진출 및 외국인환자 유치 지원에 관한 법률」 제6조 제1항에 따라 보건복지부장관에게 등록한 의료기관(이하 이 조에서 "특례적용의료기관"이라 한다)에

제109조의 3 【외국인관광객 미용성형 의료용역에 대한 부가가치세 환급 특례】 ① 법 제107조의 3 제1항에서 "대통령령으로 정하는 외국인관광객"이란 「외국인관광객 등에 대한 부가가치세 및 개별소비세 특례규정」 제2조 제1항에 따른 외국인관광객(이하 이 조에서 "외국인관광객"이라 한다)을 말한다. (2016. 2. 5. 신설)

서 2025년 12월 31일까지 공급받은 대통령령으로 정하는 의료용역
(이하 이 조에서 "환급대상 의료용역"이라 한다)에 대해서는 대통령
령으로 정하는 바에 따라 해당 환급대상 의료용역에 대한 부가가치
세액을 환급할 수 있다. (2022. 12. 31. 개정)

② 특례적용의료기관의 사업자는 외국인관광객에게 환급대상 의료용
역을 공급한 때에 기획재정부령으로 정하는 의료용역공급확인서(이하
이 조에서 "의료용역공급확인서"라 한다)를 해당 외국인관광객에게 교
부하고, 외국인관광객이 부담한 부가가치세액을 환급하는 사업을 영위
하는 자(이하 이 조에서 "환급창구운영사업자"라 한다)에게 정보통신
망을 이용하여 전자적 방식으로 전송하여야 한다. (2015. 12. 15. 신설)
③ 제1항에 따라 환급을 받으려는 외국인관광객은 환급대상 의료용역
을 공급받은 날부터 3개월 이내에 환급창구운영사업자에게 해당 의료
용역공급확인서를 제출하여야 한다. (2015. 12. 15. 신설)
④ 특례적용의료기관 관할 세무서장은 환급대상 의료용역이 아닌 의료
용역에 대하여 외국인관광객이 부가가치세를 환급받은 경우나 특례적
용의료기관이 사실과 다른 의료용역공급확인서를 교부 또는 전송하는
등 대통령령으로 정하는 사유에 해당하는 경우에는 해당 특례적용의료
기관으로부터 해당 부가가치세액 및 가산세를 징수하여야 한다. 이 경
우 부가가치세액의 결정과 징수 등에 관하여는 「부가가치세법」 제57
조, 제57조의 2, 제58조 및 제60조를 따른다. (2024. 12. 31. 후단개정)
⑤ 제1항부터 제4항까지의 규정을 적용할 때 환급창구운영사업자의 요
건 및 지정 절차, 부가가치세액 환급 및 징수의 절차와 그 밖에 필요한

② 법 제107조의 3 제1항에서 "대통령령으로 정하는 의료용역"이란
다음 각 호의 어느 하나에 해당하는 경우로서 법 제107조의 3 제1항에
따른 특례적용의료기관(이하 이 조에서 "특례적용의료기관"이라 한다)
에서 공급받은 의료용역 중 「부가가치세법 시행령」 제35조 제1호 각
목 외의 부분 단서에 따라 부가가치세가 면제되지 아니하는 의료용역
(이하 이 조에서 "환급대상 의료용역"이라 한다)을 말한다. (2016. 2.
5. 신설)
1. 「의료 해외진출 및 외국인환자 유치 지원에 관한 법률」 제6조 제1
   항에 따라 등록한 의료기관 또는 같은 조 제2항에 따라 등록한 외국
   인환자 유치업자가 직접 외국인 관광객을 유치한 경우 (2016. 6. 21.
   개정 ; 의료 해외진출 및~시행령 부칙)
2. 외국인관광객이 직접 특례적용의료기관에 방문한 경우 (2016. 2. 5.
   신설)
③ 법 제107조의 3 제2항에 따른 환급창구운영사업자(이하 이 조에
서 "환급창구운영사업자"라 한다)의 요건 및 지정 절차에 관하여는
「외국인관광객 등에 대한 부가가치세 및 개별소비세 특례규정」 제5
조의 2를 준용한다. 이 경우 "면세물품을 구입한 때"는 "환급대상 의
료용역을 공급받은 때"로 본다. (2016. 2. 5. 신설)
④ 법 제107조의 3 제3항에 따라 환급청구를 받은 환급창구운영사업
자의 부가가치세액의 환급에 관하여는 「외국인관광객 등에 대한 부가
가치세 및 개별소비세 특례규정」 제10조의 2를 준용한다. 이 경우 "출
국항 관할세관장이 확인한 판매확인서"는 "의료용역공급확인서"로,
"면세물품을 구입한 때"는 "환급대상 의료용역을 공급받은 때"로, "면
세판매자"는 "특례적용의료기관"으로 본다. (2016. 2. 5. 신설)
⑤ 환급창구운영사업자는 제4항에 따라 외국인관광객이 환급대상 의
료용역을 공급받은 때 부담한 부가가치세액(이하 이 조에서 "환급대상
부가가치세액"이라 한다)을 외국인관광객에게 환급 또는 송금한 경우
에는 「외국인관광객 등에 대한 부가가치세 및 개별소비세 특례규정」
제10조의 3에 따른 환급 또는 송금한 사실을 증명하는 서류(이하 이
조에서 "환급·송금증명서"라 한다)를 특례적용의료기관에 송부하여
야 한다. (2016. 2. 5. 신설)

제49조의 2 【의료용역공급확인서 등】
법 제107조의 3 제2항에 따른 의료용역공
급확인서는 별지 제68호의 2 서식에 따른
다. 다만, 영 제109조의 3 제2항에 따른 특
례적용의료기관이 같은 조 제3항에 따른
환급창구운영사업자의 가맹점인 경우에는
국세청장이 인정하는 환급전표(정보통신망
을 이용하여 전송하는 전자문서를 포함한
다)로 갈음할 수 있다. (2016. 3. 14. 신설)

사항은 대통령령으로 정한다. (2015. 12. 15. 신설)

⑥ 환급창구운영사업자는 외국인관광객에게 환급대상 부가가치세액을 환급 또는 송금한 날이 속하는 분기의 종료일의 다음 달 20일까지 국세청장과 보건복지부장관에게 환급 또는 송금 내역을 각각 제출하여야 한다. (2016. 2. 5. 신설)

⑦ 제5항에 따른 환급·송금증명서를 송부받은 특례적용의료기관의 사업자는 환급대상 부가가치세액을 환급창구운영사업자에게 지급하여야 한다. (2016. 2. 5. 신설)

⑧ 특례적용의료기관 사업자는 제5항에 따른 환급·송금증명서를 송부받은 날이 속하는 과세기간의 과세표준과 납부세액 또는 환급세액을 신고하는 때에 환급대상 부가가치세액을 공제받을 수 있다. (2016. 2. 5. 신설)

⑨ 특례적용의료기관은 제8항에 따라 환급대상 부가가치세액을 공제받으려는 경우에는 환급·송금증명서를 송부받은 날이 속하는 과세기간의 과세표준과 납부세액 또는 환급세액을 관할 세무서장에게 신고할 때에 기획재정부령으로 정하는 외국인관광객 미용성형 의료용역 환급실적명세서를 첨부하여 제출해야 한다. (2020. 2. 11. 개정)

⑩ 세무서장은 특례적용의료기관의 사업자가 정당한 사유없이 환급창구운영사업자에게 환급대상 부가가치세액을 지급하지 아니한 경우에는 제8항에 따라 공제받은 환급대상 부가가치세액을 납부세액에 가산하거나 환급세액에서 공제하여야 한다. (2016. 2. 5. 신설)

⑪ 특례적용의료기관의 사업자가 환급대상 의료용역을 공급한 날부터 3개월이 되는 날이 속하는 달의 다음 달 20일까지 제5항에 따른 환급·송금증명서를 송부받지 못한 경우에는 환급대상 부가가치세액 공제를 적용하지 아니한다. (2016. 2. 5. 신설)

⑫ 법 제107조의 3 제4항에서 "대통령령으로 정하는 사유"란 다음 각 호의 어느 하나에 해당하는 경우를 말한다. (2016. 2. 5. 신설)

1. 특례적용의료기관이 사실과 다른 법 제107조의 3 제2항에 따른 의료용역공급확인서(이하 이 조에서 "의료용역공급확인서"라 한다)를 교부 또는 전송하여 외국인관광객이 부가가치세액을 환급받은 경우 (2020. 2. 11. 개정)

2. 환급대상 의료용역에 해당하지 아니함에도 불구하고 특례적용의료기

관이 의료용역공급확인서를 교부 또는 전송하여 외국인관광객이 부가가치세액을 환급받은 경우 (2016. 2. 5. 신설)

⑬ 제1항부터 제12항까지에서 규정한 사항 외에 특례적용의료기관의 선정과 환급창구운영사업자의 환급 관련 절차 등에 한하여 필요한 사항은 보건복지부장관이 기획재정부장관과 협의하여 고시한다. (2016. 2. 5. 신설)

제108조【재활용폐자원 등에 대한 부가가치세 매입세액 공제특례】① 재활용폐자원 및 중고자동차를 수집하는 사업자가 세금계산서를 발급할 수 없는 자 등 대통령령으로 정하는 자로부터 재활용폐자원을 2025년 12월 31일까지, 중고자동차를 2025년 12월 31일까지 취득하여 제조 또는 가공하거나 이를 공급하는 경우에는 취득가액에 다음 각 호의 값을 곱하여 계산한 금액을 「부가가치세법」 제37조 제1항 및 같은 법 제38조에 따라 매출세액에서 매입세액으로 공제할 수 있다. (2023. 12. 31. 개정)

1. 재활용폐자원 : 103분의 3. 다만, 2014년 1월 1일부터 2015년 12월 31일까지 취득하는 경우에는 105분의 5로 한다. (2014. 12. 23. 개정)
2. 중고자동차 : 110분의 10 (2017. 12. 19. 개정)

② 제1항에 따라 재활용폐자원을 수집하는 사업자가 재활용폐자원에 대한 부가가치세 매입세액 공제특례를 적용받는 경우에는 부가가치세 확정신고를 할 때 해당 과세기간에 해당 사업자가 공급한 재활용폐자원과 관련한 부가가치세 과세표준에 100분의 80(2007년 12월 31일까지 취득한 재활용폐자원에 대해서는 100분의 90을 적용한다)을 곱하여 계산한 금액에서 세금계산서를 발급받고 매입한 재활용폐자원 매입가액(해당 사업자의 사업용 고정자산 매입가액은 제외한다)을 뺀 금액을 한도로 하여 계산한 매입세액을 매출세액에서 공제할 수 있다. 이 경우 「부가가치세법」 제48조에 따른 예정신고 및 같은 법 제59조 제2항에 따른 환급신고를 할 때 이미 재활용폐자원 매입세액 공제를 받은 경우에는 같은 법 제49조에 따른 확정신고를 할 때 정산하여야 한다. (2013. 6. 7. 후단개정 ; 부가가치세법 부칙)

③ 제1항 및 제2항을 적용하는 경우 재활용폐자원 및 중고자동차를 수집하는 사업자의 범위, 재활용폐자원 및 중고자동차의 범위, 매입세액 공제방법, 그 밖에 필요한 사항은 대통령령으로 정한다. (2010. 1. 1. 개정)

제110조【재활용폐자원 등에 대한 부가가치세 매입세액공제 특례】① 법 제108조 제1항에서 "대통령령으로 정하는 자"란 부가가치세과세사업을 영위하지 아니하는 자(면세사업과 과세사업을 겸영하는 경우를 포함한다)와 「부가가치세법」 제36조의 2 제1항 또는 제2항에 따라 영수증 발급에 관한 규정이 적용되는 기간에 재화 또는 용역을 공급하는 간이과세자를 말한다. (2021. 2. 17. 개정)

② 삭 제 (2006. 2. 9.)

③ 법 제108조의 규정에 의하여 매입세액공제를 받을 수 있는 사업자의 범위는 다음과 같다. (1998. 12. 31 개정)

1. 「폐기물관리법」에 의하여 폐기물중간처리업허가를 받은 자(폐기물을 재활용하는 경우에 한한다) 또는 폐기물재활용신고를 한 자 (2005. 2. 19. 개정)
2. 「자동차관리법」에 따라 자동차매매업등록을 한 자 (2010. 2. 18. 개정)
3. 「한국환경공단법」에 따른 한국환경공단 (2009. 12. 24. 개정 ; 한국환경공단법 시행령 부칙)
4. 제4항 제2호의 중고자동차를 수출하는 자 (2010. 2. 18. 개정)
5. 기타 재활용폐자원을 수집하는 사업자로서 기획재정부령이 정하는 자 (2008. 2. 29. 직제개정 ; 기획재정부와~직제 부칙)

④ 법 제108조의 규정에 따라 매입세액공제를 받을 수 있는 재활용폐자원 및 중고자동차(이하 이 조에서 "재활용폐자원 등"이라 한다)의 범위는 다음과 같다. (2010. 2. 18. 개정)

1. 재활용폐자원 (2006. 2. 9. 개정)
　가. 고철 (2006. 2. 9. 개정)
　나. 폐지 (2006. 2. 9. 개정)
　다. 폐유리 (2006. 2. 9. 개정)
　라. 폐합성수지 (2006. 2. 9. 개정)
　마. 폐합성고무 (2006. 2. 9. 개정)
　바. 폐금속캔 (2006. 2. 9. 개정)
　사. 폐건전지 (2006. 2. 9. 개정)
　아. 폐비철금속류 (2006. 2. 9. 개정)
　자. 폐타이어 (2006. 2. 9. 개정)
　차. 폐섬유 (2006. 2. 9. 개정)

제50조【재활용폐자원 등에 대한 부가가치세 매입세액공제 특례】① 영 제110조 제3항 제5호에서 "기획재정부령이 정하는 자"라 함은 재생재료 수집 및 판매를 주된 사업으로 하는 자를 말한다. (2008. 4. 29. 직제개정)

② 삭 제 (2006. 4. 17.)

이 본래 용도대로 재사용이 가능한 것이라면 법 제108조에 따른 매입세액공제를 받을 수 있는 재활용폐자원에 해당되지 아니한다. (2011. 2. 1. 개정)

☞

통칙 108－110…3【재활용폐자원 매입세액공제대상 중고자동차 범위】
영 제110조 제4항 제2호에서 규정하는 「자동차관리법」에 따른 중고자동차란 자동차의 제작·조립 또는 수입을 한 자로부터 자동차를 취득한 때부터 사실상 그 성능을 유지할 수 없을 때까지의 자동차를 말한다. (2011. 2. 1. 개정)

☞

통칙 108－110…4【공제하지 아니한 재활용폐자원 매입세액의 구제방법】
「부가가치세법」 제48조 또는 같은 법 제49조에 따른 신고시 공제하지 아니한 재활용폐자원 등에 대한 매입세액은 다음 각 호와 같이 재활용폐자원 등의 매입세액공제신고서에 「소득세법」 제163조 또는 「법인세법」 제121조에 따른 매입처별계산서합계표 또는 영수증을 제출하는 경우에는 재활용폐자원 등에 대한 매입세액을 공제할 수 있다. (2019. 12. 23. 개정)
1. 「국세기본법 시행령」 제25조 제1항에 따른 과세표준수정신고서와 함께 제출하는 경우 (2011. 2. 1. 개정)
2. 「국세기본법 시행령」 제25조의 3에 따른 경정청구서와 함께 제출하여 경정기관이 경정하는 경우 (2011. 2. 1. 개정)
3. 「국세기본법 시행령」 제25조의 4에 따른 기한 후 과세표준신고서와 함께 제출하여 관할 세무서장이 결정하는 경우 (2011. 2. 1. 개정)
4. 「부가가치세법」 제57조의 경정에 있어서 발급받은 계산서 또는 영수증을 경정기관의 확인을 거쳐 정부에 제출하는 경우 (2019. 12. 23. 개정)

　제108조의 2【스크랩등사업자의 스크랩등에 대한 부가가치세 매입세액 공제특례】(2015. 12. 15. 제목개정)

카. 폐유 (2006. 2. 9. 개정)
2. 「자동차관리법」에 따른 자동차 중 중고자동차. 다만, 다음 각 목의 자동차는 제외한다. (2014. 2. 21. 개정)
　가. 수출되는 중고자동차로서 「자동차등록령」 제8조에 따른 자동차등록원부에 기재된 제작연월일부터 같은 영 제32조에 따른 수출이행여부신고서에 기재된 수출신고수리일까지의 기간이 1년 미만인 자동차 (2014. 2. 21. 개정)
　나. 제1항에 따른 자가 해당 자동차 구입과 관련하여 「부가가치세법」 제38조에 따라 매입세액공제를 받은 후 중고자동차를 수집하는 사업자에게 매각한 자동차(제1항에 따른 자를 대신하여 그 밖의 다른 관계인이 해당 자동차 구입과 관련하여 매입세액공제를 받은 경우를 포함한다). 다만, 「부가가치세법」 제63조 제3항에 따라 간이과세자가 매입세액을 공제받은 경우는 제외한다. (2014. 2. 21. 개정)
⑤ 법 제108조의 규정에 의한 매입세액공제를 받고자 하는 자는 「부가가치세법」 제48조 또는 제49조에 따른 신고시 기획재정부령이 정하는 재활용폐자원 등의 매입세액공제신고서에 「소득세법」 제163조 또는 「법인세법」 제121조의 규정에 의한 매입처별계산서 합계표 또는 영수증을 첨부하여 제출(국세정보통신망에 의한 제출을 포함한다)하여야 한다. 이 경우 재활용폐자원 등의 매입세액공제신고서에 다음 각호의 사항이 기재되어 있지 아니하거나 그 거래내용이 사실과 다른 경우에는 매입세액을 공제하지 아니한다. (2013. 6. 28. 개정 ; 부가가치세법 시행령 부칙)
1. 공급자의 등록번호(개인의 경우에는 주민등록번호)와 명칭 및 대표자의 성명(개인의 경우에는 그의 성명) (1998. 12. 31 개정)
2. 취득가액 (1998. 12. 31 개정)
3. 삭 제 (2003. 12. 30.)
⑥ 제5항에 따른 매입세액의 공제에 관하여는 「부가가치세법 시행령」 제74조를 준용한다. (2017. 2. 7. 개정)

　제110조의 2【스크랩등사업자의 스크랩등에 대한 부가가치세 매입세액 공제특례】 (2016. 2. 5. 제목개정)

재활용폐자원 매입세액공제 특례대상인 고철에 해당하지 않는 것임. (심사부가 2007－41, 2007. 10. 23.)

관계조문 》》
규칙 61조 1항 70호 ⇒ 재활용폐자원 및 중고품 매입세액 공제신고서(별지 69호 서식 (1) 및 (2))

① 스크랩등사업자가 스크랩등에 대하여 제108조 제1항에 따른 부가가치세 매입세액 공제특례를 적용받는 경우에는 같은 조 제2항 전단에도 불구하고 대통령령으로 정하는 기간(이하 이 조에서 "특례기간"이라 한다)이 끝나는 날의 다음 날부터 25일 이내에 대통령령으로 정하는 바에 따라 사업장 관할 세무서장에게 신고할 수 있다. (2015. 12. 15. 개정)

② 스크랩등사업자는 제1항에 따른 신고와 함께 특례기간에 대한 납부세액을 사업장 관할 세무서장에게 납부하여야 한다. (2015. 12. 15. 개정)

③ 제1항과 제2항에 따라 부가가치세를 신고납부하는 경우에는 「부가가치세법」을 따른다. (2013. 5. 10. 신설)

제108조의 3【금사업자 등의 부가가치세 예정부과 특례】
(2024. 12. 31. 제목개정)

① 금사업자 또는 스크랩등사업자에 대하여 「부가가치세법」 제48조 제3항 본문 및 제66조 제1항 본문에 따라 부가가치세를 결정하여 징수하는 경우 그 결정세액에서 그 예정신고기간 또는 예정부과기간 종료일 현재 금거래계좌 또는 스크랩등거래계좌에서 국고에 납부할 부가가치세를 뺀 금액을 각각 징수한다. 다만, 그 산정한 세액이 음수인 경우에는 "0"으로 본다. (2015. 12. 15. 개정)

① 금사업자, 스크랩등사업자 또는 관광사업자에 대하여 「부가가치세법」 제48조 제3항 본문 및 제66조 제1항 본문에 따라 부가가치세를 결정하여 징수하는 경우 그 결정세액에서 그 예정신고기간 또는 예정부과기간 종료일 현재 금거래계좌, 스크랩등거래계좌 또는 면세점송객용역거래계좌에서 국고에 납부할 부가가치세를 뺀 금액을 각각 징수한다. 다만, 그 산정한 세액이 음수인 경우에는 "0"으로 본다. (2024. 12. 31. 개정)

② 금사업자 또는 스크랩등사업자가 「부가가치세법」 제48조 제4항 및 제66조 제2항에 따라 부가가치세를 신고납부하는 경우 그 예정신고기간 또는 예정부과기간 종료일 현재 금거래계좌 또는 스크랩등거래계좌에서 국고에 납부할 부가가치세를 뺀 금액을 각각 신고납부한다. 다만, 그 산정한 세액이 음수인 경우에는 "0"으로 본다. (2015. 12. 15. 개정)

② 금사업자, 스크랩등사업자 또는 관광사업자가 「부가가치세법」 제48조 제4항 및 제66조 제2항에 따라 부가가치세를 신고납부하는 경우 그 예정신고기간 또는 예정부과기간 종료일 현재 금거래계좌, 스크랩

① 법 제108조의 2 제1항에서 "대통령령으로 정하는 기간"이란 「부가가치세법」 제48조 제1항에 따른 예정신고기간을 말한다. (2013. 11. 29. 신설)

② 법 제108조의 2 제1항에 따라 사업장 관할 세무서장에게 신고한 사업자의 스크랩등 관련 매입세액 공제특례가 적용되는 매입세액은 법 제106조의 9 제3항에 따라 매입자가 입금한 부가가치세액(매출세액)의 범위에서 공제하거나 환급받을 수 있다. (2016. 2. 5. 개정)

③ 법 제108조의 2 제1항에 따라 공제·환급을 받은 세액이 부가가치세 확정신고를 할 때에 법 제108조 제1항 및 제2항에 따라 환급·공제받아야 하는 세액을 초과하는 경우 그 초과하는 금액을 납부하여야 할 부가가치세액에 가산하거나 환급받을 세액에서 차감한다. (2013. 11. 29. 신설)

④ 법 제108조의 2 제1항에 따라 스크랩등사업자가 사업장 관할 세무서장에게 신고하는 경우에는 제110조 제5항 및 제6항의 규정을 준용한다. 이 경우 제110조 제5항 및 제6항 중 "재활용폐자원 등"은 "스크랩등"으로 본다. (2016. 2. 5. 개정)

등거래계좌 또는 면세점송객용역거래계좌에서 국고에 납부할 부가가치세를 뺀 금액을 각각 신고납부한다. 다만, 그 산정한 세액이 음수인 경우에는 "0"으로 본다. (2024. 12. 31. 개정)

개정취지··
면세점 송객용역에 대한 부가가치세 매입자 납부특례 신설
· 투명한 세금 징수를 위하여 면세점 송객용역을 공급받는 관광사업자 또는 면세점사업자가 면세점 송객용역에 대한 부가가치세를 직접 납부하도록 함. (법 108조의 3 개정 ; 2024. 12. 31.)
· 법 108조의 3의 개정규정은 2025. 7. 1. 이후 면세점송객용역을 공급하거나 공급받는 경우부터 적용함. (법 부칙(2024. 12. 31.) 21조)
···

제108조의 4 【소규모 개인사업자에 대한 부가가치세 감면】 ① 다음 각 호의 요건을 모두 갖춘 사업자가 2020년 12월 31일까지 재화 또는 용역을 공급한 분에 대하여 「부가가치세법」 제49조에 따른 확정신고를 하는 경우에는 부가가치세 납부세액에서 제3항에 따른 금액을 감면한다. (2020. 3. 23. 신설)
1. 「부가가치세법」 제2조 제5호에 따른 일반과세자로서 개인사업자일 것 (2020. 3. 23. 신설)
2. 감면받으려는 과세기간의 재화 또는 용역의 공급가액을 합한 금액(사업자가 둘 이상의 사업장을 경영하는 경우에는 그 둘 이상의 사업장의 공급가액을 합한 금액을 말한다)이 4천만원 이하일 것. 다만, 해당 과세기간이 6개월 미만(1개월 미만의 끝수가 있으면 1개월로 한다)인 경우에는 6개월로 환산한 금액을 기준으로 한다. (2020. 3. 23. 신설)
3. 업종 등을 고려하여 대통령령으로 정하는 감면배제 사업(이하 "감면배제사업"이라 한다)이 아닌 사업을 경영할 것 (2020. 3. 23. 신설)
② 제1항을 적용할 때 사업자가 둘 이상의 서로 다른 사업을 경영하는 경우에는 감면배제사업이 아닌 사업에 한정하여 부가가치세를 감면한다. (2020. 3. 23. 신설)
③ 제1항에 따른 부가가치세 감면세액은 다음 계산식에 따라 계산한 금액(해당 금액이 음수인 경우에는 영으로 본다)으로 한다. (2020. 3. 23. 신설)

제110조의 3 【소규모 개인사업자에 대한 부가가치세 감면】 ① 법 제108조의 4 제1항 제3호에서 "대통령령으로 정하는 감면배제사업"이란 다음 각 호의 사업(이하 "감면배제사업"이라 한다)을 말한다. (2020. 4. 14. 신설)
1. 부동산 임대 및 공급업 (2020. 4. 14. 신설)
2. 「개별소비세법」 제1조 제4항에 해당하는 과세유흥장소를 경영하는 사업 (2020. 4. 14. 신설)
② 법 제108조의 4 제3항 계산식에서 "같은 법 제46조에 따른 신용카드 등의 사용에 따른 세액공제 등 대통령령으로 정하는 공제세액"이란 다음 각 호의 어느 하나에 해당하는 세액을 말한다. (2020. 4. 14. 신설)
1. 「부가가치세법」 제46조 제1항에 따른 신용카드 등의 사용에 따른 공제세액 (2020. 4. 14. 신설)
2. 법 제104조의 8 제2항에 따른 전자신고에 대한 공제세액 (2020. 4. 14. 신설)
3. 법 제106조의 7 제1항에 따른 일반택시 운송사업자에 대한 경감세액 (2020. 4. 14. 신설)
4. 법 제126조의 3 제1항에 따른 현금영수증사업자 및 현금영수증가맹점에 대한 공제세액 (2020. 4. 14. 신설)
③ 법 제108조의 4 제3항 계산식에서 "대통령령으로 정하는 업종별 부가가치율"이란 다음 표의 구분에 따른 부가가치율을 말한다. (2020. 4. 14. 신설)

구 분	부가가치율
1. 전기·가스·증기 및 수도 사업	5퍼센트
2. 소매업, 도매업 및 음식점업	10퍼센트
3. 농·임업 및 어업, 제조업, 숙박업, 운수업 및 정보통신업	20퍼센트
4. 건설업, 광업, 창고업, 금융 및 보험업, 그 밖의 서비스업	30퍼센트

④ 법 제108조의 4 제3항을 적용할 때 「부가가치세법」 제48조에 따라 예정신고를 한 경우에는 예정신고한 과세표준, 납부세액 또는 환급세액 및 공제세액을 포함하여 감면세액을 계산한다. (2020. 4. 14. 신설)
⑤ 사업자가 감면배제사업과 감면배제사업 외의 사업(이하 이 조 및 제110조의 4에서 "감면대상사업"이라 한다)을 함께 경영하는 경우 법 제108조의 4 제3항에 따른 감면세액은 다음 계산식에 따라 안분하여 계산한다. (2020. 4. 14. 신설)

$$감면세액 = A \times \frac{B}{C}) - D$$

A : 「부가가치세법」 제37조 제2항에 따른 납부세액에서 제2항에 따른 공제세액을 뺀 금액
B : 감면대상사업의 공급가액의 합계액
C : 총 공급가액의 합계액

☞ p.1757 2단 연결

감면세액 = 일반과세방식 세액(A) - 간이과세방식 세액(B)

A : 「부가가치세법」 제37조 제2항에 따른 납부세액에서 같은 법 제46조에 따른 신용카드 등의 사용에 따른 세액공제 등 대통령령으로 정하는 공제세액을 뺀 금액

B : 해당 과세기간의 재화와 용역의 공급에 대한 대가(부가가치세가 포함된 대가를 말하며, 이하 "공급대가"라 한다)의 합계액(영세율이 적용되는 재화 또는 용역의 공급분은 제외한다) × 직전 3년간 신고된 업종별 평균 부가가치율 등을 고려하여 대통령령으로 정하는 업종별 부가가치율 × 10퍼센트

④ 제1항에 따른 감면을 적용받으려는 사업자는 「부가가치세법」 제49조에 따른 확정신고를 할 때 납세지 관할 세무서장에게 감면신청을 하여야 한다. (2020. 3. 23. 신설)

⑤ 제1항부터 제4항까지의 규정에 따른 감면세액의 세부 계산방법, 감면신청 절차·제출서류 및 그 밖에 필요한 사항은 대통령령으로 정한다. (2020. 3. 23. 신설)

제108조의 5【간이과세자에 대한 부가가치세 납부의무의 면제특례】 ① 다음 각 호의 요건을 모두 갖춘 사업자가 2020년 12월 31일까지 재화 또는 용역을 공급한 분에 대하여는 「부가가치세법」 제66조 및 제67조에도 불구하고 같은 법 제63조 제2항에 따른 부가가치세 납부의무를 면제한다. 다만, 「부가가치세법」 제64조에 따라 납부세액에 더하여야 할 세액은 그러하지 아니한다. (2020. 3. 23. 신설)

1. 「부가가치세법」 제2조 제4호에 따른 간이과세자일 것 (2020. 3. 23. 신설)

2. 납부의무를 면제받으려는 과세기간의 공급대가의 합계액이 3천만원 이상 4천800만원 미만일 것 (2020. 3. 23. 신설)

3. 감면배제사업이 아닌 사업을 경영할 것 (2020. 3. 23. 신설)

② 제1항을 적용할 때 사업자가 둘 이상의 서로 다른 사업을 경영하는 경우에는 감면배제사업이 아닌 사업에 한정하여 부가가치세 납부의무를 면제한다. (2020. 3. 23. 신설)

D : 감면대상사업에 대한 간이과세방식 세액

⑥ 사업자가 둘 이상의 서로 다른 감면대상사업을 경영하는 경우 법 제108조의 4 제3항 계산식에 따른 간이과세방식 세액은 제3항에 따른 사업 종류별로 구분하여 계산한 금액의 합계액으로 한다. (2020. 4. 14. 신설)

⑦ 법 제108조의 4 제4항에 따라 감면을 신청하려는 사업자는 기획재정부령으로 정하는 바에 따라 부가가치세 신고서와 함께 소규모 개인사업자 부가가치세 감면신청서를 납세지 관할 세무서장에게 제출해야 한다. (2020. 4. 14. 신설)

제110조의 4【간이과세자에 대한 부가가치세 납부의무의 면제세액 계산방법】 법 제108조의 5 제1항의 사업자가 감면배제사업을 함께 경영하는 경우 같은 조 제2항에 따른 납부의무를 면제하는 세액은 다음 계산식에 따라 안분하여 계산한다. (2020. 4. 14. 신설)

$$\text{납부의무 면제세액} = A \times \frac{B}{C}$$

A : 「부가가치세법」 제63조 제2항에 따른 납부세액(이하 이 조에서 "납부세액"이라 한다)에서 같은 조 제3항, 같은 법 제65조 및 그 밖에 이 법 및 다른 법률에서 정하는 공제세액을 차감한 금액

B : 감면대상사업에 대한 납부세액의 합계액

C : 총 납부세액의 합계액

③ 제1항에 따른 납부의무 면제에 관하여는 「부가가치세법」 제69조 제2항부터 제4항까지의 규정을 준용한다. (2020. 3. 23. 신설)
④ 제1항부터 제3항까지의 규정에 따른 납부의무가 면제되는 세액의 세부 계산방법 및 그 밖에 필요한 사항은 대통령령으로 정한다. (2020. 3. 23. 신설)

제109조 【환경친화적 자동차에 대한 개별소비세 감면】 (2011. 12. 31. 제목개정)
① 「환경친화적 자동차의 개발 및 보급 촉진에 관한 법률」 제2조 제5호에 따른 하이브리드자동차로서 같은 조 제2호 각 목의요건을 갖춘 자동차에 대해서는 개별소비세를 감면한다. (2010. 1. 1. 개정)
② 제1항에 따른 개별소비세 감면액은 다음 각 호와 같다. (2010. 1. 1. 개정)
1. 개별소비세액이 100만원 이하인 경우에는 개별소비세액 전액 (2010. 1. 1. 개정)
1. 개별소비세액이 70만원 이하인 경우에는 개별소비세액 전액 (2024. 12. 31. 개정)
2. 개별소비세액이 100만원을 초과하는 경우에는 100만원 (2010. 1. 1. 개정)
2. 개별소비세액이 70만원을 초과하는 경우에는 70만원 (2024. 12. 31. 개정)
③ 제1항은 2009년 7월 1일부터 2024년 12월 31일까지 제조장 또는 보세구역에서 반출되는 자동차에만 적용한다. (2022. 12. 31. 개정)
③ 제1항은 2009년 7월 1일부터 2026년 12월 31일까지 제조장 또는 보세구역에서 반출되는 자동차에만 적용한다. (2024. 12. 31. 개정)
④ 「환경친화적 자동차의 개발 및 보급 촉진에 관한 법률」 제2조 제3호에 따른 전기자동차로서 같은 조 제2호 각 목의 요건을 갖춘 자동차에 대해서는 개별소비세를 감면한다. (2011. 12. 31. 신설)
⑤ 제4항에 따른 개별소비세 감면액은 다음 각 호와 같다. (2011. 12. 31. 신설)
1. 개별소비세액이 300만원 이하인 경우에는 개별소비세액 전액 (2017. 12. 19. 개정)
2. 개별소비세액이 300만원을 초과하는 경우에는 300만원 (2017. 12. 19. 개정)

통칙 109-0…1 【면세구입물품의 폐기】
법 제109조 내지 제111조에 따라 면세로 구입한 날로부터 5년(국세청장이 기간을 정하는 물품의 경우에는 그 정한 기간) 이내에 부패·파손 또는 이와 유사한 사유로 소정의 용도에 계속하여 사용할 수 없게 되어 이를 폐기하고자 하는 경우 「개별소비세법 시행령」 제33조 제3항 또는 「교통·에너지·환경세법 시행령」 제23조 제3항을 준용하여 소관세무서장의 승인을 얻은 때에는 당해 면세된 세액을 징수하지 아니한다. (2011. 2. 1. 개정)
☞

☞

편주 ▶
2025. 1. 1. 전에 제조장 또는 보세구역에서 반출된 자동차에 대한 개별소비세 감면액에 관하여는 법 109조 2항의 개정규정에도 불구하고 종전의 규정에 따름. (법 부칙(2024. 12. 31.) 29조)

⑥ 제4항은 2012년 1월 1일부터 2024년 12월 31일까지 제조장 또는 보세구역에서 반출되는 자동차에만 적용한다. (2022. 12. 31. 개정)

⑥ 제4항은 2012년 1월 1일부터 2026년 12월 31일까지 제조장 또는 보세구역에서 반출되는 자동차에만 적용한다. (2024. 12. 31. 개정)

⑦ 「환경친화적 자동차의 개발 및 보급 촉진에 관한 법률」 제2조 제6호에 따른 수소전기자동차로서 같은 조 제2호 각 목의 요건을 갖춘 자동차에 대해서는 개별소비세를 감면한다. (2018. 12. 31. 개정 ; 환경친화적~부칙)

⑧ 제7항에 따른 개별소비세 감면액은 다음 각 호와 같다. (2016. 12. 20. 신설)

1. 개별소비세액이 400만원 이하인 경우에는 개별소비세액 전액 (2016. 12. 20. 신설)

2. 개별소비세액이 400만원을 초과하는 경우에는 400만원 (2016. 12. 20. 신설)

⑨ 제7항은 2017년 1월 1일부터 2024년 12월 31일까지 제조장 또는 보세구역에서 반출되는 자동차에 적용한다. (2022. 12. 31. 개정)

⑨ 제7항은 2017년 1월 1일부터 2026년 12월 31일까지 제조장 또는 보세구역에서 반출되는 자동차에 적용한다. (2024. 12. 31. 개정)

제109조의 2 【노후자동차 교체에 대한 개별소비세 감면】 (2019. 12. 31. 제목개정)

① 「자동차관리법」에 따라 2009년 12월 31일 이전에 신규등록된 자동차(이륜자동차와 「자동차관리법」에 따라 자동차매매업으로 등록한 자가 매매용으로 취득한 중고자동차는 제외한다. 이하 이 조에서 "노후자동차"라 한다)를 2019년 6월 30일 현재 소유(등록일을 기준으로 한다. 이하 이 조에서 같다)하고 있는 자(법인을 포함한다)가 노후자동차를 폐차 또는 수출하고 노후자동차의 말소등록일을 전후하여 2개월 이내에 승용자동차(「자동차관리법」 제2조 제7호에 따른 신조차(新造車) 중 경유를 사용하는 승용자동차를 제외한 승용자동차에 한정하며, 이하 이 조에서 "신차"라 한다)를 본인의 명의로 신규등록하는 경우에는 개별소비세액의 100분의 70을 감면한다. 이 경우 노후자동차 1대당 신차 1대에 한정하여 개별소비세를 감면한다. (2019. 12. 31. 개정)

① 「자동차관리법」에 따라 2014년 12월 31일 이전에 신규등록된 자동차(이륜자동차와 「자동차관리법」에 따라 자동차매매업으로 등록한 자가 매매용으로 취득한 중고자동차는 제외한다. 이하 이 조에서 "노후자동차"라 한다)를 2024년 12월 31일 현재 소유(등록일을 기준으로 한다. 이하 이 조에서 같다)하고 있는 자(법인을 포함한다)가 노

제111조 【노후자동차 교체에 대한 개별소비세 등 감면】 (2020. 2. 11. 제목개정)

① 법 제109조의 2에 따라 개별소비세를 감면받으려는 신차구입자는 「개별소비세법」 제3조에 따른 납세의무자(이하 이 조에서 "납세의무자"라 한다)에게 감면신청을 해야 하며, 신차(법 제109조의 2 제1항 전단에 따른 신차를 말한다. 이하 이 조에서 같다)의 세금계산서 교부일부터 2개월이 되는 날이 속하는 달의 말일까지 기획재정부령으로 정하는 노후자동차교체감면신청서와 노후자동차(법 제109조의 2 제1항 전단에 따른 노후자동차를 말한다. 이하 이 조에서 같다) 및 신차의 자동차등록원부, 주민등록증 사본(사업자인 경우에는 사업자등록증 사본) 등 기획재정부령으로 정하는 증명자료를 납세의무자에게 제출해야 한다. (2020. 2. 11. 개정)

관계조문 ▶▶

규칙 61조 1항 70호의 5 ⇒ 노후자동차교체감면신청서(별지 69호의 5 서식)

제50조의 2 【증명자료의 제출】 영 제111조 제1항에서 "노후경유자동차(법 제109조의 2 제1항 전단에 따른 노후경유자동차를 말한다. 이하 이 조에서 같다) 및 신차의 자동차등록원부, 주민등록증 사본(사업자인 경우에는 사업자등록증 사본) 등 기획재정부령으로 정하는 증명자료"란 다음 각 호의 자료를 말한다. (2017. 3. 10. 개정)

제50조의 2 【증명자료의 제출】 영 제111조 제1항에서 "노후자동차(법 제109조의 2 제1항 전단에 따른 노후자동차를 말한다. 이하 이 조에서 같다) 및 신차의 자동차등록원부, 주민등록증 사본(사업자인 경우에는 사업자등록증 사본) 등 기획재정부령으로 정하는 증명자료"란 다음 각 호의 자료를 말한다. (2025. 3. 21. 개정)

1. 노후경유자동차 및 신차의 자동차등록원부 (2017. 3. 10. 개정)

1. 노후자동차 및 신차의 자동차등록원부 (2025. 3. 21. 개정)

2. 주민등록증 사본(사업자인 경우에는 사업자등록증 사본). 다만, 운전면허증, 여권, 국내거소신고증, 공무원증으로 주민등록

후자동차를 폐차 또는 수출하고 노후자동차의 말소등록일을 전후하여 2개월 이내에 승용자동차[「자동차관리법」 제2조 제7호에 따른 신조차(新造車) 중 경유를 사용하는 승용자동차를 제외한 승용자동차에 한정하며, 이하 이 조에서 "신차"라 한다]를 본인의 명의로 신규등록하는 경우에는 개별소비세액의 100분의 70을 감면한다. 이 경우 노후자동차 1대당 신차 1대에 한정하여 개별소비세를 감면한다. (2025. 3. 14. 개정)

개정취지
노후자동차에 대한 개별소비세의 한시적 감면
- 2014. 12. 31. 이전에 신규 등록된 노후자동차를 2024. 12. 31. 현재 소유한 자가 해당 노후자동차를 폐기하고 2025. 6. 30.까지 신차를 구입 후 신규등록하는 경우, 신차 1대에 한하여 개별소비세액의 100분의 70을 100만원 한도로 감면함 (법 109조의 2 개정 ; 2025. 3. 14.)
- 법 109조의 2 제1항 전단의 개정규정은 2025. 3. 14.부터 2025. 6. 30.까지 신차를 제조장에서 반출하거나 수입신고하여 같은 기간 동안 신규등록하는 경우에 한정하여 적용함. (법 부칙(2025. 3. 14.) 14조)
- 법 부칙(2025. 3. 14.) 14조에도 불구하고 2025. 3. 14. 전에 제조장 또는 보세구역으로부터 반출되어 개별소비세가 납부되었거나 납부될 승용자동차를 이 법 시행일 전일 현재 보유하고 있는 제조업자, 도·소매업자 또는 수입업자 등 사업자는 해당 승용자동차에 대한 판매확인서, 재고물품확인서, 환급신청서 등 국세청장 또는 관세청장이 정하는 증거서류를 첨부하여 관할 세무서장 또는 관할 세관장의 확인을 받으면 해당 승용자동차는 2025. 3. 14. 이후에 제조장 또는 보세구역으로부터 반출된 것으로 보아 법 109조의 2의 개정규정에 따라 감면, 환급 또는 공제받을 수 있음. (법 부칙(2025. 3. 14.) 16조)

───────────────

② 제1항에 따른 1대당 감면액이 100만원을 초과하면 100만원을 감면한다. (2010. 1. 1. 개정)
③ 관할세무서장 또는 관할세관장은 제1항의 요건을 갖추지 아니한 자가 개별소비세를 감면받은 경우에는 「개별소비세법」 제3조에 따른 납세의무자에게 다음 각 호에 따라 계산한 금액을 합친 금액을 추징한다. 다만, 대통령령으로 정하는 사유에 해당하는 경우에는 신차구입자를 「개별소비세법」 제3조에 따른 납세의무자로 본다. (2010. 1. 1. 개정)

② 납세의무자는 제1항에 따라 신차구입자로부터 감면신청을 받은 경우에는 노후자동차의 자동차등록원부의 차대번호, 차량번호, 최초등록일 및 2019년 6월 30일 현재 신차구입자의 노후자동차 소유 여부 등을 확인하여 「민법」 제32조에 따라 설립된 사단법인으로서 정관에 따라 자동차산업의 발전 방향에 관한 조사·연구사업을 하는 법인 중 기획재정부장관이 정하여 고시하는 법인이 노후자동차 교체를 위하여 운영하는 시스템(이하 "노후자동차교체확인시스템"이라 한다)에 등록해야 한다. (2020. 2. 11. 개정)

② 납세의무자는 제1항에 따라 신차구입자로부터 감면신청을 받은 경우에는 노후자동차의 자동차등록원부의 차대번호, 차량번호, 최초등록일 및 2024년 12월 31일 현재 신차구입자의 노후자동차 소유 여부 등을 확인하여 「민법」 제32조에 따라 설립된 사단법인으로서 정관에 따라 자동차산업의 발전 방향에 관한 조사·연구사업을 하는 법인 중 기획재정부장관이 정하여 고시하는 법인이 노후자동차 교체를 위하여 운영하는 시스템(이하 "노후자동차교체확인시스템"이라 한다)에 등록해야 한다. (2025. 3. 21. 개정)
③ 납세의무자는 신차구입자로부터 감면신청을 받은 경우에는 법 제109조의 2 제1항 및 제2항에 따라 감면받은 세액을 적용하여 신차를 판매하고 세금계산서에 "노후자동차교체용"이라고 표시하며 기획재정부령으로 정하는 노후자동차교체용차량확인서(개별소비세를 납부하는 경우에 한정한다)를 세금계산서와 함께 신차구입자에게 교부해야 한다. (2020. 2. 11. 개정)
④ 납세의무자는 제1항에 따라 신차구입자로부터 자료를 제출받아 법 제109조의 2 제1항의 요건을 충족하는지 여부를 확인하고 해당 자료(이하 이 항에서 "수동서식"이라 한다) 및 수동서식을 디스켓·디스크 등 전자적 형태로 변환한 자료를 신차의 세금계산서 교부일부터 2개월이 되는 날이 속하는 달의 말일의 다음 달 25일까지 관할세무서장 및 통관지 세관장에게 제출한다. 다만, 수동서식은 신차를 판매한 장소를 관할하는 세무서장 및 세관장에게 제출할 수 있다. (2009. 6. 19. 신설)
⑤ 신차구입자가 법 제120조의 2에 따라 취득세 및 등록세를 감면받으려는 경우에는 그 감면사유를 증명하는 서류(제3항에 따른 노후자동차교체용차량확인서를 포함한다)를 갖추어 감면신청을 하여야 하며 이 경우 지방세 감면신청에 관하여는 「지방세법」 제292조를 준용한다. (2009. 6. 19. 신설)
⑤ 삭 제 (2017. 1. 10.)

사본을 대체할 수 있다. (2009. 8. 28. 신설)
3. 노후경유자동차의 자동차등록원부에 적힌 주민등록번호, 사업자등록번호 또는 상호가 신차의 신규등록일 당시 주민등록번호, 사업자등록번호 또는 상호와 다른 경우에는 주민등록표 초본, 「상업등기법」 제15조에 따른 등기사항증명서 등 노후경유자동차와 신차의 등록자가 동일인 또는 동일법인임을 확인할 수 있는 자료 (2017. 3. 10. 개정)
3. 노후자동차의 자동차등록원부에 적힌 주민등록번호, 사업자등록번호 또는 상호가 신차의 신규등록일 당시 주민등록번호, 사업자등록번호 또는 상호와 다른 경우에는 주민등록표 초본, 「상업등기법」 제15조에 따른 등기사항증명서 등 노후자동차와 신차의 등록자가 동일인 또는 동일법인임을 확인할 수 있는 자료 (2025. 3. 21. 개정)

관계조문

규칙 61조 1항 70호의 6 ⇒ 노후자동차교체용차량확인서(별지 69호의 6 서식)

1. 제1항 및 제2항에 따른 감면세액(노후자동차 1대당 신차 2대 이상을 감면받은 경우에는 신차 모두에 해당하는 감면세액으로 한다) (2010. 1. 1. 개정)
2. 제1호에 따른 감면세액의 100분의 10에 상당하는 금액의 가산세(노후자동차 1대당 신차 2대 이상을 감면받은 경우에는 감면세액의 100분의 40에 상당하는 금액으로 한다) (2010. 1. 1. 개정)

④ 대통령령으로 정하는 불가피한 사유가 있는 경우에는 제3항을 적용하지 아니할 수 있다. (2010. 1. 1. 개정)

⑤ 제1항부터 제3항까지의 규정에 따른 감면신청절차, 증거자료의 확인 및 제출, 감면세액 및 가산세 추징 등에 관하여 필요한 사항은 대통령령으로 정한다. (2010. 1. 1. 개정)

⑥ 「개별소비세법」 제1조 제7항을 적용한 승용자동차는 제1항부터 제5항까지의 규정을 적용하지 아니한다. (2010. 1. 1. 개정)

⑥ 삭 제 (2016. 12. 20.)

⑥ 제1항에 따라 감면신청을 한 신차구입자가 이미 개별소비세 및 교육세가 납부된 승용자동차를 구입하는 경우에는 납세의무자 또는 신차구입자에게 해당 승용자동차를 판매한자는 이미 납부한 개별소비세 및 교육세와 법 제109조의 2 제1항 및 제2항에 따라 계산된 개별소비세 및 교육세와의 차액(이하 이 조에서 "차액"이라 한다)에 대하여 기획재정부령으로 정하는 노후자동차교체환급(공제)신청서를 신차의 세금계산서 교부일이 속하는 달의 다음 달 25일(국내에서 제조되어 반출된 경우에는 매 분기의 다음 달 25일)까지 해당 신차의 개별소비세 및 교육세를 징수한 세무서장 및 세관장에게 제출하여 차액을 환급·공제받아야 한다. (2020. 2. 11. 개정)

관계조문

규칙 61조 1항 70호의 7 ⇒ 노후자동차교체환급(공제)·추가납부신청(별지 69호의 7 서식)

⑦ 법 제109조의 2 제3항 각 호 외의 부문 단서에서 "대통령령으로 정하는 사유에 해당하는 경우"란 다음 각 호의 어느 하나에 해당하는 경우를 말한다. (2017. 5. 8. 개정)
1. 노후자동차의 말소등록일 전후 2개월 이내에 신차를 본인의 명의로 신규등록하지 않은 경우 (2020. 2. 11. 개정)
2. 노후자동차 1대당 2대 이상의 신차에 대하여 감면을 받은 경우로서 제2항에 따른 노후자동차교체확인시스템에 최초로 등록한 해당 신차 1대에 대한 감면세액 및 가산세의 경우 (2020. 2. 11. 개정)
3. 신차의 신규등록일 후 2개월 이내에 노후자동차를 말소등록하지 않은 경우 (2020. 2. 11. 개정)
4. 그 밖에 자동차등록원부 위조 등 신차구입자가 법 제109조의 2 제1항의 요건을 충족하는지 여부를 납세의무자가 확인하기 어렵다고 인정되는 경우 (2017. 5. 8. 개정)

⑧ 법 제109조의 2 제4항에서 "대통령령으로 정하는 불가피한 사유"란 다음 각 호의 어느 하나에 해당하는 경우를 말한다. (2017. 5. 8. 개정)
1. 신차의 신규등록일부터 2개월 이내에 신차구입자가 사망하거나 천재지변이 발생하여 노후자동차를 폐차 또는 수출하지 못한 경우 (2020. 2. 11. 개정)
2. 신차의 신규등록일부터 2개월 이내에 「자동차관리법」 제13조 제1항 제1호에 따라 자동차해체재활용업자(「자동차관리법」 제53조에 따라 자동차해체재활용업을 등록한 자를 말한다)에게 노후자동차의 폐차를 요청하였으나 폐차 절차의 지연 등으로 해당 노후자동차가 신차의 신규등록일부터 2개월 후에 말소등록된 경우 (2020. 2. 11. 개정)
3. 천재지변이나 「재난 및 안전관리 기본법」 제3조 제1호의 재난으로 공장가동이 중단되는 등의 사유로 생산 또는 수입이 지연되어 신차가 노후자동차의 말소등록일부터 2개월 후에 신규등록된 경우 (2020. 4. 14. 신설)

☞ p.1762 2단 연결

⑨ 국세청장 및 관세청장은 신차구입자가 법 제109조의 2에 따른 요건을 충족하는지 여부를 확인하기 위하여 국토교통부장관에게 「자동차관리법」 제5조에 따른 자동차등록원부 자료의 제공을 요청하고, 국토교통부장관은 해당 자료를 국세청장 및 관세청장에게 제공하여야 한다. (2013. 3. 23. 직제개정 ; 기획재정부와~직제 부칙)
⑩ 법 제109조의 2 제3항에 따라 감면세액을 추징한 경우 해당 세무서장 및 세관장은 추징자료를 추징일이 속하는 달의 다음 달 말일까지 신차구입자의 취득세 납세지를 관할하는 시장(특별자치시장과 「제주특별자치도 설치 및 국제자유도시 조성을 위한 특별법」 제11조 제2항에 따른 행정시장을 포함한다)·군수·구청장(자치구의 구청장을 말한다)에게 통보하여야 한다. (2017. 1. 10. 개정)

제111조의 2 【여수세계박람회 참가자의 범위 등】 ① 법 제109조의 3 제1항에서 "대통령령으로 정하는 박람회 참가자"란 다음 각 호의 어느 하나에 해당하는 자를 말한다. (2010. 2. 18. 신설)
1. 2012여수세계박람회조직위원회(이하 이 조에서 "조직위원회"라 한다)와 박람회 참가계약(위락시설의 제작, 건설 또는 운용에 대한 참가계약 및 상업시설의 운영에 대한 참가계약은 제외한다)을 체결한 자 (2010. 2. 18. 신설)
2. 제1호에 따른 참가자 또는 조직위원회와 「2012여수세계박람회 지원특별법」 제2조 제2호에 따른 박람회 직접시설의 제작·건설에 관하여 도급계약을 체결한 자 (2010. 2. 18. 신설)
② 법 제109조의 3 제2항에서 "대통령령으로 정하는 박람회장 관리주체"란 다음 각 호의 어느 하나에 해당하는 자를 말한다. (2010. 2. 18. 신설)
1. 조직위원회 (2010. 2. 18. 신설)
2. 조직위원회가 해산된 후 그 박람회장 관련 사업 및 자산을 관리하기 위한 법인이 설립되는 경우에는 그 법인 (2010. 2. 18. 신설)

제109조의 3 【여수세계박람회용 물품에 대한 개별소비세 면제】 ① 2012여수세계박람회조직위원회 또는 대통령령으로 정하는 박람회 참가자(이하 이 조에서 "박람회 참가자"라 한다)가 「여수세계박람회 지원 및 사후활용에 관한 특별법」 제2조 제2호에 따른 박람회 직접시설의 제작·건설 및 박람회 운영에 사용하기 위하여 구입하는 물품으로서 국내제작이 곤란한 물품에 대해서는 개별소비세를 면제한다. (2012. 1. 26. 개정 ; 2012여수세계박람회 지원특별법 부칙)
② 여수세계박람회가 끝난 후 박람회 참가자가 대통령령으로 정하는 박람회장 관리주체에게 출품물을 무상으로 양도할 때에는 그에 대한 개별소비세를 면제한다. (2010. 1. 1. 신설)

제109조의 4 【자동차에 대한 개별소비세 감면】 ① 「개별소비세법」 제1조 제2항 제3호에 따른 자동차를 2020년 3월 1일부터 2020년 6월 30일까지 제조장에서 반출하거나 수입신고를 하는 경우에는 개별소비세액의 100분의 70을 감면한다. (2020. 3. 23. 신설)
② 제1항에도 불구하고 「개별소비세법」 제3조에 따른 납세의무자는 다음 각 호의 요건을 모두 충족하는 자동차에 대하여 개별소비세를 납부하였거나 납부할 세액이 있는 경우에는 국세청장 또는 관세청장이 정하는 바에 따라 해당 자동차에 대한 재고물품확인서, 판매확인서, 환급신청서 등 증명서류를 첨부하여 2020년 6월 30일까지 관할 세무서

장 또는 관할 세관장에게 신고하면 해당 자동차를 2020년 3월 1일 이후 제조장에서 반출하거나 수입신고를 한 것으로 보아 감면분에 해당하는 세액을 환급받거나 납부하여야 할 세액에서 공제받을 수 있다. (2020. 3. 23. 신설)

1. 2020년 2월 29일 이전에 제조장에서 반출하거나 수입신고를 한 자동차일 것 (2020. 3. 23. 신설)
2. 자동차 제조업자, 수입업자 또는 도ㆍ소매업자가 2020년 3월 1일 현재 하치장ㆍ직매장ㆍ보세구역 등 국세청장 또는 관세청장이 정하는 장소에 해당 자동차를 보유하고 있을 것 (2020. 3. 23. 신설)
3. 자동차 제조업자, 수입업자 또는 도ㆍ소매업자가 2020년 3월 1일부터 2020년 6월 30일까지 해당 자동차를 소비자에게 판매할 것 (2020. 3. 23. 신설)

③ 제1항 및 제2항에 따른 감면액이 100만원을 초과하는 경우에는 100만원을 감면한다. (2020. 3. 23. 신설)

제110조【외교관용 등 승용자동차에 대한 개별소비세의 면제】 (2007. 12. 31. 제목개정)

① 대통령령으로 정하는 외교관으로서 우리나라에 주재하는 자가 구입하는 국산승용자동차와 협정에 의하여 등록된 외국 민간 원조단체가 주무부장관의 추천을 받아 그 사업용으로 구입하는 국산승용자동차에 대해서는 개별소비세를 면제한다. (2010. 1. 1. 개정)

② 제1항에 따른 국산승용자동차를 제조장에서 반출하려는 내국인은 대통령령으로 정하는 바에 따라 관할 세무서장의 승인을 받아야 한다. (2010. 1. 1. 개정)

통칙 110-0…1【면세구입한 승용자동차 양도시의 과세표준】
① 법 제110조 제1항에 따라 면세로 구입한 자동차를 구입한 날로부터 3년 이내에 타인에게 양도한 경우에는 「개별소비세법」 제16조 제2항을 준용하여 그 양수인으로부터 면제된 세액을 징수하며 이때의 과세표준은 같은 법 시행령 제12조 제1항 제4호에 따라 양수금액으로 한다. (2019. 12. 23. 개정)
② 삭   제 (2024. 3. 15.)

제112조【외국인에 대한 개별소비세의 면제】 (2007. 12. 31. 제목개정 ; 특별소비세법 시행령 부칙)

① 법 제110조 제1항에서 "대통령령으로 정하는 외교관"이란 「개별소비세법 시행령」 제25조 제2항에 규정된 자를 말한다. (2010. 2. 18. 개정)

② 법 제110조 제2항의 규정에 의한 승인신청에 관하여는 「개별소비세법 시행령」 제23조 또는 동시행령 제30조의 규정을 준용한다. (2007. 12. 31. 개정 ; 특별소비세법 시행령 부칙)

통칙 109-0…1【면세구입물품의 폐기】
법 제109조 내지 제111조에 따라 면세로 구입한 날로부터 5년(국세청장이 기간을 정하는 물품의 경우에는 그 정한 기간) 이내에 부패ㆍ파손 또는 이와 유사한 사유로 소정의 용도에 계속하여 사용할 수 없게 되어 이를 폐기하고자 하는 경우 「개별소비세법 시행령」 제33조 제3항 또는 「교통ㆍ에너지ㆍ환경세법 시행령」 제23조 제3항을 준용하여 소관세무서장의 승인을 얻은 때에는 당해 면세된 세액을 징수하지 아니한다. (2011. 2. 1. 개정)

제111조【석유류에 대한 개별소비세의 면제】(2009. 1. 30. 제목개정 ; 교통·에너지·환경세법 부칙)

① 다음 각 호의 어느 하나에 해당하는 석유류에 대해서는 개별소비세를 면제한다. 이 경우 제2호의 석유류는 2025년 12월 31일까지 제조장 또는 보세구역에서 반출되는 것만 개별소비세를 면제한다. (2022. 12. 31. 개정)

1. 제105조 제1항 제2호에 따른 석유류 (2010. 1. 1. 개정)

2. 제106조 제1항 제1호에 따른 석유류 (2010. 1. 1. 개정)

②「석유 및 석유대체연료 사업법」제29조 제2항 제6호에 따라 산업통상자원부장관이 고시한 석유제품을 대체하여 사용할 수 있는 연료에 혼합되어 있는 바이오디젤에 대해서는 2011년 12월 31일까지 제조장 또는 보세구역에서 반출되는 것만 개별소비세를 면제한다. (2013. 3. 23. 직제개정 ; 정부조직법 부칙)

제111조의 2【자동차 연료에 대한 개별소비세의 환급에 관한 특례】(2022. 12. 31. 제목개정)

①「자동차관리법」제3조 제1호부터 제3호까지 및 제5호의 규정에 따른 승용자동차, 승합자동차, 화물자동차 또는 이륜자동차로서 배기량 1,000시시 미만 등 대통령령으로 정하는 기준 이하인 자동차를 소유하는 자로서 자동차 소유 대수 등 대통령령으로 정하는 요건을 충족하는 자가 2026년 12월 31일까지 해당 자동차 연료로 사용하기 위하여 제3항에서 규정하는 유류(이하 이 조에서 "유류"라 한다)를 구매하는 경우에는 제5항에 따른 신용카드업자 사업장의 관할 세무서장(이하 이 조에서 "관할 세무서장"이라 한다)은 해당 연료에 부과된 교통·에너지·환경세 및 개별소비세 중 제3항에 따른 세액을 환급할 수 있다. (2023. 12. 31. 개정)

1. 해당 경형자동차 소유자 및 주민등록표상 동거가족이 소유한 승용자동차 또는 승합자동차 각각의 합계가 1대인 경우 (2010. 1. 1. 개정)

2.「에너지 및 자원사업 특별회계법 시행령」제3조 제1항 제10호의 2에 따른 지원사업의 수혜대상인 장애인 또는 국가유공자가 아닌 경우 (2010. 1. 1. 개정)

1.~2. 삭 제 (2022. 12. 31.)

②「자동차관리법」제3조에 따른 화물자동차로서 대통령령으로 정하는 최대적재량이 1톤 이하인 소형 화물자동차(배기량 1천시시 미만의 경형 화물자동차를 포함한다. 이하

☞
편주 ▶ ···
면세구입물품의 폐기 ⇒ 통칙 109-0…1 참조
···

통칙 113-0…2【폐유가 발생한 경우】

연근해어업용 선박에 사용할 목적이나 도서지방의 자가발전에 사용할 목적 또는 연안을 운항하는 여객선박에 사용할 목적으로 수산업협동조합 또는 한국해운조합에 공급한 석유류가 유류저장조의 세척 등 사유로 폐유가 발생하거나 선박에 공급하는 과정에서 온도의 차이 등으로 인한 누손이 발생한 경우 당해 반입자는 그 폐유량 또는 누손량에 대한 면세상당액을 신고납부하여야 한다. (1997. 7. 1 개정)

제112조의 2【자동차 연료에 대한 교통·에너지·환경세 및 개별소비세의 환급】(2023. 2. 28. 제목개정)

① 법 제111조의 2 제1항에서 "승용자동차, 승합자동차, 화물자동차 또는 이륜자동차로서 배기량 1,000시시 미만 등 대통령령으로 정하는 기준 이하인 자동차"란 배기량이 1,000시시 미만인 승용자동차 또는 승합자동차로서 길이 3.6미터, 너비 1.6미터, 높이 2.0미터 이하인 승용자동차 또는 승합자동차(이하 이 조에서 "환급대상자동차"라 한다)를 말한다. (2023. 2. 28. 개정)

② 법 제111조의 2 제1항에서 "자동차 소유 대수 등 대통령령으로 정하는 요건을 충족하는 자"란 다음 각 호의 요건을 모두 충족하는 자를 말한다. (2023. 2. 28. 신설)

1. 해당 환급대상자동차 소유자 및 그의 주민등록표상 동거가족이 소유한 승용자동차 수의 합계 또는 승합자동차 수의 합계가 각각 1대일 것 (2023. 2. 28. 신설)

2.「에너지 및 자원사업 특별회계법 시행령」제3조 제1항 제10호의 2의 석유가격구조개편에 따른 지원사업의 수혜대상자인 장애인이나 국가유공자가 아닐 것 (2023. 2. 28. 신설)

③ 법 제111조의 2 제3항에 따른 연간 환급 한도액은 30만원으로

이 조에서 "소형 화물자동차"라 한다)를 소유하는 개인으로서 다음 각 호의 요건을 모두 충족하는 자가 2009년 6월 30일까지 해당 자동차 연료로 사용하기 위하여 유류를 구매하는 경우 관할 세무서장은 해당 유류에 부과된 개별소비세 중 제3항에 따른 세액을 환급할 수 있다. 다만, 동일인이 소유한 소형 화물자동차가 2대 이상인 경우 그 중 1대에 대해서만 세액을 환급받을 수 있다. (2010. 1. 1. 개정)

1. 해당 소형 화물자동차가 「화물자동차 운수사업법」 제3조에 따른 화물자동차 운송사업의 허가를 받은 사업에 사용되는 차량이 아닌 경우 (2010. 1. 1. 개정)
2. 제1항 제2호에 해당하는 경우 (2010. 1. 1. 개정)

② 삭　제 (2010. 12. 27.)

③ 제1항에 따른 환급은 다음 각 호에 따른 세액을 환급하며, 연간 환급 한도액 등은 대통령령으로 정한다. (2010. 12. 27. 개정)

1. 「개별소비세법」 제1조 제2항 제4호 가목 및 나목에 따른 휘발유 또는 경유의 경우 : 리터당 250원의 개별소비세 (2010. 1. 1. 개정)
2. 「개별소비세법」 제1조 제2항 제4호 바목에 따른 석유가스 중 부탄의 경우 : 해당 물품에 부과된 개별소비세 전액 (2010. 1. 1. 개정)

④ 제1항에 따라 개별소비세를 환급받으려는 자(이하 이 조에서 "환급대상자"라 한다)는 국세청장이 지정하는 「여신전문금융업법」 제2조 제2호의 2에 따른 신용카드업자(이하 이 조에서 "신용카드업자"라 한다)로부터 환급을 위한 유류구매카드(이하 이 조에서 "환급용 유류구매카드"라 한다)를 대통령령으로 정하는 바에 따라 발급받아야 한다. 이 경우 하나의 신용카드업자로부터만 환급용 유류구매카드를 발급받아야 한다. (2010. 12. 27. 개정)

⑤ 환급용 유류구매카드를 발급받은 환급대상자가 그 카드로 유류를 구입하면 신용카드업자는 관할 세무서장에게 해당 유류에 대하여 세액 환급을 신청하여 제3항에 따른 환급세액을 환급받거나 그 신용카드업자가 납부할 세액에서 공제받을 수 있다. (2010. 1. 1. 개정)

⑥ 환급용 유류구매카드를 발급받은 자가 환급대상자에 해당되지 아니하게 되었을 때에는 즉시 신용카드업자에게 환급용 유류구매카드를 반납하여야 한다. 이 경우 신용카드업자는 지체 없이 이를 국세청장에게 통보하여야 한다. (2010. 1. 1. 개정)

⑦ 환급대상자의 주소지 관할 세무서장은 환급대상자가 환급용 유류구매카드로 구입한 유류를 해당 자동차 연료 외의 용도로 사용하는 경우에는 다음 각 호의 금액을 합친 금액을 징수한다. (2010. 1. 1. 개정)

한다. 이 경우 법 제111조의 2 제1항에 따른 연간 환급 한도액의 산정은 매년 1월 1일부터 12월 31일까지의 기간을 기준으로 한다. (2024. 2. 29. 후단개정)

④ 국세청장은 법 제111조의 2 제4항에 따라 환급을 위한 유류구매카드(이하 이 조에서 "환급용 유류구매카드"라 한다)를 발급할 「여신전문금융업법」 제2조 제2호의 2에 따른 신용카드업자(이하 이 조에서 "신용카드업자"라 한다)를 지정한다. 이 경우 국세청장은 신용카드업자를 지정함에 있어 환급용 유류구매카드에 대하여 연회비를 받지 아니할 것을 조건으로 할 수 있다. (2008. 10. 7. 개정)

⑤ 법 제111조의 2 제1항 및 제3항에 따라 교통·에너지·환경세 및 개별소비세를 환급받으려는 자(이하 이 조에서 "환급대상자"라 한다)는 신용카드업자에게 환급용 유류구매카드의 발급을 신청하여야 한다. (2010. 2. 18. 개정)

⑥ 법 제111조의 2 제1항에 따른 환급을 위한 환급대상자 적격여부를 확인하기 위하여 법 제111조의 2 제11항에 따라 국세청장은 국가보훈부장관 및 환급대상자의 주소지 관할 특별자치도지사·시장·군수·구청장(구청장은 자치구의 구청장을 말한다. 이하 이 조에서 "관할관청"이라 한다)에게 주민등록 전산정보자료, 「자동차관리법」 제69조 제2항에 따른 자동차 등록 전산자료, 「에너지 및 자원사업 특별회계법 시행령」 제3조 제1항 제10호의 2에 따른 지원사업의 수혜대상자인 국가유공자 및 장애인 명부 등 환급대상자 적격 여부 확인에 필요한 정보를 제5항에 따른 신청을 받은 신용카드업자에게 제공할 것을 요청할 수 있으며 요청을 받은 국가보훈부장관 및 관할관청은 즉시 관련 정보를 제공하여야 한다. 이 경우 관할관청은 환급대상자 해당 여부만을 전자적 방법으로 제공한다. (2023. 4. 11. 직제개정 ; 국가보훈부와~부칙)

⑦ 법 제111조의 2 제2항에 따른 환급을 위한 환급대상자 적격 여부를 확인하기 위하여 법 제111조의 2 제11항에 따라 국세청장은 국토해양부장관, 국가보훈처장 및 관할관청에게 요청하여 「자동차관리법」 제69조 제2항에 따른 자동차 등록 전산자료 및 「에너지 및 자원사업 특별회계법 시행령」 제3조 제1항 제10호의 2에 따른 지원사업의 수혜대상자인 국가유공자 및 장애인 명부 등을 제공받아 환급대상자 적격 여부를 검증하고 그 결과를 신용카드사업자에게 제공할 수 있다. 이 경우 요청을 받은 국토해양부장관, 국가보훈처장 및 관할관청은 즉시 관련 정보를 제공하여야 한다. (2008. 10. 7. 개정)

⑦ 삭　제 (2010. 2. 18.)

1. 해당 자동차 연료 외의 용도로 사용하는 유류의 환급세액 (2010. 1. 1. 개정)

2. 제1호에 따른 환급세액의 100분의 40에 상당하는 금액의 가산세 (2010. 1. 1. 개정)

⑧ 국세청장 또는 신용카드업자는 환급대상자가 환급용 유류구매카드로 구입한 유류를 해당 자동차 연료 외의 용도로 사용하거나 타인에게 환급용 유류구매카드를 양도하는 경우 그 사실을 안 날부터 환급대상자에서 제외한다. (2010. 1. 1. 개정)

⑨ 제5항에 따른 관할 세무서장은 신용카드업자가 거짓이나 그 밖의 부정한 방법으로 제3항에 따른 환급세액을 과다하게 환급받거나 공제받은 경우에는 과다환급세액과 과다환급세액의 100분의 40에 상당하는 금액의 가산세를 합친 금액을 징수한다. (2010. 1. 1. 개정)

⑩ 다음 각 호의 어느 하나에 해당하는 자의 주소지 관할 세무서장은 제7항을 준용하여 계산한 환급세액과 환급세액의 100분의 40에 상당하는 금액의 가산세를 합친 금액을 징수한다. (2010. 1. 1. 개정)

1. 환급대상자로부터 환급용 유류구매카드를 양수하여 사용한 경우 (2010. 1. 1. 개정)

2. 환급대상자가 아닌 자가 환급용 유류구매카드를 발급받아 사용한 경우 (2010. 1. 1. 개정)

3. 환급용 유류구매카드를 발급받은 자가 환급대상자에 해당되지 아니하게 된 이후에 환급용 유류구매카드를 사용한 경우 (2010. 1. 1. 개정)

⑪ 국세청장은 환급대상자 관리를 효율적으로 하기 위하여 관계 행정기관 등으로 하여금 필요한 자료를 국세청장 또는 신용카드업자에게 제공할 것을 요청할 수 있으며, 요청을 받은 관계 행정기관 등은 정당한 사유가 없으면 이에 따라야 한다. (2010. 1. 1. 개정)

⑫ 제1항 및 제3항부터 제11항까지의 규정에 따른 환급절차, 제출서류 등에 필요한 사항은 대통령령으로 정한다. (2010. 12. 27. 개정)

⑧ 제6항에 따른 정보에 변경이 있는 경우 정보제공의 요청 및 제공에 관하여는 제6항을 준용한다. (2010. 2. 18. 개정)

⑨ 신용카드업자는 제6항에 따라 제공받은 정보를 바탕으로 환급대상자 적격 여부를 판단한 후 신청을 받은 날부터 15일 이내에 신청인에게 환급용 유류구매카드를 발급하거나 발급대상이 아님을 통지하여야 한다. (2008. 10. 7. 개정)

⑩ 신용카드업자는 제7항에 따라 환급대상자 적격 여부 검증 결과를 제공받은 후 신청을 받은 날부터 15일 이내에 신청인에게 환급용 유류구매카드를 발급하거나 발급대상이 아님을 통지하여야 한다. (2008. 10. 7. 개정)

⑩ 삭　제 (2010. 2. 18.)

⑪ 법 제111조의 2 제5항에 따라 환급세액을 환급받거나 납부할 세액에서 공제받으려는 신용카드업자는 매월 환급대상자가 환급용 유류구매카드를 통하여 구입한 환급대상 유류의 수량(기획재정부령으로 정하는 계산방법에 따라 산출한다) 및 환급세액 등을 적은 신청서 및 증거서류를 다음 달 10일까지 관할 세무서장에게 제출하여야 한다. 이 경우 신청서 및 증거서류는 기획재정부령으로 정한다. (2008. 10. 7. 개정)

관계조문 ▶▶
• 규칙 61조 1항 70호의 2 ⇒ (경차/택시/소형화물차)신용카드업자의유류 감면세액 환급신청서(별지 69호의 2 서식)
• 규칙 61조 1항 70호의 3 ⇒ 감면유류공급명세서(갑) (별지 69호의 3 서식)
• 규칙 61조 1항 70호의 4 ⇒ 감면유류공급명세서(을) (별지 69호의 4 서식)

⑫ 제11항에 따라 신청을 받은 세무서장은 그 달 말일까지 신용카드업자에게 환급세액을 환급하거나 납부할 세액에서 공제한다. (2008. 10. 7. 개정)

⑬ 국세청장 및 신용카드업자는 다음 각 호의 어느 하나에 해당되는 경우 즉시 서로 통보하여야 하고, 신용카드업자는 지체 없이 해당자의 환급용 유류구매카드의 기능을 정지하여야 한다. (2008. 10. 7. 개정)

1. 환급용 유류구매카드를 발급받은 자가 환급대상자에 해당되지 아니하게 된 경우 (2008. 10. 7. 개정)

2. 환급대상자가 법 제111조의 2 제8항에 따라 환급대상자에서 제외된 경우 (2008. 10. 7. 개정)

제50조의 3 【환급대상 유류 등의 수량 계산방법】(2009. 8. 28. 조번개정)

영 제112조의 2 제11항, 영 제112조의 3 제3항 및 제112조의 4 제5항에 따른 환급 또는 감면 대상 수량의 산정은 다음 각 호의 산식에 따른다. (2013. 2. 23. 개정)

1. 영 제112조의 2 제11항에 따른 유류의 수량 = (환급용 유류구매카드를 통하여 구매한 유류 금액) ÷ (「석유 및 석유대체연료 사업법」 제38조의 2 제3항 및 같은 법 시행령 제42조의 2 제5항에 따라 한국석유공사가 조사·공표하는 해당 주유소 또는 충전소 소재 특별시·광역시·특별자치시·도·제주특별자치도의 유류 단위당 주유소 또는 충전소의 평균판매가격) (2013. 2. 23. 개정)

2. 영 제112조의 3 제3항에 따른 부탄의 수량 = (택시면세유류구매카드를 통하여 구매한 부탄의 금액) ÷ (「석유 및 석유대체연료 사업법」 제38조의 2 제3항 및 같은 법 시행령 제42조의 2 제5항에

3. 법 제111조의 2 제10항 제1호 또는 제2호에 해당되는 경우 (2008. 10. 7. 개정)

⑭ 국토교통부장관은 제6항 및 제8항(제6항을 준용하는 경우에 한정한다)에 따른 업무를 위하여 「자동차관리법」 제69조 제2항에 따른 자동차 등록 전산자료를 관할관청에 제공하여야 한다. (2013. 3. 23. 직제개정 ; 기획재정부와~직제 부칙)

⑮ 신용카드업자는 환급대상자에게 환급용 유류구매카드를 발급할 때 부당하게 발급받거나 부정사용할 경우 받을 수 있는 불이익에 대하여 상세히 설명하여야 한다. (2008. 10. 7. 개정)

⑯ 환급용 유류구매카드의 신청 및 발급과 관련하여 이 영에서 정하고 있지 아니한 사항은 「여신전문금융업법」에 따른 신용카드 및 직불카드의 신청 및 발급의 예에 따른다. (2008. 10. 7. 개정)

제112조의 3【택시연료에 대한 개별소비세 등의 감면】 (2010. 12. 30. 제목개정)

① 법 제111조의 3 제1항에 따라 개별소비세 및 교육세를 감면받으려는 일반택시운송사업자 및 개인택시운송사업자(이하 이 조에서 "택시운송사업자"라 한다)는 같은 조 제2항에 따라 국세청장이 지정하는 「여신전문금융업법」 제2조 제2호의 2에 따른 신용카드업자(이하 이 조에서 "신용카드업자"라 한다)에게 면세를 위한 유류구매카드(이하 이 조에서 "택시면세유류구매카드"라 한다)의 발급을 신청하여야 한다. (2010. 12. 30. 개정)

② 제1항에 따른 신청을 받은 신용카드업자는 신청을 받은 날부터 15일 이내에 신청한 택시운송사업자가 면허를 받은 특별시장·광역시장·도지사(도지사의 권한이 시장·군수에게 위임된 경우에는 시장·군수를 말한다)·특별자치도지사(이하 이 조에서 "관할관청"이라 한다)에게 택시운송사업자 적격 여부를 확인한 후 택시면세유류구매카드를 발급하거나 발급대상이 아님을 통지하여야 한다. (2008. 4. 30. 신설)

③ 법 제111조의 3 제3항에 따라 환급세액을 환급받거나 납부할 세액에서 공제받으려는 신용카드업자는 매월 택시운송사업자가 택시면세유류구매카드를 통하여 구입한 감면대상 부탄의 수량(기획재정부령으로 정하는 계산방법에 따라 산출한다) 및 환급세액 등을 적은 신청서

따라 한국석유공사가 조사·공표하는 해당 충전소 소재 특별시·광역시·특별자치시·도·제주특별자치도의 부탄 단위당 충전소의 평균판매가격) (2013. 2. 23. 개정)

3. 영 제112조의 4 제5항에 따른 석유류의 수량 = (유류구매카드를 통하여 구매한 석유류 금액) ÷ (「석유 및 석유대체연료 사업법」 제38조의 2 제3항 및 같은 법 시행령 제42조의 2 제5항에 따라 한국석유공사가 조사·공표하는 해당 주유소 또는 충전소 소재 특별시·광역시·특별자치시·도·제주특별자치도의 석유류 단위당 주유소 또는 충전소의 평균판매가격) (2013. 2. 23. 신설)

• 규칙 61조 1항 70호의 2 ⇒ (경차/택시/소형화물차)신용카드업자의유류 감면세액

제111조의 3【택시연료에 대한 개별소비세 등의 감면】 (2010. 12. 27. 제목개정)

① 「여객자동차 운수사업법」 제3조 제2항과 「여객자동차 운수사업법 시행령」 제3조 제2호 다목 및 라목에 따른 일반택시운송사업 및 개인택시운송사업에 사용하는 자동차에 2026년 12월 31일까지 공급하는 「개별소비세법」 제1조 제2항 제4호 바목에 따른 석유가스 중 부탄(이하 이 조에서 "부탄"이라 한다)에 대해서는 킬로그램당 개별소비세 및 교육세 합계액 중 킬로그램당 40원을 감면한다. (2023. 12. 31. 개정)

② 제1항에 따라 개별소비세 및 교육세를 감면받으려는 일반택시운송사업자 및 개인택시운송사업자(이하 이 조에서 "택시운송사업자"라 한다)는 국세청장이 지정하는 「여신전문금융업법」 제2조 제2호의 2에 따른 신용카드업자(이하 이 조에서 "신용카드업자"라 한다)로부터 면세를 위한 유류구매카드(이하 이 조에서 "택시면세유류구매카드"라 한다)를 대통령령으로 정하는 바에 따라 발급받아야 한다. (2010. 12. 27. 개정)

③ 택시면세유류구매카드를 발급받은 택시운송사업자가 해당 카드로 부탄을 구입한 경우 신용카드업자는 관할 세무서장에게 해당 부탄에 대하여 감면액 환급을 신청하여 제1항에 따른 감면액을 환급받거나 납부할 세액에서 공제받을 수 있다. (2010. 12. 27. 개정)

④ 택시면세유류구매카드를 발급받은 자가 택시운송사업자에 해당되지 아니하게 되었을 때에는 즉시 신용카드업자에게 택시면세유류구매카드를 반납하여야 한다. 이 경우 신용카드업자는 지체 없이 그 사실을 국세청장에게 통보하여야 한다. (2010. 1. 1. 개정)

⑤ 택시운송사업자의 주소지 관할 세무서장은 택시운송사업자가 택시면세유류구매카드로 구입한 부탄을 택시운송사업용 외의 용도로 사용하는 경우에는 다음 각 호에 따라 계산한 금액을 합친 금액을 징수한다. (2010. 1. 1. 개정)

1. 택시운송사업용 외의 용도로 사용하는 부탄에 대한 감면액 (2010. 12. 27. 개정)

2. 제1호에 따른 감면액의 100분의 40에 상당하는 금액의 가산세 (2010. 12. 27. 개정)

⑥ 국세청장 또는 신용카드업자는 택시운송사업자가 택시면세유류구매카드로 구입한 부탄을 택시운송사업용 외의 용도로 사용하거나 타인에게 택시면세유류구매카드를 양도하는 경우에는 그 사실을 안 날부터 그 택시운송사업자를 택시면세유류구매카드 발급대상자에서 제외한다. (2010. 1. 1. 개정)

⑦ 제3항에 따른 관할 세무서장은 신용카드업자가 거짓이나 그 밖의 부정한 방법으로 제1항에 따른 감면액을 과다하게 환급받거나 공제받은 경우에는 과다환급세액과 과다환급세액의 100분의 40에 상당하는 금액의 가산세를 합친 금액을 징수한다. (2010. 12. 27. 개정)

⑧ 다음 각 호의 어느 하나에 해당하는 자의 주소지 관할 세무서장은 제5항을 준용하여 계산한 감면액과 감면액의 100분의 40에 상당하는 금액의 가산세를 합친 금액을 징수한다. (2010. 12. 27. 개정)

1. 택시운송사업자로부터 택시면세유류구매카드를 양수하여 사용한 경우 (2010. 1. 1. 개정)

2. 택시운송사업자가 아닌 자가 택시면세유류구매카드를 발급받아 사용한 경우 (2010. 1. 1. 개정)

3. 택시면세유류구매카드를 발급받은 자가 택시운송사업자에 해당되지 아니하게 된 이후에 택시면세유류구매카드를 사용한 경우 (2010. 1. 1. 개정)

⑨ 국세청장은 택시운송사업자에 대한 관리를 효율적으로 수행하기 위

및 증거서류를 다음 달 10일까지 관할 세무서장에게 제출하여야 한다. 이 경우 신청서 및 증거서류는 기획재정부령으로 정한다. (2010. 12. 30. 개정)

④ 제3항에 따라 신청을 받은 세무서장은 그 달 말일까지 신용카드업자에게 감면세액을 환급하거나 납부할 세액에서 공제한다. (2010. 12. 30. 개정)

⑤ 관할관청, 국세청장 및 신용카드업자는 다음 각 호의 어느 하나에 해당되는 경우 즉시 서로 통보하여야 하고, 신용카드업자는 지체 없이 해당자의 택시면세유류구매카드의 기능을 정지하여야 한다. (2008. 4. 30. 신설)

1. 택시운송사업자가 폐업 또는 면허양도 등으로 더 이상 택시운송사업자에 해당되지 아니하게 된 경우 (2008. 4. 30. 신설)

2. 택시운송사업자가 법 제111조의 3 제6항에 따라 택시면세유류구매카드 발급대상자에서 제외된 경우 (2008. 4. 30. 신설)

3. 법 제111조의 3 제8항 제1호 또는 제2호에 해당되는 경우 (2008. 4. 30. 신설)

⑥ 신용카드업자는 택시운송사업자에게 택시면세유류구매카드를 발급할 때 부당하게 발급받거나 부정사용할 경우 받을 수 있는 불이익에 대하여 상세히 설명하여야 한다. (2008. 4. 30. 신설)

⑦ 택시면세유류구매카드의 신청 및 발급과 관련하여 이 영에서 정하고 있지 아니한 사항은 「여신전문금융업법」에 따른 신용카드 및 직불카드의 신청 및 발급의 예에 의한다. (2008. 4. 30. 신설)

환급신청서(별지 69호의 2 서식)
• 규칙 61조 1항 70호의 3 ⇒ 감면유류공급명세서(갑) (별지 69호의 3 서식)
• 규칙 61조 1항 70호의 4 ⇒ 감면유류공급명세서(을) (별지 69호의 4 서식)

하여 관계 행정기관 등으로 하여금 필요한 자료를 국세청장 또는 신용카드업자에게 제공할 것을 요청할 수 있으며, 요청받은 관계 행정기관 등은 정당한 사유가 없으면 이에 따라야 한다. (2010. 1. 1. 개정)
⑩ 제1항부터 제9항까지의 규정에 따른 환급절차, 제출서류 등에 필요한 사항은 대통령령으로 정한다. (2010. 1. 1. 개정)

제111조의 4【외교관용 등 자동차 연료에 대한 개별소비세 등의 환급 특례】① 대통령령으로 정하는 주한외교공관, 주한외교관 등(이하 이 조에서 "환급대상자"라 한다)이 제2항에 따른 유류구매카드를 사용하여 환급대상자의 자동차에 사용되는 석유류를 구입하는 경우 제2항에 따른 신용카드업자는 대통령령으로 정하는 바에 따라 세액 환급을 신청하여 해당 석유류에 부과되는 개별소비세액, 교통·에너지·환경세액, 교육세액, 자동차 주행에 대한 자동차세액 및 부가가치세액을 환급받거나 납부할 세액에서 공제받을 수 있다. 이 경우 해당 석유류에 대해서는 「개별소비세법」 제16조 제1항 제3호 또는 「교통·에너지·환경세법」 제14조 제1항에 따른 면세 및 「부가가치세법」 제24조 제1항에 따른 영세율을 적용하지 아니한다. (2013. 6. 7. 후단개정 ; 부가가치세법 부칙)
② 제1항에 따른 환급대상자는 국세청장이 지정하는 「여신전문금융업법」 제2조 제2호의 2에 따른 신용카드업자(이하 이 조에서 "신용카드업자"라 한다)로부터 환급을 위한 유류구매카드(이하 이 조에서 "유류구매카드"라 한다)를 대통령령으로 정하는 바에 따라 발급받아야 한다. (2013. 1. 1. 신설)
③ 다음 각 호의 어느 하나에 해당하는 자에 대해서는 대통령령으로 정하는 바에 따라 환급세액을 징수한다. 다만, 제2호의 경우에는 환급세액의 100분의 40에 상당하는 금액의 가산세를 포함하여 징수한다. (2013. 1. 1. 신설)
1. 환급대상자가 유류구매카드로 구입한 석유류를 환급대상자의 자동차에 대한 연료 외의 용도로 사용하는 경우 (2013. 1. 1. 신설)
2. 환급대상자가 아닌 자가 유류구매카드를 발급받거나 양수하여 그 유류구매카드로 석유류를 구입하는 경우 (2013. 1. 1. 신설)
④ 신용카드업자 사업장의 관할 세무서장은 신용카드업자가 거짓이나

제112조의 4【외교관용 등 자동차 연료에 대한 개별소비세액 등의 환급 특례】① 법 제111조의 4 제1항에서 "대통령령으로 정하는 주한외교공관, 주한외교관 등"이란 다음 각 호의 어느 하나에 해당하는 자를 말한다. 이 경우 「개별소비세법」 제16조 제5항 또는 「교통·에너지·환경세법」 제14조 제3항 및 「부가가치세법」 제25조를 준용한다. (2013. 6. 28. 후단개정 ; 부가가치세법 시행령 개정)
1. 우리나라에 상주하는 외교공관, 영사기관(명예영사관원을 장으로 하는 영사기관은 제외한다), 국제연합과 이에 준하는 국제기구(우리나라가 당사국인 조약과 그 밖의 국내 법령에 따라 특권과 면제를 부여받을 수 있는 경우만 해당한다) (2013. 2. 15. 신설)
2. 제1호에 따른 기관의 소속 직원으로서 해당 국가로부터 공무원 신분을 부여받은 자 또는 외교부장관으로부터 이에 준하는 신분임을 확인받은 자 중 내국인이 아닌 자 (2013. 3. 23. 직제개정 ; 기획재정부와~직제 부칙)
② 국세청장은 법 제111조의 4 제2항에 따라 환급을 위한 유류구매카드(이하 이 조에서 "유류구매카드"라 한다)를 발급할 「여신전문금융업법」 제2조 제2호의 2에 따른 신용카드업자(이하 이 조에서 "신용카드업자"라 한다)를 지정한다. 이 경우 국세청장은 신용카드업자를 지정할 때 유류구매카드에 대하여 연회비를 받지 아니할 것을 조건으로 할 수 있다. (2013. 2. 15. 신설)
③ 법 제111조의 4 제1항에 따른 환급을 받으려는 자(이하 이 조에서 "환급대상자"라 한다)는 외교부장관이 환급대상자에 해당됨을 확인하는 서류를 첨부하여 신용카드업자에게 유류구매카드의 발급을 신청하여야 한다. (2013. 3. 23. 직제개정 ; 기획재정부와~직제 부칙)
④ 신용카드업자는 제3항에 따른 신청을 받은 경우 그 신청을 받은 날로부터 15일 이내에 신청인에게 유류구매카드를 발급하여야 한다.

그 밖의 부정한 방법으로 제1항에 따른 환급세액을 과다하게 환급받거나 공제받은 경우에는 과다환급세액과 과다환급세액의 100분의 40에 상당하는 금액의 가산세를 합친 금액을 징수한다. (2013. 1. 1. 신설)
⑤ 국세청장은 환급대상자에 대한 관리를 효율적으로 수행하기 위하여 관계 행정기관 등으로 하여금 필요한 자료를 국세청장 또는 신용카드업자에게 제공할 것을 요청할 수 있으며, 요청받은 관계 행정기관 등은 정당한 사유가 없으면 이에 따라야 한다. (2013. 1. 1. 신설)
⑥ 제1항부터 제5항까지의 규정에 따른 환급절차, 제출서류 등에 필요한 사항은 대통령령으로 정한다. (2013. 1. 1. 신설)

제111조의 5【연안화물선용 경유에 대한 교통·에너지·환경세 감면】「해운법」 제24조 제1항에 따라 내항 화물운송사업자로 등록한 자(이하 "내항 화물운송사업자"라 한다)가 해당 사업용으로 운항하는 선박에 사용할 목적으로 2025년 12월 31일까지 「한국해운조합법」에 따라 설립된 한국해운조합(이하 "한국해운조합"이라 한다)에 직접 공급하는 「교통·에너지·환경세법」 제2조 제1항 제2호에 따른 경유(이하 이 조에서 "경유"라 한다)에 대해서는 교통·에너지·환경세액을 리터당 56원 감면한다. (2022. 12. 31. 개정)
② 「교통·에너지·환경세법」 제3조에 따른 납세의무자가 제1항에 따른 감면대상에 해당하는 경유에 대하여 제1항에 따라 감면받지 못한 경우에는 대통령령으로 정하는 바에 따라 세액을 환급받거나 납부 또는 징수할 세액에서 공제받을 수 있다. (2020. 12. 29. 신설)
③ 내항 화물운송사업자가 제1항 또는 제2항에 따라 감면, 환급 또는 공제받은 경유를 해당 사업 이외의 다른 목적에 사용한 경우에는 다음 각 호에 따른 금액의 합계액을 추징한다. (2020. 12. 29. 신설)
1. 해당 경유에 대한 교통·에너지·환경세, 교육세 및 자동차 주행에 대한 자동차세의 감면세액 (2020. 12. 29. 신설)
2. 제1호에 따른 감면세액의 100분의 40에 해당하는 금액의 가산세 (2020. 12. 29. 신설)
④ 제1항에 따라 교통·에너지·환경세가 감면된 경유를 공급하는 한국해운조합이 관련 증거서류를 확인하지 아니하는 등 부실관리로 내항 화물운송사업자가 아닌 자에게 제1항 또는 제2항에 따라 감면, 환급 또

(2013. 2. 15. 신설)
⑤ 법 제111조의 4 제1항에 따라 환급세액을 환급받거나 납부할 세액에서 공제받으려는 신용카드업자는 매월 환급대상자가 유류구매카드를 통하여 구입한 환급대상 석유류의 종류, 수량(기획재정부령으로 정하는 계산방법에 따라 산출한다) 및 환급세액 등을 적은 신청서 및 증거서류를 다음 달 10일까지 관할 세무서장에게 제출하여야 한다. 이 경우 신청서 및 증거서류는 기획재정부령으로 정한다. (2013. 2. 15. 신설)
⑥ 제5항에 따라 신청을 받은 세무서장은 그 달 말일까지 신용카드업자에게 환급세액을 환급하거나 납부할 세액에서 공제한다. (2013. 2. 15. 신설)
⑦ 세무서장이 제6항에 따른 환급 또는 공제를 한 경우에는 기획재정부령으로 정하는 자료를 환급일의 다음 달 10일까지 울산광역시장에게 통보하여야 하고, 울산광역시장은 제5항에 따라 환급신청한 날의 다음 달 20일까지 자동차 주행에 대한 자동차세액을 신용카드업자에게 환급하여야 한다. (2013. 2. 15. 신설)
⑧ 법 제111조의 4 제3항에 따른 환급세액은 같은 항 각 호의 어느 하나에 해당하는 자의 주소지 관할 세무서장이 징수한다. 다만, 자동차 주행에 대한 자동차세액의 환급세액은 울산광역시장이 징수한다. (2013. 2. 15. 신설)
⑨ 외교부장관, 국세청장, 울산광역시장 및 신용카드업자는 다음 각 호의 어느 하나에 해당되는 경우 즉시 서로 통보하여야 하고, 제1호 또는 제2호에 해당되는 경우 신용카드업자는 유류구매카드의 기능을 정지하여야 한다. (2013. 3. 23. 직제개정 ; 기획재정부와~직제 부칙)
1. 유류구매카드를 발급받은 자가 환급대상자에 해당되지 아니하게 된 경우 (2013. 2. 15. 신설)
2. 환급대상자가 아닌 자가 유류구매카드를 발급받거나 양수하여 사용한 경우 (2013. 2. 15. 신설)
3. 환급대상자가 유류구매카드로 구입한 유류를 해당 자동차 연료 외의 용도로 사용하는 경우 (2013. 2. 15. 신설)
⑩ 신용카드업자는 환급대상자에게 유류구매카드를 발급할 때 부당하게 발급받거나 부정사용할 경우 받을 수 있는 불이익에 대하여 상세히 설명하여야 한다. (2013. 2. 15. 신설)

는 공제받은 경유를 공급한 경우에는 한국해운조합으로부터 제3항 제1호에 따른 감면세액의 100분의 20에 해당하는 금액을 대통령령으로 정하는 바에 따라 가산세로 징수한다. (2020. 12. 29. 신설)

⑤ 제1항에 따른 경유의 감면, 환급 또는 공제, 감면세액과 감면세액 상당액 및 가산세의 추징 절차 등에 관하여 필요한 사항은 대통령령으로 정한다. (2020. 12. 29. 신설)

제111조의 6【석유제품 생산공정용 원료로 사용하는 석유류에 대한 개별소비세 면제】① 석유제품 생산공정용 원료로 사용하는 석유류에 대해서는 개별소비세를 면제한다. 이 경우 2022년 12월 31일까지 석유제품 생산공정용 원료로 사용하기 위하여 반입지에 반입하는 것만 개별소비세를 면제한다. (2020. 12. 29. 신설)

②「개별소비세법」제3조에 따른 납세의무자가 제1항에 따른 면세대상에 해당하는 석유류에 대하여 제1항에 따라 면세받지 못한 경우에는 그 면세되는 세액을 환급받거나 납부 또는 징수할 세액에서 공제받을 수 있다. (2020. 12. 29. 신설)

③ 제1항 또는 제2항에 따른 물품으로서「개별소비세법」제18조 제2항에 해당하는 경우에는 그 면세, 환급 또는 공제된 세액을 징수하고,「개별소비세법」제18조 제3항에 해당하는 경우에는 그 면세, 환급 또는 공제된 세액을 납부하여야 한다. (2020. 12. 29. 신설)

④ 제1항에 따른 개별소비세의 면세절차, 제2항에 따른 환급 또는 세액공제의 절차 및 제3항에 따른 세액의 징수 또는 납부절차는「개별소비세법」제18조 제1항 제10호에 해당하는 물품의 면세, 환급, 세액공제, 징수 및 납부절차에 따라「개별소비세법」을 준용한다. (2020. 12. 29. 신설)

제111조의 6【석유제품 생산공정용 원료로 사용하는 석유류에 대한 개별소비세 면제】삭 제 (2022. 12. 31.)

제112조【위기지역 소재 골프장에 대한 개별소비세 감면】위기지역에 있는 골프장 입장행위(2021년 12월 31일까지 입장하는 경우만 해당한다)에 대해서는「개별소비세법」제1조 제3항 제4호에도 불구하고 3천원의 세율을 적용한다. (2019. 12. 31. 신설)

제112조의 2【과세특례가 적용되는 골프장에 대한 조치】삭 제 (2010. 12. 27.)

제113조【개별소비세의 감면절차 등】(2009. 1. 30. 제목개정 ; 교통·에너지·환경세법 부칙)

⑪ 유류구매카드의 신청 및 발급과 관련하여 이 영에서 정하고 있지 아니한 사항은「여신전문금융업법」에 따른 신용카드 및 직불카드의 신청 및 발급의 예에 따른다. (2013. 2. 15. 신설)

⑫ 국세청장은 외교부장관과 협의하여 유류구매카드의 사용 등과 관련하여 필요한 사항을 정할 수 있다. (2013. 3. 23. 직제개정 ; 기획재정부와~직제 부칙)

제112조의 5【외교관 면세 차량 양도 등에 관한 개별소비세 징수 면제 사유】법 제113조 제1항 단서에서 "외교관이 이임(移任)하는

① 제106조의 2 제1항 제2호에 따른 석유류 및 제110조 및 제111조에 따른 물품을 면세(세액을 감면받은 경우를 포함한다. 이하 이 조에서 "면세"라 한다)로 반입한 날부터 5년(제110조에 따른 국산승용자동차로서 외교관이 구입한 경우는 3년) 이내에 해당 용도에 사용하지 아니하거나 양도한 경우에는 그 면세된 세액을 징수한다. 다만, 제110조에 따른 국산승용자동차로서 외교관이 구입한 경우에는 외교관이 이임(移任)하는 등 대통령령으로 정하는 부득이한 사유가 있는 경우에는 그 면세된 세액을 징수하지 아니한다. (2014. 12. 23. 개정)

② 개별소비세가 과세된 석유류가 제106조의 2 제1항 제1호(같은 조 제2항에 따라 환급 또는 공제받는 경우는 제외한다), 같은 항 제2호 또는 제111조에 따른 면세에 해당되는 경우에는 그 면세되는 세액을 환급하거나 납부 또는 징수할 세액에서 공제할 수 있다. (2013. 1. 1. 개정)

③ 제106조의 2 제1항 제1호(같은 조 제2항에 따라 환급 또는 공제받는 경우는 제외한다), 같은 항 제2호, 제110조 및 제111조에 따른 개별소비세의 면세절차(면세절차를 이행하지 아니한 경우의 처리를 포함한다)와 제1항에 따른 세액의 징수, 제2항에 따른 환급 또는 세액공제의 절차는 해당 물품에 따라 「개별소비세법」을 준용한다. (2013. 1. 1. 개정)

제113조의 2 【면세유등의 공급에 대한 통합관리】 ① 국세청장은 다음 각 호에 해당하는 석유류(「석유 및 석유대체연료 사업법」에 따른 석유 및 석유제품을 말한다. 이하 이 조에서 "면세유등"이라 한다)의 공급내역 등을 통합적으로 관리하기 위한 전산시스템을 구축하여야 한다. (2013. 1. 1. 신설)

1. 제106조의 2 제1항에 따른 석유류 (2013. 1. 1. 신설)

2. 제111조 제1항에 따른 석유류 (2013. 1. 1. 신설)

3. 「개별소비세법」 제16조 제1항 제3호 및 「교통·에너지·환경세법」 제14조 제1항에 따른 자동차용 석유류 (2013. 1. 1. 신설)

4. 「개별소비세법」 제18조 제1항 제9호 및 「교통·에너지·환경세법」 제15조 제1항 제3호에 따른 외국항행선박 또는 원양어업선박에 사용하는 석유류 (2013. 1. 1. 신설)

② 국세청장은 제1항에 따른 전산시스템 구축 및 운영을 위하여 필요한 경우에는 대통령령으로 정하는 기관이나 단체 등에게 면세유등의

등 대통령령으로 정하는 부득이한 사유가 있는 경우"란 다음 각 호의 어느 하나에 해당하는 경우를 말한다. (2015. 2. 3. 신설)

1. 법 제110조 제1항에 따른 외교관(이하 "외교관"이라 한다)이 본국이나 제3국으로 이임하는 경우 (2015. 2. 3. 신설)

2. 외교관의 직무가 종료되거나 직위를 상실한 경우 (2015. 2. 3. 신설)

3. 외교관이 사망한 경우 (2015. 2. 3. 신설)

☞

통칙 113-0…1 【면세 및 환급절차의 준용】

① 법 제113조 제3항에 규정하는 면세절차 및 세액징수에 관하여는 「개별소비세법」 제18조 또는 「교통·에너지·환경세법」 제15조의 규정을 준용한다. (2011. 2. 1. 개정)

② 법 제113조 제3항에서 규정하는 세액의 환급 또는 공제절차에 관하여는 「개별소비세법」 제20조 또는 「교통·에너지·환경세법」 제17조의 규정을 준용한다. (2011. 2. 1. 개정)

제112조의 6 【면세유등의 관리를 위한 자료제출 기관 및 자료의 종류 등】 (2015. 2. 3. 조번개정)

제50조의 4 【면세유등 관리 전산시스템 구축 및 운영을 위한 정보 또는 자

공급내역 등 대통령령으로 정하는 정보 또는 자료의 제공을 요청할 수 있다. 이 경우 요청을 받은 자는 정당한 사유가 없으면 이에 따라야 한다. (2013. 1. 1. 신설)

③ 제2항에 따른 정보 또는 자료의 제출방법, 제출주기 및 그 밖에 필요한 사항은 대통령령으로 정한다. (2013. 1. 1. 신설)

① 법 제113조의 2 제2항 전단에서 "대통령령으로 정하는 기관이나 단체 등"이란 다음 각 호의 어느 하나에 해당하는 기관 또는 단체 등을 말한다. (2013. 2. 15. 신설)

1. 「국가재정법」 제6조에 따른 중앙관서(중앙관서의 업무를 위임받거나 위탁받은 기관을 포함한다) (2013. 2. 15. 신설)

2. 「농업협동조합법」에 따른 농업협동조합 및 중앙회 (2013. 2. 15. 신설)

3. 「산림조합법」에 따른 산림조합 및 중앙회 (2013. 2. 15. 신설)

4. 「수산업협동조합법」에 따른 수산업협동조합 및 중앙회 (2013. 2. 15. 신설)

5. 「한국해운조합법」에 따른 한국해운조합 (2013. 2. 15. 신설)

6. 「개별소비세법」 또는 「교통·에너지·환경세법」에 따라 석유류에 대해 면세를 받거나 세액의 환급 또는 공제를 받는 자 (2013. 2. 15. 신설)

② 법 제113조의 2 제2항 전단에서 "대통령령으로 정하는 정보 또는 자료"란 다음 각 호의 어느 하나에 해당하는 정보 또는 자료를 말한다. (2013. 2. 15. 신설)

1. 법 제106조의 2 제4항에 따른 면세유류 구입카드 또는 출고지시서의 발급내역 및 거래내역 (2013. 2. 15. 신설)

2. 「농·축산·임·어업용 기자재 및 석유류에 대한 부가가치세 영세율 및 면세 적용 등에 관한 특례규정」 제22조에 따른 면세유류공급증명서의 발급내역 (2013. 2. 15. 신설)

3. 「개별소비세법 시행령」 제20조 제3항 제3호, 제34조 제4항 제4호 및 「교통·에너지·환경세법 시행령」 제17조 제3항 제2호, 제24조 제2항 제2호에 따른 납품(사실)증명서 발급내역 (2022. 2. 15. 개정 ; 개별소비세법 시행령 부칙)

4. 「수출용 원재료에 대한 관세 등 환급에 관한 특례법」 제4조 제4호에 따른 외국항행선박·원양어업선박에 사용되는 석유류에 대한 적재확인서 발급내역 (2013. 2. 15. 신설)

5. 법 제113조의 2 제1항에 해당하는 석유류(이하 이 조에서 "면세유등"이라 한다)를 부정한 방법으로 공급받거나 해당 용도 외의 다른 용도로 사용·반출 또는 판매한 사실 등의 적발·단속내역 (2013. 2. 15. 신설)

료】 영 제112조의 6 제2항 제6호에서 "기획재정부령으로 정하는 정보 또는 자료"란 다음 각 호의 정보 또는 자료를 말한다. (2024. 3. 22. 신설)

1. 별표 15에 따른 정보 또는 자료 (2024. 3. 22. 신설)

2. 그 밖에 법 제113조의 2 제1항에 따른 전산시스템의 구축 및 운영을 위해 필요하다고 인정되어 국세청장이 정하는 면세유등의 거래내역 (2024. 3. 22. 신설)

6. 그 밖에 면세유등의 거래내역 및 수급자격의 검증 등 법 제113조의 2 제1항에 따른 전산시스템의 구축 및 운영에 필요한 정보 또는 자료로서 기획재정부령으로 정하는 정보 또는 자료 (2024. 2. 29. 개정)

③ 자료의 제출을 요구받은 기관이나 단체의 장은 분기별 자료를 그 분기의 다음 달 말일까지 국세청장에게 국세정보통신망을 통하여 제출하여야 한다. 다만, 관련 자료의 생산빈도와 활용시기 등을 고려하여 국세청장은 자료의 제출시기를 달리 정할 수 있다. (2013. 2. 15. 신설)

④ 자료의 제출서식, 제출절차 등 그 밖에 필요한 세부사항은 국세청장이 정한다. (2013. 2. 15. 신설)

제112조의 7 【연안화물선용 경유에 대한 교통·에너지·환경세 감면】 ① 「교통·에너지·환경세법」 제3조에 따른 납세의무자(이하 이 조에서 "납세의무자"라 한다)가 법 제111조의 5 제2항에 따라 교통·에너지·환경세의 감면세액을 환급받거나 납부 또는 징수할 세액에서 공제 받으려면 「한국해운조합법」에 따른 한국해운조합(이하 이 조에서 "한국해운조합"이라 한다)에 매월 공급한 경유의 수량과 유류공급명세 및 환급세액 등이 기재된 기획재정부령으로 정하는 신청서를 다음 달 10일까지 관할 세무서장에게 제출해야 한다. (2021. 2. 17. 신설)

② 제1항에 따라 환급 신청을 받은 세무서장은 그 달의 25일까지 납세의무자에게 교통·에너지·환경세 및 그에 따른 교육세의 감면세액을 환급해야 한다. (2021. 2. 17. 신설)

③ 세무서장이 제2항에 따라 납세의무자에게 감면세액을 환급한 경우에는 자동차 주행에 대한 자동차세 감면세액의 환급을 위하여 기획재정부령으로 정하는 자료를 환급일이 속하는 달의 다음 달 10일까지 울산광역시장에게 통보해야 한다. (2021. 2. 17. 신설)

④ 제3항에 따라 통보를 받은 울산광역시장은 제1항에 따라 환급신청한 날이 속하는 달의 다음 달 20일까지 자동차 주행에 대한 자동차세의 감면세액을 납세의무자에게 환급해야 한다. (2021. 2. 17. 신설)

⑤ 법 제111조의 5 제3항 및 제4항에 따른 감면세액 및 가산세(이하 "감면세액등"이라 한다)는 다음 각 호의 구분에 따라 추징한다. (2021. 2. 17. 신설)

1. 해당 경유에 대한 교통·에너지·환경세 및 그에 따른 교육세의 감면세액등: 관할 세무서장이 국세징수의 예에 따라 추징 (2021. 2. 17. 신설)

2. 해당 경유에 대한 자동차세의 감면세액등: 「지방세법」 제137조 제1항에 따른 자동차세의 특별징수의무자(이하 "자동차세특별징수의무자"라 한다)가 지방세징수의 예에 따라 추징 (2021. 2. 17. 신설)

⑥ 한국해운조합은 법 제111조의 5 제1항 또는 제2항에 따라 감면, 환급 또는 공제받은 경유가 「해운법」 제24조 제1항에 따른 내항 화물운송사업 외의 용도로 사용된 사실을 알게 되었을 경우 공급을 즉시 중지하거나 해당 경유의 사용을 즉시 중지하도록 요구하고, 지체 없이 그 사실을 관할 지방해양수산청장과 관할 세무서장 및 자동차세특별징수의무자에게 통보해야 한다. (2021. 2. 17. 신설)

⑦ 한국해운조합은 감면, 환급 또는 공제받은 경유의 직전 월 공급량을 매월 10일까지 해양수산부장관에게 보고해야 한다. (2021. 2. 17. 신설)

⑧ 한국해운조합은 감면, 환급 또는 공제받은 경유의 직전 연도 공급량 등 기획재정부령으로 정하는 명세서를 매년 3월 31일까지 국세청장에게 제출해야 한다. (2021. 2. 17. 신설)

☞ p.1775 2단 연결

제114조【군인 등에게 판매하는 물품에 대한 개별소비세와 주세의 면제】(2007. 12. 31. 제목개정)

① 군이 직영하는 매점에서 대통령령으로 정하는 군인, 군무원과 태극·을지무공훈장 수훈자에게 판매하는 물품(국내에서 제조된 물품만 해당한다)에 대해서는 개별소비세와 주세를 면제한다. (2010. 1. 1. 개정)

② 국방부장관은 기획재정부장관과 협의하여 매 연도분의 물품별면세한도량을 그 전년도 12월 31일까지 결정하여야 한다. (2010. 1. 1. 개정)

③ 제1항에 따라 면세되는 물품에 대해서는 국세청장이 정하는 바에 따라 해당 물품 또는 그 포장 및 용기에 면세물품임을 표시하여야 한다. (2010. 1. 1. 개정)

④ 제1항에 따라 면세되는 주류의 원료용 주류의 주세액에 상당하는 금액은 환급하거나 공제하되, 이에 관하여는 「주세법」 제19조 제3항을 준용한다. (2021. 12. 28. 개정)

☞

통칙 114－113…1【제조장에 환입한 군납물품의 재반출 절차】
영 제113조 제3항의 규정에 의하여 매점 또는 인도장소에서 품질불량으로 제조장에 환입하거나 재해 기타 부득이한 사유로 인하여 멸실된 것에 대하여 그에 상당하는 대치품을 반출하고자 하는 경우에는 다시 면세반출승인을 얻어야 한다.

---

⑨ 제1항부터 제8항까지에서 규정한 사항 외에 감면, 환급 또는 공제받은 경유의 적정한 공급 및 관리에 필요한 사항은 해양수산부장관이 기획재정부장관과 협의하여 정할 수 있다. (2021. 2. 17. 신설)

제113조【군인 등에게 판매하는 물품에 대한 주세의 면제】 (2006. 2. 9. 제목개정)

① 법 제114조 제1항에서 "대통령령으로 정하는 군인·군무원과 태극·을지무공훈장수훈자"란 다음의 자를 말한다. (2010. 2. 18. 개정)

1. 군인·군무원은 「군인사법」 또는 「군무원인사법」에 규정하는 자와 「병역법」에 의하여 입영군사교육을 받는 병역준비역의 군간부후보생 및 병력동원훈련소집 또는 군사교육소집 중에 있는 자 (2016. 11. 29. 개정 ; 병역법 시행령 부칙)

2. 태극·을지무공훈장수훈자는 태극무공훈장 또는 을지무공훈장을 받은 자로서 「국가유공자 등 예우 및 지원에 관한 법률」 제14조에 따라 생활조정수당을 지급받는 자 (2020. 2. 11. 개정)

② 법 제114조에 따라 주세가 면제되는 물품은 다음의 것으로 한다. 이 경우 「군인사법」에 의한 병(지원에 의하지 않고 임용된 하사를 포함한다)·사관생도·사관후보생 및 부사관후보생과 「병역법」에 의하여 입영군사교육을 받는 병역준비역의 군간부후보생 및 병력동원훈련소집 또는 군사교육소집 중에 있는 자에 대해서는 제3호의 물품으로서 영내에서 마실 수 있는 것으로 한정한다. (2021. 1. 5. 개정 ; 어려운 법령용어～대통령령)

1.·2. 삭 제 (2006. 2. 9.)

3. 주류 (2000. 1. 10 개정)

4.～14. 삭 제 (2000. 1. 10)

③ 법 제114조에 따른 주세의 면제에 관하여는 「주세법 시행령」 제20조를 준용한다. 이 경우, 매점 또는 인도장소에서 품질불량으로 제조장에 반송하거나 재해 또는 그 밖의 부득이한 사유로 멸실된 것으로서 관할세무서장의 확인을 받은 것에 대해서는 그에 상당하는 수량에 대한 주세를 면세받아 다시 반출할 수 있다. (2021. 2. 17. 개정)

④ 법 제114조 제1항의 규정에 의하여 주세가 면세된 물품에 대하여

다음의 사유가 있는 때에는 당해 각호에 규정된 자로부터 그 면세된 주세를 징수한다. (2006. 2. 9. 개정)

1. 면세대상자 외의 자에게 판매하거나 인도한 때(면세대상자의 가족임이 증명될 수 있는 자에게 인도하는 경우를 제외한다)에는 그 판매자 또는 인도자 (98. 12. 31 개정)

2. 면세대상자가 구입한 면세물품을 국방부장관이 정하는 기간 내에 양도한 때에는 그 양도자 (98. 12. 31 개정)

통칙 114－113…2【군납물품반입자의 양도금지기간】
영 제113조 제4항 제2호에서 "국방부장관이 정하는 기간"이라 함은 다음 각호의 기간을 말한다.

1. 공기조절기·플라즈마영상표시방식의 텔레비전수상기 등 내구소비재 : 구입한 날로부터 5년

2. 주류 : 구입한 날로부터 6월

3. 법 제114조 제2항의 규정에 의한 면세한도량을 초과한 수량을 계약하여 면세반출한 때에는 그 구매계약자 (98. 12. 31 개정)

4. 면세물품납품계약상의 수량을 초과하여 면세반출한 때에는 그 반출자 (98. 12. 31 개정)

5. 국세청장이 정하는 면세물품의 인도장소외의 장소에서 면세물품을 인도한 때에는 그 인도자 (98. 12. 31 개정)

⑤ 국방부장관은 면세물품납품계약을 체

☞ p.1776 2단 연결

⑤ 제1항에 따른 면세대상물품의 범위, 면세절차 및 징수에 필요한 사항은 대통령령으로 정한다. (2010. 1. 1. 개정)

　第115조【주세의 면제】① 다음 각 호의 어느 하나에 해당하는 주류에 대해서는 주세를 면제한다. (2020. 12. 29. 개정)
1. 「관광진흥법」 제3조 제1항 제3호에 따른 관광객 이용시설업 중 주한외국군인 및 외국인선원 전용 유흥음식점업을 경영하는 자가 해당 음식점에서 제공하는 주류 (2020. 12. 29. 개정)
2. 제107조에 따른 외국인관광객 등이 다음 각 목의 어느 하나에 해당하는 주류 제조장을 방문하여 구매하는 주류(방문한 주류 제조장에서 제조한 것으로 한정한다) (2020. 12. 29. 개정)
　가. 대통령령으로 정하는 소규모 주류 제조장 (2020. 12. 29. 개정)
　나. 「주세법」 제2조 제8호에 따른 전통주를 제조하는 주류 제조장 (2020. 12. 29. 개정)
② 제1항에 따라 면세되는 주류의 원료용 주류의 주세액에 상당하는 금액은 환급하거나 공제하되, 이에 관하여는 「주세법」 제19조 제3항을 준용한다. (2021. 12. 28. 개정)
③ 제1항에 따른 주세의 면제절차는 「주세법」 제20조를 준용한다. (2021. 12. 28. 개정)

　第116조【인지세의 면제】① 다음 각 호의 어느 하나에 해당하는 서류에 대해서는 인지세를 면제한다. (2010. 1. 1. 개정)
1.~4. 삭　제 (2001. 12. 29)
5. 「신용협동조합법」에 따라 설립된 신용협동조합, 「새마을금고법」에 따라 설립된 새마을금고, 「농업협동조합법」에 따라 설립된 조합, 「수산업협동조합법」에 따라 설립된 조합 및 어촌계, 「엽연초생산협동조합법」에 따라 설립된 엽연초생산협동조합 및 「산림조합법」에 따라 설립된 산림조합의 각 조합원(회원 또는 계원을 포함한다)이 해당 조합(어촌계를 포함한다) 또는 그 중앙회(「농업협동조합법」에 따

결한 때 또는 제4항 각호의 1에 해당하는 사유가 발생한 때에는 그 내용을 지체없이 국세청장에게 통지하여야 한다. (98. 12. 31 개정)
⑥ 삭　제 (2006. 2. 9.)
⑦ 국세청장은 법 제114조 제5항의 규정에 의한 면세사무의 처리절차 및 단속상 필요한 조건을 정할 수 있다. (98. 12. 31 개정)

　第113조의 2【주세의 면제】법 제115조 제1항 제2호 가목에서 "대통령령으로 정하는 소규모 주류 제조장"이란 「주류 면허 등에 관한 법률 시행령」 제2조 제3항에 따른 소규모주류제조자가 운영하는 제조장으로서 같은 영 별표 1 제4호에 따른 시설기준을 갖춘 주류 제조장을 말한다. (2021. 2. 17. 신설)

통칙 116 - 0…1【인지세 면세대상자의 범위】

법 제116조 각호에 게기하는 문서에 대하여는 당해 문서의 작성자 전원의 인지세 납세의무가 면제된다.

른 농협은행과 「수산업협동조합법」에 따른 수협은행을 포함한다)
로부터 융자를 받기 위하여 작성하는 금전소비대차에 관한 증서.
다만, 동일인이 받는 융자금액의 합계액이 1억원을 초과하는 경우
에는 그러하지 아니하다. (2017. 12. 19. 개정)

 116-0…2【융자금액의 합계액 산정방법】
① 법 제116조 제1항 제5호 단서에서 "동일인이 받는 융자금액의 합계액이 1억
원을 초과하는 경우"라 함은 1회의 융자금액이 1억원을 초과하는 경우와 동일인
에 대한 기융자금액 중 미상환잔액과 신규로 융자하는 금액을 합산하여 1억원을
초과하는 경우를 말한다. (2024. 3. 15. 개정)
② 추가융자로 인하여 융자금액의 합계액이 5천만원을 초과하는 경우에 있어서
의 과세대상문서는 그 추가융자시 작성하는 문서에 한하고 당해 문서의 기재금액
은 다음 각호에 의하여 산정한다.
1. 추가로 받는 융자금액만을 표기한 경우 : 그 추가융자금액
2. 이미 받은 융자금액과 추가로 받은 융자금액을 병기하거나 합계하여 기재한
   경우 : 기융자금액과 추가융자금액과의 합계액
3. 이미 받은 융자금액 미상환잔액과 추가로 받는 융자금액을 병기하거나 합계하
   여 기재한 경우 : 미상환금액과 추가융자금액의 합계액
4. 이미 받은 융자금액 미상환잔액 및 추가로 받는 융자금액을 각각 구분하여 기
   재한 경우 : 미상환잔액과 추가융자금액의 합계액

6. 어린이예금통장과 「신용협동조합법」에 따라 설립된 신용협동조합,
   「새마을금고법」에 따라 설립된 새마을금고, 「농업협동조합법」에
   따라 설립된 조합, 「수산업협동조합법」에 따라 설립된 조합 및 어
   촌계, 「엽연초생산협동조합법」에 따라 설립된 엽연초생산협동조합
   과 「산림조합법」에 따라 설립된 산림조합이 작성하는 해당 조합원
   (「수산업협동조합법」에 따른 어촌계의 계원을 포함한다)의 예금 및
   적금증서와 통장 (2010. 1. 1. 개정)
7. 「농어촌정비법」에 따라 시행되는 농어촌정비사업과 「한국농어촌공
   사 및 농지관리기금법」 제10조 제1항에 따라 시행되는 농지의 매
   매, 임대차, 교환, 분리·합병 등 농지은행사업 및 「농어촌발전특별
   조치법」에 따라 시행되는 농어촌정주생활권사업과 「자유무역협정
   체결에 따른 농어업인 등의 지원에 관한 특별법」 제5조에 따라 지
   원되는 농지의 구입·임차 등 농업경영·어업경영 규모의 확대 사

업에 따른 재산권의 설정·이전·변경 또는 소멸을 증명하는 증서
및 서류 (2011. 7. 21. 개정 ; 자유무역협정 체결에 따른~특별법
부칙)
8. 삭 제 (2001. 12. 29)
9. 「농업협동조합법」에 따라 설립된 조합으로부터 농촌주택개량자금
   을 융자받거나 주택건축용 자재를 외상으로 구입하기 위하여 작성
   하는 서류 (2010. 1. 1. 개정)
10. 삭 제 (2001. 12. 29)
11. 「공유수면매립법」에 따라 시행되는 농지조성사업과 관련하여 작
    성하는 서류 (2010. 1. 1. 개정)
12. ~14. 삭 제 (2001. 12. 29)
15. 삭 제 (2003. 12. 30.)
16. 삭 제 (2001. 12. 29)
17. 삭 제 (2000. 12. 29)
18. 삭 제 (2003. 12. 30.)

☞ p.1778 1단 연결

19. 「중소기업창업 지원법」에 따른 창업기업(같은 법 제5조에 따른 적용 범위 내의 창업기업만 해당한다)가 창업일부터 2년 이내에 해당 사업과 관련하여 대통령령으로 정하는 금융기관으로부터 융자를 받기 위하여 작성하는 증서, 통장, 계약서 등 (2021. 12. 28. 개정 ; 중소기업창업 지원법 부칙)

20. 2011대구세계육상선수권대회조직위원회가 작성하는 서류 (2008. 12. 26. 신설)

21. 2012여수세계박람회조직위원회가 작성하는 서류 (2008. 12. 26. 신설)

20. · 21. 삭 제 (2013. 1. 1.)

22. 2014인천아시아경기대회조직위원회 및 2014인천장애인아시아경기대회조직위원회가 작성하는 서류 (2011. 12. 31. 개정)

22. 삭 제 (2014. 12. 23.)

23. 2015광주하계유니버시아드대회조직위원회가 작성하는 서류 (2010. 3. 12. 신설)

23. 삭 제 (2015. 12. 15.)

24. 2012세계자연보전총회조직위원회가 작성하는 서류 (2010. 12. 27. 신설)

24. 삭 제 (2013. 1. 1.)

25. 2013평창동계스페셜올림픽세계대회조직위원회가 작성하는 서류 (2011. 12. 31. 신설)

25. 삭 제 (2014. 1. 1.)

26. 포뮬러원국제자동차경주대회조직위원회가 작성하는 서류 (2011. 12. 31. 신설)

26. 삭 제 (2018. 12. 24.)

27. 2013충주세계조정선수권대회조직위원회가 작성하는 서류 (2013. 1. 1. 신설)

27. 삭 제 (2014. 1. 1.)

28. 2018 평창 동계올림픽대회 및 동계패럴림픽대회 조직위원회가 작성하는 서류 (2016. 5. 29. 개정 ; 2018 평창 동계올림픽대회~부칙)

28. 삭 제 (2018. 12. 24.)

29. 「국제경기대회 지원법」 제9조에 따라 국제수영연맹 주관으로 2019년에 대한민국에서 개최되는 세계수영선수권대회를 위하여 설립된 조직위원회가 작성하는 서류 (2018. 12. 24. 개정)

29. 삭 제 (2021. 12. 28.)

30. 2015경북문경세계군인체육대회조직위원회가 작성하는 서류 (2014. 1. 1. 신설)

30. 삭 제 (2015. 12. 15.)

31. 「국제경기대회 지원법」 제9조에 따라 설립된 2024강원동계청소년올림픽대회조직위원회가 작성하는 서류 (2021. 12. 28. 신설)

② 제1항 각 호에 따른 서류의 인지세 면제 기일에 관하여는 다음 각 호에 따른다. (2013. 1. 1. 개정)

제114조【인지세의 면제】 법 제116조 제1항 제19호에서 "대통령령으로 정하는 금융기관"이란 「금융실명거래 및 비밀보장에 관한 법률」 제2조 제1호의 규정에 의한 금융기관을 말한다. (2010. 2. 18. 개정)

관련법령 »

금융실명거래 및 비밀보장에 관한 법률

제2조【정 의】 이 법에서 사용하는 용어의 뜻은 다음과 같다. (2011. 7. 14. 개정)

1. "금융회사등"이란 다음 각 목의 것을 말한다. (2011. 7. 14. 개정)

　가. 「은행법」에 따른 은행 (2011. 7. 14. 개정)

　나. 「중소기업은행법」에 따른 중소기업은행 (2011. 7. 14. 개정)

　다. 「한국산업은행법」에 따른 한국산업은행 (2011. 7. 14. 개정)

　라. 「한국수출입은행법」에 따른 한국수출입은행 (2011. 7. 14. 개정)

　마. 「한국은행법」에 따른 한국은행 (2011. 7. 14. 개정)

　바. 「자본시장과 금융투자업에 관한 법률」에 따른 투자매매업자 · 투자중개업자 · 집합투자업자 · 신탁업자 · 증권금융회사 · 종합금융회사 및 명의개서대행회사 (2011. 7. 14. 개정)

　사. 「상호저축은행법」에 따른 상호저축은행 및 상호저축은행중앙회 (2011. 7. 14. 개정)

　아. 「농업협동조합법」에 따른 조합과 그 중앙회 및 수협은행 (2016. 5. 29. 개정 ; 수산업협동조합법 부칙)

　자. 「수산업협동조합법」에 따른 조합 및 중앙회 (2011. 7. 14. 개정)

　차. 「신용협동조합법」에 따른 신용협동조합 및 신용협동조합중앙회 (2011. 7. 14. 개정)

　카. 「새마을금고법」에 따른 금고 및 중앙회 (2011. 7. 14. 개정)

　타. 「보험업법」에 따른 보험회사 (2011. 7. 14. 개정)

　파. 「우체국예금 · 보험에 관한 법률」에 따른 체신관서 (2011. 7. 14. 개정)

　하. 그 밖에 대통령령으로 정하는 기관 (2011. 7. 14. 개정)

2. "금융자산"이란 금융회사등이 취급하는 예금 · 적금 · 부금(賦金) · 계금(契金) · 예탁금 · 출자금 · 신탁재산 · 주식 · 채권 · 수익증권 · 출자지분 · 어음 · 수표 · 채무증서 등 금전 및 유가증권과 그 밖에 이와 유사한 것으로서 총리령으로 정하는 것을 말한다. (2011. 7. 14. 개정)

3. "금융거래"란 금융회사등이 금융자산을 수입(受入) · 매매 · 환매 · 중개 · 할인 · 발행 · 상환 · 환급 · 수탁 · 등록 · 교환하거나 그 이자, 할인액 또는 배당을 지급하는 것과 이를 대행하는 것 또는 그 밖에 금융자산을 대상으로 하는 거래로서 총리령으로 정하는 것을 말한다. (2011. 7. 14. 개정)

1. 제25호 및 제27호는 2013년 12월 31일까지 작성하는 과세문서에만 적용 (2013. 1. 1. 개정)
1. 삭　제 (2014. 1. 1.)
2. 제22호는 2014년 12월 31일까지 작성하는 과세문서에만 적용 (2013. 1. 1. 개정)
2. 삭　제 (2014. 12. 23.)
3. 제5호부터 제7호까지, 제9호, 제11호 및 제19호는 2026년 12월 31일까지 작성하는 과세문서에만 적용 (2023. 12. 31. 개정)
4. 제31호는 2024년 12월 31일까지 작성하는 과세문서에만 적용 (2021. 12. 28. 신설)
5. 제29호는 2019년 12월 31일까지 작성하는 과세문서에만 적용 (2018. 12. 24. 개정)
5. 삭　제 (2021. 12. 28.)

제117조【증권거래세의 면제】 <농특비>
① 다음 각 호의 어느 하나에 해당하는 경우에는 증권거래세를 면제한다. (2010. 1. 1. 개정)
1. 벤처투자회사, 창업기획자 또는 벤처투자조합이 창업기업 또는 벤처기업에 직접 출자함으로써 취득한 주권 또는 지분을 양도하는 경우 (2023. 6. 20. 개정 ; 벤처투자~부칙)
2. 신기술사업금융업자 또는 신기술사업투자조합이 신기술사업자에게 직접 출자함으로써 취득한 주권 또는 지분을 양도하는 경우 (2010. 1. 1. 개정)
2의 2. 농식품투자조합이 창업기업 또는 벤처기업에 직접 출자함으로써 취득한 주권 또는 지분을 양도하는 경우 (2021. 12. 28. 개정 ; 중소기업창업 지원법 부칙)
2의 3. 한국벤처투자조합이 창업자 또는 벤처기업에 직접 출자함으로써 취득한 주권 또는 지분을 양도하는 경우 (2016. 12. 20. 개정)
2의 3. 삭　제 (2020. 2. 11. ; 벤처투자~부칙)
2의 4. 벤처투자회사, 신기술사업금융업자, 창업기획자 또는 제1호·제2호·제2호의 2·제2호의 3에 따른 투자조합이 코넥스상장기업(상장 후 2년 이내의 중소기업에 한정한다)에 직접출자함으로써 취득한 주권 또는 지분을 양도하는 경우 (2023. 6. 20. 개정 ; 벤처투자~부칙)

4. "실지명의"란 주민등록표상의 명의, 사업자등록증상의 명의, 그 밖에 대통령령으로 정하는 명의를 말한다. (2011. 7. 14. 개정)

제115조【증권거래세의 면제】 ① 법 제117조 제1항 제2호의 5 본문 및 같은 항 제3호에서 "대통령령으로 정하는 자"란 각각 법률 제11845호 자본시장과 금융투자업에 관한 법률 일부개정법률 부칙 제15조 제1항에 따라 거래소허가를 받은 것으로 보는 한국거래소(이하 이 조에서 "한국거래소"라 한다)와 「자본시장과 금융투자업에 관한 법률」 제393조 제1항에 따른 증권시장업무규정(이하 이 조에서 "증권시장업무규정"이라 한다) 및 같은 조 제2항에 따른 파생상품시장업무규정(이하 이 조에서 "파생상품시장업무규정"이라 한다)에 따라 시장조성계약(이하 이 조에서 "시장조성계약"이라 한다)을 체결한 같은 법 제8조 제2항에 따른 투자매매업자로서 기획재정부령으로 정하는 요건을 충족하는 자(이하 이 조에서 "시장조성자"라 한다)를 말한다. (2016. 2. 5. 개정)
② 법 제117조 제1항 제2호의 5 본문에서 "대통령령으로 정하는 바에 따라 양도하는 경우"란 파생상품시장업무규정에 따른 주식선물과 주식옵션(이하 이 조에서 "주식파생상품"이라 한다) 또는 주가지수선물 및 주가지수옵션(이하 이 조에서 "주가지수파생상품"이라 한다)으로서 시장조성계약의 대상이 되는 주식파생상품의 기초자산이거나 주가지수파생상품의 기초자산인 주가지수를 구성하는 주권(이하 이 조에서 "위험회피거래 대상주권"이라 한다)만을 거래하는 계좌를 통하여 양도하는 경우를 말한다. (2016. 2. 5. 개정)

제50조의 7【시장조성자에 대한 증권거래세 면제요건 등】 (2024. 3. 22. 조번개정)
① 영 제115조 제1항에서 "기획재정부령으로 정하는 요건"이란 다음 각 호의 요건을 말한다. (2016. 3. 14. 개정)
1. 「자본시장과 금융투자업에 관한 법률」 제387조 제2항 제1호에 따른 거래소 결제회원일 것 (2016. 3. 14. 개정)
2. 시장조성 업무를 담당하는 자를 소속 임원·직원 중에서 지정할 것 (2016. 3. 14. 개정)

2의 5. 「자본시장과 금융투자업에 관한 법률」 제8조 제1항에 따른 금융투자업자로서 대통령령으로 정하는 자가 같은 법 제8조의 2 제4항 제2호에 따른 파생상품시장을 조성하기 위하여 거래대금, 시가총액, 회전율 등을 고려하여 대통령령으로 정하는 파생상품에 대한 다음 각 목의 구분에 따른 주권을 대통령령으로 정하는 바에 따라 양도하는 경우. 다만, 파생상품의 가격변동으로 인한 위험을 회피하기 위하여 양도하는 등 대통령령으로 정하는 경우로 한정한다. (2020. 12. 29. 개정)

　가. 주가지수를 기초자산으로 하는 파생상품의 경우 : 해당 파생상품의 기초자산인 주가지수를 구성하는 주권 (2015. 12. 15. 신설)

　나. 가목 외의 파생상품의 경우 : 해당 파생상품의 기초자산인 주권 (2015. 12. 15. 신설)

3. 「자본시장과 금융투자업에 관한 법률」 제8조 제1항에 따른 금융투자업자로서 대통령령으로 정하는 자가 같은 법 제8조의 2 제4항 제1호에 따른 증권시장(이하 이 조에서 "증권시장"이라 한다)을 조성하기 위하여 거래대금, 시가총액, 회전율 등을 고려하여 대통령령으로 정하는 주권을 대통령령으로 정하는 바에 따라 양도하는 경우 (2020. 12. 29. 개정)

4. 창업·벤처전문사모집합투자기구가 창업기업, 벤처기업 또는 코넥스상장기업(상장 후 2년 이내의 중소기업에 한정한다)에 직접 또는 「자본시장과 금융투자업에 관한 법률」 제249조의 23 제3항에 따른 투자목적회사를 통하여 출자함으로써 취득한 주권 또는 지분을 양도하는 경우 (2021. 12. 28. 개정 ; 중소기업창업 지원법 부칙)

5. 「우정사업 운영에 관한 특례법」 제2조 제2호에 따른 우정사업총괄기관과 「국가재정법」 별표 2에 규정된 법률에 따라 설립된 기금을 관리·운용하는 법인(이하 이 호에서 "기금관리주체"라 한다)이 「자본시장과 금융투자업에 관한 법률」 제5조 제2항 제1호에 따른 장내파생상품으로서 대통령령으로 정하는 파생상품(이하 이 호에서 "파생상품"이라 한다)과 해당 파생상품의 기초자산인 주권(해당 파생상품의 기초자산이 주가지수인 경우 해당 지수를 구성하는 주권을 말한다. 이하 이 호에서 같다)의 가격 차이를 이용한 이익을 얻을 목적으로 파생상품의 거래와 연계하여 기초자산인 주권(기금관리주

③ 법 제117조 제1항 제2호의 5 각 목 외의 부분 본문에서 "거래대금, 시가총액, 회전율 등을 고려하여 대통령령으로 정하는 파생상품"이란 다음 각 호에 해당하는 파생상품을 제외한 파생상품을 말한다. (2021. 2. 17. 신설)

1. 제2항에 따른 주식선물 또는 주가지수선물의 경우 : 「자본시장과 금융투자업에 관한 법률」 제8조의 2 제4항 제2호에 따른 파생상품시장(이하 이 조에서 "파생상품시장"이라 한다)에서 제1항에 따른 시장조성계약을 체결하여 시장조성을 하려는 과세연도의 직전 연도 9월 30일부터 이전 1년간의 기간(이하 이 조에서 "유동성평가기간"이라 한다) 중의 거래대금 및 거래대금의 비중이 다음 각 목의 어느 하나에 해당하는 파생상품. 다만, 주식선물상품의 경우 기초자산주식별로 하나의 상품으로 본다. (2021. 2. 17. 신설)

　가. 주식선물 및 주가지수선물 총거래대금 대비 해당 파생상품 거래대금의 비중이 기획재정부령으로 정하는 비율 이상인 파생상품 (2021. 2. 17. 신설)

　나. 거래대금이 기획재정부령으로 정하는 금액 이상인 파생상품 (2021. 2. 17. 신설)

2. 제2항에 따른 주식옵션 및 주가지수옵션의 경우 : 파생상품시장에서 유동성평가기간 중의 거래대금 및 거래대금의 비중이 다음 각 목의 어느 하나에 해당하는 파생상품. 다만, 주식옵션상품의 경우 기초자산 주식별로 하나의 상품으로 본다. (2021. 2. 17. 신설)

　가. 주식옵션 및 주가지수옵션 총거래대금 대비 해당 파생상품 거래대금의 비중이 기획재정부령으로 정하는 비율 이상인 파생상품 (2021. 2. 17. 신설)

　나. 거래대금이 기획재정부령으로 정하는 금액 이상인 파생상품 (2021. 2. 17. 신설)

④ 법 제117조 제1항 제2호의 5 각 목 외의 부분 단서에서 "파생상품의 가격변동으로 인한 위험을 회피하기 위하여 양도하는 등 대통령령으로 정하는 경우"란 시장조성계약에 따라 해당 주식파생상품 및 주가지수파생상품을 거래하는 과정에서 발생하는 주식파생상품 및 주가지수파생상품의 가격변동 위험을 회피하기 위하여 그 위험회피거래 대상 주권을 기획재정부령으로 정하는 바에 따라 양도하는 것을 말한다. 이

② 영 제115조 제3항 제1호 가목 및 같은 항 제2호 가목에서 "기획재정부령으로 정하는 비율"이란 각각 100분의 5를 말한다. (2021. 3. 16. 신설)

③ 영 제115조 제3항 제1호 나목 및 같은 항 제2호 나목에서 "기획재정부령으로 정하는 금액"이란 다음 각 호의 구분에 따른 금액을 말한다. (2021. 3. 16. 신설)

1. 영 제115조 제3항 제1호 나목의 금액 : 300조원 (2021. 3. 16. 신설)

2. 영 제115조 제3항 제2호 나목의 금액 : 9조원 (2021. 3. 16. 신설)

④ 영 제115조 제4항 후단에서 "기획재정부령으로 정하는 비율"이란 다음 각 호의 수치를 말한다. (2021. 3. 16. 개정)

1. 주가지수선물 및 주가지수옵션(이하 이 조에서 "주가지수파생상품"이라 한다)의 경우 다음 각 목의 수치 (2016. 3. 14. 개정)

　가. 주가지수의 변동에 따른 해당 주가지수를 기초자산으로 하는 주가지수파생상품의 가격변동의 비율로서 「자본시장과 금융투자업에 관한 법률」 제393조 제2항에 따른 파생상품시장업무규정에 따라 한국거래소가 주가지수파생상품의 종목별로 매 거래일마다 산출하는 수치(이하 이 조에서 "기초

체의 경우 「자본시장과 금융투자업에 관한 법률」에 따른 코스닥시
장에 상장된 주권에 한정한다)을 대통령령으로 정하는 바에 따라 양
도하는 경우 (2020. 6. 9. 개정 ; 법률용어~법률)

6. 삭 제 (2018. 12. 24.)
7. 부실금융기관 또는 「농업협동조합의 구조개선에 관한 법률」 제2조
제3호에 따른 부실조합 또는 같은 법 제2조 제4호에 따른 부실우려
조합(이하 "부실농협조합"이라 한다)이 보유하고 있던 주권 또는 지
분을 적기시정조치(「농업협동조합의 구조개선에 관한 법률」 제4조
에 따른 적기시정조치를 포함한다. 이하 이 호에서 같다) 또는 계약
이전결정에 따라 양도하는 경우 및 그 양도를 받은 금융기관 또는
「농업협동조합의 구조개선에 관한 법률」 제2조 제1호 및 제2호에
따른 조합 및 중앙회가 다시 이를 양도하는 경우 (2010. 1. 1. 개정)
7의 2. 「수산업협동조합의 부실예방 및 구조개선에 관한 법률」 제2조
제3호에 따른 부실조합 또는 같은 법 제2조 제4호에 따른 부실우려
조합(이하 "부실수협조합"이라 한다)이 보유하고 있던 주권 또는 지
분을 적기시정조치(같은 법 제4조의 2에 따른 적기시정조치를 포함
한다. 이하 이 호에서 같다) 또는 계약이전결정에 따라 양도하는 경
우 및 그 양도를 받은 같은 법 제2조 제1호 및 제2호에 따른 조합
또는 중앙회가 이를 다시 양도하는 경우 (2020. 2. 18. 개정 ; 수산업
협동조합의~부칙)
7의 3. 「산림조합의 구조개선에 관한 법률」 제2조 제3호에 따른 부실
조합 또는 같은 조 제4호에 따른 부실우려조합(이하 "부실산림조
합"이라 한다)이 보유하고 있던 주권 또는 지분을 적기시정조치(같
은 법 제4조에 따른 적기시정조치를 포함한다. 이하 이 호에서 같
다) 또는 계약이전 결정에 따라 양도하는 경우와 같은 법 제2조 제1
호·제2호에 따른 조합 또는 중앙회가 적기시정조치 또는 계약이전
결정에 따라 부실산림조합으로부터 주권 또는 지분을 양도받은 후 다

경우 한국거래소는 주식파생상품 및 주가지수파생상품의 거래량에 대
응하는 위험회피거래 대상주권의 거래량을 산출할 수 있는 기획재정부
령으로 정하는 비율을 시장조성자에게 매 거래일마다 기획재정부령으
로 정하는 바에 따라 통보해야 한다. (2021. 2. 17. 개정)
⑤ 법 제117조 제1항 제3호에서 "거래대금, 시가총액, 회전율 등을 고
려하여 대통령령으로 정하는 주권"이란 다음 각 호에 해당하는 주권을
제외한 주권을 말한다. (2021. 2. 17. 신설)
1. 유동성평가기간 종료일 현재 시가총액이 기획재정부령으로 정하는
   금액 이상인 주권 (2021. 2. 17. 신설)
2. 유동성평가기간 중 기획재정부령으로 정하는 회전율(이하 이 조에
   서 "회전율"이라 한다)이 기획재정부령으로 정하는 비율 이상인 주
   권 (2021. 2. 17. 신설)
⑥ 한국거래소는 제3항에 따른 파생상품별 거래대금과 거래대금비
중 및 제5항에 따른 주권별 시가총액과 회전율을 시장조성계약을
체결하여 시장조성하려는 과세연도 1월 10일까지 기획재정부장관
및 국세청장에게 통보해야 한다. (2021. 2. 17. 신설)
⑦ 시장조성자는 제4항에 따라 위험회피거래 대상주권을 양도하는 경
우 기획재정부령으로 정하는 위험회피거래신고서(이하 이 조에서 "위
험회피거래신고서"라 한다)를 「자본시장과 금융투자업에 관한 법률」
제294조에 따라 설립된 한국예탁결제원(이하 이 조에서 "한국예탁결
제원"이라 한다)에 제출해야 한다. (2021. 2. 17. 개정)
⑧ 법 제117조 제1항 제3호에서 "대통령령으로 정하는 바에 따라 양도
하는 경우"란 증권시장업무규정에 따른 주권으로서 시장조성계약의 대
상이 되는 주권만을 거래하는 계좌를 통하여 기획재정부령으로 정하는
바에 따라 양도하는 것을 말한다. (2021. 2. 17. 항번개정)
⑨ 한국거래소는 시장조성 대상 주권의 거래내역 중 제8항에 따른 증
권거래세 면제대상 거래를 확인하여 시장조성자 및 한국예탁결제원에
매 거래일마다 기획재정부령으로 정하는 바에 따라 통보해야 한다.
(2021. 2. 17. 개정)
⑩ 시장조성자는 제8항에 따라 주권을 양도하는 경우 기획재정부령으
로 정하는 시장조성거래신고서(이하 이 조에서 "시장조성거래신고서"

자산 환산비율"이라 한다) (2016.
3. 14. 개정)
나. 주가지수에서 차지하는 개별주식 가
치의 비중으로서 한국거래소가 주
가지수별로 매 거래일마다 산출하
는 수치(이하 이 조에서 "지수반영
시가총액 비중"이라 한다) (2016. 3.
14. 개정)
2. 주식선물과 주식옵션(이하 이 조에서
"주식파생상품"이라 한다)의 경우 :
주권의 가격변동에 따른 해당 주식파
생상품의 가격변동의 비율로서 「자본
시장과 금융투자업에 관한 법률」 제
393조 제2항에 따른 파생상품시장업
무규정에 따라 한국거래소가 주식파생
상품 종목별로 매 거래일마다 산출하
는 수치(이하 이 조에서 "주식거래량
환산 비율"이라 한다) (2016. 3. 14.
개정)
⑤ 영 제115조 제5항 제1호에서 "기획재
정부령으로 정하는 금액"이란 1조원을 말
한다. (2021. 3. 16. 신설)
⑥ 영 제115조 제5항 제2호에서 "기획재
정부령으로 정하는 회전율(이하 이 조에
서 "회전율"이라 한다)"이란 해당 종목
의 매매거래일 기준으로 다음의 계산식
에 따라 계산한 율로 한다. (2021. 3. 16.
신설)

시 양도하는 경우 (2010. 1. 1. 개정)

8. 예금보험공사 또는 「예금자보호법」 제36조의 3에 따른 정리금융회사(이하 "정리금융회사"라 한다)가 「예금자보호법」 제18조 제1항 제6호 또는 같은 법 제36조의 5 제1항에 따라 부실금융회사의 정리업무 등을 수행하기 위하여 다음 각 목의 어느 하나에 해당하는 금융회사로부터 인수한 부실채권의 출자전환으로 취득하거나 직접 취득한 주권 또는 지분을 양도하는 경우 (2015. 12. 22. 개정 ; 예금자보호법 부칙)

가. 「예금자보호법」 제2조 제5호에 따른 부실금융회사 (2015. 12. 22. 개정 ; 예금자보호법 부칙)

나. 「예금자보호법」 제2조 제6호에 따른 부실우려금융회사 (2015. 12. 22. 개정 ; 예금자보호법 부칙)

다. 「예금자보호법」 제38조에 따라 자금지원을 받는 금융회사 (2015. 12. 22. 개정 ; 예금자보호법 부칙)

9. 「한국자산관리공사 설립 등에 관한 법률」에 따라 설립된 한국자산관리공사(이하 "한국자산관리공사"라 한다)가 부실금융기관 정리업무를 수행하기 위하여 부실금융기관으로부터 인수한 부실채권의 출자전환으로 취득하거나 직접 취득한 주권 또는 지분을 양도하는 경우 (2019. 11. 26. 개정 ; 금융회사부실자산~법률 부칙)

10. 「자본시장과 금융투자업에 관한 법률」에 따른 투자회사(같은 법 제9조 제7항 및 제9항에 따른 모집 또는 매출의 방법으로 주식을 발행하는 등 대통령령으로 정하는 요건을 갖춘 투자회사에 한한다)가 증권시장 또는 전자증권중개거래를 통하여 주권을 양도하는 경우 (2008. 12. 26. 개정)

10. 삭　제 (2010. 1. 1.)

11. · 12. 삭　제 (2006. 12. 30.)

13. 제46조 제1항에 따라 주권을 양도하는 경우 (2009. 5. 21. 신설)

13. 삭　제 (2018. 12. 24.)

14. 「법인세법」 제47조의 2에 따른 신설법인의 설립, 같은 법제44조 제2항 각 호 또는 제3항에 따른 합병, 같은 법 제46조 제2항 각 호 또는 같은 법 제47조 제1항의 요건을 갖춘 분할, 이 법 제38조 제1항 각 호의 요건을 모두 갖춘 주식의 포괄적 교환 · 이전을 위하여 주식을 양도하는 경우 (2017. 12. 19. 개정)

15. 부도가 발생된 중소기업(이하 이 조에서 "부도중소기업"이라 한다)의 주주 또는 출

라 한다)를 한국예탁결제원에 제출해야 한다. (2021. 2. 17. 개정)

⑪ 법 제117조 제1항 제5호에서 "대통령령으로 정하는 파생상품"이란 다음 각 호의 어느 하나에 해당하는 것(이하 이 조에서 "차익거래 대상선물"이라 한다)을 말한다. (2021. 2. 17. 항번개정)

1. 주식선물 (2017. 2. 7. 신설)

2. 코스피200선물 및 미니코스피200선물 (2017. 2. 7. 신설)

3. 코스닥150선물 (2017. 2. 7. 신설)

4. 제1호부터 제3호까지의 선물과 기초자산이 동일한 옵션을 결합한 것으로서 기획재정부령으로 정하는 합성선물 (2017. 2. 7. 신설)

⑫ 「우정사업 운영에 관한 특례법」 제2조 제2호에 따른 우정사업총괄기관(이하 이 조에서 "우정사업총괄기관"이라 한다) 또는 「국가재정법」 별표 2에 규정된 법률에 따라 설립된 기금을 관리 · 운영하는 법인(이하 이 조에서 "기금관리주체"라 한다)은 법 제117조 제1항 제5호를 적용받기 위해서는 「자본시장과 금융투자업에 관한 법률」 제8조 제1항에 따른 금융투자업자(이하 이 조에서 "금융투자업자"라 한다)를 통하여 기획재정부령으로 정하는 차익거래 전용 계좌(이하 이 조에서 "차익거래전용계좌"라 한다)를 개설하여야 한다. (2021. 2. 17. 항번개정)

관계조문 ≫

규칙 61조 1항 71호 ⇒ 증권거래세면제신청서(별지 70호 서식)

⑬ 법 제117조 제1항 제5호에서 "대통령령으로 정하는 바에 따라 양도하는 경우"란 다음 각 호의 요건을 모두 갖추어 양도하는 경우를 말한다. 다만, 제4호의 요건을 충족하지 못한 경우 같은 호의 비율을 충족하는 주권의 매도까지는 해당 요건을 갖춘 것으로 본다. (2021. 2. 17. 항번개정)

1. 우정사업총괄기관 또는 기금관리주체가 차익거래전용계좌를 통하여 주권을 양도할 것 (2019. 2. 12. 개정)

2. 주권을 매수하는 경우 해당 매수계약과 차익거래 대상 선물의 매도계약이 같은 거래일에 이루어질 것 (2017. 2. 7. 신설)

3. 주권을 매도하는 경우 해당 매도계약과 차익거래 대상 선물의 매수

$$\text{회전율} = \frac{\text{거래량(당일 정규시장의 매매거래시간 중 개별경쟁매매의 방법에 의한 거래량으로 한정)}}{\text{상장주식 수}}$$

⑦ 영 제115조 제5항 제2호에서 "기획재정부령으로 정하는 비율"이란 「증권거래세법 시행령」 제5조 제1호에 따른 유가증권시장과 같은 조 제3호 가목에 따른 코스닥시장에서 거래되는 주권 중 각 시장별로 회전율이 가장 높은 종목부터 상위 100분의 50에 해당하는 비율을 말한다. (2021. 3. 16. 신설)

⑧ 한국거래소는 「전자문서 및 전자거래 기본법」에 따른 전자문서를 이용하여 기초자산 환산비율, 지수반영 시가총액 비중 및 주식거래량 환산 비율을 영 제115조 제1항에 따른 시장조성자 중 「자본시장과 금융투자업에 관한 법률」 제393조 제2항에 따른 파생상품시장업무규정에 따라 시장조성 계약을 체결한 시장조성자(이하 이 조에서 "파생상품 시장조성자"라 한다)에게 매 거래일마다 통보해야 한다. (2021. 3. 16. 개정)

⑨ 영 제115조 제4항 전단 중 주식파생상품의 위험회피거래 대상주권의 양도는 제1호에 따른 거래 방식으로 제2호에 따라 산출된 수량(소수점 이하는 버리며, 이하 이 조에서 "일일면제한도수량"이라 한다)의 범위에서 양도하는 것을 말한다. 이 경우 먼저 거래한 것부터 순차적으로 일일면제한도수량에 포함되는 것으로 한다. (2021. 3.

자자 중 지배주주·출자자 및 그와 특수관계에 있는 자가 그 소유의 부도중소기업의 주식 또는 출자지분의 전부를 당해 부도중소기업의 사용인(노동조합을 포함한다)에게 대통령령이 정하는 방법에 의하여 양도하는 경우 (99. 8. 31 신설)

15. 삭   제 (2010. 1. 1.)

16. 금융기관등의 주주 및 「금융지주회사법」 제2조 제1항 제1호에 따른 금융기관 및 금융업의 영위와 밀접한 관련이 있는 회사의 주주 또는 같은 법에 따른 금융지주회사(이하 "금융지주회사"라 한다)가 제38조의 2에 따라 주식을 이전하거나 주식을 교환하는 경우 (2008. 12. 26. 개정)

17. 삭   제 (2006. 12. 30.)

18. 제74조 제3항의 규정을 적용받는 기금이 매입한 주권을 증권시장 또는 전자증권중개거래를 통하여 양도하는 경우 (2008. 12. 26. 개정)

18. 삭   제 (2010. 1. 1.)

19. 「농업협동조합의 구조개선에 관한 법률」에 따라 설립된 상호금융예금자보호기금 및 농업협동조합자산관리회사가 부실농협조합의 정리업무를 수행하기 위하여 부실농협조합으로부터 인수한 부실채권의 출자전환으로 취득하거나 직접 취득한 주권 또는 지분을 양도하는 경우 (2010. 1. 1. 개정)

19의 2. 「수산업협동조합의 부실예방 및 구조개선에 관한 법률」에 따른 상호금융예금자보호기금이 부실수협조합의 정리업무를 수행하기 위하여 부실수협조합으로부터 인수한 부실채권의 출자전환으로 취득하거나 직접 취득한 주권 또는 지분을 양도하는 경우 (2020. 2. 18. 개정 ; 수산업협동조합의~부칙)

19의 3. 「산림조합의 구조개선에 관한 법률」에 따른 상호금융예금자보호기금이 부실산림조합의 정리업무를 수행하기 위하여 부실산림조합으로부터 인수한 부실채권의 출자전환으로 취득하거나 직접 취득한 주권 또는 지분을 양도하는 경우 (2008. 12. 26. 신설)

20. 제104조의 3 제1항에 따른 자본확충목적회사가 같은 항에 따른 금융기관으로부터 주권을 양도받은 후 다시 양도하는 경우 (2009. 5. 21. 신설)

20. 삭   제 (2014. 12. 23.)

21. 「자본시장과 금융투자업에 관한 법률」 제234조 제1항의 상장지수집합투자기구가 추종지수의 구성종목이 변경되어 이를 반영하기 위하여 증권시장 또는 같은 법 제78조에 따른 다자간매매체결거래를

계약(매도계약의 최종거래일 만기결제를 포함한다)이 같은 거래일에 이루어질 것 (2017. 2. 7. 신설)

4. 제1호에 따라 매도하는 주권의 양도금액이 제3호에 따른 차익거래 대상 선물의 매수계약 체결금액(매도계약의 최종거래일 만기결제금액을 포함한다)의 100분의 103 이내일 것 (2017. 2. 7. 신설)

5. 제11항 각 호의 차익거래 대상 선물(기초자산이 개별주식인 선물은 제외한다)을 매수하고 주권을 매도하는 경우 매도하는 주권의 종목별 시가총액비중(해당 종목이 차익거래 대상 선물의 기초자산인 지수에서 차지하는 시가총액비중을 한도로 한다)의 합이 100분의 95 이상일 것 (2021. 2. 17. 개정)

⑭ 제13항 제2호를 적용할 때 주권을 매수했으나 차익거래 대상 선물의 매도계약이 체결되지 않은 경우에는 우정사업총괄기관 또는 기금관리주체는 해당 주권을 그 매수일까지 다른 계좌로 이체해야 한다. 다만, 차익거래 대상 선물의 기초자산인 주가지수 구성종목이 변경되어 이를 반영하기 위하여 주권을 매수하는 경우는 제외한다. (2021. 2. 17. 개정)

⑮ 한국거래소는 우정사업총괄기관 또는 기금관리주체의 거래내역 중 제13항 각 호의 요건(같은 항 제2호의 요건은 제외한다)을 갖춘 거래를 확인하여 차익거래전용계좌가 개설된 금융투자업자 및 한국예탁결제원에 거래일마다 기획재정부령으로 정하는 방법에 따라 통보해야 한다. (2021. 2. 17. 개정)

⑯ 우정사업총괄기관 또는 기금관리주체는 제13항에 따라 주권을 양도하는 경우 기획재정부령으로 정하는 차익거래신고서(이하 이 조에서 "차익거래신고서"라 한다)를 금융투자업자를 통하여 한국예탁결제원에 제출해야 한다. (2021. 2. 17. 개정)

16. 개정)

1. 다음 각 목의 어느 하나에 해당하는 거래 (2016. 3. 14. 개정)

　가. 주식선물의 매수계약, 주식 콜옵션의 매수계약 또는 주식 풋옵션의 매도계약을 체결[각 종목의 매수계약과 매도계약별로 미결제약정수량을 소멸시키는 거래(이하 이 조에서 "반대거래"라 한다)는 제외한다]한 후 지체 없이 주권을 양도하는 경우 (2021. 3. 16. 개정)

　나. 주식선물의 매도계약, 주식 콜옵션의 매도계약 또는 주식 풋옵션의 매수계약을 체결(반대거래는 제외한다)한 후 지체 없이 주권을 매수하고, 해당 계약이 반대거래되거나 최종거래일이 도래한 때 그 매수한 주권을 양도하는 경우 (2021. 3. 16. 개정)

2. 다음 각 목에 따른 수량의 합계 (2016. 3. 14. 개정)

　가. 일일 주식선물의 매수량과 주식 콜옵션의 매수량 및 주식 풋옵션의 매도량별로 각각의 주식거래량 환산 비율과 「자본시장과 금융투자업에 관한 법률」 제393조 제2항에 따른 파생상품시장업무규정에 따른 거래승수(이하 이 조에서 "거래승수"라 한다)를 곱하여 산출되는 수량의 합계량 (2016. 3. 14. 개정)

　나. 주식옵션의 종목별로 전일까지 미

통하여 주권을 양도하는 경우 (2018. 12. 24. 개정)
22. 「농업협동조합법」에 따른 농협금융지주회사가 「한국산업은행법」
　　에 따라 설립된 한국산업은행으로부터 법률 제10522호 농업협동조
　　합법 일부개정법률 부칙 제3조에 따라 현물출자받은 주권 또는 지
　　분을 농협은행 등 농협금융지주회사의 자회사에게 양도하는 경우
　　(2014. 5. 21. 개정 ; 한국산업은행법 부칙)
23. 「자본시장과 금융투자업에 관한 법률」 제249조의 22 제1항에 따
　　른 기업재무안정 사모집합투자기구가 같은 항에 따른 재무구조
　　개선기업 중 대통령령으로 정하는 기업에 직접 또는 같은 조 제3
　　항에 따른 투자목적회사를 통하여 투자·출자하여 취득한 주권
　　또는 지분을 양도하는 경우 (2021. 12. 28. 개정)
24. 제121조의 30 제1항에 따라 주권 또는 지분을 양도하는 경우
　　(2015. 12. 15. 신설)
② 다음 각 호의 경우에는 같은 호에서 규정한 기한까지 양도·인출·
편입·현물출자·주식이전·주식교환하는 것만 제1항을 적용한다.
(2020. 6. 9. 개정 ; 법률용어~법률)
1. 제1항 제1호, 제2호, 제2호의 2, 제2호의 4, 제2호의 5, 제3호 및
　　제4호 : 2025년 12월 31일 (2022. 12. 31. 개정)
2. 제1항 제5호, 제16호, 제23호 및 제24호 : 2026년 12월 31일 (2023.
　　12. 31. 개정)
3. 제1항 제23호 : 2016년 12월 31일 (2014. 12. 23. 신설)
3. 삭　제 (2016. 12. 20.)
4. 삭　제 (2010. 1. 1.)
③ 제1항 제15호에 따른 지배주주·출자자 및 그와 특수 관계에 있는 자의 범위는 대
통령령으로 정한다. (2010. 1. 1. 개정)
③ 삭　제 (2011. 12. 31.)
④ 제1항을 적용받으려는 자는 대통령령으로 정하는 바에 따라 세액면
제신청을 하여야 한다. (2010. 1. 1. 개정)

제118조【관세의 경감】① 다음 각 호의 어느 하나에 해당하는
물품 중 국내제작이 곤란한 것에 대해서는 관세를 경감할 수 있다.
(2010. 1. 1. 개정)

⑰ 법 제117조 제1항 제23호에서 "대통령령으로 정하는 기업"이란 다음
각 호의 어느 하나에 해당하는 기업을 말한다. (2021. 2. 17. 항번개정)
1. 「기업구조조정 촉진법」 제2조 제5호에 따른 부실징후기업 (2015. 2.
　　3. 신설)
2. 「채무자 회생 및 파산에 관한 법률」 제34조 또는 제35조에 따라 법
　　원에 회생절차개시를 신청한 기업 (2015. 2. 3. 신설)
3. 「채무자 회생 및 파산에 관한 법률」 제294조 또는 제295조에 따라
　　법원에 파산을 신청한 기업 (2015. 2. 3. 신설)
4. 「자본시장과 금융투자업에 관한 법률」 제249조의 22 제1항 제5호
　　에 따른 구조조정 또는 재무구조개선 등을 하려는 기업 (2015. 10.
　　23. 개정 ; 자본시장과~시행령 부칙)
⑱ 법 제117조 제1항을 적용받으려는 자는 증권거래세 과세표준신
고서와 함께 기획재정부령으로 정하는 세액면제신청서를 납세지 관
할 세무서장에게 제출하여야 한다. 이 경우 법 제117조 제1항 제2호
의 5를 적용받으려는 자는 시장조성자로부터 제출받은 위험회피거
래신고서를 함께 제출하여야 하고, 같은 항 제3호를 적용받으려는
자는 시장조성자로부터 제출받은 시장조성거래신고서를 함께 제출
하여야 하며, 같은 항 제5호를 적용받으려는 자는 우정사업총괄기
관 또는 기금관리주체로부터 제출받은 차익거래신고서를 함께 제출
하여야 한다. (2021. 2. 17. 항번개정)
⑲ 제13항 제4호에 따른 매수계약 체결금 및 같은 항 제5호에 따른
시가총액비중의 계산 방법 및 그 밖에 필요한 사항은 기획재정부령으
로 정한다. (2021. 2. 17. 개정)

제115조의 2【신·재생에너지 기자재에 대한 관세경감 대상】 법 제118조 제
1항 제3호에서 "대통령령으로 정하는 중견기업"이란 제4조 제1항에 따른 중견기업을

결제약정수량에 당일 주식거래량
환산 비율에서 전일 주식거래량 환
산 비율을 뺀 값과 거래승수를 곱
하여 산출되는 수량의 합계량. 다
만, 당일 주식거래량 환산 비율에
서 전일 주식거래량 환산 비율을
뺀 값이 영(零)보다 작은 경우는
영으로 한다. (2016. 3. 14. 개정)
다. 주식선물·옵션의 종목별로 최종거
래일까지 청산되지 아니한 미결제
약정수량에 영에서 최종거래일 주
식거래량 환산 비율을 뺀 값과 거
래승수를 곱하여 산출되는 수량의
합계량. 다만, 최종거래일 주식거래
량 환산 비율이 영보다 큰 경우는
영으로 한다. (2016. 3. 14. 개정)
⑩ 영 제115조 제4항 전단 중 주가지수파
생상품의 위험회피거래 대상주권의 양도
는 제1호에 따른 거래 방식으로 제2호에
따라 산출된 수량(소수점 이하는 버리며,
이하 이 조에서 "지수상품 일일면제한도
수량"이라 한다)의 범위에서 양도하는 것
을 말한다. 이 경우 먼저 거래한 것부터 순
차적으로 지수상품 일일면제한도수량에
포함되는 것으로 한다. (2021. 3. 16. 개정)
1. 다음 각 목의 어느 하나에 해당하는 거
래 (2016. 3. 14. 개정)
가. 주가지수선물의 매수계약, 주가지수
콜옵션의 매수계약 또는 주가지수
풋옵션의 매도계약을 체결(반대거
래는 제외한다)한 후 지체 없이 해
당 종목의 지수를 구성하는 주권을

1. 고속철도 건설용으로 2013년 12월 31일까지 수입하는 물품 (2011. 12. 31. 개정)
1. 삭 제 (2014. 1. 1.)
2. 삭 제 (2001. 12. 29)
3. 2026년 12월 31일까지 중소기업 또는 중견기업이 수입하는 「신에너지 및 재생에너지 개발·이용·보급 촉진법」 제2조 제1호 및 제2호에 따른 신에너지 및 재생에너지의 생산용기자재, 이용기자재 또는 전력계통 연계조건을 개선하기 위한 기자재(그 기자재 제조용 기계 및 기구를 포함한다) (2023. 12. 31. 개정)
4.·5. 삭 제 (2003. 12. 30.)
6.·7. 삭 제 (2001. 12. 29)
8.·9. 삭 제 (2003. 12. 30.)
10. 「방송법」 제2조 제3호에 따른 방송사업자 또는 「인터넷 멀티미디어 방송사업법」 제2조 제5호에 따른 인터넷 멀티미디어 방송사업자가 수입하는 디지털텔레비전 방송장비(2012년 12월 31일까지 수입신고 되는 것만 해당한다) (2010. 12. 27. 개정)
11. 「여수세계박람회 지원 및 사후활용에 관한 특별법」 제4조에 따른 2012여수세계박람회조직위원회·지방자치단체 또는 같은 법 제30조에 따른 시행자가 같은 법 제2조 제2호에 따른 박람회 직접시설의 제작·건설에 사용하거나 박람회 운영에 사용하기 위하여 수입하는 물품 (2012. 1. 26. 개정 ; 2012여수세계박람회 지원특별법 부칙)
10.·11. 삭 제 (2013. 1. 1.)
12. 「2011대구세계육상선수권대회, 2014인천아시아경기대회 및 2015광주하계유니버시아드대회 지원법」 제3조에 따른 2011대구세계육상선수권대회조직위원회·지방자치단체 또는 같은 대회 관련 시설의 시공자가 같은 법 제2조에 따른 대회관련시설의 제작·건설에 사용하거나 경기운영에 사용하기 위하여 수입하는 물품(같은 대회 참가선수의 과학적 훈련용 기자재를 포함한다) (2010. 3. 12. 개정)
12. 삭 제 (2011. 12. 31.)
13. 「2011대구세계육상선수권대회, 2013충주세계조정선수권대회, 2014인천아시아경기대회, 2014인천장애인아시아경기대회 및 2015광주하계유니버시아드대회 지원법」 제3조에 따른 2014인천아시아경기대회조직위원회·2014인천장애인아시아경기대회조직위원회·지방자치단체 또는 같은 대회관련 시설의 시공자가 같은 법 제2조에 따른 대회관련시설의 제작·건설에 사용하거나 경기운영에 사용하기 위하여 수입하는 물품(같은 대회 참가선수의 과학적 훈련용 기자재를 포함한다) (2011. 12. 31. 개정)
13. 삭 제 (2015. 12. 15.)
14. 「2011대구세계육상선수권대회, 2013충주세계조정선수권대회, 2014인천아시아경기대회, 2014인천장애인아시아경기대회 및 2015광주하계유니버시아드대회 지원법」 제3조에

말한다. (2019. 2. 12. 개정)

　　제115조의 2【신·재생에너지 기자재에 대한 관세경감 대상】 삭 제 (2021. 2. 17.)

양도하는 경우 (2021. 3. 16. 개정)
나. 주가지수선물의 매도계약, 주가지수 콜옵션의 매도계약 또는 주가지수 풋옵션의 매수계약을 체결(반대거래는 제외한다)한 후 지체 없이 해당 종목의 지수를 구성하는 주권을 매수하고, 해당 계약이 반대거래되거나 최종거래일이 도래한 때 그 매수한 주권을 양도하는 경우 (2021. 3. 16. 개정)
2. 다음 각 목에 따른 수량의 합계 (2016. 3. 14. 개정)
가. 일일 주가지수선물의 매수량과 주가지수 콜옵션의 매수량 및 주가지수 풋옵션의 매도량별로 각각의 기초자산 환산 비율과 거래승수를 곱하여 산출되는 수량에 해당 거래일 주가지수의 종가에 지수를 구성하는 주권별로 지수반영 시가총액 비중을 곱한 후 주권별 종가로 나눈 수치(이하 이 조에서 "지수환산계수"라 한다)를 곱하여 산출되는 수량의 합계량 (2016. 3. 14. 개정)
나. 주가지수옵션의 종목별로 전일까지 미결제약정수량에 당일 기초자산 환산 비율에서 전일 기초자산 환산 비율을 뺀 값과 거래승수를 곱하여 산출되는 수량에 지수를 구성하는 주권별로 지수환산계수를 곱하여 산출되는 수량의 합계량. 다만, 당일 기초자산 환산 비율에서 전일 기초자산 환산 비율을 뺀 값이 영

따른 2015광주하계유니버시아드대회조직위원회 · 지방자치단체 또는 같은 대회관련시설의 시공자가 같은 법 제2조에 따른 대회관련시설의 제작 · 건설에 사용하거나 경기 운영에 사용하기 위하여 수입하는 물품(같은 대회 참가선수의 과학적 훈련용 기자재를 포함한다) (2011. 12. 31. 개정)

14. 삭 제 (2021. 12. 28.)

15. 2012세계자연보전총회조직위원회 · 지방자치단체 또는 보전총회 관련 시설의 시공자가 「2012세계자연보전총회 지원특별법」 제2조에 따른 세계자연보전총회 운영에 사용하거나 같은 법 제5조 제5항에 따른 보전총회 관련 시설의 제작 · 건설에 사용하기 위하여 수입하는 물품 (2010. 12. 27. 신설)

15. 삭 제 (2013. 1. 1.)

16. 2013평창동계스페셜올림픽세계대회조직위원회 · 지방자치단체 또는 대회 관련시설의 시공자가 「2013 평창 동계스페셜올림픽 세계대회 지원법」 제2조에 따른 대회 관련 시설의 제작 · 건설에 사용하거나 경기운영에 사용하기 위하여 수입하는 물품(같은 대회 참가선수의 과학적 훈련용 기자재를 포함한다) (2011. 12. 31. 신설)

16. 삭 제 (2014. 1. 1.)

17. 포뮬러원국제자동차경주대회조직위원회 · 지방자치단체 또는 대회 관련 시설의 시공자가 「포뮬러원 국제자동차경주대회 지원법」에 따른 포뮬러원 국제자동차경주대회 운영에 사용하거나 같은 법 제18조 제1항에 따른 대회 관련 시설의 제작 · 건설에 사용하기 위하여 수입하는 물품 (2011. 12. 31. 신설)

18. 「2011대구세계육상선수권대회, 2013충주세계조정선수권대회, 2014인천아시아경기대회, 2014인천장애인아시아경기대회 및 2015광주하계유니버시아드대회 지원법」 제3조에 따른 2013충주세계조정선수권대회조직위원회 · 지방자치단체 또는 같은 대회관련시설의 시공자가 같은 법 제2조에 따른 대회관련시설의 제작 · 건설에 사용하거나 경기운영에 사용하기 위하여 수입하는 물품(같은 대회 참가선수의 과학적 훈련용 기자재를 포함한다) (2013. 1. 1. 신설)

18. 삭 제 (2014. 1. 1.)

19. 「2018 평창 동계올림픽대회 및 동계패럴림픽대회 지원 등에 관한 특별법」 제5조에 따른 2018 평창 동계올림픽대회 및 동계패럴림픽대회 조직위원회 · 지방자치단체 또는 같은 대회관련시설의 시공자가 같은 법 제2조에 따른 대회관련시설의 제작 · 건설에 사용하거나 경기운영에 사용하기 위하여 수입하는 물품(같은 대회 참가선수의 과학적 훈련용 기자재를 포함한다) (2016. 5. 29. 개정 ; 2018 평창 동계올림픽대회~부칙)

20. 2015경북문경세계군인체육대회조직위원회 · 지방자치단체또는 대회 관련시설의 시공자가 「2015경북문경세계군인체육대회 지원법」 제2조에 따른 대회관련시설의

제작 · 건설에 사용하거나 경기운영에 사용하기 위하여 수입하는 물품(같은 대회 참가선수의 과학적 훈련용 기자재를 포함한다) (2014. 1. 1. 신설)

21. 국제수영연맹 주관으로 2019년에 대한민국에서 개최되는 세계수영선수권대회를 위하여 「국제경기대회 지원법」 제9조에 따라 설립된 조직위원회, 지방자치단체 또는 같은 법 제2조 제2호에 따른 대회관련시설의 시공자가 그 대회관련시설의 제작 · 건설에 사용하거나 경기운영에 사용하기 위하여 수입하는 물품(같은 대회 참가선수의 과학적 훈련용 기자재를 포함한다) (2017. 12. 19. 신설)

19.～21. 삭 제 (2021. 12. 28.)

22. 「관세법」 제174조 및 제185조에 따라 보세공장 설치 · 운영에 관한 특허를 받은 중소기업 및 중견기업이 같은 법 제185조 제1항에 따른 물품의 제조 · 가공 등에 사용하기 위하여 2022년 12월 31일까지 수입하는 기계 및 장비 (2019. 12. 31. 신설)

23. 「국제경기대회 지원법」 제9조에 따라 설립된 2024강원동계청소년올림픽대회조직위원회, 지방자치단체 또는 같은 법 제2조 제2호에 따른 대회관련시설의 시공자가 그 대회관련시설의 제작 · 건설에 사용하거나 경기운영에 사용하기 위하여 수입하는 물품(같은 대회 참가선수의 과학적 훈련용 기자재를 포함한다) (2021. 12. 28. 신설)

② 제1항에 따라 관세를 경감하는 물품과 그 경감률은 기획재정부령으로 정한다. (2010. 1. 1. 개정)

③ 제1항에 따라 관세의 경감을 받은 물품을 그 수입신고 수리일부터 3년의 범위에서 관세청장이 정하는 기간에 제1항 각 호의 용도가 아닌 곳에 사용한 때(관세청장이 정하는 기간에 해당 용도에 계속하여 사용하지 아니한 경우를 포함한다) 또는 그 용도가 아닌 곳에 사용할 자에게 양도하였을 때에는 그 용도 외에 사용한 자 또는 그 양도인으로부터 경감된 관세를 즉시 징수하며, 양도인으로부터 그 관세를 징수할 수 없을 때에는 양수인으로부터 경감된 관세를 즉시 징수한다. 다만, 재해나 그 밖의 부득이한 사유로 멸실되었거나 미리 세관장의 승인을 받아 없애버렸을 때에는 그러하지 아니하다. (2010. 1. 1. 개정)

④ 제3항에 따라 관세를 징수하는 경우에는 「관세법」 제103조 제1항 단서를 적용하지 아니한다. (2010. 1. 1. 개정)

보다 작은 경우는 영으로 한다. (2016. 3. 14. 개정)

다. 주가지수파생상품의 종목별로 최종거래일까지 청산되지 아니한 미결제약정수량에 영에서 최종거래일 기초자산 환산 비율을 뺀 값과 거래승수를 곱하여 산출되는 수량에 지수를 구성하는 주권별로 지수환산계수를 곱하여 산출되는 수량의 합계량. 다만, 최종거래일 기초자산 환산 비율이 영보다 큰 경우는 영으로 한다. (2016. 3. 14. 개정)

⑪ 파생상품 시장조성자는 영 제115조 제7항에 따라 위험회피거래신고서를 「자본시장과 금융투자업에 관한 법률」 제294조에 따라 설립된 한국예탁결제원(이하 이 조에서 "한국예탁결제원"이라 한다)에 제출하는 경우 법 제117조 제1항 제2호의 5에 따라 증권거래세를 면제받기 위해 필요한 자료를 다음 각 호의 구분에 따라 작성하여 보관해야 한다. (2021. 3. 16. 개정)

1. 주식파생상품에 대한 시장조성자 : 매 거래일의 종목별 주식거래량 환산 비율, 일일면제한도수량, 위험회피거래 대상 주권의 매도수량 및 양도가액 등 (2016. 3. 14. 개정)

2. 주가지수파생상품에 대한 시장조성자 : 매 거래일의 종목별 주가지수의 종가, 기초자산 환산비율, 주가지수의 구성 종목별 종가, 지수반영 시가총액 비중, 지수상품 일일면제한도수량, 종목별 주가

다)을 곱한 수치를 해당 종목의 매수계약 체결금액으로 한다. (2021. 3. 16. 개정)
1. 차익거래대상선물이 합성선물이 아닌 경우 : 다음 각 목의 금액을 합산한 금액 (2017. 3. 17. 신설)
　가. 선물매수 체결가격에 체결수량을 곱한 이후 「자본시장과 금융투자업에 관한 법률」 제393조 제2항의 파생상품시장 업무규정에 따른 거래승수(이하 이 조에서 "거래승수"라 한다)를 곱한 금액 (2017. 3. 17. 신설)
　나. 선물매도 최종결제가격에 최종결제수량을 곱한 이후 거래승수를 곱한 금액 (2017. 3. 17. 신설)
2. 차익거래대상선물이 합성선물인 경우 : 다음 각 목의 금액을 합산한 금액 (2017. 3. 17. 신설)
　가. 합성선물매수 체결가격(옵션 행사가격에 콜옵션매수가격을 더한 이후 풋옵션매도가격을 뺀 수치)에 체결수량(콜옵션매수수량과 풋옵션매도수량 중 작은 수량을 말한다)을 곱한 이후 거래승수를 곱한 금액 (2017. 3. 17. 신설)
　나. 합성선물매도 권리행사결제기준가격(풋옵션매수 또는 콜옵션매도의 권리행사결제기준가격을 말한다)에 권리행사결제수량(풋옵션매수 또는 콜옵션매도의 권리행사결제수량을 말한다)을 곱한 이후 거래승수를 곱한 금액 (2017. 3. 17. 신설)

☞ p.1788 3단 연결

로 정하는 차익거래 전용 계좌'란 영 제115조 제11항 각 호의 어느 하나에 해당하는 것(이하 이 조에서 "차익거래대상선물"이라 한다)과 차익거래대상선물의 기초자산인 주권(해당 파생상품의 기초자산이 주가지수인 경우 해당 지수를 구성하는 주권을 말한다. 이하 이 조에서 같다)의 가격차이를 이용하여 이익을 얻기 위한 거래(이하 이 조에서 "차익거래"라 한다)만을 위한 계좌로서 「우정사업 운영에 관한 특례법」 제2조 제2호에 따른 우정사업총괄기관(이하 이 조에서 "우정사업총괄기관"이라 한다) 또는 「국가재정법」 별표 2에 규정된 법률에 따라 설립된 기금을 관리·운영하는 법인(이하 이 조에서 "기금관리주체"라 한다)이 다음 각 호의 요건을 모두 갖추어 한국거래소에 신고한 계좌를 말한다. (2021. 3. 16. 개정)
1. 차익거래대상선물의 거래를 위한 파생상품 계좌와 주권의 거래 계좌를 연계하여 함께 신고할 것 (2017. 3. 17. 신설)
2. 차익거래대상기본선물별로 구분하여 신고할 것 (2017. 3. 17. 신설)
③ 영 제115조 제13항 제4호에 따른 매수계약 체결금액은 다음 각 호의 구분에 따른 금액을 일별로 합산한 금액을 말한다. 이 경우 차익거래대상선물의 기초자산이 주가지수인 경우에는 매수계약 체결금액에 주권의 각 종목이 차익거래대상선물의 기초자산인 주가지수에서 차지하는 시가총액비중(주권 양도일에 최초로 차익거래를 하는 시점의 종목별 가격을 기준으로 산출한 것을 말한다. 이하 이 조에서 "지수구성 시가총액비중"이라 한

에서 정하는 기준가격 대비 100분의 4를 초과하여 하락할 것 (2016. 3. 14. 개정)
⑬ 한국거래소는 「전자문서 및 전자거래기본법」에 따른 전자문서를 이용하여 제10항의 양도방법에 따른 증권거래세 면제대상 거래내역을 주식시장조성자 및 한국예탁결제원에 매 거래일마다 통보해야 한다. (2021. 3. 16. 개정)
⑭ 주식시장조성자는 영 제115조 제10항에 따른 시장조성거래신고서를 한국예탁결제원에 제출하는 경우 매 거래일의 시장조성거래건별 매도수량, 매도금액 등 법 제117조 제1항 제3호에 따라 증권거래세를 면제받기 위해 필요한 자료를 작성하여 보관해야 한다. (2021. 3. 16. 개정)

제50조의 8 【차익거래에 대한 증권거래세 면제요건 등】 (2024. 3. 22. 조번개정)
① 영 제115조 제11항 제4호에서 "기획재정부령으로 정하는 합성선물"이란 결제월 및 행사가격이 동일한 콜옵션 및 풋옵션을 같은 거래일에 거래하여 영 제115조 제11항 제1호부터 제3호까지의 규정에 따른 선물(이하 이 조에서 "차익거래대상기본선물"이라 한다)을 거래하는 것과 유사한 결과를 얻는 것으로서 다음 각 호의 어느 하나에 해당하는 것(이하 이 조에서 "합성선물"이라 한다)을 말한다. (2021. 3. 16. 개정)
1. 콜옵션을 매도하고 풋옵션을 매수하는 것 (2017. 3. 17. 신설)
2. 콜옵션을 매수하고 풋옵션을 매도하는 것 (2017. 3. 17. 신설)
② 영 제115조 제12항에서 "기획재정부령으

지수 파생상품 거래내역 및 위험회피거래 대상주권의 매도수량 및 양도가액 등 (2016. 3. 14. 개정)
⑫ 영 제115조 제8항에 따른 양도는 「자본시장과 금융투자업에 관한 법률」 제393조 제1항에 따른 증권시장업무규정에 따라 시장조성 계약을 체결한 시장조성자(이하 이 조에서 "주식시장조성자"라 한다)가 시장조성계약의 대상이 되는 주권의 호가제출시점의 최우선매수호가 가격보다 높은 가격으로 제출한 매도호가(호가제출시점에서 매수호가가 없는 경우에는 모든 가격으로 제출한 매도호가를 포함한다)로 주권을 양도하는 것을 말한다. 다만, 다음 각 호의 요건을 모두 충족하는 경우에는 호가제출시점의 최우선매수호가 가격보다 낮거나 같은 가격으로 제출한 매도호가로 주권을 양도하는 것[주식시장조성자가 영 제115조 제8항에 따른 시장조성계약의 대상이 되는 주권만을 거래하는 계좌에 직접 거래일 장 종료 시점에서 보유(장외 거래를 통해 매수하는 주권의 경우에는 해당 주권의 결재일에 보유한 것으로 본다)하고 있는 종목별 수량의 100분의 70을 한도로 한다]을 말한다. (2021. 3. 16. 개정)
1. 시장조성계약의 대상이 되는 주권을 기초자산으로 하는 주식선물 또는 주식옵션이 한국거래소에 상장되어 있지 아니할 것 (2016. 3. 14. 개정)
2. 시장조성계약의 대상이 되는 주권의 가격이 「자본시장과 금융투자업에 관한 법률」 제393조 제1항에 따른 증권시장업무규정

제118조의 2 【해외진출기업의 국내복귀에 대한 관세감면】 농특비

① 제104조의 24 제1항에 따른 대한민국 국민 등 대통령령으로 정하는 자가 다음 각 호의 요건을 모두 충족하여 국내에서 창업하거나 사업장을 신설 또는 증설하기 위하여 2024년 12월 31일까지 수입신고하는 대통령령으로 정하는 자본재에 대하여 제2항에 따라 관세를 감면할 수 있다. (2021. 12. 28. 개정)

① 제104조의 24 제1항에 따른 대한민국 국민 등 대통령령으로 정하는 자가 다음 각 호의 요건을 모두 충족하여 국내에서 창업하거나 사업장을 신설 또는 증설하기 위하여 2027년 12월 31일까지 수입신고하는 대통령령으로 정하는 자본재에 대하여 제2항에 따라 관세를 감면할 수 있다. (2024. 12. 31. 개정)

1. 제104조의 24 제1항 제1호 및 제2호에 따라 이전 또는 복귀하는 내국인일 것 (2018. 12. 24. 개정)

2. 제104조의 24 제6항 각 호의 어느 하나에 해당할 것 (2023. 12. 31. 개정)

② 제1항의 규정에 따른 자본재에 대한 관세 감면율은 다음 각 호와 같다. (2013. 1. 1. 신설)

1. 제104조의 24 제1항 제1호의 경우 : 수입하는 자본재에 대한 관세의 100분의 100 (2018. 12. 24. 개정)

2. 제104조의 24 제1항 제2호의 경우 : 수입하는 자본재에 대한 관세의 100분의 50 (2018. 12. 24. 개정)

③ 제1항에 따라 관세를 감면받은 자가 다음 각 호의 어느 하나에 해당하는 경우에는 대통령령으로 정하는 바에 따라 감면받은 관세를 납부하여야 한다. (2013. 1. 1. 신설)

1. 제1항에 따라 감면받은 자가 해당 사업을 폐업하거나 법인이 해산한 경우 (2013. 1. 1. 신설)

2. 대통령령으로 정하는 바에 따라 사업장을 국내로 이전하거나 복귀하여 사업을 개시하지 아니한 경우 (2013. 1. 1. 신설)

3. 관세감면을 받고 도입한 자본재를 「관세법」에 따른 수입신고 수리일부터 3년 이내에 처분하거나 양도 또는 대여하는 경우 (2013. 1.

제115조의 3 【국내복귀기업에 대한 관세감면 기준 등】 (2018. 2. 13. 조번개정)

① 법 제118조의 2 제1항 각 호 외의 부분에서 "대통령령으로 정하는 자본재"란 다음 각 호의 요건을 모두 충족하는 물품을 말한다. (2013. 2. 15. 신설)

1. 법 제118조의 2 제1항에 따라 관세를 감면받으려는 자가 창업하거나 신설 또는 증설하는 국내 사업장에서 직접 사용하기 위해 필요한 자본재(「외국인투자 촉진법」 제2조 제1항 제9호에 따른 "자본재"를 말한다. 이하 이 조에서 같다)로서 산업통상자원부장관이 확인한 물품 (2013. 3. 23. 직제개정 ; 기획재정부와~ 직제 부칙)

2. 법 제118조의 2 제1항에 따라 관세를 감면받으려는 자가 산업통상자원부장관으로부터 「해외진출기업의 국내복귀 지원에 관한 법률」 제7조에 따라 지원대상 국내복귀기업으로 선정된 날부터 5년(공장설립 승인의 지연이나 그 밖의 부득이한 사유가 있다고 산업통상자원부장관이 확인한 경우에는 6년) 이내에 「관세법」에 따라 수입신고한 자본재 (2014. 2. 21. 개정)

② 법 제118조의 2 제1항 제1호에서 "대통령령으로 정하는 중견기업"이란 제10조 제1항에 따른 중견기업을 말한다. (2017. 2. 7. 신설)

② 삭 제 (2019. 2. 12.)

③ 법 제118조의 2 제3항에 따라 감면받은 관세를 납부할 때에는 다음 각 호의 구분에 따른다. (2013. 2. 15. 신설)

1. 법 제118조의 2 제3항 제1호의 경우 : 폐업일 등 계속하여 사업을 운영할 수 없게 된 날로부터 소급하여 3년 이내에 법 제118조의 2 제1항에 따라 감면받은 관세 (2013. 2. 15. 신설)

2. 법 제118조의 2 제3항 제2호의 경우 : 법 제118조의 2 제1항에 따라 감면받은 관세 (2013. 2. 15. 신설)

3. 법 제118조의 2 제3항 제3호의 경우 : 해당 자본재에 대하여 감면받은 관세 (2013. 2. 15. 신설)

④ 법 제118조의 2 제3항 제2호에서 "대통령령으로 정하는 바"란 다음 각 호를 말한다. (2013. 2. 15. 신설)

1. 법 제118조의 2 제3항 제1호 외의 사유로 산업통상자원부장관이 지원대상 국내복귀기업 선정을 취소한 경우 (2014. 2. 21. 개정)

---

④ 영 제115조 제13항 제5호에 따른 종목별 시가총액비중은 차익거래를 위하여 일별로 매도한 주권의 종목별 양도금액의 합계액을 일별로 매도한 전체 주권의 양도금액의 합계액으로 나눈 수치로 하되 주권의 종목별로 제3항에 따른 지수구성 시가총액비중을 한도로 한다. (2021. 3. 16. 개정)

⑤ 제2항부터 제4항까지의 규정은 차익거래를 위하여 운용하는 계약자산별로 구분하여 각각의 차익거래대상기본선물을 기준으로 적용한다. (2017. 3. 17. 신설)

⑥ 한국거래소는 「전자문서 및 전자거래기본법」에 따른 전자문서를 이용하여 영 제115조 제15항에 따른 거래내역을 차익거래 전용계좌가 개설된 금융투자업자 및 한국예탁결제원에 거래일마다 통보해야 한다. (2021. 3. 16. 개정)

⑦ 우정사업총괄기관과 기금관리주체는 영 제115조 제16항에 따라 한국예탁결제원에 제출한 차익거래신고서와 관련하여 차익거래건별 매도수량, 매도금액 등 증권거래세를 면제받기 위하여 필요한 자료를 거래일별로 작성하여 보관해야 한다. (2021. 3. 16. 개정)

제50조의 5 【관세가 경감되는 물품】 (2024. 3. 22. 조번개정)

① 법 제118조 제2항에 따라 관세가 경감되는 물품은 별표 13과 같다. 다만, 법 제118조 제1항 제22호에 따라 관세가 경감되는 물품은 해당 물품의 제조 · 가공 등에 관한 업무를 관장하는 중앙행정기관의

1. 신설)

④ 제1항부터 제3항까지의 규정을 적용할 때 감면의 신청절차, 제출서류 및 그 밖에 필요한 사항은 대통령령으로 정한다. (2013. 1. 1. 신설)

제 4 장　지방세 삭　제 (2014. 12. 23.)

　제119조【등록면허세의 면제 등】삭　제 (2014. 12. 23.)
　제120조【취득세의 면제 등】삭　제 (2014. 12. 23.)
　제120조의 2【노후자동차 교체에 대한 취득세ㆍ등록세 감면】삭　제 (2014. 12. 23.)
　제121조【재산세의 감면】삭　제 (2014. 12. 23.)

2. 법 제118조의 2 제1항에 따라 관세를 감면받은 자 중 법 제104조의 24 제1항 제1호에 따라 사업장을 국내로 이전하는 자가 제104조의 21 제1항 제1호 또는 제2호의 요건을 갖추지 못한 경우 (2013. 2. 15. 신설)
3. 법 제118조의 2 제1항 각 호의 요건을 갖추지 못한 경우 (2014. 2. 21. 개정)
⑤ 제3항 각 호에 따른 추징세액의 계산은 「관세법」 제100조 제2항을 준용한다. (2013. 2. 15. 신설)
⑥ 법 제118조의 2 제4항에 따른 감면신청은 「관세법 시행령」 제112조를 준용하고, 그 밖에 필요한 서류 및 기재사항 등은 기획재정부령으로 정한다. (2013. 2. 15. 신설)
⑦ 산업통상자원부장관은 「해외진출기업의 국내복귀 지원에 관한 법률」 제7조에 따라 선정한 지원대상 국내복귀기업에 대하여 같은 법 제8조에 따라 그 선정을 취소한 경우에는 그 사실을 관세청장에게 즉시 알려야 한다. (2017. 2. 7. 항번개정)

제 4 장　지방세 삭　제 (2015. 2. 3.)

　제116조【지방세면제】삭　제 (2015. 2. 3.)

장 또는 해당 중앙행정기관의 장이 지정하는 자가 추천하는 물품으로 한다. (2020. 3. 13. 단서신설)
② 제1항에 따라 관세를 경감하는 물품에 대한 관세경감률은 해당 관세액의 100분의 50(제1항 단서에 따른 물품의 경우 100분의 100)으로 한다. (2020. 3. 13. 개정)

　제50조의 6【국내복귀기업에 대한 관세 감면신청】(2024. 3. 22. 조번개정)
① 영 제115조의 3 제6항에 따라 관세의 감면신청을 하려는 자는 감면신청서에 다음 각 호의 서류를 첨부하여 세관장에게 제출하여야 한다. (2018. 3. 21. 개정)
1. 「해외진출기업의 국내복귀 지원에 관한 법률」 제7조 제4항에 따라 산업통상자원부장관이 발급한 지원대상 국내복귀기업 선정확인서 사본 1부 (2014. 3. 14. 개정)
2. 감면신청 물품이 영 제115조의 3 제1항에 해당하는 자본재임을 산업통상자원부장관이 확인한 도입물품명세확인서 사본 1부 (2018. 3. 21. 개정)
3. 기타 관세청장이 필요하다고 고시하는 서류 (2013. 2. 23. 신설)

제 5 장　외국인투자 등에 대한 조세특례 (99. 5. 24 신설)

제121조의 2【외국인투자에 대한 조세 감면】 (2018. 12. 24. 제목개정)

농특비

① 다음 각 호의 어느 하나에 해당하는 사업을 하기 위한 외국인투자(「외국인투자촉진법」 제2조 제1항 제4호에 따른 외국인투자를 말한다. 이하 이 장에서 같다)로서 대통령령으로 정하는 기준에 해당하는 외국인투자에 대해서는 제2항, 제4항, 제5항 및 제12항에 따라 법인세, 소득세, 취득세 및 재산세(「지방세법」 제111조에 따라 부과된 세액을 말한다. 이하 같다)를 각각 감면한다. (2014. 12. 23. 개정)

1. 국내산업구조의 고도화와 국제경쟁력 강화에 긴요한 신성장동력산업에 속하는 사업으로서 대통령령으로 정하는 기술을 수반하는 사업 (2016. 12. 20. 개정)

2. 「외국인투자촉진법」 제18조 제1항 제2호에 따른 외국인투자지역에 입주하는 같은 법 제2조 제1항 제6호에 따른 외국인투자기업(이하 이 장에서 "외국인투자기업"이라 한다)이 경영하는 사업 및 제2호의 2, 제2호의 8, 제121조의 8 제1항 또는 제121조의 9 제1항 제1호의 사업 중 외국인투자기업이 경영하는 사업으로서 다음 각 목의 위원회의 심의·의결을 거치는 사업 (2016. 12. 20. 개정)

　가. 제2호의 2의 사업인 경우 「경제자유구역의 지정 및 운영에 관한 특별법」 제25조에 따른 경제자유구역위원회 (2010. 1. 1. 개정)

　나. 제2호의 8의 사업인 경우 「새만금사업 추진 및 지원에 관한 특별법」 제33조에 따른 새만금위원회 (2014. 1. 1. 개정)

　다. 제121조의 8 제1항의 사업인 경우 「제주특별자치도 설치 및 국제자유도시 조성을 위한 특별법」 제17조에 따른 제주특별자치도 지원위원회 (2015. 7. 24. 개정 ; 제주특별자치도 설치 및~특별법 부칙)

　라. 제121조의 9 제1항 제1호의 사업인 경우 「제주특별자치도 설치 및 국제자유도시 조성을 위한 특별법」 제144조에 따른 제주국제자유도시종합계획 심의회 (2015. 7. 24. 개정 ; 제주특별자치도 설치 및~특별법 부칙)

제 5 장　외국인투자 등에 대한 조세특례

제116조의 2【조세감면의 기준 등】 ① 법 제121조의 2 제1항 제1호에 따라 법인세·소득세·취득세 및 재산세를 감면하는 외국인투자는 다음 각 호의 요건을 모두 갖추어야 한다. (2017. 2. 7. 개정)

1. 제2항의 기술을 수반하는 사업을 영위하기 위하여 공장시설(한국표준산업분류에 따른 제조업 외의 사업의 경우에는 사업장을 말한다. 이하 이 장에서 같다)을 설치 또는 운영할 것 (2017. 2. 7. 개정)

2. 외국인투자금액이 신성장동력산업의 특성 등을 고려하여 기획재정부령으로 정하는 금액 이상일 것 (2017. 2. 7. 개정)

② 법 제121조의 2 제1항 제1호에서 "대통령령으로 정하는 기술"이란 별표 7에 따른 신성장·원천기술 및 이와 직접 관련된 소재, 생산공정 등에 관한 기술로서 기획재정부령으로 정하는 기술(이하 이 장에서 "신성장동력산업기술"이라 한다)을 말한다. (2020. 2. 11. 개정)

③ 법 제121조의 2 제1항 제2호에 따라 법인세·소득세·취득세 및 재산세를 감면하는 외국인투자는 「외국인투자촉진법」 제18조 제1항 제2호에 따른 외국인투자지역 안에서 새로이 시설을 설치하는 것으로서 다음 각 호의 어느 하나에 해당하는 것으로 한다. (2015. 2. 3. 개정)

1. 외국인투자금액이 미화 3천만불 이상으로서 다음 각 목의 어느 하나에 해당하는 사업을 영위하기 위한 시설을 새로 설치하는 경우 (2013. 2. 15. 개정)

　가. 제조업 (2013. 2. 15. 신설)

　나. 컴퓨터프로그래밍, 시스템통합 및 관리업 (2013. 2. 15. 신설)

제51조【외국인투자에 대한 조세감면의 기준 등】 ① 영 제116조의 2 제1항 제2호에서 "기획재정부령으로 정하는 금액"이란 미합중국 화폐 2백만달러를 말한다. (2017. 3. 17. 신설)

② 영 제116조의 2 제2항에서 "기획재정부령으로 정하는 기술"이란 별표 14에 따른 기술을 말한다. (2017. 3. 17. 신설)

2의 2. 「경제자유구역의 지정 및 운영에 관한 특별법」 제2조 제1호에 따른 경제자유구역에 입주하는 외국인투자기업이 경영하는 사업 (2010. 1. 1. 개정)
2의 3. 「경제자유구역의 지정 및 운영에 관한 특별법」 제8조의 3 제1항 및 제2항에 따른 개발사업시행자에 해당하는 외국인투자기업이 경영하는 사업 (2011. 4. 4. 개정 ; 경제자유구역의 지정 및 운영에 관한 특별법 부칙)
2의 4. 「제주특별자치도 설치 및 국제자유도시 조성을 위한 특별법」 제162조에 따라 지정되는 제주투자진흥지구의 개발사업시행자에 해당하는 외국인투자기업이 경영하는 사업 (2015. 7. 24. 개정 ; 제주특별자치도 설치 및~특별법 부칙)
2의 5. 「외국인투자촉진법」 제18조 제1항 제1호에 따른 외국인투자지역에 입주하는 외국인투자기업이 경영하는 사업 (2010. 1. 1. 개정)
2의 6. 「기업도시개발 특별법」 제2조 제2호에 따른 기업도시개발구역(이하 "기업도시개발구역"이라 한다)에 입주하는 외국인투자기업이 경영하는 사업 (2010. 1. 1. 개정)
2의 7. 「기업도시개발 특별법」 제10조 제1항에 따라 기업도시 개발사업의 시행자(이하 "기업도시개발사업시행자"라 한다)로 지정된 외국인투자기업이 경영하는 사업으로서 같은 법 제2조 제3호에 따른 기업도시개발사업 (2010. 1. 1. 개정)
2의 8. 「새만금사업 추진 및 지원에 관한 특별법」 제2조에 따라 지정되는 새만금사업지역(이하 이 장에서 "새만금사업지역"이라 한다)에 입주하는 외국인투자기업이 경영하는 사업 (2014. 1. 1. 신설)
2의 9. 「새만금사업 추진 및 지원에 관한 특별법」 제8조 제1항에 따른 사업시행자에 해당하는 외국인투자기업이 경영하는 사업 (2014. 1. 1. 신설)
3. 그 밖에 외국인투자유치를 위하여 조세감면이 불가피한 사업으로서 대통령령으로 정하는 사업 (2010. 1. 1. 개정)

통칙 121의 2-0…2 【외국인투자기업의 감면대상소득 계산방법】
법 제121조의 2 제1항의 규정에 따른 감면대상 사업과 기타의 사업을 겸영하는 외국인투자기업이 비감면 대상 공정과 감면대상 공정을 순차적으로 거쳐 제품을

다. 자료처리·호스팅(서버 대여, 운영 등의 서비스를 말한다) 및 관련 서비스업 (2021. 1. 5. 개정 ; 어려운 법령용어~대통령령)
2. 외국인투자금액이 미화 2천만불 이상으로서 다음 각 목의 어느 하나에 해당하는 사업을 영위하기 위한 시설을 새로이 설치하는 경우 (2008. 2. 22. 개정)
가. 「관광진흥법 시행령」 제2조 제1항 제2호 가목부터 다목까지의 규정에 따른 관광호텔업, 수상관광호텔업 및 한국전통호텔업 (2008. 2. 22. 개정)
나. 「관광진흥법 시행령」 제2조 제1항 제3호 가목 및 나목에 따른 전문휴양업, 종합휴양업 및 같은 항 제5호 가목에 따른 종합유원시설업 (2008. 2. 22. 개정)
다. 「국제회의산업육성에 관한 법률」 제2조 제3호의 규정에 의한 국제회의시설 (2005. 2. 19. 개정)
라. 「관광진흥법」 제3조 제1항 제2호 나목에 따른 휴양콘도미니엄업 (2010. 2. 18. 신설)
마. 「청소년활동진흥법」 제10조 제1호에 따른 청소년수련시설 (2010. 2. 18. 신설)
3. 외국인투자금액이 미화 1천만불 이상으로서 다음 각목의 1에 해당하는 사업을 영위하기 위한 시설을 새로이 설치하는 경우 (2003. 12. 30. 개정)
가. 「물류시설의 개발 및 운영에 관한 법률」 제2조 제4호에 따른 복합물류터미널사업 (2009. 2. 4. 개정)
나. 「유통산업발전법」 제2조 제15호의 규정에 의한 공동집배송센터를 조성하여 운영하는 사업 (2005. 2. 19. 개정)
다. 「항만법」 제2조 제5호의 규정에 의한 항만시설을 운영하는 사업과 동조 제7호의 규정에 의한 항만배후단지에서 영위하는 물류산업 (2009. 12. 14. 개정 ; 항만법 시행령 부칙)
라. 「공항시설법」 제2조 제7호에 따른 공항시설을 운영하는 사업 및 같은 조 제4호에 따른 공항구역내에서 영위하는 물류산업 (2017. 3. 29. 개정 ; 공항시설법 시행령 부칙)
마. 「사회기반시설에 대한 민간투자법」 제2조 제5호의 규정에 의한

생산하는 경우, 법 제143조의 규정에 따라 감면대상 사업과 기타사업을 구분하여 경리하여야 하며, 감면대상 소득은 각 공정별로 귀속되는 소득을 합리적으로 구분 계산하여 산출한다. (2009. 2. 2. 신설)

② 2018년 12월 31일까지 제6항에 따른 조세감면신청을 한 외국인투자기업에 대해서는 제1항에 따라 감면대상이 되는 사업을 함으로써 발생한 소득(제1항 제1호에 따른 감면대상 사업의 경우 대통령령으로 정하는 소득)에 대하여 다음 각 호의 구분에 따른 세액을 감면한다. 이 경우 감면대상이 되는 세액을 산정할 때 외국인투자기업이 감면기간 중에 내국법인(감면기간 중인 외국인투자기업은 제외한다)과 합병하여 해당 합병법인의 외국인투자비율(외국인투자기업이 발행한 주식의 종류 등을 고려하여 대통령령으로 정하는 바에 따라 계산한 외국인투자비율을 말한다. 이하 이 장에서 같다)이 감소한 경우에는 합병 전 외국인투자기업의 외국인투자비율을 적용한다. (2018. 12. 24. 개정)
1. 제1항 제1호 및 제2호에 따라 감면대상이 되는 사업을 함으로써 발생한 소득 : 다음 각 목의 구분에 따른 세액 (2016. 12. 20. 개정)
　가. 해당 사업을 개시한 후 그 사업에서 최초로 소득이 발생한 과세연도(사업개시일부터 5년이 되는 날이 속하는 과세연도까지 그 사업에서 소득이 발생하지 아니한 경우에는 5년이 되는 날이 속하는 과세연도를 말한다)의 개시일부터 5년 이내에 끝나는 과세연도까지 : 해당 사업소득에 대한 법인세 또는 소득세 상당금액(총산출세액에 제1항 각 호의 사업을 함으로써 발생한 소득이 총과세표준에서 차지하는 비율을 곱한 금액을 말한다)에 외국인투자비율을 곱한 세액(이하 이 항, 제12항 제1호ㆍ제2호 및 제121조의 4 제4항에서 "감면대상세액"이라 한다)의 전액 (2016. 12. 20. 개정)
　나. 가목의 기간 이후 2년 이내에 끝나는 과세연도까지 : 감면대상세액의 100분의 50에 상당하는 세액 (2016. 12. 20. 개정)
2. 제1항 제2호의 2부터 제2호의 9까지 및 제3호에 따라 감면대상이 되는 사업을 함으로써 발생한 소득 : 다음 각 목의 구분에 따른 세액 (2016. 12. 20. 개정)
　가. 해당 사업을 개시한 후 그 사업에서 최초로 소득이 발생한 과세

민간투자사업 중 동법 제2조 제3호의 규정에 의한 귀속시설을 조성하는 사업 (2005. 3. 8. 개정 ; 사회간접자본시설에 대한 민간투자법 시행령 부칙)
4. 법 제121조의 2 제1항 제1호에 따른 사업(이하 이 호에서 "사업"이라 한다)을 위한 연구개발활동을 수행하기 위하여 연구시설을 새로이 설치하거나 증설하는 경우로서 다음 각목의 요건을 갖춘 경우 (2017. 2. 7. 개정)
　가. 외국인투자금액이 미합중국 화폐 2백만불 이상일 것 (2008. 2. 22. 개정)
　나. 사업과 관련된 분야의 석사 이상의 학위를 가진 자로서 3년 이상 연구경력을 가진 연구전담인력의 상시 고용규모가 10인 이상일 것 (2003. 12. 30. 개정)
5. 「외국인투자촉진법」 제18조 제1항 제2호의 규정에 의한 동일한 외국인투자지역에 입주하는 2 이상의 외국인투자기업이 영위하는 사업으로서 다음 각목의 요건을 갖춘 경우 (2005. 2. 19. 개정)
　가. 외국인투자금액의 합계액이 미화 3천만불 이상일 것 (2003. 12. 30. 신설)
　나. 제1호 내지 제4호에서 규정하는 사업을 영위하기 위한 시설을 새로이 설치하는 경우일 것 (2003. 12. 30. 신설)
④ 법률 제5982호 정부조직법 중 개정법률 부칙 제5조 제3항의 규정에 의하여 외국인투자지역으로 보는 종전의 수출자유지역은 「외국인투자촉진법」 제18조 제1항 제2호의 규정에 의한 외국인투자지역으로 하며, 이 지역에서 공장시설을 설치하는 경우에는 제3항의 규정에 불구하고 법 제121조의 2 내지 법 제121조의 7의 규정을 적용한다. (2005. 2. 19. 개정)
⑤ 법 제121조의 2 제1항 제2호의 2 또는 같은 항 제2호의 8에 따라 법인세ㆍ소득세ㆍ취득세 및 재산세를 감면하는 외국인투자는 「경제자유구역의 지정 및 운영에 관한 특별법」 제2조 제1호에 따른 경제자유구역 또는 「새만금사업 추진 및 지원에 관한 특별법」 제2조에 따라 지정되는 새만금사업지역(이하 이 장에서 "새만금사업지역"이라 한다) 안에서 새로 시설을 설치하는 것으로서 다음 각 호의 어느 하나에 해당하는 것으로 한다. (2015. 2. 3. 개정)

연도(사업개시일부터 5년이 되는 날이 속하는 과세연도까지 그 사업에서 소득이 발생하지 아니한 경우에는 5년이 되는 날이 속하는 과세연도를 말한다)의 개시일부터 3년 이내에 끝나는 과세연도까지 : 감면대상세액의 전액 (2016. 12. 20. 개정)

나. 가목의 기간 이후 2년 이내에 끝나는 과세연도까지 : 감면대상세액의 100분의 50에 상당하는 세액 (2016. 12. 20. 개정)

③ 삭　제 (2014. 1. 1.)

통칙 121의 2 - 0…1 【외국투자가의 배당소득에 대한 감면규정 적용방법】
내국법인이 사업연도 중에 외국인투자신고에 의해 법 제121조의 2의 외국인투자기업 법인세 감면 적용대상법인이 된 경우 법 제121조의 2 제3항의 규정에 의한 외국투자가의 배당금에 대한 법인세 감면은 「외국인투자촉진법」 제21조 규정에 의한 외국인투자기업의 등록을 한 날 이후 감면대상사업에서 발생한 잉여금으로부터의 배당금에 한하여 적용한다. (2008. 6. 20. 개정)

④ 2019년 12월 31일까지 제6항에 따른 조세감면신청을 한 외국인투자기업에 대해서는 해당 외국인투자기업이 신고한 사업을 하기 위하여 취득·보유하는 재산에 대한 취득세 및 재산세에 대해서는 다음 각 호와 같이 그 세액을 감면하거나 일정금액을 과세표준에서 공제한다. 다만, 지방자치단체가 「지방세특례제한법」 제4조에 따른 조례로 정하는 바에 따라 감면기간 또는 공제기간을 15년까지 연장하거나 연장한 기간에 감면비율 또는 공제비율을 높인 경우에는 제1호 및 제2호에도 불구하고 그 기간 및 비율에 따른다. (2019. 12. 31. 개정)

1. 취득세 및 재산세는 사업개시일부터 5년 동안은 해당 재산에 대한 산출세액에 외국인투자비율을 곱한 금액(이하 이 항, 제5항, 제12항 제3호 및 제4호에서 "감면대상세액"이라 한다)의 전액을, 그 다음 2년 동안은 감면대상세액의 100분의 50에 상당하는 세액을 감면. 다만, 제1항 제2호의 2부터 제2호의 9까지 및 제3호에 따른 감면대상이 되는 사업을 하기 위하여 취득·보유하는 재산에 대한 취득세 및 재산세는 사업개시일부터 3년 동안은 감면대상세액의 전액을, 그 다음 2년 동안은 감면대상세액의 100분의 50에 상당하는 세액을 각각 감면한다. (2014. 12. 23. 단서개정)

2. 토지에 대한 재산세는 사업개시일부터 5년 동안은 해당 재산의 과세

1. 외국인투자금액이 미화 1천만불 이상으로서 제조업을 영위하기 위하여 새로 공장시설을 설치하는 경우 (2014. 9. 11. 개정)

2. 외국인투자금액이 미화 1천만불 이상으로서 제3항 제2호 각 목의 어느 하나에 해당하는 사업을 영위하기 위한 시설을 새로 설치하는 경우 (2014. 9. 11. 개정)

3. 외국인투자금액이 미화 5백만불 이상으로서 제3항 제3호 가목부터 라목까지의 어느 하나에 해당하는 사업을 영위하기 위한 시설을 새로 설치하는 경우 (2014. 9. 11. 개정)

4. 외국인투자금액이 미화 5백만불 이상으로서 「경제자유구역의 지정 및 운영에 관한 특별법」 제23조 제1항 또는 「새만금사업 추진 및 지원에 관한 특별법」 제62조 제1항에 따라 새로 의료기관을 개설하는 경우 (2014. 9. 11. 개정)

5. 법 제121조의 2 제1항 제1호에 따른 사업(이하 이 호에서 "사업"이라 한다)을 위한 연구개발 활동을 수행하기 위하여 연구시설을 새로 설치하거나 증설하는 경우로서 다음 각 목의 요건을 모두 갖춘 경우 (2017. 2. 7. 개정)

가. 외국인투자금액이 미합중국 화폐 1백만불 이상일 것 (2008. 2. 22. 신설)

나. 사업과 관련된 분야의 석사 이상의 학위가 있는 자로서 3년 이상 연구경력이 있는 자를 상시 10인 이상 고용할 것 (2008. 2. 22. 신설)

6. 외국인투자금액이 미화 1천만불 이상으로서 다음 각 목의 어느 하나에 해당하는 사업을 영위하기 위하여 시설을 새로 설치하는 경우 (2012. 2. 2. 신설)

가. 엔지니어링사업 (2012. 2. 2. 신설)

나. 전기통신업 (2012. 2. 2. 신설)

다. 컴퓨터프로그래밍·시스템 통합 및 관리업 (2012. 2. 2. 신설)

라. 정보서비스업 (2012. 2. 2. 신설)

마. 기타 과학기술 서비스업 (2024. 2. 29. 개정)

바. 영화·비디오물 및 방송프로그램 제작업, 영화·비디오물 및 방송프로그램 제작 관련 서비스업, 녹음시설 운영업, 음악 및 기타 오디오물 출판업 (2012. 2. 2. 신설)

표준에 외국인투자비율을 곱한 금액(이하 이 항, 제5항, 제12항 제3호 및 제4호에서 "공제대상금액"이라 한다)의 전액을, 그 다음 2년 동안은 공제대상금액의 100분의 50에 상당하는 금액을 과세표준에서 공제. 다만, 제1항 제2호의 2부터 제2호의 9까지 및 제3호에 따른 감면대상이 되는 사업을 하기 위하여 취득·보유하는 토지에 대한 재산세는 사업개시일부터 3년 동안은 공제대상금액의 전액을, 그 다음 2년 동안은 공제대상금액의 100분의 50에 상당하는 금액을 과세표준에서 각각 공제한다. (2014. 12. 23. 단서개정)

⑤ 2019년 12월 31일까지 제6항에 따른 조세감면신청을 한 외국인투자기업에 대해서는 해당 외국인투자기업이 사업개시일 전에 제1항 각 호의 사업에 사용할 목적으로 취득·보유하는 재산이 있는 경우에는 제4항에도 불구하고 그 재산에 대한 취득세 및 재산세에 대하여 다음 각 호와 같이 그 세액을 감면하거나 일정금액을 그 과세표준에서 공제한다. 다만, 지방자치단체가 「지방세특례제한법」 제4조에 따른 조례로 정하는 바에 따라 감면기간 또는 공제기간을 15년까지 연장하거나 연장한 기간의 범위에서 감면비율 또는 공제비율을 높인 경우에는 제2호 및 제3호에도 불구하고 그 기간 및 비율에 따른다. (2019. 12. 31. 개정)

1. 제8항에 따라 조세감면결정을 받은 날 이후에 취득하는 재산에 대한 취득세는 감면대상세액의 전액을 감면 (2010. 12. 27. 개정)

2. 재산세는 해당 재산을 취득한 날부터 5년 동안은 감면대상세액의 전액을, 그 다음 2년 동안은 감면대상세액의 100분의 50에 상당하는 세액을 감면. 다만, 제1항 제2호의 2부터 제2호의 9까지 및 제3호에 따른 감면대상이 되는 사업을 하기 위하여 취득·보유하는 재산에 대한 재산세는 그 재산을 취득한 날부터 3년 동안은 감면대상세액의 전액을, 그 다음 2년 동안은 감면대상세액의 100분의 50에 상당하는 세액을 각각 감면한다. (2014. 12. 23. 단서개정)

3. 토지에 대한 재산세는 해당 재산을 취득한 날부터 5년 동안은 공제대상금액의 전액을, 그 다음 2년 동안은 공제대상금액의 100분의 50에 상당하는 금액을 과세표준에서 공제. 다만, 제1항 제2호의 2부터 제2호의 9까지 및 제3호에 따른 감면대상이 되는 사업을 하기 위하여 취득·보유하는 토지에 대한 재산세는 해당 재산을 취득한 날부터 3년 동안은 공제대상금액의 전액을, 그 다음 2년 동안은 공

사. 게임 소프트웨어 개발 및 공급업 (2012. 2. 2. 신설)

아. 공연시설 운영업, 공연단체, 기타 창작 및 예술 관련 서비스업 (2012. 2. 2. 신설)

⑥ 법 제121조의 2 제1항 제2호의 3 또는 같은 항 제2호의 9에 따라 법인세·소득세·취득세 및 재산세를 감면하는 외국인투자는 「경제자유구역의 지정 및 운영에 관한 특별법」 제6조에 따른 경제자유구역개발계획에 따라 경제자유구역을 개발하거나 「새만금사업 추진 및 지원에 관한 특별법」 제6조에 따른 기본계획에 따라 새만금사업지역을 개발하기 위하여 기획·금융·설계·건축·마케팅·임대·분양 등을 일괄적으로 수행하는 개발사업으로서 다음 각 호의 어느 하나에 해당하는 것으로 한다. (2015. 2. 3. 개정)

1. 외국인투자금액이 미화 3천만불 이상인 경우 (2003. 12. 30. 신설)

2. 외국인투자비율이 100분의 50 이상으로서 해당 경제자유구역 또는 새만금사업지역의 총개발사업비가 미화 5억불 이상인 경우 (2014. 9. 11. 개정)

⑦ 법 제121조의 2 제1항 제2호의 4의 규정에 의하여 법인세·소득세·취득세 및 재산세를 감면하는 외국인투자는 「제주특별자치도 설치 및 국제자유도시 조성을 위한 특별법」 제162조에 따른 제주투자진흥지구를 개발하기 위하여 기획·금융·설계·건축·마케팅·임대·분양 등을 일괄적으로 수행하는 개발사업으로서 다음 각호의 1에 해당하는 것으로 한다. (2016. 1. 22. 개정 ; 제주특별자치도~시행령 부칙)

1. 외국인투자금액이 미화 1천만불 이상인 경우 (2003. 12. 30. 신설)

2. 외국인투자비율이 100분의 50 이상으로서 당해 제주투자진흥지구의 총개발사업비가 미화 1억불 이상인 경우 (2003. 12. 30. 신설)

⑧ 제6항의 경제자유구역개발사업시행자, 새만금사업지역개발사업시행자, 제7항의 제주투자진흥지구개발사업시행자 또는 제18항의 기업도시개발사업시행자가 각각 법 제121조의 2 제2항에 따른 감면대상이 되는 사업을 영위함으로써 발생한 소득은 제1호의 금액에 제3호의 금액 중 제2호의 금액이 차지하는 비율을 곱하여 산출한 금액으로 한다. (2014. 2. 21. 개정)

1. 해당 과세연도에 경제자유구역·새만금사업지역·제주투자진흥지구 또는 기업도시개발구역의 개발사업을 영위함으로써 발생한 총소

제대상금액의 100분의 50에 상당하는 금액을 과세표준에서 각각 공제한다. (2014. 12. 23. 단서개정)

⑥ ☞ p.1798

득 (2014. 2. 21. 개정)

2. 해당 과세연도에 외국인(외국인투자기업을 포함한다)에게 경제자유구역·새만금사업지역·제주투자진흥지구 또는 기업도시개발구역 내의 시설물(개발사업으로 새로 설치한 시설물을 말하며, 해당 시설물과 함께 거래되는 기획재정부령으로 정하는 부수토지를 포함한다. 이하 이 항에서 같다)을 양도함으로써 받은 수입금액과 임대함으로써 받은 임대료수입액의 합계액 (2014. 2. 21. 개정)

3. 해당 과세연도에 경제자유구역·새만금사업지역·제주투자진흥지구 또는 기업도시개발구역내의 시설물을 양도함으로써 받은 수입금액과 임대함으로써 받은 임대료수입액의 합계액 (2014. 2. 21. 개정)

⑨ 법 제121조의 2 제1항 제3호에서 "대통령령으로 정하는 사업"이란 다음 각호의 1에 해당하는 사업을 말한다. (2010. 2. 18. 개정)

1. 「자유무역지역의 지정 및 운영에 관한 법률」 제10조 제1항 제2호에 따른 입주기업체의 사업(제조업으로 한정한다) (2012. 2. 2. 개정)

2. 「자유무역지역의 지정 및 운영에 관한 법률」 제10조 제1항 제5호에 따른 입주기업체의 사업 (2012. 2. 2. 개정)

⑩ 법 제121조의 2 제1항 제3호의 규정에 의하여 법인세·소득세·취득세 및 재산세를 감면하는 외국인투자는 다음 각호의 기준에 해당하는 공장시설을 새로이 설치하는 경우로 한다. (2010. 12. 30. 개정)

1. 제9항 제1호의 규정에 의한 사업 : 외국인투자금액이 미화 1 천만불 이상일 것 (2004. 6. 22. 개정 ; 자유무역지역의~법률 시행령 부칙)

2. 제9항 제2호의 규정에 의한 사업 : 외국인투자금액이 미화 5백만불 이상일 것 (2004. 6. 22. 개정 ; 자유무역지역의~법률 시행령 부칙)

⑪ 법 제121조의 2 제11항을 적용할 때 조세감면대상으로 보지 아니하는 주식등 소유비율 상당액 또는 대여금 상당액은 다음 각 호에 따라 계산한 금액을 말한다. (2013. 2. 15. 개정)

1. 법 제121조의 2 제11항 제1호에 해당하는 경우 외국법인 등의 외국인투자금액에 해당 외국법인등의 주식등을 대한민국국민등이 직접 또는 간접으로 소유하는 비율(그 비율이 100분의 5 미만인 경우에는 100분의 5로 한다)을 곱하여 계산한 금액. 이 경우 주식등의 직

☞ p.1796 3단 연결

제51조의 2 【부수토지의 범위 등】
(2017. 3. 17. 조번개정)

영 제116조의 2 제8항 제2호에서 "해당 시설물과 함께 거래되는 기획재정부령으로 정하는 부수토지"란 해당 시설물의 부수토지로서 시설물이 정착된 면적에 다음 각호의 지역별 배율을 곱하여 산정한 면적 이내의 토지를 말한다. (2019. 3. 20. 개정)

1. 도시지역 내의 토지 : 5배 (2004. 3. 6. 개정)

2. 도시지역 외의 토지 : 10배 (2004. 3. 6. 개정)

세·취득세 및 재산세를 감면하는 외국인투자는 「외국인투자촉진법」 제18조 제1항 제1호의 규정에 의한 외국인투자지역 안에서 새로이 시설을 설치하는 것으로서 다음 각호의 어느 하나에 해당하는 것으로 한다. (2010. 12. 30. 개정)

1. 외국인투자금액이 미화 1천만불 이상으로서 제조업을 영위하기 위하여 새로이 공장시설을 설치하는 경우 (2005. 2. 19. 신설)
2. 외국인투자금액이 미화 5백만불 이상으로서 제3항 제3호 가목 내지 다목의 어느 하나에 해당하는 사업을 영위하기 위한 시설을 새로이 설치하는 경우 (2005. 2. 19. 신설)

⑰ 법 제121조의 2 제1항 제2호의 6에 따라 법인세·소득세·취득세 및 재산세를 감면하는 외국인투자는 투자금액이 미화 1천만불 이상(제2호의 경우에는 미화 2백만불 이상이며, 제3호의 경우에는 미화 5백만불 이상을 말한다)으로서 「기업도시개발특별법」 제2조 제2호에 따른 기업도시개발구역(이 조에서 "기업도시개발구역"이라 한다) 안에서 다음 각 호의 어느 하나에 해당하는 사업을 영위하기 위하여 시설을 새로이 설치하는 경우를 말하며, 법 제121조의 2 제2항에 따른 감면대상이 되는 사업을 영위함으로써 발생한 소득은 기업도시개발구역 안에 설치된 시설로부터 직접 발생한 소득에 한한다. (2012. 2. 2. 개정)

1. 제조업 (2009. 2. 4. 개정)
2. 연구개발업 (2012. 2. 2. 개정)
3. 제3항 제3호 가목부터 다목까지에 해당하는 사업 (2012. 2. 2. 개정)
4. 제5항 제6호 각 목의 어느 하나에 해당하는 사업 (2012. 2. 2. 개정)
5. 제116조의 15 제1항 제1호 가목부터 마목까지 및 같은 항 제2호 나목부터 마목까지에 해당하는 사업 (2018. 2. 13. 개정)
6. 정보서비스업 (2009. 2. 4. 개정)
7. 그 밖의 과학기술서비스업 (2009. 2. 4. 개정)
8. 한국표준산업분류표상 다음 각 목의 어느 하나에 해당하는 사업 (2009. 2. 4. 개정)
　가. 영화·비디오물 및 방송프로그램 제작업 (2009. 2. 4. 개정)
　나. 영화·비디오물 및 방송프로그램 제작관련 서비스업 (2009. 2. 4. 개정)
　다. 공연시설 운영업 (2009. 2. 4. 개정)
　라. 녹음시설 운영업 (2009. 2. 4. 개정)
　마. 공연단체 (2009. 2. 4. 개정)

☞ p.1797 3단 연결

로 한다. (2000. 12. 29 신설)

3. 제1호 및 제2호를 적용함에 있어서 주주법인이 둘 이상인 경우에는 제1호 및 제2호의 규정에 의하여 각 주주법인별로 계산한 비율을 합계한 비율을 대한민국국민 등의 당해 외국법인 등에 대한 간접소유비율로 한다. (2000. 12. 29 신설)
4. 제1호 내지 제3호의 계산방법은 외국법인 등의 주주법인과 대한민국국민 등 사이에 하나 이상의 법인이 개재되어 있고 이들 법인이 주식소유관계를 통하여 연결되어 있는 경우에 이를 준용한다. (2000. 12. 29 신설)

⑬ 법 제121조의 2 제11항 제3호에서 "대통령령으로 정하는 국가 또는 지역"이란 별표 13에 따른 국가 또는 지역을 말한다. (2014. 2. 21. 개정)

⑭ 법 제121조의 2 제2항 각 호 외의 부분 후단에서 "대통령령으로 정하는 바에 따라 계산한 외국인투자비율"이란 「외국인투자 촉진법」 제5조 제3항에 따른 외국인투자비율을 말한다. 다만, 외국인투자가가 회사정리계획인가를 받은 내국법인의 채권금융기관이 회사정리계획에 따라 출자하여 새로이 설립한 내국법인(이하 이 항에서 "신설법인"이라 한다)에 대하여 2002년 12월 31일까지 외국인투자를 개시하여 동기한까지 출자목적물의 납입을 완료하는 경우로서 당해 신설법인의 부채가 출자전환(2002년 12월 31일까지 출자전환되는 분에 한한다)됨으로써 우선주가 발행되는 때에는 다음 각호의 비율중 높은 비율을 그 신설법인의 외국인투자비율로 한다. (2017. 2. 7. 개정)

1. 우선주를 포함하여 「외국인투자 촉진법」 제5조 제3항에 따라 계산한 외국인투자비율 (2017. 2. 7. 개정)
2. 우선주를 제외하고 「외국인투자 촉진법」 제5조 제3항에 따라 계산한 외국인투자비율 (2017. 2. 7. 개정)

⑮ 법 제121조의 2 제12항 각 호 외의 부분 본문에서 "사업의 양수 등 대통령령으로 정하는 방식에 해당하는 외국인투자"란 그 사업에 관한 권리와 의무를 포괄적 또는 부분적으로 승계하는 것을 말한다. (2022. 2. 15. 개정)

⑯ 법 제121조의 2 제1항 제2호의 5의 규정에 의하여 법인세·소득

접 또는 간접 소유비율은 법 제121조의 2부터 제121조의 4까지에 따라 조세감면 또는 조세면제의 대상이 되는 해당 조세의 납세의무 성립일을 기준으로 산출한다. (2016. 2. 5. 개정)

2. 법 제121조의 2 제11항 제2호에 해당하는 경우 외국인투자금액 중 같은 호 각 목의 어느 하나에 해당하는 자가 외국투자가에게 대여한 금액 상당액 (2016. 2. 5. 개정)

⑫ 제11항 제1호의 규정을 적용함에 있어서 주식등의 간접소유비율은 다음 각호의 구분에 따라 계산한다. (2013. 2. 15. 개정)

1. 대한민국국민 등이 외국법인 등의 주주 또는 출자자인 법인(이하 이 조에서 "주주법인"이라 한다)의 의결권 있는 주식의 100분의 50 이상을 소유하고 있는 경우에는 주주법인이 소유하고 있는 당해 외국법인 등의 의결권있는 주식이 그 외국법인 등이 발행한 의결권있는 주식의 총수에서 차지하는 비율(이하 이 조에서 "주주법인의 주식소유비율"이라 한다)을 대한민국국민 등의 당해 외국법인 등에 대한 간접소유비율로 한다. (2000. 12. 29 신설)
2. 대한민국국민 등이 외국법인 등의 주주법인의 의결권 있는 주식의 100분의 50 미만을 소유하고 있는 경우에는 그 소유비율에 주주법인의 주식소유비율을 곱한 비율을 대한민국국민 등의 당해 외국법인 등에 대한 간접소유비율

여야 한다. (2010. 12. 30. 신설)

해당 기업의 상시근로자 수가 감소된 과세연도의 직전 2년 이내의 과세연도에 법 제121조의 2 제14항 제2호에 따라 감면받은 세액의 합계액 - (상시근로자 수가 감소된 과세연도의 해당 외국인투자기업의 상시근로자 수 × 1천만원)

㉔ 법 제121조의 2 제17항에 따른 상시근로자의 범위 및 상시근로자 수의 계산방법에 관하여는 제23조 제5항, 제7항, 제8항 및 제10항부터 제12항까지의 규정을 준용한다. (2015. 2. 3. 개정)

㉕ 법 제121조의 2 제2항 각 호 외의 부분 전단에서 "대통령령으로 정하는 소득"이란 법 제121조의 2 제1항 제1호에 따른 사업을 함으로써 발생한 소득(이하 이 항에서 "감면대상소득"이라 한다)을 말한다. 다만, 법 제121조의 2 제2항 및 같은 조 제12항 제1호에 따른 감면기간 중 감면대상소득이 감면대상소득과 감면대상 사업과 직접 관련된 사업을 함으로써 발생한 소득의 합의 100분의 80 이상인 경우에는 해당 과세연도의 감면대상소득과 감면대상 사업과 직접 관련된 사업을 함으로써 발생한 소득의 합을 감면대상소득으로 본다. (2017. 2. 7. 신설)

한다. (2015. 2. 3. 개정)

⑳ 법 제121조의 2 제1항 제2호 다목에 따라 법인세·소득세·취득세 및 재산세를 감면하는 외국인투자는 「제주특별자치도 설치 및 국제자유도시 조성을 위한 특별법」 제161조에 따라 지정된 제주첨단과학기술단지 안에서 새로 시설을 설치하는 것으로서 제3항 제1호, 제2호, 제3호 가목부터 라목까지 및 제4호 중 어느 하나에 해당하면서 제116조의 14 제1항 각 호의 어느 하나에 해당하는 것으로 한다. (2016. 1. 22. 개정 ; 제주특별자치도~시행령 부칙)

㉑ 법 제121조의 2 제1항 제2호 라목에 따라 법인세·소득세·취득세 및 재산세를 감면하는 외국인투자는 「제주특별자치도 설치 및 국제자유도시 조성을 위한 특별법」 제162조에 따라 지정되는 제주투자진흥지구 안에서 새로 시설을 설치하는 것으로서 제3항 제1호, 제2호, 제3호 가목부터 라목까지 및 제4호 중 어느 하나에 해당하면서 제116조의 15 제1항 각 호의 어느 하나에 해당하는 것으로 한다. (2016. 1. 22. 개정 ; 제주특별자치도~시행령 부칙)

㉒ 법 제121조의 2 제14항 제1호 가목에서 "대통령령으로 정하는 외국인투자누계액"이란 「외국인투자촉진법」 제2조 제1항 제4호에 따른 외국인투자(법 제121조의 2 제9항·제11항 및 「외국인투자촉진법」 제2조 제1항 제4호 나목에 따른 외국인투자는 제외한다)로서 법 제121조의 2 제8항에 따른 감면결정을 받아 법 제121조의 2 제2항 및 제12항 제1호에 따른 감면기간 중 해당 과세연도 종료일까지 해당 외국인투자기업에 납입된 자본금(기업회계기준에 따른 주식발행초과금 및 감자차익을 가산하고 주식할인발행차금 및 감자차손을 차감한 금액을 말한다. 이하 "외국인투자누계액"이라 한다)을 말한다. (2012. 2. 2. 개정)

㉓ 법 제121조의 2 제16항에 따라 납부하여야 할 소득세액 또는 법인세액은 다음의 계산식에 따라 계산한 금액(그 수가 음수이면 영으로 보고, 감면받은 과세연도 종료일 이후 2개 과세연도 연속으로 상시근로자 수가 감소한 경우에는 두 번째 과세연도에는 첫 번째 과세연도에 납부한 금액을 뺀 금액을 말한다)으로 하며, 이를 상시근로자 수가 감소된 과세연도의 과세표준을 신고할 때 소득세 또는 법인세로 납부하

바. 기타 창작 및 예술관련 서비스업 (2009. 2. 4. 개정)
사. 음반 및 기타 오디오물 출판업 (2009. 2. 4. 개정)
아. 게임 소프트웨어 개발 및 공급업 (2009. 2. 4. 개정)
9. 제116조의 2 제3항 제3호 가목부터 다목까지에 해당하는 사업 (2009. 2. 4. 개정)
10. 제116조의 15 제1항 제1호 및 제3호부터 제6호까지에 해당하는 사업 (2009. 2. 4. 신설)
6.~10. 삭 제 (2012. 2. 2.)

⑱ 법 제121조의 2 제1항 제2호의 7의 규정에 의하여 법인세·소득세·취득세 및 재산세를 감면하는 외국인투자는 「기업도시개발특별법」 제11조의 규정에 의한 기업도시개발계획에 따라 기업도시개발구역을 개발하기 위한 개발사업으로서 다음 각호의 어느 하나에 해당하는 것을 말한다. (2010. 12. 30. 개정)

1. 외국인투자금액이 미화 3천만불 이상인 경우 (2005. 2. 19. 신설)
2. 외국인투자비율이 100분의 50 이상으로서 당해 기업도시개발구역의 총개발사업비가 미화 5억불 이상인 경우 (2005. 2. 19. 신설)

⑲ 법 제121조의 2 제1항 제2호 가목 또는 같은 항 제2호 나목에 따라 법인세·소득세·취득세 및 재산세를 감면하는 외국인투자는 「경제자유구역의 지정 및 운영에 관한 특별법」 제2조 제1호에 따른 경제자유구역 또는 새만금사업지역 안에서 새로 시설을 설치하는 것으로서 제3항 제1호, 2호, 제3호 가목부터 라목까지 및 제4호 중 어느 하나에 해당하는 것으로

〈제121조의 2〉

⑥ 외국인투자기업이 제2항, 제4항, 제5항, 제12항 및 「지방세특례제한법」 제78조의 3에 따른 감면을 받으려면 그 외국인투자기업의 사업개시일이 속하는 과세연도의 종료일까지 기획재정부장관에게 감면신청을 하여야 한다. 다만, 제8항에 따라 조세감면결정을 받은 사업내용을 변경한 경우 그 변경된 사업에 대한 감면을 받으려면 해당 변경사유가 발생한 날부터 2년이 되는 날까지 기획재정부장관에게 조세감면내용 변경신청을 하여야 하며, 이에 따른 조세감면내용 변경결정이 있는 경우 그 변경결정의 내용은 당초 감면기간의 남은 기간에 대해서만 적용된다. (2019. 12. 31. 개정)

관계조문 ▷▷

규칙 61조 1항 71호의 3 ⇒ 결정예고통지서(별지 70호의 3 서식)

⑦ 외국인(「외국인투자촉진법」 제2조 제1항 제1호에 따른 외국인을 말한다) 또는 외국인투자기업은 「외국인투자 촉진법」 제2조 제1항 제4호 가목 1)에 따른 외국인투자를 하기 위하여 같은 법 제5조 제1항에 따라 신고를 하기 전에 하려는 사업이 제1항 및 「지방세특례제한법」

제116조의 3 【법인세 등의 감면결정】 ① 기획재정부장관은 법 제121조의 2 제6항의 규정에 의한 조세감면신청 또는 조세감면내용의 변경신청이 있는 때에는 당해 신청이 제116조의 2의 규정에 의한 조세감면기준에 해당되는지의 여부 등을 검토하여 20일 이내에 감면여부 또는 감면내용의 변경 여부를 결정하고 이를 신청인에게 통지하여야 한다. (2008. 2. 29. 직제개정 ; 기획재정부와~직제 부칙)

② 제1항에 불구하고 기획재정부장관이 법 제121조의 2 제1항 제1호의 사업에 대하여 법 제121조의 2 제6항에 따른 신청을 받아 비감면대상 사업으로 결정하려는 때에는 해당 신청일부터 20일 이내에 기획재정부령이 정하는 바에 따라 결정예고통지를 하여야 한다. (2008. 2. 29. 직제개정 ; 기획재정부와~직제 부칙)

③ 제2항에 따른 결정예고통지를 받은 자는 기획재정부장관에게 그 통지를 받은 날부터 20일 이내에 통지내용에 대한 적정성 여부에 대한 심사를 소명자료를 첨부하여 서면으로 요청할 수 있다. (2008. 2. 29. 직제개정 ; 기획재정부와~직제 부칙)

④ 기획재정부장관은 제3항에 따른 요청을 받은 날부터 20일 이내에 감면 여부 또는 감면내용의 변경 여부를 결정하고 그 결과를 신청인에게 통지하여야 한다. (2008. 2. 29. 직제개정 ; 기획재정부와~직제 부칙)

⑤ 기획재정부장관은 제1항·제2항 또는 제4항의 규정에 의하여 감면여부 또는 감면내용의 변경여부를 결정하는 경우 부득이하게 장기간이 소요된다고 인정되는 때에는 20일의 범위 내에서 그 처리기간을 연장할 수 있다. 이 경우에는 그 사유 및 처리기간을 신청인에게 통지하여야 한다. (2008. 2. 29. 직제개정 ; 기획재정부와~직제 부칙)

⑥ 기획재정부장관은 제1항 또는 제4항에 따라 조세감면 또는 조세감면내용의 변경을 결정한 때에는 그 사실을 행정안전부장관·국세청장·관세청장 및 해당 공장시설을 관할하는 지방자치단체의 장에게 통보해야 한다. (2020. 2. 11. 개정)

⑦ 제1항 내지 제6항의 규정은 법 제121조의 2 제7항의 규정에 의한 조세감면대상 해당 여부의 사전확인신청에 관하여 이를 준용한다. (2007. 2. 28. 개정)

제51조의 3 【조세감면신청 등】 ① 법 제121조의 2 제6항의 규정에 의하여 조세감면신청 또는 조세감면내용변경신청을 하고자 하는 자는 조세감면신청서 또는 조세감면내용변경신청서 3부에 조세감면신청사유 또는 조세감면내용변경신청사유를 구체적으로 증명하거나 설명하는 서류를 첨부하여 기획재정부장관(영 제116조의 13 제1항에 따라 기획재정부장관이 위탁한 기관의 장을 포함한다)에게 제출하여야 한다. (2013. 2. 23. 개정)

관계조문 ▷▷

규칙 61조 1항 81호 ⇒ 조세감면신청서 또는 조세감면내용변경신청서(별지 80호 서식)

② 법 제121조의 2 제7항의 규정에 의하여 조세감면대상 해당 여부에 대한 사전확인신청을 하고자 하는 자는 조세감면대상 해당여부 사전확인신청서 3부에 조세감면

제78조의 3에 따른 감면대상에 해당하는지 확인하여 줄 것을 기획재정부장관에게 신청할 수 있다. (2019. 12. 31. 개정)

⑧ 기획재정부장관은 제6항에 따른 조세감면신청 또는 조세감면내용변경신청을 받거나 제7항에 따른 사전확인신청을 받으면 관계 중앙관서의 장(제4항, 제5항, 제12항 제3호 및 제4호에 따른 취득세 및 재산세의 감면의 경우에는 해당 사업장을 관할하는 지방자치단체의 장을 말하고, 「지방세특례제한법」 제78조의 3에 따른 취득세 및 재산세의 감면의 경우에는 행정안전부장관 및 해당 사업장을 관할하는 지방자치단체의 장을 말한다)과 협의하여 그 감면·감면내용변경·감면대상 해당여부를 결정하고 이를 신청인에게 알려야 한다. 다만, 제1항 제1호에 따른 감면에 대해서는 대통령령으로 정하는 바에 따라 그 감면·감면내용변경·감면대상 해당 여부를 결정할 수 있다. (2019. 12. 31. 개정)
⑨ 「외국인투자촉진법」 제2조 제1항 제8호 사목 또는 같은 법 제2조 제1항 제4호 가목 2), 제5조 제2항 제1호 및 제6조에 따른 외국인투자에 대해서는 제2항부터 제5항까지 및 제12항을 적용하지 아니한다. (2016. 1. 27. 개정 ; 외국인투자촉진법 부칙)
⑩ 외국인투자기업이 제6항에 따른 감면신청기한이 지난 후 감면신청을 하여 제8항에 따라 감면결정을 받은 경우에는 그 감면신청일이 속하는 과세연도와 그 후의 남은 감면기간에 대해서만 제1항부터 제5항까지 및 제12항을 적용한다. 이 경우 외국인투자기업이 제8항에 따라 감면결정을 받기 이전에 이미 납부한 세액이 있을 때에는 그 세액은 환급하지 아니한다. (2014. 1. 1. 개정)
⑪ 이 조부터 제121조의 4까지의 규정을 적용할 때 다음 각 호의 어느 하나에 해당하는 외국인투자의 경우 대통령령으로 정하는 바에 따라 계산한 주식 또는 출자지분(이하 이 장에서 "주식등"이라 한다)의 소유비율(소유비율이 100분의 5 미만인 경우에는 100분의 5로 본다) 상당액, 대여금 상당액 또는 외국인투자금액에 대해서는 조세감면대상으로

☞

규칙 61조 1항 82호 ⇒ 조세감면대상 해당 여부 사전확인신청서(별지 81호 서식)

제116조의 4 【사업개시의 신고 등】 ① 사업개시일(「부가가치세법」 제8조 제1항에 따른 사업개시일을 말한다. 이하 이 장에서 같다) 이전에 법 제121조의 2 제8항의 규정에 의한 조세감면결정을 받은 외국인투자기업은 사업개시일부터 20일 이내에 그 사업장을 관할하는 세무서장에게 사업개시의 신고를 하여야 한다. (2013. 6. 28. 개정 ; 부가가치세법 시행령 부칙)
② 제1항의 규정에 의한 신고를 받은 세무서장은 당해 외국인투자기업의 사업개시일의 적정여부를 확인하여야 한다. (99. 5. 24 신설)
③ 사업개시일 이전에 조세감면결정을 받고 제1항의 규정에 의한 신고를 하지 아니한 외국인투자기업 또는 사업개시일후에 조세감면결정을 받은 외국인투자기업의 사업개시일은 그 사업장을 관할하는 세무서장이 이를 조사·확인한다. (99. 5. 24 신설)
④ 세무서장은 제2항 및 제3항의 규정에 의하여 외국인투자기업의 사업개시일을 확인한 때에는 지체없이 이를 당해 외국인투자기업 및 그 사업장을 관할하는 지방자치단체의 장에게 통보하여야 한다. (99. 5. 24 신설)
⑤ 법 제121조의 2 제1항 제1호에 따라 조세감면결정을 받은 외국인투자기업은 감면받은 과세연도의 과세표준을 신고할 때 그 사업장을 관할하는 세무서장에게 기획재정부령으로 정하는 투자명세서를 제출하여야 한다. (2014. 2. 21. 신설)

대상 해당 여부를 증명할 수 있는 서류를 첨부하여 기획재정부장관(영 제116조의 13 제1항에 따라 기획재정부장관이 위탁한 기관의 장을 포함한다)에게 제출하여야 한다. (2013. 2. 23. 개정)

제51조의 4 【사업개시의 신고】 영 제116조의 4 제1항의 규정에 의하여 사업개시의 신고를 하고자 하는 자는 사업개시일신고서를 그 사업장을 관할하는 세무서장에게 제출하여야 한다. (99. 5. 24 신설)

규칙 61조 1항 83호 ⇒ 사업개시일신고서(별지 82호 서식)

보지 아니한다. (2015. 12. 15. 개정)

1. 외국법인 또는 외국기업(이하 이 항에서 "외국법인등"이라 한다)이 외국인투자를 하는 경우로서 다음 각 목의 어느 하나에 해당하는 경우 (2015. 12. 15. 개정)

　가. 대한민국 국민(외국에 영주하고 있는 사람으로서 거주지국의 영주권을 취득하거나 영주권을 갈음하는 체류허가를 받은 사람은 제외한다) 또는 대한민국 법인(이하 이 항에서 "대한민국 국민등"이라 한다)이 해당 외국법인등의 의결권 있는 주식등의 100분의 5 이상을 직접 또는 간접으로 소유하고 있는 경우 (2015. 12. 15. 개정)

　나. 대한민국국민등이 단독으로 또는 다른 주주와의 합의·계약 등에 따라 해당 외국법인등의 대표이사 또는 이사의 과반수를 선임한 주주에 해당하는 경우 (2015. 12. 15. 개정)

2. 다음 각 목의 어느 하나에 해당하는 자가 「외국인투자 촉진법」 제2조 제1항 제5호에 따른 외국투자가(이하 이 장에서 "외국투자가"라 한다)에게 대여한 금액이 있는 경우 (2015. 12. 15. 개정)

　가. 외국인투자기업 (2015. 12. 15. 개정)

　나. 외국인투자기업의 의결권 있는 주식등을 100분의 5 이상 직접 또는 간접으로 소유하고 있는 대한민국국민등 (2015. 12. 15. 개정)

　다. 단독으로 또는 다른 주주와의 합의·계약 등에 따라 외국인투자기업의 대표이사 또는 이사의 과반수를 선임한 주주인 대한민국국민등 (2015. 12. 15. 개정)

3. 외국인이 「국제조세조정에 관한 법률」 제2조 제1항 제7호에 따른 조세조약 또는 투자보장협정을 체결하지 아니한 국가 또는 지역 중 대통령령으로 정하는 국가 또는 지역을 통하여 외국인투자를 하는 경우 (2020. 12. 29. 개정)

⑫ 제1항 제1호에서 규정하는 사업에 대한 외국인투자 중 사업의 양수 등 대통령령으로 정하는 방식에 해당하는 외국인투자에 대해서는 제2항부터 제5항까지의 규정에 따른 감면기간·공제기간 및 감면비율·공제비율에도 불구하고 다음 각 호에서 정하는 바에 따

라 법인세, 소득세, 취득세 및 재산세를 각각 감면한다. 다만, 제3호 및 제4호를 적용할 때 지방자치단체가 「지방세특례제한법」 제4조에 따른 조례로 정하는 바에 따라 감면기간 또는 공제기간을 10년까지 연장하거나 연장한 기간의 범위에서 감면비율 또는 공제비율을 높인 경우에는 제3호 및 제4호에도 불구하고 그 기간 및 비율에 따른다. (2010. 12. 27. 개정)

1. 2018년 12월 31일까지 제6항에 따른 조세감면신청을 한 외국인투자기업에 대한 법인세 및 소득세는 제1항 제1호에 따라 감면대상이 되는 사업을 함으로써 발생한 소득에 대해서만 감면하되, 그 사업을 개시한 후 그 사업에서 최초로 소득이 발생한 과세연도(사업개시일부터 5년이 되는 날이 속하는 과세연도까지 그 사업에서 소득이 발생하지 아니한 경우에는 5년이 되는 날이 속하는 과세연도)의 개시일부터 3년 이내에 끝나는 과세연도에는 감면대상세액의 100분의 50을, 그 다음 2년 이내에 끝나는 과세연도에는 감면대상세액의 100분의 30에 상당하는 세액을 각각 감면한다. (2018. 12. 24. 개정)

2. 외국투자가가 취득하는 주식 등에서 생기는 배당금등에 대한 법인세 또는 소득세는 대통령령으로 정하는 방법에 따라 당해 외국인투자기업의 각 과세연도의 소득에 대하여 그 기업이 제1항 제1호에 따라 법인세 또는 소득세 감면대상이 되는 사업을 함으로써 발생한 소득의 비율에 따라 감면하되, 제1호에 따라 법인세 또는 소득세의 감면대상세액의 100분의 50에 상당하는 세액이 감면되는 동안에는 100분의 50에 상당하는 세액을, 법인세 또는 소득세의 감면대상세액의 100분의 30에 상당하는 세액이 감면되는 동안에는 100분의 30에 상당하는 세액을 각각 감면한다. (2013. 1. 1. 개정)

2. 삭 제 (2014. 1. 1.)

3. 2019년 12월 31일까지 제6항에 따른 조세감면신청을 한 외국인투자기업이 제1항 제1호의 사업을 하기 위하여 취득·보유하는 재산에 대한 취득세 및 재산세는 다음 각 목의 구분에 따라 그 세액을 감면하거나 과세표준에서 공제한다. (2019. 12. 31. 개정)

　가. 취득세 및 재산세는 사업개시일부터 3년 동안은 감면대상세액의 100분의 50을, 그 다음 2년 동안은 감면대상세액의 100분의 30에 상당하는 세액을 각각 감면한다. (2010. 12. 27. 개정)

　나. 토지에 대한 재산세는 사업개시일부터 3년 동안은 공제대상금

액의 100분의 50을, 그 다음 2년 동안은 공제대상금액의 100분의 30에 상당하는 금액을 과세표준에서 각각 공제한다. (2010. 1. 1. 개정)

4. 2019년 12월 31일까지 제6항에 따른 조세감면신청을 한 외국인투자기업이 사업개시일 전에 제1항 제1호의 사업에 사용할 목적으로 취득·보유하는 재산이 있는 경우의 취득세 및 재산세는 다음 각 목의 구분에 따라 그 세액을 감면하거나 과세표준에서 공제한다. (2019. 12. 31. 개정)

　가. 제8항에 따라 조세감면결정을 받은 날 이후에 취득하는 재산에 대한 취득세는 감면대상세액의 100분의 50을 감면한다. (2010. 12. 27. 개정)

　나. 재산세는 해당 재산을 취득한 날부터 3년 동안은 감면대상세액의 100분의 50을, 그 다음 2년 동안은 감면대상세액의 100분의 30에 상당하는 세액을 각각 감면한다. (2010. 1. 1. 개정)

　다. 토지에 대한 재산세는 해당 재산을 취득한 날부터 3년 동안은 공제대상금액의 100분의 50을, 그 다음 2년 동안은 공제대상금액의 100분의 30에 상당하는 금액을 과세표준에서 각각 공제한다. (2010. 1. 1. 개정)

⑬ 외국인투자신고 후 최초의 조세감면결

☞ p.1801 1단 연결

정 통지일부터 3년이 지나는 날까지 최초의 출자(증자를 포함한다. 이하 이 항에서 같다)를 하지 아니하는 경우에는 제8항에 따른 조세감면결정의 효력이 상실되며, 외국인투자신고 후 최초의 조세감면결정 통지일부터 3년 이내에 최초의 출자를 한 경우로서 최초의 조세감면결정 통지일부터 5년이 되는 날까지 사업을 개시하지 아니한 경우에는 최초의 조세감면결정 통지일부터 5년이 되는 날을 그 사업을 개시한 날로 보아 제2항, 제4항, 제5항, 제12항 및 제18항을 적용한다. (2015. 12. 15. 개정)

⑭ 제2항 및 제12항 제1호가 적용되는 감면기간 동안 감면받는 소득세 또는 법인세의 총합계액이 다음 각 호의 금액을 합한 금액을 초과하는 경우에는 그 합한 금액을 한도(이하 이 조에서 "감면한도"라 한다)로 하여 세액을 감면한다. (2010. 12. 27. 신설)

1. 투자금액을 기준으로 한 한도로서 다음 각 목의 구분에 따른 금액 (2010. 12. 27. 신설)

   가. 제1항 제1호 및 제2호의 경우 : 대통령령으로 정하는 외국인투자누계액(이하 이 항에서 "외국인투자누계액"이라 한다)의 100분의 50 (2015. 12. 15. 개정)

   나. 제1항 제2호의 2부터 제2호의 9까지, 제3호 및 제12항 제1호의 경우 : 외국인투자누계액의 100분의 40 (2015. 12. 15. 개정)

2. 고용을 기준으로 한 다음 각 목의 금액을 합한 금액. 다만, 제1항 제1호 및 제2호의 경우에는 외국인투자누계액의 100분의 50에 상당하는 금액을 한도로 하고, 제1항 제2호의 2부터 제2호의 9까지, 제3호 및 제12항 제1호의 경우에는 외국인투자누계액의 100분의 40에 상당하는 금액을 한도로 한다. (2017. 12. 19. 단서개정)

   가. 해당 과세연도의 해당 외국인투자기업의 상시근로자 중 산업수요맞춤형고등학교등의 졸업생 수 × 2천만원 (2014. 12. 23. 개정)

   나. 해당 과세연도의 해당 외국인투자기업의 가목 외의 상시근로자 중 청년근로자, 장애인근로자, 60세 이상인 근로자 수 × 1천500만원 (2014. 12. 23. 개정)

   다. (해당 과세연도의 상시근로자 수 - 가목에 따른 졸업생 수 - 나목에 따른 청년근로자, 장애인근로자, 60세 이상인 근로자 수) × 1천만원 (2014. 12. 23. 개정)

⑮ 제2항 및 제12항 제1호에 따라 각 과세연도에 감면받을 소득세 또는 법인세에 대하여 감면한도를 적용할 때에는 제14항 제1호의 금액을 먼저 적용한 후 같은 항 제2호의 금액을 적용한다. (2010. 12. 27. 신설)

⑯ 제14항 제2호를 적용받아 소득세 또는 법인세를 감면받은 외국인투자기업이 감면받은 과세연도 종료일부터 2년이 되는 날이 속하는 과세연도 종료일까지의 기간 중 각 과세연도의 상시근로자 수가 감면받은 과세연도의 상시근로자 수보다 감소한 경우에는 대통령령으로 정하는 바에 따라 감면받은 세액에 상당하는 금액을 소득세 또는 법인세로 납부하여야 한다. (2010. 12. 27. 신설)

⑰ 제14항 및 제16항을 적용할 때 상시근로자의 범위, 상시근로자 수의 계산방법, 그 밖에 필요한 사항은 대통령령으로 정한다. (2010. 12. 27. 신설)

⑱ 외국인투자기업이 동일한 사업장에서 제1항 각 호의 사업 중 제1항 제1호의 사업과 제1항 제1호 외의 사업을 제143조를 준용하여 각각 구분하여 경리하는 경우에는 각각의 사업에 대하여 제2항에 따른 감면을 적용한다. 다만, 각각의 사업에 대한 감면기간은 해당 사업장에서 최초로 감면 대상 소득이 발생한 과세연도(사업개시일부터 5년이 되는 날이 속하는 과세연도까지 소득이 발생하지 아니한 경우에는 5년이 되는 날이 속하는 과세연도)의 개시일부터 기산한다. (2014. 12. 23. 신설)

제121조의 3 【관세 등의 면제】　농특비

① 제121조의 2 제1항 제1호 및 제2호의 사업에 필요한 다음 각 호의 자본재(「외국인투자촉진법」 제2조 제1항 제9호에 따른 "자본재"를 말한다. 이하 이 장에서 같다) 중 대통령령으로 정하는 자본재가 「외국인투자 촉진법」 제2조 제1항 제4호 가목 1)에 따른 외국인투자를 하기 위하여 같은 법 제5조 제1항 및 제2항에 따라 신고된 내용에 따라 도입되는 경우에는 관세·개별소비세 및 부가가치세를 면제한다. (2016. 1. 27. 개정 ; 외국인투자 촉진법 부칙)

1. 외국인투자기업이 외국투자가로부터 출자받은 대외지급수단 또는 내국지급수단으로 도입하는 자본재 (2010. 1. 1. 개정)

2. 외국투자가가 「외국인투자촉진법」 제2조 제1항 제8호에 해당하는 출자목적물(이하 이 장에서 "출자목적물"이라 한다)로 도입하는 자본재 (2010. 1. 1. 개정)

② 제121조의 2 제1항 제2호의 2부터 제2호의 5까지, 제2호의 8, 제2호의 9 및 제3호의 사업에 필요한 자본재 중 대통령령으로 정하는 자본재가 「외국인투자 촉진법」 제2조 제1항 제4호 가목 1)에 따른 외국인투자를 하기 위하여 같은 법 제5조 제1항 및 제2항에 따라 신고된 내용에 따라 도입되는 경우에는 관세를 면제한다. (2016. 1. 27. 개정 ; 외국인투자 촉진법 부칙)

③ 외국투자가 또는 외국인투자기업은 제1항에 따라 관세·개별소비세 및 부가가치세를 면제받거나 제2항에 따라 관세를 면제받으려면 기획재정부령으로 정하는 바에 따라 면제신청을 하여야 한다. (2010. 1. 1. 개정)

④ 「외국인투자 촉진법」 제2조 제1항 제4호 가목 2), 제5조 제2항 제1호 및 제6조에 따른 외국인투자에 대해서는 제1항을 적용하지 아니한

제116조의 5 【관세 등의 면제】 ① 법 제121조의 3 제1항에 따라 관세·개별소비세 및 부가가치세가 감면되는 자본재는 법 제121조의 2에 따라 법인세, 소득세, 취득세 또는 재산세가 감면되거나 「지방세특례제한법」 제78조의 3에 따라 취득세 또는 재산세가 감면되는 사업에 직접 사용되는 것으로서 「외국인투자촉진법」 제5조의 규정에 의한 신고를 한 날부터 5년(공장설립승인의 지연 그 밖의 부득이한 사유로 인하여 위 기간 이내에 수입신고를 완료할 수 없는 경우로서 그 기간이 종료되기 전에 기획재정부장관에게 연장신청하여 승인을 받은 경우에는 6년으로 한다)이내에 「관세법」에 따른 수입신고가 완료되는 것으로 한다. (2020. 2. 11. 개정)

제116조의 5 【관세 등의 면제】 ① 법 제121조의 3 제1항에 따라 관세·개별소비세 및 부가가치세가 감면되는 자본재는 법 제121조의 2에 따라 법인세, 소득세, 취득세 또는 재산세가 감면되거나 「지방세특례제한법」 제78조의 3에 따라 취득세 또는 재산세가 감면되는 사업에 직접 사용되는 것으로서 「외국인투자촉진법」 제5조의 규정에 의한 신고를 한 날부터 5년(공장설립승인의 지연 그 밖의 부득이한 사유로 인하여 위 기간 이내에 수입신고를 완료할 수 없는 경우로서 그 기간이 종료되기 전에 기획재정부장관에게 연장신청하여 승인을 받은 경우에는 7년으로 한다)이내에 「관세법」에 따른 수입신고가 완료되는 것으로 한다. (2025. 2. 28. 개정)

② 법 제121조의 3 제2항에서 "대통령령으로 정하는 자본재"란 법 제121조의 3 제1항 각 호의 어느 하나에 해당하는 자본재 중 법 제121조의 2에 따라 법인세, 소득세, 취득세 또는 재산세가 감면되거나 「지방세특례제한법」 제78조의 3에 따라 취득세 또는 재산세가 감면되는 사업에 직접 사용되는 것으로서 「외국인투자촉진법」 제5조에 따른 신고를 한 날부터 5년(공장설립 승인의 지연 및 그 밖의 부득이한 사유로 인하여 같은 기간 이내에 수입신고를 완료할 수 없는 경우로서 그 기간이 종료되기 전에 기획재정부장관에게 연장신청하여 승인을 받은 경우에는 6년으로 한다) 이내에 「관세법」에 따른 수입신고가 완료된 것을 말한다. (2020. 2. 11. 개정)

② 법 제121조의 3 제2항에서 "대통령령으로 정하는 자본재"란 법 제121조의 3 제1항 각 호의 어느 하나에 해당하는 자본재 중 법 제121조의 2에 따라 법인세, 소득세, 취득세 또는 재산세가 감면되거나 「지방세특례제한법」 제78조의 3에 따라 취득세 또는 재산세가 감면되는 사업에 직접 사용되는 것으로서 「외국인투자촉진법」 제5조에 따른 신고를 한 날부터 5년(공장설립 승인의 지연 및 그 밖의 부득이한 사유로 인하여 같은 기간 이내에 수입신고를 완료할 수 없는 경우로서 그 기간이 종료되기 전에 기획재정부장관에게 연장신청하여 승인을 받은 경우에는 7년으로 한다) 이내에 「관세법」에 따른 수입신고가 완료된 것을

편주 ▶

영 116조의 5 제1항 및 2항의 개정규정은 2025. 2. 28. 전에 기획재정부장관에게 연장신청하여 2025. 2. 28. 이후 승인을 받는 경우에도 적용함. (영 부칙(2025. 2. 28.) 17조)

제51조의 5 【관세 등의 면제신청】

법 제121조의 3 제3항의 규정에 의하여 관세·개별소비세 및 부가가치세의 면제신청을 하고자 하는 자는 관세·개별소비세·부가가치세 면제신청서에 다음 각 호의 서류를 첨부하여 세관장에게 제출하여

다. (2016. 1. 27. 개정 ; 외국인투자 촉진법 부칙)

제121조의 4 【증자의 조세감면】 <농특비>
① 외국인투자기업이 증자하는 경우에 그 증자분에 대한 조세감면에 대해서는 제121조의 2 및 제121조의 3을 준용한다. 다만, 대통령령으로 정하는 기준에 해당하는 조세감면신청에 대해서는 제121조의 2 제8항에 따른 주무부장관 또는 지방자치단체의 장과의 협의를 생략할 수 있다. (2010. 1. 1. 개정)
② 다음 각 호의 주식등에 대해서는 그 발생근거가 되는 주식등에 대한 감면의 예에 따라 그 감면기간의 남은 기간과 남은 기간의 감면비율에 따라 감면한다. (2011. 12. 31. 개정)
1. 「외국인투자 촉진법」 제5조 제2항 제2호에 따라 준비금·재평가적립금과 그 밖에 다른 법령에 따른 적립금이 자본으로 전입됨으로써 외국투자가가 취득한 주식등 (2016. 1. 27. 개정 ; 외국인투자 촉진법 부칙)
2. 「외국인투자 촉진법」 제5조 제2항 제5호에 따라 외국투자가가 취득한 주식등으로부터 생긴 과실(주식등으로 한정한다)을 출자하여 취득한 주식등 (2016. 1. 27. 개정 ; 외국인투자 촉진법 부칙)

말한다. (2025. 2. 28. 개정)
③ 법 제121조의 3 제1항 제1호에 따라 관세·개별소비세 및 부가가치세가 면제되는 자본재는 외국인투자기업이 외국투자가로부터 출자받은 대외지급수단 또는 대내지급수단의 범위에서 도입하는 자본재로 한다. (2009. 2. 4. 신설)
④ 법 제121조의 3 제1항 제1호에 따른 관세·개별소비세 및 부가가치세 면제 한도는 외국인투자기업이 법 제121조의 2 제8항에 따른 감면대상 해당여부 결정 이후 면제대상 자본재를 최초로 도입하는 때에 선택하는 통화(이하 이 조에서 "기준통화"라 한다)를 기준으로 산정한다. 이 경우 외국인투자기업이 기준통화와 다른 통화로 자본재를 도입하는 경우 관세·개별소비세 및 부가가치세 면제에 있어서 그 자본재의 가액은 면제대상 자본재 도입시 「관세법」 제18조에 따라 관세청장이 정하는 환율을 이용하여 기준통화와 자본재 도입대가 지급 통화 간 환율을 산정하여 이에 따라 기준통화로 환산한 금액으로 한다. (2009. 2. 4. 신설)

제116조의 6 【증자의 조세감면】 ① 기획재정부장관이 법 제121조의 4 제1항의 규정에 의하여 증자분에 대한 조세감면여부를 결정함에 있어서 당해 외국인투자기업이 유상감자(주식 또는 출자지분의 유상소각, 자본감소액의 반환 등에 의하여 실질적으로 자산이 감소되는 경우를 말한다)를 한 후 5년 이내에 증자하여 조세감면신청을 하는 경우에는 그 감자전보다 순증가하는 부분에 대한 외국인투자비율에 한하여 감면결정을 하여야 한다. (2008. 2. 29. 직제개정 ; 기획재정부와~직제 부칙)
② 법 제121조의 4 제1항 단서에서 "대통령령으로 정하는 기준"이란 법 제121조의 2의 규정에 의하여 조세감면을 받고 있는 사업을 위하여 증액투자하는 것을 말한다. (2010. 2. 18. 개정)
③ 법 제121조의 4 제1항에 따라 증자분에 대한 조세감면결정을 받은 외국인투자기업이 해당 증자 후 7년 내에 유상감자를 하는 경우에 감면세액 계산에 관하여는 해당 유상감자를 하기 직전의 증자분(「외국인투자 촉진법」 제5조 제2항 제2호에 따른 준비금·재평가적립금 및 그 밖의 다른 법령에 따른 적립금의 자본전입으로 인하여 주식이 발행되

야 한다. (2012. 2. 28. 개정)
1. 당해 사업이 법 제121조의 2 제1항의 규정에 의한 법인세 등의 감면대상이 되는 사업임을 증명하는 서류 사본 1부 (99. 5. 24 신설)
2. 당해 자본재가 법 제121조의 3 제1항 각 호의 1에 해당하는 것임을 증명하는 서류 사본 1부 (99. 5. 24 신설)
3. 「외국인투자촉진법 시행령」 제38조 제2항의 규정에 의한 확인을 받은 자본재의 도입물품명세확인서 사본 1부 (2005. 3. 11. 개정)

관계조문

규칙 61조 1항 84호 ⇒ 관세·개별소비세·부가가치세 면제신청서(별지 83호 서식)

☞ 예판

증자분에 대한 조세감면결정을 받은 외국인투자기업이 당해 증자분에 해당하는 상환주식을 상법 345조에 따라 상환하는 경우 조특

③ 제1항을 적용할 때 사업개시일은 자본증가에 관한 변경등기를 한 날로 한다. (2010. 1. 1. 개정)

④ 제1항에 따라 외국인투자기업에 대한 감면대상세액을 계산하는 경우 제121조의 2에 따른 감면기간이 종료된 사업의 사업용 고정자산을 제1항에 따른 증자분에 대한 조세감면을 받는 사업(이하 이 항에서 "증자분사업"이라 한다)에 계속 사용하는 경우 등 대통령령으로 정하는 사유가 있는 경우에는 다음 계산식에 따라 계산한 금액을 증자분사업에 대한 감면대상세액으로 한다. (2011. 12. 31. 신설)

$$\text{감면} \atop \text{대상세액} \times \frac{\text{자본증가에 관한 변경등기를 한 날 이후 새로 취득 · 설치되는 사업용 고정자산의 가액}}{\text{증자분사업의 사업용 고정자산의 총가액}}$$

⑤ 제1항에도 불구하고 외국인투자신고 후 최초의 조세감면결정 통지일부터 3년이 되는 날 이전에 외국인투자기업이 조세감면결정 시 확인된 외국인투자신고금액의 범위에서 증자하는 경우에는 제121조의 2 제6항에 따른 감면신청을 하지 아니하는 경우에도 그 증자분에 대하여 제121조의 2 제8항에 따른 감면결정을 받은 것으로 본다. (2011. 12. 31. 항번개정)

⑥ 제1항에 따라 증자분에 대한 조세감면에 대하여 제121조의 2를 준용할 때 상시근로자의 범위, 상시근로자 수의 계산방법, 그 밖에 필요한 사항은 대통령령으로 정한다. (2011. 12. 31. 항번개정)

●예판 ──────────────
외국인투자기업이 증자분에 대한 조세감면을 받은 사업부문을 「법인세법」 제46조 제2항에 따른 적격분할로 분할신설법인을 설립한 경우 분할신설법인은 잔존감면기간 내에 종료하는 각 사업연도까지 계속하여 그 증자분에 대한 조세감면을 적용받을 수 있는 것임. (서면법령국조 - 21952, 2015. 4. 3.)
──────────────

는 형태의 증자를 제외한다)부터 역순으로 감자한 것으로 본다. (2017. 2. 7. 개정)

④ 법 제121조의 4 제4항에서 "대통령령으로 정하는 사유"란 다음 각 호의 요건을 모두 충족하는 경우를 말한다. (2012. 2. 2. 신설)

1. 외국인투자기업이 증자 전에 법 제121조의 2 제1항 각 호에 따른 사업(이하 이 조에서 "증자전감면사업"이라 한다)에 대한 감면을 받고 그 감면기간이 종료된 경우로서 법 제121조의 4 제1항에 따라 증자를 통하여 법 제121조의 2 제1항 각 호에 따른 사업(이하 이 조에서 "증자분감면사업"이라 한다)에 대한 감면결정을 받았을 것 (2014. 2. 21. 개정)

2. 법 제121조의 2에 따른 감면기간이 종료된 증자전감면사업의 사업용 고정자산을 증자분감면사업에 계속 사용하는 경우로서 자본증가에 관한 변경등기를 한 날 현재 증자분감면사업에 계속 사용되는 감면기간이 종료된 증자전감면사업의 사업용 고정자산의 가액이 증자분감면사업의 사업용 고정자산의 총가액에서 차지하는 비율이 100분의 30 이상일 것 (2014. 2. 21. 개정)

⑤ 법 제121조의 4 제1항에 따라 증자분에 대하여 조세감면을 적용하는 경우 제116조의 2 제14항의 외국인투자비율을 계산할 때 법 제143조에 따라 해당 증자분 감면대상 사업을 그 밖의 사업과 구분경리하여 해당 증자분 감면대상 사업을 기준으로 외국인투자비율을 계산한다. (2014. 2. 21. 개정)

⑥ 법 제121조의 4 제1항에 따라 증자분에 대하여 조세감면을 적용할 때 제116조의 2 제22항에 따른 외국인투자누계액은 당초 감면대상 사업에 대한 외국인투자누계액과 해당 증자분 감면대상사업에 대한 외국인투자누계액으로 각각 구분하여 계산한다. 다만, 감면결정을 받았으나 감면기간이 종료되어 0퍼센트의 감면율이 적용되는 외국인투자누계액은 제외한다. (2014. 2. 21. 개정)

1. 제5항에 따라 구분경리하여 과세표준을 신고하는 경우 : 당초 감면대상 사업에 대한 외국인투자누계액과 해당 증자분 감면대상 사업에 대한 외국인투자누계액으로 각각 구분하여 계산 (2012. 2. 2. 개정)

2. 제5항에 따라 구분경리하지 아니하고 과세표준을 신고하는 경우 : 당초 감면대상 사업에 대한 외국인투자누계액과 해당 증자분 감면대상 사업에 대한 외국인투자누계액을 합하여 계산 (2012. 2. 2. 개정)

령 116조의 6 제3항의 유상감자에 해당함. (서면2팀 - 2054, 2007. 11. 9.)
─────────────────

제51조의 6 【증자의 조세감면 시 공통익금과 공통손금의 안분 기준】 영 제116조의 6 제5항 및 제6항을 적용할 때 외국인투자기업의 증자분 감면대상 사업이 당초 감면대상 사업과 동일한 사업으로서 동일한 사업장 내에서 같은 공정으로 구성된 경우 등 공통익금과 공통손금을 법 제143조에 따라 구분경리하기 어려운 경우에는 증자 시 새로 취득 · 설치한 사업용고정자산 가액의 비율 및 증자 시 해당 자본금의 비율 등을 고려하여 국세청장이 정하여 고시하는 기준에 따라 공통익금과 공통손금을 안분계산한다. (2015. 3. 13. 신설)

1. · 2. 삭   제 (2014. 2. 21.)

⑦ 법 제121조의 4 제1항에 따라 증자분에 대하여 조세감면을 적용하는 경우 제116조의 2 제24항에 따른 상시근로자 수는 당초 감면대상 사업장의 상시근로자 수와 해당 증자분 감면대상 사업장의 상시근로자 수로 각각 구분하여 계산한다. 다만, 감면결정을 받았으나 감면기간이 종료되어 0퍼센트의 감면율이 적용되는 사업장의 상시근로자 수는 제외한다. (2014. 2. 21. 개정)

1. 제5항에 따라 구분경리하여 과세표준을 신고하는 경우 : 당초 감면대상 사업장의 상시근로자 수와 해당 증자분 감면대상 사업장의 상시근로자 수로 각각 구분하여 계산 (2012. 2. 2. 개정)
2. 제5항에 따라 구분경리하지 아니하고 과세표준을 신고하는 경우 : 당초 감면대상 사업장의 상시근로자 수와 해당 증자분 감면대상 사업장의 상시근로자 수를 합하여 계산 (2012. 2. 2. 개정)

1. · 2. 삭   제 (2014. 2. 21.)

제116조의 7 【법인세 등의 추징】 ① 법 제121조의 5 제1항에서 "대통령령으로 정하는 바에 따라 계산한 세액"이란 다음 각 호의 세액을 말한다. (2010. 2. 18. 개정)
1. 법 제121조의 5 제1항 제1호 및 제5호의 경우 : 말소일 또는 폐업일부터 소급하여 5년 이내에 감면된 세액 (2006. 2. 9. 개정)
2. 법 제121조의 5 제1항 제2호의 경우 : 조세감면기준(제116조의 2 제1항, 제3항, 제5항부터 제7항까지, 제9항, 제10항 및 제16항부터 제21항까지에 규정되어 있는 조세감면대상이 되는 사업요건, 최소 외국인투자금액요건, 상시고용인원요건 등을 말한다)에 해당하지 아니하게 된 날부터 소급하여 5년 이내에 감면된 세액 (2013. 2. 15. 개정)
3. 법 제121조의 5 제1항 제3호의 경우 : 시정명령기간 만료일부터 소급하여 5년 이내에 감면된 세액 (2006. 2. 9. 개정)
4. 법 제121조의 5 제1항 제4호의 경우 : 주식등의 양도일부터 소급하여 5년 이내에 감면된 세액에 감면 당시의 외국투자가 소유의 주식등에 대한 양도주식등의 비율을 곱하여 산출한 세액(법 제121조의 2 제2항 또는 제12항에 따른 감면기간 중에 주식등을 양도하는 경우에 한정한다) (2013. 2. 15. 개정)

제121조의 5 【외국인투자에 대한 감면세액의 추징 등】 (2013. 1. 1. 제목개정)
① 제121조의 2 제2항 및 제12항에 따라 법인세 또는 소득세를 감면받은 외국인투자기업은 다음 각 호의 어느 하나에 해당하는 사유가 발생한 경우 사유가 발생한 날이 속하는 과세연도의 과세표준신고를 할 때 대통령령으로 정하는 바에 따라 계산한 세액에 대통령령으로 정하는 바에 따라 계산한 이자 상당 가산액을 가산하여 소득세 또는 법인세로 납부하여야 하며, 해당 세액은 「소득세법」 제76조 또는 「법인세법」 제64조에 따라 납부하여야 할 세액으로 본다. (2014. 1. 1. 개정)
1. 「외국인투자 촉진법」에 따라 등록이 말소된 경우 (2010. 1. 1. 개정)
2. 제121조의 2 제1항 각 호 외의 부분에 따른 조세감면기준에 해당하지 아니하게 된 경우 (2010. 1. 1. 개정)
3. 신고한 내용을 이행하지 아니하여 「외국인투자촉진법」 제28조 제5항에 따른 시정명령을 받은 자가 이를 이행하지 아니한 경우 (2010. 1. 1. 개정)
4. 외국투자가가 이 법에 따라 소유하는 주식등을 대한민국 국민 또는 대한민국 법인에 양도하는 경우 (2010. 1. 1. 개정)
5. 해당 외국인투자기업이 폐업하는 경우 (2010. 1. 1. 개정)

6. 외국인투자기업이 외국인투자신고 후 5년(고용 관련 조세감면기준은 3년)이내에 출자목적물의 납입 및 「외국인투자 촉진법」 제2조 제1항 제4호 나목에 따른 장기차관의 도입 또는 고용인원이 제121조의 2 제1항에 따른 조세감면기준에 미달하는 경우 (2016. 12. 20. 개정)

• 예 판 ·····································

• 상환주식을 상법 345조에서 정한 바에 따라 상환함에 따라 조세특례제한법 121조의 2 제1항에 의한 조세감면기준에 해당하지 아니하게 된 경우에는 '외국인투자에 대한 감면세액의 추징' 규정이 적용됨. (서면2팀 - 2054, 2007. 11. 9.)
• 출자목적물의 납입 및 외국인투자촉진법 2조 1항 4호 나목의 규정에 의한 차관의 도입이 외국인투자신고금액에는 미달하였으나 조세감면 기준금액 이상인 경우 조특법 121조의 5 제1항 6호에 따른 추징대상이 아님. (재국조 - 233, 2008. 10. 2.)

·····································

② 세관장 또는 세무서장은 다음 각 호의 어느 하나에 해당하는 경우에는 대통령령으로 정하는 바에 따라 제121조의 3에 따라 면제된 관세·개별소비세 및 부가가치세를 추징한다. (2010. 1. 1. 개정)
1. 「외국인투자 촉진법」에 따라 등록이 말소된 경우 (2010. 1. 1. 개정)
2. 출자목적물이 신고된 목적 외의 목적에 사용되거나 처분된 경우 (2010. 1. 1. 개정)

5. 법 제121조의 5 제1항 제6호의 경우 : 외국인투자신고 후 5년(고용과 관련된 조세감면기준에 미달하는 경우에는 3년)이 경과한 날부터 소급하여 5년(고용과 관련된 조세감면기준에 미달하는 경우에는 3년) 이내에 감면된 세액 (2010. 2. 18. 개정)

② 제1항 제4호의 규정에 의한 세액은 다음 산식에 의하여 산출한 금액으로 한다. 이 경우 경과월수는 먼저 도래하는 과세연도의 초일부터 주식 또는 출자지분(이하 이 장에서 "주식 등"이라 한다)의 양도일까지의 경과된 월수로 하되, 월수의 계산에 있어서 1월 미만의 월수는 이를 산입하지 아니한다. (2006. 2. 9. 개정)
감면된 세액×(1 - 경과월수/36)×감면당시의 외국투자가 소유의 주식 등에 대한 양도주식 등의 비율(이하 이 장에서 "주식양도비율"이라 한다)

② 삭　제 (2013. 2. 15.)
③ 법 제121조의 5 제1항에서 "대통령령으로 정하는 바에 따라 계산한 이자상당가산액"이란 제1항의 규정에 따른 감면세액에 제1호의 규정에 따른 기간과 제2호의 규정에 따른 율을 곱하여 계산한 금액으로 한다. (2010. 2. 18. 개정)
1. 감면받은 과세연도의 과세표준신고일의 다음날부터 법 제121조의 5의 사유가 발생한 날이 속하는 과세연도의 과세표준 신고일까지의 기간 (2006. 2. 9. 신설)
2. 제11조의 2 제9항 제2호에 따른 율 (2022. 2. 15. 개정)
④ 제1항 각 호에 따른 세액은 해당 기준일부터 소급하여 5년이 되는 날이 속하는 과세연도 및 그 이후의 과세연도의 소득에 대하여 감면된 세액을 말한다. (2013. 2. 15. 신설)
⑤ 법 제121조의 5 제1항 각 호의 사유가 동시에 발생하는 경우 제1항 각 호의 세액이 큰 사유를 적용하고 순차적으로 발생하는 경우에는 감면받은 세액의 범위에서 발생순서에 따라 먼저 발생한 사유부터 순차적으로 적용한다. (2013. 2. 15. 신설)

　제116조의 8 【관세 등의 추징】 ① 법 제121조의 5 제2항에 따른 관세·개별소비세 및 부가가치세의 추징은 다음 각 호의 기준에 의한다. (2009. 2. 4. 개정)
1. 법 제121조의 5 제2항 제1호 및 제4호의 경우 : 말소일 또는 폐업일부터 소급하여 3년(개별소비세 및 부가가치세의 경우에는 5년) 이내에 감면된 세액 추징 (2007. 12. 31. 개정 ; 특별소비세법 시행령 부칙)

3. 외국투자가가 이 법에 따라 소유하는 주식등을 대한민국 국민 또는
   대한민국 법인에 양도하는 경우 (2010. 1. 1. 개정)
4. 해당 외국인투자기업이 폐업하는 경우 (2010. 1. 1. 개정)
5. 외국인투자기업이 외국인투자신고 후 5년(고용 관련 조세감면기준
   은 3년)이내에 출자목적물의 납입 및 「외국인투자 촉진법」 제2조
   제1항 제4호 나목에 따른 장기차관의 도입 또는 고용인원이 제121
   조의 2 제1항에 따른 조세감면기준에 미달하는 경우 (2016. 12. 20.
   개정)

③ 지방자치단체의 장은 다음 각 호의 어느 하나에 해당하는 경우에
는 대통령령으로 정하는 바에 따라 제121조의 2 제4항·제5항 및
제12항에 따라 감면된 취득세 및 재산세를 추징한다. 이 경우 제1호
에 해당하는 경우에는 그 미달된 비율에 상응하는 금액에 해당하는
세액을 추징한다. (2010. 12. 27. 개정)
1. 제121조의 2 제5항 및 제12항에 따라 조세가 감면된 후 외국투자가
   의 주식등의 비율이 감면 당시의 주식등의 비율에 미달하게 된 경우
   (2010. 1. 1. 개정)
2. 제121조의 2 제4항 및 제12항에 따라 조세가 감면된 후 외국투자가
   가 이 법에 따라 소유하는 주식등을 대한민국 국민 또는 대한민국
   법인에 양도하는 경우 (2010. 1. 1. 개정)
3. 「외국인투자 촉진법」에 따라 등록이 말소된 경우 (2010. 1. 1. 개정)
4. 해당 외국인투자기업이 폐업하는 경우 (2010. 1. 1. 개정)

2. 법 제121조의 5 제2항 제2호의 경우 : 「관세법」에 의한 수입신고수
   리일부터 3년(개별소비세 및 부가가치세의 경우에는 5년)이내에 신
   고된 목적외에 사용하거나 처분하는 자본재에 대하여 감면된 세액
   추징 (2007. 12. 31. 개정 ; 특별소비세법 시행령 부칙)
3. 법 제121조의 5 제2항 제3호의 경우 : 외국투자가가 관세 등의 면
   제일부터 3년 이내에 법에 의하여 소유하는 주식 등을 양도하는
   경우 외국투자가의 주식등의 양도 후 잔여 출자금액 범위를 초과
   하는 자본재에 대하여 감면된 세액추징(주식양도일에 가까운 날
   감면받은 세액부터 추징한다) (2013. 2. 15. 개정)
4. 법 제121조의 5 제2항 제5호의 경우 : 외국인투자신고 후 5년(고용
   과 관련된 조세감면기준에 미달하는 경우에는 3년)이 경과한 날부
   터 소급하여 5년(고용과 관련된 조세감면기준에 미달하는 경우에
   는 3년) 이내에 감면된 세액 추징 (2010. 2. 18. 개정)
② 제1항에 따른 추징관세액의 계산에 관하여는 「관세법」 제100조 제
2항을 준용한다. (2013. 2. 15. 개정)
③ 「관세법」 제100조 제2항의 규정은 제1항의 규정에 의한 추징관세액의 계산에 관하
여 이를 준용한다. (2005. 2. 19. 개정)
③ 삭　제 (2013. 2. 15.)

　　제116조의 9【취득세 등의 추징】① 법 제121조의 5 제3항의
규정에 의한 취득세 및 재산세의 추징은 다음 각 호의 기준에 의한다.
(2013. 2. 15. 개정)
1. 법 제121조의 5 제3항 제1호 및 제2호의 경우 : 주식 등의 비율의
   미달일 또는 양도일부터 소급하여 5년 이내에 감면된 취득세 및 재
   산세의 세액에 그 미달비율 또는 양도비율을 곱하여 산출한 세액을
   각각 추징 (2010. 12. 30. 개정)
2. 법 제121조의 5 제3항 제3호 및 제4호의 경우 : 제116조의 7 제1항
   제1호의 규정을 준용하여 감면된 취득세 및 재산세를 각각 추징
   (2010. 12. 30. 개정)
3. 법 제121조의 5 제3항 제5호의 경우 : 외국인투자신고 후 5년(고용
   과 관련된 조세감면기준에 미달하는 경우에는 3년)이 경과한 날부
   터 소급하여 5년(고용과 관련된 조세감면기준에 미달하는 경우에는

5. 외국인투자기업이 외국인투자신고 후 5년(고용 관련 조세감면기준
은 3년)이내에 출자목적물의 납입 및 「외국인투자 촉진법」 제2조
제1항 제4호 나목에 따른 장기차관의 도입 또는 고용인원이 제121
조의 2 제1항에 따른 조세감면기준에 미달하는 경우 (2016. 12. 20.
개정)

④ 제1항부터 제3항까지의 규정에 따라 추징할 세액의 범위, 여러 추
징사유에 해당하는 경우의 적용방법 등 그 밖에 필요한 사항은 대통
령으로 정한다. (2013. 1. 1. 개정)

⑤ 다음 각 호의 어느 하나에 해당하는 경우에는 제1항부터 제3항까지
의 규정에도 불구하고 대통령령으로 정하는 바에 따라 그 감면된 세액
을 추징하지 아니할 수 있다. (2010. 1. 1. 개정)

1. 외국인투자기업이 합병으로 인하여 해산됨으로써 외국인투자기업의
등록이 말소된 경우 (2010. 1. 1. 개정)

2. 제121조의 3에 따라 관세 등을 면제받고 도입되어 사용 중인 자본
재를 천재지변이나 그 밖의 불가항력적인 사유가 있거나 감가상각,
기술의 진보, 그 밖에 경제여건의 변동 등으로 그 본래의 목적에 사
용할 수 없게 되어 기획재정부장관의 승인을 받아 본래의 목적 외의
목적에 사용하거나 처분하는 경우 (2010. 1. 1. 개정)

3. 「자본시장과 금융투자업에 관한 법률」에 따라 해당 외국인투자기업
을 공개하기 위하여 주식 등을 대한민국국민 또는 대한민국 법인에
양도하는 경우 (2010. 1. 1. 개정)

4. 「외국인투자 촉진법」에 따라 시·도지사가 연장한 이행기간 내에
출자목적물을 납입하여 해당 조세감면기준을 충족한 경우 (2014.
12. 23. 신설)

5. 그 밖에 조세감면의 목적을 달성하였다고 인정되는 경우로서 대통
령령으로 정하는 경우 (2014. 12. 23. 호번개정)

⑥ 제121조의 2 제8항에 따라 감면결정을 받은 외국인투자기업이 제
1항 각 호(제4호는 제외한다), 제2항 각 호(제2호 및 제3호는 제외한
다) 또는 제3항 각 호(제1호 및 제2호는 제외한다)의 어느 하나에 해
당하는 경우에는 대통령령으로 정하는 바에 따라 해당 과세연도와 남
은 감면기간 동안 제121조의 2부터 제121조의 4까지의 규정에 따른

3년) 이내에 감면된 취득세 및 재산세를 각각 추징 (2010. 12. 30.
개정)

② 법 제121조의 5 제3항 각 호의 사유가 동시에 발생하거나 순차적으
로 발생하는 경우에는 제116조의 7 제5항을 준용한다. (2013. 2. 15.
신설)

　　　제116조의 10【조세추징의 면제】 (2006. 2. 9. 제목개정)

① 법 제121조의 5 제5항에 따라 법 제121조의 5 제5항 제1호 또는
제3호부터 제5호까지에 해당되는 경우에는 같은 조 제1항부터 제3항
까지에 규정된 조세의 추징을 하지 아니하며, 법 제121조의 5 제5항
제2호에 해당되는 경우에는 같은 조 제2항에 규정된 조세의 추징을 하
지 아니한다. (2015. 2. 3. 개정)

② 법 제121조의 5 제5항 제5호에서 "대통령령으로 정하는 경우"란
다음 각 호의 어느 하나에 해당하는 경우를 말한다. (2015. 2. 3. 개정)

1. 법 제121조의 2 제1항 제1호에 따른 신성장동력산업기술을 수반하
는 사업에 투자한 외국투자가가 그 감면사업 또는 소유주식등을 대
한민국국민 또는 대한민국법인에게 양도한 경우로서 해당 기업이
그 신성장동력산업기술을 수반하는 사업에서 생산되거나 제공되는
제품 또는 서비스를 국내에서 자체적으로 생산하는 데 지장이 없다

감면을 적용하지 아니한다. (2013. 1. 1. 신설)

　　제121조의 6【기술도입대가에 대한 조세면제】삭 제 (2010. 1. 1.)

고 기획재정부장관이 확인하는 경우 (2017. 2. 7. 개정)

2. 외국투자가가 소유하는 주식 등을 다른 법령이나 정부의 시책에 따라 대한민국국민 또는 대한민국법인에게 양도한 경우로서 기획재정부장관이 확인하는 경우 (2008. 2. 29. 직제개정 ; 기획재정부와~직제 부칙)

3. 경제자유구역개발사업시행자가 경제자유구역의 개발사업을 완료한 후 법 제121조의 5 제1항부터 제3항까지의 규정에 따른 조세의 추징사유가 발생한 경우 (2014. 9. 11. 개정)

4. 제주투자진흥지구개발사업시행자가 제주투자진흥지구의 개발사업을 완료한 후 법 제121조의 5 제1항부터 제3항까지의 규정에 따른 조세의 추징사유가 발생한 경우 (2014. 9. 11. 개정)

5. 기업도시개발사업시행자가 기업도시개발구역의 개발사업을 완료한 후 법 제121조의 5 제1항부터 제3항까지의 규정에 따른 조세의 추징사유가 발생한 경우 (2014. 9. 11. 개정)

6. 새만금사업지역개발사업시행자가 새만금사업지역의 개발사업을 완료한 후 법 제121조의 5 제1항부터 제3항까지에 따른 조세의 추징사유가 발생한 경우 (2015. 2. 3. 개정)

7. 외국투자가가 소유하는 주식등을 대한민국 국민 또는 법인에 양도한 후 양도받은 대한민국 국민 또는 법인이 7일 이내에 다른 외국투자가에게 양도한 경우로서 당초 사업을 계속 이행하는 데 지장이 없다고 기획재정부장관이 확인하는 경우 (2016. 5. 10. 신설)

③ 제2항 제1호, 제2호 및 제7호에 따른 확인을 받으려는 자는 감면사업 또는 주식 및 지분의 양도일부터 2개월 이내에 조세추징 면제사유를 증명할 수 있는 서류를 첨부하여 조세추징면제여부 확인신청서를 기획재정부장관에게 제출하여야 한다. (2016. 5. 10. 개정)

관련법령 ≫

규칙 61조 1항 71호의 2 ⇒ 조세추징면제여부 확인신청서(별지 70호의 2 서식)

④ 기획재정부장관은 제3항에 따른 조세추징면제여부 확인신청서를 제출받은 때에는 주무부장관과 협의하여 조세추징면제여부를 확인하

할하는 세관장 및 지방자치단체의 장에게 이를 지체없이 통보하여야 한다. (2013. 3. 23. 직제개정 ; 기획재정부와~직제 부칙)

⑤ 법 제121조의 5 제6항을 적용하는 경우 해당 과세연도 개시일부터 해당 사유가 발생한 날까지의 기간을 포함한 해당 과세연도와 남은 감면기간에 대하여는 법 제121조의 2부터 제121조의 4까지에 따른 감면을 적용하지 아니하고, 해당 사유가 발생한 날 이후부터 남은 감면기간 동안 법 제121조의 2 제1항 각 호 외의 부분에 따른 조세감면기준을 충족하거나 「외국인투자 촉진법」 제28조 제5항에 따른 시정명령을 이행한 경우에도 또한 같다. (2013. 2. 15. 신설)

제116조의 12 【기술도입대가에 대한 조세면제 기준 등】삭제 (2020. 2. 18.)

고 신청서를 제출받은 날부터 30일 이내에 그 결과를 신청인에게 통지하여야 한다. 다만, 부득이한 사정이 있을 때에는 30일의 범위에서 그 처리기간을 연장할 수 있으며, 이 경우 그 사유와 처리기간을 신청인에게 통지하여야 한다. (2014. 9. 11. 개정)

⑤ 기획재정부장관은 제4항에 따라 조세추징면제여부를 확인한 때에는 그 사실을 행정안전부장관·국세청장·관세청장 및 해당 외국인투자기업의 사업장을 관할하는 지방자치단체의 장에게 통보해야 한다. (2020. 2. 11. 개정)

제116조의 11 【조세추징사유의 통보 등】① 기획재정부장관·산업통상자원부장관·세무서장·세관장 및 지방자치단체의 장과 「외국인투자촉진법 시행령」 제40조 제2항의 규정에 의하여 산업통상자원부장관의 권한을 위탁받은 대한무역투자진흥공사의 장 및 외국환은행의 장은 법 제121조의 5 제1항 내지 제3항의 규정에 의한 조세의 추징사유가 발생한 사실을 안 때에는 이를 지체없이 해당 추징권자에게 통보하여야 한다. (2013. 3. 23. 직제개정 ; 기획재정부와~직제 부칙)

② 산업통상자원부장관·세무서장·세관장 및 지방자치단체의 장과 「외국인투자촉진법 시행령」 제40조 제2항에 따라 산업통상자원부장관의 권한을 위탁받은 대한무역투자진흥공사의 장 및 외국환은행의 장은 제1항에 따라 추징사유발생을 통보하거나 법 제121조의 5 제1항부터 제3항까지의 규정에 따라 조세의 추징을 한 경우에는 그 사실을 지체 없이 기획재정부장관 및 행정안전부장관에게 통보 또는 보고해야 한다. (2020. 2. 11. 개정)

③ 법 제121조의 5 제1항 제5호·동조 제2항 제4호 및 동조 제3항 제4호의 규정에 의한 외국인투자기업의 폐업일은 「부가가치세법」 제8조 제6항 및 제7항에 따른 폐업일과 말소일 중 빠른 날로 한다. (2013. 6. 28. 개정 ; 부가가치세법 시행령 부칙)

④ 세무서장은 외국인투자기업의 폐업일을 확인한 때에는 기획재정부장관 및 산업통상자원부장관에게 보고하고, 「외국인투자촉진법 시행령」 제40조 제2항의 규정에 의하여 당해 외국인투자기업의 사후관리를 위탁받은 수탁기관의 장과 당해 외국인투자기업의 사업장을 관

제121조의 7【권한의 위임 등】기획재정부장관은 대통령령으로 정하는 바에 따라 이 장의 규정에 따른 권한의 일부를 국세청장, 관세청장, 그 밖에 대통령령으로 정하는 외국인투자 관련 기관의 장에게 위임하거나 위탁할 수 있다. (2010. 1. 1. 개정)

편주 ▶ ···
외국인투자에 대한 조세감면규정 : 기획재정부고시 제2017-10호, 2017. 4. 4.

제5 장의 2　제주국제자유도시 육성을 위한 조세특례 (2002. 4. 20 신설)

제121조의 8【제주첨단과학기술단지 입주기업에 대한 법인세 등의 감면】① 「제주특별자치도 설치 및 국제자유도시 조성을 위한 특별법」제161조에 따라 지정된 제주첨단과학기술단지(이하 이 장에서 "제주첨단과학기술단지"라 한다)에 2025년 12월 31일까지 입주한 기업이 생물산업, 정보통신산업 등 대통령령으로 정하는 사업(이하 이 조에서 "감면대상사업"이라 한다)을 하는 경우 감면대상사업에서 발생한 소득에 대하여 사업개시

제116조의 13【권한의 위탁】① 기획재정부장관은 법 제121조의 2 및 제121조의 4에 따른 조세감면신청·감면내용변경신청 또는 사전확인신청의 접수 및 그 감면, 감면내용변경 또는 감면대상 해당 여부 결정을 위한 협의절차에 관한 권한을 「외국인투자 촉진법 시행령」제40조 제2항에 따른 대한무역투자진흥공사의 장 및 외국환은행의 장에게 위탁할 수 있다. 이 경우 기획재정부장관은 위탁한 기관을 정하여 고시하여야 한다. (2016. 2. 5. 개정)

② 기획재정부장관은 자유무역지역에서의 외국인투자에 대하여는 법 제121조의 2 및 법 제121조의 4의 규정에 의한 조세감면신청·감면내용변경신청 또는 사전확인신청의 접수, 조세감면·감면내용변경·감면대상 해당여부의 결정 및 통지에 관한 권한을 관리권자에게 위탁한다. (2008. 2. 29. 직제개정 ; 기획재정부와~직제 부칙)

③ 제1항 및 제2항에 따라 권한을 위탁받은 주무부장관, 관리권자 등은 위탁받은 사무의 처리내용을 기획재정부장관에게 통보하여야 하며, 제1항에 따라 대한무역투자진흥공사 및 외국환은행의 장이 조세감면신청·감면내용변경신청 또는 사전확인신청을 접수한 경우 지체 없이 기획재정부장관에게 송부하여야 한다. (2013. 2. 15. 개정)

④ 기획재정부장관은 제1항 및 제2항에 따른 위탁사무의 처리에 관하여 필요한 세부사항을 정할 수 있다. (2013. 2. 15. 개정)

제5 장의 2　제주국제자유도시 육성을 위한 조세특례 (2002. 4. 20 신설)

제116조의 14【제주첨단과학기술단지 입주기업에 대한 법인세 등의 감면】① 법 제121조의 8 제1항에서 "생물산업·정보통신산업 등 대통령령으로 정하는 사업"이란 다음 각호의 산업을 영위하는 사업을 말한다. (2010. 2. 18. 개정)
1. 「생명공학육성법」제2조 제1호에 따른 생명공학과 관련된 산업(종자 및 묘목생산업, 수산물부화 및 수산종자생산업을 포함한다)

일 이후 그 사업에서 최초로 소득이 발생한 과세연도(사업개시일부터 5년이 되는 날이 속하는 과세연도까지 해당 사업에서 소득이 발생하지 아니한 경우에는 5년이 되는 날이 속하는 과세연도)의 개시일부터 3년 이내에 끝나는 과세연도에는 법인세 또는 소득세의 100분의 100에 상당하는 세액을 감면하고, 그 다음 2년 이내에 끝나는 과세연도에는 법인세 또는 소득세의 100분의 50에 상당하는 세액을 감면한다. (2023. 12. 31. 개정)

② 제1항이 적용되는 감면기간 동안 감면받는 소득세 또는 법인세의 총합계액은 제1호와 제2호의 금액을 합한 금액을 한도(이하 이 조에서 "감면한도"라 한다)로 한다. (2018. 12. 24. 개정)

1. 대통령령으로 정하는 투자누계액의 100분의 50 (2010. 12. 27. 신설)

2. 해당 과세연도의 제주첨단과학기술단지 사업장(이하 이 조에서 "감면대상사업장"이라 한다)의 상시근로자 수 × 1천5백만원[청년 상시근로자와 대통령령으로 정하는 서비스업(이하 이 조에서 "서비스업"이라 한다)을 하는 감면대상사업장의 상시근로자의 경우에는 2천만원] (2018. 12. 24. 개정)

3. 다음 각 목의 금액 중 적은 금액 (2016. 12. 20. 신설)
　가. 해당 과세연도의 감면대상사업장의 상시근로자 수 × 2천만원 (2016. 12. 20. 신설)
　나. 제1호의 투자누계액의 100분의 100 (2016. 12. 20. 신설)

3. 삭　제 (2018. 12. 24.)

③ 제1항에 따라 각 과세연도에 감면받을 소득세 또는 법인세에 대하여 감면한도를 적용할 때에는 제2항 제1호의 금액을 먼저 적용한 후 같은 항 제2호의 금액을 적용한다. (2010. 12. 27. 신설)

④ 제2항 제2호를 적용받아 소득세 또는 법인세를 감면받은 기업이 감면받은 과세연도 종료일부터 2년이 되는 날이 속하는 과세연도 종료일까지의 기간 중 각 과세연도의 감면대상사업장의 상시근로자 수가 감면받은 과세연도의 상시근로자 수보다 감소한 경우에는 대통령령으로 정하는 바에 따라 감면받은 세액에 상당하는 금액을 소득세 또는 법인세로 납부하여야 한다. (2018. 12. 24. 개정)

⑤ 제2항 및 제4항을 적용할 때 상시근로자 및 청년 상시근로자의 범위, 상시근로자 수의 계산방법, 그 밖에 필요한 사항은 대통령령으로 정한다. (2018. 12. 24. 개정)

⑥ 제1항에 따라 소득세 또는 법인세를 감면받은 기업이 다음 각 호의

(2020. 11. 20. 개정 ; 생명공학육성법 시행령 부칙)

2. 「정보통신산업 진흥법」 제2조 제2호에 따른 정보통신산업(2009. 8. 18. 개정 ; 정보통신산업 진흥법 시행령 부칙)

3. 「정보통신망 이용촉진 및 정보보호 등에 관한 법률」 제2조 제1항 제2호에 따른 정보통신서비스를 제공하는 산업 (2012. 2. 2. 신설)

4. 「산업발전법」 제5조 제1항의 규정에 의하여 산업통상자원부장관이 고시한 첨단기술 및 첨단제품과 관련된 산업 (2013. 3. 23. 직제개정 ; 기획재정부와∼직제 부칙)

② 법 제121조의 8 제2항 제1호에서 "대통령령으로 정하는 투자누계액"이란 법 제121조의 8 제1항에 따라 법인세 또는 소득세를 감면받는 해당 과세연도까지의 기획재정부령으로 정하는 사업용자산에 대한 투자 합계액을 말한다. (2010. 12. 30. 신설)

③ 법 제121조의 8 제4항에 따라 납부해야 할 소득세액 또는 법인세액은 다음의 계산식에 따라 계산한 금액(그 수가 음수이면 영으로 보고, 감면받은 과세연도 종료일 이후 2개 과세연도 연속으로 상시근로자 수가 감소한 경우에는 두 번째 과세연도에는 첫 번째 과세연도에 납부한 금액을 뺀 금액을 말한다)으로 하며, 이를 상시근로자 수가 감소한 과세연도의 과세표준을 신고할 때 소득세 또는 법인세로 납부해야 한다. (2023. 2. 28. 개정)

어느 하나에 해당하는 경우에는 그 사유가 발생한 과세연도의 과세표
준신고를 할 때 대통령령으로 정하는 바에 따라 계산한 세액을 소득세
또는 법인세로 납부하여야 한다. 이 경우 제12조의 2 제8항의 이자상
당가산액 등에 관한 규정을 준용한다. (2021. 12. 28. 신설)
1. 감면대상사업장의 사업을 폐업하거나 법인이 해산한 경우. 다만, 법
   인의 합병·분할 또는 분할합병으로 인한 경우는 제외한다. (2021.
   12. 28. 신설)
2. 감면대상사업장을 제주첨단과학기술단지 외의 지역으로 이전한 경
   우 (2021. 12. 28. 신설)
⑦ 제1항을 적용받으려는 자는 대통령령으로 정하는 바에 따라 그 감
면신청을 하여야 한다. (2021. 12. 28. 항번개정)
⑧ 제2항 제2호에 따라 서비스업에 대한 한도를 적용받는 기업은 제
143조를 준용하여 서비스업과 그 밖의 사업을 각각 구분하여 경리하여
야 한다. (2021. 12. 28. 항번개정)

　　　제121조의 9【제주투자진흥지구 또는 제주자유무역지역 입주
기업에 대한 법인세 등의 감면】① 다음 각 호의 어느 하나에 해당하
는 사업(이하 이 조, 제121조의 11 및 제121조의 12에서 "감면대상사
업"이라 한다)을 하기 위한 투자로서 대통령령으로 정하는 기준에 해
당하는 투자의 경우에 대해서는 제2항 및 제4항부터 제7항까지의 규정

해당 기업의 상시근로자 수가 감소한 과세연도의 직전 2년 이내의
과세연도에 법 제121조의 8 제2항 제2호를 적용하여 감면받은 세
액의 합계액 − [상시근로자 수가 감소한 과세연도의 감면대상사
업장의 상시근로자 수 × 1천5백만원(청년 상시근로자와 법 제121
조의 8 제2항 제2호의 서비스업의 경우에는 2천만원으로 한다)]

④ 법 제121조의 8 제2항 및 제4항을 적용할 때 상시근로자 및 청년
상시근로자의 범위, 상시근로자 수 및 청년 상시근로자 수의 계산방법에
관하여는 제11조의 2 제6항 및 제7항을 준용한다. (2023. 2. 28. 개정)
⑤ 법 제121조의 8 제1항의 규정에 의하여 법인세 또는 소득세를 감
면받고자 하는 자는 과세표준신고와 함께 기획재정부령이 정하는 세
액감면신청서를 납세지 관할세무서장에게 제출하여야 한다. (2010.
12. 30. 항번개정)

관계조문 ▶
규칙 61조 1항 3호 ⇒ 세액감면(면제)신청서(별지 2호 서식)

⑥ 법 제121조의 8 제2항 제2호에서 "대통령령으로 정하는 서비스업"이
란 제23조 제4항에 따른 서비스업을 말한다. (2019. 2. 12. 개정)
⑦ 법 제121조의 8 제6항 각 호 외의 부분 전단에서 "대통령령으로
정하는 바에 따라 계산한 세액"이란 다음 각 호의 구분에 따른 세액을
말한다. (2022. 2. 15. 신설)
1. 법 제121조의 8 제6항 제1호에 해당하는 경우 : 폐업일 또는 법인
   해산일부터 소급하여 3년 이내에 감면된 세액 (2022. 2. 15. 신설)
2. 법 제121조의 8 제6항 제2호에 해당하는 경우 : 이전일부터 소급하
   여 5년 이내에 감면된 세액 (2022. 2. 15. 신설)

　　　제116조의 15【제주투자진흥지구 또는 제주자유무역지역 입주
기업에 대한 법인세 등의 감면】① 법 제121조의 9 제1항 제1호에 따
라 법인세 및 소득세를 감면하는 투자는 다음 각 호의 어느 하나에 해당
하는 투자를 말한다. (2016. 1. 22. 개정 ; 제주특별자치도~시행령 부칙)
1. 투자금액이 미합중국화폐 2천만달러 이상으로서 다음 각 목의 어

느 하나에 해당하는 사업을 경영하기
위한 시설을 새로 설치하는 경우
(2016. 1. 22. 개정 ; 제주특별자치
도~시행령 부칙)
가. 「관광진흥법 시행령」 제2조 제1항
    제2호에 따른 관광호텔업·수상관
    광호텔업·한국전통호텔업. 다만,
    「관광진흥법」 제3조 제1항 제5호
    에 따른 카지노업 및 「관세법」 제
    196조에 따른 보세판매장을 경영
    하는 사업은 제외한다. (2021. 2.
    17. 개정)
나. 「관광진흥법 시행령」 제2조 제1항
    제3호에 따른 전문휴양업·종합휴
    양업·관광유람선업·관광공연장
    업. 다만, 전문휴양업과 종합휴양
    업 중 「관광진흥법」 제3조 제1항
    제2호 나목에 따른 휴양 콘도미니
    엄업 및 「체육시설의 설치·이용
    에 관한 법률」 제10조 제1항 제1
    호에 따른 골프장업은 제외한다.
    (2021. 2. 17. 단서개정)
다. 「관광진흥법 시행령」 제2조 제1항
    제4호에 따른 국제회의시설업
    (2016. 1. 22. 개정 ; 제주특별자
    치도~시행령 부칙)
라. 「관광진흥법 시행령」 제2조 제1항
    제5호에 따른 종합유원시설 (2016.
    1. 22. 개정 ; 제주특별자치도~시
    행령 부칙)

☞ p.1814 2단 연결

에 따라 법인세 또는 소득세를 감면한다. (2015. 12. 15. 개정)

1. 「제주특별자치도 설치 및 국제자유도시 조성을 위한 특별법」 제162조에 따라 지정되는 제주투자진흥지구(이하 이 장에서 "제주투자진흥지구"라 한다)에 2025년 12월 31일까지 입주하는 기업이 해당 구역의 사업장에서 하는 사업 (2023. 12. 31. 개정)

2. 「자유무역지역의 지정 및 운영에 관한 법률」 제4조에 따라 제주특별자치도에 지정되는 자유무역지역(이하 이 장에서 "제주자유무역지역"이라 한다)에 2021년 12월 31일까지 입주하는 기업이 해당 구역의 사업장에서 하는 사업 (2018. 12. 24. 개정)

3. 제주투자진흥지구의 개발사업시행자가 제주투자진흥지구를 개발하기 위하여 기획, 금융, 설계, 건축, 마케팅, 임대, 분양 등을 일괄적으로 수행하는 개발사업 (2010. 1. 1. 개정)

② 제1항 각 호의 어느 하나에 해당하는 감면대상사업에서 발생한 소득에 대해서는 사업개시일 이후 그 감면대상사업에서 최초로 소득이 발생한 과세연도(사업개시일부터 5년이 되는 날이 속하는 과세연도까지 그 사업에서 소득이 발생하지 아니한 경우에는 5년이 되는 날이 속하는 과세연도)의 개시일부터 3년 이내에 끝나는 과세연도에는 제1항 제1호 및 제2호의 경우 법인세 또는 소득세의 100분의 100에 상당하는 세액을, 제1항 제3호의 경우 법인세 또는 소득세의 100분의 50에 상당하는 세액을 각각 감면하고, 그 다음 2년 이내에 끝나는 과세연도에는 제1항 제1호 및 제2호의 경우 법인세 또는 소득세의 100분의 50에 상당하는 세액을, 제1항 제3호의 경우 법인세 또는 소득세의 100분의 25에 상당하는 세액을 각각 감면한다. (2020. 6. 9. 개정 ; 법률용어~법률)

③ 제1항 제1호 및 제2호에 따른 감면대상사업을 하기 위하여 취득·보유하는 재산에 대해서는 다음 각 호의 구분에 따라 취득세 및 재산세를 감면하거나 그 과세표준에서 일정 금액을 공제한다. 다만, 지방자치단체의 조례로 정하는 바에 따라 감면기간 또는 공제기간을 10년까지 연장하거나 연장한 기간의 범위에서 감면비율 또는 공제비율을 높인 경우에는 그 기간 및 비율에 따른다. (2010. 12. 27. 개정)

1. 취득세는 세액 전액을 각각 감면 (2010. 12. 27. 개정)

2. 재산세는 사업개시일부터 3년 동안은 세액 전액을, 그 다음 2년 동안은 100분의 50에 상당하는 세액을 각각 감면 (2010. 1. 1. 개정)

3. 토지에 대한 재산세는 사업개시일부터 3년 동안은 해당 재산의 과세표준 전액에 상당하는 금액을, 그 다음 2년 동안은 100분의 50에 상당하는 금액을 각각 과세표준에서 공제 (2010. 1. 1. 개정)

마. 「관광진흥법 시행령」 제2조 제1항 제6호에 따른 관광식당업 (2016. 1. 22. 개정 ; 제주특별자치도~시행령 부칙)

바. 「마리나항만의 조성 및 관리 등에 관한 법률」 제2조 제5호에 따른 마리나업 (2021. 2. 17. 신설)

2. 투자금액이 미합중국화폐 500만달러 이상으로서 다음 각 목의 어느 하나에 해당하는 사업을 경영하기 위한 시설을 새로 설치하는 경우 (2016. 1. 22. 개정 ; 제주특별자치도~시행령 부칙)

가. 「문화산업진흥 기본법」 제2조 제1호에 따른 문화산업 (2016. 1. 22. 개정 ; 제주특별자치도~시행령 부칙)

나. 「노인복지법」 제31조에 따른 노인복지시설을 운영하는 사업 (2016. 1. 22. 개정 ; 제주특별자치도~시행령 부칙)

다. 「청소년활동 진흥법」 제10조 제1호에 따른 청소년수련시설을 운영하는 사업 (2016. 1. 22. 개정 ; 제주특별자치도~시행령 부칙)

라. 「궤도운송법」 제2조 제7호에 따른 궤도사업 (2016. 1. 22. 개정 ; 제주특별자치도~시행령 부칙)

마. 「신에너지 및 재생에너지 개발·이용·보급 촉진법」 제2조 제1호 및 제2호에 따른 신에너지·재생에너지를 이용하여 전기를 생산하는 사업 (2016. 1. 22. 개정 ; 제주특별자치도~시행령 부칙)

바. 「제주특별자치도 설치 및 국제자유도시 조성을 위한 특별법」 제216조에 따른 자율학교, 같은 법 제217조에 따른 국제고등학교, 같은 법 제220조에 따른 외국교육기관 및 같은 법 제223조에 따른 국제학교 (2016. 1. 22. 개정 ; 제주특별자치도~시행령 부칙)

사. 「제주특별자치도 설치 및 국제자유도시 조성을 위한 특별법」 제307조에 따른 외국의료기관과 「의료법」 제33조에 따라 개설된 의료기관(의원, 치과의원, 한의원 및 조산원은 제외한다) (2016. 1. 22. 개정 ; 제주특별자치도~시행령 부칙)

아. 「건축법 시행령」 별표 1 제10호 나목에 따른 교육원(연수원, 그 밖에 이와 비슷한 것을 포함한다) (2016. 1. 22. 개정 ; 제주특별자치도~시행령 부칙)

자. 「산업발전법」 제5조에 따른 첨단기술을 활용한 산업 (2022. 2. 15. 개정)

차. 「보건의료기술 진흥법」 제2조 제1항 제1호에 따른 보건의료기술에 관한 연구개발사업과 기술정보 제공, 컨설팅, 시험·분석 등을 통한 보건의료기술에 관한 연구개발을 지원하는 연구개발서비스업 (2016. 1. 22. 개정 ; 제주특별자치도~시행령 부칙)

카. 「산업집적활성화 및 공장설립에 관한 법률」에 따른 공장에서 경영하는 식료품 제조업과 음료 제조업 (2024. 2. 29. 개정)

편주 ▶

2024. 2. 29. 전에 제주투자진흥지구에 식료품 제조업 또는 음료 제조업을 경영하기 위한 시설을 새로 설치한 경우에는 영 116조의 15 제1항 2호 카목의 개정규정에도 불구하고 종전의 규정에 따름. (영 부칙 (2024. 2. 29.) 25조)

타. 「화장품법」에 따른 화장품 제조업 (2022. 2. 15. 신설)

파. 다음의 어느 하나에 해당하는 사업에 관한 연구개발업 (2022. 2. 15. 신설)

1) 「산업발전법」 제5조에 따른 첨단기술을 활용한 산업 (2022. 2. 15. 신설)

2) 「화장품법」에 따른 화장품제조업 (2022. 2. 15. 신설)

3) 식료품 제조업 (2022. 2. 15. 신설)

4) 음료 제조업 (2022. 2. 15. 신설)

☞ p.1815 2단 연결

③ 삭 제 (2015. 12. 15.)
④ 제2항이 적용되는 감면기간 동안 감면받는 소득세 또는 법인세의 총합계액은 제1호와 제2호의 금액을 합한 금액을 한도(이하 이 조에서 "감면한도"라 한다)로 한다. (2018. 12. 24. 개정)
1. 대통령령으로 정하는 투자누계액의 100분의 50 (2010. 12. 27. 신설)
2. 해당 과세연도의 제1항 각 호의 어느 하나에 해당하는 사업장(이하 이 조에서 "감면대상사업장"이라 한다)의 상시근로자 수 × 1천5백만원[청년 상시근로자와 대통령령으로 정하는 서비스업(이하 이 조에서 "서비스업"이라 한다)을 하는 감면대상사업장의 상시근로자의 경우에는 2천만원] (2018. 12. 24. 개정)
3. 다음 각 목의 금액 중 적은 금액 (2016. 12. 20. 신설)
   가. 해당 과세연도의 감면대상사업장의 상시근로자 수 × 2천만원 (2016. 12. 20. 신설)
   나. 제1호의 투자누계액의 100분의 100 (2016. 12. 20. 신설)
3. 삭 제 (2018. 12. 24.)
⑤ 제2항에 따라 각 과세연도에 감면받을 소득세 또는 법인세에 대하여 감면한도를 적용할 때에는 제4항 제1호의 금액을 먼저 적용한 후 같은 항 제2호의 금액을 적용한다. (2010. 12. 27. 신설)
⑥ 제4항 제2호를 적용받아 소득세 또는 법인세를 감면받은 기업이 감면받은 과세연도 종료일부터 2년이 되는 날이 속하는 과세연도 종료일까지의 기간 중 각 과세연도의 감면대상사업장의 상시근로자 수가 감면받은 과세연도의 상시근로자 수보다 감소한 경우에는 대통령령으로 정하는 바에 따라 감면받은 세액에 상당하는 금액을 소득세 또는 법인세로 납부하여야 한다. (2018. 12. 24. 개정)
⑦ 제4항 및 제6항을 적용할 때 상시근로자 및 청년 상시근로자의 범위, 상시근로자 수의 계산방법, 그 밖에 필요한 사항은 대통령령으로 정한다. (2018. 12. 24. 개정)
⑧ 제2항을 적용받으려는 자는 대통령령으로 정하는 바에 따라 그 감면신청을 하여야 한다. (2015. 12. 15. 개정)
⑨ 제4항 제2호에 따라 서비스업에 대한 한도를 적용받는 기업은 제143조를 준용하여 서비스업과 그 밖의 사업을 각각 구분하여 경리하여야 한다. (2018. 12. 24. 개정)

② 법 제121조의 9 제1항 제2호에 따라 법인세 및 소득세를 감면하는 투자는 다음 각 호의 어느 하나에 해당하는 것으로 한다. (2016. 2. 5. 개정)
1. 총사업비가 미합중국 화폐 1천만불 이상이고 해당 입주기업의 신규의 상시근로자 수가 100명 이상으로서 「자유무역지역의 지정 및 운영에 관한 법률」 제10조 제1항 제1호에 해당하는 사업을 영위하기 위한 시설을 새로이 설치하는 경우 (2019. 2. 12. 개정)
2. 총사업비가 미화 5백만불 이상으로서 「자유무역지역의 지정 및 운영에 관한 법률」 제10조 제1항 제5호에 해당하는 사업을 영위하기 위한 시설을 새로이 설치하는 경우 (2016. 2. 5. 개정)
③ 법 제121조의 9 제1항 제3호에 따라 법인세 및 소득세를 감면하는 투자는 총개발사업비가 1천억원 이상인 경우를 말한다. (2016. 1. 22. 개정 ; 제주특별자치도~시행령 부칙)
④ 법 제121조의 9 제4항 제1호에서 "대통령령으로 정하는 투자누계액"이란 법 제121조의 9 제2항에 따라 법인세 또는 소득세를 감면받는 해당 과세연도까지의 기획재정부령으로 정하는 사업용자산에 대한 투자 합계액을 말한다. (2010. 12. 30. 신설)
⑤ 법 제121조의 9 제4항 제2호에서 "대통령령으로 정하는 서비스업"이란 제23조 제4항에 따른 서비스업을 말한다. (2022. 2. 15. 항번개정)
⑥ 법 제121조의 9 제6항에 따라 납부해야 할 소득세액 또는 법인세액은 다음의 계산식에 따라 계산한 금액(그 수가 음수이면 영으로 보고, 감면받은 과세연도 종료일 이후 2개 과세연도 연속으로 상시근로자 수가 감소한 경우에는 두 번째 과세연도에는 첫 번째 과세연도에 납부한 금액을 뺀 금액을 말한다)으로 하며, 이를 상시근로자 수가 감소한 과세연도의 과세표준을 신고할 때 소득세 또는 법인세로 납부해야 한다. (2023. 2. 28. 개정)

> 해당 기업의 상시근로자 수가 감소한 과세연도의 직전 2년 이내의 과세연도에 법 제121조의 9 제4항 제2호를 적용하여 감면받은 세액의 합계액 － [상시근로자 수가 감소한 과세연도의 감면대상사업장의 상시근로자 수 × 1천5백만원(청년 상시근로자와 법 제121조의 9 제4항 제2호의 서비스업의 경우에는 2천만원으로 한다)]

⑦ 법 제121조의 9 제4항 및 제6항을 적용할 때 상시근로자 및 청년상시근로자의 범위, 상시근로자 수 및 청년 상시근로자 수의 계산방법에 관하여는 제11조의 2 제6항 및 제7항을 준용한다. (2023. 2. 28. 개정)
⑧ 제121조의 9 제2항의 규정에 의하여 법인세 또는 소득세를 감면받고자 하는 자는 과세표준신고와 함께 기획재정부령이 정하는 세액감면신청서를 납세지 관할 세무서장에게 제출하여야 한다. (2022. 2. 15. 항번개정)

관계조문

규칙 61조 1항 3호 ⇒ 세액감면(면제)신청서(별지 2호 서식)

제121조의 10 【제주첨단과학기술단지 입주기업 수입물품에 대한 관세의 면제】 ① 제주첨단과학기술단지 입주기업이 연구개발에 사용하기 위하여 2023년 12월 31일까지 수입하는 물품 중 대통령령으로 정하는 물품에 대해서는 관세를 면제한다. (2021. 12. 28. 개정)
② 제1항에 따라 관세를 면제받은 물품에 대해서는 제118조 제3항 및 제4항을 준용한다. (2010. 1. 1. 개정)
③ 세관장은 제121조의 8 제6항 각 호의 어느 하나에 해당하는 경우에는 대통령령으로 정하는 바에 따라 면제된 관세를 추징한다. (2021. 12. 28. 신설)

제121조의 11 【제주투자진흥지구 입주기업 수입물품에 대한 관세의 면제】 ① 제주투자진흥지구 입주기업이 감면대상사업에 직접 사용하기 위하여 2023년 12월 31일까지 수입하는 자본재(「외국인투자촉진법」 제2조 제1항 제9호에 따른 자본재를 말하며, 수리용 또는 개체용 물품은 제외한다) 중 대통령령으로 정하는 물품에 대해서는 관세를 면제한다. 다만, 「외국인투자촉진법」에 따라 외국투자가 또는 외국인투자기업이 외국인투자의 목적으로 수입하는 물품을 제외하고는 국내제작이 곤란한 물품만 해당한다. (2021. 12. 28. 개정)
② 제1항에 따라 관세를 면제받은 물품에 대해서는 제118조 제3항 및 제4항을 준용한다. (2010. 1. 1. 개정)

제121조의 12 【제주투자진흥지구 또는 제주자유무역지역 입주기업에 대한 감면세액의 추징】 ① 세무서장 또는 세관장은 다음 각 호의 어느 하나에 해당하는 경우에는 대통령령으로 정하는 바에 따라 제121조의 9 또는 제121조의 11에 따라 감면된 법인세·소득세 및 관세를 추징한다. (2015. 12. 15. 개정)
1. 「제주특별자치도 설치 및 국제자유도시 조성을 위한 특별법」 제163조에 따라 제주투자진흥지구의 지정이 해제된 경우 (2015. 7. 24. 개정 ; 제주특별자치도 설치 및~특별법 부칙)
2. 「자유무역지역의 지정 및 운영에 관한 법률」 제15조에 따라 입주계약이 해지된 경우 (2016. 1. 27. 개정 ; 자유무역 지역의~법률 부칙)
3. 해당 제주투자진흥지구 또는 제주자유무역지역 입주기업이 폐업한

제116조의 16 【제주첨단과학기술단지 등 입주기업 수입물품에 대한 관세의 면제】 ① 법 제121조의 10 제1항에서 "대통령령으로 정하는 물품"이란 「관세법」 제90조 제1항 제4호의 규정에 의하여 관세가 감면되는 물품을 말한다. (2013. 2. 15. 개정)
② 법 제121조의 10 제3항에서 "대통령령으로 정하는 바에 따라 면제된 관세"란 다음 각 호의 구분에 따른 세액을 말한다. (2022. 2. 15. 신설)
1. 법 제121조의 8 제6항 제1호에 해당하는 경우 : 폐업일 또는 법인해산일부터 소급하여 3년 이내에 감면된 세액 (2022. 2. 15. 신설)
2. 법 제121조의 8 제6항 제2호에 해당하는 경우 : 이전일부터 소급하여 5년 이내에 감면된 세액 (2022. 2. 15. 신설)
③ 법 제121조의 11 제1항에서 "대통령령으로 정하는 물품"이란 「제주특별자치도 설치 및 국제자유도시 조성을 위한 특별법」 제162조에 따라 제주투자진흥지구로 지정된 날부터 3년 이내에 수입신고되는 물품으로서 제주특별자치도지사가 확인한 물품을 말한다. (2022. 2. 15. 항번개정)

제116조의 17 【제주투자진흥지구 또는 제주자유무역지역 입주기업에 대한 감면세액의 추징】 ① 법 제121조의 12 제1항에 따른 법인세·소득세 및 관세의 추징은 다음 각 호의 기준에 따른다. (2016. 2. 5. 개정)
1. 법 제121조의 12 제1항 제1호 내지 제3호의 경우 : 지정해제일, 입주허가취소일 또는 폐업일부터 소급하여 3년 이내에 감면된 세액 추징 (2002. 4. 20 신설)
2. 법 제121조의 12 제1항 제4호 및 제5호의 경우 : 당해 사업용재산에 대하여 감면된 세액 추징 (2002. 4. 20 신설)
2. 삭 제 (2016. 2. 5.)
3. 법 제121조의 12 제1항 제6호의 경우 : 감면받은 세액 전액 추징

제51조의 7 【제주첨단과학기술단지 입주기업 수입물품 등에 대한 관세의 면제신청】 법 제121조의 10 및 제121조의 11에 따라 관세의 면제를 받으려는 자는 「관세법 시행령」 제112조에 따른 관세감면신청서에 다음 각 호의 어느 하나에 해당하는 서류를 첨부하여 세관장에게 제출하여야 한다. (2017. 3. 17. 개정)
1. 법 제121조의 10에 따라 관세의 면제를 받으려는 경우 해당 기업이 「제주특별자치도 설치 및 국제자유도시 조성을 위한 특별법」 제161조에 따른 제주첨단과학기술단지에 입주한 기업임을 증명하는 서류 (2017. 3. 17. 개정)
2. 법 제121조의 11에 따라 관세의 면제를 받으려는 경우 (2017. 3. 17. 개정)
　가. 영 제116조의 16 제2항의 규정에 의하여 제주특별자치도지사가 확인한 서류 (2017. 3. 17. 개정)
　나. 당해 물품이 국내제작이 곤란한 물품임을 당해 물품의 생산을 관장하는 중앙행정기관의 장 또는 중앙행정기관의 장이 지정한 자가 확인한 서류(외국투자가 또는 외국인투자기업이 외국인투자의 목적으로 수입하는 물품인 경우를 제외한다) (2002. 5. 17 신설)

경우 (2010. 1. 1. 개정)

4. 사업용 재산을 취득한 날부터 대통령령으로 정하는 정당한 사유 없이 3년 이내에 「제주특별자치도 설치 및 국제자유도시 조성을 위한 특별법」 제162조에 따른 제주투자진흥지구로 지정받지 못한 경우 (2015. 7. 24. 개정 ; 제주특별자치도 설치 및~특별법 부칙)

5. 사업용 재산을 사업개시일부터 대통령령으로 정하는 정당한 사유 없이 3년 이내에 감면대상사업에 직접 사용하지 아니하거나 임대·매각한 경우 (2014. 1. 1. 개정)

4.·5. 삭 제 (2015. 12. 15.)

6. 해당 감면대상사업에서 최초로 소득이 발생한 과세연도(사업개시일부터 3년이 되는 날이 속하는 과세연도까지 해당 사업에서 소득이 발생하지 아니한 경우에는 3년이 되는 날이 속하는 과세연도) 종료일 이후 2년 이내에 제121조의 9 제1항에 따른 조세감면기준에 해당하는 투자가 이루어지지 아니한 경우 (2010. 12. 27. 신설)

② 제1항 제6호에 해당하는 경우에는 해당 과세연도와 남은 감면기간 동안 제121조의 9 제2항을 적용하지 아니한다. (2010. 12. 27. 신설)

③ 제1항에 따라 추징할 세액의 범위는 대통령령으로 정한다. (2010. 12. 27. 항번개정)

제121조의 13 【제주도여행객면세점에 대한 간접세 등의 특례】

농특비

① 대통령령으로 정하는 제주도여행객(이하 이 조에서 "제주도여행객"이라 한다)이 「제주특별자치도 설치 및 국제자유도시 조성을 위한 특별법」 제255조에 따른 면세품판매장(이하 이 조에서 "지정면세점"이라 한다)에서 대통령령으로 정하는 물품(이하 이 조에서 "면세물품"이라 한다)을 구입하여 제주도 외의 다른 지역으로 휴대하여 반출하는 경우에는 그 물품에 대한 부가가치세, 개별소비세, 주세, 관세 및 담배소비세(이하 이 조에서 "부가가치세등"이라 한다)를 면제(부가가치세의 경우에는 영세율을 적용하는 것을 말한다. 이하 이 조에서 같다)한다. (2015. 7. 24. 개정 ; 제주특별자치도 설치 및~특별법 부칙)

관련법령 ▶▶

제주특별자치도여행객에 대한 면세점 특례 규정

② 지정면세점은 「관세법」 제174조에 따라 특허를 받은 보세판매장으

(2010. 12. 30 신설)

② 법 제121조의 12 제1항 제4호에서 "대통령령으로 정하는 정당한 사유"란 천재·지변·화재 그 밖에 이에 준하는 불가항력적인 사유를 말한다. (2009. 2. 4. 개정)

③ 법 제121조의 12 제1항 제5호에서 "대통령령으로 정하는 정당한 사유"란 다음 각 호의 어느 하나에 해당하는 경우를 말한다. (2009. 2. 4. 개정)

1. 천재·지변·화재 그 밖에 이에 준하는 불가항력적인 사유로 인하여 감면대상사업에 직접 사용하지 못한 경우 (2002. 4. 20 신설)

2. 「토지수용법」 그 밖의 법률에 의하여 수용된 경우 (2005. 2. 19. 개정)

3. 「민사집행법」에 의한 강제경매 또는 저당권 실행을 위한 경매와 「국세징수법」 또는 「지방세기본법」에 따른 공매절차에 의하여 매각한 경우 (2010. 9. 20. 개정 ; 지방세기본법 시행령 부칙)

4. 화의·법정관리 등 사업이 중대한 위기에 처하여 경영합리화를 위하여 매각한 경우 (2002. 4. 20 신설)

②·③ 삭 제 (2016. 2. 5.)

④ 「관세법」 제100조 제2항의 규정은 제1항 제1호의 규정에 의한 추징관세액의 계산에 관하여 이를 준용한다. (2005. 2. 19. 개정)

제116조의 18 【조세추징 사유의 통보 등】① 산업통상자원부장관·국토교통부장관·세무서장·세관장 및 지방자치단체의 장은 법 제121조의 12 제1항의 규정에 의한 조세의 추징사유가 발생한 사실을 안 때에는 이를 지체없이 해당 추징권자에게 통보하여야 한다. (2016. 1. 22. 개정 ; 제주특별자치도~시행령 부칙)

② 세무서장·세관장 및 지방자치단체의 장은 법 제121조의 12 제1항의 규정에 의하여 조세의 추징을 한 경우에는 그 사실을 지체없이 제주특별자치도지사에게 통보하여야 한다. (2016. 1. 22. 개정 ; 제주특별자치도~시행령 부칙)

③ 법 제121조의 12 제1항 제3호의 규정에 의한 제주투자진흥지구 또는 제주자유무역지역 입주기업의 폐업일은 「부가가치세법」 제8조 제6항에 따라 신고한 폐업일로 한다. (2013. 6. 28. 개정 ; 부가가치세법 시행령 부칙)

④ 세무서장은 제주투자진흥지구 또는 제주자유무역지역 입주기업의 폐업일을 확인한 때에는 당해 기업의 사업장을 관할하는 세관장 및 지방자치단체의 장에게 이를 지체없이 통보하여야 한다. (2016. 1. 22. 개정 ; 제주특별자치도~시행령 부칙)

로 본다. 이 경우 해당 보세판매장에서는 「관세법」 제196조 제1항에도 불구하고 제1항에 따라 제주도 외의 다른 지역으로 휴대하여 반출하는 면세물품을 판매할 수 있다. (2010. 1. 1. 개정)

③ 사업자가 면세물품을 지정면세점에 공급하는 경우에는 대통령령으로 정하는 바에 따라 부가가치세, 개별소비세, 주세 및 담배소비세를 면제한다. (2010. 1. 1. 개정)

④ 지정면세점에서 판매할 수 있는 면세물품은 판매가격이 미합중국 화폐 800달러에 상당하는 금액으로서 대통령령으로 정하는 금액 이하의 것으로 한다. (2022. 12. 31. 개정)

⑤ 제주도여행객이 지정면세점에서 구입할 수 있는 면세물품의 금액한도는 1회당 미합중국 화폐 800달러에 상당하는 금액으로서 대통령령으로 정하는 금액으로 한다. 이 경우 대통령령으로 정하는 범위 내의 면세물품은 금액한도 계산에서 제외한다. (2022. 12. 31. 개정)

⑥ 제주도여행객은 지정면세점에서 면세물품을 연도별로 6회까지 구입할 수 있다. (2019. 12. 31. 신설)

⑦ 면세물품의 종류별 구입수량 및 금액, 면세물품의 판매절차, 면세물품에 대한 부가가치세등의 면제절차, 미반출 물품에 대한 관리절차, 면세물품의 부정구입에 따른 감면세액의 징수 및 지정면세점의 이용제한, 그 밖에 부가가치세등의 면제에 관하여 필요한 사항은 대통령령으로 정한다. (2019. 12. 31. 항번개정)

제121조의 14【입국경로에 설치된 보세판매장 등의 물품에 대한 간접세의 특례】(2020. 12. 29. 제목개정)

① 「관세법」 제196조 제1항 제1호 단서에 따라 보세판매장에서 같은 조 제4항 단서에 따른 물품(이하 이 조에서 "물품"이라 한다)을 판매하는 경우에는 그 물품에 대한 부가가치세 및 주세(이하 이 조에서 "부가가치세등"이라 한다)를 면제(부가가치세의 경우에는 영세율을 적용하는 것을 말한다. 이하 이 조에서 같다)한다. (2020. 12. 29. 개정)

② 「관세법」 제196조 제2항에 따른 보세판매장에서 우리나라로 입국하는 자에게 물품을 판매하는 경우에는 그 물품에 대한 부가가치세등을 면제한다. (2020. 12. 29. 신설)

③ 사업자가 「관세법」 제2조 제5호에 따른 내국물품을 제1항 또는 제

제116조의 19【입국경로에 설치된 보세판매장 등의 물품에 대한 간접세의 특례】(2021. 2. 17. 제목개정)

① 사업자가 제조장에서 제조·가공한 물품(이하 이 조에서 "내국면세물품"이라 한다)을 「관세법」 제196조 제1항 제1호 단서 또는 같은 조 제2항에 따른 보세판매장(이하 이 조에서 "보세판매장"이라 한다)에 직접 공급한 경우에는 법 제121조의 14 제3항에 따라 부가가치세 및 주세를 면제(부가가치세의 경우에는 영세율을 적용하는 것을 말한다. 이하 이 조에서 같다)한다. (2021. 2. 17. 개정)

② 제1항에 따라 부가가치세를 면제받으려는 자는 「부가가치세법」 제48조 및 제49조에 따라 부가가치세 과세표준과 납부세액 또는 환급세액을 신고하는 때에 국세청장이 정하는 보세판매장 공급실적 명세서에

2항에 따른 보세판매장에 공급하는 경우에는 대통령령으로 정하는 바에 따라 부가가치세등을 면제한다. (2020. 12. 29. 개정)
④ 물품에 대한 부가가치세등의 면제절차, 물품의 부정구입에 따른 감면세액의 징수에 관하여 필요한 사항은 대통령령으로 정한다. (2020. 12. 29. 개정)

제121조의 15【제주특별자치도 소재 골프장에 대한 개별소비세 감면】제주특별자치도에 있는 골프장 입장행위(2021년 12월 31일까지 입장하는 경우만 해당한다)에 대해서는 「개별소비세법」 제1조 제3항 제4호에도 불구하고 3천원의 세율을 적용한다. (2019. 12. 31. 신설)

제121조의 16【제주국제자유도시개발센터에 대한 지방세 감면】삭 제 (2015. 12. 15.)

해당 신고기간의 내국면세물품 공급실적을 기록·작성하여 「관세법」 제176조의 2 제1항 단서에 따라 특허를 받은 자(이하 이 조에서 "보세판매장 운영자"라 한다)의 확인을 받아 사업장 관할 세무서장에게 제출해야 한다. (2019. 2. 12. 신설)
③ 제1항에 따라 주세를 면제받으려는 자는 「주세법 시행령」 제20조 제1항 및 제2항을 준용하여 해당 주류의 면세승인신청서를 관할 세무서장에게 제출해야 한다. (2021. 2. 17. 개정)
④ 보세판매장 운영자는 제1항에 따라 부가가치세 및 주세가 면제된 주류를 보세판매장에 반입한 때에는 반입한 날부터 5일 이내에 국세청장이 정하는 보세판매장 주류반입신고서를 관할 세무서장에게 제출해야 한다. (2019. 2. 12. 신설)
⑤ 법 제121조의 14 제1항 및 제2항에 따라 부가가치세 및 주세를 면제받는 물품이 다음 각 호의 어느 하나에 해당하는 경우에는 관할 세무서장이 감면받거나 환급받은 부가가치세 및 주세를 그 행위를 한 자로부터 징수해야 한다. (2021. 2. 17. 개정)
1. 보세판매장에서 타인의 명의로 물품을 구입하는 경우 (2021. 2. 17. 개정)
2. 보세판매장 운영자가 물품을 부정유통하는 경우 (2021. 2. 17. 개정)
3. 국내 입국자가 구입한 물품을 타인에게 판매하는 경우 (2021. 2. 17. 개정)
4. 국내 입국자로부터 물품을 구입하는 경우(물품을 판매한 제3호의 국내 입국자가 외국에 거주하는 외국인인 경우에 한정한다) (2021. 2. 17. 개정)

제116조의 20【국제선박 등록에 대한 지방세 감면】법 제121조의 15 제1항 제2호에서 "대통령령으로 정하는 외국선박"이란 「국제선박등록법」 제3조 제1항 제4호에 해당하는 선박을 말한다. (2011. 6. 3. 개정)
제116조의 20【국제선박 등록에 대한 지방세 감면】삭 제 (2016. 2. 5.)

제 5 장의 3　기업도시 개발과 지역개발사업구역 등 지원을 위한 조세특례 (2014. 12. 23. 제목개정)

제121조의 17 【기업도시개발구역 등의 창업기업 등에 대한 법인세 등의 감면】 (2010. 1. 1. 제목개정)

① 다음 각 호의 어느 하나에 해당하는 사업(이하 이 장에서 "감면대상사업"이라 한다)을 하기 위한 투자로서 업종, 투자금액 및 고용인원이 대통령령으로 정하는 기준에 해당하는 경우에는 제2항부터 제8항까지의 규정에 따라 법인세 또는 소득세를 감면한다. (2018. 12. 24. 개정)

1. 기업도시개발구역에 2025년 12월 31일까지 창업하거나 사업장을 신설(기존 사업장을 이전하는 경우는 제외한다)하는 기업이 그 구역의 사업장에서 하는 사업 (2023. 12. 31. 개정)

2. 기업도시개발사업 시행자가 하는 사업으로서 「기업도시개발 특별법」 제2조 제3호에 따른 기업도시개발사업 (2010. 1. 1. 개정)

3. 「지역 개발 및 지원에 관한 법률」 제11조에 따라 지정된 지역개발사업구역(같은 법 제7조 제1항 제1호에 해당하는 지역개발사업으로 한정한다) 또는 같은 법 제67조에 따른 지역활성화지역에 2025년 12월 31일까지 창업하거나 사업장을 신설(기존 사업장을 이전하는 경우는 제외한다)하는 기업(법률 제12737호 「지역 개발 및 지원에 관한 법률」 부칙 제4조에 따라 의제된 지역개발사업구역 중 「폐광지역 개발 지원에 관한 특별법」에 따라 지정된 폐광지역진흥지구에 개발사업시행자로 선정되어 입주하는 경우에는 「관광진흥법」에 따른 관광숙박업 및 종합휴양업과 축산업을 경영하는 내국인을 포함한다)이 그 구역 또는 지역 안의 사업장에서 하는 사업과 「지역 개발 및 지원에 관한 법률」 제2조 제5호에 따른 낙후지역 중 「주한미군 공여구역주변지역 등 지원 특별법」 제8조에 따른 종합계획 및 제9조에 따른 사업계획에 따른 대통령령으로 정하는 구역 안에서 2021년 12월 31일까지 창업하거나 사업장을 신설(기존 사업장을 이전하는 경우는 제외한다)하는 기업이 그 구역 안의 사업장에서 하는 사업 (2023. 12. 31. 개정)

제 5 장의 3　기업도시 개발과 지역개발사업구역 등 지원을 위한 조세특례 (2015. 2. 3. 제목개정)

제116조의 21 【기업도시개발구역 등의 창업기업 등에 대한 법인세 등의 감면】 (2010. 2. 18. 제목개정)

① 법 제121조의 17 제1항 제1호·제3호·제5호·제8호 및 제9호에 따라 법인세 또는 소득세를 감면하는 투자는 제1호의 투자금액 기준 및 상시근로자 수 기준을 충족하는 경우로서 제2호 각 목의 지역 안에서 제116조의 2 제17항 각 호의 사업을 영위하기 위하여 시설을 새로 설치하는 경우를 말한다. (2024. 2. 29. 개정)

1. 투자금액 기준 및 상시근로자 수 기준 (2023. 2. 28. 개정)

　가. 제116조의 2 제17항 제1호, 제4호 및 제5호에 해당하는 사업 : 투자금액이 20억원 이상이고, 상시근로자 수가 30명 이상일 것 (2023. 2. 28. 개정)

　나. 제116조의 2 제17항 제2호에 해당하는 사업 : 투자금액이 5억원 이상이고, 상시근로자 수가 10명 이상일 것 (2023. 2. 28. 개정)

　다. 제116조의 2 제17항 제3호에 해당하는 사업 : 투자금액이 10억원 이상이고, 상시근로자 수가 15명 이상일 것 (2023. 2. 28. 개정)

2. 투자 지역 (2023. 2. 28. 개정)

　가. 「기업도시개발특별법」 제2조 제2호에 따른 기업도시개발구역(이하 이 조에서 "기업도시개발구역"이라 한다) (2023. 2. 28. 개정)

　나. 「지역 개발 및 지원에 관한 법률」 제11조에 따라 지정된 지역개발사업구역(같은 법 제7조 제1항 제1호에 해당하는 지역개발사업으로 한정한다. 이하 이 조에서 "지역개발사업구역"이라 한다) 또는 같은 법 제67조에 따른 지역활성화지역(이하 이 조에서 "지역활성화지역"이라 한다) (2023. 2. 28. 개정)

　다. 「지역 개발 및 지원에 관한 법률」 제2조 제5호에 따른 낙후지역 내의 지역으로서 「주한미군 공여구역주변지역 등 지원 특별법」 제11조 제5항·제8항 및 같은 법 시행령 제12조에 따라 사업승

4. 「지역 개발 및 지원에 관한 법률」 제11조(같은 법 제7조 제1항 제1호에 해당하는 지역개발사업으로 한정한다)에 따른 지역개발사업구역과 같은 법 제67조에 따른 지역활성화지역에서 같은 법 제19조에 따라 지정된 사업시행자가 하는 지역개발사업과 「지역 개발 및 지원에 관한 법률」 제2조 제5호에 따른 낙후지역 내에서 「주한미군 공여구역주변지역 등 지원 특별법」 제10조 제1항에 따른 사업시행자가 하는 같은 조 제2항에 따른 사업 (2020. 12. 29. 개정)

5. 「여수세계박람회 기념 및 사후활용에 관한 특별법」 제15조 제1항에 따라 지정·고시된 해양박람회특구에 2025년 12월 31일까지 창업하거나 사업장을 신설(기존 사업장을 이전하는 경우는 제외한다)하는 기업이 그 구역 안의 사업장에서 하는 사업 (2023. 12. 31. 개정)

6. 「여수세계박람회 기념 및 사후활용에 관한 특별법」 제18조 제1항에 따른 사업시행자가 박람회 사후활용에 관하여 시행하는 사업 (2015. 12. 15. 개정)

7. 「새만금사업 추진 및 지원에 관한 특별법」 제8조 제1항에 따라 지정된 사업시행자가 하는 새만금사업 (2016. 12. 20. 신설)

8. 「새만금사업 추진 및 지원에 관한 특별법」 제11조의 5에 따라 지정되는 새만금투자진흥지구에 2025년 12월 31일까지 창업하거나 사업장을 신설(기존 사업장을 이전하는 경우는 제외한다)하는 기업이 해당 구역 안의 사업장에서 하는 사업 (2022. 12. 31. 신설)

9. 「평화경제특별구역의 지정 및 운영에 관한 법률」 제8조에 따라 지정되는 평화경제특구에 2025년 12월 31일까지 창업하거나 사업장을 신설(기존 사업장을 이전하는 경우는 제외한다)하는 기업이 해당 구역 안의 사업장에서 하는 사업 (2023. 12. 31. 신설)

10. 「평화경제특별구역의 지정 및 운영에 관한 법률」 제15조에 따라

인 고시된 범위(이하 이 조에서 "공여구역주변지역등사업범위"라 한다) (2023. 2. 28. 개정)

라. 「여수세계박람회 기념 및 사후활용에 관한 특별법」 제15조 제1항에 따라 지정·고시된 해양박람회특구(이하 이 조에서 "해양박람회특구"라 한다) (2023. 2. 28. 개정)

마. 「새만금사업 추진 및 지원에 관한 특별법」 제11조의 5에 따라 지정된 새만금투자진흥지구(이하 이 조에서 "새만금투자진흥지구"라 한다) (2023. 2. 28. 개정)

바. 「평화경제특별구역의 지정 및 운영에 관한 법률」 제8조에 따라 지정된 평화경제특구(이하 "평화경제특구"라 한다) (2024. 2. 29. 신설)

② 법 제121조의 17 제1항 제2호·제4호·제6호·제7호 및 제10호에 따라 법인세 또는 소득세를 감면하는 투자는 「기업도시개발 특별법」 제11조에 따른 기업도시개발계획에 따라 기업도시개발구역을 개발하거나 다음 각 호의 어느 하나에 해당하는 사업으로서 총개발사업비가 500억원 이상인 경우를 말한다. (2024. 2. 29. 개정)

1. 「지역 개발 및 지원에 관한 법률」 제19조에 따라 지정된 사업시행자가 지역개발사업구역 또는 지역활성화지역을 개발하기 위한 지역개발사업 (2019. 2. 12. 신설)

2. 「지역 개발 및 지원에 관한 법률」 제2조 제5호에 따른 낙후지역 내에서 「주한미군 공여구역주변지역 등 지원 특별법」 제10조 제1항에 따른 사업시행자가 같은 조 제2항에 따라 시행하는 사업 (2021. 2. 17. 개정)

3. 「여수세계박람회 기념 및 사후활용에 관한 특별법」 제18조 제1항에 따른 사업시행자가 해양박람회특구를 개발하기 위한 개발사업 (2019. 2. 12. 신설)

4. 「새만금사업 추진 및 지원에 관한 특별법」 제8조 제1항에 따라 지정된 사업시행자가 하는 새만금사업 (2019. 2. 12. 신설)

5. 「평화경제특별구역의 지정 및 운영에 관한 법률」 제15조에 따라 지정된 개발사업시행자가 시행하는 평화경제특구개발사업 (2024. 2. 29. 신설)

지정되는 개발사업시행자가 시행하는 평화경제특구개발사업 (2023. 12. 31. 신설)

② 제1항에 해당하는 기업의 감면대상사업에서 발생한 소득에 대해서는 사업개시일 이후 그 감면대상사업에서 최초로 소득이 발생한 과세연도(사업개시일부터 5년이 되는 날이 속하는 과세연도까지 그 사업에서 소득이 발생하지 아니한 경우에는 5년이 되는 날이 속하는 과세연도)의 개시일부터 3년 이내에 끝나는 과세연도에는 제1항 제1호 · 제3호 · 제5호 · 제8호 및 제9호의 경우 법인세 또는 소득세의 100분의 100에 상당하는 세액을, 제1항 제2호 · 제4호 · 제6호 · 제7호 및 제10호의 경우 법인세 또는 소득세의 100분의 50에 상당하는 세액을 각각 감면하고, 그 다음 2년 이내에 끝나는 과세연도에는 제1항 제1호 · 제3호 · 제5호 · 제8호 및 제9호의 경우 법인세 또는 소득세의 100분의 50에 상당하는 세액을, 제1항 제2호 · 제4호 · 제6호 · 제7호 및 제10호의 경우 법인세 또는 소득세의 100분의 25에 상당하는 세액을 각각 감면한다. (2023. 12. 31. 개정)

③ 제1항에 따른 감면대상사업을 하기 위하여 취득 · 보유하는 재산에 대한 취득세 및 재산세에 대해서는 지방자치단체가 15년의 범위에서 감면비율 · 공제비율과 감면기간 · 공제기간을 「지방세특례제한법」 제4조에 따라 조례로 정할 수 있다. (2010. 12. 27. 개정)

③ 삭　제 (2015. 12. 15.)

④ 제2항이 적용되는 감면기간 동안 감면받는 소득세 또는 법인세의 총합계액은 제1호와 제2호의 금액을 합한 금액을 한도(이하 이 조에서 "감면한도"라 한다)로 한다. (2018. 12. 24. 개정)

1. 대통령령으로 정하는 투자누계액의 100분의 50 (2010. 12. 27. 신설)

2. 해당 과세연도의 제1항 각 호의 어느 하나에 해당하는 사업을 하는 사업장(이하 이 조에서 "감면대상사업장"이라 한다)의 상시근로자 수 × 1천5백만원[청년 상시근로자와 대통령령으로 정하는 서비스업(이하 이 조에서 "서비스업"이라 한다)을 하는 감면대상사업장의 상시근로자의 경우에는 2천만원] (2018. 12. 24. 개정)

3. 다음 각 목의 금액 중 적은 금액 (2016. 12. 20. 신설)
　가. 해당 과세연도의 감면대상사업장의 상시근로자 수 × 2천만원 (2016. 12. 20. 신설)
　나. 제1호의 투자누계액의 100분의 100 (2016. 12. 20. 신설)

3. 삭　제 (2018. 12. 24.)

③ 법 제121조의 17 제1항 제1호 · 제3호 · 제5호 · 제8호 및 제9호에 해당하는 기업도시개발구역, 지역개발사업구역, 지역활성화지역, 공여구역주변지역등사업범위, 해양박람회특구, 새만금투자진흥지구 및 평화경제특구에 창업하거나 사업장을 신설하는 기업이 그 구역에 있는 사업장에서 경영하는 사업의 감면대상소득은 제1항에 따른 감면대상사업을 경영하기 위하여 그 구역에 투자한 시설에서 직접 발생한 소득을 말한다. (2024. 2. 29. 개정)

④ 법 제121조의 17 제4항 제1호에서 "대통령령으로 정하는 투자누계액"이란 법 제121조의 17 제2항에 따라 법인세 또는 소득세를 감면받는 해당 과세연도까지의 기획재정부령으로 정하는 사업용자산에 대한 투자 합계액을 말한다. (2010. 12. 30. 신설)

⑤ 법 제121조의 17 제6항에 따라 납부해야 할 소득세액 또는 법인세액은 다음의 계산식에 따라 계산한 금액(그 수가 음수이면 영으로 보고, 감면받은 과세연도 종료일 이후 2개 과세연도 연속으로 상시근로자 수가 감소한 경우에는 두 번째 과세연도에는 첫 번째 과세연도에 납부한 금액을 뺀 금액을 말한다)으로 하며, 이를 상시근로자

⑤ 제2항에 따라 각 과세연도에 감면받을 소득세 또는 법인세에 대하여 감면한도를 적용할 때에는 제4항 제1호의 금액을 먼저 적용한 후 같은 항 제2호의 금액을 적용한다. (2010. 12. 27. 신설)
⑥ 제4항 제2호를 적용받아 소득세 또는 법인세를 감면받은 기업이 감면받은 과세연도 종료일부터 2년이 되는 날이 속하는 과세연도 종료일까지의 기간 중 각 과세연도의 감면대상사업장의 상시근로자 수가 감면받은 과세연도의 상시근로자 수보다 감소한 경우에는 대통령령으로 정하는 바에 따라 감면받은 세액에 상당하는 금액을 소득세 또는 법인세로 납부하여야 한다. (2018. 12. 24. 개정)
⑦ 제4항 및 제6항을 적용할 때 상시근로자 및 청년 상시근로자의 범위, 상시근로자 수의 계산방법, 그 밖에 필요한 사항은 대통령령으로 정한다. (2018. 12. 24. 개정)
⑧ 제1항을 적용할 때 창업의 범위에 관하여는 제6조 제10항을 준용한다. (2018. 12. 24. 개정)
⑨ 제2항을 적용받으려는 자는 대통령령으로 정하는 바에 따라 감면신청을 하여야 한다. (2015. 12. 15. 개정)
⑩ 제4항 제2호에 따라 서비스업에 대한 한도를 적용받는 기업은 제143조를 준용하여 서비스업과 그 밖의 사업을 각각 구분하여 경리하여야 한다. (2018. 12. 24. 개정)

제121조의 18【관광 중심 기업도시 내 골프장에 대한 개별소비세 감면】(2015. 6. 22. 제목개정 ; 기업도시개발 특별법 부칙)
① 「기업도시개발 특별법」 제30조 제1항에 따른 관광 중심 기업도시(법률 제13372호 기업도시개발 특별법 일부개정법률 시행 당시 지정된 종전의 「기업도시개발 특별법」 제2조 제1호 다목에 따른 관광레저형 기업도시를 포함하며, 이하 이 조에서 "관광 중심 기업도시"라 한다)에 설치된 골프장의 입장행위(2015년 12월 31일까지 입장하는 경우만 해당한다)에 대해서는 「개별소비세법」 제1조 제3항

수가 감소한 과세연도의 과세표준을 신고할 때 소득세 또는 법인세로 납부해야 한다. (2023. 2. 28. 개정)

> 해당 기업의 상시근로자 수가 감소한 과세연도의 직전 2년 이내의 과세연도에 법 제121조의 17 제4항 제2호를 적용하여 감면받은 세액의 합계액 − [상시근로자 수가 감소한 과세연도의 감면대상사업장의 상시근로자 수 × 1천5백만원(청년 상시근로자와 법 제121조의 17 제4항 제2호의 서비스업의 경우에는 2천만원으로 한다)]

⑥ 법 제121조의 17 제4항 및 제6항을 적용할 때 상시근로자 및 청년 상시근로자의 범위, 상시근로자 수 및 청년 상시근로자 수의 계산방법에 관하여는 제11조의 2 제6항 및 제7항을 준용한다. (2023. 2. 28. 개정)
⑦ 법 제121조의 17 제2항의 규정에 의하여 법인세 또는 소득세를 감면받고자 하는 자는 과세표준신고와 함께 기획재정부령이 정하는 세액감면신청서를 납세지 관할세무서장에게 제출하여야 한다. (2010. 12. 30. 항번개정)
⑧ 법 제121조의 17 제4항 제2호에서 "대통령령으로 정하는 서비스업"이란 제23조 제4항에 따른 서비스업을 말한다. (2019. 2. 12. 개정)
⑨ 법 제121조의 17 제1항 제3호에서 "대통령령으로 정하는 구역"이란 공여구역주변지역등사업범위를 말한다. (2019. 2. 12. 신설)
⑩ 제1항을 적용받는 기업이 같은 항 각 호의 고용인원 기준을 충족하지 못한 과세연도에 대해서는 같은 항의 감면을 적용하지 않는다. (2019. 2. 12. 신설)

제116조의 22【기업도시 내 골프장에 대한 과세특례에 관한 사후관리】관광 중심 기업도시(법률 제13372호 기업도시개발 특별법 일부개정법률 시행 당시 지정된 종전의 「기업도시개발 특별법」 제2조 제1호 다목에 따른 관광레저형 기업도시를 포함한다. 이하 이 조에서 같다)를 관할하는 광역시장·시장 또는 군수(광역시 관할구역에 있는 군의 군수를 제외한다)는 법 제121조의 18 제2항의 규정에 의하여 다음 각호의 조치를 하여야 한다. (2015. 12. 22. 개정 ; 기업도시개발 특별법 시행령 부칙)

규칙 61조 1항 3호 ⇒ 세액감면(면제)신청서(별지 2호 서식)

제4호에도 불구하고 개별소비세를 부과하지 아니한다. (2015. 6. 22. 개정 ; 기업도시개발 특별법 부칙)

② 관광 중심 기업도시를 관할하는 광역시장·시장 또는 군수(광역시 관할 구역에 있는 군의 군수는 제외한다)는 제1항에 따른 관광 중심 기업도시 안의 골프장에 대한 과세특례가 기업도시의 관광 진흥에 기여하도록 대통령령으로 정하는 바에 따라 필요한 조치를 하여야 한다. (2015. 6. 22. 개정 ; 기업도시개발 특별법 부칙)

제121조의 19【감면세액의 추징 등】 ① 세무서장은 다음 각 호의 어느 하나에 해당하는 경우에는 대통령령으로 정하는 바에 따라 제121조의 17에 따라 감면된 법인세 또는 소득세를 추징한다. (2010. 1. 1. 개정)

1. 「기업도시개발 특별법」 제7조에 따라 기업도시개발구역의 지정이 해제된 경우 (2010. 1. 1. 개정)

2. 「지역 개발 및 지원에 관한 법률」 제18조에 따라 지역개발사업구역의 지정이 해제되거나 같은 법 제69조에 따라 지역활성화지역의 지정이 해제된 경우. 다만, 같은 법 제18조 제2항 제3호에 따른 지정 해제 등 지정 목적을 달성함에 따라 지역개발사업구역 또는 지역활성화지역의 지정이 해제된 경우는 제외한다. (2023. 12. 31. 개정)

【편주 ▶】 법 121조의 19 제1항 2호 단서의 개정규정은 2024. 1. 1. 이후 추징세액을 결정하거나 경정하는 경우부터 적용함. (법 부칙(2023. 12. 31.) 26조 1항)

3. 해당 감면대상사업에서 최초로 소득이 발생한 과세연도(사업개시일부터 3년이 되는 날이 속하는 과세연도까지 해당 사업에서 소득이 발생하지 아니한 경우에는 3년이 되는 날이 속하는 과세연도) 종료일 이후 2년 이내에 제121조의 17 제1항에 따른 조세감면기준에 해당하는 투자가 이루어지지 아니한 경우 (2010. 1. 1. 개정)

4. 기업도시개발구역에 창업한 기업이 폐업하거나 신설한 사업장을 폐쇄한 경우 (2010. 1. 1. 개정)

5. 「지역 개발 및 지원에 관한 법률」 제11조(같은 법 제7조 제1항 제1

1. 관광 중심 기업도시 내에 설치된 골프장의 입장요금에 법 제121조의 18 제1항의 규정에 의한 조세인하분의 반영 여부를 심의하기 위하여 골프장입장요금심의위원회의 설치·운영 (2015. 12. 22. 개정 ; 기업도시개발 특별법 시행령 부칙)

2. 골프장입장요금심의위원회가 골프장 입장요금에 조세인하분이 적정하게 반영되지 아니한 것으로 인정한 경우에는 이에 대한 가격인하 등의 시정권고 (2005. 2. 19. 신설)

제116조의 23【감면세액의 추징】 법 제121조의 19 제1항에 따른 법인세 또는 소득세의 추징은 다음 각 호의 기준에 따른다. (2021. 2. 17. 개정)

1. 법 제121조의 19 제1항 제1호·제2호 및 제4호부터 제12호까지의 경우 : 지정해제일, 시행승인 취소일, 폐업일 또는 폐쇄일부터 소급하여 5년 이내에 감면된 세액 추징 (2024. 2. 29. 개정)

2. 법 제121조의 19 제1항 제3호의 경우 : 감면받은 세액 전액 추징. 이 경우 제116조의 21 제1항 각 호의 고용인원 기준은 해당 감면대상사업에서 최초로 소득이 발생한 과세연도(사업개시일부터 3년이 되는 날이 속하는 과세연도까지 해당 사업에서 소득이 발생하지 아니한 경우에는 3년이 되는 날이 속하는 과세연도) 종료일 이후 2년 이내의 과세연도 종료일까지의 기간 중 하나 이상의 과세연도에 충족해야 한다. (2019. 2. 12. 후단신설)

제116조의 24【조세추징 사유의 통보 등】 ① 국토교통부장관 및 지방자치단체의 장은 법 제121조의 19 제1항의 규정에 의한 조세추징사유가 발생한 사실을 안 때에는 이를 지체없이 관할세무서장에게 통보하여야 한다. (2013. 3. 23. 직제개정 ; 기획재정부와~직제 부칙)

② 법 제121조의 19 제1항 제4호·제5호·제6호·제8호·제10호 및 제12호에 따른 기업도시개발구역, 지역개발사업구역, 지역활성화지역, 해양박람회특구, 공여구역주변지역등사업범위, 새만금투자진흥지구 및 평화경제특구에 창업하거나 사업장을 신설한 기업(이하 "창업기업등"이라 한다)의 폐업일 또는 폐쇄일은 「부가가치세법」 제8조 제7항에 따라 신고한 폐업일로 한다. (2024. 2. 29. 개정)

호에 해당하는 지역개발사업으로 한정한다)에 따라 지정된 지역개발사업구역과 같은 법 제67조에 따라 지정된 지역활성화지역에 창업한 기업이 폐업하거나 신설한 사업장을 폐쇄한 경우 (2014. 12. 23. 개정)

6. 「여수세계박람회 기념 및 사후활용에 관한 특별법」 제15조 제1항에 따라 지정·고시된 해양박람회특구에 창업한 기업이 폐업하거나 신설한 사업장을 폐쇄한 경우 (2015. 12. 15. 개정)

7. 「주한미군 공여구역주변지역 등 지원 특별법」 제11조 제6항에 따라 사업의 시행승인이 취소된 경우 (2018. 12. 24. 신설)

8. 「주한미군 공여구역주변지역 등 지원 특별법」 제8조에 따른 종합계획 및 제9조에 따른 사업계획에 의한 사업의 구역에 창업한 기업이 폐업하거나 신설한 사업장을 폐쇄한 경우 (2020. 12. 29. 개정)

9. 「새만금사업 추진 및 지원에 관한 특별법」 제11조의 6에 따라 새만금투자진흥지구의 지정이 해제된 경우 (2022. 12. 31. 신설)

10. 「새만금사업 추진 및 지원에 관한 특별법」 제11조의 5에 따라 지정·고시된 새만금투자진흥지구에 창업한 기업이 폐업하거나 신설한 사업장을 폐쇄한 경우 (2022. 12. 31. 신설)

11. 「평화경제특별구역의 지정 및 운영에 관한 법률」 제14조 제1항에 따라 평화경제특구의 지정이 해제되거나 해당 단위개발사업지구가 평화경제특구에서 제외된 경우 (2023. 12. 31. 신설)

12. 「평화경제특별구역의 지정 및 운영에 관한 법률」 제8조에 따라 지정·고시된 평화경제특구에 창업한 기업이 폐업하거나 신설한 사업장을 폐쇄한 경우 (2023. 12. 31. 신설)

② 제1항 제3호에 해당하는 경우에는 해당 과세연도와 남은 감면기간 동안 제121조의 17 제2항을 적용하지 아니한다. (2010. 1. 1. 개정)

③ 취득세 및 재산세의 추징에 대해서는 「지방세특례제한법」 제4조에 따라 조례로 정할 수 있다. (2010. 12. 27. 개정)

③ 삭　제 (2015. 12. 15.)

③ 세무서장은 기업도시개발구역, 지역개발사업구역, 지역활성화지역, 해양박람회특구, 공여구역주변지역등사업범위, 새만금투자진흥지구 및 평화경제특구 창업기업등의 폐업일 또는 폐쇄일을 확인한 때에는 당해 기업의 사업장을 관할하는 지방자치단체의 장에게 이를 지체 없이 통보해야 한다. (2024. 2. 29. 개정)

제 5 장의 4　아시아문화중심도시 지원을 위한 조세특례 (2009. 1. 30. 신설)

제121조의 20 【아시아문화중심도시 투자진흥지구 입주기업 등에 대한 법인세 등의 감면 등】 (2010. 12. 27. 제목개정)
① 「아시아문화중심도시 조성에 관한 특별법」 제16조에 따른 투자진흥지구에 2025년 12월 31일까지 입주하는 기업이 그 지구에서 사업을 하기 위한 투자로서 업종 및 투자금액이 대통령령으로 정하는 기준에 해당하는 투자에 대해서는 제2항 및 제4항부터 제10항까지의 규정에 따라 법인세 또는 소득세를 감면한다. (2023. 12. 31. 개정)
② 제1항에 따른 기업의 감면대상사업에서 발생한 소득에 대해서는 사업개시일 이후 해당 감면대상사업에서 최초로 소득이 발생한 과세연도(사업개시일부터 5년이 되는 날이 속하는 과세연도까지 해당 사업에서 소득이 발생하지 아니한 때에는 5년이 되는 날이 속하는 과세연도)의 개시일부터 3년 이내에 끝나는 과세연도의 법인세 또는 소득세의 100분의 100에 상당하는 세액을, 그 다음 2년 이내에 끝나는 과세연도의 법인세 또는 소득세의 100분의 50에 상당하는 세액을 감면한다. (2010. 1. 1. 개정)
③ 제1항의 감면대상사업을 하기 위하여 취득·보유하는 재산에 대한 취득세 및 재산세에 대해서는 지방자치단체가 15년의 범위에서 감면비율·공제비율과 감면기간·공제기간을 「지방세특례제한법」 제4조에 따라 조례로 정할 수 있다. (2010. 12. 27. 개정)
③ 삭 제 (2015. 12. 15.)
④ 제2항이 적용되는 감면기간 동안 감면받는 소득세 또는 법인세의 총합계액은 제1호와 제2호의 금액을 합한 금액을 한도(이하 이 조에서 "감면한도"라 한다)로 한다. (2018. 12. 24. 개정)
1. 대통령령으로 정하는 투자누계액의 100분의 50 (2010. 12. 27. 신설)
2. 해당 과세연도의 제1항에 따른 투자진흥지구의 사업장(이하 이 조에서 "감면대상사업장"이라 한다)의 상시근로자 수 × 1천5백만원[청년 상시근로자와 대통령령으로 정하는 서비스업(이하 이 조에서 "서비스업"이라 한다)을 하는 감면대상사업장의 상시근로자의 경우에는 2천만원] (2018. 12. 24. 개정)

제 5 장의 4　아시아문화중심도시 지원을 위한 조세특례 (2009. 4. 21. 신설)

제116조의 25 【아시아문화중심도시 투자진흥지구 안 입주기업 등에 대한 법인세 등의 감면】 ① 법 제121조의 20 제1항에 따라 법인세 및 소득세를 감면하는 투자는 다음 각 호의 어느 하나에 해당하는 투자로 한다. (2017. 2. 7. 개정)
1. 투자금액이 5억원 이상으로서 다음 각 목의 어느 하나에 해당하는 사업을 영위하기 위한 시설을 새로 설치하는 경우 (2017. 2. 7. 개정)
　가. 출판업 (2017. 2. 7. 개정)
　나. 영상·오디오 기록물 제작 및 배급업(비디오물 감상실 운영업은 제외한다) (2017. 2. 7. 개정)
　다. 방송업 (2017. 2. 7. 개정)
　라. 컴퓨터 프로그래밍, 시스템통합 및 관리업 (2017. 2. 7. 개정)
　마. 정보서비스업(뉴스제공업은 제외한다) (2017. 2. 7. 개정)
　바. 광고업 (2017. 2. 7. 개정)
　사. 전문디자인업 (2017. 2. 7. 개정)
　아. 전시, 컨벤션 및 행사대행업 (2017. 2. 7. 개정)
　자. 창작 및 예술관련 서비스업(자영예술가는 제외한다) (2017. 2. 7. 개정)
2. 투자금액이 30억원 이상으로서 다음 각 목의 어느 하나에 해당하는 사업을 영위하기 위한 시설을 새로 설치하는 경우 (2017. 2. 7. 개정)
　가. 「관광진흥법」 제3조 제1항에 따른 관광숙박업, 관광객 이용시설업(「체육시설의 설치·이용에 관한 법률」 제10조 제1항 제1호에 따른 골프장을 설치하여 관광객에게 이용하게 하는 경우는 제외한다), 국제회의업, 유원시설업, 관광 편의시설업을 운영하는 사업 (2017. 2. 7. 개정)
　나. 「청소년활동 진흥법」 제10조 제1호에 따른 청소년수련시설을 운영하는 사업 (2017. 2. 7. 개정)
　다. 「건축법 시행령」 별표 1 제10호 나목에 따른 교육원(연수원, 그

3. 다음 각 목의 금액 중 적은 금액 (2016. 12. 20. 신설)
　　가. 해당 과세연도의 감면대상사업장의 상시근로자 수 × 2천만원 (2016. 12. 20. 신설)
　　나. 제1호의 투자누계액의 100분의 100 (2016. 12. 20. 신설)
3. 삭　　제 (2018. 12. 24.)
⑤ 제2항에 따라 각 과세연도에 감면받을 소득세 또는 법인세에 대하여 감면한도를 적용할 때에는 제4항 제1호의 금액을 먼저 적용한 후 같은 항 제2호의 금액을 적용한다. (2010. 12. 27. 신설)
⑥ 제4항 제2호를 적용받아 소득세 또는 법인세를 감면받은 기업이 감면받은 과세연도 종료일부터 2년이 되는 날이 속하는 과세연도 종료일까지의 기간 중 각 과세연도의 감면대상사업장의 상시근로자 수가 감면받은 과세연도의 상시근로자 수보다 감소한 경우에는 대통령령으로 정하는 바에 따라 감면받은 세액에 상당하는 금액을 소득세 또는 법인세로 납부하여야 한다. (2018. 12. 24. 개정)
⑦ 제4항 및 제6항을 적용할 때 상시근로자 및 청년 상시근로자의 범위, 상시근로자 수의 계산방법, 그 밖에 필요한 사항은 대통령령으로 정한다. (2018. 12. 24. 개정)
⑧ 세무서장은 해당 감면대상사업에서 최초로 소득이 발생한 과세연도(사업개시일부터 3년이 되는 날이 속하는 과세연도까지 해당 사업에서 소득이 발생하지 아니한 경우에는 3년이 되는 날이 속하는 과세연도) 종료일 이후 2년 이내에 제1항에 따른 조세감면기준에 해당하는 투자가 이루어지지 아니한 경우에는 대통령령으로 정하는 바에 따라 제1항부터 제7항까지의 규정에 따라 감면된 법인세 또는 소득세를 추징한다. (2010. 12. 27. 신설)
⑨ 제8항에 해당하는 경우에는 해당 과세연도와 남은 감면기간 동안 제2항을 적용하지 아니한다. (2010. 12. 27. 신설)
⑩ 제2항에 따라 소득세 또는 법인세를 감면받은 기업이 다음 각 호의 어느 하나에 해당하는 경우에는 그 사유가 발생한 과세연도의 과세표준신고를 할 때 대통령령으로 정하는 바에 따라 계산한 세액을 소득세 또는 법인세로 납부하여야 한다. 이 경우 제12조의 2 제8항의 이자상당가산액 등에 관한 규정을 준용한다. (2021. 12. 28. 신설)
1. 감면대상사업장의 사업을 폐업하거나 법인이 해산한 경우. 다만, 법인의 합병·분할 또는 분할합병으로 인한 경우는 제외한다. (2021.

밖에 이와 유사한 것을 포함한다)을 운영하는 사업 (2017. 2. 7. 개정)
② 법 제121조의 20 제4항 제1호에서 "대통령령으로 정하는 투자누계액"이란 법 제121조의 20 제2항에 따라 법인세 또는 소득세를 감면받는 해당 과세연도까지의 기획재정부령으로 정하는 사업용자산에 대한 투자 합계액을 말한다. (2010. 12. 30. 신설)
③ 법 제121조의 20 제4항 제2호에서 "대통령령으로 정하는 서비스업"이란 제23조 제4항에 따른 서비스업을 말한다. (2022. 2. 15. 항번개정)
④ 법 제121조의 20 제6항에 따라 납부해야 할 소득세액 또는 법인세액은 다음의 계산식에 따라 계산한 금액(그 수가 음수이면 영으로 보고, 감면받은 과세연도 종료일 이후 2개 과세연도 연속으로 상시근로자 수가 감소한 경우에는 두 번째 과세연도에는 첫 번째 과세연도에 납부한 금액을 뺀 금액을 말한다)으로 하며, 이를 상시근로자 수가 감소한 과세연도의 과세표준을 신고할 때 소득세 또는 법인세로 납부해야 한다. (2023. 2. 28. 개정)

해당 기업의 상시근로자 수가 감소한 과세연도의 직전 2년 이내의 과세연도에 법 제121조의 20 제4항 제2호를 적용하여 감면받은 세액의 합계액 － [상시근로자 수가 감소한 과세연도의 감면대상사업장의 상시근로자 수 × 1천5백만원(청년 상시근로자와 법 제121조의 20 제4항 제2호의 서비스업의 경우에는 2천만원으로 한다)]

⑤ 법 제121조의 20 제4항 및 제6항을 적용할 때 상시근로자 및 청년 상시근로자의 범위, 상시근로자 수 및 청년 상시근로자 수의 계산방법에 관하여는 제11조의 2 제6항 및 제7항을 준용한다. (2023. 2. 28. 개정)
⑥ 법 제121조의 20 제8항에 따라 추징하는 법인세액 또는 소득세액은 감면받은 세액 전액으로 한다. (2022. 2. 15. 항번개정)
⑦ 법 제121조의 20 제10항 각 호 외의 부분 전단에서 "대통령령으로 정하는 바에 따라 계산한 세액"이란 다음 각 호의 구분에 따른 세액을 말한다. (2022. 2. 15. 신설)
1. 법 제121조의 20 제10항 제1호에 해당하는 경우 : 폐업일 또는 법인

관계조문

규칙 61조 1항 3호 ⇒ 세액감면(면제)신청서(별지 2호 서식)

12. 28. 신설)
2. 감면대상사업장을 「아시아문화중심도시 조성에 관한 특별법」 제16조에 따른 투자진흥지구 외의 지역으로 이전한 경우 (2021. 12. 28. 신설)
⑪ 제2항에 따라 법인세 또는 소득세를 감면받으려는 자는 대통령령으로 정하는 바에 따라 그 감면신청을 하여야 한다. (2015. 12. 15. 개정)
⑫ 제4항 제2호에 따라 서비스업에 대한 한도를 적용받는 기업은 제143조를 준용하여 서비스업과 그 밖의 사업을 각각 구분하여 경리하여야 한다. (2018. 12. 24. 개정)

제 5 장의 5　금융중심지의 조성과 발전을 위한 조세특례 (2010. 5. 14. 신설)

제121조의 21 【금융중심지 창업기업 등에 대한 법인세 등의 감면 등】 (2010. 12. 27. 제목개정)
① 「금융중심지의 조성과 발전에 관한 법률」 제5조 제5항에 따라 지정된 금융중심지(수도권과밀억제권역 안의 금융중심지는 제외한다)에 2025년 12월 31일까지 창업하거나 사업장을 신설(기존 사업장을 이전하는 경우는 제외한다)하여 해당 구역 안의 사업장(이하 이 조에서 "감면대상사업장"이라 한다)에서 대통령령으로 정하는 기준을 충족하는 금융 및 보험업(이하 이 조에서 "감면대상사업"이라 한다)을 영위하는 경우에는 제2항 및 제4항부터 제10항까지의 규정에 따라 법인세 또는 소득세를 감면한다. (2023. 12. 31. 개정)
② 제1항의 금융중심지 구역 안 사업장의 감면대상사업에서 발생한 소득에 대하여는 사업개시일 이후 해당 감면대상사업에서 최초로 소득이 발생한 과세연도(사업개시일부터 5년이 되는 날이 속하는 과세연도까지 해당 사업에서 소득이 발생하지 아니한 때에는 5년이 되는 날이 속하는 과세연도)의 개시일부터 3년 이내에 종료하는 과세연도의 법인세 또는 소득세의 100분의 100에 상당하는 세액을 감면하고, 그 다음 2년 이내에 종료하는 과세연도의 법인세 또는 소득세의 100분의 50에 상

해산일부터 소급하여 3년 이내에 감면된 세액 (2022. 2. 15. 신설)
2. 법 제121조의 20 제10항 제2호에 해당하는 경우 : 이전일부터 소급하여 5년 이내에 감면된 세액 (2022. 2. 15. 신설)
⑧ 법 제121조의 20 제11항에 따라 법인세 또는 소득세 감면신청을 하려는 자는 과세표준신고와 함께 기획재정부령으로 정하는 세액감면신청서를 납세지 관할세무서장에게 제출하여야 한다. (2022. 2. 15. 항번개정)

제 5 장의 5　금융중심지의 조성과 발전을 위한 조세특례 (2010. 12. 30. 신설)

제116조의 26 【금융중심지 창업기업 등에 대한 법인세 등의 감면】 ① 법 제121조의 21 제1항에 따른 "대통령령으로 정하는 기준"이란 해당 기업의 투자금액이 20억원 이상이고 해당 구역의 사업장에서 근무하는 상시근로자 수가 10명 이상인 경우를 말한다. (2019. 2. 12. 개정)

② 법 제121조의 21 제2항에 따른 금융중심지 구역 안 사업장의 감면대상사업에서 발생한 소득이란 법 제121조의 21 제1항에 따른 감면대상사업을 경영하기 위하여 그 구역에 투자한 사업장에서 직접 발생한 소득을 말한다. (2010. 12. 30. 신설)

제51조의 8 【금융중심지 창업기업 등에 대한 법인세 등의 감면 적용 시 상시고용인원 및 사업용자산의 범위】 ① 영 제116조의 26 제1항에서 "기획재정부령으로 정하는 상시고용인원"이란 「근로기준법」에 따라 근로계약을 체결한 내국인 근로자를 말한다. 다만, 영 제23조 제10항 각 호의 어느 하나에 해당하는 사람은 제외한다. (2016. 3. 14. 단서개정)
② 제1항에 따른 상시고용인원의 계산에 관하여는 영 제23조 제11항 각 호 외의 부분 전단 및 같은 조 제12항을 준용한다. (2016. 3. 14. 개정)
③ 영 제116조의 26 제3항에서 "기획재정부령으로 정하는 사업용자산"이란 제8조의 3 각 호의 어느 하나에 해당하는 자산을 말한다. (2011. 4. 7. 신설)

제51조의 8 【금융중심지 창업기업 등에 대한 법인세 등의 감면 적용 시 상시고용인원 및 사업용자산의 범위】 삭 제 (2019. 3. 20.)

당하는 세액을 감면한다. (2010. 5. 14. 신설)

③ 제1항을 적용할 때 창업의 범위에 관하여는 제6조 제10항을 준용한다. (2018. 12. 24. 신설)

④ 제2항이 적용되는 감면기간 동안 감면받는 소득세 또는 법인세의 총합계액은 제1호와 제2호의 금액을 합한 금액을 한도(이하 이 조에서 "감면한도"라 한다)로 한다. (2018. 12. 24. 개정)

1. 대통령령으로 정하는 투자누계액의 100분의 50 (2010. 12. 27. 신설)

2. 해당 과세연도의 감면대상사업장의 상시근로자 수 × 1천5백만원[청년 상시근로자와 대통령령으로 정하는 서비스업(이하 이 조에서 "서비스업"이라 한다)을 하는 감면대상사업장의 상시근로자의 경우에는 2천만원] (2018. 12. 24. 개정)

3. 다음 각 목의 금액 중 적은 금액 (2016. 12. 20. 신설)
　가. 해당 과세연도의 감면대상사업장의 상시근로자 수 × 2천만원 (2016. 12. 20. 신설)
　나. 제1호의 투자누계액의 100분의 100 (2016. 12. 20. 신설)

3. 삭　제 (2018. 12. 24.)

⑤ 제2항에 따라 각 과세연도에 감면받을 소득세 또는 법인세에 대하여 감면한도를 적용할 때에는 제4항 제1호의 금액을 먼저 적용한 후 같은 항 제2호의 금액을 적용한다. (2010. 12. 27. 신설)

⑥ 제4항 제2호를 적용받아 소득세 또는 법인세를 감면받은 기업이 감면받은 과세연도 종료일부터 2년이 되는 날이 속하는 과세연도 종료일까지의 기간 중 각 과세연도의 감면대상사업장의 상시근로자 수가 감면받은 과세연도의 상시근로자 수보다 감소한 경우에는 대통령령으로 정하는 바에 따라 감면받은 세액에 상당하는 금액을 소득세 또는 법인세로 납부하여야 한다. (2018. 12. 24. 개정)

⑦ 제4항 및 제6항을 적용할 때 상시근로자 및 청년 상시근로자의 범위, 상시근로자 수의 계산방법, 그 밖에 필요한 사항은 대통령령으로 정한다. (2018. 12. 24. 개정)

⑧ 세무서장은 해당 감면대상사업에서 최초로 소득이 발생한 과세연도(사업개시일부터 3년이 되는 날이 속하는 과세연도까지 해당 사업에서 소득이 발생하지 아니한 경우에는 3년이 되는 날이 속하는 과세연도) 종료일 이후 2년 이내에 제1항에 따른 조세감면기준에 해당하는 투자가 이루어지지 아니한 경우에는 대통령령으로 정하는 바에 따라 제1항,

③ 법 제121조의 21 제4항 제1호에서 "대통령령으로 정하는 투자누계액"이란 법 제121조의 21 제2항에 따라 법인세 또는 소득세를 감면받는 해당 과세연도까지의 기획재정부령으로 정하는 사업용자산에 대한 투자 합계액을 말한다. (2010. 12. 30. 신설)

④ 법 제121조의 21 제4항 제2호에서 "대통령령으로 정하는 서비스업"이란 제23조 제4항에 따른 서비스업을 말한다. (2022. 2. 15. 항번개정)

⑤ 법 제121조의 21 제6항에 따라 납부해야 할 소득세액 또는 법인세액은 다음의 계산식에 따라 계산한 금액(그 수가 음수이면 영으로 보고, 감면받은 과세연도 종료일 이후 2개 과세연도 연속으로 상시근로자 수가 감소한 경우에는 두 번째 과세연도에는 첫 번째 과세연도에 납부한 금액을 뺀 금액을 말한다)으로 하며, 이를 상시근로자 수가 감소한 과세연도의 과세표준을 신고할 때 소득세 또는 법인세로 납부해야 한다. (2023. 2. 28. 개정)

> 해당 기업의 상시근로자 수가 감소한 과세연도의 직전 2년 이내의 과세연도에 법 제121조의 21 제4항 제2호를 적용하여 감면받은 세액의 합계액 − [상시근로자 수가 감소한 과세연도의 감면대상사업장의 상시근로자 수 × 1천5백만원(청년 상시근로자와 법 제121조의 21 제4항 제2호의 서비스업의 경우에는 2천만원으로 한다)]

⑥ 법 제121조의 21 제4항 및 제6항을 적용할 때 상시근로자 및 청년

제2항 및 제4항부터 제7항까지의 규정에 따라 감면된 법인세 또는 소득세를 추징한다. (2015. 12. 15. 개정)

⑨ 제8항에 해당하는 경우에는 해당 과세연도와 남은 감면기간 동안 제2항을 적용하지 아니한다. (2010. 12. 27. 신설)

⑩ 제2항에 따라 소득세 또는 법인세를 감면받은 기업이 다음 각 호의 어느 하나에 해당하는 경우에는 그 사유가 발생한 과세연도의 과세표준신고를 할 때 대통령령으로 정하는 바에 따라 계산한 세액을 소득세 또는 법인세로 납부하여야 한다. 이 경우 제12조의 2 제8항의 이자상당가산액 등에 관한 규정을 준용한다. (2021. 12. 28. 신설)

1. 감면대상사업장의 사업을 폐업하거나 법인이 해산한 경우. 다만, 법인의 합병·분할 또는 분할합병으로 인한 경우는 제외한다. (2021. 12. 28. 신설)

2. 감면대상사업장을 「금융중심지의 조성과 발전에 관한 법률」 제5조 제5항에 따라 지정된 금융중심지(수도권과밀억제권역 안의 금융중심지는 제외한다) 외의 지역으로 이전한 경우 (2021. 12. 28. 신설)

⑪ 제2항에 따라 법인세 또는 소득세를 감면받으려는 자는 대통령령으로 정하는 바에 따라 그 감면신청을 하여야 한다. (2015. 12. 15. 개정)

⑫ 제4항 제2호에 따라 서비스업에 대한 한도를 적용받는 기업은 제143조를 준용하여 서비스업과 그 밖의 사업을 각각 구분하여 경리하여야 한다. (2018. 12. 24. 개정)

상시근로자의 범위, 상시근로자 수 및 청년 상시근로자 수의 계산방법에 관하여는 제11조의 2 제6항 및 제7항을 준용한다. (2023. 2. 28. 개정)

⑦ 법 제121조의 21 제8항에 따라 추징하는 법인세액 또는 소득세액은 감면받은 세액 전액으로 한다. (2022. 2. 15. 항번개정)

⑧ 금융위원회, 국토교통부장관 및 지방자치단체의 장은 법 제121조의 21 제8항에 따른 추징사유가 발생한 사실을 알았을 때에는 이를 지체 없이 관할 세무서장에게 통보하여야 한다. (2022. 2. 15. 항번개정)

⑨ 세무서장은 금융중심지 창업기업 등의 폐업일 또는 폐쇄일을 확인하였을 때에는 해당 기업의 사업장을 관할하는 지방자치단체의 장에게 이를 지체 없이 통보하여야 한다. (2022. 2. 15. 항번개정)

⑩ 법 제121조의 21 제10항 각 호 외의 부분 전단에서 "대통령령으로 정하는 바에 따라 계산한 세액"이란 다음 각 호의 구분에 따른 세액을 말한다. (2022. 2. 15. 신설)

1. 법 제121조의 21 제10항 제1호에 해당하는 경우 : 폐업일 또는 법인 해산일부터 소급하여 3년 이내에 감면된 세액 (2022. 2. 15. 신설)

2. 법 제121조의 21 제10항 제2호에 해당하는 경우 : 이전일부터 소급하여 5년 이내에 감면된 세액 (2022. 2. 15. 신설)

⑪ 법 제121조의 21 제11항에 따라 법인세 또는 소득세 감면신청을 하려는 자는 과세표준신고와 함께 기획재정부령으로 정하는 세액감면신청서를 납세지 관할 세무서장에게 제출하여야 한다. (2022. 2. 15. 개정)

☞

관계조문 »

규칙 61조 1항 3호 ⇒ 세액감면(면제)신청서(별지 2호 서식)

제121조의 22 【첨단의료복합단지 및 국가식품클러스터 입주기업에 대한 법인세 등의 감면】 (2019. 12. 31. 제목개정)

① 다음 각 호의 어느 하나에 해당하는 사업(이하 이 장에서 "감면대상사업"이라 한다)을 하는 경우에는 제2항부터 제7항까지의 규정에 따라 소득세 또는 법인세를 감면한다. (2021. 12. 28. 개정)

1. 「첨단의료복합단지 육성에 관한 특별법」 제6조에 따라 지정된 첨단의료복합단지에 2025년 12월 31일까지 입주한 기업이 첨단의료복합단지에 위치한 사업장에서 하는 보건의료기술사업 등 대통령령으로 정하는 사업 (2023. 12. 31. 개정)

2. 「식품산업진흥법」 제12조에 따른 국가식품클러스터에 2025년 12월 31일까지 입주한 기업이 국가식품클러스터에 위치한 사업장에서 하는 식품산업 등 대통령령으로 정하는 사업 (2023. 12. 31. 개정)

② 제1항에 따른 감면대상사업을 하는 사업장(이하 이 장에서 "감면대상사업장"이라 한다)의 감면대상사업에서 발생한 소득에 대하여는 사업개시일 이후 해당 감면대상사업에서 최초로 소득이 발생한 과세연도(사업개시일부터 5년이 되는 날이 속하는 과세연도까지 해당 사업에서 소득이 발생하지 아니한 때에는 5년이 되는 날이 속하는 과세연도)의 개시일부터 3년 이내에 끝나는 과세연도의 소득세 또는 법인세의 100분의 100에 상당하는 세액을 감면하고, 그 다음 2년 이내에 끝나는 과세연도의 소득세 또는 법인세의 100분의 50에 상당하는 세액을 감면한다. (2019. 12. 31. 개정)

③ 제2항이 적용되는 감면기간 동안 감면받는 소득세 또는 법인세의 총합계액은 제1호와 제2호의 금액을 합한 금액을 한도(이하 이 조에서 "감면한도"라 한다)로 한다. (2018. 12. 24. 개정)

1. 대통령령으로 정하는 투자누계액의 100분의 50 (2011. 12. 31. 신설)

2. 해당 과세연도의 감면대상사업장의 상시근로자 수 × 1천5백만원[청

제116조의 27 【첨단의료복합단지 및 국가식품클러스터 입주기업에 대한 법인세 등의 감면】 (2020. 2. 11. 제목개정)

① 법 제121조의 22 제1항 제1호에서 "대통령령으로 정하는 사업"이란 「보건의료기술 진흥법」 제2조 제1항 제1호에 따른 보건의료기술과 관련된 사업을 말한다. (2020. 2. 11. 개정)

② 법 제121조의 22 제1항 제2호에서 "대통령령으로 정하는 사업"이란 「농업·농촌·식품산업 기본법」 제3조 제8호에 따른 식품산업과 그에 관련된 사업을 말한다. (2020. 2. 11. 신설)

③ 법 제121조의 22 제3항 제1호에서 "대통령령으로 정하는 투자누계액"이란 법 제121조의 22 제2항에 따라 소득세 또는 법인세를 감면받는 해당 과세연도까지의 기획재정부령으로 정하는 사업용자산에 대한 투자합계액을 말한다. (2020. 2. 11. 항번개정)

④ 법 제121조의 22 제3항 제2호에서 "대통령령으로 정하는 서비스업"이란 제23조 제4항에 따른 서비스업을 말한다. (2022. 2. 15. 항번개정)

⑤ 법 제121조의 22 제5항에 따라 납부해야 할 소득세액 또는 법인세액은 다음 계산식에 따라 계산한 금액[그 수가 음수(陰數)인 경우에는 영으로 보고, 감면받은 과세연도 종료일 이후 3개 과세연도 연속으로 상시근로자 수가 감소한 경우에는 세 번째 과세연도에는 첫 번째 과세연도와 두 번째 과세연도에 납부한 금액의 합을 뺀 금액을 말하고, 2개 과세연도 연속으로 상시근로자 수가 감소한 경우에는 두 번째 과세연도에는 첫 번째 과세연도에 납부한 금액을 뺀 금액을 말한다]으로 하며, 이를 상시근로자 수가 감소한 과세연도의 과세표준을 신고할 때 소득세 또는 법인세로 납부해야 한다. (2023. 2. 28. 개정)

> 해당 기업의 상시근로자 수 감소한 과세연도의 직전 3년 동안의 과세연도에 법 제121조의 22 제3항 제2호를 적용하여 감면받은 세액의 합계액 - [상시근로자 수가 감소한 과세연도의 감면대상사업

년 상시근로자와 대통령령으로 정하는 서비스업(이하 이 조에서 "서비스업"이라 한다)을 하는 감면대상사업장의 상시근로자의 경우에는 2천만원] (2018. 12. 24. 개정)
3. 다음 각 목의 금액 중 적은 금액 (2016. 12. 20. 신설)
　　가. 해당 과세연도의 감면대상사업장의 상시근로자 수 × 2천만원 (2016. 12. 20. 신설)
　　나. 제1호의 투자누계액의 100분의 100 (2016. 12. 20. 신설)
3. 삭　제 (2018. 12. 24.)
④ 제2항에 따라 각 과세연도에 감면받을 소득세 또는 법인세에 대하여 감면한도를 적용할 때에는 제3항 제1호의 금액을 먼저 적용한 후 같은 항 제2호의 금액을 적용한다. (2011. 12. 31. 신설)
⑤ 제3항 제2호를 적용받아 소득세 또는 법인세를 감면받은 기업이 감면받은 과세연도 종료일부터 3년이 되는 날이 속하는 과세연도 종료일까지의 기간 중 각 과세연도의 감면대상사업장의 상시근로자 수가 감면받은 과세연도의 상시근로자 수보다 감소한 경우에는 대통령령으로 정하는 바에 따라 감면받은 세액에 상당하는 금액을 소득세 또는 법인세로 납부하여야 한다. (2018. 12. 24. 개정)
⑥ 제3항 및 제5항을 적용할 때 상시근로자 및 청년 상시근로자의 범위, 상시근로자 수의 계산방법, 그 밖에 필요한 사항은 대통령령으로 정한다. (2018. 12. 24. 개정)
⑦ 제2항에 따라 소득세 또는 법인세를 감면받은 기업이 다음 각 호의 어느 하나에 해당하는 경우에는 그 사유가 발생한 과세연도의 과세표준신고를 할 때 대통령령으로 정하는 바에 따라 계산한 세액을 소득세 또는 법인세로 납부하여야 한다. 이 경우 제12조의 2 제8항의 이자상당가산액 등에 관한 규정을 준용한다. (2021. 12. 28. 신설)
1. 감면대상사업장의 사업을 폐업하거나 법인이 해산한 경우. 다만, 법인의 합병·분할 또는 분할합병으로 인한 경우는 제외한다. (2021. 12. 28. 신설)
2. 감면대상사업장을 다음 각 목의 어느 하나에 해당하는 곳 외의 지역으로 이전한 경우 (2021. 12. 28. 신설)
　　가. 제1항 제1호에 해당하여 소득세 또는 법인세를 감면받은 기업인 경우 : 「첨단의료복합단지 육성에 관한 특별법」 제6조에 따라 지정된 첨단의료복합단지 (2021. 12. 28. 신설)

장의 상시근로자 수 × 1천5백만원(청년 상시근로자와 법 제121조의 22 제3항 제2호의 서비스업의 경우에는 2천만원으로 한다)]
⑥ 법 제121조의 22 제3항 및 제5항을 적용할 때 상시근로자 및 청년 상시근로자의 범위, 상시근로자 수 및 청년 상시근로자 수의 계산방법에 관하여는 제11조의 2 제6항 및 제7항을 준용한다. (2023. 2. 28. 개정)
⑦ 법 제121조의 22 제7항 각 호 외의 부분 전단에서 "대통령령으로 정하는 바에 따라 계산한 세액"이란 다음 각 호의 구분에 따른 세액을 말한다. (2022. 2. 15. 신설)
1. 법 제121조의 22 제7항 제1호에 해당하는 경우 : 폐업일 또는 법인해산일부터 소급하여 3년 이내에 감면된 세액 (2022. 2. 15. 신설)
2. 법 제121조의 22 제7항 제2호에 해당하는 경우 : 이전일부터 소급하여 5년 이내에 감면된 세액 (2022. 2. 15. 신설)
⑧ 법 제121조의 22 제8항에 따라 소득세 또는 법인세를 감면받으려는 자는 과세표준신고와 함께 기획재정부령으로 정하는 세액감면신청서를 납세지 관할 세무서장에게 제출하여야 한다. (2022. 2. 15. 개정)

나. 제1항 제2호에 해당하여 소득세 또는 법인세를 감면받은 기업
    인 경우 : 「식품산업진흥법」 제12조에 따른 국가식품클러스터
    (2021. 12. 28. 신설)
⑧ 제2항에 따라 소득세 또는 법인세를 감면받고자 하는 자는 대통령
령으로 정하는 바에 따라 감면신청을 하여야 한다. (2021. 12. 28. 항번
개정)
⑨ 제3항 제2호에 따라 서비스업에 대한 한도를 적용받는 기업은 제
143조를 준용하여 서비스업과 그 밖의 사업을 각각 구분하여 경리하여
야 한다. (2021. 12. 28. 항번개정)

제 5 장의 7   농업협동조합중앙회 구조개편을 위한
조세특례 (2011. 12. 31. 신설)

　　제121조의 23【농업협동조합중앙회의 분할 등에 대한 과세특
례】① 「농업협동조합법」에 따른 농업협동조합중앙회(이하 이 조에
서 "농업협동조합중앙회"라 한다)가 2017년 12월 31일까지 「농업협
동조합법」 제161조의 2, 제161조의 10부터 제161조의 12까지와 법
률 제10522호 농업협동조합법 일부개정법률 부칙 제6조에 따라 분할
하는 경우에는 「법인세법」 제47조 제1항의 요건을 갖춘 분할로 보아
이 법과 「법인세법」의 분할에 관한 규정을 적용하고, 이를 「부가가치
세법」 제9조 및 제10조에 따른 재화의 공급으로 보지 아니한다.
(2016. 12. 27. 개정 ; 농업협동조합법 부칙)
② 「농업협동조합법」 제161조의 10에 따른 농협금융지주회사(이하 이
조에서 "농협금융지주회사"라 한다)가 농업협동조합중앙회와 2012년
6월 30일까지 「상법」 제360조의 2에 따른 주식의 포괄적 교환(이하 이
조에서 "주식의 포괄적 교환"이라 한다)을 하는 경우에는 제38조 제1
항 제1호의 요건을 갖춘 것으로 본다. (2016. 12. 27. 개정 ; 농업협동
조합법 부칙)
③ 「농업협동조합법」 제161조의 2에 따른 농협경제지주회사(이하 이 조

제 5 장의 7   농업협동조합중앙회 구조개편을 위한
조세특례 (2012. 2. 2. 신설)

에서 "농협경제지주회사"라 한다)가 농업협동조합중앙회와 2017년 12월 31일까지 주식의 포괄적 교환을 하는 경우에는 제38조 제1항 제1호의 요건을 갖춘 것으로 본다. (2016. 12. 27. 개정 ; 농업협동조합법 부칙)

④ 농협협동조합중앙회가 제1항에 따른 분할로 인하여 취득한 주식에 대하여 분할 당시 발생한 자산의 양도차익에 상당하는 금액으로서 손금에 산입하여 과세를 이연받은 금액은 해당 분할로 취득한 주식을 제3항에 따라 농협경제지주회사와 주식의 포괄적 교환을 하는 경우에 대통령령으로 정하는 바에 따라 다시 과세를 이연받을 수 있다. (2014. 12. 23. 신설)

⑤ 농협경제지주회사와 법률 제10522호 농업협동조합법 일부개정 법률 부칙 제6조에 따른 분할로 설립된 그 자회사가 대통령령으로 정하는 사업을 위한 목적으로 「농업협동조합법」에 따라 설립된 조합(조합원 및 조합공동사업법인을 포함한다)에 지출하는 금전, 재화 또는 용역에 대해서는 「법인세법」 제24조, 제25조 및 제52조를 적용하지 아니한다. (2014. 12. 23. 신설)

⑥ 농업협동조합중앙회에 대해서는 「법인세법」 제29조를 적용하는 경우 다음 각 호의 금액을 합한 금액의 범위에서 고유목적사업준비금을 손금에 산입할 수 있다. (2014. 12. 23. 항번개정)

1. 「법인세법」 제29조 제1항 제1호 가목 및 나목에 따른 소득금액 (2018. 12. 24. 개정)

2. 「농업협동조합법」 제159조의 2에 따라 농업협동조합의 명칭을 사용하는 법인에 대해서 부과하는 농업지원사업비 수입금액에 100분의 70에서 100분의 100까지의 범위에서 기획재정부장관과 농림축산식품부장관이 협의하여 기획재정부령으로 정하는 비율을 곱하여 산출한 금액 (2016. 12. 27. 개정 ; 농업협동조합법 부칙)

3. 제1호 및 제2호에 규정된 것 외의 수익사업에서 발생한 소득에 100분의 50을 곱하여 산출한 금액 (2011. 12. 31. 신설)

⑦ 농업협동조합중앙회에 대해서는 「법인세법」 제29조를 적용할 때 「농업협동조합법」 제68조에 따라 회원에게 배당하는 금액 등 대통령령으로 정하는 금액을 고유목적사업준비금으로 세무조정계산서에 계상하면 해당 금액은 손금으로 계상한 것으로서 고유목적사업에 지출 또는 사용된

제116조의 28 【농업협동조합중앙회의 분할 등에 대한 과세특례】 ① 법 제121조의 23 제4항에서 「농업협동조합법」에 따른 농업협동조합중앙회(이하 이 조에서 "농업협동조합중앙회"라 한다)가 법 제121조의 23 제3항에 따라 농협경제지주회사와 「상법」 제360조의 2에 따른 주식의 포괄적 교환을 하는 경우에 다시 과세를 이연받는 금액은 법 제121조의 23 제1항에 따른 분할로 취득한 주식에 계상된 압축기장충당금에 상당하는 금액으로 한다. (2015. 2. 3. 개정)

② 법 제121조의 23 제5항에서 "대통령령으로 정하는 사업"이란 다음 각 호의 사업을 말한다. (2015. 2. 3. 개정)

1. 「농업협동조합법」 제134조 제1항 제2호 나목·다목 및 같은 항 제3호 나목의 사업 중 지원 및 지도 사업 (2015. 2. 3. 개정)

2. 「농업협동조합법」 제161조의 4 제1항 제6호에 따른 경제사업 활성화에 필요한 자금지원 사업 (2017. 6. 27. 개정 ; 농업협동조합법 시행령 부칙)

3. 「농업협동조합법 시행령」 별표 4 제3호에 따른 사업 중 지원 및 지도 사업 (2015. 2. 3. 개정)

③ 법 제121조의 23 제7항에서 "「농업협동조합법」 제68조에 따라 회원에게 배당하는 금액 등 대통령령으로 정하는 금액"이란 다음 각 호의 금액을 합한 금액을 말한다. (2021. 2. 17. 개정)

1. 농업협동조합중앙회가 「농업협동조합법」 제161조에 따라 같은 법

제51조의 9 【농업협동조합중앙회의 고유목적사업준비금 손금산입 한도】 법 제121조의 23 제6항 제2호에서 "기획재정부장관과 농림축산식품부장관이 협의하여 기획재정부령으로 정하는 비율"이란 100분의 100을 말한다. (2017. 3. 17. 개정)

금액으로 본다. (2014. 12. 23. 항번개정)

⑧ 「농업협동조합법」 제159조의 2에 따라 농업협동조합의 명칭을 사용하는 법인이 지출하는 농업지원사업비에 대해서는 「법인세법」 제52조를 적용하지 아니한다. (2016. 12. 27. 개정 ; 농업협동조합법 부칙)

⑨ 농업협동조합중앙회가 「농업협동조합법」 제159조의 2에 따라 공급하는 명칭사용용역에 대해서는 부가가치세를 면제한다. (2014. 12. 23. 항번개정)

⑩ 다음 각 호의 어느 하나에 해당하는 전산용역에 대해서는 2026년 12월 31일까지 부가가치세를 면제한다. (2023. 12. 31. 개정)

1. 농업협동조합중앙회가 「농업협동조합법」 제161조의 2, 제161조의 10부터 제161조의 12까지의 규정에 따른 법인(법률 제10522호 농업협동조합법 일부개정법률 부칙 제6조 제3항에 따른 농업협동조합중앙회의 자회사를 포함한다)에 공급하는 전산용역 (2016. 12. 27. 개정 ; 농업협동조합법 부칙)

2. 「농업협동조합법」 제161조의 11에 따른 농협은행이 다음 각 목의 법인에 공급하는 전산용역 (2017. 12. 19. 개정)

　가. 농업협동조합중앙회 (2016. 12. 20. 개정)

　나. 「농업협동조합법」 제161조의 10에 따른 농협금융지주회사 또는 같은 법 제161조의 12에 따른 농협생명보험 및 농협손해보험 (2017. 12. 19. 개정)

⑪ 「농업협동조합법」 제161조의 12 제1항에 따른 농협생명보험과 농협손해보험(이하 이 항에서 "농협보험"이라 한다)의 교육세 과세표준을 계산할 때 농협보험 설립 전에 체결한 공제계약으로부터 발생하는 수익금액은 제외한다. (2016. 12. 27. 개정 ; 농업협동조합법 부칙)

제68조를 준용하여 해당 사업연도의 다음 사업연도에 회원에게 배당하는 금액 (2015. 2. 3. 개정)

2. 2012년 3월 2일 이후 개시하는 사업연도부터 해당 사업연도까지 「농업협동조합법」 제161조에 따라 같은 법 제68조를 준용하여 회원에게 배당하는 금액의 합계액에서 2012년 3월 2일이 속하는 사업연도부터 해당 사업연도의 직전 사업연도까지 법 제121조의 23 제6항에 따라 고유목적사업준비금으로 세무조정계산서에 계상된 금액의 합계액을 뺀 금액(그 수가 음수이면 영으로 본다) (2015. 2. 3. 개정)

제 5 장의 8　공적자금 회수를 위한 조세특례
(2014. 5. 14. 신설)

제121조의 24【공적자금 회수를 위한 합병 및 분할 등에 대한 과세특례】 농특비

① 예금보험공사가 발행주식총수 또는 출자총액의 50퍼센트 이상을 출자한「금융지주회사법」에 따른 금융지주회사가「공적자금관리 특별법」에 따라 공적자금을 회수하기 위하여 2016년 4월 30일까지 분할하는 경우에는「법인세법」제46조 제2항 각 호의 요건을 모두 갖춘 분할로 보아 이 법과「법인세법」,「소득세법」및「부가가치세법」의 분할에 관한 규정을 적용하고,「법인세법」제46조의 3 제3항 및 제4항은 적용하지 아니한다. (2014. 5. 14. 신설)

② 예금보험공사가 발행주식총수 또는 출자총액의 50퍼센트 이상을 출자한「금융지주회사법」에 따른 금융지주회사(제1항에 따라 분할로 설립된 금융지주회사를 포함한다. 이하 이 조에서 같다)가「공적자금관리 특별법」에 따라 공적자금을 회수하기 위하여 2016년 4월 30일까지 그 금융지주회사의 자회사(「금융지주회사법」에 따른 자회사를 말한다. 이하 이 조에서 같다)와 합병하는 경우에는「법인세법」제44조 제2항 각 호의 요건을 모두 갖춘 합병으로 보아 이 법과「법인세법」,「소득세법」및「부가가치세법」의 합병에 관한 규정을 적용하고,「법인세법」제44조의 3 제3항 및 제4항은 적용하지 아니한다. (2014. 5. 14. 신설)

③ 예금보험공사가 발행주식총수 또는 출자총액의 50퍼센트 이상을 출자한「금융지주회사법」에 따른 금융지주회사가「공적자금관리 특별법」에 따라 공적자금을 회수하기 위하여 2016년 4월 30일까지 그 금융지주회사의 자회사와 합병하는 경우에는 금융지주회사가 보유한 자회사 주식과 관련한 세무조정사항(제1항에 의한 분할을 통하여 분할법인인 금융지주회사에서 분할신설법인인 금융지주회사에 승계된 주식과 관련하여 분할법인의 각 사업연도의 소득금액 및 과세표준을 계산할 때 익금 또는 손금에 산입하거나 산입하지 아니하여 제1항에 의한 분할 시 분할신설법인인 금융지주회사에 승계된 금액과 제1항에 의한 분할 시 자회사 주식과 관련하여 발생한 자산조정계정을 포함한다)은 모두 소멸하는 것으로 한다. (2014. 5. 14. 신설)

제121조의 25【수산업협동조합중앙회의 분할 등에 대한 과세특례】① 「수산업협동조합법」에 따른 수산업협동조합중앙회(이하 이 조에서 “수산업협동조합중앙회”라 한다)가 2016년 12월 31일까지 대통령령으로 정하는 바에 따라 분할하는 경우에는 「법인세법」 제47조 제1항의 요건을 갖춘 분할로 보아 이 법과 「법인세법」의 분할에 관한 규정을 적용하고, 이를 「부가가치세법」 제9조 및 제10조에 따른 재화의 공급으로 보지 아니한다. (2015. 12. 15. 신설)
② 제1항의 분할로 신설된 자회사(이하 이 조에서 “수협은행”이라 한다)가 「공적자금관리 특별법」 제2조 제1호에 따른 공적자금(이하 이 조에서 “공적자금”이라 한다)으로서 대통령령으로 정하는 자금의 상환을 위하여 제1항의 분할로 승계한 자산을 처분하는 경우에는 「법인세법」 제47조 제2항 제2호를 적용하지 아니한다. (2015. 12. 15. 신설)
③ 수협은행이 대통령령으로 정하는 사업을 위한 목적으로 「수산업협동조합법」에 따라 설립된 조합(조합원을 포함한다)에 지출하는 금전, 재화 또는 용역에 대해서는 「법인세법」 제24조, 제25조 및 제52조를 적용하지 아니한다. (2015. 12. 15. 신설)
④ 수산업협동조합중앙회에 대해서는 「법인세법」 제29조를 적용하는 경우 다음 각 호의 금액을 합한 금액의 범위에서 고유목적사업준비금을 손금에 산입할 수 있다. (2015. 12. 15. 신설)
1. 「법인세법」 제29조 제1항 제1호 가목 및 나목에 따른 소득금액 (2018. 12. 24. 개정)
2. 대통령령으로 정하는 바에 따라 수산업협동조합의 명칭을 사용하는 법인에 대하여 부과하는 명칭사용료 수입금액에 100분의 70에서 100분의 100까지의 범위에서 기획재정부장관과 해양수산부장관이 협의하여 기획재정부령으로 정하는 비율을 곱하여 산출한 금액 (2015. 12. 15. 신설)
3. 제1호 또는 제2호에서 규정된 것 외의 수익사업에서 발생한 소득에

제116조의 29【수산업협동조합중앙회의 분할 등에 대한 과세특례】① 법 제121조의 25 제1항을 적용할 때 「법인세법」 제47조 제1항의 요건을 갖춘 분할로 보는 경우는 「수산업협동조합법」에 따른 수산업협동조합중앙회(이하 이 조에서 “수산업협동조합중앙회”라 한다)가 「수산업협동조합법」 제141조의 4 제1항에 따라 신용사업을 분리하여 수협은행을 설립하는 경우로 한다. (2016. 12. 1. 신설)
② 법 제121조의 25 제2항 및 같은 조 제5항 제2호에서 “대통령령으로 정하는 자금”이란 각각 「예금자보호법」 제3조에 따른 예금보험공사가 「수산업협동조합법」 제153조에 따라 수산업협동조합중앙회에 출자한 자금을 말한다. (2016. 12. 1. 신설)
③ 법 제121조의 25 제3항에서 “대통령령으로 정하는 사업”이란 다음 각 호의 사업을 말한다. (2016. 12. 1. 신설)
1. 「수산업협동조합법」 제2조 제4호에 따른 조합(이하 “조합”이라 한다)이 같은 법 제141조의 9 제1항 제4호에 따라 수협은행에 위탁하는 사업 (2016. 12. 1. 신설)
2. 「수산업협동조합법」 제141조의 9 제1항 제7호의 사업 중 조합의 전산시스템 위탁운영 및 관리에 관한 사업 (2016. 12. 1. 신설)
④ 법 제121조의 25 제4항 제2호에 따라 수산업협동조합의 명칭을 사용하는 법인은 「수산업협동조합법」 제162조의 2 제1항에 따라 수산업협동조합의 명칭을 사용하는 법인으로 한다. (2016. 12. 1. 신설)
⑤ 법 제121조의 25 제5항 제1호에서 “대통령령으로 정하는 금액”이란 수산업협동조합중앙회가 「수산업협동조합법」 제168조에 따라 같은 법 제71조를 준용하여 해당 사업연도의 다음 사업연도에 회원에게 배당하는 금액을 말한다. (2016. 12. 1. 신설)
⑥ 법 제121조의 25 제6항에 따라 「법인세법」 제52조를 적용하지 아니하는 명칭사용료는 「수산업협동조합법」 제162조의 2 제1항에 따라 수산업협동조합의 명칭을 사용하는 법인이 지출하는 명칭사용료를 말

제51조의 10【수산업협동조합중앙회의 고유목적사업준비금 손금산입 한도】법 제121조의 25 제4항 제2호에서 “기획재정부장관과 해양수산부장관이 협의하여 기획재정부령으로 정하는 비율”이란 100분의 100을 말한다. (2017. 3. 17. 신설)

100분의 50을 곱하여 산출한 금액 (2015. 12. 15. 신설)

⑤ 수산업협동조합중앙회에 대해서는 「법인세법」 제29조를 적용하는 경우 다음 각 호의 금액을 고유목적사업준비금으로 세무조정계산서에 계상하면 해당 금액은 손금으로 계상한 것으로서 고유목적사업에 지출 또는 사용된 금액으로 본다. (2015. 12. 15. 신설)

1. 수산업협동조합중앙회가 「수산업협동조합법」 제166조에 따라 회원에게 배당하는 금액으로서 대통령령으로 정하는 금액 (2015. 12. 15. 신설)

2. 공적자금으로서 대통령령으로 정하는 자금의 상환을 위하여 지출하는 금액 (2015. 12. 15. 신설)

⑥ 대통령령으로 정하는 바에 따라 수산업협동조합의 명칭을 사용하는 법인이 지출하는 명칭사용료에 대해서는 「법인세법」 제52조를 적용하지 아니한다. (2015. 12. 15. 신설)

⑦ 수산업협동조합중앙회가 2026년 12월 31일까지 대통령령으로 정하는 바에 따라 공급하는 명칭사용용역에 대해서는 부가가치세를 면제한다. (2023. 12. 31. 개정)

⑧ 다음 각 호의 어느 하나에 해당하는 전산용역으로서 2026년 12월 31일까지 공급하는 것에 대해서는 부가가치세를 면제한다. (2023. 12. 31. 개정)

1. 수협은행이 대통령령으로 정하는 바에 따라 조합에 공급하는 전산용역 (2015. 12. 15. 신설)

2. 수협은행이 대통령령으로 정하는 바에 따라 수산업협동조합중앙회에 공급하는 전산용역 (2015. 12. 15. 신설)

3. 수산업협동조합중앙회가 수협은행에 공급하는 전산용역 (2015. 12. 15. 신설)

⑨ 수산업협동조합중앙회가 2022년 1월 1일부터 2022년 12월 31일까지 제5항 제2호에 따라 상환한 금액이 제4항에 따라 손금에 산입할 수 있는 범위를 초과하여 손금에 산입하지 못한 금액에 대해서는 2023년 1월 1일부터 2028년 12월 31일까지의 기간 중 각 사업연도에 균분한 금액을 제5항 제2호에 따라 고유목적사업에 지출 또는 사용된 금액으로 본다. (2021. 12. 28. 신설)

한다. (2016. 12. 1. 신설)

⑦ 법 제121조의 25 제7항에 따라 부가가치세를 면제하는 명칭사용용역은 수산업협동조합중앙회가 「수산업협동조합법」 제162조의 2 제1항에 따라 수산업협동조합의 명칭을 사용할 수 있도록 하는 것으로 한다. (2016. 12. 1. 신설)

⑧ 법 제121조의 25 제8항 제1호에 따라 부가가치세가 면제되는 전산용역은 다음 각 호의 어느 하나에 해당하는 용역으로 한다. (2016. 12. 1. 신설)

1. 수협은행이 「수산업협동조합법」 제141조의 9 제1항 제4호에 따라 수산업협동조합중앙회로부터 위탁받은 같은 법 제138조 제1항 제1호 라목의 정보망 구축을 위하여 공급하는 용역 (2016. 12. 1. 신설)

2. 수협은행이 「수산업협동조합법」 제141조의 9 제1항 제7호에 따라 조합에 공급하는 전산시스템의 위탁운영 및 관리에 대한 용역 (2016. 12. 1. 신설)

⑨ 법 제121조의 25 제8항 제2호에 따라 부가가치세를 면제하는 전산용역은 수협은행이 「수산업협동조합법」 제141조의 9 제1항 제7호에 따라 수산업협동조합중앙회에 공급하는 전산시스템의 위탁운영 및 관리에 대한 용역으로 한다. (2016. 12. 1. 신설)

☞

개정취지 ···

수산업협동조합중앙회의 공적자금 일시상환에 따른 과세특례 신설

수산업협동조합중앙회의 공적자금 조기상환을 지원하기 위하여 수산업협동조합중앙회가 2022. 1. 1.부터 2022. 12. 31.까지 공적자금을 상환한 금액 중 손금에 산입할 수 있는 범위를 초과하여 손금에 산입하지 못한 금액은 2023. 1. 1.부터 2028. 12. 31.까지의 기간 동안 균등하게 상환한 것으

제 5 장의 10   사업재편계획을 위한 조세특례

(2015. 12. 15. 신설)

제121조의 26 【내국법인의 금융채무 상환 및 투자를 위한 자산매각에 대한 과세특례】 (2021. 12. 28. 제목개정)
① 내국법인이 다음 각 호의 어느 하나에 해당하는 내용이 포함되어 있는 대통령령으로 정하는 사업재편계획(이하 이 조에서 "사업재편계획"이라 한다)에 따라 2026년 12월 31일 이전에 자산을 양도하는 경우에는 해당 자산을 양도함으로써 발생하는 양도차익 중 대통령령으로 정하는 금액(대통령령으로 정하는 결손금을 초과하는 금액으로 한정한다. 이하 이 조에서 "양도차익상당액"이라 한다)에 대해서는 해당 사업연도와 해당 사업연도의 종료일 이후 3개 사업연도의 기간 중 익금에 산입하지 아니하고 그 다음 3개 사업연도의 기간 동안 균분한 금액 이상을 익금에 산입할 수 있다. (2023. 12. 31. 개정)
1. 자산을 양도한 날(장기할부조건의 경우에는 대통령령으로 정하는 날을 말하며, 대통령령으로 정하는 부득이한 사유가 있는 경우에는 그 사유가 종료된 날을 말한다. 이하 이 조에서 같다)부터 대통령령으로 정하는 기한까지 채무를 상환한다는 내용 (2021. 12. 28. 신설)
2. 자산을 양도한 날부터 대통령령으로 정하는 기한까지 제24조 제1항 제1호 가목 또는 나목에 해당하는 자산에 투자한다는 내용 (2021. 12. 28. 신설)
② 제1항을 적용받은 내국법인이 다음 각 호의 어느 하나에 해당하게 된 경우에는 해당 사유가 발생한 사업연도의 소득금액을 계산할 때 제1항에 따라 익금에 산입하지 아니한 금액을 대통령령으로 정하는 바에 따라 익금에 산입하여야 한다. 이 경우 대통령령으로 정하는 바에 따라 계산한 이자상당가산액(이하 이 항에서 "이자상당

제 5 장의 9   사업재편계획을 위한 조세특례

(2016. 12. 1. 장번개정)

제116조의 30 【내국법인의 금융채무 상환 및 투자를 위한 자산매각에 대한 과세특례】 (2022. 2. 15. 제목개정)
① 법 제121조의 26 제1항 각 호 외의 부분에서 "대통령령으로 정하는 사업재편계획"이란 「기업 활력 제고를 위한 특별법」 제9조 제2항 각 호에 다음 각 호의 내용이 포함되어 있는 것으로서 같은 법 제10조에 따라 주무부처의 장(이하 이 조에서 "사업재편계획승인권자"라 한다)이 승인한 계획(이하 이 조에서 "사업재편계획"이라 한다)을 말한다. (2022. 2. 15. 개정)
1. 자산의 양도를 통하여 상환할 제8항 각 호의 금액(이하 이 조에서 "금융채권자채무"라 한다) 총액 및 내용 (2022. 2. 15. 개정)
2. 자산의 양도를 통하여 투자(법 제121조의 26 제1항 제2호에 따른 투자를 말하며, 이하 이 조에서 같다)할 자산 총액 및 내용 (2022. 2. 15. 개정)
3. 제1호에 따른 금융채권자채무 상환계획 또는 제2호에 따른 투자계획 (2022. 2. 15. 신설)
4. 양도할 자산의 내용 및 양도계획 (2022. 2. 15. 호번개정)
② 법 제121조의 26 제1항 각 호 외의 부분에서 "대통령령으로 정하는 금액"으로서 "대통령령으로 정하는 결손금을 초과하는 금액"이란 다음의 계산식에 따라 계산한 금액(이하 이 조에서 "양도차익상당액"이라 한다)을 말한다. (2022. 2. 15. 신설)

가산액"이라 한다)을 법인세에 가산하여 납부하여야 하며, 해당 세액은 「법인세법」 제64조에 따라 납부하여야 할 세액으로 본다. (2015. 12. 15. 신설)

1. 사업재편계획에 따라 채무를 상환하지 아니하거나 투자가 이루어지지 아니한 경우 (2021. 12. 28. 개정)
2. 자산을 양도한 내국법인의 부채비율이 자산 양도 후 3년(대통령령으로 정하는 바에 따라 둘 이상의 내국법인이 공동으로 수립한 사업재편계획에 따라 자산을 양도하는 경우에는 1년) 이내의 기간 중 기준부채비율보다 증가하게 된 경우 (2021. 12. 28. 개정)
3. 사업재편계획에 따른 투자로 취득한 자산을 제1항에 따른 자산 양도 후 4년 이내에 처분한 경우 (2021. 12. 28. 신설)
4. 해당 자산을 양도한 날부터 3년 이내에 해당 사업을 폐업하거나 해산한 경우로서 합병법인 등 대통령령으로 정하는 법인이 해당 사업을 승계한 경우가 아닌 경우. 다만, 파산 등 대통령령으로 정하는 부득이한 사유가 있는 경우에는 이자상당가산액을 가산하지 아니한다. (2021. 12. 28. 호번개정)
5. 대통령령으로 정하는 사유에 해당하여 사업재편계획의 승인이 취소된 경우 (2021. 12. 28. 호번개정)

③ 제2항 제2호는 제1항 제1호의 내용이 포함되지 아니한 사업재편계획에 따라 자산을 양도하고 같은 항의 특례를 적용받은 내국법인에 대해서는 적용하지 아니한다. (2021. 12. 28. 신설)
④ 사업재편계획을 이행하는 내국법인은 사업재편계획의 내용 및 그 이행실적을 매년 대통령령으로 정하는 바에 따라 납세지 관할 세무서장에게 제출하여야 한다. (2021. 12. 28. 항번개정)
⑤ 제1항부터 제4항까지의 규정을 적용할 때 양도의 시기, 채무의 범위, 부채비율 및 기준부채비율의 산정, 세액감면의 신청 및 그 밖에 필요한 사항은 대통령령으로 정한다. (2021. 12. 28. 개정)

$$\text{양도차익상당액} = (A - B) \times \frac{(D + E)}{C}$$

A : 법 제121조의 26 제1항에 따른 양도차익
B : 자산양도일이 속하는 사업연도의 직전 사업연도 종료일 현재 「법인세법」 제13조 제1항 제1호에 따른 결손금(이하 이 조에서 "이월결손금"이라 한다). 이 경우 해당 내국법인이 무상으로 받은 자산의 가액이나 채무의 면제 또는 소멸로 인한 부채의 감소액으로 먼저 이월결손금을 보전하는 경우에는 이월결손금에서 그 보전액을 뺀 금액으로 한다.
C : 법 제121조의 26 제1항에 따라 양도한 자산의 양도가액(이하 이 조에서 "양도가액"이라 한다)
D : 양도가액 중 기획재정부령으로 정하는 채무상환 및 투자(계획)명세서에 기재된 계획채무상환액(이하 이 조에서 "계획채무상환액"이라 한다)
E : 양도가액 중 기획재정부령으로 정하는 채무상환 및 투자(계획)명세서에 기재된 계획투자금액(이하 이 조에서 "계획투자금액"이라 한다)

③ 법 제121조의 26 제1항 제1호에서 "대통령령으로 정하는 날"이란 각 회의 할부금(계약금은 첫 회의 할부금에 포함되는 것으로 한다)을 받은 날을 말한다. (2022. 2. 15. 개정)
④ 법 제121조의 26 제1항 제1호에서 "대통령령으로 정하는 부득이한 사유"란 「기업구조조정 촉진법」 제2조 제2호에 따른 금융채권자(이하 이 조에서 "금융채권자"라 한다)가 금융채권자채무를 상환한 금액(이하 이 조에서 "채무상환액"이라 한다)을 수령할 수 없는 사정이 있어서 상환이 불가능한 경우를 말한다. (2022. 2. 15. 개정)
⑤ 법 제121조의 26 제1항 제1호에서 "대통령령으로 정하는 기한"이란 다음 각 호의 어느 하나에 해당하는 날까지의 기한을 말한다. (2022. 2. 15. 개정)
1. 제4항에 해당하는 사유가 있는 경우로서 그 사유가 종료된 날이 자산을 양도한 날(이하 이 조에서 "자산양도일"이라 한다)부터 3개월

이 되는 날보다 나중에 오는 경우에는 그 사유가 종료된 날의 다음 날 (2022. 2. 15. 개정)
2. 제1호 외의 경우에는 자산양도일부터 3개월이 되는 날 (2016. 5. 10. 신설)
⑥ 법 제121조의 26 제1항 제2호에서 "대통령령으로 정하는 기한"이란 자산양도일부터 1년이 되는 날을 말한다. (2022. 2. 15. 개정)
⑦ 법 제121조의 26 제1항 및 제2항을 적용할 때 자산양도일에 관하여는 「소득세법 시행령」 제162조를 준용한다. 다만, 장기할부조건의 양도의 경우에는 제3항에 따른 날로 한다. (2022. 2. 15. 단서개정)
⑧ 법 제121조의 26 제1항 및 제2항을 적용할 때 채무의 범위는 사업재편계획에 채무의 내용 및 자산의 양도를 통한 채무의 상환계획이 명시되어 있는 것으로서 다음 각 호의 금액으로 한다. (2022. 2. 15. 개정)
1. 금융채권자로부터 사업과 관련하여 차입한 차입금 (2018. 2. 13. 개정)
2. 제1호에 따른 차입금에 대한 이자 (2016. 5. 10. 신설)
3. 해당 내국법인이 자금조달의 목적으로 발행한 회사채로서 금융채권자가 매입하거나 보증한 금액 (2018. 2. 13. 개정)
4. 해당 내국법인이 자금조달의 목적으로 발행한 기업어음으로서 금융채권자가 매입한 금액 (2018. 2. 13. 개정)

☞ p.1841 2단 연결

B : 계획채무상환액

C : 계획투자금액

D : 양도가액 중 실제 투자금액

E : 법 제121조의 26 제2항 제3호에 따라 처분한 자산의 취득가액

4. 법 제121조의 26 제2항 제4호 또는 제5호에 해당하는 경우 : 양도차익상당액 중 익금에 산입하지 않은 금액 전액 (2022. 2. 15. 개정)

⑩ 법 제121조의 26 제2항 각 호 외의 부분 후단에 따라 법인세에 가산하여 납부하여야 하는 이자상당가산액은 각각 자산양도일이 속하는 사업연도에 제9항 각 호에 따른 금액을 익금에 산입하지 않아 발생한 법인세액의 차액에 제1호에 따른 기간과 제2호에 따른 율을 곱하여 계산한 금액을 말한다. (2022. 2. 15. 개정)

1. 자산양도일이 속하는 사업연도 종료일의 다음 날부터 제9항 각 호에 따른 금액을 익금에 산입하는 사업연도의 종료일까지의 기간 (2016. 5. 10. 신설)

2. 제11조의 2 제9항 제2호에 따른 율 (2022. 2. 15. 개정)

⑪ 제9항(같은 항 제4호는 제외한다. 이하 이 항에서 같다) 및 제10항을 적용할 때 제9항에 따른 금액을 익금에 산입하기 전에 법 제121조의 26 제1항에 따라 익금에 산입하지 않은 금액의 일부 또는 전부로서 그 이후 익금에 산입한 금액(이하 이 조에서 "기익금산입액"이라 한다)이 있으면 먼저 익금에 산입한 순서대로 기익금산입액을 제9항에 따른 익금산입액으로 보며 익금에 산입한 사업연도까지의 기간을 기준으로 제10항에 따른 이자상당가산액을 계산한다. (2022. 2. 15. 개정)

⑫ 법 제121조의 26 제2항 제2호 및 제3호를 적용할 때 자산양도일부터 해당 사업연도 종료일까지의 기간을 1년으로 보아 해당 호에 따른 기간을 계산한다. (2022. 2. 15. 개정)

⑬ 법 제121조의 26 제2항 제2호를 적용할 때 부채비율은 각 사업연도 종료일 현재 기획재정부령으로 정하는 부채(자산양도일과 채무상환일이 서로 다른 사업연도에 속하는 경우로서 자산양도일이 속하는 사업연도의 부채비율을 산정하는 경우에는 채무상환 예정가액을 뺀

☞ p.1842 2단 연결

⑨ 법 제121조의 26 제2항 각 호 외의 부분 전단에 따라 익금에 산입하지 아니한 금액을 익금에 산입하는 경우에는 다음 각 호의 구분에 따라 계산한 금액을 익금에 산입한다. (2022. 2. 15. 개정)

1. 법 제121조의 26 제2항 제1호에 해당하는 경우 : 다음의 계산식에 따라 계산한 금액 (2022. 2. 15. 개정)

$$\text{익금에 산입하는 금액} = \left[A \times \frac{B}{(B+C)} \times \frac{(B-D)}{B} \right] + \left[A \times \frac{C}{(B+C)} \times \frac{(C-E)}{C} \right]$$

A : 양도차익상당액

B : 계획채무상환액

C : 계획투자금액

D : 양도가액 중 실제 채무상환액

E : 양도가액 중 실제 투자금액

2. 법 제121조의 26 제2항 제2호에 해당하는 경우 : 다음의 계산식에 따라 계산한 금액 (2022. 2. 15. 개정)

$$\text{익금에 산입하는 금액} = A \times \frac{B}{(B+C)} \times \frac{D}{B} \times E$$

A : 양도차익상당액

B : 계획채무상환액

C : 계획투자금액

D : 양도가액 중 실제 채무상환액

E : 부채비율에서 기준부채비율을 뺀 비율이 기준부채비율에서 차지하는 비율(이 비율이 1을 초과하는 경우에는 1로 본다)

3. 법 제121조의 26 제2항 제3호에 해당하는 경우 : 다음의 계산식에 따라 계산한 금액 (2022. 2. 15. 신설)

$$\text{익금에 산입하는 금액} = A \times \frac{C}{(B+C)} \times \frac{D}{C} \times \frac{E}{D}$$

A : 양도차익상당액

제51조의 11 【부채의 범위 등】
(2017. 3. 17. 조번개정)

① 영 제116조의 30 제13항 전단에서 "기획재정부령으로 정하는 부채"란 각 사업연도 종료일 현재 재무상태표상의 부채

제고를 위한 특별법」 제2조 제2호 가목의 방식에 따라 해당 사업을 승계하는 법인을 말한다. (2022. 2. 15. 개정)

⑰ 법 제121조의 26 제2항 제4호 단서에서 "파산 등 대통령령으로 정하는 부득이한 사유"란 다음 각 호의 어느 하나에 해당하는 경우를 말한다. (2022. 2. 15. 개정)

1. 파산선고를 받은 경우 (2016. 5. 10. 신설)

2. 천재지변이나 그 밖에 이에 준하는 사유로 폐업한 경우 (2022. 2. 15. 개정)

⑱ 법 제121조의 26 제2항 제5호에서 "대통령령으로 정하는 사유"란 「기업 활력 제고를 위한 특별법」 제13조 제1항에 따라 사업재편계획의 승인이 취소된 경우를 말한다. (2022. 2. 15. 개정)

⑲ 사업재편계획을 승인받은 내국법인(이하 이 조에서 "사업재편계획 승인내국법인"이라 한다)은 사업재편계획승인권자의 확인을 받아 기획재정부령으로 정하는 사업재편계획서 및 사업재편계획이행보고서를 다음 각 호의 구분에 따른 기한까지 납세지 관할 세무서장에게 제출하여야 한다. (2022. 2. 15. 항번개정)

1. 사업재편계획서 : 사업재편계획 승인내국법인의 사업재편계획 승인일이 속하는 사업연도 종료일 (2016. 5. 10. 신설)

2. 사업재편계획이행보고서 : 다음 각 목에 해당하는 사업연도의 과세표준 신고기한 종료일 (2016. 5. 10. 신설)

　가. 자산양도일이 속하는 사업연도 (2016. 5. 10. 신설)

　나. 금융채권자채무를 상환한 날(이하 이 조에서 "채무상환일"이라 한다) 또는 사업재편계획에 따른 투자로 자산을 취득한 날(이하 이 조에서 "투자실행일"이라 한다)이 속하는 사업연도(자산양도일과 채무상환일 또는 투자실행일이 서로 다른 사업연도에 속하는 경우로 한정한다) (2022. 2. 15. 개정)

　다. 채무상환일이 속하는 사업연도의 다음 3개 사업연도 (2016. 5. 10. 신설)

　라. 투자실행일이 속하는 사업연도의 다음 4개 사업연도 (2022. 2. 15. 신설)

☞ p.1843 2단 연결

금액으로 한다. 이하 이 조에서 "부채"라 한다)를 재무상태표의 자기자본(기획재정부령으로 정하는 바에 따라 계산한 금액으로 하며, 자기자본이 납입자본금보다 적은 경우에는 기획재정부령으로 정하는 바에 따라 계산한 납입자본금을 말한다. 이하 이 조에서 "자기자본"이라 한다)으로 나누어 계산한다. 이 경우 외화표시자산 및 부채에 대해서는 기획재정부령으로 정하는 바에 따라 평가한 금액으로 한다. (2021. 1. 5. 개정 ; 어려운 법령용어~대통령령)

⑭ 법 제121조의 26 제2항 제2호를 적용할 때 기준부채비율은 제1호의 비율에서 제2호의 비율을 뺀 비율로 한다. 이 경우 외화표시자산 및 부채에 대해서는 기획재정부령으로 정하는 바에 따라 평가한 금액으로 한다. (2016. 5. 10. 신설)

1. 사업재편계획이 최초로 승인된 날이 속하는 사업연도의 직전 사업연도 종료일(이하 이 조에서 "기준부채비율산정기준일"이라 한다) 현재의 부채를 기준부채비율산정기준일 현재의 자기자본으로 나누어 계산한 비율. 이 경우 기준부채비율산정기준일 이후 사업재편계획이 최초로 승인된 날의 전날까지의 기간 중 어느 한 날을 기준으로 사업재편계획의 수립을 위하여 평가한 부채 및 자기자본으로서 사업재편계획승인권자가 확인한 경우에는 그 부채 및 자기자본을 사용하여 계산할 수 있다. (2016. 5. 10. 신설)

2. 채무상환액(자산양도일과 채무상환일이 서로 다른 사업연도에 속하는 경우로서 자산양도일이 속하는 사업연도의 기준부채비율을 산정하는 경우에는 계획채무상환액으로 한다)을 제1호에 따른 자기자본으로 나누어 계산한 비율 (2022. 2. 15. 개정)

⑮ 법 제121조의 26 제2항 제2호에서 "대통령령으로 정하는 바에 따라 둘 이상의 내국법인이 공동으로 수립한 사업재편계획"이란 사업재편계획 중 「기업 활력 제고를 위한 특별법」 제9조 제4항에 따라 둘 이상의 기업이 공동으로 신청하여 사업재편계획승인권자가 승인한 계획을 말한다. 다만, 특수관계인인 법인 간에 공동으로 신청한 경우는 제외한다. (2022. 2. 15. 신설)

⑯ 법 제121조의 26 제2항 제4호 본문에서 "합병법인 등 대통령령으로 정하는 법인"이란 사업재편계획에 따라 합병·분할 등 「기업 활력

의 합계액 중 타인으로부터 조달한 차입금의 합계액을 말한다. 다만, 다음 각 호의 어느 하나에 해당하는 자산을 신규로 취득하기 위해 증가한 차입금으로서 영 제116조의 30 제1항에 따른 사업재편계획승인권자의 확인을 받은 것은 제외한다. (2022. 3. 18. 단서개정)

1. 법 제24조 제1항 제1호에 따른 공제대상 자산 (2021. 3. 16. 신설)

2. 영 제54조 제1항에 따른 공장으로서 사업용 공장 (2021. 3. 16. 신설)

3. 제2호에 따른 사업용 공장의 부속토지. 다만, 해당 부속토지가 사업용 공장의 바닥면적의 3배를 초과하는 경우 그 초과하는 부분은 부속토지로 보지 않는다. (2021. 3. 16. 신설)

② 영 제116조의 30 제13항 및 같은 조 제14항에 따른 부채비율 및 기준부채비율을 계산함에 있어서 자기자본은 각 사업연도 종료일 또는 같은 조 제14항 제1호에 따른 기준부채비율산정기준일(이하 이 조에서 "기준부채비율산정기준일"이라 한다) 현재의 자산총액에서 부채총액(각종 충당금을 포함하며 미지급법인세는 제외한다)을 공제하여 계산한다. 이 경우 자산총액을 산정함에 있어 각 사업연도 종료일 또는 기준부채비율산정기준일 전에 해당 법인의 보유자산에 대하여 「자산재평가법」에 따른 재평가를 한 때에는 같은 법에 따른 재평가차액(재평가세를 공제한 금액을 말한다)을 공제한다. (2017. 3. 17. 개정)

　제121조의 27 【채무의 인수ㆍ변제에 대한 과세특례】 ① 내국법인의 주주 또는 출자자(법인인 경우로 한정한다. 이하 이 조에서 "주주등"이라 한다)가 해당 내국법인의 채무를 인수ㆍ변제하는 경우로서 대통령령으로 정하는 사업재편계획(이하 이 조에서 "사업재편계획"이라 한다)에 따라 2026년 12월 31일까지 해당 내국법인의 지배주주ㆍ출자자 및 그 특수관계인(이하 이 조에서 "지배주주등"이라 한다)의 소유 주식 또는 출자지분을 대통령령으로 정하는 특수관계인 외의 자에게 전부 양도하는 경우에는 해당 내국법인의 채무금액 중 해당 주주등이 인수ㆍ변제한 금액은 해당 연도 주주등의 소득금액을 계산할 때 대통령령으로 정하는 금액을 한도로 손금에 산입한다. (2023. 12. 31. 개정)
② 제1항에 따라 채무가 인수ㆍ변제되어 채무가 감소한 내국법인(이하 이 조에서 "양도대상법인"이라 한다)은 소득금액을 계산할 때 채무의 감소액(대통령령으로 정하는 결손금을 초과하는 금액에 한정한다. 이하 이 조에서 "채무감소액"이라 한다)을 해당 사업연도와 해당 사업연도의 종료일 이후 3개 사업연도의 기간 중 익금에 산입하지 아니하고 그 다음 3개 사업연도의 기간 동안 균분한 금액 이상을 익금에 산입한다. (2015. 12. 15. 신설)
③ 제2항을 적용받은 양도대상법인이 다음 각 호의 어느 하나에 해당하게 된 경우에는 해당 사유가 발생한 사업연도에 양도대상법인의 소득금액을 계산할 때 익금에 산입하지 아니한 금액을 대통령령으로 정하는 바에 따라 익금에 산입하여야 한다. 이 경우 제1항에 따라 주주등이 감면받은 법인세액 및 대통령령으로 정하는 바에 따라 계산한 이자

⑳ 법 제121조의 26 제1항을 적용받으려는 내국법인은 자산양도일이 속하는 사업연도의 과세표준신고를 할 때 기획재정부령으로 정하는 양도차익명세서, 분할익금산입조정명세서와 채무상환 및 투자(계획)명세서를 납세지 관할 세무서장에게 제출해야 한다. 다만, 자산양도일과 채무상환일 또는 투자실행일이 서로 다른 사업연도에 속하는 경우에는 채무상환일 또는 투자실행일이 속하는 사업연도의 과세표준 신고시에 채무상환 및 투자(계획)명세서를 함께 제출해야 한다. (2022. 2. 15. 개정)

　제116조의 31 【채무의 인수ㆍ변제에 대한 과세특례】 (2016. 12. 1. 조번개정)
① 법 제121조의 27 제1항에 따른 인수ㆍ변제(이하 이 조에서 "채무인수ㆍ변제"라 한다)는 같은 조 제1항에 따른 주주등(이하 이 조에서 "주주등"이라 한다)이 단독 또는 공동으로 하나의 계약에 따라 일시에 인수ㆍ변제하는 것에 한정한다. (2016. 5. 10. 신설)
② 법 제121조의 27 제1항부터 제5항까지의 규정을 적용할 때 채무의 범위는 제3항에 따른 사업재편계획에 채무의 내용 및 주주등의 채무인수ㆍ변제 계획이 명시되어 있는 것으로서 제116조의 30 제8항 각 호의 금액(이하 이 조에서 "금융채권자채무"라 한다)으로 한다. (2018. 2. 13. 개정)
③ 법 제121조의 27 제1항에서 "대통령령으로 정하는 사업재편계획"이란 「기업 활력 제고를 위한 특별법」 제9조 제2항 각 호에 다음 각 호의 내용이 포함되어 있는 것으로서 같은 법 제10조에 따라 주무부처의 장(이하 이 조에서 "사업재편계획승인권자"라 한다)이 승인한 계획(이하 이 조에서 "사업재편계획"이라 한다)을 말한다. (2016. 5. 10. 신설)
1. 주주등이 인수ㆍ변제할 금융채권자채무의 총액 및 내용 (2018. 2. 13. 개정)
2. 주주등의 채무인수ㆍ변제 계획 (2016. 5. 10. 신설)
3. 법 제121조의 27 제1항 및 이 조 제4항 제1호ㆍ제2호에 해당하는 자(이하 이 조에서 "지배주주등"이라 한다)의 소유 주식 또는 출자지분 양도 계획 (2016. 5. 10. 신설)
④ 법 제121조의 27 제1항에 따른 지배주주ㆍ출자자 및 그 특수관계인은 다음 각 호의 어느 하나에 해당하는 자로 한다. (2016. 5. 10. 신설)
1. 「법인세법 시행령」 제43조 제7항에 따른 지배주주등 (2016. 5. 10.

③ 제2항 전단에도 불구하고 금융채권자 부채를 상환한 후 3년이내에 결손금의 발생으로 각 사업연도의 자기자본이 직전 사업연도 또는 기준부채비율산정기준일 현재의 자기자본보다 감소한 경우에는 직전 사업연도의 자기자본과 기준부채비율산정기준일 현재의 자기자본 중 큰 금액을 기준으로 부채비율을 계산한다. (2018. 3. 21. 개정)
④ 영 제116조의 30 제13항 및 같은 조 제14항에 따라 부채비율 및 기준부채비율을 산정함에 있어서 납입자본금은 각 사업연도 종료일 또는 기준부채비율산정기준일 현재의 납입자본금을 기준으로 하되, 해당 내국법인이 각 사업연도 종료일 이전에 무상감자를 한 경우에는 해당 감자금액을 납입자본금에 가산한다. (2017. 3. 17. 개정)
⑤ 기준부채비율산정기준일 이후 합병한 경우 기준부채비율을 산정할 때에는 기준부채비율산정기준일 현재 피합병법인(합병으로 인하여 소멸 또는 흡수되는 법인을 말한다) 및 합병법인(합병으로 인하여 신설 또는 존속하는 법인을 말한다)의 재무상태표상의 부채(제1항에 따른 부채를 말한다) 및 자기자본을 각각 합하여 합병법인의 기준부채비율을 계산한다. (2016. 8. 9. 신설)
⑥ 외화표시자산등을 원화로 평가하는 때에는 다음 각 호의 구분에 따른 기준일 현재의 「법인세법 시행령」 제76조 제1항에 따른 환율에 의한다. (2016. 8. 9. 신설)

상당가산액(이하 이 항에서 "이자상당가산액"이라 한다)을 법인세에 가산하여 납부하여야 하며, 해당 세액은 「법인세법」 제64조에 따라 납부하여야 할 세액으로 본다. (2015. 12. 15. 신설)
1. 양도대상법인의 부채비율이 채무 인수·변제 후 3년 이내의 기간 중 기준부채비율보다 증가하게 된 경우 (2015. 12. 15. 신설)
2. 채무를 인수·변제한 날부터 3년 이내에 해당 사업을 폐업하거나 해산한 경우로서 합병법인 등 대통령령으로 정하는 법인이 해당 사업을 승계한 경우가 아닌 경우. 다만, 파산 등 대통령령으로 정하는 부득이한 사유가 있는 경우에는 제1항에 따라 주주등이 감면받은 법인세액 및 이자상당가산액을 가산하지 아니한다. (2015. 12. 15. 신설)
3. 사업재편계획에 따라 지배주주등의 소유 주식 또는 출자지분을 대통령령으로 정하는 특수관계인 외의 자에게 전부 양도하지 아니한 경우 (2015. 12. 15. 신설)
4. 대통령령으로 정하는 사유에 해당하여 사업재편계획의 승인이 취소된 경우 (2015. 12. 15. 신설)
④ 제1항에 따른 법인의 양도·양수에 있어서 양도대상법인의 자산부족액을 익금에 산입하여 이를 「법인세법」 제67조에 따라 처분하는 경우 해당 양도대상법인은 「소득세법」에도 불구하고 그 처분금액에 대한 소득세를 원천징수하지 아니한다. (2015. 12. 15. 신설)
⑤ 제1항에 따라 내국법인의 채무가 인수·변제됨에 따라 해당 내국법인의 다른 주주등이 얻는 이익에 대해서는 「상속세 및 증여세법」에 따른 증여로 보지 아니한다. 다만, 채무를 인수·변제한 주주등의 대통령령으로 정하는 특수관계인에 대해서는 그러하지 아니하다. (2015. 12. 15. 신설)
⑥ 사업재편계획을 이행하는 내국법인은 사업재편계획의 내용 및 그 이행실적을 매년 대통령령으로 정하는 바에 따라 납세지 관할 세무서장에게 제출하여야 한다. (2015. 12. 15. 신설)
⑦ 제1항부터 제6항까지의 규정을 적용할 때 채무의 범위, 지배주주등의 범위, 자산부족액의 요건 및 신고의 방법, 부채비율 및 기준부채비율의 산정, 법인양도·양수에 관한 명세서의 제출, 세액감면의 신청 및 그 밖에 필요한 사항은 대통령령으로 정한다. (2015. 12. 15. 신설)

신설)
2. 「법인세법 시행령」 제43조 제8항에 따른 특수관계에 있는 자 (2016. 5. 10. 신설)
⑤ 법 제121조의 27 제1항 및 같은 조 제3항 제3호에서 "대통령령으로 정하는 특수관계인"이란 각각 해당 내국법인 또는 지배주주등과 「법인세법 시행령」 제2조 제8항 각 호의 어느 하나에 해당하는 관계에 있는 자를 말한다. (2025. 2. 28. 개정)
⑥ 법 제121조의 27 제1항에서 "대통령령으로 정하는 금액"이란 법 제121조의 27 제2항에 따른 양도대상법인(이하 이 조에서 "양도대상법인"이라 한다)의 금융채권자채무 중 해당 주주등이 같은 조 제1항에 따라 인수·변제한 금액(이하 이 조에서 "채무인수·변제액"이라 한다)을 말한다. (2018. 2. 13. 개정)
⑦ 법 제121조의 27 제2항에서 "대통령령으로 정하는 결손금을 초과하는 금액"이란 채무인수·변제를 받은 금액에서 「법인세법 시행령」 제16조 제1항에 따른 결손금(이하 이 조에서 "이월결손금"이라 한다)을 뺀 금액(이하 이 조에서 "채무감소액"이라 한다)을 말한다. 이 경우 양도대상법인이 무상으로 받은 자산의 가액과 채무의 면제 또는 소멸로 인한 부채의 감소액(채무인수·변제를 받은 금액은 제외한다)으로 먼저 이월결손금을 보전하는 경우에는 이월결손금에서 그 보전액을 제외한 잔액을 뺀 금액을 말한다. (2019. 2. 12. 개정)
⑧ 법 제121조의 27 제3항 각 호 외의 부분 전단에 따라 양도대상법인이 익금에 산입하지 아니한 금액을 익금에 산입하는 경우에는 다음 각 호의 구분에 따라 계산한 금액을 익금에 산입하는 방법에 따른다. (2016. 5. 10. 신설)
1. 법 제121조의 27 제3항 제1호에 해당하는 경우 : 다음의 산식에 따라 계산한 금액 (2016. 5. 10. 신설)
　채무감소액 × 부채비율에서 기준부채비율을 뺀 비율이 기준 부채비율에서 차지하는 비율(이 비율이 1을 초과하는 경우에는 1로 본다)
2. 법 제121조의 27 제3항 제2호부터 제4호까지의 규정 중 어느 하나에 해당하는 경우 : 채무감소액 중 익금에 산입하지 아니한 금액 전액 (2016. 5. 10. 신설)

☞ p.1845 3단 연결

1. 영 제116조의 30 제13항에 따른 부채비율을 산정하는 경우 : 각 사업연도 종료일. 다만, 가목에 따른 부채비율이 나목에 따른 부채비율보다 낮은 경우에는 가목에 따른 기준일로 한다. (2017. 3. 17. 개정)
가. 기준부채비율산정기준일 현재의 통화별 외화표시자산등의 금액 범위안의 외화표시자산등에 대하여는 기준부채비율산정기준일 현재의 환율로 평가하고, 그 외의 외화표시자산등에 대하여는 각 사업연도 종료일 현재의 환율로 평가한 부채비율 (2016. 8. 9. 신설)
나. 전체 외화표시자산등을 각 사업연도 종료일의 환율로 평가한 부채비율 (2016. 8. 9. 신설)
2. 영 제116조의 30 제14항에 따른 기준부채비율을 산정하는 경우 : 기준부채비율산정기준일(채무상환분에 대하여는 상환한 날) (2017. 3. 17. 개정)

상법인의 자산부족액은 해당 주식양도계약에 자산의 실제조사에 대한 내용이 포함되어 있는 경우로서 주식양도일 현재의 자산부족액을 양도대상법인이 「금융위원회의 설치 등에 관한 법률」 제19조에 따라 설립된 증권선물위원회에 요청하여 지명을 받은 회계법인으로부터 확인받아 수정하여 회계처리한 것에 한정한다. (2021. 1. 5. 개정 ; 어려운 법령용어~대통령령)

⑰ 법 제121조의 27 제5항 단서에서 "대통령령으로 정하는 특수관계인"이란 채무인수ㆍ변제를 한 주주등과 「상속세 및 증여세법 시행령」 제2조의 2 제1항 각 호의 어느 하나에 해당하는 관계에 있는 자를 말한다. (2016. 5. 10. 신설)

⑱ 사업재편계획을 승인받은 내국법인(이하 이 조에서 "사업재편계획승인내국법인"이라 한다)은 사업재편계획승인권자의 확인을 받아 기획재정부령으로 정하는 사업재편계획서 및 사업재편계획이행보고서를 다음 각 호의 구분에 따른 기한까지 납세지 관할 세무서장에게 제출하여야 한다. (2016. 5. 10. 신설)

1. 사업재편계획서 : 사업재편계획 승인내국법인의 사업재편계획 승인일이 속하는 사업연도 종료일 (2016. 5. 10. 신설)

2. 사업재편계획이행보고서 : 다음 각 목에 해당하는 사업연도의 과세표준 신고기한 종료일 (2016. 5. 10. 신설)

　가. 채무인수ㆍ변제를 한 날이 속하는 사업연도 (2016. 5. 10. 신설)
　나. 법 제121조의 27 제1항에 따라 주식 등을 양도한 날이 속하는 사업연도(가목의 사업연도와 다른 경우에 한정한다) (2016. 5. 10. 신설)
　다. 법 제121조의 27 제1항에 따라 주식 등을 양도한 날이 속하는 사업연도의 다음 3개 사업연도 (2016. 5. 10. 신설)

⑲ 법 제121조의 27 제1항을 적용받으려는 주주등은 채무인수ㆍ변제를 한 날이 속하는 사업연도의 과세표준신고를 할 때 기획재정부령으로 정하는 법인양도ㆍ양수계획서, 채무인수ㆍ변제명세서 및 세액감면신청서를 납세지 관할 세무서장에게 제출하여야 한다. (2016. 5. 10. 신설)

⑳ 법 제121조의 27 제2항을 적용받으려는 내국법인은 채무인수ㆍ변

☞ p.1846 2단 연결

는 사업연도의 종료일의 다음 날부터 제8항에 따라 익금에 산입하여야 할 금액을 익금에 산입하는 사업연도의 종료일까지의 기간 (2016. 5. 10. 신설)

　나. 제11조의 2 제9항 제2호에 따른 율 (2022. 2. 15. 개정)

2. 제9항에 따라 납부하여야 할 세액에 가목에 따른 기간과 나목에 따른 율을 곱하여 계산한 금액 (2016. 5. 10. 신설)

　가. 채무인수ㆍ변제를 한 날이 속하는 사업연도의 종료일의 다음 날부터 제9항에 따라 납부하여야 할 세액을 납부하는 사업연도의 종료일까지의 기간 (2016. 5. 10. 신설)

　나. 제11조의 2 제9항 제2호에 따른 율 (2022. 2. 15. 개정)

⑪ 법 제121조의 27 제3항 제1호를 적용할 때 채무인수ㆍ변제를 한 날부터 해당 사업연도 종료일까지의 기간을 1년으로 보아 3년의 기간을 계산한다. (2016. 5. 10. 신설)

⑫ 법 제121조의 27 제3항 제1호에 따른 부채비율 및 기준부채비율의 산정에 관하여는 제116조의 30 제13항 및 제14항을 준용한다. 이 경우 "채무상환액"은 "채무인수ㆍ변제를 받은 금액의 합계"로 본다. (2016. 12. 1. 개정)

⑬ 법 제121조의 27 제3항 제2호 본문에서 "합병법인 등 대통령령으로 정하는 법인"이란 사업재편계획에 따라 합병ㆍ분할 등 「기업 활력 제고를 위한 특별법」 제2조 제2호 가목의 방식에 따라 해당 사업을 승계하는 법인을 말한다. (2016. 5. 10. 신설)

⑭ 법 제121조의 27 제3항 제2호 단서에서 "파산 등 대통령령으로 정하는 부득이한 사유"란 다음 각 호의 어느 하나에 해당하는 경우를 말한다. (2016. 5. 10. 신설)

1. 파산선고를 받은 경우 (2016. 5. 10. 신설)

2. 천재지변이나 그 밖에 이에 준하는 사유로 사업을 폐지한 경우 (2016. 5. 10. 신설)

⑮ 법 제121조의 27 제3항 제4호에서 "대통령령으로 정하는 사유"란 「기업 활력 제고를 위한 특별법」 제13조 제1항에 따라 사업재편계획의 승인이 취소된 경우를 말한다. (2016. 5. 10. 신설)

⑯ 법 제121조의 27 제4항에 따른 법인의 양도ㆍ양수의 경우 양도대

⑨ 법 제121조의 27 제3항 각 호 외의 부분 후단에 따라 법인세에 가산하여 납부하여야 할 세액은 다음 각 호의 방법에 따라 계산한다. (2016. 5. 10. 신설)

1. 법 제121조의 27 제3항 제1호에 해당하는 경우 : 다음의 산식에 따라 계산한 금액 (2016. 5. 10. 신설)

채무인수ㆍ변제액을 손금에 산입한 사업연도에 채무인수ㆍ변제액을 손금에 산입함에 따라 발생한 법인세 차액 × 부채비율에서 기준부채비율을 뺀 비율이 기준부채비율에서 차지하는 비율(이 비율이 1을 초과하는 경우에는 1로 본다)

2. 법 제121조의 27 제3항 제2호부터 제4호까지의 규정 중 어느 하나에 해당하는 경우 : 채무인수ㆍ변제액을 손금에 산입한 사업연도에 채무인수ㆍ변제액을 손금에 산입함에 따라 발생한 법인세 차액 (2016. 5. 10. 신설)

⑩ 법 제121조의 27 제3항 각 호 외의 부분 후단에 따라 법인세에 가산하여 납부하여야 하는 이자상당가산액은 다음 각 호의 금액을 합산한 금액으로 한다. (2016. 5. 10. 신설)

1. 채무인수ㆍ변제를 받은 날이 속하는 사업연도에 제8항에 따라 익금에 산입하여야 할 금액을 익금에 산입하지 아니함에 따라 발생한 법인세액의 차액에 가목에 따른 기간과 나목에 따른 율을 곱하여 계산한 금액 (2016. 5. 10. 신설)

　가. 채무인수ㆍ변제를 받은 날이 속하

제121조의 28【주주등의 자산양도에 관한 법인세 등 과세특례】① 내국법인이 주주 또는 출자자(이하 이 조에서 "주주등"이라 한다)로부터 다음 각 호의 요건을 모두 갖추어 2026년 12월 31일 이전에 자산을 무상으로 받은 경우에는 해당 사업연도의 소득금액을 계산할 때 해당 자산가액(대통령령으로 정하는 결손금을 초과하는 금액으로 한정한다)은 자산을 증여받은 날이 속하는 사업연도의 종료일 이후 3개 사업연도의 기간 중 익금에 산입하지 아니하고 그 다음 3개 사업연도의 기간 동안 균분한 금액 이상을 익금에 산입하여야 한다. (2023. 12. 31. 개정)

1. 대통령령으로 정하는 사업재편계획(이하 이 조에서 "사업재편계획"이라 한다)에 따라 주주등의 자산증여 및 법인의 채무상환이 이루어질 것 (2015. 12. 15. 신설)

2. 사업재편계획에는 금전의 경우 법인이 해당 금전을 받은 날부터 2026년 12월 31일 이내에서 대통령령으로 정하는 기한까지, 금전 외의 자산의 경우에는 해당 자산을 양도한 날(장기할부조건의 경우에는 대통령령으로 정하는 날을 말한다)부터 2026년 12월 31일 이내에서 대통령령으로 정하는 기한까지 그 양도대금을 대통령령으로 정하는 금융채권자(이하 이 조 및 제121조의 29에서 "금융채권자"라 한다)에 대한 부채의 상환에 전액 사용(대통령령으로 정하는 부득이한 사유가 있는 경우에는 그 사유가 종료한 날의 다음 날에 부채의 상환에 전액 사용하는 것을 말한다)한다는 내용이 포함되어 있을 것 (2023. 12. 31. 개정)

② 제1항에 따라 자산을 증여한 주주등(법인인 경우로 한정한다)의 경우 증여한 자산의 가액(장부가액을 말한다) 중 대통령령으로 정하는 금액을 해당 사업연도의 소득금액을 계산할 때 손금에 산입한다. (2015. 12. 15. 신설)

③ 제1항에 따라 주주등이 법인에 자산을 증여할 때 소유하던 자산을 양도하고 2026년

제를 받은 날이 속하는 사업연도의 과세표준신고를 할 때 기획재정부령으로 정하는 법인양도·양수계획서, 채무인수·변제명세서 및 분할익금산입조정명세서를 납세지 관할 세무서장에게 제출하여야 한다. (2016. 5. 10. 신설)

제116조의 32【주주등의 자산양도에 관한 법인세 등 과세특례】 (2016. 12. 1. 조번개정)

① 법 제121조의 28 제1항에 따른 증여는 같은 항 각 호 외의 부분에 따른 주주 또는 출자자(이하 이 조에서 "주주등"이라 한다)가 단독 또는 공동으로 하나의 계약에 의하여 일시에 증여하는 것에 한정한다. (2016. 5. 10. 신설)

② 법 제121조의 28 제1항 각 호 외의 부분에서 "대통령령으로 정하는 결손금을 초과하는 금액"이란 법 제121조의 28 제1항에 따라 증여받은 자산가액에서 「법인세법 시행령」 제16조 제1항에 따른 결손금(이하 이 조에서 "이월결손금"이라 한다)을 뺀 금액(이하 이 조에서 "자산수증익"이라 한다)을 말한다. 이 경우 해당 내국법인이 무상으로 받은 자산의 가액과 채무의 면제 또는 소멸로 인한 부채의 감소액(법 제121조의 28 제1항에 따라 증여받은 자산가액은 제외한다)으로 먼저 이월결손금을 보전하는 경우에는 이월결손금에서 그 보전액을 제외한 잔액을 뺀 금액을 말한다. (2019. 2. 12. 개정)

③ 법 제121조의 28 제1항 제1호에서 "대통령령으로 정하는 사업재편계획"이란 「기업 활력 제고를 위한 특별법」 제9조 제2항 각 호에 다음 각 호의 내용이 포함되어 있는 것으로서 같은 법 제10조에 따라 주무부처의 장(이하 이 조에서 "사업재편계획승인권자"라 한다)이 승인한 계획(이하 이 조에서 "사업재편계획"이라 한다)을 말한다. (2016. 5. 10. 신설)

1. 주주등의 자산양도 또는 자산증여 계획 (2016. 5. 10. 신설)

2. 제1호에 따른 자산양도 또는 자산증여를 통하여 상환할 채무의 총액 및 내용 (2016. 5. 10. 신설)

3. 제2호에 따른 채무의 상환계획 (2016. 5. 10. 신설)

④ 법 제121조의 28 제1항 제2호에서 "대통령령으로 정하는 기한"이란

각각 다음 각 호의 어느 하나에 해당하는 날까지의 기한을 말한다. (2016. 5. 10. 신설)

1. 제7항에 해당하는 사유가 있는 경우로서 그 사유가 종료된 날이 금전을 받은 날 또는 자산을 양도한 날(이하 이 조에서 "자산양도일"이라 한다)부터 3개월이 되는 날보다 나중에 오는 경우에는 그 사유가 종료된 날의 다음 날 (2016. 5. 10. 신설)

2. 제1호 외의 경우에는 금전을 받은 날 또는 자산양도일부터 3개월이 되는 날 (2016. 5. 10. 신설)

⑤ 법 제121조의 28 제1항 제2호에서 "대통령령으로 정하는 날"이란 각 회의 할부금(계약금은 첫 회의 할부금에 포함되는 것으로 한다)을 받은 날을 말한다. (2016. 5. 10. 신설)

⑥ 법 제121조의 28 제1항 제2호에서 "대통령령으로 정하는 금융채권자"란 「기업구조조정 촉진법」 제2조 제2호에 따른 금융채권자(이하 이 조에서 "금융채권자"라 한다)를 말한다. (2018. 2. 13. 개정)

⑦ 법 제121조의 28 제1항 제2호에서 "대통령령으로 정하는 부득이한 사유"란 금융채권자가 채무상환액을 수령할 수 없는 사정이 있어서 상환이 불가능한 경우를 말한다. (2018. 2. 13. 개정)

⑧ 법 제121조의 28 제1항 제2호에 따라 상환하는 채무는 사업재편계획에 채무의 내용 및 주주등의 자산 증여를 통한 상환

☞ p.1847 2단 연결

③ 제1항에 따라 주주등이 법인에 자산을 증여할 때 소유하던 자산을 양도하고 2026년 12월 31일 이전에 그 양도대금을 해당 법인에 증여하는 경우에는 해당 자산을 양도함으로써 발생하는 양도차익 중 대통령령으로 정하는 증여금액에 상당하는 금액(이하 이 조에서 "양도차익상당액"이라 한다)은 다음 각 호의 구분에 따라 양도소득세를 감면하거나 같은 금액을 익금에 산입하지 아니할 수 있다. (2024. 12. 31. 개정)

1. 거주자 : 양도차익상당액에 대한 양도소득세 또는 금융투자소득세의 100분의 100에 상당하는 세액 감면 (2021. 12. 28. 개정)

1. 거주자 : 양도차익상당액에 대한 양도소득세의 100분의 100에 상당하는 세액 감면 (2024. 12. 31. 개정)
2. 내국법인 : 양도차익상당액을 해당 사업연도의 소득금액을 계산할 때 익금에 불산입 (2015. 12. 15. 신설)

④ 제1항에 따라 자산을 증여받은 법인이 다음 각 호의 어느 하나에 해당하는 경우에는 해당 사유가 발생한 사업연도의 소득금액을 계산할 때 대통령령으로 정하는 바에 따라 제1항에 따라 익금에 산입하지 아니한 금액을 익금에 산입한다. 이 경우 제2항 및 제3항에 따라 주주등이 감면받은 세액 및 대통령령으로 정하는 바에 따라 계산한 이자상당가산액(이하 이 항에서 "이자상당가산액"이라 한다)을 법인세에 가산하여 납부하여야 하며, 해당 세액은 「법인세법」 제64조에 따라 납부하여야 할 세액으로 본다. (2015. 12. 15. 신설)

1. 사업재편계획에 따라 채무를 상환하지 아니한 경우 (2015. 12. 15. 신설)
2. 해당 법인의 부채비율이 채무 상환 후 3년 이내의 기간 중 기준부채비율보다 증가하게 된 경우 (2015. 12. 15. 신설)
3. 제1항에 따라 자산을 증여받은 날부터 3년 이내에 해당 사업을 폐업하거나 해산한 경우로서 합병법인 등 대통령령으로 정하는 법인이 해당 사업을 승계한 경우가 아닌 경우. 다만, 파산 등 대통령령으로 정하는 부득이한 사유가 있는 경우에는 제2항 및 제3항에 따

계획이 명시되어 있는 것으로서 제116조의 30 제8항 각 호의 금액을 말한다. (2018. 2. 13. 개정)

⑨ 법 제121조의 28 제2항에서 "대통령령으로 정하는 금액"이란 주주등이 증여한 자산의 장부가액(이하 이 조에서 "자산증여액"이라 한다)을 말한다. (2016. 5. 10. 신설)

⑩ 법 제121조의 28 제1항 및 제2항을 적용할 때 자산의 양도시기에 대해서는 「소득세법 시행령」 제162조를 준용한다. 다만, 장기할부조건의 양도의 경우에는 제5항에 따른 날로 한다. (2016. 5. 10. 신설)

⑪ 법 제121조의 28 제3항 각 호 외의 부분에서 "대통령령으로 정하는 증여금액에 상당하는 금액"이란 다음의 산식에 따라 계산한 금액(이하 이 조에서 "양도차익상당액"이라 한다)을 말한다. (2016. 5. 10. 신설)

법 제121조의 28 제3항에 따라 양도한 자산의 양도차익 × [해당 자산의 양도가액 중 법 제121조의 28 제1항에 따라 증여한 금액/(해당 자산의 양도가액 − 법 제121조의 28 제3항에 따라 양도한 자산의 양도차익에 대하여 해당 법인이 「농어촌특별세법」에 따라 납부한 농어촌특별세액)]

⑫ 법 제121조의 28 제4항 각 호 외의 부분 전단에 따라 자산을 증여받은 법인이 익금에 산입하지 아니한 금액을 익금에 산입하는 경우에는 다음 각 호의 구분에 따라 계산한 금액을 익금에 산입하는 방법에 따른다. (2016. 5. 10. 신설)

1. 법 제121조의 28 제4항 제1호에 해당하는 경우 : 다음의 산식에 따라 계산한 금액 (2016. 5. 10. 신설)
   자산수증익 × [법 제121조의 28 제1항에 따라 증여받은 자산의 가액(금전이 아닌 자산의 경우에는 양도가액을 말한다. 이하 이 조에서 "양수자산가액"이라 한다) − 양수자산가액 중 채무상환에 사용한 금액] / 양수자산가액
2. 법 제121조의 28 제4항 제2호에 해당하는 경우 : 다음의 산식에 따라 계산한 금액 (2016. 5. 10. 신설)
   자산수증익 × 부채비율에서 기준부채비율을 뺀 비율이 기준부채비율에서 차지하는 비율(이 비율이 1을 초과하는 경우에는 1로 본다)
3. 법 제121조의 28 제4항 제3호 또는 제4호에 해당하는 경우 : 자산

수증익 중 익금에 산입하지 아니한 금액 전액 (2016. 5. 10. 신설)

⑬ 법 제121조의 28 제2항에 따라 주주등이 감면받은 세액으로서 같은 조 제4항 각 호 외의 부분 후단에 따라 법인세에 가산하여 납부하여야 하는 세액은 다음 각 호의 구분에 따른 방법에 따라 계산한다. (2016. 5. 10. 신설)

1. 법 제121조의 28 제4항 제1호에 해당하는 경우 : 주주등이 자산증여액을 손금에 산입한 사업연도에 다음의 산식에 따라 계산한 금액을 손금에 산입함에 따라 발생한 법인세액의 차액 (2016. 5. 10. 신설)
   자산증여액 × (양수자산가액 − 양수자산가액 중 채무상환에 사용한 금액) / 양수자산가액
2. 법 제121조의 28 제4항 제2호에 해당하는 경우 : 다음의 산식에 따라 계산한 금액 (2016. 5. 10. 신설)
   자산증여액을 손금에 산입한 사업연도에 자산증여액을 손금에 산입함에 따라 발생한 법인세액의 차액 × 부채비율에서 기준부채비율을 뺀 비율이 기준부채비율에서 차지하는 비율(이 비율이 1을 초과하는 경우에는 1로 본다)
3. 법 제121조의 28 제4항 제3호 또는 제4호에 해당하는 경우 : 자산증여액을 손금에 산입한 사업연도에 자산증여액을 손금에 산입함에 따라 발생한

☞ p.1848 2단 연결

라 감면한 세액 및 이자상당가산액을 가산하지 아니한다. (2015. 12. 15. 신설)

4. 대통령령으로 정하는 사유에 해당하여 사업재편계획의 승인이 취소된 경우 (2015. 12. 15. 신설)

⑤ 제1항에 따라 법인이 주주등으로부터 자산을 무상으로 받음으로써 해당 법인의 다른 주주등이 얻는 이익은 「상속세 및 증여세법」에 따른 증여로 보지 아니한다. 다만, 자산을 증여한 주주등의 대통령령으로 정하는 특수관계인에 대해서는 그러하지 아니하다. (2015. 12. 15. 신설)

⑥ 사업재편계획을 이행하는 내국법인은 사업재편계획의 내용 및 그 이행실적을 매년 대통령령으로 정하는 바에 따라 납세지 관할 세무서장에게 제출하여야 한다. (2015. 12. 15. 신설)

⑦ 제1항부터 제6항까지의 규정을 적용할 때 양도의 시기, 부채비율 및 기준부채비율의 산정, 세액감면의 신청과 그 밖에 필요한 사항은 대통령령으로 정한다. (2015. 12. 15. 신설)

법인세액의 차액 (2016. 5. 10. 신설)

⑭ 법 제121조의 28 제3항에 따라 주주등이 감면받은 세액으로서 같은 조 제4항 각 호 외의 부분 후단에 따라 법인세에 가산하여 납부하여야 하는 세액은 다음 각 호의 구분에 따른 방법에 따라 계산한다. (2016. 5. 10. 신설)

1. 주주등이 거주자인 경우 : 다음 각 목의 구분에 따라 계산한 금액 (2016. 5. 10. 신설)

가. 법 제121조의 28 제4항 제1호에 해당하는 경우 : 양도차익상당액에 대한 양도소득세 또는 금융투자소득세를 납부하지 아니한 과세기간에 다음의 산식에 따라 계산한 금액을 양도차익상당액 산정 시 포함함에 따른 양도소득세액 또는 금융투자소득세액의 차액 (2022. 2. 15. 개정)
양도차익상당액 × (양수자산가액 − 양수자산가액 중 채무상환에 사용한 금액) / 양수자산가액

가. 법 제121조의 28 제4항 제1호에 해당하는 경우 : 양도차익상당액에 대한 양도소득세를 납부하지 아니한 과세기간에 다음의 산식에 따라 계산한 금액을 양도차익상당액 산정 시 포함함에 따른 양도소득세액의 차액 (2024. 12. 31. 개정)
양도차익상당액 × (양수자산가액 − 양수자산가액 중 채무상환에 사용한 금액) / 양수자산가액

나. 법 제121조의 28 제4항 제2호에 해당하는 경우 : 다음의 산식에 따라 계산한 금액 (2022. 2. 15. 개정)
양도차익상당액에 대하여 납부하지 아니한 양도소득세 또는 금융투자소득세 × 부채비율에서 기준부채비율을 뺀 비율이 기준부채비율에서 차지하는 비율(이 비율이 1을 초과하는 경우에는 1로 본다)

나. 법 제121조의 28 제4항 제2호에 해당하는 경우 : 다음의 산식에 따라 계산한 금액 (2024. 12. 31. 개정)
양도차익상당액에 대하여 납부하지 아니한 양도소득세 × 부채비율에서 기준부채비율을 뺀 비율이 기준부채비율에서 차지하는 비율(이 비율이 1을 초과하는 경우에는 1로 본다)

다. 법 제121조의 28 제4항 제3호 또는 제4호에 해당하는 경우 : 양도차익상당액에 대하여 납부하지 아니한 양도소득세 또는 금융투자소득세 전액 (2022. 2. 15. 개정)

다. 법 제121조의 28 제4항 제3호 또는 제4호에 해당하는 경우 : 양도차익상당액에 대하여 납부하지 아니한 양도소득세 전액 (2024. 12. 31. 개정)

2. 주주등이 내국법인인 경우 : 다음 각 목에 따라 계산한 금액 (2016. 5. 10. 신설)

가. 법 제121조의 28 제4항 제1호에 해당하는 경우 : 양도차익상당액을 익금에 산입하지 아니한 사업연도에 다음의 산식에 따라 계산한 금액을 익금에 산입하지 아니함에 따라 발생한 법인세액의 차액 (2016. 5. 10. 신설)
양도차익상당액 × (양수자산가액 − 양수자산가액 중 채무상환에 사용한 금액) / 양수자산가액

나. 법 제121조의 28 제4항 제2호에 해당하는 경우 : 다음의 산식에 따라 계산한 금액 (2016. 5. 10. 신설)
양도차익상당액을 익금에 산입하지 아니한 사업연도에 양도차익상당액을 익금에 산입하지 아니함에 따라 발생한 법인세액의 차액 × 부채비율에서 기준부채비율을 뺀 비율이 기준부채비율에서 차지하는 비율(이 비율이 1을 초과하는 경우에는 1로 본다)

다. 법 제121조의 28 제4항 제3호 또는 제4호에 해당하는 경우 : 양도차익상당액을 익금에 산입하지 아니한 사업연도에 양도차익상당액을 익금에 산입하지 아니함에 따라 발생한 법인세액의 차액 (2016. 5. 10. 신설)

☞ p.1849 3단 연결

(2016. 5. 10. 신설)

㉓ 사업재편계획을 승인받은 내국법인(이하 이 조에서 "사업재편계획승인내국법인"이라 한다)은 사업재편계획승인권자의 확인을 받아 기획재정부령으로 정하는 사업재편계획서 및 사업재편계획이행보고서를 다음 각 호의 구분에 따른 기한까지 납세지 관할 세무서장에게 제출하여야 한다. (2016. 5. 10. 신설)

1. 사업재편계획서 : 사업재편계획 승인내국법인의 사업재편계획 승인일이 속하는 사업연도 종료일 (2016. 5. 10. 신설)
2. 사업재편계획이행보고서 : 다음 각 목에 해당하는 사업연도의 과세표준 신고기한 종료일 (2016. 5. 10. 신설)
   가. 자산증여일이 속하는 사업연도 (2016. 5. 10. 신설)
   나. 채무상환일이 속하는 사업연도(자산증여일과 채무상환일이 서로 다른 사업연도에 속하는 경우에 한정한다) (2016. 5. 10. 신설)
   다. 채무상환일이 속하는 사업연도의 다음 3개 사업연도 (2016. 5. 10. 신설)

㉔ 법 제121조의 28 제1항을 적용받으려는 내국법인은 자산증여일이 속하는 사업연도의 과세표준신고를 할 때 기획재정부령으로 정하는 수증자산명세서, 채무상환(예정)명세서 및 분할익금산입조정명세서를 납세지 관할 세무서장에게 제출하여야 한다. 다만, 자산증여일과 채무상환일이 서로 다른 사업연도에 속하는 경우에는 채무상환일이 속하는 사업연도의 과세표준 신고시에 채무상환명세서를 함께 제출하여야 한다. (2016. 5. 10. 신설)

㉕ 법 제121조의 28 제2항을 적용받으려는 주주등은 자산증여일이 속하는 사업연도의 과세표준신고를 할 때 자산증여계약서, 기획재정부령으로 정하는 채무상환(예정)명세서 및 세액감면신청서를 납세지 관할 세무서장에게 제출하여야 한다. (2016. 5. 10. 신설)

㉖ 법 제121조의 28 제3항을 적용받으려는 주주등은 같은 항에 따라 자산양도일이 속하는 과세연도의 과세표준신고를 할 때 자산매매계약서, 증여계약서, 기획재정부령으로 정하는 채무상환(예정)명세서 및 세액감면신청서를 납세지 관할 세무서장에게 제출하여야 한다. (2016. 5. 10. 신설)

에는 채무를 상환한 날(이하 이 조에서 "채무상환일"이라 한다)부터 해당 사업연도 종료일까지의 기간을 1년으로 보아 3년의 기간을 계산한다. (2016. 5. 10. 신설)

⑰ 법 제121조의 28 제4항 제2호에 따른 부채비율 및 기준부채비율의 산정에 관하여는 제116조의 30 제13항 및 제14항을 준용한다. 이 경우 "채무상환액"은 "양수자산가액 중 채무상환에 사용한 금액"으로 본다. (2016. 12. 1. 개정)

⑱ 법 제121조의 28 제4항 제3호 본문에서 "합병법인 등 대통령령으로 정하는 법인"이란 사업재편계획에 따라 합병·분할 등 「기업 활력 제고를 위한 특별법」 제2조 제2호 가목의 방식에 따라 해당 사업을 승계하는 법인을 말한다. (2016. 5. 10. 신설)

⑲ 법 제121조의 28 제4항 제3호 단서에서 "파산 등 대통령령으로 정하는 부득이한 사유"란 다음 각 호의 어느 하나에 해당하는 경우를 말한다. (2016. 5. 10. 신설)

1. 파산선고를 받은 경우 (2016. 5. 10. 신설)
2. 천재지변이나 그 밖에 이에 준하는 사유로 사업을 폐지한 경우 (2016. 5. 10. 신설)

⑳ 법 제121조의 28 제4항 제4호에서 "대통령령으로 정하는 사유"란 「기업 활력 제고를 위한 특별법」 제13조 제1항에 따라 사업재편계획의 승인이 취소된 경우를 말한다. (2016. 5. 10. 신설)

㉑ 제12항(같은 항 제3호는 제외한다. 이하 이 항에서 같다) 및 제15항 제1호를 적용할 때 제12항에 따른 금액을 익금에 산입하기 이전에 법 제121조의 28 제1항에 따라 익금에 산입하지 아니한 금액의 일부 또는 전부로서 그 이후 익금에 산입한 금액(이하 이 조에서 "기익금산입액"이라 한다)이 있으면 먼저 익금에 산입한 순서대로 기익금산입액을 제12항에 따른 익금산입액으로 보며, 기익금산입액을 익금에 산입한 사업연도까지의 기간을 기준으로 제15항 제1호에 따른 이자상당가산액을 계산한다. (2016. 5. 10. 신설)

㉒ 법 제121조의 28 제5항 단서에서 "대통령령으로 정하는 특수관계인"이란 자산을 증여한 주주등과 「상속세 및 증여세법 시행령」 제2조의 2 제1항 각 호의 어느 하나에 해당하는 관계에 있는 자를 말한다.

⑮ 법 제121조의 28 제4항 각 호 외의 부분 후단에 따라 법인세에 가산하여 납부하여야 하는 이자상당가산액은 다음 각 호의 금액을 합산한 금액으로 한다. (2016. 5. 10. 신설)

1. 법 제121조의 28 제1항에 따라 자산을 증여받은 날(이하 이 조에서 "자산증여일"이라 한다)이 속하는 사업연도에 제12항에 따른 금액을 익금에 산입하지 아니함에 따라 발생한 법인세액의 차액에 가목에 따른 기간과 나목에 따른 율을 곱하여 계산한 금액 (2016. 5. 10. 신설)
   가. 자산증여일이 속하는 사업연도 종료일의 다음 날부터 제12항에 따른 금액을 익금에 산입하는 사업연도의 종료일까지의 기간 (2016. 5. 10. 신설)
   나. 제11조의 2 제9항 제2호에 따른 율 (2022. 2. 15. 개정)
2. 제13항 및 제14항에 따른 세액에 가목에 따른 기간과 나목에 따른 율을 곱하여 계산한 금액 (2016. 5. 10. 신설)
   가. 제13항 및 제14항에 따른 세액을 납부하지 아니한 사업연도 종료일의 다음 날부터 제13항 및 제14항에 따른 세액을 납부하는 사업연도의 종료일까지의 기간 (2016. 5. 10. 신설)
   나. 제11조의 2 제9항 제2호에 따른 율 (2022. 2. 15. 개정)

⑯ 법 제121조의 28 제4항 제2호를 적용할 때 사업연도 중에 채무를 상환한 경우

제121조의 29 【사업재편계획에 따른 기업의 채무면제익에 대한 과세특례】 ① 대통령령으로 정하는 사업재편계획(이하 이 조에서 "사업재편계획"이라 한다)을 이행 중인 내국법인이 금융채권자로부터 채무의 일부를 2026년 12월 31일까지 면제받은 경우 그 면제받은 채무에 상당하는 금액(대통령령으로 정하는 결손금을 초과하는 금액에 한정한다. 이하 이 조에서 "채무면제익"이라 한다)은 소득금액을 계산할 때 해당 사업연도와 해당 사업연도의 종료일 이후 3개 사업연도의 기간 중 익금에 산입하지 아니하고 그 다음 3개 사업연도의 기간 동안 균분한 금액 이상을 익금에 산입한다. (2023. 12. 31. 개정)

② 제1항에 따라 채무를 면제받은 내국법인이 다음 각 호의 어느 하나에 해당하는 경우에는 그 사유가 발생한 날이 속하는 사업연도의 소득금액을 계산할 때 익금에 산입하지 아니한 금액 전액을 익금에 산입한다. 이 경우 대통령령으로 정하는 바에 따라 계산한 이자상당가산액(이하 이 항에서 "이자상당가산액"이라 한다)을 법인세에 가산하여 납부하여야 하며, 해당 세액은 「법인세법」 제64조에 따라 납부하여야 할 세액으로 본다. (2015. 12. 15. 신설)
1. 채무면제익 전액을 익금에 산입하기 전에 사업을 폐업하거나 해산하는 경우로서 합병법인 등 대통령령으로 정하는 법인이 해당 사업을 승계한 경우가 아닌 경우. 다만, 파산 등 대통령령으로 정하는 부득이한 사유가 있는 경우에는 이자상당가산액을 가산하지 아니한다. (2015. 12. 15. 신설)
2. 대통령령으로 정하는 사유에 해당하여 사업재편계획의 승인이 취소된 경우 (2015. 12. 15. 신설)
③ 제1항에 따라 채무를 면제(채무의 출자전환으로 채무를 면제한 경우를 포함한다)한 금융채권자는 해당 사업연도의 소득금액을 계산할

제116조의 33 【사업재편계획에 따른 기업의 채무면제익에 대한 과세특례】 (2016. 12. 1. 조번개정)
① 법 제121조의 29 제1항에서 "대통령령으로 정하는 사업재편계획"이란 「기업 활력 제고를 위한 특별법」 제9조 제2항 각 호에 채무면제의 내용이 포함되어 있는 것으로서 같은 법 제10조에 따라 주무부처의 장(이하 이 조에서 "사업재편계획승인권자"라 한다)이 승인한 계획(이하 이 조에서 "사업재편계획"이라 한다)을 말한다. (2016. 5. 10. 신설)
② 법 제121조의 29 제1항에서 "대통령령으로 정하는 결손금을 초과하는 금액"이란 법 제121조의 29 제1항에 따라 금융채권자로부터 면제받은 채무에 상당하는 금액에서 「법인세법 시행령」 제16조 제1항에 따른 결손금(이하 이 조에서 "이월결손금"이라 한다)을 뺀 금액(이하 이 조에서 "채무감소액"이라 한다)을 말한다. 이 경우 해당 법인이 무상으로 받은 자산의 가액과 채무의 면제 또는 소멸로 인한 부채의 감소액(법 제121조의 29 제1항에 따라 금융채권자로부터 면제받은 채무에 상당하는 금액은 제외한다)으로 먼저 이월결손금을 보전하는 경우에는 이월결손금에서 그 보전액을 제외한 잔액을 뺀 금액을 말한다. (2019. 2. 12. 개정)
③ 법 제121조의 29 제2항 각 호 외의 부분 후단에 따라 법인세에 가산하여 납부하여야 하는 이자상당가산액은 채무면제를 받은 날이 속하는 사업연도에 법 제121조의 29 제2항에 따라 익금에 산입하여야 할 금액을 익금에 산입하지 아니함에 따라 발생한 법인세액의 차액에 제1호에 따른 기간과 제2호에 따른 율을 곱하여 계산한 금액으로 한다. (2016. 5. 10. 신설)
1. 채무면제를 받은 날이 속하는 사업연도 종료일의 다음 날부터 법 제121조의 29 제2항에 따라 익금에 산입하여야 할 금액을 익금에 산입하는 사업연도 종료일까지의 기간 (2016. 5. 10. 신설)
2. 제11조의 2 제9항 제2호에 따른 율 (2022. 2. 15. 개정)
④ 법 제121조의 29 제2항 제1호 본문에서 "합병법인 등 대통령령으로 정하는 법인"이란 사업재편계획에 따라 합병·분할 등 「기업 활력 제고를 위한 특별법」 제2조 제2호 가목의 방식에 따라 해당 사업을 승계하는 법인을 말한다. (2016. 5. 10. 신설)
⑤ 법 제121조의 29 제2항 제1호 단서에서 "파산 등 대통령령으로 정하는 부득이한 사유"란 다음 각 호의 어느 하나에 해당하는 경우를 말

때 그 면제한 채무에 상당하는 금액을 손금에 산입한다. (2017. 12. 19. 개정)

④ 사업재편계획을 이행하는 내국법인은 사업재편계획의 내용 및 그 이행실적을 매년 대통령령으로 정하는 바에 따라 납세지 관할 세무서장에게 제출하여야 한다. (2015. 12. 15. 신설)

⑤ 제1항부터 제4항까지의 규정을 적용할 때 채무의 면제에 관한 명세서의 제출, 세액감면의 신청 및 그 밖에 필요한 사항은 대통령령으로 정한다. (2015. 12. 15. 신설)

제121조의 30【기업 간 주식등의 교환에 대한 과세특례】① 내국법인(이하 이 조에서 "교환대상법인"이라 한다)의 지배주주 · 출자자 및 그 특수관계인(이하 이 조에서 "지배주주등"이라 한다)이 2026년 12월 31일 이전에 대통령령으로 정하는 사업재편계획(이하 이 조에서 "사업재편계획"이라 한다)에 따라 그 소유 주식 또는 출자지분(이하 이 조에서 "주식등"이라 한다) 전부를 양도하고 교환대상법인의 대통령령으로 정하는 특수관계인이 아닌 다른 내국법인(이하 이 조에서 "교환양수법인"이라 한다)의 주식등을 다음 각 호의 어느 하나에 해당하는 방법으로 그 소유비율에 따라 양수하는 경우에는 주식등을 양도함에 따라 발생한 양도차익(교환양수법인 및 교환양수법인의 지배주주등에 발생하는 양도차익을 포함한다)에 상당하는 금액에 대한 금융투자소득세 또는 법인세에 대해서는 대통령령으로 정하는 바에 따라 양수한 주식등을 처분(상속 · 증여를 포함한다)할 때까지 과세를 이연받을 수 있다. (2023. 12. 31. 개정)

제121조의 30【기업 간 주식등의 교환에 대한 과세특례】① 내국법인(이하 이 조에서 "교환대상법인"이라 한다)의 지배주주 · 출자자 및 그 특수관계인(이하 이 조에서 "지배주주등"이라 한다)이 2026년 12월 31일 이전에 대통령령으로 정하는 사업재편계획(이하 이 조에서 "사업재편계획"이라 한다)에 따라 그 소유 주식 또는 출자지분(이하 이 조에서 "주식등"이라 한다) 전부를 양도하고 교환대상법인의 대통령령으로 정하는 특수관계인이 아닌 다른 내국법인(이하 이 조에서 "교환양수법인"이라 한다)의 주식등을 다음 각 호의 어느 하나에 해당하는 방법으로 그 소유비율에 따라 양수하는 경우에는 주식등을 양도함에 따라 발생한 양도차익(교환양수법인 및 교환양수법인의 지배주주등에 발생하는 양도차익을 포함한다)에 상당하는 금액에 대한 양도소

한다. (2016. 5. 10. 신설)

1. 파산선고를 받은 경우 (2016. 5. 10. 신설)

2. 천재지변이나 그 밖에 이에 준하는 사유로 사업을 폐지한 경우 (2016. 5. 10. 신설)

⑥ 법 제121조의 29 제2항 제2호에서 "대통령령으로 정하는 사유"란 「기업 활력 제고를 위한 특별법」 제13조 제1항에 따라 사업재편계획의 승인이 취소된 경우를 말한다. (2016. 5. 10. 신설)

⑦ 사업재편계획을 승인받은 내국법인(이하 이 조에서 "사업재편계획승인내국법인"이라 한다)은 사업재편계획승인권자의 확인을 받아 기획재정부령으로 정하는 사업재편계획서 및 사업재편계획이행보고서를 다음 각 호의 구분에 따른 기한까지 납세지 관할 세무서장에게 제출하여야 한다. (2016. 5. 10. 신설)

1. 사업재편계획서 : 사업재편계획 승인내국법인의 사업재편계획 승인일이 속하는 사업연도 종료일 (2016. 5. 10. 신설)

2. 사업재편계획이행보고서 : 채무를 면제받은 날이 속하는 사업연도의 과세표준 신고기한 종료일 (2016. 5. 10. 신설)

⑧ 법 제121조의 29 제1항 및 제3항을 적용받으려는 내국법인 및 금융채권자는 각각 채무면제일이 속하는 사업연도의 과세표준신고를 할 때 기획재정부령으로 정하는 채무면제명세서를 채무를 면제받은 법인별로 작성하여 납세지 관할 세무서장에게 제출하여야 한다. (2018. 2. 13. 개정)

제116조의 34【기업 간 주식등의 교환에 대한 과세특례】(2016. 12. 1. 조번개정)

① 법 제121조의 30 제1항 각 호 외의 부분에 따른 지배주주 · 출자자 및 그 특수관계인은 다음 각 호의 어느 하나에 해당하는 자로 한다. (2016. 5. 10. 신설)

1. 「법인세법 시행령」 제43조 제7항에 따른 지배주주등 (2016. 5. 10. 신설)

2. 「법인세법 시행령」 제43조 제8항에 따른 특수관계에 있는 자 (2016. 5. 10. 신설)

② 법 제121조의 30 제1항 각 호 외의 부분에서 "대통령령으로 정하는 사업재편계획"이란 「기업 활력 제고를 위한 특별법」 제9조 제2항 각 호에 법 제121조의 30 제1항 각 호 외의 부분 및 이 조 제1항 각 호에

득세 또는 법인세에 대해서는 대통령령으로 정하는 바에 따라 양수한 주식등을 처분(상속·증여를 포함한다)할 때까지 과세를 이연받을 수 있다. (2024. 12. 31. 개정)

1. 교환양수법인이 이미 보유하거나 새롭게 발행한 주식등을 양수하는 방법 (2015. 12. 15. 신설)
2. 교환양수법인의 지배주주등이 보유한 주식등의 전부를 양수하는 방법[교환대상법인 및 교환양수법인이 서로 다른 기업집단(「독점규제 및 공정거래에 관한 법률」 제2조 제11호에 따른 기업집단을 말한다. 이하 이 조에서 같다)에 소속되어 있는 경우로 한정한다] (2020. 12. 29. 개정 ; 독점규제~법률 부칙)

② 제1항 제2호에 따른 교환대상법인의 양도·양수에 있어서 나타난 해당 법인의 자산부족액을 익금에 산입하여 이를 「법인세법」 제67조에 따라 처분하는 경우 해당 법인은 「소득세법」에도 불구하고 그 처분금액에 대한 소득세를 원천징수하지 아니한다. (2015. 12. 15. 신설)

③ 제1항 제2호에 따라 주식등을 양도한 교환대상법인의 주주등이 다음 각 호의 어느 하나에 해당하게 된 경우에는 거주자는 해당 사유 발생일이 속하는 반기의 말일부터 2개월 이내에 납부하지 아니한 세액을 납부하여야 하며, 내국법인은 해당 사유가 발생한 사업연도의 소득금액을 계산할 때 손금에 산입한 금액을 익금에 산입하여야 한다. 이 경우 대통령령으로 정하는 바에 따라 계산한 이자상당가산액을 가산하여 금융투자소득세 또는 법인세로 납부하여야 하며, 해당 세액은 「소득세법」 제87조의 24 또는 「법인세법」 제64조에 따라 납부하여야 할 세액으로 본다. (2021. 12. 28. 후단개정)

③ 제1항 제2호에 따라 주식등을 양도한 교환대상법인의 주주등이 다음 각 호의 어느 하나에 해당하게 된 경우에는 거주자는 해당 사유 발생일이 속하는 반기의 말일부터 2개월 이내에 납부하지 아니한 세액을 납부하여야 하며, 내국법인은 해당 사유가 발생한 사업연도의 소득금액을 계산할 때 손금에 산입한 금액을 익금에 산입하여야 한다. 이 경우 대통령령으로 정하는 바에 따라 계산한 이자상당가산액을 가산하여 양도소득세 또는 법인세로 납부하여야 하며, 해당 세액은 「소득세법」 제111조 또는 「법인세법」 제64조에 따라 납부하여야 할 세액으로 본다. (2024. 12. 31. 후단개정)

1. 주식등을 양도한 사업연도의 종료일 이후 5년 이내에 교환대상법인이 속하였던 기업집단에 교환대상법인과 동일한 업종을 경영하는 법인이 속하게 되는 경우 (2015. 12. 15. 신설)

해당하는 자(이하 이 조에서 "지배주주등"이라 한다)가 보유한 주식 또는 출자지분(이하 이 조에서 "주식등"이라 한다)의 양도·양수계획이 포함되어 있는 것으로서 같은 법 제10조에 따라 주무부처의 장(이하 이 조에서 "사업재편계획승인권자"라 한다)이 승인한 계획(이하 이 조에서 "사업재편계획"이라 한다)을 말한다. (2016. 5. 10. 신설)

③ 법 제121조의 30 제1항 각 호 외의 부분에서 "대통령령으로 정하는 특수관계인"이란 같은 항에 따른 교환대상법인(이하 이 조에서 "교환대상법인"이라 한다)과 「법인세법 시행령」 제2조 제8항 제1호부터 제6호까지의 규정 중 어느 하나에 해당하는 관계에 있는 자[동일한 기업집단(「독점규제 및 공정거래에 관한 법률」에 따른 기업집단을 말한다)에 소속된 다른 계열회사는 제외한다]를 말한다. (2025. 2. 28. 개정)

④ 법 제121조의 30 제1항에 따른 주식등의 양도·양수는 교환대상법인의 주식등을 양도한 지배주주등 간의 해당 법인 주식등의 보유비율에 따라 같은 항 각 호 외의 부분에 따른 교환양수법인(이하 이 조에서 "교환양수법인"이라 한다)의 주식등이 배분되어야 한다. (2016. 5. 10. 신설)

⑤ 법 제121조의 30 제1항에 따라 금융투자소득세 또는 법인세에 대한 과세의 이연을 받으려는 경우에는 다음 각 호의 구분에 의한 방법에 따른다. (2022. 2. 15. 개정)

⑤ 법 제121조의 30 제1항에 따라 양도소득세 또는 법인세에 대한 과세의 이연을 받으려는 경우에는 다음 각 호의 구분에 의한 방법에 따른다. (2024. 12. 31. 개정)

1. 지배주주등이 거주자인 경우 : 법 제121조의 30 제1항에 따라 주식등을 양도할 때 금융투자소득세를 납부하지 아니하고 양수한 교환양수법인의 주식등을 처분할 때에 다음의 계산식에 따라 산출한 금액을 취득가액으로 보아 금융투자소득세를 납부하는 방법 (2022. 2. 15. 개정)

법 제121조의 30 제1항에 따라 양수한 교환양수법인의 주식등 중 양도한 주식등의 취득가액 - [법 제121조의 30 제1항에 따라 주식등을 양도할 때 발생하는 소득(「소득세법」 제94조 제1항 제3호에 따른 소득을 말한다. 이하 이 조에서 "과세이연소득"이라 한다) × 양도한 교환양수법인의 주식등의 수/양수한 교환양수법인의 주식등의 수]

1. 지배주주등이 거주자인 경우 : 법 제121조의 30 제1항에 따라 주식등을 양도할 때 양도소득세를 납부하지 아니하고 양수한 교환양수법인의 주식등을 처분할 때에 다음의 계산식에 따라 산출한 금액을 취득가액으로 보아 양도소득세를 납부하는 방법 (2025. 2. 28. 개정)

법 제121조의 30 제1항에 따라 양수한 교환양수법인의 주식등 중

양도한 주식등의 취득가액 - [법 제121조의 30 제1항에 따라 주식등을 양도할 때 발생하는 소득(「소득세법」 제94조 제1항 제3호에 따른 소득을 말한다. 이하 이 조에서 "과세이연소득"이라 한다) × 양도한 교환양수법인의 주식등의 수/양수한 교환양수법인의 주식등의 수]

2. 지배주주등이 내국법인인 경우 : 다음 각 목의 방법에 따라 과세를 이연받는 방법 (2016. 5. 10. 신설)

가. 법 제121조의 30 제1항에 따라 주식등을 양도함에 따라 발생한 양도차익은 주식등의 양도 당시의 시가(「법인세법」 제52조 제2항에 따른 시가를 말한다)에서 양도일 전일의 장부가액을 뺀 금액(양수한 교환양수법인의 주식등의 가액을 한도로 한다. 이하 이 조에서 "과세이연금액"이라 한다)으로 하되, 그 금액은 양수한 교환양수법인의 주식등의 압축기장충당금으로 계상하여야 한다. (2016. 5. 10. 신설)

나. 가목에 따라 계상한 압축기장충당금은 양수한 교환양수법인의 주식등을 양도, 상속 또는 증여(법 제121조의 30 제1항에 따라 양수한 주식등 외에 다른 방법으로 취득한 주식등이 있으면 같은 항에 따라 양수한 주식등을 먼저 양도, 상속 또는 증

☞ p.1853 2단 연결

2. 주식등을 양도한 사업연도의 종료일 이후 5년 이내에 지배주주등이 교환대상법인의 주식등을 다시 보유하게 되는 경우 (2015. 12. 15. 신설)
3. 대통령령으로 정하는 사유에 해당하여 사업재편계획의 승인이 취소된 경우 (2015. 12. 15. 신설)
④ 내국법인이 「법인세법」 제47조에 따른 물적분할 또는 같은 법 제47조의 2에 따른 현물출자로 취득한 주식등의 전부를 제1항에 따라 다른 법인의 주식등과 교환하는 경우에 현물출자 또는 물적분할 당시 자산의 양도차익에 상당하는 금액으로서 손금에 산입하여 과세를 이연받은 금액은 대통령령으로 정하는 바에 따라 다시 과세를 이연받을 수 있다. (2015. 12. 15. 신설)
⑤ 사업재편계획을 이행하는 내국법인은 사업재편계획의 내용 및 그 이행실적을 매년 대통령령으로 정하는 바에 따라 납세지 관할 세무서장에게 제출하여야 한다. (2015. 12. 15. 신설)
⑥ 제1항부터 제5항까지의 규정을 적용할 때 지배주주등의 범위, 주식등의 양도·양수의 방법, 손금산입 대상 양도차익의 계산, 주식등의 양도·양수에 관한 명세서의 제출, 세액감면의 신청 및 그 밖에 필요한 사항은 대통령령으로 정한다. (2015. 12. 15. 신설)

여한 것으로 본다. 이하 이 조에서 "처분"이라 한다)하는 사업연도에 이를 익금에 산입하되, 일부 주식등을 처분하는 경우에는 다음의 산식에 따라 계산한 금액을 익금에 산입한다. (2016. 5. 10. 신설)
가목에 따른 압축기장충당금 × 양수한 교환양수법인의 주식등 중 처분한 주식등의 수/양수한 교환양수법인의 주식등의 수
⑥ 법 제121조의 30 제2항에 따른 자산부족액은 교환대상법인과 교환양수법인의 기업교환계약에 자산의 실제조사에 대한 내용이 포함되어 있는 경우로서 주식등을 양도·양수한 날 현재의 자산부족액을 교환대상법인이 「금융위원회의 설치 등에 관한 법률」 제19조에 따라 설립된 증권선물위원회에 요청하여 지명을 받은 회계법인으로부터 확인을 받아 수정하여 회계처리한 것에 한정한다. (2021. 1. 5. 개정 ; 어려운 법령용어~대통령령)
⑦ 법 제121조의 30 제3항 각 호 외의 부분 후단에 따라 금융투자소득세 또는 법인세에 가산하여 납부하여야 하는 이자상당가산액은 다음 각 호의 구분에 따라 계산한 금액을 말한다. (2022. 2. 15. 개정)
⑦ 법 제121조의 30 제3항 각 호 외의 부분 후단에 따라 양도소득세 또는 법인세에 가산하여 납부하여야 하는 이자상당가산액은 다음 각 호의 구분에 따라 계산한 금액을 말한다. (2024. 12. 31. 개정)
1. 지배주주등이 거주자인 경우 : 법 제121조의 30 제1항에 따라 주식등을 양도할 때 납부하지 아니한 금융투자소득세액에 가목에 따른 기간과 나목에 따른 율을 곱하여 계산한 금액 (2022. 2. 15. 개정)
1. 지배주주등이 거주자인 경우 : 법 제121조의 30 제1항에 따라 주식등을 양도할 때 납부하지 아니한 양도소득세액에 가목에 따른 기간과 나목에 따른 율을 곱하여 계산한 금액 (2024. 12. 31. 개정)
가. 법 제121조의 30 제1항에 따라 주식등을 양도할 때 과세이연소득에 대한 당초 금융투자소득세 예정신고 납부기한의 다음 날부터 같은 조 제3항 각 호에 따른 세액의 납부일까지의 기간 (2022. 2. 15. 개정)
가. 법 제121조의 30 제1항에 따라 주식등을 양도할 때 과세이연소득에 대한 당초 양도소득세 예정신고 납부기한의 다음 날부터 같은 조 제3항 각 호에 따른 세액의 납부일까지의 기간 (2024. 12. 31. 개정)
나. 제11조의 2 제9항 제2호에 따른 율 (2022. 2. 15. 개정)
2. 지배주주등이 내국법인인 경우 : 과세이연금액을 익금에 산입하지 아니한 사업연도에 과세이연금액을 익금에 산입하지 아니함에 따라 발생한 법인세액의 차액에 가목에 따른 기간과

나목에 따른 율을 곱하여 계산한 금액 (2016. 5. 10. 신설)
가. 과세이연금액을 익금에 산입하지 아니한 사업연도 종료일의 다음 날부터 법 제121조의 30 제3항 각 호의 사유가 발생하여 과세이연금액을 익금에 산입하는 사업연도의 종료일까지의 기간 (2016. 5. 10. 신설)
나. 제11조의 2 제9항 제2호에 따른 율 (2022. 2. 15. 개정)
⑧ 법 제121조의 30 제3항 제1호에 따른 업종의 분류는 한국표준산업분류의 소분류에 따른다. (2016. 5. 10. 신설)
⑨ 법 제121조의 30 제3항 제3호에서 "대통령령으로 정하는 사유"란 「기업 활력 제고를 위한 특별법」 제13조 제1항에 따라 사업재편계획의 승인이 취소된 경우를 말한다. (2016. 5. 10. 신설)
⑩ 법 제121조의 30 제4항에 따라 과세를 이연받을 수 있는 금액은 같은 조 제1항에 따라 양수한 교환양수법인의 주식등의 가액에 상당하는 금액의 범위에서 현물출자 또는 물적분할 당시 과세를 이연받은 금액으로 하되, 그 금액은 교환양수법인의 주식등의 압축기장충당금으로 계상하고 제5항 제2호 나목을 준용하여 익금에 산입한다. (2016. 5. 10. 신설)
⑪ 사업재편계획을 승인받은 내국법인(이하 이 조에서 "사업재편계획 승인내국법인"이라 한다)은 사업재편계획승인권자의

☞ p.1854 2단 연결

제121조의 31 【합병에 따른 중복자산의 양도에 대한 과세특례】 ① 대통령령으로 정하는 사업재편계획(이하 이 조에서 "사업재편계획"이라 한다)에 따라 내국법인 간에 2026년 12월 31일까지 합병(분할합병을 포함하며, 같은 업종 간의 합병으로 한정한다)함에 따라 중복자산이 발생한 경우로서 합병법인이 합병등기일부터 1년 이내에 그 중복자산을 양도하는 경우 그 중복자산을 양도함에 따라 발생하는 양도차익(그 중복자산에 대한 합병평가차익 및 분할평가차익을 포함한다)에 대해서는 대통령령으로 정하는 바에 따라 계산한 금액을 해당 사업연도의 소득금액을 계산할 때 익금에 산입하지 아니할 수 있다. 이 경우 해당 금액은 양도일이 속하는 사업연도의 종료일 이후 3년이 되는 날이 속하는 사업연도부터 3개 사업연도의 기간 동안 균분한 금액 이상을 익금에 산입하여야 한다. (2023. 12. 31. 개정)
② 제1항을 적용받은 내국법인이 다음 각 호의 어느 하나에 해당하는 경우에는 그 사유가 발생한 날이 속하는 사업연도의 소득금액을 계산

확인을 받아 기획재정부령으로 정하는 사업재편계획서 및 사업재편계획이행보고서를 다음 각 호의 구분에 따른 기한까지 납세지 관할 세무서장에게 제출하여야 한다. (2016. 5. 10. 신설)
1. 사업재편계획서 : 사업재편계획 승인내국법인의 사업재편계획 승인일이 속하는 사업연도 종료일 (2016. 5. 10. 신설)
2. 사업재편계획이행보고서 : 다음 각 목에 해당하는 사업연도의 과세표준 신고기한 종료일 (2016. 5. 10. 신설)
　　가. 법 제121조의 30 제1항에 따라 주식등을 양도·양수한 날이 속하는 사업연도 (2016. 5. 10. 신설)
　　나. 법 제121조의 30 제1항에 따라 주식등을 양도·양수한날이 속하는 사업연도의 다음 3개 사업연도 (2016. 5. 10. 신설)
⑫ 법 제121조의 30 제1항·제2항 및 제4항을 적용받으려는 지배주주등은 같은 항에 따라 주식등을 양도·양수한 날이 속하는 과세연도의 과세표준신고를 할 때 기업교환계약서, 기획재정부령으로 정하는 주식등 양도·양수명세서, 과세이연신청서를 납세지 관할 세무서장에게 제출하여야 한다. (2016. 5. 10. 신설)

제116조의 35 【합병에 따른 중복자산의 양도에 대한 과세특례】 (2016. 12. 1. 조번개정)
① 법 제121조의 31 제1항 전단에서 "대통령령으로 정하는 사업재편계획"이란 「기업 활력 제고를 위한 특별법」 제9조 제2항 각 호에 이 조 제2항의 합병당사법인 간의 합병계획이 포함되어 있는 것으로서 같은 법 제10조에 따라 주무부처의 장(이하 이 조에서 "사업재편계획승인권자"라 한다)이 승인한 계획(이하 이 조에서 "사업재편계획"이라 한다)을 말한다. (2016. 5. 10. 신설)
② 법 제121조의 31 제1항 전단에 따른 중복자산의 범위는 합병당사법인(분할합병의 경우를 포함한다)의 사업에 직접 사용되던 자산으로서 그 용도가 동일하거나 유사한 사업용유형고정자산으로 한다. (2016. 5. 10. 신설)
③ 제2항에 따른 중복자산은 「법인세법 시행령」 제80조의 2 제7항 및 제80조의 4 제8항을 적용할 때 피합병법인으로부터 승계한 고정자산

할 때 대통령령으로 정하는 바에 따라 계산한 금액을 익금에 산입한다. 이 경우 대통령령으로 정하는 바에 따라 계산한 이자상당가산액을 법인세에 가산하여 납부하여야 하며, 해당 세액은 「법인세법」 제64조에 따라 납부하여야 할 세액으로 본다. (2015. 12. 15. 신설)

1. 삭 제 (2016. 12. 20.)
2. 합병등기일부터 3년 이내에 해당 사업을 폐업하거나 해산한 경우 (2015. 12. 15. 신설)
3. 대통령령으로 정하는 사유에 해당하여 사업재편계획의 승인이 취소된 경우 (2015. 12. 15. 신설)

③ 사업재편계획을 이행하는 내국법인은 사업재편계획의 내용 및 그 이행실적을 매년 대통령령으로 정하는 바에 따라 납세지 관할 세무서장에게 제출하여야 한다. (2015. 12. 15. 신설)

④ 제1항을 적용하는 경우 중복자산의 범위, 양도차익명세서의 제출 및 그 밖에 필요한 사항은 대통령령으로 정한다. (2016. 12. 20. 개정)

제121조의 32 【사업재편계획에 따른 합병시 주식교부비율 특례】 「기업 활력 제고를 위한 특별법」 제10조에 따라 주무부처의 장이 승인한 사업재편계획에 따라 내국법인간에 2021년 12월 31일까지 합병(분할합병을 포함한다)하는 경우에는 「법인세법」 제44조 제2항 제2호 및 제46조 제2항 제2호를 적용할 때 "100분의 80"을 "100분의 70"으로 본다. (2018. 12. 24. 개정)

에서 제외한다. (2020. 2. 11. 개정)

④ 법 제121조의 31 제1항 전단에 따라 익금에 산입하지 아니하는 금액은 제1호 및 제2호에 따른 금액을 합한 금액으로 한다. (2017. 2. 7. 개정)
1. 중복자산의 양도가액에서 장부가액과 중복자산의 양도일이 속하는 사업연도의 직전사업연도 종료일 현재 「법인세법」 제13조 제1항 제1호에 따른 결손금(이하 이 조에서 "이월결손금"이라 한다)의 합계액을 차감한 금액. 이 경우 해당 내국법인이 무상으로 받은 자산의 가액이나 채무의 면제 또는 소멸로 인한 부채의 감소액으로 면저 이월결손금을 보전하는 경우에는 이월결손금에서 그 보전액을 뺀 금액으로 한다. (2019. 2. 12. 개정)
2. 피합병법인으로부터 승계받은 중복자산의 경우 해당 자산에 대한 합병평가차익상당액 및 분할평가차익상당액 (2016. 5. 10. 신설)

3. 삭 제 (2017. 2. 7.)

⑤ 삭 제 (2017. 2. 7.)

⑥ 법 제121조의 31 제2항 각 호 외의 부분 전단에 따라 익금에 산입하는 금액은 법 제121조의 31 제1항 전단에 따라 양도차익을 익금에 산입하지 아니한 경우에는 익금에 산입하지 아니한 금액 전액을 말한다. (2017. 2. 7. 개정)

1. · 2. 삭 제 (2017. 2. 7.)

⑦ 법 제121조의 31 제2항 각 호 외의 부분 후단에 따라 법인세에 가산하여 납부하여야 하는 이자상당가산액은 양도차익을 익금에 산입하지 아니한 사업연도에 제6항에 따른 금액을 익금에 산입하지 아니함에 따라 발생한 법인세액의 차액에 제1호에 따른 기간과 제2호에 따른 율을 곱하여 계산한 금액으로 한다. (2017. 2. 7. 개정)

1. 양도차익을 익금에 산입하지 아니한 사업연도 종료일의 다음 날부터 제6항에 따른 금액을 익금에 산입하는 사업연도의 종료일까지의 기간 (2017. 2. 7. 개정)
2. 제11조의 2 제9항 제2호에 따른 율 (2022. 2. 15. 개정)

⑧ 법 제121조의 31 제2항 제3호에서 "대통령령으로 정하는 사유"란 「기업 활력 제고를 위한 특별법」 제13조 제1항에 따라 사업재편계획의 승인이 취소된 경우를 말한다. (2016. 5. 10. 신설)

⑨ 사업재편계획을 승인받은 내국법인(이하 이 조에서 "사업재편계획 승인내국법인"이라 한다)은 사업재편계획승인권자의 확인을 받아 기획재정부령으로 정하는 사업재편계획서 및 사업재편계획이행보고서를 다음 각 호의 구분에 따른 기한까지 납세지 관할 세무서장에게 제출하여야 한다. (2016. 5. 10. 신설)
1. 사업재편계획서 : 사업재편계획 승인내국법인의 사업재편계획 승인일이 속하는 사업연도 종료일 (2016. 5. 10. 신설)
2. 사업재편계획이행보고서 : 다음 각 목에 해당하는 사업연도의 과세표준 신고기한 종료일 (2016. 5. 10. 신설)
  가. 합병등기일이 속하는 사업연도 (2016. 5. 10. 신설)
  나. 합병등기일이 속하는 사업연도의 다음 3개 사업연도 (2016. 5. 10. 신설)

⑩ 법 제121조의 31 제1항을 적용받으려는 내국법인은 중복자산 양도일이 속하는

☞ p.1856 2단 연결

제 5 장의 11　기회발전특구 지원을 위한 조세특례

(2023. 12. 31. 신설)

　제121조의 33【기회발전특구의 창업기업 등에 대한 법인세 등의 감면】① 기회발전특구에 2026년 12월 31일까지 제조업 등 대통령령으로 정하는 업종(이하 이 조에서 "감면대상사업"이라 한다)으로 창업하거나 사업장을 신설(기존 사업장을 이전하는 경우는 제외하며, 기회발전특구로 지정된 기간에 창업하거나 사업장을 신설하는 경우로 한정한다)하는 기업에 대해서는 제2항부터 제8항까지에 따라 소득세 또는 법인세를 감면한다. (2023. 12. 31. 신설)

사업연도의 과세표준신고를 할 때 기획재정부령으로 정하는 양도차익명세 및 분할익금산입조정명세서를 납세지 관할 세무서장에게 제출하여야 한다. (2017. 2. 7. 개정)

제 5 장의 10　기회발전특구 지원을 위한 조세특례

(2024. 2. 29. 신설)

　제116조의 36【기회발전특구의 창업기업 등에 대한 법인세 등의 감면】① 법 제121조의 33 제1항에서 "제조업 등 대통령령으로 정하는 업종"이란 다음 각 호의 업종을 말한다. (2024. 2. 29. 신설)

1. 제조업(제5조 제6항의 사업을 포함한다) (2024. 2. 29. 신설)
1. 제조업 (2025. 2. 28. 개정)
2. 폐기물 수집, 운반, 처리 및 원료 재생업 (2024. 2. 29. 신설)
3. 정보통신업. 다만, 다음 각 목의 업종은 제외한다. (2024. 2. 29. 신설)
　　가. 비디오물 감상실 운영업 (2024. 2. 29. 신설)
　　나. 뉴스 제공업 (2024. 2. 29. 신설)
　　다. 블록체인 기반 암호화자산 매매 및 중개업 (2024. 2. 29. 신설)
　　다. 가상자산 매매 및 중개업 (2025. 2. 28. 개정)
4. 금융 및 보험업 중 정보통신을 활용하여 금융서비스를 제공하는 업종으로서 다음 각 목의 어느 하나에 해당하는 행위를 업으로 영위하는 업종 (2024. 2. 29. 신설)
　　가. 「전자금융거래법」 제2조 제1호에 따른 전자금융거래 (2024. 2. 29. 신설)
　　나. 「자본시장과 금융투자업에 관한 법률」 제9조 제27항에 따른 온라인소액투자중개 (2024. 2. 29. 신설)
　　다. 「외국환거래법 시행령」 제15조의 2 제1항에 따른 소액해외송금 (2024. 2. 29. 신설)
5. 연구개발업, 기타 과학기술 서비스업 및 엔지니어링사업 (2024. 2.

☞ 개정취지

기회발전특구의 창업기업의 감면대상 업종 및 감면한도

기회발전특구에 창업하거나 사업장을 신설하면 소득세 또는 법인세를 감면받는 기업의 업종을 제조업, 정보통신업, 연구개발업 등으로 정하고, 소득세 또는 법인세를 감면받는 기간 동안 사업용 자산에 투자한 금액의 50%와 감면대상 사업장의 상시근로자 수에 최대 2천만원을 곱한 금액의 합계액을 감면한도로 정함. (영 106조의 36 신설 ; 2024. 2. 29.)

29. 신설)

6. 공연시설 운영업, 공연단체, 기타 창작 및 예술관련 서비스업 (2024.
   2. 29. 신설)

7. 「신에너지 및 재생에너지 개발·이용·보급 촉진법」 제2조 제1호
   에 따른 신에너지 또는 같은 조 제2호에 따른 재생에너지를 이용하
   여 전기를 생산하는 사업 (2024. 2. 29. 신설)

8. 「물류시설의 개발 및 운영에 관한 법률」 제2조 제4호에 따른 복합
   물류터미널사업 (2024. 2. 29. 신설)

9. 「유통산업발전법」 제2조 제16호에 따른 공동집배송센터를 조성하
   여 운영하는 사업 (2024. 2. 29. 신설)

10. 「항만법」 제2조 제5호에 따른 항만시설을 운영하는 사업과 같은 조 제
    11호에 따른 항만배후단지에서 경영하는 물류산업 (2024. 2. 29. 신설)

11. 「관광진흥법 시행령」 제2조 제1항 제2호 가목부터 라목까지, 같은
    호 바목 및 사목에 따른 관광호텔업, 수상관광호텔업, 한국전통호텔
    업, 가족호텔업, 소형호텔업 및 의료관광호텔업. 다만, 해당 호텔업
    과 함께 「관광진흥법」 제3조 제1항 제5호에 따른 카지노업 또는
    「관세법」 제196조에 따른 보세판매장을 경영하는 경우 그 카지노업
    또는 보세판매장 사업은 제외한다. (2024. 2. 29. 신설)

12. 「관광진흥법 시행령」 제2조 제1항 제3호에 따른 전문휴양업·종
    합휴양업·관광유람선업·관광공연장업. 다만, 전문휴양업 또는 종
    합휴양업과 함께 「관광진흥법」 제3조 제1항 제2호 나목에 따른 휴
    양 콘도미니엄업 또는 「체육시설의 설치·이용에 관한 법률」 제10
    조 제1항 제1호에 따른 골프장업을 경영하는 경우 그 휴양 콘도미니
    엄업 또는 골프장업은 제외한다. (2024. 2. 29. 신설)

13. 「관광진흥법 시행령」 제2조 제1항 제4호 가목에 따른 국제회의시
    설업 (2024. 2. 29. 신설)

14. 「관광진흥법 시행령」 제2조 제1항 제5호 가목에 따른 종합유원시
    설업 (2024. 2. 29. 신설)

15. 「관광진흥법 시행령」 제2조 제1항 제6호 라목에 따른 관광식당업
    (2024. 2. 29. 신설)

16. 「학원의 설립·운영 및 과외교습에 관한 법률」에 따른 직업기술
    분야를 교습하는 학원을 운영하는 사업 또는 「국민 평생 직업능력

② 제1항에 따른 기업은 감면대상사업에서 발생한 소득에 대하여 감면대상사업에서 최초로 소득이 발생한 과세연도(사업개시일부터 5년이 되는 날이 속하는 과세연도까지 그 사업에서 소득이 발생하지 아니한 경우에는 5년이 되는 날이 속하는 과세연도를 말한다)의 개시일부터 5년 이내에 끝나는 과세연도까지는 소득세 또는 법인세의 100분의 100에 상당하는 세액을 감면하고, 그 다음 2년 이내에 끝나는 과세연도까지는 소득세 또는 법인세의 100분의 50에 상당하는 세액을 감면한다. (2023. 12. 31. 신설)

③ 제2항이 적용되는 감면기간 동안 감면받는 소득세 또는 법인세의 총합계액은 제1호와 제2호의 금액을 합한 금액을 한도(이하 이 조에서 "감면한도"라 한다)로 한다. (2023. 12. 31. 신설)

1. 대통령령으로 정하는 투자누계액의 100분의 50 (2023. 12. 31. 신설)

2. 해당 과세연도에 제1항의 적용대상이 되는 사업장(이하 이 조에서 "감면대상사업장"이라 한다)의 상시근로자 수 × 1천5백만원[청년 상시근로자와 대통령령으로 정하는 서비스업(이하 이 조에서 "서비스업"이라 한다)을 하는 감면대상사업장의 상시근로자의 경우에는 2천만원] (2023. 12. 31. 신설)

④ 제2항에 따라 각 과세연도에 감면받을 소득세 또는 법인세에 대하여 감면한도를 적용할 때에는 제3항 제1호의 금액을 먼저 적용한 후 같은 항 제2호의 금액을 적용한다. (2023. 12. 31. 신설)

⑤ 제3항 제2호를 적용받아 소득세 또는 법인세를 감면받은 기업이 감면받은 과세연도 종료일부터 2년이 되는 날이 속하는 과세연도 종료일

개발법」에 따른 직업능력개발훈련시설을 운영하는 사업(직업능력개발훈련을 주된 사업으로 하는 경우로 한정한다) (2024. 2. 29. 신설)

17. 「노인복지법」 제31조에 따른 노인복지시설을 운영하는 사업 (2024. 2. 29. 신설)

18. 연료용 가스 제조 및 배관공급업(천연가스, 「신에너지 및 재생에너지 개발·이용·보급 촉진법」 제2조 제1호에 따른 신에너지 또는 같은 조 제2호에 따른 재생에너지를 제조하거나 공급하는 경우로 한정한다) (2025. 2. 28. 신설)

② 법 제121조의 33 제2항에서 "감면대상사업에서 발생한 소득"이란 같은 조 제1항에 따른 감면대상사업을 경영하기 위해 기회발전특구에 투자한 사업장에서 발생한 소득을 말한다. (2024. 2. 29. 신설)

③ 법 제121조의 33 제3항 제1호에서 "대통령령으로 정하는 투자누계액"이란 같은 조 제2항에 따라 소득세 또는 법인세를 감면받는 해당 과세연도까지 기획재정부령으로 정하는 사업용자산에 투자한 금액의 합계액을 말한다. (2024. 2. 29. 신설)

④ 법 제121조의 33 제3항 제2호에서 "대통령령으로 정하는 서비스업"이란 제23조 제4항에 따른 서비스업을 말한다. (2024. 2. 29. 신설)

⑤ 법 제121조의 33 제5항에 따라 납부해야 할 소득세액 또는 법인세액은 다음의 계산식에 따라 계산한 금액(그 수가 음수이면 영으로 보

편주 ▶ 영 116조의 36 제1항 18호의 개정규정은 2025. 2. 28.이 속하는 과세연도에 발생하는 소득부터 적용함. (영 부칙(2025. 2. 28.) 18조)

까지의 기간 중 각 과세연도의 감면대상사업장의 상시근로자 수가 감면받은 과세연도의 상시근로자 수보다 감소한 경우에는 대통령령으로 정하는 바에 따라 감면받은 세액에 상당하는 금액을 소득세 또는 법인세로 납부하여야 한다. (2023. 12. 31. 신설)

⑥ 제3항 및 제5항을 적용할 때 상시근로자 및 청년 상시근로자의 범위, 상시근로자의 수의 계산방법, 그 밖에 필요한 사항은 대통령령으로 정한다. (2023. 12. 31. 신설)

⑦ 제1항을 적용할 때 창업의 범위에 관하여는 제6조 제10항을 준용한다. (2023. 12. 31. 신설)

⑧ 제2항에 따라 소득세 또는 법인세를 감면받은 기업이 다음 각 호의 어느 하나에 해당하는 경우에는 그 사유가 발생한 과세연도의 과세표준신고를 할 때 대통령령으로 정하는 바에 따라 계산한 세액을 소득세 또는 법인세로 납부하여야 한다. 이 경우 제12조의 2 제8항의 이자상당가산액 등에 관한 규정을 준용한다. (2023. 12. 31. 신설)

1. 감면대상사업장의 사업을 폐업하거나 법인이 해산한 경우. 다만, 법인의 합병·분할 또는 분할합병으로 인한 경우는 제외한다. (2023. 12. 31. 신설)

2. 감면대상사업장을 기회발전특구 외의 지역으로 이전한 경우 (2023. 12. 31. 신설)

⑨ 제2항을 적용받으려는 자는 대통령령으로 정하는 바에 따라 감면신청을 하여야 한다. (2023. 12. 31. 신설)

⑩ 제3항 제2호에 따라 서비스업에 대한 한도를 적용받는 기업은 제143조를 준용하여 서비스업과 그 밖의 사업을 각각 구분하여 경리하여

고, 감면받은 과세연도 종료일 이후 2개 과세연도 연속으로 상시근로자 수가 감소한 경우에는 두 번째 과세연도에는 첫 번째 과세연도에 납부한 금액을 뺀 금액을 말한다)으로 하며, 해당 금액을 상시근로자 수가 감소한 과세연도의 과세표준을 신고할 때 소득세 또는 법인세로 납부해야 한다. (2024. 2. 29. 신설)

> 해당 기업의 상시근로자 수가 감소한 과세연도의 직전 2년 이내의 과세연도에 법 제121조의 33 제3항 제2호를 적용하여 감면받은 세액의 합계액 − [상시근로자 수가 감소한 과세연도의 감면대상사업장의 상시근로자 수 × 1천5백만원(청년 상시근로자와 법 제121조의 33 제3항 제2호의 서비스업의 경우에는 2천만원으로 한다)]

⑥ 법 제121조의 33 제3항 및 제5항을 적용할 때 상시근로자 및 청년 상시근로자의 범위와 상시근로자 수 및 청년 상시근로자 수의 계산방법에 관하여는 제11조의 2 제6항 및 제7항을 준용한다. 이 경우 같은 조 제6항 각 호 외의 부분 및 같은 조 제7항 각 호 외의 부분 전단에서 "법 제12조의 2 제3항 및 제5항"은 각각 "법 제121조의 33 제3항 및 제5항"으로 본다. (2024. 2. 29. 신설)

⑦ 법 제121조의 33 제8항 각 호 외의 부분 전단에서 "대통령령으로 정하는 바에 따라 계산한 세액"이란 다음 각 호의 구분에 따른 세액을 말한다. (2024. 2. 29. 신설)

1. 법 제121조의 33 제8항 제1호에 해당하는 경우 : 폐업일 또는 법인 해산일부터 소급하여 3년 이내에 감면된 세액 (2024. 2. 29. 신설)

2. 법 제121조의 33 제8항 제2호에 해당하는 경우 : 이전일부터 소급하여 5년 이내에 감면된 세액 (2024. 2. 29. 신설)

⑧ 법 제121조의 33 제9항에 따라 소득세 또는 법인세 감면을 받으려는 자는 과세표준신고를 할 때 기획재정부령으로 정하는 세액감면신청서를 납세지 관할 세무서장에게 제출해야 한다. (2024. 2. 29. 신설)

야 한다. (2023. 12. 31. 신설)

편주 ▶

법 121조의 33의 개정규정은 2024. 1. 1. 이후 같은 개정규정 1항에 따른 기회발전특구에 최초로 창업하거나 사업장을 신설하는 기업부터 적용함. (법 부칙(2023. 12. 31.) 27조)

제121조의 34【기회발전특구로 이전하는 기업에 대한 과세특례】① 수도권에서 3년(중소기업은 2년) 이상 계속하여 사업을 한 내국인이 기회발전특구로 이전하기 위하여 수도권에 있는 대통령령으로 정하는 사업용 부동산(이하 이 조에서 "종전사업용부동산"이라 한다)을 2026년 12월 31일까지 양도하는 경우 종전사업용부동산의 양도에 따른 양도차익 중 대통령령으로 정하는 바에 따라 계산한 금액(이하 이 조에서 "양도차익상당액"이라 한다)에 대해서는 다음 각 호의 방법에 따라 익금에 산입하지 아니하거나 양도소득세를 과세이연받을 수 있다. (2023. 12. 31. 신설)
1. 법인: 양도차익상당액을 해당 사업연도의 소득금액을 계산할 때 익금에 산입하지 아니하는 방법. 이 경우 해당 금액은 기회발전특구에 있는 사업용 부동산(이하 이 조에서 "신규사업용부동산"이라 한다) 처분일이 속하는 사업연도의 소득금액을 계산할 때 익금에 산입하여야 한다. (2023. 12. 31. 신설)
2. 거주자 : 양도차익상당액에 대한 양도소득세를 양도일이 속하는 해당 연도의 양도소득세 과세표준 확정신고기한까지 납부하여야 할 양도소득세로 보지 아니하는 방법. 이 경우 해당 세액은 신규사업용부동산 처분일이 속하는 해당 연도에 납부하여야 한다. (2023. 12. 31. 신설)
② 제1항이 적용되는 기회발전특구로의 이전은 다음 각 호의 어느 하나에 해당하는 경우로 한다. (2023. 12. 31. 신설)
1. 신규사업용부동산을 취득하여 사업을 개시한 날부터 2년 이내에 종전사업용부동산을 양도하는 경우 (2023. 12. 31. 신설)
2. 종전사업용부동산을 양도한 날부터 3년 이내에 신규사업용부동산을 취득하여 사업을 개시하는 경우 (2023. 12. 31. 신설)

제116조의 37【기회발전특구로 이전하는 기업에 대한 과세특례】① 법 제121조의 34 제1항 각 호 외의 부분에서 "대통령령으로 정하는 사업용 부동산"이란 다음 각 호의 용도로 사용되는 부동산을 말한다. (2024. 2. 29. 신설)
1. 해당 기업의 본사 (2024. 2. 29. 신설)
2. 제54조 제1항의 공장 (2024. 2. 29. 신설)
3. 「기초연구진흥 및 기술개발지원에 관한 법률」 제14조의 2 제1항에 따른 기업부설연구소 (2024. 2. 29. 신설)
4. 「지능정보화 기본법」 제40조에 따른 데이터센터의 대지와 건물 (2024. 2. 29. 신설)
② 법 제121조의 34 제1항 각 호 외의 부분에서 "대통령령으로 정하는 바에 따라 계산한 금액"이란 제1호의 금액에 제2호의 율을 곱하여 계산한 금액(이하 이 조에서 "양도차익상당액"이라 한다)을 말한다. (2024. 2. 29. 신설)
1. 다음 각 목의 구분에 따른 금액 (2024. 2. 29. 신설)
　가. 법인: 법 제121조의 34 제1항 각 호 외의 부분에 따른 사업용 부동산(이하 이 조에서 "종전사업용부동산"이라 한다)의 양도차익에서 종전사업용부동산을 양도한 날이 속하는 사업연도의 직전 사업연도 종료일 현재 「법인세법」 제13조 제1항 제1호에 따른 이월결손금의 합계액을 차감한 금액 (2024. 2. 29. 신설)
　나. 거주자 : 종전사업용부동산의 양도차익 (2024. 2. 29. 신설)
2. 종전사업용부동산의 양도가액에서 기회발전특구에 있는 사업용부동산(이하 "신규사업용부동산"이라 한다)의 취득가액이 차지하는 비율(100분의 100을 한도로 한다) (2024. 2. 29. 신설)
③ 제2항을 적용할 때 종전사업용부동산의 양도일이 속하는 과세연도

개정취지 ▶

기회발전특구로 이전하는 기업에 대한 과세특례 요건
수도권에서 사업을 한 내국인이 기회발전특구로 이전하기 위해 수도권에 있는 해당 기업의 본사, 공장 또는 기업부설연구소 등을 양도하는 경우 종전사업용부동산의 양도차익에 종전사업용부동산의 양도가액에서 기회발전특구에 있는 사업용부동산의 취득가액이 차지하는 비율만큼을 곱한 금액을 익금에 산입하지 않거나 양도소득세의 과세이연을 받을 수 있도록 함. (영 106조의 37 신설 ; 2024. 2. 29.)

③ 제1항을 적용받은 내국인이 다음 각 호의 어느 하나에 해당하는 경우 그 사유가 발생한 날이 속하는 사업연도의 소득금액을 계산할 때 대통령령으로 정하는 바에 따라 계산한 금액을 익금에 산입하거나 양도소득세로 납부하여야 한다. 이 경우 익금에 산입할 금액 또는 납부할 세액에 관하여는 제33조 제3항 후단을 준용한다. (2023. 12. 31. 신설)

1. 신규사업용부동산을 취득하여 사업을 개시한 날부터 3년 이내에 그 사업을 폐지하거나 법인이 해산한 경우 (2023. 12. 31. 신설)
2. 제2항에 따라 사업용 부동산을 기회발전특구로 이전하지 아니한 경우 (2023. 12. 31. 신설)
3. 대통령령으로 정하는 바에 따라 사업을 이전하지 아니하였다고 인정되는 경우 (2023. 12. 31. 신설)

④ 제1항부터 제3항까지를 적용하는 경우 양도차익상당액의 계산 및 그 산입방법, 사업 폐지 등에 관한 판단기준, 양도차익명세서의 제출 및 그 밖의 필요한 사항은 대통령령으로 정한다. (2023. 12. 31. 신설)

▶ 편주 ●●●●●●●●●●●●●●●●●●●●●●●●●●●●●●●●●●●●●●
법 121조의 34의 개정규정은 2024. 1. 1. 이후 수도권에 있는 종전사업용부동산을 양도하는 경우부터 시행함. (법 부칙(2023. 12. 31.) 28조)
●●●●●●●●●●●●●●●●●●●●●●●●●●●●●●●●●●●●●●

종료일까지 신규사업용부동산을 취득하지 않은 경우 신규사업용부동산의 취득가액은 제8항에 따른 이전(예정)명세서상의 예정가액(이하 이 조에서 "취득예정가액"이라 한다)으로 한다. (2024. 2. 29. 신설)

④ 법인이 법 제121조의 34 제1항을 적용받는 경우에는 신규사업용부동산의 취득가액 중 양도차익상당액을 다음 각 호의 구분에 따라 일시상각충당금 또는 압축기장충당금으로 손비에 계상해야 한다. (2024. 2. 29. 신설)

1. 감가상각자산 : 일시상각충당금 (2024. 2. 29. 신설)
2. 제1호 외의 자산 : 압축기장충당금 (2024. 2. 29. 신설)

⑤ 법 제121조의 34 제3항 각 호 외의 부분 전단에서 "대통령령으로 정하는 바에 따라 계산한 금액"이란 다음 각 호의 구분에 따른 금액을 말한다. (2024. 2. 29. 신설)

1. 법인 : 다음 각 목의 금액 (2024. 2. 29. 신설)
   가. 제4항 제1호에 따라 일시상각충당금으로 계상한 경우 감가상각비와 상계하고 남은 잔액 (2024. 2. 29. 신설)
   나. 제4항 제2호에 따라 압축기장충당금으로 계상한 경우 해당 압축기장충당금 전액 (2024. 2. 29. 신설)
2. 거주자 : 납부하지 않은 양도소득세액 전액 (2024. 2. 29. 신설)

⑥ 법 제121조의 34 제3항 제3호에서 "대통령령으로 정하는 바에 따라 사업을 이전하지 아니하였다고 인정되는 경우"란 같은 조 제1항을 적용받는 내국인이 신규사업용부동산 중 처분하거나 해당 사업에 사용하지 않는 부동산의 가액이 전체 신규사업용부동산 가액의 2분의 1 이상인 경우를 말한다. (2024. 2. 29. 신설)

⑦ 법 제121조의 34 제1항을 적용할 때 취득예정가액을 기준으로 계산한 양도차익상당액을 익금에 산입하지 않거나 과세이연을 받은 경우에는 실제 취득가액을 기준으로 제2항에 따라 계산한 금액을 초과하여 적용받은 금액을 신규사업용부동산을 취득하여 사업을 개시한 날이 속하는 과세연도의 익금에 산입하거나 양도소득세로 납부해야 한다. 이 경우 익금에 산입하거나 양도소득세로 납부해야 할 금액에 대해서는 법 제33조 제3항 후단을 준용한다. (2024. 2. 29. 신설)

⑧ 법 제121조의 34 제1항 제1호를 적용받으려는 법인은 종전사업용부동산의 양도일이 속하는 사업연도의 과세표준신고를 할 때 기획재정부령으로 정하는 양도차익명세, 분할익금산입조정명세서 및 이전(예정)명

제121조의 35 【기회발전특구집합투자기구 투자자에 대한 과세특례】 ① 거주자가 2026년 12월 31일까지 제2항에 따른 전용계좌에 가입하고 다음 각 호의 요건을 모두 갖춘 집합투자기구 등(이하 이 조에서 "기회발전특구집합투자기구"라 한다)에 투자하여 발생하는 이자소득 또는 배당소득(전용계좌의 가입일부터 10년 이내에 지급받는 경우로 한정한다)은「소득세법」제129조에도 불구하고 100분의 9의 세율을 적용하고, 같은 법 제14조 제2항 및 제87조의 4에 따른 종합소득과세표준 및 금융투자소득과세표준에 합산하지 아니한다. (2023. 12. 31. 신설)

제121조의 35 【기회발전특구집합투자기구 투자자에 대한 과세특례】 ① 거주자가 2026년 12월 31일까지 제2항에 따른 전용계좌에 가입하고 다음 각 호의 요건을 모두 갖춘 집합투자기구 등(이하 이 조에서 "기회발전특구집합투자기구"라 한다)에 투자하여 발생하는 이자소득 또는 배당소득(전용계좌의 가입일부터 10년 이내에 지급받는 경우로 한정한다)은「소득세법」제129조에도 불구하고 100분의 9의 세율을 적용하고, 같은 법 제14조 제2항에 따른 종합소득과세표준에 합산하지 아니한다. (2024. 12. 31. 개정)

1. 대통령령으로 정하는 종류의 집합투자기구 등일 것 (2023. 12. 31. 신설)

2. 기회발전특구의 기반시설 및 입주기업 등에 대한 투자로서 대통령령으로 정하는 투자대상에 집합투자재산의 100분의 60 이상으로서 대통령령으로 정하는 비율 이상을 투자할 것 (2023. 12. 31. 신설)

세서를 납세지 관할 세무서장에게 제출해야 한다. (2024. 2. 29. 신설)

⑨ 법 제121조의 34 제1항 제2호에 따라 과세이연을 적용받으려는 거주자는 종전사업용부동산의 양도일이 속하는 과세연도의 과세표준신고(예정신고를 포함한다)를 할 때 기획재정부령으로 정하는 과세이연 신청서 및 이전(예정)명세서를 납세지 관할 세무서장에게 제출해야 한다. (2024. 2. 29. 신설)

⑩ 제3항을 적용받은 후 신규사업용부동산을 취득하여 사업을 개시한 경우에는 그 사업개시일이 속하는 과세연도의 과세표준신고를 할 때 기획재정부령으로 정하는 이전완료보고서를 납세지 관할 세무서장에게 제출해야 한다. (2024. 2. 29. 신설)

제116조의 38 【기회발전특구집합투자기구 투자자에 대한 과세특례】 ① 법 제121조의 35 제1항 제1호에서 "대통령령으로 정하는 종류의 집합투자기구"란 다음 각 호의 집합투자기구를 말한다. (2024. 2. 29. 신설)

1. 「부동산투자회사법」제2조 제1호에 따른 부동산투자회사 (2024. 2. 29. 신설)

2. 「사회기반시설에 대한 민간투자법」제41조 제2항에 따른 투융자집합투자기구 (2024. 2. 29. 신설)

3. 「자본시장과 금융투자업에 관한 법률」제9조 제18항에 따른 집합투자기구 (2024. 2. 29. 신설)

② 법 제121조의 35 제1항 제2호에서 "대통령령으로 정하는 투자대상"이란 다음 각 호의 어느 하나에 해당하는 것(이하 이 조에서 "투자대상자산"이라 한다)을 말한다. (2024. 2. 29. 신설)

1. 기회발전특구에 소재한 부동산 또는 지상권, 임차권 등 해당 부동산의 사용에 관한 권리. 다만, 부동산의 전부 또는 일부가 법 제121조의 35 제1항에 따른 집합투자기구(이하 이 조에서 "기회발전특구집합투자기구"라 한다)가 투자하기에 적합하지 않은 용도로서 기획재정부령으로 정하는 용도로 사용되는 경우에는 해당 부동산의 전부 또는 그 사용에 관한 권리는 제외한다. (2024. 2. 29. 신설)

2. 기회발전특구에서 시행하는「부동산투자회사법」제2조 제4호에 따른 부동산개발사업 (2024. 2. 29. 신설)

개정취지

기회발전특구집합투자기구 투자자에 대한 과세특례 요건

기회발전특구에 있는 부동산, 기회발전특구에서 시행하는 부동산개발사업, 기회발전특구 입주기업이 발행한 주식·채권 등에 집합투자재산의 60% 이상을 투자하는 부동산투자회사, 투융자집합투자기구 등에 투자하여 발생하는 이자소득 등에 대해 과세특례를 적용하도록 함. (영 106조의 38 신설 ; 2024. 2. 29.)

3. 기회발전특구에 설치되는 사회기반시설과 관련된 자산으로서 다음 각 목의 어느 하나에 해당하는 자산 (2024. 2. 29. 신설)

　가. 「사회기반시설에 대한 민간투자법」 제2조 제1호에 따른 사회기반시설에 해당하는 부동산 (2024. 2. 29. 신설)

　나. 「사회기반시설에 대한 민간투자법」 제43조 제1항 제1호에 따른 주식·지분·채권 및 같은 항 제2호에 따른 대출채권 (2024. 2. 29. 신설)

　다. 「사회기반시설에 대한 민간투자법」 제43조 제1항 제3호 및 제4호의 투자에 따라 취득한 자산 (2024. 2. 29. 신설)

4. 기회발전특구에 입주한 기업으로서 다음 각 목의 어느 하나에 해당하는 기업(이하 이 조에서 "입주기업"이라 한다)이 기회발전특구에서 사업을 운영하기 위한 목적으로 발행한 채권으로서 그 발행일에 취득한 채권 (2024. 2. 29. 신설)

　가. 법 제121조의 33 제1항에 따라 기회발전특구에서 창업 또는 사업장을 신설하였거나 창업 또는 사업장을 신설할 예정임을 산업통상자원부장관이 확인한 중소기업 또는 중견기업 (2024. 2. 29. 신설)

　나. 법 제121조의 34 제1항에 따라 기회발전특구로 이전하였거나 이전할 예정임을 산업통상자원부장관이 확인한 중소기업 또는 중견기업 (2024. 2. 29. 신설)

5. 입주기업이 기회발전특구에서 사업을 운영하기 위한 목적으로 발행한 주식으로서 다음 각 목의 어느 하나에 해당하는 방법으로 출자하여 취득한 주식 (2024. 2. 29. 신설)

　가. 입주기업의 설립 시에 자본금으로 납입하는 방법 (2024. 2. 29. 신설)

　나. 입주기업이 설립된 후 유상증자하는 경우로서 증자대금을 납입하는 방법 (2024. 2. 29. 신설)

③ 법 제121조의 35 제1항 제2호에서 "대통령령으로 정하는 비율"이란 100분의 60을 말한다. (2024. 2. 29. 신설)

④ 법 제121조의 35 제1항 제2호에 따른 투자 비율은 투자대상자산의 가액이 기회발전특구집합투자기구의 자산총액에서 차지하는 연평균 비율로서 다음 계산식에 따라 계산한다. 이 경우 연평균 비율 판정기간은 해당 기회발전특구집합투자기구의 설정일·설립일·영업인가일(이하 이 항에서 "설정일등"이라 한다)부터 매 1년 동안의 기간으로 한다. (2024. 2. 29. 신설)

$$
\begin{aligned}
&\text{연평균 비율} = A \div B \\
&A : \text{일별 투자비율*을 합산한 비율} \\
&\text{*투자비율} = \frac{\text{투자대상자산의 가액}}{\text{기회발전특구집합투자기구의 자산총액}} \\
&B : \text{설정일등부터 매 1년 동안의 총일수}
\end{aligned}
$$

⑤ 기회발전특구집합투자기구가 다른 집합투자기구를 통하여 투자대상자산에 투자하는 경우 제4항의 계산식 중 투자대상자산의 가액은 다음 계산식에 따라 계산한다. (2024. 2. 29. 신설)

$$
\begin{aligned}
&\text{투자대상자산의 가액} = A + B \\
&A : \text{기회발전특구집합투자기구가 보유한 투자대상자산의 가액} \\
&B : \text{기회발전특구집합투자기구가 보유한 다른 집합투자기구의 지분증권 또는 수익증권의 가액} \times \\
&\quad (\text{다른 집합투자기구가 보유한 투자대상자산의 가액} \div \text{다른 집합투자기구의 자산 총액})
\end{aligned}
$$

⑥ 제4항 및 제5항을 적용할 때 투자대상자산의 가액이 투자원금보다 적은 경우에는 투자대상자산의 가액을 다음 계산식에 따라 계산한다. (2024. 2. 29. 신설)

☞ p.1864 2단 연결

② 제1항의 과세특례는 다음 각 호의 요건을 모두 갖춘 계좌(이하 이 조에서 "전용계좌"라 한다)를 통하여 투자하는 경우에 적용한다. (2023. 12. 31. 신설)

1. 1명당 1개의 전용계좌만 가입할 것 (2023. 12. 31. 신설)

2. 납입한도가 3억원 이하일 것 (2023. 12. 31. 신설)

3. 기회발전특구집합투자기구의 지분증권 또는 수익증권에만 투자할 것 (2023. 12. 31. 신설)

③ 기회발전특구집합투자기구 및 전용계좌의 구체적 요건, 투자금액의 계산방법, 전용계좌의 확인 등 그 밖에 필요한 사항은 대통령령으로 정한다. (2023. 12. 31. 신설)

④ 전용계좌를 관리하는 금융회사등은 기회발전특구집합투자기구에 투자한 자(이하 이 조에서 "투자자"라 한다)가 가입한 날부터 10년이 되는 날 전에 계좌를 해지하는 경우(투자자의 사망·해외이주 등 대통령령으로 정하는 부득이한 사유로 계좌를 해지하는 경우는 제외한다)에는 과세특례를 적용받은 소득세에 상당하는 세액을 제146조의 2에 따라 추징하여야 한다. (2023. 12. 31. 신설)

⑤ 투자자가 가입한 날부터 10년이 되는 날 전에 납입한 금액을 인출하는 경우(납입된 금액의 합계액을 초과하는 부분이 있어 그 초과하는

$$\text{투자대상자산의 가액} = A + B$$

A : 기회발전특구집합투자기구가 보유한 투자대상자산의 투자원금

B : 기회발전특구집합투자기구가 보유한 다른 집합투자기구의 지분증권 또는 수익증권의 투자원금 × (다른 집합투자기구가 보유한 투자대상자산의 가액 ÷ 다른 집합투자기구의 자산 총액)

⑦ 제4항의 계산식에도 불구하고 다음 각 호의 어느 하나에 해당하는 기간과 그 기간의 일별 투자비율은 연평균 비율을 계산할 때 제외한다. (2024. 2. 29. 신설)

1. 기회발전특구집합투자기구의 설정일등부터 3개월 (2024. 2. 29. 신설)

2. 기회발전특구집합투자기구의 해지일 또는 해산일 이전 3개월 (2024. 2. 29. 신설)

3. 그 밖에 부동산 개발사업의 지연기간 등 기획재정부령으로 정하는 기간 (2024. 2. 29. 신설)

⑧ 법 제121조의 35 제2항에 따른 전용계좌(이하 이 조에서 "전용계좌"라 한다)의 구체적 요건은 다음 각 호와 같다. (2024. 2. 29. 신설)

1. 기회발전특구집합투자기구 전용계좌의 명칭으로 개설한 계좌일 것 (2024. 2. 29. 신설)

2. 계약기간이 1년 이상일 것 (2024. 2. 29. 신설)

⑨ 전용계좌에 지급된 이자소득 또는 배당소득과 재투자된 금액은 법 제121조의 35 제2항 제2호에 따른 납입한도에 포함하지 않는다. (2024. 2. 29. 신설)

⑩ 전용계좌를 보유한 거주자(이하 "계좌보유자"라 한다)가 전용계좌에서 일부 금액을 인출하는 경우에는 투자원금 외의 부분부터 인출한 것으로 본다. (2024. 2. 29. 신설)

⑪ 법 제121조의 35 제4항에서 "투자자의 사망·해외이주 등 대통령령으로 정하는 부득이한 사유"란 다음 각 호의 어느 하나에 해당하는 경우를 말한다. (2024. 2. 29. 신설)

1. 계좌보유자가 사망하거나 해외로 이주한 경우 (2024. 2. 29. 신설)

1. 계좌보유자가 사망하거나 「해외이주법」에 따라 해외이주한 경우 (2025. 2. 28. 개정)

2. 계약 해지일 전 6개월 이내에 계좌보유자에게 제81조 제6항 제3호

금액을 인출하는 경우는 제외한다)에는 해당 인출일에 계좌가 해지된 것으로 보아 제4항을 적용한다. (2023. 12. 31. 신설)

제6장 그 밖의 조세특례 (2010. 1. 1. 제목개정)

제1절 과세표준 양성화를 위한 조세특례

제122조【수입금액의 증가 등에 대한 세액공제】삭 제 (2010. 12. 27.)

제122조의 2【성실신고 사업자에 대한 소득세 등의 과세특례】 삭 제 (2007. 12. 31.)

제122조의 3【성실사업자에 대한 의료비 등 공제】(2010. 1. 1. 제목개정)

① 「소득세법」 제59조의 4 제9항에 따른 성실사업자(사업소득이 있는 자만 해당한다)로서 다음 각 호의 요건을 모두 갖춘 자(이하 이 조에서 "성실사업자"라 한다) 또는 「소득세법」 제70조의 2 제1항에 따른 성실신고확인대상사업자로서 성실신고확인서를 제출한 자가 「소득세법」 제59조의 4 제2항과 제3항(같은 항 제2호 다목은 제외한다)에 따른 의료비 및 교육비를 2026년 12월 31일이 속하는 과세연도까지 지출한 경우 그 지출한 금액의 100분의 15(「소득세법」 제59조의 4 제2항 제3호에 따른 의료비의 경우에는 100분의 20, 같은 항 제4호에 따른 난임시술을 위하여 지출한 비용의 경우에는 100분의 30)에 해당하는 금액(이하 이 조에서 "의료비등 세액공제금액"이라 한다)을 해당 과세연도의 소득세(사업소득에 대한 소득세만 해당한다. 이하 이 조에서 같다)

각 목의 어느 하나에 해당하는 사유가 발생한 경우 (2024. 11. 12. 개정)

3. 기회발전특구집합투자기구가 해산한 경우 (2024. 2. 29. 신설)

⑫ 제11항 각 호의 사유로 계약을 해지하려는 거주자는 기획재정부령으로 정하는 특별해지사유신고서를 법 제121조의 35 제4항에 따른 전용계좌를 관리하는 금융회사등에 제출해야 한다. (2024. 2. 29. 신설)

제6장 기타 조세특례 (99. 5. 24 장번개정)

제1절 과세표준양성화를 위한 조세특례

제117조【수입금액의 증가 등에 대한 세액공제】삭 제 (2010. 12. 30)

제117조의 2【성실신고 사업자에 대한 소득세 등의 과세특례】 삭 제 (2008. 2. 22.)

제117조의 3【성실사업자에 대한 의료비등 공제】(2010. 2. 18. 제목개정)

① 법 제122조의 3 제1항 제1호 가목의 요건에 해당하는지의 판정에 관하여는 「소득세법 시행령」 제113조의 2 제2항을 준용한다. (2008. 2. 22. 신설)

① 삭 제 (2012. 2. 2.)

② 법 제122조의 3 제1항 제1호 나목에서 "대통령령으로 정하는 사업자"란 수입금액이 투명하게 노출되는 다음 각 호의 어느 하나에 해당하는 사업자를 말한다. (2008. 2. 22. 신설)

1. 전사적기업자원관리설비 또는 판매시점정보관리시스템설비를 도입한 사업자 (2008. 2. 22. 신설)

2. 「영화 및 비디오물의 진흥에 관한 법률」에 따라 설치된 영화진흥위원회가 운영하는 영화상영관입장권 통합전산망에 가입한 사업자 (2008. 2. 22. 신설)

3. 전자상거래사업을 영위하는 사업자로서 다음 각 목의 어느 하나에 해당하는 사업자 (2008. 2. 22. 신설)

가. 「여신전문금융업법」에 따른 결제대행업체를 통하여만 매출대금의 결제가 이루어지는 사업자 (2008. 2. 22. 신설)

제52조【판매시점정보관리시스템에 의한 매출기록의 오류 등】삭 제 (2011. 4. 7.)

에서 공제한다. (2023. 12. 31. 개정)

1. 「소득세법」 제160조 제1항에 따라 복식부기의 방식으로 장부를 비치·기록하고, 소득금액을 계산하여 신고할 것(「소득세법」 제80조 제3항 단서에 따라 추계조사 결정이 있는 경우 해당 과세기간은 제외한다) (2013. 1. 1. 호번개정)

1. 삭　제 (2017. 12. 19.)

2. 해당 과세기간의 수입금액으로 신고한 금액이 직전 3개 과세기간의 연평균수입금액(과세기간이 3개 과세기간에 미달하는 경우에는 사업의 개시일이 속하는 과세기간과 직전 과세기간의 연평균수입금액을 말한다)의 100분의 50을 초과할 것. 다만, 사업장의 이전 또는 업종의 변경 등 대통령령으로 정하는 사유로 수입금액이 증가하는 경우는 제외한다. (2017. 12. 19. 개정)

3. 해당 과세기간 개시일 현재 2년 이상 계속하여 사업을 경영할 것 (2017. 12. 19. 개정)

4. 국세의 체납사실, 조세범처벌사실, 세금계산서·계산서 등의 발급 및 수령 의무 위반, 소득금액 누락사실 등을 고려하여 대통령령으로 정하는 요건에 해당할 것 (2013. 1. 1. 호번개정)

② 제1항에 따른 의료비 공제금액은 「소득세법」 제59조의 4 제2항을 준용하여 계산한 금액으로 한다. 이 경우 「소득세법」 제59조의 4 제2항 제1호 및 제2호의 "총급여액"은 "사업소득금액"으로 본다. (2014. 1. 1. 개정)

③ 해당 과세연도의 종합소득과세표준에 합산되는 종합소득금액이 7천만원 이하인 성실사업자 또는 「소득세법」 제70조의 2 제1항에 따른 성실신고확인대상사업자로서 성실신고확인서를 제출한 자가 제95조의 2에 따른 월세액을 2026년 12월 31일이 속하는 과세연도까지 지급하는 경우 그 지급한 금액의 100분의 15(해당 과세연도의 종합소득과세표준에 합산되는 종합소득금액이 4천500만원 이하인 성실사업자 또는 「소득세법」 제70조의 2 제1항에 따른 성실신고확인대상사업자로서 성

나. 납세지 관할 세무서장에게 신고한 사업용 계좌를 통하여만 매출대금의 결제가 이루어지는 사업자 (2008. 2. 22. 신설)

다. 가목 및 나목의 방식으로만 매출대금의 결제가 이루어지는 사업자 (2008. 2. 22. 신설)

4. 지방자치단체의 장의 주관하에 수입금액이 공동으로 관리·배분되는 버스운송사업을 영위하는 사업자 (2008. 2. 22. 신설)

5. 「부가가치세법」 제11조 제1항 제1호에 따른 수출에 의하여만 거래가 이루어지는 사업자 (2008. 2. 22. 신설)

6. 납세지 관할 세무서장에게 신고한 사업용 계좌를 통하여만 매출 및 매입대금의 결제가 이루어지는 사업자 (2008. 2. 22. 신설)

7. 「부가가치세법 시행령」 제35조에 따른 인적용역을 제공하고 그 수입금액이 원천징수되는 사업자 (2008. 2. 22. 신설)

② 삭　제 (2010. 2. 18.)

③ 법 제122조의 3 제1항 제2호 단서에서 "사업장의 이전 또는 업종의 변경 등 대통령령으로 정하는 사유"란 다음 각 호의 어느 하나에 해당하는 경우를 말한다. (2013. 11. 29. 개정)

1. 사업장의 면적이 직전 과세기간보다 100분의 50(사업장을 이전하는 경우에는 100분의 30) 이상 증가하는 경우 (2008. 2. 22. 신설)

2. 한국표준산업분류에 의한 다른 대분류로 구분되는 업종으로 업종을 변경하거나 다른 대분류에 속하는 업종을 추가하는 경우 (2008. 2. 22. 신설)

③ 삭　제 (2020. 2. 11.)

④ 법 제122조의 3 제1항 제4호에서 "대통령령으로 정하는 요건"이란 다음 각 호의 요건에 모두 해당하는 경우를 말한다. (2013. 11. 29. 개정)

1. 해당 과세기간의 법정신고 납부기한 종료일 현재 국세의 체납사실이 없을 것 (2008. 2. 22. 신설)

2. 해당 과세기간의 법정신고 납부기한 종료일 현재 최근 3년간 조세범으로 처벌받은 사실이 없을 것 (2008. 2. 22. 신설)

3. 「부가가치세법」 및 「소득세법」에 따른 사업자가 해당 과세기간의 법정신고 납부기한 종료일 현재 최근 3년간 다음 각 목의 어느 하나에 해당하지 아니할 것 (2008. 2. 22. 신설)

　가. 세금계산서를 교부하지 아니하거나 허위기재하여 교부한 경우 (2008. 2. 22. 신설)

　나. 매출처별세금계산서합계표를 허위기재하여 제출한 경우 (2008. 2. 22. 신설)

　다. 세금계산서를 교부받지 아니하거나 허위기재의 세금계산서를

실신고확인서를 제출한 자의 경우에는 100분의 17)에 해당하는 금액(이하 이 조에서 "월세세액공제금액"이라 한다)을 해당 과세연도의 소득세에서 공제한다. 다만, 해당 월세액이 1천만원을 초과하는 경우 그 초과하는 금액은 없는 것으로 한다. (2023. 12. 31. 개정)

편주 ▶ ●●
법 122조의 3 제3항의 개정규정은 2024. 1. 1. 이후 월세액을 지급하는 경우부터 적용함. (법 부칙(2023. 12. 31.) 15조)
●●

④ 의료비등 세액공제금액과 월세세액공제금액의 합계액이 해당 사업자의 해당 과세연도의 소득세를 초과하는 경우 그 초과금액은 없는 것으로 한다. (2014. 12. 23. 신설)

⑤ 제1항 또는 제3항을 적용받은 사업자가 다음 각 호의 어느 하나에 해당하는 경우에는 공제받은 금액에 상당하는 세액을 전액 추징한다. (2014. 12. 23. 항번개정)
1. 해당 과세기간에 대하여 과소 신고한 수입금액이 경정(수정신고로 인한 경우를 포함한다)된 수입금액의 100분의 20 이상인 경우 (2010. 1. 1. 개정)
2. 해당 과세기간에 대한 사업소득금액 계산 시 과대계상한 필요경비가 경정(수정신고로 인한 경우를 포함한다)된 필요경비의 100분의 20 이상인 경우 (2010. 1. 1. 개정)
⑤ 제1항 또는 제3항을 적용받은 사업자가 해당 과세기간에 대하여 과소 신고한 사업소득금액이 경정(수정신고로 인한 경우를 포함한다)된 사업소득금액의 100분의 10(성실사업자는 100분의 20) 이상인 경우에는 공제받은 금액에 상당하는 세액을 전액 추징한다. (2024. 12. 31. 개정)
⑥ 제5항에 따라 세액이 추징된 사업자에 대해서는 추징일이 속하는 다음 과세기간부터 3개 과세기간 동안 제1항 및 제3항에 따른 공제를 적용하지 아니한다. (2014. 12. 23. 개정)
⑦ 제1항부터 제6항까지의 규정 외에 제1항 제1호 각 목의 해당 여부의 판정기준, 공제의 신청절차 등에 필요한 사항은 대통령령으로 정한다. (2014. 12. 23. 개정)

제122조의 4【금사업자와 스크랩등사업자의 수입금액의 증가 등에 대한 세액공제】(2015. 12. 15. 제목개정)
① 금사업자(제106조의 4 제1항 제3호의 제품을 공급하거나 공급받으려는 사업자 또는 수입하려는 사업자로 한정한다) 또는 스크랩등사업

교부받은 때 또는 허위기재한 매입처별세금계산서합계표를 제출한 경우 (2008. 2. 22. 신설)
라. 재화 및 용역을 공급하지 아니하고 세금계산서 또는 계산서를 교부하거나 교부받은 경우 (2008. 2. 22. 신설)
마. 재화 및 용역을 공급하지 아니하고 매출·매입처별세금계산서합계표 또는 매출·매입처별계산서합계표를 허위기재하여 제출한 경우 (2008. 2. 22. 신설)
4. 해당 과세기간의 개시일 현재 직전 3개 과세기간에 대한 세무조사 결과 과소신고한 소득금액이 경정된 해당 과세기간 소득금액의 100분의 10 미만일 것 (2008. 2. 22. 신설)
⑤ 삭 제 (2024. 2. 29.)
⑥ 성실사업자에 대한 의료비등 공제에 대하여 그 밖에 필요한 사항은 기획재정부령으로 정한다. (2019. 2. 12. 항번개정)

편주 ▶ ●●●●●●●●●●●●●●●●●●●●●●●●●●●●●●●●●●●●●●●
2025. 1. 1. 전의 과세기간에 대하여 과소 신고한 수입금액 또는 과대계상한 필요경비가 경정된 경우에는 법 122조의 3 제5항의 개정규정에도 불구하고 종전의 규정에 따름. (법 부칙(2024. 12. 31.) 30조)
●●●

제117조의 4【구리 스크랩등사업자의 수입금액의 증가 등에 대한 세액공제】① 법 제122조의 4 제1항 제1호는 세액공제를 받으려는 과세연도의 직전 과세연도 종료일부터 소급하여 1년 이상 계속하여 해당 사업을 영위한 자에 한정하여 적용한다. (2013. 11. 29. 신설)

제52조의 2【성실사업자에 대한 의료비 등 공제】영 제117조의 3 제6항에 따른 의료비 및 교육비공제를 받으려는 자는 소득세과세표준확정신고를 할 때 다음 각 호의 서식을 제출하여야 한다. (2019. 3. 20. 개정)
1. 의료비공제를 받으려는 경우 「소득세법 시행규칙」 제101조 제17호에 따른 서식 (2008. 4. 29. 신설)
2. 교육비공제를 받으려는 경우 「소득세법 시행규칙」 제101조 제18호에 따른 서식 (2009. 8. 28. 개정)

자가 과세표준신고를 할 때 신고한 사업장별 익금 및 손금(이하 이 항에서 "익금 및 손금"이라 한다)에 각각 제106조의 4 또는 제106조의 9에 따라 금거래계좌나 스크랩등거래계좌를 사용하여 결제하거나 결제받은 익금 및 손금(이하 이 항에서 "매입자납부 익금 및 손금"이라 한다)이 포함되어 있는 경우에는 2023년 12월 31일 이전에 끝나는 과세연도까지 다음 각 호의 어느 하나를 선택하여 그 금액을 해당 과세연도의 소득세 또는 법인세에서 공제받을 수 있다. 이 경우 공제세액은해당 과세연도의 종합소득 산출세액 또는 법인세 산출세액에서 직전 과세연도의 종합소득 산출세액 또는 법인세 산출세액을 공제한 금액을 한도로 한다. (2021. 12. 28. 개정)

1. 과세표준신고를 할 때 신고한 사업장별 매입자납부 익금 및 손금을 합친 금액이 직전 과세연도의 매입자납부 익금 및 손금을 합친 금액을 초과하는 경우에는 그 초과금액(사업장별 익금 및 손금을 합친 금액의 증가분을 한도로 한다)의 100분의 50에 상당하는 금액이 익금 및 손금을 합친 금액에서 차지하는 비율을 종합소득세 산출세액 또는 법인세 산출세액에 곱하여 계산한 금액. 이 경우 직전 과세연도의 매입자납부 익금 및 손금을 합친 금액이 없는 경우에는 직전 과세연도의 익금 및 손금을 합친 금액을 직전 과세연도의 매입자납부 익금 및 손금을 합친 금액으로 한다. (2013. 5. 10. 신설)

2. 과세표준신고를 할 때 신고한 사업장별 매입자납부 익금 및 손금을 합친 금액의 100분의 5에 상당하는 금액이 익금 및 손금을 합친 금액에서 차지하는 비율을 종합소득세 산출세액 또는 법인세 산출세액에 곱하여 계산한 금액 (2013. 5. 10. 신설)

② 제1항을 적용할 때 공제세액의 계산 등에 관하여 필요한 사항은 대통령령으로 정한다. (2013. 5. 10. 신설)

③ 제1항을 적용받으려는 자는 대통령령으로 정하는 바에 따라 세액공제신청을 하여야 한다. (2013. 5. 10. 신설)

제123조【성실신고 소규모사업자에 대한 소득세 납부세액공제】삭　제 (2002. 12. 11)

제124조【판매시점정보관리시스템 도입사업자 등에 대한 부가가치세 납부세액의 경감】삭　제 (2000. 12. 29)

② 법 제122조의 4 제1항 제1호를 적용할 때 직전 과세연도의 매입자납부특례 적용 개월수가 사업자의 과세연도보다 짧을 경우에는 직전 과세연도의 매입자납부 익금 및 손금을 합친 금액은 매입자납부 익금 및 손금을 합친 금액에 사업자의 과세연도 개월수를 곱한 금액을 납부특례 적용 개월수로 나눈 금액으로 한다. 이 경우 개월수는 역(歷)에 따라 계산하되 1개월 미만의 일수는 1개월로 한다. (2016. 2. 5. 신설)

③ 법 제122조의 4 제1항에 따른 매입자납부 익금 및 손금의 합계액이 변경되거나 해당 과세연도의 과세표준과 세액이 경정되어 세액공제액이 감소되는 경우에는 같은 항에 따라 소득세 또는 법인세에서 공제금액을 다시 계산한다. (2016. 2. 5. 항번개정)

④ 법 제122조의 4 제1항에 따른 세액공제를 받으려는 자는 종합소득과세표준확정신고 또는 법인세 과세표준신고와 함께 기획재정부령으로 정하는 수입증가 등 세액공제신청서와 매입자납부 익금 및 손금명세서를 납세지 관할 세무서장에게 제출하여야 한다. (2016. 2. 5. 항번개정)

제118조【성실신고 소규모사업자에 대한 소득세 납부세액공제】삭　제 (2002. 12. 30)

제119조【판매시점정보관리시스템 도입사업자 등에 대한 부가가치세 납부세액의 경감】삭　제 (2000. 12. 29)

제120조【성실신고 사업자에 대한 부가가치세 납부세액의 경감】삭　제 (2002. 12. 30)

제121조【판매시점정보관리시스템 설치에 대한 투자세액공제】삭　제 (2000. 12. 29)

제125조【성실신고 사업자에 대한 부가가치세 납부세액의 경감】삭 제 (2002. 12. 11)

제126조【판매시점정보관리시스템 설치에 대한 투자세액공제】삭 제 (2000. 12. 29)

제126조의 2【신용카드 등 사용금액에 대한 소득공제】 농특비

① 근로소득이 있는 거주자(일용근로자는 제외한다. 이하 이 조에서 같다)가 법인(외국법인의 국내사업장을 포함한다) 또는 「소득세법」 제1조의 2 제1항 제5호에 따른 사업자(비거주자의 국내사업장을 포함한다)로부터 2025년 12월 31일까지 재화나 용역을 제공받고 다음 각 호의 어느 하나에 해당하는 금액(이하 이 조에서 "신용카드등사용금액"이라 한다)의 연간합계액(국외에서 사용한 금액은 제외한다. 이하 이 조에서 같다)이 같은 법 제20조 제2항에 따른 해당 과세연도의 총급여액의 100분의 25(이하 이 조에서 "최저사용금액"이라 한다)를 초과하는 경우 제2항의 산식에 따라 계산한 금액(이하 이 조에서 "신용카드등소득공제금액"이라 한다)을 해당 과세연도의 근로소득금액에서 공제한다. (2022. 12. 31. 개정)

1. 「여신전문금융업법」 제2조에 따른 신용카드를 사용하여 그 대가로 지급하는 금액 (2010. 1. 1. 개정)

2. 제126조의 3에 따른 현금영수증(제126조의 5에 따라 현금거래사실을 확인받은 것을 포함한다. 이하 이 조에서 "현금영수증"이라 한다)에 기재된 금액 (2010. 1. 1. 개정)

3. 「학원의 설립·운영 및 과외교습에 관한 법률」에 따른 학원의 수강료 등을 대통령령으로 정하는 지로(giro)의 방식으로 납부한 금액 (2010. 1. 1. 개정)

3. 삭 제 (2013. 1. 1.)

4. 「여신전문금융업법」 제2조에 따른 직불카드 또는 선불카드(대통령령으로 정하는 바에 따라 실지명의가 확인된 것만 해당한다. 이하 이 조에서 "기명식선불카드"라 한다), 「전자금융거래법」 제2조에 따른 직불전자지급수단, 선불전자지급수단(대통령령으로 정하는 바에 따라 실지명의가 확인되는 것만 해당한다. 이하 이 조에서 "기명식선불전자지급수단"이라 한다) 또는 전자화폐(대통령령으로 정하는 바에 따라 실지명의가 확인되는 것만 해당한다. 이

🔖

개 정 취 지 ··

신용카드 등 사용금액에 대한 소득공제 적용기한 연장 등

• 신용카드 등 사용금액에 대한 소득공제 적용기한을 2025. 12. 31.까지로 3년 연장하고, 30%의 공제율이 적용되는 대상에 영화관람료를 포함하며, 2022년 하반기 대중교통 이용분에 대해서는 공제율을 40%에서 80%로 상향함. (법 126조의 2 개정 ; 2022. 12. 31.)

• 법 126조의 2(영화상영관에 관한 부분으로 한정함)의 개정규정은 2023. 7. 1.부터 적용함. (법 부칙(2022. 12. 31.) 1조 3호)

• 법 126조의 2 제2항 3호부터 6호까지(영화상영관에 관한 부분으로 한정함)의 개정규정은 2023. 7. 1. 이후 영화상영관에 입장하기 위하여 지급하는 금액부터 적용함. (법 부칙(2022. 12. 31.) 27조 1항)

• 법 126조의 2 제11항의 개정규정은 2022년 과세기간의 근로소득에 대하여 2023. 1. 1. 이후 종합소득과세표준을 신고하거나 소득세를 결정하거나 연말정산하는 경우에도 적용함. (법 부칙(2022. 12. 31.) 27조 2항)

• 2023. 1. 1. 전에 신용카드 등을 사용한 경우에 대한 소득공제에 관하여는 법 126조의 2 제2항 및 10항의 개정규정에도 불구하고 종전의 규정에 따름. (법 부칙(2022. 12. 31.) 27조 3항)

··

제121조의 2【신용카드 등 사용금액에 대한 소득공제】(2002. 12. 30 제목개정)

① 법 제126조의 2 제1항 제4호에서 "대통령령으로 정하는 바에 따라 실지명의가 확인되는 것"이란 다음 각 호의 어느 하나에 해당하는 것을 말한다. (2010. 2. 18. 개정)

1. 신청에 의하여 발급받은 선불카드·전자화폐·선불전자지급수단으로 사용자 명의가 확인되는 것 (2008. 2. 22. 개정)

하 이 조에서 "기명식전자화폐"라 한다)를 사용하여 그 대가로 지급하는 금액 (2010. 1. 1. 개정)

② 신용카드등소득공제금액은 제1호부터 제5호까지의 금액의 합계액(해당 과세연도의 총급여액이 7천만원을 초과하는 경우에는 제1호·제2호·제4호 및 제5호의 금액의 합계액)에서 제6호의 금액을 뺀 금액과 제7호의 금액(2024년 과세연도의 신용카드등소득공제금액을 계산하는 경우로 한정한다)을 더한 금액으로 하되, 제10항에 따른 금액을 한도로 한다. 이 경우 신용카드등사용금액이 제1호, 제2호 및 제3호의 금액에 중복하여 해당하는 경우에는 그 중 하나에 해당하는 것으로 보아 소득공제를 적용한다. (2023. 12. 31. 개정)

1. 「전통시장 및 상점가 육성을 위한 특별법」 제2조 제1호에 따른 전통시장과 대통령령으로 정하는 전통시장 구역 안의 법인 또는 사업자(대통령령으로 정하는 법인 또는 사업자는 제외한다)로부터 재화 또는 용역을 제공받은 대가에 해당하는 금액으로서 제1항 제1호·제2호 및 제4호의 금액의 합계액(이하 이 항에서 "전통시장사용분"이라 한다) × 100분의 40(2023년 4월 1일부터 2023년 12월 31일까지 사용한 전통시장사용분의 경우에는 100분의 50) (2023. 12. 31. 개정)

2. 「대중교통의 육성 및 이용촉진에 관한 법률」에 따른 대중교통수단을 이용한 대가에 해당하는 금액으로서 제1항 제1호·제2호 및 제4호의 금액의 합계액(이하 이 항에서 "대중교통이용분"이라 한다) × 100분의 40(2023년 1월 1일부터 2023년 12월 31일까지 사용한 대중교통이용분의 경우에는 100분의 80) (2023. 4. 11. 개정)

3. 다음 각 목에 해당하는 금액(이하 이 항에서 "도서등사용분"이라 한다) × 100분의 30(2023년 4월 1일부터 2023년 12월 31일까지 사용한 도서등사용분의 경우에는 100분의 40) (2023. 12. 31. 개정)

3. 다음 각 목에 해당하는 금액(이하 이 항에서 "문화체육사용분"이라 한다) × 100분의 30(2023년 4월 1일부터 2023년 12월 31일까지 사용한 문화체육사용분의 경우에는 100분의 40) (2024. 12. 31. 개정)

　가. 「출판문화산업 진흥법」 제2조 제3호에 따른 간행물(같은 조 제8호에 따른 유해간행물은 제외한다)을 구입하거나 「신문 등의 진흥에 관한 법률」 제2조 제1호에 따른 신문을 구독하거나 「공연법」 제2조

2. 무기명선불카드·무기명선불전자지급수단·무기명전자화폐(이하 이 항에서 "무기명선불카드등"이라 한다)의 경우에는 다음 각 목의 어느 하나에 해당하는 것 (2022. 2. 15. 개정)

　가. 실제사용자가 최초로 사용하기 전에 해당 무기명선불카드등을 발행한 신용카드업자, 전자금융거래업자 및 금융기관에 주민등록번호 또는 무기명선불카드등을 등록하여 사용자 인증을 받은 것 (2022. 2. 15. 개정)

　나. 실제사용자가 최초로 사용하기 전에 금융기관에 개설한 실제사용자 본인의 예금계좌와 연결한 것 (2022. 2. 15. 개정)

② 법 제126조의 2 제2항 제1호에서 "대통령령으로 정하는 법인 또는 사업자"란 다음 각 호의 법인 또는 사업자를 말한다. (2017. 2. 7. 개정)

1. 「유통산업발전법」 제2조 제4호에 따른 준대규모점포 (2017. 2. 7. 개정)

2. 「부가가치세법」 제8조 제3항에 따른 사업자 단위 과세 사업자로서 전통시장 구역 안의 사업장과 전통시장 구역 밖의 사업장의 제5항에 따른 신용카드 사용금액이 구분되지 아니하는 사업자 (2017. 2. 7. 개정)

③ ☞ p.1872

제1호에 따른 공연을 관람하기 위하여 문화체육관광부장관이 지정하는 법인 또는 사업자에게 지급한 금액(이하 "도서·신문·공연사용분"이라 한다). 이 경우 법인 또는 사업자의 규모(문화체육관광부장관이 기획재정부장관과 협의하여 정하는 매출액 등의 기준에 따른다)에 따른 도서·신문·공연사용분의 인정방법 등에 관하여는 대통령령으로 정한다. (2019. 12. 31. 개정)

나. 「박물관 및 미술관 진흥법」 제2조 제1호 및 제2호에 따른 박물관 및 미술관이나 「영화 및 비디오물의 진흥에 관한 법률」 제2조 제10호에 따른 영화상영관에 입장하기 위하여 문화체육관광부장관이 지정하는 법인 또는 사업자에게 지급한 금액(이하 "박물관·미술관·영화상영관사용분"이라 한다). 이 경우 법인 또는 사업자의 규모(문화체육관광부장관이 기획재정부장관과 협의하여 정하는 매출액 등의 기준에 따른다)에 따른 박물관·미술관·영화상영관사용분의 인정방법 등에 관하여 필요한 사항은 대통령령으로 정한다. (2022. 12. 31. 개정)

다. 대통령령으로 정하는 체육시설을 이용하기 위하여 문화체육관광부장관이 지정하는 법인 또는 사업자에게 지급한 금액(이하 이 목에서 "체육시설이용분"이라 한다). 이 경우 체육시설이용분의 구체적인 범위 등에 관하여 필요한 사항은 대통령령으로 정한다. (2024. 12. 31. 신설)

4. 제1항 제2호 및 제4호의 금액(해당 과세연도의 총급여액이 7천만원 이하인 경우에는 전통시장사용분·대중교통이용분 및 도서등사용분에 포함된 금액은 제외하고, 해당 과세연도의 총급여액이 7천만원을 초과하는 경우에는 전통시장사용분 및 대중교통이용분에 포함된 금액은 제외한다. 이하 이 항에서 "직불카드등사용분"이라 한다) × 100분의 30 (2022. 12. 31. 개정)

4. 제1항 제2호 및 제4호의 금액(해당 과세연도의 총급여액이 7천만원 이하인 경우에는 전통시장사용분·대중교통이용분 및 문화체육사용분에 포함된 금액은 제외하고, 해당 과세연도의 총급여액이 7

천만원을 초과하는 경우에는 전통시장사용분 및 대중교통이용분에 포함된 금액은 제외한다. 이하 이 항에서 "직불카드등사용분"이라 한다) × 100분의 30 (2024. 12. 31. 개정)

5. 신용카드등사용금액의 합계액에서 전통시장사용분, 대중교통이용분, 직불카드등사용분을 뺀 금액(해당 과세연도의 총급여액이 7천만원 이하인 경우에는 도서등사용분을 추가로 뺀 금액을 말한다. 이하 이 항에서 "신용카드사용분"이라 한다) × 100분의 15 (2022. 12. 31. 개정)

5. 신용카드등사용금액의 합계액에서 전통시장사용분, 대중교통이용분, 직불카드등사용분을 뺀 금액(해당 과세연도의 총급여액이 7천만원 이하인 경우에는 문화체육사용분을 추가로 뺀 금액을 말한다. 이하 이 항에서 "신용카드사용분"이라 한다) × 100분의 15 (2024. 12. 31. 개정)

6. 다음 각 목의 구분에 따른 금액. 다만, 2023년 1월 1일부터 2023년 12월 31일까지 사용한 신용카드등사용금액에 대한 신용카드등소득공제금액은 별표에 따라 계산한 금액으로 한다. (2023. 12. 31. 단서개정)

가. 최저사용금액이 신용카드사용분보다 작거나 같은 경우 : 최저사용금액 × 100분의 15 (2017. 12. 19. 개정)

나. 최저사용금액이 신용카드사용분보다 크고 신용카드사용분과 직불카드등사용분을 합친 금액(해당 과세연도의 총급여액이 7천만원 이하인 경우에는 도서등사용분을 추가로 합친 금액)보다 작거나 같은 경우 : 신용카드사용분 × 100분의 15 + (최저사용금액 – 신용카드사용분) × 100분의 30 (2022. 12. 31. 개정)

나. 최저사용금액이 신용카드사용분보다 크고 신용카드사용분과 직불카드등사용분을 합친 금액(해당 과세연도의 총급여액이 7천만원 이하인 경우에는 문화체육사용분을 추가로 합친 금액)보다 작거나 같은 경우 : 신용카드사용분 × 100분의 15 + (최저사용금액 – 신용카드사용분) × 100분의 30 (2024. 12. 31. 개정)

다. 최저사용금액이 신용카드사용분과 직불카드등사용분을 합친 금액보다 큰 경우 : 다음 구분에 따른 금액 (2023. 12. 31. 개정)

1) 해당 과세연도의 총급여액이 7천만원 이하인 경우 : 신용카드사용분 × 100분의 15 + (직불카드등사용분 + 도서등사용분) × 100분의 30 + (최저사용금액 – 신용카드사용분 – 직불카드등사용분 – 도서등사용분) × 100분의 40 (2022. 12. 31. 개정)

1) 해당 과세연도의 총급여액이 7천만원 이하인 경우 : 신용카드사용분 × 100분의 15 + (직불카드등사용분 + 문화체육사용분 ×

100분의 30 + (최저사용금액 – 신용카드사용분 – 직불카드등사용분 – 문화체육사용분) × 100분의 40 (2024. 12. 31. 개정)

2) 해당 과세연도의 총급여액이 7천만원을 초과하는 경우 : 신용카드사용분 × 100분의 15 + 직불카드등사용분 × 100분의 30 + (최저사용금액 – 신용카드사용분 – 직불카드등사용분) × 100분의 40 (2017. 12. 19. 개정)

라. 최저사용금액이 신용카드사용분, 직불카드등사용분과 전통시장사용분을 합친 금액보다 큰 경우 : 다음 구분에 따른 금액 (2023. 4. 11. 개정)

1) 해당 과세연도의 총급여액이 7천만원 이하인 경우 : 신용카드사용분 × 100분의 15 + (직불카드등사용분 + 도서등사용분) × 100분의 30 + 전통시장사용분 × 100분의 40 + (최저사용금액 – 신용카드사용분 – 직불카드등사용분 – 도서등사용분 – 전통시장사용분) × 100분의 80 (2023. 4. 11. 개정)

2) 해당 과세연도의 총급여액이 7천만원을 초과하는 경우 : 신용카드사용분 × 100분의 15 + 직불카드등사용분 × 100분의 30 + 전통시장사용분 × 100분의 40 + (최저사용금액 – 신용카드사용분 – 직불카드등사용분 – 전통시장사용분) × 100분의 80 (2023. 4. 11. 개정)

라. 삭 제 (2023. 12. 31.)

7. 2024년 1월 1일부터 2024년 12월 31일까지의 신용카드등사용금액 연간합계액에서 2023년 1월 1일부터 2023년 12월 31일까지의 신용카드등사용금액

☞ p.1872 1단 연결

연간합계액의 100분의 105 상당액을 차감한 금액(0보다 작은 경우에는 없는 것으로 본다) × 100분의 10 (2023. 12. 31. 신설)

8. 다음 각 목의 금액의 합계액 (2022. 12. 31. 신설)

　가. 2022년 1월 1일부터 2022년 12월 31일까지의 신용카드등사용금액 연간합계액에서 2021년 1월 1일부터 2021년 12월 31일까지의 신용카드등사용금액 연간합계액의 100분의 105 상당액을 차감한 금액(0보다 작은 경우에는 없는 것으로 본다) × 100분의 20 (2022. 12. 31. 신설)

　나. 2022년 1월 1일부터 2022년 12월 31일까지의 전통시장사용분에서 2021년 1월 1일부터 2021년 12월 31일까지의 전통시장사용분의 100분의 105 상당액을 차감한 금액(0보다 작은 경우에는 없는 것으로 본다) × 100분의 20 (2022. 12. 31. 신설)

8. 삭　제 (2023. 4. 11)

③ 제1항을 적용할 때 근로소득이 있는 거주자의 배우자 또는 직계존비속(배우자의 직계존속을 포함한다)으로서 대통령령으로 정하는 자의 신용카드등사용금액은 그 거주자의 신용카드등소득공제금액에 포함시킬 수 있다. (2016. 12. 20. 단서삭제)

④ 제1항을 적용할 때 신용카드등사용금액이 다음 각 호의 어느 하나에 해당하는 경우에는 신용카드등사용금액에 포함하지 아니한다. 다만, 제3호의 경우로서 대통령령으로 정하는 중고자동차를 신용카드, 직불카드, 직불전자지급수단, 기명식선불카드, 기명식선불전자지급수단, 기명식전자화폐 또는 현금영수증으로 구입하는 경우에는 그 중고자동차 구입금액 중 대통령령으로 정하는 금액을 신용카드등사용금액에 포함한다. (2016. 12. 20. 단서신설)

1. 사업소득과 관련된 비용 또는 법인의 비용에 해당하는 경우 (2010. 1. 1. 개정)

2. 물품의 판매 또는 용역의 제공을 가장하는 등 대통령령으로 정하는 신용카드, 직불카드, 직불전자지급수단, 기명식선불카드, 기명식선불전자지급수단, 기명식전자화폐 또는 현금영수증의 비정상적인 사용행위에 해당하는 경우 (2010. 1. 1. 개정)

〈제121조의 2〉

③ 법 제126조의 2 제3항에서 "대통령령으로 정하는 자"란 다음 각 호의 어느 하나에 해당하는 자를 말한다. 이 경우 제2호에 규정된 생계를 같이 하는 직계존비속은 주민등록표상의 동거가족으로서 해당 거주자의 주소 또는 거소에서 현실적으로 생계를 같이 하는 자(직계비속의 경우는 그러하지 아니하며, 「소득세법」 제53조 제2항 및 제3항에 해당하는 경우에는 생계를 같이 하는 자로 본다)로 하며, 생계를 같이 하는지 여부의 판정은 해당 연도의 과세기간 종료일(과세기간 종료일 전에 사망한 자인 경우에는 사망일 전일을 말한다) 현재의 상황에 의한다. (2010. 2. 18. 개정)

1. 거주자의 배우자로서 연간소득금액의 합계액이 100만원 이하인 자(총급여액 500만원 이하의 근로소득만 있는 배우자를 포함한다) (2016. 2. 5. 개정)

2. 거주자와 생계를 같이 하는 직계존비속[배우자의 직계존속과 「소득세법 시행령」 제106조 제7항에 따른 동거입양자를 포함하되, 다른 거주자의 기본공제를 적용받은 자는 제외한다(이하 이 호에서 "직계존비속"이라 한다)]으로서 연간소득금액의 합계액이 100만원 이하인 자(총급여액 500만원 이하의 근로소득만 있는 직계존비속을 포함한다) (2016. 2. 5. 개정)

④ 법 제126조의 2 제4항 제2호에서 "대통령령으로 정하는 신용카드, 직불카드, 직불전자지급수단, 기명식선불카드, 기명식선불전자지급수단, 기명식전자화폐 또는 현금영수증의 비정상적인 사용행위"란 다음 각호의 1에 해당하는 행위를 말한다. (2010. 2. 18. 개정)

3. 자동차를 신용카드, 직불카드, 직불전자지급수단, 기명식선불카드, 기명식선불전자지급수단, 기명식전자화폐 또는 현금영수증으로 구입하는 경우 (2016. 12. 20. 개정)
4. 그 밖에 대통령령으로 정하는 경우 (2010. 1. 1. 개정)

⑤ 제4항 제2호를 적용할 때 「소득세법」 제127조 제7항에 따른 원천징수의무자가 대통령령으로 정하는 사유로 원천징수하여야 할 세액에 미달하게 세액을 납부한 경우에는 「국세기본법」 제47조의 5 제1항에 따른 가산세를 부과하지 아니한다. (2024. 12. 31. 개정)
⑥ 국세청장은 「여신전문금융업법」 제2조에 따른 신용카드업자, 「전자금융거래법」 제2조에 따른 전자금융업자 및 전자금융보조업자에 대하여 신용카드등사용금액의 통지 등 신용카드등사용금액에 대한 소득공제에 필요한 사항을 명할 수 있다. (2010. 1. 1. 개정)

⑦ 제1항을 적용받으려는 자는 대통령령으로 정하는 바에 따라 소득공제신청을 하여야 한다. (2010. 1. 1. 개정)
⑧ 신용카드등사용금액은 해당 과세기간에 사용한 금액, 기재된 금액 또는 납부한 금액을 합친 금액으로 한다. (2010. 1. 1. 개정)
⑨ 소득공제 대상 신용카드등사용금액의 확인방법, 소득공제관련 자료 수집 절차와 그 밖에 신용카드등사용금액에 대한 소득공제에 필요한 사항은 대통령령으로 정한다. (2011. 12. 31. 개정)
⑩ 제2항에 따른 신용카드등소득공제금액은 연간 250만원(해당 과세연도의 총급여액이 7천만원 이하인 경우에는 300만원)을 한도로 한다. 다만, 신용카드등소득공제금액이 본문에 따른 한도를 초과하는 경우에

1. 물품 또는 용역의 거래없이 이를 가장하거나 실제 매출금액을 초과하여 신용카드, 직불카드, 직불전자지급수단, 기명식선불카드, 기명식선불전자지급수단, 기명식전자화폐 또는 현금영수증(이하 이 조에서 "신용카드등"이라 한다)으로 거래를 하는 행위 (2010. 2. 18. 개정)
2. 신용카드 등을 사용하여 대가를 지급하는 자가 다른 신용카드등 가맹점 명의로 거래가 이루어지는 것을 알고도 신용카드 등에 의한 거래를 하는 행위. 이 경우 상호가 실제와 달리 기재된 매출전표 등을 교부받은 때에는 그 사실을 알고 거래한 것으로 본다. (2010. 2. 18. 개정)
⑤ 법 제126조의 2 제5항에서 "대통령령으로 정하는 사유"란 원천징수의무자가 제8항의 규정에 의한 근로자소득공제신고서 및 신용카드소득공제신청서에 기재된 법 제126조의 2 제1항에 따른 신용카드등사용금액(이하 이 조에서 "신용카드 등 사용금액"이라 한다)에 대한 소득공제금액에 제6항 각 호에 해당하는 금액 또는 법 제126조의 2 제4항 각호에 해당하는 금액이 포함되어 있음을 근로소득세의 연말정산시까지 확인할 수 없는 경우를 말한다. (2010. 2. 18. 개정)
⑥ 법 제126조의 2를 적용할 때 신용카드 등 사용금액은 국세청장이 정하는 기간의 신용카드 등 사용금액을 합계하되, 다음 각 호의 어느 하나에 해당하는 금액은 포함하지 아니하는 것으로 한다. (2014. 2. 21. 개정)
1. 「국민건강보험법」, 「노인장기요양보험법」 또는 「고용보험법」에 따라 부담하는 보험료, 「국민연금법」에 의한 연금보험료, 「소득세법 시행령」 제25조 제2항의 규정에 의한 보험계약의 보험료 또는 공제료 (2009. 2. 4. 개정)
2. 「유아교육법」, 「초ㆍ중등교육법」, 「고등교육법」 또는 특별법에 의한 학교(대학원을 포함한다) 및 「영유아보육법」에 의한 어린이집에 납부하는 수업료ㆍ입학금ㆍ보육비용 기타 공납금 (2011. 12. 8. 개정 ; 영유아보육법 시행령 부칙)
3. 정부 또는 지방자치단체에 납부하는 국세ㆍ지방세, 전기료ㆍ수도료ㆍ가스료ㆍ전화료(정보사용료ㆍ인터넷이용료 등을 포함한다)ㆍ아파트관리비ㆍ텔레비전시청료(「종합유선방송법」에 의한 종합유선방송의 이용료를 포함한다) 및 도로통행료 (2012. 2. 2. 개정)
4. 상품권 등 유가증권 구입비 (2002. 12. 30 신설)
5. 리스료(「여객자동차 운수사업법」에 의한 자동차대여사업의 자동차

는 그 한도를 초과하는 금액과 다음 각 호의 금액의 합계액 중 작거나 같은 금액을 신용카드등소득공제금액에 추가한다. (2023. 12. 31. 단서 개정)

1. 제2항 제1호 및 제2호의 금액의 합계액(연간 200만원을 한도로 하되, 해당 과세연도의 총급여액이 7천만원 이하인 경우에는 같은 항 제3호의 금액을 추가로 합쳐 연간 300만원을 한도로 한다) (2023. 12. 31. 신설)
2. 제7호의 금액(연간 100만원을 한도로 한다) (2023. 12. 31. 신설)

⑪ 2022년 과세연도의 신용카드등소득공제금액은 다음 각 호의 구분에 따른 금액을 한도로 한다. 다만, 신용카드등소득공제금액이 다음 각 호의 구분에 따른 한도를 초과하는 경우에는 그 한도를 초과하는 금액과 제2항 제1호, 제2호 및 제8호의 금액의 합계액(해당 과세연도의 총급여액이 7천만원 이하인 경우에는 같은 항 제3호의 금액을 추가로 합친 금액) 중 작거나 같은 금액(같은 항 제1호부터 제3호까지 및 제8호의 금액은 각각 연간 100만원을 한도로 한다)을 신용카드등소득공제금액에 추가한다. (2022. 12. 31. 신설)

1. 해당 과세연도의 총급여액이 7천만원 이하인 경우 : 연간 300만원과 해당 과세연도의 총급여액의 100분의 20에 해당하는 금액 중 작거나 같은 금액 (2022. 12. 31. 신설)
2. 해당 과세연도의 총급여액이 7천만원 초과 1억2천만원 이하인 경우 : 연간 250만원 (2022. 12. 31. 신설)
3. 해당 과세연도의 총급여액이 1억2천만원 초과인 경우 : 연간 200만원 (2022. 12. 31. 신설)

⑪ 삭　제 (2023. 4. 11)

대여료를 포함한다) (2005. 2. 19. 개정)

6. 기획재정부령으로 정하는 방식에 따라 계산한 의료비 (2008. 2. 29. 직제개정 ; 기획재정부와 ~직제 부칙)
6. 삭　제 (2008. 12. 31.)
7. 「지방세법」에 의하여 취득세 또는 등록에 대한 등록면허세가 부과되는 재산(제14항에 따른 중고자동차는 제외한다)의 구입비용 (2019. 2. 12. 개정)
8. 「부가가치세법 시행령」 제46조 제1호 및 제3호에 해당하는 업종 외의 업무를 수행하는 국가·지방자치단체 또는 지방자치단체조합(「의료법」에 따른 의료기관, 「지역보건법」에 따른 보건소 및 법 제126조의 2 제2항 제3호 가목 및 나목에 따른 문화체육관광부장관이 지정하는 법인 또는 사업자는 제외한다)에 지급하는 사용료·수수료 등의 대가 (2020. 2. 11. 개정)
9. 차입금 이자상환액, 증권거래수수료 등 금융·보험용역과 관련한 지급액, 수수료, 보증료 및 이와 비슷한 대가 (2008. 2. 22. 신설)
9의 2. 「특정 금융거래정보의 보고 및 이용 등에 관한 법률」 제2조 제2호 라목의 가상자산거래에 대하여 같은 조 제1호 하목의 가상자산사업자에게 지급하는 대가 (2024. 2. 29. 신설)
10. 「정치자금법」에 따라 정당(후원회 및 각 급 선거관리위원회를 포함한다)에 신용카드, 직불카드, 기명식선불카드, 직불전자지급수단, 기명식선불전자지급수단 또는 기명식전자화폐로 결제하여 기부하는 정치자금(법 제76조에 따라 세액공제를 적용받은 경우에 한한다) (2014. 2. 21. 개정)
10의 2. 「고향사랑 기부금에 관한 법률」에 따른 고향사랑 기부금(법 제58조에 따라 세액공제를 적용받은 경우만 해당한다) (2024. 2. 29. 신설)
11. 법 제95조의 2에 따라 세액공제를 적용받은 월세액 (2015. 2. 3. 개정)
12. 「관세법」 제196조에 따른 보세판매장, 법 제121조의 13에 따른 지정면세점, 선박 및 항공기에서 판매하는 면세물품의 구입비용 (2019. 2. 12. 신설)
13. 그 밖에 제1호부터 제12호까지의 규정과 비슷한 것으로서 기획재정부령으로 정하는 것 (2019. 2. 12. 개정)

[편주] 영 121조의 2 제6항 9호의 2 및 10호의 2의 개정규정은 2024. 2. 29.이 속하는 과세기간의 신용카드등사용금액 합계를 계산하는 경우부터 적용함. (영 부칙(2024. 2. 29.) 13조)

⑦ 「여신전문금융업법」에 의한 신용카드업자(직불카드업자 및 기명식선불카드업자를 포함한다), 「전자금융거래법」에 따른 금융기관 및 전자금융업자(이하 이 조에서 "신용카드업자등"이라 한다)는 신용카드회원·직불카드회원·기명식선불카드회원·직불전자지급수단이용자·기명식선불전자지급수단이용자·기명식전자화폐이용자(이하 이 항에서 "신용카드회원등"이라 한다)가 신용카드 등 사용금액의 합계액 및 소득공제 대상금액이 기재된 확인서(이하 이 조에서 "신용카드 등 사용금액확인서"라 한다)의 발급을 요청하는 경우에는 지체없이 이를 발급하여야 한다. 다만, 신용카드업자등은 신용카드회원 등의 편의를 위하여 신용카드 등 사용금액확인서의 발급요청이 없는 경우에도 이를 발급·통지할 수 있다. (2010. 2. 18. 개정)

⑧ 신용카드등사용금액에 대한 소득공제를 적용받고자 하는 자는 소득공제금액을 「소득세법」 제140조 제1항의 규정에 의한 근로소득자소득공제신고서에 기재하고, 근로소득자소득공제신고서를 원천징수의무자에게 제출하는 때에 기획재정부령으로 정하는 신용카드등소득공제신청서와 신용카드등사용금액확인서를 함께 제출하여야 한다. 다만, 신용카드등사용금액확인서에 법 제126조의 2 제2항 제1호부터 제3호까지의 규정에 따른 전통시장사용분, 대중교통이용분, 도서등사용분이 누락된 경우 영수증, 승차권, 입장권 등 전통시장사용분, 대중교통이용분, 도서등사용분임을 증명할 수 있는 자료를 제출함으로써 신용카드등사용금액에 대한 소득공제를 신청할 수 있다. (2023. 2. 28. 단서개정)

⑧ 신용카드등사용금액에 대한 소득공제를 적용받고자 하는 자는 소득공제금액을 「소득세법」 제140조 제1항의 규정에 의한 근로소득자소득공제신고서에 기재하고, 근로소득자소득공제신고서를 원천징수의무자에게 제출하는 때에 기획재정부령으로 정하는 신용카등등소득공제신청서와 신용카드등사용금액확인서를 함께 제출하여야 한다. 다만, 신용카드등사용금액확인서에 법 제126조의 2 제2항 제1호부터 제3호까지의 규정에 따른 전통시장사용분, 대중교통이용분, 문화체육사용분이 누락된 경우 영수증, 승차권, 입장권 등 전통시장사용분, 대중교통이용분, 문화체육사용분임을 증명할 수 있는 자료를 제출함으로써 신용카드등사용금액에 대한 소득공제를 신청할 수 있다. (2025. 2. 28. 단서개정)

⑨ 제8항을 적용할 때 기획재정부령으로 정하는 매출액 기준 이하의 사업자(도서 또는 신문을 취급하는 사업자의 경우 해당 매출액이 전체 매출액의 100분의 90 이상인 경우에 한정한다)로부터 발급받은 영수증 등에 대해서는 도서등사용분과 그 밖의 사용분이 명확하게 구분되지 않는 경우에도 그 전체를 도서등사용분으로 본다. (2023. 2. 28. 개정)

⑨ 제8항을 적용할 때 기획재정부령으로 정하는 매출액 기준 이하의

규칙 61조 1항 75호의 5 ⇒ 신용카드등사용금액확인서(별지 74호의 5 서식)

제52조의 3 【신용카드등 사용금액

방자치단체 등으로 하여금 전통시장 구역 내의 법인 또는 사업자 현황, 대중교통 운영자 현황, 도서·신문·공연·박물관·미술관·영화상영관·체육시설사업자 현황 등 필요한 자료를 국세청장 또는 신용카드업자에게 제공할 것을 요청할 수 있다. 이 경우 요청을 받은 관계 행정기관 등은 정당한 사유가 없으면 이에 따라야 한다. (2025. 2. 28. 개정)

⑭ 법 제126조의 2 제4항 각 호 외의 부분 단서에서 "대통령령으로 정하는 중고자동차"란 「자동차관리법」에 따른 자동차 중 중고자동차를 말한다. (2019. 2. 12. 항번개정)

⑮ 법 제126조의 2 제4항 각 호 외의 부분 단서에서 "대통령령으로 정하는 금액"이란 중고자동차 구입금액의 100분의 10을 말한다. (2019. 2. 12. 항번개정)

⑯ 법 제126조의 2 제2항 제3호 다목 전단에서 "대통령령으로 정하는 체육시설"이란 「체육시설의 설치·이용에 관한 법률 시행령」 별표 1의 수영장 및 체력단련장을 말한다. (2025. 2. 28. 신설)

⑰ 체육활동을 위한 개인강습비 및 「체육시설의 설치·이용에 관한 법률」 제17조에 따라 모집한 회원의 입회금액 등 체육시설의 이용과 직접 관련이 없는 비용(이하 이 항에서 "체육시설이용외비용"이라 한다)은 법 제126조의 2 제2항 제3호 다목에 따른 체육시설이용분(이하 이 항에서 "체육시설이용분"이라 한다)에 포함되지 않는다. 다만, 체육시설이용분과 체육시설이용외비용이 분리되지 않는 경우에는 기획재정부령으로 정하는 금액을 체육시설이용분으로 한다. (2025. 2. 28. 신설)

개정취지

신용카드 등 소득공제 적용 대상 체육시설 및 이용료
- 「체육시설의 설치·이용에 관한 법률 시행령」에 따른 수영장 및 체력단련장을 신용카드 등 소득공제 대상 체육시설로 정하고, 개인강습비 및 회원의 입회금액 등 체육시설의 이용과 직접 관련이 없는 비용은 신용카드 등 소득공제 대상 금액에서 제외함. (영 121조의 2 제16항 및 17항 신설 ; 2025. 2. 28.)
- 영 121조의 2 제16항 및 17항의 개정규정은 2025. 7. 1.부터 시행함. (영 부칙(2025. 2. 28.) 1조 2호)

사업자(도서 또는 신문을 취급하는 사업자의 경우 해당 매출액이 전체 매출액의 100분의 90 이상인 경우에 한정한다)로부터 발급받은 영수증 등에 대해서는 문화체육사용분(법 제126조의 2 제2항 제3호 다목의 금액은 제외한다. 이하 이 항에서 같다)과 그 밖의 사용분이 명확하게 구분되지 않는 경우에도 그 전체를 문화체육사용분으로 본다. (2025. 2. 28. 개정)

관계조문

규칙 61조 1항 75호의 6 ⇒ 신용카드 등 소득공제신청서(별지 74호의 6 서식)

⑩ 국세청장은 제4항의 규정에 의한 비정상적인 신용카드사용행위가 있음을 안 경우에는 해당 신용카드업자등에게 그 사실을 7일 이내에 통보하여야 한다. (2019. 2. 12. 항번개정)

⑪ 신용카드업자등은 제4항의 규정에 의한 비정상적인 신용카드사용행위가 있음을 안 경우에는 해당 신용카드회원등에게 그 사실을 안 날부터 30일 이내에 그 거래내역을 통보하여야 하며, 당해 거래의 신용카드 등 사용금액확인서를 발급하는 때에 동 금액을 소득공제대상 신용카드 등 사용금액에서 제외하여야 한다. 다만, 신용카드 등 사용금액확인서의 발급후에 비정상적인 신용카드사용행위가 있음을 안 경우에는 당해 금액을 다음 과세연도의 소득공제대상 신용카드 등 사용금액에서 제외하여야 한다. (2019. 2. 12. 항번개정)

⑫ 제8항의 규정을 적용함에 있어서 「소득세법 시행령」 제216조의 3의 규정에 따라 소득공제증빙서류가 국세청장에게 제출되는 경우에는 신용카드사용금액확인서를 대신하여 기획재정부령이 정하는 서류를 제출할 수 있다. (2019. 2. 12. 항번개정)

⑬ 국세청장은 신용카드등소득공제금액을 계산하기 위하여 문화체육관광부장관, 국토교통부장관, 중소벤처기업부장관 등 관계 행정기관 및 지방자치단체 등으로 하여금 전통시장 구역 내의 법인 또는 사업자 현황, 대중교통 운영자 현황, 도서·신문·공연·박물관·미술관·영화상영관사업자 현황 등 필요한 자료를 국세청장 또는 신용카드업자에게 제공할 것을 요청할 수 있다. 이 경우 요청을 받은 관계 행정기관 등은 정당한 사유가 없으면 이에 따라야 한다. (2023. 2. 28. 개정)

⑬ 국세청장은 신용카드등소득공제금액을 계산하기 위하여 문화체육관광부장관, 국토교통부장관, 중소벤처기업부장관 등 관계 행정기관 및 지

에 대한 소득공제】① 영 제121조의 2 제9항에서 "기획재정부령으로 정하는 매출액"이란 다음 각 호의 구분에 따른 매출액을 말한다. (2021. 3. 16. 신설)

1. 도서 또는 신문을 취급하는 사업자 : 3억원 (2021. 3. 16. 신설)
2. 공연 관람권 또는 박물관 및 미술관 입장권을 취급하는 사업자 : 7,500만원 (2021. 3. 16. 신설)

② 영 제121조의 2 제12항에서 "기획재정부령으로 정하는 서류"라 함은 「소득세법 시행령」 제216조의 3 제1항 각 호의 지급액에 관한 서류로서 소득공제명세를 일괄적으로 기재하여 국세청장이 발급하는 서류를 말한다. (2021. 3. 16. 항번개정)

③ 영 제121조의 2 제17항 단서에서 "기획재정부령으로 정하는 금액"이란 법 제126조의 2 제2항 제3호 다목 전단에 따라 지급한 금액으로서 영 제121조의 2 제17항 본문에 따른 체육시설이용분과 체육시설이용외비용이 분리되지 않는 금액의 100분의 50에 해당하는 금액을 말한다. (2025. 3. 21. 신설)

개정취지

신용카드 등 소득공제 대상 추가
- 서민·중산층의 부담을 경감하기 위해 체육시설 이용료를 신용카드 등 소득공제 대상에 추가하는 등의 내용으로 「조세특례제한법」이 개정되고, 임직원을 위한 교육·훈련과정을 해당 임직원이 아닌 자에게 제공하기 위해 추가로 소요되는 비용을 세액공제 대상 인력개발비로 추가하는 등의 내용으로 「조세특례제한법 시행령」이 개정된 것에 맞추어, 체육시설 이용료와 이

제126조의 3【현금영수증사업자 및 현금영수증가맹점에 대한 과세특례】(2007. 12. 31. 제목개정)

① 현금영수증 결제를 승인하고 전송할 수 있는 시스템을 갖춘 사업자로서 대통령령으로 정하는 바에 따라 국세청장으로부터 현금영수증사업의 승인을 받은 현금영수증사업자(이하 이 조에서 "현금영수증사업자"라 한다)는 신용카드단말기 등에 현금영수증발급장치를 설치한 사업자(이하 이 조에서 "현금영수증가맹점"이라 한다)의 현금영수증 결제 건수 및 「소득세법」 제164조 제3항 후단에 따른 방법으로 제출하는 지급명세서의 건수에 따라 대통령령으로 정하는 금액을 해당 과세기간의 부가가치세 납부세액에서 공제받거나 환급세액에 가산하여 받을 수 있다. (2023. 12. 31. 개정)

제121조의 3【현금영수증사업자 및 현금영수증가맹점에 대한 과세특례】(2008. 2. 22. 제목개정)

① 사업자가 국세청장에게 법 제126조의 3 제1항에 따른 현금영수증사업자에 대한 승인을 신청한 경우 국세청장은 현금영수증 결제를 승인하고 전송할 수 있는 시스템의 구비 여부 등을 확인하여 현금영수증 관련 업무에 지장이 없을 경우 현금영수증사업자로 승인하여야 한다. (2009. 2. 4. 개정)

② 제1항에 따른 현금영수증사업자 승인신청을 할 경우에는 국세청장이 정하는 현금영수증사업자 승인신청서에 사업계획서, 현금영수증 발급장치 개발계획서, 신용카드단말기 보급계획서 등 국세청장이 고시하는 첨부서류를 국세청장에게 제출하여야 한다. (2009. 2. 4. 개정)

③ 현금영수증의 발급방법·기재내용·양식 및 현금영수증 결제내역의 보관·제출 등 현금영수증제도의 원활한 운영을 위하여 필요한 사항은 국세청장이 정한다. (2009. 2. 4. 개정)

④ 제3항을 위반하는 경우 국세청장은 제1항에 따른 현금영수증사업자의 승인을 철회할 수 있다. (2013. 2. 15. 신설)

⑤ 법 제126조의 3 제1항에서 "대통령령으로 정하는 현금영수증발급장치 설치건수"란 현금영수증사업자가 「부가가치세법」 제36조 제1항 제1호, 같은 법 시행령 제73조 제1항 및 제2항에 따른 영수증교부대상사업자(이하 이 조에서 "영수증교부대상사업자"라 한다)의 사업장에 설치되어 있는 신용카드단말기에 현금영수증발급장치를 새로이 설치한 건수를 말한다. (2013. 6. 28. 개정 ; 부가가치세법 시행령 부칙)

⑥ 제5항의 규정을 적용함에 있어서 동일한 영수증교부대상사업자의 사업장에 설치된 2 이상의 신용카드단말기에 현금영수증발급장치를 새로이 설치하는 경우에는 동 설치건수를 1개로 보며, 영수증교부대상사업자의 사업장을 방문하지 아니하고 프로그램전송 등의 방법에 의하여 신용카드단말기에 현금영수증발급장치를 새로이 설치하거나 신용카드단말기에 당초부터 현금영수증발급장치가 내장되어 보급되는 경우에는 설치건수가 없는 것으로 본다. (2003. 12. 30. 신설)

⑤·⑥ 삭 제 (2018. 2. 13.)

⑦ 법 제126조의 3 제1항에서 "현금영수증 결제건수"란 법 제126조의 3 제1항에 따른 현금영수증가맹점(이하 이 조에서 현금영수증가맹점"이라 한다)이 현금영수증발급장치에 의하여 현금영수증을 발급하고 결제한 건수로서 현금영수증사업자를 통하여 법 제126조의 3 제3항에 따라 국세청장에게 전송한 건수를 말한다. (2013. 2. 15. 개정)

⑧ 법 제126조의 3 제1항에서 "대통령령으로 정하는 금액"이란 현금

용과 직접 관련이 없는 비용이 분리되지 않는 경우 그 금액의 100분의 50을 신용카드 등 소득공제 대상 금액으로 정함. (규칙 52조의 3 개정 ; 2025. 3. 21.)

• 규칙 52조의 3의 개정규정은 2025. 7. 1.부터 시행함. (규칙 부칙(2025. 3. 21.) 1조 2호)

편주 ▶

현금영수증사업자가 지켜야 할 사항 (국세청고시 제2022-3호, 2022. 2. 10.)

관계조문 »

규칙 61조 1항 76호 ⇒ 현금영수증사업자부가가치세세액공제신청서(별지 75호 서식)

② 제1항에 따른 현금영수증가맹점이 2025년 12월 31일까지 제4항에 따른 현금영수증(거래건별 5천원 미만의 거래만 해당하며, 발급승인 시 전화망을 사용한 것을 말한다)을 발급하는 경우 해당 과세기간별 현금영수증 발급건수에 대통령령으로 정하는 금액을 곱한 금액(이하 이 조에서 "공제세액"이라 한다)을 해당 과세기간의 소득세 산출세액에서 공제받을 수 있다. 이 경우 공제세액은 산출세액을 한도로 한다. (2022. 12. 31. 개정)

③ 현금영수증사업자는 거래일시, 금액, 거래자의 인적사항 및 현금영수증가맹점의 인적사항 등 현금결제와 관련한 세부 내용을 대통령령으로 정하는 바에 따라 국세청장에게 전송하여야 한다. (2010. 1. 1. 개정)

④ 제1항에 따른 "현금영수증"이란 현금영수증가맹점이 재화 또는 용역을 공급하고 그 대금을 현금으로 받는 경우 해당 재화 또는 용역을 공급받는 자에게 현금영수증 발급장치에 의해 발급하는 것으로서 거래일시·금액 등 결제내용이 기재된 영수증을 말한다. (2010. 1. 1. 개정)

⑤ 국세청장은 현금영수증을 발급받은 자의 소득공제 등 현금영수증제도 운영을 위하여 필요한 경우에는 「신용정보의 이용 및 보호에 관한 법률」 제23조에 따라 성명·주민등록번호 등 대통령령으로 정하는 정보의 제공을 같은 법 제2조에 따른 신용정보제공·이용자에게 요청할 수 있다. (2016. 12. 20. 개정)

⑥ 그 밖에 현금영수증 발급방법 및 그 양식, 제2항에 따른 세액공제의 방법과 절차 등 현금영수증제도 운영에 필요한 사항은 대통령령으로 정한다. (2010. 1. 1. 개정)

영수증 결제건수 당 12원을 기준으로 100분의 30에 해당하는 금액을 가감한 범위에서 원가변동요인 등을 고려하여 국세청장이 정한 금액을 말한다. (2018. 2. 13. 개정)

⑨ 법 제126조의 3의 규정에 의한 세제지원을 받고자 하는 현금영수증사업자는 기획재정부령이 정하는 현금영수증사업자부가가치세세액공제신청서를 국세청장에게 제출하여야 한다. (2008. 2. 29. 직제개정 ; 기획재정부와~직제 부칙)

⑩ 법 제126조의 3 제2항 전단에서 "대통령령으로 정하는 금액"이란 20원을 말한다. (2008. 2. 22. 신설)

⑪ 현금영수증가맹점은 거래금액에 대하여는 법 제126조의 3 제4항의 규정에 의하여 현금영수증을 발급하여야 한다. (2013. 2. 15. 개정)

⑫ 「부가가치세법 시행령」 제14조 제1항 제11호에 따른 통신판매업자가 「전기통신사업법」 제5조에 따른 부가통신사업을 영위하는 사업자(이하 "부가통신사업자"라 한다)가 운영하는 「전자상거래 등에서의 소비자보호에 관한 법률」 제2조 제4호에 따른 사이버몰을 이용하여 재화 또는 용역을 공급하고 그 대가를 부가통신사업자를 통하여 받는 경우에는 부가통신사업자가 해당 통신판매업자의 명의로 현금영수증을 발급할 수 있다. (2015. 2. 3. 개정)

⑬ 제11항에 따라 현금영수증을 발급받은 자에 대한 현금영수증 사용금액의 합계액 및 소득공제대상금액의 통보 등에 관한 사항은 국세청장이 정하는 바에 따른다. (2020. 2. 11. 개정)

제121조의 4 【매입자발행세금계산서의 발행대상 사업자 및 매입세액공제 절차 등】 ① 법 제126조의 4 제1항에서 "대통령령으로 정하는 사업자"란 「부가가치세법」 제32조에 따른 세금계산서 교부의무가 있는 사업자(「부가가치세법」 제61조 제1항에 따른 간이과세자를 제외하며, 「부가가치세법 시행령」 제73조 제3항 및 제4항에 따라 세금계산서 교부의무가 있는 사업자를 포함한다)를 말한다. (2013. 6. 28. 개정 ; 부가가치세법 시행령 부칙)

② 법 제126조의 4 제1항에 따른 매입자발행세금계산서를 발행하려는 자(이하 이 조에서 "신청인"이라 한다)는 「부가가치세법」 제34조에 따른 세금계산서 교부시기부터 3개월 이내에 기획재정부령이 정하는 거래사실확인신청서에 거래사실을 객관적으로 입증할 수 있는 서류를 첨부하여 신청인의 관할 세무서장에게 거래사실의 확인을 신청하여야 한다. (2013. 6. 28. 개정 ; 부가가치세법 시행령 부칙)

③ 제2항에 따른 거래사실의 확인신청 대상이 되는 거래는 거래건당 공급대가가 10만원 이상인 경우로 한다. (2010. 2. 18. 개정)

④ 제2항에 따른 신청을 받은 관할 세무서장은 신청서에 재화 또는 용역을 공급한 자(이하 이 조에서 "공급자"라 한다)의 인적사항이 부정확하거나 신청서 기재방식에 흠이 있는 경우에는 신청일부터 7일 이내에 일정한 기간을 정하여 보정요구를 할 수 있다. (2007. 2. 28. 신설)

⑤ 신청인이 제4항의 기간 이내에 보정요구에 응하지 아니하거나 다음 각 호에 해당하는 경우에는 신청인의 관할 세무서장은 거래사실의 확인을 거부하는 결정을 하여야 한다. (2007. 2. 28. 신설)

1. 제2항의 신청기간을 넘긴 것이 명백한 경우 (2007. 2. 28. 신설)

2. 신청서의 내용으로 보아 거래당시 미등록사업자 및 휴·폐업자와 거래한 것이 명백한 경우 (2007. 2. 28. 신설)

3. 삭 제 (2010. 2. 18.)

⑥ 신청인 관할 세무서장은 제5항에 따른 확인을 거부하는 결정을 하지 아니한 신청에 대하여는 거래사실확인신청서가 제출된 날(보정을 요구한 때에는 보정이 된 날)부터 7일 이내에 신청서와 제출된 증빙서류를 공급자의 관할 세무서장에게 송부하여야 한다. (2007. 2. 28. 신설)

⑦ 제6항에 따라 신청서를 송부받은 공급자 관할 세무서장은 신청인의 신청내용, 제출된 증빙자료를 검토하여 거래사실 여부를 확인하여야 한다. 이 경우 거래사실의 존재 및 그 내용에 대한 입증책임은 신청인에게 있다. (2007. 2. 28. 신설)

⑧ 공급자 관할 세무서장은 신청일의 다음달 말일까지 거래사실 여부를 확인하여 다음 각 호의 구분에 따른 통지를 공급자와 신청인 관할 세무서장에게 하여야 한다. 다만, 공급자의 부도, 일시 부재 등 기획재정부령이 정하는 불가피한 사유가 있는 경우에는 거래사실 확인기간을 20일 이내의 범위에서 연장할 수 있다. (2008. 2. 29. 직제개정 ;

☞ p.1879 2단 연결

1. 거래사실이 확인되는 경우 : 공급자 및 공급받는 자의 사업자등록번호, 작성연월일, 공급가액 및 부가가치세액 등을 포함한 거래사실 확인 통지 (2007. 2. 28. 신설)
2. 거래사실이 확인되지 아니하는 경우 : 거래사실 확인불가 통지 (2007. 2. 28. 신설)
⑨ 신청인 관할 세무서장은 공급자 관할 세무서장으로부터 제8항의 통지를 받은 후 즉시 신청인에게 그 확인결과를 통지하여야 한다. (2007. 2. 28. 신설)
⑩ 신청인 관할 세무서장으로부터 제8항 제1호에 따른 거래사실 확인 통지를 받은 신청인은 공급자 관할 세무서장이 확인한 거래일자를 작성일자로 하여 매입자발행세금계산서를 발행하여 공급자에게 교부하여야 한다. 다만, 신청인 및 공급자가 관할 세무서장으로부터 제8항 제1호의 통지를 받은 경우에는 매입자발행세금계산서를 교부한 것으로 본다. (2007. 2. 28. 신설)
⑪ 제10항에 따라 매입자발행세금계산서를 교부한 신청인은 「부가가치세법」 제48조에 따른 예정신고 및 같은 법 제49조에 따른 확정신고 또는 「국세기본법」 제45조의 2 제1항에 따른 경정청구시 기획재정부령이 정하는 매입자발행세금계산서합계표를 제출한 경우 매입자발행세금계산서에 기재된 매입세액을 「부가가치세법」 제37조, 제38조 및 제63조 제3항에 따라 해당 재화 또는 용역의 공급시기에 해당하는 과세기간의 매출세액 또는 납부세액에서 매입세액으로 공제받을 수 있다. (2013. 6. 28. 개정 ; 부가가치세법 시행령 부칙)

제126조의 4 【매입자발행세금계산서에 의한 매입세액 공제 특례】 ① 「부가가치세법」 제32조에도 불구하고 납세의무자로 등록한 사업자로서 대통령령으로 정하는 사업자가 재화 또는 용역을 공급하고 「부가가치세법」 제34조에 따른 세금계산서 발급 시기에 세금계산서를 발급하지 아니한 경우 그 재화 또는 용역을 공급받은 자는 대통령령으로 정하는 바에 따라 관할 세무서장의 확인을 받아 세금계산서(이하 "매입자발행세금계산서"라 한다)를 발행할 수 있다. (2013. 6. 7. 개정 ; 부가가치세법 부칙)
② 제1항에 따라 발행한 매입자발행세금계산서에 기재된 그 부가가치세액은 대통령령으로 정하는 바에 따라 「부가가치세법」 제37조, 제38조 및 제63조 제3항에 따라 공제할 수 있는 매입세액으로 본다. (2013. 6. 7. 개정 ; 부가가치세법 부칙)
③ 제1항 및 제2항 외에 매입자발행세금계산서의 발급대상, 발급방법, 그 밖에 필요한 사항은 대통령령으로 정한다. (2010. 1. 1. 개정)

제126조의 4 【매입자발행세금계산서에 의한 매입세액 공제 특례】 삭 제 (2016. 12. 20.)

제121조의 4 【매입자발행세금계산서의 발행대상 사업자 및 매입세액공제 절차 등】 삭 제 (2017. 2. 7.)

제126조의 5 【현금거래의 확인 등】 ① 대통령령으로 정하는 사업자로부터 재화 또는 용역을 공급받은 자가 그 대가를 현금으로 지급하였으나 제126조의 3 제4항에 따른 현금영수증을 발급받지 못한 경우에는 대통령령으로 정하는 바에 따라 현금거래 사실에 관하여 관할 세무서장의 확인을 받은 경우에는 제126조의 3 제4항에 따른 현금영수증을 발급받은 것으로 본다. (2017. 12. 19. 개정)
② 제1항에 따라 현금영수증을 발급받은 것으로 보는 경우 현금영수증을 발급하지 아니한 사업자에 대해서는 해당 금액에 대하여 「부가가치세법」 제46조 제1항 및 제2항에 따른 신용카드 등의 사용에 따른 세액공제를 적용하지 아니한다. (2013. 6. 7. 개정 ; 부가가치세법 부칙)
③ 제1항 및 제2항 외에 현금거래 사실의 신고, 확인 방법, 그 밖에 필요한 사항은 대통령령으로 정한다. (2010. 1. 1. 개정)

제121조의 5 【현금거래의 확인 등】 ① 법 제126조의 5 제1항 전단에서 "대통령령으로 정하는 사업자"란 법 제126조의 2에 따라 사용금액에 대하여 소득공제를 받을 수 있는 재화나 용역을 제공하는 사업자를 말한다. (2010. 2. 18. 개정)
② 법 제126조의 5 제1항에 따라 현금거래 사실의 확인을 신청하려는 자는 거래일부터 3년 이내에 기획재정부령으로 정하는 현금거래확인신청서에 거래사실을 객관적으로 입증할 수 있는 거래증빙을 첨부하여 세무서장 · 지방국세청장 또는 국세청장에게 제출하여야 한다. (2013. 2. 15. 개정)
② 법 제126조의 5 제1항에 따라 현금거래 사실의 확인을 신청하려는 자는 거래일부터 5년 이내에 기획재정부령으로 정하는 현금거래확인신청서에 거래사실을 객관적으로 입증할 수 있는 거래증빙을 첨부하여 세무서장 · 지방국세청장 또는 국세청장에게 제출하여야 한다. (2025. 2. 28. 개정)
③ 제2항에 따른 현금거래확인신청서를 접수받은 세무서장 · 지방국세청장 또는 국세청장은 거래사실의 확인이 요청된 재화 또는 용역을 공

급한 자(이하 이 조에서 "공급자"라 한다)의 관할 세무서장에게 해당 현금거래확인신청서 및 거래증빙을 송부하여야 한다. (2007. 2. 28. 신설)
④ 제3항에 따라 신청서를 송부받은 공급자의 관할 세무서장은 신청인의 신청내용, 제출한 증빙자료를 검토하여 거래사실 여부를 확인하여야 한다. 이 경우 거래사실의 존재 및 그 내용에 대한 입증책임은 신청인에게 있다. (2007. 2. 28. 신설)
⑤ 공급자의 관할 세무서장은 신청일의 다음달 말일까지 국세청장이 정하는 바에 따라 현금거래 사실 여부를 확인하고 그 사실을 신청인에게 통지하여야 한다. 다만, 사업자의 일시 부재 등 기획재정부령이 정하는 불가피한 사유가 있는 경우에는 거래사실 확인기간을 20일 이내의 범위에서 연장할 수 있다. (2008. 2. 29. 직제개정 ; 기획재정부와~직제 부칙)
⑥ 제5항에 따라 현금거래 사실이 확인된 경우 현금영수증가맹점 가입 여부에 관계없이 신청인이「조세특례제한법」제126조의 3 제4항에 따른 현금영수증을 교부받은 것으로 본다. (2008. 2. 22. 개정)
⑦ 사업자가「부가가치세법」제55조에 따라 제출한 현금매출명세서에 기재된 수입금액 중 기획재정부령으로 정한 현금거래수입금액을 납세지 관할 세무서장이 부가가치세 예정신고기한 또는 확정신고기한의 종료일의 다음 달 말일까지 국세청 현금영수증시스템에 입력한 경우 그 거래에 대하여는 법 제126조의 5 제1항에 따라 확인을 받은 현금영수증을 교부받은 것으로 본다. (2013. 6. 28. 개정 ; 부가가치세법 시행령 부칙)
⑧ 사업자로부터 재화 또는 용역을 공급받은 자가 제7항의 현금영수증시스템 입력기한의 다음 날부터 입력내용을 조회한 결과 현금거래수입금액 명세가 누락되거나 수입금액이 실제보다 적게 입력된 것을 안 때에는 거래일로부터 3년 이내에 제2항을 준용하여 현금거래 사실의 확인을 신청할 수 있다. (2013. 2. 15. 개정)
⑧ 사업자로부터 재화 또는 용역을 공급받은 자가 제7항의 현금영수증시스템 입력기한의 다음 날부터 입력내용을 조회한 결과 현금거래수입금액 명세가 누락되거나 수입금액이 실제보다 적게 입력된 것을 안 때에는 거래일로부터 5년 이내에 제2항을 준용하여 현금거래 사실의 확인을 신청할 수 있다. (2025. 2. 28. 개정)
1. 부가가치세 제1기분 : 매년 9월 15일까지 (2008. 2. 22. 신설)
2. 부가가치세 제2기분 : 다음 해 3월 15일까지 (2008. 2. 22. 신설)

편주 ▶
영 121조의 5 제8항의 개정규정은 2025. 2. 28. 당시 현금거래일부터 3년이 지나지 않은 경우에도 적용함. (영 부칙(2025. 2. 28.) 19조)

관계조문 ▶▶
규칙 61조 1항 80호 ⇒ 현금거래확인신청서(별지 77호 서식)

제52조의 4【거래신청 확인기간의 연장사유】(2008. 4. 29. 조번개정)
영 제121조의 5 제5항 단서에서 "기획재정부령이 정하는 불가피한 사유가 있는 경우"라 함은 다음 각 호의 어느 하나에 해당하는 경우를 말한다. (2017. 3. 17. 개정)
1. 공급자의 부도, 질병, 장기출장 등으로 거래사실 확인이 곤란하여 공급자가 연기를 요청한 경우 (2007. 3. 30. 신설)
2. 세무공무원이 거래사실의 확인을 위하여 2회 이상 공급자를 방문하였으나 폐문·부재 등으로 인하여 공급자를 만나지 못한 경우 (2007. 3. 30. 신설)

제52조의 5【현금거래의 확인 등】
영 제121조의 5 제7항에서 "기획재정부령으로 정한 현금거래수입금액"이란 세금계산서, 신용카드매출전표 또는 현금영수증을 받지 아니한 수입금액을 말한다. (2008. 4. 29. 신설)

⑨ 제8항에 따른 신청 및 그 거래사실 확인 등의 절차에 관하여는 제3
항부터 제6항까지의 규정을 준용한다. (2008. 2. 22. 신설)

제126조의 6 【성실신고 확인비용에 대한 세액공제】 〔농특비〕
① 「소득세법」 제70조의 2 제1항에 따른 성실신고확인대상사업자 및
「법인세법」 제60조의 2 제1항에 따른 성실신고확인대상 내국법인(이
하 이 조에서 "성실신고확인대상자"라 한다)이 성실신고확인서를 제출
(둘 이상의 업종을 영위하는 「소득세법」 제70조의 2 제1항에 따른 성
실신고확인대상사업자가 일부 업종에 대해서만 성실신고확인서를 제
출한 경우를 포함한다)하는 경우에는 성실신고 확인에 직접 사용한 비
용의 100분의 60에 해당하는 금액을 해당 과세연도의 소득세〔사업소
득(「소득세법」 제45조 제2항에 따른 부동산임대업에서 발생하는 소득
을 포함한다)에 대한 소득세만 해당한다〕 또는 법인세에서 공제한다.
다만, 공제세액의 한도는 120만원(「법인세법」 제60조의 2 제1항에 따
른 성실신고확인대상 내국법인의 경우에는 150만원)의 범위에서 대통
령령으로 정한다. (2017. 12. 19. 개정)
② 제1항을 적용받은 성실신고확인대상자가 해당 과세연도의 사업소득
금액(법인인 경우에는 「법인세법」 제13조에 따른 과세표준을 말한다.
이하 이 조에서 "사업소득금액등"이라 한다)을 과소 신고한 경우로서
그 과소 신고한 사업소득금액등이 경정(수정신고로 인한 경우를 포함한
다)된 사업소득금액등의 100분의 10 이상인 경우에는 제1항에 따라 공
제받은 금액에 상당하는 세액을 전액 추징한다. (2017. 12. 19. 개정)
③ 제2항에 따라 사업소득금액등이 경정된 성실신고확인대상자에 대해서
는 경정일이 속하는 과세연도의 다음 과세연도부터 3개 과세연도 동안 성
실신고 확인비용에 대한 세액공제를 하지 아니한다. (2017. 12. 19. 개정)
④ 제1항을 적용받으려는 자는 대통령령으로 정하는 바에 따라 세액공
제신청을 하여야 한다. (2011. 5. 19. 신설)

**제126조의 7 【금 현물시장에서 거래되는 금지금에 대한 과세특
례】** ① 대통령령으로 정하는 금지금(이하 이 조에서 "금지금"이라 한
다)으로서 다음 각 호의 어느 하나에 해당하는 금지금의 공급에 대해서

제121조의 6 【성실신고 확인비용에 대한 세액공제】 ① 법 제
126조의 6 제1항 단서에 따른 공제세액의 한도는 다음 각 호의 구분에
따른다. (2018. 2. 13. 개정)
1. 「소득세법」 제70조의 2 제1항에 따른 성실신고확인대상사업자의
   경우 : 120만원 (2018. 2. 13. 신설)
2. 「법인세법」 제60조의 2 제1항에 따른 성실신고확인대상 내국법인
   의 경우 : 150만원 (2018. 2. 13. 신설)
② 법 제126조의 6 제1항을 적용 받으려는 자는 「소득세법」 제70조의
2 제1항 또는 「법인세법」 제60조의 2 제1항에 따른 성실신고확인서를
제출할 때 기획재정부령으로 정하는 성실신고 확인비용세액공제신청
서를 납세지 관할 세무서장에게 제출하여야 한다. (2023. 2. 28. 개정)

**제121조의 7 【금 현물시장에서 거래되는 금지금에 대한 과세특
례】** ① 법 제126조의 7 제1항 각 호 외의 부분에서 "대통령령으로 정
하는 금지금"이란 금괴(덩어리)·골드바 등 원재료 상태로서 순도가 1

는 부가가치세를 면제한다. (2014. 1. 1. 신설)

1. 금지금을 공급하는 대통령령으로 정하는 사업자(이하 이 조에서 "금지금공급사업자"라 한다)가 대통령령으로 정하는 보관기관(이하 이 조에서 "보관기관"이라 한다)에 금지금을 임치한 후 「자본시장과 금융투자업에 관한 법률」 제373조의 2 제1항에 따라 허가를 받은 한국거래소(이하 이 조에서 "한국거래소"라 한다)가 개설하여 운영하는 대통령령으로 정하는 금 현물시장(이하 이 조에서 "금 현물시장"이라 한다)에서 매매거래를 통하여 최초로 공급하는 금지금 (2014. 1. 1. 신설)

2. 제1호에 따라 공급된 후 금 현물시장에서 매매거래되는 금지금 (2014. 1. 1. 신설)

② 제1항 제1호에 따라 금지금공급사업자가 금지금을 공급하는 경우 해당 금지금에 대하여 금지금공급사업자가 부담한 부가가치세 매입세액은 「부가가치세법」 제39조에도 불구하고 같은 법 제38조의 공제되는 매입세액으로 본다. 이 경우 대통령령으로 정하는 바에 따라 제106조의 4에 따른 금거래계좌를 사용하여 부가가치세 매입세액의 공제 또는 환급에 대한 특례를 적용받을 수 있다. (2014. 1. 1. 신설)

③ 금지금공급사업자는 제1항 제1호에 따른 금지금을 공급하는 때에 보관기관을 공급받는 자로 하여 대통령령으로 정하는 바에 따라 세금계산서를 발급하여야 한다. 이 경우 제1항 제1호에 따른 공급에 관한 금지금의 대금을 결제하는 경우 보관기관은 제106조의 4 제3항에 따라 같은 항 제2호의 금액을 제외하고 같은 항 제1호의 금액만을 입금하는 방법으로 금지금의 가액을 결제하여야 한다. (2014. 1. 1. 신설)

④ 보관기관에 임치된 금지금을 금 현물시장에서 매매거래를 통하여 공급받아 보관기관으로부터 인출하는 경우 해당 금지금의 인출은 「부가가치세법」 제9조에 따른 재화의 공급으로 본다. 이 경우 보관기관은 금지금을 인출하는 자에게 대통령령으로 정하는 공급가액을 과세표준으로 하여 「부가가치세법」 제30조에 따른 세율을 적용한 금액(이하 이 조에서 "부가가치세액"이라 한다)을 거래징수하여 납부하여야 한다. (2014. 1. 1. 신설)

⑤ 제4항 후단에도 불구하고 금지금을 인출하는 자가 제106조의 4 제1항에 따른 금사업자인 경우에는 같은 조 제3항에 따라 부가가치세

만분의 9999 이상인 금(이하 이 조에서 "금지금"이라 한다)을 말한다. (2014. 2. 21. 신설)

② 법 제126조의 7 제1항 제1호에서 "대통령령으로 정하는 사업자"란 금지금을 공급하거나 수입하려는 사업자로서 「자본시장과 금융투자업에 관한 법률」 제373조의 2 제1항에 따라 허가를 받은 한국거래소(이하 이 조에서 "한국거래소"라 한다)의 약관으로 정하는 자(이하 이 조에서 "금지금공급사업자"라 한다)를 말한다. (2014. 2. 21. 신설)

③ 법 제126조의 7 제1항 제1호에서 "대통령령으로 정하는 보관기관"이란 금지금의 보관·인출과 관련된 업무를 수행하는 자로서 한국거래소의 약관으로 정하는 자(이하 이 조에서 "보관기관"이라 한다)를 말한다. (2014. 2. 21. 신설)

④ 법 제126조의 7 제1항 제1호에서 "대통령령으로 정하는 금 현물시장"이란 보관기관에 임치된 금지금을 매매거래하기 위하여 금융위원회의 승인을 받아 한국거래소가 개설한 시장(이하 이 조에서 "금 현물시장"이라 한다)을 말한다. (2014. 2. 21. 신설)

⑤ 법 제106조의 4 제1항에 따른 금거래계좌(이하 이 조에서 "금거래계좌"라 한다)를 사용하여 금지금을 매매거래한 경우에는 결제 방식, 납부세액의 계산과 금거래계좌 미사용에 대한 가산세 등에 관하여는 법 제106조의 4를 준용하고, 그 밖에 부가가치세 신고·납부와 관련한 절차 및 서식 등 필요한 사항은 기획재정부령으로 정한다. (2014. 2. 21. 신설)

⑥ 제106조의 9 제5항에 따른 국세청장이 지정한 자는 법 제106조의 4 제3항에 따라 매입자가 입금한 부가가치세액의 범위에서 다음 각 호의 어느 하나에 해당하는 부가가치세액을 국세청장이 정하는 바에 따라 금지금공급사업자에게 환급할 수 있다. (2014. 2. 21. 신설)

1. 법 제126조의 7 제2항에 따라 금지금공급사업자가 공제받는 매입세액으로서 금거래계좌를 사용하여 입금한 부가가치세액 (2014. 2. 21. 신설)

2. 법 제126조의 7 제2항에 따라 금지금공급사업자가 공제받는 매입세액으로서 금지금을 수입할 때 세관에 납부한 부가가치세액 (2014. 2. 21. 신설)

⑦ 법 제126조의 7 제3항에 따라 금지금공급사업자는 금 현물시장에서 매매거래 후 결제가 완료되는 때에 보관기관을 공급받는 자로 하여 「부가가치세법」 제32조에 따른 세금계산서를 발급하여야 한다. 이 경우 공급가액은 결제가 완료된 매매가액으로 하고, 부가가치세액은 영(零)으로 한다. (2014. 2. 21. 신설)

⑧ 제7항에도 불구하고 금지금공급사업자는 「부가가치세법」 제34조 제3항 제1호에 따라 1역월(歷月)의 공급가액을 합하여 세금계산서를 발급할 수 있다. (2014. 2. 21. 신설)

⑨ 법 제126조의 7 제4항에서 "대통령령으로 정하는 공급가액"이란 「소득세법 시행령」 제92조 제2항 제5호에 따른 이동평균법을 준용하여 산출한 평균단가에 인출하는 금지금의 수량을 곱한 금액을 말한다. (2014. 2. 21. 신설)

⑩ 법 제126조의 7 제4항에 따라 보관기관으로부터 금지금을 인출하는 경우에는 보관기관에 금지금의 인출을 신청하는 때에 재화를 공급한 것으로 본다. 다만, 금 현물시장에서 자기 외의 자로부터 금지금 매매거래를 위탁받아 그 위탁의 중개를 할 수 있는 자격을 한국거래소로부터 부여받은 자(이하 이 조에서 "금지금중개회원"이라 한다)가 위탁자의 요구에 따라 금지금을 인출하는 경우에는 위탁자가 금지금중개회원에게 금지금의 인출을 요구하

☞ p.1883 2단 연결

을 납부할 수 있다. 이 경우 제106조의 4 제3항 제1호의 금액을 제외하고 부가가치세액만을 입금하는 방법으로 납부한다. (2014. 1. 1. 신설)
⑥ 보관기관은 제1항과 제4항을 적용할 때 「부가가치세법」에 따른 사업자로 보며, 대통령령으로 정하는 범위에서 제106조의 4 제1항에 따른 금사업자로 본다. (2014. 1. 1. 신설)
⑦ 제1항 제2호에 따라 금 현물시장에서 거래되는 금지금에 대해서는 「소득세법」 제163조 또는 「법인세법」 제121조에 따른 계산서를 발급하지 아니한다. (2014. 1. 1. 신설)
⑧ 금지금공급사업자가 금지금을 보관기관에 임치하고 해당 금지금을 금 현물시장에서 매매거래를 통하여 2019년 12월 31일까지 공급하거나 금 현물시장에서 금지금을 매수한 사업자(이하 이 항에서 "금지금매수사업자"라 한다)가 해당 금지금을 보관기관에서 2019년 12월 31일까지 인출하는 경우 해당 공급가액 및 매수금액(이하 이 항에서 "금 현물시장 이용금액"이라 하되, 금지금공급사업자와 금지금매수사업자가 대통령령으로 정하는 특수관계에 있는 경우 해당 금액은 제외한다)에 대해서는 다음 각 호 중에서 선택하는 어느 하나에 해당하는 금액을 공급일 또는 매수일(「부가가치세법」 제15조에 따른 재화의 공급시기를 말한다)이 속하는 과세연도의 소득세(사업소득에 대한 소득세만 해당한다. 이하 이 항에서 같다) 또는 법인세에서 공제한다. 다만, 직전 과세연도의 금 현물시장 이용금액이 전전 과세연도의 이용금액보다 적은 경우 제2호를 적용하여 계산한 금액을 해당 과세연도의 소득세 또는 법인세에서 공제한다. (2017. 12. 19. 개정)
1. 금 현물시장 이용금액이 직전 과세연도의 금 현물시장 이용금액을 초과하는 경우 그 초과금액(이하 이 호에서 "이용금액 초과분"이라 한다)이 해당 과세연도의 매출액에서 차지하는 비율을 종합소득산출세액 또는 법인세산출세액에 곱하여 계산한 금액. 다만, 직전 과세연도 금 현물시장 이용금액이 없는 경우로서 금 현물시장을 최초로 이용한 경우에는 해당 과세연도의 금 현물시장 이용금액을 이용금액 초과분으로 본다. (2014. 1. 1. 신설)
2. 해당 과세연도 금 현물시장 이용금액의 100분의 5에 상당하는 금액이 해당 과세연도 매출액에서 차지하는 비율을 종합소득산출세액 또는 법인세산출세액에 곱하여 계산한 금액 (2014. 1. 1. 신설)
⑨ 금지금공급사업자 중 대통령령으로 정하는 자가 금 현물시장에서

는 때에 재화를 공급한 것으로 본다. (2014. 2. 21. 신설)
⑪ 법 제126조의 7 제4항에 따라 보관기관으로부터 금지금을 인출하는 경우에는 보관기관은 직접 금지금을 인출하는 자로부터 부가가치세액을 거래징수하여 납부하여야 한다. 다만, 금지금중개회원이 위탁자의 요구에 따라 금지금을 인출하는 경우에는 금지금중개회원이 위탁자로부터 받은 부가가치세액을 보관기관이 거래징수하여 납부하여야 한다. (2014. 2. 21. 신설)
⑫ 제11항 단서에 따라 금지금중개회원이 위탁자로부터 금지금의 인출을 요구받아 보관기관으로부터 금지금을 인출하는 경우에 금지금중개회원은 공급받는 자의 인적 사항, 금지금의 공급가액과 부가가치세액 등 세금계산서 발급에 필요한 자료를 보관기관에 제공하여야 한다. (2014. 2. 21. 신설)
⑬ 법 제126조의 7 제6항에서 "대통령령으로 정하는 범위"란 법 제126조의 7 제3항부터 제5항까지의 규정에 따라 보관기관이 금거래계좌를 사용하여 금지금의 공급가액 또는 부가가치세액을 결제하거나 결제받는 경우를 말한다. (2014. 2. 21. 신설)
⑭ 법 제126조의 7 제8항에 따라 금지금을 보관기관에서 인출하는 경우 금 현물시장 이용금액의 평가에 관하여는 「소득세법 시행령」 제92조 제2항 제4호에 따른 총평균법을 준용한다. (2014. 2. 21. 신설)
⑮ 법 제126조의 7 제8항에서 "대통령령으로 정하는 특수관계"란 「소득세법 시행령」 제98조 제1항 및 「법인세법 시행령」 제2조 제8항에 따른 특수관계인의 관계를 말한다. (2025. 2. 28. 개정)
⑯ 법 제126조의 7 제9항에서 "대통령령으로 정하는 자"란 한국거래소의 약관에 따라 금지금을 수입하여 금 현물시장에서 매매할 수 있는 자격을 부여받은 자로서 한국거래소의 장의 추천을 받은 자를 말한다. (2014. 2. 21. 신설)
⑰ 법 제126조의 7 제9항에 따라 관세를 면제받은 자는 해당 금지금을 수입신고수리일의 다음 날(해당일이 「국세기본법」 제5조 제1항 각 호의 어느 하나에 해당하는 경우에는 그 다음 날)까지 보관기관에 임치해야 하고, 수입신고수리일부터 3년 이내에 금 현물시장에서 매매거래를 해야 한다. (2023. 2. 28. 개정)

⑱ 세관장은 법 제126조의 7 제9항에 따라 금지금에 대하여 관세를 면제한 경우에는 그 사실을 한국거래소 및 보관기관에 지체 없이 알려야 한다. (2014. 2. 21. 신설)
⑲ 제18항에 따라 세관장으로부터 관세의 면제사실을 통보받은 한국거래소 및 보관기관은 해당 금지금에 대하여 법 제126조의 7 제11항에 따라 면제받은 관세를 징수하여야 하는 사유가 발생하는 경우에는 그 사실을 세관장에게 즉시 알려야 한다. (2014. 2. 21. 신설)
⑳ 법 제126조의 7 제11항에 따라 면제받은 관세를 징수할 경우 그 금액은 다음 각 호의 구분에 따라 계산한 금액으로 한다. 이 경우 제2호에 따른 경우로서 관세를 면제받은 자로부터 징수할 수 없는 경우에는 양수인(임차인을 포함한다) 또는 인출자로부터 징수한다. (2014. 2. 21. 신설)
1. 법 제126조의 7 제10항에 따른 요건을 충족하지 아니한 경우 :

> 법 제126조의 7 제9항에 따라 면제받은 관세 × 법 제126조의 7 제10항에 따른 요건을 충족하지 아니한 금지금 ÷ 법 제126조의 7 제9항에 따라 관세를 면제받은 금지금

(2014. 2. 21. 신설)
2. 관세를 면제받은 금지금을 보관기관에 임치한 후 금 현물시장을 통한 매매거래를 하지 아니하고 양도(임대를 포함

☞ p.1884 2단 연결

매매거래를 하기 위하여 2026년 12월 31일까지 수입신고하는 금지금에 대해서는 그 관세를 면제한다. (2023. 12. 31. 개정) 농특비
⑩ 제9항에 따라 관세를 면제받은 자는 대통령령으로 정하는 바에 따라 해당 금지금을 보관기관에 임치하고 금 현물시장에서 매매거래를 하여야 한다. (2014. 1. 1. 신설)
⑪ 제9항에 따라 관세를 면제받은 자가 제10항에 따른 요건을 충족하지 아니하거나 관세를 면제받은 금지금을 보관기관에 임치한 후에 금 현물시장에서 매매거래를 하지 아니하고 양도(임대를 포함한다)하거나 인출하는 경우 세관장은 대통령령으로 정하는 바에 따라 면제받은 관세를 징수한다. (2014. 1. 1. 신설)
⑫ 한국거래소와 보관기관 등 대통령령으로 정하는 자는 금지금의 임치 · 거래 · 보관 · 인출명세 등(이하 이 조에서 "거래명세 등"이라 한다)을 대통령령으로 정하는 바에 따라 유지 · 보관하여야 하며, 국세청장 또는 관세청장(관할 세무서장과 세관장을 포함한다)이 과세에 필요한 자료의 제출을 요구하는 경우 이를 제출하여야 한다. 이 경우 금지금의 거래명세 등은 「소득세법」 제160조의 2 제2항 또는 「법인세법」 제116조 제2항에 따른 증명서류로 본다. (2014. 1. 1. 신설)
⑬ 다음 각 호의 사항은 대통령령으로 정한다. (2014. 1. 1. 신설)
1. 제1항부터 제7항까지의 규정을 적용할 때 금 현물시장에서 매매거래를 통한 금지금의 공급, 보관기관에 금지금의 임치 · 인출 등 거래절차, 부가가치세 신고 · 납부와 그 밖에 필요한 사항 (2014. 1. 1. 신설)
2. 제8항을 적용할 때 공제세액의 계산 등에 관하여 필요한 사항과 세액공제신청에 관한 사항 (2014. 1. 1. 신설)
3. 제9항부터 제11항까지의 규정을 적용할 때 면제의 신청절차, 제출서류와 그 밖에 필요한 사항 (2014. 1. 1. 신설)

한다. 이하 이 항에서 같다)하거나 인출(금지금의 품질검사를 위하여 한국거래소 또는 보관기관의 확인을 받고 인출한 후 재반입하는 경우는 제외한다)하는 경우 :

> 법 제126조의 7 제9항에 따라 면제받은 관세 × 양도하거나 인출한 금지금 ÷ 법 제126조의 7 제9항에 따라 관세를 면제받은 금지금

(2014. 2. 21. 신설)
㉑ 법 제126조의 7 제12항에서 "대통령령으로 정하는 자"란 다음 각 호의 어느 하나에 해당하는 자를 말한다. (2014. 2. 21. 신설)
1. 한국거래소 (2014. 2. 21. 신설)
2. 보관기관 (2014. 2. 21. 신설)
3. 금 현물시장에서의 거래에 참가할 수 있는 자로서 한국거래소의 약관으로 정하는 자(금지금중개회원을 포함한다) (2014. 2. 21. 신설)
㉒ 제21항 각 호에 해당하는 자는 다음 각 호의 구분에 따른 사항이 포함된 거래명세 등을 작성하고 보관하여야 한다. 이 경우 정보처리장치, 전산테이프 또는 디스켓 등의 전자적 형태로 보관할 수 있다. (2014. 2. 21. 신설)
1. 금지금을 보관기관에 임치하는 경우 (2014. 2. 21. 신설)
　가. 금지금의 임치인 (2014. 2. 21. 신설)
　나. 임치일 및 임치된 금지금의 수량 (2014. 2. 21. 신설)
　다. 그 밖에 국세청장이 정하는 사항 (2014. 2. 21. 신설)
2. 금 현물시장에서 금지금을 거래하는 경우 (2014. 2. 21. 신설)
　가. 거래인별 금 현물시장에서 거래된 금지금의 수량 · 금액 · 거래일(법 제126조의 7 제1항 제1호의 거래는 구분할 수 있도록 기록한다) (2014. 2. 21. 신설)
　나. 거래당사자의 인적사항 및 1년간 금지금 거래를 통하여 얻은 수입 (2014. 2. 21. 신설)
　다. 그 밖에 국세청장이 정하는 사항 (2014. 2. 21. 신설)
3. 보관기관으로부터 금지금을 인출하는 경우 (2014. 2. 21. 신설)
　가. 인출하는 자의 인적사항 (2014. 2. 21. 신설)
　나. 인출일 (2014. 2. 21. 신설)

　다. 인출된 금지금의 수량 (2014. 2. 21. 신설)
　라. 그 밖에 국세청장이 정하는 사항 (2014. 2. 21. 신설)
㉓ 법 제126조의 7 제13항 제3호에 따른 면제의 신청절차, 제출서류 등에 관하여는 「관세법 시행령」 제112조를 준용한다. (2014. 2. 21. 신설)
㉔ 제18항에 따른 면제사실 통보 및 제19항에 따른 징수사유 발생사실 통보와 관련한 절차 및 서식 등 그 밖에 필요한 사항은 관세청장이 정한다. (2014. 2. 21. 신설)

제127조【중복지원의 배제】① 내국인이 이 법에 따라 투자한 자산 또는 출자로 취득한 지분에 대하여 제8조의 3 제3항, 제24조, 제26조 및 제104조의 15 제1항을 적용받는 경우 다음 각 호의 금액을 투자금액, 출자금액 또는 취득금액에서 차감한다. (2023. 12. 31. 개정)

1. 내국인이 자산에 대한 투자 또는 출자지분의 취득을 목적으로 다음 각 목의 어느 하나에 해당되는 국가 등(이하 이 조에서 "국가등"이라 한다)으로부터 출연금 등의 자산을 지급받아 투자 또는 출자에 지출하는 경우 : 출연금 등의 자산을 투자 또는 출자에 지출한 금액에 상당하는 금액 (2023. 12. 31. 개정)

가. 국가 (2014. 1. 1. 신설)

나. 지방자치단체 (2014. 1. 1. 신설)

다. 「공공기관의 운영에 관한 법률」에 따른 공공기관 (2014. 1. 1. 신설)

라. 「지방공기업법」에 따른 지방공기업 (2014. 1. 1. 신설)

2. 내국인이 자산에 대한 투자 또는 출자지분의 취득을 목적으로 「금융실명거래 및 비밀보장에 관한 법률」 제2조 제1호 각 목의 어느 하나에 해당하는 금융회사등(이하 이 조에서 "금융회사등"이라 한다)으로부터 융자를 받아 투자 또는 출자에 지출하고 금융회사등에 지급하여야 할 이자비용의 전부 또는 일부를 국가등이 내국인을 대신하여 지급하는 경우 : 대통령령으로 정하는 바에 따라 계산한 국가등이 지급하는 이자비용에 상당하는 금액 (2023. 12. 31. 개정)

3. 내국인이 자산에 대한 투자 또는 출자지분의 취득을 목적으로 국가등으로부터 융자를 받아 투자 또는 출자에 지출하는 경우 : 대통령령으로 정하는 바에 따라 계산한 국가등이 지원하는 이자지원금에 상당하는 금액 (2023. 12. 31. 개정)

4. 내국인이 「법인세법」 제37조 제1항 각 호의 어느 하나에 해당하는 사업에 필요한 자산에 대한 투자를 목적으로 해당 자산의 수요자 또는 편익을 받는 자로부터 같은 항에 따른 공사부담금을 제공받아 투자에 지출하는 경우 : 공사부담금을 투자에 지출한 금액에 상당하는 금액 (2021. 12. 28. 신설)

편주 ▷ 법 127조 1항의 개정규정은 2024. 1. 1. 이후 투자 또는 출자를 하는 경우부터 적용함. (법 부칙(2023. 12. 31.) 30조)

통칙 127 - 0…2【동일사업장내의 별도 공장에 대하여 각각 다른 감면 적용 가능】

동일부지내에 공장이 있더라도 각 제품별로 제조설비 및 공장건물을 별도로 설치하고 제조공정이 서로 무관한 제품을 생산하여 구분경리가 가능한 경우에는 공장별로 각각 다른 감면을 선택하여 적용받을 수 있다.

제123조【투자세액공제 등의 배제】① 법 제127조 제1항 제2호에서 "대통령령으로 정하는 바에 따라 계산한 국가등이 지급하는 이자비용에 상당하는 금액"이란 법 제127조 제1항 제1호 각 목의 어느 하나에 해당하는 국가등이 지급했거나 지급하기로 약정한 이자비용의 합계액을 말한다. (2021. 2. 17. 개정)

② 법 제127조 제1항 제3호에서 "대통령령으로 정하는 바에 따라 계산한 국가등이 지원하는 이자지원금에 상당하는 금액"이란 다음 계산식에 따라 계산한 금액[해당 금액이 음수(陰數)인 경우에는 영으로 본다]을 말한다. (2014. 2. 21. 신설)

> 이자지원금 = 융자받은 시점의 「법인세법 시행령」 제89조 제3항에 따른 이자율을 적용하여 계산한 원리금 합계액 - 융자받은 시점의 실제 융자받은 이자율을 적용하여 계산한 원리금 합계액

통칙 127 - 0…4【외국인투자에 대한 감면과 투자세액공제의 선택 적용】

법 제121조의 2 또는 제121조의 4의 법인세 등의 감면대상에 해당하여 감면결정을 통지받은 법인이 실제 조세감면을 받지 아니한 경우에는 법 제5조, 제11조, 제24조 내지 제26조, 제94조, 법률 제4666호 「조세감면규제법」 개정법률 부칙 제14조 또는 법률 제5584호 「조세감면규제법」 개정법률 부칙 제12조 제2항(종전 제37조의 개정규정에 한한다)의 세액공제를 전액 받을 수 있다. (2008. 6. 20. 개정)

② 내국인이 이 법에 따라 투자한 자산에 대하여 제8조의 3 제3항, 제24조 및 제26조가 동시에 적용되는 경우와 동일한 과세연도에 제19조 제1항과 제29조의 4, 제26조와 제29조의 5, 제26조와 제30조의 4가 동시에 적용되는 경우에는 각각 그 중 하나만을 선택하여 적용받을 수 있다. (2020. 12. 29. 개정)

③ 내국인에 대하여 동일한 과세연도에 제8조의 3 제3항, 제24조, 제26조, 제29조의 5, 제29조의 7, 제29조의 8 제1항, 제30조의 4, 제104조의 14 및 제104조의 15를 적용할 때 제121조의 2 또는 제121조의 4에 따라 소득세 또는 법인세를 감면하는 경우에는 해당 규정에 따라 공제할 세액에 해당 기업의 총주식 또는 총지분에 대한 내국인투자자의 소유주식 또는 지분의 비율을 곱하여 계산한 금액을 공제한다. (2022. 12. 31. 개정)

●통칙● 127－0…3【내국인 투자자의 소유주식 등의 비율 계산】

사업연도 중 내국인투자지분이 변경된 경우에 법 제127조 제3항에 따른 내국인투자자의 소유주식 등의 비율은 다음 산식에 따라 계산한 당해 사업연도 중 평균자본금 비율에 의한다. (2019. 12. 23. 개정)

$$\frac{(변경전\ 내국인자본금×변경전\ 일수)+(변경후\ 내국인자본금×변경후\ 일수)}{(변경전\ 총자본금×변경전\ 일수)+(변경후\ 총자본금×변경후\ 일수)}$$

④ 내국인이 동일한 과세연도에 제6조, 제7조, 제12조의 2, 제31조 제4항·제5항, 제32조 제4항, 제62조 제4항, 제63조 제1항, 제63조의 2 제1항, 제64조, 제66조부터 제68조까지, 제85조의 6 제1항·제2항, 제99조의 9 제2항, 제99조의 11 제1항, 제104조의 24 제1항, 제121조의 8, 제121조의 9 제2항, 제121조의 17 제2항, 제121조의 20 제2항, 제121조의 21 제2항, 제121조의 22 제2항 및 제121조의 33 제2항에 따라 소득세 또는 법인세가 감면되는 경우와 제8조의 3, 제13조의 2, 제24조, 제25조의 6, 제26조, 제30조의 4(제7조와 동시에 적용되는 경우는 제외한다), 제104조의 14, 제104조의 15, 제104조의 22, 제104조의 25, 제104조의 35, 제122조의 4 제1항 및 제126조의 7 제8항에 따라 소득세 또는 법인세가 공제되는 경우를 동시에 적용받을 수 있는 경우에는 그 중 하나만을 선택하여 적용받을 수 있다. 다만, 제6조에 따라 소득세 또는 법인세를 감면받는 경우에는 제

29조의 7 또는 제29조의 8을 동시에 적용하지 아니한다. (2024. 12. 31. 단서개정 ; 2025. 3. 14. 개정)

편주 ●●

법 127조 4항 단서의 개정규정은 2025. 1. 1. 이후 창업중소기업을 창업하는 경우, 창업보육센터사업자로 지정을 받는 경우, 벤처기업으로 확인받는 경우 또는 에너지신기술중소기업에 해당하게 되는 경우부터 적용함. (법 부칙(2024. 12. 31.) 2조)
●●

⑤ 내국인의 동일한 사업장에 대하여 동일한 과세연도에 제6조, 제7조, 제12조의 2, 제31조 제4항·제5항, 제32조 제4항, 제62조 제4항, 제63조 제1항, 제63조의 3 제1항, 제64조, 제85조의 6 제1항·제2항, 제99조의 9 제2항, 제99조의 11 제1항, 제104조의 24 제1항, 제121조의 8, 제121조의 9 제2항, 제121조의 17 제2항, 제121조의 20 제2항, 제121조의 21 제2항, 제121조의 22 제2항, 제121조의 33 제2항과 제121조의 2 또는 제121조의 4에 따른 소득세 또는 법인세의 감면규정 중 둘 이상의 규정이 적용될 수 있는 경우에는 그 중 하나만을 선택하여 적용받을 수 있다. (2023. 12. 31. 개정)

⑥ 내국인의 동일한 사업장에 대하여 동일한 과세연도에 제121조의 2 및 제121조의 4에 따른 취득세 및 재산세의 감면규정이 모두 적용될 수 있는 경우에는 그 중 하나만을 선택하여 적용받을 수 있다. (2015. 12. 15. 개정)

⑦ 거주자가 토지등을 양도하여 둘 이상의 양도소득세의 감면규정을 동시에 적용받는 경우에는 그 거주자가 선택하는 하나의 감면규정만을 적용한다. 다만, 토지등의 일부에 대하여 특정의 감면규정을 적용받는 경우에는 남은 부분에 대하여 다른 감면규정을 적용받을 수 있다. (2010. 1. 1. 개정)

⑧ 거주자가 토지등을 양도하여 제77조 및 제85조의 7이 동시에 적용되는 경우에는 그 중 하나만을 선택하여 적용받을 수 있다. (2010. 1. 1. 개정)

⑨ 거주자가 주택을 양도하여 제98조의 2와 제98조의 3이 동시에 적용되는 경우에는 그 중 하나만을 선택하여 적용받을 수 있다. (2010. 1. 1. 개정)

⑩ 제3항과 제4항을 적용할 때 제143조에 따라 세액감면을 적용받는

사업과 그 밖의 사업을 구분경리하는 경우로서 그 밖의 사업에 공제규정이 적용되는 경우에는 해당 세액감면과 공제는 중복지원에 해당하지 아니한다. (2013. 1. 1. 신설)

⑪ 제29조의 8 제1항은 제29조의 7 또는 제30조의 4에 따른 공제를 받지 아니한 경우에만 적용한다. (2022. 12. 31. 신설)

제128조【추계과세 시 등의 감면배제】① 「소득세법」 제80조 제3항 단서 또는 「법인세법」 제66조 제3항 단서에 따라 추계(推計)를 하는 경우에는 제7조의 2, 제7조의 4, 제8조의 3 제3항, 제10조, 제12조 제2항, 제12조의 3, 제12조의 4, 제13조의 2, 제13조의 3, 제19조 제1항, 제24조, 제25조의 6, 제26조, 제29조의 2부터 제29조의 5까지, 제29조의 7, 제29조의 8, 제30조의 3, 제30조의 4, 제96조의 3(「소득세법」 제160조에 따른 간편장부대상자는 제외한다), 제99조의 12, 제104조의 14, 제104조의 15, 제104조의 25, 제104조의 30, 제104조의 35, 제122조의 4 제1항 및 제126조의 7 제8항을 적용하지 아니한다. 다만, 추계를 하는 경우에도 거주자에 대해서는 제24조 및 제26조를 적용(투자에 관한 증거서류를 제출하는 경우로 한정한다)한다. (2025. 3. 14. 개정)

② 「소득세법」 제80조 제1항 또는 「법인세법」 제66조 제1항에 따라 결정을 하는 경우와 「국세기본법」 제45조의 3에 따라

☞ p.1887 1단 연결

기한 후 신고를 하는 경우에는 제6조, 제7조, 제12조 제1항·제3항, 제12조의 2, 제31조 제4항·제5항, 제32조 제4항, 제62조 제4항, 제63조 제1항, 제63조의 2 제1항, 제64조, 제66조부터 제68조까지, 제85조의 6 제1항·제2항, 제96조, 제96조의 2, 제96조의 3, 제99조의 9 제2항, 제99조의 11 제1항, 제99조의 12, 제102조, 제104조의 24 제1항, 제121조의 8, 제121조의 9 제2항, 제121조의 17 제2항, 제121조의 20 제2항, 제121조의 21 제2항, 제121조의 22 제2항, 제121조의 33 제2항을 적용하지 아니한다. (2023. 12. 31. 개정)

③「소득세법」제80조 제2항 또는「법인세법」제66조 제2항에 따라 경정(제4항 각 호의 어느 하나에 해당되어 경정하는 경우는 제외한다)을 하는 경우와 과세표준 수정신고서를 제출한 과세표준과 세액을 경정할 것을 미리 알고 제출한 경우에는 대통령령으로 정하는 과소신고금액(過少申告金額)에 대하여 제6조, 제7조, 제12조 제1항·제3항, 제12조의 2, 제31조 제4항·제5항, 제32조 제4항, 제62조 제4항, 제63조 제1항, 제63조의 2 제1항, 제64조, 제66조부터 제68조까지, 제85조의 6 제1항·제2항, 제96조, 제96조의 2, 제96조의 3, 제99조의 9 제2항, 제99조의 11 제1항, 제99조의 12, 제102조, 제104조의 24 제1항, 제121조의 8, 제121조의 9 제2항, 제121조의 17 제2항, 제121조의 20 제2항, 제121조의 21 제2항, 제121조의 22 제2항, 제121조의 33 제2항을 적용하지 아니한다. (2023. 12. 31. 개정)

④ 사업자가 다음 각 호의 어느 하나에 해당하는 경우에는 해당 과세기간의 해당 사업장에 대하여 제6조, 제7조, 제12조 제1항·제3항, 제12조의 2, 제31조 제4항·제5항, 제32조 제4항, 제62조 제4항, 제63조 제1항, 제63조의 2 제1항, 제64조, 제66조부터 제68조까지, 제85조의 6 제1항·제2항, 제96조, 제96조의 2, 제96조의 3, 제99조의 9 제2항, 제99조의 11 제1항, 제99조의 12, 제102조, 제104조의 24 제1항, 제121조의 8, 제121조의 9 제2항, 제121조의 17 제2항, 제121조의 20 제2항, 제121조의 21 제2항, 제121조의 22 제2항, 제121조의 33 제2항을 적용하지 아니한다. 다만, 사업자가 제1호 또는 제2호의 의무 불이행에 대하여 정당한 사유가 있는 경우에는 그러하지 아니하다. (2023. 12. 31. 개정)

1.「소득세법」제160조의 5 제3항에 따라 사업용계좌를 신고하여야 할 사업자가 이를 이행하지 아니한 경우 (2010. 12. 27. 개정)

2.「소득세법」제162조의 3 제1항 또는「법인세법」제117조의 2 제1

법 128조 2항부터 4항까지의 개정규정은 2024. 1. 1. 이후 과세표준을 신고하거나 결정 또는 경정하는 경우부터 적용함. (법 부칙(2023. 12. 31.) 32조)

　　제122조【과소신고소득금액의 범위】① 법 제128조 제3항에서 "대통령령으로 정하는 과소신고금액"이란 법인의 경우에는「국세기본법」제47조의 3 제2항 제1호에 따른 부정과소신고과세표준을 말하며, 개인의 경우에는 이를 준용하여 계산한 금액을 말한다. (2013. 2. 15. 개정)

• 예 판 ....

관할 세무서장으로부터 과세자료 소명 안내문을 송달받은 후 과소신고소득금액을 수정신고하는 경우에는 조특법 128조 3항 규정의 감면배제사유에 해당하지 아니함. (서면2팀－6, 2006. 1. 3.)

항에 따라 현금영수증가맹점으로 가입하여야 할 사업자가 이를 이행하지 아니한 경우 (2010. 1. 1. 개정)

3. 「소득세법」 제162조의 2 제2항 및 「법인세법」 제117조에 따른 신용카드가맹점으로 가입한 사업자 또는 「소득세법」 제162조의 3 제1항 또는 「법인세법」 제117조의 2에 따라 현금영수증가맹점으로 가입한 사업자가 다음 각 목의 어느 하나에 해당하는 경우로서 그 횟수·금액 등을 고려하여 대통령령으로 정하는 때에 해당하는 경우 (2010. 1. 1. 개정)

　가. 신용카드에 의한 거래를 거부하거나 신용카드매출전표를 사실과 다르게 발급한 경우 (2010. 1. 1. 개정)

　나. 현금영수증의 발급요청을 거부하거나 사실과 다르게 발급한 경우 (2010. 1. 1. 개정)

제129조 【양도소득세의 감면 배제 등】 (2010. 12. 27. 제목개정)

① 「소득세법」 제94조 제1항 제1호 및 제2호에 따른 자산을 매매하는 거래당사자가 매매계약서의 거래가액을 실지거래가액과 다르게 적은 경우에는 해당 자산에 대하여 「소득세법」 제91조 제2항에 따라 이 법에 따른 양도소득세의 비과세 및 감면을 제한한다. (2010. 12. 27. 신설)

② 「소득세법」 제104조 제3항에 따른 미등기양도자산에 대해서는 양도소득세의 비과세 및 감면에 관한 규정을 적용하지 아니한다. (2010. 12. 27. 항번개정)

제129조의 2 【저축지원을 위한 조세특례의 제한】 ① 제87조 제3항, 제87조의 2, 제87조의 7, 제88조의 2, 제88조의 4, 제88조의 5, 제89조의 3 및 제91조의 18부터 제91조의 22까지의 규정에 따라 과세특례를 적용받는 계좌의 가입일(제87조의 7의 경우 공모부동산집합투자기구의 집합투자증권의 최초 보유일, 제88조의 4의 경우 우리사주조합을 통한 취득일로 한다) 또는 연장일이 속한 과세기간의 직전 3개 과세기간 중 1회 이상 「소득세법」 제14조 제3항 제6호에 따른 소득의 합계액이 같은 호에 따른 이자소득등의 종합과세기준금액을 초과한 자(이하 이 조에서 "금융소득종합과세 대상자"라 한다)에 대해서는 해당

② 법 제128조 제4항 제3호 각 목 외의 부분에서 "대통령령으로 정하는 때에 해당하는 경우"란 신용카드가맹점 또는 현금영수증가맹점으로 가입한 사업자 중 신용카드에 의한 거래 또는 현금영수증의 발급을 거부하거나 신용카드매출전표 또는 현금영수증을 사실과 다르게 발급한 것을 이유로 「소득세법」 제162조의 2 제4항 후단·제162조의 3 제6항 후단·「법인세법」 제117조 제4항 후단 및 제117조의 2 제5항에 따라 관할 세무서장으로부터 신고금액을 통보받은 사업자로서 다음 각 호의 어느 하나에 해당하는 경우를 말한다. (2019. 2. 12. 개정)

1. 해당 과세연도(신용카드에 의한 거래 또는 현금영수증의 발급을 거부하거나 신용카드매출전표 또는 현금영수증을 사실과 다르게 발급한 날이 속하는 해당 과세연도를 말한다. 이하 이 항에서 같다)에 신고금액을 3회 이상 통보받은 경우로서 그 금액의 합계액이 100만원 이상인 경우 (2009. 2. 4. 개정)

2. 해당 과세연도에 신고금액을 5회 이상 통보받은 경우 (2007. 2. 28. 신설)

제123조의 2 【저축지원을 위한 조세특례의 제한 절차】 ① 법 제129조의 2 제1항에 따른 계좌를 취급하는 「금융실명거래 및 비밀보장에 관한 법률」 제2조 제1호에 따른 금융회사등과 다음 각 호의 공제회(이하 이 조에서 "저축취급기관"이라 한다)는 해당 계좌에 가입하거나 계약기간을 연장하려는 자에게 법 제129조의 2 제1항에 따른 금융소득종합과세 대상자(이하 이 조에서 "금융소득종합과세대상자"라 한다)는 해당 과세특례 적용이 제한되며 비과세 또는 감면받은 세액 상당액이 추징된다는 것을 설명해야 한다. (2021. 2. 17. 신설)

1. 「군인공제회법」에 따른 군인공제회 (2021. 2. 17. 신설)

과세특례를 적용하지 아니한다. (2022. 12. 31. 개정)
② 금융소득종합과세 대상자 여부의 확인 방법 및 절차와 그 밖에 필요한 사항은 대통령령으로 정한다. (2020. 12. 29. 신설)

제130조【수도권과밀억제권역의 투자에 대한 조세감면배제】(2007. 12. 31. 제목개정)
① 1989년 12월 31일 이전부터 수도권과밀억제권역에서 계속하여 사업을 경영하고 있는 내국인과 1990년 1월 1일 이후 수도권과밀억제권역에서 새로 사업장을 설치하여 사업을 개시하거나 종전의 사업장(1989년 12월 31일 이전에 설치한 사업장을 포함한다. 이하 이 조에서 같다)을 이전하여 설치하는 중소기업(이하 이 항에서 "1990년이후중소기업등"이라 한다)이 수도권과밀억제권역에 있는 해당 사업장에서 사용하기 위하여 취득하는 사업용 고정자산으로서 대통령령으로 정하는 증설투자에 해당하는 것에 대해서는 제24조를 적용하지 아니한다. 다만, 대통령령으로 정하는 산업단지 또는 공업지역에서 증설투자를 하

2. 「한국교직원공제회법」에 따른 한국교직원공제회 (2021. 2. 17. 신설)
3. 「대한지방행정공제회법」에 따른 대한지방행정공제회 (2021. 2. 17. 신설)
4. 「경찰공제회법」에 따른 경찰공제회 (2021. 2. 17. 신설)
5. 「대한소방공제회법」에 따른 대한소방공제회 (2021. 2. 17. 신설)
6. 「과학기술인공제회법」에 따른 과학기술인공제회 (2021. 2. 17. 신설)
② 국세청장은 금융소득종합과세대상자 확인에 필요한 기획재정부령으로 정하는 사항을 가입일·연장일이 속하는 연도의 다음 연도 4월 30일까지 전국은행연합회에 통지해야 한다. 다만, 「소득세법」 제80조에 따른 결정 또는 경정 등으로 금융소득종합과세대상자 여부가 변경되는 경우에는 가입일·연장일이 속하는 연도의 다음 연도 10월 31일까지 재통지할 수 있다. (2021. 2. 17. 신설)
③ 저축취급기관은 전국은행연합회를 통해 금융소득종합과세대상자 여부를 확인할 수 있다. (2021. 2. 17. 신설)
④ 저축취급기관은 금융소득종합과세대상자를 확인한 날부터 14일 이내에 해당 계좌보유자에게 통보해야 한다. (2021. 2. 17. 신설)
⑤ 제4항에 따른 통보를 받은 자는 기획재정부령으로 정하는 바에 따라 국세청장에게 의견을 제시할 수 있으며, 국세청장은 의견제시를 받은 날부터 14일 이내에 계좌보유자 및 저축취급기관에 수용 여부를 통보해야 한다. (2021. 2. 17. 신설)

제124조【수도권과밀억제권역 안의 투자에 대한 조세감면배제 등】(2021. 2. 17. 제목개정)
① 법 제130조 제1항 본문에서 "대통령령이 정하는 증설투자"라 함은 다음 각 호의 구분에 따른 투자를 말한다. (2020. 4. 14. 개정)
1. 기획재정부령으로 정하는 공장인 사업장의 경우 : 사업용고정자산을 새로 설치함으로써 기획재정부령으로 정하는 바에 따라 해당 공장의 연면적이 증가되는 투자 (2020. 4. 14. 개정)
2. 제1호의 공장 외의 사업장인 경우 : 사업용고정자산을 새로 설치함으로써 기획재정부령으로 정하는 바에 따라 사업용고정자산의 수량 또는 해당 사업장의 연면적이 증가되는 투자 (2020. 4. 14. 개정)
② 법 제130조 제1항 단서에서 "대통령령으로 정하는 산업단지 또는

제52조의 6【저축지원을 위한 조세특례의 제한 절차】① 영 제123조의 2 제2항에서 "기획재정부령으로 정하는 사항"이란 법 제129조의 2에 따른 과세기간별 금융소득종합과세 대상자의 주민등록번호를 말한다. (2021. 3. 16. 신설)
② 영 제123조의 2 제5항에 따라 국세청장에게 의견을 제시하려는 자는 같은 조 제4항에 따라 통보를 받은 날부터 14일 이내에 납세지 관할 세무서장에게 의견서를 제출해야 한다. (2021. 3. 16. 신설)
③ 제2항에도 불구하고 영 제123조의 2 제4항에 따른 통보를 받은 자가 사망, 해외 장기출장 또는 그 밖의 부득이한 사유로 제2항에 따른 기간 이내에 의견서를 제출하지 못한 경우에는 그 사유가 끝난 날부터 7일 이내에 의견서를 제출할 수 있다. (2021. 3. 16. 신설)

제53조【증설투자기준 공장의 범위 등】(2020. 4. 21. 제목개정)
① 영 제124조 제1항 제1호에서 "기획재정부령으로 정하는 공장"이란 「산업집적활성화 및 공장설립에 관한 법률」 제2조 제1호에 따른 공장을 말하며, 같은 호에서 "해당 공장의 연면적"이란 공장 부지면적

는 경우 및 대통령령으로 정하는 사업용 고정자산을 취득하는 경우에는 그러하지 아니하다. (2020. 12. 29. 개정)

② 중소기업이 아닌 자가 1990년 1월 1일 이후 수도권과밀억제권역에서 새로 사업장을 설치하여 사업을 개시하거나 종전의 사업장을 이전하여 설치하는 경우 수도권과밀억제권역에 있는 해당 사업장에서 사용하기 위하여 취득하는 사업용 고정자산에 대해서는 제24조를 적용하지 아니한다. 다만, 대통령령으로 정하는 사업용 고정자산을 취득하는 경우에는 그러하지 아니하다. (2020. 12. 29. 개정)

관계법령 ▶

국토의 계획 및 이용에 관한 법률
제36조 【용도지역의 지정】 ① 국토교통부장관, 시 · 도지사 또는 대도시 시장은 다음 각 호의 어느 하나에 해당하는 용도지역의 지정 또는 변경을 도시 · 군관리계획으로 결정한다. (2013. 3. 23. 직제개정 ; 정부조직법 부칙)
1. 도시지역 : 다음 각 목의 어느 하나로 구분하여 지정한다. (2009. 2. 6. 개정)
　가. 주거지역 : 거주의 안녕과 건전한 생활환경의 보호를 위하여 필요한 지역 (2009. 2. 6. 개정)
　나. 상업지역 : 상업이나 그 밖의 업무의 편익을 증진하기 위하여 필요한 지역 (2009. 2. 6. 개정)
　다. 공업지역 : 공업의 편익을 증진하기 위하여 필요한 지역 (2009. 2. 6. 개정)
　라. 녹지지역 : 자연환경 · 농지 및 산림의 보호, 보건위생, 보안과 도시의 무질서한 확산을 방지하기 위하여 녹지의 보전이 필요한 지역 (2009. 2. 6. 개정)

제131조 【수도권안으로 공장이전을 하는 경우 등에 대한 양도소득세 등의 감면배제】 삭　제 (2001. 12. 29)

제132조 【최저한세액에 미달하는 세액에 대한 감면 등의 배제】 (2010. 1. 1. 제목개정)
① 내국법인(제72조 제1항을 적용받는 조합법인 등은 제외한다)의 각

공업지역”이란 수도권과밀억제권역안에 소재하는 다음 각호의 1에 해당하는 산업단지 또는 공업지역을 말한다. (2010. 2. 18. 개정)
1. 「산업입지 및 개발에 관한 법률」에 의한 산업단지 (2005. 2. 19. 개정)
2. 「국토의 계획 및 이용에 관한 법률」 제36조 제1항 제1호의 규정에 의한 공업지역 및 동법 제51조 제3항의 지구단위계획구역 중 산업시설의 입지로 이용되는 구역 (2012. 4. 10. 개정 ; 국토의 계획 및 이용~시행령 부칙)
③ 법 제130조 제1항 단서 및 제2항 단서에서 “대통령령으로 정하는 사업용 고정자산”이란 각각 다음 각 호의 자산을 말한다. (2021. 2. 17. 개정)
1. 디지털방송을 위한 프로그램의 제작 · 편집 · 송신 등에 사용하기 위하여 취득하는 방송장비 (2021. 2. 17. 개정)
2. 「전기통신사업 회계정리 및 보고에 관한 규정」 제8조에 따른 전기통신설비 중 같은 조 제1호부터 제3호까지 및 제5호에 따른 교환설비, 전송설비, 선로설비 및 정보처리설비 (2021. 2. 17. 개정)
3. 제21조 제3항 제1호에 해당하는 자산 (2021. 2. 17. 개정)
4. 그 밖에 기획재정부령으로 정하는 사업용 고정자산 (2021. 2. 17. 개정)
④ 법 제130조 제1항 본문 및 같은 조 제2항에서 “대통령령으로 정하는 정보통신장비”란 「전기통신사업 회계정리 및 보고에 관한 규정」 제8조에 따른 전기통신설비 중 교환설비 · 전송설비 · 선로설비 및 정보처리설비를 말한다. (2009. 2. 4. 개정)
④ 삭　제 (2021. 2. 17.)

통칙 130-0…1 【분할신설법인이 분할전 사업계속 영위시 감면배제 여부】
법 제130조를 적용함에 있어서 1989년 12월 31일 이전부터 수도권 안에서 사업을 영위하는 법인의 사업부문을 분할하여 동일한 장소에서 분할전 사업을 계속 영위하는 분할신설법인은 새로이 사업장을 설치하여 사업을 개시한 것으로 보지 아니한다 (2019. 12. 23. 개정)

제125조 【수도권안의 산업단지 및 공업지역】 삭　제 (2001. 12. 31)

제126조 【최저한세액에 미달하는 세액에 대한 감면 등의 배제】 (2010. 2. 18. 제목개정)
① 법 제132조 제1항 각 호 외의 부분 및 같은 조 제2항 각 호 외의

또는 공장부지 안에 있는 건축물 각 층의 바닥면적을 말한다. 다만, 식당 · 휴게실 · 목욕실 · 세탁장 · 의료실 · 옥외체육시설 및 기숙사 등 종업원의 후생복지증진에 제공되는 시설의 면적과 대피소 · 무기고 · 탄약고 및 교육시설의 면적은 당해 공장의 연면적에 포함하지 않는다. (2020. 4. 21. 개정)

② 영 제124조 제1항 제2호에서 사업용고정자산의 수량이 증가하는 경우란 기계장치 등 사업용고정자산을 추가로 설치하는 경우를 말하며, 같은 호에서 해당 사업장의 연면적이란 사업장 부지면적 또는 사업장 부지 안에 있는 건축물 각 층의 바닥면적을 말한다. 다만, 식당 · 휴게실 · 목욕실 · 세탁장 · 의료실 · 옥외체육시설　및 기숙사 등 종업원의 후생복지증진에 제공되는 시설의 면적과 대피소 · 무기고 · 탄약고 및 교육시설의 면적은 해당 사업장의 연면적에 포함하지 않는다. (2020. 4. 21. 신설)

제54조 【수도권과밀억제권역　안의 투자에 대한 조세감면 대상 사업용 고정자산의 범위】 영 제124조 제3항 제4호에서 “그 밖에 기획재정부령으로 정하는 사업용 고정자산”이란 다음 각 호의 어느 하나에 해당하는 사업용 고정자산을 말한다. (2021. 3. 16. 신설)
1. 제13조의 10 제3항 및 제4항 중 어느 하나에 해당하는 시설 (2021. 3. 16. 신설)
2. 별표 11에 따른 의약품 품질관리 개선

사업연도의 소득과 「법인세법」 제91조 제1항을 적용받는 외국법인의 각 사업연도의 국내원천소득에 대한 법인세(「법인세법」 제55조의 2에 따른 토지등 양도소득에 대한 법인세와 같은 법 제96조에 따른 법인세에 추가하여 납부하는 세액, 제100조의 32에 따른 투자·상생협력 촉진을 위한 과세특례를 적용하여 계산한 법인세, 가산세 및 대통령령으로 정하는 추징세액은 제외하며, 대통령령으로 정하는 세액공제 등을 하지 아니한 법인세를 말한다)를 계산할 때 다음 각 호의 어느 하나에 규정된 감면 등을 적용받은 후의 세액이 제2호에 따른 손금산입 및 소득공제 등을 하지 아니한 경우의 과세표준(이하 이 조에서 "과세표준"이라 한다)에 100분의 17[과세표준이 100억원 초과 1천억원 이하 부분은 100분의 12, 과세표준이 100억원 이하 부분은 100분의 10, 중소기업의 경우에는 100분의 7(중소기업이 대통령령으로 정하는 바에 따라 최초로 중소기업에 해당하지 아니하게 된 경우에는 그 최초로 중소기업에 해당하지 아니하게 된 과세연도의 개시일부터 3년 이내에 끝나는 과세연도에는 100분의 8, 그 다음 2년 이내에 끝나는 과세연도에는 100분의 9로 한다)]을 곱하여 계산한 세액(이하 "법인세 최저한세액"이라 한다)에 미달하는 경우 그 미달하는 세액에 상당하는 부분에 대해서는 감면 등을 하지 아니한다. (2019. 12. 31. 개정)

1. 제9조에 따라 각 사업연도의 소득금액계산을 할 때 손금으로 산입하는 연구·인력개발준비금 (2013. 1. 1. 개정)

1. 삭　제 (2019. 12. 31.)

2. 제8조, 제8조의 2, 제10조의 2, 제13조, 제14조, 제28조, 제28조의 2, 제28조의 3, 제55조의 2 제4항, 제60조 제2항, 제61조 제3항, 제62조 제1항, 제63조 제4항 및 제63조의 2 제4항에 따른 소득공제금액, 손금산입금액, 익금불산입금액 및 비과세금액 (2020. 12. 29. 개정)

3. 제7조의 2, 제7조의 4, 제8조의 3, 제10조(중소기업이 아닌 자만 해당한다. 이하 이 조에서 같다), 제12조 제2항, 제12조의 3, 제12조의 4, 제13조의 2, 제13조의 3, 제19조 제1항, 제24조, 제25조의 6, 제25의 7, 제26조, 제29조의 2부터 제29조의 5까지, 제29조의 7, 제29조의 8, 제30조의 3, 제30조의 4, 제31조 제6항, 제32조 제4항, 제99조의 12, 제104조의 8, 제104조의 14, 제104조의 15, 제104조의 22, 제104조의 35, 제104조의 30, 제104조의 35, 제122조의 4 제1항 및

부분에서 "대통령령으로 정하는 추징세액"이란 각각 다음 각 호의 것을 말한다. (2016. 2. 5. 개정)

1. 법에 의하여 각종 준비금 등을 익금산입하는 경우와 감면세액을 추징하는 경우(소득세 또는 법인세에 가산하여 자진납부하거나 부과징수하는 경우를 포함한다)에 있어서의 이자상당가산액 (2002. 12. 30. 개정)

2. 법 또는 「법인세법」에 의하여 소득세 또는 법인세의 감면세액을 추징하는 경우 당해 사업연도에 소득세 또는 법인세에 가산하여 자진납부하거나 부과징수하는 세액 (2005. 2. 19. 개정)

② 법 제132조 제1항 각 호 외의 부분에서 "대통령령으로 정하는 세액공제등"이란 법인세 감면 중 같은 항 제3호 및 제4호에 열거되지 아니한 세액공제·세액면제 및 감면을 말하며, 같은 항 각 호 외의 부분에서 "대통령령으로 정하는 바에 따라 최초로 중소기업에 해당하지 아니하게 된 경우"란 제2조 제2항 각 호 외의 부분 본문 및 같은 조 제5항에 따라 중소기업에 해당하지 아니하게 된 사유가 발생한 날이 속하는 과세연도와 그 다음 3개 과세연도가 경과한 경우를 말한다. (2010. 12. 30. 개정)

② 법 제132조 제1항 각 호 외의 부분에서 "대통령령으로 정하는 세액공제등"이란 법인세 감면 중 같은 항 제3호 및 제4호에 열거되지 아니한 세액공제·세액면제 및 감면을 말하며, 같은 항 각 호 외의 부분에서 "대통령령으로 정하는 바에 따라 최초로 중소기업에 해당하지 아니하게 된 경우"란 다음 각 호의 구분에 따른 기간이 지난 경우를 말한다. (2025. 2. 28. 개정)

1. 제2조 제2항 각 호 외의 부분 본문에 따라 중소기업에 해당하지 않게 된 사유가 발생한 경우 : 최초로 그 사유가 발생한 날이 속하는 과세연도와 그 다음 5개 과세연도(최초로 그 사유가 발생한 날이 속하는 과세연도의 종료일부터 5년이 되는 날이 속하는 과세연도의 종료일 현재 해당 기업이 「자본시장과 금융투자업에 관한 법률」에 따른 유가증권시장 또는 코스닥시장에 상장되어 있는 경우에는 7개 과세연도) (2025. 2. 28. 신설)

2. 제2조 제5항에 따라 중소기업에 해당하지 않게 된 사유가 발생한 경우 : 그 사유가 발생한 날이 속하는 과세연도와 그 다음 3개 과세연도 (2025. 2. 28. 신설)

③ 법 제132조 제1항 제3호에서 "대통령령으로 정하는 석사 및 박사의 인건비로 지출한 금액이 차지하는 비율을 곱하여 산출한 금액"이란 당해 과세연도의 세액공제대상

시설 (2021. 3. 16. 신설)

영 126조 2항의 개정규정은 2024. 12. 31. 이 속하는 과세연도에 최초로 중소기업에 해당하지 않게 된 사유가 발생한 경우부터 적용함. (영 부칙(2025. 2. 28.) 4조)

국토의 계획 및 이용에 관한 법률

제51조 【지구단위계획구역의 지정 등】 ③ 도시지역 외의 지역을 지구단위계획구역으로 지정하려는 경우 다음 각 호의 어느 하나에 해당하여야 한다. (2011. 4. 14. 개정)

1. 지정하려는 구역 면적의 100분의 50 이상이 제36조에 따라 지정된 계획관리지역으로서 대통령령으로 정하는 요건에 해당하는 지역 (2011. 4. 14. 개정)

2. 제37조에 따라 지정된 개발진흥지구로서 대통령령으로 정하는 요건에 해당하는 지역

제126조의 7 제8항에 따른 세액공제금액 (2025. 3. 14. 개정)

•예판•

최저한세 적용대상인 임시투자세액공제와 최저한세 배제대상인 외국인투자세액감면이 동시 적용되는 경우 법인세법상 공제감면 순서에 따라 세액감면을 먼저 적용하는 것이며, 조세특례제한법상의 최저한세액에 미달하는 세액에 대한 감면 등의 배제 규정이 법인세법상 공제감면 순서의 예외를 정한 '별도의 규정'으로 보기는 어려움. (대법 2012두 4173, 2012. 6. 14.)

4. 제6조, 제7조, 제12조 제1항·제3항, 제12조의 2, 제21조, 제31조 제4항·제5항, 제32조 제4항, 제62조 제4항, 제63조, 제64조, 제68조, 제96조, 제96조의 2, 제99조의 9, 제102조, 제121조의 8, 제121조의 9, 제121조의 17, 제121조의 20부터 제121조의 22까지, 제121조의 33에 따른 법인세의 면제 및 감면. 다만, 다음 각 목의 경우는 제외한다. (2023. 12. 31. 개정)

　가. 제6조 제1항 또는 제6항, 제12조의 2, 제99조의 9, 제121조의 8, 제121조의 9, 제121조의 17, 제121조의 20부터 제121조의 22까지, 제121조의 33에 따라 법인세의 100분의 100에 상당하는 세액을 감면받는 과세연도의 경우 (2023. 12. 31. 개정)

　나. 제6조 제7항에 따라 추가로 감면받는 부분의 경우 (2019. 12. 31. 개정)

　다. 제63조에 따라 수도권 밖으로 이전하는 경우 (2019. 12. 31. 개정)

　라. 제68조에 따라 작물재배업에서 발생하는 소득의 경우 (2019. 12. 31. 개정)

② 거주자의 사업소득(제16조를 적용받는 경우에만 해당 부동산임대업에서 발생하는 소득을 포함한다. 이하 이 항에서 같다)과 비거주자의 국내사업장에서 발생한 사업소득에 대한 소득세(가산세와 대통령령으로 정하는 추징세액은 제외하며 사업소득에 대한 대통령령으로 정하는 세액공제 등을 하지 아니한 소득세를 말한다)를 계산할 때 다음 각 호의 어느 하나에 해당하는 감면 등을 적용받은 후의 세액이 제2호에 따른 손금산입 및 소득공제 등을 하지 아니한 경우의 사업소득에 대한 산출세액에 100분의 45(산출세액이 3천만원 이하인 부분은 100분의 35)를 곱하여 계산한 세액(이하 "소득세 최저한세액"이라 한다)에 미

금액에 당해 과세연도의 연구 및 인력개발비 중 석사 및 박사의 「소득세법」 제20조 제2항의 규정에 의한 총급여액이 차지하는 비율을 곱하여 계산한 금액을 말한다. (2010. 2. 18. 개정)

③ 삭 제 (2012. 2. 2.)

☞ 편주

법 132조 1항 4호 및 2항 4호의 개정규정은 2024. 1. 1.이 속하는 과세연도부터 적용함. (법 부칙(2023. 12. 31.) 33조)

④ 법 제132조 제2항 각 호 외의 부분에서 "대통령령으로 정하는 세액공제등"이란 소득세의 감면 중 동조 동항 제3호 및 제4호에 열거되지 아니한 세액공제·세액면제 및 감면을 말한다. (2009. 2. 4. 개정)

⑤ 납세의무자가 신고(「국세기본법」에 의한 수정신고 및 경정 등의 청구를 포함한다)한 소득세액 또는 법인세액이 법 제132조에 따라 계산한 세액에 미달하여 소득세 또는 법인세를 경정하는 경우에는 다음 각 호의 순서(같은 호 안에서는 법 제132조 제1항 및 제2항 각 호에 열거된 조문순서를 따른다)에 따라 다음 각 호의 감면을 배제하여 세액을 계산한다. (2014. 2. 21. 개정)

(2009. 2. 6. 개정)

3. 제37조에 따라 지정된 용도지구를 폐지하고 그 용도지구에서의 행위 제한 등을 지구단위계획으로 대체하려는 지역 (2011. 4. 14. 신설)

제55조 【사업소득에 대한 세액공제금액의 계산】 영 제126조 제4항의 규정에 의한 사업소득에 대한 세액공제액은 다음의 산식에 의하여 계산한다. (2004. 3. 6. 개정)

1. 「소득세법」 제57조의 규정에 의한 외국납부세액공제 (2005. 3. 11. 개정)

　가. 「소득세법 시행령」 제117조 제1항 제1호에 해당하는 경우 (2005. 3. 11. 개정) (외국납부세액 또는 외국납부의제세

달하는 경우 그 미달하는 세액에 상당하는 부분에 대해서는 감면 등을 하지 아니한다. (2019. 12. 31. 개정)

1. 제9조에 따라 각 사업연도의 소득금액을 계산할 때 손금으로 산입하는 연구·인력개발준비금 (2013. 1. 1. 개정)

1. 삭 제 (2019. 12. 31.)

2. 제8조, 제10조의 2, 제16조, 제28조, 제28조의 2, 제28조의 3, 제86조의 3 및 제132조의 2에 따른 손금산입금액 및 소득공제금액 (2018. 12. 24. 개정)

3. 제7조의 2, 제7조의 4, 제8조의 3 제3항, 제10조, 제12조 제2항, 제19조 제1항, 제24조, 제25조의 6, 제26조, 제29조의 2부터 제29조의 5까지, 제29조의 7, 제29조의 8, 제30조의 3, 제30조의 4, 제31조 제6항, 제32조 제4항, 제99조의 12, 제104조의 8, 제104조의 14, 제104조의 15, 제104조의 25, 제104조의 30, 제122조의 3, 제122조의 4 제1항, 제126조의 3 제2항 및 제126조의 7 제8항에 따른 세액공제금액 (2022. 12. 31. 개정)

4. 제6조, 제7조, 제12조 제1항·제3항, 제12조의 2, 제21조, 제31조 제4항·제5항, 제32조 제4항, 제63조, 제64조, 제96조, 제96조의 2, 제99조의 9, 제102조, 제121조의 8, 제121조의 9, 제121조의 17, 제121조의 20부터 제121조의 22까지, 제121조의 33에 따른 소득세의 면제 및 감면. 다만, 다음 각 목의 경우는 제외한다. (2023. 12. 31. 개정)

가. 제6조 제1항 또는 제6항, 제12조의 2, 제99조의 9, 제121조의 8, 제121조의 9, 제121조의 17, 제121조의 20부터 제121조의 22까지, 제121조의 33에 따라 소득세의 100분의 100에 상당하는 세액을 감면받는 과세연도의 경우 (2023. 12. 31. 개정)

나. 제6조 제7항에 따라 추가로 감면받는 부분의 경우 (2019. 12. 31. 개정)

다. 제63조에 따라 수도권 밖으로 이전하는 경우 (2019. 12. 31. 개정)

③ 이 법을 적용할 때 제1항 각 호 및 제2항 각 호에 열거된 감면 등과 그 밖의 감면 등이 동시에 적용되는 경우 그 적용순위는 제1항 각 호 및 제2항 각 호에 열거된 감면 등을 먼저 적용한다. (2010. 1. 1. 개정)

④ 제1항 및 제2항에 따른 최저한세의 적용에 필요한 사항은 대통령령으로 정한다. (2010. 1. 1. 개정)

1. 법 제132조 제1항 제1호 및 동조 제2항 제1호의 규정에 의한 특별감가상각비 (98. 12. 31 개정)

1. 삭 제 (2014. 2. 21.)

2. 법 제132조 제1항 제1호 및 동조 제2항 제1호의 규정에 의한 준비금의 손금산입 (1998. 12. 31 개정)

2. 삭 제 (2020. 2. 11.)

2의 2. 법 제132조 제1항 제2호 및 같은 조 제2항 제2호에 따른 손금산입 및 익금불산입 (2014. 2. 21. 개정)

3. 법 제132조 제1항 제3호 및 동조 제2항 제3호의 규정에 의한 세액공제. 이 경우 동일 조문에 의한 감면세액 중 이월된 공제세액이 있는 경우에는 나중에 발생한 것부터 적용배제한다. (98. 12. 31 개정)

4. 법 제132조 제1항 제4호 및 동조 제2항 제4호의 규정에 의한 법인세 또는 소득세의 면제 및 감면 (98. 12. 31 개정)

5. 법 제132조 제1항 제2호 및 동조 제2항 제2호의 규정에 의한 소득공제 및 비과세 (98. 12. 31 개정)

액) × (과세대상 국외원천소득 중 사업소득 / 과세대상 국외원천소득)

나. 「소득세법 시행령」 제117조 제1항 제2호에 해당하는 경우 (2005. 3. 11. 개정)
(외국납부세액 또는 외국납부의제세액) × (국외에서 발생한 과세대상 수입금액 중 사업소득에 해당되는 수입금액 / 국외에서 발생한 과세대상 수입금액)

2. 「소득세법」 제58조의 규정에 의한 재해손실세액공제 (2005. 3. 11. 개정)

가. 「소득세법」 제58조 제1항 제1호에 해당하는 경우 (2005. 3. 11. 개정)
종합소득에 대한 미납부세액 (가산금포함) × 재해상실비율 × (당해 미납부세액이 있는 과세연도의 사업소득 / 당해 미납부세액이 있는 과세연도의 종합소득)

나. 「소득세법」 제58조 제1항 제2호에 해당하는 경우 (2005. 3. 11. 개정)
[종합소득세 산출세액 − (재해손실세액공제액외의 종합소득에 대한 세액공제액 + 종합소득에 대한 세액감면액) + 종합소득에 대한 가산세액] × 재해발생률 × (재해발생 과세연도의 사업소득금액 / 재해발생 과세연도의 종합소득금액)

제56조 【차입금과다법인의 지급이자 손금불산입 특례】 삭 제 (2001. 3. 28)

제56조의 2 【차입금에서 제외되는 금액의 범위 등】 삭 제 (2006. 4. 17.)

제132조의 2 【소득세 소득공제 등의 종합한도】 ① 거주자의 종합소득에 대한 소득세를 계산할 때 다음 각 호의 어느 하나에 해당하는 공제금액 및 필요경비의 합계액이 2천500만원을 초과하는 경우에는 그 초과하는 금액은 없는 것으로 한다. (2013. 1. 1. 신설)

1. 필요경비에 산입하는 「소득세법」 제34조 제1항에 따른 지정기부금 (2013. 1. 1. 신설)

1. 삭　제 (2014. 1. 1.)

2. 「소득세법」 제52조에 따른 특별소득공제. 다만, 「소득세법」 제52조 제1항에 따른 보험료 소득공제는 포함하지 아니한다. (2014. 1. 1. 개정)

가. 「소득세법」 제52조 제1항 제1호 및 같은 항 제2호 가목에 따른 보험료 (2013. 1. 1. 신설)

나. 「소득세법」 제52조 제2항 제2호에 따른 장애인을 위하여 지급한 의료비 (2013. 1. 1. 신설)

다. 「소득세법」 제52조 제3항 제3호에 따른 특수교육비 (2013. 1. 1. 신설)

라. 「소득세법」 제52조 제6항 제1호에 따른 법정기부금 (2013. 1. 1. 신설)

가. ~라. 삭　제 (2014. 1. 1.)

3. 제16조 제1항에 따른 벤처투자조합 출자 등에 대한 소득공제(같은 항 제3호, 제4호 또는 제6호에 따른 출자 또는 투자를 제외한다) (2020. 2. 11. 개정 ; 벤처투자~부칙)

4. 제86조의 3에 따른 공제부금에 대한 소득공제 (2013. 1. 1. 신설)

5. 제87조 제2항에 따른 청약저축 등에 대한 소득공제 (2013. 1. 1. 신설)

6. 제88조의 4 제1항에 따른 우리사주조합 출자에 대한 소득공제 (2013. 1. 1. 신설)

7. 제91조의 16에 따른 장기집합투자증권저축 소득공제 (2014. 1. 1. 신설)

8. 제122조의 3 제3항에 따른 월세액 소득공제 (2014. 1. 1. 개정)

8. 삭　제 (2018. 12. 24.)

9. 제126조의 2에 따른 신용카드 등 사용금액에 대한 소득공제 (2014. 1. 1. 호번개정)

② 제1항 제1호 및 「소득세법」 제52조 제6항 제2호의 지정기부금과 다른 공제금액이 함께 있는 경우 제1항에 따라 공제금액의 합계액을 계산할 때 다른 공제금액을 먼저 합계액에 산입한다. (2013. 1. 1. 신설)

③ 제1항에 따라 초과하는 금액에 같은 항 제1호 또는 「소득세법」 제52조 제6항 제2호의 지정기부금이 포함되어 있는 경우 해당 기부금은 「소득세법」 제34조 제3항 또는

제52조 제8항 단서에 따라 이월하여 필요경비에 산입하거나 종합소득금액에서 공제할 수 있다. (2013. 1. 1. 신설)

② · ③ 삭　제 (2014. 1. 1.)

④ 제1항에 따른 소득공제 한도 적용에 필요한 사항은 대통령령으로 정한다. (2013. 1. 1. 신설)

제133조 【양도소득세 및 증여세 감면의 종합한도】 (2006. 12. 30. 제목개정)

① 개인이 제33조, 제43조, 제66조부터 제69조까지, 제69조의 2부터 제69조의 4까지, 제70조, 제85조의 10 또는 법률 제6538호 부칙 제29조에 따라 감면받을 양도소득세액의 합계액 중에서 다음 각 호의 금액 중 큰 금액은 감면하지 아니한다. 이 경우 감면받는 양도소득세액의 합계액은 자산양도의 순서에 따라 합산한다. (2025. 3. 14. 개정)

편주 ▶ ··

법 133조 1항부터 3항까지의 개정규정은 2025. 3. 14.이 속하는 과세연도에 양도하는 경우부터 적용함. (법 부칙(2025. 3. 14.) 15조 1항)
···

1. 제33조, 제43조, 제66조부터 제69조까지, 제69조의 2부터 제69조의 4까지, 제70조, 제85조의 10 또는 법률 제6538호 부칙 제29조에 따라 감면받을 양도소득세액의 합계액이 과세기간별로 1억원을 초과하는 경우에는 그 초과하는 부분에 상당하는 금액 (2025. 3. 14. 개정)

2. 5개 과세기간의 합계액으로 계산된 다음 각 목의 금액 중 큰 금액. 이 경우 5개 과세기간의 감면받을 양도소득세액의 합계액은 해당 과세기간에 감면받을 양도소득세액과 직전 4개 과세기간에 감면받은 양도소득세액을 합친 금액으로 계산한다. (2020. 6. 9. 개정 ; 법률용어~법률)

가. 5개 과세기간의 제70조에 따라 감면받을 양도소득세액의 합계액이 1억원을 초과하는 경우에는 그 초과하는 부분에 상당하는 금액 (2010. 1. 1. 개정)

나. 5개 과세기간의 제66조부터 제69조까지, 제69조의 2부터 제69조의 4까지 또는 제70조에 따라 감면받을 양도소득세액의 합계액이 2억원을 초과하는 경우에는 그 초과하는 부분에 상당하는

금액 (2025. 3. 14. 개정)

다. 5개 과세기간의 제66조부터 제69조까지, 제69조의 2, 제70조, 제77조 또는 제77조의 2에 따라 감면받을 양도소득세액의 합계액이 3억원을 초과하는 경우에는 그 초과하는 부분에 상당하는 금액 (2015. 12. 15. 개정)

다. 삭　제 (2017. 12. 19.)

② 개인이 제77조, 제77조의 2 또는 제77조의 3에 따라 감면받을 양도소득세액의 합계액 중에서 다음 각 호의 금액 중 큰 금액은 감면하지 아니한다. 이 경우 감면받는 양도소득세액의 합계액은 자산양도의 순서에 따라 합산한다. (2025. 3. 14. 신설)

1. 제77조, 제77조의 2 또는 제77조의 3에 따라 감면받을 양도소득세액의 합계액이 과세기간별로 2억원을 초과하는 경우에는 그 초과하는 부분에 상당하는 금액 (2025. 3. 14. 신설)

2. 5개 과세기간의 제77조, 제77조의 2 또는 제77조의 3에 따라 감면받을 양도소득세액의 합계액이 3억원을 초과하는 경우에는 그 초과하는 부분에 상당하는 금액. 이 경우 5개 과세기간의 감면받을 양도소득세액의 합계액은 해당 과세기간에 감면받을 양도소득세액과 직전 4개 과세기간에 감면받은 양도소득세액을 합친 금액으로 계산한다. (2025. 3. 14. 신설)

편주 ▶ ··

법 133조 2항 2호의 개정규정을 적용하는 경우 2025. 3. 14. 전에 법 77조의 3에 따라

☞ p.1895 1단 연결

라 감면받은 세액은 이를 합산하지 아니함. (법 부칙(2025. 3. 14.) 15조 2항)

③ 제1항 제1호 및 제2항 제1호를 적용할 때 토지를 분할(해당 토지의 일부를 양도한 날부터 소급하여 1년 이내에 토지를 분할한 경우를 말한다)하여 그 일부를 양도하거나 토지의 지분을 양도한 후 그 양도한 날로부터 2년 이내에 나머지 토지나 그 지분의 전부 또는 일부를 동일인이나 그 배우자에게 양도하는 경우에는 1개 과세기간에 해당 양도가 모두이루어진 것으로 본다. (2025. 3. 14. 개정)

④ 제71조에 따라 감면받을 증여세액의 5년간 합계가 1억원(이하 이 항에서 "증여세감면한도액"이라 한다)을 초과하는 경우에는 그 초과하는 부분에 상당하는 금액은 감면하지 아니한다. 이 경우 증여세감면한도액은 그 감면받을 증여세액과 그 증여일 전 5년간 감면받은 증여세액을 합친 금액으로 계산한다. (2025. 3. 14. 항번개정)

제134조 【특별부가세 감면의 종합한도】 삭 제 (2001. 12. 29)
제135조 【차입금 과다법인의 지급이자 손금불산입】 삭 제 (2005. 12. 31.)

제136조 【기업업무추진비의 손금불산입 특례】 (2022. 12. 31. 제목개정)

① 중소기업이 지출한 접대비로서 「법인세법」 제25조 제4항 및 「소득세법」 제35조 제3항에 따라 접대비를 손금 또는 필요경비에 산입하지 아니하는 금액을 계산할 때 다음 각 호의 구분에 따른 금액은 2018년 12월 31일이 속하는 사업연도까지는 2천400만원에 해당 사업연도의 월수를 곱하고 이를 12로 나누어 산출한 금액으로 한다. (2018. 12. 24. 개정)
1. 「법인세법」 제25조 제4항에 따라 각 사업연도의 소득금액을 계산하는 경우 : 같은

제127조 【양도소득세 감면의 종합한도액 계산】 삭 제 (2006. 2. 9.)
제128조 【특별부가세 감면의 종합한도】 삭 제 (2001. 12. 31)
제129조 【차입금과다법인의 지급이자 손금불산입】 삭 제 (2006. 2. 9.)

제130조 【기업업무추진비의 손금불산입특례】 (2023. 2. 28. 제목개정)
① 삭 제 (2001. 12. 31)
② 삭 제 (2006. 2. 9.)

항 제1호에 따른 금액 (2018. 12. 24. 개정)
2. 「소득세법」 제35조 제3항에 따라 종합소득금액을 계산하는 경우 : 같은 항 제1호에 따른 금액 (2018. 12. 24. 개정)

① 삭　제 (2022. 12. 31.)
② 다음 각 호의 법인에 대해서는 「법인세법」 제25조 제4항에 따라 각 사업연도의 소득금액을 계산할 때 손금에 산입하는 기업업무추진비의 금액은 같은 조 같은 항 본문에 따른 금액을 합한 금액의 100분의 70에 상당하는 금액으로 한다. (2022. 12. 31. 개정)
1. 삭　제 (2007. 12. 31.)
2. 대통령령으로 정하는 정부출자기관 (2010. 1. 1. 개정)
3. 제2호에 따른 법인이 출자한 대통령령으로 정하는 법인 (2007. 12. 31. 개정)

③ 내국인이 2025년 12월 31일 이전에 대통령령으로 정하는 문화비로 지출한 기업업무추진비에 대해서는 내국인의 기업업무추진비 한도액[「법인세법」 제25조 제4항 각 호의 금액을 합친 금액(부동산임대업을 주된 사업으로 하는 등 대통령령으로 정하는 내국법인의 경우에는 그 금액에 100분의 50을 곱한 금액) 또는 「소득세법」 제35조 제3항 각 호의 금액을 합친 금액을 말한다. 이하 이 조에서 같다]에도 불구하고 해당 과세연도의 소득금액을 계산할 때 내국인의 기업업무추진비 한도액의 100분의 20에 상당하는 금액의 범위에서 손금에 산입한다. (2023. 12. 31. 개정)
④ 내국인이 2020년 1월 1일부터 2020년 12월 31일까지 지출한 기업업무추진비로서 「법인세법」 제25조 제4항 및 「소득세법」 제35조 제3항에 따라 기업업무추진비를 손금 또는 필요경비에 산입하지 아니하는 금액을 계산할 때 수입금액별 한도는 「법인세법」 제25조 제4항 제2호의 표 및 「소득세법」 제35조 제3항 제2호의 표에도 불구하고 다음 표에 규정된 비율을 적용하여 산출한다. (2022. 12. 31. 개정)

편주 ▶
법 136조 제목 및 같은 조 2항의 개정규정, 같은 조 3항의 개정규정 중 "기업업무추진비" 및 "기업업무추진비 한도액"의 개정부분, 같은 조 4항의 개정규정은 2024. 1. 1.부터 시행함. (법 부칙(2022. 12. 31.) 1조 1호)

③ 법 제136조 제2항 제2호에서 "대통령령으로 정하는 정부출자기관"이란 정부가 100분의 20 이상을 출자한 법인을 말한다. 다만, 「공공기관의 운영에 관한 법률」 제5조에 따른 공기업·준정부기관이 아닌 상장법인은 제외한다. (2010. 2. 18. 개정)
④ 법 제136조 제2항 제3호에서 "대통령령으로 정하는 법안"이란 같은 항 제2호의 법인이 최대주주로서 출자한 법인을 말한다. (2010. 2. 18. 개정)
⑤ 법 제136조 제3항에서 "대통령령으로 정하는 문화비"란 국내 문화 관련 지출로서 다음 각 호의 용도로 지출한 비용을 말한다. (2019. 2. 12. 단서삭제)
1. 「문화예술진흥법」 제2조에 따른 문화예술의 공연이나 전시회 또는 「박물관 및 미술관 진흥법」에 따른 박물관의 입장권 구입 (2007. 8. 6. 신설)
2. 「국민체육진흥법」 제2조에 따른 체육활동의 관람을 위한 입장권의 구입 (2007. 8. 6. 신설)
3. 「영화 및 비디오물의 진흥에 관한 법률」 제2조에 따른 비디오물의 구입 (2007. 8. 6. 신설)
4. 「음악산업진흥에 관한 법률」 제2조에 따른 음반 및 음악영상물의 구입 (2007. 8. 6. 신설)
5. 「출판문화산업 진흥법」 제2조 제3호에 따른 간행물의 구입 (2014. 2. 21. 개정)
6. 「관광진흥법」 제48조의 2 제3항에 따라 문화체육관광부장관이 지정한 문화관광축제의 관람 또는 체험을 위한 입장권·이용권의 구입 (2010. 2. 18. 신설)

예 판
영화상영법인이 발행한 영화상영입장권으로서, 이용약관상 동 상품권은 현금환불이 불가능하고 영화상영업법인이 운영하는 영화상영관의 영화상영입장권으로만 교환이 가능한 경우 동 접대비는 문화접대비에 해당함. (법인－3032, 2008. 10. 23.)

수입금액	비율
100억원 이하	0.35퍼센트
100억원 초과 500억원 이하	3천5백만원 + (수입금액 - 100억원) × 0.25퍼센트
500억원 초과	1억3천5백만원 + (수입금액 - 500억원) × 0.06퍼센트

⑤ 제4항을 적용할 때 2020년이 2개 이상의 사업연도에 걸쳐 있는 내국법인의 경우에는 다음 계산식에 따라 수입금액별 한도를 산출한다. (2020. 3. 23. 신설)

$$
\text{제4항에 따른 수입금액별 한도} = \text{해당 사업연도 중 2020년에 속하는 일수} \div \text{해당 사업연도의 일수} \times \text{「법인세법」 제25조 제4항 제2호에 따른 수입금액별 한도} + \text{해당 사업연도 중 2020년에 속하지 않는 일수} \div \text{해당 사업연도의 일수}
$$

⑥ 내국인이 2025년 12월 31일 이전에 「전통시장 및 상점가 육성을 위한 특별법」 제2조 제1호에 따른 전통시장에서 지출한 기업업무추진비로서 다음 각 호의 요건을 모두 갖춘 기업업무추진비는 내국인의 기업업무추진비 한도액에도 불구하고 해당 과세연도의 소득금액을 계산할 때 내국인의 기업업무추진비 한도액의 100분의 10에 상당하는 금액의 범위에서 손금에 산입한다. (2023. 12. 31. 신설)

1. 제126조의 2 제1항에 따른 신용카드등사용금액에 해당할 것 (2023. 12. 31. 신설)

2. 소비성서비스업 등 대통령령으로 정하는 업종을 경영하는 법인 또는 사업자에게 지출한 것이 아닐 것 (2023. 12. 31. 신설)

기업업무추진비의 전통시장 지출분에 대한 손금산입 특례 신설
• 전통시장 안에서 지출한 기업업무추진비에 대해서는 「법인세법」에 따른 기업업무추진비의 손금산입 한도액 외에 그 한도액의 10%에 상당하는 금액까지 추가로 손금에 산입할 수 있도록 함 (법 136조 6항 신설 ; 2023. 12. 31.)
• 법 136조 6항의 개정규정은 2024. 1. 1. 이후 과세표준을 신고하는 경

---

7. 「관광진흥법 시행령」 제2조 제1항 제3호 마목에 따른 관광공연장 입장권의 구입 (2019. 2. 12. 개정)

8. 기획재정부령으로 정하는 박람회의 입장권 구입 (2010. 2. 18. 신설)

9. 「문화재보호법」 제2조 제3항에 따른 지정문화재 및 같은 조 제4항 제1호에 따른 국가등록문화재의 관람을 위한 입장권의 구입 (2020. 5. 26. 개정 ; 문화재보호법 시행령 부칙)

9. 다음 각 목의 어느 하나에 해당하는 국가유산의 관람을 위한 입장권의 구입 (2024. 5. 7. 개정 ; 문화재~부칙)

가. 「문화유산의 보존 및 활용에 관한 법률」에 따른 지정문화유산 (2024. 5. 7. 개정 ; 문화재~부칙)

나. 「근현대문화유산의 보존 및 활용에 관한 법률」에 따른 국가등록문화유산 (2024. 5. 7. 개정 ; 문화재~부칙, 2024. 9. 10. 개정 ; 근현대~부칙)

다. 「자연유산의 보존 및 활용에 관한 법률」에 따른 천연기념물등 (2024. 5. 7. 개정 ; 문화재~부칙)

라. 「무형유산의 보전 및 진흥에 관한 법률」에 따른 국가무형유산 (2024. 5. 7. 개정 ; 문화재~부칙)

마. 「무형유산의 보전 및 진흥에 관한 법률」에 따른 시·도무형유산 (2024. 5. 7. 개정 ; 문화재~부칙)

10. 「문화예술진흥법」 제2조에 따른 문화예술 관련 강연의 입장권 구입 또는 초빙강사에 대한 강연료 등 (2015. 2. 3. 신설)

11. 자체시설 또는 외부임대시설을 활용하여 해당 내국인이 직접 개최하는 공연 등 문화예술행사비 (2016. 2. 5. 신설)

12. 문화체육관광부의 후원을 받아 진행하는 문화예술, 체육행사에 지출하는 경비 (2016. 2. 5. 신설)

13. 미술품의 구입(취득가액이 거래단위별로 1백만원 이하인 것으로 한정한다) (2019. 2. 12. 신설)

14. 「관광진흥법」 제5조 제2항에 따라 같은 법 시행령 제2조 제1항 제5호 가목 또는 나목에 따른 종합유원시설업 또는 일반유원시설업의 허가를 받은 자가 설치한 유기시설 또는 유기기구의 이용을 위한 입장권·이용권의 구입 (2023. 6. 7. 신설)

15. 「수목원·정원의 조성 및 진흥에 관한 법률」 제2조 제1호 및 제1호의 2에 따른 수목원 및 정원의 입장권 구입 (2023. 6. 7. 신설)

제57조【기업업무추진비의 손금불산입 특례에 포함되는 지출의 범위】 (2023. 3. 20. 제목개정)

규칙 57조의 개정규정은 2024. 1. 1.부터 시행함. (규칙 부칙(2023. 3. 20.) 1조 1호)

영 제130조 제5항 제8호에서 "기획재정부령으로 정하는 박람회"란 2012년에 개최되는 여수세계박람회를 말한다. (2010. 4. 20. 신설)

우부터 적용함. (법 부칙(2023. 12. 31.) 35조)

. . . .

제137조【소비성서비스업 광고선전비의 손금불산입】삭　제 (2005. 12. 31.)

제138조【임대보증금 등의 간주익금】① 법인의 자기자본에 대한 차입금의 비율 등을 고려하여 대통령령으로 정하는 기준을 초과하여 차입금을 보유하고 있는 내국법인으로서 부동산임대업을 주업으로 하는 법인(비영리내국법인은 제외한다)이 대통령령으로 정하는 주택을 제외한 부동산 또는 그 부동산에 관한 권리 등을 대여하고 보증금, 전세금 또는 이에 준하는 것을 받은 경우에는 대통령령으로 정하는 바에 따라 계산한 금액을 「법인세법」 제15조 제1항에 따른 익금에 가산한다. (2010. 1. 1. 개정)
② 제1항을 적용할 때 차입금의 범위, 주업의 판정기준, 그 밖에 필요한 사항은 대통령령으로 정한다. (2010. 1. 1. 개정)

16. 「궤도운송법」 제2조 제3호에 따른 궤도시설의 이용권 구입 (2023. 6. 7. 신설)
⑥ 법 제136조 제3항에서 "대통령령으로 정하는 내국법인"이란 「법인세법 시행령」 제42조 제2항에 따른 내국법인을 말한다. (2019. 2. 12. 개정)
⑦ 법 제136조 제6항 제2호에서 "소비성서비스업 등 대통령령으로 정하는 업종"이란 제29조 제3항 각 호의 소비성서비스업을 말한다. (2024. 2. 29. 신설)

제131조【소비성서비스업 광고선전비의 손금불산입】삭　제 (2006. 2. 9.)

제132조【임대보증금 등의 간주익금】① 법 제138조 제1항에서 "대통령령으로 정하는 기준"이란 차입금이 자기자본(다음 각 호의 금액 중 큰 금액을 말한다)의 2배에 상당하는 금액을 말한다. 이 경우 차입금과 자기자본은 적수(積數)로 계산하되, 사업연도 중 합병·분할하거나 증자·감자 등에 따라 자기자본의 변동이 있는 경우에는 해당 사업연도 개시일부터 자기자본의 변동일 전일까지의 기간(해당 기간에 해당하는 자기자본은 제1호의 규정에 따른 금액에서 증자액 또는 감자액을 차감 또는 가산하여 계산할 수 있다)과 그 변동일부터 해당 사업연도종료일까지의 기간으로 각각 나누어 계산한 자기자본의 적수를 합한 금액을 자기자본의 적수로 한다. (2021. 1. 5. 후단 개정 ; 어려운 법령용어~대통령령)
1. 해당 사업연도종료일 현재 재무상태표상의 자산의 합계액에서 부채(충당금을 포함하며, 미지급법인세를 제외한다)의 합계액을 공제한 금액 (2021. 1. 5. 개정 ; 어려운 법령용어~대통령령)
2. 당해 사업연도종료일 현재의 납입자본금(자본금에 주식발행액면초과액 및 감자차익을 가산하고, 주식할인발행차금 및 감자차손을 차감한 금액으로 한다) (2006. 2. 9. 신설)
② 제1항에서 차입금은 「법인세법 시행령」 제53조 제4항의 규정에 따라 제외되는 차입금 및 동법 시행령 제55조의 규정에 따라 지급이자가 이미 손금불산입된 차입금과 「주택도시기금법」에 따른 주택도시기금으로부터 차입한 금액을 제외한다. (2015. 6. 30. 개정 ; 주택도시기금법 시행령 부칙)
③ 법 제138조 제1항에서 "부동산임대업을 주업으로 하는 법인"이라 함

제58조【소비성서비스업 광고선전비의 손금불산입】삭　제 (2006. 4. 17.)

제59조【임대보증금 등의 간주익금계산】① 영 제132조 제3항 후단의 규정에 의한 자산의 일부를 임대사업에 사용할 경우의 임대사업에 사용되는 자산가액은 다음의 산식에 의하여 계산한다. (2007. 3. 30. 개정)
일부를 임대사업에 사용하고 있는 자산의 가액 × (임대사업에 사용하고 있는 부분의 면적 / 당해 건물의 연면적)
② 영 제132조 제5항 및 제6항의 규정을 적용함에 있어서 건설비상당액은 당해 건축물의 취득가액(자본적 지출액을 포함하고, 재평가차액을 제외한다)으로 하고, 그 적수는 다음 각호의 산식에 의하여 계산한 금액으로 한다. 이 경우 면적의 적수의 계산은 매월말 현재의 잔액에 경과일수를 곱하여 계산할 수 있다. (2007. 3. 30. 개정)
1. 영 제132조 제6항 제1호의 경우 (2007. 3. 30. 개정)
지하도의 건설비 적수총계×(임대면적의 적수 / 임대가능면적의 적수)
2. 영 제132조 제6항 제2호의 경우 (2007.

은 당해 법인의 사업연도 종료일 현재 자산총액 중 임대사업에 사용된 자산가액이 100분의 50 이상인 법인을 말한다. 이 경우 자산가액의 계산은 「소득세법」 제99조의 규정에 의하며, 자산의 일부를 임대사업에 사용할 경우 임대사업에 사용되는 자산가액은 기획재정부령이 정하는 바에 의하여 계산한다. (2008. 2. 29. 직제개정 ; 기획재정부와~직제 부칙)

④ 법 제138조 제1항에서 "대통령령으로 정하는 주택"이란 주택과 그 부속토지로서 다음 각 호의 면적 중 넓은 면적 이내의 토지를 말한다. (2010. 2. 18. 개정)

1. 주택의 연면적(지하층의 면적, 지상층의 주차용으로 사용되는 면적 및 「주택건설기준 등에 관한 규정」 제2조 제3호의 규정에 따른 주민공동시설의 면적을 제외한다) (2006. 2. 9. 개정)

2. 건물이 정착된 면적에 5배(도시지역 밖의 토지의 경우에는 10배를 말한다)를 곱하여 산정한 면적 (2006. 2. 9. 개정)

⑤ 법 제138조 제1항의 규정에 의하여 익금에 가산할 금액은 다음의 산식에 의하여 계산한다. 이 경우 익금에 가산할 금액이 영보다 적은 때에는 이를 없는 것으로 보며, 적수의 계산은 매월말 현재의 잔액에 경과일수를 곱하여 계산할 수 있다. (2010. 12. 30. 개정)

익금에 가산할 금액 = (당해 사업연도의 보증금 등의 적수 - 임대용부동산의 건설비상당액의 적수) × [1/ 365(윤년인 경우에는 366으로 한다)] ×정기예금이자율 - 당해 사업연도의 임대사업부분에서 발생한 수입이자와 할인료 · 배당금 · 신주인수권처분익 및 유가증권처분익의 합계액

⑥ 제5항에서 "임대용부동산의 건설비상당액"이라 함은 다음 각호의 1에 해당하는 금액을 말한다. (2006. 2. 9. 개정)

1. 지하도를 건설하여 「국유재산법」 기타 법령에 의하여 국가 또는 지방자치단체에 기부채납하고 지하도로 점용허가(1차 무상점유기간에 한한다)를 받아 이를 임대하는 경우에는 기획재정부령이 정하는 지하도건설비상당액 (2008. 2. 29. 직제개정 ; 기획재정부와~직제 부칙)

2. 제1호 외의 임대용부동산에 있어서는 기획재정부령이 정하는 당해 임대용부동산의 건설비상당액(토지가액을 제외한다) (2008. 2. 29. 직제개정 ; 기획재정부와~직제 부칙)

통칙 138-132…1 【임대보증금 등의 간주익금 계산】

① 영 제132조 제5항의 산식에 의하여 임대보증금 등의 간주익금을 계산함에 있어 간주익금에서 공제되는 해당 사업연도의 임대사업부분에서 발생한 유가증권처분익의 합계액이 "음수(-)"인 때에는 이를 "0"으로 하여 간주익금을 계산한다. (2024. 3. 15. 개정)

② 제1항에 따라 간주익금을 계산함에 있어 임대사업개시 전에 임대용역의 제공이 없는 상태에서 부동산이 완공되면 임대하기로 하고 받은 계약금 · 선수보증금 등에 대하여는 임대를 개시한 날 이후부터 간주익금을 계산한다. (2019. 12. 23. 개정)

☞

---

3. 30. 개정)

임대용부동산의 건설비 적수총계 × (임대면적의 적수 / 건물 연면적의 적수)

③ 부동산을 임차하여 전대하는 경우 영 제132조 제5항의 산식에 규정된 보증금 등의 적수는 전대보증금 등의 적수에서 임차보증금 등의 적수를 차감하여 계산한다. 이 경우 임차보증금 등의 적수가 전대보증금 등의 적수를 초과하는 때에는 그 초과하는 부분은 이를 없는 것으로 한다. (2007. 3. 30. 개정)

④ 영 제132조 제5항의 산식에서 "정기예금이자율"이라 함은 「법인세법 시행규칙」 제6조의 규정에 의한 이자율을 말한다. (2007. 3. 30. 개정)

⑤ 영 제132조 제5항의 산식에서 "유가증권처분익"이라 함은 유가증권의 매각익에서 매각손을 차감한 금액을 말한다. (2007. 3. 30. 개정)

⑥ 영 제132조 제5항의 규정을 적용함에 있어서 각 사업연도 중에 임대사업을 개시한 경우에는 임대사업을 개시한 날부터 적수를 계산한다. (2007. 3. 30. 개정)

⑦ 영 제132조 제6항 제2호의 규정을 적용함에 있어서 1991년 1월 1일 이후에 개시하는 사업연도 이전에 취득 · 건설한 임대용 부동산의 건설비상당액은 당해 부동산의 취득가액과 당해 부동산의 연면적에 1990년 12월 31일이 속하는 사업연도 종료일 현재의 단위면적당 임대보증금을 곱하여 계산한 금액 중 큰 금액으로 한다. 이 경우 당해 부동산의 취득가액이 확인되지 아니하는 때에는 「소득세법」 제99조의 규

제139조【법인전환소기업에 대한 소득금액계산의 특례】삭 제
(2008. 12. 26.)

제140조【해저광물자원개발을 위한 과세특례】 [농특비]
① 「해저광물자원 개발법」 제2조 제5호의 해저조광권을 가진 자(이하 이 조에서 "해저조광권자"라 한다)가 해저광물의 탐사 및 채취사업에 사용하기 위하여 2025년 12월 31일까지 수입하는 기계·장비 및 자재에 대한 관세와 부가가치세를 면제한다. (2022. 12. 31. 개정)
② 해저조광권자의 대리인 또는 도급업자가 해저광물의 탐사 및 채취사업에 직접 사용하기 위하여 2025년 12월 31일까지 그 해저조광권자의 명의로 수입하는 기계·장비 및 자재에 대한 관세와 부가가치세를 면제한다. (2022. 12. 31. 개정)

제141조【부동산실권리자 명의등기에 대한 조세부과의 특례】 [농특비]
「부동산실권리자 명의등기에 관한 법률」 제11조에 따라 실명등기를 한 부동산이 1건이고 그 가액이 5천만원 이하인 경우로서 다음 각 호의 어느 하나에 해당하는 경우에는 이미 면제되거나 적게 부과된 조세 또는 부과되지 아니한 조세는 추징하지 아니한다. 이 경우 실명등기를 한 부동산의 범위 및 가액의 계산에 대해서는 대통령령으로 정한다. (2010. 1. 1. 개정)
1. 「소득세법」 제89조 제3호에 따라 명의신탁자 및 그와 생계를 같이 하는 1세대가 이 법 시행 전에 1세대 1주택의 양도에 따른 비과세를 받은 경우로서 실명등기로 인하여 해당 주택을 양도한 날에 비과세에 해당하지 아니하게 되는 경우 (2010. 1. 1. 개정)
2. 종전의 「상속세법」(1996. 12. 30. 법률 제5193호로 개정되기 전의 것을 말한다) 제32조의 2에 따라 명의자에게 「부동산실권리자 명의등기에 관한 법률」 시행 전에 납세의무가 성립된 증여세를 부과하는 경우 (2010. 1. 1. 개정)

제133조【법인전환소기업의 범위】삭 제 (2009. 2. 4.)

제133조의 2【해저광물자원개발을 위한 과세특례】 법 제140조에 따라 조세를 면제받으려는 자는 기획재정부령으로 정하는 바에 따라 산업통상자원부장관의 확인을 받아 관할세무서장·세관장 또는 지방자치단체의 장에게 신청하여야 한다. (2014. 2. 21. 개정)

[통칙] 140 - 0…1【해저광물자원개발을 위한 재화·용역 공급시 부가가치세 면제 여부】
사업자가 해저조광권자에게 해저광물의 개발을 위한 조사·설계 및 건설용역을 공급하는 경우에는 부가가치세가 과세되고, 해저조광권자에게 해저광물의 탐사 및 채취사업에 사용되는 기계·장비 및 자재를 공급하는 경우에는 부가가치세가 면제된다. (2005. 7. 7. 신설)

제134조【실명등기한 부동산의 범위등】 ① 법 제141조 제1항 본문에서 "실명등기를 한 부동산이 1건"이라 함은 「부동산실권리자 명의등기에 관한 법률」(1995년 12월 30일 법률 제4944호로 개정된 것을 말한다) 시행전에 명의수탁자명의로 등기한 부동산이 1필지(서로 인접한 수필지의 토지를 포함한다) 또는 1동의 건물(당해 건물의 부속건물 및 건물에 부수되는 토지를 포함하고, 「주택법」에 의한 공동주택의 경우에는 1세대의 구분건물 및 그 부수토지로 한다)로서 이를 실명등기한 경우를 말한다. (2005. 2. 19. 개정)
② 법 제141조 제1항 본문의 규정에 의한 부동산가액은 「부동산실권리자 명의등기에 관한 법률」 시행일 현재 다음 각호의 방법에 의하여 평가한 금액으로 한다. (2005. 2. 19. 개정)
1. 소유권의 경우에는 「소득세법」 제99조의 규정에 의한 기준시가 (2005. 2. 19. 개정)
2. 소유권 외의 물권의 경우에는 「상속세 및 증여세법 시행령」 제51조 및 제63조에서 정하는 평가방법 (2005. 2. 19. 개정)

정에 의한 기준시가를 그 취득가액으로 한다. (2007. 3. 30. 개정)

제59조의 2【조세면제의 확인신청】영 제133조의 2의 규정에 의하여 조세의 면제확인을 받고자 하는 자는 조세의 면제확인신청서를 산업통상자원부장관에게 제출하여야 한다. (2013. 3. 23. 직제개정 ; 기획재정부와~직제 시행규칙 부칙)

[관계조문] ▶▶
규칙 61조 2항 13호 ⇒ 관세 및 부가가치세 면제확인신청서(별지 97호 서식)

제141조의 2【비거주자등의 보세구역 물류시설의 재고자산 판매이익에 대한 과세특례】① 「소득세법」 제120조 또는 「법인세법」 제94조에 따른 국내사업장이 없는 비거주자 또는 외국법인(이하 이 조에서 "비거주자등"이라 한다)이 국외에서 제조하거나 양도받은 재고자산을 「관세법」 제154조에 따른 보세구역 또는 「자유무역지역의 지정 및 운영에 관한 법률」 제2조 제1호에 따른 자유무역지역에 소재하는 「물류정책기본법」 제2조 제1항 제4호에 따른 물류시설에 보관 후 양도함에 따라 발생하는 「소득세법」 제119조 제5호 또는 「법인세법」 제93조 제5호의 국내원천소득에 대하여 「소득세법」 제156조 제1항 또는 「법인세법」 제98조 제1항에 따른 소득세 또는 법인세를 면제한다. (2008. 12. 26. 신설)
② 제1항을 적용받으려는 비거주자등은 대통령령으로 정하는 바에 따라 면제신청을 하여야 한다. (2008. 12. 26. 신설)

제 7 장 보   칙 (1999. 5. 24 장번개정)

제142조【조세특례의 사전·사후관리】① 기획재정부장관은 매년 3월 31일까지 조세특례 및 그 제한에 관한 기본계획을 수립하여 국무회의의 심의를 거쳐 중앙행정기관의 장에게 통보하여야 한다. (2013. 1. 1. 개정)
② 중앙행정기관의 장은 경제·사회정책 등의 효율적 수행을 위하여 조세감면이 필요하다고 인정되는 사항에 대하여 조세감면의 목적, 조세감면으로 인하여 기대되는 정책효과, 연도별 예상 세수효과 및 관련 통계자료 등을 포함한 조세감면에 관한 건의를 매년 4월 30일까지 기획재정부장관에게 하여야 한다. (2013. 1. 1. 개정)
③ 대통령령으로 정하는 조세특례사항에 대하여 중앙행정기관의 장은 조세감면으로 인한 효과분석 및 조세감면제도의 존치 여부 등에 대한 의견을 매년 4월 30일까지 기획재정부장관에게 제출하여야 한다. (2013. 1. 1. 개정)

제134조의 2【비거주자등의 보세구역 물류시설의 재고자산 판매이익에 대한 과세특례 적용 절차】① 법 제141조의 2에 따라 소득세 또는 법인세의 원천징수를 면제받으려는 비거주자등은 기획재정부령으로 정하는 원천징수면제신청서에 같은 조에 따른 물류시설(이하 이 조에서 "물류시설"이라 한다)의 재고자산 입·출고내역을 첨부하여 매분기 종료일의 다음달 말일까지 물류시설을 운영하는 자의 납세지 관할세무서장에게 제출하여야 한다. (2009. 2. 4. 신설)
② 제1항에 따른 소득세 또는 법인세의 원천징수 면제신청서는 물류시설을 운영하는 자가 제출할 수 있다. (2009. 2. 4. 신설)

제 7 장 보   칙 (1999. 5. 24 장번개정)

제135조【조세특례의 사전·사후관리】(2013. 2. 15. 제목개정)
① 법 제142조 제3항에서 "대통령령으로 정하는 조세특례사항"이란 다음 각 호의 어느 하나에 해당하는 사항을 말한다. (2014. 9. 11. 개정)
1. 해당 과세연도에 적용기한이 종료되는 조세특례사항 (2014. 9. 11. 개정)

규칙 61조 1항 89호 ⇒ 비거주자 등의 보세구역 물류시설의 재고자산 판매이익 원천징수면제신청서(별지 84호의 2 서식)

④ 기획재정부장관은 주요 조세특례에 대한 평가를 실시할 수 있다. 다만, 해당 연도에 적용기한이 종료되는 사항(지원대상의 소멸로 조세특례의 폐지가 명백한 사항 등 대통령령으로 정하는 사항은 제외한다)으로서 연간 조세특례금액이 대통령령으로 정하는 일정금액 이상인 조세특례에 대해서는 예산의 범위 내에서 전문적인 조사·연구기관이 목표달성도, 경제적 효과, 소득재분배효과, 재정에 미치는 영향 등 대통령령으로 정하는 내용에 대해 평가한 결과를 회계연도 개시 120일 전까지 국회에 제출하여야 한다. (2014. 1. 1. 단서신설)

⑤ 정부는 연간 조세특례금액이 300억원 이상인 조세특례를 신규로 도입하는 법률안을 제출하는 경우에는 전문적인 조사·연구기관에서 조세특례의 필요성 및 적시성, 기대효과, 예상되는 문제점 등 대통령령으로 정하는 내용에 대해 평가한 결과를 첨부하여야 한다. 다만, 다음 각 호의 어느 하나에 해당하는 사항은 그러하지 아니하다. (2019. 12. 31. 개정)

1. 경제·사회적 상황에 대응하기 위하여 도입하려는 경우로서 국무회의의 심의를 거친 사항 (2019. 12. 31. 신설)
2. 남북교류협력에 관계되거나 국가 간 협약·조약에 따라 추진하는 사항 (2019. 12. 31. 신설)

2. 시행 후 2년이 지나지 아니한 조세특례사항 (2014. 9. 11. 개정)
3. 기존의 조세특례사항 중 그 범위를 확대하려는 사항 (2014. 9. 11. 개정)
4. 법 제142조 제1항에 따른 기본계획에 재검토가 필요한 사항으로 열거된 조세특례사항 (2014. 9. 11. 개정)

② 기획재정부장관은 법 제142조 제4항 본문에 따라 다음 각 호의 어느 하나에 해당하는 조세특례에 대해서는 종합적인 평가를 실시할 수 있다. (2014. 9. 11. 개정)

1. 분야별로 일괄하여 평가가 필요한 사항 (2013. 2. 15. 신설)
2. 향후 지속적 감면액 증가가 예상되어 객관적 검증을 통해 조세지출 효율화가 필요한 사항 (2013. 2. 15. 신설)
3. 그 밖에 기획재정부장관이 심층적인 분석·평가가 필요하다고 인정하는 사항 (2013. 2. 15. 신설)

③ 법 제142조 제4항 단서에서 "지원대상의 소멸로 조세특례의 폐지가 명백한 사항 등 대통령령으로 정하는 사항"이란 다음 각 호의 어느 하나에 해당하는 사항을 말한다. (2014. 9. 11. 신설)

1. 지원대상의 소멸로 조세특례의 폐지가 명백한 사항 (2014. 9. 11. 신설)
2. 남북교류협력에 관계되거나 국가 간 협약·조약에 따라 추진하는 사항 (2014. 9. 11. 신설)
3. 최근 2년 이내에 법 제142조 제4항에 따른 평가를 거친 사항으로서 기획재정부장관이 그 규모와 적용대상 등 기존 조세특례의 내용에 중요한 변화가 없는 것으로 인정하는 사항 (2020. 2. 11. 개정)
4. 이중과세의 조정 등 특정 산업 또는 경제활동을 지원하기 위한 목적이 없는 사항 (2025. 2. 28. 신설)

편주 ▶

영 135조 3항 4호의 개정규정은 2025. 2. 28.이 속하는 연도에 적용기한이 종료되는 조세특례에 대한 평가를 실시하는 경우부터 적용함. (영 부칙 (2025. 2. 28.) 20조)

④ 법 제142조 제4항 단서에서 "대통령령으로 정하는 일정금액"이란

300억원을 말한다. (2014. 9. 11. 신설)

⑤ 법 제142조 제4항 단서에서 "목표달성도, 경제적 효과, 소득재분배효과, 재정에 미치는 영향 등 대통령령으로 정하는 내용"이란 다음 각 호의 내용을 말한다. (2014. 9. 11. 신설)

1. 목표 달성도, 경제적 효과, 소득재분배 효과 및 재정에 미치는 영향 등 조세특례의 효과성에 대한 분석 (2014. 9. 11. 신설)
2. 정책 목적과 대상 및 수단의 적절성 등 조세특례의 타당성에 대한 분석 (2014. 9. 11. 신설)
3. 조세특례의 성과를 저해하는 원인과 그 개선방안에 대한 분석 (2014. 9. 11. 신설)

⑥ 법 제142조 제5항을 적용할 때에는 기존 조세특례의 내용을 변경하는 법률안을 제출하는 경우로서 기존 조세특례 금액에 추가되는 연간 조세특례 금액이 300억원 이상인 경우를 포함한다. (2020. 2. 11. 개정)

⑦ 법 제142조 제5항에서 "경제·사회적 상황에 대응할 필요가 있는 경우 등 대통령령으로 정하는 사항"이란 다음 각 호의 어느 하나에 해당하는 사항을 말한다. (2014. 9. 11. 신설)

1. 경제·사회적 상황에 대응하기 위하여 도입할 필요가 있는 사항 (2014. 9. 11. 신설)
2. 남북교류협력에 관계되거나 국가 간 협약·조약에 따라 추진하는 사항 (2014. 9. 11. 신설)
3. 국제대회나 국가행사 등 지원 기간이 일시적이고 적용기한이 명확하며 사업의 추진을 위하여 시급히 도입할 필요가 있는 사항 (2014. 9. 11. 신설)
4. 법 제142조 제4항에 따른 평가 결과를 반영하여 기존 조세특례를 개선하려는 경우로서 기획재정부장관이 법 제142조 제4항에 따른 평가 내용에

☞ p.1903 2단 연결

3. 국제대회나 국가행사 등 지원 기간이 일시적이고 적용기한이 명확하며 사업의 추진을 위하여 시급히 도입할 필요가 있는 사항 (2019. 12. 31. 신설)
4. 제4항에 따른 평가 결과를 반영하여 기존 조세특례를 개선하려는 경우로서 기획재정부장관이 제4항에 따른 평가 내용에 조세특례의 필요성 및 적시성, 기대효과, 예상되는 문제점 등 대통령령으로 정하는 내용이 포함된 것으로 인정하는 사항 (2019. 12. 31. 신설)

⑥ 기획재정부장관은 제2항에 따른 조세감면에 관한 건의, 제3항에 따른 의견제출 및 제4항과 제5항에 따른 평가와 관련하여 전문적인 조사·연구를 수행할 기관을 지정하고 그 운영 등에 필요한 경비를 출연할 수 있다. (2014. 1. 1. 개정)
⑦ 기획재정부장관은 제3항에 따른 의견제출 및 제4항과 제5항에 따른 평가와 관련하여 필요하다고 인정할 때에는 관계 행정기관의 장 등에게 의견 또는 자료의 제출을 요구할 수 있다. 이 경우 관계 행정기관의 장 등은 특별한 사유가 있는 경우를 제외하고는 이에 따라야 한다. (2014. 1. 1. 개정)
⑧ 제1항부터 제7항까지의 규정에 따른 조세특례 및 그 제한에 관한

제8항 각 호의 내용이 포함된 것으로 인정하는 사항 (2014. 9. 11. 신설)
⑦ 삭 제 (2020. 2. 11.)
⑧ 법 제142조 제5항에서 "조세특례의 필요성 및 적시성, 기대효과, 예상되는 문제점 등 대통령령으로 정하는 내용"이란 다음 각 호의 내용을 말한다. (2014. 9. 11. 신설)
1. 조세특례의 필요성 및 적시성, 기대효과, 예상되는 문제점 및 지원방법 등 정책적 타당성 (2014. 9. 11. 신설)
2. 고용·투자 등 경제 각 분야에 미치는 영향 (2014. 9. 11. 신설)
3. 가구·기업·지역 등 사회 각 분야의 소득재분배에 미치는 영향 (2014. 9. 11. 신설)
⑨ 특례세율의 변경과 적용대상의 추가 등 기존 조세특례의 내용을 변경하는 법률안은 법 제142조 제5항에 따른 조세특례를 신규로 도입하는 법률안으로 본다. 다만, 조세특례의 적용기한을 단순히 연장하는 경우는 조세특례를 신규로 도입하는 법률안으로 보지 아니한다. (2014. 9. 11. 신설)
⑩ 법 제142조 제7항에 따라 의견 또는 자료의 제출을 요청받은 관계 행정기관의 장 등은 제출기한이 따로 명시되지 아니한 경우에는 그 요청을 받은 날부터 10일 이내에 해당 의견 또는 자료를 제출하여야 한다. 다만, 그 요청을 받은 날부터 10일 이내에 제출하기 어려운 경우에는 기획재정부장관과 협의하여 그 기간을 연장할 수 있으며, 해당 자료가 보관·관리되지 아니하거나 생산할 수 없는 것인 경우에는 그 사유와 향후 관리계획을 기획재정부장관에게 통보하여야 한다. (2014. 9. 11. 신설)

제135조의 2【조세특례 평가 등에 대한 전문적인 조사·연구기관의 지정】기획재정부장관은 법 제142조 제6항에 따라 다음 각 호의 어느 하나에 해당하는 기관을 전문적인 조사·연구를 수행할 기관으로 지정할 수 있다. (2014. 9. 11. 신설)
1. 「정부출연연구기관 등의 설립·운영 및 육성에 관한 법률」에 따라 설립된 한국조세재정연구원 (2014. 9. 11. 신설)
2. 「정부출연연구기관 등의 설립·운영 및 육성에 관한 법률」에 따라 설립된 한국개발연구원 (2014. 9. 11. 신설)
3. 그 밖에 조세특례의 평가 등과 관련하여 기획재정부장관이 전문 인력과 조사·연구 능력 등을 갖춘 것으로 인정하는 기관 (2014. 9.

기본계획 수립, 조세감면건의, 조세감면에 대한 의견제출, 주요 조세특례의 범위, 조사·연구기관의 지정과 그 밖에 필요한 사항은 대통령령으로 정한다. (2014. 1. 1. 개정)

제142조의 2【조세지출예산서의 작성】① 기획재정부장관은 조세감면·비과세·소득공제·세액공제·우대세율적용 또는 과세이연 등 조세특례에 따른 재정지원(이하 "조세지출"이라 한다)의 직전 연도 실적과 해당 연도 및 다음 연도의 추정금액을 기능별·세목별로 분석한 보고서(이하 "조세지출예산서"라 한다)를 작성하여야 한다. (2013. 1. 1. 신설)
② 기획재정부장관은 조세지출예산서를 작성하기 위하여 필요할 때에는 관계 중앙행정기관의 장 등 대통령령으로 정하는 자에게 자료제출을 요청할 수 있다. 이 경우 요청을 받은 관계 중앙행정기관의 장 등은 특별한 사유가 있는 경우를 제외하고는 이에 따라야 한다. (2013. 1. 1. 신설)
③ 조세지출예산서의 구체적인 작성방법 등에 관하여는 대통령령으로 정한다. (2013. 1. 1. 신설)

제143조【구분경리】① 내국인은 이 법에 따라 세액감면을 적용받는 사업(감면비율이 2개 이상인 경우 각각의 사업을 말하며, 이하 이 조에서 "감면대상사업"이라 한다)과 그 밖의 사업을 겸영하는 경우에

11. 신설)

제135조의 3【조세지출예산서의 작성】 (2014. 9. 11. 조번개정)
① 법 제142조의 2 제1항에 따른 조세지출(이하 "조세지출"이라 한다)에는 조세특례 중 특정 산업 또는 경제활동에 대한 지원 여부, 조세특례의 폐지가능성 등을 고려하여 기획재정부장관이 법 제142조의 2 제1항에 따른 조세지출예산서(이하 "조세지출예산서"라 한다)에 포함할 필요가 있다고 인정하는 사항을 포함한다. (2013. 2. 15. 신설)
② 기획재정부장관은 법 제142조의 2 제1항에 따라 조세지출예산서를 작성할 때에는 다음 각 호의 내용을 포함하여 작성해야 한다. (2021. 2. 17. 개정)
1. 세출예산 항목별로 집계한 기능별 분석 (2013. 2. 15. 신설)
2. 세목(稅目)별로 집계한 세목별 분석 (2013. 2. 15. 신설)
3. 조세특례의 감면방법별 분석 (2013. 2. 15. 신설)
4. 법 제142조 제5항 각 호의 어느 해당하여 조세특례에 대한 평가를 실시하지 않은 경우 해당 조세특례의 내용과 평가를 실시하지 않은 사유 (2021. 2. 17. 신설)
③ 법 제142조의 2 제2항에서 "대통령령으로 정하는 자"란 다음 각 호의 자를 말한다. (2013. 2. 15. 신설)
1. 국세청장 (2013. 2. 15. 신설)
2. 관세청장 (2013. 2. 15. 신설)
3. 그 밖에 조세지출과 관련된 중앙행정기관의 장 (2013. 2. 15. 신설)
④ 법 제142조의 2 제2항에 따라 자료제출을 요청받은 관계 중앙행정기관의 장 등의 자료제출에 관하여는 제135조 제10항을 준용한다. 이 경우 "관계 행정기관의 장 등"은 "관계 중앙행정기관의 장 등"으로 본다. (2014. 9. 11. 신설)

제136조【구분경리】① 법 제143조의 규정에 의한 구분경리에 관하여는 「법인세법」 제113조의 규정을 준용한다. (2005. 2. 19. 개정)
② 법 제143조의 규정에 의한 감면사업의 사업별 소득금액은 「소득세

는 대통령령으로 정하는 바에 따라 구분하여 경리하여야 한다. (2010.
1. 1. 개정)

 143-0…1 【구분경리】
법 제143조 제1항에서 감면대상사업과 기타의 사업을 겸영하는 경우에 있어
서 영 제136조 제1항에 따른 구분경리에 대하여는 「법인세법 시행령」 제156
조 및 같은 법 시행규칙 제75조를 준용하는 것으로 구분경리 대상법인의 익금
과 손금의 구분계산은 법 및 다른 법에 특별히 정한 것을 제외하고는 법인세법
기본통칙 113-156…6을 준용한다. (2019. 12. 23. 개정)

② 소비성서비스업과 그 밖의 사업을 함께 하는 내국인은 대통령령으
로 정하는 바에 따라 자산·부채 및 손익을 각각의 사업별로 구분하여
경리하여야 한다. (2010. 1. 1. 개정)
③ 감면대상사업의 소득금액을 계산할 때 제1항 및 제2항에 따라 구분
하여 경리한 사업 중 결손금이 발생한 경우에는 해당 결손금의 합계액
에서 소득금액이 발생한 사업의 소득금액에 비례하여 안분계산한 금액
을 공제한 금액으로 한다. (2010. 1. 1. 개정)

제144조 【세액공제액의 이월공제】 ① 제7조의 3, 제7조의 4, 제8
조의 3, 제10조, 제12조 제2항, 제12조의 3, 제12조의 4, 제13조의 2,
제13조의 3, 제19조 제1항, 제24조, 제25조의 6, 제25조의 7, 제26조,
제29조의 2부터 제29조의 5까지, 제29조의 7, 제29조의 8, 제30조의 3,
제30조의 4, 제96조의 3, 제99조의 12, 제104조의 5, 제104조의 8, 제
104조의 14, 제104조의 15, 제104조의 22, 제104조의 25, 제104조의
30, 제104조의 32, 제104조의 35, 제122조의 4 제1항, 제126조의 6, 제
126조의 7 제8항 및 법률 제5584호 조세감면규제법개정법률 부칙 제12
조 제2항(종전 제37조의 개정규정만 해당한다)에 따라 공제할 세액 중
해당 과세연도에 납부할 세액이 없거나 제132조에 따른 법인세 최저한
세액 및 소득세 최저한세액에 미달하여 공제받지 못한 부분에 상당하는
금액은 해당 과세연도의 다음 과세연도 개시일부터 10년 이내에 끝나는
각 과세연도에 이월하여 그 이월된 각 과세연도의 소득세[사업소득(제
96조의 3 및 제126조의 6을 적용하는 경우에는 「소득세법」 제45조 제2
항에 따른 부동산임대업에서 발생하는 소득을 포함한다)에 대한 소득

법」 제19조의 규정을 준용하여 계산한다. (2005. 2. 19. 개정)

법 144조 1항 및 2항의 개정규정(법 104조의 5를 추가하는 부분으로 한정
함)은 2026. 1. 1.부터 시행함. (법 부칙(2022. 12. 31.) 1조 1호) (2023.
12. 31. 개정)

세만 해당한다] 또는 법인세에서 공제한다. (2025. 3. 14. 개정)

1. 중소기업이 설립일부터 5년이 되는 날이 속하는 과세연도까지 공제받지 못하는 경우 : 다음 각 목의 구분에 따른 기간 (2019. 12. 31. 신설)
　가. 제5조에 따라 공제할 세액 : 7년 (2019. 12. 31. 신설)
　나. 제10조에 따라 공제할 세액 : 10년 (2019. 12. 31. 신설)
2. 제10조 제1항 제1호에 따라 공제할 세액의 경우(이 항 제1호 나목의 경우는 제외한다) : 10년 (2019. 12. 31. 신설)
1.～2. 삭　제 (2020. 12. 29.)

통칙 144-0…1 【경정결정시 이월공제액의 추가공제】
당초 신고시 최저한세 적용으로 이월공제액이 발생한 경우로서 수정신고·경정결정으로 인하여 해당 사업연도의 공제한도가 증가하는 경우에는 이를 추가로 공제하여 경정결정할 수 있다. (2024. 3. 15. 개정)

3. 그 밖의 경우 : 5년 (2019. 12. 31. 신설)
3. 삭　제 (2020. 12. 29.)
② 각 과세연도의 소득세 또는 법인세에서 공제할 금액으로서 제7조의 2, 제7조의 4, 제8조의 3, 제10조, 제12조 제2항, 제12조의 3, 제12조의 4, 제13조의 2, 제13조의 3, 제19조 제1항, 제24조, 제25조의 6, 제25조의 7, 제26조, 제29조의 2부터 제29조의 5까지, 제29조의 7, 제29조의 8, 제30조의 3, 제30조의 4, 제96조의 3, 제99조의 12, 제104조의 5, 제104조의 8, 제104조의 14, 제104조의 15, 제104조의 22, 제104조의 25, 제104조의 30, 제104조의 32, 제104조의 35, 제122조의 4 제1항, 제126조의 6, 제126조의 7 제8항 및 법률 제5584호 조세감면규제법개정법률 부칙 제12조 제2항(종전 제37조의 개정규정만 해당한다)에 따라 공제할 금액과 제1항에 따라 이월된 미공제 금액이 중복되는 경우에는 제1항에 따라 이월된 미공제 금액을 먼저 공제하고 그 이월된 미공제 금액 간에 중복되는 경우에는 먼저 발생한 것부터 차례대로 공제한다. (2025. 3. 14. 개정)
③ 제1항에도 불구하고 제26조 제1항 제2호 각 목 외의 부분 단서에 따라 해당 투자가 이루어진 과세연도에 공제받지 못한 금액과 제26조 제6항에 따라 소득세 또는 법인세로 납부한 금액은 다음 각 호의 순서대로 계산한 금액을 더한 금액을 한도로 하여 해당 투자가 이루어진 과세연도의 다음 과세연도 개시일부터 5년 이내에 끝나는 각 과세연

도에 이월하여 그 이월된 각 과세연도의 소득세(사업소득에 대한 소득세만 해당한다) 또는 법인세에서 공제한다. 이 경우 이월공제받는 과세연도의 상시근로자 수는 제3호 각 목에 따른 상시근로자 수 중 큰 수를 초과하여야 한다. (2011. 12. 31. 신설)

☞ p.1907 1단 연결

1. 이월공제받는 과세연도에 최초로 근로계약을 체결한 상시근로자 중 산업수요맞춤형고등학교등의 졸업생 수 × 2천만원(중소기업의 경우는 2천500만원) (2016. 12. 20. 개정)
2. 이월공제받는 과세연도에 최초로 근로계약을 체결한 제1호 외의 상시근로자 중 청년근로자, 장애인근로자, 60세 이상인 근로자 수 × 1천500만원(중소기업의 경우는 2천만원) (2016. 12. 20. 개정)
3. (이월공제받는 과세연도의 상시근로자 수 - 제1호에 따른 졸업생 수 - 제2호에 따른 청년근로자, 장애인근로자, 60세 이상인 근로자 수 - 다음 각 목의 수 중 큰 수) × 1천만원(중소기업의 경우는 1천500만원) (2016. 12. 20. 개정)
   가. 이월공제받는 과세연도의 직전 과세연도의 상시근로자 수 (2011. 12. 31. 신설)
   나. 이월공제받는 금액의 해당 투자가 이루어진 과세연도의 직전 과세연도의 상시근로자 수 (2011. 12. 31. 신설)
   다. 제26조 제6항에 따라 상시근로자 수가 감소하여 소득세 또는 법인세를 납부한 경우 그 상시근로자 수가 감소한 과세연도(2개 과세연도 연속으로 상시근로자 수가 감소한 경우에는 두 번째 과세연도)의 상시근로자 수 (2011. 12. 31. 신설)

④ 제1항에도 불구하고 제25조의 5 제2항 제1호에 따라 소득세 또는 법인세로 납부한 금액은 해당 투자가 이루어진 과세연도의 다음 과세연도 개시일부터 5년 이내에 끝나는 각 과세연도에 이월하여 그 이월된 각 과세연도의 소득세(사업소득에 대한 소득세만 해당한다) 또는 법인세에서 공제하되, 이월공제받는 과세연도에 최초로 근로계약을 체결한 상시근로자수에 1천만원을 곱한 금액을 한도로 한다. 이 경우 이월공제받는 과세연도의 상시근로자 수는 제3항 제3호 각 목을 준용하여 산정한 상시근로자 수 중 큰 수를 초과하여야 한다. (2016. 12. 20. 신설)

④ 삭 제 (2020. 12. 29.)

제145조 【기업합리화적립금의 적립】 삭 제 (2002. 12. 11)

제146조 【감면세액의 추징】 제8조의 3 제3항, 제24조, 제26조 및 법률 제5584호 조세감면규제법개정법률 부칙 제12조 제2항(종전 제37조의 개정규정만 해당한다)에 따라 소득세 또는 법인세를 공제받은 자가 같은 조에 따라 투자완료일부터 2년(대통령령으로 정하는 건

제136조의 2 【세액공제액의 이월공제】 ① 법 제144조 제3항 제1호에 따른 산업수요맞춤형고등학교등의 졸업생 수는 근로계약 체결일 현재 산업수요맞춤형고등학교등을 졸업한 날부터 2년 이상 경과하지 아니한 상시근로자 수(이월공제받는 과세연도의 상시근로자 수에서 법 제144조 제3항 제3호 각 목의 수 중 큰 수를 뺀 수를 한도로 한다)로 한다. (2012. 2. 2. 개정)
② 법 제144조 제3항 제2호에 따른 청년근로자 수는 제23조 제8항 제1호에 해당하는 상시근로자 수(이월공제받는 과세연도의 상시근로자 수에서 법 제144조 제3항 제3호 각 목의 수 중 큰 수 및 제1항에 따른 산업수요맞춤형고등학교등의 졸업생 수를 뺀 수를 한도로 한다)로 한다. (2015. 2. 3. 개정)
③ 법 제144조 제3항 제2호에 따른 장애인근로자 수는 제23조 제8항 제2호에 해당하는 상시근로자 수(이월공제받는 과세연도의 상시근로자 수에서 법 제144조 제3항 제3호 각 목의 수 중 큰 수, 제1항에 따른 산업수요맞춤형고등학교등의 졸업생 수 및 제2항에 따른 청년근로자 수를 뺀 수를 한도로 한다)로 한다. (2015. 2. 3. 개정)
④ 법 제144조 제3항 제2호에 따른 60세 이상인 근로자 수는 제23조 제8항 제3호에 해당하는 상시근로자 수(이월공제받는 과세연도의 상시근로자 수에서 법 제144조 제3항 제3호 각 목의 수 중 큰 수, 제1항에 따른 산업수요맞춤형고등학교등의 졸업생 수, 제2항에 따른 청년근로자 수와 제3항에 따른 장애인근로자 수를 뺀 수를 한도로 한다)로 한다. (2015. 2. 3. 개정)
⑤ 제1항부터 제4항까지의 규정에 따른 상시근로자의 범위 및 상시근로자 수의 계산방법은 제23조 제10항부터 제13항까지의 규정을 준용한다. (2015. 2. 3. 개정)

제137조 【감면세액의 추징】 ① 법 제146조에서 "대통령령으로 정하는 경우"란 다음 각 호의 어느 하나에 해당하는 경우를 말한다. (2010. 2. 18. 개정)
1. 현물출자, 합병, 분할, 분할합병, 「법인세법」 제50조의 적용을 받는

물과 구축물의 경우에는 5년)이 지나기 전에 해당 자산을 처분한 경우(임대하는 경우를 포함하며, 대통령령으로 정하는 경우는 제외한다)에는 처분한 날이 속하는 과세연도의 과세표준신고를 할 때 해당 자산에 대한 세액공제액 상당액에 대통령령으로 정하는 바에 따라 계산한 이자 상당 가산액을 가산하여 소득세 또는 법인세로 납부하여야 하며, 해당 세액은 「소득세법」 제76조 또는 「법인세법」 제64조에 따라 납부하여야 할 세액으로 본다. (2020. 12. 29. 개정)

🔲통칙 146-0…1【감면세액 추징여부】
법 제146조를 적용함에 있어서 고의가 아닌 화재로 해당 투자자산이 소실된 경우에는 이를 자산의 처분으로 보지 아니한다. (2024. 3. 15. 개정)

146-0…2【수탁가공업체에 임대형식으로 설치한 자산의 감면세액 추징배제】
법 제26조의 고용창출투자세액공제 적용자산을 수탁가공업체의 사업장에 임대형식으로 설치한 경우에도 투자기업이 시설의 유지·관리비용을 부담하거나 그 비용을 임대료 또는 가공료 등에 반영하고, 수탁가공업체는 동 자산을 투자기업의 제품생산에만 사용하여 그 제품을 투자기업에 전량 납품하는 경우에는 법 제146조에 따른 감면세액 추징사유에 해당되지 않는다. (2019. 12. 23. 개정)

제146조의 2【이자·배당소득 비과세·감면세액의 추징】
(2024. 12. 31. 제목개정)

① 제26조의 2, 제27조, 제29조, 제66조부터 제68조까지, 제87조, 제87조의 2, 제87조의 5부터 제87조의 7까지, 제88조의 2, 제88조의 4, 제88조의 5, 제89조, 제89조의 3, 제91조의 6, 제91조의 12, 제91조의 14, 제91조의 15, 제91조의 17, 제91조의 18(같은 조 제8항 및 제9항이 적용되는 경우는 제외한다), 제91조의 19 및 제91조의 21부터 제91조의 23까지, 제121조의 35에 따른 이자소득, 배당소득 및 금융투자소득에 대한 과세특례 적용 요건을 갖추지 못한 경우 원천징수의무자는 비과세 또는 감면받은 세액 상당액을 즉시 추징하여 추징일이 속하는 달의 다음 달 10일까지 원천징수 관할 세무서장에게 납부하여야 하고, 해당 소득이 속하는 과세연도의 종합소득과세표준 및 금융투자소득과세표준은 「소득세법」 제14조(비거주자의 경우에는 같은 법 제122조) 및 같은 법 제87조의 4에 따라 계산한다. (2023. 12. 31. 개정)

① 제26조의 2, 제27조, 제29조, 제66조부터 제68조까지, 제87조, 제87조의 2, 제87조의 5부터 제87조의 7까지, 제88조의 2, 제88조의 4, 제88조의 5, 제89조, 제89조의 3, 제91조의 6, 제91조의 12, 제91조의 14, 제91조의 15, 제91조의 17부터 제91조의 19까지 및 제91조의 21부터 제91조의 23까지, 제121조의 35에 따른 이자소득 또는 배

교환, 통합, 사업전환 또는 사업의 승계로 인하여 당해 자산의 소유권이 이전되는 경우 (2005. 2. 19. 개정)
2. 내용연수가 경과된 자산을 처분하는 경우 (2002. 12. 30 개정)
3. 국가·지방자치단체 또는 「법인세법 시행령」 제39조 제1항 제1호 나목에 따른 학교 등에 기부하고 그 자산을 사용하는 경우 (2019. 2. 12. 개정)
② 법 제146조의 규정에 의한 이자상당가산액은 공제받은 세액에 제1호의 기간 및 제2호의 율을 곱하여 계산한 금액으로 한다. (2002. 12. 30 개정)
1. 공제받은 과세연도의 과세표준신고일의 다음날부터 법 제146조의 사유가 발생한 날이 속하는 과세연도의 과세표준신고일까지의 기간 (2002. 12. 30 개정)
2. 제11조의 2 제9항 제2호에 따른 율 (2022. 2. 15. 개정)
③ 법 제146조에서 “대통령령으로 정하는 건물과 구축물”이란 제21조 제3항 각 호의 어느 하나에 해당하는 자산으로서 기획재정부령으로 정하는 건물 또는 구축물을 말한다. (2021. 2. 17. 개정)

제137조의 2【이자·배당소득 비과세·감면세액의 추징】
(2024. 12. 31. 제목개정)

① 법 제146조의 2 제1항에 따른 원천징수의무자(이하 이 조에서 “원천징수의무자”라 한다)는 가입자가 과세특례 적용 요건을 갖추지 못한 것이 확인된 날(이하 이 조에서 “부적격판정일”이라 한다)에 계약기간이 만료된 것으로 보아 비과세 또는 감면받은 세액 상당액을 추징해야 한다. (2021. 2. 17. 신설)
② 제1항에도 불구하고 원천징수의무자는 다음 각 호의 어느 하나에 해당하는 이자소득, 배당소득 및 금융투자소득에 대해서는 비과세 또는 감면받은 세액 상당액을 추징하지 않는다. (2022. 2. 15. 개정)
② 제1항에도 불구하고 원천징수의무자는 다음 각 호의 어느 하나에 해당하는 이자소득 또는 배당소득에 대해서는 비과세 또는 감면받은 세액 상당액을 추징하지 않는다. (2024. 12. 31. 개정)
1. 부적격판정일 전 계좌를 해지하여 지급한 소득 (2021. 2. 17. 신설)
2. 계좌 해지를 위해 자산을 환매·매도하여 계약기간 만료일부터 기획재정부령으로 정하는 날까지 지급하는 소득 (2021. 2. 17. 신설)

제59조의 3【감면세액 추징대상 건축물 또는 구축물의 범위】영 제137조 제3항에서 “기획재정부령으로 정하는 건물 또는 구축물”이란 제12조의 3 각 호의 어느 하나에 해당하는 시설을 말한다. (2021. 3. 16. 신설)

제60조【이자·배당소득 비과세·감면세액의 추징】① 영 제137조의 2 제2항

당소득에 대한 과세특례 적용 요건을 갖추지 못한 경우 원천징수의무자는 비과세 또는 감면받은 세액 상당액을 즉시 추징하여 추징일이 속하는 달의 다음 달 10일까지 원천징수 관할 세무서장에게 납부하여야 하고, 해당 소득이 속하는 과세연도의 <u>종합소득과세표준</u>은 「소득세법」 제14조(비거주자의 경우에는 <u>같은 법 제122조</u>)에 따라 계산한다. (2024. 12. 31. 개정)

② 원천징수의무자는 과세특례를 적용받은 자에게 제1항에 따라 추징한 세액 및 그 산출근거를 즉시 통보하여야 한다. (2020. 12. 29. 신설)

③ 원천징수의무자가 제1항에 따라 추징한 세액을 기한 내에 납부하지 아니하거나 납부하여야 할 세액에 미달하게 납부한 경우에는 그 납부하지 아니한 세액 또는 미달하게 납부한 세액의 100분의 10에 해당하는 금액을 추가로 납부하여야 한다. (2020. 12. 29. 신설)

④ 제1항을 적용하는 경우 「소득세법」 제86조를 적용하고 「국세기본법」 제47조의 2부터 제47조의 5까지의 규정은 적용하지 아니한다. (2020. 12. 29. 신설)

⑤ 제1항부터 제4항까지에서 규정한 사항 외에 추징 및 통보 방법과 그 밖에 필요한 사항은 대통령령으로 정한다. (2020. 12. 29. 신설)

　　　제147조【무액면주식의 가액 계산】제87조의 6 제1항, 제88조의 4 제9항 제3호·제10항 제2호 및 제91조의 6 제1항을 적용할 때 무액면주식의 경우에는 배당기준일 현재(제88조의 4 제14항 제3호의 경우에는 발행일 현재) 해당 주식을 발행하는 법인의 자본금을 발행주식총수로 나누어 계산한 금액을 액면가액으로 본다. (2020. 12. 29. 개정)

3. 계약기간 연장일부터 부적격판정일까지 발생한 소득. 다만, 가입일부터 최초 계약기간 만료일까지 발생한 소득과 계약기간 연장일부터 부적격판정일까지 발생한 소득을 구분할 수 있는 경우 등 기획재정부령으로 정하는 경우는 제외한다. (2021. 2. 17. 신설)

③ 제2항 제1호에도 불구하고 법 제87조 제3항에 따른 청년우대형주택청약종합저축의 원천징수의무자는 가입자가 해당 저축을 해지하는 시점까지 주택을 소유하지 않은 세대의 세대주에 해당하는지를 국토교통부장관으로부터 통보받지 못한 경우와 법 제87조 제10항 제3호에 따라 같은 조 제3항 제1호 각 목의 요건을 갖추었는지를 국세청장으로부터 통보받지 못한 경우에는 해지 시점에 이자소득에 대해 비과세된 세액 상당액을 추징해야 한다. 다만, 다음 각 호의 요건을 모두 충족하는 경우에는 추징된 금액을 환급한다. (2021. 2. 17. 신설)

③ 제2항 제1호에도 불구하고 법 제87조 제3항에 따른 청년우대형주택청약종합저축의 원천징수의무자는 가입자가 해당 저축을 해지하는 시점까지 주택을 소유하지 않은 세대의 <u>세대주 또는 세대주의 배우자</u>에 해당하는지를 국토교통부장관으로부터 통보받지 못한 경우에는 해지 시점에 이자소득에 대해 비과세된 세액 상당액을 추징해야 한다. 다만, 다음 각 호의 요건을 모두 충족하는 경우에는 추징된 금액을 환급한다. (2025. 2. 28. 개정)

1. 해당 저축을 해지한 후 1개월 이내에 기획재정부령으로 정하는 환급신청서를 원천징수의무자에게 제출할 것 (2021. 2. 17. 신설)

1. 가입자가 해당 저축을 해지한 후 1개월 이내에 기획재정부령으로 정하는 환급신청서를 원천징수의무자에게 제출할 것 (2025. 2. 28. 개정)

2. 원천징수의무자가 법 제87조 제3항 제1호의 요건을 갖춘 것으로 확인될 것 (2021. 2. 17. 신설)

2. 가입자가 가입 당시 주택을 소유하지 않은 세대의 세대주 또는 세대주의 배우자에 해당하는 것으로 확인될 것 <u>(2025. 2. 28. 개정)</u>

　　　제138조【기업공개시 자산재평가에 관한 특례】법률 제4285호 조세감면규제법 중 개정법률 부칙 제23조 제1항에서 "대통령령이 정하는 기간"이라 함은 2003년 12월 31일까지의 기간을 말한다. (2001. 12. 31 개정)

제2호에서 "기획재정부령으로 정하는 날"이란 30일을 말한다. (2021. 3. 16. 신설)

② 영 제137조의 2 제2항 제3호 단서에서 "기획재정부령으로 정하는 경우"란 부적격판정일 직전 계약기간 만료일까지 발생한 소득이 원천징수된 경우를 말한다. (2021. 3. 16. 신설)

　　　제61조【서식 등】(2021. 11. 9. 제목개정)

① 세액감면 신청 등에 관한 서식은 다음 각 호에 따른다. (2021. 11. 9. 개정)

1. 삭 제 (2007. 3. 30.)

2. 법 제30조의 2 제3항, 법 제30조의 4 제5항, 법 제126조의 7 제13항, 영 제6조의 4 제4항, 영 제7조의 2 제4항, 영 제7조의 2 제12항, 영 제9조 제14항, 영 제11조 제6항, 영 제11조의 3 제14항, 영 제11조의 4 제12항, 영 제12조의 3 제15항, 영 제17조 제5항, <u>영 제21조 제13항</u>, 영 제22조의 10 제6항, 영 제22조의 11 제5항, 영 제23조 제15항부터 제17항까지, 영 제26조의 2 제3항, 영 제26조의 3 제6항, 영 제26조의 4 제17항, 영 제26조의 5 제11항, 영 제26조의 7 제10항, 영 제26조의 8 제11항, 영 제27조의 3 제3항, <u>영 제96조의 3 제8항</u>, 영 제99조의 11 제4항, 영 제104조의 5 제6항, 영 제104조의 14 제2항, 영 제104조의 15 제6항, 영 제104조의 20 제5항, 영 제104조의 27 제3항, 영 제104조의 29 제2항 및 영 제117조의 4 제4항에 따른 세액

수선택권 전용계좌거래현황신고서 : 별지 제6호의 9 서식 (2019. 3. 20. 개정)

7의 10. 영 제14조의 4 제6항에 따른 특례신청확인서 : 별지 제6호의 10 서식 (2019. 3. 20. 개정)

7의 11. 영 제14조의 5 제3항에 따른 특례적용신청서 : 별지 제6호의 11 서식 (2019. 3. 20. 신설)

7의 12. 영 제14조의 5 제3항에 따른 산업재산권 출자 전용계좌개설확인서 : 별지 제6호의 12 서식 (2019. 3. 20. 개정)

7의 13. 영 제14조의 5 제4항에 따른 특례신청확인서 : 별지 제6호의 13 서식 (2019. 3. 20. 신설)

7의 14. 영 제14조의 5 제5항에 따른 산업재산권 출자 주식지급명세서 : 별지 제6호의 14 서식 (2019. 3. 20. 개정)

7의 15. 영 제14조의 5 제5항에 따른 특례적용대상명세서 : 별지 제6호의 15 서식 (2019. 3. 20. 신설)

7의 16. 영 제14조의 5 제6항에 따른 산업재산권 출자 주식 전용계좌거래현황신고서 : 별지 제6호의 16 서식 (2019. 3. 20. 개정)

8. 영 제16조 제3항에 따른 외국인기술자의 근로소득세 감면신청서 : 별지 제7호 서식 (2010. 4. 20. 개정)

9. 영 제16조의 2 제4항에 따른 외국인근로자단일세율적용신청서 : 별지 제8호 서식 (2019. 3. 20. 개정)

9의 2. 영 제16조의 2 제4항 또는 제6항에

☞ p.1911 4단 연결

5의 4. 영 제13조의 2 제4항에 따른 제2차 납세의무 면제통지서 : 별지 제4호의 4 서식(1), 별지 제4호의 4 서식(2) 및 별지 제4호의 4 서식(3) (2018. 3. 21. 신설)

6. 영 제14조 제6항 및 제7항에 따른 출자등 소득공제신청서, 출자 또는 투자확인서 및 소득공제 시기 변경신청서 : 별지 제5호 서식, 별지 제5호 서식 부표(1) 및 별지 제5호 서식 부표(2) (2025. 3. 21. 개정)

7. 영 제14조 제8항의 규정에 의한 출자지분 등변경통지서 : 별지 제6호 서식 (2020. 3. 13. 개정)

7의 2. 영 제14조의 2에 따른 특례적용명세서 : 별지 제6호의 2 서식 (2019. 3. 20. 개정)

7의 3. 영 제14조의 3 제2항에 따른 특례적용신청서 : 별지 제6호의 3 서식 (2019. 3. 20. 개정)

7의 4. 영 제14조의 3 제3항에 따른 특례적용대상명세서 : 별지 제6호의 4 서식 (2019. 3. 20. 개정)

7의 5. 영 제14조의 4 제2항에 따른 특례적용신청서 : 별지 제6호의 5 서식 (2019. 3. 20. 개정)

7의 6. 영 제14조의 4 제2항에 따른 주식매수선택권 전용계좌개설확인서 : 별지 제6호의 6 서식 (2019. 3. 20. 개정)

7의 7. 영 제14조의 4 제3항에 따른 주식매수선택권 행사주식지급명세서 : 별지 제6호의 7 서식 (2019. 3. 20. 개정)

7의 8. 영 제14조의 4 제3항에 따른 특례적용대상명세서 : 별지 제6호의 8 서식 (2019. 3. 20. 개정)

7의 9. 영 제14조의 4 제4항에 따른 주식매

청서 : 별지 제2호의 3 서식 또는 별지 제2호의 4 서식 (2020. 6. 15. 신설)

3의 4. 법 제8조의 4 제6항에 따른 중소기업 결손금 소급공제 세액 환급특례 정산서 : 별지 제2호의 5 서식 또는 별지 제2호의 6 서식 (2021. 3. 16. 신설)

3의 4. 삭 제 (2022. 3. 18.)

3의 5. 삭 제 (2007. 3. 30.)

3의 6. · 3의 7. 삭 제 (2003. 3. 24)

4. 영 제9조 제14항에 따른 연구 및 인력개발비명세서 : 별지 제3호 서식(1), 별지 제3호 서식(2), 별지 제3호 서식(3), 별지 제3호 서식 부표(1), 별지 제3호 서식 부표(2) 및 별지 제3호 서식 부표(3) (2022. 3. 18. 개정)

4. 영 제9조 제14항에 따른 연구 및 인력개발비명세서 : 별지 제3호 서식(1), 별지 제3호 서식(2), 별지 제3호 서식(3), 별지 제3호 서식 부표(1), 별지 제3호 서식 부표(2), 별지 제3호 서식 부표(3) 및 별지 제3호 서식 부표(4) (2025. 3. 21. 개정)

4의 2. 영 제9조 제13항에 따른 연구개발계획서, 연구개발보고서 및 연구노트 : 별지 제3호의 2 서식 (2022. 3. 18. 개정)

4의 3. 영 제9조의 2 제4항에 따른 출연금등 익금불산입명세서 : 별지 제3호의 3 서식 (2007. 3. 30. 신설)

5. 영 제11조의 3 제14항에 따른 세액공제신청서 및 공제세액계산서 : 별지 제4호 서식 (2014. 3. 14. 신설)

5의 2. 영 제11조의 4 제12항에 따른 세액공제신청서 및 공제세액계산서 : 별지 제4호의 2 서식 (2014. 3. 14. 신설)

5의 3. 영 제13조의 2 제3항에 따른 제2차 납세의무 면제신청서 : 별지 제4호의 3 서식 (2018. 3. 21. 신설)

공제신청서 : 별지 제1호 서식, 별지 제1호 서식 부표 (1) 및 별지 제1호 서식 부표 (2) (2025. 3. 21. 개정)

2의 2. 영 제4조의 2 제3항, 영 제7조 제3항에 따른 손금산입조정명세서 : 별지 제1호의 2 서식 (2008. 4. 29. 개정)

2의 3. 영 제7조의 2 제5항에 따른 출연금 사용명세서 : 별지 제1호의 3 서식 (2014. 3. 14. 개정)

2의 4. 영 제7조의 2 제9항에 따른 무상임대 확인서 : 별지 제1호의 4 서식 (2017. 3. 17. 신설)

3. 법 제85조의 2 제6항, 영 제5조 제26항, 영 제6조 제8항, 영 제11조 제6항, 영 제11조의 2 제10항, 영 제58조 제11항, 영 제60조 제9항, 영 제60조의 2 제16항, 영 제61조 제8항, 영 제63조 제7항, 영 제64조 제8항, 영 제65조 제5항, 영 제79조의 7, 영 제96조 제8항, 영 제99조의 8 제7항, 영 제99조의 10 제5항, 영 제102조, 영 제104조의 21 제13항, 영 제116조의 14 제5항, 영 제116조의 15 제8항, 영 제116조의 21 제7항, 영 제116조의 25 제8항, 영 제116조의 26 제11항, 영 제116조의 27 제8항 및 영 제116조의 36 제8항에 따른 세액감면(면제)신청서 : 별지 제2호 서식 및 별지 제2호 서식 부표 (2025. 3. 21. 개정)

3의 2. 영 제5조 제26항에 따른 창업 중소기업 등에 대한 감면세액계산서 : 별지 제2호의 2 서식 (2020. 3. 13. 개정)

3의 3. 영 제7조의 3 제3항에 따른 중소기업 결손금 소급공제 세액 환급 특례 신

13. 개정)

12의 3. 영 제27조 제7항에 따른 감면 부적격 대상 퇴직자 명세서 : 별지 제11호의 3 서식 (2015. 3. 13. 개정)

12의 4. 영 제27조의 3 제3항에 따른 고용유지중소기업 세액공제신청서 : 별지 제11호의 4 서식 (2019. 3. 20. 개정)

12의 5. 법 제30조의 4 제5항에 따른 공제세액계산서 : 별지 제11호의 5 서식 또는 별지 제11호의 9 서식 (2023. 3. 20. 개정)

12의 6. 영 제27조의 5 제14항에 따른 창업자금 특례신청 및 사용내역서 : 별지 제11호의 6 서식 (2024. 3. 22. 개정)

12의 7. 영 제27조의 5 제13항에 따른 창업자금 증여세 과세특례 위반사유 신고 및 자진납부 계산서 : 별지 제11호의 7 서식 (2023. 3. 20. 신설)

12의 8. 법 제30조의 6 제5항에 따른 가업승계 주식 등 증여세 과세특례 적용신청서 : 별지 제11호의 8 서식 (2024. 3. 22. 개정)

12의 9. 영 제27조의 6 제13항에 따른 가업승계 증여세 과세특례 추징사유 신고 및 자진납부 계산서 : 별지 제11호의 10 서식 (2024. 3. 22. 개정)

12의 10. 영 제27조의 7 제1항 제1호에 따른 가업승계 증여세 납부유예신청서 : 별지 제11호의 11 서식 (2023. 3. 20. 신설)

12의 11. 영 제27조의 7 제2항에 따른 가업승계 증여세 납부유예 허가·불허가 통지서 : 별지 제11호의 12 서식 (2023. 3. 20. 신설)

☞ p.1912 4단 연결

호의 5 서식 (2024. 12. 31. 호번개정)

11. 영 제26조의 2 제3항에 따른 산업수요맞춤형고등학교등 졸업자 복직 중소기업 세액공제신청서 : 별지 제10호 서식 (2018. 3. 21. 개정)

11의 2. 영 제26조의 3 제6항에 따른 세액공제신청서 : 별지 제10호의 2 서식(1), 별지 제10호의 2 서식(2) (2021. 3. 16. 개정)

11의 3. 영 제26조의 4 제17항에 따른 세액공제신청서 : 별지 제10호의 3 서식 또는 별지 제10호의 4 서식 (2018. 3. 21. 개정)

11의 4. 영 제26조의 5 제11항에 따른 공제세액계산서 : 별지 제10호의 5 서식 (2016. 3. 14. 신설)

11의 5. 영 제26조의 6 제5항에 따른 감면신청서 : 별지 제10호의 6 서식 (2025. 3. 21. 개정)

11의 6. 영 제26조의 6 제6항에 따른 감면 대상 명세서 : 별지 제10호의 7 서식 (2025. 3. 21. 개정)

11의 7. 영 제26조의 7 제10항에 따른 공제세액계산서 : 별지 제10호의 8 서식 (2018. 3. 21. 신설)

11의 8. 영 제26조의 8 제11항에 따른 공제세액계산서 : 별지 제10호의 9 서식 (2023. 3. 20. 신설)

11의 9. 영 제26조의 8 제11항에 따른 상시근로자 명세서 : 별지 제10호의 10 서식 (2025. 3. 21. 신설)

12. 영 제27조 제5항에 따른 감면신청서 : 별지 제11호 서식 (2015. 3. 13. 개정)

12의 2. 영 제27조 제6항에 따른 감면 대상 명세서 : 별지 제11호의 2 서식 (2015. 3.

을 위한 시설투자에 대한 세액공제신청서 : 별지 제8호의 8 서식 (2021. 3. 16. 개정)

9의 10. 영 제21조 제13항에 따른 통합투자세액공제신청서 : 별지 제8호의 9 서식 (2025. 3. 21. 개정)

9의 11. 영 제21조 제14항에 따른 생산량 실적 자료 : 별지 제8호의 10 서식 (2022. 3. 18. 신설)

9의 12. 영 제22조의 11 제5항에 따른 문화산업전문회사에의 출자에 대한 세액공제 신청서 및 공제세액계산서 : 별지 제8호의 11 서식 (2024. 3. 22. 신설)

10. 영 제23조 제15항에 따른 공제세액계산서 : 별지 제9호 서식 (2016. 3. 14. 개정)

10의 2. 영 제23조 제17항에 따른 중간예납세액신고서 : 별지 제9호의 2 서식 (2015. 3. 13. 개정)

10의 3. 영 제24조 제14항, 영 제24조의 2 제6항, 영 제81조의 4 제6항, 영 제82조의 2 제6항, 영 제83조 제12항, 영 제92조의 13 제10항 및 영 제93조의 3 제9항에 따른 금융투자소득 합산과세 신청서 : 별지 제9호의 3 서식 (2024. 3. 22. 개정)

10의 3. 삭 제 (2024. 12. 31.)

10의 3. 영 제25조 제9항, 영 제25조의 2 제9항, 영 제25조의 3 제10항 및 영 제25조의 4 제4항에 따른 감가상각비조정명세서 및 감가상각비조정명세서합계표 : 별지 제9호의 4 서식(1), 별지 제9호의 4 서식(2) 및 별지 제9호의 4 서식(3) (2024. 12. 31. 호번개정)

10의 4. 영 제25조 제9항, 영 제25조의 2 제9항 및 영 제25조의 3 제10항에 따른 내용연수 특례적용 신청서 : 별지 제9

따른 외국인근로자 단일세율적용 원천징수(포기)신청서 : 별지 제8호의 2 서식 (2024. 3. 22. 개정)

9의 3. 영 제16조의 3 제3항에 따른 내국인 우수 인력의 국내복귀에 대한 소득세 감면신청서 : 별지 제7호의 2 서식 (2020. 3. 13. 신설)

9의 4. 영 제17조 제5항에 따른 성과공유 중소기업의 경영성과급에 대한 세액공제 공제세액계산서 : 별지 제8호의 3 서식 (2020. 3. 13. 호번개정)

9의 5. 영 제17조 제9항에 따른 성과공유 중소기업 경영성과급 소득세 감면 신청서 : 별지 제8호의 4 서식 (2020. 3. 13. 호번개정)

9의 6. 영 제17조 제10항에 따른 성과공유 중소기업 경영성과급 소득세 감면 대상 명세서 : 별지 제8호의 5 서식 (2020. 3. 13. 호번개정)

9의 7. 법률 제17759호 조세특례제한법 일부개정법률 부칙 제36조 및 종전의 법(법률 제17759호로 개정되기 전의 것을 말한다) 제25조의 5에 따른 신성장기술 사업화를 위한 시설투자세액공제 공제세액계산서 : 별지 제8호의 6 서식 (2021. 3. 16. 개정)

9의 8. 영 제22조의 10 제6항에 따른 영상콘텐츠 제작비용에 대한 세액공제 공제세액계산서 : 별지 제8호의 7 서식 및 별지 제8호의 7 서식 부표 (2024. 3. 22. 개정)

9의 9. 법률 제17759호 조세특례제한법 일부개정법률 부칙 제36조 및 종전의 법(법률 제17759호로 개정되기 전의 것을 말한다) 제25조의 7에 따른 초연결 네트워크 구축

선계획 또는 자구계획이행상황의 제출 : 별지 제25호 서식 (2002. 3. 30 개정)

27. 영 제79조의 4 제5항 및 영 제79조의 5 제4항에 따른 현물출자명세서 : 별지 제26호 서식 (2009. 4. 7. 개정)

27의 2. 영 제35조의 3 제15항에 따른 현물출자 등 과세특례신청서 : 별지 제26호의 2 서식 (2019. 3. 20. 개정)

27의 3. 영 제35조의 4 제4항에 따른 현물출자등 과세특례신청서 : 별지 제26호의 3 서식 (2023. 3. 20. 개정)

28. 영 제36조 제17항에 따른 재무구조개선계획서 : 별지 제27호 서식 (2016. 3. 14. 개정)

29. 영 제36조 제17항에 따른 재무구조개선계획 이행보고서 : 별지 제28호 서식 (2016. 3. 14. 개정)

30. 영 제36조 제18항 및 같은 조 제19항에 따른 법인 양도·양수(청산)계획서 : 별지 제29호 서식 (2016. 3. 14. 개정)

31. 영 제36조 제18항·제19항 및 영 제116조의 31 제19항·제20항에 따른 채무인수·변제명세서 : 별지 제30호 서식 (2017. 3. 17. 개정)

32. 영 제36조 제18항 및 영 제116조의 31 제19항에 따른 세액감면신청서 : 별지 제31호 서식 (2017. 3. 17. 개정)

32의 2. 영 제36조 제19항 및 영 제116조의 31 제20항에 따른 분할익금산입조정명세서 : 별지 제31호의 2 서식 (2017. 3. 17. 개정)

33. 영 제37조 제22항에 따른 재무구조개

☞ p.1913 4단 연결

정)명세서 : 별지 제21호 서식 (2022. 3. 18. 개정)

23. 영 제34조 제18항에 따른 재무구조개선계획서 : 별지 제21호의 2 서식 (2009. 8. 28. 개정)

24. 영 제34조 제18항 및 영 제37조 제22항에 따른 재무구조개선계획 이행보고서 : 별지 제22호 서식 (2009. 8. 28. 개정)

25. 영 제34조 제19항 및 영 제116조의 30 제20항에 따른 양도차익명세서 및 분할익금산입조정명세서 : 별지 제22호의 2 서식 (2022. 3. 18. 개정)

25의 2. 영 제35조 제15항에 따른 자산의 포괄적 양도 과세특례신청서 : 별지 제23호 서식 (2010. 6. 30. 신설)

25의 3. 영 제35조 제15항, 같은 조 제16항 및 영 제35조의 2 제15항에 따른 자산조정계정 명세서 : 별지 제23호의 2 서식 (갑) 및 별지 제23호의 2 서식 (을) (2010. 6. 30. 신설)

25의 4. 영 제35조의 2 제14항에 따른 주식의 포괄적 교환등 과세특례신청서 : 별지 제23호의 3 서식 (2010. 6. 30. 신설)

25의 5. 영 제35조의 2 제15항에 따른 완전자회사 주식의 장부가액 합계액 계산서 : 별지 제23호의 4 서식 (2010. 6. 30. 신설)

25의 6. 영 제35조의 3 제16항 및 영 제35조의 4 제5항에 따른 자회사 주식의 장부가액 계산서 : 별지 제23호의 5 서식 (2023. 3. 20. 개정)

26. 제18조 제7항의 규정에 의한 재무구조개

제66조의 2 제12항, 영 제66조의 3 제9항, 영 제66조의 4 제9항, 영 제67조 제9항, 영 제79조의 11 및 영 제97조의 9 제2항에 따른 현물출자등에 대한 세액감면(면제)신청서 : 별지 제13호 서식 (2021. 5. 13. 개정)

15. 영 제74조 제3항에 따른 세액감면신청서 : 별지 제14호 서식 (2010. 4. 20. 개정)

16. 영 제56조 제7항 제1호·제2호, 영 제57조 제11항 제1호·제2호, 영 제58조 제4항, 영 제78조 제6항, 영 제79조의 3 제10항, 영 제79조의 6 제8항, 영 제79조의 8 제10항, 영 제79조의 9 제10항, 영 제79조의 10 제11항 및 영 제116조의 37 제10항에 따른 이전완료보고서 : 별지 제15호 서식 (2024. 3. 22. 개정)

16의 2. 영 제78조 제5항, 영 제79조의 3 제8항·제9항, 영 제79조의 6 제6항·제7항, 영 제79조의 8 제8항·제9항, 영 제79조의 9 제8항·제9항, 영 제79조의 10 제9항·제10항 및 영 제116조의 37 제8항·제9항에 따른 이전(예정)명세서 : 별지 제15호의 2 서식 (2024. 3. 22. 개정)

17. 법 제63조 제1항, 법 제63조의 2 제1항, 영 제56조 제7항 제2호, 영 제57조 제11항 제2호 및 영 제58조 제4항에 따른 이전계획서 : 별지 제16호 서식 (2021. 3. 16. 개정)

18.~20. 삭 제 (2002. 3. 30)

21. 영 제12조의 3 제15항에 따른 세액공제신청서 및 공제세액계산서 : 별지 제19호 서식 및 별지 제20호 서식 (2020. 3. 13. 신설)

22. 영 제34조 제19항에 따른 채무상환(예

12의 12. 영 제27조의 7 제16항에 따른 납부유예 사후관리추징사유 신고 및 자진납부 계산서 : 별지 제11호의 13 서식 (2023. 3. 20. 신설)

13. 영 제28조 제3항, 영 제29조 제4항, 영 제63조 제10항 및 영 제65조 제5항에 따른 이월과세적용신청서 : 별지 제12호 서식 (2015. 3. 13. 개정)

13의 2. 영 제30조 제11항, 영 제43조의 4 제7항, 영 제44조의 4 제7항, 영 제79조의 3 제8항, 영 제79조의 6 제6항, 영 제79조의 8 제8항, 영 제79조의 9 제8항, 영 제79조의 10 제9항, 영 제104조의 16 제6항, 영 제116조의 35 제10항 및 영 제116조의 37 제8항에 따른 양도차익명세서 및 분할익금산입조정명세서 : 별지 제12호의 2 서식 (2024. 3. 22. 개정)

13의 3. 영 제30조 제11항 및 같은 조 제12항에 따른 사업전환(예정)명세서 : 별지 제12호의 3 서식 (2008. 4. 29. 개정)

13의 4. 영 제30조 제12항, 영 제73조 제6항, 영 제79조의 3 제9항, 영 제79조의 6 제7항 및 영 제116조의 37 제9항에 따른 과세이연신청서 : 별지 제12호의 4 서식 (2024. 3. 22. 개정)

13의 5. 영 제30조 제13항에 따른 사업전환완료보고서 : 별지 제12호의 5 서식 (2008. 4. 29. 개정)

14. 영 제30조 제12항, 영 제63조 제10항(법 제68조 제2항에서 준용하는 경우를 포함한다), 영 제64조 제9항, 영 제66조 제9항, 영

서식 및 별지 제46호의 2 서식 부표 (2025.
3. 21. 개정)

47의 3. 삭 제 (2002. 3. 30)

48. 영 제63조 제7항의 규정에 의한 면제세액계
산서 : 별지 제47호 서식 (2004. 3. 6. 개정)

49. 영 제63조 제8항의 규정에 의한 세액면제신
청서 : 별지 제48호 서식 (99. 4. 26 개정)

50. 영 제64조 제8항의 규정에 의한 면제세
액계산서 : 별지 제49호 서식 (2019. 3.
20. 개정)

51. 영 제64조 제9항의 규정에 의한 세액면
제신청서 : 별지 제50호 서식 (2019. 3.
20. 개정)

51의 2. 영 제65조 제5항에 따른 면제세액
계산서 : 별지 제50호의 2 서식 (2015. 3.
13. 개정)

52. 영 제65조 제6항에 따른 세액면제신청서
: 별지 제51호 서식 (2015. 3. 13. 개정)

52의 2. 영 제66조의 2 제8항·제12항에 따
른 축산기간 및 폐업 확인서 : 별지 제51
호의 2 서식 (2011. 8. 3. 신설)

52의 3. 영 제67조의 2 제1항에 따른 경영회
생 지원을 위한 농지 매매 등에 대한 양도
소득세 환급신청서 : 별지 제51호의 3 서
식 (2014. 3. 14. 신설)

53. 영 제68조 제12항에 따른 세액감면신청
서 : 별지 제52호 서식 (2024. 3. 22. 개정)

53의 2. 영 제68조 제15항에 따른 영농자녀
증여세 감면 위반사유 신고 및 자진납부
계산서 : 별지 제52호의 2 서식 (2024. 3.

☞ p.1914 4단 연결

식 (2025. 3. 21. 개정)

43의 3. 영 제43조의 8 제12항에 따른 주식양
도차익과세이연신청서 및 재투자 확인서 :
별지 제41호의 5 서식 및 별지 제41호의 5
서식 부표 (2014. 3. 14. 신설)

43의 4. 영 제44조 제4항에 따른 벤처기업
복수의결권주식 취득에 따른 양도차익 과
세이연신청서 : 별지 제41호의 6 서식
(2025. 3. 21. 신설)

43의 5. 영 제45조 제3항에 따른 손실보전준
비금명세서 : 별지 제42호 서식 (2025. 3.
21. 호번개정)

44. 영 제51조의 2 제5항에 따른 소득공제신
청서 : 별지 제43호 서식 (2011. 8. 3. 개정)

45. 삭 제 (2008. 4. 29.)

46. 영 제57조 제11항 제1호·제2호 및 영
제58조 제4항의 규정에 의한 처분대금사
용계획서 또는 처분대금사용명세서 : 별
지 제45호 서식 (2013. 2. 23. 개정)

46의 2. 영 제56조 제7항, 영 제57조 제11항 및
영 제58조 제4항에 따른 토지 등 양도차익명세
서 : 별지 제45호의 2 서식 (2013. 2. 23. 개정)

46의 3. 영 제58조 제11항의 규정에 따른 감
면세액계산서 : 별지 제45호의 3 서식
(2013. 2. 23. 개정)

47. 삭 제 (2021. 3. 16.)

47의 2. 영 제60조 제9항 및 영 제60조의 2 제16
항에 따른 감면세액계산서 : 별지 제46호의 2

40. 영 제42조 제5항 및 같은 조 제6항에 따
른 수증자산명세서 및 세액감면신청서 :
별지 제39호 서식 (2009. 8. 28. 신설)

40의 2. 영 제42조 제5항 및 같은 조 제6항
에 따른 재무구조개선계획서 : 별지 제39
호의 2 서식 (2009. 8. 28. 신설)

41. 영 제43조 제11항에 따른 재무구조개선계
획서 : 별지 제40호 서식 (2009. 8. 28. 신설)

41의 2. 영 제43조 제11항에 따른 재무구조
개선계획이행보고서 : 별지 제40호의 2
서식 (2009. 8. 28. 신설)

41의 3. 영 제43조 제12항 및 영 제116조의 34
제12항에 따른 주식등 양도·양수 명세서 :
별지 제40호의 3 서식 (2017. 3. 17. 개정)

41의 4. 영 제43조 제12항, 영 제73조 제6항
및 영 제116조의 34 제12항에 따른 과세
이연신청서 : 별지 제40호의 4 서식
(2017. 3. 17. 개정)

42. 영 제43조의 2 제9항 및 영 제43조의 3
제3항의 규정에 의한 벤처기업(물류기업)
주식교환 등 주식양도차익과세이연신청서
: 별지 제41호 서식 (2005. 3. 11. 개정)

42의 2. 영 제44조의 4 제7항 및 영 제116조의
35 제10항에 따른 고정자산취득(예정)명세서 :
별지 제41호의 2 서식 (2017. 3. 17. 개정)

43. 영 제44조의 4 제7항 및 영 제116조의 35
제10항에 따른 고정자산취득완료보고서 :
별지 제41호의 3 서식 (2017. 3. 17. 개정)

43의 2. 영 제43조의 7 제10항에 따른 벤처
기업등 주식교환·현물출자 주식양도차
익 과세이연신청서 : 별지 제41호의 4 서

선계획서 : 별지 제32호 서식 (2009. 8.
28. 개정)

33의 2. 삭 제 (2008. 4. 29.)

34. 영 제37조 제23항 및 영 제116조의 32
제24항에 따른 수증자산명세서, 채무상환
(예정)명세서 및 분할익금산입조정명세서
: 별지 제33호 서식 (2017. 3. 17. 개정)

34의 2. 삭 제 (2008. 4. 29.)

35. 영 제37조 제24항·제25항 및 영 제116조의
32 제25항·제26항에 따른 채무상환(예정)명
세서 : 별지 제34호 서식 (2017. 3. 17. 개정)

36. 영 제37조 제24항·제25항 및 영 제116
조의 32 제25항·제26항에 따른 세액감
면신청서 : 별지 제35호 서식 (2017. 3.
17. 개정)

37. 삭 제 (2002. 3. 30)

38. 영 제40조 제2항 및 영 제99조 제4항의
규정에 의한 세액감면신청서 : 별지 제37
호 서식 (2000. 3. 30 개정)

38의 2. 영 제35조의 5 제2항에 따른 양도차
익명세서 및 손금산입조정명세서 : 별지
제37호의 2 서식 (2010. 6. 30. 개정)

39. 영 제41조 제4항 및 영 제116조의 33 제
8항에 따른 채무면제명세서 : 별지 제38
호 서식 (2017. 3. 17. 개정)

39의 2. 삭 제 (2017. 3. 17.)

61의 7. 법 제91조의 6 제4항에 따른 해외자원개발투자회사 등 배당소득비과세·분리과세명세서 : 별지 제60호의 7 서식 (2008. 4. 29. 개정)

61의 7. 삭　제 (2017. 3. 17.)

61의 8. 영 제92조의 6 제11항 제2호에 따른 주식 등의 소유현황자료 : 별지 제60호의 8 서식 (2008. 4. 29. 개정)

61의 8. 삭　제 (2015. 3. 13.)

61의 9. 법 제91조의 8 제2항에 따른 공익기부집합투자기구 배당소득 비과세명세서 : 제60호의 9 서식 (2009. 4. 7. 개정)

61의 9. 삭　제 (2011. 4. 7.)

61의 10. 법 제91조의 9 제7항에 따른 장기주식형저축납입증명서 : 별지 제60호의 10 서식 (2009. 4. 7. 신설)

61의 11. 법 제91조의 11 제3항에 따른 미분양주택 투자신탁 등 비과세·분리과세명세서 : 별지 제60호의 11 서식 (2009. 8. 28. 신설)

61의 10.·61의 11. 삭　제 (2015. 3. 13.)

61의 12. 영 제92조의 13 제1항에 따른 소득확인증명서 : 별지 제60호의 12 서식 (2013. 2. 23. 신설)

61의 12. 삭　제 (2016. 3. 14.)

61의 13. 법 제91조의 16 제3항에 따른 장기집합투자저축 납입증명서 : 별지 제60호의 13 서식 (2014. 3. 14. 신설)

61의 14. 영 제93조의 2 제1항에 따른 소득확인증명서 : 별지 제60호의 14 서식 (2014. 3. 14. 신설)

61의 14. 삭　제 (2016. 3. 14.)

61의 15. 영 제93조의 2 제3항에 따른 의견서 : 별지 제60호의 15 서식 (2014. 3. 14. 신설)

61의 16. 영 제96조 제8항에 따른 세액감면신청서 : 별지 제60호의 16 서식 (2020. 3. 13. 개정)

61의 17. 영 제92조의 13 제3항, 영 제93조

☞ p.1915 4단 연결

: 별지 제58호의 7 서식 (2019. 3. 20. 개정)

59의 8. 영 제81조 제7항 및 영 제137조의 2 제3항에 따른 환급신청서 : 별지 제58호의 8 서식 (2021. 3. 16. 개정)

60. 법 제87조의 5 제5항에 따른 선박투자회사분리과세명세서 : 별지 제59호 서식 (2009. 4. 7. 개정)

60. 삭　제 (2017. 3. 17.)

60의 2. 법 제87조의 6 제4항에 따른 부동산집합투자기구등 배당소득분리과세명세서 : 별지 제59호의 2 서식 (2011. 8. 3. 신설)

60의 3. 영 제81조의 4 제2항에 따른 공모부동산집합투자기구의 집합투자증권 과세특례 신청서 : 별지 제59호의 3 서식 (2020. 3. 13. 신설)

60의 4. 영 제82조의 2 제8항 및 제36조에 따른 비과세종합저축 가입요건 충족여부 통보에 대한 의견서 : 별지 제59호의 4 서식 (2020. 3. 13. 신설)

60의 4. 삭　제 (2021. 3. 16.)

61. 영 제82조의 4의 규정에 의한 우리사주 배당비과세 및 원천징수세액환급명세서 : 별지 제60호 서식 (2001. 3. 28 신설)

61의 2.·61의 3.　삭　제 (2002. 3. 30)

61의 4. 영 제92조의 규정에 의한 장기보유주식 배당소득 비과세명세서 및 장기보유주식 배당소득 분리과세명세서 : 별지 제60호의 4 서식 (2001. 9. 29 신설)

61의 4. 삭　제 (2011. 4. 7.)

61의 5. 영 제82조의 4의 규정에 의한 우리사주인출 및 과세명세서 : 별지 제60호의 5 서식 (2002. 3. 30 신설)

61의 6. 법 제91조의 4 제4항에 따른 투융자회사배당소득분리과세명세서 : 별지 제60호의 6 서식 (2008. 4. 29. 개정)

61의 6. 삭　제 (2015. 3. 13.)

55호 서식(2) (2011. 4. 7. 개정)

57. 영 제78조 제5항, 영 제79조의 8 제9항, 영 제79조의 9 제9항 및 제79조의 10 제10항에 따른 양도소득세 분할납부신청서 : 별지 제56호 서식 (2017. 3. 17. 개정)

58. 삭　제 (2002. 3. 30)

59. 영 제80조 제4항의 규정에 의한 개인연금저축납입증명서 : 별지 제58호 서식 (99. 4. 26 개정)

59의 2. 영 제80조의 2 제6항의 규정에 의한 연금저축납입증명서 : 별지 제58호의 2 서식 (2001. 3. 28 신설)

59의 3. 영 제14조 제12항, 영 제24조 제12항, 영 제24조의 2 제4항, 영 제80조의 3 제8항, 영 제81조 제7항 및 제12항, 영 제81조의 4 제5항, 영 제83조 제10항, 영 제92조의 13 제5항, 영 제93조 제8항, 영 제93조의 2 제9항, 영 제93조의 4 제15항, 영 제93조의 6 제13항, 영 제93조의 7 제9항, 영 제93조의 8 제7항 및 영 제116조의 38 제12항에 따른 특별해지사유신고서 : 별지 제58호의 3 서식 (2025. 3. 21. 개정)

59의 4. 영 제80조의 3 제6항에 따른 공제부금납입증명서 : 별지 제58호의 4 서식 (2019. 3. 20. 개정)

59의 5. 제34조 제1항에 따른 주택마련저축납입증명서 : 별지 제58호의 5 서식 (2008. 4. 29. 신설)

59의 6. 제35조에 따른 의견서 : 별지 제58호의 6 서식 (2008. 4. 29. 신설)

59의 7. 법 제87조 제4항에 따른 무주택 확인서

22. 개정)

53의 3. 영 제68조의 2 제2항 및 영 제98조의 8 제3항에 따른 과세특례신고서 : 별지 제52호의 3 서식 (2025. 3. 21. 신설)

54. 영 제69조 제2항의 규정에 의한 당기순이익과세포기에 관한 신청서 : 별지 제53호 서식 (2013. 2. 23. 개정)

54의 2. 영 제71조 제2항에 따른 기부장려금단체 지정신청서 : 별지 제53호의 2 서식 (2016. 2. 25. 신설)

54의 3. 영 제71조 제4항에 따른 기부장려금단체 해당 요건충족 여부 보고서 : 별지 제53호의 3 서식 (2016. 2. 25. 신설)

54의 4. 영 제71조 제10항에 따른 기부장려금 신청서 : 별지 제53호의 4 서식 (2016. 2. 25. 신설)

54의 5. 법 제75조 제3항에 따른 기부장려금 신청명세 : 별지 제53호의 5 서식 (2016. 2. 25. 신설)

55. 영 제72조 제4항 및 제7항에 따른 세액감면신청서 : 별지 제54호 서식 (2011. 4. 7. 개정)

55의 2. 영 제72조 제8항에 따른 수용된 사실을 확인할 수 있는 서류 : 별지 제54호 서식 부표 (2011. 4. 7. 개정)

56. 영 제72조 제6항 및 영 제73조 제2항·제3항에 따른 보상채권 만기보유 특약체결자의 보상명세서(대토보상자의 보상명세서) 및 보상채권 만기보유 특약 위반사실 통보서(대토보상자의 현금보상 전환 통보서) : 별지 제55호 서식(1) 및 별지 제

(2011. 8. 3. 신설)

64의 12. 영 제98조의 5 제9항에 따른 준공 후미분양주택확인대장 : 별지 제63호의 12 서식(1) 및 별지 제63호의 12 서식(2) (2011. 8. 3. 신설)

64의 13. 영 제99조의 2 제9항에 따른 신축 주택등 현황 : 별지 제63호의 13 서식(1), 별지 제63호의 13 서식(2) 및 별지 제63호 의 13 서식(3) (2013. 5. 14. 신설)

64의 14. 영 제99조의 2 제11항 및 제12항에 따른 신축주택등임을 확인하는 날인 및 감 면대상기존주택임을 확인하는 날인 : 별지 제63호의 14 서식 (2013. 5. 14. 신설)

64의 15. 영 제99조의 2 제11항에 따른 신축 주택등확인대장(사업주체등용) : 별지 제 63호의 15 서식 (2013. 5. 14. 신설)

64의 16. 영 제99조의 2 제14항에 따른 신축 주택등확인대장(시·군·구청장용) : 별 지 제63호의 16 서식 (2013. 5. 14. 신설)

64의 17. 영 제99조의 2 제15항에 따른 감면 대상기존주택 확인대장 : 별지 제63호의 17 서식 (2013. 5. 14. 신설)

64의 18. 영 제99조의 6 제3항 및 이 규칙 제45 조의 2 제1항에 따른 체납액 납부계획서 : 별 지 제63호의 18 서식 (2013. 10. 21. 신설)

64의 19. 영 제99조의 6 제8항 및 이 규칙 제45조의 2 제2항에 따른 납부고지 유예, 지정납부기한등연장 및 압류·매각의 유 예 신청서 : 별지 제63호의 19 서식 (2021. 3. 16. 개정)

☞ p.1916 4단 연결

촌주택등취득자에대한과세특례신고서 : 별 지 제63호의 4 서식 (2019. 3. 20. 개정)

64의 5. 영 제98조의 2 제2항·제4항, 영 제 98조의 4 제5항·제8항·제9항 및 영 제 98조의 6 제5항·제8항·제9항에 따른 미 분양주택임을 확인하는 날인 : 별지 제63 호의 5 서식 (2012. 10. 15. 개정)

64의 6. 영 제98조의 2 제5항·제6항, 영 제98조의 4 제8항부터 제10항까지 및 영 제98조의 6 제8항부터 제10항까지의 규정에 따른 미분양주택확인대장 : 별지 제63호의 6 서식(1) 및 별지 제63호의 6 서식(2) (2012. 10. 15. 개정)

64의 7. 영 제98조의 4 제6항·제7항·제9 항 및 영 제98조의 6 제6항·제7항·제9 항에 따른 미분양주택 현황 : 별지 제63호 의 7 서식(1) 및 별지 제63호의 7 서식(2) (2012. 10. 15. 개정)

64의 8. 영 제99조의 5 제3항에 따른 체납액 납부의무소멸신청서 : 별지 제63호의 8 서식 (2018. 3. 21. 개정)

64의 9. 법 제99조의 5 제4항에 따른 결정 통 지서 : 별지 제63호의 9 서식(1) 및 별지 제63호의 9 서식(2) (2018. 3. 21. 개정)

64의 10. 영 제98조의 5 제6항·제9항 및 제 10항에 따른 준공후미분양주택임을 확인 하는 날인 : 별지 제63호의 10 서식 (2011. 8. 3. 신설)

64의 11. 영 제98조의 5 제7항에 따른 준공 후미분양주택 현황 : 별지 제63호의 11 서 식(1) 및 별지 제63호의 11 서식(2)

(2022. 3. 18. 개정)

62. 영 제97조 제3항(영 제97조의 2 제2항에 서 준용하는 경우를 포함한다)의 규정에 의한 주택임대신고서 : 별지 제61호 서식 (2000. 3. 30 개정)

63. 영 제97조 제4항(영 제97조의 2 제2항 및 영 제97조의 5 제4항에서 준용하는 경 우를 포함한다)에 따른 세액감면신청서 : 별지 제62호 서식 (2015. 3. 13. 개정)

63의 2. 영 제97조의 3 제6항에 따른 과세특 례적용신청서 : 별지 제62호의 2 서식 (2021. 3. 16. 개정)

63의 3. 영 제97조의 4 제3항에 따른 장기임 대주택의 과세특례적용신청서 : 별지 제 62호의 3 서식 (2014. 3. 14. 신설)

63의 4. 영 제97조의 6 제9항에 따른 현물출 자명세서 : 별지 제62호의 4 서식 (2015. 3. 13. 신설)

63의 5. 영 제97조의 6 제9항에 따른 현물 출자 과세특례신청서 : 별지 제62호의 5 서식 (2015. 3. 13. 신설)

64. 영 제98조 제4항의 규정에 의한 미분양 주택과세특례적용신고서 : 별지 제63호 서식 (99. 4. 26 개정)

64의 2. 영 제99조의 2 제4항 본문의 규정에 의한 양도소득세특례세율적용신청서 : 별 지 제63호의 2 서식 (2001. 3. 28 신설)

64의 3. 영 제99조의 2 제5항의 규정에 의한 신축주택취득신고서 : 별지 제63호의 3 서식 (2001. 3. 28 신설)

64의 4. 영 제99조의 4 제10항에 따른 농어

의 2 제3항, 영 제93조의 6 제4항 및 영 제93조의 7 제6항에 따른 의견서 : 별지 제60호의 17 서식 (2022. 3. 18. 개정)

61의 18. 영 제92조의 13 제1항에 따른 청년층 재형저 축 가입요건 확인서 : 별지 제60호의 18 서식 (2015. 3. 13. 신설)

61의 18. 삭 제 (2016. 3. 14.)

61의 19. 영 제93조의 4 제1항 제1호에 따른 소득확인증명서 : 별지 제60호의 19 서 식 (2021. 3. 16. 개정)

61의 20. 영 제93조의 4 제6항에 따른 의견서 : 별지 제60호의 20 서식 (2016. 3. 14. 신설)

61의 20. 삭 제 (2021. 3. 16.)

61의 21. 영 제81조 제9항에 따른 의견서 : 별지 제60호 의 21 서식 (2019. 3. 20. 신설)

61의 21. 삭 제 (2025. 3. 21.)

61의 22. 영 제81조 제15항 제1호에 따른 소득확인증명서 : 별지 제60호의 22 서식 (2019. 3. 20. 신설)

61의 23. 영 제93조의 5 제3항에 따른 장병 내일준비적금 가입자격 확인서 : 별지 제 60호의 23 서식 (2019. 3. 20. 신설)

61의 24. 영 제93조의 6 제2항 제1호, 영 제 93조의 7 제3항 제1호 및 영 제93조의 8 제5항 제1호에 따른 소득확인증명서 : 별 지 제60호의 24 서식, 별지 제60호의 25 서식 및 별지 제60호의 28 서식 (2023. 3. 20. 개정)

61의 25. 영 제96조의 2 제5항에 따른 세액 감면신청서 : 별지 제60호의 26 서식 (2022. 3. 18. 개정)

61의 26. 영 제96조의 3 제8항에 따른 세 액공제신청서 : 별지 제60호의 27 서식

22. 개정)

65의 14. 영 제104조의 16 제7항에 따른 취득완료보고서 : 별지 제64호의 15 서식 (2022. 3. 18. 개정)

65의 15. 법 제100조의 6 제7항에 따른 근로장려금 신청서 : 별지 제64호의 16 서식 (2022. 3. 18. 개정)

65의 16. 영 제104조의 18 제1항에 따른 주택신축용토지 합산배제(변동)신고서 : 별지 제64호의 17 서식 (1) 및 별지 제64호의 17 서식(2) (2022. 3. 18. 개정)

65의 17. 영 제104조의 6 제4항에 따른 참가준비금명세서 : 별지 제64호의 18 서식 (2022. 3. 18. 개정)

65의 18. 영 제104조의 10에 따른 손실보전준비금명세서 : 별지 제64호의 19 서식 (2022. 3. 18. 개정)

65의 19. 법 제104조의 23 제3항에 따른 대손충당금 익금불산입신청서 : 별지 제64호의 20 서식 (2022. 3. 18. 개정)

65의 20. 영 제104조의 21 제13항에 따른 국내복귀기업에 대한 감면세액계산서 : 별지 제64호의 21 서식 (2024. 3. 22. 개정)

65의 21. 영 제104조의 27 제3항에 따른 우수 선화주기업 인증을 받은 화주기업에 대한 세액공제신청서 및 공제세액계산서 : 별지 제64호의 22 서식 (2022. 3. 18. 개정)

65의 22. 법 제104조의 27 제4항에 따른 고배당기업 배당 명세서 : 별지 제64호의 23 서식 (2022. 3. 18. 개정)

p.1917 4단 연결

31에 따른 근로장려금 · 자녀장려금 환급제한통지서 : 별지 제64호의 6 서식 (2022. 3. 18. 개정)

65의 7. 영 제100조의 12 및 제100조의 31에 따른 조사원증 : 별지 제64호의 7 서식 (2022. 3. 18. 개정)

65의 8. 영 제104조의 2 제4항에 따른 공제세액계산서 : 별지 제64호의 8 서식 (2023. 3. 20. 개정)

편주 ▶ 규칙 61조 1항 65호의 8의 개정규정은 2024. 1. 1.부터 시행함. (규칙 부칙(2023. 3. 20.) 1조 1호)

65의 9. 영 제104조의 7 제5항에 따른 해운기업의 법인세과세표준계산특례 적용신청서 : 별지 제64호의 9 서식 (2022. 3. 18. 개정)

65의 10. 영 제104조의 7 제6항에 따른 해운기업의 법인세과세표준계산특례 요건명세서 : 별지 제64호의 10 서식 (2022. 3. 18. 개정)

65의 11. 영 제104조의 7 제7항에 따른 해운기업의 법인세 과세표준계산특례 포기신청서 : 별지 제64호의 11 서식 (2022. 3. 18. 개정)

65의 12. 영 제104조 제4항에 따른 손실보전준비금명세서 : 별지 제64호의 12 서식 (2022. 3. 18. 개정)

65의 13. 영 제104조의 13 제1항에 따른 종합부동산세 과세특례신고서 : 별지 제64호의 13 서식(1), 별지 제64호의 13 서식(2), 별지 제64호의 13 서식 부표(1), 별지 제64호의 13 서식 부표(2) (2024. 3.

64의 29. 영 제99조의 11 제4항 각 호 외의 부분에 따른 선결제 금액에 대한 세액공제신청서 : 별지 제63호의 29 서식 (2020. 6. 15. 신설)

64의 30. 영 제99조의 11 제4항 제2호에 따른 선결제 이용내역 확인서 : 별지 제63호의 30 서식 (1) 및 별지 제63호의 30 서식 (2) (2020. 6. 15. 신설)

64의 31. 영 제99조의 12에 따른 손실보상금 익금불산입명세서 : 별지 제63호의 31 서식 (2024. 3. 22. 신설)

64의 32. 영 제99조의 13 제2항 제1호에 따른 세액공제신청서 : 별지 제63호의 32 서식 (2025. 3. 21. 신설)

65. 영 제100조 제2항의 규정에 의한 주택보조금에 대한 지급명세서 : 별지 제64호 서식 (2019. 3. 20. 개정)

65의 2. 법 제100조의 6 제1항 및 법 제100조의 30 제1항에 따른 근로장려금 · 자녀장려금신청서 : 별지 제64호의 2 서식 (2015. 3. 13. 개정)

65의 3. 영 제100조의 9 제1항에 따른 개좌개설(변경/철회)신고서 : 별지 제64호의 3 서식 (2017. 3. 17. 신설)

65의 4. 영 제100조의 9 제2항 및 제100조의 31에 따른 근로장려금 · 자녀장려금 결정 통지서 : 별지 제64호의 4 서식 (2015. 3. 13. 개정)

65의 5. 영 제100조의 9 제2항 제2호에 따른 결정통지 전자송달 신청서 : 별지 제64호의 5 서식 (2022. 3. 18. 신설)

65의 6. 법 제100조의 9 제3항 및 제100조의

64의 20. 영 제99조의 6 제11항에 따른 납부고지 유예, 지정납부기한등연장 및 압류 · 매각의 유예 취소통지서 : 별지 제63호의 20 서식 (2021. 3. 16. 개정)

64의 21. 영 제99조의 7 제2항에 따른 이자상환액증명서 : 별지 제63호의 21 서식 (2014. 3. 14. 신설)

64의 22. 영 제98조의 7 제6항에 따른 준공후미분양주택 현황 : 별지 제63호의 22 서식(1) 및 별지 제63호의 22 서식(2) (2015. 3. 13. 신설)

64의 23. 영 제98조의 7 제9항에 따른 준공후 미분양주택확인대장(사업주체등용) : 별지 제63호의 23 서식 (2015. 3. 13. 신설)

64의 24. 영 제98조의 7 제10항에 따른 준공후미분양주택임을 확인하는 날인 : 별지 제63호의 24 서식 (2015. 3. 13. 신설)

64의 25. 영 제98조의 7 제10항에 따른 준공후미분양주택확인대장(시장 · 군수 · 구청장용) : 별지 제63호의 25 서식 (2015. 3. 13. 신설)

64의 26. 영 제99조의 9 제3항에 따른 체납액 징수특례 신청서 : 별지 제63호의 26 서식 (2020. 3. 13. 신설)

64의 27. 영 제99조의 9 제4항에 따른 체납액 징수특례 신청 결과 통지서 : 별지 제63호의 27 서식(1) 및 별지 제63호의 27 서식(2) (2020. 3. 13. 신설)

64의 28. 영 제99조의 9 제4항에 따른 체납액 징수특례 결정 취소 통지서 : 별지 제63호의 28 서식 (2020. 3. 13. 신설)

의 3 제3항 및 제112조의 4 제5항에 따른 증거서류인 감면유류공급명세서(갑) : 별지 제69호의 4 서식 (2013. 12. 30. 개정)

70의 5. 영 제112조의 2 제11항, 영 제112조의 3 제3항 및 제112조의 4 제5항에 따른 증거서류인 감면유류공급명세서(을) : 별지 제69호의 5 서식 (2013. 12. 30. 개정)

70의 6. 영 제112조의 4 제7항에 따른 환급내역 통보서 : 별지 제69호의 6 서식 (2013. 12. 30. 개정)

70의 7. 영 제111조 제1항에 따른 노후경유자동차교체감면신청서 : 별지 제69호의 7 서식 (2017. 3. 10. 신설)

70의 7. 영 제111조 제1항에 따른 노후자동차교체감면신청서 : 별지 제69호의 7 서식 (2025. 3. 21. 개정)

70의 8. 영 제111조 제3항에 따른 노후경유자동차교체용차량확인서 : 별지 제69호의 8 서식 (2020. 4. 21. 개정)

70의 8. 영 제111조 제3항에 따른 노후자동차교체용차량확인서 : 별지 제69호의 8 서식 (2025. 3. 21. 개정)

70의 9. 영 제111조 제6항에 따른 노후경유자동차교체환급(공제)신청서 : 별지 제69호의 9 서식 (2020. 4. 21. 개정)

70의 9. 영 제111조 제6항에 따른 노후자동차교체환급(공제)신청서 : 별지 제69호의 9 서식 (2025. 3. 21. 개정)

70의 10. 영 제110조의 3 제7항에 따른 소규모 개인사업자 부가가치세 감면신청서 : 별지 제69호의 10 서식 (2020. 4. 21. 신설)

70의 11. 영 제112조의 7 제1항에 따른 연안화물선용 경유 교통·에너지·환경세 감면세액 환급·공제 신청서 : 별지 제

☞ p.1918 4단 연결

납부신고서 : 별지 제67호의 3 서식 (2018. 3. 21. 신설)

69. 영 제107조 제2항의 규정에 의한 외국사업자의 거래내역서 및 부가가치세환급신청서 : 별지 제68호 서식 (99. 4. 26 개정)

69의 2. 법 제107조의 3 제2항에 따른 의료용역공급확인서 : 별지 제68호의 2 서식 (2016. 3. 14. 신설)

69의 3. 영 제108조 제3항에 따른 외교관 등의 부가가치세 환급신청서 : 별지 제68호의 3 서식 (2016. 3. 14. 개정)

69의 4. 영 제109조의 2 제7항에 따른 외국인관광객 숙박용역 환급실적명세서 : 별지 제68호의 4 서식(1) 및 별지 제68호의 4 서식(2) (2020. 3. 13. 신설)

69의 5. 영 제109조의 3 제9항에 따른 외국인관광객 미용성형 의료용역 환급실적명세서 : 별지 제68호의 5 서식(1) 및 별지 제68호의 5 서식(2) (2020. 3. 13. 신설)

70. 영 제110조 제5항의 규정에 의한 재활용폐자원등의 매입세액공제신고서 : 별지 제69호 서식 (1) 및 별지 제69호 서식 (2) (2004. 3. 6. 개정)

70의 2. 영 제110조의 2 제4항에 따른 스크랩등 매입세액 공제신고서 : 별지 제69호의 2 서식(1) 및 별지 제69호의 2 서식(2) (2016. 3. 14. 개정)

70의 3. 영 제112조의 2 제11항, 영 제112조의 3 제3항 및 제112조의 4 제5항에 따른 신청서 : 별지 제69호의 3 서식 (2013. 12. 30. 개정)

70의 4. 영 제112조의 2 제11항, 영 제112조

따른 환급신청서 : 별지 제64호의 30 서식 및 별지 제64호의 30 서식 부표 (2024. 12. 31. 신설)

65의 33. 영 제105조의 2 제3항에 따른 환급대행 신청서 : 별지 제64호의 31 서식 (2024. 12. 31. 신설)

65의 34. 영 제104조의 31 제6항 제1호에 따른 건설기계 양도차익명세서, 건설기계 취득명세서 및 총수입금액 분할산입 조정명세서 : 별지 제64호의 32 서식 (2025. 3. 21. 신설)

66. 영 제106조 제12항 제2호의 규정에 의한 월별판매액합계표 : 별지 제65호 서식 (99. 4. 26 개정)

67. 영 제106조 제12항 제3호의 규정에 의한 면세공급증명서 : 별지 제66호 서식 (99. 4. 26 개정)

67의 2. 영 제106조의 13항의 규정에 의한 위탁급식공급가액증명서 : 별지 제66호의 2 서식 (99. 9. 30 신설)

67의 3. 영 제106조의 16항에 따른 매출대장 : 별지 제66호의 3 서식 (2018. 3. 21. 신설)

68. 영 제106조의 17항 및 이 규칙 제48조 제4항의 규정에 의한 농·어민확인서 : 별지 제67호 서식 (2018. 3. 21. 개정)

68의 2. 법 제106조의 8 제3항에 따른 원산지확인서 발급세액공제신고서 : 별지 제67호의 2 서식 (1) 및 별지 제67호의 2 서식(2) (2012. 2. 28. 신설)

68의 2. 삭 제 (2014. 3. 14.)

68의 3. 영 제106조의 12 제2항에 따른 미지급통보서 : 별지 제67호의 2 서식 (2018. 3. 21. 신설)

68의 4. 영 제106조의 14 제3항에 따른 대리

65의 23. 법 제104조의 27 제4항에 따른 고배당기업 주식 배당소득 원천징수 명세서 : 별지 제64호의 24 서식 (2022. 3. 18. 개정)

65의 24. 영 제104조의 25 제2항에 따른 의제매입세액 공제신고서 : 별지 제64호의 25 서식 (2022. 3. 18. 개정)

65의 25. 영 제104조의 26 제1항에 따른 의제매입세액공제신고서 : 별지 제64호의 26 서식 (2022. 3. 18. 개정)

65의 26. 영 제104조의 28 제4항 제5호 및 같은 조 제6항에 따른 명목회사설립(변경)신고서 : 별지 제17호 서식 (2022. 3. 18. 호번개정)

65의 27. 영 제104조의 28 제8항에 따른 프로젝트금융투자회사에 대한 소득공제신청서 : 별지 제18호 서식 (2022. 3. 18. 호번개정)

65의 28. 영 제104조의 28 제9항에 따른 동업기업 과세특례적용 및 동업자 과세여부확인서 : 별지 제24호 서식 (2022. 3. 18. 호번개정)

65의 29. 영 제104조의 29 제2항에 따른 공제세액계산서 : 별지 제64호의 27 서식 (2022. 3. 18. 개정)

65의 30. 영 제104조의 15 제6항에 따른 해외자원개발투자신고서 : 별지 제64호의 28 서식 (2024. 3. 22. 신설)

65의 31. 영 제104조의 30 제4항에 따른 대손충당금 손금산입 특례 적용신청서 : 별지 제64호의 29 서식 (2024. 3. 22. 신설)

65의 32. 영 제105조의 2 제2항 각 호 외의 부분 및 같은 조 제5항 각 호 외의 부분에

용카드등사용금액확인서 : 별지 제74호의 5 서식 (2009. 4. 7. 개정)

75의 6. 영 제121조의 2 제8항에 따른 신용카드등소득공제신청서 : 별지 제74호의 6 서식 (2023. 12. 29. 개정)

75의 7. 영 제117조 제12항에 따른 매입자납부 익금 및 손금명세서 : 별지 제74호의 7 서식 (2008. 4. 29. 신설)

75의 7. 삭 제 (2011. 4. 7.)

76. 영 제121조의 3 제9항의 규정에 의한 현금영수증사업자부가가치세세액공제신청서 : 별지 제75호 서식 (2004. 3. 6. 신설)

77. 영 제121조의 4 제2항에 따른 거래사실확인신청서 : 별지 제76호 서식 (2007. 3. 30. 신설)

78. 영 제121조의 4 제10항에 따른 매입자발행세금계산서 : 별지 제76호의 2 서식 (2007. 3. 30. 신설)

79. 영 제121조의 4 제11항에 따른 매입자발행세금계산서합계표 : 별지 제76호의 3 서식 (2007. 3. 30. 신설)

77.~79. 삭 제 (2017. 3. 17.)

80. 영 제121조의 5 제2항에 따른 현금거래확인신청서 : 별지 제77호 서식 (2007. 3. 30. 신설)

80의 2. 영 제121조의 6 제2항에 따른 성실신고 확인비용세액공제신청서 : 별지 제78호 서식 (2011. 8. 3. 신설)

81. 제51조의 3 제1항의 규정에 의한 조세감면신청서 또는 조세감면내용변경신청서 : 별지 제80호 서식(영문서식을 포함한다) (99. 5. 24 신설)

82. 제51조의 3 제2항의 규정에 의한 조세감면 대상 해당 여부 사전확인 신청서 : 별지 제81호 서식(영문서식을 포함한다) (99. 5. 24 신설)

83. 제51조의 4의 규정에 의한 사업개시일신

☞ p.1919 4단 연결

18 서식 (2022. 3. 18. 개정)

71의 19. 영 제116조의 35 제9항에 따른 사업재편계획서 : 별지 제70호의 19 서식 (2022. 3. 18. 개정)

71의 20. 영 제116조의 35 제9항에 따른 사업재편계획이행보고서 : 별지 제70호의 20 서식 (2022. 3. 18. 개정)

71의 21. 영 제115조 제16항에 따른 차익거래신고서 : 별지 제70호의 21 서식 (2022. 3. 18. 개정)

72. 영 제117조의 4 제3항에 따른 매입자납부 익금 및 손금 명세서 : 별지 제71호 서식 (2013. 12. 30. 신설)

73. 영 제117조의 4 제4항에 따른 수입증가 등 세액공제 신청서 : 별지 제72호 서식 (2019. 3. 20. 개정)

74. 제48조의 6 제3항에 따른 스크랩등 수입업자 부가가치세 환급신청서 : 별지 제73호 서식 (2016. 3. 14. 개정)

75. 영 제117조 제12항에 따른 수입증가등세액공제신청서 : 별지 제74호 서식(1), 별지 제74호 서식(2), 별지 제74호 서식(3) (2008. 4. 29. 개정)

75의 2. 영 제117조 제12항에 따른 전자상거래수입금액명세서 : 별지 제74호의 2 서식 (2008. 4. 29. 개정)

75. · 75의 2. 삭 제 (2011. 4. 7.)

75의 3. 영 제117조의 2 제13항의 규정에 의한 성실신고사업자세액(소득세 · 법인세)공제계산서 : 별지 제74호의 3 서식 및 별지 제74호의 3 서식 부표 (2005. 3. 11. 신설)

75의 4. 영 제117조의 2 제13항의 규정에 의한 성 실신고사업자 부가가치세 세액공제계산서 : 별지 제74호의 4 서식 및 별지 제74호의 4 서식 부표 (2005. 3. 11. 신설)

75의 3. · 75의 4. 삭 제 (2008. 4. 29.)

75의 5. 영 제121조의 2 제7항에 따른신

지 제70호의 8 서식 (2022. 3. 18. 신설)

71의 9. 영 제116조의 30 제19항에 따른 사업재편계획서 : 별지 제70호의 9 서식 (2022. 3. 18. 개정)

71의 10. 영 제116조의 30 제19항 및 영 제116조의 32 제23항에 따른 사업재편계획이행보고서 : 별지 제70호의 10 서식 (2022. 3. 18. 개정)

71의 11. 영 제116조의 31 제18항에 따른 사업재편계획서 : 별지 제70호의 11 서식 (2022. 3. 18. 개정)

71의 12. 영 제116조의 31 제18항에 따른 사업재편계획이행보고서 : 별지 제70호의 12 서식 (2022. 3. 18. 개정)

71의 13. 영 제116조의 31 제19항 및 영 제116조의 31 제20항에 따른 법인양도 · 양수계획서 : 별지 제70호의 13 서식 (2022. 3. 18. 개정)

71의 14. 영 제116조의 32 제23항에 따른 사업재편계획서 : 별지 제70호의 14 서식 (2022. 3. 18. 개정)

71의 15. 영 제116조의 33 제7항에 따른 사업재편계획서 : 별지 제70호의 15 서식 (2022. 3. 18. 개정)

71의 16. 영 제116조의 33 제7항에 따른 사업재편계획이행보고서 : 별지 제70호의 16 서식 (2022. 3. 18. 개정)

71의 17. 영 제116조의 34 제11항에 따른 사업재편계획서 : 별지 제70호의 17 서식 (2022. 3. 18. 개정)

71의 18. 영 제116조의 34 제11항에 따른 사업재편계획이행보고서 : 별지 제70호의

69호의 11 서식 및 별지 제69호의 11 서식 및 별지 제69호의 11 서식 부표 (2021. 3. 16. 신설)

70의 12. 영 제112조의 7 제3항에 따른 연안화물선용 경유 교통 · 에너지 · 환경세 감면세액 환급내역 통보서 : 별지 제69호의 12 서식 (2021. 3. 16. 신설)

70의 13. 영 제112조의 7 제8항에 따른 연안화물선용 경유 연간 공급 명세서 : 별지 제69호의 13 서식 (2021. 3. 16. 신설)

71. 영 제115조 제18항에 따른 세액면제신청서 : 별지 제70호 서식 (2021. 3. 16. 개정)

71의 2. 영 제116조의 10 제3항에 따른 조세추징면제 여부 확인신청서 : 별지 제70호의 2 서식 (2006. 4. 17. 신설)

71의 3. 영 제116조의 3 제2항에 따른 결정예고통지서 : 별지 제70호의 3 서식 (2007. 3. 30. 신설)

71의 4. 영 제116조의 2 제13항에 따른 공제감면세액 및 배당소득세 계산서 : 별지 제70호의 4 서식 (2013. 2. 23. 신설)

71의 5. 영 제115조 제7항에 따른 위험회피거래신고서(주식 파생상품) : 별지 제70호의 5 서식 (2021. 3. 16. 개정)

71의 6. 영 제115조 제7항에 따른 위험회피거래신고서(주가지수파생상품) : 별지 제70호의 6 서식 (2021. 3. 16. 개정)

71의 7. 영 제115조 제9항에 따른 시장조성거래신고서 : 별지 제70호의 7 서식 (2021. 3. 16. 개정)

71의 8. 영 제116조의 30 제2항 및 제20항에 따른 채무상환 및 투자(계획)명세서 : 별

지 제93호 서식 (2003. 3. 24 신설)

10. 영 제106조의 4 제5항 및 제6항의 규정에 의한 면세금지금거래승인변경신고서 : 별지 제94호 서식 (2004. 3. 6. 개정)

11. 영 제106조의 4 제8항의 규정에 의한 면세금지금거래(수입)추천자변경신고서 : 별지 제95호 서식 (2004. 3. 6. 개정)

12. 영 제106조의 5 제3항의 규정에 의한 금지금부가가치세환급신고서 : 별지 제96호 서식 (2003. 3. 24 신설)

12의 2. 영 제106조의 8 제2항의 규정에 의한 면세금지금납세담보제공확인서 : 별지 제96호의 2 서식 (2005. 3. 11. 신설)

13. 제59조의 2에 따른 관세 및 부가가치세 면제확인신청서 : 별지 제97호 서식 (2014. 3. 14. 개정)

14. 영 제106조의 9 제3항에 따른 금거래계좌 개설 및 해지신고서 : 별지 제98호 서식 (2008. 4. 29. 신설)

14. 삭 제 (2009. 4. 7.)

15. 제48조의 4 제3항에 따른 환급신청서 : 별지 제99호 서식 (2008. 4. 29. 신설)

16. 영 제106조의 10 제5항에 따른 고금 의제매입세액공제 신고서 및 이 규칙 제48조의 5 제1항에 따른 고금 매입·매출 명세서 : 별지 제100호 서식(1), 별지 제100호 서식(2) (2008. 4. 29. 신설)

17. 제48조의 5 제2항에 따른 고금매입대장·고금매출대장 : 별지 제101호 서식 및 별지 제102호 서식 (2008. 4. 29. 신설)

16.~17. 삭 제 (2014. 3. 14.)

18. 영 제106조의 11 제2항에 따른 금지금제조반출 명세서 : 별지 제103호 서식 (2008. 4. 29. 신설)

② 금지금거래 등에 관한 서식은 다음 각 호에 따른다. (2009. 4. 7. 개정)

1. 영 제106조의 3 제9항의 규정에 의한 금지금부가가치세납부신고서 : 별지 제85호 서식 (2003. 3. 24 신설)

2. 영 제106조의 3 제10항의 규정에 의한 금지금부가가치세징수영수증 : 별지 제86호 서식 (2003. 3. 24 신설)

3. 영 제106조의 3 제12항 제1호의 규정에 의한 면세금지금거래사실명세서 : 별지 제87호 서식(1) 및 별지 제87호 서식(2) (2003. 3. 24 신설)

4. 영 제106조의 3 제12항 제1호의 규정에 의한 면세금지금수입사실명세서 : 별지 제88호 서식(1) 및 별지 제88호 서식(2) (2003. 3. 24 신설)

5. 영 제106조의 3 제12항 제2호의 규정에 의한 금지금위탁거래사실명세서 : 별지 제89호 서식(1) 및 별지 제89호 서식(2) (2003. 3. 24 신설)

6. 영 제106조의 3 제12항 제3호의 규정에 의한 면세금지금추천사실명세서 : 별지 제90호 서식(1) 및 별지 제90호 서식(2) (2003. 3. 24 신설)

7. 영 제106조의 4 제1항의 규정에 의한 면세금지금거래승인신청서(금지금도매업자등) : 별지 제91호 서식(2003. 3. 24. 신설)

8. 영 제106조의 4 제2항의 규정에 의한 면세금지금거래(수입)추천승인신청서 : 별지 제92호 서식 (2003. 3. 24 신설)

9. 영 제106조의 4 제4항의 규정에 의한 면세금지금거래승인신청서(금세공업자등) : 별

107호 서식(2-1), 별지 제107호 서식(2-2), 별지 제107호 서식(2-2) 부표, 별지 제107호 서식(3-1), 별지 제107호 서식(3-2), 별지 제107호 서식(3-2) 부표1, 별지 제107호 서식(3-2) 부표2, 별지 제107호 서식(4-1), 별지 제107호 서식(4-2), 별지 제107호 서식(4-2) 부표, 별지 제107호 서식(5-1), 별지 제107호 서식(5-2), 별지 제107호 서식(5-2) 부표1 및 별지 제107호 서식(5-2) 부표2 (2010. 4. 20. 신설)

91. 영 제100조의 24 제2호에 따른 지분가액조정명세서 : 별지 제108호 서식 (2010. 4. 20. 신설)

92. 제46조의 2 제2호에 따른 배분한도 초과결손금계산서 : 별지 제109호 서식 (2010. 4. 20. 신설)

93. 제46조의 2 제3호에 따른 수동적동업자 이월배분결손금계산서 : 별지 제110호 서식 (2010. 4. 20. 신설)

94. 제46조의 2 제4호에 따른 동업기업 세액배분명세서 : 별지 제111호 서식 (2010. 4. 20. 신설)

95. 영 제104조의 19 제4항에 따른 배당금등 의제액상당액손금산입조정명세서 : 별지 제112호 서식 (2010. 4. 20. 신설)

96. 제51조의 7 제2호에 따른 관세 면제 확인신청서 : 별지 제113호 서식 (2017. 3. 17. 신설)

97. 영 제93조의 4 제4항, 영 제123조의 2 제5항 및 제52조의 6 제2항에 따른 의견서 : 별지 제115호 서식 (2021. 3. 16. 신설)

고서 : 별지 제82호 서식 (99. 5. 24 신설)

83의 2. 영 제116조의 4 제5항에 따른 투자명세서 : 별지 제82호의 2 서식 (2014. 3. 14. 신설)

84. 제51조의 5의 규정에 의한 관세·개별소비세·부가가치세 면제 신청서 : 별지 제83호 서식(영문서식을 포함한다) (2012. 2. 28. 개정)

85. 제51조의 6의 규정에 의한 기술도입대가에 대한 법인세등의 면제신청서 : 별지 제84호 서식 (99. 5. 24 신설)

85. 삭 제 (2014. 3. 14.)

86. 영 제100조의 16 제1항에 따른 동업기업과세특례 적용신청서 : 별지 제104호 서식 (2009. 4. 7. 신설)

86의 2. 영 제100조의 16 제2항에 따른 동업기업과세특례 포기신청서 : 별지 제104호의 2 서식 (2014. 3. 14. 신설)

87. 영 제100조의 16 제7항에 따른 준청산소득에 대한 법인세과세표준 및 세액신고서 : 별지 제105호 서식 (2009. 4. 7. 신설)

88. 법 제104조의 17에 따른 휴면예금출연명세서 : 별지 제106호 서식 (2021. 3. 16. 개정)

88의 2. 법 제104조의 11 제2항에 따른 신용회복목적회사 출연명세서 : 별지 제106호의 2 서식 (2022. 3. 18. 개정)

89. 영 제134조의 2 제1항에 따른 비거주자등의 보세구역 물류시설의 재고자산 판매이익 원천징수면제신청서 : 제84호의 2 서식 (2010. 4. 20. 개정)

90. 영 제100조의 24 각 호 외의 부분에 따른 동업기업 소득계산 및 배분명세신고서 : 별지 제107호 서식(1), 별지 제

부 칙 (2025. 3. 14. 법률 제20778호)

제1조 【시행일】 이 법은 공포한 날부터 시행한다. 다만, 제86조의 3 제4항의 개정규정은 2025년 7월 1일부터 시행한다.

제2조 【중소기업에 대한 특별세액감면에 관한 적용례】 제7조 제1항 제2호 마목의 개정규정은 2025년 1월 1일 이후 개시하는 과세연도 분부터 적용한다.

제3조 【국가전략기술 범위 확대에 따른 연구·인력개발비 세액공제 등에 관한 적용례】 ① 제10조 제1항 제2호 각 목 외의 부분의 개정규정은 2025년 1월 1일 이후 발생한 연구개발비부터 적용한다.

② 제10조 제1항 제2호 각 목 외의 부분의 개정규정과 관련된 국가전략기술사업화시설 및 국가전략기술연구개발시설 투자에 대하여 제24조의 통합투자세액공제를 적용할 때에는 2025년 1월 1일 이후 국가전략기술사업화시설 및 국가전략기술연구개발시설에 투자하는 경우부터 적용한다.

제4조 【통합투자세액공제에 관한 적용례】 ① 제24조 제1항 제2호 가목의 개정규정 중 신성장연구개발시설, 국가전략기술연구개발시설, 반도체 분야 국가전략기술사업화시설 및 반도체 분야 국가전략기술연구개발시설에 관한 개정규정은 2025년 1월 1일 이후 투자하는 경우부터 적용한다.

② 제24조 제1항 제3호 가목 2) 및 같은 호 나목[같은 호 가목 2)의 과세연도에 관한 부분으로 한정한다]의 개정규정은 2025년 1월 1일 이후 과세표준을 신고하는 경우부터 적용한다.

③ 제24조 제1항 제3호 가목 3) 및 같은 호 나목[같은 호 가목 3)의 과세연도에 관한 부분으로 한정한다]의 개정규정은 2025년 1월 1일 이후 개시하는 과세연도에 투자하는 경우부터 적용한다.

제5조 【중소기업 청년근로자 및 핵심인력 성과보상기금 수령액에 대한 소득세 감면 등에 관한 적용례】 제29조의 6 제1항 각 호 외의 부분 단서의 개정규정은 이 법 시행 이후 공제사업에 가입하는 경우부터 적용한다.

제6조 【통합고용세액공제에 관한 적용례 등】 ① 제29조의 8 제1항 제1호 및 같은 조 제2항의 개정규정은 2025년 1월 1일 이후 개시하는 과세연도를 최초 공제연도로 하여 통합고용세액공제를 신청하는 경우부터 적용한다.

② 2024년 12월 31일 이전에 개시하는 과세연도에 고용한 경력단절 근로자에 대해서는 제29조의 8 제1항 제1호 및 같은 조 제2항의 개정규정에도 불구하고 종전의 규정에 따른다.

부 칙 (2025. 3. 21. 대통령령 제35395호)

이 영은 공포한 날부터 시행한다.

부 칙 (2025. 2. 28. 대통령령 제35347호)

제1조 【시행일】 이 영은 공포한 날부터 시행한다. 다만, 다음 각 호의 개정규정은 해당 호에서 정하는 날부터 시행한다.

1. 제106조 제18항 및 제109조의 2의 개정규정 : 2025년 4월 1일
2. 제106조의 15, 제121조의 2 제16항 및 제17항의 개정규정 : 2025년 7월 1일

제2조 【중소기업 및 중견기업의 범위에 관한 적용례 등】 ① 제2조 제1항 및 제6조의 4 제1항의 개정규정은 이 영 시행 이후 개시하는 과세연도 분부터 적용한다.

② 제1항에도 불구하고 이 영 시행 이후 개시하는 과세연도 직전 과세연도의 종료일 이전에 다음 각 호의 어느 하나에 해당하는 규정에 따른 세액공제를 적용받고, 해당 호의 규정에 따른 세액공제 대상 과세연도에 이 영 시행 이후 개시하는 과세연도가 포함되는 경우의 중소기업 및 중견기업의 범위에 관하여는 제2조 제1항 및 제6조의 4 제1항의 개정규정에도 불구하고 종전의 규정에 따른다.

1. 법 제29조의 7 제1항에 따른 고용을 증대시킨 기업에 대한 세액공제
2. 법 제29조의 8 제1항에 따른 통합고용세액공제
3. 법 제30조의 4 제1항에 따른 사회보험료 세액공제

제3조 【세액공제 대상 연구 및 인력개발비 범위 확대 등에 관한 적용례】 ① 제9조 제3항 제1호 나목, 같은 조 제7항 제1호 나목, 별표 6 제1호 가목 3)·5) 및 같은 표 제2호 차목의 개정규정은 이 영 시행일이 속하는 과세연도에 발생하는 연구 및 인력개발비부터 적용한다.

② 제9조 제4항 제2호 다목 및 같은 항 제5호의 개정규정은 이 영 시행 이후 개시하는 과세연도에 발생하는 연구 및 인력개발비부터 적용한다.

제4조 【중소기업 유예기간 적용에 관한 적용례】 제9조 제8항 및 제126조 제2항의 개정규정은 2024년 12월 31일이 속하는 과세연도에 최초로 중소기업에 해당하지 않게 된 사유가 발생한 경우부터 적용한다.

제5조 【벤처기업등에 대한 투자지분 이전·회수 등의 예외 인정에 관한 적용례】 ① 제14조 제10항 제3호의 개정규정은 이 영 시행 이후 개인투자조합이 해산하는 경우부터 적용한다.

부 칙 (2025. 3. 21. 기획재정부령 제1119호)

제1조 【시행일】 이 규칙은 공포한 날부터 시행한다. 다만, 다음 각 호의 개정규정은 해당 호에서 정한 날부터 시행한다.

1. 제48조 제5항의 개정규정 : 2025년 4월 1일
2. 제48조의 7 및 제52조의 3의 개정규정 : 2025년 7월 1일

제2조 【연구 및 인력개발비의 범위에 관한 적용례】 제7조 제2항·제4항·제6항·제10항·제15항 및 제16항 제1호·제2호의 개정규정은 이 규칙 시행일이 속하는 과세연도에 발생하는 연구 및 인력개발비부터 적용한다.

제2조 【소재·부품·장비의 범위에 관한 적용례】 제8조의 8의 개정규정은 이 규칙 시행 이후 외국법인을 인수하는 경우부터 적용한다.

제4조 【농어촌주택 등 취득자에 대한 양도소득세 과세특례에 관한 적용례】 제45조 제1항 제1호의 개정규정은 이 규칙 시행 이후 주택을 양도하는 경우부터 적용한다.

제5조 【신성장사업화시설 및 국가전략기술사업화시설의 범위에 관한 적용례】 별표 6 및 별표 6의 2의 개정규정은 2025년 1월 1일 이후 투자하는 경우부터 적용한다.

제6조 【서식에 관한 적용례 등】 서식에 관한 개정규정은 이 규칙 시행 이후 신고, 신청, 제출 또는 통지하는 경우부터 적용하되, 개정 서식으로는 종전의 법 또는 영에 따른 감면 등의 신고 등을 할 수 없는 경우에는 종전의 서식에 따른다.

제7조 【지방중소기업특별지원지역의 범

제7조【중소기업 취업자에 대한 소득세 감면에 관한 적용례】제30조 제1항 및 제8항의 개정규정은 이 법 시행 이후 취업하여 지급받는 소득부터 적용한다.

제8조【내국법인의 피출자법인 금융채무 상환을 위한 자산매각에 대한 과세특례에 관한 적용례】제34조의 2의 개정규정은 이 법 시행 이후 과세표준을 신고하는 경우부터 적용한다.

제9조【고향사랑 기부금에 대한 세액공제의 공제액 계산에 관한 적용례】제58조 제1항 제2호의 개정규정은 이 법 시행일이 속하는 과세기간에 기부하는 경우부터 적용한다.

제10조【공익사업용 토지 등에 대한 양도소득세의 감면에 관한 적용례】제77조 제1항 및 제4항의 개정규정은 이 법 시행일이 속하는 과세연도에 양도하는 경우부터 적용한다.

제11조【소기업·소상공인 공제부금 소득공제 한도 등에 관한 적용례】① 제86조의 3 제1항의 개정규정은 이 법 시행일이 속하는 과세기간에 납부하는 공제부금부터 적용한다.
② 제86조의 3 제4항 제2호 가목의 개정규정은 같은 개정규정 시행 이후 소기업·소상공인 공제계약을 해지하는 경우부터 적용한다.

제12조【해외건설자회사에 지급한 대여금등에 대한 손금산입 특례에 관한 적용례】제104조의 33 제4항, 제5항 및 제7항의 개정규정은 2025년 1월 1일 이후 개시하는 사업연도에 출자전환차액상당액을 손금에 산입하는 경우부터 적용한다.

제13조【이스포츠대회 운영에 대한 과세특례에 관한 적용례】제104조의 35의 개정규정은 2025년 1월 1일 이후 발생한 이스포츠대회운영비용부터 적용한다.

제14조【노후자동차 교체에 대한 개별소비세 감면에 관한 적용례】제109조의 2 제1항 전단의 개정규정은 이 법 시행일부터 2025년 6월 30일까지 신차를 제조장에서 반출하거나 수입신고하여 같은 기간 동안 신규등록하는 경우에 한정하여 적용한다.

제15조【양도소득세 감면의 종합한도 변경에 따른 적용례 등】① 제133조 제1항부터 제3항까지의 개정규정은 이 법 시행일이 속하는 과세연도에 양도하는 경우부터 적용한다.
② 제133조 제2항 제2호의 개정규정을 적용하는 경우 이 법 시행 전에 제77조의 3에 따라 감면받은 세액은 이를 합산하지 아니한다.

제16조【노후자동차 교체에 대한 개별소비세 감면 등에 관한 특례】

② 제14조 제10항 제4호의 개정규정은 이 영 시행 이후 투자지분을 이전하거나 회수하는 경우부터 적용한다.

제6조【벤처기업 주식매수선택권 행사이익 비과세 특례에 관한 적용례】제14조의 2 제3항의 개정규정은 이 영 시행 이후 주식매수선택권을 행사하는 경우부터 적용한다.

제7조【벤처기업 주식매수선택권 행사이익 납부특례에 관한 적용례】제14조의 3 제6항의 개정규정은 이 영 시행 이후 원천징수의무자가 특례적용신청서를 제출받는 경우부터 적용한다.

제8조【소득세 감면 대상 외국인기술자의 범위에 관한 적용례】제16조 제1항 제3호의 개정규정은 이 영 시행 이후 우수 해외인재가 지급받는 근로소득부터 적용한다.

제9조【통합고용세액공제에 관한 적용례 등】① 제26조의 8 제3항 제5호의 개정규정은 2025년 1월 1일 이후 개시하는 과세연도를 최초 공제연도로 하여 통합고용세액공제를 신청하는 경우부터 적용한다.
② 2024년 12월 31일 이전에 개시하는 과세연도에 고용한 북한이탈주민에 관하여는 제26조의 8 제3항 제5호의 개정규정에도 불구하고 종전의 규정에 따른다.
③ 제26조의 8 제11항의 개정규정은 이 영 시행일이 속하는 과세연도의 과세표준신고를 하는 경우부터 적용한다.

제10조【중소기업 취업자에 대한 소득세 감면에 관한 적용례】제27조 제3항의 개정규정은 이 영 시행 이후 취업하는 경우부터 적용한다.

제11조【가업의 승계에 대한 증여세 과세특례에 관한 적용례】제27조의 6 제1항의 개정규정은 이 영 시행 이후 가업의 주식 또는 출자지분을 증여받는 경우부터 적용한다.

제12조【전략적 제휴를 위한 비상장 주식교환 등에 대한 과세이연 신청에 관한 적용례】제43조의 7 제10항의 개정규정은 이 영 시행 이후 양도소득세의 과세이연 신청을 하는 경우부터 적용한다.

제13조【청년우대형주택청약종합저축 비과세 적용 신청에 관한 적용례】① 제81조 제15항 제1호 단서의 개정규정은 2025년 1월 1일 이후 청년우대형주택청약종합저축에 가입하는 경우부터 적용한다.
② 제1항에도 불구하고 2025년 1월 1일부터 2025년 3월 31일까지 청년우대형주택청약종합저축에 가입하는 사람이 소득확인증명서로 법 제87조 제3항 제1호 각 목의 요건을 갖추었는지 여부를 확인하기 어려운 경우 소득확인증명서 대신 제출하는 자료에 관하여는 제81조 제15항 제1호 단서의 개정

위에 관한 경과조치 등】① 이 규칙 시행 전에 담양일반산업단지 및 대마전기자동차산업단지에 입주한 중소기업에 관하여는 제25조 제9호 및 제10호의 개정규정에도 불구하고 종전의 규정에 따른다.
② 제25조 제14호부터 제17호까지의 개정규정은 2024년 7월 22일 이후 장성 동화농공단지, 장성 삼계농공단지, 장성 동화전자종합농공단지 또는 장성 황룡면 월평 준공업지역에 최초로 입주한 중소기업부터 적용한다.

부칙 제14조에도 불구하고 이 법 시행일 전에 제조장 또는 보세구역으로부터 반출되어 개별소비세가 납부되었거나 납부될 승용자동차를 이 법 시행일 전일 현재 보유하고 있는 제조업자, 도·소매업자 또는 수입업자 등 사업자는 해당 승용자동차에 대한 판매확인서, 재고물품확인서, 환급신청서 등 국세정장 또는 관세청장이 정하는 증거서류를 첨부하여 관할 세무서장 또는 관할 세관장의 확인을 받으면 해당 승용자동차는 이 법 시행일 이후에 제조장 또는 보세구역으로부터 반출된 것으로 보아 제109조의 2의 개정규정에 따라 감면, 환급 또는 공제받을 수 있다.

부 칙 (2025. 1. 31. 법률 제20727호 ; 기업부설연구소등의 연구개발 지원에 관한 법률 부칙)

제1조 【시행일】 이 법은 공포 후 1년이 경과한 날부터 시행한다.

제2조 ~제5조 생 략

제6조 【다른 법률의 개정】 ①~㉔ 생 략

㉕ 조세특례제한법 일부를 다음과 같이 개정한다.

제10조 제6항 중 "「기초연구진흥 및 기술개발지원에 관한 법률」 제14조의 3 제1항 각 호"를 "「기업부설연구소등의 연구개발 지원에 관한 법률」 제8조 제1항 각 호"로 한다.

㊱~㉟ 생 략

제7조 생 략

부 칙 (2024. 12. 31. 법률 제20617호)

제1조 【시행일】 이 법은 2025년 1월 1일부터 시행한다. 다만, 다음 각 호의 개정규정은 해당 호에서 정한 날부터 시행한다.

1. 제106조 제5항 및 제107조의 2의 개정규정 : 2025년 4월 1일
2. 제106조의 11, 제108조의 3 및 제126조의 2 제2항 제3호 다목의 개정규정 : 2025년 7월 1일

제2조 【창업중소기업 등에 대한 세액감면 등에 관한 적용례】 제6조 제7항·제13항 및 제127조 제4항 단서의 개정규정은 이 법 시행 이후 창업중소기업을 창업하는 경우, 창업보육센터사업자로 지정을 받는 경우, 벤처기업으로 확인받는 경우 또는 에너지신기술중소기업에 해당하게 되는 경우부터 적용한다.

제3조 【연구·인력개발비 세액공제의 공제율에 관한 적용례 등】 ① 제10조 제1항 제1호 가목 2), 같은 항 제2호 가목 2) 및 같은 항 제3호 나목

규정에도 불구하고 종전의 규정에 따른다.

제14조 【근로장려금 환수 등에 관한 적용례】 ① 제100조의 9 제7항 제2호의 개정규정은 이 영 시행일이 속하는 과세기간 직전 5개 과세기간의 근로장려금 또는 자녀장려금에서 차감한 후에도 환수 금액이 남은 경우에도 적용한다.

② 별표 11의 개정규정은 2025년 1월 1일 이후 근로장려금을 신청(법 제100조의 6 제9항에 따라 2024년 과세기간의 하반기 소득분에 대하여 같은 조 제7항에 따른 반기 신청을 한 것으로 보는 경우를 포함한다)하는 경우부터 적용한다.

제15조 【해운기업에 대한 과세표준계산특례 적용 등 신청에 관한 적용례】 제104조의 7 제10항의 개정규정은 2025년 1월 1일 이후 개시하는 사업연도의 과세표준을 신고하는 경우부터 적용한다.

제16조 【용역제공자에 관한 과세자료 제출에 대한 세액공제에 관한 적용례】 제104조의 29 제1항 전단의 개정규정은 이 영 시행일이 속하는 과세연도에 과세자료를 제출하는 경우부터 적용한다.

제17조 【외국인투자에 대한 관세등 면제 대상 자본재의 범위 확대에 관한 적용례】 제116조의 5 제1항 및 제2항의 개정규정은 이 영 시행 전에 기획재정부장관에게 연장신청하여 이 영 시행 이후 승인을 받는 경우에도 적용한다.

제18조 【기회발전특구의 창업기업에 대한 법인세 등의 감면에 관한 적용례】 제116조의 36 제1항 제18호의 개정규정은 이 영 시행일이 속하는 과세연도에 발생하는 소득부터 적용한다.

제19조 【현금거래 사실 확인 신청에 관한 적용례】 제121조의 5 제2항 및 제8항의 개정규정은 이 영 시행 당시 현금거래일부터 3년이 지나지 않은 경우에도 적용한다.

제20조 【조세특례에 대한 평가에 관한 적용례】 제135조 제3항 제4호의 개정규정은 이 영 시행일이 속하는 연도에 적용기한이 종료되는 조세특례에 대한 평가를 실시하는 경우부터 적용한다.

제21조 【신성장·원천기술에 관한 적용례】 별표 7의 개정규정은 2025년 1월 1일 이후 발생하는 연구개발비부터 적용한다.

제22조 【국가전략기술에 관한 적용례】 별표 7의 2의 개정규정은 2025년 1월 1일 이후 발생하는 연구개발비부터 적용한다.

제23조 【기술혁신형 주식취득에 대한 세액공제 요건에 관한 경과조치 등】 ① 이 영 시행 전에 인수법인이 피인수법인의 주식등을 최초 취득한

1. 제61조 제1항 제59호의 3의 개정규정 중 "영 제81조의 4 제5항"의 개정부분: 2024년 4월 1일
2. 기획재정부령 제904호 조세특례제한법 시행규칙 일부개정령 제61조 제1항 제10호의 3 및 별지 제9호의 3 서식의 개정규정 : 2025년 1월 1일

제2조 【연구 및 인력개발비의 범위에 관한 적용례】 제7조 제6항의 개정규정은 2023년 7월 1일 이후 발생한 연구개발비부터 적용한다.

제3조 【소비성서비스업의 범위에 관한 적용례】 제17조의 개정규정은 이 규칙 시행 이후 개시하는 과세연도부터 적용한다.

제4조 【신성장사업화시설 범위의 변경에 관한 적용례 등】 ① 별표 6 제7호 가목 4)·5), 같은 표 제8호 다목 4)부터 7)까지, 같은 표 제13호 나목 10), 같은 호 다목 9) 및 같은 표 제14호의 개정규정은 2024년 1월 1일 이후 투자하는 경우부터 적용한다.

② 2024년 1월 1일 전에 투자한 시설에 대한 세액공제에 관하여는 별표 6 제13호 나목 5)·6) 및 같은 호 라목 1)의 개정규정에도 불구하고 종전의 규정에 따른다.

제5조 【국가전략기술사업화시설 범위의 확대에 관한 적용례】 별표 6의 2의 개정규정은 2024년 1월 1일 이후 투자하는 경우부터 적용한다.

제6조 【부가가치세 면제 등의 과세특례에 관한 적용례】 별표 10 제62호의 개정규정은 이 규칙 시행일이 속하는 과세기간에 재화 또는 용역을 공급하는 경우부터 적용한다.

제7조 【서식에 관한 적용례 등】 서식에 관한 개정규정은 이 규칙 시행 이후 신고, 신청, 제출 또는 통지하는 경우부터 적용하되, 개정 서식으로는 종전의 법 또는 영에 따른 감면 등의 신고 등을 할 수 없는 경우에는 종전의 서식에 따른다.

부 칙 (2024. 1. 5. 산업통상자원부령 제544호 ; 소재·부품·장비산업 경쟁력강화를 위한 특별조치법 시행규칙 부칙)

제1조 【시행일】 이 규칙은 2023년 12월 14일부터 시행한다.

제2조 【다른 법령의 개정】 ① 생 략

2)의 개정규정은 이 법 시행 이후 개시하는 과세연도에 최초로 중소기업에 해당하지 아니하게 된 경우부터 적용한다.

② 2024년 12월 31일이 속하는 과세연도에 발생한 코스닥상장중견기업의 연구·인력개발비에 대해서는 제10조 제1항 제1호 가목 2) 및 같은 호 나목 단서의 개정규정에도 불구하고 종전의 규정에 따른다.

제4조【연구개발 관련 출연금 등의 과세특례에 관한 적용례】제10조의 2 제1항의 개정규정은 이 법 시행 이후 개시하는 과세연도에 연구개발출연금등을 지급받는 경우부터 적용한다.

제5조【통합투자세액공제의 공제율에 관한 적용례】① 제24조 제1항 각 호 외의 부분 본문의 개정규정은 이 법 시행 이후 개시하는 과세연도에 투자하는 경우부터 적용한다.

② 제24조 제1항 제2호 가목 1) 나), 같은 목 2) 나) 및 같은 목 3) 나)의 개정규정은 이 법 시행 이후 개시하는 과세연도에 최초로 중소기업에 해당하지 아니하게 된 경우부터 적용한다.

③ 제24조 제1항 제2호 나목의 개정규정은 이 법 시행 이후 개시하는 과세연도에 투자하는 경우부터 적용한다.

제6조【벤처기업 복수의결권주식 취득에 대한 과세특례에 관한 적용례】제47조의 개정규정은 이 법 시행 이후 보통주식으로 복수의결권주식에 대한 납입을 하는 경우부터 적용한다.

제7조【고향사랑 기부금에 대한 세액공제의 공제액 계산에 관한 적용례】제58조 제1항 제2호의 개정규정은 이 법 시행 이후 기부하는 경우부터 적용한다.

제8조【인구감소지역 주택 취득자에 대한 양도소득세 및 종합부동산세 과세특례에 관한 적용례】제71조의 2의 개정규정은 이 법 시행 이후 결정하거나 경정하는 경우부터 적용한다.

제9조【고유목적사업준비금의 손금산입특례에 관한 적용례】제74조 제1항 제3호의 개정규정은 이 법 시행 이후 과세표준을 신고하는 경우부터 적용한다.

제10조【대토보상에 대한 양도소득세 과세특례에 관한 적용례】제77조의 2 제2항의 개정규정은 이 법 시행 전에 대토보상을 받은 경우에도 적용한다.

제11조【소기업·소상공인 공제부금 소득공제 한도 등에 관한 적용례】제86조의 3 제1항의 개정규정은 이 법 시행 이후 납부하는 공제부금부터 적용한다.

경우의 기술 가치금액에 관하여는 제11조의 4 제4항 및 제5항의 개정규정에도 불구하고 종전의 규정에 따른다.

② 제11조의 4 제6항 제3호의 개정규정은 이 영 시행 이후 과세표준을 신고하는 경우부터 적용한다.

부 칙 (2024. 12. 31. 대통령령 제35123호)

이 영은 2025년 1월 1일부터 시행한다.

부 칙 (2024. 12. 24. 대통령령 제35089호 ; 전북특별자치도 설치 및 글로벌생명경제도시 조성을 위한 특별법 시행령 부칙)

제1조【시행일】이 영은 2024년 12월 27일부터 시행한다.

제2조 ~ 제5조 생 략

제6조【다른 법령의 개정】①~⑫ 생 략

㉓ 조세특례제한법 시행령 일부를 다음과 같이 개정한다.

별표 12의 구분란 중 "전라북도"를 "전북특별자치도"로 한다.

㉔~㉞ 생 략

부 칙 (2024. 12. 10. 대통령령 제35053호 ; 무역조정 지원 등에 관한 법률 시행령 부칙)

제1조【시행일】이 영은 2025년 1월 1일부터 시행한다.

제2조 생 략

제3조【다른 법령의 개정】① · ② 생 략

③ 조세특례제한법 시행령 일부를 다음과 같이 개정한다.

제30조의 제목 중 "무역조정지원기업"을 "통상변화대응지원기업"으로 한다.

④~⑤ 생 략

부 칙 (2024. 11. 12. 대통령령 제34992호)

제1조【시행일】이 영은 공포한 날부터 시행한다. 다만, 제105조의 2의 개정규정은 2025년 1월 1일부터 시행한다.

제2조【중소기업 유예기간 적용에 관한 적용례】제2조 제2항의 개정규정은 이 영 시행일이 속하는 과세연도에 최초로 중소기업에 해당하지 않게 된 사유가 발생하는 경우부터 적용한다.

제3조【중소기업 사회보험료 세액공제 적용 시 장기요양보험료율에 관한 적용례】제27조의 4 제10항 제2호의 개정규정은 2023년 12월 31일이

② 조세특례제한법 시행규칙 일부를 다음과 같이 개정한다.

제7조의 3 제1호, 제8조의 8 및 별지 제19호 서식의 작성방법란 중 "「소재·부품·장비산업 경쟁력강화를 위한 특별조치법」"을 각각 "「소재·부품·장비산업 경쟁력 강화 및 공급망 안정화를 위한 특별조치법」"으로 한다.

부 칙 (2023. 12. 29. 기획재정부령 제1035호)

제1조【시행일】이 규칙은 2024년 1월 1일부터 시행한다.

제2조【서식에 관한 적용례 등】서식에 관한 개정규정은 이 규칙 시행 이후 신청 또는 제출하는 경우부터 적용하되, 개정서식으로는 종전의 법 또는 영에 따른 신청 등을 할 수 없는 경우에는 종전의 서식에 따른다.

부 칙 (2023. 8. 29. 기획재정부령 제1012호)

제1조【시행일】이 규칙은 공포한 날부터 시행한다.

제2조【국가전략기술사업화시설 범위의 확대에 관한 적용례】별표 6의 2의 개정규정은 2023년 7월 1일 이후 투자한 경우부터 적용한다.

제3조【신성장사업화시설 범위의 변경에 관한 경과조치】2023년 7월 1일 전에 투자한 시설에 대한 세액공제에 관하여는 별표 6 제7호 가목의 개정규정에도 불구하고 종전의 규정에 따른다.

부 칙 (2023. 6. 9. 기획재정부령 제998호)

제1조【시행일】이 규칙은 공포한 날부터 시행한다.

제2조【국가전략기술사업화시설 범위의 변경에 관한 적용례】별표 6의 2 제6호 나목의 개정규정은 2023년 1월 1일 이후 투자하는 경우부터 적용한다.

부 칙 (2023. 6. 7. 기획재정부령 제997호)

제1조【시행일】이 규칙은 공포한 날부터 시행한다. 다만, 별지 제58호의 3 서식의 개정규정은

제12조【주택청약종합저축 등에 대한 소득공제 등에 관한 적용례 등】① 제87조 제2항의 개정규정은 이 법 시행 이후 주택청약종합저축에 납입하는 금액부터 적용한다.

② 제87조 제3항 제1호의 개정규정은 이 법 시행 당시 청년우대형주택청약종합저축에 가입 중인 세대주의 배우자에 대해서도 적용한다.

③ 이 법 시행 전에 청년우대형주택청약종합저축에 가입한 세대주의 배우자는 제87조 제4항 각 호 외의 부분의 개정규정에 따라 무주택 확인서를 제출하려는 경우에는 같은 항 제2호에도 불구하고 이 법 시행일부터 2년 이내에 제출하여야 한다.

제13조【청년도약계좌에 대한 비과세에 관한 적용례】제91조의 22 제3항의 개정규정은 이 법 시행 이후 계약을 해지하는 경우부터 적용한다.

제14조【혼인에 대한 세액공제에 관한 적용례】제92조의 개정규정은 이 법 시행 이후 종합소득과세표준 확정신고를 하거나 연말정산하는 경우부터 적용한다.

제15조【수도권 밖의 지역에 있는 준공후미분양주택 취득자에 대한 양도소득세 및 종합부동산세 과세특례에 관한 적용례】제98조의 9의 개정규정은 이 법 시행 이후 결정하거나 경정하는 경우부터 적용한다.

제16조【연금계좌 납입에 대한 양도소득세의 과세특례에 관한 적용례】제99조의 14의 개정규정은 이 법 시행 이후 부동산을 양도하는 경우부터 적용한다.

제17조【근로장려금에 관한 적용례】제100조의 3 제1항 제2호, 같은 조 제5항 제2호 나목 2) 단서, 제100조의 5 제1항 제3호, 같은 조 제2항 및 제100조의 8 제5항 제2호의 개정규정은 이 법 시행 이후 근로장려금을 신청하는 경우(제100조의 6 제9항에 따라 2024년 과세기간의 하반기 소득분에 대하여 같은 조 제7항에 따른 반기 신청을 한 것으로 보는 경우를 포함한다)부터 적용한다.

제18조【해운기업에 대한 법인세 과세표준 계산 특례에 관한 적용례】제104조의 10의 개정규정은 이 법 시행 이후 개시하는 사업연도의 과세표준을 신고하는 경우부터 적용한다.

제19조【건설기계 양도차익의 사업소득금액 분할 산입 특례에 관한 적용례】제104조의 34의 개정규정은 이 법 시행 이후 건설기계를 양도하는 경우부터 적용한다.

제20조【일반택시 운송사업자에 대한 미지급 경감세액 추징에 관한 적용례】제106조의 7 제7항 각 호 외의 부분 단서의 개정규정은 이 법 시행 속하는 과세연도의 과세표준을 신고하거나 결정 또는 경정하는 경우부터 적용한다.

제4조【주택청약종합저축 및 청년우대형주택청약종합저축의 특별해지사유 확대에 관한 적용례】제81조 제6항 제4호, 같은 조 제11항 제5호 및 같은 조 제13항 제3호·제4호의 개정규정은 이 영 시행 이후 주택청약종합저축 또는 청년우대형주택청약종합저축을 해지하는 경우부터 적용한다.

부 칙 (2024. 10. 8. 대통령령 제34940호 ; 중소기업진흥에 관한 법률 시행령 부칙)

제1조【시행일】이 영은 2024년 11월 1일부터 시행한다.

제2조 생 략

제3조【다른 법령의 개정】① 생 략

② 조세특례제한법 시행령 일부를 다음과 같이 개정한다.

제106조 제7항 제60호 중 "중소기업유통센터"를 "한국중소벤처기업유통원"으로 한다.

③ 생 략

제4조 생 략

부 칙 (2024. 9. 10. 대통령령 제34881호 ; 근현대문화유산의 보존 및 활용에 관한 법률 시행령 부칙)

제1조【시행일】이 영은 2024년 9월 15일부터 시행한다.

제2조【다른 법령의 개정】①~⑮ 생 략

⑯ 조세특례제한법 시행령 일부를 다음과 같이 개정한다.

제130조 제5항 제9호 나목 중 "「문화유산의 보존 및 활용에 관한 법률」"을 "「근현대문화유산의 보존 및 활용에 관한 법률」"로 한다.

⑰~㉒ 생 략

제3조 생 략

부 칙 (2024. 8. 6. 대통령령 제34809호 ; 산업재산 정보의 관리 및 활용 촉진에 관한 법률 시행령 부칙)

제1조【시행일】이 영은 2024년 8월 7일부터 시행한다.

제2조【다른 법령의 개정】①~③ 생 략

④ 조세특례제한법 시행령 일부를 다음과 같이 개정한다.

별표 6 제1호 사목 중 "「발명진흥법」에 따라 지정된 산업재산권 진단기 2023년 6월 12일부터 시행한다.

제2조【신성장사업화시설 범위의 변경에 관한 경과조치】2023년 1월 1일 전에 투자한 시설에 대한 세액공제에 관하여는 별표 6의 개정규정에도 불구하고 종전의 규정에 따른다.

부 칙 (2023. 3. 20. 기획재정부령 제977호)

제1조【시행일】이 규칙은 공포한 날부터 시행한다. 다만, 다음 각 호의 개정규정은 해당 호에서 정한 날부터 시행한다.

1. 제13조의 9 제7항 제3호, 제57조, 제61조 제1항 제65호의 8 및 별지 제64호의 8 서식의 개정규정 : 2024년 1월 1일

2. 별표 10 제60호 및 제61호의 개정규정 : 2023년 4월 1일

3. 기획재정부령 제904호 조세특례제한법 시행규칙 일부개정령 별지 제9호의 3 서식의 개정규정 : 2025년 1월 1일

제2조【다른 법령의 폐지】특정사회기반시설 심의위원회의 설치 및 운영에 관한 규칙을 폐지한다.

제3조【신성장사업화시설 또는 국가전략기술사업화시설의 인정 신청에 관한 특례】2022년 12월 31일이 속하는 과세연도에 이루어진 투자로서 2023년 1월 1일 전에 완료된 투자에 대하여 영 제21조 제13항 후단에 따라 세액공제를 신청하는 자는 제13조 제1항의 개정규정에도 불구하고 2023년 3월 31일까지 기획재정부장관과 산업통상자원부장관에게 신성장사업화시설 또는 국가전략기술사업화시설의 인정을 신청해야 한다.

제4조【근로소득 증대 세액공제에 관한 적용례 등】① 제14조의 2 제3항의 개정규정은 2023년 1월 1일 이후 개시하는 과세연도부터 적용한다.

② 2023년 1월 1일 전에 개시한 과세연도에 대한 세액공제에 관하여는 제14조의 2 제3항의 개정규정에도 불구하고 종전의 규정에 따른다.

제5조【개인종합자산관리계좌에서 발생하는 이자소득등의 합계액의 계산에 관한 적용례】제42조의 3 제1항 제2호의 개정규정은 2023년 2월 28일 이후 영 제93조의 4 제8항 제4호에 따른 주식에서

행 이후 미지급이 발생하는 경우부터 적용한다.

　제21조【면세점송객용역에 대한 부가가치세 매입자 납부특례 등에 관한 적용례】제106조의 11 및 제108조의 3의 개정규정은 2025년 7월 1일 이후 면세점송객용역을 공급하거나 공급받는 경우부터 적용한다.

　제22조【외국인 관광객에 대한 부가가치세의 특례에 관한 적용례】제107조의 2의 개정규정은 2025년 4월 1일 이후 숙박용역을 공급받는 경우부터 적용한다.

　제23조【체육시설이용분의 신용카드 소득공제에 관한 적용례】제126조의 2 제2항 제3호 다목의 개정규정은 2025년 7월 1일 이후 체육시설을 이용하기 위하여 지급하는 금액부터 적용한다.

　제24조【기술혁신형 주식취득에 대한 세액공제에 관한 경과조치 등】① 이 법 시행 전에 인수법인이 피인수법인의 주식등을 최초 취득한 경우의 세액공제율에 관하여는 제12조의 4 제1항 각 호 외의 부분의 개정규정에도 불구하고 종전의 규정에 따른다.
② 제12조의 4 제1항 제2호의 개정규정은 이 법 시행 이후 과세표준을 신고하는 경우부터 적용한다.

　제25조【성과공유 중소기업의 경영성과급에 대한 세액공제의 공제율에 관한 경과조치】이 법 시행 전에 경영성과급을 지급한 경우의 세액공제에 관하여는 제19조 제1항 본문의 개정규정에도 불구하고 종전의 규정에 따른다.

　제26조【중소기업 청년근로자 및 핵심인력 성과보상기금 수령액에 대한 소득세 감면 등에 관한 경과조치】이 법 시행 전에 공제사업에 가입한 근로자에 대한 소득세의 부과 및 세액 감면에 관하여는 제29조의 6 제1항의 개정규정에도 불구하고 종전의 규정에 따른다.

　제27조【수도권 밖으로 공장을 이전하는 기업에 대한 세액감면 등에 관한 경과조치】① 이 법 시행 전에 공장을 이전한 경우의 세액감면에 관하여는 제63조의 개정규정에도 불구하고 종전의 규정에 따른다.
② 이 법 시행 이후 공장을 이전하는 경우로서 공장이전기업이 종전의 제63조 제1항을 적용받기 위하여 이 법 시행 전에 다음 각 호의 어느 하나에 해당하는 행위를 한 경우에는 제63조의 개정규정에도 불구하고 종전의 규정에 따른다.
1. 공장을 신축하는 경우로서 제63조 제1항에 따라 이전계획서를 제출한 경우
2. 공장 이전을 위하여 기존 공장의 부지나 공장용 건축물을 양도(양도 계약을 체결한 경우를 포함한다)하거나 공장을 철거 또는 폐쇄한 경우

관"을 "「산업재산 정보의 관리 및 활용 촉진에 관한 법률」 제17조 제1항에 따라 지정된 산업재산진단기관"으로 한다.

부　칙 (2024. 7. 23. 대통령령 제34731호 ; 한국도로교통공단법 시행령 부칙)

　제1조【시행일】이 영은 2024년 7월 31일부터 시행한다.
　제2조【다른 법령의 개정】①～⑧ 생　략
⑨ 조세특례제한법 시행령 일부를 다음과 같이 개정한다.
　제106조 제7항 제48호를 다음과 같이 한다.
　48. 「한국도로교통공단법」에 따른 한국도로교통공단
⑩ · ⑪ 생　략
　제3조 생　략

부　칙 (2024. 7. 23. 대통령령 제34728호 ; 기부금품의 모집 및 사용에 관한 법률 시행령 부칙)

　제1조【시행일】이 영은 2024년 7월 31일부터 시행한다.
　제2조【다른 법령의 개정】①～⑧ 생　략
⑨ 조세특례제한법 시행령 일부를 다음과 같이 개정한다.
　제71조 제7항 제2호 중 "「기부금품의 모집 및 사용에 관한 법률」"을 "「기부금품의 모집 · 사용 및 기부문화 활성화에 관한 법률」"로 한다.
⑩～⑬ 생　략
　제3조 생　략

부　칙 (2024. 7. 2. 대통령령 제34657호 ; 벤처기업육성에 관한 특별조치법 시행령 부칙)

　제1조【시행일】이 영은 2024년 7월 10일부터 시행한다. (단서생략)
　제2조【다른 법령의 개정】①～㉝ 생　략
㉞ 조세특례제한법 시행령 일부를 다음과 같이 개정한다.
　제5조 제4항 제1호, 같은 조 제5항 및 제11조의 3 제1항 제1호 중 "「벤처기업육성에 관한 특별조치법」"을 각각 "「벤처기업육성에 관한 특별법」"으로 한다.
　제11조의 3 제3항 제1호 전단 중 "「벤처기업육성에 관한 특별조치법 시행령」"을 "「벤처기업육성에 관한 특별법 시행령」"으로 한다.
　제11조의 4 제2항 제1호 중 "「벤처기업육성에 관한 특별조치법」"을 "「벤

발생하는 양도차손부터 적용한다.

　제6조【신성장 · 원천기술 또는 국가전략기술을 사업화하는 시설의 범위 확대에 관한 적용례】별표 6 및 별표 6의 2의 개정규정은 2023년 1월 1일 이후 개시하는 과세연도부터 적용한다.

　제7조【운동경기부 등 설치 · 운영 시 과세특례 대상 종목에 관한 적용례】별표 9 제1호 및 제2호의 개정규정은 2023년 1월 1일 이후 운동경기부 또는 이스포츠경기부를 설치 · 운영하는 경우부터 적용한다.

　제8조【정부업무대행단체의 부가가치세 면제 사업에 관한 적용례】별표 10 제60호 및 제61호의 개정규정은 부칙 제1조 제2호에 따른 시행일 이후 재화 또는 용역을 공급하는 경우부터 적용한다.

　제9조【서식에 관한 적용례 등】서식에 관한 개정규정은 이 규칙 시행 이후 신고, 신청, 제출 또는 통지하는 경우부터 적용하되, 개정 서식으로는 종전의 법 또는 영에 따른 감면 등의 신고 등을 할 수 없는 경우에는 종전의 서식에 따른다.

　(1982. 3. 25. 재무부령 제1519호～
2022. 12. 31. 기획재정부령 제953호)
　　　　생략

3. 공장 이전을 위하여 신규 공장의 부지나 공장용 건축물을 매입(매입 계약을 체결한 경우를 포함한다)한 경우

4. 공장을 신축하기 위하여 건축허가를 받은 경우

5. 제1호부터 제4호까지의 행위에 준하는 행위를 한 경우로서 실질적으로 이전에 착수한 것으로 볼 수 있는 경우

제28조【수도권 밖으로 본사를 이전하는 법인에 대한 세액감면 등에 관한 경과조치】① 이 법 시행 전에 본사를 이전한 경우의 세액감면에 관하여는 제63조의 2의 개정규정에도 불구하고 종전의 규정에 따른다.

② 이 법 시행 이후 본사를 이전하는 경우로서 본사이전법인이 종전의 제63조의 2 제1항을 적용받기 위하여 이 법 시행 전에 다음 각 호의 어느 하나에 해당하는 행위를 한 경우에는 제63조의 2의 개정규정에도 불구하고 종전의 규정에 따른다.

1. 본사를 신축하는 경우로서 제63조의 2 제1항에 따라 이전계획서를 제출한 경우

2. 본사 이전을 위하여 기존 본사의 부지나 본사용 건축물을 양도(양도 계약을 체결한 경우를 포함한다)하거나 본사를 철거·폐쇄 또는 본사 외의 용도로 전환한 경우

3. 본사 이전을 위하여 신규 본사의 부지나 본사용 건축물을 매입(매입 계약을 체결한 경우를 포함한다)한 경우

4. 본사를 신축하기 위하여 건축허가를 받은 경우

5. 제1호부터 제4호까지의 행위에 준하는 행위를 한 경우로서 실질적으로 이전에 착수한 것으로 볼 수 있는 경우

제29조【환경친화적 자동차에 대한 개별소비세 감면액에 관한 경과조치】이 법 시행 전에 제조장 또는 보세구역에서 반출된 자동차에 대한 개별소비세 감면액에 관하여는 제109조 제2항의 개정규정에도 불구하고 종전의 규정에 따른다.

제30조【성실사업자에 대한 의료비 등 공제액 추징에 관한 경과조치】이 법 시행 전의 과세기간에 대하여 과소 신고한 수입금액 또는 과대계상한 필요경비가 경정된 경우에는 제122조의 3 제5항의 개정규정에도 불구하고 종전의 규정에 따른다.

제31조【다른 법률의 개정】지방세특례제한법 일부를 다음과 같이 개정한다.

제46조 제3항 중 "「조세특례제한법」 제10조 제1항 제1호 가목 2)"를 "「조세특례제한법」 제10조 제1항 제3호 가목"으로 한다.

처기업육성에 관한 특별법」"으로 하고, 같은 조 제4항 제1호 전단 중 "「벤처기업육성에 관한 특별조치법 시행령」"을 "「벤처기업육성에 관한 특별법 시행령」"으로 한다.

제13조 제1항 제1호 본문, 같은 조 제2항 제1호, 제14조 제3항 제2호, 같은 조 제6항 각 호 외의 부분, 제14조의 2 제1항, 제14조의 4 제1항 각 호 외의 부분, 같은 조 제5항 제3호, 제43조의 7 제2항 제1호, 제43조의 8 제7항 및 제100조의 32 제6항 제2호 각 목 외의 부분 중 "「벤처기업육성에 관한 특별조치법」"을 각각 "「벤처기업육성에 관한 특별법」"으로 한다.

대통령령 제34263호 조세특례제한법 시행령 일부개정령 제13조 제3항 제1호 중 "「벤처기업육성에 관한 특별조치법」"을 "「벤처기업육성에 관한 특별법」"으로 한다.

㉟～㊺ 생 략

제3조 생 략

부 칙 (2024. 6. 4. 대통령령 제34550호 ; 강원특별자치도 설치 및 미래산업글로벌도시 조성을 위한 특별법 시행령 부칙)

제1조【시행일】이 영은 2024년 6월 8일부터 시행한다.

제2조 ～제4조 생 략

제5조【다른 법령의 개정】①～㉘ 생 략

㉙ 조세특례제한법 시행령 일부를 다음과 같이 개정한다.

별표 12의 구분란 중 "강원도"를 "강원특별자치도"로 한다.

㉚～㊹ 생 략

부 칙 (2024. 5. 7. 대통령령 제34488호 ; 문화재보호법 시행령 부칙)

제1조【시행일】이 영은 2024년 5월 17일부터 시행한다.

제2조·제3조 생 략

제4조【다른 법령의 개정】①～㊵ 생 략

㊶ 조세특례제한법 시행령 일부를 다음과 같이 개정한다.

제130조 제5항 제9호를 다음과 같이 한다.

9. 다음 각 목의 어느 하나에 해당하는 국가유산의 관람을 위한 입장권의 구입

가. 「문화유산의 보존 및 활용에 관한 법률」에 따른 지정문화유산

나. 「문화유산의 보존 및 활용에 관한 법률」에 따른 국가등록문화유산

다. 「자연유산의 보존 및 활용에 관한 법률」에 따른 천연기념물등

통칙 **부 칙 (2024. 3. 15.)**

① 【시행일】이 통칙은 2024년 3월 15일부터 시행한다.

② 【일반적 적용례】이 통칙은 시행당시 종전의 규정에 의하여 부과하였거나 부과할 국세에 관하여는 종전의 예에 의한다. 다만, 이 통칙 시행일 이전에 관련법률 등의 개정으로 이미 시행되는 규정은 관련 법률 등의 적용례에 따른다.

③ 【종전예규와의 관계】이 통칙 시행 전의 예규로서 이 통칙과 상치되는 경우에는 이 통칙에 의한다.

부 칙 (2019. 12. 23.)

① 【시행일】이 통칙은 2019년 12월 23일부터 시행한다.

② 【일반적 적용례】이 통칙은 시행당시 종전의 규정에 의하여 부과하였거나 부과할 국세에 관하여는 종전의 예에 의한다. 다만, 이 통칙 시행일 이전에 관련법률 등의 개정으로 이미 시행되는 규정은 관련 법률 등의 적용례에 따른다.

③ 【종전예규와의 관계】이 통칙 시행 전의 예규로서 이 통칙과 상치되는 경우에는 이 통칙에 의한다.

부 칙 (2013. 5. 24.)

① 【시행일】이 통칙은 2013년 5월 24일부터 시행한다.

② 【양도소득 관련 규정에 관한 적용례】양도소득 관련 규정은 이 통칙의 시행일 이후 최초로 양도하는 분부터 적용한다. 다만, 법령개정으로 인한 개정규정은 개정법령 시행일 이후 최초로 양도하는 분부터 적용한다.

③ 【종전의 예규와의 관계】이 통칙 시행 전의 예규로서 이 통칙과 상치되거나 중복되는 것은 이 통칙에 의한다.

(1983. 12. 1.～2011. 2. 1.) 생략

제57조의 2 제5항 제7호 단서 중 "경우(같은 조 제3항에 해당하는 경우
는 제외한다)"를 "경우"로 한다.

부 칙 (2024. 2. 27. 법률 제20357호 ; 관광진흥법 부칙)
제1조【시행일】이 법은 공포 후 1년 6개월이 경과한 날부터 시행한다. 다만, 제7
조 제1항 제3호, 제8조 제8항, 제26조의 2 및 제81조의 개정규정은 공포한 날부터 시행
하고, 제47조의 3 제1항 및 제69조의 2의 개정규정은 공포 후 6개월이 경과한 날부터
시행한다.
제2조 생 략
제3조【다른 법률의 개정】①∼⑪ 생 략
⑫ 조세특례제한법 일부를 다음과 같이 개정한다.
제6조 제3항 제16호 중 "유원시설업"을 "테마파크업"으로 한다.
⑬∼⑮ 생 략

부 칙 (2024. 2. 20. 법률 제20320호 ; 무역조정 지원 등에 관한 법률 부칙)
제1조【시행일】이 이 법은 2025년 1월 1일부터 시행한다.
제2조∼제5조 생 략
제6조【다른 법률의 개정】① 조세특례제한법 일부를 다음과 같이 개정한다.
제33조의 제목 중 "무역조정지원기업"을 "통상변화대응지원기업"으로 하고, 같은
조 제1항 전단 중 "「무역조정 지원 등에 관한 법률」"을 "「통상환경변화 대응 및 지원
등에 관한 법률」"로, "무역조정지원기업"을 각각 "통상변화대응지원기업"으로 한다.
② 생 략

부 칙 (2024. 1. 9. 법률 제19990호 ; 벤처기업육성에 관한 특별조치법 부칙)
제1조【시행일】이 법은 공포 후 6개월이 경과한 날부터 시행한다.
제2조【다른 법률의 개정】①∼㉚ 생 략
㉛ 조세특례제한법 일부를 다음과 같이 개정한다.
제6조 제2항 각 호 외의 부분 본문, 같은 항 제2호, 제12조의 4 제2항 제3호 가목,
제13조 제1항 제1호, 제16조 제1항 제4호, 제16조의 2 제2항, 제16조의 3 제1항 각 호
외의 부분 본문 및 제16조의 4 제1항 제1호 중 "벤처기업육성에 관한 특별조치법"을 각
각 "벤처기업육성에 관한 특별법"으로 한다.
㉜∼㊱ 생 략
제3조 생 략

부 칙 (2023. 12. 31. 법률 제19936호)
제1조【시행일】이 법은 2024년 1월 1일부터 시행한다. 다만, 다음 각 호의 개정
규정은 해당 호에서 정하는 날부터 시행한다.
1. 제87조의 7 제4항, 제91조의 20 제2항, 같은 조 제4항 단서 및 같은 조 제5항의 개정

라. 「무형유산의 보전 및 진흥에 관한 법률」에 따른 국가무형유산
마. 「무형유산의 보전 및 진흥에 관한 법률」에 따른 시·도무형유산
㊷∼㊻ 생 략
제5조 생 략

부 칙 (2024. 3. 28. 대통령령 제34365호)
이 영은 공포한 날부터 시행한다.

**부 칙 (2024. 3. 26. 대통령령 제34356호 ; 농산물의 생산자를 위
한 직접지불제도 시행규정 부칙)**
제1조【시행일】이 영은 공포한 날부터 시행한다.
제2조·제3조 생 략
제4조【다른 법령의 개정】① 생 략
② 조세특례제한법 시행령 일부를 다음과 같이 개정한다.
제66조 제1항 각 호 외의 부분, 같은 조 제3항 및 같은 조 제4항 각 호
외의 부분 중 "경영이양보조금"을 각각 "농지이양은퇴보조금"으로 한다.
③ 생 략

부 칙 (2024. 2. 29. 대통령령 제34263호)
제1조【시행일】이 영은 공포한 날부터 시행한다. 다만, 다음 각 호의 개정규정은
해당 호에서 정하는 날부터 시행한다.
1. 제80조의 3 제4항 제5호 및 제93조의 5 제1항의 개정규정 : 2024년 6월 1일
2. 제81조의 4 제3항부터 제5항까지, 제93조의 6 제10항부터 제16항까지 및 제109조의
2 제2항 제1호의 개정규정 : 2024년 4월 1일
3. 제93조의 4 제8항 각 호 외의 부분의 개정규정 : 2025년 1월 1일
3. 삭 제 (2024. 12. 31.)
제2조【내국법인의 벤처기업 등에의 출자에 대한 과세특례에 관한 적용례】제12
조의 2 제1항 제1호의 개정규정은 이 영 시행 이후 주식 또는 출자지분을 취득하는 경
우부터 적용한다.
제3조【벤처투자조합 등에의 출자 등에 대한 소득공제에 관한 적용례】제14조
제14항의 개정규정은 이 영 시행 이후 벤처투자조합에 출자하는 경우부터 적용한다.
제4조【근로소득을 증대시킨 기업에 대한 세액공제를 위한 평균임금 계산에 관
한 적용례】제26조의 4 제9항의 개정규정은 이 영 시행 이후 과세표준을 신고하는 경
우부터 적용한다.
제5조【통합고용세액공제를 위한 상시근로자 수 계산에 관한 적용례】제26조의
8 제7항의 개정규정은 이 영 시행 이후 과세표준을 신고하는 경우부터 적용한다.

규정 : 2024년 4월 1일

2. 제105조의 3의 개정규정, 제121조의 35의 개정규정 중 "제87조의 4에 따른 금융투자소득과세표준"의 개정부분: 2025년 1월 1일

3. 제106조의 4 제12항·제13항 및 제106조의 9 제1항·제12항·제13항의 개정규정 : 2024년 7월 1일

제2조【민간재간접벤처투자조합원의 주식양도차익에 대한 비과세에 관한 적용례】제13조 제1항 및 제2항의 개정규정은 이 법 시행 이후 과세표준을 신고하는 경우부터 적용한다.

제3조【내국법인의 민간재간접벤처투자조합을 통한 벤처기업 등에의 출자에 대한 세액공제에 관한 적용례】제13조의 2 제2항의 개정규정은 이 법 시행 이후 세액공제신청을 하는 경우부터 적용한다. 이 경우 같은 항 제2호의 개정규정은 내국법인이 민간재간접벤처투자조합을 통하여 최초로 벤처기업 등의 주식 또는 출자지분을 취득한 사업연도의 다음 사업연도의 법인세에서 공제하는 경우부터 적용한다.

제4조【민간재간접벤처투자조합의 창업기업 등에의 출자에 대한 과세특례에 관한 적용례】① 제14조 제1항의 개정규정은 이 법 시행 이후 양도하는 경우부터 적용한다. ② 제14조 제4항 및 제5항의 개정규정은 이 법 시행 이후 소득을 지급하는 경우부터 적용한다.

제5조【벤처투자조합 출자 등에 대한 소득공제에 관한 적용례】제16조 제1항 제1호의 개정규정은 2023년 과세기간의 소득에 대하여 이 법 시행 이후 과세표준을 신고하거나 소득세를 결정하거나 연말정산하는 경우부터 적용한다.

제6조【외국인근로자에 대한 과세특례에 관한 적용례】제18조의 2 제3항의 개정규정은 이 법 시행 이후 소득을 지급받는 경우부터 적용한다.

제7조【문화산업전문회사에의 출자에 대한 세액공제에 관한 적용례】제25조의 7의 개정규정은 이 법 시행 이후 문화산업전문회사에 출자하는 경우부터 적용한다.

제8조【경영회생 지원을 위한 농지 매매 등에 대한 양도소득세 과세특례에 관한 적용례】제70조의 2 제1항·제4항 및 제5항의 개정규정은 이 법 시행 이후 농지등을 한국농어촌공사에 양도하는 경우부터 적용한다.

제9조【영농자녀등이 증여받는 농지 등에 대한 증여세의 감면에 관한 적용례】제71조 제3항의 개정규정은 이 법 시행 이후 증여를 받는 경우부터 적용한다.

제10조【공모부동산집합투자기구 전환투자에 관한 적용례】제87조의 7 제4항 제1호의 개정규정은 2024년 4월 1일 이후 다른 공모부동산집합투자기구의 집합투자증권으로 전환하여 투자하는 경우부터 적용한다.

제11조【조합 등 출자금에 대한 과세특례에 관한 적용례】제88조의 5의 개정규정은 이 법 시행 이후 개시하는 조합 등의 회계연도에서 발생한 잉여금의 배당으로 지급받는 경우부터 적용한다.

제12조【청년형장기집합투자증권저축 전환가입에 관한 적용례】제91조의 20 제2항 제4호, 같은 조 제4항 단서 및 같은 조 제5항 제1호의 개정규정은 2024년 4월 1일 이후 다른 청년형장기집합투자증권저축으로 전환가입하는 경우부터 적용한다.

제13조【청년희망적금 만기지급금의 청년도약계좌 일시납입에 대한 적용례】제

제6조【중소기업 취업자에 대한 소득세 감면에 관한 적용례】제27조 제3항 제18호의 2의 개정규정은 이 영 시행일이 속하는 과세기간에 발생하는 소득부터 적용한다.

제7조【영농조합법인 등에 현물출자하는 농업인의 경작기간 계산에 관한 적용례】제63조 제14항 제2호의 개정규정(제64조 제11항의 개정규정에 따라 준용되는 경우를 포함한다)은 이 영 시행 이후 농지등을 영농조합법인 또는 농업회사법인에 현물출자하는 경우부터 적용한다.

제8조【영어조합법인 등에 대한 법인세의 면제대상 소득금액 등에 관한 적용례】제64조 제1항 제1호 및 제2호의 개정규정은 2024년 1월 1일 이후 개시하는 사업연도부터 적용한다.

제9조【소기업·소상공인 공제부금에 대한 소득공제 등에 관한 적용례】제80조의 3 제3항 단서의 개정규정은 이 영 시행 이후 공제금을 지급받는 경우부터 적용한다.

제10조【청년도약계좌의 특별해지사유 확대에 관한 적용례】제93조의 8 제6항 제2호 사목의 개정규정은 이 영 시행 이후 청년도약계좌를 해지하는 경우부터 적용한다.

제11조【체납액 등에 대한 과세특례 등의 적용대상 재기중소기업인 확대에 관한 적용례】제99조의 6의 개정규정은 이 영 시행 이후 제99조의 6 제8항에 따라 재산의 압류 유예 등을 신청하는 경우부터 적용한다.

제12조【부가가치세 면제 등의 과세특례에 관한 적용례】① 제106조 제7항 제62호의 개정규정은 이 영 시행일이 속하는 과세기간에 재화 또는 용역을 공급하는 경우부터 적용한다.
② 제106조 제14항 제13호의 개정규정은 이 영 시행 이후 재화나 용역을 공급하거나 재화를 수입신고하는 경우부터 적용한다.

제13조【신용카드등사용금액 소득공제에 관한 적용례】제121조의 2 제6항 제9호의 2 및 제10호의 2의 개정규정은 이 영 시행일이 속하는 과세기간의 신용카드등사용금액 합계를 계산하는 경우부터 적용한다.

제14조【세액공제 대상 인건비 범위 확대에 관한 적용례】별표 6의 개정규정은 이 영 시행일이 속하는 과세연도부터 적용한다.

제15조【신성장·원천기술에 관한 적용례 등】① 별표 7 제1호 가목4), 같은 표 제7호 가목 4)·5), 같은 표 제8호 다목 6)·9)·10)·11), 같은 호 라목 9), 같은 표 제10호 가목 5), 같은 호 라목 4), 같은 표 제12호 가목 5)부터 9)까지, 같은 표 제13호 나목 10)·11), 같은 호 다목 10), 같은 호 라목 14), 같은 호 마목 12) 및 같은 표 제14호의 개정규정은 2024년 1월 1일 이후 발생하는 연구개발비부터 적용한다.
② 2024년 1월 1일 전에 발생한 연구개발비에 관하여는 별표 7 제13호 나목 5)·6) 및 같은 호 라목 1)의 개정규정에도 불구하고 종전의 규정에 따른다.

제16조【국가전략기술에 관한 적용례】별표 7의 2의 개정규정은 2024년 1월 1일 이후 발생하는 연구개발비부터 적용한다.

제17조【자녀장려금 산정에 관한 적용례】별표 11의 2의 개정규정은 2024년 1월 1일 이후 자녀장려금을 신청하는 경우(법 제100조의 30 제3항에 따라 2023년 과세기간의 자녀장려금을 신청한 것으로 보는 경우를 포함한다)부터 적용한다.

제18조【기술혁신형 합병 및 주식취득에 대한 세액공제에 관한 경과조치】이 영

91조의 22 제5항의 개정규정은 이 법 시행 이후 청년도약계좌에 납입하는 경우부터 적용한다.

제14조【과세특례 대상 저축 등의 소득기준 적용에 대한 특례에 관한 적용례】① 제91조의 24 제1호의 개정규정은 이 법 시행 당시 가입되어 있는 저축등의 가입요건 충족 여부 또는 비과세 한도금액을 판단하는 경우에도 적용한다.
② 제91조의 24 제2호의 개정규정은 이 법 시행 이후 저축등에 가입하는 경우부터 적용한다.

제15조【월세액 세액공제에 대한 적용례】제95조의 2 제1항 및 제122조의 3 제3항의 개정규정은 이 법 시행 이후 월세액을 지급하는 경우부터 적용한다.

제16조【농어촌주택등 취득자에 대한 양도소득세 과세특례에 관한 적용례】제99조의 4 제1항 제1호 가목의 개정규정은 이 법 시행 이후 일반주택을 양도하는 경우부터 적용한다.

제17조【손실보상금에 대한 과세특례에 관한 적용례】제99조의 13 제1항의 개정규정은 이 법 시행 이후 내국인이 손실보상금을 받는 경우부터 적용한다.

제18조【근로장려금 및 자녀장려금에 관한 적용례】① 제100조의 7 제2항의 개정규정은 2023년 1월 1일 이후 개시하는 과세기간에 대한 근로장려금(제100조의 31 제1항에 따라 준용되는 경우를 포함한다)을 환급하는 경우부터 적용한다.
② 제100조의 28 제1항 제2호 및 제100조의 29 제1항의 개정규정은 2023년 1월 1일 이후 개시하는 과세기간에 대한 자녀장려금을 환급하는 경우부터 적용한다.

제19조【동업기업과세특례의 적용범위 확대에 관한 적용례 등】제100조의 15 제2항ㆍ제3항, 제100조의 16 제2항 및 제100조의 18 제3항ㆍ제5항ㆍ제6항의 개정규정은 2023년 12월 31일이 속하는 과세연도부터 적용한다. 이 경우 2023년 12월 31일이 속하는 과세연도 또는 2024년 1월 1일 개시하는 과세연도에 대하여 동업기업과세특례를 적용받으려는 기업은 제100조의 17 제1항에도 불구하고 기획재정부장관이 정하여 고시하는 바에 따라 2024년 1월 31일까지 관할 세무서장에게 신청을 하여야 한다.

제20조【금융회사등의 신용회복목적회사 출연 시 손금 산입 특례에 관한 적용례】제104조의 11의 개정규정은 이 법 시행 이후 과세표준을 신고하는 경우부터 적용한다.

제21조【해외건설자회사에 지급한 대여금등에 대한 손금산입 특례에 관한 적용례】제104조의 33의 개정규정은 이 법 시행 이후 개시하는 사업연도에 대손충당금을 손금에 산입하는 경우부터 적용한다.

제22조【운송사업용 자동차에 대한 부가가치세 환급 특례에 관한 적용례】제105조의 3의 개정규정은 2025년 1월 1일 이후 재화를 공급하거나 공급받는 경우 또는 재화를 수입신고하는 경우부터 적용한다.

제23조【부가가치세 면제에 관한 적용례】제106조 제1항 제9호의 2 나목의 개정규정은 이 법 시행 이후 재화를 공급하는 경우부터 적용한다.

제24조【부가가치세 매입자 납부특례에 관한 적용례】제106조의 4 제12항 및 제106조의 9 제1항ㆍ제12항의 개정규정은 2024년 7월 1일 이후 재화를 공급하거나 공급받는 경우 또는 재화를 수입신고하는 경우부터 적용한다.

제25조【기업도시개발구역 등의 창업기업 등에 대한 법인세 등의 감면에 관한

시행 전에 합병하거나 주식 또는 출자지분을 취득한 경우의 세액공제금액에 관하여는 제11조의 3 제3항 제2호 및 제11조의 4 제4항 제2호 가목의 개정규정에도 불구하고 종전의 규정에 따른다.

제19조【외국인기술자 등의 범위에 관한 경과조치 등】① 이 영 시행 전에 근로를 제공한 경우의 소득세 감면요건에 관하여는 제16조 제1항 제2호 다목, 제16조의 2 제2항 및 제16조의 3 제1항 제4호의 개정규정에도 불구하고 종전의 규정에 따른다.
② 제16조 제1항 제2호 라목의 개정규정은 이 영 시행일이 속하는 과세연도에 근로를 제공하는 경우부터 적용한다.

제20조【가업의 주된 업종 변경에 관한 경과조치】이 영 시행 전에 가업의 주된 업종을 변경한 경우에 대한 가업 종사 여부의 판단에 관하여는 제27조의 6 제6항의 개정규정에도 불구하고 종전의 규정에 따른다.

제21조【주식매각 후 벤처기업 등 재투자에 대한 과세특례 요건 완화에 관한 경과조치 등】① 이 영 시행 전에 매각대상기업의 주식을 매각한 자가 이 영 시행 이후 재투자를 하는 경우 과세특례를 적용받기 위한 재투자 기간에 관하여는 제43조의 8 제5항의 개정규정에도 불구하고 종전의 규정에 따른다.
② 제1항에도 불구하고 이 영 시행 당시 매각대상기업의 주식매각으로 발생하는 양도소득에 대한 예정신고 기간의 종료일부터 1년이 지나지 않은 경우에는 제43조의 8 제5항의 개정규정을 적용한다.

제22조【대토보상에 대한 양도소득세 납부에 관한 경과조치】이 영 시행 전에 대토를 증여하거나 그 상속이 이루어진 경우의 양도소득세 납부에 관하여는 제73조 제5항 제3호의 개정규정에도 불구하고 종전의 규정에 따른다.

제23조【투자ㆍ상생협력 촉진을 위한 과세특례에 관한 경과조치 등】① 2023년 12월 31일이 속하는 사업연도에 대한 미환류소득 또는 초과환류액의 계산에 관하여는 제100조의 32 제4항 제2호 타목의 개정규정에도 불구하고 종전의 규정에 따른다.
② 제100조의 32 제9항의 개정규정은 2024년 1월 1일 이후 개시하는 사업연도의 임금증가액을 계산하는 경우부터 적용한다.

제24조【외국인관광객 등에 대한 부가가치세의 특례에 관한 경과조치】2024년 4월 1일 전에 외국인관광객 등이 숙박용역을 공급받은 경우에는 제109조의 2 제2항 제1호의 개정규정에도 불구하고 종전의 규정에 따른다.

제25조【제주투자진흥지구 입주기업에 대한 법인세 등의 감면에 관한 경과조치】이 영 시행 전에 제주투자진흥지구에 식료품 제조업 또는 음료 제조업을 경영하기 위한 시설을 새로 설치한 경우에는 제116조의 15 제1항 제2호 카목의 개정규정에도 불구하고 종전의 규정에 따른다.

제26조【성실사업자에 대한 의료비등 공제에 관한 경과조치】2024년 1월 1일 전에 의료비를 지출한 경우의 세액공제금액에 관하여는 제117조의 3 제5항의 개정규정에도 불구하고 종전의 규정에 따른다.

부 칙 (2023. 12. 19. 대통령령 제34011호 ; 벤처투자 촉진에 관한 법률 시행령 부칙)

적용례】 제121조의 17 제1항 제9호, 제10호 및 같은 조 제2항의 개정규정은 이 법 시행 이후 제121조의 17 제1항 제9호의 개정규정에 따른 평화경제특구에 최초로 창업하거나 사업장을 신설하는 기업부터 적용한다.

제26조【감면세액의 추징 등에 관한 적용례】① 제121조의 19 제1항 제2호 단서의 개정규정은 이 법 시행 이후 추징세액을 결정하거나 경정하는 경우부터 적용한다.

② 제121조의 19 제1항 제11호 및 제12호의 개정규정은 이 법 시행 이후 제121조의 17 제1항 제9호의 개정규정에 따른 평화경제특구에 최초로 창업하거나 사업장을 신설하는 기업부터 적용한다.

제27조【기회발전특구의 창업기업 등에 대한 법인세 등의 감면에 관한 적용례】 제121조의 33의 개정규정은 이 법 시행 이후 같은 개정규정 제1항에 따른 기회발전특구에 최초로 창업하거나 사업장을 신설하는 기업부터 적용한다.

제28조【기회발전특구로 이전하는 기업에 대한 과세특례에 관한 적용례】 제121조의 34의 개정규정은 이 법 시행 이후 수도권에 있는 종전사업용부동산을 양도하는 경우부터 적용한다.

제29조【기회발전특구집합투자기구 투자자에 대한 과세특례에 관한 적용례】 제121조의 35 제1항의 개정규정은 이 법 시행 이후 지급받는 이자소득 또는 배당소득부터 적용한다.

제30조【해외자원개발투자에 대한 중복지원 배제에 관한 적용례】 제127조 제1항의 개정규정은 이 법 시행 이후 투자 또는 출자를 하는 경우부터 적용한다.

제31조【중복지원의 배제에 관한 적용례】 제127조 제4항 및 제5항의 개정규정은 이 법 시행일이 속하는 과세연도부터 적용한다.

제32조【추계과세 시 등의 감면배제에 관한 적용례】 제128조 제2항부터 제4항까지의 개정규정은 이 법 시행 이후 과세표준을 신고하거나 결정 또는 경정하는 경우부터 적용한다.

제33조【최저한세액에 미달하는 세액에 대한 감면 등의 배제에 관한 적용례】 제132조 제1항 제4호 및 제2항 제4호의 개정규정은 이 법 시행일이 속하는 과세연도부터 적용한다.

제34조【양도소득세 및 증여세 감면의 종합한도에 관한 적용례】 제133조 제2항의 개정규정은 이 법 시행 이후 토지의 일부 또는 토지의 지분을 양도하는 경우부터 적용한다. 이 경우 이 법 시행 전에 이루어진 양도는 같은 개정규정에 따라 1개 과세기간에 이루어진 것으로 보는 양도에 포함하지 아니한다.

제35조【전통시장 기업업무추진비 손금산입에 관한 적용례】 제136조 제6항의 개정규정은 이 법 시행 이후 과세표준을 신고하는 경우부터 적용한다.

제36조【기술혁신형 주식취득에 대한 세액공제에 관한 경과조치】 인수법인이 피인수법인의 주식등을 최초 취득한 날이 이 법 시행 전인 경우의 세액공제 요건에 관하여는 제12조의 4 제1항의 개정규정에도 불구하고 종전의 규정에 따른다.

제37조【영상콘텐츠 제작비용에 대한 세액공제에 관한 경과조치】 이 법 시행 전에 발생한 영상콘텐츠 제작비용에 대한 세액공제에 관하여는 제25조의 6 제1항의 개정규정에도 불구하고 종전의 규정에 따른다.

제1조【시행일】 이 영은 2023년 12월 21일부터 시행한다.

제2조【다른 법령의 개정】①~⑭ 생 략

⑮ 조세특례제한법 시행령 일부를 다음과 같이 개정한다.

제12조 제1항 제1호·제2호 및 제12조의 2 제1항 제1호 중 “중소기업창업투자회사”를 각각 “벤처투자회사”로 한다.

제12조의 4의 제목 “(중소기업창업투자회사 등의 소재·부품·장비전문기업 주식양도차익 등에 대한 법인세 비과세)”를 “(벤처투자회사 등의 소재·부품·장비전문기업 주식양도차익 등에 대한 법인세 비과세)”로 한다.

⑯~㉑ 생 략

제3조 생 략

부 칙 (2023. 12. 5. 대통령령 제33899호 ; 소재·부품·장비산업 경쟁력강화를 위한 특별조치법 시행령 부칙)

제1조【시행일】 이 영은 2023년 12월 14일부터 시행한다.

제2조【다른 법령의 개정】①~⑩ 생 략

⑪ 조세특례제한법 시행령 일부를 다음과 같이 개정한다.

제12조의 3 제1항, 제12조의 4 제1항, 제14조 제6항 각 호 외의 부분 및 제16조 제2항 중 “「소재·부품·장비산업 경쟁력강화를 위한 특별조치법」”을 각각 “「소재·부품·장비산업 경쟁력 강화 및 공급망 안정화를 위한 특별조치법」”으로 한다.

⑫~⑭ 생 략

부 칙 (2023. 9. 26. 대통령령 제33764호 ; 민간임대주택에 관한 특별법 시행령 부칙)

제1조【시행일】 이 영은 2023년 9월 29일부터 시행한다.

제2조【다른 법령의 개정】①·② 생 략

③ 조세특례제한법 시행령 일부를 다음과 같이 개정한다.

제96조 제8항 제1호 중 “「민간임대주택에 관한 특별법 시행령」 제4조 제5항”을 “「민간임대주택에 관한 특별법 시행령」 제4조 제6항”으로 한다.

제97조 제4항 제1호 중 “「민간임대주택에 관한 특별법 시행령」 제4조 제4항”을 “「민간임대주택에 관한 특별법 시행령」 제4조 제5항”으로 한다.

제98조의 5 제6항 제2호 중 “「민간임대주택에 관한 특별법 시행령」 제4조 제4항”을 “「민간임대주택에 관한 특별법 시행령」 제4조 제5항”으로 한다.

제98조의 7 제8항 제2호 중 “「민간임대주택에 관한 특별법 시행령」 제4조 제4항”을 “「민간임대주택에 관한 특별법 시행령」 제4조 제5항”으로 한다.

부 칙 (2023. 8. 29. 대통령령 제33682호)

제1조【시행일】 이 영은 공포한 날부터 시행한다.

제2조【신성장·원천기술에 관한 적용례 등】① 별표 7 제7호 가목 8)의 개정규정 중 국가전략기술에 관한 부분은 2023년 7월 1일 이후 발생한 연구개발비부터 적용

제38조【가업의 승계에 대한 증여세 과세특례에 관한 경과조치 등】① 이 법 시행 전에 증여를 받은 경우에 대한 증여세 세율의 적용에 관하여는 제30조의 6 제1항 각 호 외의 부분 본문의 개정규정에도 불구하고 종전의 규정에 따른다.
② 제30조의 6 제4항의 개정규정은 이 법 시행 이후 증여를 받는 경우부터 적용한다.
제39조【과세특례 대상 영농조합법인 등의 범위 변경에 관한 경과조치】2023년 12월 31일이 속하는 과세연도의 소득(현물출자에 따른 소득은 이 법 시행 전에 이루어진 현물출자에 따른 소득으로 한정한다)에 대한 과세특례에 관하여는 제66조 제1항, 제67조 제1항, 같은 조 제4항 본문 및 제68조 제1항의 개정규정에도 불구하고 종전의 규정에 따른다.
제40조【주택청약종합저축에 대한 소득공제에 관한 경과조치】이 법 시행 전에 주택청약종합저축에 납입한 금액에 대한 소득공제 및 추징세액의 계산에 관하여는 제87조 제2항·제5항 및 제7항의 개정규정에도 불구하고 종전의 규정에 따른다.
제41조【해외진출기업의 국내복귀에 대한 세액감면에 관한 경과조치】이 법 시행 전에 국내에서 창업하거나 사업장을 신설 또는 증설한 경우의 세액감면 기간 및 업종요건에 관하여는 제104조의 24 제2항, 제3항, 제6항 및 제118조의 2 제1항 제2호의 개정규정에도 불구하고 종전의 규정에 따른다.

부 칙 (2023. 6. 20. 법률 제19504호 ; 벤처투자 촉진에 관한 법률 부칙)
제1조【시행일】이 법은 공포 후 6개월이 경과한 날부터 시행한다.
제2조~제5조 생 략
제6조【다른 법률의 개정】①~⑦ 생 략
⑧ 조세특례제한법 일부를 다음과 같이 개정한다.
제12조의 4 제2항 제3호 다목, 제13조의 제목, 같은 조 제1항 제1호, 같은 항 제3호 각 목 외의 부분, 같은 항 제5호·제6호, 같은 조 제2항 각 호 외의 부분 본문, 같은 조 제3항 각 호 외의 부분 본문, 같은 조 제4항, 제13조의 4의 제목, 같은 조 제1항 제1호·제2호, 같은 조 제2항 각 호 외의 부분 전단, 같은 조 제3항, 제14조 제1항 제1호 및 제117조 제1항 제1호·제2호의 4 중 "중소기업창업투자회사"를 각각 "벤처투자회사"로 한다.
⑨~⑩ 생 략
제7조 생 략

부 칙 (2023. 6. 13. 법률 제19438호 ; 소재·부품·장비산업 경쟁력강화를 위한 특별조치법 부칙)
제1조【시행일】이 법은 공포 후 6개월이 경과한 날부터 시행한다. (단서 생략)
제2조【다른 법률의 개정】①~⑤ 생 략
⑥ 조세특례제한법 일부를 다음과 같이 개정한다.
제13조 제1항 제3호 라목 중 "「소재·부품·장비산업 경쟁력강화를 위한 특별조치법」"을 "「소재·부품·장비산업 경쟁력 강화 및 공급망 안정화를 위한 특별조치법」"으로 한다.

한다.
② 2023년 7월 1일 전에 발생한 연구개발비에 관하여는 별표 7 제7호 가목의 개정규정에도 불구하고 종전의 규정에 따른다.
제3조【국가전략기술에 관한 적용례】별표 7의 2 제7호의 개정규정은 2023년 7월 1일 이후 발생한 연구개발비부터 적용한다.

부 칙 (2023. 7. 7. 대통령령 제33621호 ; 지방자치분권 및 지역균형발전에 관한 특별법 시행령 부칙)
제1조【시행일】이 영은 2023년 7월 10일부터 시행한다.
제2조~제11조 생 략
제12조【다른 법령의 개정】①~㉕ 생 략
㉖ 조세특례제한법 시행령 일부를 다음과 같이 개정한다.
제99조의 4 제3항 제2호 및 같은 조 제4항 제1호 중 "「국가균형발전 특별법」 제2조 제9호"를 각각 "「지방자치분권 및 지역균형발전에 관한 특별법」 제2조 제12호"로 한다.
㉗~㊴ 생 략
제13조·제14조 생 략

부 칙 (2023. 6. 7. 대통령령 제33499호)
제1조【시행일】이 영은 공포한 날부터 시행한다. 다만, 제56조 제2항, 제79조의 8 제1항 제2호 본문 및 제79조의 10 제2항 제2호 본문의 개정규정은 2023년 7월 1일부터 시행하고, 제93조의 개정규정은 2023년 6월 12일부터 시행한다.
제2조【접대비의 손금불산입특례에 관한 적용례】제130조 제5항 제14호부터 제16호까지의 개정규정은 이 영 시행일이 속하는 과세연도에 지출하는 경우부터 적용한다.
제3조【신성장·원천기술에 관한 경과조치】2023년 1월 1일 전에 발생한 연구개발비에 관하여는 별표 7의 개정규정에도 불구하고 종전의 규정에 따른다.

부 칙 (2023. 4. 11. 대통령령 제33382호 ; 국가보훈부와 그 소속기관 직제 부칙)
제1조【시행일】이 영은 2023년 6월 5일부터 시행한다.
제2조~제4조 생 략
제5조【다른 법령의 개정】①~④ 생 략
⑤ 조세특례제한법 시행령 일부를 다음과 같이 개정한다.
제112조의 2 제6항 전단 중 "국가보훈처장"을 각각 "국가보훈부장관"으로 한다.
⑥~㊲ 생 략

부 칙 (2023. 2. 28. 대통령령 제33264호)
제1조【시행일】이 영은 공포한 날부터 시행한다. 다만, 다음 각 호의 개정규정은 해당 호에서 정한 날부터 시행한다.
1. 제11조의 3 제8항 제1호, 제11조의 4 제6항 제1호 및 제35조의 2 제6항 제1호의

⑦ 생 략

부 칙 (2023. 6. 9. 법률 제19430호 ; 지방자치분권 및 지역균형발전에 관한 특별법 부칙)

제1조【시행일】이 법은 공포 후 1개월이 경과한 날부터 시행한다. 다만, 다음 각 호의 사항은 해당 호에서 정하는 날부터 시행한다.

1.~3. 생 략

제2조~제20조 생 략

제21조【다른 법률의 개정】①~㊷ 생 략

㊸ 조세특례제한법 일부를 다음과 같이 개정한다.

제63조 제1항 제2호 가목 2) 가) 중 "「국가균형발전 특별법」"을 "「지방자치분권 및 지역균형발전에 관한 특별법」"으로 한다.

제99조의 4 제1항 제1호 가목 2) 단서 중 "「국가균형발전 특별법」 제2조 제9호"를 "「지방자치분권 및 지역균형발전에 관한 특별법」 제2조 제12호"로 한다.

㊹~㊿ 생 략

제22조 생 략

부 칙 (2023. 4. 11. 법률 제19328호)

제1조【시행일】이 법은 공포한 날부터 시행한다. 다만, 다음 각 호의 개정규정은 해당 호에서 정한 날부터 시행한다.

1. 제89조의 2 제1항 제1호 중 "고위험고수익채권투자신탁"에 대한 부분 및 제91조의 15의 개정규정 : 공포 후 2개월이 경과한 날

2. 제89조의 2 제1항 제1호 중 "개인투자용국채"에 대한 부분, 제91조의 23 및 제146조의 2 제1항의 개정규정 : 공포 후 1개월이 경과한 날

3. 법률 제18634호 조세특례제한법 일부개정법률 부칙 제1조 제1호 · 제3호 및 제12조의 2의 개정규정 : 2023년 4월 15일

제2조【국가전략기술 범위 확대에 따른 연구·인력개발비 세액공제 등에 관한 적용례】① 제10조 제1항 제2호의 개정규정 중 국가전략기술연구개발비에 관한 부분은 2023년 1월 1일 이후 발생한 연구개발비부터 적용한다.

② 제10조 제1항 제2호의 개정규정과 관련된 사업화시설 투자에 대하여 제24조의 통합투자세액공제를 적용할 때에는 2023년 1월 1일 이후 국가전략기술사업화시설에 투자하는 경우부터 적용한다.

제3조【통합투자세액공제의 공제율 상향 등에 관한 적용례】① 제24조 제1항 제2호 가목 2)의 개정규정은 2023년 1월 1일 이후 국가전략기술사업화시설에 투자하는 경우부터 적용한다.

② 2023년 1월 1일 전에 국가전략기술사업화시설에 투자한 경우의 세액공제율에 관하여는 제24조 제1항 제2호 가목 2)의 개정규정에도 불구하고 종전의 규정에 따른다.

③ 제24조 제1항 제3호의 개정규정은 2023년 12월 31일이 속하는 과세연도에 투자한 금액에 대하여 적용한다.

개정규정 : 2023년 3월 1일

2. 제22조의 10 제2항 제3호 나목의 개정규정 : 2023년 3월 28일

3. 제69조 제3항, 제104조의 2 및 제130조의 개정규정 : 2024년 1월 1일

4. 제100조의 9 제8항 및 제121조의 2 제13항 전단의 개정규정 : 2023년 7월 1일

5. 제106조 제7항 제60호 · 제61호 및 제112조의 2의 개정규정 : 2023년 4월 1일

제2조【일반적 적용례】① 이 영 중 소득세(양도소득세는 제외한다) 및 법인세에 관한 개정규정은 법률 제19199호 조세특례제한법 일부개정법률 시행 이후 개시하는 과세연도부터 적용한다.

② 이 영 중 부가가치세에 관한 개정규정은 부칙 제1조에 따른 각 해당 규정의 시행일 이후 재화나 용역을 공급하거나 공급받는 경우 또는 재화를 수입신고하는 경우부터 적용한다.

③ 이 영 중 양도소득세에 관한 개정규정은 이 영 시행 이후 양도하는 경우부터 적용한다.

④ 이 영 중 상속세 및 증여세에 관한 개정규정은 이 영 시행 이후 상속이 개시되거나 증여받는 경우부터 적용한다.

제3조【청년 상시근로자의 범위 변경에 관한 적용례】제11조의 2 제6항 제2호의 개정규정(제61조 제6항, 제99조의 8 제5항, 제116조의 14 제4항, 제116조의 15 제7항, 제116조의 21 제6항, 제116조의 25 제5항, 제116조의 26 제6항 및 제116조의 27 제6항에 따라 준용되는 경우를 포함한다)은 2023년 1월 1일 이후 개시하는 과세연도의 청년 상시근로자 수를 계산하는 경우부터 적용한다.

제4조【통합투자세액공제에 관한 적용례】제21조 제13항 후단의 개정규정은 이 영 시행 이후 과세표준을 신고하는 경우부터 적용한다.

제5조【소기업·소상공인 공제부금에 대한 소득공제 등에 관한 적용례】제80조의 3 제5항 제5호의 개정규정은 이 영 시행 이후 소기업·소상공인 공제계약을 해지하는 경우부터 적용한다.

제6조【근로장려금 환급·환수에 관한 적용례】제100조의 9 제8항의 개정규정은 부칙 제1조 제4호에 따른 시행일 이후 근로장려금을 환급 또는 환수하는 경우부터 적용한다.

제7조【투자상생협력 촉진을 위한 과세특례에 관한 적용례】① 제100조의 32 제4항 제1호 나목의 개정규정은 2023년 1월 1일 이후 개시하는 사업연도의 기업소득을 계산하는 경우부터 적용한다.

② 제100조의 32 제4항 제2호 타목의 개정규정은 이 영 시행 이후 과세표준을 신고하는 경우부터 적용한다.

③ 제100조의 32 제12항 전단의 개정규정은 2023년 1월 1일 이후 개시하는 사업연도의 미환류소득 또는 초과환류액을 계산하는 경우부터 적용한다.

제8조【용역제공자에 관한 과세자료 제출에 대한 세액공제에 관한 적용례】제104조의 29 제1항 후단의 개정규정은 이 영 시행일이 속하는 과세연도에 과세자료를 제출하는 경우부터 적용한다.

제9조【신성장·원천기술 및 국가전략기술 범위 확대에 관한 적용례】별표 7 및 별표 7의 2의 개정규정은 2023년 1월 1일 이후 발생하는 연구개발비부터 적용한다.

제4조【고위험고수익채권투자신탁에 대한 과세특례에 관한 적용례】제91조의 15의 개정규정은 부칙 제1조 제1호에 따른 시행일 이후 고위험고수익채권투자신탁에 가입하는 경우부터 적용한다.

제5조【개인투자용국채에 대한 과세특례에 관한 적용례】제91조의 23의 개정규정은 부칙 제1조 제2호에 따른 시행일 이후 개인투자용국채에서 발생하는 소득부터 적용한다.

제6조【고위험고수익투자신탁에 대한 과세특례에 관한 경과조치】부칙 제1조제1호에 따른 시행일 전에 종전의 제91조의 15에 따른 고위험고수익투자신탁에 가입한 경우의 과세특례에 관하여는 제91조의 15의 개정규정에도 불구하고 종전의 규정에 따른다.

제7조【신용카드 등 사용금액에 대한 소득공제에 관한 경과조치】2021년 과세기간 및 2022년 과세기간에 신용카드 등을 사용한 경우에 대한 소득공제에 관하여는 제126조의 2 제2항 및 제11항의 개정규정에도 불구하고 종전의 규정에 따른다.

(1965. 12. 20. 법률 제1723호~
2022. 12. 31. 법률 제19199호) 생략

제10조【근로장려금 및 자녀장려금 산정에 관한 적용례】별표 11 및 별표 11의 2의 개정규정은 2023년 1월 1일 이후 근로장려금 및 자녀장려금을 신청하는 경우(법 제100조의 6 제9항에 따라 2022년 과세기간의 하반기 소득분에 대하여 같은 조 제7항에 따른 반기 신청을 한 것으로 보는 경우를 포함한다)부터 적용한다.

제11조【연구 및 인력개발비에 대한 세액공제에 관한 경과조치】이 영 시행 전에 발생한 연구개발비 또는 인력개발비의 세액공제 요건에 관하여는 제9조 제1항 제2호의 개정규정에도 불구하고 종전의 규정에 따른다.

제12조【가업의 승계에 대한 증여세 과세특례에 관한 경과조치 등】① 이 영 시행 전에 가업의 주식 또는 출자지분을 증여받은 경우의 대표이사 취임 기한에 관하여는 제27조의 6 제1항의 개정규정에도 불구하고 종전의 규정에 따른다.
② 제27조의 6 제9항 제1호 본문의 개정규정은 이 영 시행 이후 상속이 개시되는 경우부터 적용한다.

제13조【농어촌주택등 취득자에 대한 양도소득세 과세특례에 관한 경과조치】이 영 시행 전에 양도한 주택의 양도소득세 과세특례 요건에 관하여는 제99조의 4 제3항의 개정규정에도 불구하고 종전의 규정에 따른다.

제14조【해외진출기업의 국내복귀에 대한 세액감면에 관한 경과조치】이 영 시행 전에 수도권과밀억제권역 밖의 지역에 창업하거나 사업장을 신설 또는 증설한 경우의 세액감면 요건에 관하여는 제104조의 21 제1항 제2호, 같은 조 제3항 제2호 및 같은 조 제10항의 개정규정에도 불구하고 종전의 규정에 따른다.

(1974. 7. 18. 대통령령 제7198호~
2022. 12. 31. 대통령령 제33208호) 생략

[별 표] (2023. 12. 31. 신설)

신용카드등소득공제금액 계산 시 차감하는 금액(제126조의 2 제2항 제6호 관련)

1. 제126조의 2 제2항 제6호 단서에 따라 2023년 1월 1일부터 2023년 12월 31일까지 사용한 신용카드등사용금액에 대한 신용카드등소득공제금액을 계산할 때 차감하는 금액은 다음 표 왼쪽 란의 신용카드등사용금액과 최저사용금액 간의 비교 조건에 따라 같은 표 오른쪽 란의 계산식을 적용하여 계산한 금액으로 한다. 이 경우 신용카드등사용금액은 제2호 각 목의 금액으로 구분한다.

신용카드등사용금액과 최저사용금액 간 조건	신용카드등소득공제금액 계산 시 차감하는 금액
최저사용금액 ≤ 제2호 가목의 금액	최저사용금액 × 100분의 15
제2호 가목의 금액 < 최저사용금액 ≤ (제2호 가목 및 나목의 금액의 합계액)	제2호 가목의 금액 × 100분의 15 + (최저사용금액 - 제2호 가목의 금액) × 100분의 30
(제2호 가목 및 나목의 금액의 합계액) < 최저사용금액 ≤ (제2호 가목부터 다목까지의 금액의 합계액)	제2호 가목의 금액 × 100분의 15 + 제2호 나목의 금액 × 100분의 30 + (최저사용금액 - 제2호 가목 및 나목의 금액의 합계액) × 100분의 40
(제2호 가목부터 다목까지의 금액의 합계액) < 최저사용금액 ≤ (제2호 가목부터 라목까지의 금액의 합계액)	제2호 가목의 금액 × 100분의 15 + 제2호 나목의 금액 × 100분의 30 + 제2호 다목의 금액 × 100분의 40 + (최저사용금액 - 제2호 가목부터 다목까지의 금액의 합계액) × 100분의 50
(제2호 가목부터 라목까지의 금액의 합계액) < 최저사용금액	제2호 가목의 금액 × 100분의 15 + 제2호 나목의 금액 × 100분의 30 + 제2호 다목의 금액 × 100분의 40 + 제2호 라목의 금액 × 100분의 50 + (최저사용금액 - 제2호 가목부터 라목까지의 금액의 합계액) × 100분의 80

2. 신용카드등사용금액의 구분
   가. 2023년 1월 1일부터 2023년 12월 31일까지 사용한 신용카드사용분
   나. 다음의 금액의 합계액(해당 과세연도의 총급여액이 7천만원을 초과하는 경우에는 2)의 금액은 제외한다)
      1) 2023년 1월 1일부터 2023년 12월 31일까지 사용한 직불카드등사용분
      2) 2023년 1월 1일부터 2023년 3월 31일까지 사용한 도서등사용분
   다. 다음의 금액의 합계액(해당 과세연도의 총급여액이 7천만원을 초과하는 경우에는 2)의 금액은 제외한다)
      1) 2023년 1월 1일부터 2023년 3월 31일까지 사용한 전통시장사용분
      2) 2023년 4월 1일부터 2023년 12월 31일까지 사용한 도서등사용분
   라. 2023년 4월 1일부터 2023년 12월 31일까지 사용한 전통시장사용분
   마. 2023년 1월 1일부터 2023년 12월 31일까지 사용한 대중교통이용분
   이 표에서 사용하는 용어의 뜻은 제126조의 2 제1항 및 제2항에 따른다.

비고: 이 표에서 사용하는 용어의 뜻은 제126조의 2 제1항 및 제2항에 따른다.

조세특례제한법 시행령 별표

[별표 1] (2023. 2. 28. 신설)

무상 기증 시 세액공제를 적용받는 시설·장비(제7조의 2 제13항 관련)

구분	시설·장비
1. 전공정 시설·장비	가. 웨이퍼 제작 공정에 사용되는 시설·장비 나. 산화 공정에 사용되는 시설·장비 다. 포토 공정에 사용되는 시설·장비 라. 식각 공정에 사용되는 시설·장비 마. 이온주입 공정에 사용되는 시설·장비 바. 증착 공정에 사용되는 시설·장비 사. 화학기계적 연마 공정에 사용되는 시설·장비 아. 금속배선, 패키징과 테스트 공정에 사용되는 시설·장비 자. 계측 공정에 사용되는 시설·장비 차. 웨이퍼 표면의 불순물을 제거하는 공정에 사용되는 시설·장비
2. 후공정 시설·장비	가. 후면연삭(Back Grinding) 공정에 사용되는 시설·장비 나. 절단(Wafer Dicing) 및 접착(Attach) 공정에 사용되는 시설·장비 다. 와이어본딩(Wire Bonding) 공정에 사용되는 시설·장비 라. 몰딩(Molding) 공정에 사용되는 시설·장비 마. 패키징 및 테스트 공정에 사용되는 시설·장비 바. 계측 공정에 사용되는 시설·장비

[별표 2] 삭　제 (99. 10. 30.)

[별표 3] 삭　제 (2007. 2. 28.)

[별표 4] (2015. 4. 20. 개정 ; 부품·소재전문기업~시행령 부칙)

기술집약적인 산업의 범위(제16조 제1항 관련) (2007. 2. 28. 제목개정)

업　종	품　목
1. 기계공업	① 광학기기(카메라, 칼라·지능복사기, 현상기, 고분해능 현미경에 한한다) ② 고기능 프레스(400에스·피·엠 이상의 것에 한한다) 및 절삭공구(초경합금·다이아몬드·고속도강·서미트·입방정질화붕소공구에 한한다) ③ 수치제어공작기계 ④ 플라스틱가공기계(자동제어장치부착 사출성형기 및 제어·관리시템부착 압출기에 한한다) ⑤ 동력발생장치(전자제어식·대체연료·경량화·신소재이용·불꽃점화식·저공해·압축착화식 엔진 및 연료분사장치에 한한다) ⑥ 자동차 및 철도차량(고속전철·전동차 및 자기부상열차에 한한다) ⑦ 산업용 로보트(자유도가 3축 이상인 것에 한한다) ⑧ 건설중장비 유압부품 ⑨ 고성능제트직기(500알·피·엠 이상의 것에 한한다) ⑩ 컴퓨터자수기(4색 이상의 것에 한한다) 및 방사니플 ⑪ 반도체 제조장비 및 부품 ⑫ 정밀금형(반도체·자동차·항공기 또는 전자기용의 것에 한한다) ⑬ 고성능 옵셋인쇄기(공압식 또는 컴퓨터식의 것에 한한다) ⑭ 유공압기기의 부품(펌프·모터·밸브·실린더에 한한다) ⑮ 레이저 발생장치 및 응용기기 ⑯ 자동차부품(제동장치·현가장치·조향장치·동력전달장치, 자동제어·조절장치·배기가스저감장치, 주행안전·정보장치에 한한다) ⑰ 냉동공조기기(흡수식·축열식·가변형 및 대체냉매형의 것에 한한다) ⑱ 베어링(직선·로울링베어링 및 자동차용 특수베어링에 한한다) ⑲ 원자력발전소용 핵증기 발생·제어장치, 가스터빈, 스팀터빈 및 발전기용 로터 ⑳ 플라즈마 코팅장치
2. 전자공업 　가. 전자기기	① 통신기기(전자교환기, 광통신케이블 및 장치, 반송통신장치, 위성방송 및 통신송수신기에 한한다) ② 컴퓨터(64비트 이상의 것에 한한다) 및 정밀주변기기

업 종	품 목
나. 전자부품	③ 영상·음향·결상기기(디지털방식의 것과 아날로그방식 중 프로젝션 텔레비전, 평판텔레비전 및 하이-8비디오카메라에 한한다) ④ 전자식 의료기기 ⑤ 자동제어장치 ⑥ 전자식 계측장비 ① 반도체소자(집적회로·개별소자·화합물반도체에 한한다) ② 전자관(25인치 미만 텔레비전용 브라운관을 제외한다) 및 핵심 부품(유리, 편향요크, 새도우마스크 및 전자총에 한한다)과 평판디스플레이 및 전용부품 ③ 광섬유 ④ 광 및 자기기록매체(디지털방식 및 디스크형의 것에 한한다) ⑤ 정밀모터 ⑥ 인쇄회로기판 ⑦ 반도체재료 ⑧ 자기헤드 ⑨ 압전필터 및 착화소자 ⑩ 센서 ⑪ 칩부품(표면실장용의 것에 한한다) ⑫ 콘넥터
3. 전기공업	① 전력전자기기(인버터 또는 무정전 전원공급장치에 한한다) ② 송변전설비(345킬로볼트 이상의 변압기·리액터 및 차단기에 한한다) ③ 열처리용 기기(직류아크식·신소재가공용 전기로 및 레이저·플라즈마·초음파·고주파·인버터방식의 용접기에 한한다) ④ 초전도 응용기기(발전기·변압기 및 케이블에 한한다) ⑤ 고성능전지(전기자동차·전자기기용 니켈합금, 리튬·나트륨 합금전지에 한한다)
4. 항공공업	항공우주산업개발촉진법에 의한 항공공업
5. 방위산업	「방위사업법」에 의한 방위산업 (2006. 2. 8. 개정)
6. 정밀화학	① 의약 및 농약(원제 및 중간제에 한한다) ② 염료·안료 및 기능성 색소 ③ 전자공업용 약품 및 사진재료 ④ 조합향료 ⑤ 계면활성제 ⑥ 첨가제

업 종	품 목
	⑦ 촉매 ⑧ 연구·진단용 시약 ⑨ 정밀화학원제(염료·안료·향료·계면활성제·첨가제·접착제의 원제 및 중간제에 한한다) ⑩ 접착제(혐기성, 아미드·아크릴계, 폴리아미드계, 전도성·유연성 순간접착제에 한한다)
7. 신소재산업 가. 신금속재료 제조업	① 구조재료(초내열합금, 내식성·내마모성·고강도·고절삭성·경량합금재료 및 금속분말에 한한다) ② 기능재료(형상기억·비정질합금에 한한다) ③ 자성재료(하이-비규소강판·초고투자율재료·초고영구자석재료 및 희토류자석용 재료에 한한다) ④ 도전재료(초전도재료·무산소동판·전해동박·크림솔더·저항재·흑연전극봉 및 알루미늄박에 한한다)
나. 정밀요업(화인세라믹스) 제조업	① 전자전기용 세라믹스 ② 기계구조용 세라믹스 ③ 고온내화용 세라믹스 ④ 생화학용 세라믹스 ⑤ 광학용 세라믹스
다. 고기능성 고분자재료 제조업	① 특수기능성 고분자 ② 전기특성 고분자 ③ 고강도 섬유(탄소섬유·아라미드섬유 또는 캐블라섬유에 한한다) ④ 엔지니어링 플라스틱 ⑤ 의료용 고분자 ⑥ 고분자 분리막 ⑦ 다성분계 고분자소재 ⑧ 고분자원료
8. 생물산업	① 의약품 ② 환경보전제품 ③ 식품재료 ④ 화학물질
9. 정보처리 및 컴퓨터운용관련업 또는 부가통신업	① 컴퓨터설비자문업 ② 소프트웨어의 자문·개발 및 공급업 ③ 자료처리업

업 종	품 목
	④ 데이타베이스업
	⑤ 부가통신업
10. 석유화학 및 석유정제업	① 고순도 용제
	② 중질유 분해
	③ 탈황
11. 엔지니어링사업	① 산업시스템관련 엔지니어링서비스
	② 환경관련 엔지니어링서비스
	③ 토목엔지니어링서비스
	④ 기계관련 엔지니어링서비스
	⑤ 전기·전자 및 통신관련 엔지니어링서비스
	⑥ 비파괴검사사업

[비 고]
법 제9조 제1항 제1호의 규정을 적용함에 있어서 위 표에 규정된 산업 중 「소재·부품전문기업 등의 육성에 관한 특별조치법」 제2조 제1호의 규정에 의한 소재·부품을 제조하는 산업 또는 [별표 3]에 규정된 산업과 중복되는 것에 대하여는 하나의 산업에만 해당하는 것으로 한다. (2015. 4. 20. 개정 ; 부품·소재전문기업 등의~시행령 부칙)

[별표 5] 삭 제 (2007. 2. 28.)

[별표 6] (2024. 8. 6. 개정 ; 산업재산~부칙, 2025. 2. 28. 개정)

연구·인력개발비 세액공제를 적용받는 비용(제9조 제1항 관련)

1. 연구개발
가. 자체연구개발
　　1) 연구개발 또는 문화산업 진흥 등을 위한 기획재정부령으로 정하는 연구소 또는 전담부서(이하 "전담부서등"이라 한다)에서 근무하는 직원(연구개발과제를 직접 수행하거나 보조하지 않고 행정 사무를 담당하는 자는 제외한다) 및 연구개발서비스업에 종사하는 전담요원으로서 기획재정부령으로 정하는 자의 인건비. 다만, 다음의 인건비를 제외한다.
　　　가) 「소득세법」 제22조에 따른 퇴직소득에 해당하는 금액
　　　나) 「소득세법」 제29조 및 「법인세법」 제33조에 따른 퇴직급여충당금
　　　다) 「법인세법 시행령」 제44조의 2 제2항에 따른 퇴직연금등의 부담금 및 「소득세법 시행령」 제40조의 2 제1항 제2호에 따른 퇴직연금계좌에 납부한 부담금
　　2) 1)에 해당하는 직원 및 전담요원이 가입한 제30조의 4 제4항 제1호부터 제4호까지의 사회보험에 대해 사용자가 부담하는 사회보험료 상당액 (2024. 2. 29. 신설)
　　2) 1)에 해당하는 직원 및 전담요원이 가입한 법 제30조의 4 제4항 제1호부터 제5호까지의 사회보험에 대해 사용자가 부담하는 사회보험료 상당액 (2025. 2. 28. 개정)
3) 전담부서등 및 연구개발서비스업자가 연구용으로 사용하는 견본품·부품·원재료와 시약류구입비(시범제작에 소요되는 외주가공비를 포함한다) 및 소프트웨어(「문화산업진흥 기본법」에 따른 문화상품 제작을 목적으로 사용하는 경우에 한정한다)·서체·음원·이미지의 대여·구입비 (2024. 2. 29. 개정)
3) 전담부서등 및 연구개발서비스업자가 연구용으로 사용하는 견본품·부품·원재료와 시약류구입비(시범제작에 소요되는 외주가공비를 포함한다) 및 소프트웨어(인사, 급여 등 일반 사무에 사용하는 소프트웨어로서 기획재정부령으로 정하는 것은 제외한다)·서체·음원·이미지의 대여·구입비 (2025. 2. 28. 개정)
4) 전담부서등 및 연구개발서비스업자가 직접 사용하기 위한 연구·시험용 시설(제25조의 3 제3항 제2호 가목에 따른 시설을 말한다. 이하 같다)의 임차 또는 나목 1)에 따른 기관의 연구·시험용 시설의 이용에 필요한 비용 (2024. 2. 29. 개정)
5) 「클라우드컴퓨팅 발전 및 이용자 보호에 관한 법률」 제2조 제3호에 따른 클라우드컴퓨팅서비스의 이용에 필요한 비용 (2025. 2. 28. 신설)
나. 위탁 및 공동연구개발
1) 다음의 기관에 과학기술 및 산업디자인 분야의 연구개발용역을 위탁(재위탁을 포함한다)함에 따른 비용(전사적 기업자원 관리설비, 판매시점 정보관리 시스템 설비 등 기업의 사업운영·관리·지원 활동과 관련된 시스템 개발을 위한 위탁비용은 제외한다. 이하 이 목에서 같다) 및 이들 기관과의 공동연구개발을 수행함에 따른 비용
　　가) 「고등교육법」에 따른 대학 또는 전문대학
　　나) 국공립연구기관
　　다) 정부출연연구기관
　　라) 국내외의 비영리법인(비영리법인에 부설된 연구기관을 포함한다)
　　마) 「산업기술혁신 촉진법」 제42조에 따른 전문생산기술연구소 등 기업이 설립한 국내외 연구기관
　　바) 전담부서등(전담부서등에서 직접 수행한 부분으로 한정한다) 또는 국외기업에 부설된 연구기관
　　사) 영리를 목적으로 「연구산업진흥법」 제2조 제1호 가목 또는 나목의 산업을 영위하는 기업 또는 영리목적으로 연구·개발을 독립적으로 수행하거나 위탁받아 수행하고 있는 국외 소재 기업
　　아) 「산업교육진흥 및 산학연협력촉진에 관한 법률」에 따른 산학협력단
　　자) 한국표준산업분류표상 기술시험·검사 및 분석업을 영위하는 기업
　　차) 「산업디자인진흥법」 제4조 제2항 각 호에 해당하는 기관
　　카) 「산업기술연구조합 육성법」에 따른 산업기술연구조합
2) 「고등교육법」에 따른 대학 또는 전문대학에 소속된 개인(조교수 이상으로 한정한다)에게 과학기술분야의 연구개발용역을 위탁함에 따른 비용
다. 해당 기업이 그 종업원 또는 종업원 외의 자에 대한 직무발명 보상금 지급으로 발생한 금액
라. 기술정보비(기술자문비를 포함한다) 또는 도입기술의 소화개량비로서 기획재정부령으로 정

하는 비용

마. 중소기업이 「과학기술분야 정부출연연구기관 등의 설립·운영 및 육성에 관한 법률」에 따라 설립된 한국생산기술연구원과 「산업기술혁신 촉진법」에 따라 설립된 전문생산기술연구소의 기술지도 또는 「중소기업진흥에 관한 법률」에 따른 기술지도를 받음에 따라 발생한 비용

바. 중소기업에 대한 공업 및 상품디자인 개발지도를 위하여 발생한 비용

사. 중소기업이 「발명진흥법」에 따라 지정된 산업재산권 진단기관의 특허 조사·분석을 받음에 따라 발생한 비용

사. 중소기업이 「산업재산 정보의 관리 및 활용 촉진에 관한 법률」 제17조 제1항에 따라 지정된 산업재산진단기관의 특허 조사·분석을 받음에 따라 발생한 비용 (2024. 8. 6. 개정 ; 산업재산~부칙)

2. 인력개발

가. 위탁훈련비(전담부서등에서 연구업무에 종사하는 연구요원으로 한정한다)

1) 국내외의 전문연구기관 또는 대학에의 위탁교육훈련비

2) 「국민 평생 직업능력 개발법」에 따른 직업훈련기관에 위탁훈련비 (2022. 2. 17. 개정 ; 근로자직업~부칙)

3) 「국민 평생 직업능력 개발법」에 따라 고용노동부장관의 승인을 받아 위탁훈련하는 경우의 위탁훈련비 (2022. 2. 17. 개정 ; 근로자직업~부칙)

4) 중소기업이 「중소기업진흥에 관한 법률」에 따른 기술연수를 받기 위하여 발생한 비용

5) 그 밖에 자체기술능력향상을 목적으로 한 국내외 위탁훈련비로서 기획재정부령으로 정하는 것

나. 「국민 평생 직업능력 개발법」 또는 「고용보험법」에 따른 사내직업능력개발훈련 실시 및 직업능력개발훈련 관련사업 실시에 소요되는 비용으로서 기획재정부령으로 정하는 것 (2022. 2. 17. 개정 ; 근로자직업~부칙)

다. 중소기업에 대한 인력개발 및 기술지도를 위하여 발생하는 비용으로서 기획재정부령으로 정하는 것

라. 생산성 향상을 위한 인력개발비로서 기획재정부령으로 정하는 비용

마. 기획재정부령으로 정하는 사내기술대학(대학원을 포함한다) 및 사내대학의 운영에 필요한 비용으로서 기획재정부령으로 정하는 것

바. 「산업교육진흥 및 산학연협력촉진에 관한 법률 시행령」 제2조 제1항 제3호 및 제4호에 따른 학교 또는 산업수요 맞춤형 고등학교 등과의 계약을 통해 설치·운영되는 직업교육훈련과정 또는 학과 등의 운영비로 발생한 비용

사. 산업수요 맞춤형 고등학교 등과 기획재정부령으로 정하는 사전 취업계약 등을 체결한 후, 직업교육훈련을 받는 해당 산업수요 맞춤형 고등학교의 재학생에게 해당 훈련기간 중 지급한 훈련수당, 식비, 교재비 또는 실습재료비(생산 또는 제조하는 물품의 제조원가 중 직접 재료비를 구성하지 않는 것만 해당한다)

아. 「산업교육진흥 및 산학연협력촉진에 관한 법률」 제11조의 3에 따라 현장실습산업체가 교육부장관이 정하는 표준화된 운영기준을 준수하는 현장실습을 실시하는 산업교육기관 등

과 기획재정부령으로 정하는 사전 취업약정 등을 체결하고 해당 현장실습 종료 후 현장실습을 이수한 대학생을 채용한 경우 현장실습 기간 중 해당 대학생에게 같은 조 제3항에 따라 지급한 현장실습 지원비(생산 또는 제조하는 물품의 제조원가 중 직접 재료비를 구성하지 않는 것만 해당한다)

자. 「산업교육진흥 및 산학연협력촉진에 관한 법률」 제2조 제2호 다목에 따른 대학과의 계약을 통해 설치·운영되는 같은 법 제8조 제2항에 따른 계약학과등의 운영비로 발생한 비용 (2023. 2. 28. 신설)

차. 내국인이 고용하고 있는 임직원을 위한 교육·훈련과정을 해당 임직원이 아닌 자에게 제공하기 위해 추가로 소요되는 비용으로서 기획재정부령으로 정하는 것 (2025. 2. 28. 신설)

[별표 6의 2] (2019. 3. 12. 개정 ; 철도건설법 시행령 부칙)

개발사업지구(제68조 제4항 관련)

1. 「경제자유구역의 지정 및 운영에 관한 법률」 제4조에 따라 지정된 경제자유구역
2. 「관광진흥법」 제50조에 따라 지정된 관광단지
3. 「공공주택 건설 등에 관한 특별법」 제6조에 따라 지정된 공공주택지구 (2014. 4. 29. 개정 ; 보금자리주택건설~시행령 부칙)
4. 「기업도시개발특별법」 제5조에 따라 지정된 기업도시개발구역
5. 「농어촌도로정비법」 제8조에 따라 도로사업계획이 승인된 지역
6. 「도시개발법」 제3조에 따라 지정된 도시개발구역
7. 「사회기반시설에 대한 민간투자법」 제15조에 따라 실시계획이 승인된 민간투자사업 예정지역
8. 「산업입지 및 개발에 관한 법률」 제2조 제5호에 따른 산업단지
9. 「신항만건설촉진법」 제5조에 따라 지정된 신항만건설예정지역
10. 「온천법」 제4조에 따라 지정된 온천원보호지구
11. 「유통단지개발촉진법」 제5조에 따라 지정된 유통단지
12. 「자연환경보전법」 제38조에 따라 자연환경보전·이용시설설치계획이 수립된 지역
13. 「전원개발촉진법」 제5조에 따라 전원개발사업 실시계획이 승인된 지역
14. 「주택법」 제16조에 따라 주택건설사업계획이 승인된 지역
15. 「중소기업진흥에 관한 법률」 제31조에 따라 협동화사업을 위한 단지조성사업의 실시계획이 승인된 지역 (2009. 11. 20. 개정 ; 중소기업진흥 및~시행령 부칙)
16. 「지역균형개발 및 지방중소기업 육성에 관한 법률」 제9조에 따른 개발촉진지구, 동법 제26조의 3에 따른 특정지역 및 동법 제38조의 2에 따른 지역종합개발지구
17. 「철도의 건설 및 철도시설 유지관리에 관한 법률」 제9조에 따라 철도건설사업실시계획이 승인된 지역 및 「역세권의 개발 및 이용에 관한 법률」 제4조에 따라 지정된 역세권개발구역 (2019. 3. 12. 개정 ; 철도건설법 시행령 부칙)
18. 「화물유통촉진법」 제28조에 따라 화물터미널설치사업의 공사계획이 인가된 지역
19. 그 밖에 농지 등의 전용이 수반되는 개발사업지구로서 농지법·초지법·산지관리법 그 밖의

법률의 규정에 의하여 농지 등의 전용의 허가·승인·동의를 받았거나 받은 것으로 의제되는 지역

[별표 6의 3] (2022. 2. 17. 개정 ; 근로자직업~부칙)

연구·인력개발비 세액공제를 적용받는 비용
(대통령령 제29527호 조세특례제한법 시행령 일부개정령 부칙 제24조 관련)

1. 연구개발
   가. 자체연구개발
   1) 연구개발 또는 문화산업 진흥 등을 위한 기획재정부령으로 정하는 연구소 또는 전담부서(이하 "전담부서등"이라 한다)에서 근무하는 직원(다만, 연구개발과제를 직접 수행하거나 보조하지 않고 행정 사무를 담당하는 자는 제외한다) 및 연구개발서비스업에 종사하는 전담요원으로서 기획재정부령으로 정하는 자의 인건비. 다만, 다음의 인건비를 제외한다.
      가) 「소득세법」 제22조에 따른 퇴직소득에 해당하는 금액
      나) 「소득세법」 제29조 및 「법인세법」 제33조에 따른 퇴직급여충당금
      다) 「법인세법 시행령」 제44조의 2 제2항에 따른 퇴직연금등의 부담금 및 「소득세법 시행령」 제40조의 2 제1항 제2호에 따른 퇴직연금계좌에 납부한 부담금
   2) 전담부서등 및 연구개발서비스업자가 연구용으로 사용하는 견본품·부품·원재료와 시약류구입비(시범제작에 소요되는 외주가공비를 포함한다) 및 소프트웨어(「문화산업진흥기본법」 제2조 제2호에 따른 문화상품 제작을 목적으로 사용하는 경우에 한정한다)·서체·음원·이미지의 대여·구입비
   3) 전담부서등 및 연구개발서비스업자가 직접 사용하기 위한 연구·시험용 시설(제25조의 3 제3항 제2호 가목에 따른 시설을 말한다. 이하 같다)의 임차 또는 나목 1)에 규정된 기관의 연구·시험용 시설의 이용에 필요한 비용 (2021. 5. 4. 개정)
   나. 위탁 및 공동연구개발
   1) 다음의 기관에 과학기술 및 산업디자인 분야의 연구개발용역을 위탁(재위탁을 포함한다)함에 따른 비용(전사적 기업자원 관리설비, 판매시점 정보관리 시스템 설비 등 기업의 사업운영·관리·지원 활동과 관련된 시스템 개발을 위한 위탁비용은 제외한다. 이하 이 목에서 같다) 및 이들 기관과의 공동연구개발을 수행함에 따른 비용
      가) 「고등교육법」에 따른 대학 또는 전문대학
      나) 국공립연구기관
      다) 정부출연연구기관
      라) 국내외의 비영리법인(비영리법인에 부설된 연구기관을 포함한다)
      마) 국내외 기업의 연구기관 또는 전담부서등(전담부서등에서 직접 수행한 부분에 한정한다)
      바) 「산업기술연구조합 육성법」에 따른 산업기술연구조합

      사) 영리를 목적으로 「연구산업진흥법」 제2조 제1호 가목 또는 나목의 산업을 영위하는 기업 (2021. 10. 19. 개정 ; 연구산업진흥법 시행령 부칙)
      아) 「산업교육진흥 및 산학연협력촉진에 관한 법률」에 따른 산학협력단
      자) 한국표준산업분류표상 기술시험·검사 및 분석업을 영위하는 기업
   2) 「고등교육법」에 따른 대학 또는 전문대학에 소속된 개인(조교수 이상에 한정한다)에게 과학기술분야의 연구개발용역을 위탁함에 따른 비용
   다. 해당 기업이 그 종업원 또는 종업원 외의 자에게 직무발명 보상금으로 지출한 금액
   라. 기술정보비(기술자문비를 포함한다) 또는 도입기술의 소화개량비로서 기획재정부령으로 정하는 것
   마. 중소기업이 「과학기술분야 정부출연연구기관 등의 설립·운영 및 육성에 관한 법률」에 따라 설립된 한국생산기술연구원과 「산업기술혁신 촉진법」에 따라 설립된 전문생산기술연구소의 기술지도 또는 「중소기업진흥에 관한 법률」에 따른 기술지도를 받고 지출한 비용
   바. 고유디자인의 개발을 위한 비용
   사. 중소기업에 대한 공업 및 상품디자인 개발지도를 위하여 지출한 비용

2. 인력개발
   가. 위탁훈련비(전담부서등에서 연구업무에 종사하는 연구요원에 한정한다)
   1) 국내외의 전문연구기관 또는 대학에의 위탁교육훈련비
   2) 「국민 평생 직업능력 개발법」에 따른 직업훈련기관에 위탁훈련비 (2022. 2. 17. 개정 ; 근로자직업~부칙)
   3) 「국민 평생 직업능력 개발법」에 따라 고용노동부장관의 승인을 받아 위탁훈련하는 경우의 위탁훈련비 (2022. 2. 17. 개정 ; 근로자직업~부칙)
   4) 「중소기업진흥에 관한 법률」에 따른 기술연수를 받기 위하여 중소기업이 지출한 비용
   5) 그 밖에 자체기술능력향상을 목적으로 한 국내외 위탁훈련비로서 기획재정부령으로 정하는 것
   나. 「국민 평생 직업능력 개발법」 또는 「고용보험법」에 따른 사내직업능력개발훈련 실시 및 직업능력개발훈련 관련사업 실시에 소요되는 비용으로서 기획재정부령으로 정하는 것 (2022. 2. 17. 개정 ; 근로자직업~부칙)
   다. 중소기업에 대한 인력개발 및 기술지도를 위하여 지출하는 비용으로서 기획재정부령으로 정하는 것
   라. 생산성향상을 위한 인력개발비로서 기획재정부령으로 정하는 비용
   마. 기획재정부령으로 정하는 사내기술대학(대학원을 포함한다) 및 사내대학의 운영에 필요한 비용으로서 기획재정부령으로 정하는 것

신성장·원천기술의 범위(제9조 제2항 관련)

구분	분야	신성장·원천기술
1. 미래형 자동차	가. 자율 주행차	1) 주행상황 인지 센서 기술: 주행상황을 인지하는 차량탑재용 비전 센서(vision sensor), 레이더 센서(radar sensor), 레이저 스캐너 센서(laser scanner sensor) 기술과 주행환경 상의 전방위 물체에 대한 정확한 거리와 공간정보를 처리하는 소프트웨어 기술
		1) 삭 제 (2023. 6. 7.)
		2) 주행지능정보처리 통합시스템 기술: 인지 센서를 통해 수집된 정보를 차량환경에서 고속처리하는 컴퓨팅모듈 통합시스템 설계 기술과 차량 내·외 통신 기술 및 정밀도로지도 구축·정합 기술
		2) 삭 제 (2023. 6. 7.)
		3) 주행상황 인지 기반 통합제어 시스템 기술: 주행상황을 인지·판단하여 차선·차로를 제어하는 주행경로 생성 기술과 고장예지·고장제어·비상운행 등의 다중안전설계기술이 적용된 차량의 구동·조향·제동·제어 시스템과 이를 능동적으로 제어하는 통합제어 시스템 설계 기술
		3) 삭 제 (2023. 6. 7.)
		4) 자율주행 기록 및 사고원인 규명 기술: 자율주행 운행 기록과 사고 시점 전후의 자동차 내외부 정보를 저장하고 분석하는 기술 (2024. 2. 29. 개정)
		5) 탑승자 인지 및 인터페이스 기술: 탑승자의 안면인식 등을 통한 신체적·감정적 변화 감지 기술과 탑승자의 모션·음성·터치 등을 통해 운전·내부조작 등이 가능한 상호작용 기술
	나. 전기 구동차	1) 전기동력 자동차의 구동시스템 고효율화 기술: 전기동력 자동차에서 전기에너지를 운동에너지로 변환시키는 모터와 구동력을 휠(wheel)에 전달하기 위한 감속기·변속기 등 구동시스템을 고효율화하는 기술
		1) 삭 제 (2023. 6. 7.)
		2) 전기동력 자동차의 전력변환 및 충전 시스템 기술: 최대 출력 100kW급 이상, 최대 효율 92% 이상을 만족하는 전기동력 자동차 급속충전용 전력변환장치와 전기동력 자동차와 자동연결되는 유·무선 충전 인터페이스장치를 설계·제조하는 기술
		2) 삭 제 (2023. 6. 7.)
1. 미래형 자동차	나. 전기 구동차	3) 전기차 초고속·고효율 무선충전 기술: 전기동력 자동차와 관련하여 감전위험이 없는 비접촉 무선 전력전송 방식(자기유도, 자기공명, 전자기파)으로 배터리를 충전하기 위한 전력 전송효율 90% 이상의 초고속 고효율 무선충전시스템 및 무선충전 핵심모듈(급전 인버터, 집전 픽업구조, 레귤레이터) 기술
		4) 하이브리드자동차의 구동시스템 고효율화 기술: 하이브리드자동차(HEV)의 연비 향상, 배출가스 감축 등을 위해 엔진 열효율(공급된 연료에너지에 대해 출력되는 유효일의 비를 말한다)을 45% 이상으로 구현하기 위한 하이브리드 구동시스템 고효율화 기술
2. 지능 정보	가. 인공 지능	1) 학습 및 추론 기술: 다양한 기계학습 알고리즘(algorithm), 딥러닝(deep learning), 지식베이스(knowledge base) 구축, 지식추론 등 학습 알고리즘과 모델링(modeling) 조합을 통해 지능의 정확도와 속도를 향상시키는 소프트웨어 기술
		2) 언어이해 기술: 텍스트(text), 음성에서 언어를 인지·이해하고 사람처럼 응대할 수 있는 자연어 처리, 정보검색, 질의응답, 언어의미 이해, 형태소·구문 분석 등 언어 관련 소프트웨어 기술
		3) 시각이해 기술: 비디오(video), 이미지(image) 등에서 객체를 구분하고 움직임의 의미를 파악하기 위한 컴퓨터 비전(computer vision), 행동 인식, 내용기반 영상검색, 영상 이해, 영상 생성 등 사람의 시각지능을 모사한 소프트웨어 기술
		4) 상황이해 기술: 다양한 센서(sensor)를 통해 수집된 환경정보를 이해하거나, 대화 상대의 감정을 이해하고 주변상황과 연결한 자신의 상태를 이해하는 등 자신이 포함된 세계나 환경을 이해하여 적절한 행동을 결정짓는 소프트웨어 기술
		5) 인지컴퓨팅 기술: 저전력·고효율로 지능정보 학습을 수행할 수 있도록 컴퓨터 시스템 구조를 재설계하거나, 인공지능 알고리즘(algorithm) 처리가 용이하도록 초고성능 연산 플랫폼(Platform)을 제공하는 컴퓨터 하드웨어 및 소프트웨어 기술

구분	분야	신성장·원천기술
2. 지능정보	나. 사물인터넷 (IoT: Internet of Things)	1) IoT 네트워크 기술: 사물간의 네트워크(network)를 구성하기 위한 대량의 네트워크(Massive IoT) 구성 기술, 저전력 초경량 네트워크 기술(LPWA: Low Power Wide Area) 및 네트워크 상황에 따른 품질 보장형 협업 네트워크와 사물인터넷 전용망 기술
		2) IoT 플랫폼 기술: 다양한 사물인터넷 기기에 대한 식별·통신·검색·접근 및 사물인터넷 기기를 통한 데이터 수집·저장·관리와 데이터에 대한 분석·가공을 지원하는 지능형 소프트웨어 플랫폼 (Software Platform) 기술
		3) 사이버물리시스템 기술: 센서와 구동체[액츄에이터(Actuator)]를 갖는 기계적 장치와 이를 제어하는 정보통신 인프라(infra)를 결합하여 물리적 환경과 가상 환경을 연결하는 것으로 물리적 환경을 실시간으로 모니터링(monitoring)하여 대량의 데이터(data)를 수집·분석·처리하고 이를 바탕으로 물리적 기계장치 또는 컴퓨팅(computing) 장치를 자동으로 제어하는 임베디드(embedded) 기반 분산제어 시스템 기술
	다. 클라우드 (Cloud)	1) SaaS(Software as a Service) 기술: 다양한 클라우드 환경에서 인터넷을 통한 소프트웨어 사용이 실행가능하도록 상호운용성을 확보하고, 다양한 사용자 요구를 소프트웨어 자체의 변경 없이 수용하는 맞춤형 서비스 기술 및 SaaS 응용을 연계하여 새로운 서비스를 제공하는 서비스 매쉬업(mashup) 기술
		2) PaaS(Platform as a Service) 기술: 개발자가 데이터베이스(database), 웹(web), 모바일(mobile), 데이터(data) 처리 등의 소프트웨어 개발 환경을 클라우드 상에서 손쉽게 활용하여 응용 서비스의 개발·배포 및 이전이 가능하도록 하는 기술 및 실행환경 제공 기술
		3) IaaS(Infrastructure as a Service) 기술: 가상머신(Virtual Machine) 혹은 컨테이너(container, 경량화된 가상화기술) 기반으로 자원을 가상화하고, 다중 클라우드 연동을 통해 자원을 확장하는 기술 및 다양한 클라우드 인프라 서비스의 중개를 위한 클라우드 서비스 브로커리지(Cloud Service Brokerage) 기술
	라. 빅데이터 (Big Data)	1) 빅데이터 수집·정제·저장 및 처리기술: 여러 입력 소스(source)에서 발생하는 다양한 종류의 대규모 데이터(data)를 수집·정제하거나, 향후 분석을 위해 고속의 저장소에 저장하고 관리하는 기술

구분	분야	신성장·원천기술
2. 지능정보	라. 빅데이터 (Big Data)	2) 빅데이터 분석 및 예측 기술: 대규모 데이터(data)에 다양한 통계기법, 기계학습, 시뮬레이션(simulation) 기법 등을 활용하여 분석하고, 데이터에 내재한 의미를 추출하고 장단기 미래 동향을 예측하는 소프트웨어 기술
		3) 데이터 비식별화 기술: 개인의 사생활을 침해하지 않으면서 인공지능 학습 등에 활용할 수 있도록 대량의 비정형데이터(이미지·영상 등) 및 개인정보 데이터를 비식별화하는 기술
	마. 착용형 스마트 기기	1) 신체 부착형 전자회로의 유연기판 제작기술 및 유연회로 인쇄기술: 스마트 착용형기기(wearable device)에 사용되는 신체 부착형 전자회로의 유연기판 제작기술 및 유연회로 인쇄기술
		2) 유연한 양·음극 소재 및 전극 설계·제조기술: 20퍼센트 이상의 변형 시에도 기계적·전기화학적 신뢰성 확보가 가능하며 100㎛ 후박 급의 착용형기기(wearable device)에 전원용으로 사용되는 유연한 (flexible) 양·음극 소재 설계·제조 기술 및 해당 전극의 조성 (composition)·형상(forming)의 설계·제조 기술
		3) 섬유기반 유연전원(fabric based flexible battery) 제조 기술: 유연 성능이 4.5g·㎤/cm 이상으로 변형에 대한 형태 안정성이 우수한 유연전원(fabric based flexible battery)으로서, 에너지 밀도가 100Wh/kg 이상으로 고효율·고수명의 성능을 가진 섬유기반 유연전원을 제조하는 기술
		4) 전투기능 통합형 작전용 첨단디지털 의류기술: 군사 및 경찰 작전 등의 특수 임무를 수행하는 데 필요한 극한기능과 신호전송기능 및 신체보호기능을 갖춘 총체적 디지털 기능 전투복 제조 기술
		5) 생체정보 처리 및 인체내장형 컴퓨팅 기술: 생체신호 측정 및 전달 기술, 생체기능의 컴퓨터 시뮬레이션(모사) 기술, 내장형 심장 박동 기술, 인슐린 자동 분비 기술, 인공 눈/귀 등과 같이 신체의 내·외부에 장착되어 사용자의 생체정보 또는 기능을 인식·모사·처리하거나 신체의 기능을 보완·대체하는 기술
	바. IT 융합	1) 지능형 전자항해 기술: IMO(International Maritime Organization, 국제해사기구)의 e-Navigation 구현을 목적으로 장소에 구애받지 않고 4S(ship to ship, ship to shore, shore to ship, shore to shore) 통신을 구현하는 통신단말장치 제작기술과 그 통신단말장치를 기반

구분	분야	신성장·원천기술
2. 지능 정보	바. IT 융합	으로 육상과의 실시간 디지털통신을 통해 입항부터 출항까지의 항해 업무를 통합적으로 처리하고 증강현실 및 3차원 전자해도를 활용한 충돌·좌초 회피지원기능을 갖는 선박항해시스템 설계 및 구축기술 2) 지능형 실시간 도시 시설물 관리시스템 기술: 도시 시설물(도로, 철도, 교량, 항만, 댐, 터널, 건축물, 전기·가스·수도 등의 공급설비, 통신시설 및 하수도시설 등)에 부착 또는 삽입하여 동 시설물들을 대상으로 통신기능 및 에너지 수확기능을 갖는 센서(sensor)를 활용하여 시설물의 운영상황 및 위험요인(물리적·기능적 결함 여부 포함)을 실시간으로 계측·평가하여 유지·보수하는 지능형 도시 시설물 관리시스템 설계·구축 기술 3) 지능형 기계 및 자율협업 기술: 생산설비에 붙박이 형태(built-in)로 장착한 다양한 센서(sensor)나 엔코더(Encoder)로부터 수집한 생산설비의 품질(상태)정보 및 공정조건을 실시간으로 분석하여 최적의 작업상태를 제공할 수 있는 진단·처방정보를 창출하는 내장형·외장형 소프트웨어 제작기술과, 동 정보를 바탕으로 생산설비를 원격으로 제어하는 개방형 제어기(controller), M2M(Machine to Machine, Machine to Man, 기계 간의 통신 및 인간이 작동하는 기계와의 통신) 디바이스(device) 제작기술 및 내장형·외장형 소프트웨어와 개방형 컨트롤러 디바이스를 탑재하여 자동으로 상태감시·진단·제어기능을 하는 지능형 기계 제작기술
	사. 블록체인	블록체인 기술: 모든 구성원이 분산형 네트워크(P2P Network)를 통해 정보 및 가치를 검증·저장·실행함으로써 특정인의 임의적인 조작이 어렵도록 설계된 분산 신뢰 인프라를 구현하기 위한 P2P 네트워킹기술, 합의기술, 스마트계약 검증기술, 분산저장기술, 플랫폼기술(확장성·성능 개선 등), 보안기술, IoT 기술, 적합성검증 기술
	아. 양자컴퓨터	양자컴퓨터 제작 및 활용 기술: 양자 정보를 처리할 수 있는 메모리(큐비트, Qubit)를 구현하고, 큐비트간 연산처리가 가능한 장치의 제작 기술 및 양자컴퓨터의 구동·원격사용과 양자컴퓨터를 이용한 계산 등 양자컴퓨터를 활용하기 위한 기술
	자. 스마트물류	지능형 콜드체인 모니터링 기술: 화물의 운송 과정에서 온도, 습도, 충격 등의 상태 데이터를 정보수집 장치를 통해 수집 및 저장하고, 이를 국제표준 ISO 27017에 따라 보안성이 검증된 클라우드 서버로 전송

구분	분야	신성장·원천기술
2. 지능 정보	자. 스마트 물류	하여 단위 화물 정보와 연동하고 이를 소프트웨어상에서 모니터링하는 기술 (2023. 2. 28. 신설)
3. 차세대 소프트 웨어 (SW) 및 보안	가. 기반 소프트 웨어 (SW)	1) 융합서비스·제품의 소프트웨어 내재화 기술: 기존 서비스 및 제품에 지능화·자동화 등을 위한 지능형 소프트웨어 기술을 적용하여 신규 서비스를 창출하거나 새로운 기능을 추가하고, 신뢰성·고속성·실시간성·저전력 등을 통해 10% 이상 기능을 향상시키는 기술 2) 이기종(異機種) 멀티코어 소프트웨어 기술: 중앙연산장치(CPU)에 보조연산장치·연산가속장치 등의 여러 컴퓨팅 장치를 결합하여 고효율·고성능(전력소모량 등 비용 효율성을 10배 이상 개선하거나, 연산속도를 10배 이상 개선한 것을 말한다)을 구현하는 소프트웨어 기술 3) 분산병렬 소프트웨어 기술: 대규모 데이터 연산 처리를 위해 분산 컴퓨팅 환경에서 10,000개 이상의 노드(센서, 컴퓨터 등) 지원을 대규모로 분산하는 소프트웨어 기술 및 100개 이상의 병렬성에서 99.999%의 신뢰성을 보장하는 고신뢰 병렬 소프트웨어 기술 4) 차세대 메모리 기반 시스템 소프트웨어 기술: 기존 메모리와 다른 대용량 비휘발성 메모리를 활용하여 컴퓨터·서버·휴대단말기 등의 컴퓨팅 속도를 20% 이상 개선하거나 메모리 용량을 4배 이상 증대시키는 시스템 소프트웨어 기술 5) 컴퓨터 이용 설계 및 공학적 분석 소프트웨어 기술: 제품 생산에 있어 개념 설계 단계 이후 제작도면 작성과 작성된 도면의 제품 성능 및 품질 검토를 수행하는 소프트웨어 기술
	나. 융합 보안	1) 사이버 위협 인텔리전스(Intelligence) 대응기술: 인적 자원으로 불가능한 대규모 사이버 공격의 분석 또는 대응을 위해 지능정보기술(인공지능, 빅데이터 등)을 활용한 사이버 위협 자동분석·대응 기술 2) 휴먼바이오(human-bio)·영상 기반 안전·감시·보안기술: 인간의 신체적 특성(지문, 얼굴, 홍채, 정맥 등)과 행동적 특성(서명, 음성, 걸음걸이 등)을 이용한 신원확인 기술과 영상정보를 이용하여 특정 객체(사람·사물)나 이상상황(범죄·사고 등)을 자동으로 인지하는 기술

구분	분야	신성장·원천기술
3. 차세대 소프트웨어(SW) 및 보안	나. 융합 보안	3) 미래컴퓨팅 응용·보안기술: 양자컴퓨팅(quantum computing) 특성에 따른 고속의 데이터·통신 암호화 및 암호해독방지 기술
		4) 융합서비스·제품의 보안내재화 기술: 사이버 공격으로 인명이나 재산상의 손실을 끼칠 수 있는 정보통신기술(ICT) 융합서비스·제품(자율주행차, 인공심박기, 도어락 등)에 탑재될 수 있도록 저전력·경량화되면서도 외부 공격(탈취, 파괴, 위·변조 등)에 의해 정보가 유출·변경되는 것을 방지·대응하기 위한 기술
4. 콘텐츠	가. 실감형 콘텐츠	1) 가상현실(VR) 콘텐츠 기술: 사용자의 오감을 가상공간으로 확장·공유함으로써 환경적 제약에 의해 직접 경험하지 못하는 상황을 간접 체험할 수 있게 하는 가상현실(Virtual Reality) 콘텐츠 제작 기술
		2) 증강현실(AR) 콘텐츠 기술: 디지털 콘텐츠를 현실 공간과 사물에 혼합시킴으로써 사용자에게 보다 많은 체험 서비스를 제공하게 하는 증강현실(Augmented Reality) 콘텐츠 제작 기술
		3) 오감체험형 4D 콘텐츠 제작기술: 기존의 3D 입체영상 콘텐츠에 증강현실(Augmented Reality) 영상기술과 시각·후각·청각·미각·촉각 등의 오감체험을 통한 양방향성의 상호작용 기술이 융합된 4D 콘텐츠 제작기술
		4) 디지털 홀로그램(Hologram) 콘텐츠 제작기술: 물체 형태에 대한 완벽한 3차원 정보를 조명광 파면(wavefront)의 간섭무늬 형태로 담고 있는 홀로그램 프린지(fringe) 패턴을 생성하고, 디지털화된 처리를 통해 3차원 영상으로 재현, 편집, 정합 또는 공간인식을 하는 기술
	나. 문화 콘텐츠	1) 게임 콘텐츠 제작기술: 게임엔진·게임저작도구·게임 UI(User Interface)·게임 운영환경 등의 개발 또는 기능 개선을 통해 게임 콘텐츠를 기획·제작하거나 서비스를 제공하는 기술, 실시간 데이터를 활용한 시·청각화 관련 기술, 유저와의 상호작용을 위한 데이터 처리 및 시나리오 구현 기술, 학습·의료 등 분야의 기능성 게임 모델 개발 등 게임 콘텐츠 응용 기술
		2) 영화·방송 콘텐츠 제작기술: 영화·방송 콘텐츠의 기획·제작을 위한 사전시각화(pre-visualization) 및 그래픽 품질 개선 기술
		3) 애니메이션 콘텐츠 제작기술: 애니메이션 콘텐츠의 기획·제작을 위한 대용량 디지털 데이터 처리 관리 기술, AI 머신러닝을 통한 애니메이션·에셋 자동생산 기술, 게임엔진을 활용한 실시간 제작 기술, 버추얼 프로덕션(virtual production) 기술

구분	분야	신성장·원천기술
4. 콘텐츠	나. 문화 콘텐츠	4) 만화·웹툰 콘텐츠 제작기술: 만화·웹툰 콘텐츠의 기획·제작 및 서비스를 위한 디지털 만화 저작도구 개발 기술, 만화 멀티미디어 콘텐츠 제작 기술, 플랫폼 구축 및 서비스를 위한 저작권 보호 기술
5. 차세대 전자정보 디바이스	가. 지능형 반도체·센서	1) 고속 컴퓨팅을 위한 SoC 설계·제조 기술: 인간형 인식, 판단, 논리를 수행할 수 있는 뉴럴넷(Neural Network)을 구현하는 초고속, 저전력 슈퍼프로세서 기술로서 지능형 자율주행 이동체(드론 등), 지능형 로봇, 게임로봇, 고속 정보 저장·처리 및 통신기기, 위성체 및 군사용 무기 체계, 보안카메라, DVR (Digital Video Recoder)등의 화상처리용 지능형 보안시스템, 복합 교통관제 시스템 등의 제작을 위해 매니코어(Many Core)를 단일 반도체에 통합한 SoC(System on Chip) 설계 및 제조(7nm 이하) 기술
		2) 초소형·초저전력 IoT·웨어러블 SoC 설계·제조 기술: IoT, 착용형 스마트 단말기기 및 웨어러블 센서(wearable sensor) 등을 위해 장기간 지속사용이 가능하고, 초소형·초저전력으로 동작하며, IoT 네트워크에 지능형 서비스를 적용하기 위한 지능정보 및 데이터의 처리가 가능한 초저전력 SoC(System on Chip) 설계·제조 기술
		3) SoC 파운드리 제조, 후공정 및 장비 설계·제조 기술: SoC(System on Chip) 반도체 개발·양산을 위한 핵심 기반기술로 파운드리(Foundry) 분야의 7nm 이하급 제조공정 및 공정 설계기술, 2D/2.5D/3D 패키징 등 파운드리(Foundry) 후공정 기술 및 파운드리 소재·장비 설계·제조 기술
		4) 차세대 메모리반도체 제조기술과 소재·장비 및 장비부품의 설계·제조기술: 기존 메모리반도체인 D램(DRAM)과 낸드 플래시메모리(Nand Flash Memory)의 장점을 조합한 STT-MRAM(Spin Transfer Torque-Magnetic Random Access Memory), PRAM(Phase-change Random Access Memory), ReRAM(Resistive Random Access Memory) 등 차세대 메모리반도체 제조기술 및 관련 소재·장비 및 장비부품의 설계·제조기술
		5) 지능형 마이크로 센서 설계·제조·패키지 기술: 물리적·화학적인 아날로그(analogue) 정보를 얻는 감지부와 논리·판단·통신 기능을 갖춘 지능화된 신호처리 집적회로가 결합된 소자로서 나노

구분	분야	신성장·원천기술
5. 차세대 전자정보 디바이스	가. 지능형 반도체 ·센서	기술, MEMS[Micro Electro Mechanical System, 기계부품·센서(sensor)·액츄에이터(actuator) 및 전자회로를 하나의 기판 위에 집적화)] 기술, 바이오 기술, 0.8μm 이하 CMOS 이미지센서 기술 또는 SoC(System on Chip) 기술이 결합된 초소형 고성능 센서 설계·제조 및 패키지 기술
		6) 차량용 반도체 설계·제조기술: 자동차 기능안전성 국제표준 ISO26262, 자동차용 반도체 신뢰성 시험규격 ACE-Q100을 만족하는 MCU(Micro controller unit), ECU(Electronic control unit), 파워IC, SOC, 전기차, 하이브리드자동차 및 자율주행용 IC 반도체의 설계·제조 기술
		7) 에너지효율향상 반도체 설계·제조기술: 실리콘 기반의 MOSFET(MOS field-effect transistor)에 비해 저저항·고효율 특성을 지니며 차세대 응용 분야(전기차, 하이브리드자동차, 태양광, 풍력발전 등 신재생에너지, 스마트그리드 등) 인버터 등에 탑재되는 SJ(Super Junction) MOSFET, IGBT, SiC MOSFET의 설계·제조 기술
		8) 첨단 메모리반도체 설계·제조기술: 12nm 이하급 D램과 220단 이상 낸드플래시메모리 설계·제조 기술
		9) 에너지효율향상 전력 반도체 BCDMOS(Bipolar /Complementary/ Double-diffused metal-oxide-semiconductor) 설계·제조 기술: 실리콘 기반의 저저항·고효율 특성을 지니며 차세대 응용 분야(5G, 전기차, 하이브리드자동차, 태양광, 풍력발전 등 신재생에너지, 스마트그리드 등)에 탑재되는 아날로그, 디지털 로직, 파워소자를 원칩화한 초소형·초절전 전력반도체 0.13㎛ 이하 BCDMOS 설계·제조 기술
		10) 전자제품 무선충전 기술: 기존 유도방식 무선충전 대비 충전 자유도가 높은 고출력 공진방식 무선·급속 충전 기술 및 원거리 RF(Radio Frequency) 전력전송 기술
		11) 웨이퍼레벨 칩 패키징 공정기술: LED 칩을 미세 패턴이 가공된 열전도성이 높은 웨이퍼 위에서 일련의 공정을 통해 패키징한 후 다이싱(dicing)하여 칩 패키지를 제조하는 기술
5. 차세대 전자정보 디바이스	나. 반도체 등 소재 ·부품	1) 포토레지스트(Photoresist) 개발 및 제조기술: 반도체 및 디스플레이용 회로형성에 필요한 리소그래피(lithography)용 수지로서 회로의 내열성, 전기적 특성, 현상(Developing) 특성을 좌우하는 Photoresist 및 관련 소재를 개발 및 제조하는 기술 [ArF(불화아르곤) 광원용 및 EUV(극자외선) 광원용]
		2) 원자층증착법(ALD, Atomic Layer Deposition) 및 화학증착법(CVD, Chemical Vapor Deposition)을 위한 고유전체(High-k dielectric)용 전구체 개발 기술: 기존의 이산화규소(SiO2)보다 우수한 유전특성을 갖는 high-k dielectric 박막 증착을 위한 ALD 및 CVD 공정에 사용되는 전구체를 개발하는 기술
		3) 고순도 불화수소 개발 및 제조기술: 반도체 회로형성에 필요한 순도 99.999%(5N) 이상의 고순도 불화수소를 개발 및 제조하는 기술
		4) 블랭크 마스크(Blank Mask) 개발 및 제조기술: ArF(불화아르곤) 광원 및 EUV(극자외선) 광원을 이용하여 반도체 회로를 형성하는 데 사용되는 블랭크마스크 원판 및 관련 소재[펠리클(Pelllicle), 합성 쿼츠, 스터러링용 타겟 등을 포함]을 개발 및 제조하는 기술
		5) 반도체용 기판 개발 및 제조기술: 14nm 이하급 D램과 170단 이상 낸드플래시메모리 및 에피텍셜 반도체용 기판을 개발 및 제조하는 기술
		6) 첨단 메모리반도체 장비 및 장비부품의 설계·제조 기술: 14nm 이하급 D램(DRAM)과 170단 이상 낸드 플래시메모리(Nand Flash Memory) 양산을 위한 장비·장비부품의 설계·제조 기술
		7) 플렉서블 디스플레이 패널, 차세대 차량용 디스플레이 패널용 DDI 칩(Display Driver IC) 설계 및 제조 기술: 화면에 문자나 영상 이미지 등이 표시되도록 디스플레이 패널에 구동 신호 및 데이터를 전기신호로 제공하는 반도체를 설계 및 제조하는 기술
		8) 고기능성 인산 제조 기술: SiNx, SiOx 막질의 선택적인 식각이 가능한 고선택비(1,000 이상) 인산계 식각액 제조기술
		9) 고순도 석영(쿼츠) 도가니 제조 기술: 반도체 웨이퍼 제조용 용융 실리콘의 오염을 막기 위한 도가니 형태의 순도 99.999%(5N) 이상의 고순도 석영 용기 제조 기술

구분	분야	신성장·원천기술
5. 차세대 전자정보 디바이스	나. 반도체 등 소재·부품	10) 코트막형성재 개발 및 제조 기술: 완성된 반도체 소자의 표면을 외부환경으로부터 보호하기 위해 사용하는 절연성을 가진 고감도(80mJ/㎠ 이하) 감광성 코팅 기술 또는 패키징 재배선(배선폭 7㎛ 이하) 형성 재료 제조 기술
	다. 유기발광 다이오드 (OLED: Organic Light Emitting Diode) 등 고기능 디스플레이	1) 9인치 이상 능동형 유기발광 다이오드(AMOLED: Active Matrix Organic Light Emitting Diode) 패널 기능개선 및 부품·소재·장비 제조 기술: 저온폴리실리콘(LTPS, Low Temperature Poly Silicon) 또는 산화물(Oxide) TFT(Thin Film Transistor, 전자이동도 8㎠/Vs 이상) 기판 상에 진공 증발 증착 또는 프린팅 방식으로 고화질(고해상도, 고색재현, 고균일, HRD)을 구현한 대화면(9인치 이상) AMOLED 패널을 제조하기 위해 공정별로 사용되는 기술(모듈조립공정기술은 제외한다)과 AMOLED 패널을 제조하기 위한 부품·소재·장비 제조 기술
		2) 대기압 플라즈마 식각 장비 기술: 디스플레이를 제조할 목적으로 대기압에서 플라즈마(plasma)를 발생시켜 박막을 식각하는 장비 제작기술
		3) 플렉서블 디스플레이 패널·부품·소재·장비 제조 기술: 플렉서블 디스플레이(유연성 또는 유연한 성질을 가지는 디스플레이로, 깨지지 않고 휘거나 말 수 있고 접을 수 있는 특성을 지닌 것을 말한다. 이하 같다)를 제조하기 위해 공정별[유연필름 제조, 이형과 접합, TFT(Thin Film Transistor) 제조, 화소형성, 봉지, 모듈공정 등]로 사용되는 기술과 이와 관련한 부품·소재 및 장비 제조 기술
		4) 차세대 차량용 디스플레이 패널·부품·소재·장비 제조 기술: 굴곡된 형상으로 제조 가능하고, 동작온도 -30℃~95℃, 시인성 black uniformity 60% 이상을 만족하는 다결정 저온 폴리실리콘(LTPS-LCD) 패널 제조기술(모듈조립공정기술은 제외한다)과 이와 관련한 부품·소재 및 장비 제조 기술
		5) 마이크로 LED 디스플레이 패널·부품·소재·장비 제조 기술: 실리콘(Silicon) 또는 사파이어(Sapphire) 기판에 저결함 에피공정을 적용하여 100㎛ 이하의 자발광 R/G/B 마이크로 LED 칩을 제조하는 기술과 이를 이용한 픽셀·패널 제조 기술 및 이와 관련한 부품·소재 및 장비 제조 기술

구분	분야	신성장·원천기술
5. 차세대 전자정보 디바이스	다. 유기발광 다이오드 (OLED: Organic Light Emitting Diode) 등 고기능 디스플레이	6) VR·AR·MR용 디스플레이 패널·부품·소재·장비 제조 기술: 가상현실, 증강현실, 혼합현실 기기에 사용되는 초고해상도(1,500 ppi 이상) 디스플레이를 제조하기 위해 공정별로 사용되는 기술과 이와 관련한 부품·소재 및 장비 제조기술
		7) 친환경 QD(Quantum Dot) 나노 소재 적용 디스플레이 패널·부품·소재·장비 제조 기술: 적은 소비전력으로 고색재현 및 화학적·열적 안정성 개선이 가능한 QD 나노 소재 적용 디스플레이를 제조하기 위해 공정별로 사용되는 기술과 이와 관련한 부품·소재 및 장비 제조 기술
	라. 3D 프린팅	3D프린팅 소재·장비 개발 및 제조기술: 3차원 디지털 설계도에 따라 액체수지, 금속분말 등 다양한 형태의 재료를 적층하여 제품을 생산하는 데 사용되는 소재·장비를 개발 및 제조하는 기술
	마. AR 디바이스	AR 디바이스 제조기술: 실제의 이미지나 배경에 유의미한 상황 정보를 기반으로 한 영상·텍스트·소리 등의 가상정보를 나타내어 사용자의 경험이 증강되고 현실세계와 동기화할 수 있는 장비 및 관련 부품의 개발 및 제조기술
6. 차세대 방송 통신	가. 5세대 (5G: 5generation) 및 6세대 (6G: 6generation) 이동통신	1) 5G 이동통신 기지국 장비 기술: 가입자와 연결을 위해 이동통신사업자가 구축하는 5G 이동통신 광역 및 소형 셀(cell) 기지국 장비에 적용되는 기술
		2) 5G 이동통신 코어네트워크(Core Network, 기간망) 기술: 트래픽(traffic) 전송·제어, 네트워크(network) 간 연결 등을 위해 5G 이동통신 기지국 장비와 연동되는 게이트웨이(gateway), 라우터(router), 스위치(switch) 등에 적용되는 기술
		3) 5G 이동통신 단말 특화 부품 기술: 5G 이동통신 단말을 구현하기 위해 새롭게 개발·적용될 통신모듈[베이스밴드(baseband, 기저대역) 모뎀, RF(radio frequency) 칩셋(chipset) 등]의 부품·소자에 적용되는 기술
		4) 6G 이동통신 기술: 초저지연(㎲sec급) 기술을 기반으로 초고속(Tera bps급) 통신 지원을 위해 Tera-Hz 대역 활용을 가능하게 하는 신소자 RF·안테나 및 모뎀 및 부품·소자에 적용되는 기술

구분	분야	신성장·원천기술
6. 차세대 방송 통신		5) 차세대 근거리 무선통신 기술: IEEE(Institute of Electrical & Electronics Engineers, 국제전기전자기술자협회) 802.11ac 규격보다 높은 주파수 효율과 전송속도를 제공하는 근거리 무선통신(무선랜: wireless LAN) 기술
	나. UHD (Ultra- High Definiti on)	1) 지상파 UHD방송 송신기 성능 향상기술: 냉각 기술(공냉, 수냉, 질소냉각 등 포함)의 개선, 회로 설계 방식 개선 등을 통한 고효율 지상파 UHD방송용 송신기 설계·제조 기술
		2) UHD 방송 통합 다중화기 기술: 신규 전송 프로토콜[ROUTE, MMT(MPEG Media Transport) 등 포함]과 기존 전송 프로토콜[MPEG-2 TS(Transport System)]로 생성된 신호를 입력받아, 국내외 UHD 방송 표준에 따른 전송 프로토콜로 출력하는 통합형 다중화기 기술
		3) 신규 방송서비스 제공을 위한 시그널링 시스템 기술: 다양한 신규 방송서비스 제공을 위해 UHD방송 표준에 따른 시그널링(signaling) 시스템[시그널 인코더(signal encoder), 서비스가이드 인코더(service guide encoder), 시그널/서비스가이드 서버(signal/service guide server), 서비스 메타데이터(metadata) 관리 서버, 통합 모니터링(monitoring) 시스템, 앱 시그널링 인코더(app signaling encoder), 콘텐츠 푸시 서버(push server, 자동제공서버) 등을 포함한다] 기술
7. 바이오 ·헬스	가. 바이오· 화합물 의약	1) 바이오 신약[바이오 베터(Bio Better)를 포함한다] 후보물질 발굴 기술: 유전자재조합기술, 세포배양 기술 등 새로운 생명공학 기술을 이용하여 생명체에서 유래된 단백질·호르몬·펩타이드·핵산·핵산유도체 등의 원료 및 재료를 확보하여 작용기전을 증명하고 안전성 및 유효성이 최적화된 바이오 신약(단백질의약품·유전자치료제·항체치료제·줄기세포를 이용한 세포치료제) 후보물질을 개발하는 기술
		1) 삭 제 (2023. 8. 29.)
		2) 방어 항원 스크리닝 및 제조기술: 면역 기전을 이용하여 인체질환을 방어하기 위해 항원을 스크리닝하고 이 항원을 제조하여 각종 질환을 치료하거나(치료용 백신) 예방하기 위한 백신(예방용 백신) 제조 기술

구분	분야	신성장·원천기술
		3) 바이오시밀러 제조 및 개량기술: 바이오시밀러의 고수율(배양단계 1g/L 이상) 제조공정 기술과 서열변경, 중합체 부과, 제제변형 등의 방법으로 바이오시밀러의 활성, 안정성, 지속성을 개량하여 새로운 기능 및 효능을 부여하는 기술
		3) 삭 제 (2023. 8. 29.)
		4) 혁신형 신약(화합물의약품) 후보물질 발굴 및 제조기술: 인체내 질병의 원인이 되는 표적 수용체(Receptor) 또는 효소(Enzyme) 등의 반응 기전(Mechanism)을 규명하고 분자설계를 통해 표적체(Target)와 선택적으로 작용할 수 있는 구조의 화합물 후보물질 라이브러리(Library)를 확보하며, 고속탐색법(HTS, High Throughput Screening) 기술을 이용하여 후보물질 라이브러리로부터 후보물질을 도출한 후 유기합성기술을 통해 안전성 및 유효성이 최적화된 신약 후보물질로 개발하는 기술 및 혁신형 신약을 제조하거나 혁신형 신약의 원료를 개발·제조하는 기술 (2024. 2. 29. 개정)
7. 바이오 ·헬스	가. 바이오· 화합물 의약	5) 혁신형 개량신약(화합물의약품) 개발 및 제조 기술: DDS(Drug Delivery System, 약물전달시스템), 염변경, 이성체 제조, 복합제 제조 및 바이오·나노기술과의 융합 등의 기술을 통해 기존 신약보다 안전성, 유효성, 유용성(복약순응도, 편리성 등), 효능 등을 현저히 개선시킨 개량 신약을 개발·제조하는 기술 및 혁신형 개량신약의 원료를 개발·제조하는 기술 (2024. 2. 29. 개정)
		6) 임상약리시험 평가기술(임상1상 시험): 혁신형 신약(화합물의약품) 후보물질의 초기 안정성, 내약성, 약동학적, 약력학적 평가 및 약물대사와 상호작용 평가, 초기 잠재적 치료효과 추정을 위한 임상약리시험 평가기술 (2023. 8. 29. 개정)
		7) 치료적 탐색 임상평가기술(임상2상 시험): 혁신형 신약(화합물의약품) 후보물질의 용량 및 투여기간 추정 등 치료적 유용성 탐색을 위한 평가기술 (2023. 8. 29. 개정)
		8) 치료적 확증 임상평가기술(임상3상 시험): 바이오시밀러[R&D비용이 매출액의 2% 이상이고, 국가전략기술과 신성장·원천기술 R&D비용(바이오시밀러 임상비용 포함)이 전체 R&D비용의 10% 이상인 기업의 임상시험으로 한정하되, 국가전략기술 R&D비용(바이오시밀러 임상비용 포함)이 전체 R&D비용의 10% 이상인 기업의 임상시업은 제외한다]), 혁신형 신약(화합물의약품) 후보물질의 안전성, 유효성 등 치료적 확증을 위한 평가기술 (2023. 8. 29. 개정)

구분	분야	신성장·원천기술
7. 바이오·헬스	가. 바이오·화합물 의약	9) 바이오 의약품 원료·소재 제조기술: 바이오의약품을 생산하기 위한 세포 배양 관련 소재(배지, 첨가물 등), 분리·정제·농축을 위해 사용하는 바이오 필터 소재 및 완제품 생산을 위해 제형화에 필요한 원부자재 등의 제조기술 9) 삭 제 (2023. 8. 29.) 10) 바이오의약품 부품·장비 설계·제조기술 : 바이오의약품 생산·제조 장비와 바이오의약품 품질 분석 및 환경관리에 필요한 장비·부품 설계·제조기술 10) 삭 제 (2023. 8. 29.)
	나. 의료 기기· 헬스 케어	1) 기능 융합형 초음파 영상기술: 조기 정밀 진단을 위한 영상기술 간 융합(X-ray - 초음파, 광음향 - 초음파) 및 정밀치료를 위한 초음파 영상유도 기반의 체외충격파 치료 기술 2) 신체 내에서 생분해되는 소재 개발 및 제조 기술: 우수한 유연성과 고강도의 기계적 물성을 가지며, 시술에 따른 혈전증 및 재협착률을 최소화하는 생분해성 스텐트 제조 기술 3) 유전자 검사용 진단기기 및 시약의 개발 및 제조 기술: 질병의 진단이나 건강상태 평가를 목적으로 인체에서 채취한 검체로부터 DNA(deoxyribonucleic acid), RNA(ribo nucleic acid), 염색체, 대사물질을 추출하여 분석하는 기기 및 시약의 개발 및 제조 기술 4) 암진단용 혈액 검사기기 및 시약의 개발 및 제조 기술: 채취한 혈액으로부터 종양 표지자의 농도를 측정하여 암발생 유무를 판단하는 데 활용되는 검사기기 및 시약의 개발 및 제조 기술 5) 감염병 병원체 검사용 진단기기 및 시약의 개발 및 제조 기술: 인체에서 채취된 혈액, 소변, 객담, 분변 등의 검체를 이용하여 국내에서 새롭게 발생했거나 발생할 우려가 있는 감염병 또는 국내 유입이 우려되는 해외 유행 감염병의 병원체를 검사하는 데 활용되는 기기 및 시약의 개발 및 제조 기술 6) 정밀의료 등 맞춤형 건강관리 및 질병 예방·진단·치료 서비스를 위한 플랫폼 기술: 서로 다른 형태의 개인건강정보(진료기록, 일상건강정보, 유전자 분석 데이터, 공공데이터 등)를 저장·관리하기 위한 정보 변환기술과, 수집된 정보의 분석을 통해 질병 발병도 등 건강을 예측하고 이에 따른 맞춤형 건강관리 및 질병 예방·진단·치료를 제공하는 기술
7. 바이오·헬스	나. 의료 기기· 헬스 케어	7) 신체기능 복원·보조 의료기기 기술: 생체역학·바이오닉스 등 첨단 의공학 기술을 통해 영구 손상된 신체기능을 원래대로 복원하여 정상적인 일상생활을 가능하게 하는 기술
	다. 바이오 농수산 ·식품	1) 비가열 및 고온·고압 전처리 기술: 초고압(1,000기압 이상), 고압 전자기장[PET(Pulsed Electric Field) 1kV 이상], 전기저항가열(Ohmic Heating), 방사선 조사(irradiation)와 같은 대체 열에너지를 사용하거나, 가압·진공·과열증기(SHS, Superheated steam) 및 증기직접주입법(DSI, Direct steam injection) 등을 이용한 고온·고압 처리기술을 사용하여 미생물 수를 감소시키거나 사멸시키는 처리기술 2) 식품용 기능성 물질 개발 및 제조 기술: 동·식물 및 미생물 유래 기능 물질의 탐색·분석·동정(identification)과 식품용도로 사용하기 위한 안전성·기능성 평가 및 원료 가공 또는 대량생산 기술 3) 신품종 종자개발기술 및 종자가공처리 기술: 유전자원을 활용하여 부본과 모본의 교배를 통하거나 전통적인 육종기술에 유전공학 기술을 접목하여 생산성, 품질, 기능성 등이 개선된 신품종 종자를 개발하는 기술과 종자의 품질을 높이기 위한 프라이밍(priming), 코팅(coating), 펠렛팅(pelleting) 등 종자 가공처리 기술 4) 유용미생물의 스크리닝 기술 및 유용물질 대량생산공정 기술: 세균이나 곰팡이를 선발·분리하여 효용성을 평가하거나 이들 미생물을 활용한 균주개발, 최적활성 연구, 발효공정, 정제공정 등을 거쳐 유용물질을 대량으로 생산하는 기술 5) 스마트팜 환경제어 기기 제작 기술: 온실이나 축사의 온도, 습도, 이산화탄소, 악취 등을 감지하여 환경을 조절하는 센서와 이를 통해 작동하는 액츄에이터(actuator) 및 제어시스템을 설계·제조하는 기술 6) 단백질 분리·분획·정제 및 구조화 기술: 물리적·화학적 방법을 이용하여 농·식품자원으로부터 단백질을 전분, 지방 등과 분리하여 용도에 맞게 분획·정제하는 기술, 동물세포나 조직을 배양·분화하는 기술 및 단백질 또는 세포를 3D 프린터, 압출식 성형방식, 지지체 등을 통해 구조화하고 이를 대량으로 생산하는 기술

구분	분야	신성장·원천기술
7. 바이오·헬스	다. 바이오 농수산·식품	7) 식품 냉·해동 안정화 기술: 수분전이제어, 원물코팅, 라디오 주파수·저온 Steam 해동 등을 활용하여 냉동원료 및 제품의 품질을 균일하게 제어할 수 있는 식품 냉·해동 안정화 기술
	라. 바이오 화학	1) 바이오매스 유래 바이오플라스틱 생산 기술: 재생가능한 유기자원을 이용하여 직접 또는 전환공정을 통해 당 또는 리그닌 등 유효성분을 추출·정제하는 기술 및 바이오플라스틱을 생산하는 기술
		2) 바이오 화장품 소재(원료) 개발 및 제조기술: 세포활성 제어기술, 미생물 발효 및 생물전환기술, 활성성분 대량생산기술 등의 바이오 기술(bio technology)을 활용하여 화장품의 소재(원료)를 개발 및 제조하는 기술
		3) 신규 또는 대량 생산이 가능한 바이오화학 소재 개발 및 미생물 발굴 바이오 파운드리 기술 : 바이오플라스틱, 바이오화장품 소재, 바이오생리활성 소재 등을 생산하는 미생물 확보를 위한 유전자 편집 등의 합성생물학 기술과 이를 활용한 디자인, 제작, 시험, 학습 등의 순환 과정의 바이오파운드리 기술
8. 에너지·환경	가. 에너지 저장 시스템 (ESS: Energy Storage System)	1) 비리튬계 이차전지 소재 등 설계 및 제조기술: 흐름전지(Flow Battery)에 사용되는 전극·멤브레인(Membrane)·전해질·저가 분리판·스택(Stack) 설계 및 제조 기술과 나트륨(Sodium)계 이차전지에 사용되는 소재(양극·음극·전해질)·셀(Cell)·모듈 설계 및 제조 기술 (2023. 2. 28. 개정)
		2) 전력관리시스템 설계 및 전력변환장치 설계 및 제조 기술: 전력을 제어하기 위한 전력관리시스템(PMS, Power Management System) 설계 기술과 저장장치 전력과 전력계통 간의 특성을 맞춰주는 전력변환장치(PCS, Power Conversion System) 설계 및 제조 기술
		3) 에너지관리시스템 기술: 주파수조정, 신재생연계, 수요반응 등의 응용 분야별 제어 소프트웨어 기술을 핵심으로 하는 에너지관리시스템(EMS, Energy Management System) 기술
		4) 배터리 재사용·재제조를 위한 선별 기술: 초기용량 대비 80% 이하로 수명이 종료된 전기자동차 배터리의 성능·안전성 평가를 통해 잔존가치를 유지한 배터리를 선별하는 기술

구분	분야	신성장·원천기술
8. 에너지·환경	가. 에너지 저장 시스템 (ESS: Energy Storage System)	5) 고성능 리튬이차전지 기술: 265wh/kg 이상의 에너지밀도 또는 6C-rate 이상의 방전속도를 충족하는 고성능 리튬이차전지에 사용되는 부품·소재·셀(cell) 및 모듈(module) 제조 및 안전성 향상 기술
		6) 전기동력 자동차의 에너지저장 시스템 기술: 전기동력 자동차(xEV)의 주행거리 연장, 충전시간 단축 등을 위해 차량용 이차전지 팩의 에너지 밀도를 160Wh/kg 이상으로 구현하기 위한 기술
	나. 발전 시스템	1) 대형가스터빈 부품 및 시스템 설계·제작·조립·시험 평가기술: 천연가스를 연소시킬 때 발생하는 고온 고압의 에너지로 발전기를 회전시켜 전기를 생산하는 용량 380MW 이상, 효율 43% 이상의 터빈·부품 설계·제작·조립·시험 평가 기술
		2) 초임계 이산화탄소 터빈구동 시스템 설계·제조기술: 열원을 활용하여 생성된 초임계상태의 이산화탄소(supercritical CO2)를 작동 유체로 터빈을 구동하는 고효율 터빈·압축기·열교환기 등 발전 설비 및 시스템 개발 기술
		3) 증기터빈 부품 및 시스템 설계·제작·조립·시험 평가기술: 610℃ 이상 및 270 bar 이상의 고온·고압의 에너지로 발전기를 3,600 RPM 이상으로 회전시켜 전력을 생산하는 터빈·부품설계·제작·조립·시험 평가기술
	다. 원자력	1) 원자로 냉각재 펌프(RCP, Reactor Coolant Pump) 설계 기술: 원자로에서 핵반응을 통해 발생되는 열을 제거하여 증기발생기로 보내기 위해 냉각재를 순환시키는 원자력발전소 핵심 기기인 원자로 냉각재펌프의 상세설계기술, 원형 제작기술, 성능 시험기술, 신뢰성 평가기술 등 제반 핵심 설계·제작 기술
		2) 내열 내식성 원자력 소재 기술: 방사선, 고온 및 부식성 환경 속에서 내부식성을 극대화시킬 수 있는 내열·내식성 소재(핵연료 피복관, 증기발생기 세관(340℃·150기압의 1차 냉각수 및 300℃·50기압의 2차 냉각수 노출 가능), 원자로 내부 구조물(중성자 조사 및 340℃·150기압의 1차 냉각수 노출 가능) 등)을 개발하는 기술

구분	분야	신성장·원천기술
8. 에너지·환경	다. 원자력	3) 방사선이용 대형 공정 시스템 검사기술: 철강 배관의 손상 진단 및 미세 결함 검출을 위한 와전류 자동 검사시스템 기술, X선 발생장치와 이리듐(Ir)-192 감마선 조사장치에 적합한 이동용 방사선투시 기술
		4) 신형원전(Advanced Power Reactor) 표준설계 기술: 노심 및 핵연료 설계기술, 핵증기공급계통(NSSS, Nuclear Steam Supply System) 설계기술, 주기기 설계기술, 보조기기 및 플랜트종합(BOP, Balance of Plant) 설계기술, 원전제어계통(MMIS, Man-Machine Interface System) 설계기술, 안전성분석기술 등 APR+(Advanced Power Reactor Plus) 및 SMART(System-integrated Modular Advanced Reactor)의 표준설계기술 및 표준설계인가 획득 기술
		5) 가압경수형원전(Pressurized Water Reactor) 원전설계 핵심코드 개발 기술: 원자력발전소 독자개발 및 수출에 필수적인 핵심원천기술인 고유 노심설계코드(원자로 노심의 핵연료 배치 및 장전량을 결정하고 노심의 물리적 특성을 분석하는 데 사용되는 핵설계코드, 열수력설계코드, 핵연료설계코드 등의 전산프로그램)와 고유 안전해석코드(원전에서 발생 가능한 모든 사고를 분석하고 원전의 안전성을 확인하는 데 사용되는 계통안전해석코드, 격납건물해석코드, 중대사고해석코드 등의 전산프로그램) 개발기술
		6) 친환경·저탄소 후행 핵주기 기술: 해체 엔지니어링, 해체 원전 계통·기기·구조물 제염기술, 금속·콘크리트구조물 절단기술, 해체 폐기물 처리·감용기술, 해체현장 방사능 측정 및 부지복원 기술, 준위별 방폐물 관리비용 평가기술, 처분부지 조사기술, 처분시설 설계·시공 기술, 처분시설 다중방벽 장기성능 평가 기술, 피폭선량 평가 기술(처분시설 안전성 평가 기술), 처분시스템 모니터링 기술, 방폐물 인수·처리 기술, 방폐물 운반·저장 기술 및 방폐물 처분시설 운영·관리 기술 (2024. 2. 29. 개정)
		7) 가동원전 계측제어설비 디지털 업그레이드 기술: 가동원전 계측제어 설비의 안전성 및 신뢰성 강화를 위해 최신기술기준과 운전경험을 반영한 공통유형고장대응 안전 계통·제어기기 개발, 단일고장에 의한 발전소 정지 유발 요소제거, 심층방어 및 다양성 적용, 사이

구분	분야	신성장·원천기술
8. 에너지·환경	다. 원자력	버보안 및 보안성 환경 적용, 가동원전 시뮬레이터를 이용한 설계 및 검증설비 구축, 노후화된 발전소의 신호선 및 케이블 식별 등 계측제어설비 디지털 업그레이드 기술
		8) SMR(Small Modular Reactor) 설계 및 검증 기술: SMR 노심 설계 및 해석기술, 계통 핵심기기 설계기술, 유체계통 설계기술, MMIS(Man-Machine Interface System)용 계측제어계통 표준설계 기술, 주요기기 배치 및 구조 설계 기술, BOP(Balance Of Plant) 계통 설계 기술, 확률론적 안전성 분석(PSA; Probabilistic Safety Assessment) 기술, 중대사고 분석 및 대처 기술, SMR 노심 검증기술, 열수력 검증기술, 계통기기 검증기술, 모듈 통합 검증기술, 열수력 통합 해석기술, 필수 계통 안전 해석기술 (2023. 2. 28. 신설)
		9) SMR(Small Modular Reactor) 제조 기술: 탄력운전 대응 열적성 능강화 핵연료집합체 개발·제조기술, 혁신형 제어봉집합체 개발·제조 기술, 무붕산 노심설계가 가능한 일체형 가연성흡수봉 설계·제조기술, 증기발생기 전열관 3D 벤딩 및 검사 기술, 원자로·증기발생기·가압기 등 주요 기기가 일체화된 원자로모듈을 제조하는 기술 (2024. 2. 29. 개정)
		10) 대형 원자력발전소 제조기술: 대형 원자력발전소를 구성하는 원자로·내부구조물, 핵연료 취급·검사장비, 증기발생기·가압기, 원자로 냉각재펌프, 증기터빈·주발전기 및 보조기기를 제조하는 기술 (2024. 2. 29. 신설)
		11) 혁신 제조공법 원전 분야 적용 기술: 분말-열간등방압성형(PM-HIP) 기술, 전자빔 용접(EBW) 기술, 다이오드 레이저 클래딩(DLC) 기술 및 원전기자재 적층제조 기술 (2024. 2. 29. 신설)
	라. 오염방지·자원순환	1) 미세먼지 제거 및 고정밀 미세먼지·온실가스 동시 측정 기술: 미세먼지 및 원인가스를 동시에 제거하고 세척 후 재사용이 가능한 세라믹필터 및 촉매 기술, 기액접촉층 및 습식 플라즈마(wet plasma)를 통한 무필터 정화 기술, 0.3μm 이하 고정밀 미세먼지를 수분과 구별하여 측정하는 기술 및 공정내부 미세먼지 온실가스 농도 동시 실시간 측정 기술

구분	분야	신성장 · 원천기술
8. 에너지 ·환경	라. 오염 방지· 자원 순환	2) 차세대 배기가스 규제 대응을 위한 운송 · 저장시스템 기술: 운송 · 발전용 기관을 운전할 때 배출되는 배기가스내의 질소산화물 및 배기배출물을 과급기 하류측에서 선택적촉매환원법(SCR) 등을 사용하여 저감시키는 시스템 · 부품의 설계 · 제작 · 시험 · 평가 기술
		3) 디젤 미립자 필터(DPF) 제조 기술: 디젤이 제대로 연소하지 않아 생겨나는 탄화수소 찌꺼기 등 유해물질을 모아 필터로 걸러낸 뒤 550℃ 이상의 고온으로 다시 태워 오염물질을 줄이는 저감장치의 제조 기술
		4) 폐플라스틱 등의 물리적 재활용 기술: 폐플라스틱 · 폐타이어 · 폐섬유의 선별 · 세척, 파쇄 · 용융 · 배합 등 물리적 가공 과정을 거쳐 플라스틱 제품 등을 제조하는 기술 (2023. 2. 28. 개정)
		5) 폐플라스틱 등의 화학적 재활용을 통한 산업원료화 기술: 폐플라스틱 · 폐타이어 · 폐섬유의 해중합, 열분해 또는 가스화 공정을 거쳐 화학원료 · 고부가가치 탄소화합물 제품 등을 제조하는 기술 (2023. 2. 28. 개정)
		6) 생분해성 플라스틱 생산기술 : 생분해성 플라스틱 생산기술 : 바이오화학 및 석유화학 원료를 사용하여 생분해성이 향상된 플라스틱 컴파운드(「환경기술 및 환경산업 지원법」 제17조에 따라 환경표지 인증을 받거나 수출을 목적으로 하는 생분해성수지제품 및 해당 제품의 원료로 사용되는 경우로 한정한다)를 제조하고 물성을 증대하는 기술
		7) 폐기물 저감형 포장소재 생산 기술 : 복합소재의 단일화, 오염 저감 표면처리, 수(水)분리성 강화 등 포장재의 재활용도를 개선하는 기술 및 소재 경량화, 석유계 용제 저감 등 포장재와 관련된 플라스틱 · 오염물질의 발생을 저감하는 기술
		8) 폐수 재이용 기술: 반도체 제조공정에서 발생되는 폐수를 공업용수 수질로 재생산하여 제조공정에 사용하는 수처리 시스템 개발 기술
		9) 폐섬유의 화학 및 생물학적 재활용 기술을 활용한 자원순환 섬유소재 제조기술: 혼합재질 폐섬유의 화학 및 생물학적 해중합, 정제 · 분리 · 원료(모노머) 회수 및 재중합 및 방사기술 (2024. 2. 29. 신설)
9. 융복합 소재	가. 고기능 섬유	1) 탄소섬유복합재의 가공장비 및 검사장비 설계 · 제조기술: 탄소섬유복합재 부품가공을 위한 복합 가공장비[관련되는 공구, 부품 고정을 위한 유연지그, 공정 모니터링 센서모듈 및 컴퓨터 수치제어기(CNC, Computerized Numerical Controller) 등을 포함한다] 설계 · 제조기술 및 탄소섬유복합재 가공 품질 검사를 위한 검사장비 설계 · 제조기술
		2) 극한성능 섬유 제조 기술: 고탄성 · 고강도 탄소섬유 또는 섬유용 CNT(Carbon Nano Tube, 탄소나노튜브)의 제조 기술과 고탄성 · 고강도 · 고내열성(250℃ 이상) · 고내한성(-153℃~-273℃) 아라미드(Aramid) · 초고분자량폴리에틸렌(UHMWPE) · 액정섬유의 제조 기술 및 이들의 복합화 설계를 통한 초경량 · 고탄성 · 고강도 · 고내열(한)성 섬유복합체 제조 기술
		3) 섬유기반 전기전자 소재 · 부품 및 제품 제조 기술: 전기 또는 광신호의 생산, 저장 또는 전달이 가능한 전도성 섬유를 가공 · 변형하여 트랜지스터, 저항, 콘덴서, 안테나 등의 전자회로 소자를 직물 형태로 구현하는 기술
		4) 의료용 섬유 제조 기술: 생체적합성(생체재료가 생체조직이나 체액 · 혈액 등과 접촉시 거부반응이 나타나지 않는 특성)과 생체기능성(생체재료가 체내에서 존재하는 동안 목표한 기능을 완전히 수행 가능한 특성)을 갖춘 의료용 섬유 제조기술로서, 약물전달용 나노섬유 소재, 바이러스 · 세균 감응섬유구조체, 혈액의 투석 · 정화용 섬유구조체, 손상조직을 대체 가능한 섬유구조체 또는 꼬이지 않고 계속되는 수축 · 팽창에 견딜 수 있는 인공혈관 섬유구조체의 제조 기술
		5) 친환경섬유 제조 기술: 환경친화적 섬유 원료를 사용한 섬유 제조 기술로서 생분해성 섬유고분자 제조 및 분해성 제어 기술, 열가소성 셀룰로오스 섬유 제조 기술, 바이오매스 나노섬유 제조 기술
		6) PTFE(PolyTetraFluoro Ethylene) 멤브레인 기반 고성능 복합필터 제조기술: 공기 중의 0.3um 크기의 입자 99.97% 이상을 균일하게 포집할 수 있는 PTFE 멤브레인 기반의 고성능 복합필터 핵심 소재 · 부품 관련 제조 · 가공 기술

구분	분야	신성장·원천기술
9. 융복합 소재	가. 고기능 섬유	7) 특수계면활성제 제조 기술: 전자부품 제조 공정용으로 사용되는 저표면에너지(24~27 mN/m, 0.1% solution/PGMEA), 극미량의 금속함유량(100ppb 이하) 특성을 지닌 불소계 계면활성제 및 도료 및 포소화제의 기능향상을 위한 첨가제 등으로 사용되는 저표면에너지(15~18 mN/m, 0.1% 수용액), 극미량의 PFOA 함유량(1ppm 미만) 특성을 지닌 불소계 계면활성제 제조 기술
		8) 극세 장섬유 부직포 및 복합필터 제조기술: 유해물질을 여과·분리·차단하는 1㎛ 이하 극세 장섬유 부직포 제조기술과 HEPA (High Efficiency Particulate Air)급 이상의 고성능 정밀여과 복합필터 제조 기술 (2023. 2. 28. 신설)
	나. 초경량 금속	1) 고강도 마그네슘 부품의 온간성형기술: 미세조직 구성인자의 제어와 성형기법의 개선을 통해 저온(150℃ 이하)에서 성형 가능한 고품위·고강도 Mg(마그네슘) 부품 제조 기술
		2) 차세대 조명용 고효율 경량 방열부품 생산기반기술: 알루미늄 등 경량소재를 이용하여 주조, 성형 및 표면처리를 통해 방열 부품을 제조함으로써 고열전도도, 열확산능, 친환경 특성 등의 기능을 갖게 하는 기술
	다. 하이퍼 플라 스틱	인성특성이 향상된 고강성 하이퍼플라스틱(High Performance Plastics) 복합체 제조 및 가공 기술: 고강성 하이퍼플라스틱의 인성특성을 개선하여 고충격성(60KJ/m² 이상), 내화학성(온도 23℃의 염화칼슘 5% 용액에 600시간 담근 후 인장강도 유지율 90% 이상), 내마모성(50rpm, 150N, 측정거리 3Km 조건으로 내마모 시험 후 마모량 1.0mm³/Kgf·Km 이하) 중 하나 이상의 특성을 지닌 고강성·고인성 하이퍼플라스틱 복합체 제조 및 가공기술
	라. 구리 합금	1) 고강도 구리합금 설계·제조기술: 인장강도 900Mpa 이상의 고강도 특성을 갖춘 주석함유 구리합금(Cu-Ni-Sn계) 설계·제조 기술
		2) 구리 및 구리합금 박판 제조기술: 자동차, 전기·전자 분야의 고성능·소형화에 적용 가능한 두께 0.1mm 이하의 구리 및 구리합금 박판 제조 기술
	마. 특수강	1) 고청정 스테인레스계 무계목강관·봉강 제조기술: 망간 함유량 0.8% 이하 및 황 함유량 0.005% 이하로 제어된 고청정 스테인리스계 합금을 활용하여 용접이음매를 갖지 않는 강관 및 봉 형태의 철강재를 제조하는 기술

구분	분야	신성장·원천기술
9. 융복합 소재	마. 특수강	2) 고기능성 H형강 제품 제조기술: 고강도(420Mpa급 이상), 고인성(-40℃ 이하에서 충격값 50 Joule 이상) 특성을 갖는 고기능성 H형강 제품 제조기술
		3) 장수명 프리미엄급 금형소재 제조기술: 기존 교체주기 5만회의 금형대비 30% 이상 수명이 향상된 합금설계, 고청정 특수강 제조 및 소성가공 기술
	바. 기능성 탄성· 접착소재	1) 고기능 불소계 실리콘 제조·가공 기술: 내열성(온도 175℃에서 22시간동안 영구압축줄음율 30% 이내), 내화학성(150℃, 240시간 내유체적변화율 10% 이하) 및 저온성(-66℃ 이하에서 기밀력 1800psi 이상)의 특성을 지닌 불소계 실리콘 고무 합성 및 분자량 제어기술
		2) 고기능 불소계 고무 제조·가공 기술: 2원계 이상의 공중합체로서 불소함량이 50% 이상이며 내한성(어는점 -15℃ 이하), 내열성(200℃ 이상) 및 내화학성(온도 25℃ Fuel-C에서 체적변화율 4% 이내)을 갖춘 불소계 고무 제조·가공기술
		3) 고기능 부타디엔 고무 제조·가공 기술: 고상 및 액상 기능성(Cis content 90% 이상, 무니점도(ML1+4, 100℃) 40 이상) 부타디엔류 고무 제조 기술과 고내마모성(내마모도 60㎣ 이하, 구름저항 5.5 이하) 부타디엔 고무 제조 기술
		4) 고기능 비극성계 접착소재 제조기술: Haze 1% 이하의 광학특성과 연속사용온도 100℃의 열안정성을 갖는 실리콘계 점착·접착 소재 및 300℃ 이상의 고온가공성형이 가능한 아크릴레이트 함량 5~35% 또는 관능기의 함량 1.2~8%의 에틸렌계 점착·접착 소재 제조 기술
		5) 고기능 에폭시 수지 접착소재 제조 기술: 에폭시 수지를 주성분으로 하여 경량 수송기기 부품의 구조접착에 사용되는 전단강도 25MPa 이상, 저온 충격강도 20N/mm 이상, T-박리강도 250N/25mm 이상의 기계적 성능을 갖는 접착소재 제조기술과 전자부품의 접착에 사용되는 WVTR(Water Vapor Transmission Rate) 0g/㎡·24h 이하 및 20kV/mm 이상의 전기절연성을 갖는 비할로겐형 접착소재 제조기술

구분	분야	신성장·원천기술
9. 융복합 소재	사. 희소 금속· 소재	1) 타이타늄 소재 제조기술과 금속재료 부품화 기술: 사염화타이타늄(TiCl₄), 스폰지, 잉곳, 루타일 및 아나타제 이산화타이타늄(TiO₂) 등의 소재 개발·제조기술과 합금설계, 압연, 주조, 단조, 용접 등의 금속재료 부품화 기술
		2) 고순도 몰리브덴 금속·탄화물 분말 및 금속괴 제조 기술: 순도 99.5% 이상의 몰리브덴 금속분말, 순도 99% 이상의 몰리브덴 탄화물 분말 및 순도 99.95% 이상의 몰리브덴 금속괴 제조 기술
		3) 중희토 저감 고기능 영구자석 생산 기술 : 결정립도 5μm 이하 소결체 제조 및 결정립 주변 나노단위 두께의 중희토 확산층 형성 등을 통해 기존 자석 대비 중희토 함유량을 50% 이상 절감하여 고기능 영구자석을 생산하는 기술
		4) 차세대 배기가스 규제 대응을 위한 핵심소재 생산 기술 : 포집된 이산화탄소를 활용하여 운송·발전·산업용 기관을 운전할 때 배출되는 배기가스내 질소산화물, 황산화물 등 배기배출물을 저감시키기 위해 필요한 핵심소재 제조기술
10. 로봇	가. 첨단 제조 및 산업 로봇	1) 고청정 환경 대응 반도체 생산 로봇 기술: 청정환경에서 450mm 대형 웨이퍼, 일반 반도체를 핸들링하며 5Port 이상 대응 가능(수평 이송범위 2,100mm 이상 및 수직 이송범위 900mm 이상)한 청정환경용 반도체 로봇 기술과 10나노급 초정밀 공정용 초정밀 매니퓰레이션 기술, 대형 웨이퍼 핸들링을 위한 진동 억제 기술
		2) 차세대 태양전지(Solar cell) 제조 로봇 기술: 고진공/고청정 환경의 태양전지 생산 현장에서 대면적·고중량 기관을 핸들링할 수 있는 로봇의 설계·제조 기술
		3) 실내외 자율 이동·작업수행 로봇 기술: 광범위 거리측정센서, GPS 등을 활용하여 실내외 환경에서 경로를 계획하여 이동하고(미리 정해진 경로를 따라 이동하는 방식은 제외한다), 자율적으로 작업을 수행하는 지능형 로봇 및 기계 기술
		4) FPD(Flat panel display) 이송로봇 기술: 일반 대기압 또는 진공 환경 하에서 고중량(400kg 이상)의 FPD 및 마스크를 이송하는 로봇 설계·제조 기술
		5) 협동기반 차세대 제조로봇 기술: 사용자와 같은 공간에서 협업이 가능한 초소형(가반하중 1kg 미만) 및 중대형(가반하중 25kg 이

구분	분야	신성장·원천기술
	가. 첨단 제조 및 산업 로봇	상) 로봇, 첨단 안전기술(PL e, Cat 4 또는 이와 동일한 수준의 안전등급 이상)이 탑재된 로봇 또는 7축 이상의 다관절 로봇을 설계·제조·제어하는 기술 (2024. 2. 29. 개정)
		6) 용접로봇 기술: 생산과정 내 용접 공정의 자동화 및 용접 품질관리를 위한 6축 이상의 용접용 수직다관절로봇, 용접전원장치, 용접용 센서 설계·제조 기술
10. 로봇	나. 안전 로봇	1) 감시경계용 서비스로봇을 위한 주변환경 센싱 기술, 실내외 전천후 위치인식 및 주행 기술: 실내외에서 외부 환경을 인식하고 이를 바탕으로 감시 경계 업무를 수행하기 위해 외부 환경에 강인한 센서 융합, 위치인식, 환경인식 및 주행기술 등 기술의 선택적 적용이 유연한 개방형 자율 아키텍쳐 기술
		2) 내단열 기능이 구비된 험지 돌파형 소형 구조로봇 플랫폼 기술: 고온 및 화염에 강하고 협소구역 돌파가 우수한 고속주행 소형이동로봇 기술로서 장비 내외부 내화 설계 기술, 강제 내화시스템 설계 기술 및 험지 이동형 고속주행 메카니즘 설계 기술
	다. 의료 및 생활 로봇	1) 수술, 진단 및 재활 로봇기술: 로봇기술을 이용한 진단 보조, 시술·수술보조와 이에 따른 환자의 조기 치유·재활이 목적인 의료로봇 기술
		2) 간병 및 케어 로봇 기술: 간호사의 단순반복 업무 지원 및 환자의 정서케어 서비스 지원이 가능한 로봇 서비스 시스템 기술
		3) 안내, 통역, 매장서비스, 홈서비스 등의 안내로봇 기술: 공공접객 장소 내에서 다양한 멀티미디어 콘텐츠를 활용한 제품 및 서비스 등을 효과적으로 안내하고 홍보하는 로봇 기술
		4) Tele-presence 로봇 기술: 자율이동기능, 진단·지시용 매니퓰레이터 및 얼굴모션 동기화 등의 기술구현을 통한 원격진료·진료자문 및 교육 등이 가능한 Tele-presence 로봇 기술
		5) 생활도우미 응용 서비스 기술: 가정 및 사회 환경 내에서 인간과 교감하며 정보의 취득, 일상생활 및 가사노동을 지원하는 지능형 로봇 및 서비스 기술로서 심부름, 가사작업 및 이동 보조형 로봇 기술
		6) 유치원, 초등학교에서 교사를 보조하는 교육로봇 기술: 유치원이나 초등학교에서 교과과정에 적합한 교육 컨텐츠 및 로봇플랫폼을 활용하여 교사를 보조하여 학습하는 교육로봇 기술

구분	분야	신성장·원천기술
10. 로봇	라. 로봇 공통	1) 실내외 소음환경에서의 대화신호 추출 기술: 잔향과 소음이 뒤섞인 실내외 환경에서 원거리에서도 고신뢰도의 음성인식이 가능하게 하고, 음성으로부터 사람의 언어를 문자형태로 인식하고, 인식된 문자정보를 바탕으로 사람과 자연스럽게 대화하면서 다양한 태스크를 수행할 수 있는 기술
		2) 모터, 엔코더, 드라이버 일체형의 구동 기술: 로봇용 관절구성에 필요한 모터, 엔코더, 감속기, 드라이버를 모두 하나의 몸체에 넣어서 만든 관절구동형 액츄에이터(Actuator) 기술
		3) 웨어러블 로봇 기술: 인체에 착용하여 인체 동작의도를 인식하고 추종제어 알고리즘을 통해 착용자의 신체능력 증강 및 운동을 지원하는 착용형 로봇 기술
		4) 직관적 교시기술: 코딩(Coding) 없이 그래픽 인터페이스를 활용하거나 직관적인 방식으로 로봇의 동작을 입력하여 임무를 수행할 수 있도록 하는 소프트웨어 기술 (2024. 2. 29. 신설)
11. 항공· 우주	가. 무인 이동체	1) 무인기 지능형 자율비행 제어 시스템 기술: 무인기가 내외부의 비행 상황을 인식하고, 스스로 조종하며 임무를 수행하기 위해 필요한 비행조종컴퓨터 개발기술과 자율비행 알고리즘(algorithm) 그리고 관련 소프트웨어 기술로, 장애물 탐지 및 지상/공중 장애물 충돌회피 기술, 고장진단 및 고장허용 제어기술, 인공지능 기반 비행체 유도제어 성능향상 기술, 무인이동체 실시간 운영체제 및 소프트웨어 아키텍쳐 설계기술, 고신뢰성과 비행안전성 보장 경량 비행조종컴퓨터 기술을 포함하는 기술
		2) 지능형 임무수행 기술: 무인기의 자율적인 비행과 임무수행 데이터 획득분석을 위한 기술로서 3차원 디지털 맵 생성 및 위치인식 기술, GPS 및 Non-GPS 기반의 항법기술, 무인기 교통관제 및 경로최적화 기술, 무인기 활용서비스용 데이터 처리 및 가공 기술을 포함하는 기술
		3) 무인기 탑재 첨단센서 기술: 무인기의 운항 지원과 활용 목적에 따른 임무 달성 지원을 위해 첨단 센서 및 장비를 적용하는 기술로, GPS, INS(Inertial Navigation System) 등의 항법센서기술, 소형 경량레이더 기술, 충돌회피용 소형 LIDAR(Light detection and ranging) 센서 기술, 멀티스펙트럼(multi-spectrum) 카메라 기술, 360°카메라 및 송수신 기술, Non-GNSS(Global Navigation Satellite System) 융합센서기술을 포함하는 기술

구분	분야	신성장·원천기술
11. 항공· 우주	가. 무인 이동체	4) 무인기 전기구동 핵심부품 기술: 전기동력을 기반으로 무인기의 조종, 이착륙, 추진 등을 담당하는 핵심부품을 개발하기 위한 기술로서, 소형무인기용 고효율 전기모터 기술, 무인기용 저온용 배터리 및 전원관리시스템기술, 고효율 전기모터용 인버터(inverter) 기술을 포함하는 기술
		5) 무인기 데이터링크 핵심기술: 무인기와 지상국·조종기간, 무인기와 타 무인이동체 간에 감시 및 추적, 정보 전달 등의 데이터 송수신을 지속적으로 유지하기 위한 기반 기술로 소형·경량 탑재통신 장비, 정밀 추적 안테나, 무인기간 네트워크 보안을 포함하는 기술
		6) 무인기 지상통제 핵심기술: 무인기를 지상에서 원격으로 조종하고 상황을 모니터링하기 위한 조종기, 지상국, 텔레메트리(telemetry) 장비와 관련 운영 소프트웨어 프로그램 기술로 소형무인기 조종기 개발기술, 무인기 조종훈련을 위한 시뮬레이터(simulator)기술, 실시간 무인기 상황 및 임무현황 분석기술을 포함하는 기술
		7) 물류 배송용 드론 제조기술: 일정 중량(10kg) 이상 물품의 비가시권 비행을 100% 신뢰성을 확보하여 안전하게 운송 가능한 드론 제조 기술 및 기능개선에 필요한 소재(열전도율 5kcal/m·h 대비 10% 이상 개선)·부품(세계 최고 CPU 속도대비 약 66% 이상 처리성능 개선)·장비(다지점 배달용 물품 적재함, 물품배송 드론용 도킹스테이션 등의 경량화)의 설계·제조 기술
		8) 드론용 하이브리드 추진 시스템 기술: 전기배터리 무인기의 체공시간(120분 이상) 및 탑재량(12kg 이상) 증대를 위해 엔진 동력을 이용하여 전기모터를 동작시키는 하이브리드 추진시스템 기술 및 이와 관련한 소재·부품 및 장비의 설계·제조 기술
	나. 우주	1) 위성본체 부분품 개발기술: 위성본체 개발을 목적으로 하는 전력시스템, 자세제어용 센서 및 시스템, 위성탑재 컴퓨터시스템, 위성교신을 위한 송수신시스템, 위성 구조체 시스템(태양전지 포함), 추진시스템(추력기, 추진제 저장탱크, 밸브 및 제어기 등), 열제어시스템 등에 대한 기술
		2) 위성 탑재체(정찰, 통신, 지구 탐사, 기상예보 따위와 같은 임무를 수행하기 위해 탑재되는 위성체의 구성 부분을 말한다) 부분품 개발기술: 인공위성 탑재를 목적으로 하는 광학 탑재체, 영상레이더 탑재체, 통신·방송 탑재체, 우주과학 탑재체, 항법 탑재체 시스템 및 위성용 영상자료처리장치, 주파수 변조기 및 안테나 등에 대한 기술

구분	분야	신성장·원천기술
11. 항공·우주	나. 우주	3) 우주발사체 부분품 개발기술: 우주발사체 개발을 목적으로 하는 액체엔진(핵심부품), 대형 구조물[추진제 탱크, 동체, 연결부, 페어링(fairing: 노출부의 보호 및 공기 저항력 감소를 위한 유선형 덮개를 말한다), 탑재부, 분리기구 등], 관성항법유도시스템, 자세제어시스템, 전력시스템, 원격측정·추적시스템, 비행종단시스템 등에 대한 기술
		4) 위성통신 송수신 안테나 개발 기술: 통신목적 인공위성과의 안정적인 데이터 송신 및 수신을 위해 안테나가 탑재된 대상(항공기 등)이 고속으로 이동하면서 자이로센서(Gyro sensor)·GPS 정보 등을 이용하여 인공위성을 추적(Tracking)하거나, 안테나가 지향하는 인공위성이 지구의 자전 보다 빠른 속도로 이동함에 따라(중·저궤도 위성) 인공위성 궤도 데이터·GPS 정보 등을 이용하여 인공위성을 추적(Tracking)하는 기능을 가진 위성통신 안테나를 제작하는 기술
12. 첨단소재·부품·장비	가. 첨단소재	1) 고기능성 알루미늄 도금강판 제조 기술: 550℃에서 200시간 유지 가능한 내열성과 SST 2400(KSD9502)시간 보증 가능한 내식성이 우수한 고성능 알루미늄 도금강판 개발을 위한 조성개발, 고온 성형성 향상 기술, 특수 용접기술 등의 제조기술
		2) 고순도 산화알루미늄 제조기술: 순도 99.9% 이상의 산화알루미늄 분말 제조를 위한 합성, 가공, 고순도화, 고밀도화 등의 제조기술
		3) 거리감지센서용 압전결정소자 및 초음파 트랜스듀서 기술: 거리감지센서 등에 사용되는 압전결정소자 및 초음파 트랜스듀서 설계·제조기술
		4) 고기능성 인조흑연 제조기술: 인조흑연 제조용 피치 및 코크스 제조 기술, 전극봉·등방블록·흑연분말 성형 및 2,800℃ 이상의 열처리를 통한 흑연화 기술
		5) 고효율·고용량 이차전지 음극재 제조 기술: 나노 실리콘 결정크기(5nm 이하) 제어 및 카본코팅을 통해 부피팽창 문제 해결과 고효율(88% 이상), 고용량(1800mAh/g 이상) 음극재를 구현하는 소재 기술 (2024. 2. 29. 신설)

구분	분야	신성장·원천기술
12. 첨단소재·부품·장비	가. 첨단소재	6) 전극용 탄소나노튜브 제조 및 이를 활용한 도전재 제조 공정 기술: 비철계 촉매를 사용하여 전도성이 우수한 전극용 탄소나노튜브(CNT, Carbon Nanotube)를 제조하는 기술 및 CNT를 활용하여 열화 현상을 줄이고 용량 및 수명을 개선한 도전재를 제조하는 공정 기술 (2024. 2. 29. 신설)
		7) 고순도 리튬화합물 제조 기술: 리튬 광석 또는 염호 등 천연리튬 자원으로부터 고순도 99.5% 리튬화합물(Li_2CO_3, $LiOH$ 등)을 제조하기 위한 선광·제련 공정 기술 (2024. 2. 29. 신설)
		8) 니켈광 대상 니켈 회수공정 기술: 니켈광(라테라이트 등)으로부터 니켈을 회수하기 위한 선광·제련(고압산침출, 질산침출 등)·추출·정제 기술 (2024. 2. 29. 신설)
		9) 희토류 원료 제조공정 기술: 희토류 원광으로부터 순도 95% 이상 희토류 원료를 제조하는 기술 또는 순환자원(폐영구자석, 폐형광체, 폐촉매 등)으로부터 희토류 금속을 회수하는 회수율 85% 이상의 공정 기술 (2024. 2. 29. 신설)
	나. 첨단부품	1) 고정밀 롤러베어링 및 볼베어링 설계·제조 기술: 구름베어링의 일종으로 내외륜 사이에 다수의 볼 또는 롤러를 삽입하여 마찰을 감소시켜 고속운전을 돕거나 큰 하중에 견딜 수 있는 정밀도 P5급 이상의 기계부품 설계·제조 기술
		2) 고압 컨트롤 밸브 설계·제조 기술: 유압펌프에서 발생한 330 Bar 이상 고압의 유체에너지를 작업자의 작업의도에 따라 각 유압 액추에이터, 선회 및 주행의 유압모터 등에 공급하며, B5 10,000시간 이상의 높은 내구 신뢰성을 가지는 메인 컨트롤 밸브 부품 설계·제조 기술
		3) 고정밀 볼스크류 설계·제조기술: 회전운동을 직선운동으로 변환하는 정밀도 C3급 이상, 축방향 공차 5㎛ 이내의 동력전달부품 설계·제조 기술
		4) 능동마그네틱 베어링 설계·제조기술: 자력을 이용하여 회전축을 지지하고, 윤활제가 필요 없이 극저온(-250℃ 내외) 또는 고온(300℃ 이상), 진공에서 축의 회전 궤적을 능동적으로 제어할 수 있는 부품 설계·제조 기술

구분	분야	신성장·원천기술
12. 첨단 소재·부품·장비	나. 첨단 부품	5) 고성능 터보식 펌프 설계·제조기술: 임펠러 및 블레이드가 회전함으로써 기계의 운동에너지를 유체·기체의 압력에너지로 전환하여 2,500L/s 이상의 배기속도 및 1.3×10^{-9} mbar 이상의 최고 진공도를 만드는 터보식 펌프의 설계·제조기술
		6) 특수 렌즈 소재·부품·장비 제조기술: 고배율[굴절률(nd) 2.0 이상], 야간 투시[원적외선(파장 8~12㎛) 투과율 50% 이상], 자외선투과[자외광(193nm) 투과율 80% 이상] 등 특수용도로 사용되는 카메라 구성에 필요한 특수 광학소재의 소재·부품·장비 제조기술
		7) 고기능 적층세라믹콘덴서(MLCC: Multi Layer Ceramic Capacitor) 소재·부품 제조기술: 고용량, 고신뢰성을 갖춘 적층세라믹컨덴서의 소재·부품 제조기술 소재·부품·장비 제조기술
		8) 선박용 모터(Motor) 설계·제조기술 : 각종 펌프(Pump), 압축기, 엔진(Engine) 시동장치, 크레인(Crane), 팬(Pan) 등 일반선박용 모터의 소재·부품 및 액화천연가스(LNG, Liquefied Natural Gas) 추진선박, 가스(Gas) 운반선, 유조선, 화학물 취급선 등 특수선박용 방폭형 모터와 전기 추진선박, 수소 연료전지 선박 등 전기 추진용 모터의 핵심 소재·부품을 설계·제작·시험·평가하는 기술
	다. 첨단 장비	1) 첨단 머시닝센터 설계·제조기술: 자동공구교환장치(Automatic Tool Changer)를 장착하여, 밀링, 드릴링, 보링가공 등 여러 공정의 작업을 수행할 수 있는 가공정밀도 5㎛ 이내, 동시 제어 5축 이상, 최대 스핀들 속도 12,000rpm 이상의 절삭가공장비 및 부품의 설계·제조 기술[가공 회전수, 축 이동, 진동오차 제어 등 머시닝센터의 고정밀 작업을 제어하는 CNC(Computerized Numerical Controller) 모듈 관련 기술 포함]
		1) 첨단 머시닝센터 설계·제조기술: 자동공구교환장치(Automatic Tool Changer)를 장착하여, 밀링, 드릴링, 보링가공 등 여러 공정의 작업을 수행할 수 있는 단방향 위치결정 반복 정밀도(국제 표준 ISO 10791-4, 각 허용차의 50% 이내)를 만족하면서 동시 제어 5축 이상인 절삭가공장비 및 부품의 설계·제조 기술[가공 회전수, 축 이동, 진동오차 제어 등 머시닝센터의 고정밀 작업을 제어하는 CNC(Computerized Numerical Controller) 모듈 관련 기술 포함] (2025. 2. 28. 개정)
12. 첨단 소재·부품·장비	다. 첨단 장비	2) 열간 등방압 정수압 프레스 설계·제조 기술: 기체 또는 액체를 압력매체로 활용하여 1,500℃ 이상에서 작동하면서 1분당 최고 50℃의 속도로 냉각이 가능하고, 금속 소재를 모든 방향에서 100MPa 이상의 정수압 또는 등방압 조건으로 가압하는 직경 1,000mm 이상의 프레스 장비 설계·제조 기술
		3) 연삭가공기 설계·제조 기술: 사파이어, 다이아몬드 등 고정도의 광물입자를 결합제로 고정시킨 숫돌을 이용하여 평면·원통 등 단순한 형태가 아닌 복잡한 형태의 가공공정을 수행하는 장비 설계·제조 기술
		4) 첨단 터닝센터 설계·제조기술: 원통형 부품의 가공을 위해 소재를 회전시키면서 절삭 공구가 상대 이동하는 가공정밀도 5㎛ 이내, 최대 스핀들 속도 3,000rpm 이상의 절삭가공장비 설계·제조 기술(ISO 7등급 이하의 기어 제조를 위한 고속 스카이빙 가공장비 관련 기술 포함)
		4) 첨단 터닝센터 설계·제조기술: 원통형 부품의 가공을 위해 소재를 회전시키면서 절삭 공구가 상대 이동하는 단방향 위치결정 반복 정밀도(국제 표준 ISO 13041-4, 각 허용차의 50% 이내)를 만족하는 절삭가공장비 설계·제조 기술(ISO 7등급 이하의 기어 제조를 위한 고속 스카이빙 가공장비 관련 기술 포함) (2025. 2. 28. 개정)
		5) 첨단 회전 성형기 설계·제조 기술: 다축 정밀 동시제어시스템을 갖추고, 회전하는 주축과 롤러, 맨드릴을 이용하여 최대 성형롤 하중 60kN 이상, 최대 성형품 직경 500mm 이상, 성형 정밀도 ±0.5mm를 충족하는 성형 장비 설계·제조기술
		6) 첨단 밸런싱머신 설계·제조기술: 회전기계의 핵심부품인 회전부의 불균일한 질량분포를 측정한 후, 베어링으로 전달되는 힘이나 진동을 국제규격(ISO 21940-21) 규정 이내가 되도록 불균일 질량을 교정하는 장비 설계·제조 기술
		7) 첨단 레이저 가공장비 설계·제조기술: 절단, 천공, 용접, 정밀가공 등을 위해 고출력 레이저 가공헤드로 공작물을 용융·증발시켜서 분리하는 5축 이상의 레이저 가공장비를 설계·제조하는 기술
		8) 방전가공기 장비·부품의 설계·제조기술: 공작물과 전극 사이에 불꽃 방전을 일으켜 티타늄, 초경합금 등 난삭재의 마이크로급 초정밀 가공을 수행하는 방전가공 장비 및 핵심요소부품의 설계·제조기술

구분	분야	신성장·원천기술
13. 탄소 중립	가. 탄소 포집·활용·저장 (CCUS : Carbon Capture, Utilization and Storage)	1) 연소 후 이산화탄소 포집 기술: 화력발전소, 철강, 화학공정, 시멘트공정 및 선박등에서 화석연료 연소 후 발생되는 배기가스 중 이산화탄소를 효과적으로 분리하기 위한 흡수제, 흡착제, 분리막 등 분리소재를 제조하는 기술과 이를 이용한 이산화탄소 포집공정기술 (2023. 2. 28. 개정)
		2) 연소 전 이산화탄소 포집기술: 석탄가스화 후 생성된 이산화탄소와 수소 중 이산화탄소를 분리하기 위한 흡수제, 흡착제, 분리막 등 분리소재를 제조하는 기술과 이를 이용한 이산화탄소 포집공정기술
		3) 순산소 연소기술 및 저가 산소 대량 제조기술: 기존 대량산소 제조기술인 심냉법을 대체하기 위한 이온전도성분리막(ITM, Ion Transfer Membrane), 세라믹-메탈 복합분리막(Ceramic-metal composite membrane), 흡착제 및 CLC(Chemical Looping Cycle) 등과 같이 산소를 저가로 대량생산 할 수 있는 기술과 이를 이용한 미분탄 등 화석연료의 순산소연소 공정기술
		4) 이산화탄소 지중 저장소 탐사기술 : 이산화탄소 포집 후 지하공간에 저장하기 위해 다양한 탐사 기술을 이용하여 지하 저장소를 파악하는 기술
		5) 이산화탄소 수송·저장 기술: 대량발생원에서 포집된 이산화탄소를 이송하기 위한 압축·액화 수송기술, 수송된 이산화탄소를 지하심부에 안정적으로 저장하기 위한 시추 및 주입기술, 주입된 이산화탄소의 거동을 관측하고 예측하는 기술, 이산화탄소의 누출시 지하 및 지표 생태계에 미치는 영향을 평가하고 모니터링함으로써 장기적 안정성을 제고하는 환경 영향평가 및 사후관리 기술
		6) 산업 부생가스(CO, CH_4) 전환기술: 제철소, 석유화학공단, 유기성 폐기물 등에서 발생하는 부생가스(CO, CH_4)를 화학·생물 전환 기술을 통해 화학원료 또는 수송연료 등을 생산하는 기술
		7) 이산화탄소 활용 기술: 이산화탄소를 광물화, 화학적·생물학적 변환을 통해 연료·화학물·건축소재 등을 재생산하는 기술
	나. 수소	1) 수전해 기반 청정수소 생산기술: 재생에너지 등 무탄소 전원, 계통제약 전력(미활용전력) 등을 활용하여 물을 분해하여 청정 수소를 생산, 공급하는 수전해 공정의 소재·부품·스택·시스템 설계 및 제조기술
		1) 삭 제 (2023. 6. 7.)
13. 탄소 중립	나. 수소	2) 부생수소 생산기술: 철강제조공정, 석유화학공정, 가성소다 생산공정 등에서 발생하는 부생가스를 분리 정제하여 수소를 생산하는 기술 (2023. 6. 7. 개정)
		3) 수소연료 저장·공급 장치 제조 기술: 수소연료로 전기를 생산하여 운행되는 수소연료전지자동차(FCEV: Fuel Cell Electric Vehicle) 내에 수소연료를 저장 및 공급하는 장치 제조 기술
		3) 삭 제 (2023. 6. 7.)
		4) 액화수소 제조를 위한 수소액화플랜트 핵심부품 설계 및 제조기술: 액화수소 제조를 위한 수소액화플랜트의 LNG냉열 이용 예냉사이클 설계기술, 수소액화공정에 필요한 부품(압축기·팽창기 등) 설계 및 제작기술
		5) 수소 저장 효율화 기술 : 수소를 고압기체, 액체, 암모니아, 액상 유기물 수소 저장체(LOHC) 등의 형태로 저장하거나 고체 흡착제에 저장하는 기술
		6) 수소 가스터빈(혼소·전소) 설계 및 제작 기술: 수소를 연료로 사용하여 연소시킬 때 발생하는 고온 고압의 에너지로 발전기를 회전시켜 전기를 생산하는 가스터빈 부품 설계·제작·조립·시험 평가 기술
		7) 수소충전소의 수소생산·압축·저장·충전설비 부품 제조기술: 수소연료전지자동차에 수소연료를 공급하기 위한 수소충전소의 수소 생산설비, 압축설비, 저장설비, 충전설비의 부품 설계 및 제작 기술
		8) 수소차용 고밀도 고효율 연료전지시스템 기술 : 연료전지시스템 출력밀도 0.32kW/L 이상 또는 연료전지 스택 운전효율 70% 이상을 만족하는 수소 전기차용 고밀도·고효율 연료전지시스템 설계 및 제조기술
		5)~8) 삭 제 (2023. 6. 7.)
		9) 액화수소 운반선의 액화수소 저장·적하역 및 증발가스 처리기술: 액화수소 운반선 내에 액화수소를 저장·적하역하기 위한 극저온 화물창 설계·제조 기술, 카고핸들링 기술 및 증발가스 처리를 위한 장치 제조 기술 (2023. 2. 28. 신설)
		10) 암모니아 발전 기술: 암모니아 연료를 단독으로 사용하거나 석탄 또는 천연가스와 혼합하여 전력을 생산하는 기술로 연료전지, 가스터빈, 미분탄 보일러 및 유동층 보일러에 적용 가능한 발전 시스템을 설계·제작하는 기술 (2024. 2. 29. 신설)

구분	분야	신성장 · 원천기술
13. 탄소 중립	나. 수소	11) 산업용 수소 보일러 및 연소기 설계 · 제작 기술: 수소 연료를 연소(혼소 · 전소)하여 발생하는 열에너지를 직접 사용하거나 증기 · 온수를 생산하는 산업용 수소 보일러 및 이를 구성하는 수소 연소기 부품을 설계 · 제작 · 운용하는 기술 (2024. 2. 29. 신설)
		12) 선박용 암모니아 연료기반 수소생산 시스템 및 연료전지 적용 기술: 온실가스를 배출하는 기존 선박의 추진시스템을 대체하기 위해 암모니아를 분해하여 수소를 생산하는 시스템 및 이를 활용한 연료전지 적용 기술 (2025. 2. 28. 신설)
		13) 수소 가스터빈(혼소 · 전소) 복합발전용 암모니아 분해 기반 청정 수소 생산기술: 수소 가스터빈 복합발전에 필요한 수소를 공급하기 위해 특화된 암모니아 분해 기반 청정수소 생산 · 공급 기술 (2025. 2. 28. 신설)
	다. 신재생 에너지	1) 고체산화물 연료전지 지지형셀 · 스택 · 시스템 설계 및 제조 기술: 고체산화물 연료전지(SOFC, Solid Oxide Fuel Cell)에서 중저온(650℃ 이하)에서 작동이 가능하고 출력효율이 높은 금속 · 연료극 지지형셀, 셀 · 분리판 등이 결합되어 전기와 열을 생산하는 스택, 스택을 결합하여 대량으로 발전이 가능한 시스템(발전효율 50% 이상인 4kW급 이상)을 제조하는 기술
		2) 연료전지 전용부품 제조기술: 연료전지 핵심부품인 개질기, 막전극 접합체, 금속 분리판 또는 블로어 제조 기술
		2) 삭 제 (2023. 6. 7.)
		3) 고체산화물 연료전지(SOFC, Solid Oxide Fuel Cell) 소재 기술: 650℃ 이하에서 작동하는 연료전지로 다양한 연료[수소, 액화석유가스(LPG), 액화천연가스(LNG) 등]의 사용이 가능하고 전도 세라믹(Conducting Ceramic)을 이용하며 복합발전시스템이 가능한 전력변환장치로서 발전용 연료전지로 사용하는 소재 개발 · 제조기술
		4) 페로브스카이트(Perovskite), 페로브스카이트 · 결정질 실리콘 등 탠덤 태양전지 핵심소재 제조 및 대면적화 기술: 고효율성 및 고내구성을 가진 대면적 웨이퍼, 광활성층, 전자 · 정공수송층, 투명전극, 금속전극, 금속리본, 봉지, 경량 전후면 외장 재료 등의 핵심소재 제조기술, 대면적 · 고효율 셀 및 고출력 모듈화 기술(대면적 제조장비, 연속 공정기술 포함)
		5) 풍력에너지 생산 기술로서 회전동력을 증속시켜 발전기에 전달하는 부품 설계 및 제조기술: 블레이드(blade)로부터 전달되는 회전력을
13. 탄소 중립	다. 신재생 에너지	전달받아 증속하여 발전기에 전달하는 장치를 구성하는 유성기어(planet carrier) · 축(shaft) · 베어링(bearing) · 이음쇠(coupling) · 브레이크(brake) 및 제어기(controller)의 설계 및 제조 기술
		6) 풍력에너지 생산 기술로서 발전기(Generator) 및 변환기(Inverter) 제조기술: 동력 구동장치 증속기로부터 동력을 전달받아 회전자(rotor)와 고정자(stator)를 통해 전기를 발생시키는 발전기(generator)와 정속운전 유도발전기용 변환기, 가변속 운전 이중여자 유도발전기용 변환기 및 가변속 운전 동기발전기용 변환기의 설계 및 제조 기술
		7) 풍력발전 블레이드 기술: 8MW급 이상의 풍력발전 블레이드(Blade) 설계 및 제조 기술
		8) 지열 에너지 회수 및 저장 기술: 지열에너지 이용 효율 및 경제성을 향상시키는 그라우팅(grouting) 재료 제작 기술 · 보어홀(borehole) 전열저항 저감기술 · 저비용 시추기술 및 지중 축열 기술
		9) 지열발전기술: 지하 2km 이상 깊이의 심부 지열자원을 개발하여 전기를 생산하기 위한 일련의 기술로서 지열자원탐사기술, 심부시추기술, 심부시추공 조사기술, 인공 지열저류층 생성기술(enhanced geothermal system), 지열수 순환시스템 구축기술과 지열유체를 이용하여 전기를 생산하고 열에너지를 활용하는 기술
		10) 바이오매스 유래 에너지 생산기술: 자연에 존재하는 다양한 자원을 이용하여 직접 또는 전환공정을 통해 연료로 사용할 수 있는 고형연료, 알코올, 메탄, 디젤, 수소, 항공유 등을 생산하는 기술 (2024. 2. 29. 개정)
		11) 폐기물 액화 · 가스화 기술: 재생폐기물로부터 연료유 또는 가스를 생산하기 위한 열분해 · 가스화 기술
		12) 미활용 폐열 회수 · 활용을 통한 발전 기술: 산업현장에서 사용되지 않고 버려지는 중저온(900℃ 이하) 미활용 폐열을 초임계 이산화탄소 · 유기냉매 · 열전소자 등을 통해 회수한 후 친환경 전기에너지 생산에 활용하는 발전설비 및 시스템 개발 기술
		13) 해상풍력 발전단지 내 · 외부 전력망에 사용되는 해저케이블 시스템 기술: 대용량 전력 전송을 위한 고밀도 · 장조장 특성을 갖는 해저케이블(HVAC 345kV 이상 또는 HVDC 500kV 이상)과 이

구분	분야	신성장·원천기술
	다. 신재생 에너지	를 변전소 등에 연결하는 내부전력망용 해저케이블(semi-wet 방식, 66kV 이상) 설계·제조 기술 (2023. 2. 28. 신설)
		14) 고효율 n형 대면적 태양전지와 이를 집적한 모듈화 기술: 효율 24% 이상의 n형 대면적(M10 이상) 결정질 실리콘 태양전지 공정기술 및 고출력(출력밀도 210W/m² 이상) 모듈화 집적기술(고효율 셀 기술, 고집적 모듈 기술) (2023. 2. 28. 신설)
13. 탄소 중립		1) 수소환원제철 기술 : 철광석(산화철)에 기존 탄소계 원료(유연탄, 코크스 등) 대신 수소가스를 직접 투입하여 환원함으로써 철을 만드는 기술
		1) 삭　제 (2024. 2. 29.)
		2) 함수소가스 활용 고로취입기술 : 제철소 발생 함수소가스 또는 수소가스를 고로 공정의 연료로 활용하여 철강을 제조하는 기술
		3) 복합취련전로 활용 스크랩 다량 사용기술 : 전로 공정에서 스크랩의 사용량을 높이기 위한 상저취전로 및 노내 2차 연소기술(복합취련전로 기술)을 활용하는 기술
	라. 산업 공정	4) 이산화탄소 반응경화 시멘트 생산기술 : 시멘트의 주원료인 석회석을 탄산칼슘(CaCO₃)이 없는 물질(Rankinite, Wollastonite 등)로 대체하는 공정기술과 이산화탄소에 경화되는 시멘트를 생산하는 기술
		5) 산화칼슘 함유 비탄산염 산업부산물의 시멘트 원료화 기술 : 시멘트 산업에서 클링커 원료인 석회석을 산화칼슘(CaO)를 함유한 비탄산염 산업부산물로 대체하는 공정기술로 비탄산염 원료 전처리 기술, 공정운전 최적화 기술
		6) 이산화탄소 저감 시멘트 생산을 위한 연·원료 대체기술 : 시멘트 제조공정 중 석회석 등 탄산염광물을 비탄산염 원료로 대체하는 소재·공정기술과 수소, 바이오매스, LNG 등 친환경 열원 및 가연성 순환자원연료를 이용하여 이산화탄소(CO₂) 발생을 저감하는 소성 기술
		7) 시멘트 소성공정 유연탄 대체 기술 : 시멘트 소성공정의 열원인 유연탄을 대체하기 위한 대체연료(가연성 폐기물, 바이오매스) 전처리 및 연료 제조기술, 고효율 연소기술 및 연소 후 후처리 기술
		8) 석유계 플라스틱 대체 바이오 케미칼 원료 생산기술 : 바이오 매스를 처리하여 활용 가능한 당, 지질, 글리세롤 등을 바이오 플라스틱의 원료인 케미칼 원료로 전환시키는 화학적, 생물학적 기술

구분	분야	신성장·원천기술
13. 탄소 중립	라. 산업 공정	8) 석유계 고분자 대체 바이오 케미칼 원료 생산기술 : 바이오 매스를 처리하여 활용 가능한 당, 지질, 글리세롤 등을 바이오 고분자의 원료인 케미칼 원료로 전환시키는 화학적, 생물학적 기술 (2025. 2. 28. 개정)
		9) 전기가열 나프타 분해기술 : 전기저항/유도 가열 방식을 활용한 나프타 분해공정을 통해 에틸렌·프로필렌 등 석유화학 기초원료를 제조하는 기술
		10) 반도체·디스플레이 식각·증착공정의 대체소재 제조 및 적용기술 : 반도체·디스플레이 제조공정에서 사용하는 식각 및 증착용 온실가스를 GWP(Global Warming Potential)가 낮은 가스로 대체하기 위한 소재를 제조하는 기술 및 이를 적용하기 위한 설비 및 부품개발, 공정설계 및 평가기술 (2023. 2. 28. 개정)
		11) 반도체 및 디스플레이 제조공정에서 배출되는 불소화합물 및 아산화질소 배출 저감기술 : 반도체·디스플레이 제조공정에서 배출되는 불소화합물 및 아산화질소 가스를 LNG, 전기 에너지 등을 활용하여 고온에서 분해하는 방법의 배출저감기술
		12) 해상(FSRU) 및 육상 LNG터미널에서의 LNG 냉열발전 결합형 재기화 기술: LNG 냉열의 회수 공정을 이용하여 재기화 송출 용량이 750 MMSCFD(Million Metric Standard Cubic Feet per Day) 이상이고, 소요전력 20퍼센트 이상 절감 및 온실가스 20퍼센트 이상 감소 가능한 냉열 발전이 결합된 재기화 시스템의 공정 설계 및 설비 제작 기술 (2023. 2. 28. 신설)
		13) 철강 가열공정 탄소연료 대체기술: 단조, 압연 공정에 사용되는 화석연료를 저탄소 연료(수소, 암모니아)로 전환하는 기술 및 발생된 이산화탄소는 재순환시켜 에너지 효율을 향상시키는 기술 (2023. 2. 28. 신설)
		14) 전기로 저탄소원료(직접환원철·수소환원철) 활용기술: 전기로 용해공정에서 저탄소 원료인 직접환원철 또는 수소환원철로 철강을 제조하는 기술 (2024. 2. 29. 신설)
	마. 에너지 효율· 수송	1) 지능형 전력계통(Smart Grid) 설계 및 제조기술: 전력 기술과 정보·통신 기술의 융합을 통해 전력 공급자와 소비자가 양방향으로 실시간 정보를 교환함으로써 고신뢰도 유지 및 에너지 효율 최적화를 달성하기 위한 차세대 전력시스템 설계 및 제조기술

구분	분야	신성장·원천기술
13. 탄소 중립	마. 에너지 효율· 수송	2) 지능형 배전계통 고도화 및 운용기술: 지능형 배전계통에 필요한 고신뢰성·고품질의 전력공급 및 지능형 배전계통을 보호·제어하기 위한 기술로서 보호 및 제어용 지능형전력장치(IED, Intelligent Electric Device) 기술, IED가 탑재된 배전용 개폐기 및 차단기 제조 기술, 지능형 배전계통 데이터베이스(database) 통합 관리 기술, 지능형 배전계통의 자산관리 및 운용 기술, 지능형 직류배전 공급용 기기 제조 기술, 지능형 분산전원 연계기기 제조 기술, 지능형 배전계통 전력품질 보상기기 및 지능형 배전망 운용 기술
		3) 지능형 건축물 에너지 통합 관리시스템 기술: 개별 또는 복수의 건축물을 대상으로 해당 건축물에서 소비하는 에너지를 원격 및 통합적으로 계측·평가 및 관리하는 관리 시스템 설계·구축 기술
		4) 지능형 검침인프라(AMI, Advanced Metering Infrastructure) 설계·제조기술: 양방향 통신 기반의 전자식 계량기를 활용하여 전기사용정보 등을 수집 후 통합관리하는 인프라로서 실시간으로 전력가격 및 사용정보를 소비자에게 전달하여 수요반응 등을 가능케 하고, 공급자에게는 더욱 정확한 수요예측 및 부하관리 등이 가능하게 하는 기술
		5) 데이터센터 냉방·공조 및 에너지 효율화 기술 : 냉방·공조 시스템 및 IT 기반시설 장치를 제어하여 전체 데이터센터의 에너지 효율을 최적화하는 데이터센터 인프라 관리 기술
		6) 극저온 액체 저장 및 이송용 펌프 설계·제조기술: 액화천연가스(LNG), 액화수소가스(LH$_2$) 등 극저온 액체를 누수 없이 저장 및 이송하기 위해 사용하는 극저온용 펌프로 극저온용 밀봉 소재와 베어링(Bearing), 터미널 헤더(Terminal Heather) 등의 부품을 설계·제조·시험·평가 기술
		7) 히트펌프 적용 온도 범위 확대 및 효율 향상 기술 : 친환경 냉매 개발, 열교환기 성능 향상과 사용 열원 확대를 통해 고온·저온의 열에너지 공급이 가능한 히트펌프 시스템 기술
		8) 선박용 디젤엔진 제조 기술: 해상 운송의 추진, 발전용으로 사용하고, 이중연료[액화천연가스(LNG), 액화석유가스(LPG) 등의 가스연료 포함] 사용이 가능한 디젤엔진을 제조하는 기술로, 크랭크 샤프트(Crankshaft), 피스톤(Piston), 피스톤링(Piston Ring), 실린더헤드(Cylinder Head) 등 엔진의 핵심 소재·부품을 설계·제작·시험·평가하는 기술

구분	분야	신성장·원천기술
13. 탄소 중립	마. 에너지 효율· 수송	9) 친환경 굴착기 설계·제조기술 : 순수 전기(모터), 하이브리드(모터와 엔진), 바이오연료(엔진)로 구동할 수 있는 굴착기 생산 기술
		10) 암모니아 추진선박의 연료공급 및 후처리 기술 : 암모니아를 연료로 추진하는 선박에 적용되는 암모니아 연료 공급 시스템 및 연소 후 배기가스 후처리 시스템 기술
		11) 극저온 액체 저장 및 이송용 극저온 냉동기술: 극저온 액체 저장 및 이송용 극저온 냉동기술: 액화질소(끓는 점 -196℃), 액화수소(끓는 점 -253℃) 등 -196℃ 이하의 극저온 액체를 자체 증발로 인한 손실 없이 저장 및 이송하기 위해 사용하는 극저온 냉동 기술 (2023. 2. 28. 신설)
		12) 연료전지, 배터리 및 축발전기 모터를 적용한 선박 발전시스템: 연료전지, 배터리 및 축발전기 모터 하이브리드 전력시스템을 선박의 발전원으로 활용하는 기술 (2024. 2. 29. 개정)
		13) 고효율 산업용 전동기 설계·제조 기술: IEC 60034-30-1규격의 IE4급 이상의 고효율 산업용 전동기 설계·제조 기술 (2023. 2. 28. 신설)
		14) 그린수소 생산 해양 플랫폼 설계기술: 해양풍력 발전단지와 연계하여 수소를 생산·저장·이송할 수 있는 부유식 플랫폼 설계 기술 (2025. 2. 28. 신설)
14. 방위 산업 (2024. 2. 29. 신설)	가. 방산 장비	1) 추진체계 기술: 유무인 항공기, 기동장비, 유도무기, 함정 등에 장착하는 터보제트엔진, 터보샤프트엔진, 터보프롭엔진, 터보팬엔진, 왕복엔진의 완제엔진, 부체계(엔진제어, 연료, 윤활, 기어박스 등), 구성품(팬, 압축기, 연소기, 터빈, 배기노즐 등), 소재(내열·경량 합금, 복합재, 고온코팅 등) 등을 설계·제작·조립·인증·시험 평가하는 기술
		2) 군사위성체계 기술: 군사용 위성체계 중 감시정찰 및 통신위성의 위성체계(전력체계, 자세제어체계, 위성탑재컴퓨터, 송수신체계, 구조체 등), 구성품(위성통신송수신 안테나, 광학장비, 영상레이더, 항법체계 등), 관련 소재, 지상장비, 발사체(고체연료) 등을 설계·제작·조립·인증·시험평가하는 기술

구분	분야	신성장·원천기술
	나. 전투지원	1) 유무인복합체계 기술: 유무인복합체계에 필요한 환경인식기술, 위치추정기술, 자율임무 수행기술, 유무인협업기술, 무선통신기술, 네트워크 보안기술, 의사결정지원기술, 원격통제기술 등을 활용하여 유무인복합체계를 설계·제작·조립하는 기술

비고

위 표에 따른 신성장·원천기술의 유효기한은 2024년 12월 31일로 한다.

비고

삭 제 (2024. 11. 12.)

비고: 위 표에서 소재·부품·장비는 「소재·부품·장비산업 경쟁력 강화 및 공급망 안정화를 위한 특별조치법 시행령」 제2조 제1호 또는 제2호에 해당하는 소재·부품·장비를 말한다. (2025. 2. 28. 신설)

[별표 7의 2] (2025. 2. 28. 개정)

국가전략기술의 범위(제9조 제6항 관련)

분야	국가전략기술
1. 반도체	가. 첨단 메모리 반도체 설계·제조 기술: 15nm 이하급 D램 및 170단 이상 낸드플래시메모리 설계·제조 기술
	나. 차세대 메모리반도체(STT-MRAM, PRAM, ReRAM, PIM, HBM, LLC, CXL, SOM) 설계·제조기술: 기존 메모리반도체인 D램(DRAM)과 낸드 플래시메모리(Nand Flash Memory)의 장점을 조합한 STT-MRAM(Spin Transfer Torque-Magnetic Random Access Memory), PRAM(Phase-change Random Access Memory), ReRAM(Resistive Random Access Memory), 초거대 AI 응용을 위해 CPU와 메모리 간의 병목현상 해결을 목적으로 메모리반도체에 전용 AI 프로세서를 추가한 메모리시스템인 PIM(Processing In Memory), HBM(High Bandwidth Memory), LLC(Last Level Cache), CXL(Compute eXpress Link), SOM(Selector Only Memory) 등 차세대 메모리반도체 설계·제조기술 (2024. 2. 29. 개정)
	다. 고속 컴퓨팅을 위한 SoC 설계 및 제조(7nm 이하) 기술: 인간형 인식, 판단, 논리를 수행할 수 있는 뉴럴넷(Neural Network)을 구현하는 초고속, 저전력 슈퍼프로세서 기술로서 지능형 자율주행 이동체(드론 등), 지능형 로봇, 게임로봇, 고속 정보 저장·처리 및 통신기기, AP(Application Processor), 위성체 및 군사용 무기 체계, 보안카메라, DVR (Digital Video Recoder)등의 화상처리용 지능형 보안시스템, 복합 교통관제 시스템 등의 제작을 위해 매니코어(Many Core)를 단일 반도체에 통합한 SoC(System on Chip) 설계 및 제조(7nm 이하) 기술
	라. 차세대 디지털기기 SoC 설계·제조기술: IoT, 착용형 스마트 단말기기, 가전, 의료기기 및 핸드폰 등 차세대 디지털 기기 SoC의 주파수 조정 기능 반도체(RF switch 등 RF반도체), 디지털·아날로그 신호의 데이터 변환 반도체(인버터/컨버터, Mixed signal 반도체 등), 메모리반도체와의 원칩화를 통한 컨트롤 IC(eNVM) 및 IoT 지능형 서비스를 적용하기 위한 지능정보 및 데이터의 처리가 가능한 IoT·웨어러블 SoC(System on Chip)의 설계·제조 기술
	라. 차세대 디지털기기 SoC 설계·제조기술: IoT, 착용형 스마트 단말기기, 가전, 의료기기 및 핸드폰 등 차세대 디지털 기기 SoC의 주파수 조정 기능 반도체(RF switch 등 RF반도체), 디지털·아날로그 신호의 데이터 변환 반도체(인버터/컨버터, Mixed signal 반도체 등), UWB(Ultra-wideband), 메모리반도체와의 원칩화를 통한 컨트롤 IC(eNVM) 및 IoT 지능형 서비스를 적용하기 위한 지능정보

분야	국가전략기술
	및 데이터의 처리가 가능한 IoT · 웨어러블 SoC(System on Chip)의 설계 · 제조 기술 (2025. 2. 28. 개정)
	마. 고성능 마이크로 센서의 설계 · 제조 · 패키징 기술: 물리적 · 화학적인 아날로그(analogue) 정보를 얻는 감지부와 논리 · 판단 · 통신기능을 갖춘 지능화된 신호처리 집적회로가 결합된 소자로서 나노기술, MEMS[Micro Electro Mechanical System, 기계부품 · 센서(sensor) · 액츄에이터(actuator) 및 전자회로를 하나의 기판 위에 집적화)] 기술, 바이오 기술, 0.8㎛ 이하 CMOS 이미지센서 기술 또는 SoC(System on Chip) 기술이 결합된 고성능 센서 설계 · 제조 및 패키징 기술
	마. 고성능 마이크로 센서의 설계 · 제조 · 패키징 기술: 물리적 · 화학적인 아날로그(analogue) 정보를 얻는 감지부와 논리 · 판단 · 통신기능을 갖춘 지능화된 신호처리 집적회로가 결합된 소자로서 나노기술, MEMS[Micro Electro Mechanical System, 기계부품 · 센서(sensor) · 액츄에이터(actuator) 및 전자회로를 하나의 기판 위에 집적화)] 기술, 바이오 기술, 0.8㎛ 이하 CMOS(Complementary Metal-Oxide Semiconductor) 이미지센서 기술, HDR(High Dynamic Range) CMOS 이미지센서 기술 또는 SoC(System on Chip) 기술이 결합된 고성능 센서 설계 · 제조 및 패키징 기술 (2025. 2. 28. 개정)
1. 반도체	바. 차량용 반도체 설계 · 제조기술: 자동차 기능안전성 국제표준 ISO26262, 자동차용 반도체 신뢰성 시험규격 AEC-Q100을 만족하는 MCU(Micro controller unit), ECU(Electronic control unit), 파워IC, SoC, 하이브리드/전기차 및 자율주행용 IC 반도체의 설계 · 제조 기술 (2023. 2. 28. 개정)
	사. 에너지효율향상 반도체 설계 · 제조 기술: 저저항 · 고효율 특성을 지니며 차세대 응용 분야(전기차, 하이브리드카, 태양광/풍력발전 등 신재생에너지, 스마트그리드 등)에 탑재되는 실리콘 기반의 에너지효율향상 반도체(SJ(Super Junction) MOSFET, IGBT, 화합물(SiC, GaN, Ga2O3) 기반의 에너지효율향상 반도체(MOSFET, IGBT) 및 모듈의 설계 · 제조 기술
	아. 에너지효율향상 전력반도체(BCDMOS, UHV, 고전압 아날로그IC) 설계 · 제조기술(0.35㎛ 이하): 실리콘 기반의 저저항 · 고효율 특성을 지니며 차세대 응용 분야(5G, 전기자동차, 하이브리드자동차, 차세대 디지털기기용 디스플레이, 태양광, 풍력발전 등 신재생에너지, 스마트그리드 등)에 탑재되는 아날로그, 디지털 로직, 파워소자를 원칩화한 초소형 · 초절전 전력반도체(0.35㎛이하 BCDMOS, 800V 이상 UHV, 12V 이상 고전압 아날로그 IC) 설계 · 제조 기술 (2023. 2. 28. 개정)
	아. 에너지효율향상 전력 및 전력관리 반도체[BCDMOS(Bipolar-CMOS-DMOS), UHV(Ultra High Voltage), 고전압 아날로그 IC(Integrated Circuit), PMIC(Power Management IC)] 설계 · 제조기술(0.35㎛ 이하): 실리콘 기반의

분야	국가전략기술
	저저항 · 고효율 특성을 지니며 차세대 응용 분야(5G, 전기자동차, 하이브리드자동차, 차세대 디지털기기용 디스플레이, 태양광, 풍력발전 등 신재생에너지, 스마트그리드, 반도체 및 배터리)에 탑재되는 아날로그, 디지털 로직, 파워소자를 원칩화한 초소형 · 초절전 전력반도체(0.35㎛ 이하 BCDMOS, 800V 이상 UHV, 12V 이상 고전압 아날로그 IC, PMIC) 설계 · 제조 기술 (2025. 2. 28. 개정)
	자. 차세대 디지털기기 · 차량용 디스플레이 반도체 설계 · 제조기술: 화면에 문자나 영상 이미지 등이 표시되도록 차세대 디지털기기 및 차량의 디스플레이(OLED, Flexible, 퀀텀닷, 롤러블, 폴더블, 마이크로LED, Mini LED, 4K · 120Hz급 이상 고해상도 LCD 등)에 구동 신호 및 데이터를 전기신호로 제공하는 반도체(DDI), 디스플레이 패널의 영상 정보를 변환 · 조정하는 것을 주기능으로 하는 반도체(T-Con), 디스플레이용 반도체와 패널에 필요한 전원 전압을 생성 · 제어하는 반도체(PMIC)를 설계 및 제조하는 기술 (2023. 2. 28. 개정)
	차. SoC 반도체 개발 · 양산 위한 파운드리 분야 7nm 이하급 제조공정 및 공정 설계 기술: SoC(System on Chip) 반도체 개발 · 양산을 위한 핵심 기반기술로 파운드리(Foundry) 분야의 7nm 이하급 제조공정 및 공정 설계기술
1. 반도체	카. WLP, PLP, SiP, 플립칩 기술 등을 활용한 2D/2.5D/3D 패키징 공정기술 및 패키징 관련 소재 · 부품 · 장비설계 · 제조기술: 반도체 패키징 기술(WLP, PLP, SiP, 플립칩 등)을 활용한 2D/2.5D/3D 패키징 공정기술 · 테스트 및 패키징 · 테스트 관련 소재, 부품, 장비의 설계 · 제조 기술
	타. 반도체용 실리콘 기판 및 화합물 기판 개발 및 제조기술: 15nm 이하급 D램과 170단 이상 낸드플래시메모리, 7nm 이하급 파운드리 SoC, 에피텍셜 반도체용의 실리콘 기판 및 화합물(SiC, GaN, Ga2O3) 기판을 개발 및 제조하는 기술
	파. 첨단 메모리반도체 및 차세대 메모리반도체, SoC 반도체 파운드리 소재 · 장비 · 장비부품 설계 · 제조기술: 첨단 메모리반도체(15nm급 이하 D램 및 170단 이상 낸드플래시메모리), 차세대 메모리반도체(STT-MRAM, PRAM, ReRAM) 및 SoC 반도체 파운드리의 소재, 장비 및 부품 설계 · 제조기술
	파. 첨단 메모리반도체 및 차세대 메모리반도체, SoC 반도체 파운드리 소재 · 장비 · 장비부품 설계 · 제조기술: 첨단 메모리반도체(15nm급 이하 D램 및 170단 이상 낸드플래시메모리), 차세대 메모리반도체[STT-MRAM(Spin Transfer Torque-Magnetic RAM), PRAM(Phase-change RAM), ReRAM(Resistive RAM), PIM(Processing In Memory), HBM(High Bandwidth Memory), LLC(Last Level Cache), CXL(Compute eXpress Link), SOM(Selector Only

분야	국가전략기술
1. 반도체	<u>Memory)</u>] 및 SoC 반도체 파운드리의 소재, 장비 및 부품 설계·제조기술 (2025. 2. 28. 개정)
	하. 포토레지스트(Photoresist) 개발 및 제조기술: 반도체 및 디스플레이용 회로형성에 필요한 리소그래피(lithography)용 수지로서 회로의 내열성, 전기적 특성, 현상(Developing) 특성을 좌우하는 포토레지스트 및 관련 소재를 개발 및 제조하는 기술 [ArF(불화아르곤) 광원용 및 EUV(극자외선) 광원용]
	거. 원자층증착법 및 화학증착법을 위한 고유전체용 전구체 개발 기술: 기존의 이산화규소(SiO_2)보다 우수한 유전특성을 갖는 high-k dielectric 박막 증착을 위한 원자층증착법(ALD, Atomic Layer Deposition) 및 화학증착법(CVD, Chemical Vapor Deposition)공정에 사용되는 전구체를 개발하는 기술
	너. 고순도 불화수소 개발 및 제조기술: 반도체 회로형성에 필요한 순도 99.999%(5N) 이상의 고순도 불화수소를 개발 및 제조하는 기술
	더. 블랭크 마스크 개발 및 제조기술: ArF(불화아르곤) 광원 및 EUV(극자외선) 광원을 이용하여 반도체 회로를 형성하는 데 사용되는 블랭크마스크 원판 및 관련 소재[펠리클(Pelllicle), 합성 쿼츠, 스터러링용 타겟 등을 포함]를 개발 및 제조하는 기술
	러. 고기능성 인산 제조 기술: SiNx, SiOx 막질의 선택적인 식각이 가능한 고선택비(1,000 이상) 인산계 식각액 제조기술
	머. 고순도 석영(쿼츠) 도가니 제조 기술: 반도체 웨이퍼 제조용 용융 실리콘의 오염을 막기 위한 도가니 형태의 순도 99.999%(5N) 이상의 고순도 석영 용기 제조 기술
	버. 코트막형성재 개발 및 제조기술: 완성된 반도체 소자의 표면을 외부환경으로부터 보호하기 위해 사용하는 절연성을 가진 고감도(80mJ/㎠ 이하) 감광성 코팅 기술 또는 패키징 재배선(배선폭 7㎛ 이하) 형성 재료 제조 기술
	서. 파운드리향 IP 설계 및 검증 기술: 7nm이하 파운드리 공정을 위한 Library (Standard Cell, I/O, Memory Compiler), IP와 해당 Library, IP를 모바일, 자동차, 서버, AI 등 응용 분야별로 최적화 시킨 Derivative Library, Derivative IP의 설계 및 검증 기술 (2023. 2. 28. 신설)

분야	국가전략기술
1. 반도체	어. 고성능·고효율 시스템 반도체의 테스트 기술 및 테스트 관련 장비, 부품 설계·제조기술: 동작속도 250MHz 이상 SoC(System on Chip) 반도체, 6GHz 이상 주파수를 지원하는 RF(Radio Frequency) 반도체, AEC-Q100을 만족하는 차량용 반도체, 4,800만화소 이상 모바일용 CMOS 이미지센서, 내전압 1,000V 이상의 전력반도체, 소스채널 900개 이상의 OLED용 DDI(Display Driver IC)의 양·불량 여부를 전기적 특성검사를 통해 판단할 수 있는 테스트 기술 및 해당 테스트에 사용되는 최대검사속도 500Mbps 이상 주검사장비, 접촉정확도 1㎛이하 프로브스테이션(Probe Station), MEMS(Micro Electro Mechanial System) 기술 기반 프로브카드의 설계·제조 기술 (2023. 2. 28. 신설)
	저. 차세대 3D 적층형 반도체 설계·제조 및 관련 신소재 개발 기술: 메모리, 시스템 반도체 웨이퍼 및 칩을 수직 적층하는 3D 적층형 반도체 및 관련 소재, 장비 설계·제조 기술 <u>(2025. 2. 28. 신설)</u>
2. 이차전지	가. 고에너지밀도 이차전지 팩 제조기술: 전기차, 에너지저장장치 등에 사용되는 이차전지 팩의 중량당 에너지밀도를 160Wh/kg 이상으로 구현하기 위한 모듈 및 팩 설계, 제조 기술
	나. 고성능 리튬이차전지 부품·소재·셀 및 모듈 제조 기술: 이차전지 셀을 기준으로 중량당 에너지밀도가 265Wh/kg 이상 또는 1시간 기준 방전출력 대비 6배 이상의 고출력(6C-rate 이상) 또는 충방전 1,000회 이상의 장수명을 충족하는 고성능 리튬이차전지에 사용되는 부품·소재·셀 및 모듈 제조 및 안전성 향상 기술
	다. 사용후 배터리 평가 및 선별 기술: 수명이 종료(초기용량 대비 80% 이하)된 배터리의 잔존용량, 출력특성 등의 성능 평가 기술 및 안전성, 재사용 가능성 등을 평가하여 잔존가치를 유지한 배터리를 선별하는 기술
	라. 사용후배터리 재활용 기술 : 수명이 종료된 사용후 배터리를 친환경적으로 처리하고, 리튬, 니켈, 코발트, 구리 등 재자원화가 가능한 유가금속을 회수하는 기술 (리튬 35% 이상, 니켈/코발트 90% 이상 회수)
	마. 차세대 리튬이차전지 부품·소재·셀 및 모듈 제조 기술: 중량당 방전용량이 600mAh/g 이상인 고성능 전극 또는 고체전해질을 기반으로 하는 차세대 리튬이차전지에 사용되는 부품·소재·셀 및 모듈 제조기술
	바. 하이니켈 양극재 제조기술 : 니켈 함량이 80% 이상인 고용량 양극재 제조기술, 수명 증가를 위한 안정성 향상 기술, 리튬계 원자재, 금속전구체 등 양극재 원료 기술 및 관련 장비 제조기술

분야	국가전략기술
2. 이차전지	사. 장수명 음극재 제조기술: 충방전 1,000회 이상이 가능한 장수명 음극재 제조기술, 이차전지의 고온특성 향상을 위한 안정성 향상기술, 음극재 제조에 필요한 카본계 또는 금속계의 원료기술 및 이의 제작에 필요한 장비 제조기술
	아. 이차전지 분리막 및 전해액 제조기술: 수명특성, 신뢰성, 안전성을 향상시키는 분리막 및 저온특성, 장수명, 안전성을 향상시키는 전해액 제조기술과 안정성 향상기술 및 관련 원료·장비 제조기술
	자. 이차전지 부품 제조기술: 배터리 장기 사용을 위한 패키징 부품(파우치, 캔, 리드탭) 및 고성능 배터리를 위한 전극용 소재부품(도전재, 바인더, 집전체) 제조·안전성 향상 기술 및 원료·장비 제조기술
	차. 양극재용 고순도 금속 화합물 제조·가공기술: 금속이온 원료로부터 결정화, 정련, 전환 및 정제 기술을 활용하여 중간체 및 순도 99% 이상의 양극재용 금속화합물(수산화리튬, 탄산리튬, 황산니켈, 황산코발트, 황산망간)로 제조·가공하는 기술 (2025. 2. 28. 신설)
3. 백신	가. 방어 항원 등 스크리닝 및 제조기술 : 각종 질환을 치료하거나(치료용 백신) 예방하기 위해 (예방용 백신) 면역기전을 이용하여 인체질환을 방어하는 물질(항원, 핵산, 바이러스벡터 등)을 스크리닝하고 개발·제조하는 기술 및 이를 적용한 백신을 제조하는 기술(대량생산 공정설계 기술 포함)
	나. 비임상 시험 기술 : 세포·동물 모델로 백신 후보물질의 안전성·유효성을 평가하는 비임상 시험 기술
	다. 임상약리시험 평가기술(임상 1상 시험) : 백신 후보물질의 초기 안정성, 내약성, 약동학적, 약력학적 평가 및 약물대사와 상호작용 평가, 초기 잠재적 치료 효과 추정을 위한 임상약리시험 평가기술
	라. 치료적 탐색 임상평가기술(임상2상 시험) : 백신 후보물질의 용량 및 투여기간 추정 등 치료적 유용성 탐색을 위한 평가기술
	마. 치료적 확증 임상평가기술(임상3상 시험) : 백신 후보물질의 안전성, 유효성 등 치료적 확증을 위한 평가기술
	바. 원료 및 원부자재 등 개발·제조 기술 : 백신 개발·제조에 필요한 원료 및 원부자재(필터, 레진, 버퍼, 배양배지 등) 또는 백신의 효능을 증가시키는 물질(면역보조제)을 개발·제조하는 기술
	사. 생산장비 개발·제조 기술 : 백신 및 백신 원료·원부자재(필터, 레진, 버퍼, 배양배지 등) 생산에 필요한 장비를 개발·제조하는 기술

분야	국가전략기술
4. 디스플레이 (2023. 2. 28. 신설)	가. AMOLED 패널 설계·제조·공정·모듈·구동 기술: 기판(유리, 플렉시블, 스트레처블) 위에 저온폴리실리콘산화물(LTPO)·저온폴리실리콘(LTPS)·산화물(Oxide) TFT를 형성한 백플레인 또는 실리콘(Silicon)에 구동소자를 형성한 웨이퍼에 발광특성을 가진 유기물을 진공 증발 증착 또는 프린팅 방식으로 형성하는 FHD 이상의 고화질 또는 고성능(고휘도, 저소비전력) 패널과 구동소자, 커버윈도우 등을 가공·조립하는 AMOLED 패널 설계·제조·공정·모듈·구동 기술
	나. 친환경 QD(Quantum Dot) 소재 적용 디스플레이 패널 설계·제조·공정·모듈·구동 기술: 반치폭(FWHM, full width at half maximum) 40나노미터(nm) 이하인 RoHS(유럽 6대 제한물질 환경규제) 충족 QD 소재를 노광 또는 직접 패터닝 방식으로 제조한 패널과 구동소자, 커버윈도우 등을 가공·조립하는 친환경 QD 소재 적용 디스플레이 패널 설계·제조·공정·모듈·구동 기술
	다. Micro LED 디스플레이 패널 설계·제조·공정·모듈·구동 기술: 실리콘(Silicon) 또는 사파이어(Sapphire) 기판에 저결함(1x1015/cm3이하) 에피(Epi) 공정을 적용한 단축 50㎛ 크기 이하의 R·G·B 마이크로 LED를 적용한 패널과 구동소자, 커버윈도우 등을 가공·조립하는 Micro LED 디스플레이 패널 설계·제조·공정·모듈·구동 기술
	라. 디스플레이 패널 제조용 증착·코팅 소재 기술: 전자이동도 9㎠/Vs 이상의 산화물 TFT(Thin Film Transistor)와 유기물(발광·공통층) 소재 및 양자점(QD)·화소격벽·폴리이미드(PI) 코팅소재 등 디스플레이 패널 제조용 증착·코팅 소재 기술
	마. 디스플레이 TFT 형성 장비 및 부품 기술: 전자이동도 9㎠/Vs 이상의 TFT(Thin Film Transistor) 형성공정에 사용되는 노광기, 물리 또는 화학적 증착기, 이온주입기, 식각기, 검사장비 및 이와 관련 제조에 사용되는 등 디스플레이 TFT 형성 장비 및 부품 기술
	바. OLED 화소 형성·봉지 공정 장비 및 부품 기술: 유기증착기(Evaporation), 잉크젯장비(Inkjet), 봉지장비(Encapsulation), FMM(Fine Metal Mask) 등 OLED 화소 형성 및 봉지 공정에 사용되는 장비와 부품 제조 기술 (2024. 2. 29. 신설)
	사. 디스플레이 하이브리드 커버 윈도우 소재 기술: 디스플레이 패널을 외부로부터 보호하기 위한 두께 100μm 이하 초박형유리(Ultra Thin Glass, UTG) 및 UTG 광학증착·코팅 소재, 투과율 80% 이상인 초박형 유·무기 하이브리드 필름 등 커버 윈도우 소재 제조 기술 (2025. 2. 28. 신설)

분야	국가전략기술
4. 디스플레이 (2023. 2. 28. 신설)	아. 마이크로LED 에피(Epi)·전사·접합 소재, 부품, 장비 기술: 고효율, 저결함 에피성장을 위한 고순도(99% 이상) 금속유기(Metal-Organic) 가스와 기판(substrate), 전극 형성을 위한 접합소재, 외부양자효율(External Quantum Efficiency, EQE) 청색 20%, 녹색 10%, 적색 5% 이상의 에피기판·칩 등 화소 형성을 위한 소재·부품 제조 기술 및 Micro LED 성장을 위한 에피 공정, 에피 LED 칩 제조를 위한 분리·보호막 공정, 백플레인 기판의 화소 영역에 칩을 전사·접합하는 공정 등에서 사용되는 장비 제조 기술 (2025. 2. 28. 신설)
5. 수소 (2023. 6. 7. 신설)	가. 수전해 기반 청정수소 생산기술: 재생에너지·원자력에너지 등 무탄소 전원, 계통제약 전력(미활용전력) 등을 활용하여 물을 분해하여 청정 수소를 생산·공급하는 수전해 공정의 소재·부품·스택(stack)·시스템 설계 및 제조기술
	나. 탄소포집 청정수소 생산기술: 천연가스 또는 액화석유가스로부터 추출수소를 생산하는 과정에서 배출되는 이산화탄소를 포집하여 청정수소를 생산하는 기술
	다. 수소연료 저장·공급 장치 제조기술: 수소연료로 전기를 생산하여 운행되는 이동수단에 수소연료를 저장·공급하는 장치 제조 기술
	라. 수소충전소의 수소 생산·압축·저장·충전 설비 부품 제조기술: 수소충전소의 수소 생산설비, 압축설비, 저장설비, 충전설비의 부품 설계 및 제작 기술
	마. 수소차용 고밀도 고효율 연료전지시스템 기술: 연료전지 스택 출력밀도 3.1kW/L 이상 또는 연료전지 스택 운전효율[저위발열량(LHV, Lower Heating Value)에 따라 산출된 운전효율을 말한다] 60% 이상을 만족하는 수소전기차용 고밀도·고효율 연료전지시스템 설계 및 제조기술
	바. 연료전지 전용부품 제조기술: 연료전지 핵심부품인 개질기, 막전극 접합체, 금속 분리판 또는 블로어 제조 기술
	사. 수소 가스터빈(혼소·전소) 설계 및 제작 기술: 수소를 연료로 사용하여 연소시킬 때 발생하는 고온·고압의 에너지로 발전기를 회전시켜 전기를 생산하는 가스터빈 부품 설계·제작·조립·시험 평가 기술 (2024. 2. 29. 신설)
	아. 수소환원제철 기술: 철강 제조공정에서 수소(H_2)를 사용하여 철광석을 환원하고, 전기용융로에서 쇳물(용선)을 생산하는 기술 (2024. 2. 29. 신설)
	자. 수소 저장 효율화 기술: 수소를 고압기체, 액체, 암모니아, 액상 유기물 수소 저장체(LOHC) 등의 형태로 저장하거나 고체에 흡장 또는 흡착하여 저장하는 기술 (2024. 2. 29. 신설)

분야	국가전략기술
5. 수소 (2023. 6. 7. 신설)	차. 수소 처리 바이오에너지 생산기술: 수소(H_2)와 생물유기체에서 유래한 원료를 이용하여 직접 또는 전환공정을 통해 연료나 석유화학 원료로 사용할 수 있는 디젤, 항공유, 액화석유가스, 나프타를 생산하는 기술 (2025. 2. 28. 신설)
6. 미래형 이동수단 (2023. 6. 7. 신설)	가. 주행상황 인지 센서 기술: 주행상황을 인지하는 차량탑재용 비전 센서(vision sensor), 레이더 센서(radar sensor), 라이다 센서(LIDAR sensor) 기술과 주행환경상의 전방위 물체에 대한 정확한 거리와 공간정보를 처리하는 소프트웨어 기술
	나. 주행지능정보처리 통합시스템 기술: 인지 센서를 통해 수집된 정보를 차량환경에서 고속처리하는 컴퓨팅모듈 통합시스템 설계 기술과 차량 내·외 통신기술 및 정밀도로지도 구축·정합 기술
	다. 주행상황 인지 기반 통합제어 시스템 기술: 주행상황을 인지·판단하여 차선·차로를 제어하는 주행경로 생성 기술과 고장예지·고장제어·비상운행 등의 다중안전설계기술이 적용된 차량의 구동·조향·제동·제어 시스템과 이를 능동적으로 제어하는 통합제어 시스템 설계 기술
	라. 전기동력 자동차의 구동시스템 고효율화 기술: 전기동력 자동차에서 전기에너지를 운동에너지로 변환시키는 모터와 구동력을 바퀴에 전달하기 위한 감속기·변속기 등 구동시스템을 고효율화하는 기술
	마. 전기동력 자동차의 전력변환 및 충전 시스템 기술: 최대 출력 100kW급 이상, 최대 효율 92% 이상을 만족하는 전기동력 자동차 급속충전용 전력변환장치와 전기동력 자동차와 연결되는 충전 인터페이스장치를 설계·제조하는 기술
7. 바이오의약품 (2023. 8. 29. 신설)	가. 바이오 신약[바이오 베터(Bio Better)를 포함한다. 이하 이 호에서 같다] 후보물질 발굴 및 바이오 신약 제조 기술: 유전자재조합기술, 세포배양·정제·충전 기술 등 새로운 생명공학 기술을 이용하여 생명체에서 유래된 단백질·호르몬·펩타이드·핵산·핵산유도체 등의 원료 및 재료를 확보하여 작용기전을 증명하고 안전성 및 유효성이 최적화된 바이오 신약(단백질의약품·유전자치료제·항체치료제·세포치료제) 후보물질을 발굴·이용·개발하는 기술과 바이오 신약을 제조하는 기술
	나. 바이오시밀러 제조 및 개량 기술: 바이오시밀러의 고수율(배양단계 1g/L 이상) 제조공정 기술과 서열변경, 중합체 부가, 제제변형 등의 방법으로 바이오시밀러의 활성, 안정성, 지속성을 개량하여 새로운 기능 및 효능을 부여하는 기술
	다. 비임상 시험 기술: 세포·동물 모델로 바이오 신약 후보물질의 안전성·유효성을 평가하는 비임상 시험 기술

분야	국가전략기술
7. 바이오 의약품 (2023. 8. 29. 신설)	라. 임상약리시험 평가기술(임상1상 시험): 바이오 신약, 바이오시밀러[R&D비용이 매출액의 2% 이상이고, 국가전략기술 R&D비용(바이오시밀러 임상비용 포함)이 전체 R&D비용의 10% 이상인 기업의 임상시험으로 한정한다. 이하 마목 및 바목에서 같다] 후보물질의 초기 안정성, 내약성, 약동학적, 약력학적 평가 및 약물대사와 상호작용 평가, 초기 잠재적 치료효과 추정을 위한 임상약리시험 평가기술
	마. 치료적 탐색 임상평가기술(임상2상 시험): 바이오 신약, 바이오시밀러 후보물질의 용량 및 투여기간 추정 등 치료적 유용성 탐색을 위한 평가기술
	바. 치료적 확증 임상평가기술(임상3상 시험): 바이오 신약, 바이오시밀러 후보물질의 안전성, 유효성 등 치료적 확증을 위한 평가기술
	사. 바이오의약품 원료·소재 제조기술: 바이오의약품을 생산하기 위한 세포 배양 관련 소재(배지, 첨가물 등), 분리·정제·농축을 위해 사용하는 바이오 필터 소재 및 완제품 생산을 위해 제형화에 필요한 원부자재 등의 제조기술
	사. 바이오의약품 원료·소재 제조기술: 바이오의약품을 생산하기 위한 세포 배양 관련 소재(배지, 첨가물 등), 분리·정제·농축을 위해 사용하는 바이오 소재(버퍼, 필터) 및 완제품 생산을 위해 제형화에 필요한 원부자재 등의 제조기술 (2025. 2. 28. 개정)
	아. 바이오의약품 부품·장비 설계·제조기술 : 바이오의약품 생산·제조 장비와 바이오의약품 품질 분석 및 환경관리에 필요한 장비·부품 설계·제조기술

비고: 위 표에서 소재·부품·장비는 「소재·부품·장비산업 경쟁력 강화 및 공급망 안정화를 위한 특별조치법 시행령」 제2조 제1호 또는 제2호에 해당하는 소재·부품·장비를 말한다. (2025. 2. 28. 신설)

[별표 8] 삭 제 (2017. 2. 7.)

[별표 9] 삭 제 (2012. 2. 2.)

[별표 10] 삭 제 (2012. 2. 2.)

[별표 11] 근로장려금 산정표(제100조의 6 제5항 관련) (2025. 2. 28. 개정)
생 략

[별표 11의 2] (2024. 2. 29. 개정)

자녀장려금 산정표(제100조의 29 제1항 관련)

(단위 : 원)

총급여액등		가구원 구성에 따른 자녀장려금	
이상	미만	홑벌이 가구	맞벌이 가구
40,000	6,000,000	1,000,000	해당없음
6,000,000	21,000,000	1,000,000	1,000,000
21,000,000	21,500,000	1,000,000	1,000,000
21,500,000	22,000,000	995,000	1,000,000
22,000,000	22,500,000	990,000	1,000,000
22,500,000	23,000,000	985,000	1,000,000
23,000,000	23,500,000	980,000	1,000,000
23,500,000	24,000,000	975,000	1,000,000
24,000,000	24,500,000	970,000	1,000,000
24,500,000	25,000,000	965,000	1,000,000
25,000,000	25,500,000	960,000	1,000,000
25,500,000	26,000,000	955,000	995,000
26,000,000	26,500,000	949,000	989,000
26,500,000	27,000,000	944,000	984,000
27,000,000	27,500,000	939,000	978,000
27,500,000	28,000,000	934,000	973,000
28,000,000	28,500,000	929,000	967,000
28,500,000	29,000,000	924,000	962,000
29,000,000	29,500,000	919,000	956,000
29,500,000	30,000,000	914,000	950,000
30,000,000	30,500,000	909,000	945,000
30,500,000	31,000,000	904,000	939,000
31,000,000	31,500,000	898,000	934,000
31,500,000	32,000,000	893,000	928,000

총급여액등		가구원 구성에 따른 자녀장려금		총급여액등		가구원 구성에 따른 자녀장려금	
이상	미만	홑벌이 가구	맞벌이 가구	이상	미만	홑벌이 가구	맞벌이 가구
32,000,000	32,500,000	888,000	923,000	46,000,000	46,500,000	745,000	767,000
32,500,000	33,000,000	883,000	917,000	46,500,000	47,000,000	740,000	762,000
33,000,000	33,500,000	878,000	912,000	47,000,000	47,500,000	735,000	756,000
33,500,000	34,000,000	873,000	906,000	47,500,000	48,000,000	730,000	750,000
34,000,000	34,500,000	868,000	900,000	48,000,000	48,500,000	725,000	745,000
34,500,000	35,000,000	863,000	895,000	48,500,000	49,000,000	720,000	739,000
35,000,000	35,500,000	858,000	889,000	49,000,000	49,500,000	715,000	734,000
35,500,000	36,000,000	853,000	884,000	49,500,000	50,000,000	710,000	728,000
36,000,000	36,500,000	847,000	878,000	50,000,000	50,500,000	705,000	723,000
36,500,000	37,000,000	842,000	873,000	50,500,000	51,000,000	699,000	717,000
37,000,000	37,500,000	837,000	867,000	51,000,000	51,500,000	694,000	712,000
37,500,000	38,000,000	832,000	862,000	51,500,000	52,000,000	689,000	706,000
38,000,000	38,500,000	827,000	856,000	52,000,000	52,500,000	684,000	700,000
38,500,000	39,000,000	822,000	850,000	52,500,000	53,000,000	679,000	695,000
39,000,000	39,500,000	817,000	845,000	53,000,000	53,500,000	674,000	689,000
39,500,000	40,000,000	812,000	839,000	53,500,000	54,000,000	669,000	684,000
40,000,000	40,500,000	807,000	834,000	54,000,000	54,500,000	664,000	678,000
40,500,000	41,000,000	802,000	828,000	54,500,000	55,000,000	659,000	673,000
41,000,000	41,500,000	796,000	823,000	55,000,000	55,500,000	654,000	667,000
41,500,000	42,000,000	791,000	817,000	55,500,000	56,000,000	648,000	662,000
42,000,000	42,500,000	786,000	812,000	56,000,000	56,500,000	643,000	656,000
42,500,000	43,000,000	781,000	806,000	56,500,000	57,000,000	638,000	650,000
43,000,000	43,500,000	776,000	800,000	57,000,000	57,500,000	633,000	645,000
43,500,000	44,000,000	771,000	795,000	57,500,000	58,000,000	628,000	639,000
44,000,000	44,500,000	766,000	789,000	58,000,000	58,500,000	623,000	634,000
44,500,000	45,000,000	761,000	784,000	58,500,000	59,000,000	618,000	628,000
45,000,000	45,500,000	756,000	778,000	59,000,000	59,500,000	613,000	623,000
45,500,000	46,000,000	750,000	773,000	59,500,000	60,000,000	608,000	617,000

총급여액등		가구원 구성에 따른 자녀장려금	
이상	미만	홑벌이 가구	맞벌이 가구
60,000,000	60,500,000	603,000	612,000
60,500,000	61,000,000	597,000	606,000
61,000,000	61,500,000	592,000	600,000
61,500,000	62,000,000	587,000	595,000
62,000,000	62,500,000	582,000	589,000
62,500,000	63,000,000	577,000	584,000
63,000,000	63,500,000	572,000	578,000
63,500,000	64,000,000	567,000	573,000
64,000,000	64,500,000	562,000	567,000
64,500,000	65,000,000	557,000	562,000
65,000,000	65,500,000	552,000	556,000
65,500,000	66,000,000	546,000	550,000
66,000,000	66,500,000	541,000	545,000
66,500,000	67,000,000	536,000	539,000
67,000,000	67,500,000	531,000	534,000
67,500,000	68,000,000	526,000	528,000
68,000,000	68,500,000	521,000	523,000
68,500,000	69,000,000	516,000	517,000
69,000,000	69,500,000	511,000	512,000
69,500,000	69,999,990	506,000	506,000

비고: 법 제100조의 3 제1항 제4호에 따른 가구원 재산의 합계액이 1억7천만원 이상인 경우의 자녀장려금은 위 표에 따른 금액의 100분의 50에 해당하는 금액으로 한다.

[별표 12] (2024. 6. 4. 개정 ; 강원특별~부칙, 2024. 12. 24. 개정 ; 전북특별~부칙)

고향주택 소재 지역 범위(제99조의 4 제2항 관련)

구 분	시 (26개)
충청북도	제천시
충청남도	계룡시, 공주시, 논산시, 보령시, 당진시, 서산시
강원특별자치도 (2024. 6. 4. 개정 ; 강원특별~부칙)	동해시, 삼척시, 속초시, 태백시
전북특별자치도 (2024. 12. 24. 개정 ; 전북특별~부칙)	김제시, 남원시, 정읍시
전라남도	광양시, 나주시
경상북도	김천시, 문경시, 상주시, 안동시, 영주시, 영천시
경상남도	밀양시, 사천시, 통영시
제주도	서귀포시

비고 : 위 표는 「통계법」 제18조에 따라 통계청장이 통계작성에 관하여 승인한 주민등록인구 현황(2015년 12월 주민등록인구 기준)을 기준으로 인구 20만명 이하의 시를 열거한 것임.

[별표 13] (2014. 2. 21. 신설)

외국인투자 조세감면 배제국가(제116조의 2 제13항 관련)

1. 레바논
2. 보츠와나
3. 도미니카 연방
4. 과테말라
5. 나우루
6. 니우에
7. 트리니다드 토바고
8. 키프로스
9. 세이셸

[별표 14] (2021. 11. 9. 개정)

상가임대료를 인하한 임대사업자에 대한 세액공제를 적용받지 못하는 임차소상공인의 업종(제96조의 3 제3항 제1호 다목 관련) (2021. 11. 9. 제목개정)

다음 각 호의 어느 하나에 해당하는 업종 또는 사업
1. 다음 각 목의 구분에 따른 업종

업종분류	분류코드	세액공제 적용배제 업종
가. 제조업	C33402	영상게임기 제조업(도박게임 등 사행행위에 사용되는 영상게임기로 한정한다)
	C33409	기타 오락용품 제조업(도박게임 등 사행행위에 사용되는 오락용품으로 한정한다)
나. 정보통신업	J5821	게임 소프트웨어 개발 및 공급업(도박게임 등 사행행위에 사용되는 게임소프트웨어로 한정한다)
다. 금융 및 보험업	K64	금융업
	K65	보험 및 연금업
	K66	금융 및 보험 관련 서비스업[「전자금융거래법」 제2조 제1호에 따른 전자금융업무, 「자본시장과 금융투자업에 관한 법률」 제9조 제27항에 따른 온라인소액투자중개 및 「외국환거래법 시행령」 제15조의 2 제1항에 따른 소액해외송금업무를 업으로 영위하는 업종 중 그 외 기타 금융지원 서비스업(66199)은 제외한다]
라. 부동산업	L68	부동산업[부동산 관리업(6821) 및 부동산 중개 및 대리업(68221)은 제외한다]
마. 공공행정, 국방 및 사회보장 행정	O84	공공행정, 국방 및 사회보장 행정
바. 교육 서비스업	P851	초등 교육기관
	P852	중등 교육기관
	P853	고등 교육기관
	P854	특수학교, 외국인학교 및 대안학교
사. 예술, 스포츠 및 여가관련 서비스업	R9124	사행시설 관리 및 운영업
아. 협회 및 단체, 수리 및 기타 개인 서비스업	S94	협회 및 단체
자. 가구 내 고용활동 및 달리 분류되지 않은 자가소비 생산활동	T97	가구 내 고용활동
	T98	달리 분류되지 않은 자가소비를 위한 가구의 재화 및 서비스 생산활동
차. 국제 및 외국기관	U99	국제 및 외국기관

비고 : 업종분류, 분류코드 및 세액공제 적용배제 업종은 「통계법」 제22조에 따라 통계청장이 고시하는 「한국표준산업분류」에 따른다.

2. 「개별소비세법」 제1조 제4항에 따른 과세유흥장소를 경영하는 사업

조세특례제한법 시행규칙 별표

[별표 1] (2025. 3. 21. 개정)

건축물 등 사업용 유형자산(제12조 제1항 관련)

구 분	구조 또는 자산명
1	차량 및 운반구, 공구, 기구 및 비품
2	선박 및 항공기
3	연와조, 블록조, 콘크리트조, 토조, 토벽조, 목조, 목골모르타르조, 철골·철근콘크리트조, 철근콘크리트조, 석조, 연와석조, 철골조, 기타 조의 모든 건물(부속설비를 포함한다)과 구축물

비고
1. 제1호를 적용할 때 취득가액이 거래단위(취득한 자가 그 취득한 자산을 독립적으로 사업에 직접 사용할 수 있는 것)별로 20만원 이상으로서 그 고유업무의 성질상 대량으로 보유하고 그 자산으로부터 직접 수익을 얻는 비품은 제1호의 비품에 포함하지 않는다.
2. 제3호를 적용할 때 부속설비에는 해당 건물과 관련된 전기설비, 급배수·위생설비, 가스설비, 냉방·난방·통풍 및 보일러설비, 승강기설비 등 모든 부속설비를 포함한다. 다만, 다음 각 목의 어느 하나에 해당하는 설비는 제외한다. (2025. 3. 21. 단서신설)
　가. 바이오의약품 제조 공정에 따라 기계 및 장치를 연결하는 배관시설 (2025. 3. 21. 신설)
　나. 바이오의약품 제조 공정에 사용되는 제약용수 관련 설비(정제수설비, 제조용수시스템, 순수증기제조기, 초순수제조장치 및 과산화수소훈증기를 포함한다) (2025. 3. 21. 신설)
3. 제3호를 적용할 때 구축물에는 하수도, 굴뚝, 경륜장, 포장도로, 교량, 도크, 방벽, 철탑, 터널 그 밖에 토지에 정착한 모든 토목설비나 공작물을 포함하되, 기계·장치 등 설비에 필수적이고 전용으로 사용되는 구축물은 제외한다.

[별표 1의 2] (2021. 3. 16. 개정)

소득세 감면 대상 학문분야 예시(제9조 및 제10조 관련) (2021. 3. 16. 제목개정)

구 분	학문분야	세부분야
1. 자연과학단	가. 수학	대수학·이산수학·정보수학, 위상수학·기하학, 응용수학, 응용통계, 해석학, 확률·이론통계
	나. 물리학	광학·원자물리·분자물리, 응집물질물리1(유전체·강상관계), 응집물질물리2(반도체·자성체), 응집물질물리3(나노·초전도체), 입자·장물리·천체물리, 통계물리·복합물리, 핵물리·플라즈마
	다. 화학	무기화학, 유기화학·생화학, 물리화학, 분석화학, 나노화학, 고분자화학, 전기화학·광화학·융합화학
	라. 지구과학	지구·지질과학, 대기과학, 해양·극지과학, 천문·우주과학
2. 생명과학단	가. 분자생명	분자생물학, 신경생물학, 발생생물학, 구조생물 및 생물물리학, 유전자발현, 감염생물학, 노화·암생물학, 면역학
	나. 기초생명	세포생물학, 유전학, 생화학, 생리학, 식물학, 미생물학, 분류·생태·환경생물학
	다. 기반생명	생물공학, 식량작물 및 원예작물, 응용생물화학, 농림생태환경, 동물자원학, 수의학, 수산학, 식품학, 영양학
3. 공학단	가. 기계	설계생산, 열공학, 유체공학, 응용역학, 자동화계측, 기계가공
	나. 건설·교통	건축계획 및 설계, 건축시공재료, 건축설비환경, 건축구조, 토목구조·시공·재료공학, 지반공학, 수공학, 교통·측량
	다. 재료	금속재료, 반도체·전자재료, 세라믹재료, 나노·융복합 소재
	라. 화공	화학공정, 화공재료공정, 생물공정, 섬유공학, 고분자공학

구 분	학문분야	세부분야
4. 정보통신 기술(ICT) · 융합 연구단	가. 전기 · 전자	전력기술 · 기기, 계측 · 제어, 집적회로, 반도체소자, 광소자, 신호처리
	나. 통신	전자기 · 통신부품, 통신(원천), 통신(응용), 컴퓨터네트워크
	다. 컴퓨터 · 소프트웨어	정보보안, 컴퓨터시스템 · 처리, 소프트웨어, 인공지능, 영상 · 그래픽스, 데이터베이스 · 정보처리
	라. 정보기술융합	정보 · 콘텐츠융합, 시스템융합, 최적화 및 데이터융합
	마. 바이오 · 의료 융합	기기, 센싱 및 나노바이오물질, 재료, 뇌인지과학
	바. 에너지 · 환경 융합	폐기물 및 자원재활용, 수질 및 대기질관리, 차세대에너지
	사. 산업기술융합	산업공학, 지속가능과학, 융합문제해결기술, 감성공학, 생활과학
5. 의약학단	가. 기초의학	분자세포의학, 감염의학, 면역의학, 인체시스템의학, 약리의학, 재생의학, 종양의학, 신경의학, 유전 및 유전체의학
	나. 응용의학	정신의학, 소화기의학, 대사 · 내분비의학, 심혈관 · 혈액 · 신장 · 호흡기의학, 병리 · 진단의학, 방사선의학, 외상 및 응급중증의학, 근골격계 및 재활의학, 생식발달의학, 안과학, 이비인후과학, 피부과학, 예방 및 직업환경의학
	다. 치의학	두개안면 생물학, 두개안면 형태 · 병태 · 재생학, 예방보건 · 재료 · 응용기초
	라. 한의학	기초한의학, 응용한의학
	마. 간호학	기초간호 및 임상간호중재, 건강관리 및 예방간호중재
	바. 약학	기초생명약학, 응용생명약학, 약품화학 및 천연물, 물리약학 및 약제학

[별표 2] (2021. 3. 16. 개정)

환경보전시설(제12조 제2항 제3호 관련)

구 분	적용범위
1. 대기오염방지시설 및 무공해 · 저공해 자동차 연료공급시설	가. 「대기환경보전법」에 따른 대기오염방지시설, 휘발성 유기화합물질 및 비산먼지로 인한 대기오염을 방지하기 위한 시설 나. 「악취방지법」에 따른 악취방지시설 다. 「대기환경보전법」에 따른 무공해자동차나 저공해자동차의 연료공급시설
2. 소음 · 진동방지시설 및 방음시설, 방진 시설	「소음 · 진동관리법」에 따른 소음 · 진동방지시설, 방음시설, 방진시설
3. 가축분뇨 처리시설	「가축분뇨의 관리 및 이용에 관한 법률」에 따른 처리시설
4. 오수처리시설	「하수도법 시행령」에 따른 오수처리시설
5. 수질오염방지시설	「물환경보전법」에 따른 폐수배출시설로부터 배출되는 폐수를 처리하기 위한 시설
6. 폐기물처리시설 및 폐기물 감량화시설	「폐기물관리법」에 따른 폐기물처리시설 및 폐기물감량화시설
7. 건설폐기물 처리시설	「건설폐기물의 재활용촉진에 관한 법률」에 따른 건설폐기물 처리시설
8. 재활용시설	「자원의 절약과 재활용촉진에 관한 법률」에 따른 재활용시설
9. 해양오염방제업의 선박 · 장비 · 자재	「해양환경관리법」에 따른 오염방지 · 오염물질 처리시설 및 방제시설
10. 탈황시설	「석유 및 석유대체연료 사업법」에 따른 석유 속에 함유된 황을 제거 또는 감소시키는 시설(중유를 재가공하여 유황성분의 제거 · 분해 · 정제 과정을 통해 휘발유 · 등유 또는 경유를 생산하는 시설은 제외한다)
11. 토양오염방지시설	「토양환경보전법」 제12조 제3항에 따른 토양오염방지시설(같은 법 시행령 제7조의 2 제2항에 따른 권장 설치 · 유지 · 관리기준에 적합한 것으로 한정한다)
12. 청정생산시설	「환경친화적 산업구조로의 전환촉진에 관한 법률」 제4조에 따른 산업환경실천과제에 포함된 청정생산시설(투자일 현재를 기준으로 한다)

구 분	적용범위
13. 온실가스 감축시설	다음 각 목의 어느 하나에 해당하는 기술이 적용된 시설 가. 이산화탄소(CO_2) 저장, 수송, 전환 및 포집기술 나. 메탄(CH_4) 포집, 정제 및 활용기술 다. 아산화질소(N_2O) 재사용 및 분해기술 라. 불소화합물(HFCs, PFCs, SF6) 처리, 회수 및 대체물질 제조기술

비고: 각 호에 따른 환경보전시설 및 공해물질의 배출시설에 부착된 측정시설을 포함한다.

[별표 3] (2021. 3. 16. 개정)

장애인·노인·임산부 등의 편의시설 등(제12조 제2항 제4호 다목 관련)

구 분	적용범위
1. 장애인·노인·임산부 등을 위한 편의시설	가. 장애인용 승강기, 장애인용 에스컬레이터, 휠체어 리프트, 시각 및 청각 장애인 유도·안내설비, 점자블록, 시각 및 청각 장애인 경보·피난설비, 장애인용 화장실에 설치되는 장애인용 대변기·소변기·세면대, 장애인 등이 이용 가능한 접수대·작업대 및 장애인 등이 출입가능한 자동문 나. 장애인 등이 통행할 수 있는 계단·경사로, 장애인 등이 이용할 수 있는 객실·침실 및 장애인 등이 이용할 수 있는 관람석·열람석
2. 버스, 기차 등 교통수단에 설치하는 편의시설	자동안내방송장치, 전자문자안내판, 휠체어승강설비
3. 통신시설	점자표시전화기, 큰문자버튼전화기, 음량증폭전화기, 보청기호환성전화기, 골도전화기(청각장애인을 위해 두개골에 진동을 주는 방법으로 통화가 가능한 전화기를 말한다)
4. 장애인의 직업생활을 위한 편의시설	가. 장애인용으로 제작된 작업대 및 작업장비(작업물 운송 및 운반장치, 특수작업의자, 휠체어용 작업테이블, 경사각작업테이블, 높낮이 조절 작업 테이블) 나. 장애인용으로 제작된 작업보조공학기기(청각장애인용 신호장치, 소리증폭장치, 화상전화기, 문자전화기, 보완대체의사소통장치, 특수키보드, 특수마우스, 점자정보단말기, 점자프린트,

구 분	적용범위
4. 장애인의 직업생활을 위한 편의시설	음성지원카드, 컴퓨터 화면확대 소프트웨어, 확대독서기, 문서인식 소프트웨어, 음성메모기, 대형모니터) 다. 장애인근로자의 통근용 승합자동차 및 특수설비 라. 의무실 또는 물리 치료실 등 장애인 고용에 필요한 부대시설(장애인근로자가 10명 이상이고 전체 근로자의 100분의 30 이상일 경우에 한정한다)

비고 1. 제1호 나목에 규정된 시설의 경우에는 장애인 등이 이용 가능하도록 건물 등의 구조를 변경함에 따라 발생하는 비용에 한정한다.
　　2. 장애인·노인·임산부등의 편의시설은 「장애인·노인·임산부 등의 편의증진보장에 관한 법률 시행령」 별표 1에 따른 편의시설의 구조·재질 등에 관한 세부기준에 적합한 것에 한정한다.

[별표 4] (2025. 3. 21. 개정)

안전시설(제12조 제2항 제5호 관련)

구 분	적용범위
1. 산업재해예방시설	가. 「산업안전보건법」 제38조에 따른 안전조치 및 같은 법 제39조에 따른 보건조치를 위해 필요한 시설 나. 「도시가스사업법 시행규칙」 제17조에 따른 가스공급시설의 안전유지를 위한 시설 다. 「액화석유가스의 안전관리 및 사업법 시행규칙」 제12조에 따른 액화석유가스 공급시설 및 저장시설의 안전유지를 위한 시설 라. 「화학물질관리법 시행규칙」 제21조 제2항에 따른 유해화학물질 취급시설의 안전유지를 위한 시설 마. 「위험물안전관리법」 제5조 제4항에 따른 제조소·저장소 및 취급소의 안전유지를 위한 시설 바. 「집단에너지사업법」 제21조에 따른 집단에너지 공급시설의 안전유지를 위한 시설 사. 「송유관안전관리법 시행규칙」 제5조 제1호에 따른 송유관의 안전설비

구 분	적용범위
2. 화재예방·소방 시설	가. 「소방시설 설치 및 관리에 관한 법률」 제2조 제1항 제1호에 따른 소방시설 (2025. 3. 21. 개정) 나. 「소방장비관리법 시행령」 별표 1에 따른 소방자동차(「위험물안전관 리법」 제19조에 따라 자체소방대를 설치해야 하는 사업소의 관계인 이 설치하는 화학소방자동차는 제외한다)
3. 광산안전시설	「광산안전법 시행령」 제4조 제1항에 따른 안전조치를 위해 필요한 시설 및 같은 법 시행규칙 제2조 각 호의 어느 하나 해당하는 장비
4. 내진보강시설	「지진·화산재해대책법 시행규칙」 제3조의 4에 따라 내진성능 확인을 받은 건축물에 보강된 시설(기존 건물의 골조에 앵커 등 연결재로 접 합·일체화하여 기존부와 보강부를 영구히 접합시키는 경우로 한정한다)
5. 비상대비시설	「비상대비에 관한 법률」 제11조에 따라 중점관리대상으로 지정된 자가 정부의 시설 보강 및 확장 명령에 따라 비상대비업무를 수행하기 위해 보강하거나 확장한 시설 (2023. 3. 20. 개정)

[별표 5] (2021. 3. 16. 개정)

유통산업합리화시설(제12조 제3항 제4호 관련)

구 분	적용범위
1. 저온보관고	농수산물과 그 가공품을 위한 저온보관고
2. 운반용 화물 자동차	적재정량 1톤 이상의 상품운반화물자동차로 냉장·냉동·보냉이나 인양장 비가 된 것
3. 무인반송차	컴퓨터시스템에 의하여 물품을 필요로 하는 위치까지 자동으로 반송하는 기 능을 갖춘 무인 반송시스템
4. 창고시설 등	물품의 보관·저장 및 반출을 위한 창고로서 「건축법 시행령」 별표 1 제18 호 가목의 창고(상품의 보관·저장 및 반출이 자동적으로 이루어질 수 있도 록 시스템화된 창고시설을 포함한다) 및 물품의 보관·저장 및 반입·반출 을 위한 탱크시설(지상 또는 지하에 고정설치된 것에 한정하고, 탱크시설에 필수적으로 부수되는 배관시설 등을 포함한다)
5. 선반(랙)	파렛트화물을 보관·저장하는 선반(랙)

구 분	적용범위
6. 파렛트트럭	파렛트화물을 창고내·외에서 운반하는 전동식 파렛트트럭
7. 컨테이너와 컨테이너 하역·운반 장비	물품수송에 직접 사용되는 컨테이너, 지게차, 부두 위에 설치되어 컨테이너 선박으로부터 컨테이너를 하역하거나 부두에 있는 컨테이너를 선박에 선적 하는 컨테이너크레인(Container crane)과 하버크레인(Habor crane), 장치장 에 운반되어진 컨테이너를 적재 또는 반출하는 데 사용되는 트랜스퍼크레인 (Transfer crane), 부두와 장치장 사이에서 야드샤시(Yard chassis)를 견인 하여 컨테이너를 운반하는 야드트랙터(Yard tractor) 및 유압식 지브크레인 이 설치된 형상으로 크레인 끝에 스프레이더를 장착한 컨테이너핸들러로 컨 테이너를 하역하는 리치스태커(Reach Stacker)
8. 초대형 화물 하역장비	모듈 트레일러(Module Trailer), 트랜스포터(Transporter)

[별표 5의 2] 삭 제 (2021. 3. 16.)

[별표 5의 3] 삭 제 (2021. 3. 16.)

[별표 5의 4] 삭 제 (2021. 3. 16.)

[별표 5의 5] 삭 제 (2021. 3. 16.)

[별표 6] (2025. 3. 21. 개정)

신성장·원천기술을 사업화하는 시설(제12조의 2 제1항 관련)

영 별표 7의 기술			사업화 시설
구분	분야	신성장·원천기술	
1. 미래형 자동차	가. 자율 주행차	주행상황 인지 센서 기술	주행상황을 인지하는 차량탑재용 비전(vision) 센서(sensor), 레이더(radar) 센서, 레이저 스캐너(laser scanner) 센서를 제작하는 시설
	가. 삭 제 (2023. 6. 7.)		
	나. 전기 구동차	1) 전기동력 자동차의 구동 시스템 고효율화 기술	전기동력 자동차에서 전기에너지를 운동에너지로 변환시키는 모터와 구동력을 휠에 전달하기 위한 감속기·변속기 등을 고효율화 하는 구동시스템을 제조하는 시설
		2) 전기동력 자동차의 전력변환 및 충전 시스템 기술	최대 출력 100kW급 이상, 최대 효율 92% 이상을 만족하는 전기동력 자동차 급속충전용 전력변환장치와, 전기동력 자동차와 자동으로 연결되는 유·무선 충전 인터페이스장치를 설계·제조하는 시설
		1)~2) 삭 제 (2023. 6. 7.)	
		3) 전기차 초고속·고효율 무선충전 기술	전기구동방식 자동차와 관련하여 감전위험이 없는 비접촉 무선 전력전송 방식(자기유도, 자기공명, 전자기파)으로 배터리를 충전하기 위한 전력 전송효율 90% 이상의 초고속 고효율 무선충전시스템 및 무선충전 핵심모듈(급전 인버터, 집전 픽업구조, 레귤레이터)을 제작하는 시설
		4) 초고효율 하이브리드 시스템 기술	하이브리드자동차(HEV)의 연비 향상, 배출가스 감축 등을 위해 엔진 열효율(공급된 연료에너지에 대해 출력되는 유효일의 비를 말한다)을 45% 이상으로 구현하기 위한 하이브리드 구동시스템을 설계·제조하는 시설

영 별표 7의 기술			사업화 시설
구분	분야	신성장·원천기술	
2. 지능 정보	가. 인공지능	인지컴퓨팅 기술 (2023. 3. 20. 개정)	인공지능 알고리즘(algorithm) 처리가 용이하도록 초고성능 연산 플랫폼(Platform)을 제공하는 컴퓨터 하드웨어를 제조하는 시설
	마. 착용형 스마트 기기	1) 신체 부착형 전자회로의 유연기판 제작기술 및 유연회로 인쇄기술	스마트 착용형기기(wearable device)에 사용되는 신체 부착형 전자회로의 유연기판을 제작하는 시설
		2) 유연한 양·음극 소재 및 전극 설계·제조기술	20퍼센트 이상의 변형 시에도 기계적·전기화학적 신뢰성 확보가 가능하며 100㎛ 후박급의 착용형기기(wearable device)에 전원용으로 사용되는 유연한(flexible) 양·음극 소재 및 해당 전극을 제조하는 시설
		3) 섬유기반 유연전원(fabric based flexible battery) 제조 기술	유연 성능이 4.5g·㎠/㎝이상으로 변형에 대한 형태 안정성이 우수한 유연전원(fabric based flexible battery)으로서, 에너지 밀도가 100Wh/kg 이상으로 고효율·고수명의 성능을 가진 섬유기반 유연전원을 제조하는 시설
		4) 전투기능 통합형 작전용 첨단디지털 의류기술	군사 및 경찰 작전 등의 특수 임무를 수행하는 데 필요한 극한기능과 신호전송기능 및 신체보호기능을 갖춘 총체적 디지털 기능 전투복을 제조하는 시설
	바. IT 융합	1) 지능형 전자항해 기술	IMO(International Maritime Organization, 국제해사기구)의 e-Navigation 구현을 목적으로 장소에 구애받지 않고 4S(ship to ship, ship to shore, shore to ship, shore to shore) 통신을 구현하는 통신단말장치를 제작하는 시설

구분	분야	신성장·원천기술	사업화 시설
			영 별표 7의 기술
2. 지능정보	바. IT 융합	2) 지능형 기계 및 자율협업 기술	생산설비의 품질(상태)정보 및 공정조건을 실시간으로 분석하여 최적의 작업상태를 제공할 수 있는 진단·처방정보를 바탕으로 생산설비를 원격으로 제어하는 개방형 제어기(controller), M2M(Machine to Machine, Machine to Man, 기계 간의 통신 및 인간이 작동하는 기계와의 통신) 디바이스(device) 및 개방형 컨트롤러 디바이스를 탑재하여 자동으로 상태감시·진단·제어기능을 하는 지능형 기계를 제조하는 시설
	아. 양자컴퓨터	양자컴퓨터 제작 및 활용 기술	양자 정보를 처리할 수 있는 메모리(큐비트, Qubit)를 구현하고, 큐비트간 연산처리가 가능한 장치를 제조하는 시설
	자. 스마트물류	지능형 콜드체인 모니터링 기술 (2023. 3. 20. 신설)	화물의 운송 과정에서 온도, 습도, 충격 등의 상태 데이터를 정보수집 장치를 통해 수집 및 저장하고, 이를 국제표준 ISO 27017에 따라 보안성이 검증된 클라우드 서버로 전송하여 단위 화물 정보와 연동하고 이를 소프트웨어상에서 모니터링하는 장치를 제조하는 시설
5. 차세대 전자정보 디바이스	가. 지능형 반도체·센서	1) SoC 파운드리 제조, 후공정 및 장비 제작 기술	SoC(System on Chip) 반도체 파운드리(Foundry) 장비를 제작하는 시설 및 파운드리 분야의 7nm 이하급 제조 시설
		2) 차세대 메모리반도체 제조기술과 소재·장비 및 장비부품의 설계·제조 기술	기존 메모리반도체인 D램(DRAM)과 낸드 플래시메모리(Nand Flash Memory)의 장점을 조합한 STT-MRAM(Spin Transfer Torque-Magnetic Random Access Memory), PRAM(Phase-change Random Access Memory), ReRAM(Resistive Random Access Memory) 등 차세대 메모리반도체 제조 시설 및 이와 관련된 소재·장비 및 장비부품을 제조하는 시설

구분	분야	신성장·원천기술	사업화 시설
			영 별표 7의 기술
5. 차세대 전자정보 디바이스	가. 지능형 반도체·센서	3) 지능형 마이크로 센서 기술	물리적·화학적인 아날로그(analogue) 정보를 얻는 감지부와 논리·판단·통신기능을 갖춘 지능화된 신호처리 집적회로가 결합된 소자로서 나노기술, MEMS[Micro Electro Mechanical System, 기계부품·센서(sensor)·액츄에이터(actuator) 및 전자회로를 하나의 기판 위에 집적화)] 기술, 바이오 기술, 0.8 μm 이하 CMOS 이미지센서 기술 또는 SoC(System on Chip) 기술이 결합된 초소형 고성능 센서를 제조하는 시설
		4) 차량용 반도체 설계·제조기술	자동차 기능안전성 국제표준 ISO26262, 자동차용 반도체 신뢰성 시험규격 AEC-Q100을 만족하는 MCU(Micro Controller Unit), ECU(Electronic Control Unit), 파워IC, SOC, 하이브리드/전기차 및 자율주행용 IC 반도체를 제조하는 시설
		5) 에너지효율향상 반도체 설계·제조기술	실리콘 기반의 MOSFET(MOS Field-Effect Transistor)에 비해 저저항·고효율 특성을 지니며 차세대 응용 분야(전기차, 하이브리드카, 태양광, 풍력발전 등 신재생에너지, 스마트그리드 등) 인버터 등에 탑재되는 SJ(Super Junction) MOSFET, IGBT(Insulated Gate Bipolar Transistor), SiC(Silicon Carbide) MOSFET을 제조하는 시설
		6) 에너지효율향상 전력 반도체 BCDMOS 설계·제조 기술	실리콘 기반의 저저항·고효율 특성을 지니며 차세대 응용 분야(5G, 전기차, 하이브리드카, 태양광, 풍력발전 등 신재생에너지, 스마트그리드 등)에 탑재되는 아날로그, 디지털 로직, 파워소자를 원칩화한 초소형·초절전 전력반도체 0.13μm 이하 BCDMOS(Bipolar/Complementary/Double-diffused metal-oxide-semiconductor) 설계 및 제조를 위한 시설

영 별표 7의 기술			사업화 시설
구분	분야	신성장·원천기술	
5. 차세대 전자 정보 디바이스	가. 지능형 반도체·센서	7) 웨이퍼레벨 칩 패키징 공정기술	LED 칩을 미세 패턴이 가공된 열전도성이 높은 웨이퍼 위에서 일련의 공정을 통해 패키징한 후 다이싱(dicing)하여 칩 패키지를 제조하는 시설
	나. 반도체 등 소재·부품	1) 포토레지스트 개발 및 제조기술	반도체 및 디스플레이용 회로형성에 필요한 리소그래피(lithography)용 수지로서 회로의 내열성, 전기적 특성, 현상(Developing) 특성을 좌우하는 Photoresist 및 관련 소재를 제조하는 시설 [ArF(불화아르곤) 광원용 및 EUV(극자외선) 광원용]
		2) 원자층증착법(ALD) 및 화학증착법(CVD)을 위한 고유전체(High-k dielectric)용 전구체 개발 기술	기존의 이산화규소(SiO2)보다 우수한 유전특성을 갖는 박막제조를 위해 증착공정[ALD(Atomic Layer Deposition), CVD(Chemical Vapor Deposition)]에 사용되는 전구체(금속을 포함하고 있는 용액)를 제조하는 시설
		3) 고순도 불화수소 개발 및 제조기술	반도체 회로형성에 필요한 순도 99.999%(5N) 이상의 고순도 불화수소를 제조하는 시설
		4) 블랭크 마스크(Blank Mask) 개발 및 제조기술	ArF(불화아르곤) 광원 및 EUV(극자외선) 광원을 이용하여 반도체 회로를 형성하는데 사용되는 블랭크마스크 원판 및 관련 소재(펠리클(Pelllicle), 합성 쿼츠, 스터러링용 타겟 등을 포함)를 제조하는 시설
		5) 반도체용 기판 개발 및 제조기술	14nm 이하급 D램(DRAM)과 170단 이상 낸드플래시 메모리 및 에피텍셜 반도체용 기판을 제조하는 시설
		6) 첨단 메모리반도체 장비 및 장비부품의 설계·제조 기술	14nm 이하급 D램(DRAM)과 170단 이상 낸드 플래시메모리 양산을 위한 장비·장비부품을 제조하는 시설

영 별표 7의 기술			사업화 시설
구분	분야	신성장·원천기술	
5. 차세대 전자 정보 디바이스	나. 반도체 등 소재·부품	7) 고기능성 인산 제조 기술	질화규소(SiNx), 산화규소(SiOx) 막질의 선택적인 식각이 가능한 고선택비(1,000이상) 인산계 식각액 제조시설
		8) 고순도 석영(쿼츠) 도가니 제조 기술	반도체 웨이퍼 제조용 용융 실리콘의 오염을 막기 위한 도가니 형태의 순도 99.999%(5N) 이상의 고순도 석영 용기(Quartz Crucible) 제조 시설
		9) 코트막형성재 개발 및 제조 기술	완성된 반도체 소자의 표면을 외부환경으로부터 보호하기 위해 사용하는 절연성을 가진 고감도(80mJ/㎠ 이하) 감광성 코팅 기술 또는 패키징 재배선(배선폭 7㎛ 이하) 형성 재료를 제조하는 시설
	다. 유기발광 다이오드(OLED: Organic Light Emitting Diode) 등 고기능 디스플레이	1) 9인치 이상 능동형 유기발광 다이오드(AMOLED) 패널·부품·소재·장비 제조 기술	저온폴리실리콘(LTPS) 또는 산화물(Oxide) TFT(전자이동도 8㎠/Vs 이상) 기판 상에 진공 증발 증착 또는 프린팅 방식으로 고화질(고해상도, 고색재현, 고균일, HRD)을 구현한 대화면(9인치 이상) AMOLED(Active Matrix Organic Light Emitting Diode) 패널을 제조하기 위한 시설(모듈조립 공정기술은 제외한다)과 AMOLED 패널을 제조하기 위한 부품·소재·장비를 제조하는 시설
		2) 대기압 플라즈마 식각 장비 기술	디스플레이를 제조할 목적으로 대기압에서 플라즈마(plasma)를 발생시켜 박막을 식각하는 장비를 제조하는 시설
		3) 플렉서블 디스플레이 패널·부품·소재·장비 제조 기술	플렉서블 디스플레이(유연성 또는 유연한 성질을 가지는 디스플레이로, 깨지지 않고 휘거나 말 수 있고 접을 수 있는 특성을 지닌 것을 말한다. 이하 같다)를 제조하는 시설 및 이를 제조하기 위해 공정별로 사용되는 부품·소재·장비를 제조하는 시설

영 별표 7의 기술			사업화 시설
구분	분야	신성장·원천기술	
5. 차세대 전자 정보 디바이스	다. 유기발광 다이오드 (OLED: Organic Light Emitting Diode) 등 고기능 디스플레이	4) 차세대 차량용 디스플레이 패널·부품·소재·장비 제조기술	굴곡된 형상으로 제조 가능하고, 동작온도 -30℃~95℃, 시인성 black uniformity 60% 이상을 만족하는 다결정 저온 폴리실리콘 (LTPS-LCD) 패널 및 이와 관련한 부품·소재 및 장비를 제조하는 시설
		5) 마이크로 LED 디스플레이 패널·부품·소재·장비 제조 기술	실리콘(Silicon) 또는 사파이어(Sapphire) 기판에 저결함 에피공정을 적용한 100㎛ 이하의 자발광 R/G/B 마이크로 LED 칩과 이를 이용한 픽셀·패널 및 이와 관련한 부품·소재 및 장비를 제조하는 시설
		6) VR·AR·MR용 디스플레이 패널·부품·소재·장비 제조 기술	가상현실, 증강현실, 혼합현실 기기에 사용되는 초고해상도(1,500ppi 이상) 디스플레이를 제조하기 위해 공정별로 사용되는 기술과 이와 관련한 부품·소재 및 장비를 제조하는 시설
		7) 친환경 QD (Quantum Dot) 나노 소재 적용 디스플레이 패널·부품·소재·장비 제조 기술	적은 소비전력으로 고색재현 및 화학적·열적 안정성 개선이 가능한 QD 나노 소재 적용 디스플레이를 제조하기 위해 공정별로 사용되는 기술을 적용한 시설과 이와 관련한 부품·소재 및 장비를 제조하는 시설
	라. 3D 프린팅	3D프린팅 소재개발 및 장비제조기술	3차원 디지털 설계도에 따라 액체수지, 금속분말 등 다양한 형태의 재료를 적층하여 제품을 생산하는 데 사용되는 소재 및 장비를 제조하는 시설
	마. AR 디바이스	AR 디바이스 제조 기술	실제의 이미지나 배경에 유의미한 상황 정보를 기반으로 한 영상·텍스트·소리 등의 가상정보를 나타내어 사용자의 경험이 증강되고 현실세계와 동기화할 수 있는 장비 및 관련 부품을 제조하는 시설

영 별표 7의 기술			사업화 시설
구분	분야	신성장·원천기술	
6. 차세대 방송 통신	가. 5세대 (5G: 5generation) 및 6세대 (6G: 6generation) 이동통신	1) 5G 이동통신 기지국 장비 기술	가입자와 연결을 위해 이동통신사업자가 구축하는 5G 이동통신 광역 및 소형 셀(cell) 기지국 장비를 제조하는 시설
		2) 5G 이동통신 코어 네트워크(Core Network, 기간망) 기술	트래픽(traffic) 전송·제어, 네트워크(network) 간 연결 등을 위해 5G 이동통신 기지국 장비와 연동되는 게이트웨이(gateway), 라우터(router), 스위치(switch) 등 장비를 제조하는 시설
		3) 5G 이동통신 단말 특화 부품 기술	5G 이동통신 단말을 구현하기 위해 새롭게 개발·적용될 통신모듈[베이스밴드(baseband, 기저대역) 모뎀, RF(Radio Frequency) 칩셋(chipset) 등]의 부품·소자를 제조하는 시설
	나. UHD (Ultra-High Definition)	지상파 UHD방송 송신기 성능 향상기술	냉각 기술(공냉, 수냉, 질소냉각 등 포함)의 개선, 회로 설계 방식 개선 등을 통한 고효율 지상파 UHD방송용 송신기를 제조하는 시설
7. 바이오·헬스	가. 바이오·화합물 의약	1) 바이오 신약 후보물질 발굴 기술	유전자재조합기술, 세포배양 기술 등 새로운 생명공학기술을 이용하여 생명체에서 유래된 단백질·호르몬·펩타이드·핵산·핵산유도체 등을 원료 및 재료로 하는 단백질의약품·유전자치료제·항체치료제·줄기세포를 이용한 세포치료제를 제조하는 시설
		1) 삭 제 (2023. 8. 29.)	
		2) 방어 항원 스크리닝 및 제조기술	면역 기전을 이용하여 인체질환을 방어하기 위해 항원을 스크리닝하고 이 항원을 제조하여 각종 질환을 치료하거나(치료용 백신) 예방하기 위한 백신(예방용 백신)을 제조하는 시설
		3) 바이오시밀러 제조 및 개량기술	바이오시밀러를 제조하는 시설
		3) 삭 제 (2023. 8. 29.)	

영 별표 7의 기술			사업화 시설
구분	분야	신성장·원천기술	
7. 바이오·헬스	가. 바이오·화합물 의약	4) 혁신형 신약(화합물 의약품) 후보물질 발굴 및 제조기술 (2024. 3. 22. 개정)	혁신형 신약(화합물의약품)과 혁신형 신약의 원료를 개발·제조하는 시설
		5) 혁신형 개량신약(화합물 의약품) 개발 및 제조 기술 (2024. 3. 22. 개정)	혁신형 개량신약(화합물의약품)과 혁신형 개량신약의 원료를 개발·제조하는 시설
		6) 바이오의약품 원료·소재 제조기술	바이오의약품을 생산하기 위한 세포 배양 관련 소재(배지, 첨가물 등), 분리·정제·농축을 위해 사용하는 바이오 필터 소재, 완제품 생산을 위해 제형화에 필요한 원부자재 등을 제조하는 시설
		7) 바이오의약품 부품·장비 설계·제조 기술	바이오의약품 생산·제조 장비와 바이오의약품 품질 분석 및 환경관리에 필요한 장비·부품을 설계·제조하는 시설
		6)~7) 삭 제 (2023. 8. 29.)	
	나. 의료기기·헬스케어	1) 기능 융합형 초음파 영상기술	조기 정밀 진단을 위한 영상기술 간 융합(X-ray - 초음파, 광음향 - 초음파) 및 정밀치료를 위한 초음파 영상유도 기반의 체외충격파 치료 기술 기반 기능 융합형 초음파 영상기기를 제조하는 시설
		2) 신체 내에서 생분해되는 소재 개발 및 제조 기술	우수한 유연성과 고강도의 기계적 물성을 가지며, 시술에 따른 혈전증 및 재협착률을 최소화하는 생분해성 스텐트를 제조하는 시설
		3) 유전자 검사용 진단기기 및 시약의 개발 및 제조 기술	질병의 진단이나 건강상태 평가를 목적으로 인체에서 채취한 검체로부터 DNA(deoxyribonucleic acid), RNA(Ribo Nucleic Acid), 염색체, 대사물질을 추출하여 분석하는 기기 및 시약을 제조하는 시설

영 별표 7의 기술			사업화 시설
구분	분야	신성장·원천기술	
7. 바이오·헬스	나. 의료기기·헬스케어	4) 암진단용 혈액 검사기기 및 시약의 개발 및 제조 기술	채취한 혈액으로부터 종양 표지자의 농도를 측정하여 암 발생 유무를 판단하는 데 활용되는 검사기기 및 시약을 제조하는 시설
		5) 감염병 병원체 검사용 진단기기 및 시약의 개발 및 제조 기술	인체에서 채취된 혈액, 소변, 객담, 분변 등의 검체를 이용해 국내에서 새롭게 발생하였거나 발생할 우려가 있는 감염병 또는 국내 유입이 우려되는 해외 유행 감염병의 병원체를 검사하는 데 활용되는 기기 및 시약을 제조하는 시설
		6) 신체기능 복원·보조 의료기기 기술	생체역학·바이오닉스 등 첨단 의공학 기술을 통해 영구 손상된 신체기능을 원래대로 복원하여 정상적인 일상생활을 가능하게 하는 장치를 제조하는 시설
	다. 바이오 농수산·식품	1) 비가열 및 고온·고압 가공처리 기술	초고압(1,000기압 이상), 고압전자기장, 전기저항가열, 방사선 조사와 같은 대체 열에너지를 사용하거나, 가압·진공·과열증기 및 증기직접주입법 등을 이용한 고온·고압 처리 기술을 사용하여 미생물 수를 감소 또는 사멸시키는 가공처리 시설
		2) 식품용 기능성 물질 개발 및 제조 기술	동·식물 및 미생물 유래 기능성 물질을 가공 또는 대량 생산하는 시설
		3) 신품종 종자 개발 기술 및 종자 가공처리 기술	종자의 품질을 높이기 위해 프라이밍(priming), 코팅(coating), 펠렛팅(pelleting) 등 종자를 가공 처리하는 시설
		4) 유용미생물의 스크리닝 기술 및 유용물질 대량생산공정 기술	세균이나 곰팡이를 선발·분리하여 효용성을 평가하거나 이들 미생물을 활용하여 균주개발, 최적활성 연구, 발효공정, 정제공정 등을 거쳐 유용물질을 대량으로 생산하는 시설

<table>
<tr><th colspan="3">영 별표 7의 기술</th><th rowspan="2">사업화 시설</th></tr>
<tr><th>구분</th><th>분야</th><th>신성장·원천기술</th></tr>
<tr>
<td rowspan="6">7. 바이오·헬스</td>
<td rowspan="3">다. 바이오 농수산·식품</td>
<td>5) 스마트팜 환경제어 기기 제작 기술</td>
<td>온실이나 축사의 온도, 습도, 이산화탄소, 악취 등을 감지하여 환경을 조절하는 센서와 이를 통해 작동하는 액츄에이터(actuator) 및 제어시스템을 제조하는 시설</td>
</tr>
<tr>
<td>6) 단백질 분리·분획·정제 및 구조화기술</td>
<td>물리적·화학적 방법을 이용하여 농·식품자원으로부터 단백질을 전분, 지방 등과 분리하여 용도에 맞게 분획·정제하는 시설, 동물세포나 조직을 배양·분화하는 시설 및 단백질 또는 세포를 3D 프린터, 압출식 성형방식, 지지체 등을 통해 구조화하고 원료·소재와 제품을 대량으로 생산하는 시설</td>
</tr>
<tr>
<td>7) 식품 냉·해동 안정화 기술</td>
<td>수분전이제어, 원물코팅, 라디오 주파수·저온스팀(Steam) 해동 등을 활용하여 냉동원료 및 제품의 품질을 균일하게 제어할 수 있는 식품 냉·해동 안정화 시설</td>
</tr>
<tr>
<td rowspan="3">라. 바이오 화학</td>
<td>1) 바이오매스 유래 바이오플라스틱 생산 기술</td>
<td>재생가능한 유기자원을 이용하여 직접 또는 전환공정을 통해 당 또는 리그닌을 추출·정제하는 시설 및 바이오플라스틱을 생산하는 시설</td>
</tr>
<tr>
<td>2) 바이오 화장품 소재(원료) 개발 및 제조기술</td>
<td>세포활성 제어기술, 미생물 발효 및 생물전환 기술, 활성성분 대량생산기술 등의 바이오 기술(bio technology)을 활용하여 화장품의 소재(원료)를 제조하는 시설</td>
</tr>
<tr>
<td>3) 신규 또는 대량 생산이 가능한 바이오 화학 소재 개발 및 미생물 발굴 바이오 파운드리 기술</td>
<td>바이오플라스틱, 바이오화장품 소재, 바이오 생리활성 소재 등을 생산하는 미생물 확보를 위한 유전자 편집 등의 합성생물학 기술과 이를 활용한 디자인, 제작, 시험, 학습 등의 순환 과정을 수행하는 바이오파운드리 시설</td>
</tr>
</table>

<table>
<tr><th colspan="3">영 별표 7의 기술</th><th rowspan="2">사업화 시설</th></tr>
<tr><th>구분</th><th>분야</th><th>신성장·원천기술</th></tr>
<tr>
<td rowspan="7">8. 에너지 신·환경</td>
<td rowspan="5">가. 에너지 저장 시스템 (ESS: Energy Storage System)</td>
<td>1) 비리튬계 이차전지 소재 등 설계 및 제조기술 (2023. 3. 20. 개정)</td>
<td>흐름전지(Flow Battery)에 사용되는 전극·멤브레인(Membrane)·전해질·저가 분리판·스택(Stack)을 제조하는 시설 및 나트륨(Sodium)계 이차전지에 사용되는 소재(양극·음극·전해질)·셀(Cell)·모듈(Module)을 제조하는 시설</td>
</tr>
<tr>
<td>2) 전력관리시스템 설계 및 전력변환장치 설계 및 제조기술</td>
<td>저장장치 전력과 전력계통 간의 특성을 맞춰주는 전력변환장치(PCS, Power Conversion System)를 제조하는 시설</td>
</tr>
<tr>
<td>3) 배터리 재사용·재제조를 위한 선별 기술</td>
<td>초기용량 대비 80% 이하로 수명이 종료된 전기동력 자동차 배터리를 검사·분해·평가하는 시설</td>
</tr>
<tr>
<td>4) 고성능 리튬이차전지 기술</td>
<td>265wh/kg 이상의 에너지밀도 또는 6C-rate 이상의 방전속도를 충족하고 안전성이 향상된 고성능 리튬이차전지에 사용되는 부품·소재·셀(cell) 및 모듈(module)을 제조하는 시설</td>
</tr>
<tr>
<td>5) 전기동력 자동차의 에너지저장 시스템 기술</td>
<td>전기동력 자동차(xEV)의 주행거리 연장, 충전시간 단축 등을 위해 에너지 밀도를 160Wh/kg 이상으로 구현한 이차전지를 생산하는 시설</td>
</tr>
<tr>
<td rowspan="2">나. 발전 시스템</td>
<td>1) 대형가스터빈 부품 및 시스템 설계·제작·조립·시험 평가기술</td>
<td>천연가스를 연소시킬 때 발생하는 고온 고압의 에너지로 발전기를 회전시켜 전기를 생산하는 용량 380MW 이상, 효율 43% 이상의 터빈 및 부품을 제조하는 시설</td>
</tr>
<tr>
<td>2) 초임계 이산화탄소 터빈구동 시스템</td>
<td>열원을 활용하여 생성된 초임계상태의 이산화탄소(supercritical CO2)를 작동 유체로 터빈을 구동하는 고효율 터빈·압축기·열교환기 등 발전설비 및 시스템을 제조하는 시설</td>
</tr>
</table>

영 별표 7의 기술			사업화 시설
구분	분야	신성장·원천기술	
8. 에너지 신·환경	다. 원자력	1) 원자로 냉각재 펌프 설계 기술	원자로에서 핵반응을 통해 발생되는 열을 제거하여 증기발생기로 보내기 위해 냉각재를 순환시키는 원자력발전소 핵심 기기인 원자로냉각재펌프를 제조하는 시설
		2) 내열 내식성 원자력 소재 기술	방사선, 고온 및 부식성 환경속에서 내부식성을 극대화시킬 수 있는 내열·내식성 소재(핵연료 피복관, 증기발생기 세관(340℃·150기압의 1차 냉각수 및 300℃·50기압의 2차 냉각수 노출 가능), 원자로 내부 구조물(중성자 조사 및 340℃·150기압의 1차 냉각수 노출 가능) 등을 생산하는 시설
		3) 방사선이용 대형 공정 시스템 검사 기술	철강 배관의 손상 진단 및 미세 결함 검출을 위한 와전류 자동검사 장비, X선 발생장치와 이리듐(Ir)-192 감마선 조사장치에 적합한 이동용 방사선투시 장비를 제조하는 시설
		4) SMR(Small Modular Reactor) 제조 기술 (2024. 3. 22. 개정)	탄력운전 대응 열적성능강화 핵연료집합체, 혁신형 제어봉집합체, 무붕산 노심설계가 가능한 일체형 가연성 흡수봉 제조 시설, 증기발생기 전열관 제조 시설 및 원자로·증기발생기·가압기 등 주요 기기가 일체화된 원자로모듈을 제조하는 시설
		5) 친환경·저탄소 후행 핵주기 기술 (2024. 3. 22. 신설)	원전 해체, 해체 원전 계통·기기·구조물 제염, 금속·콘크리트구조물 절단, 해체 폐기물 처리·감용, 방폐물 인수·처리 및 방폐물 운반·저장에 필요한 설비를 제조하는 시설
		6) 대형 원자력발전소 제조기술 (2024. 3. 22. 신설)	원자로·내부구조물, 핵연료 취급·검사장비, 증기발생기·가압기, 원자로 냉각재펌프, 증기터빈·주발전기 및 보조기기를 제조하는 시설

영 별표 7의 기술			사업화 시설
구분	분야	신성장·원천기술	
8. 에너지 신·환경	다. 원자력	7) 혁신 제조공법 원전 분야 적용 기술 (2024. 3. 22. 신설)	분말-열간등방압성형(PM-HIP) 기술, 전자빔 용접(EBW) 기술, 다이오드 레이저 클래딩(DLC) 기술 또는 원전기자재 적층제조 기술을 활용하여 원전 기자재를 제조하는 시설
	라. 오염 방지·자원 순환	1) 미세먼지 제거 및 고정밀 미세먼지·온실가스 동시 측정 기술	미세먼지 및 원인가스를 동시에 제거하고 세척 후 재사용이 가능한 세라믹필터 및 촉매 시설, 기액접촉층 및 습식 플라즈마(wet plasma)를 통한 무필터 정화 시설, 0.3㎛ 이하 고정밀 미세먼지를 수분과 구별하여 측정하는 시설 및 공정내부 미세먼지 온실가스 농도 동시 실시간 측정 시설
		2) 차세대 배기가스 규제 대응을 위한 운송·저장시스템 기술	운송·발전용 기관을 운전할 때 배출되는 배기가스 내의 질소산화물 및 배기배출물을 과급기 하류측에서 선택적촉매환원법(SCR, Selective Catalytic Reduction) 등을 사용하여 저감시키는 시스템·부품을 제조하는 시설
		3) 디젤 미립자 필터(DPF) 제조 기술	디젤이 제대로 연소하지 않아 생겨나는 탄화수소 찌꺼기 등 유해물질을 모아 필터로 걸러낸 뒤 550℃ 이상의 고온으로 다시 태워 오염물질을 줄이는 저감장치를 제조하는 시설
		4) 폐플라스틱 물리적 재활용 기술	폐플라스틱의 분리·선별, 세척, 파쇄·용융·배합 등 물리적 재활용 과정을 거쳐 재생원료 및 플라스틱 제품 등을 제조하는 시설
		5) 폐플라스틱 등의 화학적 재활용을 통한 산업원료화 기술 (2023. 3. 20. 개정)	폐플라스틱·폐타이어·폐섬유의 해중합, 열분해 또는 가스화 공정을 거쳐 화학원료·고부가가치 탄소화합물 제품 등을 제조하는 시설
		6) 생분해성 플라스틱 생산기술	바이오화학 및 석유화학 원료를 사용하여 생분해성이 향상된 플라스틱 컴파운드[「환경기술 및 환경산업 지원법」 제17조에 따라 환경표지 인증을 받거나 수출을 목적으로 하는 생분해성 수지제품 및 해당 제품의 원료로 사용되는 경우에 한한다]를 제조하고 물성을 증대하는 시설

구분	분야	신성장·원천기술	사업화 시설
8. 에너지·신·환경	라. 오염방지·자원순환	7) 폐기물 저감형 포장소재 생산 기술	복합소재의 단일화, 오염 저감 표면처리, 수(水)분리성 강화 등 포장재의 재활용도를 개선하는 포장재 생산 시설 및 소재 경량화, 석유계 용제 저감 등 포장재와 관련된 플라스틱·오염물질의 발생을 저감하는 포장재 생산 시설
9. 융복합소재	가. 고기능섬유	1) 탄소섬유복합재의 가공장비 및 검사장비 설계·제조 기술	탄소섬유복합재 부품가공을 위한 복합 가공 장비[관련되는 공구, 부품 고정을 위한 유연지그, 공정 모니터링 센서모듈 및 컴퓨터 수치제어기(CNC, Computerized Numerical Controller) 등을 포함한다]를 제조하는 시설 및 탄소섬유복합재 가공 품질 검사를 위한 검사장비를 제조하는 시설
		2) 극한성능 섬유 제조 기술	고탄성·고강도 탄소섬유, 섬유용 CNT(Carbon Nano Tube, 탄소나노튜브) 또는 고탄성·고강도·고내열성(250℃ 이상)·고내한성(-153℃~-273℃) 아라미드(Aramid)·초고분자량폴리에틸렌(UHMWPE, Ultra-High Molecular Weight Polyethylene)·액정섬유를 제조하는 시설 및 이들의 복합화 설계를 통한 초경량, 고탄성, 고강도, 고내열(한)성 섬유 복합체를 제조하는 시설
		3) 섬유기반 전기전자 소재·부품 및 제품 제조기술	전기 또는 광 신호의 생산, 저장 또는 전달이 가능한 전도성 섬유를 가공·변형하여 트랜지스터, 저항, 콘덴서, 안테나 등의 전자회로 소자를 직물 형태로 구현하기 위한 소재·부품 및 제품을 제조하는 시설
		4) 의료용 섬유 제조기술	생체적합성(생체재료가 생체조직이나 체액·혈액 등과 접촉 시 거부반응이 나타나지 않는 특성)과 생체기능성(생체재료가 체내에서 존재하는 동안 목표한 기능을 완전히 수행 가능한 특성)을 갖춘 의료용 섬유로서, 약물전달용 나
9. 융복합소재	가. 고기능섬유	4) 의료용 섬유 제조기술	노섬유, 바이러스·세균 감응섬유구조체, 혈액의 투석·정화용 섬유구조체, 손상조직을 대체 가능한 섬유구조체 또는 꼬이지 않고 계속되는 수축·팽창에 견딜 수 있는 인공혈관 섬유구조체를 제조하는 시설
		5) 친환경섬유 제조 기술	환경친화적 섬유 원료를 사용한 섬유로서 생분해성 섬유고분자, 열가소성 셀룰로오스 섬유 또는 바이오매스 나노섬유를 제조하는 시설
		6) PTFE(PolyTetraFluoro Ethylene) 멤브레인 기반 고성능 복합필터 제조기술	공기중의 0.3um 크기의 입자 99.97% 이상을 균일하게 포집할 수 있는 PTFE 멤브레인 기반의 고성능 복합필터 핵심 소재·부품을 제조·가공하는 시설
		7) 특수계면활성제 제조 기술	전자부품 제조 공정용으로 사용되는 저표면에너지(24~27 mN/m, 0.1% solution/PGMEA), 극미량의 금속함유량(100ppb 이하) 특성을 지닌 불소계 계면활성제 및 도료 및 포소화제의 기능 향상을 위한 첨가제 등으로 사용되는 저표면에너지(15~18 mN/m, 0.1% 수용액), 극미량의 PFOA(Perfluorooctanoic Acid) 함유량(1ppm 미만) 특성을 지닌 불소계 계면활성제 제조 시설
		8) 극세 장섬유 부직포 및 복합필터 제조기술 (2023. 3. 20. 신설)	유해물질을 여과·분리·차단하는 1㎛이하 극세 장섬유 부직포 및 HEPA(High Efficiency Particulate Air)급 이상의 고성능 정밀여과 복합필터를 제조하는 시설
	나. 초경량 금속	1) 고강도 마그네슘 부품의 온간성형 기술	미세조직 구성인자의 제어와 성형기법의 개선을 통해 저온(150℃ 이하)에서 성형 가능한 고품위·고강도 Mg(마그네슘) 부품을 제조하는 시설

영 별표 7의 기술			사업화 시설
구분	분야	신성장·원천기술	
9. 융복합 소재	나. 초경량 금속	2) 차세대 조명용 고효율 경량 방열부품 생산기반기술	알루미늄 등 경량소재를 이용하여 주조, 성형 및 표면처리를 통해 방열 부품을 제조하는 시설
	다. 하이퍼 플라 스틱	인성특성이 향상된 고강성 하이퍼플라스틱(High Performance Plastics) 복합체 제조 및 가공 기술	고강성 하이퍼플라스틱의 인성특성을 개선하여 고충격성($60KJ/m^2$이상), 내화학성(온도 23℃의 염화칼슘 5% 용액에 600시간 담근 후 인장강도 유지율 90% 이상), 내마모성(50 rpm, 150N, 측정거리 3Km 조건으로 내마모 시험 후 마모량 1.0 $mm^3/Kgf \cdot Km$ 이하) 중 하나 이상의 특성을 지닌 고강성·고인성 하이퍼플라스틱 복합체를 제조하는 시설
	라. 구리합금	1) 고강도 구리합금 설계·제조기술	인장강도 900Mpa 이상의 고강도 특성을 갖춘 주석함유 구리합금(Cu-Ni-Sn계)을 제조·가공하는 시설
		2) 구리 및 구리합금 박판 제조기술	자동차, 전기·전자 분야의 고성능·소형화에 적용 가능한 두께 0.1mm 이하의 구리 및 구리합금 박판을 제조·가공하는 시설
	마. 특수강	1) 고청정 스테인레스계 무계목강관·봉강 제조기술	망간 함유량 0.8% 이하 및 황 함유량 0.005% 이하로 제어된 고청정 스테인리스계 합금을 활용하여 용접이음매를 갖지 않는 강관 및 봉 형태의 철강재를 제조·가공하는 시설
		2) 고기능성 H형강 제품 제조기술	고강도(420Mpa급 이상), 고인성(-40℃ 이하에서 충격값 50 Joule 이상) 특성을 갖는 고기능성 H형강 제품을 제조·가공하는 시설
		3) 장수명 프리미엄급 금형소재 제조기술	기존 교체주기 5만회의 금형대비 30% 이상 수명이 향상된 합금설계, 고청정 특수강을 제조·가공하는 시설
	바. 기능성 탄성·접착소재	1) 고기능 불소계 실리콘 제조·가공 기술	내열성(온도 175℃에서 22시간 동안 영구압축줄음율 30% 이내), 내화학성(150℃, 240시간 내유체적변화율 10% 이하) 및 저온성(-66℃ 이하에서 기밀력 1800psi 이상)의 특

영 별표 7의 기술			사업화 시설
구분	분야	신성장·원천기술	
9. 융복합 소재	바. 기능성 탄성·접착소재		성을 지닌 불소계 실리콘 고무 합성 및 분자량 제어 관련 제조시설
		1) 고기능 불소계 실리콘 제조·가공 기술	내열성(온도 175℃에서 22시간 동안 영구압축줄음율 30% 이내), 내화학성(150℃, 240시간 내유체적변화율 10% 이하) 및 저온성(-66℃ 이하에서 기밀력 1800psi 이상)의 특성을 지닌 불소계 실리콘 고무 합성 및 분자량 제어 관련 제조시설
		2) 고기능 불소계 고무 제조·가공 기술	2원계 이상의 공중합체로서 불소함량이 50% 이상이며 내한성(어는점 -15℃ 이하), 내열성(200℃ 이상) 및 내화학성(온도 25℃ Fuel-C에서 체적변화율 4% 이내)을 갖춘 불소계 고무 제조·가공시설
		3) 고기능 부타디엔 고무 제조·가공 기술	고상 및 액상 기능성(Cis content 90% 이상, 무니점도(ML1+4, 100℃) 40 이상) 부타디엔류 고무 제조 기술과 고내마모성(내마모도 60㎣ 이하, 구름저항 5.5 이하) 부타디엔 고무 제조·가공 시설
		4) 고기능 비극성계 접착소재 제조기술	Haze 1% 이하의 광학특성과 연속사용온도 100℃의 열안정성을 갖는 실리콘계 점착·접착 소재 및 300℃ 이상의 고온가공성형이 가능한 아크릴레이트 함량 5~35% 또는 관능기의 함량 1.2~8%의 에틸렌계 점착·접착 소재 제조 시설
		5) 고기능 에폭시 수지 접착소재 제조 기술	에폭시 수지를 주성분으로 하여 경량 수송기기 부품의 구조접착에 사용되는 전단강도 25MPa 이상, 저온 충격강도 20N/mm 이상, T-박리강도 250N/25mm 이상의 기계적 성능을 갖는 접착소재 제조기술과 전자부품의 접착에 사용되는 WVTR(Water Vapor Transmission Rate) 0g/㎡·24h 이하 및 20kV/mm 이상의 전기절연성을 갖는 비할로겐형 접착소재 제조시설

영 별표 7의 기술			사업화 시설
구분	분야	신성장·원천기술	
9. 융복합 소재	사. 희소 금속·핵심 소재	1) 타이타늄 소재 제조기술과 금속재료 부품화 기술	사염화타이타늄(TiCl4), 스폰지, 잉곳, 루타일 및 아나타제 이산화 타이타늄(TiO2) 등의 소재를 제조 및 부품화하는 시설
		2) 고순도 몰리브덴 금속·탄화물 분말 및 금속괴 제조 기술	순도 99.5% 이상의 몰리브덴 금속분말, 순도 99% 이상의 몰리브덴 탄화물 분말 및 순도 99.95% 이상의 몰리브덴 금속괴를 제조·가공하는 시설
		3) 중희토 저감 고기능 영구자석 생산 기술	결정립도 5μm 이하 소결체 제조 및 결정립 주변 나노단위 두께의 중희토 확산층 형성 등을 통해 기존 자석 대비 중희토 함유량을 50% 이상 절감하여 고기능 영구자석을 생산하는 시설
		4) 차세대 배기가스 규제 대응을 위한 핵심소재 생산 기술	포집된 이산화탄소를 활용하여 운송·발전·산업용 기관을 운전할 때 배출되는 배기가스내 질소산화물, 황산화물 등 배기배출물을 저감시키기 위해 필요한 핵심소재 제조시설
10. 로봇	가. 첨단 제조 및 산업 로봇	1) 고청정 환경 대응 반도체 생산 로봇 기술	청정환경에서 450mm 대형 웨이퍼, 일반 반도체를 핸들링하며 5Port 이상 대응 가능(수평 이송범위 2,100mm 이상 및 수직 이송범위 900mm 이상)한 청정환경용 반도체 로봇을 제조하는 시설
		2) 차세대 태양전지(Solar cell) 제조 로봇 기술	고진공/고청정 환경의 태양전지 생산 현장에서 대면적·고중량 기판을 핸들링할 수 있는 로봇을 제조하는 시설
		3) 실내외 자율 이동·작업수행 로봇	농업, 건설, 물류, 보안·감시 분야에서 광범위 거리측정센서, GPS 등을 활용하여 실내외 환경에서 경로를 계획하여 주행하고(미리 정해진 경로를 따라가는 방식은 제외), 자율적으로 작업을 수행하는 지능형 로봇 및 기계를 제조하는 시설

영 별표 7의 기술			사업화 시설
구분	분야	신성장·원천기술	
10. 로봇	가. 첨단 제조 및 산업 로봇	4) 평판 디스플레이(FPD) 이송로봇 기술	일반 대기압 또는 진공 환경 하에서 고중량(400kg 이상)의 FPD(Flat Panel Display) 및 마스크를 이송하는 로봇을 제조하는 시설
		5) 협동기반 차세대 제조로봇 기술	사용자와 같은 공간에서 협업이 가능한 초소형(가반하중 1kg 미만) 및 중대형(가반하중 25kg 이상) 로봇을 제조하는 시설
	다. 의료 및 생활 로봇	1) 수술, 진단 및 재활 로봇기술	로봇기술을 이용한 진단 보조, 시술·수술보조와 이에 따른 환자의 조기 치유·재활이 목적인 의료로봇을 제작하는 시설
		2) 간병 및 케어 로봇 기술	간호사의 단순반복 업무 지원 및 환자의 정서 케어 서비스 지원이 가능한 로봇을 제작하는 시설
		3) 안내, 통역, 매장서비스, 홈서비스 등의 안내로봇 기술	공공접객 장소 내에서 다양한 멀티미디어 콘텐츠를 활용한 제품 및 서비스 등을 효과적으로 안내하고 홍보하는 로봇을 제작하는 시설
		4) 원격현실(Tele-presence) 로봇 기술	자율이동기능, 진단·지시용 매니퓰레이터 및 얼굴모션 동기화 등의 기술구현을 통한 원격진료·진료자문 및 교육 등이 가능한 Tele-presence 로봇을 제작하는 시설
		5) 생활도우미 응용 서비스 기술	가정 및 사회 환경 내에서 인간과 교감하며 정보의 취득, 일상생활 및 가사노동을 지원하는 지능형 로봇으로서 심부름, 가사작업 및 이동 보조형 로봇을 제작하는 시설
		6) 유치원, 초등학교에서 교사를 보조하는 교육로봇 기술	유치원이나 초등학교에서 교과과정에 적합한 교육 컨텐츠 및 로봇플랫폼을 활용하여 교사를 보조하여 학습하는 교육로봇을 제작하는 시설
	라. 로봇 공통	1) 모터, 엔코더, 드라이버 일체형의 구동 기술	로봇용 관절구성에 필요한 모터, 엔코더, 감속기, 드라이버를 모두 하나의 몸체에 넣어서 만든 관절구동형 액츄에이터(Actuator)를 제작하는 시설

영 별표 7의 기술			사업화 시설
구분	분야	신성장·원천기술	
10. 로봇	라. 로봇 공통	2) 웨어러블 로봇 기술	인체에 착용하여 인체 동작의도를 인식하고 추종제어 알고리즘을 통해 착용자의 신체능력 증강 및 운동을 지원하는 착용형 로봇을 제작하는 시설
11. 항공 · 우주	가. 무인 이동체	1) 무인기 전기구동 핵심부품 기술	전기동력을 기반으로 무인기의 조종, 이착륙, 추진 등을 담당하는 핵심부품을 제조하는 시설
		2) 물류 배송용 드론 제조기술	일정 중량(10kg) 이상 물품을 100% 신뢰성을 확보한 비가시권 비행으로 안전하게 운송 가능한 드론과 기능개선에 필요한 소재(열전도율 5kcal/m · h 대비 10% 이상 개선) · 부품(세계 최고 CPU 속도대비 약 66% 이상 처리성능 개선) · 장비(다지점 배달용 물품 적재함, 물품배송 드론용 도킹스테이션 등의 경량화)를 설계 및 제조하는 시설
		3) 드론용 하이브리드 추진 시스템 기술	전기배터리 무인기의 체공시간(120분 이상) 및 탑재량(12kg 이상) 증대를 위해 엔진 동력을 이용하여 전기모터를 동작시키는 하이브리드 추진시스템과 관련한 소재 · 부품 및 장비를 제조하는 시설
	나. 우주	위성탑재체 부분품 개발기술	인공위성 탑재를 목적으로 하는 광학 탑재체, 영상레이더 탑재체, 통신 · 방송 탑재체, 우주과학 탑재체, 항법 탑재체 시스템 및 위성용 영상자료처리장치, 주파수 변조기 및 안테나 등을 제조하는 시설
12. 첨단 소재 · 부품 · 장비	가. 첨단 소재	1) 고기능성 알루미늄 도금강판 제조 기술	550℃에서 200시간 유지 가능한 내열성과 SST(Stainless Steel) 2400(KSD9502)시간 보증 가능한 내식성이 우수한 고성능 알루미늄 도금강판을 제조 · 가공하는 시설
		2) 고순도 산화알루미늄 제조기술	순도 99.9% 이상의 산화알루미늄 분말 제조를 위한 합성, 가공, 고순도화, 고밀도화 등의 제조시설

영 별표 7의 기술			사업화 시설
구분	분야	신성장·원천기술	
12. 첨단 소재 · 부품 · 장비	가. 첨단 소재	3) 고기능성 인조흑연 제조기술	인조흑연 제조용 피치 및 코크스 제조 시설, 전극봉 · 등방블록 · 흑연분말 성형 및 2,800℃ 이상의 열처리를 통한 흑연화 제조 시설
	나. 첨단 부품	1) 고정밀 롤러베어링 및 볼베어링 설계 · 제조 기술	구름베어링의 일종으로 내외륜 사이에 다수의 볼 또는 롤러를 삽입하여 마찰을 감소시켜 고속운전을 돕거나 큰 하중에 견딜 수 있는 정밀도 P5급 이상의 기계부품 설계 · 제조 시설
		2) 고압 컨트롤 밸브 설계 · 제조 기술	유압펌프에서 발생한 330 Bar 이상 고압의 유체 에너지를 작업자의 작업의도에 따라 각 유압 액추에이터, 선회 및 주행의 유압모터 등에 공급하며, B5 10,000시간 이상의 높은 내구 신뢰성을 가지는 메인 컨트롤 벨브 부품 설계 · 제조 시설
		3) 고정밀 볼스크류 설계 · 제조기술	회전운동을 직선운동으로 변환하는 정밀도 C3급 이상, 축방향 공차 5μm 이내의 동력전달부품 설계 · 제조 시설
		4) 능동마그네틱 베어링 설계 · 제조 기술	자력을 이용하여 회전축을 지지하고, 윤활제가 필요 없이 극저온(-250℃ 내외) 또는 고온(300℃ 이상), 진공에서 축의 회전 궤적을 능동적으로 제어할 수 있는 부품 설계 · 제조 시설
		5) 고성능 터보식 펌프 설계 · 제조기술	임펠러 및 블레이드가 회전함으로써 기계의 운동에너지를 유체 · 기체의 압력에너지로 전환하여 2,500L/s 이상의 배기속도 및 1.3×10^{-9} mbar 이상의 최고 진공도를 만드는 터보식 펌프의 설계 · 제조 시설
		6) 특수 렌즈 소재 · 부품 · 장비 제조 기술	고배율[굴절률(nd) 2.0 이상], 야간 투시[원적외선(파장 8~12μm) 투과율 50% 이상], 자외선투과[자외광(193nm) 투과율 80% 이상] 등 특수용도로 사용되는 카메라 구성에 필요한 특수 광학소재의 소재 · 부품 · 장비 제조 시설

영 별표 7의 기술			사업화 시설	영 별표 7의 기술			사업화 시설
구분	분야	신성장·원천기술		구분	분야	신성장·원천기술	
12. 첨단 소재· 부품· 장비	다. 첨단 장비	1) 첨단 머시닝센터 설계·제조기술	자동공구교환장치(Automatic Tool Changer)를 장착하여, 밀링, 드릴링, 보링가공 등 여러 공정의 작업을 수행할 수 있는 가공정밀도 5μm 이내, 동시 제어 5축 이상, 최대 스핀들 속도 12,000rpm 이상의 절삭가공장비 및 부품의 설계·제조 기술(가공 회전수, 축 이동, 진동오차 제어 등 머시닝센터의 고정밀 작업을 제어하는 CNC(Computerized Numerical Controller) 모듈 관련 기술 포함) 제조 시설	12. 첨단 소재· 부품· 장비	다. 첨단 장비	6) 첨단 밸런싱머신 설계·제조기술	회전기계의 핵심부품인 회전부의 불균일한 질량분포를 측정한 후, 베어링으로 전달되는 힘이나 진동을 국제규격(ISO 21940-21) 규정 이내가 되도록 불균일 질량을 교정하는 장비 설계·제조 시설
		2) 열간 등방압 정수압 프레스 설계·제조 기술	기체 또는 액체를 압력매체로 활용하여 1,500℃이상에서 작동하면서 1분당 최고 50℃의 속도로 냉각이 가능하고, 금속 소재를 모든 방향에서 100MPa 이상의 정수압 또는 등방압 조건으로 가압하는 직경 1,000mm 이상의 프레스 장비 설계·제조 시설			7) 첨단 레이저 가공 장비 설계·제조 기술	절단, 천공, 용접, 정밀가공 등을 위해 고출력 레이저 가공헤드로 공작물을 용융·증발시켜서 분리하는 5축 이상의 레이저 가공장비를 설계·제조하는 시설
		3) 연삭가공기 설계·제조 기술	사파이어, 다이아몬드 등 고경도의 광물입자를 결합제로 고정시킨 숫돌을 이용하여 평면·원통 등 단순한 형태가 아닌 복잡한 형태의 가공공정을 수행하는 장비 설계·제조 시설			8) 방전가공기 장비·부품의 설계·제조기술	공작물과 전극 사이에 불꽃 방전을 일으켜 티타늄, 초경합금 등 난삭재의 마이크로급 초정밀 가공을 수행하는 방전가공 장비 및 핵심요소부품의 설계·제조 시설
		4) 첨단 터닝센터	원통형 부품의 가공을 위해 소재를 회전시키면서 절삭 공구가 상대 이동하는 가공정밀도 5μm 이내, 최대 스핀들 속도 3,000rpm 이상의 절삭가공장비 설계·제조 시설(ISO 7등급 이하의 기어 제조를 위한 고속 스카이빙 가공장비 관련 시설 포함)	13. 탄소 중립	가. 탄소 포집· 활용· 저장 (CCUS)	1) 연소 후 이산화탄소 포집 기술	화력발전소, 철강·화학공정 및 선박 등에서 화석연료 연소 후 발생되는 배기가스 중 이산화탄소를 효과적으로 분리하기 위한 흡수제, 흡착제, 분리막 등 분리소재를 제조하는 시설과 이산화탄소를 포집·분리하는 공정시설, 분리된 이산화탄소를 압축·정제하는 시설 (2023. 3. 20. 개정)
		5) 첨단 회전 성형기 설계·제조 기술	다축 정밀 동시제어시스템을 갖추고, 회전하는 주축과 롤러, 맨드릴을 이용하여 최대 성형롤 하중 60kN 이상, 최대 성형품 직경 500mm 이상, 성형 정밀도 ±0.5mm를 충족하는 성형 장비 설계·제조 시설			2) 연소 전 이산화탄소 포집 기술	석탄가스화 후 생성된 이산화탄소와 수소 중 이산화탄소를 분리하기 위한 흡수제, 흡착제, 분리막 등 분리소재를 제조하는 시설과 이산화탄소를 포집·분리하는 공정시설, 분리된 이산화탄소를 압축·정제하는 시설
						3) 순산소 연소기술 및 저가 산소 대량 제조기술	공기 연소 대신 산소를 직접 연소하거나 매체순환연소(Chemical Looping Combustion)을 통해 별도의 분리공정 없이 이산화탄소를 포집할 수 있는 순산소 연소시설

영 별표 7의 기술			사업화 시설
구분	분야	신성장·원천기술	
13. 탄소 중립	가. 탄소 포집·활용·저장 (CCUS)	4) 이산화탄소 지중 저장소 탐사기술	이산화탄소 포집 후 저장에 필요한 지하공간을 탐사하기 위한 물리탐사 및 시추시설
		5) 이산화탄소 수송, 저장 기술	대량발생원에서 포집된 이산화탄소를 이송하기 위한 압축·액화 시설, 수송 시설, 수송된 이산화탄소를 지하심부에 안정적으로 저장하기 위한 시추 및 주입 시설, 이산화탄소의 거동 및 누출을 모니터링 하는 시설
		6) 산업 부생가스 (CO, CH4) 전환 기술	제철소, 석유화학공단, 유기성 폐기물 등에서 발생하는 부생가스(CO, CH4)를 활용하여 화학·생물 전환기술을 통해 화학원료 또는 수송연료 등을 생산하는 시설
		7) 이산화탄소 활용 기술	이산화탄소를 광물화, 화학적·생물학적 변환을 통해 연료·화학물·건축소재 등을 재생산하는 시설
	나. 수소	1) 수전해 기반 청정수소 생산기술	재생에너지 등 무탄소 전원, 계통제약 전력(미활용전력) 등을 활용하여 물을 분해하여 청정수소를 생산, 공급하는 수전해 공정의 소재·부품·스택·시스템을 설계 및 제조하는 시설
		1) 삭 제 (2023. 6. 7.)	
		2) 부생수소 생산기술 (2023. 6. 7. 개정)	철강제조공정, 석유화학공정, 가성소다 생산공정 등에서 발생하는 부생가스를 분리 정제하여 수소를 생산하는 시설
		3) 수소연료 저장·공급 장치 제조 기술	수소연료로 전기를 생산하여 운행되는 수소전기자동차(FCEV: Fuel Cell Electric Vehicle) 내에 수소연료를 저장 및 공급하는 장치를 제조하는 시설
		3) 삭 제 (2023. 6. 7.)	
		4) 액화수소 제조를 위한 수소액화플랜트 핵심부품 설계 및 제조기술	액화수소 제조를 위한 수소액화플랜트의 액화천연가스(LNG, Liquefied Natural Gas) 냉열 이용 예냉사이클, 수소액화공정에 필요한 부품(압축기·팽창기 등)을 설계 및 제조하는 시설
13. 탄소 중립	나. 수소	5) 수소 저장 효율화 기술	수소를 고압기체, 액체, 암모니아, 액상 유기물 수소저장체(LOHC) 등의 형태로 저장하거나 고체 흡착제에 저장하기 위한 시설
		6) 수소 가스터빈(혼소·전소) 설계 및 제작 기술	수소를 연료로 사용하여 연소시킬 때 발생하는 고온 고압의 에너지로 발전기를 회전시켜 전기를 생산하는 가스터빈의 부품 설계·제작·조립·시험평가를 위한 시설
		5)~6) 삭 제 (2024. 3. 22.)	
		7) 수소충전소의 수소생산·압축·저장·충전설비 부품 제조 기술	수소전기자동차에 수소연료를 공급하기 위한 수소충전소의 수소생산설비, 압축설비, 저장설비, 충전설비 및 그 부품을 제작하는 시설
		8) 수소전기자동차용 고밀도 고효율 연료전지시스템 기술	연료전지시스템 출력밀도 0.32kW/L 이상 또는 연료전지 스택 운전효율 70% 이상을 만족하는 수소전기자동차용 고밀도·고효율 연료전지시스템을 설계·제조하는 시설
		7)~8) 삭 제 (2023. 6. 7.)	
		9) 액화수소 운반선의 액화수소 저장·적하역 및 증발가스 처리기술 (2023. 3. 20. 신설)	액화수소 운반선 내에 액화수소를 저장·적하역하기 위한 극저온 화물창을 제조하는 시설 및 증발가스 처리를 위한 장치를 제조하는 시설
		10) 암모니아 발전 기술 (2024. 3. 22. 신설)	암모니아 연료를 단독으로 사용하거나 석탄 또는 천연가스와 혼합하여 전력을 생산하는 시설 및 연료전지, 가스터빈, 미분탄 보일러 및 유동층 보일러에 적용 가능한 발전 시스템을 설계·제작하는 시설
	다. 신재생 에너지	1) 고체산화물 연료전지 지지형셀·스택·시스템 기술	고체산화물 연료전지(SOFC)에서 중저온(650℃ 이하)에서 작동이 가능하고 출력효율이 높은 금속·연료극 지지형셀, 셀·분리판 등이 결합되어 전기와 열을 생산하는 스택, 스택을 결합하여 대량으로 발전이 가능한 시스템(발전효율 50% 이상인 4kW급 이상)을 제조하는 시설

영 별표 7의 기술			사업화 시설
구분	분야	신성장·원천기술	
13. 탄소 중립	다. 신재생 에너지	2) 연료전지 전용부품 제조기술	연료전지 핵심부품인 개질기, 막전극 접합체, 금속 분리판 또는 블로어를 제조하는 시설
		2) 삭 제 (2023. 6. 7.)	
		3) 고체산화물 연료 전지 소재 기술	650℃ 이하에서 작동하는 연료전지로 다양한 연료[수소, 액화석유가스(LPG, Liquefied Petroleum Gas), 액화천연가스(LNG, Liquefied Natural Gas) 등]의 사용이 가능하고 전도 세라믹(Conducting Ceramic)을 이용하며 복합 발전시스템이 가능한 전력변환장치로서 발전용 연료전지로 사용하는 소재를 제조하는 시설
		4) 페보브스카이트, 페로브스카이트·결정질 실리콘 등 탠덤 태양전지 핵심소재 제조 및 대면적화 기술	고효율성 및 고내구성을 가진 대면적 웨이퍼, 광활성층, 전자·정공수송층, 투명전극, 금속전극, 금속리본, 봉지, 경량 전후면 외장 재료 등의 핵심소재를 제조하는 시설 및 페로브스카이트(Perovskite), 페로브스카이트/결정질 실리콘 등 탠덤 대면적·고효율 셀과 고내구성·고출력 태양광 모듈을 제조하는 시설(대면적 제조장비, 연속 공정기술 포함)
		5) 풍력에너지 생산 기술로서 회전동력을 증속시켜 발전기에 전달하는 부품 설계 및 제조 기술	블레이드(blade)로부터 전달되는 회전력을 전달받아 증속하여 발전기에 전달하는 장치를 구성하는 유성기어(planet carrier)·축(shaft)·베어링(bearing)·이음쇠(coupling)·브레이크(brake) 및 제어기(controller)를 제조하는 시설
		6) 풍력에너지 생산 기술로서 발전기 및 변환기 제조기술	동력 구동장치 증속기로부터 동력을 전달받아 회전자(rotor)와 고정자(stator)를 통해 전기를 발생시키는 발전기(generator)를 제조하는 시설 및 정속운전 유도발전기용 변환기, 가변속 운전 이중여자 유도발전기용 변환기 및 가변속 운전 동기발전기용 변환기를 제조하는 시설
13. 탄소 중립	다. 신재생 에너지	7) 풍력발전 블레이드 기술	8MW급 이상의 풍력발전 블레이드(Blade)를 설계 및 제조하는 시설
		8) 지열 에너지 회수 및 저장 기술	지열에너지 이용효율 및 경제성을 향상시키는 그라우팅(grouting) 재료를 제조하는 시설 및 지중 축열 장비를 제조하는 시설
		9) 바이오매스 유래 에너지 생산기술	자연에 존재하는 다양한 자원을 이용하여 직접 연소 또는 전환공정을 통해 연료로 사용할 수 있는 고형연료, 알코올, 메탄, 디젤, 수소, 항공유 등을 생산하는 시설 (2024. 3. 22. 개정)
		10) 폐기물 액화·가스화 기술	재생폐기물로부터 연료유 또는 가스를 생산하기 위한 열분해·가스화 시설
		11) 미활용 폐열 회수·활용을 통한 발전 기술 (2023. 3. 20. 신설)	산업현장에서 사용되지 않고 버려지는 중저온(900℃ 이하) 미활용 폐열을 초임계 이산화탄소·유기냉매·열전소자 등을 통해 회수한 후 친환경 전기에너지 생산에 활용하는 발전설비를 제조하는 시설
		12) 해상풍력 발전단지 내·외부 전력망에 사용되는 해저케이블 시스템 기술 (2023. 3. 20. 신설)	대용량 전력 전송을 위한 고밀도·장조장 특성을 갖는 해저케이블(HVAC 345kV 이상 또는 HVDC 500kV 이상)과 이를 변전소 등에 연결하는 내부전력망용 해저케이블(semi-wet 방식, 66kV 이상)을 제조하는 시설
		13) 고효율 n형 대면적 태양전지와 이를 집적한 모듈화 기술 (2023. 3. 20. 신설)	효율 24% 이상의 n형 대면적(M10 이상) 결정질 실리콘 태양전지 및 고출력(출력밀도 210W/㎡ 이상) 태양광 모듈을 제조하는 시설

영 별표 7의 기술			사업화 시설
구분	분야	신성장·원천기술	
13. 탄소 중립	라. 산업공정	1) 수소유동환원 기반 수소환원 제철기술	기존 탄소계 원료(유연탄, 코크스 등)에서 수소가스를 전환하는 유동환원설비와 이를 통해 제조된 환원철을 용융하여 철을 제조하는 시설
		1) 삭 제 (2024. 3. 22.)	
		2) 함수소가스 활용 고로취입기술	제철소 발생 함수소가스 또는 수소가스를 고로 공정의 연료로 활용하여 철강을 제조하는 시설
		3) 복합취련전로 활용 스크랩 다량 사용기술	복합취련기술을 활용한 전로공정에서 스크랩 사용량을 높임으로써 이산화탄소 배출을 저감하는 시설
		4) 이산화탄소 반응 경화 시멘트 생산 기술	이산화탄소 반응경화 시멘트를 제조 및 양생하는 시설
		5) 산화칼슘 함유 비탄산염 산업부산물의 시멘트 원료화 기술	산화칼슘(CaO) 함유 비탄산염 원료 전처리 시설
		6) 이산화탄소 저감 시멘트 생산을 위한 연·원료 대체기술	석회석 등 탄산염 광물을 비탄산염 원료로 대체하고, 수소·바이오매스·LNG 등 친환경 열원과 가연성 순환연료를 사용하는 소성시설
		7) 시멘트 소성공정 유연탄 대체 기술	유연탄을 대체하기 위한 연료(가연성 폐기물, 바이오매스) 전처리 및 제조 시설, 고효율 연소를 위한 시설 및 연소 후처리 시설
		8) 석유계 플라스틱 대체 바이오 케미칼 원료 생산기술	바이오 매스를 처리하여 활용 가능한 당, 지질, 글리세롤 등을 바이오 플라스틱의 원료인 케미칼 원료로 전환하여 생산하는 시설
		8) 석유계 고분자 대체 바이오 케미칼 원료 생산기술 (2025. 3. 21. 개정)	바이오 매스를 처리하여 활용 가능한 당, 지질, 글리세롤 등을 바이오 고분자의 원료인 케미칼 원료로 전환하여 생산하는 시설 (2025. 3. 21. 개정)

영 별표 7의 기술			사업화 시설
구분	분야	신성장·원천기술	
13. 탄소 중립	라. 산업공정	9) 전기가열 나프타 분해기술	전기저항/유도 가열 방식을 활용한 나프타 분해공정을 통해 에틸렌·프로필렌 등 석유화학 기초원료를 제조하는 시설
		10) 반도체·디스플레이 식각·증착공정의 대체소재 제조 및 적용기술 (2023. 3. 20. 개정)	반도체·디스플레이 제조공정에서 사용하는 식각 및 증착용 온실가스를 온난화지수(GWP, Global Warming Potential)가 낮은 가스로 대체하기 위한 소재를 제조하는 시설
		11) 반도체 및 디스플레이 제조공정에서 배출되는 불소화합물 및 아산화질소 배출 저감기술	반도체·디스플레이 제조공정에서 배출되는 불소화합물 및 아산화질소 가스를 LNG, 전기 등을 활용하여 고온에서 분해하는 온실가스 배출저감 시설
		12) 해상(FSRU) 및 육상 LNG터미널에서의 LNG 냉열발전 결합형 재기화 기술 (2023. 3. 20. 신설)	LNG 냉열의 회수 공정을 이용하여 재기화 송출 용량이 750 MMSCFD(Million Metric Standard Cubic Feet per Day) 이상이고, 소요전력의 20% 이상을 절감하고 온실가스의 20% 이상을 감소시킬 수 있는 냉열 발전이 결합된 재기화 시스템을 제작하는 시설
		13) 철강 가열공정 탄소연료 대체기술 (2023. 3. 20. 신설)	단조, 압연 공정에 사용되는 화석연료를 저탄소 연료(수소, 암모니아)로 전환하거나, 발생된 이산화탄소를 재순환시켜 에너지 효율을 향상시키는 설비를 제조하는 시설
		14) 전기로 저탄소원료(직접환원철·수소환원철) 활용기술 (2025. 3. 21. 신설)	전기로 용해공정에서 저탄소 원료인 직접환원철 또는 수소환원철로 철강을 제조하는 시설

영 별표 7의 기술			사업화 시설
구분	분야	신성장·원천기술	
13. 탄소 중립	마. 에너지 효율·수송	1) 지능형 배전계통 고도화 및 운용 기술	배전계통을 보호·제어하기 위한 지능형 전력장치(IED, Intelligent Electric Device)를 제조하는 시설, IED가 탑재된 배전용 개폐기 및 차단기를 제조하는 시설 및 지능형 직류배전 공급용 기기를 제조하는 시설
		2) 지능형 검침 인프라 설계·제조 기술	양방향 통신 기반의 전자식 계량기를 활용하여 전기사용정보 등을 수집 후 통합관리하는 인프라로서 실시간으로 전력가격 및 사용정보를 소비자에게 전달하여 수요반응 등을 가능케 하고, 공급자에게는 더욱 정확한 수요예측 및 부하관리 등이 가능하게 하는 설비를 제조하는 시설
		3) 히트펌프 적용 온도 범위 확대 및 효율 향상 기술	친환경 냉매 개발, 열교환기 성능 향상, 사용 열원 확대를 통해 고온·저온의 열에너지 공급이 가능한 히트펌프 시스템을 제조하는 시설
		4) 친환경 굴착기 개발 기술	순수 전기(모터), 하이브리드(모터와 엔진), 바이오연료(엔진)로 구동할 수 있는 굴착기를 설계·제조하는 시설
		5) 암모니아 추진선박의 연료공급 및 후처리 기술	암모니아를 연료로 추진하는 선박에 적용되는 암모니아 연료 공급 시스템 및 연소 후 배기가스 후처리 시스템의 설계·제조·시험·평가를 위한 시설
		6) 극저온 액체 저장 및 이송용 극저온 냉동기술 (2023. 3. 20. 신설)	액화질소(끓는 점 -196℃), 액화수소(끓는 점 -253℃) 등 -196℃ 이하의 극저온 액체를 자체 증발로 인한 손실 없이 저장 및 이송하기 위해 사용하는 극저온 냉동 설비를 제조하는 시설
		7) 연료전지 및 배터리를 적용한 선박 발전시스템 (2023. 3. 20. 신설)	연료전지 및 배터리 하이브리드 전력시스템을 선박의 발전원으로 활용하는 선박 발전시스템을 제조하는 시설

영 별표 7의 기술			사업화 시설
구분	분야	신성장·원천기술	
13. 탄소 중립	마. 에너지 효율·수송	8) 고효율 산업용 전동기 설계·제조 기술 (2023. 3. 20. 신설)	IEC 60034-30-1규격의 IE4급 이상의 고효율 산업용 전동기를 제조하는 시설
14. 방위 산업 (2024. 3. 22. 신설)	가. 방산장비	1) 추진체계 기술	유무인 항공기, 기동장비, 유도무기, 함정 등에 장착하는 터보제트엔진, 터보샤프트엔진, 터보프롭엔진, 터보팬엔진, 왕복엔진의 완제엔진, 부체계(엔진제어, 연료, 윤활, 기어박스 등), 구성품(팬, 압축기, 연소기, 터빈, 배기노즐 등), 소재(내열·경량합금, 복합재, 고온코팅 등) 등을 설계·제작·조립·인증·시험평가하는 시설
		2) 군사위성체계 기술	군사용 위성체계 중 감시정찰 및 통신위성의 위성체계(전력체계, 자세제어체계, 위성탑재 컴퓨터, 송수신체계, 구조체 등), 구성품(위성통신송수신 안테나, 광학장비, 영상레이더, 항법체계 등), 관련 소재, 지상장비, 발사체(고체연료) 등을 설계·제작·조립·인증·시험평가하는 시설
	나. 전투지원	유무인복합체계 기술	유무인복합체계에 필요한 환경인식기술, 위치추정기술, 자율임무 수행기술, 유무인협업기술, 무선통신기술, 네트워크 보안기술, 의사결정지원기술, 원격통제기술 등을 활용하여 유무인복합체계를 설계·제작·조립하는 시설

비고: 위 표에서 소재·부품·장비는 「소재·부품·장비산업 경쟁력 강화 및 공급망 안정화를 위한 특별조치법 시행령」 제2조 제1호 또는 제2호에 해당하는 소재·부품·장비를 말한다. (2025. 3. 21. 신설)

[별표 6의 2] (2025. 3. 21. 개정)

국가전략기술을 사업화하는 시설(제12조의 2 제2항 관련)

영 별표 7의2의 기술		사업화 시설
분야	국가전략기술	
1. 반도체	가. 첨단 메모리 반도체 설계·제조 기술	16nm 이하급 D램 및 128단 이상 낸드플래시 메모리 제조 시설
	나. 차세대 메모리반도체 (STT-MRAM, PRAM, ReRAM, PIM, HBM, LLC, CXL, SOM) 설계·제조기술 (2024. 3. 22. 개정)	기존 메모리반도체인 D램(DRAM)과 낸드 플래시메모리(Nand Flash Memory)의 장점을 조합한 STT-MRAM(Spin Transfer Torque-Magnetic Random Access Memory), PRAM(Phase-change Random Access Memory), ReRAM(Resistive Random Access Memory), 초거대 AI 응용을 위해 CPU와 메모리 간의 병목현상 해결을 목적으로 메모리반도체에 전용 AI 프로세서를 추가한 메모리시스템인 PIM(Processing In Memory), HBM(High Bandwidth Memory), LLC(Last Level Cache), CXL(Compute eXpress Link), SOM(Selector Only Memory) 등 차세대 메모리반도체 제조 시설
	다. 차세대 디지털기기 SoC 설계·제조기술	IoT, 착용형 스마트 단말기기, 가전, 의료기기 및 핸드폰 등 차세대 디지털 기기 SoC의 주파수 조정 기능 반도체(RF switch 등 RF반도체), 디지털·아날로그 신호의 데이터 변환 반도체(인버터/컨버터, Mixed signal 반도체 등), 메모리반도체와의 원칩화를 통한 컨트롤 IC(eNVM) 및 IoT 지능형 서비스를 적용하기 위한 지능정보 및 데이터의 처리가 가능한 IoT·웨어러블 SoC(System on Chip)의 제조 시설
	라. 고성능 마이크로센서의 설계·제조·패키징 기술	물리적·화학적인 아날로그(analogue) 정보를 얻는 감지부와 논리·판단·통신기능을 갖춘 지능화된 신호처리 집적회로가 결합된 소자로서 나노기술, MEMS[Micro Electro Mechanical System, 기계부품·센서(sensor)·액츄에이터(actuator) 및 전자회로를 하나의 기판 위에 집적화)] 기술, 바이오 기술, 0.8㎛이하 CMOS 이미지센서 기술 또는 SoC(System on Chip) 기술이 결합된 고성능 센서 및 칩 패키지를 제조하는 시설
	마. 차량용 반도체 설계·제조기술	자동차 기능안전성 국제표준 ISO26262 및 자동차용 반도체 신뢰성 시험규격 AEC-Q100을 만족하는 MCU(Micro controller unit), ECU(Electronic control unit), 파워IC, SoC, 전기자동차, 하이브리드자동차 및 자율주행용 IC 반도체의 제조 시설 (2023. 3. 20. 개정)
	바. 에너지효율향상 반도체 설계·제조 기술	에너지효율향상 반도체 설계·제조 기술: 저저항·고효율 특성을 지니며 차세대 응용 분야(전기자동차, 하이브리드자동차, 태양광/풍력발전 등 신재생에너지, 스마트그리드 등)에 탑재되는 실리콘 기반의 에너지효율향상 반도체(SJ(Super Junction) MOSFET, IGBT, 화합물(SiC, GaN, Ga2O3) 기반의 에너지효율향상 반도체(MOSFET, IGBT) 및 모듈의 제조 시설
	사. 에너지효율향상 전력반도체(BCD MOS, UHV, 고전압 아날로그IC) 설계·제조기술 (0.35㎛ 이하) (2023. 3. 20. 개정)	실리콘 기반의 저저항·고효율 특성을 지니며 차세대 응용 분야(5G, 전기자동차, 하이브리드자동차, 차세대 디지털기기용 디스플레이, 태양광, 풍력발전 등 신재생에너지, 스마트그리드 등)에 탑재되는 아날로그, 디지털 로직, 파워소자를 원칩화한 초소형·초절전 전력반도체(0.35㎛이하 BCDMOS, 800V 이상 UHV, 12V 이상 고전압 아날로그 IC) 제조 시설
	아. 차세대 디지털기기·차량용 디스플레이 반도체 설계·제조기술 (2023. 3. 20. 개정)	화면에 문자나 영상 이미지 등이 표시되도록 차세대 디지털기기 및 차량의 디스플레이(OLED, Flexible, 퀀텀닷, 롤러블, 폴더블, 마이크로LED, Mini LED, 4K·120Hz급 이상 고해상도 LCD 등)에 구동 신호 및 데이터를 전기신호로 제공하는 반도체(DDI), 디스플레이 패널의 영상 정보를 변환·조정하는 것을 주기능으로 하는 반도체(T-Con), 디스플레이용 반도체와 패널에 필요한 전원전압을 생성·제어하는 반도체(PMIC)를 제조하는 시설
	자. SoC 반도체 개발·양산 위한 파운드리 분야 7nm 이하급 제조공정 및 공정설계기술	SoC(System on Chip) 반도체 개발·양산을 위한 핵심 기반기술로 파운드리(Foundry) 분야의 7nm 이하급 제조 시설

영 별표 7의2의 기술		사업화 시설
분야	국가전략기술	
1. 반도체	차. WLP, PLP, SiP, 플립칩 기술 등을 활용한 2D/2.5D/3D 패키징 공정기술 및 패키징 관련 소재·부품·장비설계·제조기술	반도체 패키징 기술(WLP, PLP, SiP, 플립칩 등)을 활용한 2D/2.5D/3D 패키징 공정기술·테스트 및 패키징·테스트 관련 소재, 부품, 장비 제조 시설
	카. 반도체용 실리콘 기판 및 화합물 기판 개발 및 제조기술	16nm 이하급 D램과 128단 이상 낸드플래시메모리, 7nm 이하급 파운드리 SoC, 에피텍셜 반도체용의 실리콘 기판 및 화합물 기판(SiC, GaN, Ga2O3) 기판을 제조하는 시설
	타. 첨단 메모리반도체 및 차세대 메모리반도체, SoC 반도체 파운드리 소재·장비·장비부품 설계·제조기술	첨단 메모리반도체(16nm급 이하 D램 및 128단 이상 낸드플래시메모리), 차세대 메모리반도체(STT-MRAM, PRAM, ReRAM) 및 SoC 반도체 파운드리의 소재, 장비 및 부품 제조 시설
	타. 첨단 메모리반도체 및 차세대 메모리반도체, SoC 반도체 파운드리 소재·장비·장비부품 설계·제조기술	첨단 메모리반도체(16nm급 이하 D램 및 128단 이상 낸드플래시메모리), 차세대 메모리반도체(STT-MRAM, PRAM, ReRAM, PIM, HBM, LLC, CXL, SOM) 및 SoC 반도체 파운드리의 소재, 장비 및 부품 제조 시설 (2025. 3. 21. 개정)
	파. 포토레지스트(Photoresist) 개발 및 제조기술	반도체 및 디스플레이용 회로형성에 필요한 리소그래피(lithography)용 수지로서 회로의 내열성, 전기적 특성, 현상(Developing) 특성을 좌우하는 포토레지스트 및 관련 소재를 제조하는 시설 [ArF(불화아르곤) 광원용 및 EUV(극자외선) 광원용]

영 별표 7의2의 기술		사업화 시설
분야	국가전략기술	
1. 반도체	하. 원자층증착법 및 화학증착법을 위한 고유전체용 전구체 개발 기술	기존의 이산화규소(SiO_2)보다 우수한 유전특성을 갖는 high-k dielectric 박막 증착을 위한 원자층증착법(ALD, Atomic Layer Deposition) 및 화학증착법(CVD, Chemical Vapor Deposition)공정에 사용되는 전구체를 제조하는 시설
	거. 고순도 불화수소 개발 및 제조기술	반도체 회로형성에 필요한 순도 99.999%(5N) 이상의 고순도 불화수소를 제조하는 시설
	너. 블랭크 마스크 개발 및 제조기술	ArF(불화아르곤) 광원 및 EUV(극자외선) 광원을 이용하여 반도체 회로를 형성하는 데 사용되는 블랭크마스크 원판 및 관련 소재[펠리클(Pelllicle), 합성 쿼츠, 스터러링용 타겟 등을 포함]를 제조하는 시설
	더. 고기능성 인산 제조 기술	SiNx, SiOx 막질의 선택적인 식각이 가능한 고선택비(1,000 이상) 인산계 식각액 제조 시설
	러. 고순도 석영(쿼츠) 도가니 제조 기술	반도체 웨이퍼 제조용 용융 실리콘의 오염을 막기 위한 도가니 형태의 순도 99.999%(5N) 이상의 고순도 석영 용기 제조 시설
	머. 코트막형성재 개발 및 제조기술	완성된 반도체 소자의 표면을 외부환경으로부터 보호하기 위해 사용하는 절연성을 가진 고감도(80mJ/㎠ 이하) 감광성 코팅 기술 또는 패키징 재배선(배선폭 7㎛ 이하) 형성 재료 제조 시설
	버. 고성능·고효율 시스템 반도체의 테스트 기술 및 테스트 관련 장비, 부품 설계·제조기술 (2023. 3. 20. 신설)	1) 동작속도 250MHz 이상의 SoC(System on Chip) 반도체, 6GHz 이상의 주파수를 지원하는 RF(Radio Frequency) 반도체, AEC-Q100을 만족하는 차량용 반도체, 4,800만화소 이상의 모바일용 CMOS 이미지센서, 내전압 1,000V 이상의 전력반도체, 소스채널 900개 이상의 OLED용 DDI(Display Driver IC)의 양·불량 여부를 전기적 특성검사를 통해 판단할 수 있는 테스트 시설 2) 1)에 따른 테스트에 사용되는 최대 검사속도 500Mbps 이상의 주검사장비, 접촉정확도 1㎛ 이하의 프로브스테이션(Probe Station), MEMS(Micro Electro Mechanial System) 기술 기반의 프로브카드를 제조하는 시설

영 별표 7의2의 기술		사업화 시설
분야	국가전략기술	
2. 이차전지	가. 고에너지밀도 이차전지 팩 제조 기술	전기차, 에너지저장장치 등에 사용되는 이차전지 팩의 중량당 에너지밀도를 160Wh/kg 이상으로 구현하기 위한 모듈 및 팩 제조 시설
	나. 고성능 리튬이차전지 부품·소재·셀 및 모듈 제조 기술	이차전지 셀을 기준으로 중량당 에너지밀도가 265Wh/kg 이상 또는 1시간 기준 방전출력 대비 6배 이상의 고출력(6C-rate 이상) 또는 충방전 1,000회 이상의 장수명을 충족하는 고성능 리튬이차전지에 사용되는 부품·소재·셀 및 모듈 제조 시설
	다. 사용후 배터리 평가 및 선별 기술	수명이 종료(초기용량 대비 80% 이하)된 전기동력 자동차 배터리를 검사·분해·평가하는 시설
	라. 사용후배터리 재활용 기술	수명이 종료된 사용후배터리를 친환경적으로 처리하고, 리튬, 니켈, 코발트, 구리 등 재자원화가 가능한 유가금속을 회수하는 시설 (리튬 35% 이상, 니켈/코발트 90% 이상 회수)
	마. 차세대 리튬이차전지 부품·소재·셀 및 모듈 제조 기술	중량당 방전용량이 600mAh/g 이상인 고성능 전극 또는 고체전해질을 기반으로 하는 차세대 리튬이차전지에 사용되는 부품·소재·셀 및 모듈 제조시설
	바. 하이니켈 양극재 제조기술	니켈 함량이 80% 이상인 고용량 양극재 및 리튬계 원자재, 금속전구체 등 양극재 원료와 관련 장비를 제조하는 시설
	사. 장수명 음극재 제조기술	충방전 1,000회 이상이 가능한 장수명 음극재 및 음극재 제조에 필요한 카본계 또는 금속계의 원료와 이의 제작에 필요한 장비를 제조하는 시설
	아. 이차전지 분리막 및 전해액 제조 기술	수명특성, 신뢰성, 안전성을 향상시키는 분리막과 저온특성, 장수명, 안전성을 향상시키는 전해액 및 이와 관련된 원료·장비를 제조하는 시설
	자. 이차전지 부품 제조기술	배터리 장기 사용을 위한 패키징 부품(파우치, 캔, 리드탭)과 고성능 배터리를 위한 전극용 소재부품(도전재, 바인더, 집전체) 및 이와 관련된 원료·장비를 제조하는 시설
	차. 양극재용 고순도 금속 화합물 제조·가공기술 (2025. 3. 21. 신설)	금속이온 원료로부터 결정화, 정련, 전환 및 정제 기술을 활용하여 중간체 및 순도 99% 이상의 양극재용 금속화합물(수산화리튬, 탄산리튬, 황산니켈, 황산코발트, 황산망간)로 제조·가공하는 시설

영 별표 7의2의 기술		사업화 시설
분야	국가전략기술	
3. 백신	가. 방어 항원 등 스크리닝 및 제조 기술	각종 질환을 치료하거나(치료용 백신) 예방하기 위해(예방용 백신) 면역기전을 이용하여 인체질환을 방어하는 물질(항원, 핵산, 바이러스벡터 등)을 스크리닝하고 제조하는 시설 및 이를 적용한 백신을 제조하는 시설
	나. 원료 및 원부자재 등 개발·제조 기술	백신 개발·제조에 필요한 원료 및 원부자재(필터, 레진, 버퍼, 배양배지 등) 또는 백신의 효능을 증가시키는 물질(면역보조제)을 제조하는 시설
	다. 생산장비 개발·제조 기술	백신 및 백신 원료·원부자재(필터, 레진, 버퍼, 배양배지 등) 생산에 필요한 장비를 제조하는 시설
4. 디스플레이 (2023. 3. 20. 신설)	가. AMOLED 패널 설계·제조·공정·모듈·구동 기술	기판(유리, 플렉시블, 스트레처블) 위에 저온폴리실리콘산화물(LTPO)·저온폴리실리콘(LTPS)·산화물(Oxide) TFT를 형성한 백플레인 또는 실리콘(Silicon)에 구동소자를 형성한 웨이퍼에 발광특성을 가진 유기물을 진공 증발 증착 또는 프린팅 방식으로 형성하는 FHD 이상의 고화질 또는 고성능(고휘도, 저소비전력) 패널과 구동소자, 커버윈도우 등을 가공·조립하는 AMOLED 패널을 제조하는 시설
	나. 친환경 QD (Quantum Dot) 소재 적용 디스플레이 패널 설계·제조·공정·모듈·구동 기술	반치폭(FWHM, full width at half maximum) 40나노미터(nm) 이하인 RoHS(유럽 6대 제한물질 환경규제) 충족 QD 소재를 노광 또는 직접 패터닝 방식으로 제조한 패널과 구동소자, 커버윈도우 등을 가공·조립하는 친환경 QD 소재 적용 디스플레이 패널을 제조하는 시설
	다. Micro LED 디스플레이 패널 설계·제조·공정·모듈·구동 기술	실리콘(Silicon) 또는 사파이어(Sapphire) 기판에 저결함(1×10^15/cm^3 이하) 에피(Epi)공정을 적용한 단축 50㎛ 크기 이하의 R·G·B 마이크로 LED를 적용한 패널과 구동소자, 커버윈도우 등을 가공·조립하는 Micro LED 디스플레이 패널을 제조하는 시설

영 별표 7의2의 기술		사업화 시설
분야	국가전략기술	
4. 디스플레이 (2023. 3. 20. 신설)	라. 디스플레이 패널 제조용 증착 · 코팅 소재 기술	전자이동도 9㎠/Vs 이상의 산화물 TFT(Thin Film Transistor)와 유기물(발광 · 공통층) 소재 및 양자점(QD) · 화소격벽 · 폴리이미드(PI) 코팅소재 등 디스플레이 패널 제조용 증착 · 코팅 소재를 제조하는 시설
	마. 디스플레이 TFT 형성 장비 및 부품 기술	전자이동도 9㎠/Vs 이상의 TFT(Thin Film Transistor) 형성공정에 사용되는 노광기, 물리 또는 화학적 증착기, 이온주입기, 식각기, 검사장비를 제조하는 시설
	바. OLED 화소 형성 · 봉지 공정 장비 및 부품 기술 (2024. 3. 22. 신설)	유기증착기(Evaporation), 잉크젯장비(Inkjet), 봉지장비(Encapsulation), FMM(Fine Metal Mask) 등 OLED 화소 형성 및 봉지 공정에 사용되는 장비와 부품을 제조하는 시설
	사. 디스플레이 하이브리드 커버 윈도우 소재 기술 (2025. 3. 21. 신설)	디스플레이 패널을 외부로부터 보호하기 위한 두께 100㎛ 이하 초박형유리(Ultra Thin Glass, UTG) 및 UTG 광학증착 · 코팅 소재, 투과율 80% 이상인 초박형 유 · 무기 하이브리드 필름 등 커버 윈도우 소재 제조 시설
	아. 마이크로 LED 에피(Epi) · 전사 · 접합 소재, 부품, 장비 기술 (2025. 3. 21. 신설)	고효율, 저결함 에피성장을 위한 고순도(99% 이상) 금속유기(Metal-Organic) 가스와 기판(substrate), 전극 형성을 위한 접합소재, 외부양자효율(External Quantum Efficiency, EQE) 청색 20%, 녹색 10%, 적색 5% 이상의 에피기판 · 칩 등 화소 형성을 위한 소재 · 부품 제조 시설 및 Micro LED 성장을 위한 에피 공정, 에피 LED 칩 제조를 위한 분리 · 보호막 공정, 백플레인 기판의 화소 영역에 칩을 전사 · 접합하는 공정 등에서 사용되는 장비 제조 시설
5. 수소 (2023. 6. 7. 신설)	가. 수전해 기반 청정수소 생산기술	재생에너지 · 원자력에너지 등 무탄소 전원, 계통제약전력(미활용전력) 등을 활용하여 물을 분해하여 청정수소를 생산 · 공급하는 수전해 공정의 소재 · 부품 · 스택(stack) · 시스템을 설계 및 제조하는 시설
	나. 탄소포집 청정수소 생산기술	천연가스 또는 액화석유가스로부터 추출수소를 생산하는 과정에서 배출되는 이산화탄소를 포집하여 청정수소를 생산하는 시설
5. 수소 (2023. 6. 7. 신설)	다. 수소연료 저장 · 공급 장치 제조 기술	수소연료로 전기를 생산하여 운행되는 이동수단에 수소연료를 저장 · 공급하는 장치를 제조하는 시설
	라. 수소충전소의 수소 생산 · 압축 · 저장 · 충전 설비 부품 제조기술	수소충전소의 수소 생산설비, 압축설비, 저장설비, 충전설비 및 그 부품을 설계 및 제작하는 시설
	마. 수소차용 고밀도 고효율 연료전지 시스템 기술	연료전지 스택 출력밀도 3.1kW/L 이상 또는 연료전지 스택 운전효율[저위발열량(LHV, Lower Heating Value)에 따라 산출된 운전효율을 말한다] 60% 이상을 만족하는 수소전기차용 고밀도 · 고효율 연료전지시스템을 설계 및 제조하는 시설
	바. 연료전지 전용부품 제조기술	연료전지 핵심부품인 개질기, 막전극 접합체, 금속 분리판 또는 블로어를 제조하는 시설
	사. 수소 가스터빈(혼소 · 전소) 설계 및 제작 기술 (2024. 3. 22. 신설)	수소를 연료로 사용하여 연소시킬 때 발생하는 고온 · 고압의 에너지로 발전기를 회전시켜 전기를 생산하는 가스터빈의 부품 설계 · 제작 · 조립 · 시험 · 평가를 위한 시설
	아. 수소환원제철 기술 (2024. 3. 22. 신설)	철강 제조공정에서 수소(H_2)를 사용하여 철광석을 환원하고, 전기용융로에서 쇳물(용선)을 생산하는 시설
	자. 수소 저장 효율화 기술 (2024. 3. 22. 신설)	수소를 고압기체, 액체, 암모니아, 액상 유기물 수소 저장체(LOHC) 등의 형태로 저장하거나 고체에 흡장 또는 흡착하여 저장하기 위한 시설
	차. 수소 처리 바이오 에너지 생산기술 (2025. 3. 21. 신설)	수소(H2)와 생물유기체에서 유래한 원료를 이용하여 직접 또는 전환공정을 통해 연료나 석유화학 원료로 사용할 수 있는 디젤, 항공유, 액화석유가스, 나프타를 생산하는 시설
6. 미래형 이동수단 (2023. 6. 7. 신설)	가. 주행상황 인지 센서 기술	주행상황을 인지하는 차량탑재용 비전 센서(vision sensor), 레이더 센서(radar sensor), 라이다 센서(LIDAR sensor)를 제작하는 시설
	나. 전기동력 자동차의 구동시스템 고효율화 기술 (2023. 6. 9. 개정)	전기동력 자동차에서 전기에너지를 운동에너지로 변환시키는 모터와 구동력을 바퀴에 전달하기 위한 감속기 · 변속기 등을 고효율화하는 구동시스템을 제조하는 시설 및 해당 고효율화 구동시스템이 적용된 전기동력 자동차를 제조하는 시설

영 별표 7의2의 기술		사업화 시설
분야	국가전략기술	
	다. 전기동력 자동차의 전력변환 및 충전 시스템 기술	최대 출력 100kW급 이상, 최대 효율 92% 이상을 만족하는 전기동력 자동차 급속충전용 전력변환장치와 전기동력 자동차와 연결되는 충전 인터페이스장치를 설계·제조하는 시설
7. 바이오약약품 (2023. 8. 29. 신설)	가. 바이오 신약[바이오 베터(Bio Better)를 포함한다] 후보물질 발굴 및 바이오 신약 제조 기술	유전자재조합기술, 세포배양·정제·충전 기술 등 새로운 생명공학기술을 이용하여 생명체에서 유래된 단백질·호르몬·펩타이드·핵산·핵산유도체 등을 원료 및 재료로 하는 단백질의약품·유전자치료제·항체치료제·세포치료제를 제조하는 시설
	나. 바이오시밀러 제조 및 개량 기술	바이오시밀러를 제조하는 시설
	다. 바이오의약품 원료·소재 제조 기술	바이오의약품을 생산하기 위한 세포 배양 관련 소재(배지, 첨가물 등), 분리·정제·농축을 위해 사용하는 바이오 필터 소재, 완제품 생산을 위해 제형화에 필요한 원부자재 등을 제조하는 시설
	라. 바이오의약품 부품·장비 설계·제조 기술	바이오의약품 생산·제조 장비와 바이오의약품 품질 분석 및 환경관리에 필요한 장비·부품을 설계·제조하는 시설

비고: 위 표에서 소재·부품·장비는 「소재·부품·장비산업 경쟁력 강화 및 공급망 안정화를 위한 특별조치법 시행령」 제2조 제1호 또는 제2호에 해당하는 소재·부품·장비를 말한다. (2025. 3. 21. 신설)

[별표 7] (2023. 3. 20. 개정)

에너지절약시설(제13조의 10 제3항 관련)

구 분	시설내용	적용범위
1. 에너지 이용 합리화 시설	가. 산업·건물 부문 에너지절약 설비	1) 보일러·요(窯)·로(爐) 및 그 부속장치(산업·건물 공통) 가) 보일러 증발량이 시간당 0.5톤 이상인 것으로서 에너지사용효율을 10퍼센트 이상 향상시키거나, 석유환산기준으로 연간 100킬로리터 이상의 에너지절약을 가능하게 하는 것[기존시설을 개체(改替)하는 것으로 한정한다] 나) 요(窯)·로(爐) 요·로 안의 최고 온도가 섭씨 500도 이상인 것으로서 폐열회수율이 20퍼센트 이상이거나, 석유환산기준으로 연간 100킬로리터 이상의 에너지절약을 가능하게 하는 것[기존시설을 개체(改替)하는 것으로 한정한다] 다) 보일러관수를 자동으로 연속하여 배출하는 장치 라) 초음파 스케일 방지기(보일러를 신규로 설치하는 경우는 제외한다) 마) 보일러 급수 처리장치(보일러를 신규로 설치하는 경우는 제외한다) 2) 집단에너지시설 및 열병합발전시설 지역냉·난방사업, 산업단지 집단에너지사업 및 자가열병합발전사업에 필요한 에너지의 생산·수송·분배를 위한 에너지공급시설[기존의 집단에너지공급시설을 개체(改替)하는 것은 제외한다] 3) 폐기에너지회수설비(산업·건물 공통) 가) 연소폐열·공정폐열 및 폐가스를 이용하여 연료 및 원재료를 예열하는 설비 나) 연소폐열·공정폐열 및 폐가스를 이용하여 증기·온수 등 유효한 에너지를 발생시키는 설비 다) 그 밖에 폐기되는 자원을 이용하여 열 또는 전기를 발생시키는 설비 라) 폐열회수형 히트펌프(공기열원은 제외한다)

구 분	시설내용	적용범위
1. 에너지 이용 합리화 시설	가. 산업·건물 부문 에너지절 약 설비	마) 클링커 냉각기(Cross Bar Cooler) 4) 고효율 유체기기 및 제어장치(산업·건물 공통) 가) 원심식 다단진공펌프(실워터가 불필요하고 공기량 이 자동조절 되는 것으로 한정한다) 나) 고온응축수펌프(사용온도가 섭씨 100도 이상인 것 으로 한정한다) 다) 에너지절약형 유체커플링(유체기기에 직접 연결하 는 것으로 한정한다) 라) 압축기(인버터제어) 마) 고속 터보블로워[전동기직결형으로 1만 회전수 (rpm) 이상으로 한정한다] 바) 고효율 변압기(「에너지이용 합리화법」 제15조에 따 른 효율관리기자재로서 고효율 제품으로 한정한다) 사) 프리미엄급(IE3 또는 IE4) 삼상유도전동기(「에너지 이용 합리화법」 제15조에 따른 효율관리기자재로 서 프리미엄급 제품으로 한정한다) 5) 그 밖에 산업용 설비 가) 어큐뮬레이터 나) 주파수 변환식 회전수 제어장치(인버터) [220킬로 와트(kw)이하는 고효율인증기자재로 한정한다] 다) 증기 재압축식 증발농축장치 라) 다중효용증발관(3중 이상으로 한정한다) 마) 산소부하시스템 바) 증기재압축장치 사) 증기터빈 구동식 동력장치 6) 건물에너지 절약설비 가) 건물자동화 제어장치(온도·조명·열원·풍량·공 조 부문 중 2가지 이상을 제어하는 경우로 한정한다) 나) 제습공조장치(냉각코일에 의한 제습은 제외한다) 다) 가습공조장치(수가습 방식으로 한정한다) 라) 야간단열장치 마) 태양광차단장치 7) 에너지관리시스템(EMS)(「에너지이용 합리화법」 제45 조에 따라 설립한 에너지관리공단의 확인을 받은 것으 로 한정한다)

구 분	시설내용	적용범위
1. 에너지 이용 합리화 시설	나. 전력수요관리 설비	1) 역률자동조절장치 2) 최대수요관리감시제어장치(최대수요전력을 제어하기 위 한 것으로 한정한다) 3) 전기대체냉방시설(건물 각 층에 설치되는 공조기 및 냉 온수배관은 제외한다) 가) 가스냉방시설 나) 축열식냉방시설 다) 흡수냉방시설
	다. 고효율인증기 자재	특정에너지사용기자재 중 「에너지이용 합리화법」 제22조 에 따라 산업통상자원부장관이 고효율에너지기자재로 인증 한 다음의 제품 1) 엘이디(LED)조명(램프 및 등기구) 2) 고효율인증보일러 3) 무정전전원장치 4) 직화흡수식 냉온수기 5) 원심식 송풍기 6) 항온항습기 7) 고기밀성 단열문 8) 전력저장장치(Energy storage system) 9) 스마트엘이디(LED) 조명시스템
	라. 대기전력저감 우수제품	특정에너지사용기자재 중 「에너지이용 합리화법」 제20조 에 따라 산업통상자원부장관이 대기전력저감우수제품으로 인증한 자동절전제어장치
2. 신·재생 에너지보 급시설	가. 신·재생에너 지 생산시설	「신에너지 및 재생 에너지 개발·이용·보급 촉진법」 제2 조에 따른 신에너지 및 재생에너지를 이용하여 연료·열 또는 전기를 생산하는 시설
	나. 수소 생산·압 축·저장시설 (2023. 3. 20. 개정)	1) 수소생산시설(연료개질설비로 한정한다) 2) 수소압축시설 3) 수소저장시설(수소충전소 내 설치되는 시설로 한정한다)
3. 그 밖의 시설	그 밖의 에너지절 약시설	에너지절감효과가 10퍼센트 이상인 에너지절약시설 중 「에 너지이용 합리화법」에 따라 에너지관리공단의 이사장이 시 범적으로 보급할 필요성이 있다고 인정하는 것

[별표 7의 2] (2021. 3. 16. 신설)

신에너지 및 재생에너지를 생산하기 위한 시설을 제조하는 시설(제13조의 10 제4항 관련)

구 분	시설내용	적용범위
1. 태양광설비	가. 태양전지용 다결정 실리콘 제조설비	1. 삼염화실란 생산용 염화공정 장치(Tri-chloro Silane Chlorinator Facilities) 2. 삼염화실란 정제 공정 장치(Tri-chloro Silane Purifier Facilities) 3. 폴리실리콘 생산용 화학 증착 반응 장치(Polysilicon Chemical Vapor Deposition Reactor Facilities) 4. 삼염화실란 폐가스 회수 장치(Tri-chloro Silane Vent Gas Recycling Facilities) 5. 실리콘테트라플로라이드 생산용 제조 설비(SiF4 Production Facilities) 6. 소듐알류미늄하이드라이드 생산용 제조 설비(NaAlH4 Production Facilities) 7. 모노실란 제조 설비(SiH4 Production Facilities) 8. 모노실란 고순도 정제 설비(SiH4 Purifier Facilities) 9. 폴리실리콘 생산용 화학 증착 반응 장치(Polysilicon Chemical Vapor Deposition Reactor Facilities) 10. 모노실란 폐가스 회수 장치(SiH4 Vent Gas Recycling Facilities)
	나. 태양광전지용 실리콘웨이퍼 제조설비	1. 단결정성장로(Grower) 2. 다결정성장로(Multicrystalline Casting Furnace) 3. 크로핑소(Cropping Saw) 4. 면연마기(Rotary Grinding System) 5. 곡면 또는 평면용 면취기(R/C Grinder, R/C Cutter) 6. 사각기(Squaring Machine) 7. 와이어소(Multi Wire Sawer) 8. 슬러리재생설비(Slurry Recycling System) 9. 웨이퍼세정기(Cleaning System) 10. 전자수명 측정장치(Minority Carrier Lifetime Measurement System) 11. 웨이퍼 저항측정기(Resistivity Tester for Wafer)

구 분	시설내용	적용범위
1. 태양광설비	다. 태양전지 제조설비	1. 웨이퍼 검사 장비(Wafer Inspection) 2. 표면 식각 장비(Texturing) 3. 불순물 확산 장비(Diffusion) 4. 산화막 제거 장비(PSG Removal) 5. 반사방지막 증착 장비(PECVD) 6. 금속전극 형성 장비(Metallization) 7. 전극 소성 장비(Firing) 8. 레이저 절연 장비(Isolation) 9. 셀 검사/분류 장비(Cell Tester/Sorter) 10. 공정 자동화 장비(Automation)
	라. 태양광모듈 제조설비	1. 라미네이터(Laminator) 2. 유리세척기(Glass Washer) 3. 태양전지성능측정기(Cell Tester) 4. 스트링 · 테버장비(String & Tabber) 5. 레이업머신(Lay-up M/C) 6. 태양전지 또는 모듈성능측정기(Simulator) 7. 프레이밍머신(Framing M/C) 8. 큐어링 오븐(Curing Oven) 9. 내구성 시험용 오븐(Oven for Cycling Test) 10. 레이저 스크라이버(Laser Scriber) 11. 박막 실리콘 태양전지용 화학기상증착장비(Chemical Vapor Deposition) 12. 박막 실리콘 태양전지용 스퍼터링 장비(Sputter) 13. 박막 실리콘 태양전지용 글라스 반송 시스템(Glass Transfer System) 14. 박막 실리콘 태양전지용 에지 트리머(Edge Trimmer) 15. 정션박스 어셈블리 시스템(Junction Box Assembly System) 16. 빛조사 열화장치(Light Soaking System)
2. 풍력설비	풍력발전용 발전기 제조설비	1. 풍력발전기 조립 대차(Travelling Car for Windturbine Assembly) 2. 동기발전기 시험기(Synchronous Generator Tester) 3. 풍력발전기 조립 시험기(Assembly Tester for Windturbine)

구 분	시설내용	적용범위
2. 풍력설비	풍력발전용 발전기 제조설비	4. 로터허브 조립 시험기(Assembly Tester for Rotor Hub) 5. 레이저 트래커(3D Measurement Machine) 6. 피치베어링 볼트조립 로봇(Bolting Robot for Pitch Bearing)
3. 수력설비	소수력발전용 수차 및 발전기 제조설비	1. 유전율 측정시험기(Insulating Diagnosis & Analysis System) 2. 부분방전 시험기(Partial Discharge Detector)

[별표 7의 3] (2021. 3. 16. 신설)

공정개선·자동화·정보화시설 및 첨단기술설비(제13조의 10 제5항 관련)

구 분	적 용 범 위

1. 생산자동화설비 및 생산자동화제어설비	가. 제품의 설계 및 생산을 위한 컴퓨터와 수주·출하 및 판매 등에 대한 경영정보의 관리를 위한 컴퓨터의 본체·주변기기[컴퓨터자동설계기(CAD)·캠(CAM)·보조기억장치·프린터·플로터·웍스테이션·모뎀·단말기·인터베이스 및 정전압전원공급장치에 한정한다] 및 소프트웨어[제조정보화시스템, 제품수명주기관리 및 시뮬레이션 설계 소프트웨어를 포함한다]
	나. 제조설비를 자동으로 제어하기 위한 공정제어기기 또는 공정제어시스템 및 동 장치의 부분품
	  (1) 프로그래머블로직콘트롤러(PLC) 및 수치제어장치(NC 또는 CNC)를 이용한 설비
	  (2) 로보트 콘트롤러 및 컴퓨터통합시스템(CIM)과 관련 단위기기
	  (3) 유공압밸브·유압펌프·공기압축기 및 유공압 액튜에이터
	다. 주공정 또는 기능의 제어가 마이크로프로세서 또는 수치제어장치에 의하여 자동으로 조절되는 기계장치 또는 설비
	라. 2개 이상의 기계를 조립하여 자동으로 제어하는 생산 또는 가공시스템(FMC·FMS 및 Transfer Line을 포함한다)
	마. 원자재·부품 및 완제품을 보관·저장 및 반출하기 위한 자동창고시스템 및 하역장비(Loader & Unloader)
	바. 분산제어장치·종합정보표시판·무정전원공급장치·제어밸브·신호전송기 및 부속기기
	사. 화학물질의 합성과정에서 요구되는 반응온도·압력 및 시간농도를 자동으로 일정하게 유지되도록 하는 자동제어시스템·화학반응합성장치 및 부속설비
	아. 3D 프린터(재료압출 방식이 적용된 것은 제외한다)
	자. 컴퓨터시스템에 의해 물품을 필요로 하는 위치까지 자동으로 반송하는 기능을 갖춘 무인 반송시스템
	차. 공장 운영·통제를 위한 제조실행시스템 및 공장을 원격으로 감시·관리하는 통합 관제시스템
	카. 제품의 설계 및 생산과 직접 관련되는 클라우드 서비스

2. 가공설비 및 품질향상설비	가. 웨이퍼절단설비·식각설비·회로형성설비·칩팩킹 및 조립장비 등의 반도체가공설비와 고순도 실리콘양성설비
	나. 제어장치가 부착된 신선기·연선기·권선기 및 테이핑기, 전극 및 자극의 착탈설비, 진공·청정·방폭 등의 공기조절설비 및 기밀봉지설비, 도포·증착 및 성막설비, 노광·현상·식각 및 트리밍설비, 정면·연마·연취 및 적층설비
	다. 매분당 방사속도가 6천미터 이상의 초고속방사설비와 고강도·고기능 섬유의 생산설비
	라. 원료수지를 중합·화학변성 또는 물리변성한 제품을 제조하는 주설비 및 부속설비
	마. 신소재 생산설비
	  (1) 섭씨 1천도 이상의 온도에서 가압력 1천톤 이상인 성형·정압·고속프레스
	  (2) 섭씨 1천350도 이상에서 언제나 소성이 가능한 고온소성설비와 분위기소성 및 가압소성설비
	  (3) 단결정 및 다결정을 육성하는 설비
	  (4) 광석 또는 스크랩을 제련·정련 또는 주조하는 설비와 압연·절단·냉각·교정·직접 또는 이송하는 열간 및 냉간압연설비(냉간성형설비를 포함한다), 공기를 포집 및 분리하여 산소를 제조하는 가스발생기, 발전 및 수배전설비, 전압 및 전류조정설비
	  (5) 성형·용접·열처리·인발·신선제조 및 연선제조설비, 소재에 도금·도장하는 표면처리설비
	  (6) 고압의 가스나 물로 용융된 금속을 분사시켜 금속분말을 제조하

구 분	적 용 범 위
2. 가공설비 및 품질향상설비	는 설비 (7) 광석 또는 제련부산물로부터 회유금속을 제조하는 설비 (8) 전기적 또는 화학적 방법에 의하여 고순도금속을 제조하는 설비 (9) 레이저·플라즈마 또는 화학적 방법을 이용하여 금속의 박막을 제조하는 설비 바. 항공기·비행체·위성체·유도발사체 및 그 부품(보조기기·전자장비·동력전달장치 및 발사조정장치에 한정한다)의 제조설비 사. 미생물과 동·식물세포의 배양 및 증식설비, 발효공정 및 생물공정에 관련된 장치 아. 중질유분해설비 자. 사물·환경정보를 자동인식할 수 있는 센서를 이용하여 시설물 안전관리, 환경오염관리 등의 기능을 수행하는 센서 네트워크 설비(Ubiquitous Sensor Network) 차. 무선상품인식기술을 이용하여 상품의 정보를 읽는 기능을 갖춘 무선상품리더기(RFID Reader) 및 안테나(Antenna) 카. 유기발광 다이오드(OLED) 회로형성·증착·박막봉지설비 및 조립장비
3. 자동계측·검사 및 계량설비	가. 원료·부품 및 제품의 기계적 성질·물리적 성질·화학적 양, 전기전자적 양의 분석·검사·시험 또는 계측에 사용하는 자동화된 기기 및 설비와 원료·부품 및 제품의 기능 시험·성능시험·작동상태점검 또는 양품선별 등의 기능을 수행하는 자동화된 기기 및 설비 나. 생산제품을 일정량씩 자동으로 계량·계수·충전 또는 포장하는 자동포장기 및 봉합기 다. 프로그램에 의하여 온도·습도·전압 및 주파수 등을 제어할 수 있는 기능을 가진 환경 및 조건부여시험기 라. 엑스(X)선·방사선·레이저 또는 전자파를 이용한 검사설비 마. 가공공정에서 생산제품의 치수정밀도를 연속적으로 측정하는 설비 바. 금속 및 세라믹분말의 입도를 측정하는 설비 사. 금속표면에 형성된 박막의 조성·표면조도 및 자기도를 측정하는 장치 아. 신호를 분석·발생 및 측정하는 설비 자. 생화학적 분석 및 검사를 하는 기기와 생체현상을 측정하거나 기록하는 설비 차. 컴퓨터에 접속되어 작동하는 기능분석 및 성능시험 등을 하는 기기

구 분	적 용 범 위
4. 정보화 시설 및 전기통신설비	가. 전기통신설비 중 교환설비·전송설비·구내통신 선로설비 및 단말장치 나. 무제한인터넷주소(IPv6)를 지원하는 라우터 및 스위치로서 「인터넷주소자원에 관한 법률」 제2조 제3호에 따른 인터넷주소관리기관으로부터 확인을 받은 장비 다. 인공지능 연산·처리를 위한 그래픽스 처리장치(GPU), 중앙처리장치(CPU) 및 인공지능 연산·처리 전용 부품
5. 물류 자동화 설비	가. 물품을 자동으로 검수·분류하는 지능형 기계장치 또는 설비 나. 무인 이동기술을 사용하여 물품을 이동시키는 자율 주행 화물차, 자율 주행 지게차, 무인이송 로봇, 로봇팔 기반 자동화 장비 다. 수송·입고·보관·하역·포장·검수·출고 등 물류 전체 과정을 자동으로 관리·제어하는 지능형 스마트 물류 창고 라. 물류 유통망을 자동으로 관리·최적화하는 지능형 물류 관리시스템

[별표 8] 삭　제 (2021. 3. 16.)

[별표 8의 2] 삭　제 (2021. 3. 16.)

[별표 8의 3] 삭　제 (2021. 3. 16.)

[별표 8의 4] 삭　제 (2021. 3. 16.)

[별표 8의 5] 삭　제 (2021. 3. 16.)

[별표 8의 6] (2011. 4. 7. 신설)

고유목적사업준비금 손금산입 특례를 적용받는 비영리의료법인 소재 지역의 범위(제29조의 3 관련)

경기도	동두천시, 오산시, 이천시, 안성시, 김포시, 광주시, 양주시, 포천시, 여주군, 연천군, 가평군, 양평군
강원도	강릉시, 동해시, 태백시, 속초시, 삼척시, 홍천군, 횡성군, 영월군, 평창군, 정선군, 철원군, 화천군, 양구군, 인제군, 고성군, 양양군
충청북도	제천시, 청원군, 보은군, 옥천군, 영동군, 증평군, 진천군, 괴산군, 음성군, 단양군
충청남도	공주시, 보령시, 아산시, 서산시, 논산시, 계룡시, 금산군, 연기군, 부여군, 서천군, 청양군, 홍성군, 예산군, 태안군, 당진군

전라북도	군산시, 정읍시, 남원시, 김제시, 완주군, 진안군, 무주군, 장수군, 임실군, 순창군, 고창군, 부안군
전라남도	목포시, 여수시, 순천시, 나주시, 광양시, 담양군, 곡성군, 구례군, 고흥군, 보성군, 장흥군, 강진군, 해남군, 영암군, 무안군, 함평군, 영광군, 장성군, 완도군, 진도군, 신안군
경상북도	김천시, 안동시, 영주시, 상주시, 문경시, 경산시, 군위군, 의성군, 청송군, 영양군, 영덕군, 청도군, 고령군, 성주군, 칠곡군, 예천군, 봉화군, 울진군, 울릉군
경상남도	진해시, 통영시, 사천시, 밀양시, 거제시, 의령군, 함안군, 창녕군, 고성군, 남해군, 하동군, 산청군, 함양군, 거창군, 합천군
제주도	서귀포시

[별표 8의 7] 삭 제 (2021. 3. 16.)
[별표 8의 8] 삭 제 (2021. 3. 16.)

[별표 8의 9] (2022. 3. 18. 개정)

영상콘텐츠 제작비용(제13조의 9 관련)
(2019. 3. 20. 제목개정)

구 분	제작비용	적용범위
1. 제작 준비	가. 시나리오	1) 원작·각본·각색료, 대본제작비
	나. 기획 및 프로듀서	1) 프로듀서 인건비 2) 캐스팅 디렉터의 인건비
	다. 연출료	1) 인센티브를 제외한 감독의 인건비
2. 촬영 제작	가. 배우출연료	1) 주연·조연·단역·보조출연·특별출연, 스턴트맨, 대역, 성우, 동물에 대한 출연료 2) 연기지도, 안무지도 등 연기관련 지도에 대한 인건비
	나. 제작부문비	1) 제작팀장, 조감독, 스크립터 등에 대한 인건비
	다. 촬영비	1) 촬영감독, 촬영 조수(보조자를 포함한다. 이하 같다) 인건비 2) 카메라·스테디캠, 크레인, 지미집, 이동차, 렌즈, 필터의 대여비용
	다. 촬영비	3) 촬영소모품 구입비용 4) 촬영탑차(유류비를 포함한다) 대여비용
	라. 조명비	1) 조명감독, 조명 조수 인건비 2) 기본조명, 조명추가기재, 발전차, 조명크레인, 조명탑차(유류비 포함)의 대여비용 3) 조명소모품 구입비용
	마. 미술비	1) 미술감독, 미술감독 보조, 콘티작화의 인건비 2) 미술재료비
	바. 세트비	1) 세트제작비, 스튜디오임대료
	사. 소품비	1) 소품담당자 인건비 2) 제작소품의 재료비 및 제작비용, 구입소품의 구입비용, 대여소품의 대여비용
	아. 의상비	1) 의상담당자 인건비 2) 제작의상의 재료비 및 제작비용, 구입의상의 구입비용, 대여의상의 대여비용
	자. 분장 및 미용비	1) 헤어, 분장, 특수분장 담당자 인건비 2) 특수분장 제작비용, 분장 소모품 구입 및 대여비용
	차. 특수효과비	1) 특수효과담당자 인건비 2) 강풍기, 강우기, 강설기 등 기후효과 관련장비 사용료 및 총기 등 특수효과 대여장비 사용료 3) 컴퓨터그래픽 작업료
	카. 동시녹음비	1) 동시녹음기사 인건비 2) 동시녹음장비의 사용료
	타. 촬영차량비	1) 촬영진행용 차량, 소품차량, 레카차 대여료
	파. 운송비	1) 촬영버스, 분장차, 제작부 진행차량 대여료 2) 촬영버스, 진행차량 연료비, 주차비
	하. 필름비	1) 촬영용 하드디스크, 필름 재료비와 그 현상료
	거. 보험료	1) 연기자 외 스태프에 대한 인보험 2) 카메라, 조명기기, 동시녹음 장비 등 장비의 보험가입 비용 3) 차량보험료
	너. 제작 진행비	1) 숙박료, 교통비, 식대(촬영제작 비용 합계액의 100분의 10을 한도로 한다) (2022. 3. 18. 개정)

구 분	제작비용	적용범위
3. 후반 제작	가. 편집비	1) 편집감독, 편집 조수 인건비
		2) 편집실 대여비용
	나. 음악 관련비용 등	1) 음악감독, 작곡·편곡, 가수, 연주자의 인건비
		2) 음악 및 영상 사용을 위한 저작권 비용
		3) 녹음실 사용료, 음악마스터의 제작비용
	다. 사운드비	1) 사운드책임자, 대사편집담당, 믹싱, 성우 인건비
		2) 녹음실, 장비 사용료
		3) 광학녹음 및 현상을 위한 필름비용 및 작업료, 돌비로열티
	라. 현상비	1) 프린트 현상을 위한 필름 및 현상료
		2) 비디오 색보정을 위한 작업료 및 재료비
	마. 자막 관련 비용	1) 자막 작업을 위한 필름비용과 작업료
	바. 컴퓨터그래픽, 특수효과	1) 컴퓨터그래픽 작업료
		2) 디지털 색보정 작업료

비고 : 인건비에 대하여는 해당 영상콘텐츠 외에 다른 영상콘텐츠의 제작을 겸하지 않는 경우에
만 공제대상 인건비로 본다.

[별표 9] (2023. 3. 20. 개정)

기업의 운동경기부 등 설치·운영 시 과세특례 대상 종목(제47조 제1항 관련)

구분	종목명
1. 운동종목	육상, 역도, 핸드볼, 럭비, 여자축구, 비치사커, 배드민턴, 테니스, 정구, 스쿼시, 탁구, 복싱, 유도, 레슬링, 체조, 사이클, 승마, 하키, 아이스하키, 사격, 펜싱, 양궁, 근대5종, 트라이애슬론, 카바디, 소프트볼, 볼링, 세팍타크로, 스포츠클라이밍, 패러글라이딩, 롤러스포츠, 수영, 다이빙, 수구, 아티스틱스위밍, 조정, 카누, 요트, 알파인스키, 크로스컨트리, 스키점프, 스노보드, 프리스타일스키, 노르딕복합, 바이애슬론, 스피드스케이팅, 쇼트트랙 스피드스케이팅, 피겨스케이팅, 봅슬레이, 스켈레톤, 루지, 컬링, 태권도, 카라테, 우슈, 주짓수, 킥복싱, 바둑 (2023. 3. 20. 개정)
2. 이스포츠 종목	리그 오브 레전드, 배틀그라운드, 배틀그라운드 모바일, FIFA 온라인 4, 브롤스타즈, 서든어택, 카트라이더, 오디션, eFootball PES 2023, 클래시 로얄, A3: 스틸얼라이브, 스타크래프트2, 하스스톤, 크로스파이어, 이터널리턴, 발로란트 (2023. 3. 20. 개정)

[별표 9의 2] (2025. 3. 21. 개정)

부가가치세 영세율이 적용되는 장애인용품의 범위(제47조의 7 관련) (2025. 3. 21. 제목개정)

장애인 보조기기 등으로서 다음 각 호의 어느 하나에 해당하는 물품과 그 수리용 부분품

1. 「장애인·노인등을 위한 보조기기 지원 및 활용촉진에 관한 법률」 제3조 제2호 및 같은 법 시행규칙 제2조에 따른 보조기기로서 장애인용으로 특별히 제작된 다음 각 목의 것

　가. 팔 의지(義肢), 다리의지(義肢)

　나. 수동휠체어, 전동휠체어

　다. 청각보조기기(청각보조기용 액세서리를 포함한다)

　라. 점자 교육용 보조기기

　마. 점자 읽기자료

　바. 휴대용 점자 기록기

　사. 프린터(점자프린터로 한정한다)

　아. 표준 네트워크 전화기(청각 장애인용 골도전화기로 한정한다)

　자. 특수 출력 소프트웨어

　차. 특수키보드

　카. 컴퓨터 포인팅용 장치

　타. 다리 보조기

　파. 척추 및 머리보조기

　하. 팔 보조기

　거. 보행용 막대기 및 지팡이

　너. 촉각 막대기 또는 흰 지팡이

　더. 팔꿈치 목발

　러. 아래팔 목발

　머. 겨드랑이 목발

　버. 양팔 조작형 보행용 보조기기

　서. 욕창방지 방석 및 커버

　어. 욕창 예방용 등받이 및 패드

　저. 와상용 욕창 예방 보조기구

　처. 침대 및 침대장비(욕창방지용으로 한정한다)

　커. 대소변 흡수용 보조기구

　터. 비디오 자막 및 자막 텔레비전 해독기(국가·지방자치단체 또는 「방송법」 제90조의 2에 따라 설립된 시청자미디어재단이 시·청각장애인에게 무료로 공급하기 위하여 구매하는 것으로 한정한다)

　퍼. 시각 신호 표시기

허. 음성 출력 읽기 자료
고. 영상 확대 비디오 시스템
2. 「의료기기법」 제2조에 따른 의료기기로서 장애인용으로 특수하게 제작되거나 제조된 다음 각 목의 것
가. 보청기
나. 인공달팽이관장치(연결사용하는 외부 장치 및 배터리를 포함한다)
다. 인공후두

[별표 10] (2025. 3. 21. 개정)

정부업무대행단체의 면세사업(제48조 제2항 관련)

단 체 명	면 세 사 업
1.「별정우체국법」에 따른 별정우체국 (2006. 4. 17. 개정)	「별정우체국법」에 따른 체신업무. 다만, 「부가가치세법 시행령」 제46조 제1호에 따른 용역을 제공하는 업무를 제외한다. (2013. 6. 28. 단서개정 ; 부가가치세법 시행규칙 부칙)
2.「우체국창구업무의 위탁에 관한 법률」에 따라 우체국창구업무를 위탁받은 자 (2013. 2. 23. 개정)	「우체국창구업무의 위탁에 관한 법률」에 따라 과학기술정보통신부장관으로부터 위탁받은 우체국창구업무. 다만, 「부가가치세법 시행령」 제46조 제1호에 따른 용역을 제공하는 업무를 제외한다. (2022. 3. 18. 개정)
3.「한국농어촌공사 및 농지관리기금법」에 따른 한국농어촌공사 (2018. 3. 21. 개정)	「한국농어촌공사 및 농지관리기금법」 제10조에 따른 사업. 다만, 농업기반시설의 임대사업, 지하수자원 개발사업, 저수지와 그 주변 준설사업 및 「폐기물관리법」 제30조 제1항에 따른 폐기물처리시설 검사업무, 신재생에너지사업은 제외한다. (2018. 3. 21. 개정)
4. 삭 제 (2000. 3. 30)	
5.「농업협동조합법」에 따른 조합·조합공동사업법인 및 중앙회(같은 법에 따라 설립된 농협경제지주회사 및 그 자회사를 포함한다) (2018. 3. 21. 개정)	「농업협동조합법」 제57조(제1항 제2호 마목 및 자목을 제외한다)·제106조(제2호 마목을 제외한다)·제111조·제112조의 8 및 제134조(제1항 제1호 카목을 제외한다)에 따른 사업. 다만, 식품가공사업(「식품위생법 시행령」에 따른 식품제조·가공업 및 식품첨가물제조업을 말한다), 인삼제조업(백삼제조업을 제외한다), 인삼·홍삼제품제조업, 사료제조사업, 사료포장재사업, 도축업(「농수산물유통 및 가격안정에 관한 법률」에 따른 수탁판매를 위한 도축업을 제외한다), 농업용자재제조업(농업용필름·골판지포장상자·폴리프로필렌포대·종이포대 제조업을 말한다), 도매업(농산물수탁판매업 및 그 부수업무를 제외한다) 및 상품권 발행사업, 보관사업(「농업·농촌 및 식품산업 기본법」에 따른 농업인과 「농업협동조합법」에 따른 조합·중앙회·조합원·준조합원에게 제공하는 보관사업, 「농수산물유통 및 가격안정에 관한 법률」 제13조 제4항에 따라 농림축산식품부장관의 위탁을 받아 수행하는 농수산물비축사업 및 같은 법 제2조 제9호에 따른 중도매인에게 제공하는 보관사업은 제외한다), 보호예수 업무와 「부가가치세법 시행령」 제40조 제4항 제1호부터 제5호까지에 따른 용역을 제공하는 사업은 제외한다. (2018. 3. 21. 개정)
6.「수산업협동조합법」에 따른 수산업협동조합·중앙회, 조합공동사업법인 및 어촌계 (2018. 3. 21. 개정)	「수산업협동조합법」 제60조(제1항 제1호 자목을 제외한다)·제107조(제1항 제1호 자목을 제외한다)·제112조·제113조의 8·제138조 및 같은 법 시행령 제7조에 따른 사업. 다만, 보관사업(「수산업협동조합법」에 따른 어업인·조합·조합공동사업법인·중앙회·조합원·준조합원에게 제공하는 보관사업, 「농수산물유통 및 가격안정에 관한 법률」 제13조 제4항에 따라 해양수산부장관의 위탁을 받아 수행하는 농수산물비축사업 및 같은 법 제2조 제9호에 따른 중도매인에게 제공하는 보관사업은 제외한다), 보호예수 업무와 「부가가치세법 시행령」 제40조 제4항 제1호부터 제5호까지의 규정에 따른 용역을 제공하는 사업은 제외한다. (2018. 3. 21. 개정)

단 체 명	면 세 사 업
7. 「엽연초생산협동조합법」에 의한 엽연초생산협동조합 및 중앙회 (2005. 3. 11. 개정)	「엽연초생산협동조합법」 제14조 및 제32조에 규정된 사업
8. 삭 제 (2000. 6. 28.)	
9. 「인삼산업법」에 의한 백삼 및 태극삼의 지정검사기관 (2005. 3. 11. 개정)	「인삼산업법」에 의한 백삼 및 태극삼의 검사업무 및 그 부대사업
10. 「한국토지주택공사법」에 따른 한국토지주택공사 (2010. 4. 20. 개정)	「한국토지주택공사법」 제8조 제1항 제2호 라목에 따른 매립사업 중 국가 또는 지방자치단체에 공급하는 매립사업 (2010. 4. 20. 개정)
11. 「한국도로공사법」에 의한 한국도로공사 (2005. 3. 11. 개정)	「한국도로공사법」 제12조 제1호부터 제13호까지에 따른 사업. 다만, 국가나 지방자치단체 외의 자와 위수탁계약을 맺어 수탁받은 사업은 제외한다. (2011. 4. 7. 개정)
12. 「한국산업인력공단법」에 의한 한국산업인력공단 (2005. 3. 11. 개정)	「한국산업인력공단법」 제6조에 규정된 사업
13. 삭 제 (2010. 4. 20.)	
14. 「한국조폐공사법」에 따른 한국조폐공사 (2006. 4. 17. 개정)	「한국조폐공사법」 제11조에 규정된 사업. 다만, 특수압인물(메달류·유통주화세트 및 게임용 코인에 한한다)의 제조·판매업과 그 밖의 부대업무를 제외한다.
15. 「산림조합법」에 따른 조합·중앙회 및 산림계 (2018. 3. 21. 개정)	「산림조합법」 제46조(제1항 제2호 마목을 제외한다) 및 제108조에 따른 사업과 산림계가 영위하는 사업. 다만 인삼제조업(백삼제조업을 제외한다) 및 인삼·홍삼제품제조업, 산림도로시공업, 휴양림조성업, 삼림욕장·수목원의 조성·관리사업, 보관사업(「산림조합법」에 따른 임업인·조합·중앙회·조합원·준조합원에게 제공하는 보관사업은 제외한다), 법 제106조 제1항 제12호에 해당하지 아니하는 목재펠릿을 공급하는 사업, 보호예수 업무와 「부가가치세법 시행령」 제40조 제4항 제1호부터 제5호까지의 규정에 따른 용역을 제공하는 사업은 제외한다. (2018. 3. 21. 개정)

단 체 명	면 세 사 업
16. 삭 제 (2000. 6. 28.)	
17. 삭 제 (2003. 3. 24)	
18. 삭 제 (2001. 3. 28)	
19. 삭 제 (2010. 4. 20.)	
20. 「농수산물유통 및 가격안정에 관한 법률」에 따라 농수산물도매시장의 개설자로부터 지정을 받은 도매시장법인, 시장도매인, 비상장품목 취급 중도매인 및 대금정산조직 (2018. 3. 21. 개정)	「농수산물유통 및 가격안정에 관한 법률」에 따른 수탁판매업 및 그 부수업무(중개업무를 제외한다), 대금정산조직의 출하·판매대금 정산 용역 (2018. 3. 21. 개정)
21. 「지방공기업법」에 의하여 농수산물도매시장사업을 수행하기 위하여 지방자치단체가 설립한 지방공사 및 지방공단 (2013. 2. 23. 개정)	「지방공기업법」에 의한 도매시장관리사업 및 그 부대사업(「지방공기업법」 제78조 및 제78조의 2 규정에 따른 행정자치부장관의 경영개선 명령에 따라 지방공단이 지방공사로 합병되어 지방공단 업무가 지방공사로 이전 되는 경우 기존 지방공단의 면세사업 포함) (2014. 11. 19. 직제개정 ; 기획재정부와~직제 시행규칙 부칙)
22. 「지방공기업법」 제76조의 규정에 의하여 설립된 지방공단 (2005. 3. 11. 개정)	「지방공기업법」 제71조 제1항 및 제76조 제2항의 규정에 의하여 국가 또는 지방자치단체의 사업을 대행하는 경우 그 사업
22의 2. 다음 각 목의 요건을 모두 갖춘 「지방공기업법」 제49조에 따라 설립된 지방공사 (2017. 3. 17. 신설) 가. 시·군 또는 자치구인 지방자치단체가 설립하였을 것 (2017. 3. 17. 신설) 나. 제21호에 따른 지방공사를 제외할 경우 해당 지방자치단체가 설립한 유일한 지방공사일 것 (2017. 3. 17. 신설) 다. 해당 지방자치단체에 제22호에 따른 지방공단이 없을 것 (2017. 3. 17. 신설)	「지방공기업법」 제71조 제1항 및 제76조 제2항의 규정에 의하여 국가 또는 지방자치단체의 사업을 대행하는 경우 그 사업
23. 「한국농수산식품유통공사법」에 따른 한국농수산식품유통공사 (2022. 3. 18. 개정)	「농수산물유통 및 가격안정에 관한 법률」에 따라 농림축산식품부장관의 위탁을 받아 수행하는 농수산물비축사업·유통조성사업 및 화훼류 수

단 체 명	면 세 사 업
	탁판매사업 (2013. 3. 23. 직제개정 ; 기획재정부와~직제 시행규칙 부칙)
24. 「한국해양교통안전공단법」에 따른 한국해양교통안전공단 (2022. 3. 18. 개정)	「한국해양교통안전공단법」 제9조 제12호에 규정된 「해운법」에 따른 여객선의 안전운항관리업무
25 · 26. 삭 제 (2010. 4. 20)	
27. 「전파법」에 따른 한국방송통신전파진흥원 (2011. 4. 7. 개정)	「방송법 시행령」 제68조 제2항, 「전파법 시행령」 제123조 제3항 및 「국가기술자격법 시행령」 제29조 제3항에 따라 정부로부터 위탁을 받아 수행하는 업무
28. 「한국산업안전보건공단법」에 따른 한국산업안전보건공단 (2022. 3. 18. 개정)	「산업안전보건법 시행령」 제116조에 따라 정부로부터 위탁을 받아 수행하는 업무
29 · 30. 삭 제 (2004. 3. 6.)	
31. 삭 제 (2000. 3. 30)	
32. 「집행관법」에 의하여 집행관 사무를 수행하는 자 (2005. 3. 11. 개정)	「집행관법」 제2조의 규정에 의한 사무
33. 「공증인법」에 의하여 공증인의 사무를 수행하는 자 (2005. 3. 11. 개정)	「공증인법」 제2조의 규정에 의한 공증인의 사무 (「변호사법」 제49조 및 같은 법 제58조의 30에 따라 법무법인 등이 행하는 「공증인법」에 의한 공증인의 사무에 속하는 업무를 포함한다) (2010. 4. 20. 개정)
34. 삭 제 (2004. 3. 6.)	
35. 삭 제 (2009. 4. 7.)	
36. 「상공회의소법」에 따른 대한상공회의소, 「한국원자력안전기술원법」에 따른 한국원자력안전기술원, 「영화 및 비디오물의 진흥에 관한 법률」에 따른 영화진흥위원회, 「문화산업진흥 기본법」에 따른 한국콘텐츠진흥원 및 「광산피해의 방지 및 복구에 관한 법률」에 따른 한국광해관리공단 (2011. 4. 7. 개정)	「국가기술자격법 시행령」 제29조 제3항에 따라 정부로부터 위탁을 받아 수행하는 업무
37. 「한국수자원공사법」에 의한 한국수자원공사 (2018. 3. 21. 개정)	「한국수자원공사법」 제9조 제1항 제7호에 따라 공유수면의 매립용역을 국가 또는 지방자치단체에 공급하는 사업과 같은 법 제9조 제1항 제12호 및 「수도법」 제23조 제1항에 따라 국가 또는 지방자치단체의 위탁을 받아 수행하는 노후 지방상수도의 개량·관리·정비사업 및 「수도법 시행령」 제67조 제5항에 따라 국가의 위탁을 받아 수행하는 사업 (2022. 3. 18. 개정)
38. 삭 제 (2010. 4. 20.)	
39. 「항만공사법」 제4조 제2항의 규정에 의하여 설립된 항만공사 (2005. 3. 11. 개정)	「항만공사법 시행령」 제13조 제1항 제1호 나목에 의한 화물료 징수업무
40. 「사회기반시설에 대한 민간투자법」 제2조 제10호의 규정에 의한 공공부문 중 도로의 건설이나 운영에 전문성을 보유한 법인과 장기적 투자자금을 제공하는 재무적 투자자가 각각 100분의 40 이상을 공동으로 출자하여 설립된 동법 제2조 제7호의 규정에 의한 사업 시행자 (2005. 3. 11. 신설)	「사회기반시설에 대한 민간투자법」 제2조 제1호 가목의 규정에 의한 도로 및 도로부속물의 운영 및 유지관리사업
41. 「중소기업협동조합법」에 따른 중소기업중앙회 (2018. 3. 21. 개정)	「외국인근로자의 고용 등에 관한 법률 시행령」 제31조 제3항에 따라 정부로부터 위탁받아 수행하는 업무 및 「중소기업제품 구매촉진 및 판로지원에 관한 법률 시행령」 제27조 제1항 제2호에 따라 정부로부터 위탁받아 수행하는 업무 (2018. 3. 21. 개정)
42. 삭 제 (2012. 2. 28.)	
43. 「국세징수법」 제12조 제1항 제3호 각 목 외의 부분에 따른 국세납부대행기관 (2021. 3. 16. 개정)	「국세징수법 시행령」 제9조 제5항에 따른 국세납부대행사업 (2021. 3. 16. 개정)
44. 「국제경기대회 지원법」에 따라 설립된 조직위원회로서 기획재정부장관이 효율적인 준비와 운영을 위하여 필요하다고 인정하여 고시하는 조직위원회 (2017. 3. 17. 신설)	각 조직위원회의 목적을 달성하기 위한 사업

단 체 명	면 세 사 업
45. 삭　제 (2018. 3. 21.)	
46. 「건설산업기본법」 제50조에 따라 설립된 건설업자단체인 대한건설협회 (2010. 4. 20. 신설)	「외국인근로자의 고용 등에 관한 법률 시행령」 제31조 제3항에 따라 정부로부터 위탁받아 수행하는 업무
47. 「한국환경공단법」에 따른 한국환경공단 (2010. 12. 31. 신설)	「한국환경공단법」 제17조에 따른 사업 중 국가 또는 지방자치단체의 업무를 대행하거나 그 위탁을 받아 수행하는 사업. 다만, 시험·분석·검사·진단사업, 폐비닐처리사업, 압수폐기물자원화사업 및 슬레이트 처리사업은 제외한다. (2018. 3. 21. 단서개정)
48. 「도로교통법」 제120조에 따른 도로교통공단 (2010. 12. 31. 신설)	「도로교통법」 제123조 제11호·제12호 및 제147조 제5항·제6항에 따른 사업
49. 「지방재정법 시행령」 제103조의 2 제3호에 해당하는 자 (2010. 12. 31. 신설)	「지방재정법 시행령」 제103조의 2에 따라 수행하는 세입금통합수납처리시스템의 구축·운영사업
50. 삭　제 (2013. 2. 23.)	
51. 삭　제 (2014. 3. 14.)	
52. 「2018 평창 동계올림픽대회 및 장애인동계올림픽대회 지원 등에 관한 특별법」 제5조에 따른 2018 평창 동계올림픽대회 및 장애인동계올림픽대회 조직위원회 (2013. 2. 23. 신설)	2018 평창 동계올림픽대회 및 장애인동계올림픽대회 조직위원회의 목적을 달성하기 위한 사업 (2013. 2. 23. 신설)
53. 「포뮬러원 국제자동차경주대회 지원법」 제4조에 따른 포뮬러원국제자동차경주대회조직위원회 (2013. 2. 23. 신설)	포뮬러원국제자동차경주대회조직위원회의 목적을 달성하기 위한 사업 (2013. 2. 23. 신설)
54. 「2015세계물포럼 지원 특별법」 제3조에 따른 2015세계물포럼조직위원회 (2014. 3. 14. 신설)	2015세계물포럼조직위원회의 목적을 달성하기 위한 사업
55. 「2015경북문경세계군인체육대회 지원법」 제3조에 따른 2015경북문경세계군인체육대회조직위원회 (2014. 3. 14. 신설)	2015경북문경세계군인체육대회조직위원회의 목적을 달성하기 위한 사업
52.～55. 삭　제 (2025. 3. 21.)	
56. 「수입인지에 관한 법률」 제9조 제2항에 따라 전자수입인지의 관리와 판매계약의 체결 등에 관한 업무를 위탁받은 전문기관 (2014. 3. 14. 신설)	「수입인지에 관한 법률」 제9조 제2항에 따라 기획재정부장관으로부터 위탁받은 전자수입인지의 관리와 판매계약의 체결 등에 관한 업무
57. 「산업재해보상보험법」 제10조에 따른 근로복지공단 (2018. 3. 21. 신설)	「고용정책 기본법」 제29조 및 같은 법 시행규칙 제3조의 2에 따른 일자리안정자금 사업 중 고용노동부장관으로부터 위탁받아 수행하는 일자리안정자금 사업 (2018. 3. 21. 신설)
58. 「수산자원관리법」 제55조의 2에 따른 한국수산자원공단 (2021. 3. 16. 신설)	「수산자원관리법」 제55조의 2 제3항에 따른 사업 중 국가 또는 지방자치단체의 업무를 대행하거나 그 위탁을 받아 수행하는 사업. 다만, 「수산업법」 제46조 제3항에 따른 연구어업 및 교습어업은 제외한다. (2025. 3. 21. 단서개정)
59. 「어촌·어항법」 제57조에 따른 한국어촌어항공단 (2021. 3. 16. 신설)	「어촌·어항법」 제58조 제1항에 따른 사업 중 국가 또는 지방자치단체의 업무를 대행하거나 그 위탁을 받아 수행하는 사업. 다만, 어항구역의 준설사업, 「수산업법」 제45조 제3항에 따른 연구어업 및 교습어업은 제외한다.
60. 「중소기업진흥에 관한 법률 시행령」 제71조 제1항에 따른 중소기업유통센터 (2023. 3. 20. 신설)	「중소기업제품 구매촉진 및 판로지원에 관한 법률 시행령」 제27조 제1항 제2호에 따라 정부로부터 위탁받아 수행하는 업무
61. 「해양환경관리법」 제96조에 따른 해양환경공단 (2023. 3. 20. 신설)	「해양환경관리법」 제97조 제1항 각 호의 사업 중 국가 또는 지방자치단체의 업무를 대행하거나 그 위탁을 받아 수행하는 사업. 다만, 오염물질 수거·처리사업, 성능시험 및 폐기물 측정 업무, 해양오염영향조사 및 해역이용영향평가서 작성 대행 업무는 제외한다.
62. 「교통약자의 이동편의 증진법」 제16조 제11항에 따라 같은 조 제2항에 따른 이동지원센터 및 같은 조 제3항에 따른 광역이동지원센터의 운영을 위탁받은 기관 또는 단체 (2024. 3. 22. 신설)	「교통약자의 이동편의 증진법」 제16조 제2항에 따른 이동지원센터 및 같은 조 제3항에 따른 광역이동지원센터의 운영 업무

[별표 11] (2021. 3. 16. 개정)

의약품 품질관리 개선시설(제54조 관련) (2021. 3. 16. 제목개정)

구분	적용범위
1. 물리적 또는 화학적 방법을 이용하여 고품질의 의약품을 제조하는 데 활용되는 설비	가. 멸균기(고압증기멸균기, 세척멸균기, 과산화수소멸균기를 포함한다) 나. 건조기(동결건조기, 분말건조기를 포함한다) 다. 제약용수 관련 설비(정제수설비, 제조용수시스템, 순수증기제조기, 초순수제조장치, 과산화수소훈증기를 포함한다) 라. 냉동창고, 이동식 클린부스, 약품 이송 및 조제를 위한 탱크, 항온챔버 마. 타정기, 과립기(과립실로타리과립기, 과립실역회전과립기, 건식과립기를 포함한다), 코팅기, 정제기, 고속혼합기 바. 공조설비(배풍기, 배출닥트, 후드, 통기관, 통기밸브(Breather valve), 공조기, 공조조화기를 포함한다)
2. 의약품 제조 관련 세척 및 포장을 위한 기계장치 또는 설비	가. 자동세척기(Container/Drum 세척기, 앰플세병기를 포함한다) 나. 제품 검사 및 포장 설비(자동 선별기, 씰링기, 충전기, 캡슐성형기, 캡슐세척기, 캡슐 인쇄기, 캡핑기, 자동카톤포장기를 포함한다)

[별표 12] 삭 제 (2000. 3. 30)

[별표 13] (2022. 3. 18. 개정)

관세 경감 물품(제50조의 4 제1항 관련)

신에너지 및 재생에너지의 생산용 기자재 또는 이용 기자재(해당 기자재 제조용 기계 및 기구를 포함한다)로서 다음 각 호에서 정하는 물품(산업통상자원부장관이나 산업통상자원부장관이 지정하는 기관의 장이 규격 및 용도를 확인하는 것으로 한정한다)

1. 태양광에너지 생산용 기자재 및 이용 기자재로서 다음 표에서 정하는 물품

연번	품 명	규격 및 용도
1	저철분 유리 (Low Iron Glass)	태양전지 모듈 제조용으로서 철분 함량이 0.06퍼센트(%) 이하이고 두께가 5밀리미터(㎜) 이하이며 스펙트럼(Spectrum) 투과율이 90퍼센트(%) 이상인 것으로 한정한다.

2. 풍력에너지 생산용 기자재 및 이용 기자재로서 다음 표에서 정하는 물품

연번	품 명	규격 및 용도
1	블레이드 (Wind Turbine Blade)	유리섬유 강화 복합재로 제작된 풍력발전용으로서 길이가 50미터 이상인 것으로 한정한다.
2	제동장치 (Rotor/Yaw Brake System)	풍력발전기의 로터(Rotor) 또는 요(Yaw)장치 제동용으로서 유압 디스크타입(Disk type)인 것으로 한정하며, 캘리퍼(Caliper), 라이닝패드(Lining Pad) 또는 가압용 유압장치를 포함한다.
3	증속기어장치 (Transmission Gears)	저속의 풍력발전기 주축 동력을 고속의 발전기축으로 전송하는 것으로서 증속단(增速段)이 2단 또는 3단이고 증속비(增速比)가 1:10 이상인 것으로 한정한다.
4	회전베어링 (Roller Bearing)	풍력발전기의 주축용 베어링으로서 볼(Ball) 또는 롤러(Roller)로 구성된 회전축용 대형 구름베어링으로 한정한다.
5	기어드모터 (Geared Motor) 또는 감속기어장치 (Yaw/Pitch Drive)	풍력발전기의 요(Yaw)장치 또는 피치(Pitch)장치의 구동장치로서 다음 각 호의 어느 하나에 해당하는 것으로 한정한다. 1. 출력이 1.5킬로와트(㎾) 이상인 유도형 전동기가 부착된 기어드모터(Geared Motor) 2. 서보(Servo) 모터에 부착되는 감속 기어장치

연번	품 명	규격 및 용도
6	냉각장치 (Cooling System)	풍력발전기용 냉각기로서 배관의 압력을 2바(Bar) 이상으로 유지시키는 폐회로 형식이며, 모터의 최대 용량이 1킬로와트(㎾) 이상이고 펌프의 최대용량은 분당 70리터(L) 이상의 냉각수를 순환할 수 있는 것으로 한정한다.
7	유압시스템 (Hydraulic system)	풍력발전기의 로터(Rotor), 축방향 제동 시스템 및 요(Yaw) 시스템에 유압을 공급하는 것으로서 모터(Motor), 축압기 및 탱크(Tank)로 구성되어 있는 것으로 한정한다.
8	영구자석 (Permanent Magnet)	풍력발전기에 설치되는 영구자석형 동기발전기의 회전자에 사용되는 것으로서 네오디뮴(Nd), 철 및 붕소(B)의 합금 재질인 것으로 한정한다.
9	전력변환시스템 (Power Conversion System)	풍력발전기의 전력 변환장치로서 1.5메가와트(㎿) 이상 600볼트(V) 이상의 전력을 발생시키는 것으로 한정한다.
10	나셀커버 및 스피너 (Nacelle Cover and Spinner)	풍력발전기의 기어박스(Gear Box), 발전기, 동력전달장치 및 허브(Hub)를 보호하는 것으로서 유리섬유 강화플라스틱 소재이고 조립식으로 제조된 것으로 한정하며 스피너(Spinner)를 포함한다.
11	피치컨트롤시스템 (Pitch Control System)	풍력발전기의 블레이드(Blade) 회전각을 조정하는 장치로서 전동기, 비상전원용 배터리패널(Battery Panel) 및 회전각 컨트롤패널(Control Panel)로 구성된 것으로 한정한다.
12	폴리염화비닐 폼 (PVC Foam)	풍력 발전기 블레이드(Blade) 제조를 위한 경량 구조용 샌드위치(Sandwich) 소재로서 폴리염화비닐수지(PVC)를 발포하여 블록(Block)을 두께별로 절단한 것으로 한정한다.
13	발사코어 (Balsa Core)	풍력 발전기 블레이드(Blade) 제조를 위한 경량 구조용 샌드위치(Sandwich) 소재로서 발사(Balsa) 나무를 건조하여 접착한 블록(Block)을 두께별로 절단한 것으로 한정한다.

3. 수소 또는 연료전지 생산용 기자재 및 이용 기자재로서 다음 표에서 정하는 물품

연번	품명	규격 및 용도
1	탄소복합체 분리판 (Carbon Composite Bipolar Plate)	고분자형 연료전지 제조용으로서 면적이 50제곱센티미터(㎠) 이상이고 두께가 0.5밀리미터(㎜) 이상이며 탄소복합체인 것으로 한정한다.
2	수소압축기용 유압모터 (5 Star Hydraulic Motor)	수소압축기용 유압모터로써 유압상승에 따른 압축기 피스톤을 작동시켜 수소가스를 압축시키는 역할을 하는 구동장치로 한정한다.

신성장기술 직접 관련 소재·공정 기술(제51조 관련)

유형분류	대상기술	적용분야
1. 소재 기술	가. 고집적도 반도체 소재 기술 : 기존 반도체 메모리와 달리 얇은 자성 박막으로 만들어진 새로운 비휘발성(nonvolatile, 非揮發性) 메모리 소자로 외부 전원 공급이 없는 상태에서 정보를 유지할 수 있고 고속 동작과 집적도(degree of integration, 集積度)를 높일 수 있는 소재를 개발·제작하는 기술	5-가, 지능형반도체·센서
	나. 플렉서블 전도성 소재 기술 : 초소형 웨어러블 부품 등에 활용되는 인체 신호 전달용 전극 디스플레이용 소재[플라스틱, 금속, 탄소나노튜브(carbon-nanotube), 그래핀(Graphene) 등]를 개발·제작하는 기술	2-마, 착용형 스마트기기, 9-가, 고기능섬유
	다. 마이크로 LED 소재 기술 : 광 응용 분야에 적용할 수 있는 플렉서블 디스플레이, 스마트 섬유, 바이오 콘택트렌즈, HMD(Head Mounted Display), 인체 부착 및 무선 통신 분야에 활용되는 칩 사이즈가 0~100㎛ 수준의 마이크로 LED 소재를 개발·제작하는 기술	1-가, 자율주행차, 1-나, 전기구동차, 2-마, 착용형 스마트기기, 3-나, 융합보안, 5-가, 지능형반도체·센서 5-다, OLED 7-가, 바이오화합물·의약, 7-나, 의료기기·헬스케어
	라. 전기자동차용 배터리 소재 : 소형의 고에너지(high energy) 밀도를 가지는 나트륨-유황 전지, 아연-브롬 전지, 아연-염소 전지 등의 리튬이온 이차전지로 주로 전기자동차 또는 전력저장을 위한 배터리 소재를 개발·제작하는 기술	1-나, 전기구동차
	마. 지능형·기능성 센서 소재 : 자동차, 로봇, 등의 카메라, 라이다, 레이더 등에 적용하여 전방위 물체 정보 처리, 주변 상황 인지, 자율 주행 등과 가스 광 등 주변 변화에 민감하게 반응하는 전극용 소재 기술	1-가, 자율주행차, 2-나, IoT 5-가, 지능형반도체·센서, 10-나, 안전로봇,
1. 소재 기술	바. 탄소복합체 신소재 기술 : 탄소섬유 강화 플라스틱(CFRP, Carbon Fiber Reinforced Plastics),경량화 미래형 핵심소재로서 아크릴섬유를 1000℃~2000℃의 초고온 환경에서 특수 열처리해(코팅 등) 만드는 특수 소재 기술	11-나, 우주
	사. 3D프린팅용 복합소재기술(친환경, 의료용, 심미용) : 인체유해성을 배제한 프린팅용 소재기술로 3D 프린팅 원료를 출력 가능한 형태로 가공하여 공정성 및 흐름성을 부여하고, 3차원 형상물 제조 공정 중 상변화가 용이하거나 고른 분산성을 유지하여 강한 층간결합력 및 높은 해상도를 달성할 수 있도록 하는 생체적합성(biocompatibility, 生體適合性) 소재, 능동형 하이브리드(hybrid; 혼합) 스마트 소재, 복합 기능성 고분자 소재 기술	5-라, 3D프린팅
	아. 고기능성 화학품 신소재 기술 : AMOLED (Active Matrix Organic Light-Emitting Diode ; 능동형 유기발광다이오드) 패널 및 플렉서블 디스플레이용 회로 형성에 필요한 식각액(etchant), 박리액(Stripper), 세정액 등에 사용되는 화학품 신소재	5-다, OLED
	자. 유전자 검사용 초소형 바이오 반도체 소재 : 나노반도체 기술을 바이오 분야에 접목하여 멀티 센싱(multi-sensing)을 이용해 미량의 생체분자(organic molecule, 生體分子) 혹은 생체표지자(biomarker, 生體標識子)를 검출하는 등 실시간 진단이 가능한 고기능 바이오 반도체 및 센서용 소재 기술	7-나, 의료기기, 헬스케어
	차. 유무기 나노 하이브리드소재(Organic-Inorganic Hybrid Nano-Materials)기술 : OLED, 연료전지, 이차전지, 태양전지 등의 고경도, 친수(親水), 발수(撥水), 방청(防鏽), 전자파 차단 등 표면 특성 강화를 위한 코팅용 유무기(有無機) 소재 기술	5-다. OLED 8-나, 신재생에너지 8-다, 에너지효율향상

유형분류	대상기술	적용분야
	카. 슈퍼 엔지니어링 플라스틱(SEP, Super engineering plastics) 소재기술 : 무인기, 위성 및 우주발사체, 플렉서블 디스플레이 등의 경량화, 전자기기 오작동 방지 등을 위한 PPS(Poly Phenylene Sulfide) 소재, PI(Polyimide) 소재, 컴파운딩, TPEE (thermoplastic polyester elastomer) 소재, 친환경 PETG(Polyethylene terephthalate glycol-modified)소재, 생분해성(生分解性, biodegradability) 플라스틱 등 금속을 대체하는 플라스틱 소재 기술	9-나, 초경량금속 11-나, 우주
2. 공정 기술	가. 지능형 전력반도체 모듈 기술 : 가전기기, 산업용 전동기, 자동차, 신재생 에너지 분야에 적용 가능한 전력용 반도체 모듈로서 전력 소자, 구동 회로, 보호회로 및 기타 주변회로를 한 패키지 안에 집적한 제품의 설계 및 제조 기술	8-다, 에너지효율향상
	나. 대화면 플렉서블 OLED 제작 기술 : 대면적 플렉서블 OLED 디스플레이의 제작을 위해 유리 봉지 기술, 하이브리드 봉지기술 등을 통한 플라스틱 기판 소재 및 투명 필름 제작 공정 기술	5-다, OLED
	다. 난삭(難削) 메탈소재 가공 및 공정 기술 : 항공/우주 산업의 티타늄, 복합재료 및 니켈합금, 자동차 산업의 CGI(Compacted Graphite Iron), 세라믹 및 고경도강, 바이오 산업의 바이오 세라믹 및 코발트 크롬 등 난삭(難削) 메탈소재 가공 및 공정 기술	9-라. 타이타늄
	라. 기능성(내열성, 초소형) 렌즈 수지 및 제조 공정 기술 : 내충격성이 우수한 고굴절 광학렌즈용 수지 조성물을 이용하여 가공성을 향상시키고 아베수(Abbe's number), 투명성, 자외선 차단성 등의 광학 특성이 우수한 기능성 광학렌즈 제조 및 공정기술	1-가, 자율주행차 2-나, IoT 2-마, 착용형스마트기기

유형분류	대상기술	적용분야
	마. OLED 소재 패턴 정밀화 향상 기술 : Fine Metal Mask(FMM) 방식으로 주로 저분자 재료를 적용하여 고진공(高眞空)하에서 박막의 금속 마스크(Metal mask)를 기관에 밀착시켜서 원하는 위치에만 OLED 재료를 증착하여 화소를 형성시키는 방법으로 주로 OLED에 이용되는 금속 박막을 이용한 제조 기술	5-다. OLED

〈비　고〉

적용분야란 「조세특례제한법 시행령」 별표 7에 따른 신성장동력 · 원천기술분야별 대상기술과 관련된 분야를 말한다.

[별표 15] (2024. 3. 22. 신설)

면세유등 관리 전산시스템 구축 및 운영에 필요한 정보 또는 자료(제50조의 4 제1호 관련)

1. 「농어업경영체 육성 및 지원에 관한 법률」 제4조에 따른 농어업경영체의 등록 정보
2. 「선박법」 제8조에 따른 선박등록 내역
3. 「수산업법」 제7조에 따른 어업면허 내역
4. 「수산업법」 제27조 제1항에 따른 관리선 사용 지정 내역
5. 「내수면어업법」 제6조 제1항에 따른 내수면어업 면허 내역
6. 「내수면어업법」 제9조 제1항에 따른 내수면어업 허가 내역
7. 「내수면어업법」 제11조 제1항에 따른 내수면어업 신고 내역
8. 「낚시 관리 및 육성법」 제25조 제1항에 따른 낚시어선업 신고 내역
9. 「양식산업발전법」 제10조에 따른 양식업 면허 내역
10. 「양식산업발전법」 제43조에 따른 양식업 허가 내역
11. 「수산종자산업육성법」 제21조 제1항에 따른 수산종자생산업 허가 내역
12. 「해운법」 제4조에 따른 해상여객운송사업 면허 내역
13. 「해운법」 제24조에 따른 해상화물운송사업 등록 내역
14. 「항만운송사업법」 제4조에 따른 항만운송사업 등록 내역
15. 「항만운송사업법」 제26조의 3 제1항에 따른 선박연료공급업 등록 내역
16. 「어선법」 제13조에 따른 어선원부 등록 내역
17. 「개별소비세법 시행령」 제20조 제2항 제3호에 따른 유류공급명세서

농어촌특별세법

농특법 부칙

농어촌특별세법

개정 (소득세법 부칙) 2024. 12. 31. 법률 제20615호
2023. 12. 31. 법률 제19929호
(소득세법 부칙) 2022. 12. 31. 법률 제19196호
2022. 12. 31. 법률 제19192호
2021. 12. 21. 법률 제18589호
2019. 12. 31. 법률 제16844호
2018. 12. 31. 법률 제16100호
(법인세법 부칙) 2018. 12. 24. 법률 제16008호
2016. 12. 20. 법률 제14385호
2015. 12. 15. 법률 제13554호
(수산업·어촌 발전 기본법 부칙) 2015. 6. 22. 법률 제13383호
(지방세특례제한법 부칙) 2014. 12. 31. 법률 제12955호
2014. 5. 14. 법률 제12569호
2014. 1. 1. 법률 제12165호
(자본시장과 금융투자업에 관한 법률 부칙) 2013. 5. 28. 법률 제11845호
2011. 12. 31. 법률 제11127호
2010. 12. 30. 법률 제10422호
(지방세법 부칙) 2010. 3. 31. 법률 제10221호
(지방세특례제한법 부칙) 2010. 3. 31. 법률 제10220호
(개별소비세법 부칙) 2010. 1. 1. 법률 제9909호
(농어업경영체 육성 및 지원에 관한 법률 부칙) 2009. 4. 1. 법률 제9620호
2009. 3. 18. 법률 제9484호
(특별소비세법 부칙) 2007. 12. 31. 법률 제8829호
(국세기본법 부칙) 2006. 12. 30. 법률 제8139호
2005. 1. 5. 법률 제7330호
2004. 12. 31. 법률 제7316호
(조세특례제한법 부칙) 2004. 7. 26. 법률 제7216호
2003. 12. 31. 법률 제7026호
(지방세법 부칙) 2001. 12. 29. 법률 제6549호
2000. 12. 29. 법률 제6298호
(조세특례제한법 부칙) 2000. 10. 21. 법률 제6273호
(소득세법 부칙) 1999. 12. 28. 법률 제6051호
(조세특례제한법 부칙) 1999. 12. 28. 법률 제6045호
(특별소비세법 부칙) 1999. 12. 3. 법률 제6032호
(농업·농촌기본법 부칙) 1999. 2. 5. 법률 제5758호
(조세특례제한법 부칙) 1998. 12. 28. 법률 제5584호
(법인세법 부칙) 1998. 12. 28. 법률 제5581호
(조세감면규제법 부칙) 1998. 9. 16. 법률 제5561호

농어촌특별세법 시행령

개정 2025. 2. 28. 대통령령 제35360호
2024. 2. 29. 대통령령 제34275호
(지방세특례제한법 시행령 부칙) 2023. 3. 14. 대통령령 제33324호
2023. 2. 28. 대통령령 제33282호
(금융회사부실자산~시행령 부칙) 2022. 2. 17. 대통령령 제32449호
2022. 2. 15. 대통령령 제32431호
2021. 2. 17. 대통령령 제31458호
2020. 4. 14. 대통령령 제30610호
2020. 2. 11. 대통령령 제30407호
(지방세특례제한법 시행령 부칙) 2020. 1. 15. 대통령령 제30355호
2019. 2. 12. 대통령령 제29528호
(지방세특례제한법 시행령 부칙) 2018. 12. 31. 대통령령 제29438호
(공공기관 지방이전에~시행령 부칙) 2018. 2. 27. 대통령령 제28686호
(행정안전부와 그 소속기관 직제 부칙) 2017. 7. 26. 대통령령 제28211호
(농업협동조합법 부칙) 2017. 6. 27. 대통령령 제28152호
(지방세징수법 시행령 부칙) 2017. 3. 27. 대통령령 제27959호
(지방세특례제한법 시행령 부칙) 2016. 12. 30. 대통령령 제27711호
2016. 12. 1. 대통령령 제27650호
(주택법 시행령 부칙) 2016. 8. 11. 대통령령 제27444호
2016. 2. 5. 대통령령 제26954호
(지방세특례제한법 시행령 부칙) 2015. 12. 31. 대통령령 제26837호
2015. 2. 27. 대통령령 제26125호
(한국산업은행법 시행령 부칙) 2014. 12. 30. 대통령령 제25945호
(행정자치부와 그 소속기관 직제 부칙) 2014. 11. 19. 대통령령 제25751호
2014. 2. 21. 대통령령 제25205호
2013. 10. 22. 대통령령 제24801호
(자본시장과 금융투자업에 관한 법률 시행령 부칙) 2013. 8. 27. 대통령령 제24697호
(기획재정부와 그소속기관 직제 부칙) 2013. 3. 23. 대통령령 제24441호
2012. 5. 22. 대통령령 제23799호
2012. 2. 2. 대통령령 제23603호
2011. 7. 14. 대통령령 제23023호
2010. 12. 30. 대통령령 제22576호
(지방세특례제한법 시행령 부칙) 2010. 9. 20. 대통령령 제22396호
2010. 7. 9. 대통령령 제22266호
2010. 6. 8. 대통령령 제22182호
2010. 2. 18. 대통령령 제22033호
(농어촌정비법 시행령 부칙) 2009. 12. 15. 대통령령 제21887호
(한국토지주택공사법 시행령 부칙) 2009. 9. 21. 대통령령 제21744호

(소득세법 부칙) 1998. 9. 16. 법률 제5552호
(조세감면규제법 부칙) 1998. 2. 24. 법률 제5524호
(금융실명거래~법률 부칙) 1997. 12. 31. 법률 제5493호
(조세감면규제법 부칙) 1997. 12. 13. 법률 제5417호
(조세감면규제법 부칙) 1997. 8. 30. 법률 제5402호
(조세감면규제법 부칙) 1996. 10. 2. 법률 제5163호
(조세감면규제법 부칙) 1995. 12. 29. 법률 제5038호
(소득세법 부칙) 1995. 12. 29. 법률 제5031호
(특별소비세법 부칙) 1994. 12. 22. 법률 제4809호
(조세감면규제법 부칙) 1994. 12. 22. 법률 제4806호
(지방세법 부칙) 1994. 12. 22. 법률 제4794호
제정 1994. 3. 24. 법률 제4743호

2009. 6. 9. 대통령령 제21527호
2009. 4. 21. 대통령령 제21433호
2009. 2. 4. 대통령령 제21297호
(기획재정부와~직제 부칙) 2008. 2. 29. 대통령령 제20720호
(국세기본법 시행령 부칙) 2008. 2. 29. 대통령령 제20654호
(특별소비세법 시행령 부칙) 2007. 12. 31. 대통령령 제20516호
2006. 2. 9. 대통령령 제19338호
2005. 12. 31. 대통령령 제19257호
(지방세법 시행령 부칙) 2005. 1. 5. 대통령령 제18669호
2004. 12. 31. 대통령령 제18629호
2003. 12. 30. 대통령령 제18182호
(주택건설촉진법시행령 부칙) 2003. 11. 29. 대통령령 제18146호
2002. 12. 30. 대통령령 제17838호
2002. 4. 20. 대통령령 제17584호
2001. 12. 31. 대통령령 제17464호
2001. 8. 14. 대통령령 제17337호
(지방세법시행령 부칙) 2000. 12. 29. 대통령령 제17052호
2000. 12. 29. 대통령령 제17035호
(조세특례제한법시행령 부칙) 2000. 10. 21. 대통령령 제16984호
1999. 12. 31. 대통령령 제16657호
1999. 10. 30. 대통령령 제16585호
(조세특례제한법시행령 부칙) 1998. 12. 31. 대통령령 제15976호
(조세감면규제법시행령 부칙) 1997. 12. 31. 대통령령 제15562호
(지방세법시행령 부칙) 1997. 10. 1. 대통령령 제15489호
(조세감면규제법시행령 부칙) 1997. 8. 30. 대통령령 제15471호
(한국토지개발공사법시행령 부칙) 1996. 2. 15. 대통령령 제14915호
1995. 12. 30. 대통령령 제14868호
(예산회계법시행령 부칙) 1995. 11. 30. 대통령령 제14812호
1995. 8. 17. 대통령령 제14751호
(지방세법시행령 부칙) 1994. 12. 31. 대통령령 제14481호
(조세감면규제법시행령 부칙) 1994. 12. 31. 대통령령 제14475호
(특별소비세법시행령 부칙) 1994. 12. 31. 대통령령 제14472호
(재정경제원~직제 부칙) 1994. 12. 23. 대통령령 제14438호
제정 1994. 7. 1. 대통령령 제14313호

제1조【목 적】이 법은 농어업의 경쟁력강화와 농어촌 산업기반 시설의 확충 및 농어촌지역 개발사업을 위하여 필요한 재원을 확보함을 목적으로 한다. (2010. 12. 30. 개정)

제2조【정 의】① 이 법에서 "감면"이란 「조세특례제한법」·「관세법」·「지방세법」 또는 「지방세특례제한법」에 따라 소득세·법인세·관세·취득세 또는 등록에 대한 등록면허세가 부과되지 아니하거나 경감되는 경우로서 다음 각 호의 어느 하나에 해당하는 것을 말한다. (2010. 12. 30. 개정)

1. 비과세·세액면제·세액감면·세액공제 또는 소득공제 (2010. 12. 30. 개정)

2. 「조세특례제한법」 제72조 제1항에 따른 조합법인 등에 대한 법인세 특례세율의 적용 또는 같은 법 제89조 제1항 및 제89조의 3에 따른 이자소득·배당소득·금융투자소득에 대한 소득세 특례세율의 적용 (2021. 12. 21. 개정)

2. 「조세특례제한법」 제72조 제1항에 따른 조합법인 등에 대한 법인세 특례세율의 적용 또는 같은 법 제89조 제1항 및 제89조의 3에 따른 이자소득·배당소득에 대한 소득세 특례세율의 적용 (2024. 12. 31. 개정)

3. 「지방세법」 제15조 제1항에 따른 취득세 특례세율의 적용 (2010. 12. 30. 개정)

② 이 법에서 "본세"란 다음 각호의 것을 말한다. (2010. 12. 30. 개정)

1. 제5조 제1항 제1호에 따른 농어촌특별세의 경우에는 감면을 받는 해당 소득세·법인세·관세·취득세 또는 등록에 대한 등록면허세 (2010. 12. 30. 개정)

2. 제5조 제1항 제2호에 따른 농어촌특별세의 경우에는 소득세 (2010. 12. 30. 개정)

3. 제5조 제1항 제3호의 규정에 의한 농어촌특별세의 경우에는 법인세

3. 삭 제 (2010. 12. 30.)

제1조【목 적】이 영은 「농어촌특별세법」에서 위임된 사항과 그 시행에 관하여 필요한 사항을 규정함을 목적으로 한다. (2005. 12. 31. 개정)

제2조【정 의】이 영에서 사용하는 용어의 정의는 「농어촌특별세법」(이하 "법"이라 한다)이 정하는 바에 의한다. (2005. 12. 31. 개정)

4. 제5조 제1항 제4호에 따른 농어촌특별세의 경우에는 개별소비세 (2010. 12. 30. 개정)

5. 제5조 제1항 제5호에 따른 농어촌특별세의 경우에는 증권거래세 (2010. 12. 30. 개정)

6. 제5조 제1항 제6호에 따른 농어촌특별세의 경우에는 취득세 (2010. 12. 30. 개정)

7. 제5조 제1항 제7호에 따른 농어촌특별세의 경우에는 레저세 (2010. 12. 30. 개정)

8. 제5조 제1항 제8호에 따른 농어촌특별세의 경우에는 종합부동산세 (2010. 12. 30. 개정)

③ 제1항 및 제2항에 규정된 용어 외의 용어에 대한 정의는 본세에 관한 법률이 정하는 바에 따른다. (2010. 12. 30. 개정)

제3조 【납세의무자】 다음 각 호의 어느 하나에 해당하는 자는 이 법에 따라 농어촌특별세를 납부할 의무를 진다. (2010. 12. 30. 개정)

1. 제2조 제1항 각 호 외의 부분에 규정된 법률에 따라 소득세·법인세·관세·취득세 또는 등록에 대한 등록면허세의 감면을 받는 자 (2010. 12. 30. 개정)

2. 법인세법 제55조 제1항 또는 제95조의 규정에 의한 세율을 적용받는 법인세의 납세의무자 중 과세표준금액이 5억원을 초과하는 법인 (98. 12. 28 개정 ; 법인세법 부칙)

2. 삭　제 (2010. 12. 30.)

3. 「개별소비세법」 제1조 제2항의 물품 중 같은 항 제1호 가목·나목, 같은 항 제2호 나목 1)·2)의 물품 또는 같은 조 제3항 제4호의 입장행위에 대한 개별소비세 납세의무자 (2021. 12. 21. 개정)

4. 「증권거래세법」 제3조 제1호에 규정된 증권거래세 납세의무자 (2010. 12. 30. 개정)

5. 「지방세법」에 따른 취득세 또는 레저세의 납세의무자 (2010. 12. 30. 개정)

6. 「종합부동산세법」에 따른 종합부동산세의 납세의무자 (2010. 12. 30. 개정)

제3조 【납세의무자】 삭　제 (94. 12. 31 ; 특별소비세법 시행령 부칙)

제4조 【비과세】 다음 각 호의 어느 하나에 해당하는 경우에는 농어촌특별세를 부과하지 아니한다. (2010. 12. 30. 개정)

1. 국가(외국정부를 포함한다)·지방자치단체 또는 지방자치단체조합에 대한 감면 (2010. 12. 30. 개정)

2. 농어업인(「농업·농촌 및 식품산업 기본법」 제3조 제2호의 농업인과 「수산업·어촌 발전 기본법」 제3조 제3호의 어업인을 말한다. 이하 같다) 또는 농어업인을 조합원으로 하는 단체(「농어업경영체 육성 및 지원에 관한 법률」에 따른 영농조합법인, 농업회사법인 및 영어조합법인을 포함한다)에 대한 감면으로서 대통령령으로 정하는 것 (2015. 6. 22. 개정 ; 수산업·어촌 발전 기본법 부칙)

3. 「조세특례제한법」 제6조·제7조에 따른 중소기업에 대한 세액감면·특별세액감면 (2023. 12. 31. 개정)

3의 2. 「조세특례제한법」 제40조에 따른 양도소득세 또는 금융투자소득세의 감면 (2021. 12. 21. 개정)

3의 2. 「조세특례제한법」 제40조에 따른 양도소득세의 감면 (2024. 12. 31. 개정)

3의 3. 「조세특례제한법」 제16조의 소득공제에 따른 감면 (2016. 12. 20. 신설)

4. 「조세특례제한법」 제86조의 3·제86조의 4·제87조·제87조의 2·제87조의 5·제88조의 2·제88조의 4·제88조의 5·제91조의 14·제91조의 16부터 제91조의 22까지에 따른 저축이나 이자소득, 배당소득 및 금융투자소득에 대한 감면 (2022. 12. 31. 개정)

4. 「조세특례제한법」 제86조의 3·제86조의 4·제87조·제87조의 2·제87조의 5·제88조의 2·제88조의 4·제88조의 5·제91조의 14·제91조의 16부터 제91조의 22까지에 따른 저축이나 이자소득 및 배당소득에 대한 감면 (2024. 12. 31. 개정)

4의 2. 「지방세특례제한법」 제58조의 3 제1항 제1호 및 같은 조 제2항 제1호에 따른 취득세의 감면 (2023. 12. 31. 신설)

편주 ▶ ....
법 4조 4호의 2의 개정규정은 2024. 1. 1. 이후 과세표준 및 세액을 신고하거나 결정·경정하는 경우부터 적용함. (법 부칙(2023. 12. 31.) 2조)
....

제4조 【비과세】 ① 법 제4조 제2호에서 "대통령령으로 정하는 것"이란 다음 각 호의 어느 하나에 해당하는 감면을 말한다. (2010. 12. 30. 개정)

1. 「조세특례제한법」 제66조부터 제70조까지, 제72조 제1항(제1호, 제5호 및 제8호의 법인은 제외한다), 제77조[「조세특례제한법」 제69조 제1항 본문에 따른 거주자가 직접 경작한 토지(8년 이상 경작할 것의 요건은 적용하지 아니한다)로 한정한다] 및 제102조, 제104조의 2, 「지방세특례제한법」 제57조의 3 제1항 제2호(「농업협동조합법」에 따른 조합이 양수한 재산으로 한정한다)·제3호(「수산업협동조합법」에 따른 조합이 양수한 재산으로 한정한다)에 따른 감면 (2019. 2. 12. 개정)

2. 「관세법」 제93조 제1호에 따른 감면 (2015. 2. 27. 개정)

3. 「지방세특례제한법」 제6조 제1항·제2항 및 제4항, 제7조부터 제9조까지, 제10조 제1항, 제11조, 제12조, 제14조 제1항부터 제3항까지 및 제14조의 3에 따른 감면 (2025. 2. 28. 개정)

4. 「지방세특례제한법」 제4조의 조례에 따른 지방세 감면 중 제1호부터 제3호까지와 유사한 감면으로서 행정안전부장관이 기획재정부장관과 협의하여 고시하는 것 (2017. 7. 26. 직제개정 ; 행정안전부와~직제 부칙)

② 법 제4조 제6호에서 "대통령령으로 정하는 것"이란 「관세법」 제88조, 제92조, 제93조 제4호부터 제7호까지 및 제9호부터 제14호까지, 제94조, 제96조부터 제101조까지의 규정에 따른 감면을 말한다. (2010. 12. 30. 개정)

③ 법 제4조 제7호 단서에서 "대통령령으로 정하는 증권시장"이란 「자본시장과 금융투자업에 관한 법률 시행령」 제176조의 9 제1항에 따른 유가증권시장을 말한다. (2022. 2. 15. 신설)

④ 법 제4조 제8호에서 "대통령령으로 정하는 것"이란 「지방세특례제한법」 제4조 제4항, 제57조의 2 제2항·제6항, 제66조 제1항·제2항, 제68조 제1항·제3항(「대외무역법」에 따른 무역을 하는 자가 수출용으로 취득하는 중고자동차로 한정한다), 제73조 제3항, 제74조 제4항·제5항, 제92조, 「지방세법」 제9조 제3항부터 제5항까지, 제15조 제1항 제1호부터 제4호까지, 제7호 및 제26조 제2항 제1호·제2호

개정취지 ....
농어촌특별세의 비과세 적용 대상 추가
• 「지방세특례제한법」에 따른 농협경제지주회사의 구매·판매 사업 등에 직접 사용하기 위하여 취득하는 부동산의 취득세 감면분에 대하여 농어촌특별세를 비과세하려는 것임. (영 4조 1항 3호 개정 : 2025. 2. 28.)
• 영 4조 1항 3호의 개정규정은 2024. 1. 1. 이후 취득세를 감면받은 경우부터 적용함. (영 부칙(2025. 2. 28.) 2조 1항)
....

4의 3. 「지방세특례제한법」 제58조의 3 제3항에 따른 등록면허세의 감면 (2023. 12. 31. 신설)

5. 「조세특례제한법」 제21조에 따른 이자소득 등에 대한 감면 중 비거주자 또는 외국법인에 대한 감면 (2010. 12. 30. 개정)

6. 국제협약·국제관례 등에 따른 관세의 감면으로서 대통령령으로 정하는 것 (2010. 12. 30. 개정)

7. 「증권거래세법」 제6조에 따라 증권거래세가 부과되지 아니하거나 같은 법 제8조 제2항에 따라 영의 세율이 적용되는 경우. 다만, 「자본시장과 금융투자업에 관한 법률」에 따른 증권시장으로서 대통령령으로 정하는 증권시장에서 양도되는 증권의 양도가액에 대하여 영의 세율이 적용되는 경우는 제외한다. (2021. 12. 21. 개정)

7의 2. 「조세특례제한법」 제117조 제1항 및 제2항에 해당하는 경우 (2021. 12. 21. 개정)

8. 「지방세법」과 「지방세특례제한법」에 따른 형식적인 소유권의 취득, 단순한 표시변경 등기 또는 등록, 임시건축물의 취득, 천재지변 등으로 인한 대체취득 등에 대한 취득세 및 등록면허세의 감면으로서 대통령령으로 정하는 것 (2010. 12. 30. 개정)

8의 2. 「조세특례제한법」 제119조 제1항 제3호·제5호 및 제120조 제1항 제9호·제10호에 따른 등록에 대한 등록면허세 또는 취득세의 감면 (2010. 12. 30. 개정)

8의 2. 삭 제 (2014. 12. 31. ; 지방세특례제한법 부칙)

9. 대통령령으로 정하는 서민주택에 대한 취득세 또는 등록에 대한 등록면허세의 감면 (2010. 12. 30. 개정)

10. 「지방세특례제한법」 제6조 제1항의 적용대상이 되는 농지 및 임야에 대한 취득세 (2010. 12. 30. 개정)

10의 2. 「지방세법」 제124조에 따른 자동차에 대한 취득세 (2010. 12. 30. 개정)

10의 3. 「지방세특례제한법」 제35조 제1항에 따른 등록면허세의 감면 (2010. 12. 30. 개정)

10의 4. 「지방세법」 제15조 제1항 제1호부터 제3호까지의 규정에 따른 취득세 (2010. 12. 30. 개정)

10의 5. 「지방세특례제한법」 제8조 제4항에 따른 취득세 (2010. 12. 30. 신설)

에 따른 감면을 말한다. (2022. 2. 15. 항번개정)

⑤ 법 제4조 제9호 및 제11호에서 "대통령령으로 정하는 서민주택"이란 「주택법」 제2조 제6호에 따른 국민주택 규모(「건축법 시행령」 별표 1 제1호 다목에 따른 다가구주택의 경우에는 가구당 전용면적을 기준으로 한다) 이하의 주거용 건물과 이에 부수되는 토지(국가, 지방자치단체 또는 「한국토지주택공사법」에 따라 설립된 한국토지주택공사가 해당 주택을 건설하기 위하여 취득하거나 개발·공급하는 토지를 포함한다)로서 주택바닥면적(아파트·연립주택 등 공동주택의 경우에는 1세대가 독립하여 구분·사용할 수 있도록 구획된 부분의 바닥면적을 말한다)에 다음 표의 용도지역별 적용배율을 곱하여 산정한 면적 이내의 토지를 말한다. (2022. 2. 15. 항번개정)

구분	용도지역	적용배율
도시지역	1. 전용주거지역	5배
	2. 상업지역·준주거지역	3배
	3. 일반주거지역·공업지역	4배
	4. 녹지지역	7배
	5. 미계획지역	4배
도시지역 외의 용도지역		7배

⑥ 법 제4조 제11호에서 "대통령령으로 정하는 농가주택"이란 영농에 종사하는 자가 영농을 위하여 소유하는 주거용 건물과 이에 부수되는 토지로서 농지의 소재지와 동일한 시·군·구(자치구를 말한다. 이하 이 항에서 같다) 또는 그와 연접한 시·군·구의 지역에 소재하는 것을 말한다. 다만, 「소득세법 시행령」 제156조에 따른 고가주택을 제외한다. (2022. 2. 15. 항번개정)

⑦ 법 제4조 제12호에서 "대통령령으로 정하는 것"이란 다음 각 호의 감면을 말한다. (2022. 2. 15. 개정)

1. 「조세특례제한법」 제10조, 제10조의 2, 제12조, 제12조의 2, 제13조, 제14조, 제16조의 2, 제18조, 제18조의 2, 제18조의 3, 제19조 제2항, 제29조의 6, 제30조, 제30조의 3, 제33조, 제63조, 제63조의 2, 제64조, 제76조 제1항, 제92조, 제95조의 2, 제98조의 3, 제98조의 5, 제99조의 9, 제99조의 11, 제104조의 8 제1항·제3항, 제104조의 21, 제104조의 24, 제104조의 28, 제104조의 31, 제118조의 2, 제

농어촌특별세의 비과세 적용 대상 추가

• 혼인 장려를 위하여 「조세특례제한법」에 신설된 혼인신고를 한 자에 대한 세액공제에 대하여 농어촌특별세를 비과세하려

11. 대통령령으로 정하는 서민주택 및 농가주택에 대한 취득세 (2010. 12. 30. 개정)

11의 2. 「조세특례제한법」 제20조·제100조·제140조 및 제141조에 따른 감면 (2010. 12. 30. 개정)

11의 3. 「조세특례제한법」 제30조의 2 및 제30조의 4에 따른 감면 (2010. 12. 30. 개정)

11의 4. 「조세특례제한법」 제121조의 24에 따른 감면 (2014. 5. 14. 신설)

12. 기술 및 인력개발, 저소득자의 재산형성, 공익사업 등 국가경쟁력의 확보 또는 국민경제의 효율적 운영을 위하여 농어촌특별세를 비과세할 필요가 있다고 인정되는 경우로서 대통령령으로 정하는 것 (2010. 12. 30. 개정)

121조의 2부터 제121조의 4까지, 제121조의 13, 제126조의 2, 제126조의 6 및 제126조의 7 제9항에 따른 감면 (2025. 2. 28. 개정)

1의 2. 「한국철도공사법」에 의하여 설립되는 한국철도공사가 현물출자받은 국유재산에 대한 취득세 또는 등록에 대한 등록면허세의 감면 (2010. 9. 20. 개정 ; 지방세특례제한법 부칙)

1의 3. 「한국정책금융공사법」에 따라 설립되는 한국정책금융공사에 대한 「조세특례제한법」 제119조 제1항 제1호 및 제120조 제1항 제1호에 따른 감면 (2010. 2. 18. 신설)

1의 3. 삭 제 (2014. 12. 30. ; 한국산업은행법 시행령 부칙)

1의 4. 「방송광고판매대행 등에 관한 법률」 제24조에 따라 설립되는 한국방송광고진흥공사에 대한 「지방세특례제한법」 제57조의 2 제3항 제1호에 따른 감면 (2015. 2. 27. 개정)

1의 5. 「한국산업은행법」 제50조에 따라 설립되는 산은금융지주주식회사에 대한 「조세특례제한법」 제120조 제6항 제3호에 따른 감면 (2012. 5. 22. 호번개정)

1의 5. 삭 제 (2014. 12. 30. ; 한국산업은행법 시행령 부칙)

1의 6. 「농업협동조합법」 제161조의 2 또는 제161조의 10에 따라 설립되는 농협경제지주회사 또는 농협금융지주회사에 대한 「지방세특례제한법」 제57조의 2 제5항 제3호에 따른 감면 (2017. 6. 27. 개정 ; 농업협동조합법 시행령 부칙)

1의 7. 법률 제10522호 농업협동조합법 일부개정법률 부칙 제6조에 따라 농협경제지주회사가 농업협동조합중앙회로부터 경제사업을 현물출자로 이관받은 경우에 대한 「지방세특례제한법」 제57조의 2 제3항 제3호에 따른 감면 (2016. 12. 1. 개정)

2. 「한국자산관리공사 설립 등에 관한 법률」에 따른 한국자산관리공사와 「한국농어촌공사 및 농지관리기금법」에 따른 한국농어촌공사가 「혁신도시 조성 및 발전에 관한 특별법」 제43조에 따라 종전부동산을 매입한 경우에 대한 「지방세특례제한법」 제13조 제2항 제5호 및 제57조의 3 제2항에 따른 취득세의 면제 (2022. 2. 17. 개정 ; 금융회사부실자산~부칙)

3. 「조세특례제한법」 제89조의 3에 따른 조합등예탁금의 이자소득의 소득세에 대한 감면 중 다음 각 목의 어느 하나에 해당하는 사람에 대한 감면 (2012. 2. 2. 개정)

　가. 「농어가 목돈마련저축에 관한 법률 시행령」 제2조 제1항에 따른 농어민 (2012. 2. 2. 개정)

는 것임. (영 4조 7항 1호 개정 : 2025. 2. 28.)

• 영 4조 7항 1호의 개정규정은 2025. 1. 1. 이후 종합소득과세표준 확정신고를 하거나 연말정산하여 소득세를 감면받는 경우부터 적용함. (영 부칙(2025. 2. 28.) 2조 2항)

제5조【과세표준과 세율】① 농어촌특별세는 다음 각 호의 과세 표준에 대한 세율을 곱하여 계산한 금액을 그 세액으로 한다. (2010. 12. 30. 개정)

호별	과 세 표 준	세 율
1	「조세특례제한법」·「관세법」·「지방세법」 및 「지방세특례제한법」에 따라 감면을 받는 소득세·법인세·관세·취득세 또는 등록에 대한 등록면허세의 감면세액(제2호의 경우는 제외한다) (2010. 12. 30. 개정)	100분의 20
2	「조세특례제한법」에 따라 감면받은 이자소득·배당소득·금융투자소득에 대한 소득세의 감면세액 (2021. 12. 21. 개정)	100분의 10
	「조세특례제한법」에 따라 감면받은 이자소득·배당소득에 대한 소득세의 감면세액 (2024. 12. 31. 개정)	
3	법인세법에 의한 각 사업연도의 소득에 대한 법인세의 과세표준금액(청산소득에 대한 법인세의 과세표준금액을 포함한다) 중 5억원을 초과하는 금액	100분의 2
3	삭　제 (2010. 12. 30.)	
4	「개별소비세법」에 따라 납부하여야 할 개별소비세액 (2010. 12. 30. 개정)	

　나.「산림조합법 시행령」 제2조에 따른 임업인. 다만, 5헥타르 이상의 산림을 소유한 사람은 제외한다. (2012. 2. 2. 개정)

　다.「한국주택금융공사법 시행령」 제2조 제1항 제1호 및 제2호에 따른 근로자 (2012. 2. 2. 개정)

4.「관세법」 제90조 제1항 제2호부터 제4호까지, 제91조, 제93조 제2호·제3호 및 제15호에 따른 감면 (2010. 12. 30. 개정)

5.「지방세법」 제9조 제2항, 「지방세특례제한법」 제13조 제2항 제1호의 2, 제15조 제2항, 제16조 제1항, 제17조, 제17조의 2, 제19조, 제20조, 제21조 제1항, 제22조 제1항·제4항·제7항·제8항, 제22조의 2 제1항·제2항, 제22조의 3, 제23조, 제28조 제1항, 제29조, 제30조 제3항, 제31조 제1항·제2항, 제31조의 3 제1항·제2항, 제31조의 4, 제33조 제1항·제2항, 제34조, 제36조, 제37조, 제38조 제1항, 제40조, 제40조의 3, 제41조 제1항·제5항·제7항, 제42조 제2항·제3항, 제43조 제1항, 제44조 제1항, 같은 조 제2항 제1호, 같은 조 제3항, 제44조의 2, 제45조 제1항, 같은 조 제2항 제1호, 제46조, 제50조 제1항, 제52조 제1항·제2항, 제53조, 제54조 제5항, 제57조의 2 제1항(「법인세법」 제44조 제2항 각 호의 요건을 충족하거나 같은 조 제3항에 해당하여 양도손익이 없는 것으로 한 합병의 경우로 한정한다), 제57조의 2 제3항 제2호, 같은 조 제9항, 제58조의 2, 제60조 제4항, 제63조, 제64조 제1항, 제66조 제3항·제4항, 제67조 제1항·제2항, 제72조 제1항, 제73조 제1항, 제73조의 2, 제74조 제3항, 제74조의 2 제1항, 제76조 제1항, 제79조, 제80조, 제81조 제1항·제2항, 제83조 제1항·제2항, 제85조 제1항, 제85조의 2, 제88조, 제89조 및 제90조 제1항에 따른 감면 (2025. 2. 28. 개정)

6.「지방세특례제한법」 제4조의 조례에 따른 지방세 감면 중 제1호부터 제5호까지와 유사한 감면으로서 행정안전부장관이 기획재정부장관과 협의하여 고시하는 것 (2017. 7. 26. 직제개정 ; 행정안전부와~직제 부칙)

⑧ 법 또는 이 영에서 농어촌특별세 비과세 대상으로 규정된 「조세특례제한법」의 해당 규정과 같은 취지의 감면을 규정한 법률 제4666호 조세감면규제법 개정법률의 해당 규정에 대하여 동법 부칙 제13조

✍
개 정 취 지 ‥‥‥‥‥‥‥‥‥‥

농어촌특별세의 비과세 적용 대상 추가
• 「지방세특례제한법」에 따라 신설된 임대형기숙사에 대한 취득세 감면분에 대하여 농어촌특별세를 비과세하려는 것임. (영 4조 7항 5호 개정 : 2025. 2. 28.)
• 영 4조 7항 5호의 개정규정은 2025. 1. 1. 이후 취득세를 감면받은 경우부터 적용함. (영 부칙(2025. 2. 28.) 2조 3항)
• 평생교육시설과 공공주택사업 등에 대한 지원을 강화하고 과세형평을 도모하기 위하여 「지방세특례제한법」에 따라 취득세가 감면되는 경우 중 「평생교육법」에 따라 전공대학 명칭을 사용할 수 있는 평생교육시설과 해당 시설의 운영과 관련하여 산학협력단이 취득하는 부동산에 대한 취득세를 감면받은 경우와 「공공주택 특별법」에 따른 도심 공공주택 복합사업 및 「도시재생 활성화 및 지원에 관한 특별법」에 따른 혁신지구재생사업의 시행으로 해당 사업의 대상이 되는 부동산의 소유자가 현물보상으로 취득하는 건축물에 대한 취득세를 감면받은 경우에는 농어촌특별세를 비과세하려는 것임. (영 4조 7항 5호 개정 ; 2024. 2. 29.)
• 영 4조 7항 5호의 개정규정은 2024. 2. 29. 이후 지방세를 감면받는 경우부터 적용함. (영 부칙(2024. 2. 29.) 2조 1항)
• 법률 19232호 지방세특례제한법 일부개

호별	과 세 표 준	세 율
	가. 「개별소비세법」 제1조 제3항 제4호의 경우 (2010. 12. 30. 개정)	100분의 30
	나. 가목 외의 경우 (2010. 12. 30. 개정)	100분의 10
5	「자본시장과 금융투자업에 관한 법률」에 따른 증권시장으로서 대통령령으로 정하는 증권시장에서 거래된 증권의 양도가액 (2013. 5. 28. 개정 ; 자본시장과 금융투자업에 관한 법률 부칙)	1만분의 15
6	「지방세법」 제11조 및 제12조의 표준세율을 100분의 2로 적용하여 「지방세법」, 「지방세특례제한법」 및 「조세특례제한법」에 따라 산출한 취득세액 (2010. 12. 30. 개정)	100분의 10
7	「지방세법」에 따라 납부하여야 할 레저세액 (2010. 12. 30. 개정)	100분의 20
8	「종합부동산세법」에 따라 납부하여야 할 종합부동산세액 (2010. 12. 30. 개정)	100분의 20

② 「조세특례제한법」 제72조 제1항에 따른 조합법인 등의 경우에는 제1호에 규정된 세액에서 제2호에 규정된 세액을 차감한 금액을 감면을 받는 세액으로 보아 제1항 제1호를 적용한다. (2010. 12. 30. 개정)
1. 해당 법인의 각 사업연도 과세표준금액에 「법인세법」 제55조 제1항에 규정된 세율을 적용하여 계산한 법인세액 (2010. 12. 30. 개정)
2. 해당 법인의 각 사업연도 과세표준금액에 「조세특례제한법」 제72조 제1항에 규정된 세율을 적용하여 계산한 법인세액 (2010. 12. 30. 개정)
③ 비과세 및 소득공제를 받는 경우에는 대통령령으로 정하는 계산방법에 의하여 계산한 금액을 감면을 받는 세액으로 보아 제1항 제1호를 적용한다. (2010. 12. 30. 개정)
④ 「조세특례제한법」에 따라 이자소득·배당소득·금융투자소득에 대한 소득세가 부과되지 아니하거나 소득세특례세율이 적용되는 경우에는 제1호에 규정된 세액에서 제2호에 규정된 세액을 차감한 금액을 감면을 받는 세액으로 보아 제1항 제2호를 적용한다. (2021. 12. 21. 개정)

내지 제19조의 규정에 의한 경과조치 또는 특례가 적용되는 경우에 동 경과조치 또는 특례에 대하여서도 농어촌특별세를 부과하지 아니한다. (2022. 2. 15. 항번개정)

제5조 【과세표준의 계산】 ① 법 제5조 제1항 제5호의 과세표준란에서 "대통령령으로 정하는 증권시장"이란 「자본시장과 금융투자업에 관한 법률 시행령」 제176조의 9 제1항에 따른 유가증권시장을 말한다. (2013. 8. 27. 신설 ; 자본시장과~시행령 부칙)

② 법 제5조 제3항에서 "대통령령으로 정하는 계산방법에 의하여 계산한 금액"이란 다음 산식에 의하여 계산한 금액을 말한다. (2013. 8. 27. 항번개정 ; 자본시장과~시행령 부칙)
(비과세소득 및 소득공제액을 과세표준에 산입하여 계산한 세액) − (비과세소득·소득공제액을 과세표준에서 제외하고 계산한 세액)
③ 개별소비세 또는 증권거래세를 본세로 하는 농어촌특별세는 「개

정법률 부칙 11조 1항에 따라 종전의 「지방세특례제한법」(법률 19232호 지방세특례제한법 일부개정법률로 개정되기 전의 것을 말함) 74조 1항에 따라 취득세를 면제받는 경우에는 영 4조 7항 5호의 개정규정에도 불구하고 종전의 규정에 따름. (영 부칙(2024. 2. 29.) 2조 2항)

④ 「조세특례제한법」에 따라 이자소득 및 배당소득에 대한 소득세가 부과되지 아니하거나 소득세특례세율이 적용되는 경우에는 제1호에 규정된 세액에서 제2호에 규정된 세액을 차감한 금액을 감면을 받는 세액으로 보아 제1항 제2호를 적용한다. (2024. 12. 31. 개정)
1. 이자소득·배당소득·금융투자소득에 다음 각 목의 율을 곱하여 계산한 금액 (2021. 12. 21. 개정)
1. 이자소득 및 배당소득에 다음 각 목의 율을 곱하여 계산한 금액 (2024. 12. 31. 개정)
　가. 이자소득의 경우에는 100분의 14 (2010. 12. 30. 개정)
　나. 배당소득의 경우에는 100분의 14 (2010. 12. 30. 개정)
　다. 금융투자소득의 경우에는 100분의 20 (2021. 12. 21. 신설)
　다. 삭　제 (2024. 12. 31.)
2. 「조세특례제한법」에 따라 납부하는 소득세액(소득세가 부과되지 아니하는 경우에는 영으로 한다) (2010. 12. 30. 개정)
⑤ 제1항 제6호에도 불구하고 「지방세법」 제15조 제2항에 해당하는 경우에는 같은 항에 따라 계산한 취득세액을 제1항 제6호의 과세표준으로 본다. (2010. 12. 30. 신설)

제6조 【납세지】 농어촌특별세의 납세지는 해당 본세의 납세지로 한다. (2010. 12. 30. 개정)

제7조 【신고·납부 등】 ① 제5조 제1항 제1호에 따른 농어촌특별세는 해당 본세를 신고·납부(중간예납은 제외한다)하는 때에 그에 대한 농어촌특별세도 함께 신고·납부하여야 하며, 신고·납부할 본세가 없는 경우에는 해당 본세의 신고·납부의 예에 따라 신고·납부하여야 한다. 다만, 제3항이 적용되는 경우에는 그러하지 아니하다. (2010. 12. 30. 개정)
② 제1항에도 불구하고 「법인세법」에 따른 연결납세방식을 적용받는 법인의 경우에는 같은 법 제1조 제9호에 따른 연결모법인이 신고·납부하여야 한다. 이 경우 그 납부의무에 관하여는 「법인세법」 제3조 제3항을 준용한다. (2018. 12. 31. 후단개정)
③ 「소득세법」에 따른 원천징수의무자가 제5조 제1항 제1호 또는 제2

별소비세법」 또는 「증권거래세법」상의 과세표준에 산입하지 아니한다. (2013. 8. 27. 항번개정 ; 자본시장과~시행령 부칙)
④ 본세를 납부하지 아니함으로써 본세에 가산세가 가산된 때에 그 가산세액은 농어촌특별세의 과세표준에 산입하지 아니한다. (2013. 8. 27. 항번개정 ; 자본시장과~시행령 부칙)
⑤ 개별소비세를 본세로 하는 농어촌특별세의 과세표준을 계산함에 있어서 농어촌특별세가 부과되는 물품을 원재료로 하여 제조·가공한 물품에 대하여는 그 제조·가공한 물품의 개별소비세 산출세액에서 그 원재료에 대하여 납부한 개별소비세액을 공제한 것을 과세표준으로 한다. (2013. 8. 27. 항번개정 ; 자본시장과~시행령 부칙)

제6조 【신고·납부 등】 ① 법 제7조의 규정에 의하여 농어촌특별세를 신고·납부하는 때에는 당해 본세의 신고·납부서에 당해 본세의 세액과 농어촌특별세의 세액 및 그 합계액을 각각 기재하여야 한다.
② 농어촌특별세를 「국세기본법」 제45조 및 제46조의 규정에 의하여 수정신고 및 추가자진납부를 하는 경우 수정신고의 기한·납부방법·가산세 경감 등은 당해 본세의 예에 의한다. (2005. 12. 31. 개정)

호를 적용받는 소득금액을 지급하는 때에는 「소득세법」의 원천징수
의 예에 따라 농어촌특별세를 징수하여 신고·납부하여야 한다.
(2010. 12. 30. 개정)
④ 제5조 제1항 제4호부터 제8호까지의 규정에 따른 농어촌특별세는
해당 본세를 신고·납부하거나 거래징수(「증권거래세법」 제9조에
따른 거래징수를 말한다. 이하 같다)하여 납부하는 때에 그에 대한 농
어촌특별세도 함께 신고·납부하여야 한다. (2010. 12. 30. 개정)
⑤ 제1항부터 제4항까지의 규정에 따른 신고·납부 등에 관하여 필
요한 사항은 대통령령으로 정한다. (2011. 12. 31. 개정)

제8조【부과·징수】① 삭 제 (2005. 1. 5.)
② 제7조에 따라 농어촌특별세의 신고·납부 및 원천징수 등을 하여
야 할 자가 신고를 하지 아니하거나 신고내용에 오류 또는 누락이 있
는 경우와 납부하여야 할 세액을 납부하지 아니하거나 미달하게 납부
한 경우에는 다음 각 호에 따른다. (2010. 12. 30. 개정)
1. 제3조 제1호의 납세의무자 중 소득세 또는 법인세의 감면을 받는
   자와 제3조 제3호·제4호 및 제6호의 납세의무자(같은 조 제3호의
   납세의무자 중 물품을 수입하는 자는 제외한다)에 대하여는 세무서
   장이 해당 본세의 결정·경정 및 징수의 예에 따라 결정·경정 및
   징수한다. (2010. 12. 30. 개정)
2. 제3조 제1호의 납세의무자 중 관세의 감면을 받는 자와 제3조 제3
   호의 납세의무자 중 물품을 수입하는 자에 대하여는 세관장이 관세
   의 부과·징수의 예에 따라 부과·징수한다. (2010. 12. 30. 개정)
3. 제3조 제1호의 납세의무자 중 취득세 또는 등록에 대한 등록면허세
   의 감면을 받는 자와 제3조 제5호에 따른 납세의무자에 대하여는 시
   장·군수 및 자치구의 구청장(이하 "시장·군수"라 한다)이 해당 본
   세의 부과·징수의 예에 따라 부과·징수한다. (2010. 12. 30. 개정)

제9조【분 납】① 제3조 각 호의 납세의무자가 본세를 해당 세법
에 따라 분납하는 경우에는 농어촌특별세도 그 분납금액의 비율에 의
하여 해당 본세의 분납의 예에 따라 분납할 수 있다. (2010. 12. 30.
개정)

제7조【부과·징수】① 법 제8조의 규정에 의하여 농어촌특별세
를 부과·징수하는 때에는 당해 본세의 납세고지서에 당해 세액과 농
어촌특별세액 및 그 합계액을 각각 기재하여 고지하여야 한다.
② 시장·군수 및 자치구의 구청장(이하 "시장·군수"라 한다) 또는
세무서장은 농어촌특별세만을 고지하는 경우에는 농어촌특별세의 과
세표준을 표시하여 고지하여야 한다.

제8조【분 납】법 제9조 제2항의 규정에 의한 농어촌특별세의 분
납은 당해 본세의 분납기간 이내에 다음 각호에 의하여 분납할 수 있다.
1. 농어촌특별세의 세액이 1천만원 이하인 때에는 500만원을 초과하는
   금액

② 본세가 해당 세법에 따른 분납기준금액에 미달하여 그 본세를 분납하지 아니하는 경우에도 농어촌특별세의 세액이 500만원을 초과하는 경우에는 대통령령으로 정하는 바에 따라 분납할 수 있다. (2010. 12. 30. 개정)

제10조【국고납입】 시장·군수가 농어촌특별세를 징수한 때에는 대통령령으로 정하는 바에 따라 이를 국고에 납입하여야 한다. (2010. 12. 30. 개정)

제11조【불 복】 지방세를 본세로 하는 농어촌특별세에 대한 이의신청, 심사청구 및 심판청구에 대해서는 「지방세기본법」의 예에 따른다. (2014. 1. 1. 신설)

제12조【환 급】 농어촌특별세의 과오납금 등(감면을 받은 세액을 추징함에 따라 발생하는 환급금을 포함한다)에 대한 환급은 본세의 환급의 예에 따른다. (2010. 12. 30. 개정)

제13조【필요경비 또는 손금불산입】「소득세법」 또는 「법인세법」에 따라 필요경비 또는 손금에 산입되지 아니하는 본세에 대한 농어촌특별세는 「소득세법」 또는 「법인세법」에 따른 소득금액계산에 있어서 필요경비 또는 손금에 산입하지 아니한다. (2010. 12. 30. 개정)

2. 농어촌특별세의 세액이 1천만원을 초과하는 때에는 그 세액의 100분의 50 이하의 금액

제9조【불 복】 지방세를 본세로 하는 농어촌특별세에 대한 이의신청 및 심사청구에 관하여는 「지방세기본법」의 예에 따른다. 다만, 지방자치단체의 심사결정에 불복이 있는 경우에는 조세심판원에 심판청구를 할 수 있다. (2010. 9. 20. 개정 ; 지방세특례제한법 시행령 부칙)

제9조【불 복】 삭 제 (2014. 2. 21.)

제10조【국고납입】 ① 시장·군수가 징수한 농어촌특별세는 납부서를 첨부하여 행정안전부장관이 기획재정부장관과 협의하여 별도로 정한 절차에 따라 한국은행(국고대리점을 포함한다. 이하 이 조에서 같다) 또는 체신관서에 납입하여야 한다. (2017. 7. 26. 직제개정 ; 행정안전부와~직제 부칙)
② 지방자치단체의 금고 또는 그 수납대리점에서 농어촌특별세를 수납한 경우에는 영수필통지서를 시장·군수에게 송부하고 수납한 농어촌특별세는 이를 직접 국고에 납입하여야 한다.
③ 「지방세징수법 시행령」 제24조 제1항은 지방세액에 부과되는 농어촌특별세에 관하여 이를 준용한다. (2017. 3. 27. 개정 ; 지방세징수법 시행령 부칙)

제11조【환 급】 ① 시장·군수가 법 제12조의 규정에 의하여 농어촌특별세를 환급하는 경우에는 시·군의 수입금 중에서 환급세액에 상당하는 금액을 충당한다.
② 제1항의 규정에 의하여 시·군의 수입금에서 농어촌특별세의 환급세액에 상당하는 금액을 충당하고자 하는 경우에는 시·군금고가 수납한 농어촌특별세 중 환급세액에 상당하는 금액을 국고에 납입하지 아니하고 시·군금고의 수입금이 되도록 조치한다. 이 경우 시·군 공무원이 농어촌특별세를 징수한 경우에는 환급세액에 상당하는 금액을 직접 시·군금고에 납입할 수 있다.

제12조【부과·징수상황의 보고】 시장·군수는 매월 농어촌특별세의 부과·징수 상황을 다음달 20일까지 기획재정부장관에게 보고하여야 한다. (2008. 2. 29. 직제개정 ; 기획재정부와~직제 부칙)

제1조【시행일】이 법은 2025년 1월 1일부터 시행한다. (단서 생략)

제2조~제15조 생 략

제16조【다른 법률의 개정】① 생 략

② 법률 제18589호 농어촌특별세법 일부개정법률 일부를 다음과 같이 개정한다.

제2조 제1항 제2호 중 "이자소득·배당소득·금융투자소득"을 "이자소득·배당소득"으로 한다.

제4조 제3호의 2 중 "양도소득세 또는 금융투자소득세"를 "양도소득세"로 하고, 같은 조 제4호 중 "이자소득, 배당소득 및 금융투자소득"을 "이자소득 및 배당소득"으로 한다.

제5조 제1항 제2호의 과세표준란 중 "배당소득·금융투자소득"을 "배당소득"으로 하고, 같은 조 제4항 각 호 외의 부분 및 같은 항 제1호 각 목 외의 부분 중 "이자소득·배당소득·금융투자소득"을 각각 "이자소득 및 배당소득"으로 하며, 같은 호 다목을 삭제한다.

제1조【시행일】이 법은 2024년 1월 1일부터 시행한다.

제2조【비과세에 관한 적용례】제4조 제4호의 2의 개정규정은 이 법 시행 이후 과세표준 및 세액을 신고하거나 결정·경정하는 경우부터 적용한다.

제1조【시행일】이 법은 2023년 1월 1일부터 시행한다. 다만, 다음 각 호의 개정규정은 해당 호에서 정한날부터 시행한다.

1. 법률 제17757호 소득세법 일부개정법률 제17조 제1항 제5호, 제37조 제5항, 제87조의 2 제3호, 제87조의 6 제1항 제4호, 제87조의 12 제4항, 제87조의 13 제3항, 제87조의 14조 제1항·제3항, 제87조의 18 제1항 제1호 다목·라목, 제87조의 21 제1항 제3호 및 같은 조 제2항, 제87조의 27 제2항, 제119조 제2호 다목, 제128조 제1항 및 제148조의 2 제2항의 개정규정 : 2025년 1월 1일

2. 제15조 제2호, 제33조 제1항 제1호, 제57조의 2, 제58조 제2항의 개정규정, 법률 제17757호 소득세법 일부개정법률 제87조의 27 제1항의 개정규정, 법률 제18578호 소득세법 일부개정법률 제129조 제4항부터 제8항까지의 개정규정 : 2025년 1월 1일

3. 제35조 제1항부터 제5항까지(같은 조 제2항 제3호 중 "매입자발행계산서"의 개정부분은 제외한다), 제81조의 11 제1항 제1호 나목 및 같은 조 제3항·제4항의 개정규정, 같은 조 제5항의 개정규정 중 "제3호의 소득"의 개정부분, 제164조 제7항의 개정규정 중 "제3호의 소득"의 개정부분, 제164조의 3 제1항의 개정규정 : 2024년 1월 1일

제1조【시행일】이 영은 공포한 날부터 시행한다.

제2조【농어촌특별세의 비과세에 관한 적용례】① 제4조 제1항 제3호의 개정규정은 법률 제19862호 지방세특례제한법 일부개정법률 시행 이후 취득세를 감면받은 경우부터 적용한다.

② 제4조 제7항 제1호의 개정규정은 법률 제20617호 조세특례제한법 일부개정법률 시행 이후 종합소득과세표준 확정신고를 하거나 연말정산하여 소득세를 감면받는 경우부터 적용한다.

③ 제4조 제7항 제5호의 개정규정은 법률 제20632호 지방세특례제한법 일부개정법률 시행 이후 취득세를 감면받은 경우부터 적용한다.

제1조【시행일】이 영은 공포한 날부터 시행한다.

제2조【농어촌특별세의 비과세에 관한 적용례 등】① 제4조 제7항 제5호의 개정규정은 이 영 시행 이후 지방세를 감면받는 경우부터 적용한다.

② 법률 제19232호 지방세특례제한법 일부개정법률 부칙 제11조 제1항에 따라 종전의 「지방세특례제한법」(법률 제19232호 지방세특례제한법 일부개정법률로 개정되기 전의 것을 말한다) 제74조 제1항에 따라 취득세를 면제받는 경우에는 제4조 제7항 제5호의 개정규정에도 불구하고 종전의 규정에 따른다.

제1조【시행일】이 영은 공포한 날부터 시행한다.

제2조【다른 법령의 개정】농어촌특별세법 시행령 일부를 다음과 같이 개정한다.

제4조 제7항 제5호 중 "제22조 제1항·제5항·제6항"을 "제22조 제1항·제4항·제7항·제8항"으로 한다.

제1조【시행일】이 영은 공포한 날부터 시행한다.

제2조【농어촌특별세의 비과세에 관한 적용례】제4조 제7항 제1호의 개정규정은 이 영 시행 이후 과세표준 및 세액을 신고하거나 결정·경정하는 경우부터 적용한다.

(1994. 7. 1. 대통령령 제14313호~

2022. 2. 17. 대통령령 제32449호) 생략

4. 제35조 제2항 제3호의 개정규정 중 "매입자발행계산서"의 개정부분, 제160조의 2
   제3항 및 제163조의 3의 개정규정 : 2023년 7월 1일
   제2조~제22조 생 략
   제23조【다른 법률의 개정】농어촌특별세법 일부를 다음과 같이 개정한다.
   법률 제18589호 농어촌특별세법 일부개정법률 부칙 제1조 단서 중 "시행한다"를
"시행하고, 제2조 제1항 제2호, 제4조 제3호의 2ㆍ제4호(「조세특례제한법」 제91조의
20 및 제91조의 21의 개정부분은 제외한다), 제5조 제1항 제2호 및 같은 조 제4항의
개정규정은 2025년 1월 1일부터 시행한다"로 한다.

(1994. 3. 24. 법률 제4743호~
2022. 12. 31. 법률 제19192호) 생략

농어촌특별세법 시행령 별표

〔별 표〕

용도지역별 적용배율 (제4조 제4항 관련)

용 도 지 역 별		적용배율
도시 계획 구역	전용주거지역	5배
	상업지역ㆍ준주거지역	3배
	일반주거지역ㆍ공업지역	4배
	녹지지역	7배
	미계획지역	4배
도시계획구역 외의 지역		7배

〔별 표〕삭 제 (2012. 2. 2.)

상속세 및 증여세법

상증법 부칙

상증법 예규판례

상증법

<table>
<tr><td>

상속세 및 증여세법

</td><td>

상속세 및 증여세법 시행령

</td><td>

상속세 및 증여세법 시행규칙

</td></tr>
<tr><td>

개정 2025. 3. 14. 법률 제20777호
(자연유산의~부칙) 2024. 2. 6. 법률 제20194호
2023. 12. 31. 법률 제19932호
(근현대문화~부칙) 2023. 9. 14. 법률 제19702호
(문화재보호법 부칙) 2023. 8. 8. 법률 제19590호
(가상자산~부칙) 2023. 7. 18. 법률 제19563호
(자연유산의~부칙) 2023. 3. 21. 법률 제19251호
2022. 12. 31. 법률 제19195호
2021. 12. 21. 법률 제18591호
(독점규제 및~부칙) 2020. 12. 29. 법률 제17799호
(국세징수법 부칙) 2020. 12. 29. 법률 제17758호
2020. 12. 22. 법률 제17654호
(법률용어 정비를~법률) 2020. 6. 9. 법률 제17339호
2019. 12. 31. 법률 제16846호
(군인 재해보상법 부칙) 2019. 12. 10. 법률 제16761호
(문화재보호법 부칙) 2019. 11. 26. 법률 제16596호
(양식산업발전법 부칙) 2019. 8. 27. 법률 제16568호
2018. 12. 31. 법률 제16102호
(문화재보호법 부칙) 2018. 12. 24. 법률 제16057호
(공무원재해보상법 부칙) 2018. 3. 20. 법률 제15522호
2017. 12. 19. 법률 제15224호
(정부조직법 부칙) 2017. 7. 26. 법률 제14839호
2016. 12. 20. 법률 제14388호
(부동산 가격공시 및~법률 부칙) 2016. 1. 19. 법률 제13796호
2015. 12. 15. 법률 제13557호
(정부조직법 부칙) 2014. 11. 19. 법률 제12844호
(공익신탁법 부칙) 2014. 3. 18. 법률 제12420호
2014. 1. 1. 법률 제12168호
(자본시장과~법률 부칙) 2013. 5. 28. 법률 제11845호
(정부조직법 부칙) 2013. 3. 23. 법률 제11690호
2013. 1. 1. 법률 제11609호
2011. 12. 31. 법률 제11130호
(신탁법 부칙) 2011. 7. 25. 법률 제10924호
(산업교육진흥 및~법률 부칙) 2011. 7. 25. 법률 제10907호
(금융실명거래 및~법률 부칙) 2011. 7. 14. 법률 제10854호
2010. 12. 27. 법률 제10411호
(동산·채권 등의 담보에 관한 법률 부칙) 2010. 6. 10. 법률 제10366호
(근로자복지기본법 부칙) 2010. 6. 8. 법률 제10361호

</td><td>

개정 2025. 2. 28. 대통령령 제35351호
(근현대문화유산의~부칙) 2024. 9. 10. 대통령령 제34881호
(기부금품의~부칙) 2024. 7. 23. 대통령령 제34728호
(벤처기업육성에~부칙) 2024. 7. 2. 대통령령 제34657호
(문화재보호법 시행령 부칙) 2024. 5. 7. 대통령령 제34488호
2024. 2. 29. 대통령령 제34267호
2023. 2. 28. 대통령령 제33278호
(수산업법 시행령 부칙) 2023. 1. 10. 대통령령 제33225호
(독점규제 및~시행령 부칙) 2022. 12. 27. 대통령령 제33140호
(행정기관 소속~부칙) 2022. 10. 4. 대통령령 제32931호
(근로자직업능력~부칙) 2022. 2. 17. 대통령령 제32447호
2022. 2. 15. 대통령령 제32414호
(감정평가 및~시행령 부칙) 2022. 1. 21. 대통령령 제32352호
(독점규제 및~시행령 부칙) 2020. 12. 28. 대통령령 제32274호
(연구산업진흥법 시행령 부칙) 2021. 10. 19. 대통령령 제32063호
2021. 2. 17. 대통령령 제31446호
(어려운 법령용어~대통령령) 2021. 1. 5. 대통령령 제31380호
(부동산 가격공시에~시행령 부칙) 2020. 10. 8. 대통령령 제31101호
(양식산업발전법 시행령 부칙) 2020. 8. 26. 대통령령 제30977호
2020. 2. 11. 대통령령 제30391호
(문화재보호법 부칙) 2019. 12. 31. 대통령령 제30285호
2019. 2. 12. 대통령령 제29533호
2018. 2. 13. 대통령령 제28638호
(행정안전부와 그 소속기관 직제 부칙) 2017. 7. 26. 대통령령 제28211호
(정신보건법 시행령 부칙) 2017. 5. 29. 대통령령 제28074호
2017. 2. 7. 대통령령 제27835호
(감정평가 및 감정평가사에 관한 법률 시행령 부칙) 2016. 8. 31. 대통령령 제27472호
(부동산가격공시 및 감정평가에 관한 법률 시행령 부칙) 2016. 8. 31. 대통령령 제27471호
(기술신용보증기금법 시행령 부칙) 2016. 5. 31. 대통령령 제27205호
2016. 2. 5. 대통령령 제26960호
(제주특별자치도 설치 및~시행령 부칙) 2016. 1. 22. 대통령령 제26922호
(측량·수로조사 및 지적에 관한 법률 시행령 부칙) 2015. 6. 1. 대통령령 제26302호
2015. 2. 3. 대통령령 제26069호
(행정자치부와~직제 부칙) 2014. 11. 19. 대통령령 제25751호
2014. 2. 21. 대통령령 제25195호
2013. 9. 9. 대통령령 제24710호
(자본시장과~법률 시행령 부칙) 2013. 8. 27. 대통령령 제24697호
(부가가치세법 시행령 부칙) 2013. 6. 28. 대통령령 제24638호

</td><td>

개정 2025. 3. 21. 기획재정부령 제1108호
2024. 3. 22. 기획재정부령 제1049호
2023. 3. 20. 기획재정부령 제 979호
2022. 3. 18. 기획재정부령 제 899호
2021. 3. 16. 기획재정부령 제 832호
2020. 3. 13. 기획재정부령 제 780호
2019. 3. 20. 기획재정부령 제 719호
2018. 3. 19. 기획재정부령 제 658호
2017. 3. 10. 기획재정부령 제 605호
2016. 12. 27. 기획재정부령 제 586호
2016. 3. 21. 기획재정부령 제 557호
2015. 3. 13. 기획재정부령 제 481호
2014. 3. 14. 기획재정부령 제 412호
2013. 2. 23. 기획재정부령 제 327호
2012. 12. 31. 기획재정부령 제 310호
2012. 2. 28. 기획재정부령 제 267호
(법인세법 시행규칙 부칙)
2011. 7. 29. 기획재정부령 제 226호
2011. 7. 26. 기획재정부령 제 223호
2010. 9. 20. 기획재정부령 제 169호
2010. 3. 31. 기획재정부령 제 141호
2009. 4. 23. 기획재정부령 제 74호
2008. 4. 30. 기획재정부령 제 20호
2008. 2. 28. 재정경제부령 제 603호
(행정정보공동이용 및~일부개정령)
2007. 10. 29. 재정경제부령 제 579호
2006. 12. 28. 재정경제부령 제 534호
(산업기술기반조성에~시행규칙 부칙)
2006. 10. 27. 산업자원부령 제 372호
(행정정보의 공동이용 및~일부 개정령)
2006. 7. 5. 재정경제부령 제 512호
2006. 4. 25. 재정경제부령 제 505호
2005. 3. 19. 재정경제부령 제 425호
2003. 12. 31. 재정경제부령 제 342호
2002. 12. 31. 재정경제부령 제 288호
2002. 4. 4. 재정경제부령 제 256호
2001. 4. 3. 재정경제부령 제 195호
2000. 12. 18. 재정경제부령 제 170호

</td></tr>
</table>

(산업재해보상보험법 부칙) 2010. 5. 20. 법률 제10305호
(문화재보호법 부칙) 2010. 2. 4. 법률 제10000호
(지방세법 부칙) 2010. 1. 1. 법률 제 9924호
2010. 1. 1. 법률 제 9916호
2008. 12. 26. 법률 제 9269호
(금융감독기구의 설치~법률 부칙) 2008. 2. 29. 법률 제 8863호
(정부조직법 부칙) 2008. 2. 29. 법률 제 8852호
2007. 12. 31. 법률 제 8828호
(가족관계의등록등에관한법률 부칙) 2007. 5. 17. 법률 제 8435호
(박물관및미술관진흥법 부칙) 2007. 4. 11. 법률 제 8347호
(문화재보호법 부칙) 2007. 4. 11. 법률 제 8346호
(국세기본법 부칙) 2006. 12. 30. 법률 제 8139호
2005. 7. 13. 법률 제 7580호
(지가공시 및 토지 등의~법률 부칙) 2005. 1. 14. 법률 제 7335호
2003. 12. 30. 법률 제 7010호
2002. 12. 18. 법률 제 6780호
2000. 12. 29. 법률 제 6301호
(사립학교교원연금법 부칙) 2000. 1. 12. 법률 제 6124호
1999. 12. 28. 법률 제 6048호
1998. 12. 28. 법률 제 5582호
(증권거래법 부칙) 1998. 1. 8. 법률 제 5498호
(금융실명거래 및~법률 부칙) 1997. 12. 31. 법률 제 5493호
전면개정 1996. 12. 30. 법률 제 5193호
1994. 12. 22. 법률 제 4805호
1993. 12. 31. 법률 제 4662호
(박물관 및 미술관진흥법 부칙) 1991. 11. 30. 법률 제 4410호
1990. 12. 31. 법률 제 4283호
1988. 12. 26. 법률 제 4022호
(국민연금법 부칙) 1986. 12. 31. 법률 제 3902호
1982. 12. 21. 법률 제 3578호
1981. 12. 31. 법률 제 3474호
1979. 12. 28. 법률 제 3197호
1978. 12. 5. 법률 제 3101호
1976. 12. 22. 법률 제 2922호
1974. 12. 21. 법률 제 2691호
1971. 12. 28. 법률 제 2319호
1967. 11. 29. 법률 제 1971호
1966. 8. 3. 법률 제 1807호
1960. 12. 30. 법률 제 573호
1956. 12. 31. 법률 제 418호
1952. 11. 30. 법률 제 261호
1951. 5. 7. 법률 제 199호
제정 1950. 3. 22. 법률 제 114호

2013. 6. 11. 대통령령 제24576호
(기획재정부와 그 소속기관 직제 부칙) 2013. 3. 23. 대통령령 제24441호
2013. 2. 15. 대통령령 제24358호
2012. 2. 2. 대통령령 제23591호
(산업교육진흥 및~시행령 부칙) 2012. 1. 25. 대통령령 제23527호
2011. 7. 25. 대통령령 제23040호
2010. 12. 30. 대통령령 제22579호
(근로자복지기본법 시행령 부칙) 2010. 12. 7. 대통령령 제22516호
(행정정보의 공동이용 및~개정령) 2010. 11. 2. 대통령령 제22467호
(지방세법 시행령 부칙) 2010. 9. 20. 대통령령 제22395호
(전자정부법 시행령 부칙) 2010. 5. 4. 대통령령 제22151호
2010. 2. 18. 대통령령 제22042호
(측량·수로조사~부칙) 2009. 12. 14. 대통령령 제21881호
(국유재산법 시행령 부칙) 2009. 7. 27. 대통령령 제21641호
2009. 2. 4. 대통령령 제21292호
(행정안전부와 그 소속기관 직제 부칙) 2008. 12. 31. 대통령령 제21214호
(장사 등에 관한 법률 시행령 부칙) 2008. 5. 26. 대통령령 제20791호
(기획재정부와~직제 부칙) 2008. 2. 29. 대통령령 제20720호
2008. 2. 22. 대통령령 제20621호
(장애인복지법시행령 부칙) 2007. 10. 15. 대통령령 제20323호
2007. 2. 28. 대통령령 제19899호
(고위공무원단인사규정 부칙) 2006. 6. 12. 대통령령 제19513호
(행정정보의 공동이용 및~일부 개정령) 2006. 6. 12. 대통령령 제19507호
2006. 2. 9. 대통령령 제19333호
2005. 8. 5. 대통령령 제18989호
(의장법 시행령 부칙) 2005. 6. 30. 대통령령 제18903호
(지방세법시행령 부칙) 2005. 1. 5. 대통령령 제18669호
2004. 12. 31. 대통령령 제18627호
2003. 12. 30. 대통령령 제18177호
(산지관리법시행령 부칙) 2003. 9. 29. 대통령령 제18108호
2002. 12. 30. 대통령령 제17828호
(신기술사업~관한 법률시행령 부칙) 2002. 12. 5. 대통령령 제17791호
2001. 12. 31. 대통령령 제17459호
(지방세법시행령 부칙) 2000. 12. 29. 대통령령 제17052호
2000. 12. 29. 대통령령 제17039호
(장애인복지법시행령 부칙) 1999. 12. 31. 대통령령 제16682호
1999. 12. 31. 대통령령 제16660호
1998. 12. 31. 대통령령 제15971호
(금융실명거래~시행령 부칙) 1997. 12. 31. 대통령령 제15604호
1997. 11. 10. 대통령령 제15509호
(국가유공자예우등에~부칙) 1997. 9. 30. 대통령령 제15486호
전면개정 1996. 12. 31. 대통령령 제15193호
(지가공시~시행령 부칙) 1996. 6. 29. 대통령령 제15093호
(지방세법시행령 부칙) 1996. 4. 27. 대통령령 제14988호

2000. 4. 3. 재정경제부령 제 137호
(농업·농촌기본법 시행규칙 부칙)
1999. 12. 31. 농 림 부 령 제1354호
1999. 5. 7. 재정경제부령 제 79호
1998. 3. 20. 재정경제부령 제 9호
전면개정 1997. 4. 19. 총 리 령 제 629호
1996. 3. 26. 총 리 령 제 558호
1995. 11. 28. 총 리 령 제 528호
1995. 4. 1. 총 리 령 제 498호
1994. 2. 17. 재 무 부 령 제1962호
1993. 2. 26. 재 무 부 령 제1910호
(국세기본법 시행규칙 부칙)
1992. 12. 31. 재 무 부 령 제1900호
1991. 3. 9. 재 무 부 령 제1849호
1989. 2. 23. 재 무 부 령 제1775호
1987. 12. 31. 재 무 부 령 제1738호
1986. 12. 31. 재 무 부 령 제1696호
1983. 2. 28. 재 무 부 령 제1557호
1982. 4. 19. 재 무 부 령 제1522호
1979. 2. 17. 재 무 부 령 제1384호
1977. 2. 23. 재 무 부 령 제1235호
1975. 3. 3. 재 무 부 령 제1081호
1973. 6. 9. 재 무 부 령 제 961호
1972. 2. 10. 재 무 부 령 제 876호
1969. 7. 24. 재 무 부 령 제 644호
1968. 3. 27. 재 무 부 령 제 519호
1966. 3. 11. 재 무 부 령 제 403호
제정 1961. 2. 9. 재 무 부 령 제 195호

1995. 12. 30. 대통령령 제14862호
(보호관찰법시행령 부칙) 1995. 4. 28. 대통령령 제14636호
1994. 12. 31. 대통령령 제14469호
1993. 12. 31. 대통령령 제14082호
(문화체육부와~부칙) 1993. 3. 6. 대통령령 제13869호
1992. 12. 31. 대통령령 제13801호
(박물관 및 미술관~시행령 부칙) 1992. 5. 30. 대통령령 제13653호
1990. 12. 31. 대통령령 제13196호
1990. 5. 1. 대통령령 제12993호
1988. 12. 31. 대통령령 제12567호
1987. 5. 8. 대통령령 제12155호
1986. 12. 31. 대통령령 제12038호
1982. 12. 31. 대통령령 제10979호
1981. 12. 31. 대통령령 제10667호
1979. 12. 31. 대통령령 제 9700호
1978. 12. 30. 대통령령 제 9231호
1977. 8. 20. 대통령령 제 8654호
1976. 12. 31. 대통령령 제 8341호
1976. 4. 15. 대통령령 제 8091호
1975. 11. 13. 대통령령 제 7864호
1974. 12. 31. 대통령령 제 7469호
1974. 3. 30. 대통령령 제 7100호
1973. 10. 29. 대통령령 제 6914호
1973. 4. 24. 대통령령 제 6644호
1971. 12. 30. 대통령령 제 5902호
1971. 3. 12. 대통령령 제 5560호

기본통칙

개정 2024. 3. 15.
2019. 12. 23.
2011. 5. 20.
2008. 7. 25.
2000. 10. 12.
전면개정 1998. 2. 25.
1994. 4. 8.
1992. 2. 29.
1989. 6. 13.
1988. 2. 15.
1984. 2. 14.
1983. 4. 11.
시행 1981. 12. 31.

제1조【목 적】이 법은 상속세 및 증여세의 과세(課稅) 요건과 절차를 규정함으로써 상속세 및 증여세의 공정한 과세, 납세의무의 적정한 이행 확보 및 재정수입의 원활한 조달에 이바지함을 목적으로 한다. (2015. 12. 15. 신설)

제2조【정 의】이 법에서 사용하는 용어의 뜻은 다음과 같다. (2015. 12. 15. 신설)

1. "상속"이란 「민법」 제5편에 따른 상속을 말하며, 다음 각 목의 것을 포함한다. (2015. 12. 15. 신설)
   가. 유증(遺贈) (2015. 12. 15. 신설)
   나. 「민법」 제562조에 따른 증여자의 사망으로 인하여 효력이 생길 증여(상속개시일 전 10년 이내에 피상속인이 상속인에게 진 증여채무 및 상속개시일 전 5년 이내에 피상속인이 상속인이 아닌 자에게 진 증여채무의 이행 중에 증여자가 사망한 경우의 그 증여를 포함한다. 이하 "사인증여"(死因贈與)라 한다) (2015. 12. 15. 신설)
   다. 「민법」 제1057조의 2에 따른 피상속인과 생계를 같이 하고 있던 자, 피상속인의 요양간호를 한 자 및 그 밖에 피상속인과 특별한 연고가 있던 자(이하 "특별연고자"라 한다)에 대한 상속재산의 분여(分與) (2015. 12. 15. 신설)
   라. 「신탁법」 제59조에 따른 유언대용신탁(이하 "유언대용신탁"이라 한다) (2020. 12. 22. 신설)
   마. 「신탁법」 제60조에 따른 수익자연속신탁(이하 "수익자연속신탁"이라 한다) (2020. 12. 22. 신설)
2. "상속개시일"이란 피상속인이 사망한 날을 말한다. 다만, 피상속인의 실종선고로 인하여 상속이 개시되는 경우에는 실종선고일을 말한다. (2015. 12. 15. 신설)
3. "상속재산"이란 피상속인에게 귀속되는 모든 재산을 말하며, 다음 각 목의 물건과 권리를 포함한다. 다만, 피상속인의 일신(一身)에 전

제1조【목 적】이 영은 「상속세 및 증여세법」에서 위임된 사항과 그 시행에 필요한 사항을 규정함을 목적으로 한다. (2016. 2. 5. 신설)

관련법령

민 법

제562조【사인증여】증여자의 사망으로 인하여 효력이 생길 증여에는 유증에 관한 규정을 준용한다.

제1000조【상속의 순위】① 상속에 있어서는 다음 순위로 상속인이 된다. (90. 1. 13 개정)
1. 피상속인의 직계비속
2. 피상속인의 직계존속
3. 피상속인의 형제자매
4. 피상속인의 4촌 이내의 방계혈족
② 전항의 경우에 동순위의 상속인이 수인인 때에는 최근친을 선순위로 하고 동친등의 상속인이 수인인 때에는 공동상속인이 된다.
③ 태아는 상속순위에 관하여는 이미 출생한 것으로 본다. (90. 1. 13 개정)

제1001조【대습상속】전조 제1항 제1호와 제3호의 규정에 의하여 상속인이 될 직계비속 또는 형제자매가 상속개시전에 사망하거나 결격자가 된 경우에 그 직계비속이 있는 때에는 그 직계비속이 사망하거나 결격된 자의 순위에 갈음하여 상속인이 된다. (2014. 12. 30. 개정)

제1003조【배우자의 상속순위】① 피상속인의 배우자는 제1000조 제1항 제1호와 제2호의 규정에 의한 상속인이 있는 경우에는 그 상속인과 동순위로 공동상속인이 되고 그 상속인이 없는 때에는 단독상속인이 된다. (90. 1. 13 개정)
② 제1001조의 경우에 상속개시전에 사망 또는 결격된 자의 배우자는 동조의 규정에 의한 상속인과 동순위로 공동상속인이 되고 그 상속인이 없는 때에는 단독상속인이 된다. (90. 1. 13 개정)

제1004조【상속인의 결격사유】다음 각호의 어느 하나에 해당하는 자는 상속인이 되지 못한다. (2005. 3. 31. 개정)
1. 고의로 직계존속, 피상속인, 그 배우자 또는 상속의 선순위나 동순위에 있는 자를 살해하거나 살해하려 한 자
2. 고의로 직계존속, 피상속인과 그 배우자에게 상해를 가하여 사망에 이르게

제1조【목 적】이 규칙은 「상속세 및 증여세법」 및 「상속세 및 증여세법 시행령」에서 위임된 사항과 그 시행에 필요한 사항을 규정함을 목적으로 한다. (2016. 3. 21. 신설)

관련법령

민 법

제27조【실종의 선고】① 부재자의 생사가 5년간 분명하지 아니한 때에는 법원은 이해관계인이나 검사의 청구에 의하여 실종선고를 하여야 한다.
② 전지에 임한 자, 침몰한 선박 중에 있던 자, 추락한 항공기 중에 있던 자, 기타 사망의 원인이 될 위난을 당한 자의 생사가 전쟁종지 후 또는 선박의 침몰·항공기의 추락, 기타 위난이 종료한 후 1년간 분명하지 아니한 때에도 제1항과 같다. (84. 4. 10 개정)

제997조【상속개시의 원인】상속은 사망으로 인하여 개시된다. (90. 1. 13 개정)

제998조【상속개시의 장소】상속은 피상속인의 주소지에서 개시한다. (90. 1. 13 개정)

속(專屬)하는 것으로서 피상속인의 사망으로 인하여 소멸되는 것은 제외한다. (2015. 12. 15. 신설)

  가. 금전으로 환산할 수 있는 경제적 가치가 있는 모든 물건 (2015. 12. 15. 신설)

  나. 재산적 가치가 있는 법률상 또는 사실상의 모든 권리 (2015. 12. 15. 신설)

4. "상속인"이란 「민법」 제1000조, 제1001조, 제1003조 및 제1004조에 따른 상속인을 말하며, 같은 법 제1019조 제1항에 따라 상속을 포기한 사람 및 특별연고자를 포함한다. (2015. 12. 15. 신설)

5. "수유자"(受遺者)란 다음 각 목에 해당하는 자를 말한다. (2020. 12. 22. 개정)

  가. 유증을 받은 자 (2020. 12. 22. 개정)

  나. 사인증여에 의하여 재산을 취득한 자 (2020. 12. 22. 개정)

  다. 유언대용신탁 및 수익자연속신탁에 의하여 신탁의 수익권을 취득한 자 (2020. 12. 22. 개정)

6. "증여"란 그 행위 또는 거래의 명칭·형식·목적 등과 관계없이 직접 또는 간접적인 방법으로 타인에게 무상으로 유형·무형의 재산 또는 이익을 이전(移轉)(현저히 낮은 대가를 받고 이전하는 경우를 포함한다)하거나 타인의 재산가치를 증가시키는 것을 말한다. 다만, 유증, 사인증여, 유언대용신탁 및 수익자연속신탁은 제외한다. (2020. 12. 22. 단서개정)

7. "증여재산"이란 증여로 인하여 수증자에게 귀속되는 모든 재산 또는 이익을 말하며, 다음 각 목의 물건, 권리 및 이익을 포함한다. (2015. 12. 15. 신설)

  가. 금전으로 환산할 수 있는 경제적 가치가 있는 모든 물건 (2015. 12. 15. 신설)

  나. 재산적 가치가 있는 법률상 또는 사실상의 모든 권리 (2015. 12. 15. 신설)

  다. 금전으로 환산할 수 있는 모든 경제적 이익 (2015. 12. 15. 신설)

8. "거주자"란 국내에 주소를 두거나 183일 이상 거소(居所)를 둔 사람을 말하며, "비거주자"란 거주자가 아닌 사람을 말한다. 이 경우 주소와 거소의 정의 및 거주자와 비거주자의 판정 등에 필요한 사항

한 자

3. 사기 또는 강박으로 피상속인의 상속에 관한 유언 또는 유언의 철회를 방해한 자 (2005. 3. 31. 개정)

4. 사기 또는 강박으로 피상속인의 상속에 관한 유언을 하게 한 자 (2005. 3. 31. 개정)

5. 피상속인의 상속에 관한 유언서를 위조·변조·파기 또는 은닉한 자 (2005. 3. 31. 개정)

제1019조 【승인, 포기의 기간】 ① 상속인은 상속개시있음을 안 날로부터 3월내에 단순 승인이나 한정승인 또는 포기를 할 수 있다. 그러나 그 기간은 이해관계인 또는 검사의 청구에 의하여 가정법원이 이를 연장할 수 있다. (90. 1. 13 개정)

제1057조의 2 【특별연고자에 대한 분여】 ① 제1057조의 기간내에 상속권을 주장하는 자가 없는 때에는 가정법원은 피상속인과 생계를 같이 하고 있던 자, 피상속인의 요양간호를 한 자 기타 피상속인과 특별한 연고가 있던 자의 청구에 의하여 상속재산의 전부 또는 일부를 분여할 수 있다. (2005. 3. 31. 개정)

② 제1항의 청구는 제1057조의 기간의 만료후 2월 이내에 하여야 한다. (2005. 3. 31. 개정)

제2조 【주소와 거소의 정의 등】 (2016. 2. 5. 조번개정)

① 「상속세 및 증여세법」(이하 "법"이라 한다) 제2조 제8호에 따른 주소와 거소에 대해서는 「소득세법 시행령」 제2조, 제4조 제1항·제2항

은 대통령령으로 정한다. (2015. 12. 15. 신설)

9. "수증자"(受贈者)란 증여재산을 받은 거주자(본점이나 주된 사무소의 소재지가 국내에 있는 비영리법인을 포함한다) 또는 비거주자(본점이나 주된 사무소의 소재지가 외국에 있는 비영리법인을 포함한다)를 말한다. (2015. 12. 15. 신설)

10. "특수관계인"이란 본인과 친족관계, 경제적 연관관계 또는 경영지배관계 등 대통령령으로 정하는 관계에 있는 자를 말한다. 이 경우 본인도 특수관계인의 특수관계인으로 본다. (2015. 12. 15. 신설)

제3조 【상속세 과세대상】 (2015. 12. 15. 조번개정)

상속개시일 현재 다음 각 호의 구분에 따른 상속재산에 대하여 이 법에 따라 상속세를 부과한다. (2016. 12. 20. 개정)

1. 피상속인이 거주자인 경우 : 모든 상속재산 (2015. 12. 15. 개정)
2. 피상속인이 비거주자인 경우 : 국내에 있는 모든 상속재산 (2015. 12. 15. 개정)

및 제4항에 따른다. (2016. 2. 5. 개정)

② 법 제2조 제8호에 따른 거주자와 비거주자의 판정에 대해서는 「소득세법 시행령」 제2조의 2 및 제3조에 따르며, 비거주자가 국내에 영주를 목적으로 귀국하여 국내에서 사망한 경우에는 거주자로 본다. (2016. 2. 5. 개정)

제2조의 2 【특수관계인의 범위】 (2016. 2. 5. 조번개정)

① 법 제2조 제10호에서 "본인과 친족관계, 경제적 연관관계 또는 경영지배관계 등 대통령령으로 정하는 관계에 있는 자"란 본인과 다음 각 호의 어느 하나에 해당하는 관계에 있는 자를 말한다. (2016. 2. 5. 개정)

1. 「국세기본법 시행령」 제1조의 2 제1항 제1호부터 제5호까지의 어느 하나에 해당하는 자(이하 "친족"이라 한다) 및 직계비속의 배우자의 2촌 이내의 혈족과 그 배우자 (2023. 2. 28. 개정)
2. 사용인(출자에 의하여 지배하고 있는 법인의 사용인을 포함한다. 이하 같다)이나 사용인 외의 자로서 본인의 재산으로 생계를 유지하는 자 (2012. 2. 2. 신설)
3. 다음 각 목의 어느 하나에 해당하는 자 (2012. 2. 2. 신설)
    가. 본인이 개인인 경우 : 본인이 직접 또는 본인과 제1호에 해당하는 관계에 있는 자가 임원에 대한 임면권의 행사 및 사업방침의 결정 등을 통하여 그 경영에 관하여 사실상의 영향력을 행사하고 있는 기획재정부령으로 정하는 기업집단의 소속 기업[해당 기업의 임원(「법인세법 시행령」 제40조 제1항에 따른 임원을 말한다. 이하 같다)과 퇴직 후 3년(해당 기업이 「독점규제 및 공정거래에 관한 법률」 제31조에 따른 공시대상기업집단에 소속된 경우는 5년)이 지나지 않은 사람(이하 "퇴직임원"이라 한다)을 포함한다] (2021. 12. 28. 개정 ; 독점규제~시행령 부칙)
    나. 본인이 법인인 경우 : 본인이 속한 기획재정부령으로 정하는 기업집단의 소속 기업(해당 기업의 임원과 퇴직임원을 포함한다)과 해당 기업의 임원에 대한 임면권의 행사 및 사업방침의 결정 등을 통하여 그 경영에 관하여 사실상의 영향력을 행사하고 있는 자 및 그와 제1호에 해당하는 관계에 있는 자 (2019. 2. 12. 개정)

제2조 【특수관계인의 범위】 (2016. 3. 21 조번개정)

① 「상속세 및 증여세법 시행령」(이하 "영"이라 한다) 제2조의 2 제1항 제3호 및 영 제38조 제13항 제1호에서 "기획재정부령으로 정하는 기업집단의 소속 기업"이란 「독점규제 및 공정거래에 관한 법률 시행령」 제4조 제1항 각 호의 어느 하나에 해당하는 기업집단에 속하는 계열회사를 말한다. (2024. 3. 22. 개정)

② 기획재정부장관은 제1항을 적용할 때 필요한 경우에는 「독점규제 및 공정거래에 관한 법률 시행령」 제4조 제1항 제2호 마목에 따른 사회통념상 경제적 동일체로 인정되는 회사의 범위에 관한 기준을 정하

제3조의 2 【상속세 납부의무】 (2015. 12. 15. 조번개정)

① 상속인(특별연고자 중 영리법인은 제외한다) 또는 수유자(영리법인은 제외한다)는 상속재산(제13조에 따라 상속재산에 가산하는 증여재산 중 상속인이나 수유자가 받은 증여재산을 포함한다) 중 각자가 받았거나 받을 재산을 기준으로 대통령령으로 정하는 비율에 따라 계산한 금액을 상속세로 납부할 의무가 있다. (2015. 12. 15. 개정)

---

4. 본인, 제1호부터 제3호까지의 자 또는 본인과 제1호부터 제3호까지의 자가 공동으로 재산을 출연하여 설립하거나 이사의 과반수를 차지하는 비영리법인 (2012. 2. 2. 신설)

5. 제3호에 해당하는 기업의 임원 또는 퇴직임원이 이사장인 비영리법인 (2019. 2. 12. 개정)

6. 본인, 제1호부터 제5호까지의 자 또는 본인과 제1호부터 제5호까지의 자가 공동으로 발행주식총수 또는 출자총액(이하 "발행주식총수등"이라 한다)의 100분의 30 이상을 출자하고 있는 법인 (2012. 2. 2. 신설)

7. 본인, 제1호부터 제6호까지의 자 또는 본인과 제1호부터 제6호까지의 자가 공동으로 발행주식총수등의 100분의 50 이상을 출자하고 있는 법인 (2012. 2. 2. 신설)

8. 본인, 제1호부터 제7호까지의 자 또는 본인과 제1호부터 제7호까지의 자가 공동으로 재산을 출연하여 설립하거나 이사의 과반수를 차지하는 비영리법인 (2012. 2. 2. 신설)

② 제1항 제2호에서 "사용인"이란 임원, 상업사용인, 그 밖에 고용계약관계에 있는 자를 말한다. (2012. 2. 2. 신설)

③ 제1항 제2호 및 제39조 제1항 제5호에서 "출자에 의하여 지배하고 있는 법인"이란 다음 각 호의 어느 하나에 해당하는 법인을 말한다. (2012. 2. 2. 신설)

1. 제1항 제6호에 해당하는 법인 (2012. 2. 2. 신설)

2. 제1항 제7호에 해당하는 법인 (2012. 2. 2. 신설)

3. 제1항 제1호부터 제7호까지에 해당하는 자가 발행주식총수등의 100분의 50 이상을 출자하고 있는 법인 (2012. 2. 2. 신설)

제3조 【상속세 납부의무】 (2016. 2. 5. 조번·제목개정)

① 법 제3조의 2 제1항에서 "대통령령으로 정하는 비율"이란 제1호에 따라 계산한 상속인 또는 수유자별(이하 이 조에서 "상속인별"이라 한다) 상속세 과세표준 상당액을 제2호의 금액으로 나누어 계산한 비율을 말한다. (2016. 2. 5. 개정)

1. 법 제13조 제1항의 규정에 의하여 상속재산에 가산한 상속인별 증여재산의 과세표준에 다목의 금액이 나목의 금액에서 차지하는 비

여 고시할 수 있다. (2024. 3. 22. 개정)

국세기본법

제21조 【납세의무의 성립시기】 ② 2. 상속세 : 상속이 개시되는 때 (2018. 12. 31. 개정)

율을 가목의 금액에 곱하여 계산한 금액을 가산한 금액 (2000. 12. 29 신설)

가. 법 제25조 제1항의 규정에 의한 상속세 과세표준에서 법 제13조 제1항 각호의 규정에 의하여 가산한 증여재산의 과세표준을 차감한 금액 (2000. 12. 29 신설)

나. 법 제13조의 규정에 의한 상속세 과세가액에서 동조 제1항 각호의 금액을 차감한 금액 (2000. 12. 29 신설)

다. 상속인별 상속세 과세가액 상당액에서 법 제13조 제1항 각호의 규정에 의하여 상속재산에 가산하는 상속인별 증여재산을 제외한 금액 (2000. 12. 29 신설)

2. 법 제25조 제1항의 규정에 의한 상속세 과세표준에서 법 제13조 제1항 제2호의 규정에 의하여 가산한 증여재산가액중 수유자가 아닌 자에게 증여한 재산에 대한 과세표준을 차감한 가액 (2004. 12. 31. 개정)

② 법 제3조의 2 제2항에서 "대통령령으로 정하는 바에 따라 계산한 지분상당액"이란 다음 계산식에 따라 계산한 금액을 말한다. (2016. 2. 5. 개정)

> {영리법인이 받았거나 받을 상속재산에 대한 상속세 상당액 − (영리법인이 받았거나 받을 상속재산 × 10 ÷ 100)} × 상속인과 그 직계비속의 주식 또는 출자지분의 비율

③ 법 제3조의 2 제3항에서 "각자가 받았거나 받을 재산"이란 상속으로 인하여 얻은 자산(법 제13조 제1항에 따라 가산한 증여재산을 포함한다)의 총액에서 부채총액과 그 상속으로 인하여 부과되거나 납부할 상속세 및 법 제13조 제1항에 따라 가산한 증여재산에 대한 증여세를 공제한 가액을 말한다. (2020. 2. 11. 개정)

통칙 3의 2 − 0···1【선순위 상속인의 상속포기시 상속세 납부의무】(2019. 12. 23. 번호개정)

① 법 제3조의 2 제1항을 적용할 때 상속인 중 상속순위가 선순위인 단독상속인 또는 동순위의 공동상속인 전원이 「민법」 제1019조에 따라 상속을 포기함으로써 그 다음 순위에 있는 상속인(이하 "후순위상속인"이라 한다.)이 재산을 상속받게 되는 경우에는 후순위상속인이 받았거나 받을 상속재산의 점유비율에 따라 상속세를 납부할 의무를 지며, 증여세는 과세하지 아니한다. 이 경우 후순위상속인이

② 특별연고자 또는 수유자가 영리법인인 경우로서 그 영리법인의 주주 또는 출자자(이하 "주주등"이라 한다) 중 상속인과 그 직계비속이 있는 경우에는 대통령령으로 정하는 바에 따라 계산한 지분상당액을 그 상속인 및 직계비속이 납부할 의무가 있다. (2015. 12. 15. 개정)

③ 제1항에 따른 상속세는 상속인 또는 수유자 각자가 받았거나 받을 재산을 한도로 연대하여 납부할 의무를 진다. (2015. 12. 15. 개정)

• 예판 ··

- 상속인은 상속받은 재산을 한도로 상속세 연대납부의무 있고, 상속재산뿐만 아니라 상속인의 고유재산에 대하여도 체납된 상속세액을 징수할 수 있음. (서삼 46019−10306, 2001. 9. 24)
- 상속인 또는 수유자는 각자가 상속받았거나 받을 재산을 한도로 상속세를 연대하여 납부할 의무가 있는 것이며, 이 경우 상속세에는 가산세, 가산금, 체납처분비를 포함하는 것임. (서면4팀−1671, 2004. 10. 20.)
- 피상속인으로부터 상속개시전 5년이내에 증여받은 재산만 있는 상속인 외의 자는 상속세 납부의무 및 연대납부의무가 없음. (재산−149, 2010. 3. 10.)

··

제4조 【증여세 과세대상】 (2015. 12. 15. 조번개정)

① 다음 각 호의 어느 하나에 해당하는 증여재산에 대해서는 이 법에 따라 증여세를 부과한다. (2016. 12. 20. 개정)

1. 무상으로 이전받은 재산 또는 이익 (2015. 12. 15. 개정)

2. 현저히 낮은 대가를 주고 재산 또는 이익을 이전받음으로써 발생하는 이익이나 현저히 높은 대가를 받고 재산 또는 이익을 이전함으로써 발생하는 이익. 다만, 특수관계인이 아닌 자 간의 거래인 경우에는 거래의 관행상 정당한 사유가 없는 경우로 한정한다. (2015. 12. 15. 개정)

3. 재산 취득 후 해당 재산의 가치가 증가한 경우의 그 이익. 다만, 특수관계인이 아닌 자 간의 거래인 경우에는 거래의 관행상 정당한 사유가 없는 경우로 한정한다. (2015. 12. 15. 개정)

4. 제33조부터 제39조까지, 제39조의 2, 제39조의 3, 제40조, 제41조의 2부터 제41조의 5까지, 제42조, 제42조의 2 또는 제42조의 3에 해당하는 경우의 그 재산 또는 이익 (2015. 12. 15. 개정)

5. 제44조 또는 제45조에 해당하는 경우의 그 재산 또는 이익 (2015. 12. 15. 개정)

6. 제4호 각 규정의 경우와 경제적 실질이 유사한 경우 등 제4호의 각 규정을 준용하여 증여재산의 가액을 계산할 수 있는 경우의 그 재산 또는 이익 (2015. 12. 15. 개정)

② 제45조의 2부터 제45조의 5까지의 규정에 해당하는 경우에는 그 재산 또는 이익을 증여받은 것으로 보아 그 재산 또는 이익에 대하여 증여세를 부과한다. (2015. 12. 15. 개정)

③ 상속개시 후 상속재산에 대하여 등기·등록·명의개서 등(이하 "등기등"이라 한다)으로 각 상속인의 상속분이 확정된 후, 그 상속재산에 대하여 공동상속인이 협의하여 분할한 결과 특정 상속인이 당초 상속분을 초과하여 취득하게 되는 재산은 그 분할에 의하여 상속분이 감소한 상속인으로부터 증여받은 것으로 보아 증여세를 부과한다. 다만, 제67조에 따른 상속세 과세표준 신고기한까지 분할에 의하여 당초 상속분을 초과하여 취득한 경우와 당초 상속재산의 분할에 대하여 무효 또는 취소 등 대통령령으로 정하는 정당한 사유가 있는 경우에는 증여세를 부과하지 아니한다. (2020. 6. 9. 단서개정 ; 법률용어 정비를~법률)

피상속인의 1촌 외의 직계비속인 경우에는 법 제27조(세대를 건너뛴 상속에 대한 할증과세)에 따라 계산한 금액을 가산한다. (2019. 12. 23. 개정)

② 제1항을 적용할 때 선순위 상속인에게 법 제13조에 따라 상속재산에 가산하는 증여재산이 있는 경우에는 그 선순위 상속인이 해당 증여재산의 가액에 상당하는 상속세액에 대하여 납부할 의무를 지며, 다른 상속인들이 납부할 상속세액에 대해서도 연대하여 납부할 의무를 진다. (2011. 5. 20. 신설)

③ 제1항을 적용할 때 법 제15조에 따라 상속재산으로 추정하여 상속세 과세가액에 산입한 금액은 선순위 상속인이 법정상속분으로 상속받은 것으로 추정하여 그 선순위 상속인이 상속세 납세의무를 지며, 다른 상속인들이 납부할 상속세액에 대해서도 연대하여 납부할 의무를 진다. (2011. 5. 20. 신설)

제3조의 2 【증여세 과세대상】 (2016. 2. 5. 조번·제목개정)

법 제4조 제3항 단서에서 "무효 또는 취소 등 대통령령으로 정하는 정당한 사유"란 다음 각 호의 어느 하나에 해당하는 경우를 말한다. (2016. 2. 5. 개정)

1. 상속회복청구의 소에 의한 법원의 확정판결에 따라 상속인 및 상속재산에 변동이 있는 경우 (2016. 2. 5. 개정)

2. 「민법」 제404조에 따른 채권자대위권의 행사에 의하여 공동상속인들의 법정상속분대로 등기등이 된 상속재산을 상속인 사이의 협의분할에 의하여 재분할하는 경우 (2016. 2. 5. 개정)

통칙 4-0…7 【위자료에 대한 증여세 과세 제외】 (2019. 12. 23. 번호개정)

이혼 등에 따라 정신적 또는 재산상손해배상의 대가로 받는 위자료는 조세포탈의 목적이 있다고 인정되는 경우를 제외하고는 이를 증여로 보지 아니한다. (2011. 5. 20. 개정)

④ 수증자가 증여재산(금전은 제외한다)을 당사자 간의 합의에 따라 제68조에 따른 증여세 과세표준 신고기한까지 증여자에게 반환하는 경우(반환하기 전에 제76조에 따라 과세표준과 세액을 결정받은 경우는 제외한다)에는 처음부터 증여가 없었던 것으로 보며, 제68조에 따른 증여세 과세표준 신고기한이 지난 후 3개월 이내에 증여자에게 반환하거나 증여자에게 다시 증여하는 경우에는 그 반환하거나 다시 증여하는 것에 대해서는 증여세를 부과하지 아니한다. (2020. 6. 9. 개정 ; 법률용어 정비를~법률)

제4조의 2 【증여세 납부의무】 (2015. 12. 15. 조번개정)

① 수증자는 다음 각 호의 구분에 따른 증여재산에 대하여 증여세를 납부할 의무가 있다. (2015. 12. 15. 개정)

1. 수증자가 거주자(본점이나 주된 사무소의 소재지가 국내에 있는 비영리법인을 포함한다. 이하 이 항에서 같다)인 경우 : 제4조에 따라 증여세 과세대상이 되는 모든 증여재산 (2015. 12. 15. 개정)

2. 수증자가 비거주자(본점이나 주된 사무소의 소재지가 외국에 있는 비영리법인을 포함한다. 이하 제6항과 제6조 제2항 및 제3항에서 같다)인 경우 : 제4조에 따라 증여세 과세대상이 되는 국내에 있는 모든 증여재산 (2018. 12. 31. 개정)

② 제1항에도 불구하고 제45조의 2에 따라 재산을 증여한 것으로 보는 경우(명의자가 영리법인인 경우를 포함한다)에는 실제소유자가 해당 재산에 대하여 증여세를 납부할 의무가 있다. (2018. 12. 31. 신설)

③ 제1항의 증여재산에 대하여 수증자에게 「소득세법」에 따른 소득세 또는 「법인세법」에 따른 법인세가 부과되는 경우에는 증여세를 부과하지 아니한다. 소득세 또는 법인세가 「소득세법」, 「법인세법」 또는 다른 법률에 따라 비과세되거나 감면되는 경우에도 또한 같다. (2018. 12. 31. 항번개정)

④ 영리법인이 증여받은 재산 또는 이익에 대하여 「법인세법」에 따른 법인세가 부과되는 경우(법인세가 「법인세법」 또는 다른 법률에 따라 비과세되거나 감면되는 경우를 포함한다) 해당 법인의 주주등에 대해서는 제45조의 3부터 제45조의 5까지의 규정에 따른 경우를 제외하고는 증여세를 부과하지 아니한다. (2018. 12. 31. 항번개정)

3. 법 제67조에 따른 상속세과세표준 신고기한(이하 "상속세과세표준 신고기한"이라 한다) 내에 상속세를 물납하기 위하여 「민법」 제1009조에 따른 법정상속분으로 등기·등록 및 명의개서 등을 하여 물납을 신청하였다가 제71조에 따른 물납허가를 받지 못하거나 물납재산의 변경명령을 받아 당초의 물납재산을 상속인 사이의 협의분할에 의하여 재분할하는 경우 (2017. 2. 7. 개정)

제3조의 3 【증여세 납부의무】 (2016. 2. 5. 조번·제목개정)

① 법 제4조의 2 제1항 제2호에서 "거주자로부터 증여받은 국외 예금이나 국외 적금 등 대통령령으로 정하는 재산"이란 다음 각 호의 재산을 말한다. (2016. 2. 5. 개정)

1. 거주자로부터 증여받은 국외 예금이나 국외 적금 등 금융거래(「금융실명거래 및 비밀보장에 관한 법률」 제2조 제3호에 따른 금융거래 및 이와 유사한 거래를 포함한다)를 위하여 해외금융회사에 개설한 계좌에 보유한 재산 (2016. 2. 5. 개정)

2. 거주자로부터 증여받은 외국법인(증여재산 취득일 현재 자산총액 중 국내 소재 자산가액의 합계액이 차지하는 비율이 100분의 50 이상인 법인을 말한다)의 주식 또는 출자지분(이하 "주식등"이라 한다) (2016. 2. 5. 개정)

① 삭 제 (2017. 2. 7.)

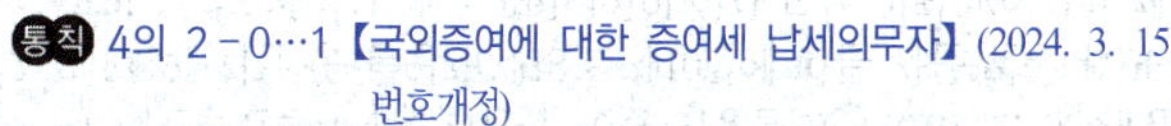

통칙 4의 2-0…1 【국외증여에 대한 증여세 납세의무자】 (2024. 3. 15. 번호개정)

거주자가 비거주자에게 국외에 있는 재산을 증여(증여자의 사망으로 인하여 효력이 발생하는 증여를 제외한다)하는 경우 증여세 납세의무는 「국제조세조정에 관한 법률」 제35조에 따른다. (2024. 3. 15. 개정)

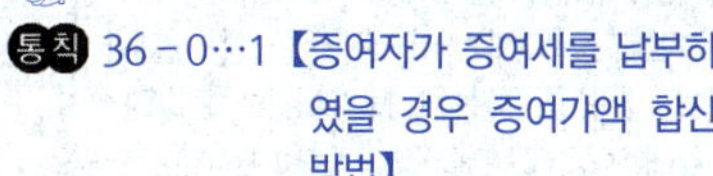

통칙 36-0…1 【증여자가 증여세를 납부하였을 경우 증여가액 합산 방법】

① 증여자가 법 제4조의 2 제6항에 따른 연대납세의무자로서 납부하는 증여세액은 수증자에 대한 증여로 보지 아니한다. (2019. 12. 23. 개정)

② 증여자가 법 제4조의 2 제6항 따른 연대납세의무자에 해당되지 아니하고 수증자를 대신하여 납부한 증여세액은 법 제36조에 의한 채무면제 등에 따른 증여에 해당하는 것이며, 그 증여재산의 가액은 법 제47조 제2항에 따라 당초 증여재산가액에 가산한다. (2019. 12. 23. 개정)

【관계법령】

국제조세조정에 관한 법률

제35조 【국외 증여에 대한 증여세 과세특례】 ① 이 절에서 사용하는 용어의 뜻은 다음과 같다. (2020. 12. 22. 개정)

1. "거주자"란 「상속세 및 증여세법」 제2조 제8호에 따른 거주자를 말하며, 본점이나 주된 사무소의 소재지가 국내에 있는 비영리법인을 포함한다. (2020. 12. 22. 개정)

2. "비거주자"란 「상속세 및 증여세법」 제2조 제8호에 따른 비거주자를 말하며, 본점이나 주된 사무소의 소재지가 국내에 없는 비영리

⑤ 제1항에도 불구하고 제35조부터 제37조까지 또는 제41조의 4에 해당하는 경우로서 수증자가 제6항 제2호에 해당하는 경우에는 그에 상당하는 증여세의 전부 또는 일부를 면제한다. (2019. 12. 31. 개정)
⑥ 증여자는 다음 각 호의 어느 하나에 해당하는 경우에는 수증자가 납부할 증여세를 연대하여 납부할 의무가 있다. 다만, 제4조 제1항 제2호 및 제3호, 제35조부터 제39조까지, 제39조의 2, 제39조의 3, 제40조, 제41조의 2부터 제41조의 5까지, 제42조, 제42조의 2, 제42조의 3, 제45조, 제45조의 3부터 제45조의 5까지 및 제48조(출연자가 해당 공익법인의 운영에 책임이 없는 경우로서 대통령령으로 정하는 경우만 해당한다)에 해당하는 경우는 제외한다. (2021. 12. 21. 단서개정)
1. 수증자의 주소나 거소가 분명하지 아니한 경우로서 증여세에 대한 조세채권(租稅債權)을 확보하기 곤란한 경우 (2015. 12. 15. 개정)
2. 수증자가 증여세를 납부할 능력이 없다고 인정되는 경우로서 강제징수를 하여도 증여세에 대한 조세채권을 확보하기 곤란한 경우 (2020. 12. 29. 개정 ; 국세징수법 부칙)
3. 수증자가 비거주자인 경우 (2015. 12. 15. 개정)
4. 제45조의 2에 따라 재산을 증여받은 것으로 보는 경우 (2015. 12. 15. 개정)
4. 삭　제 (2018. 12. 31.)
⑦ 세무서장은 제6항에 따라 증여자에게 증여세를 납부하게 할 때에는 그 사유를 알려야 한다. (2018. 12. 31. 개정)
⑧ 법인격이 없는 사단·재단 또는 그 밖의 단체는 다음 각 호의 어느 하나에 해당하는 자로 보아 이 법을 적용한다. (2018. 12. 31. 항번개정)
1. 「국세기본법」 제13조 제4항에 따른 법인으로 보는 단체에 해당하는 경우 : 비영리법인 (2015. 12. 15. 개정)
2. 제1호 외의 경우 : 거주자 또는 비거주자 (2015. 12. 15. 개정)
⑨ 실제소유자가 제45조의 2에 따른 증여세·가산금 또는 강제징수비를 체납한 경우에 그 실제소유자의 다른 재산에 대하여 강제징수를 하여도 징수할 금액에 미치지 못하는 경우에는 「국세징수법」에서 정하는 바에 따라 제45조의 2에 따라 명의자에게 증여한 것으로 보는 재산으로써 납세의무자인 실제소유자의 증여세·가산금 또는 강제징수비를 징수할 수 있다. (2020. 12. 29. 개정 ; 국세징수법 부칙)

② 법 제4조의 2 제6항 각 호 외의 부분 단서에서 "대통령령으로 정하는 경우"란 다음 각 호의 요건을 모두 갖춘 경우를 말한다. (2019. 2. 12. 개정)
1. 법 제48조에 따른 증여세 또는 가산세 부과사유 발생일부터 소급하여 재산출연일까지의 기간이 10년 이상일 것 (2016. 2. 5. 개정)
2. 제1호의 기간 중 출연자(제38조 제10항에 따른 자를 말한다) 또는 그의 특수관계인이 해당 공익법인의 이사 또는 임직원(이사를 제외한다)이 아니었어야 하며, 이사의 선임 등 공익법인의 사업운영에 관한 중요사항을 결정할 권한을 가지지 아니하였을 것 (2016. 2. 5. 개정)

비거주자에게 증여하는 경우 증여자는 연대납세의무가 있는 것이며, 증여자가 연대납세의무자로서 증여세를 대신 납부하는 경우에는 재차증여에 해당하지 않는 것임. (상속증여 - 19, 2015. 1. 20.)

법인을 포함한다. (2020. 12. 22. 개정)
② 거주자가 비거주자에게 국외에 있는 재산을 증여(증여자의 사망으로 효력이 발생하는 증여는 제외한다)하는 경우 그 증여자는 이 법에 따라 증여세를 납부할 의무가 있다. (2020. 12. 22. 개정)
③ 제2항에도 불구하고 다음 각 호의 요건을 모두 갖춘 경우에는 증여세 납부의무를 면제한다. (2020. 12. 22. 개정)
1. 수증자가 증여자의 「국세기본법」 제2조 제20호에 따른 특수관계인이 아닐 것 (2020. 12. 22. 개정)
2. 해당 증여재산에 대하여 외국의 법령에 따라 증여세(실질적으로 같은 성질을 가지는 조세를 포함한다)가 부과될 것. 이 경우 세액을 면제받은 경우를 포함한다. (2020. 12. 22. 개정)
④ 제2항을 적용할 때 증여재산의 가액은 해당 재산이 있는 국가의 증여 당시 현황을 반영한 시가(時價)에 따르되, 그 시가의 산정에 관한 사항은 대통령령으로 정한다. 다만, 시가를 산정하기 어려운 경우에는 해당 재산의 종류, 규모, 거래 상황 등을 고려하여 대통령령으로 정하는 방법에 따른다. (2020. 12. 22. 개정)
⑤ 제2항을 적용할 때 외국의 법령에 따라 증여세를 납부한 경우에는 대통령령으로 정하는 바에 따라 그 납부한 증여세에 상당하는 금액을 증여세 산출세액에서 공제한다. (2020. 12. 22. 개정)
⑥ 제2항에 따라 증여세를 과세하는 경우에는 「상속세 및 증여세법」 제4조의 2 제3항, 제47조, 제53조, 제54조부터 제58조까지, 제68조, 제69조 제2항, 제70조부터 제72조까지 및 제76조를 준용한다. (2023. 12. 31. 개정)

제5조 【상속재산 등의 소재지】 ① 상속재산과 증여재산의 소재지
는 다음 각 호의 구분에 따라 정하는 장소로 한다. (2010. 1. 1. 개정)
1. 부동산 또는 부동산에 관한 권리 : 그 부동산의 소재지 (2010. 1.
   1. 개정)
2. 광업권 또는 조광권(租鑛權) : 광구(鑛區)의 소재지 (2010. 1. 1.
   개정)
3. 어업권, 양식업권 또는 입어권(入漁權) : 어장에서 가장 가까운 연안
   (2019. 8. 27. 개정 ; 양식산업발전법 부칙)
4. 선박 : 선적(船籍)의 소재지 (2010. 1. 1. 개정)
5. 항공기 : 항공기 정치장(定置場)의 소재지 (2010. 1. 1. 개정)
6. 주식 또는 출자지분(이하 이 조, 제18조의 2, 제18조의 3, 제22조,
   제39조, 제39조의 2, 제39조의 3, 제41조의 2, 제41조의 3, 제41조의
   5, 제60조, 제63조, 제72조의 2 및 제82조에서 "주식등"이라 한다)
   또는 사채(社債) : 그 주식등 또는 사채를 발행한 법인 또는 그 출자
   가 되어 있는 법인의 본점 또는 주된 사무소의 소재지. 다만, 외국법
   인이 국내법에 따라 국내에서 발행한 주식등 또는 사채에 대해서는
   그 거래를 취급하는 「금융실명거래 및 비밀보장에 관한 법률」 제2
   조 제1호에 따른 금융회사등(이하 "금융회사등"이라 한다) 영업장
   의 소재지 (2022. 12. 31. 개정)
7. 「자본시장과 금융투자업에 관한 법률」을 적용받는 신탁업을 경영하
   는 자가 취급하는 금전신탁 : 그 신탁재산을 인수한 영업장의 소재
   지. 다만, 금전신탁 외의 신탁재산에 대해서는 신탁한 재산의 소재
   지 (2010. 1. 1. 개정)
8. 제6호 및 제7호 외의 대통령령으로 정하는 금융재산 : 그 재산을
   취급하는 금융회사등 영업장의 소재지 (2016. 12. 20. 개정)
9. 금전채권 : 채무자의 주소. 다만, 제6호부터 제8호까지의 규정에
   해당하는 경우는 제외한다. (2013. 1. 1. 개정)
10. 제2호부터 제9호까지에 해당하지 아니하는 그 밖의 유형재산(有形
    財産) 또는 동산(動産) : 그 유형재산의 소재지 또는 동산이 현재
    있는 장소 (2010. 1. 1. 개정)
11. 특허권·상표권 등 등록이 필요한 권리 : 그 권리를 등록한 기관의
    소재지 (2010. 1. 1. 개정)

통칙 5-0…1 【선적이 없는 선박의 소재지】 (2011. 5. 20. 제목개정)
법 제5조 제1항 제4호를 적용할 때 「선박법」 제26조에 따라 등기와 등록이 제외
되는 선박에 대해서는 그 선박 소유자의 주소지를 그 선박의 소재지로 한다.
(2011. 5. 20. 개정)

제3조의 4 【금융재산의 범위】 (2016. 2. 5. 조번개정)
법 제5조 제1항 제8호에서 "대통령령으로 정하는 금융재산"이란 「금
융실명거래 및 비밀보장에 관한 법률」 제2조 제2호에 따른 금융자산
중 법 제5조 제1항 제6호 및 제7호에 규정된 것을 제외한 것을 말한다.
(2017. 2. 7. 개정)

12. 저작권(출판권과 저작인접권을 포함한다) : 저작권의 목적물인 저작물이 발행되었을 경우 그 발행 장소 (2010. 1. 1. 개정)

13. 제1호부터 제12호까지에 규정된 재산을 제외한 그 밖의 영업장을 가진 자의 그 영업에 관한 권리 : 그 영업장의 소재지 (2010. 1. 1. 개정)

② 제1항 각 호에 규정되지 아니한 재산의 소재지는 그 재산의 권리자의 주소로 한다. (2010. 1. 1. 개정)

③ 제1항과 제2항에 따른 재산의 소재지의 판정은 상속개시 또는 증여 당시의 현황에 따른다. (2010. 1. 1. 개정)

제6조【과세 관할】① 상속세는 피상속인의 주소지(주소지가 없거나 분명하지 아니한 경우에는 거소지를 말하며, 이하 "상속개시지"라 한다)를 관할하는 세무서장(국세청장이 특히 중요하다고 인정하는 것에 대해서는 관할 지방국세청장으로 하며, 이하 "세무서장등"이라 한다)이 과세한다. 다만, 상속개시지가 국외인 경우에는 상속재산 소재지를 관할하는 세무서장등이 과세하고, 상속재산이 둘 이상의 세무서장등의 관할구역에 있을 경우에는 주된 재산의 소재지를 관할하는 세무서장등이 과세한다. (2010. 1. 1. 개정)

② 증여세는 수증자의 주소지(주소지가 없거나 분명하지 아니한 경우에는 거소지를 말한다. 이하 이 항에서 같다)를 관할하는 세무서장등이 과세한다. 다만, 다음 각 호의 어느 하나에 해당하는 경우에는 증여자의 주소지를 관할하는 세무서장등이 과세한다. (2018. 12. 31. 단서개정)

1. 수증자가 비거주자인 경우 (2018. 12. 31. 신설)

2. 수증자의 주소 및 거소가 분명하지 아니한 경우 (2018. 12. 31. 신설)

3. 제45조의 2에 따라 재산을 증여한 것으로 보는 경우 (2018. 12. 31. 신설)

③ 다음 각 호의 어느 하나에 해당하는 경우에는 증여재산의 소재지를 관할하는 세무서장등이 과세한다. (2014. 1. 1. 개정)

1. 수증자와 증여자가 모두 비거주자인 경우 (2014. 1. 1. 개정)

2. 수증자와 증여자 모두의 주소 또는 거소가 분명하지 아니한 경우 (2014. 1. 1. 개정)

3. 수증자가 비거주자이거나 주소 또는 거소가 분명하지 아니하고, 증

통칙 5－0…2【영업상의 권리의 의의】

법 제5조 제1항 제13호의 "영업에 관한 권리"라 함은 영업과 관련하여 발생되는 법률상 또는 사실상의 모든 권리를 말한다. (2011. 5. 20. 개정)

통칙 6－0…1【실종선고에 의한 상속개시의 경우 과세관할】(2011. 5. 20. 제목개정)

실종선고로 인하여 상속이 개시되는 경우 상속세과세관할은 피상속인의 상속개시지를 관할하는 세무서장으로 한다. 다만, 피상속인의 상속개시지가 불분명한 경우에는 주된 상속인(상속지분이 큰 자이며 지분이 큰 자가 2인 이상일 경우에는 연장자로 한다)의 주소지를 관할하는 세무서장으로 한다. (2011. 5. 20. 개정)

통칙 6－0…2【주된 재산의 소재지】

법 제6조 제1항 단서에서 "주된 재산의 소재지"라 함은 과세관할별로 계산한 상속재산가액의 합계액이 가장 큰 곳을 말한다. (2011. 5. 20. 신설)

여자가 제38조 제2항, 제39조 제2항, 제39조의 3 제2항, 제45조의 3 및 제45조의 4에 따라 의제된 경우 (2015. 12. 15. 개정)

제 2 장 상속세의 과세표준과 세액의 계산

제 1 절 상속재산

제7조【상속재산의 범위】① 제1조에 따른 상속재산에는 피상속인에게 귀속되는 재산으로서 금전으로 환산할 수 있는 경제적 가치가 있는 모든 물건과 재산적 가치가 있는 법률상 또는 사실상의 모든 권리를 포함한다. (2010. 1. 1. 개정)
② 제1항에 따른 상속재산 중 피상속인의 일신(一身)에 전속(專屬)하는 것으로서 피상속인의 사망으로 인하여 소멸되는 것은 제외한다. (2010. 1. 1. 개정)
제7조【상속재산의 범위】 삭 제 (2015. 12. 15.)

제8조【상속재산으로 보는 보험금】① 피상속인의 사망으로 인하여 받는 생명보험 또는 손해보험의 보험금으로서 피상속인이 보험계약자인 보험계약에 의하여 받는 것은 상속재산으로 본다. (2010. 1. 1. 개정)

통칙 8-0…1【상속재산으로 보는 보험금의 범위】
법 제8조 제1항의 보험금에는 「소득세법 시행령」 제25조 제2항 제2호의 수산업협동조합중앙회 및 조합, 신용협동조합중앙회 및 조합, 새마을금고연합회 및 금고 등이 취급하는 생명공제계약 또는 손해공제계약과 같은 항 제3호의 우체국이 취급하는 우체국보험계약에 따라 지급되는 공제금 등을 포함한다. (2019. 12. 23. 개정)

② 보험계약자가 피상속인이 아닌 경우에도 피상속인이 실질적으로 보험료를 납부하였을 때에는 피상속인을 보험계약자로 보아 제1항을 적용한다. (2010. 1. 1. 개정)

제 2 장 상속세의 과세표준과 세액의 계산

제 1 절 상속재산

통칙 2-0…2【상속개시 후 명의이전된 재산의 상속재산 포함여부】
(2019. 12. 23. 번호개정)
① 상속개시 후 피상속인의 재산을 상속인을 취득자로 하여 증여 또는 매매를 원인으로 하는 소유권이전등기 등을 한 경우 그 재산은 상속재산에 포함한다. 이 경우 그 재산에 대하여 별도로 증여세를 과세하지 아니한다. (2011. 5. 20. 개정)
② 제1항을 적용할 때 상속인외의 자를 취득자로 하여 피상속인으로부터 직접 소유권이전등기 등을 한 경우 그 재산은 상속재산에 포함한다. 이 경우 그 재산이 피상속인으로부터 유증 또는 사인증여(법 제14조 제1항 제3호에 따른 증여채무의 이행중에 증여자가 사망한 경우의 해당 증여를 포함한다)된 것이 아닌 경우에는 상속인이 그 취득자에게 소유권을 이전한 것으로 본다. (2011. 5. 20. 개정)

제4조【상속재산으로 보는 보험금】① 법 제8조 제1항에 따라 상속재산으로 보는 보험금의 가액은 다음 계산식에 따라 계산한 금액으로 한다. (2015. 2. 3. 개정)

$$\text{지급받은 보험금의 총합계액} \times \frac{\text{피상속인이 부담한 보험료의 금액}}{\text{해당 보험계약에 따라 피상속인의 사망 시까지 납입된 보험료의 총합계액}}$$

② 제1항의 규정을 적용함에 있어서 피상속인이 부담한 보험료는 보험증권에 기재된 보험료의 금액에 의하여 계산하고 보험계약에 의하여 피상속인이 지급받는 배당금 등으로서 당해 보험료에 충당한 것이 있을 경우에는 그 충당된 부분의 배당금등의 상당액은 피상속인이 부담한 보험료에 포함한다. (96. 12. 31 개정)

통칙 2-0…1【상속재산의 범위】 (2019. 12. 23. 번호개정)
「상속세 및 증여세법」(이하 '법'이라 한다) 제2조 제3호를 적용함에 있어 적용상 다음 사항을 유의한다. (2019. 12. 23. 개정)
1. 상속재산에는 물권, 채권 및 무체재산권 뿐만 아니라 신탁수익권 등이 포함된다. (2011. 5. 20. 개정)
2. 상속재산에는 법률상 근거에 관계없이 경제적 가치가 있는 것, 예를 들면 영업권과 같은 것이 포함된다. (2011. 5. 20. 개정)
3. 질권, 저당권 또는 지역권과 같은 종된 권리는 주된 권리의 가치를 담보하고 또는 증가시키는 것으로서 독립하여 상속재산을 구성하지 아니한다.
4. 피상속인에게 귀속되는 소득이 있는 경우에는 그 소득의 실질내용에 따라 상속재산인지의 여부를 결정한다. 따라서 상속개시일 현재 인정상여 등과 같이 실질적으로 재산이 없는 경우에는 상속재산에 포함하지 아니하며 현금채권인 배당금, 무상주를 받을 권리 등 실질적으로 재산이 있을 경우에는 상속재산에 포함한다.
2-0…3【부동산 매매계약 이행 중인 재산의 상속재산 포함여부】 (2019. 12. 23. 번호개정)

제9조【상속재산으로 보는 신탁재산】① 피상속인이 신탁한 재산은 상속재산으로 본다. 다만, 제33조 제1항에 따라 수익자의 증여재산가액으로 하는 해당 신탁의 이익을 받을 권리의 가액(價額)은 상속재산으로 보지 아니한다. (2020. 12. 22. 단서개정)
② 피상속인이 신탁으로 인하여 타인으로부터 신탁의 이익을 받을 권리를 소유하고 있는 경우에는 그 이익에 상당하는 가액을 상속재산에 포함한다. (2010. 1. 1. 개정)
③ 수익자연속신탁의 수익자가 사망함으로써 타인이 새로 신탁의 수익권을 취득하는 경우 그 타인이 취득한 신탁의 이익을 받을 권리의 가액은 사망한 수익자의 상속재산에 포함한다. (2020. 12. 22. 신설)
④ 신탁의 이익을 받을 권리를 소유하고 있는 경우의 판정 등 그 밖에 필요한 사항은 대통령령으로 정한다. (2020. 12. 22. 신설)

제10조【상속재산으로 보는 퇴직금 등】피상속인에게 지급될 퇴직금, 퇴직수당, 공로금, 연금 또는 이와 유사한 것이 피상속인의 사망으로 인하여 지급되는 경우 그 금액은 상속재산으로 본다. 다만, 다음 각 호의 어느 하나에 해당하는 것은 상속재산으로 보지 아니한다. (2010. 1. 1. 개정)
1. 「국민연금법」에 따라 지급되는 유족연금 또는 사망으로 인하여 지급되는 반환일시금 (2010. 1. 1. 개정)
2. 「공무원연금법」, 「공무원 재해보상법」 또는 「사립학교교직원 연금법」에 따라 지급되는 퇴직유족연금, 장해유족연금, 순직유족연금, 직무상유족연금, 위험직무순직유족연금, 퇴직유족연금부가금, 퇴직유족연금일시금, 퇴직유족일시금, 순직유족보상금, 직무상유족보상금 또는 위험직무순직유족보상금 (2018. 3. 20. 개정 ; 공무원 재해보상법 부칙)
3. 「군인연금법」 또는 「군인 재해보상법」에 따라 지급되는 퇴역유족연금, 상이유족연금, 순직유족연금, 퇴역유족연금부가금, 퇴역유족연금일시금, 순직유족연금일시금, 퇴직유족일시금, 장애보상금 또는 사망보상금 (2019. 12. 10. 개정 ; 군인 재해보상법 부칙)
4. 「산업재해보상보험법」에 따라 지급되는 유족보상연금·유족보상일시금·유족특별급여 또는 진폐유족연금 (2010. 5. 20. 개정 ; 산업재

제5조【상속재산으로 보는 신탁재산】법 제9조 제1항 단서 및 같은 조 제2항에 따른 신탁의 이익을 받을 권리를 소유하고 있는 경우의 판정은 제25조에 따라 원본 또는 수익이 타인에게 지급되는 경우를 기준으로 한다. (2021. 2. 17. 개정)

☞
통칙 10-0…1【퇴직급여 등의 범위】 (2011. 5. 20. 제목개정)
법 제10조에서 "퇴직금·퇴직수당·공로금·연금 또는 기타 이와 유사한 것"이라 함은 퇴직급여지급규정 등에 따라 지급받는 금품과 피상속인이 근무하고 있는 사업과 유사한 사업에 있어 피상속인과 같은 지위에 있는 자가 받거나 받을 수 있다고 인정되는 금액을 감안하여 피상속인의 지위·공로 등에 따라 지급되는 금품을 말한다. (2011. 5. 20. 개정)

① 상속개시 전 피상속인이 부동산 양도계약을 체결하고 잔금을 받기 전에 사망한 경우에는 양도대금 전액(양도대금이 불분명한 경우에는 그 부동산을 이 법에 따라 평가한 가액으로 한다)에서 상속개시 전에 받은 계약금과 중도금을 뺀 잔액을 그 상속재산의 가액으로 한다. (2011. 5. 20. 개정)
② 상속개시전 피상속인이 부동산 양수계약을 체결하고 잔금을 지급하기 전에 사망한 경우에는 이미 지급한 계약금과 중도금을 상속재산에 포함한다.

해보상보험법 부칙)
5. 근로자의 업무상 사망으로 인하여 「근로기준법」 등을 준용하여 사업자가 그 근로자의 유족에게 지급하는 유족보상금 또는 재해보상금과 그 밖에 이와 유사한 것 (2010. 1. 1. 개정)
6. 제1호부터 제5호까지와 유사한 것으로서 대통령령으로 정하는 것 (2010. 1. 1. 개정)

제 2 절 비 과 세

제11조【전사자 등에 대한 상속세 비과세】전쟁 또는 대통령령으로 정하는 공무의 수행 중 사망하거나 해당 전쟁 또는 공무의 수행 중 입은 부상 또는 그로 인한 질병으로 사망하여 상속이 개시되는 경우에는 상속세를 부과하지 아니한다. (2016. 12. 20. 개정)

제12조【비과세되는 상속재산】다음 각 호에 규정된 재산에 대해서는 상속세를 부과하지 아니한다. (2010. 1. 1. 개정)
1. 국가, 지방자치단체 또는 대통령령으로 정하는 공공단체(이하 "공공단체"라 한다)에 유증(사망으로 인하여 효력이 발생하는 증여를 포함하며, 이하 "유증등"이라 한다)한 재산 (2010. 1. 1. 개정)
2. 「문화재보호법」에 따른 국가지정문화재 및 시·도지정문화재와 같은 법에 따른 보호구역에 있는 토지로서 대통령령으로 정하는 토지 (2010. 1. 1. 개정)
2. 삭 제 (2022. 12. 31.)

3. 「민법」 제1008조의 3에 규정된 재산 중 대통령령으로 정하는 범위의 재산 (2010. 1. 1. 개정)
4. 「정당법」에 따른 정당에 유증등을 한 재산 (2010. 1. 1. 개정)

제6조【상속재산에서 제외되는 퇴직금 등】법 제10조 제6호에서 "대통령령으로 정하는 것"이란 「전직대통령예우에 관한 법률」 또는 「별정우체국법」에 따라 지급되는 유족연금·유족연금일시금 및 유족일시금을 말한다. (2010. 2. 18. 개정)

제 2 절 비 과 세

제7조【전쟁에 준하는 공무수행의 범위】(2017. 2. 7. 제목개정) 법 제11조에서 "대통령령으로 정하는 공무의 수행"이란 사변 또는 이에 준하는 비상사태로 토벌 또는 경비 등 작전업무를 수행하는 것을 말한다. (2017. 2. 7. 개정)

제8조【비과세되는 상속재산】① 법 제12조 제1호에서 "대통령령으로 정하는 공공단체"란 다음 각 호의 공공단체를 말한다. (2013. 2. 15. 개정)
1. 지방자치단체조합 (98. 12. 31 신설)
2. 삭 제 (99. 12. 31)
3. 공공도서관·공공박물관 또는 이와 유사한 것으로서 기획재정부령이 정하는 것 (2008. 2. 29. 직제개정 ; 기획재정부와~직제 부칙)
② 법 제12조 제2호 및 법 제74조 제1항 제1호에서 "대통령령으로 정하는 토지"란 해당 문화재 또는 문화재자료가 속하여 있는 보호구역의 토지를 말한다. (2013. 2. 15. 개정)
② 삭 제 (2023. 2. 28.)
③ 법 제12조 제3호에서 "대통령령으로 정하는 범위의 재산"이란 제사를 주재하는 상속인(다수의 상속인이 공동으로 제사를 주재하는 경우에는 그 공동으로 주재하는 상속인 전체를 말한다)을 기준으로 다음 각 호에 해당하는 재산을 말한다. 다만, 제1호 및 제2호의 재산가액의 합계액이 2억원을 초과하는 경우에는 2억원을 한도로 하고, 제3호의 재산

관계법령 ▶▶

민 법
제1008조의 3【분묘 등의 승계】분묘에 속한 1정보 이내의 금양임야와 600평 이내의 묘토인 농지, 족보와 제구의 소유권은 제사를 주재하는 자가 이를 승계한다. (90. 1. 13 신설)

5. 「근로복지기본법」에 따른 사내근로복지기금이나 그 밖에 이와 유사한 것으로서 대통령령으로 정하는 단체에 유증등을 한 재산 (2010. 6. 8. 개정 ; 근로자복지기본법 부칙)

●예판
피상속인이 사망 전에 우리사주조합이 설립될 수 없는 것에 대비하여 우리사주조합에 기증할 것을 조건으로 사망 직전에 법인에게 주식을 증여하고 당해 법인이 상속기한 내에 우리사주조합을 설립하여 기부한 경우에는 비과세되는 상속재산에 해당함. (재재산－1136, 2008. 12. 31.)

6. 사회통념상 인정되는 이재구호금품, 치료비 및 그 밖에 이와 유사한 것으로서 대통령령으로 정하는 재산 (2010. 1. 1. 개정)
7. 상속재산 중 상속인이 제67조에 따른 신고기한까지 국가, 지방자치단체 또는 공공단체에 증여한 재산 (2020. 6. 9. 개정 ; 법률용어 정비를～법률)

가액의 합계액이 1천만원을 초과하는 경우에는 1천만원을 한도로 한다. (2013. 2. 15. 단서개정)
1. 피상속인이 제사를 주재하고 있던 선조의 분묘(이하 이 조에서 "분묘"라 한다)에 속한 9,900제곱미터 이내의 금양임야 (98. 12. 31 개정)
2. 분묘에 속한 1,980제곱미터 이내의 묘토인 농지 (96. 12. 31 개정)
3. 족보와 제구 (96. 12. 31 개정)
④ 법 제12조 제5호에서 "대통령령으로 정하는 단체"란 「근로복지기본법」에 따른 우리사주조합, 공동근로복지기금 및 근로복지진흥기금을 말한다. (2019. 2. 12. 개정)

⑤ 법 제12조 제6호에서 "대통령령으로 정하는 재산"이란 불우한 자를 돕기 위하여 유증한 재산을 말한다. (2010. 2. 18. 개정)

☞
통칙 12－8…3 【금양임야 및 묘토의 범위】
① 삭　제 (2008. 7. 25.)
② 「상속세 및 증여세법 시행령」 (이하 '영'이라 한다) 제8조 제3항의 규정을 적용할 때 "금양임야"라 함은 피상속인의 선조의 분묘에 속하여 있는 임야를 말한다. (2019. 12. 23. 개정)
③ 영 제8조 제3항의 규정을 적용할 때 다수의 상속인이 공동으로 제사를 주재하는 경우에는 그 공동으로 주재하는 상속인 전체가 상속받은 재산가액 및 면적의 합계를 기준으로 한도를 적용한다. (2019. 12. 23. 개정)

☞
통칙 12－0…2 【치료비 등의 상속세 비과세】 (2011. 5. 20. 제목개정)
법 제12조 제6호에 따라 비과세되는 상속재산의 가액은 상속개시 전에 피상속인이 증여하였거나 유증・사인증여에 따라 지급하여야 할 것으로 확정된 것으로 한다. (2011. 5. 20. 개정)

제13조【상속세 과세가액】① 상속세 과세가액은 상속재산의 가액에서 제14조에 따른 것을 뺀 후 다음 각 호의 재산가액을 가산한 금액으로 한다. 이 경우 제14조에 따른 금액이 상속재산의 가액을 초과하는 경우 그 초과액은 없는 것으로 본다. (2013. 1. 1. 후단신설)

1. 상속개시일 전 10년 이내에 피상속인이 상속인에게 증여한 재산가액 (2010. 1. 1. 개정)

2. 상속개시일 전 5년 이내에 피상속인이 상속인이 아닌 자에게 증여한 재산가액 (2010. 1. 1. 개정)

② 제1항 제1호 및 제2호를 적용할 때 비거주자의 사망으로 인하여 상속이 개시되는 경우에는 국내에 있는 재산을 증여한 경우에만 제1항 각 호의 재산가액을 가산한다. (2010. 1. 1. 개정)

③ 제46조, 제48조 제1항, 제52조 및 제52조의 2 제1항에 따른 재산의 가액과 제47조 제1항에 따른 합산배제증여재산의 가액은 제1항에 따라 상속세 과세가액에 가산하는 증여재산가액에 포함하지 아니한다. (2010. 1. 1. 개정)

◆ 예판 ┈┈┈┈┈┈┈┈┈┈┈┈┈┈┈┈┈┈┈┈┈

• 상속세 과세가액에 합산하는 증여재산의 합산기간과 관련해 상속인과 상속인 이외의 자에 대한 구분은 상속개시일 현재를 기준으로 판단함. (국심 2002중 1303, 2002. 8. 9.)
• 상속재산의 가액에서 채무 등을 차감한 가액이 부수(-)인 경우 그 부(-)의 차감잔액을 기초로 생전 증여재산가액을 가산함이 타당함. (대법 2006두 9207, 2006. 9. 22.)
• 상속받아 소지하고 있는 특정채권의 액면가액뿐 아니라 그 프리미엄 상당액도 채권 매입자금에 포함된다고 보아 상속세 과세가액에 산입하지 아니함. (대법 2007두 1484, 2009. 6. 25.)

┈┈┈┈┈┈┈┈┈┈┈┈┈┈┈┈┈┈┈┈┈┈┈┈┈┈┈┈┈

제14조【상속재산의 가액에서 빼는 공과금 등】(2010. 1. 1. 제목개정)

① 거주자의 사망으로 인하여 상속이 개시되는 경우에는 상속개시일 현재 피상속인나 상속재산에 관련된 다음 각 호의 가액 또는 비용

◆ 통칙 13 - 0···1【동일자에 시차를 두고 부모가 사망한 경우 상속세 과세방법】

부와 모가 동일자에 시차를 두고 사망한 경우 상속세의 과세는 부와 모의 재산을 각각 개별로 계산하여 과세하되 후에 사망한 자의 상속세 과세가액에는 먼저 사망한 자의 상속재산 중 그의 지분을 합산하고 법 제30조의 단기재상속에 대한 세액공제를 한다. (1998. 2. 25. 개정)

13 - 0···2【동시에 부모가 사망한 경우 상속세 과세방법】

부와 모가 동시에 사망하였을 경우 상속세의 과세는 부와 모의 상속재산에 대하여 각각 개별로 계산하여 과세하며, 이 경우 법 제19조의 배우자 상속공제 규정은 적용되지 아니한다. (1998. 2. 25. 개정)

13 - 0···3【상속세 과세가액에 가산하는 증여재산에 대한 과세방법】

법 제13조 제1항에 따라 상속세 과세가액에 가산하는 증여재산에 대하여 증여세가 부과되지 아니한 경우에는 해당 증여재산에 대하여 증여세를 먼저 과세하고, 그 증여재산가액을 상속세 과세가액에 가산하여 상속세를 부과한다. (2011. 5. 20. 개정)

13 - 0···4【상속세 과세가액에 가산하는 증여재산의 범위】

법 제13조 제1항 각 호에 따른 "증여한 재산가액"에는 법 제47조 제1항에 따른 합산배제증여재산의 가액 외의 모든 증여재산의 가액을 말한다. (2019. 12. 23. 개정)

제9조【공과금 및 장례비용】① 법 제14조 제1항 및 제2항의 규정에 의한 공과금이라 함은 상속개시일 현재 피상속인이 납부할 의무가 있는 것으로서 상속인에게 승계된 조세·공공요금 기타 이와 유사한 것으로서 기획재정부령이 정하는 것을 말한다. (2008. 2. 29. 직제개

◆ 관계법령 ≫ ┈┈┈┈┈┈┈

국세기본법

제2조【정　의】8. "공과금"(公課金)이란 「국세징수법」에서 규정하는 강제징수의 예에 따라 징수할 수 있는 채권 중 국세, 관세, 임시수입부가세, 지방세와 이와 관계되는 강제징수비를 제외한 것을 말한다. (2020. 12. 22. 개정)

━━━━━━━━━━━━━━━

제2조의 2【공과금】(2016. 3. 21. 조번개정)

영 제9조 제1항에서 "기획재정부령이 정하는 것"이란 「국세기본법」 제2조 제8호

은 상속재산의 가액에서 **뺀다.** (2010. 1. 1. 개정)
1. 공과금 (2010. 1. 1. 개정)

통칙 14-9…1【공과금의 범위】
① 영 제9조 제1항에 따른 공과금에는 상속개시일 이후 상속인이 책임져야 할 사유로 납부 또는 납부할 가산세, 가산금, 체납처분비, 벌금, 과료, 과태료 등은 포함되지 아니한다. (2011. 5. 20. 개정)
② 법 제14조 제2항 제1호에 따른 "해당 상속재산에 관한 공과금"이라 함은 비거주자의 사망으로 인하여 상속이 개시된 경우 상속세가 부과되는 상속재산에 대한 공과금을 말한다. (2011. 5. 20. 개정)

2. 장례비용 (2010. 1. 1. 개정)
3. 채무(상속개시일 전 10년 이내에 피상속인이 상속인에게 진 증여채무와 상속개시일 전 5년 이내에 피상속인이 상속인이 아닌 자에게 진 증여채무는 제외한다. 이하 이 조에서 같다) (2010. 1. 1. 개정)

예판
• 피상속인이 상속재산 중 일부를 법인의 채무담보로 제공한 바, 상속개시일 현재 그 법인의 무자력으로 구상권을 행사해도 변제 불능상태이므로 '채무'로서 공제됨. (대법 2000두 1287, 2000. 7. 28.)
• 상속개시일 이후 77제 및 49제에 필요한 비용을 장례기간 중 지급했더라도 '장례비용'으로 공제 못함. (심사 상속 2002-4, 2002. 3. 22.)
• 상속개시 당시 피상속인의 손해배상채무 및 연대보증채무가 존재하였고, 그 채무가 상속개시 이후 법원의 판결에 의해 상속인들의 채무로 현실화된 경우, 동 채무는 피상속인의 채무로 보아 상속재산가액에서 차감함이 타당함. (국심 2007서 3500, 2008. 5. 1.)

② 비거주자의 사망으로 인하여 상속이 개시되는 경우에는 다음 각 호의 가액 또는 비용은 상속재산의 가액에서 **뺀다.** (2010. 1. 1. 개정)
1. 해당 상속재산에 관한 공과금 (2010. 1. 1. 개정)
2. 해당 상속재산을 목적으로 하는 유치권(留置權), 질권, 전세권, 임차권(사실상 임대차계약이 체결된 경우를 포함한다), 양도담보권·저당권 또는 「동산·채권 등의 담보에 관한 법률」에 따른 담보권으로 담보된 채무 (2010. 6. 10. 개정 ; 동산·채권 등의 담보에 관한 법

정 ; 기획재정부와~직제 부칙)

② 법 제14조 제1항 제2호의 규정에 의한 장례비용은 다음 각호의 구분에 의한 금액을 합한 금액으로 한다. (2001. 12. 31 개정)
1. 피상속인의 사망일부터 장례일까지 장례에 직접 소요된 금액[봉안시설 또는 자연장지(自然葬地)의 사용에 소요된 금액을 제외한다]. 이 경우 그 금액이 500만원 미만인 경우에는 500만원으로 하고 그 금액이 1천만원을 초과하는 경우에는 1천만원으로 한다. (2010. 12. 30. 개정)
2. 봉안시설 또는 자연장지의 사용에 소요된 금액. 이 경우 그 금액이 500만원을 초과하는 경우에는 500만원으로 한다. (2010. 12. 30. 개정)

통칙 14-0…3【채무의 범위】
① 법 제14조 제1항 제3호에 따른 "채무"라 함은 명칭여하에 관계없이 상속개시 당시 피상속인이 부담하여야 할 확정된 채무로서 공과금 외의 모든 부채를 말한다. (2011. 5. 20. 개정)
② 상속개시일 현재 소비대차에 따른 피상속인의 채무에 대한 미지급이자는 법 제14조 제1항 제3호에 따른 채무에 해당한다. 다만, 「법인세법」 제52조에 따른 부당행위계산의 부인으로 계상한 인정이자 과세대상(법인세의 과세표준과 세액의 신고시 계상한 것을 포함한다)은 포함하지 아니한다. (2011. 5. 20. 개정)
③ 피상속인이 부담하고 있는 보증채무 중 주채무자가 변제불능의 상태로서 상속인이 주채무자에게 구상권을 행사할 수 없다고 인정되는 부분에 상당하는 금액은 채무로서 공제한다. (1998. 2. 25. 개정)
④ 피상속인이 연대채무자인 경우 상속재산에서 공제할 채무액은 피상속인의 부담분에 상당하는 금액에 한정하여 공제할 수 있다. 다만, 연대채무자가 변제불능의 상태가 되어 피상속인이 변제불능자의 부담분까지 부담하게 된 경우로

에 따른 공과금(공공요금에 해당하는 경우를 제외한다)을 말한다. (2016. 3. 21. 개정)

통칙 14-9…2【장례비용의 범위】
영 제9조 제2항 제1호의 "장례에 직접 소요된 금액"에는 시신의 발굴 및 안치에 직접 소요된 비용과 묘지구입비(공원묘지 사용료를 포함한다), 비석, 상석 등 장례에 직접 소요된 비용을 포함한다. (2011. 5. 20. 개정)

통칙 14-0…4【사용인의 퇴직금상당액에 대한 채무인정 범위】
피상속인의 사업과 관련하여 고용한 사용인에 대한 상속개시일까지의 퇴직금상당액(「근로자 퇴직급여 보장법」 제8조에 따라 지급하여야 할 금액을 말한다)은 상속개시 당시의 피상속인의 채무에 포함한다. (2011. 5. 20. 개정)

률 부칙)

3. 피상속인의 사망 당시 국내에 사업장이 있는 경우로서 그 사업장에
갖춰 두고 기록한 장부에 의하여 확인되는 사업상의 공과금 및 채무
(2010. 1. 1. 개정)

③ 제1항과 제2항에 따라 상속재산의 가액에서 **빼는** 공과금 및 장
례비용의 범위는 대통령령으로 정한다. (2010. 1. 1. 개정)

④ 제1항과 제2항에 따라 상속재산의 가액에서 빼는 채무의 금액은 대통
령령으로 정하는 방법에 따라 증명된 것이어야 한다. (2010. 1. 1. 개정)

제15조【상속개시일 전 처분재산 등의 상속 추정 등】(98. 12.
28 제목개정)

① 피상속인이 재산을 처분하였거나 채무를 부담한 경우로서 다음 각
호의 어느 하나에 해당하는 경우에는 이를 상속받은 것으로 추정하여
제13조에 따른 상속세 과세가액에 산입한다. (2010. 1. 1. 개정)

1. 피상속인이 재산을 처분하여 받은 금액이나 피상속인의 재산에서
   인출한 금액이 상속개시일 전 1년 이내에 재산 종류별로 계산하여
   2억원 이상인 경우와 상속개시일 전 2년 이내에 재산 종류별로 계산
   하여 5억원 이상인 경우로서 대통령령으로 정하는 바에 따라 용도
   가 객관적으로 명백하지 아니한 경우 (2010. 1. 1. 개정)

2. 피상속인이 부담한 채무를 합친 금액이 상속개시일 전 1년 이내에
   2억원 이상인 경우와 상속개시일 전 2년 이내에 5억원 이상인 경우
   로서 대통령령으로 정하는 바에 따라 용도가 객관적으로 명백하지
   아니한 경우 (2010. 1. 1. 개정)

서 당해 부담분에 대하여 상속인이 구상권행사에 의해 변제받을 수 없다고 인
정되는 경우에는 채무로서 공제할 수 있다. (2011. 5. 20. 개정)

⑤ 사실상 임대차계약이 체결된 토지·건물에 있어서 부채로 공제되는 임대보증
금의 귀속은 다음 각 호에 따른다. (2011. 5. 20. 개정)

1. 토지·건물의 소유자가 같은 경우에는 토지·건물 각각에 대한 임대보증금
   은 전체 임대보증금을 토지·건물의 평가액(법 제61조 제5항에 따른 평가
   액을 말한다)으로 안분계산한다. (2011. 5. 20. 개정)

2. 토지·건물의 소유자가 다른 경우에는 실지 임대차계약내용에 따라 임대보증
   금의 귀속을 판정하며 건물의 소유자만이 임대차계약을 체결한 경우에 있어서
   그 임대보증금은 건물의 소유자에게 귀속되는 것으로 한다. (2011. 5. 20. 개정)

제10조【채무의 입증방법 등】① 법 제14조 제4항에서 "대통령
령으로 정하는 방법에 따라 증명된 것"이란 상속개시 당시 피상속인
의 채무로서 상속인이 실제로 부담하는 사실이 다음 각 호의 어느
하나에 따라 증명되는 것을 말한다. (2010. 2. 18. 개정)

1. 국가·지방자치단체 및 금융회사등에 대한 채무는 해당 기관에 대
   한 채무임을 확인할 수 있는 서류 (2015. 2. 3. 개정)

2. 제1호 외의 자에 대한 채무는 채무부담계약서, 채권자확인서, 담보
   설정 및 이자지급에 관한 증빙 등에 의하여 그 사실을 확인할 수 있
   는 서류 (96. 12. 31 개정)

② 법 제15조 제2항 및 이 조 제1항 제1호에 따른 금융회사등은 「금융
실명거래 및 비밀보장에 관한 법률」 제2조 제1호에 따른 금융회사등
(이하 "금융회사등"이라 한다)으로 한다. (2015. 2. 3. 개정)

제11조【상속세 과세가액에 산입되는 재산 또는 채무의 범위】
(2010. 2. 18. 제목개정)

① 법 제15조 제1항 제1호의 규정을 적용함에 있어서 재산의 처분금액
및 인출금액은 재산종류별로 다음 각호의 구분에 따라 계산한 금액을
합한 금액으로 한다. (98. 12. 31 개정)

1. 피상속인이 재산을 처분한 경우에는 그 처분가액 중 상속개시일전
   1년 또는 2년 이내에 실제 수입한 금액 (2000. 12. 29 개정)

2. 피상속인이 금전 등의 재산(이하 이 조에서 "금전 등"이라 한다)을
   인출한 경우에는 상속재산 중 상속개시일전 1년 또는 2년 이내에

'피상속인의 체납된 국세'는 상속세 과세가액
계산시에 상속재산가액에서 공제하나, 상속
으로 인한 납세의무 승계에 있어 '상속으로
인하여 얻은 재산'에서 공제되는 '부채'에는
해당하지 않음. (서삼 46019-11115, 2003.
7. 11.)

제2조의 3【통장 등의 범위】(2016.
3. 21. 조번개정)

통칙 15－11…1【상속받은 재산으로 추정하는 처분재산 등의 가액 계산】(2000. 10. 12. 제목개정)

① 법 제15조 제1항 제1호 및 영 제11조 제1항 제1호의 규정을 적용함에 있어서 피상속인이 처분한 재산가액은 실제 수입한 금액을 기준으로 하되, 그 금액이 확인되지 아니하는 경우에는 당해 재산의 처분당시를 기준으로 법 제60조 내지 제66조의 규정에 의하여 평가한 가액을 그 가액으로 한다. (1998. 2. 25. 개정)

② 법 제15조 제1항 제1호 및 영 제11조 제1항 제2호의 규정을 적용함에 있어서 상속개시일전 1년 또는 2년 이내에 피상속인이 실제 인출한 금전 등의 금액은 통장 또는 위탁자계좌 등을 통하여 상속개시전 1년 또는 2년 이내에 인출한 금전 등의 합계액에서 당해 기간 중 예입된 금전 등의 합계액을 차감한 금전 등으로 한다. 이 경우 인출한 금전 등의 합계액 및 예입된 금전 등의 합계액은 통장 또는 위탁자계좌 전체를 기준으로 하여 계산하되, 그 예입된 금전 등이 통장 또는 위탁자계좌 등에서 인출한 금전 등이 아닌 경우에는 차감하지 아니한다. (2000. 10. 12. 개정)

③ 법 제15조를 적용할 때 "피상속인이 재산을 처분하여 받은 금액이나 피상속인의 재산에서 인출한 금전 등 또는 채무를 부담하고 받은 금액"(이하 이항에서 "사용처소명대상금액"이라 한다) 중 전부 또는 일부 금액이 그 용도가 객관적으로 명백하지 아니한 경우에는 그 용도가 객관적으로 명백하지 아니한 금액에서 사용처소명대상금액의 100분의 20에 해당하는 금액과 2억원 중 적은 금액을 뺀 금액을 상속세 과세가액에 산입한다. (2011. 5. 20. 개정)

④ 삭 제 (2000. 10. 12.)

② 피상속인이 국가, 지방자치단체 및 대통령령으로 정하는 금융회사 등이 아닌 자에 대하여 부담한 채무로서 대통령령으로 정하는 바에 따라 상속인이 변제할 의무가 없는 것으로 추정되는 경우에는 이를 제13조에 따른 상속세 과세가액에 산입한다. (2013. 1. 1. 개정)

③ 제1항 제1호에 규정된 재산을 처분하여 받거나 재산에서 인출한 금액 등의 계산과 재산 종류별 구분에 관한 사항은 대통령령으로 정한다. (2010. 1. 1. 개정)

실제 인출한 금전 등. 이 경우 당해 금전 등이 기획재정부령이 정하는 통장 또는 위탁자계좌 등을 통하여 예입된 경우에는 상속개시일전 1년 또는 2년 이내에 인출한 금전의 합계액에서 당해 기간 중 예입된 금전 등의 합계액을 차감한 금전 등으로 하되, 그 예입된 금전 등이 당해 통장 또는 위탁자계좌 등에서 인출한 금전이 아닌 것을 제외한다. (2008. 2. 29. 직제개정 ; 기획재정부와~직제 부칙)

② 법 제15조 제1항 제1호 및 제2호에서 "대통령령으로 정하는 바에 따라 용도가 객관적으로 명백하지 아니한 경우"란 다음 각 호의 어느 하나에 해당하는 경우를 말한다. (2010. 2. 18. 개정)

1. 피상속인이 재산을 처분하여 받은 금액이나 피상속인의 재산에서 인출한 금전 등 또는 채무를 부담하고 받은 금액을 지출한 거래상대방(이하 이 조에서 "거래상대방"이라 한다)이 거래증빙의 불비 등으로 확인되지 아니하는 경우 (96. 12. 31. 개정)
2. 거래상대방이 금전 등의 수수사실을 부인하거나 거래상대방의 재산상태 등으로 보아 금전등의 수수사실이 인정되지 아니하는 경우 (96. 12. 31. 개정)
3. 거래상대방이 피상속인의 특수관계인으로서 사회통념상 지출사실이 인정되지 아니하는 경우 (2012. 2. 2. 개정)
4. 피상속인이 재산을 처분하거나 채무를 부담하고 받은 금전 등으로 취득한 다른 재산이 확인되지 아니하는 경우 (96. 12. 31. 개정)
5. 피상속인의 연령·직업·경력·소득 및 재산상태 등으로 보아 지출사실이 인정되지 아니하는 경우 (96. 12. 31 개정)

③ 법 제15조 제2항에서 "대통령령으로 정하는 바에 따라 상속인이 변제할 의무가 없는 것으로 추정되는 경우"란 제10조 제1항 제2호에 규정된 서류 등에 의하여 상속인이 실제로 부담하는 사실이 확인되지 아니하는 경우를 말한다. (2010. 2. 18. 개정)

④ 제2항의 규정을 적용함에 있어서 동항 각호의 규정에 의하여 입증되지 아니한 금액이 다음 각호의 1의 금액 중 적은 금액에 미달하는 경우에는 용도가 객관적으로 명백하지 아니한 것으로 추정하지 아니하며, 그 금액 이상인 경우에는 다음 각호의 1에 해당하는 금액 중 적은 금액을 차감한 금액을 용도가 객관적으로 명백하지 아니한 것으로 추정한다. (2002. 12. 30. 개정)

영 제11조 제1항 제2호에서 "기획재정부령이 정하는 통장 또는 위탁자계좌등"이란 「금융실명거래 및 비밀보장에 관한 법률」 제2조 제1호에 따른 금융회사등(이하 "금융회사등"이라 한다)을 통하여 계속 반복적으로 금융거래를 하는 사실 및 그 거래내역을 확인할 수 있는 문서를 말한다. (2024. 3. 22. 개정)

⑤ 법 제15조 제1항 제1호에서 "재산 종류별"이란 다음 각 호의 구분에 따른 것을 말한다. (2010. 2. 18. 개정)
1. 현금·예금 및 유가증권 (98. 12. 31 개정)
2. 부동산 및 부동산에 관한 권리 (96. 12. 31. 개정)
3. 삭 제 (98. 12. 31.)
4. 제1호 및 제2호외의 기타재산 (98. 12. 31. 개정)
5. 삭 제 (98. 12. 31)

제 4 절   공익목적 출연재산의 과세가액 불산입

제16조【공익법인등에 출연한 재산에 대한 상속세 과세가액 불산입】(2016. 12. 20. 제목개정)
① 상속재산 중 피상속인이나 상속인이 종교·자선·학술 관련 사업 등 공익성을 고려하여 대통령령으로 정하는 사업을 하는 자(이하 "공익법인등"이라 한다)에게 출연한 재산의 가액으로서 제67조에 따른 신고기한(법령상 또는 행정상의 사유로 공익법인등의 설립이 지연되는 등 대통령령으로 정하는 부득이한 사유가 있는 경우에는 그 사유가 없어진 날이 속하는 달의 말일부터 6개월까지를 말한다)까지 출연한 재산의 가액은 상속세 과세가액에 산입하지 아니한다. (2020. 6. 9. 개정 ; 법률용어 정비를~법률)

공익법인의 설립·운영에 관한 법률 시행령
제2조【정 의】① 「공익법인의 설립·운영에 관한 법률」(이하 "법"이라 한다) 제2조에서 "사회일반의 이익에 공여하기 위하여 학자금·장학금 또는 연구비의 보조나 지급, 학술·자선에 관한 사업을 목적으로 하는 법인"이라 함은 다음의 사업을 목적으로 하는 법인을 말한다. (2011. 8. 19. 개정)
1. 학자금·장학금 기타 명칭에 관계없이 학생 등의 장학을 목적으로 금전을

제 4 절   공익목적 출연재산의 과세가액 불산입

제12조【공익법인 등의 범위】법 제16조 제1항에서 "대통령령으로 정하는 사업을 하는 자"란 다음 각 호의 어느 하나에 해당하는 사업을 하는 자(이하 "공익법인등"이라 한다)를 말한다. 다만, 제9호를 적용할 때 설립일부터 1년 이내에 「법인세법 시행령」 제39조 제1항 제1호 바목에 따른 공익법인등으로 고시된 경우에는 그 설립일부터 공익법인등에 해당하는 것으로 본다. (2021. 2. 17. 단서개정)
1. 종교의 보급 기타 교화에 현저히 기여하는 사업 (96. 12. 31 개정)
2. 「초·중등교육법」 및 「고등교육법」에 의한 학교, 「유아교육법」에 따른 유치원을 설립·경영하는 사업 (2008. 2. 22. 개정)
3. 「사회복지사업법」의 규정에 의한 사회복지법인이 운영하는 사업 (2005. 8. 5. 개정)
4. 「의료법」에 따른 의료법인이 운영하는 사업 (2017. 5. 29. 개정 ; 정신보건법 시행령 부칙)
5. 「공익법인의 설립·운영에 관한 법률」의 적용을 받는 공익법인이 운영하는 사업 (2005. 8. 5. 개정)
6. 예술 및 문화에 현저히 기여하는 사업 중 영리를 목적으로 하지 아니하는 사업으로서 관계행정기관의 장의 추천을 받아 기획재정부장관이 지정하는 사업 (2008. 2. 29. 직제개정 ; 기획재정부와~직제 부칙)

상증법 15조(상속개시일 전 처분재산 등의 상속 추정 등) 규정 적용시 상품권은 영 11조 5항 1호에 해당함. (재산-238, 2010. 4. 19.)

제3조【공익법인 등의 범위】영 제12조 제11호에서 "기획재정부령이 정하는 사업"이란 다음 각 호의 어느 하나에 해당하는 것을 말한다. (2012. 2. 28. 개정)
1. 「산업기술혁신 촉진법」제42조에 따라 허가받은 한국전자파연구원이 동법 제42조 제3항에 따라 운영하는 사업 (2006. 10. 27. 개정 ; 산업기술기반조성에~시행규칙 부칙)
2. 「중소기업진흥 및 제품구매촉진에 관한 법률」에 의한 중소기업진흥공단이 운영하는 사업으로서 같은 법 제74조 제1항 제20호에 따른 사업 (2008. 4. 30. 개정)
3. 「한국과학기술원법」 기타 특별법에 의하여 설립되었거나 육성되는 법인이 운영하는 사업으로서 「공익법인의 설립·운영에 관한 법률 시행령」제2조에 해당하는 사업 (2005. 3. 19. 개정)
4. 「법인세법」제24조 제2항 제4호 나목·마목, 같은 항 제5호부터 제7호까지 및 같은 법 시행규칙 별표 6의 3 제32호에 따른 기부금을 받은 자가 해당 기부금으로 운영하는 사업 (2011. 7. 29. 개정 ; 법인세법 시행규칙 부칙)

지급하거나 지원하는 사업·금전에 갈음한 물건·용역 또는 시설을 설치·운영 또는 제공하거나 지원하는 사업을 포함한다.

2. 연구비·연구조성비·장려금 기타 명칭에 관계없이 학문·과학기술의 연구·조사·개발·보급을 목적으로 금전을 지급하거나 지원하는 사업·금전에 갈음한 물건·용역 또는 시설을 제공하는 사업을 포함한다.

3. 학문 또는 과학기술의 연구·조사·개발·보급을 목적으로 하는 사업 및 이들 사업을 지원하는 도서관·박물관·과학관 기타 이와 유사한 시설을 설치·운영하는 사업

4. 불행·재해 기타 사정으로 자활할 수 없는 자를 돕기 위한 모든 자선사업

5. 제1호 내지 제4호에 해당하는 사업의 유공자에 대한 시상을 행하는 사업

② 제1항의 법인에는 제1항 각호의 사업과 그 이외의 사업을 함께 수행하는 법인을 포함한다.

☞ **통칙** 16-13…2【공익법인 등에의 출연시기 및 출연시한】(2011. 5. 20. 제목개정)

① 법 제16조 제1항에 따라 공익법인 등에 출연한 재산의 출연시기는 동 공익법인 등이 출연재산을 취득하는 때를 말한다. (2011. 5. 20. 개정)

② 법 제16조 제1항에 따라 공익법인 등에 출연한 재산은 상속세신고기한까지 공익법인 등에 그 출연을 이행(권리의 이전이나 그 행사에 등기·등록 등을 요하는 출연재산의 경우에는 등기·등록에 따라 소유권이 이전된 것을 말한다)하여야 한다. 다만, 법령상 또는 행정상의 정당한 사유로 인하여 설립허가 등이 지연되는 경우에는 그 사유가 종료된 날부터 6월 이내에 그 출연을 이행하여야 한다. (2011. 5. 20. 개정)

16-13…3【이사선임 요건 등을 위배한 출연에 대한 상속세과세】(2011. 5. 20. 제목개정)

① 상속인이 이사 등에서 물러나 해당 공익법인 등의 이사 현원의 5분의 1을 초과하지 아니하고, 동시에 상속인이 그 공익법인 등의 사업운영에 관한 중요사항을 결정할 권한을 갖지 아니한 상태로 전환한 후 상속세 신고기한내에 상속재산을 그 공익법인 등에 출연하는 경우에도 법 제16조 제1항에 따라 출연된 재산가액은

7. 공중위생 및 환경보호에 현저히 기여하는 사업으로서 영리를 목적으로 하지 아니하는 사업 (96. 12. 31 개정)

5.~7. 삭　제 (2018. 2. 13.)

8. 「법인세법」 제24조 제2항 제1호에 해당하는 기부금을 받는 자가 해당 기부금으로 운영하는 사업 (2021. 2. 17. 개정)

9. 「법인세법 시행령」 제39조 제1항 제1호 각 목에 따른 공익법인등 및 「소득세법 시행령」 제80조 제1항 제5호에 따른 공익단체가 운영하는 고유목적사업. 다만, 회원의 친목 또는 이익을 증진시키거나 영리를 목적으로 대가를 수수하는 등 공익성이 있다고 보기 어려운 고유목적사업은 제외한다. (2021. 2. 17. 개정)

10. 「법인세법 시행령」 제39조 제1항 제2호 다목에 해당하는 기부금을 받는 자가 해당 기부금으로 운영하는 사업. 다만, 회원의 친목 또는 이익을 증진시키거나 영리를 목적으로 대가를 수수하는 등 공익성이 있다고 보기 어려운 고유목적사업은 제외한다. (2019. 2. 12. 개정)

11. 제1호 내지 제5호·제7호 또는 제8호와 유사한 사업으로서 기획재정부령이 정하는 사업 (2012. 2. 2. 호번개정)

11. 삭　제 (2018. 2. 13.)

제13조【공익법인등 출연재산에 대한 출연방법 등】(2016. 2. 5. 제목개정)

① 법 제16조 제1항에서 "법령상 또는 행정상의 사유로 공익법인등의 설립이 지연되는 등 대통령령으로 정하는 부득이한 사유"란 다음 각 호의 어느 하나에 해당하는 경우를 말한다. (2017. 2. 7. 개정)

1. 재산의 출연에 있어서 법령상 또는 행정상의 사유로 출연재산의 소유권의 이전이 지연되는 경우 (96. 12. 31 개정)

2. 상속받은 재산을 출연하여 공익법인 등을 설립하는 경우로서 법령상 또는 행정상의 사유로 공익법인 등의 설립허가 등이 지연되는 경우 (96. 12. 31 개정)

② 법 제16조 제1항에 따라 공익법인등에 출연한 재산의 가액을 상속세 과세가액에 산입하지 않으려면 다음 각 호의 요건을 모두 갖추어야 한다. (2021. 2. 17. 개정)

1. 상속인의 의사(상속인이 2명 이상인 경우에는 상속인들의 합의에 의한 의사로 한다)에 따라 상속받은 재산을 법 제16조 제1항에 따른

5. 「여신전문금융업법」 제62조에 따른 여신전문금융업협회가 금융사고를 예방하기 위하여 같은 법 시행령 제6조의 13 제1항에 따른 영세한 중소신용카드가맹점의 신용카드 단말기 교체를 지원하는 사업 (2015. 3. 13. 신설)

6. 「정보통신기반 보호법」 제16조에 따른 정보공유·분석센터로서 「민법」 제32조 및 「금융위원회 소관 비영리법인의 설립 및 감독에 관한 규칙」에 따라 설립된 비영리법인이 금융 분야의 주요 정보통신기반시설에 대한 침해사고 예방, 취약점의 분석·평가 등 금융 분야 정보통신기반시설을 보호하기 위하여 운영하는 사업 (2015. 3. 13. 신설)

7. 「민법」 제32조에 따라 여성가족부장관의 허가를 받아 설립된 비영리법인이 외국 정부가 조성한 자금으로 일본군으로부터 직접적인 피해를 입은 자를 지원하기 위하여 운영하는 사업 (2016. 12. 27. 신설)

8.~10. 삭　제 (2002. 4. 4)

11. 「상공회의소법」에 의한 대한상공회의소가 「근로자직업능력 개발법」에 따라 운영하는 직업능력개발사업 및 「유통산업발전법」 제2조 제1호에 따른 유통산업을 지원하는 사업 (2008. 4. 30. 개정)

12. 「중소기업협동조합법」에 따른 중소기업중앙회가 운영하는 중소기업연수사업, 중소기업상품전시사업(국외의 전시장 설립 및 박람회 참가사업을 포함한다) 및 중소기업글로벌지원센터(중소기업이 공동으로 이용하는 중소기업 지원시설만 해당한다)의 건립·운영사업 (2010. 3. 31. 개정)

13. 「산업집적활성화 및 공장설립에 관한 법률」에 의한 산업단지관리공단 및 한국산업단지공단이 「사회복지사업법」에 의하여 운영하는 사회복지사업 (2005. 3. 19 개정)

14. 삭　제 (2002. 4. 4)

15. 「지역균형개발 및 지방중소기업 육성에 관한 법률」에 의한 지역중소기업종합지원센터가 운영하는 지방중소기업지원사업 (2005. 3. 19 개정)

16. 삭　제 (2002. 4. 4)

17. 「근로복지기본법」에 따른 근로복지진흥기금이 출연하여 설립한 비영리법인으로서 「민법」 제

② 제1항에도 불구하고 내국법인의 의결권 있는 주식 또는 출자지분(이하 이 조에서 "주식등"이라 한다)을 공익법인등에 출연하는 경우로서 출연하는 주식등과 제1호의 주식등을 합한 것이 그 내국법인의 의결권 있는 발행주식총수 또는 출자총액(자기주식과 자기출자지분은 제외한다. 이하 이 조에서 "발행주식총수등"이라 한다)의 제2호에 따른 비율을 초과하는 경우에는 그 초과하는 가액을 상속세 과세가액에 산입한다. (2017. 12. 19. 개정)
1. 주식등 : 다음 각 목의 주식등 (2017. 12. 19. 개정)
　가. 출연자가 출연할 당시 해당 공익법인등이 보유하고 있는 동일한 내국법인의 주식등 (2017. 12. 19. 개정)
　나. 출연자 및 그의 특수관계인이 해당 공익법인등 외의 다른 공익법인등에 출연한 동일한 내국법인의 주식등 (2017. 12. 19. 개정)
　다. 상속인 및 그의 특수관계인이 재산을 출연한 다른 공익법인등이 보유하고 있는 동일한 내국법인의 주식등 (2017. 12. 19. 개정)
2. 비율 : 100분의 10. 다만, 다음 각 목의 어느 하나에 해당하는 경우에는 다음 각 목의 구분에 따른 비율 (2020. 12. 22. 개정)
　가. 다음의 요건을 모두 갖춘 공익법인등(나목 또는 다목에 해당하는 공익법인등은 제외한다)에 출연하는 경우: 100분의 20 (2020. 12. 22. 개정)
　　1) 출연받은 주식등의 의결권을 행사하지 아니할 것 (2020. 12. 22. 개정)
　　2) 자선·장학 또는 사회복지를 목적으로 할 것 (2020. 12. 22. 개정)
　나. 「독점규제 및 공정거래에 관한 법률」 제31조에 따른 상호출자제한기업집단(이하 "상호출자제한기업집단"이라 한다)과 특수관계에 있는 공익법인등 : 100분의 5 (2022. 12. 31. 개정)
　다. 제48조 제11항 각 호의 요건을 충족하지 못하는 공익법인등: 100분의 5 (2020. 12. 22. 개정)

기한까지 출연할 것 (2021. 2. 17. 개정)
2. 상속인이 제1호에 따라 출연된 공익법인 등의 이사 현원(5명에 미달하는 경우에는 5명으로 본다)의 5분의 1을 초과하여 이사가 되지 아니하여야 하며, 이사의 선임 등 공익법인 등의 사업운영에 관한 중요사항을 결정할 권한을 가지지 아니할 것 (2013. 2. 15. 개정)

③ 법 제16조 제2항 제2호 가목 1)에 따른 출연받은 주식등의 의결권을 행사하지 아니하는지 여부는 공익법인등의 정관에 출연받은 주식의 의결권을 행사하지 아니할 것을 규정하였는지를 기준으로 판단한다. (2021. 2. 17. 항번개정)
④ 법 제16조 제2항 제2호 가목 2)에 따른 자선·장학 또는 사회복지를 목적으로 하는지 여부는 해당 공익법인등이 다음 각 호의 어느 하나에 해당하는지를 기준으로 판단한다. (2021. 2. 17. 항번개정)
1. 「사회복지사업법」 제2조 제3호에 따른 사회복지법인 (2018. 2. 13. 신설)

32조에 따라 주무부장관의 허가를 받아 설립된 영유아보육시설이 운영하는 사업 (2014. 3. 14. 개정)
18. 「보험업법」 제175조에 따른 보험협회가 생명보험 사회공헌사업 추진을 위한 협약에 따라 사회공헌기금 등을 통하여 수행하는 사회공헌사업 (2008. 4. 30. 신설)
19. 「노동조합 및 노동관계조정법」 제10조 제2항에 따른 총연합단체인 노동조합이 시행하는 노사상생협력증진에 관한 교육·상담 사업, 그 밖에 선진 노사문화 정착과 노사 공동의 이익증진을 위한 사업으로서 고용노동부장관이 정하는 사업 (2012. 12. 31. 개정)
20.~29. 삭 제 (2002. 4. 4)

제3조【공익법인 등의 범위】삭 제 (2018. 3. 19.)

제4조【성실공익법인등의 요건 충족여부 확인방법 등】① 영 제13조 제5항에 따라 「상속세 및 증여세법」(이하 "법"이라 한다) 제16조 제2항 제2호 각 목 외의 부분 단서에 따른 성실공익법인등(이하 이 조에서 "성실공익법인등"이라 한다)에 해당하는지 여부를 확인받으려는 영 제12조 각 호 외의 부분에 따른 공익법인등(이하 "공익법인등"이라 한다)은 다음 각 호의 서류를 해당 주무관청(이하 이 조에서 "주무관청"이라 한다)에 제출해야 한다. (2019. 3. 20. 개정)
1. 해당 공익법인등의 설립허가서, 등기사항증명서 및 정관 (2013. 2. 23. 신설)
2. 영 제43조 제7항에 따른 감사보고서 (2013. 2. 23. 신설)
3. 별지 제25호의 4 서식에 따른 운용소득 사용명세서 (2013. 2. 23. 신설)
4. 별지 제26호의 2 서식에 따른 이사 등 선임명세서 (2013. 2. 23. 신설)
5. 별지 제26호의 3 서식에 따른 특정기업광고 등 명세서 (2013. 2. 23. 신설)
6. 별지 제30호 서식에 따른 전용계좌개설(변경·추가)신고서 (2013. 2. 23. 신설)
7. 별지 제31호 서식에 따른 공익법인 결산서류 등

관련법령 »

민 법
제32조【비영리법인의 설립과 허가】학술·종교·자선·기예·사교 기타 영리 아닌 사업을 목적으로 하는 사단 또는 재단은 주무관청의 허가를 얻어 이를 법인으로 할 수 있다.

③ 제2항에도 불구하고 다음 각 호의 어느 하나에 해당하는 경우에는 그 내국법인의 발행주식총수등의 같은 항 제2호에 따른 비율을 초과하는 경우에도 그 초과하는 가액을 상속세 과세가액에 산입하지 아니한다. (2020. 12. 22. 개정)
1. 제49조 제1항 각 호 외의 부분 단서에 해당하는 공익법인등으로서 상호출자제한기업집단과 특수관계에 있지 아니한 공익법인등에 그 공익법인등의 출연자와 특수관계에 있지 아니한 내국법인의 주식등을 출연하는 경우로서 주무관청이 공익법인등의 목적사업을 효율적으로 수행하기 위하여 필요하다고 인정하는 경우 (2016. 12. 20. 개정)
2. 상호출자제한기업집단과 특수관계에 있지 아니한 공익법인등으로서 제48조 제11항 각 호의 요건을 충족하는 공익법인등(공익법인등이 설립된 날부터 3개월 이내에 주식등을 출연받고, 설립된 사업연도가 끝난 날부터 2년 이내에 해당 요건을 충족하는 경우를 포함한다)에 발행주식총수등의 제2항 제2호 각 목에 따른 비율을 초과하여 출연하는 경우로서 해당 공익법인등이 초과보유일부터 3년 이내에 초과하여 출연받은 부분을 매각(주식등의 출연자 또는 그의 특수관계인에게 매각하는 경우는 제외한다)하는 경우 (2020. 12. 22. 개정)
3. 「공익법인의 설립·운영에 관한 법률」 및 그 밖의 법령에 따라 내국법인의 주식등을 출연하는 경우 (2016. 12. 20. 개정)

2. 직전 3개 소득세 과세기간 또는 법인세 사업연도에 직접 공익목적사업에 지출한 금액의 평균액의 100분의 80 이상을 자선·장학 또는 사회복지 활동에 지출한 공익법인등 (2018. 2. 13. 신설)
⑤ 법 제16조 제2항 제2호 나목에서 "「독점규제 및 공정거래에 관한 법률」 제31조에 따른 상호출자제한기업집단과 특수관계에 있는 공익법인등"이란 같은 조 제1항에 따라 지정된 상호출자제한기업집단(이하 "상호출자제한기업집단"이라 한다)에 속하는 법인과 같은 법 시행령 제4조 제1항 제1호 각 목 외의 부분에 따른 동일인관련자의 관계에 있는 공익법인등을 말한다. (2024. 2. 29. 개정)

⑥ 법 제16조 제3항 제1호 및 제2호에서 "상호출자제한기업집단과 특수관계에 있지 아니한 공익법인등"이란 각각 상호출자제한기업집단에 속하는 법인과 「독점규제 및 공정거래에 관한 법률 시행령」 제4조 제1항 제1호에 따른 동일인관련자의 관계에 있지 않은 공익법인등을 말한다. (2022. 12. 27. 개정 ; 독점규제~시행령 부칙)
⑦ 법 제16조 제3항 제1호에서 "그 공익법인 등의 출연자와 특수관계에 있지 아니한 내국법인"이란 다음 각 호의 어느 하나에 해당하지 않는 내국법인을 말한다. (2021. 2. 17. 개정)
1. 출연자(출연자가 사망한 경우에는 그 상속인을 말한다. 이하 이 조, 제37조 제2항 및 제38조 제10항에서 같다) 또는 그의 특수관계인(해당 공익법인등은 제외한다)이 주주 또는 출자자(이하 "주주등"이라 한다)이거나 임원의 현원(5명에 미달하는 경우에는 5명으로 본다. 이하 이 항에서 같다) 중 5분의 1을 초과하는 내국법인으로서 출연자 및 그의 특수관계인이 보유하고 있는 주식 및 출자지분(이하 "주식등"이라 한다)의 합계가 가장 많은 내국법인 (2017. 2. 7. 개정)
2. 출연자 또는 그의 특수관계인(해당 공익법인등은 제외한다)이 주주등이거나 임원의 현원 중 5분의 1을 초과하는 내국법인에 대하여 출연자, 그의 특수관계인 및 공익법인등출자법인[해당 공익법인등이 발행주식총수등의 100분의 5(법 제48조 제11항 각 호의 요건을 모두 충족하는 공익법인등인 경우에는 100분의 10)를 초과하여 주식등을 보유하고 있는 내국법인을 말한다. 이하 이 호에서 같다]이 보

의 공시 (2013. 2. 23. 신설)
8. 별지 제32호 서식 부표 2에 따른 출연자 등 특수관계인 사용수익명세서 (2013. 2. 23. 신설)
9. 별지 제32호 서식 부표 5에 따른 장부의 작성·비치 의무 불이행 등 명세서 (2013. 2. 23. 신설)
② 제1항 각 호의 서류를 제출받은 주무관청은 해당 서류를 매 반기 종료일 30일 이내에 납세지 관할지방국세청장에게 송부해야 한다. (2019. 3. 20. 개정)
③ 납세지 관할 지방국세청장은 성실공익법인등 요건의 충족여부를 확인하여 그 결과를 국세청장에게 보고해야 하고, 국세청장은 보고받은 결과를 매 반기 종료일부터 60일 이내에 주무관청 및 해당 공익법인등에게 통보해야 한다. (2019. 3. 20. 개정)
④ 납세지 관할 지방국세청장은 요건 충족여부 확인을 위하여 주무관청 또는 해당 공익법인등에게 추가 자료제출을 요구할 수 있다. (2019. 3. 20. 개정)
⑤ 성실공익법인등이 영 제13조 제5항에 따라 요건을 모두 충족하였는지 여부를 5년마다 재확인 받으려는 경우에는 5년간의 제1항 각 호의 서류를 모두 제출하여야 한다. (2013. 2. 23. 신설)

제4조【성실공익법인등의 요건 충족여부 확인방법 등】 삭 제 (2021. 3. 16.)

④ 제1항부터 제3항까지의 규정에 따라 공익법인등에 출연한 재산의 가액을 상속세 과세가액에 산입하지 아니한 경우로서 다음 각 호의 어느 하나에 해당하는 경우에는 대통령령으로 정하는 가액을 상속세 과세가액에 산입한다. (2016. 12. 20. 신설)
1. 상속세 과세가액에 산입하지 아니한 재산과 그 재산에서 생기는 이익의 전부 또는 일부가 상속인(상속인의 특수관계인을 포함한다)에게 귀속되는 경우 (2016. 12. 20. 신설)
2. 제3항 제2호에 해당하는 경우로서 초과보유일로부터 3년 이내에 발행주식총수등의 제2항 제2호 각 목에 따른 비율을 초과하여 출연받은 주식등을 매각(주식등의 출연자 또는 그의 특수관계인에게 매각하는 경우는 제외한다)하지 아니하는 경우 (2017. 12. 19. 개정)
⑤ 제1항부터 제4항까지의 규정에 따른 상속재산의 출연방법, 발행주식총수등의 범위, 발행주식총수등의 제2항 제2호에 따른 비율을 초과하는 가액의 계산방법, 상호출자제한기업집단과 특수관계에 있지 아니한 공익법인등의 범위, 해당 공익법인등의 출연자와 특수관계에 있지 아니한 내국법인의 범위, 제2항 제2호 가목의 요건을 갖춘 공익법인등의 범위 및 그 밖에 필요한 사항은 대통령령으로 정한다. (2020. 12. 22. 개정)

제17조【공익신탁재산에 대한 상속세 과세가액 불산입】 ① 상속재산 중 피상속인이나 상속인이 「공익신탁법」에 따른 공익신탁으로서 종교·자선·학술 또는 그 밖의 공익을 목적으로 하는 신탁(이하 이 조에서 "공익신탁"이라 한다)을 통하여 공익법인등에 출연하는 재산의 가액은 상속세 과세가액에 산입하지 아니한다. (2014. 3. 18. 개정 ; 공익신탁법 부칙)
② 제1항을 적용할 때 공익신탁의 범위, 운영 및 출연시기, 그 밖에 필요한 사항은 대통령령으로 정한다. (2010. 1. 1. 개정)

유하고 있는 주식등의 합계가 가장 많은 경우에는 해당 공익법인등 출자법인(출연자 및 그의 특수관계인이 보유하고 있는 주식등의 합계가 가장 많은 경우로 한정한다) (2021. 2. 17. 개정)
⑧ 법 제16조 제4항 각 호 외의 부분에서 "대통령령으로 정하는 가액"이란 다음 각 호의 구분에 따른 재산의 가액 또는 이익에 대하여 상속개시일 현재 법 제4장의 규정에 따라 평가한 가액을 말한다. (2021. 2. 17. 항번개정)
1. 법 제16조 제4항 제1호의 경우 : 상속인(상속인의 특수관계인을 포함한다)에게 귀속되는 재산의 가액 또는 이익 (2017. 2. 7. 신설)
2. 법 제16조 제4항 제2호의 경우 : 발행주식총수등의 100분의 10을 초과하여 출연받은 주식등의 가액 (2017. 2. 7. 신설)
⑨ 이 조를 적용함에 있어서 주무관청 또는 주무부장관을 알 수 없는 경우에는 관할세무서장을 주무관청 또는 주무부장관으로 본다. (2021. 2. 17. 항번개정)
⑪ 법 제16조 제3항 제1호에서 "상호출자제한기업집단과 특수관계에 있지 아니한 공익법인등"이란 제7항에 따른 공익법인등을 말한다. (2017. 2. 7. 신설)
⑫ 법 제16조 제3항 제2호에서 "상호출자제한기업집단과 특수관계에 있지 아니한 성실공익법인등"이란 제7항에 따른 공익법인등을 말한다. (2017. 2. 7. 신설)
⑭ 제3항부터 제5항까지의 규정과 관련하여 성실공익법인등의 요건 충족여부 확인방법 및 제출서류 등에 필요한 사항은 기획재정부령으로 정한다. (2013. 2. 15. 신설)
⑪·⑫·⑭ 삭 제 (2021. 2. 17.)

제14조【공익신탁의 범위 등】 ① 법 제17조 제1항의 규정에 의한 공익신탁은 다음 각호의 요건을 갖춘 것으로 한다. (2008. 2. 22. 개정)
1. 공익신탁의 수익자가 제12조에 규정된 공익법인 등이거나 그 공익법인 등의 수혜자일 것 (96. 12. 31 개정)
2. 공익신탁의 만기일까지 신탁계약이 중도해지되거나 취소되지 아니할 것 (96. 12. 31 개정)
3. 공익신탁의 중도해지 또는 종료시 잔여신탁재산이 국가·지방자치단체 및 다른 공익신탁에 귀속될 것 (96. 12. 31 개정)
② 법 제17조 제1항에 따라 상속세과세가액에 산입하지 아니하는 재산은 상속세과세표준 신고기한까지 신탁을 이행하여야 한다.

제 5 절　상속공제

제18조【기초공제】 거주자나 비거주자의 사망으로 상속이 개시되는 경우에는 상속세 과세가액에서 2억원을 공제한다. (2022. 12. 31. 개정)

제18조의 2【가업상속공제】① 거주자의 사망으로 상속이 개시되는 경우로서 가업[대통령령으로 정하는 중소기업 또는 대통령령으로 정하는 중견기업(상속이 개시되는 소득세 과세기간 또는 법인세 사업연도의 직전 3개 소득세 과세기간 또는 법인세 사업연도의 매출액 평균금액이 5천억원 이상인 기업은 제외한다. 이하 이 조에서 같다)으로서 피상속인이 10년 이상 계속하여 경영한 기업을 말한다. 이하 같다]의 상속(이하 "가업상속"이라 한다)에 해당하는 경우에는 가업상속 재산가액에 상당하는 금액을 상속세 과세가액에서 공제한다. 이 경우 공제하는 금액은 다음 각 호의 구분에 따른 금액을 한도로 한다. (2022. 12. 31. 신설)
1. 피상속인이 10년 이상 20년 미만 계속하여 경영한 경우 : 300억원 (2022. 12. 31. 신설)
2. 피상속인이 20년 이상 30년 미만 계속하여 경영한 경우 : 400억원 (2022. 12. 31. 신설)
3. 피상속인이 30년 이상 계속하여 경영한 경우 : 600억원 (2022. 12. 31. 신설)
② ☞ P.2136

(➡ 영 15조)

집행기준 18의 2-15-13 【가업상속공제가 추징되지 않는 정당한 사유】

다만, 법령상 또는 행정상의 사유로 신탁 이행이 늦어지면 그 사유가 끝나는 날이 속하는 달의 말일부터 6개월 이내에 신탁을 이행하여야 한다. (2012. 2. 2. 단서개정)

제 5 절　상속공제

제15조【가업상속】① 법 제18조의 2 제1항 각 호 외의 부분 전단에서 "대통령령으로 정하는 중소기업"이란 상속개시일이 속하는 소득세 과세기간 또는 법인세 사업연도의 직전 소득세 과세기간 또는 법인세 사업연도 말 현재 다음 각 호의 요건을 모두 갖춘 기업(이하 이 조에서 "중소기업"이라 한다)을 말한다. (2023. 2. 28. 개정)
1. 별표에 따른 업종을 주된 사업으로 영위할 것 (2017. 2. 7. 개정)
2. 「조세특례제한법 시행령」 제2조 제1항 제1호 및 제3호의 요건을 충족할 것 (2017. 2. 7. 개정)
3. 자산총액이 5천억원 미만일 것 (2017. 2. 7. 개정)
② 법 제18조의 2 제1항 각 호 외의 부분 전단에서 "대통령령으로 정하는 중견기업"이란 상속개시일이 속하는 소득세 과세기간 또는 법인세 사업연도의 직전 소득세 과세기간 또는 법인세 사업연도 말 현재 다음 각 호의 요건을 모두 갖춘 기업(이하 이 조에서 "중견기업"이라 한다)을 말한다. (2023. 2. 28. 개정)
1. 별표에 따른 업종을 주된 사업으로 영위할 것 (2017. 2. 7. 개정)
2. 「조세특례제한법 시행령」 제9조 제4항 제1호 및 제3호의 요건을 충족할 것 (2022. 2. 15. 개정)
3. 상속개시일의 직전 3개 소득세 과세기간 또는 법인세 사업연도의 매출액(매출액은 기획재정부령으로 정하는 바에 따라 계산하며, 소득세 과세기간 또는 법인세 사업연도가 1년 미만인 소득세 과세기간 또는 법인세 사업연도의 매출액은 1년으로 환산한 매출액을 말한다)

편주 ▶
영 별표 2호 러목의 개정규정은 2025. 2. 28. 이후 상속이 개시되는 경우부터 적용함. (영 부칙(2025. 2. 28.) 7조)
☞

제5조【가업상속의 공제한도 및 순서】「상속세 및 증여세법」(이하 "법"이라 한다) 제18조의 2 제1항 각 호의 가업상속의 공제한도를 적용할 때 영 제15조 제4항에 따른 피상속인이 둘 이상의 독립된 가업을 영위한 경우에는 해당 기업 중 계속하여 경영한 기간이 긴 기업의 계속 경영기간에 대한 공제한도를 적용하며, 상속세 과세가액에서 피상속인이 계속하여 경영한 기간이 긴 기업의 가업상속 재산가액부터 순차적으로 공제한다. (2023. 3. 20. 개정)

제4조의 2【매출액의 계산방법】영 제15조 제2항 제3호에 따른 매출액은 기

항 목	정당한 사유
가업용 자산의 40% 이상을 처분한 경우	① 가업용 자산이 법률에 따라 수용 또는 협의매수되거나 국가 또는 지방자치단체에 양도, 시설의 개체, 사업장 이전 등으로 처분되었으나, 처분자산과 동일한 자산을 대체 취득하여 계속 사용하는 경우 ② 가업용 자산을 국가 또는 지방자치단체에 증여하는 경우 ③ 가업 상속받은 상속인이 사망한 경우 ④ 합병·분할, 통합, 개인사업의 법인전환 등 조직변경으로 인하여 자산의 소유권이 이전되었으나, 조직변경 이전의 업종과 같은 업종을 영위하고 이전된 가업용 자산을 그 사업에 계속 사용하는 경우 ⑤ 내용연수가 지난 가업용 자산을 처분하는 경우 ⑥ 가업의 주된 업종 변경과 관련하여 자산을 처분하는 경우로서 변경된 업종을 가업으로 영위하기 위하여 자산을 대체취득하여 가업에 계속 사용하는 경우 ⑦ 가업용 자산의 처분금액을 연구·인력개발비로 사용하는 경우
상속인이 가업에 종사하지 않은 것으로 된 경우	① 가업상속 받은 상속인이 사망한 경우 ② 가업상속 받은 재산을 국가 또는 지방자치단체에 증여하는 경우 ③ 상속인이 법률에 따른 병역의무의 이행, 질병의 요양, 취학상 형편 등으로 가업이나 농업·축산업·임업 및 어업에 직접 종사할 수 없는 사유가 있는 경우
주식 등의 지분이 감소한 경우	① 합병·분할 등 조직변경에 따라 주식 등을 처분하였으나, 처분 후에도 상속인이 합병법인 또는 분할신설법인 등 조직변경에 따른 법인의 최대주주 등에 해당하는 경우 ② 해당 법인의 사업확장 등에 따라 유상증자할 때 상속인과 특수관계에 없는 자에게 주식 등을 배정함에 따라 상속인의 지분율이 낮아졌으나, 상속인이 최대주주 등에 해당하는 경우 ③ 상속인이 사망한 경우. 다만, 사망한 자의 상속인이 당초 상속인의 지위를 승계하여 가업에 종사하는 경우에 한함. ④ 주식 등을 국가 또는 지방자치단체에 증여하는 경우 ⑤ 「자본시장과 금융투자업에 관한 법률」 제390조 제1항에

의 평균금액이 5천억원 미만인 기업일 것 (2023. 2. 28. 개정)

③ 법 제18조의 2 제1항 각 호 외의 부분 전단에 따른 가업상속(이하 "가업상속"이라 한다)은 피상속인 및 상속인이 다음 각 호의 요건을 모두 갖춘 경우에만 적용한다. 이 경우 가업상속이 이루어진 후에 가업상속 당시 최대주주 또는 최대출자자(제19조 제2항에 따른 최대주주 또는 최대출자자를 말한다. 이하 "최대주주등"이라 한다)에 해당하는 자(가업상속을 받은 상속인은 제외한다)의 사망으로 상속이 개시되는 경우는 적용하지 아니한다. (2023. 2. 28. 개정)

통칙 18의 2 - 15…2 【가업상속 판정기준】 (2024. 3. 15. 번호개정)

① 영 제15조 제3항 제2호에 따른 상속인이 직접 가업에 종사한 기간의 판정 시 상속인이 가업에 종사하다가 중도에 퇴사한 후 다시 입사한 경우 재입사 전 가업에 종사한 기간은 포함하여 계산한다. (2019. 12. 23. 개정)

② 법 제18조의 2 제1항에 따른 피상속인이 10년 이상 계속하여 영위한 사업의 판정 시 피상속인이 사업장을 이전하여 같은 업종의 사업을 계속하여 영위하는 경우에는 종전 사업장에서의 사업영위기간을 포함하여 계산한다. (2024. 3. 15. 개정)

③ 법 제18조의 2 제1항을 적용할 때 개인사업자로서 영위하던 가업을 동일업종의 법인으로 전환하여 피상속인이 법인 설립일 이후 계속하여 그 법인의 최대주주 등에 해당하는 경우에는 개인사업자로서 가업을 영위한 기간을 포함하여 계산한다. (2024. 3. 15. 개정)

1. 피상속인이 다음 각 목의 요건을 모두 갖춘 경우 (2016. 2. 5. 개정)

가. 중소기업 또는 중견기업의 최대주주등인 경우로서 피상속인과 그의 특수관계인의 주식등을 합하여 해당 기업의 발행주식총수 등의 100분의 40[「자본시장과 금융투자업에 관한 법률」 제8조의 2 제2항에 따른 거래소(이하 "거래소"라 한다)에 상장되어 있는 법인이면 100분의 20] 이상을 10년 이상 계속하여 보유할 것 (2023. 2. 28. 개정)

나. 법 제18조의 2 제1항 각 호 외의 부분 전단에 따른 가업(이하 "가업"이라 한다)의 영위기간[별표에 따른 업종으로서 「통계법」 제22조에 따라 통계청장이 작성·고시하는 표준분류(이하 "한국표준산업분류"라 한다)상 동일한 대분류 내의 다른 업종으로 주된 사업을 변경하여 영위한 기간은 합산한다] 중 다음의 어느

업회계기준에 따라 작성한 손익계산서상의 매출액으로 한다. (2017. 3. 10. 신설)

(➡ 영 15조)

집행기준 18의 2-15-12 【가업상속공제가 추징되는 경우】

가업상속공제를 받은 후 상속개시일부터 5년 이내에 정당한 사유 없이 다음의 경우에 해당되면 공제받은 금액에 해당 가업용 자산의 처분 비율(아래 1.만 해당)과 해당일까지의 기간을 고려하여 일정율을 곱하여 계산한 금액을 상속개시 당시의 상속세 과세가액에 산입하여 상속세를 부과하고 이자상당액도 함께 가산하여 부과한다.

사 유	내 용
1. 가업용 자산의 40% 이상을 처분한 경우	① 가업용 자산가액 　가. 소득세법 적용받는 가업 : 가업상속재산 　나. 법인세법 적용받는 가업 : 가업 법인사업에 직접 사용되는 사업용 고정자산 ② 가업용 자산 중 처분(임대)한 자산의 상속개시일 현재의 가액 ③ 처분비율 = ②/①
2. 상속인이 가업에 종사하지 않은 것으로 된 경우	① 상속인이 대표이사 등으로 종사하지 아니하는 경우 ② 가업의 주된 업종을 변경하는 경우. 다만, 다음에 해당하는 경우는 제외 　가. 한국표준산업분류에 따른 대분류 내에서 업종을 변경하는 경우 　나. 평가심의위원회의 심의를 거쳐 업종의 변

항 목	정당한 사유
	따른 상장규정의 상장요건을 갖추기 위하여 지분을 감소시키는 경우로서 상속인이 최대주주 등에 해당하는 경우 ⑥ 상속인이 상속받은 주식 등을 물납하여 지분이 감소하였으나 감소 후에도 최대주주 등에 해당하는 경우 ⑦ 주주 또는 출자자의 주식 및 출자지분의 비율에 따라서 무상으로 균등하게 감자하는 경우 ⑧「채무자 회생 및 파산에 관한 법률」에 따른 법원의 결정에 따라 무상으로 감자하거나 채무를 출자전환하는 경우

(2024. 10. 31. 개정)

● 예 판 ……………………………………

가업상속공제 적용시 "대표이사 등으로 취임한 경우"는 상속인이 대표이사로 선임되어 법인등기부에 등재되고 대표이사직을 수행하는 경우를 의미함. (재산 - 166, 2010. 3. 18.)

………………………………………………

☞

하나에 해당하는 기간을 대표이사(개인사업자인 경우 대표자를 말한다. 이하 이 조, 제16조, 제68조 및 제69조의 3에서 "대표이사등"이라 한다)로 재직할 것 (2023. 2. 28. 개정)

1) 100분의 50 이상의 기간 (2016. 2. 5. 개정)
2) 10년 이상의 기간(상속인이 피상속인의 대표이사등의 직을 승계하여 승계한 날부터 상속개시일까지 계속 재직한 경우로 한정한다) (2016. 2. 5. 개정)
3) 상속개시일부터 소급하여 10년 중 5년 이상의 기간 (2016. 2. 5. 개정)

2. 상속인이 다음 각 목의 요건을 모두 갖춘 경우. 이 경우 상속인의 배우자가 다음 각 목의 요건을 모두 갖춘 경우에는 상속인이 그 요건을 갖춘 것으로 본다. (2016. 2. 5. 개정)

가. 상속개시일 현재 18세 이상일 것 (2016. 2. 5. 개정)

나. 상속개시일 전에 제1호 나목에 따른 영위기간 중 2년 이상 직접 가업에 종사(상속개시일 2년 전부터 가업에 종사한 경우로서 상속개시일부터 소급하여 2년에 해당하는 날부터 상속개시일까지의 기간 중 제8항 제2호 다목에 따른 사유로 가업에 종사하지 못한 기간이 있는 경우에는 그 기간은 가업에 종사한 기간으로 본다)하였을 것. 다만, 피상속인이 65세 이전에 사망하거나 천재지변 및 인재 등 부득이한 사유로 사망한 경우에는 그러하지 아니하다. (2022. 2. 15. 개정)

다. 상속세과세표준 신고기한까지 임원으로 취임할 것 (2024. 2. 29. 신설)

라. 상속세과세표준 신고기한부터 2년 이내에 대표이사등으로 취임할 것 (2024. 2. 29. 개정)

④ 제3항을 적용할 때 피상속인이 둘 이상의 독립된 기업을 가업으로 영위한 경우의 해당 가업상속 공제한도 및 공제순서 등에 대해서는 기획재정부령으로 정한다. (2016. 2. 5. 신설)

⑤ 법 제18조의 2 제1항 각 호 외의 부분 전단에서 "가업상속 재산가액"이란 다음 각 호의 구분에 따라 제3항 제2호의 요건을 모두 갖춘 상속인(이하 이 조에서 "가업상속인"이라 한다)이 받거나 받을 상속재산의 가액을 말한다. (2023. 2. 28. 개정)

사 유	내 용
	경을 승인하는 경우 ③ 해당 기업을 1년 이상 휴업이나 휴업(무실적 포함), 폐업하는 경우
3. 주식 등의 지분이 감소한 경우	다음의 사유로 상속인의 지분이 감소하거나 최대주주에서 제외된 경우 ① 상속인이 상속받은 주식 등을 처분하는 경우(유상 균등 감자 포함) ② 해당 법인이 유상증자할 때 상속인의 실권 등으로 지분율이 감소한 경우 ③ 상속인과 특수관계에 있는 자가 주식 등을 처분하거나 유상증자시 실권 등으로 상속인이 최대주주 등에 해당되지 아니하게 되는 경우
4. 고용요건을 충족하지 못하는 경우	다음 ①과 ②에 모두 해당하는 경우 ① 상속이 개시된 사업연도 말부터 5년간 정규직 근로자수의 전체 평균이 기준고용인원의 90%에 미달하는 경우 ② 상속이 개시된 사업연도말부터 5년간 총급여액의 전체 평균이 기준총급여액의 90%에 미달하는 경우

(2024. 10. 31. 개정)

다. 「법인세법 시행령」 제61조 제1항 제2호에 해당하는 자산. 다만, 임직원에게 대여한 다음의 어느 하나에 해당하는 자산은 제외한다. (2025. 2. 28. 개정)
　　1) 임직원 본인 또는 자녀의 학자금 (2025. 2. 28. 개정)
　　2) 주택(대여일 당시 「소득세법」 제99조 제1항에 따른 기준시가가 6억원 이하인 주택으로 한정한다)에 대한 전세금(주택의 등기를 하지 않은 전세계약에 따른 임대차보증금을 포함한다) (2025. 2. 28. 개정)
라. 과다보유현금[상속개시일 직전 5개 사업연도 말 평균 현금(요구불예금 및 취득일부터 만기가 3개월 이내인 금융상품을 포함한다)보유액의 100분의 150을 초과하는 것을 말한다] (2012. 2. 2. 개정)
라. 과다보유현금[상속개시일 직전 5개 사업연도 말 평균 현금(요구불예금 및 취득일부터 만기가 3개월 이내인 금융상품을 포함한다)보유액의 100분의 200을 초과하는 것을 말한다] (2025. 2. 28. 개정)
마. 법인의 영업활동과 직접 관련이 없이 보유하고 있는 주식 등, 채권 및 금융상품(라목에 해당하는 것은 제외한다) (2018. 2. 13. 개정)

쟁점법인과 해외자회사의 직접적인 사업관련성을 부인하기 어렵고 쟁점지분은 쟁점법인의 영업활동과 직접 관련되어 보유하는 주식등에 해당한다고 봄이 타당하다 할 것이므로, 처분청이 쟁점지분을 쟁점법인의 영업활동과 직접 관련이 없는 자산으로 보아 가업상속공제 대상에서 제외한 처분은 잘못이 있는 것으로 판단됨. (조심2020서1841, 2021. 2. 19.)

☞ p.2136 2단 연결

---

1. 「소득세법」을 적용받는 가업 : 가업에 직접 사용되는 토지, 건축물, 기계장치 등 사업용 자산의 가액에서 해당 자산에 담보된 채무액을 뺀 가액 (2017. 2. 7. 개정)
1. 「소득세법」을 적용받는 가업 : 가업에 직접 사용되는 토지(「소득세법」 제104조의 3에 따른 비사업용 토지는 제외한다. 이하 이 조 및 제68조에서 같다), 건축물, 기계장치 등 사업용 자산의 가액에서 해당 자산에 담보된 채무액을 뺀 가액 (2025. 2. 28. 개정)
2. 「법인세법」을 적용받는 가업 : 가업에 해당하는 법인의 주식등의 가액[해당 주식등의 가액에 그 법인의 총자산가액(상속개시일 현재 법 제4장에 따라 평가한 가액을 말한다) 중 상속개시일 현재 다음 각 목의 어느 하나에 해당하는 자산(상속개시일 현재를 기준으로 법 제4장에 따라 평가한 가액을 말한다. 이 조 및 제68조에서 "사업무관자산"이라 한다)을 제외한 자산가액이 차지하는 비율을 곱하여 계산한 금액에 해당하는 것을 말한다] (2020. 2. 11. 개정)
가. 「법인세법」 제55조의 2에 해당하는 자산 (2012. 2. 2. 개정)
나. 「법인세법 시행령」 제49조에 해당하는 자산 및 타인에게 임대하고 있는 부동산(지상권 및 부동산임차권 등 부동산에 관한 권리를 포함한다) (2012. 2. 2. 개정)
나. 「법인세법 시행령」 제49조에 해당하는 자산 및 타인에게 임대하고 있는 부동산(지상권 및 부동산임차권 등 부동산에 관한 권리를 포함한다). 다만, 해당 법인이 소유한 주택(「주택법」 제2조 제6호에 따른 국민주택규모 이하인 주택 또는 상속개시일 현재 「소득세법」 제99조 제1항에 따른 기준시가가 6억원 이하인 주택으로 한정한다)으로서 해당 법인의 임원 및 직원(다음의 어느 하나에 해당하는 자는 제외하며, 이하 이 조에서 "임직원"이라 한다)에게 5년 이상 계속하여 무상으로 임대하고 있는 주택은 제외한다. (2025. 2. 28. 개정)
　　1) 해당 법인의 발행주식총수 또는 출자총액의 100분의 1 이상의 주식등을 소유한 주주등 (2025. 2. 28. 개정)
　　2) 해당 법인의 법 제63조 제3항 전단에 따른 최대주주 또는 최대출자자와 제2조의 2 제1항 제1호의 관계에 있는 자 (2025. 2. 28. 개정)
다. 「법인세법 시행령」 제61조 제1항 제2호에 해당하는 자산 (2012. 2. 2. 개정)

가업상속공제 대상 자산 범위 합리화
• 상속세 과세가액에서 공제할 수 있는 개인사업자의 가업상속 재산가액에서 「소득세법」에 따른 비사업용 토지는 제외함.
• 「주택법」에 따른 국민주택규모 이하 또는 「소득세법」에 따른 기준시가가 6억원 이하인 주택으로서 임직원에게 5년 이상 무상으로 임대하고 있는 법인 소유의 주택 및 임직원에게 임직원 본인·자녀의 학자금 또는 「소득세법」에 따른 기준시가가 6억원 이하인 주택의 전세금으로 대여한 금액을 상속세 과세가액에서 공제할 수 있는 법인의 가업상속 재산가액에 추가함. (영 15조 5항 1호 및 2호 개정 ; 2025. 2. 28.)
• 영 15조 5항 1호 및 2호의 개정규정은 2025. 2. 28. 이후 상속이 개시되는 경우부터 적용함. (영 부칙(2025. 2. 28.) 2조)

〈제18조의 2〉

② 제1항에도 불구하고 가업이 중견기업에 해당하는 경우로서 가업을 상속받거나 받을 상속인의 가업상속재산 외의 상속재산의 가액이 해당 상속인이 상속세로 납부할 금액에 대통령령으로 정하는 비율을 곱한 금액을 초과하는 경우에는 해당 상속인이 상속받거나 받을 가업상속재산에 대해서는 제1항에 따른 공제(이하 "가업상속공제"라 한다)를 적용하지 아니한다. (2022. 12. 31. 신설)

③ 가업상속공제를 받으려는 상속인은 가업상속에 해당함을 증명하기 위한 서류를 제67조 제2항에 따라 납세지 관할세무서장에게 제출하여야 한다. (2022. 12. 31. 신설)

④ 제1항 및 제2항을 적용할 때 피상속인 및 상속인의 요건, 주식등을 상속하는 경우의 적용방법 등 가업상속의 범위, 가업상속재산과 가업상속재산 외의 상속재산의 범위, 가업을 상속받거나 받을 상속인이 상속세로 납부할 금액의 계산방법, 그 밖에 필요한 사항은 대통령령으로 정한다. (2022. 12. 31. 신설)

⑤ 가업상속공제를 받은 상속인이 상속개시일부터 5년 이내에 대통령령으로 정하는 정당한 사유 없이 다음 각 호의 어느 하나에 해당하면 제1항에 따라 공제받은 금액에 해당일까지의 기간을 고려하여 대통령령으로 정하는 율을 곱하여 계산한 금액(제1호에 해당하는 경우에는 가업용 자산의 처분 비율을 추가로 곱한 금액을 말한다)을 상속개시 당시의 상속세 과세가액에 산입하여 상속세를 부과한다. 이 경우 대통령령으로 정하는 바에 따라 계산한 이자상당액을 그 부과하는 상속세에 가산한다. (2022. 12. 31. 신설)

1. 가업용 자산의 100분의 40 이상을 처분한 경우 (2022. 12. 31. 신설)

⑥ 법 제18조의 2 제2항에 따른 가업을 상속받거나 받을 상속인의 가업상속재산 외의 상속재산의 가액은 가업상속인이 받거나 받을 상속재산(법 제13조에 따라 상속재산에 가산하는 증여재산 중 가업상속인이 받은 증여재산을 포함한다)의 가액에서 다음 각 호의 금액을 차감한 금액으로 한다. (2023. 2. 28. 개정)

1. 해당 가업상속인이 부담하는 채무로서 제10조 제1항에 따라 증명되는 채무의 금액 (2018. 2. 13. 신설)

2. 해당 가업상속인이 제5항 각 호의 구분에 따라 받거나 받을 가업상속 재산가액 (2018. 2. 13. 신설)

⑦ 법 제18조의 2 제2항에서 "해당 상속인이 상속세로 납부할 금액에 대통령령으로 정하는 비율을 곱한 금액"이란 가업상속인이 같은 조 제1항에 따른 가업상속공제를 받지 아니하였을 경우 법 제3조의 2 제1항 및 제2항에 따라 계산한 해당 가업상속인이 납부할 의무가 있는 상속세액에 100분의 200을 곱한 금액을 말한다. (2023. 2. 28. 개정)

⑧ 법 제18조의 2 제5항 각 호 외의 부분 전단에서 "대통령령으로 정하는 정당한 사유"란 다음 각 호에 해당하는 사유를 말한다. (2023. 2. 28. 개정)

1. 법 제18조의 2 제5항 제1호를 적용할 때에는 다음 각 목의 어느 하나에 해당하는 경우 (2023. 2. 28. 개정)

가. 제9항에 따른 가업용 자산(이하 이 조에서 "가업용 자산"이라 한다)이 「공익사업을 위한 토지 등의 취득 및 보상에 관한 법률」, 그 밖의 법률에 따라 수용 또는 협의 매수되거나 국가 또는 지방자치단체에 양도되거나 시설의 개체(改替), 사업장 이전 등으로 처분되는 경우. 다만, 처분자산과 같은 종류의 자산을 대체 취득하여 가업에 계속 사용하는 경우에 한한다. (2018. 2. 13. 개정)

나. 가업용 자산을 국가 또는 지방자치단체에 증여하는 경우 (2008. 2. 22. 개정)

다. 가업상속받은 상속인이 사망한 경우 (2008. 2. 22. 개정)

라. 합병·분할, 통합, 개인사업의 법인전환 등 조직변경으로 인하여 자산의 소유권이 이전되는 경우. 다만, 조직변경 이전의 업종과 같은 업종을 영위하는 경우로서 이전된 가업용 자산을 그

☞
통칙 18의 2-15…1 【가업상속의 사후관리】

법 제18조의 2 제5항에 따른 가업상속의 사후관리기간의 계산에 있어 영 제15조 제8항에 따른 정당한 사유로 직접 가업에 종사하지 못하게 된 기간은 제외한다. (2024. 3. 15. 신설)

2. 해당 상속인이 가업에 종사하지 아니하게 된 경우 (2022. 12. 31. 신설)

3. 주식등을 상속받은 상속인의 지분이 감소한 경우. 다만, 상속인이 상속받은 주식등을 제73조에 따라 물납(物納)하여 지분이 감소한 경우는 제외하되, 이 경우에도 상속인은 제22조 제2항에 따른 최대주주나 최대출자자에 해당하여야 한다. (2022. 12. 31. 신설)

사업에 계속 사용하는 경우에 한한다. (2008. 2. 22. 개정)

마. 내용연수가 지난 가업용 자산을 처분하는 경우 (2008. 2. 22. 개정)

바. 제11항 제2호에 따른 가업의 주된 업종 변경과 관련하여 자산을 처분하는 경우로서 변경된 업종을 가업으로 영위하기 위하여 자산을 대체취득하여 가업에 계속 사용하는 경우 (2020. 2. 11. 신설)

사. 가업용자산의 처분금액을 「조세특례제한법」 제10조에 따른 연구·인력개발비로 사용하는 경우 (2023. 2. 28. 개정)

2. 법 제18조의 2 제5항 제2호를 적용할 때에는 다음 각 목의 어느 하나에 해당하는 경우 (2023. 2. 28. 개정)

가. 가업상속받은 상속인이 사망한 경우 (2008. 2. 22. 개정)

나. 가업상속 받은 재산을 국가 또는 지방자치단체에 증여하는 경우 (2016. 2. 5. 개정)

다. 상속인이 법률에 따른 병역의무의 이행, 질병의 요양 등 기획재정부령으로 정하는 부득이한 사유에 해당하는 경우 (2008. 2. 29. 직제개정 ; 기획재정부와~직제 부칙)

3. 법 제18조의 2 제5항 제3호를 적용할 때에는 다음 각 목의 어느 하나에 해당하는 경우 (2023. 2. 28. 개정)

가. 합병·분할 등 조직변경에 따라 주식 등을 처분하는 경우. 다만, 처분 후에도 상속인이 합병법인 또는 분할신설법인 등 조직변경에 따른 법인의 최대주주 등에 해당하는 경우에 한한다. (2008. 2. 22. 개정)

나. 해당 법인의 사업확장 등에 따라 유상증자할 때 상속인의 특수관계인 외의 자에게 주식 등을 배정함에 따라 상속인의 지분율이 낮아지는 경우. 다만, 상속인이 최대주주 등에 해당하는 경우에 한한다. (2012. 2. 2. 개정)

다. 상속인이 사망한 경우. 다만, 사망한 자의 상속인이 원래 상속인의 지위를 승계하여 가업에 종사하는 경우에 한한다. (2013. 2. 15. 단서개정)

라. 주식 등을 국가 또는 지방자치단체에 증여하는 경우 (2008. 2. 22. 개정)

마. 「자본시장과 금융투자업에 관한 법률」 제390조 제1항에 따른 상장규정의 상장요건을 갖추기 위하여 지분을 감소시킨 경우. 다

제6조【상속세를 추징하지 아니하는 사유】 영 제15조 제8항 제2호 다목 및 영 제16조 제6항 제7호에서 "기획재정부령으로 정하는 부득이한 사유"란 상속인이 법률의 규정에 의한 병역의무의 이행, 질병의 요양, 취학상 형편 등으로 가업 또는 영농에 직접 종사할 수 없는 사유가 있는 경우를 말한다. 다만, 그 부득이한 사유가 종료된 후 가업 또는 영농에 종사하지 아니하거나 가업상속 또는 영농상속받은 재산을 처분하는 경우를 제외한다. (2018. 3. 19. 개정)

4. 다음 각 목에 모두 해당하는 경우 (2022. 12. 31. 신설)

　가. 상속개시일부터 5년간 대통령령으로 정하는 정규직 근로자(이하 이 조에서 "정규직근로자"라 한다) 수의 전체 평균이 상속개시일이 속하는 소득세 과세기간 또는 법인세 사업연도의 직전 2개 소득세 과세기간 또는 법인세 사업연도의 정규직근로자 수

만, 상속인이 최대주주등에 해당하는 경우에 한정한다. (2016. 2. 5. 단서신설)

　바. 주주 또는 출자자의 주식 및 출자지분의 비율에 따라서 무상으로 균등하게 감자하는 경우 (2019. 2. 12. 신설)

　사. 「채무자 회생 및 파산에 관한 법률」에 따른 법원의 결정에 따라 무상으로 감자하거나 채무를 출자전환하는 경우 (2019. 2. 12. 신설)

⑨ 법 제18조의 2 제5항 제1호에서 "가업용 자산"이란 다음 각 호의 자산을 말한다. (2023. 2. 28. 개정)

1. 「소득세법」을 적용받는 가업 : 가업에 직접 사용되는 토지, 건축물, 기계장치 등 사업용 자산 (2016. 2. 5. 개정)

2. 「법인세법」을 적용받는 가업 : 가업에 해당하는 법인의 사업에 직접 사용되는 사업용 고정자산(사업무관자산은 제외한다) (2014. 2. 21. 개정)

⑩ 가업용자산의 처분비율은 제1호의 가액에서 제2호의 가액이 차지하는 비율(이하 이 조에서 "자산처분비율"이라 한다)로 계산한다. 이 경우 법 제18조의 2 제5항 제1호에 해당하여 상속세를 부과한 후 재차 같은 호에 해당하여 상속세를 부과하는 경우에는 종전에 처분한 자산의 가액을 제외하고 계산한다. (2023. 2. 28. 후단신설)

1. 상속개시일 현재 가업용 자산의 가액 (2008. 2. 22. 개정)

2. 가업용 자산 중 처분(사업에 사용하지 아니하고 임대하는 경우를 포함한다)한 자산의 상속개시일 현재의 가액 (2008. 2. 22. 개정)

⑪ 법 제18조의 2 제5항 제2호를 적용할 때 다음 각 호의 경우에는 해당 상속인이 가업에 종사하지 않게 된 것으로 본다. (2024. 2. 29. 개정)

1. 상속인(제3항 제2호 후단에 해당하는 경우에는 상속인의 배우자)이 대표이사 등으로 종사하지 아니하는 경우 (2016. 2. 5. 개정)

2. 가업의 주된 업종을 변경하는 경우. 다만, 다음 각 목의 어느 하나에 해당하는 경우는 제외한다. (2020. 2. 11. 개정)

　가. 한국표준산업분류에 따른 대분류 내에서 업종을 변경하는 경우(별표에 따른 업종으로 변경하는 경우로 한정한다) (2024. 2. 29. 개정)

편주 ▶

2024. 2. 29. 전에 가업의 주된 업종을 변경한 경우에 대한 가업 종사 여부의 판단에 관하여는 영 15조 11항 2호 가목의 개정규정에도 불구하고 종전의 규정에 따름. (영 부칙(2024. 2. 29.) 4조)

　나. 가목 외의 경우로서 제49조의 2에 따른 평가심의위원회의 심의를 거쳐 업종의 변경을 승인하는 경우 (2020. 2. 11. 개정)

3. 해당 가업을 1년 이상 휴업(실적이 없는 경우를 포함한다) 거나 폐업하는 경우 (2008. 2. 22. 개정)

⑫ 법 제18조의 2 제5항 제3호 본문에서 "상속인의 지분이 감소한 경우"란 다음 각 호의 어느 하나에 해당하는 경우를 포함한다. (2023. 2. 28. 개정)

1. 상속인이 상속받은 주식 등을 처분하는 경우 (2008. 2. 22. 개정)

2. 해당 법인이 유상증자할 때 상속인의 실권 등으로 지분율이 감소한 경우 (2010. 2. 18. 개정)

3. 상속인의 특수관계인이 주식 등을 처분하거나 유상증자할 때 실권 등으로 상속인이 최대주주 등에 해당되지 아니하게 되는 경우 (2012. 2. 2. 개정)

⑬ 법 제18조의 2 제5항 제4호 가목에서 "대통령령으로 정하는 정규직 근로자"란 「근로기준법」에 따라 계약을 체결한 근로자를 말한다. 다만, 다음 각 호의 어느 하

☞ p.2139 2단 연결

의 평균의 100분의 90에 미달하는 경우 (2022. 12. 31. 신설)
　나. 상속개시일부터 5년간 대통령령으로 정하는 총급여액(이하 이
　　목에서 "총급여액"이라 한다)의 전체 평균이 상속개시일이 속
　　하는 소득세 과세기간 또는 법인세 사업연도의 직전 2개 소득
　　세 과세기간 또는 법인세 사업연도의 총급여액의 평균의 100분
　　의 90에 미달하는 경우 (2022. 12. 31. 신설)
⑥ 가업상속공제를 받은 상속인은 대통령령으로 정하는 바에 따라 해
당 가업용 자산, 가업 및 지분의 구체적인 내용을 납세지 관할세무서장
에게 제출하여야 한다. (2022. 12. 31. 신설)
⑦ 제5항을 적용할 때 가업용 자산의 범위, 가업용 자산의 처분 비율
계산방법, 가업 종사 여부 및 지분의 감소 여부에 관한 판정방법, 정규
직근로자 수 평균의 계산, 그 밖에 필요한 사항은 대통령령으로 정한
다. (2022. 12. 31. 신설)

나에 해당하는 사람은 제외한다. (2023. 2. 28. 개정)
1. 근로계약기간이 1년 미만인 근로자(근로계약의 연속된 갱신으로 인
　하여 그 근로계약의 총 기간이 1년 이상인 근로자는 제외한다)
　(2020. 2. 11. 신설)
2. 「근로기준법」 제2조 제1항 제9호에 따른 단시간근로자로서 1개월간
　의 소정근로시간이 60시간 미만인 근로자 (2020. 2. 11. 신설)
3. 「소득세법 시행령」 제196조에 따른 근로소득원천징수부에 따라 근
　로소득세를 원천징수한 사실이 확인되지 않고, 다음 각 목의 어느
　하나에 해당하는 금액의 납부사실도 확인되지 않는 자 (2020. 2.
　11. 신설)
　가. 「국민연금법」 제3조 제1항 제11호 및 제12호에 따른 부담금
　　및 기여금 (2020. 2. 11. 신설)
　나. 「국민건강보험법」 제69조에 따른 직장가입자의 보험료 (2020.
　　2. 11. 신설)
⑭ 법 제18조의 2 제5항 제4호 나목에서 "대통령령으로 정하는 총급여
액"이란 제13항에 따른 근로자(「조세특례제한법 시행령」 제26조의 4
제2항 제3호에 해당하는 사람을 제외하되, 기준고용인원 산정기간에
같은 호에 해당되는 사람만 있을 경우에는 포함한다)에게 지급한 「소
득세법」 제20조 제1항 제1호 및 제2호에 따른 소득의 합계액을 말한
다. (2023. 2. 28. 개정)
⑮ 법 제18조의 2 제5항 각 호 외의 부분 전단에서 "대통령령으로 정
하는 율"이란 100분의 100을 말한다. (2023. 2. 28. 개정)
⑯ 법 제18조의 2 제5항 각 호 외의 부분 후단에서 "대통령령으로
정하는 바에 따라 계산한 이자상당액"이란 제1호의 금액에 제2호의
기간과 제3호의 율을 곱하여 계산한 금액을 말한다. (2023. 2. 28.
개정)
1. 법 제18조의 2 제5항 각 호 외의 부분 전단에 따라 결정한 상속세
　액 (2023. 2. 28. 개정)
2. 당초 상속받은 가업상속재산에 대한 상속세 과세표준 신고기한
　의 다음날부터 법 제18조의 2 제5항 각 호의 사유가 발생한 날까
　지의 기간 (2023. 2. 28. 개정)
3. 법 제18조의 2 제5항 각 호 외의 부분 전단에 따른 상속세의 부과

당시의 「국세기본법 시행령」 제43조의
3 제2항 본문에 따른 이자율을 365로
나눈 율 (2023. 2. 28. 개정)
⑰ 법 제18조의 2 제5항 제4호 가목에 따
른 정규직 근로자 수의 평균은 해당 기간
중 매월 말일 현재의 정규직 근로자 수를
합하여 해당 기간의 월수로 나누어 계산
한다. (2023. 2. 28. 개정)
⑱ 법 제18조의 2 제5항 제4호를 적용할
때 가업에 해당하는 법인이 분할하거나
다른 법인을 합병하는 경우 정규직 근로
자 수 및 총급여액은 다음 각 호에 따라
계산한다. (2023. 2. 28. 개정)
1. 분할에 따라 가업에 해당하는 법인의
　정규직 근로자의 일부가 다른 법인으
　로 승계되어 근무하는 경우 그 정규
　직 근로자는 분할 후에도 가업에 해
　당하는 법인의 정규직 근로자로 본다.
　(2019. 2. 12. 신설)
2. 합병에 따라 다른 법인의 정규직 근
　로자가 가업에 해당하는 법인에 승계
　되어 근무하는 경우 그 정규직 근로
　자는 상속이 개시되기 전부터 가업에
　해당하는 법인의 정규직 근로자였던
　것으로 본다. (2019. 2. 12. 신설)

☞ p.2140 2단 연결

⑧ 피상속인 또는 상속인이 가업의 경영과 관련하여 조세포탈 또는 회계부정 행위(「조세범 처벌법」 제3조 제1항 또는 「주식회사 등의 외부감사에 관한 법률」 제39조 제1항에 따른 죄를 범하는 것을 말하며, 상속개시일 전 10년 이내 또는 상속개시일부터 5년 이내의 기간 중의 행위로 한정한다. 이하 제18조의 3에서 같다)로 징역형 또는 대통령령으로 정하는 벌금형을 선고받고 그 형이 확정된 경우에는 다음 각 호의 구분에 따른다. (2022. 12. 31. 신설)
1. 제76조에 따른 과세표준과 세율의 결정이 있기 전에 피상속인 또는 상속인에 대한 형이 확정된 경우 : 가업상속공제를 적용하지 아니할 것 (2022. 12. 31. 신설)
2. 가업상속공제를 받은 후에 상속인에 대한 형이 확정된 경우 : 가업상속공제 금액을 상속개시 당시의 상속세 과세가액에 산입하여 상속세를 부과할 것. 이 경우 대통령령으로 정하는 바에 따라 계산한 이자상당액을 그 부과하는 상속세에 가산한다. (2022. 12. 31. 신설)
⑨ 상속인이 제5항 또는 제8항 제2호에 해당하는 경우 상속세 납세의무자는 상속인이 제5항 각 호의 어느 하나에 해당하는 날이 속하는 달의 말일 또는 제8항 제2호에 해당하는 날이 속하는 달의 말일부터 6개월 이내에 대통령령으로 정하는 바에 따라 납세지 관할세무서장에게 신고하고 해당 상속세와 이자상당액을 납세지 관할세무서, 한국은행 또는 체신관서에 납부하여야 한다. 다만, 제5항 또는 제8항 제2호에 따라 이미 상속세와 이자상당액이 부과되어 이를 납부한 경우에는 그러하지 아니하다. (2022. 12. 31. 신설)
⑩ 제5항 또는 제8항 제2호에 따라 상속세를 부과할 때 「소득세법」 제97조의 2 제4항에 따라 납부하였거나 납부할 양도소득세가 있는 경우에는 대통령령으로 정하는 바에 따라 계산한 양도소득세 상당액을 상속세 산출세액에서 공제한다. 다만, 공제한 해당 금액이 음수(陰數)인 경우에는 영으로 본다. (2022. 12. 31. 신설)

<편주> ▶ ··
• 2023. 1. 1. 상속이 개시된 경우의 가업상속공제에 관하여는 법 18조의 2의 개정규정에도 불구하고 종전의 법 18조에 따름. (법 부칙(2022. 12. 31.) 7조 1항)

⑲ 법 제18조의 2 제8항 각 호 외의 부분에서 "대통령령으로 정하는 벌금형"이란 다음 각 호의 어느 하나에 해당하는 것을 말한다. (2023. 2. 28. 개정)
1. 조세포탈의 경우 : 「조세범 처벌법」 제3조 제1항 각 호의 어느 하나에 해당하여 받은 벌금형 (2023. 2. 28. 개정)
2. 회계부정의 경우 : 「주식회사 등의 외부감사에 관한 법률」 제39조 제1항에 따른 죄를 범하여 받은 벌금형(재무제표상 변경된 금액이 자산총액의 100분의 5 이상인 경우로 한정한다) (2023. 2. 28. 개정)

⑳ 법 제18조의 2 제8항 제2호 후단에서 "대통령령으로 정하는 바에 따라 계산한 이자상당액"이란 제1호의 금액에 제2호의 기간과 제3호의 율을 곱하여 계산한 금액을 말한다. (2023. 2. 28. 신설)
1. 법 제18조의 2 제8항 제2호 전단에 따라 결정한 상속세액 (2023. 2. 28. 신설)
2. 당초 상속받은 가업상속재산에 대한 상속세 과세표준 신고기한의 다음날부터 법 제18조의 2 제8항 제2호의 사유가 발생한 날까지의 기간 (2023. 2. 28. 신설)
3. 법 제18조의 2 제8항 제2호 전단에 따른 상속세의 부과 당시의 「국세기본법 시행령」 제43조의 3 제2항 본문에 따른 이자율을 365로 나눈 율 (2023. 2. 28. 신설)

㉑ 법 제18조의 2 제10항 본문에서 "대통령령으로 정하는 바에 따라 계산한 양도소득세 상당액"이란 같은 조 제1항에 따른 가업상속공제를 받고 양도하는 가업상속 재산에 대하여 「소득세법」 제97조의 2 제4항을 적용하여 계산한 양도소득세액에서 같은 법 제97조를 적용하여 계산한 양도소득세액을 뺀 금액을 말한다. (2023. 2. 28. 개정)
㉒ 법 제18조의 2 제1항에 따라 가업상속공제를 받으려는 자는 가업상속재산명세서 및 기획재정부령으로 정하는 가업상속 사실을 입증할 수 있는 서류를 제64조에 따른 상속세과세표준신고(이하 "상속세과세표준신고"라 한다)와 함께 납세지 관할 세무서장에게 제출하여야 한다.

제6조의 2 【가업상속입증서류】 영 제15조 제22항에서 "기획재정부령으로 정하는 가업상속 사실을 입증할 수 있는 서류"란 다음 각 호에 따른 서류로서 해당

• 법 부칙(2022. 12. 31.) 7조 1항에도 불구하고 법 18조의 2 제5항 및 8항의 개정규정은 다음 각 호의 요건을 모두 충족하는 상속인(이하 "사후관리를 받고 있는 상속인" 이라 함) 및 2023. 1. 1. 전에 상속이 개시된 경우로서 2023. 1. 1. 이후 가업상속공제를 받는 상속인에 대해서도 적용함. 다만, 2023. 1. 1. 전에 종전의 법 18조 6항 1호 가목에만 해당하여 가업용 자산의 처분비율을 고려하여 상속세 및 이자상당액을 부과받은 상속인에 대해서는 1호 및 2호의 요건을 충족하는 경우 법 18조의 2 제5항 및 8항의 개정규정을 적용함. (법 부칙(2022. 12. 31.) 7조 2항)
1. 2023. 1. 1. 전에 종전의 법 18조 2항 1호에 따른 공제를 받았을 것
2. 2023. 1. 1. 당시 종전의 법 18조 6항 각 호 외의 부분 전단, 같은 항 1호 마목 및 같은 조 9항 각 호 외의 부분에 따른 사후관리 기간이 경과하지 아니하였을 것
3. 2023. 1. 1. 전에 종전의 법 18조 6항 및 같은 조 9항 2호에 따른 상속세 및 이자상당액이 부과되지 아니하였을 것
• 법 부칙(2022. 12. 31.) 7조 2항에도 불구하고 종전의 법 18조 6항 1호 마목을 적용하는 것이 법 18조의 2 제5항 4호의 개정규정을 적용하는 것보다 사후관리를 받고 있는 상속인에게 유리한 경우에는 종전의 법 18조 6항 1호 마목을 적용함. (법 부칙(2022. 12. 31.) 7조 3항)

제18조의 3 【영농상속공제】 ① 거주자의 사망으로 상속이 개시

(2023. 2. 28. 개정)

관계조문 ▶▶

규칙 24조 1호 → 가업상속공제신고서(별지 제1호 서식)

㉓ 법 제18조의 2 제9항 본문에 따라 상속세와 이자상당액을 납부하려는 상속세 납세의무자는 같은 항 본문에 따른 신고를 할 때 기획재정부령으로 정하는 가업상속공제 사후관리추징사유 신고 및 자진납부 계산서를 납세지 관할 세무서장에게 제출하여야 한다. (2023. 2. 28. 개정)
㉔ 납세지 관할 세무서장은 상속인이 법 제18조의 2 제5항 각 호 및 같은 조 제8항 제2호에 해당하는지를 매년 확인·관리해야 한다. (2023. 2. 28. 신설)
㉕ 가업상속받은 기업이 다음 각 호의 요건을 모두 갖춘 경우에는 제3항 제2호 라목 및 제11항 제1호를 적용하지 않으며, 제11항 제2호에도 불구하고 한국표준산업분류에 따른 구분에 관계 없이 별표에 따른 업종으로 변경할 수 있다. 이 경우 둘 이상의 독립된 기업을 가업상속받은 경우에는 개별 기업별로 적용 여부를 판단한다. (2024. 2. 29. 신설)
1. 다음 각 목의 어느 하나에 해당하는 경우 (2024. 2. 29. 신설)
   가. 본점 또는 주사무소(이하 이 항에서 "본사"라 한다)를 「조세특례제한법」 제99조의 4 제1항 제1호 가목 1)부터 5)까지 외의 부분에 따른 기회발전특구(이하 이 항에서 "기회발전특구"라 한다)로 이전한 경우 (2024. 2. 29. 신설)
   나. 본사가 기회발전특구에 소재하는 경우 (2024. 2. 29. 신설)
2. 기회발전특구에 소재하는 본사 및 그 밖의 사업장에서 해당 기업의 업무에 종사하는 상시 근무인원(「조세특례제한법 시행령」 제60조의 2 제7항에 따른 상시 근무인원을 말한다. 이하 이 항에서 같다)의 연평균 인원(매월 말 현재의 인원을 합하고 이를 해당 개월 수로 나누어 계산한 인원을 말한다. 이하 이 항에서 같다)이 해당 기업의 업무에 종사하는 전체 상시 근무인원의 연평균 인원의 100분의 50 이상인 경우 (2024. 2. 29. 신설)

제16조 【영농상속】 ① 법 제18조의 3 제1항에서 "대통령령으로

상속이 가업상속에 해당됨을 증명할 수 있는 것을 말한다. (2023. 3. 20. 개정)
1. 영 제15조 제3항 제1호 가목에 따른 최대주주등에 해당하는 자임을 입증하는 서류 (2016. 3. 21. 개정)
2. 기타 상속인이 당해 가업에 직접 종사한 사실을 입증할 수 있는 서류 (2001. 4. 3 신설)

편주 ▶

영 15조 25항의 개정규정은 2024. 2. 29. 이후 상속이 개시되는 경우부터 적용함. (영 부칙(2024. 2. 29.) 2조)

되는 경우로서 대통령령으로 정하는 영농[양축(養畜), 영어(營漁) 및 영림(營林)을 포함한다. 이하 이 조에서 같다]의 상속(이하 "영농상속"이라 한다)에 해당하는 경우에는 영농상속 재산가액에 상당하는 금액(30억원을 한도로 한다)을 상속세 과세가액에서 공제한다. (2022. 12. 31. 신설)

② 제1항에 따른 공제(이하 "영농상속공제"라 한다)를 받으려는 상속인은 영농상속에 해당함을 증명하기 위한 서류를 제67조 제2항에 따라 납세지 관할세무서장에게 제출하여야 한다. (2022. 12. 31. 신설)

③ 제1항을 적용할 때 피상속인 및 상속인의 요건, 주식등을 상속하는 경우의 적용방법 등 영농상속의 범위, 그 밖에 필요한 사항은 대통령령으로 정한다. (2022. 12. 31. 신설)

④ ☞ P.2144

(➡ 영 16조)

집행기준 18의 3-16-4 【직접 영농에 종사 여부의 판단】
직접 영농에 종사하는지 여부는 농작물의 경작 또는 다년생 식물의 재배에 항상 종사하거나 농작업의 2분의 1 이상을 자기의 노동력으로 경작 또는 재배하였는지에 따라 판단한다. (사업소득금액(농업, 임업, 어업에서 발생한 소득, 부동산임대업에서 발생한 소득, 농가부업소득 제외, 사업소득금액이 음수인 경우 '0'으로 계산)과 총급여액의 합계액이 3,700만원 이상인 과세기간은 영농에 종사하지 않은 기간으로 봄) (2024. 10. 31. 개정)

정하는 영농"이란 한국표준산업분류에 따른 농업, 임업 및 어업을 주된 업종으로 영위하는 것을 말한다. (2023. 2. 28. 개정)

② 법 제18조의 3 제1항에 따른 영농상속(이하 "영농상속"이라 한다)은 피상속인이 다음 각 호의 구분에 따른 요건을 갖춘 경우에만 적용한다. 다만, 제2호에 해당하는 경우로서 영농상속이 이루어진 후에 영농상속 당시 최대주주등에 해당하는 사람(영농상속을 받은 상속인은 제외한다)의 사망으로 상속이 개시되는 경우는 적용하지 아니한다. (2023. 2. 28. 개정)

1. 「소득세법」을 적용받는 영농 : 다음 각 목의 요건을 모두 갖춘 경우 (2016. 2. 5. 개정)
　가. 상속개시일 8년 전부터 계속하여 직접 영농에 종사할 것. 다만, 상속개시일 8년 전부터 직접 영농에 종사한 경우로서 상속개시일부터 소급하여 8년에 해당하는 날부터 상속개시일까지의 기간 중 질병의 요양으로 직접 영농에 종사하지 못한 기간 및 「공익사업을 위한 토지 등의 취득 및 보상에 관한 법률」이나 그 밖의 법률에 따른 협의매수 또는 수용(이하 이 조에서 "수용등"이라 한다)으로 인하여 직접 영농에 종사하지 못한 기간(1년 이내의 기간으로 한정한다)은 직접 영농에 종사한 기간으로 본다. (2023. 2. 28. 개정)
　나. 농지·초지·산림지(이하 이 조에서 "농지등"이라 한다)가 소재하는 시(특별자치시와 「제주특별자치도의 설치 및 국제자유도시 조성을 위한 특별법」 제10조 제2항에 따른 행정시를 포함한다. 이하 이 조에서 같다)·군·구(자치구를 말한다. 이하 이 조에서 같다), 그와 연접한 시·군·구 또는 해당 농지등으로부터 직선거리 30킬로미터 이내(산림지의 경우에는 통상적으로 직접 경영할 수 있는 지역을 포함한다)에 거주하거나 어선의 선적지 또는 어장에 가장 가까운 연안의 시·군·구, 그와 연접한 시·군·구 또는 해당 선적지나 연안으로부터 직선거리 30킬로미터 이내에 거주할 것 (2023. 2. 28. 개정)

2. 「법인세법」을 적용받는 영농 : 다음 각 목의 요건을 모두 갖춘 경우 (2016. 2. 5. 개정)
　가. 상속개시일 8년 전부터 계속하여 해당 기업을 경영(상속개시

통칙 18의 3-16…2 【영농상속의 판정기준】
① 영 제16조 제2항을 적용할 때 개인사업자로서 영위하던 영농을 동일업종의 법인으로 전환하여 피상속인이 법인 설립일 이후 계속하여 그 법인의 최대주주 등에 해당하는 경우에는 개인사업자로서 영농을 영위한 기간을 포함하여 계산한다. (2024. 3. 15. 신설)

개정)

　나. 상속세과세표준 신고기한까지 임원으로 취임하고, 상속세 신고
　　기한부터 2년 이내에 대표이사등으로 취임할 것 (2016. 2. 5.
　　개정)

④ 제2항 제1호 가목 및 제3항 제1호 가목에서 "직접 영농에 종사하
는 경우"란 각각 피상속인 또는 상속인이 다음 각 호의 어느 하나에
해당하는 경우를 말한다. 다만, 해당 피상속인 또는 상속인의 「소득세
법」 제19조 제2항에 따른 사업소득금액(농업·임업 및 어업에서 발생
하는 소득, 「소득세법」 제45조 제2항에 따른 부동산임대업에서 발생
하는 소득과 같은 법 시행령 제9조에 따른 농가부업소득은 제외하며,
그 사업소득금액이 음수인 경우에는 영으로 본다)과 같은 법 제20조
제2항에 따른 총급여액의 합계액이 3천700만원 이상인 과세기간이 있
는 경우 해당 과세기간에는 피상속인 또는 상속인이 영농에 종사하지
아니한 것으로 본다. (2018. 2. 13. 단서개정)
1. 소유 농지 등 자산을 이용하여 농작물의 경작 또는 다년생식물의
　재배에 상시 종사하거나 농작업의 2분의 1 이상을 자기의 노동력으
　로 수행하는 경우 (2016. 2. 5. 개정)
2. 소유 초지 등 자산을 이용하여 「축산법」 제2조 제1호에 따른 가축
　의 사육에 상시 종사하거나 축산작업의 2분의 1 이상을 자기의 노
　동력으로 수행하는 경우 (2016. 2. 5. 개정)
3. 소유 어선 및 어업권·양식업권 등 자산을 이용하여 「내수면어업법」,
　「수산업법」 또는 「양식산업발전법」에 따른 허가를 받아 어업에 상
　시 종사하거나 어업작업의 2분의 1 이상을 자기의 노동력으로 수행
　하는 경우 (2025. 2. 28. 개정)
4. 소유 산림지 등 자산을 이용하여 「산림자원의 조성 및 관리에 관한
　법률」 제13조에 따른 산림경영계획 인가 또는 같은 법 제28조에 따
　른 특수산림사업지구 사업에 따라 산림조성에 상시 종사하거나 산
　림조성작업의 2분의 1 이상을 자기의 노동력으로 수행하는 경우
　(2016. 2. 5. 개정)

☞ p.2144 2단 연결

일 8년 전부터 해당 기업을 경영한 경우로서 상속개시일부터
소급하여 8년에 해당하는 날부터 상속개시일까지의 기간 중
질병의 요양으로 경영하지 못한 기간은 해당 기업을 경영한
기간으로 본다)할 것 (2023. 2. 28. 개정)
　나. 법인의 최대주주등으로서 본인과 그 특수관계인의 주식등을 합
　　하여 해당 법인의 발행주식총수등의 100분의 50 이상을 계속
　　하여 보유할 것 (2016. 2. 5. 개정)
③ 영농상속은 상속인이 상속개시일 현재 18세 이상으로서 다음 각
호의 구분에 따른 요건을 충족하는 경우 또는 기획재정부령으로 정하
는 영농·영어 및 임업후계자인 경우에 적용한다. (2016. 2. 5. 개정)
1. 「소득세법」을 적용받는 영농 : 다음 각 목의 요건을 모두 갖춘 경우
　(2016. 2. 5. 개정)
　가. 상속개시일 2년 전부터 계속하여 직접 영농에 종사[상속개시일
　　2년 전부터 직접 영농에 종사한 경우로서 상속개시일부터 소
　　급하여 2년에 해당하는 날부터 상속개시일까지의 기간 중 제
　　15조 제8항 제2호 다목에 따른 사유로 직접 영농에 종사하지
　　못한 기간 및 수용 등으로 인하여 직접 영농에 종사하지 못한
　　기간(1년 이내의 기간으로 한정한다)은 직접 영농에 종사한 기
　　간으로 본다]할 것. 다만, 피상속인이 65세 이전에 사망하거나
　　천재지변 및 인재 등 부득이한 사유로 사망한 경우에는 그렇지
　　않다. (2020. 2. 11. 개정)
　나. 제2항 제1호 나목에서 규정하는 지역에 거주할 것 (2016. 2. 5.
　　개정)
2. 「법인세법」을 적용받는 영농 : 다음 각 목의 요건을 모두 갖춘 경우
　(2016. 2. 5. 개정)
　가. 상속개시일 2년 전부터 계속하여 해당 기업에 종사(상속개시
　　일 2년 전부터 해당 기업에 종사한 경우로서 상속개시일부터
　　소급하여 2년에 해당하는 날부터 상속개시일까지의 기간 중
　　제15조 제8항 제2호 다목에 따른 사유로 해당 기업에 종사하
　　지 못한 기간은 해당 기업에 종사한 기간으로 본다)할 것. 다
　　만, 피상속인이 65세 이전에 사망하거나 천재지변 및 인재 등
　　부득이한 사유로 사망한 경우에는 그렇지 않다. (2019. 2. 12.

제7조【영농상속】(2016. 3. 21. 제목
개정)
① 영 제16조 제3항 각 호 외의 부분에서
"기획재정부령으로 정하는 영농·영어 및
임업후계자"란 다음 각 호의 어느 하나에
해당하는 자를 말한다. (2016. 3. 21. 개정)
1. 「후계농어업인 및 청년농어업인 육성·
　지원에 관한 법률」 제8조 제1항 및 제2
　항에 따른 후계농업경영인, 후계어업경
　영인, 청년창업형 후계농업경영인 및
　청년창업형 후계어업경영인 (2023. 3.
　20. 개정)
2. 「임업 및 산촌 진흥촉진에 관한 법률」
　제2조 제4호의 규정에 의한 임업후계자
　(2005. 3. 19 개정)
3. 「초·중등교육법」 및 「고등교육법」
　에 의한 농업 또는 수산계열의 학교에
　재학 중이거나 졸업한 자 (2005. 3. 19
　개정)
② ☞ p.2146

〈제18조의 3〉

④ 영농상속공제를 받은 상속인이 상속개시일부터 5년 이내에 대통령령으로 정하는 정당한 사유 없이 다음 각 호의 어느 하나에 해당하면 제1항에 따라 공제받은 금액에 해당일까지의 기간을 고려하여 대통령령으로 정하는 율을 곱하여 계산한 금액을 상속개시 당시의 상속세 과세가액에 산입하여 상속세를 부과한다. 이 경우 대통령령으로 정하는 바에 따라 계산한 이자상당액을 그 부과하는 상속세에 가산한다. (2022. 12. 31. 신설)

1. 영농상속공제 대상인 상속재산(이하 "영농상속재산"이라 한다)을 처분한 경우 (2022. 12. 31. 신설)

2. 해당 상속인이 영농에 종사하지 아니하게 된 경우 (2022. 12. 31. 신설)

⑤ 제4항을 적용할 때 영농상속재산의 범위, 영농 종사 여부에 관한 판정방법, 그 밖에 필요한 사항은 대통령령으로 정한다. (2022. 12. 31.

통칙 18의 3－16…1 【영농상속의 사후관리】

① 법 제18조의 3 제4항에 따른 영농상속의 사후관리기간의 계산에 있어 영 제16조 제6항에 따른 정당한 사유로 직접 영농에 종사하지 못하게 된 기간은 제외한다. (2024. 3. 15. 신설)

② 법 제18조의 3 제4항을 적용할 때 영농에 사용하는 상속재산의 일부를 처분한 경우(상속개시일 현재 이 법에 따라 평가한 가액을 기준으로 한다) 같은 조 같은 항에 따라 상속세가 부과되는 금액은 아래와 같이 계산한다. (2024. 3. 15. 신설)

영농상속 공제금액 × 영농상속받은 재산 중 처분한 재산가액 ÷ 영농상속 재산가액

⑤ 법 제18조의 3 제1항에서 "영농상속 재산가액"이란 다음 각 호의 구분에 따라 제3항의 요건을 갖춘 상속인이 받거나 받을 상속재산의 가액을 말한다. (2023. 2. 28. 개정)

1. 「소득세법」을 적용받는 영농 : 다음 각 목의 어느 하나에 해당하는 상속재산으로서 피상속인이 상속개시일 2년 전부터 영농에 사용한 자산의 가액 (2016. 2. 5. 개정)

가. 「농지법」 제2조 제1호 가목에 따른 농지 (2016. 2. 5. 개정)

나. 「초지법」 제5조에 따른 초지조성허가를 받은 초지 (2016. 2. 5. 개정)

다. 「산지관리법」 제4조 제1항 제1호에 따른 보전산지 중 「산림자원의 조성 및 관리에 관한 법률」 제13조에 따른 산림경영계획인가 또는 같은 법 제28조에 따른 특수산림사업지구 사업(법률 제4206호 산림법중개정법률의 시행 전에 종전의 「산림법」에 따른 지정개발지역으로서 같은 법 부칙 제2조에 따른 지정개발지역에서의 지정개발사업을 포함한다. 이하 같다)에 따라 새로이 조림한 기간이 5년 이상인 산림지(보안림·채종림 및 산림유전자원보호림의 산림지를 포함한다. 이하 이 조에서 같다) (2016. 2. 5. 개정)

라. 「어선법」 제2조 제1호에 따른 어선 (2016. 2. 5. 개정)

마. 「내수면어업법」 제7조, 「수산업법」 제7조에 따른 어업권(「수산업법」 제7조 제1항 제2호에 따른 마을어업의 면허는 제외한다) 및 「양식산업발전법」 제10조에 따른 양식업권(「양식산업발전법」 제10조 제1항 제5호에 따른 협동양식업의 면허는 제외

한다) (2023. 1. 10. 개정 ; 수산업법 시행령 부칙)

바. 농업·임업·축산업 또는 어업용으로 설치하는 창고·저장고·작업장·퇴비사·축사·양어장 및 이와 유사한 용도의 건축물로서 「부동산등기법」에 따라 등기한 건축물과 이에 딸린 토지(해당 건축물의 실제 건축면적을 「건축법」 제55조에 따른 건폐율로 나눈 면적의 범위로 한정한다) (2016. 2. 5. 개정)

사. 「소금산업진흥법」 제2조 제3호에 따른 염전 (2020. 2. 11. 신설)

2. 「법인세법」을 적용받는 영농 : 상속재산 중 법인의 주식등의 가액. 이 경우 법인의 주식등의 가액의 계산방법은 제15조 제5항 제2호를 준용한다. (2016. 2. 5. 개정)

⑥ 법 제18조의 3 제4항 각 호 외의 부분 전단에서 "대통령령으로 정하는 정당한 사유"란 다음 각 호의 어느 하나에 해당하는 사유를 말한다. (2023. 2. 28. 개정)

1. 영농상속을 받은 상속인이 사망한 경우 (2016. 2. 5. 개정)

2. 영농상속을 받은 상속인이 「해외이주법」에 따라 해외로 이주하는 경우 (2016. 2. 5. 개정)

3. 영농상속 받은 재산이 「공익사업을 위한 토지 등의 취득 및 보상에 관한 법률」, 그 밖의 법률에 따라 수용되거나

☞ p.2145 2단 연결

신설)

⑥ 피상속인 또는 상속인이 영농과 관련하여 조세포탈 또는 회계부정행위로 징역형 또는 대통령령으로 정하는 벌금형을 선고받고 그 형이 확정된 경우에는 다음 각 호의 구분에 따른다. (2022. 12. 31. 신설)

1. 제76조에 따른 과세표준과 세율의 결정이 있기 전에 피상속인 또는 상속인에 대한 형이 확정된 경우 : 영농상속공제를 적용하지 아니할 것 (2022. 12. 31. 신설)

2. 영농상속공제를 받은 후에 상속인에 대한 형이 확정된 경우 : 영농상속공제 금액을 상속개시 당시의 상속세 과세가액에 산입하여 상속세를 부과할 것. 이 경우 대통령령으로 정하는 바에 따라 계산한 이자상당액을 그 부과하는 상속세에 가산한다. (2022. 12. 31. 신설)

⑦ 상속인이 제4항 또는 제6항 제2호에 해당하는 경우 상속세 납세의무자는 상속인이 제4항 각 호의 어느 하나에 해당하는 날이 속하는 달의 말일 또는 제6항 제2호에 해당하는 날이 속하는 달의 말일부터 6개월 이내에 대통령령으로 정하는 바에 따라 납세지 관할세무서장에게 신고하고 해당 상속세와 이자상당액을 납세지 관할세무서, 한국은행 또는 체신관서에 납부하여야 한다. 다만, 제4항 또는 제6항 제2호에 따라 이미 상속세와 이자상당액이 부과되어 이를 납부한 경우에는 그러하지 아니하다. (2022. 12. 31. 신설)

제18조의 4 【가업상속공제와 영농상속공제의 동시 적용 배제】

제18조의 2 및 제18조의 3은 동일한 상속재산에 대하여 동시에 적용하지 아니한다. (2022. 12. 31. 신설)

민 법

제1009조 【법정상속분】 ① 동순위의 상속인이 수인인 때에는 그 상속분은 균분으로 한다. (90. 1. 13 개정)

② 피상속인의 배우자의 상속분은 직계비속과 공동으로 상속하는 때에는 직계비속의 상속분의 5할을 가산하고, 직계존속과 공동으로 상속하는 때에는 직계존속의 상속분의 5할을 가산한다. (90. 1. 13 개정)

③ 삭 제 (90. 1. 13)

협의매수된 경우 (2016. 2. 5. 개정)

4. 영농상속 받은 재산을 국가 또는 지방자치단체에 양도하거나 증여하는 경우 (2016. 2. 5. 개정)

5. 영농상 필요에 따라 농지를 교환·분합 또는 대토하는 경우 (2016. 2. 5. 개정)

6. 제5항 제2호에 따른 주식등을 처분한 경우 중 다음 각 목의 어느 하나에 해당하는 경우. 다만, 주식등의 처분 후에도 상속인이 최대주주등에 해당하는 경우로 한정한다. (2016. 2. 5. 개정)

　가. 상속인이 상속받은 주식등을 법 제73조에 따라 물납(物納)한 경우 (2016. 2. 5. 개정)

　나. 제15조 제8항 제3호 각 목의 어느 하나에 해당하게 된 경우 (2018. 2. 13. 개정)

7. 제1호부터 제6호까지의 규정과 유사한 경우로서 기획재정부령으로 정하는 부득이한 사유가 있는 경우 (2016. 2. 5. 개정)

⑦ 법 제18조의 3 제4항 각 호 외의 부분 전단에서 "대통령령으로 정하는 율"이란 100분의 100을 말한다. (2023. 2. 28. 신설)

⑧ 법 제18조의 3 제4항 각 호 외의 부분 후단에서 "대통령령으로 정하는 바에 따라 계산한 이자상당액"이란 제1호의 금액에 제2호의 기간과 제3호의 율을 곱하여 계산한 금액을 말한다. (2023. 2. 28. 개정)

1. 법 제18조의 3 제4항 각 호 외의 부분 전단에 따라 결정한 상속세액 (2023. 2. 28. 개정)

2. 당초 상속받은 영농상속재산에 대한 상속세 과세표준 신고기한의 다음날부터 법 제18조의 3 제4항 각 호의 사유가 발생한 날까지의 기간 (2023. 2. 28. 개정)

3. 법 제18조의 3 제4항 각 호 외의 부분 전단에 따른 상속세 부과 당시의 「국세기본법 시행령」 제43조의 3 제2항 본문에 따른 이자율을 365로 나눈 율 (2023. 2. 28. 개정)

⑨ 법 제18조의 3 제6항 각 호 외의 부분에서 "대통령령으로 정하는 벌금형"이란 제15조 제19항 각 호의 어느 하나에 해당하는 것을 말한다. (2023. 2. 28. 신설)

⑩ 법 제18조의 3 제6항 제2호 후단에서 "대통령령으로 정하는 바에

따라 계산한 이자상당액"이란 제1호의 금액에 제2호의 기간과 제3호의 율을 곱하여 계산한 금액을 말한다. (2023. 2. 28. 신설)

1. 법 제18조의 3 제6항 제2호 전단에 따라 결정한 상속세액 (2023. 2. 28. 신설)

2. 당초 상속받은 영농상속재산에 대한 상속세 과세표준 신고기한의 다음날부터 법 제18조의 3 제6항 제2호의 사유가 발생한 날까지의 기간 (2023. 2. 28. 신설)

3. 법 제18조의 3 제6항 제2호 전단에 따른 상속세 부과 당시의 「국세기본법 시행령」 제43조의 3 제2항 본문에 따른 이자율을 365로 나눈 율 (2023. 2. 28. 신설)

☞ p.2146 2단 연결

제19조【배우자 상속공제】 ① 거주자의 사망으로 상속이 개시되어 배우자가 실제 상속받은 금액의 경우 다음 각 호의 금액 중 작은 금액을 한도로 상속세 과세가액에서 공제한다. (2016. 12. 20. 개정)
1. 다음 계산식에 따라 계산한 한도금액 (2016. 12. 20. 개정)

> 한도금액 = $(A - B + C) \times D - E$
>
> A : 대통령령으로 정하는 상속재산의 가액
> B : 상속재산 중 상속인이 아닌 수유자가 유증등을 받은 재산의 가액
> C : 제13조 제1항 제1호에 따른 재산가액
> D : 「민법」 제1009조에 따른 배우자의 법정상속분(공동상속인 중 상속을 포기한 사람이 있는 경우에는 그 사람이 포기하지 아니한 경우의 배우자 법정상속분을 말한다)
> E : 제13조에 따라 상속재산에 가산한 증여재산 중 배우자가 사전증여받은 재산에 대한 제55조 제1항에 따른 증여세 과세표준

2. 30억원 (2016. 12. 20. 개정)

편주 ▶ ··
현행 민법 1003조에 의하면 배우자의 상속순위는 1순위 상속인(직계비속)과 2순위 상속인(직계존속)과 동 순위로 공동상속인이 된다. 이 때 배우자의 법정상속분은 공동상속시 공동상속인의 1.5배로 규정되므로(민법 1009조), 자

---

⑪ 법 제18조의 3 제1항에 따라 영농상속공제를 받으려는 사람은 영농상속재산명세서 및 기획재정부령으로 정하는 영농상속 사실을 입증할 수 있는 서류를 상속세과세표준신고와 함께 납세지 관할세무서장에게 제출하여야 한다. (2023. 2. 28. 개정)
⑫ 법 제18조의 3 제7항 본문에 따라 상속세와 이자상당액을 납부하려는 상속세 납세의무자는 같은 항 본문에 따른 신고를 할 때 기획재정부령으로 정하는 영농상속공제 사후관리추징사유 신고 및 자진납부 계산서를 납세지 관할 세무서장에게 제출해야 한다. (2023. 2. 28. 신설)
⑬ 납세지 관할 세무서장은 상속인이 법 제18조의 3 제4항 각 호 및 같은 조 제6항 제2호에 해당하는지를 매년 확인·관리해야 한다. (2023. 2. 28. 신설)

제17조【배우자 상속재산의 가액 및 미분할 사유】 (2002. 12. 30 제목개정)
① 법 제19조 제1항 제1호의 계산식에서 "대통령령으로 정하는 상속재산의 가액"이란 상속으로 인하여 얻은 자산총액에서 다음 각 호의 재산의 가액을 뺀 것을 말한다. (2017. 2. 7. 개정)
1. 법 제12조의 규정에 의한 비과세되는 상속재산 (2002. 12. 30 신설)
2. 법 제14조의 규정에 의한 공과금 및 채무 (2002. 12. 30 신설)
3. 법 제16조의 규정에 의한 공익법인 등의 출연재산에 대한 상속세과세가액 불산입 재산 (2002. 12. 30 신설)
4. 법 제17조의 규정에 의한 공익신탁재산에 대한 상속세과세가액 불산입 재산 (2002. 12. 30 신설)

● 예 판 ···
• 배우자 상속공제 적용시 '배우자가 실제 상속받은 금액'에는 배우자가 사전 증여받은 재산가액과 상속인들이 상속받은 것으로 추정하여 상속세 과

〈제7조〉
② 영 제16조 제11항에서 "기획재정부령으로 정하는 영농상속사실을 입증할 수 있는 서류"라 함은 다음 각 호의 서류로서 해당 상속이 영농상속에 해당됨을 증명할 수 있는 것을 말한다. (2023. 3. 20. 개정)
1. 영 제16조 제2항 제2호 나목에 따른 최대주주등에 해당하는 자임을 입증하는 서류 (2016. 3. 21. 신설)
2. 농업소득세 과세사실증명서 또는 영농사실증명서류 (2003. 12. 31. 개정)
2. 영농사실 증명서류 (2025. 3. 21. 개정)
3. 「어선법」 제13조 제3항 각 호의 구분에 따른 선박국적증서, 선적증서 또는 등록필증 사본 (2025. 3. 21. 신설)
4. 어선의 선적증서 사본 (97. 4. 19 개정)
4. 「내수면어업법 시행규칙」 제12조 제1항 제1호에 따른 내수면어업면허증 사본 (2025. 3. 21. 개정)
5. 어업권 면허증서 사본 (97. 4. 19 개정)
5. 「수산업법 시행규칙」 제6조 제2항에 따른 어업면허증 사본 (2025. 3. 21. 개정)
6. 「양식산업발전법 시행규칙」 제5조 제2항에 따른 양식업면허증 사본 (2025. 3. 21. 신설)
7. 영농상속인의 농업 또는 수산계열학교의 재학증명서 또는 졸업증명서 (2025. 3. 21. 호번개정)
8. 「임업 및 산촌 진흥촉진에 관한 법률」에 의한 임업후계자임을 증명하는 서류 (2025. 3. 21. 호번개정)
③ 영 제16조 제11항에 따라 신고를 받은 납세지 관할세무서장은 「전자정부법」

녀 또는 직계존속 1인과 공동상속하는 경우에는 1.5/2.5, 자녀 또는 직계존속 2인과 공동상속하는 경우에는 1.5/3.5의 비율이 됨.

② 제1항에 따른 배우자 상속공제는 제67조에 따른 상속세과세표준신고기한의 다음날부터 9개월이 되는 날(이하 이 조에서 "배우자상속재산분할기한"이라 한다)까지 배우자의 상속재산을 분할(등기·등록·명의개서 등이 필요한 경우에는 그 등기·등록·명의개서 등이 된 것에 한한다. 이하 이 조에서 같다)한 경우에 적용한다. 이 경우 상속인은 상속재산의 분할사실을 배우자상속재산분할기한까지 납세지 관할세무서장에게 신고하여야 한다. (2020. 12. 22. 개정)

③ 제2항에도 불구하고 대통령령으로 정하는 부득이한 사유로 배우자상속재산분할기한까지 배우자의 상속재산을 분할할 수 없는 경우로서 배우자상속재산분할기한[부득이한 사유가 소(訴)의 제기나 심판청구로 인한 경우에는 소송 또는 심판청구가 종료된 날]의 다음날부터 6개월이 되는 날(배우자상속재산분할기한의 다음날부터 6개월이 지나 제76조에 따른 과세표준과 세액의 결정이 있는 경우에는 그 결정일을 말한다)까지 상속재산을 분할하여 신고하는 경우에는 배우자상속재산분할기한까지 분할한 것으로 본다. 다만, 상속인이 그 부득이한 사유를 대통령령으로 정하는 바에 따라 배우자상속재산분할기한까지 납세지 관할세무서장에게 신고하는 경우에 한정한다. (2020. 6. 9. 개정 ; 법률용어 정비를~법률)

④ 제1항의 경우에 배우자가 실제 상속받은 금액이 없거나 상속받은 금액이 5억원 미만이면 제2항에도 불구하고 5억원을 공제한다. (2010. 1. 1. 개정)

 19-0…1 【배우자 상속공제】
① 법 제19조에 따른 "배우자"라 함은 「민법」상 혼인으로 인정되는 혼인관계에 의한 배우자를 말한다. (2011. 5. 20. 개정)
② 삭 제 (2008. 7. 25.)
③ 법 제19조 제1항에 따라 계산한 금액이 없거나 5억원 미만인 경우에는 상속세 신고여부에 관계없이 5억원을 공제한다. (2011. 5. 20. 개정)
④ 삭 제 (2000. 10. 12.)

세가액에 산입된 금액은 각각 포함하지 아니함. (재재산-566, 2007. 5. 15, 재재산-537, 2007. 5. 11, 재재산 46014-238, 2001. 9. 26.)
• 민법상 혼인으로 인정되는 '법률상 배우자'만 상속세 배우자공제 대상에 해당하는 것으로 사실혼 관계에 있는 배우자는 배우자공제를 적용받을 수 없음. (조심 2008중3100, 2009. 4. 17.)

② 법 제19조 제3항 본문에서 "대통령령으로 정하는 부득이한 사유"란 다음 각 호의 어느 하나에 해당하는 경우를 말한다. (2010. 2. 18. 개정)
1. 상속인 등이 상속재산에 대하여 상속회복청구의 소를 제기하거나 상속재산 분할의 심판을 청구한 경우 (2014. 2. 21. 개정)
2. 상속인이 확정되지 아니하는 부득이한 사유 등으로 배우자상속분을 분할하지 못하는 사실을 관할세무서장이 인정하는 경우 (96. 12. 31 개정)
③ 법 제19조 제3항 단서에 따라 상속재산을 분할할 수 없는 사유를 신고하는 자는 제2항 각 호의 어느 하나에 해당하는 사유를 입증할 수 있는 서류를 첨부하여 법 제19조 제2항에 따른 배우자상속재산분할기한 내에 기획재정부령으로 정하는 바에 따라 신고하여야 한다. (2010. 12. 30. 개정)

관계조문 ▶▶
규칙 24조 3호 → 상속재산미분할신고서(별지 제3호 서식)

제36조 제1항에 따른 행정정보의 공동이용을 통하여 다음 각 호의 서류를 확인하여야 한다. (2023. 3. 20. 개정)
1. 농지·초지 또는 산림지의 등기사항증명서 (2015. 3. 13. 신설)
2. 영 제16조 제5항 제1호 바목에 따른 건축물과 이에 딸린 토지의 등기사항증명서 (2016. 3. 21. 개정)

(➡ 규칙 ③ 2호)

 19-0-1 【배우자 상속공제】
① 거주자의 사망으로 배우자가 상속받는 경우 다음의 금액을 상속세 과세가액에서 공제한다.

구 분	분할기한 내에 배우자 상속재산을 분할한 경우	무신고, 미분할
배우자 상속 공제액	• 5억원에 미달시 5억원을 공제 • 배우자가 실제 상속받은 금액 • 한도 : Min ① (상속재산가액 × 법정지분율) − 배우자 사전증여재산의 증여세과세표준 ② 30억원	5억원

② 2009년 이전에는 배우자 상속재산 분할기한까지 상속재산을 분할하여 신고하는 경우에 한하여 배우자가 실제 상속받은 금액을 공제받을 수 있었으나, 2010. 1. 1. 이후 상속개시분부터는 배우자 상속재산 분할기한까지 상속재산을 분할한 사실이 확인되는 경우 배우자가 실제 상속받은 금액을 공제할 수 있다. (2024. 10. 31. 개정)

제20조 【그 밖의 인적공제】 (2010. 1. 1. 제목개정)

① 거주자의 사망으로 상속이 개시되는 경우로서 다음 각 호의 어느 하나에 해당하는 경우에는 해당 금액을 상속세 과세가액에서 공제한다. 이 경우 제1호에 해당하는 사람이 제2호에 해당하는 경우 또는 제4호에 해당하는 사람이 제1호부터 제3호까지 또는 제19조에 해당하는 경우에는 각각 그 금액을 합산하여 공제한다. (2010. 1. 1. 개정)

1. 자녀(태아를 포함한다) 1명에 대해서는 5천만원 (2022. 12. 31. 개정)

2. 상속인(배우자는 제외한다) 및 동거가족 중 미성년자(태아를 포함한다)에 대해서는 1천만원에 19세가 될 때까지의 연수(年數)를 곱하여 계산한 금액 (2022. 12. 31. 개정)

3. 상속인(배우자는 제외한다) 및 동거가족 중 65세 이상인 사람에 대해서는 5천만원 (2015. 12. 15. 개정)

4. 상속인 및 동거가족 중 장애인에 대해서는 1천만원에 상속개시일 현재 「통계법」 제18조에 따라 통계청장이 승인하여 고시하는 통계표에 따른 성별·연령별 기대여명(期待餘命)의 연수를 곱하여 계산한 금액 (2015. 12. 15. 개정)

② 제1항 제2호부터 제4호까지에 규정된 동거가족과 같은 항 제4호에 규정된 장애인의 범위 및 같은 항에 따른 공제를 받기 위한 증명서류의 제출에 필요한 사항은 대통령령으로 정한다. (2022. 12. 31. 개정)

③ 제1항 제2호 및 제4호를 적용할 때 1년 미만의 기간은 1년으로 한다. (2010. 1. 1. 개정)

제21조 【일괄공제】 ① 거주자의 사망으로 상속이 개시되는 경우에 상속인이나 수유자는 제18조와 제20조 제1항에 따른 공제액을 합친 금액과 5억원 중 큰 금액으로 공제받을 수 있다. 다만, 제67조 또는 「국세기본법」 제45조의 3에 따른 신고가 없는 경우에는 5억원을 공제한다. (2022. 12. 31. 개정)

② 제1항을 적용할 때 피상속인의 배우자가 단독으로 상속받는 경우에는 제18조와 제20조 제1항에 따른 공제액을 합친 금액으로만 공제한다. (2010. 1. 1. 개정)

제18조 【기타 인적공제】 ① 법 제20조 제1항의 규정에 의한 동거가족은 상속개시일 현재 피상속인이 사실상 부양하고 있는 직계존비속(배우자의 직계존속을 포함한다) 및 형제자매를 말한다. (96. 12. 31 개정)

② 법 제20조 제1항 제1호 및 제2호에 따라 태아에 대한 공제를 받으려는 사람은 상속세 과세표준신고를 할 때 기획재정부령으로 정하는 임신 사실을 확인할 수 있는 서류를 납세지 관할 세무서장에게 제출해야 한다. (2023. 2. 28. 신설)

③ 법 제20조 제1항 제4호에 따른 장애인은 「소득세법 시행령」 제107조 제1항 각 호의 어느 하나에 해당하는 사람로 한다. (2023. 2. 28. 개정)

④ 법 제20조 제1항 제4호에 따라 장애인에 대한 공제를 받으려는 사람은 상속세 과세표준신고를 할 때 기획재정부령으로 정하는 장애인증명서를 납세지 관할 세무서장에게 제출해야 한다. 이 경우 해당 장애인이 「국가유공자 등 예우 및 지원에 관한 법률」에 따른 상이자의 증명을 받은 사람 또는 「장애인복지법」에 따른 장애인등록증을 교부받은 사람인 경우에는 해당 증명서 또는 등록증으로 장애인증명서를 갈음할 수 있다. (2023. 2. 28. 개정)

통칙 21 - 0…1 【일괄공제의 적용배제】

법 제21조 제2항에서 "피상속인의 배우자가 단독으로 상속받는 경우"라 함은 피상속인의 상속인이 그 배우자 단독인 경우를 말한다. (1998. 2. 25. 개정)

통칙 20 - 18…1 【그 밖의 인적공제】

(2019. 12. 23. 제목개정)

① 영 제18조 제1항의 "피상속인이 사실상 부양하고 있는 직계존비속(배우자의 직계존속을 포함한다) 및 형제자매"라 함은 피상속인의 재산으로 생계를 유지하는 직계존비속 및 형제자매를 말한다. (2011. 5. 20. 개정)

② 법 제20조에 따른 인적공제는 같은 조 제1항 각 호의 어느 하나에 해당하는 자가 상속의 포기 등으로 상속을 받지 아니하는 경우에도 적용한다. (2011. 5. 20. 개정)

관계조문

규칙 24조 4호 → 장애인증명서(별지 제4호 서식)

제22조 【금융재산 상속공제】 ① 거주자의 사망으로 상속이 개시되는 경우로서 상속개시일 현재 상속재산가액 중 대통령령으로 정하는 금융재산의 가액에서 대통령령으로 정하는 금융채무를 뺀 가액(이하 이 조에서 "순금융재산의 가액"이라 한다)이 있으면 다음 각 호의 구분에 따른 금액을 상속세 과세가액에서 공제하되, 그 금액이 2억원을 초과하면 2억원을 공제한다. (2010. 1. 1. 개정)

1. 순금융재산의 가액이 2천만원을 초과하는 경우 : 그 순금융재산의 가액의 100분의 20 또는 2천만원 중 큰 금액 (2010. 1. 1. 개정)
2. 순금융재산의 가액이 2천만원 이하인 경우 : 그 순금융재산의 가액 (2010. 1. 1. 개정)

② 제1항에 따른 금융재산에는 대통령령으로 정하는 최대주주 또는 최대출자자가 보유하고 있는 주식등과 제67조에 따른 상속세 과세표준 신고기한까지 신고하지 아니한 타인 명의의 금융재산은 포함되지 아니한다. (2015. 12. 15. 개정)

● 예판

- 상속개시일 전 피상속인이 부동산 양도계약을 체결하고 중도금과 잔금을 영수하기 전에 사망한 경우 상속개시일 이후에 상속인 등의 예금계좌를 통하여 수령한 중도금과 잔금은 금융재산 상속공제 대상이 아님. (서면4팀 – 3080, 2006. 9. 7.)
- 자기앞수표는 금융재산 상속공제 대상에 해당하지 아니함. (재산 – 883, 2009. 5. 6.)

통칙 22 – 19…1 【최대주주 등의 판정기준】

법 제22조 제2항 및 영 제19조 제2항에 따른 최대주주 또는 최대출자자(이하 "최대주주등"이라 한다)의 판정은 다음 각호의 1에 따른다. (2011. 5. 20. 개정)

1. 피상속인과 영 제19조 제2항 각 호의 어느 하나에 따른 특수관계자의 보유 주식 등을 합하여 최대주주등에 해당하는 경우에는 피상속인 및 그와 특수관계에 있는 자 모두를 최대주주등으로 본다. (2011. 5. 20. 개정)
2. 제1호에 따른 보유주식의 합계가 동일한 최대주주 등이 2 이상인 경우에는 모두를 최대주주 등으로 본다. (2011. 5. 20. 개정)

제23조 【재해손실 공제】 ① 거주자의 사망으로 상속이 개시되는 경우로서 제67조에 따른 신고기한 이내에 대통령령으로 정하는 재난으

제19조 【금융재산 상속공제】 ① 법 제22조 제1항 각 호 외의 부분에서 "대통령령으로 정하는 금융재산"이란 금융회사등이 취급하는 예금 · 적금 · 부금 · 계금 · 출자금 · 신탁재산(금전신탁재산에 한한다) · 보험금 · 공제금 · 주식 · 채권 · 수익증권 · 출자지분 · 어음 등의 금전 및 유가증권과 그 밖에 기획재정부령으로 정하는 것을 말한다. (2015. 2. 3. 개정)

② 법 제22조 제2항에서 "대통령령으로 정하는 최대주주 또는 최대출자자"란 주주등 1인과 그의 특수관계인의 보유주식등을 합하여 그 보유주식등의 합계가 가장 많은 경우의 해당 주주등 1인과 그의 특수관계인 모두를 말한다. (2012. 2. 2. 개정)

관계조문 ▶▶

규칙 24조 5호 → 금융재산상속공제신고서(별지 5호 서식)

③ 법 제22조 제1항의 규정에 의하여 공제를 받고자 하는 자는 기획재정부령이 정하는 금융재산상속공제신고서를 상속세과세표준신고와 함께 납세지 관할세무서장에게 제출하여야 한다. (2008. 2. 29. 직제개정 ; 기획재정부와~직제 부칙)

④ 법 제22조 제1항 각 호 외의 부분 본문에서 "대통령령으로 정하는 금융채무"란 제10조 제1항 제1호에 따라 입증된 금융회사등에 대한 채무를 말한다. (2015. 2. 3. 개정)

제20조 【재난의 범위 등】 ① 법 제23조 제1항 본문에서 "대통령령으로 정하는 재난"이란 화재 · 붕괴 · 폭발 · 환경오염사고 및 자연재

제8조 【금융재산의 범위】 영 제19조 제1항에서 "그 밖에 기획재정부령으로 정하는 것"이란 다음 각 호의 어느 하나에 해당하는 것을 말한다. (2014. 3. 14. 개정)

1. 「자본시장과 금융투자업에 관한 법률」 제8조의 2 제2항에 따른 거래소(이하 "거래소"라 한다)에 상장되지 아니한 주식 및 출자지분(이하 "주식등"이라 한다)으로서 금융회사등이 취급하지 아니하는 것 (2024. 3. 22. 개정)
2. 발행회사가 금융회사등을 통하지 아니하고 직접 모집하거나 매출하는 방법으로 발행한 회사채 (2024. 3. 22. 개정)

로 인하여 상속재산이 멸실되거나 훼손된 경우에는 그 손실가액을 상속세 과세가액에서 공제한다. 다만, 그 손실가액에 대한 보험금 등의 수령 또는 구상권(求償權) 등의 행사에 의하여 그 손실가액에 상당하는 금액을 보전(補塡)받을 수 있는 경우에는 그러하지 아니하다. (2010. 1. 1. 개정)

통칙 23-20…1【재해손실공제】
법 제23조 제1항을 적용할 때 재해손실가액 중 보험금 등의 수령 또는 구상권행사 등에 따라 보전받을 수 있는 가액이 확정되지 아니한 경우에는 재난의 종류, 발생원인, 보험금의 종류 및 구상권행사에 따른 분쟁관계의 진상 등을 참작하여 적정한 가액을 그 손실가액으로 한다. (2011. 5. 20. 개정)

② 제1항에 따라 손실공제를 받으려는 상속인이나 수유자는 그 손실가액·손실내용 및 이를 증명할 수 있는 서류를 대통령령으로 정하는 바에 따라 납세지 관할세무서장에게 제출하여야 한다. (2010. 1. 1. 개정)

　제23조의 2【동거주택 상속공제】① 거주자의 사망으로 상속이 개시되는 경우로서 다음 각 호의 요건을 모두 갖춘 경우에는 상속주택가액(「소득세법」 제89조 제1항 제3호에 따른 주택부수토지의 가액을 포함하되, 상속개시일 현재 해당 주택 및 주택부수토지에 담보된 피상속인의 채무액을 뺀 가액을 말한다)의 100분의 100에 상당하는 금액을 상속세 과세가액에서 공제한다. 다만, 그 공제할 금액은 6억원을 한도로 한다. (2019. 12. 31. 개정)
1. 피상속인과 상속인(직계비속 및 「민법」 제1003조 제2항에 따라 상속인이 된 그 직계비속의 배우자인 경우로 한정하며, 이하 이 조에서 같다)이 상속개시일부터 소급하여 10년 이상(상속인이 미성년자인 기간은 제외한다) 계속하여 하나의 주택에서 동거할 것 (2021. 12. 21. 개정)
2. 피상속인과 상속인이 상속개시일부터 소급하여 10년 이상 계속하여 1세대를 구성하면서 대통령령으로 정하는 1세대 1주택(이하 이 조에서 “1세대 1주택”이라 한다)에 해당할 것. 이 경우 무주택인 기간이 있는 경우에는 해당 기간은 전단에 따른 1세대 1주택에 해당하는 기간에 포함한다. (2015. 12. 15. 개정)

해 등으로 인한 재난을 말한다. (2010. 2. 18. 개정)
② 법 제23조 제1항의 규정에 의하여 상속세과세가액에서 공제하는 손실가액은 재난으로 인하여 손실된 상속재산의 가액으로 한다. (96. 12. 31 개정)
③ 법 제23조 제1항의 규정에 의한 재해손실공제를 받고자 하는 자는 기획재정부령이 정하는 재해손실공제신고서에 당해 재난의 사실을 입증하는 서류를 첨부하여 상속세과세표준신고와 함께 납세지 관할세무서장에게 제출하여야 한다. (2008. 2. 29. 직제개정 ; 기획재정부와~ 직제 부칙)

　제20조의 2【동거주택 인정의 범위】① 법 제23조의 2 제1항 제2호에서 “대통령령으로 정하는 1세대 1주택”이란 「소득세법」 제88조 제6호에 따른 1세대가 1주택(「소득세법」 제89조 제1항 제3호에 따른 고가주택을 포함한다)을 소유한 경우를 말한다. 이 경우 1세대가 다음 각 호의 어느 하나에 해당하여 2주택 이상을 소유한 경우에도 1세

관계조문 ▶▶

규칙 24조 6호 → 재해손실공제신고서(별지 6호 서식)

(➡ 영 20조의 2)
집행기준 23의 2-20의 2-1【동거기간에 산입하지 않는 기간】
다음의 부득이한 사유로 동거하지 못한 경우에는 계속하여 동거한 것으로 보되 동거기간에는

3. 상속개시일 현재 무주택자이거나 피상속인과 공동으로 1세대 1주택
   을 보유한 자로서 피상속인과 동거한 상속인이 상속받은 주택일 것
   (2019. 12. 31. 개정)

대가 1주택을 소유한 것으로 본다. (2017. 2. 7. 개정)
1. 피상속인이 다른 주택을 취득(자기가 건설하여 취득한 경우를 포함
   한다)하여 일시적으로 2주택을 소유한 경우. 다만, 다른 주택을 취득
   한 날부터 2년 이내에 종전의 주택을 양도하고 이사하는 경우만 해
   당한다. (2010. 12. 30. 신설)
2. 상속인이 상속개시일 이전에 1주택을 소유한 자와 혼인한 경우. 다
   만, 혼인한 날부터 5년 이내에 상속인의 배우자가 소유한 주택을
   양도한 경우만 해당한다. (2010. 12. 30. 신설)
3. 피상속인이 「문화재보호법」 제53조 제1항에 따른 국가등록문화재에 해당하는 주택
   을 소유한 경우 (2019. 12. 31. 개정 ; 문화재보호법 시행령 부칙)
3. 피상속인이 「문화유산의 보존 및 활용에 관한 법률」 제53조 제1항에 따른 국가등록문
   유산에 해당하는 주택을 소유한 경우 (2024. 5. 7. 개정 ; 문화재보호법 시행령 부칙)
3. 피상속인이 「근현대문화유산의 보존 및 활용에 관한 법률」 제2조
   제2호 가목에 따른 국가등록문화유산에 해당하는 주택을 소유한 경
   우 (2024. 9. 10. 개정 ; 근현대문화유산의~시행령 부칙)
4. 피상속인이 「소득세법 시행령」 제155조 제7항 제2호에 따른 이농주
   택을 소유한 경우 (2010. 12. 30. 신설)
5. 피상속인이 「소득세법 시행령」 제155조 제7항 제3호에 따른 귀농
   주택을 소유한 경우 (2010. 12. 30. 신설)
6. 1주택을 보유하고 1세대를 구성하는 자가 상속개시일 이전에 60세
   이상의 직계존속을 동거봉양하기 위하여 세대를 합쳐 일시적으로 1
   세대가 2주택을 보유한 경우. 다만, 세대를 합친 날부터 5년 이내에
   피상속인 외의 자가 보유한 주택을 양도한 경우만 해당한다. (2012.
   2. 2. 신설)
7. 피상속인이 상속개시일 이전에 1주택을 소유한 자와 혼인함으로써
   일시적으로 1세대가 2주택을 보유한 경우. 다만, 혼인한 날부터 5년
   이내에 피상속인의 배우자가 소유한 주택을 양도한 경우만 해당한다.
   (2012. 2. 2. 신설)
8. 피상속인 또는 상속인이 피상속인의 사망 전에 발생된 제3자로부터의 상속으로 인하
   여 여러 사람이 공동으로 소유하는 주택을 소유한 경우. 다만, 피상속인 또는 상속인
   이 해당 주택의 공동소유자 중 가장 큰 상속지분을 소유한 경우(상속지분이 가장 큰
   공동 소유자가 2명 이상인 경우에는 그 2명 이상의 사람 중 다음 각 목의 순서에
   따라 해당 각 목에 해당하는 사람이 가장 큰 상속지분을 소유한 것으로 본다)는 제외
   한다. (2020. 2. 11. 신설)

산입하지 아니한다:
① 징집
② 학교에 취학(유치원, 초등학교, 중학교는 제
   외)
③ 직장변경, 전근 등 근무상의 형편
④ 1년 이상 치료나 요양을 필요로 하는 질병치
   료 또는 요양

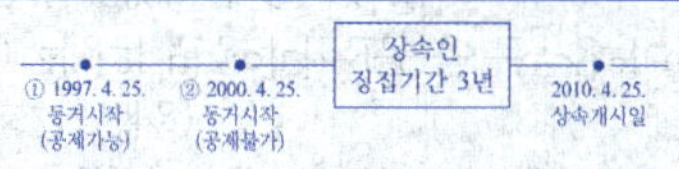

☞ 상속개시일부터 소급하여 10년 이상 동거기간을
  계산할 경우 ②의 시기부터 동거를 시작한 경우에
  는 '상속인의 징집 기간 3년'은 동거한 것으로
  는 보나 동거기간에는 산입하지 않으므로 7년의
  동거기간이 되어 동거주택상속공제는 되지 아니
  하고 ①의 시기부터 동거를 시작한 경우에만 동
  거주택 상속공제를 받을 수 있다.

(2024. 10. 31. 개정)

개정취지 ....
동거주택 상속공제 요건 합리화
• 상속인의 배우자가 피상속인의 사망 전에 제3자로부터 상속을 받아 여러 사람이 공동으로 소유하는 주택을 소유한 경우에도 피상속인 및 상속인의 경우와 동일하게 1세대가 1주택을 소유한 것으로 보아 동거주택 상속공제를 받을 수 있도록 함. (영 20조의 2 제1항 8호 개정 ; 2025. 2. 28.)
• 영 20조의 2 제1항 8호의 개정규정은 2025. 2. 28. 이후 결정 또는 경정하는 경우부터 적용함. (영 부칙(2025. 2. 28.) 3조)
....

② 제1항을 적용할 때 피상속인과 상속인이 대통령령으로 정하는 사유에 해당하여 동거하지 못한 경우에는 계속하여 동거한 것으로 보되, 그 동거하지 못한 기간은 같은 항에 따른 동거 기간에 산입하지 아니한다. (2010. 1. 1. 개정)
③ 일시적으로 1세대가 2주택을 소유한 경우 동거주택의 판정방법 및 그 밖에 필요한 사항은 대통령령으로 정한다. (2016. 12. 20. 신설)

　제24조【공제 적용의 한도】 제18조, 제18조의 2, 제18조의 3, 제19조부터 제23조까지 및 제23조의 2에 따라 공제할 금액은 제13조에 따른 상속세 과세가액에서 다음 각 호의 어느 하나에 해당하는 가액을 뺀 금액을 한도로 한다. 다만, 제3호는 상속세 과세가액이 5억원을 초과하는 경우에만 적용한다. (2022. 12. 31. 개정)
1. 선순위인 상속인이 아닌 자에게 유증등을 한 재산의 가액 (2016. 12. 20. 개정)
2. 선순위인 상속인의 상속 포기로 그 다음 순위의 상속인이 상속받은 재산의 가액 (2016. 12. 20. 개정)
3. 제13조에 따라 상속세 과세가액에 가산한 증여재산가액(제53조, 제53조의 2 또는 제54조에 따라 공제받은 금액이 있으면 그 증여재산가액에서 그 공제받은 금액을 뺀 가액을 말한다) (2023. 12. 31. 개정)

8. 피상속인, 상속인 또는 상속인의 배우자가 피상속인의 사망 전에 발생된 제3자로부터의 상속으로 인하여 여러 사람이 공동으로 소유하는 주택을 소유한 경우. 다만, 피상속인, 상속인 또는 상속인의 배우자가 해당 주택의 공동소유자 중 가장 큰 상속지분을 소유한 경우(상속지분이 가장 큰 공동 소유자가 2명 이상인 경우에는 그 2명 이상의 사람 중 다음 각 목의 순서에 따라 해당 각 목에 해당하는 사람이 가장 큰 상속지분을 소유한 것으로 본다)는 제외한다. (2025. 2. 28. 개정)
가. 해당 주택에 거주하는 자 (2020. 2. 11. 신설)
나. 최연장자 (2020. 2. 11. 신설)
② 법 제23조의 2 제2항에서 “대통령령으로 정하는 사유”란 다음 각 호의 어느 하나에 해당하는 경우를 말한다. (2010. 12. 30. 항번개정)
1. 징집 (2009. 2. 4. 신설)
2. 취학, 근무상 형편 또는 질병 요양의 사유로서 기획재정부령으로 정하는 사유 (2009. 2. 4. 신설)
3. 제1호 및 제2호와 비슷한 사유로서 기획재정부령으로 정하는 사유 (2009. 2. 4. 신설)

●예판 ....
유증 등을 받을 자가 유증 등을 포기함에 따라 공동상속인간의 협의에 의하여 분할한 상속재산은 상속세 과세가액에서 차감하지 아니함. (서면4팀－1499, 2005. 8. 23.)
....

③ 제1항 제1호를 적용할 때 상속개시일에 피상속인과 상속인이 동거한 주택을 동거주택으로 본다. (2017. 2. 7. 신설)

(➡ 법 24조)

집행기준 24-0-1【상속공제 한도액】
상속세 과세가액에서 공제하는 기초공제, 가업·영농상속공제, 배우자상속공제, 기타 인적공제, 일괄공제, 금융재산상속공제, 재해손실공제, 동거주택상속공제 등의 합계액은 다음의 금액을 한도로 공제한다. (단, ③은 상속세 과세가액이 5억원을 초과하는 경우만 적용)

　제9조의 2【동거주택 인정범위】 영 제20조의 2 제2항 제2호에서 “기획재정부령으로 정하는 사유”란 다음 각 호의 어느 하나에 해당하는 경우를 말한다. (2011. 7. 26. 개정)
1. 「초·중등교육법」에 따른 학교(유치원·초등학교 및 중학교는 제외한다) 및 「고등교육법」에 따른 학교에의 취학 (2009. 4. 23. 신설)
1. 「초·중등교육법」에 따른 학교(초등학교 및 중학교는 제외한다) 및 「고등교육법」에 따른 학교에의 취학 (2025. 3. 21. 개정)
2. 직장의 변경이나 전근 등 근무상의 형편 (2009. 4. 23. 신설)
3. 1년 이상의 치료나 요양이 필요한 질병의 치료 또는 요양 (2009. 4. 23. 신설)

(2024. 10. 31. 개정)

제6절 과세표준과 세율

제25조【상속세의 과세표준 및 과세최저한】 ① 상속세의 과세표준은 제13조에 따른 상속세 과세가액에서 다음 각 호의 금액을 뺀 금액으로 한다. (2010. 1. 1. 개정)
1. 제18조, 제18조의 2, 제18조의 3, 제19조부터 제23조까지, 제23조의 2 및 제24조의 규정에 따른 상속공제액 (2022. 12. 31. 개정)
2. 대통령령으로 정하는 상속재산의 감정평가 수수료 (2010. 1. 1. 개정)
② 과세표준이 50만원 미만이면 상속세를 부과하지 아니한다. (2010. 1. 1. 개정)

제26조【상속세 세율】 상속세는 제25조에 따른 상속세의 과세표준에 다음의 세율을 적용하여 계산한 금액(이하 "상속세산출세액"이라 한다)으로 한다. (2010. 1. 1. 개정)

과 세 표 준	세 율
1억원 이하	과세표준의 100분의 10
1억원 초과 5억원 이하	1천만원+(1억원을 초과하는 금액의 100분의 20)
5억원 초과 10억원 이하	9천만원+(5억원을 초과하는 금액의 100분의 30)
10억원 초과 30억원 이하	2억4천만원+(10억원을 초과하는 금액의 100분의 40)
30억원 초과	10억4천만원+(30억원을 초과하는 금액의 100분의 50)

제20조의 3【감정평가 수수료 공제】 (2010. 2. 18. 제목개정)
① 법 제25조 제1항 제2호에서 "대통령령으로 정하는 상속재산의 감정평가 수수료"란 상속세를 신고·납부하기 위하여 상속재산을 평가하는데 드는 수수료로서 다음 각 호의 어느 하나에 해당하는 것을 말한다. (2010. 2. 18. 개정)
1. 「감정평가 및 감정평가사에 관한 법률」에 따른 감정평가법인등의 평가에 따른 수수료(상속세 납부목적용으로 한정한다) (2022. 1. 21. 개정 ; 감정평가 및~시행령 부칙)
2. 제49조의 2 제9항에 따른 평가수수료 (2020. 2. 11. 개정)
3. 제52조 제2항 제2호에 따른 유형재산 평가에 대한 감정수수료 (2014. 2. 21. 신설)
② 제1항 제1호의 규정은 동호의 규정에 따라 평가된 가액으로 상속세를 신고·납부하는 경우에 한하여 이를 적용한다. (2006. 2. 9. 개정)
③ 제1항 제1호 또는 제3호에 따른 수수료가 500만원을 초과하는 경우에는 이를 500만원으로 하고, 같은 항 제2호에 따른 수수료는 평가대상 법인의 수(數) 및 평가를 의뢰한 신용평가전문기관의 수별로 각

제27조【세대를 건너뛴 상속에 대한 할증과세】상속인이나 수유자가 피상속인의 자녀를 제외한 직계비속인 경우에는 제26조에 따른 상속세산출세액에 상속재산(제13조에 따라 상속재산에 가산한 증여재산 중 상속인이나 수유자가 받은 증여재산을 포함한다. 이하 이 조에서 같다) 중 그 상속인 또는 수유자가 받았거나 받을 재산이 차지하는 비율을 곱하여 계산한 금액의 100분의 30(피상속인의 자녀를 제외한 직계비속이면서 미성년자에 해당하는 상속인 또는 수유자가 받았거나 받을 상속재산의 가액이 20억원을 초과하는 경우에는 100분의 40)에 상당하는 금액을 가산한다. 다만, 「민법」 제1001조에 따른 대습상속(代襲相續)의 경우에는 그러하지 아니하다. (2016. 12. 20. 개정)

통칙 27－0…1【세대를 건너뛴 상속에 대한 할증과세 방법】
법 제27조에 따라 할증과세되는 세액은 다음 계산식에 따라 계산한다. (2019. 12. 23. 개정)

$$\text{상 속 세 산출세액} \times \frac{\text{피상속인의 자녀를 제외한 직계비속이 상속받은 재산가액}}{\text{총상속재산가액}} \times \text{할증률}$$

* 할증률 : 30퍼센트(피상속인의 자녀를 제외한 직계비속이면서 미성년자에 해당하는 상속인 또는 수유자가 받았거나 받을 상속재산의 가액이 20억원을 초과하는 경우에는 40퍼센트)

제 7 절　세액공제

제28조【증여세액 공제】① 제13조에 따라 상속재산에 가산한 증여재산에 대한 증여세액(증여 당시의 그 증여재산에 대한 증여세산출세액을 말한다)은 상속세산출세액에서 공제한다. 다만, 상속세 과세가액에 가산하는 증여재산에 대하여 「국세기본법」 제26조의 2 제4항 또는 제5항에 따른 기간의 만료로 인하여 증여세가 부과되지 아니하는 경우와 상속세 과세가액이 5억원 이하인 경우에는 그러하지 아니하다. (2019. 12. 31. 단서개정)
② 제1항에 따라 공제할 증여세액은 상속세산출세액에 상속재산(제13

각 1천만원을 한도로 한다. (2014. 2. 21. 개정)
④ 제1항 내지 제3항의 규정에 의한 수수료를 공제받고자 하는 자는 당해 수수료의 지급사실을 입증할 수 있는 서류를 상속세과세표준 신고와 함께 납세지 관할세무서장에게 제출하여야 한다. (2003. 12. 30. 신설)

통칙 3의 2－0…1【선순위 상속인의 상속포기시 상속세 납부의무】(2019. 12. 23. 번호개정)
① 법 제3조 제1항을 적용할 때 상속인중 상속순위가 선순위인 단독 상속인 또는 동순위의 공동상속인 전원이 「민법」 제1019조에 따라 상속을 포기함으로써 그 다음 순위에 있는 상속인(이하 “후순위상속인”이라 한다)이 재산을 상속받게 되는 경우에는 후순위상속인이 받았거나 받을 상속재산의 점유비율에 따라 상속세를 납부할 의무를 지며, 증여세는 과세하지 아니한다. 이 경우 후순위상속인이 피상속인의 1촌 외의 직계비속인 경우에는 법 제27조(세대를 건너뛴 상속에 대한 할증과세)에 따라 계산한 금액을 가산한다. (2019. 12. 23. 개정)
② 제1항을 적용할 때 선순위 상속인에게 법 제13조에 따라 상속재산에 가산하는 증여재산이 있는 경우에는 그 선순위 상속인이 해당 증여재산의 가액에 상당하는 상속세액에 대하여 납부할 의무를 지며, 다른 상속인들이 납부할 상속세액에 대해서도 연대하여 납부할 의무를 진다. (2011. 5. 20. 신설)
③ 제1항을 적용할 때 법 제15조에 따라 상속재산으로 추정하여 상속세 과세가액에 산입한 금액은 선순위 상속인이 법정상속분으로 상속받은 것으로 추정하여 그 선순위 상속인이 상속세 납세의무를 지며, 다른 상속인들이 납부할 상속세액에 대해서도 연대하여 납부할 의무를 진다. (2011. 5. 20. 신설)

제 6 절　세액공제　(2025. 2. 28. 신설)

제20조의 4【증여세액 공제】(2010. 2. 18. 제목개정)

관련법령 »

민 법
제1001조【대습상속】전조 제1항 제1호와 제3호의 규정에 의하여 상속인이 될 직계비속 또는 형제자매가 상속개시전에 사망하거나 결격자가 된 경우에 그 직계비속이 있는 때에는 그 직계비속이 사망하거나 결격된 자의 순위에 갈음하여 상속인이 된다. (2014. 12. 30. 개정)

조에 따라 상속재산에 가산하는 증여재산을 포함한다. 이하 이 항에서 같다)의 과세표준에 대하여 가산한 증여재산의 과세표준이 차지하는 비율을 곱하여 계산한 금액을 한도로 한다. 이 경우 그 증여재산의 수증자가 상속인이거나 수유자이면 그 상속인이나 수유자 각자가 납부할 상속세액에 그 상속인 또는 수유자가 받았거나 받을 상속재산에 대하여 대통령령으로 정하는 바에 따라 계산한 과세표준에 대하여 가산한 증여재산의 과세표준이 차지하는 비율을 곱하여 계산한 금액을 한도로 각자가 납부할 상속세액에서 공제한다. (2010. 1. 1. 개정)

통칙 28-0…1 【증여세액공제금액의 한도 계산】

법 제28조 제2항에 따른 기납부증여세 공제한도액은 다음 각 호의 계산식에 따라 계산한다. (2011. 5. 20. 개정)

1. 수증자가 상속인 또는 수유자(이하 이 조에서 "상속인 등"이라 한다)인 경우 (2000. 10. 12 개정)

$$\text{상속인 등 각자가 납부할 상속세 산출세액} \times \frac{\text{상속인 등 각자의 증여재산에 대한 증여세 과세표준}}{\text{상속인 등 각자가 받았거나 받을 상속재산 (증여재산 포함)에 대한 상속세 과세표준 상당액}}$$

2. 수증자가 상속인 등 외의 자인 경우 (2000. 10. 12 개정)

$$\text{상속세 산출세액} \times \frac{\text{증여재산에 대한 증여세 과세표준}}{\text{상속세 과세표준}}$$

제29조 【외국 납부세액 공제】 거주자의 사망으로 상속세를 부과하는 경우에 외국에 있는 상속재산에 대하여 외국의 법령에 따라 상속세를 부과받은 경우에는 대통령령으로 정하는 바에 따라 그 부과받은 상속세에 상당하는 금액을 상속세산출세액에서 공제한다. (2010. 1. 1. 개정)

법 제28조 제2항 후단에서 "대통령령으로 정하는 바에 따라 계산한 과세표준"이란 제3조 제1항 제1호에 따른 상속인별 상속세 과세표준 상당액을 말한다. (2016. 2. 5. 개정)

제21조 【외국 납부세액 공제】 ① 법 제29조에 따라 상속세산출세액에서 공제할 외국납부세액은 다음 계산식에 따라 계산한 금액으로 한다. 다만, 그 금액이 외국의 법령에 따라 부과된 상속세액을 초과하는 경우에는 그 상속세액을 한도로 한다. (2012. 2. 2. 개정)

$$\text{상속세 산출세액} \times \frac{\text{외국의 법령에 따라 상속세가 부과된 상속재산의 과세표준 (해당 외국의 법령에 따른 상속세의 과세표준을 말한다)}}{\text{법 제25조 제1항에 따른 상속세의 과세표준}}$$

② 제1항의 규정에 의하여 외국납부세액공제를 받고자 하는 자는 기획재정부령이 정하는 외국납부세액공제신청서를 상속세과세표준신고와 함께 납세지 관할세무서장에게 제출하여야 한다. (2008. 2. 29. 직제개정 ; 기획재정부와~직제 부칙)

관계조문

규칙 24조 7호 → 외국납부세액공제신청서 (별지 7호 서식)

제30조【단기 재상속에 대한 세액공제】① 상속개시 후 10년 이내에 상속인이나 수유자의 사망으로 다시 상속이 개시되는 경우에는 전(前)의 상속세가 부과된 상속재산(제13조에 따라 상속재산에 가산하는 증여재산 중 상속인이나 수유자가 받은 증여재산을 포함한다. 이하 이 조에서 같다) 중 재상속되는 상속재산에 대한 전의 상속세 상당액을 상속세산출세액에서 공제한다. (2019. 12. 31. 개정)

② 제1항에 따라 공제되는 세액은 제1호에 따라 계산한 금액에 제2호의 공제율을 곱하여 계산한 금액으로 한다. (2019. 12. 31. 단서삭제)

1. 전의 상속세 산출세액 × $\dfrac{\text{재상속분의 재산가액} \times \dfrac{\text{전의 상속세 과세가액}}{\text{전의 상속재산가액}}}{\text{전의 상속세 과세가액}}$

(2010. 1. 1. 개정)

2. 공제율 (2010. 1. 1. 개정)

재상속 기간	공 제 율
1년 이내	100분의 100
2년 이내	100분의 90
3년 이내	100분의 80
4년 이내	100분의 70
5년 이내	100분의 60
6년 이내	100분의 50
7년 이내	100분의 40
8년 이내	100분의 30
9년 이내	100분의 20
10년 이내	100분의 10

③ 제1항에 따라 공제되는 세액은 상속세 산출세액에서 제28조에 따라 공제되는 증여세액 및 제29조에 따라 공제되는 외국 납부세액을 차감한 금액을 한도로 한다. (2019. 12. 31. 개정)

제22조【재상속되는 재산의 계산】법 제30조의 규정에 의한 단기재상속에 대한 세액공제는 재상속된 각각의 상속재산별로 구분하여 계산한다. (98. 12. 31 개정)

편주 ▶

① 동일자에 시차를 두고 부모가 사망한 경우
　상속세과세는 통칙 13-0…1 참조
② 동시에 부모가 사망한 경우
　상속세과세는 통칙 13-0…2 참조

• 예판

단기재상속에 대한 세액공제 적용시, '전의 상속재산가액'이란 전 상속에서 피상속인의 사망으로 인하여 상속이 이루어진 재산가액뿐 아니라 피상속인의 생전 증여재산이나 법률상 상속재산으로 간주하여 상속세 과세가액에 산입되는 재산가액 등을 모두 포함하며, '재상속분의 재산가액'도 재상속 당시의 가액으로 하는 것이 아니라 전의 상속 당시의 가액으로 하는 것임. (대법 2002두 11196, 2004. 7. 9.)

통칙 30-22…1【단기재상속에 대한 세액공제의 계산】

① 법 제30조 제1항에 따라 단기재상속세액공제는 전의 상속재산이 재상속재산에 포함되어 있는 경우의 그 재산별로 각각 구분하여 계산한다. (2011. 5. 20. 개정)
② 법 제30조 제2항 제1호의 계산식에서 "재상속분의 재산가액"이라 함은 전의 상속재산 중 재상속된 재산에 포함된 재산 각각에 대하여 전의 상속 당시 상속재산가액으로 한다. (2011. 5. 20. 개정)
③ 삭 제 (2019. 12. 23.)

제 1 절 증여재산

제31조【증여재산가액 계산의 일반원칙】(2015. 12. 15. 제목개정)
① 증여재산의 가액(이하 "증여재산가액"이라 한다)은 다음 각 호의 방법으로 계산한다. (2015. 12. 15. 개정)
1. 재산 또는 이익을 무상으로 이전받은 경우 : 증여재산의 시가(제4장에 따라 평가한 가액을 말한다. 이하 이 조, 제35조 및 제42조에서 같다) 상당액 (2015. 12. 15. 개정)
2. 재산 또는 이익을 현저히 낮은 대가를 주고 이전받거나 현저히 높은 대가를 받고 이전한 경우 : 시가와 대가의 차액. 다만, 시가와 대가의 차액이 3억원 이상이거나 시가의 100분의 30 이상인 경우로 한정한다. (2015. 12. 15. 개정)
3. 재산 취득 후 해당 재산의 가치가 증가하는 경우 : 증가사유가 발생하기 전과 후의 재산의 시가의 차액으로서 대통령령으로 정하는 방법에 따라 계산한 재산가치상승금액. 다만, 그 재산가치상승금액이 3억원 이상이거나 해당 재산의 취득가액 등을 고려하여 대통령령으로 정하는 금액의 100분의 30 이상인 경우로 한정한다. (2015. 12. 15. 개정)
② 제1항에도 불구하고 제4조 제1항 제4호부터 제6호까지 및 같은 조 제2항에 해당하는 경우에는 해당 규정에 따라 증여재산가액을 계산한다. (2015. 12. 15. 개정)

통칙 4-0…3【증여재산 반환시 증여세 과세방법】(2019. 12. 23. 번호개정)
① 증여를 받은 자가 증여계약의 해제 등에 따라 증여받은 재산(금전을 제외한다)을 증여자에게 반환하거나 다시 증여하는 경우 증여세과세는 다음 각 호에 따른다. (2011. 5. 20. 개정)
1. 증여세신고기한 내에 반환하는 경우에는 반환하기 전에 법 제76조에 따라 과세표준과 세액을 결정받은 경우를 제외하고 처음부터 증여가 없었던 것으로 본다. (2019. 12. 23. 개정)
2. 증여세신고기한 다음날로부터 3개월 이내에 반환하거나 다시 증여하는 경우에

제23조【증여재산가액 계산의 일반원칙】(2016. 2. 5. 조번개정)
① 법 제31조 제1항 제3호 본문에서 "대통령령으로 정하는 방법에 따라 계산한 재산가치상승금액"이란 제1호의 가액에서 제2호부터 제4호까지의 규정에 따른 가액을 뺀 금액을 말한다. (2016. 2. 5. 개정)
1. 해당 재산가액 : 재산가치증가사유가 발생한 날 현재의 가액(법 제4장에 따라 평가한 가액을 말한다) (2016. 2. 5. 개정)
2. 해당 재산의 취득가액 : 실제 해당 재산을 취득하기 위하여 지급한 금액(증여받은 재산의 경우에는 증여세 과세가액을 말한다) (2021. 1. 5. 개정 ; 어려운 법령용어~대통령령)
3. 통상적인 가치 상승분 : 기업가치의 실질적인 증가로 인한 이익과 연평균지가상승률ㆍ연평균주택가격상승률 및 전국소비자물가상승률 등을 고려하여 해당 재산의 보유기간 중 정상적인 가치상승분에 상당하다고 인정되는 금액 (2021. 1. 5. 개정 ; 어려운 법령용어~대통령령)
4. 가치상승기여분 : 해당 재산가치를 증가시키기 위하여 수증자가 지출한 금액 (2016. 2. 5. 개정)

는 당초 증여에 대하여는 과세하되, 반환 또는 재증여에 대하여는 과세하지 아니한다. (2019. 12. 23. 개정)

3. 증여세 신고기한 다음날부터 3개월 후에 반환하거나 재증여하는 경우에는 당초 증여와 반환·재증여 모두에 대하여 과세한다. (2019. 12. 23. 개정)

② 제1항을 적용할 때 부동산의 경우 "반환"이라 함은 등기원인에 관계없이 당초 증여자에게 등기부상 소유권을 사실상 무상이전하는 것을 말한다. (2011. 5. 20. 개정)

4-0…4【국외재산 국내반입의 경우 증여세 과세제외】(2019. 12. 23. 번호개정)

① 국내에 주소를 둔 상속인이 국외에 주소를 둔 피상속인의 국외재산을 상속받아 동 재산을 국내로 반입하거나, 동 재산으로 국내재산을 취득하는 경우 동 재산에 대하여는 증여세를 부과하지 아니한다. (1998. 2. 25. 개정)

② 국외에 주소를 둔 자가 자기소유재산(증여받은 국외소재산 포함한다)을 국내로 반입하거나 동 재산으로 국내 재산을 취득하는 경우 동 재산에 대하여는 증여세를 부과하지 아니한다. (1998. 2. 25. 개정)

4-0…5【증여받은 재산을 유류분으로 반환하는 경우】(2019. 12. 23. 번호개정)

피상속인의 증여에 따라 재산을 증여받은 자가 「민법」 제1115조에 따라 증여받은 재산을 유류분 권리자에게 반환한 경우 반환한 재산가액은 당초부터 증여가 없었던 것으로 본다. (2011. 5. 20. 개정)

4-0…6【취득원인무효에 대한 증여세 과세제외】(2019. 12. 23. 번호개정)

법 제4조 제4항을 적용할 때 증여세과세대상이 되는 재산이 취득원인무효의 판결에 따라 그 재산상의 권리가 말소되는 때에는 증여세를 과세하지 아니하며 과세된 증여세는 취소한다. 다만, 형식적인 재판절차만 경유한 사실이 확인되는 경우에는 그러하지 아니하다. (2019. 12. 23. 개정)

② 법 제31조 제1항 제3호 단서에서 "대통령령으로 정하는 금액"이란 제1항 제2호부터 제4호까지의 규정에 따른 금액의 합계액을 말한다. (2016. 2. 5. 개정)

(➡ 법 31조)

집행기준 4-0-3【상속인이 상속지분을 포기하고 다른 상속인으로부터 현금을 수령한 경우】

상속재산의 협의분할시 특정 상속인이 자신의 상속지분을 포기하고 그 대가로 다른 상속인으로부터 현금 등을 수령한 경우에 그 상속인의 지분에 해당하는 재산은 다른 상속인에게 유상으로 이전된 것으로 본다. (2024. 10. 31. 개정)

4-3의 2-1【상속재산의 상속지분 확정 후 재협의분할에 따라 상속지분이 변경된 경우 증여재산의 범위】

상속개시 후 상속재산에 대하여 상속인의 상속분이 확정되어 등기 등이 된 후에 공동상속인 간에 재협의 분할하여 특정상속인의 지분이 변경된 경우에는 다음과 같이 증여세 과세여부가 달라진다.

구 분		증여세 과세대상 여부
원 칙		재협의분할 결과 특정상속인의 지분이 증가함에 따라 취득하는 재산은 지분이 감소한 상속인으로부터 증여받은 재산으로 본다.
재분할 사유가 정당한 경우	① 상속세신고기한 내에 재협의 분할	상속세 신고기한 내에 재협의분할에 의하여 지분이 초과되는 경우에 취득하는 재산은 증여재산으로 보지 아니한다.
	② 법원판결	상속회복청구의 소에 의한 법원의 확정판결에 의하여 상속인 및 상속재산에 변동이 있는 경우 증여재산으로 보지 아니한다.
	③ 채권자 대위권 행사	피상속인의 채권자가 대위권을 행사하여 공동상속인들의 법정상속분대로 등기 등이 된 상속재산을 상속인 사이에 협의분할에 의하여 재분할하는 경우 당초 지분보다 초과하는 자가 취득하는 재산은 증여재산으로 보지 아니한다.
	④ 물납관련	상속세 신고기한 이내에 상속세를 물납하기 위하여 법정상속분으로 등기 등을 하여 물납을 신청하였다가 물납허가를 받지 못하거나 물납재산의 변경명령을 받아 당초의 물납재산을 상속인간의 협의분할에

구 분		증여세 과세대상 여부
		의하여 재분할 하는 경우 당초지분보다 초과하는 자가 취득하는 재산은 증여재산으로 보지 아니한다.

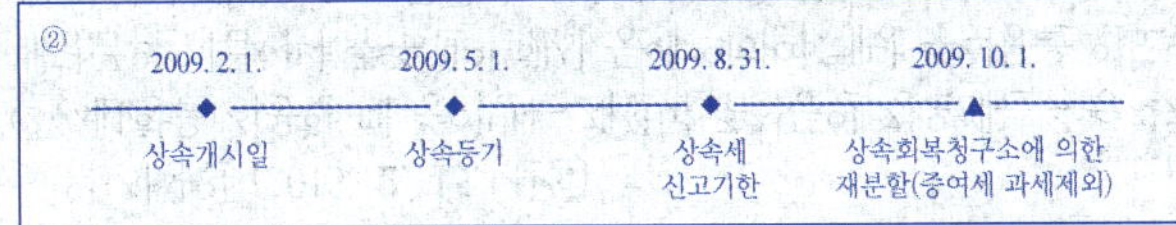

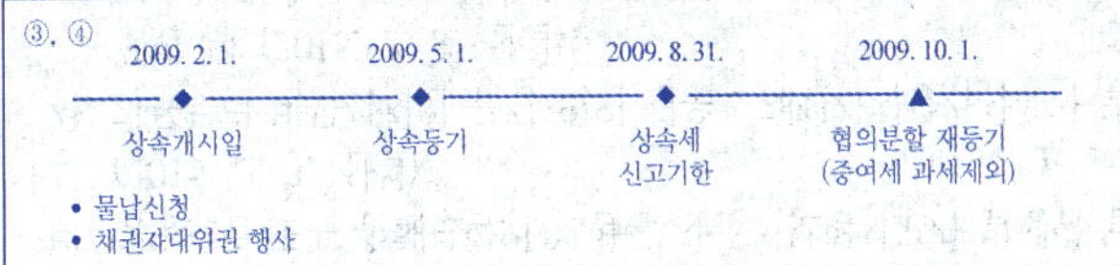

(2024. 10. 31. 개정)

제32조【증여재산의 취득시기】(2015. 12. 15. 제목개정)

증여재산의 취득시기는 제33조부터 제39조까지, 제39조의 2, 제39조의 3, 제40조, 제41조의 2부터 제41조의 5까지, 제42조, 제42조의 2, 제44조, 제45조 및 제45조의 2부터 제45조의 5까지가 적용되는 경우를 제외하고는 재산을 인도한 날 또는 사실상 사용한 날 등 대통령령으로 정하는 날로 한다. (2023. 12. 31. 개정)

제24조【증여재산의 취득시기】(2016. 2. 5. 조번개정)

① 법 제32조에서 "재산을 인도한 날 또는 사실상 사용한 날 등 대통령령으로 정하는 날"이란 다음 각 호의 구분에 따른 날을 말한다. (2016. 2. 5. 개정)

1. 권리의 이전이나 그 행사에 등기·등록을 요하는 재산의 경우에는 등기부·등록부에 기재된 등기·등록접수일. 다만, 「민법」 제187조에 따른 등기를 요하지 아니하는 부동산의 취득에 대하여는 실제로 부동산의 소유권을 취득한 날로 한다. (2023. 2. 28. 개정)

2. 다음 각 목의 어느 하나에 해당하는 경우에는 그 건물의 사용승인서 교부일. 이 경우 사용승인 전에 사실상 사용하거나 임시사용승인을 얻은 경우에는 그 사실상의 사용일 또는 임시사용승인일로 하고, 건축허가를 받지 아니하거나 신고하지 아니하고 건축하는 건축물에 있어서는 그 사실상의 사용일로 한다. (2013. 2. 15. 개정)

가. 건물을 신축하여 증여할 목적으로 수증자의 명의로 건축허가를

통칙 32-24…1【증여재산의 취득시기】
(2019. 12. 23. 번호개정)

영 제24조 제1항 제1호 규정의 "등기·등록일"이라 함은 "소유권이전등기·등록신청서 접수일"을 말한다. (2019. 12. 23. 개정)
☞

관계법령 ▶▶

국세기본법
제21조【납세의무의 성립시기】② 3. 증여세 : 증여에 의하여 재산을 취득하는 때 (2018. 12. 31. 개정)

관련법령 ▶▶

민 법
제187조【등기를 요하지 아니하는 부동산물권취득】상속, 공용징수, 판결, 경매 기타 법률의 규정에 의한 부동산에 관한 물권의 취득은 등기를 요하지 아니한다. 그러나 등기

받거나 신고를 하여 해당 건물을 완성한 경우 (2013. 2. 15. 개정)

나. 건물을 증여할 목적으로 수증자의 명의로 해당 건물을 취득할 수 있는 권리(이하 이 호에서 "분양권"이라 한다)를 건설사업자로부터 취득하거나 분양권을 타인으로부터 전득한 경우 (2013. 2. 15. 개정)

3. 타인의 기여에 의하여 재산가치가 증가한 경우에는 다음 각 목의 구분에 따른 날 (2015. 2. 3. 개정)

가. 개발사업의 시행 : 개발구역으로 지정되어 고시된 날 (2015. 2. 3. 신설)

나. 형질변경 : 해당 형질변경허가일 (2015. 2. 3. 신설)

다. 공유물(共有物)의 분할 : 공유물 분할등기일 (2015. 2. 3. 신설)

라. 사업의 인가·허가 또는 지하수개발·이용의 허가 등 : 해당 인가·허가일 (2015. 2. 3. 신설)

마. 주식등의 상장 및 비상장주식의 등록, 법인의 합병 : 주식등의 상장일 또는 비상장주식의 등록일, 법인의 합병등기일 (2015. 2. 3. 신설)

바. 생명보험 또는 손해보험의 보험금 지급 : 보험사고가 발생한 날 (2015. 2. 3. 신설)

사. 가목부터 바목까지의 규정 외의 경우 : 재산가치증가사유가 발생한 날 (2015. 2. 3. 신설)

4. 제1호부터 제3호까지 외의 재산에 대하여는 인도한 날 또는 사실상의 사용일 (2013. 2. 15. 신설)

② 제1항을 적용할 때 증여받는 재산이 주식등인 경우에는 수증자가 배당금의 지급이나 주주권의 행사 등에 의하여 해당 주식등을 인도받은 사실이 객관적으로 확인되는 날에 취득한 것으로 본다. 다만, 해당 주식 등을 인도받은 날이 불분명하거나 해당 주식 등을 인도받기 전에 「상법」 제337조 또는 같은 법 제557조에 따른 취득자의 주소와 성명 등을 주주명부 또는 사원명부에 기재한 경우에는 그 명의개서일 또는 그 기재일로 한다. (2015. 2. 3. 개정)

③ 제1항을 적용함에 있어서 증여받은 재산이 무기명채권인 경우에는 해당 채권에 대한 이자지급사실 등에 의하여 취득사실이 객관적으로 확인되는 날에 취득한 것으로 본다. 다만, 그 취득일이 불분명한 경우

를 하지 아니하면 이를 처분하지 못한다.

에는 해당 채권에 대하여 취득자가 이자지급을 청구한 날 또는 해당 채권의 상환을 청구한 날로 한다. (2013. 2. 15. 개정)

제33조【신탁이익의 증여】 (2003. 12. 30. 제목개정)

① 신탁계약에 의하여 위탁자가 타인을 신탁의 이익의 전부 또는 일부를 받을 수익자(受益者)로 지정한 경우로서 다음 각 호의 어느 하나에 해당하는 경우에는 원본(元本) 또는 수익(收益)이 수익자에게 실제 지급되는 날 등 대통령령으로 정하는 날을 증여일로 하여 해당 신탁의 이익을 받을 권리의 가액을 수익자의 증여재산가액으로 한다. (2015. 12. 15. 개정)

1. 원본을 받을 권리를 소유하게 한 경우에는 수익자가 그 원본을 받은 경우 (2015. 12. 15. 개정)

2. 수익을 받을 권리를 소유하게 한 경우에는 수익자가 그 수익을 받은 경우 (2015. 12. 15. 개정)

② 수익자가 특정되지 아니하거나 아직 존재하지 아니하는 경우에는 위탁자 또는 그 상속인을 수익자로 보고, 수익자가 특정되거나 존재하게 된 때에 새로운 신탁이 있는 것으로 보아 제1항을 적용한다. (2015. 12. 15. 개정)

③ 제1항을 적용할 때 여러 차례로 나누어 원본과 수익을 받는 경우에 대한 증여재산가액 계산방법 및 그 밖에 필요한 사항은 대통령령으로 정한다. (2015. 12. 15. 신설)

제34조【보험금의 증여】 (2003. 12. 30. 제목개정)

① 생명보험이나 손해보험에서 보험사고(만기보험금 지급의 경우를 포함한다)가 발생한 경우 해당 보험사고가 발생한 날을 증여일로 하여 다음 각 호의 구분에 따른 금액을 보험금 수령인의 증여재산가액으로 한다. (2015. 12. 15. 개정)

1. 보험금 수령인과 보험료 납부자가 다른 경우(보험금 수령인이 아닌 자가 보험료의 일부를 납부한 경우를 포함한다): 보험금 수령인이 아닌 자가 납부한 보험료 납부액에 대한 보험금 상당액 (2015. 12. 15. 개정)

제25조【신탁이익의 계산방법 등】 (2003. 12. 30. 제목개정)

① 법 제33조 제1항 각 호 외의 부분에서 "원본(元本) 또는 수익(收益)이 수익자에게 실제 지급되는 날 등 대통령령으로 정하는 날"이란 다음 각 호의 구분에 따른 날을 제외하고는 원본 또는 수익이 수익자에게 실제 지급되는 날을 말한다. (2016. 2. 5. 개정)

1. 수익자로 지정된 자가 그 이익을 받기 전에 해당 신탁재산의 위탁자가 사망한 경우 : 위탁자가 사망한 날 (2016. 2. 5. 개정)

2. 신탁계약에 의하여 원본 또는 수익을 지급하기로 약정한 날까지 원본 또는 수익이 수익자에게 지급되지 아니한 경우 : 해당 원본 또는 수익을 지급하기로 약정한 날 (2016. 2. 5. 개정)

3. 원본 또는 수익을 여러 차례 나누어 지급하는 경우: 해당 원본 또는 수익이 최초로 지급된 날. 다만, 다음 각 목의 어느 하나에 해당하는 경우에는 해당 원본 또는 수익이 실제 지급된 날로 한다. (2021. 2. 17. 단서개정)

가. 신탁계약을 체결하는 날에 원본 또는 수익이 확정되지 않는 경우 (2021. 2. 17. 신설)

나. 위탁자가 신탁을 해지할 수 있는 권리, 수익자를 지정하거나 변경할 수 있는 권리, 신탁 종료 후 잔여재산을 귀속 받을 권리를 보유하는 등 신탁재산을 실질적으로 지배·통제하는 경우 (2021. 2. 17. 신설)

② 법 제33조 제1항을 적용할 때 여러 차례 나누어 원본과 수익을 지급받는 경우의 신탁이익은 제1항에 따른 증여시기를 기준으로 제61조를 준용하여 평가한 가액으로 한다. (2020. 2. 11. 개정)

• 예 판 ···

• 피상속인이 보험계약자이거나 보험료를 불입하고 피상속인의 사망으로 인해 지급받는 생명보험금은 '상속재산'으로 봄. (서일 46014-10678, 2003. 5. 28.)

• 재산을 먼저 증여받은 후 보험계약을 체결하여 보험사고로 보험금을 수

2. 보험계약 기간에 보험금 수령인이 재산을 증여받아 보험료를 납부한 경우 : 증여받은 재산으로 납부한 보험료 납부액에 대한 보험금 상당액에서 증여받은 재산으로 납부한 보험료 납부액을 뺀 가액 (2015. 12. 15. 개정)

② 제1항은 제8조에 따라 보험금을 상속재산으로 보는 경우에는 적용하지 아니한다. (2010. 1. 1. 개정)

③ 제1항을 적용할 때 보험료 중 일부를 보험금 수령인이 납부하였을 경우에는 보험금에서 납부한 보험료 총액 중 보험금 수령인이 아닌 자가 납부한 보험료액이 차지하는 비율에 상당하는 금액만을 증여재산가액으로 한다. (2010. 1. 1. 개정)

③ 삭 제 (2015. 12. 15.)

제35조 【저가 양수 또는 고가 양도에 따른 이익의 증여】 (2015. 12. 15. 제목개정)

① 특수관계인 간에 재산(전환사채 등 대통령령으로 정하는 재산은 제외한다. 이하 이 조에서 같다)을 시가보다 낮은 가액으로 양수하거나 시가보다 높은 가액으로 양도한 경우로서 그 대가와 시가의 차액이 대통령령으로 정하는 기준금액(이하 이 항에서 "기준금액"이라 한다) 이상인 경우에는 해당 재산의 양수일 또는 양도일을 증여일로 하여 그 대가와 시가의 차액에서 기준금액을 뺀 금액을 그 이익을 얻은 자의 증여재산가액으로 한다. (2015. 12. 15. 개정)

② 특수관계인이 아닌 자 간에 거래의 관행상 정당한 사유 없이 재산을 시가보다 현저히 낮은 가액으로 양수하거나 시가보다 현저히 높은 가액으로 양도한 경우로서 그 대가와 시가의 차액이 대통령령으로 정하는 기준금액 이상인 경우에는 해당 재산의 양수일 또는 양도일을 증여일로 하여 그 대가와 시가의 차액에서 대통령령으로 정하는 금액을 뺀 금액을 그 이익을 얻은 자의 증여재산

령한 경우 이를 보험금수취인의 증여재산가액으로 함. (서면4팀 - 615, 2005. 4. 22.)

....

통칙 34 - 0…1 【보험금의 증여】 (2011. 5. 20. 제목개정)
① 법 제34조 제1항의 "보험사고"에는 만기 보험금 지급의 경우를 포함한다. (2011. 5. 20. 개정)
② 법 제34조 제1항에서 규정하는 보험금에는 「소득세법 시행령」 제25조 제2항 제2호에서 규정하는 수산업협동조합중앙회 및 조합, 신용협동조합중앙회 및 조합, 새마을금고연합회 및 금고 등이 취급하는 생명공제계약 또는 손해공제계약과 같은 항 제3호의 우체국이 취급하는 우체국보험계약에 따라 지급되는 공제금 등을 포함한다. (2024. 3. 15. 개정)

제26조 【저가 양수 또는 고가 양도에 따른 이익의 계산방법 등】 (2016. 2. 5. 제목개정)

① 법 제35조 제1항에서 "전환사채 등 대통령령으로 정하는 재산"이란 다음 각 호의 어느 하나에 해당하는 것을 말한다. (2016. 2. 5. 개정)
1. 법 제40조 제1항에 따른 전환사채 등 (2016. 2. 5. 개정)
2. 「자본시장과 금융투자업에 관한 법률」에 따라 거래소에 상장되어 있는 법인의 주식 및 출자지분으로서 증권시장에서 거래된 것(제33조 제2항에 따른 시간외 시장에서 매매된 것을 제외한다) (2015. 2. 3. 개정)

② 법 제35조 제1항에서 "대통령령으로 정하는 기준금액"이란 다음 각 호의 금액 중 적은 금액을 말한다. (2016. 2. 5. 개정)
1. 시가(법 제60조부터 제66조까지의 규정에 따라 평가한 가액을 말한다. 이하 이 조에서 "시가"라 한다)의 100분의 30에 상당하는 가액 (2016. 2. 5. 개정)
2. 3억원 (2016. 2. 5. 개정)

③ 법 제35조 제2항에서 "대통령령으로 정하는 기준금액"이란 양도 또는 양수한 재산의 시가의 100분의 30에 상당하는 가액을 말한다. (2016. 2. 5. 개정)

④ 법 제35조 제2항에서 "대통령령으로 정하는 금액"이란 3억원을 말한다. (2016. 2. 5. 개정)

⑤ 법 제35조 제1항 및 제2항에 따른 양수일 또는 양도일은 각각 해당

제9조의 3 【양수일 또는 양도일의 예

가액으로 한다. (2015. 12. 15. 개정)

특수관계에 있지 아니한 자간의 거래가액이 매매사례가액 또는 보충적 평가방법으로 평가한 가액보다 높거나 낮다고 하여 모두 과세대상으로 하기는 어렵고, 상증세법 제35조 제2항에 따른 과세처분이 적법하기 위해서는 양도자가 특수관계인이 아닌 자에게 시가보다 현저히 높은 가액으로 재산을 양도하였다는 점뿐만 아니라 거래의 관행상 정당한 사유가 없다는 점도 과세관청이 증명하여야 하는 등, 처분청에서 청구인이 거래의 관행상 정당한 사유 없이 쟁점주식을 매수법인에게 고가양도한 것으로 보아 증여세를 과세한 이 건 처분은 잘못이 있음. (조심2020서8160, 2021. 7. 27.)

③ 재산을 양수하거나 양도하는 경우로서 그 대가가 「법인세법」 제52조 제2항에 따른 시가에 해당하여 그 거래에 대하여 같은 법 제52조 제1항 및 「소득세법」 제101조 제1항(같은 법 제87조의 27에 따라 준용되는 경우를 포함한다)이 적용되지 아니하는 경우에는 제1항 및 제2항을 적용하지 아니한다. 다만, 거짓이나 그 밖의 부정한 방법으로 상속세 또는 증여세를 감소시킨 것으로 인정되는 경우에는 그러하지 아니하다. (2021. 12. 21. 개정)
④ 제1항 및 제2항을 적용할 때 양수일 또는 양도일의 판단 및 그 밖에 필요한 사항은 대통령령으로 정한다. (2015. 12. 15. 개정)

제36조【채무면제 등에 따른 증여】(2003. 12. 30. 제목개정)
① 채권자로부터 채무를 면제받거나 제3자로부터 채무의 인수 또는 변제를 받은 경우에는 그 면제, 인수 또는 변제(이하 이 조에서 "면제등"이라 한다)를 받은 날을 증여일로 하여 그 면제등으로 인한 이익에 상당하는 금액(보상액을 지급한 경우에는 그 보상액을 뺀 금액으로 한다)을 그 이익을 얻은 자의 증여재산가액으로 한다. (2015. 12. 15. 개정)
② 제1항을 적용할 때 면제등을 받은 날의 판단 및 그 밖에 필요한 사항은 대통령령으로 정한다. (2015. 12. 15. 신설)

통칙 36－0…1【증여자가 증여세를 납부하였을 경우 증여가액 합산방법】
① 증여자가 법 제4조의 2 제6항에 따른 연대납세의무자로서 납부하는 증여세액

재산의 대금을 청산한 날(「소득세법 시행령」 제162조 제1항 제1호부터 제3호까지의 규정에 해당하는 경우에는 각각 해당 호에 따른 날을 말하며, 이하 이 항에서 "대금청산일"이라 한다)을 기준으로 한다. 다만, 매매계약 후 환율의 급격한 변동 등 기획재정부령으로 정하는 사유가 있는 경우에는 매매계약일을 기준으로 한다. (2016. 2. 5. 개정)

• 법 35조 3항(「소득세법」 87조의 27에 따라 준용되는 경우에 관한 부분에 한정함)의 개정규정은 2025. 1. 1.부터 시행함. (법 부칙 (2021. 12. 21.) 1조 단서) (2022. 12. 31. 개정)
• 법 35조 3항의 개정규정은 2021. 2. 17. 이후 2022. 1. 1. 전까지 재산을 양수하거나 양도한 경우에도 적용함. (법 부칙 (2021. 12. 21.) 4조)

제26조의 2【채무면제 등에 따른 이익의 증여시기】 법 제36조 제1항에 따른 면제등을 받은 날은 다음 각 호의 구분에 따른 날로 한다. (2016. 2. 5. 신설)
1. 채권자로부터 채무를 면제 받은 경우 : 채권자가 면제에 대한 의사표시를 한 날 (2016. 2. 5. 신설)
2. 제3자로부터 채무의 인수를 받은 경우 : 제3자와 채권자 간에 채무의 인수계약이 체결된 날 (2016. 2. 5. 신설)

외사유】 영 제26조 제5항 단서에서 "매매계약 후 환율의 급격한 변동 등 기획재정부령으로 정하는 사유가 있는 경우"란 매매계약일부터 대금청산일 전일까지 환율이 100분의 30 이상 변동하는 경우를 말한다. (2016. 3. 21. 신설)

개인이 양도자, 법인이 양수자인 고가거래인 경우 그 시가초과분은 양수자인 법인의 세무조정 및 소득처분 과정을 거쳐 양도자인 개인에게 종합소득세가 과세되어야 함에도, 양수자에 대한 법인세법상 부당행위계산부인 규정 적용 여부에 대한 판단 없이 양도자만을 고려하여 증여세를 부과할 수 없음. (조심2023서3484, 2023. 7. 24.)

통칙 37－27…2【부동산무상사용에 따른 증여재산가액의 계산】
(2008. 7. 25. 제목개정)
영 제27조 제3항에 따라 부동산무상사용에 따른

은 수증자에 대한 증여로 보지 아니한다. (2019. 12. 23. 개정)
② 증여자가 법 제4조의 2 제6항에 따른 연대납세의무자에 해당되지 아니하고 수증자를 대신하여 납부한 증여세액은 법 제36조에 의한 채무면제 등에 따른 증여에 해당하는 것이며, 그 증여재산의 가액은 법 제47조 제2항에 따라 당초 증여재산가액에 가산한다. (2019. 12. 23. 개정)

제37조 【부동산 무상사용에 따른 이익의 증여】 (2003. 12. 30. 제목개정)
① 타인의 부동산(그 부동산 소유자와 함께 거주하는 주택과 그에 딸린 토지는 제외한다. 이하 이조에서 같다)을 무상으로 사용함에 따라 이익을 얻은 경우에는 그 무상 사용을 개시한 날을 증여일로 하여 그 이익에 상당하는 금액을 부동산 무상 사용자의 증여재산가액으로 한다. 다만, 그 이익에 상당하는 금액이 대통령령으로 정하는 기준금액 미만인 경우는 제외한다. (2015. 12. 15. 개정)

제27조 【부동산 무상사용에 따른 이익의 계산방법 등】 (2016. 2. 5. 제목개정)
① 법 제37조 제1항은 부동산 무상사용자가 타인의 토지 또는 건물만을 각각 무상으로 사용하는 경우에도 이를 적용한다. (2019. 2. 12. 개정)
1. 당해 부동산의 실지사용자 (2003. 12. 30. 개정)
2. 제1호의 규정에 의한 실지사용자가 불분명한 경우에는 부동산소유자와의 근친관계 및 당해 부동산사용자들의 재산상태 · 소득 · 직업 · 연령 등을 고려할 때 실지사용자로 인정되는 자 (2003. 12. 30. 개정)
1.~2. 삭 제 (2019. 2. 12.)
② 법 제37조 제1항을 적용할 때 수인이 부동산을 무상사용하는 경우로서 각 부동산사용자의 실제 사용면적이 분명하지 않은 경우에는 해당 부동산사용자들이 각각 동일한 면적을 사용한 것으로 본다. 이 경우 부동산소유자와 제2조의 2 제1항 제1호의 관계에 있는 부동산사용자가 2명 이상인 경우 그 부동산사용자들에 대해서는 근친관계 등을 고려하여 기획재정부령으로 정하는 대표사용자를 무상사용자로 보고, 그 외의 경우에는 해당 부동산사용자들을 각각 무상사용자로 본다. (2019. 2. 12. 신설)
③ 법 제37조 제1항에 따른 부동산 무상사용에 따른 이익은 다음의 계산식에 따라 계산한 각 연도의 부동산 무상사용 이익을 기획재정부령으로 정하는 방법에 따라 환산한 가액으로 한다. 이 경우 해당 부동산에 대한 무상사용 기간은 5년으로 하고, 무상사용 기간이 5년을 초과하는 경우에는 그 무상사용을 개시한 날부터 5년이 되는 날의 다음 날에 새로 해당 부동산의 무상사용을 개시한 것으로 본다. (2021. 1. 5. 개정 ; 어려운 법령용어~대통령령)

부동산 가액(법 제4장에 따라 평가한 가액을 말한다) × 1년 간 부동산 사용료를 고려하여 기획재정부령으로 정하는 율

이익을 계산함에 있어 당초 증여시기로부터 5년이 경과한 후에도 계속하여 해당 부동산을 무상으로 사용하는 경우에는 5년이 되는 날의 다음날 새로이 무상사용을 개시한 것으로 보아 다시 5년간의 부동산무상사용에 따른 이익을 계산하여 증여세를 과세한다. (2024. 3. 15. 개정)

제10조 【부동산 무상사용 이익률 등】 (2016. 3. 21. 제목개정)
① 영 제27조 제2항에서 "기획재정부령으로 정하는 대표사용자"란 해당 부동산사용자들 중 부동산소유자와 최근친인 사람을 말하며, 최근친인 사람이 2명 이상인 경우에는 그 중 최연장자를 말한다. (2019. 3. 20. 신설)
② 영 제27조 제3항 계산식 및 영 제32조 제3항 제1호에서 "기획재정부령으로 정하는 율"이란 연간 100분의 2를 말한다. (2019. 3. 20. 개정)
③ 영 제27조 제3항 전단에서 "기획재정부령으로 정하는 방법에 따라 환산한 가액"이란 다음의 계산식에 따라 환산한 금액의 합계액을 말한다. (2019. 3. 20. 개정)

$$\frac{각\ 연도\ 부동산\ 무상사용\ 이익}{\left(1+\frac{10}{100}\right)^n}$$

② 타인의 부동산을 무상으로 담보로 이용하여 금전 등을 차입함에 따라 이익을 얻은 경우에는 그 부동산 담보 이용을 개시한 날을 증여일로 하여 그 이익에 상당하는 금액을 부동산을 담보로 이용한 자의 증여재산가액으로 한다. 다만, 그 이익에 상당하는 금액이 대통령령으로 정하는 기준금액 미만인 경우는 제외한다. (2015. 12. 15. 신설)
③ 특수관계인이 아닌 자 간의 거래인 경우에는 거래의 관행상 정당한 사유가 없는 경우에 한정하여 제1항 및 제2항을 적용한다. (2015. 12. 15. 신설)
④ 제1항 및 제2항을 적용할 때 부동산의 무상 사용을 개시한 날 및 담보 이용을 개시한 날의 판단, 부동산 무상 사용 이익 및 담보 이용 이익의 계산방법 및 그 밖에 필요한 사항은 대통령령으로 정한다. (2015. 12. 15. 개정)

④ 법 제37조 제1항 단서에서 "대통령령으로 정하는 기준금액"이란 1억원을 말한다. (2019. 2. 12. 항번개정)
⑤ 법 제37조 제2항에 따른 부동산을 무상으로 담보로 이용하여 금전 등을 차입함에 따라 얻은 이익은 차입금에 제31조의 4 제1항 본문에 따른 적정 이자율을 곱하여 계산한 금액에서 금전 등을 차입할 때 실제로 지급하였거나 지급할 이자를 뺀 금액으로 한다. 이 경우 차입기간이 정하여지지 아니한 경우에는 그 차입기간은 1년으로 하고, 차입기간이 1년을 초과하는 경우에는 그 부동산 담보 이용을 개시한 날부터 1년이 되는 날의 다음 날에 새로 해당 부동산의 담보 이용을 개시한 것으로 본다. (2019. 2. 12. 항번개정)
⑥ 법 제37조 제2항 단서에서 "대통령령으로 정하는 기준금액"이란 1천만원을 말한다. (2019. 2. 12. 항번개정)
⑦ 법 제37조 제1항의 규정을 적용함에 있어서 주택의 일부에 점포 등 다른 목적의 건물이 설치되어 있거나 동일 지번에 다른 목적의 건물이 설치되어 있는 경우에는 주택의 면적이 주택외의 면적을 초과하는 경우에 한하여 당해 부동산 전부를 동조 동항의 규정에 의한 주택으로 본다. (2019. 2. 12. 항번개정)

제38조 【합병에 따른 이익의 증여】 (2003. 12. 30. 제목개정)
① 대통령령으로 정하는 특수관계에 있는 법인 간의 합병(분할합병을 포함한다. 이하 이 조에서 같다)으로 소멸하거나 흡수되는 법인 또는 신설되거나 존속하는 법인의 대통령령으로 정하는 대주주등(이하 이 조 및 제39조의 2에서 "대주주등"이라 한다)이 합병으로 인하여 이익을 얻은 경우에는 그 합병등기일을 증여일로 하여 그 이익에 상당하는 금액을 그 대주주등의 증여재산가액으로 한다. 다만, 그 이익에 상당하는 금액이 대통령령으로 정하는 기준금액 미만인 경우는 제외한다. (2015. 12. 15. 개정)
② 제1항의 경우에 합병으로 인한 이익을 증여한 자가 대주주등이 아닌 주주등으로서 2명 이상인 경우에는 주주등 1명으로부터 이익을 얻은 것으로 본다. (2015. 12. 15. 개정)
③ 제1항을 적용할 때 합병으로 인한 이익의 계산방법 및 그 밖에 필요한 사항은 대통령령으로 정한다. (2015. 12. 15. 신설)

제28조 【합병에 따른 이익의 계산방법 등】 (2003. 12. 30. 제목개정)
① 법 제38조 제1항 본문에서 "대통령령으로 정하는 특수관계에 있는 법인 간의 합병"이란 합병등기일이 속하는 사업연도의 직전 사업연도 개시일(그 개시일이 서로 다른 법인이 합병한 경우에는 먼저 개시한 날을 말한다)부터 합병등기일까지의 기간 중 다음 각 호의 어느 하나에 해당하는 법인 간의 합병을 말한다. 다만, 다음 각 호의 어느 하나에 해당하는 법인 간의 합병 중 「자본시장과 금융투자업에 관한 법률」에 따른 주권상장법인이 다른 법인과 같은 법 제165조의 4 및 같은 법 시행령 제176조의 5에 따라 하는 합병은 특수관계에 있는 법인 간의 합병으로 보지 아니한다. (2016. 2. 5. 개정)
1. 「법인세법 시행령」 제2조 제8항에 따른 특수관계에 있는 법인 (2025. 2. 28. 개정)
2. 제2조의 2 제1항 제3호 나목에 따른 법인 (2016. 2. 5. 개정)

통칙 38 – 28…1 【합병시 특수관계에 있는 법인의 범위】 (2011. 5. 20. 제목개정)
영 제28조 제1항에 따른 특수관계에 있는 법인은 같은 항에 규정된 기간 중 1회라도 같은 항 각 호의 어느 하나에 해당한 사실이 있는 경우의 그 법인을 말한다. (2011. 5. 20. 개정)

② 합병에 따른 이익을 계산할 때 동일한 대주주가 합병당사법인의 주식 등을 동시에 소유하고 있는 상태에서 합병한 경우 그 대주주가 증여자와 수증자 모두에 해당함으로써 그 대주주 본인으로부터의 증여에 해당하는 금액은 영 제28조 제3항에 따른 증여재산가액에서 제외한다. (2019. 12. 23. 개정)

④ 법 제38조 제1항 단서에서 "대통령령으로 정하는 기준금액"이란 다음 각 호의 구분에 따른 금액을 말한다. (2016. 2. 5. 개정)
1. 제3항 제1호의 경우 : 합병 후 신설 또는 존속하는 법인의 주식등의 평가가액의 100분의 30에 상당하는 가액과 3억원 중 적은 금액 (2016. 2. 5. 개정)
2. 제3항 제2호의 경우 : 3억원 (2016. 2. 5. 개정)

통칙 38 – 28…2【합병시 증여재산가액에 의제배당금액이 가산된 경우】
(2008. 7. 25. 제목개정)
영 제28조 제3항 제1호의 규정에 의하여 계산한 금액에 「소득세법」 제17조 제2항 제4호의 의제배당금액이 포함된 경우에는 이를 차감한다. (2019. 12. 23. 개정)

⑤ 제3항 제1호 가목을 적용할 때 합병 후 신설 또는 존속하는 법인의 1주당 평가가액은 합병 후 신설 또는 존속하는 법인이 「자본시장과 금융투자업에 관한 법률」에 따른 주권상장법인으로서 그 주권이 같은 법에 따른 증권시장에서 거래되는 법인(이하 "주권상장법인 등"이라 한다)인 경우에는 다음 각 호의 가액 중 적은 가액으로 하며, 그 외의 법인인 경우에는 제2호의 가액으로 한다. (2010. 2. 18. 개정)

통칙 38 – 28…4【상장법인 등의 합병전후 1주당 평가가액】
영 제28조 제3항 및 같은 조 제5항을 적용할 때 합병당사법인 또는 합병후 신설·존속하는 법인이 법 제63조 제1항 제1호 가목 또는 나목에 해당하는 상장법인 또는 코스닥상장법인인 경우 그 법인의 합병 전후 1주당 평가가액은 다음 각 호의 어느 하나의 기간중 한국거래소 최종시세가액에 따른다. (2011. 5. 20. 개정)
1. 합병전 1주당 평가가액 : 「상법」 제522조의 2에 따른 대차대조표공시일과 「자본시장과 금융투자업에 관한 법률」 제119조 및 같은 법 시행령 제129조에 따라 합병신고를 한 날 중 빠른 날 이전 2월간의 기간 (2011. 5. 20. 개정)
2. 합병후 1주당 평가가액 : 합병등기일부터 2월이 되는 날까지의 기간 (2000. 10. 12. 신설)

☞ p.2167 2단 연결

3. 동일인이 임원의 임면권의 행사 또는 사업방침의 결정 등을 통하여 합병당사법인(합병으로 인하여 소멸·흡수되는 법인 또는 신설·존속하는 법인을 말한다. 이하 같다)의 경영에 대하여 영향력을 행사하고 있다고 인정되는 관계에 있는 법인 (96. 12. 31 개정)
② 법 제38조 제1항 본문에서 "대통령령으로 정하는 대주주등"이란 해당 주주 등의 지분 및 그의 특수관계인의 지분을 포함하여 해당 법인의 발행주식총수 등의 100분의 1 이상을 소유하고 있거나 소유하고 있는 주식 등의 액면가액이 3억원 이상인 주주등(이하 이 조 및 제29조의 2에서 "대주주등"이라 한다)을 말한다. (2016. 2. 5. 개정)
③ 법 제38조 제1항에 따른 이익은 다음 각 호의 구분에 따라 계산한 금액으로 한다. (2016. 2. 5. 개정)
1. 합병대가를 주식등으로 교부받은 경우 : 가목의 가액에서 나목의 가액을 차감한 가액에 주가가 과대평가된 합병당사법인의 대주주등이 합병으로 인하여 교부받은 신설 또는 존속하는 법인의 주식등의 수를 곱한 금액 (2016. 2. 5. 개정)
가. 합병 후 신설 또는 존속하는 법인의 1주당 평가가액 (2016. 2. 5. 개정)
나. 주가가 과대평가된 합병당사법인의 1주당 평가가액 × (주가가 과대평가된 합병당사법인의 합병전 주식등의 수 ÷ 주가가 과대평가된 합병당사법인의 주주등이 합병으로 인하여 교부받은 신설 또는 존속하는 법인의 주식등의 수) (2016. 2. 5. 개정)
2. 합병대가를 주식등 외의 재산으로 지급받은 경우(합병당사법인의 1주당 평가가액이 액면가액에 미달하는 경우로서 그 평가가액을 초과하여 지급받은 경우에 한정한다) : 액면가액 (합병대가 액면가액에 미달하는 경우에는 해당 합병대가를 말한다)에서 그 평가가액을 차감한 가액에 합병당사법인의 대주주등의 주식등의 수를 곱한 금액 (2016. 2. 5. 개정)

통칙 38 – 28…3【합병시 증여세 과세대상의 판정 등】 (2011. 5. 20. 제목개정)
① 영 제28조 제4항을 적용할 때 3억원 이상인 경우의 판정은 주가가 과대평가된 합병당사법인의 대주주 1인을 기준으로 하여 적용한다. (2019. 12. 23. 개정)

통칙 38 – 28…5【합병대가를 주식 등 외의 재산으로 지급한 경우 이익 계산】
영 제28조 제3항 제2호에 따라 합병대가를 합병 후 신설·존속하는 법인의 주식이나 출자지분 외의 재산으로 지급한 경우 합병당사법인의 대주주가 얻은 이익은 다음 각 호의 구분에 따라 계산한다. (2019. 12. 23. 개정)
1. 합병대가가 액면가액 이하인 경우 : (1주당 합병대가 – 1주당 평가가액)×합병당사법인의 대주주의 주식수 (2000. 10. 12 신설)
2. 합병대가가 액면가액을 초과하는 경우 : (1주당 액면가액 – 1주당 평가가액) × 합병당사법인의 대주주의 주식수 (2000. 10. 12 신설)

1. 법 제63조 제1항 제1호 가목에 따라 평가한 가액 (2017. 2. 7. 개정)
2. 주가가 과대평가된 합병당사법인의 합병직전 주식등의 가액과 주가가 과소평가된 합병당사법인의 합병직전 주식등의 가액을 합한 가액을 합병후 신설 또는 존속하는 법인의 주식등의 수로 나눈 가액. 이 경우 합병직전 주식등의 가액의 평가기준일은 「상법」 제522조의 2에 따른 대차대조표 공시일 또는 「자본시장과 금융투자업에 관한 법률」 제119조 및 같은 법 시행령 제129조에 따라 합병의 증권신고서를 제출한 날 중 빠른 날(주권상장법인 등에 해당하지 아니하는 법인인 경우에는 「상법」 제522조의 2에 따른 대차대조표공시일)로 한다. (2016. 2. 5. 개정)

⑥ 제3항 제1호 나목에 따른 1주당 평가가액과 제5항에 따른 합병직전 주식등의 가액은 법 제60조 및 제63조에 따라 평가한 가액에 따른다. 다만, 주권상장법인 등의 경우 법 제60조 및 제63조 제1항 제1호 나목의 평가방법에 의한 평가가액의 차액(제3항 제1호의 계산식에 따라 계산한 차액을 말한다. 이하 이 항에서 같다)이 법 제60조 및 제63조 제1항 제1호 가목의 평가방법에 의한 평가가액의 차액보다 적게 되는 때에는 법 제60조 및 제63조 제1항 제1호 나목의 방법에 따라 평가한다. (2017. 2. 7. 개정)

⑦ 제6항을 적용할 때 분할합병을 하기 위하여 분할하는 법인의 분할사업부문에 대한 합병 직전 주식등의 가액은 법 제63조 제1항 제1호 나목에 따른 방법을 준용하여 분할사업부문을 평가한 가액으로 한다. (2017. 2. 7. 개정)

제39조 【증자에 따른 이익의 증여】 (2003. 12. 30. 제목개정)
① 법인이 자본금(출자액을 포함한다. 이하 같다)을 증가시키기 위하여 새로운 주식 또는 지분[이하 이 조에서 "신주"(新株)라 한다]을 발행함으로써 다음 각 호의 어느 하나에 해당하는 이익을 얻은 경우에는 주식대금 납입일 등 대통령령으로 정하는 날을 증여일로 하여 그 이익에 상당하는 금액을 그 이익을 얻은 자의 증여재산가액으로 한다. (2015. 12. 15. 개정)
1. 신주를 시가(제60조와 제63조에 따라 평가한 가액을 말한다. 이하 이 조, 제39조의 2, 제39조의 3 및 제40조에서 같다)보다 낮은 가액

제29조 【증자에 따른 이익의 계산방법 등】 (2003. 12. 30. 제목개정)
① 법 제39조 제1항 각 호 외의 부분에서 "주식대금 납입일 등 대통령령으로 정하는 날"이란 다음 각 호의 구분에 따른 날을 말한다. (2016. 2. 5. 개정)
1. 「자본시장과 금융투자업에 관한 법률 시행령」 제176조의 9 제1항에 따른 유가증권시장(이하 "유가증권시장"이라 한다)에 주권이 상장된 법인 또는 대통령령 제24697호 자본시장과 금융투자업에 관한 법률 시행령 일부개정령 부칙 제8조에 따른 코스닥시장(이하 "코스닥시장"이라 한다)에 상장된 주권을 발행한 법인(이하 "코스닥시장

으로 발행하는 경우 : 다음 각 목의 어느 하나에 해당하는 이익 (2015. 12. 15. 개정)

가. 해당 법인의 주주등이 신주를 배정받을 수 있는 권리(이하 이 조에서 "신주인수권"이라 한다)의 전부 또는 일부를 포기한 경우로서 해당 법인이 그 포기한 신주[이하 이 항에서 "실권주"(失權株)라 한다]를 배정(「자본시장과 금융투자업에 관한 법률」에 따른 주권상장법인이 같은 법 제9조 제7항에 따른 유가증권의 모집방법(대통령령으로 정하는 경우를 제외한다)으로 배정하는 경우는 제외한다. 이하 이 항에서 같다)하는 경우에는 그 실권주를 배정받은 자가 실권주를 배정받음으로써 얻은 이익 (2015. 12. 15. 개정)

나. 해당 법인의 주주등이 신주인수권의 전부 또는 일부를 포기한 경우로서 해당 법인이 실권주를 배정하지 아니한 경우에는 그 신주 인수를 포기한 자의 특수관계인이 신주를 인수함으로써 얻은 이익 (2015. 12. 15. 개정)

다. 해당 법인의 주주등이 아닌 자가 해당 법인으로부터 신주를 직접 배정(「자본시장과 금융투자업에 관한 법률」 제9조 제12항에 따른 인수인으로부터 인수·취득하는 경우와 그 밖에 대통령령으로 정하는 방법으로 인수·취득하는 경우를 포함한다. 이하 이 항에서 같다)받음으로써 얻은 이익 (2016. 12. 20. 개정)

라. 해당 법인의 주주등이 소유한 주식등의 수에 비례하여 균등한 조건으로 배정받을 수 있는 수를 초과하여 신주를 직접 배정받음으로써 얻은 이익 (2015. 12. 15. 신설)

2. 신주를 시가보다 높은 가액으로 발행하는 경우 : 다음 각 목의 어느 하나에 해당하는 이익 (2015. 12. 15. 개정)

가. 해당 법인의 주주등이 신주인수권의 전부 또는 일부를 포기한 경우로서 해당 법인이 실권주를 배정하는 경우에는 그 실권주를 배정받은 자가 그 실권주를 인수함으로써 그의 특수관계인에 해당하는 신주 인수 포기자가 얻은 이익 (2015. 12. 15. 개정)

나. 해당 법인의 주주등이 신주인수권의 권리의 전부 또는 일부를 포기한 경우로서 해당 법인이 실권주를 배정하지 아니한 경우에는 그 신주를 인수함으로써 그의 특수관계인에 해당하는 신주 인수

상장법인"이라 한다)이 해당 법인의 주주에게 신주를 배정하는 경우 : 권리락(權利落)이 있은 날 (2015. 2. 3. 신설)

2. 법 제39조 제1항 제3호에 해당하는 경우 : 전환주식을 다른 종류의 주식으로 전환한 날 (2017. 2. 7. 신설)

3. 제1호 및 제2호 외의 경우 : 주식대금 납입일(주식대금 납입일 이전에 실권주를 배정받은 자가 신주인수권증서를 교부받은 경우에는 그 교부일을 말한다) (2017. 2. 7. 개정)

② 법 제39조 제1항에 따른 이익은 다음 각 호의 구분에 따라 계산한 금액으로 한다. 다만, 증자 전·후의 주식 1주당 가액이 모두 영 이하인 경우에는 이익이 없는 것으로 본다. (2016. 2. 5. 개정)

1. 법 제39조 제1항 제1호 가목, 다목 및 라목에 따른 이익 : 가목의 규정에 따라 계산한 가액에서 나목에 따른 가액을 차감한 가액에 다목에 따른 실권주수 또는 신주수를 곱하여 계산한 금액 (2016. 2. 5. 개정)

가. 다음 산식에 의하여 계산한 1주당 가액. 다만, 주권상장법인 등의 경우로서 증자후의 1주당 평가가액이 다음 산식에 의하여 계산한 1주당 가액보다 적은 경우에는 당해 가액 (2004. 12. 31. 단서개정)

$$[(증자전의\ 1주당\ 평가가액 \times 증자전의\ 발행주식총수) + (신주\ 1주당\ 인수가액 \times 증자에\ 의하여\ 증가한\ 주식수)] \div (증자전의\ 발행주식총수 + 증자에\ 의하여\ 증가한\ 주식수)$$

나. 신주 1주당 인수가액 (2000. 12. 29 개정)

다. 배정받은 실권주수 또는 신주수(균등한 조건에 의하여 배정받을 신주수를 초과하여 배정받은 자의 경우에는 그 초과부분의 신주수) (2000. 12. 29 개정)

2. 법 제39조 제1항 제1호 나목에서 규정하고 있는 이익 : 가목의 규정에 의하여 계산한 가액에서 나목의 규정에 의한 가액을 차감한 가액이 가목의 규정에 의하여 계산한 가액의 100분의 30 이상이거나 그 가액에 다목의 규정에 의한 실권주수를 곱하여 계산한 가액이 3억원 이상인 경우의 당해 금액 (2003. 12. 30. 개정)

가. 다음 산식에 의하여 계산한 1주당 가액. 다만, 주권상장법인 등의 경우로서 증자후의 1주당 평가가액이 다음 산식에 의하여 계산한 1주당 가액보다 적은 경우에는 당해 가액 (2004. 12. 31. 단서개정)

●예판 ‥‥‥‥‥‥‥‥‥‥‥

증자 전의 1주당 평가가액은 증자 전의 시점을 기준으로 한 주식의 평가가액을 의미하므로 증자 후 3월 중 이루어진 매매거래가액을 증여세가 부과되는 재산의 시가로 볼 수 있다고 하여 이를 "증자전의 1주당 평가가액"으로 볼 수는 없음. (대법 2007두 5110, 2009. 6. 25.)

‥‥‥‥‥‥‥‥‥‥‥

●통칙 39－29…2【상장법인 등의 증자 전·후 1주당 평가가액】

(2011. 5. 20. 제목개정)

영 제29조 제2항 제1호부터 제3호까지의 계산식에서 같은 조 제1항 제1호에 따른 유가증권시장에 주권이 상장된 법인 또는 코스닥시장상장법인의 경우 "증자전의 1주당 평가가액"은 그 증자에 따른 권리락이 있는 날 전 2월이 되는 날부터 권리락이 있는 날의 전일까지 공표된 한국거래소 최종시세가액의 평균액으로 하며, "증자 후의 1주당 평가가액"은 권리락이 있는 날부터 2월이 되는 날까지 공표된 한국거래소의 최종시세가액의 평균액으로 한다. (2019. 12. 23. 개정)

포기자가 얻은 이익 (2015. 12. 15. 개정)

다. 해당 법인의 주주등이 아닌 자가 해당 법인으로부터 신주를 직접 배정받아 인수함으로써 그의 특수관계인인 주주등이 얻은 이익 (2015. 12. 15. 개정)

• 회사정리계획인가안에 따라 주주의 의결권이 제한된 상태에서 유상증자를 실시하여 신주를 발행한 경우로서 경영권의 이전이나 증여세를 회피할 목적이 아닌 경우 증여세가 과세되지 아니함. (서면4팀 – 438, 2005. 3. 24.)

• 단기간에 수차례 유상증자한 경우 이를 통합하여 1회의 증자로 보아 증여의제가액을 산정하는 것이 실질과세원칙상 타당함. (국심2006서 492, 2007. 3. 22.)

• 법인이 그 임직원에게 부여한 신주발행형 주식매수선택권을 행사함에 따라 당해 주식매수선택권을 부여한 법인이 신주를 발행하는 경우 '증자에 따른 이익의 증여' 규정을 적용하지 않는 것임. (서면4팀 – 55, 2008. 1. 9.)

··

라. 해당 법인의 주주등이 소유한 주식등의 수에 비례하여 균등한 조건으로 배정받을 수 있는 수를 초과하여 신주를 직접 배정받아 인수함으로써 그의 특수관계인인 주주등이 얻은 이익 (2015. 12. 15. 신설)

3. 제1호 및 제2호를 적용할 때 「상법」 제346조에 따른 종류주식(이하 이 호에서 "전환주식"이라 한다)을 발행한 경우 : 발행 이후 다른 종류의 주식으로 전환함에 따라 얻은 다음 각 목의 구분에 따른 이익 (2016. 12. 20. 신설)

가. 전환주식을 시가보다 낮은 가액으로 발행한 경우 : 교부받았거나 교부받을 주식의 가액이 전환주식 발행 당시 전환주식의 가액을 초과함으로써 그 주식을 교부받은 자가 얻은 이익 (2016. 12. 20. 신설)

나. 전환주식을 시가보다 높은 가액으로 발행한 경우 : 교부받았거나 교부받을 주식의 가액이 전환주식 발행 당시 전환주식의 가액보다 낮아짐으로써 그 주식을 교부받은 자의 특수관계인이

[(증자전의 1주당 평가가액×증자전의 발행주식총수)＋(신주 1주당 인수가액×증자전의 지분비율대로 균등하게 증자하는 경우의 증가주식수)]÷(증자전의 발행주식총수＋증자전의 지분비율대로 균등하게 증자하는 경우의 증가주식수)

나. 신주 1주당 인수가액 (2000. 12. 29 개정)

다. 실권주 총수 × 증자후 신주인수자의 지분비율

$$\times \frac{\text{신주인수자의 특수관계인의 실권주 수}}{\text{실권주 총수}}$$ (2012. 2. 2. 개정)

증자에 따른 증여이익 산정시 '증자후 신주인수자의 지분비율'은 재배정받은 주식을 차감한 신주인수자의 주식수를 증자후의 발행주식총수로 나누어 계산한 비율을 말함. (재산 – 60, 2010. 2. 1.)

··

3. 법 제39조 제1항 제2호 가목에서 규정하고 있는 이익 : 가목의 규정에 의한 금액에서 나목의 금액을 차감한 금액에 다목의 실권주수를 곱하여 계산한 금액 (2000. 12. 29 개정)

가. 신주 1주당 인수가액 (2000. 12. 29 개정)

나. 다음 산식에 의하여 계산한 1주당 가액. 다만, 주권상장법인 등의 경우로서 증자후의 1주당 평가가액이 다음 산식에 의하여 계산한 1주당 가액보다 큰 경우에는 당해 가액 (2004. 12. 31. 단서개정)

[(증자전의 1주당 평가가액×증자전의 발행주식총수)＋(신주 1주당 인수가액×증자에 의하여 증가한 주식수)]÷(증자전의 발행주식총수＋증자에 의하여 증가한 주식수)

다. 신주인수를 포기한 주주의 실권주수

$$\times \frac{\text{신주인수를 포기한 주주의 특수관계인이 인수한 실권주수}}{\text{실권주 총수}}$$ (2012. 2. 2. 개정)

4. 법 제39조 제1항 제2호 나목에서 규정하고 있는 이익 : 다음 산식에 의하여 계산한 금액(그 금액이 3억원 이상인 경우 또는 제3호 가목의 가액에서 제3호 나목의 가액을 차감한 금액이 제3호 나목의 가액의

얻은 이익 (2016. 12. 20. 신설)

② 제1항 제1호를 적용할 때 이익을 증여한 자가 대통령령으로 정하는 소액주주(이하 이 항 및 제39조의 3에서 "소액주주"라 한다)로서 2명 이상인 경우에는 이익을 증여한 소액주주가 1명인 것으로 보고 이익을

100분의 30 이상인 경우에 한한다) (2012. 2. 2. 개정)

(제3호 가목의 가액 − 제3호 나목의 가액) × 신주인수를 포기한 주주의 실권주수

$$\times \frac{\text{신주인수를 포기한 주주의 특수관계인이 인수한 신주수}}{\text{증자전의 지분비율대로 균등하게 증자하는 경우의 증자주식 총수}}$$

5. 법 제39조 제1항 제2호 다목 및 라목에 따른 이익 (2016. 2. 5. 개정)
: (제3호 가목의 가액 − 제3호 나목의 가액) × 신주를 배정받지 아니하거나 균등한 조건에 의하여 배정받을 신주수에 미달되게 신주를 배정받은 주주의 배정받지 아니하거나 그 미달되게 배정받은 부분의 신주수

$$\times \frac{\text{신주를 배정받지 아니하거나 미달되게 배정받은}}{\text{주주의 특수관계인이 인수한 신주수}} \Big/ \frac{\text{주주가 아닌 자에게 배정된 신주 및 당해 법인의 주주가 균등한}}{\text{조건에 의하여 배정받을 신주수를 초과하여 인수한 신주의 총수}}$$

6. 법 제39조 제1항 제3호에 따른 이익 : 가목에 따른 가액에서 나목에 따른 가액을 차감한 금액. 이 경우 그 금액이 영 이하인 경우에는 이익이 없는 것으로 본다. (2017. 2. 7. 신설)

가. 전환주식을 다른 종류의 주식으로 전환함에 따라 교부받은 주식을 신주로 보아 제1호부터 제5호까지의 규정에 따라 계산한 이익 (2017. 2. 7. 신설)

나. 전환주식 발행 당시 제1호부터 제5호까지의 규정에 따라 계산한 이익 (2017. 2. 7. 신설)

③ 법 제39조 제1항 제1호 가목에서 "대통령령으로 정하는 경우"란 「자본시장과 금융투자업에 관한 법률 시행령」 제11조 제3항에 따라 모집하는 경우를 말한다. (2016. 2. 5. 신설)

④ 법 제39조 제1항 제1호 다목 및 제40조 제1항 제1호 나목에서 "대통령령으로 정하는 방법으로 인수ㆍ취득하는 경우"란 각각 제3자에게 증권을 취득시킬 목적으로 그 증권의 전부 또는 일부를 취득한 자로부터 인수ㆍ취득한 경우를 말한다. (2017. 2. 7. 신설)

⑤ 법 제39조 제2항에서 "소액주주"라 함은 당해 법인의 발행주식총수 등의 100분의 1 미만을 소유하는 경우로서 주식 등의 액면가액의 합계액이 3억원 미만인 주주 등을 말한다. (2017. 2. 7. 항번개정)

계산한다. (2015. 12. 15. 개정)

③ 제1항과 제2항을 적용할 때 이익의 계산방법 및 그 밖에 필요한 사항은 대통령령으로 정한다. (2015. 12. 15. 개정)

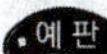

주주 아닌 제3자가 고가로 유상증자에 참여하고 그와 특수관계에 있는 자 외의 자가 이익을 얻은 경우로서 거래의 관행상 정당한 사유가 있다고 인정되지 않는 경우에는 증여세가 과세됨. (서면-2018-상속증여-2744, 2019. 2. 25.)

제39조의 2 【감자에 따른 이익의 증여】(2003. 12. 30. 제목개정)

① 법인이 자본금을 감소시키기 위하여 주식등을 소각(消却)하는 경우로서 일부 주주등의 주식등을 소각함으로써 다음 각 호의 구분에 따른 이익을 얻은 경우에는 감자(減資)를 위한 주주총회결의일을 증여일로 하여 그 이익에 상당하는 금액을 그 이익을 얻은 자의 증여재산가액으로 한다. 다만, 그 이익에 상당하는 금액이 대통령령으로 정하는 기준금액 미만인 경우는 제외한다. (2015. 12. 15. 개정)

1. 주식등을 시가보다 낮은 대가로 소각한 경우 : 주식등을 소각한 주주등의 특수관계인에 해당하는 대주주등이 얻은 이익 (2015. 12. 15. 개정)

2. 주식등을 시가보다 높은 대가로 소각한 경우 : 대주주등의 특수관계인에 해당하는 주식등을 소각한 주주등이 얻은 이익 (2015. 12. 15. 개정)

② 제1항을 적용할 때 이익의 계산방법 및 그 밖에 필요한 사항은 대통령령으로 정한다. (2015. 12. 15. 개정)

• 보통주를 우선주로 전환하기 위하여 감자·증자절차를 거쳐 주주구성이나 자본금 변화없이 주식종류만 변경한 경우에도 누적절차에 대하여 증여의제 규정을 적용함. (서면1팀-109, 2004. 1. 27.)
• 상장법인이 장내거래 또는 공개매수를 통하여 취득한 주식을 소각하는 경우 증여세 과세대상이 아님. (서면4팀-211, 2005. 2. 1.)

제29조의 2 【감자에 따른 이익의 계산방법 등】(2003. 12. 30. 제목개정)

① 법 제39조의 2 제1항에 따른 이익은 다음 각 호의 구분에 따라 계산한 금액으로 한다. (2016. 2. 5. 개정)

1. 주식등을 시가(법 제60조 및 제63조에 따라 평가한 가액을 말한다. 이하 이 조에서 같다)보다 낮은 대가로 소각한 경우 (2016. 2. 5. 개정)

> (감자한 주식등의 1주당 평가액 - 주식등 소각시 지급한 1주당 금액) × 총감자 주식등의 수 × 대주주등의 감자후 지분비율 × (대주주등과 특수관계인의 감자 주식등의 수 ÷ 총감자 주식등의 수)

2. 주식등을 시가보다 높은 대가로 소각한 경우[주식등의 1주당 평가액이 액면가액(대가가 액면가액에 미달하는 경우에는 해당 대가를 말한다. 이하 이 호에서 같다)에 미달하는 경우로 한정한다] (2016. 2. 5. 개정)

> (주식등의 소각시 지급한 1주당 금액 - 감자한 주식등의 1주당 평가액) × 해당 주주등의 감자한 주식등의 수

② 법 제39조의 2 제1항 각 호 외의 부분 단서에서 "대통령령으로 정하는 기준금액"이란 다음 각 호의 금액 중 적은 금액을 말한다. (2016. 2. 5. 신설)
1. 감자한 주식등의 평가액의 100분의 30에 상당하는 가액 (2016. 2. 5. 신설)
2. 3억원 (2016. 2. 5. 신설)

② 법 제39조의 2 제1항 각 호 외의 부분 단서에서 "대통령령으로 정하는 기준금액"이란 3억원을 말한다. 다만, 감자한 주식등의 1주당 평

• 출자관계에 있는 법인간 합병으로 취득한 자기주식을 상법에 따라 적정하게 소각한 경우에는 합병법인의 대주주에 대한 증여세 과세대상이 아님. (재재산 – 767, 2007. 6. 29.)

⋯⋯⋯⋯⋯⋯⋯⋯⋯⋯⋯⋯⋯⋯⋯⋯⋯⋯⋯⋯⋯⋯⋯⋯⋯⋯⋯

제39조의 3【현물출자에 따른 이익의 증여】① 현물출자(現物出資)에 의하여 다음 각 호의 어느 하나에 해당하는 이익을 얻은 경우에는 현물출자 납입일을 증여일로 하여 그 이익에 상당하는 금액을 그 이익을 얻은 자의 증여재산가액으로 한다. (2015. 12. 15. 개정)
1. 주식등을 시가보다 낮은 가액으로 인수함으로써 현물출자자가 얻은 이익 (2015. 12. 15. 개정)
2. 주식등을 시가보다 높은 가액으로 인수함으로써 현물출자자의 특수관계인에 해당하는 주주등이 얻은 이익 (2015. 12. 15. 개정)
② 제1항 제1호를 적용할 때 현물출자자가 아닌 주주등 중 소액주주가 2명 이상인 경우에는 소액주주가 1명인 것으로 보고 이익을 계산한다. (2015. 12. 15. 개정)
③ 제1항에 따른 이익의 계산방법 및 그 밖에 필요한 사항은 대통령령으로 정한다. (2015. 12. 15. 개정)

가액과 주식등을 소각할 때 지급한 1주당 금액의 차액이 감자한 주식등의 1주당 평가액의 100분의 30 이상인 경우에는 기준금액은 영(零)으로 한다. (2025. 2. 28. 개정)
③ 제2항의 규정에 의한 이익의 계산은 감자를 위한 주주총회결의일을 기준으로 한다. (2003. 12. 30. 개정)
③ 삭　제 (2016. 2. 5.)

제29조의 3【현물출자에 따른 이익의 계산방법 등】① 법 제39조의 3 제1항에 따른 이익은 다음 각 호의 어느 하나에 따라 계산한 금액으로 한다. 다만, 현물출자 전·후의 주식 1주당 가액이 모두 영 이하인 경우에는 이익이 없는 것으로 본다. (2016. 2. 5. 개정)
1. 법 제39조의 3 제1항 제1호에 따른 이익 : 제29조 제2항 제1호 가목을 준용하여 계산한 가액에서 같은 호 나목 가액을 차감한 가액에 현물출자자가 배정(「자본시장과 금융투자업에 관한 법률」에 따른 주권상장법인이 같은 법 제165조의 6 제1항 제3호에 따른 방식으로 배정하는 경우는 제외한다)받은 신주수를 곱하여 계산한 금액. 이 경우 제29조 제2항 제1호 가목 중 "증자"는 각각 이를 "현물출자"로 본다. (2022. 2. 15. 개정)
2. 법 제39조의 3 제1항 제2호에 따른 이익 : 제29조 제2항 제3호 가목의 가액에서 같은 호 나목을 준용하여 계산한 가액을 차감한 가액에 현물출자자가 인수(「자본시장과 금융투자업에 관한 법률」에 따른 주권상장법인이 같은 법 제165조의 6 제1항 제3호에 따른 방식으로 배정받은 주식을 제외한다)한 신주수와 현물출자자 외의 주주등(현물출자 전에 현물출자자의 특수관계인인 경우에 한정한다)의 지분비율을 각각 곱하여 계산한 금액. 이 경우 제29조 제2항 제3호 나목 중 "증자"는 각각 이를 "현물출자"로 본다. (2022. 2. 15. 개정)
② 제1항을 적용할 때 같은 항 제2호에 따른 이익은 제29조 제2항 제3호 가목을 준용하여 계산한 가액에서 같은 호 나목을 준용하여 계산한 가액을 차감한 금액이 같은 호 나목을 준용하여 계산한 가액의 100분의 30 이상이거나 그 이익이 3억원 이상인 경우에 한정하여 이를 적용한다. (2016. 2. 5. 개정)

제40조【전환사채 등의 주식전환 등에 따른 이익의 증여】(2003. 12. 30. 제목개정)

① 전환사채, 신주인수권부사채(신주인수권증권이 분리된 경우에는 신주인수권증권을 말한다) 또는 그 밖의 주식으로 전환·교환하거나 주식을 인수할 수 있는 권리가 부여된 사채(이하 이 조 및 제41조의 3에서 "전환사채등"이라 한다)를 인수·취득·양도하거나, 전환사채등에 의하여 주식으로 전환·교환 또는 주식의 인수(이하 이 조에서 "주식전환등"이라 한다)를 함으로써 다음 각 호의 어느 하나에 해당하는 이익을 얻은 경우에는 그 이익에 상당하는 금액을 그 이익을 얻은 자의 증여재산가액으로 한다. 다만, 그 이익에 상당하는 금액이 대통령령으로 정하는 기준금액 미만인 경우는 제외한다. (2015. 12. 15. 개정)
1. 전환사채등을 인수·취득함으로써 인수·취득을 한 날에 얻은 다음 각 목의 어느 하나에 해당하는 이익 (2015. 12. 15. 개정)
  가. 특수관계인으로부터 전환사채등을 시가보다 낮은 가액으로 취득함으로써 얻은 이익 (2015. 12. 15. 개정)
  나. 전환사채등을 발행한 법인(「자본시장과 금융투자업에 관한 법률」에 따른 주권상장법인으로서 같은 법 제9조 제7항에 따른 유가증권의 모집방법(대통령령으로 정하는 경우를 제외한다)으로 전환사채등을 발행한 법인은 제외한다. 이하 이 항에서 같다)의 최대주주나 그의 특수관계인인 주주가 그 법인으로부터 전환사채등을 시가보다 낮은 가액으로 그 소유주식 수에 비례하여 균등한 조건으로 배정받을 수 있는 수를 초과하여 인수·취득(「자본시장과 금융투자업에 관한 법률」 제9조 제12항에 따른 인수인으로부터 인수·취득하는 경우와 그 밖에 대통령령으로 정하는 방법으로 인수·취득한 경우를 포함한다. 이하 이 항에서 "인수등"이라 한다)함으로써 얻은 이익 (2016. 12. 20. 개정)

증권사가 발행법인을 위하여 제3자에게 취득의 청약을 권유하여 이 사건 신주인수권부사채 또는 신주인수권을 취득시킬 목적으로 이 사건 신주인수권부사채를 취득하였다고 보기 어렵고, 오히려 투자자의 지위에서 이자수익과 매도차익 등 투자수익을 얻을 목적으로 취득하였다고 봄이 타당하므로, 증권사가 구 상증세법 제40조 제1항에서 정하고 있는 인수인에 해당함을 전제로 원고

제30조【전환사채 등의 주식전환 등에 따른 이익의 계산방법 등】(2003. 12. 30. 제목개정)

① 법 제40조 제1항에 따른 이익은 다음 각 호의 구분에 따라 계산한 금액으로 한다. (2016. 2. 5. 개정)
1. 법 제40조 제1항 제1호 각 목에 따른 이익 : 법 제40조 제1항에 따른 전환사채등(이하 이 조에서 "전환사채등"이라 한다)의 시가에서 전환사채등의 인수·취득가액을 차감한 가액 (2016. 2. 5. 개정)
2. 법 제40조 제1항 제2호 가목부터 다목까지의 규정에 따른 이익 : 가목의 가액에서 나목의 가액을 차감한 가액에 다목의 주식수를 곱하여 계산한 가액에서 기획재정부령으로 정하는 바에 따라 계산한 이자손실분 및 제1호에 따른 이익을 차감하여 계산한 금액. 다만, 전환사채등을 양도한 경우에는 전환사채등의 양도가액에서 취득가액을 차감한 금액을 초과하지 못한다. (2016. 2. 5. 개정)
  가. 제5항 제1호에 따른 교부받은 주식가액(전환사채등을 양도한 경우에는 제5항 제2호에 따른 교부받은 주식가액을 말한다) (2016. 2. 5. 개정)
  나. 주식 1주당 전환·교환 또는 인수 가액(이하 이 항에서 "전환가액등"이라 한다) (2016. 2. 5. 개정)
  다. 교부받은 주식수(전환사채등을 양도한 경우에는 교부받은 주식수를 말한다) (2016. 2. 5. 개정)
3. 법 제40조 제1항 제2호 라목에 따른 이익 : 가목의 가액에서 나목의 가액을 차감한 가액에 다목의 주식수를 곱하여 계산한 금액 (2016. 2. 5. 개정)
  가. 주식 1주당 전환가액등 (2016. 2. 5. 개정)
  나. 제5항 제1호에 따른 교부받은 주식가액 (2016. 2. 5. 개정)
  다. 전환등에 의하여 증가한 주식수 × 당해 주식을 교부받은 자의 특수관계인이 전환등을 하기 전에 보유한 지분비율 (2016. 2. 5. 개정)
4. 법 제40조 제1항 제3호에 따른 이익 : 전환사채등의 양도가액에서 전환사채등의 시가를 차감한 가액 (2016. 2. 5. 개정)
② 법 제40조 제1항 각 호 외의 부분 단서에서 "대통령령으로 정하는 기

 40 - 30···1【전환사채이익의 증여】
(2008. 7. 25. 제목개정)
① 삭 제 (2008. 7. 25.)
② 법 제40조 및 영 제30조의 규정을 적용하는 경우 전환사채 취득일은 당해 전환사채의 대금을 청산한 날(대금청산일 전에 전환사채를 교부받은 경우에는 그 교부일)을 말한다. (2008. 7. 25. 개정)

제10조의 2【이자손실분 계산방법】(2016. 3. 21. 조번개정)

영 제30조 제1항 제2호 각 목 외의 부분 본문에서 "기획재정부령으로 정하는 바에 따라 계산한 이자손실분"이란 제1호의 가액에서 제2호의 가액을 차감한 가액을 말한다. 다만, 신주인수권증권에 의하여 전환 등을 한 경우에는 영 제58조의 2 제2항 제1호 가목에 따라 평가한 신주인수권증권의 가액을 말한다. (2021. 3. 16. 개정)
1. 전환사채 등의 만기상환금액을 사채 발행이율에 의하여 취득당시의 현재가치로 할인한 금액 (2001. 4. 3 신설)
2. 전환사채 등의 만기상환금액을 영 제58조의 2 제2항 제1호 가목의 규정에 의한 이자율에 의하여 취득당시의 현재가치로 할인한 금액 (2002. 12. 31 개정)

다. 전환사채등을 발행한 법인의 최대주주의 특수관계인(그 법인의 주주는 제외한다)이 그 법인으로부터 전환사채등을 시가보다 낮은 가액으로 인수등을 함으로써 얻은 이익 (2015. 12. 15. 개정)

2. 전환사채등에 의하여 주식전환등을 함으로써 주식전환등을 한 날에 얻은 다음 각 목의 어느 하나에 해당하는 이익 (2015. 12. 15. 개정)

가. 전환사채등을 특수관계인으로부터 취득한 자가 전환사채등에 의하여 교부받았거나 교부받을 주식의 가액이 전환·교환 또는 인수 가액(이하 이 항에서 "전환가액등"이라 한다)을 초과함으로써 얻은 이익 (2015. 12. 15. 개정)

나. 전환사채등을 발행한 법인의 최대주주나 그의 특수관계인인 주주가 그 법인으로부터 전환사채등을 그 소유주식 수에 비례하여 균등한 조건으로 배정받을 수 있는 수를 초과하여 인수등을 한 경우로서 전환사채등에 의하여 교부받았거나 교부받을 주식의 가액이 전환가액등을 초과함으로써 얻은 이익 (2015. 12. 15. 개정)

다. 전환사채등을 발행한 법인의 최대주주의 특수관계인(그 법인의 주주는 제외한다)이 그 법인으로부터 전환사채등의 인수등을 한 경우로서 전환사채등에 의하여 교부받았거나 교부받을 주식의 가액이 전환가액등을 초과함으로써 얻은 이익 (2015. 12. 15. 개정)

라. 전환사채등에 의하여 교부받은 주식의 가액이 전환가액등보다 낮게 됨으로써 그 주식을 교부받은 자의 특수관계인이 얻은 이

준금액"이란 다음 각 호의 구분에 따른 금액을 말한다. (2016. 2. 5. 신설)

1. 제1항 제1호 및 제4호에 해당하는 경우 : 다음 각 목의 금액 중 적은 금액 (2016. 2. 5. 신설)

가. 전환사채등의 시가의 100분의 30에 상당하는 가액 (2016. 2. 5. 신설)

나. 1억원 (2016. 2. 5. 신설)

2. 제1항 제2호에 해당하는 경우 : 1억원 (2016. 2. 5. 신설)

3. 제1항 제3호에 해당하는 경우 : 0원 (2016. 2. 5. 신설)

③ 법 제40조 제1항 제1호 나목·다목 및 같은 항 제2호 나목·다목에서 "최대주주"란 각각 최대주주등 중 보유주식등의 수가 가장 많은 1인을 말한다. (2016. 2. 5. 개정)

④ 법 제40조 제1항 제1호 나목에서 "대통령령으로 정하는 경우"란 「자본시장과 금융투자업에 관한 법률 시행령」 제11조 제3항에 따라 모집하는 경우를 말한다. (2016. 2. 5. 신설)

⑤ 법 제40조 제1항 제2호에서 교부받았거나 교부받을 주식의 가액이란 다음 각 호의 구분에 따라 계산한 가액을 말한다. (2016. 2. 5. 개정)

1. 교부받은 주식가액 : 전환사채등에 의하여 주식으로 전환·교환하거나 주식을 인수(이하 이 조에서 "전환 등"이라 한다)한 경우 다음 산식에 의하여 계산한 1주당 가액. 이 경우 주권상장법인 등의 주식으로 전환 등을 한 경우로서 전환 등 후의 1주당 평가가액이 다음 산식에 의하여 계산한 1주당 가액보다 적은 경우(법 제40조 제1항 제2호 라목의 경우에는 높은 경우를 말한다)에는 당해 가액 (2004. 12. 31. 후단개정)

$$\frac{[(\text{전환 등 전의 1주당 평가가액} \times \text{전환 등 전의 발행주식총수}) + (\text{주식 1주당 전환가액 등} \times \text{전환 등에 의하여 증가한 주식수})]}{\text{전환 등 전의 발행주식총수} + \text{전환 등에 의하여 증가한 주식수}}$$

2. 교부받을 주식가액 : 양도일 현재 주식으로의 전환 등이 가능한 전환사채 등을 양도한 경우로서 당해 전환사채 등의 양도일 현재 주식으로 전환 등을 할 경우 다음 산식에 의하여 계산한 1주당 가액. 이 경우 주권상장법인 등의 경우로서 양도일을 기준으로 한 1주당 평가가액이 다음 산식에 의하여 계산한 1주당 가액보다 적은 경우에는 당해 가액 (2004. 12. 31. 후단개정)

익 (2015. 12. 15. 개정)

마. 전환사채등을 특수관계인에게 양도한 경우로서 양도가액이 시가를 초과함으로써 얻은 이익 (2011. 12. 31. 개정)

마. 삭　제 (2015. 12. 15.)

3. 전환사채등을 특수관계인에게 양도한 경우로서 전환사채등의 양도일에 양도가액이 시가를 초과함으로써 양도인이 얻은 이익 (2015. 12. 15. 개정)

② 제1항에 따른 최대주주, 교부받았거나 교부받을 주식의 가액, 이익의 계산방법, 증여일의 판단 및 그 밖에 필요한 사항은 대통령령으로 정한다. (2015. 12. 15. 개정)

● 예 판

• 최대주주가 증권거래법상 인수인이 아닌 자로부터 전환사채를 취득한 경우에도 사실상 전환사채를 발행한 법인 또는 인수인으로부터 균등한 조건에 의하여 배정받을 수 있는 수를 초과하여 인수 등을 한 경우에 해당되거나 특수관계자로부터 직접 취득한 것으로 볼 수 있는 경우에는 증여세 과세대상이 됨. (서면4팀-880, 2004. 6. 16.)

• 유가증권의 모집방법으로 발행한 전환사채 등을 최초로 인수ㆍ취득한 경우는 증여세를 과세하지 않으나, 최초로 인수ㆍ취득한 자로부터 시가보다 낮은 가액으로 당해 전환사채를 취득한 경우는 증여세가 과세됨. (서면4팀-460, 2005. 3. 29.)

제41조【특정법인과의 거래를 통한 이익의 증여】삭　제 (2015. 12. 15.)

제41조의 2【초과배당에 따른 이익의 증여】① 법인이 이익이나 잉여금을 배당 또는 분배(이하 이 항에서 "배당등"이라 한다)하는 경우로서 그 법인의 대통령령으로 정하는 최대주주 또는 최대출자자(이하 이 조에서 "최대주주등"이라 한다)가 본인이 지급받을 배당등의 금액의 전부 또는 일부를 포기하거나 본인이 보유한 주식등에 비례하여 균등하지 아니한 조건으로 배당등을 받음에 따라 그 최대주주등의 특수관계인이 본인이 보유한 주식등에 비하여 높은 금액의 배당등을 받은 경우에는 제4조의 2 제3항에도 불구하고 법인이 배당 또는 분배

$$\frac{[(\text{양도전의 1주당 평가가액} \times \text{양도전의 발행주식총수}) + (\text{주식 1주당 전환가액 등} \times \text{전환 등을 할 경우 증가하는 주식수})]}{\text{양도전의 발행주식총수} + \text{전환 등을 할 경우 증가하는 주식수}}$$

제31조【특정법인과의 거래를 통한 이익의 계산방법 등】삭　제 (2016. 2. 5.)

제31조의 2【초과배당에 따른 이익의 계산방법 등】① 법 제41조의 2 제1항에서 "대통령령으로 정하는 최대주주 또는 최대출자자"란 해당 법인의 최대주주등을 말한다. (2016. 2. 5. 신설)

② 법 제41조의 2 제1항에 따른 "초과배당금액"은 제1호의 가액에 제2호의 비율을 곱하여 계산한 금액(이하 이 조에서 "초과배당금액"이라 한다)으로 한다. (2016. 2. 5. 신설)

1. 최대주주등의 특수관계인이 배당 또는 분배(이하 이 항에서 "배당등"이라 한다)를 받은 금액에서 본인이 보유한 주식등에 비례하여

한 금액을 지급한 날을 증여일로 하여 그 최대주주등의 특수관계인이 본인이 보유한 주식등에 비례하여 균등하지 아니한 조건으로 배당등을 받은 금액(이하 이 조에서 "초과배당금액"이라 한다)에서 해당 초과배당금액에 대한 소득세 상당액을 공제한 금액을 그 최대주주등의 특수관계인의 증여재산가액으로 한다. (2021. 12. 21. 개정)

② 제1항에 따라 초과배당금액에 대하여 증여세를 부과받은 자는 해당 초과배당금액에 대한 소득세를 납부할 때(납부할 세액이 없는 경우를 포함한다) 대통령령으로 정하는 바에 따라 제2호의 증여세액에서 제1호의 증여세액을 뺀 금액을 관할 세무서장에게 납부하여야 한다. 다만, 제1호의 증여세액이 제2호의 증여세액을 초과하는 경우에는 그 초과되는 금액을 환급받을 수 있다. (2020. 12. 22. 개정)

1. 제1항에 따른 증여재산가액을 기준으로 계산한 증여세액 (2020. 12. 22. 개정)

2. 초과배당금액에 대한 실제 소득세액을 반영한 증여재산가액(이하 이 조에서 "정산증여재산가액"이라 한다)을 기준으로 계산한 증여세액 (2020. 12. 22. 개정)

③ 제2항에 따른 정산증여재산가액의 증여세 과세표준의 신고기한은 초과배당금액이 발생한 연도의 다음 연도 5월 1일부터 5월 31일(「소득세법」 제70조의 2 제2항에 따라 성실신고확인서를 제출한 성실신고확인대상사업자의 경우에는 6월 30일로 한다)까지로 한다. (2021. 12. 21. 개정)

④ 초과배당금액, 초과배당금액에 대한 소득세 상당액 및 정산증여재산가액의 산정방법 및 그 밖에 필요한 사항은 대통령령으로 정한다. (2020. 12. 22. 개정)

제41조의 3 【주식등의 상장 등에 따른 이익의 증여】 (2015. 12. 15. 제목개정)

① 기업의 경영 등에 관하여 공개되지 아니한 정보를 이용할 수 있는 지위에 있다고 인정되는 다음 각 호의 어느 하나에 해당하는 자(이하 이 조 및 제41조의 5에서 "최대주주등"이라 한다)의 특수관계인이 제2항에 따라 해당 법인의 주식등을 증여받거나 취득한 경우 그 주식등

배당등을 받을 경우의 그 배당등의 금액을 차감한 가액 (2016. 2. 5. 신설)

2. 보유한 주식등에 비하여 낮은 금액의 배당등을 받은 주주등이 보유한 주식등에 비례하여 배당등을 받을 경우에 비해 적게 배당등을 받은 금액(이하 이 호에서 "과소배당금액"이라 한다) 중 최대주주등의 과소배당금액이 차지하는 비율 (2016. 2. 5. 신설)

③ 법 제41조의 2 제1항에 따른 초과배당금액에 대한 소득세 상당액은 다음 각 호의 구분에 따른 금액으로 한다. (2021. 2. 17. 개정)

1. 초과배당금액에 대한 법 제68조 제1항에 따른 증여세 과세표준 신고기한이 해당 초과배당금액이 발생한 연도의 다음 연도 6월 1일 이후인 경우 : 제4항 제2호에 따른 금액 (2024. 2. 29. 개정)

2. 그 밖의 경우 : 초과배당금액에 대하여 해당 초과배당금액의 규모와 소득세율 등을 고려하여 기획재정부령으로 정하는 율을 곱한 금액 (2021. 2. 17. 개정)

④ 법 제41조의 2 제2항 제2호에 따른 정산증여재산가액은 제1호의 금액에서 제2호의 금액을 뺀 금액으로 한다. (2021. 2. 17. 신설)

1. 초과배당금액 (2021. 2. 17. 신설)

2. 초과배당금액에 대하여 기획재정부령으로 정하는 바에 따라 계산한 소득세액 (2021. 2. 17. 신설)

⑤ 법 제41조의 2 제3항을 적용할 때 「소득세법」 제70조의 2 제1항에 따른 성실신고확인대상사업자에 대한 증여세 과세표준의 신고기한은 초과배당금액이 발생한 연도의 다음 연도 5월 1일부터 6월 30일까지로 한다. (2021. 2. 17. 신설)

⑤ 삭 제 (2022. 2. 15.)

⑥ 제3항 제1호에 해당하는 경우에는 법 제41조의 2 제2항 및 제3항을 적용하지 않는다. (2021. 2. 17. 신설)

제31조의 3 【주식등의 상장 등에 따른 이익의 계산방법 등】 (2016. 2. 5. 조번·제목개정)

① 법 제41조의 3 제1항 각 호 외의 부분 본문에 따른 이익은 제1호의 가액에서 제2호 및 제3호의 가액을 차감한 가액에 증여받거나 유상으로 취득한 주식등의 수를 곱한 금액으로 한다. (2016. 2. 5. 개정)

1. 법 제41조의 3 제3항에 따른 정산기준일(이하 이 조에서 "정산기준

제10조의 3 【소득세 상당액의 계산】

① 영 제31조의 2 제3항 제2호에서 "기획재정부령으로 정하는 율"이란 다음 표의 구분에 따른 율을 말한다. (2024. 3. 22. 개정)

초과배당금액	율
5천760만원 이하	초과배당금액 × 100분의 14
5천760만원 초과 8천800만원 이하	806만원 + (5천760만원을 초과하는 초과배당금액 × 100분의 24)
8천800만원 초과 1억5천만원 이하	1천536만원 + (8천800만원을 초과하는 초과배당금액 × 100분의 35)
1억5천만원 초과 3억원 이하	3천706만원 + (1억5천만원을 초과하는 초과배당금액 × 100분의 38)
3억원 초과 5억원 이하	9천406만원 + (3억원을 초과하는 초과배당금액 × 100분의 40)

을 증여받거나 취득한 날부터 5년 이내에 그 주식등이 「자본시장과 금융투자업에 관한 법률」 제8조의 2 제4항 제1호에 따른 증권시장으로서 대통령령으로 정하는 증권시장(이하 이 조에서 "증권시장"이라 한다)에 상장됨에 따라 그 가액이 증가한 경우로서 그 주식등을 증여받거나 취득한 자가 당초 증여세 과세가액(제2항 제2호에 따라 증여받은 재산으로 주식등을 취득한 경우는 제외한다) 또는 취득가액을 초과하여 이익을 얻은 경우에는 그 이익에 상당하는 금액을 그 이익을 얻은 자의 증여재산가액으로 한다. 다만, 그 이익에 상당하는 금액이 대통령령으로 정하는 기준금액 미만인 경우는 제외한다. (2016. 12. 20. 개정)
1. 제22조 제2항에 따른 최대주주 또는 최대출자자 (2010. 1. 1. 개정)

2. 내국법인의 발행주식총수 또는 출자총액의 100분의 25 이상을 소유한 자로서 대통령령으로 정하는 자 (2010. 1. 1. 개정)
② 제1항에 따른 주식등을 증여받거나 취득한 경우는 다음 각 호의 어느 하나에 해당하는 경우로 한다. (2015. 12. 15. 신설)
1. 최대주주등으로부터 해당 법인의 주식등을 증여받거나 유상으로 취득한 경우 (2015. 12. 15. 신설)
2. 증여받은 재산(주식등을 유상으로 취득한 날부터 소급하여 3년 이내에 최대주주등으로부터 증여받은 재산을 말한다. 이하 이 조 및 제41조의 5에서 같다)으로 최대주주등이 아닌 자로부터 해당 법인의 주식등을 취득한 경우 (2015. 12. 15. 신설)
③ 제1항에 따른 이익은 해당 주식등의 상장일부터 3개월이 되는 날 (그 주식등을 보유한 자가 상장일부터 3개월 이내에 사망하거나 그 주식등을 증여 또는 양도한 경우에는 그 사망일, 증여일 또는 양도일을 말한다. 이하 이 조와 제68조에서 "정산기준일"이라 한다)을 기준으로 계산한다. (2015. 12. 15. 항번개정)

일"이라 한다) 현재 1주당 평가가액(법 제63조에 따라 평가한 가액을 말한다) (2016. 2. 5. 개정)
2. 주식등을 증여받은 날 현재의 1주당 증여세 과세가액(취득의 경우에는 취득일 현재의 1주당 취득가액) (2016. 2. 5. 개정)
3. 1주당 기업가치의 실질적인 증가로 인한 이익 (2016. 2. 5. 개정)
② 법 제41조의 3 제1항 각 호 외의 부분 본문에서 "대통령령으로 정하는 증권시장"이란 유가증권시장 및 코스닥시장을 말한다. (2017. 2. 7. 신설)
③ 법 제41조의 3 제1항 각 호 외의 부분 단서에서 "대통령령으로 정하는 기준금액"이란 다음 각 호의 금액 중 적은 금액을 말한다. (2017. 2. 7. 항번개정)
1. 제1항 제2호 및 제3호의 가액의 합계액에 증여받거나 유상으로 취득한 주식등의 수를 곱한 금액의 100분의 30에 상당하는 가액 (2016. 2. 5. 개정)
2. 3억원 (2016. 2. 5. 개정)
④ 법 제41조의 3 제1항 제2호에서 "100분의 25 이상을 소유한 자로서 대통령령으로 정하는 자"란 특수관계인의 소유주식 등을 합하여 100분의 25 이상을 소유한 경우의 해당 주주 등을 말한다. (2017. 2. 7. 항번개정)
⑤ 제1항 제3호에 따른 1주당 기업가치의 실질적인 증가로 인한 이익은 납세자가 제시하는 재무제표 등 기획재정부령으로 정하는 서류에 의하여 확인되는 것으로서 제1호에 따른 금액에 제2호에 따른 월수를 곱하여 계산한다. 이 경우 결손금 등이 발생하여 1주당 순손익액으로 당해 이익을 계산하는 것이 불합리한 경우에는 제55조에 따라 계산한 1주당 순자산가액의 증가분으로 당해 이익을 계산할 수 있다. (2017. 2. 7. 항번개정)
1. 해당 주식등의 증여일 또는 취득일이 속하는 사업연도개시일부터 상장일 전일까지의 사이의 1주당 순손익액의 합계액(기획재정부령으로 정하는 바에 따라 사업연도 단위로 계산한 순손익액의 합계액을 말한다)을 해당 기간의 월수(1월 미만의 월수는 1월로 본다)로 나눈 금액 (2016. 2. 5. 개정)
2. 해당 주식등의 증여일 또는 취득일부터 정산기준일까지의 월수(1월

초과배당금액	율
5억원 초과 10억원 이하	1억7천406만원 + (5억원을 초과하는 초과배당금액 × 100분의 42)
10억원 초과	3억8천406만원 + (10억원을 초과하는 초과배당금액 × 100분의 45)

② 영 제31조의 2 제4항 제2호에서 "기획재정부령으로 정하는 바에 따라 계산한 소득세액"이란 다음 각 호의 구분에 따른 금액을 말한다. (2021. 3. 16. 신설)
1. 「소득세법 시행령」 제26조의 3 제6항에 따라 배당소득에 포함되지 않는 경우 등 소득세 과세대상에서 제외되거나 비과세 대상인 초과배당금액의 경우 : 0 (2021. 3. 16. 신설)
2. 「소득세법」 제14조 제5항에 따른 분리과세배당소득에 해당하는 경우 등 초과배당금액이 분리과세된 경우: 해당 분리과세된 세액 (2021. 3. 16. 신설)
3. 「소득세법」 제14조 제2항에 따라 종합과세되는 경우 : 다음 각 목의 금액 중 큰 금액 (2021. 3. 16. 신설)
가. 다음 계산식에 따라 계산한 금액 (2021. 3. 16. 신설)

> 초과배당금액이 발생한 연도의 종합소득과세표준에 「소득세법」 제55조 제1항의 세율(이하 이 호에서 "종합소득세율"이라 한다)을 적용하여 계산한 금액 -

④ 제1항에 따른 이익을 얻은 자에 대해서는 그 이익을 당초의 증여세 과세가액(증여받은 재산으로 주식등을 취득한 경우에는 그 증여받은 재산에 대한 증여세 과세가액을 말한다. 이하 이 조에서 같다)에 가산하여 증여세 과세표준과 세액을 정산한다. 다만, 정산기준일 현재의 주식등의 가액이 당초의 증여세 과세가액보다 적은 경우로서 그 차액이 대통령령으로 정하는 기준 이상인 경우에는 그 차액에 상당하는 증여세액(증여받은 때에 납부한 당초의 증여세액을 말한다)을 환급받을 수 있다. (2015. 12. 15. 항번개정)

⑤ 제1항에 따른 상장일은 증권시장에서 최초로 주식등의 매매거래를 시작한 날로 한다. (2016. 12. 20. 개정)

⑥ 제2항 제2호를 적용할 때 증여받은 재산과 다른 재산이 섞여 있어 증여받은 재산으로 주식등을 취득한 것이 불분명한 경우에는 그 증여받은 재산으로 주식등을 취득한 것으로 추정한다. 이 경우 증여받은 재산을 담보로 한 차입금으로 주식등을 취득한 경우에는 증여받은 재산으로 취득한 것으로 본다. (2015. 12. 15. 개정)

⑦ 제2항을 적용할 때 주식등을 증여받거나 취득한 후 그 법인이 자본금을 증가시키기 위하여 신주를 발행함에 따라 신주를 인수하거나 배정받은 경우를 포함한다. (2015. 12. 15. 개정)

⑧ 전환사채등을 증여받거나 유상으로 취득(발행 법인으로부터 직접 인수·취득하는 경우를 포함한다)하고 그 전환사채등이 5년 이내에 주식등으로 전환된 경우에는 그 전환사채등을 증여받거나 취득한 때에 그 전환된 주식등을 증여받거나 취득한 것으로 보아 제1항부터 제6항까지의 규정을 적용한다. 이 경우 정산기준일까지 주식등으로 전환되지 아니한 경우에는 정산기준일에 주식등으로 전환된 것으로 보아 제1항부터 제6항까지의 규정을 적용하되, 그 전환사채등의 만기일까지 주식등으로 전환되지 아니한 경우에는 정산기준일을 기준으로 과세한 증여세액을 환급한다. (2015. 12. 15. 개정)

⑨ 거짓이나 그 밖의 부정한 방법으로 증여세를 감소시킨 것으로 인정되는 경우에는 특수관계인이 아닌 자 간의 증여에 대해서도 제1항 및 제2항을 적용한다. 이 경우 제1항 중 기간에 관한 규정은 없는 것으로 본다. (2015. 12. 15. 개정)

미만의 월수는 1월로 본다) (2016. 2. 5. 개정)

⑥ 법 제41조의 3 제4항 단서에서 "대통령령으로 정하는 기준 이상인 경우"란 제1항에 따라 계산한 금액이 제3항의 기준금액 이상인 경우를 말한다. (2019. 2. 12. 개정)

⑦ 제1항부터 제6항까지의 규정을 적용할 때 해당 주식등의 증여일 또는 취득일부터 상장일 전일까지의 사이에 무상주를 발행한 경우의 발행주식총수는 제56조 제3항 단서에 따른다. (2017. 2. 7. 개정)

해당 연도의 종합소득과세표준에서 초과배당금액을 뺀 금액에 종합소득세 율을 적용하여 계산한 금액(0 보다 작은 경우 0으로 한다)

나. 초과배당금액에 100분의 14를 곱한 금액 (2021. 3. 16. 신설)

제10조의 4 【기업가치의 실질적 증가로 인한 이익의 계산】 (2001. 4. 3 조번개정)

① 영 제31조의 3 제5항 각 호 외의 부분 전단에서 "재무제표 등 기획재정부령으로 정하는 서류"란 다음 각 호의 서류를 말한다. (2016. 3. 21. 개정)

1. 대차대조표 (2021. 3. 16. 개정)
1. 재무상태표 (2025. 3. 21. 개정)
2. 손익계산서 (2016. 3. 21. 신설)
3. 그 밖에 기업가치의 실질적인 증가를 확인할 수 있는 서류 (2016. 3. 21. 신설)

② 영 제31조의 3 제5항 제1호에 따른 1주당 순손익액의 합계액을 계산할 때 거래소에 상장되지 않은 주식등의 증여일 또는 취득일이 속하는 사업연도 개시일부터 해당 주식 등의 상장일이 속하는 사업연도까지의 기간에 대한 순손익액은 영 제56조 제4항에 따라 각 사업연도 단위별로 계산한 1주당 순손익액으로 한다. (2021. 3. 16. 개정)

③ 영 제31조의 3 제5항 제1호에 따른 1주당 순손익액의 합계액을 계산할 때 주

⑩ 제1항에 따른 이익의 계산방법 및 그 밖에 필요한 사항은 대통령령으로 정한다. (2015. 12. 15. 개정)

제41조의 4【금전 무상대출 등에 따른 이익의 증여】(2010. 1. 1. 제목개정)
① 타인으로부터 금전을 무상으로 또는 적정 이자율보다 낮은 이자율로 대출받은 경우에는 그 금전을 대출받은 날에 다음 각 호의 구분에 따른 금액을 그 금전을 대출받은 자의 증여재산가액으로 한다. 다만, 다음 각 호의 구분에 따른 금액이 대통령령으로 정하는 기준금액 미만인 경우는 제외한다. (2015. 12. 15. 개정)
1. 무상으로 대출받은 경우 : 대출금액에 적정 이자율을 곱하여 계산한 금액 (2010. 1. 1. 개정)
2. 적정 이자율보다 낮은 이자율로 대출받은 경우 : 대출금액에 적정 이자율을 곱하여 계산한 금액에서 실제 지급한 이자 상당액을 뺀 금액 (2010. 1. 1. 개정)
② 제1항을 적용할 때 대출기간이 정해지지 아니한 경우에는 그 대출기간을 1년으로 보고, 대출기간이 1년 이상인 경우에는 1년이 되는 날의 다음 날에 매년 새로 대출받은 것으로 보아 해당 증여재산가액을 계산한다. (2015. 12. 15. 신설)
③ 특수관계인이 아닌 자 간의 거래인 경우에는 거래의 관행상 정당한 사유가 없는 경우에 한정하여 제1항을 적용한다. (2015. 12. 15. 개정)
④ 제1항에 따른 적정 이자율, 증여일의 판단 및 그 밖에 필요한 사항은 대통령령으로 정한다. (2015. 12. 15. 개정)

제31조의 4【금전 무상대출 등에 따른 이익의 계산방법 등】(2016. 2. 5. 조번개정)
① 법 제41조의 4 제1항 각 호 외의 부분 본문에서 "적정 이자율"이란 당좌대출이자율을 고려하여 기획재정부령으로 정하는 이자율을 말한다. 다만, 법인으로부터 대출받은 경우에는 「법인세법 시행령」 제89조 제3항에 따른 이자율을 적정 이자율로 본다. (2016. 2. 5. 개정)
② 법 제41조의 4 제1항 각 호 외의 부분 단서에서 "대통령령으로 정하는 기준금액"이란 1천만원을 말한다. (2016. 2. 5. 신설)
③ 법 제41조의 4 제1항에 따른 이익은 금전을 대출받은 날(여러 차례 나누어 대부받은 경우에는 각각의 대출받은 날을 말한다)을 기준으로 계산한다. (2013. 2. 15. 개정)
④ 삭 제 (2016. 2. 5.)

(➡ 법 41조의 4)

집행기준 41의 4-31의 4-2【금전무상대출 증여이익 계산시 유의점】
증여이익은 대출금액의 대출기간 경과여부 및 이자발생여부를 확인하여 계산하는 것이 아니라 대출받은 날을 기준으로 계산하므로 대출시점에 즉시 금전대출에 따른 이익을 계산한다. 그리고 금전을 수차례로 나누어 대출받은 경우 증여이익은 각 금액을 받은 날을 기준으로 계산한다. (2024. 10. 31. 개정)

식 등의 상장일이 속하는 사업연도 개시일부터 상장일의 전일까지의 1주당 순손익액을 산정하기 어려운 경우에는 제2항에 따라 계산한 상장일이 속하는 사업연도의 직전 사업연도의 1주당 순손익액을 해당 사업연도의 월수로 나눈 금액에 상장일이 속하는 사업연도 개시일부터 상장일의 전일까지의 월수를 곱한 금액으로 할 수 있다. (2021. 3. 16. 개정)

제10조의 5【금전 무상대출 등에 따른 이익의 계산시 적정이자율】영 제31조의 4 제1항 본문에서 "기획재정부령으로 정하는 이자율"이란 「법인세법 시행규칙」 제43조 제2항에 따른 이자율을 말한다. (2016. 3. 21. 신설)

제41조의 5 【합병에 따른 상장 등 이익의 증여】 (2003. 12. 30. 제목개정)

① 최대주주등의 특수관계인이 다음 각 호의 어느 하나에 해당하는 경우로서 그 주식등을 증여받거나 취득한 날부터 5년 이내에 그 주식등을 발행한 법인이 대통령령으로 정하는 특수관계에 있는 주권상장법인과 합병되어 그 주식등의 가액이 증가함으로써 그 주식등을 증여받거나 취득한 자가 당초 증여세 과세가액(증여받은 재산으로 주식등을 취득한 경우는 제외한다) 또는 취득가액을 초과하여 이익을 얻은 경우에는 그 이익에 상당하는 금액을 그 이익을 얻은 자의 증여재산가액으로 한다. 다만, 그 이익에 상당하는 금액이 대통령령으로 정하는 기준금액 미만인 경우는 제외한다. (2015. 12. 15. 개정)

1. 최대주주등으로부터 해당 법인의 주식등을 증여받거나 유상으로 취득한 경우 (2015. 12. 15. 신설)

2. 증여받은 재산으로 최대주주등이 아닌 자로부터 해당 법인의 주식등을 취득한 경우 (2015. 12. 15. 신설)

3. 증여받은 재산으로 최대주주등이 주식등을 보유하고 있는 다른 법인의 주식등을 최대주주등이 아닌 자로부터 취득함으로써 최대주주등과 그의 특수관계인이 보유한 주식등을 합하여 그 다른 법인의 최대주주등에 해당하게 되는 경우 (2015. 12. 15. 신설)

② 제1항에 따른 합병에 따른 상장 등 이익의 증여에 관하여는 제41조의 3 제3항부터 제9항까지의 규정을 준용한다. 이 경우 "상장일"은 "합병등기일"로 본다. (2015. 12. 15. 개정)

제42조 【재산사용 및 용역제공 등에 따른 이익의 증여】 (2015. 12. 15. 제목개정)

① 재산의 사용 또는 용역의 제공에 의하여 다음 각 호의 어느 하나에 해당하는 이익을 얻은 경우에는 그 이익에 상당하는 금액(시가와 대가의 차액을 말한다)을 그 이익을 얻은 자의 증여재산가액으로 한다. 다만, 그 이익에 상당하는 금액이 대통령령으로 정하는 기준금액 미만인 경우는 제외한다. (2015. 12. 15. 개정)

1. 타인에게 시가보다 낮은 대가를 지급하거나 무상으로 타인의 재산

제31조의 5 【합병에 따른 상장 등 이익의 계산방법 등】 (2016. 2. 5. 조번개정)

① 법 제41조의 5 제1항 각 호 외의 부분 본문에 따른 이익은 제31조의 3 제1항에 따라 계산한 금액으로 한다. (2016. 2. 5. 개정)

② 법 제41조의 5 제1항 각 호 외의 부분 단서에서 "대통령령으로 정하는 기준금액"이란 제31조의 3 제3항에 따른 금액을 말한다. (2017. 2. 7. 개정)

③ 법 제41조의 5 제1항에서 "특수관계에 있는 주권상장법인"이란 합병등기일이 속하는 사업연도의 직전 사업연도 개시일(그 개시일이 서로 다른 법인이 합병한 경우에는 먼저 개시한 날을 말한다)부터 합병등기일까지의 기간 중 다음 각 호의 어느 하나에 해당하는 법인을 말한다. (2016. 2. 5. 항번개정)

1. 법 제41조의 5 제1항에 따라 해당 법인 또는 다른 법인의 주식 등을 취득한 자와 그의 특수관계인이 유가증권시장에 주권이 상장된 법인 또는 코스닥시장상장법인의 최대주주 등에 해당하는 경우의 해당법인 (2017. 2. 7. 개정)

2. 제28조 제1항 제2호 및 제3호의 규정에 의한 법인 (2002. 12. 30 신설)

제32조 【재산사용 및 용역제공 등에 따른 이익의 계산방법 등】 (2016. 2. 5. 조번·제목개정)

① 법 제42조 제1항 각 호 외의 부분 본문에 따른 이익은 다음 각 호의 구분에 따라 계산한 금액으로 한다. (2016. 2. 5. 개정)

1. 무상으로 재산을 사용하거나 용역을 제공받은 경우 : 다음 각 목의 구분에 따라 계산한 금액 (2016. 2. 5. 개정)

　가. 타인의 재산을 무상으로 담보로 제공하고 금전 등을 차입한 경우 : 차입금에 제31조의 4 제1항 본문에 따른 적정 이자율을

(부동산과 금전은 제외한다. 이하 이 조에서 같다)을 사용함으로써 얻은 이익 (2015. 12. 15. 개정)

2. 타인으로부터 시가보다 높은 대가를 받고 재산을 사용하게 함으로써 얻은 이익 (2015. 12. 15. 개정)

3. 타인에게 시가보다 낮은 대가를 지급하거나 무상으로 용역을 제공받음으로써 얻은 이익 (2015. 12. 15. 개정)

4. 타인으로부터 시가보다 높은 대가를 받고 용역을 제공함으로써 얻은 이익 (2015. 12. 15. 개정)

•예판 ┄┄┄┄┄┄┄┄┄┄┄┄┄┄┄┄┄┄┄┄┄

• 법인의 일부 주주가 보통주를 우선주로 전환함에 따라 우선주로 전환한 주주 또는 우선주로 전환하지 아니한 주주가 그 주식가액 증가로 얻은 이익에 대하여는 증여세를 과세함. (서면4팀-2079, 2005. 11. 4.)
• 상법 360조의 2에 따른 '주식의 포괄적 교환'으로 증여이익이 발생한 경우 법 42조에 따라 증여재산가액을 계산하며, 자본시장과 금융투자업에 관한 법률에 따른 '주식의 포괄적 교환'의 경우 특수관계가 없는 자간의 거래로서 거래 관행상 정당한 사유가 있다고 인정되는 경우에는 법 42조 3항의 규정이 적용됨. (재재산-491, 2010. 6. 3.)

② 제1항을 적용할 때 재산의 사용기간 또는 용역의 제공기간이 정해지지 아니한 경우에는 그 기간을 1년으로 하고, 그 기간이 1년 이상인 경우에는 1년이 되는 날의 다음 날에 매년 새로 재산을 사용 또는 사용하게 하거나 용역을 제공 또는 제공받은 것으로 본다. (2015. 12. 15. 개정)

③ 특수관계인이 아닌 자 간의 거래인 경우에는 거래의 관행상 정당한 사유가 없는 경우에 한정하여 제1항을 적용한다. (2015. 12. 15. 개정)

④ 제1항을 적용할 때 증여일의 판단, 이익의 계산방법 및 그 밖에 필요한 사항은 대통령령으로 정한다. (2015. 12. 15. 개정)

⑤ · ⑥ 삭 제 (2015. 12. 15.)

곱하여 계산한 금액에서 금전 등을 차입할 때 실제로 지급하였거나 지급할 이자를 뺀 금액 (2016. 2. 5. 개정)

나. 가목 외의 경우 : 무상으로 재산을 사용하거나 용역을 제공받음에 따라 지급하여야 할 시가 상당액 (2016. 2. 5. 개정)

2. 시가보다 낮은 대가를 지급하고 재산을 사용하거나 용역을 제공받은 경우 : 시가와 대가와의 차액 상당액 (2016. 2. 5. 개정)

3. 시가보다 높은 대가를 받고 재산을 사용하게 하거나 용역을 제공한 경우 : 대가와 시가와의 차액 상당액 (2016. 2. 5. 개정)

4. 법 제42조 제1항 제3호 중 주식전환등의 경우 : 주식전환등을 할 당시의 주식가액(제30조 제4항 제1호 및 제2호에 따라 계산한 가액을 말한다)에서 주식전환등의 가액을 뺀 금액이 1억원 이상인 경우의 해당 금액 (2015. 2. 3. 개정)
5. 법 제42조 제1항 제3호 중 제4호 외의 경우 : 소유지분 또는 그 가액의 변동 전·후에 있어서 해당 재산의 평가차액이 변동 전 해당 재산가액의 100분의 30 이상이거나 그 금액이 3억원 이상인 경우의 해당 평가차액. 이 경우 해당 평가차액은 다음 각 목에 따라 계산한다. (2015. 2. 3. 개정)
가. 지분이 변동된 경우 : (변동 후 지분 - 변동 전 지분) × 지분 변동 후 1주당 가액(제28조, 제29조, 제29조의 2 및 제29조의 3을 준용하여 계산한 가액을 말한다) (2015. 2. 3. 개정)
나. 평가액이 변동된 경우 : 변동 후 가액 - 변동 전 가액 (2015. 2. 3. 개정)

4.·5. 삭 제 (2016. 2. 5.)

② 법 제42조 제1항 각 호 외의 부분 단서에서 "대통령령으로 정하는 기준금액"이란 다음 각 호의 구분에 따른 금액을 말한다. (2016. 2. 5. 개정)

1. 제1항 제1호의 경우 : 1천만원 (2016. 2. 5. 개정)

2. 제1항 제2호 및 제3호의 경우 : 시가의 100분의 30에 상당하는 가액 (2016. 2. 5. 개정)

③ 제1항을 적용할 때 용역의 시가는 해당 거래와 유사한 상황에서 불특정다수인 간 통상적인 지급대가로 한다. 다만, 용역의 시가가 불분명한 경우에는 다음 각 호의 어느 하나에 따라 계산한 금액으로 한다. (2016. 2. 5. 개정)

1. 부동산 임대용역의 경우 : 부동산가액(법 제4장에 따라 평가한 가액을 말한다) × 1년간 부동산 사용료를 고려하여 기획재정부령으로 정하는 율 (2021. 1. 5. 개정 ; 어려운 법령용어~대통령령)

2. 부동산 임대용역 외의 경우 : 「법인세법 시행령」 제89조 제4항 제2

제42조의 2【법인의 조직 변경 등에 따른 이익의 증여】① 주식의 포괄적 교환 및 이전, 사업의 양수·양도, 사업 교환 및 법인의 조직 변경 등에 의하여 소유지분이나 그 가액이 변동됨에 따라 이익을 얻은 경우에는 그 이익에 상당하는 금액(소유지분이나 그 가액의 변동 전·후 재산의 평가차액을 말한다)을 그 이익을 얻은 자의 증여재산가액으로 한다. 다만, 그 이익에 상당하는 금액이 대통령령으로 정하는 기준금액 미만인 경우는 제외한다. (2015. 12. 15. 신설)
② 특수관계인이 아닌 자 간의 거래인 경우에는 거래의 관행상 정당한 사유가 없는 경우에 한정하여 제1항을 적용한다. (2015. 12. 15. 신설)
③ 제1항을 적용할 때 소유지분 또는 그 가액의 변동 전·후 재산의 평가차액 산정방법 등에 관하여 필요한 사항은 대통령령으로 정한다. (2015. 12. 15. 신설)

제42조의 3【재산 취득 후 재산가치 증가에 따른 이익의 증여】① 직업, 연령, 소득 및 재산상태로 보아 자력(自力)으로 해당 행위를 할 수 없다고 인정되는 자가 다음 각 호의 사유로 재산을 취득하고 그 재산을 취득한 날부터 5년 이내에 개발사업의 시행, 형질변경, 공유물(共有物) 분할, 사업의 인가·허가 등 대통령령으로 정하는 사유(이하 이 조에서 "재산가치증가사유"라 한다)로 인하여 이익을 얻은 경우에는 그 이익에 상당하는 금액을 그 이익을 얻은 자의 증여재산가액으로 한다. 다만, 그 이익에 상당하는 금액이 대통령령으로 정하는 기준금액 미만인 경우는 제외한다. (2015. 12. 15. 신설)
1. 특수관계인으로부터 재산을 증여받은 경우 (2015. 12. 15. 신설)
2. 특수관계인으로부터 기업의 경영 등에 관하여 공표되지 아니한 내부 정보를 제공받아 그 정보와 관련된 재산을 유상으로 취득한 경우 (2015. 12. 15. 신설)
3. 특수관계인으로부터 증여받거나 차입한 자금 또는 특수관계인의 재산을 담보로 차입한 자금으로 재산을 취득한 경우 (2023. 12. 31. 개정)

호에 따라 계산한 금액 (2016. 2. 5. 개정)
④~⑨ 삭 제 (2016. 2. 5.)

제32조의 2【법인의 조직변경 등에 따른 이익의 계산방법 등】① 법 제42조의 2 제1항 본문에 따른 이익은 다음 각 호의 구분에 따라 계산한 금액으로 한다. (2016. 2. 5. 신설)
1. 소유지분이 변동된 경우 : (변동 후 지분 - 변동 전 지분) × 지분 변동 후 1주당 가액(제28조, 제29조, 제29조의 2 및 제29조의 3을 준용하여 계산한 가액을 말한다) (2016. 2. 5. 신설)
2. 평가액이 변동된 경우 : 변동 후 가액 - 변동 전 가액 (2016. 2. 5. 신설)
② 법 제42조의 2 제1항 단서에서 "대통령령으로 정하는 기준금액"이란 다음 각 호의 금액 중 적은 금액을 말한다. (2016. 2. 5. 신설)
1. 변동 전 해당 재산가액의 100분의 30에 상당하는 가액 (2016. 2. 5. 신설)
2. 3억원 (2016. 2. 5. 신설)

제32조의 3【재산 취득 후 재산가치 증가에 따른 이익의 계산방법 등】① 법 제42조의 3 제1항 각 호 외의 부분 본문에서 "대통령령으로 정하는 사유"란 다음 각 호의 어느 하나에 해당하는 사유를 말한다. (2016. 2. 5. 신설)
1. 개발사업의 시행, 형질변경, 공유물(共有物) 분할, 지하수개발·이용권 등의 인가·허가 및 그 밖에 사업의 인가·허가 (2016. 2. 5. 신설)
2. 비상장주식의 「자본시장과 금융투자업에 관한 법률」 제283조에 따라 설립된 한국금융투자협회에의 등록 (2016. 2. 5. 신설)
3. 그 밖에 제1호 및 제2호의 사유와 유사한 것으로서 재산가치를 증가시키는 사유 (2016. 2. 5. 신설)
② 법 제42조의 3 제1항 각 호 외의 부분 단서에서 "대통령령으로 정하는 기준금액"이란 다음 각 호의 금액 중 적은 금액을 말한다. (2016. 2. 5. 신설)
1. 제3항 제2호부터 제4호까지의 규정에 따른 금액의 합계액의 100분

② 제1항에 따른 이익은 재산가치증가사유 발생일 현재의 해당 재산가액, 취득가액(증여받은 재산의 경우에는 증여세 과세가액을 말한다), 통상적인 가치상승분, 재산취득자의 가치상승 기여분 등을 고려하여 대통령령으로 정하는 바에 따라 계산한 금액으로 한다. 이 경우 그 재산가치증가사유 발생일 전에 그 재산을 양도한 경우에는 그 양도한 날을 재산가치증가사유 발생일로 본다. (2015. 12. 15. 신설)

③ 거짓이나 그 밖의 부정한 방법으로 증여세를 감소시킨 것으로 인정되는 경우에는 특수관계인이 아닌 자 간의 증여에 대해서도 제1항을 적용한다. 이 경우 제1항 중 기간에 관한 규정은 없는 것으로 본다. (2015. 12. 15. 신설)

◖ 예판 ▶···

• 비상장법인의 주식을 제3자 배정 유상증자로 취득하여 5년 이내 상장으로 차익을 얻은 경우에도 비공개 내부정보를 제공받아 취득한 것으로 보기 어려운 경우 상증세법 제42조의 3 규정에 따른 증여세 과세대상으로 볼 수 없고, 해당 규정에 따라 세액을 산정한 경우 상증세법 제4조 제1항 제6호 적용 시에도 해당 규정과 유사한 지를 기준으로 판단해야 함. (적부2020-0190, 2021. 1. 27.)

• 청구인은 이미 증여받은 금원으로 쟁점주식을 취득한바, 청구인이 쟁점주식을 취득할 당시 쟁점법인의 사업진행 내역, 분양률 및 행정처분 등에 비추어 청구인이 특수관계인으로부터 사업에 대한 내부정보를 얻어 이를 통해 예상되는 수익을 얻기 위한 목적으로 쟁점주식을 취득한 것으로 보기 어려움. (조심2020서8489, 2022. 8. 23.)

···

제43조【증여세 과세특례】 ① 하나의 증여에 대하여 제33조부터 제39조까지, 제39조의 2, 제39조의 3, 제40조, 제41조의 2부터 제41조의 5까지, 제42조, 제42조의 2, 제42조의 3, 제44조, 제45조 및 제45조의 3부터 제45조의 5까지의 규정이 둘 이상 동시에 적용되는 경우에는 그 중 이익이 가장 많게 계산되는 것 하나만을 적용한다. (2015. 12. 15. 개정)

② 제31조 제1항 제2호, 제35조, 제37조부터 제39조까지, 제39조의 2, 제39조의 3, 제40조, 제41조의 2, 제41조의 4, 제42조 및 제45조의 5에 따른 이익을 계산할 때 그 증여일부터 소급하여 1년 이내에 동일한 거래 등이 있는 경우에는 각각의 거래 등에 따른 이익(시가와 대가의 차액

의 30에 상당하는 가액 (2016. 2. 5. 신설)

2. 3억원 (2016. 2. 5. 신설)

③ 법 제42조의 3 제2항 전단에서 "대통령령으로 정하는 바에 따라 계산한 금액"이란 제1호의 가액에서 제2호부터 제4호까지의 규정에 따른 가액을 뺀 것을 말한다. (2016. 2. 5. 신설)

1. 해당 재산가액 : 재산가치증가사유가 발생한 날 현재의 가액(법 제4장에 따라 평가한 가액을 말한다. 다만, 해당 가액에 재산가치증가사유에 따른 증가분이 반영되지 아니한 것으로 인정되는 경우에는 개별공시지가·개별주택가격 또는 공동주택가격이 없는 경우로 보아 제50조 제1항 또는 제4항에 따라 평가한 가액을 말한다) (2016. 2. 5. 신설)

2. 해당 재산의 취득가액 : 실제 취득하기 위하여 지급한 금액(증여받은 재산의 경우에는 증여세 과세가액을 말한다) (2021. 1. 5. 개정 ; 어려운 법령용어~대통령령)

3. 통상적인 가치 상승분 : 제31조의 3 제5항에 따른 기업가치의 실질적인 증가로 인한 이익과 연평균지가상승률·연평균주택가격상승률 및 전국소비자물가상승률 등을 고려하여 해당 재산의 보유기간 중 정상적인 가치상승분에 상당하다고 인정되는 금액 (2021. 1. 5. 개정 ; 어려운 법령용어~대통령령)

4. 가치상승기여분 : 개발사업의 시행, 형질변경, 사업의 인가·허가 등에 따른 자본적지출액 등 해당 재산가치를 증가시키기 위하여 지출한 금액 (2016. 2. 5. 신설)

제32조의 4【이익의 계산방법】 (2016. 2. 5. 조번개정)

법 제43조 제2항에 따라 다음 각 호의 어느 하나에 해당하는 이익을 계산할 때에는 해당 이익별로 합산하여 각각의 금액기준을 계산한다. (2016. 2. 5. 개정)

을 말한다)을 해당 이익별로 합산하여 계산한다. (2019. 12. 31. 개정)
③ 제2항에 따른 이익의 계산방법 및 그 밖에 필요한 사항은 대통령령으로 정한다. (2015. 12. 15. 개정)

제 2 절 증여 추정 및 증여 의제
(2015. 12. 15. 절번·제목개정)

제44조 【배우자 등에게 양도한 재산의 증여 추정】 (2010. 1. 1. 제목개정)
① 배우자 또는 직계존비속(이하 이 조에서 "배우자등"이라 한다)에게

1. 법 제31조 제1항 제2호의 저가 양수 및 고가 양도에 따른 이익 (2016. 2. 5. 개정)
1의 2. 법 제35조 제1항 및 제2항의 저가 양수 및 고가 양도에 따른 이익 (2016. 2. 5. 개정)
2. 법 제37조 제1항의 부동산 무상 사용에 따른 이익 (2016. 2. 5. 개정)
2의 2. 법 제37조 제2항의 부동산 담보 이용에 따른 이익 (2016. 2. 5. 신설)
3. 법 제38조 제1항의 합병에 따른 이익 (2016. 2. 5. 개정)
4. 법 제39조 제1항의 증자에 따른 이익(같은 항 각 호의 이익별로 구분된 이익을 말한다) (2016. 2. 5. 개정)
5. 법 제39조의 2 제1항의 감자에 따른 이익(같은 항 각 호의 이익별로 구분된 이익을 말한다) (2016. 2. 5. 개정)
6. 법 제39조의 3 제1항의 현물출자에 따른 이익(같은 항 각 호의 이익별로 구분된 이익을 말한다) (2016. 2. 5. 개정)
7. 법 제40조 제1항의 전환사채등의 주식전환등에 따른 이익(같은 항 각 호의 이익별로 구분된 이익을 말한다) (2016. 2. 5. 개정)
8. 법 제41조의 2 제1항의 초과배당에 따른 이익 (2020. 2. 11. 신설)
9. 법 제41조의 4 제1항의 금전무상대출에 따른 이익 (2020. 2. 11. 호번개정)
10. 법 제42조 제1항의 재산사용 및 용역제공 등에 따른 이익(같은 항 각 호의 거래에 따른 이익별로 구분된 이익을 말한다) (2020. 2. 11. 호번개정)
11. 법 제45조의 5 제1항의 특정법인과의 거래를 통한 이익(같은 항 각 호의 거래에 따른 이익별로 구분된 이익을 말한다) (2023. 2. 28. 개정)

제 2 절 증여추정 및 증여의제
(2016. 2. 5. 신설)

통칙 44-33…1 【직계존비속간에 정상적인 상거래로 행하는 상품의 양도 양수】

양도한 재산은 양도자가 그 재산을 양도한 때에 그 재산의 가액을 배우자등이 증여받은 것으로 추정하여 이를 배우자등의 증여재산가액으로 한다. (2010. 1. 1. 개정)

② 특수관계인에게 양도한 재산을 그 특수관계인(이하 이 항 및 제4항에서 "양수자"라 한다)이 양수일부터 3년 이내에 당초 양도자의 배우자등에게 다시 양도한 경우에는 양수자가 그 재산을 양도한 당시의 재산가액을 그 배우자등이 증여받은 것으로 추정하여 이를 배우자등의 증여재산가액으로 한다. 다만, 당초 양도자 및 양수자가 부담한 「소득세법」에 따른 결정세액을 합친 금액이 양수자가 그 재산을 양도한 당시의 재산가액을 당초 그 배우자등이 증여받은 것으로 추정할 경우의 증여세액보다 큰 경우에는 그러하지 아니하다. (2015. 12. 15. 개정)

③ 해당 재산이 다음 각 호의 어느 하나에 해당하는 경우에는 제1항과 제2항을 적용하지 아니한다. (2010. 1. 1. 개정)

1. 법원의 결정으로 경매절차에 따라 처분된 경우 (2010. 1. 1. 개정)
2. 파산선고로 인하여 처분된 경우 (2010. 1. 1. 개정)
3. 「국세징수법」에 따라 공매(公賣)된 경우 (2010. 1. 1. 개정)

4. 「자본시장과 금융투자업에 관한 법률」 제8조의 2 제4항 제1호에 따른 증권시장을 통하여 유가증권이 처분된 경우. 다만, 불특정 다수인 간의 거래에 의하여 처분된 것으로 볼 수 없는 경우로서 대통령령으로 정하는 경우는 제외한다. (2013. 5. 28. 개정 ; 자본시장과 금융투자업에 관한 법률 부칙)
5. 배우자등에게 대가를 받고 양도한 사실이 명백히 인정되는 경우로서 대통령령으로 정하는 경우 (2010. 1. 1. 개정)

④ 제2항 본문에 따라 해당 배우자등에게 증여세가 부과된 경우에는 「소득세법」의 규정에도 불구하고 당초 양도자 및 양수자에게 그 재산 양도에 따른 소득세를 부과하지 아니한다. (2010. 1. 1. 개정)

법 제44조를 적용할 때 정상적인 상거래에 따라 배우자 등에게 판매하는 상품에 대하여 「소득세법」에 따라 소득세가 부과되는 때에는 해당 상품을 배우자등에게 증여한 것으로 추정하지 아니한다. (2011. 5. 20. 개정)

　　　제33조 【배우자 등에게 양도한 재산의 증여추정】 (2010. 2. 18. 제목개정)

① 법 제44조 제2항 본문에서 "대통령령으로 정하는 특수관계인"이란 양도자 및 양수자의 배우자 또는 직계비속과 제12조의 2 제1항 각 호의 어느 하나에 해당하는 관계에 있는 자를 말한다. (2012. 2. 2. 개정)

① 삭　　제 (2016. 2. 5.)

② 법 제44조 제3항 제4호 단서에서 "대통령령으로 정하는 경우"란 「자본시장과 금융투자업에 관한 법률」 제8조의 2 제4항 제1호에 따른 증권시장에서 이루어지는 유가증권의 매매 중 기획재정부령으로 정하는 시간외 시장에서 매매된 것을 말한다. (2023. 2. 28. 개정)

③ 법 제44조 제3항 제5호에서 "대통령령으로 정하는 경우"란 다음 각 호의 어느 하나에 해당하는 경우를 말한다. (2010. 2. 18. 개정)

1. 권리의 이전이나 행사에 등기 또는 등록을 요하는 재산을 서로 교환한 경우 (2003. 12. 30. 신설)
2. 당해 재산의 취득을 위하여 이미 과세(비과세 또는 감면받은 경우를 포함한다)받았거나 신고한 소득금액 또는 상속 및 수증재산의 가액으로 그 대가를 지급한 사실이 입증되는 경우 (2003. 12. 30. 신설)
3. 당해 재산의 취득을 위하여 소유재산을 처분한 금액으로 그 대가를 지급한 사실이 입증되는 경우 (2003. 12. 30. 신설)

(➡ 영 33조)

[집행기준] 44-33-2 【배우자에게 양도한 사실이 명백하여 증여추정 배제되는 경우】

증여추정 배제시 배우자 등에게 양도한 사실이 명백한 경우는 다음 중 어느 하나에 해당되는 경우를 말한다.

① 권리의 이전이나 행사에 등기 또는 등록을 요하는 재산을 서로 교환한 경우
② 이미 과세(비과세 또는 감면 포함)되었거나 신고한 소득금액 또는 상속 및 수증재산의 가액으로 그 대가를 지급한 사실이 입증되는 경우
③ 소유재산 처분금액으로 그 대가를 지급한 사실이 입증되는 경우
④ 배우자 등의 채무 부담사실이 명백하고 동 채무로 대가를 지급한 경우
(2024. 10. 31. 개정)

　　　제10조의 6 【시간외 시장 매매의 범위】 (2016. 3. 21. 조번개정)

영 제33조 제2항에서 "기획재정부령으로 정하는 시간외 시장에서 매매된 것"이란 「자본시장과 금융투자업에 관한 법률」 제393조 제1항에 따른 거래소의 증권시장업무규정에 따라 시간외 대량매매 방법으로 매매된 것(당일 종가로 매매된 것은 제외한다)을 말한다. (2015. 3. 13. 개정)

제45조【재산 취득자금 등의 증여 추정】① 재산 취득자의 직업, 연령, 소득 및 재산 상태 등으로 볼 때 재산을 자력으로 취득하였다고 인정하기 어려운 경우로서 대통령령으로 정하는 경우에는 그 재산을 취득한 때에 그 재산의 취득자금을 그 재산 취득자가 증여받은 것으로 추정하여 이를 그 재산 취득자의 증여재산가액으로 한다. (2015. 12. 15. 개정)

② 채무자의 직업, 연령, 소득, 재산 상태 등으로 볼 때 채무를 자력으로 상환(일부 상환을 포함한다. 이하 이 항에서 같다)하였다고 인정하기 어려운 경우로서 대통령령으로 정하는 경우에는 그 채무를 상환한 때에 그 상환자금을 그 채무자가 증여받은 것으로 추정하여 이를 그 채무자의 증여재산가액으로 한다. (2015. 12. 15. 개정)

③ 취득자금 또는 상환자금이 직업, 연령, 소득, 재산 상태 등을 고려하여 대통령령으로 정하는 금액 이하인 경우와 취득자금 또는 상환자금의 출처에 관한 충분한 소명(疏明)이 있는 경우에는 제1항과 제2항을 적용하지 아니한다. (2010. 1. 1. 개정)

④ 「금융실명거래 및 비밀보장에 관한 법률」 제3조에 따라 실명이 확인된 계좌 또는 외국의 관계 법령에 따라 이와 유사한 방법으로 실명이 확인된 계좌에 보유하고 있는 재산은 명의자가 그 재산을 취득한 것으로 추정하여 제1항을 적용한다. (2013. 1. 1. 신설)

• 예판
• '당해 재산의 취득자금'이란 당해 재산을 취득하기 위하여 실제로 소요된 총 취득자금을 말하며, 실제로 소요된 총 취득자금을 확인할 수 없는 부동산의 경우 법 61조의 보충적 평가방법으로 평가한 가액을 말함. (서면4팀－2450, 2005. 12. 8.)
• 금융기관으로부터 타인명의로 대출받았으나 이자지급 및 원금변제상황과 담보제공 사실 등에 의하여 사실상의 채무자가 재산취득자로 확인되는 경우 재산취득자금의 출처로 인정받을 수 있음. (서면4팀－1995, 2006. 6. 27.)

제34조【재산 취득자금 등의 증여추정】(2010. 2. 18. 제목개정)
① 법 제45조 제1항 및 제2항에서 "대통령령으로 정하는 경우"란 다음 각 호에 따라 입증된 금액의 합계액이 취득재산의 가액 또는 채무의 상환금액에 미달하는 경우를 말한다. 다만, 입증되지 아니하는 금액이 취득재산의 가액 또는 채무의 상환금액의 100분의 20에 상당하는 금액과 2억원 중 적은 금액에 미달하는 경우를 제외한다. (2010. 2. 18. 개정)
1. 신고하였거나 과세(비과세 또는 감면받은 경우를 포함한다. 이하 이 조에서 같다)받은 소득금액 (2003. 12. 30. 신설)
2. 신고하였거나 과세받은 상속 또는 수증재산의 가액 (2003. 12. 30. 신설)
3. 재산을 처분한 대가로 받은 금전이나 부채를 부담하고 받은 금전으로 당해 재산의 취득 또는 당해 채무의 상환에 직접 사용한 금액 (2003. 12. 30. 신설)

② 법 제45조 제3항에서 "대통령령으로 정하는 금액"이란 재산취득일 전 또는 채무상환일 전 10년 이내에 해당 재산 취득자금 또는 해당 채무 상환자금의 합계액이 5천만원 이상으로서 연령·직업·재산 상태·사회경제적 지위 등을 고려하여 국세청장이 정하는 금액을 말한다. (2020. 2. 11. 개정)

☞

통칙 45－34…1【자금출처로 인정되는 경우】

① 영 제34조 제1항 각 호에 따라 입증된 금액은 다음 각호의 구분에 따른다. (2011. 5. 20. 개정)
1. 본인 소유재산의 처분사실이 증빙에 따라 확인되는 경우 그 처분금액(그 금액이 불분명한 경우에는 법 제60조부터 제66조까지에 따라 평가한 가액)에서 양도소득세 등 공과금 상당액을 뺀 금액 (2011. 5. 20. 개정)
2. 기타 신고하였거나 과세받은 소득금액은 그 소득에 대한 소득세 등 공과금 상당액을 뺀 금액 (2011. 5. 20. 개정)
3. 농지경작소득
4. 재산취득일 이전에 차용한 부채로서 영 제10조 규정의 방법에 따라 입증된 금액. 다만, 원칙적으로 배우자 및 직계존비속간의 소비대차는 인정하지 아니한다.
5. 재산취득일 이전에 자기재산의 대여로서 받은 전세금 및 보증금
6. 제1호 내지 제5호 이외의 경우로서 자금출처가 명백하게 확인되는 금액
② 제1항에 따라 자금출처를 입증할 때 그 재산의 취득자금을 증여받은 재산으로 하여 자금출처를 입증하는 경우에는 영 제34조 제1항 단서의 규정을 적용하지 아니한다. (2011. 5. 20. 개정)

제45조의 2【명의신탁재산의 증여 의제】① 권리의 이전이나 그 행사에 등기등이 필요한 재산(토지와 건물은 제외한다. 이하 이 조에서 같다)의 실제소유자와 명의자가 다른 경우에는 「국세기본법」 제14조에도 불구하고 그 명의자로 등기등을 한 날(그 재산이 명의개서를 하여야 하는 재산인 경우에는 소유권취득일이 속하는 해의 다음 해 말일의 다음 날을 말한다)에 그 재산의 가액(그 재산이 명의개서를 하여야 하는 재산인 경우에는 소유권취득일을 기준으로 평가한 가액을 말한다)을 실제소유자가 명의자에게 증여한 것으로 본다. 다만, 다음 각 호의 어느 하나에 해당하는 경우에는 그러하지 아니하다. (2018. 12. 31. 개정)

1. 조세 회피의 목적 없이 타인의 명의로 재산의 등기등을 하거나 소유권을 취득한 실제소유자 명의로 명의개서를 하지 아니한 경우 (2010. 1. 1. 개정)

2. 주식 또는 출자지분(이하 이 조에서 "주식등"이라 한다) 중 1997년 1월 1일 전에 신탁이나 약정에 의하여 타인 명의로 주주명부 또는 사원명부에 기록되어 있거나 명의개서되어 있는 주식등에 대하여 1998년 12월 31일까지의 기간(이하 이 조에서 "유예기간"이라 한다)에 실제소유자 명의로 전환한 경우. 다만, 그 주식등을 발행한 법인의 주주 또는 출자자(이하 이 조에서 "주주등"이라 한다)의 대통령령으로 정하는 특수관계인 및 1997년 1월 1일 현재 미성년자인 사람의 명의로 전환한 경우에는 그러하지 아니하다. (2011. 12. 31. 단서개정)

2. 삭   제 (2015. 12. 15.)

3. 「자본시장과 금융투자업에 관한 법률」에 따른 신탁재산인 사실의 등기등을 한 경우 (2015. 12. 15. 신설)

4. 비거주자가 법정대리인 또는 재산관리인의 명의로 등기등을 한 경우 (2015. 12. 15. 신설)

② 제1항을 적용할 때 명의자가 영리법인인 경우에는 실제소유자(영리법인은 제외한다)가 증여세를 납부하여야 한다. (2015. 12. 15. 신설)

② 삭   제 (2018. 12. 31.)

③ 타인의 명의로 재산의 등기등을 한 경우 및 실제소유자 명의로 명의개서를 하지 아니한 경우에는 조세 회피 목적이 있는 것으로 추정한다. 다만, 실제소유자 명의로 명의개서를 하지 아니한 경우로서 다음 각 호의 어느 하나에 해당하는 경우에는 조세 회피 목적이 있는 것으로 추정하지 아니한다. (2015. 12. 15. 개정)

- 최초로 증여의제 대상이 되어 과세되었거나 과세될 수 있는 명의신탁 주식의 매도대금으로 취득하여 다시 동일인 명의로 명의개서된 주식은 그것이 최초의 명의신탁 주식과 시기상 또는 성질상 단절되어 별개의 새로운 명의신탁 주식으로 인정되는 등의 특별한 사정이 없는 한 증여세가 과세될 수는 없음. (대법원2014두2331, 2020. 4. 29.)

- 피상속인이 타인명의로 명의신탁한 부동산은 상속재산에 포함되며 피상속인이 신탁한 부동산을 상속인 명의로 환원하는 경우 환원에 대해서는 증여세가 부과되지 아니함. (서면4팀-3634, 2006. 11. 2.)

- 명의신탁된 주식에 배정된 무상주로서 소득세법 17조 2항 2호 단서에 해당하는 무상주(당해 무상주에 관한 새로운 명의신탁 약정이 이루어진 것으로 인정되는 경우 제외)의 경우에는 '명의신탁재산의 증여의제' 규정이 적용되지 아니하는 것임. (재재산-929, 2007. 7. 27.)

- 주식의 실제 소유자와 명의자가 다른 경우로서 조세회피의 목적이 없는 경우에는 '명의신탁재산의 증여의제' 규정이 적용되지 아니함. (재재산-1243, 2007. 10. 11.)

- 흡수합병에 따라 교부받은 합병법인의 주식을 실제소유자가 아닌 타인 명의로 다시 명의개서를 하는 경우 새로운 명의신탁에 해당함. (재재산-722, 2013. 10. 23.)

45의 2-0…2【명의신탁재산을 신탁 해지하여 환원하는 경우】(2008. 7. 25. 번호개정)

법 제45조의 2에 따른 증여에 해당하는 재산의 신탁을 해지하여 그 재산의 실제소유자인 위탁자 명의로 환원하는 경우 그 환원하는 것은 증여에 해당하지 아니하나, 실제소유자 외의 자에게 무상으로 명의이전하는 경우에는 그 명의를 이전한 날에 실제소유자가 그 명의를 이전받은 자에게 증여한 것으로 본다. (2011. 5. 20. 개정)

45의 2-0…3【주식의 명의개서시점】(2008. 7. 25. 번호개정)

법 제4조 제3항 및 제45조의 2 제1항을 적용할 때 "명의개서를 한 날"이라 함은 「상법」 제337조에 따라 취득자의 주소와 성명을 주주명부(「자본시장과 금융투자업에 관한 법률」 제316조에 따른 실질주주명부를 포함한다)에 기재한 때를 말한다. (2019. 12. 23. 개정)

45의 2-0…4【명의신탁재산의 명의신탁시점】

법 제45조의 2 제1항을 적용할 때 주식 등 명의개서를 요하는 재산의 소유권을 취득한 자가 그 주식 등의 명의를 타인 명의로 명의개서한 경우에는 그 명의개서일에 타인에게 명의신탁한 것으로 보는 것이며, 그 소유권 취득일이 속하는 연도의 다음 연도 말일까지 실제소유자 명의로 명의개서를 하지 아니하고 종전 소유자의 명의로 둔 경우에는 취득일이 속하는 연도의 다음 연도 말일의 다음날에 종전 소유자에게 명의신탁한 것으로 본다. (2011. 5. 20. 신설)

1. 매매로 소유권을 취득한 경우로서 종전 소유자가 「소득세법」 제105조 및 제110조에 따른 양도소득 과세표준신고 또는 「증권거래세법」 제10조에 따른 신고와 함께 소유권 변경 내용을 신고하는 경우 (2015. 12. 15. 신설)
2. 상속으로 소유권을 취득한 경우로서 상속인이 다음 각 목의 어느 하나에 해당하는 신고와 함께 해당 재산을 상속세 과세가액에 포함하여 신고한 경우. 다만, 상속세 과세표준과 세액을 결정 또는 경정할 것을 미리 알고 수정신고하거나 기한 후 신고를 하는 경우는 제외한다. (2015. 12. 15. 신설)
   가. 제67조에 따른 상속세 과세표준신고 (2015. 12. 15. 신설)
   나. 「국세기본법」 제45조에 따른 수정신고 (2015. 12. 15. 신설)
   다. 「국세기본법」 제45조의 3에 따른 기한 후 신고 (2015. 12. 15. 신설)
④ 제1항을 적용할 때 주주명부 또는 사원명부가 작성되지 아니한 경우에는 「법인세법」 제109조 제1항 및 제119조에 따라 납세지 관할세무서장에게 제출한 주주등에 관한 서류 및 주식등변동상황명세서에 의하여 명의개서 여부를 판정한다. 이 경우 증여일은 증여세 또는 양도소득세 등의 과세표준신고서에 기재된 소유권이전일 등 대통령령으로 정하는 날로 한다. (2019. 12. 31. 후단신설)
⑤ 삭   제 (2015. 12. 15.)
⑥ 제1항 제1호 및 제3항에서 "조세"란 「국세기본법」 제2조 제1호 및 제7호에 규정된 국세 및 지방세와 「관세법」에 규정된 관세를 말한다. (2017. 12. 19. 개정)
⑦ 제1항 제2호 단서에 따른 특수관계에 있는 자의 범위는 대통령령으로 정한다. (2010. 1. 1. 개정)
⑦ 삭   제 (2011. 12. 31.)

제45조의 3 【특수관계법인과의 거래를 통한 이익의 증여 의제】
① 법인이 제1호에 해당하는 경우에는 그 법인(이하 이 조 및 제68조에서 "수혜법인"이라 한다)의 지배주주와 그 지배주주의 친족[수혜법인의 발행주식총수 또는 출자총액에 대하여 직접 또는 간접으로 보유하는 주식보유비율(이하 이 조에서 "주식보유비율"이라 한다)이 대통

제34조의 2 【명의신탁재산의 증여의제】 법 제45조의 2 제4항 후단에서 "증여세 또는 양도소득세 등의 과세표준신고서에 기재된 소유권 이전일 등 대통령령으로 정하는 날"이란 다음 각 호의 순서에 따라 정한 날을 말한다. (2020. 2. 11. 신설)
1. 증여세 또는 양도소득세 등의 과세표준신고서에 기재된 소유권이전일 (2020. 2. 11. 신설)
2. 법 제45조의 2 제4항 전단의 주식등변동상황명세서에 기재된 거래일 (2020. 2. 11. 신설)

제34조의 3 【특수관계법인과의 거래를 통한 이익의 증여 의제】 (2020. 2. 11. 조번개정)
① 법 제45조의 3부터 제45조의 5까지의 규정에서 "지배주주"란 다음 각 호의 어느 하나에 해당하는 자(이하 이 조 및 제34조의 4에서 "지배주주"라 한다)로 하되, 이에 해당하는 자가 두 명 이상일 때에는 해당 법인「법인세법」 제2조 제1호에 따른 내국법인[「외국인투자 촉진법」 제2조 제1항 제6호에 따른 외국인투자기업으로서 같은 항 제1

제10조의 7 【지배주주의 판정】 (2016. 3. 21. 조번개정)
영 제34조의 3 제1항 각 호 외의 부분 후단에서 "기획재정부령으로 정하는 자"란 다음 각 호의 순서에 따른 자를 말한다.

령령으로 정하는 보유비율(이하 이 조에서 "한계보유비율"이라 한다)을 초과하는 주주에 한정한다. 이하 이 조에서 같다]이 제2호의 이익(이하 이 조 및 제55조에서 "증여의제이익"이라 한다)을 각각 증여받은 것으로 본다. 이 경우 수혜법인이 사업부문별로 회계를 구분하여 기록하는 등 대통령령으로 정하는 요건을 갖춘 경우에는 제1호 및 제2호를 적용할 때 대통령령으로 정하는 바에 따라 사업부문별로 특수관계법인거래비율 및 세후영업이익 등을 계산할 수 있다. (2022. 12. 31. 후단신설)

1. 법인이 다음 각 목의 어느 하나에 해당하는 경우 (2017. 12. 19. 개정)
가. 법인이 대통령령으로 정하는 중소기업(이하 이 조에서 "중소기업"이라 한다) 또는 대통령령으로 정하는 중견기업(이하 이 조에서 "중견기업"이라 한다)에 해당하는 경우 : 법인의 사업연도 매출액("법인세법" 제43조의 기업회계기준에 따라 계산한 매출액을 말한다. 이하 이 조에서 같다) 중에서 그 법인의 지배주주와 대통령령으로 정하는 특수관계에 있는 법인(이하 이 조에서 "특수관계법인"이라 한다)에 대한 매출액("독점규제 및 공정거래에 관한 법률" 제31조에 따른 공시대상기업집단 간의 교차거래 등으로서 대통령령으로 정하는 거래에서 발생한 매출액을 포함한다. 이하 이 조에서 같다)이 차지하는 비율(이하 이 조에서 "특수관계법인거래비율"이라 한다)이 그 법인의 규모 등을 고려하여 대통령령으로 정하는 비율(이하 이 조에서 "정상거래비율"이라 한다)을 초과하는 경우 (2020. 12. 29. 개정 ; 독점규제 및~부칙)
나. 법인이 중소기업 및 중견기업에 해당하지 아니하는 경우 : 다음의 어느 하나에 해당하는 경우 (2017. 12. 19. 개정)
1) 가목에 따른 사유에 해당하는 경우 (2017. 12. 19. 개정)
2) 특수관계법인거래비율이 정상거래비율의 3분의 2를 초과하는 경우로서 특수관계법인에 대한 매출액이 법인의 규모 등을 고려하여 대통령령으로 정하는 금액을 초과하는 경우 (2017. 12. 19. 개정)
2. 이익 : 다음 각 목의 구분에 따른 계산식에 따라 계산한 금액(2017.

호에 따른 외국인이 해당 외국인투자기업의 의결권 있는 발행주식총수 또는 출자총액의 100분의 50 이상을 소유하는 법인은 제외한다. 이 경우 거주자 및 내국법인이 의결권 있는 발행주식총수 또는 출자총액의 100분의 30 이상을 소유("조세특례제한법 시행령" 제116조의 2 제12항에 따라 계산한 간접으로 소유하는 부분을 포함한다)하는 외국법인은 외국인으로 보지 않는다)에 한정한다]의 임원에 대한 임면권의 행사와 사업 방침의 결정 등을 통하여 그 경영에 관하여 사실상의 영향력이 더 큰 자로서 기획재정부령으로 정하는 자를 지배주주로 한다. 다만, 해당 법인의 최대주주등 중에서 본인과 그의 특수관계인(사용인은 제외하며, 이하 이 항에서 "본인의 친족등"이라 한다)의 주식등 보유비율의 합계가 사용인의 주식등 보유비율보다 많은 경우에는 본인과 본인의 친족등 중에서 지배주주를 판정한다. (2020. 2. 11. 개정)

① 법 제45조의 3 및 제45조의 4에서 "지배주주"란 "법인세법" 제2조 제1호에 따른 내국법인["외국인투자 촉진법" 제2조 제1항 제6호에 따른 외국인투자기업으로서 같은 항 제1호에 따른 외국인이 해당 외국인투자기업의 의결권 있는 발행주식총수 또는 출자총액의 100분의 50 이상을 소유하는 법인은 제외한다. 이 경우 거주자 및 내국법인이 의결권 있는 발행주식총수 또는 출자총액의 100분의 30 이상을 소유("조세특례제한법 시행령" 제116조의 2 제12항에 따라 계산한 간접으로 소유하는 부분을 포함한다)하는 외국법인은 외국인으로 보지 않는다]의 주식등을 직접 또는 간접으로 보유하고 있는 자로서 다음 각 호의 어느 하나에 해당하는 자(이하 이 조 및 제34조의 4에서 "지배주주"라 한다)로 하되, 이에 해당하는 자가 두 명 이상일 때에는 해당 법인의 임원에 대한 임면권의 행사와 사업 방침의 결정 등을 통하여 그 경영에 관하여 사실상의 영향력이 더 큰 자로서 기획재정부령으로 정하는 자를 지배주주로 한다. 다만, 해당 법인의 최대주주등 중에서 본인과 그의 특수관계인(사용인은 제외하며, 이하 이 조 및 제34조의 5에서 "본인의 친족등"이라 한다)의 주식등 보유비율의 합계가 사용인의 주식등 보유비율보다 많은 경우에는 본인과 본인의 친족등 중에서 지배주주를 판정한다. (2025. 2. 28. 개정)
1. 해당법인의 최대주주등 중에서 그 법인에 대한 직접보유비율[보유하고 있는 법인의 주식등을 그 법인의 발행주식총수등(자기주식과 자기출자지분은 제외한다)으로 나눈 비율을 말한다. 이하 같다]이 가장 높은 자가 개인인 경우에는 그 개인 (2020. 2. 11. 개정)
2. 해당 법인의 최대주주등 중에서 그 법인에 대한 직접보유비율이 가장 높은 자가 법인인 경우에는 그 법인에 대한 직접보유비율과 간

(2021. 3. 16. 개정)
1. 본인과 그 친족의 수혜법인에 대한 주식보유비율(영 제34조의 3 제1항 제1호에 따라 계산된 직접보유비율과 같은 조 제8항에 따라 계산된 간접보유비율을 합하여 계산한 비율을 말한다)을 합하여 계산한 비율이 더 큰 경우의 그 본인 (2023. 3. 20. 개정)
2. 본인의 영 제34조의 3 제5항에 따른 특수관계법인에 대한 수혜법인의 매출액이 더 큰 경우의 그 본인 (2023. 3. 20. 개정)
3. 사업연도 종료일을 기준으로 가장 최근에 수혜법인의 대표이사였던 자 (2014. 3. 14. 신설)

12. 19. 개정)

가. 수혜법인이 중소기업에 해당하는 경우 :

> 수혜법인의 세후영업이익 × 정상거래비율을 초과하는 특수관계법인거래비율 × 한계보유비율을 초과하는 주식보유비율

(2017. 12. 19. 개정)

나. 수혜법인이 중견기업에 해당하는 경우 :

> 수혜법인의 세후영업이익 × 정상거래비율의 100분의 50을 초과하는 특수관계법인거래비율 × 한계보유비율의 100분의 50을 초과하는 주식보유비율

(2017. 12. 19. 개정)

다. 수혜법인이 중소기업 및 중견기업에 해당하지 아니하는 경우 :

> 수혜법인의 세후영업이익 × 100분의 5를 초과하는 특수관계법인거래비율 × 주식보유비율

(2017. 12. 19. 개정)

② 증여의제이익의 계산 시 지배주주와 지배주주의 친족이 수혜법인에 직접적으로 출자하는 동시에 대통령령으로 정하는 법인을 통하여 수혜법인에 간접적으로 출자하는 경우에는 제1항의 계산식에 따라 각각 계산한 금액을 합산하여 계산한다. (2011. 12. 31. 신설)

③ 증여의제이익의 계산은 수혜법인의 사업연도 단위로 하고, 수혜법인의 해당 사업연도 종료일을 증여시기로 본다. (2011. 12. 31. 신설)

접보유비율을 모두 합하여 계산한 비율이 가장 높은 개인. 다만, 다음 각 목에 해당하는 자는 제외한다. (2020. 2. 11. 개정)

가. 해당 법인의 주주등이면서 그 법인의 최대주주등에 해당하지 아니한 자 (2020. 2. 11. 개정)

나. 해당 법인의 최대주주등 중에서 그 법인에 대한 직접보유비율이 가장 높은 자에 해당하는 법인의 주주등이면서 최대주주등에 해당하지 아니한 자 (2020. 2. 11. 개정)

② 제1항 제2호에서 간접보유비율은 개인과 해당 법인 사이에 주식보유를 통하여 한 개 이상의 법인(이하 이 조에서 "간접출자법인"이라 한다)이 개재되어 있는 경우(이하 이 조에서 "간접출자관계"라 한다)에 각 단계의 직접보유비율을 모두 곱하여 산출한 비율을 말한다. 이 경우 개인과 해당 법인 사이에 둘 이상의 간접출자관계가 있는 경우에는 개인의 해당 법인에 대한 간접보유비율은 각각의 간접출자관계에서 산출한 비율을 모두 합하여 산출한다. (2020. 2. 11. 개정)

③ 법 제45조의 3 제1항 각 호 외의 부분 후단에서 "사업부문별로 회계를 구분하여 기록하는 등 대통령령으로 정하는 요건을 갖춘 경우"란 다음 각 호의 요건을 모두 갖춘 경우를 말한다. (2023. 2. 28. 신설)

1. 사업부문별로 자산·부채 및 손익을 기획재정부령으로 정하는 바에 따라 각각 독립된 계정과목으로 구분하여 경리할 것 (2023. 2. 28. 신설)

2. 한국표준산업분류에 따른 세세분류 이상으로 사업부문을 구분할 것 (2023. 2. 28. 신설)

④ 제3항 각 호의 요건을 모두 갖춘 법인의 특수관계법인거래비율 및 세후영업이익은 법 제45조의 3 제1항 각 호 외의 부분 후단에 따라 사업부문별로 계산할 수 있다. 이 경우 법 제45조의 3 제1항 제1호에 해당하는 사업부문이 둘 이상인 경우에는 그 둘 이상의 사업부문을 하나의 사업부문으로 보아 특수관계법인거래비율 및 세후영업이익을 계산한다. (2023. 2. 28. 신설)

⑤ 법 제45조의 3 제1항 제1호 가목에서 "대통령령으로 정하는 특수관계에 있는 법인"(이하 이 조에서 "특수관계법인"이라 한다)이란 제1항에 따른 지배주주와 제2조의 2 제1항 제3호부터 제8호까지의 관계에 있는 자를 말한다. (2023. 2. 28. 항번개정)

⑥ 법 제45조의 3 제1항 제1호 가목에서 "대통령령으로 정하는 중소기

제10조의 8 【수혜법인의 사업부문별 회계의 구분경리】 법 제45조의 3 제1항 각 호 외의 부분 후단을 적용받으려는 수혜법인은 영 제34조의 3 제3항 제1호에 따라 사업부문별로 자산·부채 및 손익을 「법인세법 시행규칙」 제77조 제1항을 준용하여 계산하고, 이를 각각 독립된 계정과목으로 구분기장해야 한다. (2023. 3. 20. 신설)

④ 제1항에 따른 매출액에서 중소기업인 수혜법인과 중소기업인 특수관계법인 간의 거래에서 발생하는 매출액 등 대통령령으로 정하는 매출액은 제외한다. (2014. 1. 1. 신설)

⑤ 제1항에 따른 지배주주의 판정방법, 지배주주의 친족의 범위, 특수관계법인거래비율의 계산 및 수혜법인의 세후영업이익의 계산, 주식보유비율의 계산, 그 밖에 증여의제이익의 계산에 필요한 사항은 대통령령으로 정한다. (2019. 12. 31. 개정)

업"이란 「조세특례제한법」 제6조 제1항 각 호 외의 부분에 따른 중소기업으로서 「독점규제 및 공정거래에 관한 법률」 제31조에 따른 공시대상기업집단에 소속되지 아니하는 기업(이하 이 조에서 "중소기업"이라 한다)을 말하고, "대통령령으로 정하는 중견기업"이란 「조세특례제한법 시행령」 제9조 제4항에 따른 기업으로서 「독점규제 및 공정거래에 관한 법률」 제31조에 따른 공시대상기업집단에 소속되지 아니하는 기업(이하 이 조에서 "중견기업"이라 한다)을 말한다. (2023. 2. 28. 항번개정)

⑦ 법 제45조의 3 제1항 제1호 가목에서 "대통령령으로 정하는 비율"이란 100분의 30(중소기업에 해당하는 경우에는 100분의 50, 중견기업에 해당하는 경우에는 100분의 40)을 말한다. (2023. 2. 28. 항번개정)

⑧ 법 제45조의 3 제1항 각 호 외의 부분 전단에서 "지배주주의 친족"이란 제1항에 따른 지배주주의 친족으로서 수혜법인(법 제45조의 3 제1항에 따른 수혜법인을 말한다. 이하 이 조에서 같다)의 사업연도 말에 수혜법인에 대한 직접보유비율과 간접보유비율(제18항 각 호의 어느 하나에 해당하는 간접출자법인을 통하여 수혜법인에 간접적으로 출자하는 경우의 간접보유비율을 말한다. 이하 이 조에서 같다)을 합하여 계산한 비율이 한계보유비율을 초과하는 자를 말한다. (2024. 2. 29. 개정)

⑨ 법 제45조의 3 제1항 각 호 외의 부분 전단에서 "대통령령으로 정하는 보유비율"이란 100분의 3(수혜법인이 중소기업 또는 중견기업에 해당하는 경우에는 100분의 10으로 하며, 이하 이 조에서 "한계보유비율"이라 한다)을 말한다. (2023. 2. 28. 개정)

⑩ 법 제45조의 3 제4항에서 "중소기업인 수혜법인과 중소기업인 특수관계법인 간의 거래에서 발생하는 매출액 등 대통령령으로 정하는 매출액"이란 다음 각 호의 어느 하나에 해당하는 금액(이하 이 조에서 "과세제외매출액"이라 한다)을 말한다. 이 경우 다음 각 호에 동시에 해당하는 경우에는 더 큰 금액으로 한다. (2023. 2. 28. 항번개정)

1. 중소기업인 수혜법인이 중소기업인 특수관계법인과 거래한 매출액 (2014. 2. 21. 신설)

2. 수혜법인이 본인의 주식보유비율이 100분의 50 이상인 특수관계법인과 거래한 매출액 (2014. 2. 21. 신설)

3. 수혜법인이 본인의 주식보유비율이 100분의 50 미만인 특수관계법인과 거래한 매출액에 그 특수관계법인에 대한 수혜법인의 주식보

법인은 특수관계 있는 법인에 해당하지 않는 것이며, 증여의제이익 계산시 간접출자법인에 대한 매출이 있는 경우에는 해당되는 비율을 곱하여 산정하는 것임. (재산-239, 2012. 6. 26.)
• 지배주주와 특수관계에 있는 법인과의 매출액비율이 30%를 초과하는 경우 증여의제 규정이 적용되는 것이며, 국외 특수관계법인에 대한 용역 매출은 매출액비율 산정시 차감하지 않음. (재산-316, 2012. 9. 6.)
• 일감을 준 법인의 주주와 수혜법인의 지배주주가 동일인에 해당하는 경우에도 특수관계법인간의 거래 증여의제로 과세됨. (재산-198, 2012. 5. 21.)

유비율을 곱한 금액 (2014. 2. 21. 신설)

4. 수혜법인이 「독점규제 및 공정거래에 관한 법률」 제2조 제7호에 따른 지주회사(이하 이 조에서 "지주회사"라 한다)인 경우로서 수혜법인의 같은 법 제2조 제8호에 따른 자회사(이하 이 조에서 "자회사"라 한다) 및 같은 법 제2조 제9호에 따른 손자회사(같은 법 제18조 제5항에 따른 증손회사를 포함하며, 이하 이 조에서 "손자회사"라 한다)와 거래한 매출액 (2025. 2. 28. 개정)

5. 수혜법인이 제품·상품의 수출(「부가가치세법」 제21조 제2항에 따른 수출을 말한다)을 목적으로 특수관계법인과 거래한 매출액 (2023. 2. 28. 개정)

5의 2. 수혜법인이 용역을 국외에서 공급(「부가가치세법」 제22조에 따라 영세율이 적용되는 용역의 공급을 말한다)할 목적으로 특수관계법인과 거래한 매출액 (2023. 2. 28. 신설)

5의 3. 수혜법인이 「부가가치세법」 제24조 제1항에 따라 영세율이 적용되는 용역의 공급으로서 같은 법 시행령 제33조 제2항 제1호 다목 또는 바목에 따른 용역의 공급(해당 용역을 공급받은 비거주자 또는 외국법인이 공급받은 용역과 동일한 용역을 다시 거주자 또는 내국법인에 공급하는 경우는 제외한다)을 목적으로 특수관계법인과 거래한 매출액 (2023. 2. 28. 신설)

6. 수혜법인이 다른 법률에 따라 의무적으로 특수관계법인과 거래한 매출액 (2014. 2. 21. 신설)

7. 한국표준산업분류에 따른 스포츠 클럽 운영업 중 프로스포츠구단 운영을 주된 사업으로 하는 수혜법인이 특수관계법인과 거래한 광고 매출액 (2015. 2. 3. 신설)

8. 수혜법인이 국가, 지방자치단체, 「공공기관의 운영에 관한 법률」에 따른 공공기관 또는 「지방공기업법」에 따른 지방공기업(이하 이 호에서 "국가등"이라 한다)이 운영하는 사업에 참여함에 따라 국가등이나 「국가재정법」 별표 2에서 규정하는 법률에 따라 설립된 기금(이하 이 호에서 "공공기금"이라 한다) 또는 공공기금이 발행주식총수 또는 출자총액의 100분의 100을 출자하고 있는 법인이 발행주식총수 또는 출자총액의 100분의 50 이상을 출자하고 있는 법인에 출

☞ p.2193 3단 연결

2. 지주회사의 자회사 또는 손자회사에 해당하는 수혜법인이 그 지주회사의 다른 자회사 또는 손자회사에 해당하는 특수관계법인과 거래한 매출액에 그 지주회사의 특수관계법인에 대한 주식보유비율을 곱한 금액. 다만, 지배주주등이 수혜법인 및 특수관계법인과 지주회사를 통하여 각각 간접출자관계에 있는 경우로 한정한다. (2014. 2. 21. 신설)

3. 수혜법인이 특수관계법인과 거래한 매출액에 지배주주등의 그 특수관계법인에 대한 주식보유비율을 곱한 금액 (2014. 2. 21. 신설)

━━━━━ ● 예 판 ━━━━━

지배주주 등의 그 특수관계법인에 대한 주식보유비율은 지배주주등의 그 특수관계법인에 대한 직접보유비율과 간접보유비율을 합하여 계산한 비율을 말하는 것임. (재재산-1, 2016. 1. 4.)

━━━━━━━━━━━━━━━

4. 제18항에 따른 간접출자법인의 자법인(특정 법인이 어느 법인의 최대주주등에 해당하는 경우 그 법인을 특정 법인의 자법인이라 한다. 이하 이 호에서 같다)에 해당하는 수혜법인이 그 간접출자법인의 다른 자법인에 해당하는 특수관계법인과 거래한 경우로서 다음 각 목을 모두 충족하는 경우에는 해당 거래에 따른 매출액에 그 간접출자법인의 특수관계법인에 대한 주식보유비율을 곱한 금액 (2023. 2. 28. 개정)

  가. 지배주주등 및 지배주주의 특수관계인(그 간접출자법인은 제외한다)이 수혜법인 및 특수관계법인의 주식등을 보유하지 않을 것 (2020. 2. 11. 신설)

  나. 특수관계법인이 수혜법인의 주식등을 직접 또는 간접으로 보유하지 않고 수혜법인이 특수관계법인의 주식등을 직접 또는 간접으로 보유하지 않을 것 (2020. 2. 11. 신설)

  다. 수혜법인 및 특수관계법인이 지배주주등과 수혜법인 및 특수관계법인 사이에 주식보유를 통하여 개재되어 있는 법인의 주식을 직접 또는 간접으로 보유하지 않을 것 (2020. 2. 11. 신설)

☞ p.2194 2단 연결

비율(1을 초과하는 경우에는 1로 한다) (2014. 2. 21. 개정)

3. 과세매출비율 (2014. 2. 21. 신설)

> 1 − (과세제외매출액 ÷ 과세제외매출액이 포함된 사업연도의 매출액)

⑬ 같은 항 각 호 외의 부분의 증여의제이익은 사업연도 말 현재 법 제45조의 3 제1항에 따른 지배주주와 그 친족(이하 이 조에서 "지배주주등"이라 한다)의 수혜법인에 대한 출자관계(간접보유비율이 1천분의 1 미만인 경우의 해당 출자관계는 제외한다)별로 각각 구분하여 계산한 금액을 모두 합하여 계산한다. 이 경우 법 제45조의 3 제1항 제2호 가목 및 나목의 계산식 중 "한계보유비율을 초과하는 주식보유비율" 또는 "한계보유비율의 100분의 50을 초과하는 주식보유비율"을 계산할 때 수혜법인에 대한 간접보유비율이 있는 경우에는 해당 간접보유비율에서 각 한계보유비율 또는 한계보유비율의 100분의 50을 먼저 빼고 간접출자관계가 두 개 이상인 경우에는 각각의 간접보유비율 중 작은 것에서부터 뺀다. (2023. 2. 28. 항번개정)

1. 수혜법인의 사업연도 말 현재 제1항에 따른 지배주주와 제5항에 따른 지배주주의 친족이 수혜법인의 주식등을 보유하는 경우 : 수혜법인에 대한 직접보유비율을 주식보유비율로 보아 계산한 증여의제이익 (2012. 2. 2. 신설)

2. 수혜법인의 사업연도 말 현재 제1항에 따른 지배주주와 제5항에 따른 지배주주의 친족이 간접출자법인(제11항 각 호의 어느 하나에 해당하는 것을 말한다. 이하 이 조에서 같다)을 통하여 수혜법인에 간접적으로 출자하는 경우 : 수혜법인에 대한 간접보유비율(간접보유비율이 1000분의 1 미만이 되는 경우에는 해당 출자관계에 따른 간접보유비율은 제외한다)을 주식보유비율로 보아 계산한 증여의제이익(간접출자관계가 두 개 이상인 경우에는 각각의 간접보유비율을 주식보유비율로 보아 각각 증여의제이익을 계산한다) (2013. 2. 15. 개정)

1. · 2. 삭 제 (2014. 2. 21.)

⑭ 제13항에 따른 증여의제이익을 계산할 때 제10항 각 호의 어느 하나에 해당하지 아니하는 경우로서 지배주주등의 출자관계별로 다음 각 호의 어느 하나에 해당하는 금액을 과세제외매출액에 포함하여 계산한다. 이 경우 다음 각 호에 동시에 해당하는 경우에는 더 큰 금액으로 한다. (2023. 2. 28. 개정)

1. 수혜법인이 제18항에 따른 간접출자법인인 특수관계법인과 거래한 매출액 (2023. 2. 28. 개정)

자한 경우 해당 법인과 거래한 매출액 (2020. 2. 11. 신설)

⑪ 법 제45조의 3 제1항에서 특수관계법인거래비율을 계산할 때 특수관계법인이 둘 이상인 경우에는 각각의 매출액을 모두 합하여 계산한다. (2023. 2. 28. 항번개정)

⑫ 법 제45조의 3 제1항 제2호 각 목의 계산식에서 "수혜법인의 세후영업이익"은 제1호의 가액에서 제2호의 금액을 뺀 금액에 제3호의 과세매출비율을 곱하여 계산한 금액으로 한다. (2023. 2. 28. 항번개정)

1. 수혜법인의 영업손익(「법인세법」 제43조의 기업회계기준에 따라 계산한 매출액에서 매출원가 및 판매비와 관리비를 차감한 영업손익을 말한다. 이하 이 항에서 같다)에 「법인세법」 제23조·제33조·제34조·제40조·제41조 및 같은 법 시행령 제44조의 2·제74조에 따른 세무조정사항을 반영한 가액 (2014. 2. 21. 개정)

2. 가목의 세액에 나목의 비율을 곱하여 계산한 금액 (2014. 2. 21. 개정)

  가. 「법인세법」 제55조에 따른 수혜법인의 산출세액(같은 법 제55조의 2에 따른 토지등 양도소득에 대한 법인세액은 제외한다)에서 법인세액의 공제·감면액을 뺀 세액 (2014. 2. 21. 개정)

  나. 제1호에 따른 가액이 수혜법인의 「법인세법」 제14조에 따른 각 사업연도의 소득금액에서 차지하는

⑮ 제13항을 적용할 때 지배주주등이 수혜법인의 직전 사업연도에 대한 법 제68조 제1항 단서에 따른 증여세 과세표준 신고기한의 다음 날부터 해당 사업연도에 대한 같은 항 단서에 따른 증여세 과세표준 신고기한까지 수혜법인 또는 간접출자법인으로부터 배당받은 소득이 있는 경우에는 다음 각 호의 구분에 따른 금액을 해당 출자계의 증여의제이익에서 공제한다. 다만, 공제 후의 금액이 음수(陰數)인 경우에는 영으로 본다. (2023. 2. 28. 개정)

1. 수혜법인으로부터 받은 배당소득 : 다음 계산식에 따라 계산한 금액. 이 경우 배당가능이익은 「법인세법 시행령」 제86조의 3 제1항에 따른 배당가능이익(이하 이 항에서 "배당가능이익"이라 한다)으로 한다. (2023. 2. 28. 개정)

$$\text{배당소득} \times \frac{\text{제13항에 따라 계산한 직접 출자관계의 증여의제이익}}{(\text{수혜법인의 사업연도 말일 배당가능이익} \times \text{지배주주등의 수혜법인에 대한 직접보유비율})}$$

2. 간접출자법인으로부터 받은 배당소득 : 다음 계산식에 따라 계산한 금액 (2023. 2. 28. 개정)

$$\text{배당소득} \times \frac{\text{제13항에 따라 계산한 간접 출자관계의 증여의제이익}}{[\text{간접출자법인의 사업연도 말일 배당가능이익} + (\text{수혜법인의 사업연도 말일 배당가능이익} \times \text{간접출자법인의 수혜법인에 대한 주식보유비율})] \times \text{지배주주등의 간접출자법인에 대한 직접보유비율}}$$

⑯ 법 제45조의 3 제1항 제1호 가목에서 "「독점규제 및 공정거래에 관한 법률」 제31조에 따른 공시대상기업집단 간의 교차거래 등으로서 대통령령으로 정하는 거래에서 발생한 매출액"이란 다음 각 호의 어느 하나에 해당하는 목적으로 「독점규제 및 공정거래에 관한 법률」 제31조에 따른 공시대상기업집단 간에 계약·협정 및 결의 등에 따라 제3자를 통한 간접적인 방법이나 둘 이상의 거래를 거치는 방법으로 발생한 수혜법인의 매출액을 말한다. (2023. 2. 28. 항번개정)

1. 법 제45조의 3 제1항에 따른 증여의제를 회피할 목적 (2018. 2. 13. 신설)

2. 「독점규제 및 공정거래에 관한 법률」 제9조 제1항 각 호 외의 부분에 따른 특수관계인에 대한 부당한 이익제공 등의 금지를 회피할 목적 (2021. 12. 28. 개정 ; 독점규제~시행령 부칙)

⑰ 법 제45조의 3 제1항 제1호 나목 2)에서 "대통령령으로 정하는 금액"이란 1천억원을 말한다. 다만, 법 제45조의 3 제1항 각 호 외의 부분 후단에 해당하는 경우에는 다음 계산식에 따라 계산한 금액을 말한다. (2023. 2. 28. 개정)

$$\text{1천억원} \times \frac{\text{해당 사업연도의 사업부문별 매출액}}{\text{해당 사업연도의 전체 매출액}}$$

⑱ 법 제45조의 3 제2항에서 "대통령령으로 정하는 법인"이란 다음 각 호의 어느 하나에 해당하는 간접출자법인을 말한다. (2023. 2. 28. 항번개정)

1. 지배주주등이 발행주식총수등의 100분의 30 이상을 출자하고 있는 법인 (2014. 2. 21. 개정)

2. 지배주주등 및 제1호에 해당하는 법인이 발행주식총수등의 100분의 50 이상을 출자하고 있는 법인 (2012. 2. 2. 신설)

3. 제1호 및 제2호의 법인과 수혜법인 사이에 주식등의 보유를 통하여 하나 이상의 법인이 개재되어 있는 경우에는 해당 법인 (2012. 2. 2. 신설)

⑲ 특수관계법인이 둘 이상인 경우에도 하나의 법인으로부터 이익을 얻은 것으로 본다. (2023. 2. 28. 항번개정)

제45조의 4【특수관계법인으로부터 제공받은 사업기회로 발생한 이익의 증여 의제】① 지배주주와 그 친족(이하 이 조에서 "지배주주등"이라 한다)이 직접 또는 간접으로 보유하는 주식보유비율이 100분의 30 이상인 법인(이하 이 조에서 "수혜법인"이라 한다)이 지배주주와 대통령령으로 정하는 특수관계에 있는 법인(대통령령으로 정하는 중소기업과 그 밖에 대통령령으로 정하는 법인은 제외한다)으로부터 대통령령으로 정하는 방법으로 사업기회를 제공받는 경우에는 그 사업기회를 제공받은 날(이하 이 조에서 "사업기회제공일"이라 한다)이 속하는 사업연도(이하 이 조에서 "개시사업연도"라 한다)의 종료일에 그 수혜법인의 지배주주등이 다음 계산식에 따라 계산한 금액(이하 이 조에서 "증여의제이익"이라 한다)을 증여받은 것으로 본다. (2019. 12. 31. 개정)

[{(제공받은 사업기회로 인하여 발생한 개시사업연도의 수혜법인의 이익 × 지배주주등의 주식보유비율) − 개시사업연도분의 법인세 납부세액 중 상당액} ÷ 개시사업연도의 월 수 × 12] × 3

② 제1항에 따른 증여세 과세표준의 신고기한은 개시사업연도의 「법인세법」 제60조 제1항에 따른 과세표준의 신고기한이 속하는 달의 말일부터 3개월이 되는 날로 한다. (2015. 12. 15. 신설)
③ 제1항에 따라 증여의제이익이 발생한 수혜법인의 지배주주등은 개시사업연도부터 사업기회제공일 이후 2년이 지난 날이 속하는 사업연도(이하 이 조에서 "정산사업연도"라 한다)까지 수혜법인이 제공받은 사업기회로 인하여 발생한 실제 이익을 반영하여 다음 계산식에 따라 계산한 금액(이하 이 조에서 "정산증여의제이익"이라 한다)에 대한 증여세액과 제2항에 따라 납부한 증여의제이익에 대한 증여세액과의 차액을 관할 세무서장에게 납부하여야 한다. 다만, 정산증여의제이익이 당초의 증여의제이익보다 적은 경우에는 그 차액에 상당하는 증여세액(제2항에 따라 납부한 세액을 한도로 한다)을 환급받을 수 있다. (2020. 6. 9. 개정 ; 법률용어 정비를~법률)

제34조의 4【특수관계법인으로부터 제공받은 사업기회로 발생한 이익의 증여 의제】(2020. 2. 11. 조번개정)
① 법 제45조의 4 제1항에서 "대통령령으로 정하는 특수관계에 있는 법인"이란 지배주주와 제2조의 2 제1항 제3호부터 제8호까지의 규정에 따른 관계에 있는 자(이하 이 조에서 "특수관계법인"이라 한다)를 말한다. (2016. 2. 5. 신설)
② 법 제45조의 4 제1항에서 "대통령령으로 정하는 방법으로 사업기회를 제공받는 경우"란 특수관계법인이 직접 수행하거나 다른 사업자가 수행하고 있던 사업기회를 임대차계약, 입점계약 등 기획재정부령으로 정하는 방법으로 제공받는 경우를 말한다. (2016. 2. 5. 신설)
③ 법 제45조의 4 제1항 및 제3항을 적용할 때 "수혜법인의 이익"이란 사업기회를 제공받은 해당 사업부문의 영업이익(「법인세법」 제43조의 기업회계기준에 따라 계산한 매출액에서 매출원가 및 판매비와 관리비를 차감한 영업이익을 말한다. 이하 이 항에서 같다)에 「법인세법」 제23조·제33조·제34조·제40조·제41조 및 같은 법 시행령 제44조의 2·제74조에 따른 세무조정사항을 반영한 금액을 말한다. 다만, 사업부문별로 회계를 구분하여 기록하지 아니하는 등의 사유로 해당 사업부문의 영업이익을 계산할 수 없는 경우에는 기획재정부령으로 정하는 방법에 따라 계산한 금액을 말한다. (2017. 2. 7. 단서신설)
④ 법 제45조의 4 제1항 및 제3항에서 "법인세 납부세액 중 상당액"이란 제1호의 세액에 제2호의 비율을 곱하여 계산한 금액을 말한다. (2016. 2. 5. 신설)
1. 법 제45조의 4 제1항에 따른 수혜법인(이하 이 조에서 "수혜법인"이라 한다)의 「법인세법」 제55조에 따른 산출세액(같은 법 제55조의 2에 따른 토지등 양도소득에 대한 법인세액은 제외한다)에서 법인세액의 공제·감면액을 뺀 세액 (2017. 2. 7. 개정)
2. 제3항에 따른 가액이 수혜법인의 「법인세법」 제14조에 따른 각 사업연도의 소득금액에서 차지하는 비율(1을 초과하는 경우에는 1로 한다) (2016. 2. 5. 신설)
⑤ 법 제45조의 4 제1항에 따른 지배주주등(이하 이 조에서 "지배주주등"이라 한다)이 수혜법인의 사업연도 말일부터 법 제68조 제1항에 따른 증여세 과세표준 신고기한까지 수혜법인으로부터 배당받은

제10조의 9【사업기회 제공방법】(2023. 3. 20. 조번개정)
① 영 제34조의 4 제2항에서 "임대차계약, 입점계약 등 기획재정부령으로 정하는 방법"이란 임대차계약, 입점계약, 대리점계약 및 프랜차이즈계약 등 명칭 여하를 불문한 약정을 말한다. (2021. 3. 16. 개정)
② 영 제34조의 4 제3항 단서에서 "기획재정부령으로 정하는 방법에 따라 계산한 금액"이란 제1호의 금액에 제2호의 비율을 곱한 금액을 말한다. (2021. 3. 16. 개정)
1. 수혜법인의 영업이익(「법인세법」 제43조의 기업회계기준에 따라 계산한 매출액에서 매출원가 및 판매비와 관리비를 차감한 영업이익을 말한다)에 「법인세법」 제23조·제33조·제34조·제40조·제41조 및 같은 법 시행령 제44조의 2·제74조에 따른 세무조정사항을 반영한 금액 (2017. 3. 10. 신설)
2. 수혜법인의 전체 매출액에서 사업기회를 제공받은 해당 사업부문의 매출액이 차지하는 비율 (2017. 3. 10. 신설)

[(제공받은 사업기회로 인하여 개시사업연도부터 정산사업연도까지 발생한 수혜법인의 이익 합계액) × 지배주주등의 주식보유비율] - 개시사업연도분부터 정산사업연도분까지의 법인세 납부세액 중 상당액

④ 제1항 및 제3항에 따른 지배주주등의 주식보유비율은 개시사업연도 종료일을 기준으로 적용한다. (2015. 12. 15. 신설)
⑤ 제3항에 따른 증여세 과세표준의 신고기한은 정산사업연도의 「법인세법」 제60조 제1항에 따른 과세표준의 신고기한이 속하는 달의 말일부터 3개월이 되는 날로 한다. (2015. 12. 15. 신설)
⑥ 제1항 및 제3항에 따른 지배주주의 판정방법, 주식보유비율의 계산, 제공받은 사업기회로 인하여 발생한 수혜법인의 이익의 계산, 법인세 납부세액 중 상당액의 계산, 정산 방법 및 절차 등에 관하여 필요한 사항은 대통령령으로 정한다. (2019. 12. 31. 개정)

소득이 있는 경우에는 다음의 계산식에 따라 계산한 금액을 증여의제이익에서 공제[공제 후의 금액이 음수(陰數)인 경우에는 영으로 본다]한다. (2025. 2. 28. 개정)

배당소득 × 법 제45조의 4 제1항에 따라 계산한 증여의제이익 ÷ (수혜법인의 사업연도 말일의 「법인세법 시행령」 제86조의 2 제1항에 따른 배당가능이익 × 지배주주등의 수혜법인에 대한 주식보유비율)

⑥ 지배주주등이 수혜법인의 법 제45조의 4 제1항에 따른 개시사업연도 말일부터 같은 조 제5항에 따른 과세표준 신고기한까지 수혜법인으로부터 배당받은 소득이 있는 경우에는 다음의 계산식에 따라 계산한 금액을 같은 조 제3항의 정산증여의제이익에서 공제(공제 후의 금액이 음수인 경우에는 영으로 본다)한다. (2018. 2. 13. 신설)

(법 제45조의 4 제1항에 따른 개시사업연도 말일부터 같은 조 제5항에 따른 과세표준 신고기한 종료일까지 수혜법인으로부터 배당받은 소득의 합계) × (법 제45조의 4 제3항에 따라 계산한 증여의제이익) ÷ [[수혜법인의 법 제45조의 4 제1항에 따른 개시사업연도 말일부터 같은 조 제3항에 따른 정산사업연도 말일까지의 기간에 각 사업연도 말일을 기준으로 각 사업연도 단위로 계산한 「법인세법 시행령」 제86조의 2 제1항에 따른 배당가능이익의 합계) × (지배주주등의 수혜법인에 대한 주식보유비율)]

⑦ 법 제45조의 4 제1항에서 "대통령령으로 정하는 중소기업"이란 「조세특례제한법」 제6조 제1항 각 호 외의 부분에 따른 중소기업을 말한다. (2021. 2. 17. 개정)
⑧ 법 제45조의 4 제1항에서 "대통령령으로 정하는 법인"이란 수혜법인의 주식보유비율이 100분의 50 이상인 법인을 말한다. (2018. 2. 13. 항번개정)

제34조의 5 【특정법인과의 거래를 통한 이익의 증여 의제】
(2020. 2. 11. 조번개정)
① 법 제45조의 5에서 "지배주주"란 「법인세법」 제2조 제1호에 따른

▶편주 ··
영 34조의 5의 개정규정은 2025. 2. 28. 이후 증여받는 경우부터 적용함. (영 부칙 (2025. 2. 28.) 4조)
··

　제45조의 5【특정법인과의 거래를 통한 이익의 증여 의제】① 지배주주와 그 친족(이하 이 조에서 "지배주주등"이라 한다)이 직접 또는 간접으로 보유하는 주식보유비율이 100분의 30 이상인 법인(이하 이 조 및 제68조에서 "특정법인"이라 한다)이 지배주주의 특수관계인과 다음 각 호에 따른 거래를 하는 경우에는 거래한 날을 증여일로 하여 그 특정법인의 이익에 특정법인의 지배주주등이 직접 또는 간접으로 보유하는 주식보유비율을 곱하여 계산한 금액을 그 특정 법인의 지배주주등이 증여받은 것으로 본다. (2023. 12. 31. 개정)
1. 재산 또는 용역을 무상으로 제공받는 것 (2019. 12. 31. 개정)
2. 재산 또는 용역을 통상적인 거래 관행에 비추어 볼 때 현저히 낮은 대가로 양도·제공받는 것 (2019. 12. 31. 개정)
3. 재산 또는 용역을 통상적인 거래 관행에 비추어 볼 때 현저히 높은 대가로 양도·제공하는 것 (2019. 12. 31. 개정)
3의 2. 불균등 감자등 대통령령으로 정하는 자본거래를 통하여 이익을

내국법인 또는 같은 조 제3호에 따른 외국법인의 주식등을 직접 또는 간접으로 보유하고 있는 자로서 이 영 제34조의 3 제1항 각 호의 어느 하나에 해당하는 자(이하 이 조에서 "지배주주"라 한다)로 하되, 이에 해당하는 자가 두 명 이상인 경우 지배주주의 판정에 관하여는 같은 항 각 호 외의 부분 본문을 준용하고, 본인과 본인의 친족등의 주식등 보유비율의 합계가 사용인의 주식등 보유비율보다 많은 경우 지배주주의 판정에 관하여는 같은 항 각 호 외의 부분 단서를 준용한다. (2025. 2. 28. 신설)
② 법 제45조의 5 제1항 각 호 외의 부분에서 "대통령령으로 정하는 특수관계에 있는 자"란 다음 각 호의 어느 하나에 해당하는 자를 말한다. (2016. 2. 5. 신설)
1. 법 제45조의 5 제1항 제1호 또는 제2호에 해당하는 특정법인의 경우 : 그 특정법인의 최대주주등의 특수관계인 (2016. 2. 5. 신설)
2. 법 제45조의 5 제1항 제3호에 해당하는 특정법인의 경우 : 그 특정법인의 지배주주등과 다음 각 목의 어느 하나에 해당하는 관계에 있는 자 (2016. 2. 5. 신설)
　가. 배우자 또는 직계존비속 (2016. 2. 5. 신설)
　나. 가목에 해당하는 자가 최대주주등인 법인 (2016. 2. 5. 신설)
③ 법 제45조의 5 제1항 제1호에서 "대통령령으로 정하는 결손금이 있는 법인"이란 증여일이 속하는 사업연도의 직전 사업연도까지 「법인세법 시행령」 제16조 제1항 제1호에 따른 결손금이 있는 법인을 말한다. (2019. 2. 12. 개정)
②~③ 삭 제 (2020. 2. 11.)
④ 법 제45조의 5 제1항에서 "특정법인의 이익"이란 제1호의 금액에서 제2호의 금액을 뺀 금액을 말한다. (2016. 2. 5. 신설)
1. 다음 각 목의 구분에 따른 금액 (2016. 2. 5. 신설)
　가. 재산을 증여하거나 해당 법인의 채무를 면제·인수 또는 변제하는 경우 : 증여재산가액 또는 그 면제·인수 또는 변제로 인하여 해당 법인이 얻는 이익에 상당하는 금액 (2016. 2. 5. 신설)
　나. 가목 외의 경우 : 제7항에 따른 시가와 대가와의 차액에 상당하는 금액 (2016. 2. 5. 신설)
2. 가목의 금액에 나목의 비율을 곱하여 계산한 금액 (2016. 2. 5. 신설)
　가. 특정법인의 「법인세법」 제55조 제1항에 따른 산출세액(같은 법 제55조의 2에 따른 토지등 양도소득에 대한 법인세액은 제외한다)에서 법인세액의 공제·감면액을 뺀 금액 (2016. 2. 5. 신설)
　나. 제1호에 따른 이익이 특정법인의 「법인세법」 제14조에 따른 각 사업연도의 소득금액에서 차지하는 비율(1을 초과하는 경우에

분여 받는 것 (2025. 3. 14. 신설)

4. 그 밖에 제1호부터 제3호까지의 거래와 유사한 거래로서 대통령령으로 정하는 것 (2019. 12. 31. 개정)

② 제1항에 따른 증여세액이 지배주주등이 직접 증여받은 경우의 증여세 상당액에서 특정법인이 부담한 법인세 상당액을 차감한 금액을 초과하는 경우 그 초과액은 없는 것으로 본다. (2019. 12. 31. 개정)

③ 제1항에 따른 지배주주의 판정방법, 증여일의 판단, 특정법인의 이익의 계산, 현저히 낮은 대가와 현저히 높은 대가의 범위, 제2항에 따른 초과액의 계산 및 그 밖에 필요한 사항은 대통령령으로 정한다. (2019. 12. 31. 개정)

예판 ··
- 상증법 제45조의 5에 따라 특정법인 주주와 특수관계에 있는 자가 특정법인에 상장주식을 시가보다 낮은 가액으로 현물출자한 경우 증여의제 거래에 해당하고, 이는 통상적인 거래관행에 따라 상법 등 다른 법령에 따라 현물출자 주식 거래가액을 산정한 경우라 하여 달리 보기 어려움. (조심 2022서7756, 2023. 2. 15.)
- 쟁점식당운영 용역을 제공받은 청구법인에게 법인세법상 부당행위계산의 부인 규정이 적용되지 않은 쟁점식당운영 용역 거래와 관련하여 특정법인과의 거래를 통한 이익의 증여의제 규정을 적용할 수는 없음. (적부 2021−0007, 2021. 5. 12.)
- 청구인이 증여법인과 수증법인의 주주에 동시에 해당한다 하더라도 법인격이 있는 법인간에 이루어진 이익분여를 개인간에 이루어진 이익분여로 간주하기는 어려우나, 특정법인에 증여한 자가 당해 특정법인의 지배주주 개인인 경우 해당 이익분여 금액은 본인이 본인에게 증여한 것이 되므로 상증세법 제45조의 5 규정에 따른 이익의 증여의제대상에 해당한다고 보기 어려움. (조심2020중0019, 2020. 3. 12.)
- 초과배당은 재산을 무상으로 제공한 거래에 해당하므로 「상속세 및 증여세법」 제45조의 5에 따른 증여세 과세가 가능함. (기획재정부 재산세제

───────────────────

는 1로 한다) (2016. 2. 5. 신설)

⑤ 법 제45조의 5 제1항을 적용할 때 특정법인의 주주등이 증여받은 것으로 보는 경우는 같은 항에 따른 증여의제이익이 1억원 이상인 경우로 한정한다. (2020. 2. 11. 개정)

⑤ 법 제45조의 5 제1항을 적용할 때 특정법인의 지배주주와 그 친족(이하 이 조에서 "지배주주등"이라 한다)이 증여받은 것으로 보는 경우는 같은 항에 따른 증여의제이익이 1억원 이상인 경우로 한정한다. (2025. 2. 28. 개정)

1. 법 제45조의 5 제1항 제1호 또는 제2호에 해당하는 특정법인의 경우 : 그 특정법인의 최대주주등의 주식등의 비율 (2016. 2. 5. 신설)
2. 법 제45조의 5 제1항 제3호에 해당하는 특정법인의 경우 : 그 특정법인의 지배주주등의 주식보유비율 (2016. 2. 5. 신설)

1∼2. 삭 제 (2020. 2. 11.)

⑥ 법 제45조의 5 제1항 제4호에서 "대통령령으로 정하는 것"이란 다음 각 호의 어느 하나에 해당하는 것을 말한다. (2020. 2. 11. 개정)

1. 해당 법인의 채무를 면제·인수 또는 변제하는 것. 다만, 해당 법인이 해산(합병 또는 분할에 의한 해산은 제외한다) 중인 경우로서 주주등에게 분배할 잔여재산이 없는 경우는 제외한다. (2016. 2. 5. 신설)

2. 시가보다 낮은 가액으로 해당 법인에 현물출자하는 것 (2016. 2. 5. 신설)

⑦ 법 제45조의 5 제1항 제2호 및 제3호에서 "현저히 낮은 대가" 및 "현저히 높은 대가"란 각각 해당 재산 및 용역의 시가와 대가(제6항 제2호에 해당하는 경우에는 출자한 재산에 대하여 교부받은 주식등의 액면가액의 합계액을 말한다)와의 차액이 시가의 100분의 30 이상이거나 그 차액이 3억원 이상인 경우의 해당 가액을 말한다. 이 경우 금전을 대부하거나 대부받는 경우에는 법 제41조의 4를 준용하여 계산한 이익으로 한다. (2020. 2. 11. 개정)

⑧ 제7항을 적용할 때 재산 또는 용역의 시가는 「법인세법 시행령」 제89조에 따른다. (2019. 2. 12. 개정)

⑨ 법 제45조의 5 제2항을 적용할 때 증여세 상당액은 같은 조 제1항의 증여일에 제4항 제1호의 금액에 해당 지배주주등의 주식보유비율을 곱한 금액을 해당 주주가 직접 증여받은 것으로 볼 때의 증여세로 하고, 법인세 상당액은 제4항 제2호의 금액에 해당 지배주주등의 주식보유비율을 곱한 금액으로 한다. (2022. 2. 15. 개정)

⑨ 법 제45조의 5 제2항을 적용할 때 증여세 상당액은 같은 조 제1항

의 증여일에 제4항 제1호의 금액에 해당 지배주주등의 주식보유비율을 곱한 금액을 해당 지배주주등이 각각 직접 증여받은 것으로 볼 때의 증여세로 하고, 법인세 상당액은 제4항 제2호의 금액에 해당 지배주주등의 주식보유비율을 곱한 금액으로 한다. (2025. 2. 28. 개정)

제 3 절 증여세 과세가액

제46조 【비과세되는 증여재산】 다음 각 호의 어느 하나에 해당하는 금액에 대해서는 증여세를 부과하지 아니한다. (2010. 1. 1. 개정)
1. 국가나 지방자치단체로부터 증여받은 재산의 가액 (2010. 1. 1. 개정)
2. 내국법인의 종업원으로서 대통령령으로 정하는 요건을 갖춘 종업원단체(이하 "우리사주조합"이라 한다)에 가입한 자가 해당 법인의 주식을 우리사주조합을 통하여 취득한 경우로서 그 조합원이 대통령령으로 정하는 소액주주의 기준에 해당하는 경우 그 주식의 취득가액과 시가의 차액으로 인하여 받은 이익에 상당하는 가액 (2010. 1. 1. 개정)
3. 「정당법」에 따른 정당이 증여받은 재산의 가액 (2010. 1. 1. 개정)
4. 「근로복지기본법」에 따른 사내근로복지기금이나 그 밖에 이와 유사한 것으로서 대통령령으로 정하는 단체가 증여받은 재산의 가액 (2010. 6. 8. 개정 ; 근로자복지기본법 부칙)
5. 사회통념상 인정되는 이재구호금품, 치료비, 피부양자의 생활비, 교육비, 그 밖에 이와 유사한 것으로서 대통령령으로 정하는 것 (2010. 1. 1. 개정)

• 예 판 •

비과세되는 증여재산 중 통상 필요하다고 인정하는 혼수용품에는 호화·사치용품이나 주택·차량 등을 포함하지 아니하며, 결혼축의금의 귀속은 사회통념 등을 고려하여 판단함. (서면4팀 – 1642, 2005. 9. 12.)

☞

제 3 절 증여세과세가액

제35조 【비과세되는 증여재산의 범위 등】 ① 법 제46조 제2호에서 "우리사주조합"이란 「근로복지기본법」 또는 「자본시장과 금융투자업에 관한 법률」에 따른 우리사주조합을 말한다. (2010. 12. 7. 개정 ; 근로자복지기본법 시행령 부칙)
② 법 제46조 제2호에서 "대통령령으로 정하는 소액주주"란 제29조 제5항에 따른 주주 등을 말한다. (2017. 2. 7. 개정)
③ 법 제46조 제4호에서 "대통령령으로 정하는 단체"란 「근로복지기본법」에 따른 우리사주조합, 공동근로복지기금 및 근로복지진흥기금을 말한다. (2019. 2. 12. 개정)
④ 법 제46조 제5호에서 "대통령령으로 정하는 것"이란 다음 각 호의 어느 하나에 해당하는 것으로서 해당 용도에 직접 지출한 것을 말한다. (2010. 2. 18. 개정)
1. 삭 제 (2003. 12. 30.)
2. 학자금 또는 장학금 기타 이와 유사한 금품 (96. 12. 31 개정)
3. 기념품·축하금·부의금 기타 이와 유사한 금품으로서 통상 필요하다고 인정되는 금품 (96. 12. 31 개정)
4. 혼수용품으로서 통상 필요하다고 인정되는 금품 (96. 12. 31 개정)
5. 타인으로부터 기증을 받아 외국에서 국내에 반입된 물품으로서 당해 물품의 관세의 과세가격이 100만원 미만인 물품 (96. 12. 31

⑲ 46-35…1 【비과세 증여재산의 범위】
① 법 제46조 제5호에 따른 증여세가 비과세되는 생활비 또는 교육비는 필요시마다 직접 이러한 비용에 충당하기 위하여 증여로 취득한 재산을 말하는 것이며, 생활비 또는 교육비의 명목으로 취득한 재산의 경우에도 그 재산을 정기예금·적금 등에 사용하거나 주식, 토지, 주택 등의 매입자금 등으로 사용하는 경우에는 증여세가 비과세되는 생활비 또는 교육비로 보지 아니한다. (2011. 5. 20. 개정)
② 영 제35조 제4항 제2호에 따른 학자금 또는

6. 「신용보증기금법」에 따라 설립된 신용보증기금이나 그 밖에 이와 유사한 것으로서 대통령령으로 정하는 단체가 증여받은 재산의 가액 (2010. 1. 1. 개정)
7. 국가, 지방자치단체 또는 공공단체가 증여받은 재산의 가액 (2010. 1. 1. 개정)

8. 장애인을 보험금 수령인으로 하는 보험으로서 대통령령으로 정하는 보험의 보험금 (2010. 1. 1. 개정)
9. 「국가유공자 등 예우 및 지원에 관한 법률」에 따른 국가유공자의 유족이나 「의사상자 등 예우 및 지원에 관한 법률」에 따른 의사자(義死者)의 유족이 증여받은 성금 및 물품 등 재산의 가액 (2015. 12. 15. 신설)
10. 비영리법인의 설립근거가 되는 법령의 변경으로 비영리법인이 해산되거나 업무가 변경됨에 따라 해당 비영리법인의 재산과 권리·의무를 다른 비영리법인이 승계받은 경우 승계받은 해당 재산의 가

개정)
6. 무주택근로자가 건물의 총연면적이 85제곱미터 이하인 주택(주택에 부수되는 토지로서 건물연면적의 5배 이내의 토지를 포함한다)을 취득 또는 임차하기 위하여 법 제46조 제4호의 규정에 의한 사내근로복지기금 및 공동근로복지기금으로부터 증여받은 주택취득보조금 중 그 주택취득가액의 100분의 5 이하의 것과 주택임차보조금 중 전세가액의 100분의 10 이하의 것 (2019. 2. 12. 개정)
7. 불우한 자를 돕기 위하여 언론기관을 통하여 증여한 금품 (2003. 12. 30. 신설)
⑤ 법 제46조 제6호에서 "대통령령으로 정하는 단체"란 다음 각 호의 어느 하나에 해당하는 단체를 말한다. (2010. 2. 18. 개정)
1. 「기술보증기금법」에 따른 기술보증기금 (2016. 5. 31. 개정 ; 기술신용보증기금법 시행령 부칙)
2. 「지역신용보증재단법」에 따른 신용보증재단 및 동법 제35조에 따른 신용보증재단중앙회 (2011. 7. 25. 개정)
3. 「예금자보호법」 제24조 제1항에 따른 예금보험기금 및 동법 제26조의 3 제1항에 따른 예금보험기금채권상환기금 (2007. 2. 28. 신설)
4. 「한국주택금융공사법」 제55조에 따른 주택금융신용보증기금(동법 제59조의 2에 따라 설치된 주택담보노후연금보증계정을 포함한다) (2007. 2. 28. 신설)
5. 「서민의 금융생활 지원에 관한 법률」 제3조에 따른 서민금융진흥원 (같은 법 제46조에 따라 설치된 신용보증계정에 출연하는 경우로 한정한다) (2021. 2. 17. 신설)
⑥ 법 제46조 제8호에서 "대통령령으로 정하는 보험의 보험금"이란 「소득세법 시행령」 제107조 제1항 각 호의 어느 하나에 해당하는 자를 수익자로 한 보험의 보험금을 말한다. 이 경우 비과세되는 보험금은 연간 4천만원을 한도로 한다. (2016. 2. 5. 개정)

장학금은 학업수행을 위해 해당 자금을 사용하는 경우의 수증받은 재산을 말한다. (2019. 12. 23. 신설)
③ 영 제35조 제4항 제3호에 따른 기념품, 축하금, 부의금은 그 물품 또는 금액을 지급한 자별로 사회통념상 인정되는 물품 또는 금액을 기준으로 한다. (2019. 12. 23. 개정)
④ 영 제35조 제4항 제4호에 따른 통상 필요하다고 인정하는 혼수용품은 일상생활에 필요한 가사용품에 한하며, 호화·사치용품이나 주택·차량 등은 포함하지 아니한다. (2019. 12. 23. 개정)

액 (2016. 12. 20. 신설)

제47조【증여세 과세가액】 ① 증여세 과세가액은 증여일 현재 이 법에 따른 증여재산가액을 합친 금액[제31조 제1항 제3호, 제40조 제1항 제2호·제3호, 제41조의 3, 제41조의 5, 제42조의 3, 제45조 및 제45조의 2부터 제45조의 4까지의 규정에 따른 증여재산(이하 "합산배제증여재산"이라 한다)의 가액은 제외한다]에서 그 증여재산에 담보된 채무(그 증여재산에 관련된 채무 등 대통령령으로 정하는 채무를 포함한다)로서 수증자가 인수한 금액을 뺀 금액으로 한다. (2021. 12. 21. 개정)

통 칙 47-0…3【무환수입시에 수증자가 납부한 관세의 취급】
외국에서 국내에 반입된 물품을 증여받은 경우 국내에 거주하는 수증자가 그 물품에 대하여 납부한 관세는 법 제47조 제1항에 따른 증여재산에 담보된 채무로 보지 아니하며 증여재산가액에도 포함하지 아니한다. (2011. 5. 20. 개정)

47-0…4【부대비용의 증여세 과세가액 산입】
증여재산을 취득하는 데 소요된 부대비용을 증여자가 부담하는 경우에는 그 부대비용을 증여가액에 포함한다. (1998. 2. 25. 개정)

② 해당 증여일 전 10년 이내에 동일인(증여자가 직계존속인 경우에는 그 직계존속의 배우자를 포함한다)으로부터 받은 증여재산가액을 합친 금액이 1천만원 이상인 경우에는 그 가액을 증여세 과세가액에 가산한다. 다만, 합산배제증여재산의 경우에는 그러하지 아니하다. (2010. 1. 1. 개정)

③ 제1항을 적용할 때 배우자 간 또는 직계존비속 간의 부담부증여(負擔附贈與, 제44조에 따라 증여로 추정되는 경우를 포함한다)에 대해서는 수증자가 증여자의 채무를 인수한 경우에도 그 채무액은 수증자에게 인수되지 아니한 것으로 추정한다. 다만, 그 채무액이 국가 및 지방자치단체에 대한 채무 등 대통령령으로 정하는 바에 따라 객관적으로 인정되는 것인 경우에는 그러하지 아니하다. (2010. 1. 1. 개정)

제36조【증여세 과세가액에서 공제되는 채무】 (2010. 2. 18. 제목개정)

① 법 제47조 제1항에서 "그 증여재산에 관련된 채무 등 대통령령으로 정하는 채무"란 증여자가 해당 재산을 타인에게 임대한 경우의 해당 임대보증금을 말한다. (2010. 2. 18. 개정)

통 칙 47-0…1【부와 모로부터 재산을 증여받는 경우 과세가액의 계산】
직계존속 1인 및 그 배우자로부터 각각 재산을 증여받는 경우에는 법 제47조 제2항에 따라 그 직계존속 및 배우자로부터 증여받은 재산가액을 합산하여 과세가액을 계산하며, 같은 조 같은 항에 따른 합산과세대상 여부를 판정할 때에도 그 합산한 증여재산가액을 기준으로 한다. (2011. 5. 20. 개정)

47-0…2【증여세 합산과세방법】
법 제47조 제2항에 따라 재차증여재산의 합산과세시 증여재산의 가액은 각 증여일 현재의 재산가액에 따른다. (2011. 5. 20. 개정)

② 법 제47조 제3항 단서에서 "국가 및 지방자치단체에 대한 채무 등 대통령령으로 정하는 바에 따라 객관적으로 인정되는 것인 경우"란 제10조 제1항 각 호의 어느 하나에 따라 증명되는 경우를 말한다. (2010. 2. 18. 개정)

통 칙 47-36…5【부담부증여의 경우 증여가액】
증여자의 채무가 담보된 부동산을 증여받은 경우 그 채무를 수증자가 부담하기로 약정하여 인수한 경우에는 그 증여재산의 가액에서 그 채무액을 공제한 가액을 증여세 과세가액으로 한다. (1998. 2. 25. 개정)

47-36…6【제3자의 채무로 담보된 재산증여의 경우 증여가액】
제3자의 채무의 담보로 제공된 재산을 조건없이 증여받는 경우 증여가액은 증여 당시의 그 재산가액 전액으로 한다. 이 경우 그 재산을 증여받은 수증자가 담보된 채무를 변제한 때에는 그 채무 상당액을 채무자에게 증여한 것으로 본다. 다만, 담보된 채무를 수증자가 채무자를 대위하여 변제하고 채무자에게 구상권을 행사하는 경우에는 그러하지 아니하다. (2011. 5. 20. 개정)

(➡ 영 36조)

집행기준 47-36-6【증여재산의 합산시 유의사항】
① 동일인에는 증여자가 직계존속인 경우에는 그 직계존속의 배우자를 포함한다. 단, 증여자가 부·모일 경우 계모·계부는 동일인에 포함되지 아니한다.
② 부와 조부는 직계존속이라 할지라도 동일인에 해당하지 아니한다.
③ 증여재산을 취득하는데 소요된 부수비용을 증여자가 부담하는 경우에는 그 부대비용을 증여가액에 포함한다.
(2024. 10. 31. 개정)

제 4 절　공익목적 출연재산 등의 과세가액 불산입
(98. 12. 28. 제목개정)

제48조【공익법인등이 출연받은 재산에 대한 과세가액 불산입 등】① 공익법인등이 출연받은 재산의 가액은 증여세 과세가액에 산입하지 아니한다. 다만, 공익법인등이 내국법인의 의결권 있는 주식 또는 출자지분(이하 이 조에서 "주식등"이라 한다)을 출연받은 경우로서 출연받은 주식등과 다음 각 호의 주식등을 합한 것이 그 내국법인의 의결권 있는 발행주식총수 또는 출자총액(자기주식과 자기출자지분은 제외한다. 이하 이 조에서 "발행주식총수등"이라 한다)의 제16조 제2항 제2호에 따른 비율을 초과하는 경우(제16조 제3항 각 호에 해당하는 경우는 제외한다)에는 그 초과하는 가액을 증여세 과세가액에 산입한다. (2017. 12. 19. 단서개정)

1. 출연자가 출연할 당시 해당 공익법인등이 보유하고 있는 동일한 내국법인의 주식등 (2010. 1. 1. 개정)

2. 출연자 및 그의 특수관계인이 해당 공익법인등 외의 다른 공익법인 등에 출연한 동일한 내국법인의 주식등 (2015. 12. 15. 개정)

3. 출연자 및 그의 특수관계인으로부터 재산을 출연받은 다른 공익법인등이 보유하고 있는 동일한 내국법인의 주식등 (2016. 12. 20. 신설)

② 세무서장등은 제1항 및 제16조 제1항에 따라 재산을 출연받은 공익법인등이 다음 제1호부터 제4호까지, 제6호 및 제8호의 어느 하나에 해당하는 경우에는 그 사유가 발생한 날에 대통령령으로 정하는 가액을 공익법인등이 증여받은 것으로 보아 즉시 증여세를 부과하고, 제5호 및 제7호에 해당하는 경우에는 제78조 제9항에 따른 가산세를 부과한다. 다만, 불특정 다수인으로부터 출연받은 재산 중 출연자별로 출연받은 재산가액을 산정하기 어려운 재산으로서 대통령령으로 정하는 재산은 제외한다. (2019. 12. 31. 개정)

1. 출연받은 재산을 직접 공익목적사업 등(직접 공익목적사업에 충당하기 위하여 수익용 또는 수익사업용으로 운용하는 경우를 포함한다. 이하 이 호에서 같다)의 용도 외에 사용하거나 출연받은 날부터

제 4 절　공익목적 출연재산의 과세가액 불산입

제37조【내국법인 주식 등의 초과보유 계산방법 등】① 법 제48조 제1항 각 호 외의 부분 단서 및 같은 조 제2항 제2호 본문에 따른 주식 등의 초과부분은 다음 각 호의 어느 하나에 해당하는 날을 기준으로 하여 계산한다. (2010. 2. 18. 개정)

1. 공익법인 등이 매매 또는 출연에 의하여 주식 등을 취득하는 경우에는 그 취득일 (96. 12. 31 개정)

2. 공익법인 등이 보유하고 있는 주식 등을 발행한 내국법인이 자본 또는 출자액을 증가시키기 위하여 발행한 신주 중 공익법인 등에게 배정된 신주를 유상으로 취득하는 경우에는 그 취득하는 날이 속하는 과세기간 또는 사업연도 중 「상법」 제354조의 규정에 의한 주주명부의 폐쇄일 또는 권리행사 기준일(주식회사외의 회사의 경우에는 과세기간 또는 사업연도의 종료일로 한다) (2013. 2. 15. 개정)

3. 공익법인 등이 보유하고 있는 주식 등을 발행한 내국법인이 자본 또는 출자액을 감소시킨 경우에는 감자를 위한 주주총회결의일이 속하는 연도의 주주명부폐쇄일(주식회사외의 회사의 경우에는 과세기간 또는 사업연도의 종료일로 한다) (2002. 12. 30 신설)

4. 공익법인등이 보유하고 있는 주식등을 발행한 내국법인이 합병을 함에 따라 그 합병법인이 발행한 주식등을 취득하는 경우에는 합병등기일이 속하는 과세기간 또는 사업연도 중 「상법」 제354조에 따른 주주명부의 폐쇄일 또는 권리행사 기준일(주식회사 외의 회사의 경우에는 과세기간 또는 사업연도의 종료일로 한다) (2023. 2. 28. 신설)

② 법 제48조 제2항 제2호 나목 및 다목에서 "해당 내국법인과 특수관계에 있는 출연자"란 출연자가 해당 내국법인과 제2조의 2 제3항 각 호의 어느 하나에 해당하는 관계에 있는 경우 그 출연자를 말한다. (2017. 2. 7. 개정)

③ 법 제48조 제1항 각 호 외의 부분 단서 및 같은 조 제2항 제2호 각 목 외의 부분 본문에서 "상호출자제한기업집단과 특수관계에 있지 아니한 성실공익법인등"이란 각각 상호출자제한기업집단에 속하는 법인과 「독점규제 및 공정거래에 관한 법률 시행령」 제3조 제1호에 따른 동일인 관련자의 관계에 있지 아니하는 공익법인등을 말한다.

3년 이내에 직접 공익목적사업 등에 사용하지 아니하거나 3년 이후 직접 공익목적사업 등에 계속하여 사용하지 아니하는 경우. 다만, 직접 공익목적사업 등에 사용하는 데에 장기간이 걸리는 등 대통령령으로 정하는 부득이한 사유가 있는 경우로서 제5항에 따른 보고서를 제출할 때 납세지 관할세무서장에게 그 사실을 보고하고, 그 사유가 없어진 날부터 1년 이내에 해당 재산을 직접 공익목적사업 등에 사용하는 경우는 제외한다. (2020. 12. 22. 개정)

2. 출연받은 재산(그 재산을 수익용 또는 수익사업용으로 운용하는 경우 및 그 운용소득이 있는 경우를 포함한다. 이하 이 호 및 제3항에서 같다) 및 출연받은 재산의 매각대금(매각대금에 의하여 증가한 재산을 포함하며 대통령령으로 정하는 공과금 등에 지출한 금액은 제외한다. 이하 이 조에서 같다)을 내국법인의 주식등을 취득하는 데 사용하는 경우로서 그 취득하는 주식등과 다음 각 목의 주식등을 합한 것이 그 내국법인의 의결권 있는 발행주식총수등의 제16조 제2항 제2호에 따른 비율을 초과하는 경우. 다만, 제16조 제3항 제1호 또는 제3호에 해당하는 경우(이 경우 "출연"은 "취득"으로 본다)와 「산업교육진흥 및 산학연협력촉진에 관한 법률」에 따른 산학협력단이 주식등을 취득하는 경우로서 대통령령으로 정하는 요건을 갖춘 경우는 제외한다. (2018. 12. 31. 개정)

가. 취득 당시 해당 공익법인등이 보유하고 있는 동일한 내국법인의 주식등 (2010. 1. 1. 개정)
나. 해당 내국법인과 특수관계에 있는 출연자가 해당 공익법인등 외의 다른 공익법인등에 출연한 동일한 내국법인의 주식등 (2010. 1. 1. 개정)
다. 해당 내국법인과 특수관계에 있는 출연자로부터 재산을 출연받은 다른 공익법인등이 보유하고 있는 동일한 내국법인의 주식등 (2016. 12. 20. 신설)

통칙 48-38…2【직접공익목적사업 등에 사용한 금액의 범위】
법 제48조 제2항에서 직접공익목적사업 등에 사용한 금액은 다음 각 호의 구분에 따른다. (2024. 3. 15. 개정)
1. 출연재산이 현금인 경우
　가. 직접공익목적사업용 재산을 취득하기 위하여 지출한 금액

④ · ⑤ 삭　제 (2017. 2. 7.)

⑥ 법 제48조 제2항 제2호 각 목 외의 부분 단서에서 "대통령령으로 정하는 요건을 갖춘 경우"란 다음 각 호의 요건을 모두 갖춘 경우를 말한다. (2017. 2. 7. 개정)

1. 「산업교육진흥 및 산학연협력촉진에 관한 법률」에 따른 산학협력단(이하 "산학협력단"이라 한다)이 보유한 기술을 출자하여 같은 법에 따른 기술지주회사(이하 이 조에서 "기술지주회사"라 한다) 또는 「벤처기업 육성에 관한 특별법」에 따른 신기술창업전문회사(이하 이 조에서 "신기술창업전문회사"라 한다)를 설립할 것 (2014. 7. 2. 개정 ; 벤처기업~부칙)

2. 산학협력단이 출자하여 취득한 주식 등이 기술지주회사인 경우에는 발행주식총수의 100분의 50 이상(「산업교육진흥 및 산학연협력촉진에 관한 법률」 제36조의 2 제1항에 따라 각 산학협력단이 공동으로 기술지주회사를 설립하는 경우에는 각 산학협력단이 출자하여 취득한 주식등의 합계가 발행주식총수의 100분의 50 이상을 말한다), 신기술창업전문회사인 경우에는 발행주식총수의 100분의 30 이상일 것 (2018. 2. 13. 개정)

3. 기술지주회사 또는 신기술창업전문회사는 자회사 외의 주식 등을 보유하지 아니할 것 (2008. 2. 22. 신설)

나. 직접공익목적사업비로 지출한 금액

다. 수익사업용 또는 수익용재산을 취득하기 위하여 지출한 금액

2. 출연재산이 제1호 외의 재산인 경우

　가. 직접공익목적사업에 사용하는 재산의 금액

　나. 수익사업용 또는 수익용재산으로 사용되는 재산의 금액

　다. 해당 출연재산을 매각한 대금으로 제1호 각목의 용도에 지출한 금액

3. 출연받은 재산을 수익용 또는 수익사업용으로 운용하는 경우로서 그 운용소득을 직접 공익목적사업 외에 사용한 경우 (2010. 1. 1. 개정)

●예 판 ……………………………………………………

• 공익법인이 출연받은 재산을 3년 이내에 직접 공익목적사업에 사용하지 아니하여 증여세가 과세되는 경우 증여세 과세가액은 3년이 경과하는 날을 증여시기로 보아 상속세 및 증여세법 60조 내지 66조의 규정에 의하여 평가한 가액으로 하는 것임. (서면4팀 – 63, 2008. 1. 9.)

• 공익법인이 출연받은 재산을 특수관계자에게 저가로 양도한 경우 그 대가와 시가와의 차액에 상당하는 금액은 공익목적사업 외에 사용하는 것으로 보아 증여세를 부과함. (재재산 – 806, 2010. 8. 25.)

……………………………………………………

통칙 48 – 38…4【수익사업용 재산의 운용소득 중 직접공익목적사업에 사용하는 금액 기준】

① 사업용고정자산이나 기타 수익의 원천이 되는 재산을 처분하거나 평가함으로써 생긴 소득은 법 제48조 제2항 제3호에 따른 출연받은 재산의 운용소득에 포함하지 아니한다. (2011. 5. 20. 개정)

② 영 제38조 제5항 제1호에서 "법 제48조 제2항 제4호에 따른 출연재산 매각금액"이라 함은 공익법인등이 출연받은 재산 및 출연받은 재산으로 취득한 재산중 매각한 재산의 금액을 말한다. (2011. 5. 20. 개정)

③ 법 제48조 제2항 제5호 및 영 제38조 제6항을 적용할 때 직접공익목적사업에 사용한 실적은 수익사업용 또는 수익용으로 사용하는 출연재산의 운용소득을 재원으로 하여 직접공익목적사업에 사용한 금액의 합계액을 말한다. (2011. 5. 20. 개정)

④ 법 제48조 제2항을 적용할 때 직접공익목적사업에 사용한 금액이 재원별로 구분할 수 있는 경우에는 실제구분에 의하고 구분할 수 없는 경우에는 출연재산 운용소득, 출연재산 매각금액, 출연받은 재산, 기타 재산의 순서대로 사용한 것으로 본다. (2011. 5. 20. 개정)

개정)

3. 출연 또는 취득 당시 제2항에 해당하는 자로부터 재산을 출연받은 다른 공익법인 등이 보유하고 있는 주식 등 (2013. 2. 15. 개정)

⑦ 삭　제 (2017. 2. 7.)

제38조【공익법인 등이 출연받은 재산의 사후관리】① 법 제48조 제2항 각 호 외의 부분 단서에서 "대통령령으로 정하는 재산"이란 제12조 제1호에 따른 종교사업에 출연하는 헌금(부동산 및 주식등으로 출연하는 경우를 제외한다)을 말한다. (2015. 2. 3. 개정)

② 법 제48조 제2항 제1호·제7호 및 같은 조 제11항 제1호에서 직접 공익목적사업에 사용하는 것은 공익법인등의 정관상 고유목적사업에 사용(다음 각 호의 어느 하나에 해당하는 경우는 제외한다)하는 것으로 한다. 다만, 출연받은 재산을 해당 직접 공익목적사업에 효율적으로 사용하기 위하여 주무관청의 허가를 받아 다른 공익법인등에게 출연하는 것을 포함한다. (2025. 2. 28. 개정)

1.「법인세법 시행령」제56조 제11항에 따라 고유목적에 지출한 것으로 보지 아니하는 금액 (2012. 2. 2. 신설)

2. 해당 공익법인등의 정관상 고유목적사업에 직접 사용하는 시설에 소요되는 수선비, 전기료 및 전화사용료 등의 관리비를 제외한 관리비 (2013. 2. 15. 개정)

③ 법 제48조 제2항 제1호 단서에서 "직접 공익목적사업 등에 사용하는 데에 장기간이 걸리는 등 대통령령으로 정하는 부득이한 사유"란 다음 각 호의 어느 하나에 해당하는 사유로 출연 받은 재산을 3년 이내에 직접 공익목적사업 등에 전부 사용하거나 3년 이후 직접 공익목적사업 등에 계속하여 사용하는 것이 곤란한 경우를 말한다. (2021. 2. 17. 개정)

1. 법령상 또는 행정상의 부득이한 사유 등으로 사용이 곤란한 경우로서 주무부장관(권한을 위임받은 자를 포함한다)이 인정한 경우 (2021. 2. 17. 개정)

2. 해당 공익목적사업 등의 인가·허가 등과 관련한 소송 등으로 사용이 곤란한 경우 (2021. 2. 17. 개정)

④ 법 제48조 제2항 제4호에서 "대통령령으로 정하는 바에 따라 사

통칙 48 – 38…3【직접공익목적사업에 사용한 금액의 범위】

영 제38조 제2항, 제4항 및 제6항에 따른 직접공익목적사업 사용금액의 범위는 다음 각 호의 어느 하나에 따른다. (2011. 5. 20. 개정)

1. 공익법인 등이 그 공익법인 등의 정관상의 고유목적사업의 수행에 직접 사용하는 자산을 취득하는 데 소요된 금액은 이를 직접공익목적사업 사용금액에 포함한다.

2. 삭　제 (2008. 7. 25.)

3. 공익법인 등이 운용소득으로 수익용재산을 취득한 금액은 직접공익목적사업 사용금액에 포함하지 아니한다.

제11조【공익법인등의 과세기간 등】공익법인등(영 제12조 각 호 외의 부분 본문에 따른 공익법인등을 말한다. 이하 같다)의 과세기간 또는 사업연도는 해당 공익법인등에 관한 법률 또는 정관의 규정에 따르되, 과세기간 또는 사업연도가 따로 정해지지 않은 경우에는 매년 1월 1일부터 12월 31일까지로 한다. (2022. 3. 18. 개정)

제11조의 2【직접 고유목적사업에

4. 출연받은 재산을 매각하고 그 매각대금을 매각한 날부터 3년이 지난 날까지 대통령령으로 정하는 바에 따라 사용하지 아니한 경우 (2016. 12. 20. 개정)

● 예판 ┈┈┈┈┈┈┈┈┈┈┈┈┈┈┈┈┈┈┈┈┈┈┈┈┈┈┈

종교단체가 공익목적사업에 사용하던 부동산의 매각대금 또는 헌금을 공익목적사업에 사용된 차입금의 상환에 사용하였다면 동 부동산의 매각대금 또는 헌금을 직접 공익목적사업에 사용한 것으로 봄. (재재산－322, 2008. 2. 25.)

┈┈┈┈┈┈┈┈┈┈┈┈┈┈┈┈┈┈┈┈┈┈┈┈┈┈┈┈┈

5. 제3호에 따른 운용소득을 대통령령으로 정하는 기준금액에 미달하게 사용하거나 제4호에 따른 매각대금을 매각한 날부터 3년 동안 대통령령으로 정하는 기준금액에 미달하게 사용한 경우 (2010. 1. 1. 개정)

6. 제16조 제2항 제2호 가목에 따른 요건을 모두 충족하는 공익법인등(같은 호 나목 및 다목에 해당하는 공익법인등은 제외한다)이 같은 목 1)을 위반하여 출연받은 주식등의 의결권을 행사한 경우 (2020. 12. 22. 개정)

7. 다음 각 목의 공익법인등이 대통령령으로 정하는 출연재산가액에 100분의 1(제16조 제2항 제2호 가목에 해당하는 공익법인등이 발행주식총수등의 100분의 10을 초과하여 보유하고 있는 경우에는 100분의 3)을 곱하여 계산한 금액에 상당하는 금액(이하 제78조 제9항 제3호에서 "기준금액"이라 한다)에 미달하여 직접 공익목적사업(「소득세법」에 따라 소득세 과세대상이 되거나 「법인세법」에 따라 법인세 과세대상이 되는 사업은 제외한다)에 사용한 경우 (2023. 12. 31. 개정)

　가. 다음의 요건을 모두 갖춘 공익법인등으로서 대통령령으로 정하는 공익법인등 (2023. 12. 31. 신설)

　　1) 내국법인의 주식등을 출연받은 공익법인등일 것 (2023. 12. 31. 신설)

　　2) 대통령령으로 정하는 바에 따라 계산한 주식등의 보유비율이 그 내국법인의 발행주식총수등의 100분의 5를 초과할 것

용하지 아니한 경우"란 매각한 날이 속하는 과세기간 또는 사업연도의 종료일부터 3년 이내에 매각대금 중 직접 공익목적사업에 사용한 실적(매각대금으로 직접 공익목적사업용, 수익용 또는 수익사업용 재산을 취득한 경우를 포함하며, 「독점규제 및 공정거래에 관한 법률」 제31조에 따른 공시대상기업집단에 속하는 법인과 같은 법 시행령 제4조 제1항 제1호에 따른 동일인 관련자의 관계에 있는 공익법인등이 매각대금으로 해당 기업집단에 속하는 법인의 의결권 있는 주식등을 취득한 경우는 제외한다. 이하 이 항 및 제7항에서 같다)이 매각대금의 100분의 90에 미달하는 경우를 말한다. 이 경우 해당 매각대금 중 직접 공익목적사업용, 수익용 또는 수익사업용 재산(공익목적사업용, 수익용 또는 수익사업용 재산을 취득하기 전에 일시 취득한 재산을 제외한다. 이하 이 항 및 제7항에서 같다)을 취득한 가액이 매각대금의 사용기준에 상당하는 금액에 미달하는 경우에는 그 차액에 대하여 이를 적용한다. (2025. 2. 28. 개정)

⑤ 법 제48조 제2항 제5호에서 운용소득과 관련된 "대통령령으로 정하는 기준금액"이란 제1호에 따라 계산한 금액에서 제2호의 금액을 뺀 금액(이하 이 항에서 "운용소득"이라 한다)의 100분의 80에 상당하는 금액(이하 이 항에서 "사용기준금액"이라 한다)을 말한다. 이 경우 직전 과세기간 또는 사업연도에서 발생한 운용소득을 사용기준금액에 미달하게 사용한 경우에는 그 미달하게 사용한 금액(법 제78조 제9항에 따른 가산세를 뺀 금액을 말한다)을 운용소득에 가산한다. (2021. 2. 17. 개정)

1. 해당 과세기간 또는 사업연도의 수익사업에서 발생한 소득금액(「법인세법」 제29조 제1항 각 호 외의 부분에 따른 고유목적사업준비금과 해당 과세기간 또는 사업연도 중 고유목적사업비로 지출된 금액으로서 손금에 산입된 금액을 포함하며, 다음 각 목의 어느 하나에 해당하는 금액은 제외한다)과 출연재산을 수익의 원천에 사용함으로써 생긴 소득금액의 합계액 (2021. 2. 17. 개정)

　가. 출연재산과 관련이 없는 수익사업에서 발생한 소득금액 (2021. 2. 17. 신설)

　나. 법 제48조 제2항 제4호에 따른 출연재산 매각금액 (2021. 2. 17. 신설)

의 사용 등】 (2016. 3. 21. 조번개정)

영 제38조 제4항 후단에 따른 일시 취득한 재산은 매각대금으로 취득한 수익용 또는 수익사업용 재산으로서 그 운용기간이 6월 미만인 재산으로 한다. (2016. 3. 21. 개정)

☞ ┈┈┈┈┈┈┈┈┈┈┈┈┈┈┈┈┈┈┈┈

● 예판 ┈┈┈┈┈┈┈┈┈┈┈┈┈┈┈┈┈┈

공익법인이 비상장법인으로부터 '현금배당과 주식배당'을 받은 경우, 법인세법상 수입배당금액의 익금불산입액에 관계없이, 직접 공익목적사업에 사용해야 할 '운용소득' 계산시 그 전액을 가산함. (재재산 46014－40, 2002. 2. 15)

┈┈┈┈┈┈┈┈┈┈┈┈┈┈┈┈┈┈┈┈

　　　(2023. 12. 31. 신설)
　나. 가목 외의 공익법인등(자산 규모, 사업의 특성 등을 고려하여 대통령령으로 정하는 공익법인등은 제외한다) (2023. 12. 31. 신설)

8. 그 밖에 출연받은 재산 및 직접 공익목적사업을 대통령령으로 정하는 바에 따라 운용하지 아니하는 경우　(2017. 12. 19. 호번개정)

③ 제1항에 따라 공익법인등이 출연받은 재산, 출연받은 재산을 원본으로 취득한 재산, 출연받은 재산의 매각대금 등을 다음 각 호의 어느 하나에 해당하는 자에게 임대차, 소비대차(消費貸借) 및 사용대차(使用貸借) 등의 방법으로 사용·수익하게 하는 경우에는 대통령령으로 정하는 가액을 공익법인등이 증여받은 것으로 보아 즉시 증여세를 부과한다. 다만, 공익법인등이 직접 공익목적사업과 관련하여 용역을 제공받고 정상적인 대가를 지급하는 등 대통령령으로 정하는 경우에는 그러하지 아니하다. (2018. 12. 31. 개정)

1. 출연자 및 그 친족 (2010. 1. 1. 개정)

2. 출연자가 출연한 다른 공익법인등 (2010. 1. 1. 개정)

3. 제1호 또는 제2호에 해당하는 자와 대통령령으로 정하는 특수관계에 있는 자 (2011. 12. 31. 개정)

⑤ 제1항 및 제16조 제1항에 따라 공익법인등이 재산을 출연받은 경우에는 그 출연받은 재산의 사용계획 및 진도에 관한 보고서를 대통령령으로 정하는 바에 따라 납세지 관할세무서장에게 제출하여야 한다. (2010. 1. 1. 개정)

⑥ 세무서장은 공익법인등에 대하여 상속세나 증여세를 부과할 때에는 그 공익법인등의 주무관청에 그 사실을 통보하여야 한다. (2010. 1. 1. 개정)

다. 「법인세법」 제16조 제1항 제5호 또는 「소득세법」 제17조 제2항 제4호에 해당하는 금액(합병대가 중 주식등으로 받은 부분으로 한정한다)으로서 해당 과세기간 또는 사업연도의 소득금액에 포함된 금액 (2021. 2. 17. 신설)

라. 「법인세법」 제16조 제1항 제6호 또는 「소득세법」 제17조 제2항 제6호에 해당하는 금액(분할대가 중 주식으로 받은 부분으로 한정한다)으로서 해당 과세기간 또는 사업연도의 소득금액에 포함된 금액 (2021. 2. 17. 신설)

2. 해당 소득에 대한 법인세 또는 소득세·농어촌특별세·주민세 및 이월결손금 (2013. 2. 15. 개정)

⑥ 법 제48조 제2항 제5호에 따른 운용소득의 사용은 그 소득이 발생한 과세기간 또는 사업연도 종료일부터 1년 이내에 직접 공익목적사업에 사용한 실적(제5항 제1호에 따라 해당 과세기간 또는 사업연도 중 고유목적사업비로 지출된 금액으로서 손금에 산입된 금액을 포함한다)을 말한다. 이 경우 그 실적 및 기준금액은 각각 해당 과세기간 또는 사업연도와 직전 4과세기간 또는 사업연도와의 5년간의 평균금액을 기준으로 계산할 수 있으며 사업개시 후 5년이 경과되지 아니한 경우에는 사업개시 후 5년이 경과한 때부터 이를 계산한다. (2010. 2. 18. 개정)

⑦ 법 제48조 제2항 제5호에서 "매각대금을 매각한 날부터 3년 동안 대통령령으로 정하는 기준금액에 미달하게 사용한 경우"란 매각대금 중 직접 공익목적사업에 사용한 실적이 매각한 날이 속하는 과세기간 또는 사업연도 종료일부터 1년 이내에 매각대금의 100분의 30, 2년 이내에 매각대금의 100분의 60에 미달하게 사용한 경우를 말한다. 이 경우 해당 매각대금 중 직접 공익목적사업용 또는 수익사업용 재산을 취득한 가액이 매 연도별 매각대금의 사용기준에 상당하는 금액에 미달하는 경우에는 그 차액에 대하여 이를 적용한다. (2010. 2. 18. 개정)

⑧ 법 제48조 제2항 제8호에서 "대통령령으로 정하는 바에 따라 운용하지 아니하는 경우"란 다음 각 호의 어느 하나에 해당하는 경우를 말한다. (2018. 2. 13. 개정)

1. 공익법인등이 사업을 종료한 때의 잔여재산을 국가·지방자치단체 또는 해당 공익법인 등과 동일하거나 주무부장관이 유사한 것

⑦ 공익법인등의 주무관청은 공익법인등에 대하여 설립허가, 설립허가의 취소 또는 시정명령을 하거나 감독을 한 결과 공익법인등이 제1항 단서, 제2항 및 제3항에 해당하는 사실을 발견한 경우에는 대통령령으로 정하는 바에 따라 그 공익법인등의 납세지 관할세무서장에게 그 사실을 통보하여야 한다. (2010. 1. 1. 개정)

⑧ 출연자 또는 그의 특수관계인이 대통령령으로 정하는 공익법인등의 현재 이사 수(현재 이사 수가 5명 미만인 경우에는 5명으로 본다)의 5분의 1을 초과하여 이사가 되거나, 그 공익법인등의 임직원(이사는 제외한다. 이하 같다)이 되는 경우에는 제78조 제6항에 따른 가산세를 부과한다. 다만, 사망 등 대통령령으로 정하는 부득이한 사유로 출연자 또는 그의 특수관계인이 공익법인등의 현재 이사 수의 5분의 1을 초과하여 이사가 된 경우로서 해당 사유가 발생한 날부터 2개월 이내에 이사를 보충하거나 개임(改任)하는 경우에는 제78조 제6항에 따른 가산세를 부과하지 아니한다. (2015. 12. 15. 단서신설)

⑨ 공익법인등(국가나 지방자치단체가 설립한 공익법인등 및 이에 준하는 것으로서 대통령령으로 정하는 공익법인등과 제11항 각 호의 요건을 충족하는 공익법인등은 제외한다)이 대통령령으로 정하는 특수관계에 있는 내국법인의 주식등을 보유하는 경우로서 그 내국법인의 주식등의 가액이 해당 공익법인등의 총 재산가액의 100분의 30(제50조 제3항에 따른 회계감사, 제50조의 2에 따른 전용계좌 개설·사용 및 제50조의 3에 따른 결산서류등의 공시를 이행하는 공익법인등에 해당하는 경우에는 100분의 50)을 초과하는 경우에는 제78조 제7항에 따른 가산세를 부과한다. 이 경우 그 초과하는 내국법인의 주식등의 가액 산정에 관하여는 대통령령으로 정한다. (2020. 12. 22. 개정)

⑩ 공익법인등이 특수관계에 있는 내국법인의 이익을 증가시키기 위하여 정당한 대가를 받지 아니하고 광고·홍보를 하는 경우에는 제78조 제8항에 따른 가산세를 부과한다. 이 경우 특수관계에 있는 내국법인의 범위, 광고·홍보의 방법, 그 밖에 필요한 사항은 대통령령으로 정한다. (2010. 1. 1. 개정)

⑪ 공익법인등이 내국법인의 발행주식총수등의 100분의 5를 초과하여 주식등을 출연(출연받은 재산 및 출연받은 재산의 매각대금으로 주식등

으로 인정하는 공익법인 등에 귀속시키지 아니한 때 (2019. 2. 12. 개정)

2. 직접 공익목적사업에 사용하는 것이 사회적 지위·직업·근무처 및 출생지 등에 의하여 일부에게만 혜택을 제공하는 것인 때. 다만, 주무부장관이 기획재정부장관과 협의(「행정권한의 위임 및 위탁에 관한 규정」 제3조 제1항에 따라 공익법인 등의 설립허가 등에 관한 권한이 위임된 경우에는 해당 권한을 위임받은 기관과 해당 공익법인 등의 관할세무서장의 협의를 말한다)하여 따로 수혜자의 범위를 정하여 이를 다음 각 목의 어느 하나에 해당하는 조건으로 한 경우를 제외한다. (2013. 2. 15. 단서개정)

가. 해당 공익법인 등의 설립허가의 조건으로 붙인 경우 (2013. 2. 15. 개정)

나. 정관상의 목적사업을 효율적으로 수행하기 위하여 또는 정관상의 목적사업에 새로운 사업을 추가하기 위하여 재산을 추가 출연함에 따라 정관의 변경허가를 받는 경우로서 그 변경허가 조건으로 붙인 경우 (98. 12. 31 개정)

⑨ 법 제48조 제2항 제1호, 제3호부터 제5호까지, 제7호 및 제8호를 적용할 때 출연받은 재산·운용소득·출연받은 재산의 매각대금 및 제8항 제1호에 따른 잔여재산(이하 이 항에서 "출연받은 재산 등"이라 한다) 중 일부가 다음 각 호의 어느 하나에 해당하는 사유로 인하여 직접 공익목적사업에 사용할 수 없거나 제8항 제1호에 따른 국가·지방자치단체 및 공익법인 등에 귀속시킬 수 없는 경우에는 해당 금액을 출연받은 재산 등의 가액에서 뺀 금액을 기준으로 한다. (2018. 2. 13. 개정)

1. 공익법인 등의 이사 또는 사용인의 불법행위로 인하여 출연받은 재산등이 감소된 경우. 다만, 출연자 및 그 출연자와 제2조의 2 제1항 제1호의 관계에 있는 자의 불법행위로 인한 경우를 제외한다. (2016. 2. 5. 단서개정)

2. 출연받은 재산 등을 분실하거나 도난당한 경우 (2003. 12. 30. 신설)

⑩ 법 제48조 제8항에서 "출연자"란 재산출연일 현재 해당 공익법인 등의 총출연재산가액의 100분의 1에 상당하는 금액과 2천만원 중 적

을 취득하는 경우를 포함한다)받은 후 다음 각 호의 어느 하나에 해당하는 요건을 충족하지 아니하게 된 경우에는 제16조 제2항 또는 이 조 제1항에 따라 상속세 과세가액 또는 증여세 과세가액에 산입하거나 제2항에 따라 즉시 증여세를 부과한다. (2023. 12. 31. 개정)

1. 제2항 제3호에 따른 운용소득에 대통령령으로 정하는 비율을 곱하여 계산한 금액 이상을 직접 공익목적사업에 사용할 것 (2020. 12. 22. 개정)

2. 제2항 제7호에 따른 출연재산가액에 대통령령으로 정하는 비율을 곱하여 계산한 금액 이상을 직접 공익목적사업에 사용할 것 (2020. 12. 22. 개정)

2. 삭　제 (2023. 12. 31.)

편주 ▶

2024. 1. 1. 전에 상속세, 증여세 또는 가산세 부과사유가 발생한 경우에는 법 48조 11항 2호의 개정규정에도 불구하고 종전의 규정에 따름. 다만, 2023. 12. 31.이 속하는 과세기간 또는 사업연도에 종전의 규정에 따른 상속세 또는 증여세 부과사유가 발생한 공익법인등이 원하는 경우에는 종전의 법 48조 11항 2호를 적용하지 아니하되, 법 48조 2항 7호 및 78조 9항의 개정규정을 적용함. (법 부칙(2023. 12. 31.) 4조)

3. 그 밖에 공익법인등의 이사의 구성 등 대통령령으로 정하는 요건을 충족할 것 (2020. 12. 22. 개정)

⑫ 제16조 제3항 각 호의 어느 하나 또는 제48조 제2항 제2호 단서에 해당하는 공익법인등이 제49조 제1항 각 호 외의 부분 단서에 따른 공익법인등에 해당하지 아니하게 되거나 해당 출연자와 특수관계에 있는 내국법인의 주식등을 해당 법인의 발행주식총수등의 100분의 5를 초과하여 보유하게 된 경우에는 제16조 제2항 또는 제48조 제1항에 따라 상속세 과세가액 또는 증여세 과세가액에 산입하거나 같은 조 제2항에 따라 즉시 증여세를 부과한다. (2020. 12. 22. 신설)

⑬ 제16조 제2항에 따라 내국법인의 발행주식총수등의 100분의 5를 초과하여 주식등을 출연받은 자 등 대통령령으로 정하는 공익법인등은 과세기간 또는 사업연도의 의무이행 여부 등에 관한 사항을 대통령령으로 정하는 바에 따라 납세지 관할 지방국세청장에게 신고하여야 한다. (2020. 12. 22. 신설)

은 금액을 초과하여 출연한 자를 말한다. (2012. 2. 2. 개정)

⑪ 법 제48조 제8항에서 "대통령령으로 정하는 공익법인 등"이란 다음 각 호의 법인(제12조 제4호에 해당하는 공익법인을 제외한다)을 말한다. (2012. 2. 2. 후단삭제)

1. 출연자와 제2조의 2 제1항 제3호의 관계에 있는 자가 이사의 과반수를 차지하거나 재산을 출연하여 설립한 비영리법인 (2016. 2. 5. 개정)

2. 출연자와 제2조의 2 제1항 제4호의 관계에 있는 자가 재산을 출연하여 설립한 비영리법인 (2016. 2. 5. 개정)

3. 출연자와 제2조의 2 제1항 제5호 또는 제8호의 관계에 있는 비영리법인 (2016. 2. 5. 개정)

⑫ 법 제48조 제8항 단서에서 "사망 등 대통령령으로 정하는 부득이한 사유"란 다음 각 호의 어느 하나에 해당하는 사유를 말한다. (2016. 2. 5. 신설)

1. 이사의 사망 또는 사임 (2016. 2. 5. 신설)

2. 특수관계인에 해당하지 아니하던 이사가 특수관계인에 해당하는 경우 (2016. 2. 5. 신설)

⑬ 법 제48조 제9항 본문 및 제10항 본문에서 "특수관계에 있는 내국법인"이란 다음 각 호의 어느 하나에 해당하는 자가 제1호에 해당하는 기업의 주식 등을 출연하거나 보유한 경우의 해당 기업(해당 기업과 함께 제1호에 해당하는 자에 속하는 다른 기업을 포함한다)을 말한다. (2016. 2. 5. 항번개정)

1. 기획재정부령으로 정하는 기업집단의 소속 기업(해당 기업의 임원 및 퇴직임원을 포함한다)과 다음 각 목의 어느 하나에 해당하는 관계에 있는 자 또는 해당 기업의 임원에 대한 임면권의 행사 및 사업방침의 결정 등을 통하여 그 경영에 관하여 사실상의 영향력을 행사하고 있다고 인정되는 자 (2019. 2. 12. 개정)

　가. 기업집단 소속의 다른 기업 (2012. 2. 2. 개정)

　나. 기업집단을 사실상 지배하는 자 (2012. 2. 2. 개정)

　다. 나목의 자와 제2조의 2 제1항 제1호의 관계에 있는 자 (2016. 2. 5. 개정)

2. 제1호 각 목 외의 부분에 따른 소속 기업 또는 같은 호 가목에 따

⑭ 직접 공익목적사업에의 사용 여부 판정기준, 수익용 또는 수익사업용의 판정기준, 발행주식총수등의 제16조 제 2항 제2호에 따른 비율을 초과하는 가액의 계산방법, 해당 내국법인과 특수관계에 있는 출연자의 범위, 상속세·증여세 과세가액 산입 또는 즉시 증여세 부과에 관한 구체적 사항 및 공익법인등의 의무이행 여부 신고에 관한 사항 및 그 밖에 필요한 사항은 대통령령으로 정한다. (2020. 12. 22. 개정)

른 기업의 임원 또는 퇴직임원이 이사장인 비영리법인 (2019. 2. 12. 개정)

3. 제1호 및 제2호에 해당하는 자가 이사의 과반수이거나 재산을 출연하여 설립한 비영리법인 (99. 12. 31 신설)

⑭ 법 제48조 제9항 후단에서 "그 초과하는 내국법인의 주식등의 가액"이란 각 사업연도 종료일 현재 제1호의 가액에서 제2호의 가액의 100분의 30(법 제50조 제3항에 따른 외부감사, 법 제50조의 2에 따른 전용계좌의 개설 및 사용과 법 제50조의 3에 따른 결산서류 등의 공시를 이행하는 공익법인등에 해당하면 100분의 50)에 해당하는 금액을 차감하여 계산한 가액을 말한다. (2016. 2. 5. 항번개정)

1. 「법인세법 시행령」 제74조 제1항 제1호 마목의 규정에 의한 당해 내국법인의 주식 등의 취득가액과 재무상태표상의 가액 중 적은 금액 (2022. 2. 15. 개정)

2. 공익법인 등의 총 재산(당해 내국법인의 주식 등을 제외한다)에 대한 재무상태표상의 가액에 제1호의 가액을 가산한 가액 (2022. 2. 15. 개정)

⑮ 법 제48조 제10항에 따라 가산세를 부과하는 광고·홍보는 공익법인 등이 다음 각 호의 어느 하나에 해당하는 행위를 하는 경우를 말한다. (2016. 2. 5. 항번개정)

1. 신문·잡지·텔레비전·라디오·인터넷 또는 전자광고판 등을 이용하여 내국법인을 위하여 홍보하거나 내국법인의 특정상품에 관한 정보를 제공하는 행위. 다만, 내국법인의 명칭만을 사용하는 홍보를 제외한다. (2004. 12. 31. 단서신설)

2. 팜플렛·입장권 등에 내국법인의 특정상품에 관한 정보를 제공하는 행위. 다만, 내국법인의 명칭만을 사용하는 홍보를 제외한다. (2004. 12. 31. 개정)

3. 삭 제 (2004. 12. 31.)

⑯ 이 조를 적용함에 있어 주무부장관 또는 주무관청을 알 수 없는 경우에는 관할 세무서장을 주무부장관 또는 주무관청으로 본다. (2016. 2. 5. 항번개정)

☞ p.2210 3단 연결

1. 법 제16조 제2항 및 제48조 제1항에 따라 내국법인의 발행주식총수등의 100분의 5를 초과하여 주식등을 출연받은 공익법인등. 다만, 다음 각 목의 어느 하나에 해당하는 경우는 제외한다. (2024. 2. 29. 신설)

　가. 다음의 어느 하나에 해당하는 공익법인등으로서 법 제16조 제3항 제1호에 해당하는 경우 (2024. 2. 29. 신설)

　　1) 국가·지방자치단체가 출연하여 설립한 공익법인등 (2024. 2. 29. 신설)

　　2) 제42조 제2항 각 호의 어느 하나에 해당하는 공익법인등 (2024. 2. 29. 신설)

　나. 법 제16조 제3항 제3호에 해당하는 경우 (2024. 2. 29. 신설)

2. 법 제48조 제2항 제2호에 따라 내국법인의 발행주식총수등의 100분의 5를 초과하여 주식등을 취득한 공익법인등. 다만, 다음 각 목의 어느 하나에 해당하는 경우는 제외한다. (2024. 2. 29. 신설)

　가. 공익법인등(다음의 어느 하나에 해당하는 공익법인등이 제13조 제6항에 해당하는 경우로 한정한다)이 제13조 제7항에 따른 내국법인의 주식등을 취득하는 경우로서 주무관청이 공익법인등의 목적사업을 효율적으로 수행하기 위하여 필요하다고 인정하는 경우 (2024. 2. 29. 신설)

　　1) 국가·지방자치단체가 출연하여 설립한 공익법인등 (2024. 2. 29. 신설)

　　2) 제42조 제2항 각 호의 어느 하나에 해당하는 공익법인등 (2024. 2. 29. 신설)

　나. 「공익법인의 설립·운영에 관한 법률」 및 그 밖의 법령에 따라 내국법인의 주식등을 취득하는 경우 (2024. 2. 29. 신설)

　다. 「산업교육진흥 및 산학연협력촉진에 관한 법률」 제25조에 따른 산학협력단이 주식등을 취득하는 경우로서 제37조 제6항 각 호의 요건을 모두 갖춘 경우 (2024. 2. 29. 신설)

3. 법 제48조 제9항에 따른 가산세가 부과되지 않는 공익법인등이 제38조 제13항에 따른 특수관계에 있는 내국법인의 주식등을 보유하

☞ p.2211 2단 연결

수해당 공익법인 등이 5년 이상 보유한 유가증권시장 또는 코스닥시장에 상장된 주권상장법인의 주식의 가액은 직전 5개 과세기간 또는 사업연도 종료일 현재 각 재무상태표 및 운영성과표를 기준으로 한 가액의 평균액으로 한다.

편주 ▶

공익법인등이 2023. 12. 31.이 속하는 과세기간 또는 사업연도에 대한 출연재산가액의 계산에 관하여는 영 38조 18항의 개정규정에도 불구하고 종전의 규정에 따름. (영 부칙(2024. 2. 29.) 5조)

---

⑲ 법 제48조 제2항 제7호 각 목 외의 부분에 따른 직접 공익목적사업에 사용한 실적은 직접 공익목적사업에 사용해야 할 과세기간 또는 사업연도 중 고유목적사업비로 지출된 금액으로서 손금에 산입한 금액을 포함하며, 직접 공익목적사업에 사용한 실적을 계산할 때 공익법인등이 해당 공익목적사업 개시 후 5년이 지난 경우에는 직접 공익목적사업에 사용해야 할 과세기간 또는 사업연도와 그 과세기간 또는 사업연도 직전 4개 과세기간 또는 사업연도의 5년간 평균금액을 기준으로 계산할 수 있다. (2024. 2. 29. 신설)

편주 ▶

영 38조 19항의 개정규정은 2024. 1. 1. 이후 개시하는 과세기간 또는 사업연도에 공익법인등이 직접 공익목적사업에 사용한 실적을 계산하는 경우부터 적용함. (영 부칙(2024. 2. 29.) 3조)

---

⑳ 법 제48조 제2항 제7호 가목 1) 및 2) 외의 부분에서 "대통령령으로 정하는 공익법인등"이란 법 제48조 제11항 각 호의 요건을 모두 충족하여 법 제16조 제2항, 제48조 제1항, 같은 조 제2항 제2호, 같은 조 제9항 및 제49조 제1항에 따른 주식등의 출연·취득 및 보유에 대한 증여세 및 가산세 등의 부과대상에서 제외되는 공익법인등으로서 다음 각 호의 어느 하나에 해당하는 공익법인등을 말한다. (2024. 2. 29. 신설)

---

⑰ 법 제48조 제2항 제2호 각 목 외의 부분 본문에서 "대통령령으로 정하는 공과금 등"이란 출연받은 재산의 매각에 따라 부담하는 국세 및 지방세를 말한다. (2017. 2. 7. 신설)

⑱ 법 제48조 제2항 제7호 각 목 외의 부분에서 "대통령령으로 정하는 출연재산가액"이란 직접 공익목적사업에 사용해야 할 과세기간 또는 사업연도의 직전 과세기간 또는 사업연도 종료일 현재 재무상태표 및 운영성과표를 기준으로 다음의 계산식에 따라 계산한 가액을 말한다. 다만, 공익법인등이 제41조의 2 제6항에 따른 공익법인등에 해당하거나 제43조 제3항에 따른 공익법인등에 해당하지 않는 경우로서 재무상태표상 자산가액이 법 제4장에 따라 평가한 가액의 100분의 70 이하인 경우에는 같은 장에 따라 평가한 가액을 기준으로 다음의 계산식에 따라 계산한 가액을 말한다. (2024. 2. 29. 개정)

수익용 또는 수익사업용으로 운용하는 재산(직접 공익목적사업용 재산은 제외한다)의 [총자산가액 − (부채가액 + 당기 순이익)]

* 총자산가액 중 해당 공익법인이 3년 이상 5년 미만 보유한 유가증권시장 또는 코스닥시장에 상장된 주권상장법인의 주식의 가액은 직전 3개 과세기간 또는 사업연도 종료일 현재 각 재무상태표 및 운영성과표를 기준으로 한 가액의 평균액으로 하고,

호에 따른 관계가 있는 자를 포함한다. (2016. 2. 5. 개정)

1. 출연자가 「민법」 제32조에 따라 설립된 법인인 경우에는 그 법
   인에 대한 출연자 및 그 출연자와 제2조의 2 제1항 제1호의 관계
   에 있는 자 (2016. 2. 5. 개정)
2. 출연자가 제1호 외의 법인인 경우에는 해당 법인을 출자에 의하여
   지배하고 있는 자 및 그와 제2조의 2 제1항 제1호의 관계에 있는
   자 (2016. 2. 5. 개정)
3. 출연자의 사용인 (2002. 12. 30 개정)
4. 출연자로부터 재산을 출연받은 다른 공익법인 등의 임원 (96.
   12. 31 개정)
5. 출연자가 출자에 의하여 지배하고 있는 법인 (96. 12. 31 개정)
6. 제28조 제1항 제2호 및 제3호에 해당하는 관계에 있는 자 (2013.
   2. 15. 개정)

② 법 제48조 제3항 각 호 외의 부분 단서에서 "공익법인 등이 직
접 공익목적사업과 관련하여 용역을 제공받고 정상적인 대가를 지
급하는 등 대통령령으로 정하는 경우"란 다음 각 호의 어느 하나에
해당하는 경우를 말한다. (2010. 2. 18. 개정)

1. 출연받은 재산을 출연받은 날부터 3개월 이내에 법 제48조 제3항 각
   호의 어느 하나에 해당하는 자가 사용하는 경우 (2013. 2. 15. 개정)
1의 2. 법 제48조 제3항 각 호의 어느 하나에 해당하는 자가 다음 각
   목의 어느 하나에 해당하는 금액을 지급하고 공익법인등이 출연받
   은 부동산을 사용하는 경우 (2018. 2. 13. 신설)
   가. 제32조 제3항에 따른 시가 (2018. 2. 13. 신설)
   나. 「법인세법」 제52조 제2항에 따른 시가로서 같은 조 제1항에 따
      른 부당행위계산의 부인이 적용되지 아니하는 범위에 있는 금

☞ p.2212 2단 연결

는 경우로서 같은 조 제14항에 따른 가액 이 0보다 큰 공익법인등.
다만, 다음 각 목의 어느 하나에 해당하는 공익법인등은 제외한다.
(2024. 2. 29. 신설)
   가. 국가·지방자치단체가 출연하여 설립한 공익법인등 (2024. 2.
      29. 신설)
   나. 제42조 제2항 각 호의 어느 하나에 해당하는 공익법인등
      (2024. 2. 29. 신설)
4. 법 제49조 제1항에 따라 1996년 12월 31일 현재 의결권 있는 발행
   주식총수등의 100분의 5를 초과하는 동일한 내국법인의 의결권 있
   는 주식등을 보유하고 있는 공익법인등으로서 해당 주식등을 발행
   주식총수등의 100분의 5를 초과하여 계속하여 보유하고 있는 공익
   법인등. 다만, 다음 각 목의 어느 하나에 해당하는 공익법인등은 제
   외한다. (2024. 2. 29. 신설)
   가. 국가·지방자치단체가 출연하여 설립한 공익법인등 (2024. 2.
      29. 신설)
   나. 제42조 제2항 각 호의 어느 하나에 해당하는 공익법인등
      (2024. 2. 29. 신설)

㉑ 법 제48조 제2항 제7호 가목 2)에서 "대통령령으로 정하는 바에
따라 계산한 주식등"이란 제20항 각 호의 구분에 따라 출연, 취득 또
는 보유하는 주식등을 말한다. (2024. 2. 29. 신설)

㉒ 법 제48조 제2항 제7호 나목에서 "대통령령으로 정하는 공익법인
등"이란 다음 각 호의 어느 하나에 해당하는 공익법인등을 말한다.
(2024. 2. 29. 개정)

1. 제43조의 5 제1항 및 제2항에 따른 공익법인등 (2022. 2. 15. 개정)
2. 「법인세법 시행령」 제39조 제1항 제1호 바목에 따른 공익법인
   등 중 「공공기관의 운영에 관한 법률」 제4조에 따른 공공기관
   또는 법률에 따라 직접 설립된 기관 (2021. 2. 17. 개정)

제39조【공익법인 등의 자기내부거래에 대한 증여세 과세】 ①
법 제48조 제3항 제3호에서 "대통령령으로 정하는 특수관계에 있는
자"란 다음 각 호의 어느 하나에 해당하는 관계에 있는 자를 말하며,
제2호부터 제5호까지의 규정에 따른 출연자에는 제2조의 2 제1항 제1

① 법 제48조 제2항 각 호 외의 부분 본문에서 "대통령령으로 정하는 가액"이란 다음 각 호의 어느 하나에 해당하는 가액을 말한다. (2010. 2. 18. 개정)
1. 법 제48조 제2항 제1호 본문에 해당하게 되는 경우에는 다음 각 목의 구분에 따른 가액 (2021. 2. 17. 개정)
　가. 직접 공익목적사업 등외에 사용한 경우에는 그 사용한 재산의 가액 (99. 12. 31 개정)
　나. 3년 이내에 직접 공익목적사업 등에 사용하지 아니하거나 미달하게 사용한 경우에는 그 사용하지 아니하거나 미달하게 사용한 재산의 가액 (99. 12. 31 개정)
　다. 3년 이후 직접 공익목적사업 등에 계속하여 사용하지 않는 경우에는 그 사용하지 않는 재산의 가액 (2021. 2. 17. 신설)
2. 법 제48조 제2항 제2호의 규정에 해당하게 되는 경우에는 그 초과부분을 취득하는데 사용한 재산의 가액 (96. 12. 31 개정)
2의 2. 법 제48조 제2항 제3호의 규정에 해당하게 되는 경우에는 다음 산식에 의하여 계산한 재산가액 (2008. 2. 29. 직제개정 ; 기획재정부와~직제 부칙)
기획재정부령이 정하는 출연재산(직접 공익목적사업에 사용한 분을 제외한다)의 평가가액

$$\times \frac{\text{공익목적사업외에 사용한 금액}}{\text{제38조 제5항의 규정에 의한 운용소득}}$$

3. 법 제48조 제2항 제4호의 규정에 해당하게 되는 경우에는 다음 각목의 구분에 따라 계산한 재산가액 (2003. 12. 30. 개정)
　가. 공익목적사업외에 사용한 분 :
　　제38조 제4항의 규정에 의한 사용기준금액

$$\times \frac{\text{공익목적사업외에 사용한 금액}}{\text{제38조 제4항의 규정에 의한 매각대금}}$$

　　(2003. 12. 30. 개정)
　나. 제38조 제4항의 규정에 의한 사용기준금액에 미달하게 사용한 분 : 당해 미달사용금액 (2003. 12. 30. 개정)

☞ p.2213 2단 연결

액 (2018. 2. 13. 신설)
2. 제12조 제2호에 따른 교육사업을 영위하는 교육기관이 기획재정부령이 정하는 연구시험용 건물 및 시설 등을 출연받아 이를 해당 공익법인 등과 출연자가 공동으로 사용하는 경우 (2019. 2. 12. 개정)
3. 해당 공익법인 등이 의뢰한 연구용역 등의 대가 또는 직접 공익목적사업의 수행과 관련한 경비 등을 지급하는 경우 (2013. 2. 15. 개정)

통칙 48-39…6【공익법인 등의 자기내부거래에 대한 증여세 과세】
① 공익법인 등이 출연받은 재산 등을 출연자 등에게 사용·수익하게 하는 경우 영 제39조 제3항에 따른 증여세과세가액(출연재산 중 일부분만 출연자 등이 사용·수익하게 하는 경우 출연자등이 사용·수익하는 일부분의 출연재산가액을 기준으로 계산한다)은 다음 각 호에 따른다. (2019. 12. 23. 개정)
1. 대가없이 사용·수익하게 하는 경우 : 해당 출연재산가액 (2011. 5. 20. 개정)
2. 낮은 대가로 사용·수익하게 하는 경우 (2019. 12. 23. 개정)

$$: \text{해당 출연재산가액} \times \frac{(\text{정상적인 대가} - \text{실제 지급한 대가})}{\text{정상적인 대가}}$$

② 삭 제 (2000. 10. 12)
③ 영 제39조 제3항, 영 제40조 제1항 제1호 및 제4호부터 제5호까지에 따라 공익법인 등에 부과되는 증여세과세가액은 각 규정에 따른 가액을 과세요인 발생일 현재 법 제60조부터 제66조까지에 따라 평가한 가액으로 한다. (2011. 5. 20. 개정)

③ 법 제48조 제3항 각 호 외의 부분 본문에서 "대통령령으로 정하는 가액"이란 같은 항 각 호의 어느 하나에 해당하는 자에게 무상으로 사용·수익하게 한 경우에는 해당 출연재산가액을 말하며, 다음 각 호의 금액 중 적은 금액보다 낮은 대가로 사용·수익하게 한 경우에는 그 차액에 상당하는 출연재산가액을 말한다. (2018. 2. 13. 개정)
1. 제32조 제3항에 따른 시가 (2018. 2. 13. 신설)
2.「법인세법」제52조 제2항에 따른 시가 (2018. 2. 13. 신설)

　제40조【공익법인 등에게 부과되는 증여세 과세가액의 계산 등】(2010. 2. 18. 제목개정)

제12조【공익법인 등의 자기내부거래에 대한 증여세 과세】영 제39조 제2항 제2호에서 "기획재정부령이 정하는 연구시험용 건물 및 시설등"이란 다음 각 호의 어느 하나에 해당하는 것을 말한다. (2019. 3. 20. 개정)
1. 출연받은 기부금에 의하여 설립한 시설 및 건물 (2019. 3. 20. 개정)
2.「법인세법 시행규칙」별표 2 시험연구용 자산의 내용연수표에 규정된 시설 및 설비 (2005. 3. 19 개정)

제13조【출연재산의 평가】① 영 제40조 제1항 제2호의 규정을 적용함에 있어서 해당 초과부분을 취득하는 데 사용한 재산의 가액산정이 곤란한 경우에는 그 초과부분은 법 제60조 내지 제66조의 규정에 의한 재산의 평가방법에 따른다. (2002. 12. 31 신설)
② 영 제40조 제1항 제2호의 2 계산식에서 "기획재정부령이 정하는 출연재산(직접 공익목적사업에 사용한 분을 제외한다)의 평가가액"이란 영 제38조 제5항에 따른 운용소득을 사용하여야 할 과세기간 또는 사업연도의 직전 과세기간 또는 사업연도 말 현재 수익용이나 수익사업용으로 운용하는 출연재산에 대한 재무상태표상 가액을 말한다. 다만, 그 가액이 법 제4장에 따라 평가한 가액의 100분의 70 이하인 경우에는 법 제4장에 따라 평가한 가액으로 한다. (2015. 3. 13. 개정)

제41조【출연재산 명세의 보고 등】① 법 제48조 제5항에 따라 재산을 출연받은 공익법인 등은 결산에 관한 서류[「공익법인의 설립·운영에 관한 법률」 및 그 밖의 법령에 따라 공익법인 등이 주무관청에 제출하는 재무상태표 및 손익계산서(손익계산서에 준하는 수지계산서 등을 포함한다)로 한정한다] 및 기획재정부령으로 정하는 다음 각 호에 규정하는 사항에 관한 서류를 과세기간 또는 사업연도 종료일부터 4개월 이내에 납세지 관할세무서장에게 제출해야 한다. (2022. 2. 15. 개정)

1. 출연받은 재산의 명세 (96. 12. 31 개정)
2. 출연재산(출연재산의 운용소득을 포함한다)의 사용계획 및 진도현황 (96. 12. 31 개정)
3. 법 제48조 제2항 제4호 및 같은 항 제5호(제38조 제7항에 해당하는 경우에 한정한다)에 해당하는 경우에는 매각재산 및 그 사용명세 (2010. 2. 18. 개정)
4. 운용소득의 직접 공익목적사업 사용명세 (96. 12. 31 개정)
5. 그 밖에 기획재정부령으로 정하는 필요한 서류 (2010. 2. 18. 개정)

② 법 제48조 제6항의 규정에 의한 주무관청에의 통보는 기획재정부령이 정하는 통보서에 의하여 상속세 또는 증여세를 부과한 날이 속하는 달의 다음달 말일까지 하여야 한다. (2008. 2. 29. 직제개정 ; 기획재정부와~직제 부칙)

③ 법 제48조 제7항의 규정에 의한 통보를 하고자 하는 주무관청은 기획재정부령이 정하는 통보서에 의하여 설립허가 등을 한 날이 속하는 달의 다음달 말일까지 그 통보를 하여야 한다. (2008. 2. 29. 직제개정 ; 기획재정부와~직제 부칙)

제41조의 2【공익법인등의 주식보유 요건 및 의무이행 신고】
① 법 제48조 제11항 제1호에서 "대통령령으로 정하는 비율"이란 100분의 80을 말한다. (2021. 2. 17. 신설)

② 법 제48조 제11항 제2호에서 "대통령령으로 정하는 비율"이란 100분의 1을 말한다. (2021. 2. 17. 신설)

② 삭 제 (2024. 2. 29.)

☞ p.2214 2단 연결

① 삭 제 (2008. 7. 25.)
② 영 제40조 제1항을 적용할 때 직접공익목적사업에 사용한 분이 증여자별로 구분되는 경우에는 실제구분에 의하고 구분되지 아니하는 경우에는 다음 계산식에 따라 안분 계산한 금액에 따른다. (2011. 5. 20. 개정)

$$직접공익목적사업에\ 사용한\ 금액 \times \frac{각\ 출연자별\ 출연재산가액}{출연받은\ 총재산가액}$$

3의 2. 법 제48조 제2항 제6호에 해당하게 되는 경우에는 해당 공익법인 등이 출연받은 주식등의 의결권을 행사한 날에 발행주식총수등의 100분의 10을 초과하여 보유하고 있는 주식등의 가액 (2018. 2. 13. 신설)
4. 제38조 제8항 제1호의 규정에 해당하게 되는 경우에는 국가·지방자치단체 또는 당해 공익법인 등과 동일하거나 유사한 공익법인 등에 귀속시키지 아니한 재산가액 (2000. 12. 29 개정)
5. 제38조 제8항 제2호 본문의 규정에 해당하게 되는 경우에는 혜택을 받은 일부에게만 제공된 재산가액 또는 경제적 이익에 상당하는 가액 (2000. 12. 29 개정)

② 법 제48조 제11항 및 제12항에 따라 상속세 또는 증여세 과세가액에 산입하거나 즉시 증여세를 부과해야 하는 경우에는 그 과세가액에 산입하거나 증여세를 부과해야 할 사유가 발생한 날 현재 해당 공익법인등이 초과하여 보유하고 있는 주식등의 가액을 기준으로 한다. 이 경우 "증여세를 부과해야 할 사유가 발생한 날"이란 다음 각 호의 어느 하나에 해당하는 날을 말한다. (2021. 2. 17. 개정)

1. 법 제48조 제11항 각 호의 요건을 충족하지 못하게 된 경우에는 해당 요건을 충족하지 못한 과세기간 또는 사업연도의 종료일 (2021. 2. 17. 개정)
2. 법 제48조 제12항에 따른 공익법인등에 해당하지 않게 된 경우에는 해당 공익법인등에 해당하지 않는 과세기간 또는 사업연도의 종료일 (2021. 2. 17. 신설)
3. 법 제48조 제12항에 따라 해당 법인의 발행주식총수등의 100분의 5를 초과하여 보유하게 된 날 (2021. 2. 17. 개정)

③ 제2항에 따른 출연재산 중 공익법인등이 1년 이상 보유한 주식등의 평가가액은 제2항에도 불구하고 그 액면가액으로 한다. (2017. 3. 10. 개정)

규칙 제13조 제3항에서 "공익법인 등이 1년 이상 보유한 주식"이라 함은 그 공익법인 등이 직접공익목적사업에 사용하여야 할 사업연도의 직전사업연도말 현재 1년 이상 보유한 주식을 말한다. (2011. 5. 20. 개정)

④ 삭 제 (2001. 4. 3)

제25조【공익법인관련서식】① 영 제41조 제1항 각 호 외의 부분에서 "기획재정부령으로 정하는 다음 각 호에 규정하는 사항에 관한 서류"란 다음 각 호의 어느 하나에 해당하는 것을 말한다. (2010. 3. 31. 개정)

1. 별지 제23호 서식에 따른 공익법인 출연재산 등에 대한 보고서 (2006. 4. 25. 개정)
1의 2. 삭 제 (2009. 4. 23.)
2. 별지 제24호 서식에 따른 출연재산·운용소득·매각대금의 사용계획 및 진도내역서 (2006. 4. 25. 개정)
3. 삭 제 (2006. 4. 25.)
3의 2. 별지 제25호의 2 서식에 의한 출연받은 재산의 사용명세서 (2006. 4. 25. 개정)
3의 3. 별지 제25호의 3 서식에 의한 출연재산 매각대금 사용명세서 (2010. 3. 31. 개정)

③ 법 제48조 제11항 제3호에서 "공익법인등의 이사의 구성 등 대통령령으로 정하는 요건"이란 다음 각 호의 요건을 말한다. (2021. 2. 17. 신설)

1. 출연자(재산출연일 현재 해당 공익법인등의 총 출연재산가액의 100분의 1에 상당하는 금액과 2천만원 중 적은 금액 이하를 출연한 자는 제외한다) 또는 그의 특수관계인이 공익법인등의 이사 현원(이사 현원이 5명 미만인 경우에는 5명으로 본다)의 5분의 1을 초과하지 않을 것. 다만, 제38조 제12항 각 호에 따른 사유로 출연자 또는 그의 특수관계인이 이사 현원의 5분의 1을 초과하여 이사가 된 경우로서 해당 사유가 발생한 날부터 2개월 이내에 이사를 보충하거나 교체 임명하여 출연자 또는 그의 특수관계인인 이사가 이사 현원의 5분의 1을 초과하지 않게 된 경우에는 계속하여 본문의 요건을 충족한 것으로 본다. (2021. 2. 17. 신설)

2. 법 제48조 제3항에 해당하지 않을 것 (2021. 2. 17. 신설)

3. 법 제48조 제10항 전단에 따른 광고·홍보를 하지 않을 것 (2021. 2. 17. 신설)

④ 법 제48조 제11항 제1호를 적용할 때 직접 공익목적사업에 사용한 실적, 운용소득 및 기준금액에 관하여는 제38조 제5항 및 제6항을 준용한다. (2021. 2. 17. 신설)

⑤ 공익법인등이 법 제48조 제11항 각 호의 요건을 모두 충족했는지 여부는 해당 과세기간 또는 사업연도 전체를 기준으로 판단한다. (2021. 2. 17. 신설)

⑥ 법 제48조 제13항에서 "내국법인의 발행주식총수등의 100분의 5를 초과하여 주식등을 출연받은 자 등 대통령령으로 정하는 공익법인등"이란 제38조 제20항에 따른 공익법인등을 말한다. (2024. 2. 29. 개정)

⑦ 법 제48조 제13항에 따라 의무이행 여부 등에 관한 사항을 신고하려는 공익법인등은 해당 과세기간 또는 사업연도 종료일부터 4개월 이내에 기획재정부령으로 정하는 신고서 및 관련 서류를 납세지 관할 지방국세청장에게 제출해야 한다. (2021. 2. 17. 신설)

⑧ 납세지 관할 지방국세청장은 제7항에 따른 신고내용을 확인하여 법 제48조 제11항 각 호의 요건 충족 여부를 국세청장에게 보고해야 하고, 국세청장은 그 결과를 해당 공익법인등과 주무관청에 통보해야 한

3의 4. 별지 제25호의 4 서식에 의한 운용소득 사용명세서 (2010. 3. 31. 개정)

4. 별지 제26호 서식에 의한 주식(출자지분)보유명세서 (2006. 4. 25. 개정)

5. 별지 제26호의 2 서식에 의한 이사 등 선임명세서 (2001. 4. 3 신설)

6. 별지 제26호의 3 서식에 의한 특정기업 광고 등 명세서 (2001. 4. 3 신설)

② 영 제41조 제2항의 규정에 의한 공익법인 과세내용 통보서는 별지 제27호서식과 같다. (97. 4. 19 개정)

③ 영 제41조 제3항의 규정에 의한 공익법인설립허가 등 통보서는 별지 제28호 서식과 같다. (97. 4. 19 개정)

④ 영 제43조의 2 제6항에 따른 지정 예정 통지에 대한 의견서 및 같은 조 제7항에 따른 지정 통지에 대한 재지정 요청서는 각각 별지 제28호의 2 서식 및 별지 제28호의 3 서식과 같다. (2022. 3. 18 신설)

⑤ 영 제43조의 4 제7항에 따른 전용계좌 외거래명세서는 별지 제29호 서식과 같다. (2022. 3. 18. 개정)

⑥ 영 제43조의 4 제10항에 따른 전용계좌개설(변경·추가)신고서는 별지 제30호 서식과 같다. (2022. 3. 18. 개정)

⑦ 영 제43조의 5 제4항에 따른 표준서식은 별지 제31호 서식과 같다. (2022. 3. 18. 개정)

⑧ 영 제43조의 5 제4항에 따른 간편서식은 별지 제31호의 2 서식과 같다. (2022. 3. 18. 개정)

⑨ 영 제43조 제6항에 따른 보고서 및 같은 조 제8항에 따른 공익법인 등의 세무확

제49조【공익법인등의 주식등의 보유기준】① 공익법인등이 1996년 12월 31일 현재 의결권 있는 발행주식총수 또는 출자총액(이하 이 조에서 "발행주식총수등"이라 한다)의 100분의 5를 초과하는 동일한 내국법인의 의결권 있는 주식 또는 출자지분(이하 이 조에서 "주식등"이라 한다)을 보유하고 있는 경우에는 다음 각 호의 어느 하나에 해당하는 기한까지 그 발행주식총수등의 100분의 5(이하 "주식등의 보유기준"이라 한다)를 초과하여 보유하지 아니하도록 하여야 한다. 다만, 제48조 제11항 각 호의 요건을 충족하는 공익법인등과 국가ㆍ지방자치단체가 출연하여 설립한 공익법인등 및 이에 준하는 것으로서 대통령령으로 정하는 공익법인등에 대해서는 그러하지 아니하다. (2020. 12. 22. 단서개정)

1. 그 공익법인등이 보유하고 있는 주식등의 지분율이 발행주식총수등의 100분의 5를 초과하고 100분의 20 이하인 경우 : 1999년 12월 31일까지 (2010. 1. 1. 개정)

2. 그 공익법인등이 보유하고 있는 주식등의 지분율이 발행주식총수등의 100분의 20을 초과하는 경우 : 2001년 12월 31일까지 (2010. 1. 1. 개정)

② 제1항을 적용할 때 주식등의 보유기준의 계산방법 등 그 밖에 필요한 사항은 대통령령으로 정한다. (2010. 1. 1. 개정)

제50조【공익법인등의 세무확인 및 회계감사의무】(2016. 12. 20. 제목개정)
① 공익법인등은 과세기간별 또는 사업연도별로 출연받은 재산의 공익

다. (2021. 2. 17. 신설)
⑨ 공익법인등의 법 제48조 제11항 각 호의 요건 충족 여부 확인을 위한 추가적인 자료제출 및 그 밖에 필요한 사항은 기획재정부령으로 정한다. (2021. 2. 17. 신설)

제42조【주식 등의 보유기준의 적용대상에서 제외되는 공익법인 등】

① 법 제49조 제1항 각 호 외의 부분 단서에서 "대통령령으로 정하는 기준에 해당하는 공익법인 등"이란 성실공익법인 등을 말한다. (2010. 2. 18. 개정)
1.ㆍ2. 삭 제 (2000. 12. 29)

① 삭 제 (2021. 2. 17.)
② 법 제48조 제9항 전단에서 "대통령령으로 정하는 공익법인등"과 법 제49조 제1항 각 호 외의 부분 단서에서 "대통령령으로 정하는 공익법인 등"이란 다음 각 호의 어느 하나에 해당하는 것을 말한다. (2010. 2. 18. 개정)
1. 국가ㆍ지방자치단체가 출연하여 설립한 공익법인 등이 재산을 출연하여 설립한 공익법인 등 (96. 12. 31 개정)
2. 「공공기관의 운영에 관한 법률」 제4조 제1항 제3호에 따른 공공기관이 재산을 출연하여 설립한 공익법인 등 (2008. 2. 22. 개정)
3. 제2호의 공익법인 등이 재산을 출연하여 설립한 공익법인 등 (96. 12. 31 개정)

③ 제1항의 규정에 의한 성실공익법인 등의 판정은 공익법인 등의 과세기간 또는 사업연도의 종료일 현재를 기준으로 한다. 다만, 최초로 당해 성실공익법인 등을 판정하는 경우에는 법 제49조 제1항 각호의 1에서 규정하는 기간의 종료일로 한다 (96. 12. 31 개정)
④ 제38조 제6항의 규정은 제1항의 규정을 적용함에 있어서 직접 공익목적사업에 사용한 실적 및 기준금액에 대하여 이를 준용한다. (2000. 12. 29 개정)
③ㆍ④ 삭 제 (2008. 2. 22.)
⑤ 법 제49조 제1항에 따른 주식등의 보유기준의 계산은 법 제48조 제1항 각 호 외의 부분 단서 및 같은 조 제2항 제2호에 따른 주식 출연 및 취득에 관한 기준을 준용한다. (2017. 2. 7. 개정)

제43조【공익법인 등에 대한 외부전문가의 세무확인 등】① 법 제50조 제1항 본문에서 "대통령령으로 정하는 기준"이란 다음 각 호의 어느 하나에도 해당하지 아니하는 경우를 말한다. (2011. 7. 25. 개정)

인서는 별지 제32호 서식에 따른다. (2022. 3. 18. 항번개정)

제13조의 2【공익법인등의 의무이행 신고대상 등】
① 영 제41조의 2 제6항에서 "기획재정부령으로 정하는 공익법인등"이란 다음 각 호의 어느 하나에 해당하는 공익법인등을 말한다. (2021. 3. 16. 신설)
1. 법 제16조 제2항 및 제48조 제1항에 따라 내국법인의 발행주식총수등의 100분의 5를 초과하여 주식등을 출연받은 공익법인등. 다만, 다음 각 목의 어느 하나에 해당하는 경우는 제외한다. (2021. 3. 16. 신설)
가. 다음의 어느 하나에 해당하는 공익법인등으로서 법 제16조 제3항 제1호에 해당하는 경우 (2021. 3. 16. 신설)
  1) 국가ㆍ지방자치단체가 출연하여 설립한 공익법인등 (2021. 3. 16. 신설)
  2) 영 제42조 제2항 각 호의 어느 하나에 해당하는 공익법인등 (2021. 3. 16. 신설)
나. 법 제16조 제3항 제3호에 해당하는 경우 (2021. 3. 16. 신설)
2. 법 제48조 제2항 제2호에 따라 내국법인의 발행주식총수등의 100분의 5를 초과하여 주식등을 취득한 공익법인등. 다만, 다음 각 목의 어느 하나에 해당하는 경우는 제외한다. (2021. 3. 16. 신설)
가. 공익법인등[제1호 가목 1) 또는 2)]에 따른 공익법인등이 영 제13조 제6항에 해당하는 경우로 한정한다] 영 제13조 제7항에 따른 내국법인의 주식등을 취득하는 경우로서 주무관청이 공익법인등의 목적사업을 효율적으로 수행하기 위하여 필요하다고 인정하는 경우 (2021. 3. 16. 신설)
  1) 국가ㆍ지방자치단체가 출연하여 설립한 공익법인등 (2021. 3. 16. 신설)
  2) 영 제42조 제2항 각 호의 어느 하나에 해당하는 공익법인등 (2021. 3. 16. 신설)
나. 「공익법인의 설립ㆍ운영에 관한 법률」 및 그 밖의 법령에 따라 내국법인의 주식등을 취득하는 경우 (2021. 3. 16. 신설)

목적사업 사용 여부 등에 대하여 대통령령으로 정하는 기준에 해당하는 2명 이상의 변호사, 공인회계사 또는 세무사를 선임하여 세무확인(이하 "외부전문가의 세무확인"이라 한다)을 받아야 한다. 다만, 자산 규모, 사업의 특성 등을 고려하여 대통령령으로 정하는 공익법인등은 외부전문가의 세무확인을 받지 아니할 수 있다. (2016. 12. 20. 단서개정)

② 제1항에 따라 외부전문가의 세무확인을 받은 공익법인등은 그 결과를 대통령령으로 정하는 바에 따라 납세지 관할세무서장에게 보고하여야 한다. 이 경우 관할세무서장은 공익법인등의 출연재산의 공익목적 사업 사용 여부 등에 관련된 외부전문가의 세무확인 결과를 일반인이 열람할 수 있게 하여야 한다. (2010. 1. 1. 개정)

③ 공익법인등은 과세기간별 또는 사업연도별로 「주식회사 등의 외부감사에 관한 법률」 제2조 제7호에 따른 감사인에게 회계감사를 받아야 한다. 다만, 다음 각 호의 어느 하나에 해당하는 공익법인등은 그러하지 아니하다. (2018. 12. 31. 개정)

1. 자산 규모 및 수입금액이 대통령령으로 정하는 규모 미만인 공익법인등 (2019. 12. 31. 개정)

2. 사업의 특성을 고려하여 대통령령으로 정하는 공익법인등 (2010. 1. 1. 개정)

④ 기획재정부장관은 자산 규모 등을 고려하여 대통령령으로 정하는 공익법인등이 연속하는 4개 과세기간 또는 사업연도에 대하여 제3항에 따른 회계감사를 받은 경우에는 그 다음 과세기간 또는 사업연도부터 연속하는 2개 과세기간 또는 사업연도에 대하여 기획재정부장관이 지정하는 감사인에게 회계감사를 받도록 할 수 있다. 이 경우 기획재정부장관은 감사인 지정 업무의 전부 또는 일부를 국세청장에게 위임할 수 있다. (2022. 12. 31. 개정)

⑤ 기획재정부장관은 제3항 또는 제4항에 따라 회계감사를 받을 의무가 있는 공익법인등이 공시한 감사보고서와 그 감사보고서에 첨부된 재무제표에 대하여 감리할 수 있다. (2023. 12. 31. 후단삭제)

⑥ 기획재정부장관은 제5항에 따른 감리 업무의 전부 또는 일부를 대통령령으로 정하는 바에 따라 회계감사 및 감리에 관한 전문성을 갖춘 법인이나 단체에 위탁할 수 있다. 이 경우 해당 업무를 위탁받은 법인이나 단체는 제3항 또는 제4항에 따른 회계감사의 감사보수

1. 해당 공익법인등의 출연자(재산출연일 현재 해당 공익법인등의 총 출연재산가액의 100분의 1에 해당하는 금액과 2천만원 중 적은 금액 이하의 금액을 출연한 사람은 제외한다), 설립자(이하 이 항에서 "출연자등"이라 한다) 또는 임직원(퇴직 후 5년이 지나지 아니한 사람을 포함한다)인 경우 (2013. 2. 15. 개정)

2. 출연자등과 제2조의 2 제1항 제1호 또는 제2호의 관계에 있는 사람인 경우 (2016. 2. 5. 개정)

3. 출연자등 또는 그가 경영하는 회사(해당 회사가 법인인 경우에는 출연자등이 최대주주등인 회사를 말한다)와 소송대리, 회계감사, 세무대리, 고문 등의 거래가 있는 사람인 경우 (2015. 2. 3. 개정)

4. 해당 공익법인등과 채권·채무 관계에 있는 사람인 경우 (2011. 7. 25. 개정)

5. 제1호부터 제4호까지의 사유 외에 해당 공익법인등과 이해관계가 있는 등의 사유로 그 직무의 공정한 수행을 기대하기 어렵다고 인정되는 사람인 경우 (2011. 7. 25. 개정)

6. 제1호(임직원은 제외한다) 및 제3호부터 제5호까지의 규정에 따른 관계에 있는 법인에 소속된 사람인 경우 (2011. 7. 25. 개정)

② 법 제50조 제1항 단서에서 "대통령령으로 정하는 공익법인 등"이란 다음 각 호의 어느 하나에 해당하는 공익법인 등을 말한다. (2010. 2. 18. 개정)

1. 법 제50조 제1항에 따라 외부전문가의 세무확인을 받아야 하는 과세기간 또는 사업연도의 종료일 현재 재무상태표상 총자산가액(부동산의 경우 법 제60조·제61조 및 제66조에 따라 평가한 가액이 재무상태표상의 가액보다 큰 경우에는 그 평가한 가액을 말한다)의 합계액이 5억원 미만인 공익법인 등. 다만, 해당 과세기간 또는 사업연도의 수입금액(해당 공익사업과 관련된 「소득세법」에 따른 수입금액 또는 「법인세법」에 따라 법인세 과세대상이 되는 수익사업과 관련된 수입금액을 말한다. 이하 이 조 및 제43조의 5 제2항 단서에서 같다)과 그 과세기간 또는 사업연도에 출연받은 재산가액의 합계액이 3억원 이상인 공익법인등은 제외한다. (2022. 2. 15. 개정)

2. 불특정다수인으로부터 재산을 출연받은 공익법인 등(출연자 1명과

① 삭 제 (2024. 3. 22.)

② 영 제41조의 2 제7항에서 "기획재정부령으로 정하는 신고서 및 관련 서류"란 다음 각 호의 신고서 및 서류를 말한다. (2021. 3. 16. 신설)

1. 별지 제22호 서식에 따른 공익법인등 주식 보유 관련 의무이행 신고서 (2022. 3. 18. 개정)

2. 해당 공익법인등의 설립허가서 및 정관 (2021. 3. 16. 신설)

3. 별지 제25호의 4 서식에 따른 운용소득 사용명세서 (2021. 3. 16. 신설)

4. 별지 제26호의 2 서식에 따른 이사등 선임명세서 (2021. 3. 16. 신설)

5. 별지 제26호의 3 서식에 따른 특정기업 광고 등 명세서 (2021. 3. 16. 신설)

중 일부를 감사인으로부터 기획재정부령으로 정하는 바에 따라 감리업무 수수료로 받을 수 있다. (2023. 12. 31. 신설)

편주 ▶
법 50조 6항의 개정규정은 2024. 1. 1. 이후 개시하는 과세기간 또는 사업연도에 대한 감사보고서와 재무제표에 대하여 감리를 하는 경우부터 적용함. (법 부칙(2023. 12. 31.) 2조)

⑦ 제1항부터 제5항까지의 규정을 적용할 때 세무확인 항목, 세무확인의 절차·방법, 보고서의 작성 및 세무확인 결과의 보고절차, 외부감사의 방법, 감사인 지정 기준 및 절차, 감리업무 및 감리 결과에 따른 조치 등 그 밖에 필요한 사항은 대통령령으로 정한다. (2023. 12. 31. 항번개정)

편주 ▶
외부전문가의 세무확인 불이행시 가산세 → 법 78조 5항 참조

그의 특수관계인이 출연한 출연재산가액의 합계액이 공익법인 등이 출연받은 총재산가액의 100분의 5에 미달하는 경우로 한정한다) (2013. 2. 15. 개정)

3. 국가 또는 지방자치단체가 재산을 출연하여 설립한 공익법인 등으로서 「감사원법」 또는 관련 법령에 따라 감사원의 회계검사를 받는 공익법인 등(회계검사를 받는 연도분으로 한정한다) (2013. 2. 15. 개정)

③ 법 제50조 제3항 제1호에서 "대통령령으로 정하는 규모 미만인 공익법인등"이란 회계감사를 받아야 하는 과세기간 또는 사업연도의 직전 과세기간 또는 직전 사업연도의 총자산가액 등이 다음 각 호를 모두 충족하는 공익법인등을 말한다. 다만, 제41조의 2 제6항에 해당하는 공익법인등은 제외한다. (2021. 2. 17. 단서신설)

1. 과세기간 또는 사업연도 종료일의 재무상태표상 총자산가액(부동산인 경우 법 제60조·제61조 및 제66조에 따라 평가한 가액이 재무상태표상의 가액보다 크면 그 평가한 가액을 말한다)의 합계액이 100억원 미만일 것 (2020. 2. 11. 개정)

1. 직전 과세기간 또는 직전 사업연도 종료일의 재무상태표상 총자산가액(부동산인 경우 법 제60조·제61조 및 제66조에 따라 평가한 가액이 재무상태표상의 가액보다 크면 그 평가한 가액을 말한다)의 합계액이 100억원 미만일 것 (2025. 2. 28. 개정)

2. 해당 과세기간 또는 사업연도의 수입금액과 그 과세기간 또는 사업연도에 출연받은 재산가액의 합계액이 50억원 미만일 것 (2020. 2. 11. 개정)

2. 직전 과세기간 또는 직전 사업연도의 수입금액과 그 과세기간 또는 사업연도에 출연받은 재산가액의 합계액이 50억원 미만일 것 (2025. 2. 28. 개정)

3. 해당 과세기간 또는 사업연도에 출연받은 재산가액이 20억원 미만일 것 (2020. 2. 11. 개정)

3. 직전 과세기간 또는 직전 사업연도에 출연받은 재산가액이 20억원 미만일 것 (2025. 2. 28. 개정)

④ 법 제50조 제3항 제2호에서 "대통령령으로 정하는 공익법인 등"이란 제12조 제1호 또는 제2호의 사업을 하는 공익법인등을 말한다. 다만, 제41조의 2 제6항에 해당하는 공익법인등은 제외한다. (2021. 2. 17. 개정)

⑤ 법 제50조 제7항에 따른 외부전문가의 세무확인 항목은 다음 각 호

---

6. 별지 제31호 서식 부표 4에 따른 출연받은 재산의 공익목적사용 현황 (2021. 3. 16. 신설)
6. 삭 제 (2025. 3. 21.)
7. 별지 제32호 서식 부표 2에 따른 출연자 등 특수관계인 사용수익명세서 (2021. 3. 16. 신설)

③ 영 제41조의 2 제7항에 따라 신고를 받은 납세지 관할 지방국세청장은 「전자정부법」 제36조 제1항에 따른 행정정보의 공동이용을 통하여 법인 등기사항증명서를 확인해야 한다. (2021. 3. 16. 신설)

④ 납세지 관할 지방국세청장은 법 제48조 제11항 각 호의 요건 충족 여부 확인을 위하여 해당 공익법인등 또는 주무관청에 추가 자료제출을 요구할 수 있다. (2021. 3. 16. 신설)

⑤ 국세청장은 영 제41조의 2 제8항에 따라 공익법인등의 의무이행 여부 등을 보고받으면 해당 공익법인등의 과세기간 또는 사업연도 종료일부터 9개월 이내에 해당 공익법인등 및 주무관청에 통보해야 한다. (2021. 3. 16. 신설)

제14조【외부전문가의 세무확인】① 영 제43조 제5항 제4호에서 "기획재정부령이 정하는 것"이란 다음 각호의 1에 해당하는 것을 말한다. (2008. 4. 30. 개정)
1. 출연받은 재산의 운영 및 수익사업내역의 적정성 여부 (97. 4. 19 개정)
2. 장부의 작성·비치의무의 준수여부 (97. 4. 19 개정)
3. 공익법인 등의 수혜자 선정의 적정성

2. 「공공기관의 운영에 관한 법률」 제4조에 따른 공공기관인 공익법인등 (2022. 2. 15. 신설)
3. 「공공기관의 운영에 관한 법률」 제4조 제1항 각 호의 어느 하나에 해당하는 기관으로서 같은 법에 따른 공공기관으로 지정되지 않은 기관 중 기획재정부령으로 정하는 공익법인등 (2025. 2. 28. 신설)

◀편주▶

영 43조의 2 제1항 3호의 개정규정은 2025. 2. 28.이 속하는 과세기간 또는 사업연도에 대해 회계감사를 받는 경우부터 적용함. (영 부칙(2025. 2. 28.) 5조)

② 직전 과세연도 종료일 현재 재무상태표상 총자산가액이 1,000억원 이상인 공익법인등(제1항 각 호의 공익법인등은 제외한다)은 과세연도가 시작된 후 9개월째 되는 달의 초일부터 2주 이내에 법 제50조 제4항에 따른 회계감사(이하 "지정회계감사'라 한다)에 필요한 자료로서 기획재정부령으로 정하는 자료를 기획재정부장관에게 제출해야 한다. 다만, 지정회계감사 대상인 2개 과세연도 중 두 번째 과세연도 및 그 직후 3개 과세연도에는 제출하지 않을 수 있다. (2022. 2. 15. 신설)
③ 기획재정부장관은 「주식회사 등의 외부감사에 관한 법률」에 따른 감사인 중에서 신청을 받아 법 제50조 제4항 전단에 따른 감사인(이하 "지정감사인"이라 한다)을 지정하되, 다음 각 호의 자는 지정감사인으로 지정하지 않을 수 있다. (2022. 2. 15. 신설)
1. 감사보고서에 기재해야 할 사항을 기재하지 않았거나 거짓으로 기재한 혐의로 공소가 제기된 자 (2022. 2. 15. 신설)
2. 특별한 사유 없이 제7항(제10항에 따라 준용되는 경우를 포함한다)에 따른 기간 내에 감사계약을 체결하지 않은 자 (2022. 2. 15. 신설)
3. 제43조의 3 제3항에 따라 회계감사기준 또는 회계기준을 위반한 것으로 주무관청, 국세청장 및 금융위원회에 통보된 자 (2022. 2. 15. 신설)
4. 그 밖에 과도한 감사보수를 요구하는 등의 사유로 제6항에 따라 의견이 제출된 자 등 지정감사인으로 지정하는 것이 적절하지 않다고

☞ p.2219 2단 연결

의 어느 하나에 따른다. (2024. 2. 29. 개정)
1. 출연받은 재산의 공익목적 사용여부 (96. 12. 31 개정)
2. 법 제48조 · 이 영 제37조 및 제39조에 따른 의무사항 이행여부 (2013. 2. 15. 개정)
3. 삭　제 (2000. 12. 29)
4. 그 밖에 공익목적 사업운영 등에 관하여 기획재정부령이 정하는 것 (2013. 2. 15. 개정)
⑥ 외부전문가의 세무확인을 받은 공익법인등은 그 결과를 기획재정부령이 정하는 보고서에 의하여 세무확인을 받은 해당 공익법인 등의 과세기간 또는 사업연도의 종료일부터 4개월 이내에 해당 공익법인 등을 관할하는 세무서장에게 보고해야 한다. (2022. 2. 15. 개정)
⑦ 법 제50조 제3항에 따라 회계감사를 받은 공익법인 등은 감사인이 작성한 감사보고서를 해당 공익법인 등의 과세기간 또는 사업연도 종료일부터 4개월 이내에 관할 세무서장에게 제출해야 한다. 이 경우 관할 세무서장은 제출받은 감사보고서를 일반인이 열람할 수 있도록 해야 한다. (2022. 2. 15. 개정)
⑧ 법 제50조 제7항에 따른 세무확인절차 · 방법 및 외부감사를 위한 외부전문가 및 감사인의 선임 · 선임의 제한, 외부전문가의 의무, 세무확인서 및 세무확인기간 등 외부전문가의 세무확인 및 감사인의 외부감사에 필요한 세부사항은 기획재정부령으로 정한다. (2024. 2. 29. 개정)

제43조의 2 【공익법인등에 대한 감사인 지정 등】 ① 법 제50조 제4항 전단에서 "대통령령으로 정하는 공익법인등"이란 제4항에 따른 지정기준일이 속하는 과세연도(과세기간 또는 사업연도를 말한다. 이하 이 조에서 같다)의 직전 과세연도 종료일 현재 재무상태표상 총자산가액이 1,000억원 이상인 공익법인등을 말한다. 다만, 다음 각 호의 공익법인등은 제외한다. (2022. 2. 15. 신설)
1. 제4항에 따른 지정기준일 이전 4년 이내에 법 제50조 제5항에 따른 감리를 받은 공익법인등으로서 그 감리 결과 법 제50조의 4 제1항에 따른 회계기준(다른 법령에 따라 별도의 회계기준이 적용되는 공익법인등의 경우에는 해당 회계기준을 말한다)을 위반한 사실이 발견되지 않은 공익법인등 (2022. 2. 15. 신설)

여부 (97. 4. 19 개정)
② 영 제43조 제6항에서 "기획재정부령이 정하는 보고서'란 영 제43조 제5항 각 호의 어느 하나에 규정된 사항에 대하여 영 제43조 제8항에 따른 외부전문가의 공익법인 등에 대한 세무확인서를 말한다. (2012. 2. 28. 개정)
③ 공익법인 등은 과세기간별로 또는 사업연도별로 외부전문가의 세무확인을 받아야 한다. 이 경우 외부전문가의 세무확인은 해당 공익법인 등의 과세기간 또는 사업연도 종료일부터 2개월 이내에 실시하여야 한다. (2009. 4. 23. 개정)
③ 삭　제 (2025. 3. 21.)

◀편주▶

규칙 14조 3항의 개정규정은 2025. 3. 21.이 속하는 과세기간 또는 사업연도의 세무확인을 받는 경우부터 적용함. (규칙 부칙(2025. 3. 21.) 2조)

④ 삭　제 (2002. 12. 31)

제14조의 2 【공익법인등에 대한 감사인 지정 등】 ① 영 제43조의 2 제2항 본문에 따라 직전 과세연도(과세기간 또는 사업연도를 말한다. 이하 이 조 및 별표에서 같다) 종료일 현재 재무상태표상 총자산가액이 1,000억원 이상인 공익법인등(영 제43조의 2 제1항 각 호의 공익법인등은 제외한다)은 별지 제35호 서식의 감사인 지정을 위한 기초자료 내역서에 직전 과세연도 종료일 현재 재무상태표상 총자산가액을 확인할 수 있는 자료를 첨부하여 국세청장에게 제출해야 한다. 이 경우 「주식회사 등의 외부감사에 관한 법률」에

약서 사본을 기획재정부장관에게 제출해야 한다. (2022. 2. 15. 신설)
⑫ 기획재정부장관은 법 제50조 제4항 후단에 따라 이 조에 따른 지정감사인 지정에 관한 업무를 국세청장에게 위탁한다. (2022. 2. 15. 신설)
⑬ 제1항부터 제12항까지에서 규정한 사항 외에 지정감사인의 지정절차, 그 밖에 지정감사인 지정에 필요한 세부사항은 기획재정부령으로 정한다. (2022. 2. 15. 신설)

　　제43조의 3 【감사보고서 등에 대한 감리】 ① 기획재정부장관은 법 제50조 제5항에 따라 공익법인등이 공시한 감사보고서와 그 감사보고서에 첨부된 재무제표가 다음 각 호의 어느 하나에 해당하는 경우에는 그 감사보고서와 재무제표에 대하여 감리할 수 있다. (2024. 2. 29. 개정)
1. 계량적 분석 또는 무작위 표본 추출 등의 방법에 따라 감리 대상으로 선정된 경우 (2022. 2. 15. 신설)
2. 기획재정부장관이 공익법인등의 회계 관련 법령 위반사실의 확인을 위하여 감리가 필요하다고 인정하는 경우 (2022. 2. 15. 신설)
② 기획재정부장관은 제1항에 따른 감리에 필요한 경우 해당 공익법인등 또는 감사인에게 자료 제출이나 의견 진술 등을 요구할 수 있다. (2022. 2. 15. 신설)
③ 기획재정부장관은 제1항에 따른 감리 결과 해당 감사보고서 또는 재무제표가 「주식회사 등의 외부감사에 관한 법률」 제16조에 따른 회계감사기준 또는 법 제50조의 4 제1항에 따른 회계기준(다른 법령에 따라 별도의 회계기준이 적용되는 공익법인등의 경우에는 해당 회계기준을 말한다)을 위반한 것으로 인정되는 경우 해당 공익법인등과 감사인의 명단 및 위반 내용 등을 해당 공익법인등의 주무관청, 국세청장 및 금융위원회에 통보해야 한다. (2022. 2. 15. 신설)
④ 제3항에 따른 통보를 받은 금융위원회는 그 통보 내용에 따라 해당 감사인에 대하여 징계 등의 조치를 하는 경우 그 내용을 기획재정부장관에게 통보해야 한다. (2022. 2. 15. 신설)
⑤ 기획재정부장관은 법 제50조 제6항 전단에 따라 이 조 제1항 및 제2항에 따른 감리 및 자료 제출 등의 요구 업무를 「공인회계사법」 제41조에 따른 한국공인회계사회에 위탁한다. (2024. 2. 29. 개정)

☞ p.2220 2단 연결

기획재정부장관이 인정하는 자 (2023. 2. 28. 개정)
④ 기획재정부장관은 지정회계감사의 대상이 되는 과세연도의 직전과세연도 개시일부터 11개월 15일이 되는 날(이하 이 조에서 "지정 기준일"이라 한다)까지 지정감사인을 지정하고 이를 지정회계감사 대상 공익법인등 및 지정감사인에게 각각 통지해야 한다. (2022. 2. 15. 신설)
⑤ 기획재정부장관은 지정감사인을 지정하기 전에 지정회계감사 대상 공익법인등과 지정감사인으로 지정하려는 감사인에게 지정기준일 4주 전까지 지정 예정 사실을 문서로 통지해야 한다. 다만, 신속하게 지정감사인을 지정할 필요가 있는 경우에는 그 기간을 단축할 수 있다. (2022. 2. 15. 신설)
⑥ 제5항에 따른 통지를 받은 공익법인등과 지정 예정 감사인은 통지를 받은 날부터 2주 이내에 기획재정부장관에게 의견을 제출할 수 있으며, 기획재정부장관은 그 의견에 상당한 이유가 있는 경우 그 의견을 반영할 수 있다. (2022. 2. 15. 신설)
⑦ 제4항에 따라 지정감사인 지정 통지를 받은 공익법인등은 지정기준일부터 2주 이내에 지정감사인과 감사계약을 체결해야 한다. 다만, 다음 각 호의 경우에는 지정감사인을 다시 지정해 줄 것을 기획재정부장관에게 요청할 수 있다. (2022. 2. 15. 신설)
1. 지정감사인이 특별한 사유 없이 지정기준일부터 2주 이내에 감사계약을 체결하지 않은 경우 (2022. 2. 15. 신설)
2. 지정감사인이 「공인회계사법」 제33조 및 그 밖의 법령에 따라 해당 공익법인등의 감사인이 될 수 없는 경우 (2022. 2. 15. 신설)
⑧ 기획재정부장관은 제7항 단서에 따른 요청에 상당한 이유가 있는 경우 지정감사인을 다시 지정할 수 있다. (2022. 2. 15. 신설)
⑨ 기획재정부장관은 제8항에 따라 지정감사인을 다시 지정한 경우에는 그 사실을 해당 공익법인등 및 새로 지정된 지정감사인에게 각각 통지해야 한다. (2022. 2. 15. 신설)
⑩ 제8항에 따라 지정감사인을 다시 지정한 경우의 감사계약 체결 등에 관하여는 제7항을 준용한다. 이 경우 "지정기준일"은 "통지일"로 본다. (2022. 2. 15. 신설)
⑪ 제7항(제10항에 따라 준용되는 경우를 포함한다)에 따라 감사계약을 체결한 지정감사인은 감사계약을 체결한 날부터 2주 이내에 감사계

따른 감사인(이하 "감사인"이라 한다) 중에서 해당 공익법인등과의 관계에서 다음 각 호의 어느 하나에 해당하는 자가 있는 경우에는 그 감사인에 대한 자료를 함께 제출할 수 있다. (2022. 3. 18. 신설)
1. 「공인회계사법」 제33조 및 그 밖의 법령에 따라 해당 공익법인등의 감사인이 될 수 없는 자 (2022. 3. 18. 신설)
2. 「공인회계사법」 제43조 제1항에 따른 직업윤리에 관한 규정에 위반될 우려가 있는 등 해당 공익법인등의 감사인이 되는 것이 적절하지 않은 자 (2022. 3. 18. 신설)
② 국세청장은 법 제50조 제4항 전단에 따라 공익법인등에 대하여 같은 항 전단에 따른 회계감사(이하 "지정회계감사"라 한다)를 받도록 하는 경우 매 과세연도마다 일정 수 이상의 공익법인등이 고르게 지정회계감사를 받을 수 있도록 영 제43조의 2 제1항의 요건을 충족하는 공익법인등을 그 재무상태표상 총자산가액이 큰 순서에 따라 과세연도별로 안분하여 지정회계감사를 받도록 할 수 있다. 다만, 영 제43조의 2 제4항에 따른 지정기준일 현재 다음 각 호의 사유가 있는 공익법인등에 대해서는 해당 호에서 정하는 바에 따라 지정회계감사를 받도록 해야 한다. (2022. 3. 18. 신설)
1. 법 제50조 제3항에 따른 회계감사의 감사계약이 체결되어 있는 경우로서 그 계약체결일이 속하는 과세연도의 직전 과세연도 종료일 현재 재무상태표상 총자산가액이 1,000억원 미만이고 그 감사계약에 따른 감사 대상 과세연도와 지정

제50조의 2【공익법인등의 전용계좌 개설·사용 의무】(2010. 1. 1. 제목개정)

① 공익법인등(사업의 특성을 고려하여 대통령령으로 정하는 공익법인등은 제외한다. 이하 이 조에서 같다)은 해당 공익법인등의 직접 공익목적사업과 관련하여 받거나 지급하는 수입과 지출의 경우로서 다음 각 호의 어느 하나에 해당하는 경우에는 대통령령으로 정하는 직접 공익목적사업용 전용계좌(이하 "전용계좌"라 한다)를 사용하여야 한다. (2010. 1. 1. 개정)

1. 직접 공익목적사업과 관련된 수입과 지출을 대통령령으로 정하는 금융회사등을 통하여 결제하거나 결제받는 경우 (2013. 1. 1. 개정)

2. 기부금, 출연금 또는 회비를 받는 경우. 다만, 현금을 직접 받은 경우로서 대통령령으로 정하는 경우는 제외한다. (2010. 1. 1. 개정)

3. 인건비, 임차료를 지급하는 경우 (2010. 1. 1. 개정)

4. 기부금, 장학금, 연구비 등 대통령령으로 정하는 직접 공익목적사업비를 지출하는 경우. 다만, 100만원을 초과하는 경우로 한정한다. (2010. 1. 1. 개정)

5. 수익용 또는 수익사업용 자산의 처분대금, 그 밖의 운용소득을 고유목적사업회계에 전입(현금 등 자금의 이전이 수반되는 경우만 해당한다)하는 경우 (2010. 1. 1. 개정)

---

⑥ 제1항부터 제5항까지에서 규정한 사항 외에 감리 대상 선정 및 감리 방법 등에 관하여 필요한 세부사항은 기획재정부령으로 정한다. (2022. 2. 15. 신설)

제43조의 4【공익법인 등의 전용계좌의 개설·사용 의무】(2022. 2. 15. 조번개정)

① 법 제50조의 2 제1항 각 호 외의 부분에서 "대통령령으로 정하는 공익법인등"이란 제12조 제1호의 사업을 하는 공익법인등을 말한다. 다만, 제41조의 2 제6항에 해당하는 공익법인등은 제외한다. (2021. 2. 17. 개정)

② 법 제50조의 2 제1항 각 호 외의 부분에서 "대통령령으로 정하는 직접 공익목적사업용 전용계좌"란 다음 각 호의 요건을 모두 갖춘 것을 말한다. (2008. 2. 22. 신설)

1. 금융회사등에 개설한 계좌일 것 (2015. 2. 3. 개정)

2. 공익법인 등의 공익목적사업 외의 용도로 사용되지 아니할 것 (2008. 2. 22. 신설)

③ 법 제50조의 2 제1항 각 호 외의 부분에 따른 전용계좌(이하 "전용계좌"라 한다)는 공익법인 등별로 둘 이상 개설할 수 있다. (2008. 2. 22. 신설)

④ 법 제50조의 2 제1항 제1호에 따라 전용계좌를 사용하여야 하는 거래의 범위에는 금융회사등의 중개 또는 금융회사등에 대한 위탁 등을 통하여 다음 각 호의 어느 하나에 해당하는 방법으로 그 대금을 결제하는 경우를 포함한다. (2015. 2. 3. 개정)

1. 송금 및 계좌 간 자금이체 (2008. 2. 22. 신설)

2. 「수표법」 제1조에 따른 수표로 이루어진 거래대금의 지급 및 수취 (2008. 2. 22. 신설)

3. 「어음법」 제1조 및 제75조에 따른 어음으로 이루어진 거래대금의 지급 및 수취 (2008. 2. 22. 신설)

4. 「여신전문금융업법」 또는 「전자금융거래법」에 따른 신용카드·선불카드(선불전자지급수단 및 전자화폐를 포함한다)·직불카드(직불전자지급수단을 포함한다)를 통하여 이루어진 거래대금의 지급 및 수취 (2008. 2. 22. 신설)

회계감사 대상이 될 과세연도가 중복되는 경우 : 중복되는 최대 2개 과세연도 직후의 과세연도에 대해 지정회계감사를 받도록 할 것 (2022. 3. 18. 신설)

2. 법 제50조 제5항에 따라 감사보고서와 재무제표에 대하여 감리가 진행 중인 경우 : 감리가 종료된 날이 속하는 과세연도의 다음 과세연도에 법 제50조 제4항 전단에 따른 감사인(이하 "지정감사인"이라 한다)을 지정하여 그 다음 과세연도에 지정회계감사를 받도록 할 것 (2022. 3. 18. 신설)

③ 영 제43조의 2 제3항에 따라 지정감사인으로 지정받으려는 감사인은 매년 9월 1일부터 2주 이내에 별지 제36호 서식의 지정감사인 지정 신청서에 다음 각 호의 서류를 첨부하여 국세청장에게 제출해야 한다. (2022. 3. 18. 신설)

1. 감사인 등록증 사본 (2022. 3. 18. 신설)

2. 제4항 제1호 또는 제2호의 요건을 충족함을 확인할 수 있는 서류 (2022. 3. 18. 신설)

3. 별표 제4호 및 제5호에 따른 지정감사인 지정 점수 산정을 위한 소속 공인회계사별 경력기간 세부 현황 자료 (2022. 3. 18. 신설)

④ 제3항에 따른 신청서를 제출받은 국세청장은 다음 각 호의 어느 하나에 해당하는 요건을 갖춘 감사인 중에서 별표에서 정하는 방법에 따라 지정감사인을 지정한다. (2022. 3. 18. 신설)

1. 제3항에 따른 신청서를 제출한 해의 9

② 공익법인등은 직접 공익목적사업과 관련하여 제1항 각 호의 어느 하나에 해당되지 아니하는 경우에는 명세서를 별도로 작성ㆍ보관하여야 한다. 다만, 「소득세법」 제160조의 2 제2항 제3호 또는 제4호에 해당하는 증명서류를 갖춘 경우 등 대통령령으로 정하는 수입과 지출의 경우에는 그러하지 아니하다. (2010. 1. 1. 개정)

③ 공익법인등은 최초로 공익법인등에 해당하게 된 날부터 3개월 이내에 전용계좌를 개설하여 해당 공익법인등의 납세지 관할세무서장에게 신고하여야 한다. 다만, 2016년 1월 1일, 2017년 1월 1일 또는 2018년 1월 1일이 속하는 소득세 과세기간 또는 법인세 사업연도의 수입금액(해당 공익사업과 관련된 「소득세법」에 따른 수입금액 또는 「법인세법」에 따라 법인세 과세대상이 되는 수익사업과 관련된 수입금액을 말한다)과 그 과세기간 또는 사업연도에 출연받은 재산가액의 합계액이 5억원 미만인 공익법인등으로서 본문에 따라 개설 신고를 하지 아니한 경우에는 2019년 6월 30일까지 전용계좌의 개설 신고를 할 수 있다.

관계조문 »

규칙 25조 4항 → 전용계좌외거래명세서(별지 제29호 서식)

⑤ 법 제50조의 2 제1항 제2호 단서에서 "대통령령으로 정하는 경우"란 현금으로 직접 지급받은 기부금ㆍ출연금 또는 회비를 지급받는 날부터 5일(5일이 되는 날이 공휴일ㆍ토요일 또는 「근로자의 날 제정에 관한 법률」에 따른 근로자의 날에 해당하면 그 다음 날)까지 전용계좌에 입금하는 경우를 말한다. 이 경우 기부금ㆍ출연금 또는 회비의 현금수입 명세를 작성하여 보관하여야 한다. (2008. 2. 22. 신설)

⑥ 법 제50조의 2 제1항 제4호 본문에서 "대통령령으로 정하는 직접 공익목적사업비를 지출하는 경우"란 공익목적 사업과 관련된 기부금ㆍ장학금ㆍ연구비ㆍ생활비 등을 지출하는 경우를 말한다. (2008. 2. 22. 신설)

⑦ 공익법인 등은 법 제50조의 2 제1항 각 호의 어느 하나에 해당되지 아니하는 거래의 경우 같은 조 제2항에 따라 그 거래일자, 거래상대방(확인이 가능한 경우에 한한다) 및 거래금액 등을 기재한 재정경제부령으로 정하는 전용계좌 외 거래명세서(이하 "전용계좌 외 거래명세서"라 한다)를 작성하여 보관하여야 한다. 이 경우 전산처리된 테이프 또는 디스크 등에 수록ㆍ보관하여 즉시 출력할 수 있는 상태에 둔 때에는 전용계좌 외 거래명세서를 작성하여 보관한 것으로 본다. (2008. 2. 22. 신설)

⑧ 법 제50조의 2 제2항 단서에서 "대통령령으로 정하는 수입과 지출"이란 다음 각 호의 어느 하나에 해당하는 수입과 지출을 말한다. (2008. 2. 22. 신설)
1. 「소득세법」 제160조의 2 제2항 제3호 또는 제4호에 해당하는 증거서류를 받은 지출 (2008. 2. 22. 신설)
2. 거래건당 금액(부가가치세를 포함한다)이 1만원(2008년 12월 31일까지는 3만원) 이하인 수입과 지출 (2008. 2. 22. 신설)
3. 그 밖에 증거서류를 받기 곤란한 거래 등으로서 기획재정부령으로 정하는 수입과 지출 (2008. 2. 29. 직제개정 ; 기획재정부와~직제부칙)

⑨ 공익법인 등은 해당 과세기간 또는 사업연도별로 전용계좌를 사용하여야 할 수입과 지출, 실제 사용한 금액 및 미사용 금액을 구분하여 기록ㆍ관리하여야 한다. (2008. 2. 22. 신설)

⑩ 공익법인 등은 법 제50조의 2 제3항에 따라 해당 기간에 기획재

월 1일부터 과거 2년 이내에 3인 이상의 소속 공인회계사(「주식회사 등의 외부감사에 관한 법률」 제9조 제4항에 따른 실무수습 등을 이수한 자로 한정한다. 이하 같다)가 「공인회계사법」 제41조에 따라 설립된 한국공인회계사회(이하 "한국공인회계사회"라 한다)가 실시하는 공익법인등에 대한 감사실무교육을 이수하였을 것 (2022. 3. 18. 신설)
2. 제3항에 따른 신청서를 제출한 해의 9월 1일이 속하는 감사인의 사업연도의 직전 5개 사업연도 중 3개 이상의 사업연도에 법 제50조 제3항에 따른 회계감사를 수행하였을 것 (2022. 3. 18. 신설)

⑤ 국세청장은 영 제43조의 2 제6항에 따라 다음 각 호의 사유로 의견이 제출된 경우에는 지정 예정 감사인을 변경할 수 있다. (2022. 3. 18. 신설)
1. 지정 예정 감사인이 「공인회계사법」 제33조 및 그 밖의 법령에 따라 해당 공익법인등의 감사인이 될 수 없는 경우 (2022. 3. 18. 신설)
2. 보수 등 감사계약의 조건에 대하여 공익법인등과 지정 예정 감사인 간의 이견이 큰 경우 (2022. 3. 18. 신설)
3. 지정 예정 감사인이 「공인회계사법」 제43조 제1항에 따른 직업윤리에 관한 규정에 위반될 우려가 있는 등 해당 공익법인등의 감사인이 되는 것이 적절하지 않은 경우 (2022. 3. 18. 신설)

⑥ 영 제43조의 2 제1항 제3호에서 "기획재정부령으로 정하는 공익법인등"이란 다

(2018. 12. 31. 단서신설)

④ 공익법인등은 전용계좌를 변경하거나 추가로 개설하려면 대통령령으로 정하는 바에 따라 신고하여야 한다. (2010. 1. 1. 개정)

⑤ 공익법인등의 전용계좌 개설·신고·변경·추가 및 그 신고방법, 전용계좌를 사용하여야 하는 범위 및 명세서 작성 등에 필요한 사항은 대통령령으로 정한다. (2010. 1. 1. 개정)

제50조의 3 【공익법인등의 결산서류등의 공시의무】(2016. 12. 20. 제목개정)

① 공익법인등(사업의 특성 등을 고려하여 대통령령으로 정하는 공익법인등은 제외한다. 이하 이 조에서 같다)은 다음 각 호의 서류 등(이하 이 조에서 "결산서류등"이라 한다)을 해당 공익법인등의 과세기간 또는 사업연도 종료일부터 4개월 이내에 대통령령으로 정하는 바에 따라 국세청의 인터넷 홈페이지에 게재하는 방법으로 공시하여야 한다. 다만, 자산 규모 등을 고려하여 대통령령으로 정하는 공익법인등은 대통령령으로 정하는 바에 따라 간편한 방식으로 공시할 수 있다. (2019. 12. 31. 개정)

1. 재무제표 (2019. 12. 31. 개정)

2. 기부금 모집 및 지출 내용 (2019. 12. 31. 호번개정)

3. 해당 공익법인등의 대표자, 이사, 출연자, 소재지 및 목적사업에 관한 사항 (2019. 12. 31. 호번개정)

4. 출연재산의 운용소득 사용명세 (2019. 12. 31. 호번개정)

정부령으로 정하는 전용계좌개설(변경·추가)신고서를 납세지 관할 세무서장에게 제출하여야 한다. 이 경우 전용계좌를 변경·추가하는 때에는 사유발생일부터 1개월 이내에 납세지 관할 세무서장에게 신고하여야 한다. (2008. 2. 29. 직제개정 ; 기획재정부와~직제 부칙)

규칙 25조 5항 → 전용계좌개설(변경·추가)신고서(별지 제30호 서식)

⑪ 법 제50조의 2 제3항을 적용할 때 설립일부터 1년 이내에 「법인세법 시행령」 제39조 제1항 제1호 바목에 따라 지정·고시된 공익법인등의 경우에는 이 영 제12조 각 호 외의 부분 단서에도 불구하고 공익법인등으로 고시된 날을 공익법인등에 해당하게 된 날로 본다. (2023. 2. 28. 신설)

⑫ 국세청장은 납세관리상 필요한 범위에서 전용계좌의 개설, 신고, 명세서 작성 등에 필요한 세부적인 사항을 정할 수 있다. (2023. 2. 28. 항번개정)

제43조의 5 【공익법인 등의 결산서류 등의 공시의무】(2022. 2. 15. 조번개정)

① 법 제50조의 3 제1항 각 호 외의 부분 본문에서 "대통령령으로 정하는 공익법인등"이란 제12조 제1호의 사업을 하는 공익법인등을 말한다. 다만, 제41조의 2 제6항에 해당하는 공익법인등은 제외한다. (2021. 2. 17. 개정)

② 법 제50조의 3 제1항 각 호 외의 부분 단서에서 "대통령령으로 정하는 공익법인등"이란 법 제50조의 3 제1항에 따른 결산서류등(이하 이 조에서 "결산서류등"이라 한다)의 공시대상 과세기간 또는 사업연도의 종료일 현재 재무상태표상 총자산가액(부동산인 경우 법 제60조·제61조 및 제66조에 따라 평가한 가액이 재무상태표상의 가액보다 크면 그 평가한 가액을 말한다)의 합계액이 5억원 미만인 공익법인등을 말한다. 다만, 해당 과세기간 또는 사업연도의 수입금액과 그 과세기간 또는 사업연도에 출연받은 재산가액의 합계액이 3억원 이상인 공익법인등과 제41조의 2 제6항에 해당하는 공익법인등은

음 각 호의 공익법인등을 말한다. (2025. 3. 21. 신설)

1. 「금융위원회의 설치 등에 관한 법률」에 따른 금융감독원 (2025. 3. 21. 신설)

2. 「한국에너지공과대학교법」에 따른 한국에너지공과대학교 (2025. 3. 21. 신설)

3. 「한국과학기술원법」에 따른 한국과학기술원 (2025. 3. 21. 신설)

4. 「대구경북과학기술원법」에 따른 대구경북과학기술원 (2025. 3. 21. 신설)

5. 「광주과학기술원법」에 따른 광주과학기술원 (2025. 3. 21. 신설)

6. 「울산과학기술원법」에 따른 울산과학기술원 (2025. 3. 21. 신설)

7. 「과학기술분야 정부출연연구기관 등의 설립·운영 및 육성에 관한 법률」에 따라 설립된 다음 각 목의 연구기관 (2025. 3. 21. 신설)

　가. 한국과학기술연구원 (2025. 3. 21. 신설)

　나. 한국건설기술연구원 (2025. 3. 21. 신설)

　다. 한국지질자원연구원 (2025. 3. 21. 신설)

　라. 한국전기연구원 (2025. 3. 21. 신설)

⑦ 국세청장은 영 제43조의 2 제3항에 따라 지정감사인을 지정하기 위해 필요한 경우에는 한국공인회계사회에 제3항 각 호의 서류의 확인을 요청할 수 있다. (2025. 3. 21. 신설)

제14조의 3 【감사보고서 등에 대한

5. 제50조 제3항에 따라 회계감사를 받을 의무가 있는 공익법인등에 해당하는 경우에는 감사보고서와 그 감사보고서에 첨부된 재무제표 (2019. 12. 31. 호번개정)
6. 주식보유 현황 등 대통령령으로 정하는 사항 (2019. 12. 31. 호번개정)
② 국세청장, 납세지 관할 지방국세청장 또는 납세지 관할세무서장은 공익법인등이 제1항에 따라 결산서류등을 공시하지 아니하거나 그 공시 내용에 오류가 있는 경우에는 해당 공익법인등에 대하여 1개월 이내의 기간을 정하여 공시하도록 하거나 오류를 시정하도록 요구할 수 있다. (2022. 12. 31. 개정)

☞

규칙 25조 7항 → 공익법인 결산서류 등의 공시(별지 제31호의 2 서식)

③ 국세청장은 공익법인등이 공시한 결산서류등을 대통령령으로 정하는 자에게 제공할 수 있다. (2011. 12. 31. 신설)
④ 제1항과 제2항에 따른 결산서류등의 공시 및 그 시정 요구의 절차 등은 대통령령으로 정한다. (2011. 12. 31. 개정)

제외한다. (2021. 2. 17. 단서개정)
③ 법 제50조의 3 제1항 제6호에서 "대통령령으로 정하는 사항"이란 다음 각 호의 어느 하나에 해당하는 것을 말한다. (2020. 2. 11. 개정)
1. 공익법인 등의 주식 등의 출연·취득·보유 및 처분사항 (2008. 2. 22. 신설)
2. 공익법인 등에 주식 등을 출연한 자와 그 주식 등의 발행법인과의 관계 (2008. 2. 22. 신설)
3. 주식 등의 보유로 인한 배당현황, 보유한 주식 등의 처분에 따른 수익현황 등 (2008. 2. 22. 신설)
4. 법 제16조 제2항, 제48조 제1항 및 같은 조 제2항 제2호에 따라 내국법인의 의결권 있는 주식등을 그 내국법인의 발행주식총수등의 100분의 5를 초과하여 보유하고 있는 공익법인등으로서 제41조의 2 제6항에 해당하는 경우에는 보유주식에 대한 의결권의 행사 결과 (2021. 2. 17. 개정)
5. 법 제50조 제3항에 따른 외부감사를 받는 공익법인등의 경우에는 출연받은 재산의 공익목적사용 현황 (2017. 2. 7. 호번개정)
④ 법 제50조의 3 제1항에 따른 공익법인등은 국세청의 인터넷 홈페이지에 접속하여 기획재정부령으로 정하는 표준서식(법 제50조의 3 제1항 각 호 외의 부분 단서에 따른 공익법인등의 경우 기획재정부령으로 정하는 간편서식을 말한다)에 따라 작성된 결산서류등을 직접 공시해야 한다. (2020. 2. 11. 개정)
⑤ 국세청장은 법 제50조의 3 제2항에 따라 공시요구를 하거나 오류시정을 요구할 때에는 문서로 하여야 하며, 요구를 이행하지 아니하는 공익법인 등에 대하여는 법 제78조 제11항에 따라 가산세를 부과하고 해당 공익법인 등의 주무부장관에게 관련 사실을 통보하여야 한다. (2008. 2. 22. 신설)
⑥ 법 제50조의 3 제3항에서 "대통령령으로 정하는 자"란 다음 각 호의 어느 하나에 해당하는 자로서 결산서류등의 제공을 신청한 자를 말한다. (2019. 2. 12. 개정)
1. 「정부출연연구기관 등의 설립·운영 및 육성에 관한 법률」 제8조 제1항 또는 「과학기술분야 정부출연연구기관 등의 설립·운영 및 육성에 관한 법률」 제8조 제1항에 따라 설립된 연구기관 (2019. 2.

감리】 (2024. 3. 22. 제목개정)
① 영 제43조의 3 제5항에 따라 같은 조 제1항에 따른 감리 업무를 위탁받은 한국공인회계사회는 매년 1분기 내에 감리 대상 선정 계획과 연간 감리 계획을 기획재정부장관 및 국세청장에게 보고해야 한다. (2024. 3. 22. 항번개정)
② 한국공인회계사회는 법 제50조 제6항 후단에 따라 감사인이 해당 과세기간 또는 사업연도에 받은 감사보수의 1퍼센트 이내의 금액을 감리업무 수수료로 받을 수 있다. 이 경우 감리업무 수수료 징수에 필요한 사항은 한국공인회계사회가 정한다. (2024. 3. 22. 신설)

제14조의 4 【증거서류를 받기 곤란한 수입과 지출의 범위】 (2022. 3. 18. 조번개정)
영 제43조의 4 제8항 제3호에서 "기획재정부령으로 정하는 수입과 지출"이란 다음 각 호의 어느 하나에 해당하는 거래에 따른 수입과 지출을 말한다. (2022. 3. 18. 개정)
1. 「소득세법 시행령」 제208조의 2 제1항 제2호부터 제8호까지의 경우에 해당하는 거래 (2010. 3. 31. 신설)
2. 「소득세법 시행규칙」 제95조의 3 제2호부터 제4호까지, 제7호 및 제8호의 3부터 제8호의 6까지의 경우에 해당하는 거래 (2025. 3. 21. 개정)

12. 개정)

2. 법 제50조의 3에 따라 공시의무를 이행한 공익법인등 (2019. 2. 12. 개정)

3. 「기부금품의 모집·사용 및 기부문화 활성화에 관한 법률」 제4조 제1항에 따른 등록청이 「전자정부법」 제72조 제4항에 따라 기부금을 통합하여 관리하는 시스템의 구축 및 운영에 관한 업무를 위탁한 기관 (2024. 7. 23. 개정 ; 기부금품의~부칙)

4. 법 제50조 제6항 전단 및 이 영 제43조의 3 제5항에 따라 감리 및 자료 제출 등의 요구 업무를 위탁받은 한국공인회계사회 (2025. 2. 28. 신설)

⑦ 국세청장은 국세청의 인터넷 홈페이지에 공시하는 방법, 제4항에 따른 표준서식과 간편서식의 작성방법, 공시하지 않거나 허위공시할 때의 처리 등 공익법인등의 결산서류등의 공시에 필요한 세부적인 사항을 정할 수 있다. (2021. 2. 17. 개정)

제43조의 6【공익법인등에 적용되는 회계기준】 (2022. 2. 15. 조번개정)

① 기획재정부장관은 법 제50조의 4에 따라 공익법인등에 적용되는 회계기준과 그 밖에 회계제도의 운영과 절차 등에 관하여 필요한 사항을 정한다. (2022. 10. 4. 개정 ; 행정기관 소속~대통령령)

② 법 제50조의 4 제1항에서 "대통령령으로 정하는 공익법인등"이란 「의료법」에 따른 의료법인 또는 「사립학교법」에 따른 학교법인, 그 밖에 이와 유사한 공익법인등으로서 기획재정부령으로 정하는 공익법인등을 말한다. (2017. 2. 7. 신설)

③ 기획재정부장관은 제1항에 따라 공익법인등에 적용되는 회계기준의 제정·개정과 그 밖에 회계제도의 운영에 필요한 사항을 국세청 등 관계기관과 협의하기 위하여 필요한 경우에는 공익법인회계기준협의회를 구성·운영할 수 있다. (2022. 10. 4. 신설 ; 행정기관 소속~대통령령)

④ 제3항에 따른 공익법인회계기준협의회의 구성 및 운영에 필요한 사항은 기획재정부장관이 정한다. (2022. 10. 4. 신설 ; 행정기관 소속~대통령령)

제50조의 4【공익법인등에 적용되는 회계기준】 ① 공익법인등 (사업의 특성을 고려하여 대통령령으로 정하는 공익법인등은 제외한다)은 제50조 제3항에 따른 회계감사의무 및 제50조의 3에 따른 결산서류등의 공시의무를 이행할 때에는 대통령령으로 정하는 회계기준을 따라야 한다. (2016. 12. 20. 신설)

② 제1항에 따른 회계기준의 제정·개정 등 회계제도의 운영과 절차 등에 관하여 필요한 사항은 대통령령으로 정한다. (2020. 6. 9. 개정 ; 법률용어 정비를~법률)

제14조의 5【회계기준이 적용되는 공익법인등】 (2022. 3. 18. 조번개정)

영 제43조의 6 제2항에서 "기획재정부령으로 정하는 공익법인등"이란 다음 각 호의 공익법인등을 말한다. (2022. 3. 18. 개정)

1. 「국립대학법인 서울대학교 설립·운영에 관한 법률」에 따른 국립대학법인 서울대학교 (2017. 3. 10. 신설)

2. 「국립대학법인 인천대학교 설립·운영에 관한 법률」에 따른 국립대학법인 인천대학교 (2017. 3. 10. 신설)

① 제43조의 6 제1항에 따른 사항을 심의하기 위하여 기획재정부장관 소속으로 공익법
인회계기준 심의위원회(이하 이 조에서 "위원회"라 한다)를 둔다. (2022. 2. 15. 개정)
② 위원회는 위원장 1명을 포함한 15명 이내의 위원으로 구성한다. (2017. 2. 7. 신설)
③ 위원회의 위원장(이하 이 조에서 "위원장"이라 한다)은 기획재정부차관 중 기획재정
부장관이 지명하는 사람이 되고, 위원은 다음 각 호의 사람 중에서 기획재정부장관이
임명 또는 위촉하는 사람이 된다. (2017. 2. 7. 신설)
1. 기획재정부, 국세청 등 관계 부처 3급 공무원 또는 고위공무원단에 속하는 일반직
　공무원 (2017. 2. 7. 신설)
2. 회계업무에 관한 학식과 경험이 풍부한 사람 (2017. 2. 7. 신설)
④ 위원장은 위원회를 대표하고 위원회의 직무를 총괄한다. (2017. 2. 7. 신설)
⑤ 기획재정부장관은 위원이 다음 각 호의 어느 하나에 해당하는 경우에는 해당 위원을
해임 또는 해촉할 수 있다. (2017. 2. 7. 신설)
1. 심신장애로 인하여 직무를 수행할 수 없게 된 경우 (2017. 2. 7. 신설)
2. 직무와 관련된 비위사실이 있는 경우 (2017. 2. 7. 신설)
3. 직무태만, 품위손상이나 그 밖의 사유로 인하여 위원으로 적합하지 아니하다고 인정
　되는 경우 (2017. 2. 7. 신설)
4. 위원 스스로 직무를 수행하는 것이 곤란하다고 의사를 밝히는 경우 (2017. 2. 7. 신설)
⑥ 제1항부터 제5항까지에서 규정한 사항 외에 위원회의 조직과 운영 등에 필요한 사
항은 기획재정부령으로 정한다. (2017. 2. 7. 신설)

제43조의 7【공익법인회계기준 심의위원회】삭 제 (2022. 10.
4. ; 행정기관 소속~대통령령)

제44조【장부의 작성ㆍ비치】① 법 제51조 제1항의 규정에 의한
장부는 출연받은 재산의 보유 및 운용상태와 수익사업의 수입 및 지출
내용의 변동을 빠짐없이 이중으로 기록하여 계산하는 부기 형식의 장
부이어야 하며, 동항의 규정에 의한 중요한 증빙서류에는 수혜자에 대
한 지급명세가 포함되어야 한다. (2003. 12. 30. 개정)
② 다음 각호의 1에 해당하는 경우에는 제1항의 규정에 의한 장부를
작성ㆍ비치한 것으로 본다. (96. 12. 31 개정)
1. 이중으로 대차평균하게 기표된 전표와 이에 대한 증빙서류가 완비
　되어 제1항의 재산의 보유 및 운용상태와 수입 및 지출내용의 변동
　을 빠짐없이 기록한 경우 (96. 12. 31 개정)
2. 당해 수입과 지출에 대한 계산서(「부가가치세법」에 의한 세금계산
　서를 포함한다)와 영수증 등에 의하여 제1항의 재산의 보유 및 운용
　상태와 수입 및 지출내용의 변동을 빠짐없이 보관하고 있는 경우

제14조의 6【공익법인회계기준 심의위원회】
(2022. 3. 18. 조번개정)
① 영 제43조의 7 제3항 제2호에 따라 위촉된 위원
의 임기는 2년으로 한다. (2022. 3. 18. 개정)
② 제1항에서 규정한 사항 외에 위원회의 운영에 필
요한 사항은 기획재정부장관이 정한다. (2017. 3.
10. 신설)

제14조의 6【공익법인회계기준 심
의위원회】삭 제 (2024. 3. 22.)

제51조【장부의 작성ㆍ비치 의무】① 공익법인등은 소득세 과
세기간 또는 법인세 사업연도별로 출연받은 재산 및 공익사업 운용
내용 등에 대한 장부를 작성하여야 하며 장부와 관계있는 중요한 증
명서류를 갖춰 두어야 한다. (2010. 1. 1. 개정)
② 제1항에 따른 장부와 중요한 증명서류는 해당 공익법인등의 소득세
과세기간 또는 법인세 사업연도의 종료일부터 10년간 보존하여야 한
다. (2010. 1. 1. 개정)
③ 공익법인등의 수익사업에 대하여 「소득세법」 제160조 및 「법인
세법」 제112조 단서에 따라 작성ㆍ비치된 장부와 중요한 증명서류는
제1항에 따라 작성ㆍ비치된 장부와 중요한 증명서류로 본다. 이 경우
그 장부와 중요한 증명서류에는 마이크로필름, 자기테이프, 디스켓 또
는 그 밖의 정보보존장치에 저장된 것을 포함한다. (2010. 1. 1. 개정)
④ 제1항부터 제3항까지의 규정에 따른 장부 및 증명서류의 작성ㆍ

비치에 필요한 사항은 대통령령으로 정한다. (2010. 1. 1. 개정)

편주 ▶ ··
장부의 작성 · 비치의무 불이행시 가산세 → 법 78조 5항 참조
··

제52조 【공익신탁재산에 대한 증여세 과세가액 불산입】 (2010.
1. 1. 제목개정)
증여재산 중 증여자가 「공익신탁법」에 따른 공익신탁으로서 종교 · 자
선 · 학술 또는 그 밖의 공익을 목적으로 하는 신탁을 통하여 공익법인등
에 출연하는 재산의 가액은 증여세 과세가액에 산입하지 아니한다. 이
경우 제17조 제2항을 준용한다. (2014. 3. 18. 개정 ; 공익신탁법 부칙)

제52조의 2 【장애인이 증여받은 재산의 과세가액 불산입】 ①
대통령령으로 정하는 장애인(이하 이 조에서 "장애인"이라 한다)이 재
산(「자본시장과 금융투자업에 관한 법률」에 따른 신탁업자에게 신탁할
수 있는 재산으로서 대통령령으로 정하는 것을 말한다. 이하 이 조에서
같다)을 증여받고 그 재산을 본인을 수익자로 하여 신탁한 경우로서 해
당 신탁(이하 이 조에서 "자익신탁"이라 한다)이 다음 각 호의 요건을
모두 충족하는 경우에는 그 증여받은 재산가액은 증여세 과세가액에
산입하지 아니한다. (2019. 12. 31. 개정)
1. 「자본시장과 금융투자업에 관한 법률」에 따른 신탁업자(이하 이 조
　에서 "신탁업자"라 한다)에게 신탁되었을 것 (2019. 12. 31. 개정)
2. 그 장애인이 신탁의 이익 전부를 받는 수익자일 것 (2019. 12. 31.
　개정)
3. 신탁기간이 그 장애인이 사망할 때까지로 되어 있을 것. 다만, 장애
　인이 사망하기 전에 신탁기간이 끝나는 경우에는 신탁기간을 장애
　인이 사망할 때까지 계속 연장하여야 한다. (2019. 12. 31. 개정)
② 타인이 장애인을 수익자로 하여 재산을 신탁한 경우로서 해당 신탁
(이하 이 조에서 "타익신탁"이라 한다)이 다음 각 호의 요건을 모두 충
족하는 경우에는 장애인이 증여받은 그 신탁의 수익(제4항 단서에 따
른 신탁원본의 인출이 있는 경우에는 해당 인출금액을 포함한다. 이하
이 조에서 같다)은 증여세 과세가액에 산입하지 아니한다. (2019. 12.

(2005. 8. 5. 개정)

제45조 【준용규정】 제14조의 규정은 증여세에 관하여 이를 준용
한다. (96. 12. 31 개정)

제45조의 2 【장애인이 증여받은 재산의 과세가액 불산입】 ①
법 제52조의 2 제1항 각 호 외의 부분에서 "대통령령으로 정하는 장
애인"이란 「소득세법 시행령」 제107조 제1항 각 호의 어느 하나에
해당하는 자를 말한다. (2010. 2. 18. 개정)
② 법 제52조의 2 제1항 각 호 외의 부분에서 "대통령령으로 정하는 친족"이란 「국세
기본법 시행령」 제1조의 2 제1항 제1호, 제2호 및 제4호에 해당하는 자를 말한다.
(2012. 2. 2. 개정)
② 삭　제 (2017. 2. 7.)
③ 법 제52조의 2 제1항 각 호 외의 부분에서 "대통령령으로 정하는
것"이란 다음 각 호의 어느 하나에 해당하는 것을 말한다. (2010. 2.
18. 개정)
1. 금전 (98. 12. 31 신설)
2. 유가증권 (98. 12. 31 신설)
3. 부동산 (98. 12. 31 신설)
④ 법 제52조의 2 제4항 각 호 외의 부분 본문에서 "대통령령으로
정하는 날"이란 다음 각 호의 날을 말한다. (2020. 2. 11. 개정)
1. 법 제52조의 2 제4항 제1호의 경우에는 그 신탁해지일 또는 신탁기
　간의 만료일 (2020. 2. 11. 개정)
2. 신탁의 수익자를 변경한 경우에는 수익자를 변경한 날 (98. 12. 31
　신설)

31. 개정)

1. 신탁업자에게 신탁되었을 것 (2019. 12. 31. 개정)
2. 그 장애인이 신탁의 이익 전부를 받는 수익자일 것. 다만, 장애인이 사망한 후의 잔여재산에 대해서는 그러하지 아니하다
3. 다음 각 목의 내용이 신탁계약에 포함되어 있을 것 (2019. 12. 31. 개정)
　　가. 장애인이 사망하기 전에 신탁이 해지 또는 만료되는 경우에는 잔여재산이 그 장애인에게 귀속될 것 (2019. 12. 31. 개정)
　　나. 장애인이 사망하기 전에 수익자를 변경할 수 없을 것 (2019. 12. 31. 개정)
　　다. 장애인이 사망하기 전에 위탁자가 사망하는 경우에는 신탁의 위탁자 지위가 그 장애인에게 이전될 것 (2019. 12. 31. 개정)

③ 제1항에 따른 그 증여받은 재산가액(그 장애인이 살아 있는 동안 증여받은 재산가액을 합친 금액을 말한다) 및 타익신탁 원본의 가액(그 장애인이 살아 있는 동안 그 장애인을 수익자로 하여 설정된 타익신탁의 설정 당시 원본가액을 합친 금액을 말한다)을 합산한 금액은 5억원을 한도로 한다. (2019. 12. 31. 개정)

④ 세무서장등은 제1항에 따라 재산을 증여받아 자익신탁을 설정한 장애인이 다음 각 호의 어느 하나에 해당하면 대통령령으로 정하는 날에 해당 재산가액을 증여받은 것으로 보아 즉시 증여세를 부과한다. 다만, 대통령령으로 정하는 부득이한 사유가 있거나 장애인 중 대통령령으로 정하는 장애인이 본인의 의료비 등 대통령령으로 정하는 용도로 신탁원본을 인출하여 원본이 감소한 경우에는 그러하지 아니하다. (2019. 12. 31. 개정)

1. 신탁이 해지 또는 만료된 경우. 다만, 해지일 또는 만료일부터 1개월 이내에 신탁에 다시 가입한 경우는 제외한다. (2019. 12. 31. 개정)
2. 신탁기간 중 수익자를 변경한 경우 (2019. 12. 31. 개정)
3. 신탁의 이익 전부 또는 일부가 해당 장애인이 아닌 자에게 귀속되는 것으로 확인된 경우 (2019. 12. 31. 개정)
4. 신탁원본이 감소한 경우 (2019. 12. 31. 개정)

⑤ 제1항 또는 제2항을 적용받으려는 사람은 제68조에 따른 신고기한(타익신탁의 경우에는 최초로 증여받은 신탁의 수익에 대한 신고기한

3. 신탁의 이익의 전부 또는 일부가 장애인외의 자에게 귀속되는 것으로 확인된 경우에는 그 확인된 날 (2020. 2. 11. 호번개정)
4. 신탁의 원본이 감소한 경우에는 신탁재산을 인출하거나 처분한 날 (2020. 2. 11. 개정)

⑤ 법 제52조의 2 제4항 각 호 외의 부분 단서에서 "대통령령으로 정하는 장애인"이란 다음 각 호의 어느 하나에 해당하는 사람을 말한다. (2020. 2. 11. 개정)

1. 「5ㆍ18민주화운동 관련자 보상 등에 관한 법률」에 따라 장해등급 3급 이상으로 판정된 사람 (2018. 2. 13. 신설)
2. 「고엽제후유의증 등 환자지원 및 단체설립에 관한 법률」에 따른 고엽제후유의증환자로서 장애등급 판정을 받은 사람 (2018. 2. 13. 신설)
3. 「장애인고용촉진 및 직업재활법」 제2조 제2호에 따른 중증장애인 (2018. 2. 13. 신설)

⑥ 법 제52조의 2 제4항 각 호 외의 부분 단서에서 "본인의 의료비 등 대통령령으로 정하는 용도"란 다음 각 호의 어느 하나에 해당하는 비용에 사용하는 용도를 말한다. (2020. 2. 11. 개정)

1. 「소득세법 시행령」 제118조의 5 제1항 및 제2항에 따른 장애인 본인의 의료비 및 간병인 비용 (2018. 2. 13. 신설)
2. 「소득세법 시행령」 제118조의 6 제11항에 따른 장애인 본인의 특수교육비 (2018. 2. 13. 신설)
3. 장애인 본인의 생활비(월 150만원 이하의 금액으로 한정한다) (2020. 2. 11. 신설)

⑦ 법 제52조의 2 제4항 각 호 외의 부분 단서에 따라 본인의 의료비 등의 용도로 신탁재산을 인출하는 장애인은 기획재정부령으로 정하는 장애인신탁 원금 인출신청서와 관련 증빙 서류 등을 인출일 전 3개월부터 인출일 후 3개월까지의 기간 이내에 신탁업자에게 제출하여야 한다. (2020. 2. 11. 개정)

⑧ 신탁업자는 제7항에 따라 제출받은 서류를 해당 의료비 등의 인출일부터 5년간 보관하여야 하며, 기획재정부령으로 정하는 장애인신탁 원금 인출내역서를 인출일이 속하는 연도의 말일부터 3개월 이내에 관할 세무서장에게 제출하여야 한다. (2018. 2. 13. 신설)

⑨ 법 제52조의 2 제4항 각 호 외의 부분 단서에서 "대통령령으로

을 말한다)까지 대통령령으로 정하는 바에 따라 납세지 관할세무서장에게 신청하여야 한다. (2019. 12. 31. 개정)

⑥ 제2항을 적용받으려는 사람이 최초로 증여받은 신탁의 수익에 대하여 제68조에 따른 신고 및 제5항에 따른 신청을 한 경우에는 최초의 증여 후에 해당 타익신탁의 수익자로서 증여받은 신탁의 수익(제2항에 따라 과세가액에 산입하지 아니하는 부분에 한정한다)에 대하여는 제68조에 따른 신고 및 제5항에 따른 신청을 하지 아니할 수 있다. (2019. 12. 31. 개정)

⑦ 제4항에 따른 증여세액의 계산방법 및 그 밖에 필요한 사항은 대통령령으로 정한다. (2019. 12. 31. 개정)

(➡ 법 53조)

【집행기준】 53-0-3 【직계존비속의 판정기준】

① 직계존비속은 「민법」에 의한 수증자의 직계존속과 직계비속인 혈족을 말한다.

② 직계존속은 수증자의 직계존속과 혼인(사실혼 제외)중인 배우자를 포함하며, 직계비속에는 수증자와 혼인중인 배우자의 직계비속을 포함한다. (2010. 1. 1. 이후 최초로 증여하는 분부터 적용)

③ 출양한 자가 수증자인 경우에는 양가 및 생가의 직계존비속에 모두 해당한다.

정하는 부득이한 사유"란 다음 각 호의 어느 하나에 해당하는 때를 말한다. (2020. 2. 11. 개정)

1. 신탁회사가 관계법령 또는 감독기관의 지시ㆍ명령 등에 의하여 영업정지ㆍ영업폐쇄ㆍ허가취소 기타 기획재정부령이 정하는 사유로 신탁을 중도해지하고 신탁해지일부터 2개월 이내에 신탁에 다시 가입한 경우 (2020. 2. 11. 개정)

2. 신탁회사가 증여재산을 신탁받아 운영하는 중에 그 재산가액이 감소한 경우 (2020. 2. 11. 개정)

3. 「도시 및 주거환경정비법」에 따른 재개발사업ㆍ재건축사업 또는 「빈집 및 소규모주택 정비에 관한 특례법」에 따른 소규모재건축사업으로 인해 종전의 신탁을 중도해지하고, 준공인가일부터 2개월 이내에 신탁에 다시 가입한 경우 (2020. 2. 11. 개정)

⑩ 법 제52조의 2 제2항 제1호를 적용함에 있어서 신탁해지일 또는 신탁기간의 만료일부터 1월내에 신탁에 다시 가입한 때에는 신탁기간을 연장한 것으로 본다. (2018. 2. 13. 항번개정)

⑩ 삭　제 (2020. 2. 11.)

⑪ 법 제52조의 2 제4항 및 제7항의 규정에 의한 증여세는 제4항 각호에 규정된 날 현재 법 제4장의 규정에 의하여 평가한 다음 각호의 가액에 법 제56조의 규정에 의한 세율을 곱하여 계산한다. (2020. 2. 11. 개정)

1. 법 제52조의 2 제4항 제1호 및 제2호의 규정에 해당하는 경우에는 당해 신탁재산의 가액 전액 (2020. 2. 11. 개정)

2. 법 제52조의 2 제4항 제3호의 규정에 해당하는 경우에는 다음 산식에 의하여 계산한 가액 (2020. 2. 11. 개정)

$$\text{신탁재산의 가액} \times \frac{\text{장애인외의 자에게 귀속된 것으로 확인된 신탁이익}}{\text{신탁이익 전액}}$$

3. 법 제52조의 2 제4항 제4호의 규정에 해당하는 경우에는 그 감소한 재산의 가액 (2020. 2. 11. 개정)

⑫ 법 제52조의 2 제5항에 따라 증여세 과세가액불산입을 받고자 하는 자는 제65조 제1항에 따른 증여세 과세표준신고 및 자진납부계산서에 다음 각 호의 서류를 첨부하여 납세지 관할세무서장에게 제출하여야 한다. (2020. 2. 11. 개정)

1. 증여재산명세서 및 증여계약서 사본 (98. 12. 31 신설)

제14조의 7 【신탁재산의 변경】 (2022. 3. 18. 조번개정)

영 제45조의 2 제9항 제1호에서 "기타 기획재정부령이 정하는 사유"란 「자본시장과 금융투자업에 관한 법률」에 따른 신탁업자에게 신탁된 재산이 수용 등의 사유로 처분된 경우를 말한다. (2021. 3. 16. 개정)

④ 출가녀는 친가에서는 직계존속과의 관계, 시가에서는 직계비속과의 관계에만 해당한다.
⑤ 외조부모와 외손자는 직계존비속에 해당한다. (2024. 10. 31. 개정)

제 5 절 증여공제

제53조【증여재산 공제】거주자가 다음 각 호의 어느 하나에 해당하는 사람으로부터 증여를 받은 경우에는 다음 각 호의 구분에 따른 금액을 증여세 과세가액에서 공제한다. 이 경우 그 증여세 과세가액에서 공제받을 금액과 수증자가 그 증여를 받기 전 10년 이내에 공제받은 금액(제53조의 2에 따라 공제받은 금액은 제외한다)을 합한 금액이 다음 각 호의 구분에 따른 금액을 초과하는 경우에는 그 초과하는 부분은 공제하지 아니한다. (2023. 12. 31. 후단개정)
1. 배우자로부터 증여를 받은 경우 : 6억원 (2010. 1. 1. 개정)
2. 직계존속[수증자의 직계존속과 혼인(사실혼은 제외한다. 이하 이 조에서 같다) 중인 배우자를 포함한다. 이하 제53조의 2에서 같다]으로부터 증여를 받은 경우 : 5천만원. 다만, 미성년자가 직계존속으로부터 증여를 받은 경우에는 2천만원으로 한다. (2023. 12. 31. 개정)
3. 직계비속(수증자와 혼인 중인 배우자의 직계비속을 포함한다)으로부터 증여를 받은 경우 : 5천만원 (2015. 12. 15. 개정)
4. 제2호 및 제3호의 경우 외에 6촌 이내의 혈족, 4촌 이내의 인척으로부터 증여를 받은 경우 : 1천만원 (2015. 12. 15. 개정)
4. 제2호 및 제3호의 경우 외에 4촌 이내의 혈족, 3촌 이내의 인척으로부터 증여를 받은 경우 : 1천만원 (2025. 3. 14. 개정)

통칙 53-46…1【증여재산공제】
① 법 제53조 제1호에 따른 "배우자"라 함은 「민법」상 혼인으로 인정되는 혼인관계에 있는 배우자를 말한다. (2011. 5. 20. 개정)
② 삭 제 (2019. 12. 23.)
③ 법 제20조 제1항 제2호 및 제53조 제2호 단서에서 "미성년자"라 함은 상속개시일 또는 증여일 현재 「민법」 제4조에 따른 성년기가 도래하지 아니한 자를 말하며 같은 법 제826조의 2에 따라 성년으로 의제되는 자를 포함한다. (2019. 12. 23. 개정)

2. 신탁계약서(「자본시장과 금융투자업에 관한 법률 시행령」 제103조 제2호에 따른 불특정금전신탁의 계약에 있어서는 신탁증서사본 또는 수익증권사본으로 갈음할 수 있다) (2010. 2. 18. 개정)
3. 제1항에 해당하는 자임을 증명하는 서류 (98. 12. 31 신설)

제 5 절 증여공제

제46조【증여재산공제의 방법 등】① 법 제53조 및 제53조의 2를 적용할 때 증여세과세가액에서 공제할 금액의 계산은 각각 다음 각 호의 어느 하나의 방법에 따른다. (2024. 2. 29. 개정)
1. 2 이상의 증여가 그 증여시기를 달리하는 경우에는 2 이상의 증여 중 최초의 증여세과세가액에서부터 순차로 공제하는 방법 (96. 12. 31 개정)
2. 2 이상의 증여가 동시에 있는 경우에는 각각의 증여세과세가액에 대하여 안분하여 공제하는 방법 (96. 12. 31 개정)

편주
2025. 3. 14. 전에 증여를 받은 경우에는 법 53조 4호의 개정규정에도 불구하고 종전의 규정에 따름. (법 부칙(2025. 3. 14.) 4조)

통칙 53-46…2【직계존비속 판정기준】
① 직계존비속 여부는 「민법」 제768조에 따른 자기의 직계존속과 직계비속인 혈족을 말한다. (2011. 5. 20. 개정)
② 법 제53조를 적용함에 있어 다음 사항을 유의한다. (2019. 12. 23. 개정)
1. 입양한 자인 경우에는 양가 및 생가에 모두 해당한다. (1998. 2. 25. 개정)
2. 출가녀인 경우에는 친가에서는 직계존속과의 관계, 시가에서는 직계비속과의

예판
· 협의이혼에 의한 배우자간 재산분할이 아니라 '위장이혼' 상태에서 아파트를 소유권이전등기한 것이므로 증여세 과세되며 '법률혼 관계'가 아니므로 배우자 증여재산공제 배제됨. (국심 2002서 174, 2002. 4. 26.)
· 수인의 직계존속으로부터 증여를 받는 경우로서 그 증여시기를 달리하는 경우 최초의 증여세 과세가액에서 순차적으로 증여재산공제를 적용하며, 동시에 재산을 증여받는 경우 안분하여 공제함. (서면4팀-2119, 2006. 7. 10.)

(➡ 법 53조 2호)

집행기준 53-0-3【직계존비속의 판정기준】
① 직계존비속은 「민법」에 의한 수증자의 직계존속과 직계비속인 혈족을 말한다.
② 직계존속은 수증자의 직계존속과 혼인(사실혼 제외)중인 배우자를 포함하며, 직계비속에는 수증자와 혼인중인 배우자의 직계비속을 포함한다. (2010. 1. 1. 이후 최초로 증여하는 분부터 적용)
③ 입양한 자가 수증자인 경우에는 양가 및 생가의 직계존비속에 모두 해당한다.
④ 출가녀는 친가에서는 직계존속과의 관계, 시

제53조의 2 【혼인·출산 증여재산 공제】 ① 거주자가 직계존속으로부터 혼인일(「가족관계의 등록 등에 관한 법률」 제15조 제1항 제3호에 따른 혼인관계증명서상 신고일을 말한다) 전후 2년 이내에 증여를 받는 경우에는 제2항 및 제53조 제2호에 따른 공제와 별개로 1억원을 증여세 과세가액에서 공제한다. 이 경우 그 증여세 과세가액에서 공제받을 금액과 수증자가 이미 전단에 따라 공제받은 금액을 합한 금액이 1억원을 초과하는 경우에는 그 초과하는 부분은 공제하지 아니한다. (2023. 12. 31. 신설)

② 거주자가 직계존속으로부터 자녀의 출생일(「가족관계의 등록 등에 관한 법률」 제44조에 따른 출생신고서상 출생일을 말한다) 또는 입양일(「가족관계의 등록 등에 관한 법률」 제61조에 따른 입양신고일을 말한다)부터 2년 이내에 증여를 받는 경우에는 제1항 및 제53조 제2호에 따른 공제와 별개로 1억원을 증여세 과세가액에서 공제한다. 이 경우 그 증여세 과세가액에서 공제받을 금액과 수증자가 이미 전단에 따라 공제받은 금액을 합한 금액이 1억원을 초과하는 경우에는 그 초과하는 부분은 공제하지 아니한다. (2023. 12. 31. 신설)

③ 제1항 및 제2항에 따라 증여세 과세가액에서 공제받았거나 받을 금액을 합한 금액이 1억원을 초과하는 경우에는 그 초과하는 부분은 공제하지 아니한다. (2023. 12. 31. 신설)

④ 제4조 제1항 제4호·제5호 및 같은 조 제2항에 따른 증여재산에 대해서는 제1항부터 제3항까지의 공제를 적용하지 아니한다. (2023. 12. 31. 신설)

⑤ 거주자가 제1항에 따른 공제를 받은 후 약혼자의 사망 등 대통령령으로 정하는 부득이한 사유가 발생하여 해당 증여재산을 그 사유가 발생한 달의 말일부터 3개월 이내에 증여자에게 반환하는 경우에는 처음부터 증여가 없었던 것으로 본다. (2023. 12. 31. 신설)

⑥ 혼인 전에 제1항에 따른 공제를 받은 거주자가 증여일(공제를 적용받은 증여가 다수인 경우 최초 증여일을 말한다. 이하 이 항에서 같다)부터 2년 이내에 혼인하지 아니한 경우로서 증여일부터 2년이 되는 날이 속하는 달의 말일부터 3개월이 되는 날까지 「국세기본법」 제45조에 따른 수정신고 또는 같은 법 제45조의 3에 따른 기한 후 신고를 한 경우에는 대통령령으로 정하는 바에 따라 같은 법 제47조의 2부터 제

관계에만 해당한다.
3. 외조부모와 외손자는 직계존비속에 해당한다.
4. 삭 제 (2019. 12. 23.)

☞

편주 ···
법 53조의 2의 개정규정은 2024. 1. 1. 이후 증여를 받는 경우부터 적용함. (법 부칙(2023. 12. 31.) 3조)
···

② 법 제53조의 2 제5항에서 "약혼자의 사망 등 대통령령으로 정하는 부득이한 사유"란 다음 각 호의 어느 하나에 해당하는 사유를 말한다. (2024. 2. 29. 신설)
1. 약혼자의 사망 (2024. 2. 29. 신설)
2. 「민법」 제804조 제1호부터 제7호까지의 약혼해제 사유 (2024. 2. 29. 신설)
3. 그 밖에 혼인할 수 없는 중대한 사유로서 국세청장이 인정하는 사유 (2024. 2. 29. 신설)

③ 법 제53조의 2 제6항 또는 제7항에 따라 「국세기본법」 제45조에 따른 수정신고 또는 같은 법 제45조의 3에 따른 기한 후 신고를 한 경우

가에서는 직계비속과의 관계에만 해당한다.
⑤ 외조부모와 외손자는 직계존비속에 해당한다. (2024. 10. 31. 개정)

47조의 4까지에 따른 가산세의 전부 또는 일부를 부과하지 아니하되, 대통령령으로 정하는 바에 따라 계산한 이자상당액을 증여세에 가산하여 부과한다. (2023. 12. 31. 신설)
⑦ 제1항에 따른 공제를 받은 거주자가 혼인이 무효가 된 경우로서 혼인무효의 소에 대한 판결이 확정된 날이 속하는 달의 말일부터 3개월이 되는 날까지 「국세기본법」 제45조에 따른 수정신고 또는 같은 법 제45조의 3에 따른 기한 후 신고를 한 경우에는 대통령령으로 정하는 바에 따라 같은 법 제47조의 2부터 제47조의 4까지에 따른 가산세의 전부 또는 일부를 부과하지 아니하되, 대통령령으로 정하는 바에 따라 계산한 이자상당액을 증여세에 가산하여 부과한다. (2023. 12. 31. 신설)

제54조【준용규정】 재난으로 인하여 증여재산이 멸실되거나 훼손된 경우의 증여세 과세가액 공제에 관하여는 제23조를 준용한다. 이 경우 제23조 제1항 중 "거주자의 사망으로 상속이 개시되는"은 "타인으로부터 재산을 증여받은"으로, "제67조"는 "제68조"로, "상속재산"은 "증여재산"으로, "상속세 과세가액"은 "증여세 과세가액"으로 보고, 같은 조 제2항 중 "상속인이나 수유자"는 "수증자"로 본다. (2010. 1. 1. 개정)

제 6 절 과세표준과 세율

제55조【증여세의 과세표준 및 과세최저한】 ① 증여세의 과세표준은 다음 각 호의 어느 하나에 해당하는 금액에서 대통령령으로 정하는 증여재산의 감정평가 수수료를 뺀 금액으로 한다. (2010. 1. 1. 개정)
1. 제45조의 2에 따른 명의신탁재산의 증여 의제 : 그 명의신탁재산의 금액 (2010. 1. 1. 개정)
2. 제45조의 3 또는 제45조의 4에 따른 이익의 증여 의제 : 증여의제이익 (2015. 12. 15. 개정)
3. 제1호 및 제2호를 제외한 합산배제증여재산 : 그 증여재산가액에서 3천만원을 공제한 금액 (2018. 12. 31. 개정)
4. 제1호부터 제3호까지 외의 경우 : 제47조 제1항에 따른 증여세 과세가액에서 제53조, 제53조의 2 및 제54조에 따른 금액을 뺀 금액 (2023. 12. 31. 개정)

에는 「국세기본법」 제47조의 2 제1항 제2호, 제47조의 3 제1항 제2호 및 제47조의 4에 따른 가산세를 부과하지 않는다. (2024. 2. 29. 신설)
④ 법 제53조의 2 제6항 및 제7항에서 "대통령령으로 정하는 바에 따라 계산한 이자상당액"이란 증여세액에 제1호의 기간과 제2호의 율을 곱하여 계산한 금액을 말한다. (2024. 2. 29. 신설)
1. 법 제68조 제1항 본문에 따른 증여세 과세표준 신고기한의 다음날부터 법 제53조의 2 제6항 또는 제7항에 따라 신고를 한 날까지의 기간 (2024. 2. 29. 신설)
2. 「국세기본법 시행령」 제27조의 4에 따른 율 (2024. 2. 29. 신설)

제47조【준용규정】 제20조의 규정은 증여세에 관하여 이를 준용한다. 이 경우 제20조 제2항 중 "상속세과세가액"은 "증여세과세가액"으로 "상속재산"은 "증여재산"으로 하고, 동조 제3항 중 "상속세과세표준신고"는 "제65조의 규정에 의한 신고(이하 "증여세과세표준신고"라 한다)"로 본다. (96. 12. 31 개정)

제46조의 2【감정평가 수수료 공제】(2010. 2. 18. 제목개정)
법 제55조 제1항 각 호 외의 부분에서 "대통령령으로 정하는 증여재산의 감정평가 수수료"란 제20조의 3에 따른 수수료를 말한다. 이 경우 제20조의 3 중 "상속재산"은 "증여재산"으로, "상속세"는 "증여세"로, "상속세과세표준신고"는 "증여세과세표준신고"로 본다. (2010. 2. 18. 개정)

관계조문

규칙 24조 6호 → 재해손실공제신고서(별지 제6호 서식)

② 과세표준이 50만원 미만이면 증여세를 부과하지 아니한다. (2010. 1. 1. 개정)

　제56조【증여세 세율】증여세는 제55조에 따른 과세표준에 제26조에 규정된 세율을 적용하여 계산한 금액(이하 "증여세산출세액"이라 한다)으로 한다. (2010. 1. 1. 개정)

　제57조【직계비속에 대한 증여의 할증과세】① 수증자가 증여자의 자녀가 아닌 직계비속인 경우에는 증여세산출세액에 100분의 30(수증자가 증여자의 자녀가 아닌 직계비속이면서 미성년자인 경우로서 증여재산가액이 20억원을 초과하는 경우에는 100분의 40)에 상당하는 금액을 가산한다. 다만, 증여자의 최근친(最近親)인 직계비속이 사망하여 그 사망자의 최근친인 직계비속이 증여받은 경우에는 그러하지 아니하다. (2015. 12. 15. 개정)
② 할증과세액의 계산방법 등 필요한 사항은 대통령령으로 정한다. (2015. 12. 15. 신설)

통 칙 57-0…1【직계비속에 대한 증여시 할증과세액의 계산】
법 제47조 제2항에 따라 증여세과세가액에 가산하는 증여재산 중 수증자의 부모를 제외한 직계존속으로부터 증여받은 재산이 포함되어 있는 경우 법 제57조에 따라 할증과세되는 세액은 다음 각 호의 어느 하나에 따라 계산한다. (2011. 5. 20. 개정)
1. 1996년 12월 31일 이전에 수증자의 부모를 제외한 직계존속으로부터 증여받은 재산(1993년 12월 31일 이전에 증여받은 재산을 제외한다)이 포함되어 있는 경우

$$\left[증여세 \; 산출세액 \times \frac{수증자의 \; 부모를 \; 제외한 \; 직계존속으로부터 \; 증여 \; 받은 \; 재산가액}{총증여재산가액} \times \frac{20}{100} \right] - 기할증 \; 과세된 \; 증여세액$$

2. 1997년 1월 1일 이후에 수증자의 부모를 제외한 직계존속으로부터 증여받은 재산이 포함되어 있는 경우

$$\left[증여세 \; 산출세액 \times \frac{수증자의 \; 부모를 \; 제외한 \; 직계존속으로부터 \; 증여 \; 받은 \; 재산가액}{총증여재산가액} \times \frac{30}{100} \right] - 기할증 \; 과세된 \; 증여세액$$

3. 제1호 및 제2호에 따라 증여재산가액이 모두 포함되어 있는 경우에는 각 호의 구분에 따라 계산한 금액을 합산한 금액 (2011. 5. 20. 개정)

통 칙 55-0…1【증여세의 과세최저한】
법 제55조 제2항에 따른 증여세 과세최저한은 수증자와 증여자간의 친족관계 유무에 관계없이 적용한다. (2011. 5. 20. 개정)

　제46조의 3【직계비속에 대한 증여의 할증과세액 계산방법】① 법 제57조 제1항을 적용할 때 증여재산가액은 법 제47조 제2항에 따라 증여세 과세가액에 가산하는 증여재산을 포함한다. (2016. 2. 5. 신설)
② 법 제57조 제1항에 따른 할증과세액은 다음 각 호의 구분에 따른 금액으로 한다. 이 경우 그 금액이 음수(陰數)인 경우에는 영으로 한다. (2016. 2. 5. 신설)
1. 수증자가 미성년자인 경우로서 증여재산가액이 20억원을 초과하는 경우 (2016. 2. 5. 신설)

[증여세 산출세액 × (수증자의 부모를 제외한 직계존속으로부터 증여받은 재산가액/총증여재산가액) × 40/100] − 종전에 납부한 할증과세액

2. 제1호 외의 경우 (2016. 2. 5. 신설)

[증여세 산출세액 × (수증자의 부모를 제외한 직계존속으로부터 증여받은 재산가액/총증여재산가액) × 30/100] − 종전에 납부한 할증과세액

(➡ 영 46조의 3)
집행기준 57-46의 3-1【직계비속에 대한 증여의 할증과세액 계산】
당해 증여재산가액에 증여일 전 10년 이내에 동일인으로부터 받은 증여재산가액(1천만원 이상)을 합산하는 경우로서 그 합산대상 증여재산가액에 수증자의 부모를 제외한 직계존속으로부터 증여받은 가액이 포함되어 있는 경우 할증과세액은 다음과 같이 계산한다.

$$할증 \; 과세액 = 증여세 \; 산출세액 \times \frac{수증자의 \; 부모를 \; 제외한 \; 직계존속으로부터 \; 증여받은 \; 재산가액}{총증여재산가액} \times 30\%(40\%)$$

$$= 기할증 \; 과세액$$

(2024. 10. 31. 개정)

4. 2016년 1월 1일 전에 수증자의 부모를 제외한 직계존속으로부터 1차 증여를 받고 2016년 1월 1일 이후에 2차 증여를 받아 총증여재산가액이 20억원을 초과하는 경우 2차 증여분에 대한 할증과세액은 다음 각 목의 가액을 합산하여 계산한다. (2019. 12. 23. 신설)

가. $\left[\text{1차·2차 총증여세 산출세액} \times \dfrac{\text{1차 증여재산가액}}{\text{1차·2차 총 증여재산가액}} \times 30\% \right]$ − 종전에 납부한 할증 과세액

나. $\left[\text{1차·2차 총증여세 산출세액} \times \dfrac{\text{2차 증여재산가액}}{\text{1차·2차 총 증여재산가액}} \times 40\% \right]$

제 7 절 세액공제

제58조【납부세액공제】(2010. 1. 1. 제목개정)

① 제47조 제2항에 따라 증여세 과세가액에 가산한 증여재산의 가액(둘 이상의 증여가 있을 때에는 그 가액을 합친 금액을 말한다)에 대하여 납부하였거나 납부할 증여세액(증여 당시의 해당 증여재산에 대한 증여세산출세액을 말한다)은 증여세산출세액에서 공제한다. 다만, 증여세 과세가액에 가산하는 증여재산에 대하여 「국세기본법」 제26조의 2 제4항 또는 제5항에 따른 기간의 만료로 인하여 증여세가 부과되지 아니하는 경우에는 그러하지 아니하다. (2019. 12. 31. 단서개정)

② 제1항의 경우에 공제할 증여세액은 증여세산출세액에 해당 증여재산의 가액과 제47조 제2항에 따라 가산한 증여재산의 가액을 합친 금액에 대한 과세표준에 대하여 가산한 증여재산의 과세표준이 차지하는 비율을 곱하여 계산한 금액을 한도로 한다. (2010. 1. 1. 개정)

제 6 절 세액공제

관계법령

국세기본법

제26조의 2【국세의 부과제척기간】(2019. 12. 31. 제목개정)

④ 제1항 및 제2항에도 불구하고 상속세·증여세의 부과제척기간은 국세를 부과할 수 있는 날부터 10년으로 하고, 다음 각 호의 어느 하나에 해당하는 경우에는 15년으로 한다. 부담부증여에 따라 증여세와 함께 「소득세법」 제88조 제1호 각 목 외의 부분 후단에 따른 소득세가 과세되는 경우에 그 소득세의 부과제척기간도 또한 같다. (2019. 12. 31. 개정)

1. 납세자가 부정행위로 상속세·증여세를 포탈하거나 환급·공제받은 경우 (2019. 12. 31. 개정)

2. 「상속세 및 증여세법」 제67조 및 제68조에 따른 신고서를 제출하지 아니한 경우 (2019. 12. 31. 개정)

3. 「상속세 및 증여세법」 제67조 및 제68조에 따라 신고서를 제출한 자가 대통령령으로 정하는 거짓신고 또는 누락신고를 한 경우(그 거짓신고 또는 누락신고를 한 부분만 해당한다) (2019. 12. 31. 개정)

⑤ 납세자가 부정행위로 상속세·증여세(제7호의 경우에는 해당 명의신탁과 관련한 국세를 포함한다)를 포탈하는 경우로서 다음 각 호의 어느 하나에 해당하는 경우 과세관청은 제4항에도 불구하고 해당 재산의 상속 또는 증여가 있음을 안 날부터 1년 이내에 상속세 및 증여세를 부과할 수 있다. 다만, 상속인이나 증여자 및 수증자(受贈者)가 사망한 경우와 포탈세액 산출의 기준이 되는 재산가액(다음 각 호의 어느 하나에 해당하는 재산의 가액을 합친 것을 말한다)이 50억원 이하인 경우에는 그러하지 아니하다. (2019. 12. 31. 개정)

제59조 【외국 납부세액 공제】 (2010. 1. 1. 제목개정)

타인으로부터 재산을 증여받은 경우에 외국에 있는 증여재산에 대하여 외국의 법령에 따라 증여세를 부과받은 경우에는 대통령령으로 정하는 바에 따라 그 부과받은 증여세에 상당하는 금액을 증여세산출세액에서 공제한다. (2010. 1. 1. 개정)

제 4 장　재산의 평가

제60조 【평가의 원칙 등】 ① 이 법에 따라 상속세나 증여세가 부과되는 재산의 가액은 상속개시일 또는 증여일(이하 "평가기준일"이라 한다) 현재의 시가(時價)에 따른다. 이 경우 다음 각 호의 경우에 대해

---

1. 제3자의 명의로 되어 있는 피상속인 또는 증여자의 재산을 상속인이나 수증자가 취득한 경우 (2019. 12. 31. 개정)
2. 계약에 따라 피상속인이 취득할 재산이 계약이행기간에 상속이 개시됨으로써 등기·등록 또는 명의개서가 이루어지지 아니하고 상속인이 취득한 경우 (2010. 1. 1. 개정)
3. 국외에 있는 상속재산이나 증여재산을 상속인이나 수증자가 취득한 경우 (2010. 1. 1. 개정)
4. 등기·등록 또는 명의개서가 필요하지 아니한 유가증권, 서화(書畵), 골동품 등 상속재산 또는 증여재산을 상속인이나 수증자가 취득한 경우 (2010. 1. 1. 개정)
5. 수증자의 명의로 되어 있는 증여자의 「금융실명거래 및 비밀보장에 관한 법률」 제2조 제2호에 따른 금융자산을 수증자가 보유하고 있거나 사용·수익한 경우 (2013. 1. 1. 신설)
6. 「상속세 및 증여세법」 제3조 제2호에 따른 비거주자인 피상속인의 국내재산을 상속인이 취득한 경우 (2016. 12. 20. 신설)
7. 「상속세 및 증여세법」 제45조의 2에 따른 명의신탁재산의 증여의제에 해당하는 경우 (2019. 12. 31. 신설)
8. 상속재산 또는 증여재산인 「특정 금융거래정보의 보고 및 이용 등에 관한 법률」에 따른 가상자산을 같은 법에 따른 가상자산사업자(같은 법 제7조에 따라 신고가 수리된 자로 한정한다)를 통하지 아니하고 상속인이나 수증자가 취득한 경우 (2022. 12. 31. 신설)

제48조 【준용규정】 제21조의 규정은 증여세에 관하여 이를 준용한다. 이 경우 제21조 제1항 중 "상속세산출세액"은 "증여세산출세액"으로, "상속재산"은 "증여재산"으로, "상속세"는 "증여세"로 하고, 동조 제2항 중 "상속세과세표준신고"는 "증여세과세표준신고"로 본다. (96. 12. 31. 개정)

관계조문 ▶▶

규칙 24조 7호 → 외국납부세액공제신청서 (별지 7호 서식)

서는 각각 다음 각 호의 구분에 따른 금액을 시가로 본다. (2020. 12. 22. 후단개정)

1. 「자본시장과 금융투자업에 관한 법률」에 따른 증권시장으로서 대통령령으로 정하는 증권시장에서 거래되는 주권상장법인의 주식 등 중 대통령령으로 정하는 주식등(제63조 제2항에 해당하는 주식등은 제외한다)의 경우 : 제63조 제1항 제1호 가목에 규정된 평가방법으로 평가한 가액 (2020. 12. 22. 신설)

2. 「가상자산 이용자 보호 등에 관한 법률」 제2조 제1호에 따른 가상자산의 경우 : 제65조 제2항에 규정된 평가방법으로 평가한 가액 (2023. 7. 18. 개정 ; 가상자산~부칙)

② 제1항에 따른 시가는 불특정 다수인 사이에 자유롭게 거래가 이루어지는 경우에 통상적으로 성립된다고 인정되는 가액으로 하고 수용가격·공매가격 및 감정가격 등 대통령령으로 정하는 바에 따라 시가로 인정되는 것을 포함한다. (2010. 1. 1. 개정)

③ 제1항을 적용할 때 시가를 산정하기 어려운 경우에는 해당 재산의 종류, 규모, 거래 상황 등을 고려하여 제61조부터 제65조까지에 규정된 방법으로 평가한 가액을 시가로 본다. (2010. 1. 1. 개정)

④ 제1항을 적용할 때 제13조에 따라 상속재산의 가액에 가산하는 증여재산의 가액은 증여일 현재의 시가에 따른다. (2010. 1. 1. 개정)

⑤ 제2항에 따른 감정가격을 결정할 때에는 대통령령으로 정하는 바에 따라 둘 이상의 감정기관(대통령령으로 정하는 금액 이하의 부동산의 경우에는 하나 이상의 감정기관)에 감정을 의뢰하여야 한다. 이 경우 관할 세무서장 또는 지방국세청장은 감정기관이 평가한 감정가액이 다른 감정기관이 평가한 감정가액의 100분의 80에 미달하는 등 대통령령으로 정하는 사유가 있는 경우에는 대통령령으로 정하는 바에 따라 대통령령으로 정하는 절차를 거쳐 1년의 범위에서 기간을 정하여 해당 감정기관을 시가불인정 감정기관으로 지정할 수 있으며, 시가불인정 감정기관으로 지정된 기간 동안 해당 시가불인정 감정기관이 평가하는 감정가액은 시가로 보지 아니한다. (2017. 12. 19. 개정)

● 예 판 ┄┄┄┄┄┄┄┄┄┄┄┄┄┄┄┄┄┄┄┄┄┄┄┄┄┄

• 증여받은 아파트분양권 평가시 평가기준일 전후 3월 이내에 매매거래가

　　　제49조【평가의 원칙 등】① 법 제60조 제2항에서 "수용가격·공매가격 및 감정가격 등 대통령령으로 정하는 바에 따라 시가로 인정되는 것"이란 상속개시일 또는 증여일(이하 "평가기준일"이라 한다) 전후 6개월(증여재산의 경우에는 평가기준일 전 6개월부터 평가기준일 후 3개월까지로 한다. 이하 이 항에서 "평가기간"이라 한다) 이내의 기간 중 매매·감정·수용·경매(「민사집행법」에 따른 경매를 말한다. 이하 이 항에서 같다) 또는 공매(이하 이 조 및 제49조의 2에서 "매매등"이라 한다)가 있는 경우에 다음 각 호의 어느 하나에 따라 확인되는 가액을 말한다. 다만, 평가기간에 해당하지 않는 기간으로서 평가기준일 전 2년 이내의 기간 중에 매매등이 있거나 평가기간이 경과한 후부터 제78조 제1항에 따른 기한까지의 기간 중에 매매등이 있는 경우에도 평가기준일부터 제2항 각 호의 어느 하나에 해당하는 날까지의 기간 중에 주식발행회사의 경영상태, 시간의 경과 및 주위환경의 변화 등을 고려하여 가격변동의 특별한 사정이 없다고 보아 상속세 또는 증여세 납부의무가 있는 자(이하 이 조 및 제54조에서 "납세자"라 한다), 지방국세청장 또는 관할세무서장이 신청하는 때에는 제49조의 2 제1항에 따른 평가심의위원회의 심의를 거쳐 해당 매매 등의 가액을 다음 각 호의 어느 하나에 따라 확인되는 가액에 포함시킬 수 있다. (2022. 2. 15. 개정)

1. 해당 재산에 대한 매매사실이 있는 경우에는 그 거래가액. 다만, 다음 각 목의 어느 하나에 해당하는 경우는 제외한다. (2012. 2. 2. 개정)

가. 특수관계인과의 거래 등으로 그 거래가액이 객관적으로 부당하다고 인정되는 경우 (2016. 2. 5. 개정)

┄┄┄┄┄┄┄┄┄┄┄┄┄┄┄┄┄┄┄┄┄┄┄

• 평가기준일부터 가격산정기준일 및 감정가액평가서 작성일까지 기간 중 가격변동의 특별한 사정이 있었다고 봄이 상당하므로 이와 다른 전제에서 이루어진 이 사건 처분은 위법함. (수원지방법원2021구합73530, 2023. 1. 18.)

• 쟁점주식의 매매계약일로부터 평가기준일까지의 기간 중에 쟁점주식 발행법인의 주요거래처 변경 및 재무상 중대한 변동은 없었던 것으로 확인되는 반면, 제시된 증빙만으로는 해당 기간 가격변동의 특별한 사정이 있었음을 인정할만한 객관적인 사실이 확인되지 않는 점 등에 비추어, 처분청이 쟁점매매사례가액을 쟁점주식의 시가로 보아 증여세를 부과한 처분은 잘못이 없음. (조심2018광3803, 2019. 3. 11.)

┄┄┄┄┄┄┄┄┄┄┄┄┄┄┄┄┄┄┄┄┄┄┄

빈번하여 객관적인 매매시가가 형성되어 있다면 인근 부동산중개업소 등에 탐문조사한 시세가액을 산술평균한 가액은 불특정다수인 사이에 자유로운 거래에 의하여 형성된 시가로 볼 수 있음. (국심 2004서 2221, 2004. 11. 6.)
• 증여일 전후 3월 이내의 기간 중 매매·감정·수용·경매·공매 사실이 확인되지 아니하는 아파트의 증여재산가액은 기준시가로 평가하는 것으로 은행 인터넷 시세는 시가로 볼 수 없음. (조심 2009서 1810, 2009. 6. 17.)

통칙 60-0…1【재산평가시 계산단위】
법 제60조부터 제66조까지를 적용할 때 배율에 따른 부동산의 제곱미터당 가액, 상장주식의 1주당 최종시세가액의 평균액과 비상장주식의 1주당가액, 1주당 순손익액 및 이의 가중평균액 등의 계산에 있어 원단위 미만의 금액은 이를 버린다. (2011. 5. 20. 개정)

통칙 60-49…3【공유물인 재산의 타인지분에 감정가액이 있는 경우의 평가방법】☞
영 제49조 제1항 제2호를 적용할 때 평가대상 재산이 공유물인 경우 그 재산의 타인지분에 감정가액이 있는 경우에는 그 감정가액을 재산의 시가로 볼 수 있다. 다만, 공유물이 현실적으로 각자가 별도로 관리·처분할 수 있고 이에 대한 계약 등에 따라 그 사실이 확인되거나 상호 명의신탁재산에 해당하여 사실상 이를 공유물로 볼 수 없는 경우에는 타인지분에 대한 감정가액을 평가대상 재산의 시가로 보지 아니한다. (2011. 5. 20. 개정)

나. 거래된 비상장주식의 가액(액면가액의 합계액을 말한다)이 다음의 금액 중 적은 금액 미만인 경우(제49조의 2 제1항에 따른 평가심의위원회의 심의를 거쳐 그 거래가액이 거래의 관행상 정당한 사유가 있다고 인정되는 경우는 제외한다) (2016. 2. 5. 개정)
　1) 액면가액의 합계액으로 계산한 해당 법인의 발행주식총액 또는 출자총액의 100분의 1에 해당하는 금액 (2012. 2. 2. 개정)
　2) 3억원 (2012. 2. 2. 개정)
2. 해당 재산(법 제63조 제1항 제1호에 따른 재산을 제외한다)에 대하여 둘 이상의 기획재정부령으로 정하는 공신력 있는 감정기관(이하 "감정기관"이라 한다)이 평가한 감정가액이 있는 경우에는 그 감정가액의 평균액. 다만, 다음 각 목의 어느 하나에 해당하는 것은 제외하며, 해당 감정가액이 법 제61조·제62조·제64조 및 제65조에 따라 평가한 가액과 제4항에 따른 시가의 100분의 90에 해당하는 가액 중 적은 금액(이하 이 호에서 "기준금액"이라 한다)에 미달하는 경우(기준금액 이상인 경우에도 제49조의 2 제1항에 따른 평가심의위원회의 심의를 거쳐 감정평가목적 등을 고려하여 해당 가액이 부적정하다고 인정되는 경우를 포함한다)에는 세무서장(관할지방국세청장을 포함하며, 이하 "세무서장 등"이라 한다)이 다른 감정기관에 의뢰하여 감정한 가액에 의하되, 그 가액이 납세자가 제시한 감정가액보다 낮은 경우에는 그렇지 않다. (2021. 1. 5. 개정 ; 어려운 법령용어~대통령령)
　가. 일정한 조건이 충족될 것을 전제로 당해 재산을 평가하는 등 상속세 및 증여세의 납부목적에 적합하지 아니한 감정가액 (2000. 12. 29 개정)
　나. 평가기준일 현재 당해 재산의 원형대로 감정하지 아니한 경우의 당해 감정가액 (99. 12. 31. 신설)
3. 해당 재산에 대하여 수용·경매 또는 공매사실이 있는 경우에는 그 보상가액·경매가액 또는 공매가액. 다만, 다음 각 목의 어느 하나에 해당하는 경우에는 해당 경매가액 또는 공매가액은 이를 제외한다. (2016. 2. 5. 개정)

제15조【평가의 원칙 등】① 영 제49조 제1항 제2호 각 목 외의 부분 본문에서 "기획재정부령으로 정하는 공신력 있는 감정기관"이란 「감정평가 및 감정평가사에 관한 법률」 제2조 제4호의 감정평가법인등을 말한다. (2021. 3. 16. 개정)
② 영 제49조 내지 영 제63조의 규정에 의하여 재산을 평가함에 있어서 국외재산의 가액은 평가기준일 현재 「외국환거래법」에 의한 기준환율 또는 재정환율에 의하여 환산한 가액으로 이를 평가한다. (2005. 3. 19 개정)
③ 영 제49조 제4항에서 "기획재정부령으로 정하는 해당 재산과 면적·위치·용도·종목 및 기준시가가 동일하거나 유사한 다른 재산"이란 다음 각 호의 구분에 따른 재산을 말한다. (2017. 3. 10. 신설)
1. 「부동산 가격공시에 관한 법률」에 따른 공동주택가격(새로운 공동주택가격이 고시되기 전에는 직전의 공동주택가격을 말한다. 이하 이 항에서 같다)이 있는 공동주택의 경우 : 다음 각 목의 요건을 모두 충족하는 주택. 다만, 해당

각의 재산에 대하여 감정가액(동일감정기관이 동일한 시기에 감정한 각각의 감정가액을 말한다)이 있는 경우에는 감정가액에 비례하여 안분계산한다. 다만, 토지와 그 토지에 정착된 건물 기타 구축물의 가액이 구분되지 아니하는 경우에는 「부가가치세법 시행령」 제64조에 따라 안분계산한다. (2016. 2. 5. 항번개정)

④ 제1항을 적용할 때 기획재정부령으로 정하는 해당 재산과 면적·위치·용도·종목 및 기준시가가 동일하거나 유사한 다른 재산에 대한 같은 항 각 호의 어느 하나에 해당하는 가액[법 제67조 또는 제68조에 따라 상속세 또는 증여세 과세표준을 신고한 경우에는 평가기준일 전 6개월부터 제1항에 따른 평가기간 이내의 신고일까지의 가액을 말한다]이 있는 경우에는 해당 가액을 법 제60조 제2항에 따른 시가로 본다. (2019. 2. 12. 개정)

• 상속재산 평가시 유사매매사례가액을 적용함에 있어 같은 아파트단지에 소재하나, 면적이 작고 기준시가가 낮은 비교대상아파트의 매매사례가액은 시가로 볼 수 없음. (조심 2009중 301, 2009. 10. 14.)
• 과거 쟁점주식을 거래한 당사자가 상증법상 비특수관계였다고 하더라도 대부분 쟁점법인의 이해관계인들로 보이므로 이들 간의 거래를 불특정 다수인 사이에서 자유롭게 이루어진 경우로 보기는 어려운 점 등에 비추어, 쟁점매매사례가액이 시가에 해당한다는 청구주장은 받아들이기 어렵다고 판단됨. (조심 2021부4682, 2022. 5. 23.)

⑤ 제1항을 적용할 때 제2항 각 호에 따른 날이 평가기준일 전에 해당하는 경우로서 그 날부터 평가기준일까지 해당 재산에 대한 자본적지출액이 확인되는 경우에는 그 자본적지출액을 제1항에 따른 가액에 더할 수 있다. (2016. 2. 5. 항번개정)

⑥ 법 제60조 제5항 전단에서 "대통령령으로 정하는 금액 이하의 부동산"이란 「소득세법」 제99조 제1항 제1호에 따른 부동산 중 기준시가 10억원 이하의 것을 말한다. (2018. 2. 13. 신설)

⑦ 법 제60조 제5항 후단에서 "대통령령으로 정하는 사유"란 납세자가 제시한 감정기관(이하 이 조에서 "원감정기관"이라 한다)의 감정가액

☞ p.2238 2단 연결

가. 법 제73조 및 제73조의 2에 따라 물납한 재산을 상속인 또는 그의 특수관계인이 경매 또는 공매로 취득한 경우 (2023. 2. 28. 개정)
나. 경매 또는 공매로 취득한 비상장주식의 가액(액면가액의 합계액을 말한다)이 다음의 금액 중 적은 금액 미만인 경우 (2006. 2. 9. 개정)
  (1) 액면가액의 합계액으로 계산한 당해 법인의 발행주식총액 또는 출자총액의 100분의 1에 해당하는 금액 (2006. 2. 9. 개정)
  (2) 3억원 (2006. 2. 9. 개정)
다. 경매 또는 공매절차의 개시 후 관련 법령이 정한 바에 따라 수의계약에 의하여 취득하는 경우 (2006. 2. 9. 개정)
라. 제15조 제3항에 따른 최대주주등의 상속인 또는 최대주주등의 특수관계인이 최대주주등이 보유하고 있던 제54조 제1항에 따른 비상장주식등을 경매 또는 공매로 취득한 경우 (2020. 2. 11. 신설)

② 제1항을 적용할 때 제1항 각 호의 어느 하나에 따른 가액이 평가기준일 전후 6개월(증여재산의 경우에는 평가기준일 전 6개월부터 평가기준일 후 3개월까지로 한다) 이내에 해당하는지는 다음 각 호의 구분에 따른 날을 기준으로 하여 판단하며, 제1항에 따라 시가로 보는 가액이 둘 이상인 경우에는 평가기준일을 전후하여 가장 가까운 날에 해당하는 가액(그 가액이 둘 이상인 경우에는 그 평균액을 말한다)을 적용한다. 다만, 해당 재산의 매매등의 가액이 있는 경우에는 제4항에 따른 가액을 적용하지 아니한다. (2019. 2. 12. 개정)
1. 제1항 제1호의 경우에는 매매계약일 (2002. 12. 30 개정)
2. 제1항 제2호의 경우에는 가격산정기준일과 감정가액평가서 작성일 (2014. 2. 21. 개정)
3. 제1항 제3호의 경우에는 보상가액·경매가액 또는 공매가액이 결정된 날 (2006. 2. 9. 개정)

③ 제1항 각호의 가액에 2 이상의 재산가액이 포함됨으로써 각각의 재산가액이 구분되지 아니하는 경우에는 각각의 재산을 법 제61조 내지 제65조의 규정에 의하여 평가한 가액에 비례하여 안분계산하되 각

주택이 둘 이상인 경우에는 평가대상 주택과 공동주택가격 차이가 가장 작은 주택을 말한다. (2019. 3. 20. 단서신설)
가. 평가대상 주택과 동일한 공동주택단지(「공동주택관리법」에 따른 공동주택단지를 말한다) 내에 있을 것 (2017. 3. 10. 신설)
나. 평가대상 주택과 주거전용면적(「주택법」에 따른 주거전용면적을 말한다)의 차이가 평가대상 주택의 주거전용면적의 100분의 5 이내일 것 (2017. 3. 10. 신설)
다. 평가대상 주택과 공동주택가격의 차이가 평가대상 주택의 공동주택가격의 100분의 5 이내일 것 (2017. 3. 10. 신설)
2. 제1호 외의 재산의 경우 : 평가대상 재산과 면적·위치·용도·종목 및 기준시가가 동일하거나 유사한 다른 재산 (2017. 3. 10. 신설)

④ 영 제49조 제8항 전단에서 "기획재정부령으로 정하는 기간"이란 다음 각 호의 구분에 따른 기간으로 하되, 제1호 및 제2호에 모두 해당하는 경우에는 해당 기간 중 가장 긴 기간으로 한다. (2018. 3. 19. 개정)
1. 고의 또는 중대한 과실로 다음 각 목의 어느 하나에 해당하는 부실감정을 한 경우 : 1년 (2016. 3. 21. 개정)
가. 평가대상 재산의 위치·지형·이용상황·주변환경 등 객관적 가치에 영향을 미치는 요인을 사실과 다르게 조사한 경우 (2016. 3. 21. 개정)

1. 제49조 제1항 각 호 외의 부분 단서에 따른 매매등의 가액의 시가 인정 (2017. 2. 7. 개정)

1의 2. 제49조 제8항에 따른 시가불인정 감정기관의 지정 (2018. 2. 13. 개정)

2. 제54조 제1항에 따른 비상장주식등(이하 이 조에서 "비상장주식 등"이라 한다)의 같은 조 제6항에 따른 가액평가 및 평가방법 (2017. 2. 7. 개정)

3. 제15조 제11항 제2호 나목 및 「조세특례제한법 시행령」 제27조의 6 제6항 제2호 나목에 따른 업종의 변경 (2020. 2. 11. 신설)

3. 제15조 제11항 제2호 나목에 따른 업종의 변경 (2025. 2. 28. 개정)

4. 법 제61조 제1항 제2호 및 제3호에 따른 건물, 오피스텔 및 상업용 건물 가치의 산정·고시를 하기 위한 자문 (2020. 2. 11. 신설)

② 평가심의위원회는 다음 각 호의 구분에 따른 위원으로 구성한다. (2016. 2. 5. 신설)

1. 국세청에 두는 평가심의위원회 : 다음 각 목에 따른 위원 (2016. 2. 5. 신설)

　가. 국세청장이 소속 공무원 중에서 임명하는 사람 3명 (2016. 2. 5. 신설)

　나. 다음의 어느 하나에 해당하는 사람 중 국세청장이 성별을 고려하여 위촉하는 9명 이내의 사람 (2020. 2. 11. 개정)

　　1) 변호사 (2016. 2. 5. 신설)

　　2) 공인회계사 (2016. 2. 5. 신설)

　　3) 세무사 (2016. 2. 5. 신설)

　　4) 감정평가사 (2016. 2. 5. 신설)

　　5) 그 밖에 기업의 인수·합병과 관련하여 학식과 경험이 풍부한 사람 (2016. 2. 5. 신설)

　다. 관련 업종에 학식과 경험이 풍부한 전문가 중에서 국세청장이 위촉하는 사람 2명(제1항 제3호의 심의에 한정한다) (2020. 2. 11. 신설)

2. 지방국세청에 두는 평가심의위원회 : 다음 각 목에 따른 위원 (2016. 2. 5. 신설)

☞ p.2239 3단 연결

(이하 이 조에서 "원감정가액"이라 한다)이 세무서장등이 다른 감정기관에 의뢰하여 평가한 감정가액(이하 이 조에서 "재감정가액"이라 한다)의 100분의 80에 미달하는 경우를 말한다. (2018. 2. 13. 항번개정)

⑧ 제7항의 사유에 해당하는 경우 세무서장등은 제49조의 2 제1항에 따른 평가심의위원회의 심의를 거쳐 부실감정의 고의성 및 원감정가액이 재감정가액에 미달하는 정도 등을 고려하여 1년의 범위에서 기획재정부령으로 정하는 기간 동안 원감정기관을 시가불인정 감정기관으로 지정할 수 있다. 이 경우 그 기간은 세무서장등이 원감정기관을 시가불인정 감정기관으로 지정하여 통지한 날부터 기산한다. (2021. 1. 5. 개정 ; 어려운 법령용어~대통령령)

⑨ 세무서장 등은 제8항에 따른 평가심의위원회의 심의 전에 다음 각 호의 내용 등을 해당 감정기관에 통지하고 의견을 청취하여야 한다. 이 경우 통지를 받은 감정기관은 통지를 받은 날부터 20일 이내에 의견을 제출하여야 하며, 정당한 사유 없이 의견을 제출하지 아니한 경우에는 의견이 없는 것으로 본다. (2018. 2. 13. 개정)

1. 시가불인정 감정기관 지정내용 및 법적근거 (2016. 2. 5. 신설)

2. 제1호에 대하여 의견을 제출할 수 있다는 뜻과 의견을 제출하지 아니하는 경우의 처리방법 (2016. 2. 5. 신설)

3. 의견제출기한 (2016. 2. 5. 신설)

4. 그 밖에 의견제출에 필요한 사항 (2016. 2. 5. 신설)

⑩ 제7항부터 제9항까지에서 규정한 사항 외에 시가불인정 감정기관의 지정 및 통지 등에 필요한 사항은 국세청장이 정하여 고시한다. (2018. 2. 13. 개정)

⑪ 기획재정부장관은 상속·증여재산을 평가함에 있어서 평가의 공정성을 확보하기 위하여 재산별 평가기준·방법·절차 등에 관한 세부사항을 정할 수 있다. (2018. 2. 13. 항번개정)

　제49조의 2【평가심의위원회의 구성 등】① 다음 각 호의 심의를 위하여 국세청과 지방국세청에 각각 평가심의위원회를 둔다. (2016. 2. 5. 신설)

　나. 「감정평가 및 감정평가사에 관한 법률」 제2조 및 제25조 제2항을 위반한 경우 (2017. 3. 10. 개정)

　다. 납세자와 담합하여 상속세 및 증여세를 부당하게 감소시킬 목적으로 감정평가한 경우 (2016. 3. 21. 개정)

2. 원감정가액이 재감정가액에 미달하는 경우 : 재감정가액에 대한 원감정가액의 비율에 따른 다음 각 목의 기간 (2016. 3. 21. 개정)

　가. 100분의 70 이상 100분의 80 미만인 경우 : 6월 (2016. 3. 21. 개정)

　나. 100분의 60 이상 100분의 70 미만인 경우 : 9월 (2016. 3. 21. 개정)

　다. 100분의 60 미만인 경우 : 1년 (2016. 3. 21. 개정)

할 경우의 적정성 여부 (2017. 2. 7. 개정)
3. 그 밖에 해당 법인의 업종·사업규모·자산상태 및 사회적인 인식 등을 고려할 때 적정하다고 인정되는 평가가액 (2016. 2. 5. 신설)
⑧ 평가심의위원회가 제1항 제3호의 심의를 할 경우에는 기존 기술 등의 활용 가능성 및 기존 고용인력의 승계 가능성을 고려해야 한다. (2020. 2. 11. 신설)
⑨ 평가심의위원회는 공정하고 객관적인 심의를 위하여 필요하다고 인정되는 경우에는 제56조 제2항에 따른 신용평가전문기관에 평가를 의뢰하거나 심의에 앞서 관계인의 증언을 청취할 수 있다. 이 경우 납세자가 신용평가전문기관의 평가에 따른 평가수수료를 부담하여야 한다. (2020. 2. 11. 항번개정)
⑩ 평가심의위원회의 설치·운영, 심의신청절차, 비상장주식등의 가액평가 및 평가방법 등에 관하여 필요한 사항은 국세청장이 정하여 고시한다. (2020. 2. 11. 항번개정)

에는 다음 각 호의 구분에 따른 자료를 첨부하여 평가심의위원회에 신청해야 하고, 제1항 제1호 및 제2호의 심의가 필요한 경우 법 제67조에 따른 상속세 과세표준 신고기한 만료 4개월 전(증여의 경우에는 법 제68조에 따른 증여세 과세표준 신고기한 만료 70일 전)까지 신청해야 한다. 다만, 제1항 제1호의 경우 중에서 평가기간이 경과한 후부터 제78조 제1항에 따른 기한까지의 기간 중에 매매등이 있는 경우에는 해당 매매등이 있는 날부터 6개월 이내에 다음 각 호의 구분에 따른 자료를 첨부하여 평가심의위원회에 신청해야 한다. (2020. 2. 11. 개정)
1. 제1항 제1호의 경우 : 매매등의 가액의 입증자료 (2016. 2. 5. 신설)
2. 제1항 제2호의 경우 : 다음 각 목의 자료 (2017. 2. 7. 개정)
　가. 제54조 제1항·제4항, 제55조 및 제56조에 따라 평가한 비상장주식등의 평가액(이하 이 조 및 제54조에서 "보충적 평가방법에 따른 주식평가액"이라 한다) 및 그 평가 부속서류 (2017. 2. 7. 개정)
　나. 보충적 평가방법에 따른 주식평가액이 불합리하다고 인정할 수 있는 근거자료 (2017. 2. 7. 개정)
　다. 제54조 제6항 각 호의 어느 하나의 방법에 따라 평가한 비상장주식등의 평가액 및 그 평가 부속서류 (2017. 2. 7. 개정)
3. 제1항 제3호의 경우 : 업종 변경의 승인 필요성을 인정할 수 있는 근거자료 (2020. 2. 11. 신설)
⑥ 제5항에 따른 신청을 받은 평가심의위원회는 해당 상속세과세표준 신고기한 만료 1개월 전(증여의 경우에는 증여세 과세표준 신고기한 만료 20일 전)까지 그 결과를 납세자에게 서면으로 통지해야 한다. 다만, 제5항 각 호 외의 부분 단서의 경우에는 신청을 받은 날부터 3개월 이내에 그 결과를 납세자에게 서면으로 통지해야 한다. (2019. 2. 12. 개정)
⑦ 평가심의위원회가 비상장주식등의 가액평가 및 평가방법의 심의를 할 경우에는 다음 각 호의 사항을 고려하여야 한다. (2017. 2. 7. 개정)
1. 법 제63조에 따른 유가증권등의 평가방법을 준용하여 평가할 경우 예상되는 적정 평가가액 (2016. 2. 5. 신설)
2. 제54조부터 제56조까지의 규정에 따라 해당 비상장주식등을 평가

가. 지방국세청장이 소속 공무원 중에서 임명하는 사람 2명 (2016. 2. 5. 신설)
나. 제1호 나목 1)부터 5)까지에 해당하는 사람 중 지방국세청장이 위촉하는 사람 3명 (2016. 2. 5. 신설)
다. 국세청에 두는 평가심의위원회의 위원 중 각 회의별로 국세청장이 지정하는 공무원인 위원 1명 및 공무원이 아닌 위원 1명 (2016. 2. 5. 신설)
③ 제2항에 따른 공무원이 아닌 위원의 임기는 2년으로 하며, 한차례만 연임할 수 있다. 다만, 제2항 제1호 다목에 따른 위원의 임기는 위촉 시부터 해당 심의 종료 시까지로 한다. (2020. 2. 11. 단서신설)
④ 국세청장 또는 지방국세청장은 위원이 다음 각 호의 어느 하나에 해당하는 경우에는 해당 위원을 해임 또는 해촉할 수 있다. (2016. 2. 5. 신설)
1. 심신장애로 인하여 직무를 수행할 수 없게 된 경우 (2016. 2. 5. 신설)
2. 직무와 관련된 비위사실이 있는 경우 (2016. 2. 5. 신설)
3. 직무태만, 품위손상이나 그 밖의 사유로 인하여 위원으로 적합하지 아니하다고 인정되는 경우 (2016. 2. 5. 신설)
4. 위원 스스로 직무를 수행하는 것이 곤란하다고 의사를 밝히는 경우 (2016. 2. 5. 신설)
⑤ 납세자는 제1항의 심의가 필요한 경우

제61조 【부동산 등의 평가】 ① 부동산에 대한 평가는 다음 각 호의 어느 하나에서 정하는 방법으로 한다. (2010. 1. 1. 개정)

1. 토지 (2016. 12. 20. 단서개정)
「부동산 가격공시에 관한 법률」에 따른 개별공시지가(이하 "개별공시지가"라 한다). 다만, 개별공시지가가 없는 토지(구체적인 판단기준은 대통령령으로 정한다)의 가액은 납세지 관할세무서장이 인근 유사 토지의 개별공시지가를 고려하여 대통령령으로 정하는 방법으로 평가한 금액으로 하고, 지가가 급등하는 지역으로서 대통령령으로 정하는 지역의 토지 가액은 배율방법(倍率方法)으로 평가한 가액으로 한다.

●예 판 ●●●●●●●●●●●●●●●●●●●●●●●●●●●●
• 상속재산인 토지평가시에 개별공시지가가 경정·결정된 경우에는 경정·결정된 개별공시지가를 적용함. (서삼 46019－10014, 2002. 1. 4.)
• 주택과 그 부수토지를 개별주택가격으로 평가하는 경우로서 주택과 그 부수토지의 가액을 구분하고자 하는 경우 상속세 및 증여세법 제61조 제1항 제2호의 건물기준시가와 개별공시지가로 안분하는 것임. (서면4팀－1830, 2005. 10. 6.)

2. 건물 (2010. 1. 1. 개정)
건물(제3호와 제4호에 해당하는 건물은 제외한다)의 신축가격, 구조, 용도, 위치, 신축연도 등을 고려하여 매년 1회 이상 국세청장이 산정·고시하는 가액

편주 ▶ ●●●●●●●●●●●●●●●●●●●●●●●●●●●●
국세청장이 산정·고시하는 가액 → 국세청 건물 기준시가 계산방법 고시 (국세청 고시 제2024－38호, 2024. 12. 31.)

3. 오피스텔 및 상업용 건물 (2010. 1. 1. 개정)
건물에 딸린 토지를 공유(共有)로 하고 건물을 구분소유하는 것으로서 건물의 용도·면적 및 구분소유하는 건물의 수(數) 등을 고려하여 대통령령으로 정하는 오피스텔 및 상업용 건물(이들에 딸린 토지를 포함한다)에 대해서는 건물의 종류, 규모, 거래 상황, 위치 등

제50조 【부동산의 평가】 ① 법 제61조 제1항 제1호 단서에서 "대통령령으로 정하는 방법으로 평가한 금액"이란 다음 각 호의 어느 하나에 해당하는 개별공시지가가 없는 해당 토지와 지목·이용상황 등 지가형성요인이 유사한 인근토지를 표준지로 보고 「부동산 가격공시에 관한 법률」 제3조 제8항에 따른 비교표에 따라 납세지 관할세무서장(납세지 관할세무서장과 해당 토지의 소재지를 관할하는 세무서장이 서로 다른 경우로서 납세지 관할세무서장의 요청이 있는 경우에는 해당 토지의 소재지를 관할하는 세무서장으로 한다)이 평가한 가액을 말한다. 이 경우 납세지 관할세무서장은 「지방세법」 제4조 제1항 단서에 따라 시장·군수가 산정한 가액 또는 둘 이상의 감정기관에 의뢰하여 감정한 가액의 평균액을 평가가액으로 할 수 있다. (2020. 10. 8. 개정 ; 부동산 가격공시에~시행령 부칙)

1. 「공간정보의 구축 및 관리 등에 관한 법률」에 의한 신규등록토지 (2015. 6. 1. 개정 ; 측량·수로조사~시행령 부칙)

2. 「공간정보의 구축 및 관리 등에 관한 법률」에 의하여 분할 또는 합병된 토지 (2015. 6. 1. 개정 ; 측량·수로조사~시행령 부칙)

3. 토지의 형질변경 또는 용도변경으로 인하여 「공간정보의 구축 및 관리 등에 관한 법률」상의 지목이 변경된 토지 (2015. 6. 1. 개정 ; 측량·수로조사~시행령 부칙)

4. 개별공시지가의 결정·고시가 누락된 토지(국·공유지를 포함한다) (2002. 12. 30 신설)

② 법 제61조 제1항 제1호 단서에서 "대통령령으로 정하는 지역"이란 각종 개발사업 등으로 지가가 급등하거나 급등할 우려가 있는 지역으로서 국세청장이 지정한 지역을 말한다. (2010. 2. 18. 개정)

③ 법 제61조 제1항 제3호에서 "대통령령으로 정하는 오피스텔 및 상업용 건물(이들에 딸린 토지를 포함한다)"이란 국세청장이 해당 건물의 용도·면적 및 구분소유하는 건물의 수(數) 등을 고려하여 지정하는 지역에 소재하는 오피스텔 및 상업용 건물(이들에 부수되는 토지를 포함한다)을 말한다. (2021. 1. 5. 개정 ; 어려운 법령용어~대통령령)

통칙 61－50…1 【개별공시지가가 없는 토지의 평가】

① 법 제61조 제1항 제1호에 따른 토지의 평가시 환지 및 택지개발 등에 따라 토지의 형질이 변경된 경우로서 평가기준일 현재 고시되어 있는 개별공시지가를 적용하는 것이 불합리하다고 인정되는 경우에는 법 제61조 제1항 제1호 단서에 규정된 개별공시지가가 없는 토지의 평가방법을 준용하여 평가한다. (2011. 5. 20. 개정)

② 분할 또는 합병된 토지의 개별공시지가는 제1항에 따라 평가하되 분할 또는 합병 전후 그 토지의 지목변경 및 이용상태 등으로 보아 종전의 개별공시지가를 적용하는 것이 합리적이라고 인정되는 경우에는 다음 각 호의 방법에 따른다. (2011. 5. 20. 개정)

1. 분할된 토지 : 분할전 토지에 대한 개별공시지가 (2000. 10. 12 개정)

2. 합병된 토지 : 합병 전 토지에 대한 각 개별공시지가의 합계액을 총면적으로 나눈 금액 (2011. 5. 20. 개정)

61－50…3 【환지예정지의 평가】
환지예정지의 가액은 환지권리면적에 따라 계산한 가액에 따른다. (2011. 5. 20. 개정)

61－50…4 【도로 등의 평가】
불특정다수인이 공용하는 사실상 도로 및 하천·제방·구거 등(이하 이 조에서 "도로 등"이라 한다)은 상속재산 또는 증여재산에 포함되나, 평가기준일 현재 도로 등외의 용도로 사용할 수 없는 경우로서 보상가격이 없는 등 재산적 가치가 없다고 인정되는 때에는 그 평가액을 영(0)으로 한다. (2000. 10. 12 개정)

을 고려하여 매년 1회 이상 국세청장이 토지와 건물에 대하여 일괄
하여 산정·고시한 가액

편주 ▶ ••
국세청장이 토지와 건물에 대하여 일괄하여 산정·고시한 가액 → 2025년
오피스텔 및 상업용 건물에 대한 기준시가 고시 (국세청 고시 제2024-39호,
2024. 12. 31.)
••

4. 주택 (2016. 1. 19. 개정 ; 부동산 가격공시 및~법률 부칙)
「부동산 가격공시에 관한 법률」에 따른 개별주택가격 및 공동주택
가격(같은 법 제18조 제1항 단서에 따라 국세청장이 결정·고시한
공동주택가격이 있는 때에는 그 가격을 말하며, 이하 이 호에서 "고
시주택가격"이라 한다). 다만, 다음 각 목의 어느 하나에 해당하는
경우에는 납세지 관할세무서장이 인근 유사주택의 고시주택가격을
고려하여 대통령령으로 정하는 방법에 따라 평가한 금액으로 한다.
가. 해당 주택의 고시주택가격이 없는 경우 (2014. 1. 1. 개정)
나. 고시주택가격 고시 후에 해당 주택을 「건축법」 제2조 제1항 제9
호 및 제10호에 따른 대수선 또는 리모델링을 하여 고시주택가
격으로 평가하는 것이 적절하지 아니한 경우 (2014. 1. 1. 개정)

편주 ▶ ••
국세청장이 해당 건물의 용도·면적 및 구분소유하는 건물의 수(數) 등을
감안하여 지정하는 지역 → 2025년 오피스텔 및 상업용 건물에 대한 기준
시가 고시 (국세청 고시 제2024-39호, 2024. 12. 31.)
••

④ 법 제61조 제1항 제4호 단서에서 "대통령령으로 정하는 방법에
따라 평가한 금액"이란 다음 각 호의 어느 하나에 해당하는 가액을
말한다. (2010. 2. 18. 신설)
1. 다음 각 목의 어느 하나에 해당하는 가액 (2010. 2. 18. 신설)
가. 「부동산 가격공시에 관한 법률」에 따른 개별주택가격이 없는
단독주택의 경우에는 해당 주택과 구조·용도·이용 상황 등
이용가치가 유사한 인근주택을 표준주택으로 보고 같은 법 제
16조 제6항에 따른 주택가격 비준표에 따라 납세지 관할세무서
장(납세지 관할세무서장과 해당 주택의 소재지를 관할하는 세
무서장이 서로 다른 경우로서 납세지 관할세무서장의 요청이 있
는 경우에는 해당 주택의 소재지를 관할하는 세무서장)이 평가
한 가액 (2016. 8. 31. 개정 ; 부동산 가격공시~시행령 부칙)
나. 「부동산 가격공시에 관한 법률」에 따른 공동주택가격이 없는
공동주택의 경우에는 인근 유사 공동주택의 거래가격·임대
료 및 해당 공동주택과 유사한 이용가치를 지닌다고 인정되는
공동주택의 건설에 필요한 비용추정액 등을 종합적으로 고려
하여 납세지 관할세무서장(납세지 관할세무서장과 해당 주택
의 소재지를 관할하는 세무서장이 서로 다른 경우로서 납세지
관할세무서장의 요청이 있는 경우에는 해당 주택의 소재지를
관할하는 세무서장)이 평가한 가액 (2016. 8. 31. 개정 ; 부동
산 가격공시~시행령 부칙)
2. 「지방세법」 제4조 제1항 단서에 따라 시장·군수가 산정한 가액이
나 둘 이상의 감정평가기관에 해당 주택에 대한 감정을 의뢰하여 산
정된 감정가액을 고려하여 납세지 관할세무서장이 평가한 가액

통칙 61-50…2 【철거대상건물의 평가】
평가기준일 현재 다른 법령에 따라 철거대상
에 해당하는 건물의 평가액은 그 재산의 이용
도, 철거의 시기 및 철거에 따른 보상의 유무
등 제반상황을 감안한 적정가액에 따라 평가
한다. (2011. 5. 20. 개정)

② 제1항 제1호 단서에서 "배율방법"이란 개별공시지가에 대통령령으로 정하는 배율을 곱하여 계산한 금액에 의하여 계산하는 방법을 말한다. (2010. 1. 1. 개정)

(2011. 7. 25. 개정)

⑤ 법 제61조 제2항에서 "대통령령으로 정하는 배율"이란 국세청장이 평가기준일 현재의 개별공시지가에 지역마다 그 지역에 있는 가격사정이 유사한 토지의 매매실례가액을 고려하여 고시하는 배율을 말한다. (2021. 1. 5. 개정 ; 어려운 법령용어~대통령령)

⑥ 법 제61조 제1항 제1호의 규정을 적용함에 있어서 개별공시지가는 평가기준일 현재 고시되어 있는 것을 적용한다. (96. 12. 31 개정)

⑦ 법 제61조 제5항에서 "대통령령으로 정하는 바에 따라 평가한 가액"이란 다음 계산식에 따라 계산한 금액(이하 이 조에서 "임대료 등의 환산가액"이라 한다)을 말한다. (2012. 2. 2. 개정)

(1년간의 임대료 ÷ 기획재정부령으로 정하는 율) + 임대보증금

⑧ 제7항의 임대료 등의 환산가액을 적용하여 토지와 건물의 소유현황 등에 따른 가액을 계산할 때에는 다음 각 호의 방법으로 한다. (2010. 2. 18. 신설)

1. 토지와 건물의 소유자가 동일한 경우 (2010. 2. 18. 신설)

　토지 및 건물의 소유자가 임차인으로부터 받은 임대료 등의 환산가액을 법 제61조 제1항부터 제4항까지의 규정으로 평가한 토지와 건물의 가액(이하 이 항에서 "기준시가"라 한다)으로 나누어 계산한 금액을 각각 토지와 건물의 평가가액으로 한다.

2. 토지와 건물의 소유자가 다른 경우 (2010. 2. 18. 신설)

　가. 토지 소유자와 건물 소유자가 제3자와의 임대차계약 당사자인 경우에는 토지 소유자와 건물 소유자에게 구분되어 귀속되는 임대료 등의 환산가액을 각각 토지와 건물의 평가가액으로 한다. (2010. 2. 18. 신설)

　나. 토지 소유자와 건물 소유자 중 어느 한 사람만이 제3자와의 임대차계약의 당사자인 경우에는 토지 소유자와 건물 소유자 사이의 임대차계약의 존재 여부 및 그 내용에 상관없이 제3자가 지급하는 임대료와 임대보증금을 토지와 건물 전체에 대한 것으로 보아 제3자가 지급하는 임대료 등의 환산가액을 토지와 건물의 기준시가로 나누어 계산한 금액을 각각 토지와 건물의 평가가액으로 한다. (2010. 2. 18. 신설)

제15조의 2【임대가액의 계산】영 제50조 제7항에서 "기획재정부령으로 정하는 율"이란 100분의 12를 말한다. (2010. 3. 31. 개정)

③ 지상권(地上權) 및 부동산을 취득할 수 있는 권리와 특정시설물을 이용할 수 있는 권리는 그 권리 등이 남은 기간, 성질, 내용, 거래 상황 등을 고려하여 대통령령으로 정하는 방법으로 평가한 가액으로 한다. (2010. 1. 1. 개정)

④ 그 밖에 시설물과 구축물은 평가기준일에 다시 건축하거나 다시 취득할 때 드는 가액을 고려하여 대통령령으로 정하는 방법으로 평가한 가액으로 한다. (2010. 1. 1. 개정)

⑤ 사실상 임대차계약이 체결되거나 임차권이 등기된 재산의 경우에는 임대료 등을 기준으로 하여 대통령령으로 정하는 바에 따라 평가한 가액과 제1항부터 제4항까지의 규정에 따라 평가한 가액 중 큰 금액을 그 재산의 가액으로 한다. (2015. 12. 15. 개정)

⑥ 제1항 제3호에 따라 국세청장이 산정하고 고시한 가액에 대한 소유자나 그 밖의 이해관계인의 의견 청취 및 재산정, 고시신청에 관하여는 「소득세법」 제99조 제4항부터 제6항까지 및 제99조의 2를 준용한다. (2010. 1. 1. 개정)

제51조 【지상권 등의 평가】 ① 법 제61조 제3항에 따른 지상권의 가액은 지상권이 설정되어 있는 토지의 가액에 기획재정부령으로 정하는 율을 곱하여 계산한 금액을 해당 지상권의 잔존연수를 고려하여 기획재정부령으로 정하는 방법에 따라 환산한 가액으로 한다. 이 경우 그 잔존연수에 관하여는 「민법」 제280조 및 제281조에 규정된 지상권의 존속기간을 준용한다. (2021. 1. 5. 개정 ; 어려운 법령용어~대통령령)

② 법 제61조 제3항에 따른 부동산을 취득할 수 있는 권리(건물이 완성되는 때에 그 건물과 이에 부수되는 토지를 취득할 수 있는 권리를 포함한다) 및 특정시설물을 이용할 수 있는 권리의 가액은 평가기준일까지 납입한 금액(「소득세법」 제89조 제2항에 따른 조합원입주권의 경우 「도시 및 주거환경정비법」 제74조 제1항에 따른 관리처분계획을 기준으로 하여 기획재정부령으로 정하는 조합원권리가액과 평가기준일까지 납입한 계약금, 중도금 등을 합한 금액으로 한다)과 평가기준일 현재의 프리미엄에 상당하는 금액을 합한 금액으로 한다. 다만, 해당 권리에 대하여 「소득세법 시행령」 제165조 제8항 제3호에 따른 가액이 있는 경우에는 해당 가액으로 한다. (2020. 2. 11. 개정)

③ 제2항의 규정을 적용함에 있어서 특정시설물을 이용할 수 있는 권리라 함은 특정시설물이용권·회원권 기타 명칭여하를 불문하고 당해 시설물을 배타적으로 이용하거나 일반이용자에 비하여 유리한 조건으로 이용할 수 있도록 약정한 단체의 일원이 된 자에게 부여되는 권리를 말한다. (96. 12. 31 개정)

④ 법 제61조 제4항에서 "대통령령으로 정하는 방법"이란 그 밖의 시설물 및 구축물(토지 또는 건물과 일괄하여 평가하는 것을 제외한다)에 대하여 그것을 다시 건축하거나 다시 취득할 경우에 소요되는 가액(이하 이 항에서 "재취득가액 등"이라 한다)에서 그것의 설치일부터 평가기준일까지의 기획재정부령으로 정하는 감가상각비상당액을 뺀 것을 말한다. 이 경우 재취득가액 등을 산정하기 어려운 경우에는 「지방세법 시행령」 제4조 제1항에 따른 가액을 해당 시설물 및 구축물의 가액「지방세법 시행령」 제6조 각 호에 규정된 특수부대설비에 대하여 「지방세법 시행령」 제4조 제1항에 따라 해당 시설물 및 구축물과 별도로 평가한 가액이 있는 경우 이를 가산한 가액을 말한다)으로 할 수 있다. (2010. 9. 20. 후단개정 ; 지방세법 시행령 부칙)

제16조 【지상권의 평가 등】 ① 영 제51조 제1항 전단에서 "기획재정부령으로 정하는 율"이란 연간 100분의 2를 말한다. (2010. 3. 31. 개정)

② 영 제51조 제1항 전단에서 "기획재정부령으로 정하는 방법에 따라 환산한 가액"과 영 제59조 제2항 계산식 외의 부분 본문에서 "기획재정부령이 정하는 방법에 의하여 환산한 가액"이란 다음의 산식에 따라 환산한 금액의 합계액을 말한다. (2017. 3. 10. 개정)

$$\frac{각\ 연도의\ 수입금액}{(1+\frac{10}{100})^n}$$

n : 평가기준일부터의 경과연수

③ 영 제51조 제2항 본문에서 "기획재정부령으로 정하는 조합원권리가액"이란 「도시 및 주거환경정비법」 제74조 제1항에 따라 인가받은 관리처분계획을 기준으로 다음 계산식에 따라 계산한 가액을 말한다. (2020. 3. 13. 신설)

분양대상자의 종전 토지 및 건축물 가격 × [(정비사업 완료 후의 대지 및 건축물의 총 수입추산액 − 총 소요사업비) ÷ 종전의 토지 및 건축물의 총 가액]

④ 영 제51조 제4항 전단에서 "기획재정부령으로 정하는 감가상각비상당액"이라 함은 「법인세법」 제23조 및 같은 법 시행령 제24조·제26조 및 제28조의 규정에 의하여 계산한 금액을 말한다. 이 경우 감가상각자산의 내용연수는 「법인세법 시

제62조【선박 등 그 밖의 유형재산의 평가】(2010. 1. 1. 제목개정)
① 선박, 항공기, 차량, 기계장비 및 「입목에 관한 법률」을 적용받는 입목(立木)에 대해서는 해당 재산의 종류, 규모 및 거래 상황 등을 고려하여 대통령령으로 정하는 방법으로 평가한다. (2010. 1. 1. 개정)

② 상품, 제품, 서화(書畵), 골동품, 소유권의 대상이 되는 동물, 그 밖의 유형재산에 대해서는 해당 재산의 종류, 규모, 거래 상황 등을 고려하여 대통령령으로 정하는 방법으로 평가한다. (2010. 1. 1. 개정)

☞

통칙 62-52…1【상품, 제품, 반제품, 재공품, 원재료 기타 이에 준하는 동산의 평가】
영 제52조 제2항 제1호의 규정에서 "그것을 처분할 때에 취득할 수 있다고 예상되는 가액"이라 함은 재취득가액을 말한다. 다만, 사업용 재고자산인 경우 재취득가액에는 부가가치세가 포함되지 아니한다.

⑤ 제4항의 규정을 적용함에 있어서 공동주택에 부속 또는 부착된 시설물 및 구축물은 토지 또는 건물과 일괄하여 평가한 것으로 본다. (98. 12. 31 신설)

제52조【그 밖의 유형재산의 평가】(2010. 2. 18. 제목개정)
① 법 제62조 제1항에서 "대통령령으로 정하는 방법"이란 해당 선박·항공기·차량·기계장비 및 「입목에 관한 법률」의 적용을 받는 입목을 처분할 경우 다시 취득할 수 있다고 예상되는 가액을 말하되, 그 가액이 확인되지 아니하는 경우에는 장부가액(취득가액에서 감가상각비를 뺀 가액을 말하며, 이하 이 조에서 같다) 및 「지방세법 시행령」 제4조 제1항의 시가표준액에 따른 가액을 순차로 적용한 가액을 말한다. (2010. 9. 20. 개정 ; 지방세법 시행령 부칙)
② 법 제62조 제2항에 따른 평가는 다음 각 호의 어느 하나의 방법에 따른다. (2024. 2. 29. 개정)
1. 상품·제품·반제품·재공품·원재료 기타 이에 준하는 동산 및 소유권의 대상이 되는 동산의 평가는 그것을 처분할 때에 취득할 수 있다고 예상되는 가액. 다만, 그 가액이 확인되지 아니하는 경우에는 장부가액으로 한다. (2002. 12. 30 단서신설)
2. 판매용이 아닌 서화·골동품 등 예술적 가치가 있는 유형재산의 평가는 다음 각목의 구분에 의한 전문분야별로 2개 이상의 전문감정기관이 감정한 가액의 평균액. 다만, 그 가액이 국세청장이 위촉한 3인 이상의 전문가로 구성된 감정평가심의회에서 감정한 감정가액에 미달하는 경우와 특수관계인간에 양도·양수하는 경우로서 감정평가심의회에서 감정한 감정가액의 100분의 150을 초과하는 경우에는 감정평가심의회에서 감정한 감정가액으로 한다. (2024. 2. 29. 개정)

편주 ▶
2024. 2. 29. 전에 상속이 개시되었거나 증여받은 경우의 상속재산 또는 증여재산의 평가에 관하여는 영 52조 2항 2호 각 목 외의 부분의 개정규정에도 불구하고 종전의 규정에 따름. (영 부칙(2024. 2. 29.) 6조)

행령」 제28조 제1항 제2호의 규정에 의한 기준내용연수를 적용한다. (2020. 3. 13. 항번개정)
⑤ 삭　제 (2001. 4. 3)

제16조의 2【선박 등 유형재산의 평가】 영 제52조 제3항 제1호에서 "기획재정부령으로 정하는 방법에 따라 환산한 금액"이란 다음 각 호의 금액을 합한 금액을 말한다. (2023. 3. 20. 개정)
1. 다음 계산식에 따라 계산한 금액 (2023. 3. 20. 개정)

임대보증금 × (1 - 「소득세법 시행령」 제145조 제1항에 따른 기준경비율)

2. 다음 계산식에 따라 계산한 각 연도별 금액의 합계액 (2023. 3. 20. 개정)

$$\frac{각\ 연도의\ 임대료 \times (1 - 기준경비율)}{(1 + \frac{30}{1,000})^n}$$

각 연도의 임대료 : 임대차계약에 따라 각 연도에 받을 임대료
기준경비율 : 「소득세법 시행령」 제145조 제1항에 따른 기준경비율
n : 평가기준일부터 사용가능기한(「법인세법 시행령」 제26조의 3 제2항 제1호에 따른 기준내용연수를 말한다. 이하 이 계산식에서 같다)까지의 경과연수. 다만, 사용가능기한 도래 전에 임대차계약이 종료

③ 사실상 임대차계약이 체결되거나 임차권이 등기된 재산의 경우에는 해당 임대료 등을 기준으로 하여 대통령령으로 정하는 바에 따라 평가한 가액과 제1항 및 제2항에 따라 평가한 가액 중 큰 금액을 그 재산의 가액으로 한다. (2010. 1. 1. 개정)

제63조【유가증권 등의 평가】① 유가증권 등의 평가는 다음 각 호의 어느 하나에서 정하는 방법으로 한다. (2010. 1. 1. 개정)
1. 주식등의 평가 (2016. 12. 20. 개정)
　가. 「자본시장과 금융투자업에 관한 법률」에 따른 증권시장으로서 대통령령으로 정하는 증권시장에서 거래되는 주권상장법인의 주식등 중 대통령령으로 정하는 주식등(이하 이 호에서 "상장주식"이라 한다)은 평가기준일(평가기준일이 공휴일 등 대통령령으로 정하는 매매가 없는 날인 경우에는 그 전일을 말한다) 이전·이후 각 2개월 동안 공표된 매일의 「자본시장과 금융투자업에 관한 법률」에 따라 거래소허가를 받은 거래소(이하 "거래소"라 한다) 최종 시세가액(거래실적 유무를 따지지 아니한다)의 평균액(평균액을 계산할 때 평가기준일 이전·이후 각 2개월 동안에 증자·합병 등의 사유가 발생하여 그 평균액으로 하는 것이 부적당한 경우에는 평가기준일 이전·이후 각 2개월의 기간 중 대통령령으

가. 서화·전적 (99. 12. 31 신설)
나. 도자기·토기·철물 (99. 12. 31 신설)
다. 목공예·민속장신구 (99. 12. 31 신설)
라. 선사유물 (99. 12. 31 신설)
마. 석공예 (99. 12. 31 신설)
바. 기타 골동품 (99. 12. 31 신설)
사. 가목부터 바목까지에 해당하지 아니하는 미술품 (2011. 7. 25. 신설)
3. 소유권의 대상이 되는 동물 및 이 영에서 따로 평가방법을 규정하지 아니한 기타 유형재산의 평가는 제1호의 규정을 준용하여 평가한 가액에 의한다. (96. 12. 31 개정)
③ 법 제62조 제3항에서 "대통령령으로 정하는 바에 따라 평가한 가액"이란 다음 각 호의 구분에 따른 금액을 말한다. (2022. 2. 15. 개정)
1. 선박, 항공기, 차량 및 기계장비 : 임대보증금 및 평가기준일 이후 해당 재산의 사용가능기한까지의 연도별 임대료를 기획재정부령으로 정하는 방법에 따라 환산한 금액 (2022. 2. 15. 신설)
2. 제1호 외의 유형재산 : 제50조 제7항을 준용하여 평가한 금액 (2022. 2. 15. 신설)

제52조의 2【유가증권시장 및 코스닥시장에서 거래되는 주식등의 평가】(2017. 2. 7. 제목개정)
① 법 제60조 제1항 제1호 제63조 제1항 제1호 가목 본문에서 "대통령령으로 정하는 증권시장"이란 각각 유가증권시장과 코스닥시장을 말한다. (2021. 2. 17. 개정)
② 법 제63조 제1항 제1호 가목 본문에서 "대통령령으로 정하는 바에 따라 계산한 기간의 평균액"이란 다음 각 호의 구분에 따라 계산한 기간의 평균액을 말한다. (2017. 2. 7. 개정)
1. 평가기준일 이전·합병 등의 사유가 발생한 경우에는 동 사유가 발생한 날(증자·합병의 사유가 2회 이상 발생한 경우에는 평가기준일에 가까운 날을 말한다. 이하 이 조에서 같다)의 다음날부터 평가기준일 이후 2월이 되는 날까지의 기간 (2000. 12. 29 신설)
2. 평가기준일 이후에 증자·합병 등의 사유가 발생한 경우에는 평가

제16조의 3【유가증권시장 및 코스닥시장에서 거래되는 주식등의 평가】(2022. 3. 18. 조번개정)
① 법 제63조 제1항 제1호 가목을 적용할 때 평가기준일 이전·이후 각 2월간의 합산기간이 4월에 미달하는 경우에는 해당 합산기간을 기준으로 한다. (2017. 3. 10. 개정)
② 영 제52조의 2 제3항에서 "기획재정부령으로 정하는 경우"란 공시의무 위반 및 사업보고서제출의무 위반 등으로 관리종목으로 지정·고시되거나 등록신청서 허위기재 등으로 인하여 일정기간동

로 정하는 바에 따라 계산한 기간의 평균액으로 한다). 다만, 제38조에 따라 합병으로 인한 이익을 계산할 때 합병(분할합병을 포함한다)으로 소멸하거나 흡수되는 법인 또는 신설되거나 존속하는 법인이 보유한 상장주식의 시가는 평가기준일 현재의 거래소 최종시세가액으로 한다. (2016. 12. 20. 개정)

‧‧‧ 평가기준일 이전‧이후 각 2월이 되는 날이 공휴일 등인 경우 그 전일이나 후일을 평가대상기간에 산입하지 아니하는 것임. (서면4팀-1646, 2004. 10. 18.)

통칙 63-0…1 【상장주식의 평가】

① 법 제63조 제1항 제1호 가목의 규정을 적용함에 있어 평가기준일 전후의 기간이 4월에 미달하는 경우에는 동 기간에 대한 최종시세가액의 평균액으로 평가한다. (2000. 10. 12 개정)

② 삭 제 (2019. 12. 23.)

63-0…2 【증자‧합병 있는 날의 다음날의 정의】 (2011. 5. 20. 제목개정)

① 영 제52조의 2 제2항 제1호 및 제3호에서 "동 사유가 발생한 날의 다음날"이라 함은 권리락일을 말한다. (2019. 12. 23. 개정)

② 영 제52조의 2를 적용할 때 "증자‧합병 등의 사유"에는 감자, 주식 등의 액면분할 또는 병합, 회사의 분할을 포함한다. (2011. 5. 20. 신설)

63-0…3 【배당의 내용을 달리하는 주식을 발행한 법인의 주식평가】

법인이 우선주 등 이익배당에 관하여 내용이 다른 수종의 주식을 발행한 경우에는 그 내용을 감안하여 적정한 가액으로 평가하여야 한다. (1998. 2. 25. 개정)

기준

기간 전 2월이 되는 날부터 동 사유가 발생한 날의 전일까지의 기간

3. 평가기준일 2. 29 신설)

평가기준일 ‧ 이후에 증자‧합병 등의 사유가 발생한 경우에는 평가기준일 등 사유가 발생한 날의 다음날부터 평가기준일 이후 동 사유가 된 사유가 발생한 날의 전일까지의 기간 (2000. 12. 29 신설)

③ 법 제60조 제1항 ‧‧호 및 제63조 제1항 제1호 가목 본문에서 "대통령령으로 정하는 등"이란 각각 평가기준일 전후 2개월 이내에 거래소가 정하는 ‧에 따라 매매거래가 정지되거나 관리종목으로 지정된 기간의 일부 ‧ 전부가 포함되는 주식등(적정하게 시가를 반영하여 정상적으로 매‧래가 이루어지는 경우로서 기획재정부령으로 정하는 경우는 제외‧)을 제외한 주식등을 말한다. (2021. 2. 17. 개정)

④ 법 제63조 제1항 제1호 가 본문에서 "공휴일 등 대통령령으로 정하는 매매가 없는 날"이란 다음 각호의 날을 말한다. (2017. 2. 7. 신설)

1. 「관공서의 공휴일에 관한 규정」에 따른 공휴일 및 대체공휴일 (2017. 2. 7. 신설)

2. 토요일 (2017. 2. 7. 신설)

제53조 【코스닥시장에 상장신청을 한 법인의 주식등의 평가 등】 (2017. 2. 7. 제목개정)

① 법 제63조 제1항 제1호 나목에서 "대통령령으로 정하는 주권상장법인"이란 코스닥시장상장법인을 말한다. (2015. 2. 3. 개정)

② 법 제63조 제1항 제1호 나목에서 "대통령령으로 정하는 주식 및 출자지분"이란 평가기준일 전후 6개월(증여세가 부과되는 주식등의 경우에는 3개월로 한다) 이내에 거래소가 정하는 기준에 따라 매매거래가 정지되거나 관리종목으로 지정‧고시된 경우(기획재정부령으로 정하는 경우를 제외한다)를 제외한 것을 말한다. (2015. 2. 3. 개정)

①‧② 삭 제 (2017. 2. 7.)

③ 법 제63조 제2항 제2호에서 "대통령령으로 정하는 증권시장"이란 코스닥시장을 말한다. (2013. 8. 27. 신설 ; 자본시장과~법률 시행령 부칙)

④ 법 제63조 제3항 전단에서 "대통령령으로 정하는 최대주주 또는 최대출자자"란 최대주주등 중 보유주식등의 수가 가장 많은 1인을 말한다. (2016. 2. 5. 개정)

⑤ 법 제63조 제3항의 규정에 의한 최대주주 등이 보유하는 주식 등

안 매매거래가 정지된 경우로서 적정하게 시가를 반영하여 정상적으로 매매거래가 이루어지는 경우를 말한다. (2017. 3. 10. 개정)

최대주주의 할증평가를 적용함에 있어 「상법」 제360조의 2에 따른 주식의 포괄적 교환절차에 따라 완전자회사가 되는 법인의 최대주주가 완전모회사가 되는 법인에 이전하는 주식은 할증평가함. (상속증여-437, 2014. 11. 11.)

의 지분을 계산함에 있어서는 평가기준일부터 소급하여 1년 이내에 양도하거나 증여한 주식 등을 최대주주 등이 보유하는 주식 등에 합산하여 이를 계산한다. (2013. 8. 27. 항번개정 ; 자본시장과~법률 시행령 부칙)

⑥ 법 제63조 제3항 전단에서 "대통령령으로 정하는 중소기업"이란 「중소기업기본법」 제2조에 따른 중소기업을 말한다. (2020. 2. 11. 항번개정)

⑦ 법 제63조 제3항 전단에서 "대통령령으로 정하는 중견기업"이란 「중견기업 성장촉진 및 경쟁력 강화에 관한 특별법」 제2조에 따른 중견기업으로서 평가기준일이 속하는 과세기간 또는 사업연도의 직전 3개 과세기간 또는 사업연도의 매출액의 평균이 5천억원 미만인 기업을 말한다. 이 경우 매출액은 기업회계기준에 따라 작성한 손익계산서상의 매출액을 기준으로 하며, 과세기간 또는 사업연도가 1년 미만인 과세기간 또는 사업연도의 매출액은 1년으로 환산한다. (2023. 2. 28. 신설)

⑧ 법 제63조 제3항 전단에서 "대통령령으로 정하는 중소기업, 대통령령으로 정하는 중견기업 및 평가기준일이 속하는 사업연도 전 3년 이내의 사업연도부터 계속하여 「법인세법」 제14조 제2항에 따른 결손금이 있는 법인의 주식등 등 대통령령으로 정하는 주식등"이란 다음 각 호의 어느 하나에 해당하는 경우의 그 주식등을 말한다. (2023. 2. 28. 개정)

1. 평가기준일이 속하는 사업연도 전 3년 이내의 사업연도부터 계속하여 「법인세법」 제14조 제2항에 따른 결손금이 있는 경우 (2015. 2. 3. 신설)

2. 평가기준일 전후 6개월(증여재산의 경우에는 평가기준일 전 6개월부터 평가기준일 후 3개월로 한다) 이내의 기간 중 최대주주 등이 보유하는 주식 등이 전부 매각된 경우(제49조 제1항 제1호의 규정에 적합한 경우에 한한다) (2020. 2. 11. 개정)

3. 제28조, 제29조, 제29조의 2, 제29조의 3 및 제30조에 따른 이익을 계산하는 경우 (2015. 2. 3. 개정)

4. 평가대상인 주식등을 발행한 법인이 다른 법인이 발행한 주식등을 보유함으로써 그 다른 법인의 최대주주등에 해당하는 경우로서 그 다른 법인의 주식등을 평가하는 경우 (2021. 2. 17. 개정)

☞

나. 가목 외의 주식등은 해당 법인의 자산 및 수익 등을 고려하여 대통령령으로 정하는 방법으로 평가한다. (2016. 12. 20. 개정)

5. 평가기준일부터 소급하여 3년 이내에 사업을 개시한 법인으로서 사업개시일이 속하는 사업연도부터 평가기준일이 속하는 사업연도의 직전사업연도까지 각 사업연도의 기업회계기준에 의한 영업이익이 모두 영 이하인 경우 (2015. 2. 3. 호번개정)

6. 법 제67조의 규정에 의한 상속세과세표준신고기한 또는 법 제68조의 규정에 의한 증여세과세표준신고기한 이내에 평가대상 주식 등을 발행한 법인의 청산이 확정된 경우 (2015. 2. 3. 호번개정)

7. 최대주주 등이 보유하고 있는 주식 등을 최대주주 등외의 자가 법 제47조 제2항에서 규정하고 있는 기간 이내에 상속 또는 증여받은 경우로서 상속 또는 증여로 인하여 최대주주 등에 해당되지 아니하는 경우 (2015. 2. 3. 호번개정)

8. 주식등의 실제소유자와 명의자가 다른 경우로서 법 제45조의 2에 따라 해당 주식등을 명의자가 실제소유자로부터 증여받은 것으로 보는 경우 (2016. 2. 5. 신설)

9. 제6항에 따른 중소기업 또는 제7항에 따른 중견기업이 발행한 주식등 (2023. 2. 28. 개정)

제54조【비상장주식등의 평가】(2017. 2. 7. 제목개정)

① 법 제63조 제1항 제1호 나목에 따른 주식등(이하 이 조에서 "비상장주식등"이라 한다)은 1주당 다음의 계산식에 따라 평가한 가액(이하 "순손익가치"라 한다)과 1주당 순자산가치를 각각 3과 2의 비율[부동산과다보유법인(「소득세법」 제94조 제1항 제4호 다목에 해당하는 법인을 말한다)의 경우에는 1주당 순손익가치와 순자산가치의 비율을 각각 2와 3으로 한다]로 가중평균한 가액으로 한다. 다만, 그 가중평균한 가액이 1주당 순자산가치에 100분의 80을 곱한 금액보다 낮은 경우에는 1주당 순자산가치에 100분의 80을 곱한 금액을 비상장주식등의 가액으로 한다. (2021. 1. 5. 개정 ; 어려운 법령용어～대통령령)

1주당 가액 = 1주당 최근 3년간의 순손익액의 가중평균액 ÷ 3년 만기 회사채의 유통수익률을 고려하여 기획재정부령으로 정하는 이자율

제17조【비상장주식의 평가】 영 제54조 제1항의 계산식에서 "기획재정부령으로 정하는 이자율"이란 연간 100분의 10을 말한다. (2016. 3. 21. 신설)

통칙 63－55…8【순자산가액계산시 배당금과 상여금의 부채인정 범위】

배당기준일 현재 생존하고 있던 주주가 주주총회에서 잉여금 처분결의가 있기 전에 사망한 경우로서 상속개시후에 주주총회에서 잉여금의 처분이 확정된 경우 그 배당금과 상여금은 상속세 과세가액에 포함하지 아니하는 것이며, 상속받은 그 비상장주식 평가시에는 동 배당금과 상여금은 영 제55조의 순자산가액계산시 부채에 포함하지 아니한다. 다만, 사망전에 처분한 주식다. 나목 외의 주식 및 출자지분으로서 거래소에 상장되지 아니한 주식 및 출자지분은 해당 법인의 자산 및 수익 등을 고려하여 대통령령으로 정하는 방법으로 평가한다. (2013. 5. 28. 개정 ; 자본시장과 금융투자업에 관한 법률 부칙)

다. 삭 제 (2016. 12. 20.)

2. 제1호 외에 국채(國債)·공채(公債) 등 그 밖의 유가증권의 평가는 해당 재산의 종류, 규모, 거래 상황 등을 고려하여 대통령령으로 정하는 방법으로 평가한다. (2010. 1. 1. 개정)

② ☞ p.2254

- 부동산과다보유법인이라 함은 당해 법인의 자산총액 중 부동산 및 부동산에 관한 권리의 가액이 차지하는 비율이 100분의 50 이상인 법인을 말하는 것으로서, 이 때 평가대상법인이 보유하고 있는 부동산과다보유법인의 발행주식은 부동산 및 부동산에 관한 권리에 해당하지 않음. (서면4팀 - 788, 2005. 5. 20.)
- 비상장주식의 1주당 순자산가액을 계산하는 경우, 당해 법인이 일시적으로 보유한 후 처분할 자기주식은 자산으로 봄. (서면상속증여 - 254, 2015. 2. 26.)

② 제1항의 규정에 의한 1주당 순자산가치는 다음의 산식에 의하여 평가한 가액으로 한다. (2003. 12. 30. 개정)

1주당 가액 = 당해 법인의 순자산가액 ÷ 발행주식총수

(이하 "순자산가치"라 한다)

③ 제1항 및 제2항을 적용할 때 법 제63조 제1항 제1호 나목의 주식등을 발행한 법인이 다른 비상장주식등을 발행한 법인의 발행주식총수등(자기주식과 자기출자지분은 제외한다)의 100분의 10 이하의 주식 및 출자지분을 소유하고 있는 경우에는 그 다른 비상장주식등의 평가는 제1항 및 제2항에도 불구하고 「법인세법 시행령」 제74조 제1항 제1호 마목에 따른 취득가액에 의할 수 있다. 다만, 법 제60조 제1항에 따른 시가가 있으면 시가를 우선하여 적용한다. (2017. 2. 7. 개정)

④ 다음 각 호의 어느 하나에 해당하는 경우에는 제1항에도 불구하고 제2항에 따른 순자산가치에 따른다. (2015. 2. 3. 개정)

1. 법 제67조 및 법 제68조에 따른 상속세 및 증여세 과세표준신고기한 이내에 평가대상 법인의 청산절차가 진행 중이거나 사업자의 사망 등으로 인하여 사업의 계속이 곤란하다고 인정되는 법인의 주식등 (2015. 2. 3. 개정)

2. 사업개시 전의 법인, 사업개시 후 3년 미만의 법인 또는 휴업·폐업 중인 법인의 주식등. 이 경우 「법인세법」 제46조의 3, 제46조의 5 및 제47조의 요건을 갖춘 적격분할 또는 적격물적분할로 신설된 법인의 사업기간은 분할 전 동일 사업부분의 사업개시일부터 기산

에 대한 배당금 등이 상속개시후에 지급되는 경우 그 배당금 등은 상속재산에 포함한다. (2011. 5. 20. 개정)

- 순자산가치로만 평가하는 사업개시 후 3년 미만의 법인의 판정시 사업개시일은 업종변경 여부에 관계없이 당해 법인이 처음으로 재화 또는 용역의 공급을 개시한 때를 의미함. (서면4팀 - 1210, 2005. 7. 14.)
- 법인세법 제46조 제1항에 따른 인적분할에 따라 신설된 분할신설법인의 사업영위기간은 분할 전 분할법인의 사업개시일부터 기산하는 것임. (재재산 - 118, 2009. 1. 21.)
- 법인세법 제47조 제1항의 요건을 갖춘 물적분할에 의하여 신설된 분할신설법인의 사업영위기간은 분할 전 동일사업부문의 사업개시일부터 기산하는 것임. (재재산 - 1065, 2009. 6. 15.)

제55조【순자산가액의 계산방법】① 제54조 제2항의 규정에 의한 순자산가액은 평가기준일 현재 당해 법인의 자산을 법 제60조 내지 제66조의 규정에 의하여 평가한 가액에서 부채를 차감한 가액으로 하며, 순자산가액이 0원 이하인 경우에는 0원으로 한다. 이 경우 당해 법인의 자산을 법 제60조 제3항 및 법 제66조의 규정에 의하여 평가한 가액이 장부가액(취득가액에서 감가상각비를 차감한 가액을 말한다. 이하 이 항에서 같다)보다 적은 경우에는 장부가액으로 하되, 장부가액보다 적은 정당한 사유가 있는 경우에는 그러하지 아니하다. (2009. 2. 4. 개정)
② 제1항의 규정을 적용함에 있어서 기획재정부령이 정하는 무형고정자산·준비금·충당금 등 기타 자산 및 부채의 평가와 관련된 금액은 이를 자산과 부채의 가액에서 각각 차감하거나 가산한다. (2008. 2. 29. 직제개정 ; 기획재정부와~직제 부칙)
③ 제1항을 적용할 때 제59조 제2항에 따른 영업권평가액은 해당 법인의 자산가액에 이를 합산한다. 다만, 다음 각 호의 경우에는 그러하지 아니하다. (2015. 2. 3. 개정)
1. 제54조 제4항 제1호 또는 제3호에 해당하는 경우 (2018. 2. 13. 개정)
2. 제54조 제4항 제2호에 해당하는 경우. 다만, 다음 각 목에 모두 해당하는 경우는 제외한다. (2015. 2. 3. 개정)

• 취득 후 사용한 지 얼마 경과되지 아니한 냉동창고·기계장치 및 집기비품 등은 다시 취득할 수 있다고 예상되는 가액이 불분명한 경우 취득 시부터 평가기준일까지 법인세법에서 정한 감가상각비를 공제한 가액으로 평가함. (국심 2004서 3058, 2005. 9. 7.)
• 상속세 및 증여세법상 재산의 평가는 당해 재산의 소재지국에 관계없이 동법에 따라 평가하는 것이며 외국법인이 발행한 비상장주식의 최근 3년간 순손익액은 내국법인과 동일하게 계산하는 것임. (서면4팀 – 1862, 2005. 10. 12.)
• 상속세 및 증여세법 55조 1항에서 장부가액이라 함은 기업회계기준 등에 의하여 작성하는 대차대조표상 가액을 말함. (서면4팀 – 3580, 2007. 12. 17.)

☞ p.2251 2단 연결

한다. (2017. 2. 7. 후단신설)
3. 법인의 자산총액 중 「소득세법」 제94조 제1항 제4호 다목 1) 및 2)의 합계액이 차지하는 비율이 100분의 80 이상인 법인의 주식등 (2018. 2. 13. 개정)
4. 「소득세법」 제94조 제1항 제4호 라목에 해당하는 법인의 주식등 (2017. 2. 7. 개정)
4. 삭 제 (2018. 2. 13.)
5. 법인의 자산총액 중 주식등의 가액의 합계액이 차지하는 비율이 100분의 80 이상인 법인의 주식등 (2017. 2. 7. 신설)
6. 법인의 설립 시 정관에 존속기한이 확정된 법인으로서 평가기준일 현재 잔여 존속기한이 3년 이내인 법인의 주식등 (2017. 2. 7. 신설)
⑤ 제2항을 적용할 때 "발행주식총수"는 평가기준일 현재의 발행주식총수에 따른다. (2015. 2. 3. 개정)
⑥ 비상장주식등을 평가할 때 납세자가 다음 각 호의 어느 하나에 해당하는 방법으로 평가한 평가가액을 첨부하여 제49조의 2 제1항에 따른 평가심의위원회에 비상장주식등의 평가가액 및 평가방법에 대한 심의를 신청하는 경우에는 제54조 제1항·제4항, 제55조 및 제56조에도 불구하고 평가심의위원회가 심의하여 제시하는 평가가액에 의하거나 그 위원회가 제시하는 평가방법 등을 고려하여 계산한 평가가액에 의할 수 있다. 다만, 납세자가 평가한 가액이 보충적 평가방법에 따른 주식평가액의 100분의 70에서 100분의 130까지의 범위 안의 가액인 경우로 한정한다. (2017. 2. 7. 개정)
1. 해당 법인의 자산·매출액 규모 및 사업의 영위기간 등을 고려하여 같은 업종을 영위하고 있는 다른 법인(제52조의 2 제1항에 따른 유가증권시장과 코스닥시장에 상장된 법인을 말한다)의 주식가액을 이용하여 평가하는 방법 (2017. 2. 7. 개정)
2. 향후 기업에 유입될 것으로 예상되는 현금흐름에 일정한 할인율을 적용하여 평가하는 방법 (2017. 2. 7. 개정)
3. 향후 주주가 받을 것으로 예상되는 배당수익에 일정한 할인율을 적용하여 평가하는 방법 (2017. 2. 7. 신설)
4. 그 밖에 제1호부터 제3호까지의 규정에 준하는 방법으로서 일반적으로 공정하고 타당한 것으로 인정되는 방법 (2017. 2. 7. 신설)

제17조의 2【순자산가액의 계산방법】영 제55조 제2항에 따라 무형고정자산·준비금·충당금등 기타 자산 및 부채를 평가할 때 해당 법인의 자산 또는 부채에 차감하거나 가산하는 방법은 다음 각 호의 구분에 따른다. (2019. 3. 20. 개정)
1. 평가기준일 현재 지급받을 권리가 확정된 가액은 이를 자산에 가산하여 계산할 것 (2001. 4. 3 신설)
2. 선급비용(평가기준일 현재 비용으로 확정된 것에 한한다)과 「법인세법 시행령」 제24조 제1항 제2호 바목에 따른 무형자산의 가액은 이를 자산에서 차감하여 계산할 것 (2019. 3. 20. 개정)
3. 다음 각목의 가액은 이를 각각 부채에 가산하여 계산할 것 (2001. 4. 3 신설)
　가. 평가기준일까지 발생된 소득에 대한 법인세액, 법인세액의 감면액 또는 과세표준에 부과되는 농어촌특별세액 및 지방소득세액 (2011. 7. 26. 개정)

비상장법인 주식 보충적평가방법의 순자산가액 계산시 부채에 가산하는 법인세액 등은 평가기준일 현재 납세의무가 확정된 것을 말증자일전의 잉여금의 유보액을 신입주주 또는 신입사원에게 분배하지 아니한다는 것을 조건으로 증자한 경우 신입주주 또는 신입사원의 출자지분을 평가함에 있어 영 제55조 제1항에 규정하는 "순자산가액"에는 신입사원 또는 신입주주에게 분배하지 아니하기로 한 잉여금에 상당하는 금액이 포함되지 아니한다. (1998. 2. 25. 개정)

☞

☞

통칙 63-56…11【1주당 추정이익의 계산】

영 제56조 제2항에서 "1주당 추정이익이 평균가액"이라 함은 「자본시장과 금융투자업에 관한 법률 시행령」 제176조의 5 제2항에 따라 금융위원회가 정한 수익가치에 영 제54조 제1항 따른 순손익가치환원율을 곱한 금액으로서 다음 각 호의 자 중 둘 이상의 자가 산출한 가액을 말한다. (2019. 12. 23. 개정)
1. 한국신용평가주식회사
2. NICE평가정보주식회사 (2019. 12. 23. 개정)
3. 한국기업평가주식회사
4. 서울신용평가정보주식회사 (2000. 10. 12. 신설)
5. 「공인회계사법」에 따른 회계법인 (2011. 5. 20. 개정)
6. 「세무사법」에 따른 세무법인 (2011. 5. 20. 개정)

63-56…12【1주당 최근 3년간 순손익액의 가중평균액 계산】

영 제56조 제1항에 따른 1주당 최근 3년간의 순손익액의 가중평균액 계산시 최근 3년간의 기간에 속하는 사업연도 또는 과세기간 중 다음 각 호의 어느 하나에 해당하는 경우에는 그 방법에 따라 순손익액의 평균액을 계산한다. (2019. 12. 23. 개정)
1. 삭 제 (2008. 7. 25.)
2. 사업연도 또는 과세기간 중 합병이 있은 경우 합병 전 각 사업연도 또는 과세기간의 1주당 순손익액은 합병법인과 피합병법인의 순손익액의 합계액을 합병 후 발행주식총수로 나누어 계산한 가액에 따른다. 이 경우 1년 미만인 사업연도의 순손익액은 연으로 환산한 가액에 의하는 것이나, 합병일이 속하는 피합병법인의 사업연도가 1년 미만으로서 합병 후부터 피합병법인과 합병법인의 순손익액이 합산되어 계산되는 경우에는 연으로 환산하지 아니한다. (2011. 5. 20. 개정)

가. 개인사업자가 제59조에 따른 무체재산권을 현물출자하거나 「조세특례제한법 시행령」 제29조 제2항에 따른 사업 양도·양수의 방법에 따라 법인으로 전환하는 경우로서 그 법인이 해당 사업용 무형자산을 소유하면서 사업용으로 계속 사용하는 경우 (2015. 2. 3. 개정)
나. 가목에 따른 개인사업자와 법인의 사업 영위기간의 합계가 3년 이상인 경우 (2015. 2. 3. 개정)
3. 해당 법인이 평가기준일이 속하는 사업연도 전 3년 내의 사업연도부터 계속하여 「법인세법」에 따라 각 사업연도에 속하거나 속하게 될 손금의 총액이 그 사업연도에 속하거나 속하게 될 익금의 총액을 초과하는 결손금이 있는 법인인 경우 (2018. 2. 13. 신설)

제56조【1주당 최근 3년간의 순손익액의 계산방법】 ① 제54조 제1항에 따른 1주당 최근 3년간의 순손익액의 가중평균액은 다음 계산식에 따라 계산한 가액으로 한다. 이 경우 그 가액이 음수(陰數)인 경우에는 영으로 한다. (2014. 2. 21. 개정)

> 1주당 최근 3년간의 순손익액의 가중평균액 = {(평가기준일 이전 1년이 되는 사업연도의 1주당 순손익액 × 3) + (평가기준일 이전 2년이 되는 사업연도의 1주당 순손익액 × 2) + (평가기준일 이전 3년이 되는 사업연도의 1주당 순손익액 × 1)} ÷ 6

② 제1항에도 불구하고 다음 각 호의 요건을 모두 갖춘 경우에는 제54조 제1항에 따른 1주당 최근 3년간의 순손익액의 가중평균액을 기획재정부령으로 정하는 신용평가전문기관, 「공인회계사법」에 따른 회계법인 또는 「세무사법」에 따른 세무법인 중 둘 이상의 신용평가전문기관, 「공인회계사법」에 따른 회계법인 또는 「세무사법」에 따른 세무법인이 기획재정부령으로 정하는 기준에 따라 산출한 1주당 추정이익의 평균가액으로 할 수 있다. (2014. 2. 21. 개정)
1. 일시적이고 우발적인 사건으로 해당 법인의 최근 3년간 순손익액이 증가하는 등 기획재정부령으로 정하는 경우에 해당할 것 (2014. 2. 21. 개정)

하는 것으로, 납세의무가 성립되지 아니한 이월과세액은 부채에 포함하지 않는 것임. (서면상속증여-115, 2015. 5. 11.)

통칙 63-55…14【순자산가액 계산시 부채로 차감할 법인세 등】

규칙 제17조의 2 제3호 가목에서 "평가기준일까지 발생된 소득에 대한 법인세액, 법인세액의 감면액 또는 과세표준에 부과되는 농어촌특별세 및 지방소득세액"이라 함은 평가기준일 현재 「법인세법」 등에 따라 실제 납부하여야 할 법인세액 등을 말한다. (2011. 5. 20. 개정)

나. 평가기준일 현재 이익의 처분으로 확정된 배당금·상여금 및 기타 지급의무가 확정된 금액 (2001. 4. 3 신설)
다. 평가기준일 현재 재직하는 임원 또는 사용인 전원이 퇴직할 경우에 퇴직급여로 지급되어야 할 금액의 추계액 (2001. 4. 3 신설)
4. 평가기준일 현재의 제충당금과 「조세특례제한법」 및 기타 법률에 의한 제준비금은 이를 각각 부채에서 차감하여 계산할 것. 다만, 다음 각 목의 어느 하나에 해당하는 것은 그렇지 않다. (2019. 3. 20. 단서개정)
가. 충당금 중 평가기준일 현재 비용으로 확정된 것 (2001. 4. 3 신설)
나. 「법인세법」 제30조 제1항 및 제31조 제1항에 따른 보험사업을 하는 법인의 책임준비금과 비상위험준비금으로서 같은 법 시행령 제57조 제1항·제2항 및 제58조 제1항·제3항에 따른 범위안의 것 (2019. 3. 20. 개정)

예 판

• 조세정책적 측면에서 법인세 과세표준 계산의 손익과는 다르다 하더라도 청구외법인이 사업과 관련하여 실제로 지출한 쟁점수수료를 당해 법인의 각 사업연도소득에서 차감하여 주식가치를 평가하는 것이 타당함. (조심2019서0395, 2020. 6. 30.)

• '최근 3년간의 순손익액'의 계산시 기업회계기준에 따라 감가상각을 하지 아니하므로 인하여 계상되지 않은 감가상각비 또는 이익잉여금처분계산서상의 전기오류수정손실은 추가적으로 차감하지 아니함. (서면4팀-228, 2005. 2. 7.)

• 비상장주식을 순손익액으로 평가하는 경우 결산시 감가상각비가 미계상되어 법인세법상 손금불산입 대상이라 하더라도 각 사업연도소득에서 차감하는 것이 정당함. (국심 2005서 2606, 2005. 11. 24.)

• 영업권손상차손 및 합병양도차익은 순손익가치 계산시 가산하거나 차감하는 항목이 아니므로 법인세법상 각 사업연도소득에 이미 반영되었다면 별도로 차감할 금액은 없음. (서면법령재산-1758, 2016. 1. 14.)

---

2. 법 제67조 및 제68조에 따른 상속세 과세표준 신고기한 및 증여세 과세표준 신고기한까지 1주당 추정이익의 평균가액을 신고할 것 (2014. 2. 21. 개정)

3. 1주당 추정이익의 산정기준일과 평가서작성일이 해당 과세표준 신고기한 이내일 것 (2014. 2. 21. 개정)

4. 1주당 추정이익의 산정기준일과 상속개시일 또는 증여일이 같은 연도에 속할 것 (2014. 2. 21. 개정)

③ 제1항을 적용할 때 각 사업연도의 주식수는 각 사업연도 종료일 현재의 발행주식총수에 의한다. 다만, 평가기준일이 속하는 사업연도 이전 3년 이내에 증자 또는 감자를 한 사실이 있는 경우에는 증자 또는 감자전의 각 사업연도 종료일 현재의 발행주식총수는 기획재정부령으로 정하는 바에 따른다. (2015. 2. 3. 개정)

④ 제1항에 따른 순손익액은 「법인세법」 제14조에 따른 각 사업연도 소득(이하 이 조에서 "각 사업연도소득"이라 한다)에 제1호의 금액을 더한 금액에서 제2호의 금액을 뺀 금액으로 한다. 이 경우 각 사업연도 소득을 계산할 때 손금에 산입된 충당금 또는 준비금이 세법의 규정에 따라 일시 환입되는 경우에는 해당 금액이 환입될 연도를 기준으로 안분한 금액을 환입될 각 사업연도소득에 가산한다. (2019. 2. 12. 개정)

1. 다음 각 목에 따른 금액 (2019. 2. 12. 개정)

　가. 「법인세법」 제18조 제4호에 따른 금액 (2019. 2. 12. 개정)

　나. 「법인세법」 제18조의 2 및 제18조의 4에 따른 수입배당금액 중 익금불산입액 (2023. 2. 28. 개정)

　다. 「법인세법」 제24조 제5항, 제27조의 2 제3항 및 제4항, 「조세특례제한법」(법률 제10406호로 개정되기 전의 것을 말한다) 제73조 제4항에 따라 해당 사업연도의 손금에 산입한 금액 (2020. 2. 11. 개정)

통칙 63-56…14 【순손익액에서 가감하는 외화환산손익】

영 제56조 제4항 제1호 라목 및 같은 조 제2호 마목을 적용함에 있어 화폐성외화자산등에 대하여 평가하여 발생한 이익과 손실은 해당 사업연도 종료일에 「법인세법 시행령」 제76조 제1항에 따른 매매기준율등으로 평가한 금액과 직전 사업연도 종료일에 같은 방식에 따라 평가한 금액 간의 차액으로 한다. (2019. 12. 23. 신설)

나. 「법인세법」 제30조 제1항에 따른 보험사업을 하는 내국법인인 경우 다음의 어느 하나에 해당하는 것 (2025. 3. 21. 개정)

1) 「법인세법」 제30조 제1항에 따른 책임준비금으로서 같은 법 시행령 제57조 제1항 및 제2항에 따른 범위의 것 (2025. 3. 21. 개정)

2) 「법인세법」 제31조 제1항에 따른 비상위험준비금으로서 같은 법 시행령 제58조 제1항 및 제3항에 따른 범위의 것 (2025. 3. 21. 개정)

편주

2025. 3. 21. 전에 상속이 개시되거나 증여받은 경우의 무형고정자산·준비금·충당금 등 기타 자산 및 부채의 평가에 관하여는 규칙 17조의 2 제4호의 개정규정에도 불구하고 종전의 규정에 따름. (규칙 부칙(2025. 3. 21.) 4조)

다. 「법인세법」 제32조 제1항에 따른 보험회사인 경우 다음의 어느 하나에 해당하는 것 (2025. 3. 21. 신설)

1) 「보험업법」 제120조에 따라 적립한 책임준비금(할인율 변동에 따른 책임준비금 평가액의 변동분은 제외한다) (2025. 3. 21. 신설)

2) 「법인세법」 제31조 제1항에 따른 비상위험준비금으로서 같은 법 시행령 제58조 제1항 및 제3항에 따른 범위의 것 (2025. 3. 21. 신설)

3) 「법인세법」 제32조 제1항에 따른

라. 각 사업연도소득을 계산할 때 「법인세법 시행령」 제76조에 따른 화폐성외화자산·부채 또는 통화선도등(이하 이 조에서 "화폐성외화자산등"이라 한다)에 대하여 해당 사업연도 종료일 현재의 같은 조 제1항에 따른 매매기준율등(이하 이 조에서 "매매기준율등"이라 한다)으로 평가하지 않은 경우 해당 화폐성외화자산등에 대하여 해당 사업연도 종료일 현재의 매매기준율등으로 평가하여 발생한 이익 (2019. 2. 12. 개정)
마. 그 밖에 기획재정부령으로 정하는 금액 (2019. 2. 12. 개정)
2. 다음 각 목에 따른 금액 (2014. 2. 21. 개정)
가. 해당 사업연도의 법인세(「법인세법」 제18조의 4에 따른 익금불산입의 적용 대상이 되는 수입배당금액에 대하여 외국에 납부한 세액과 같은 법 제57조에 따라 세액공제를 적용하는 경우의 외국법인세액을 포함한다), 법인세의 감면액 또는 과세표준에 부과되는 농어촌특별세액 및 지방소득세액 (2023. 2. 28. 개정)

편주 ▸ ⋯⋯⋯⋯⋯⋯⋯⋯⋯⋯⋯⋯⋯⋯⋯⋯⋯⋯
영 56조 4항 2호 가목의 개정규정은 2023. 1. 1. 이후 상속이 개시되거나 증여받는 경우부터 적용함. (영 부칙(2023. 2. 28.) 6조)
⋯⋯⋯⋯⋯⋯⋯⋯⋯⋯⋯⋯⋯⋯⋯⋯⋯⋯⋯⋯

나. 「법인세법」 제21조 제3호·제4호, 제21조의 2 및 제27조에 따라 손금에 산입되지 않은 금액과 각 세법에서 규정하는 징수불이행으로 인하여 납부하였거나 납부할 세액 (2020. 2. 11. 개정)
다. 「법인세법」 제24조부터 제26조까지, 제27조의 2 및 제28조에 따라 손금에 산입되지 않은 금액과 「조세특례제한법」(법률 제10406호 조세특례제한법 일부개정법률로 개정되기 전의 것을 말한다) 제73조 제3항에 따라 기부금 손금산입 한도를 넘어 손금에 산입하지 아니한 금액, 같은 법 제136조의 금액, 그 밖에 기획재정부령으로 정하는 금액 (2020. 2. 11. 개정)
라. 「법인세법 시행령」 제32조 제1항에 따른 시인부족액에서 같은 조에 따른 상각부인액을 손금으로 추인한 금액을 뺀 금액 (2014. 2. 21. 신설)
마. 각 사업연도소득을 계산할 때 화폐성외화자산등에 대하여 해당

해약환급금준비금으로서 같은 법 시행령 제59조 제1항에 따른 범위의 것 (2025. 3. 21. 신설)

제17조의 3【1주당 최근 3년간의 순손익액의 계산방법】(2001. 4. 3 조번개정)
① 영 제56조 제2항 제1호에서 "일시적이고 우발적인 사건으로 해당 법인의 최근 3년간 순손익액이 증가하는 등 기획재정부령으로 정하는 경우"란 다음 각 호의 어느 하나에 해당하는 경우를 말한다. (2015. 3. 13. 개정)
1. 삭 제 (2005. 3. 19)
2. 기업회계기준의 자산수증이익, 채무면제이익, 보험차익 및 재해손실(이하 이 조에서 "자산수증이익등"이라 한다)의 합계액에 대한 최근 3년간 가중평균액이 법인세 차감전 손익에서 자산수증이익등을 뺀 금액에 대한 최근 3년간 가중평균액의 50퍼센트를 초과하는 경우 (2010. 3. 31. 개정)
3. 평가기준일전 3년이 되는 날이 속하는 사업연도 개시일부터 평가기준일까지의 기간 중 합병 또는 분할을 하였거나 주요 업종이 바뀐 경우 (2015. 3. 13. 개정)
4. 법 제38조의 규정에 의한 증여받은 이익을 산정하기 위하여 합병당사법인의 주식가액을 산정하는 경우 (2001. 4. 3. 신설)
5. 최근 3개 사업연도 중 1년 이상 휴업한 사실이 있는 경우 (2003. 12. 31. 신설)
6. 기업회계기준상 유가증권·유형자산의 처분손익과 자산수증이익등의 합계액에 대한 최근 3년간 가중평균액이 법인

☞
통칙 63-56⋯9【순손익액에서 차감하는 법인세액 등】
① 영 제56조 제4항 제2호 가목에 따른 세액은 「법인세법」 등에 따라 각 사업연도 소득에 대하여 납부하였거나 납부하여야 할 법인세, 토지등 양도소득에 대한 법인세, 미환류소득에 대한 법인세, 법인세 부가세액, 법인세 감면세액에 대한 농어촌특별세를 말한다. 이 경우 각 사업연도 소득은 이월결손금을 공제하기 전의 소득을 말한다. (2024. 3. 15. 개정)
② 영 제56조 제4항의 규정에 의하여 순손익액을 계산함에 있어 「국제조세 조정에 관한 법률」 제14조의 규정에 의하여 배당으로 간주된 이자의 손금불산입금액은 각 사업연도 소득금액에서 차감한다. (2019. 12. 23. 개정)

63-56⋯10【순손익액계산에 있어 각 사업연도 소득금액이 변동된 경우】
영 제56조 제4항에 따라 순손익액을 계산할 때 그 법인에 대한 법인세경정으로 주식평가액에 변동이 생긴 때에는 법 제76조 제4항에 따라 상속세 및 증여세의 과세표준과 세액을 경정하여야 한다. (2019. 12. 23. 개정)

〈제63조〉
② 다음 각 호의 어느 하나에 해당하는 주식등에 대해서는 제1항 제1호에도 불구하고 해당 법인의 사업성, 거래 상황 등을 고려하여 대통령령으로 정하는 방법으로 평가한다. (2015. 12. 15. 개정)
1. 기업 공개를 목적으로 금융위원회에 대통령령으로 정하는 기간에 유가증권 신고를 한 법인의 주식등 (2010. 1. 1. 개정)

사업연도 종료일 현재의 매매기준율등으로 평가하지 않은 경우 해당 화폐성외화자산등에 대해 해당 사업연도 종료일 현재의 매매기준율등으로 평가하여 발생한 손실 (2019. 2. 12. 신설)
⑤ 제4항에 따라 순손익액을 계산할 때 평가기준일이 속하는 사업연도 이전 3년 이내에 해당 법인의 자본(출자액을 포함한다. 이하 이 항에서 같다)을 증가시키기 위하여 새로운 주식 또는 지분(이하 이 항에서 "주식등"이라 한다)을 발행(이하 이항에서 "유상증자"라 한다)하거나 해당 법인의 자본을 감소시키기 위하여 주식등을 소각(이하 이 항에서 "유상감자"라 한다)한 사실이 있는 경우에는 유상증자 또는 유상감자를 한 사업연도와 그 이전 사업연도의 순손익액은 제4항에 따라 계산한 금액에 제1호에 따른 금액을 더하고 제2호에 따른 금액을 뺀 금액으로 한다. 이 경우 유상증자 또는 유상감자를 한 사업연도의 순손익액은 사업연도 개시일부터 유상증자 또는 유상감자를 한 날까지의 기간에 대하여 월할로 계산하며, 1개월 미만은 1개월로 하여 계산한다. (2015. 2. 3. 개정)
1. 유상증자한 주식등 1주당 납입금액 × 유상증자에 의하여 증가한 주식등 수 × 기획재정부령으로 정하는 율 (2011. 7. 25. 신설)
2. 유상감자 시 지급한 1주당 금액 × 유상감자에 의하여 감소된 주식등 수 × 기획재정부령으로 정하는 율 (2011. 7. 25. 신설)

제56조의 2 【평가심의위원회에 의한 비상장주식의 평가 등】 삭제 (2016. 2. 5.)

제57조 【기업공개준비 중인 주식 등의 평가 등】 ① 법 제63조 제2항 제1호에서 "대통령령으로 정하는 기간"이란 평가기준일 현재 유가증권 신고(유가증권 신고를 하지 아니하고 상장신청을 한 경우에는 상장신청을 말한다) 직전 6개월(증여세가 부과되는 주식 등의 경우에는 3개월로 한다)부터 거래소에 최초로 주식 등을 상장하기 전까지의 기간을 말하며, 해당 주식 등은 제1호의 가액과 제2호의 가액 중 큰 가액으로 평가한다. (2015. 2. 3. 개정)
1. 「자본시장과 금융투자업에 관한 법률」에 따라 금융위원회가 정하는 기준에 따라 결정된 공모가격 (2010. 2. 18. 개정)

세 차감전 손익에 대한 최근 3년간 가중평균액의 50퍼센트를 초과하는 경우 (2010. 3. 31. 개정)
7. 주요 업종(당해 법인이 영위하는 사업 중 직접 사용하는 유형고정자산의 가액이 가장 큰 업종을 말한다)에 있어서 정상적인 매출발생기간이 3년 미만인 경우 (2003. 12. 31. 신설)
8. 제2호부터 제7호까지와 유사한 경우로서 기획재정부장관이 정하여 고시하는 사유에 해당하는 경우 (2025. 3. 21. 개정)
② 영 제56조 제1항의 계산식에 따라 1주당 최근 3년간의 순손익액의 가중평균액을 계산할 때 사업연도가 1년 미만인 경우에는 1년으로 계산한 가액으로 한다. (2014. 3. 14. 개정)
③ 영 제56조 제2항 각 호 외의 부분에서 "기획재정부령으로 정하는 신용평가전문기관"이란 「자본시장과 금융투자업에 관한 법률」 제335조의 3에 따라 신용평가업인가를 받은 자를 말한다. (2015. 3. 13. 개정)
④ 영 제56조 제2항 각 호 외의 부분에서 "기획재정부령으로 정하는 기준에 따라 산출한 1주당 추정이익의 평균가액"이란 「자본시장과 금융투자업에 관한 법률 시행령」 제176조의 5 제2항에 따라 금융위원회가 정한 수익가치에 영 제54조 제1항에 따른 순손익가치환원율을 곱한 금액을 말한다. (2014. 3. 14. 개정)
⑤ 영 제56조 제3항 단서에 따른 증자 또는 감자 전의 각 사업연도 종료일 현재의 발행주식총수는 다음 각 호의 계산식에 따라 환

2. 제1항 제1호 나목에 규정된 주식등 중 「자본시장과 금융투자업에 관한 법률」에 따른 증권시장으로서 대통령령으로 정하는 증권시장에서 주식등을 거래하기 위하여 대통령령으로 정하는 기간에 거래소에 상장신청을 한 법인의 주식등 (2020. 12. 22. 개정)

3. 거래소에 상장되어 있는 법인의 주식 중 그 법인의 증자로 인하여 취득한 새로운 주식으로서 평가기준일 현재 상장되지 아니한 주식 (2013. 5. 28. 개정 ; 자본시장과 금융투자업에 관한 법률 부칙)

③ 제1항 제1호, 제2항 및 제60조 제2항을 적용할 때 대통령령으로 정하는 최대주주 또는 최대출자자 및 그의 특수관계인에 해당하는 주주등(이하 이 항에서 "최대주주등"이라 한다)의 주식등(대통령령으로 정하는 중소기업, 대통령령으로 정하는 중견기업 및 평가기준일이 속하는 사업연도 전 3년 이내의 사업연도부터 계속하여 「법인세법」 제14조 제2항에 따른 결손금이 있는 법인의 주식등 등 대통령령으로 정하는 주식등은 제외한다)에 대해서는 제1항 제1호 및 제2항에 따라 평가한 가액 또는 제60조 제2항에 따라 인정되는 가액에 그 가액의 100분의 20을 가산한다. 이 경우 최대주주등이 보유하는 주식등의 계산방법은 대통령령으로 정한다. (2022. 12. 31. 개정)

④ 예금·저금·적금 등의 평가는 평가기준일 현재 예입(預入) 총액과 같은 날 현재 이미 지난 미수이자(未收利子) 상당액을 합친 금액에서 「소득세법」 제127조 제1항에 따른 원천징수세액 상당 금액을 뺀 가액으로 한다. (2010. 1. 1. 개정)

2. 법 제63조 제1항 제1호 가목에 따라 평가한 해당 주식등의 가액(같은 목의 가액이 없는 경우에는 같은 호 나목의 가액을 말한다) (2017. 2. 7. 개정)

② 법 제63조 제2항 제2호에서 "대통령령으로 정하는 기간"이란 평가기준일 현재 유가증권 신고(유가증권 신고를 하지 아니하고 등록신청을 한 경우에는 등록신청을 말한다) 직전 6개월(증여세가 부과되는 주식 등의 경우에는 3개월로 한다)부터 한국금융투자협회에 등록하기 전까지의 기간을 말하며, 해당 주식 등은 제1항 제1호의 가액과 법 제63조 제1항 제1호 나목에 따라 평가한 가액 중 큰 가액으로 평가한다. (2017. 2. 7. 개정)

③ 법 제63조 제2항 제3호에 따른 주식의 평가는 거래소에 상장되어 있는 법인의 주식에 대하여 법 제63조 제1항 제1호 가목에 따라 평가한 가액에서 기획재정부령으로 정하는 배당차액을 뺀 가액으로 한다. (2017. 2. 7. 개정)

제58조 【국채·공채 등 그 밖의 유가증권의 평가】 (2010. 2. 18. 제목개정)

① 법 제63조 제1항 제2호에 따른 유가증권 중 국채·공채 및 사채(법 제40조 제1항 각 호 외의 부분에 따른 전환사채 등을 제외하며, 이하 이 항에서 "국채 등"이라 한다)는 다음 각 호의 어느 하나에 따라 평가한 가액으로 한다. (2010. 2. 18. 개정)

1. 거래소에서 거래되는 국채 등은 법 제63조 제1항 제1호 가목 본문을 준용하여 평가한 가액과 평가기준일 이전 최근일의 최종 시세가액 중 큰 가액으로 하되, 평가기준일 이전 2개월의 기간 중 거래실적이 없는 국채 등은 제2호에 따른다. 이 경우 법 제63조 제1항 제1호 가목 본문 중 "주식등"은 "국채 등"으로, "평가기준일 이전·이후 각 2개월"은 "평가기준일 이전 2개월"로 본다. (2017. 2. 7. 후단개정)

2. 제1호 외의 국채 등은 다음 각목의 1의 가액에 의한다. (98. 12. 31 개정)

   가. 타인으로부터 매입한 국채 등(국채 등의 발행기관 및 발행회사로부터 액면가액으로 직접 매입한 것을 제외한다)은 매입가액에 평가기준일까지의 미수이자상당액을 가산한 금액 (98. 12.

산한 주식수에 의한다. (2012. 2. 28. 개정)

1. 증자의 경우 (2011. 7. 26. 개정)

$$\text{환산주식수} = \text{증자 전 각 사업연도 말 주식 수} \times \frac{(\text{증자 직전 사업연도말 주식 수} + \text{증자 주식 수})}{\text{증자 직전 사업연도말 주식 수}}$$

2. 감자의 경우 (2011. 7. 26. 개정)

$$\text{환산주식수} = \text{감자 전 각 사업연도말 주식 수} \times \frac{(\text{감자 직전 사업연도말 주식 수} - \text{감자 주식 수})}{\text{감자 직전 사업연도말 주식 수}}$$

⑥ 영 제56조 제5항 제1호 및 제2호에서 "기획재정부령으로 정하는 율"이란 제17조에 따른 이자율을 말한다. (2016. 3. 21. 개정)

제18조 【매매기준가격 등】 ① 삭 제 (2000. 4. 3)

② 영 제57조 제3항에서 "기획재정부령으로 정하는 배당차액"이란 다음의 산식에 의하여 계산한 금액을 말한다. 다만, 해당 법인의 정관에 의하여 해당 법인의 증자로 인하여 취득한 새로운 주식등 대한 이익을 배당함에 있어서 평가기준일 현재 상장되어 있는 해당 법인의 주식등과 배당기산일을 동일하게 정하는 경우를 제외한다. (2015. 3. 13. 개정)

$$\text{주식등 1주당 액면가액} \times \text{직전기 배당률} \times \left(\frac{\text{신주발행일이 속하는 사업연도 개시일부터 배당기산일 전일까지의 일수}}{365} \right)$$

에 발생하는 이자상당액을 포함한다. 이하 이 호에서 같다)을 사채발행이율에 따라 발행 당시의 현재가치로 할인한 가액에서 그 만기상환금액을 3년 만기 회사채의 유통수익률을 고려하여 기획재정부령으로 정하는 이자율(이하 이 호에서 "적정할인율"이라 한다)에 따라 발행 당시의 현재가치로 할인한 가액을 뺀 가액. 이 경우 그 가액이 음수인 경우에는 영으로 한다. (2016. 2. 5. 개정)

　나. 가목 외의 전환사채 등 : 만기상환금액을 사채발행이율과 적정할인율 중 낮은 이율에 의하여 발행 당시의 현재가치로 할인한 가액에서 발행후 평가기준일까지 발생한 이자상당액을 가산한 가액 (2000. 12. 29 개정)

2. 주식으로의 전환 등이 가능한 기간 중인 경우에는 다음 각목의 구분에 따라 평가한 가액으로 한다. (2000. 12. 29 개정)

　가. 전환사채 : 제1호 나목의 규정에 의하여 평가한 가액과 당해 전환사채로 전환할 수 있는 주식가액에서 제57조 제3항의 규정에 의한 배당차액을 차감한 가액 중 큰 가액 (2000. 12. 29 개정)

　나. 신주인수권부사채 : 제1호 나목의 규정에 의하여 평가한 가액과 동 가액에서 동호 가목의 규정을 준용하여 평가한 신주인수권가액을 차감하고 다목의 규정을 준용하여 평가한 신주인수권가액을 가산한 가액 중 큰 가액 (2000. 12. 29 개정)

　다. 신주인수권증권 : 제1호 가목의 규정에 의하여 평가한 가액과 당해 신주인수권증권으로 인수할 수 있는 주식가액에서 제57조 제3항의 규정에 의한 배당차액과 신주인수가액을 차감한 가액 중 큰 금액 (2000. 12. 29 개정)

　라. 신주인수권증서 : 다음의 구분에 따른 가액 (2018. 2. 13. 개정)
　　1) 거래소에서 거래되는 경우 : 거래소에 상장되어 거래되는

☞ p.2257 2단 연결

31. 개정)

　나. 가목 외의 국채 등은 평가기준일 현재 이를 처분하는 경우에 받을 수 있다고 예상되는 금액(이하 "처분예상금액"이라 한다). 다만, 처분예상금액을 산정하기 어려운 경우에는 당해 국채 등의 상환기간·이자율·이자지급방법 등을 참작하여 기획재정부령이 정하는 바에 따라 평가한 가액으로 할 수 있다. (2008. 2. 29. 직제개정 ; 기획재정부와~ 직제 부칙)

② 대부금·외상매출금 및 받을 어음 등의 채권가액과 입회금·보증금 등의 채무가액은 원본의 회수기간·약정이자율 및 금융시장에서 형성되는 평균이자율 등을 고려하여 기획재정부령으로 정하는 바에 따라 평가한 가액으로 한다. 다만, 채권의 전부 또는 일부가 평가기준일 현재 회수불가능한 것으로 인정되는 경우에는 그 가액을 산입하지 않는다. (2021. 1. 5. 개정 ; 어려운 법령용어~대통령령)

③ 「자본시장과 금융투자업에 관한 법률」에 따른 집합투자증권의 평가는 평가기준일 현재의 거래소의 기준가격으로 하거나 집합투자업자 또는 투자회사가 같은 법에 따라 산정 또는 공고한 기준가격으로 한다. 다만, 평가기준일 현재의 기준가격이 없는 경우에는 평가기준일 현재의 환매가격 또는 평가기준일 전 가장 가까운 날의 기준가격으로 한다. (2017. 2. 7. 개정)

제58조의 2 【전환사채 등의 평가】 (2000. 12. 29 제목개정)

① 법 제63조 제1항 제2호에 따른 유가증권 중 거래소에서 거래되는 전환사채 등(법 제40조 제1항 각 호 외의 부분에 따른 전환사채 등을 말한다. 이하 이 조에서 같다)은 제58조 제1항 제1호에 따른 국채 등의 평가방법을 준용하여 평가한 가액으로 한다. (2015. 2. 3. 개정)

② 법 제63조 제1항 제2호에 따른 유가증권 중 제1항에 해당하지 아니하는 전환사채 등 및 신주인수권증서는 다음 각 호의 어느 하나에 따라 평가한 가액으로 하되, 제58조 제1항 제2호 나목 단서에 따라 평가한 가액이 있는 경우에는 해당 가액으로할 수 있다. (2015. 2. 3. 개정)

1. 주식으로의 전환 등이 불가능한 기간 중인 경우에는 다음 각 목의 구분에 따라 평가한 가액으로 한다. (2015. 2. 3. 개정)

　가. 신주인수권증권 : 신주인수권부사채의 만기상환금액(만기 전

제18조의 2 【액면가액으로 직접 매입한 국채 등의 평가】 ① 영 제58조 제1항 제2호 나목 단서에서 "기획재정부령이 정하는 바에 따라 평가한 가액"이란 영 제58조 제1항 제2호 가목 외의 국채등을 「자본시장과 금융투자업에 관한 법률」에 따라 인가를 받은 투자매매업자, 투자중개업자, 「공인회계사법」에 따른 회계법인 또는 「세무사법」에 따른 세무법인 중 둘 이상의 자가 상환기간·이자율·이자지급방법 등을 감안하여 평가한 금액의 평균액을 말한다. (2010. 3. 31. 개정)

② 영 제58조 제2항 본문에서 "기획재정부령으로 정하는 바에 따라 평가한 가액"이란 다음 각호의 1의 방법에 의하여 평가한 가액을 말한다. (2010. 3. 31. 개정)

1. 원본의 회수기간이 5년을 초과하거나 회사정리절차 또는 화의절차의 개시 등의 사유로 당초 채권의 내용이 변경된 경우에는 각 연도에 회수할 금액(원본에 이자상당액을 가산한 금액을 말한다)을 영 제58조의 2 제2항 제1호 가목에 따른 적정할인율에 의하여 현재가치로 할인한 금액의 합계액. 이 경우 「소득세법」 제94조 제1항 제4호 나목의 규정에 의한 시설물이용권에 대한 입회금·보증금 등으로서 원본의 회수기간이 정하여지지 아니한 것은 그 회수기간을 5년으로 본다. (2011. 7. 26. 개정)

2. 제1호외의 채권의 경우에는 원본의 가액에 평가기준일까지의 미수이자상당액을 가산한 금액 (2001. 4. 3 신설)

전체 거래일의 종가 평균 (2018. 2. 13. 개정)
2) 그 밖의 경우 : 해당 신주인수권증서로 인수할 수 있는 주식의 권리락 전 가액에서 제57조 제3항에 따른 배당차액과 신주인수가액을 차감한 가액. 다만, 해당 주식이 주권상장법인 등의 주식인 경우로서 권리락 후 주식가액이 권리락 전 주식가액에서 배당차액을 차감한 가액보다 적은 경우에는 권리락 후 주식가액에서 신주인수가액을 차감한 가액으로 한다. (2018. 2. 13. 개정)
마. 기타 : 가목 내지 다목의 규정을 준용하여 평가한 가액 (2000. 12. 29 개정)

제58조의 3 【국외재산에 대한 평가】 ① 외국에 있는 상속 또는 증여재산으로서 법 제60조 내지 법 제65조의 규정을 적용하는 것이 부적당한 경우에는 당해 재산이 소재하는 국가에서 양도소득세·상속세 또는 증여세 등의 부과목적으로 평가한 가액을 평가액으로 한다. (99. 12. 31 신설)
② 제1항에 따른 평가액이 없는 경우에는 세무서장 등이 둘 이상의 국내 또는 외국의 감정기관(주식등에 대한 평가의 경우에는 기획재정부령으로 정하는 신용평가전문기관, 「공인회계사법」에 따른 회계법인 또는 「세무사법」에 따른 세무법인을 포함한다)에 의뢰하여 감정한 가액을 참작하여 평가한 가액을 평가액으로 한다. (2022. 2. 15. 개정)

제58조의 4 【외화자산 및 부채의 평가】 외화자산 및 부채는 평가기준일 현재 「외국환거래법」 제5조 제1항에 따른 기준환율 또는 재정환율에 따라 환산한 가액을 기준으로 평가한다. (2012. 2. 2. 신설)

제59조 【무체재산권의 평가】 (2014. 2. 21. 제목개정)
① 매입한 무체재산권의 가액은 매입가액에서 매입한 날부터 평가기준일까지의 감가상각비상당액을 차감한 가액에 의한다. (96. 12. 31 개정)
① 삭 제 (2014. 2. 21.)
② 영업권의 평가는 다음 산식에 의하여 계산한 초과이익금액을 평가기준일 이후의 영업권지속연수(원칙적으로 5년으로 한다)를 고려하여 기획재정부령으로 정하는 방법에 따라 환산한 가액에 의한다. 다만, 매

제64조 【무체재산권의 가액】 (2014. 1. 1. 제목개정)
무체재산권(無體財産權)의 가액은 다음 각 호에 따른 금액 중 큰 금액으로 한다. (2014. 1. 1. 개정)
1. 재산의 취득 가액에서 취득한 날부터 평가기준일까지의 「법인세법」상의 감가상각비를 뺀 금액 (2014. 1. 1. 개정)
2. 장래의 경제적 이익 등을 고려하여 대통령령으로 정하는 방법으로

비상장주식을 보충적 평가방법으로 산정하기 위한 순자산가치 계산시 조세채무는 시행규칙 18조의 2의 규정에 의한 현재가치 평가대상이 아님. (재재산 – 1263, 2007. 10. 17.)

③ 삭 제 (2002. 12. 31)

제18조의 3 【전환사채등의 평가】 영 제58조의 2 제2항 제1호 가목에서 "기획재정부령으로 정하는 이자율"이란 연간 100분의 8을 말한다. (2016. 3. 21. 신설)

제18조의 4 【국외재산에 대한 평가】 영 제58조의 3 제2항에서 "기획재정부령으로 정하는 신용평가전문기관"이란 「자본시장과 금융투자업에 관한 법률」 제335조의 3에 따라 신용평가업인가를 받은 자를 말한다. (2022. 3. 18. 신설)

제19조 【무체재산권 등의 평가】 (99. 5. 7 제목개정)
① 영 제59조 제2항 산식에서 "기획재정

평가한 금액 (2014. 1. 1. 개정)

●예판●……………………………………………………
매입한 무체재산권의 가액에서 차감하는 법인세법상의 감가상각비는 법인이 납세지 관할세무서장에게 신고한 상각방법에 의해 계산한 감가상각비 상당액이 되며, 신고한 상각방법이 없는 경우에는 법인세법 시행령 26조 4항의 규정에 의한 상각방법을 적용하여 계산한 감가상각비 상당액이 되는 것임. (서면4팀-1420, 2004. 9. 13.)
………………………………………………………………☞

통칙 64-59…1【영업권의 평가】
① 개인으로서 경영하는 사업체의 영업권을 평가하는 경우 영 제59조 제2항에 따라 평가기준일 전 최근 3년간의 순손익액의 가중평균액을 계산할 때 영 제56조 제4항에 따른「법인세법」상 각 사업연도소득은 「소득세법」상 종합소득금액으로 보며 같은 조 같은 항 각호의 1에 규정하는 금액은 「소득세법」상 동일한 성격의 금액을 적용하여 계산한다. (2019. 12. 23. 개정)
② 영 제59조 제2항에서 "평가기준일 현재의 자기자본"이라 함은 영 제55조 제1항에 따라 계산한 해당 법인의 총자산가액에서 부채를 뺀 가액을 말하며, 이 경우 영 제59조 제2항에 따른 영업권은 자산가액에 포함하지 아니한다. (2011. 5. 20. 개정)

입한 무체재산권으로서 그 성질상 영업권에 포함시켜 평가되는 무체재산권의 경우에는 이를 별도로 평가하지 않되, 해당 무체재산권의 평가액이 환산한 가액보다 큰 경우에는 해당 가액을 영업권의 평가액으로 한다. (2021. 1. 5. 개정 ; 어려운 법령용어~대통령령)
[최근 3년간(3년에 미달하는 경우에는 해당 연수로 하고, 제55조 제3항 제2호 각 목에 모두 해당하는 경우에는 개인사업자로서 사업을 영위한 기간을 포함한다)의 순손익액의 가중평균액의 100분의 50에 상당하는 가액 - (평가기준일 현재의 자기자본×1년만기정기예금이자율을 고려하여 기획재정부령으로 정하는 율)]
③ 제2항을 적용함에 있어서 최근 3년간의 순손익액의 가중평균액은 제56조 제1항 및 제2항을 준용하여 평가한다. 이 경우 같은 조 제1항 중 "1주당 순손익액"과 같은 조 제2항 중 "1주당 추정이익"은 "순손익액"으로 본다. (2014. 2. 21. 개정)
④ 어업권 및 양식업권의 가액은 제2항의 영업권에 포함하여 계산한다. (2020. 8. 26. 개정 ; 양식산업발전법 시행령 부칙)
⑤ 특허권·실용신안권·상표권·디자인권 및 저작권 등은 그 권리에 의하여 장래에 받을 각 연도의 수입금액을 기준으로 기획재정부령이 정하는 바에 의하여 계산한 금액의 합계액에 의한다. 이 경우 각 연도의 수입금액이 확정되지 아니한 것은 평가기준일전 3년간의 각 연도 수입금액의 합계액을 기획재정부령이 정하는 바에 따라 평균한 금액을 각 연도의 수입금액으로 할 수 있다. (2008. 2. 29. 직제개정 ; 기획재정부와~직제 부칙)
⑥ 광업권 및 채석권 등은 평가기준일 이후의 채굴가능연수에 대하여 평가기준일전 3년간 평균소득(실적이 없는 경우에는 예상순소득으로 한다)을 각 연도마다 기획재정부령이 정하는 방법에 의하여 환산한 금액의 합계액을 그 가액으로 한다. 다만, 조업할 가치가 없는 경우에는 설비 등에 의하여만 평가한 가액으로 한다. (2008. 2. 29. 직제개정 ; 기획재정부와~직제 부칙)
⑦ 제2항의 규정에 의하여 영업권을 평가함에 있어서 제시한 증빙에 의하여 자기자본을 확인할 수 없는 경우에는 다음 각호의 산식에 의하여 계산한 금액 중 많은 금액으로 한다. (2004. 12. 31. 신설)
1. 사업소득금액 ÷ 「소득세법 시행령」 제165조 제10항 제1호에서 규정하는 자기자본이익률 (2005. 8. 5. 개정)

부령이 정하는 율"이라 함은 100분의 10을 말한다. (2008. 4. 30. 직제개정)
② 영 제59조 제5항 전단에 따른 특허권·실용신안권·상표권·디자인권 및 저작권 등의 가액은 다음의 산식에 의하여 환산한 금액의 합계액으로 한다. (2009. 4. 23. 개정)

$$\frac{\text{각 연도의 수입금액}}{(1+\frac{10}{100})^n}$$

　　n : 평가기준일부터의 경과연수
③ 제2항의 산식을 적용함에 있어서 평가기준일부터의 최종 경과연수는 당해 권리의 존속기간에서 평가기준일 전일까지 경과된 연수를 차감하여 계산한다. 이 경우 평가기준일부터의 최종 경과연수가 20년을 초과하는 때에는 20년으로 한다. (99. 5. 7 개정)
④ 영 제59조 제5항 후단에 따라 특허권·실용신안권·상표권·디자인권 및 저작권 등의 권리에 의한 각 연도의 수입금액이 확정되지 아니한 경우에는 평가기준일전 최근 3년간(3년에 미달하는 경우에는 그 미달하는 연수로 한다. 이하 이 항에서 같다)의 각 연도의 수입금액의 합계액을 평균한 금액을 각 연도의 수입금액으로 하되, 최근 3년간 수입금액이 없거나 저작권(저작인접권을 포함한다)으로서 평가기준일 현재 장래에 받을 각 연도의 수입금액이 하락할 것이 명백한 경우에는 법 제6조 제1항 본문에 따른 세무서장 등이 2 이상의 공신력있는 감정기관(「감정평가 및 감정평

제65조【그 밖의 조건부 권리 등의 평가】(2010. 1. 1. 제목개정)
① 조건부 권리, 존속기간이 확정되지 아니한 권리, 신탁의 이익을 받을 권리 또는 소송 중인 권리 및 대통령령으로 정하는 정기금(定期金)을 받을 권리에 대해서는 해당 권리의 성질, 내용, 남은 기간 등을 기준으로 대통령령으로 정하는 방법으로 그 가액을 평가한다. (2010. 1. 1. 개정)
② 「가상자산 이용자 보호 등에 관한 법률」 제2조 제1호에 따른 가상자산은 해당 자산의 거래규모 및 거래방식 등을 고려하여 대통령령으로 정하는 방법으로 평가한다. (2023. 7. 18. 개정 ; 가상자산~부칙)
③ 그 밖에 이 법에서 따로 평가방법을 규정하지 아니한 재산의 평가에 대해서는 제1항 및 제60조부터 제64조까지에 규정된 평가방법을 준용하여 평가한다. (2020. 12. 22. 항번개정)

2. 수입금액 ÷ 「소득세법 시행령」 제165조 제10항 제2호에서 규정하는 자기자본회전율 (2005. 8. 5. 개정)

제60조【조건부 권리 등의 평가】(2021. 2. 17. 제목개정)
① 법 제65조 제1항에 따른 조건부 권리, 존속기간이 확정되지 않은 권리 및 소송 중인 권리의 가액은 다음 각 호의 어느 하나에 따라 평가한 가액으로 한다. (2021. 2. 17. 개정)
1. 조건부 권리는 본래의 권리의 가액을 기초로 하여 평가기준일 현재의 조건내용을 구성하는 사실, 조건성취의 확실성, 그 밖의 모든 사정을 고려한 적정가액 (2021. 2. 17. 개정)
2. 존속기간이 확정되지 않은 권리의 가액은 평가기준일 현재의 권리의 성질, 목적물의 내용연수, 그 밖의 모든 사정을 고려한 적정가액 (2021. 2. 17. 개정)
3. 소송 중인 권리의 가액은 평가기준일 현재의 분쟁관계의 진상을 조사하고 소송진행의 상황을 고려한 적정가액 (2021. 2. 17. 개정)
② 법 제65조 제2항에 따른 가상자산(「특정 금융거래정보의 보고 및 이용 등에 관한 법률」 제2조 제3호의 가상자산을 말한다. 이하 이 항에서 같다)의 가액은 다음 각 호의 구분에 따라 평가한 가액으로 한다. (2021. 2. 17. 신설)
1. 「특정 금융거래정보의 보고 및 이용 등에 관한 법률」 제7조에 따라 신고가 수리된 가상자산사업자(이하 이 항에서 "가상자산사업자"라 한다) 중 국세청장이 고시하는 가상자산사업자의 사업장에서 거래되는 가상자산: 평가기준일 전·이후 각 1개월 동안에 해당 가상자산사업자가 공시하는 일평균가액의 평균액 (2021. 2. 17. 신설)
2. 그 밖의 가상자산: 제1호에 해당하는 가상자산사업자 외의 가상자산사업자 및 이에 준하는 사업자의 사업장에서 공시하는 거래일의 일평균가액 또는 종료시각에 공시된 시세가액 등 합리적으로 인정되는 가액 (2021. 2. 17. 신설)

통칙 65 - 0…1【연부 또는 월부로 취득하여 상환완료 전인 재산의 평가】
연부 또는 월부에 따라 취득한 재산으로서 평가기준일 현재 상환이 완료되지 아니한 재산에 대해서는 그 재산의 가액에서 미상환금을 뺀 가액으로 평가하는 것이며, 이 경우 그 뺀 가액이 음수인 경우에는 "0"으로 한다. (2011. 5. 20. 개정)

가사에 관한 법률」에 따른 감정평가법인등을 말한다) 또는 전문가의 감정가액 및 해당 권리의 성질 기타 제반사정을 감안하여 적정한 가액으로 평가할 수 있다. (2022. 3. 18. 개정)
⑤ 영 제59조 제6항의 규정에 의한 광업권 및 채석권 등의 가액은 다음의 산식에 의하여 환산한 금액의 합계액으로 한다. (99. 5. 7 개정)

$$\frac{평가기준일전\ 3년간\ 평균소득}{(1+\frac{10}{100})\ n}$$

n : 평가기준일부터의 채굴가능연수

제61조 【신탁의 이익을 받을 권리의 평가】 ① 법 제65조 제1항에 따른 신탁의 이익을 받을 권리의 가액은 다음 각 호의 어느 하나에 따라 평가한 가액으로 한다. 다만, 평가기준일 현재 신탁계약의 철회, 해지, 취소 등을 통해 받을 수 있는 일시금이 다음 각 호에 따라 평가한 가액보다 큰 경우에는 그 일시금의 가액으로 한다. (2021. 2. 17. 개정)

1. 원본을 받을 권리와 수익을 받을 권리의 수익자가 같은 경우에는 평가기준일 현재 법에 따라 평가한 신탁재산의 가액 (2021. 2. 17. 개정)

2. 원본을 받을 권리와 수익을 받을 권리의 수익자가 다른 경우에는 다음 각 목에 따른 가액 (2021. 2. 17. 개정)

　가. 원본을 받을 권리를 수익하는 경우에는 평가기준일 현재 법에 따라 평가한 신탁재산의 가액에서 나목의 계산식에 따라 계산한 금액의 합계액을 뺀 금액 (2021. 2. 17. 개정)

　나. 수익을 받을 권리를 수익하는 경우에는 평가기준일 현재 기획재정부령으로 정하는 방법에 따라 추산한 장래에 받을 각 연도의 수익금에 대하여 수익의 이익에 대한 원천징수세액상당액등을 고려하여 다음의 계산식에 따라 계산한 금액의 합계액 (2021. 2. 17. 개정)

$$\frac{\text{각 연도에 받을 수익의 이익} - \text{원천징수세액상당액}}{(1 + \text{신탁재산의 평균 수익률 등을 고려하여 기획재정부령으로 정하는 이자율})^n}$$

n : 평가기준일부터 수익시기까지의 연수

② 제1항 나목에 따라 계산할 때 수익시기가 정해지지 않은 경우 평가기준일부터 수익시기까지의 연수는 제62조 제2호 또는 제3호를 준용하여 20년 또는 기대여명의 연수로 계산한다. (2021. 2. 17. 신설)

제62조 【정기금을 받을 권리의 평가】 법 제65조 제1항에 따른 정기금을 받을 권리의 가액은 다음 각 호의 어느 하나에 따라 평가한 가액에 의한다. 다만, 평가기준일 현재 계약의 철회, 해지, 취소 등을 통해 받을 수 있는 일시금이 다음 각 호에 따라 평가한 가액보다 큰 경우에는 그 일시금의 가액에 의한다. (2019. 2. 12. 단서신설)

1. 유기정기금 : 잔존기간에 각 연도에 받을 정기금액을 기준으로 다음 계산식에 따라 계산한 금액의 합계액. 다만, 1년분 정기금액의 20배

제19조의 2 【신탁의 이익 및 정기금을 받을 권리의 평가】 (2003. 12. 31. 제목개정)

① 영 제61조 제1항 제2호 나목의 계산식에서 "기획재정부령으로 정하는 이자율"이란 연간 1,000분의 30을 말한다. (2021. 3. 16. 개정)

② 영 제61조 제1항 제2호 나목 계산식 외의 부분에서 "기획재정부령으로 정하는 방법에 따라 추산한 장래에 받을 각 연도의 수익금"이란 평가기준일 현재 신탁재산의 수익에 대한 수익률이 확정되지 않은 경우 원본의 가액에 1,000분의 30을 곱하여 계산한 금액을 말한다. (2021. 3. 16. 개정)

③ 영 제62조 제1호의 계산식에서 "기획재정부령으로 정하는 이자율"이란 연간 1,000분의 30을 말한다. (2017. 3. 10. 개정)

를 초과할 수 없다. (2021. 1. 5. 개정 ; 어려운 법령용어~대통령령)

> 각 연도에 받을 정기금액 / (1 + 보험회사의 평균공시이율
> 등을 고려하여 기획재정부령으로 정하는 이자율)^n
> n: 평가기준일부터의 경과연수

2. 무기정기금 : 1년분 정기금액의 20배에 상당하는 금액 (2016. 2. 5. 개정)
3. 종신정기금 : 정기금을 받을 권리가 있는 자의 「통계법」 제18조에 따라 통계청장이 승인하여 고시하는 통계표에 따른 성별·연령별 기대여명의 연수(소수점 이하는 버린다)까지의 기간중 각 연도에 받을 정기금액을 기준으로 제1호의 계산식에 따라 계산한 금액의 합계액 (2016. 2. 5. 개정)

제66조 【저당권 등이 설정된 재산 평가의 특례】 (2010. 1. 1. 제목개정)
다음 각 호의 어느 하나에 해당하는 재산은 제60조에도 불구하고 그 재산이 담보하는 채권액 등을 기준으로 대통령령으로 정하는 바에 따라 평가한 가액과 제60조에 따라 평가한 가액 중 큰 금액을 그 재산의 가액으로 한다. (2010. 1. 1. 개정)
1. 저당권, 「동산·채권 등의 담보에 관한 법률」에 따른 담보권 또는 질권이 설정된 재산 (2010. 6. 10. 개정 ; 동산·채권 등의 담보에 관한 법률 부칙)
2. 양도담보재산 (2010. 1. 1. 개정)
3. 전세권이 등기된 재산(임대보증금을 받고 임대한 재산을 포함한다) (2010. 1. 1. 개정)
4. 위탁자의 채무이행을 담보할 목적으로 대통령령으로 정하는 신탁계약을 체결한 재산 (2018. 12. 31. 신설)

제63조 【저당권 등이 설정된 재산의 평가】 ① 법 제66조에서 "대통령령으로 정하는 바에 따라 평가한 가액"이란 다음 각 호의 어느 하나에 해당하는 금액을 말한다. (2010. 2. 18. 개정)
1. 저당권(공동저당권 및 근저당권을 제외한다)이 설정된 재산의 가액은 당해 재산이 담보하는 채권액 (96. 12. 31 개정)
2. 공동저당권이 설정된 재산의 가액은 당해 재산이 담보하는 채권액을 공동저당된 재산의 평가기준일 현재의 가액으로 안분하여 계산한 가액 (96. 12. 31 개정)
3. 근저당권이 설정된 재산의 가액은 평가기준일 현재 당해 재산이 담보하는 채권액 (98. 12. 31 개정)
4. 질권이 설정된 재산 및 양도담보재산의 가액은 당해 재산이 담보하는 채권액 (96. 12. 31 개정)
5. 전세권이 등기된 재산의 가액은 등기된 전세금(임대보증금을 받고 임대한 경우에는 임대보증금) (98. 12. 31 개정)
6. 법 제66조 제4호에 따른 신탁계약을 체결한 재산의 가액은 신탁계약 또는 수익증권에 따른 우선수익자인 채권자의 수익한도금액 (2019. 2. 12. 신설)
6. 법 제66조 제4호에 따른 신탁계약을 체결한 재산의 가액은 신탁계약 또는 수익증권이 우선수익자인 채권자에 대해 담보하는 채권액 (2025. 2. 28. 개정)

통칙 66－63…3 【공동담보된 재산의 평가방법】
① 영 제63조 제1항 제3호를 적용할 때 근저당권이 설정된 재산이 공유물로서 공유자와 공동으로 그 재산을 담보로 제공한 경우에는 그 재산이 담보하는 채권액 중 각 공유자의 지분비율에 상당하는 금액을 그 채권액으로 한다. (2011. 5. 20. 개정)
② 평가할 재산과 그 외의 재산에 동일한 공동저당권 등이 설정되어 있거나 동일한 채무를 담보하기 위하여 양도담보된 경우 평가할 재산이 담보하는 채권액은 전체 채권액을 평가할 재산과 그 외 재산의 가액(평가기준일 현재 법에 따른 평가액을 말한다)으로 안분하여 계산한다. (2011. 5. 20. 개정)
☞

통칙 66-0…1 【담보제공된 재산의 평가방법】
① 「자동차 등 특정동산 저당법」 등에 따라 담보제공된 자동차 등 단기소모성 재산에 대하여도 법 제66조 및 영 제63조를 적용한다. (2019. 12. 23. 개정)
② 법 제66조 및 영 제63조에 규정하고 있는 담보제공 재산에 대한 채권액 등은 평가기준일 현재 설정되어 있는 채권액 등에 한하여 적용한다. (1998. 2. 25. 개정)
③ 영 제63조를 적용할 때 해당 채권액 등이 외화로 표시된 경우에는 평가기준일 현재 「외국환거래법」에 따른 기준환율 또는 재정환율에 따라 환산한 가액으로 평가한다. (2011. 5. 20. 개정)

제 5 장　신고와 납부

제 1 절　신　고

　제67조 【상속세 과세표준신고】 ① 제3조의 2에 따라 상속세 납부의무가 있는 상속인 또는 수유자는 상속개시일이 속하는 달의 말일부터 6개월 이내에 제13조와 제25조 제1항에 따른 상속세의 과세가액 및 과세표준을 대통령령으로 정하는 바에 따라 납세지 관할세무서장에게 신고하여야 한다. (2015. 12. 15. 개정)
② 제1항에 따른 신고를 할 때에는 그 신고서에 상속세 과세표준의 계산에 필요한 상속재산의 종류, 수량, 평가가액, 재산분할 및 각종 공제 등을 증명할 수 있는 서류 등 대통령령으로 정하는 것을 첨부하여야 한다. (2010. 1. 1. 개정)
③ 제1항의 기간은 유언집행자 또는 상속재산관리인에 대해서는 그들이 제1항의 기간 내에 지정되거나 선임되는 경우에 한정하며, 그 지정되거나 선임되는 날부터 계산한다. (2014. 1. 1. 개정)

② 제1항 각호의 규정에 의하여 법 제66조 제1호의 재산을 평가함에 있어서 당해 재산에 설정된 근저당의 채권최고액이 담보하는 채권액보다 적은 경우에는 채권최고액으로 하고, 당해 재산에 설정된 물적담보 외에 기획재정부령이 정하는 신용보증기관의 보증이 있는 경우에는 담보하는 채권액에서 당해 신용보증기관이 보증한 금액을 차감한 가액으로 하며, 동일한 재산이 다수의 채권(전세금채권과 임차보증금채권을 포함한다)의 담보로 되어 있는 경우에는 그 재산이 담보하는 채권액의 합계액으로 한다. (2008. 2. 29. 직제개정 ; 기획재정부와~직제 부칙)
③ 법 제66조 제4호에서 "대통령령으로 정하는 신탁계약"이란 수탁자가 위탁자로부터 「자본시장과 금융투자업에 관한 법률」 제103조 제1항 제5호 또는 제6호의 재산을 위탁자의 채무이행을 담보하기 위해 수탁으로 운용하는 내용으로 체결되는 신탁계약을 말한다. (2019. 2. 12. 신설)

제 5 장　신고와 납부

제 1 절　신　고

　제64조 【상속세 과세표준신고】 (2010. 2. 18. 제목개정)
① 법 제67조 제1항의 규정에 의한 상속세과세표준신고는 기획재정부령이 정하는 상속세과세표준신고 및 자진납부계산서에 의한다. (2008. 2. 29. 직제개정 ; 기획재정부와~직제 부칙)
② 법 제67조 제2항에서 "상속재산의 종류, 수량, 평가가액, 재산분할 및 각종 공제 등을 증명할 수 있는 서류 등 대통령령으로 정하는 것"이란 다음 각 호의 어느 하나에 해당하는 것을 말한다. (2010. 2. 18. 개정)
1. 피상속인의 제적등본 및 상속인의 가족관계기록사항에 관한 증명서 (2010. 11. 2. 개정 ; 행정정보의 공동이용 및~일부 개정령)
2. 기획재정부령이 정하는 상속재산명세 및 그 평가명세서 (2008. 2. 29. 직제개정 ; 기획재정부와~직제 부칙)
3. 제10조 제1항의 규정에 의한 채무사실을 입증할 수 있는 서류 (96.

　제19조의 3 【신용보증기관의 범위】
영 제63조 제2항에서 "기획재정부령이 정하는 신용보증기관"이라 함은 「법인세법 시행령」 제63조 제1항 각호에서 규정하는 법인을 말한다. (2008. 4. 30. 직제개정)

　제24조 【일반서식】 법 및 영에 따른 신고서 등의 서식은 다음 각 호에 따른다. (2021. 3. 16. 개정)
1. 영 제15조 제22항에 따른 가업상속공제 신고서 : 별지 제1호 서식 (2023. 3. 20. 개정)
1의 2. 영 제15조 제23항에 따른 가업상속공제 사후관리추징사유 신고 및 자진납부 계산서, 영 제16조 제12항에 따른 영농상속공제 사후관리추징사유 신고 및 자진납부 계산서 : 별지 제9호 서식 부표 6 (2023. 3. 20. 개정)

④ 피상속인이나 상속인이 외국에 주소를 둔 경우에는 제1항의 기간을 9개월로 한다. (2010. 1. 1. 개정)

법 제67조 제4항의 규정에서 "상속인이 외국에 주소를 둔 경우"란 외국에 주소를 둔 상속인이 있는 경우를 말한다. (2024. 3. 15. 개정)

⑤ 제1항의 신고기한까지 상속인이 확정되지 아니한 경우에는 제1항의 신고와는 별도로 상속인이 확정된 날부터 30일 이내에 확정된 상속인의 상속관계를 적어 납세지 관할세무서장에게 제출하여야 한다. (2010. 1. 1. 개정)

제68조 【증여세 과세표준신고】 ① 제4조의 2에 따라 증여세 납부의무가 있는 자는 증여받은 날이 속하는 달의 말일부터 3개월 이내에 제47조와 제55조 제1항에 9따른 증여세의 과세가액 및 과세표준을 대통령령으로 정하는 바에 따라 납세지 관할 세무서장에게 신고하여야 한다. 다만, 제41조의 3과 제41조의 5에 따른 비상장주식의 상장 또는 법인의 합병 등에 따른 증여세 과세표준 정산 신고기한은 정산기준일이 속하는 달의 말일부터 3개월이 되는 날로 하며, 제45조의 3 및 제45조의 5에 따른 증여세 과세표준 신고기한은 수혜법인 또는 특정법인의 「법인세법」 제60조 제1항에 따른 과세표준의 신고기한이 속하는 달의 말일부터 3개월이 되는 날로 한다. (2015. 12. 15. 개정)
② 제1항에 따른 신고를 할 때에는 그 신고서에 증여세 과세표준의 계산에 필요한 증여재산의 종류, 수량, 평가가액 및 각종 공제 등을 증명할 수 있는 서류 등 대통령령으로 정하는 것을 첨부하여야 한다. (2010. 1. 1. 개정)

재산을 증여받고 증여세를 신고·납부한 이후 해당 증여자가 명의수탁자임이 확인되는 경우에는 실제소유자가 증여한 것으로 보며, 당초 증여세

---

12. 31 개정)
4. 배우자의 상속재산이 분할된 경우에는 상속재산분할명세 및 그 평가명세서 (96. 12. 31 개정)
5. 제15조 제22항, 제16조 제11항, 제17조 제3항, 제18조 제2항·제4항, 제19조 제3항, 제20조 제3항 및 제21조 제2항에 따른 서류 및 그 밖에 이 법에 따라 제출하는 서류 (2023. 2. 28. 개정)
③ 법 제67조 제1항에 따라 신고받은 납세지 관할 세무서장은 「전자정부법」 제36조 제1항에 따른 행정정보의 공동이용을 통하여 상속인의 가족관계기록사항에 관한 증명서를 확인하여야 하며, 상속인이 확인에 동의하지 아니하는 경우에는 이를 첨부하도록 하여야 한다. (2010. 5. 4. 개정 ; 전자정부법 시행령 부칙)
③ 삭 제 (2010. 11. 2. ; 행정정보의 공동이용 및~일부 개정령)

규칙 24조 9호 → 상속세과세표준신고 및 자진납부계산서(별지 9호 서식)

제65조 【증여세 과세표준신고】 (2010. 2. 18. 제목개정)
① 법 제68조 제1항의 규정에 의한 증여세과세표준신고는 기획재정부령이 정하는 증여세과세표준신고 및 자진납부계산서에 의한다. (2008. 2. 29. 직제개정 ; 기획재정부와~직제 부칙)

• 규칙 24조 10호 → 증여세과세표준신고 및 자진납부계산서(기본세율 적용 증여재산 신고용)(별지 제10호 서식)
• 규칙 24조 10호의 2 → 증여세과세표준신고 및 자진납부계산서(창업자금 등 특례세율 적용 증여재산 신고용)(별지 제10호의 2 서식)

② 법 제68조 제2항에서 "증여재산의 종류, 수량, 평가가액 및 각종 공제 등을 증명할 수 있는 서류 등 대통령령으로 정하는 것"이란 다음 각 호의 어느 하나에 해당하는 것을 말한다. (2010. 2. 18. 개정)
1. 제64조 제2항 제1호 및 제2호의 규정에 의한 서류. 이 경우 동항 제1호 중 "피상속인 및 상속인"은 "증여자 및 수증자"로 하고, 동항 제2호 중 "상속재산"은 "증여재산"으로 본다. (96. 12. 31 개정)
2. 삭 제 (98. 12. 31)

---

2. 영 제16조 제11항에 따른 영농상속공제신고서 : 별지 제2호 서식 (2023. 3. 20. 개정)
3. 영 제17조 제3항에 따른 배우자 상속재산 미분할 신고서 : 별지 제3호 서식 (2016. 3. 21. 개정)
3의 2. 영 제18조 제2항에 따른 임신 사실을 확인할 수 있는 서류 : 별지 제3호의 2 서식 (2023. 3. 20. 신설)
4. 영 제18조 제4항 및 영 제45조의 2 제12항 제3호의 규정에 의한 장애인증명서 : 별지 제4호 서식 (2023. 3. 20. 개정)
5. 영 제19조 제3항의 규정에 의한 금융재산상속공제신고서 : 별지 제5호 서식 (97. 4. 19 개정)
6. 영 제20조 제3항 및 영 제47조의 규정에 의한 재해손실공제신고서 : 별지 제6호 서식 (97. 4. 19 개정)
6의 2. 영 제20조의 2에 따른 동거주택상속공제신고서 : 별지 제6호의 2 서식 (2009. 4. 23. 신설)
7. 영 제21조 제2항 및 영 제48조의 규정에 의한 외국납부세액공제신청서 : 별지 제7호 서식 (97. 4. 19 개정)
8. 영 제45조의 2 제7항에 따른 장애인신탁 원금 인출신청서 : 별지 제33호 서식 (2018. 3. 19. 신설)
8의 2. 영 제45조의 2 제8항에 따른 장애인신탁 원금 인출내역서 : 별지 제34호 서식 (2018. 3. 19. 신설)
9. 영 제64조 제1항의 규정에 의한 상속세과세표준신고 및 자진납부계산서 :

신고를 무신고로 보지 않는 것임. (상속증여-140, 2014. 5. 9.)

제69조【신고세액 공제】① 제67조에 따라 상속세 과세표준을 신고한 경우에는 상속세산출세액(제27조에 따라 산출세액에 가산하는 금액을 포함한다)에서 다음 각 호의 금액을 공제한 금액의 100분의 3에 상당하는 금액을 공제한다. (2017. 12. 19. 개정)
1. 제74조에 따라 징수를 유예받은 금액 (2010. 1. 1. 개정)
2. 이 법 또는 다른 법률에 따라 산출세액에서 공제되거나 감면되는 금액 (2010. 1. 1. 개정)
② 제68조에 따라 증여세 과세표준을 신고한 경우에는 증여세산출세액(제57조에 따라 산출세액에 가산하는 금액을 포함한다)에서 다음 각 호의 금액을 공제한 금액의 100분의 3에 상당하는 금액을 공제한다. (2017. 12. 19. 개정)

● 예판

사전증여재산가액을 상속개시 전 처분재산으로 보아 과세표준을 잘못 신고한 경우라도 신고한 과세표준에 변함이 없는 경우 동 사전증여재산가액은 신고세액공제대상에서 제외하지 않음. (대법 2007두19508, 2009. 10. 29.)

1. 제75조에 따라 징수를 유예받은 금액 (2015. 12. 15. 신설)
2. 이 법 또는 다른 법률에 따라 산출세액에서 공제되거나 감면되는 금액 (2015. 12. 15. 신설)

제 2 절　납　부

제70조【자진납부】① 제67조나 제68조에 따라 상속세 또는 증여세를 신고하는 자는 각 신고기한까지 각 산출세액에서 다음 각 호의 어느 하나에 규정된 금액을 뺀 금액을 대통령령으로 정하는 바에 따라

3. 제36조의 규정에 의한 채무사실을 입증할 수 있는 서류 (96. 12. 31 개정)
4. 제47조 및 제48조의 규정에 의한 서류 및 기타 이 법에 의하여 제출하는 서류 (96. 12. 31 개정)

제65조의 2【신고세액공제】법 제69조 제1항 각호외의 부분 및 동조 제2항의 상속세산출세액 및 증여세산출세액은 법 제67조의 규정에 의한 상속세과세표준신고기한 및 법 제68조의 규정에 의한 증여세과세표준신고기한 이내에 신고한 과세표준에 대한 각각의 산출세액을 말한다. (2002. 12. 30 신설)

☞

통칙 69-0…1【신고세액 공제방법】

① 법 제69조 제1항 및 제2항에서 "상속세산출세액" 또는 "증여세산출세액"이라 함은 각각 법 제67조 또는 법 제68조에 따라 신고한 과세표준에 대한 산출세액을 말한다. (2011. 5. 20. 개정)
② 법 제67조 또는 법 제68조에 따라 신고한 과세표준에 대한 납부세액에 대하여 법 제70조에 따른 자진납부를 하지 아니한 경우에도 법 제69조를 적용한다. (2011. 5. 20. 개정)
③ 제1항을 적용할 때 신고한 과세표준에 포함되어 있는 상속재산 또는 증여재산의 평가가액의 차이 및 각종 공제액의 적용상 오류 등에 따른 과다신고금액은 신고한 과세표준에서 제외한다. (2011. 5. 20. 개정)
④ 공동상속인이 상속재산의 과세표준과 세액을 신고함에 있어 각자의 지분별로 각각 신고한 경우에도 지분별로 신고한 상속재산을 합산하여 이를 기준으로 법 제69조 제1항의 규정을 적용한다. (1998. 2. 25. 개정)

제 2 절　납　부

제66조【자진납부】① 법 제70조의 규정에 의하여 자진납부를 하는 자는 상속세과세표준신고 또는 증여세과세표준신고와 함께 납세지 관할세무서장에게 납부하거나 「국세징수법」에 의한 납부서에 의하

별지 제9호 서식 (97. 4. 19 개정)
10. 영 제65조 제1항의 규정에 의한 증여세과세표준신고 및 자진납부계산서(기본세율 적용 증여재산 신고용) : 별지 제10호 서식 (2008. 4. 30. 개정)
10의 2. 영 제65조 제1항에 따른 증여세과세표준신고 및 자진납부계산서(창업자금 및 가업승계주식 등 특례세율 적용 증여재산 신고용) : 별지 제10호의 2 서식 (2016. 3. 21. 개정)
10의 3. 영 제65조 제1항에 따른 증여세과세표준신고 및 자진납부계산서(특수관계법인과의 거래를 통한 증여의제이익 신고용) : 별지 제10호의 3 서식 (2012. 2. 28. 신설)
10의 4. 영 제65조 제1항에 따른 증여세과세표준신고 및 자진납부계산서(특수관계법인으로부터 제공받은 사업기회로 발생한 증여의제이익 신고용) : 별지 제10호의 4 서식 (2017. 3. 10. 신설)
10의 5. 영 제65조 제1항에 따른 증여세과세표준신고 및 자진납부계산서(초과배당에 따른 이익의 증여재산 신고용) : 별지 제10호의 5 서식 (2024. 3. 22. 신설)
10의 6. 영 제65조 제1항에 따른 증여세과세표준신고 및 자진납부계산서(특정법인과의 거래를 통한 증여의제이익 신고용) : 별지 제10호의 6 서식 (2024. 3. 22. 신설)
11. 영 제67조 제1항의 규정에 의한 상속세 또는 증여세 연부연납허가신청서 : 별지 제11호 서식 (97. 4. 19 개정)

납세지 관할 세무서, 한국은행 또는 우체국에 납부하여야 한다. (2010. 1. 1. 개정)

1. 제69조 제1항 제1호 및 제2호에 규정된 금액 (2010. 1. 1. 개정)
2. 상속세의 경우에는 제69조 제1항 각 호 외의 부분에 따라 공제하는 금액 (2010. 1. 1. 개정)
3. 증여세의 경우에는 제69조 제2항에 따라 공제하는 금액 (2010. 1. 1. 개정)
4. 제71조에 따라 연부연납(年賦延納)을 신청한 금액 (2010. 1. 1. 개정)
5. 제72조의 2에 따라 납부유예를 신청한 금액 (2022. 12. 31. 신설)
6. 제73조에 따라 물납을 신청한 금액 (2022. 12. 31. 개정)

② 제1항에 따라 납부할 금액이 1천만원을 초과하는 경우에는 대통령령으로 정하는 바에 따라 그 납부할 금액의 일부를 납부기한이 지난 후 2개월 이내에 분할납부할 수 있다. 다만, 제71조에 따라 연부연납을 허가받은 경우에는 그러하지 아니하다. (2010. 1. 1. 개정)

제71조 【연부연납】 ① 납세지 관할세무서장은 상속세 납부세액이나 증여세 납부세액이 2천만원을 초과하는 경우에는 대통령령으로 정하는 방법에 따라 납세의무자의 신청을 받아 연부연납을 허가할 수 있다. 이 경우 납세의무자는 담보를 제공하여야 하며, 「국세징수법」 제18조 제1항 제1호부터 제4호까지의 규정에 따른 납세담보를 제공하여 연부연납 허가를 신청하는 경우에는 그 신청일에 연부연납을 허가받은 것으로 본다. (2021. 12. 21. 개정)

통칙 71-0…1 【연부연납기간 등】
① 법 제71조 제1항에 따라 연부연납을 허가함에 있어 분납기간은 납세의무자의 형편을 감안하여 법 제71조 제2항에 따른 기한 이내로 한다. (2011. 5. 20. 개정)
② 법 제71조 및 영 제67조에 따라 연부연납허가를 신청하여 허가통지를 받은 자가 연부연납기간중에 연부연납세액의 전부 또는 일부를 일시에 납부하기 위하여 그 사실을 서면으로 신청하는 경우 관할세무서장은 연부연납세액의 전부 또는 일부를 일시에 납부하도록 허가할 수 있다. 이 경우 연부연납가산금은 변경된 연부연납기간에 따라 계산하여 징수한다. (2011. 5. 20. 개정)

여 한국은행 또는 체신관서에 납부하여야 한다. (2005. 8. 5. 개정)

② 법 제70조 제2항의 규정에 의하여 분납할 수 있는 세액은 다음 각 호에 의한다. (2000. 12. 29 신설)
1. 납부할 세액이 2천만원 이하인 때에는 1천만원을 초과하는 금액 (2000. 12. 29 신설)
2. 납부할 세액이 2천만원을 초과하는 때에는 그 세액의 100분의 50 이하의 금액 (2000. 12. 29 신설)

제67조 【연부연납의 신청 및 허가】 ① 법 제71조 제1항에 따라 연부연납을 신청하려는 자는 법 제67조 및 제68조에 따른 상속세 과세표준신고 및 증여세 과세표준신고를 하는 경우(「국세기본법」 제45조에 따른 수정신고 또는 같은 법 제45조의 3에 따른 기한 후 신고를 하는 경우를 포함한다)에는 납부해야 할 세액에 대하여 기획재정부령으로 정하는 연부연납신청서를 상속세과세 표준신고 또는 증여세 과세표준신고와 함께 납세지 관할세무서장에게 제출해야 한다. 다만, 법 제77조에 따른 과세표준과 세액의 결정통지를 받은 자는 해당 납부고지서의 납부기한(법 제4조의 2 제6항에 따른 연대납세의무자가 같은 조 제7항에 따라 통지를 받은 경우에는 해당 납부고지서상의 납부기한을 말한다)까지 그 신청서를 제출할 수 있다. (2020. 2. 17. 개정)

관계조문 ▶▶
규칙 24조 11호 → 상속세 또는 증여세 연부연납허가신청서(별지 11호 서식)

12. 영 제67조 제2항의 규정에 의한 상속세 또는 증여세 연부연납허가통지서 : 별지 제12호 서식 (99. 5. 7 개정)
12의 2. 영 제69조의 2 제1항 제1호에 따른 가업상속 납부유예 신청서 : 별지 제12호의 2 서식 (2023. 3. 20. 신설)
12의 3. 영 제69조의 2 제2항에 따른 가업상속 납부유예 허가·불허가 통지서 : 별지 제12호의 3 서식 (2023. 3. 20. 신설)
12의 4. 영 제69조의 3 제8항에 따른 납부유예 사후관리추징사유 신고 및 자진납부 계산서 : 별지 제9호 서식 부표 7 (2023. 3. 20. 신설)
13. 영 제70조 제1항·제2항·제8항 및 영 제72조 제1항·제5항에 따른 상속세 물납신청서, 상속세 물납변경신청서 및 상속세 물납철회신청서 : 별지 제13호 서식 (2020. 3. 13. 개정)
13의 2. 영 제70조 제8항에 따른 물납 재산 재평가 신청서 : 별지 제13호의 2 서식 (2020. 3. 13. 신설)
14. 영 제70조 제3항, 영 제71조, 영 제72조 제4항·제5항 및 영 제75조의 3 제2항에 따른 상속세 물납허가·불허가 통지서, 물납변경허가·불허가 통지서 및 물납재산변경명령통지서 : 별지 제14호 서식 (2023. 3. 20. 개정)
14의 2. 영 제75조의 2 제3항 및 제75조의 3 제5항에 따른 문화재 등 물납 신청서 및 문화재 등 물납 철회 신청서 : 별지 제14호의 2 서식 (2023. 3. 20. 신설)
14의 3. 영 제76조 제5항 및 제6항에 따른

☞
관계조문
규칙 24조 12호 → 상속세 또는 증여세 연부연납허가통지서(별지 12호 서식)

② 제1항에 따른 연부연납의 기간은 다음 각 호의 구분에 따른 기간의 범위에서 해당 납세의무자가 신청한 기간으로 한다. 다만, 각 회분의 분할납부 세액이 1천만원을 초과하도록 연부연납기간을 정하여야 한다. (2010. 1. 1. 개정)
1. 상속세의 경우 : 다음 각 목의 상속재산별 구분에 따른 기간 (2022. 12. 31. 개정)
　가. 제18조의 2에 따라 가업상속공제를 받았거나 대통령령으로 정하는 요건에 따라 중소기업 또는 중견기업을 상속받은 경우의 대통령령으로 정하는 상속재산(「유아교육법」 제7조 제3호에 따른 사립유치원에 직접 사용하는 재산 등 대통령령으로 정하는 재산을 포함한다. 이하 이 조에서 같다) : 연부연납 허가일부터

② 제1항에 따른 연부연납신청서를 받은 세무서장은 다음 각 호에 따른 기간 이내에 신청인에게 그 허가 여부를 서면으로 결정·통지해야 한다. 이 경우 해당 기간까지 그 허가 여부에 대한 서면을 발송하지 않은 때에는 허가를 한 것으로 본다. (2021. 2. 17. 개정)
1. 법 제67조에 따른 상속세 과세표준신고 또는 법 제68조에 따른 증여세 과세표준신고를 한 경우 : 법 제67조에 따른 상속세 과세표준신고기한 또는 법 제68조에 따른 증여세 과세표준신고기한이 경과한 날부터 제78조 제1항 각 호의 구분에 따른 기간 (2010. 12. 30. 개정)
2. 「국세기본법」 제45조에 따른 수정신고 또는 같은 법 제45조의 3에 따른 기한 후 신고를 한 경우: 신고한 날이 속하는 달의 말일부터 9개월(증여의 경우에는 6개월로 한다) (2020. 2. 11. 개정)
3. 제1항 단서의 경우 : 납부고지서에 따른 납부기한이 지난 날부터 14일 (2021. 2. 17. 개정)
③ 제1항 단서의 경우에 납부기한을 경과하여 연부연납허가여부통지를 하는 경우 그 연부연납액에 상당한 세액을 징수할 때에는 연부연납허가여부통지일 이전에 한정하여 「국세기본법」 제47조의 4 제1항 제1호(납부고지서에 따른 납부기한의 다음 날부터 성립하는 부분으로 한정한다) 및 제3호의 납부지연가산세를 부과하지 않는다. (2021. 2. 17. 개정)
④ 법 제71조 제1항에 따른 담보의 제공 및 해제에 관하여는 「국세징수법」 제18조부터 제23조까지의 규정을 준용한다. (2021. 2. 17. 개정)

제68조 【연부연납금액 등의 계산】 ① 법 제71조 제2항에 따라 연부연납하는 경우의 납부금액은 매년 납부할 금액이 1천만원을 초과하는 금액 범위에서 다음 각 호에 따라 계산된 금액으로 한다. (2021. 2. 17. 개정)
1. 법 제71조 제2항 제1호 가목에 따라 연부연납 허가 후 10년이 되는 날부터 10년간 납부하는 경우 연부연납 금액: 연부연납허가 후 10년이 되는 날부터 연부연납 기간에 매년 납부할 금액은 다음 계산식으로 계산한 금액 (2023. 2. 28. 개정)

연부연납 대상금액 / (연부연납기간 + 1)

2. 법 제71조 제2항 제1호 가목 단서에 따라 연부연납 허가 후 5년이 되는 날부터 15년간 납부하는 경우 연부연납 금액 : 연부연납허가 후 5년이 되는 날부터 연부연납 기간

국가지정문화재등 보유현황명세서 및 국가지정문화재등 양도거래신고서 : 별지 제14호의 3 서식 (2023. 3. 20. 신설)
15. 법 제76조 제3항의 적용을 받는 결정 지연통지서 : 별지 제15호 서식 (97. 4. 19 개정)
16. 영 제81조 제1항의 규정에 의한 상속세(증여세) 과세표준 및 세액의 결정(경정)청구서 : 별지 제16호 서식 (2008. 4. 30. 개정)
17. 영 제82조 제1항의 규정에 의한 상속개시등의 통지서 : 별지 제17호 서식 (97. 4. 19 개정)
17. 삭　제 (2020. 3. 13.)
18. 영 제83조의 규정에 의한 신고서 : 「국세기본법 시행규칙」 제33조에 규정된 별지 제43호 서식 (2005. 3. 19 개정)
18의 2. 법 제81조 제3항의 규정에 의한 납세관리인신고확인서 : 별지 제17호의 2 서식 (2001. 4. 3 신설)
18.·18의 2. 삭　제 (2008. 4. 30.)
19. 영 제84조 제1항에 따른 지급명세서 : 별지 제18호 서식, 별지 제19호 서식 및 별지 제19호의 2 서식 (2014. 3. 14. 개정)
20. 영 제84조 제3항에 따른 주권(출자증권, 공채, 사채, 집합투자증권, 은행예금, 그 밖의 예금) 명의개서 명세서(변경 명세서) : 별지 제20호 서식 (2021. 3. 16. 개정)
20의 2. 영 제84조 제3항에 따른 특정시설물(골프장회원권 등) 이용권 명의개서 명세서(변경 명세서) : 별지 제20호의 2 서식 (2014. 3. 14. 개정)
21. 영 제84조 제4항의 규정에 의한 타익신탁재산수탁명세서 : 별지 제21호 서식 (97. 4. 19 개정)

20년 또는 연부연납 허가 후 10년이 되는 날부터 10년 (2022. 12. 31. 개정)

　나. 그 밖의 상속재산의 경우 : 연부연납 허가일부터 10년 (2022. 12. 31. 개정)

2. 증여세의 경우: 다음 각 목의 증여재산별 구분에 따른 기간 (2023. 12. 31. 개정)

　가. 「조세특례제한법」 제30조의 6에 따른 과세특례를 적용받은 증여재산 : 연부연납 허가일부터 15년 (2023. 12. 31. 개정)

　나. 가목 외의 증여재산 : 연부연납 허가일부터 5년 (2023. 12. 31. 개정)

법 71조 2항 2호의 개정규정은 2024. 1. 1. 이후 법 68조에 따른 증여세 과세표준 신고기한 내에 연부연납을 신청하는 경우부터 적용함. (법 부칙 (2023. 12. 31.) 5조)

···

③ 제2항을 적용할 때 연부연납 대상금액의 산정방법은 대통령령으로 정한다. (2010. 1. 1. 개정)

④ 납세지 관할세무서장은 제1항에 따라 연부연납을 허가받은 납세의무자가 다음 각 호의 어느 하나에 해당하게 된 경우에는 대통령령으로 정하는 바에 따라 그 연부연납 허가를 취소하거나 변경하고, 그에 따라 연부연납과 관계되는 세액의 전액 또는 일부를 징수할 수 있다. (2020. 6. 9. 개정 ; 법률용어 정비를~법률)

1. 연부연납 세액을 지정된 납부기한(제1항 후단에 따라 허가받은 것으로 보는 경우에는 연부연납 세액의 납부 예정일을 말한다)까지 납부하지 아니한 경우 (2010. 1. 1. 개정)

2. 담보의 변경 또는 그 밖에 담보 보전(保全)에 필요한 관할세무서장의 명령에 따르지 아니한 경우 (2010. 1. 1. 개정)

3. 「국세징수법」 제9조 제1항 각 호의 어느 하나에 해당되어 그 연부연납기한까지 그 연부연납과 관계되는 세액의 전액을 징수할 수 없다고 인정되는 경우 (2020. 12. 22. 개정)

4. 상속받은 사업을 폐업하거나 해당 상속인이 그 사업에 종사하지 아

---

2. 삭　제 (2023. 2. 28.)

3. 법 제71조 제2항 제1호(이 항 제1호에 해당하는 경우는 제외한다) 또는 제2호에 따른 연부연납 금액 : 신고납부기한 또는 납부고지서에 따른 납부기한(이하 이 호에서 "납부기한"이라 한다)과 납부기한 경과 후 연부연납 기간에 매년 납부할 금액은 제1호의 계산식에 따라 계산한 금액 (2023. 2. 28. 개정)

통칙 71-68…3 【연부연납 신청시 납부할 금액】

영 제67조 제1항에 따른 연부연납 신청시 영 제68조 제1항 제3호에 따라 연부연납 신청시 납부할 금액에 대해서는 법 제70조에 따른 자진납부금액을 그 금액으로 보아 적용할 수 있다. (2011. 5. 20. 개정)

② 법 제71조 제2항 제1호 가목에 따라 연부연납할 수 있는 상속세납부세액은 다음 계산식에 따른다. 이 경우 기업상속재산가액이란 제3항 제3호에 해당하는 상속인(요건을 갖춘 것으로 보는 경우를 포함한다)이 받거나 받을 제4항에 따른 상속재산의 가액을 말한다. (2023. 2. 28. 개정)

$$\text{상속세 납부세액} \times \frac{(\text{가업상속재산가액} - \text{법 제18조의 2 제1항에 따른 가업상속공제 금액})}{(\text{총 상속재산가액} - \text{법 제18조의 2 제1항에 따른 가업상속공제 금액})}$$

③ 법 제71조 제2항 제1호 가목에서 "대통령령으로 정하는 요건에 따라 중소기업 또는 중견기업을 상속받은 경우"란 다음 각 호의 요건을 모두 갖춘 경우를 말한다. (2023. 2. 28. 개정)

1. 「조세특례제한법 시행령」 제2조 제1항에 따른 중소기업 또는 같은 영 제9조 제4항에 따른 중견기업을 상속받은 경우 (2022. 2. 15. 개정)

2. 피상속인이 다음 각 목의 요건을 모두 갖춘 경우 (2020. 2. 11. 개정)

　가. 제1호에 따른 중소기업 또는 중견기업의 최대주주등인 경우로서 피상속인과 그의 특수관계인의 주식등을 합하여 해당 기업의 발행주식총수등의 100분의 40(거래소에 상장되어 있는 법인이면 100분의 20) 이상을 5년 이상 계속하여 보유할 것 (2023. 2. 28. 개정)

21의 2. 영 제84조 제5항의 규정에 의한 전환사채등 발행 및 인수인 명세서 : 별지 제21호의 2 서식 (2011. 7. 26. 개정)

22. 영 제84조 제6항에 따른 이체명세서: 별지 제21호의 3 서식 (2022. 3. 18. 신설)

통칙 71-67…2 【연부연납과 담보재산】

① 법 제71조에 따른 연부연납의 신청시 제공한 담보재산의 가액이 연부연납 신청세액 미만인 경우에는 그 담보로 제공된 재산의 가액에 상당하는 세액의 범위내에서 연부연납을 허가할 수 있다. (2011. 5. 20. 개정)

② 법 제71조에 따라 연부연납을 허가받은 자가 연부연납세액의 각 회분을 납부한 경우에는 같은 금액에 상당하는 담보를 순차로 해제할 수 있다. (2011. 5. 20. 개정)

니하게 된 경우 등 대통령령으로 정하는 사유에 해당하는 경우 (2019. 12. 31. 개정)

5. 「유아교육법」 제7조 제3호에 따른 사립유치원에 직접 사용하는 재산 등 대통령령으로 정하는 재산을 해당 사업에 직접 사용하지 아니하는 경우 등 대통령령으로 정하는 경우 (2015. 12. 15. 신설)

⑤ 납세지 관할세무서장은 제1항에 따라 연부연납을 허가(제1항 후단에 따라 허가받은 것으로 보는 경우는 제외한다)하거나 제4항에 따라 연부연납의 허가를 취소한 경우에는 납세의무자에게 그 사실을 알려야 한다. (2010. 1. 1. 개정)

제72조【연부연납 가산금】 제71조에 따라 연부연납의 허가를 받은 자는 다음 각 호의 어느 하나에 규정한 금액을 각 회분의 분할납부 세액에 가산하여 납부하여야 한다. (2010. 1. 1. 개정)

1. 처음의 분할납부 세액에 대해서는 연부연납을 허가한 총세액에 대하여 제67조와 제68조에 따른 신고기한 또는 납부고지서에 의한 납부기한의 다음 날부터 그 분할납부 세액의 납부기한까지의 일수(日數)에 대통령령으로 정하는 비율을 곱하여 계산한 금액 (2020. 12. 22. 개정)

2. 제1호 외의 경우에는 연부연납을 허가한 총세액에서 직전 회까지 납부한 분할납부 세액의 합산금액을 뺀 잔액에 대하여 직전 회의 분할납부 세액 납부기한의 다음 날부터 해당 분할납부기한까지의 일수에 대통령령으로 정하는 비율을 곱하여 계산한 금액 (2010. 1. 1. 개정)

통칙 72-0…1【경정시 연부연납 가산금의 환급】
법 제71조에 따라 연부연납된 세액을 경정에 따라 감액 결정하는 경우 그 연부연납세액에 대한 연부연납가산금에 대해서는 「국세기본법 시행령」 제43조의 3 제1항 제1호 단서를 준용하여 환급한다. (2019. 12. 23. 개정)

나. 피상속인이 해당 기업을 5년 이상 계속하여 경영한 경우로서 해당 기업의 영위기간 중 다음의 어느 하나에 해당하는 기간을 대표이사등으로 재직할 것 (2020. 2. 11. 개정)

1) 100분의 30 이상의 기간 (2020. 2. 11. 개정)

2) 5년 이상의 기간(상속인이 피상속인의 대표이사등의 직을 승계하여 승계한 날부터 상속개시일까지 계속 재직한 경우로 한정한다) (2020. 2. 11. 개정)

3) 상속개시일부터 소급하여 5년 중 3년 이상의 기간 (2020. 2. 11. 개정)

3. 상속인이 다음 각 목의 요건을 모두 갖춘 경우. 이 경우 상속인의 배우자가 다음 각 목의 요건을 모두 갖춘 경우에는 상속인이 그 요건을 갖춘 것으로 본다. (2020. 2. 11. 개정)

가. 상속개시일 현재 18세 이상일 것 (2020. 2. 11. 개정)

나. 상속세과세표준 신고기한까지 임원으로 취임하고, 상속세 신고기한부터 2년 이내에 대표이사등으로 취임할 것 (2020. 2. 11. 개정)

④ 법 제71조 제2항 제1호 가목에서 "대통령령으로 정하는 상속재산"이란 다음 각 호의 구분에 따라 제3항 제3호에 해당하는 상속인(요건을 갖춘 것으로 보는 경우를 포함한다)이 받거나 받을 상속재산을 말한다. (2023. 2. 28. 개정)

1. 「소득세법」을 적용받는 기업 : 기업활동에 직접 사용되는 토지, 건축물, 기계장치 등 사업용 자산[타인에게 임대하고 있는 부동산(지상권, 부동산임차권 등 부동산에 관한 권리를 포함한다)은 제외한다]의 가액에서 해당 자산에 담보된 채무액을 뺀 가액 (2021. 2. 17. 개정)

2. 「법인세법」을 적용받는 기업 : 법인의 주식등의 가액[해당 주식등의 가액에 그 법인의 총자산가액(상속개시일 현재 법 제4장에 따라 평가한 가액을 말한다) 중 상속개시일 현재 사업무관자산을 제외한 자산가액이 차지하는 비율을 곱하여 계산한 금액에 해당하는 것을 말한다] (2020. 2. 11. 개정)

⑤ 법 제71조 제2항 제1호 가목 및 같은 조 제4항 제5호에서 "사립유치원에 직접 사용하는 재산 등 대통령령으로 정하는 재산"이란 「유아교육법」 제7조 제3호에 따른 사립유치원에 직접 사용하는 교지(校地), 실습지(實習地), 교사(校舍) 등의 상속재산을 말한다. (2023. 2. 28. 개정)

⑥ 법 제71조 제4항 제4호에서 "상속받은 사업을 폐업하거나 해당 상속인이 그 사업에 종사하지 아니하게 된 경우 등 대통령령으로 정하는 사유에 해당하는 경우"란 다음 각 호의 어느 하나에 해당하는 경우를 말한다. (2020. 2. 11. 개정)

1. 제4항에 따른 상속재산의 100분의 50 이상을 처분하는 경우. 다만, 제15조 제8항 제1호 각 목의 어느 하나에 해당하는 경우는 제외한다. (2020. 2. 11. 개정)

2. 다음 각 목의 어느 하나에 해당하는 경우. 다만, 제15조 제8항 제2호 각 목의 어느 하나에 해당하는 경우는 제외한다. (2018. 2. 13. 신설)

가. 상속인(제15조 제3항 제2호 후단에 해당하는 경우에는 상속인의 배우자)이 대표이사등으로 종사하지 아니하는 경우 (2018. 2. 13. 신설)

나. 해당 사업을 1년 이상 휴업(실적이 없는 경우를 포함한다)하거나 폐업하는 경우 (2020. 2. 11. 개정)

3. 상속인이 최대주주등에 해당되지 아니하게 되는 경우. 다만, 제15조 제8항 제3호 다목 및 라목에 해당하는 경우는 제외한다. (2018. 2. 13. 신설)

⑦ 법 제71조 제4항 제5호에서 "재산을 해당 사업에 직접 사용하지 아니하는 경우 등 대통령령으로 정하는 경우"란 다음 각 호의 경우를 말한다. (2018. 2. 13. 항번개정)

☞ p.2269 2단 연결

제72조의 2【기업상속에 대한 상속세의 납부유예】① 납세지 관할세무서장은 납세의무자가 다음 각 호의 요건을 모두 갖추어 상속세의 납부유예를 신청하는 경우에는 대통령령으로 정하는 금액에 대하여 납부유예를 허가할 수 있다. (2022. 12. 31. 신설)

1. 상속인이 제18조의 2 제1항에 따른 가업(중소기업으로 한정한다)을 상속받았을 것 (2022. 12. 31. 신설)
2. 가업상속공제를 받지 아니하였을 것. 이 경우 제18조의 4에 따라 가업상속공제 대신 영농상속공제를 받은 경우에는 가업상속공제를 받은 것으로 본다. (2022. 12. 31. 신설)

② 제1항에 따른 납부유예 허가를 받으려는 납세의무자는 담보를 제공하여야 한다. (2022. 12. 31. 신설)

③ 납세지 관할세무서장은 상속인이 대통령령으로 정하는 정당한 사유 없이 다음 각 호의 어느 하나에 해당하는 경우 제1항에 따른 허가를 취소하거나 변경하고, 해당 호에 따른 세액과 대통령령으로 정하는 바에 따라 계산한 이자상당액을 징수한다. (2022. 12. 31. 신설)

1. 「소득세법」을 적용받는 가업을 상속받은 경우로서 가업용 자산의

---

1. 사립유치원이 폐쇄되는 경우 (2016. 2. 5. 신설)
2. 상속받은 사립유치원 재산을 사립유치원에 직접 사용하지 아니하는 경우 (2016. 2. 5. 신설)

⑧ 연부연납 허가 후 법 제71조 제4항 각 호의 어느 하나에 해당하면 다음 각 호의 어느 하나의 방법에 따라 당초 허가한 연부연납을 취소하거나 변경한다. 이 경우 제1호 및 제2호에 따라 연부연납을 변경하여 허가하는 경우의 연부연납 금액에 관하여는 제1항 제3호를 준용한다. (2023. 2. 28. 후단신설)

1. 연부연납 허가일부터 10년 이내에 법 제71조 제4항 제4호 또는 제5호에 해당하는 경우에는 연부연납기간(10년을 초과하는 경우에는 10년으로 한다)에서 허가일부터 같은 항 제4호 또는 제5호에 해당하게 된 날까지의 기간을 뺀 기간의 범위에서 연부연납을 변경하여 허가한다. (2023. 2. 28. 개정)
2. 납세의무자가 공동으로 연부연납 허가를 받은 경우로서 납세의무자 중 일부가 연부연납 세액을 납부하지 않아 법 제71조 제4항 제1호에 해당하는 경우에는 연부연납 세액을 납부하지 않은 납세의무자(이하 이 호에서 "미납자"라 한다)에 대한 연부연납 허가를 취소하고, 나머지 납세의무자에 대해서는 연부연납기간에서 허가일부터 법 제71조 제4항 제1호에 해당하게 된 날까지의 기간을 뺀 기간의 범위에서 연부연납을 변경하여 허가하며, 미납자가 납부해야 할 연부연납 세액을 일시에 징수한다. 이 경우 법 제71조 제1항 후단에 따라 제공한 담보로써 해당 세액을 징수하려는 경우에는 먼저 미납자가 제공한 담보(미납자가 다른 납세의무자와 공동으로 담보를 제공한 경우로서 미납자의 담보에 해당하는 부분을 특정할 수 있는 경우에는 그 부분을 말한다)로써 해당 세액을 징수해야 한다. (2023. 2. 28. 신설)
3. 그 밖의 경우에는 연부연납 허가를 취소하고 연부연납에 관계되는 세액을 일시에 징수한다. (2023. 2. 28. 호번개정)

통칙 71 – 68…4 【변경된 세액에 대한 연부연납 방법】
연부연납기간중에 행정소송 등에 따라 세액이 감액결정된 때에는 최종 확정된 연부연납 각 회분의 납부기한이 지난 분납세액을 뺀 잔액에 대하여 나머지 분납할 회수로 평분한 금액을 각 회분의 연납금액으로 한다. (2011. 5. 20. 개정)

제69조 【연부연납 가산금의 가산율】
(2010. 2. 18. 제목개정)
① 법 제72조 제1호 및 제2호에서 "대통령령으로 정하는 비율"이란 각각 각 회분의 분할납부세액의 납부일 현재 「국세기본법 시행령」 제43조의 3 제2항 본문에 따른 이자율(이하 이 조에서 "가산율"이라 한다)을 말한다. (2023. 2. 28. 개정)
② 제1항에도 불구하고 법 제72조를 적용할 때 같은 조 각 호에 따른 가산금 납부의 대상이 되는 기간 중에 가산율이 1회 이상 변경된 경우 그 변경 전의 기간에 대해서는 변경 전의 가산율을 적용하여 계산한 금액을 각 회분의 분할납부 세액에 가산한다. (2023. 2. 28. 신설)

제69조의 2【기업상속에 대한 상속세의 납부유예 신청 등】① 법 제72조의 2 제1항 또는 제6항에 따라 납부유예를 신청하려는 자는 법 제67조 또는 제68조에 따른 상속세 과세표준신고 또는 증여세 과세표준신고(「국세기본법」 제45조에 따른 수정신고 또는 같은 법 제45조의 3에 따른 기한 후 신고를 포함한다)를 할 때 다음 각 호의 서류를 납세지 관할 세무서장에게 제출해야 한다. 다만, 법 제77조에 따라 과세표준과 세액의 결정 통지를 받은 자는 해당 납부고지서에 따른 납부기한까지 그 서류를 제출할 수 있다. (2023. 2. 28. 신설)

1. 기획재정부령으로 정하는 납부유예신

☞ p.2270 2단 연결

100분의 40 이상을 처분한 경 우 : 납부유예된 세액 중 처분 비율을 고려하여 대통령령으로 정하는 바에 따라 계산한 세액 (2022. 12. 31. 신설)

2. 해당 상속인이 가업에 종사하지 아니하게 된 경우 : 납부유예된 세액의 전부 (2022. 12. 31. 신설)

3. 주식등을 상속받은 상속인의 지분이 감소한 경우 : 다음 각 목의 구분에 따른 세액 (2022. 12. 31. 신설)

  가. 상속개시일부터 5년 이내에 감소한 경우 : 납부유예된 세액의 전부 (2022. 12. 31. 신설)

  나. 상속개시일부터 5년 후에 감소한 경우 : 납부유예된 세액 중 지분 감소 비율을 고려하여 대통령령으로 정하는 바에 따라 계산한 세액 (2022. 12. 31. 신설)

4. 제18조의 2 제5항 제4호 각 목에 모두 해당하는 경우(이 경우 같은 호 가목 및 나목 중 "100분의 90"은 각각 "100분의 70"으로 본다): 납부유예된 세액의 전부 (2022. 12. 31. 신설)

5. 해당 상속인이 사망하여 상속이 개시되는 경우 : 납부유예된 세액의 전부 (2022. 12. 31. 신설)

④ 제1항에 따라 납부유예 허가를 받은 자는 상속인이 제3항 각 호의 어느 하나에 해당하는 경우 그 날이 속하는 달의 말일부터 6개월 이내에 대통령령으로 정하는 바에 따라 납세지 관할세무서장에게 신고하고 해당 상속세와 이자상당액을 납세지 관할세무서, 한국은행 또는 체신관서에 납부하여야 한다. 다만, 제3항에 따라 이미 상속세와 이자상당액이 징수된 경우에는 그러하지 아니하다. (2022. 12. 31. 신설)

⑤ 납세지 관할세무서장은 제1항에 따라 납부유예 허가를 받은 자가 다음 각 호의 어느 하나에 해당하는 경우 그 허가를 취소하거나 변경하고, 납부유예된 세액의 전부 또는 일부와 대통령령으로 정하는 바에 따라 계산한 이자상당액을 징수할 수 있다. (2022. 12. 31. 신설)

1. 담보의 변경 또는 그 밖의 담보 보전에 필요한 관할 세무서장의 명령에 따르지 아니한 경우 (2022. 12. 31. 신설)

2. 「국세징수법」 제9조 제1항 각 호의 어느 하나에 해당되어 납부유예된 세액의 전액을 징수할 수 없다고 인정되는 경우 (2022. 12. 31. 신설)

청서 (2023. 2. 28. 신설)

2. 제15조 제22항에 따른 가업상속재산명세서 및 가업상속 사실을 입증할 수 있는 서류(법 제72조의 2 제1항에 따라 신청하는 경우만 해당한다) (2023. 2. 28. 신설)

3. 「조세특례제한법」 제30조의 6에 따른 과세특례를 적용받거나 같은 법 제30조의 7에 따른 납부유예 허가를 받았음을 증명할 수 있는 서류(법 제72조의 2 제6항 제1호에 따라 신청하는 경우만 해당한다) (2023. 2. 28. 신설)

4. 가업상속공제를 받거나 법 제72조의 2 제1항에 따른 납부유예 허가를 받았음을 증명할 수 있는 서류(법 제72조의 2 제6항 제2호에 따라 신청하는 경우만 해당한다) (2023. 2. 28. 신설)

② 제1항에 따른 신청을 받은 납세지 관할 세무서장은 다음 각 호의 구분에 따른 기간 이내에 신청인에게 그 허가 여부를 서면으로 통지해야 한다. (2023. 2. 28. 신설)

1. 법 제67조에 따른 상속세 과세표준신고를 한 경우 : 같은 조 제1항에 따른 신고기한이 지난 날부터 9개월 (2023. 2. 28. 신설)

2. 법 제68조에 따른 증여세 과세표준신고를 한 경우 : 같은 조 제1항에 따른 신고기한이 지난 날부터 6개월 (2023. 2. 28. 신설)

3. 「국세기본법」 제45조에 따른 수정신고 또는 같은 법 제45조의 3에 따른 기한 후 신고를 한 경우 : 수정신고 또는 기한 후 신고를 한 날이 속하는 달의 말일부터 9개월(법 제72조의 2 제6항 제1호에 따라 신청하는 경우에는 6개월) (2023. 2. 28. 신설)

4. 제1항 단서의 경우 : 납부고지서에 따른 납부기한이 지난 날부터 14일 (2023. 2. 28. 신설)

③ 제2항 제4호에 따른 통지가 납부고지서에 따른 납부기한을 경과한 경우에는 그 통지일 이전의 기간에 대해서는 「국세기본법」 제47조의 4 제1항 제1호(납부고지서에 따른 납부기한의 다음 날부터 성립하는 부분으로 한정한다) 및 제3호에 따른 납부지연가산세를 부과하지 않는다. (2023. 2. 28. 신설)

제69조의 3 【납부유예 금액의 계산 등】 ① 법 제72조의 2 제1

항 각 호 외의 부분에서 "대통령령으로 정하는 금액"이란 다음 계산식에 따라 계산한 금액을 말한다. (2023. 2. 28. 신설)

$$\text{상속세 납부세액} \times \frac{\text{제15조 제5항에 따른 가업상속 재산가액}}{\text{총 상속재산가액}}$$

② 법 제72조의 2 제3항 각 호 외의 부분에서 "대통령령으로 정하는 정당한 사유"란 다음 각 호에 해당하는 사유를 말한다. (2023. 2. 28. 신설)

1. 법 제72조의 2 제3항 제1호를 적용할 때: 제15조 제8항 제1호 각 목(같은 호 다목은 제외한다)의 어느 하나에 해당하는 경우 (2023. 2. 28. 신설)

2. 법 제72조의 2 제3항 제2호를 적용할 때: 제15조 제8항 제2호 각 목(같은 호 가목은 제외한다)의 어느 하나에 해당하는 경우 (2023. 2. 28. 신설)

3. 법 제72조의 2 제3항 제3호를 적용할 때: 제15조 제8항 제3호 각 목(같은 호 다목은 제외한다)의 어느 하나에 해당하는 경우 (2023. 2. 28. 신설)

③ 법 제72조의 2 제3항 제1호에서 "처분 비율을 고려하여 대통령령으로 정하는 바에 따라 계산한 세액"이란 다음 계산식에 따라 계산한 금액을 말한다. 이 경우 가업용 자산의 범위 및 그 처분 비율의 계산에 관하여는 제15조 제9항 및 제10항을 준용한다. (2023. 2. 28. 신설)

☞ p.2271 2단 연결

⑥ 제3항 제3호 또는 제5호(제7항에 따라 준용되는 경우를 포함한다)에 따라 납부유예된 세액과 이자상당액을 납부하여야 하는 자는 다음 각 호의 어느 하나에 해당하는 경우 제3항과 제4항에도 불구하고 납세지 관할세무서장에게 해당 세액과 이자상당액의 납부유예 허가를 신청할 수 있다. (2022. 12. 31. 신설)

1. 제3항 제3호에 해당하는 경우로서 수증자가 「조세특례제한법」 제30조의 6에 따른 과세특례를 적용받거나 같은 법 제30조의 7에 따른 납부유예 허가를 받은 경우 (2022. 12. 31. 신설)
2. 제3항 제5호에 해당하는 경우로서 다시 상속을 받은 상속인이 상속받은 가업에 대하여 가업상속공제를 받거나 제1항에 따른 납부유예 허가를 받은 경우 (2022. 12. 31. 신설)

⑦ 제6항에 따른 납부유예에 관하여는 제2항부터 제5항까지의 규정(제3항 제4호는 제외한다)을 준용한다. 이 경우 제3항 제3호 가목 중 "납부유예된 세액의 전부"는 "납부유예된 세액 중 지분 감소 비율을 고려하여 대통령령으로 정하는 바에 따라 계산한 세액"으로 보고, 제6항 제1호에 따라 납부유예 허가를 받은 경우에는 제3항부터 제5항까지의 규정 중 "상속인"은 "수증자"로, "상속받은"은 "증여받은"으로, "상속개시일"은 "증여일"로 본다. (2022. 12. 31. 신설)

⑧ 제1항부터 제7항까지의 규정을 적용할 때 납부유예 신청 절차, 담보의 제공에 관한 사항, 납부유예 허가 시기와 관련한 납부지연가산세의 부과 여부에 관한 사항, 가업 종사 여부의 판정방법, 그 밖에 필요한 사항은 대통령령으로 정한다. (2022. 12. 31. 신설)

법 제72조의 2 제1항에 따라 납부유예된 세액 × 가업용 자산의 처분 비율

④ 법 제72조의 2 제3항 제2호를 적용할 때 다음 각 호의 경우는 해당 상속인이 가업에 종사하지 않게 된 것으로 본다. (2023. 2. 28. 신설)

1. 상속인(제15조 제3항 제2호 후단에 해당하는 경우에는 상속인의 배우자)이 대표이사등으로 종사하지 않는 경우(상속개시일부터 5년 이내의 기간 중으로 한정한다) (2023. 2. 28. 신설)
2. 해당 가업을 1년 이상 휴업(실적이 없는 경우를 포함한다)하거나 폐업하는 경우 (2023. 2. 28. 신설)

⑤ 법 제72조의 2 제3항 제3호 각 목 외의 부분에서 "상속인의 지분이 감소한 경우"란 제15조 제12항 각 호의 어느 하나에 해당하는 경우를 포함한다. (2023. 2. 28. 신설)

⑥ 법 제72조의 2 제3항 제3호 나목 및 같은 조 제7항 후단에서 "지분 감소 비율을 고려하여 대통령령으로 정하는 바에 따라 계산한 세액"이란 각각 다음 계산식에 따라 계산한 금액을 말한다. (2023. 2. 28. 신설)

$$세액 = A \times (B \div C)$$

A : 법 제72조의 2 제1항에 따라 납부유예된 세액
B : 감소한 지분율
C : 상속개시일 현재 지분율

⑦ 법 제72조의 2 제3항 각 호 외의 부분에서 "대통령령으로 정하는 바에 따라 계산한 이자상당액"이란 제1호의 금액에 제2호의 기간과 제3호의 율(법 제72조의 2 제6항에 따라 납부유예 허가를 받은 경우에는 제3호의 율에 100분의 50을 곱한 율)을 곱하여 계산한 금액을 말한다. (2023. 2. 28. 신설)

1. 법 제72조의 2 제3항 각 호에 따른 상속세액 (2023. 2. 28. 신설)
2. 당초 상속받은 가업상속재산에 대한 상속세 과세표준신고기한의 다음 날부터 법 제72조의 2 제3항 각 호의 사유가 발생한 날까지의 기간 (2023. 2. 28. 신설)
3. 법 제72조의 2 제3항에 따른 납부유예 허가의 취소 또는 변경 당시의 「국세기본법 시행령」 제43조의 3 제2항 본문에 따른 이자율을

365로 나눈 율. 다만, 제2호의 기간 중에 「국세기본법 시행령」 제43조의 3 제2항 본문에 따른 이자율이 1회 이상 변경된 경우 그 변경 전의 기간에 대해서는 변경 전의 이자율을 365로 나눈 율을 적용한다. (2023. 2. 28. 신설)

⑧ 법 제72조의 2 제4항 본문에 따라 상속세와 이자상당액을 납부하려는 자는 같은 항 본문에 따른 신고를 할 때 기획재정부령으로 정하는 납부유예 사후관리추징사유 신고 및 자진납부 계산서를 납세지 관할 세무서장에게 제출해야 한다. (2023. 2. 28. 신설)

⑨ 법 제72조의 2 제5항 각 호 외의 부분에서 "대통령령으로 정하는 바에 따라 계산한 이자상당액"이란 제1호의 금액에 제2호의 기간과 제3호의 율(법 제72조의 2 제6항에 따라 납부유예 허가를 받은 경우에는 제3호의 율에 100분의 50을 곱한 율)을 곱하여 계산한 금액을 말한다. (2023. 2. 28. 신설)

1. 법 제72조의 2 제5항에 따른 상속세액 (2023. 2. 28. 신설)
2. 당초 상속받은 가업상속재산에 대한 상속세 과세표준신고기한의 다음 날부터 법 제72조의 2 제5항 각 호의 사유가 발생한 날까지의 기간 (2023. 2. 28. 신설)
3. 법 제72조의 2 제5항에 따른 납부유예 허가의 취소 또는 변경 당시의 「국세기본법 시행령」 제43조의 3 제2항 본문에

☞ p.2272 2단 연결

제73조【물　납】① 납세지 관할 세무서장은 다음 각 호의 요건을 모두 갖춘 경우에는 대통령령으로 정하는 바에 따라 납세의무자의 신청을 받아 물납을 허가할 수 있다. 다만, 물납을 신청한 재산의 관리·처분이 적당하지 아니하다고 인정되는 경우에는 물납허가를 하지 아니할 수 있다. (2015. 12. 15. 개정)

1. 상속재산(제13조에 따라 상속재산에 가산하는 증여재산 중 상속인 및 수유자가 받은 증여재산을 포함한다) 중 부동산과 유가증권(국내에 소재하는 부동산 등 대통령령으로 정하는 물납에 충당할 수 있는 재산으로 한정한다)의 가액이 해당 상속재산가액의 2분의 1을 초과할 것 (2017. 12. 19. 개정)

2. 상속세 납부세액이 2천만원을 초과할 것 (2015. 12. 15. 신설)

3. 상속세 납부세액이 상속재산가액 중 대통령령으로 정하는 금융재산의 가액(제13조에 따라 상속재산에 가산하는 증여재산의 가액은 포함하지 아니한다)을 초과할 것 (2019. 12. 31. 개정)

② 물납에 충당할 수 있는 재산의 범위, 관리·처분이 적당하지 아니하다고 인정되는 경우, 그 밖에 물납절차 및 물납신청에 필요한 사항은 대통령령으로 정한다. (2011. 12. 31. 개정)

관계조문 »

규칙 24조 14호 → 물납허가통지서·물납재산변경명령통지서 및 물납변경허가통지서(별지 제14호 서식)

따른 이자율을 365로 나눈 율. 다만, 제2호의 기간 중에 「국세기본법 시행령」 제43조의 3 제2항 본문에 따른 이자율이 1회 이상 변경된 경우 그 변경 전의 기간에 대해서는 변경 전의 이자율을 365로 나눈 율을 적용한다. (2023. 2. 28. 신설)

⑩ 납세지 관할 세무서장은 납부유예 허가를 받은 상속인이 법 제72조의 2 제3항 각 호에 해당하는지를 매년 확인·관리해야 한다. (2023. 2. 28. 신설)

제70조【물납의 신청 및 허가】① 법 제73조에 따른 물납의 신청 등에 관하여는 제67조 제1항 및 같은 조 제3항을 준용한다. 이 경우 제67조 제1항 및 같은 조 제3항 중 “연부연납”은 “물납”으로 보고, 제67조 제3항 중 “연부연납허가통지일”은 “물납재산의 수납일”로 본다. (2013. 2. 15. 개정)

관계조문 »

규칙 24조 13호 → 물납허가신청 및 물납허가의 변경신청서(별지 제13호 서식)

---

② 법 제71조에 따라 상속세의 연부연납허가를 받은 자가 연부연납기간 중 분납세액[첫 회분 분납세액(「조세특례제한법 시행령」 제28조 제1항 각 호 외의 부분 전단에 따른 중소기업자는 5회분 분납세액)으로 한정하되 법 제72조에 따른 연부연납가산금을 제외한 것을 말한다]에 대하여 법 제73조에 따라 물납하려는 경우에는 분납세액 납부기한 30일전까지 납세지 관할세무서장에게 신청할 수 있다. (2016. 2. 5. 개정)

③ 제1항 및 제2항에 따른 물납신청에 대한 허가기한 및 그 절차 등에 관하여는 제67조 제2항을 준용(제2항에 따른 물납신청의 경우의 허가기한은 그 신청을 받은 날부터 14일 이내로 하고, 이 경우 “연부연납”은 “물납”으로 본다)하되, 물납신청한 재산의 평가 등에 소요되는 시일을 고려하여 그 기간을 연장하고자 하는 때에는 그 기간 연장에 관한 서면을 발송하고 1회 30일의 범위 내에서 연장할 수 있다. 이 경우 해당 기간까지 그 허가여부에 대한 서면을 발송하지 아니한 때에는 허가

(➡ 영 70조)

집행기준　73-70-1 【물　납】

구분	내용
요건	• 상속재산(사전증여재산 포함, 단, 상속인·수유자 외의 자에게 증여분은 제외) 중 부동산과 유가증권 가액(물납에 충당할 수 있는 재산으로 한정)이 당해 상속재산가액의 50%를 초과 • 상속세 납부세액이 2천만원을 초과 • 상속세 납부세액이 상속재산가액 중 금전과 금융회사등이 취급하는 예금·적금·부금·계금·출자금·특정금전신탁·보험금·공제금 및 어음의 가액(상속재산에 가산하는 증여재산의 가액은 포함하지 아니함)을 초과할 것 • 납세의무자가 물납허가를 신청기한 내에 신청 • 관리·처분이 부적당한 재산이 아닌 재산으로 물납 신청
신청	• 다음의 기한까지 물납허가신청서를 제출 　- 상속세 과세표준 신고시 : 과세표준 신고기한 　- 상속세 과세표준 및 세액의 결

국유재산법

제11조【사권 설정의 제한】 ① 사권(私權)이 설정된 재산은 그 사권이 소멸된 후가 아니면 국유재산으로 취득하지 못한다. 다만, 판결에 따라 취득하는 경우에는 그러하지 아니하다. (2009. 1. 30. 개정)

② 국유재산에는 사권을 설정하지 못한다. 다만, 일반재산에 대하여 대통령령으로 정하는 경우에는 그러하지 아니하다. (2009. 1. 30. 개정)

를 한 것으로 본다. (2021. 1. 5. 개정 ; 어려운 법령용어~대통령령)

④ 제3항 후단은 물납신청을 한 재산이 「국유재산법」 제11조에 따라 국유재산으로 취득할 수 없는 재산인 경우에는 이를 적용하지 아니한다. (2013. 2. 15. 개정)

⑤ 납세지 관할세무서장은 제3항에 따라 물납을 허가하는 때에는 그 허가를 한 날부터 30일 이내의 범위에서 물납재산의 수납일을 지정하여야 한다. 이 경우 물납재산의 분할 등의 사유로 해당 기간내에 물납재산의 수납이 어렵다고 인정되는 경우에는 1회만 20일 이내의 범위에서 물납재산의 수납일을 다시 지정할 수 있다. (2015. 2. 3. 개정)

1.~2. 삭 제 (99. 12. 31)

⑥ 제5항에 따른 물납재산의 수납일까지 물납재산의 수납이 이루어지지 아니하는 때에는 해당 물납허가는 그 효력을 상실한다. (2013. 2. 15. 개정)

⑦ 재산을 분할하거나 분할을 전제로 하여 물납신청을 하는 경우에는 물납을 신청한 재산의 가액이 분할 전보다 감소되지 아니하는 경우에만 물납을 허가할 수 있다. (2013. 2. 15. 개정)

⑧ 물납을 신청한 납세자는 물납이 허가되기 전에 신청한 물납재산이 제71조 제1항 각 호의 어느 하나에 해당하는 경우에는 기획재정부령으로 정하는 바에 따라 납세지 관할세무서장에게 물납신청을 철회해야 하며, 제75조 제1항 제3호 각 목의 어느 하나에 해당하는 사유가 발생하는 경우에는 기획재정부령으로 정하는 바에 따라 납세지 관할세무서장에게 물납 재산 수납가액 재평가를 신청해야 한다. (2020. 2. 11. 신설)

⑨ 국세청장은 물납에 관한 업무의 원활한 수행을 위하여 물납의 신청·허가, 물납재산의 변경 등에 관한 세부사항을 정할 수 있다. (2020. 2. 11. 항번개정)

제71조【관리·처분이 부적당한 재산의 물납】 ① 세무서장은 법 제73조 제1항에 따라 물납신청을 받은 재산이 다음 각 호의 구분에 따른 사유로 관리·처분상 부적당하다고 인정하는 경우에는 그 재산에 대한 물납허가를 하지 않거나 관리·처분이 가능한 다른 물납대상재산으로의 변경을 명할 수 있다. (2021. 2. 17. 개정)

구분	내 용
	정통지를 받은 경우 : 해당 납세고지서의 납부기한
	- 상속세의 연부연납허가 후 분납세액을 물납하고자 하는 경우 : 각 회분의 분납세액 납부기한 30일 전
허가	• 다음의 기한까지 허가여부를 통지 　- 상속세 과세표준 신고시 신청한 물납 : 상속세는 신고기한부터 9개월 이내 　- 납세고지서 및 납부통지서의 납부기한까지 신청한 물납 : 그 납부기한 경과일부터 14일 이내 　- 연부연납의 분납세액의 물납 : 신청을 받은 날부터 14일 이내 • 허가통지기한까지 허가 여부에 대한 서면을 발송하지 아니한 경우는 허가한 것으로 본다 • 재산을 분할하거나 분할을 전제로 물납신청 : 물납신청재산의 가액이 분할전보다 감소되지 아니하는 경우에만 허가통지 • 허가기간연장 : 기간연장에 관한 서면을 발송하여야 하며, 1회 30일의 범위 내에서 연장가능 ☞ 서면발송을 하지 않은 경우 허가한 것으로 봄.

☞ 상속받은 재산 중 부동산과 유가증권 가액이 상속재산의 50%를 초과하는지 여부를 판단할 때 상속재산은 적극적 상속재산과 상증법 §13(5년 또는 10년 내 사전증여재산)의 금액은 포함하며 상증법 §15(상속개시일 전 처분재산 등의 증여추정)의 금액은 포함하지 않는다.
(2024. 10. 31. 개정)

리·처분이 부적당하다고 기획재정부령으로 정하는 경우 (2020. 2. 11. 개정)

3. 토지의 일부에 묘지가 있는 경우 (99. 12. 31 개정)
4. 제1호 내지 제3호와 유사한 사유로서 관리·처분이 부적당하다고 기획재정부령이 정하는 경우 (2008. 2. 29. 직제개정 ; 기획재정부와~직제 부칙)
3~4. 삭 제 (2020. 2. 11.)
② 제1항의 경우에는 그 사유를 납세의무자에게 통보하여야 한다. (96. 12. 31 개정)

제72조【물납재산의 변경 등】(2003. 12. 30. 제목개정)

① 제71조 제1항에 따라 물납재산의 변경명령을 받은 자는 같은 조 제2항의 통보를 받은 날부터 20일 이내에 상속재산 중물납에 충당하고자 하는 다른 재산의 명세서를 첨부하여 납세지 관할세무서장에게 신청하여야 한다. (2016. 2. 5. 개정)
② 제1항의 기간내에 동항의 규정에 의한 신청이 없는 경우에는 당해 물납의 신청은 그 효력을 상실한다. (96. 12. 31 개정)
③ 납세의무자가 국외에 주소를 둔 때에는 제1항의 기간은 3월로 한다. (96. 12. 31 개정)
④ 제1항의 규정에 의하여 물납재산의 변경명령을 받은 자의 물납신청에 대한 물납허가 등에 관하여는 제70조 제3항 내지 제7항의 규정을 준용한다. (98. 12. 31 개정)
⑤ 제70조 제3항의 규정에 의한 물납허가 후 동조 제5항의 규정에 의한 물납재산의 수납일까지의 기간 중 관리·처분이 부적당하다고 인정되는 사유가 발견되는 때에는 다른 재산으로의 변경을 명할 수 있다. 이 경우 물납재산의 변경 등에 관하여는 제71조 및 이 조 제1항 내지 제4항의 규정을 준용한다. (2003. 12. 30. 신설)

관계조문 》

규칙 24조 14호 → 물납허가통지서·물납재산변경명령통지서 및 물납변경허가통지서(별지 14호 서식)

☞ p.2275 2단 연결

1. 제74조 제1항 제1호에 따른 부동산의 경우 : 다음 각 목의 어느 하나에 해당하는 경우 (2020. 2. 11. 개정)
　가. 지상권·지역권·전세권·저당권 등 재산권이 설정된 경우 (2020. 2. 11. 개정)
　나. 물납신청한 토지와 그 지상건물의 소유자가 다른 경우 (2020. 2. 11. 개정)
　다. 토지의 일부에 묘지가 있는 경우 (2020. 2. 11. 개정)
　라. 가목부터 다목까지의 규정에 따른 사유와 유사한 사유로서 관리·처분이 부적당하다고 기획재정부령으로 정하는 경우 (2020. 2. 11. 개정)
2. 제74조 제1항 제2호에 따른 유가증권 : 다음 각 목의 어느 하나에 해당하는 경우 (2020. 2. 11. 개정)
　가. 유가증권을 발행한 회사의 폐업 등으로 「부가가치세법」 제8조 제9항에 따라 관할 세무서장이 사업자등록을 말소한 경우 (2021. 2. 17. 개정)
　나. 유가증권을 발행한 회사가 「상법」에 따른 해산사유가 발생하거나 「채무자 회생 및 파산에 관한 법률」에 따른 회생절차 중에 있는 경우 (2020. 2. 11. 개정)
　다. 유가증권을 발행한 회사의 물납신청일 전 2년 이내 또는 물납신청일부터 허가일까지의 기간이 속하는 사업연도에 「법인세법」 제14조 제2항에 따른 결손금이 발생한 경우. 다만, 납세지 관할 세무서장이 「한국자산관리공사 설립 등에 관한 법률」에 따라 설립된 한국자산관리공사와 공동으로 물납 재산의 적정성을 조사하여 물납을 허용하는 경우는 제외한다. (2020. 2. 11. 개정)
　라. 유가증권을 발행한 회사가 물납신청일 전 2년 이내 또는 물납신청일부터 허가일까지의 기간이 속하는 사업연도에 「주식회사 등의 외부감사에 관한 법률」에 따른 회계감사 대상임에도 불구하고 감사인의 감사보고서가 작성되지 않은 경우 (2020. 2. 11. 개정)
　마. 가목부터 라목까지의 규정에 따른 사유와 유사한 사유로서 관

제19조의 4【물납신청 철회 및 수납가액 재평가 신청】

① 물납을 신청한 납세자가 물납이 허가되기 전에 신청한 물납재산이 영 제71조 제1항 각 호의 어느 하나에 해당하는 사유가 발생하여 영 제70조 제8항에 따라 물납신청을 철회해야 하는 경우 별지 제13호서식에 따른 상속세 물납 철회 신청서를 납세지 관할 세무서장에게 제출해야 한다. (2020. 3. 13. 신설)
② 영 제75조 제1항 제3호 각 목의 어느 하나에 해당하는 사유가 발생하여 영 제70조 제8항에 따라 물납 재산 수납가액 재평가를 신청해야 하는 경우 재평가 신청 사유 발생 증명서류를 첨부하여 별지 제13호의 2 서식에 따른 물납 재산 재평가 신청서를 납세지 관할 세무서장에게 제출해야 한다. (2020. 3. 13. 신설)

제19조의 5【관리·처분이 부적당한 재산의 범위】(2020. 3. 13. 조번개정)

① 영 제71조 제1항 제1호 라목에서 "기획재정부령이 정하는 경우"란 다음 각 호의 어느 하나에 해당하는 것을 말한다. (2020. 3. 13. 개정)
1. 건축허가를 받지 아니하고 건축된 건축물 및 그 부수토지 (2002. 12. 31 신설)
2. 소유권이 공유로 되어 있는 재산 (2002. 12. 31 신설)
3. 제1호 및 제2호와 유사한 것으로서 국세청장이 인정하는 것 (2020. 3. 13. 개정)
② 영 제71조 제1항 제2호 마목에서 "기획재정부령으로 정하는 경우"란 다음 각

(해당 자산에 담보된 채무액을 차감한 가액을 말한다)을 차감한 금액을 말한다]을 차감한 금액을 초과할 수 없다. (2018. 2. 13. 신설)
⑤ 법 제73조 제1항 제3호에서 "대통령령으로 정하는 금융재산"이란 금전과 금융회사등이 취급하는 예금·적금·부금·계금·출자금·특정금전신탁·보험금·공제금 및 어음을 말한다. (2018. 2. 13. 항번개정)

제74조【물납에 충당할 수 있는 재산의 범위 등】① 법 제73조에 따라 물납에 충당할 수 있는 부동산 및 유가증권은 다음 각 호의 것으로 한다. (2010. 2. 18. 개정)
1. 국내에 소재하는 부동산 (96. 12. 31 개정)
2. 국채·공채·주권 및 내국법인이 발행한 채권 또는 증권과 그밖에 기획재정부령으로 정하는 유가증권. 다만, 다음 각 목의 어느 하나에 해당하는 유가증권은 제외한다. (2010. 2. 18. 개정)
　가. 거래소에 상장된 것. 다만, 최초로 거래소에 상장되어 물납허가 통지서 발송일 전일 현재 「자본시장과 금융투자업에 관한 법률」에 따라 처분이 제한된 경우에는 그러하지 아니하다. (2015. 2. 3. 개정)
　나. 거래소에 상장되어 있지 아니한 법인의 주식등. 다만, 상속의 경우로서 그 밖의 다른 상속재산이 없거나 제2항 제1호부터 제3호까지의 상속재산으로 상속세 물납에 충당하더라도 부족하면 그러하지 아니하다. (2017. 2. 7. 개정)
② 제1항에 따라 물납에 충당하는 재산은 세무서장이 인정하는 정당한 사유가 없는 한 다음 각 호의 순서에 따라 신청 및 허가하여야 한다. (2010. 2. 18. 개정)
1. 국채 및 공채 (96. 12. 31 개정)
2. 제1항 제2호 가목 단서에 해당하는 유가증권(제1호의 재산을 제외한다)으로서 거래소에 상장된 것 (2015. 2. 3. 개정)
3. 국내에 소재하는 부동산(제6호의 재산을 제외한다) (2016. 2. 5. 개정)
4. 제1항 제2호에 해당하는 유가증권(제1호, 제2호 및 제5호의 재산은 제외한다) (2016. 2. 5. 신설)
5. 제1항 제2호 나목 단서에 해당하는 거래소에 상장되어 있지 아니한

☞ p.2276 2단 연결

제72조의 2【물납재산의 적정 여부 통지】삭 제 (99. 12. 31)

제73조【물납신청의 범위】(2015. 2. 3. 제목개정)
① 법 제73조에 따라 물납을 신청할 수 있는 납부세액은 다음 각 호의 금액 중 적은 금액을 초과할 수 없다. (2018. 2. 13. 개정)
1. 상속재산 중 제74조 제1항에 따라 물납에 충당할 수 있는 부동산 및 유가증권의 가액에 대한 상속세 납부세액 (2018. 2. 13. 신설)
2. 상속세 납부세액에서 상속재산 중 제5항에 따른 금융재산의 가액(제10조 제1항 제1호에 따라 증명되는 금융회사등에 대한 채무의 금액을 차감한 금액을 말한다)과 거래소에 상장된 유가증권(법령에 따라 처분이 제한된 것은 제외한다)의 가액을 차감한 금액 (2018. 2. 13. 신설)
② 상속재산인 부동산 및 유가증권 중 제1항의 납부세액을 납부하는 데 적합한 가액의 물건이 없을 때에는 세무서장은 제1항에도 불구하고 해당 납부세액을 초과하는 납부세액에 대해서도 물납을 허가할 수 있다. (2016. 2. 5. 개정)

●예판 ┄┄┄┄┄┄┄┄┄┄┄┄┄┄┄┄┄┄┄┄┄┄┄┄┄┄┄┄
물납을 청구할 수 있는 상속세액은 상속재산가액 중 부동산과 유가증권의 가액이 차지하는 비율에 해당하는 상속세액을 초과할 수 없으며, 동 상속재산가액 및 부동산과 유가증권의 가액에는 비과세되는 상속재산가액과 상속개시 전 증여재산가액은 포함하지 아니함. (서면4팀 - 1189, 2007. 4. 11.)
┄┄┄┄┄┄┄┄┄┄┄┄┄┄┄┄┄┄┄┄┄┄┄┄┄┄┄┄┄┄┄┄┄┄

③ 제1항을 적용할 때 상속개시일 이후 물납신청 이전까지의 기간 중에 해당 상속재산이 정당한 사유없이 관리·처분이 부적당한 재산으로 변경되는 경우에는 해당 관리·처분이 부적당한 재산가액에 상당하는 상속세 납부세액은 물납을 청구할 수 있는 납부세액에서 제외한다. (2016. 2. 5. 개정)
④ 제1항 및 제2항에도 불구하고 거래소에 상장되어 있지 아니한 법인의 주식등(이하 이 항에서 "비상장주식등"이라 한다)으로 물납할 수 있는 납부세액은 상속세 납부세액에서 상속세 과세가액[비상장주식등과 상속개시일 현재 상속인이 거주하는 주택 및 그 부수토지의 가액

호의 어느 하나에 해당하는 것을 말한다. (2020. 3. 13. 신설)
1. 「자본시장과 금융투자업에 관한 법률」에 따라 상장이 폐지된 경우의 해당 주식등 (2020. 3. 13. 신설)
2. 제1호와 유사한 것으로서 국세청장이 인정하는 것 (2020. 3. 13. 신설)

제20조【물납에 충당할 수 있는 유가증권의 범위 등】① 영 제74조 제1항 제2호 각 목 외의 부분 본문에서 "기획재정부령으로 정하는 유가증권"이란 다음 각 호의 어느 하나에 해당하는 것을 말한다. (2010. 3. 31. 개정)
1. 「자본시장과 금융투자업에 관한 법률」에 따른 신탁업자가 발행하는 수익증권 (2009. 4. 23. 개정)
2. 「자본시장과 금융투자업에 관한 법률」에 따른 집합투자증권 (2009. 4. 23. 개정)
3. 「자본시장과 금융투자업에 관한 법률」에 따른 종합금융회사가 발행하는 수익증권 (2009. 4. 23. 개정)
② 삭 제 (2000. 4. 3)

제20조의 2【물납에 충당한 재산의 수납가액의 결정】(2001. 4. 3 조번개정)
① 영 제75조 제1항 제1호 본문에서 "기획재정부령이 정하는 산식"이라 함은 다음 각호의 산식을 말한다. (2020. 3. 13. 개정)
1. 주식을 발행한 경우 (2000. 4. 3 신설)
　가. 무상으로 주식을 발행한 경우

평가액이 물납신청세액에 미달하는 경우로서 물납신청한 유가증권 외의 상속받은 다른 재산의 가액을 합산하더라도 해당 물납신청 세액에 미달하는 경우에는 해당 미달하는 세액을 물납신청한 유가증권의 전체평가액에 가산한다. (2020. 2. 11. 개정)

가. 물납기간 중 유가증권을 발행한 회사가 합병 또는 분할하는 경우 (2020. 2. 11. 신설)

나. 물납기간 중 유가증권을 발행한 회사가 주요 재산을 처분하는 경우 (2020. 2. 11. 신설)

다. 물납기간 중 유가증권을 발행한 회사의 배당금이 물납을 신청하기 직전 사업연도의 배당금에 비하여 증가한 경우 (2020. 2. 11. 신설)

라. 가목부터 다목까지의 규정에 따른 사유와 유사한 사유로서 유가증권의 수납가액을 재평가할 필요가 있다고 기획재정부령으로 정하는 경우 (2020. 2. 11. 신설)

② 법 제73조 제1항 제1호에서 상속재산에 가산하는 증여재산의 수납가액은 상속개시일 현재 법 제4장에 따라 평가한 가액으로 한다. (2016. 2. 5. 신설)

법인의 주식등 (2017. 2. 7. 개정)

6. 상속개시일 현재 상속인이 거주하는 주택 및 그 부수토지 (2016. 2. 5. 호변개정)

제75조【물납에 충당할 재산의 수납가액의 결정】 ① 법 제73조에 따라 물납에 충당할 부동산 및 유가증권의 수납가액은 다음 각 호의 어느 하나에 해당하는 경우를 제외하고는 상속재산의 가액으로 한다. (2016. 2. 5. 개정)

1. 주식의 경우에 있어서 상속개시일부터 수납할 때까지의 기간 중에 해당 주식을 발행한 법인이 신주를 발행하거나 주식을 감소시킨 때에는 기획재정부령이 정하는 산식에 의하여 계산한 가액을 수납가액으로 한다. 다만, 기획재정부령이 정하는 경우에는 그러하지 아니하다. (2016. 2. 5. 개정)

가.~나. 삭 제 (99. 12. 31)

2. 제70조 제2항에 따라 연부연납기간 중 분납세액에 대하여 물납에 충당하는 부동산 및 유가증권의 수납가액은 법 제76조 제1항에 따른 과세표준과 세액의 결정시 해당 부동산 및 유가증권에 대하여 적용한 평가방법에 따라 다음 각 목의 어느 하나에 해당하는 가액으로 한다. (2013. 2. 15. 개정)

가. 법 제60조 제2항에 따라 상속세 과세가액을 산정한 경우에는 물납허가통지서 발송일 전일 현재 같은 항에 따라 평가한 가액 (2016. 2. 5. 개정)

나. 법 제60조 제3항에 따라 상속세 과세가액을 산정한 경우에는 물납허가통지서 발송일 전일 현재 같은 항에 따라 평가한 가액 (2016. 2. 5. 개정)

3. 물납에 충당할 유가증권의 가액이 평가기준일부터 물납허가통지서 발송일 전일까지의 기간(이하 이 호에서 "물납기간"이라 한다) 중 정당한 사유 없이 다음 각 목의 어느 하나에 해당하는 사유로 해당 유가증권의 가액이 평가기준일 현재의 상속재산의 가액에 비하여 100분의 30 이상 하락한 경우에는 제2호 각 목의 어느 하나에 해당하는 가액으로 한다. 이 경우 물납신청한 유가증권(물납신청한 것과 동일한 종목의 유가증권을 말한다. 이하 이 호에서 같다)의 전체

(2000. 4. 3 신설)

$$\text{구주식 1주당 수납가액} = \frac{\text{구주식 1주당 과세가액}}{1 + \text{구주식 1주당 신주배정수}}$$

나. 유상으로 주식을 발행한 경우 (2000. 4. 3 신설)

$$\text{구주식 1주당 수납가액} = \frac{\text{구주식 1주당 과세가액} + (\text{신주 1주당 주금납입액} \times \text{구주식 1주당 신주배정수})}{1 + \text{구주식 1주당 신주배정수}}$$

2. 주식을 감소시킨 경우 (2000. 4. 3 신설)

가. 무상으로 주식을 감소시킨 경우 (2000. 4. 3 신설)

$$\text{구주식 1주당 수납가액} = \frac{\text{구주식 1주당 과세가액}}{1 - \text{구주식 1주당 감자주식수}}$$

나. 유상으로 주식을 감소시킨 경우 (2000. 4. 3 신설)

$$\text{구주식 1주당 수납가액} = \frac{\text{구주식 1주당 과세가액} - (\text{1주당 지급금액} \times \text{구주식 1주당 감자주식수})}{1 - \text{구주식 1주당 감자주식수}}$$

② 영 제75조 제1항 제1호 단서에서 "기획재정부령이 정하는 경우"란 다음 각 호의 어느 하나에 해당하는 경우를 말한다. (2020. 3. 13. 개정)

1. 「자본시장과 금융투자업에 관한 법률」 제119조에 따라 공모증자하는 경우의 신주의 발행 (2009. 4. 23. 개정)

2. 「조세특례제한법」 제49조의 규정에 의하여 합병

제73조의 2【문화유산 등에 대한 물납】(2023. 8. 8. 제목개정 ; 문화재보호법 부칙)

① 다음 각 호의 요건을 모두 갖춘 납세의무자는 상속재산에 대통령령으로 정하는 문화유산 및 미술품(이하 이 조에서 "문화유산 등"이라 한다)이 포함된 경우 납세지 관할 세무서장에게 해당 문화유산 등에 대한 물납을 신청할 수 있다. (2023. 8. 8. 개정 ; 문화재보호법 부칙)

1. 상속세 납부세액이 2천만원을 초과할 것 (2021. 12. 21. 신설)

2. 상속세 납부세액이 상속재산가액 중 대통령령으로 정하는 금융재산의 가액(제13조에 따라 상속재산에 가산하는 증여재산의 가액은 포함하지 아니한다)을 초과할 것 (2021. 12. 21. 신설)

② 납세지 관할 세무서장은 제1항에 따른 물납 신청이 있는 경우 대통령령으로 정하는 방법에 따라 해당 물납 신청 내역 등을 문화체육관광부장관에게 통보하여야 한다. (2021. 12. 21. 신설)

③ 문화체육관광부장관은 물납을 신청한 문화유산 등이 역사적·학술적·예술적 가치가 있는 등 물납이 필요하다고 인정되는 경우 납세지 관할 세무서장에게 대통령령으로 정하는 절차에 따라 해당 문화유산 등에 대한 물납을 요청하여야 한다. (2023. 8. 8. 개정 ; 문화재보호법 부칙)

④ 납세지 관할 세무서장은 제3항에 따른 요청을 받은 경우 해당 문화유산 등이 대통령령으로 정하는 절차에 따라 국고 손실의 위험이 크지 아니하다고 인정되는 경우 물납을 허가한다. (2023. 8. 8. 개정 ; 문화재보호법 부칙)

⑤ 제1항에 따라 물납을 신청할 수 있는 납부세액은 상속재산 중 물납에 충당할 수 있는 문화유산 등의 가액에 대한 상속세 납부세액을 초과할 수 없다. (2023. 8. 8. 개정 ; 문화재보호법 부칙)

⑥ 그 밖에 물납 신청 및 허가 절차 등에 필요한 사항은 대통령령으로 정한다. (2021. 12. 21. 신설)

제75조의 2【문화유산 등에 대한 물납 신청】(2024. 5. 7. 제목개정 ; 문화재~부칙)

① 법 제73조의 2 제1항 각 호 외의 부분에서 "대통령령으로 정하는 문화재 및 미술품"(이하 이 조, 제75조의 3부터 제75조의 5까지에서 "문화재등"이라 한다)이란 다음 각 호의 것(부동산은 제외한다)을 말한다. (2023. 2. 28. 신설)

① 법 제73조의 2 제1항 각 호 외의 부분에서 "대통령령으로 정하는 문화유산 및 미술품"(이하 이 조, 제75조의 3부터 제75조의 5까지에서 "문화유산등"이라 한다)이란 다음 각 호의 것(부동산은 제외한다)을 말한다. (2024. 5. 7. 개정 ; 문화재~부칙)

1. 「문화재보호법」에 따른 유형문화재 또는 민속문화재로서 같은 법에 따라 지정 또는 등록된 문화재 (2023. 2. 28. 신설)

1. 「문화유산의 보존 및 활용에 관한 법률」에 따른 유형문화유산 또는 민속문화유산으로서 같은 법에 따라 지정 또는 등록된 문화유산 (2024. 5. 7. 개정 ; 문화재~부칙)

1. 「문화유산의 보존 및 활용에 관한 법률」에 따른 유형문화유산 또는 민속문화유산으로서 같은 법에 따라 지정된 문화유산 (2024. 9. 10. 개정 ; 근현대문화유산의~부칙)

1의 2. 「근현대문화유산의 보존 및 활용에 관한 법률」에 따라 등록된 문화유산 (2024. 9. 10. 신설 ; 근현대문화유산의~부칙)

2. 회화, 판화, 조각, 공예, 서예 등 미술품 (2023. 2. 28. 신설)

② 법 제73조의 2 제1항 제2호에서 "대통령령으로 정하는 금융재산"이란 제73조 제5항에 따른 금융재산을 말한다. (2023. 2. 28. 신설)

③ 법 제73조의 2에 따른 물납의 신청에 관하여는 제67조 제1항·제3항 및 제70조 제2항을 준용한다. 이 경우 제67조 제1항 중 "법 제71조 제1항에 따라 연부연납"은 "법 제73조의 2 제1항에 따라 물납"으로, "기획재정부령으로 정하는 연부연납신청서"는 "기획재정부령으로 정하는 물납신청서"로 보고, 같은 조 제3항 중 "연부연납허가여부통지"는 "물납허가여부통지"로, "연부연납액"은 "물납액"으로, "연부연납허가여부통지일"은 "물납재산의 수납일"로 보며, 제70조 제2항 중 "법 제73조"는 "법 제73조의 2"로, "30일"은 "9개월"로 본다. (2023. 2. 28. 신설)

④ 제3항에 따른 물납 신청을 받은 납세지 관할 세무서장은 법 제73조의 2 제2항에 따라 그 신청을 받은 날부터 2주 이내에 물납신청서 사본 및 관련 자료를 첨부하여 문화체육관광부장관에게 물납 신청 사실을 통보해야 한다. (2023. 2. 28. 신설)

하는 경우의 신주의 발행 (2005. 3. 19 개정)

2. 삭 제 (2009. 4. 23.)

3. 특별법에 의하여 증자하는 경우의 신주의 발행 (2000. 4. 3 신설)

으로 통지해야 한다. (2023. 2. 28. 신설)

1. 법 제67조에 따른 상속세 과세표준신고를 한 경우 : 같은 조 제1항에 따른 신고기한이 지난 날부터 9개월 (2023. 2. 28. 신설)

2. 「국세기본법」 제45조에 따른 수정신고 또는 같은 법 제45조의 3에 따른 기한 후 신고를 한 경우 : 수정신고 또는 기한 후 신고를 한 날이 속하는 달의 말일부터 9개월 (2023. 2. 28. 신설)

3. 법 제77조에 따른 과세표준과 세액의 결정통지를 받은 경우 : 납부고지서에 따른 납부기한이 지난 날부터 9개월 (2023. 2. 28. 신설)

③ 제1항에 따라 물납 요청을 받은 납세지 관할 세무서장은 법 제73조의 2 제4항에 따른 국고 손실의 위험 여부를 판단하기 위하여 필요한 경우에는 문화체육관광부장관과의 협의를 거쳐 물납 허가 여부를 결정할 수 있다. (2023. 2. 28. 신설)

④ 법 제73조의 2 제4항에 따라 물납을 허가한 경우의 물납재산 수납에 관하여는 제70조 제5항부터 제7항까지를 준용한다. (2023. 2. 28. 신설)

⑤ 법 제73조의 2 제1항에 따라 물납을 신청한 납세의무자는 물납 허가를 받기 전에 해당 문화재등이 제75조의 4 제1항 각 호의 어느 하나에 해당하게 된 경우에는 기획재정부령으로 정하는 바에 따라 물납 신청을 철회해야 한다. (2023. 2. 28. 신설)

⑤ 법 제73조의 2 제1항에 따라 물납을 신청한 납세의무자는 물납 허가를 받기 전에 해당 문화유산등이 제75조의 4 제1항 각 호의 어느 하나에 해당하게 된 경우에는 기획재정부령으로 정하는 바에 따라 물납 신청을 철회해야 한다. (2024. 5. 7. 개정 ; 문화재~부칙)

제75조의 4 【문화유산등의 물납 허가 거부 등】 (2024. 5. 7. 제목개정 ; 문화재~부칙)

① 납세지 관할 세무서장은 법 제73조의 2 제1항에 따라 물납 신청을 받은 문화재등이 다음 각 호의 어느 하나에 해당하는 경우에는 물납을 허가하지 않을 수 있고, 물납 허가일부터 물납재산의 수납일까지의 기간 중 문화재등이 다음 각 호의 어느 하나에 해당하는 경우에는 물납 허가를 취소할 수 있다. 이 경우 물납을 허가하지 않거나 허가를 취소하는 경우에는 물납 신청인에게 그 사유를 통지해야 한다. (2023. 2. 28. 신설)

① 납세지 관할 세무서장은 법 제73조의 2 제1항에 따라 물납 신청을 받은 문화유산등이 다음 각 호의 어느 하나에 해당하는 경우에는 물납을 허가하지 않을 수 있고, 물납 허가일부터 물납재산의 수납일까지의

☞ p.2279 2단 연결

⑤ 법 제73조의 2 제5항을 적용할 때 상속개시일 이후 물납 신청 이전까지의 기간 중 문화재등이 정당한 사유 없이 제75조의 4 제1항 각 호의 어느 하나에 해당하게 된 경우에는 해당 문화재등의 가액에 대한 상속세 납부세액은 물납을 신청할 수 있는 납부세액에서 제외한다. (2023. 2. 28. 신설)

⑤ 법 제73조의 2 제5항을 적용할 때 상속개시일 이후 물납 신청 이전까지의 기간 중 문화유산등이 정당한 사유 없이 제75조의 4 제1항 각 호의 어느 하나에 해당하게 된 경우에는 해당 문화유산등의 가액에 대한 상속세 납부세액은 물납을 신청할 수 있는 납부세액에서 제외한다. (2024. 5. 7. 개정 ; 문화재~부칙)

제75조의 3 【문화유산등에 대한 물납의 허가】 (2024. 5. 7. 제목개정 ; 문화재~부칙)

① 문화체육관광부장관은 법 제73조의 2 제3항에 따라 납세지 관할 세무서장에게 문화재등에 대한 물납을 요청하려는 경우 제75조의 2 제4항에 따른 통보일이 속하는 달의 말일부터 120일 이내에 다음 각 호의 자료를 납세지 관할 세무서장에게 제출해야 한다. 다만, 해당 문화재등에 대한 조사가 지연되는 등의 사유로 제출 기한을 연장할 필요가 있는 경우에는 30일 이내의 범위에서 한 차례만 연장할 수 있다. (2023. 2. 28. 신설)

① 문화체육관광부장관은 법 제73조의 2 제3항에 따라 납세지 관할 세무서장에게 문화유산등에 대한 물납을 요청하려는 경우 제75조의 2 제4항에 따른 통보일이 속하는 달의 말일부터 120일 이내에 다음 각 호의 자료를 납세지 관할 세무서장에게 제출해야 한다. 다만, 해당 문화유산등에 대한 조사가 지연되는 등의 사유로 제출 기한을 연장할 필요가 있는 경우에는 30일 이내의 범위에서 한 차례만 연장할 수 있다. (2024. 5. 7. 개정 ; 문화재~부칙)

1. 문화재등의 역사적·학술적·예술적 가치를 입증하는 자료 등 물납의 필요성을 입증하는 자료 (2023. 2. 28. 신설)

1. 문화유산등의 역사적·학술적·예술적 가치를 입증하는 자료 등 물납의 필요성을 입증하는 자료 (2024. 5. 7. 개정 ; 문화재~부칙)

2. 문화재등의 활용 방안 및 계획에 관한 자료 (2023. 2. 28. 신설)

2. 문화유산등의 활용 방안 및 계획에 관한 자료 (2024. 5. 7. 개정 ; 문화재~부칙)

3. 그 밖에 물납 허가 여부 판단에 필요한 자료 (2023. 2. 28. 신설)

② 제1항에 따라 물납 요청을 받은 납세지 관할 세무서장은 다음 각 호의 구분에 따른 기간 이내에 물납 신청인에게 그 허가 여부를 서면

제75조의 5 【물납에 충당할 문화유산등의 수납가액의 결정】 (2024. 5. 7. 제목개정 ; 문화재~부칙)

법 제73조의 2에 따라 물납에 충당할 문화재등의 수납가액은 다음 각 호의 가액으로 한다. (2023. 2. 28. 신설)

법 제73조의 2에 따라 물납에 충당할 문화유산등의 수납가액은 다음 각 호의 가액으로 한다. (2024. 5. 7. 개정 ; 문화재~부칙)

1. 제75조의 2 제3항에 따라 준용되는 제70조 제2항에 따라 연부연납기간 중 분납세액에 대하여 물납에 충당하는 문화재등의 경우 : 제75조 제1항 제2호를 준용하여 결정한 가액. 이 경우 “부동산 및 유가증권”은 “문화재등”으로 본다. (2023. 2. 28. 신설)

1. 제75조의 2 제3항에 따라 준용되는 제70조 제2항에 따라 연부연납기간 중 분납세액에 대하여 물납에 충당하는 문화유산등의 경우 : 제75조 제1항 제2호를 준용하여 결정한 가액. 이 경우 “부동산 및 유가증권”은 “문화유산등”으로 본다. (2024. 5. 7. 개정 ; 문화재~부칙)

2. 제1호 외의 경우 : 상속재산의 가액 (2023. 2. 28. 신설)

기간 중 문화유산등이 다음 각 호의 어느 하나에 해당하는 경우에는 물납 허가를 취소할 수 있다. 이 경우 물납을 허가하지 않거나 허가를 취소하는 경우에는 물납 신청인에게 그 사유를 통지해야 한다. (2024. 5. 7. 개정 ; 문화재~부칙)

1. 문화재등에 질권 등 재산권이 설정된 경우 (2023. 2. 28. 신설)

1. 문화유산등에 질권 등 재산권이 설정된 경우 (2024. 5. 7. 개정 ; 문화재~부칙)

2. 문화재등을 다른 사람과 공유하는 경우 (2023. 2. 28. 신설)

2. 문화유산등을 다른 사람과 공유하는 경우 (2024. 5. 7. 개정 ; 문화재~부칙)

3. 문화재등이 훼손, 변질 등으로 가치가 감소한 경우 (2023. 2. 28. 신설)

3. 문화재유산이 훼손, 변질 등으로 가치가 감소한 경우 (2024. 5. 7. 개정 ; 문화재~부칙)

4. 제1호부터 제3호까지의 경우와 유사한 경우로서 기획재정부령으로 정하는 경우 (2023. 2. 28. 신설)

② 제1항 각 호 외의 부분 후단에 따른 통지를 받은 자 또는 제75조의 3 제5항에 따라 물납 신청을 철회한 자는 통지일 또는 철회일부터 20일 이내에 다른 문화재등에 대한 물납을 다시 신청할 수 있다. 다만, 다른 문화재등에 대한 물납 신청이 다시 제1항에 따라 허가 거부·취소되거나 납세의무자가 제75조의 3 제5항에 따라 그 신청을 철회한 경우에는 다른 문화재등에 대한 물납을 다시 신청할 수 없다. (2023. 2. 28. 신설)

② 제1항 각 호 외의 부분 후단에 따른 통지를 받은 자 또는 제75조의 3 제5항에 따라 물납 신청을 철회한 자는 통지일 또는 철회일부터 20일 이내에 다른 문화유산등에 대한 물납을 다시 신청할 수 있다. 다만, 다른 문화유산등에 대한 물납 신청이 다시 제1항에 따라 허가 거부·취소되거나 납세의무자가 제75조의 3 제5항에 따라 그 신청을 철회한 경우에는 다른 문화유산등에 대한 물납을 다시 신청할 수 없다. (2024. 5. 7. 개정 ; 문화재~부칙)

③ 물납 신청인이 국외에 주소를 둔 경우 제2항 본문에 따른 기간은 통지일 또는 철회일부터 3개월로 한다. (2023. 2. 28. 신설)

④ 제2항 본문에 따라 다시 물납 신청을 받은 납세지 관할 세무서장은 제75조의 3 제2항 각 호에도 불구하고 이 조 제2항 본문에 따른 신청일부터 9개월 이내에 물납 신청인에게 그 허가 여부를 서면으로 통지해야 한다. (2023. 2. 28. 신설)

제74조【지정문화유산 등에 대한 상속세의 징수유예】(2023. 8. 8. 제목개정 ; 문화재보호법 부칙)

① 납세지 관할세무서장은 상속재산 중 다음 각 호의 어느 하나에 해당하는 재산이 포함되어 있는 경우에는 대통령령으로 정하는 바에 따라 계산한 그 재산가액에 상당하는 상속세액의 징수를 유예한다. (2010. 1. 1. 개정)

1. 「문화유산의 보존 및 활용에 관한 법률」 제2조 제3항 제3호에 따른 문화유산자료 및 「근현대문화유산의 보존 및 활용에 관한 법률」 제6조 제1항에 따른 국가등록문화유산(이하 이 조에서 "문화유산자료등"이라 한다)과 「문화유산의 보존 및 활용에 관한 법률」에 따른 보호구역에 있는 토지로서 대통령령으로 정하는 토지 (2023. 9. 14. 개정 ; 근현대문화유산의 보존 및 활용에 관한 법률 부칙)

2. 「박물관 및 미술관 진흥법」에 따라 등록한 박물관자료 또는 미술관자료로서 같은 법에 따른 박물관 또는 미술관(사립박물관이나 사립미술관의 경우에는 공익법인등에 해당하는 것만을 말한다)에 전시 중이거나 보존 중인 재산(이하 박물관자료등"이라 한다) (2022. 12. 31. 개정)

3. 「문화유산의 보존 및 활용에 관한 법률」에 따른 국가지정문화유산 및 시·도지정문화유산과 같은 법에 따른 보호구역에 있는 토지로서 대통령령으로 정하는 토지(이하 이 조에서 "국가지정문화유산등"이라 한다) (2023. 8. 8. 개정 ; 문화재보호법 부칙)

4. 「자연유산의 보존 및 활용에 관한 법률」에 따라 지정된 천연기념물등과 같은 법에 따른 보호구역에 있는 토지로서 대통령령으로 정하는 토지(이하 이 조에서 "천연기념물등"이라 한다) (2024. 2. 6. 개정 ; 자연유산의~부칙)

② 납세지 관할세무서장은 문화유산자료등, 박물관자료등, 국가지정문화유산등 또는 천연기념물등을 상속받은 상속인 또는 수유자가 이를 유상으로 양도하거나 그 밖에 대통령령으로 정하는 사유로 박물관자료등을 인출(引出)하는 경우에는 즉시 그 징수유예한 상속세를 징수하여야 한다. (2023. 8. 8. 개정 ; 문화재보호법 부칙)

③ 납세지 관할세무서장은 제1항에 따른 징수유예 기간에 문화유산자료등, 박물관자료등, 국가지정문화유산등 또는 천연기념물등을 소유하고 있는 상속인 또는 수유자의 사망으로 다시 상속이 개시되는 경우에는 그 징수유예한 상속세액의 부과 결정을 철회하고 그 철회한 상속세

제76조【문화유산자료 등의 징수유예액의 계산 등】(2024. 5. 7. 제목개정 ; 문화재~부칙)

① 법 제74조 제1항에 따라 징수를 유예하는 상속세액은 상속세산출세액에 상속재산(법 제13조에 따라 상속재산에 가산하는 증여재산을 포함한다) 중 법 제74조 제1항 각 호의 어느 하나에 해당하는 재산이 차지하는 비율을 곱하여 계산한 금액으로 한다. (2023. 2. 28. 개정)

② 법 제74조 제1항 제1호에서 "대통령령으로 정하는 토지"란 같은 호에 따른 문화재자료등의 보호를 위하여 「문화재보호법」에 따라 지정된 보호구역의 토지를 말한다. (2023. 2. 28. 신설)

② 법 제74조 제1항 제1호에서 "대통령령으로 정하는 토지"란 같은 호에 따른 문화유산자료등의 보호를 위하여 「문화유산의 보존 및 활용에 관한 법률」에 따라 지정된 보호구역의 토지를 말한다. (2024. 5. 7. 개정 ; 문화재~부칙)

③ 법 제74조 제1항 제3호에서 "대통령령으로 정하는 토지"란 「문화재보호법」에 따른 국가지정문화재 및 시·도지정문화재의 보호를 위하여 같은 법에 따라 지정된 보호구역의 토지를 말한다. (2023. 2. 28. 신설)

③ 법 제74조 제1항 제3호에서 "대통령령으로 정하는 토지"란 「문화유산의 보존 및 활용에 관한 법률」에 따른 국가지정문화유산 및 시·도지정문화유산의 보호를 위하여 같은 법에 따라 지정된 보호구역의 토지를 말한다. (2024. 5. 7. 개정 ; 문화재~부칙)

④ 법 제74조 제1항 제4호에서 "대통령령으로 정하는 토지"란 「자연유산의 보존 및 활용에 관한 법률」에 따른 천연기념물등의 보호를 위하여 같은 법에 따라 지정된 보호구역의 토지를 말한다. (2024. 5. 7. 신설 ; 문화재~부칙)

⑤ 법 제74조 제2항에서 "대통령령으로 정하는 사유"란 다음 각호의 어느 하나에 해당하는 경우를 말한다. (2024. 5. 7. 항번개정 ; 문화재보호법 시행령 부칙)

1. 박물관 또는 미술관의 등록이 취소된 경우 (96. 12. 31 개정)

2. 박물관 또는 미술관을 폐관한 경우 (96. 12. 31 개정)

3. 문화체육관광부에 등록된 박물관 자료 또는 미술관 자료에서 제외되는 경우 (2008. 2. 29. 직제개정 ; 기획재정부와~직제 부칙)

⑤ 법 제74조 제5항에 따라 납세담보를 제공하지 않은 자는 같은 조 제6항에 따라 매년

규칙 24조 15호 → 결정지연통지서(별지 제15호 서식)

액을 다시 부과하지 아니한다. (2023. 8. 8. 개정 ; 문화재보호법 부칙)

④ 제1항에 따른 징수유예를 받으려는 자는 그 유예할 상속세액에 상당하는 담보를 제공하여야 한다. 이 경우 담보의 제공에 대해서는 제71조를 준용한다. (2010. 1. 1. 개정)

⑤ 제4항에도 불구하고 제1항 제3호에 따른 국가지정문화유산등 및 같은 항 제4호에 따른 천연기념물등에 대한 상속세를 징수유예 받으려는 자는 그 유예할 상속세액에 상당하는 담보를 제공하지 아니할 수 있다. (2023. 8. 8. 개정 ; 문화재보호법 부칙)

⑥ 제5항에 따라 납세담보를 제공하지 아니한 자는 매년 말 관할 세무서장에게 대통령령으로 정하는 바에 따라 국가지정문화유산등 또는 천연기념물등의 보유현황을 제출하여야 하며, 관할 세무서장은 보유현황의 적정성을 점검하여야 한다. (2023. 8. 8. 개정 ; 문화재보호법 부칙)

⑦ 제5항에 따라 납세담보를 제공하지 아니한 자가 국가지정문화유산등 또는 천연기념물등을 유상으로 양도할 때에는 국가지정문화유산등을 양도하기 7일 전까지 그 사실을 대통령령으로 정하는 바에 따라 관할 세무서장에게 신고하여야 한다. (2023. 8. 8. 개정 ; 문화재보호법 부칙)

⑧ 제1항을 적용할 때에는 상속인이 상속재산 중 박물관자료 또는 미술관자료를 제67조에 따른 신고기한(박물관이나 미술관을 설립하는 경우로서 부득이한 사유가 있는 경우에는 그 사유가 없어진 날이 속하는 달의 말일부터 6개월을 말한다)까지 대통령령으로 정하는 방법으로 「박물관 및 미술관 진흥법」에 따른 박물관 또는 미술관에 전시하거나 보존하는 경우를 포함한다. (2022. 12. 31. 항번개정)

　제75조【준용규정】박물관자료등에 대한 증여세의 징수유예에 관하여는 제74조 제1항(제1호·제3호 및 제4호는 제외한다) 및 같은 조 제2항부터 제4항까지의 규정을 준용한다. 이 경우 제74조 제1항 각 호 외의 부분 중 "상속재산"은 "증여재산"으로, "상속세액"은 "증여세액"으로 보고, 같은 조 제2항 중 "상속받은 상속인 또는 수유자"는 "수증자"로, "상속세"는 "증여세"로 보며, 같은 조 제3항 중 "상속인 또는 수유자"는 "수증자"로, "다시 상속이 개시되는 경우"는 "상속이 개시되는 경우"로 보고, 같은 조 제3항 및 제4항 중 "상속세액"은 각각 "증여세액"으로 본다. (2022. 12. 31. 개정, 2023. 3. 21. 개정 ; 자연유산의~부칙)

말까지 기획재정부령으로 정하는 국가지정문화재등 보유현황명세서를 납세지 관할 세무서장에게 제출해야 한다. (2023. 2. 28. 신설)

⑥ 법 제74조 제5항에 따라 납세담보를 제공하지 않은 자는 같은 조 제6항에 따라 매년 말까지 기획재정부령으로 정하는 보유현황명세서를 납세지 관할 세무서장에게 제출해야 한다. (2024. 5. 7. 개정 ; 문화재~부칙)

⑥ 법 제74조 제5항에 따라 납세담보를 제공하지 않은 자가 같은 조 제7항에 따라 국가지정문화재등의 양도 사실을 납세지 관할 세무서장에게 신고하는 경우에는 기획재정부령으로 정하는 국가지정문화재등 양도거래신고서를 납세지 관할 세무서장에게 제출해야 한다. (2023. 2. 28. 신설)

⑦ 법 제74조 제5항에 따라 납세담보를 제공하지 않은 자가 같은 조 제7항에 따라 국가지정문화유산등 또는 천연기념물등의 양도 사실을 납세지 관할 세무서장에게 신고하는 경우에는 기획재정부령으로 정하는 양도거래신고서를 납세지 관할 세무서장에게 제출해야 한다. (2024. 5. 7. 개정 ; 문화재~부칙)

⑧ 법 제74조 제8항에 따라 상속인이 박물관 또는 미술관을 설립하여 상속재산 중 박물관자료 또는 미술관자료를 당해 박물관 또는 미술관에 전시·보존하는 경우에는 상속세과세표준신고기한까지 박물관 또는 미술관을 설립하여 전시·보존하여야 한다. 다만, 박물관 또는 미술관의 설립에 있어 법령상 또는 행정상의 사유로 지연되는 경우에는 그 사유가 종료된 날부터 6개월 이내로 한다. (2024. 5. 7. 항번개정 ; 문화재~부칙)

　제77조【준용규정】법 제74조 제1항 제2호에 따른 박물관자료등에 대한 증여세의 징수유예에 관하여는 제76조 제1항 및 제4항을 준용한다. 이 경우 제76조 제1항 중 "상속세액"은 "증여세액"으로, "상속세산출세액"은 "증여세산출세액"으로, "법 제13조에 따라 상속재산에 가산하는 증여재산"은 "법 제47조 제2항 본문에 따라 증여세과세가액에 가산하는 증여재산"으로 본다. (2023. 2. 28. 개정)

제 6 장　결정과 경정

제76조 【결정·경정】 ① 세무서장등은 제67조나 제68조에 따른 신고에 의하여 과세표준과 세액을 결정한다. 다만, 신고를 하지 아니하였거나 그 신고한 과세표준이나 세액에 탈루(脫漏) 또는 오류가 있는 경우에는 그 과세표준과 세액을 조사하여 결정한다. (2010. 1. 1. 개정)
② 세무서장등은 「국세징수법」 제9조 제1항 각 호의 어느 하나에 해당하는 사유가 있는 경우에는 제1항에도 불구하고 제67조나 제68조에 따른 신고기한 전이라도 수시로 과세표준과 세액을 결정할 수 있다. (2020. 12. 22. 개정)
③ 세무서장등은 제1항에 따른 신고를 받은 날부터 대통령령으로 정하는 기간(이하 "법정결정기한"이라 한다) 이내에 과세표준과 세액을 결정하여야 한다. 다만, 상속재산 또는 증여재산의 조사, 가액의 평가 등에 장기간이 걸리는 등 부득이한 사유가 있어 그 기간 이내에 결정할 수 없는 경우에는 그 사유를 상속인·수유자 또는 수증자에게 알려야 한다. (2010. 1. 1. 개정)
④ 세무서장등은 제1항이나 제2항에 따라 과세표준과 세액을 결정할 수 없거나 결정 후 그 과세표준과 세액에 탈루 또는 오류가 있는 것을 발견한 경우에는 즉시 그 과세표준과 세액을 조사하여 결정하거나 경정(更正)한다. (2010. 1. 1. 개정)

통칙 63 - 56…10 【순손익액계산에 있어 각 사업연도 소득금액이 변동된 경우】
영 제56조 제4항에 따라 순손익액을 계산할 때 그 법인에 대한 법인세경정으로 주식평가액에 변동이 생긴 때에는 법 제76조 제4항에 따라 상속세 및 증여세의 과세표준과 세액을 경정하여야 한다. (2019. 12. 23. 개정)

⑤ 세무서장등은 제4항을 적용할 때 제1항이나 제2항에 따라 결정된 상속재산의 가액이 30억원 이상인 경우로서 상속개시 후 대통령령으로 정하는 기간 이내에 상속인이 보유한 부동산, 주식, 그 밖에 대통령령으로 정하는 주요 재산의 가액이 상속개시 당시에 비하여 크게 증가한 경우에는 대통령령으로 정하는 바에 따라 그 결정한 과세표준과 세액

제 6 장　결정과 경정

제78조 【결정·경정】 ① 법 제76조 제3항의 규정에 의한 법정결정기한은 다음 각호의 1에 의한다. (96. 12. 31 개정)
1. 상속세 (2018. 2. 13. 개정)
　법 제67조의 규정에 의한 상속세과세표준 신고기한부터 9개월
2. 증여세 (2018. 2. 13. 개정)
　법 제68조의 규정에 의한 증여세과세표준 신고기한부터 6개월

② 법 제76조 제5항 본문에서 "대통령령으로 정하는 기간"이란 상속개시일부터 5년이 되는 날(이하 이 조에서 "조사기준일"이라 한다)까지의 기간을 말한다. (2010. 2. 18. 개정)
③ 법 제76조 제5항 본문에서 "대통령령으로 정하는 주요 재산"이란 금융재산, 서화, 골동품, 그 밖에 유형재산 및 제59조에 따른 무체재

에 탈루 또는 오류가 있는지를 조사하여야 한다. 다만, 상속인이 그 증가한 재산의 자금 출처를 대통령령으로 정하는 바에 따라 증명한 경우에는 그러하지 아니하다. (2010. 1. 1. 개정)

제77조 【과세표준과 세액의 결정 통지】 세무서장등은 제76조에 따라 결정한 과세표준과 세액을 상속인·수유자 또는 수증자에게 대통령령으로 정하는 바에 따라 통지하여야 한다. 이 경우 상속인이나 수유자가 2명 이상이면 그 상속인이나 수유자 모두에게 통지하여야 한다. (2015. 12. 15. 후단개정)

제78조 【가산세 등】 ①·② 삭 제 (2006. 12. 30. ; 국세기본법 부칙)
③ 세무서장등은 공익법인등이 제48조 제5항에 따라 제출하여야 할 보고서를 제출하지 아니하였거나 제출된 보고서의 내용이 대통령령으로 정하는 바에 따라 불분명한 경우에는 그 미제출분 또는 불분명한 부분의 금액에 상당하는 상속세액 또는 증여세액의 100분의 1에 상당하는 금액을 징수하여야 한다. (2010. 1. 1. 개정)
④ 세무서장등은 공익법인등이 제49조 제1항 각 호의 어느 하나에 규정된 기한이 지난 후에도 같은 항에 따른 주식등의 보유기준을 초과하여 보유하는 경우에는 같은 항 각 호의 어느 하나에 규정된 기한의 종료일 현재(같은 항 각 호 외의 부분 단서를 적용받는 경우에는 그 기준에 미달하는 소득세 과세기간 또는 법인세 사업연도 종료일 현재) 그 보유기준을 초과하는 의결권 있는 주식 또는 출자지분(이하 이 항 및 제7항에서 "주식등"이라 한다)에 대하여 매년 말 현재 시가의 100분의 5에 상당하는 금액을 대통령령으로 정하는 바에 따라 그 공익법인등이 납부할 세액에 가산하여 부과한다. 이 경우 가산세의 부과기간은 10년을 초과하지 못한다. (2016. 12. 20. 개정)

산권 등을 말한다. (2010. 2. 18. 개정)
④ 법 제76조 제5항의 규정에 의한 조사는 제3항의 규정에 의한 재산의 가액이 상속개시일부터 조사기준일까지의 경제상황 등의 변동 등에 비추어 보아 정상적인 증가규모를 현저하게 초과하였다고 인정되는 경우로서 그 증가요인이 객관적으로 명백하지 아니한 경우에 한한다. (2003. 12. 30. 개정)
⑤ 제34조 제1항 각호의 규정은 법 제76조 제5항 단서의 규정에 의한 자금출처의 입증에 관하여 이를 준용한다. (98. 12. 31 개정)

제79조 【과세표준과 세액의 결정통지】 세무서장등은 법 제77조에 따라 과세표준과 세액을 통지하는 경우에는 납부고지서에 과세표준과 세액의 산출근거를 적어 통지해야 한다. 이 경우 지방국세청장이 과세표준과 세액을 결정한 것에 대하여는 지방국세청장이 조사·결정했다는 것을 적어야 한다. (2021. 2. 17. 개정)

제80조 【가산세 등】 (2016. 2. 5. 제목개정)
①~④ 삭 제 (2007. 2. 28.)
⑤ 법 제78조 제3항에서 "대통령령으로 정하는 바에 따라 불분명한 경우"란 제출된 보고서에 출연재산·운용소득 및 매각재산 등의 명세를 누락하거나 잘못 기재하여 사실을 확인할 수 없는 경우를 말한다. (2010. 2. 18. 개정)

통칙 78-80…1 【가산세액의 계산】
① 삭 제 (2008. 7. 25.)
② 법 제78조 제3항에 따른 보고서미제출가산세액은 다음 각 호의 재산가액에 법 제56조의 세율을 곱하여 산출한 금액에 대하여 100분의 1을 곱하여 계산한다. (2011. 5. 20. 개정)
1. 영 제41조 제1항 제1호 및 제2호의 서류는 해당 출연재산가액 (2011. 5. 20. 개정)
2. 영 제41조 제1항 제3호 내지 제5호의 서류는 보고서미제출 재산가액

⑥ 법 제78조 제4항의 규정에 의한 보유기준을 초과하여 보유하는 주식 등에 대한 가산세를 부과함에 있어서는 나중에 취득한 주식 등부터

⑤ 세무서장등은 공익법인등이 다음 각 호에 해당하는 경우에는 대통령령으로 정하는 소득세 과세기간 또는 법인세 사업연도의 수입금액과 그 과세기간 또는 사업연도에 출연받은 재산가액을 합친 금액에 1만분의 7을 곱하여 계산한 금액(제1호에 해당되어 계산된 금액이 100만원 미만인 경우에는 100만원으로 한다)을 상속세 또는 증여세로 징수한다. 다만, 공익법인등의 특성, 출연받은 재산의 규모, 공익목적사업 운용 실적 등을 고려하여 대통령령으로 정하는 경우에는 그러하지 아니하다. (2014. 1. 1. 개정)

1. 제50조 제1항 및 제2항에 따른 외부전문가의 세무확인에 대한 보고 의무 등을 이행하지 아니한 경우 (2014. 1. 1. 신설)

2. 제51조에 따른 장부의 작성·비치 의무를 이행하지 아니한 경우 (2014. 1. 1. 신설)

3. 제50조 제3항 또는 제4항에 따른 회계감사를 이행하지 아니한 경우 (제50조 제4항에 따라 지정받은 감사인이 아닌 다른 감사인에게 회계감사를 받은 경우를 포함한다) (2022. 12. 31. 개정)

⑥ 세무서장등은 제48조 제8항에 따른 이사 수를 초과하는 이사가 있거나, 임직원이 있는 경우 그 사람과 관련하여 지출된 대통령령으로 정하는 직접경비 또는 간접경비에 상당하는 금액 전액을 매년 대통령령으로 정하는 바에 따라 그 공익법인등이 납부할 세액에 가산하여 부과한다. (2010. 1. 1. 개정)

⑦ 세무서장등은 공익법인등이 제48조 제9항에 따른 내국법인의 주식등의 보유기준을 초과하여 주식등을 보유하는 경우에는 매 사업연도 말 현재 그 초과하여 보유하는 주식등의 시가의 100분의 5에 상당하는 금액을 대통령령으로 정하는 바에 따라 그 공익법인등이 납부할 세액에 가산하여 부과한다. (2010. 1. 1. 개정)

⑧ 세무서장등은 공익법인등이 제48조 제10항에 따른 광고·홍보를 하는 경우에는 그 행위와 관련하여 직접 지출된 경비에 상당하는 금액을 대통령령으로 정하는 바에 따라 그 공익법인등이 납부할 세액에 가산하여 부과한다. (2010. 1. 1. 개정)

⑨ 세무서장등은 공익법인등이 다음 각 호의 어느 하나에 해당하는 경우에는 각 호의 구분에 따른 금액의 100분의 10(제48조 제2항 제7호 가목의 공익법인등이 이 항 제3호에 해당하는 경우에는 같은 호

이를 부과한다. (2003. 12. 30. 항번개정)

⑦ 법 제78조 제5항 본문에서 "대통령령으로 정하는 소득세 과세기간 또는 법인세 사업연도의 수입금액"이란 다음 각 호의 금액의 합계액을 말한다. (2017. 2. 7. 개정)

1. 법 제50조 제1항에 따른 외부전문가의 세무확인을 받지 아니하거나 같은 조 제2항에 따른 보고를 이행하지 아니한 소득세 과세기간 또는 법인세 사업연도의 수입금액 (2017. 2. 7. 개정)

2. 법 제50조 제3항에 따른 회계감사를 이행하지 아니한 소득세 과세기간 또는 법인세 사업연도의 수입금액 (2017. 2. 7. 개정)

3. 법 제51조에 따른 장부의 작성·비치의무를 이행하지 아니한 소득세 과세기간 또는 법인세 사업연도의 수입금액 (2017. 2. 7. 개정)

⑧ 법 제78조 제5항 각 호 외의 부분 본문에서 "출연받은 재산가액"이란 법 제50조 제1항 및 제2항에 따른 외부전문가의 세무확인에 대한 보고를 이미 이행한 분으로서 계속 공익목적사업에 직접 사용하는 분을 차감한 가액과 법 제50조 제3항에 따른 회계감사를 이미 이행한 분으로서 계속 공익목적사업에 직접 사용하는 분을 차감한 가액의 합계액을 말한다. (2017. 2. 7. 개정)

⑨ 법 제78조 제5항 각 호 외의 부분 단서에서 "대통령령으로 정하는 경우"란 다음 각 호의 어느 하나에 해당하는 경우를 말한다. (2017. 2. 7. 개정)

1. 법 제78조 제5항 제1호 및 제2호의 경우 : 공익법인등이 제43조 제2항 각 호의 어느 하나에 해당하는 공익법인등인 경우. 다만, 법 제78조 제5항 제2호의 경우에는 제41조의 2 제6항에 해당하는 공익법인등은 제외한다. (2021. 2. 17. 단서신설)

2. 법 제78조 제5항 제3호의 경우 : 공익법인등이 제43조 제3항 및 제4항에 해당하는 공익법인등인 경우 (2017. 2. 7. 개정)

⑩ 법 제78조 제6항에서 "대통령령으로 정하는 직접경비 또는 간접경비"란 해당 이사 또는 임직원을 위하여 지출된 급료, 판공비, 비서실 운영경비 및 차량유지비 등[의료기관의 의사, 학교의 교직원(교직원 중 직원은 「사립학교법」 제29조에 따른 학교에 속하는 회계로 경비를 지급하는 직원만 해당한다), 아동복지시설의 보육사, 도서관의 사서, 박물관·미술관의 학예사, 사회복지시설의 사회복지사 자

제21조 【공익법인등 임직원 등에 대한 가산세의 예외가 되는 연구원의 요건】 ① 영 제80조 제10항에서 "기획재정부령으로 정하는 연구원"이란 다음 각 호의 요건을 모두 충족하는 사람을 말한다. 이 경우 제1호 및 제2호의 요건을 충족했

에 따른 금액의 100분의 200)에 상당하는 금액을 대통령령으로 정하는 바에 따라 그 공익법인등이 납부할 세액에 가산하여 부과한다. 이 경우 제1호와 제3호에 동시에 해당하는 경우에는 더 큰 금액으로 한다. (2023. 12. 31. 개정)

1. 제48조 제2항 제5호에 따라 운용소득을 대통령령으로 정하는 기준금액에 미달하여 사용한 경우 : 운용소득 중 사용하지 아니한 금액 (2016. 12. 20. 개정)
2. 제48조 제2항 제5호에 따라 매각대금을 대통령령으로 정하는 기준금액에 미달하여 사용한 경우 : 매각대금 중 사용하지 아니한 금액 (2016. 12. 20. 개정)
3. 제48조 제2항 제7호에 해당하는 경우 : 기준금액에서 직접 공익목적사업에 사용한 금액을 차감한 금액 (2016. 12. 20. 개정)

⑩ 세무서장등은 공익법인등이 다음 각 호의 어느 하나에 해당하면 각 호의 구분에 따른 금액을 대통령령으로 정하는 바에 따라 그 공익법인등이 납부할 세액에 가산하여 부과한다. (2010. 1. 1. 개정)
1. 제50조의 2 제1항 각 호의 어느 하나에 해당하는 경우로서 전용계좌를 사용하지 아니한 경우 : 전용계좌를 사용하지 아니한 금액의 1천분의 5 (2010. 1. 1. 개정)
2. 제50조의 2 제3항에 따른 전용계좌의 개설·신고를 하지 아니한 경우 : 다음 각 목의 금액 중 큰 금액 (2010. 1. 1. 개정)
   가. 다음 계산식에 따라 계산한 금액 (2021. 12. 21. 개정)

격을 가진 사람, 「국가과학기술 경쟁력 강화를 위한 이공계지원 특별법」 제2조 제3호에 따른 연구기관의 연구원으로서 기획재정부령으로 정하는 연구원과 관련된 경비는 제외한다]을 말한다. 이 경우 이사의 취임시기가 다른 경우에는 나중에 취임한 이사에 대한 분부터, 취임시기가 동일한 경우에는 지출경비가 큰 이사에 대한 분부터 가산세를 부과한다. (2024. 2. 29. 개정)
⑪ 제6항의 규정은 법 제78조 제7항의 규정에 의한 가산세의 부과에 관하여 이를 준용한다. (2003. 12. 30. 개정)
⑫ 법 제78조 제8항에서 "직접 지출된 경비"라 함은 다음 각호의 경비를 말한다. (2003. 12. 30. 항번개정)
1. 제38조 제15항 제1호의 경우에는 당해 광고·홍보매체의 이용비용 (2016. 2. 5. 개정)
2. 제38조 제15항 제2호의 경우에는 당해 행사비용 전액 (2025. 2. 28. 개정)
⑬ 법 제78조 제9항 제1호에서 "대통령령으로 정하는 기준금액"이란 제38조 제5항에 따른 사용기준금액을 말한다. (2017. 2. 7. 개정)
⑭ 법 제78조 제9항 제2호에서 "대통령령으로 정하는 기준금액"이란 제38조 제7항에 따른 사용기준에 상당하는 금액을 말한다. (2017. 2. 7. 신설)

⑮ 법 제78조 제10항 제2호 가목에서 "직접 공익목적사업과 관련한 수입금액"이란 해당 공익법인 등의 수입금액 총액에서 「법인세법」에 따

는지 여부는 공익법인등에서 근무를 시작한 시점을 기준으로 판단한다. (2021. 3. 16. 신설)
1. 자연계·이공계·의학계 분야의 학사 학위 이상을 소지한 사람일 것. 이 경우 각 분야의 예시는 「조세특례제한법 시행규칙」 별표 1의 2와 같다. (2021. 3. 16. 신설)
2. 다음 각 목의 어느 하나의 기관(이하 이 조에서 "연구기관등"이라 한다)에서 5년(박사 학위를 소지한 사람의 경우 2년을 말한다) 이상 연구개발 및 기술개발 경험이 있을 것 (2021. 3. 16. 신설)
   가. 「국가과학기술 경쟁력 강화를 위한 이공계지원 특별법」 제2조 제3호의 연구기관 (2021. 3. 16. 신설)
   나. 외국의 대학과 그 부설연구소, 국책 연구기관 및 기업부설연구소 (2021. 3. 16. 신설)
3. 해당 공익법인등에서 연구원(행정 사무만을 담당하는 사람은 제외한다. 이하 이 조에서 같다)으로 근무하는 사람일 것 (2021. 3. 16. 신설)
② 제1항 제2호 각 목 외의 부분을 적용할 때 연구기관등에서 연구원으로 근무(학위 취득 기간 및 휴직 등으로 인해 실제로 연구원으로 근무하지 않은 기간은 제외한다)한 경우 연구개발 및 기술개발 경험이 있는 것으로 본다. (2021. 3. 16. 신설)
③ 제1항 제2호 나목의 연구기관등에서 연구원으로 근무했는지에 대한 증명에 관하여는 「조세특례제한법 시행규칙」 제10

$$A \times \frac{B}{C} \times 1천분의\ 5$$

A : 해당 각 과세기간 또는 사업연도의 직접 공익목적사업
　　과 관련한 수입금액의 총액
B : 해당 각 과세기간 또는 사업연도 중 전용계좌를 개설·
　　신고하지 아니한 기간으로서 신고기한의 다음 날부터
　　신고일 전날까지의 일수
C : 해당 각 과세기간 또는 사업연도의 일수

　나. 제50조의 2 제1항 각 호에 따른 거래금액을 합친 금액의 1천분
　　의 5 (2010. 1. 1. 개정)
⑪ 세무서장등은 공익법인등이 제50조의 3에 따른 결산서류등을 공시
하지 아니하거나 공시 내용에 오류가 있는 경우로서 같은 조 제2항에
따른 공시 또는 시정 요구를 지정된 기한까지 이행하지 아니하는 경우
에는 공시하여야 할 과세기간 또는 사업연도의 종료일 현재 그 공익법
인등의 자산총액의 1천분의 5에 상당하는 금액을 대통령령으로 정하
는 바에 따라 그 공익법인등이 납부할 세액에 가산하여 부과한다. 다
만, 제50조의 3 제1항 각 호 외의 부분 단서에 따른 공익법인등의 2022년
12월 31일 이전에 개시하는 과세기간 또는 사업연도분의 공시에 대하여
는 본문에 따른 가산세를 부과하지 아니한다. (2022. 12. 31. 개정)
⑫ 세무서장등은 제82조 제1항·제3항·제4항 또는 제6항에 따라 해당
지급명세서 등을 제출하여야 할 자가 지급명세서 등을 제출하지 아니하
거나 누락한 경우 또는 제출한 지급명세서 등에 대통령령으로 정하는 불
분명한 부분이 있는 경우에는 미제출분, 누락분 또는 불분명한 부분에
해당하는 금액의 1천분의 2(제82조 제3항 및 제4항의 경우에는 1만분
의 2)에 상당하는 금액을 소득세나 법인세에 가산하여 징수한다. 이 경
우 산출세액이 없을 때에도 가산세는 징수한다. (2010. 12. 27. 개정)
⑬ 제12항을 적용할 때 지급명세서 등을 제출기한이 지난 후 1개월 이내
에 제출하는 경우에는 1천분의 1(제82조 제3항 및 제4항의 경우에는 1만
분의 1)에 상당하는 금액을 소득세나 법인세에 가산하여 징수한다. 이 경
우 산출세액이 없을 때에도 가산세는 징수한다. (2010. 12. 27. 개정)
⑭ 세무서장등은 공익법인등이 제48조 제13항에 따라 신고하지 아니

라 법인세가 과세되는 수익사업 관련 수입금액을 뺀 금액을 말한다.
(2017. 2. 7. 항번개정)

⑯ 법 제78조 제11항에서 "자산총액"이란 공시하여야 할 과세기간 또
는 사업연도의 종료일 현재 재무상태표상 총자산가액(부동산인 경우
법 제60조·제61조 및 제66조에 따라 평가한 가액이 재무상태표상의
가액보다 크면 그 평가한 가액을 말한다)의 합계액을 말한다. (2022.
2. 15. 개정)

⑰ 법 제78조 제12항 전단에서 "대통령령으로 정하는 불분명한 부
분이 있는 경우"란 제출된 지급명세서 등에 지급자 및 소득자의 주
소, 성명, 고유번호(주민등록번호로 갈음하는 경우에는 주민등록번
호를 말한다), 사업자등록번호, 소득의 종류, 소득귀속연도 또는 지
급액을 기재하지 아니하였거나 잘못 기재하여 지급사실을 확인할 수
없는 경우 및 제출된 지급명세서와 이자·배당소득지급명세서에 유
가증권표준코드를 기재하지 아니하였거나 잘못 기재한 경우를 말한
다. 다만, 다음 각 호의 어느 하나에 해당하는 경우는 제외한다.
(2017. 2. 7. 항번개정)
1. 지급일 현재 사업자등록증을 교부받은 자 또는 고유번호를 부여받
　은 자에게 지급한 경우 (2009. 2. 4. 신설)
2. 제1호 외의 지급으로서 지급 후 그 지급받은 자가 소재불명으로 확

조 제4항을 준용한다. 이 경우 "국외연구
기관등"은 "연구기관등"으로 본다. (2021.
3. 16. 신설)

한 경우에는 신고해야 할 과세기간 또는 사업연도의 종료일 현재 그
공익법인등의 자산총액의 1천분의 5에 상당하는 금액으로서 대통령령
으로 정하는 금액을 대통령령으로 정하는 바에 따라 그 공익법인등이
납부할 세액에 가산하여 부과한다. (2020. 12. 22. 신설)
⑮ 세무서장등은 제74조 제5항에 따라 납세담보를 제공하지 아니한
자가 다음 각 호의 어느 하나에 해당하면 각 호에 따른 금액을 징수하
여야 한다. (2022. 12. 31. 신설)
1. 제74조 제6항에 따른 국가지정문화유산등 및 천연기념물등의 보유
   현황 자료를 제출하지 아니한 경우 징수유예 받은 상속세액의 100
   분의 1에 상당하는 금액 (2023. 8. 8. 개정 ; 문화재보호법 부칙)
2. 제74조 제7항에 따른 국가지정문화유산등 및 천연기념물등의 양도
   사실을 신고하지 아니한 경우 징수유예 받은 상속세액의 100분의
   20에 상당하는 금액 (2023. 8. 8. 개정 ; 문화재보호법 부칙)

　　　제79조【경정 등의 청구 특례】① 제67조에 따라 상속세 과세표
준 및 세액을 신고한 자 또는 제76조에 따라 상속세 과세표준 및 세액
의 결정 또는 경정을 받은 자에게 다음 각 호의 어느 하나에 해당하는
사유가 발생한 경우에는 그 사유가 발생한 날부터 6개월 이내에 대통
령령으로 정하는 바에 따라 결정이나 경정을 청구할 수 있다. (2010.
1. 1. 개정)

1. 상속재산에 대한 상속회복청구소송 등 대통령령으로 정하는 사유로
   상속개시일 현재 상속인 간에 상속재산가액이 변동된 경우 (2010.
   1. 1. 개정)

2. 상속개시 후 1년이 되는 날까지 상속재산의 수용 등 대통령령으로
   정하는 사유로 상속재산의 가액이 크게 하락한 경우 (2010. 1. 1.
   개정)

인된 경우 (2009. 2. 4. 신설)
⑱ 세무서장은 공익법인등이 법 제48조 제13항에 따른 신고를 하지 않
은 경우에는 신고해야 할 과세기간 또는 사업연도의 종료일 현재 제16
항에 따른 자산총액의 1천분의 5에 상당하는 금액을 공익법인등이 납
부할 세액에 가산하여 부과한다. (2023. 2. 28. 개정)

　　　제81조【경정청구 등의 인정사유 등】(2001. 12. 31 제목개정)
① 법 제79조에 따른 결정 또는 경정의 청구를 하고자 하는 자는 다음
각 호의 사항을 기재한 결정 또는 경정청구서를 제출하여야 한다.
(2013. 2. 15. 개정)
1. 청구인의 성명과 주소 또는 거소 (96. 12. 31 개정)
2. 결정 또는 경정전의 과세표준 및 세액 (96. 12. 31 개정)
3. 결정 또는 경정후의 과세표준 및 세액 (96. 12. 31 개정)
4. 제2항 및 법 제79조 제1항 각 호 및 같은 조 제2항의 사유에 해당됨
   을 입증하는 서류 (2013. 2. 15. 개정)
5. 제1호부터 제4호까지 외에 기타 필요한 사항 (2013. 2. 15. 개정)
② 법 제79조 제1항 제1호에서 "상속회복청구소송 등 대통령령으
로 정하는 사유"란 피상속인 또는 상속인과 그 외의 제3자와의 분
쟁으로 인한 상속회복청구소송 또는 유류분반환청구소송의 확정
판결이 있는 경우를 말한다. (2013. 2. 15. 개정)
③ 법 제79조 제1항 제2호에서 "상속재산의 수용 등 대통령령으로 정
하는 사유"란 다음 각 호의 어느 하나에 해당하는 경우를 말한다.
(2010. 2. 18. 개정)
1. 상속재산이 수용·경매(「민사집행법」에 의한 경매를 말한다) 또는

관계조문

규칙 24조 16호 → 상속세(증여세) 과세표
준 및 세액의 결정(경정)청구서(별지 제16호
서식)

📖 79-81…1【경정 등의 청구 특례】
영 제81조 제3항 제2호에 따른 주식 등의 매각대금이 법 제63조 제3항에 따라 할증평가가 되기 전의 주식 등의 평가가액 미만인 경우에도 할증평가가 된 가액에 한정하여 법 제79조에 따른 경정을 청구할 수 있다. (2011. 5. 20. 개정)

② 다음 각 호의 어느 하나에 해당하는 경우에는 그 사유가 발생한 날부터 3개월 이내에 대통령령으로 정하는 바에 따라 결정 또는 경정을 청구할 수 있다. (2010. 1. 1. 개정)
1. 제37조에 따른 증여세를 결정 또는 경정받은 자가 대통령령으로 정하는 부동산무상사용기간 중 부동산소유자로부터 해당 부동산을 상속 또는 증여받거나 대통령령으로 정하는 사유로 해당 부동산을 무상으로 사용하지 아니하게 되는 경우 (2010. 1. 1. 개정)

2. 제41조의 4에 따른 증여세를 결정 또는 경정받은 자가 같은 조 제2항의 대출기간 중에 대부자로부터 해당 금전을 상속 또는 증여받거나 대통령령으로 정하는 사유로 해당 금전을 무상으로 또는 적정이

공매된 경우로서 그 보상가액·경매가액 또는 공매가액이 상속세과세가액보다 하락한 경우 (2020. 2. 11. 개정)
2. 법 제63조 제3항에 따라 주식 등을 할증평가하였으나 일괄하여 매각(피상속인 및 상속인과 제2조의 2 제1항 제1호의 관계에 있는 자에게 일괄하여 매각한 경우를 제외한다)함으로써 최대주주 등의 주식 등에 해당되지 아니하는 경우 (2020. 2. 11. 개정)
3. 상속재산이 다음 각 목의 주식에 해당하여 그 주식을 의무적으로 보유해야 하는 기간의 만료일부터 2개월 이내에 매각한 경우로서 그 매각가액이 상속세 과세가액보다 낮은 경우. 이 경우 보유하고 있었던 사실을 증명할 수 있는 서류를 국세청장에게 제출한 경우로 한정한다. (2021. 2. 17. 신설)
  가. 「자본시장과 금융투자업에 관한 법률」에 따라 처분이 제한되어 의무적으로 보유해야 하는 주식 (2021. 2. 17. 신설)
  나. 「채무자 회생 및 파산에 관한 법률」 및 「기업구조조정 촉진법」에 따른 절차에 따라 발행된 주식으로서 법원의 결정에 따라 보호예수(保護預受)해야 하는 주식 (2021. 2. 17. 신설)
④ 제3항 제2호에 해당하는 사유로 결정 또는 경정의 청구를 하는 때에는 법 제63조 제3항에 따라 할증평가된 가액에 대하여 하여야 한다. (2013. 2. 15. 개정)
⑤ 법 제79조 제2항 제1호에서 "대통령령으로 정하는 부동산무상사용기간"이란 제27조 제3항 후단 및 같은 조 제5항 후단에 따른 기간을 말한다. (2019. 2. 12. 개정)
⑥ 법 제79조 제2항 제1호에서 "대통령령으로 정하는 사유"란 다음 각 호의 어느 하나에 해당하는 경우를 말한다. (2010. 2. 18. 개정)
1. 부동산소유자가 당해 토지를 양도한 경우 (2003. 12. 30. 개정)
2. 삭   제 (2003. 12. 30.)
3. 부동산소유자가 사망한 경우 (2003. 12. 30. 개정)
4. 제1호 내지 제3호의 경우와 유사한 경우로서 부동산무상사용자가 당해 부동산을 무상으로 사용하지 아니하게 되는 경우 (2003. 12. 30. 개정)
⑦ 법 제79조 제2항 제2호에서 "대통령령으로 정하는 사유"란 다음 각 호의 어느 하나에 해당하는 경우를 말한다. (2010. 2. 18. 신설)
1. 해당 금전에 대한 채권자의 지위가 이전된 경우 (2010. 2. 18. 신설)

자율보다 낮은 이자율로 대출받지 아니하게 되는 경우 (2016. 12. 20. 개정)

3. 타인의 재산을 무상으로 담보로 제공하고 금전 등을 차입(借入)함에 따라 제42조에 따른 증여세를 결정 또는 경정받은 자가 같은 조 제2항에 따른 재산의 사용기간 중에 재산 제공자로부터 해당 재산을 상속 또는 증여받거나 대통령령으로 정하는 사유로 무상으로 또는 적정이자율보다 낮은 이자율로 차입하지 아니하게 되는 경우 (2016. 12. 20. 신설)

2. 금전대출자가 사망한 경우 (2010. 2. 18. 신설)

3. 제1호 및 제2호와 유사한 경우로서 금전을 무상으로 또는 적정이자율보다 낮은 이자율로 대출받은 자가 해당 금전을 무상으로 또는 적정이율보다 낮은 이자율로 대출받지 아니하게 되는 경우 (2010. 2. 18. 신설)

⑧ 법 제79조 제2항 제3호에서 "대통령령으로 정하는 사유"란 다음 각 호의 어느 하나에 해당하는 경우를 말한다. (2017. 2. 7. 신설)

1. 담보제공자가 사망한 경우 (2017. 2. 7. 신설)

2. 제1호와 유사한 경우로서 해당 재산을 담보로 사용하지 아니하게 되는 경우 (2017. 2. 7. 신설)

⑨ 법 제79조 제2항에 따라 결정 또는 경정의 청구를 함에 있어서는 제1호의 금액에 제2호의 비율을 곱하여 계산한 금액에 대하여 이를 하여야 한다. 이 경우 월수는 역에 따라 계산하되, 1개월 미만의 일수는 1개월로 한다. (2017. 2. 7. 항번개정)

1. 증여세산출세액(법 제57조에 따른 산출세액에 가산하는 금액을 포함한다) (2013. 2. 15. 개정)

2. 다음 각 목의 구분에 따른 비율 (2017. 2. 7. 개정)

　　가. 법 제79조 제2항 제1호의 경우 : 다음의 계산식에 따라 계산한 비율 (2017. 2. 7. 개정)

$$\frac{\text{법 제79조 제2항 제1호에 따른 사유발생일부터 제5항에 따른 부동산무상사용기간의 종료일까지의 월수}}{\text{제5항에 따른 부동산무상사용기간의 월수}}$$

　　나. 법 제79조 제2항 제2호의 경우 : 다음의 계산식에 따라 계산한 비율 (2017. 2. 7. 개정)

$$\frac{\text{법 제79조 제2항 제2호에 따른 사유발생일부터 법 제41조의 4에 따른 금전을 무상으로 또는 적정이자율보다 낮은 이자율로 대출받은 기간의 종료일까지의 월수}}{\text{법 제41조의 4에 따른 금전을 무상으로 또는 적정이자율보다 낮은 이자율로 대출받은 기간의 월수}}$$

　　다. 법 제79조 제2항 제3호의 경우 : 다음의 계산식에 따라 계산한 비율 (2017. 2. 7. 개정)

$$\frac{\text{법 제79조 제2항 제2호에 따른 사유발생일부터 법 제41조의 4에 따른 금전을 무상으로 또는 적정이자율보다 낮은 이자율로 대출받은 기간의 종료일까지의 월수}}{\text{법 제41조의 4에 따른 금전을 무상으로 또는 적정이자율보다 낮은 이자율로 대출받은 기간의 월수}}$$

제 7 장　보　　칙

제80조 【자료의 제공】 (2010. 12. 27. 제목개정)
① 국세청장은 상속세 및 증여세의 과세 및 징수업무를 위하여 법원행정처장에게 「가족관계의 등록 등에 관한 법률」 제9조에 따른 가족관계 등록사항에 관한 전산정보자료를 요청할 수 있다. 이 경우 요청을 받은 법원행정처장은 특별한 사유가 없으면 적극 협조하여야 한다. (2010. 12. 27. 개정)
② 행정안전부장관, 특별시장, 광역시장, 도지사, 특별자치도지사 또는 특별자치시장은 재산세 과세대상 토지·건축물 및 주택에 관한 자료를 대통령령으로 정하는 바에 따라 매년 국세청장에게 통보하여야 한다. (2021. 12. 21. 개정)

제81조 【납세관리인 등】 삭　제 (2007. 12. 31.)

제82조 【지급명세서 등의 제출】 (2007. 12. 31. 제목개정)
① 국내에서 다음 각 호의 어느 하나에 해당하는 자는 대통령령으로 정하는 바에 따라 지급명세서 또는 명의변경 내용을 관할세무서장에게 제출하여야 한다. (2014. 1. 1. 개정)
1. 제8조와 제34조에 규정된 생명보험이나 손해보험의 보험금(해약환급금 및 중도인출금을 포함한다)을 지급하거나 명의변경을 취급하는 자 (2014. 1. 1. 개정)
2. 제10조에 규정된 퇴직금, 퇴직수당, 공로금 또는 그 밖에 이와 유사한 금액(연금은 제외한다)을 지급하는 자 (2010. 1. 1. 개정)
② 제1항 제1호에 해당하는 자 중 전산처리시설을 갖춘 자는 대통령령으로 정하는 바에 따라 지급명세서를 「국세기본법」 제2조 제18호에 따른 정보통신망을 통하여 제출하거나 디스켓 등 전자적 정보저장매체 등으로 제출하여야 한다. (2019. 12. 31. 개정)
③ 다음 각 호의 자는 대통령령으로 정하는 바에 따라 명의개서 또는 변경 내용을 관할 세무서장에게 제출하여야 한다. (2020. 12. 22. 개정)
1. 국내에서 다음 각 목의 어느 하나에 해당하는 권리 등의 명의개서

제 7 장　보　　칙

제82조 【자료의 제공】 (2010. 12. 30. 제목개정)
행정안전부장관, 특별시장, 광역시장, 특별자치시장, 도지사 또는 특별자치도지사는 재산세의 과세대상 토지·건축물 및 주택, 납세의무자의 명세와 그 과세현황을 해당 연도 10월 31일까지 국세청장에게 통보하여야 한다. (2022. 2. 15. 개정)

제83조 【고유식별정보의 처리】 법 제50조의 3 제1항에 따른 공익법인등은 같은 조에 따른 결산서류등의 공시를 이행하기 위하여 「개인정보 보호법 시행령」 제19조 제1호에 따른 주민등록번호가 포함된 자료를 처리할 수 있다. (2020. 2. 11. 신설)

제84조 【지급명세서 등의 제출】 (2008. 2. 22. 제목개정)
① 법 제82조 제1항에 따라 지급명세서 또는 명의변경 내용을 제출하는 경우에는 지급자 또는 명의변경을 취급하는 자별로 기획재정부령으로 정하는 지급명세서 또는 명의변경명세서를 그 지급일 또는 명의변경일이 속하는 분기종료일의 다음달 말일까지 본점 또는 주된 사무소의 소재지를 관할하는 세무서장에게 제출하여야 한다. 다만, 법 제82조 제1항 제1호를 적용할 때 보험금수취인과 보험료납입자가 같은 경우로서 보험금 지급누계액이 1천만원 미만인 경우에는 그러하지 아니하다. (2015. 2. 3. 개정)
② 법 제82조 제2항의 규정에 의하여 제출하는 지급명세서는 기획재정부령이 정하는 사항을 포함하고 있어야 한다. (2020. 2. 11. 개정)
③ 법 제82조 제3항에 따라 명의개서 또는 변경을 취급하는 자와 외화증권을 한국예탁결제원에 예탁하는 자(이하 이 항에서 "명의개서 취급자"라 한다)는 명의개서 취급자별로 명의개서 또는 변경 내용을 기획

관계조문 ▶▶

규칙 24조 17호 → 상속개시 등의 통지서 (별지 제17호 서식)

관계조문 ▶▶

규칙 24조 19호 → 지급명세서(별지 제18호 서식, 별지 제19호 서식, 별지 제19호의 2 서식)

제22조 【지급명세서 등의 제출】 (2008. 4. 30. 제목개정)
① 영 제84조 제2항에서 "기획재정부령이 정하는 사항"이란 보험의 종류·지급보험금액·보험금지급사유·보험계약일·보험사고발생일(중도해지일)·보험금수취인·보험계약자 및 명의변경일자 등 보험

또는 변경을 취급하는 자(명의개서 또는 변경에 관한 확인업무를 국가나 지방자치단체로부터 위탁받은 자 및 「자본시장과 금융투자업에 관한 법률」 제6조 제1항 제1호에 따른 투자매매업 또는 같은 항 제2호에 따른 투자중개업을 하는 자를 포함한다) (2020. 12. 22. 개정)
  가. 주식 (2020. 12. 22. 개정)
  나. 출자지분 (2020. 12. 22. 개정)
  다. 공채 (2020. 12. 22. 개정)
  라. 사채 (2020. 12. 22. 개정)
  마. 채권 (2020. 12. 22. 개정)
  바. 「자본시장과 금융투자업에 관한 법률」 제9조 제21항에 따른 집합투자증권 또는 같은 법 제279조 제1항에 따른 외국 집합투자증권 (2020. 12. 22. 개정)
  사. 특정시설물을 이용할 수 있는 권리 등 (2020. 12. 22. 개정)
2. 국내에서 투자자로부터 예탁받은 「외국환거래법」 제3조 제1항 제8호에 따른 외화증권을 「자본시장과 금융투자업에 관한 법률」 제294조에 따른 한국예탁결제원에 다시 예탁하는 예탁자 (2020. 12. 22. 개정)
④ 신탁업무를 취급하는 자는 대통령령으로 정하는 바에 따라 수탁재산(受託財產) 중 위탁자와 수익자가 다른 신탁의 구체적 내용을 관할 세무서장에게 제출하여야 한다. (2010. 1. 1. 개정)
⑤ 「소득세법」 제164조에 따른 지급명세서, 「법인세법」 제119조에 따른 주식등변동상황명세서 또는 「조세특례제한법」 제100조의 23에 따른 동업기업의 소득의 계산 및 배분명세에 제1항부터 제3항까지의 지급명세서 등의 해당 사항이 있는 경우에는 그 지급명세서 등을 제출한 것으로 본다. (2020. 12. 22. 개정)
⑥ 제40조 제1항에서 규정하는 전환사채등을 발행하는 법인(「자본시장과 금융투자업에 관한 법률」에 따른 주권상장법인으로서 같은 법 제9조 제7항에 따른 유가증권의 모집방법으로 전환사채등을 발행하는 법인은 제외하며, 같은 법에 따른 인수인은 포함한다)은 대통령령으로 정하는 바에 따라 그 전환사채등의 발행 및 인수인의 구체적 사항을 관할세무서장에게 제출하여야 한다. (2010. 1. 1. 개정)

재정부령으로 정하는 바에 따라 명의개서 또는 변경된 날이 속하는 분기종료일의 다음달 말일까지 본점 또는 주된 사무소의 소재지를 관할하는 세무서장에게 제출하여야 한다. (2017. 2. 7. 개정)

관계조문 ≫

• 규칙 24조 20호 → 주권(출자증권, 공채, 사채, 수익증권, 은행예금, 그 밖의 예금) 명의개서 명세서(변경 명세서)(별지 제20호 서식)
• 규칙 24조 20호의 2 → 특정시설물(골프장회원권 등)이용권 명의개서 명세서(변경 명세서)(별지 제20호의 2 서식)

④ 법 제82조 제4항의 규정에 의하여 신탁업무를 취급하는 자는 신탁업무를 취급하는 자별로 다음 각호의 기준에 따라 당해 신탁의 내역을 본점 또는 주된 사무소의 소재지를 관할하는 세무서장에게 제출하여야 한다. (99. 12. 31 개정)
1. 위탁자와 수익자가 다른 신탁재산의 수탁계약을 체결하는 날(계약을 체결하는 날에 원본 및 수익의 이익이 확정되지 아니하는 경우에는 실제로 원본 및 수익의 이익이 확정되어 지급하는 날)이 속하는 분기종료일의 다음달 말일까지 (99. 12. 31 개정)
2. 계약기간 중에 수익자 또는 신탁재산가액이 변경된 경우에는 그 변경된 날이 속하는 분기종료일의 다음달 말일까지 (99. 12. 31 개정)
⑤ 법 제82조 제6항에 따른 전환사채 등의 발행 및 인수자의 구체적 사항은 전환사채 등을 발행한 날이 속하는 분기종료일의 다음달 말일까지 기획재정부령으로 정하는 바에 따라 해당 법인(「자본시장과 금융투자업에 관한 법률」에 따른 인수인을 포함한다)의 본점 또는 주된 사무소의 소재지를 관할하는 세무서장에게 제출하여야 한다. (2010. 2. 18. 개정)

금(해약환급금 및 중도인출금을 포함한다) 지급 내용과 명의변경 내용을 확인할 수 있는 사항을 말한다. (2014. 3. 14. 개정)
② 영 제84조 제3항에 따라 세무서장에게 제출하는 명의개서 또는 변경내역에는 명의개서 또는 변경전후의 명의자의 인적사항, 발행회사 또는 예금기관, 수량 및 금액 등을 적어야 한다. 이 경우 권리관계의 확정을 위하여 주주명부(「자본시장과 금융투자업에 관한 법률」 제309조 및 제310조에 따라 주권을 직접 보유하지 아니하고 한국예탁결제원에 예탁한 주식의 경우에는 같은 법 제316조에 따른 실질주주명부를 말한다. 이하 이 항에서 같다)의 기재사항 변경이 있는 경우에는 해당 주주명부를 작성할 때마다 주주명부에 등재된 명의자의 인적사항, 발행회사, 수량 및 금액 등을 별도로 적어야 한다. (2009. 4. 23. 개정)
③ 전자계산조직에 의하여 명의개서 또는 변경을 취급하는 자는 법 제82조 제3항의 규정에 의한 명의개서내역 또는 변경내역과 동조 제4항의 규정에 의한 신탁의 내역을 전산처리된 테이프 또는 디스켓 등으로 제출할 수 있다. (2000. 4. 3 개정)

관계조문 ≫

규칙 24조 21호 → 타인신탁재산수탁명세서(별지 제21호 서식)

⑦ 「자본시장과 금융투자업에 관한 법률」 제8조 제1항에 따른 금융투자업자는 그가 관리하는 증권계좌를 통하여 주식등이 계좌 간 이체된 경우(주식등의 양도로 이체되는 경우는 제외한다)에는 대통령령으로 정하는 바에 따라 그 이체내용 등을 관할 세무서장에게 제출하여야 한다. (2021. 12. 21. 신설)

⑧ 투자를 목적으로 「민법」 제703조에 따라 설립하는 조합 등 대통령령으로 정하는 투자조합은 제3항 제1호 각 목의 어느 하나에 해당하는 권리 등을 취득하여 보유하거나 거래하는 경우에는 대통령령으로 정하는 바에 따라 조합원의 인적사항, 해당 권리 등의 보유내역 및 거래내역 등을 관할 세무서장에게 제출하여야 한다. (2025. 3. 14. 신설)

▶ 편주

법 82조 8항의 개정규정은 2025. 3. 14. 이후 투자조합이 권리 등을 취득하거나 거래하는 경우부터 적용함. (법 부칙(2025. 3. 14.) 3조)

제83조 【금융재산 일괄 조회】 ① 국세청장(지방국세청장을 포함한다. 이하 이 조에서 같다)은 세무서장등이 제76조에 따른 상속세 또는 증여세를 결정하거나 경정하기 위하여 조사하는 경우에는 금융회사등의 장에게 「금융실명거래 및 비밀보장에 관한 법률」 제4조에도 불구하고 다음 각 호의 어느 하나에 해당하는 자의 금융재산에 관한 과세자료를 일괄하여 조회할 수 있다. (2015. 12. 15. 개정)

1. 직업, 연령, 재산 상태, 소득신고 상황 등으로 볼 때 상속세나 증여세의 탈루 혐의가 있다고 인정되는 자 (2010. 1. 1. 개정)

2. 제85조 제1항을 적용받는 상속인·피상속인 또는 증여자·수증자(이하 이 조에서 "피상속인등"이라 한다) (2010. 1. 1. 개정)

② 제1항에 따라 금융재산에 대한 조회를 요구받은 금융회사등의 장은 그 요구받은 과세자료를 지체 없이 국세청장에게 제출하여야 한다. (2011. 7. 14. 개정 ; 금융실명거래~법률 부칙)

③ 국세청장은 제1항에 따라 금융회사등의 장에게 과세자료를 조회할 때에는 다음 각 호의 사항을 적은 문서로 요구하여야 한다. (2011. 7. 14. 개정 ; 금융실명거래 ~ 법률 부칙)

⑥ 법 제82조 제7항에 따라 「자본시장과 금융투자업에 관한 법률」 제8조 제1항에 따른 금융투자업자(이하 이 항에서 "금융투자업자"라 한다)는 그가 관리하는 증권계좌를 통하여 주식등이 계좌 간 이체된 경우(개인에게 이체된 경우로 한정한다) 다음 각 호의 사항을 모두 적은 이체명세서를 이체한 날이 속하는 분기의 말일부터 2개월 이내에 관할 세무서장에게 제출해야 한다. (2022. 2. 15. 신설)

1. 이체명세서를 제출하는 금융투자업자의 상호 (2022. 2. 15. 신설)
2. 이체한 자 및 이체받은 자의 상호 또는 성명 (2022. 2. 15. 신설)
3. 이체 연월일 (2022. 2. 15. 신설)
4. 이체 대상 주식등의 종목명 (2022. 2. 15. 신설)
5. 이체 수량 (2022. 2. 15. 신설)

제85조 【금융재산 일괄조회】 삭　제 (99. 12. 31)

1. 피상속인등의 인적사항 (2010. 1. 1. 개정)
2. 사용 목적 (2010. 1. 1. 개정)
3. 요구하는 자료 등의 내용 (2010. 1. 1. 개정)

　　제84조【질문·조사】세무에 종사하는 공무원은 상속세나 증여세에 관한 조사 및 그 직무 수행에 필요한 경우에는 다음 각 호의 어느 하나에 해당하는 자에게 질문하거나 관련 장부·서류 또는 그 밖의 물건을 조사하거나 그 제출을 명할 수 있다. 이 경우 세무에 종사하는 공무원은 질문·조사하거나 장부·서류 등의 제출을 요구할 때 직무 수행에 필요한 범위 외의 다른 목적 등을 위하여 그 권한을 남용해서는 아니 된다. (2020. 6. 9. 개정 ; 법률용어 정비를~법률)
1. 납세의무자 또는 납세의무가 있다고 인정되는 자 (2010. 1. 1. 개정)

통칙 84-0…1【공신력 있는 감정가액에 대한 조회】
상속재산 및 증여재산에 대하여 공신력 있는 감정기관의 감정가액이 있는 경우 법 제84조에 따라 세무서장은 그 감정가액을 조회할 수 있다. (2011. 5. 20. 개정)

2. 피상속인 또는 제1호의 자와 재산을 주고받은 관계이거나 재산을 주고받을 권리가 있다고 인정되는 자 (2010. 1. 1. 개정)
3. 제82조에 규정된 지급명세서 등을 제출할 의무가 있는 자 (2010. 1. 1. 개정)

　　제85조【납세자별 재산 과세자료의 수집·관리】(2010. 1. 1. 제목개정)
① 국세청장은 재산 규모, 소득수준 등을 고려하여 대통령령으로 정하는 자에 대해서는 상속세 또는 증여세의 부과·징수 업무를 효율적으로 수행하기 위하여 세법에 따른 납세자 등이 제출하는 과세자료나 과세 또는 징수의 목적으로 수집한 부동산·금융재산 등의 재산자료를 그 목적에 사용할 수 있도록 납세자별로 매년 전산조직에 의하여 관리하여야 한다. (2010. 1. 1. 개정)
② 국세청장은 제1항에 따라 수집·관리하고 있는 재산 과세자료를 과세 목적 외의 용도로 사용하거나 타인에게 제공 또는 누설해서는 아니 되며, 누구든지 국세청장에게 제1항에 따른 재산 과세자료의 제공이나

　　제86조【질문·조사】세무에 종사하는 공무원이 상속세 또는 증여세에 관한 조사를 하는 경우에 장부·서류·기타 물건의 검사를 할 때에는 조사원증을 관계자에게 제시하여야 한다. (96. 12. 31 개정)

　　제87조【인별 재산과세자료의 수집·관리대상】① 법 제85조 제1항에서 "대통령령으로 정하는 자"란 다음 각 호의 어느 하나에 해당하는 자를 말한다. (2010. 2. 18. 개정)
1. 부동산과다보유자로서 재산세를 일정금액 이상 납부한 자 및 그 배우자 (2005. 1. 5 개정 ; 지방세법 시행령 부칙)
2. 부동산임대에 대한 소득세를 일정금액 이상 납부한 자 및 그 배우자 (96. 12. 31 개정)
3. 종합소득세(부동산임대에 대한 소득세를 제외한다)를 일정금액 이상 납부한 자 및 그 배우자 (96. 12. 31 개정)
4. 납입자본금 또는 자산규모가 일정금액 이상인 법인의 최대주주 등 및 그 배우자 (99. 12. 31 개정)

　　제23조【인별 재산과세자료의 수집·관리대상】① 영 제87조 제1항 제5호에서 "기획재정부령이 정하는 자"라 함은 다음 각호의 1에 해당하는 자를 말한다. (2008. 4. 30. 직제개정)
1. 고액의 배우자 상속공제를 받거나 증여에 의하여 일정금액 이상의 재산을 취득한 자 (98. 3. 20 신설)
2. 일정금액 이상의 재산을 상속받은 상속인 (98. 3. 20 신설)
3. 삭　제 (2002. 12. 31)

이용을 요구해서는 아니 된다. 다만, 「국세기본법」 제81조의 13 제1항 각 호의 어느 하나에 해당하는 경우에는 그러하지 아니하다. (2010. 12. 27. 단서개정)

③ 제2항 단서에 따른 재산 과세자료의 제공 및 요구는 그 구체적인 목적을 밝혀 납세자 비밀보장의 본질을 해치지 아니하는 범위에서 하여야 하고, 제공된 재산 과세자료는 당초에 요구한 목적으로만 사용되어야 하며 타인에게 누설해서는 아니 된다. (2010. 1. 1. 개정)

④ 제2항 단서에 따라 국세청장에게 재산 과세자료를 요구하는 자는 다음 각 호의 사항을 적은 문서로 요구하여야 한다. (2010. 1. 1. 개정)

1. 납세자 등의 인적사항 (2010. 1. 1. 개정)

2. 사용 목적 (2010. 1. 1. 개정)

3. 요구하는 재산 과세자료의 내용 (2010. 1. 1. 개정)

⑤ 제1항에 따른 재산 과세자료에 대한 납세자별 전산조직의 관리·운영에 필요한 세부 사항은 국세청장이 정한다. (2010. 1. 1. 개정)

　제86조【부가세 부과 금지】지방자치단체나 그 밖의 공공단체는 상속세 또는 증여세의 부가세를 부과할 수 없다. (2010. 1. 1. 개정)

5. 기타 상속세 또는 증여세의 부과·징수업무를 수행하기 위하여 필요하다고 인정되는 자로서 기획재정부령이 정하는 자 (2008. 2. 29. 직제개정 ; 기획재정부와~직제 부칙)

② 제1항에서 규정하는 인별재산과세자료를 수집·관리하는 대상자의 선정·부동산과다보유기준 및 금액기준의 설정에 대하여는 기획재정부령이 정하는 바에 의한다. (2008. 2. 29. 직제개정 ; 기획재정부와~직제 부칙)

4. 일정금액 이상의 재산을 처분하거나 재산이 수용된 자로서 일정연령 이상인 자 (98. 3. 20 신설)

5. 기타 상속세 또는 증여세를 포탈할 우려가 있다고 인정되는 자 (98. 3. 20 신설)

② 영 제87조 제1항 제1호 내지 제5호의 규정에 의한 대상자의 선정·부동산과다보유 및 금액기준은 납세자 등이 제출한 과세자료나 과세 또는 징수목적으로 수집한 재산 및 소득자료 중 부동산보유현황·주식변동상황·소득세 및 법인세의 납부실적의 분석 등을 통하여 국세청장이 정하는 기준에 의한다. (2002. 4. 4 개정)

부 칙 (2025. 3. 14. 법률 제20777호)

제1조【시행일】이 법은 공포한 날부터 시행한다.

제2조【특정법인과의 거래를 통한 이익의 증여 의제에 관한 적용례】제45조의 5 제1항 제3호의 2의 개정규정은 이 법 시행 이후 같은 개정규정에 따른 거래를 하는 경우부터 적용한다.

제3조【투자조합의 자료제출에 관한 적용례】제82조 제8항의 개정규정은 이 법 시행 이후 투자조합이 권리 등을 취득하거나 거래하는 경우부터 적용한다.

제4조【증여재산의 공제에 관한 경과조치】이 법 시행 전에 증여를 받은 경우에는 제53조 제4호의 개정규정에도 불구하고 종전의 규정에 따른다.

부 칙 (2024. 2. 6. 법률 제20194호 ; 자연유산의 보존 및 활용에 관한 법률 부칙)

제1조【시행일】이 법은 2024년 5월 17일부터 시행한다. 다만, 법률 제19251호 자연유산의 보존 및 활용에 관한 법률 부칙 제1조, 이 법 부칙 제2조 제3항 중 법률 제19690호 무인도서의 보전 및 관리에 관한 법률 일부개정법률 부칙 제1조 단서, 이 법 부칙 제2조 제4항의 개정규정은 2024년 3월 22일부터 시행한다.

제2조【다른 법률의 개정】①∼⑦ 생 략

⑧ 법률 제19251호 상속세 및 증여세법 일부개정법률 일부를 다음과 같이 개정한다.

제74조 제1항 제4호 중 "천연기념물·명승 및 시·도자연유산"을 "천연기념물등"으로 한다.

⑨ 생 략

부 칙 (2023. 12. 31. 법률 제19932호)

제1조【시행일】이 법은 2024년 1월 1일부터 시행한다.

제2조【공익법인등의 감사보고서 관련 감리업무 수수료에 관한 적용례】제50조 제6항의 개정규정은 이 법 시행 이후 개시하는 과세기간 또는 사업연도에 대한 감사보고서와 재무제표에 대하여 감리를 하는 경우부터 적용한다.

제3조【혼인·출산 증여재산 공제에 관한 적용례】제53조의 2의 개정규정은 이 법 시행 이후 증여를 받는 경우부터 적용한다.

제4조【공익법인등의 공익목적사업 지출의무 위반 시 제재에 관한 경과조치 등】이 법 시행 전에 상속, 증여세 또는 가산세 부과사유가 발생한 경우에는 제48조 제2항 제7호, 같은 조 제11항 제2호 및 제78조 제9항의 개정규정에도 불구하고 종전의 규정에 따른다. 다만, 2023년 12월 31일이 속하는 과세기간 또는 사업연도에 종전의 규정에 따른 상속세 또는 증여세 부과사유가 발생한 공익법인등이 원하는 경우에는 종전의 제48조 제11항 제2호를 적용하지 아니하되, 제48조 제2항 제7호 및 제78조 제9항

부 칙 (2025. 2. 28. 대통령령 제35351호)

제1조【시행일】이 영은 공포한 날부터 시행한다.

제2조【가업상속 재산가액에 관한 적용례】제15조 제5항 제1호 및 제2호의 개정규정은 이 영 시행 이후 상속이 개시되는 경우부터 적용한다.

제3조【동거주택 인정의 범위에 관한 적용례】제20조의 2 제1항 제8호의 개정규정은 이 영 시행 이후 결정 또는 경정하는 경우부터 적용한다.

제4조【특정법인과의 거래를 통한 이익의 증여 의제에 관한 적용례】제34조의 5의 개정규정은 이 영 시행 이후 증여받는 경우부터 적용한다.

제5조【공익법인등에 대한 감사인 지정 등에 관한 적용례】제43조의 2 제1항 제3호의 개정규정은 이 영 시행일이 속하는 과세기간 또는 사업연도에 대해 회계감사를 받는 경우부터 적용한다.

제6조【담보신탁계약을 체결한 재산의 평가에 관한 적용례】제63조 제1항 제6호의 개정규정은 이 영 시행 이후 결정 또는 경정하는 경우부터 적용한다.

제7조【가업상속공제 대상 업종에 관한 적용례】별표 제2호 러목의 개정규정은 이 영 시행 이후 상속이 개시되는 경우부터 적용한다.

부 칙 (2024. 9. 10. 대통령령 제34881호 ; 근현대문화유산의 보존 및 활용에 관한 법률 시행령 부칙)

제1조【시행일】이 영은 2024년 9월 15일부터 시행한다.

제2조【다른 법령의 개정】①∼⑩ 생 략

⑪ 상속세 및 증여세법 시행령 일부를 다음과 같이 개정한다.

제20조의 2 제1항 제3호 중 "「문화유산의 보존 및 활용에 관한 법률」 제53조 제1항"을 "「근현대문화유산의 보존 및 활용에 관한 법률」 제2조 제2호 가목"으로 한다.

제75조의 2 제1항 제1호 중 "지정 또는 등록된"을 "지정된"으로 하고, 같은 항에 제1호의 2를 다음과 같이 신설한다.

1의 2. 「근현대문화유산의 보존 및 활용에 관한 법률」에 따라 등록된 문화유산

⑫∼⑫ 생 략

제3조 생 략

부 칙 (2024. 7. 23. 대통령령 제34728호 ; 기부금품의 모집 및 사용에 관한 법률 시행령 부칙)

부 칙 (2024. 3. 21. 기획재정부령 제1108호)

제1조【시행일】이 규칙은 공포한 날부터 시행한다.

제2조【외부전문가의 세무확인에 관한 적용례】제14조 제3항의 개정규정은 이 규칙 시행일이 속하는 과세기간 또는 사업연도의 세무확인을 받는 경우부터 적용한다.

제3조【서식에 관한 적용례 등】서식에 관한 개정규정은 이 규칙 시행 이후 신고, 신청, 제출 또는 공시하는 경우부터 적용하되, 개정 서식으로는 종전의 법 또는 영에 따른 신고 등을 할 수 없는 경우에는 종전의 서식에 따른다.

제4조【순자산가액의 계산방법에 관한 경과조치】이 규칙 시행 전에 상속이 개시되거나 증여받은 경우의 무형고정자산·준비금·충당금 등 기타 자산 및 부채의 평가에 관하여는 제17조의 2 제4호의 개정규정에도 불구하고 종전의 규정에 따른다.

부 칙 (2024. 3. 22. 기획재정부령 제1049호)

이 규칙은 공포한 날부터 시행한다.

부 칙 (2023. 3. 20. 기획재정부령 제979호)

제1조【시행일】이 규칙은 공포한 날부터 시행한다.

제2조【서식에 관한 적용례 등】서식에 관한 개정규정은 이 규칙 시행 이후 신고, 신청, 제출 또는 공시하는 경우부터 적용하되, 개정 서식으로는 종전의 법 또는 영에 따른 신고 등을 할 수 없는 경우에는 종전의 서식에 따른다.

제3조【선박 등 유형재산의 평가에 관한 경과조치】이 규칙 시행 전에 상속이 개시되었거나 증여받은 경우의 선박 등 유형재산의 평가에 관하여는

의 개정규정을 적용한다.

제5조【연부연납에 관한 적용례】제71조 제2항 제2호의 개정규정은 이 법 시행 이후 제68조에 따른 증여세 과세표준 신고기한 내에 연부연납을 신청하는 경우부터 적용한다.

부 칙 (2023. 9. 14. 법률 제19702호 ; 근현대문화유산의 보존 및 활용에 관한 법률 부칙)

제1조【시행일】이 법은 공포 후 1년이 경과한 날부터 시행한다.

제2조~제7조 생 략

제8조【다른 법률의 개정】①~③ 생 략

④ 법률 제19590호 상속세 및 증여세법 일부개정법률 일부를 다음과 같이 개정한다.

제74조 제1항 제1호를 다음과 같이 한다.

1. 「문화유산의 보존 및 활용에 관한 법률」 제2조 제3항 제3호에 따른 문화유산자료 및 「근현대문화유산의 보존 및 활용에 관한 법률」 제6조 제1항에 따른 국가등록문화유산(이하 이 조에서 "문화유산자료등"이라 한다)과 「문화유산의 보존 및 활용에 관한 법률」에 따른 보호구역에 있는 토지로서 대통령령으로 정하는 토지

⑤~⑬ 생 략

제9조 생 략

부 칙 (2023. 8. 8. 법률 제19590호 ; 문화재보호법 부칙)

제1조【시행일】이 법은 2024년 5월 17일부터 시행한다.

제2조~제8조 생 략

제9조【다른 법률의 개정】①~㉔ 생 략

㉕ 상속세 및 증여세법 일부를 다음과 같이 개정한다.

제73조의 2의 제목, 같은 조 제1항 각 호 외의 부분 및 같은 조 제3항부터 제5항까지 중 "문화재"를 각각 "문화유산"으로 한다.

법률 제19251호 상속세 및 증여세법 일부개정법률 제74조의 제목 중 "지정문화재"를 "지정문화유산"으로 하고, 같은 조 제1항 제1호 중 "문화재보호법"을 "문화유산의 보존 및 활용에 관한 법률"로, "문화재자료 및"을 "문화유산자료 및"으로, "국가등록문화재(이하 이 조에서 "문화재자료등"이라 한다)와"를 "국가등록문화유산(이하 이 조에서 "문화유산자료등"이라 한다)과"로 하며, 같은 항 제3호 중 "문화재보호법"을 "문화유산의 보존 및 활용에 관한 법률"로, "국가지정문화재 및 시·도지정문화재와"를 "국가지정문화유산 및 시·도지정문화유산과"로, "국가지정문화재등"을 "국가지정문화유산등"으로 하고, 같은 조 제2항 및 제3항 중 "문화재자료등"을 각각 "문화유산자료등"으로, "국가지정문화재등"을 각각 "국가지정문화유산등"으로 하며, 같은 조 제5항부터 제7항까지 중 "국가지정문화재등"을 각각 "국가지정문화유산등"으로 한다.

제78조 제15항 제1호 및 제2호 중 "국가지정문화재등의"를 각각 "국가지정문화유산등 및 천연기념물등의"로 한다.

제1조【시행일】이 영은 2024년 7월 31일부터 시행한다.

제2조【다른 법령의 개정】①~④ 생 략

⑤ 상속세 및 증여세법 시행령 일부를 다음과 같이 개정한다.

제43조의 5 제6항 제3호 중 "기부금품의 모집 및 사용에 관한 법률"을 "「기부금품의 모집·사용 및 기부문화 활성화에 관한 법률」"로 한다.

⑥~⑬ 생 략

제3조 생 략

부 칙 (2024. 7. 2. 대통령령 제34657호 ; 벤처기업육성에 관한 특별조치법 시행령 부칙)

제1조【시행일】이 영은 2024년 7월 10일부터 시행한다. (단서 생략)

제2조【다른 법령의 개정】①~㉑ 생 략

㉒ 상속세 및 증여세법 시행령 일부를 다음과 같이 개정한다.

제37조 제6항 제1호 중 "「벤처기업 육성에 관한 특별조치법」"을 "「벤처기업육성에 관한 특별법」"으로 한다.

㉓~�555 생 략

제3조 생 략

부 칙 (2024. 5. 7. 대통령령 제34488호 ; 문화재보호법 시행령 부칙)

제1조【시행일】이 영은 2024년 5월 17일부터 시행한다.

제2조·제3조 생 략

제4조【다른 법령의 개정】①~㉒ 생 략

㉓ 상속세 및 증여세법 시행령 일부를 다음과 같이 개정한다.

제20조의 2 제1항 제3호 중 "「문화재보호법」 제53조 제1항에 따른 국가등록문화재"를 "「문화유산의 보존 및 활용에 관한 법률」 제53조 제1항에 따른 국가등록문화유산"으로 한다.

제75조의 2의 제목 "(문화재 등에 대한 물납 신청)"을 "(문화유산 등에 대한 물납 신청)"으로 하고, 같은 조 제1항 각 호 외의 부분 중 "문화재 및"을 "문화유산 및"으로, ""문화재등""을 ""문화유산등""으로 하며, 같은 항 제1호를 다음과 같이 하고, 같은 조 제5항 중 "문화재등"을 각각 "문화유산등"으로 한다.

1. 「문화유산의 보존 및 활용에 관한 법률」에 따른 유형문화유산 또는 민속문화유산으로서 같은 법에 따라 지정 또는 등록된 문화유산

제75조의 3의 제목 "(문화재등에 대한 물납의 허가)"를 "(문화유산등에

제16조의 2의 개정규정에도 불구하고 종전의 규정에 따른다.

(1955. 4. 22. 재무부령 제111호~2022. 3. 18. 기획재정부령 제899호) 생략

㉖~㉝ 생 략

　제10조 생 략

**　부 칙 (2023. 7. 18. 법률 제19563호 ; 가상자산 이용자 보호 등에 관한 법률 부칙)**

제1조【시행일】이 법은 공포 후 1년이 경과한 날부터 시행한다. (단서생략)

제2조【다른 법률의 개정】①~④ 생 략

⑤ 상속세 및 증여세법 일부를 다음과 같이 개정한다.

제60조 제1항 제2호 중 "「특정 금융거래정보의 보고 및 이용 등에 관한 법률」 제2조 제3호"를 "「가상자산 이용자 보호 등에 관한 법률」 제2조 제1호"로 한다.

제65조 제2항 중 "「특정 금융거래정보의 보고 및 이용 등에 관한 법률」 제2조 제3호"를 "「가상자산 이용자 보호 등에 관한 법률」 제2조 제1호"로 한다.

⑥~⑧ 생 략

**　부 칙 (2023. 3. 21. 법률 제19251호 ; 자연유산의 보존 및 활용에 관한 법률 부칙)**

제1조【시행일】이 법은 공포 후 1년이 경과한 날부터 시행한다.

제2조~제7조 생 략

제8조【다른 법률의 개정】①~⑰ 생 략

⑱ 상속세 및 증여세법 일부를 다음과 같이 개정한다.

제74조 제1항에 제4호를 다음과 같이 신설하고, 같은 조 제2항 및 제3항 중 "문화재자료등, 박물관자료등 또는 국가지정문화재등"을 각각 "문화재자료등, 박물관자료등, 국가지정문화재등 또는 천연기념물등"으로 하며, 같은 조 제5항 중 "제1항 제3호에 따른 국가지정문화재등"을 "제1항 제3호에 따른 국가지정문화재등 및 같은 항 제4호에 따른 천연기념물등"으로 하고, 같은 조 제6항 및 제7항 중 "국가지정문화재등"을 각각 "국가지정문화재등 또는 천연기념물등"으로 한다.

4. 「자연유산의 보존 및 활용에 관한 법률」에 따라 지정된 천연기념물·명승 및 시·도자연유산과 같은 법에 따른 보호구역에 있는 토지로서 대통령령으로 정하는 토지(이하 이 조에서 "천연기념물등"이라 한다)

제75조 전단 중 "제1호 및 제3호"를 "제1호·제3호 및 제4호"로 한다.

⑲~㊲ 생 략

　제9조 생 략

(1950. 3. 22. 법률 제114호~
2022. 12. 31. 법률 제19195호) 생략

대한 물납의 허가)"로 하고, 같은 조 제1항 각 호 외의 부분 본문·단서, 같은 항 제1호·제2호 및 같은 조 제5항 중 "문화재등"을 각각 "문화유산등"으로 한다.

제75조의 4의 제목 "(문화재등의 물납 허가 거부 등)"을 "(문화유산등의 물납 허가 거부 등)"으로 하고, 같은 조 제1항 각 호 외의 부분 전단, 같은 항 제1호부터 제3호까지, 같은 조 제2항 본문 및 단서 중 "문화재등"을 각각 "문화유산등"으로 한다.

제75조의 5의 제목 "(물납에 충당할 문화재등의 수납가액의 결정)"을 "(물납에 충당할 문화유산등의 수납가액의 결정)"으로 하고, 같은 조 각 호 외의 부분, 같은 조 제1호 전단 및 후단 중 "문화재등"을 각각 "문화유산등"으로 한다.

제76조의 제목 "(문화재자료 등의 징수유예액의 계산등)"을 "(문화유산자료 등의 징수유예액의 계산등)"으로 하고, 같은 조 제2항 중 "문화재자료등"을 "문화유산자료등"으로, "「문화재보호법」"을 "「문화유산의 보존 및 활용에 관한 법률」"로 하며, 같은 조 제3항 중 "「문화재보호법」에 따른 국가지정문화재 및 시·도지정문화재"를 "「문화유산의 보존 및 활용에 관한 법률」에 따른 국가지정문화유산 및 시·도지정문화유산"으로 한다.

제76조 제4항부터 제7항까지를 각각 제5항부터 제8항까지로 하고, 같은 조에 제4항을 다음과 같이 신설하며, 같은 조 제6항(종전의 제5항) 중 "국가지정문화재등 보유현황명세서"를 "보유현황명세서"로 하고, 같은 조 제7항(종전의 제6항) 중 "국가지정문화재등의"를 "국가지정문화유산등 또는 천연기념물등의"로, "국가지정문화재등 양도거래신고서"를 "양도거래신고서"로 한다.

④ 법 제74조 제1항 제4호에서 "대통령령으로 정하는 토지"란 「자연유산의 보존 및 활용에 관한 법률」에 따른 천연기념물등의 보호를 위하여 같은 법에 따라 지정된 보호구역의 토지를 말한다.

㉔~㊼ 생 략

　제5조 생 략

**　부 칙 (2024. 2. 29. 법률 제34267호)**

제1조【시행일】이 영은 공포한 날부터 시행한다.

제2조【기회발전특구 이전 기업 등에 대한 가업상속공제에 관한 적용례】제15조 제25항의 개정규정은 이 영 시행 이후 상속이 개시되는 경우부터 적용한다.

제3조【공익법인등이 직접 공익목적사업에 사용한 실적에 관한 적용례】제38조 제19항의 개정규정은 2024년 1월 1일 이후 개시하는 과세기간 또는 사업연도에 공익법

 **　부 칙 (2024. 3. 15.)**

① 【시행일】이 통칙은 2024년 3월 15일부터 시행한다.

② 【일반적 적용례】1. 이 통칙은 이 통칙 시행일 이후 상속이 개시되거나 증여하는 분부터 적용한다. 다만, 이 통칙 시행일 전에 이 통칙의 규정과 관련한 세법 등의 개정 및 예규의 생산 또는 변경 등으로 이미 시행되는 규정은 그 관련법률 등의 적용례에 따른다.

2. 이 통칙 시행일 현재 종전의 규정에 따라 결정한 상속세 및 증여세는 이 통칙을 이유로 감액의 청구 또는 경정할 수 없다.

③ 【종전의 예규와의 관계】이 통칙 시행 전의 예규로서 이 통칙과 상치되거나 중복되는 것은 이 통칙에 따른다.

**　부 칙 (2019. 12. 23.)**

① 【시행일】이 통칙은 2019년 12월 23일부터 시행한다.

② 【일반적 적용례】1. 이 통칙은 이 통칙 시행일 이후 상속이 개시되거나 증여하는 분부터 적용한다. 다만, 이 통칙 시행일 전에 이 통칙의 규정과 관련한 세법 등의 개정 및 예규의 생산 또는 변경 등으로 이미 시행되는 규정은 그 관련법률 등의 적용례에 따른다.

2. 이 통칙 시행일 현재 종전의 규정에 따라 결정한 상속세 및 증여세는 이 통칙을 이유로 감액의 청구 또는 경정할 수 없다.

③ 【종전의 예규와의 관계】이 통칙 시행 전의 예규로서 이 통칙과 상치되거나 중복되는 것은 이 통칙에 따른다.

**　부 칙 (2011. 5. 20.)**

① 【시행일】이 통칙은 2011년 5월 20일부터 시행한다.

② 【일반적 적용례】1. 이 통칙은 이 통칙 시행일 이후 상속이 개시되거나 증여하는 분부터 적용한다. 다만, 이 통칙 시행일 전에 이 통칙의 규정과 관련한

제9조【연부연납 가산금의 가산율에 관한 적용례 등】① 제69조 제2항의 개정규정은 이 영 시행 이후 연부연납 가산금을 납부하는 경우부터 적용한다.
② 제1항에도 불구하고 이 영 시행 전에 연부연납 허가를 받은 자가 이 영 시행 이후 연부연납 가산금을 납부하는 경우에는 연부연납 허가를 받은 자의 선택에 따라 제69조 제2항의 개정규정을 적용하지 않을 수 있다.
③ 제2항에 따라 제69조 제2항의 개정규정을 적용하지 않는 경우에는 이후의 연부연납 기간 동안에도 같은 개정규정을 계속하여 적용하지 않는다.
제10조【가업상속공제 대상 업종에 관한 적용례】별표 제1호 카목의 개정규정은 이 영 시행 이후 상속이 개시되는 경우부터 적용한다.
제11조【영농상속공제 요건에 관한 경과조치】이 영 시행 전에 상속이 개시된 경우의 영농상속공제 요건에 관하여는 제16조 제2항 제1호 가목 및 같은 항 제2호 가목의 개정규정에도 불구하고 종전의 규정에 따른다.

부 칙 (2023. 1. 10. 대통령령 제33225호 ; 수산업법 시행령 부칙)
제1조【시행일】이 영은 2023년 1월 12일부터 시행한다.
제2조~제9조 생 략
제10조【다른 법령의 개정】①~⑱ 생 략
⑲ 상속세 및 증여세법 시행령 일부를 다음과 같이 개정한다.
제16조 제5항 제1호 마목 중 "「수산업법」 제8조"를 "「수산업법」 제7조"로, "「수산업법」 제8조 제1항 제6호"를 "「수산업법」 제7조 제1항 제2호"로 한다.
⑳~㊽ 생 략
제11조 생 략

(1950. 5. 8. 대통령령 제343호~
2022. 12. 27. 대통령령 제33140호) 생략

인등이 직접 공익목적사업에 사용한 실적을 계산하는 경우부터 적용한다.
제4조【가업상속공제 사후관리에 관한 경과조치】이 영 시행 전에 가업의 주된 업종을 변경한 경우에 대한 가업 종사 여부의 판단에 관하여는 제15조 제11항 제2호 가목의 개정규정에도 불구하고 종전의 규정에 따른다.
제5조【공익법인등의 출연재산가액의 계산에 관한 경과조치】공익법인등이 2023년 12월 31일이 속하는 과세기간 또는 사업연도에 대한 출연재산가액의 계산에 관하여는 제38조 제18항의 개정규정에도 불구하고 종전의 규정에 따른다.
제6조【서화 등 그 밖의 유형재산의 평가에 관한 경과조치】이 영 시행 전에 상속이 개시되었거나 증여받은 경우의 상속재산 또는 증여재산의 평가에 관하여는 제52조 제2항 제2호 각 목 외의 부분의 개정규정에도 불구하고 종전의 규정에 따른다.

부 칙 (2023. 2. 28. 대통령령 제33278호)
제1조【시행일】이 영은 공포한 날부터 시행한다.
제2조【가업상속공제 요건에 관한 적용례 등】① 제15조 제2항 제3호 및 같은 조 제3항 제1호 가목의 개정규정은 2023년 1월 1일 이후 상속이 개시되는 경우부터 적용한다.
② 2023년 1월 1일 전에 상속이 개시된 경우의 가업상속공제 요건에 관하여는 제15조 제2항 제3호 및 같은 조 제3항 제1호 가목의 개정규정에도 불구하고 종전의 규정에 따른다.
제3조【특수관계법인과의 거래를 통한 이익의 증여 의제에 관한 적용례】제34조의 3 제10항 제5호, 제5호의 2, 제5호의 3 및 같은 조 제15항의 개정규정은 이 영 시행 이후 법 제68조 제1항 단서에 따른 증여세 과세표준신고를 하는 경우부터 적용한다.
제4조【공익법인등의 내국법인 주식등의 초과보유 계산기준일에 관한 적용례】제37조 제1항 제4호의 개정규정은 이 영 시행 이후 합병법인의 주식등을 취득하는 경우부터 적용한다.
제5조【공익법인등의 전용계좌 개설 기한에 관한 적용례】제43조의 4 제11항의 개정규정은 이 영 시행 전에 「법인세법 시행령」 제39조 제1항 제1호 바목에 따라 지정·고시된 공익법인등의 경우에도 적용한다.
제6조【1주당 최근 3년간의 순손익액 계산에 관한 적용례】제56조 제4항 제1호 나목 및 같은 항 제2호 가목의 개정규정은 2023년 1월 1일 이후 상속이 개시되거나 증여받는 경우부터 적용한다.
제7조【연부연납 허가 요건에 관한 적용례 등】① 제68조 제3항 제2호 가목의 개정규정은 2023년 1월 1일 이후 상속이 개시되는 경우부터 적용한다.
② 2023년 1월 1일 전에 상속이 개시된 경우의 연부연납 허가 요건에 관하여는 제68조 제3항 제2호 가목의 개정규정에도 불구하고 종전의 규정에 따른다.
제8조【연부연납의 취소 등에 관한 적용례】제68조 제8항 각 호 외의 부분 후단 및 같은 항 제2호의 개정규정은 이 영 시행 이후 연부연납 허가를 취소·변경하는 경우부터 적용한다.

세법 등의 개정 및 예규의 생산 또는 변경 등으로 이미 시행되는 규정은 그 관련법률 등의 적용례에 따른다.
2. 이 통칙 시행일 현재 종전의 규정에 따라 결정한 상속세 및 증여세는 이 통칙을 이유로 감액의 청구 또는 경정할 수 없다.
③【종전의 예규와의 관계】이 통칙 시행 전의 예규로서 이 통칙과 상치되거나 중복되는 것은 이 통칙에 따른다.

(1981. 12. 31.~2008. 7. 25.) 생략

소득세법

소득법 부칙   소득법 예규판례

소득세법

제 3 절 소득금액의 계산

제 1 관 총수입금액

제 2 관 필요경비

제 4 절 소득금액의 계산

제 11 절　거주자의 출국시 국내 주식 등에 대한 과세 특례

제 4 장　비거주자의 납세의무

제 1 절　비거주자에 대한 세액 계산 통칙

제 8 절　거주자의 출국 시 국내 주식 등에 대한 과세 특례

제 4 장　비거주자의 납세의무

제 1 절　비거주자의 세액계산 통칙

제 5 장　원천징수

제 1 절　원천징수

제 1 관　원천징수의무자와 징수 · 납부

제 2 관　이자소득 또는 배당소득에 대한 원천징수

제 3 관　근로소득에 대한 원천징수

제 5 장　원천징수

제 1 절　원천징수

제 3 절　원천징수의 특례

제 3 절　원천징수의 특례

기본통칙

<table>
<tr><th>소득세법</th><th>소득세법 시행령</th><th>소득세법 시행규칙</th></tr>
<tr><td>

개정 2024. 12. 31. 법률 제20615호
2023. 12. 31. 법률 제19933호
(문화재보호법 부칙) 2023. 8. 8. 법률 제19590호
(가상자산 이용자~부칙) 2023. 7. 18. 법률 제19563호
2022. 12. 31. 법률 제19196호
2022. 8. 12. 법률 제18975호
2021. 12. 8. 법률 제18578호
(세무사법 부칙) 2021. 11. 23. 법률 제18521호
(근로자직업능력 개발법 부칙) 2021. 8. 17. 법률 제18425호
2021. 8. 10. 법률 제18370호
2021. 3. 16. 법률 제17925호
(국세징수법 부칙) 2020. 12. 29. 법률 제17758호
2020. 12. 29. 법률 제17757호
2020. 8. 18. 법률 제17477호
(법률용어 정비를~법률) 2020. 6. 9. 법률 제17339호
2019. 12. 31. 법률 제16834호
(군인 재해보상법 부칙) 2019. 12. 10. 법률 제16761호
(양식산업발전법 부칙) 2019. 8. 27. 법률 제16568호
2018. 12. 31. 법률 제16104호
(공무원 재해보상법 부칙) 2018. 3. 20. 법률 제15522호
2017. 12. 19. 법률 제15225호
(빈집 및~특례법 부칙) 2017. 2. 8. 법률 제14569호
(지방세기본법 부칙) 2016. 12. 27. 법률 제14474호
2016. 12. 20. 법률 제14389호
(부동산 거래신고 등에 관한 법률 부칙) 2016. 1. 19. 법률 제13797호
(부동산 가격공시 및~법률 부칙) 2016. 1. 19. 법률 제13796호
2015. 12. 15. 법률 제13558호
(제주특별자치도 설치 및~특별법 부칙) 2015. 7. 24. 법률 제13426호
2015. 5. 13. 법률 제13282호
2015. 3. 10. 법률 제13206호
(주택도시기금법 부칙) 2015. 1. 6. 법률 제12989호
2014. 12. 23. 법률 제12852호
(측량·수로조사~법률 부칙) 2014. 6. 3. 법률 제12738호
(공익신탁법 부칙) 2014. 3. 18. 법률 제12420호
2014. 1. 1. 법률 제12169호
(지방세법 부칙) 2014. 1. 1. 법률 제12153호
2013. 8. 13. 법률 제12030호
(부가가치세법 부칙) 2013. 6. 7. 법률 제11873호

</td><td>

개정 2025. 2. 28. 대통령령 제35349호
2024. 12. 31. 대통령령 제35121호
2024. 11. 12. 대통령령 제34990호
(근현대문화유산의~부칙) 2024. 9. 10. 대통령령 제34881호
2024. 9. 10. 대통령령 제34873호
(기부금품의~부칙) 2024. 7. 23. 대통령령 제34728호
(벤처기업육성에~부칙) 2024. 7. 2. 대통령령 제34657호
(교육부와~부칙) 2024. 6. 25. 대통령령 제34591호
(문화재보호법 시행령 부칙) 2024. 5. 7. 대통령령 제34488호
2024. 2. 29. 대통령령 제34265호
2023. 12. 28. 대통령령 제34061호
(민간임대주택에~부칙) 2023. 9. 26. 대통령령 제33764호
2023. 9. 26. 대통령령 제33736호
(지방자치분권~부칙) 2023. 7. 7. 대통령령 제32621호
(국가보훈부와~부칙) 2023. 4. 11. 대통령령 제33382호
2023. 2. 28. 대통령령 제33267호
2022. 12. 31. 대통령령 제33207호
2022. 10. 27. 대통령령 제32964호
(행정기관 소속~대통령령) 2022. 10. 4. 대통령령 제32931호
2022. 8. 2. 대통령령 제32830호
2022. 5. 31. 대통령령 제32654호
2022. 3. 8. 대통령령 제32516호
(금융회사 부실자산~부칙) 2022. 2. 17. 대통령령 제32449호
(근로자직업~부칙) 2022. 2. 17. 대통령령 제32447호
2022. 2. 15. 대통령령 제32420호
(감정평가 및~시행령 부칙) 2022. 1. 21. 대통령령 제32352호
2021. 11. 9. 대통령령 제32104호
(국가균형발전 특별법 시행령 부칙) 2021. 6. 8. 대통령령 제31740호
2021. 5. 4. 대통령령 제31659호
(수산식품산업의~시행령 부칙) 2021. 2. 19. 대통령령 제31472호
2021. 2. 17. 대통령령 제31442호
(어려운 법령용어~대통령령) 2021. 1. 5. 대통령령 제31380호
(전자서명법 시행령 부칙) 2020. 12. 8. 대통령령 제31222호
(부동산 가격공시에~부칙) 2020. 10. 8. 대통령령 제31101호
2020. 10. 7. 대통령령 제31083호
(양식산업발전법 시행령 부칙) 2020. 8. 26. 대통령령 제30977호
(문화재보호법 시행령 부칙) 2020. 5. 26. 대통령령 제30704호
(건설산업기본법 시행령 부칙) 2020. 2. 18. 대통령령 제30423호

</td><td>

개정 2025. 3. 21. 기획재정부령 제1124호
2024. 12. 31. 기획재정부령 제1098호
2024. 9. 10. 기획재정부령 제1080호
2024. 3. 22. 기획재정부령 제1052호
2023. 12. 29. 기획재정부령 제1034호
2023. 7. 3. 기획재정부령 제1004호
2023. 3. 20. 기획재정부령 제 966호
2022. 12. 31. 기획재정부령 제 952호
2022. 6. 30. 기획재정부령 제 920호
2022. 3. 18. 기획재정부령 제 907호
2021. 11. 9. 기획재정부령 제 869호
(어려운 법령용어~일부개정령)
2021. 10. 28. 기획재정부령 제 867호
2021. 5. 17. 기획재정부령 제 855호
2021. 3. 16. 기획재정부령 제 848호
2020. 3. 13. 기획재정부령 제 781호
2019. 12. 31. 기획재정부령 제 762호
2019. 3. 20. 기획재정부령 제 731호
(일본식 용어정비~개정령)
2018. 11. 26. 기획재정부령 제 697호
2018. 4. 24. 기획재정부령 제 679호
2018. 3. 21. 기획재정부령 제 670호
2017. 3. 10. 기획재정부령 제 604호
2016. 3. 16. 기획재정부령 제 556호
2016. 2. 25. 기획재정부령 제 538호
2015. 6. 30. 기획재정부령 제 488호
2015. 5. 13. 기획재정부령 제 480호
2015. 3. 13. 기획재정부령 제 479호
2015. 2. 13. 기획재정부령 제 459호
2014. 12. 19. 기획재정부령 제 447호
(기획재정부와~직제 시행규칙 부칙)
2014. 11. 19. 기획재정부령 제 444호
2014. 3. 14. 기획재정부령 제 407호
2013. 9. 27. 기획재정부령 제 367호
(부가가치세법 시행규칙 부칙)
2013. 6. 28. 기획재정부령 제 355호
(기획재정부와~시행규칙 부칙)
2013. 3. 23. 기획재정부령 제 342호

</td></tr>
</table>

(자본시장과 금융투자업에 관한 법률 부칙) 2013. 5. 28. 법률 제11845호
(국군포로의 송환 및~법률 부칙) 2013. 3. 22. 법률 제11652호
2013. 1. 1. 법률 제11611호
(남녀고용평등과 일·가정~법률 부칙) 2012. 2. 1. 법률 제11274호
2012. 1. 1. 법률 제11146호
(보훈보상대상자 지원에 관한 법률 부칙) 2011. 9. 15. 법률 제11042호
(신탁법 부칙) 2011. 7. 25. 법률 제10924호
(산업교육진흥 및 산학협력촉진에 관한 법률 부칙) 2011. 7. 25. 법률 제10907호
2011. 7. 25. 법률 제10900호
(보조금의 예산 및 관리에 관한 법률 부칙) 2011. 7. 25. 법률 제10898호
(금융실명거래 및 비밀보장에 관한 법률 부칙) 2011. 7. 14. 법률 제10854호
(영유아보육법 부칙) 2011. 6. 7. 법률 제10789호
2011. 5. 2. 법률 제10625호
(부동산등기법 부칙) 2011. 4. 12. 법률 제10580호
2010. 12. 27. 법률 제10408호
(근로자직업능력 개발법 부칙) 2010. 5. 31. 법률 제10337호
(지방세법 부칙) 2010. 3. 31. 법률 제10221호
(상호저축은행법 부칙) 2010. 3. 22. 법률 제10175호
(지방세법 부칙) 2010. 1. 1. 법률 제9924호
2009. 12. 31. 법률 제9897호
(신문 등의 자유와 기능보장에 관한 법률 부칙) 2009. 7. 31. 법률 제9785호
(측량·수로조사 및 지적에 관한 법률 부칙) 2009. 6. 9. 법률 제9774호
(산림보호법 부칙) 2009. 6. 9. 법률 제9763호
2009. 5. 21. 법률 제9672호
2009. 3. 18. 법률 제9485호
(교통·에너지·환경세법 부칙) 2009. 1. 30. 법률 제9346호
2008. 12. 26. 법률 제9270호
2008. 3. 21. 법률 제8911호
(정부조직법 부칙) 2008. 2. 29. 법률 제8852호
2007. 12. 31. 법률 제8825호
(국민연금법 부칙) 2007. 7. 23. 법률 제8541호
(관광진흥법 부칙) 2007. 7. 19. 법률 제8531호
2007. 7. 19. 법률 제8524호
(가족관계의등록등에관한법률 부칙) 2007. 5. 17. 법률 제8435호
2006. 12. 30. 법률 제8144호
(기부금품모집규제법 부칙) 2006. 3. 24. 법률 제7908호
(국군포로의송환및대우등에관한법률 부칙) 2006. 3. 24. 법률 제7896호
(국가유공자등예우및지원에관한법률 부칙) 2006. 3. 3. 법률 제7873호

(1967. 11. 29. 법률 제1966호~2005. 12. 31. 법률 제7837호 개정) 생략

2020. 2. 11. 대통령령 제30395호
(문화재보호법 시행령 부칙) 2019. 12. 31. 대통령령 제30285호
(주식·사채~시행령 부칙) 2019. 6. 25. 대통령령 제29892호
2019. 2. 12. 대통령령 제29523호
2018. 10. 23. 대통령령 제29242호
(민간임대주택에~시행령 부칙) 2018. 7. 16. 대통령령 제29045호
(일본식 용어 정비~일부개정령) 2018. 6. 5. 대통령령 제28946호
2018. 2. 13. 대통령령 제28637호
(빈집 및~시행령 부칙) 2018. 2. 9. 대통령령 제28627호
2017. 12. 29. 대통령령 제28511호
(전문의의 수련~규정 부칙) 2017. 11. 21. 대통령령 제28440호
2017. 9. 19. 대통령령 제28293호
(행정안전부와 그 소속기관 직제 부칙) 2017. 7. 26. 대통령령 제28211호
(공항시설법 시행령 부칙) 2017. 3. 29. 대통령령 제27972호
2017. 2. 3. 대통령령 제27829호
(부동산거래 신고 등에 관한 법률 시행령 부칙) 2017. 1. 17. 대통령령 제27793호
2016. 12. 5. 대통령령 제27653호
(경비교도대 폐지에~시행령 부칙) 2016. 11. 29. 대통령령 제27617호
(기초연구진흥 및~시행령 부칙) 2016. 9. 22. 대통령령 제27506호
(감정평가 및 감정평가사~부칙) 2016. 8. 31. 대통령령 제27472호
(부동산가격공시~시행령 부칙) 2016. 8. 31. 대통령령 제27471호
(주택법 시행령 부칙) 2016. 8. 11. 대통령령 제27444호
(수산종자산업육성법 시행령 부칙) 2016. 6. 21. 대통령령 제27245호
2016. 3. 31. 대통령령 제27074호
2016. 2. 17. 대통령령 제26982호
(제주특별자치도 설치 및~시행령 부칙) 2016. 1. 22. 대통령령 제26922호
(행정기관 소속~일부 개정령) 2015. 12. 31. 대통령령 제26844호
(임대주택법 시행령 부칙) 2015. 12. 28. 대통령령 제26763호
(전투경찰대 설치법 시행령 부칙) 2015. 11. 20. 대통령령 제26659호
(자본시장과~시행령 부칙) 2015. 10. 23. 대통령령 제26600호
(수목원 조성 및~부칙) 2015. 7. 20. 대통령령 제26416호
(주택도시기금법 시행령 부칙) 2015. 6. 30. 대통령령 제26369호
2015. 6. 30. 대통령령 제26344호
(측량·수로조사 및~시행령 부칙) 2015. 6. 1. 대통령령 제26302호
2015. 2. 3. 대통령령 제26067호
(한국산업은행법 시행령 부칙) 2014. 12. 30. 대통령령 제25945호
(행정자치부와~직제 부칙) 2014. 11. 19. 대통령령 제25751호
2014. 9. 26. 대통령령 제25641호
(부동산 거래신고에~시행령 부칙) 2014. 7. 28. 대통령령 제25523호
(공인중개사의~시행령 부칙) 2014. 7. 28. 대통령령 제25522호
(국가균형발전 특별법 시행령 부칙) 2014. 3. 11. 대통령령 제25249호
2014. 2. 21. 대통령령 제25193호

(1970. 8. 20. 대통령령 제5286호 개정~2013. 11. 5. 대통령령 제24823호 개정) 생략

2013. 2. 23. 기획재정부령 제 323호
(방문판매 등에~법률 시행규칙 부칙)
2012. 8. 16. 총 리 령 제 992호
2012. 6. 29. 기획재정부령 제 293호
2012. 2. 28. 기획재정부령 제 265호
2011. 12. 28. 기획재정부령 제 248호
2011. 8. 3. 기획재정부령 제 224호
2011. 3. 28. 기획재정부령 제 195호
2010. 4. 30. 기획재정부령 제 154호
2009. 9. 2. 기획재정부령 제 98호
2009. 6. 8. 기획재정부령 제 83호
2009. 4. 14. 기획재정부령 제 571호

(1969. 11. 1. 재무부령 제753호~
2008. 4. 29. 재정경제부령 제515호 개정) 생략

기본통칙

개정 2024. 3. 15.
2019. 12. 23.
2013. 5. 24.
2011. 5. 20.
2011. 3. 21.
2009. 2. 2.
2008. 7. 30.
2007. 11. 28.
전면개정 1997. 4. 8.
1994. 8. 1.
1992. 8. 21.
1992. 7. 25.
1988. 2. 1.
1985. 7. 1.
1985. 1. 11.
1983. 6. 8.
시행 1981. 12. 31.

제1조【목 적】이 법은 개인의 소득에 대하여 소득의 성격과 납세자의 부담능력 등에 따라 적정하게 과세함으로써 조세부담의 형평을 도모하고 재정수입의 원활한 조달에 이바지함을 목적으로 한다. (2009. 12. 31. 신설)

제1조의 2【정 의】① 이 법에서 사용하는 용어의 뜻은 다음과 같다. (2009. 12. 31. 신설)

1. "거주자"란 국내에 주소를 두거나 183일 이상의 거소(居所)를 둔 개인을 말한다. (2014. 12. 23. 개정)
2. "비거주자"란 거주자가 아닌 개인을 말한다. (2009. 12. 31. 신설)
3. "내국법인"이란 「법인세법」 제2조 제1호에 따른 내국법인을 말한다. (2018. 12. 31. 개정)
4. "외국법인"이란 「법인세법」 제2조 제3호에 따른 외국법인을 말한다. (2018. 12. 31. 개정)
5. "사업자"란 사업소득이 있는 거주자를 말한다. (2009. 12. 31. 신설)
② 제1항에 따른 주소·거소와 거주자·비거주자의 구분은 대통령령으로 정한다. (2009. 12. 31. 신설)

제2조【납세의무】(2009. 12. 31. 조번개정)
① 다음 각 호의 어느 하나에 해당하는 개인은 이 법에 따라 각자의 소득에 대한 소득세를 납부할 의무를 진다. (2009. 12. 31. 개정)

통칙 2-0…1【법인에 귀속시킨 개인소득에 대한 과세 제외】
법인설립일 전에 생긴 소득을 「법인세법 시행령」 제4조 제2항의 규정에 의하여 사실상 그 법인의 소득으로 귀속시킨 것은 소득세를 과세하지 아니한다. (2024. 3. 15. 개정)

1. 거주자 (2009. 12. 31. 개정)

통칙 2-0…2【외국투자가의 배당소득】

제1조【목 적】(2010. 2. 18. 제목개정)
이 영은 「소득세법」에서 위임된 사항과 그 시행에 필요한 사항을 규정함을 목적으로 한다. (2010. 2. 18. 개정)

제2조【주소와 거소의 판정】① 「소득세법」(이하 "법"이라 한다) 제1조의 2에 따른 주소는 국내에서 생계를 같이 하는 가족 및 국내에 소재하는 자산의 유무 등 생활관계의 객관적 사실에 따라 판정한다. (2010. 2. 18. 개정)
② 법 제1조의 2에 따른 거소는 주소지 외의 장소 중 상당기간에 걸쳐 거주하는 장소로서 주소와 같이 밀접한 일반적 생활관계가 형성되지 아니한 장소로 한다. (2010. 2. 18. 개정)
③ 국내에 거주하는 개인이 다음 각 호의 어느 하나에 해당하는 경우에는 국내에 주소를 가진 것으로 본다. (2015. 2. 3. 개정)
1. 계속하여 183일 이상 국내에 거주할 것을 통상 필요로 하는 직업을 가진 때 (2015. 2. 3. 개정)
2. 국내에 생계를 같이하는 가족이 있고, 그 직업 및 자산상태에 비추어 계속하여 183일 이상 국내에 거주할 것으로 인정되는 때 (2015. 2. 3. 개정)
④ 국외에 거주 또는 근무하는 자가 외국국적을 가졌거나 외국법령에 의하여 그 외국의 영주권을 얻은 자로서 국내에 생계를 같이하는 가족이 없고 그 직업 및 자산상태에 비추어 다시 입국하여 주로 국내에 거주하리라고 인정되지 아니하는 때에는 국내에 주소가 없는 것으로 본다. (2015. 2. 3. 개정)
1. 계속하여 1년 이상 국외에 거주할 것을 통상 필요로 하는 직업을 가진 때
2. 외국국적을 가졌거나 외국법령에 의하여 그 외국의 영주권을 얻은 자로서 국내에 생계를 같이하는 가족이 없고 그 직업 및 자산상태에 비추어 다시 입국하여 주로 국내에 거주하리라고 인정되지 아니하는 때
1.·2. 삭 제 (2015. 2. 3.)

제1조【목 적】(2010. 4. 30. 제목개정)
이 규칙은 「소득세법」 및 「소득세법 시행령」에서 위임된 사항과 그 시행에 필요한 사항을 규정함을 목적으로 한다. (2010. 4. 30. 개정)

「외국인투자촉진법」에 의한 외국투자가의 배당소득은 그 외국투자가가 거주자로 되는 경우에는 거주자의 소득으로 보고 과세한다. 이 경우 외국투자가의 자격으로 사용하는 성명과 국내에 거주하면서 사용하는 성명이 서로 달라도 동일인의 소득으로 보고 과세한다. (2011. 3. 21. 개정)

2. 비거주자로서 국내원천소득(國內源泉所得)이 있는 개인 (2009. 12. 31. 개정)

▶ 편주

국외사업장 등에 근무하는 비거주자의 납세의무는 통칙 3-0…4 참조

▶ 관계조문

법 119조 ⇒ 비거주자의 국내원천소득

통칙 1-0…3【외교관 등 신분에 의한 비거주자】(2009. 2. 2. 번호개정)
다음 각호에 규정하는 자는 국내에 주소가 있는지 여부 및 국내 거주기간에 불구하고 그 신분에 따라 비거주자로 본다.
1. 주한외교관과 그 외교관의 세대에 속하는 가족. 다만, 대한민국국민은 예외로 한다.
2. 한미행정협정(「대한민국과 아메리카합중국 간의 상호방위조약 제4조에 의한 시설과 구역 및 대한민국에서 합중국군대의 지위에 관한 협정」) 제1조에 규정한 합중국군대의 구성원·군무원 및 그들의 가족. 다만, 합중국의 소득세를 회피할 목적으로 국내에 주소가 있다고 신고한 경우에는 예외로 한다. (2008. 7. 30. 개정)

② 다음 각 호의 어느 하나에 해당하는 자는 이 법에 따라 원천징수한 소득세를 납부할 의무를 진다. (2009. 12. 31. 개정)
1. 거주자 (2009. 12. 31. 개정)
2. 비거주자 (2009. 12. 31. 개정)
3. 내국법인 (2009. 12. 31. 개정)
4. 외국법인의 국내지점 또는 국내영업소(출장소, 그 밖에 이에 준하는 것을 포함한다. 이하 같다) (2009. 12. 31. 개정)

⑤ 외국을 항행하는 선박 또는 항공기의 승무원의 경우 그 승무원과 생계를 같이 하는 가족이 거주하는 장소 또는 그 승무원이 근무기간 외의 기간중 통상 체재하는 장소가 국내에 있는 때에는 당해 승무원의 주소는 국내에 있는 것으로 보고, 그 장소가 국외에 있는 때에는 당해 승무원의 주소가 국외에 있는 것으로 본다. (94. 12. 31 개정)

　　제2조의 2【거주자 또는 비거주자가 되는 시기】① 비거주자가 거주자로 되는 시기는 다음 각 호의 시기로 한다. (2009. 2. 4. 신설)
1. 국내에 주소를 둔 날 (2009. 2. 4. 신설)
2. 제2조 제3항 및 제5항에 따라 국내에 주소를 가지거나 국내에 주소가 있는 것으로 보는 사유가 발생한 날 (2009. 2. 4. 신설)
3. 국내에 거소를 둔 기간이 183일이 되는 날 (2015. 2. 3. 개정)
② 거주자가 비거주자로 되는 시기는 다음 각 호의 시기로 한다. (2009. 2. 4. 신설)
1. 거주자가 주소 또는 거소의 국외 이전을 위하여 출국하는 날의 다음 날 (2009. 2. 4. 신설)
2. 제2조 제4항 및 제5항에 따라 국내에 주소가 없거나 국외에 주소가 있는 것으로 보는 사유가 발생한 날의 다음 날 (2009. 2. 4. 신설)

　　제3조【해외현지법인등의 임직원 등에 대한 거주자 판정】(2015. 2. 3. 제목개정)
거주자나 내국법인의 국외사업장 또는 해외현지법인(내국법인이 발행주식총수 또는 출자지분의 100분의 100을 직접 또는 간접 출자한 경우에 한정한다)등에 파견된 임원 또는 직원이나 국외에서 근무하는 공무원은 거주자로 본다. (2015. 2. 3. 개정)

　　제3조의 2【거주자 또는 비거주자로 보는 단체의 구분】법 제2조 제3항에 따라 거주자 또는 비거주자로 보는 법인 아닌 단체에 대해서는 다음 각 호의 구분에 따라 법을 적용한다. (2013. 2. 15. 신설)
1. 구성원 간 이익의 분배방법이나 분배비율이 정하여져 있거나 사실상 이익이 분배되는 것으로 확인되는 경우에는 해당 구성원이 공동으로 사업을 영위하는 것으로 보아 구성원별로 과세 (2013. 2. 15. 신설)
2. 구성원 간 이익의 분배방법이나 분배비율이 정하여져 있지 않거나 확인되지 않는

통칙 1-3…1【국외사업장 등에 파견된 임원 또는 직원의 거주자·비거주자 판정】(2009. 2. 2. 번호·제목개정)
① 거주자 또는 내국법인의 국외사업장 또는 해외현지법인(100% 출자법인)에 파견된 임원 또는 직원이 생계를 같이 하는 가족이나 자산상태로 보아 파견기간의 종료 후 재입국할 것으로 인정되는 때에는 파견기간이나 외국의 국적 또는 영주권의 취득과는 관계없이 거주자로 본다. (2009. 2. 2. 개정)
② 제1항의 규정에 준하여 국내에 생활의 근거가 있는 자가 국외에서 거주자 또는 내국법인의 임원 또는 직원이 되는 경우에는 국내에서 파견된 것으로 본다.
☞

5. 그 밖에 이 법에서 정하는 원천징수의무자 (2009. 12. 31. 개정)

③ 「국세기본법」 제13조 제1항에 따른 법인 아닌 단체 중 같은 조 제4항에 따른 법인으로 보는 단체(이하 "법인으로 보는 단체"라 한다) 외의 법인 아닌 단체는 국내에 주사무소 또는 사업의 실질적 관리장소를 둔 경우에는 1거주자로, 그 밖의 경우에는 1비거주자로 보아 이 법을 적용한다. 다만, 다음 각 호의 어느 하나에 해당하는 경우에는 소득구분에 따라 해당 단체의 각 구성원별로 이 법 또는 「법인세법」에 따라 소득에 대한 소득세 또는 법인세[해당 구성원이 「법인세법」에 따른 법인(법인으로 보는 단체를 포함한다)인 경우로 한정한다. 이하 이 조에서 같다]를 납부할 의무를 진다. (2018. 12. 31. 개정)

1. 구성원 간 이익의 분배비율이 정하여져 있고 해당 구성원별로 이익의 분배비율이 확인되는 경우 (2018. 12. 31. 신설)

2. 구성원 간 이익의 분배비율이 정하여져 있지 아니하나 사실상 구성원별로 이익이 분배되는 것으로 확인되는 경우 (2018. 12. 31. 신설)

④ 제3항에도 불구하고 해당 단체의 전체 구성원 중 일부 구성원의 분배비율만 확인되거나 일부 구성원에게만 이익이 분배되는 것으로 확인되는 경우에는 다음 각 호의 구분에 따라 소득세 또는 법인세를 납부할 의무를 진다. (2018. 12. 31. 신설)

1. 확인되는 부분 : 해당 구성원별로 소득세 또는 법인세에 대한 납세의무 부담 (2018. 12. 31. 신설)

2. 확인되지 아니하는 부분 : 해당 단체를 1거주자 또는 1비거주자로 보아 소득세에 대한 납세의무 부담 (2018. 12. 31. 신설)

이익의 분배비율이 정하여져 있고 해당 구성원별로 이익의 분배비율이 확인되는 경우 또는 구성원 간 이익의 분배비율이 정하여져 있지 아니하나 사실상 구성원별로 이익이 분배되는 것으로 확인되는 경우에는 소득구분에 따라 해당 벤처투자조합의 구성원별로 소득법 또는 법인법에 따라 소득에 대한 납부할 의무를 지는 것임. (사전-2021-법규소득-1472, 2022. 5. 3.)

⑤ 제3항 및 제4항에도 불구하고 법인으로 보는 단체 외의 법인 아닌 단체에 해당하는 국외투자기구(투자권유를 하여 모은 금전 등을 가지고 재산적 가치가 있는 투자대상자산을 취득, 처분하거나 그 밖의 방법으로 운

경우에는 해당 단체를 1거주자 또는 1비거주자로 보아 과세 (2013. 2. 15. 신설)

제3조의 2 【거주자 또는 비거주자로 보는 단체의 구분】삭 제 (2019. 2. 12.)

제4조 【거주기간의 계산】 ① 국내에 거소를 둔 기간은 입국하는 날의 다음 날부터 출국하는 날까지로 한다. (94. 12. 31 개정)

② 국내에 거소를 두고 있던 개인이 출국 후 다시 입국한 경우에 생계를 같이하는 가족의 거주지나 자산소재지 등에 비추어 그 출국목적이 관광, 질병의 치료 등으로서 명백하게 일시적인 것으로 인정되는 때에는 그 출국한 기간도 국내에 거소를 둔 기간으로 본다. (2015. 2. 3. 개정)

② 국내에 거소를 두고 있던 개인이 출국 후 다시 입국한 경우에 생계를 같이하는 가족의 거주지나 자산소재지 등에 비추어 그 출국목적이 관광, 질병의 치료 등 기획재정부령으로 정하는 사유에 해당하여 명백하게 일시적인 것으로 인정되는 때에는 그 출국한 기간도 국내에 거소를 둔 기간으로 본다. (2025. 2. 28. 개정)

영 4조 3항의 개정규정은 2026. 1. 1. 이후 개시하는 과세기간에 발생하는 소득분부터 적용함. (영 부칙(2025. 2. 28.) 2조 2항)

③ 국내에 거소를 둔 기간이 1과세기간 동안 183일 이상인 경우에는 국내에 183일 이상 거소를 둔 것으로 본다. (2018. 2. 13. 개정)

③ 국내에 거소를 둔 기간이 다음 각 호의 어느 하나에 해당하는 경우에는 국내에 183일 이상 거소를 둔 것으로 본다. (2025. 2. 28. 개정)

1. 1과세기간 동안 183일 이상인 경우 (2025. 2. 28. 신설)

2. 2과세기간에 걸쳐 계속하여 183일 이상인 경우 (2025. 2. 28. 신설)

영 4조 3항의 개정규정은 2026. 1. 1. 이후 개시하는 과세기간에 발생하는 소득분부터 적용함. (영 부칙(2025. 2. 28.) 2조 2항)

④ 「재외동포의 출입국과 법적 지위에 관한 법률」 제2조에 따른 재외동포가 입국한 경우 생계를 같이 하는 가족의 거주지나 자산소재지등에 비추어 그 입국목적이 관광, 질병의 치료 등 기획재정부령으로 정하는 사유에 해당하여 그 입국한 기간이 명백하게 일시적인 것으로 기획

제2조 【일시적 출입국 사유 등】 (2025. 3. 21. 제목개정)

① 「소득세법 시행령」(이하 "영"이라 한다) 제4조 제2항에서 "관광, 질병의 치료 등 기획재정부령으로 정하는 사유"란 다음 각 호의 사유를 말한다. (2025. 3. 21. 신설)

1. 단기 관광 (2025. 3. 21. 신설)

2. 질병의 치료 (2025. 3. 21. 신설)

3. 친족 경조사 참석 (2025. 3. 21. 신설)

4. 출장, 연수 등 사업의 경영 또는 업무와 관련된 사유 (2025. 3. 21. 신설)

5. 그 밖에 제1호부터 제4호까지의 사유에 준하는 사유 (2025. 3. 21. 신설)

① 「소득세법 시행령」(이하 "영"이라 한다) 제4조 제4항에서 "기획재정부령으로 정하는 사유"는 사업의 경영 또는 업무와 무관한 것으로서 다음 각 호의 것을 말한다. (2021. 3. 16. 개정)

② 영 제4조 제4항에서 "기획재정부령으로 정하는 사유"란 사업의 경영 또는 업무와 무관한 것으로서 다음 각 호의 사유를 말한다. (2025. 3. 21. 개정)

1. 단기 관광 (2016. 3. 16. 신설)

2. 질병의 치료 (2016. 3. 16. 신설)

용하고 그 결과를 투자자에게 배분하여 귀속시키는 투자행위를 하는 기구로서 국외에서 설립된 기구를 말한다. 이하 같다)를 제119조의 2 제1항 제2호에 따라 국내원천소득의 실질귀속자로 보는 경우 그 국외투자기구는 1비거주자로서 소득세를 납부할 의무를 진다. (2018. 12. 31. 신설)

제2조의 2 【납세의무의 범위】 (2009. 12. 31. 조번개정)
① 제43조에 따라 공동사업에 관한 소득금액을 계산하는 경우에는 해당 공동사업자별로 납세의무를 진다. 다만, 제43조 제3항에 따른 주된 공동사업자(이하 이 항에서 "주된 공동사업자"라 한다)에게 합산과세되는 경우 그 합산과세되는 소득금액에 대해서는 주된 공동사업자의 특수관계인은 같은 조 제2항에 따른 손익분배비율에 해당하는 그의 소득금액을 한도로 주된 공동사업자와 연대하여 납세의무를 진다. (2013. 1. 1. 개정)

② 제44조에 따라 피상속인의 소득금액에 대해서 과세하는 경우에는 그 상속인이 납세의무를 진다. (2009. 12. 31. 개정)
③ 제101조 제2항에 따라 증여자가 자산을 직접 양도한 것으로 보는 경우 그 양도소득에 대해서는 증여자와 증여받은 자가 연대하여 납세의무를 진다. (2020. 12. 29. 항번개정)
④ 제127조에 따라 원천징수되는 소득으로서 제14조 제3항 또는 다른 법률에 따라 제14조 제2항에 따른 종합소득과세표준에 합산되지 아니하는 소득이 있는 자는 그 원천징수되는 소득세에 대해서 납세의무를 진다. (2020. 12. 29. 항번개정)
⑤ 공동으로 소유한 자산에 대한 양도소득금액을 계산하는 경우에는 해당 자산을 공동으로 소유하는 각 거주자가 납세의무를 진다. (2020. 12. 29. 항번개정)
⑥ 신탁재산에 귀속되는 소득은 그 신탁의 수익자(수익자가 특별히 정해지지 아니하거나 존재하지 아니하는 경우에는 신탁의 위탁자 또는 그 상속인)에게 귀속되는 것으로 본다. (2009. 12. 31. 개정)
⑥ 삭　제 (2020. 12. 29.)

　제2조의 3 【신탁재산 귀속 소득에 대한 납세의무의 범위】 ① 신탁재산에 귀속되는 소득은 그 신탁의 이익을 받을 수익자(수익자가 사

재정부령으로 정하는 방법에 따라 인정되는 때에는 해당 기간은 국내에 거소를 둔 기간으로 보지 아니한다. (2016. 2. 17. 신설)

편주 ⋯⋯⋯⋯⋯⋯⋯⋯⋯⋯⋯⋯⋯⋯⋯⋯⋯⋯
본조는 국기법 3조(세법 등과의 관계)에 의해 동법 25조(연대납세의무)에 대한 특례규정임.

관계조문 ▶▶
법 43조 ⇒ 공동사업에 대한 소득금액 계산의 특례

관계법령 ▶▶
국기법 24조 ⇒ 상속으로 인한 납세의무의 승계

통칙 2의 2-0…1 【사망시 인정상여처분소득 등의 과세 여부】
영 제192조에 의한 소득금액변동통지서를 받기 전에 소득의 귀속자가 사망한 경우에는 이에 대한 소득세를 과세하지 아니한다. (97. 4. 8. 개정)
2의 2-0…2 【피상속인 명의로 양도한 경우 납세의무】
양도자산의 소유자가 사망한 후 상속인이 상속절차를 이행하지 아니하고 피상속인 명의로 그 상속자산을 양도한 경우에 상속인은 상속개시일로부터 양도일까지 발생된 양도소득에 대한 소득세를 납부할 의무를 진다. (97. 4. 8. 개정)

　제4조의 2 【신탁소득금액의 계산】 ① 신탁업을 경영하는 자는 각 과세기간의 소득금액을 계산할 때 신탁재산에 귀속되는 소득과 그

3. 병역의무의 이행 (2016. 3. 16. 신설)
4. 그 밖에 친족 경조사 등 사업의 경영 또는 업무와 무관한 사유 (2016. 3. 16. 신설)
4. 그 밖에 친족 경조사 참석 등 사업의 경영 또는 업무와 무관한 사유 (2025. 3. 21. 개정)
③ 영 제4조 제4항에서 "기획재정부령으로 정하는 방법"이란 다음 각 호의 구분에 따른 자료로서 제2항에 따른 일시적인 입국 사유와 기간을 객관적으로 입증하는 것을 말한다. (2025. 3. 21. 개정)
1. 제2항 제1호에 따른 단기 관광에 해당하는 경우 : 관광시설 이용에 따른 입장권, 영수증 등 입국기간 동안 관광을 한 것을 입증할 수 있는 자료 (2025. 3. 21. 개정)
2. 제2항 제2호에 따른 질병의 치료에 해당하는 경우 : 「의료법」 제17조에 따른 진단서, 증명서, 처방전 등 입국기간 동안 진찰이나 치료를 받은 것을 입증하는 자료 (2025. 3. 21. 개정)
3. 제2항 제3호에 따른 병역의무의 이행에 해당하는 경우 : 병역사항이 기록된 주민등록초본 또는 「병역법 시행규칙」 제8조에 따른 병적증명서 등 입국기간 동안 병역의무를 이행한 것을 입증하는 자료 (2025. 3. 21. 개정)
4. 제1항 제4호에 따른 친족 경조사 등 그밖에 사업의 경영 또는 업무와 무관한 사유에 해당하는 경우 : 사업의 경영 또는 업무와 무관하게 일시적으로 입국한 것을 입증하는 자료 (2016. 3. 16. 신설)
4. 제2항 제4호에 따른 친족 경조사 참석 등 그밖에 사업의 경영 또는 업무와 무

망하는 경우에는 그 상속인)에게 귀속되는 것으로 본다. (2020. 12. 29. 신설)

② 제1항에도 불구하고 위탁자가 신탁재산을 실질적으로 통제하는 등 대통령령으로 정하는 요건을 충족하는 신탁의 경우에는 그 신탁재산에 귀속되는 소득은 위탁자에게 귀속되는 것으로 본다. (2023. 12. 31. 개정)

▶ 편주
2024. 1. 1. 전에 신탁재산에 귀속된 소득에 대해서는 법 2조의 3 제2항의 개정규정에도 불구하고 종전의 규정에 따름. (법 부칙(2023. 12. 31.) 12조)

제3조【과세소득의 범위】① 거주자에게는 이 법에서 규정하는 모든 소득에 대해서 과세한다. 다만, 해당 과세기간 종료일 10년 전부터 국내에 주소나 거소를 둔 기간의 합계가 5년 이하인 외국인 거주자에게는 과세대상 소득 중 국외에서 발생한 소득의 경우 국내에서 지급되거나 국내로 송금된 소득에 대해서만 과세한다. (2009. 12. 31. 개정)

② 비거주자에게는 제119조에 따른 국내원천소득에 대해서만 과세한다. (2009. 12. 31. 개정)

③ 제1항 및 제2항을 적용하는 경우「조세특례제한법」제100조의 14 제2호의 동업자에게는 같은 법 제100조의 18 제1항에 따라 배분받은 소득 및 같은 법 제100조의 22 제1항에 따라 분배받은 자산의 시가 중 분배일의 지분가액을 초과하여 발생하는 소득에 대하여 과세한다. (2009. 12. 31. 개정)

▶ 관계조문

법 1조의 2 제1항 ⇒ 거주자 및 비거주자의 정의

▶ 통칙 3-0…1【거주자에 대한 과세소득의 범위】
법 제3조에서 "이 법에 규정하는 모든 소득"이라 함은 국내외에서 발생한 소득세가 과세되는 모든 소득을 말한다. (97. 4. 8. 개정)
3-0…2【납세의무의 변경에 따른 과세소득의 범위】
① 국내에 처음으로 주소를 두거나 또는 비거주자가 183일 이상 국내에 거소를 둠으로써 거주자로 되는 경우에는 거주자로 된 전날까지는 법 제119조에 규정하

밖의 소득을 구분하여 경리하여야 한다. (2010. 2. 18. 개정)

② 법 제2조의 3 제2항에 따른 수익자의 특정 여부 또는 존재 여부는 신탁재산과 관련되는 수입 및 지출이 있는 때의 상황에 따른다. (2021. 2. 17. 개정)

③「자본시장과 금융투자업에 관한 법률 시행령」제103조 제1호에 따른 특정금전신탁으로서 법 제4조 제2항을 적용받는 신탁은 제26조의 2 제6항을 준용하여 신탁의 이익을 계산한다. (2010. 2. 18. 신설)

③「자본시장과 금융투자업에 관한 법률 시행령」제103조 제1호에 따른 특정금전신탁으로서 법 제4조 제2항을 적용받는 신탁의 이익에 대한 소득금액 계산에 관하여는 제26조의 2 제6항을 준용한다. (2024. 12. 31. 개정)

④ 법 제2조의 3 제2항에서 "대통령령으로 정하는 요건을 충족하는 신탁"이란 다음 각 호의 어느 하나에 해당하는 신탁을 말한다. (2023. 2. 28. 개정)

1. 위탁자가 신탁을 해지할 수 있는 권리, 수익자를 지정하거나 변경할 수 있는 권리, 신탁 종료 후 잔여재산을 귀속 받을 권리를 보유하는 등 신탁재산을 실질적으로 지배·통제할 것 (2021. 2. 17. 신설)

2. 신탁재산 원본을 받을 권리에 대한 수익자는 위탁자로, 수익을 받을 권리에 대한 수익자는 그 배우자 또는 같은 주소 또는 거소에서 생계를 같이 하는 직계존비속(배우자의 직계존비속을 포함한다)으로 설정했을 것 (2021. 2. 17. 신설)

관한 사유에 해당하는 경우 : 사업의 경영 또는 업무와 무관하게 일시적으로 입국한 것을 입증하는 자료 (2025. 3. 21. 개정)

제2조의 2【신탁소득금액의 계산】영 제4조의 2 제3항에 따른 신탁의 이익에 대한 소득금액은 해당 이익에서「자본시장과 금융투자업에 관한 법률」에 따른 각종 보수·수수료 등을 뺀 금액으로 한다. (2021. 3. 16. 신설)

제2조의 2【신탁소득금액의 계산】
삭 제 (2024. 12. 31.)

는 국내원천소득에 대하여만 소득세를 과세하고 거주자가 된 날부터는 법에 규정하는 모든 소득에 대하여 소득세를 과세한다. (2019. 12. 23. 개정)

② 거주자가 주소 또는 거소를 국외에 이전하여 비거주자 되는 경우에는 출국한 날까지는 법에 규정하는 모든 소득에 대하여 소득세를 과세하며 출국한 날의 다음날 이후에는 법 제119조에 규정하는 국내원천소득에 대하여만 과세한다. (97. 4. 8. 개정)

3-0…3 【납세의무자의 구분이 변경된 경우의 과세방법】
① 비거주자가 거주자로 된 때에는 당해 과세기간개시일부터 과세기간종료일까지의 비거주자인 기간의 법 제121조의 규정에 의하여 종합과세하는 국내원천소득과 거주자인 기간의 법에 규정하는 모든 소득을 합산하여 과세한다. (97. 4. 8. 개정)

② 거주자가 출국 등으로 비거주자가 되었으나 법 제121조 제2항의 규정에 따라 출국한 날의 다음날 이후에 발생한 소득에 종합과세하는 국내원천소득이 있는 경우에는 거주자인 기간의 법에 규정하는 모든 소득과 비거주자인 기간의 종합과세하는 국내원천소득을 합산하여 과세한다. 이 경우에는 거주자로서 납부한 소득세는 기납부세액으로 공제한다. (97. 4. 8. 개정)

3-0…4 【국외사업장 등에 근무하는 비거주자의 납세의무】 (2009. 2. 2. 번호개정)
비거주자가 거주자 또는 내국법인의 국외사업장 등에서 근무함으로써 발생한 소득은 납세의무가 없다.

제4조 【소득의 구분】 ① 거주자의 소득은 다음 각 호와 같이 구분한다. (2009. 12. 31. 개정)

1. 종합소득 (2009. 12. 31. 개정)
　이 법에 따라 과세되는 모든 소득에서 제2호, 제2호의 2 및 제3호에 따른 소득을 제외한 소득으로서 다음 각 목의 소득을 합산한 것

편주 ▶
법 4조 1항 1호 및 2호의 2의 개정규정은 2025. 1. 1. 이후 발생하는 소득분부터 적용함. (법 부칙(2020. 12. 29.) 4조) (2022. 12. 31. 개정)

1. 종합소득 (2024. 12. 31. 개정)
　이 법에 따라 과세되는 모든 소득에서 제2호 및 제3호에 따른 소득을 제외한 소득으로서 다음 각 목의 소득을 합산한 것
　가. 이자소득 (2009. 12. 31. 개정)

나. 배당소득 (2009. 12. 31. 개정)

다. 사업소득 (2009. 12. 31. 개정)

라. 근로소득 (2009. 12. 31. 개정)

마. 연금소득 (2009. 12. 31. 개정)

바. 기타소득 (2009. 12. 31. 개정)

2. 퇴직소득 (2013. 1. 1. 개정)

2의 2. 금융투자소득 (2020. 12. 29. 신설)

2의 2. 삭　제 (2024. 12. 31.)

3. 양도소득 (2013. 1. 1. 개정)

② 제1항에 따른 소득을 구분할 때 다음 각 호의 신탁을 제외한 신탁의 이익은 「신탁법」 제2조에 따라 수탁자에게 이전되거나 그 밖에 처분된 재산권에서 발생하는 소득의 내용별로 구분한다. (2020. 12. 29. 개정)

1. 「법인세법」 제5조 제2항에 따라 신탁재산에 귀속되는 소득에 대하여 그 신탁의 수탁자가 법인세를 납부하는 신탁 (2020. 12. 29. 신설)

2. 「자본시장과 금융투자업에 관한 법률」 제9조 제18항 제1호에 따른 투자신탁. 다만, 2024년 12월 31일까지는 이 법 제17조 제1항 제5호에 따른 집합투자기구로 한정한다. (2022. 12. 31. 단서개정)

2. 「자본시장과 금융투자업에 관한 법률」 제9조 제18항 제1호에 따른 투자신탁(제17조 제1항 제5호에 따른 집합투자기구로 한정한다) (2024. 12. 31. 개정)

3. 「자본시장과 금융투자업에 관한 법률」 제251조 제1항에 따른 집합투자업겸영보험회사의 특별계정 (2020. 12. 29. 신설)

4. 제17조 제1항 제5호의 3에 따른 수익증권이 발행된 신탁 (2024. 12. 31. 신설)

③ 비거주자의 소득은 제119조에 따라 구분한다. (2009. 12. 31. 개정)

제5조 【과세기간】 ① 소득세의 과세기간은 1월 1일부터 12월 31일까지 1년으로 한다. (2009. 12. 31. 개정)

② 거주자가 사망한 경우의 과세기간은 1월 1일부터 사망한 날까지로 한다. (2009. 12. 31. 개정)

☞ p.2477 1단 연결

편주 ▶
법 4조 2항 4호의 개정규정은 2025. 7. 1. 이후 지급받는 소득분부터 적용함. (법 부칙(2024. 12. 31.) 2조)

③ 거주자가 주소 또는 거소를 국외로 이전(이하 "출국"이라 한다)하여 비거주자가 되는 경우의 과세기간은 1월 1일부터 출국한 날까지로 한다. (2009. 12. 31. 개정)

제6조【납세지】① 거주자의 소득세 납세지는 그 주소지로 한다. 다만, 주소지가 없는 경우에는 그 거소지로 한다. (2009. 12. 31. 개정)
② 비거주자의 소득세 납세지는 제120조에 따른 국내사업장(이하 "국내사업장"이라 한다)의 소재지로 한다. 다만, 국내사업장이 둘 이상 있는 경우에는 주된 국내사업장의 소재지로 하고, 국내사업장이 없는 경우에는 국내원천소득이 발생하는 장소로 한다. (2013. 1. 1. 개정)

③ 납세지가 불분명한 경우에는 대통령령으로 정하는 바에 따라 납세지를 결정한다. (2009. 12. 31. 개정)

제7조【원천징수 등의 경우의 납세지】① 원천징수하는 소득세의 납세지는 다음 각 호에 따른다. (2009. 12. 31. 개정)
1. 원천징수하는 자가 거주자인 경우 : 그 거주자의 주된 사업장 소재지. 다만, 주된 사업장 외의 사업장에서 원천징수를 하는 경우에는 그 사업장의 소재지, 사업장이 없는 경우에는 그 거주자의 주소지 또는 거소지로 한다. (2009. 12. 31. 개정)
2. 원천징수하는 자가 비거주자인 경우 : 그 비거주자의 주된 국내사업장 소재지. 다만, 주된 국내사업장 외의 국내사업장에서 원천징수를 하는 경우에는 그 국내사업장의 소재지, 국내사업장이 없는 경우에는 그 비거주자의 거류지(居留地) 또는 체류지로 한다. (2009. 12. 31. 개정)
3. 원천징수하는 자가 법인인 경우 : 그 법인의 본점 또는 주사무소의 소재지 (2009. 12. 31. 개정)

거주자로 보는 법인격없는 단체에 대한 소득세납세지는 동 단체의 대표자 또는 관리인의 주소지로 한다. 다만, 법 제9조에 의하여 당해 단체의 업무를 주관하는 장소 등을 납세지로 지정받은 경우에는 그 지정받은 장소를 납세지로 한다. (97. 4. 8. 개정)
6-0…2【주민등록이 직권말소된 경우의 납세지】
거주자에 대한 소득세의 납세지는 법 제6조 제1항에 따라 그 주소지로 하는 것이나, 주민등록이 직권말소된 자로서 실제의 주소지 및 거소지가 확인되지 아니하는 거주자의 납세지는 말소 당시의 주소지로 한다. (2011. 3. 21. 신설)

제5조【납세지의 결정과 신고】① 납세지가 불분명한 경우의 법 제6조 제3항의 규정에 의한 납세지의 결정은 다음 각 호에 의한다. (2007. 2. 28. 개정)
1. 주소지가 2 이상인 때에는 「주민등록법」에 의하여 등록된 곳을 납세지로 하고, 거소지가 2 이상인 때에는 생활관계가 보다 밀접한 곳을 납세지로 한다. (2005. 2. 19. 개정)
2. 국내에 2 이상의 사업장이 있는 비거주자의 경우 그 주된 사업장을 판단하기가 곤란한 때에는 당해 비거주자가 제5항의 규정에 준하여 납세지로 신고한 장소를 납세지로 한다.
3. 법 제120조에 따른 국내사업장(이하 "국내사업장"이라 한다)이 없는 비거주자에게 국내의 2 이상의 장소에서 법 제119조 제3호에 따른 국내원천 부동산소득 또는 같은 조 제9호에 따른 국내원천 부동산등양도소득이 발생하는 경우에는 그 국내원천소득이 발생하는 장소 중에서 해당 비거주자가 제5항의 규정에 준하여 납세지로 신고한 장소를 납세지로 한다. (2019. 2. 12. 개정)
4. 비거주자가 제2호 또는 제3호의 규정에 의한 신고를 하지 아니하는 경우에는 소득상황 및 세무관리의 적정성 등을 참작하여 국세청장 또는 관할지방국세청장이 지정하는 장소를 납세지로 한다.

제3조【일시퇴거자의 납세지】거주자가 「소득세법」(이하 "법"이라 한다) 제53조 제2항 및 영 제114조 제1항에 따른 사유로 일시퇴거한 경우에는 본래의 주소지 또는 거소지를 법 제6조에 따른 납세지로 본다. (2021. 3. 16. 개정)

제4조【이자·배당소득에 대한 원천징수세액의 본점일괄납부 특례】삭   제 (2000. 4. 3)

4. 원천징수하는 자가 법인인 경우로서 그 법인의 지점, 영업소, 그 밖의 사업장이 독립채산제(獨立採算制)에 따라 독자적으로 회계사무를 처리하는 경우 : 제3호에도 불구하고 그 사업장의 소재지(그 사업장의 소재지가 국외에 있는 경우는 제외한다). 다만, 대통령령으로 정하는 경우에는 그 법인의 본점 또는 주사무소의 소재지를 소득세 원천징수세액의 납세지로 할 수 있다. (2009. 12. 31. 개정)

5. 제156조, 제156조의 3부터 제156조의 6까지 및 제156조의 9에 따른 원천징수의무자가 제1호부터 제4호까지의 규정에서 정하는 납세지를 가지지 아니한 경우 : 대통령령으로 정하는 장소 (2023. 12. 31. 개정)

🔵통칙 7-0…1【원천징수의무 위임·대리시 원천징수세액의 납세지】
법 제127조 제1항의 규정에 의한 원천징수를 하여야 할 자를 대리하거나 원천징수의무를 위임받은 경우 원천징수한 세액의 납세지는 그 대리인 또는 수임인의 납세지로 한다. (97. 4. 8. 개정)

② 납세조합이 제150조에 따라 징수하는 소득세의 납세지는 그 납세조합의 소재지로 한다. (2009. 12. 31. 개정)

　제8조【상속 등의 경우의 납세지】① 거주자 또는 비거주자가 사망하여 그 상속인이 피상속인에 대한 소득세의 납세의무자가 된 경우 그 소득세의 납세지는 그 피상속인·상속인 또는 납세관리인의 주소지나 거소지 중 상속인 또는 납세관리인이 대통령령으로 정하는 바에 따라 그 관할 세무서장에게 납세지로서 신고하는 장소로 한다. (2009. 12. 31. 개정)

② 국세청장 또는 관할지방국세청장은 제1항 제4호의 규정에 의하여 납세지를 지정한 때에는 당해 과세기간의 과세표준확정신고 또는 납부기간 개시일전(중간예납 또는 수시부과의 사유가 있는 때에는 그 납기개시 15일전)에 서면으로 통지하여야 한다. (94. 12. 31 개정)

③ 법 제7조 제1항 제4호 단서에서 "대통령령으로 정하는 경우"란 법인이 다음 각 호의 어느 하나에 해당하는 경우를 말한다. (2010. 2. 18. 개정)

1. 법인이 지점, 영업소 또는 그 밖의 사업장에서 지급하는 소득에 대한 원천징수세액을 본점 또는 주사무소에서 전자적 방법 등을 통해 일괄계산하는 경우로서 본점 또는 주사무소의 관할 세무서장에게 신고한 경우 (2020. 2. 11. 개정)

2.「부가가치세법」제8조 제3항 및 제4항에 따라 사업자단위로 등록한 경우 (2013. 6. 28. 개정 ; 부가가치~부칙)

④ 법 제7조 제1항 제5호에서 "대통령령으로 정하는 장소"란 다음 각 호의 장소를 말한다. (2010. 2. 18. 개정)

1. 법 제119조 제9호 나목에 따른 국내원천 부동산등양도소득 및 이 영 제179조 제11항 각 호의 어느 하나에 해당하는 소득이 있는 경우에는 해당 규정에 따른 유가증권을 발행한 내국법인 또는 「법인세법」제94조에 따른 외국법인의 국내사업장(이하 제207조 제1항, 제207조의 2 제6항에서 "외국법인의 국내사업장"이라 한다)의 소재지 (2019. 2. 12. 개정)

2. 제1호 외의 경우에는 국세청장이 지정하는 장소

⑤ 법 제8조 제1항 및 제2항의 규정에 의하여 납세지의 신고를 하고자 하는 자는 기획재정부령이 정하는 납세지신고서를 납세지 관할세무서장에게 제출(국세정보통신망에 의한 제출을 포함한다)하여야 한다. (2008. 2. 29. 직제개정 ; 기획재정부와~직제 부칙)

🔵관계조문 ▶▶
규칙 100조 1호 ⇒ 납세지신고서

② 비거주자가 납세관리인을 둔 경우 그 비거주자의 소득세 납세지는 그 국내사업장의 소재지 또는 그 납세관리인의 주소지나 거소지 중 납세관리인이 대통령령으로 정하는 바에 따라 그 관할 세무서장에게 납세지로서 신고하는 장소로 한다. (2009. 12. 31. 개정)

③ 제1항 또는 제2항에 따른 신고가 있는 때에는 그때부터 그 신고한 장소를 거주자 또는 비거주자의 소득세 납세지로 한다. (2009. 12. 31. 개정)

④ 제1항이나 제2항에 따른 신고가 없는 경우의 거주자 또는 비거주자의 소득세 납세지는 제6조와 제7조에 따른다. (2009. 12. 31. 개정)

⑤ 국내에 주소가 없는 공무원 등 대통령령으로 정하는 사람의 소득세 납세지는 대통령령으로 정하는 장소로 한다. (2019. 12. 31. 개정)

제9조【납세지의 지정】 ① 국세청장 또는 관할 지방국세청장은 다음 각 호의 어느 하나에 해당하는 경우에는 제6조부터 제8조까지의 규정에도 불구하고 대통령령으로 정하는 바에 따라 납세지를 따로 지정할 수 있다. (2009. 12. 31. 개정)

1. 사업소득이 있는 거주자가 사업장 소재지를 납세지로 신청한 경우 (2009. 12. 31. 개정)

2. 제1호 외의 거주자 또는 비거주자로서 제6조부터 제8조까지의 규정에 따른 납세지가 납세의무자의 소득 상황으로 보아 부적당하거나 납세의무를 이행하기에 불편하다고 인정되는 경우 (2009. 12. 31. 개정)

② 제1항에 따라 납세지를 지정하거나 같은 항 제1호의 신청이 있는 경우로서 사업장 소재지를 납세지로 지정하는 것이 세무관리상 부적절하다고 인정되어 그 신청대로 납세지 지정을 하지 아니한 경우에는 국세청장 또는 관할 지방국세청장은 그 뜻을 납세의무자 또는 그 상속인, 납세관리인이나 납세조합에 서면으로 각각 통지하여야 한다. (2009. 12. 31. 개정)

③ 제1항에서 규정한 납세지의 지정 사유가 소멸한 경우 국세청장 또는 관할 지방국세청장은 납세지의 지정을 취소하여야 한다. (2009. 12. 31. 개정)

④ 제1항에 따른 납세지의 지정이 취소된 경우에도 그 취소 전에 한

⑥ 법 제8조 제5항에서 "공무원 등 대통령령으로 정하는 사람"이란 공무원 또는 제3조에 따라 거주자로 보는 사람을 말한다. 이 경우 납세지는 그 가족의 생활근거지 또는 소속기관의 소재지로 한다. (2020. 2. 11. 개정)

제6조【납세지의 지정과 통지】 ① 법 제9조 제1항 제1호에 따른 납세지 지정신청을 하려는 자는 해당 과세기간의 10월 1일부터 12월 31일까지 기획재정부령으로 정하는 납세지 지정신청서를 사업장 관할 세무서장에게 제출(국세정보통신망에 의한 제출을 포함한다)하여야 한다. (2010. 2. 18. 개정)

② 제1항의 규정에 의한 납세지 지정신청이 있는 경우 관할지방국세청장(새로 지정할 납세지와 종전의 납세지의 관할지방국세청장이 다를 때에는 국세청장)은 기획재정부령이 정하는 경우를 제외하고는 사업장을 납세지로 지정하여야 하며 다음연도 2월 말일까지 그 지정여부를 서면으로 통지하여야 한다. (2008. 2. 29. 직제개정 ; 기획재정부와~직제 부칙)

③ 국세청장 또는 지방국세청장은 법 제9조 제1항 제2호의 규정에 의하여 납세지를 지정한 때에는 당해 과세기간의 과세표준확정신고 또는 납부기간 개시일전에 이를 서면으로 통지하여야 한다. 다만, 중간예납 또는 수시부과의 사유가 있는 때에는 그 납기개시 15일 전에 통지하여야 한다. (94. 12. 31 개정)

규칙 100조 2호 ⇒ 납세지 지정신청서

제5조【납세지 지정신청】 영 제6조 제2항에서 "기획재정부령이 정하는 경우"라 함은 다음 각 호의 어느 하나에 해당하는 경우를 말한다. (2008. 4. 29. 개정)

1. 법 제9조 제1항 제1호의 규정에 의하여 사업장 소재지를 납세지로 지정신청한 사업자로서 당해 사업장을 관할하는 세무서의 관할구역외에 다른 사업장이 있는 경우

1. 삭 제 (2010. 4. 30.)

2. 삭 제 (2003. 4. 14)

3. 사업장의 이동이 빈번하거나 기타의 사

소득세에 관한 신고, 신청, 청구, 납부, 그 밖의 행위의 효력에는 영향을 미치지 아니한다. (2009. 12. 31. 개정)

제10조【납세지의 변경신고】거주자나 비거주자는 제6조부터 제9조까지의 규정에 따른 납세지가 변경된 경우 변경된 날부터 15일 이내에 대통령령으로 정하는 바에 따라 그 변경 후의 납세지 관할 세무서장에게 신고하여야 한다. (2009. 12. 31. 개정)

제11조【과세 관할】소득세는 제6조부터 제10조까지의 규정에 따른 납세지를 관할하는 세무서장 또는 지방국세청장이 과세한다. (2009. 12. 31. 개정)

제 2 장　거주자의 종합소득 및 퇴직소득에 대한 납세의무 (2006. 12. 30. 제목개정)

제 1 절　비과세 (2009. 12. 31. 제목개정)

제12조【비과세소득】다음 각 호의 소득에 대해서는 소득세를 과세하지 아니한다. (2009. 12. 31. 개정)
1. 「공익신탁법」에 따른 공익신탁의 이익 (2014. 3. 18. 개정 ; 공익신탁법 부칙)
2. 사업소득 중 다음 각 목의 어느 하나에 해당하는 소득 (2009. 12. 31. 개정)
　가. 논·밭을 작물 생산에 이용하게 함으로써 발생하는 소득 (2009. 12. 31. 개정)

④ 제2항의 기한 내에 통지를 하지 아니한 때에는 지정신청한 납세지를 납세지로 한다. (95. 12. 30 신설)

제7조【납세지 변경신고】① 법 제10조의 규정에 의하여 납세지의 변경신고를 하고자 하는 자는 기획재정부령이 정하는 납세지변경신고서를 그 변경후의 납세지 관할세무서장에게 제출(국세정보통신망에 의한 제출을 포함한다)하여야 한다. (2008. 2. 29. 직제개정 ; 기획재정부와~직제 부칙)
② 납세자의 주소지가 변경됨에 따라 「부가가치세법 시행령」 제14조에 따른 사업자등록정정을 한 경우에는 제1항의 규정에 의한 납세지의 변경신고를 한 것으로 본다. (2013. 6. 28. 개정 ; 부가가치세법 시행령 부칙)

제8조【직무권한의 준용규정】법 제11조의 규정에 의하여 지방국세청장이 과세표준과 세액을 결정 또는 경정하는 경우에는 세무서장의 직무권한에 관한 규정을 준용한다. (94. 12. 31 개정)

제 2 장　거주자의 종합소득 및 퇴직소득에 대한 납세의무 (2007. 2. 28. 제목개정)

제 1 절　비과세 (2010. 2. 18. 제목개정)

유로 사업장을 납세지로 지정하는 것이 적당하지 아니하다고 국세청장이 인정하는 경우

관계조문

규칙 100조 3호 ⇒ 납세지변경신고서

나. 1개의 주택을 소유하는 자의 주택임대소득(제99조에 따른 기준
시가가 12억원을 초과하는 주택 및 국외에 소재하는 주택의 임
대소득은 제외한다) 또는 해당 과세기간에 대통령령으로 정하는
총수입금액의 합계액이 2천만원 이하인 자의 주택임대소득
(2018년 12월 31일 이전에 끝나는 과세기간까지 발생하는 소득
으로 한정한다). 이 경우 주택 수의 계산 및 주택임대소득의 산
정 등 필요한 사항은 대통령령으로 정한다. (2022. 12. 31. 개정)

(➡ 영 8조의 2)

집행기준 12-8의 2-4 【오피스텔 임대소득에 대한 과세여부 등】
① 오피스텔을 임대함에 있어 임차인이 항상 주거용(사업을 위한 주거용인 경우
는 제외한다)으로 사용하는 경우에는 주택임대소득에 해당한다.
② 조합원입주권은 그 사용검사필증 교부일(사용검사 전 사실상 사용하거나 사용
승인을 얻은 경우에는 그 사실상의 사용일 또는 사용승인일) 이후부터 주택으로
본다.
③ 과세기간 중에 일시적으로 주택을 2개 소유하는 자의 2주택 소유기간 동안 발
생하는 주택임대소득은 과세한다.
(2024. 10. 31. 개정)

　　다. ☞ p.2483

제8조의 2 【비과세 주택임대소득】 ① 법 제12조 제2호 나목에
따른 주택에는 주택부수토지가 포함된다. (2010. 12. 30. 개정)
② 제1항에서 "주택"이란 상시 주거용(사업을 위한 주거용의 경우는
제외한다)으로 사용하는 건물을 말하고, "주택부수토지"란 주택에 딸
린 토지로서 다음 각 호의 어느 하나에 해당하는 면적 중 넓은 면적
이내의 토지를 말한다. (2010. 2. 18. 신설)
1. 건물의 연면적(지하층의 면적, 지상층의 주차용으로 사용되는 면적,
「건축법 시행령」 제34조 제3항에 따른 피난안전구역의 면적 및 「주
택건설기준 등에 관한 규정」 제2조 제3호에 따른 주민공동시설의
면적은 제외한다) (2010. 2. 18. 신설)
2. 건물이 정착된 면적에 5배(「국토의 계획 및 이용에 관한 법률」 제6
조 제1호에 따른 도시지역 밖의 토지의 경우에는 10배)를 곱하여 산
정한 면적 (2010. 2. 18. 신설)
③ 법 제12조 제2호 나목을 적용할 때 주택 수는 다음 각 호에 따라
계산한다. (2010. 12. 30. 개정)
1. 다가구주택은 1개의 주택으로 보되, 구분등기된 경우에는 각각을 1
개의 주택으로 계산 (99. 12. 31 신설)
2. 공동소유하는 주택은 지분이 가장 큰 사람의 소유로 계산(지분이
가장 큰 사람이 2명 이상인 경우로서 그들이 합의하여 그들 중
1명을 해당 주택 임대수입의 귀속자로 정한 경우에는 그의 소유
로 계산한다). 다만, 다음 각 목의 어느 하나에 해당하는 사람은
본문에 따라 공동소유의 주택을 소유하는 것으로 계산되지 않는
경우라도 그의 소유로 계산한다. (2020. 2. 11. 개정)
　가. 해당 공동소유하는 주택을 임대해 얻은 수입금액을 기획재정부
　　령으로 정하는 방법에 따라 계산한 금액이 연간 6백만원 이상인
　　사람 (2020. 2. 11. 개정)
　나. 해당 공동소유하는 주택의 기준시가가 12억원을 초과하는 경우
　　로서 그 주택의 지분을 100분의 30 초과 보유하는 사람 (2023.
　　2. 28. 개정)
3. 임차 또는 전세받은 주택을 전대하거나 전전세하는 경우에는 당해
임차 또는 전세받은 주택을 임차인 또는 전세받은 자의 주택으로 계
산 (99. 12. 31 신설)

비과세 주택임대소득 여부 판정을 위한 주택
수 계산시 조합원입주권은 사용검사필증교
부일(사실상사용일, 사용승인일) 이후부터
주택으로 보는 것임. (서면1팀-955, 2007.
7. 5.)

제5조의 2 【공동소유하는 주택의 주
택수 계산】 ① 영 제8조의 2 제3항 제2호
가목에서 "기획재정부령으로 정하는 방법
에 따라 계산한 금액"이란 해당 공동소유
하는 주택의 임대업에서 발생한 총 수입금
액(해당 공동소유자가 지분을 보유한 기간
에 발생한 것에 한정하며, 법 제25조 제1
항에 따라 총수입금액에 산입하는 금액은
제외한다)에 해당 공동소유자가 보유한 해

공동사업장에서 발생한 주택임대수입금액의 합계액을 같은 항에 따른 손익분배비율에 의해 공동사업자에게 분배한 금액을 각 사업자의 주택임대수입금액에 합산한다. (2019. 2. 12. 개정)

⑦ 제1항부터 제6항까지의 규정에 따른 사항 외에 주택임대소득의 산정에 필요한 사항은 기획재정부령으로 정한다. (2015. 2. 3. 신설)

4. 본인과 배우자가 각각 주택을 소유하는 경우에는 이를 합산. 다만, 제2호에 따라 공동소유의 주택 하나에 대해 본인과 배우자가 각각 소유하는 주택으로 계산되는 경우에는 다음 각 목에 따라 본인과 배우자 중 1명이 소유하는 주택으로 보아 합산한다. (2020. 2. 11. 개정)

가. 본인과 배우자 중 지분이 더 큰 사람의 소유로 계산 (2020. 2. 11. 개정)

나. 본인과 배우자의 지분이 같은 경우로서 그들 중 1명을 해당 주택 임대수입의 귀속자로 합의해 정하는 경우에는 그의 소유로 계산 (2020. 2. 11. 개정)

④ 제2항을 적용할 때 주택과 부가가치세가 과세되는 사업용 건물(이하 이 조에서 "사업용건물"이라 한다)이 함께 설치되어 있는 경우 그 주택과 주택부수토지의 범위는 다음 각 호의 구분에 따른다. 이 경우 주택과 주택부수토지를 2인 이상의 임차인에게 임대한 경우에는 각 임차인의 주택 부분의 면적(사업을 위한 거주용은 제외한다)과 사업용건물 부분의 면적을 계산하여 각각 적용한다. (2010. 2. 18. 신설)

1. 주택 부분의 면적이 사업용건물 부분의 면적보다 큰 때에는 그 전부를 주택으로 본다. 이 경우 해당 주택의 주택부수토지의 범위는 제2항과 같다. (2010. 2. 18. 신설)

2. 주택 부분의 면적이 사업용건물 부분의 면적과 같거나 그 보다 작은 때에는 주택 부분 외의 사업용건물 부분은 주택으로 보지 아니한다. 이 경우 해당 주택의 주택부수토지의 면적은 총토지면적에 주택 부분의 면적이 총건물면적에서 차지하는 비율을 곱하여 계산하며, 그 범위는 제2항과 같다. (2010. 2. 18. 신설)

⑤ 법 제12조 제2호 나목 전단에 따른 "기준시가가 12억원을 초과하는 주택"은 과세기간 종료일 또는 해당 주택의 양도일을 기준으로 판단한다. (2023. 2. 28. 개정)

⑥ 법 제12조 제2호 나목 전단에서 "대통령령으로 정하는 총수입금액의 합계액"이란 주거용 건물 임대업에서 발생한 수입금액(이하 이 항 및 제122조의 2에서 "주택임대수입금액"이라 한다)의 합계액을 말한다. 이 경우 사업자가 법 제43조 제2항에 따른 공동사업자인 경우에는

당 주택의 지분율을 곱한 금액을 말한다. (2021. 3. 16. 개정)

② 영 제8조의 2 제3항 제2호 나목에 따른 기준시가가 12억원을 초과하는 경우로서 그 주택의 지분을 100분의 30 초과 보유하는 사람은 과세기간의 종료일 또는 해당 주택의 양도일을 기준으로 판단한다. (2023. 3. 20. 개정)

<법 제12조 2.>
다. 대통령령으로 정하는 농어가부업소득 (2018. 12. 31. 개정)

(➡ 영 9조)

 12-9-1 【비과세 농어가부업소득의 범위】
① 농·어민이 경영하는 축산·고공품제조·민박·음식물판매·특산물제조·전통차제조 및 그 밖에 이와 유사한 활동에서 발생한 소득 중 다음 호의 소득은 소득세가 비과세된다.
1. 「소득세법 시행령」 [별표 1]의 농가부업규모의 축산에서 발생하는 소득
2. 제1호 외의 소득으로서 소득금액의 합계액이 연 3,000만원 이하인 소득*
  * 양식어업 소득은 농어가부업소득에서 별도의 비과세 사업소득으로 분리하여 5,000만원까지 비과세
② 농가부업규모를 초과하는 사육두수에서 발생한 소득과 제1항에 해당하는 활동에서 발생한 소득이 있는 경우 이를 합산한 소득금액에 대하여 연 3,000만원 이하의 소득을 비과세한다.
③ 농·어민으로서 축산업을 전업으로 하는 자가 축산업을 경영하고 얻는 소득 중 가축별 사육규모 이하에서 발생하는 소득은 '농어가부업소득'으로 보아 비과세한다.

<사례>

농어가부업소득 해당하지 않는 경우	농어가부업소득 해당되는 경우
– 농·어민이 아닌 전문양봉업자가 양봉에서 생산한 벌꿀을 판매하여 얻는 소득	– 농·어민이 부업으로 특정고정설비 내에서 버섯 등을 재배하여 발생하는 소득
– 농·어민이 상설판매장(영업장)을 특설하여 농·축·수산물 판매하는 경우	– 농민이 부업으로 농업용 기계장치(트렉터 등)을 임대하여 받는 소득

(2024. 10. 31. 개정)

라. 대통령령으로 정하는 전통주의 제조에서 발생하는 소득 (2009. 12. 31. 개정)

제9조 【농어가부업소득의 범위】 (2019. 2. 12. 제목개정)
① 법 제12조 제2호 다목에서 "대통령령으로 정하는 농어가부업소득"이란 농·어민이 경영하는 축산·고공품(藁工品)제조·민박·음식물판매·특산물제조·전통차제조 및 그밖에 이와 유사한 활동에서 발생한 소득 중 다음 각 호의 소득을 말한다. (2024. 2. 29. 개정)
1. 별표 1의 농가부업규모의 축산에서 발생하는 소득
2. 제1호 외의 소득으로서 소득금액의 합계액이 연 3천만원 이하인 소득 (2016. 2. 17. 개정)
② 제1항 각호 외의 부분에서 "민박"이라 함은 「농어촌정비법」에 따른 농어촌민박사업을 말한다. (2006. 2. 9. 개정)
③ 제1항 각 호 외의 부분에서 "특산물"이란 「식품산업진흥법」에 따른 전통식품, 「수산식품산업의 육성 및 지원에 관한 법률」에 따른 수산전통식품 및 「농수산물 품질관리법」에 따른 수산특산물을 말한다. (2021. 2. 19. 개정 ; 수산식품산업의~시행령 부칙)
④ 제1항 각 호 외의 부분에서 "전통차"란 「식품산업진흥법」 제22조에 따라 농림축산식품부장관이 인증한 차를 말한다. (2013. 3. 23. 직제개정 ; 기획재정부와~직제 부칙)
⑤ 제1항 각 호 외의 부분에서 "양어"란 통계청장이 고시하는 한국표준산업분류(이하 "한국표준산업분류"라 한다)에 따른 어업 중 양식어업을 말한다. (2020. 2. 11. 개정)
⑤ 삭 제 (2024. 2. 29.)
⑥ 제1항을 적용할 때 농어가부업소득의 계산에 필요한 사항은 기획재정부령으로 정한다. (2019. 2. 12. 개정)

제9조의 2 【전통주의 제조에서 발생하는 소득의 범위】 법 제12조 제2호 라목에서 "대통령령으로 정하는 전통주의 제조에서 발생하는 소득"이란 다음 각 호의 어느 하나에 해당하는 주류를 「수도권정비계획법」 제2조 제1호에 따른 수도권(이하 "수도권"이라 한다) 밖의 읍·면지역에서 제조함으로써 발생하는 소득으로서 소득금액의 합계액이 연 1천200만원 이하인 것을 말한다. (2010. 2. 18. 개정)
1. 「주세법」 제2조 제8호에 따른 전통주 (2021. 2. 17. 개정)
2. 관광진흥을 위하여 국토교통부장관이 추천하여 기획재정부령이 정하는 절차를 거친 주류(1991년 6월 30일 이전에 추천한 것에 한한

2024. 1. 1. 전에 발생한 소득에 관하여는 영 9조 1항의 개정규정에도 불구하고 종전의 규정에 따름. (영 부칙(2024. 2. 29.) 17조)

제6조 【농가부업소득의 계산】 영 제9조 제6항에 따른 농가부업소득의 계산은 다음 각 호의 방법에 따른다. (2012. 2. 28. 개정)
1. 영 별표 1의 농가부업규모의 축산은 가축별로 이를 적용한다. 이 경우 공동으로 축산을 영위하는 경우에는 각 사업자의 지분을 기준으로 이를 적용한다. (97. 4. 23 후단신설)
2. 영 제9조 제1항 제1호의 농가부업규모를 초과하는 사육두수에서 발생한 소득과 기타의 부업에서 발생한 소득이 있는

마. 조림기간 5년 이상인 임지(林地)의 임목(林木)의 벌채 또는 양도로 발생하는 소득으로서 연 600만원 이하의 금액. 이 경우 조림기간 및 세액의 계산 등 필요한 사항은 대통령령으로 정한다. (2009. 12. 31. 개정)

다) (2013. 3. 23. 직제개정 ; 기획재정부와~직제 부칙)
3. 종전의 「제주도개발특별법」에 의하여 제주도지사가 국세청장과 협의하여 제조허가를 한 주류(1999년 2월 5일 이전에 허가한 것에 한한다) (2005. 2. 19. 개정)

제9조의 3 【비과세되는 임목의 벌채 등 소득의 범위】① 법 제12조 제2호 마목을 적용하는 경우 조림기간은 다음 각 호에 따라 계산한다. (2010. 2. 18. 개정)
1. 자기가 조림한 임목(林木)에 대하여는 그 식림(植林)을 완료한 날부터 벌채 또는 양도한 날까지의 기간 (2007. 2. 28. 신설)
2. 도급(都給)에 의하여 식림한 임목에 대하여는 그 임목을 인도받은 날부터 벌채 또는 양도한 날까지의 기간 (2007. 2. 28. 신설)
3. 다른 사람이 조림한 임목을 매입한 경우에는 그 매입한 날부터 벌채 또는 양도한 날까지의 기간 (2007. 2. 28. 신설)
4. 증여받은 임목에 대하여는 증여를 받은 날부터 벌채 또는 양도한 날까지의 기간 (2007. 2. 28. 신설)
5. 상속받은 임목에 대하여는 피상속인의 제1호 내지 제4호에 따른 조림기간의 조림개시일부터 상속인이 벌채 또는 양도한 날까지의 기간 (2007. 2. 28. 신설)
6. 분수계약(分收契約 : 산지의 소유자, 비용부담자 및 조림을 하는 자가 당사자가 되어 조림을 하고, 그 조림한 산림의 벌채 또는 양도에 의한 수익을 일정률에 따라 나누기로 하는 계약을 말한다. 이하 이 조 및 제51조 제9항에서 같다)에 의한 권리를 취득한 경우에는 그 권리의 취득일부터 양도일까지의 기간 (2007. 2. 28. 신설)
② 법 제12조 제2호 마목 전단에서 "임지(林地)의 임목(林木)의 벌채 또는 양도로 발생하는 소득으로서 연 600만원 이하의 금액"이란 제51조 제8항·제9항 및 제55조에 따라 계산한 소득금액으로서 연 600만원 이하의 금액을 말한다. (2010. 2. 18. 개정)
③ 제1항 제1호 및 제2호의 경우에 식림을 완료한 날 또는 인도를 받은 날은 그 식림을 한 산림의 임분[林分 : 임상(林相)이 동일하고 주위의 것과 구분할 수 있는 산림경영상의 단위가 되는 임목의 집단을 말한다]단위로 적용한다. (2007. 2. 28. 신설)

경우에는 이를 합산한 소득금액에 대하여 영 제9조 제1항 제2호를 적용한다.

제6조의 2 【전통주의 범위】 영 제9조의 2 제2호에서 "기획재정부령이 정하는 절차"라 함은 「주세법 시행령」 제2조의 2의 규정에 의한 주류심의회(대통령령 제16665호 주세법 시행령에 의하여 폐지되기 전의 것을 말한다) 또는 「주류심의회규정」에 의한 주류심의회(대통령령 제6356호 주류심의회규정에 의하여 폐지되기 전의 것을 말한다)의 심의를 거친 주류를 말한다. (2008. 4. 29. 직제개정)

바. 대통령령으로 정하는 작물재배업에서 발생하는 소득 (2014. 1.
1. 신설)

사. 대통령령으로 정하는 어로어업 또는 양식어업에서 발생하는 소
득 (2023. 12. 31. 개정)

편주 ▶ ┄┄┄┄┄┄┄┄┄┄┄┄┄┄┄┄┄┄┄┄┄┄┄┄┄┄┄┄┄┄┄┄┄

법 12조 2호 사목의 개정규정은 2024. 1. 1. 이후 발생하는 소득분부터
적용함. (법 부칙(2023. 12. 31.) 2조 1항)
┄┄┄

3. 근로소득과 퇴직소득 중 다음 각 목의 어느 하나에 해당하는 소득
(2009. 12. 31. 개정)
가. 대통령령으로 정하는 복무 중인 병(兵)이 받는 급여 (2009. 12.
31. 개정)
나. 법률에 따라 동원된 사람이 그 동원 직장에서 받는 급여 (2009.
12. 31. 개정)
다. 「산업재해보상보험법」에 따라 수급권자가 받는 요양급여, 휴
업급여, 장해급여, 간병급여, 유족급여, 유족특별급여, 장해특
별급여, 장의비 또는 근로의 제공으로 인한 부상·질병·사망
과 관련하여 근로자나 그 유족이 받는 배상·보상 또는 위자
(慰藉)의 성질이 있는 급여 (2009. 12. 31. 개정)
라. 「근로기준법」 또는 「선원법」에 따라 근로자·선원 및 그 유족
이 받는 요양보상금, 휴업보상금, 상병보상금(傷病補償金), 일
시보상금, 장해보상금, 유족보상금, 행방불명보상금, 소지품 유
실보상금, 장의비 및 장제비 (2009. 12. 31. 개정)
마. 「고용보험법」에 따라 받는 실업급여, 육아휴직 급여, 육아기 근
로시간 단축 급여, 출산전후휴가 급여등, 「제대군인 지원에 관
한 법률」에 따라 받는 전직지원금, 「국가공무원법」·「지방공무

제9조의 4 【비과세되는 작물재배업의 범위】① 법 제12조 제2
호 바목에서 "대통령령으로 정하는 작물재배업에서 발생하는 소득"이
란 작물재배업에서 발생하는 소득으로서 해당 과세기간의 수입금액의
합계액이 10억원 이하인 것을 말한다. (2014. 2. 21. 신설)
② 제1항을 적용할 때 작물재배업에서 발생하는 소득의 계산에
필요한 사항은 기획재정부령으로 정한다. (2014. 2. 21. 신설)

제9조의 5 【비과세되는 어로어업 또는 양식어업 소득의 범위】
(2024. 2. 29. 제목개정)
① 법 제12조 제2호 사목에서 "대통령령으로 정하는 어로어업 또는 양
식어업에서 발생하는 소득"이란 통계청장이 고시하는 한국표준산업분
류(이하 "한국표준산업분류"라 한다)에 따른 연근해어업, 내수면어업
또는 양식어업에서 발생하는 소득으로서 해당 과세기간의 소득금액의
합계액이 5천만원 이하인 소득을 말한다. (2024. 2. 29. 개정)
② 제1항에 따른 어로어업 또는 양식어업에서 발생하는 소득의 계산에
필요한 사항은 기획재정부령으로 정한다. (2024. 2. 29. 개정)

제10조 【복무 중인 병의 범위】 법 제12조 제3호 가목에서 "대통
령령으로 정하는 복무 중인 병(兵)"이란 병역의무의 수행을 위하여 징
집·소집되거나 지원하여 복무 중인 사람으로서 병장 이하의 현역병
(지원하지 아니하고 임용된 하사를 포함한다), 의무경찰, 그 밖에 이에
준하는 사람을 말한다. (2016. 11. 29. 개정 ; 경비교도대 폐지에~시행
령 부칙)

제10조의 2 【비과세되는 육아휴직수당의 범위】 법 제12조 제3
호 마목에서 "대통령령으로 정하는 금액"이란 월 150만원을 말한다.
(2024. 2. 29. 신설)

원법」에 따른 공무원 또는 「사립학교교직원 연금법」・「별정우체국법」을 적용받는 사람이 관련 법령에 따라 받는 육아휴직수당(「사립학교법」 제70조의 2에 따라 임명된 사무직원이 학교의 정관 또는 규칙에 따라 지급받는 육아휴직수당으로서 대통령령으로 정하는 금액 이하의 것을 포함한다) (2023. 12. 31. 개정)

바. 「국민연금법」에 따라 받는 반환일시금(사망으로 받는 것만 해당한다) 및 사망일시금 (2009. 12. 31. 개정)

사. 「공무원연금법」, 「공무원 재해보상법」, 「군인연금법」, 「군인 재해보상법」, 「사립학교교직원 연금법」 또는 「별정우체국법」에 따라 받는 공무상요양비・요양급여・장해일시금・비공무상 장해일시금・비직무상 장해일시금・장애보상금・사망조위금・사망보상금・유족일시금・퇴직유족일시금・유족연금일시금・퇴직유족연금일시금・퇴역유족연금일시금・순직유족연금일시금・유족연금부가금・퇴직유족연금부가금・퇴역유족연금부가금・유족연금특별부가금・퇴직유족연금특별부가금・퇴역유족연금특별부가금・순직유족보상금・직무상유족보상금・위험직무순직유족보상금・재해부조금・재난부조금 또는 신체・정신상의 장해・질병으로 인한 휴직기간에 받는 급여 (2019. 12. 10. 개정 ; 군인 재해보상법 부칙)

아. 대통령령으로 정하는 학자금 (2009. 12. 31. 개정)

편주 ▶ ··
법 12조 3호 마목의 개정규정은 2024. 1. 1. 이후 소득을 지급받는 경우부터 적용함. (법 부칙(2023. 12. 31.) 2조 2항)
··

　제11조 【학자금의 범위】 법 제12조 제3호 아목에서 "대통령령으로 정하는 학자금"이란 「초・중등교육법」 및 「고등교육법」에 따른 학교(외국에 있는 이와 유사한 교육기관을 포함한다)와 「국민 평생 직업능력 개발법」에 따른 직업능력개발훈련시설의 입학금・수업료・수강료, 그 밖의 공납금 중 다음 각 호의 요건을 갖춘 학자금(해당 과세기간에 납입할 금액을 한도로 한다)을 말한다. (2022. 2. 17. 개정; 근로자 직업능력~부칙)

1. 당해 근로자가 종사하는 사업체의 업무와 관련있는 교육・훈련을 위하여 받는 것일 것
2. 당해 근로자가 종사하는 사업체의 규칙 등에 의하여 정하여진 지급기준에 따라 받는 것일 것
3. 교육・훈련기간이 6월 이상인 경우 교육・훈련 후 당해 교육기간을

자. 대통령령으로 정하는 실비변상적(實費辨償的) 성질의 급여
(2009. 12. 31. 개정)

☞

• 부부 공동명의의 차량도 자가운전보조금에 대한 비과세 규정을 적용할 수 있는 것임. (재소득 − 591, 2006. 9. 20.)
• 장애인과 공동명의로 구입한 차량은 업무에 사용하는 경우 자가운전보조금에 대한 비과세가 적용되지 아니함. (서면1팀 − 372, 2008. 3. 20.)
• 출장여비를 지급받으면서 별도로 지급받는 자기차량운전보조금은 과세대상 근로소득에 해당하고 출장여비는 비과세 근로소득에 해당함. (재소득 − 25, 2013. 1. 17.)

통칙 12 − 12…1【자기차량운전보조금을 지급받는 경우의 근로소득금액】
영 제12조 제3호의 규정을 적용함에 있어서 종업원이 시내출장 등에 따른 여비를 별도로 지급받으면서 연액 또는 월액의 자기차량운전보조금을 지급받는 경우 시내출장 등에 따라 소요된 실제 여비는 실비변상적인 급여로 비과세하나, 자기차량운전보조금은 영 제38조 제1항 제10호의 규정에 의한 근로소득에 포함한다. (2011. 3. 21. 개정)

12 − 12…3【해외근무에 따른 귀국휴가여비】
국외에 근무하는 내국인근로자 또는 국내에 근무하는 외국인근로자의 본국휴가에 따른 여비는 다음의 조건과 범위 내에서 영 제12조 제3호에서 규정하는 실비변상적 급여로 본다. (97. 4. 8. 개정)
1. 조 건
가. 회사의 사규 또는 고용계약서 등에 본국 이외의 지역에서 1년 이상 근무(1년 이상 근무하기로 규정된 경우를 포함한다)한 근로자에게 귀국여비를 회사가 부담하도록 되어 있을 것 (2011. 3. 21. 개정)

초과하여 근무하지 아니하는 때에는 지급받은 금액을 반납할 것을 조건으로 하여 받는 것일 것

제12조【실비변상적 급여의 범위】 법 제12조 제3호 자목에서 "대통령령으로 정하는 실비변상적(實費辨償的) 성질의 급여"란 다음 각 호의 것을 말한다. (2010. 2. 18. 개정)

1. 법령·조례에 의한 위원회 등의 보수를 받지 아니하는 위원(학술원 및 예술원의 회원을 포함한다)등이 받는 수당
1. 삭 제 (2021. 2. 17.)
2. 「선원법」에 의하여 받는 식료 (2005. 2. 19. 개정)
3. 일직료·숙직료 또는 여비로서 실비변상정도의 금액(종업원이 소유하거나 본인 명의로 임차한 차량을 종업원이 직접 운전하여 사용자의 업무수행에 이용하고 시내출장 등에 소요된 실제여비를 받는 대신에 그 소요경비를 해당 사업체의 규칙등으로 정하여진 지급기준에 따라 받는 금액 중 월 20만원 이내의 금액을 포함한다) (2022. 2. 15. 개정)
4. 법령·조례에 의하여 제복을 착용하여야 하는 자가 받는 제복·제모 및 제화
5. ~7. 삭 제 (2000. 12. 29)
8. 병원·시험실·금융회사 등·공장·광산에서 근무하는 사람 또는 특수한 작업이나 역무에 종사하는 사람이 받는 작업복이나 그 직장에서만 착용하는 피복(被服) (2010. 2. 18. 개정)
9. 특수분야에 종사하는 군인이 받는 낙하산강하위험수당·수중파괴작업위험수당·잠수부위험수당·고전압위험수당·폭발물위험수당·항공수당(기획재정부령으로 정하는 유지비행훈련수당을 포함한다)·비무장지대근무수당·전방초소근무수당·함정근무수당(기획재정부령으로 정하는 유지항해훈련수당을 포함한다) 및 수륙양용궤도차량승무수당, 특수분야에 종사하는 경찰공무원이 받는 경찰특수전술업무수당과 경호공무원이 받는 경호수당 (2020. 2. 11. 개정)
10. 「선원법」의 규정에 의한 선원으로서 기획재정부령이 정하는 자(제16조 및 제17조의 규정을 적용받는 자를 제외한다)가 받는 월 20만원 이내의 승선수당, 경찰공무원이 받는 함정근무수당·항공수당

제6조의 5【유지비행훈련수당 및 유지항해훈련수당의 범위】 영 제12조 제9호에서 "기획재정부령으로 정하는 유지비행훈련수당"이란 「군인 등의 특수근무수당에 관한 규칙」 별표 2의 군인등의 장려수당 제11호부터 제13호까지에 해당하는 수당을 말하고, 같은 호에서 "기획재정부령으로 정하는 유지항해훈련수당"이란 「군인 등의 특수근무수당에 관한 규칙」 별표 2의 군인등의 장려수당 제14호에 해당하는 수당

나. 해외근무라고 하는 근무환경의 특수성에 따라 직무 수행상 필수적이라고
　　인정되는 휴가일 것
2. 실비변상적 급여로 보는 범위
　왕복교통비(항공기의 운행관계상 부득이한 사정으로 경유지에서 숙박한 경우
　그 숙박료를 포함한다)로서 가장 합리적 또는 경제적이라고 인정되는 범위 내
　의 금액에 한하며, 관광여행이라고 인정되는 부분의 금액은 제외된다.

및 소방공무원이 받는 함정근무수당 · 항공수당 · 화재진화수당
(2008. 2. 29. 직제개정 ; 기획재정부와~직제 부칙)
11. 광산근로자가 받는 입갱수당 및 발파수당
12. 다음 각 목의 어느 하나에 해당하는 자가 받는 연구보조비 또는
　　연구활동비 중 월 20만원 이내의 금액 (2007. 2. 28. 개정)
　가. 「유아교육법」, 「초 · 중등교육법」 및 「고등교육법」에 따른 학교
　　　및 이에 준하는 학교(특별법에 따른 교육기관을 포함한다)의 교
　　　원 (2007. 2. 28. 개정)
　나. 「특정연구기관 육성법」의 적용을 받는 연구기관, 특별법에
　　　따라 설립된 정부출연연구기관, 「지방자치단체출연 연구원의
　　　설립 및 운영에 관한 법률」에 따라 설립된 지방자치단체출연
　　　연구원에서 연구활동에 직접 종사하는 자(대학교원에 준하는
　　　자격을 가진 자에 한한다) 및 직접적으로 연구활동을 지원하
　　　는 자로서 기획재정부령으로 정하는 자 (2008. 2. 29. 직제개
　　　정 ; 기획재정부와~직제 부칙)
　다. 「기초연구진흥 및 기술개발지원에 관한 법률 시행령」 제16조
　　　의 2 제1항 제1호 또는 제3호의 기준을 충족하여 「기초연구
　　　진흥 및 기술개발지원에 관한 법률」 제14조의 2 제1항에 따라
　　　인정받은 중소기업 또는 벤처기업의 기업부설연구소와 같은 항
　　　에 따라 설치하는 연구개발전담부서(중소기업 또는 벤처기업에
　　　설치하는 것으로 한정한다)에서 연구활동에 직접 종사하는 자
　　　(2016. 9. 22. 개정 ; 기초연구진흥~시행령 부칙)
13. 국가 또는 지방자치단체가 지급하는 다음 각 목의 어느 하나에 해
　　당하는 것 (2012. 2. 2. 신설)
　가. 「영유아보육법 시행령」 제24조 제1항 제7호에 따른 비용 중 보
　　　육교사의 처우개선을 위하여 지급하는 근무환경개선비 (2012.
　　　2. 2. 신설)
　나. 「유아교육법 시행령」 제32조 제1항 제2호에 따른 사립유치원
　　　수석교사 · 교사의 인건비 (2012. 2. 2. 신설)
　다. 전문과목별 전문의의 수급 균형을 유도하기 위하여 전공의
　　　(專攻醫)에게 지급하는 수련보조수당 (2012. 2. 2. 신설)
14. 「방송법」에 따른 방송, 「뉴스통신진흥에 관한 법률」에 따른 뉴스

을 말한다. (2020. 3. 13. 신설)

　제6조의 3 【승선수당】영 제12조 제
10호에서 "기획재정부령이 정하는 자"란
「선원법」 제2조 제3호 및 제4호에 따른 선
장 및 해원을 말한다. (2014. 3. 14. 개정)

　제6조의 4 【연구활동을 지원하는 자
의 범위】영 제12조 제12호 나목에서 "직
접적으로 연구활동을 지원하는 자로서 기
획재정부령으로 정하는 자"라 함은 「특정
연구기관 육성법」의 적용을 받는 연구기
관 또는 특별법에 따라 설립된 정부출연
연구기관, 「지방자치단체출연 연구원의 설
립 및 운영에 관한 법률」에 따라 설립된
지방자치단체출연연구원의 종사자 중 다
음 각 호의 자를 제외한 자를 말한다.
(2008. 4. 29. 직제개정)
1. 연구활동에 직접 종사하는 자(대학교원
　에 준하는 자격을 가진 자에 한한다)
　(2007. 4. 17. 신설)
2. 건물의 방호 · 유지 · 보수 · 청소 등 건
　물의 일상적 관리에 종사하는 자 (2007.
　4. 17. 신설)
3. 식사제공 및 차량의 운전에 종사하는
　자 (2007. 4. 17. 신설)

　제7조 【벽지의 범위】영 제12조 제
15호에서 "기획재정부령이 정하는 벽지"
란 다음 각 호의 어느 하나에 해당하는 지
역을 말한다. (2020. 3. 13. 개정)
1. 「공무원 특수지근무수당 지급대상지역

통신, 「신문 등의 진흥에 관한 법률」에 따른 신문(일반일간신문, 특수일간신문 및 인터넷신문을 말하며, 해당 신문을 경영하는 기업이 직접 발행하는 「잡지 등 정기간행물의 진흥에 관한 법률」에 따른 정기간행물을 포함한다)을 경영하는 언론기업 및 「방송법」에 따른 방송채널사용사업에 종사하는 기자(해당 언론기업 및 「방송법」에 따른 방송채널사용사업에 상시 고용되어 취재활동을 하는 논설위원 및 만화가를 포함한다)가 취재활동과 관련하여 받는 취재수당 중 월 20만원 이내의 금액. 이 경우 취재수당을 급여에 포함하여 받는 경우에는 월 20만원에 상당하는 금액을 취재수당으로 본다. (2010. 1. 27. 개정 ; 신문 등의 자유와～시행령 부칙)

15. 근로자가 기획재정부령이 정하는 벽지에 근무함으로 인하여 받는 월 20만원 이내의 벽지수당 (2008. 2. 29. 직제개정 ; 기획재정부와～직제 부칙)

16. 근로자가 천재·지변 기타 재해로 인하여 받는 급여

17. 수도권 외의 지역으로 이전하는 「지방자치분권 및 지역균형발전에 관한 특별법」 제2조 제14호에 따른 공공기관의 소속 공무원이나 직원에게 한시적으로 지급하는 월 20만원 이내의 이전지원금 (2023. 7. 7. 개정 ; 지방자치분권～부칙)

18. 종교관련종사자가 소속 종교단체의 규약 또는 소속 종교단체의 의결기구의 의결·승인 등을 통하여 결정된 지급 기준에 따라 종교 활동을 위하여 통상적으로 사용할 목적으로 지급받은 금액 및 물품 (2017. 12. 29. 신설)

제13조 【월정액급여】 삭 제 (2006. 2. 9.)

제14조 【국제기관 등의 범위】 ① 법 제12조 제3호 차목 본문에서 "대통령령으로 정하는 국제기관"이란 국제연합과 그 소속기구의 기관을 말한다. (2010. 2. 18. 개정)
② 법 제12조 제3호 차목 본문에서 "대통령령으로 정하는 사람이 받는 급여"란 외국정부 또는 국제기관에 근무하는 사람 중 대한민국국민이 아닌 사람이 그 직무수행의 대가로 받는 급여를 말한다. (2010. 2. 18. 개정)

및 기관과 그 등급별 구분에 관한 규칙」 별표 1의 지역 (2005. 3. 19. 개정)

1의 2. 「지방공무원 특수지근무수당 지급 대상지역 및 기관과 그 등급별 구분에 관한 규칙」 별표 1의 지역(같은 표 제1호의 벽지지역과 제2호의 도서지역 중 군지역의 경우 지역 및 등급란에 규정된 면지역 전체를 말한다) (2020. 3. 13. 개정)

2. 「도서·벽지 교육진흥법 시행규칙」 별표의 지역 (2005. 3. 19. 개정)

3. 「광업법」에 의하여 광업권을 지정받아 광구로 등록된 지역 (2005. 3. 19. 개정)

4. 별표 1의 의료취약지역(「의료법」 제2조의 규정에 의한 의료인의 경우로 한정한다) (2008. 4. 29. 개정)

5. 삭 제 (2001. 4. 30)

통칙 12－14…1 【외국정부 및 국제기관 근무자의 직무수행 범위】
(2011. 5. 20. 조번개정)
영 제14조 제2항에서 규정하는 "직무수행의 대가로 받는 급여"에는 외국정부 및 국제기관(국제연합과 그 소속기구의 기관)이 일반적으로 기업이 경영하는 수익사업을 직접 경영하는 경우에 있어서 이에 종사하고 받는 급여는 포함하지 아니한다. (97. 4. 8. 개정)
☞

통칙 12－17…2 【월정액급여의 범위】
① 근로자가 연장시간근로·휴일근로 등으로 인하여 지급받는 특근수당·잔업수당 등은 급여액의 크기가 매월 변동되더라도 매월 계산되는 급여항목인 경우에는 영 제17조 제1항에 규정하는 월정액급여에 포함한다. (2019. 12. 23. 개정)
② 상여금지급규정에 의하여 상여금을 지급받음에 있어서 연간상여금 지급총액을 급여 지급시에 매월 분할하여 지급받는 경우에는 상여금의 명목으로 지급받더라도 이를 영 제17조 제1항에 따른 월정액급여로 본다. (2019. 12. 23. 개정)
③ 삭 제 (2008. 7. 30.)
☞

　차. 외국정부(외국의 지방자치단체와 연방국가인 외국의 지방정부를 포함한다. 이하 같다) 또는 대통령령으로 정하는 국제기관에서 근무하는 사람으로서 대통령령으로 정하는 사람이 받는 급여. 다만, 그 외국정부가 그 나라에서 근무하는 우리나라 공무원의 급여에 대하여 소득세를 과세하지 아니하는 경우만 해당한다. (2009. 12. 31. 개정)
　카. 「국가유공자 등 예우 및 지원에 관한 법률」 또는 「보훈보상대상

자 지원에 관한 법률」에 따라 받는 보훈급여금·학습보조비 (2011. 9. 15. 개정 ; 보훈보상대상자 지원에 관한 법률 부칙)

타. 「전직대통령 예우에 관한 법률」에 따라 받는 연금 (2009. 12. 31. 개정)

파. 작전임무를 수행하기 위하여 외국에 주둔 중인 군인·군무원이 받는 급여 (2009. 12. 31. 개정)

하. 종군한 군인·군무원이 전사(전상으로 인한 사망을 포함한다. 이하 같다)한 경우 그 전사한 날이 속하는 과세기간의 급여 (2009. 12. 31. 개정)

거. 국외 또는 「남북교류협력에 관한 법률」에 따른 북한지역에서 근로를 제공하고 받는 대통령령으로 정하는 급여 (2009. 12. 31. 개정)

너. 「국민건강보험법」, 「고용보험법」 또는 「노인장기요양보험법」에 따라 국가, 지방자치단체 또는 사용자가 부담하는 보험료 (2013. 1. 1. 개정)

통칙 12-0…2【사용자가 부담하는 주주인 임원의 국민건강보험료 등의 비과세】
「국민건강보험법」, 「고용보험법」에 따라 사용자가 부담하는 주주 또는 출자자인 임원의 보험료는 법 제12조 제3호 너목에 따른 비과세소득에 해당한다. (2019. 12. 23. 개정)

☞

통칙 12-16…4【국외근로소득에 대한 과세방법】 (2011. 5. 20. 조번개정)
① 영 제16조 제1항 제1호에 규정하는 국외근로소득은 월 100만원을 공제하고 과세하며, 당해 월의 국외근로소득이 월 100만원(원양어업 선박, 국외 등을 항행하는 선박 또는 국외 등의 건설현장 등에서 근로를 제공하고 받는 보수의 경우에는 월 300만원) 이하인 경우에는 그 급여를 한도로 하여 비과세하며 당해 월의

제15조【외국에 주둔 중인 군인·군무원이 받는 급여의 범위 등】
법 제12조 제3호 파목에 따른 군인·군무원이 받는 급여에는 미리 받은 급여(업무수행기간 후의 기간에 해당하는 급여를 포함한다)를 포함하는 것으로 한다. 다만, 외국에 주둔 중인 군인·군무원이 징계 등의 사유로 해당 외국에서의 업무수행에 부적합하다고 인정되어 소환된 경우 그 잔여기간에 해당하는 급여는 그러하지 아니하다. (2010. 2. 18. 개정)

제16조【국외근로자의 비과세급여의 범위】 ① 법 제12조 제3호 거목에서 "대통령령으로 정하는 급여"란 다음 각 호의 것을 말한다. (2010. 2. 18. 개정)

1. 국외 또는 「남북교류협력에 관한 법률」에 따른 북한지역(이하 이 조에서 "국외 등"이라 한다)에서 근로를 제공(원양어업선박 또는 국외 등을 항행하는 선박이나 항공기에서 근로를 제공하는 것을 포함한다)하고 받는 보수 중 월 100만원[원양어업 선박, 국외등을 항행하는 선박 또는 국외등의 건설현장 등에서 근로(설계 및 감리 업무를 포함한다)를 제공하고 받는 보수의 경우에는 월 500만원] 이내의 금액 (2024. 2. 29. 개정)

편주▶
영 16조 1항 1호 및 2호의 개정규정은 2024. 2. 29.이 속하는 과세기간에 지급받는 소득부터 적용함. (영 부칙(2024. 2. 29.) 2조)

통칙 12-16…1【해외연수중에 받는 급여의 국외근로소득 해당 여부】
영 제16조 제1항 제1호에 규정하는 "국외 또는 「남북교류협력에 관한 법률」에 의한 북한지역에서 근로를 제공하고 받는 보수"는 해외 또는 북한지역에 주재하면서 근로를 제공하고 받는 급여를 말하며 출장, 연수 등을 목적으로 출국한 기간 동안의 급여상당액은 국외근로소득으로 보지 아니한다. (2008. 7. 30. 개정)

2. 공무원(「외무공무원법」 제32조에 따른 재외공관 행정직원과 이와 유사한 업무를 수

제8조【원양어업 선박, 국외 등의 건설현장 등 및 외항선박 승무원 등의 범위】 (2010. 4. 30. 제목개정)

① 영 제16조 제1항 제1호에 따른 원양어업 선박은 「원양산업발전법」에 따라 허가를 받은 원양어업용인 선박을 말한다. (2010. 4. 30. 개정)

② 영 제16조 제1항 제1호에 따른 국외등의 건설현장 등은 국외등의 건설공사 현장과 그 건설공사를 위하여 필요한 장비 및 기자재의 구매, 통관, 운반, 보관, 유지·보수 등이 이루어지는 장소를 포함한다. (2010. 4. 30. 개정)

③ 영 제16조 제3항을 적용할 때 외국을 항행하는 기간에는 해당 선박이나 항공기가 화물의 적재·하역, 그 밖의 사유로 국내에 일시적으로 체재하는 기간을 포함한다. (2010. 4. 30. 개정)

국외근로소득이 100만원(원양어업 선박, 국외 등을 항행하는 선박 또는 국외 등의 건설현장 등에서 근로를 제공하고 받는 보수의 경우에는 월 300만원) 이하가 될 때에는 그 부족액은 다음달 이후의 급여에서 이월하여 공제하지 아니한다. (2019. 12. 23. 개정)

② 제1항의 당해 월의 국외근로소득에는 당해 월에 귀속하는 국외근로로 인한 상여 등을 포함한다. (97. 4. 8. 개정)

③ 제1항에서 규정하는 공제액을 계산함에 있어서 국외근무기간이 1월 미만인 경우에는 1월로 본다. (97. 4. 8. 개정)

☞

더. 생산직 및 그 관련 직에 종사하는 근로자로서 급여 수준 및 직종 등을 고려하여 대통령령으로 정하는 근로자가 대통령령으로 정하는 연장근로·야간근로 또는 휴일근로를 하여 받는 급여 (2009. 12. 31. 개정)

행하는 사람으로서 기획재정부장관이 정하여 고시하는 사람을 포함한다), 「대한무역투자진흥공사법」에 따른 대한무역투자진흥공사, 「한국관광공사법」에 따른 한국관광공사, 「한국국제협력단법」에 따른 한국국제협력단, 「한국국제보건의료재단법」에 따른 한국국제보건의료재단 및 「한국산업인력공단법」에 따른 한국산업인력공단의 종사자가 국외 등에서 근무하고 받는 수당 중 해당 근로자가 국내에서 근무할 경우에 지급받을 금액상당액을 초과하여 받는 금액 중 실비변상적 성격의 급여로서 외교부장관이 기획재정부장관과 협의하여 고시하는 금액 (2024. 2. 29. 개정)

2. 공무원(「외무공무원법」 제32조에 따른 재외공관 행정직원과 이와 유사한 업무를 수행하는 사람으로서 기획재정부장관이 정하여 고시하는 사람을 포함한다), 「대한무역투자진흥공사법」에 따른 대한무역투자진흥공사, 「한국관광공사법」에 따른 한국관광공사, 「한국국제협력단법」에 따른 한국국제협력단, 「한국국제보건의료재단법」에 따른 한국국제보건의료재단, 「한국산업인력공단법」에 따른 한국산업인력공단 및 「중소기업진흥에 관한 법률」에 따른 중소벤처기업진흥공단의 종사자가 국외 등에서 근무하고 받는 수당 중 해당 근로자가 국내에서 근무할 경우에 지급받을 금액상당액을 초과하여 받는 금액 중 실비변상적 성격의 급여로서 외교부장관이 기획재정부장관과 협의하여 고시하는 금액 (2025. 2. 28. 개정)

② 제1항의 규정에 의한 급여에는 그 근로의 대가를 국내에서 받는 경우를 포함한다. (94. 12. 31 개정)

③ 제1항 제1호의 규정에 의한 원양어업선박 또는 국외 등을 항행하는 선박이나 항공기에서 근로를 제공하고 보수를 받는 자의 급여는 원양어업선박에 승선하는 승무원이 원양어업에 종사함으로써 받는 급여와 국외 등을 항행하는 선박 또는 항공기의 승무원이 국외 등을 항행하는 기간의 근로에 대하여 받는 급여에 한한다. (2000. 12. 29 개정)

④ 제1항 제1호에 따른 원양어업선박, 국외등의 건설현장 등과 제3항에 따른 승무원의 범위는 기획재정부령으로 정한다. (2010. 2. 18. 개정)

　제17조【생산직근로자가 받는 야간근로수당 등의 범위】① 법 제12조 제3호 더목에서 "대통령령으로 정하는 근로자"란 월정액급여 210만원 이하로서 직전 과세기간의 법 제20조 제2항에 따른 총급여액이 3천만원 이하인 근로자(일용근로자를 포함한다)로서 다음 각 호의 어느 하나에 해당하는 사람을 말한다. 이 경우 월정액급여는 매월 직급

④ 영 제16조 제3항에 따른 승무원은 제1항의 원양어업 선박에 승선하여 근로를 제공하는 자 및 외국을 항행하는 선박 또는 항공기에서 근로를 제공하는 자로서 다음 각 호의 어느 하나에 해당하는 자를 포함한다. (2010. 4. 30. 개정)

1. 해당 선박에 전속되어 있는 의사 및 그 보조원 (2010. 4. 30. 개정)

2. 해외기지조업을 하는 원양어업의 경우에는 현장에 주재하는 선박수리공 및 그 사무원 (2010. 4. 30. 개정)

통칙 12-16…2 【원양어선의 선원이 보합금을 받는 경우의 비과세소득】
원양어선에 승선한 선원이 근로의 대가를 영 제49조 제2항에 규정하는 보합금 등의 방법으로 지급받는 경우에는 보합금으로 지급받는 금액을 어로기간의 월수로 나눈 금액을 매월 지급받은 것으로 보고 영 제16조 제1항 제1호의 규정을 적용한다. (97. 4. 8. 개정)

12-16…3 【외국항행 선박의 승무원이 받는 급여의 국외근로소득 포함 범위】
① 국외에서 근로를 제공할 것을 조건으로 고용된 자의 국내근로소득(대기기간 급여 등)은 영 제16조 제1항 제1호에 규정하는 국외근로소득에 포함하지 아니한다. (2011. 3. 21. 개정)
② 원양어업 선박 또는 외국항행 선박이 수리 및 정비 등의 사유로 국내에 체재하는 기간중 동선박의 승무원으로 고용된 거주자의 국내체재기간에 해당되는 급여는 국외근로소득에 포함한다. (97. 4. 8. 개정)

12-16…5 【외항선원이 지급받는 승선수당 등의 비과세 범위】 (2019. 12. 23. 번호개정)

통칙 12-0…1【임원과 근로자의 구분】
① 법에서 규정하는 "근로자"에는 법에서 특별히 임원을 제외하고 있는 경우 외에는 임원이 포함되는 것으로 한다. (97. 4. 8. 개정)
② 임원이라 함은 「법인세법 시행령」 제40조 제1항에 따른 임원을 말한다. (2019. 12. 23. 개정)

●예판●
• 영 17조 1항 1호에서 "공장"이라 함은 제조시설 등을 갖추고 한국표준산업분류에 의한 제조업을 영위하기 위한 사업장을 말하며, 건설업체 등의 직원으로서 당해 공장의 제조·생산시설의 설치 또는 당해 시설의 유지·보수 용역을 제공하는 자는 영 17조 1항 1호에서 규정하고 있는 '공장에서 근로를 제공하는 자'에 포함되지 아니함. (서면1팀-122, 2006. 1. 31.)
• 공장시설의 신설 및 증·개축공사에 종사하는 건설일용근로자는 공장에서 근로를 제공하는 자에 해당하지 않음. (재소득-501, 2007. 9. 1.)

통칙 12-17…1【공장에서 제조·생산시설의 설치 등의 용역을 제공하는 건설업체 직원의 생산직근로자 여부】
영 제17조 제1항 제1호에 따른 "공장"이라 함은 제조시설 및 그 부대시설을 갖추고 한국표준산업분류상의 제조업을 영위하기 위한 사업장을 말하는 것이므로 건설업체 등의 직원으로서 공장의 제조·생산시설의 설치 또는 유지·보수용역을 제공하는 자는 동 규정에 의한 "공장에서 근로를 제공하는 자"에 포함하지 아니한다. (2011. 3. 21. 신설)

●예판●
• 연간의 연장시간·야간·휴일근로로 인한 가산급여액을 포함해 생산직 근로자의 연봉을 책정하는 경우도 실제의 연장시간근로 등으로 인한 급여는 비과세대상임. (소득 46011-21009, 2000. 7. 18.)

별로 받는 봉급·급료·보수·임금·수당, 그 밖에 이와 유사한 성질의 급여(해당 과세기간 중에 받는 상여 등 부정기적인 급여와 제12조에 따른 실비변상적 성질의 급여 및 제17조의 4에 따른 복리후생적 성질의 급여는 제외한다)의 총액에서 「근로기준법」에 따른 연장근로·야간근로 또는 휴일근로를 하여 통상임금에 더하여 받는 급여 및 「선원법」에 따라 받는 생산수당(비율급으로 받는 경우에는 월 고정급을 초과하는 비율급을 말한다)을 뺀 급여를 말한다. (2021. 2. 17. 후단개정)
1. 공장 또는 광산에서 근로를 제공하는 자로서 통계청장이 고시하는 한국표준직업분류에 의한 생산 및 관련종사자 중 기획재정부령이 정하는 자 (2008. 2. 29. 직제개정 ; 기획재정부와~직제 부칙)
2. 어업을 영위하는 자에게 고용되어 근로를 제공하는 자로서 기획재정부령이 정하는 자 (2008. 2. 29. 직제개정 ; 기획재정부와~직제 부칙)
3. 통계청장이 고시하는 한국표준직업분류에 따른 운전 및 운송 관련직 종사자, 돌봄·미용·여가 및 관광·숙박시설·조리 및 음식 관련 서비스직 종사자, 매장 판매 종사자, 상품 대여 종사자, 통신 관련 판매직 종사자, 운송·청소·경비·가사·음식·판매·농림·어업·계기·자판기·주차관리 및 기타 서비스 관련 단순 노무직 종사자 중 기획재정부령으로 정하는 자 (2021. 2. 17. 개정)
4. 통계청장이 고시하는 한국표준직업분류에 따른 미용 관련 서비스 종사자, 숙박시설 서비스 종사자, 조리 및 음식 서비스직 종사자, 매장 판매 종사자, 통신 관련 판매직 종사자, 음식·판매·농림·어업·계기·자판기·주차관리 및 기타 서비스 관련 단순 노무직 종사자 중 기획재정부령으로 정하는 자로서 다음 각 호의 요건을 모두 갖춘 사업주에게 고용된 자 (2019. 2. 12. 개정)
  가. 해당 과세연도의 상시근로자 수가 30인 미만일 것 (2018. 2. 13. 신설)
  나. 해당 과세연도의 소득세 또는 법인세 과세표준이 5억원 이하일 것. 이 경우 소득세 과세표준은 사업소득에 대한 것에 한정하며, 그 계산방법은 기획재정부령으로 정한다. (2018. 2. 13. 신설)
4. 삭 제 (2021. 2. 17.)
② 법 제12조 제3호 더목에서 "대통령령으로 정하는 연장근로·야간근로 또는 휴일근로를 하여 받는 급여"란 다음 각 호의 어느 하나에 해당하는 금액을 말한다. (2010. 2. 18. 개정)
1. 「근로기준법」에 따른 연장근로·야간근로 또는 휴일근로를 하여 통

① 「선원법」에 의하여 승선중인 선원에게 공급하는 식료에 대하여는 영 제12조 제2호의 규정에 의하여 비과세되는 것이나, 휴가기간 동안에 지급받는 급식비는 이에 포함되지 아니한다. (2011. 3. 21. 개정)
② 외항선원이 유급휴가기간 동안에 지급받는 급여도 국외에서 근무를 제공하고 받는 보수로서 영 제16조 제1항 제1호의 규정에 의하여 월 300만원까지는 소득세가 과세되지 아니한다. (2019. 12. 23. 개정)

제9조【생산 및 그 관련직에 종사하는 근로자의 범위】 ① 영 제17조 제1항 제1호에서 "기획재정부령이 정하는 자" 및 같은 항 제3호에서 "기획재정부령으로 정하는 자"란 별표 2에 규정된 직종에 종사하는 근로자를 말한다. (2019. 3. 20. 개정)
② 영 제17조 제1항 제2호에서 "기획재정부령이 정하는 자"란 어선에 승무하는 선원으로 하되, 「선원법」 제2조 제3호에 따른 선장은 포함하지 아니한다. (2014. 3. 14. 개정)
③ 영 제17조 제1항 제4호 각 목 외의 부분에서 "기획재정부령으로 정하는 자"란 별표 2의 2에 규정된 직종에 종사하는 근로자를 말한다. (2018. 3. 21. 신설)
④ 영 제17조 제1항 제4호 나목을 적용할 때 사업소득에 대한 소득세 과세표준은 해당 과세연도의 종합소득세 과세표준에 종합소득금액을 사업소득금액으로 나눈 비율을 곱하여 계산한다. (2018. 3. 21. 신설)
③~④ 삭 제 (2021. 3. 16.)

• '근로기준법에 의한 연장시간근로·야간근로 또는 휴일근로로 인하여 통상임금에 가산하여 받는 급여'란 연장시간근로 등으로 인하여 지급받는 급여의 총액을 말하는 것임. (서면1팀 - 1579, 2006. 11. 21.)

··

러. 근로자가 사내급식이나 이와 유사한 방법으로 제공받는 식사 기타 음식물 또는 근로자(식사 기타 음식물을 제공받지 아니하는 자에 한정한다)가 받는 월 20만원 이하의 식사대 (2022. 8. 12. 개정)

통칙 12 - 0…3 【근로자가 제공받는 식사 또는 식사대의 범위】 (2024. 3. 15. 번호개정)

① 법 제12조 제3호 러목에서 규정하는 "식사·기타 음식물"이라 함은 사용자가 근로자에게 무상으로 제공하는 음식물로서 다음 각 호의 요건에 해당하는 것으로 한다. (2024. 3. 15. 개정)
1. 통상적으로 급여에 포함되지 아니하는 것
2. 음식물의 제공 여부로 급여에 차등이 없는 것
3. 사용자가 추가부담으로 제공하는 것
② 사용자가 기업외부의 음식업자와 식사·기타 음식물 공급계약을 체결하고 그 사용자가 교부하는 식권에 의하여 제공받는 식사·기타 음식물로서 당해 식권이 현금으로 환금할 수 없고 제1항 각호의 요건에 해당되는 때는 비과세되는 식사·기타 음식물로 본다. (97. 4. 8. 개정)
③ 식사·기타 음식물을 제공받지 아니하는 근로자가 식사대를 월 20만원 이상 지급받는 경우에는 월 20만원까지 비과세되는 식사대로 본다. (2024. 3. 15. 개정)
④ 식사·기타 음식물을 제공받고 있는 근로자가 별도로 식사대를 지급받는 경우에는 식사·기타 음식물에 한하여 비과세되는 급여로 본다. 다만, 다른 근로자와 함께 일률적으로 급식수당을 지급받고 있는 근로자가 야간근무 등 시간외 근무를 하는 경우에 별도로 제공받는 식사·기타 음식물은 비과세되는 급여에 포함한다. (97. 4. 8. 개정)

머. 근로자 또는 그 배우자의 출산이나 6세 이하(해당 과세기간 개시일을 기준으로 판단한다) 자녀의 보육과 관련하여 사용자로부터 받는 급여로서 월 20만원 이내의 금액 (2023. 12. 31. 개정)

머. 근로자 또는 그 배우자의 출산이나 자녀의 보육과 관련하여 사용자로부터 지급받는 다음의 급여 (2024. 12. 31. 개정)
  1) 근로자(사용자와 대통령령으로 정하는 특수관계에 있는 자는 제외한다) 또는 그 배우자의 출산과 관련하여 자녀의 출생일

상임금에 더하여 받는 급여 중 연 240만원 이하의 금액(광산근로자 및 일용근로자의 경우에는 해당 급여총액) (2010. 2. 18. 개정)
2. 제1항 제2호에 규정하는 근로자가 「선원법」에 의하여 받는 생산수당(비율급으로 받는 경우에는 월 고정급을 초과하는 비율급) 중 연 240만원 이내의 금액 (2005. 2. 19. 개정)
③ 제1항 제2호에 따른 어업의 범위는 한국표준산업분류에 따른다. (2012. 2. 2. 개정)
④ 제1항에서 "월정액급여"라 함은 매월 직급별로 받는 봉급·급료·보수·임금·수당 그 밖에 이와 유사한 성질의 급여(당해 연도 중에 받는 상여 등 부정기적인 급여와 제12조의 규정에 따른 실비변상적 성질의 급여를 제외한다)의 총액을 말한다. (2006. 2. 9. 신설)
④ 삭 제 (2010. 2. 18.)

편주 ··
2024. 1. 1. 전에 지급받은 출산·보육과 관련한 소득의 비과세 한도에 관하여는 법 12조 3호 머목의 개정규정에도 불구하고 종전의 규정에 따름. (법 부칙(2023. 12. 31.) 2조 3항)
··

제17조의 2 【비과세되는 기업 출산지원금의 범위】 ① 법 제12조 제3호 머목 1)에서 "사용자와 대통령령으로 정하는 특수관계에 있는 자"란 해당 사용자와 다음 각 호의 구분에 따른 관계에 있는 사람을 말한다. (2025. 2. 28. 신설)

이후 2년 이내에 사용자로부터 대통령령으로 정하는 바에 따라 최대 두 차례에 걸쳐 지급받는 급여(2021년 1월 1일 이후 출생한 자녀에 대하여 2024년 1월 1일부터 2024년 12월 31일 사이에 지급받은 급여를 포함한다) 전액 (2024. 12. 31. 개정)

편주 ▶

법 12조 3호 머목 1)의 개정규정은 2025. 1. 1. 이후 종합소득과세표준 확정신고를 하거나 연말정산하는 경우부터 적용함. (법 부칙(2024. 12. 31.) 3조)

　2) 근로자 또는 그 배우자의 해당 과세기간 개시일을 기준으로 6세 이하(6세가 되는 날과 그 이전 기간을 말한다. 이하 이 조 및 제59조의 4에서 같다)인 자녀의 보육과 관련하여 사용자로부터 지급받는 급여로서 월 20만원 이내의 금액 (2024. 12. 31. 개정)

버. 「국군포로의 송환 및 대우 등에 관한 법률」에 따른 국군포로가 받는 보수 및 퇴직일시금 (2009. 12. 31. 개정)

서. 「교육기본법」 제28조 제1항에 따라 받는 장학금 중 대학생이 근로를 대가로 지급받는 장학금(「고등교육법」 제2조 제1호부터 제4호까지의 규정에 따른 대학에 재학하는 대학생에 한정한다) (2020. 6. 9. 개정 ; 법률용어 정비~법률)

어. 「발명진흥법」 제2조 제2호에 따른 직무발명으로 받는 다음의 보상금(이하 "직무발명보상금"이라 한다)으로서 대통령령으로 정하는 금액 (2016. 12. 20. 신설)

　1) 「발명진흥법」 제2조 제2호에 따른 종업원등(이하 이 조, 제20조 및 제21조에서 "종업원등"이라 한다)이 같은 호에 따른 사용자등(이하 이 조에서 "사용자등"이라 한다)으로부터 받는 보상금. 다만, 보상금을 지급한 사용자등과 대통령령으로 정하는 특수관계에 있는 자가 받는 보상금은 제외한다. (2023. 12. 31. 개정)

편주 ▶

법 12조 3호 어목 1) 단서의 개정규정은 2024. 1. 1. 이후 소득을 지급받

1. 사용자가 개인인 경우: 「국세기본법 시행령」 제1조의 2 제1항에 따른 친족관계 (2025. 2. 28. 신설)

2. 사용자가 법인인 경우: 「법인세법 시행령」 제43조 제7항에 따른 지배주주등(해당 지배주주등과 「국세기본법 시행령」 제1조의 2 제1항에 따른 친족관계 또는 같은 조 제3항 제2호 가목에 따른 경영지배관계에 있는 사람을 포함한다)인 관계 (2025. 2. 28. 신설)

② 법 제12조 제3호 머목 1)에서 "대통령령으로 정하는 바에 따라 최대 두 차례에 걸쳐 지급받는 급여"란 사용자로부터 해당 급여를 지급받는 횟수에 관계 없이 자녀의 출생일 이후 2년 이내에 첫 번째와 두 번째 지급받는 급여를 말한다. 이 경우 근로자가 지급받는 급여의 횟수는 사용자별로 계산한다. (2025. 2. 28. 신설)

●예판

근로자가 6세 이하의 자녀의 보육과 관련하여 사용자로부터 지급받는 급여로서 월 10만원 이내의 금액은 맞벌이 부부의 경우도 소득자별로 각각 비과세를 적용하는 것임. (서면1팀 - 1245, 2006. 9. 12.)

제17조의 3 【비과세되는 직무발명보상금의 범위】 ① 법 제12조 제3호 어목 1) · 2) 외의 부분에서 "대통령령으로 정하는 금액"이란 연 700만원 이하의 금액을 말한다. (2024. 2. 29. 개정)

② 법 제12조 제3호 어목 1) 단서에서 "보상금을 지급한 사용자등과 대통령령으로 정하는 특수관계에 있는 자"란 해당 사용자등과 다음 각 호의 구분에 따른 관계에 있는 자를 말한다. (2024. 2. 29. 신설)

1. 사용자등이 개인인 경우: 「국세기본법 시행령」 제1조의 2 제1항에 따른 친족관계 (2024. 2. 29. 신설)

2. 사용자등이 법인인 경우: 「법인세법 시행령」 제43조 제7항에 따른 지배주주등(해당 지배주주등과 「국세기본법 시행령」 제1조의 2 제1항에 따른 친족관계 또는 같은 조 제3항에 따른 경영지배관계에 있

편주 ▶

영 17조의 3 제1항의 개정규정은 2024. 2. 29.이 속하는 과세기간에 지급받는 소득부터 적용함. (영 부칙(2024. 2. 29.) 3조)

통칙 12 - 17의 4…1 【부득이한 사유의 경우 사택제공이익의 비과세】 (2024. 3. 15.

∴∴∴∴∴∴∴∴∴∴∴∴∴∴∴∴∴∴∴∴∴∴∴∴∴

2) 대학의 교직원 또는 대학과 고용관계가 있는 학생이 소속 대학에 설치된 「산업교육진흥 및 산학연협력촉진에 관한 법률」 제25조에 따른 산학협력단(이하 이 조에서 "산학협력단"이라 한다)으로부터 같은 법 제32조 제1항 제4호에 따라 받는 보상금 (2018. 12. 31. 개정)

저. 대통령령으로 정하는 복리후생적 성질의 급여 (2020. 12. 29. 신설)

처. 제20조 제1항 제6호에 따른 소득 중 다음의 요건을 모두 충족하는 소득으로서 대통령령으로 정하는 금액 이하의 금액 (2024. 12. 31. 신설)

1) 임원 또는 종업원(이하 이 조, 제20조 및 제164조의 5에서 "임원등"이라 한다) 본인이 소비하는 것을 목적으로 제공받거나 지원을 받아 구입한 재화 또는 용역으로서 대통령령으로 정하는 기간 동안 재판매가 허용되지 아니할 것 (2024. 12. 31. 신설)

2) 해당 재화 또는 용역의 제공과 관련하여 모든 임원등에게 공통으로 적용되는 기준이 있을 것 (2024. 12. 31. 신설)

개정취지 ∴∴∴∴∴∴∴∴∴∴∴∴∴∴∴∴∴∴

임원 등에 대한 할인금액 비과세 근거 마련

• 자사 및 계열사에서 생산·공급하는 재화 또는 용역을 할인하여 임원 또는 종업원에게 제공함으로써 임원 또는 종업원이 얻는 이익을 근로소득으로 규정하고, 해당 이익 중 재판매가 허용되지 아니하고 그 임원 또는 종업원이 소비하는 것을 목적하는 이익은 과세하지 아니함. (법 12조 3호 처목 신설 ; 2024. 12. 31.)

• 법 12조 3호 처목의 개정규정은 2025. 1. 1. 이후 발생하는 소득분부터 적용함. (법 부칙(2024. 12. 31.) 4조)

∴∴∴∴∴∴∴∴∴∴∴∴∴∴∴∴∴∴∴∴∴∴∴∴∴

4. 연금소득 중 다음 각 목의 어느 하나에 해당하는 소득 (2009. 12. 31. 개정)

가. 「국민연금법」, 「공무원연금법」 또는 「공무원 재해보상법」, 「군인연금법」 또는 「군인 재해보상법」, 「사립학교교직원 연금법」,

---

는 자를 포함한다)인 관계 (2024. 2. 29. 신설)

제17조의 4 【복리후생적 급여의 범위】 법 제12조 제3호 저목에서 "대통령령으로 정하는 복리후생적 성질의 급여"란 다음 각 호의 것을 말한다. (2021. 2. 17. 신설)

1. 다음 각 목의 어느 하나에 해당하는 사람이 기획재정부령으로 정하는 사택을 제공받음으로써 얻는 이익 (2021. 2. 17. 신설)

가. 주주 또는 출자자가 아닌 임원 (2021. 2. 17. 신설)

나. 기획재정부령으로 정하는 소액주주인 임원 (2021. 2. 17. 신설)

다. 임원이 아닌 종업원(비영리법인 또는 개인의 종업원을 포함한다) (2021. 2. 17. 신설)

라. 국가 또는 지방자치단체로부터 근로소득을 지급받는 사람 (2021. 2. 17. 신설)

2. 「조세특례제한법 시행령」 제2조에 따른 중소기업의 종업원이 주택(주택에 부수된 토지를 포함한다)의 구입·임차에 소요되는 자금을 저리 또는 무상으로 대여 받음으로써 얻는 이익. 다만, 해당 종업원이 중소기업과 다음 각 목의 구분에 따른 관계에 있는 경우 그 종업원이 얻는 이익은 제외한다. (2024. 2. 29. 단서신설)

가. 중소기업이 개인사업자인 경우: 「국세기본법 시행령」 제1조의 2 제1항에 따른 친족관계 (2024. 2. 29. 신설)

나. 중소기업이 법인사업자인 경우: 「법인세법 시행령」 제43조 제7항에 따른 지배주주등(해당 지배주주등과 「국세기본법 시행령」 제1조의 2 제1항에 따른 친족관계 또는 같은 조 제3항에 따른 경영지배관계에 있는 자를 포함한다)인 관계 (2024. 2. 29. 신설)

편주 ▶ ∴∴∴∴∴∴∴∴∴∴∴∴∴∴∴∴∴∴∴∴∴

영 17조의 4 제2호 단서 및 같은 호 각 목의 개정규정은 2024. 2. 29. 이

영 제17조의 4 제1호에 해당하는 사람으로서 사택에 거주하던 자가 인사이동으로 출퇴근이 불가능한 원거리로 전근되었으나, 가족이 질병요양·취학 등 부득이한 사유로 함께 이주하지 못하고 사택에 계속 거주하는 경우, 당해 사택을 제공받음으로써 얻는 이익은 당해 근로자의 비과세 소득으로 본다. (2024. 3. 15. 개정)

☞

제9조의 2 【사택의 범위 등】 (2021. 3. 16. 조번·제목개정)

① 영 제17조의 4 제1호 각 목 외의 부분에서 "기획재정부령으로 정하는 사택"이란 사용자가 소유하고 있는 주택을 같은 호 각 목에 따른 종업원 및 임원(이하 이 조에서 "종업원 등"이라 한다)에게 무상 또는 저가로 제공하거나, 사용자가 직접 임차하여 종업원 등에게 무상으로 제공하는 주택을 말한다. (2021. 3. 16. 개정)

② 제1항을 적용할 때 사용자가 임차주택을 사택으로 제공하는 경우 임대차기간 중에 종업원 등이 전근·퇴직 또는 이사하는 때에는 다른 종업원 등이 해당 주택에 입주하는 경우에 한정하여 이를 사택으로 본다. 다만, 다음 각 호의 어느 하나에 해당하는 경우에는 그렇지 않다. (2021. 3. 16. 개정)

1. 입주한 종업원 등이 전근·퇴직 또는 이사한 후 해당 사업장의 종업원등 중에서 입주희망자가 없는 경우 (2021. 3. 16. 개정)

「별정우체국법」 또는 「국민연금과 직역연금의 연계에 관한 법률」(이하 “공적연금 관련법”이라 한다)에 따라 받는 유족연금 · 퇴직유족연금 · 퇴역유족연금 · 장해유족연금 · 상이유족연금 · 순직유족연금 · 직무상유족연금 · 위험직무순직유족연금, 장애연금, 장해연금 · 비공무상 장해연금 · 비직무상 장해연금, 상이연금(傷痍年金), 연계노령유족연금 또는 연계퇴직유족연금 (2019. 12. 10. 개정 ; 군인 재해보상법 부칙)

나. 「공무원연금법」, 「군인연금법」, 「사립학교교직원 연금법」 또는 「별정우체국법」에 따라 받는 유족연금, 장해연금 또는 상이연금(傷痍年金) (2009. 12. 31. 개정)

나. 삭　제 (2013. 1. 1.)

다. 「산업재해보상보험법」에 따라 받는 각종 연금 (2009. 12. 31. 개정)

라. 「국군포로의 송환 및 대우 등에 관한 법률」에 따른 국군포로가 받는 연금 (2009. 12. 31. 개정)

마. 「국민연금과 직역연금의 연계에 관한 법률」에 따라 받는 연계노령유족연금 및 연계퇴직유족연금 (2009. 12. 31. 개정)

마. 삭　제 (2013. 1. 1.)

5. 기타소득 중 다음 각 목의 어느 하나에 해당하는 소득 (2009. 12. 31. 개정)

가. 「국가유공자 등 예우 및 지원에 관한 법률」 또는 「보훈보상대상자 지원에 관한 법률」에 따라 받는 보훈급여금 · 학습보조비 및 「북한이탈주민의 보호 및 정착지원에 관한 법률」에 따라 받는 정착금 · 보로금(報勞金)과 그 밖의 금품 (2011. 9. 15. 개정 ; 보훈보상대상자 지원에 관한 법률 부칙)

나. 「국가보안법」에 따라 받는 상금과 보로금 (2009. 12. 31. 개정)

후 발생하는 소득부터 적용함. (영 부칙(2024. 2. 29.) 4조 1항)

2의 2. 「영유아보육법」 제14조에 따라 직장어린이집을 설치 · 운영하거나 위탁보육을 하는 사업주가 같은 법 제37조 및 같은 법 시행령 제25조에 따라 그 비용을 부담함으로써 해당 사업장의 종업원이 얻는 이익 (2024. 2. 29. 신설)

편주 ▸ 영 17조의 4 제2호의 2의 개정규정은 2024. 2. 29.이 속하는 과세기간에 발생하는 소득부터 적용함. (영 부칙(2024. 2. 29.) 4조 2항)

---

3. 종업원이 계약자이거나 종업원 또는 그 배우자 및 그 밖의 가족을 수익자로 하는 보험 · 신탁 또는 공제와 관련하여 사용자가 부담하는 보험료 · 신탁부금 또는 공제부금(이하 이 호에서 “보험료등”이라 한다) 중 다음 각 목의 보험료등 (2021. 2. 17. 신설)

가. 종업원의 사망 · 상해 또는 질병을 보험금의 지급사유로 하고 종업원을 피보험자와 수익자로 하는 보험으로서 만기에 납입보험료를 환급하지 않는 보험(이하 “단체순수보장성보험”이라 한다)과 만기에 납입보험료를 초과하지 않는 범위에서 환급하는 보험(이하 “단체환급부보장성보험”이라 한다)의 보험료 중 연 70만원 이하의 금액 (2021. 2. 17. 신설)

나. 임직원의 고의(중과실을 포함한다) 외의 업무상 행위로 인한 손해의 배상청구를 보험금의 지급사유로 하고 임직원을 피보험자로 하는 보험의 보험료 (2021. 2. 17. 신설)

4. 공무원이 국가 또는 지방자치단체로부터 공무 수행과 관련하여 받는 상금과 부상 중 연 240만원 이내의 금액 (2021. 2. 17. 신설)

제17조의 5 【임원등이 지급받은 할인금액의 비과세 범위】 ① 법 제12조 제3호 처목 1) 및 2) 외의 부분에서 “대통령령으로 정하는 금액”이란 다음 각 호의 금액 중 큰 금액을 말한다. (2025. 2. 28. 신설)

1. 임원 또는 종업원(이하 제38조 및 제55조에서 “임원등”이라 한다)이 해당 과세기간 동안 법 제20조 제1항 제6호에 따라 시가보다 낮

---

2. 해당 임차주택의 계약 잔여기간이 1년 이하인 경우로서 주택임대인이 주택임대차계약의 갱신을 거부하는 경우 (2021. 3. 16. 개정)

③ 영 제17조의 4 제1호 나목에서 “기획재정부령으로 정하는 소액주주”란 사택을 제공하는 법인의 「법인세법 시행령」 제50조 제2항에 따른 소액주주등을 말한다. (2021. 3. 16. 신설)

제10조 【비과세소득의 범위】 ① 사업자가 그 종업원에게 지급한 경조금 중 사회통념상 타당하다고 인정되는 범위내의 금액은 이를 지급받은 자의 근로소득으로 보지 아니한다. (95. 5. 3 개정)

② 영 제18조 제1항 제10호에 규정하는 “상금과 부상”에는 다음의 것을 포함한다. (95. 5. 3 개정)

1. 「모범공무원 규정」에 의하여 모범공무원으로 선발된 자가 받는 모범공무원 수당 (2005. 3. 19. 개정)

2. 「조세범처벌절차법」 제16조의 규정에 의한 포상금 등 법규의 준수 및 사회질서의 유지를 위하여 신고 또는 고발한 자가 관련법령이 정하는 바에 의하여 국가 또는 지방자치단체로부터 받는 포상금 또는 보상금 (2005. 3. 19. 개정)

3. 삭　제 (2003. 4. 14)

4. 경찰청장이 정하는 바에 따라 범죄신고자가 받는 보상금 (96. 3. 30 신설)

② 삭　제 (2010. 4. 30.)

은 가격으로 제공받거나 지원을 받아 구입한 재화 또는 용역의 시가를 합한 금액에 100분의 20을 곱한 금액 (2025. 2. 28. 신설)

2. 연간 240만원 (2025. 2. 28. 신설)

② 법 제12조 제3호 처목 1)에서 "대통령령으로 정하는 기간"이란 다음 각 호의 구분에 따른 기간을 말한다. (2025. 2. 28. 신설)

1. 「소비자기본법 시행령」 제8조 제3항의 품목별 소비자분쟁해결기준에 따른 품목별 내용연수가 5년을 초과하는 재화 : 2년 (2025. 2. 28. 신설)

2. 「개별소비세법」 제1조 제2항 제2호에 해당하는 재화 : 2년 (2025. 2. 28. 신설)

3. 제1호 및 제2호에 해당하지 않는 재화 : 1년 (2025. 2. 28. 신설)

제18조【비과세되는 기타소득의 범위】 ① 법 제12조 제5호 다목에서 "대통령령으로 정하는 상금과 부상"이란 다음 각 호의 어느 하나에 해당하는 것을 말한다. (2010. 2. 18. 개정)

1. 「대한민국학술원법」에 의한 학술원상 또는 「대한민국예술원법」에 의한 예술원상의 수상자가 받는 상금과 부상 (2005. 2. 19. 개정)

2. 노벨상 또는 외국정부·국제기관·국제단체 기타 외국의 단체나 기금으로부터 받는 상의 수상자가 받는 상금과 부상

3. 「문화예술진흥법」에 따른 대한민국 문화예술상과 같은 법에 따른 한국문화예술위원회가 문화예술진흥기금으로 수여하는 상의 수상자가 받는 상금과 부상 (2010. 2. 18. 개정)

4. 대한민국 미술대전의 수상작품에 대하여 수상자가 받는 상금과 부상 (2010. 2. 18. 개정)

5. 「국민체육진흥법」에 의한 체육상의 수상자가 받는 상금과 부상 (2005. 2. 19. 개정)

6. 과학기술정보통신부가 개최하는 과학전람회의 수상작품에 대하여 수상자가 받는 상금과 부상 (2017. 7. 26. 직제개정 ; 행정안전부와~직제 부칙)

7. 특별법에 의하여 설립된 법인이 관계중앙행정기관의 장의 승인을 얻어 수여하는 상의 수상자가 받는 상금과 부상

8. 「품질경영 및 공산품안전관리법」에 의하여 품질명장으로 선정된 자(분임을 포함한다)가 받는 상금과 부상 (2007. 2. 28. 개정)

9. 직장새마을운동·산업재해예방운동등 정부시책의 추진실적에 따라 중앙행정기관장이상의 표창을 받은 종업원이나 관계 중앙행정기관의 장이 인정하는 국내외 기능경기대회에 입상한 종업원이 그 표창 또는 입상과 관련하여 사용자로부터 받는 상금 중 1인당 15만원 이내의 금액

10. 「국민 제안 규정」 또는 「공무원 제안 규정」에 따라 채택된 제안의 제안자가 받는 부상 (2021. 2. 17. 개정)

11. 「국세기본법」 제84조의 2에 따른 포상금 등 법규의 준수 및 사회질서의 유지를 위하여 신고 또는 고발한 사람이 관련 법령에서 정하는 바에 따라 국가 또는 지방자치단체로부터 받는 포상금 또는 보상금 (2012. 2. 2. 개정)

12. 경찰청장이 정하는 바에 따라 범죄 신고자가 받는 보상금 (2010. 2. 18. 신설)

13. 제1호부터 제12호까지의 규정에 따른 상금과 부상 외에 국가 또는 지방자치단체로부터 받는 상금과 부상(제38조 제1항 제20호에 따른 상금과 부상은 제외한다) (2021. 2. 17. 개정)

☞ p.2498 2단 연결

다. 「상훈법」에 따른 훈장과 관련하여 받는 부상(副賞)이나 그 밖에 대통령령으로 정하는 상금과 부상 (2009. 12. 31. 개정)

통칙 12-18…1【중앙행정기관의 승인을 얻어 지급하는 상금과 부상의 범위】

영 제18조 제1항 제7호의 규정에 의하여 소득세가 과세되지 아니하는 상금과 부상이라 함은 특별법에 의하여 설립된 법인이 관계 중앙행정기관의 장의 승인을 받은 상금지급규정에 의하여 지급하는 경우 외에는 같은 성질의 상금이라 하더라도 지급시마다 그 상금액을 명시하여 관계 중앙행정기관의 장의 별도 승인을 얻어 지급하는 상금 또는 부상을 말한다. (97. 4. 8. 개정)

☞

라. 종업원등 또는 대학의 교직원이 퇴직한 후에 사용자등 또는 산학협력단으로부터 지급받거나 대학의 학생이 소속 대학에 설치된 산학협력단으로부터 받는 직무발명보상금으로서 대통령령으로 정하는 금액. 다만, 직무발명보상금을 지급한 사용자등 또는 산학협력단과 대통령령으로 정하는 특수관계에 있는 자가 받는 직무발명보상금은 제외한다. (2023. 12. 31. 개정)

편주 ▶ ⋯⋯⋯⋯⋯⋯⋯⋯⋯⋯⋯⋯⋯⋯⋯⋯⋯⋯⋯⋯⋯⋯
법 12조 5호 라목 단서의 개정규정은 2024. 1. 1. 이후 소득을 지급받는 경우부터 적용함. (법 부칙(2023. 12. 31.) 2조 2항)
⋯⋯⋯⋯⋯⋯⋯⋯⋯⋯⋯⋯⋯⋯⋯⋯⋯⋯⋯⋯⋯⋯⋯⋯⋯⋯⋯⋯

마. 「국군포로의 송환 및 대우 등에 관한 법률」에 따라 국군포로가 받는 위로지원금과 그 밖의 금품 (2013. 3. 22. 개정 ; 국군포로의 송환 및~법률 부칙)

바. 「문화유산의 보존 및 활용에 관한 법률」에 따라 국가지정문화유산으로 지정된 서화·골동품의 양도로 발생하는 소득 (2023. 8. 8. 개정 ; 문화재보호법 부칙)

사. 서화·골동품을 박물관 또는 미술관에 양도함으로써 발생하는 소득 (2009. 12. 31. 개정)

아. 제21조 제1항 제26호에 따른 종교인소득 중 다음의 어느 하나에 해당하는 소득 (2015. 12. 15. 신설)

1) 「통계법」 제22조에 따라 통계청장이 고시하는 한국표준직업분류에 따른 종교관련종사자(이하 “종교관련종사자”라 한다)가 받는 대통령령으로 정하는 학자금 (2015. 12. 15. 신설)

2) 종교관련종사자가 받는 대통령령으로 정하는 식사 또는 식사대 (2015. 12. 15. 신설)

3) 종교관련종사자가 받는 대통령령으로 정하는 실비변상적 성질의 지급액 (2015. 12. 15. 신설)

4) 종교관련종사자 또는 그 배우자의 출산이나 6세 이하(해당 과세기간 개시일을 기준으로 판단한다) 자녀의 보육과 관련하여 종교단체로부터 받는 금액으로서 월 20만원 이내의 금액 (2023. 12. 31. 개정)

② 법 제12조 제5호 라목 본문에서 “대통령령으로 정하는 금액”이란 연 700만원(해당 과세기간에 법 제12조 제3호 어목에 따라 비과세되는 금액이 있는 경우에는 700만원에서 해당 금액을 차감한 금액으로 한다) 이하의 금액을 말한다. (2024. 2. 29. 개정)

③ 법 제12조 제5호 라목 단서에서 “사용자등 또는 산학협력단과 대통령령으로 정하는 특수관계에 있는 자”란 해당 사용자등 또는 산학협력단과 다음 각 호의 구분에 따른 관계에 있는 자를 말한다. (2024. 2. 29. 신설)

1. 사용자등의 경우: 제17조의 3 제2항 각 호의 구분에 따른 관계에 있는 자 (2024. 2. 29. 신설)

2. 산학협력단의 경우: 제17조의 3 제2항 제2호에 따른 관계에 있는 자 (2024. 2. 29. 신설)

제19조 【비과세되는 종교인소득의 범위】 ① 법 제12조 제5호 아목 1)에서 “대통령령으로 정하는 학자금”이란 법 제12조 제5호 아목 1)의 종교관련종사자(이하 “종교관련종사자”라 한다)가 소속된 종교단체의 종교관련종사자로서의 활동과 관련있는 교육·훈련을 위하여 받는 다음 각 호의 어느 하나에 해당하는 학교 또는 시설의 입학금·수업료·수강료, 그 밖의 공납금을 말한다. (2016. 2. 17. 신설)

1. 「초·중등교육법」 제2조에 따른 학교(외국에 있는 이와 유사한 교육기관을 포함한다) (2016. 2. 17. 신설)

2. 「고등교육법」 제2조에 따른 학교(외국에 있는 이와 유사한 교육기관을 포함한다) (2016. 2. 17. 신설)

3. 「평생교육법」 제5장에 따른 평생교육시설 (2016. 2. 17. 신설)

편주 ▶ ⋯⋯⋯⋯⋯⋯⋯⋯⋯⋯⋯⋯⋯⋯⋯⋯⋯⋯⋯⋯
영 18조 2항의 개정규정은 2024. 2. 29.이 속하는 과세기간에 지급받는 소득부터 적용함. (영 부칙(2024. 2. 29.) 3조)
⋯⋯⋯⋯⋯⋯⋯⋯⋯⋯⋯⋯⋯⋯⋯⋯⋯⋯⋯⋯⋯⋯⋯⋯⋯⋯⋯⋯

2024. 1. 1. 전에 지급받은 출산·보육과 관련한 소득의 비과세 한도에 관하여는 법 12조 5호 아목 4)의 개정규정에도 불구하고 종전의 규정에 따름. (법 부칙(2023. 12. 31.) 2조 3항)

5) 종교관련종사자가 기획재정부령으로 정하는 사택을 제공받아 얻는 이익 (2015. 12. 15. 신설)

자. 법령·조례에 따른 위원회 등의 보수를 받지 아니하는 위원(학술원 및 예술원의 회원을 포함한다) 등이 받는 수당 (2020. 12. 29. 신설)

비상임이사에게 지급하는 수당은 소득세법 §12 제5호 자목의 비과세 기타소득에 해당하지 않으며 근로소득에 해당하는 것임. 다만, 지급받는 수당 중 실비변상적 성질의 금액은 소득세법 §12 제3호 자목의 비과세 근로소득에 해당하는 것임. (기획재정부 소득세제과-790, 2023. 9. 4.)

제13조【세액의 감면】삭 제 (2009. 12. 31.)

제 2 절 과세표준과 세액의 계산

제 1 관 세액계산 통칙

제14조【과세표준의 계산】① 거주자의 종합소득 및 퇴직소득에 대한 과세표준은 각각 구분하여 계산한다. (2009. 12. 31. 개정)
② 종합소득에 대한 과세표준(이하 "종합소득과세표준"이라 한다)

② 법 제12조 제5호 아목 2)에서 "대통령령으로 정하는 식사 또는 식사대"란 다음 각 호의 어느 하나에 해당하는 것을 말한다. (2016. 2. 17. 신설)
1. 소속 종교단체가 종교관련종사자에게 제공하는 식사나 그 밖의 음식물 (2016. 2. 17. 신설)
2. 제1호에서 규정하는 식사나 그 밖의 음식물을 제공받지 아니하는 종교관련종사자가 소속 종교단체로부터 받는 월 20만원 이하의 식사대 (2023. 2. 28. 개정)
③ 법 제12조 제5호 아목 3)에서 "대통령령으로 정하는 실비변상적 성질의 지급액"이란 다음 각 호의 것을 말한다. (2016. 2. 17. 신설)
1. 일직료·숙직료 및 그 밖에 이와 유사한 성격의 급여 (2016. 2. 17. 신설)
2. 여비로서 실비변상 정도의 금액(종교관련종사자가 본인 소유의 차량을 직접 운전하여 소속 종교단체의 종교관련종사자로서의 활동에 이용하고 소요된 실제 여비 대신에 해당 종교단체의 규칙 등에 정하여진 지급기준에 따라 받는 금액 중 월 20만원 이내의 금액을 포함한다) (2016. 2. 17. 신설)
2. 여비로서 실비변상 정도의 금액(종교관련종사자가 소유하거나 본인 명의로 임차한 차량을 종교관련종사자가 직접 운전하여 소속 종교단체의 종교관련종사자로서의 활동에 이용하고 소요된 실제 여비 대신에 해당 종교단체의 규칙 등에 정하여진 지급기준에 따라 받는 금액 중 월 20만원 이내의 금액을 포함한다) (2025. 2. 28. 개정)
3. 제12조 제18호에 따른 금액 및 물품 (2017. 12. 29. 개정)
4. 종교관련종사자가 천재·지변이나 그 밖의 재해로 인하여 받는 지급액 (2016. 2. 17. 신설)

제 2 절 과세표준과 세액의 계산

제10조의 2【사택을 제공받아 얻는 이익의 범위】법 제12조 제5호 아목 5)에서 "기획재정부령으로 정하는 사택"이란 종교단체가 소유한 것으로서「통계법」제22조에 따라 작성된 한국표준직업분류에 따른 종교관련종사자(이하 이 조에서 "종교관련종사자"라 한다)에게 무상 또는 저가로 제공하는 주택이나, 종교단체가 직접 임차한 것으로서 종교관련종사자에게 무상으로 제공하는 주택을 말한다. (2016. 3. 16. 신설)

영 19조 3항 2호의 개정규정은 2025. 2. 28.이 속하는 과세기간에 지급받는 소득분부터 적용함. (영 부칙(2025. 2. 28.) 4조)

은 제16조, 제17조, 제19조, 제20조, 제20조의 3, 제21조, 제24조부터 제26조까지, 제27조부터 제29조까지, 제31조부터 제35조까지, 제37조, 제39조, 제41조부터 제46조까지, 제46조의 2, 제47조 및 제47조의 2에 따라 계산한 이자소득금액, 배당소득금액, 사업소득금액, 근로소득금액, 연금소득금액 및 기타소득금액의 합계액(이하 "종합소득금액"이라 한다)에서 제50조, 제51조, 제51조의 3, 제51조의 4 및 제52조에 따른 공제(이하 "종합소득공제"라 한다)를 적용한 금액으로 한다. (2014. 1. 1. 개정)

③ 다음 각 호에 따른 소득의 금액은 종합소득과세표준을 계산할 때 합산하지 아니한다. (2009. 12. 31. 개정)

1. 「조세특례제한법」 또는 이 법 제12조에 따라 과세되지 아니하는 소득 (2009. 12. 31. 개정)

2. 대통령령으로 정하는 일용근로자(이하 "일용근로자"라 한다)의 근로소득 (2009. 12. 31. 개정)

통칙 14-20…1 【가내부업으로서의 임가공용역대가 소득구분】
가정주부가 고용관계 없이 부업으로 수출물품 등의 가공 등 가내수공업적인 용역을 제공하고 받는 대가는 법 제14조 제3항 제2호의 일용근로자의 급여로 본다. (97. 4. 8. 개정)

3. 제129조 제2항의 세율에 따라 원천징수하는 이자소득 및 배당소득과 제16조 제1항 제10호에 따른 직장공제회 초과반환금 (2017. 12. 19. 개정)

4. 법인으로 보는 단체 외의 단체 중 수익을 구성원에게 배분하지 아니하는 단체로서 단체명을 표기하여 금융거래를 하는 단체가 「금융실명거래 및 비밀보장에 관한 법률」 제2조 제1호 각 목의 어느 하나에 해당하는 금융회사등(이하 "금융회사등"이라 한다)으로부터 받는 이자소득 및 배당소득 (2011. 7. 14. 개정 ; 금융실명거래 및 비밀보장에 관한 법률 부칙)

5. 「조세특례제한법」에 따라 분리과세되는 소득 (2009. 12. 31. 개정)

6. 제3호부터 제5호까지의 규정 외의 이자소득과 배당소득(제17조 제1항 제8호에 따른 배당소득은 제외한다)으로서 그 소득의 합계액이 2천만원(이하 "이자소득등의 종합과세기준금액"이라 한다) 이하이

제20조 【일용근로자의 범위 및 주택임대소득의 산정 등】(2015. 2. 3. 제목개정)

① 법 제14조 제3항 제2호에서 "대통령령으로 정하는 일용근로자"란 근로를 제공한 날 또는 시간에 따라 근로대가를 계산하거나 근로를 제공한 날 또는 시간의 근로성과에 따라 급여를 계산하여 받는 사람으로서 다음 각 호에 규정된 사람을 말한다. (2015. 2. 3. 항번개정)

1. 건설공사에 종사하는 자로서 다음 각목의 자를 제외한 자
　가. 동일한 고용주에게 계속하여 1년 이상 고용된 자
　나. 다음의 업무에 종사하기 위하여 통상 동일한 고용주에게 계속하여 고용되는 것
　　(1) 작업준비를 하고 노무에 종사하는 자를 직접 지휘·감독하는 업무
　　(2) 작업현장에서 필요한 기술적인 업무, 사무·타자·취사·경비 등의 업무
　　(3) 건설기계의 운전 또는 정비업무

2. 하역작업에 종사하는 자(항만 근로자를 포함한다)로서 다음 각목의 자를 제외한 자
　가. 통상 근로를 제공한 날에 근로대가를 받지 아니하고 정기적으로 근로대가를 받는 자
　나. 다음의 업무에 종사하기 위하여 통상 동일한 고용주에게 계속하

제11조 【일용근로자의 범위】 영 제20조 제1항 제1호 각 목 및 같은 항 제2호 각 목의 근로자가 근로계약에 따라 일정한 고용주에게 3월(영 제20조 제1항 제1호 가목의 경우에는 1년으로 한다) 이상 계속하여 고용되어 있지 않고 근로단체를 통하여 여러 고용주의 사용인으로 취업하는 경우에는 이를 일용근로자로 본다. (2020. 3. 13. 개정)

(➡ 규칙 11조)

집행기준 14-20-1 【일용근로자의 범위】
① 일용근로자란 근로를 제공한 날 또는 시간에 따라 근로대가를 계산하거나 근로를 제공한 날 또는 시간의 근로성과에 따라 급여를 계산하여 받는 자로서 다음의 자를 말한다.
1. 건설공사종사자로서 다음의 자를 제외한 자
　가. 동일한 고용주에게 계속하여 1년 이상 고용된 자
　나. 다음의 업무에 종사하기 위하여 통상 동일한 고용주에게 계속하여 고용되는 자

면서 제127조에 따라 원천징수된 소득 (2013. 1. 1. 개정)

7. 해당 과세기간에 대통령령으로 정하는 총수입금액의 합계액이 2천만원 이하인 자의 주택임대소득(이하 "분리과세 주택임대소득"이라 한다). 이 경우 주택임대소득의 산정 등에 필요한 사항은 대통령령으로 정한다. (2014. 12. 23. 신설)

8. 다음 각 목에 해당하는 기타소득(이하 "분리과세기타소득"이라 한다) (2014. 12. 23. 호번개정)

가. 제21조 제1항 제1호부터 제8호까지, 제8호의 2, 제9호부터 제20호까지, 제22호, 제22호의 2 및 제26호에 따른 기타소득(라목 및 마목의 소득은 제외한다)으로서 같은 조 제3항에 따른 기타소득금액이 300만원 이하이면서 제127조에 따라 원천징수(제127조 제1항 제6호 나목에 해당하여 원천징수되지 아니하는 경우를 포함한다)된 소득. 다만, 해당 소득이 있는 거주자가 종합소득과세표준을 계산할 때 그 소득을 합산하려는 경우 그 소득은 분리과세기타소득에서 제외한다. (2020. 12. 29. 개정)

나. 제21조 제1항 제21호에 따른 연금외수령한 기타소득 (2014. 12. 23. 개정)

다. 제21조 제1항 제25호에 따른 기타소득 (2019. 12. 31. 개정)

다. 제21조 제1항 제27호 및 같은 조 제2항에 따른 기타소득 (2020. 12. 29. 개정)

편주 ▸ ··
법 14조 3항 8호 다목(법 21조 1항 27호에 관한 부분에 한정함)의 개정규정은 2027. 1. 1. 이후 가상자산을 양도 · 대여하는 분부터 적용함. (법 부칙(2020. 12. 29.) 5조 1항) (2024. 12. 31. 개정)
···

라. 제21조 제1항 제2호에 따른 기타소득 중 「복권 및 복권기금법」 제2조에 따른 복권 당첨금 (2013. 1. 1. 개정)

마. 그 밖에 제21조 제1항에 따른 기타소득 중 라목과 유사한 소득으로서 대통령령으로 정하는 기타소득 (2013. 1. 1. 개정)

9. 제20조의 3 제1항 제2호 및 제3호에 따른 연금소득 중 다음 각 목에 해당하는 연금소득(다목의 소득이 있는 거주자가 종합소득 과세

여 고용되는 자

(1) 작업준비를 하고 노무에 종사하는 자를 직접 지휘 · 감독하는 업무

(2) 주된 기계의 운전 또는 정비업무

일용근로자에 해당하는 거주자가 3월 이상 계속하여 동일 고용주에게 고용되는 경우로서 통상 동일한 고용주에게 계속하여 고용된 자가 아닌 경우에는 3월 이상이 되는 월부터 일반급여자로 보는 것이며, 3월 이상 계속하여 고용된 기간의 계산은 민법 160조의 규정에 따라 역에 의하여 계산하는 것임. (서면1팀 - 1590, 2006. 11. 24.)
···

3. 제1호 또는 제2호 외의 업무에 종사하는 자로서 근로계약에 따라 동일한 고용주에게 3월 이상 계속하여 고용되어 있지 아니한 자

② 법 제14조 제3항 제7호에서 "대통령령으로 정하는 총수입금액의 합계액"이란 제8조의 2 제6항에 따른 총수입금액의 합계액을 말한다. (2015. 2. 3. 신설)

③ 법 제14조 제3항 제7호에 따른 주택임대소득의 산정 등에 관하여는 제8조의 2 제1항부터 제4항까지의 규정을 준용한다. (2015. 2. 3. 신설)

종합소득 과세표준 계산에 있어 합산하여 신고한 기타소득금액은 경정청구에 의해 분리과세 방법으로 변경할 수 없음. (소득 - 524, 2009. 4. 9.)
···

---

(1) 작업준비를 하고 노무에 종사하는 자를 직접 지휘 · 감독하는 업무

(2) 작업현장에서 필요한 기술적인 업무, 사무 · 타자 · 취사 · 경비 등의 업무

(3) 건설기계의 운전 또는 정비업무

2. 하역작업종사자(항만근로자 포함)로서 다음의 자를 제외한 자

가. 통상 근로를 제공한 날에 근로대가를 받지 아니하고 정기적으로 근로대가를 받는 자

나. 다음의 업무에 종사하기 위하여 통상 동일한 고용주에게 계속하여 고용되는 자

(1) 작업준비를 하고 노무에 종사하는 자를 직접 지휘 · 감독하는 업무

(2) 주된 기계의 운전 또는 정비업무

3. '1', '2' 외의 업무에 종사하는 자로서 근로계약에 따라 동일한 고용주에게 3개월 이상 계속하여 고용되어 있지 아니한 자

② 이 경우 '근로계약'은 문서에 의한 계약만을 말하는 것은 아니며, '근로를 제공한 날 또는 시간에 따라 급여를 계산하여 지급받는'이라 함은 급여의 계산방법을 말하는 것이지 그 계산된 급여의 지급방법을 말하는 것은 아니다.

③ 일용근로자의 범위 적용시 '3월', '1년'이라 함은 「민법」 제160조에 따라 역(曆)에 의하여 계산한 기간을 말한다.

④ 근로계약상 근로제공에 대한 시간 또는 일수나 그 성과에 의하지 아니하고 월정액에 의하여 급여를 지급받는 경우에는 그 고용기간에 불구하고 일용근로자가 아닌 자(일반급여자)의 근로소득으로 본다. (2024. 10. 31. 개정)

표준을 계산할 때 이를 합산하려는 경우는 제외하며, 이하 "분리과세연금소득"이라 한다) (2014. 12. 23. 개정)

　가. 제20조의 3 제1항 제2호 가목에 따라 퇴직소득을 연금수령하는 연금소득 (2014. 12. 23. 신설)

　나. 제20조의 3 제1항 제2호 나목 및 다목의 금액을 의료목적, 천재지변이나 그 밖에 부득이한 사유 등 대통령령으로 정하는 요건을 갖추어 인출하는 연금소득 (2014. 12. 23. 신설)

　다. 가목 및 나목 외의 연금소득의 합계액이 연 1천500만원 이하인 경우 그 연금소득 (2023. 12. 31. 개정)

편주 ▶ ··
2024. 1. 1. 전에 지급받은 연금소득의 분리과세 기준금액에 관하여는 법 14조 3항 9호 다목의 개정규정에도 불구하고 종전의 규정에 따름. (법 부칙(2023. 12. 31.) 13조)
··

10. 「복권 및 복권기금법」 제2조에 따른 복권 당첨금과 그 밖에 이와 유사한 것으로서 대통령령으로 정하는 기타소득 (2009. 12. 31. 개정)

10. 삭　제 (2013. 1. 1.)

④ 제3항 제6호에 따른 이자소득등의 종합과세기준금액을 계산할 때 배당소득에는 제17조 제3항 각 호 외의 부분 단서에 따라 더하는 금액을 포함하지 아니한다. (2009. 12. 31. 개정)

⑤ 제3항 제3호부터 제6호까지의 규정에 해당되는 소득 중 이자소득은 "분리과세이자소득"이라 하고, 배당소득은 "분리과세배당소득"이라 한다. (2009. 12. 31. 개정)

⑥ 퇴직소득에 대한 과세표준(이하 "퇴직소득과세표준"이라 한다)은 제22조에 따른 퇴직소득금액에 제48조에 따른 퇴직소득공제를 적용한 금액으로 한다. (2009. 12. 31. 개정)

제15조 【세액 계산의 순서】 거주자의 종합소득 및 퇴직소득에 대한 소득세는 이 법에 특별한 규정이 있는 경우를 제외하고는 다음 각 호에 따라 계산한다. (2009. 12. 31. 개정)

1. 제14조에 따라 계산한 각 과세표준에 제55조 제1항에 따른 세율(이

제20조의 2 【의료 목적 또는 부득이한 인출의 요건 등】 (2015. 2. 3. 제목개정)

① 법 제14조 제3항 제9호 나목에서 "의료목적, 천재지변이나 그 밖에 부득이한 사유 등 대통령령으로 정하는 요건을 갖추어 인출하는 연금소득"이란 다음 각 호의 어느 하나에 해당하여 법 제20조의 3 제1항 제2호에 따른 연금계좌(이하 "연금계좌"라 한다)에서 인출하는 금액을 말한다. (2015. 2. 3. 개정)

1. 다음 각 목의 어느 하나에 해당하는 사유가 발생하여 연금계좌에서 인출하려는 사람이 해당 사유가 확인된 날부터 6개월 이내에 그 사유를 확인할 수 있는 서류를 갖추어 연금계좌를 취급하는 금융회사 등(이하 "연금계좌취급자"라 한다)에게 제출하는 경우 (2015. 2. 3. 개정)

　가. 천재지변 (2015. 2. 3. 개정)

　나. 연금계좌 가입자의 사망 또는 「해외이주법」에 따른 해외이주 (2023. 2. 28. 개정)

　다. 연금계좌 가입자 또는 그 부양가족[법 제50조에 따른 기본공제 대상이 되는 사람(소득의 제한은 받지 아니한다)으로 한정한다]이 질병·부상에 따라 3개월 이상의 요양이 필요한 경우 (2015. 2. 3. 개정)

　라. 연금계좌 가입자가 「재난 및 안전관리 기본법」 제66조 제1항 제2호의 재난으로 15일 이상의 입원 치료가 필요한 피해를 입은 경우 (2022. 2. 15. 신설)

　마. 연금계좌 가입자가 「채무자 회생 및 파산에 관한 법률」에 따른 파산의 선고 또는 개인회생절차개시의 결정을 받은 경우 (2022. 2. 15. 목번개정)

　바. 연금계좌취급자의 영업정지, 영업 인·허가의 취소, 해산결의 또는 파산선고 (2022. 2. 15. 목번개정)

2. 제40조의 2 제3항 제1호 및 제2호를 충족한 연금계좌 가입자가 제

제11조의 2 【요양 등에 따른 연금계좌 인출금액 등】 (2022. 3. 18. 제목개정)

① 영 제20조의 2 제2항에서 "기획재정부령으로 정하는 금액"이란 다음 각 호의 금액의 합계액을 말한다. (2015. 3. 13. 신설)

1. 영 제20조의 2 제1항 제1호 다목 또는 라목의 사유로 지출하는 다음 각 목의 금액의 합계액 (2022. 3. 18. 개정)

　가. 영 제118조의 5 제1항 및 제2항에 따른 의료비와 간병인 비용 (2015. 3. 13. 신설)

　나. 법 제20조의 3 제1항 제2호에 따른 연금계좌(이하 "연금계좌"라 한다) 가입자 본인의 휴직 또는 휴업 월수(1개월 미만의 기간이 있는 경우에는 이를 1개월로 본다) × 150만원 (2015. 3. 13. 신설)

2. 200만원 (2015. 3. 13. 신설)

② 연금계좌 가입자가 영 제20조의 2 제1항 제1호 다목 또는 라목의 사유로 연금계좌에서 인출하는 때에는 다음 각 호의 증명서류를 연금계좌취급자(연금계좌를 취급하는 금융회사 등을 말한다. 이하 제11조의 3에서 같다)에게 제출해야 한다. (2022. 3. 18. 개정)

1. 다음 각 목의 구분에 따른 인출 사유 관련 증명 서류 (2022. 3. 18. 개정)

하 “기본세율”이라 한다)을 적용하여 제55조에 따른 종합소득 산출세액과 퇴직소득 산출세액을 각각 계산한다. (2009. 12. 31. 개정)

2. 제1호에 따라 계산한 각 산출세액에서 제56조, 제56조의 2, 제57조부터 제59조까지 및 제59조의 2부터 제59조의 4까지의 규정에 따른 세액공제를 적용하여 종합소득 결정세액과 퇴직소득 결정세액을 각각 계산한다. 이 경우 제56조에 따른 배당세액공제가 있을 때에는 산출세액에서 배당세액공제를 한 금액과 제62조 제2호에 따른 금액을 비교하여 큰 금액에서 제56조의 2, 제57조부터 제59조까지 및 제59조의 2부터 제59조의 4까지의 규정에 따른 세액공제를 한 금액을 세액으로 하고, 제59조의 5에 따라 감면되는 세액이 있을 때에는 이를 공제하여 결정세액을 각각 계산한다. (2014. 1. 1. 개정)

2. 제1호에 따라 계산한 각 산출세액에서 제56조, 제56조의 2, 제57조, 제57조의 2, 제58조, 제59조 및 제59조의 2부터 제59조의 4까지의 규정에 따른 세액공제를 적용하여 종합소득 결정세액과 퇴직소득 결정세액을 각각 계산한다. 이 경우 제56조에 따른 배당세액공제가 있을 때에는 산출세액에서 배당세액공제를 한 금액과 제62조 제2호에 따른 금액을 비교하여 큰 금액에서 제56조의 2, 제57조, 제57조의 2, 제58조, 제59조 및 제59조의 2부터 제59조의 4까지의 규정에 따른 세액공제를 한 금액을 세액으로 하고, 제59조의 5에 따라 감면되는 세액이 있을 때에는 이를 공제하여 결정세액을 각각 계산한다. (2022. 12. 31. 개정)

▶ 편주

법 15조 2호의 개정규정은 2025. 1. 1.부터 시행함. (법 부칙(2022. 12. 31.) 1조 2호)

3. 제2호에 따라 계산한 결정세액에 제81조 및 제81조의 2부터 제81조의 13까지의 규정과 「국세기본법」 제47조의 2부터 제47조의 4까지의 규정에 따라 가산세를 더하여 종합소득 총결정세액과 퇴직소득 총결정세액을 각각 계산한다. (2019. 12. 31. 개정)

118조의 5 제1항 및 제2항에 따른 의료비(본인을 위한 의료비에 한정한다)를 연금계좌에서 인출하기 위하여 해당 의료비를 지급한 날부터 6개월 이내에 기획재정부령으로 정하는 증명서류를 연금계좌취급자에게 제출하는 경우 (2015. 2. 3. 개정)

② 제1항 제1호 다목 및 라목에 따라 인출하는 금액은 제118조의 5 제1항 및 제2항에 따른 의료비, 간병인 비용, 보건복지부 장관이 고시하는 최저생계비 등을 고려하여 기획재정부령으로 정하는 금액 이내의 금액으로 한정한다. (2022. 2. 15. 개정)

③ 제1항 제2호에 따라 의료비를 인출하는 경우에는 1명당 하나의 연금계좌만 의료비연금계좌로 지정(해당 연금계좌의 연금계좌취급자가 지정에 동의하는 경우에 한정한다)하여 인출할 수 있다. (2015. 2. 3. 개정)

④ 연금계좌취급자는 제1항 제1호 및 제2호에 따라 제출받은 증명서류를 해당 인출에 대한 원천징수세액 납부기한의 다음 날부터 5년간 보관하여야 한다. (2015. 2. 3. 개정)

⑤ 제1항부터 제4항까지의 규정에서 정한 사항 외에 연금계좌 인출의 절차 등에 필요한 사항은 기획재정부령으로 정한다. (2015. 2. 3. 개정)

제21조 【복권당첨소득과 유사한 분리과세대상소득의 범위】 (2013. 2. 15. 제목개정)

법 제14조 제3항 제8호 마목에서 “대통령령으로 정하는 기타소득”이란 다음 각 호의 어느 하나에 해당하는 소득을 말한다. (2015. 2. 3. 개정)

1. 「복권 및 복권기금법」 제2조에 따른 복권 당첨금 (2009. 2. 4. 신설)
1. 삭 제 (2013. 2. 15.)
2. 법 제21조 제1항 제4호에 따른 환급금 (2009. 2. 4. 신설)
3. 법 제21조 제1항 제14호에 따른 당첨금품 등 (2009. 2. 4. 신설)
4. 「부가가치세법」 제32조의 4 제1항에 따른 신용카드 등의 사용자에 대한 보상금 (2009. 2. 4. 신설)
4. 삭 제 (2012. 2. 2.)
5. 제2호 및 제3호의 소득과 유사한 소득으로서 기획재정부령으로 정하는 소득 (2013. 2. 15. 개정)

제22조 【주권상장법인 등의 범위】 삭 제 (2003. 12. 30.)

가. 영 제20조의 2 제1항 제1호 다목의 사유 : 요양기간이 3개월 이상임을 증명하는 진단서 등의 서류 (2022. 3. 18. 개정)

나. 영 제20조의 2 제1항 제1호 라목의 사유 : 입원 치료기간이 15일 이상임을 증명하는 진단서 등의 서류 (2022. 3. 18. 개정)

2. 다음 각 목의 구분에 따른 지출 내용 관련 증명 서류 (2022. 3. 18. 개정)
가. 제1항 제1호 가목의 금액 : 제58조 제1항 제2호 후단에 따른 의료비영수증과 간병인의 이름·생년월일 등 인적사항이 기재된 간병료 영수증 (2015. 3. 13. 신설)
나. 제1항 제1호 나목의 금액 : 휴직 또는 휴업 사실을 증명하는 서류 (2015. 3. 13. 신설)

제11조의 3 【의료비인출 증명서류 및 의료비연금계좌의 지정 절차 등】 ①

영 제20조의 2 제1항 제2호에서 “기획재정부령으로 정하는 증명서류”란 별지 제3호의 6 서식의 의료비인출 신청서 및 제58조 제1항 제2호 후단에 따른 의료비영수증을 말한다. (2023. 3. 20. 개정)

② 영 제20조의 2 제3항에 따라 연금계좌가입자가 연금계좌를 영 제20조의 2 제3항에 따른 의료비연금계좌(이하 “의료비연금계좌”라 한다)로 지정하려는 경우 연금계좌취급자는 해당 연금계좌를 의료비연금계좌로 지정하는 것에 동의하기 전에

제 2 관　소득의 종류와 금액

제16조【이자소득】① 이자소득은 해당 과세기간에 발생한 다음 각 호의 소득으로 한다. (2009. 12. 31. 개정)
1. 국가나 지방자치단체가 발행한 채권 또는 증권의 이자와 할인액 (2009. 12. 31. 개정)
2. 내국법인이 발행한 채권 또는 증권의 이자와 할인액 (2009. 12. 31. 개정)

2의 2. 국내 또는 국외에서 받는 대통령령으로 정하는 파생결합사채로부터의 이익 (2020. 12. 29. 신설)
2의 2. 삭　제 (2024. 12. 31.)
3. 국내에서 받는 예금(적금·부금·예탁금 및 우편대체를 포함한다. 이하 같다)의 이자 (2009. 12. 31. 개정)
4. 「상호저축은행법」에 따른 신용계(信用契) 또는 신용부금으로 인한 이익 (2010. 3. 22. 개정 ; 상호저축은행법 부칙)
5. 외국법인의 국내지점 또는 국내영업소에서 발행한 채권 또는 증권의 이자와 할인액 (2009. 12. 31. 개정)
6. 외국법인이 발행한 채권 또는 증권의 이자와 할인액 (2009. 12. 31.

제22조의 2【국채 등의 이자소득】① 국가가 발행한 채권이 원금과 이자가 분리되는 경우에는 원금에 해당하는 채권 및 이자에 해당하는 채권의 할인액은 이를 법 제16조 제1항 제1호의 규정에 따른 채권의 할인액으로 본다. (2006. 2. 9. 개정)
② 다음 각 호의 채권을 공개시장에서 통합발행(일정 기간 동안 추가하여 발행할 채권의 표면금리와 만기 등 발행조건을 통일하여 발행하는 것을 말한다)하는 경우 해당 채권의 매각가액과 액면가액과의 차액은 법 제16조 제1항 제1호 또는 제2호에 따른 이자 및 할인액에 포함되지 아니하는 것으로 한다. (2010. 2. 18. 개정)
1. 국채 (2006. 2. 9. 개정)
2. 「한국산업은행법」 제23조에 따른 산업금융채권 (2014. 12. 30. 개정 ; 한국산업은행법 시행령 부칙)
3. 「예금자보호법」 제26조의 2 및 동법 제26조의 3의 규정에 따른 예금보험기금채권과 예금보험기금채권상환기금채권 (2006. 2. 9. 개정)
4. 「한국은행법」 제69조에 따른 한국은행통화안정증권 (2008. 2. 22. 신설)
③ 국가가 발행한 채권으로서 그 원금이 물가에 연동되는 채권(이하 "물가연동국고채"라 한다)의 경우 해당 채권의 원금증가분은 법 제16조 제1항 제1호에 따른 이자 및 할인액에 포함된다. (2016. 2. 17. 개정)

제23조【파생결합사채로부터의 이익】법 제16조 제1항 제2호의 2에서 "대통령령으로 정하는 파생결합사채로부터의 이익"이란 「상법」 제469조 제2항 제3호에 따른 사채로서 「자본시장과 금융투자업에 관한 법률」 제4조 제7항 제1호에 해당하는 증권으로부터 발생한 이익을 말한다. (2021. 2. 17. 신설)
제23조【파생결합사채로부터의 이익】삭　제 (2024. 12. 31.)

그 연금계좌 외에 해당 연금계좌 가입자의 의료비연금계좌로 지정된 연금계좌가 없는지를 확인하여야 한다. (2022. 3. 18. 개정)
③ 연금계좌 가입자가 연금계좌를 의료비연금계좌로 지정한 날(이하 이 항에서 "의료비연금계좌 지정일"이라 한다) 전에 지급한 의료비를 영 제20조의 2 제1항 제2호에 따라 의료비연금계좌에서 인출하려는 경우 연금계좌취급자는 해당 인출 전에 그 연금계좌 가입자가 의료비연금계좌 지정일 전에 해당 의료비연금계좌 외의 의료비연금계좌에서 그 의료비를 인출하지 아니하였는지를 확인하여야 한다. (2015. 3. 13. 신설)

7. 국외에서 받는 예금의 이자 (2009. 12. 31. 개정)

관계조문 »

법 12조 1호 ⇒ 비과세 이자소득
법 14조 3항 3호 내지 6호 ⇒ 분리과세 이자소득

8. 대통령령으로 정하는 채권 또는 증권의 환매조건부 매매차익 (2009. 12. 31. 개정)

9. 대통령령으로 정하는 저축성보험의 보험차익. 다만, 다음 각 목의 어느 하나에 해당하는 보험의 보험차익은 제외한다. (2016. 12. 20. 개정)
　가. 최초로 보험료를 납입한 날부터 만기일 또는 중도해지일까지의 기간이 10년 이상으로서 대통령령으로 정하는 요건을 갖춘 보험 (2016. 12. 20. 개정)
　나. 대통령령으로 정하는 요건을 갖춘 종신형 연금보험 (2016. 12. 20. 개정)

10. ☞ p.2508

제24조 【환매조건부매매차익】 법 제16조 제1항 제8호에서 "대통령령으로 정하는 채권 또는 증권의 환매조건부 매매차익"이란 금융회사 등(「금융실명거래 및 비밀보장에 관한 법률」 제2조 제1호 각 목의 어느 하나에 해당하는 금융회사등과 「법인세법 시행령」 제111조 제1항 각 호의 어느 하나에 해당하는 법인을 말한다. 이하 같다)이 환매기간에 따른 사전약정이율을 적용하여 환매수 또는 환매도하는 조건으로 매매하는 채권 또는 증권의 매매차익을 말한다. (2019. 2. 12. 개정)

제25조 【저축성보험의 보험차익】 ① 법 제16조 제1항 제9호 각목 외의 부분 본문에서 "대통령령으로 정하는 저축성보험의 보험차익"이란 보험계약에 따라 만기 또는 보험의 계약기간 중에 받는 보험금·공제금 또는 계약기간 중도에 해당 보험계약이 해지됨에 따라 받는 환급금(피보험자의 사망·질병·부상 그 밖의 신체상의 상해로 인하여 받거나 자산의 멸실 또는 손괴로 인하여 받는 것이 아닌 것으로 한정하며, 이하 이 조에서 "보험금"이라 한다)에서 납입보험료 또는 납입공제료(이하 이 조에서 "보험료"라 한다)를 뺀 금액을 말한다. (2018. 2. 13. 개정)
② 제1항에서 "보험계약"이란 다음 각 호의 어느 하나에 해당하는 것을 말한다. (2013. 2. 15. 개정)
1. 「보험업법」에 따른 생명보험계약 또는 손해보험계약 (2013. 2. 15. 개정)
2. 다음 각 목의 어느 하나에 해당되는 기관이 해당 법률에 의하여 영위하는 생명공제계약 또는 손해공제계약 (2013. 2. 15. 개정)
　가. 「농업협동조합법」에 의한 농업협동조합중앙회 및 조합 (2005. 2. 19. 개정)
　가. 삭 제 (2013. 2. 15.)
　나. 「수산업협동조합법」에 의한 수산업협동조합중앙회 및 조합 (2005. 2. 19. 개정)

제12조 【환매조건부 매매의 범위 등】
① 삭 제 (96. 3. 30)
② 영 제24조에서 "사전약정이율을 적용하여 환매수 또는 환매도하는 조건"이라 함은 거래의 형식 여하에 불구하고 환매수 또는 환매도하는 경우에 당해 채권 또는 증권의 시장가격에 의하지 아니하고 사전에 정하여진 이율에 의하여 결정된 가격으로 환매수 또는 환매도하는 조건을 말한다.

가. 2017년 3월 31일까지 체결하는 보험계약의 경우 : 2억원 (2017. 2. 3. 신설)

나. 2017년 4월 1일부터 체결하는 보험계약의 경우 : 1억원 (2017. 2. 3. 신설)

2. 다음 각 목의 요건을 모두 갖춘 월적립식 저축성보험 (2017. 2. 3. 신설)

가. 최초납입일부터 납입기간이 5년 이상인 월적립식 보험계약일 것 (2017. 2. 3. 신설)

나. 최초납입일부터 매월 납입하는 기본보험료가 균등(최초 계약한 기본보험료의 1배 이내로 기본보험료를 증액하는 경우를 포함한다)하고, 기본보험료의 선납기간이 6개월 이내일 것 (2017. 2. 3. 신설)

다. 계약자 1명당 매월 납입하는 보험료 합계액[계약자가 가입한 모든 월적립식 보험계약(만기에 환급되는 금액이 납입보험료를 초과하지 아니하는 보험계약으로서 기획재정부령으로 정하는 것은 제외한다)의 기본보험료, 추가로 납입하는 보험료 등 월별로 납입하는 보험료를 기획재정부령으로 정하는 방식에 따라 계산한 합계액을 말한다]이 150만원 이하일 것(2017년 4월 1일부터 체결하는 보험계약으로 한정한다) (2017. 2. 3. 신설)

④ 법 제16조 제1항 제9호 나목에서 "대통령령으로 정하는 요건을 갖춘 종신형 연금보험"이란 보험계약 체결시점부터 다음 각 호의 요건을 모두 갖춘 종신형 연금보험을 말한다. (2017. 2. 3. 신설)

④ 법 제16조 제1항 제9호 나목에서 "대통령령으로 정하는 요건을 갖춘 종신형 연금보험"이란 보험계약(제2항 제4호의 계약 및 「보험업법」 제3조 단서에 따라 체결한 보험계약은 제외한다) 체결시점부터 다음 각 호의 요건을 모두 갖춘 종신형 연금보험을 말한다. (2025. 2. 28. 개정)

편주 ▶
영 25조의 개정규정은 2025. 2. 28. 이후 지급받는 소득분부터 적용함. (영 부칙(2025. 2. 28.) 5조)

1. 계약자가 보험료 납입 계약기간 만료 후 55세 이후부터 사망시까지 보험금·수익 등을 연금으로 지급받을 것 (2017. 2. 3. 신설)

☞ p.2507 2단 연결

다. 삭 제 (99. 12. 31)

라. 「신용협동조합법」에 의한 신용협동조합중앙회 (2005. 2. 19. 개정)

마. 「새마을금고법」에 따른 새마을금고중앙회 (2013. 6. 11. 개정)

3. 「우체국예금·보험에 관한 법률」에 의한 우체국보험계약 (2005. 2. 19. 개정)

4. 제1호부터 제3호까지의 계약과 유사한 계약으로서 위험보장을 목적으로 우연한 사건 발생에 관하여 금전 및 그 밖의 급여를 지급할 것을 약정하고 대가를 수수하는 계약 (2025. 2. 28. 신설)

편주 ▶
영 25조의 개정규정은 2025. 2. 28. 이후 지급받는 소득분부터 적용함. (영 부칙(2025. 2. 28.) 5조)

③ 법 제16조 제1항 제9호 가목에서 "대통령령으로 정하는 요건을 갖춘 보험"이란 보험계약 체결시점부터 다음 각 호의 어느 하나에 해당하는 보험을 말한다. (2017. 2. 3. 신설)

③ 법 제16조 제1항 제9호 가목에서 "대통령령으로 정하는 요건을 갖춘 보험"이란 보험계약(제2항 제4호의 계약 및 「보험업법」 제3조 단서에 따라 체결한 보험계약은 제외한다) 체결시점부터 다음 각 호의 어느 하나에 해당하는 보험을 말한다. (2025. 2. 28. 개정)

편주 ▶
영 25조의 개정규정은 2025. 2. 28. 이후 지급받는 소득분부터 적용함. (영 부칙(2025. 2. 28.) 5조)

1. 계약자 1명당 납입할 보험료 합계액[계약자가 가입한 모든 저축성보험계약(제2호에 따른 저축성보험 및 제4항에 따른 종신형 연금보험은 제외한다)의 보험료 합계액을 말한다]이 다음 각 목의 구분에 따른 금액 이하인 저축성보험. 다만, 최초로 보험료를 납입한 날(이하 이 조에서 "최초납입일"이라 한다)부터 만기일 또는 중도해지일까지의 기간은 10년 이상이지만 납입한 보험료를 최초납입일부터 10년이 경과하기 전에 확정된 기간 동안 연금형태로 분할하여 지급받는 경우는 제외한다. (2017. 2. 3. 신설)

제12조의 2【저축성보험의 보험료 합계액 계산 등】① 영 제25조 제3항 제2호 다목에서 "기획재정부령으로 정하는 것"이란 다음 각 호의 요건을 모두 갖춘 보험계약을 말한다. (2017. 3. 10. 신설)

1. 저축을 목적으로 하지 아니하고 피보험자의 사망·질병·부상, 그 밖의 신체상의 상해나 자산의 멸실 또는 손괴만을 보장하는 계약일 것 (2017. 3. 10. 신설)

2. 만기 또는 보험 계약기간 중 특정시점에서의 생존을 사유로 지급하는 보험금·공제금이 없을 것 (2017. 3. 10. 신설)

② 영 제25조 제3항 제2호 다목에서 "기획재정부령으로 정하는 방식에 따라 계산한 합계액"이란 계약자가 가입한 모든 월적립식 보험계약의 같은 조 제1항에 따른 보험료(피보험자의 사망·질병·부상, 그 밖의 신체상의 상해나 자산의 멸실 또는 손괴를 보장하기 위한 특약에 따라 납입

일로 한다. 다만, 제3항 제2호의 보험계약에 대하여 제1호 또는 제2호에 해당하는 변경이 있을 때에는 계약변경일까지의 보험료 납입기간은 제3항 제2호 가목에 따른 납입기간에 포함하고, 계약변경 전에 납입한 보험료는 계약변경 이후에도 제3항 제2호 나목의 요건을 충족한 것으로 본다. (2017. 2. 3. 개정)
1. 계약자 명의가 변경(사망에 의한 변경은 제외한다)되는 경우 (2013. 2. 15. 신설)
2. 보장성보험을 저축성보험으로 변경하는 경우 (2013. 2. 15. 신설)
3. 최초 계약한 기본보험료의 1배를 초과하여 기본보험료를 증액하는 경우 (2013. 2. 15. 신설)
⑦ 제6항에 따라 보험계약을 변경하는 경우 제3항 제1호 및 같은 항 제2호 다목에 따른 보험료 합계액의 계산방식은 기획재정부령으로 정한다. (2017. 2. 3. 신설)
⑧ 제1항의 규정에 의한 보험료를 계산함에 있어서 보험계약기간중에 보험계약에 의하여 받은 배당금 기타 이와 유사한 금액(이하 이 항에서 "배당금 등"이라 한다)은 이를 납입보험료에서 차감하되, 그 배당금 등으로 납입할 보험료를 상계한 경우에는 배당금 등을 받아 보험료를 납입한 것으로 본다. (2017. 2. 3. 항번개정)

2. 연금 외의 형태로 보험금·수익 등을 지급하지 아니할 것 (2017. 2. 3. 신설)
3. 사망시「통계법」제18조에 따라 통계청장이 승인하여 고시하는 통계표에 따른 성별·연령별 기대여명 연수(소수점 이하는 버리며, 이하 이 조에서 "기대여명연수"라 한다) 이내에서 보험금·수익 등을 연금으로 지급하기로 보증한 기간(이하 이 조에서 "보증기간"이라 한다)이 설정된 경우로서 계약자가 해당 보증기간 이내에 사망한 경우에는 해당 보증기간의 종료시를 말한다] 보험계약 및 연금재원이 소멸할 것 (2017. 2. 3. 신설)
4. 계약자와 피보험자 및 수익자가 동일하고 최초 연금지급개시 이후 사망일 전에 중도해지할 수 없을 것 (2017. 2. 3. 신설)
5. 매년 수령하는 연금액[연금수령 개시 후에 금리변동에 따라 변동된 금액과 이연(移延)하여 수령하는 연금액은 포함하지 아니한다]이 다음의 계산식에 따라 계산한 금액을 초과하지 아니할 것 (2017. 2. 3. 신설)

$$\frac{\text{연금수령 개시일 현재 연금계좌 평가액}}{\text{연금수령 개시일 현재 기대여명연수}} \times 3$$

⑤ 제3항 및 제4항의 보험계약을 체결한 후 해당 요건을 충족하지 못하게 된 경우에는 그 보험계약은 제3항 및 제4항의 보험계약에서 제외한다. 다만, 제3항 제2호에 해당하는 보험계약이 그 보험계약을 체결한 후 해당 요건을 충족하지 못하게 된 경우라도 제3항 제1호의 요건을 충족하는 경우 그 보험계약은 제3항 제1호의 보험계약에 해당하는 것으로 보며, 제4항에 해당하는 보험계약이 그 보험계약을 체결한 후 해당 요건을 충족하지 못하게 된 경우라도 제3항 각 호의 어느 하나에 해당하는 요건을 갖춘 경우 그 보험계약은 제3항 각 호의 보험계약에 해당하는 것으로 본다. (2017. 2. 3. 신설)
⑥ 제3항 제1호 및 제2호의 보험계약과 2013년 2월 15일 전에 체결된 보험계약[대통령령 제24356호 소득세법 시행령 일부개정령 부칙 제35조에 따라 종전의 제25조 제1항을 적용하는 보험계약을 말하며, 이하 이 항에서 "종전의 보험계약"이라 한다)에 대하여 다음 각 호의 어느 하나에 해당하는 변경(종전의 보험계약에 대해서는 제3호의 변경으로 한정한다)이 있는 때에는 그 변경일을 해당 보험계약의 최초납입

하는 보험료 및 「상법」제650조의 2에 따른 보험계약의 부활을 위하여 납입하는 보험료는 제외하되, 납입기간이 종료되었으나 계약기간 중에 있는 보험계약의 기본보험료를 포함한다. 이하 이 조에서 "보험료"라 한다)를 기준으로 다음 계산식에 따라 계산한 금액을 말한다. (2017. 3. 10. 신설)

$$\frac{\text{해당연도의 기본보험료와 추가로 납입하는 보험료의 합계액}}{\text{보험 계약기간 중 해당연도에서 경과된 개월 수}}$$

③ 영 제25조 제6항에 따라 보험계약을 변경하는 경우 같은 조 제3항 제1호 및 같은 항 제2호 다목에 따른 보험료 합계액의 계산방법은 다음 각 호의 구분에 따른다. 이 경우 같은 조 제6항 제1호에 해당하는 변경이 있을 때에는 변경된 계약자의 보험료 합계액으로 계산한다. (2017. 3. 10. 신설)
1. 2017년 4월 1일부터 체결하는 영 제25조 제3항 제2호에 해당하는 보험으로서 계약변경 이후에도 같은 호 가목 및 나목의 요건을 충족하는 보험의 경우에는 계약변경 이후 보험료를 기준으로 같은 조 제2항에 따라 계산한 금액을 영 제25조 제3항 제2호 다목의 보험료 합계액에 포함한다. (2017. 3. 10. 신설)
2. 2017년 4월 1일부터 체결하는 제1호에 해당하지 아니하는 보험의 경우에는 계약변경 전 납입한 보험료 및 계약변경 이후 납입하는 보험료의 합계액을 영 제25

〈제16조 ①〉

10. 대통령령으로 정하는 직장공제회 초과반환금 (2009. 12. 31. 개정)
11. 비영업대금(非營業貸金)의 이익 (2009. 12. 31. 개정)

통칙 16 - 26…1 【비영업대금의 이익과 금융업의 구분】
① 대금업을 하는 거주자임을 대외적으로 표방하고 불특정다수인을 상대로 금전을 대여하는 사업을 하는 경우에는 법 제19조 제1항 제11호에 규정하는 금융업으로 본다. 다만, 대외적으로 대금업을 표방하지 아니한 거주자의 금전대여는 법 제16조 제1항 제11호에 규정하는 비영업대금의 이익으로 본다. (2011. 3. 21. 개정)
② 일시적으로 사용하는 전화번호만을 신문지상에 공개하는 것은 대금업의 대외적인 표방으로 보지 아니한다. (97. 4. 8. 개정)
16 - 26…2 【비영업대금의 이익의 총수입금액 계산】
① 법 제16조 제1항 제11호에 규정한 비영업대금의 이익에 대한 총수입금액의 계산은 대금으로 인하여 지급받았거나 지급받기로 한 이자와 할인액상당액으로 한다. (2019. 12. 23. 개정)
② 금전을 대여하였으나 채무자가 도산으로 재산이 전무하거나 잔여재산 없이 사망한 경우 등 객관적으로 원금과 이자의 전부 또는 일부를 받지 못하게 된 것이 분명한 경우의 받지 아니한 이자소득은 법 제24조 제1항의 "해당 과세기간에 수입하였거나 수입할 금액"으로 보지 아니한다. (2024. 3. 15. 개정)

12. 제1호, 제2호, 제2호의 2 및 제3호부터 제11호까지의 소득과 유사한 소득으로서 금전 사용에 따른 대가로서의 성격이 있는 것 (2009. 12. 31. 개정)

12. 제1호부터 제11호까지의 소득과 유사한 소득으로서 금전 사용에 따른 대가로서의 성격이 있는 것 (2024. 12. 31. 개정)

편주 ▶ ··
법 16조 1항 12호 및 13호의 개정규정은 2025. 1. 1. 이후 발생하는 소득분부터 적용함. (법 부칙(2020. 12. 29.) 4조) (2022. 12. 31. 개정)
··

13. 제1호, 제2호, 제2호의 2 및 제3호부터 제12호까지의 규정 중 어느 하나에 해당하는 소득을 발생시키는 거래 또는 행위와 「자본시장과 금융투자업에 관한 법률」 제5조에 따른 파생상품(이하 "파생상품"이라 한다)이 대통령령으로 정하는 바에 따라 결합된 경우 해당 파생상품의 거래 또는 행위로부터의 이익 (2009. 12. 31. 개정)

13. 제1호부터 제12호까지의 규정 중 어느 하나에 해당하는 소득을 발생시키는 거래 또는 행위와 「자본시장과 금융투자업에 관한 법률」 제5조에 따른 파생상품(이하 "파생상품"이라 한다)이 대통령령으로

제26조 【이자소득의 범위】 (2010. 12. 30. 제목개정)
① 법 제16조 제1항 제10호에서 "대통령령으로 정하는 직장공제회"란 「민법」 제32조 또는 그 밖의 법률에 따라 설립된 공제회·공제조합(이와 유사한 단체를 포함한다)으로서 동일직장이나 직종에 종사하는 근로자들의 생활안정, 복리증진 또는 상호부조 등을 목적으로 구성된 단체를 말한다. (2012. 2. 2. 개정)
② 법 제16조 제1항 제10호에 따른 초과반환금은 근로자가 퇴직하거나 탈퇴하여 그 규약에 따라 직장공제회로부터 받는 반환금에서 납입공제료를 뺀 금액(이하 "납입금 초과이익"이라 한다)과 반환금을 분할하여 지급하는 경우 그 지급하는 기간 동안 추가로 발생하는 이익(이하 "반환금 추가이익"이라 한다)으로 한다. (2015. 2. 3. 개정)
③ 법 제16조 제1항 제11호에 따른 비영업대금(非營業貸金)의 이익은 금전의 대여를 사업목적으로 하지 아니하는 자가 일시적·우발적으로 금전을 대여함에 따라 지급받는 이자 또는 수수료 등으로 한다. (2010. 2. 18. 신설)
④ 거주자가 일정기간 후에 같은 종류로서 같은 양의 채권을 반환받는 조건으로 채권을 대여하고 해당 채권의 차입자로부터 지급받는 해당 채권에서 발생하는 이자에 상당하는 금액은 법 제16조 제1항 제12호에 따른 이자소득에 포함된다. (2010. 12. 30. 신설)
⑤ 법 제16조 제1항 제13호에서 "대통령령으로 정하는 바에 따라 결합된 경우"란 개인이 이자소득이 발생하는 상품(이하 이 항에서 "이자부상품"이라 한다)과 「자본시장과 금융투자업에 관한 법률」 제5조에 따른 파생상품(이하 "파생상품"이라 한다)을 함께 거래하는 경우로서 다음 각 호의 어느 하나에 해당하는 경우를 말한다. (2017. 2. 3. 개정)
1. 다음 각 목의 요건을 모두 갖추어 실질상 하나의 상품과 같이 운영되는 경우 (2017. 2. 3. 개정)
　가. 금융회사 등이 직접 개발·판매한 이자부상품의 거래와 해당 금융회사 등의 파생상품 계약이 해당 금융회사 등을 통하여 이루어질 것 (2017. 2. 3. 개정)
　나. 파생상품이 이자부상품의 원금 및 이자소득의 전부 또는 일부(이하 이 항에서 "이자소득등"이라 한다)나 이자소득등의 가

조 제3항 제1호의 보험료 합계액에 포함한다. (2017. 3. 10. 신설)
3. 2013년 2월 15일부터 2017년 3월 31일까지 체결하는 영 제25조 제3항 제1호에 해당하는 보험의 경우에는 계약변경 전 납입한 보험료 및 계약변경 이후 납입하는 보험료의 합계액을 영 제25조 제3항 제1호의 보험료 합계액(같은 호 가목의 금액을 기준으로 한 합계액을 말한다)에 포함한다. (2017. 3. 10. 신설)
4. 제1호부터 제3호까지에 해당하지 아니하는 경우에는 계약변경 전 납입한 보험료 및 계약변경 이후 납입하는 보험료 모두 영 제25조 제3항 제1호 및 같은 항 제2호 다목의 보험료 합계액에서 제외한다. (2017. 3. 10. 신설)

정하는 바에 따라 결합된 경우 해당 파생상품의 거래 또는 행위로부터의 이익 (2024. 12. 31. 개정)

② 이자소득금액은 해당 과세기간의 총수입금액으로 한다. (2009. 12. 31. 개정)

법 24조 ⇒ 총수입금액의 계산

③ 제1항 각 호에 따른 이자소득 및 제2항에 따른 이자소득금액의 범위에 관하여 필요한 사항은 대통령령으로 정한다. (2009. 12. 31. 개정)

통칙 16-0…1 【이자소득으로 보지 아니하는 범위】
① 물품을 매입할 때 대금의 결제방법에 따라 에누리되는 금액 (97. 4. 8. 개정)
② 외상매입금이나 미지급금을 약정기일 전에 지급함으로써 받는 할인액 (97. 4. 8. 개정)
③ 물품을 판매하고 대금의 결제방법에 따라 추가로 지급받는 금액 (97. 4. 8. 개정)
④ 외상매출금이나 미수금의 지급기일을 연장하여 주고 추가로 지급받는 금액. 이 경우 그 외상매출금이나 미수금이 소비대차로 전환된 경우에는 예외로 한다. (97. 4. 8. 개정)
⑤ 장기할부조건으로 판매함으로써 현금거래 또는 통상적인 대금의 결제방법에 의한 거래의 경우보다 추가로 지급받는 금액. 다만, 당초 계약내용에 의하여 매입가액이 확정된 후 그 대금의 지급지연으로 실질적인 소비대차로 전환되어 발생되는 이자는 이자소득으로 본다. (97. 4. 8. 개정)

16-0…2 【손해배상금에 대한 법정이자의 소득구분】
법원의 판결 및 화해에 의하여 지급받는 손해배상금에 대한 법정이자는 법 제16조에 규정하는 이자소득으로 보지 아니한다. 다만, 위약 또는 해약을 원인으로 법원의 판결에 의하여 지급받는 손해배상금에 대한 법정이자는 법 제21조 제1항 제10호에 규정하는 기타소득으로 본다. (97. 4. 8. 개정)

25-53…1 【보증금 등에 대한 예금이자의 사업소득 총수입금액불산입】
사업자가 부동산 또는 부동산상의 권리 등을 대여하고 보증금 또는 전세금을 받아 은행에 예입하거나 채권을 취득하여 받는 이자 등은 부동산임대업에 따른 사업소득의 총수입금액에 산입하지 아니하고 이자소득으로 본다. (2011. 3. 21. 개정)

제17조 【배당소득】 ① 배당소득은 해당 과세기간에 발생한 다음

격·이자율·지표·단위 또는 이를 기초로 하는 지수 등에 따라 산출된 금전이나 그 밖의 재산적 가치가 있는 것을 거래하는 계약일 것 (2017. 2. 3. 개정)
다. 가목에 따른 금융회사 등이 이자부상품의 이자소득등과 파생상품으로부터 이익을 지급할 것 (2017. 2. 3. 개정)
2. 다음 각 목의 요건을 모두 갖추어 장래의 특정 시점에 금융회사 등이 지급하는 파생상품(「자본시장과 금융투자업에 관한 법률」 제166조의 2 제1항 제1호에 해당하는 경우에 한정한다)으로부터의 이익이 확정되는 경우 (2017. 2. 3. 개정)
가. 금융회사 등이 취급한 이자부상품의 거래와 해당 금융회사 등의 파생상품의 계약이 해당 금융회사 등을 통하여 이루어질 것(이자부상품의 거래와 파생상품의 계약이 2 이상의 금융회사 등을 통하여 별도로 이루어지더라도 파생상품의 계약을 이행하기 위하여 이자부상품을 질권으로 설정하거나 「자본시장과 금융투자업에 관한 법률 시행령」 제103조에 따른 금전신탁을 통하여 이루어지는 경우를 포함한다) (2017. 2. 3. 개정)
나. 파생상품이 이자부상품의 이자소득등이나 이자소득등의 가격·이자율·지표·단위 또는 이를 기초로 하는 지수 등에 따라 산출된 금전이나 그 밖의 재산적 가치가 있는 것을 거래하는 계약일 것 (2017. 2. 3. 개정)
다. 파생상품으로부터의 확정적인 이익이 이자부상품의 이자소득보다 클 것 (2017. 2. 3. 개정)
⑥ 거주자가 환매기간에 따른 사전약정이율을 적용하여 환매수하는 조건으로 채권 또는 채권에 준하는 증권(이하 이 항 및 제26조의 3 제7항에서 "채권등"이라 한다)을 매도하고 환매수하는 날까지 해당 채권등의 매수인으로부터 지급받는 해당 채권등에서 발생하는 이자에 상당하는 금액은 법 제16조 제1항 제12호에 따른 이자소득에 포함된다. (2025. 2. 28. 신설)

제45조 【이자소득의 수입시기】 이자소득의 수입시기는 다음 각 호에 따른 날로 한다. (2010. 2. 18. 개정)
1. 법 제16조 제1항 제12호 및 제13호에 따른 이자와 할인액 (2012.

통칙 17-0…1 【하자로 배당이 취소되어 반환한 때의 과세】
주주총회의 결의에 따라 배당을 받았으나 그 배당결의에 하자가 있어 배당금을 반환한 경우에는 그 배당소득은 없는 것으로 본다. (97. 4. 8. 개정)

17-0…2 【이자지급조건과 동일한 상환주식에 대한 배당】
상환주식에 대한 배당지급조건이 차입금에 대한 이자지급조건과 동일한 경우에도 그 지급금은 배당소득으로 본다. (97. 4. 8. 개정)

각 호의 소득으로 한다. (2009. 12. 31. 개정)

1. 내국법인으로부터 받는 이익이나 잉여금의 배당 또는 분배금 (2012. 1. 1. 개정)

관계조문 »

법 14조 3항 3호 내지 6호 ⇒ 분리과세 배당소득

2. 법인으로 보는 단체로부터 받는 배당금 또는 분배금 (2009. 12. 31. 개정)

2의 2. 「법인세법」 제5조 제2항에 따라 내국법인으로 보는 신탁재산(이하 "법인과세 신탁재산"이라 한다)으로부터 받는 배당금 또는 분배금 (2020. 12. 29. 신설)

3. 의제배당(擬制配當) (2009. 12. 31. 개정)

● 예 판

외국법인으로부터 받는 이익이나 잉여금의 배당 또는 분배금은 배당소득에 해당하고, 역삼각합병 과정에서 존속법인의 주주가 소멸법인의 모회사 주식 및 현금을 지급받는 경우에 발생하는 소득은 의제배당에 해당하지 아니하는 것임. (사전 – 2020 – 법령해석소득 – 1291, 2021. 2. 24.)

4. 「법인세법」에 따라 배당으로 처분된 금액 (2009. 12. 31. 개정)

---

2. 2. 개정)

약정에 따른 상환일. 다만, 기일 전에 상환하는 때에는 그 상환일

2. 법 제46조 제1항의 규정에 의한 채권 등으로서 무기명인 것의 이자와 할인액 (2003. 12. 30. 개정)

그 지급을 받은 날

3. 법 제46조 제1항의 규정에 의한 채권 등으로서 기명인 것의 이자와 할인액 (2003. 12. 30. 개정)

약정에 의한 지급일

3의 2. 파생결합사채로부터의 이익 (2021. 2. 17. 신설)

그 이익을 지급받은 날. 다만, 원본에 전입하는 뜻의 특약이 있는 분배금은 그 특약에 따라 원본에 전입되는 날로 한다.

3의 2. 삭 제 (2024. 12. 31.)

4. 보통예금·정기예금·적금 또는 부금의 이자

가. 실제로 이자를 지급받는 날 (95. 12. 30 개정)

나. 원본에 전입하는 뜻의 특약이 있는 이자는 그 특약에 의하여 원본에 전입된 날 (2013. 2. 15. 단서삭제)

다. 해약으로 인하여 지급되는 이자는 그 해약일

라. 계약기간을 연장하는 경우에는 그 연장하는 날 (95. 12. 30 신설)

마. 정기예금연결정기적금의 경우 정기예금의 이자는 정기예금 또는 정기적금이 해약되거나 정기적금의 저축기간이 만료되는 날 (2001. 12. 31 신설)

5. 통지예금의 이자

인출일

6. 삭 제 (2007. 2. 28.)

7. 채권 또는 증권의 환매조건부 매매차익

약정에 의한 당해 채권 또는 증권의 환매수일 또는 환매도일. 다만, 기일전에 환매수 또는 환매도하는 경우에는 그 환매수일 또는 환매도일로 한다.

8. 저축성보험의 보험차익 (95. 12. 30 개정)

보험금 또는 환급금의 지급일. 다만, 기일전에 해지하는 경우에는 그 해지일로 한다.

---

9. 직장공제회 초과반환금 : 약정에 따른 납입금 초과이익 및 반환금 추가이익의 지급일. 다만, 반환금을 분할하여 지급하는 경우 원본에 전입하는 뜻의 특약이 있는 납입금 초과이익은 특약에 따라 원본에 전입된 날로 한다. (2015. 2. 3. 개정)

9의 2. 비영업대금의 이익 (98. 12. 31 개정)

약정에 의한 이자지급일. 다만, 이자지급일의 약정이 없거나 약정에 의한 이자지급일전에 이자를 지급받는 경우 또는 제51조 제7항의 규정에 의하여 총수입금액 계산에서 제외하였던 이자를 지급받는 경우에는 그 이자지급일로 한다.

10. 제193조의 2에 따른 채권 등의 보유기간이자등상당액 (2010. 2. 18. 개정)

해당 채권 등의 매도일 또는 이자 등의 지급일

11. 제1호 내지 제10호의 이자소득이 발생하는 상속재산이 상속되거나 증여되는 경우 (95. 12. 30 신설)

상속개시일 또는 증여일

다목의 방법으로는 제2호 나목의 증권을 취득하는 경우로 한정한다) 또는 장내파생상품증권(「자본시장과 금융투자업에 관한 법률」에 따른 장내파생상품을 말한다. 이하 같다)의 거래나 평가로 발생한 손익을 포함하지 않는다. 다만, 비거주자 또는 외국법인이 「자본시장과 금융투자업에 관한 법률」 제9조 제19항 제2호에 따른 일반 사모집합투자기구나 「조세특례제한법」 제100조의 15에 따른 동업기업과세특례를 적용받지 않는 기관전용 사모집합투자기구를 통하여 취득한 주식 또는 출자증권{「자본시장과 금융투자업에 관한 법률」 제8조의 2 제4항 제1호에 따른 증권시장(이하 "증권시장"이라 한다)에 상장된 주식 또는 출자증권으로서 양도일이 속하는 연도와 그 직전 5년의 기간 중 그 주식 또는 출자증권을 발행한 법인의 발행주식 총수 또는 출자총액의 100분의 25 이상을 소유한 경우로 한정한다}의 거래로 발생한 손익은 집합투자기구로부터의 이익에 포함한다. (2023. 2. 28. 개정)

④ 제1항에 따른 집합투자기구로부터의 이익(이하 "집합투자기구로부터의 이익"이라 한다)에는 집합투자기구가 제1호 각 목의 방법으로 취득한 제2호 각 목의 증권(제1호 다목의 방법으로는 제2호 나목의 증권을 취득하는 경우로 한정한다) 또는 「자본시장과 금융투자업에 관한 법률」에 따른 장내파생상품의 거래나 평가로 발생한 손익을 포함하지 않는다. 다만, 비거주자 또는 외국법인이 「자본시장과 금융투자업에 관한 법률」 제9조 제19항 제2호에 따른 일반 사모집합투자기구나 「조세특례제한법」 제100조의 15에 따른 동업기업과세특례를 적용받지 않는 기관전용 사모집합투자기구를 통하여 취득한 주식 또는 출자증권{「자본시장과 금융투자업에 관한 법률」 제8조의 2 제4항 제1호에 따른 증권시장(이하 "증권시장"이라 한다)에 상장된 주식 또는 출자증권으로서 양도일이 속하는 연도와 그 직전 5년의 기간 중 그 주식 또는 출자증권을 발행한 법인의 발행주식 총수 또는 출자총액의 100분의 25 이상을 소유한 경우로 한정한다}의 거래로 발생한 손익은 집합투자기구로부터의 이익에 포함한다. (2024. 9. 10. 개정)

1. 취득 방법 : (2023. 2. 28. 개정)
　가. 집합투자기구가 직접 취득 (2023. 2. 28. 개정)
　나. 집합투자기구가 「자본시장과 금융투자업에 관한 법률」 제9조 제21항에 따른 집합투자증권에 투자(제26조의 3 제1항 제2호 본문에 따른 상장지수증권에 투자한 경우에는 그 상장지수증권의 지수를 구성하는 기초자산에 해당하는 증권에 투자하는 것을 말한다)하여 취득 (2023. 2. 28. 개정)

☞ p.2512 2단 연결

제26조의 2 【집합투자기구의 범위 등】 (2010. 2. 18. 제목개정)
① 법 제17조 제1항 제5호에서 "대통령령으로 정하는 집합투자기구"란 다음 각 호의 요건을 모두 갖춘 집합투자기구를 말한다. (2010. 2. 18. 개정)
1. 「자본시장과 금융투자업에 관한 법률」에 따른 집합투자기구(같은 법 제251조에 따른 보험회사의 특별계정은 제외하되, 금전의 신탁으로서 원본을 보전하는 것을 포함한다. 이하 "집합투자기구"라 한다)일 것 (2010. 2. 18. 개정)
2. 해당 집합투자기구의 설정일부터 매년 1회 이상 결산·분배할 것. 다만, 다음 각 목의 어느 하나에 해당하는 이익금은 분배를 유보할 수 있으며, 「자본시장과 금융투자업에 관한 법률」 제242조에 따른 이익금이 0보다 적은 경우에도 분배를 유보할 수 있다(같은 법 제9조 제22항에 따른 집합투자규약에서 정하는 경우에 한정한다). (2010. 2. 18. 개정)
　가. 「자본시장과 금융투자업에 관한 법률」 제234조에 따른 상장지수집합투자기구가 지수 구성종목을 교체하거나 파생상품에 투자함에 따라 계산되는 이익 (2010. 2. 18. 개정)
　나. 「자본시장과 금융투자업에 관한 법률」 제238조에 따라 평가한 집합투자재산의 평가이익 (2010. 2. 18. 개정)
　다. 「자본시장과 금융투자업에 관한 법률」 제240조 제1항의 회계처리기준에 따른 집합투자재산의 매매이익 (2016. 2. 17. 신설)
3. 금전으로 위탁받아 금전으로 환급할 것(금전 외의 자산으로 위탁받아 환급하는 경우로서 해당 위탁가액과 환급가액이 모두 금전으로 표시된 것을 포함한다) (2010. 2. 18. 개정)
② 제1항을 적용할 때 국외에서 설정된 집합투자기구는 제1항 각 호의 요건을 갖추지 아니하는 경우에도 제1항에 따른 집합투자기구로 본다. (2013. 2. 15. 개정)
③ 집합투자기구가 제1항 각 호의 요건을 갖추지 않은 경우에는 다음 각 호의 구분에 따라 과세한다. (2022. 2. 15. 개정)
1. 「자본시장과 금융투자업에 관한 법률」 제9조 제18항에 따른 투자신탁·투자조합·투자익명조합으로부터의 이익은 법 제4조 제2항에 따른 집합투자기구 외의 신탁의 이익으로 보아 과세한다. (2010. 2. 18. 개정)
2. 「자본시장과 금융투자업에 관한 법률」 제9조 제18항에 따른 투자회사·투자유한회사·투자합자회사 및 같은 조 제19항 제1호에 따른 기관전용 사모집합투자기구(법률 제18128호 자본시장과 금융투자업에 관한 법률 일부개정법률 부칙 제8조 제1항부터 제4항까지에 따라 기관전용 사모집합투자기구, 기업재무안정 사모집합투자기구 및 창업·벤처전문 사모집합투자기구로 보아 존속하는 종전의 경영참여형 사모집합투자기구를 포함한다. 이하 이 조 및 제27조의 3 제3항에서 같다)로서 「조세특례제한법」 제100조의 15에 따른 동업기업과세특례를 적용받지 않는 기구로부터의 이익은 법 제17조 제1항 제1호의 배당 및 분배금으로 보아 과세한다. (2022. 2. 15. 개정)
④ 제1항에 따른 집합투자기구로부터의 이익(이하 "집합투자기구로부터의 이익"이라 한다)에는 집합투자기구가 제1호 각 목의 방법으로 취득한 제2호 각 목의 증권(제1호

제13조 【집합투자기구로부터의 이익에 대한 과세표준 계산방식 등】 ① 「자본시장과 금융투자업에 관한 법률」에 따른 집합투자기구(이하 "집합투자기구"라 한다)의 결산에 따라 영 제26조의 2에 따른 집합투자기구로부터의 이익을 분배받는 경우 투자자가 보유하는 「자본시장과 금융투자업에 관한 법률」에 따른 집합투자증권(이하 "집합투자증권"이라 한다)의 좌당 또는 주당 배당소득금액(이하 이 조에서 "좌당 배당소득금액"이라 한다)은 다음 각 호의 금액으로 한다. (2010. 4. 30. 신설)
1. 영 제26조의 2 제5항 제3호 또는 제4호에 해당하는 집합투자증권: 집합투자기구가 투자자에게 좌당 또는 주당 분배하는 금액(영 제26조의 2 제4항 각 호 외의 부분 본문에 따라 집합투자기구로부터의 이익에 포함되지 아니하는 손익은 제외한다) (2011. 3. 28. 개정)
2. 제1호 외의 집합투자증권: 집합투자증권의 결산 시 과세표준기준가격(「자본시장과 금융투자업에 관한 법률」 제238조 제6항에 따른 기준가격에서 영 제26조의 2 제4항 각 호 외의 부분 본문에 따라 집합투자기구로부터의 이익에 포함되지 아니하는 손익을 제외하여 산정한 금액을 말하며, 같은 법 제279조 제1항에 따른 외국 집합투자증권으로서 과세표준기준가격이 없는 경우에는 같은 법 제280조 제4항 본문에 따른 기준가격을 말한다. 이하 이 조에서 같다)에서 매수 시(매수 후 결산·분배가 있었던 경우에는 직전 결산·분배 직후를 말한다) 과세표준기준가격을 뺀 후 직전 결산·분배 시 발생한 과세되지 아니한 투자자별 손익을 더하거나 뺀 금액. 이 경우 영 제26조의 2에 따른 집합투자기구로부터의 이익으로서 집합투자기구가 투자자에게 분배하는 금액을 한도로 한다. (2010. 4. 30. 신설)
② 집합투자증권의 환매 및 매도 또는 집합투자기구의 해지 및 해산(이하 이 조에서 "환매등"이라 한다)을 통하여 집합투자기구로부터의 이익을 받는 경우 집합투자증권의 좌당 배당소득금액은 다음 각 호의 금액으로 한다. (2010. 4. 30. 신설)
1. 영 제26조의 2 제5항 제3호 또는 제4호에 해당하

나. 집합투자기구가 「자본시장과 금융투자업에 관한 법률」 제9조 제21항에 따른 집합투자증권에 투자「자본시장과 금융투자업에 관한 법률」 제4조 제7항에 따른 파생결합증권(이하 "파생결합증권"이라 한다) 중 같은 조 제10항에 따른 기초자산의 가격·이자율·지표·단위 또는 이를 기초로 하는 지수 등의 변동과 연계하여 미리 정해진 방법에 따라 이익을 얻거나 손실을 회피하기 위한 계약상의 권리를 나타내는 것으로서 증권시장에 상장되어 거래되는 증권 또는 증서(이하 "상장지수증권"이라 한다)에 투자한 경우에는 그 상장지수증권의 지수를 구성하는 기초자산에 해당하는 증권에 투자하는 것을 말한다)하여 취득 (2024. 9. 10. 개정)

다. 집합투자기구가 「벤처투자 촉진에 관한 법률」에 따른 벤처투자조합 또는 「여신전문금융업법」에 따른 신기술사업투자조합의 출자지분에 투자하여 취득 (2023. 2. 28. 개정)

2. 취득 대상 : (2023. 2. 28. 개정)

가. 증권시장에 상장된 증권(다음의 것은 제외한다. 이하 이 항에서 같다) (2023. 2. 28. 개정)

1) 법 제46조 제1항에 따른 채권등 (2023. 2. 28. 개정)

2) 외국 법령에 따라 설립된 외국 집합투자기구의 주식 또는 수익증권 (2023. 2. 28. 개정)

3) 증권시장 또는 이와 유사한 시장으로서 외국에 있는 시장을 대표하는 종목을 기준으로 산출된 지수(해당 지수의 변동성을 기준으로 산출된 지수를 포함한다)를 추적하는 것을 목적으로 하는 상장지수집합투자기구(「자본시장과 금융투자업에 관한 법률」 제234조에 따른 상장지수집합투자기구를 말한다)의 주식 또는 수익증권 (2024. 9. 10. 신설)

4) 증권시장 또는 이와 유사한 시장으로서 외국에 있는 시장을 대표하는 종목을 기준으로 산출된 지수(해당 지수의 변동성을 기준으로 산출된 지수를 포함한다)를 추적하는 것을 목적으로 하는 상장지수증권 (2024. 9. 10. 신설)

편주 ▶

영 26조의 2 제4항 2호 가목의 개정규정은 2024. 9. 10. 이후 집합투자기구가 주식, 수익증권 또는 상장지수증권이나 이를 대상으로 하는 장내파생상품을 취득하는 분부터 적용함. (영 부칙(2024. 9. 10.) 2조)

나. 「벤처기업육성에 관한 특별법」에 따른 벤처기업의 주식 또는 출자지분 (2024. 7. 2. 개정 ; 벤처기업~부칙)

다. 가목의 증권을 대상으로 하는 장내파생상품증권 (2023. 2. 28. 개정)

다. 가목의 증권을 대상으로 하는 「자본시장과 금융투자업에 관한 법률」에 따른 장내파생상품 (2024. 9. 10. 개정)

⑤ 「자본시장과 금융투자업에 관한 법률」 제9조 제21항에 따른 집합투자증권 및 같은 법 제279조 제1항에 따른 외국 집합투자증권(다음 각 호의 어느 하나에 해당하는 것은 제외한다)을 계좌간 이체, 계좌의 명의변경, 집합투자증권의 실물양도의 방법으로 거래

는 집합투자증권 : 환매등(집합투자증권의 매도는 제외한다)이 발생하는 시점의 과세표준기준가격에서 직전 결산·분배 직후의 과세표준기준가격(최초 설정 또는 설립 후 결산·분배가 없었던 경우에는 최초 설정 또는 설립 시 과세표준기준가격을 말한다)을 뺀 금액 (2011. 3. 28. 개정)

2. 제1호 외의 집합투자증권: 환매등이 발생하는 시점의 과세표준기준가격에서 매수 시(매수 후 결산·분배가 있었던 경우에는 직전 결산·분배 직후를 말한다) 과세표준기준가격을 뺀 후 직전 결산·분배 시 발생한 과세되지 아니한 투자자별 손익을 더하거나 뺀 금액 (2010. 4. 30. 신설)

③ 증권시장에 상장된 집합투자증권(영 제26조의 2 제5항 제3호 또는 제4호에 해당하는 집합투자증권은 제외한다)을 증권시장에서 매도하는 경우의 좌당 배당소득금액은 제2항 제2호에도 불구하고 같은 호에 따라 계산된 금액과 매수·매도 시의 과세표준기준가격을 실제 매수·매도가격으로 하여 같은 호에 따라 계산된 금액 중 적은 금액으로 한다. (2011. 3. 28. 개정)

④ 투자자별 배당소득금액은 다음 계산식에 따라 계산한 금액으로 한다. (2012. 2. 28. 개정)

(제1항부터 제3항까지의 규정에 따른 좌당 배당소득금액 × 결산·분배 시 보유하고 있는 좌수·주수 또는 환매등이 발생하는 좌수·주수) − 영 제26조의 2 제6항에 따른 각종 수수료 등

⑤ 제4항을 적용할 때 같은 계좌 내에서 같은 집합투자증권을 2회 이상 매수한 경우 매수 시의 과세표준기준가격은 선입선출법에 따라 산정하고, 투자자별 배당소득금액은 같은 시점에서 결산·분배 또는 환매등이 발생하는 집합투자증권 전체를 하나의 과세단위로 하여 계산한다. (2010. 4. 30. 신설)

⑥ 같은 계좌 내에서 같은 상장지수집합투자증권(「자본시장과 금융투자업에 관한 법률」에 따른 상장지수집합투자기구의 집합투자증권을 말하며, 이하 이 조에서 "상장지수집합투자증권"이라 한다)을 증권시장에서 2회 이상 매수한 경우 매수 시의 과세표준기준가격은 제5항에도 불구하고 이동평균법에 따라 산

하여 발생한 이익은 집합투자기구로부터의 이익에 해당한다. (2010. 12. 30. 개정)

1. 법 제94조 제1항 제3호의 주식 또는 출자지분 (2010. 12. 30. 개정)

2. 삭 제 (2020. 2. 11.)

3. 「자본시장과 금융투자업에 관한 법률」 제234조에 따른 상장지수집합투자기구로서 증권시장에서 거래되는 주식의 가격만을 기반으로 하는 지수의 변화를 그대로 추적하는 것을 목적으로 하는 집합투자기구의 집합투자증권 (2010. 12. 30. 개정)

4. 증권시장에 상장된 「자본시장과 금융투자업에 관한 법률」 제9조 제18항 제2호에 따른 집합투자기구(이전 사업연도에 「법인세법」 제51조의 2 제1항에 따른 배당가능이익 전체를 1회 이상 배당하지 아니한 것은 제외한다)의 집합투자증권 (2010. 12. 30. 개정)

⑥ 집합투자기구로부터의 이익은 「자본시장과 금융투자업에 관한 법률」에 따른 각종 보수·수수료 등을 뺀 금액으로 한다. (2010. 2. 18. 개정)

⑦ 삭 제 (2013. 2. 15.)

⑧ 「자본시장과 금융투자업에 관한 법률」 제9조 제19항에 따른 사모집합투자기구로서 다음 각 호의 요건을 모두 갖춘 집합투자기구에 대해서는 제1항 각 호의 요건을 모두 충족하는 경우에도 제1항에 따른 집합투자기구로 보지 아니하고 법 제4조 제2항을 적용한다. (2010. 2. 18. 개정)

1. 투자자가 거주자(비거주자와 국내사업장이 없는 외국법인을 포함한다. 이하 이 조에서 같다) 1인이거나 거주자 1인 및 그 거주자의 「국세기본법 시행령」 제1조의 2 제1항부터 제3항까지의 규정에 따른 특수관계인(투자자가 비거주자와 국내사업장이 없는 외국법인인 경우에는 다음 각 목의 어느 하나에 해당하는 관계에 있는 자를 말한다)으로 구성된 경우 (2012. 2. 2. 개정)

가. 비거주자와 그의 배우자·직계혈족 및 형제자매인 관계 (2010. 2. 18. 개정)

나. 일방이 타방의 의결권 있는 주식의 100분의 50 이상을 직접 또는 간접으로 소유하고 있는 관계 (2010. 2. 18. 개정)

다. 제3자가 일방 또는 타방의 의결권 있는 주식의 100분의 50 이상을 직접 또는 간접으로 각각 소유하고 있는 경우 그 일방과 타방 간의 관계 (2010. 2. 18. 개정)

2. 투자자가 사실상 자산운용에 관한 의사결정을 하는 경우 (2010. 2. 18. 개정)

⑨ 제8항 제1호 나목 및 다목에 따른 주식의 간접소유비율의 계산에 관하여는 「국제조세조정에 관한 법률 시행령」 제2조 제2항을 준용한다. (2010. 2. 18. 개정)

⑩ 집합투자기구로부터의 이익에 대한 과세표준 계산방식 등은 기획재정부령으로 정한다. (2010. 2. 18. 개정)

5. 국내 또는 국외에서 받는 대통령령으로 정하는 집합투자기구로부터의 이익 (2022. 12. 31. 단서삭제)

[편주] ··
법 17조 1항 5호의 개정규정은 2025. 1. 1.부터 시행함. (법 부칙(2022. 12. 31.) 1조 1호)
··

제26조의 2【집합투자기구의 범위 등】 (2024. 12. 31. 제목개정)

① 법 제17조 제1항 제5호에서 "대통령령으로 정하는 집합투자기구"란 다음 각 호의 요건을 모두 갖춘 집합투자기구를 말한다. (2024. 12. 31. 개정)

1. 「자본시장과 금융투자업에 관한 법률」에 따른 집합투자기구(같은 법 제251조에 따른 보험회사의 특별계정은 제외하되, 금전의 신탁

정하고, 투자자별 배당소득금액은 같은 시점에서 결산·분배 또는 환매등이 발생하는 상장지수집합투자증권 전체를 하나의 과세단위로 하여 계산한다. 다만, 같은 날 매도되는 상장지수집합투자증권은 전체를 하나의 과세단위로 하여 투자자별 배당소득금액을 계산한다. (2010. 4. 30. 신설)

⑦ 영 제26조의 2 제1항 제2호 나목에 따른 집합투자재산의 평가이익은 집합투자재산으로 인식되지만 실제로 귀속되지 아니한 이익으로서 이미 경과한 기간에 대응하는 집합투자재산의 이자, 미수 배당금, 미수 임대료 수입 등을 포함한다. (2010. 4. 30. 신설)

⑧ 제5항 및 제6항에서 사용하는 용어의 뜻은 다음과 같다. (2010. 4. 30. 신설)

1. "선입선출법"이란 먼저 매수한 집합투자증권부터 차례대로 환매등이 발생하는 것으로 보아 집합투자증권의 좌당 또는 주당 과세표준기준가격을 산정하는 방법을 말한다. (2010. 4. 30. 신설)

2. "이동평균법"이란 집합투자증권을 매수할 때마다 집합투자증권의 과세표준기준가격의 합계액을 집합투자증권의 좌수 또는 주수의 합계액으로 나누는 방법으로 좌당 또는 주당 평균 과세표준기준가격을 산출하고 그 중 가장 나중에 산출된 평균 과세표준기준가격에 따라 집합투자증권의 좌당 또는 주당 과세표준기준가격을 산정하는 방법을 말한다. (2010. 4. 30. 신설)

⑨ 제4항을 적용할 때 「자본시장과 금융투자업에 관한 법률」 제249조의 8 제8항에 따라 집합투자기구의 집합투자규약으로 거주자별 손익의 분배 등을 차등하여 정하고 있는 경우에는 실제 차등하여 지급받는 손익을 기준으로 좌당 배당소득금액을 산정한다. (2024. 3. 22. 신설)

제13조【집합투자기구로부터의 이익에 대한 과세표준 계산방식 등】 ① 「자본시장과 금융투자업에 관한 법률」에 따른 집합투자기구(이하 "집합투자기구"라 한다)의 결산에 따라 영 제26조의 2에 따른 집합투자기구로부터의 이익을 분배받는 경

5의 2. ☞ p.2517

편주 ▶ ··
영 26조의 2 제1항 2호의 개정규정은 2025. 7. 1. 이후 발생하는 이익분
부터 적용함. (영 부칙(2025. 2. 28.) 6조)
··· ☞

편주 ▶ ··
영 26조의 2 제1항 2호의 개정규정은 2025. 7. 1. 이후 발생하는 이익분
부터 적용함. (영 부칙(2025. 2. 28.) 6조)
··

으로서 원본을 보전하는 것을 포함한다. 이하 "집합투자기구"라 한다)일 것 (2024. 12. 31. 개정)

2. 해당 집합투자기구의 설정일부터 매년 1회 이상 결산·분배할 것. 다만, 다음 각 목의 어느 하나에 해당하는 이익금은 분배를 유보할 수 있으며, 「자본시장과 금융투자업에 관한 법률」 제242조에 따른 이익금이 0보다 적은 경우에도 분배를 유보할 수 있다(같은 법 제9조 제22항에 따른 집합투자규약에서 정하는 경우로 한정한다). (2024. 12. 31. 개정)

가. 「자본시장과 금융투자업에 관한 법률」 제234조에 따른 상장지수집합투자기구가 지수 구성종목을 교체하거나 파생상품에 투자함에 따라 계산되는 이익 (2024. 12. 31. 개정)

가. 「자본시장과 금융투자업에 관한 법률」 제234조에 따른 상장지수집합투자기구(이하 이 조에서 "상장지수집합투자기구"라 한다)가 지수 구성종목을 교체하거나 파생상품에 투자함에 따라 계산되는 이익[이자수입 및 배당이익(라목의 이자수입 및 배당이익은 제외한다)은 제외한다] (2025. 2. 28. 개정)

나. 「자본시장과 금융투자업에 관한 법률」 제238조에 따라 평가한 집합투자재산의 평가이익 (2024. 12. 31. 개정)

다. 「자본시장과 금융투자업에 관한 법률」 제240조 제1항의 회계처리기준에 따른 집합투자재산의 매매이익 (2024. 12. 31. 개정)

라. 상장지수집합투자기구로서 증권시장에서 거래되는 주식의 가격만을 기반으로 하는 지수의 변화를 그대로 추적하는 것을 목적으로 하는 집합투자기구 중 지수의 변화를 그대로 추적하기 위해 배당이익을 구성종목의 비중에 따라 재투자하는 집합투자기구에서 발생한 이자수입 및 배당이익 (2025. 2. 28. 신설)

3. 금전으로 위탁받아 금전으로 환급할 것(금전 외의 자산으로 위탁받아 환급하는 경우로서 해당 위탁가액과 환급가액이 모두 금전으로 표시된 것을 포함한다) (2024. 12. 31. 개정)

② 제1항을 적용할 때 국외에서 설정된 집합투자기구는 제1항 각 호의 요건을 갖추지 않은 경우에도 제1항에 따른 집합투자기구로 본다. (2024. 12. 31. 개정)

우 투자자가 보유하는 「자본시장과 금융투자업에 관한 법률」에 따른 집합투자증권(이하 "집합투자증권"이라 한다)의 좌당 또는 주당 배당소득금액(이하 이 조에서 "좌당 배당소득금액"이라 한다)은 다음 각 호의 금액으로 한다. (2024. 12. 31. 신설)

1. 영 제26조의 2 제5항 제2호 또는 제3호에 해당하는 집합투자증권: 집합투자기구가 투자자에게 좌당 또는 주당 분배하는 금액(영 제26조의 2 제4항 각 호 외의 부분 본문에 따라 집합투자기구로부터의 이익에 포함되지 않는 손익은 제외한다) (2024. 12. 31. 신설)

2. 제1호 외의 집합투자증권: 집합투자증권의 결산 시 과세표준기준가격(「자본시장과 금융투자업에 관한 법률」 제238조 제6항에 따른 기준가격에서 영 제26조의 2 제4항 각 호 외의 부분 본문에 따라 집합투자기구로부터의 이익에 포함되지 않는 손익을 제외하여 산정한 금액을 말하며, 같은 법 제279조 제1항에 따른 외국 집합투자증권으로서 과세표준기준가격이 없는 경우에는 같은 법 제280조 제4항 본문에 따른 기준가격을 말한다. 이하 이 조에서 같다)에서 매수 시(매수 후 결산·분배가 있었던 경우에는 직전 결산·분배 직후를 말한다) 과세표준기준가격을 뺀 후 직전 결산·분배 시 발생한 과세되지 않은 투자자별 손익을 더하거나 뺀 금액. 이 경우 영 제26조의 2에 따른 집합투자기구로부터의 이익으로서 집합투자기구

의 25 이상을 소유한 경우로 한정한다]의 거래로 발생한 손익은 집합투자기구로부터의 이익에 포함한다. (2024. 12. 31. 개정)

1. 취득 방법 (2024. 12. 31. 개정)
   가. 집합투자기구가 직접 취득 (2024. 12. 31. 개정)
   나. 집합투자기구가 「자본시장과 금융투자업에 관한 법률」 제9조 제21항에 따른 집합투자증권에 투자[「자본시장과 금융투자업에 관한 법률」 제4조 제7항에 따른 파생결합증권(이하 "파생결합증권"이라 한다) 중 같은 조 제10항에 따른 기초자산의 가격·이자율·지표·단위 또는 이를 기초로 하는 지수 등의 변동과 연계하여 미리 정해진 방법에 따라 이익을 얻거나 손실을 회피하기 위한 계약상의 권리를 나타내는 것으로서 증권시장에 상장되어 거래되는 증권 또는 증서(이하 "상장지수증권"이라 한다)에 투자한 경우에는 그 상장지수증권의 지수를 구성하는 기초자산에 해당하는 증권에 투자하는 것을 말한다]하여 취득 (2024. 12. 31. 개정)
   다. 집합투자기구가 「벤처투자 촉진에 관한 법률」에 따른 벤처투자조합 또는 「여신전문금융업법」에 따른 신기술사업투자조합의 출자지분에 투자하여 취득 (2024. 12. 31. 개정)
2. 취득 대상 (2024. 12. 31. 개정)
   가. 증권시장에 상장된 증권(다음의 것은 제외한다. 이하 이 항에서 같다) (2024. 12. 31. 개정)
      1) 법 제46조 제1항에 따른 채권등 (2024. 12. 31. 개정)
      2) 외국 법령에 따라 설립된 외국 집합투자기구의 주식 또는 수익증권 (2024. 12. 31. 개정)
      3) 증권시장 또는 이와 유사한 시장으로서 외국에 있는 시장을 대표하는 종목을 기준으로 산출된 지수(해당 지수의 변동성을 기준으로 산출된 지수를 포함한다)를 추적하는 것을 목적으로 하는 상장지수집합투자기구(「자본시장과 금융투자업에 관한 법률」 제234조에 따른 상장지수집합투자기구를 말한다)의 주식 또는 수익증권 (2024. 12. 31. 개정)
      3) 증권시장 또는 이와 유사한 시장으로서 외국에 있는 시장을 대표하는 종목을 기준으로 산출된 지수(해당 지수의 변동성을 기준으로 산출된 지수를 포함한다)를 추적하는 것을 목

☞ p.2516 2단 연결

③ 집합투자기구가 제1항 각 호의 요건을 갖추지 않은 경우에는 다음 각 호의 구분에 따라 과세한다. (2024. 12. 31. 개정)

1. 「자본시장과 금융투자업에 관한 법률」 제9조 제18항에 따른 투자신탁·투자조합·투자익명조합으로부터의 이익은 법 제4조 제2항에 따른 집합투자기구 외의 신탁의 이익으로 보아 과세한다. (2024. 12. 31. 개정)
1. 「자본시장과 금융투자업에 관한 법률」 제9조 제18항에 따른 투자신탁·투자합자조합·투자익명조합으로부터의 이익은 법 제4조 제2항에 따른 집합투자기구 외의 신탁의 이익으로 보아 과세한다. (2025. 2. 28. 개정)
2. 「자본시장과 금융투자업에 관한 법률」 제9조 제18항에 따른 투자회사·투자유한회사·투자합자회사 및 같은 조 제19항 제1호에 따른 기관전용 사모집합투자기구(법률 제18128호 자본시장과 금융투자업에 관한 법률 일부개정법률 부칙 제8조 제1항부터 제4항까지에 따라 기관전용 사모집합투자기구, 기업재무안정 사모집합투자기구 및 창업·벤처전문 사모집합투자기구로 보아 존속하는 종전의 경영참여형 사모집합투자기구를 포함한다. 이하 이 조 및 제27조의 3 제3항에서 같다)로서 「조세특례제한법」 제100조의 15에 따른 동업기업과세특례를 적용받지 않는 기구로부터의 이익은 법 제17조 제1항 제1호의 배당 및 분배금으로 보아 과세한다. (2024. 12. 31. 개정)
④ 제1항에 따른 집합투자기구로부터의 이익(이하 "집합투자기구로부터의 이익"이라 한다)에는 집합투자기구가 제1호 각 목의 방법으로 취득한 제2호 각 목의 증권(제1호 다목의 방법으로는 제2호 나목의 증권을 취득하는 경우로 한정한다) 또는 「자본시장과 금융투자업에 관한 법률」에 따른 장내파생상품의 거래나 평가로 발생한 손익을 포함하지 않는다. 다만, 비거주자 또는 외국법인이 「자본시장과 금융투자업에 관한 법률」 제9조 제19항 제2호에 따른 일반 사모집합투자기구나 「조세특례제한법」 제100조의 15에 따른 동업기업과세특례를 적용받지 않는 기관전용 사모집합투자기구를 통하여 취득한 주식 또는 출자증권[「자본시장과 금융투자업에 관한 법률」 제8조의 2 제4항 제1호에 따른 증권시장(이하 "증권시장"이라 한다)에 상장된 주식 또는 출자증권으로서 양도일이 속하는 연도와 그 직전 5년의 기간 중 그 주식 또는 출자증권을 발행한 법인의 발행주식 총수 또는 출자총액의 100분

가 투자자에게 분배하는 금액을 한도로 한다. (2024. 12. 31. 신설)
② 집합투자증권의 환매 및 매도 또는 집합투자기구의 해지 및 해산(이하 이 조에서 "환매등"이라 한다)을 통하여 집합투자기구로부터의 이익을 받는 경우 집합투자증권의 좌당 배당소득금액은 다음 각 호의 금액으로 한다. (2024. 12. 31. 신설)
1. 영 제26조의 2 제5항 제2호 또는 제3호에 해당하는 집합투자증권 : 환매등(집합투자증권의 매도는 제외한다)이 발생하는 시점의 과세표준기준가격에서 직전 결산·분배 직후의 과세표준기준가격(최초 설정 또는 설립 후 결산·분배가 없었던 경우에는 최초 설정 또는 설립 시 과세표준기준가격을 말한다)을 뺀 금액 (2024. 12. 31. 신설)
2. 제1호 외의 집합투자증권: 환매등이 발생하는 시점의 과세표준기준가격에서 매수 시(매수 후 결산·분배가 있었던 경우에는 직전 결산·분배 직후를 말한다) 과세표준기준가격을 뺀 후 직전 결산·분배 시 발생한 과세되지 않은 투자자별 손익을 더하거나 뺀 금액 (2024. 12. 31. 신설)
③ 증권시장에 상장된 집합투자증권(영 제26조의 2 제5항 제2호 또는 제3호에 해당하는 집합투자증권은 제외한다)을 증권시장에서 매도하는 경우의 좌당 배당소득금액은 제2항 제2호에도 불구하고 같은 호에 따라 계산된 금액과 매수·매도 시의 과세표준기준가격을 실제 매수·매도가격으로 하여 같은 호에 따라 계산된 금액 중 적은 금액으로 한다. (2024. 12. 31. 신설)

3. 증권시장에 상장된 「자본시장과 금융투자업에 관한 법률」 제9조 제18항 제2호에 따른 집합투자기구(이전 사업연도에 「법인세법」 제51조의 2 제1항에 따른 배당가능이익 전체를 1회 이상 배당하지 않은 것은 제외한다)의 집합투자증권 (2024. 12. 31. 개정)

⑥ 집합투자기구로부터의 이익은 「자본시장과 금융투자업에 관한 법률」에 따른 각종 보수·수수료 등을 뺀 금액으로 한다. (2024. 12. 31. 개정)

⑦ 「자본시장과 금융투자업에 관한 법률」 제9조 제19항에 따른 사모집합투자기구로서 다음 각 호의 요건을 모두 갖춘 집합투자기구에 대해서는 제1항 각 호의 요건을 모두 충족하는 경우에도 제1항에 따른 집합투자기구로 보지 않고 법 제4조 제2항을 적용한다. (2024. 12. 31. 개정)

1. 투자자가 거주자(비거주자와 국내사업장이 없는 외국법인을 포함한다. 이하 이 조에서 같다) 1인이거나 거주자 1인 및 그 거주자의 「국세기본법 시행령」 제1조의 2 제1항부터 제3항까지의 규정에 따른 특수관계인(투자자가 비거주자와 국내사업장이 없는 외국법인인 경우에는 다음 각 목의 어느 하나에 해당하는 관계에 있는 자를 말한다)으로 구성된 경우 (2024. 12. 31. 개정)

　가. 비거주자와 그의 배우자·직계혈족 및 형제자매인 관계 (2024. 12. 31. 개정)

　나. 일방이 타방의 의결권 있는 주식의 100분의 50 이상을 직접 또는 간접으로 소유하고 있는 관계 (2024. 12. 31. 개정)

　다. 제3자가 일방 또는 타방의 의결권 있는 주식의 100분의 50 이상을 직접 또는 간접으로 각각 소유하고 있는 경우 그 일방과 타방 간의 관계 (2024. 12. 31. 개정)

2. 투자자가 사실상 자산운용에 관한 의사결정을 하는 경우 (2024. 12. 31. 개정)

⑧ 제7항 제1호 나목 및 다목에 따른 주식의 간접소유비율의 계산에 관하여는 「국제조세조정에 관한 법률 시행령」 제2조 제3항을 준용한다. (2024. 12. 31. 개정)

⑨ 집합투자기구로부터의 이익에 대한 과세표준 계산방식 등은 기획재정부령으로 정한다. (2024. 12. 31. 개정)

적으로 하는 상장지수집합투자기구의 주식 또는 수익증권 (2025. 2. 28. 개정)

편주 ▶ 영 26조의 2 제4항 2호의 개정규정은 2025. 7. 1.부터 시행함. (영 부칙(2025. 2. 28.) 1조 2호)

　4) 증권시장 또는 이와 유사한 시장으로서 외국에 있는 시장을 대표하는 종목을 기준으로 산출된 지수(해당 지수의 변동성을 기준으로 산출된 지수를 포함한다)를 추적하는 것을 목적으로 하는 상장지수증권 (2024. 12. 31. 개정)

　나. 「벤처기업육성에 관한 특별법」에 따른 벤처기업의 주식 또는 출자지분 (2024. 12. 31. 개정)

　다. 가목의 증권을 대상으로 하는 「자본시장과 금융투자업에 관한 법률」에 따른 장내파생상품 (2024. 12. 31. 개정)

⑤ 「자본시장과 금융투자업에 관한 법률」 제9조 제21항에 따른 집합투자증권 및 같은 법 제279조 제1항에 따른 외국 집합투자증권(다음 각 호의 어느 하나에 해당하는 것은 제외한다)을 계좌간 이체, 계좌의 명의변경, 집합투자증권의 실물양도의 방법으로 거래하여 발생한 이익은 집합투자기구로부터의 이익에 해당한다. (2024. 12. 31. 개정)

1. 법 제94조 제1항 제3호의 주식 또는 출자지분 (2024. 12. 31. 개정)

2. 「자본시장과 금융투자업에 관한 법률」 제234조에 따른 상장지수집합투자기구로서 증권시장에서 거래되는 주식의 가격만을 기반으로 하는 지수의 변화를 그대로 추적하는 것을 목적으로 하는 집합투자기구의 집합투자증권 (2024. 12. 31. 개정)

2. 상장지수집합투자기구로서 증권시장에서 거래되는 주식의 가격만을 기반으로 하는 지수의 변화를 그대로 추적하는 것을 목적으로 하는 집합투자기구(제1항 제2호 라목에 따라 이자수입 또는 배당이익의 분배를 유보한 집합투자기구는 제외한다)의 집합투자증권 (2025. 2. 28. 개정)

편주 ▶ 영 26조의 2 제5항 2호의 개정규정은 2025. 7. 1. 이후 발생하는 이익분부터 적용함. (영 부칙(2025. 2. 28.) 6조)

---

③ 「자본시장과 금융투자업에 관한 법률」 제8조의 2 제4항 제1호에 따른 증권시장(이하 "증권시장"이라 한다)에 상장된 집합투자증권(영 제26조의 2 제5항 제2호 또는 제3호에 해당하는 집합투자증권은 제외한다)을 증권시장에서 매도하는 경우의 좌당 배당소득금액은 제2항 제2호에도 불구하고 같은 호에 따라 계산된 금액과 매수·매도 시의 과세표준기준가격을 실제 매수·매도가격으로 하여 같은 호에 따라 계산된 금액 중 적은 금액으로 한다. (2024. 12. 31. 신설 ; 2025. 3. 21. 개정)

④ 투자자별 배당소득금액은 다음 계산식에 따라 계산한 금액으로 한다. (2024. 12. 31. 신설)

(제1항부터 제3항까지의 규정에 따른 좌당 배당소득금액×결산·분배 시 보유하고 있는 좌수·주수 또는 환매등이 발생하는 좌수·주수) − 영 제26조의 2 제6항에 따른 각종 수수료 등

④ 투자자별 배당소득금액은 다음 계산식에 따라 계산한 금액으로 한다. (2024. 12. 31. 신설 ; 2025. 3. 21. 개정)

(제1항부터 제3항까지의 규정에 따른 좌당 배당소득금액×결산·분배 시 보유하고 있는 좌수·주수 또는 환매등이 발생하는 좌수·주수) − 영 제26조의 2 제6항에 따른 각종 보수·수수료 등

⑤ 제4항을 적용할 때 같은 계좌 내에서 같은 집합투자증권을 2회 이상 매수한 경우 매수 시의 과세표준기준가격은 선입선출법에 따라 산정하고, 투자자별 배당소득금액은 같은 시점에서 결산·분배 또는 환매등이 발생하는 집합투자증권 전체를

〈제17조 ①〉

5의 2. 국내 또는 국외에서 받는 대통령령으로 정하는 파생결합증권 또는 파생결합사채로부터의 이익 (2017. 12. 19. 신설)

5의 2. 국내 또는 국외에서 받는 대통령령으로 정하는 파생결합증권 또는 파생결합사채로부터의 이익 (2024. 12. 31. 신설)

5의 3. 금전이 아닌 재산의 신탁계약에 의한 수익권이 표시된 수익증권으로서 대통령령으로 정하는 수익증권으로부터의 이익 (2024. 12. 31. 신설)

5의 4. 「자본시장과 금융투자업에 관한 법률」 제4조 제6항에 따른 투자계약증권으로서 대통령령으로 정하는 투자계약증권으로부터의 이익 (2024. 12. 31. 신설)

제26조의 3 【배당소득의 범위】 ① 법 제17조 제1항 제5호의 2에서 "대통령령으로 정하는 파생결합증권 또는 파생결합사채로부터의 이익"이란 다음 각 호의 어느 하나에 해당하는 이익을 말한다. (2018. 2. 13. 개정)

1. 「자본시장과 금융투자업에 관한 법률」 제4조 제7항에 따른 파생결합증권(이하 "파생결합증권"이라 한다)으로부터 발생한 이익. 다만, 당사자 일방의 의사표시에 따라 증권시장 또는 이와 유사한 시장으로서 외국에 있는 시장에서 매매거래되는 특정 주권의 가격이나 주가지수 수치의 변동과 연계하여 미리 정해진 방법에 따라 주권의 매매나 금전을 수수하는 거래를 성립시킬 수 있는 권리를 표시하는 증권 또는 증서로부터 발생한 이익은 제외한다. (2018. 2. 13. 개정)

1. 파생결합증권으로부터 발생한 이익. 다만, 당사자 일방의 의사표시에 따라 증권시장 또는 이와 유사한 시장으로서 외국에 있는 시장에서 매매거래되는 특정 주권의 가격이나 주가지수 수치의 변동과 연계하여 미리 정해진 방법에 따라 주권의 매매나 금전을 수수하는 거래를 성립시킬 수 있는 권리를 표시하는 증권 또는 증서로부터 발생한 이익은 제외한다. (2024. 9. 10. 개정)

2. 파생결합증권 중 「자본시장과 금융투자업에 관한 법률」 제4조 제10항에 따른 기초자산의 가격·이자율·지표·단위 또는 이를 기초로 하는 지수 등의 변동과 연계하여 미리 정해진 방법에 따라 이익을 얻거나 손실을 회피하기 위한 계약상의 권리를 나타내는 것으로서 증권시장에 상장되어 거래되는 증권 또는 증서(이하 "상장지수증권"이라 한다)를 계좌 간 이체, 계좌의 명의변경, 상장지수증권의 실물양도의 방법으로 거래하여 발생한 이익. 다만, 증권시장에서 거래되는 주식의 가격만을 기반으로 하는 지수의 변화를 그대로 추적하는 것을 목적으로 하는 상장지수증권을 계좌 간 이체, 계좌의 명의변경 및 상장지수증권의 실물양도의 방법으로 거래하여 발생한 이익은 제외한다 (2018. 2. 13. 개정)

2. 상장지수증권을 계좌 간 이체, 계좌의 명의변경, 상장지수증권의 실물양도의 방법으로 거래하여 발생한 이익. 다만, 증권시장에서 거래되는 주식의 가격만을 기반으로 하는 지수의 변화를 그대로 추적하는 것을 목적으로 하는 상장지수증권을 계좌 간 이체, 계좌의 명의변경 및 상장지수증권의 실물양도의 방법으로 거래하여 발생한 이익은 제외한다. (2024. 9. 10. 개정)

3. 「상법」 제469조 제2항 제3호에 따른 사채로부터 발생한 이익 (2018. 2. 13. 개정)

제26조의 3 【배당소득의 범위】 ① 법 제17조 제1항 제5호의 2에서 "대통령령으로 정하는 파생결합증권 또는 파생결합사채로부터의 이익"이란 다음 각 호의 어느 하나에 해당하는 이익을 말한다. (2024. 12. 31. 신설)

1. 파생결합증권으로부터 발생한 이익. 다만, 당사자 일방의 의사표시에 따라 증권시장 또는 이와 유사한 시장으로서 외국에 있는 시장에서 매매거래되는 특정 주권의 가격이나 주가지수 수치의 변동과 연계하여 미리 정해진 방법에 따라 주권의 매매나 금전을 수수하는 거

하나의 과세단위로 하여 계산한다. (2024. 12. 31. 신설)

⑤ 같은 계좌 내에서 같은 상장지수집합투자증권(「자본시장과 금융투자업에 관한 법률」에 따른 상장지수집합투자기구의 집합투자증권을 말하며, 이하 이 조에서 "상장지수집합투자증권"이라 한다)을 증권시장에서 2회 이상 매수한 경우 매수 시의 과세표준기준가격은 제5항에도 불구하고 이동평균법에 따라 산정하고, 투자자별 배당소득금액은 같은 시점에서 결산·분배 또는 환매등이 발생하는 상장지수집합투자증권 전체를 하나의 과세단위로 하여 계산한다. 다만, 같은 날 매도되는 상장지수집합투자증권은 전체를 하나의 과세단위로 하여 투자자별 배당소득금액을 계산한다. (2024. 12. 31. 신설)

⑥ 같은 계좌에서 다음 각 호의 집합투자증권(이하 이 조에서 "상장지수집합투자증권등"이라 한다) 중 같은 종류의 상장지수집합투자증권등을 증권시장에서 2회 이상 매수한 경우 매수 시의 과세표준기준가격은 제5항에도 불구하고 이동평균법에 따라 산정하고, 투자자별 배당소득금액은 같은 시점에서 결산·분배 또는 환매등이 발생하는 상장지수집합투자증권등 전체를 하나의 과세단위로 하여 계산한다. 다만, 같은 날 매도되는 상장지수집합투자증권등은 전체를 하나의 과세단위로 하여 투자자별 배당소득금액을 계산한다. (2024. 12. 31. 신설 ; 2025. 3. 21. 개정)

1. 「자본시장과 금융투자업에 관한 법률」 제234조에 따른 상장지수집합투자기구의 집합투자증권 (2025. 3. 21. 신설)

2. 「금융혁신지원 특별법」에 따른 혁신금융사업자가 같은 법 제4조 제1항에 따라 지정된 혁신금융서비스를 제공하

개정취지

배당소득의 범위에 조각 투자상품으로부터의 이익 추가

• 투자계약증권과 비금전 신탁 수익증권의 형태로 운영되는 조각 투자상품에 대한 과세기준이 불명확하여 그 수익 구조가 유사한 집합투자기구로부터의 이익과 동일하게 배당소득으로 분류하여 과세함. (법 17조 1항 5호의 3 및 5호의 4 신설 ; 2024. 12. 31.)

• 법 17조 1항 5호의 3·5호의 4의 개정규정은 2025. 7. 1. 이후 지급받는 소득분부터 적용함. (법 부칙(2024. 12. 31.) 2조)

6. 외국법인으로부터 받는 이익이나 잉여금의 배당 또는 분배금 (2012. 1. 1. 개정)

7. 「국제조세조정에 관한 법률」 제27조에 따라 배당받은 것으로 간주된 금액 (2020. 12. 29. 개정)

8. 제43조에 따른 공동사업에서 발생한 소득금액 중 같은 조 제1항에 따른 출자공동사업자의 손익분배비율에 해당하는 금액 (2009. 12. 31. 개정)

9. 제1호부터 제5호까지, 제5호의 2, 제6호 및 제7호에 따른 소득과 유사한 소득으로서 수익분배의 성격이 있는 것 (2017. 12. 19. 개정)

9. 제1호, 제2호, 제2호의 2, 제3호부터 제5호까지, 제5호의 2부터 제5호의 4까지, 제6호 및 제7호에 따른 소득과 유사한 소득으로서 수익분배의 성격이 있는 것 (2024. 12. 31. 개정)

10. 제1호부터 제5호까지, 제5호의 2 및 제6호부터 제9호까지의 규정 중 어느 하나에 해당하는 소득을 발생시키는 거래 또는 행위와 파생상품이 대통령령으로 정하는 바에 따라 결합된 경우 해당 파생상품의 거래 또는 행위로부터의 이익 (2017. 12. 19. 개정)

10. 제1호, 제2호, 제2호의 2, 제3호부터 제5호까지, 제5호의 2부터 제5호의 4까지 및 제6호부터 제9호까지의 규정 중 어느 하나에 해당하는 소득을 발생시키는 거래 또는 행위와 파생상품이 대통령령으로 정하는 바에 따라 결합된 경우 해당 파생상품의 거래 또는 행위로부터의 이익 (2024. 12. 31. 개정)

편주 ▶

법 17조 1항 9호·10호(같은 항 5호의 3 및 5호의 4에 관한 부분으로 한정함)의 개정규정은 2025. 7. 1. 이후 지급받는 소득분부터 적용함. (법 부

래를 성립시킬 수 있는 권리를 표시하는 증권 또는 증서로부터 발생한 이익은 제외한다. (2024. 12. 31. 신설)

2. 상장지수증권을 계좌 간 이체, 계좌의 명의변경, 상장지수증권의 실물양도의 방법으로 거래하여 발생한 이익. 다만, 증권시장에서 거래되는 주식의 가격만을 기반으로 하는 지수의 변화를 그대로 추적하는 것을 목적으로 하는 상장지수증권을 계좌 간 이체, 계좌의 명의변경 및 상장지수증권의 실물양도의 방법으로 거래하여 발생한 이익은 제외한다. (2024. 12. 31. 신설)

3. 「상법」 제469조 제2항 제3호에 따른 사채로부터 발생한 이익 (2024. 12. 31. 신설)

② 제1항에도 불구하고 같은 항 제3호에 따른 상장지수증권으로서 증권시장에서 거래되는 주식의 가격만을 기반으로 하는 지수의 변화를 그대로 추적하는 것을 목적으로 하는 상장지수증권을 계좌 간 이체, 계좌의 명의변경, 상장지수증권의 실물양도의 방법으로 거래하여 발생한 이익은 법 제17조 제1항 제9호에 따른 배당소득에 포함하지 아니한다. (2015. 2. 3. 개정)

② 삭 제 (2018. 2. 13.)

③ 상장지수증권으로부터의 이익은 「자본시장과 금융투자업에 관한 법률」에 따른 각종 보수·수수료 등을 뺀 금액으로 하며, 상장지수증권으로부터의 이익에 대한 과세표준 계산방식 등은 기획재정부령으로 정한다. (2015. 2. 3. 개정)

③ 상장지수증권으로부터의 이익은 「자본시장과 금융투자업에 관한 법률」에 따른 각종 보수·수수료 등을 뺀 금액으로 하며, 상장지수증권으로부터의 이익에 대한 과세표준 계산방식 등은 기획재정부령으로 정한다. (2024. 12. 31. 신설)

④ 거주자가 일정기간 후에 같은 종류로서 같은 양의 주식을 반환받는 조건으로 주식을 대여하고 해당 주식의 차입자로부터 지급받는 해당 주식에서 발생하는 배당에 상당하는 금액은 법 제17조 제1항 제9호에 따른 배당소득에 포함된다. (2014. 2. 21. 항번개정)

⑤ 법 제17조 제1항 제10호에서 "대통령령으로 정하는 바에 따라 결합된 경우"란 개인이 배당소득이 발생하는 상품(이하 이 항에서 "배당부상품"이라 한다)과 파생상품을 함께 거래하는 경우로서 다음 각 호의 어느 하나에 해당하는 경우를 말한다. (2017. 2. 3. 개정)

1. 다음 각 목의 요건을 모두 갖추어 실질상 하나의 상품과 같이 운영되는 경우 (2017. 2. 3. 개정)

기 위해 같은 조 제2항 제5호에 따른 특례를 적용받아 발행한 것으로서 다음 각 목의 요건을 모두 갖춘 집합투자증권 (2025. 3. 21. 신설)

가. 「자본시장과 금융투자업에 관한 법률」 제231조에 따른 종류형집합투자기구의 집합투자증권일 것 (2025. 3. 21. 신설)

나. 「자본시장과 금융투자업에 관한 법률」 제84조 제1항, 같은 법 제89조 제2항 제2호, 같은 법 제188조 제4항, 같은 법 제235조부터 제237조까지 및 같은 법 시행령 제92조 제4항에 대한 특례를 적용받은 것일 것 (2025. 3. 21. 신설)

다. 증권시장에 상장된 것일 것 (2025. 3. 21. 신설)

다. 증권시장에 상장된 것일 것 (2025. 3. 21. 신설)

편주 ▶

규칙 13조 6항의 개정규정은 2025. 4. 1. 이후 매수하는 집합투자증권부터 적용함. (규칙 부칙(2025. 3. 21.) 2조)

---

⑦ 영 제26조의 2 제1항 제2호 나목에 따른 집합투자재산의 평가이익은 집합투자재산으로 인식되지만 실제로 귀속되지 않은 이익으로서 이미 경과한 기간에 대응하는 집합투자재산의 이자, 미수 배당금, 미수 임대료 수입 등을 포함한다. (2024. 12. 31. 신설)

⑧ 제5항 및 제6항에서 사용하는 용어의

....

편주 ▶
2025. 2. 28. 전에 지급받은 배당에 관하여는 영 26조의 3 제6항의 개정 규정에도 불구하고 종전의 규정에 따름. (영 부칙(2025. 2. 28.) 21조)

....

예판
• 「상법」 461조의 2에 따라 주식발행초과금을 감액하여 거주자인 주주에게 금전 배당을 실시하는 경우 배당소득에 해당되지 아니함. (사전 - 2020 - 법령해석소득 - 0004, 2021. 1. 22.)
• 자본준비금 중 자본전입 시 의제배당으로 과세되지 않는 자본준비금을 특정하여 「상법」 461조의 2에 따라 주주총회 결의에 의하여 감액한 금액을 배당하는 경우, 당해 내국법인의 주주는 주주총회 결의에 따라 그 특정하여 감액한 자본준비금을 배당받은 것으로 봄. (서면 - 2023 - 법규소득 - 4240, 2024. 5. 29.)

....

☞

가. 금융회사 등이 직접 개발·판매한 배당부상품의 거래와 해당 금융회사 등의 파생상품의 계약이 해당 금융회사 등을 통하여 이루어질 것 (2017. 2. 3. 개정)

나. 파생상품이 배당부상품의 원금 및 배당소득의 전부 또는 일부(이하 이 항에서 "배당소득등"이라 한다)나 배당소득등의 가격·이자율·지표·단위 또는 이를 기초로 하는 지수 등에 따라 산출된 금전이나 그 밖의 재산적 가치가 있는 것을 거래하는 계약일 것 (2017. 2. 3. 개정)

다. 가목에 따른 금융회사 등이 배당부상품의 배당소득등과 파생상품으로부터 이익을 지급할 것 (2017. 2. 3. 개정)

2. 다음 각 목의 요건을 모두 갖추어 장래의 특정 시점에 금융회사 등이 지급하는 파생상품(「자본시장과 금융투자업에 관한 법률」 제166조의 2 제1항 제1호에 해당하는 경우에 한정한다)으로부터의 이익이 확정되는 경우 (2017. 2. 3. 개정)

가. 금융회사 등이 취급한 배당부상품의 거래와 해당 금융회사 등의 파생상품의 계약이 해당 금융회사 등을 통하여 이루어질 것(배당부상품의 거래와 파생상품의 계약이 2 이상의 금융회사 등을 통하여 별도로 이루어지더라도 파생상품의 계약을 이행하기 위하여 배당부상품을 질권으로 설정하거나 「자본시장과 금융투자업에 관한 법률 시행령」 제103조에 따른 금전신탁을 통하여 이루어지는 경우를 포함한다) (2017. 2. 3. 개정)

나. 파생상품이 배당부상품의 배당소득등이나 배당소득등의 가격·이자율·지표·단위 또는 이를 기초로 하는 지수 등에 따라 산출된 금전이나 그 밖의 재산적 가치가 있는 것을 거래하는 계약일 것 (2017. 2. 3. 개정)

다. 파생상품으로부터의 확정적인 이익이 배당부상품의 배당소득보다 클 것 (2017. 2. 3. 개정)

⑥ 「상법」 제461조의 2에 따라 자본준비금을 감액하여 받은 배당(법 제17조 제2항 제2호 각 목에 해당하지 아니하는 자본준비금을 감액하여 받은 배당은 제외한다)은 법 제17조 제1항에 따른 배당소득에 포함하지 아니한다. (2014. 2. 21. 신설)

⑥ 「상법」 제461조의 2에 따라 자본준비금을 감액하여 받은 배당(「법인세법」 제18조 제8호 각 목의 어느 하나에 해당하는 자본준비금을 감

뜻은 다음과 같다. (2024. 12. 31. 신설)

1. "선입선출법"이란 먼저 매수한 집합투자증권부터 차례대로 환매등이 발생하는 것으로 보아 집합투자증권의 좌당 또는 주당 과세표준기준가격을 산정하는 방법을 말한다. (2024. 12. 31. 신설)

2. "이동평균법"이란 집합투자증권을 매수할 때마다 집합투자증권의 과세표준기준가격의 합계액을 집합투자증권의 좌수 또는 주수의 합계액으로 나누는 방법으로 좌당 또는 주당 평균 과세표준기준가격을 산출하고 그 중 가장 나중에 산출된 평균 과세표준기준가격에 따라 집합투자증권의 좌당 또는 주당 과세표준기준가격을 산정하는 방법을 말한다. (2024. 12. 31. 신설)

⑨ 제4항을 적용할 때 「자본시장과 금융투자업에 관한 법률」 제249조의 8 제8항에 따라 집합투자기구의 집합투자규약으로 거주자별 손익의 분배 등을 차등하여 정하고 있는 경우에는 실제 차등하여 지급받는 손익을 기준으로 좌당 배당소득금액을 산정한다. (2024. 12. 31. 신설)

제14조【상장지수증권으로부터의 이익에 대한 과세표준 계산방식 등】 ① 영 제26조의 3 제1항 제2호 본문에 따른 상장지수증권(이하 "상장지수증권"이라 한다)으로부터의 이익을 분배받는 경우 투자자가 보유하는 상장지수증권의 증권당 배당소득금액(이하 이 조에서 "증권당 배당소득금액"이라 한다)은 다음 각 호의 구분에 따른 금액으로 한다. (2018. 3. 21. 개정)

1. 영 제26조의 3 제1항 제2호 단서에 따라 증권시장

개 정 취 지 ······························

조각 투자상품의 유형 및 발생이익의 범위
• 「금융혁신지원 특별법」상 특례를 적용받아 발행되고 연 1회 이상 이익이 분배되는 비금전 신탁 수익증권과 「자본시장과 금융투자업에 관한 법률」에 따라 모집되고 연 1회 이상 이익이 분배되는 투자계약증권을 조각투자상품으로 정함.
• 조각 투자상품의 실물양도, 계좌간 이체, 계좌의 명의변경 등을 통해 발생한 이익을 조각 투자상품으로부터의 이익에 포함하고, 거래에 따른 각종 보수, 수수료 등은 제외하도록 함. (영 26조의 3 제8항부터 11항까지 신설 ; 2025. 2. 28.)
• 영 26조의 3 제8항부터 11항까지의 개정규정은 2025. 7. 1.부터 시행함. (영 부칙(2025. 2. 28.) 1조 2호)

액하여 받은 배당은 제외한다)은 법 제17조 제1항에 따른 배당소득에 포함하지 아니한다. (2025. 2. 28. 개정)

⑦ 거주자가 환매기간에 따른 사전약정이율을 적용하여 환매수하는 조건으로 증권(채권등은 제외한다. 이하 이 항에서 같다)을 매도하고 환매수하는 날까지 해당 증권의 매수인으로부터 지급받는 해당 증권에서 발생하는 배당에 상당하는 금액은 법 제17조 제1항 제9호에 따른 배당소득에 포함된다. (2025. 2. 28. 신설)

⑧ 법 제17조 제1항 제5호의 3에서 "대통령령으로 정하는 수익증권"이란 다음 각 호의 요건을 모두 갖춘 수익증권을 말한다. (2025. 2. 28. 신설)

1. 「금융혁신지원 특별법」에 따른 혁신금융사업자가 「자본시장과 금융투자업에 관한 법률」 제110조 제1항에도 불구하고 「금융혁신지원 특별법」 제4조 제2항 제5호에 따른 특례를 적용받아 발행한 것일 것 (2025. 2. 28. 신설)

2. 신탁의 이익이 증권 소유자에게 매년 1회 이상 분배될 것. 다만, 신탁의 이익이 0보다 적은 경우 등 기획재정부령으로 정하는 사유에 해당하는 경우에는 그렇지 않다. (2025. 2. 28. 신설)

⑨ 법 제17조 제1항 제5호의 4에서 "대통령령으로 정하는 투자계약증권"이란 다음 각 호의 요건을 모두 갖춘 투자계약증권을 말한다. (2025. 2. 28. 신설)

1. 「자본시장과 금융투자업에 관한 법률」 제119조 제1항에 따라 모집된 것일 것 (2025. 2. 28. 신설)

2. 공동사업의 결과로 얻은 이익이 증권 소유자에게 매년 1회 이상 분배될 것. 다만, 공동사업의 이익이 0보다 적은 경우 등 기획재정부령으로 정하는 사유에 해당하는 경우에는 그렇지 않다. (2025. 2. 28. 신설)

⑩ 법 제17조 제1항 제5호의 3에 따른 수익증권 또는 같은 항 제5호의 4에 따른 투자계약증권(이하 이 조 및 제46조에서 "조각투자상품"이라 한다)을 실물양도, 계좌간 이체, 계좌의 명의변경, 그 밖에 이와 유사한 권리이전의 방법으로 거래하여 발생한 이익은 조각투자상품으로부터의 이익에 포함된다. (2025. 2. 28. 신설)

⑪ 조각투자상품으로부터의 이익은 각종 보수·수수료 등 기획재정부

에서 거래되는 주식의 가격만을 기반으로 하는 지수의 변화를 그대로 추적하는 것을 목적으로 하는 상장지수증권 : 상장지수증권을 발행하는 자가 투자자에게 증권당 분배하는 금액(영 제26조의 2 제4항 각 호의 증권 또는 장내파생상품의 평가로 발생한 손익은 제외한다) (2018. 3. 21. 개정)

2. 제1호 외의 상장지수증권 : 상장지수증권의 분배 시 과세표준기준가격(상장지수증권의 기초자산을 구성하는 가격·이자율·지표·단위 또는 이를 기초로 하는 지수 등의 증권당 평가금액에서 영 제26조의 2 제4항 각 호의 증권 또는 장내파생상품의 평가로 발생한 손익을 제외하여 산정한 금액을 말한다. 이하 이 조에서 같다)에서 매수 시 과세표준기준가격을 뺀 후 직전 분배 시 발생한 과세되지 아니한 투자자별 손익을 더하거나 뺀 금액. 이 경우 상장지수증권으로부터의 이익으로서 상장지수증권을 발행한 자가 투자자에게 분배하는 금액을 한도로 한다. (2014. 3. 14. 신설)

② 상장지수증권의 환매 및 매도 또는 상장폐지(이하 이 조에서 "환매 등"이라 한다)를 통하여 상장지수증권으로부터의 이익을 받는 경우 상장지수증권의 증권당 배당소득금액은 다음 각 호의 구분에 따른 금액으로 한다. (2014. 3. 14. 신설)

1. 제1항 제1호에 해당하는 상장지수증권 : 환매 등(상장지수증권의 매도는 제외한다)이 발생하는 시점의 과세표준기준가격에서 직전 분배 직후의 과세표준기준가격(최초 설정 후 분배가 없었던 경우에는 최초 설정 시 과세표준기준가격을 말한다)을 뺀 금액 (2014. 3. 14. 신설)

2. 제1호 외의 상장지수증권 : 환매 등이 발생하는 시점의 과세표준기준가격에서 매수 시 과세표준기준가격을 뺀 후 직전 분배 시 발생한 과세되지 아니한 투자자별 손익을 더하거나 뺀 금액 (2014. 3. 14. 신설)

③ 상장지수증권(제1항 제1호에 해당하는 상장지수증권은 제외한다)을 증권시장에서 매도하는 경우의 증권당 배당소득금액은 제2항 제2호에도 불구하고 같은 호에 따라 계산된 금액과 매수·매도 시의 과세표준기준가격을 실제 매수·매도 가격으로 하여 같은 호에 따라 계산된 금액 중 적은 금액

② 제1항 제3호에 따른 의제배당이란 다음 각 호의 금액을 말하며, 이를 해당 주주, 사원, 그 밖의 출자자에게 배당한 것으로 본다. (2009. 12. 31. 개정)

1. 주식의 소각이나 자본의 감소로 인하여 주주가 취득하는 금전, 그 밖의 재산의 가액(價額) 또는 퇴사·탈퇴나 출자의 감소로 인하여 사원이나 출자자가 취득하는 금전, 그 밖의 재산의 가액이 주주·사원이나 출자자가 그 주식 또는 출자를 취득하기 위하여 사용한 금액을 초과하는 금액 (2009. 12. 31. 개정)

1. 주식의 소각이나 자본의 감소로 인하여 주주가 취득하는 금전, 그 밖의 재산의 가액(價額) 또는 퇴사·탈퇴나 출자의 감소로 인하여 사원이나 출자자가 취득하는 금전, 그 밖의 재산의 가액이 주주·사원이나 출자자가 그 주식 또는 출자지분을 취득하기 위하여 사용한 금액을 초과하는 금액 (2024. 12. 31. 개정)

● 예 판

• 법인이 주주로부터 주식을 매입하여 소각하는 경우 그 매매가 법인의 주식소각이나 자본감소의 절차의 일환으로 이루어진 것인 경우에는 의제배당에 해당하며, 그 매매가 단순한 주식매매인 경우에는 양도소득에 해당함. (서면1팀 - 177, 2005. 2. 3.)

• 거주자가 보유한 주식이 상법에 따라 연 2회에 걸쳐 소각되면서 당해 연도에 주식의 소각으로 인한 손실과 의제배당소득이 각각 발생한 경우, 당해 손실가액은 배당소득의 총수입금액에서 차감하지 아니함. (소득 - 4091, 2008. 11. 6.)

⊙ 통칙 17-0…4 【의제배당 금액 계산시 소각된 주식의 취득가액】
주식의 유상소각으로 인하여 의제배당금액을 계산함에 있어 소각된 주식의 개별적인 취득가액이 입증되는 경우 그 가액을 해당 주식을 취득하기 위하여 소요된 금액으로 한다. (2019. 12. 23. 신설)

2. 법인의 잉여금의 전부 또는 일부를 자본 또는 출자의 금액에 전입함으로써 취득하는

령으로 정하는 금액을 뺀 금액으로 하며, 조각투자상품으로부터의 이익에 대한 과세표준 계산방식 등은 기획재정부령으로 정한다. (2025. 2. 28. 신설)

제27조 【의제배당의 계산】 (2010. 2. 18. 제목개정)

① 법 제17조 제2항 각 호의 의제배당에 있어서 금전 외의 재산의 가액은 다음 각 호의 구분에 따라 계산한 금액에 따른다. (2016. 2. 17 개정)

1. 취득한 재산이 주식 또는 출자지분(이하 이 조에서 "주식등"이라 한다)인 경우에는 다음 각 목의 어느 하나에 해당하는 금액 (2010. 6. 8. 개정)

가. 법 제17조 제2항 제2호 및 제5호의 규정에 의한 주식 등의 경우에는 액면가액 또는 출자금액 (2000. 12. 29 개정)

나. 법 제17조 제2항 제4호 또는 제6호에 따른 주식등으로서 「법인세법」 제44조 제2항 제1호 및 제2호(주식등의 보유와 관련된 부분은 제외한다) 또는 같은 법 제46조 제2항 제1호 및 제2호(주식등의 보유와 관련된 부분은 제외한다)의 요건을 갖추거나 같은 법 제44조 제3항에 해당하는 경우에는 피합병법인, 분할법인 또는 소멸한 분할합병의 상대방법인(이하 이 목에서 "피합병법인등"이라 한다)의 주식등의 취득가액. 다만, 합병 또는 분할로 법 제17조 제2항 제4호 또는 제6호에 따른 주식등과 금전, 그 밖의 재산을 함께 받은 경우로서 해당 주식등의 시가가 피합병법인등의 주식등의 취득가액보다 작은 경우에는 시가로 한다. (2016. 2. 17. 개정)

다. 「상법」 제462조의 2의 규정에 의한 주식배당의 경우에는 발행금액 (2005. 2. 19. 개정)

라. 가목부터 다목까지의 규정에 해당하지 아니하는 주식등의 경우에는 취득 당시의 시가 (2010. 6. 8. 신설)

2. 제1호 외의 경우에는 그 재산의 취득 당시의 시가 (2010. 6. 8. 개정)

으로 한다. (2014. 3. 14. 신설)

④ 투자자별 배당소득금액은 다음 계산식에 따라 계산한 금액으로 한다. (2014. 3. 14. 신설)

(제1항부터 제3항까지의 규정에 따른 증권당 배당소득금액 × 분배 시 보유하고 있는 증권 수 또는 환매 등이 발생하는 증권 수) - 「자본시장과 금융투자업에 관한 법률」에 따른 각종 보수·수수료 등

⑤ 제4항을 적용할 때 같은 계좌 내에서 같은 상장지수증권을 증권시장에서 두 차례 이상 매수한 경우 매수 시의 과세표준기준가격은 제13조 제8항 제2호의 이동평균법을 준용하여 산정하고, 투자자별 배당소득금액은 같은 시점에서 분배 또는 환매 등이 발생하는 상장지수증권 전체를 하나의 과세단위로 하여 계산한다. 다만, 같은 날 매도되는 상장지수증권은 전체를 하나의 과세단위로 하여 투자자별 배당소득금액을 계산한다. (2014. 3. 14. 신설)

제14조 【상장지수증권으로부터의 이익에 대한 과세표준 계산방식 등】

① 영 제26조의 3 제1항 제2호 본문에 따른 상장지수증권(이하 "상장지수증권"이라 한다)으로부터의 이익을 분배받는 경우 투자자가 보유하는 상장지수증권의 증권당 배당소득금액(이하 이 조에서 "증권당 배당소득금액"이라 한다)은 다음 각 호의 구분에 따른 금액으로 한다. (2024. 12. 31. 신설)

1. 영 제26조의 3 제1항 제2호 단서에 따라 증권시장에서 거래되는 주식의 가격만을 기반으로 하는 지수의 변화를 그대로 추적하는 것을 목적으로 하는 상장지수증권: 상장지수증권을 발행하는 자가 투자자에게 증권당 분배하는 금액(영 제26조의 2 제4항 제2호 각 목의 증권 또는 장내파생상품의 평가로 발생한 손익은 제외한다) (2024. 12. 31. 신설 ; 2025. 3. 21. 개정)

주식 또는 출자의 가액. 다만, 다음 각 목의 어느 하나에 해당하는 금액을 자본에 전입하는 경우는 제외한다. (2009. 12. 31. 개정)

2. 법인의 잉여금의 전부 또는 일부를 자본 또는 출자에 전입함으로써 취득하는 주식 또는 출자지분의 가액. 다만, 다음 각 목의 어느 하나에 해당하는 금액을 자본에 전입하는 경우는 제외한다. (2024. 12. 31. 개정)

　가. 「상법」 제459조 제1항에 따른 자본준비금으로서 대통령령으로 정하는 것 (2012. 1. 1. 개정)

　나. 「자산재평가법」에 따른 재평가적립금(같은 법 제13조 제1항 제1호에 따른 토지의 재평가차액에 상당하는 금액은 제외한다) (2009. 12. 31. 개정)

편주 ▶
법인이 「소득세법」 제17조 제2항 제2호 각 목에 해당하는 자본준비금을 감액하여 이익잉여금으로 전입한 이후 동 금액을 재원으로 배당하는 경우 해당 금액은 배당소득에 포함하지 아니함. (사전법령소득 – 629, 2020. 7. 23.)

통칙 17 – 0…3 【무상단주를 처분하여 현금으로 주주에게 지급시 과세문제】
잉여금을 자본에 전입하고 무상주를 배당함에 있어서 단주가 발생하여 이를 처분하여 현금으로 주주에게 지급하는 경우에 의제배당의 계산은 당해 주식의 처분에 의한 현금지급액과는 관계없이 잉여금의 자본전입액을 기준으로 하여 계산하는 것이며, 무상단주의 액면가액과 처분가액과의 차이는 소득금액계산에 영향을 미치지 아니한다. (97. 4. 8. 개정)

3. 해산한 법인(법인으로 보는 단체를 포함한다)의 주주·사원·출자자 또는 구성원이 그 법인의 해산으로 인한 잔여재산의 분배로 취득하는 금전이나 그 밖의 재산의 가액이 해당 주식·출자 또는 자본을 취득하기 위하여 사용된 금액을 초과하는 금액. 다만, 내국법인이 조직변경하는 경우로서 다음 각 목의 어느 하나에 해당하는 경우는 제외한다. (2009. 12. 31. 개정)

3. 해산한 법인(법인으로 보는 단체를 포함한다)의 주주·사원·출자자 또는 구성원이 그 법인의 해산으로 인한 잔여재산의 분배로 취득하는 금전이나 그 밖의 재산의 가액이 해당 주식·출자지분 또는 자본을 취득하기 위하여 사용된 금액을 초과하는 금액. 다만, 내국법

② 법 제17조 제2항 제2호 단서의 규정에 의하여 주식 등을 취득하는 경우 신·구주식 등의 1주 또는 1좌당 장부가액은 다음에 의한다. (98. 12. 31 개정)

$$\text{1주 또는 1좌당 장부가액} = \frac{\text{구주식 등 1주 또는 1좌당 장부가액}}{1 + \text{구주식 등 1주 또는 1좌당 신주등 배정수}}$$

③ 법 제17조 제2항 제1호의 규정에 의한 자본의 감소 또는 주식의 소각(출자의 감소 또는 출자지분의 소각을 포함한다. 이하 이 항에서 "주식소각 등"이라 한다)에 의한 의제배당 총수입금액을 계산함에 있어서 의제배당일부터 역산하여 2년 이내에 자본준비금의 자본전입에 따라 취득한 주식 등으로서 법 제17조 제2항 제2호 단서의 규정에 의하여 의제배당으로 보지아니하는 것(「법인세법」 제17조 제1항 제1호 본문에 따른 주식발행액면초과액의 자본전입에 따라 발행된 주식을 제외하며, 이하 이 항에서 "단기 소각주식 등"이라 한다)이 있는 경우에는 단기 소각주식 등이 먼저 감소 또는 소각된 것으로 보며, 당해 단기 소각주식 등의 취득가액은 제2항의 규정에 불구하고 이를 없는 것으로 본다. 이 경우 단기 소각주식 등을 취득한 후 의제배당일까지의 기간 중에 주식 등의 일부를 양도하는 경우에는 단기 소각주식 등과 다른 주식 등을 각 주식 등의 수에 비례하여 양도되는 것으로 보아 계산하며, 주식소각 등이 있는 이후의 1주 또는 1좌당 장부가액은 다음의 산식에 의한다. (2013. 2. 15. 개정)

$$\text{1주 또는 1좌당 장부가액} = \frac{\text{주식소각 등이 있은 이후의 취득가액합계}}{\text{주식소각 등이 있은 이후의 주식등 수의 합계}}$$

④ 법 제17조 제2항 제2호 가목에서 "대통령령으로 정하는 것"이란 「법인세법」 제17조 제1항 각 호에 해당하는 금액을 말한다. 다만, 「법인세법 시행령」 제12조 제1항 각 호의 어느 하나에 해당하는 금액은 제외한다. (2012. 4. 13. 개정)

⑤ 법 제17조 제2항 제2호 나목의 규정을 적용함에 있어서 재평가적립금의 일부를 자본금 또는 출자금에 전입하는 경우 「자산재평가법」 제13조 제1항 제1호의 규정에 의한 토지의 재평가차액에 상당하는 금액

2. 제1호 외의 상장지수증권 : 상장지수증권의 분배 시 과세표준기준가격(상장지수증권의 기초자산을 구성하는 가격·이자율·지표·단위 또는 이를 기초로 하는 지수 등의 증권당 평가금액에서 영 제26조의 2 제4항 제2호 각 목의 증권 또는 장내파생상품의 평가로 발생한 손익을 제외하여 산정한 금액을 말한다. 이하 이 조에서 같다)에서 매수 시 과세표준기준가격을 뺀 후 직전 분배 시 발생한 과세되지 않은 투자자별 손익을 더하거나 뺀 금액. 이 경우 상장지수증권으로부터의 이익으로서 상장지수증권을 발행한 자가 투자자에게 분배하는 금액을 한도로 한다. (2024. 12. 31. 신설 ; 2025. 3. 21. 개정)

② 상장지수증권의 환매 및 매도 또는 상장폐지(이하 이 조에서 "환매 등"이라 한다)를 통하여 상장지수증권으로부터의 이익을 받는 경우 상장지수증권의 증권당 배당소득금액은 다음 각 호의 구분에 따른 금액으로 한다. (2024. 12. 31. 신설)

1. 제1항 제1호에 해당하는 상장지수증권 : 환매 등(상장지수증권의 매도는 제외한다)이 발생하는 시점의 과세표준기준가격에서 직전 분배 직후의 과세표준기준가격(최초 설정 후 분배가 없었던 경우에는 최초 설정 시 과세표준기준가격을 말한다)을 뺀 금액 (2024. 12. 31. 신설)

2. 제1호 외의 상장지수증권 : 환매 등이 발생하는 시점의 과세표준기준가격에서 매수 시 과세표준기준가격을 뺀 후

인이 조직변경하는 경우로서 다음 각 목의 어느 하나에 해당하는 경우는 제외한다. (2024. 12. 31. 개정)

가. 「상법」에 따라 조직변경하는 경우 (2009. 12. 31. 개정)

나. 특별법에 따라 설립된 법인이 해당 특별법의 개정 또는 폐지에 따라 「상법」에 따른 회사로 조직변경하는 경우 (2009. 12. 31. 개정)

다. 그 밖의 법률에 따라 내국법인이 조직변경하는 경우로서 대통령령으로 정하는 경우 (2009. 12. 31. 개정)

해산한 법인의 주주가 당해 법인의 주식을 취득함으로써 과점주주가 됨에 따라 부담하는 취득세는 의제배당소득금액 계산시 "해당 주식을 취득하기 위하여 사용된 금액"에 포함됨. (서면1팀 – 411, 2008. 3. 26.)

4. 합병으로 소멸한 법인의 주주·사원 또는 출자자가 합병 후 존속하는 법인 또는 합병으로 설립된 법인으로부터 그 합병으로 취득하는 주식 또는 출자의 가액과 금전의 합계액이 그 합병으로 소멸한 법인의 주식 또는 출자를 취득하기 위하여 사용한 금

은 다음 산식에 의하여 계산한다. (2005. 2. 19. 개정)

당해 자본금 또는 출자금에 전입된 재평가적립금×(「자산재평가법」 제13조 제1항 제1호의 규정에 의한 재평가차액÷자산재평가차액)

⑥ 제1항 제1호 가목 및 나목의 경우 무액면주식의 가액은 법인의 자본금에 전입한 금액을 자본금 전입에 따라 신규로 발행한 주식 수로 나누어 계산한 금액으로 한다. (2014. 2. 21. 개정)

⑦ 법 제17조 제2항 제1호·제3호·제4호 및 제6호에 따라 해당 주식을 취득하기 위하여 소요된 금액을 계산할 때에 주주가 소유주식의 비율 등을 고려하여 기획재정부령으로 정하는 소액주주에 해당하고, 해당 주식을 보유한 주주의 수가 다수이거나 해당 주식의 빈번한 거래 등에 따라 해당 주식을 취득하기 위하여 소요된 금액의 계산이 불분명한 경우에는 액면가액을 해당 주식의 취득에 소요된 금액으로 본다. 다만, 제3항이 적용되는 경우 및 해당 주주가 액면가액이 아닌 다른 가액을 입증하는 경우에는 그렇지 않다. (2021. 2. 17. 개정)

⑧ 법 제17조 제2항 제1호·제3호·제4호 및 제6호에 따라 해당 주식을 취득하기 위해 사용된 금액을 계산할 때 해당 주식이 「조세특례제한법」 제16조의 2 또는 제16조의 3에 따른 주식매수선택권의 행사로 취득한 벤처기업의 주식인 경우에는 주식매수선택권을 행사하는 당시의 시가를 해당 주식의 취득에 사용된 금액으로 본다. (2025. 2. 28. 신설)

제27조의 2【법인의 조직변경의 범위】 법 제17조 제2항 제3호 다목에서 "대통령령으로 정하는 경우"란 「법인세법 시행령」 제121조 각 호의 어느 하나에 해당하는 경우를 말한다. (2024. 2. 29. 개정)

1. 「변호사법」에 따라 법무법인이 법무법인(유한)으로 조직변경하는 경우 (2014. 2. 21. 신설)

2. 「관세사법」에 따라 관세사법인이 관세법인으로 조직변경하는 경우 (2014. 2. 21. 신설)

3. 「변리사법」에 따라 특허법인이 특허법인(유한)으로 조직변경하는 경우 (2014. 2. 21. 신설)

1.~3. 삭 제 (2015. 2. 3.)

직전 분배 시 발생한 과세되지 않은 투자자별 손익을 더하거나 뺀 금액 (2024. 12. 31. 신설)

③ 상장지수증권(제1항 제1호에 해당하는 상장지수증권은 제외한다)을 증권시장에서 매도하는 경우의 증권당 배당소득금액은 제2항 제2호에도 불구하고 같은 호에 따라 계산된 금액과 매수·매도 시의 과세표준기준가격을 실제 매수·매도 가격으로 하여 같은 호에 따라 계산된 금액 중 적은 금액으로 한다. (2024. 12. 31. 신설)

④ 투자자별 배당소득금액은 다음 계산식에 따라 계산한 금액으로 한다. (2024. 12. 31. 신설)

(제1항부터 제3항까지의 규정에 따른 증권당 배당소득금액 × 분배 시 보유하고 있는 증권 수 또는 환매 등이 발생하는 증권수) – 「자본시장과 금융투자업에 관한 법률」에 따른 각종 보수·수수료 등

⑤ 제4항을 적용할 때 같은 계좌 내에서 같은 상장지수증권을 증권시장에서 두 차례 이상 매수한 경우 매수 시의 과세표준기준가격은 제13조 제8항 제2호의 이동평균법을 준용하여 산정하고, 투자자별 배당소득금액은 같은 시점에서 분배 또는 환매 등이 발생하는 상장지수증권 전체를 하나의 과세단위로 하여 계산한다. 다만, 같은 날 매도되는 상장지수증권은 전체를 하나의 과세단위로 하여 투자자별 배당소득금액을 계산한다. (2024. 12. 31. 신설)

제14조의 2【조각투자상품으로부터

액을 초과하는 금액 (2009. 12. 31. 개정)

4. 합병으로 소멸한 법인의 주주·사원 또는 출자자가 합병 후 존속하는 법인 또는 합병으로 설립된 법인으로부터 그 합병으로 취득하는 주식 또는 출자지분의 가액과 금전 또는 그 밖의 재산가액의 합계액이 그 합병으로 소멸한 법인의 주식 또는 출자지분을 취득하기 위하여 사용한 금액을 초과하는 금액 (2024. 12. 31. 개정)

5. 법인이 자기주식 또는 자기출자지분을 보유한 상태에서 제2호 각 목에 따른 자본전입을 함에 따라 그 법인 외의 주주 등의 지분비율이 증가한 경우 증가한 지분비율에 상당하는 주식 등의 가액 (2009. 12. 31. 개정)

6. 법인이 분할하는 경우 분할되는 법인(이하 "분할법인"이라 한다) 또는 소멸한 분할합병의 상대방 법인의 주주가 분할로 설립되는 법인 또는 분할합병의 상대방 법인으로부터 분할로 취득하는 주식의 가액과 금전, 그 밖의 재산가액의 합계액(이하 "분할대가"라 한다)이 그 분할법인 또는 소멸한 분할합병의 상대방 법인의 주식(분할법인이 존속하는 경우에는 소각 등으로 감소된 주식에 한정한다)을 취득하기 위하여 사용한 금액을 초과하는 금액 (2009. 12. 31. 개정)

③ 배당소득금액은 해당 과세기간의 총수입금액으로 한다. 다만, 제1항 제1호, 제2호, 제3호 및 제4호에 따른 배당소득 중 다음 각 호의 어느 하나에 해당하는 배당을 제외한 분(分)과 제1항 제5호에 따른 배당소득 중 대통령령으로 정하는 배당소득에 대해서는 해당 과세기간의 총수입금액에 그 배당소득의 100분의 10에 해당하는 금액을 더한 금액으로 한다. (2023. 12. 31. 단서개정)

1. 제2항 제1호에 따른 의제배당(법인의 소득에 법인세가 과세되지 아니한 배당으로서 자본의 감소로 인한 경우로 한정한다) (2024. 12. 31. 신설)

2. 제2항 제2호 가목에 따른 자기주식 또는 자기출자지분의 소각이익의 자본전입으로 인한 의제배당 (2024. 12. 31. 호번개정)

3. 제2항 제2호 나목에 따른 토지의 재평가차액의 자본전입으로 인한 의제배당 (2024. 12. 31. 호번개정)

4. 제2항 제5호에 따른 의제배당 (2024. 12. 31. 호번개정)

5. 「조세특례제한법」 제132조에 따른 최저한세액(最低限稅額)이 적용되지 아니하는 법인세의 비과세·면제·감면 또는 소득공제(「조세

편주 ▶
2024. 1. 1. 전에 지급받은 배당소득의 소득금액 계산에 관하여는 법 17조 3항 각 호 외의 부분 단서의 개정규정에도 불구하고 종전의 규정에 따름. (법 부칙(2023. 12. 31.) 14조)

편주 ▶
법 17조 3항 1호·6호 및 7호의 개정규정은 2025. 1. 1. 이후 자본의 감소 또는 재평가적립금·자본준비금의 감액으로 취득하거나 지급받는 소득분부터 적용함. (법 부칙(2024. 12. 31.) 5조)

제27조의 3 【법인세의 면제 등을 받는 법인 등】 (2008. 2. 22. 조번개정)

의 이익에 대한 과세표준 계산방식 등】

① 영 제26조의 3 제8항 제2호 단서에서 "신탁의 이익이 0보다 적은 경우 등 기획재정부령으로 정하는 사유"란 다음 각 호의 어느 하나에 해당하는 사유를 말한다. 이 경우 해당 호에 따른 이익은 그 분배를 유보할 수 있다. (2025. 3. 21. 신설)

1. 신탁의 이익이 0보다 적은 경우 (2025. 3. 21. 신설)

2. 신탁의 자산에서 평가이익이 발생한 경우 (2025. 3. 21. 신설)

3. 신탁의 기간이 1년을 초과하고 해당 기간에는 손익을 정산하지 않기로 정한 경우로서 그 기간에 신탁의 자산에 대한 처분 이익이 발생한 경우 (2025. 3. 21. 신설)

② 영 제26조의 3 제9항 제2호 단서에서 "공동사업의 이익이 0보다 적은 경우 등 기획재정부령으로 정하는 사유"란 다음 각 호의 어느 하나에 해당하는 사유를 말한다. 이 경우 해당 호에 따른 이익은 그 분배를 유보할 수 있다. (2025. 3. 21. 신설)

1. 공동사업의 이익이 0보다 적은 경우 (2025. 3. 21. 신설)

2. 공동사업의 자산에서 평가이익이 발생한 경우 (2025. 3. 21. 신설)

3. 공동사업의 기간이 1년을 초과하고 해당 기간에는 손익을 정산하지 않기로 정한 경우로서 그 기간에 공동사업의 자산에 대한 처분 이익이 발생한 경우 (2025. 3. 21. 신설)

③ 법 제17조 제1항 제5호의 3에 따른 수

특례제한법」 외의 법률에 따른 비과세 · 면제 · 감면 또는 소득공제를 포함한다)를 받은 법인 중 대통령령으로 정하는 법인으로부터 받은 배당소득이 있는 경우에는 그 배당소득의 금액에 대통령령으로 정하는 율을 곱하여 산출한 금액 (2024. 12. 31. 호번개정)

6. 「자산재평가법」 제28조 제2항을 위반하여 이 조 제2항 제2호 나목에 따른 재평가적립금을 감액하여 받은 배당 (2024. 12. 31. 신설)

7. 「법인세법」 제18조 제8호 나목 및 다목에 해당하는 자본준비금을 감액하여 받은 배당 (2024. 12. 31. 신설)

④ 제2항 제1호 · 제3호 · 제4호 및 제6호를 적용할 때 주식 또는 출자를 취득하기 위하여 사용한 금액이 불분명한 경우에는 그 주식 또는 출자의 액면가액(무액면주식의 경우에는 해당 주식의 취득일 당시 해당 주식을 발행하는 법인의 자본금을 발행주식총수로 나누어 계산한 금액을 말한다. 이하 같다) 또는 출자금액을 그 주식 또는 출자의 취득에 사용한 금액으로 본다. (2012. 1. 1. 개정)

④ 제2항 제1호 · 제3호 · 제4호 및 제6호를 적용할 때 주식 또는 출자지분을 취득하기 위하여 사용한 금액이 불분명한 경우에는 그 주식 또는 출자지분의 액면가액(무액면주식의 경우에는 해당 주식의 취득일 당시 해당 주식을 발행하는 법인의 자본금을 발행주식총수로 나누어 계산한 금액을 말한다. 이하 같다) 또는 출자금액을 그 주식 또는 출자지분의 취득에 사용한 금액으로 본다. (2024. 12. 31. 개정)

⑤ 제2항을 적용할 때 주식 및 출자지분의 가액 평가 등에 필요한 사항은 대통령령으로 정한다. (2009. 12. 31. 개정)

⑤ 제2항을 적용할 때 주식, 출자지분 및 그 밖의 재산의 취득가액과 해당 주식, 출자지분 및 그 밖의 재산을 취득하기 위하여 사용한 금액의 계산 등에 필요한 사항은 대통령령으로 정한다. (2024. 12. 31. 개정)

⑥ 제1항 각 호에 따른 배당소득 및 제3항에 따른 배당소득금액의 범위에 관하여 필요한 사항은 대통령령으로 정한다. (2009. 12. 31. 개정)

제18조 【부동산임대소득】 삭 제 (2009. 12. 31.)

① 법 제17조 제3항 제5호에서 "대통령령으로 정하는 법인"이란 다음 각 호의 어느 하나에 해당하는 법인을 말한다. (2025. 2. 28. 개정)

1. 「법인세법」 제51조의 2, 「조세특례제한법」 제100조의 16 또는 제104조의 31을 적용받는 법인 (2021. 2. 17. 개정)

2. 「조세특례제한법」 제63조의 2 · 제121조의 2 · 제121조의 4 · 제121조의 8 또는 제121조의 9의 규정을 적용받는 법인 (2007. 2. 28. 개정)

② 법 제17조 제3항 제5호에서 "대통령령으로 정하는 율"이란 다음 각 호의 비율을 말한다. (2025. 2. 28. 개정)

1. 제1항 제1호에 해당하는 법인의 경우에는 100분의 100 (99. 12. 31 개정)

2. 제1항 제2호에 해당하는 법인의 경우에는 다음의 산식에 의한 비율 (제1항 제2호의 규정을 적용받는 사업연도가 1개 사업연도인 경우에는 당해 사업연도의 소득금액을 기준으로 계산하며, 당해 비율이 100분의 100을 초과하는 경우에는 100분의 100으로 한다) (99. 12. 31 개정)

$$\frac{직전\ 2개\ 사업연도의\ 감면대상소득금액의\ 합계액\ \times\ 감면비율}{직전\ 2개\ 사업연도의\ 총소득금액의\ 합계액}$$

③ 법 제17조 제3항 각 호 외의 부분에서 "대통령령으로 정하는 배당소득"이란 「자본시장과 금융투자업에 관한 법률」 제9조 제19항 제1호에 따른 기관전용 사모집합투자기구(제1항 제1호에 해당하지 않는 회사만 해당한다)로부터 받는 배당소득을 말한다. (2022. 2. 15. 개정)

제46조 【배당소득의 수입시기】 배당소득의 수입시기는 다음 각 호에 따른 날로 한다. (2010. 2. 18. 개정)

1. 무기명주식의 이익이나 배당 (96. 12. 31 개정)
   그 지급을 받는 날

2. 잉여금의 처분에 의한 배당
   당해 법인의 잉여금처분결의일

3. 「상법」 제463조의 규정에 의한 건설이자의 배당 (2005. 2. 19. 개정)
   당해 법인의 건설이자배당결의일

3. 삭 제 (2013. 2. 15.)

익증권 또는 같은 항 제5호의 4에 따른 투자계약증권(이하 이 조에서 "조각투자상품"이라 한다)으로부터의 이익을 분배받는 경우 투자자가 보유하는 조각투자상품의 증권당 배당소득금액은 조각투자상품을 발행하는 자가 투자자에게 증권당 분배하는 금액으로 한다. 다만, 신탁자산의 처분에 따라 분배된 금액 및 자산의 매각을 주로 하는 공동사업에서 공동사업의 종료 전에 일부 자산을 처분하여 분배된 금액은 제외한다. (2025. 3. 21. 신설)

④ 조각투자상품의 환매 · 매도, 신탁의 해지 또는 공동사업의 청산(이하 이 조에서 "환매등"이라 한다)을 통해 조각투자상품으로부터의 이익을 받는 경우 조각투자상품의 증권당 배당소득금액은 다음 계산식에 따라 계산한 금액으로 한다. (2025. 3. 21. 신설)

A + B − C

A : 조각투자상품을 발행하는 자가 투자자에게 증권당 분배한 금액 중 제3항 단서에 해당하는 금액

B : 환매등이 발생하는 시점의 증권당 가액(조각투자상품의 환매 · 매도의 경우에는 환매 · 매도 시 실제 거래가격을 말하며, 신탁의 해지 또는 공동사업 청산의 경우에는 신탁 또는 공동사업의 약정에 따라 증권당 분배하는 금액을 말한다)

C : 증권당 실제 매수가격

⑤ 영 제26조의 3 제11항에서 "각종 보

7. 집합투자기구로부터의 이익 (2024. 12. 31. 개정)
　집합투자기구로부터의 이익을 지급받은 날. 다만, 원본에 전입하는 뜻의 특약이 있는 분배금은 그 특약에 따라 원본에 전입되는 날로 한다.

8. 파생결합증권 또는 파생결합사채로부터의 이익 : 그 이익을 지급받은 날. 다만, 원본에 전입하는 뜻의 특약이 있는 분배금은 그 특약에 따라 원본에 전입되는 날로 한다. (2018. 2. 13. 신설)
8. 파생결합증권 또는 파생결합사채로부터의 이익 : 그 이익을 지급받은 날. 다만, 원본에 전입하는 뜻의 특약이 있는 분배금은 그 특약에 따라 원본에 전입되는 날로 한다. (2024. 12. 31. 신설)
9. 조각투자상품으로부터의 이익 : 그 이익을 지급받은 날 (2025. 2. 28. 신설)

편주 ▶
영 46조 9호의 개정규정은 2025. 7. 1.부터 시행함. (영 부칙(2025. 2. 28.) 1조 2호)

제28조【부동산임대소득의 범위】삭　제 (2010. 2. 18.)
제29조【사업의 범위】삭　제 (2010. 2. 18.)
제30조【작물재배업의 범위】삭　제 (2010. 2. 18.)
제47조【부동산임대소득의 수입시기】삭　제 (2010. 2. 18.)

3의 2. 법 제17조 제1항 제8호에 따른 출자공동사업자의 배당 (2010. 2. 18. 개정)
　과세기간 종료일
3의 3. 법 제17조 제1항 제9호 및 제10호에 따른 배당 또는 분배금 (2012. 2. 2. 개정)
　그 지급을 받은 날
4. 법 제17조 제2항 제1호 · 제2호 및 제5호의 의제배당 (2005. 2. 19. 개정)
　주식의 소각, 자본의 감소 또는 자본에의 전입을 결정한 날(이사회의 결의에 의하는 경우에는 「상법」 제461조 제3항의 규정에 의하여 정한 날을 말한다)이나 퇴사 또는 탈퇴한 날

● 예 판 ··········
'자본에의 전입을 결정한 날'이란 '주주총회에서 자본에 전입할 것을 결의한 날'을 말하며, '상법 461조 3항의 규정에 의하여 정한 날'이란 '신주배정기준일'을 말함. (서면1팀－1290, 2005. 10. 26.)
··········

5. 법 제17조 제2항 제3호 · 제4호 및 제6호의 의제배당 (98. 12. 31 개정)
　가. 법인이 해산으로 인하여 소멸한 경우에는 잔여재산의 가액이 확정된 날
　나. 법인이 합병으로 인하여 소멸한 경우에는 그 합병등기를 한 날
　다. 법인이 분할 또는 분할합병으로 인하여 소멸 또는 존속하는 경우에는 그 분할등기 또는 분할합병등기를 한 날 (98. 12. 31 신설)
6. 「법인세법」에 의하여 처분된 배당 (2005. 2. 19. 개정)
　당해 법인의 당해 사업연도의 결산확정일

7. 집합투자기구로부터의 이익 (2010. 2. 18. 개정)
　집합투자기구로부터의 이익을 지급받은 날. 다만, 원본에 전입하는 뜻의 특약이 있는 분배금은 그 특약에 따라 원본에 전입되는 날로 한다.
7. 집합투자기구로부터의 이익 (2021. 2. 17. 개정)
　제26조의 2 제1항에 따른 집합투자기구로부터의 이익 중 배당소득을 지급받은 날. 다만, 원본에 전입하는 뜻의 특약이 있는 분배금은 그 특약에 따라 원본에 전입되는 날로 한다.

수 · 수수료 등 기획재정부령으로 정하는 금액"이란 각종 보수 · 수수료 등 신탁 또는 공동사업의 약정에 따라 투자자가 아닌 자에게 귀속되는 금액으로서 신탁 또는 공동사업의 이익 계산 시 비용으로 공제되지 않은 금액을 말한다. (2025. 3. 21. 신설)
⑥ 조각투자상품의 투자자별 배당소득금액은 다음 계산식에 따라 계산한 금액으로 한다. (2025. 3. 21. 신설)

(제3항 또는 제4항에 따른 증권당 배당소득금액 × 분배 시 보유하고 있는 증권 수 또는 환매등이 발생하는 증권 수) － 제5항에 따른 금액

⑦ 제6항을 적용할 때 같은 계좌에서 같은 조각투자상품을 2회 이상 매수한 경우 매수 시의 가액은 다음 각 호의 구분에 따라 산정하고, 조각투자상품의 투자자별 배당소득금액은 같은 시점에서 분배 또는 환매등이 발생하는 조각투자상품 전체를 하나의 과세단위로 하여 계산한다. 다만, 증권시장에서 같은 날 매도되는 조각투자상품은 전체를 하나의 과세단위로 하여 투자자별 배당소득금액을 계산한다. (2025. 3. 21. 신설)
1. 증권시장 외에서 매수한 경우 : 제13조 제8항 제1호의 선입선출법 (2025. 3. 21. 신설)
2. 증권시장에서 매수한 경우 : 제13조 제8항 제2호의 이동평균법 (2025. 3. 21. 신설)

제19조【사업소득】① 사업소득은 해당 과세기간에 발생한 다음 각 호의 소득으로 한다. 다만, 제21조 제1항 제8호의 2에 따른 기타소득으로 원천징수하거나 과세표준확정신고를 한 경우에는 그러하지 아니하다. (2018. 12. 31. 단서신설)

법 12조 2호 ⇒ 비과세 사업소득

1. 농업(작물재배업 중 곡물 및 기타 식량작물 재배업은 제외한다. 이하 같다) · 임업 및 어업에서 발생하는 소득 (2014. 1. 1. 개정)
2. 광업에서 발생하는 소득 (2009. 12. 31. 개정)
3. 제조업에서 발생하는 소득 (2009. 12. 31. 개정)
4. 전기, 가스, 증기 및 공기조절공급업에서 발생하는 소득 (2018. 12. 31. 개정)

통칙 19-0…1【농업 등에서 발생한 소득의 구분】
① 「통계법」 제22조의 규정에 의하여 통계청장이 작성 · 고시하는 한국표준산업분류상의 농업 중 작물재배업 중 곡물 및 기타식량작물재배업에서 발생한 소득은 법에서 규정하는 과세소득에 해당되지 아니한다. (2024. 3. 15. 개정)
② 농지에서 재배한 작물을 판매장을 특설하여 판매하는 경우에는 판매장을 특설하여 판매함으로써 추가로 발생되는 소득은 도매업 또는 소매업에서 발생한 소득으로 본다. (2011. 3. 21. 개정)
③ 제조장을 특설하여 자기가 재배한 작물을 원료로 하여 제품을 생산하거나 가공하여 판매할 때에는 제조장 특설로 인하여 추가로 발생되는 소득은 제조업에서 발생한 소득으로 본다. (2011. 3. 21. 개정)

5. 수도, 하수 및 폐기물 처리, 원료 재생업에서 발생하는 소득 (2018. 12. 31. 개정)
6. 건설업에서 발생하는 소득 (2009. 12. 31. 개정)

미완성주택을 취득하여 준공 후 이를 판매하는 경우, 취득 당시 주택의 시공 정도가 건축법상 건축물에 해당하는 경우에는 부동산매매업, 건축물에 해당하지 아니한 경우에는 건설업(주택신축판매업)에 해당함. (소득 -

---

제31조【제조업의 범위】법 제19조에 따른 사업소득에 관한 규정을 적용할 때 자기가 제품을 직접 제조하지 아니하고 제조업체에 의뢰하여 제조하는 경우로서 다음 각 호의 요건을 모두 충족하는 경우에는 법 제19조 제1항 제3호에 따른 제조업으로 본다. (2010. 2. 18. 개정)

타인의 상표를 일정기간 사용할 수 있는 권리를 부여받아 그 상표를 부착하여 판매하는 경우에는 "제조업"으로 보지 않음. (서일 46011 - 11023, 2002. 8. 6.)

1. 생산할 제품을 직접 기획(고안 및 디자인, 견본제작 등을 포함한다)할 것 (2010. 2. 18. 개정)
2. 그 제품을 자기명의로 제조할 것 (2010. 2. 18. 개정)
3. 그 제품을 인수하여 자기 책임하에 직접 판매할 것 (2010. 2. 18. 개정)

통칙 19-0…2【축산업의 범위】
① 축산업을 영위하는 사업자가 사업용 고정자산에 속하는 가축을 판매하고 얻은 수입금액은 축산업에서 발생한 수입금액으로 본다. (97. 4. 8. 개정)
② 자기사업장에서 사육한 가축을 자기 소유의 도축장에서 도살 · 해체 · 냉동 가공한 후 지육으로 판매할 때에는 제조업으로 구분하여 과세한다. (97. 4. 8. 개정)
19-0…3【숯굽기의 업종 구분】
산림지역 외의 지역에서 숯굽기 등 연료를 제조하는 사업은 제조업으로 본다. (97. 4. 8. 개정)

규칙 14조의 2의 개정규정은 2025. 7. 1.부터 시행함. (규칙 부칙(2025. 3. 21.) 1조 2호)

제14조의 3【소액주주의 범위】(2025. 3. 21. 조번개정)
영 제27조 제7항에서 "기획재정부령으로 정하는 소액주주"란 다음 각 호의 어느 하나에 해당하는 주주를 제외한 주주로서 해당 법인의 발행주식총액 또는 출자총액(이하 "발행주식총액등"이라 한다)의 100분의 1에 해당하는 금액과 액면가액 합계액 3억원 중 적은 금액 미만의 주식을 소유하는 주주를 말한다. 다만, 「은행법」에 따른 은행의 경우에는 발행주식총액등의 100분의 1에 해당하는 금액 미만의 주식을 소유하는 주주를 말한다. (2021. 3. 16. 신설)
1. 해당 법인의 발행주식총액등의 100분의 1 이상의 주식을 소유한 주주(국가 또는 지방자치단체인 주주는 제외한다)로서 그와 영 제98조 제1항에 따른 특수관계에 있는 주주와의 소유주식 합계가 해당 법인의 주주 중 가장 많은 경우의 해당 주주 (2021. 3. 16. 신설)
2. 영 제98조 제1항에 따른 특수관계에 있는 주주 (2021. 3. 16. 신설)

규칙 14조의 3의 개정규정은 2025. 7. 1.부터 시행함. (규칙 부칙(2025. 3. 21.) 1조 2호)

1210, 2009. 8. 7.)

7. 도매 및 소매업에서 발생하는 소득 (2009. 12. 31. 개정)
8. 운수 및 창고업에서 발생하는 소득 (2018. 12. 31. 개정)
9. 숙박 및 음식점업에서 발생하는 소득 (2009. 12. 31. 개정)
10. 정보통신업에서 발생하는 소득 (2018. 12. 31. 개정)
11. 금융 및 보험업에서 발생하는 소득 (2009. 12. 31. 개정)
12. 부동산업에서 발생하는 소득. 다만, 「공익사업을 위한 토지 등의
　　취득 및 보상에 관한 법률」 제4조에 따른 공익사업과 관련하여 지역
　　권·지상권(지하 또는 공중에 설정된 권리를 포함한다)을 설정하거
　　나 대여함으로써 발생하는 소득은 제외한다. (2018. 12. 31. 개정)

통칙 19-0…7【부동산의 범위】
법 제19조 제1항 제12호 및 법 제45조 제2항 제1호에 따른 부동산에는 미등기
부동산을 포함하는 것으로 한다. (2011. 3. 21. 개정)
19-0…8【소유부동산의 담보제공대가】
자기 소유의 부동산을 타인의 담보물로 사용하게 하고 그 사용대가를 받는 것은
법 제45조 제2항 제1호에 따른 부동산상의 권리를 대여하는 사업에서 발생하는
소득으로 부동산임대업에서 발생하는 소득으로 본다. (2011. 3. 21. 개정)
19-0…9【광고용으로 사용되는 토지 등의 대가】
광고용으로 토지·가옥의 옥상 또는 측면 등을 사용하게 하고 받는 대가는 부동
산임대업에서 발생하는 소득으로 본다. (2011. 3. 21. 개정)

13. 전문, 과학 및 기술서비스업(대통령령으로 정하는 연구개발업은 제
　　외한다)에서 발생하는 소득 (2018. 12. 31. 개정)
14. 사업시설관리, 사업 지원 및 임대 서비스업에서 발생하는 소득
　　(2018. 12. 31. 개정)

제32조【지역권 등의 범위】(2010. 2. 18. 제목개정)
법 제19조 제1항 제12호 단서에서 "지역권 등 대통령령으로 정하는 권리"란 지역권과
지상권(지하 또는 공중에 설정된 권리를 포함한다)을 말한다. (2010. 2. 18. 개정)
제32조【지역권 등의 범위】삭　제 (2018. 2. 13.)

통칙 19-122…1【부동산매매의 목적으로 취득한 부동산의 일시적 대여
의 소득구분】
① 부동산매매업 또는 건설업자가 판매를 목적으로 취득한 토지 등의 부동산을
일시적으로 대여하고 얻는 소득은 부동산임대업에서 발생하는 소득으로 본다.
(2011. 3. 21. 개정)
② 제1항의 경우에 부동산임대업의 소득금액계산상 필요경비에 산입된 감가상각
비 등은 부동산매매업자의 필요경비 계산시 취득가액에서 공제한다. (2011. 3. 21.
개정)

제33조【연구개발업의 범위】(2010. 2. 18. 제목개정)
법 제19조 제1항 제13호에서 "대통령령으로 정하는 연구개발업"이
란 계약 등에 따라 그 대가를 받고 연구 또는 개발용역을 제공하는
것을 제외한 연구개발업을 말한다. (2010. 2. 18. 개정)

제34조【부동산매매업의 범위】법 제19조 제1항 제12호에서 "대통령령이 정하
는 부동산매매업"이라 함은 한국표준산업분류상의 건물건설업(건물을 자영건설하여 판
매하는 경우에 한한다) 및 부동산공급업을 말한다. 다만, 제32조의 규정에 의한 주택신
축판매업을 제외한다. (2000. 12. 29 개정)
제34조【부동산매매업의 범위】삭　제 (2010. 2. 18.)

통칙 19-33…1【연구개발업 적용례】
① 교수·기타 전문지식인 등(이하 "교수 등"이
라 한다)이 독립된 자격으로 자기책임하에 학술
연구용역 및 기술연구용역(계약 등에 의하여 그
대가를 받고 연구개발용역을 제공하는 사업을 제
외한다)을 제공하고 지급받는 연구비에 대하여는
영 제33조의 규정에 의하여 소득세가 과세되지
아니한다. (2011. 3. 21. 개정)
② 교수 등이 독립된 자격으로 자기의 책임하에
연구용역을 제공하지 아니하고 타인의 연구사업
수행을 보조하고 월정액의 급여 또는 수당을 받
는 경우에는 영 제33조에 규정하는 연구개발업에
해당하지 아니한다. (2011. 3. 21. 개정)
19-0…4【조경업의 업종구분】
도로·정원·공원·운동장 등의 조경을 위하여
관상수, 잔디, 관목 및 기타 장식용 식물을 심는
토목공사적인 성격의 조경공사는 조경건설업이
며, 조경공사를 위한 설계는 도시계획 및 조경설
계 서비스업으로 본다. (2011. 3. 21. 개정)

15. 교육서비스업(대통령령으로 정하는 교육기관은 제외한다)에서 발생하는 소득 (2018. 12. 31. 개정)

16. 보건업 및 사회복지서비스업(대통령령으로 정하는 사회복지사업은 제외한다)에서 발생하는 소득 (2018. 12. 31. 개정)
17. 예술, 스포츠 및 여가 관련 서비스업에서 발생하는 소득 (2009. 12. 31. 개정)

• 테니스 대회의 상금을 지급받는 자가 직업운동가인 경우 사업소득에 해당하며, 그 외의 경우에는 기타소득으로 구분하는 것임. (서면1팀 - 635, 2004. 5. 6.)
• 특강 강사로서 고용관계나 이와 유사한 계약에 의하여 근로를 제공하고 지급받는 대가는 근로소득에 해당하고, 고용관계 없이 독립된 자격으로 계속적으로 용역을 제공하고 일의 성과에 따라 지급받는 수당·기타 유사한 성질의 금액은 같은 법 제19조에 의하여 사업소득에 해당하는 것이며, 고용관계 없이 독립된 자격으로 일시적으로 용역을 제공하고 지급받는 수당·기타 유사한 성질의 금액은 기타소득에 해당하는 것임. (소득 - 530, 2014. 9. 26.)

18. 협회 및 단체(대통령령으로 정하는 협회 및 단체는 제외한다), 수리 및 기타 개인서비스업에서 발생하는 소득 (2018. 12. 31. 개정)
19. 가구내 고용활동에서 발생하는 소득 (2009. 12. 31. 개정)
20. 제160조 제3항에 따른 복식부기의무자가 차량 및 운반구 등 대통령령으로 정하는 사업용 유형자산을 양도함으로써 발생하는 소득. 다만, 제94조 제1항 제1호에 따른 양도소득에 해당하는 경우는 제외한다. (2019. 12. 31. 개정)
21. 제1호부터 제20호까지의 규정에 따른 소득과 유사한 소득으로서

제35조 【교육기관의 범위】 (2010. 2. 18. 제목개정)
법 제19조 제1항 제15호에서 "대통령령으로 정하는 교육기관"이란 「유아교육법」에 따른 유치원, 「초·중등교육법」 및 「고등교육법」에 따른 학교와 이와 유사한 것으로서 기획재정부령으로 정하는 것을 말한다. (2010. 2. 18. 개정)

제36조 【사회복지사업의 범위】 (2010. 2. 18. 제목개정)
법 제19조 제1항 제16호에서 "대통령령으로 정하는 사회복지사업"이란 「사회복지사업법」 제2조 제1호에 따른 사회복지사업 및 「노인장기요양보험법」 제2조 제3호에 따른 장기요양사업을 말한다. (2013. 2. 15. 개정)

제37조 【예술, 스포츠 및 여가 관련 서비스업, 협회 및 단체, 수리 및 기타 개인서비스업의 범위】 (2010. 2. 18. 제목개정)
① 연예인 및 직업운동선수 등이 사업활동과 관련하여 받는 전속계약금은 사업소득으로 한다. (2010. 2. 18. 개정)
② 법 제19조 제1항 제18호에서 "대통령령으로 정하는 협회 및 단체"란 한국표준산업분류의 중분류에 따른 협회 및 단체를 말한다. 다만, 해당 협회 및 단체가 특정사업을 경영하는 경우에는 그 사업의 내용에 따라 분류한다. (2010. 2. 18. 개정)
③ 법 제19조 제1항 제18호의 수리 및 기타 개인서비스업은 「부가가치세법 시행령」 제42조 제1호에 따른 인적용역을 포함한다. (2013. 6. 28. 개정 ; 부가가치세법 시행령 부칙)

제48조 【사업소득의 수입시기】 사업소득의 수입시기는 다음 각호에 따른 날로 한다. (2010. 2. 18. 개정)
1. 상품(건물건설업과 부동산 개발 및 공급업의 경우의 부동산을 제외한다)·제품 또는 그 밖의 생산품(이하 "상품 등"이라 한다)의 판매 (2010. 2. 18. 개정)
   그 상품 등을 인도한 날
2. 상품 등의 시용판매
   상대방이 구입의 의사를 표시한 날. 다만, 일정기간 내에 반송하거

제15조 【교육서비스업의 범위】 영 제35조에서 "기획재정부령으로 정하는 것"이란 다음 각 호의 어느 하나에 해당하는 것을 말한다. (2010. 4. 30. 개정)
1. 삭 제 (97. 4. 23)
2. 「근로자직업능력 개발법」에 의하여 사업주가 소속 근로자의 직업능력의 개발·향상을 위하여 설치·운영하는 직업능력개발훈련시설 (2013. 2. 23. 개정)
3. 한국표준산업분류상의 달리 분류되지 않은 기타 교육기관중 노인학교

제18조 【총수입금액의 귀속시기】 (2000. 4. 3 제목개정)
① 영 제48조 제1호·제4호 및 제5호에서 "인도한 날" 또는 "인도일"이라 함은 다음 각호의 경우에는 당해 호에 규정된 날을 말한다. (99. 5. 7 개정)
1. 납품계약 또는 수탁가공계약에 의하여 물품을 납품하거나 가공하는 경우에는

영리를 목적으로 자기의 계산과 책임 하에 계속적·반복적으로 행하는 활동을 통하여 얻는 소득 (2017. 12. 19. 개정)

② 사업소득금액은 해당 과세기간의 총수입금액에서 이에 사용된 필요경비를 공제한 금액으로 하며, 필요경비가 총수입금액을 초과하는 경우 그 초과하는 금액을 "결손금"이라 한다. (2009. 12. 31. 개정)

관계조문 ▶▶

법 27조 ⇒ 사업소득의 필요경비의 계산

③ 제1항 각 호에 따른 사업의 범위에 관하여는 이 법에 특별한 규정이 있는 경우 외에는 「통계법」 제22조에 따라 통계청장이 고시하는 한국표준산업분류에 따르고, 그 밖의 사업소득의 범위에 관하여 필요한 사항은 대통령령으로 정한다. (2009. 12. 31. 개정)

통 칙 19 – 0…5 【외판원 등의 소득구분】 (2011. 3. 21. 개정)
① 고용됨이 없이 독립된 자격으로 일정한 고정보수를 받지 아니하고 타인으로부터 상품 등의 구매신청을 받아 그 실적에 따라 지급받는 대가는 사업소득으로 본다. (97. 4. 8. 개정)
② 고용됨이 없이 독립된 자격으로 골프회원의 모집 및 가입의 권유를 하고 그 실적에 따라 지급받는 수당 기타 이와 유사한 성질의 대가는 사업소득으로 본다. (97. 4. 8. 개정)

나 거절의 의사를 표시하지 아니하는 한 특약 또는 관습에 의하여 그 판매가 확정되는 경우에는 그 기간의 만료일로 한다.
3. 상품 등의 위탁판매
수탁자가 그 위탁품을 판매하는 날
4. 기획재정부령이 정하는 장기할부조건에 의한 상품 등의 판매 (2008. 2. 29. 직제개정 ; 기획재정부와~직제 부칙)
그 상품 등을 인도한 날. 다만, 그 장기할부조건에 따라 수입하였거나 수입하기로 약정한 날이 속하는 과세기간에 당해 수입금액과 이에 대응하는 필요경비를 계상한 경우에는 그 장기할부조건에 따라 수입하였거나 수입하기로 약정된 날. 이 경우 인도일 이전에 수입하였거나 수입할 금액은 인도일에 수입한 것으로 보며, 장기할부기간 중에 폐업한 경우 그 폐업일 현재 총수입금액에 산입하지 아니한 금액과 이에 상응하는 비용은 폐업일이 속하는 과세기간의 총수입금액과 필요경비에 이를 산입한다.
5. 건설·제조 기타 용역(도급공사 및 예약매출을 포함하며, 이하 이 호에서 "건설 등"이라 한다)의 제공 (98. 12. 31 개정)
용역의 제공을 완료한 날(목적물을 인도하는 경우에는 목적물을 인도한 날). 다만, 계약기간이 1년 이상인 경우로서 기획재정부령이 정하는 경우에는 기획재정부령이 정하는 작업진행률(이하 "작업진행률"이라 한다)을 기준으로 하여야 하며, 계약기간이 1년 미만인 경우로서 기획재정부령이 정하는 경우에는 작업진행률을 기준으로 할 수 있다. (2008. 2. 29. 직제개정 ; 기획재정부와~직제 부칙)
6. 삭 제 (98. 12. 31)
7. 무인판매기에 의한 판매
당해 사업자가 무인판매기에서 현금을 인출하는 때
8. 인적용역의 제공 (2009. 2. 4. 개정)
용역대가를 지급받기로 한 날 또는 용역의 제공을 완료한 날 중 빠른 날. 다만, 연예인 및 직업운동선수 등이 계약기간 1년을 초과하는 일신전속계약에 대한 대가를 일시에 받는 경우에는 계약기간에 따라 해당 대가를 균등하게 안분한 금액을 각 과세기간 종료일에 수입한 것으로 하며, 월수의 계산은 해당 계약기간의 개시일이 속하는 달이 1개월 미만인 경우에는 1개월로 하고 해당 계약기간의 종료일

당해 물품을 계약상 인도하여야 할 장소에 보관한 날. 다만, 계약에 따라 검사를 거쳐 인수 및 인도가 확정되는 물품은 당해 검사가 완료된 날
2. 물품을 수출하는 경우에는 당해 수출물품을 계약상 인도하여야 할 장소에 보관한 날
② 삭 제 (2000. 4. 3)

제19조 【장기할부조건의 범위】 영 제48조 제4호에서 "기획재정부령이 정하는 장기할부조건"이라 함은 상품 등의 판매 또는 양도(국외거래에 있어서는 소유권이전 조건부 약정에 의한 자산의 임대를 포함한다)로서 판매금액 또는 수입금액을 월부·연부, 그 밖의 지급방법에 따라 2회 이상으로 분할하여 수입하는 것 중 해당 목적물의 인도일의 다음날부터 최종의 할부금의 지급기일까지의 기간이 1년 이상인 것을 말한다. (2021. 10. 28. 개정 ; 어려운~일부개정령)

제20조 【건설 등에 의한 수입의 수입시기 및 총수입금액 등의 계산】 (99. 5. 7 제목개정)
① 영 제48조 제5호 단서에 따른 건설등의 제공의 경우 각 과세기간의 총수입금액에 산입할 금액은 다음 계산식에 따라 계산한 금액으로 한다. (2012. 2. 28. 개정)
(건설등의 계약금액×작업진행률) – 직전과세기간까지 총수입금액으로 계상한 금액
② 영 제48조 제5호 단서에서 "계약기간

하지 아니하는 자산의 매매 (2010. 2. 18. 개정)

대금을 청산한 날. 다만, 대금을 청산하기 전에 소유권 등의 이전에 관한 등기 또는 등록을 하거나 해당 자산을 사용수익하는 경우에는 그 등기·등록일 또는 사용수익일로 한다.

제37조의 2 【사업용 유형자산의 범위】 (2020. 2. 11. 제목개정)

법 제19조 제1항 제20호 본문에서 "차량 및 운반구 등 대통령령으로 정하는 사업용 유형자산"이란 제62조 제2항 제1호에 따른 유형자산(이하 "사업용 유형자산"이라 한다)을 말한다. 다만, 「건설기계관리법 시행령」 별표 1에 따른 건설기계는 2018년 1월 1일 이후 취득한 경우로 한정한다. (2020. 2. 11. 개정)

이 속하는 달이 1개월 미만인 경우에는 이를 산입하지 아니한다.

9. 삭 제 (98. 12. 31)

10. 어음의 할인

그 어음의 만기일. 다만, 만기 전에 그 어음을 양도하는 때에는 그 양도일로 한다.

10의 2. 제4호의 규정에 의한 장기할부조건 등에 의하여 자산을 판매하거나 양도함으로써 발생한 채권에 대하여 기업회계기준이 정하는 바에 따라 현재가치로 평가하여 현재가치할인차금을 계상한 경우 당해 현재가치할인차금상당액은 그 계상한 과세기간의 총수입금액에 산입하지 아니하며, 당해 채권의 회수기간동안 기업회계기준이 정하는 바에 따라 환입하였거나 환입할 금액은 이를 각 과세기간의 총수입금액에 산입한다. (98. 12. 31 신설)

10의 3. 한국표준산업분류상의 금융보험업에서 발생하는 이자 및 할인액 (2003. 12. 30. 신설)

실제로 수입된 날

10의 4. 자산을 임대하거나 지역권·지상권을 설정하여 발생하는 소득의 경우에는 다음 각 목의 구분에 따른 날 (2018. 2. 13. 개정)

가. 계약 또는 관습에 따라 지급일이 정해진 것 (2010. 2. 18. 개정)

그 정해진 날

나. 계약 또는 관습에 따라 지급일이 정해지지 아니한 것 (2010. 2. 18. 개정)

그 지급을 받은 날

다. 임대차계약 및 지역권·지상권 설정에 관한 쟁송(미지급임대료 및 미지급 지역권·지상권의 설정대가의 청구에 관한 쟁송은 제외한다)에 대한 판결·화해 등으로 소유자 등이 받게 되어 있는 이미 지난 기간에 대응하는 임대료상당액(지연이자와 그 밖의 손해배상금을 포함한다) (2018. 2. 13. 개정)

판결·화해 등이 있은 날. 다만, 임대료에 관한 쟁송의 경우에 그 임대료를 변제하기 위하여 공탁된 금액에 대해서는 가목에 따른 날로 한다. (2010. 12. 30. 단서개정)

11. 제1호부터 제10호까지 및 제10호의 2부터 제10호의 4까지에 해당

이 1년 이상인 경우로서 기획재정부령이 정하는 경우"라 함은 건설 등의 계약기간(그 목적물의 건설 등의 착수일부터 인도일까지의 기간을 말한다. 이하 이 조에서 같다)이 1년 이상인 건설 등으로서 비치·기장된 장부에 의하여 해당 과세기간 종료일까지 실제로 발생한 건설 등의 필요경비 총누적액을 확인할 수 있는 경우를 말한다. (2008. 4. 29. 개정)

③ 영 제48조 제5호 단서에서 "기획재정부령이 정하는 작업진행률"이라 함은 다음 산식에 의하여 계산한 비율을 말한다. 다만, 건설 등의 수익실현이 건설 등의 작업시간·작업일수 또는 기성공사의 면적이나 물량 등(이하 이 항에서 "작업시간 등"이라 한다)과 비례관계가 있고, 전체 작업시간 등에서 이미 투입되었거나 완성된 부분이 차지하는 비율을 객관적으로 산정할 수 있는 건설 등의 경우에는 그 비율로 할 수 있다. (2008. 4. 29. 개정)

$$작업진행률 = \frac{해당\ 과세기간말까지\ 발생한\ 건설\ 등의\ 필요경비\ 총누적액}{건설\ 등의\ 필요경비\ 총예정액}$$

④ 제3항의 규정에 의한 건설 등의 필요경비 총예정액은 건설업회계처리기준을 적용 또는 준용하여 건설 등의 도급계약당시 추정한 원가에 당해 과세기간말까지의 변동상황을 반영하여 합리적으로 추정한 원가로 한다. (99. 5. 7 개정)

⑤ 영 제48조 제5호 단서에서 "계약기간이 1년 미만인 경우로서 기획재정부령이

제20조【근로소득】① 근로소득은 해당 과세기간에 발생한 다음 각 호의 소득으로 한다. (2009. 12. 31. 개정)
1. 근로를 제공함으로써 받는 봉급·급료·보수·세비·임금·상여·수당과 이와 유사한 성질의 급여 (2009. 12. 31. 개정)
2. 법인의 주주총회·사원총회 또는 이에 준하는 의결기관의 결의에 따라 상여로 받는 소득 (2009. 12. 31. 개정)
3. 「법인세법」에 따라 상여로 처분된 금액 (2009. 12. 31. 개정)
4. 퇴직함으로써 받는 소득으로서 퇴직소득에 속하지 아니하는 소득 (2009. 12. 31. 개정)
5. 종업원등 또는 대학의 교직원이 지급받는 직무발명보상금(제21조 제1항 제22호의 2에 따른 직무발명보상금은 제외한다) (2016. 12. 20. 신설)
6. 사업자나 법인이 생산·공급하는 재화 또는 용역을 그 사업자나 법인(「독점규제 및 공정거래에 관한 법률」에 따른 계열회사를 포함한다)의 사업장에 종사하는 임원등에게 대통령령으로 정하는 바에 따라 시가보다 낮은 가격으로 제공하거나 구입할 수 있도록 지원함으로써 해당 임원등이 얻는 이익 (2024. 12. 31. 신설)

개정취지 ·······························

임원 등에 대한 할인금액 비과세 근거 마련
• 자사 및 계열사에서 생산·공급하는 재화 또는 용역을 할인하여 임원 또는 종업원에게 제공함으로써 임원 또는 종업원이 얻는 이익을 근로소득으로 규정하고, 해당 이익 중 재판매가 허용되지 아니하고 그 임원 또는 종업원이 소비하는 것을 목적하는 이익은 과세하지 아니함. (법 20조 1항 6호 신설 ; 2024. 12. 31.)
• 법 20조 1항 6호의 개정규정은 2025. 1. 1. 이후 발생하는 소득분부터 적용함. (법 부칙(2024. 12. 31.) 4조)
·······························

예 판 ·······························
• 통상임금의 잘못된 산정으로 임금지급청구소송이 제기 되고 법원의 판결에 따라 추가 지급하는 금전은 근로소득에 해당하는 것이며 해당소득의 수입시기는 근로를 제공한 날임. (사전 – 2019 – 법령해석소득 – 0143, 2019. 4. 18.)

제38조【근로소득의 범위】① 법 제20조에 따른 근로소득에는 다음 각 호의 소득이 포함되는 것으로 한다. (2010. 2. 18. 개정)
1. 기밀비(판공비를 포함한다. 이하 같다)·교제비 기타 이와 유사한 명목으로 받는 것으로서 업무를 위하여 사용된 것이 분명하지 아니한 급여
2. 종업원이 받는 공로금·위로금·개업축하금·학자금·장학금(종업원의 수학 중인 자녀가 사용자로부터 받는 학자금·장학금을 포함한다) 기타 이와 유사한 성질의 급여
3. 근로수당·가족수당·전시수당·물가수당·출납수당·직무수당 기타 이와 유사한 성질의 급여
4. 보험회사, 「자본시장과 금융투자업에 관한 법률」에 따른 투자매매업자 또는 투자중개업자 등의 종업원이 받는 집금(集金)수당과 보험가입자의 모집, 증권매매의 권유 또는 저축을 권장하여 받는 대가, 그 밖에 이와 유사한 성질의 급여 (2010. 2. 18. 개정)
5. 급식수당·주택수당·피복수당 기타 이와 유사한 성질의 급여
6. 주택을 제공받음으로써 얻는 이익 (2021. 2. 17. 개정)

편주 ·······························
• 2021. 1. 1. 전에 발생한 소득분에 대해서는 영 38조 1항 6호·7호·12호의 개정규정에도 불구하고 종전의 규정에 따름. (영 부칙(2021. 2. 17.) 19조 1항)
• 「조세특례제한법」 18조의 2에 따른 과세특례를 적용받는 외국인근로자의 2024. 1. 1. 전에 발생한 소득분에 대해서는 영 38조 1항 6호·7호·12호의 개정규정에도 불구하고 종전의 규정에 따름. (영 부칙(2021. 2. 17.) 19조 2항) (2022. 2. 15. 개정)
·······························

예 판 ·······························
사용자가 종업원에게 임차보증금을 저리 또는 무상으로 대여한 후 종업원 명의로 임대차계약을 체결하는 경우 당해 임차주택은 사택의 범위에 해당하지 아니하고, 동 금전대여이익은 근로자의 근로소득에 해당함. (재소득 – 72, 2008. 4. 25.)

정하는 경우"라 함은 계약기간이 1년 미만인 경우로서 사업자가 그 목적물의 착수일이 속하는 과세기간의 결산을 확정함에 있어서 작업진행률을 기준으로 총수입금액과 필요경비를 계상한 경우를 말한다. (2008. 4. 29. 개정)

통칙 24 – 48…1【건설 등의 작업진행률계산특례】
규칙 제20조의 규정에 의하여 작업진행률을 계산함에 있어서 도급계약조건이 시공자가 자재비를 부담하지 아니하는 경우에는 당해 과세기간까지 발행한 건설 등의 필요경비 총누적액 및 건설 등의 필요경비 총예정액은 자기가 부담하지 않는 자재비는 포함하지 아니하는 것으로 한다. (2008. 7. 30. 개정)

제16조【외화로 지급받은 급여의 원화환산기준 등】(2003. 4. 14 제목개정)
① 법 제20조의 규정에 의한 근로소득을 계산함에 있어서 거주자가 근로소득을 외화로 지급받은 때에는 당해 급여를 지급받은 날 현재 「외국환거래법」에 의한 기준환율 또는 재정환율에 의하여 환산한 금액을 근로소득으로 한다. 이 경우 급여를 정기급여지급일 이후에 지급받은 때에는 정기급여일 현재 「외국환거래법」에 의한 기준환율 또는 재정환율에 의하여 환산한 금액을 당해 근로소득으로 본다. (2005. 3. 19. 개정)
②~③ 삭 제 (2007. 4. 17.)
④ 영 제38조 제1항 제12호 다목에서 "기획재정부령이 정하는 것"이란 다음 각 호의 어느 하나에 해

- 거주자가 입사 전에 근로계약이 체결된 법인으로부터 지급받는 영어교육비 명목의 금액은 근로소득에 해당하는 것이며 지급하는 자는 소득세를 원천징수하여야 함. (원천-958, 2009. 11. 24.)
- 확정기여형 퇴직연금규약에 부담금의 산정방법, 지급시기, 불입방법 등을 구체적으로 명시하여 이에 따라 불입하는 경영성과급은 근로소득에 해당하지 않는 것이며, 확정기여형 퇴직연금규약에 명시하지 않고 불입하는 경영성과급은 근로소득에 해당하는 것임. (서면법규-1069, 2013. 9. 30.)

② 근로소득금액은 제1항 각 호의 소득의 금액의 합계액(비과세소득의 금액은 제외하며, 이하 "총급여액"이라 한다)에서 제47조에 따른 근로소득공제를 적용한 금액으로 한다. (2009. 12. 31. 개정)
③ 근로소득의 범위에 관하여 필요한 사항은 대통령령으로 정한다. (2009. 12. 31. 개정)

- 해외근무에 따른 귀국휴가여비는 통칙 12-12…3 참조
- 원고료에 대한 소득구분은 통칙 21-0…4 참조

관계조문 ▶▶

법 12조 3호 ⇒ 비과세 근로소득

통칙 20-0…1【근로소득의 구분】
근로계약상 근로제공에 대한 시간 또는 일수나 그 성과에 의하지 아니하고 월정액에 의하여 급여를 지급받는 경우에는 그 고용기간에 불구하고 일용근로자가 아닌 자(이하 "일반급여자"라 한다)의 근로소득으로 본다. (97. 4. 8. 개정)

20-0…2【시간강사료의 소득구분】
학교 등과의 근로계약에 의하여 정기적으로 일정한 과목을 부담하고 강의를 한 시간 또는 날에 따라 강사료를 지급받는 경우에는 동일한 학교에서 3월 이상 계속하여 강사료를 지급받는 경우에 한하여 법 제20조에 규정하는 일반급여자의 근로소득으로 본다. (97. 4. 8. 개정)

20-0…3【일용근로자가 받는 작업도구사용료에 대한 소득구분】
일용근로자가 리어카 등 작업도구를 가지고 근로를 제공하는 경우에 있어서 근로제공에 부수적인 작업도구의 사용료는 근로의 대가에 포함되는 것으로 본다. (97.

7. 종업원이 주택(주택에 부수된 토지를 포함한다)의 구입·임차에 소요되는 자금을 저리 또는 무상으로 대여받음으로써 얻는 이익 (2021. 2. 17. 단서삭제)
8. 기술수당·보건수당 및 연구수당, 그 밖에 이와 유사한 성질의 급여 (2007. 2. 28. 개정)
9. 시간외근무수당·통근수당·개근수당·특별공로금 기타 이와 유사한 성질의 급여
10. 여비의 명목으로 받는 연액 또는 월액의 급여
11. 벽지수당·해외근무수당 기타 이와 유사한 성질의 급여
12. 종업원이 계약자이거나 종업원 또는 그 배우자 및 그 밖의 가족을 수익자로 하는 보험·신탁 또는 공제와 관련하여 사용자가 부담하는 보험료·신탁부금 또는 공제부금 (2021. 2. 17. 개정)
　　가. 삭 제 (2000. 12. 29)
　　나. 종업원의 사망·상해 또는 질병을 보험금의 지급사유로 하고 종업원을 피보험자와 수익자로 하는 보험으로서 만기에 납입보험료를 환급하지 아니하는 보험(이하 "단체순수보장성보험"이라 한다)과 만기에 납입보험료를 초과하지 아니하는 범위안에서 환급하는 보험(이하 "단체환급부보장성보험"이라 한다)의 보험료 중 연 70만원 이하의 금액 (2001. 12. 31 개정)
　　나. 삭 제 (2021. 2. 17.)
　　다.~라. 삭 제 (2013. 2. 15.)
　　마. 임직원의 고의(중과실을 포함한다)외의 업무상 행위로 인한 손해의 배상청구를 보험금의 지급사유로 하고 임직원을 피보험자로 하는 보험의 보험료 (99. 12. 31 개정)
　　마. 삭 제 (2021. 2. 17.)
　　바. 삭 제 (2009. 2. 4.)
13. 「법인세법 시행령」 제44조 제4항에 따라 손금에 산입되지 아니하고 지급받는 퇴직급여 (2013. 2. 15. 개정)
14. 휴가비 기타 이와 유사한 성질의 급여
15. 삭 제 (2013. 2. 15.)
16. 계약기간 만료전 또는 만기에 종업원에게 귀속되는 단체환급부보장성보험의 환급금 (2001. 12. 31 신설)
17. 법인의 임원 또는 종업원이 해당 법인 또는 해당 법인과 「법인세법 시행령」 제2조 제5항에 따른 특수관계에 있는 법인(이하 이 호에서 "해당 법인등"이라 한다)으로부터 부여받은 주식매수선택권을 해당 법인등에서 근무하는 기간 중 행사함으로써 얻은 이익(주식매수선택권 행사 당시의 시가와 실제 매수가액과의 차액을 말하며, 주

당하는 것을 말한다. (2009. 4. 14. 개정)
1. 「보험업법」에 의하여 허가를 받은 보험사업자가 취급하는 퇴직보험 (2005. 3. 19. 개정)
2. 「자본시장과 금융투자업에 관한 법률」에 따라 신탁업의 인가를 받은 금융회사 등이 취급하는 퇴직일시금신탁 (2010. 4. 30. 개정)
3. 「자본시장과 금융투자업에 관한 법률」에 따른 집합투자업자가 취급하는 퇴직일시금신탁 (2009. 4. 14. 개정)
④ 삭 제 (2019. 3. 20.)

제15조의 3【근로소득에서 제외되는 중소기업 종업원의 주택 구입 및 임차자금 대여이익의 범위】 영 제38조 제1항 제7호 단서에서 "기획재정부령으로 정하는 이익"이란 「조세특례제한법 시행령」 제2조에 따른 중소기업 종업원이 주택(주택에 부수된 토지를 포함한다)의 구입·임차에 소요되는 자금을 저리 또는 무상으로 대여 받음으로써 얻는 이익을 말한다. (2020. 3. 13. 신설)

제15조의 3【근로소득에서 제외되는 중소기업 종업원의 주택 구입 및 임차자금 대여이익의 범위】 삭 제 (2021. 3. 16.)

4. 8. 개정)

20-0…4 【사용자가 부담한 소득세 등의 소득구분】
근로자가 부담하여야 할 급여에 대한 소득세 등을 사용자가 부담한 경우에는 이를 당해 근로자의 근로소득으로 본다. (97. 4. 8. 개정)

20-0…5 【반환조건부 사이닝보너스의 소득구분 등】
① 특별한 능력 또는 우수한 능력이 있는 근로자가 기업과 근로계약을 체결하면서 지급받는 사이닝보너스는 법 제20조에 따른 근로소득으로 한다. (2011. 3. 21. 신설)
② 제1항에 의한 사이닝보너스를 근로계약체결시(계약기간내 중도퇴사시 일정금액을 반환하는 조건) 일시에 선지급하는 경우에는 당해 사이닝보너스를 계약조건에 따른 근로기간동안 안분하여 계산한 금액을 각 과세연도의 근로소득수입금액으로 한다. (2011. 3. 21. 신설)

20-20…1 【1년 이상 계속 고용된 건설노무자를 일반급여자로 보는 시기 및 연말정산의 취급】
건설공사에 종사하는 자가 1년 이상 계속하여 동일한 고용주에게 고용된 경우 일용근로자 또는 일반급여자로 보는시기 등은 다음과 같다. (97. 4. 8. 개정)
1. 근로소득에 대한 원천징수는 계속 고용으로 1년이 되는 날이 속하는 월부터 일반급여자로 본다.
2. 연말정산시는 1년이 되는 날이 속하는 과세기간의 초일부터 일반급여자로 본다.

20-38…1 【선원의 재해보상을 위한 보험료】
「선원법」에 의한 선원의 재해보상을 위하여 선박소유자가 자기를 보험계약자 및 수익자로 하고 선원을 피보험자로 한 보험의 보험료는 당해 선원의 근로소득으로 보지 아니한다. (2008. 7. 30. 개정)

20-38…2 【근로자가 지급받는 출제수당의 소득구분】
신규채용시험이나 사내교육을 위한 출제 · 감독 · 채점 또는 강의교재 등을 작성하고 근로자가 지급받는 수당 · 강사료 · 원고료 명목의 금액은 근무의 연장 또는 특별근로에 대한 대가로서 법 제20조에 규정하는 근로소득으로 본다. (97. 4. 8. 개정)

20-38…3 【부당해고기간의 급여에 대한 소득구분과 귀속연도】
① 근로자가 법원의 판결 · 화해 등에 의하여 부당 해고기간의 급여를 일시에 지급받는 경우에는 해고기간에 근로를 제공하고 지급받는 근로소득으로 본다. (97. 4. 8. 개정)
② 제1항의 근로소득에 대하여 당해 원천징수의무자가 다음 각호의 규정에 따라 원천징수를 하는 경우에는 법 제134조 제2항의 규정에 준하여 기한 내에 원천징수한 것으로 본다. (97. 4. 8. 개정)
1. 법원의 판결 · 화해 등 당해 과세기간경과 후에 있는 경우에는 그 판결 · 화해

식에는 신주인수권을 포함한다) (2019. 2. 12. 개정)

17. 법인의 임원등이 해당 법인 또는 해당 법인과 「법인세법 시행령」 제2조 제8항에 따른 특수관계에 있는 법인(이하 이 호에서 "해당 법인등"이라 한다)으로부터 부여받은 주식매수선택권을 해당 법인등에서 근무하는 기간 중 행사함으로써 얻은 이익(주식매수선택권 행사 당시의 시가와 실제 매수가액과의 차액을 말하며, 주식에는 신주인수권을 포함한다) (2025. 2. 28. 개정)
18. 삭　제 (2008. 2. 22.)
19. 「공무원 수당 등에 관한 규정」, 「지방공무원 수당 등에 관한 규정」, 「검사의 보수에 관한 법률 시행령」, 대법원규칙, 헌법재판소규칙 등에 따라 공무원에게 지급되는 직급보조비 (2014. 2. 21. 신설)
20. 공무원이 국가 또는 지방자치단체로부터 공무 수행과 관련하여 받는 상금과 부상 (2021. 2. 17. 신설)

② 제1항을 적용할 때 퇴직급여로 지급되기 위하여 적립(근로자가 적립금액 등을 선택할 수 없는 것으로서 기획재정부령으로 정하는 방법에 따라 적립되는 경우에 한정한다)되는 급여는 근로소득에 포함하지 아니한다. (2015. 2. 3. 개정)

③ 법 제20조 제1항 제6호에 따라 임원등에게 시가보다 낮은 가격으로 제공하거나 구입할 수 있도록 지원하는 방식은 다음 각 호의 어느 하나에 해당하는 방식으로 한다. (2025. 2. 28. 신설)
1. 사업자나 법인이 생산 · 공급하는 재화 또는 용역(이하 이 조에서 "자사제품등"이라 한다)을 임원등에게 시가보다 낮은 가격으로 판매 또는 제공하는 방식 (2025. 2. 28. 신설)
2. 사업자나 법인이 임원등에게 자사제품등을 구입하거나 제공받는 데 사용하도록 지원금을 지급하는 방식 (2025. 2. 28. 신설)
3. 사업자나 법인이 임원등에게 사업자나 법인의 계열회사(「독점규제 및 공정거래에 관한 법률」에 따른 계열회사를 말한다. 이하 이 항에서 같다)가 생산 · 공급하는 재화 또는 용역(이하 이 조에서 "계열회사제품등"이라 한다)을 구입하거나 제공받는 데 사용하도록 지원금을 지급하는 방식 (2025. 2. 28. 신설)
4. 사업자나 법인의 계열회사가 사업자나 법인의 임원등에게 계열회사제품등을 시가보다 낮은 가격으로 판매 또는 제공하고, 사업자나 법

제15조의 4 【퇴직급여 적립방법 등】
(2020. 3. 13. 조번개정)
영 제38조 제2항에서 "근로자가 적립금액 등을 선택할 수 없는 것으로서 기획재정부령으로 정하는 방법"이란 다음 각 호의 요건을 모두 충족하는 적립 방법을 말한다. (2015. 3. 13. 신설)
1. 「근로자퇴직급여 보장법」 제4조 제1항에 따른 퇴직급여제도의 가입 대상이 되는 근로자(임원을 포함한다. 이하 이 조에서 같다) 전원이 적립할 것. 다만, 각 근로자가 다음 각 목의 어느 하나에 해당하는 날에 향후 적립하지 아니할 것을 선택할 수 있는 것이어야 한다. (2015. 3. 13. 신설)
가. 사업장에 제2호에 따른 적립 방식이 최초로 설정되는 날(해당 사업장에 최초로 근무하게 된 날에 제2호의 적립 방식이 이미 설정되어 있는 경

등이 있는 날의 다음달 말일까지 법 제137조 제1항에 따라 연말정산하는 때 (2011. 3. 21. 개정)
2. 법원의 판결·화해 등이 당해 근로소득이 귀속하는 과세기간의 종료일 전에 있는 경우에는 법 제134조 제1항 또는 제2항에 따라 원천징수하는 때 (2011. 3. 21. 개정)

제20조의 2 【일시재산소득】 삭 제 (2006. 12. 30.)

• 계량적 요소에 따라 성과급상여를 지급하기로 한 경우 성과급상여의 귀속시기는 계량적 요소가 확정되는 날이 속하는 연도이며, 계량적·비계량적 요소를 평가하여 그 결과에 따라 차등지급하는 경우 성과급상여의 귀속시기는 개인별 지급액이 확정되는 연도임. (소득-400, 2014. 7. 12.)
• 조건부 가격 청구권의 근로소득 수입시기는 조건부 가격 청구권의 조건이 달성되어 대가 지급이 확정된 때를 말하는 것임. (기획재정부 소득세제과-827, 2023. 9. 12.)
··

인이 그 계열회사에 그 판매 또는 제공가액과 시가와의 차액을 지급하는 방식 (2025. 2. 28. 신설)
④ 법 제20조 제1항 제6호에 따른 시가는 「법인세법」 제52조 제2항에 따른 시가로 한다. 다만, 다음 각 호의 어느 하나에 해당하는 경우에는 임원등이 해당 재화 또는 용역을 구입하거나 제공받을 때 지급한 가격을 시가로 한다. (2025. 2. 28. 신설)
1. 재화의 파손 또는 변질로 인해 임원등이 아닌 자에게 판매할 수 없는 경우 (2025. 2. 28. 신설)
2. 탑승권 및 숙박권 등 사용시기가 제한되는 재화 또는 용역의 사용기한이 임박하여 임원등이 아닌 자에게 판매 또는 제공하는 것이 현저히 곤란한 경우 (2025. 2. 28. 신설)

제39조 【우리사주조합】 삭 제 (2010. 2. 18.)

제49조 【근로소득의 수입시기】 ① 근로소득의 수입시기는 다음 각 호에 따른 날로 한다. (2010. 2. 18. 개정)
1. 급 여
   근로를 제공한 날
2. 잉여금처분에 의한 상여
   당해 법인의 잉여금처분결의일
3. 해당 사업연도의 소득금액을 법인이 신고하거나 세무서장이 결정·경정함에 따라 발생한 그 법인의 임원 또는 주주·사원, 그 밖의 출자자에 대한 상여 (2010. 2. 18. 개정)
   해당 사업연도 중의 근로를 제공한 날. 이 경우 월평균금액을 계산한 것이 2년도에 걸친 때에는 각각 해당 사업연도 중 근로를 제공한 날로 한다.
4. 법 제22조 제3항 계산식 외의 부분 단서에 따른 초과금액(2013. 2. 15. 개정)
   지급받거나 지급받기로 한 날
② 도급 기타 이와 유사한 계약에 의하여 급여를 받는 경우에 당해 과세기간의 과세표준확정신고기간 개시일전에 당해 급여가 확정되지 아니한 때에는 제1항 제1호의 규정에 불구하고 그 확정된 날에 수입한

우에는 「근로자퇴직급여 보장법」 제4조 제1항에 따라 최초로 퇴직급여제도의 가입 대상이 되는 날을 말한다) (2015. 3. 13. 신설)
   나. 제2호의 적립 방식이 변경되는 날 (2015. 3. 13. 신설)
2. 적립할 때 근로자가 적립 금액을 임의로 변경할 수 없는 적립 방식을 설정하고 그에 따라 적립할 것 (2015. 3. 13. 신설)
3. 제2호의 적립 방식이 「근로자퇴직급여 보장법」 제6조 제2항에 따른 퇴직연금규약, 같은 법 제19조 제1항에 따른 확정기여형퇴직연금규약 또는 「과학기술인공제회법」 제16조의 2에 따른 퇴직연금급여사업을 운영하기 위하여 과학기술인공제회와 사용자가 체결하는 계약에 명시되어 있을 것 (2015. 3. 13. 신설)
4. 사용자가 영 제40조의 2 제1항 제2호 가목 및 다목의 퇴직연금계좌에 적립할 것 (2015. 3. 13. 신설)

제20조의 3 【연금소득】 ① 연금소득은 해당 과세기간에 발생한 다음 각 호의 소득으로 한다. (2013. 1. 1. 개정)
1. 공적연금 관련법에 따라 받는 각종 연금(이하 "공적연금소득"이라 한다) (2013. 1. 1. 개정)

것으로 본다. 다만, 그 확정된 날 전에 실제로 받은 금액은 그 받은 날로 한다.

제40조 【공적연금소득의 계산】 ① 법 제20조의 3 제1항 제1호에 따른 공적연금소득(이하 "공적연금소득"이라 한다)은 해당 과세기간에 수령한 공적연금에 대하여 공적연금의 지급자별로 2002년 1월 1일(이하 이 조와 제42조의 2 제1항에서 "과세기준일"이라 한다)을 기준으로 다음 각 호의 계산식에 따라 계산한 금액(이하 이 조에서 "과세기준금액"이라 한다)으로 한다. (2013. 2. 15. 신설)
1. 공적연금소득 중 「국민연금법」에 따른 연금소득과 「국민연금과 직역연금의 연계에 관한 법률」에 따른 연계노령연금 (2013. 2. 15. 신설)

$$\text{과세기간 연금 수령액} \times \frac{\text{과세기준일 이후 납입기간의 환산소득 누계액}}{\text{총 납입기간의 환산소득 누계액}}$$

2. 그 밖의 공적연금소득 (2013. 2. 15. 신설)

$$\text{과세기간 연금 수령액} \times \frac{\text{과세기준일 이후 기여금 납입월수}}{\text{총 기여금 납입월수}}$$

② 법 제22조 제1항 제1호에 따른 일시금(퇴직소득세가 과세되었거나 비과세 소득인 경우만 해당한다)을 반납하고 법 제12조 제4호 가목에 따른 공적연금 관련법(이하 "공적연금 관련법"이라 한다)에 따라 재직기간, 복무기간 또는 가입기간을 합산한 경우에는 제1항 각 호를 적용할 때 재임용일 또는 재가입일을 과세기준일로 보아 계산한다. (2014. 2. 21. 신설)
③ 제1항에도 불구하고 과세기준일(제2항에 따라 재임용일 또는 재가입일을 과세기준일로 보아 계산한 경우에는 재임용일 또는 재가입일) 이후에 법 제51조의 3에 따른 연금보험료공제를 받지 않고 납입한 기여금 또는 개인부담금(제201조의 10에 따라 확인되는 금액만 해당하며, 이하 "과세제외기여금등"이라 한다)이 있는 경우에는 과세기준금액에서 과세제외기여금등을 뺀 금액을 공적연금소득으로 한다. 이 경우 과세제외기여금등이 해당 과세기간의 과세기준금액을 초과하는 경우 그 초과하는 금액은 그 다음 과세기간부터 과세기준금액에서 뺀다. (2014. 2. 21. 개정)

2. 다음 각 목에 해당하는 금액을 그 소득의 성격에도 불구하고 연금계좌["연금저축"의 명칭으로 설정하는 대통령령으로 정하는 계좌(이하 "연금저축계좌"라 한다) 또는 퇴직연금을 지급받기 위하여 설정하는 대통령령으로 정하는 계좌(이하 "퇴직연금계좌"라 한다)를 말한다. 이하 같다]에서 대통령령으로 정하는 연금형태 등으로 인출(이하 "연금수령"이라 하며, 연금수령 외의 인출은 "연금외수령"이라 한다)하는 경우의 그 연금 (2014. 12. 23. 개정)

   가. 제146조 제2항에 따라 원천징수되지 아니한 퇴직소득 (2013. 1. 1. 개정)

   나. 제59조의 3에 따라 세액공제를 받은 연금계좌 납입액 (2023. 12. 31. 개정)

   다. 연금계좌의 운용실적에 따라 증가된 금액 (2013. 1. 1. 개정)

   라. 그 밖에 연금계좌에 이체 또는 입금되어 해당 금액에 대한 소득세가 이연(移延)된 소득으로서 대통령령으로 정하는 소득 (2013. 1. 1. 개정)

3. 제2호에 따른 소득과 유사하고 연금 형태로 받는 것으로서 대통령령으로 정하는 소득 (2013. 1. 1. 개정)

② 공적연금소득은 2002년 1월 1일 이후에 납입된 연금 기여금 및 사용자 부담금(국가 또는 지방자치단체의 부담금을 포함한다. 이하 같다)을 기초로 하거나 2002년 1월 1일 이후 근로의 제공을 기초로 하여 받는 연금소득으로 한다. (2013. 1. 1. 개정)

③ 연금소득금액은 제1항 각 호에 따른 소득의 금액의 합계액(제2항에 따라 연금소득에서 제외되는 소득과 비과세소득의 금액은 제외하며, 이

④ 공적연금소득을 지급하는 자가 연금소득의 일부 또는 전부를 지연하여 지급하면서 지연지급에 따른 이자를 함께 지급하는 경우 해당 이자는 공적연금소득으로 본다. (2013. 2. 15. 신설)

⑤ 제1항 제1호의 계산식에서 "환산소득"이란 「국민연금법」 제51조 제1항 제2호에 따라 가입자의 가입기간 중 매년의 기준소득월액을 보건복지부장관이 고시하는 연도별 재평가율에 따라 연금수급 개시 전년도의 현재가치로 환산한 금액을 말한다. (2013. 2. 15. 신설)

제40조의 2【연금계좌 등】① 법 제20조의 3 제1항 제2호 각 목 외의 부분에서 "연금저축"의 명칭으로 설정하는 대통령령으로 정하는 계좌"란 제1호에 해당하는 계좌를 말하고, "퇴직연금을 지급받기 위하여 설정하는 대통령령으로 정하는 계좌"란 제2호에 해당하는 계좌를 말한다. (2015. 2. 3. 개정)

1. 다음 각 목의 어느 하나에 해당하는 금융회사 등과 체결한 계약에 따라 "연금저축"이라는 명칭으로 설정하는 계좌(이하 "연금저축계좌"라 한다) (2013. 2. 15. 신설)

   가. 「자본시장과 금융투자업에 관한 법률」 제12조에 따라 인가를 받은 신탁업자와 체결하는 신탁계약 (2013. 2. 15. 신설)

   나. 「자본시장과 금융투자업에 관한 법률」 제12조에 따라 인가를 받은 투자중개업자와 체결하는 집합투자증권 중개계약 (2013. 2. 15. 신설)

   다. 제25조 제2항에 따른 보험계약을 취급하는 기관과 체결하는 보험계약 (2013. 2. 15. 신설)

2. 퇴직연금을 지급받기 위하여 가입하여 설정하는 다음 각 목의 어느 하나에 해당하는 계좌(이하 "퇴직연금계좌"라 한다) (2013. 2. 15. 신설)

   가. 「근로자퇴직급여 보장법」 제2조 제9호의 확정기여형퇴직연금제도에 따라 설정하는 계좌 (2013. 2. 15. 신설)

   나. 「근로자퇴직급여 보장법」 제2조 제10호의 개인형퇴직연금제도에 따라 설정하는 계좌 (2013. 2. 15. 신설)

   다. 「근로자퇴직급여 보장법」에 따른 중소기업퇴직연금기금제도에 따라 설정하는 계좌 (2022. 2. 15. 신설)

하 "총연금액"이라 한다)에서 제47조의 2에 따른 연금소득공제를 적용한 금액으로 한다. (2009. 12. 31. 개정)

④ 연금소득의 범위 및 계산방법과 그 밖에 필요한 사항은 대통령령으로 정한다. (2009. 12. 31. 개정)

관계조문 ▶

법 12조 4호 ⇒ 비과세 연금소득

제21조【기타소득】① 기타소득은 이자소득·배당소득·사업소득·근로소득·연금소득·퇴직소득·금융투자소득 및 양도소득 외의 소득으로서 다음 각 호에서 규정하는 것으로 한다. (2020. 12. 29. 개정)

제21조【기타소득】① 기타소득은 이자소득·배당소득·사업소득·근로소득·연금소득·퇴직소득 및 양도소득 외의 소득으로서 다음 각 호에서 규정하는 것으로 한다. (2024. 12. 31. 개정)

1. 상금, 현상금, 포상금, 보로금 또는 이에 준하는 금품 (2009. 12. 31. 개정)

통칙 21 - 0…1【기타소득의 범위】

① 법 제21조 제1항 제1호에 규정하는 상금·현상금·포상금·보로금에는 이자소득·배당소득·사업소득·근로소득·연금소득·퇴직소득 및 양도소득(이하 이 절에서 "다른소득"이라 한다)에 속하지 아니하는 것으로서 다음 각호의 것을 포함한다. (2011. 3. 21. 개정)

1. 현상광고 또는 우수현상광고에 대하여 지급하는 현상금

2. 특별한 공로에 대하여 지급하는 상금

3. 경진·경연·경기대회·전람회 등에서 우수한 자에게 지급하는 상금

4. 법령의 규정에 의하여 지급하는 보상금·포상금·보로금·상금 등

②「국유재산법」제77조의 규정에 의하여 은닉된 국유재산 또는 소유자 없는 부동산을 정부에 신고하고 국가로부터 지급받는 보상금은 법 제21조 제1항 제1호의 기타소득에 해당된다. (2011. 3. 21. 개정)

③ 법 제21조 제1항 제2호에 규정하는 복권·경품권·그 밖의 추첨권에 당첨되어 받는 금품에는 다른 소득에 속하지 아니하는 것으로서 다음 각호의 것을 포함한다. (2024. 3. 15. 개정)

1. 복권발생·현상·기타「사행행위 등 규제 및 처벌특례법」의 규정에 의하여 발행하는 경품권 또는 추첨권에 의하여 받는 금품 (2008. 7. 30. 개정)

2. 저축의 장려를 위한 복권발행의 추첨현상금

라.「과학기술인공제회법」제16조 제1항에 따른 퇴직연금급여를 지급받기 위하여 설정하는 계좌 (2022. 2. 15. 목번개정)

② 연금계좌의 가입자가 다음 각 호의 요건을 모두 갖춘 경우 법 제59조의 3 제1항에 따른 연금계좌 납입액(제118조의 3에 따라 연금계좌에 납입한 것으로 보는 금액을 포함하며, 이하 "연금보험료"라 한다)으로 볼 수 있다. (2020. 2. 11. 개정)

1. 다음 각 목의 금액을 합한 금액 이내(연금계좌가 2개 이상인 경우에는 그 합계액을 말한다)의 금액을 납입할 것. 이 경우 해당 과세기간 이전의 연금보험료는 납입할 수 없으나, 보험계약의 경우에는 최종납입일이 속하는 달의 말일부터 3년 2개월이 경과하기 전에는 그 동안의 연금보험료를 납입할 수 있다. (2020. 2. 11. 개정)

1. 다음 각 목의 금액(다목 및 라목에 따라 연금계좌로 납입하는 총 누적금액의 합계액은 1억원을 한도로 한다)을 합한 금액 이내(연금계좌가 2개 이상인 경우에는 그 합계액을 말한다)의 금액을 납입할 것. 이 경우 해당 과세기간 이전의 연금보험료는 납입할 수 없으나, 보험계약의 경우에는 최종납입일이 속하는 달의 말일부터 3년 2개월이 경과하기 전에는 그 동안의 연금보험료를 납입할 수 있다. (2025. 2. 28. 개정)

가. 연간 1천800만원 (2020. 2. 11. 신설)

나. 법 제59조의 3 제3항에 따른 전환금액[「조세특례제한법」제91조의 18에 따른 개인종합자산관리계좌(이하 "개인종합자산관리계좌"라 한다)의 계약기간 만료일 기준 잔액을 한도로 개인종합자산관리계좌에서 연금계좌로 납입한 금액을 말한다. 다만, 직전 과세기간과 해당 과세기간에 걸쳐 납입한 경우에는 개인종합자산관리계좌의 계약기간 만료일 기준 잔액에서 직전 과세기간에 납입한 금액을 차감한 금액을 한도로 개인종합자산관리계좌에서 연금계좌로 납입한 금액을 말한다] (2020. 2. 11. 신설)

다. 국내에 소유한 주택(이하 이 조에서 "연금주택"이라 한다)을 양도하고 이를 대체하여 다른 주택(이하 이 조에서 "축소주택"이라 한다)을 취득하거나 취득하지 않은 거주자로서 다음의 요건을 모두 충족하는 거주자가 연금주택 양도가액에서 축소주택 취득가액(취득하지 않은 경우에는 0으로 한다)을 뺀 금액(해당 금액이 0보다 작은 경우에는 0으로 하며, 이하 이 조에서 "주택차액"이라 한다) 중 연금계좌로 납입하는 금액. 이 경우 거주자가 연금계좌로 납입하는 주택차액의 총 누적 금액은 1억원을 한도로 한다. (2023. 2. 28. 신설)

다. 국내에 소유한 주택(이하 이 조에서 "연금주택"이라 한다)을 양

편주 ▶

영 40조의 2 제2항 1호의 개정규정은 2025. 2. 28.이 속하는 과세기간에 연금부동산을 양도하는 경우부터 적용함. (영 부칙 (2025. 2. 28.) 7조)

④ 법 제21조 제1항 제10호에 규정하는 계약의 위약 또는 해약으로 인하여 받는 위약금과 배상금에는 다른 소득에 속하지 아니하는 것으로서 다음 각호의 것을 포함한다. (97. 4. 8. 개정)

1. 주택을 분양함에 있어 사업주체가 승인기한 내에 입주를 시키지 못하여 입주자가 받는 지체상금

2. 채권자가 채무자의 금전채무 불이행에 대하여 손해배상금청구의 소를 제기하고 그 손해를 배상받게 되는 경우의 지연배상금

3. 부동산 매매계약 후 계약 불이행으로 인하여 일방 당사자가 받은 위약금 또는 해약금

4. 퇴직금 지급청구소송을 제기하여 퇴직금과 지급지연 손해배상금을 받는 경우에 있어서 당해 지급지연 손해배상금

5. 임기가 정하여진 법인의 임원이 임기만료 전에 정당한 이유 없이 해임됨으로써 「상법」 제385조 제1항의 규정에 의하여 손해배상을 청구하여 퇴직금과 별도로 손해배상을 지급받는 경우 동 손해배상금. 다만, 신분 및 인격에 대한 손해배상금은 제외한다. (2008. 7. 30. 개정)

6. 상행위에서 발생한 크레임(Claim)에 대한 배상으로서 현실적으로 발생한 손해의 보전 또는 원상회복을 초과하는 배상금

⑤ 법 제21조 제1항 제10호에 규정하는 계약의 위약 또는 해약으로 인하여 받는 위약금과 배상금에는 계약의 위약 또는 해약으로 인하여 타인의 신체의 자유 또는 명예를 해하거나 기타 정신상의 고통 등을 가한 것과 같이 재산권 외의 손해에 대한 배상 또는 위자료로서 받는 금액은 포함되지 아니한다. (97. 4. 8. 개정)

⑥ 약정여부를 불문하고 금전채무를 포함한 채무의 이행지체로 인하여 지급받는 지연배상금은 법 제21조 제1항 제10호에 따른 계약의 위약 또는 해약으로 인하여 받는 위약금 또는 배상금에 해당한다. (2019. 12. 23. 신설)

2. 복권, 경품권, 그 밖의 추첨권에 당첨되어 받는 금품 (2009. 12. 31. 개정)

3. 「사행행위 등 규제 및 처벌특례법」에서 규정하는 행위(적법 또는 불법 여부는 고려하지 아니한다)에 참가하여 얻은 재산상의 이익 (2012. 1. 1. 개정)

4. 「한국마사회법」에 따른 승마투표권, 「경륜·경정법」에 따른 승자투표권, 「전통소싸움경기에 관한 법률」에 따른 소싸움경기투표권 및 「국민체육진흥법」에 따른 체육진흥투표권의 구매자가 받는 환급금(발생 원인이 되는 행위의 적법 또는 불법 여부는 고려하지 아니한

도하고 이를 대체하여 다른 주택(이하 이 조에서 "축소주택"이라 한다)을 취득하거나 취득하지 않은 거주자로서 다음의 요건을 모두 충족하는 거주자가 연금주택 양도가액에서 축소주택 취득가액(취득하지 않은 경우에는 0으로 한다)을 뺀 금액(해당 금액이 0보다 작은 경우에는 0으로 하며, 이하 이 조에서 "주택차액"이라 한다) 중 연금계좌로 납입하는 금액. (2025. 2. 28. 후단삭제)

1) 연금주택 양도일 현재 거주자 또는 그 배우자가 60세 이상일 것 (2023. 2. 28. 신설)

2) 연금주택 양도일 현재 거주자 및 그 배우자가 국내에 소유한 주택을 합산했을 때 연금주택 1주택만 소유하고 있을 것. 다만, 연금주택을 양도하기 전에 축소주택을 취득한 경우로서 축소주택을 취득한 날부터 6개월 이내에 연금주택을 양도한 경우에는 연금주택 양도일 현재 연금주택 1주택만 소유하고 있는 것으로 본다. (2023. 2. 28. 신설)

3) 연금주택 양도일 현재 연금주택의 법 제99조에 따른 기준시가가 12억원 이하일 것 (2023. 2. 28. 신설)

4) 축소주택의 취득가액이 연금주택의 양도가액 미만일 것(축소주택을 취득한 경우에만 해당한다) (2023. 2. 28. 신설)

5) 연금주택 양도일부터 6개월 이내에 주택차액을 연금주택 소유자의 연금계좌로 납입할 것 (2023. 2. 28. 신설)

라. 국내에 소유한 토지 또는 건물(이하 이 조에서 "연금부동산"이라 한다)을 양도한 거주자로서 다음의 요건을 모두 충족하는 거주자가 연금부동산의 양도가액에서 연금부동산의 취득가액을 뺀 금액(해당 금액이 0보다 작은 경우에는 0으로 하며, 이하 이 조에서 "연금부동산 양도차액"이라 한다) 중 연금계좌로 납입하는 금액 (2025. 2. 28. 신설)

1) 연금부동산 양도일 현재 거주자가 「기초연금법」 제2조 제3호에 따른 기초연금 수급자일 것 (2025. 2. 28. 신설)

2) 연금부동산 양도일 현재 거주자 및 그 배우자가 1주택 또는 무주택 세대의 구성원일 것 (2025. 2. 28. 신설)

3) 연금부동산 양도일 현재 연금부동산을 보유한 기간이 10년 이상일 것 (2025. 2. 28. 신설)

다) (2012. 1. 1. 개정)

5. ☞ p.2543

　　4) 연금부동산 양도일부터 6개월 이내에 연금부동산 양도차액을 연금부동산 소유자의 연금계좌로 납입할 것 (2025. 2. 28. 신설)

2. 연금수령 개시를 신청한 날(연금수령 개시일을 사전에 약정한 경우에는 약정에 따른 개시일을 말한다) 이후에는 연금보험료를 납입하지 않을 것 (2015. 2. 3. 개정)

③ 법 제20조의 3 제1항 제2호 각 목 외의 부분에서 "대통령령으로 정하는 연금형태 등으로 인출"이란 연금계좌에서 다음 각 호의 요건을 모두 갖추어 인출하거나 제20조의 2 제1항에 따라 인출(이하 "연금수령"이라 하며, 연금수령 외의 인출은 "연금외수령"이라 한다)하는 것을 말한다. 다만, 법 제20조의 3 제1항 제2호 가목의 퇴직소득을 제20조의 2 제1항 제1호 나목에 따른 해외이주에 해당하는 사유로 인출하는 경우에는 해당 퇴직소득을 연금계좌에 입금한 날부터 3년 이후 해외이주하는 경우에 한정하여 연금수령으로 본다. (2017. 2. 3. 단서신설)

1. 가입자가 55세 이후 연금계좌취급자에게 연금수령 개시를 신청한 후 인출할 것 (2013. 2. 15. 신설)

2. 연금계좌의 가입일부터 5년이 경과된 후에 인출할 것. 다만, 법 제20조의 3 제1항 제2호 가목에 따른 금액(퇴직소득이 연금계좌에서 직접 인출되는 경우를 포함하며, 이하 "이연퇴직소득"이라 한다)이 연금계좌에 있는 경우에는 그러하지 아니한다. (2013. 2. 15. 신설)

3. 과세기간 개시일(연금수령 개시를 신청한 날이 속하는 과세기간에는 연금수령 개시를 신청한 날로 한다) 현재 다음의 계산식에 따라 계산된 금액(이하 "연금수령한도"라 한다) 이내에서 인출할 것. 이 경우 제20조의 2 제1항에 따라 인출한 금액은 인출한 금액에 포함하지 아니한다. (2015. 2. 3. 후단개정)

$$\frac{연금계좌의\ 평가액}{(11 - 연금수령연차)} \times \frac{120}{100}$$

④ 제3항 제3호의 계산식에서 "연금수령연차"란 최초로 연금수령할 수 있는 날이 속하는 과세기간을 기산연차로 하여 그 다음 과세기간을 누적 합산한 연차를 말하며, 연금수령연차가 11년 이상인 경우에는 그

⑧ 거주자가 <u>주택차액등</u>을 연금계좌에 납입한 후 다음 각 호의 어느 하나에 해당하게 된 경우에는 그 납입일부터 연금계좌에 납입한 금액 전액을 연금보험료로 보지 않는다. (2025. 2. 28. 개정)
1. <u>주택차액등을 연금계좌에 납입할 당시 제2항 제1호 다목 또는 라목</u>의 요건을 충족하지 못한 사실이 확인된 경우 (2025. 2. 28. 개정)
2. 주택차액을 연금계좌에 납입한 날부터 5년 이내에 주택을 새로 취득한 경우로서 연금주택의 양도가액에서 새로 취득한 주택의 취득가액을 뺀 금액이 연금계좌에 납입한 금액보다 작은 경우 (2023. 2. 28. 신설)
⑨ 국세청장은 <u>주택차액등</u>을 연금계좌에 납입한 거주자가 제8항 각 호에 해당하는지 여부를 확인한 후 그에 해당하는 사람이 있으면 그 사실을 매년 2월 말일까지 해당 연금계좌취급자에게 통보해야 하고, 연금계좌취급자는 이를 해당 거주자에게 통보해야 한다. (2025. 2. 28. 개정)
⑩ 연금계좌취급자는 제9항에 따른 통보를 받은 경우 제8항에 따라 연금보험료로 보지 않는 <u>주택차액등</u> 연금계좌 납입금과 그 운용실적에 따라 증가된 금액을 거주자에게 반환해야 한다. 이 경우 거주자는 그 반환 금액을 연금외수령하는 것으로 본다. (2025. 2. 28. 개정)
⑪ 1주택을 둘 이상의 거주자가 공동으로 소유하고 있는 경우에는 지분비율만큼 각각 1주택을 소유한 것으로 보아 제2항 제1호 다목 및 제7항부터 제10항까지의 규정을 적용한다. 다만, 1주택을 거주자와 그 배우자가 공동으로 소유하고 있는 경우에는 함께 1주택을 소유한 것으로 보아 제2항 제1호 다목 2)를 적용한다. (2023. 2. 28. 신설)
⑪ 1주택을 둘 이상의 거주자가 공동으로 소유하고 있는 경우에는 지분비율만큼 각각 1주택을 소유한 것으로 보아 <u>제2항 제1호 다목·라목 및 제7항부터 제10항까지의 규정을 적용</u>한다. 다만, 1주택을 거주자와 그 배우자가 공동으로 소유하고 있는 경우에는 함께 1주택을 소유한 것으로 보아 <u>제2항 제1호 다목 2) 및 같은 호 라목 2)를 적용</u>한다. (2025. 2. 28. 개정)
⑫ 제11항을 적용할 때 제2항 제1호 다목 3)에 따른 기준시가는 주택의 소유 지분에도 불구하고 해당 주택 전체에 대한 기준시가를 말하며, 주택의 소유 지분을 양도하거나 취득하는 경우 같은 목 4)에 따른 양도가액 및 취득가액은 해당 주택 전체를 기준으로 한 가액으로서 기획재정

☞ p.2542 2단 연결

계산식을 적용하지 아니한다. 다만, 다음 각 호의 어느 하나에 해당하는 경우의 기산연차는 다음 각 호를 따른다. (2013. 2. 15. 신설)
1. 2013년 3월 1일 전에 가입한 연금계좌[2013년 3월 1일 전에 「근로자퇴직급여 보장법」 제2조 제8호에 따른 확정급여형퇴직연금제도(이하 "확정급여형퇴직연금제도"라 한다)에 가입한 사람이 퇴직하여 퇴직소득 전액이 새로 설정된 연금계좌로 이체되는 경우를 포함한다]의 경우 : 6년차 (2013. 2. 15. 신설)
2. 법 제44조 제2항에 따라 연금계좌를 승계한 경우 : 사망일 당시 피상속인의 연금수령연차 (2013. 2. 15. 신설)
⑤ 연금계좌에서 연금수령한도를 초과하여 인출하는 금액은 연금외수령하는 것으로 본다. (2013. 2. 15. 신설)
⑥ 연금계좌 가입자가 연금수령개시 또는 연금계좌의 해지를 신청하는 경우 연금계좌취급자는 기획재정부령으로 정하는 연금수령개시 및 해지명세서를 다음 달 10일까지 관할 세무서장에게 제출하여야 한다. (2015. 2. 3. 개정)
⑦ 거주자는 <u>주택차액</u>을 연금계좌에 납입하려는 경우 기획재정부령으로 정하는 신청서에 다음 각 호의 서류를 첨부하여 연금계좌취급자에게 제출해야 한다. (2023. 2. 28. 신설)
⑦ 거주자는 <u>주택차액 또는 연금부동산 양도차액</u>(이하 이 조에서 "주택차액등"이라 한다)을 연금계좌에 납입하려는 경우 기획재정부령으로 정하는 신청서에 다음 각 호의 서류를 첨부하여 연금계좌취급자에게 제출해야 한다. (2025. 2. 28. 개정)

편주 ▶

영 40조의 2 제7항부터 11항까지의 개정규정은 2025. 2. 28.이 속하는 과세기간에 연금부동산을 양도하는 경우부터 적용함. (영 부칙(2025. 2. 28.) 7조)

1. 연금주택 매매계약서 (2023. 2. 28. 신설)
1. 연금주택 또는 연금부동산 매매계약서 (2025. 2. 28. 개정)
2. 축소주택 매매계약서(축소주택을 매입한 경우만 해당한다) (2023. 2. 28. 신설)
3. 그 밖에 기획재정부령으로 정하는 서류 (2023. 2. 28. 신설)

제16조의 2 【주택차액 등의 연금계좌 납입】 (2025. 3. 21. 제목개정)
① 영 제40조의 2 제7항 각 호 외의 부분에서 "기획재정부령으로 정하는 신청서"란 별지 제3호의 3 서식의 <u>주택차액등 연금계좌 납입 신청서</u>를 말한다. (2025. 3. 21. 개정)
② 영 제40조의 2 제7항 제3호에서 "기획재정부령으로 정하는 서류"란 다음 각 호의 어느 하나에 해당하는 서류를 말한다. (2023. 3. 20. 신설)
1. 별지 제3호의 4 서식의 1주택 확인서 (2023. 3. 20. 신설)
2. 영 제40조의 2 제7항 제1호 또는 제2호에 따른

금액으로 본다. (2014. 2. 21. 신설)

⑤ 연금계좌의 운용에 따라 연금계좌에 있는 금액이 원금에 미달하는 경우 연금계좌에 있는 금액은 원금이 제1항에 따른 인출순서와 반대의 순서로 차감된 후의 금액으로 본다. (2015. 2. 3. 신설)

　제40조의 4 【연금계좌의 이체】 ① 연금계좌에 있는 금액이 연금수령이 개시되기 전의 다른 연금계좌로 이체되는 경우에는 이를 인출로 보지 아니한다. 다만, 다음 각 호의 어느 하나에 해당하는 경우에는 그러하지 아니하다. (2016. 2. 17. 개정)

1. 연금저축계좌와 퇴직연금계좌 상호 간에 이체되는 경우 (2013. 2. 15. 신설)

2. 2013년 3월 1일 이후에 가입한 연금계좌에 있는 금액이 2013년 3월 1일 전에 가입한 연금계좌로 이체되는 경우 (2013. 2. 15. 신설)

3. 퇴직연금계좌에 있는 일부 금액이 이체되는 경우 (2013. 2. 15. 신설)

② 제1항 단서 및 같은 항 제1호에도 불구하고 다음 각 호의 어느 하나에 해당하는 경우에는 인출로 보지 아니한다. (2016. 2. 17. 신설)

1. 제40조의 2 제3항 제1호 및 제2호의 요건을 갖춘 연금저축계좌의 가입자가 제40조의 2 제1항 제2호 나목에 해당하는 퇴직연금계좌로 전액을 이체(연금수령이 개시된 경우를 포함한다)하는 경우 (2016. 2. 17. 신설)

2. 제40조의 2 제3항 제1호 및 제2호의 요건을 갖춘 퇴직연금계좌(제40조의 2 제1항 제2호 나목에 해당하는 경우에 한정한다)의 가입자가 연금저축계좌로 전액을 이체(연금수령이 개시된 경우를 포함한다)하는 경우 (2016. 2. 17. 신설)

③ 제1항을 적용할 때 일부 금액이 이체(제1항 제3호의 경우를 제외한다)되는 경우에는 제40조의 3 제1항 각 호의 순서에 따라 이체되는 것으로 본다. (2016. 2. 17. 항번개정)

④ 제1항 및 제2항을 적용할 때 연금계좌의 가입일 등은 이체받은 연금계좌를 기준으로 이 영을 적용한다. 다만, 연금계좌가 새로 설정되어 전액이 이체되는 경우에는 이체되기 전의 연금계좌를 기준으로 할 수 있다. (2016. 2. 17. 개정)

☞ p.2543 2단 연결

부령으로 정하는 바에 따라 계산한 가액으로 한다. (2023. 2. 28. 신설)

　제40조의 3 【연금계좌의 인출순서 등】 ① 연금계좌에서 일부 금액이 인출되는 경우에는 다음 각 호의 금액이 순서에 따라 인출되는 것으로 본다. (2013. 2. 15. 개정)

1. 법 제20조의 3 제1항 제2호 각 목에 해당하지 아니하는 금액(이하 "과세제외금액"이라 한다) (2013. 2. 15. 개정)

2. 이연퇴직소득 (2013. 2. 15. 개정)

3. 법 제20조의 3 제1항 제2호 나목부터 라목까지의 규정에 따른 금액 (2014. 2. 21. 개정)

② 과세제외금액은 다음 각 호의 순서에 따라 인출되는 것으로 본다. 다만, 제4호는 제201조의 10에 따라 확인되는 금액만 해당하며, 확인되는 날부터 과세제외금액으로 본다. (2022. 2. 15. 단서개정)

1. 인출된 날이 속하는 과세기간에 해당 연금계좌에 납입한 연금보험료(제2호에 해당하는 금액은 제외한다) (2022. 2. 15. 개정)

2. 인출된 날이 속하는 과세기간에 해당 연금계좌에 납입한 법 제59조의 3 제3항에 따른 전환금액 (2022. 2. 15. 신설)

3. 해당 연금계좌만 있다고 가정할 때 해당 연금계좌에 납입된 연금보험료로서 법 제59조의 3 제1항 단서에 따른 연금계좌세액공제의 한도액(이하 이 조에서 "연금계좌세액공제 한도액"이라 한다)을 초과하는 금액이 있는 경우 그 초과하는 금액 (2022. 2. 15. 호번개정)

4. 제1호부터 제3호까지에서 정한 금액 외에 해당 연금계좌에 납입한 연금보험료 중 연금계좌세액공제를 받지 아니한 금액 (2022. 2. 15. 개정)

③ 인출된 금액이 연금수령한도를 초과하는 경우에는 연금수령분이 먼저 인출되고 그 다음으로 연금외수령분이 인출되는 것으로 본다. (2013. 2. 15. 개정)

④ 연금계좌에 납입한 연금보험료 중 연금계좌세액공제 한도액 이내의 연금보험료는 납입일이 속하는 과세기간의 다음 과세기간 개시일(납입일이 속하는 과세기간에 연금수령 개시를 신청한 날이 속하는 경우에는 연금수령 개시를 신청한 날)부터 제1항 제3호 중 법 제20조의 3 제1항 제2호 나목에 따른 세액공제를 받은

2. 영 제40조의 2 제2항 제1호 다목에 따른 연금주택의 양도가액, 같은 목에 따른 축소주택의 취득가액 또는 같은 호 라목에 따른 연금부동산(이하 이 항에서 "연금부동산"이라 한다)의 양도가액을 확인할 수 있는 서류(영 제40조의 2 제7항 제1호 또는 제2호의 서류를 제출할 수 없는 경우로 한정한다) (2025. 3. 21. 개정)

3. 연금부동산 매입 당시의 매매계약서 등 연금부동산의 취득가액을 확인할 수 있는 서류(연금부동산을 양도한 경우만 해당한다) (2025. 3. 21. 신설)

4. 「기초연금법 시행규칙」 제8조 제3항 제1호에 따른 지급결정통지서 또는 같은 항 제2호에 따른 지급변경(상실)통지서(연금부동산을 양도한 경우만 해당한다) (2025. 3. 21. 신설)

③ 영 제40조의 2 제12항에서 "기획재정부령으로 정하는 바에 따라 계산한 가액"이란 주택의 소유지분의 가액을 그 지분비율로 나눈 금액을 말한다. (2023. 3. 20. 신설)

〈제21조 ①〉

5. 저작자 또는 실연자(實演者) · 음반제작자 · 방송사업자 외의 자가 저작권 또는 저작인접권의 양도 또는 사용의 대가로 받는 금품 (2009. 12. 31. 개정)

6. 다음 각 목의 자산 또는 권리의 양도 · 대여 또는 사용의 대가로 받는 금품 (2009. 12. 31. 개정)
  가. 영화필름 (2009. 12. 31. 개정)
  나. 라디오 · 텔레비전방송용 테이프 또는 필름 (2009. 12. 31. 개정)
  다. 그 밖에 가목 및 나목과 유사한 것으로서 대통령령으로 정하는 것 (2009. 12. 31. 개정)

7. 광업권 · 어업권 · 양식업권 · 산업재산권 · 산업정보, 산업상 비밀, 상표권 · 영업권(대통령령으로 정하는 점포 임차권을 포함한다), 토사석(土砂石)의 채취허가에 따른 권리, 지하수의 개발 · 이용권, 그 밖에 이와 유사한 자산이나 권리를 양도하거나 대여하고 그 대가로 받는 금품 (2019. 8. 27. 개정 ; 양식산업발전법 부칙)

통칙 19 - 0···6 【특허권 등의 대여료의 소득구분】
① 거주자가 계속적 · 반복적으로 특허권 등을 대여하고 받는 대가는 사업소득에 해당한다. (2011. 3. 21. 신설)
② 제1항 외의 특허권 등 대여에 대한 대가는 법 제21조 제1항 제7호에 따른 기타소득으로 본다. (2011. 3. 21. 신설)

8. 물품(유가증권을 포함한다) 또는 장소를 일시적으로 대여하고 사용료로서 받는 금품 (2010. 12. 27. 개정)

8의 2. 「전자상거래 등에서의 소비자보호에 관한 법률」에 따라 통신판매중개를 하는 자를 통하여 물품 또는 장소를 대여하고 대통령령으로 정하는 규모 이하의 사용료로서 받은 금품 (2018. 12. 31. 신설)

9. 「공익사업을 위한 토지 등의 취득 및 보상에 관한 법률」 제4조에 따른 공익사업과 관련하여 지역권 · 지상권(지하 또는 공중에 설정

제41조 【기타소득의 범위 등】 (2007. 2. 28. 제목개정)

① 법 제21조 제1항 제5호에서 "저작자 또는 실연자 · 음반제작자 · 방송사업자 외의 자가 저작권 또는 저작인접권의 양도 또는 사용의 대가"로 받는 금품이라 함은 「저작권법」에 의한 저작권 또는 저작인접권을 상속 · 증여 또는 양도받은 자가 그 저작권 또는 저작인접권을 타인에게 양도하거나 사용하게 하고 받는 대가를 말한다. (2005. 2. 19. 개정)

② 법 제21조 제1항 제7호에 따른 "상표권"은 「상표법」에 따른 상표, 서비스표, 단체표장, 지리적 표시, 동음이의어 지리적 표시, 지리적 표시 단체표장, 등록상표 및 업무표장에 관한 권리를 말한다. (2007. 2. 28. 신설)

③ 법 제21조 제1항 제7호에 따른 영업권에는 행정관청으로부터 인가 · 허가 · 면허 등을 받음으로써 얻는 경제적 이익을 포함하되, 법 제94조 제1항 제1호 및 제2호의 자산과 함께 양도되는 영업권은 포함되지 않는다. (2020. 2. 11. 개정)

④ 법 제21조 제1항 제7호에서 "대통령령으로 정하는 점포 임차권"이란 거주자가 사업소득(기획재정부령으로 정하는 사업소득을 제외한다)이 발생하는 점포를 임차하여 점포 임차인으로서의 지위를 양도함으로써 얻는 경제적 이익(점포임차권과 함께 양도하는 다른 영업권을 포함한다)을 말한다. (2010. 2. 18. 개정)

⑤ 법 제21조 제1항 제7호에 따른 토사석의 채취허가에 따른 권리에는 법 제94조 제1항 제1호에 따른 토지와 함께 양도하는 토사석의 채취허가에 따른 권리를 포함한다. (2007. 2. 28. 신설)

⑥ 법 제21조 제1항 제7호에 따른 지하수개발 · 이용권에는 법 제94조 제1항 제1호에 따른 토지 등과 함께 양도하는 지하수개발 · 이용권을 포함한다. (2007. 2. 28. 신설)

⑦ 법 제21조 제1항 제8호의 2에서 "대통령령으로 정하는 규모"란 연간 수입금액 500만원을 말한다. (2019. 2. 12. 신설)

통칙 21 - 41···1 【국내 원작자의 의미】
영 제41조 제14항 단서에서 '양도일 현재 생존해 있는 국내 원작자'는 양도일 현재 생존해 있는 대한민국 국적자인 원작자와 국내에서 주로 작품활동을 하면서 양도일 현재 법 제1조의 2 제1항 제1호의 거주자인 외국인 원작자를 말한다. (2024. 3. 15. 신설)

제17조 【점포임차인의 지위양도시 과세제외되는 사업소득의 범위】 (2014. 3. 14. 조번개정)
영 제41조 제4항에서 "기획재정부령으로 정하는 사업소득"이라 함은 다음 각 호의 사업에서 발생하는 소득을 말한다. (2008. 4. 29. 직제개정)

1. 전문 · 과학 및 기술 서비스업 중 연구개발업, 기타 전문 · 과학 및 기술서비스업, 사업지원 서비스업 (2010. 4. 30. 개정)

2. 한국표준산업분류상의 교육서비스업 중 「유아교육법」에 따른 유치원, 「초 · 중

된 권리를 포함한다)을 설정하거나 대여함으로써 발생하는 소득 (2017. 12. 19. 개정)

10. 계약의 위약 또는 해약으로 인하여 받는 소득으로서 다음 각 목의 어느 하나에 해당하는 것 (2014. 12. 23. 개정)

　가. 위약금 (2014. 12. 23. 신설)

　나. 배상금 (2014. 12. 23. 신설)

　다. 부당이득 반환 시 지급받는 이자 (2014. 12. 23. 신설)

[통칙] 21－0…2 【교통사고로 지급받는 위자료의 소득구분】
교통사고로 인하여 사망 또는 상해를 입은 자 또는 그 가족이 그 피해보상으로 받는 사망·상해보상이나 위자료는 소득세과세대상 소득에 해당되지 아니한다. (97. 4. 8. 개정)

11. 유실물의 습득 또는 매장물의 발견으로 인하여 보상금을 받거나 새로 소유권을 취득하는 경우 그 보상금 또는 자산 (2009. 12. 31. 개정)

12. 소유자가 없는 물건의 점유로 소유권을 취득하는 자산 (2009. 12. 31. 개정)

13. 거주자·비거주자 또는 법인의 대통령령으로 정하는 특수관계인이 그 특수관계로 인하여 그 거주자·비거주자 또는 법인으로부터 받는 경제적 이익으로서 급여·배당 또는 증여로 보지 아니하는 금품 (2012. 1. 1. 개정)

14. 슬롯머신(비디오게임을 포함한다) 및 투전기(投錢機), 그 밖에 이와 유사한 기구(이하 "슬롯머신등"이라 한다)를 이용하는 행위에 참가하여 받는 당첨금품·배당금품 또는 이에 준하는 금품(이하 "당첨금품등"이라 한다) (2009. 12. 31. 개정)

15. 문예·학술·미술·음악 또는 사진에 속하는 창작품(「신문 등의 자유와 기능보장에 관한 법률」에 따른 정기간행물에 게재하는 삽화 및 만화와 우리나라의 창작품 또는 고전을 외국어로 번역하거나 국역하는 것을 포함한다)에 대한 원작자로서 받는 소득으로서 다음 각 목의 어느 하나에 해당하는 것 (2009. 12. 31. 개정)

　가. 원고료 (2009. 12. 31. 개정)

　나. 저작권사용료인 인세(印稅) (2009. 12. 31. 개정)

　다. 미술·음악 또는 사진에 속하는 창작품에 대하여 받는 대가

⑧ 법 제21조 제1항 제10호에서 "위약금과 배상금"이란 재산권에 관한 계약의 위약 또는 해약으로 받는 손해배상(보험금을 지급할 사유가 발생하였음에도 불구하고 보험금 지급이 지체됨에 따라 받는 손해배상을 포함한다)으로서 그 명목여하에 불구하고 본래의 계약의 내용이 되는 지급 자체에 대한 손해를 넘는 손해에 대하여 배상하는 금전 또는 그 밖의 물품의 가액을 말한다. 이 경우 계약의 위약 또는 해약으로 반환받은 금전 등의 가액이 계약에 따라 당초 지급한 총금액을 넘지 아니하는 경우에는 지급 자체에 대한 손해를 넘는 금전 등의 가액으로 보지 아니한다. (2019. 2. 12. 항번개정)

● 예판
주택분양계약의 해지로 본래 계약내용에 따라 당초 불입한 금액의 반환금과 함께 지급받는 약정이자 상당액은 그 명목여하에 불구하고 기타소득에 해당하는 것임. (서면1팀－350, 2006. 3. 17.)

⑨ 법 제21조 제1항 제13호에서 "대통령령으로 정하는 특수관계인"이란 다음 각 호의 어느 하나에 해당하는 특수관계인을 말한다. (2019. 2. 12. 항번개정)

1. 해당 거주자의 제98조 제1항에 따른 특수관계인 (2012. 2. 2. 개정)

2. 해당 비거주자의 「국제조세조정에 관한 법률 시행령」 제2조 제2항에 따른 특수관계인 (2021. 2. 17. 개정)

3. 해당 법인의 「법인세법 시행령」 제2조 제8항에 따른 특수관계인 (2025. 2. 28. 개정)

⑩ 법 제21조 제1항 제13호에 따른 경제적 이익은 다음 각 호에 해당하는 이익으로 한다. (2019. 2. 12. 항번개정)

1. 「법인세법」에 따라 법인의 소득금액을 법인이 신고하거나 세무서장이 결정·경정할 때 처분되는 배당·상여 외에 법인의 자산 또는 개인의 사업용으로 제공되어 소득발생의 원천이 되는 자산(이하 "사업용자산"이라 한다)을 무상 또는 저가로 이용함으로 인하여 개인이 받는 이익으로서 그 자산의 이용으로 인하여 통상 지급하여야 할 사용료 또는 그 밖에 이용의 대가(통상 지급하여야 할 금액보다 저가로 그 대가를 지급한 금액이 있는 경우에는

등교육법」 및 「고등교육법」에 의한 학교와 제15조에서 규정하는 사업 (2007. 4. 17. 개정)

3. 보건업 및 사회복지서비스업 중 「사회복지사업법」에 따른 사회복지사업 (2010. 4. 30. 개정)

3의 2. 예술, 스포츠 및 여가관련 서비스업(자영 예술가 및 그 밖의 기타 스포츠 서비스업만 해당한다) (2010. 4. 30. 개정)

4. 협회 및 단체, 수리 및 기타 개인서비스업 중 협회 및 단체, 기타 개인서비스업(미용, 욕탕 및 유사 서비스업, 세탁업, 장례식장 및 관련 서비스업, 예식장업은 제외한다) (2010. 4. 30. 개정)

5. 운수업 중 수상 운송지원 서비스업 (2010. 4. 30. 개정)

6. 제64조 제2호에서 규정하는 사업 (97. 4. 23 개정)

(2009. 12. 31. 개정)

16. 재산권에 관한 알선 수수료 (2009. 12. 31. 개정)

통칙 21-0…5 【알선수수료 등의 소득구분】

① 법 제21조 제1항 제16호에 따른 재산권에 관한 알선수수료는 다른 소득에 속하지 않는 것으로서 재산의 매매·양도·교환·임대차계약 기타 이와 유사한 계약을 알선하고 받는 수수료를 말한다. 이 경우 법 제19조 제1항 제13호에 따른 기타 전문, 과학 및 기술 서비스업에 속하는 중개업은 포함하지 아니한다. (2024. 3. 15. 개정)

② 법 제21조 제1항 제17호에 규정하는 사례금에는 다른 소득에 속하지 아니하는 것으로서 다음 각호의 것을 포함한다. (97. 4. 8. 개정)

1. 의무없는 자가 타인을 위하여 사무를 관리하고 그 대가로 지급받는 금품. 다만, 그 의무없는 자가 타인을 위하여 실지로 지급한 비용의 청구액은 제외한다.

2. 근로자가 자기의 직무와 관련하여 사용자의 거래선 등으로부터 지급받는 금품. 이 경우 「상속세 및 증여세법」의 규정에 의하여 증여세가 과세되는 것은 제외한다. (2008. 7. 30. 법명개정)

3. 재산권에 관한 알선수수료 외의 계약 또는 혼인을 알선하고 지급받는 금품

17. 사례금 (2009. 12. 31. 개정)

예판

• 소액주주가 허위공시로 인한 손해배상청구소송을 제기하여 법원의 판결에 따라 지급받는 손해배상금(손해의 70% 상당액)은 소득세 과세대상이 아니나, 항소심 중 소취하의 대가로 받는 추가 합의금은 기타소득임. (소득-1586, 2009. 10. 14.)

• 상품 결제 시 일괄적으로 제공하는 할인과 달리 특정한 요건을 충족하는 경우에 지급하는 수강료 환급금은 기타소득에 해당함. (서면-2022-원천-0757, 2023. 7. 28.)

통칙 21-0…3 【모니터 요원에게 지급한 대가의 소득구분】

① 방송국, 신문사, 전화국 등이 방송프로나 신문기사의 질 또는 종업원의 업무태도 등에 관하여 의견을 청취하고자 근로계약 없이 위촉한 모니터요원에게 그 의견을 청취한 대가로 지급하는 금액은 법 제21조 제1항 제17호에 규정하는 사례금에 해당한다. (97. 4. 8. 개정)

② 기업이 고용관계 없이 위촉한 모니터요원에게 자사제품의 품질 등에 대한 의

이를 공제한 금액) (2010. 12. 30. 개정)

2. 「노동조합 및 노동관계 조정법」 제24조 제2항 및 제4항을 위반하여 지급받는 급여 (2010. 12. 30. 개정)

⑩ 법 제21조 제1항 제17호에 따른 사례금에는 「통계법」 제22조에 따라 통계청장이 고시하는 한국표준직업분류에 따른 종교 관련 종사자가 종교예식이나 종교의식을 집행하거나 관장하는 등 종교 관련 종사자로서의 활동과 관련하여 그가 소속된 종교단체 등으로부터 받는 금품을 포함한다. (2013. 11. 5. 신설)

⑪ 삭 제 (2019. 2. 12. 항번개정)

⑫ 법 제21조 제1항 제18호에서 "대통령령으로 정하는 소기업·소상공인 공제부금의 해지일시금"이란 「조세특례제한법」 제86조의 3 제4항에 따른 기타소득을 말한다. (2019. 2. 12. 항번개정)

⑬ 법 제21조 제1항 제19호 다목에 따른 용역에는 대학이 자체 연구관리비 규정에 따라 대학에서 연구비를 관리하는 경우에 교수가 제공하는 연구용역이 포함된다. (2019. 2. 12. 항번개정)

⑭ 법 제21조 제2항에서 "대통령령으로 정하는 서화(書畵)·골동품"이란 다음 각 호의 어느 하나에 해당하는 것으로서 개당·점당 또는 조(2개 이상이 함께 사용되는 물품으로서 통상 짝을 이루어 거래되는 것을 말한다)당 양도가액이 6천만원 이상인 것을 말한다. 다만, 양도일 현재 생존해 있는 국내 원작자의 작품은 제외한다. (2021. 2. 17. 개정)

1. 서화·골동품 중 다음 각 목의 어느 하나에 해당하는 것 (2009. 2. 4. 신설)

   가. 회화, 데생, 파스텔[손으로 그린 것에 한정하며, 도안과 장식한 가공품은 제외한다] 및 콜라주와 이와 유사한 장식판 (2009. 2. 4. 신설)

   나. 오리지널 판화·인쇄화 및 석판화 (2009. 2. 4. 신설)

   다. 골동품(제작 후 100년을 넘은 것에 한정한다) (2009. 2. 4. 신설)

2. 제1호의 서화·골동품 외에 역사상·예술상 가치가 있는 서화·골동품으로서 기획재정부장관이 문화체육관광부장관과 협의하여 기획재정부령으로 정하는 것 (2009. 2. 4. 신설)

⑮ 법 제21조 제1항 제26호에서 "대통령령으로 정하는 종교단체"란 다음 각 호의 어느 하나에 해당하는 자 중 종교의 보급이나 교화를 목적으로 설립된 단체(그 소속 단체를 포함한다)로서 해당 종교

관련종사자가 소속된 단체(이하 "종교단체"라 한다)를 말한다. (2019. 2. 12. 항번개정)

1. 「민법」 제32조에 따라 설립된 비영리법인 (2017. 12. 29. 개정)

2. 「국세기본법」 제13조에 따른 법인으로 보는 단체 (2017. 12. 29. 개정)

3. 「부동산등기법」 제49조 제1항 제3호에 따라 부동산등기용등록번호를 부여받은 법인 아닌 사단·재단 (2017. 12. 29. 개정)

⑯ 종교단체는 소속 종교관련종사자에게 지급한 금액 및 물품(법 제12조 제3호 및 같은 조 제5호 아목에 따른 금액 및 물품을 포함한다. 이하 같다)과 그 밖에 종교 활동과 관련하여 지출한 비용을 구분하여 기록·관리한다. (2019. 2. 12. 항번개정)

⑰ 법 제21조 제1항 제26호의 소득에는 종교관련종사자가 그 활동과 관련하여 현실적인 퇴직 이후에 종교단체로부터 정기적 또는 부정기적으로 지급받는 소득으로서 제42조의 2 제4항 제4호에 따라 현실적인 퇴직을 원인으로 종교단체로부터 지급받는 소득에 해당하지 아니하는 소득을 포함한다. (2019. 2. 12. 항번개정)

⑱ 법 제21조 제2항에서 "사업장을 갖추는 등 대통령령으로 정하는 경우"란 다음 각 호의 어느 하나에 해당하는 경우를 말한다. (2021. 2. 17. 신설)

☞ p.2546 2단 연결

견제출 등의 모니터링 활동에 대하여 법적 지급의무 없이 사례로 지급하는 금품은 법 제21조 제1항 제17호에 따른 기타소득에 해당하나, 당해 모니터요원에게 일시적으로 시장조사, 매장조사, 모니터회의 참석 등 특정한 업무를 수행하게 하고 그 용역제공의 실적에 따라 지급하는 수당 등의 대가는 법 제21조 제1항 제19호 라목에 따른 기타소득에 해당한다. (2011. 3. 21. 개정)

21-0…4【원고료에 대한 소득구분】
사원이 업무와 관계없이 독립된 자격에 의하여 사내에서 발행하는 사보 등에 원고를 게재하고 받는 대가는 법 제21조 제1항 제15호 가목의 규정에 의한 기타소득에 해당한다. (2008. 7. 30. 개정)

18. 대통령령으로 정하는 소기업 · 소상공인 공제부금의 해지일시금 (2009. 12. 31. 개정)
19. 다음 각 목의 어느 하나에 해당하는 인적용역(제15호부터 제17호까지의 규정을 적용받는 용역은 제외한다)을 일시적으로 제공하고 받는 대가 (2009. 12. 31. 개정)
　가. 고용관계 없이 다수인에게 강연을 하고 강연료 등 대가를 받는 용역 (2009. 12. 31. 개정)
　나. 라디오 · 텔레비전방송 등을 통하여 해설 · 계몽 또는 연기의 심사 등을 하고 보수 또는 이와 유사한 성질의 대가를 받는 용역 (2009. 12. 31. 개정)
　다. 변호사, 공인회계사, 세무사, 건축사, 측량사, 변리사, 그 밖에 전문적 지식 또는 특별한 기능을 가진 자가 그 지식 또는 기능을 활용하여 보수 또는 그 밖의 대가를 받고 제공하는 용역 (2009. 12. 31. 개정)
　라. 그 밖에 고용관계 없이 수당 또는 이와 유사한 성질의 대가를 받고 제공하는 용역 (2009. 12. 31. 개정)
20. 「법인세법」 제67조에 따라 기타소득으로 처분된 소득 (2009. 12. 31. 개정)
21. 제20조의 3 제1항 제2호 나목 및 다목의 금액을 그 소득의 성격에도 불구하고 연금외수령한 소득 (2013. 1. 1. 개정)
22. 퇴직 전에 부여받은 주식매수선택권을 퇴직 후에 행사하거나 고용관계 없이 주식매수선택권을 부여받아 이를 행사함으로써 얻는 이

1. 서화 · 골동품의 거래를 위하여 사업장 등 물적시설(인터넷 등 정보통신망을 이용하여 서화 · 골동품을 거래할 수 있도록 설정된 가상의 사업장을 포함한다)을 갖춘 경우 (2021. 2. 17. 신설)
2. 서화 · 골동품을 거래하기 위한 목적으로 사업자등록을 한 경우 (2021. 2. 17. 신설)

제42조【이연퇴직소득 및 부득이한 사유의 연금수령에 대한 연금외수령 판정특례 등】삭　제 (2015. 2. 3.)

제50조【기타소득 등의 수입시기】 (2007. 2. 28. 제목개정)
① 기타소득의 수입시기는 다음 각 호에 따른 날로 한다. (2010. 2. 18. 개정)
1. 법 제21조 제1항 제7호에 따른 기타소 득(자산 또는 권리를 대여한 경우의 기타소득은 제외한다) (2008. 2. 22. 개정)
　그 대금을 청산한 날, 자산을 인도한 날 또는 사용 · 수익일 중 빠른 날. 다만, 대금을 청산하기 전에 자산을 인도 또는 사용 · 수익하였으나 대금이 확정되지 아니한 경우에는 그 대금 지급일로 한다.
1의 2. 법 제21조 제1항 제10호에 따른 소득 중 계약금이 위약금 · 배상금으로 대체되는 경우의 기타소득 (2012. 2. 2. 신설)
　계약의 위약 또는 해약이 확정된 날
2. 법 제21조 제1항 제20호에 따른 기타소득 (2007. 2. 28. 신설)
　그 법인의 해당 사업연도의 결산확정일
3. 법 제21조 제1항 제21호에 따른 기타소득 (2013. 2. 15. 개정)
　연금외수령한 날
4. 그 밖의 기타소득 (2013. 2. 15. 신설)
　그 지급을 받은 날
② 퇴직소득의 수입시기는 퇴직한 날로 한다. 다만, 법 제22조 제1항 제1호 중 「국민연금법」에 따른 일시금과 제42조의 2 제4항 제3호에 따른 퇴직공제금의 경우에는 소득을 지급받는 날(분할하여 지급받는 경우에는 최초로 지급받는 날)로 한다. (2015. 2. 3. 단서개정)
③~④ 삭　제 (2007. 2. 28.)

⑤ 연금소득의 수입시기는 다음 각 호의 구분에 따른 날로 한다. (2013. 2. 15. 개정)
1. 공적연금소득 : 공적연금 관련법에 따라 연금을 지급받기로 한 날 (2014. 2. 21. 개정)
2. 법 제20조의 3 제1항 제2호에 따른 연금소득 : 연금수령한 날 (2013. 2. 15. 개정)
3. 그 밖의 연금소득 : 해당 연금을 지급받은 날 (2013. 2. 15. 개정)

제50조의　2【동업기업으로부터의 소득의 수입시기】① 「조세특례제한법」 제100조의 18 제1항에 따라 배분받은 소득은 해당 동업기업의 과세연도의 종료일을 수입시기로 한다. (2009. 2. 4. 신설)
② 「조세특례제한법」 제100조의 22 제1항에 따라 분배받은 자산의 시가 중 분배일의 지분가액을 초과하여 발생하는 소득은 분배일을 수입시기로 한다. (2009. 2. 4. 신설)

익 (2009. 12. 31. 개정)

 **예판**

피상속인이 부여받은 주식매수선택권을 상속인이 행사하는 경우 당해 주식 매수선택권 행사이익(상속세가 과세된 금액은 차감)은 기타소득에 해당함. (서면1팀-79, 2008. 1. 15.)

22의 2. 종업원등 또는 대학의 교직원이 퇴직한 후에 지급받는 직무발명보상금 (2016. 12. 20. 신설)

23. 뇌물 (2009. 12. 31. 개정)

24. 알선수재 및 배임수재에 의하여 받는 금품 (2009. 12. 31. 개정)

 **예판**

알선수재로 인하여 얻은 소득에 대해 형사사건에서 몰수와 같은 추징판결이 확정되어 집행된 경우 알선수재로 인해 얻은 위법한 소득에 내재되어 있던 경제적 이익의 상실가능성이 현실화되는 후발적 사유가 발생하였으므로 기타 소득으로 과세한 처분은 위법함. (대법 2012두 8885, 2015. 7. 23.)

통칙 21-0…6 【뇌물이 추징된 경우 과세여부】

뇌물 또는 알선수재 및 배임수재에 의하여 받은 금품이 법원 판결에 따라 몰수 또는 추징된 경우에는 소득세를 과세하지 아니한다. (2019. 12. 23. 신설)

25. 대통령령으로 정하는 서화(書畵)·골동품의 양도로 발생하는 소득 (2009. 12. 31. 개정)

25. 삭　제 (2020. 12. 29)

26. 종교관련종사자가 종교의식을 집행하는 등 종교관련종사자로서의 활동과 관련하여 대통령령으로 정하는 종교단체로부터 받은 소득(이하 "종교인소득"이라 한다) (2015. 12. 15. 신설)

관계조문

법 12조 5호 ⇒ 비과세 기타소득
법 14조 3항 8호 ⇒ 분리과세 기타소득
영 87조 ⇒ 기타소득의 필요경비 계산

27. 「가상자산 이용자 보호 등에 관한 법률」 제2조 제1호에 따른 가상자산(이하 "가상자산"이라 한다)을 양도하거나 대여함으로써 발생하는 소득(이하 "가상자산소득"이라 한다) (2023. 7. 18. 개정 ; 가상자산~부칙)

편주

법 21조 1항 27호의 개정규정은 2027. 1. 1. 이후 가상자산을 양도·대여하는 분부터 적용함. (법 부칙(2020. 12. 29.) 5조 1항) (2024. 12. 31. 개정)

② 제1항 및 제19조 제1항 제21호에도 불구하고 대통령령으로 정하는 서화(書畵)·골동품의 양도로 발생하는 소득(사업장을 갖추는 등 대통령령으로 정하는 경우에 발생하는 소득은 제외한다)은 기타소득으로 한다. (2020. 12. 29. 신설)

③ 기타소득금액은 해당 과세기간의 총수입금액에서 이에 사용된 필요경비를 공제한 금액으로 한다. (2020. 12. 29. 항번개정)

④ 제1항 제26호에 따른 종교인소득에 대하여 제20조 제1항에 따른 근로소득으로 원천징수하거나 과세표준확정신고를 한 경우에는 해당 소득을 근로소득으로 본다. (2020. 12. 29. 항번개정)

⑤ 기타소득의 구체적 범위 및 계산방법과 그 밖에 필요한 사항은 대통령령으로 정한다. (2020. 12. 29. 항번개정)

관계조문

법 12조 3호 ⇒ 비과세 퇴직소득

제22조 【퇴직소득】 ① 퇴직소득은 해당 과세기간에 발생한 다음 각 호의 소득으로 한다. (2013. 1. 1. 개정)

 ☞ p.2548 1단 연결

1. 공적연금 관련법에 따라 받는 일시금 (2013. 1. 1. 개정)
2. 사용자 부담금을 기초로 하여 현실적인 퇴직을 원인으로 지급받는 소득 (2013. 1. 1. 개정)

•예판 ···

사용자 부담금을 기초로 하여 현실적인 퇴직을 원인으로 지급받는 소득은 원칙적으로 퇴직소득에 해당하는 것이며, 퇴직소득을 여러 번 분할하여 지급하는 경우에도 퇴직소득세는 「소득세법」 147조의 지급시기 의제 규정에 따라 그 퇴직소득을 지급한 것으로 보아 원천징수하는 것임. (서면 - 2023 - 원천 - 0640, 2023. 7. 27.)

···

3. 그 밖에 제1호 및 제2호와 유사한 소득으로서 대통령령으로 정하는 소득 (2013. 1. 1. 개정)

② 제1항 제1호에 따른 퇴직소득은 2002년 1월 1일 이후에 납입된 연금 기여금 및 사용자 부담금을 기초로 하거나 2002년 1월 1일 이후 근로의 제공을 기초로 하여 받은 일시금으로 한다. (2013. 1. 1. 개정)

③ 퇴직소득금액은 제1항 각 호에 따른 소득의 금액의 합계액(비과세소득의 금액은 제외한다)으로 한다. 다만, 대통령령으로 정하는 임원의 퇴직소득금액(제1항 제1호의 금액은 제외하며, 2011년 12월 31일에 퇴직하였다고 가정할 때 지급받을 대통령령으로 정하는 퇴직소득금액이 있는 경우에는 그 금액을 뺀 금액을 말한다)이 다음 계산식에 따라 계산한 금액을 초과하는 경우에는 제1항에도 불구하고 그 초과하는 금액은 근로소득으로 본다. (2019. 12. 31. 개정)

$$
\begin{array}{c}
2019년\ 12월\ 31일부터\ 소급하여\ 3년(2012년\ 1월\ 1일부터\ 2019년\ 12월\ 31일까지의\ 근무기간이\ 3년\ 미만인\ 경우에는\ 해당\ 근무기간으로\ 한다)\ 동안\ 지급받은\ 총급여의\ 연평균환산액
\end{array}
\times \frac{1}{10} \times \frac{2012년\ 1월\ 1일부터\ 2019년\ 12월\ 31일까지의\ 근무기간}{12} \times 3 +
$$

제42조의 2 【퇴직소득의 범위】 ① 법 제22조 제1항 제1호에 따른 일시금은 다음 각 호의 금액(이하 이 조에서 "과세기준금액"이라 한다)으로 한다. (2014. 2. 21. 개정)

1. 「국민연금법」 또는 「국민연금과 직역연금의 연계에 관한 법률」에 따른 반환일시금은 다음 각 목의 금액 중 적은 금액 (2014. 2. 21. 개정)

　가. 과세기준일 이후 납입한 기여금 또는 개인부담금(사용자부담분을 포함한다. 이하 이 항에서 같다)의 누계액과 이에 대한 이자 및 가산이자 (2014. 2. 21. 개정)

　나. 실제 지급받은 일시금에서 과세기준일 이전에 납입한 기여금 또는 개인부담금을 뺀 금액 (2014. 2. 21. 개정)

2. 제1호 외의 일시금은 다음 계산식에 따라 계산한 금액 (2014. 2. 21. 개정)

$$
일시금\ 수령액 \times \frac{과세기준일\ 이후\ 기여금\ 납입월수}{총\ 기여금\ 납입월수}
$$

② 제40조 제2항에 따라 재직기간, 복무기간 또는 가입기간을 합산한 경우에는 제1항 각 호를 적용할 때 재임용일 또는 재가입일을 과세기준일로 보아 계산한다. (2014. 2. 21. 신설)

③ 제1항에도 불구하고 과세제외기여금등이 있는 경우에는 과세기준금액에서 과세제외기여금등을 뺀 금액을 법 제22조 제1항 제1호에 따른 일시금으로 한다. (2014. 2. 21. 신설)

④ 법 제22조 제1항 제3호에서 "대통령령으로 정하는 소득"이란 다음 각 호의 어느 하나에 해당하는 금액을 말한다. (2014. 2. 21. 항번개정)

1. 법 제22조 제1항 제1호의 소득을 지급하는 자가 퇴직소득의 일부 또는 전부를 지연하여 지급하면서 지연지급에 대한 이자를 함께 지급하는 경우 해당 이자 (2013. 2. 15. 개정)

2. 「과학기술인공제회법」 제16조 제1항 제3호에 따라 지급받는 과학기술발전장려금 (2013. 2. 15. 개정)

3. 「건설근로자의 고용개선 등에 관한 법률」 제14조에 따라 지급받는 퇴직공제금 (2013. 2. 15. 개정)

4. 종교관련종사자가 현실적인 퇴직을 원인으로 종교단체로부터 지급받는 소득 (2016. 2. 17. 신설)

⑤ 법 제22조 제3항 계산식 외의 부분 단서에서 "대통령령으로 정하는 임원"이란 「법인세법 시행령」 제40조 제1항 각 호의 어느 하나의 직무에 종사하는 사람을 말한다. (2019. 2. 12. 개정)

⑥ 법 제22조 제3항 계산식 외의 부분 단서에서 "2011년 12월 31일에 퇴직하였다고 가정할 때 지급받을 대통령령으로 정하는 퇴직소득금액"이란 퇴직소득금액에 2011년 12월 31일 이전 근무기간(개월 수로 계산하며, 1개월 미만의 기간이 있는 경우에는 1개월로 본다)을 전체 근무기간으로 나눈 비율을 곱한 금액(2011년 12월 31일에 정관 또는 정관의 위임에 따른 임원 퇴직급여지급규정이 있는 법인의 임원이 2011년 12월 31일에 퇴직한다고 가정할 때 해당 규정에 따라 지급받을 퇴직소득금액을 적용하기로 선택한 경우에는 해당 퇴직소득금액)을 말한다. (2015. 2. 3. 신설)

⑦ 법 제22조 제4항 제2호에 따른 총급여에는 근무기간 중 해외현지법인에 파견되어 국외에서 지급받는 급여를 포함한다. 다만, 정관 또는 정관의 위임에 따른 임원의 급여지급 규정이 있는 법인의 주거보조비, 교육비수당, 특수지수당, 의료보험료, 해외체재비, 자동차임차료 및 실의

☞ p.2549 2단 연결

퇴직한 날부터 소급하여 3년(2020년 1월 1일부터 퇴직한 날까지의 근무기간이 3년 미만인 경우에는 $\times \dfrac{1}{10} \times \dfrac{2020년\ 1월\ 1일\ 이후의\ 근무기간}{12} \times 2$ 해당 근무기간으로 한다) 동안 지급받은 총급여의 연평균 환산액

임원의 퇴직소득 한도액 산정시, 무보수 근무기간도 포함하는 것임. (서면-2023-법규소득-2095, 2024. 3. 7.)

④ 제3항 단서와 그 계산식을 적용할 때 근무기간과 총급여는 다음 각 호의 방법으로 산정한다. (2014. 12. 23. 개정)
1. 근무기간 : 개월 수로 계산한다. 이 경우 1개월 미만의 기간이 있는 경우에는 이를 1개월로 본다. (2014. 12. 23. 개정)
2. 총급여 : 봉급·상여 등 제20조 제1항 제1호 및 제2호에 따른 근로소득(제12조에 따른 비과세소득은 제외한다)을 합산한다. (2014. 12. 23. 개정)
⑤ 「국민연금법」 제88조에 따라 사용자가 국민연금기금에 납부하는 종업원의 퇴직금전환금은 제1항 제1호의 퇴직급여에 포함되는 것으로 본다. 이 경우 퇴직금전환금은 해당 근로자가 현실적으로 퇴직할 때 받는 것으로 본다. (2009. 12. 31. 개정)
⑤ 삭 제 (2013. 1. 1.)
⑥ 퇴직소득의 범위 및 계산방법과 그 밖에 필요한 사항은 대통령령으로 정한다. (2009. 12. 31. 개정)

통칙 22-0…2 【해고예고수당】
사용자가 30일 전에 예고를 하지 아니하고 근로자를 해고하는 경우 근로자에게 지급하는 「근로기준법」 제26조의 규정에 의한 해고예고수당은 퇴직소득으로 본다. 다만, 해고예고수당을 지급받은 자가 해고가 부당해고로 결정되어 복직하는 경우에도 반환하지 아니하는 경우에는 근로소득으로 본다. (2024. 3. 15. 개정)

제23조 【산림소득】 삭 제 (2006. 12. 30.)

료비 및 이와 유사한 급여로서 해당 임원이 국내에서 근무할 경우 국내에서 지급받는 금액을 초과해 받는 금액은 제외한다. (2020. 2. 11. 신설)

제43조 【퇴직판정의 특례】 ① 법 제22조 제1항 제2호를 적용할 때 다음 각 호의 어느 하나에 해당하는 사유가 발생했으나 퇴직급여를 실제로 받지 않은 경우는 퇴직으로 보지 않을 수 있다. (2020. 2. 11. 개정)
1. 종업원이 임원이 된 경우 (2013. 2. 15. 개정)
2. 합병·분할 등 조직변경, 사업양도, 직·간접으로 출자관계에 있는 법인으로의 전출 또는 동일한 사업자가 경영하는 다른 사업장으로의 전출이 이루어진 경우 (2015. 2. 3. 개정)
3. 법인의 상근임원이 비상근임원이 된 경우 (2013. 2. 15. 개정)
4. 비정규직 근로자(「기간제 및 단시간근로자 보호 등에 관한 법률」에 따른 기간제근로자 또는 단시간근로자를 말한다)가 정규직 근로자(「근로기준법」에 따라 근로계약을 체결한 근로자로서 비정규직 근로자가 아닌 근로자를 말한다)로 전환된 경우 (2020. 2. 11. 신설)
② 계속근로기간 중에 다음 각 호의 어느 하나에 해당하는 사유로 퇴직급여를 미리 지급받은 경우(임원인 근로소득자를 포함하며, 이하 "퇴직소득중간지급"이라 한다)에는 그 지급받은 날에 퇴직한 것으로 본다. (2013. 2. 15. 개정)
1. 「근로자퇴직급여 보장법 시행령」 제3조 제1항 각 호의 어느 하나에 해당하는 경우 (2013. 2. 15. 개정)
2. 법인의 임원이 향후 퇴직급여를 지급받지 아니하는 조건으로 급여를 연봉제로 전환하는 경우 (2013. 2. 15. 개정)
2. 삭 제 (2015. 2. 3.)
3. 「근로자퇴직급여 보장법」 제38조에 따라 퇴직연금제도가 폐지되는 경우 (2013. 2. 15. 개정)

통칙 22-0…1 【현실적인 퇴직의 범위】
① 다음 각호의 1에 해당하는 경우에는 법 제22조 제1항 제2호에서 규정하는 현실적인 퇴직에 포함하는 것으로 한다. (2019. 12. 23. 개정)
1. 법인의 직영차량 운전기사가 법인소속 지입차량의 운전기사로 전직하는 경우

(➡ 영 43조)

집행기준 22-43-1 【현실적인 퇴직의 범위】
① 다음 각 호의 어느 하나에 해당하는 사유가 발생하였으나 퇴직급여를 실제로 받지 않은 경우는 퇴직으로 보지 않을 수 있다.
1. 종업원이 임원이 된 경우
2. 합병·분할 등 조직변경, 사업양도, 직·간접으로 출자관계에 있는 법인으로의 전출 또는 동일한 사업자가 경영하는 다른 사업장으로의 전출이 이루어진 경우
3. 법인의 상근임원이 비상근임원이 된 경우
4. 비정규직 근로자가 정규직 근로자로 전환된 경우
② 계속근로기간 중에 다음 각 호의 어느 하나에 해당하는 사유로 퇴직급여를 미리 지급받은 경우(임원인 근로소득자를 포함하며, 이하 "퇴직소득중간지급"이라 한다)에는 그 지급받은 날에 퇴직한 것으로 본다.
1. 「근로자퇴직급여 보장법 시행령」 제3조 제1항 각 호의 어느 하나에 해당하는 경우
2. 「근로자퇴직급여 보장법」 제38조에 따라 퇴직연금제도가 폐지되는 경우
③ 다음에 해당하는 경우에는 현실적인 퇴직에 포함한다.
1. 법인의 직영차량 운전기사가 법인소속 지입차량의 운전기사로 전직하는 경우
2. 근로자가 사규 또는 근로계약에 따라 정년퇴직을 한 후 다음날 해당 사용자의 별정직 사원(촉탁)으로 채용된 경우
④ 다음에 해당하는 경우에는 현실적인 퇴직으로 보지 않는다.
1. 임원이 연임된 경우
2. 법인의 대주주 변동으로 인하여 계산의 편의, 기타 사유로 전근로자에게 퇴직금을 지급한 경우
3. 기업의 제도·기타 사정 등을 이유로 퇴직금

제 3 절　소득금액의 계산

제 1 관　총수입금액

제24조【총수입금액의 계산】① 거주자의 각 소득에 대한 총수입금액(총급여액과 총연금액을 포함한다. 이하 같다)은 해당 과세기간에 수입하였거나 수입할 금액의 합계액으로 한다. (2009. 12. 31. 개정)
② 제1항의 경우 금전 외의 것을 수입할 때에는 그 수입금액을 그 거래 당시의 가액에 의하여 계산한다. (2009. 12. 31. 개정)
③ 총수입금액을 계산할 때 수입하였거나 수입할 금액의 범위와 계산에 관하여 필요한 사항은 대통령령으로 정한다. (2009. 12. 31. 개정)

통칙 24 – 51…1 【부동산임대업에서 발생하는 소득의 총수입금액계산】
① 사업자가 부동산을 임대하고 임대료 외에 유지비나 관리비 등의 명목으로 지급받는 금액이 있는 경우에는 전기료·수도료 등의 공공요금을 제외한 청소비·난방비 등은 부동산임대업에서 발생하는 소득의 총수입금액에 산입한다. 이 경우

---

2. 근로자가 사규 또는 근로계약에 의하여 정년퇴직을 한 후 다음날 당해 사용자의 별정직사원(촉탁)으로 채용된 경우
② 다음 각호의 1에 해당하는 경우에는 현실적인 퇴직으로 보지 아니한다. (97. 4. 8. 개정)
1. 임원이 연임된 경우
2. 법인의 대주주 변동으로 인하여 계산의 편의, 기타 사유로 전근로자에게 퇴직금을 지급한 경우
3. 기업의 제도·기타 사정 등을 이유로 퇴직금을 1년기준으로 매년 지급하는 경우(시행령 제43조 제2항 제1호에 정하는 경우를 제외한다) (2024. 3. 15. 개정)
4. 비거주자의 국내사업장 또는 외국법인의 국내지점의 근로자가 본점(본국)으로 전출하는 경우
5. 정부 또는 산업은행 관리기업체가 민영화됨에 따라 전근로자의 사표를 일단 수리한 후 재채용한 경우
6. 2 이상의 사업장이 있는 사용자의 근로자가 한 사업장에서 다른 사업장으로 전출하는 경우

제44조【조림기간의 계산】삭　제 (2007. 2. 28.)

제 4 절　소득금액의 계산

제51조【총수입금액의 계산】① 부동산임대소득에 대한 총수입금액의 계산에 있어서 선세금에 대하여는 그 선세금을 계약기간의 월수로 나눈 금액의 각 연도의 합계액을 그 총수입금액으로 한다.
② 제1항의 규정을 적용함에 있어서 월수의 계산은 기획재정부령이 정하는 바에 의한다. (2008. 2. 29. 직제개정 ; 기획재정부와~직제 부칙)
제51조【총수입금액의 계산】①~② 삭　제 (2010. 2. 18.)
③ 사업소득에 대한 총수입금액의 계산은 다음 각 호에 따라 계산한다. (2010. 2. 18. 개정)
1. 부동산을 임대하거나 지역권·지상권을 설정 또는 대여하고 받은 선세금(先貰金)에 대한 총수입금액은 그 선세금을 계약기간의 월수로 나눈 금액의 각 과세기간의 합계액으로 한다. 이 경우 월수의 계산은 기획재정부령으로 정하는 바에 따른다. (2018. 2. 13. 개정)

을 1년 기준으로 매년 지급하는 경우(「근로자퇴직급여 보장법」 제8조 제2항에 따라 퇴직금을 미리 정산하여 받은 경우를 제외한다)
4. 비거주자의 국내사업장 또는 외국법인의 국내지점의 근로자가 본점(본국)으로 전출하는 경우
5. 정부 또는 산업은행 관리기업체가 민영화됨에 따라 전근로자의 사표를 일단 수리한 후 재채용한 경우
6. 2이상의 사업장이 있는 사용자의 근로자가 한 사업장에서 다른 사업장으로 전출하는 경우
7. 법인이 「근로자퇴직급여보장법」 제8조 제2항에 따라 사용인의 퇴직금을 사업연도 종료일을 기준으로 중간정산하기로 하였으나 그 지급시기와 방법이 구체적으로 확정되지 아니하여 해당 퇴직금을 실제로 지급하지 않은 경우 (2024. 10. 31. 개정)

제21조【선세금의 계산】영 제51조 제3항 제1호 후단에 따른 월수의 계산에 있어 당해 계약기간의 개시일이 속하는 달이 1월 미만인 경우는 1월로 하고 당해 계약기

청소·난방 등의 사업이 부동산임대업과 객관적으로 구분되는 경우에는 청소 관련 수입금액은 사업시설관리 및 사업지원 서비스업 중 건물·산업설비 청소업, 난방관련 수입금액은 전기, 가스, 증기 및 수도사업 중 증기, 냉온수 및 공기조절 공급업의 총수입금액에 산입한다. (2011. 3. 21. 개정)
② 제1항 본문의 경우 전기료·수도료 등의 공공요금의 명목으로 지급받은 금액이 공공요금의 납부액을 초과할 때 그 초과하는 금액은 부동산임대소득의 총수입금액에 산입한다. (97. 4. 8. 개정)

24－51…2【수출대행의 경우 총수입금액계산】
사업자가 자기가 생산 또는 매입한 물품을 수출업자를 통하여 대행수출한 경우 각자의 수입금액은 다음 각호와 같이 계산한다. (2011. 3. 21. 개정)
1. 당해 사업자의 경우에는 수출금액
2. 수출업자의 경우에는 사업자로부터 받은 대행수수료

24－51…3【봉사료의 총수입금액산입 등】
① 음식 및 숙박업이나 개인서비스업을 영위하는 사업자가 용역을 공급하고 그 대가와 함께 받는 종업원의 봉사료를 세금계산서, 영수증 또는 신용카드 가맹사업자의 신용카드매출전표에 그 대가와 구분하여 기재한 경우로서 당해 종업원에게 실제로 지급한 사실이 확인되는 경우 그 봉사료는 총수입금액에 산입하지 아니한다. 다만, 사업자가 봉사료를 자기의 총수입금액으로 계상하는 경우에는 총수입금액에 산입하고 동 봉사료를 봉사용역을 제공한 자에게 지급한 때에는 필요경비에 산입한다. (2011. 3. 21. 개정)
② 삭 제 (2008. 7. 30.)

24－51…4【창고업의 상·하차임의 총수입금액계산】
창고업을 영위하는 사업자가 창고에 보관물품을 하차·입고·출고·상차 등을 하여 주고 지급받는 대가를 보관료와 구분하여 계산하여도 이는 창고업에서 발생한 총수입금액으로 본다. (97. 4. 8. 개정)

24－51…5【변호사 등이 여비, 숙박료 명목으로 지급받는 금품에 대한 총수입금액계산】
변호사·집달관·의사·조산원·공인회계사·세무사·감정평가사 등이 의뢰인으로부터 업무의 수행을 위하여 숙박료 등으로 지급받는 금품은 당해 사업의 총수입금액에 산입하고 이를 당해 용도에 실질적으로 지출한 금액은 필요경비에 산입한다. (97. 4. 8. 개정)

24－51…6【판매가격 외에 영수한 공과금의 총수입금액계산】
사업자가 판매가격이나 수량을 기준으로 하여 납부하는 공과금을 거래상대자로부터 판매가격 외에 별도로 영수하여 납부하는 경우에는 이를 당해 사업자의 총수입금액에 산입하고 공과금으로 납부하는 금액은 필요경비에 산입한다. (2008. 7. 30. 개정)

1의 2. 환입된 물품의 가액과 매출에누리는 해당 과세기간의 총수입금액에 산입하지 아니한다. 다만, 거래수량 또는 거래금액에 따라 상대편에게 지급하는 장려금과 그 밖에 이와 유사한 성질의 금액과 대손금은 총수입금액에서 빼지 아니한다. (2010. 2. 18. 개정)
1의 3. 외상매출금을 결제하는 경우의 매출할인금액은 거래상대방과의 약정에 의한 지급기일(지급기일이 정하여져 있지 아니한 경우에는 지급한 날)이 속하는 과세기간의 총수입금액 계산에 있어서 이를 차감한다. (2010. 2. 18. 호번개정)
1의 4. 제137조 제1항 제1호에 해당하는 사업자가 보험가입자의 모집 및 이에 부수되는 용역을 제공하고 받은 모집수당 등을 반환하는 경우 그 반환 금액은 반환일이 속하는 과세기간의 총수입금액을 계산할 때 차감한다. (2024. 2. 29. 신설)
1의5. 제38조 제3항 제1호에 따른 판매 또는 제공가액과 시가와의 차액은 총수입금액에 산입한다. (2025. 2. 28. 신설)
2. 거래상대방으로부터 받는 장려금 기타 이와 유사한 성질의 금액은 총수입금액에 이를 산입한다. (99. 12. 31 개정)
3. 관세환급금등 필요경비로 지출된 세액이 환입되었거나 환입될 경우에 그 금액은 총수입금액에 이를 산입한다.
4. 사업과 관련하여 무상으로 받은 자산의 가액과 채무의 면제 또는 소멸로 인하여 발생하는 부채의 감소액은 총수입금액에 이를 산입한다. 다만, 법 제26조 제2항의 경우에는 그러하지 아니하다.

통칙 24－51…12【무상으로 수입한 물품의 총수입금액계산】
사업자가 사업과 관련하여 해외에서 무상으로 수입한 물품을 사업용으로 사용한 때에는 다음 각호와 같이 처리한다. (2024. 3. 15. 개정)
1. 그 물품이 재산적 가치가 있는 경우 소득금액계산상 총수입금액에 산입한다. 이 경우 총수입금액에 산입할 금액은 당해 물품의 관세과세표준금액으로 하며 관세 및 부대비용은 취득가액에 합산한다.
2. 그 물품이 필요경비에 산입할 성질인 경우 관세 및 부대비용은 견본비, 소모품비 등 그 성질에 따라 필요경비에 산입한다.

4의 2. 다음 각 목의 어느 하나에 해당되는 이익, 분배금 또는 보험차익은 그 소득의 성격에도 불구하고 총수입금액에 산입한다. (2013. 2. 15. 개정)

간의 종료일이 속하는 달이 1월 미만인 경우에는 이를 산입하지 아니한다. (2010. 4. 30. 개정)

제22조【매출에누리 등의 범위】
① 영 제51조 제3항 제1호의 2 본문에 따른 매출에누리는 다음 각 호의 어느 하나에 해당하는 것으로 한다. (2010. 4. 30. 개정)
1. 물품의 판매에 있어서 그 품질·수량 및 인도·판매대금 결제 기타 거래조건에 따라 그 물품의 판매당시에 통상의 매출가액에서 일정액을 직접 공제하는 금액
2. 매출한 상품 또는 제품에 대한 부분적인 감량·변질·파손등으로 매출가액에서 직접 공제하는 금액
② 영 제51조 제3항 제1호의 3에 따른 매출할인금액은 외상거래대금을 결제하거나 외상매출금 또는 미수금을 그 약정기일전에 영수하는 경우 일정액을 할인하는 금액으로 한다. (2010. 4. 30. 개정)

통칙 24－51…13【광고선전용자산의 수증익】
판매업을 영위하는 자가 제조업자 등으로부터 자산(광고선전용 간판, 네온사인, 플래카드와 같이 오로지 광고선전용으로 제공되는 것은 제외한다)을 무상으로 취득한 경우에 당해 제조업자 등의 취득가액(자기제품인 경우에는 판매가격)은 영 제51조 제3항 제4호의 규정에 의하여 그 취득일이 속하는 과세기간의 총수입금액에 산입한다. 이 경우 사업자가 제조업자 등으로부터 광고선전용 자산의 취득과 관련하여 금전을 교부받은 때에도

24-51…7【간이과세자 등의 총수입금액계산과 납부한 부가가치세의 필요경비계산】

① 「부가가치세법」 제2조 제4호에 따른 간이과세자의 총수입금액은 재화 또는 용역의 공급대가로 한다. (2019. 12. 23. 개정)

② 간이과세자가 거래상대자로부터 재화 또는 용역을 제공받고 거래징수당한 부가가치세는 매입원가에 산입한다. (2008. 7. 30. 개정)

③ 간이과세자가 재화 또는 용역의 공급으로 부가가치세법에 의하여 납부한 부가가치세는 필요경비에 산입한다. (2008. 7. 30. 개정)

24-51…8【매출미계상분에 대한 소득금액계산】

사업자가 판매된 상품을 총수입금액에 산입하지 아니하고 재고자산으로 계상한 때에는 그 판매가액을 총수입금액에 산입하고 판매된 상품의 재고자산가액을 필요경비에 산입한다. (2011. 3. 21. 개정)

24-51…9【자산임의평가차익의 총수입금액불산입】

사업용고정자산을 임의로 평가(공신력 있는 감정기관의 평가를 포함한다)하여 그 평가차익을 장부에 계상한 경우에는 이를 총수입금액에 산입하지 아니한다. 이 경우 당해 자산의 감가상각비 계산은 평가 전의 장부가액에 의한다. (97. 4. 8. 개정)

24-51…10【간행물 등의 대가를 회비명목으로 징수하는 경우의 총수입금액 계산】

① 간행물 등을 발간하여 직접적인 대가를 받지 아니하고 회비 등의 명목으로 그 대가를 징수하는 경우에는 다음 각호에 따라 총수입금액을 계산한다. (97. 4. 8. 개정)

1. 회원으로부터 그 대가를 받지 아니하고 별도의 회비를 징수하는 경우에는 그 회비 중 당해 간행물 등의 대가상당액은 총수입금액으로 본다.

2. 회원 외의 자로부터 그 간행물의 대가를 받지 아니하고 기부금의 명목으로 금전을 수수하는 경우에는 그 수수하는 금액을 총수입금액으로 본다.

② 제1항에서 "회비 등의 명목으로 그 대가를 징수하는 경우"라 함은 다음 각호에 규정하는 것으로 한다. (97. 4. 8. 개정)

1. 회원에게 배포한 간행물 등이 독립된 상품적 가치가 있다고 인정되는 것으로서 그 대가 상당액을 별도의 회비 등의 명목으로 징수하는 경우

2. 건전한 사회통념에 비추어 보아 소속회원에게 봉사하는 정도를 넘는 회비를 징수하고 간행물 등을 배포하는 경우

24-51…11【묘지사용료의 총수입금액계산】

분묘기지권을 설정한 사업자가 분묘설치자로부터 받은 분묘기지권 사용료(지료)로서 반환의무가 없으며 분묘기지권 사용기간이 없거나 영구인 경우에는 당해 사용료를 받기로 한 날이 속하는 과세기간의 총수입금액에 산입한다. (97. 4. 8. 개정)

가. 제26조의 2 제7항에 따른 퇴직일시금신탁의 이익 또는 분배금 (2010. 2. 18. 개정)

나. 단체퇴직보험계약 및 법률 제7379호 근로자퇴직급여 보장법 부칙 제2조 제1항에 따른 퇴직보험계약의 보험차익 (2012. 7. 24. 개정 ; 근로자퇴직급여 보장법 시행령 부칙)

가.~나. 삭　제 (2013. 2. 15.)

다. 확정급여형퇴직연금제도의 보험차익과 신탁계약의 이익 또는 분배금 (2013. 2. 15. 개정)

라. 사업과 관련하여 해당 사업용 자산의 손실로 취득하는 보험차익 (2012. 2. 2. 개정)

5. 제1호, 제1호의 2부터 제1호의 4까지, 제2호부터 제4호까지 및 제4호의 2 외의 사업과 관련된 수입금액으로서 해당 사업자에게 귀속되었거나 귀속될 금액은 총수입금액에 산입한다. (2024. 2. 29. 개정)

④ 부동산임대소득 또는 사업소득이 있는 거주자가 사업과 관련하여 당해 사업용 자산의 손실로 인하여 취득하는 보험차익은 총수입금액에 이를 산입한다. (2007. 2. 28. 개정)

④ 삭　제 (2010. 2. 18.)

⑤ 법 제24조 제2항을 적용함에 있어서 금전 외의 것에 대한 수입금액의 계산은 다음 각호에 의한다.

1. 제조업자·생산업자 또는 판매업자로부터 그 제조·생산 또는 판매하는 물품을 인도받은 때에는 그 제조업자·생산업자 또는 판매업자의 판매가액 (98. 12. 31 개정)

2. 제조업자·생산업자 또는 판매업자가 아닌 자로부터 물품을 인도받은 때에는 시가 (2008. 2. 22. 개정)

3. 법인으로부터 이익배당으로 받은 주식은 그 액면가액

4. 주식의 발행법인으로부터 신주인수권을 받은 때(주주로서 받은 경우를 제외한다)에는 신주인수권에 의하여 납입한 날의 신주가액에서 당해 신주의 발행가액을 공제한 금액

5. 제1호 내지 제4호 외의 경우에는 기획재정부령이 정하는 시가 (2008. 2. 29. 직제개정 ; 기획재정부와~직제 부칙)

⑥ 제5항 제4호의 규정에 의한 신주가액이 그 납입한 날의 다음날 이후 1월 내에 하락한 때에는 그 최저가액을 신주가액으로 한다.

⑦ 법 제16조 제1항 제11호에 따른 비영업대금의 이익의 총수입금액을 계산할 때 해당 과세기간에 발생한 비영업대금의 이익에 대하여 법

이를 총수입금액에 산입한다. (97. 4. 8. 개정)

　　제22조의 2【시가의 계산】영 제51조 제5항 제5호에서 "기획재정부령이 정하는 시가"라 함은 「법인세법 시행령」 제89조를 준용하여 계산한 금액으로 한다. (2008. 4. 29. 직제개정)

제70조에 따른 과세표준확정신고 전에 해당 비영업대금이 「법인세법 시행령」 제19조의 2 제1항 제8호에 따른 채권에 해당하여 채무자 또는 제3자로부터 원금 및 이자의 전부 또는 일부를 회수할 수 없는 경우에는 회수한 금액에서 원금을 먼저 차감하여 계산한다. 이 경우 회수한 금액이 원금에 미달하는 때에는 총수입금액은 이를 없는 것으로 한다. (2014. 2. 21. 개정)

⑧ 임지의 임목을 벌채 또는 양도하는 사업의 수입금액을 계산하는 경우 임목을 임지(林地)와 함께 양도한 경우에 그 임지의 양도로 발생하는 소득은 총수입금액 계산시 산입하지 아니한다. 이 경우 임목과 임지의 취득가액 또는 양도가액을 구분할 수 없는 때에는 다음 각 호의 기준에 따라 취득가액 또는 양도가액을 계산한다. (2007. 2. 28. 신설)

1. 임목에 대하여는 「지방세법 시행령」 제4조 제1항 제5호에 따른 시가표준액 (2013. 2. 15. 개정)

2. 임지에 대하여는 총취득가액 또는 총양도가액에서 제1호에 따라 계산한 임목의 취득가액 또는 양도가액을 뺀 금액. 이 경우 빼고 남은 금액이 없는 때에는 임지의 취득가액 또는 양도가액은 없는 것으로 본다. (2013. 2. 15. 개정)

⑨ 산림의 분수계약에 의한 권리를 양도함으로써 얻는 수입금액과 분수계약의 당사자가 해당 계약의 목적이 된 산림의 벌채 또는 양도에 의한 수입금액을 해당 계약에 의한 분수율에 따라 수입하는 금액은 임지의 임목을 벌채 또는 양도하는 사업의 총수입금액에 산입한다. (2007. 2. 28. 신설)

제52조【분수계약에 의한 산림소득의 총수입금액】 삭 제 (2007. 2. 28.)

제53조【총수입금액계산의 특례】 ① 법 제25조 제1항 제2호에서 "대통령령으로 정하는 금액"이란 12억원을 말한다. (2025. 2. 28. 신설)

② 제1항의 규정을 적용함에 있어서 주택과 부가가치세가 과세되는 사업용건물(이하 이 조에서 "사업용건물"이라 한다)이 함께 설치되어 있는 경우의 주택과 그에 부수되는 토지의 범위는 다음 각호의 구분에 의한다. 이 경우 주택과 그에 부수되는 토지를 2인

편주 ▶
영 53조 1항의 개정규정은 2026. 1. 1.부터 시행함. (영 부칙(2025. 2. 28.) 1조 1호)

제25조【총수입금액 계산의 특례】① 거주자가 부동산 또는 그 부동산상의 권리 등을 대여하고 보증금·전세금 또는 이와 유사한 성질의 금액(이하 이 항에서 "보증금등"이라 한다)을 받은 경우에는 대통령령으로 정하는 바에 따라 계산한 금액을 사업소득금액을 계산할 때에 총수입금액에 산입(算入)한다. 다만, 주택[주거의 용도로만 쓰이는 면적이 1호(戶) 또는 1세대당 40제곱미터 이하인 주택으로서 해당 과세기간의 기준시가가 2억원 이하인 주택은 2026년 12월 31일까지는 주택 수에 포함하지 아니한다]을 대여하고 보증금등을 받은 경우에는 다음 각 호의 어느 하나에 해당하는 경우를 말하며, 주택 수의 계산 그밖에 필요한 사항은 대통령령으로 정한다. (2023. 12. 31. 단서개정)

1. 3주택 이상을 소유하고 해당 주택의 보증금등의 합계액이 3억원을 초과하는 경우 (2023. 12. 31. 신설)
2. 2주택(해당 과세기간의 기준시가가 12억원 이하인 주택은 주택 수에 포함하지 아니한다)을 소유하고 해당 주택의 보증금등의 합계액이 3억원 이상의 금액으로서 대통령령으로 정하는 금액을 초과하는 경우 (2023. 12. 31. 신설)

편주▶ ···

• 법 25조 1항 2호의 개정규정은 2026. 1. 1.부터 시행함. (법 부칙(2023. 12. 31.) 1조 1호)
• 2026. 1. 1. 전에 개시한 과세기간의 총수입금액 계산에 관하여는 법 25조 1항 2호의 개정규정에도 불구하고 종전의 규정에 따름. (법 부칙(2023. 12. 31.) 15조)
···

이상의 임차인에게 임대한 경우에는 각 임차인의 주택부분의 면적(사업을 위한 거주용을 제외한다)과 사업용건물 부분의 면적을 계산하여 각각 적용한다. (2002. 12. 30 후단 신설)

1. 주택부분의 면적이 사업용건물 부분의 면적보다 큰 때에는 그 전부를 주택으로 본다. 이 경우 당해 주택에 부수되는 토지의 범위는 제1항과 같다. (2001. 12. 31 신설)
2. 주택부분의 면적이 사업용건물 부분의 면적과 같거나 그 보다 작은 때에는 주택부분 외의 사업용건물 부분은 주택으로 보지 아니한다. 이 경우 당해 주택에 부수되는 토지의 면적은 총토지면적에 주택부분의 면적이 총건물면적에서 차지하는 비율을 곱하여 계산하며, 그 범위는 제1항과 같다. (2001. 12. 31 신설)

② 삭 제 (2010. 2. 18.)

③ 법 제25조 제1항 본문에 따라 총수입금액에 산입할 금액은 다음 각 호의 구분에 따라 계산한다. 이 경우 총수입금액에 산입할 금액이 영보다 적은 때에는 없는 것으로 보며, 적수의 계산은 매월 말 현재의 법 제25조 제1항 본문에 따른 보증금등(이하 이 조에서 "보증금등"이라 한다)의 잔액에 경과일수를 곱하여 계산할 수 있다. (2010. 2. 18. 개정)

예판 ···

임대보증금 등의 간주임대료 계산시 총수입금액에 산입할 금액에서 공제되는 배당금은 당해 과세기간에 배당소득 수입시기에 따른 수입할 금액으로 확정된 것을 말함. (소득 - 2823, 2008. 8. 18.)

1. 주택과 주택부수토지를 임대하는 경우(주택부수토지만 임대하는 경우는 제외한다) (2010. 2. 18. 개정)
총수입금액에 산입할 금액 = {해당 과세기간의 보증금등 − 3억원(보증금등을 받은 주택이 2주택 이상인 경우에는 보증금등의 적수가 가장 큰 주택의 보증금등부터 순서대로 뺀다)}의 적수 × 60/100 × 1/365(윤년의 경우에는 366) × 금융회사 등의 정기예금이자율을 고려하여 기획재정부령으로 정하는 이자율(이하 이 조에서 "정기예금이자율"이라 한다) − 해당 과세기간의 해당 임대사업부분에서 발생한 수입이자와 할인료 및 배당금의 합계액
2. 제1호 외의 경우 (2010. 2. 18. 개정)
총수입금액에 산입할 금액 = (해당 과세기간의 보증금등의 적수

(➡ 법 25조)

집행기준 25-0-1【미분양주택을 가사용으로 소비하는 경우의 수입시기】

① 주택신축판매업자가 폐업시점에 판매하지 아니한 주택을 가사용으로 소비하거나 종업원 또는 타인에게 지급한 경우에는 이를 소비 또는 지급한 때의 가액을 그 소비일 또는 지급일이 속하는 연도의 사업소득 총수입금액에 산입하며, 그 이후에 해당 주택을 양도하고 받는 대가는 양도소득에 해당한다.
② 주택신축판매업자가 폐업시점에 그 주택을 가사용으로 소비하거나 종업원 또는 타인에게 지급한 경우 외의 경우에는 이를 처분한 때의 가액을 그 처분일이 속하는 연도의 사업소득 총수입금액에 산입한다.
(2024. 10. 31. 개정)

제23조【총수입금액계산의 특례】① 영 제53조 제3항 제1호 산식에서 "기획재정부령으로 정하는 이자율"이란 연 1천분의 35를 말한다. (2024. 3. 22. 개정)

제23조【총수입금액계산의 특례】① 영 제53조 제3항 제1호 산식에서 "기획재정부령으로 정하는 이자율"이란 연 1천분의 31을 말한다. (2025. 3. 21. 개정)

편주▶ ···

2025. 3. 21.이 속하는 과세기간 전에 발생한 사업소득금액의 계산에 적용하는 이자율에 관하여는 규칙 23조 1항의 개정규정에도 불구하고 종전의 규정에 따름. (규칙 부칙

임대인이 임대사업 개시 전에 임대용역의 제공이 없는 상태에서 신축부동산이 완공되면 당해 부동산을 사용키로 하는 임대차계약을 체결하고 임차인으로부터 받은 선수임대보증금 또는 계약금 등은 임대사업개시 전까지는 법 제25조 제1항의 규정에 의한 간주임대료의 계산 대상이 되지 아니한다. (2011. 3. 21. 개정)

② 거주자가 재고자산(在庫資産) 또는 임목을 가사용으로 소비하거나 종업원 또는 타인에게 지급한 경우에도 이를 소비하거나 지급하였을 때의 가액에 해당하는 금액은 그 소비하거나 지급한 날이 속하는 과세기간의 사업소득금액 또는 기타소득금액을 계산할 때 총수입금액에 산입한다. (2009. 12. 31. 개정)

③ 제160조 제3항에 따른 복식부기의무자가 제33조의 2 제1항에 따른 업무용승용차를 매각하는 경우 그 매각가액을 매각일이 속하는 과세기간의 사업소득금액을 계산할 때에 총수입금액에 산입한다. (2015. 12. 15. 신설)

③ 삭　제 (2017. 12. 19.)

－ 임대용부동산의 건설비 상당액의 적수) × 1/365(윤년의 경우에는 366) × 정기예금이자율 － 해당 과세기간의 해당 임대사업부분에서 발생한 수입이자와 할인료 및 배당금의 합계액

④ 법 제45조 제4항 본문에 따라 소득금액을 추계신고하거나 법 제80조 제3항 단서에 따라 소득금액을 추계조사결정하는 경우에는 제3항에도 불구하고 다음 각 호의 구분에 따라 계산한 금액을 총수입금액에 산입한다. (2010. 2. 18. 개정)

1. 주택과 주택부수토지를 임대하는 경우(주택부수토지만 임대하는 경우는 제외한다) (2010. 2. 18. 개정)

총수입금액에 산입할 금액 = {해당 과세기간의 보증금등 － 3억원(보증금등을 받은 주택이 2주택 이상인 경우에는 보증금등의 적수가 가장 큰 주택의 보증금등부터 순서대로 뺀다)}의 적수 × 60/100 × 1/365(윤년의 경우에는 366) × 정기예금이자율

2. 제1호 외의 경우 (2010. 2. 18. 개정)

총수입금액에 산입할 금액 = 해당 과세기간의 보증금 등의 적수 × 1/365(윤년의 경우에는 366) × 정기예금이자율

⑤ 제3항에서 "임대용부동산의 건설비 상당액"이라 함은 다음 각 호의 어느 하나에 해당하는 금액을 말한다. (2008. 2. 22. 개정)

1. 지하도를 건설하여 「국유재산법」 기타 법령에 의하여 국가 또는 지방자치단체에 기부채납하고 지하도로 점용허가(1차 무상점용허가기간에 한한다)를 받아 이를 임대하는 경우에는 기획재정부령이 정하는 지하도 건설비 상당액 (2008. 2. 29. 직제개정 ; 기획재정부와~직제 부칙)

2. 제1호 외의 임대용부동산의 경우에는 기획재정부령이 정하는 당해 임대용부동산의 건설비 상당액(토지가액을 제외한다) (2008. 2. 29. 직제개정 ; 기획재정부와~직제 부칙)

⑥ 제3항의 규정에 의한 임대사업부분에서 발생한 수입이자·할인료 및 배당금은 비치·기장한 장부나 증빙서류에 의하여 당해 임대보증금 등으로 취득한 것이 확인되는 금융자산으로부터 발생한 것에 한한다. (2001. 12. 31 개정)

⑦ 제3항 및 제4항의 계산식을 적용할 때 부동산을 전전세(轉傳貰) 또

(2025. 3. 21.) 6조)
....

② 영 제53조 제5항의 규정을 적용함에 있어서 건설비상당액은 다음 각호의 산식에 의하여 계산한 금액으로 한다. 이 경우 당해 건축물의 취득가액은 자본적지출액을 포함하고 재평가차액을 제외한 금액으로 한다. (2002. 4. 13 개정)

1. 영 제53조 제5항 제1호의 경우 (2002. 4. 13 개정)

$$지하도의\ 건설비 \times \frac{임대면적}{임대가능면적}$$

2. 영 제53조 제5항 제2호의 경우 (2002. 4. 13 개정)

$$임대용부동산의\ 매입·건설비 \times \frac{임대면적}{건축물의\ 연면적}$$

③ 1990년 12월 31일 이전에 취득·건설한

제26조 【총수입금액 불산입】 ① 거주자가 소득세 또는 개인지방소득세를 환급받았거나 환급받을 금액 중 다른 세액에 충당한 금액은 해당 과세기간의 소득금액을 계산할 때 총수입금액에 산입하지 아니한다. (2014. 1. 1. 개정 ; 지방세법 부칙)

② 거주자가 무상(無償)으로 받은 자산의 가액(제160조에 따른 복식부기의무자가 제32조에 따른 국고보조금 등 국가, 지방자치단체 또는 공공기관으로부터 무상으로 지급받은 대통령령으로 정하는 금액은 제외한다)과 채무의 면제 또는 소멸로 인한 부채의 감소액 중 제45조 제3항에 따른 이월결손금의 보전(補塡)에 충당된 금액은 해당 과세기간의 소득금액을 계산할 때 총수입금액에 산입하지 아니한다. (2019. 12. 31. 개정)

③ 거주자의 사업소득금액을 계산할 때 이전 과세기간으로부터 이월된 소득금액은 해당 과세기간의 소득금액을 계산할 때 총수입금액에 산입하지 아니한다. (2009. 12. 31. 개정)

④ 농업, 임업, 어업, 광업 또는 제조업을 경영하는 거주자가 자기가 채굴, 포획, 양식, 수확 또는 채취한 농산물, 포획물, 축산물, 임산물, 수산물, 광산물, 토사석이나 자기가 생산한 제품을 자기가 생산하는 다른 제품의 원재료 또는 제조용 연료로 사용한 경우 그 사용된 부분에 상당하는 금액은 해당 과세기간의 소득금액을 계산할 때 총수입금액에

는 전대(轉貸)하는 경우 해당 부동산의 보증금등에 산입할 금액은 다음 계산식에 따라 계산한 금액으로 한다. (2013. 2. 15. 개정)
보증금등에 산입할 금액 = [전전세 또는 전대하고 받은 보증금등의 적수 − {전세 또는 임차받기 위하여 지급한 보증금등의 적수 × 전전세 또는 전대한 부분의 면적이 전세 또는 임차받은 부동산의 면적에서 차지하는 비율(사업시설을 포함하여 전전세 또는 전대한 경우 그 가액의 비율)}] × 1/365(윤년의 경우에는 366)

⑧ 법 제25조 제1항 단서를 적용할 때 주택과 주택부수토지 및 주택수의 계산 등에 관하여는 제8조의 2 제2항부터 제4항까지의 규정을 준용한다. (2010. 2. 18. 신설)

⑨ 법 제25조 제2항에 따른 소비하거나 지급하였을 때의 가액의 계산에 관하여는 제51조 제5항을 준용한다. (2010. 2. 18. 개정)

제54조 【총수입금액 불산입】 (2010. 2. 18. 제목개정)

① 법 제26조 제2항에서 "대통령령으로 정하는 금액"이란 「법인세법 시행령」 제64조 제2항 전단에 따른 국고보조금등에 상당하는 금액을 말한다. (2020. 2. 11. 신설)

② 법 제26조 제3항에서 "이전 과세기간으로부터 이월된 소득금액"이란 각 과세기간의 소득으로 이미 과세된 소득을 다시 해당 과세기간의 소득에 산입한 금액을 말한다. (2010. 2. 18. 개정)

임대용부동산에 대한 건설비상당액은 제2항의 규정에 불구하고 당해 부동산의 취득가액과 다음 각호의 산식에 의하여 계산한 금액 중 큰 금액으로 한다. (99. 5. 7 개정)

1.
$$\frac{1990년\ 12월\ 31일\ 현재의\ 임대보증금}{1990년\ 12월\ 31일\ 현재\ 보증금을\ 받고\ 임대한\ 면적}$$
× 임대보증금을 받고 임대한 면적

2.
$$\frac{1990년\ 12월\ 31일\ 현재\ 임대용부동산의\ 법\ 제99조의\ 규정에\ 의한\ 기준시가}{임대용\ 건축물의\ 연면적}$$
× 임대보증금을 받고 임대한 면적

④ 영 제53조 제7항 산식 외의 부분 후단을 적용할 때 사업시설을 포함하여 전전세 또는 전대한 경우에는 그 가액의 비율에 따라 계산한다. (2010. 4. 30. 개정)

④ 삭 제 (2011. 3. 28.)

通則 26 - 0…1 【직매장반출가액　총수입금액 제외】

제조장과 별도로 직매장을 설치하여 경영하는 사업자가 자기제조장에서 생산한 제품을 판매하기 위하여 직매장에 반출한 가액은 총수입금액계산에 포함하지 아니한다. (97. 4. 8. 개정)

26 - 54…1 【채무면제익 등으로 보전하는 이월결손금의 범위】

① 무상으로 받은 자산의 가액과 채무의 면제 또

산입하지 아니한다. (2009. 12. 31. 개정)

⑤ 건설업을 경영하는 거주자가 자기가 생산한 물품을 자기가 도급받은 건설공사의 자재로 사용한 경우 그 사용된 부분에 상당하는 금액은 해당 과세기간의 소득금액을 계산할 때 총수입금액에 산입하지 아니한다. (2009. 12. 31. 개정)

⑥ 전기·가스·증기 및 수도사업을 경영하는 거주자가 자기가 생산한 전력·가스·증기 또는 수돗물을 자기가 경영하는 다른 사업의 동력·연료 또는 용수로 사용한 경우 그 사용한 부분에 상당하는 금액은 해당 과세기간의 소득금액을 계산할 때 총수입금액에 산입하지 아니한다. (2009. 12. 31. 개정)

⑦ 개별소비세 및 주세의 납세의무자인 거주자가 자기의 총수입금액으로 수입하였거나 수입할 금액에 따라 납부하였거나 납부할 개별소비세 및 주세는 해당 과세기간의 소득금액을 계산할 때 총수입금액에 산입하지 아니한다. 다만, 원재료, 연료, 그 밖의 물품을 매입·수입 또는 사용함에 따라 부담하는 세액은 그러하지 아니하다. (2009. 12. 31. 개정)

⑧ 「국세기본법」 제52조에 따른 국세환급가산금, 「지방세기본법」 제62조에 따른 지방세환급가산금, 그 밖의 과오납금(過誤納金)의 환급금에 대한 이자는 해당 과세기간의 소득금액을 계산할 때 총수입금액에 산입하지 아니한다. (2016. 12. 27. 개정 ; 지방세기본법 부칙)

⑨ 부가가치세의 매출세액은 해당 과세기간의 소득금액을 계산할 때 총수입금액에 산입하지 아니한다. (2009. 12. 31. 개정)

⑩ 「조세특례제한법」 제106조의 2 제2항에 따라 석유판매업자가 환급받은 세액은 해당 과세기간의 소득금액을 계산할 때 총수입금액에 산입하지 아니한다. (2009. 12. 31. 개정)

는 소멸로 인한 부채의 감소액(이하 "채무면제익 등"이라 한다) 등으로 이월결손금 보전에 충당되는 그 이월결손금에는 법 제45조 제3항에 따른 공제시한이 경과된 이월결손금도 포함한다. (2011. 3. 21. 개정)

② 채무면제익 등으로 보전되는 이월결손금은 먼저 발생한 결손금이 먼저 보전되는 것으로 본다. (97. 4. 8. 개정)

제 2 관　필요경비 (2009. 12. 31. 제목개정)

제27조 【사업소득의 필요경비의 계산】 (2010. 12. 27. 제목개정)
① 사업소득금액을 계산할 때 필요경비에 산입할 금액은 해당 과세기간의 총수입금액에 대응하는 비용으로서 일반적으로 용인되는 통상적인 것의 합계액으로 한다. (2010. 12. 27. 개정)

〔통칙〕 27－55…31 【직장민방위대에 기증하는 금품】
사업자가 직장민방위대를 위하여 지출하는 금품의 가액은 지급하는 경비의 성질(예: 직장체육비·교통비·복리후생비 등)에 따라 당해 사업자의 필요경비에 산입한다. (97. 4. 8. 개정)

27－55…32 【판매부대비용의 범위】
필요경비에 산입하는 판매한 상품 또는 제품에 대한 부대비용은 건전한 사회통념과 상관행에 비추어 정상적인 거래라고 인정될 수 있는 범위안의 금액으로 하는 것으로서 그 범위를 예시하면 다음 각호와 같다. (2011. 3. 21. 신설)
1. 사전약정에 따라 협회에 지급하는 판매수수료
2. 수탁자와의 거래에 있어서 실제로 지급하는 비용
3. 관광사업 및 여행알선업을 영위하는 사업자가 고객에게 통상 무료로 증정하는 수건, 모자, 쇼핑백 등의 가액
4. 용역대가에 포함되어 있는 범위 내에서 자가시설의 이용자에게 동 시설의 이용시에 부수하여 제공하는 음료 등의 가액
5. 일정액 이상의 자기상품 매입자에게 자기출판물인 월간지를 일정기간 무료로 증정하는 경우의 동 월간지의 가액 상당액
6. 판매촉진을 위하여 경품부 판매를 실시하는 경우 경품으로 제공하는 제품 또는 상품 등의 가액
7. 기타 1호 내지 6호와 유사한 성질의 금액

97－0…4 【매입자부담의 양도소득세 등 필요경비 산입】
주택신축판매업자가 사업용 아파트 부지매입시 토지소유자에게 토지대금 이외에 양도소득세 등을 매수자가 부담하기로 약정하고 이를 실지로 지급하였을 경우 매도자는 동 양도소득세상당액을 포함한 가액을 양도가액으로 보고 매수자는 동 세액상당액을 매입원가로서 필요경비에 산입한다. (97. 4. 8. 개정)

27－55…18 【금융리스와 운용리스의 구분】
금융리스와 운용리스의 구분은 기업회계기준에 따른다. (2011. 3. 21. 개정)

27－55…19 【리스이용자의 회계처리】
① 금융리스에 의하는 경우의 회계처리는 다음 각호에 의한다. (97. 4. 8. 개정)

제55조 【사업소득의 필요경비의 계산】 (2010. 2. 18. 제목개정)
① 사업소득의 각 과세기간의 총수입금액에 대응하는 필요경비는 법 및 이 영에서 달리 정하는 것 외에는 다음 각 호에 규정한 것으로 한다. (2010. 2. 18. 개정)
1. 판매한 상품 또는 제품에 대한 원료의 매입가격(매입에누리 및 매입할인금액을 제외한다)과 그 부대비용. 이 경우 사업용 외의 목적으로 매입한 것을 사업용으로 사용한 것에 대하여는 당해 사업자가 당초에 매입한 때의 매입가액과 그 부대비용으로 한다. (98. 12. 31 개정)
1의 2. 판매한 상품 또는 제품의 보관료, 포장비, 운반비, 판매장려금 및 판매수당 등 판매와 관련한 부대비용(판매장려금 및 판매수당의 경우 사전약정 없이 지급하는 경우를 포함한다) (2009. 2. 4. 신설)
2. 부동산의 양도 당시의 장부가액(건물건설업과 부동산 개발 및 공급업의 경우만 해당한다). 이 경우 사업용 외의 목적으로 취득한 부동산을 사업용으로 사용한 것에 대해서는 해당 사업자가 당초에 취득한 때의 제89조를 준용하여 계산한 취득가액을 그 장부가액으로 한다. (2010. 2. 18. 개정)
3. 임업의 경비 (2007. 2. 28. 개정)
　가. 종묘 및 비료의 매입비
　나. 식림비
　다. 관리비
　라. 벌채비
　마. 설비비
　바. 개량비
　사. 임목의 매도경비
4. 양잠업의 경비
　가. 매입비
　나. 사양비
　다. 관리비
　라. 설비비

☞
〔통칙〕 27－55…1 【산림관리비 등의 회계처리】
산림의 취득비용과 식림 또는 육림에 소요되는 조림비는 취득가액에 산입하는 것이며, 산림의 유지관리를 위한 비용은 발생한 과세기간의 소득금액 계산상 필요경비에 산입한다. (97. 4. 8. 개정)

27－55…2 【상전조성비 등의 필요경비산입】
생사를 제조하는 사업자가 잠업농가에 대하여 장려금을 지급하거나 상전조성비 및 관리에 필요한 경비를 부담한 경우에는 이를 당해 사업자의 필요경비로 산입한다. (97. 4. 8. 개정)

1. 당해 리스물건의 리스실행일 현재의 취득가액상당액을 리스회사로부터 차입하여 동 리스물건을 구입(설치비 등 취득부대비용 포함)한 것으로 보아 소유자산과 동일한 방법으로 감가상각한 당해 리스자산의 감가상각비와 대금결제조건에 따라 지급하기로 한 리스료 중 차입금에 대한 이자상당액을 각 과세기간소득금액계산상 필요경비에 산입한다. 이 경우 동 이자상당액은 금융보험업자에게 지급하는 이자로 보아 이자소득에 대한 원천징수를 하지 아니한다.

2. 제1호의 적용에 있어 각 과세기간소득금액계산상 필요경비에 산입할 이자상당액은 리스실행일 현재의 리스계약과 관련하여 리스이용자가 리스회사에게 지급해야 하는 금액(이하 "최소리스료"라 한다) 중 이자율법에 의하여 계산한 이자상당액과 금액이 확정되지는 않았지만 기간경과 외의 요소의 미래발생분을 기초로 결정되는 리스료 부분(이하 "조정리스료"라 한다)로 한다. (2011. 3. 21. 개정)

② 운용리스에 의하는 경우의 회계처리는 다음 각호에 의한다. (97. 4. 8. 개정)

1. 대금결제조건에 따라 지급할 최소리스료와 조정리스료를 각 과세기간소득금액계산상 필요경비에 산입한다. (2008. 7. 30. 개정)

2. 제1호를 적용함에 있어 각 과세기간소득금액계산상 필요경비에 산입할 최소리스료는 최소리스료 총액이 리스기간 동안 균등하게 배분되도록 계산한 금액으로 한다. (2008. 7. 30. 개정)

3. 제2호의 규정을 적용함에 있어 외화로 표시된 리스계약의 경우 최소리스료는 외화금액을 기준으로 한다. (2008. 7. 30. 개정)

4. 리스이용자가 리스물건 취득가액의 일부를 부담할 경우 리스이용자는 동 금액을 선급비용으로 계상하고, 리스기간에 안분하여 필요경비에 산입한다.

③ 리스계약 당사자의 변동 없이 리스기간이 연장되는 재리스의 경우 동 연장기간중의 리스료에 대한 처리는 지급하기로 한 때의 필요경비에 산입한다. (97. 4. 8. 개정)

④ 리스에 관련한 외화자산 및 부채의 평가는 영 제97조의 규정에 의하여 처리한다. (97. 4. 8. 개정)

⑤ 금융리스를 운용리스로 또는 운용리스를 금융리스로 처리한 경우에는 다음 각호와 같이 한다. (2011. 3. 21. 개정)

1. 금융리스를 운용리스로 처리한 경우에는 리스물건의 취득가액상당액을 자산으로 계상하고, 필요경비에 산입한 리스료 중 제1항에 따라 필요경비에 산입할 금액을 초과하는 금액은 이를 감가상각한 것으로 보아 시부인한다.

2. 운용리스를 금융리스로 처리한 경우에는 리스료지급액 전액을 필요경비에 산입하고, 당해 자산에 대하여 필요경비에 산입한 감가상각비는 이를 필요경비에 산입하지 아니한다.

마. 개량비

바. 매도경비

5. 가축 및 가금비

가. 종란비

나. 출산비

다. 사양비

라. 설비비

마. 개량비

바. 매도경비

6. 종업원의 급여

편주 ▶ ····································
사업의 포괄적 양도·양수의 경우에 있어서 퇴직금의 필요경비 계산은 통칙 29 – 57…5 참조
····································

통칙 27 – 55…10【장기손해보험계약에 관련된 보험료의 필요경비산입범위】
사업자가 보험기간만료 후에 만기반환금을 지급하겠다는 뜻의 약정이 있는 손해보험에 대한 보험료를 지급한 경우에는 그 지급한 보험료액 가운데 적립보험료에 상당하는 부분의 금액은 자산으로 처리하고 기타 부분의 금액은 이를 기간의 경과에 따라 필요경비에 산입한다. (97. 4. 8. 개정)

27 – 55…11【임차건물 등을 보험에 가입한 경우의 보험료 필요경비산입범위】
① 임차자가 보험계약자로 되어 있는 임차건물에 대한 보험료는 임차료로 보고 임차자의 필요경비에 산입한다. 다만, 임차자가 보험수익자(피보험자)가 된 경우에는 통칙 27 – 55…10에 의한다. (2011. 3. 21. 개정)

② 당해 건물 등의 소유자가 보험계약자 및 보험수익자(피보험자)로 되어 있는 경우에 임차자가 부담한 보험료는 당해 건물 등의 임차료의 추가지급으로 본다. (97. 4. 8. 개정)

27 – 55…12【보험사고의 발생에 의한 적립보험료의 처리】
적립보험료에 상당하는 부분의 금액은 보험사고의 발생에 의하여 보험금의 지급을 받은 경우에 있어서도 그 지급에 의하여 당해 손해보험계약이 실효되지 아니하는 경우에는 이를 필요경비에 산입할 수 없다. (97. 4. 8. 개정)

6의 2. 종업원의 출산 또는 양육 지원을 위해 해당 종업원에게 공통적으로 적용되는 지급기준에 따라 지급하는 금액 (2024. 2. 29. 신설)

제24조【경조금의 필요경비산입 등】
① 영 제55조 제1항 제6호에 규정하는 종업원에는 당해 사업자의 사업에 직접 종사하고 있는 그 사업자의 배우자 또는 부양가족을 포함하는 것으로 한다.

② 사업자가 그 종업원에게 지급한 경조금 중 사회통념상 타당하다고 인정되는 범위 내의 금액은 해당 과세기간의 소득금액 계산에 있어서 이를 필요경비에 산입한다. (2010. 4. 30. 개정)

☞

통칙 27 – 55…3【사업주급료의 필요경비 불산입】
개인기업체의 사업주에 대한 급료는 소득금액계산상 필요경비에 산입하지 아니한다. 이 경우 공동사업자의 경우 또한 같다. (97. 4. 8. 개정)

27 – 55…4【직업훈련비용의 처리】
「국민 평생 직업능력 개발법」에 따라 직업능력개발훈련을 실시하는 사업자가 자기 사업을 위해 필요한 기술자를 확보하기 위하여 부담하는 교재·피복·필기도구 등 훈련경비와 훈련수당 등은 해당 과세연도의 소득금액을 계산함에 있어 필요경비에 산입한다. 이 경우 훈련경비 등의 명목으로 피훈련자에게 지급되는 현금은 이를 지급받

② 해당 과세기간 전의 총수입금액에 대응하는 비용으로서 그 과세기간에 확정된 것에 대해서는 그 과세기간 전에 필요경비로 계상하지 아니한 것만 그 과세기간의 필요경비로 본다. (2009. 12. 31. 개정)

③ 필요경비의 계산에 필요한 사항은 대통령령으로 정한다. (2009. 12. 31. 개정)

통칙 27－55…13【보험목적으로 지급한 공제회회비필요경비산입】
사업자가 임의로 조직한 공제회 등에 보험목적으로 지급한 금액은 「보험업법」에 의한 보험료에 해당하지 아니하므로 소득금액계산상 필요경비에 산입하지 아니한다. 다만, 주무부장관의 허가를 받은 공제회에 지급한 금액으로서 만기 또는 해약 시 납입금을 반환받지 아니하는 경우 동 지급액은 지급일이 속하는 과세기간의 소득금액을 계산함에 있어 필요경비에 산입한다. (2008. 7. 30. 개정)

27－55…14【원자재구입에 따른 지급이자의 처리】
사업자가 원자재의 구입을 위하여 금융지원을 받았을 경우에 동 자금에 대한 지급이자는 당해 과세기간의 필요경비로 본다. 다만, 영 제89조 제2항 제2호에 규정하는 연지급수입의 경우에 취득가액과 구분하여 지급이자로 계상한 금액을 제외하고 D/A수입자재에 대한 이자 및 유산스이자는 당해 수입자재의 매입부대비로 한다. (97. 4. 8. 개정)

27－55…15【어음할인료의 필요경비산입범위】
사업자가 사업과 관련하여 어음을 할인하고 지급하는 할인료는 지급처가 분명한 경우에 한하여 영 제55조 제1항 제13호의 규정에 의한 지급이자로 보아 필요경비에 산입한다. (97. 4. 8. 개정)

27－55…16【고정자산매입대금의 지급지연에 따른 지급이자 처리】
사업자가 고정자산을 매입함에 있어서 매입가격을 결정한 후 그 대금 중 일부 잔금의 지급지연으로 지급하는 이자상당액은 고정자산의 취득가액에 산입한다. 이 경우 그 잔금이 실질적으로 소비대차로 전환된 경우에 지급하는 이자는 이를 각 과세기간의 소득금액계산상 필요경비에 산입한다. (97. 4. 8. 개정)

27－55…17【자산매입대가로 인수한 차입금에 대한 지급이자 처리】
사업을 포괄적으로 양수하는 과정에서 자산매입대가의 일부 또는 전부로 양도자의 부채를 인수하는 경우 인수일 이후에 발생된 지급이자는 각 과세기간의 필요경비로 한다. (97. 4. 8. 개정)

27－55…21【일정기간 사용수익 후 무상양도조건부의 필요경비계산】
일정기간 사용 후에 소유권을 무상양도할 것을 조건으로 타인의 토지 위에 건축물을 신축한 경우 그 건축물의 취득가액은 사용계약기간에 안분하여 필요경비에 산입한다. 다만, 사용기간을 연장할 수 있거나 사용기간이 정하여지지 아니한 경우에는 당해 건축물의 기준내용연수를 사용기간으로 한다. (97. 4. 8. 개정)

6의 3. 법 제20조 제1항 제6호 및 이 영 제38조 제3항 각 호에 따른 지원을 함으로써 해당 임원등이 얻는 이익에 상당하는 금액 (2025. 2. 28. 신설)

7. 사업용자산에 대한 비용
　가. 사업용자산(그 사업에 속하는 일부 유휴시설을 포함한다)의 현상유지를 위한 수선비

• 예 판 ··

부동산임대업을 영위하는 거주자가 임대용 부동산의 매각을 위하여 지출하는 비용은 필요경비에 산입할 수 없음. (서면1팀 － 455, 2007. 4. 9.)
··

　나. 관리비와 유지비
　다. 사업용자산에 대한 임차료
　라. 사업용 자산의 손해보험료 (2010. 2. 18. 신설)

7의 2. 법 제160조 제3항에 따른 복식부기의무자(이하 "복식부기의무자"라 한다)가 사업용 유형자산의 양도가액을 총수입금액에 산입한 경우 해당 사업용 유형자산의 양도 당시 장부가액(법 제33조의 2 제1항에 따른 감가상각비 중 업무사용금액에 해당하지 않는 금액이 있는 경우에는 그 금액을 차감한 금액을 말한다) (2020. 2. 11. 개정)

8. 사업과 관련이 있는 제세공과금(법 제57조 제1항에 따른 세액공제를 적용하지 않는 경우의 외국소득세액을 포함한다) (2021. 2. 17. 개정)

9. 다음 각 목의 어느 하나에 해당하는 기금에 출연하는 금품 (2021. 2. 17. 신설)
　가. 해당 사업자가 설립한 「근로복지기본법」 제50조에 따른 사내근로복지기금 (2021. 2. 17. 신설)
　나. 해당 사업자와 다른 사업자 간에 공동으로 설립한 「근로복지기본법」 제86조의 2에 따른 공동근로복지기금 (2021. 2. 17. 신설)
　다. 해당 사업자의 「조세특례제한법」 제8조의 3 제1항 제1호에 따른 협력중소기업이 설립한 「근로복지기본법」 제50조에 따른 사내근로복지기금 (2021. 2. 17. 신설)

은 자의 근로소득으로 본다. (2024. 3. 15. 개정)

27－55…6【부임수당의 필요경비산입】
종업원에게 지급하는 부임수당은 각 과세기간의 소득금액계산상 필요경비에 산입한다. 그 수당 중 이주에 소요되는 비용상당액은 여비교통비로 보며 이를 초과하는 부분은 급여로 본다. (97. 4. 8. 개정)

통칙 27－55…8【매매목적물인 토지 등에 대한 재산세의 처리】
사업자가 매매를 목적으로 취득한 토지 등에 부과되는 재산세 등은 각 과세기간의 소득금액계산상 필요경비에 산입한다. 다만, 취득세와 등록세(등록세에 부가되는 교육세 포함)는 당해 토지 등의 취득가액에 산입한다. (97. 4. 8. 개정)

27-55…43【개인사업자의 중식대의 필요경비 산입범위】
개인사업자가 본인을 위해 사용한 중식대는 사업소득금액 계산시 법 제27조에 따른 필요경비에 해당하지 아니한다. (2024. 3. 15. 신설)

라. 해당 사업자의 「조세특례제한법」 제8조의 3 제1항 제1호에 따른 협력중소기업 간에 공동으로 설립한 「근로복지기본법」 제86조의 2에 따른 공동근로복지기금 (2021. 2. 17. 신설)

10. 「건설근로자의 고용개선 등에 관한 법률」에 따라 공제계약사업주가 건설근로자퇴직공제회에 납부한 공제부금 (2013. 2. 15. 개정)

10의 2. 「근로자퇴직급여 보장법」에 따라 사용자가 부담하는 부담금 (2006. 2. 9. 신설)

10의 3. 「중소기업 인력지원 특별법」 제35조의 3 제1호에 따른 중소기업이 부담하는 기여금 (2014. 2. 21. 신설)

통칙 27-55…5【종업원을 수익자로 하는 보험료의 필요경비산입범위】
법 또는 영에 특별한 규정이 있는 경우를 제외하고는 종업원을 보험수익자(피보험자)로 하고 사용자가 부담하는 보험료(선원보험료, 단체퇴직보험료에 부가된 재해특약보험, 상해보험료, 선원보증보험료, 신원보증보험료, 퇴직보험료 등)는 이를 당해 종업원의 급여로 본다. (97. 4. 8. 개정)

27-55…39【직전 과세기간 종료일까지 지급한 부담금의 정의】
영 제55조 제3항의 규정에서 "직전 과세기간 종료일까지 지급한 부담금"이란 직전 과세기간 종료일까지 불입한 부담금의 누계액에서 해당 과세기간 종료일까지 퇴직연금의 해약이나 종업원의 퇴직으로 인하여 수령한 해약금 및 퇴직연금과 확정기여형퇴직연금 등으로 전환된 금액을 차감한 금액을 말한다. (2011. 3. 21. 개정)

27-55…40【퇴직연금 등에 가입한 사업자의 퇴직금필요경비산입범위】
퇴직연금부담금 등을 필요경비에 산입한 사업자의 종업원(확정기여형퇴직연금 및 「근로자퇴직급여보장법」 제24조에 따른 개인형퇴직연금제도에 가입한 자를 제외한다)이 실지로 퇴직한 경우 필요경비에 산입할 수 있는 퇴직금의 범위액은 퇴직급여지급규정에 정한 퇴직금상당액에서 당해 종업원의 퇴직으로 인하여 퇴직연금사업자 등으로부터 수령하였거나 수령할 퇴직연금 등을 먼저 차감하고 잔액에서 퇴직급여충당금을 차감한 금액으로 한다. (2024. 3. 15. 개정)

27-55…41【공동사업에 출자하기 위해 차입한 금액에 대한 지급이자】
거주자가 공동사업에 출자하기 위하여 차입한 금액에 대한 지급이자는 당해 공동사업장의 총수입금액을 얻기 위하여 직접 사용된 부채에 대한 지급이자로 볼 수 없으므로 당해 공동사업장의 소득금액계산상 필요경비에 산입하지 아니한다. (2011. 3. 21. 신설)

11. 「국민건강보험법」, 「고용보험법」 및 「노인장기요양보험법」에 의하여 사용자로서 부담하는 보험료 또는 부담금 (2008. 2. 22. 개정)

제24조의 2 【보험료 등의 범위 등】
(2018. 3. 21. 제목개정)

① 영 제55조 제1항 제10호의 2 및 제3항의 규정을 적용하는 때에는 사용자가 종업원에 대하여 확정기여형퇴직연금 등을 설정하면서 설정 전의 근무기간분에 대한 부담금을 지출한 경우 그 지출금액은 제26조의 2에 따라 퇴직급여충당금의 누적액에서 차감된 퇴직급여충당금에서 먼저 지출한 것으로 본다. (2018. 3. 21. 항번개정)

② 영 제55조 제1항 제26호에 따른 조합 또는 협회에 지급한 회비는 조합 또는 협회가 법령 또는 정관이 정하는 바에 따른 정상적인 회비징수 방식에 의하여 경상경비 충당 등을 목적으로 조합원 또는 회원에게 부과하는 회비로 한다. (2018. 3. 21. 신설)

●예판
국민건강보험료의 가산금은 필요경비에 산입할 수 있음. (서면1팀-1069, 2005. 9. 8.)
☞

17. 거래수량 또는 거래금액에 따라 상대편에게 지급하는 장려금 기타 이와 유사한 성질의 금액 (98. 12. 31 개정)

18. 매입한 상품·제품·부동산 및 산림 중 재해로 인하여 멸실된 것의 원가를 그 재해가 발생한 과세기간의 소득금액을 계산할 때 필요경비에 산입한 경우의 그 원가 (2010. 2. 18. 개정)

19. 종업원을 위하여 직장체육비·직장문화비·가족계획사업지원비·직원회식비 등으로 지출한 금액 (2017. 2. 3. 개정)

20. 보건복지부장관이 정하는 무료진료권에 의하여 행한 무료진료의 가액 (2010. 3. 15. 직제개정 ; 보건복지가족부와 그 소속기관 직제 부칙)

통칙 27-55…22【무료진료비의 필요 경비】
의료업을 영위하는 사업자가 병원개설 허가조건에 따라 행하는 무료진료에 지출된 비용은 이를 필요경비에 산입한다. (97. 4. 8. 개정)

21. 업무와 관련이 있는 해외시찰·훈련비

통칙 27-55…23【해외여비의 필요경비산입기준】
사업자 또는 종업원의 해외여행에 관련하여 지급하는 여비는 그 해외여행이 당해 사업의 업무 수행상 통상 필요하다고 인정되는 부분의 금액에 한한다. 따라서 사업의 업무 수행상 필요하다고 인정되지 아니하는 해외여행의 여비와 당해 사업의 업무 수행상 필요하다고 인정되는 금액을 초과하는 부분의 금액은 원칙적으로 사업자에 대하여는 출자금의 인출로 하며 종업원에 대하여는 당해 종업원의 급여로 한다. 다만, 그 해외여행이 여행기간의 거의 전 기간을 통하여 분명히 당해 사업의 업무 수행상 필요하다고 인정되는 것인 경우에는 그 해외여행을 위해 지급하는 여비는 사회통념상 합리적인 기준에 의하여 계산하고 또한 부당하게 다액이 아니라고 인정되는 한 전액을 당해 사업의 필요경비로 한다. (97. 4. 8. 개정)

27-55…24【업무수행상 필요한 해외여행의 판정】
① 사업자 또는 종업원의 해외여행이 사업상 필요한 것인가는 그 여행의 목적·여행지·여행경로·여행기간 등을 참작하여 판정한다. 다만, 다음 각호의 1에 해당하는 여행은 원칙적으로 당해 사업의 업무 수행상 필요한 해외여행으로 보지 아니한다. (97. 4. 8. 개정)
1. 관광여행의 허가를 얻어 행하는 여행
2. 여행알선업자 등이 행하는 단체여행에 응모하여 행하는 여행
3. 동업자단체·기타 이에 준하는 단체가 주최하여 행하는 단체여행으로서 주로 관광목적이라고 인정되는 것

☞ p.2563 2단 연결

11의 2. 「국민건강보험법」 및 「노인장기요양보험법」에 의한 직장가입자로서 부담하는 사용자 본인의 보험료 (2008. 2. 22. 개정)

11의 3. 「국민건강보험법」 및 「노인장기요양보험법」에 따른 지역가입자로서 부담하는 보험료 (2009. 2. 4. 신설)

11의 4. 「고용보험법」 제2조 제1호 가목에 따른 예술인 또는 노무제공자나 같은 호 나목에 따른 자영업자가 같은 법에 따라 피보험자로서 부담하는 보험료 (2024. 2. 29. 신설)

11의 5. 「산업재해보상보험법」 제91조의 15에 따른 노무제공자 또는 같은 법 제124조 제1항에 따른 중·소기업 사업주가 같은 법에 따라 피보험자로서 부담하는 보험료 (2024. 2. 29. 신설)

12. 단체순수보장성보험 및 단체환급부보장성보험의 보험료 (2001. 12. 31 개정)

13. 총수입금액을 얻기 위하여 직접 사용된 부채에 대한 지급이자

•예판
공동사업에 출자하기 위한 차입금의 지급이자는 필요경비에 산입할 수 없으나, 공동사업에 출자를 위한 차입금 외에 차입한 차입금의 지급이자는 공동사업장의 필요경비에 산입할 수 있음. (서면법령소득-1135, 2015. 12. 11.)

14. 사업용 유형자산 및 무형자산의 감가상각비 (2020. 2. 11. 개정)
15. 자산의 평가차손
16. 대손금(부가가치세 매출세액의 미수금으로서 회수할 수 없는 것 중 「부가가치세법」 제45조에 따른 대손세액공제를 받지 아니한 것을 포함한다) (2013. 6. 28. 개정 ; 부가가치세법 시행령 부칙)

통칙 27-55…42【출자전환된 매출채권의 대손 인정여부】
① 「채무자 회생 및 파산에 관한 법률」에 따른 회생계획인가의 결정에 따라 외상매출채권이 채무자의 주식으로 출자전환된 경우 해당 매출채권의 장부가액과 출자전환으로 취득한 주식의 시가와의 차액은 대손금으로 필요경비에 산입한다. (2019. 12. 23. 신설)
② 「채무자 회생 및 파산에 관한 법률」에 따른 회생계획인가의 결정에 따라 출자전환된 주식이 무상감자된 경우 그 감소되는 주식수에 상당하는 금액은 대손금으로 필요경비에 산입하지 않는다 (2019. 12. 23. 신설)

편주 ▶
영 55조 1항 11호의 4 및 11호의 5의 개정규정은 2024. 2. 29.이 속하는 과세기간에 납부하는 보험료부터 적용함. (영 부칙(2024. 2. 29.) 5조)

범위 내의 금액은 그러하지 아니한다. (97. 4. 8. 개정)

27-55…28【상대계정이 불분명한 장부외채무의 처리】
장부외채무의 상대계정이 불분명하여 정리손실 또는 가공자산 등으로 계상하였을 경우에는 이를 소득금액계산상 필요경비에 산입할 수 없다. (2011. 3. 21. 개정)

27-55…29【분묘조성비의 필요경비산입】
① 분묘기지를 개발하여 그 소유권을 포함하여 분할 판매하는 부동산매업의 경우에는 토지취득가액과 분묘기지 조성비 중에서 묘지판매분에 대응하는 금액 상당액을 당해 과세기간의 소득금액계산상 필요경비에 산입한다. (97. 4. 8. 개정)
② 토지를 매입하여 분묘기지로 개발한 후 이를 국가·지방자치단체에 기부채납하고 당해 자산을 사용수익함에 있어 분묘기지권의 사용료(지료)를 받는 부동산임대업의 경우에는 국가·지방자치단체에 기부채납한 자산의 가액을 그 사용수익기간에 따라 균등하게 배분하여 해당 과세기간의 필요경비로 산입한다. (97. 4. 8. 개정)
③ 토지를 매입하여 분묘기지로 개발한 후 당해 묘지의 소유권 이전 없이 분묘사용기간이 영구적인 분묘기지권을 설정하여 주고 분묘기지권의 사용료(지료)를 받는 경우, 분묘조성비(토지가액 제외)는 묘지 판매시에 받은 분묘기지권의 사용료(지료)에 대응하는 원가이므로 당해 묘지 판매분에 대응하는 금액을 각 과세기간의 필요경비에 산입한다. (2011. 3. 21. 개정)

22. 「초·중등교육법」에 의하여 설치된 근로청소년을 위한 특별학급 또는 산업체부설 중·고등학교의 운영비 (2005. 2. 19. 개정)
23. 「영유아보육법」에 의하여 설치된 직장어린이집의 운영비 (2011. 12. 8. 개정 ; 영유아보육법 시행령 부칙)
24. 광물의 탐광을 위한 지질조사·시추 또는 갱도의 굴진을 위하여 지출한 비용과 그 개발비
24의 2. 삭　제 (2008. 2. 22.)
25. 광고·선전을 목적으로 견본품·달력·수첩·컵·부채 기타 이와 유사한 물품을 불특정다수인에게 기증하기 위하여 지출한 비용[특정인에게 기증한 물품(개당 3만원 이하의 물품은 제외한다)의 경우에는 연간 5만원 이내의 금액으로 한정한다] (2021. 2. 17. 개정)
26. 영업자가 조직한 단체로서 법인이거나 주무관청에 등록된 조합 또는 협회에 지급하는 회비 (97. 12. 31 신설)

☞ p.2564 2단 연결

② 사업자 또는 종업원의 해외여행이 제1항 각호에 해당하는 경우에도 그 해외여행 기간중에 있어서의 여행지, 수행한 업무의 내용 등으로 보아 사업과 직접 관련이 있는 것이 있다고 인정되는 때에는 그 여비 가운데 당해 사업에 직접 관련 있는 부분에 직접 소요된 비용(왕복 교통비는 제외한다)은 여비로서 필요경비에 산입한다. (97. 4. 8. 개정)

27-55…25【해외여행 동반자의 여비처리】
사업자 또는 종업원의 업무 수행상 필요하다고 인정되는 해외여행에 그 친족 또는 그 업무에 상시 종사하고 있지 아니하는 자를 동반한 경우에 그 동반자와의 여비를 사업자가 부담하는 때에는 그 여비는 사업자에 대하여는 출자금의 인출로 하며 종업원에 대하여는 당해 자의 급여로 한다. 다만, 그 동반이 다음 각호의 1에 해당되는 경우와 같이 해외여행의 목적을 달성하기 위하여 필요한 동반이라고 인정되는 때에는 그러하지 아니한다. (97. 4. 8. 개정)
1. 사업자 또는 종업원이 상시 보좌를 필요로 하는 신체장애인인 경우 (2011. 3. 21. 개정)
2. 국제회의의 참석 등에 배우자를 필수적으로 동반하도록 하는 경우
3. 그 여행의 목적을 수행하기 위하여 외국어에 능숙한 자 또는 고도의 전문적 지식을 갖춘 자를 필요로 하는 경우에 그러한 적임자가 종업원 가운데 없기 때문에 임시로 위촉한 자를 동반하는 경우 (2011. 3. 21. 개정)

27-55…26【해외여비의 용인범위】(2011. 3. 21. 제목개정)
사업자 또는 종업원의 해외여행에 있어서 그 해외여행기간에 걸쳐 당해 사업의 업무 수행상 필요하다고 인정되는 여행과 인정할 수 없는 여행을 겸한 때에는 그 여행기간의 비율에 의해 안분하여 업무 수행과 관련없는 여비는 이를 사업자에 대하여는 출자금의 인출로 하며 종업원의 여비는 당해 종업원의 급여로 한다. 이 경우 해외여행의 직접 동기가 특정의거래처와의 상담·계약의 체결 등 업무 수행을 위한 것인 때에는 그 해외여행을 기회로 관광을 병행할 경우에도 왕복교통비(당해 거래처의 소재지 등 그 업무를 수행하는 장소까지의 것에 한함)는 업무 수행에 관련된 것으로 본다. (97. 4. 8. 개정)

27-55…27【국내여비의 필요경비산입기준】
① 사업자 또는 종업원의 국내여행에 관련하여 지급하는 여비는 당해 사업의 업무 수행상 통상 필요하다고 인정되는 부분의 금액에 한하여 필요경비에 산입하며, 초과되는 부분은 당해 사업자에 대하여는 출자금의 인출로, 종업원에 대하여는 당해 종업원의 급여로 한다. (97. 4. 8. 개정)
② 이 경우 국내여비는 사업자의 업무 수행상 필요하다고 인정되는 범위안에서 지급규정·사규 등의 합리적인 기준에 의하여 계산하고 거래증빙과 객관적인 자료에 의하여 지급사실을 입증하여야 한다. 다만, 사회통념상 부득이 하다고 인정되는 범위 내의 비용과 당해 사업자의 내부통제기능을 감안하여 인정할 수 있는

통칙 27-55…7【무상수입자산의 통관비용 등의 처리】
반환할 것이 약정된 무상수입자산의 통관비용 등은 그 효익이 미치는 기간에 안분하여 필요경비에 산입한다. 다만, 그 효익이 미치는 기간이 규칙 제32조의 규정에 의한 기준내용연수를 초과할 때에는 그 기준내용연수기간에 안분하여 필요경비에 산입한다. (97. 4. 8. 개정)

27-55…9【부외자산 유지관리비의 필요경비계산】
사업자가 법 제160조에 규정하는 장부에 등재되어 있지 않은 자산이 당해 사업에 직접 사용되고 있는 경우에는 그 자산의 사용으로 인하여 발생되는 유지관리비는 필요경비에 산입할 수 있다. (97. 4. 8. 개정)

27-55…20【지형구입비 및 제조비의 필요경비산입】
도서출판업을 영위하는 사업자가 소유하는 지형은 내구성 있는 소모품이므로 그 효익이 미치는 기간에 안분하여 필요경비에 산입한다. (97. 4. 8. 개정)

관계조문

규칙 101조 1호 ⇒ 퇴직연금부담금조정명세서

⑤ 제3항에 따른 부담금을 필요경비에 산입한 사업자가 다음 각 호의 어느 하나에 해당하는 경우에는 해당 각 호에서 규정하는 금액을 그 사유가 발생한 과세기간의 소득금액계산에 있어서 총수입금액에 산입한다. (2013. 2. 15. 개정)

1. 사업자가 퇴직보험금·신탁금 및 퇴직연금을 수령할 권리를 채무의 담보로 제공하는 경우 : 담보로 제공한 퇴직보험금·신탁금 및 퇴직연금에 대한 보험료·신탁부금 및 부담금에 상당하는 금액 (2010. 12. 30. 개정)
1. 삭 제 (2013. 2. 15.)
2. 보험계약 또는 신탁계약이 해지되는 경우 : 사업자에게 귀속되는 금액 (2013. 2. 15. 개정)
3. 사업자가 보험 또는 신탁의 취급기관으로부터 배당금을 지급받는 경우 : 당해 배당금 (97. 12. 31 개정)
3. 삭 제 (2013. 2. 15.)
4. 「근로자퇴직급여 보장법 시행령」 제24조 각 호에 따라 적립금이 사용자에게 귀속되는 경우 : 당해 적립금 (2013. 2. 15. 개정)

⑥ 「식품등 기부 활성화에 관한 법률」 제2조 제1호 및 제1호의 2에 따른 식품 및 생활용품(이하 이 조에서 "식품등"이라 한다)의 제조업·도매업 또는 소매업을 경영하는 거주자가 해당 사업에서 발생한 잉여 식품등을 같은 법 제2조 제5호에 따른 사업자 또는 그 사업자가 지정하는 자에게 무상으로 기증하는 경우 그 기증한 식품등의 장부가액을 필요경비에 산입한다. 이 경우 그 금액은 법 제34조 제1항에 따른 기부금에 포함하지 아니한다. (2019. 2. 12. 후단개정)

⑦ 제2항에 따른 대손금은 「법인세법 시행령」 제19조의 2 제3항 각 호의 어느 하나의 날이 속하는 과세기간의 필요경비로 한다. (2010. 12. 30. 신설)

27. 종업원의 사망 이후 유족에게 학자금 등 일시적으로 지급하는 금액으로서 기획재정부령으로 정하는 요건을 충족하는 것 (2015. 2. 3. 개정)
28. 제1호부터 제27호까지의 경비와 유사한 성질의 것으로서 해당 총수입금액에 대응하는 경비 (2015. 2. 3. 신설)

통칙 27 − 55…30 【비거주자 등에게 지급한 사용료 등 대가의 범위】
국내사업장이 없는 비거주자 또는 외국법인(이하 "비거주자 등"이라 한다)과의 계약과 관련하여 동 비거주자 등에게 지급한 사용료 등 대가에 대한 원천징수세액상당액을 거주자가 부담하는 조건으로 계약을 체결한 경우에는 당해 계약에 따라 거주자가 부담한 원천징수세액상당액을 지급대가의 일부로 보아 필요경비에 산입한다. (97. 4. 8. 개정)

27 − 55…33 【의무적으로 취득한 국·공채 처분손실의 필요경비 산입】
주택건설업자가 주택건설사업과 관련하여 의무적으로 첨가취득한 국·공채를 양도함으로써 발생한 손실은 그 국·공채를 양도한 날이 속하는 과세기간의 필요경비에 산입한다. (2011. 3. 21. 개정)

② 제1항 제16호에 따른 대손금은 「법인세법 시행령」 제19조의 2 제1항 제1호부터 제5호까지, 제5호의 2, 제6호부터 제9호까지 제9호의 2, 제10호 및 제11호의 어느 하나에 해당하는 것으로 한다. (2022. 2. 15. 개정)

③ 제1항 제10호의 2에 따라 필요경비에 산입할 부담금 중 사용자가 퇴직연금계좌에 납부한 부담금은 전액 필요경비에 산입하고, 확정급여형퇴직연금제도에 납부한 부담금은 제57조 제2항에 따른 추계액에서 다음 각 호의 금액을 순서에 따라 공제한 금액을 한도로 하며, 둘 이상의 부담금이 있는 경우에는 먼저 계약이 체결된 퇴직연금의 부담금부터 필요경비에 산입한다. (2013. 2. 15. 개정)
1. 해당 과세기간 종료일 현재의 퇴직급여충당금 (2013. 2. 15. 신설)
2. 직전 과세기간 종료일까지 지급한 부담금 (2013. 2. 15. 신설)

④ 제1항 제10호의 2에 따라 부담금을 필요경비에 산입한 사업자는 과세표준확정신고서에 기획재정부령으로 정하는 퇴직연금부담금조정명세서를 첨부하여 납세지 관할세무서장에게 제출하여야 한다. (2010. 12. 30. 개정)

제24조의 3 【유족에게 지급하는 학자금 등 필요경비 산입】 영 제55조 제1항 제27호에서 "기획재정부령으로 정하는 요건"이란 종업원 사망 전에 결정되어 종업원에게 공통적으로 적용되는 지급기준에 따라 지급되는 것을 말한다. (2015. 3. 13. 신설)

제25조 【회수불능채권의 범위】 삭 제 (2011. 3. 28.)

통칙 28 − 56…1 【대손충당금을 설정할 수 없는 외상매출금 등의 범위】
다음 각호에 규정하는 금액에 대하여는 대손충당금을 설정할 수 없는 것으로 한다. (97. 4. 8. 개정)

제28조 【대손충당금의 필요경비 계산】① 사업자가 외상매출금, 미수금, 그 밖에 이에 준하는 채권에 대한 대손충당금을 필요경비로 계상한 경우에는 대통령령으로 정하는 범위에서 이를 해당 과세기간의 소득금액을 계산할 때 필요경비에 산입한다. (2009. 12. 31. 개정)

 28－56…2 【대손충당금의 계상특례】
당해 과세기간 대손충당금 설정 범위액에서 총수입금액에 산입하여야 할 전기이월 대손충당금을 차감한 잔액만을 설정한 경우에는 이는 단순한 기표상의 생략에 불과한 것이므로 각각 총수입금액 또는 필요경비에 산입한 것으로 본다. (97. 4. 8. 개정)

② 제1항에 따라 필요경비에 산입한 대손충당금의 잔액은 다음 과세기간의 소득금액을 계산할 때 총수입금액에 산입한다. (2009. 12. 31. 개정)
③ 대손충당금의 처리에 필요한 사항은 대통령령으로 정한다. (2009. 12. 31. 개정)

 28－56…3 【동일인에 대한 채권·채무가 있는 경우 대손충당금 설정방법】
사업자가 대손충당금을 설정하는 경우, 동일인에 대한 매출채권과 매입채무가 있는 경우에도 이를 상계하지 아니하고 대손충당금을 계상할 수 있다. 다만, 당사자의 약정에 의하여 상계하기로 한 때에는 그러하지 아니하다. (97. 4. 8. 개정)

제29조 【퇴직급여충당금의 필요경비 계산】① 사업자가 종업원의 퇴직급여에 충당하기 위하여 퇴직급여충당금을 필요경비로 계상한

제56조 【대손충당금의 필요경비계산】① 법 제28조 제1항에 따라 필요경비에 산입하는 대손충당금은 해당 과세기간 종료일 현재의 외상매출금·미수금, 그 밖에 사업과 관련된 채권의 합계액(이하 이 조에서 "채권잔액"이라 한다)의 100분의 1에 상당하는 금액과 채권잔액에 대손실적률을 곱하여 계산한 금액 중 큰 금액으로 한다. (2010. 2. 18. 개정)
② 제1항의 규정에 의한 채권잔액은 다음 각호의 1에 해당하는 것으로 한다. (98. 12. 31 개정)
1. 상품·제품의 판매가액의 미수액과 가공료·용역대가의 미수액
2. 정상적인 사업거래에서 발생하는 채권액 및 부가가치세 매출세액의 미수금과 기타 기획재정부령이 정하는 것 (2008. 2. 29. 직제개정 ; 기획재정부와~직제 부칙)
③ 제1항의 규정에 의한 대손실적률은 다음의 산식에 의하여 계산한 비율로 한다. (98. 12. 31 신설)

$$대손실적률 = \frac{당해\ 과세기간의\ 대손금}{직전\ 과세기간\ 종료일\ 현재의\ 채권잔액}$$

④ 법 제28조 제2항에 따라 다음 과세기간의 소득금액을 계산할 때 총수입금액에 산입하는 대손충당금의 잔액은 각 과세기간에서 발생한 대손금과 상계하고 남은 금액으로 한다. (2010. 2. 18. 개정)
⑤ 제55조 제1항 제16호에 따라 필요경비에 산입한 대손금 또는 대손충당금과 상계한 대손금 중 회수된 금액은 그 회수한 날이 속하는 과세기간의 총수입금액에 산입한다. (2010. 2. 18. 개정)
⑥ 법 제28조를 적용받으려는 사업자는 과세표준확정신고서에 기획재정부령으로 정하는 대손충당금 및 대손금 조정명세서를 첨부하여 납세지 관할세무서장에게 제출하여야 한다. (2010. 2. 18. 개정)
⑦ 제1항 내지 제6항 외에 대손충당금의 계산에 관하여 필요한 사항은 기획재정부령이 정하는 바에 의한다. (2008. 2. 29. 직제개정 ; 기획재정부와~직제 부칙)

제57조 【퇴직급여충당금의 필요경비계산】① 법 제29조에 따라 필요경비에 산입하는 퇴직급여충당금은 퇴직급여의 지급대상이 되는

---

1. 지급보증금
2. 대여금. 다만, 금융업은 예외로 한다.
3. 삭 제 (2011. 3. 21.)
4. 수익에 직접적인 관련이 없는 선급금 및 미수금
5. 할인어음 및 배서어음
6. 수수료를 수입하는 수탁판매업의 수탁물 판매대금 미수금

☞

제26조 【대손충당금의 계산】영 제56조 제2항 제2호에서 "기획재정부령이 정하는 것"이란 해당 사업장에 적용되는 제50조 제1항 각 호의 회계처리기준에 의한 대손충당금 설정대상채권을 말한다. 다만, 영 제98조 제1항에 따른 특수관계인에게 시가보다 높은 가격으로 재화 또는 용역을 공급하는 경우의 시가초과액에 상당하는 채권을 제외한다. (2012. 2. 28. 단서개정)

☞

규칙 101조 2호 ⇒ 대손충당금 및 대손금조정명세서

경우에는 대통령령으로 정하는 범위에서 이를 해당 과세기간의 소득금액을 계산할 때 필요경비에 산입한다. (2009. 12. 31. 개정)

② 퇴직급여충당금의 처리에 필요한 사항은 대통령령으로 정한다. (2009. 12. 31. 개정)

통칙 29-57…1【퇴직급여충당금누적액의 범위】
영 제57조 제2항에 규정하는 "퇴직급여충당금의 누적액"이라 함은 필요경비에 산입한 퇴직급여충당금으로서 각 과세기간종료일 현재의 잔액을 말한다. (2008. 7. 30. 개정)

29-57…2【퇴직금추계액의 범위】
영 제57조 제2항에 규정하는 "퇴직급여로 지급하여야 할 금액의 추계액"이라 함은 사규나 퇴직급여지급규정 등에 의하여 계산한 금액을 말한다. 이 경우 퇴직급여지급규정 등이 없는 경우에는 「근로자퇴직급여 보장법」이 정하는 바에 의하여 계산한 금액으로 한다. (2011. 3. 21. 개정)

29-57…3【퇴직금지급시 퇴직급여충당금의 처리방법】
① 퇴직급여충당금을 계상한 사업자가 퇴직하는 종업원에게 퇴직금을 지급하는 때에는 퇴직급여충당금 설정시 개인별로 계산한 충당금과는 관계없이 당해 사업자가 설정한 동 퇴직급여충당금과 상계하여야 한다. (97. 4. 8. 개정)

② 사업자가 1년 미만 근속한 종업원에게 퇴직금을 지급하는 경우에는 퇴직급여충당금과 상계하지 아니하고 직접 당해 과세기간의 필요경비로 처리할 수 있다. (97. 4. 8. 개정)

29-57…4【퇴직급여충당금부인액에 대한 처리】
퇴직급여충당금설정액 중 세무계산상 부인액이 있는 사업자가 퇴직금을 실제로 지급한 때에는 세무계산상의 퇴직급여충당금과 상계하여야 하며 이 경우 세무계산상 퇴직급여충당금용인액을 초과하는 금액은 당해 과세기간의 필요경비에 산입한다. (97. 4. 8. 개정)

종업원(퇴직연금계좌에 가입한 사람은 제외한다. 이하 이 조에서 같다)에게 해당 과세기간에 지급한 총급여액의 100분의 5에 상당하는 금액을 한도로 한다. (2013. 2. 15. 개정)

② 제1항에 따라 필요경비에 산입하는 퇴직급여충당금의 누적액은 해당 과세기간 종료일 현재 재직하는 종업원이 모두 퇴직할 경우에 퇴직급여로 지급하여야 할 금액의 추계액에 다음 각 호의 비율을 곱한 금액을 한도로 한다. (2010. 12. 30. 개정)

1. 과세기간이 2010년 1월 1일부터 2010년 12월 31일까지인 경우 : 100분의 30 (2010. 12. 30. 신설)
2. 과세기간이 2011년 1월 1일부터 2011년 12월 31일까지인 경우 : 100분의 25 (2010. 12. 30. 신설)
3. 과세기간이 2012년 1월 1일부터 2012년 12월 31일까지인 경우 : 100분의 20 (2010. 12. 30. 신설)
4. 과세기간이 2013년 1월 1일부터 2013년 12월 31일까지인 경우 : 100분의 15 (2010. 12. 30. 신설)
5. 과세기간이 2014년 1월 1일부터 2014년 12월 31일까지인 경우 : 100분의 10 (2010. 12. 30. 신설)
6. 과세기간이 2015년 1월 1일부터 2015년 12월 31일까지인 경우 : 100분의 5 (2010. 12. 30. 신설)
7. 과세기간이 2016년 1월 1일 이후인 경우 : 100분의 0 (2010. 12. 30. 신설)

③ 사업자가 「국민연금법」에 의한 퇴직금전환금으로 계상한 금액은 이를 제2항의 규정에 의한 퇴직급여충당금의 누적액의 한도액에 가산한다. (2005. 2. 19. 개정)

③ 삭 제 (2013. 2. 15.)

④ 퇴직급여충당금을 필요경비로 계상한 사업자가 종업원에게 퇴직금을 지급하는 때에는 퇴직급여충당금과 먼저 상계하여야 한다. (2001. 12. 31 항번개정)

⑤ 제2항 각 호의 한도 내에서 필요경비에 산입한 퇴직급여충당금의 누적액에서 퇴직급여충당금을 필요경비에 산입한 과세기간의 다음 과세기간 중 종업원에게 지급한 퇴직금을 뺀 금액이 제2항에 따른 추계액에 같은 항 각 호의 비율을 곱한 금액을 초과하더라도 그 초과한 금액은 총수입금액으로 환입하지 아니한다. (2010. 12. 30. 신설)

제26조의 2【퇴직급여충당금의 계산】
영 제57조 제2항의 규정을 적용하는 때에는 확정기여형퇴직연금 등이 설정된 종업원에 대하여 그 설정 전에 계상된 퇴직급여충당금(제1호의 금액에 제2호의 비율을 곱하여 계산한 금액을 말한다)을 퇴직급여충당금의 누적액에서 차감한다. (2006. 4. 10. 신설)

1. 직전 과세기간 종료일 현재 퇴직급여충당금의 누적액 (2006. 4. 10. 신설)
2. 직전 과세기간 종료일 현재 재직한 종업원의 전원이 퇴직한 경우에 퇴직급여로 지급되었어야 할 금액의 추계액 중 해당 과세기간에 확정기여형퇴직연금 등이 설정된 자가 직전 과세기간 종료일 현재 퇴직한 경우에 퇴직급여로 지급되었어야 할 금액의 추계액이 차지하는 비율 (2006. 4. 10. 신설)

제30조【특별수선충당금의 필요경비계산】삭 제 (98. 4. 10)

제31조【보험차익으로 취득한 자산가액의 필요경비 계산】(2019. 12. 31. 제목개정)
① 사업자가 유형자산의 멸실 또는 파손으로 인하여 보험금을 지급받아 그 멸실한 유형자산을 대체하여 같은 종류의 자산을 취득하거나 대체 취득한 자산 또는 그 파손된 유형자산을 개량한 경우에는 해당 자산의 가액 중 그 자산의 취득 또는 개량에 사용된 보험차익 상당액을 대통령령으로 정하는 바에 따라 보험금을 받은 날이 속하는 과세기간의 소득금액을 계산할 때 필요경비에 산입할 수 있다. (2019. 12. 31. 개정)

통칙 31 - 59…1【보험차익으로 취득한 고정자산의 필요경비산입 범위】
(2024. 3. 15. 제목개정)
보험차익으로 취득한 유형자산의 필요경비 산입은 법에서 정한 경우를 제외하고는 다음 각호에 따른다. (2024. 3. 15. 개정)
1. 멸실된 건물과 기계장치에 대한 보험차익을 모두 건물취득에만 사용한 경우에는 기계장치에 대한 보험차익은 총수입금액에 산입한다.
2. 보험차익을 법 제31조 제1항의 규정에 의하여 필요경비에 산입한 자가 동조 제2항에 규정하는 기간 내에 멸실된 자산과 동일 종류의 자산을 장기할부조건으로 취득한 경우와 동 자산을 장기건설·제조등의 방법으로 취득하기 위하여 보험차익을 사용한 경우에는 장기할부조건으로 취득한 자산의 가액과 장기건설·제조를 위하여 지출한 금액은 보험차익의 사용으로 보아 동조 제4항의 규정을 적용하지 아니한다.

② 보험금을 받은 날이 속하는 과세기간에 제1항에 따라 해당 자산을 취득하거나 개량할 수 없는 경우에는 그 과세기간의 다음 과세기간 개시일부터 2년 이내에 그 자산을 취득 또는 개량하는 것에만 제1항을 준용한다. (2009. 12. 31. 개정)
③ 제2항에 따라 보험차익 상당액을 필요경비에 산입하려는 자는 그

⑥ 법 제29조의 규정의 적용을 받고자 하는 사업자는 과세표준확정신고서에 기획재정부령이 정하는 퇴직급여충당금명세서를 첨부하여 납세지 관할세무서장에게 제출하여야 한다. (2010. 12. 30. 항번개정)

제58조【특별수선충당금의 필요경비계산】삭 제 (98. 12. 31)

제59조【유형자산의 취득에 소요된 보험차익 상당액의 필요경비계산】(2020. 2. 11. 제목개정)
① 법 제31조 제1항에 따라 필요경비에 산입하는 보험차익 상당액은 일시상각충당금으로 계상해야 한다. (2020. 2. 11. 개정)
② 법 제31조 제1항에서 "같은 종류의 자산"이란 그 용도 또는 목적이 멸실된 유형자산과 같은 것을 말한다. (2020. 2. 11. 개정)
③ 보험차익 상당액으로 취득한 유형자산의 감가상각비는 제1항에 따른 일시상각충당금의 범위에서 일시상각충당금과 상계해야 한다. 다만, 해당 자산을 처분하는 경우에는 상계하고 남은 잔액을 그 처분한 날이 속하는 과세기간의 총수입금액에 산입한다. (2020. 2. 11. 개정)

통칙 31 - 59…2【일시상각충당금의 상계 범위】
거주자인 사업자가 보험차익 등으로 취득한 고정자산의 감가상각비상당액을 일시상각충당금과 상계하는 경우에 있어서 상계할 금액은 보험차익 등으로 취득한 부분에 대한 감가상각비에 한한다. (97. 4. 8. 개정)

31 - 59…3【피상속인의 보험차익금의 필요경비계산】
상속인이 피상속인의 사업을 포괄적으로 승계받은 경우 영 제59조 제3항에 따라 감가상각비와 상계하고 남은 피상속인의 보험차익금 관련 일시상각충당금 잔액은 피상속인의 소득금액 계산시 총수입금액에 산입한다. (2019. 12. 23. 신설)

④ 법 제31조 제2항의 규정을 적용받고자 하는 사업자는 과세표준확정신고서에 기획재정부령이 정하는 보험금사용계획서를 첨부하여 납세지 관할세무서장에게 제출하여야 한다. (2008. 2. 29. 직제개정 ; 기획재정부와~직제 부칙)

관계조문
규칙 101조 3호 ⇒ 퇴직급여충당금조정명세서

통칙 29 - 57…5【사업의 포괄적 양도·양수의 경우에 있어서 퇴직금의 필요경비계산】
① 사업자가 다른 사업자로부터 사업을 포괄적으로 양도·양수함에 따라 종업원 및 당해 종업원에 대한 퇴직급여충당금을 승계받은 경우에는 이를 양수한 사업자의 퇴직급여충당금으로 본다. (97. 4. 8. 개정)
② 제1항의 경우와 같이 사업을 포괄적으로 양도·양수함에 있어 당해 종업원이 승계시점에 퇴직할 경우 지급할 퇴직금 상당액을 퇴직급여충당금(퇴직보험 등에 관한 계약의 인수를 포함한다. 이하 같다) 또는 부채로 승계받은 사업자는 그 종업원이 실제로 퇴직함에 따라 지급하는 퇴직금과 영 제57조 제2항에 규정하는 퇴직급여추계액은 당해 사업자의 퇴직급여지급규정 등에 따라 양도한 사업자에게서 근무한 기간을 통산하여 계산할 수 있다. (2011. 3. 21. 개정)
③ 제2항의 규정과 같이 퇴직급여충당금을 승계받지 아니한 사업자의 경우 영 제57조 제2항에 규정하는 퇴직급여추계액은 양도한 사업자에게서 근무한 기간을 통산하여 계산할 수 없으나, 종업원이 실제로 퇴직함에 따라 지급하는 퇴직금은 사업의 양도·양수계약 및 당해 사업자의 퇴직급여지급규정 등에 따라 근무기간을 통산하여 계산할 수 있다. 이 경우 근무기간을 통산함으로써 증가하는 퇴직금도 당해 사업자의 퇴직급여충당금과 상계하여야 한다. (2008. 7. 30. 개정)
④ 제2항의 규정에 의하여 퇴직급여충당금 또는 부채를 인계한 양도사업자는 당해 양도·양수시점의 퇴직급여상당액을 법 제29조 및 영 제57조

받은 보험금의 사용계획서를 대통령령으로 정하는 바에 따라 납세지 관할 세무서장에게 제출하여야 한다. (2019. 12. 31. 개정)
④ 제2항에 따라 보험차익 상당액을 필요경비에 산입한 자가 다음 각 호의 어느 하나에 해당하면 그 보험차익 상당액을 해당 사유가 발생한 과세기간의 총수입금액에 산입한다. (2019. 12. 31. 개정)
1. 보험차익 상당액을 제1항의 자산의 취득 또는 개량을 위하여 그 기한까지 사용하지 아니한 경우 (2019. 12. 31. 개정)
2. 제2항의 기간에 해당 사업을 폐업한 경우 (2009. 12. 31. 개정)

제32조 【국고보조금으로 취득한 사업용 자산가액의 필요경비 계산】 ① 사업자가 사업용 자산을 취득하거나 개량할 목적으로 「보조금 관리에 관한 법률」에 따른 보조금(이하 "국고보조금"이라 한다)을 받아 그 목적에 지출한 경우 또는 사업용 자산을 취득하거나 개량하고 이에 대한 국고보조금을 사후에 지급받은 경우에는 해당 사업용 자산의 취득 또는 개량에 사용된 국고보조금에 상당하는 금액은 대통령령으로 정하는 바에 따라 그 국고보조금을 받은 날이 속하는 과세기간의 소득금액을 계산할 때 필요경비에 산입할 수 있다. (2011. 7. 25. 개정 ; 보조금의 예산 및 관리에 관한 법률 부칙)

통칙 32－60…1 【필요경비에 산입할 국고보조금의 범위】
① 법 제32조 제1항에 따른 국고보조금은 「보조금의 관리에 관한 법률」에 의한 보조금을 지급받아 사업용 자산을 취득하는 경우에 적용되는 것이므로 공장이전보조금과 정부의 석탄 등에 대한 가격안정조치와 관련하여 교부받은 가격보조금은 이에 해당하지 아니한다. (2024. 3. 15. 개정)
② 자기자금으로 먼저 사업용 자산을 취득하고 동 자산의 취득에 사용하는 조건으로 국고보조금을 교부받은 경우에도 법 제32조 제1항의 규정을 적용한다. (2024. 3. 15. 개정)

② 국고보조금을 받은 날이 속하는 과세기간에 제1항의 사업용 자산을 취득하거나 개량할 수 없는 경우에는 그 과세기간의 다음 과세기간 종료일까지 이를 취득하거나 개량하는 것만 제1항을 준용한다. 이 경우 공사의 허가나 인가의 지연 등 대통령령으로 정하는 부득이한 사유로 국고보조금을 기한까지 사용하지 못한 경우에는 해당 사유가 없어진 날

관계조문
규칙 100조 4호 ⇒ 보험금사용계획서

제60조 【사업용 자산의 취득에 소요된 국고보조금의 필요경비계산】 (2020. 2. 11. 제목개정)
① 법 제32조 제1항에 따라 필요경비에 산입하는 금액은 지급받은 국고보조금 중 사업용 자산의 취득 또는 개량에 소요된 금액으로 하되, 그 금액은 다음의 구분에 따라 일시상각충당금 또는 압축기장충당금으로 계상해야 한다. (2020. 2. 11. 개정)
1. 감가상각자산은 일시상각충당금
2. 기타의 자산은 압축기장충당금
② 국고보조금으로 취득한 사업용자산의 감가상각비는 제1항에 따른 일시상각충당금의 범위에서 일시상각충당금과 상계해야 한다. 다만, 해당 자산을 처분하는 경우에는 상계하고 남은 잔액을 그 처분한 날이 속하는 과세기간의 총수입금액에 산입한다. (2020. 2. 11. 개정)

③ 법 제32조 제2항의 규정을 적용받고자 하는 사업자는 과세표준확정신고서에 기획재정부령이 정하는 국고보조금사용계획서를 첨부하여 납세지 관할세무서장에게 제출하여야 한다. (2008. 2. 29. 직제개정 ; 기획재정부와~직제 부칙)
④ 법 제32조 제2항 후단에서 "대통령령으로 정하는 부득이한 사유"란

의 규정에 불구하고 당해연도 소득금액계산상 필요경비에 산입한다. (97. 4. 8. 개정)
⑤ 2개 이상의 사업장이 있는 다른 사업자로부터 1개 사업장을 포괄적으로 양도·양수한 경우에도 제1항 내지 제4항의 규정을 준용한다. (97. 4. 8. 개정)

관계조문
규칙 100조 5호 ⇒ 국고보조금사용계획서

이 속하는 과세기간의 종료일을 그 기한으로 한다. (2009. 12. 31. 개정)
③ 제2항에 따라 국고보조금을 필요경비에 산입하려는 자는 그 국고보조금의 사용계획서를 대통령령으로 정하는 바에 따라 납세지 관할 세무서장에게 제출하여야 한다. (2009. 12. 31. 개정)
④ 제1항이나 제2항에 따라 국고보조금을 필요경비에 산입한 자가 다음 각 호의 어느 하나에 해당하면 그 국고보조금 상당액을 해당 사유가 발생한 과세기간의 총수입금액에 산입한다. (2009. 12. 31. 개정)
1. 국고보조금을 제1항의 사업용 자산의 취득 또는 개량을 위하여 그 기한까지 사용하지 아니한 경우 (2009. 12. 31. 개정)
2. 제2항의 기한까지 해당 사업을 폐업한 경우 (2009. 12. 31. 개정)

제33조 【필요경비 불산입】 ① 거주자가 해당 과세기간에 지급하였거나 지급할 금액 중 다음 각 호에 해당하는 것은 사업소득금액을 계산할 때 필요경비에 산입하지 아니한다. (2010. 12. 27. 개정)

1. 소득세(제57조에 따라 세액공제를 적용하는 경우의 외국소득세액을 포함한다)와 개인지방소득세 (2020. 12. 29. 개정)
1. 소득세(제57조 및 제57조의 2에 따라 세액공제를 적용하는 경우의 외국소득세액을 포함한다)와 개인지방소득세 (2022. 12. 31. 개정)
2. 벌금·과료(통고처분에 따른 벌금 또는 과료에 해당하는 금액을 포함한다)와 과태료 (2009. 12. 31. 개정)

●예 판●

사업자 또는 사용인이 업무와 관련하여 고의 또는 중대한 과실로 타인의 권리를 침해함으로써 지급되는 손해배상금 등은 필요경비에 산입되지 아니하는 것이며, 선량한 관리자로서의 주의책임을 다한 경우에 발생한 사고에 대한 손해배상금 등은 필요경비에 산입할 수 있는 것임. (소득-262, 2014. 5. 12.)

3. 「국세징수법」이나 그 밖에 조세에 관한 법률에 따른 가산금과 강제징수비 (2020. 12. 29. 개정 ; 국세징수법 부칙)
4. 조세에 관한 법률에 따른 징수의무의 불이행으로 인하여 납부하였거나 납부할 세액(가산세액을 포함한다) (2009. 12. 31. 개정)

다음 각 호의 어느 하나에 해당하는 경우를 말한다. (2008. 2. 22. 신설)
1. 공사의 허가 또는 인가 등이 지연되는 경우 (2008. 2. 22. 신설)
2. 공사를 시행할 장소의 미확정 등으로 공사기간이 연장되는 경우 (2008. 2. 22. 신설)
3. 용지의 보상 등에 관한 소송이 진행되는 경우 (2008. 2. 22. 신설)
4. 그 밖에 제1호부터 제3호까지의 규정에 준하는 사유가 발생한 경우 (2008. 2. 22. 신설)

▶편주◀ ···
법 33조 1항 1호의 개정규정은 2025. 1. 1.부터 시행함. (법 부칙(2022. 12. 31.) 1조 2호)
···

☞ 통칙 33-0…2 【벌금·과료 및 과태료의 처리】
① 다음 각 호에 해당하는 것은 법 제33조 제1항 제2호에 따른 벌금·과료와 과태료에 해당하는 것으로 한다. (2019. 12. 23. 개정)
1. 사업자 또는 그 종업원이 「관세법」을 위반하고 지급한 벌과금 (2008. 7. 30. 개정)
2. 업무와 관련하여 발생한 교통사고 벌과금
3. 「고용보험 및 산업재해보상보험의 보험료징수 등에 관한 법률」 제24조의 규정에 의하여 징수하는 산업재해보상보험료의 가산금 (2008. 7. 30. 개정)
4. 「국민건강보험법」 제80조에 따른 국민건강보험료의 연체금 (2019. 12. 23. 개정)
② 다음 각호에 규정하는 것은 법 제33조 제1항 제2호에 규정하는 벌금·과료와 과태료에 해당하지 아니하는 것으로 한다. (2008. 7. 30. 개정)
1. 사계약상의 의무불이행으로 인하여 과하는 지체상금(정부와 납품계약으로 인한 지체상금을 포함하며 구상권행사가 가능한 지체상금을 제외한다)
2. 보세구역에 장치되어 있는 수출용 원자재가 「관세법」상의 장치기간경과로 국고귀속이 확정된 자산의 가액 (2008. 7. 30. 개정)

☞ 통칙 33-0…1 【소득세 등의 필요경비 불산입】 (2024. 3. 15. 제목개정)
다음 각호에 규정하는 금액은 이를 필요경비에 산입하지 아니한다. (97. 4. 8. 개정)
1. 거주자가 외국법의 규정에 의하여 외국에서 납부한 법 제33조 제1항 제1호·제4호 및 제9호에 규정하는 성질의 제세공과금(법 제57조 제1항 제1호의 한도초과액을 포함한다). 다만, 법 제57조 제1항 제2호의 규정에 의하여 필요경비에 산입하는 외국납부세액을 제외한다.
2. 원천징수의무자가 원천징수세액을 징수하지 아니하고 대신 납부한 원천징수세액
3. 제2차납세의무자로서 납부한 소득세 등

●예 판● ···
• 기업구매자금대출에 의하여 차입한 금액은 가사관련 경비 계산시 대상 차입금에

5. 대통령령으로 정하는 가사(家事)의 경비와 이에 관련되는 경비 (2009. 12. 31. 개정)

통칙 33-61…1 【사업과 가사에 공통으로 관련되는 비용의 필요경비 계산】
사업과 가사에 공통으로 관련되어 지급하는 금액에 대하여 사업과 관련된 필요경비의 계산은 다음 각호와 같이 한다. (97. 4. 8. 개정)
1. 지급금액이 주로 부동산임대소득 또는 사업소득을 얻는데 있어서 업무 수행상 통상 필요로 하는 것이고, 그 필요로 하는 부분이 명확히 구분될 때에는 그 구분되는 금액에 한하여 필요경비로 산입한다. (2008. 7. 30. 개정)
2. 사업에 관련되는 것이 명백하지 아니하거나 주로 가사에 관련되는 것으로 인정되는 때에는 필요경비로 산입하지 아니한다.

6. 각 과세기간에 계상한 감가상각자산의 감가상각비로서 대통령령으로 정하는 바에 따라 계산한 금액을 초과하는 금액 (2009. 12. 31. 개정)
7. 제39조 제3항 단서 및 같은 조 제4항 각 호에 따른 자산을 제외한 자산의 평가차손 (2009. 12. 31. 개정)
8. 반출하였으나 판매하지 아니한 제품에 대한 개별소비세 또는 주세의 미납액. 다만, 제품가액에 그 세액 상당액을 더한 경우는 제외한다. (2009. 12. 31. 개정)

☞

통칙 33-62…1 【감가상각비 필요경비계상누락에 대한 수정신고 또는 경정청구】
감가상각비는 영 제62조 제1항에 따라 필요경비로 계상한 경우에 한하여 이를 필

3. 철도화차 사용료의 미납액에 대하여 가산되는 연체이자
4. 「고용보험 및 산업재해보상보험의 보험료징수 등에 관한 법률」 제25조의 규정에 의한 산업재해보상보험료의 연체금 및 동법 제26조에 의한 보험급여액징수금 (2008. 7. 30. 개정)
5. 국유지사용료의 납부지연으로 인한 연체료
6. 전기요금의 납부지연으로 인한 연체가산금
7. 삭 제 (2011. 3. 21.)

제61조 【가사관련비 등】 ① 법 제33조 제1항 제5호에서 "대통령령으로 정하는 가사(家事)의 경비와 이에 관련되는 경비"란 다음 각 호의 어느 하나에 해당하는 것을 말한다. (2010. 2. 18. 개정)
1. 사업자가 가사와 관련하여 지출하였음이 확인되는 경비. 이 경우 제98조 제2항 제2호 단서에 해당하는 주택에 관련된 경비는 가사와 관련하여 지출된 경비로 본다. (99. 12. 31 후단신설)
2. 사업용자산의 합계액이 부채의 합계액에 미달하는 경우에 그 미달하는 금액에 상당하는 부채의 지급이자로서 기획재정부령이 정하는 바에 따라 계산한 금액 (2008. 2. 29. 직제개정 ; 기획재정부와~직제 부칙)

② 법 제33조 제1항 제7호 본문에서 "재고자산 등 대통령령이 정하는 자산"이라 함은 제91조 또는 제97조의 규정을 적용받는 자산을 말하며, 동호 단서에서 "대통령령이 정하는 고정자산"이라 함은 천재·지변 기타 기획재정부령이 정하는 사유로 인하여 파손 또는 멸실된 고정자산을 말한다. (2008. 2. 29. 직제개정 ; 기획재정부와~직제 부칙)
② 삭 제 (2010. 2. 18.)

제62조 【감가상각액의 필요경비계산】 ① 법 제33조 제1항 제6호에 따른 감가상각비(이하 "상각액"이라 한다)는 사업용 유형자산 및 무형자산(투자자산을 제외하며, 이하 "감가상각자산"이라 한다)의 상각액을 필요경비로 계상한 경우에 각 과세기간마다 감가상각자산별로 관할세무서장에게 신고한 방법에 따라 계산한 금액(이하 "상각범위액"이라 한다)을 한도로 하여 이를 소득금액을 계산할 때 필요경비로 계상한다. 이 경우 해당 과세기간 중에 사업을 개시하거나 폐업한 경우 또는 해당 과세기간 중에 감가상각자산을 취득 또는 양도한 경우에는 상각범위액에 해당 과세기간 중에 사업에 사용한 월수를 곱한 금액을 12로 나누어 계산한 금액을 상각범위액으로 하

서 제외되는 것이며, 그 차입에 대한 지급이자는 필요경비에 산입하는 것임. (재소득-85, 2004. 3. 15.)
• 공동사업장의 공동사업자가 공동사업장으로부터 발생한 사업소득에 대한 종합소득세를 납부하기 위하여 공동사업장이 차입한 차입금을 자본인출금으로 사용한 경우 당해 차입금으로 인하여 초과인출금이 발생하지 아니하는 한 차입금에 대한 지급이자는 필요경비에 산입함. (재소득-256, 2008. 7. 25.)

☞

제27조 【가사관련경비】 ① 영 제61조 제1항 제2호의 규정에 의하여 필요경비에 산입하지 아니하는 금액은 다음 산식에 의하여 계산한 금액으로 한다. 이 경우 적수의 계산은 매월말 현재의 초과인출금 또는 차입금의 잔액에 경과일수를 곱하여 계산할 수 있다.

$$지급이자 \times \frac{당해\ 과세기간\ 중\ 부채의\ 합계액이\ 사업용자산의\ 합계액을\ 초과하는\ 금액(이\ 조에서\ "초과인출금"이라\ 한다)의\ 적수}{당해\ 과세기간\ 중\ 차입금의\ 적수}$$

② 제1항의 규정을 적용함에 있어서 초과인출금의 적수가 차입금의 적수를 초과하는 경우에는 그 초과하는 부분은 없는 것으로 본다.
③ 제1항에 규정하는 부채에는 법 및 「조세특례제한법」에 의하여 필요경비에 산입

요경비로 보는 것이므로 과세표준 확정신고시 필요경비로 계상하지 아니한 금액은 이를 수정신고 또는 경정청구에 의하여 필요경비에 산입할 수 없다. 다만, 영 제68조 제1항에 따라 감가상각비를 필요경비에 계상해야하거나 같은 조 제2항에 따라 감가상각비를 필요경비에 계상한 것으로 보는 경우는 그러하지 아니하다. (2024. 3. 15. 개정)

●예판●··

축산업(양돈)을 영위하는 개인사업자가 자돈을 생산할 목적으로 사육하는 종돈은 사업용 고정자산에 해당되는 것이며, 감가상각은 업종별자산의 기준내용연수 및 내용연수범위표를 적용하여 계산하는 것임. (서면1팀-1339, 2006. 9. 25.)

··☞

●예판●··

거주자가 공동사업장에 기존 사업장의 자산과 영업권을 공동사업장에 출자하는 경우 유상으로 이전한 영업권은 공동사업장의 감가상각자산에 해당하여 감가상각비로 필요경비 계상할 수 있는 것임. (서면법규-1266, 2013. 11. 19.)

··

9. ☞ p.2579

며, 월수의 계산은 역에 따라 계산하되 1월 미만의 일수는 1월로 한다. (2020. 2. 11. 개정)

② 제1항에서 "감가상각자산"이란 해당 사업에 직접 사용하는 다음 각 호의 어느 하나에 해당하는 자산(시간의 경과에 따라 그 가치가 감소되지 아니하는 것을 제외한다)을 말한다. (2020. 2. 11. 개정)

1. 다음 각 목의 어느 하나에 해당하는 유형자산 (2020. 2. 11. 개정)

　가. 건물(부속설비를 포함한다) 및 구축물(이하 "건축물"이라 한다) (98. 12. 31 개정)

　나. 차량 및 운반구, 공구, 기구 및 비품 (98. 12. 31 개정)

　다. 선박 및 항공기 (98. 12. 31 개정)

　라. 기계 및 장치 (98. 12. 31 개정)

　마. 동물과 식물 (98. 12. 31 개정)

　바. 가목부터 마목까지의 규정과 유사한 유형자산 (2020. 2. 11. 개정)

2. 다음 각 목의 어느 하나에 해당하는 무형자산 (2020. 2. 11. 개정)

　가. 영업권, 디자인권, 실용신안권, 상표권 (2005. 6. 30 개정 ; 의장법 시행령 부칙)

　나. 특허권, 어업권, 양식업권, 「해저광물자원 개발법」에 의한 채취권, 유료도로관리권, 수리권, 전기가스공급시설이용권, 공업용수도시설이용권, 수도시설이용권, 열공급시설이용권 (2020. 8. 26. 개정 ; 양식산업발전법 시행령 부칙)

　다. 광업권, 전신전화전용시설이용권, 전용측선이용권, 하수종말처리장시설관리권, 수도시설관리권 (98. 12. 31 개정)

　라. 댐사용권 (98. 12. 31 개정)

　마. 삭 제 (2002. 12. 30)

　바. 개발비 : 상업적인 생산 또는 사용전에 재료·장치·제품·공정·시스템 또는 용역을 창출하거나 현저히 개선하기 위한 계획 또는 설계를 위하여 연구결과 또는 관련 지식을 적용하는데 발생하는 비용으로서 당해 사업자가 개발비로 계상한 것(「산업기술연구조합 육성법」에 의한 산업기술연구조합의 조합원이 동 조합에 연구개발 및 연구시설 취득 등을 위하여 지출하는 금액을 포함한다) (2005. 2. 19. 개정)

한 충당금 및 준비금은 포함하지 아니하는 것으로 한다. (2005. 3. 19. 개정)

　제28조【기타 사유로 인한 평가차손】① 영 제61조 제2항에서 "기획재정부령이 정하는 사유"라 함은 다음 각 호의 어느 하나에 해당하는 경우를 말한다. (2008. 4. 29. 개정)

1. 화 재

2. 법령에 의한 수용 등

3. 채굴 불능으로 인한 폐광

② 영 제61조 제2항에 규정하는 파손 또는 멸실에는 당해 고정자산이 그 고유의 목적에 사용할 수 없게 되는 경우를 포함하는 것으로 한다.

　제28조【기타 사유로 인한 평가차손】 삭 제 (2010. 4. 30.)

　제29조【할부매입고정자산의 감가상각】 삭 제 (99. 5. 7)

　제29조의 2【고정자산별 내용연수의 범위】 삭 제 (99. 5. 7)

　제30조【시험연구용자산】 삭 제 (99. 5. 7)

　제31조【개업 또는 폐업시의 상각범위액 계산방법】 삭 제 (99. 5. 7)

하여 상각부인액을 필요경비로 추인한다. (2010. 2. 18. 개정)
⑥ 시인부족액은 그후의 과세기간의 상각부인액에 충당하지 못한다. (98. 12. 31 개정)
⑦ 제1항 후단의 규정을 적용함에 있어서 감가상각자산의 일부를 양도한 경우 당해 양도자산에 대한 감가상각누계액 및 상각부인액 또는 시인부족액은 당해 감가상각자산 전체의 감가상각누계액 및 상각부인액 또는 시인부족액에 양도부분의 가액이 당해 감가상각자산의 전체가액에서 차지하는 비율을 곱하여 계산한 금액으로 한다. 이 경우 그 가액은 취득당시의 장부가액으로 한다. (2000. 12. 29 개정)
⑧ 사업자가 감가상각자산에 대하여 감가상각과 평가증을 병행하는 경우에는 먼저 감가상각을 한 후 평가증을 한 것으로 보아 상각범위액을 계산한다. (98. 12. 31 개정)

　　　제63조【내용연수와 상각률】① 감가상각자산의 내용연수와 당해 내용연수에 따른 상각률은 다음 각 호의 구분에 따른다. (2020. 2. 11. 개정)
1. 기획재정부령으로 정하는 시험연구용 자산과 제62조 제2항 제2호 가목부터 라목까지의 규정에 따른 무형자산 (2020. 2. 11. 개정)
　기획재정부령으로 정하는 내용연수와 그에 따른 기획재정부령으로 정하는 상각방법별 상각률(이하 "상각률"이라 한다)
2. 제1호를 적용받는 자산 외의 감가상각자산(제62조 제2항 제2호 바목부터 자목까지의 규정에 따른 무형자산은 제외한다) (2025. 2. 28. 개정)
　구조 또는 자산별, 업종별로 기획재정부령으로 정하는 기준내용연수(이하 "기준내용연수"라 한다)에 그 기준내용연수의 100분의 25를 가감하여 기획재정부령으로 정하는 내용연수범위(이하 "내용연수범위"라 한다)내에서 사업자가 선택적용하여 납세지 관할세무서장에게 신고한 내용연수(이하 "신고내용연수"라 한다)와 그에 따른 상각률(제2항 각 호의 신고기한 내에 신고를 하지 않은 경우에는 기준내용연수와 그에 따른 상각률)

☞ p.2573 2단 연결

사. 사용수익기부자산가액 : 금전 외의 자산을 기부한 후 그 자산을 사용하거나 그 자산으로부터 수익을 얻는 경우 당해 자산의 장부가액 (2001. 12. 31 신설)
아. 주파수이용권 및 공항시설관리권 : 「전파법」 제14조에 따른 주파수이용권 및 「공항시설법」 제26조에 따른 공항시설관리권 (2020. 2. 11. 개정)
자. 그 밖에 가목부터 아목까지의 규정과 유사한 무형자산 (2025. 2. 28. 신설)
③ 제1항을 적용할 때 장기할부조건 등으로 매입한 유형자산 및 무형자산의 경우 그 대금의 청산 또는 소유권의 이전 여부에 관계없이 이를 감가상각자산에 포함시키며, 「법인세법 시행령」 제24조 제5항에 따른 금융리스에 해당하는 자산의 경우에는 리스이용자인 사업자의 감가상각자산에 이를 포함시킨다. (2020. 2. 11. 개정)

통칙 33-62…3【국적취득조건부 나용선의 반환에 따른 감가상각비의 회계처리】
국적취득조건부로 수입한 선박을 반환하는 경우에 영 제62조 제3항의 규정에 의하여 이미 필요경비에 산입된 감가상각비는 반환을 이유로 그 후 과세기간의 소득금액계산상 이를 총수입금액에 산입할 수 없다. (2008. 7. 30. 개정)

④ 사업자는 각 과세기간에 해당 감가상각자산의 장부가액을 감액하지 아니하고 감가상각누계액으로 계상하여 그 감가상각비를 필요경비에 산입할 수 있다. 이 경우 감가상각누계액은 개별자산별로 계상하되, 제73조의 2에 따른 감가상각비조정명세서를 작성·보관하고 있는 경우에는 감가상각비 총액을 일괄하여 감가상각누계액으로 계상할 수 있다. (2010. 2. 18. 개정)
⑤ 사업자의 각 과세기간에 필요경비로 계상한 감가상각비 중 상각범위액을 초과하는 금액(이하 이 조에서 "상각부인액"이라 한다)은 그후의 과세기간에 있어서 필요경비로 계상한 감가상각비가 상각범위액에 미달하는 경우에 그 미달하는 금액(이하 이 조에서 "시인부족액"이라 한다)을 한도로 하여 필요경비에 산입한다. 이 경우 사업자가 감가상각비를 필요경비로 계상하지 아니한 경우에도 상각범위액을 한도로

편주 ··
영 62조 2항 2호의 개정규정은 2025. 2. 28.이 속하는 과세기간에 감가상각하는 경우부터 적용함. (영 부칙(2025. 2. 28.) 8조)
··

　　　제32조【기준내용연수 등】① 영 제63조 제1항에 따라 감가상각자산의 내용연수와 이에 따른 상각률을 정할 때 시험연구용 자산·내용연수·상각방법별 상각률·기준내용연수 및 내용연수범위에 관하여는 「법인세법 시행규칙」 제15조를 준용한다. (2020. 3. 13. 개정)
② 건축물이 내용연수범위가 서로 다른 둘 이상의 복합구조로 구성되어 있는 경우에는 주된 구조에 의한 내용연수범위를 적용하고 건축물외의 자산이 내용연수범위가 서로 다른 둘 이상의 업종에 공통으로 사용되고 있는 경우에는 그 사용기간 또는 사용정도의 비율에 따라 그 사용비율이 큰 업종의 내용연수범위를 적용한다. (2020. 3. 13. 개정)
③~④ 삭 제 (99. 5. 7)

2. 선박 및 항공기. 다만, 어업 및 운수업에 사용되거나 임대목적으로 임대업에 사용되는 경우로 한정한다. (2013. 11. 5. 신설)

3. 공구, 기구 및 비품 (2013. 11. 5. 신설)

4. 기계 및 장치 (2013. 11. 5. 신설)

⑥ 제5항을 적용받으려는 중소기업은 기획재정부령으로 정하는 내용연수 특례적용 신청서를 해당 설비투자자산을 취득한 날이 속하는 과세기간의 종합소득 과세표준 확정신고기한까지 납세지 관할세무서장에게 제출(국세정보통신망에 의한 제출을 포함한다)하여야 한다. (2014. 9. 26. 개정)

통칙 33－63…1 【내용연수가 전부 경과된 자산에 대한 수선비 등의 처리】 감가상각이 완료된 고정자산에 대하여 자본적지출이 발생한 경우에는 당초 신고한 내용연수에 의한 상각률에 따라 이를 상각한다. (2008. 7. 30. 개정)

제63조의 2 【내용연수의 특례 등】 (2010. 2. 18. 제목개정)

① 사업자는 다음 각 호의 어느 하나에 해당하는 경우에는 제63조 제1항 제2호 및 같은 조 제3항에도 불구하고 기준내용연수에 기준내용연수의 100분의 50을 더하거나 뺀 범위에서 사업장별로 납세지 관할지방국세청장의 승인을 받아 내용연수범위와 다르게 내용연수를 적용하거나 적용하던 내용연수를 변경할 수 있다. (2010. 2. 18. 개정)

1. 사업장의 특성으로 자산의 부식·마모 및 훼손의 정도가 현저한 경우 (2014. 2. 21. 개정)

2. 사업개시 후 3년이 지난 사업자로서 해당 과세기간의 생산설비(건축물을 제외하며, 이하 "생산설비"라 한다)의 기획재정부령으로 정하는 가동률(이하 "가동률"이라 한다)이 직전 3개 과세기간의 평균가동률보다 현저히 증가한 경우 (2010. 2. 18. 개정)

3. 새로운 생산기술 및 신제품의 개발·보급 등으로 기존 생산설비의 가속상각이 필요한 경우 (98. 12. 31 신설)

4. 경제적 여건의 변동으로 조업을 중단하거나 생산설비의 가동률이 감소된 경우 (98. 12. 31 신설)

② 사업자가 제1항에 따라 내용연수의 승인 또는 변경승인을 받으려

☞ p.2574 2단 연결

편주 ▶ ┈┈┈┈┈┈┈┈┈┈┈┈┈┈┈┈┈┈┈┈┈┈
영 63조 1항 2호의 개정규정은 2025. 2. 28.이 속하는 과세기간에 감가상각하는 경우부터 적용함. (영 부칙(2025. 2. 28.) 8조)
┈┈┈┈┈┈┈┈┈┈┈┈┈┈┈┈┈┈┈┈┈┈

② 제1항 및 제5항에 따른 내용연수의 신고는 기획재정부령으로 정하는 내용연수신고서에 의하여 다음 각 호의 어느 하나에 해당하는 날이 속하는 과세기간의 종합소득세 과세표준 확정신고기한까지 납세지 관할세무서장에게 신고(국세정보통신망에 의한 신고를 포함한다)하여야 한다. (2013. 11. 5. 개정)

1. 새로 사업을 개시하는 사업자는 그 사업개시일 (98. 12. 31 개정)

2. 제1호 외의 사업자가 자산별·업종별 구분에 의한 기준내용연수가 다른 감가상각자산을 새로 취득하거나 새로운 업종의 사업을 개시한 경우에는 그 취득일 또는 사업개시일 (98. 12. 31 개정)

③ 사업자가 제1항 제2호 및 제5항에 따라 자산별·업종별로 적용한 신고내용연수 또는 기준내용연수는 그 후의 과세기간에도 계속하여 적용하여야 한다. (2013. 11. 5. 개정)

④ 제1항 제2호, 제2항 및 제5항에 따른 내용연수의 신고는 연 단위로 하여야 한다. (2013. 11. 5. 개정)

⑤ 제1항 제2호에도 불구하고 「조세특례제한법 시행령」 제2조에 따른 중소기업(이하 이 항과 제6항에서 "중소기업"이라 한다)이 다음 각 호의 어느 하나에 해당하는 자산(이하 이 항과 제6항에서 "설비투자자산"이라 한다)을 2014년 10월 1일부터 2016년 6월 30일까지 취득한 경우에는 자산별·업종별 기준내용연수에 그 기준내용연수의 100분의 50을 더하거나 뺀 범위(1년 미만은 없는 것으로 한다)에서 중소기업이 선택 적용하여 납세지 관할 세무서장에게 신고할 수 있다. 다만, 중소기업이 해당 과세기간에 취득한 설비투자자산에 대한 취득가액의 합계액이 직전 과세기간에 취득한 설비투자자산에 대한 취득가액의 합계액보다 적은 경우에는 그러하지 아니하다. (2016. 2. 17. 개정)

1. 차량 및 운반구. 다만, 운수업에 사용되거나 임대목적으로 임대업에 사용되는 경우로 한정한다. (2013. 11. 5. 신설)

관계조문 ▶
규칙 100조 6호 ⇒ 내용연수신고서

제33조 【내용연수 변경 등】

① 삭제 (99. 5. 7)

② 영 제63조의 2 제1항 제2호에서 "기획재정부령으로 정하는 가동률"이란 다음 각 호의 어느 하나의 방법 중 사업자가 선택한 가동률을 말한다. (2010. 4. 30. 개정)

1. $\dfrac{\text{당해 과세기간 실제생산량}}{\text{연간 생산가능량}} \times 100$

② 제1항의 규정에 의하여 내용연수를 신고하고자 하는 때에는 제63조 제2항의 규정에 의한 내용연수신고서를 중고자산의 취득일이 속하는 과세기간의 종합소득세 과세표준확정신고기한까지 납세지 관할세무서장에게 제출하여야 한다. (2000. 12. 29 신설)

제64조【감가상각방법의 신고】① 개별 감가상각자산별에 대한 상각액은 다음 각 호의 구분에 따른 상각방법 중 사업자가 납세지 관할세무서장에게 신고한 상각방법에 따라 계산한다. (2020. 2. 11. 개정)
1. 건축물과 무형자산(제3호 및 제6호부터 제9호까지의 규정에 따른 자산은 제외한다) : 정액법 (2025. 2. 28. 개정)

편주 ▶ ···
영 64조 1항 1호의 개정규정은 2025. 2. 28.이 속하는 과세기간에 감가상각하는 경우부터 적용함. (영 부칙(2025. 2. 28.) 8조)
···

통칙 33-62…2【영업권의 범위】
영 제62조에 규정하는 무형고정자산에 속하는 영업권에는 다음 각호의 것이 포함되는 것으로 한다. (97. 4. 8. 개정)
1. 사업의 양수도과정에서 양수도 자산과는 별도로 양도사업에서 소유하고 있는 허가·인가 등 법률상의 특권, 사업상 편리한 지리적 여건, 영업상의 비법, 신용·명성·거래선 등 영업상의 이점 등을 감안하여 적절한 평가방법에 따라 유상으로 취득한 가액
2. 사업인가당시 인가조건으로 부담한 기금(반환받을 수 있는 경우를 제외한다) 및 기부금 등
3. 등록된 관광사업용 버스와 이에 따른 제권리 등을 함께 양수함에 있어서 버스 자체의 대가 외에 관광사업에 따른 권리금을 별도로 평가하여 지급한 경우 그 가액
4. 양곡의 하역 및 보관업을 영위하는 자가 기계화로 인하여 실직되는 기존 노무자의 생계를 위한 일종의 보상적 성질로 일정 하역량에 달할 때까지 인가조건에 따라 지급하는 보상금
5. 지입차량을 직영화함에 따라 지입차주로부터 차량을 매입하는 경우 차량자체대금 외의 권리금(T.O.대금)이 포함되어 있는 경우의 그 권리금
6. 특정사업의 면허를 취득하기 위하여 동업자조합 또는 협회에 가입할 때 지급하는 것으로서 반환청구할 수 없는 입회금

☞ p.2575 3단 연결

는 때에는 제63조 제2항 각 호의 날부터 3개월이 되는 날 또는 그 변경할 내용연수를 적용하려는 최초 과세기간의 종료일 이전 3개월이 되는 날까지 기획재정부령으로 정하는 내용연수(변경)승인신청서를 납세지 관할세무서장을 거쳐 관할지방국세청장에게 제출(국세정보통신망에 의한 제출을 포함한다)하여야 한다. 이 경우 내용연수의 승인·변경승인의 신청은 연단위로 하여야 한다. (2010. 2. 18. 개정)

관계조문 ▶▶▶
규칙 100조 6호 ⇒ 내용연수(변경)승인신청서

③ 제2항에 따라 신청서를 접수한 납세지 관할세무서장은 그 신청인에게 신청서의 접수일이 속하는 과세기간 종료일(신청서의 접수일부터 과세기간 종료일까지의 기간이 3개월 미만인 경우에는 신청서의 접수일부터 3개월이 되는 날을 말한다)까지 관할지방국세청장으로부터 통보받은 승인 여부에 관한 사항을 통지하여야 한다. (2010. 2. 18. 개정)
④ 제2항의 규정에 의한 신청서 접수일이 속하는 과세기간 종료일 이후에 내용연수의 승인 또는 변경승인을 얻은 경우에는 그 승인 또는 변경승인을 얻은 날이 속하는 과세기간부터 승인 또는 변경승인을 얻은 내용연수를 적용한다. (98. 12. 31 신설)
⑤ 제1항의 규정에 의하여 감가상각자산의 내용연수를 변경(재변경을 포함한다)한 사업자가 당해 자산의 내용연수를 다시 변경하고자 하는 경우에는 변경한 내용연수를 최초로 적용한 과세기간 종료일부터 3년이 경과하여야 한다. (98. 12. 31 신설)

제63조의 3【중고자산의 내용연수】① 사업자가 기준내용연수의 일부 또는 전부가 경과한 자산으로서 기획재정부령이 정하는 자산(이하 이 조에서 "중고자산"이라 한다)을 취득한 경우 제63조 제1항 제2호의 규정에 불구하고 그 자산의 기준내용연수(업종별 자산의 경우에는 취득자의 업종에 적용되는 기준내용연수를 말한다)의 100분의 50에 상당하는 연수와 그 기준내용연수의 범위안에서 사업자가 선택하여 신고한 내용연수를 당해 중고자산의 내용연수로 할 수 있다. (2008. 2. 29. 직제개정 ; 기획재정부와~직제 부칙)

2.
$$\frac{연간\ 작업일수}{연간\ 작업가능일수} \times 100$$
③~④ 삭 제 (99. 5. 7)

제34조【내용연수의 변경승인 등】영 제63조의 2 제2항의 규정에 의한 감가상각내용연수의 승인 또는 변경승인신청이나 영 제65조 제2항의 규정에 의한 감가상각방법변경승인신청을 받은 납세지 관할세무서장이나 납세지 관할지방국세청장은 그 신청서 접수일이 속하는 과세기간 종료일(그 신청을 받은 날부터 과세기간 종료일까지의 기간이 3월 미만인 경우는 신청서 접수일부터 3월이 되는 날)까지 승인여부를 신청인에게 통보하여야 한다. (99. 5. 7 개정)

제34조【내용연수의 변경승인 등】삭 제 (2010. 4. 30.)

제35조【내용연수 변경이 가능한 중고자산의 범위 등】① 영 제63조의 3 제1항에서 "기획재정부령이 정하는 자산"이라 함은 법인 또는 다른 사업자로부터 취득한 자산으로서 해당 자산의 사용연수가 이를 취득한 사업자에게 적용되는 기준내용연수의 100분의 50 이상이 경과된 자산을 말한다. (2008. 4. 29. 개정)
② 영 제63조의 3 제1항의 규정에 의한 기준내용연수의 100분의 50에 상당하는 연수를 계산함에 있어서 6월 이하는 없는 것으로 하고, 6월을 초과하는 경우에는 1년으로 한다. (2001. 4. 30 신설)

개정)

5. 제1항 제7호 및 제8호의 자산에 대하여는 동호의 규정에 의한 방법 (2002. 12. 30 개정)

6. 제1항 제9호의 자산에 대해서는 5년 동안 매년 균등액을 상각하는 방법 (2025. 2. 28. 신설)

편주 ▶ ··
영 64조 4항 6호의 개정규정은 2025. 2. 28.이 속하는 과세기간에 감가상각하는 경우부터 적용함. (영 부칙(2025. 2. 28.) 8조)

⑤ 사업자가 제65조 제1항의 규정에 의한 변경승인을 얻지 아니하고 그 상각방법을 변경한 경우 상각범위액은 변경하기 전의 상각방법에 의하여 계산한다. (2002. 12. 30 신설)

통칙 33-62…4 【공동제작한 입간판 등에 대한 감가상각】
광고선전을 목적으로 여러 사업자의 상호 등이 포함된 입간판 또는 아크릴간판 등을 공동 부담으로 제작한 경우에는 각 사업자의 부담분에 대하여 비품계정으로 처리하고 감가상각할 수 있다. (97. 4. 8. 개정)

33-62…5 【가축에 대한 감가상각】
① 사역용, 씨가축용 또는 착유용 등으로 사용되는 소·말·돼지·면양 및 양에 대한 감가상각은 「법인세법 시행규칙」[별표 6]와 "업종별 자산의 기준내용연수 및 내용연수범위표"를 적용하여 계산한다. (2011. 3. 21. 개정)
② 제1항의 가축에 대한 기준내용연수 또는 신고내용연수는 소·말·돼지·면양 및 양 등이 성숙하여 사역용·씨가축용·착유용 등으로 사용 가능한 때부터 기산한다. (2011. 3. 21. 개정)

33-62…7 【항공기 예비부품의 처리】
항공기에 부착된 각종 계기 등의 검사 또는 수리를 위하여 항시 보유하거나 상호 교환 사용되는 예비부품은 항공기가액에 포함하여 감가상각할 수 있다. (97. 4. 8. 개정)

제65조 【감가상각방법의 변경】 ① 사업자가 다음 각호의 1에 해당하는 경우에는 제64조 제3항의 규정에 불구하고 납세지 관할세무서장의 승인을 얻어 그 감가상각방법을 변경할 수 있다. (98. 12. 31 개정)
☞ p.2576 3단 연결

매 사업연도별 경과월수에 비례하여 상각하는 방법 (2025. 2. 28. 신설)

편주 ▶ ··
영 64조 1항 9호의 개정규정은 2025. 2. 28.이 속하는 과세기간에 감가상각하는 경우부터 적용함. (영 부칙(2025. 2. 28.) 8조)

② 사업자가 제1항에 따라 상각방법을 신고하려는 경우에는 같은 항 각 호의 구분에 따른 자산별로 하나의 방법을 선택하여 기획재정부령으로 정하는 감가상각방법신고서를 다음 각 호에 규정된 날이 속하는 과세기간의 과세표준 확정신고기한까지 납세지 관할세무서장에게 제출(국세정보통신망을 통한 제출을 포함한다)해야 한다. (2020. 2. 11. 개정)
1. 신규로 사업을 개시한 사업자는 그 사업을 개시한 날 (2001. 12. 31 개정)
2. 제1호 외의 사업자가 제1항 각 호의 구분을 달리하는 감가상각자산을 새로 취득한 경우에는 그 취득한 날 (2020. 2. 11. 개정)

관계조문 ▶▶ ─────────────
규칙 100조 6호 ⇒ 감가상각방법신고서

③ 사업자가 제1항의 규정에 의하여 신고한 상각방법(상각방법을 신고하지 아니한 경우에는 제4항 제1호 내지 제5호에 규정된 상각방법을 말한다)은 그 후의 과세기간에 있어서도 계속하여 이를 적용하여야 한다. (2001. 12. 31 개정)
④ 사업자가 제1항의 규정에 의한 신고를 하지 아니한 경우 당해 감가상각자산에 대한 상각범위액은 다음 각호의 상각방법에 의하여 계산한다. (2002. 12. 30 개정)
1. 제1항 제1호의 자산에 대하여는 정액법
2. 제1항 제2호의 자산에 대하여는 정률법
3. 제1항 제3호 및 제4호의 자산에 대하여는 생산량비례법
4. 제1항 제6호의 자산에 대하여는 관련제품의 판매 또는 사용이 가능한 시점부터 5년 동안 매년 균등액을 상각하는 방법 (2002. 12. 30

---

2. 건축물 외의 유형자산(제4호에 따른 자산은 제외한다) : 정률법 또는 정액법 (2020. 2. 11. 개정)
3. 광업권(「해저광물자원 개발법」에 의한 채취권을 포함한다), 폐기물매립시설(「폐기물관리법 시행령」 별표 3 제2호 가목에 따른 매립시설을 말한다) : 생산량비례법 또는 정액법 (2015. 2. 3. 개정)
4. 광업용 유형자산 : 생산량비례법·정률법 또는 정액법 (2020. 2. 11. 개정)
5. 삭 제 (2002. 12. 30)
6. 개발비 : 관련제품의 판매 또는 사용이 가능한 시점부터 20년 이내의 기간내에서 연단위로 신고한 내용연수에 따라 매 사업연도별 경과월수에 비례하여 상각하는 방법 (2002. 12. 30 개정)
7. 사용수익기부자산가액 : 당해 자산의 사용수익기간(그 기간에 관한 특약이 없는 경우에는 신고내용연수)에 따라 균등하게 안분한 금액(그 기간 중에 당해 기부자산이 멸실되거나 계약이 해지된 경우에는 그 잔액)을 상각하는 방법 (2001. 12. 31 신설)
8. 주파수이용권 및 공항시설관리권 : 주무관청에서 고시하거나 주무관청에 등록한 기간내에서 사용기간에 따라 균등액을 상각하는 방법 (2002. 12. 30 신설)
9. 제62조 제2항 제2호 자목의 무형자산: 연단위로 신고한 내용연수(기업회계기준에 따른 내용연수를 말한다)에 따라

비로 필요경비에 산입한 금액[법 제33조의 2 제1항에 따른 업무용승용차(이하 "업무용승용차"라 한다)의 감가상각비 중 같은 조 제1항 및 제2항에 따라 필요경비에 산입하지 아니한 금액을 포함한다]을 공제한 잔액에 해당 자산의 내용연수에 따른 상각률을 곱하여 계산한 각 과세기간의 상각범위액이 매년 체감되도록 하는 상각방법을 말한다. (2016. 2. 17. 개정)
2. "정액법"이라 함은 당해 감가상각자산의 취득가액(「법인세법 시행령」 제72조의 규정을 준용하여 계상한 취득가액을 말한다. 이하 이 조에서 같다)에 당해 자산의 내용연수에 따른 상각률을 적용하여 계산한 각 과세기간의 상각범위액이 매년 균등하게 되는 상각방법을 말한다. (2005. 2. 19. 개정)
3. "생산량비례법"이란 다음 각 목의 어느 하나에 해당하는 금액을 각 과세기간의 상각범위액으로 하는 상각방법을 말한다. (2015. 2. 3. 개정)
　가. 해당 감가상각자산의 취득가액을 그 자산이 속하는 광구의 총 채굴예정량으로 나누어 계산한 금액에 해당 과세기간 중 그 광구에서 채굴한 양을 곱하여 계산한 금액 (2015. 2. 3. 신설)
　나. 해당 감가상각자산의 취득가액을 그 자산인 폐기물매립시설의 매립예정량으로 나누어 계산한 금액에 해당 과세기간 중 그 폐기물매립시설에서 매립한 양을 곱하여 계산한 금액 (2015. 2. 3. 신설)

제67조 【즉시상각의 의제】 ① 사업자가 감가상각자산을 취득하기 위하여 지출한 금액과 감가상각자산에 대한 자본적 지출에 해당하는 금액을 필요경비로 계상한 경우에는 이를 감가상각한 것으로 보아 상각범위액을 계산한다. (98. 12. 31 개정)
② 제1항에서 "자본적 지출"이란 사업자가 소유하는 감가상각자산의 내용연수를 연장시키거나 해당 자산의 가치를 현실적으로 증가시키기 위해 지출한 수선비를 말하며, 각 호에 해당하는 지출을 포함하는 것으로 한다. (2020. 2. 11. 개정)

☞ p.2577 3단 연결

국징법 14조 2항 ⇒ 납기 전 징수

③ 제2항의 규정에 의한 신청서를 접수한 납세지 관할세무서장은 신청서 접수일이 속하는 과세기간 종료일부터 1개월 이내에 승인여부를 결정하여 통보하여야 한다. (2015. 2. 3. 개정)
④ 납세지 관할세무서장이 제1항 제4호의 사유로 인하여 상각방법의 변경을 승인하고자 할 때에는 국세청장이 정하는 기준에 따라야 한다. (98. 12. 31 항번개정)

통칙 33-65…2 【상각방법변경승인기준】
영 제65조 제4항의 규정에 의한 상각방법변경승인은 다음 각호의 요건을 모두 충족하는 경우로 한다. (2008. 7. 30. 개정)
<승인기준>
1. 다음의 1에 해당하는 경우로서 종래의 상각방법으로는 적정한 소득을 계산할 수 없다고 인정되는 경우
　가. 해외에서 구입하는 고정자산의 가액이 환율의 변동 및 국제가격상승으로 현저히 증가할 때
　나. 시설을 대폭 증설하거나 현저하게 축소한 때
　다. 기존 제조 주종목을 변경하여 새로운 종목에 대한 시설을 완료한 때
　라. "가" 내지 "다"와 유사한 여건 변동으로 상각방법을 변경할 필요가 있다고 판단되는 때
2. 조세의 부담을 부당하게 감소시킬 우려가 없다고 인정되는 경우
3. 영 제64조 제2항의 규정에 의하여 상각방법을 신고하고 영 제65조 제1항의 규정에 의한 상각방법을 변경한 경우에는 그 변경한 과세연도가 경과된 경우 (2011. 3. 21. 신설)

⑤ 사업자가 제1항의 규정에 의하여 상각방법을 변경하는 경우 상각범위액의 계산에 관하여는 「법인세법 시행령」 제27조 제6항의 규정을 준용한다. (2005. 2. 19. 개정)

제66조 【정률법·정액법 등의 정의】 제64조에서 사용하는 용어의 정의는 다음 각 호와 같다. (2010. 2. 18. 개정)
1. "정률법"이란 해당 감가상각자산의 취득가액에서 이미 감가상각

1. 상각방법을 달리하는 사업자와 공동으로 사업을 경영하게 된 때
2. 상각방법을 달리하는 다른 사업자의 사업을 인수 또는 승계한 때
3. 「외국인투자촉진법」에 의하여 외국투자자가 지분의 100분의 20 이상을 인수 또는 보유하게 된 때 (2005. 2. 19. 개정)

통칙 33-65…1 【외국인투자비율 변경의 범위】 (2009. 2. 2. 번호개정)
영 제65조 제1항 제3호에서 「외국인투자 촉진법」에 의하여 외국인투자자가 지분의 100분의 20 이상을 인수 또는 보유하게 된 때"라 함은 「외국인투자 촉진법」제5조 제1항 또는 제2항에 따라 신고된 외국투자자의 투자비율이 20% 미만이었다가 「외국인투자 촉진법」 제5조 제3항에 따라 투자비율이 변동되어 외국투자자의 투자비율이 20% 이상이 되는 경우를 포함한다. (2024. 3. 15. 개정)

4. 해외시장의 경기변동 또는 경제적 여건의 변동으로 인하여 상각방법을 변경하고자 할 때
② 제1항에 따른 승인을 받으려는 사업자는 그 변경할 상각방법을 적용하려는 최초 과세기간의 종료일까지 기획재정부령으로 정하는 감가상각방법변경신청서를 납세지 관할세무서장에게 제출(국세정보통신망에 의한 제출을 포함한다)하여야 한다. (2015. 2. 3. 개정)

것은 그러하지 아니하다. (2010. 2. 18. 개정)
1. 당해 고유업무의 성질상 대량으로 보유하는 자산
2. 당해 사업의 개시 또는 확장을 위하여 취득한 자산
⑤ 제4항에서 "거래단위"라 함은 취득한 자산을 그 취득자가 독립적으로 당해 사업에 직접 사용할 수 있는 것을 말한다. (98. 12. 31 개정)
⑥ 다음 각 호의 어느 하나에 해당하는 경우에는 그 자산의 장부가액과 처분가액의 차액을 해당 과세기간의 필요경비에 산입할 수 있다. (2017. 2. 3. 개정)
1. 시설의 개체(改替) 또는 기술의 낙후로 생산설비의 일부를 폐기한 경우 (2017. 2. 3. 신설)
2. 사업의 폐지 또는 사업장의 이전으로 임대차계약에 따라 임차한 사업장의 원상회복을 위하여 시설물을 철거하는 경우 (2018. 2. 13. 개정)
⑦ 제4항에도 불구하고 다음 각 호의 재산에 대해서는 이를 그 사업에 사용한 날이 속하는 과세기간에 필요경비로 계상한 것에 한정하여 이를 필요경비에 산입한다. (2020. 2. 11. 개정)
1. 어업에 사용되는 어구(어선용구를 포함한다) (95. 12. 30 개정)
2. 영화필름, 공구, 가구, 전기기구, 가스기기, 가정용 기구 및 비품, 시계, 시험기기, 측정기기 및 간판 (2020. 2. 11. 개정)
3. 대여사업용 비디오테이프 및 음악용 콤팩트디스크로서 개별자산의 취득가액이 30만원 미만인 것 (99. 12. 31 신설)
4. 전화기(휴대용 전화기를 포함한다) 및 개인용 컴퓨터(그 주변기기를 포함한다) (2010. 12. 30. 신설)

제68조【감가상각의 의제】① 해당 과세기간의 소득에 대하여 소득세가 면제되거나 감면되는 사업을 경영하는 사업자가 소득세를 면제받거나 감면받은 경우에는 제62조, 제63조, 제63조의 2, 제63조의 3, 제64조부터 제67조까지, 제70조, 제71조 및 제73조에 따라 감가상각자산에 대한 감가상각비를 계산하여 필요경비로 계상하여야 한다. (2010. 2. 18. 개정)

☞ p.2578 2단 연결

5. 공장 등의 시설을 신축 또는 증축함에 있어서 배수시설을 하게 됨으로써 공공하수도의 개축이 불가피하게 되어 그 공사비를 부담한 경우 그 공사비는 배수시설에 대한 자본적지출로 한다.
6. 설치중인 기계장치의 시운전을 위하여 지출된 비용에서 시운전기간중 생산된 시제품을 처분하여 회수된 금액을 공제한 잔액은 기계장치의 자본적지출로 한다.
7. 수입기계장치를 설치하기 위하여 지출한 외국인 기술자에 대한 식비 등 체재비는 기계장치에 대한 자본적지출로 한다.
8. 부가가치세면세사업자의 고정자산 취득에 따른 매입세액은 당해 자산에 대한 자본적지출로 한다.
9. 사역용·씨가축용·착유용 등에 사용하기 위하여 소·말·돼지·면양 등을 사육하는 경우 그 목적에 사용될 때까지 사육을 위하여 지출한 사료비·인건비·경비 등은 이를 자본적지출로 한다. (2011. 3. 21. 개정)
10. 목야지(초지)의 조성비 중 최초의 조성비는 토지에 대한 자본적지출로 한다.
11. 토지, 건물만을 사용할 목적으로 첨가 취득한 기계장치 등을 처분함에 따라 발생한 손실은 토지, 건물의 취득가액에 의하여 안분계산한 금액을 각각 당해 자산에 대한 자본적지출로 한다.
12. 부동산매매업자(주택신축판매업자를 포함한다)가 토지개발 또는 주택신축 등 당해 사업의 수행과 관련하여 그 토지의 일부를 도로용 등으로 국가 등에 무상으로 기증한 경우 그 토지가액은 잔존 토지에 대한 자본적지출로 한다.

③ 사업자가 각 과세기간에 지출한 수선비가 다음 각 호의 어느 하나에 해당하는 경우로서 당해 수선비를 필요경비로 계상한 경우에는 제2항에 따른 자본적 지출에 포함되지 않은 것으로 한다. (2020. 2. 11. 개정)
1. 개별 자산별로 수선비로 지출한 금액이 600만원 미만인 경우 (2020. 2. 11. 개정)
2. 개별 자산별로 수선비로 지출한 금액이 직전 과세기간 종료일 현재의 재무상태표상 자산가액(취득가액에서 감가상각누계상당액을 차감한 금액을 말한다)의 100분의 5에 미달하는 경우 (2013. 2. 15. 개정)
3. 3년 미만의 주기적인 수선을 위하여 지출하는 비용의 경우 (98. 12. 31 신설)
④ 취득가액이 거래단위별로 100만원 이하인 감가상각자산은 제62조제1항에도 불구하고 이를 그 사업용으로 제공한 날이 속하는 과세기간의 필요경비에 산입한다. 다만, 다음 각 호의 어느 하나에 해당하는

1. 본래의 용도를 변경하기 위한 개조 (98. 12. 31 신설)
2. 엘리베이터 또는 냉난방장치의 설치 (98. 12. 31 신설)
3. 빌딩 등의 피난시설 등의 설치 (98. 12. 31 신설)
4. 재해 등으로 인하여 건물·기계·설비 등이 멸실 또는 훼손되어 당해 자산의 본래 용도로의 이용가치가 없는 것의 복구 (98. 12. 31 신설)
5. 기타 개량·확장·증설 등 제1호 내지 제4호와 유사한 성질의 것 (98. 12. 31 신설)

통칙 33-67…1【고정자산에 대한 자본적지출의 예시】

영 제67조 제2항에 규정하는 자본적지출에는 다음 각호의 예에 따라 처리하는 것을 포함한다. (2008. 7. 30. 개정)
1. 토지만을 사용할 목적으로 건축물이 있는 토지를 취득하여 그 건축물을 철거하거나, 자기 소유의 토지상에 있는 임차인의 건축물을 취득하여 철거한 경우 철거한 건축물의 취득가액과 철거비용은 당해 토지에 대한 자본적지출로 한다.
2. 토지구획정리사업의 결과 무상 할양하게 된 체비지를 대신하여 지급하는 금액은 토지에 대한 자본적지출로 한다.
3. 도시계획에 의한 도로공사로 인하여 공사비로 지출된 수익자 부담금은 토지에 대한 자본적지출로 한다.
4. 자기 소유의 토지상에 새로운 건축물을 건축하기 위하여 기존 건축물을 철거하는 경우 기존 건축물의 장부가액과 철거비용은 새로운 건축물에 대한 자본적지출로 한다.

통칙 33-62…6【추계조사결정을 받았을 경우 상각범위액계산의 기초가액】
① 직전 과세기간의 소득세가 추계결정 또는 추계경정된 경우 당해 과세기간의 고정자산에 대한 감가상각범위액의 계산에 있어서 기초가액은 신규취득자산을 제외하고는 직전과세기간종료일 현재의 당해 고정자산의 장부가액을 기준으로 한다. (97. 4. 8. 개정)
② 제1항에서 "장부가액"이라 함은 취득가액과 자본적지출의 합계액에서 감가상각누계액을 차감한 미상각잔액을 말한다. (2011. 3. 21. 개정)

② 해당 과세기간의 소득에 대하여 법 제70조 제4항 제6호에 따른 추계소득금액 계산서를 제출하거나 법 제80조 제3항 단서에 따라 소득금액을 추계조사결정하는 경우에는 제62조, 제63조, 제63조의 2, 제63조의 3, 제64조부터 제67조까지, 제70조, 제71조 및 제73조에 따라 감가상각자산(건축물은 제외한다)에 대한 감가상각비를 계산하여 필요경비로 계상한 것으로 본다. (2019. 2. 12. 개정)
③ 제1항에 따라 감가상각자산에 대한 감가상각비를 필요경비로 계상하지 아니한 사업자 또는 제2항에 따라 감가상각자산에 대한 감가상각비를 필요경비로 계상한 것으로 의제한 사업자는 그 후 과세기간의 상각범위계산의 기초가 될 자산의 가액에서 그 감가상각비에 상당하는 금액을 공제한 잔액을 기초가액으로 하여 상각범위액을 계산한다. 다만, 「자산재평가법」에 따른 재평가를 한 때에는 재평가액을 기초가액으로 하여 상각범위액을 계산한다. (2018. 2. 13. 개정)
④ 제2항 및 제3항에 따라 필요경비로 계상한 것으로 보는 금액의 계산 등에 필요한 사항은 기획재정부령으로 정한다. (2019. 2. 12. 신설)

제69조【수익적 지출과 자본적 지출의 구분】삭 제 (98. 12. 31)

제70조【유휴설비의 감가상각】상각범위액계산의 기초가 될 자산의 가액에는 사업용 유휴설비의 가액을 포함하며, 건설 중인 자산은 포함하지 아니하는 것으로 한다. (98. 12. 31 개정)

제71조【잔존가액】제62조 제1항에 따른 상각범위액을 계산할 때 감가상각자산의 잔존가액은 영으로 한다. 다만, 정률법으로

통칙 33-68…1【감가상각의제대상 사업자의 범위】
① 영 제68조 제1항에 따른 "소득세가 면제되거나 감면되는 사업을 경영하는 사업자"라 함은 특정사업에서 생긴 소득에 대하여 소득세를 면제 또는 감면(소득공제를 포함한다)받는 사업자를 말하며, 감가상각의 의제규정적용대상 여부를 예시하면 다음과 같다.
1. 감가상각의 의제규정 적용대상 사업자
　가. 법 제59조의 5 제1항 제2호의 규정에 의한 외국항행사업을 영위하는 자 (2024. 3. 15. 개정)
　나. 「조세특례제한법」 제121조의 2 제2항의 규정에 의하여 소득세를 면제받는 외국인투자기업 (2008. 7. 30. 개정)
　다. 「조세특례제한법」 제6조·제7조·제63조·제64조·제102조·제121조의 8·제121조의 9의 규정에 의하여 소득세를 감면받는 자 (2008. 7. 30. 개정)
　라.~마. 삭 제 (2008. 7. 30.)
2. 삭 제 (2024. 3. 15.)
② 2개 이상의 사업장이 있는 자가 그 중 한 사업장에서 소득세가 면제되거나 감면되는 사업을 영위하는 경우에도 영 제68조 제1항에 규정하는 사업자에 포함한다. (97. 4. 8. 개정)
③ 소득세가 면제되거나 감면되는 사업을 영위하는 자가 결손 또는 면제요건의 불비 및 면제기간의 종료 등으로 사실상 면제 또는 감면을 받지 아니한 경우에

제36조【감가상각의 의제】영 제68조 제2항 및 제3항에 따라 감가상각자산에 대한 감가상각비를 필요경비로 계상한 것으로 보는 금액은 다음 각 호의 방법으로 계산한다. (2019. 3. 20. 신설)
1. 정률법 : 미상각잔액에서 필요경비를 계상하지 않은 감가상각비 상당액을 공제한 잔액을 기초가액으로 하여 상각률을 곱하는 방법 (2019. 3. 20. 신설)
2. 정액법·생산량비례법 : 해당 감가상각자산의 취득가액에 해당 내용연수에 따른 상각률을 곱하는 방법 (2019. 3. 20. 신설)

통칙 33-70…1【유휴설비의 범위】
사업에 공하던 기계설비 등을 철거하여 사업에 공하지 아니하거나 매입하여 보관만을 하고 있는 기계장치 등은 영 제70조의 규정에 의한 감가상각 대상자산이 되는 유휴설비로 보지 아니한다. (97. 4. 8. 개정)

는 감가상각의 의제규정을 적용하지 아니한다. (97. 4. 8. 개정)

편주 ··
자산임의평가차익의 총수입금액 불산입은 통칙 24－51…9 참조
···
☞

〈제33조 ①〉
9. 부가가치세의 매입세액. 다만, 부가가치세가 면제되거나 그 밖에 대통령령으로 정하는 경우의 세액과 부가가치세 간이과세자가 납부한 부가가치세액은 제외한다. (2009. 12. 31. 개정)

통칙 33－74…1【부가가치세에 대한 필요경비의 취급】
① 「부가가치세법」에 규정하는 자기생산·취득재화의 공급 등에 대한 매출세액은 다음 각호에 따라 처리한다. (2024. 3. 15. 개정)

상각범위액을 계산하는 경우에는 취득가액의 100분의 5에 상당하는 금액을 잔존가액으로 하되, 그 금액은 해당 감가상각자산에 대한 미상각잔액이 최초로 취득가액의 100분의 5 이하가 되는 과세기간의 상각범위액에 더한다. (2010. 2. 18. 개정)

제72조【잔존내용연수의 계산】 삭 제 (98. 12. 31)

제73조【평가자산과 양도자산의 상각시부인】 ① 사업자가 감가상각자산의 평가증을 한 경우에 상각부인액은 평가증의 한도까지 총수입금액에 산입된 것으로 보아 필요경비로 추인하고, 평가증의 한도를 초과하는 것은 이를 그 후의 과세기간에 이월할 상각부인액으로 계산한다. 이 경우 시인부족액은 없는 것으로 본다. (2010. 2. 18. 개정)
②～④ 삭 제 (98. 12. 31)

제73조의 2【감가상각비에 관한 명세서의 제출 등】 ① 사업자가 각 과세기간에 감가상각비를 필요경비로 계상한 경우에는 개별 자산별로 구분하여 기획재정부령이 정하는 감가상각비조정명세서를 작성·보관하고, 기획재정부령이 정하는 감가상각비조정명세서합계표와 감가상각비 시부인명세서 및 취득·양도자산의 감가상각비조정명세서를 법 제70조의 규정에 의한 신고서에 첨부하여 납세지 관할세무서장에게 제출하여야 한다. (2008. 2. 29. 직제개정 ; 기획재정부와～직제 부칙)
② 감가상각자산의 감가상각비계산에 관하여 필요한 사항은 기획재정부령으로 정한다. (2008. 2. 29. 직제개정 ; 기획재정부와～직제 부칙)

제74조【부가가치세 매입세액의 필요경비산입】 법 제33조 제1항 제9호에서 "대통령령으로 정하는 경우의 세액"이란 다음 각 호의 어느 하나에 해당하는 것을 말한다. (2010. 2. 18. 개정)
1. 「부가가치세법」 제39조 제1항 제5호에 따른 매입세액(제67조 제2항에 따른 자본적 지출에 해당하는 것은 제외한다) (2013. 6. 28. 개정 ; 부가가치세법 시행령 부칙)

33－70…2【건설중의 자산에 대한 감가상각】
① 설치중의 기계장치에 대하여는 영 제70조의 규정에 의하여 감가상각을 할 수 없는 것이며, 이 경우에 설치중의 기간에는 설치한 기계장치의 성능을 시험하기 위한 시운전기간을 포함한다. (97. 4. 8. 개정)
② 건설중인 자산 중 그 일부가 완성되어 그 부분이 사업용으로 사용하고 있을 때에는 그 부분은 감가상각대상자산으로 본다. (2024. 3. 15. 개정)

제37조【양도자산의 감가상각누계액 등 조정】 삭 제 (99. 5. 7)
제38조【잔존가액의 감가상각】 삭 제 (99. 5. 7)

1. 「부가가치세법」 제10조 제1항 및 제2항의 규정에 의한 자가공급에 대한 매출세액은 당해 재화의 매입부대비용으로 처리한다. (2024. 3. 15. 개정)
2. 「부가가치세법」 제10조 제4항 및 제5항의 규정에 의하여 재고자산을 사업자 또는 종업원의 개인적 목적으로 사용·소비하는 것과 고객이나 불특정다수인에게 증여하는 것에 대한 매출세액은 다음과 같이 한다. (2024. 3. 15. 개정)
가. 사업자의 개인적 목적으로 사용·소비하는 재고자산에 대한 매출세액은 당해 자산의 사용·소비로 법 제25조 제2항의 규정에 의하여 계산하는 총수입금액에는 산입하지 아니하고 별도로 계산하며 사업자 개인에 대하여는 그 총수입금액과 매출세액의 합계액으로 출자금의 인출로 한다.
나. 종업원의 개인적 목적으로 사용·소비하는 재고자산에 대한 매출세액은 당해 재고자산의 사용·소비로 법 제25조 제2항의 규정에 의하여 계산하는 총수입금액(부당행위계산에 의하여 계산한 금액을 포함한다)에는 산입하지 아니하고 별도로 계산하며 종업원 개인에 대하여는 다음과 같이 한다.
   i) 종업원의 개인적 목적으로 사용·소비하는 재고자산에 대하여 대가를 받지 아니하는 경우에는 그 총수입금액과 매출세액의 합계액을 당해자의 근로소득으로 한다. 이 경우 재고자산의 사용·소비가 비과세되는 경우에는 제외한다.
   ii) 종업원의 개인적 목적으로 사용·소비하는 재고자산에 대하여 받은 대가와 부당행위계산으로 인하여 계산한 총수입금액과 그 매출세액의 합계액과 차액은 당해자의 근로소득으로 한다.
다. 고객이나 불특정다수인에게 증여한 것에 대한 매출세액은 당해 재고자산의 증여로 인하여 법 제25조 제2항의 규정에 의하여 계산하는 총수입금액에는 산입하지 아니하고 별도로 계산하여 그 증여된 재고자산을 접대비 또는 기부금으로 처리시 그 총수입금액과 매출세액의 합계액으로 계산한다.
② 부동산임대업을 영위하는 사업자(「부가가치세법」상 일반과세자에 한한다)가 전세금 또는 전세보증금에 대하여 계산한 부가가치세를 임차자로부터 거래징수하지 못하고 자기가 부담하는 경우에 한하여 필요경비에 산입한다. (2008. 7. 30. 개정)
③ 세금계산서를 제출하지 아니함으로써 공제받지 못한 부가가치세매입세액은 필요경비에 산입하지 아니한다. (97. 4. 8. 개정)
④ 간이과세자에 대한 부가가치세는 다음 각호에 따라 처리한다. (2008. 7. 30. 개정)
1. 간이과세자인 사업자가 사업과 관련하여 물품을 매입하거나 용역을 제공받음으로써 「부가가치세법」에 의하여 거래징수 당한 부가가치세는 당해 물품 또는 용역의 매입부대비용으로 본다. (2008. 7. 30. 개정)
2. 간이과세자인 사업자가 물품을 판매하거나 또는 용역을 제공함으로 인하여 「부

1의 2. 「부가가치세법」 제39조 제1항 제6호에 따른 매입세액 (2013. 6. 28. 개정 ; 부가가치세법 시행령 부칙)
2. 기타 당해 사업자가 부담한 사실이 확인되는 매입세액으로서 기획재정부령이 정하는 것 (2008. 2. 29. 직제개정 ; 기획재정부와~직제부칙)

제39조 【부가가치세매입세액의 필요경비산입】 영 제74조 제2호에서 "기획재정부령이 정하는 것"이라 함은 다음 각 호의 어느 하나에 해당하는 것을 말한다. (2008. 4. 29. 개정)
1. 「부가가치세법」 제36조 제1항부터 제3항까지에 규정하는 영수증을 교부받은 거래분에 포함된 매입세액으로서 공제대상이 아닌 금액 (2013. 6. 28. 개정 ; 부가가치세법 시행규칙 부칙)
2. 「부가가치세법」 제17조 제2항 제3호의 2에 규정하는 매입세액 (2005. 3. 19. 개정)
2. 삭　제 (2010. 4. 30.)
3. 부동산임차인이 부담한 전세금 및 임차보증금에 대한 매입세액

가가치세법」의 규정에 의하여 납부한 부가가치세는 필요경비로 한다. (2008.
7. 30. 개정)

⑤ 간이과세자가 일반과세자로 변경되어 「부가가치세법 시행령」 제86조의 규정
에 의하여 재고매입세액을 공제받을 경우에는 제4항 제1호의 규정에 의하여 처리
한 매입부대비용의 환입으로 보아 당해 재고품가액에서 재고매입세액을 차감한
다. (2024. 3. 15. 개정)

⑥ 일반과세자가 간이과세자로 변경되어 「부가가치세법 시행령」 제112조의 규정
에 의하여 재고납부세액을 납부할 경우에는 당해 재고납부세액은 재고품의 매입
부대비용으로 처리한다. (2024. 3. 15. 개정)

10. 차입금 중 대통령령으로 정하는 건설자금에 충당한 금액의 이자
  (2009. 12. 31. 개정)

제75조【건설자금의 이자계산】① 법 제33조 제1항 제10호에서
"대통령령으로 정하는 건설자금에 충당한 금액의 이자'란 그 명목여하
에 불구하고 해당 사업용 유형자산 및 무형자산의 매입·제작·건설
(이하 이 조에서 "건설"이라 한다)에 소요된 차입금(자산의 건설에 소
요되었는지의 여부가 분명하지 않은 차입금은 제외한다)에 대한 지급
이자 또는 이와 유사한 성질의 지출금을 말한다. (2020. 2. 11. 개정)

② 제1항의 규정에 의한 지급이자 또는 지출금은 기획재정부령이 정하
는 건설이 준공된 날까지(토지를 매입한 경우에는 그 대금을 완불한 날
까지로 하되, 대금을 완불하기 전에 당해 토지를 사업에 제공한 경우에
는 그 제공한 날까지로 한다) 이를 자본적 지출로 하여 그 원본에 가산
한다. 다만, 제1항의 규정에 의한 차입금의 일시예금에서 생기는 수입
이자는 원본에 가산하는 자본적 지출 금액에서 이를 차감한다. (2008.
2. 29. 직제개정 ; 기획재정부와~직제 부칙)

③ 차입한 건설자금의 일부를 운영자금에 전용한 경우에는 그 부분에
상당하는 지급이자는 이를 필요경비로 한다.

④ 차입한 건설자금의 연체로 발생한 이자를 원본에 더한 경우 그 더한
금액은 해당 과세기간의 자본적 지출로 하고 그 원본에 더한 금액에
대한 지급이자는 필요경비로 한다. (2010. 2. 18. 개정)

⑤ 건설자금의 명목으로 차입한 것으로서 그 건설이 준공된 후에 남은
차입금에 대한 이자는 각 과세기간의 필요경비로 한다. (2010. 2. 18.
개정)

⑥ 제1항부터 제5항까지의 규정에 따른 자본적 지출 또는 필요경비를
계산할 때 법 제33조 제1항 제11호에 따른 이자는 자본적 지출 또는

제40조【준공된 날의 의의】영 제75
조 제2항 본문에서 "기획재정부령이 정하
는 건설이 준공된 날"이란 건축물의 경우
에는 법 제98조에 따른 취득일 또는 해당
건설의 목적물이 그 목적에 실제로 사용되
기 시작한 날(이하 이 조에서 "사용개시
일"이라 한다) 중 빠른 날을 말하며, 토지
와 건축물을 제외한 기타 사업용 유형자산
및 무형자산에 대해서는 사용개시일을 말
한다. (2020. 3. 13. 개정)

11. 대통령령으로 정하는 채권자가 불분명한 차입금의 이자 (2018. 12. 31. 개정)

12. 법령에 따라 의무적으로 납부하는 것이 아닌 공과금이나 법령에 따른 의무의 불이행 또는 금지·제한 등의 <u>위반에 대한</u> 제재로서 부과되는 공과금 (2009. 12. 31. 개정)

12. 법령에 따라 의무적으로 납부하는 것이 아닌 공과금이나 법령에 따른 의무의 불이행 또는 금지·제한 등의 <u>위반을 이유로</u> 부과되는 공과금 (2024. 12. 31. 개정)

13. 각 과세기간에 지출한 경비 중 대통령령으로 정하는 바에 따라 직접 그 업무와 관련이 없다고 인정되는 금액 (2009. 12. 31. 개정)

14. 선급비용(先給費用) (2009. 12. 31. 개정)

15. 업무와 관련하여 고의 또는 중대한 과실로 타인의 권리를 침해한 경우에 지급되는 손해배상금 (2009. 12. 31. 개정)

필요경비로 계산하지 아니한다. (2010. 2. 18. 개정)

제76조【채권자가 불분명한 차입금의 이자】법 제33조 제1항 제11호에서 "대통령령으로 정하는 채권자가 불분명한 차입금의 이자"란 다음 각 호의 어느 하나에 해당하는 차입금의 이자(알선수수료, 사례금 등 명목 여하에 불구하고 차입금을 차입하고 지급하는 금품을 포함한다)를 말한다. 다만, 지급일 현재 주민등록표등본에 의하여 그 거주사실등이 확인된 채권자가 차입금을 변제받은 후 소재불명이 된 경우에는 그러하지 아니하다. (2019. 2. 12. 개정)

1. 채권자의 소재 및 성명을 확인할 수 없는 차입금
2. 채권자의 능력 및 자산상태로 보아 금전을 대여한 것으로 인정할 수 없는 차입금
3. 채권자와의 금전거래사실 및 거래내용이 불분명한 차입금

제77조【공과금의 범위】삭 제 (2000. 12. 29)

제78조【업무와 관련 없는 지출】법 제33조 제1항 제13호에서 "직접 그 업무와 관련이 없다고 인정되는 금액"이란 다음 각 호의 어느 하나에 해당하는 것을 말한다. (2010. 2. 18. 개정)

1. 사업자가 그 업무와 관련없는 자산을 취득·관리함으로써 발생하는 취득비·유지비·수선비와 이와 관련되는 필요경비
2. 사업자가 그 사업에 직접 사용하지 아니하고 타인(종업원을 제외한다)이 주로 사용하는 토지·건물등의유지비·수선비·사용료와 이와 관련되는 지출금
3. 사업자가 그 업무와 관련없는 자산을 취득하기 위하여 차입한 금액에 대한 지급이자
4. 사업자가 사업과 관련없이 지출한 기업업무추진비 (2023. 2. 28. 개정)

편주 ▶

영 78조 4호의 개정규정은 2024. 1. 1.부터 시행함. (영 부칙(2023. 2. 28.) 1조 3호)

예판

• 거주자가 공동사업에 출자하기 위하여 차입한 금액에 대한 지급이자는

제41조【업무와 관련없는 지출금액의 계산】① 차입금이 업무와 관련없는 자산을 취득하기 위하여 사용되었는지의 여부가 불분명한 경우에 영 제78조 제3호의 규정에 의하여 필요경비에 산입하지 아니하는 금액은 다음 산식에 의하여 계산한 금액으로 한다. 이 경우 적수의 계산은 월말 현재의 잔액에 경과일수를

당해 공동사업장의 사업과 관련한 차입금 지급이자로 볼 수 없으므로 필요경비에 산입할 수 없음. (재소득-779, 2007. 12. 12.)
• 공동사업장인 상속부동산의 지분을 취득하거나 다른 상속인의 상속세 납부를 위하여 차입한 자금에 대한 지급이자는 필요경비 산입할 수 없음. (서면법규-1055, 2013. 9. 27.)

⋯⋯⋯⋯⋯⋯⋯⋯⋯⋯⋯⋯⋯⋯⋯⋯⋯⋯⋯⋯⋯⋯⋯⋯⋯⋯⋯⋯⋯⋯⋯⋯⋯⋯
☞

② 제1항 제5호·제10호·제11호 및 제13호가 동시에 적용되는 경우에는 대통령령으로 정하는 순서에 따라 적용한다. (2009. 12. 31. 개정)
③ 제1항에 따른 필요경비 불산입에 관하여 필요한 사항은 대통령령으로 정한다. (2009. 12. 31. 개정)

제33조의 2【업무용승용차 관련 비용 등의 필요경비 불산입 특례】 ① 제160조 제3항에 따른 복식부기의무자가 해당 과세기간에 업무에 사용한 「개별소비세법」 제1조 제2항 제3호에 해당하는 승용자동차(운수업, 자동차판매업 등에서 사업에 직접 사용하는 승용자동차로서 대통령령으로 정하는 것은 제외하며, 이하 이 조 및 제81조의 14에서 "업무용승용차"라 한다)를 취득하거나 임차하여 해당 과세기간에 필요경비로 계상하거나 지출한 감가상각비, 임차료, 유류비 등 대통령령으로 정하는 비용(이하 이 조 및 제81조의 14에서 "업무용승용차 관련 비용"이라 한다) 중 대통령령으로 정하는 업무용 사용금액(이하 이

4의 2. 사업자가 공여한 「형법」에 따른 뇌물 또는 「국제상거래에 있어서 외국공무원에 대한 뇌물방지법」상 뇌물에 해당하는 금전과 금전 외의 자산 및 경제적 이익의 합계액 (2007. 2. 28. 신설)
4의 3. 사업자가 「노동조합 및 노동관계 조정법」 제24조 제2항 및 제4항을 위반하여 지급하는 급여 (2010. 12. 30. 신설)
5. 제1호부터 제4호까지, 제4호의 2 및 제4호의 3에 준하는 지출금으로서 기획재정부령으로 정하는 것 (2010. 12. 30. 개정)

제78조의 2【지급이자의 필요경비불산입 순서】 ① 법 제33조 제2항의 규정을 적용함에 있어서 지급이자의 필요경비불산입에 관하여 제61조·제75조·제76조 및 제78조의 규정이 동시에 적용되는 경우에는 다음 각호의 순서에 의한다. (2000. 12. 29 신설)
1. 제76조의 규정에 의한 채권자가 불분명한 차입금의 이자 (2000. 12. 29 신설)
2. 제75조 제1항의 규정에 의한 건설자금에 충당한 차입금의 이자 (2000. 12. 29 신설)
3. 제61조 제1항 제2호의 규정에 의하여 계산한 지급이자 (2000. 12. 29 신설)
4. 제78조 제3호의 규정에 의하여 계산한 지급이자 (2000. 12. 29 신설)
② 제1항 각호의 규정을 적용함에 있어서 서로 다른 이자율이 적용되는 이자가 함께 있는 경우에는 높은 이자율이 적용되는 것부터 먼저 필요경비에 산입하지 아니한다. (2000. 12. 29 신설)

제78조의 3【업무용승용차 관련비용 등의 필요경비 불산입 특례】 ① 법 제33조의 2 제1항에서 "대통령령으로 정하는 것"이란 다음 각 호의 어느 하나에 해당하는 승용자동차를 말한다. (2016. 2. 17. 신설)
1. 「부가가치세법 시행령」 제19조 각 호에 따른 업종 또는 「여신전문금융업법」 제2조 제9호에 해당하는 시설대여업에서 사업상 수익을 얻기 위하여 직접 사용하는 승용자동차 (2016. 2. 17. 신설)
2. 제1호와 유사한 승용자동차로서 기획재정부령으로 정하는 승용자동차 (2016. 2. 17. 신설)
② 법 제33조의 2 제1항에서 "대통령령으로 정하는 비용"이란 업무용

곱하여 계산할 수 있다.

$$\text{지급}\atop\text{이자} \times \frac{\text{업무와 관련없는 자산의 적수}}{\text{차입금의 적수}}$$

② 제1항의 산식에서 차입금은 업무와 관련없는 자산을 취득하기 위하여 사용되었는지의 여부가 분명하지 아니한 차입금의 금액을, 지급이자는 당해 차입금에 대한 지급이자를 말한다.
③ 업무와 관련없는 자산의 적수가 차입금의 적수를 초과하는 경우에는 그 초과하는 부분은 없는 것으로 본다.
④ 영 제78조 제5호에서 "기획재정부령으로 정하는 것"이란 사업자가 업무와 관련없는 자산을 취득하기 위한 자금의 차입에 관련되는 비용을 말한다. (2019. 3. 20. 개정)

제43조【지정기부금의 계산】 삭 제 (2002. 4. 13)

제42조【업무용승용차 관련비용 등의 필요경비불산입 특례】 ① 영 제78조의 3 제1항 제2호에서 "기획재정부령으로

조에서 "업무사용금액"이라 한다)에 해당하지 아니하는 금액은 해당 과세기간의 사업소득금액을 계산할 때 필요경비에 산입하지 아니한다. (2021. 12. 8. 개정)

② ☞ p.2586

승용차에 대한 감가상각비, 임차료, 유류비, 보험료, 수선비, 자동차세, 통행료 및 금융리스부채에 대한 이자비용 등 업무용승용차의 취득·유지를 위하여 지출한 비용(이하 이 조에서 "업무용승용차 관련비용"이라 한다)을 말한다. (2016. 2. 17. 신설)

③ 복식부기의무자가 업무용승용차에 대하여 감가상각비를 계산할 때 제63조 제1항 제2호 및 제64조 제1항 제2호에도 불구하고 제66조 제2호의 정액법을 상각방법으로 하고, 내용연수를 5년으로 하여 계산한 금액을 감가상각비로 하여 필요경비에 산입하여야 한다. (2016. 2. 17. 신설)

④ 법 제33조의 2 제1항에서 "대통령령으로 정하는 업무용 사용금액"이란 다음 각 호의 구분에 따른 금액을 말한다. (2023. 2. 28. 개정)

1. 해당 과세기간의 전체 기간(임차한 승용차의 경우 해당 과세기간 중에 임차한 기간을 말한다) 동안 해당 사업자, 그 직원 등 기획재정부령으로 정하는 사람이 운전하는 경우만 보상하는 자동차보험(이하 "업무전용자동차보험"이라 한다)에 가입한 경우 : 업무용승용차 관련비용에 기획재정부령으로 정하는 운행기록 등(이하 이 조에서 "운행기록등"이라 한다)에 따라 확인되는 총 주행거리 중 업무용 사용거리가 차지하는 비율(이하 이 조에서 "업무사용비율"이라 한다)을 곱한 금액(이하 이 조에서 "업무사용비율금액"이라 한다) (2023. 2. 28. 개정)

2. 업무전용자동차보험에 가입하지 않은 경우 : 사업자별(공동사업장의 경우는 1사업자로 본다) 업무용승용차 수에 따른 다음 각 목의 금액 (2023. 2. 28. 개정)

가. 1대 : 업무사용비율금액 (2023. 2. 28. 개정)

나. 1대 초과분 : 업무사용비율금액의 100분의 0. 다만, 다음의 어느 하나에 해당하는 사업자를 제외한 사업자의 2024년 1월 1일부터 2025년 12월 31일까지 발생한 업무용승용차 관련비용에 대해서는 업무사용비율금액의 100분의 50으로 한다. (2023. 2. 28. 개정)

1) 법 제70조의 2 제1항에 따른 성실신고확인대상사업자(직전 과세기간의 성실신고확인대상사업자를 말한다) (2023. 2. 28. 개정)

정하는 승용자동차"란 「통계법」 제22조에 따라 작성된 한국표준산업분류에 따른 장례식장 및 장의관련 서비스업을 영위하는 사업자가 소유하거나 임차한 운구용 승용차를 말한다. (2016. 3. 16. 신설)

② 영 제78조의 3 제4항 본문에서 "기획재정부령으로 정하는 운행기록 등"이란 국세청장이 기획재정부장관과 협의하여 고시하는 운행기록 방법을 말한다. (2020. 3. 13. 개정)

편주 ▶

국세청장이 기획재정부장관과 협의하여 고시하는 운행기록 방법 → 업무용승용차 운행기록 방법에 관한 고시 (국세청고시 제2022-8호, 2022. 4. 1.)

③ 영 제78조의 3 제4항 본문에 따른 업무용 사용거리란 제조·판매시설 등 해당 사업자의 사업장 방문, 거래처·대리점 방문, 회의 참석, 판촉 활동, 출·퇴근 등 직무와 관련된 업무수행을 위해 주행한 거리를 말한다. (2020. 3. 13. 개정)

④ 영 제78조의 3 제4항 제1호 및 제5항 제1호에서 "해당 사업자, 그 직원 등 기획재정부령으로 정하는 사람"이란 다음 각 호의 하나에 해당하는 사람을 말한다. (2020. 3. 13. 신설)

1. 해당 사업자 및 그 직원 (2020. 3. 13. 신설)

2. 계약에 따라 해당 사업과 관련한 업무를 위해 운전하는 사람 (2020. 3. 13. 신설)

2) 의료업, 수의업, 약사업 및 「부가가치세법 시행령」 제109조 제2항 제7호에 따른 사업을 영위하는 사람 (2023. 2. 28. 개정)

편주 ▶
• 영 78조의 3 제4항의 개정규정은 2024. 1. 1.부터 시행함. (영 부칙 (2023. 2. 28.) 1조 3호)
• 2024. 1. 1. 전에 발생한 업무용승용차 관련비용에 관하여는 영 78조의 3 제4항의 개정규정에도 불구하고 종전의 규정에 따름. (영 부칙(2023. 2. 28.) 20조)

⑤ 제4항 각 호를 적용할 때 업무전용자동차보험에 가입한 것으로 보는 범위는 다음 각 호의 구분에 따른다. (2020. 2. 11. 신설)
1. 제4항 제1호를 적용할 때 기획재정부령으로 정하는 임차승용차로서 해당 사업자, 그 직원 등 기획재정부령으로 정하는 사람을 운전자로 한정하는 임대차 특약을 체결한 경우에는 업무전용자동차보험에 가입한 것으로 본다. (2020. 2. 11. 신설)
2. 제4항 제2호에도 불구하고 해당 과세기간의 전체 기간(임차한 승용차의 경우 해당 과세기간 중에 임차한 기간을 말한다) 중 일부기간만 업무전용자동차보험에 가입한 경우 법 제33조의 2 제1항에 따른 업무사용금액은 다음의 계산식에 따라 산정한 금액으로 한다. (2020. 2. 11. 신설)

$$\text{업무용승용차 관련비용} \times \text{업무 사용 비율} \times \frac{\text{해당 과세기간에 실제로 업무전용 자동차보험에 가입한 일수}}{\text{해당 과세기간에 제4항 제1호를 적용받기 위해 업무전용 자동차보험에 의무적으로 가입해야 할 일수}}$$

⑥ 제4항을 적용받으려는 사업자는 업무용승용차별로 운행기록등을 작성·비치하여야 하며, 납세지 관할 세무서장이 요구할 경우 이를 즉시 제출하여야 한다. (2020. 2. 11. 항번개정)
⑦ 제4항을 적용할 때 운행기록등을 작성·비치하지 않은 경우 해당 업무용승용차의 업무사용비율은 제4항에도 불구하고 다음 각 호의 구

분에 따른 비율로 한다. (2020. 2. 11. 개정)
1. 해당 과세기간의 업무용승용차 관련비용이 1천5백만원(해당 과세기간이 1년 미만이거나 과세기간 중 일부 기간 동안 보유 또는 임차한 경우에는 1천5백만원에 해당 보유기간 또는 임차기간에 해당하는 월수를 곱하고 이를 12로 나누어 산출한 금액을 말한다. 이하 이 조에서 같다) 이하인 경우 : 100분의 100 (2020. 2. 11. 개정)
2. 해당 과세기간의 업무용승용차 관련비용이 1천5백만원을 초과하는 경우 : 1천5백만원을 업무용승용차 관련비용으로 나눈 비율 (2020. 2. 11. 개정)

☞ p.2586 2단 연결

3. 해당 사업과 관련한 업무를 위해 운전하는 사람을 채용하기 위한 시험에 응시한 지원자 (2020. 3. 13. 신설)
⑤ 영 제78조의 3 제5항 제1호에서 "기획재정부령으로 정하는 임차승용차"란 제6항 제2호에 해당하는 임차한 승용차로서 임차계약기간이 30일 이내인 승용차(해당 과세기간에 임차계약기간의 합계일이 30일을 초과하는 승용차는 제외한다)를 말한다. (2020. 3. 13. 신설)
⑥ 영 제78조의 3 제9항에서 "기획재정부령으로 정하는 금액"이란 다음 각 호의 어느 하나에 해당하는 금액을 말한다. (2020. 3. 13. 개정)
1. 「여신전문금융업법」 제3조 제2항에 따라 등록한 시설대여업자로부터 임차한 승용차 : 임차료에서 해당 임차료에 포함되어 있는 보험료, 자동차세 및 수선유지비를 차감한 금액. 다만, 수선유지비를 별도로 구분하기 어려운 경우에는 임차료(보험료와 자동차세를 차감한 금액을 말한다)의 100분의 7을 수선유지비로 할 수 있다. (2016. 3. 16. 신설)
2. 제1호에 따른 시설대여업자 외의 자동차대여사업자로부터 임차한 승용차 : 임차료의 100분의 70에 해당하는 금액 (2016. 3. 16. 신설)
⑦ 영 제78조의 3 제8항 및 제10항에 따라 이월된 금액 중 남은 금액이 있는 사업자가 폐업을 하는 경우에는 해당 금액을 폐업일이 속하는 과세기간에 모두 필요경비에 산입한다. (2024. 3. 22. 개정)

〈제33조의 2〉

② 제1항을 적용할 때 업무사용금액 중 다음 각 호의 구분에 해당하는 비용이 해당 과세기간에 각각 800만원(해당 과세기간이 1년 미만이거나 과세기간 중 일부 기간 동안 보유하거나 임차한 경우에는 800만원에 해당 보유기간 또는 임차기간 월수를 곱하고 이를 12로 나누어 산출한 금액을 말한다)을 초과하는 경우 그 초과하는 금액(이하 이 조에서 "감가상각비 한도초과액"이라 한다)은 해당 과세기간의 필요경비에 산입하지 아니하고 대통령령으로 정하는 방법에 따라 이월하여 필요경비에 산입한다. (2017. 12. 19. 개정)
1. 업무용승용차별 연간 감가상각비 (2015. 12. 15. 신설)
2. 업무용승용차별 연간 임차료 중 대통령령으로 정하는 감가상각비 상당액 (2015. 12. 15. 신설)

③ 제160조 제3항에 따른 복식부기의무자가 업무용승용차를 처분하여 발생하는 손실로서 업무용승용차별로 8백만원을 초과하는 금액은 대통령령으로 정하는 이월 등의 방법에 따라 필요경비에 산입한다. (2015. 12. 15. 신설)
④ 제1항부터 제3항까지에 따라 업무용승용차 관련 비용 등을 필요경비에 산입한 제160조 제3항에 따른 복식부기의무자는 대통령령으로 정하는 바에 따라 업무용승용차 관련 비용 등에 관한 명세서를 납세지 관할세무서장에게 제출하여야 한다. (2015. 12. 15. 신설)
⑤ 업무사용금액의 계산방법, 감가상각비 한도초과액 이월방법과 그 밖에 필요한 사항은 대통령령으로 정한다. (2015. 12. 15. 신설)

⑧ 법 제33조의 2 제2항 각 호 외의 부분에서 "대통령령으로 정하는 방법"이란 다음 각 호의 구분에 따른 방법에 따라 산정된 금액을 한도로 이월하여 필요경비에 산입하는 것을 말한다. (2020. 2. 11. 항번개정)
1. 업무용승용차별 감가상각비 이월액 : 해당 과세기간의 다음 과세기간부터 해당 업무용승용차의 업무사용금액 중 감가상각비가 800만원에 미달하는 경우 그 미달하는 금액을 한도로 하여 필요경비로 추인한다. (2016. 2. 17. 신설)
2. 업무용승용차별 임차료 중 제9항에 따른 감가상각비 상당액 이월액 : 해당 과세기간의 다음 과세기간부터 해당 업무용승용차의 업무사용금액 중 감가상각비 상당액이 800만원에 미달하는 경우 그 미달하는 금액을 한도로 필요경비에 산입한다. (2020. 2. 11. 개정)
⑨ 법 제33조의 2 제2항 제2호에서 "대통령령으로 정하는 감가상각비 상당액"이란 업무용승용차의 임차료 중 보험료와 자동차세 등을 제외한 금액으로서 기획재정부령으로 정하는 금액을 말한다. (2020. 2. 11. 항번개정)
⑩ 법 제33조의 2 제3항에서 "대통령령으로 정하는 이월 등의 방법"이란 해당 과세기간의 다음 과세기간부터 800만원을 균등하게 필요경비에 산입하되, 남은 금액이 800만원 미만인 과세기간에는 해당 잔액을 모두 필요경비에 산입하는 방법을 말한다. (2020. 2. 11. 개정)
⑪ 업무용승용차 관련비용 또는 처분손실을 필요경비에 산입한 복식부기의무자는 법 제70조에 따른 신고를 할 때 또는 법 제70조의 2에 따른 성실신고확인서를 제출할 때 기획재정부령으로 정하는 업무용승용차 관련비용 등 명세서를 첨부하여 납세지 관할 세무서장에게 제출하여야 한다. (2020. 2. 11. 항번개정)
⑫ 업무용승용차 관련비용 등의 필요경비를 계산할 때 해당 과세기간이 1년 미만이거나 과세기간 중 일부 기간 동안 보유하거나 임차한 경우 월수의 계산은 역에 따라 계산하되, 1월 미만의 일수는 1월로 한다. (2020. 2. 11. 항번개정)
⑬ 제1항부터 제12항까지에서 규정한 사항 외에 업무용 사용의 범위 및 그 밖에 필요한 사항은 기획재정부령으로 정한다. (2020. 2. 11.

▶ 편주
규칙 42조 7항의 개정규정은 2024. 3. 22. 이 속하는 과세기간에 폐업하는 경우부터 적용함. (규칙 부칙(2024. 3. 22.) 2조)

▶ 관계조문
규칙 101조 4호 → 업무용승용차 관련비용 등 명세서(별지 63호 서식)

제34조【기부금의 필요경비 불산입】① 이 조에서 "기부금"이란 사업자가 사업과 직접적인 관계없이 무상으로 지출하는 금액(대통령령으로 정하는 거래를 통하여 실질적으로 증여한 것으로 인정되는 금액을 포함한다)을 말한다. (2018. 12. 31. 신설)

② 사업자가 해당 과세기간에 지출한 기부금 및 제5항에 따라 이월된 기부금 중 제1호에 따른 특례기부금은 제2호에 따라 산출한 필요경비 산입한도액 내에서 해당 과세기간의 사업소득금액을 계산할 때 필요경비에 산입하고, 필요경비 산입한도액을 초과하는 금액은 필요경비에 산입하지 아니한다. (2022. 12. 31. 개정)

1. 특례기부금 : 다음 각 목의 어느 하나에 해당하는 기부금 (2022. 12. 31. 개정)

　가. 「법인세법」 제24조 제2항 제1호에 따른 기부금 (2020. 12. 29. 개정)

　나. 「재난 및 안전관리 기본법」에 따른 특별재난지역을 복구하기 위하여 자원봉사를 한 경우 그 용역의 가액. 이 경우 용역의 가액산정방법 등에 관하여 필요한 사항은 대통령령으로 정한다. (2020. 12. 29. 개정)

2. 필요경비 산입한도액 : 다음 계산식에 따라 계산한 금액 (2020. 12. 29. 개정)

필요경비 산입한도액 = A − B

A : 기부금을 필요경비에 산입하기 전의 해당 과세기간의 소득금액(이하 이 조에서 "기준소득금액"이라 한다)

B : 제45조에 따른 이월결손금(이하 이 조에서 "이월결손금"이라 한다)

통칙 34 − 0…1 【준비금과 지정기부금한도액 계산순서】
법 제34조의 규정에 의한 기부금의 필요경비산입한도액은 각종 준비금을 먼저 필요경비에 산입한 후의 소득금액을 기준으로 하여 계산한다. (2024. 3. 15. 개정)

개정)

제79조【기부금의 범위】① 법 제34조 제1항에서 "대통령령으로 정하는 거래"란 제98조 제1항에 따른 특수관계인 외의 자에게 정당한 사유 없이 자산을 정상가액보다 낮은 가액으로 양도하거나 특수관계인 외의 자로부터 정상가액보다 높은 가액으로 매입하는 것을 말한다. 이 경우 정상가액은 시가에 시가의 100분의 30을 더하거나 뺀 범위의 가액으로 한다. (2019. 2. 12. 개정)

1. 사업자가 제98조 제1항에 따른 특수관계인이 아닌 자에게 사업과 직접 관계없이 무상으로 지출하는 재산적 증여의 가액 (2012. 2. 2. 개정)

2. 제98조 제1항에 따른 특수관계인이 아닌 자에게 정당한 사유없이 자산을 정상가액보다 낮은 가액으로 양도하거나 정상가액보다 높은 가액으로 매입함으로써 그 차액 중 실질적으로 증여한 것으로 인정되는 금액. 이 경우 정상가액은 시가에 시가의 100분의 30을 가감한 범위 내의 가액으로 한다. (2012. 2. 2. 개정)

② 「법인세법」 제24조 제2항 제1호 가목에 따른 기부금에는 개인이 법인 또는 다른 개인에게 자산을 기증하고 수증자가 이를 받은 후 지체 없이 다시 국가 또는 지방자치단체에 기증한 금품의 가액을 포함한다. (2021. 2. 17. 개정)

③ 법 제34조 제2항 제2호의 국방헌금에는 「향토예비군설치법」에 의하여 설치된 향토예비군에 직접 지출하거나 국방부장관의 승인을 얻은 기관 또는 단체를 통하여 지출하는 기부금을 포함한다. (2005. 2. 19. 개정)

③ 삭 제 (2010. 12. 30.)

④ 법 제34조 제5항을 적용할 때 같은 조 제2항 제2호 및 제3항 제2호에 따른 필요경비 산입한도액의 범위에서 같은 조 제2항 제1호에 따른 특례기부금과 같은 조 제3항 제1호에 따른 일반기부금을 구분하여 이전 과세기간에 발생하여 이월된 기부금의 금액부터 필요경비에 산입한 다음 해당 과세기간에 발생한 기부금을 필요경비에 산입한다. 이 경우 먼저 발생하여 이월된 기부금의 금액부터 차례대로 필요경비에 산입한다. (2023. 2. 28. 개정)

⑤ 사업자가 법 제34조 제2항 제1호 및 제3항 제1호에 따른 기부금을

관계조문 ▶▶

규칙 101조 5호 ⇒ 기부금명세서

③ 사업자가 해당 과세기간에 지출한 기부금 및 제5항에 따라 이월된 기부금 중 제1호에 따른 일반기부금은 제2호에 따라 산출한 필요경비 산입한도액 내에서 해당 과세기간의 사업소득금액을 계산할 때 필요경비에 산입하고, 필요경비 산입한도액을 초과하는 금액은 필요경비에 산입하지 아니한다. (2022. 12. 31. 개정)

1. 일반기부금 : 사회복지·문화·예술·교육·종교·자선·학술 등 공익성을 고려하여 대통령령으로 정하는 기부금(제2항 제1호에 따른 기부금은 제외한다) (2022. 12. 31. 개정)

2. 필요경비 산입한도액 : 다음 각 목의 구분에 따라 계산한 금액 (2020. 12. 29. 개정)

　가. 종교단체에 기부한 금액이 있는 경우 (2020. 12. 29. 개정)

$$\text{필요경비 산입한도액} = [\{A-(B+C)\}\times\text{100분의 }10]+[\{A-(B+C)\}\times\text{100분의 }20\ \text{과 종교단체 외에 기부한 금액 중 적은 금액}]$$

A : 기준소득금액
B : 제2항에 따라 필요경비에 산입하는 기부금
C : 이월결손금

　나. 종교단체에 기부한 금액이 없는 경우 (2020. 12. 29. 개정)

$$\text{필요경비 산입한도액} = [A-(B+C)]\times\text{100분의 }30$$

A : 기준소득금액
B : 제2항에 따라 필요경비에 산입하는 기부금
C : 이월결손금

④ 제2항 제1호 및 제3항 제1호 외의 기부금은 해당 과세기간의 사업소득금액을 계산할 때 필요경비에 산입하지 아니한다. (2020. 12. 29. 개정)

⑤ 사업자가 해당 과세기간에 지출하는 기부금 중 제2항 제2호 및 제3항 제2호에 따른 필요경비 산입한도액을 초과하여 필요경비에 산입하지 아니한 특례기부금 및 일반기부금의 금액(제59조의 4 제4항에 따라 종합소득세 신고 시 세액공제를 적용받은 기부금의 금액은 제외한다)은 대통령령으로 정하는 바에 따라 해당 과세기간의 다

지출한 때에는 과세표준확정신고서에 기획재정부령이 정하는 기부금명세서를 첨부하여 관할세무서장에게 제출해야 한다. (2021. 2. 17. 개정)

제80조【공익성을 고려하여 정하는 기부금의 범위】(2021. 2. 17. 제목개정)

① 법 제34조 제3항 제1호에서 "대통령령으로 정하는 기부금"이란 다음 각 호의 어느 하나에 해당하는 것을 말한다. (2021. 2. 17. 개정)

1. 「법인세법 시행령」 제39조 제1항 각 호의 것 (2019. 2. 12. 개정)

2. 다음 각 목의 어느 하나에 해당하는 회비 (2010. 2. 18. 개정)

　가. 「노동조합 및 노동관계조정법」, 「교원의 노동조합 설립 및 운영 등에 관한 법률」 또는 「공무원의 노동조합 설립 및 운영 등에 관한 법률」에 따라 설립된 단위노동조합 또는 해당 단위노동조합의 규약에서 정하고 있는 산하조직(이하 이 조에서 "단위노동조합등"이라 한다)으로서 다음의 요건을 모두 갖춘 단위노동조합등에 가입한 사람(이하 이 조에서 "조합원"이라 한다)이 해당 단위노동조합등에 납부한 조합비 (2023. 9. 26. 개정)

1) 해당 과세기간에 단위노동조합등의 회계연도 결산결과가 「노동조합 및 노동관계조정법 시행령」 제11조의 9 제2항부터 제5항까지의 규정 또는 대통령령 제33758호 노동조합 및 노동관계조정법 시행령 일부개정령 부칙 제2조에 따라 공표되었을 것. 이 경우 단위노동조합등의 직전 과세기간 종료일 현재 조합원 수가 1천명 미만인 경우에는 전단의 요건을 갖춘 것으로 본다. (2023. 9. 26. 개정)

1) 해당 과세기간에 단위노동조합등의 회계연도 결산결과(이하 이 목에서 "단위노동조합등결산결과"라 한다)가 「노동조합 및 노동관계조정법 시행령」 제11조의 9 제2항부터 제5항까지의 규정 또는 대통령령 제33758호 노동조합 및 노동관계조정법 시행령 일부개정령 부칙 제2조에 따라 공표되었을 것(해당 과세기간에 단위노동조합등결산결과가 공표되기 전에 조합원이 퇴직한 경우에는 직전 과세기간에 단위노동조합등결산결과가 공표되었을 것). 이 경우 단위노동조합등의 직전

편주 ▶
영 80조 1항 2호의 개정규정은 2025. 1. 1. 이후 연말정산을 하거나 종합소득과세표준확정신고를 하는 경우부터 적용함. (영 부칙 (2025. 2. 28.) 9조 1항)

음 과세기간 개시일부터 10년 이내에 끝나는 각 과세기간에 이월하여 필요경비에 산입할 수 있다. (2022. 12. 31. 개정)

⑥ 제2항 및 제3항을 적용할 때 제50조 제1항 제2호 및 제3호에 해당하는 사람(나이의 제한을 받지 아니하며, 다른 거주자의 기본공제를 적용받은 사람은 제외한다)이 지급한 기부금은 해당 사업자의 기부금에 포함한다. (2020. 12. 29. 개정)

⑦ 제1항부터 제6항까지에서 규정한 사항 외에 기부금의 계산, 제출서류, 기부금을 받는 단체의 관리 등 기부금의 필요경비 불산입에 관하여 필요한 사항은 대통령령으로 정한다. (2020. 12. 29. 개정)

통칙 34 - 0…3 【특수관계있는 사립학교에 기부한 기부금의 처리】
개인이 「사립학교법」에 의한 사립학교에 시설비, 교육비, 연구비 등으로 지출한 출연금은 당해 사립학교와 출연자간 특수관계 유무에 관계없이 법 제34조 제2항에 따라 당해연도의 소득금액에서 이월결손금을 차감한 금액 범위내에서 전액 필요경비에 산입한다. (2011. 3. 21. 신설)

과세기간 종료일 현재 조합원 수가 1천명 미만인 경우에는 전단의 요건을 갖춘 것으로 본다. (2025. 2. 28. 개정)

2) 1)에 따른 단위노동조합등으로부터 해당 단위노동조합등의 조합비를 재원으로 하여 노동조합의 규약에 따라 일정 금액을 교부받은 연합단체인 노동조합이나 다른 단위노동조합등이 있는 경우에는 해당 과세기간에 그 연합단체인 노동조합과 다른 단위노동조합등의 회계연도 결산결과도 「노동조합 및 노동관계조정법 시행령」 제11조의 9 제2항부터 제5항까지의 규정 또는 대통령령 제33758호 노동조합 및 노동관계조정법 시행령 일부개정령 부칙 제2조에 따라 공표되었을 것 이 경우 그 교부받은 다른 단위노동조합등의 직전 과세기간 종료일 현재 조합원 수가 1천명 미만인 경우에는 전단의 요건을 갖춘 것으로 본다. (2023. 9. 26. 개정)

2) 1)에 따른 단위노동조합등으로부터 해당 단위노동조합등의 조합비를 재원으로 하여 노동조합의 규약에 따라 일정 금액을 교부받은 연합단체인 노동조합이나 다른 단위노동조합등이 있는 경우에는 해당 과세기간에 그 연합단체인 노동조합과 다른 단위노동조합등의 회계연도 결산결과(이하 이 목에서 "연합단체등결산결과"라 한다)도 「노동조합 및 노동관계조정법 시행령」 제11조의 9 제2항부터 제5항까지의 규정 또는 대통령령 제33758호 노동조합 및 노동관계조정법 시행령 일부개정령 부칙 제2조에 따라 공표되었을 것(해당 과세기간에 연합단체등결산결과가 공표되기 전에 조합원이 퇴직한 경우에는 직전 과세기간에 연합단체등결산결과가 공표되었을 것). 이 경우 그 교부받은 다른 단위노동조합등의 직전 과세기간 종료일 현재 조합원 수가 1천명 미만인 경우에는 전단의 요건을 갖춘 것으로 본다. (2025. 2. 28. 개정)

나. 「교육기본법」 제15조에 따른 교원단체에 가입한 사람이 납부한 회비 (2010. 2. 18. 개정)

다. 「공무원직장협의회의 설립·운영에 관한 법률」에 따라 설립된 공무원 직장협의회에 가입한 사람이 납부한 회비 (2010. 2. 18. 개정)

라. 「공무원의 노동조합 설립 및 운영 등에 관한 법률」에 따라 설립된 노동조합에 가입한 사람이 납부한 회비 (2010. 2. 18. 개정)

라. 삭 제 (2023. 9. 26.)

3. 위탁자의 신탁재산이 위탁자의 사망 또는 약정한 신탁계약 기간의

편주 ▶
영 80조 1항 2호의 개정규정은 2025. 1. 1. 이후 연말정산을 하거나 종합소득과세표준 확정신고를 하는 경우부터 적용함. (영 부칙 (2025. 2. 28.) 9조 1항)

통칙 34 - 80…1 【신탁의 기부금에 대한 기부금 영수증 발급주체】
소득세법 시행령 제80조 제1항 제3호에 해당하는 기부금의 경우 신탁재산을 기부받는 공익법인 등이 기부금 영수증을 발급해야 한다. (2024. 3. 15. 신설)

나. 수입 중 개인의 회비·후원금이 차지하는 비율이 기획재정부령
　　으로 정하는 비율을 초과할 것. 이 경우 다음의 수입은 그 비율
　　을 계산할 때 수입에서 제외한다. (2022. 2. 15. 개정)
　　1) 국가 또는 지방자치단체로부터 받는 보조금 (2022. 2. 15. 신설)
　　2) 「상속세 및 증여세법」 제16조 제1항에 따른 공익법인등으로
　　　부터 지원받는 금액 (2022. 2. 15. 신설)
다. 정관의 내용상 수입을 친목 등 회원의 이익이 아닌 공익을 위하
　　여 사용하고 사업의 직접 수혜자가 불특정 다수일 것. 다만,
　　「상속세 및 증여세법 시행령」 제38조 제8항 제2호 단서에 해
　　당하는 경우에는 해당 요건을 갖춘 것으로 본다. (2021. 2. 17.
　　단서신설)
라. 지정을 받으려는 과세기간의 직전 과세기간 종료일부터 소급하
　　여 1년 이상 비영리민간단체 명의의 통장으로 회비 및 후원금
　　등의 수입을 관리할 것 (2008. 2. 22. 신설)
마. 과세기간별 결산보고서의 공개에 동의할 것 (2008. 2. 22. 신설)
마. 삭　제 (2021. 2. 17.)
바. 기부금 모금액 및 활용실적 공개 등과 관련하여 다음의 요건을
　　모두 갖추고 있을 것. 다만, 「상속세 및 증여세법」 제50조의 3
　　제1항 제2호에 따른 사항을 같은 법 시행령 제43조의 5 제4항
　　에 따른 표준서식에 따라 공시하는 경우에는 기부금 모금액 및
　　활용실적을 공개한 것으로 본다. (2025. 2. 28. 단서개정)
　　1) 행정안전부장관의 추천일 현재 인터넷 홈페이지가 개설되어
　　　있을 것 (2021. 2. 17. 개정)
　　2) 1)에 따라 개설된 인터넷 홈페이지와 국세청의 인터넷 홈페
　　　이지를 통하여 연간 기부금 모금액 및 활용실적을 매년 4월
　　　30일까지 공개한다는 내용이 정관에 포함되어 있을 것
　　　(2021. 2. 17. 개정)
　　3) 재지정의 경우에는 매년 4월 30일까지 1)에 따라 개설된 인
　　　터넷 홈페이지와 국세청의 인터넷 홈페이지에 연간 기부금
　　　모금액 및 활용실적을 공개했을 것 (2021. 2. 17. 개정)
사. 지정을 받으려는 과세기간 또는 그 직전 과세기간에 공익단체
☞ p.2591 2단 연결

종료로 인하여 「상속세 및 증여세법」 제16조 제1항에 따른 공익법
인등에 기부될 것을 조건으로 거주자가 설정한 신탁으로서 다음 각
목의 요건을 모두 갖춘 신탁에 신탁한 금액 (2024. 2. 29. 개정)
가. 위탁자가 사망하거나 약정한 신탁계약기간이 위탁자의 사망 전
　　에 종료하는 경우 신탁재산이 「상속세 및 증여세법」 제16조 제
　　1항에 따른 공익법인등에 기부될 것을 조건으로 거주자가 설정
　　할 것 (2024. 2. 29. 개정)
나. 신탁설정 후에는 계약을 해지하거나 원금 일부를 반환할 수 없
　　음을 약관에 명시할 것 (2010. 12. 30. 신설)
다. 위탁자 및 그와 「국세기본법 시행령」 제1조의 2 제1항의 친족
　　관계에 있는 사람(이하 이 목에서 "위탁자등"이라 한다)이 가목
　　의 공익법인등(위탁자등이 해당 공익법인등의 발행주식총수 또
　　는 출자총액의 100분의 20 이상을 소유하거나 출자한 경우로 한
　　정한다)과 다음의 관계에 해당하지 않을 것 (2024. 2. 29. 개정)
　　1) 위탁자등 중 1명이 공익법인등의 설립자인 관계 (2024. 2.
　　　29. 개정)
　　2) 위탁자등이 공익법인등의 이사의 과반수를 차지하는 관계
　　　(2024. 2. 29. 개정)
라. 금전으로 신탁할 것 (2010. 12. 30. 신설)
4. 「공무원직장협의회의 설립·운영에 관한 법률」에 의하여 설립된 공무원직장협의회
에 가입한 자가 납부한 회비 (2005. 2. 19. 개정)
4. 삭　제 (2010. 2. 18.)
5. 「비영리민간단체 지원법」에 따라 등록된 단체 중 다음 각 목의 요
건을 모두 충족한 것으로서 행정안전부장관의 추천을 받아 기획재
정부장관이 지정한 단체(이하 이 조에서 "공익단체"라 한다)에 지
출하는 기부금. 다만, 공익단체에 지출하는 기부금은 지정일이 속
하는 과세기간의 1월 1일부터 3년간(지정받은 기간이 끝난 후 2년
이내에 재지정되는 경우에는 재지정일이 속하는 과세기간의 1월 1
일부터 6년간) 지출하는 기부금만 해당한다. (2021. 2. 17. 개정)
가. 해산시 잔여재산을 국가·지방자치단체 또는 유사한 목적을 가
　　진 비영리단체에 귀속하도록 한다는 내용이 정관에 포함되어
　　있을 것 (2014. 2. 21. 개정)

제44조의 2 【공익단체 지정요건 등】
(2021. 3. 16. 제목개정)
① 행정안전부장관은 「비영리민간단체
지원법」에 따라 등록된 단체를 영 제80
조 제1항 제5호에 따라 공익단체로 기
획재정부장관에게 추천하는 때에는 다음
각 호의 사항이 포함된 공익단체 추천서
를 매반기 종료일 1개월 전까지 제출해
야 한다. (2021. 3. 16. 개정)
1. 단체의 사업목적 (2006. 4. 10. 신설)

익단체가 그 기한까지 제출하지 않으면 행정안전부장관은 그 공익단체에 기획재정부령으로 정하는 바에 따라 결산보고서를 제출하도록 요구해야 한다. (2024. 2. 29. 개정)

④ 행정안전부장관은 제3항에 따라 결산보고서를 제출받은 때에는 다음 각 호의 사항을 공개할 수 있다. (2017. 7. 26. 직제개정 ; 행정안전부와~직제 부칙)

1. 전체 수입 중 개인의 회비 및 후원금이 차지하는 비율 (2008. 2. 22. 신설)

2. 기부금의 총액 및 건수와 그 사용명세서 (2008. 2. 22. 신설)

⑤ 공익단체는 기획재정부령으로 정하는 수입명세서를 해당 과세기간의 종료일부터 4개월 이내에 관할 세무서장에게 제출해야 한다. 이 경우 공익단체가 그 기한까지 제출하지 않으면 관할 세무서장은 그 공익단체에 기획재정부령으로 정하는 바에 따라 수입명세서를 제출하도록 요구해야 한다. (2024. 2. 29. 개정)

⑥ 제2항에 따라 지정이 취소된 단체에 대하여는 취소된 날부터 3년이 지나야 재지정할 수 있다. (2014. 2. 21. 개정)

⑦ 고용노동부장관은 제1항 제2호 가목 1) 및 2)에 따른 결산결과의 공표가 「노동조합 및 노동관계조정법 시행령」 제11조의 9 제2항부터 제5항까지의 규정 또는 대통령령 제33758호 노동조합 및 노동관계조정법 시행령 일부개정령 부칙 제2조에 따라 이루어졌는지를 확인한 후 매년 12월 31일까지 다음 각 호의 조치를 해야 한다. (2023. 9. 26. 신설)

1. 해당 확인 결과를 조합원 및 원천징수의무자가 열람할 수 있도록 「노동조합 및 노동관계조정법 시행령」 제11조의 9 제1항에 따른 공시시스템에 등록 (2023. 9. 26. 신설)

2. 해당 확인 결과를 기획재정부령으로 정하는 바에 따라 국세청장에게 송부 (2023. 9. 26. 신설)

⑧ 국세청장은 공익단체가 지정되거나 지정이 취소된 경우에는 해당 공익단체의 등록을 수리한 중앙행정기관의 장 또는 지방자치단체의 장에게 그 사실을 통지해야 하며, 해당 중앙행정기관의 장 또는 지방자치단체의 장은 공익단체가 목적 외 사업을 하거나 설립허가의 조건

☞ p.2592 2단 연결

또는 그 대표자의 명의로 특정 정당 또는 특정인에 대한 「공직선거법」 제58조 제1항에 따른 선거운동을 한 사실이 없을 것 (2022. 2. 15. 개정)

6. 「공무원의 노동조합 설립 및 운영 등에 관한 법률」에 따라 설립된 노동조합에 가입한 자가 납부한 회비 (2008. 2. 22. 신설)

6. 삭   제 (2010. 2. 18.)

② 국세청장은 공익단체가 다음 각 호의 어느 하나에 해당하는 경우에는 해당 공익단체에 미리 의견을 제출할 기회를 준 후 기획재정부장관에게 그 지정의 취소를 요청할 수 있다. 이 경우 그 요청을 받은 기획재정부장관은 해당 공익단체의 지정을 취소할 수 있다. (2021. 2. 17. 개정)

1. 공익단체가 「상속세 및 증여세법」 제48조 제2항, 제3항, 제8항부터 제11항까지, 제78조 제5항 제3호, 같은 조 제10항 및 제11항에 따라 1천만원 이상의 상속세(그 가산세를 포함한다) 또는 증여세(그 가산세를 포함한다)를 추징당한 경우 (2021. 2. 17. 개정)

2. 공익단체가 목적 외 사업을 하거나 설립허가의 조건에 위반하는 등 공익목적에 위반한 사실을 주무관청의 장(행정안전부장관을 포함한다)이 국세청장에게 통보한 경우 (2021. 2. 17. 개정)

3. 「국세기본법」 제85조의 5에 따른 불성실기부금수령단체에 해당되어 명단이 공개되는 경우 (2008. 2. 22. 신설)

4. 제1항 제5호 각 목의 요건을 위반하거나 실제 경영하는 사업이 해당 요건과 다른 경우 (2014. 2. 21. 개정)

5. 공익단체가 해산한 경우 (2021. 2. 17. 개정)

6. 공익단체의 대표자, 임원, 대리인 또는 그 밖의 종업원이 「기부금품의 모집·사용 및 기부문화 활성화에 관한 법률」을 위반하여 같은 법 제16조에 따라 공익단체 또는 개인에게 징역 또는 벌금형이 확정된 경우 (2024. 7. 23. 개정 ; 기부금품~부칙)

7. 공익단체가 제3항 후단 및 제5항 후단에 따른 요구에도 불구하고 해당 과세기간의 결산보고서 또는 수입명세서를 제출하지 않은 경우 (2022. 2. 15. 신설)

③ 공익단체는 해당 과세기간의 결산보고서를 해당 과세기간의 종료일부터 4개월 이내에 행정안전부장관에게 제출해야 한다. 이 경우 공

2. 기부금의 용도 (2006. 4. 10. 신설)

관계조문 ▶▶

규칙 100조 35호의 4 ⇒ 공익단체 추천서

② 영 제80조 제1항 제5호 나목에 따른 수입 중 개인의 회비·후원금이 차지하는 비율은 공익단체로 지정을 받으려는 과세기간의 직전 과세기간 종료일부터 소급하여 1년간을 기준으로 산정한다. (2022. 3. 18. 개정)

③ 영 제80조 제1항 제5호 나목 1) 및 2) 외의 부분 전단에서 "기획재정부령으로 정하는 비율"이란 100분의 50을 말한다. (2022. 3. 18. 개정)

④ 영 제80조 제1항 제5호 및 같은 조 제6항에 따른 지정 및 재지정은 매반기별로 한다. (2022. 3. 18. 개정)

⑤ 국세청장은 영 제80조 제2항에 따라 기획재정부장관에게 공익단체의 지정 취소를 요청하는 경우 매년 11월 30일까지 기획재정부장관에게 다음 각 호의 사항을 적은 문서로 요청해야 한다. (2022. 3. 18. 신설)

1. 지정 취소 대상 공익단체의 명칭 (2022. 3. 18. 신설)

2. 지정 취소 대상 공익단체의 주무관청 (2022. 3. 18. 신설)

3. 지정 취소 요청 사유 (2022. 3. 18. 신설)

4. 그 밖에 지정 취소에 필요한 사항 (2022. 3. 18. 신설)

관 및 국립 미술관에 제공하는 기부금에 대해서는 기증유물의 감정평가를 위하여 문화체육관광부에 두는 위원회에서 산정한 금액으로 할 수 있다. (2023. 2. 28. 개정)

편주 ▶
영 81조의 개정규정은 2024. 1. 1.부터 시행함. (영 부칙(2023. 2. 28.) 1조 3호)

④ 사업자가 법 제34조에 따른 기부금이나 「조세특례제한법」 제58조, 제76조 또는 제88조의 4 제13항에 따른 기부금을 지출한 경우에는 다음 각 호의 구분에 따른 금액의 범위에서 해당 기부금을 순서대로 필요경비에 산입한다. (2024. 2. 29. 개정)

편주 ▶
영 81조 4항의 개정규정은 2024. 1. 1. 이후 연말정산을 하거나 종합소득 과세표준 확정신고를 하는 경우부터 적용함. (영 부칙(2024. 2. 29.) 6조)

1. 법 제34조 제2항 제1호에 따른 특례기부금(이하 이 항에서 "특례기부금"이라 한다)이나 「조세특례제한법」 제58조에 따른 기부금(이하 이 항에서 "고향사랑기부금"이라 한다) 또는 같은 법 제76조에 따른 기부금(이하 이 항에서 "정치자금기부금"이라 한다)의 경우에는 다음 계산식에 따라 계산한 금액 (2024. 2. 29. 개정)

> 해당 과세기간의 소득금액(기부금을 필요경비에 산입하기 전의 소득금액을 말한다. 이하 이 항에서 같다) – 이월결손금(법 제45조 제3항에 따른 이월결손금의 합계액을 말한다. 이하 이 항에서 같다)

2. 「조세특례제한법」 제73조에 따른 기부금(이하 이 항에서 "특례기부금"이라 한다)의 경우에는 다음 계산식에 따라 계산한 금액 (2010. 2. 18. 개정)
(해당 과세기간의 소득금액 – 이월결손금 – 정치자금기부금 – 법정기부금) × 50/100)

2. 삭　제 (2010. 12. 30.)

☞ p.2593 2단 연결

을 위반하는 등 제2항 각 호의 어느 하나에 해당하는 사실이 있는 경우에는 그 사실을 국세청장에게 통지해야 한다. (2025. 2. 28. 신설)

편주 ▶
영 80조 8항의 개정규정은 2025. 2. 28. 이후 공익단체가 지정 또는 지정취소되거나 영 80조 2항 각 호의 어느 하나에 해당하게 된 경우부터 적용함. (영 부칙(2025. 2. 28.) 9조 2항)

⑨ 제1항 제5호에 따른 공익단체의 지정절차, 같은 호 각 목의 요건 확인방법, 제출서류 및 제2항에 따른 지정 취소 절차 등에 관하여 필요한 사항은 기획재정부령으로 정한다. (2025. 2. 28. 항번개정)

제81조【기부금과 기업업무추진비등의 계산】(2023. 2. 28. 제목개정)
① 사업자가 법 제34조에 따른 기부금을 가지급금으로 이연계상한 경우에는 이를 그 지출한 과세기간의 기부금으로 본다. (2010. 2. 18. 개정)

편주 ▶
이연계상한 기업업무추진비 등의 처리는 통칙 35 – 0…2 참조

통칙 34 – 81…1【어음으로 지급한 기부금의 필요경비계상시기】
① 기부금의 지급을 위하여 어음을 발행(어음의 배서를 포함한다)한 때에는 그 어음이 실제로 결제된 날에 기부금이 지급된 것으로 한다. (97. 4. 8. 개정)
② 기부금의 지급을 위하여 수표를 발행하는 때에는 당해 수표를 교부한 날에 지급된 것으로 한다. (97. 4. 8. 개정)

② 사업자가 법 제34조의 규정에 의한 기부금을 미지급금으로 계상한 경우에는 실제로 이를 지출할 때까지 필요경비에 산입하지 아니한다.
③ 사업자가 법 제34조 및 제35조에 따른 기부금 또는 기업업무추진비등을 금전외의 자산으로 제공한 경우 해당 자산의 가액은 이를 제공한 때의 시가(시가가 장부가액보다 낮은 경우에는 장부가액을 말한다)에 따른다. 다만, 「박물관 및 미술관 진흥법」 제3조에 따른 국립 박물

---

⑥ 행정안전부장관 또는 관할 세무서장은 공익단체가 영 제80조 제3항 전단 또는 같은 조 제5항 전단에 따른 기한까지 결산보고서 또는 수입명세서를 제출하지 않은 경우 공익단체에 해당 기한의 종료일부터 2개월 이내에 결산보고서 또는 수입명세서를 제출하도록 지체 없이 요구해야 한다. (2022. 3. 18. 신설)
⑦ 고용노동부장관은 영 제80조 제7항 제2호에 따라 별지 제33호의 5 서식의 노동조합 회계공시 결과 확인서를 국세청장에게 송부해야 한다. (2023. 12. 29. 신설)

제44조【기부금의 전액이 소득공제되는 불우이웃돕기결연기관】삭　제 (2011. 3. 28.)

2의 2. 「조세특례제한법」 제88조의 4 제13항에 따른 기부금(이하 이
   항에서 "우리사주조합기부금"이라 한다)의 경우에는 다음 산식에
   따라 계산한 금액 (2024. 2. 29. 개정)

> (해당 과세기간의 소득금액 − 이월결손금 − 정치자금기부금
> − 고향사랑기부금 − 특례기부금 × 30/100

3. 법 제34조 제3항 제1호에 따른 일반기부금(이하 이 항에서 "일반기부
   금"이라 한다)의 경우에는 다음 가목 또는 나목의 계산식에 따라 계
   산한 금액. 이 경우 해당 과세기간의 소득금액에서 이월결손금, 정치
   자금기부금, 고향사랑기부금, 특례기부금 및 우리사주조합기부금의
   합계액(이하 이 호에서 "기부금등합계액"이라 한다)을 공제하는 경우
   에는 이월결손금, 정치자금기부금, 고향사랑기부금, 특례기부금 및 우
   리사주조합기부금의 순서로 공제한다. (2024. 2. 29. 개정)
   가. 종교단체에 기부한 금액이 있는 경우 (2024. 2. 29. 개정)

> (해당 과세기간의 소득금액 − 기부금등합계액) × 10/100 +
> [(해당 과세기간의 소득금액 − 기부금등합계액) × 20/100
> 과 종교단체 외에 지급한 금액 중 적은 금액]

   나. 가목 외의 경우 (2024. 2. 29. 개정)

> (해당 과세기간의 소득금액 − 기부금등합계액) × 30/100

⑤ 법 제34조 제2항 제1호 나목에 따른 자원봉사용역(이하 "자원봉사
용역"이라 한다)의 가액은 각 호에 따른 금액의 합계액으로 한다.
(2024. 2. 29. 개정)

1. 다음 산식에 의하여 계산한 봉사일수에 8만원을 곱한 금액(소수점
   이하의 부분은 1일로 보아 계산한다). 이 경우 개인사업자의 경우에
   는 본인의 봉사분에 한한다. (2024. 2. 29. 개정)
   봉사일수＝총 봉사시간÷8시간

2. 당해 자원봉사용역에 부수되어 발생하는 유류비·재료비 등 직접비용 (2003. 12. 30.
   신설)
   제공할 당시의 시가 또는 장부가액

2. 자원봉사용역에 부수되어 발생하는 유류비(자원봉사용역 제공 장소로

☞
편주 ▶ ··

2024. 2. 29. 전에 제공한 자원봉사용역의 가액에 관하여는 영 81조 5항의
개정규정에도 불구하고 종전의 규정에 따름. (영 부칙(2024. 2. 29.) 18조)
··

제35조 【기업업무추진비의 필요경비 불산입】 (2022. 12. 31. 제목개정)

① 이 조에서 "기업업무추진비"란 접대, 교제, 사례 또는 그 밖에 어떠한 명목이든 상관없이 이와 유사한 목적으로 지출한 비용으로서 사업자가 직접적 또는 간접적으로 업무와 관련이 있는 자와 업무를 원활하게 진행하기 위하여 지출한 금액(사업자가 종업원이 조직한 조합 또는

의 이동을 위한 유류비는 제외한다) · 재료비 등 직접비용의 경우 해당 용역을 제공할 당시의 시가 또는 장부가액 (2024. 2. 29. 개정)

⑥ 법 제34조 제2항 제1호 나목을 적용할 때 해당 자원봉사용역(특별재난지역으로 선포되기 이전에 같은 지역에서 행한 자원봉사용역을 포함한다)은 특별재난지역의 지방자치단체의 장(해당 지방자치단체의 장의 위임을 받은 단체의 장 또는 해당 지방자치단체에 설치된 자원봉사센터의 장을 포함한다)이 기획재정부령으로 정하는 기부금확인서를 발행하여 확인한다. (2021. 2. 17. 개정)

⑦ 제80조 제1항 제3호에 따른 기부금을 필요경비에 산입하거나 해당 기부금에 대하여 기부금세액공제를 받은 자가 사망한 이후 유류분(遺留分) 권리자가 「민법」 제1115조에 따라 신탁재산의 반환을 청구하여 이를 반환받은 경우에는 그 유류분 권리자의 주소지 관할 세무서장은 제1호의 금액에서 제2호에 해당하는 비율을 곱하여 계산한 금액을 유류분 권리자에게서 추징한다. (2014. 2. 21. 개정)

1. 유류분 권리자가 유류분을 반환받은 날 현재 「국세기본법」 제26조의 2에 따른 국세부과의 제척기간 이내에 해당하는
　과세기간에 해당 거주자가 기부금을 필요경비에 산입하거나 기부금세액공제를 받은 금액에 해당하는 소득세액 (2014. 2. 21. 개정)

2. 유류분 권리자가 반환받은 금액/유류분 권리자가 유류분을 반환받은 시점의 신탁재산가액 (2010. 12. 30. 개정)

제79조의 2 【기부금의 전액이 소득공제되는 사회복지시설 등의 범위】 삭　제 (2010. 12. 30.)

제82조 【출자금액의 계산】 삭　제 (98. 12. 31)

제83조 【기업업무추진비의 범위 등】 (2023. 2. 28. 제목개정)

① 법 제35조 제1항에서 "대통령령으로 정하는 것"이란 해당 조합 또는 단체가 법인인 경우 그 법인에 지출한 것을 말하며, 해당 조합 또는 단체가 법인이 아닌 경우에는 그 사업자의 소유자산에 대한 지출로 본다. (2019. 2. 12. 개정)

② 법 제35조 제2항 각 호 외의 부분 본문에서 "대통령령으로 정하는

관계조문

규칙 101조 5호의 2 ⇒ 특별재난지역 자원봉사용역 등에 대한 기부금확인서

단체에 지출한 복지시설비 중 대통령령으로 정하는 것을 포함한다)을 말한다. (2022. 12. 31. 개정)

• 법 35조 1항부터 5항까지(같은 조 2항 3호 중 "매입자발행계산서"의 개정부분은 제외함)의 개정규정은 2024. 1. 1.부터 시행함. (법 부칙(2022. 12. 31.) 1조 3호)
• 2024. 1. 1. 전에 지출한 접대비는 법 35조의 개정규정에 따른 기업업무추진비로 봄. (법 부칙(2022. 12. 31.) 12조)

통칙 35 - 0…1 【기부금과 기업업무추진비 등의 구분】 (2024. 3. 15. 제목개정)
사업자가 금전 또는 물품 등을 기증한 경우에 그 금품의 가액은 거래실태별로 다음 각호에 규정하는 기준에 따라 기업업무추진비 또는 기부금으로 구분한다. 다만, 정치단체·사회단체·기념사업회 등에 지급한 경우에는 이를 기부금으로 한다 (2024. 3. 15. 개정)
1. 업무와 관련하여 지출한 금품 …… 기업업무추진비
2. 제1호에 해당되지 아니하는 금품 …… 기부금

35 - 0…2 【이연계상한 기업업무추진비 등의 처리】
사업자가 기업업무추진비 또는 이와 유사한 비용(이하 "기업업무추진비"라 한다)을 그것이 확정된 날이 속하는 과세기간의 필요경비로 처리하지 아니하고 이연처리한 경우에도 이를 확정된 과세기간의 필요경비로서 시부인 계산하고 그 이후 과세기간에 있어서는 이를 필요경비로 보지 아니한다. (2024. 3. 15. 개정)

35 - 0…3 【회의비와 기업업무추진비 등의 구분】
정상적인 업무를 수행하기 위하여 사내 또는 통상 회의가 개최되는 장소에서 제공하는 다과 및 음식물 등의 가액 중 사회통념상 인정될 수 있는 범위 내의 금액은 회의비로서 이를 소득금액계산상 필요경비에 산입한다. (2024. 3. 15. 개정)

② 사업자가 한 차례의 접대에 지출한 기업업무추진비 중 대통령령으로 정하는 금액을 초과하는 기업업무추진비로서 다음 각 호의 어느 하나에 해당하지 아니하는 것은 각 과세기간의 소득금액을 계산할 때 필요경비에 산입하지 아니한다. 다만, 지출사실이 객관적으로 명백한 경우로서 다음 각 호의 어느 하나에 해당하는 기업업무추진비라는 증거자료를 구비하기 어려운 국외지역에서의 지출 및 농어민에 대한 지출로서 대통령령으로 정하는 지출은 그러하지 아니하다. (2022. 12. 31.

금액"이란 다음 각 호의 구분에 따른 금액을 말한다. (2019. 2. 12. 항번개정)
1. 경조금의 경우 : 20만원 (2009. 2. 4. 개정)
2. 제1호 외의 경우 : 3만원 (2021. 2. 17. 개정)
③ 법 제35조 제2항 각 호 외의 부분 단서에서 "대통령령으로 정하는 지출"이란 다음 각 호의 지출을 말한다. (2019. 2. 12. 신설)
1. 기업업무추진비가 지출된 국외지역의 장소(그 장소가 소재한 인근 지역 내의 유사한 장소를 포함한다)가 현금 외에 다른 지출수단을 취급하지 않아 법 제35조 제2항 각 호의 증명서류를 구비하기 어려운 경우의 해당 국외지역에서의 지출 (2023. 2. 28. 개정)
2. 농어민(한국표준산업분류에 따른 농업 중 작물재배업·축산업·복합농업, 임업 또는 어업에 종사하는 자를 말하며, 법인은 제외한다)으로부터 직접 재화를 공급받는 경우의 지출로서 그 대가를 「금융실명거래 및 비밀보장에 관한 법률」 제2조 제1호에 따른 금융회사 등을 통해 지급한 지출(사업자가 법 제70조에 따른 종합소득과세표준 확정신고를 할 때 과세표준확정신고서에 송금사실을 적은 송금명세서를 첨부해 납세지 관할 세무서장에게 제출한 경우에 한정한다) (2019. 2. 12. 신설)
④ 법 제35조 제2항 제1호 가목에서 "대통령령으로 정하는 것"이란 다음 각 호의 어느 하나에 해당하는 것을 말한다. (2019. 2. 12. 신설)
1. 「여신전문금융업법」에 따른 직불카드 (2019. 2. 12. 신설)
2. 외국에서 발행된 신용카드 (2019. 2. 12. 신설)
3. 「조세특례제한법」 제126조의 2 제1항 제4호에 따른 기명식선불카드, 직불전자지급수단, 기명식선불전자지급수단 또는 기명식전자화폐 (2019. 2. 12. 신설)
⑤ 법 제35조 제2항 제4호에서 "대통령령으로 정하는 원천징수영수증"이란 법 제168조에 따라 사업자등록을 하지 않은 자로부터 용역을 제공받고 법 제144조 또는 제145조에 따라 교부하는 원천징수영수증을 말한다. (2019. 2. 12. 신설)
⑥ 법 제35조 제3항 제1호에서 "대통령령으로 정하는 중소기업"이란 「조세특례제한법 시행령」 제2조에 규정된 기업을 말한다. (2019. 2. 12. 개정)

영 83조의 개정규정은 2024. 1. 1.부터 시행함. (영 부칙(2023. 2. 28.) 1조 3호)

개정)
1. 다음 각 목의 어느 하나에 해당하는 것(이하 이 조에서 "신용카드 등"이라 한다)을 사용하여 지출하는 기업업무추진비 (2022. 12. 31. 개정)
　　가. 「여신전문금융업법」에 따른 신용카드(신용카드와 유사한 것으로서 대통령령으로 정하는 것을 포함한다. 이하 같다) (2009. 12. 31. 개정)
　　나. 제160조의 2 제2항 제4호에 따른 현금영수증 (2009. 12. 31. 개정)
2. 제163조 및 「법인세법」 제121조에 따른 계산서 또는 「부가가치세법」 제32조 및 제35조에 따른 세금계산서를 발급받아 지출하는 기업업무추진비 (2022. 12. 31. 개정)
3. 제163조의 3에 따른 매입자발행계산서 및 「부가가치세법」 제34조의 2 제2항에 따른 매입자발행세금계산서를 발행하여 지출하는 기업업무추진비 (2022. 12. 31. 개정)
4. 대통령령으로 정하는 원천징수영수증을 발행하여 지출하는 기업업무추진비 (2022. 12. 31. 개정)
③ 사업자가 해당 과세기간에 지출한 기업업무추진비(제2항에 따라 필요경비에 산입하지 아니하는 금액은 제외한다)로서 다음 각 호의 금액의 합계액을 초과하는 금액은 그 과세기간의 소득금액을 계산할 때 필요경비에 산입하지 아니한다. (2022. 12. 31. 개정)
1. 기본한도 : 다음 계산식에 따라 계산한 금액 (2020. 12. 29. 개정)

$$\text{기본한도금액} = A \times B \times \frac{1}{12}$$

A : 1천200만원(「조세특례제한법」 제6조 제1항에 따른 중소기업의 경우에는 3천600만원)

B : 해당 과세기간의 개월 수[개월 수는 역(曆)에 따라 계산하되, 1개월 미만의 일수는 1개월로 한다]

관계조문

영 81조 3항 ⇒ 금전 이외의 자산 제공시 접대비 계산

⑦ 법 제35조 제3항 제1호에 따른 월수는 역에 따라 계산하되 1월 미만의 일수는 1월로 한다. (2019. 2. 12. 개정)
⑥~⑦ 삭 제 (2020. 2. 11.)
⑧ 법 제35조 제3항 제2호 표 외의 부분 본문에서 "대통령령으로 정하는 수입금액"이란 기업회계기준에 따라 계산한 매출액을 말한다. (2019. 2. 12. 신설)
⑨ 법 제35조 제3항 제2호 표 외의 부분 단서에서 "대통령령으로 정하는 특수관계인"이란 제98조 제1항에 따른 특수관계인을 말한다. (2019. 2. 12. 신설)

제84조 【수입금액의 계산 등】 ① 법 제35조 제1항 제2호 본문에서 "대통령령으로 정하는 수입금액"이란 기업회계기준에 따라 계산한 매출액을 말한다. (2010. 2. 18. 개정)
② 삭 제 (98. 12. 31)
③ 법 제35조 제1항 제2호 표 외의 부분 단서에서 "대통령령으로 정하는 특수관계인"이란 제98조 제1항에 따른 특수관계인을 말한다. (2012. 2. 2. 개정)
④ 법 제35조 제2항 각 호 외의 부분 단서에서 "대통령령으로 정하는 지출"이란 다음 각 호의 지출을 말한다. (2012. 2. 2. 개정)
1. 접대비가 지출된 장소(그 장소가 소재한 인근 지역 내의 유사한 장소를 포함한다)가 현금 외에 다른 지출수단을 취급하지 아니하여 법 제35조 제2항 각 호의 증명서류를 구비하기 어려운 경우의 해당 국외지역에서의 지출 (2012. 2. 2. 개정)
2. 농·어민(한국표준산업분류에 의한 농업 중 작물재배업·축산업·복합농업, 임업 또는 어업에 종사하는 자를 말하며, 법인은 제외한다)으로부터 직접 재화를 공급받는 경우의 지출로서 그 대가를 「금융실명거래 및 비밀보장에 관한 법률」 제2조 제1호에 따른 금융회사등을 통하여 지급한 지출(사업자가 법 제70조에 따른 종합소득과세표준 확정신고를 할 때 과세표준확정신고서에 송금사실을 적은 송금명세서를 첨부하여 납세지 관할 세무서장에게 제출한 경우에 한정한다) (2012. 2. 2. 개정)
⑤ 법 제35조 제2항 제1호 가목에서 "대통령령으로 정하는 것"이란 다음 각 호의 어느 하나에 해당하는 것을 말한다. (2010. 2. 18. 개정)
1. 「여신전문금융업법」에 따른 직불카드 (2008. 2. 22. 개정)
2. 외국에서 발행된 신용카드 (2008. 2. 22. 개정)
3. 「조세특례제한법」 제126조의 2 제1항 제4호에 따른 기명식선불카드, 직불전자지급수단, 기명식선불전자지급수단 또는 기명식전자화폐 (2010. 2. 18. 개정)
4. 삭 제 (2010. 2. 18.)
⑥ 법 제35조 제2항 제2호에서 "대통령령으로 정하는 원천징수영수증"이란 법 제168조에 따라 사업자등록을 하지 아니한 자로부터 용역을 제공받고 법 제144조 및 제145조에 따라 교부하는 원천징수영수증을 말한다. (2009. 2. 4. 신설)

제84조 【수입금액의 계산 등】 삭 제 (2019. 2. 12.)

제85조 【2개 이상의 사업장을 가진 사업자의 기업업무추진비 한도액 계산】 (2023. 2. 28. 제목개정)
① 2개 이상의 사업장이 있는 사업자가 법 제160조 제5항에 따라 사업장별 거래내용이 구분될 수 있도록 장부에 기록한 경우 당해 과세기간에 각 사업장별로 지출한 기업업무추진비로서 각 사업장별 소득금액 계산시 필요경비에 산입할 수 있는 금액은 다음 각호의 금액의 합계액(이하 이 조에서 "기업업무추진비한도액"이라 한다)을 한도로 한다. (2023. 2. 28. 개정)

편주

영 85조의 개정규정은 2024. 1. 1.부터 시행함. (영 부칙(2023. 2. 28.) 1조 3호)

1. 다음 방식에 의하여 계산한 금액 (2019. 2. 12. 개정)

$$\text{법 제35조 제3항 제1호의 금액} \times \frac{\text{각 사업장의 당해 과세기간 수입금액}}{\text{각 사업장의 당해 과세기간 수입금액 합산액}}$$

2. 각 사업장의 당해 과세기간 수입금액 × 법 제35조 제3항 제2호의 적용률(이하 이 조에서 "적용률"이라 한다) (2019. 2. 12. 개정)

☞ p.2597 2단 연결

접대비 한도액 계산시 2개 이상의 사업장이 있는 개인사업자는 그 거주자가 영위하는 사업장 전체의 종업원수·자본금 또는 매출액을 기준으로 중소기업 해당 여부를 판정함. (서면1팀-658, 2005. 6. 13.)

2. 수입금액별 한도 : 해당 사업에 대한 해당 과세기간의 수입금액(대통령령으로 정하는 수입금액만 해당한다) 합계액에 다음 표에 규정된 적용률을 적용하여 산출한 금액. 다만, 대통령령으로 정하는 특수관계인과의 거래에서 발생한 수입금액에 대해서는 다음 표에 규정된 적용률을 적용하여 산출한 금액의 100분의 10에 해당하는 금액으로 한다. (2019. 12. 31. 개정)

수입금액	적용률
가. 100억원 이하	1만분의 30
나. 100억원 초과 500억원 이하	3천만원 + [(수입금액 − 100억원) × 1만분의 20]
다. 500억원 초과	1억1천만원 + [(수입금액 − 500억원) × 1만분의 3]

④ 제2항 제1호를 적용할 때 재화 또는 용역을 공급하는 신용카드등의 가맹점이 아닌 다른 가맹점의 명의로 작성된 매출전표 등을 발급받은 경우에는 그 지출금액은 제2항 제1호에 따른 기업업무추진비로 보지 아니한다. (2022. 12. 31. 개정)

⑤ 기업업무추진비의 범위 및 계산, 지출증명 보관 등에 필요한 사항은 대통령령으로 정한다. (2022. 12. 31. 개정)

통칙 35-0…4【건설가계정 등 자산으로 계상한 기업업무추진비의 처리】
① 법 제35조에 규정하는 기업업무추진비에는 당기에 건설가계정 등으로 자산계상된 기업업무추진비를 포함하여 시부인 계산하며 기업업무추진비 한도액계산은 다음과 같다. (2024. 3. 15. 개정)
1. 기업업무추진비 한도초과액이 당기에 필요경비로 계상한 기업업무추진비보다 많은 경우
당기에 필요경비로 계상한 기업업무추진비는 전액 필요경비 불산입하고 그 차

② 제1항 제1호를 적용함에 있어서 2개 이상의 사업장 중 당해 과세기간 중에 신규로 사업을 개시하거나 중도에 폐업하는 사업장이 있는 경우에는 당해 과세기간 중 영업월수가 가장 긴 사업장의 월수를 기준으로 법 제35조 제3항 제1호의 금액을 계산하되, 중소기업의 해당여부는 주업종(수입금액이 가장 큰 업종을 말한다)에 의하여 판단한다. (2019. 2. 12. 개정)

③ 제1항 제2호를 적용함에 있어서 적용률은 각 사업장의 당해 과세기간의 수입금액의 합산액에 의하여 결정하며, 각 사업장의 수입금액 합산액이 100억원을 초과하는 경우에는 각 사업장별로 적용률의 우선순위를 임의로 선택할 수 있다. (2002. 12. 30 신설)

④ 제1항을 적용할 때 2개 이상의 사업장에서 각 사업장별로 지출한 기업업무추진비가 기업업무추진비한도액에 미달하는 경우와 초과하는 경우가 각각 발생하는 때에는 그 미달하는 금액과 초과하는 금액은 이를 통산하지 아니한다. (2023. 2. 28. 개정)

편주 ·····
영 85조의 개정규정은 2024. 1. 1.부터 시행함. (영 부칙(2023. 2. 28.) 1조 3호)

⑤ 2개 이상의 사업장 중 일부 사업장의 소득금액에 대하여 추계조사결정 또는 경정을 받은 경우에는 추계조사결정 또는 경정을 받은 사업장은 법 제35조 제3항 제2호 및 이 조 제1항을 적용할 때 수입금액이 없는 것으로 한다. (2019. 2. 12. 개정)

⑥ 제98조 제1항에 따른 특수관계인과의 거래에서 발생한 수입금액(이하 이 항에서 "특수관계 관련 수입금액"이라 한다)이 있는 경우에는 제1항 제2호의 금액은 다음의 방법에 의하여 계산한다. (2017. 2. 3. 개정)

{(총수입금액 × 적용률) − (특수관계 관련 수입금액) × 적용률} + {(특수관계 관련 수입금액 × 적용률) × 100분의 10}

제86조【광고선전비의 필요경비불산입】삭 제 (98. 12. 31)

제45조【기업업무추진비의 필요경비 산입한도액 계산】 (2023. 3. 20. 제목개정)
법 제35조 제3항 제2호를 적용할 때 해당 사업의 수입금액에 같은 호 단서에 따른 수입금액(이하 이 조에서 "기타수입금액"이라 한다)이 포함되어 있는 경우 그 기타수입금액에 대하여 법 제35조 제1항 제2호의 표에 따른 적용률을 곱하여 산출한 금액의 계산에 관하여는 「법인세법 시행규칙」 제20조 제1항의 규정을 준용한다. (2020. 3. 13. 개정)

편주 ·····
규칙 45조의 제목의 개정규정은 2024. 1. 1.부터 시행함. (법 부칙(2023. 3. 20.) 1조 3호)

제46조【접대비 지출액 등】삭 제 (2002. 4. 13)

제47조【접대비지출명세서】삭 제 (99. 5. 7)

액은 건설가계정에서 감액하여 처리한다.

2. 기업업무추진비 한도초과액이 당기에 필요경비로 계상한 기업업무추진비보다 많지 않은 경우
기업업무추진비 한도초과액만 필요경비에 산입하지 아니한다.

〈예 시〉

구　　분	사례1	사례2	사례3	사례4
건설가계정(기업업무추진비)	6,500	3,500	6,000	10,500
회 사 계 상 접 대 비 (B)	4,000	7,000	4,500	0
계	10,500	10,500	10,500	10,500
기 업 업 무 추 진 비 한 도	6,000	6,000	6,000	6,000
한 도 초 과 액 (A)	4,500	4,500	4,500	4,500
필 요 경 비 불 산 입	4,000	4,500	4,500	0
건설가계정감액분(A—B)	500	0	0	4,500

② 제1항의 규정에 의하여 자산계정을 감액처리함에 있어서 수개의 자산계정에 기업업무추진비가 계상된 경우 그 감액의 순위는 다음에 의한다. (2024. 3. 15. 개정)
1. 건설중인자산 (2008. 7. 30. 개정)
2. 고정자산 (2008. 7. 30. 개정)

제36조【광고선전비의 필요경비불산입】삭　제 (98. 12. 28)

제37조【기타소득의 필요경비 계산】① 기타소득금액을 계산할 때 필요경비에 산입할 금액은 다음 각 호에 따른다. (2010. 12. 27. 개정)
1. 제21조 제1항 제4호에 따른 승마투표권, 승자투표권, 소싸움경기투표권, 체육진흥투표권의 구매자가 받는 환급금에 대하여는 그 구매자가 구입한 적중된 투표권의 단위투표금액을 필요경비로 한다. (2010. 12. 27. 개정)
2. 제21조 제1항 제14호의 당첨금품등에 대하여는 그 당첨금품등의 당첨 당시에 슬롯머신등에 투입한 금액을 필요경비로 한다. (2010. 12. 27. 개정)
3. 제21조 제1항 제27호의 가상자산소득에 대해서는 그 양도되는 가상자산의 실제 취득가액과 부대비용을 필요경비로 한다. (2020. 12. 29. 신설)
3. 제21조 제1항 제27호의 가상자산소득에 대해서는 그 양도되는 가상자산의 실제 취득가액과 취득·양도 또는 대여를 위하여 소요된 부대비용을 필요경비로 한다. (2024. 12. 31. 개정)

편주 ▶
법 37조 1항 3호의 개정규정은 2027. 1. 1. 이후 가상자산을 양도·대여하는 분부터 적용함. (법 부칙(2020. 12. 29.) 5조 1항) (2024. 12. 31. 개정)

편주 ▶
법 37조 1항 3호의 개정규정은 2027. 1. 1.부터 시행함. (법 부칙(2024.

② 다음 각 호의 경우 외에는 해당 과세기간의 총수입금액에 대응하는 비용으로서 일반적으로 용인되는 통상적인 것의 합계액을 필요경비에 산입한다. (2010. 12. 27. 개정)
1. 제1항이 적용되는 경우 (2010. 12. 27. 개정)
2. 광업권의 양도대가로 받는 금품의 필요경비 계산 등 대통령령으로 정하는 경우 (2010. 12. 27. 개정)
③ 해당 과세기간 전의 총수입금액에 대응하는 비용으로서 그 과세기간에 확정된 것에 대하여는 그 과세기간 전에 필요경비로 계상하지 아니한 것만 그 과세기간의 필요경비로 본다. (2010. 12. 27. 개정)
④ 기타소득금액을 계산할 때 필요경비에 산입하지 아니하는 금액에 관하여는 제33조를 준용한다. (2010. 12. 27. 개정)
⑤ 제1항 제3호의 필요경비를 계산할 때 <u>2025년 1월 1일</u> 전에 이미 보유하고 있던 가상자산의 취득가액은 2024년 12월 31일 당시의 시가와 그 가상자산의 취득가액 중에서 큰 금액으로 한다. (2022. 12. 31. 개정)
⑤ 제1항 제3호의 필요경비를 계산할 때 <u>2027년 1월 1일</u> 전에 이미 보유하고 있던 가상자산의 취득가액은 <u>2026년 12월 31일</u> 당시의 시가와 그 가상자산의 취득가액 중에서 큰 금액으로 한다. (2024. 12. 31. 개정)

⑥ 제1항 제3호에도 불구하고 대통령령으로 정하는 사유로 2027년 1월 1일 이후 취득하는 가상자산의 실제 취득가액을 확인하기 곤란한 경우에는 해당 가상자산과 같은 종류의 가상자산 전체의 양도에 따른 필요경비를 그 가상자산 전체의 총양도가액에 100분의 50 이하의 범위에서 대통령령으로 정하는 비율을 곱한 금액으로 할 수 있다. 이 경우 부대비용은 필요경비에 산입하지 아니한다. <u>(2024. 12. 31. 신설)</u>

제87조 【기타소득의 필요경비계산】 (2007. 2. 28. 제목개정)

법 제37조 제2항 제2호에서 "광업권의 양도대가로 받는 금품의 필요경비 계산 등 대통령령으로 정하는 경우"란 다음 각 호의 어느 하나를 말한다. (2020. 2. 11. 개정)
1. 다음 각 목의 어느 하나에 해당하는 기타소득에 대해서는 거주자가 받은 금액의 100분의 80에 상당하는 금액을 필요경비로 한다. 다만, 실제 소요된 필요경비가 100분의 80에 상당하는 금액을 초과하면 그 초과하는 금액도 필요경비에 산입한다. (2010. 12. 30. 개정)
  가. 법 제21조 제1항 제1호의 기타소득 중 「공익법인의 설립·운영에 관한 법률」의 적용을 받는 공익법인이 주무관청의 승인을 받아 시상하는 상금 및 부상과 다수가 순위 경쟁하는 대회에서 입상자가 받는 상금 및 부상 (2010. 12. 30. 개정)
  나. 법 제21조 제1항 제7호·제9호·제15호 및 제19호의 기타소득 (2010. 12. 30. 개정)
  나. 삭 제 (2018. 2. 13.)
  다. 법 제21조 제1항 제10호에 따른 위약금과 배상금 중 주택입주 지체상금 (2010. 12. 30. 개정)
  라. 법 제21조 제1항 제17호에 따른 기타소득 중 제41조 제10항에 따른 종교 관련 종사자로서의 활동과 관련하여 받는 금품 (2013. 11. 5. 신설)
  라. 삭 제 (2016. 2. 17.)
1의 2. 법 제21조 제1항 제7호·제8호의 2·제9호·제15호 및 제19호의 기타소득에 대해서는 거주자가 받은 금액의 100분의 70(2019년 1월 1일이 속하는 과세기간에 발생한 소득분부터는 100분의 60)에 상당하는 금액을 필요경비로 한다. 다만, 실제 소요된 필요경비가 거주자가 받은 금액의 100분의 70(2019년 1월 1일이 속하는 과세기간에 발생한 소득분부터는 100분의 60)에 상당하는 금액을 초과하면 그 초과하는 금액도 필요경비에 산입한다. (2019. 2. 12. 개정)
2. 법 제21조 제2항의 기타소득에 대해서는 다음 각 목의 구분에 따라 계산한 금액을 필요경비로 한다. 다만, 실제 소요된 필요경비가 다음

관계조문▶▶

영 202조 ⇒ 원천징수대상 기타소득금액

⑥ 제5항에서 규정한 사항 외에 가상자산의 필요경비 계산에 필요한 사항은 대통령령으로 정한다. (2020. 12. 29. 신설)

편주 ▶
법 37조 6항의 개정규정은 2027. 1. 1. 이후 가상자산을 양도·대여하는 분부터 적용함. (법 부칙(2020. 12. 29.) 5조 1항) (2024. 12. 31. 개정)

⑦ 제1항 제3호, 제5항 및 제6항에서 규정한 사항 외에 가상자산의 필요경비 계산에 필요한 사항은 대통령령으로 정한다. (2024. 12. 31. 개정)

제38조【산림소득의 필요경비계산】삭　제 (2006. 12. 30.)

제 3 관　귀속연도 및 취득가액 등
(2010. 12. 31. 개정)

제39조【총수입금액 및 필요경비의 귀속연도 등】(2009. 12. 31. 제목개정)

① 거주자의 각 과세기간 총수입금액 및 필요경비의 귀속연도는 총수입금액과 필요경비가 확정된 날이 속하는 과세기간으로 한다. (2009. 12. 31. 개정)

통칙 39-0…1【물품매도확약서 발행업의 총수입금액의 수입시기】
물품매도확약서 발행업에 있어서 수입금액의 귀속연도는 당해 물품을 선적한 날이 속하는 과세기간으로 하며 선적한 날이 확인되지 않는 경우에는 신용장개설일이 속하는 과세기간으로 한다. (97. 4. 8. 개정)

39-0…2【체육관 등에서 받은 입회금의 처리】
체육관, 헬스클럽, 정구장, 수영장, 골프장, 탁구장, 기원 등을 영위하는 사업자가 그 회원으로부터 수입한 입회금은 이를 받은 과세기간의 총수입금액에 산입한다. 다만, 규약 등에서 당해 회원이 탈퇴할 때에 반환할 것을 명백히 규정하고 있는 때에는 그러하지 아니한다. (97. 4. 8. 개정)

39-0…3【관세환급금의 귀속연도】
① 세관장으로부터 직접 환급받는 관세환급금의 귀속연도는 환급받을 관세 등이 확정된 과세기간으로 하는 것이며 수출은 완료되었으나 환급받을 관

각 목의 구분에 따라 계산한 금액을 초과하면 그 초과하는 금액도 필요경비에 산입한다. (2021. 2. 17. 개정)
　가. 거주자가 받은 금액이 1억원 이하인 경우 : 받은 금액의 100분의 90 (2020. 2. 11. 개정)
　나. 거주자가 받은 금액이 1억원을 초과하는 경우 : 9천만원 + 거주자가 받은 금액에서 1억원을 뺀 금액의 100분의 80(서화·골동품의 보유기간이 10년 이상인 경우에는 100분의 90) (2020. 2. 11. 개정)
3. 법 제21조 제1항 제26호에 따른 종교인소득(이하 “종교인소득”이라 한다)에 대해서는 종교관련종사자가 해당 과세기간에 받은 금액(법 제12조 제5호 아목에 따른 비과세소득을 제외한다. 이하 이 호에서 같다) 중 다음 표에 따른 금액을 필요경비로 한다. 다만, 실제 소요된 필요경비가 다음 표에 따른 금액을 초과하면 그 초과하는 금액도 필요경비에 산입한다. (2016. 2. 17. 신설)

종교관련종사자가 받은 금액	필요경비
2천만원 이하	종교관련종사자가 받은 금액의 100분의 80
2천만원 초과 4천만원 이하	1,600만원+(2천만원을 초과하는 금액의 100분의 50)
4천만원 초과 6천만원 이하	2,600만원+(4천만원을 초과하는 금액의 100분의 30)
6천만원 초과	3,200만원+(6천만원을 초과하는 금액의 100분의 20)

편주 ▶
부당해고기간의 급여에 대한 소득구분과 귀속연도는 통칙 20-38…3 참조

관계조문 ▶
법 24조 3항 및 영 45조 내지 50조 ⇒ 총수입금액의 확정시기

통칙 39-0…13【국고에 귀속되는 수입물품의 필요경비귀속연도】
수입물품이 「관세법」의 규정에 의하여 국고에 귀속하게 되는 경우(「관세법」 위반으로 몰수되는 물품을 제외한다) 등 국고귀속 수입물품의 필요경비산입시기는 국고에 귀속되는 날이 속하는 과세기간으로 한다. (2008. 7. 30. 개정)

39-0…14【분할하여 지급하는 재해보상금의 필요경비귀속연도】
분할하여 지급하기로 한 재해보상금의 필요경비 귀속연도는 지급시기에 불구하고 당해 보상금의 지급이 확정된 날이 속하는 과세기간으로 한다. (2011. 3. 21. 개정)

39-0…15【인정상여의 귀속연도】
「법인세법 시행령」 제106조 제1항 제1호 나목에 규정하는 상여로 처분된 금액 중 귀속시기가 불분명한 금액은 영 제49조 제1항 제3호의 규정에 의하여 당해 법인의 사업연도중 근로를 제공한 기간의 월수로 안분계산하여 각 월에 귀속되는 근로소득으로 본다. (2008. 7. 30. 개정)

39-0…16【신용카드 매출전표 발행 세액공제액의 총수입금액 산입시기】
신용카드매출전표발행사업자가 「부가가치세법」 제46조 제1항의 규정에 의하여 납부세액에서 공제한 금액은 「부가가치세법」에 의한 당해 과세기간종료일이 속하는 과세기간의 소득금액계산상 총수입금액에 산입한다. (2019. 12. 23. 개정)

39-0…17【법원판결에 의하여 지급되는 손해배상금 등의 귀속연도】
법원의 판결에 의하여 지급하거나 지급받는 손해배상금 등의 귀속연도는 법원의 판결이 확정된 날이 속하는 과세기간으로 한다. 이 경우 “법원의 판결이 확정된 날”이라 함은 대법원 판결일자 또는 당해 판결에 대하여 상소를 제기하지 아

☞ p.2601 2단 연결

세 등이 확정되지 아니한 경우에는 「수출용 원재료에 대한 관세 등 환급에 관한 특례법」 제13조의 규정에 의하여 환급받을 예상액으로 계상하며 그 후 실지 환급과의 차액이 발생된 경우에는 동 차액은 실제로 환급받은 과세기간의 총수입금액 또는 필요경비에 산입한다. (2008. 7. 30. 개정)

② 수출물품의 판매로 인하여 수출업자로부터 받는 관세환급금의 귀속연도는 당해 수출물품의 판매대금의 귀속연도에 따라 처리한다. 이 경우 당해 관세환급금이 수출물품판매대금의 귀속연도까지 확정되지 아니한 경우에는 「수출용 원재료에 대한 관세 등 환급에 관한 특례법」 제13조의 규정에 의하여 환급받을 예상액으로 계상하며 그 후 실지환급금과의 차액이 발생된 경우에는 동 차액은 실제로 환급받을 과세기간의 총수입금액 또는 필요경비에 산입한다. (2008. 7. 30. 개정)

39-0…4【조세환급금 및 그 이자의 귀속연도】

조세 등의 결정취소로 인한 환급금 및 그 이자의 귀속연도는 그 취소결정이 확정된 날(통지를 요하는 경우에는 통지를 받은 날)이 속하는 과세기간으로 한다. (97. 4. 8. 개정)

39-0…5【국고보조금의 귀속연도】

정부로부터 교부받은 국고보조금의 귀속연도는 동 국고보조금의 교부통지를 받은 날이 속하는 과세기간으로 한다. 다만, 국고보조금의 교부통지를 받기 전에 폐업한 경우에는 폐업일이 속하는 과세기간으로 한다. (97. 4. 8. 개정)

39-0…6【보험차익의 귀속연도】

보험사고로 인하여 보험회사로부터 손해보험금을 수령함에 따라 발생하는 보험차익의 귀속연도는 그 보험금의 지급이 확정된 날이 속하는 과세기간으로 한다. (97. 4. 8. 개정)

39-0…7【토지 등 수용에 따른 손실보상금의 귀속연도】

토지 등의 수용에 따른 손실보상금의 귀속연도는 이를 지급하거나 기업자가 대금을 공탁한 날이 속하는 과세기간으로 한다. 다만, 재결에 대한 이의신청 등으로 손실보상금이 조정된 경우 그 조정된 차액의 귀속연도는 조정액이 확정된 날이 속하는 과세기간으로 한다. (97. 4. 8. 개정)

39-0…9【단체퇴직보험료 등에 대한 확정배당금의 처리】

① 종업원을 수익자로 하는 단체퇴직보험 등에 가입하고 계약자인 사업자가 보험회사로부터 수령하는 확정배당금은 그 금액이 확정된 과세기간의 총수입금액에 산입한다. (2011. 3. 21. 개정)

② 제1항에서 확정된 과세기간이란 보험료 등의 정산기준일이 속하는 과세기간으로 한다. (2011. 3. 21. 개정)

39-0…10【추가납부한 산재보험료의 필요경비 귀속연도】

「고용보험 및 산업재해보상보험의 보험료징수 등에 관한 법률」 제17조 및 제18조

니한 때에는 상소제기의 기한이 종료한 날의 다음 날로 한다. (2011. 3. 21. 개정)

제88조【가상자산에 대한 기타소득금액의 계산 등】 ① 법 제37조에 따라 법 제21조 제1항 제27호에 따른 가상자산(이하 "가상자산"이라 한다)을 양도함으로써 발생하는 소득에 대한 기타소득금액을 산출하는 경우에는 먼저 거래한 것부터 순차적으로 양도된 것으로 본다. (2021. 2. 17. 신설)

② 법 제37조 제5항에 따른 "2021년 12월 31일 당시의 시가"는 다음 각 호의 구분에 따른 금액으로 한다. (2021. 2. 17. 신설)

1. 「특정 금융거래정보의 보고 및 이용 등에 관한 법률」 제7조에 따라 신고가 수리된 가상자산사업자(이하 "가상자산사업자"라 한다) 중 국세청장이 고시하는 사업자(이하 "시가고시가상자산사업자"라 한다)가 취급하는 가상자산의 경우 : 각 시가고시가상자산사업자가 2022년 1월 1일 0시 현재 가상자산별로 공시한 가상자산 가격의 평균 (2021. 2. 17. 신설)

2. 제1호 외의 경우 : 법 제119조 제12호 타목에 따른 가상자산사업자등이 2022년 1월 1일 0시 현재 가상자산별로 공시한 가상자산 가격 (2021. 2. 17. 신설)

제88조【가상자산에 대한 기타소득금액의 계산 등】삭   제 (2022. 2. 15.)

제88조【가상자산에 대한 기타소득금액의 계산 등】 ① 법 제37조에 따라 법 제21조 제1항 제27호에 따른 가상자산(이하 "가상자산"이라 한다)을 양도함으로써 발생하는 소득에 대한 기타소득금액을 산출하는 경우에는 「특정 금융거래정보의 보고 및 이용 등에 관한 법률 시행령」 제10조의 10 제2호 나목의 가상자산주소별로 다음 각 호의 구분에 따른 평가방법을 적용하여 계산한다. (2022. 3. 8. 신설)

1. 「특정 금융거래정보의 보고 및 이용 등에 관한 법률」 제7조에 따라 신고가 수리된 가상자산사업자(이하 "신고수리 가상자산사업자"라 한다)를 통해 거래되는 가상자산의 경우: 제92조 제2항 제5호의 이동평균법 (2022. 3. 8. 신설)

2. 제1호 외의 경우: 제92조 제2항 제2호의 선입선출법 (2022. 3. 8. 신설)

제88조【가상자산에 대한 기타소득금액의 계산 등】

편주 ▶ ···

영 88조의 개정규정은 2027. 1. 1.부터 시행함. (영 부칙(2025. 2. 28.) 1조 4호)

···

① 법 제37조에 따라 법 제21조 제1항 제27호에 따른 가상자산(이하 "가상자산"이라 한다)을 양도함으로써 발생하는 소득에 대한 기타소득금액을 산출하는 경우에는 거주자별로 제92조 제2항 제4호의 총평균법을 적용하여 계산한다. (2025. 2. 28. 개정)

---

② 법 제37조 제5항에 따른 "2024년 12월 31일 당시의 시가"는 다음 각 호의 구분에 따른 금액으로 한다. (2022. 12. 31. 개정)

② 법 제37조 제5항에 따른 "2026년 12월 31일 당시의 시가"는 다음 각 호의 구분에 따른 금액으로 한다. (2024. 12. 31. 개정)

1. 신고수리가상자산사업자 중 국세청장이 고시하는 사업자(이하 "시가고시가상자산사업자"라 한다)가 취급하는 가상자산의 경우: 각 시가고시가상자산사업자의 사업장에서 2025년 1월 1일 0시 현재 가상자산별로 공시한 가상자산 가격의 평균 (2022. 12. 31. 개정)

1. 신고수리가상자산사업자 중 국세청장이 고시하는 사업자(이하 "시가고시가상자산사업자"라 한다)가 취급하는 가상자산의 경우: 각 시가고시가상자산사업자의 사업장에서 2027년 1월 1일 0시 현재 가상자산별로 공시한 가상자산 가격의 평균 (2024. 12. 31. 개정)

1. 「가상자산 이용자 보호 등에 관한 법률」에 따른 가상자산사업자(이하 "가상자산사업자"라 한다) 중 국세청장이 고시하는 사업자(이하 "시가고시가상자산사업자"라 한다)가 취급하는 가상자산의 경우 : 각 시가고시가상자산사업자의 사업장에서 2027년 1월 1일 0시 현재 가상자산별로 공시한 가상자산 가격의 평균 (2025. 2. 28. 개정)

편주 ▶ ···

영 88조의 개정규정은 2027. 1. 1.부터 시행함. (영 부칙(2025. 2. 28.) 1조 4호)

☞ p.2602 2단 연결

의 규정에 의하여 개산보험료를 납부한 후 제19조의 규정에 의하여 확정보험료와 의 차액을 추가로 납부하는 경우에 추가납부하는 보험료의 필요경비 귀속연도는 이를 추가로 납부할 금액이 확정된 날이 속하는 과세기간으로 한다. (2008. 7. 30. 개정)

39－0…11【인지세의 필요경비 귀속연도】
인지세는 「인지세법」 제8조 제1항 단서의 경우를 제외하고는 과세문서에 인지를 붙임으로써 납부하게 되는 것이므로 그 필요경비의 귀속연도는 당해 사업자가 인 지를 붙인 날이 속하는 과세기간으로 한다. (2008. 7. 30. 개정)

39－0…12【소송비용의 필요경비 귀속연도】
① 변호사에게 지급한 사건착수금과 보수(「민사소송법」 제109조의 규정에 의한 보수는 제외) 또는 사례금 등은 「민사소송법」 제98조 및 「민사소송비용법」에 규 정하는 소송비용에 해당하지 아니하는 것이므로 사건의 종결 여부에 관계없이 지 급하는 날이 속하는 과세기간의 필요경비에 산입한다. (2008. 7. 30. 개정)
② 「민사소송법」 제98조에 규정한 소송비용은 사건이 종결되는 날이 속하는 과세 기간의 필요경비로 한다. 이 경우 소송비용 등이 소송의 내용에 따라 자산의 취득 이나 상표권·영업권·광업권 등 고정자산가액을 형성하는 성질의 것인 경우에 는 당해 자산의 취득가액에 산입한다. (2008. 7. 30. 개정)

2. 제1호 외의 경우 : 시가고시가상자산사업자 외의 신고수리가상자산사업자(이에 준 하는 사업자를 포함한다)의 사업장에서 2025년 1월 1일 0시 현재 가상자산별로 공시한 가상자산 가격 (2022. 12. 31. 개정)
2. 제1호 외의 경우 : 가상자산사업자 외의 신고수리가상자산사업자(이에 준하는 사업 자를 포함한다)의 사업장에서 2025년 1월 1일 0시 현재 가상자산별로 공시한 가상자 산 가격 (2024. 12. 31. 개정)

2. 제1호 외의 경우 : 시가고시가상자산사업자 외의 가상자산사업자 (이에 준하는 사업자를 포함한다)의 사업장에서 2025년 1월 1일 0시 현재 가상자산별로 공시한 가상자산 가격 (2025. 2. 28. 개정)
③ 가상자산 간의 교환(이하 이 항에서 "교환거래"라 한다)으로 발생 하는 소득에 대한 기타소득금액을 산출하는 경우에는 다음 각 호의 구 분에 따른 기축가상자산(교환거래를 할 때 교환가치의 기준이 되는 가 상자산을 말한다. 이하 이 항에서 같다)의 가액에 교환거래의 대상인 가상자산과 기축가상자산 간의 교환비율을 적용하여 계산한다. (2022. 3. 8. 신설)
1. 시가고시가상자산사업자를 통해 거래되는 기축가상자산의 경우: 교 환거래 시점과 동일한 시점에 기축가상자산이 금전으로 교환된 가 액 (2022. 3. 8. 신설)
2. 「외국환거래법」에 따른 외국통화에 연동되는 기축가상자산의 경우: 교환거래일 현재 같은 법 제5조 제1항에 따른 기준환율 또는 재정환 율에 따라 환산한 가액 (2022. 3. 8. 신설)
④ 법 제37조 제6항 전단에서 "대통령령으로 정하는 사유"란 다음 각 호의 어느 하나에 해당하는 경우를 말한다. (2025. 2. 28. 신설)
1. 가상자산사업자를 통하지 않고 가상자산을 취득한 경우로서 장부나 그 밖의 증명서류에 의하여 실제취득가액을 확인할 수 없는 경우 (2025. 2. 28. 신설)
2. 그 밖에 국세청장이 정하여 고시하는 사유로 실제취득가액을 확인 하기 곤란한 경우 (2025. 2. 28. 신설)
⑤ 법 제37조 제6항 전단에서 "대통령령으로 정하는 비율"이란 100분 의 50을 말한다. (2025. 2. 28. 신설)
⑥ 제1항부터 제5항까지에서 규정한 사항 외에 가상자산에 대한 기타 소득금액의 계산에 필요한 사항은 국세청장이 정하여 고시한다. (2025. 2. 28. 개정)

② 거주자가 매입·제작 등으로 취득한 자산의 취득가액은 그 자산의 매입가액이나 제작원가에 부대비용을 더한 금액으로 한다. (2009. 12. 31. 개정)

③ ☞ p.2606

통칙 33-62…8【영업권 및 사업용고정자산의 포괄인수시 감가상각방법】
타인으로부터 영업권 및 기타의 사업용고정자산을 포괄적으로 양수한 경우에도 영업권 및 기타 각 자산의 취득가액은 각 자산별로 구분하여 계산하여야 한다. (97. 4. 8. 개정)

제89조【자산의 취득가액 등】 ① 법 제39조 제2항의 규정에 의한 자산의 취득가액은 다음 각 호의 금액에 따른다. (2015. 2. 3. 개정)

·예판 ··
- 토지와 건물만을 사용할 목적으로 기계장치를 첨가 취득한 경우 기계장치 처분손실은 당해 토지·건물의 취득가액을 기준으로 안분계산한 금액을 각각 토지·건물의 취득가액에 가산하는 것임. (서면1팀-1451, 2006. 10. 26.)
- 부동산임대사업자가 종전부터 소유하던 토지 위에 건물을 신축하여 부동산임대업을 영위하는 경우 토지 취득에 소요된 실제 거래가액을 장부가액으로 계상함. (재소득-173, 2008. 6. 17.)
···

1. 타인으로부터 매입한 자산은 매입가액에 취득세·등록면허세 기타 부대비용을 가산한 금액 (2015. 2. 3. 개정)
2. 자기가 행한 제조·생산 또는 건설 등에 의하여 취득한 자산은 원재료비·노무비·운임·하역비·보험료·수수료·공과금(취득세와 등록면허세를 포함한다)·설치비 기타 부대비용의 합계액 (2015. 2. 3. 개정)
3. 제1호 및 제2호의 자산으로서 그 취득가액이 불분명한 자산과 제1호 및 제2호의 자산 외의 자산은 해당 자산의 취득 당시의 기획재정부령이 정하는 시가에 취득세·등록면허세 기타 부대비용을 가산한 금액 (2015. 2. 3. 개정)
② 제1항의 규정에 의한 취득가액은 다음 각호의 금액을 포함하지 아니하는 것으로 한다. (98. 12. 31 개정)
1. 사업자가 자산을 장기할부조건으로 매입하는 경우에 발생한 채무를 기업회계기준에 따라 현재가치로 평가하여 현재가치할인차금으로 계상한 경우에 있어서의 당해 현재가치할인차금 (98. 12. 31 개정)
2. 기획재정부령이 정하는 연지급수입의 경우에 제1항의 취득가액과 구분하여 지급이자로 계상한 금액 (2008. 2. 29. 직제개정 ; 기획재정부와~직제 부칙)
3. 제98조 제2항 제1호의 규정에 의한 시가초과액 (98. 12. 31 신설)
③ 제1항의 규정을 적용함에 있어서「자산재평가법」에 의하여 재평가를 한 때에는 그 재평가액을, 자본적지출에 상당하는 금액이 있는 때에

제48조【시가의 계산】 영 제89조 제1항 제3호에서 "기획재정부령이 정하는 시가"라 함은「법인세법 시행령」제89조를 준용하여 계산한 금액을 말한다. (2008. 4. 29. 직제개정)

제49조【연지급수입의 의의】 영 제89조 제2항 제2호에서 "기획재정부령이 정하는 연지급수입"이라 함은 다음 각 호의 어느 하나에 해당하는 것을 말한다. (2008. 4. 29. 직제개정)
1. 당해 물품의 수입대금전액을 은행이 신

① 영 제91조 제1항의 규정에 의한 재고자산 평가방법의 선정은 재고자산의 성질에 따라 불가능한 평가방법을 선정할 수 없다. (97. 4. 8. 개정)
② 다음 각호의 재고자산은 그 성질상 일반적으로 개별법에 의하여 평가하여야 하며 기타의 평가방법으로는 평가가 불가능한 것으로 본다. 이 경우 사업의 특수성으로 기타의 평가방법이 불가피한 경우에는 예외로 한다. (97. 4. 8. 개정)
1. 보석·서화·골동품
2. 주문에 의하여 개별 품목단위로 제조 또는 생산하는 자산
3. 부동산
4. 기타 제1호 내지 제3호에 준하는 재고자산

39-92…1【매월별 후입선출법 등으로 평가시 적법 여부】
사업자가 계속하여 월별·분기별 또는 반기별로 후입선출법, 총평균법 또는 이동평균법 등을 적용하여 재고자산을 평가하는 경우에도 이를 영 제91조 제2항에 의하여 평가한 것으로 본다. (97. 4. 8. 개정)

③ 제1항 및 제2항에 따라 재고자산을 평가하는 경우에는 해당 자산을 다음 각 호의 구분에 따라 종류별·사업장별로 각각 다른 방법으로 평가할 수 있다. (2010. 2. 18. 개정)
1. 제품과 상품(건물건설업 또는 부동산 개발 및 공급업을 경영하는 사업자가 매매를 목적으로 소유하는 부동산을 포함한다) (2010. 2. 18. 개정)
2. 반제품과 재공품
3. 원재료
4. 저장품
④ 제3항의 규정에 의한 재고자산 중 파손·부패 기타의 사유로 인하여 정상가액으로 판매 또는 사용할 수 없는 것은 다른 재고자산과 구분하여 처분가능한 가액으로 평가할 수 있다.
④ 삭 제 (2010. 2. 18.)

통칙 39-91…2【용기의 자산구분방법】
판매를 목적으로 하지 아니하는 내구성 있는 사업용 자산인 용기는 고정자산으로 회계처리하는 것이나, 내용물을 포함하여 판매하는 용기는 재고자산으로 처리한다. (97. 4. 8. 개정)
39-91…3【변질된 제품 등의 폐기방법】
사업자가 풍수해 기타 관리상의 부주의 등으로 품질이 저하된 제품 등을 등급전
☞ p.2605 2단 연결

는 그 금액을 가산한 금액을 취득가액으로 한다. (2005. 2. 19. 개정)
④ 「부가가치세법」 제42조에 따라 공제받은 의제매입세액과 「조세특례제한법」 제108조 제1항의 규정에 의하여 공제받은 매입세액은 당해 원재료의 매입가액에서 이를 공제한다. (2013. 6. 28. 개정 ; 부가가치세법 시행령 부칙)
⑤ 제2항 제1호에 따른 현재가치할인차금의 상각액 및 같은 항 제2호에 따른 지급이자에 대하여는 법 제127조, 제156조, 제164조 및 제164조의 2를 적용하지 아니한다. (2014. 2. 21. 개정)

통칙 39-89…1【원재료 등을 소비대차한 경우의 취득가액 계산】
원재료 등을 소비대차한 경우 원료 차용시에는 대여자의 정당한 매입가격에 의하여 계상하고, 상환시에는 상환하는 원료의 매입가격에 의하여 계상한다. (97. 4. 8. 개정)
39-91…4【원재료로 재투입되는 불량품 등의 평가】
생산과정에서 발생한 불량품 등을 원재료로 재투입하는 경우에는 재투입하는 때의 원재료 매입가액에 준하여 평가한다. (97. 4. 8. 개정)

제90조【기업회계기준의 적용에 대한 예외】삭 제 (98. 12. 31.)

제91조【재고자산 평가방법】① 법 제39조의 규정을 적용함에 있어서의 재고자산(유가증권을 제외한다)의 평가방법은 다음 각호의 1에 해당하는 것으로 한다.
1. 원가법
2. 저가법
② 제1항 제1호의 원가법을 적용하는 경우에는 다음 각호의 1에 해당하는 평가방법에 의한다.
1. 개별법
2. 선입선출법
3. 후입선출법
4. 총평균법
5. 이동평균법
6. 매출가격환원법 (98. 12. 31 개정)

통칙 39-91…1【적정한 평가방법의 선정】

용을 공여하는 기한부신용장방식 또는 공급자가 신용을 공여하는 수출자신용방식에 의한 수입방법에 의하여 그 선적서류나 물품의 영수일부터 일정기간이 경과한 후에 지급하는 방법에 의한 수입 (2007. 4. 17. 개정)
2. 수출자가 발행한 기한부 환어음을 수입자가 인수하면 선적서류나 물품이 수입자에게 인도되도록 하고 그 선적서류나 물품의 인도일부터 일정기간이 지난 후에 수입자가 해당 물품의 수입대금 전액을 지급하는 방법에 의한 수입 (2007. 4. 17. 신설)
3. 정유회사, 원유·액화천연가스 또는 액화석유가스 수입업자가 원유·액화천연가스 또는 액화석유가스의 일람불방식·수출자신용방식 또는 사후송금방식에 따른 수입대금결제를 위하여 「외국환거래법」상 연지급수입기간 이내에 단기외화자금을 차입하는 방법에 의한 수입 (2007. 4. 17. 호번개정)
4. 그 밖에 제1호 내지 제3호와 유사한 연지급수입 (2007. 4. 17. 개정)

제51조【재고자산의 평가 등】① 영 제91조 제3항의 규정에 의하여 종류별·사업장별로 재고자산을 평가하고자 하는 사업자는 종목별(한국표준산업분류에 의한 중분류 또는 소분류에 의한다)·사업장별로 제조원가명세서 또는 매출원가명세서를 작성하여야 한다.
② 영 제92조 제1항 제2호에서 “기획재정

환 또는 폐기처분하는 경우에는 그 사실이 객관적으로 입증될 수 있는 증거를 갖추어 처리하여야 한다. (97. 4. 8. 개정)

39-91…5 【작업폐물 등의 평가】
작업폐물 등은 기업회계기준 중 중요성의 원칙에 따라 평가한다. 따라서 작업폐물의 매각액 또는 이용가치가 매우 적은 경우에는 이를 평가하지 아니할 수 있으나 작업폐물가액이 상당한 때에는 주제품의 제조원가에서 공제하거나 등급별 원가계산의 방법에 의하여 당해 작업폐물 등을 평가하여야 한다. (97. 4. 8. 개정)

제92조 【재고자산 평가방법의 정의】 ① 제91조 제1항에서 사용하는 용어의 정의는 다음과 같다.
1. "원가법"이라 함은 제91조 제2항 각호의 방법에 의하여 재고자산의 취득가액을 그 자산의 평가액으로 하는 방법을 말한다.
2. "저가법"이란 재고자산을 원가법 또는 기획재정부령으로 정하는 시가법에 따라 평가한 가액 중 낮은 가액을 그 과세기간 종료일 현재의 재고자산의 평가액으로 하는 방법을 말한다. (2010. 2. 18. 개정)
② 제91조 제2항에서 사용하는 용어의 정의는 다음과 같다.
1. "개별법"이라 함은 재고자산을 개별적으로 각각 취득한 가액에 따라 산출한 것을 그 자산의 평가액으로 하는 방법을 말한다.
2. "선입선출법"이란 먼저 매입한 것부터 순차로 출고된 것으로 보아 해당 과세기간 종료일 현재의 재고자산의 가액을 평가하는 방법을 말한다. (2010. 2. 18. 개정)
3. "후입선출법"이란 나중에 매입한 것부터 순차로 출고된 것으로 보아 해당 과세기간 종료일 현재의 재고자산의 가액을 가하는 방법을 말한다. (2010. 2. 18. 개정)
4. "총평균법"이란 재고자산을 품종별·종목별로 해당 과세기간 개시일 현재의 재고자산에 대한 취득가액의 합계액과 해당 과세기간에 취득한 자산의 취득가액의 합계액의 총액을 그 자산의 총수량으로 나눈 평균단가에 따라 해당 과세기간 종료일 현재의 재고자산의 가액을 평가하는 방법을 말한다. (2010. 2. 18. 개정)
5. "이동평균법"이란 자산을 취득할 때마다 장부시재금액을 장부시재수량으로 나누는 방법으로 평균단가를 산출하고 그 중 가장 나중에 산출된 평균단가에 따라 해당 과세기간 종료일 현재의 재고자산의

부령으로 정하는 시가법"이란 재고자산을 제50조 제1항 제1호의 규정에 의한 기업회계기준이 정하는 바에 의하여 해당 과세기간종료일 현재의 시가로 평가하는 방법을 말한다. (2010. 4. 30. 개정)
③ 삭 제 (97. 4. 23)

가액을 평가하는 방법을 말한다. (2010. 2. 18. 개정)
6. "매출가격환원법"이란 해당 과세기간 종료일 현재의 재고자산을 품종별로 해당 과세기간 종료일에 판매할 예정가격에서 판매예정차익금을 공제하여 산출한 가액으로 해당 과세기간 종료일 현재의 재고자산의 가액을 평가하는 방법을 말한다. (2010. 2. 18. 개정)

통칙 39-92…2 【매출가격환원법에 의한 재고자산평가】
재고자산을 매출가격환원법에 의하여 평가하는 사업자는 재고자산을 평가할 때마다 품목별 재고조사표를 기록·비치하여야 한다. (2008. 7. 30. 개정)

39-92…3 【매출가격환원법의 적용 특례】
매출가격환원법에 의하여 재고자산을 평가함에 있어서 당해 과세기간종료일 현재를 기준으로 하여 판매예정차익이 발생되는 경우에는 판매될 예정가액에서 동 차익을 공제하여 평가하며 판매예정차손이 발생되는 경우에는 판매예정가액을 평가액으로 본다. (2008. 7. 30. 개정)

〈제39조〉

③ 거주자가 보유하는 자산 및 부채의 장부가액을 증액 또는 감액(감가상각은 제외한다. 이하 이 조에서 "평가"라 한다)한 경우 그 평가일이 속하는 과세기간 및 그 후의 과세기간의 소득금액을 계산할 때 해당 자산 및 부채의 장부가액은 평가하기 전의 가액으로 한다. 다만, 재고자산과 대통령령으로 정하는 유가증권은 각 자산별로 대통령령으로 정하는 방법에 따라 평가한 가액을 장부가액으로 한다. (2018. 12. 31. 단서개정)

④ 제3항에도 불구하고 다음 각 호의 어느 하나에 해당하는 자산은 대통령령으로 정하는 방법에 따라 그 장부가액을 감액할 수 있다. (2019. 12. 31. 개정)

1. 파손·부패 등으로 정상가격에 판매할 수 없는 재고자산 (2009. 12. 31. 개정)
2. 천재지변이나 그 밖에 대통령령으로 정하는 사유로 파손 또는 멸실된 유형자산 (2019. 12. 31. 개정)

⑤ 거주자가 각 과세기간의 소득금액을 계산할 때 총수입금액 및 필요경비의 귀속연도와 자산·부채의 취득 및 평가에 대하여 일반적으로 공정·타당하다고 인정되는 기업회계의 기준을 적용하거나 관행을 계속 적용하여 온 경우에는 이 법 및 「조세특례제한법」에서 달리 규정하고 있는 경우 외에는 그 기업회계의 기준 또는 관행에 따른다. (2009. 12. 31. 개정)

■통칙■ 39 - 0…8 【임차인이 부담한 건물개수비의 귀속연도】
임차인이 개수하는 조건으로 무상 또는 저렴한 요율로 건물을 임대한 경우 임차인이 임대차계약에 의하여 부담한 건물개수비는 임대인의 임대수입에 해당하므로 임대인은 동 자본적지출상당액을 당해 임대자산의 원본에 가산하며 선수임대료로 계상한 개수비상당액은 임대기간에 안분하여 수입금액으로 처리한다. 이 경우, 임차인은 동 개수비를 선급비용으로 계상하고 임차기간에 안분하여 필요경비에 산입한다. (97. 4. 8. 개정)

⑥ 제1항의 총수입금액과 필요경비의 귀속연도, 제2항에 따른 취득가액의 계산, 제3항 및 제4항에 따른 자산·부채의 평가에 관하여 필요한 사항은 대통령령으로 정한다. (2009. 12. 31. 개정)

제93조 【매매 또는 단기투자를 목적으로 매입한 유가증권의 평가방법】 ① 법 제39조 제3항 단서에서 "대통령령으로 정하는 유가증권"이란 매매 또는 단기투자를 목적으로 매입한 유가증권(「자본시장과 금융투자업에 관한 법률」에 따른 투자매매업자 또는 투자중개업자가 거래소에 예탁한 증권을 포함한다)을 말한다. (2019. 2. 12. 개정)
② 제1항에 따른 유가증권의 평가방법은 다음 각 호의 방법 중 사업자가 신고한 방법에 따른다. (2019. 2. 12. 개정)
1. 개별법(채권의 경우에 한정한다) (2019. 2. 12. 개정)
2. 총평균법 (2019. 2. 12. 개정)
3. 이동평균법 (2019. 2. 12. 개정)

제94조 【재고자산등의 평가방법의 신고】 ① 사업자는 제91조 및 제93조에 따른 재고자산 및 유가증권의 평가방법(이하 "재고자산등의 평가방법"이라 한다)을 해당 사업을 개시한 날이 속하는 과세기간의 과세표준 확정신고기한까지 기획재정부령으로 정하는 재고자산등의 평가방법 신고서에 따라 납세지 관할세무서장에게 신고(국세정보통신망에 의한 신고를 포함한다)하여야 한다. (2010. 2. 18. 개정)
② 재고자산등의 평가방법을 신고한 자가 그 방법을 변경하려는 때에는 변경할 평가방법을 적용받으려는 최초 과세기간의 종료일 이전 3개월이 되는 날까지 기획재정부령으로 정하는 재고자산등의 평가방법 변경신고서를 납세지 관할세무서장에게 제출하여야 한다. (2010. 2. 18. 개정)

■관계조문■ ≫
규칙 100조 8호 ⇒ 재고자산 등의 평가방법신고서, 재고자산등의 평가방법 변경신고서

제95조 【재고자산 등의 평가방법을 신고하지 아니한 경우의 평가방법】 ① 납세지 관할세무서장은 다음 각호의 1에 해당하는 경우에는 제91조 제2항 제2호의 선입선출법(유가증권의 경우에는 총평균법, 매매를 목적으로 소유하는 부동산의 경우에는 개별법)에 의하여 재고자산 및 매매 또는 단기투자를 목적으로 매입한 유가증권을 평가한다.

제50조 【기업회계의 기준 등】 (99. 5. 7 제목개정)
① 법 제39조 제5항에 따라 총수입금액과 필요경비의 귀속연도와 자산·부채의 취득 및 평가에 적용할 수 있는 기업회계의 기준 또는 관행은 다음 각 호의 어느 하나에 해당하는 회계처리기준으로 한다. (2010. 4. 30. 개정)
1. 「주식회사의 외부감사에 관한 법률」 제13조에 따른 회계처리기준 (2015. 3. 13. 개정)
2. 증권선물위원회가 정한 업종별 회계처리준칙 (98. 8. 11 개정)
3. 「공기업·준정부기관 회계사무규칙」 (2008. 4. 29. 개정)
4. 삭 제 (99. 5. 7)
5. 기타 법령의 규정에 의하여 제정된 회계

제40조【배당소득 등의 귀속연도】① 잉여금의 처분에 의하여 거주자가 받는 배당·상여와 퇴직급여의 귀속연도는 당해 법인의 주주총회·사원총회 또는 이에 준하는 의결기관에서 그 처분의 결의를 한 날이 속하는 연도로 한다. 다만, 제17조 제1항 제6호의 3의 규정에 따른 배당소득의 귀속연도는 해당 공동사업의 총수입금액과 필요경비에 관한 제39조의 규정에 따른 귀속연도로 한다. (2006. 12. 30. 단서 신설)
② 제17조 제2항 제1호·제2호 및 제5호의 규정에 의한 의제배당의 귀속연도는 당해 주주총회·사원총회 기타 의결기관에서 주식의 소각, 자본의 감소 또는 잉여금의 자본·출자에의 전입을 결정한 날이나 퇴사 또는 탈퇴가 있는 날이 속하는 연도로 한다.
③ 제17조 제2항 제3호·제4호 및 제6호의 규정에 의한 의제배당의 귀속연도는 다음 각호에 규정하는 연도로 한다. (98. 12. 28 개정)
1. 법인이 합병으로 인하여 소멸한 경우에는 그 합병등기일이 속하는 연도
2. 법인이 해산으로 인하여 소멸한 경우에는 잔여재산의 가액이 확정된 날이 속하는 연도
3. 분할법인 또는 소멸한 분할합병의 상대방 법인이 분할로 인하여 소멸 또는 존속하는 경우에는 그 분할등기일이 속하는 연도 (98. 12. 28 신설)
④ 법인의 당해 사업연도의 소득금액을 결정함에 있어서 그 법인의 임원 또는 주주·사원 기타 출자자에 대한 상여로 보는 소득의 귀속연도는 그 법인의 결산사업연도로 한다. 이 경우에 월평균금액을 계산한 것이 2년도에 걸친 때에는 이를 각각 해당 연도에 귀속시킨다.

제40조【배당소득 등의 귀속연도】삭　제 (2009. 12. 31.)

다만, 신고한 평가방법 외의 방법으로 평가하거나 제2호에 해당하는 경우에 신고한 평가방법에 의하여 평가한 가액이 선입선출법에 의하여 평가한 가액보다 큰 때에는 신고한 평가방법에 의한다.
1. 제94조 제1항에 규정하는 기한내에 재고자산 등의 평가방법을 신고하지 아니하거나 신고한 평가방법에 의하지 아니한 때
2. 제94조 제2항에 규정하는 기한내에 재고자산 등의 평가방법 변경신고를 하지 아니하고 평가방법을 변경한 때
② 재고자산등의 평가방법을 제94조 제1항 및 제2항에 따른 기한이 지난 후에 신고한 때에는 그 신고일이 속하는 과세기간분까지는 제1항을 준용하고 그 후의 과세기간분에 대해서는 그 신고한 평가방법에 따른다. (2010. 2. 18. 개정)

통칙 39-95…1【재고자산평가에 착오가 있는 경우 평가방법의 효력】
사업자가 신고한 재고자산평가방법에 의하여 평가를 하였으나 기장 또는 계산상의 착오가 있는 경우에는 재고자산의 평가방법을 달리하여 평가한 것으로 보지 아니한다. (97. 4. 8. 개정)

제96조【재고자산 등의 평가차손】(2020. 2. 11. 제목개정)
① 법 제39조 제4항 각 호 외의 부분에서 "대통령령으로 정하는 방법"이란 같은 항 각 호에 따른 자산의 장부가액을 그 감액사유가 발생한 과세기간 종료일 현재의 처분가능한 가액으로 감액하고, 그 감액한 금액을 해당 과세기간의 필요경비로 계상하는 방법을 말한다. (2010. 2. 18. 신설)
② 법 제39조 제4항 제2호에서 "대통령령으로 정하는 사유"란 다음 각 호의 어느 하나에 해당하는 경우를 말한다. (2010. 2. 18. 신설)
1. 화재 (2010. 2. 18. 신설)
2. 법령에 따른 수용 등 (2010. 2. 18. 신설)
3. 채굴 불능으로 인한 폐광 (2010. 2. 18. 신설)
③ 법 제39조 제4항 제2호에 따른 파손 또는 멸실은 해당 유형자산이 그 고유의 목적에 사용할 수 없게 되는 경우를 포함한다. (2020. 2. 11. 개정)

제97조【외화자산·부채의 상환손익 등】(2010. 2. 18. 제목개정)
① 법 제39조를 적용할 때 사업자가 상환받거나 상환하는 외화자산·

처리기준으로서 기획재정부장관의 승인을 얻은 것 (2008. 4. 29. 직제개정)
② 법 제39조 제5항을 적용할 때 기업회계의 기준 또는 관행의 준수 여부는 거래건별로 이를 판단한다. (2010. 4. 30. 개정)
③ 삭　제 (97. 4. 23)
④ 삭　제 (99. 5. 7)

제52조【화폐성 외화자산·부채 평가차손익】
영 제97조 제1항에서 "기획재정부령으로 정하는 화폐성 외화자산·부채"라 함은 제50조 제1항 제1호의 규정에 의한 기업회계기준상의 화폐성 외화자산·부채를 말한다. (2008. 4. 29. 개정)

제52조【화폐성 외화자산·부채 평가차손익】삭　제 (2010. 4. 30.)

제4관　소득금액 계산의 특례
(2009. 12. 31. 번호개정)

제41조【부당행위계산】① 납세지 관할 세무서장 또는 지방국세청장은 배당소득(제17조 제1항 제8호에 따른 배당소득만 해당한다), 사업소득 또는 기타소득이 있는 거주자의 행위 또는 계산이 그 거주자와 특수관계인과의 거래로 인하여 그 소득에 대한 조세 부담을 부당하게 감소시킨 것으로 인정되는 경우에는 그 거주자의 행위 또는 계산과 관계없이 해당 과세기간의 소득금액을 계산할 수 있다. (2012. 1. 1. 개정)
② 제1항에 따른 특수관계인의 범위와 그 밖에 부당행위계산에 관하여 필요한 사항은 대통령령으로 정한다. (2012. 1. 1. 개정)

통칙 41-0…1【부당행위계산의 시부인기준】
영 제98조에 규정하는 특수관계 있는 자와의 거래로 인하여 조세의 부담을 부당하게 감소시킨 것으로 인정되는 "부당한 행위 또는 계산"은 정상적인 사인간의 거래, 건전한 사회통념 내지 상관습을 기준으로 판정한다. (97. 4. 8. 개정)

41-0…2【부당행위계산의 대상이 되는 거래의 범위】
법 제41조의 규정은 행위시 당해 거주자와 영 제98조 제1항에서 규정하는 특수관계있는 자와의 거래에 한하여 적용하는 것으로 한다. 따라서 특수관계가 소멸된 후에 발생한 거래에 대하여는 이를 적용하지 아니한다. (2019. 12. 23. 개정)

41-0…3【소유자산을 특수관계 있는 자의 채무에 대한 담보로 제공하는 경우의 처리】
거주자가 자산을 특수관계 있는 자의 채무에 대한 담보로 제공한 경우에도 그 담보 제공에 따른 경제적 손실이 발생하지 아니한 경우에는 법 제41조의 규정을 적용하지 아니한다. (97. 4. 8. 개정)

41-98…3【조세의 부담을 부당하게 감소시킨 것으로 인정되지 아니하는 경우의 예시】
다음 각호의 어느 하나에 해당하는 것은 "조세의 부담을 부당하게 감소시킨 것으로 인정되는 경우"에 포함되지 아니하는 것으로 한다. (2024. 3. 15. 개정)
1. 사업상 업무를 수행하기 위하여 초청된 외국인에게 사택 등을 무상으로 제공한 때
2. 특수관계 있는 자의 채무에 대한 보증을 한 때(보증으로 인하여 손실이 발생한

부채의 취득 또는 차입 당시의 원화기장액과 상환받거나 상환하는 원화금액과의 차익 또는 차손은 상환받거나 상환한 날이 속하는 과세기간의 총수입금액 또는 필요경비에 산입한다. (2010. 2. 18. 개정)
② 외화자산·부채를 평가하여 장부가액을 증액 또는 감액한 사업자는 과세표준확정신고서에 기획재정부령으로 정하는 조정명세서를 첨부하여야 한다. (2010. 2. 18. 개정)

제98조【부당행위계산의 부인】① 법 제41조 및 제101조에서 "특수관계인"이란 「국세기본법 시행령」 제1조의 2 제1항, 제2항 및 같은 조 제3항 제1호에 따른 특수관계인을 말한다. (2012. 2. 2. 개정)
② 법 제41조에서 조세 부담을 부당하게 감소시킨 것으로 인정되는 경우는 다음 각 호의 어느 하나에 해당하는 경우로 한다. 다만, 제1호부터 제3호까지 및 제5호(제1호부터 제3호까지에 준하는 행위만 해당한다)는 시가와 거래가액의 차액이 3억원 이상이거나 시가의 100분의 5에 상당하는 금액 이상인 경우만 해당한다. (2010. 2. 18. 개정)
1. 특수관계인으로부터 시가보다 높은 가격으로 자산을 매입하거나 특수관계인에게 시가보다 낮은 가격으로 자산을 양도한 경우 (2012. 2. 2. 개정)
2. 특수관계인에게 금전이나 그 밖의 자산 또는 용역을 무상 또는 낮은 이율 등으로 대부하거나 제공한 경우. 다만, 직계존비속에게 주택을 무상으로 사용하게 하고 직계존비속이 그 주택에 실제 거주하는 경우는 제외한다. (2012. 2. 2. 개정)
3. 특수관계인으로부터 금전이나 그 밖의 자산 또는 용역을 높은 이율 등으로 차용하거나 제공받는 경우 (2012. 2. 2. 개정)
4. 특수관계인으로부터 무수익자산을 매입하여 그 자산에 대한 비용을 부담하는 경우 (2012. 2. 2. 개정)
5. 그 밖에 특수관계인과 거래에 따라 해당 과세기간의 총수입금액 또는 필요경비를 계산할 때 조세의 부담을 부당하게 감소시킨 것으로 인정되는 경우 (2012. 2. 2. 개정)
③ 제2항 제1호의 규정에 의한 시가의 산정에 관하여는 「법인세법 시행령」 제89조 제1항 및 제2항의 규정을 준용한다. (2005. 2. 19. 개정)

제53조【국민주택 취득자금의 범위】
삭　제 (99. 5. 7)

관계조문
규칙 101조 6호 ⇒ 외화평가차손익 조정명세서

편주
특수관계인과의 거래에 있어 토지 등의 가액 계산은 영 167조 4항을 참조할 것

경우를 제외한다)

3. 정부의 지시에 의하여 특수관계 있는 자에게 통상판매가격보다 낮은 가격으로 판매한 때

4. 특수관계 있는 자간의 보증금 또는 선수금 등을 수수한 경우에 그 수수행위가 통상 상관례의 범위를 벗어나지 아니할 때

5. 종업원에게 포상으로 지급하는 금품의 가격이 당해 종업원의 근속기간, 공적내용, 월급여액 등에 비추어 사회통념상 타당하다고 인정되는 때

6. 종업원에게 자기의 제품이나 상품 등을 할인판매하는 경우로서 다음에 해당하는 때
   가. 할인판매가액이 당해 거주자의 취득가액 이상이며 통상 일반소비자에 판매하는 가액에 비하여 현저하게 낮은 가액이 아닌 것
   나. 할인판매를 하는 제품 등의 수량은 종업원이 통상 자기의 가사를 위하여 소비하는 것이라고 인정되는 정도의 것

7. 대리점으로부터 판매대리와 관련하여 보증금을 받고, 당해 보증금에 대한 이자를 적정이자율을 초과하지 아니하는 범위 내에서 지급하는 때

8. 특수관계 있는 자간의 거래에서 발생한 외상매출금 등의 회수가 지연된 경우에도 사회통념 및 상관례에 비추어 부당함이 없다고 인정되는 때

9. 종업원이 부당유용한 공금을 종업원의 보증인 등으로부터 회수하는 때. 다만, 종업원과 그 보증인에 대하여 횡령금의 회수를 위하여 법에 의한 제반절차를 취하였음에도 무재산 등으로 회수할 수 없는 경우 외에 동 공금을 회수할 수 없는 경우에는 그 종업원의 근로소득으로 처리한다. (2024. 3. 15. 개정)

10. 특수관계있는 자와의 거래에 있어서 「부동산 가격공시 및 감정평가에 관한 법률」의 규정에 의한 감정회사가 행한 일반거래를 위한 부동산의 시가감정가액으로 적정거래한 때 (2008. 7. 30. 개정)

제42조 【비거주자 등과의 거래에 대한 소득금액 계산의 특례】 ① 우리나라가 조세의 이중과세 방지를 위하여 체결한 조약(이하 "조세조약"이라 한다)의 상대국과 그 조세조약의 상호 합의 규정에 따라 거주자가 국외에 있는 비거주자 또는 외국법인과 거래한 그 금액에 대하여 권한 있는 당국 간에 합의를 하는 경우에는 그 합의에 따라 납세지 관할 세무서장 또는 지방국세청장은 그 거주자의 각 과세기간의 소득금액을 조정하여 계산할 수 있다. (2009. 12. 31. 개정)
② 제1항에 따른 거주자의 소득금액 조정의 신청에 관한 사항과 그 밖에 조정에 필요한 사항은 대통령령으로 정한다. (2009. 12. 31. 개정)

제43조 【공동사업에 대한 소득금액 계산의 특례】 ① 사업소득이

④ 제2항 제2호 내지 제5호의 규정에 의한 소득금액의 계산에 관하여는 「법인세법 시행령」 제89조 제3항 내지 제5항의 규정을 준용한다. (2005. 2. 19. 개정)

제99조 【비거주자 등과의 거래에 대한 소득금액계산의 특례】 법 제42조에 따른 소득금액조정의 신청절차 등은 「국제조세조정에 관한 법률 시행령」 제21조를 준용한다. (2021. 2. 17. 개정)

제100조 【공동사업합산과세 등】 (2007. 2. 28. 제목개정)

통칙 43-0…1 【공동사업자중 경영참가자에 지급한 보수의 처리】
공동사업자 중 1인에게 경영에 참가한 대가로 급료명목의 보수를 지급한 때에는 당해 공동사업자의 소득분배로 보고 그 공동사업자의 분배소득에 가산한다. (97. 4. 8. 개정)

발생하는 사업을 공동으로 경영하고 그 손익을 분배하는 공동사업[경영에 참여하지 아니하고 출자만 하는 대통령령으로 정하는 출자공동사업자(이하 "출자공동사업자"라 한다)가 있는 공동사업을 포함한다]의 경우에는 해당 사업을 경영하는 장소(이하 "공동사업장"이라 한다)를 1거주자로 보아 공동사업장별로 그 소득금액을 계산한다. (2009. 12. 31. 개정)

② 제1항에 따라 공동사업에서 발생한 소득금액은 해당 공동사업을 경영하는 각 거주자(출자공동사업자를 포함한다. 이하 "공동사업자"라 한다) 간에 약정된 손익분배비율(약정된 손익분배비율이 없는 경우에는 지분비율을 말한다. 이하 "손익분배비율"이라 한다)에 의하여 분배되었거나 분배될 소득금액에 따라 각 공동사업자별로 분배한다. (2009. 12. 31. 개정)

③ 거주자 1인과 그의 대통령령으로 정하는 특수관계인이 공동사업자에 포함되어 있는 경우로서 손익분배비율을 거짓으로 정하는 등 대통령령으로 정하는 사유가 있는 경우에는 제2항에도 불구하고 그 특수관계인의 소득금액은 그 손익분배비율이 큰 공동사업자(손익분배비율이 같은 경우에는 대통령령으로 정하는 자로 한다. 이하 "주된 공동사업자"라 한다)의 소득금액으로 본다. (2012. 1. 1. 개정)

•예 판•

• 법인과 개인이 동업계약에 의하여 공동사업을 영위함에 있어 해당 공동사업장을 개인사업자로 사업자등록 한 경우에는 공동사업장에서 발생하는 자산 · 부채 및 수입 · 비용 등에 관한 거래금액에 대해 동업계약에 의한 지분비율로 안분한 금액을 해당법인의 경리의 일부로 보아 법인세법을 적용하여 산출된 금액을 법인의 익금과 손금으로 하는 것임. (사전 - 2019 - 법령해석법인 - 0089, 2019. 6. 11.)
• 법인과 개인으로 구성된 익명조합은 소득세법 제43조에 따른 공동사업장의 규정이 적용되지 않으므로, 출자받은 금액에 대하여 이익분배받은 경우 이자소득으로 보아야 함. (서면소득 - 596, 2015. 5. 7.)

제44조【상속의 경우의 소득금액의 구분 계산】 ① 피상속인의 소득금액에 대한 소득세로서 상속인에게 과세할 것과 상속인의 소득금액에 대한 소득세는 구분하여 계산하여야 한다. (2013. 1. 1. 항번

① 법 제43조 제1항에서 "대통령령으로 정하는 출자공동사업자"란 다음 각 호의 어느 하나에 해당하지 아니하는 자로서 공동사업의 경영에 참여하지 아니하고 출자만 하는 자를 말한다. (2010. 2. 18. 개정)
1. 공동사업에 성명 또는 상호를 사용하게 한 자 (2007. 2. 28. 신설)
2. 공동사업에서 발생한 채무에 대하여 무한책임을 부담하기로 약정한 자 (2007. 2. 28. 신설)

② 법 제43조 제3항에서 "대통령령으로 정하는 특수관계인"이란 거주자 1인과 「국세기본법 시행령」 제1조의 2 제1항부터 제3항까지의 규정에 따른 관계에 있는 자로서 생계를 같이 하는 자를 말한다. (2012. 2. 2. 개정)

③ 제2항에 따른 특수관계인에 해당하는지 여부는 해당 과세기간종료일 현재의 상황에 의한다. (2012. 2. 2. 개정)

④ 법 제43조 제3항에서 "손익분배비율을 거짓으로 정하는 등 대통령령으로 정하는 사유"란 다음 각 호의 어느 하나에 해당하는 경우를 말한다. (2021. 1. 5. 개정 ; 어려운~대통령령)
1. 법 제43조 제2항에 따른 공동사업자(이하 "공동사업자"라 한다)가 법 제70조 제4항의 규정에 의하여 제출한 신고서와 첨부서류에 기재한 사업의 종류, 소득금액내역, 지분비율, 약정된 손익분배비율 및 공동사업자간의 관계 등이 사실과 현저하게 다른 경우 (2007. 2. 28. 개정)
2. 공동사업자의 경영참가, 거래관계, 손익분배비율 및 자산 · 부채 등의 재무상태 등을 고려할 때 조세를 회피하기 위하여 공동으로 사업을 경영하는 것이 확인되는 경우 (2021. 1. 5. 개정 ; 어려운~대통령령)

⑤ 법 제43조 제3항에서 "대통령령으로 정하는 자"란 다음 각 호의 순서에 따른 자를 말한다. (2010. 2. 18. 개정)
1. 공동사업소득 외의 종합소득금액이 많은 자 (2007. 2. 28. 신설)
2. 공동사업소득 외의 종합소득금액이 같은 경우에는 직전 과세기간의 종합소득금액이 많은 자 (2010. 2. 18. 개정)
3. 직전 과세기간의 종합소득금액이 같은 경우에는 해당 사업에 대한 종합소득과세표준을 신고한 자. 다만, 공동사업자 모두가 해당 사업에 대한 종합소득과세표준을 신고하였거나 신고하지 아니한 경우에는 납세지 관할세무서장이 정하는 자로 한다. (2010. 2. 18. 개정)

(➡ 영 100조)

집행기준 43 - 100 - 3 【투자이익보장 약정에 따른 투자이익의 소득구분】
손익발생 여부와 관계없이 일정금액을 지급하기로 되어 있고 사업의 위험부담이나 책임이 없이 일정액 이상의 투자이익을 보장하는 약정서는 공동사업약정서가 아닌 금전소비대차약정서에 해당하며 그 투자이익은 비영업대금의 이익에 해당한다.
(2024. 10. 31. 개정)

개정)

② 연금계좌의 가입자가 사망하였으나 그 배우자가 연금외수령 없이 해당 연금계좌를 상속으로 승계하는 경우에는 제1항에도 불구하고 해당 연금계좌에 있는 피상속인의 소득금액은 상속인의 소득금액으로 보아 소득세를 계산한다. (2013. 1. 1. 신설)

③ 제2항에 따른 연금계좌의 승계방법 및 절차 등에 관하여 필요한 사항은 대통령령으로 정한다. (2013. 1. 1. 신설)

제45조 【결손금 및 이월결손금의 공제】 ① 사업자가 비치·기록한 장부에 의하여 해당 과세기간의 사업소득금액을 계산할 때 발생한 결손금은 그 과세기간의 종합소득과세표준을 계산할 때 근로소득금액·연금소득금액·기타소득금액·이자소득금액·배당소득금액에서 순서대로 공제한다. (2009. 12. 31. 개정)

● 예판 ┄┄┄┄┄┄┄┄┄┄┄┄┄┄┄┄┄┄┄┄┄┄┄┄┄┄┄┄┄┄
• 종합소득과세표준 계산시 국외사업장에서 발생한 결손금을 거주자는 공제 가능하나 비거주자는 공제할 수 없음. (서면1팀-774, 2004. 6. 8.)
• 피상속인의 사업소득에서 발생한 결손금으로서 피상속인의 소득금액을 계산함에 있어서 공제하고 남은 이월결손금은 사업을 상속받은 상속인의 소득금액을 계산함에 있어 공제할 수 없음. (서면1팀-1575, 2007. 11. 16.)
┄┄┄┄┄┄┄┄┄┄┄┄┄┄┄┄┄┄┄┄┄┄┄┄┄┄┄┄┄┄┄┄┄┄┄┄┄┄

통칙 45-0…1 【공동사업장의 결손금의 통산과 이월결손금의 필요경비계산】
공동사업장에서 결손금이 발생하였을 경우 법 제45조에 따른 소득의 통산과 이월결손금의 필요경비계산은 다음 각호와 같이 계산한다. (2011. 3. 21. 개정)
1. 공동사업장에서 발생한 결손금은 각 공동사업자별로 분배된 금액범위 내에서 법 제45조 제1항의 규정에 의하여 각 공동사업자의 다른 사업장의 동일 소득 또는 다른 종합소득과 통산한다.
2. 이월결손금이 있는 공동사업장의 소득금액계산에 있어서는 이월결손금을 공제하지 아니한 당해 과세기간소득금액을 공동사업자별로 분배한 후 직전과세기간의 소득에 통산하지 아니한 공동사업자의 법 제45조 제3항에 따른 이월결손금을 공제한다.

② 제1항에도 불구하고 다음 각 호의 어느 하나에 해당하는 사업(이하

제100조의 2 【연금계좌의 승계 등】 ① 법 제44조 제2항에 따라 상속인이 연금계좌를 승계하는 경우 해당 연금계좌의 소득금액을 승계하는 날에 그 연금계좌에 가입한 것으로 본다. 다만, 제40조의 2 제3항 제2호의 연금계좌의 가입일은 피상속인의 가입일로 하여 적용한다. (2013. 2. 15. 신설)

② 법 제44조 제2항에 따라 연금계좌를 승계하려는 상속인은 피상속인이 사망한 날이 속하는 달의 말일부터 6개월 이내에 연금계좌취급자에게 승계신청을 하여야 한다. 이 경우 상속인은 피상속인이 사망한 날부터 연금계좌를 승계한 것으로 본다. (2013. 2. 15. 신설)

③ 제2항 전단에 따른 승계신청을 받은 연금계좌취급자는 사망일부터 승계신청일까지 인출된 금액에 대하여 이를 피상속인이 인출한 소득으로 보아 이미 원천징수된 세액과 상속인이 인출한 금액에 대한 세액과의 차액이 있으면 세액을 정산하여야 한다. (2013. 2. 15. 신설)

④ 연금계좌의 가입자가 사망하였으나 제2항 전단에 따른 승계신청을 하지 아니한 경우에는 사망일 현재 다음 각 호의 합계액을 인출하였다고 보아 계산한 세액에서 사망일부터 사망확인일(연금계좌취급자가 확인한 날을 말하며, 사망확인일이 승계신청기한 이전인 경우에는 신청기한의 말일로 하고, 상속인이 신청기한이 지나기 전에 인출하는 경우에는 인출하는 날을 말한다. 이하 이 항에서 같다)까지 이미 원천징수된 세액을 뺀 금액을 피상속인의 소득세로 한다. (2014. 2. 21. 개정)
1. 사망일부터 사망확인일까지 인출한 소득 (2013. 2. 15. 신설)
2. 사망확인일 현재 연금계좌에 있는 소득 (2013. 2. 15. 신설)

"부동산임대업"이라 한다)에서 발생한 결손금은 종합소득 과세표준을 계산할 때 공제하지 아니한다. 다만, 주거용 건물 임대업의 경우에는 그러하지 아니하다. (2014. 12. 23. 단서신설)

1. 부동산 또는 부동산상의 권리를 대여하는 사업 (2017. 12. 19. 단서 삭제)

2. 공장재단 또는 광업재단을 대여하는 사업 (2009. 12. 31. 개정)

통칙 45 - 0…3 【공장재단과 기계시설의 대여】

① 법 제45조 제2항 제2호에 따른 공장재단이라 함은 「공장 및 광업재단 저당법」 제10조에 따라 공장재단의 설정등기를 한 재산을 말한다. (2024. 3. 15. 개정)

② 공장의 토지 또는 건물에 설치된 기계·기구 등의 시설이 공장재단에서 분리되어 공장재단과 기계 등 시설을 별도로 임대한 경우에는 공장재단은 부동산임대업에서 발생하는 소득이며, 기계 등 시설의 임대는 임대업에서 발생하는 소득으로 본다. (2011. 3. 21. 개정)

3. 채굴에 관한 권리를 대여하는 사업으로서 대통령령으로 정하는 사업 (2009. 12. 31. 개정)

통칙 45 - 0…2 【추계결정·경정한 거주자의 이월결손금 공제】

소득세과세표준을 추계결정 또는 경정함으로 인하여 공제되지 아니한 이월결손금은 그 후의 과세기간에 공제할 수 있다. 이 경우 공제할 수 있는 이월결손금은 법 제45조 제3항에 따른 것으로 한다. (2011. 3. 21. 개정)

③ 부동산임대업에서 발생한 결손금과 제1항 및 제2항 단서에 따라 공제하고 남은 결손금(이하 "이월결손금"이라 한다)은 해당 이월결손금이 발생한 과세기간의 종료일부터 15년 이내에 끝나는 과세기간의 소득금액을 계산할 때 먼저 발생한 과세기간의 이월결손금부터 순서대로 다음 각 호의 구분에 따라 공제한다. 다만, 「국세기본법」 제26조의 2에 따른 국세부과의 제척기간이 지난 후에 그 제척기간 이전 과세기간의 이월결손금이 확인된 경우 그 이월결손금은 공제하지 아니한다. (2020. 12. 29. 개정)

1. 제1항 및 제2항 단서에 따라 공제하고 남은 이월결손금은 사업소득금액, 근로소득금액, 연금소득금액, 기타소득금액, 이자소득금액 및 배당소득금액에서 순서대로 공제한다. (2014. 12. 23. 개정)

제101조 【결손금과 이월결손금의 공제】 (2010. 2. 18. 제목개정)

① 법 제45조 제2항 제1호 단서에서 "지역권 등 대통령령으로 정하는 권리"란 지역권과 지상권(지하 또는 공중에 설정된 권리를 포함한다)을 말한다. (2010. 2. 18. 개정)

① 삭　제 (2018. 2. 13.)

② 법 제45조 제2항 제3호에서 "대통령령으로 정하는 사업"이란 광업권자·조광권자 또는 덕대(이하 이 항에서 "광업권자등"이라 한다)가 채굴 시설과 함께 광산을 대여하는 사업을 말한다. 다만, 광업권자등이 자본적 지출이나 수익적 지출의 일부 또는 전부를 제공하는 것을 조건으로 광업권·조광권 또는 채굴에 관한 권리를 대여하고 덕대 또는 분덕대로부터 분철료를 받는 것은 제외한다. (2010. 2. 18. 개정)

③ 법 제26조 제2항에 따라 충당된 이월결손금은 소득금액에서 공제하는 이월결손금에서 제외한다. (2010. 2. 18. 개정)

2. 부동산임대업에서 발생한 이월결손금은 부동산임대업의 소득금액에서 공제한다. (2009. 12. 31. 개정)

④ 제3항은 해당 과세기간의 소득금액에 대해서 추계신고(제160조 및 제161조에 따라 비치ㆍ기록한 장부와 증명서류에 의하지 아니한 신고를 말한다. 이하 같다)를 하거나 제80조 제3항 단서에 따라 추계조사결정하는 경우에는 적용하지 아니한다. 다만, 천재지변이나 그 밖의 불가항력으로 장부나 그 밖의 증명서류가 멸실되어 추계신고를 하거나 추계조사결정을 하는 경우에는 그러하지 아니하다. (2009. 12. 31. 개정)

⑤ 제1항과 제3항에 따라 결손금 및 이월결손금을 공제할 때 제62조에 따라 세액 계산을 하는 경우 제14조에 따라 종합과세되는 배당소득 또는 이자소득이 있으면 그 배당소득 또는 이자소득 중 원천징수세율을 적용받는 부분은 결손금 또는 이월결손금의 공제대상에서 제외하며, 그 배당소득 또는 이자소득 중 기본세율을 적용받는 부분에 대해서는 사업자가 그 소득금액의 범위에서 공제 여부 및 공제금액을 결정할 수 있다. (2009. 12. 31. 개정)

⑥ 제1항과 제2항에 따라 결손금 및 이월결손금을 공제할 때 해당 과세기간에 결손금이 발생하고 이월결손금이 있는 경우에는 그 과세기간의 결손금을 먼저 소득금액에서 공제한다. (2009. 12. 31. 개정)

제46조 【채권 등에 대한 소득금액의 계산 특례】 (2009. 12. 31. 제목개정)

① 거주자가 제16조 제1항 제1호ㆍ제2호ㆍ제5호 및 제6호에 해당하는 채권 또는 증권과 타인에게 양도가 가능한 증권으로서 대통령령으로 정하는 것(이하 이 조, 제133조의 2 및 제156조의 3에서 "채권등"이라 한다)의 발행법인으로부터 해당 채권등에서 발생하는 이자 또는 할인액(이하 이 조, 제133조의 2 및 제156조의 3에서 "이자등"이라 한다)을 지급[전환사채의 주식전환, 교환사채의 주식교환 및 신주인수권부사채의 신주인수권행사(신주발행대금을 해당 신주인수권부사채로 납입하는 경우만 해당한다)의 경우를 포함한다. 이하 같다]받거나 해당 채권등을 매도(증여ㆍ변제 및 출자 등으로 채권등의 소유권 또는 이자소득의 수급권의 변동이 있는 경우와 매도를 위탁하거나 중개 또는 알선시키는 경우를 포함하되, 환매조건부채권매매거래 등 대통령령으로 정하는 경우는 제외한다. 이하 제133조의 2에서 같다)하는 경우에는 거주자에게 그 보유기간별로 귀속되는 이자등 상당액을 해당 거주자의 제16조에 따른 이자소득으로 보아 소득금액을 계산한다. (2012. 1. 1. 개정)

① 거주자가 제16조 제1항 제1호ㆍ제2호ㆍ제5호 및 제6호에 해당하는 채권 또는 증권과 타인에게 양도가 가능한 증권으로서 대통령령으

제102조 【채권 등의 범위 등】 ① 법 제46조 제1항에서 "대통령령으로 정하는 것"이란 이자 또는 할인액을 발생시키는 증권(다음 각 호의 증권을 포함하는 것으로 하되, 법률에 따라 소득세가 면제된 채권 등은 제외한다)을 말한다. (2010. 12. 30. 개정)

1. 금융기관 등이 발행한 예금증서 및 이와 유사한 증서. 다만, 기획재정부령으로 정하는 것은 제외한다. (2010. 2. 18. 개정)

2. 삭 제 (2010. 12. 30.)

3. 삭 제 (2009. 2. 4.)

4. 어음(금융기관 등이 발행ㆍ매출 또는 중개하는 어음을 포함하며, 상업어음은 제외한다) (2010. 2. 18. 개정)

② 제1항의 증권이 신탁재산 등에 편입된 경우에도 법 제46조 를 적용한다. (2010. 2. 18. 개정)

③ 법 제46조 제1항에 따른 이자 등 상당액은 제193조의 2 제3항의

제53조의 2 【채권 등의 범위】 영 제102조 제1항 제1호에서 "기획재정부령으로 정하는 것"이란 영 제24조에 따른 금융회사 등이 해당 증서의 발행일부터 만기까지 계속하여 보유하는 예금증서(양도성 예금증서는 제외한다)를 말한다. (2010. 4. 30. 개정)

로 정하는 것(이하 이 조, 제133조의 2 및 제156조의 3에서 "채권등"이라 한다)의 발행법인으로부터 해당 채권등에서 발생하는 이자 또는 할인액(이하 이 조, 제133조의 2 및 제156조의 3에서 "이자등"이라 한다)을 지급[전환사채의 주식전환, 교환사채의 주식교환 및 신주인수권부사채의 신주인수권행사(신주 발행대금을 해당 신주인수권부사채로 납입하는 경우만 해당한다) 및 「자본시장과 금융투자업에 관한 법률」 제4조 제7항 제3호·제3호의 2 및 제3호의 3에 해당하는 채권등이 주식으로 전환·상환되는 경우를 포함한다. 이하 같다]받거나 해당 채권등을 매도(증여·변제 및 출자 등으로 채권등의 소유권 또는 이자소득의 수급권의 변동이 있는 경우와 매도를 위탁하거나 중개 또는 알선시키는 경우를 포함하되, 환매조건부채권매매거래 등 대통령령으로 정하는 경우는 제외한다. 이하 제133조의 2에서 같다)하는 경우에는 거주자에게 그 보유기간별로 귀속되는 이자등 상당액을 해당 거주자의 제16조에 따른 이자소득으로 보아 소득금액을 계산한다. (2024. 12. 31. 개정)

② 제1항을 적용할 때 해당 거주자가 해당 채권등을 보유한 기간을 대통령령으로 정하는 바에 따라 입증하지 못하는 경우에는 제133조의 2 제1항에 따른 원천징수기간의 이자등 상당액이 해당 거주자에게 귀속되는 것으로 보아 소득금액을 계산한다. (2010. 12. 27. 개정)

③ 제1항 및 제2항에 따른 이자등 상당액의 계산방법과 그 밖에 필요한 사항은 대통령령으로 정한다. (2009. 12. 31. 개정)

제46조의 2 【중도 해지로 인한 이자소득금액 계산의 특례】 종합소득과세표준 확정신고 후 예금 또는 신탁계약의 중도 해지로 이미 지난 과세기간에 속하는 이자소득금액이 감액된 경우 그 중도 해지일이 속하는 과세기간의 종합소득금액에 포함된 이자소득금액에서 그 감액된 이자소득금액을 뺄 수 있다. 다만, 「국세기본법」 제45조의 2에 따라 과세표준 및 세액의 경정(更正)을 청구한 경우에는 그러하지 아니하다. (2009. 12. 31. 개정)

보유기간이자등상당액 중 해당 거주자에게 그 보유기간별로 귀속되는 이자등 상당액을 말한다. (2010. 12. 30. 개정)

④ 법 제46조 제1항에서 "환매조건부채권매매거래 등 대통령령으로 정하는 경우"란 다음 각 호의 어느 하나에 해당하거나 각 호가 혼합되는 거래를 말한다. (2016. 2. 17. 개정)

1. 거주자가 일정기간 후에 일정가격으로 환매수할 것을 조건으로 하여 채권등을 매도하는 거래(해당 거래가 연속되는 경우를 포함한다)로서 그 거래에 해당하는 사실이 「자본시장과 금융투자업에 관한 법률」 제294조에 따른 한국예탁결제원의 계좌를 통하여 확인되는 경우 (2016. 2. 17. 개정)

2. 거주자가 일정기간 후에 같은 종류로서 같은 양의 채권을 반환받는 조건으로 채권을 대여하는 거래(해당 거래가 연속되는 경우를 포함한다)로서 그 거래에 해당하는 사실이 채권대차거래중개기관(「자본시장과 금융투자업에 관한 법률」에 따른 한국예탁결제원, 증권금융회사, 투자매매업자 또는 투자중개업자를 말한다. 이하 같다)이 작성한 거래 원장(전자적 형태의 원장을 포함한다)을 통하여 확인되는 경우 (2016. 2. 17. 개정)

⑤ 제4항에 따른 거래의 경우 채권등을 매도 또는 대여한 날부터 환매수 또는 반환받은 날까지의 기간 동안 그 채권등으로부터 발생하는 이자소득에 상당하는 금액은 매도자 또는 대여자(해당 거래가 연속되는 경우나 제4항 각 호의 거래가 혼합되는 경우에는 최초 매도자 또는 최초 대여자를 말한다)에게 귀속되는 것으로 보아 법 제46조 및 제133조의 2를 적용한다. (2016. 2. 17. 개정)

⑥~⑦ 삭 제 (2010. 2. 18.)

⑧ 법 제46조 제2항에 따른 보유기간 입증방법은 다음 각 호의 방법에 따른다. (2010. 2. 18. 개정)

1. 채권등을 금융회사 등에 개설된 계좌에 의하여 거래하는 경우 (2010. 2. 18. 개정)

　해당 금융회사 등의 전산처리체계 또는 통장원장으로 확인하는 방법

2. 제1호 외의 경우 (2008. 2. 29. 직제개정 ; 기획재정부와~직제 부칙)

　법인으로부터 채권 등을 매수한 때에는 당해 법인이 발급하는 기

획재정부령이 정하는 채권 등 매출확인서에 의하며, 개인으로부터 채권 등을 매수한 경우에는 「공증인법」의 규정에 의한 공증인이 작성한 공정증서(거래당사자의 성명·주소·주민등록번호·매매일자·채권 등의 종류와 발행번호·액면금액을 기재한 것에 한한다)에 의하여 확인하는 방법

관계조문 ▷▷

규칙 100조 9호 ⇒ 채권 등 매출확인서

⑨ 삭 제 (2005. 2. 19.)

⑩ 법 제46조 및 제133조의 2를 적용할 때 금융회사 등의 승낙을 받아 채권등을 매도하는 경우에는 해당 금융회사 등이 매도를 중개한 것으로 본다. (2010. 2. 18. 개정)

⑪~⑫ 삭 제 (2005. 2. 19.)

제47조【근로소득공제】 ① 근로소득이 있는 거주자에 대해서는 해당 과세기간에 받는 총급여액에서 다음의 금액을 공제한다. 다만, 공제액이 2천만원을 초과하는 경우에는 2천만원을 공제한다. (2019. 12. 31. 단서신설)

총급여액	공제액
500만원 이하	총 급여액의 100분의 70
500만원 초과 1천500만원 이하	350만원+(500만원을 초과하는 금액의 100분의 40)
1천500만원 초과 4천500만원 이하	750만원+(1천500만원을 초과하는 금액의 100분의 15)
4천500만원 초과 1억원 이하	1천200만원+(4천500만원을 초과하는 금액의 100분의 5)
1억원 초과	1천475만원+(1억원을 초과하는 금액의 100분의 2)

② 일용근로자에 대한 공제액은 제1항에도 불구하고 1일 15만원으로 한다. (2018. 12. 31. 개정)

통칙 47 – 104…1【일용근로자의 근로소득공제기준계산】
법 제47조 제2항 및 영 제104조 제3항에서 규정한 일용근로자의 근로소득공제를 함에 있어서 "일"의 계산은 당일 오전 영시로부터 오후 12시까지를 1일로 한다. (97. 4. 8. 개정)

③ 근로소득이 있는 거주자의 해당 과세기간의 총급여액이 제1항 또는 제2항의 공제액에 미달하는 경우에는 그 총급여액을 공제액으로 한다. (2009. 12. 31. 개정)
④ 제1항부터 제3항까지의 규정에 따른 공제를 "근로소득공제"라 한다. (2009. 12. 31. 개정)
⑤ 제1항의 경우에 2인 이상으로부터 근로소득을 받는 사람(일용근로자는 제외한다)에 대하여는 그 근로소득의 합계액을 총급여액으로 하여 제1항에 따라 계산한 근로소득공제액을 총급여액에서 공제한다.

통칙 47 – 0…1【근무기간 등이 1년 미만인 경우의 근로소득공제】
과세기간이 1년 미만이거나 과세기간 중 근로기간이 1년 미만인 근로소득이 있는 거주자의 경우에도 근로소득공제는 법 제47조 제1항에 규정하는 금액을 공제한다. (97. 4. 8. 개정)

제104조【근로소득공제】 ① 일용근로자 외의 근로소득자가 2 이상의 사용자로부터 급여를 받는 경우에는 그 주된 근무지의 원천징수의무자가 그 지급하는 근로소득의 범위안에서 법 제47조 제5항의 규정에 의한 근로소득공제를 하여야 한다.
② 법 제47조 제5항을 적용할 때 그 주된 근무지의 근로소득이 근로소득공제액에 미달하는 경우에는 주된 근무지의 원천징수의무자가 종된 근무지의 근로소득과 합산하여 법 제137조에 따른 연말정산을 하는 때에 근로소득공제를 하여야 한다. (2010. 2. 18. 개정)
제104조【근로소득공제】 ① · ② 삭　제 (2010. 12. 30.)
③ 법 제47조 제2항의 규정에 의한 일용근로자에 대한 근로소득공제액은 그 일용근로자가 근로를 제공한 날의 일급여액에서 공제한다. (98. 12. 31 개정)

제102조의 2【채권 등의 매도 및 국채 등의 추가발행에 따른 환급】 삭　제 (2005. 2. 19.)
제102조의 3【환매조건부채권 매매거래 등의 범위 등】 삭　제 (2010. 6. 8.)
제103조【신탁소득금액의 계산】 삭　제 (2008. 2. 22.)

제53조의 3【환매조건부채권매매거래 확인서】 삭　제 (2010. 4. 30.)

(2010. 12. 27. 개정)

⑥ 제5항의 주된 근무지는 제142조에 따라 신고한 주된 근무지로 한다. 다만, 그 신고가 없는 경우에는 각 근무지 중 가장 많은 근로소득을 받는 근무지를 그 주된 근무지로 한다. (2009. 12. 31. 개정)

⑥ 삭 제 (2010. 12. 27.)

제47조의 2 【연금소득공제】 ① 연금소득이 있는 거주자에 대해서는 해당 과세기간에 받은 총연금액(분리과세연금소득은 제외하며, 이하 이 항에서 같다)에서 다음 표에 규정된 금액을 공제한다. 다만, 공제액이 900만원을 초과하는 경우에는 900만원을 공제한다. (2013. 1. 1. 개정)

총연금액	공제액
350만원 이하	총연금액
350만원 초과 700만원 이하	350만원＋(350만원을 초과하는 금액의 100분의 40)
700만원 초과 1400만원 이하	490만원＋(700만원을 초과하는 금액의 100분의 20)
1400만원 초과	630만원＋(1,400만원을 초과하는 금액의 100분의 10)

② 제1항에 따른 공제를 "연금소득공제"라 한다. (2009. 12. 31. 개정)

제48조 【퇴직소득공제】 ① 퇴직소득이 있는 거주자에 대해서는 해당 과세기간의 퇴직소득금액에서 제1호의 구분에 따른 금액을 공제하고, 그 금액을 근속연수(1년 미만의 기간이 있는 경우에는 이를 1년으로 보며, 제22조 제1항 제1호의 경우에는 대통령령으로 정하는 방법에 따라 계산한 연수를 말한다. 이하 같다)로 나누고 12를 곱한 후의 금액(이하 이 항에서 "환산급여"라 한다)에서 제2호의 구분에 따른 금액을 공제한다. (2014. 12. 23. 개정)

1. 근속연수에 따라 정한 다음의 금액 (2022. 12. 31. 개정)

근속연수	공제액
5년 이하	100만원 × 근속연수

제105조 【근속연수】 (2013. 2. 15. 제목개정)

① 법 제48조 제1항 및 법 제55조 제2항을 적용할 때 근속연수는 근로를 제공하기 시작한 날 또는 퇴직소득중간지급일의 다음 날부터 퇴직한 날까지로 한다. 다만, 퇴직급여를 산정할 때 근로기간에 포함되지 아니한 기간은 근속연수에서 제외한다. (2018. 2. 13. 개정)

② 법 제48조 제1항에서 "대통령령으로 정하는 방법에 따라 계산한 연수"란 다음 각 호에 따른 연수를 말한다. 이 경우 납입연수 또는 재직기간이 1년 미만인 경우에는 1년으로 본다. (2018. 2. 13. 개정)

1. 「국민연금법」에 의하여 지급받는 일시금의 경우에는 연금보험료 총 납입월수를 12로 나누어 계산한 납입연수 (2015. 2. 3. 개정)

2. 「공무원연금법」·「군인연금법」·「사립학교교직원연금법」 또는 「별

근속연수	공제액
5년 초과 10년 이하	500만원 + 200만원 × (근속연수 - 5년)
10년 초과 20년 이하	1천500만원 + 250만원 × (근속연수 - 10년)
20년 초과	4천만원 + 300만원 × (근속연수 - 20년)

2. 환산급여에 따라 정한 다음의 금액 (2014. 12. 23. 개정)

환산급여	공제액
8백만원 이하	환산급여의 100퍼센트
8백만원 초과 7천만원 이하	8백만원 + (8백만원 초과분의 60퍼센트)
7천만원 초과 1억원 이하	4천520만원 + (7천만원 초과분의 55퍼센트)
1억원 초과 3억원 이하	6천170만원 + (1억원 초과분의 45퍼센트)
3억원 초과	1억5천170만원 + (3억원 초과분의 35퍼센트)

② 해당 과세기간의 퇴직소득금액이 제1항 제1호에 따른 공제금액에 미달하는 경우에는 그 퇴직소득금액을 공제액으로 한다. (2014. 12. 23. 개정)

③ 제1항과 제2항에 따른 공제를 "퇴직소득공제"라 한다. (2009. 12. 31. 개정)

④ 퇴직소득공제의 계산 방법에 관하여 필요한 사항은 대통령령으로 정한다. (2013. 1. 1. 개정)

⑤ 제1항 제2호의 퇴직소득공제에 관하여는 제47조 제5항을 준용한다. (2009. 12. 31. 개정)

⑤ 삭 제 (2013. 1. 1.)

　제49조【산림소득공제】삭 제 (2006. 12. 30.)

정우체국법」에 의하여 지급받는 일시금의 경우에는 각 해당 법률의 퇴직급여산정에 적용되는 재직기간 (2005. 2. 19. 개정)

3. 법 제22조 제1항 제1호의 퇴직소득 중 「공무원연금법」·「군인연금법」·「사립학교교직원연금법」 또는 「별정우체국법」에 따른 일시금 및 법 제22조 제1항 제2호의 퇴직소득을 함께 지급받는 경우에는 각 해당 법률의 퇴직급여산정에 적용되는 재직기간과 실제 재직기간중 긴 기간 (2013. 2. 15. 개정)

4. 제2호 및 제3호에도 불구하고 제40조 제2항에 따라 일시금을 반납하고 재직기간, 복무기간 또는 가입기간을 합산한 후 지급받는 일시금의 경우에는 재임용일 또는 재가입일 이후의 재직기간 (2014. 2. 21. 개정)

③ 제42조의 2 제4항 제3호에 따른 퇴직공제금의 근속연수는 「건설근로자의 고용개선 등에 관한 법률」 제14조 제4항에 따라 계산된 공제부금의 납부월수를 12로 나누어 계산한 납입연수로 한다. (2015. 2. 3. 개정)

2016. 1. 1.부터 2019. 12. 31.까지의 기간 동안 퇴직한 경우에는 퇴직소득 산출세액을 계산함에 있어 법 48조 1항 및 2항의 개정규정에도 불구하고 퇴직소득 산출세액을 다음 표의 퇴직일이 속하는 과세기간에 해당하는 계산식에 따른 금액으로 함. (법 부칙(2014. 12. 23.) 25조).

퇴직일이 속하는 과세기간	퇴직소득 산출세액
2016. 1. 1.부터 2016. 12. 31.까지	종전 규정에 따른 퇴직소득 산출세액 × 80% + 개정규정에 따른 퇴직소득 산출세액 × 20%
2017. 1. 1.부터 2017. 12. 31.까지	종전 규정에 따른 퇴직소득 산출세액 × 60% + 개정규정에 따른 퇴직소득 산출세액 × 40%
2018. 1. 1.부터 2018. 12. 31.까지	종전 규정에 따른 퇴직소득 산출세액 × 40% + 개정규정에 따른 퇴직소득 산출세액 × 60%

제 6 관　종합소득공제 (2009. 12. 31. 관번개정)

제50조【기본공제】 ① 종합소득이 있는 거주자(자연인만 해당한다)에 대해서는 다음 각 호의 어느 하나에 해당하는 사람의 수에 1명당 연 150만원을 곱하여 계산한 금액을 그 거주자의 해당 과세기간의 종합소득금액에서 공제한다. (2009. 12. 31. 개정)

통칙 50-0…1【과세기간 또는 부양기간이 1년 미만인 경우의 소득공제액 계산】
과세기간 또는 부양기간이 1년 미만인 경우에 법 제50조 내지 제52조에서 규정하는 종합소득공제는 월할계산하지 아니하고 연액으로 공제한다. (97. 4. 8. 개정)

1. 해당 거주자 (2009. 12. 31. 개정)
2. 거주자의 배우자로서 해당 과세기간의 소득금액이 없거나 해당 과세기간의 소득금액 합계액이 100만원 이하인 사람(총급여액 500만원 이하의 근로소득만 있는 배우자를 포함한다) (2015. 12. 15. 개정)
3. 거주자(그 배우자를 포함한다. 이하 이 호에서 같다)와 생계를 같이 하는 다음 각 목의 어느 하나에 해당하는 부양가족(제51조 제1항 제2호의 장애인에 해당되는 경우에는 나이의 제한을 받지 아니한다)으로서 해당 과세기간의 소득금액 합계액이 100만원 이하인 사람(총급여액 500만원 이하의 근로소득만 있는 부양가족을 포함한다) (2015. 12. 15. 개정)

퇴직일이 속하는 과세기간	퇴직소득 산출세액
2019. 1. 1.부터 2019. 12. 31.까지	종전 규정에 따른 퇴직소득 산출세액 × 20% + 개정규정에 따른 퇴직소득 산출세액 × 80%

제106조【부양가족 등의 인적공제】 ① 거주자의 인적공제대상자(이하 "공제대상가족"이라 한다)가 동시에 다른 거주자의 공제대상가족에 해당되는 경우에는 해당 과세기간의 과세표준확정신고서, 법 제140조 제1항에 따른 기획재정부령으로 정하는 근로소득자 소득·세액 공제신고서(이하 "근로소득자 소득·세액 공제신고서"라 한다), 법 제143조의 6 제1항에 따른 연금소득자 소득·세액 공제신고서(이하 "연금소득자 소득·세액 공제신고서"라 한다) 또는 제201조의 12에 따른 소득·세액 공제신고서에 기재된 바에 따라 그 중 1인의 공제대상가족으로 한다. (2014. 2. 21. 개정)

② 둘 이상의 거주자가 제1항에 따른 공제대상가족을 서로 자기의 공제대상가족으로 하여 신고서에 적은 경우 또는 누구의 공제대상가족으로 할 것인가를 알 수 없는 경우에는 다음 각 호의 기준에 따른다. (2010. 2. 18. 개정)

1. 거주자의 공제대상배우자가 다른 거주자의 공제대상부양가족에 해당하는 때에는 공제대상배우자로 한다.
2. 거주자의 공제대상부양가족이 다른 거주자의 공제대상부양가족에 해당하는 때에는 직전 과세기간에 부양가족으로 인적공제를 받은 거주자의 공제대상부양가족으로 한다. 다만, 직전 과세기간에 부양가족으로 인적공제를 받은 사실이 없는 때에는 해당 과세기간의 종합소득금액이 가장 많은 거주자의 공제대상부양가족으로 한다. (2010. 2. 18. 개정)
3. 거주자의 추가공제대상자가 다른 거주자의 추가공제대상자에 해당하는 때에는 제1호 및 제2호의 규정에 의하여 기본공제를 하는 거주자의 추가공제대상자로 한다.

③ 해당 과세기간의 중도에 사망하였거나 외국에서 영주하기 위하여 출국한 거주자의 공제대상가족으로서 상속인 등 다른 거주자의 공제대

관계조문
규칙 101조 7호 ⇒ 근로소득자 소득·세액 공제신고서

예판
법률혼관계에 있지 않은 배우자는 공제대상 배우자가 아니나, 혼인 외의 자로 입적되어 생계를 같이하는 직계비속은 부양가족공제대상에 해당함. (서이 46013-12014, 2003. 11. 24.)

통칙 50-106…1【공제대상부양가족의 범위】
① 법 제50조 제1항 제3호에 규정하는 공제대상부양가족의 범위에는 다음 각호에 규정하는 자가 포함되는 것으로 한다. (97. 4. 8. 개정)
1. 입양된 경우에 있어서 양가 또는 생가의 직계존속과 형제자매
2. 재혼인 경우에 있어서 전배우자와의 혼인중에 출생한 자
② 형제자매의 배우자는 공제대상부양가족에서 제외한다. (97. 4. 8. 개정)

가. 거주자의 직계존속(직계존속이 재혼한 경우에는 그 배우자로서 대통령령으로 정하는 사람을 포함한다)으로서 60세 이상인 사람 (2009. 12. 31. 개정)

나. 거주자의 직계비속으로서 대통령령으로 정하는 사람과 대통령령으로 정하는 동거 입양자(이하 "입양자"라 한다)로서 20세 이하인 사람. 이 경우 해당 직계비속 또는 입양자와 그 배우자가 모두 제51조 제1항 제2호에 따른 장애인에 해당하는 경우에는 그 배우자를 포함한다. (2009. 12. 31. 개정)

나. 거주자의 직계비속으로서 대통령령으로 정하는 사람과 대통령령으로 정하는 동거 입양자(이하 "입양자"라 한다)로서 20세 이하(20세가 되는 날과 그 이전 기간을 말한다. 이하 이 조에서 같다)인 사람. 이 경우 해당 직계비속 또는 입양자와 그 배우자가 모두 제51조 제1항 제2호에 따른 장애인에 해당하는 경우에는 그 배우자를 포함한다. (2024. 12. 31. 개정)

다. 거주자의 형제자매로서 20세 이하 또는 60세 이상인 사람 (2009. 12. 31. 개정)

라. 「국민기초생활 보장법」에 따른 수급권자 중 대통령령으로 정하는 사람 (2009. 12. 31. 개정)

마. 「아동복지법」에 따른 가정위탁을 받아 양육하는 아동으로서 대통령령으로 정하는 사람(이하 "위탁아동"이라 한다) (2009. 12. 31. 개정)

② 제1항에 따른 공제를 "기본공제"라 한다. (2009. 12. 31. 개정)

③ 거주자의 배우자 또는 부양가족이 다른 거주자의 부양가족에 해당되는 경우에는 대통령령으로 정하는 바에 따라 이를 어느 한 거주자의 종합소득금액에서 공제한다. (2009. 12. 31. 개정)

제51조 【추가공제】 ① 제50조에 따른 기본공제대상이 되는 사람(이하 "기본공제대상자"라 한다)이 다음 각 호의 어느 하나에 해당하

상가족에 해당하는 사람에 대해서는 피상속인 또는 출국한 거주자의 공제대상가족으로 한다. (2010. 2. 18. 개정)

④ 제3항의 경우 피상속인 또는 출국한 거주자에 대한 인적공제액이 소득금액을 초과하는 경우에는 그 초과하는 부분은 상속인 또는 다른 거주자의 해당 과세기간의 소득금액에서 공제할 수 있다. (2010. 2. 18. 개정)

⑤ 법 제50조 제1항 제3호 가목에서 "대통령령으로 정하는 사람"이란 다음 각 호의 어느 하나에 해당하는 사람을 말한다. (2020. 2. 11. 개정)

1. 거주자의 직계존속과 혼인(사실혼은 제외한다) 중임이 증명되는 사람 (2020. 2. 11. 신설)

2. 거주자의 직계존속이 사망한 경우에는 해당 직계존속의 사망일 전날을 기준으로 혼인(사실혼은 제외한다) 중에 있었음이 증명되는 사람 (2020. 2. 11. 신설)

⑥ 법 제50조 제1항 제3호 나목에서 "대통령령으로 정하는 사람"이란 다음 각 호의 어느 하나에 해당하는 사람을 말한다. (2010. 2. 18. 개정)

1. 거주자의 직계비속 (2003. 12. 30. 신설)

2. 거주자의 배우자가 재혼한 경우로서 당해 배우자가 종전의 배우자와의 혼인(사실혼을 제외한다) 중에 출산한 자 (2003. 12. 30. 신설)

⑦ 법 제50조 제1항 제3호 나목에서 "대통령령으로 정하는 동거 입양자"란 「민법」 또는 「입양특례법」에 따라 입양한 양자 및 사실상 입양상태에 있는 사람으로서 거주자와 생계를 같이 하는 사람을 말한다. (2012. 8. 3. 개정 ; 입양촉진~시행령 부칙)

⑧ 법 제50조 제1항 제3호 라목에서 "대통령령으로 정하는 사람"이란 「국민기초생활 보장법」 제2조 제2호의 수급자를 말한다. (2010. 2. 18. 개정)

⑨ 법 제50조 제1항 제3호 마목에서 "대통령령으로 정하는 사람"이란 해당 과세기간에 6개월 이상 직접 양육한 위탁아동(「아동복지법」 제16조 제4항에 따라 보호기간이 연장된 경우로서 20세 이하인 위탁아동을 포함한다)을 말한다. 다만, 직전 과세기간에 소득공제를 받지 못한 경우에는 해당 위탁아동에 대한 직전 과세기간의 위탁기간을 포함하여 계산한다. (2020. 2. 11. 개정)

⑩ 제5항부터 제9항까지의 규정에 해당하는 자에 대하여 종합소득공제를 받고자 하는 경우에는 기획재정부령으로 정하는 서류를 제107조 제2항 각호에 정하는 바에 따라 제출하여야 한다. (2009. 2. 4. 개정)

관계조문

법 53조 ⇒ 생계를 같이하는 부양가족의 범위와 그 판정시기

제53조의 4 【입양자증명서류 등】 영 제106조 제10항에서 "기획재정부령으로 정하는 서류"란 다음 각 호의 어느 하나

는 경우에는 거주자의 해당 과세기간 종합소득금액에서 기본공제 외에 각 호별로 정해진 금액을 추가로 공제한다. 다만, 제3호와 제6호에 모두 해당되는 경우에는 제6호를 적용한다. (2013. 1. 1. 단서신설)

1. 70세 이상인 사람(이하 "경로우대자"라 한다)의 경우 1명당 연 100만원 (2009. 12. 31. 개정)

2. 대통령령으로 정하는 장애인(이하 "장애인"이라 한다)인 경우 1명당 연 200만원 (2009. 12. 31. 개정)

3. 해당 거주자(해당 과세기간에 종합소득과세표준을 계산할 때 합산하는 종합소득금액이 3천만원 이하인 거주자로 한정한다)가 배우자가 없는 여성으로서 제50조 제1항 제3호에 따른 부양가족이 있는 세대주이거나 배우자가 있는 여성인 경우 연 50만원 (2014. 1. 1. 개정)

4. 6세 이하의 직계비속, 입양자 또는 위탁아동인 경우 1명당 연 100만원 (2009. 12. 31. 개정)

5. 해당 과세기간에 출생한 직계비속과 입양신고한 입양자인 경우 1명당 연 200만원 (2009. 12. 31. 개정)

4.~5. 삭　제 (2014. 1. 1.)

6. 해당 거주자가 배우자가 없는 사람으로서 기본공제대상자인 직계비속 또는 입양자가 있는 경우 연 100만원 (2013. 1. 1. 신설)

② 제1항에 따른 공제를 "추가공제"라 한다. (2009. 12. 31. 개정)

③ 기본공제와 추가공제를 "인적공제"라 한다. (2014. 1. 1. 신설)

④ 인적공제의 합계액이 종합소득금액을 초과하는 경우 그 초과하는 공제액은 없는 것으로 한다. (2014. 1. 1. 신설)

제51조의 2【다자녀 추가공제 등】① 근로소득 또는 사업소득이 있는 거주자(일용근로자는 제외한다)의 기본공제대상자에 해당하는 자녀가 2명인 경우에는 연 100만원을, 2명을 초과하는 경우에는 100만원과 2명을 초과하는 1명당 연 200만원을 합한 금액을 그 거주자의 해당 과세기간 근로소득금액 또는 사업소득금액에서 기본공제 외에 각각 추가로 공제(이하 "다자녀 추가공제"라 한다)한다. (2010. 12. 27. 개정)

② 기본공제와 추가공제 및 다자녀 추가공제를 "인적공제"라 한다. (2009. 12. 31. 개정)

③ 인적공제의 합계액이 종합소득금액을 초과하는 경우 그 초과하는 공제액은 없는 것으로 한다. (2009. 12. 31. 개정)

제51조의 2【다자녀 추가공제 등】삭　제 (2014. 1. 1.)

제107조【장애인의 범위】(2001. 12. 31 제목개정)

① 법 제51조 제1항 제2호에 따른 장애인은 다음 각 호의 어느 하나에 해당하는 자로 한다. (2018. 2. 13. 개정)

1. 「장애인복지법」에 따른 장애인 및 「장애아동 복지지원법」에 따른 장애아동 중 기획재정부령으로 정하는 사람 (2018. 2. 13. 개정)

2. 「국가유공자 등 예우 및 지원에 관한 법률」에 의한 상이자 및 이와 유사한 사람으로서 근로능력이 없는 사람 (2018. 2. 13. 개정)

통칙 51-107…1【상이자와 유사한 사람의 범위】(2024. 3. 15. 번호개정)
영 제107조 제1항 제2호에 따른 "이와 유사한 사람"이라 함은 「국가유공자 등 예우 및 지원에 관한 법률 시행령」 별표 3에 규정한 상이등급구분표가 정하는 상이등급에 따른 신체상이정도와 같은 정도의 신체장애가 있는 자를 말한다. (2024. 3. 15. 개정)

3. 「국민건강보험법 시행령」 별표 2 제3호 라목 1)부터 10)까지 외의 부분 전단에 따른 희귀성난치질환등 또는 이와 유사한 질병·부상으로 인해 중단 없이 주기적인 치료가 필요한 사람으로서 의료기관의 장이 취업·취학 등 일상적인 생활에 지장이 있다고 인정하는 사람 (2025. 2. 28. 신설)

4. 제1호 및 제2호 외에 항시 치료를 요하는 중증환자 (2018. 2. 13. 개정)

4. 삭　제 (2025. 2. 28.)

통칙 51-107…2【항시치료를 요하는 중증환자의 범위】(2024. 3. 15. 번호개정)
영 제107조 제1항 제4호에 규정한 "항시 치료를 요하는 중증환자"라 함은 지병에 의해 평상시 치료를 요하고 취학·취업이 곤란한 상태에 있는 자를 말한다. (2024. 3. 15. 개정)

② 제1항 각 호의 어느 하나에 해당하는 사람이 장애인공제를 받으려는 때에는 기획재

에 해당하는 서류를 말한다. (2009. 4. 14. 개정)

1. 입양자임을 증명할 수 있는 서류 (2014. 3. 14. 개정)
   입양관계증명서 또는 「입양특례법」에 따른 입양기관이 발행하는 입양증명서

2. 수급자임을 증명할 수 있는 서류 (2005. 3. 19. 개정)
   「국민기초생활 보장법 시행규칙」 제40조의 규정에 의한 수급자증명서

관계조문 》
규칙 101조 8호 ⇒ 장애인증명서

3. 위탁아동임을 증명할 수 있는 서류 (2009. 4. 14. 신설)
   해당 과세기간 종료일 이후에 발급받은 가정위탁보호확인서. 다만, 해당 과세기간에 가정위탁보호가 종결된 경우에는 종결일이 명시되어 있어야 한다.

4. 그 밖에 부양가족임을 증명할 수 있는 서류 (2009. 4. 14. 호번개정)
   가족관계증명서 또는 주민등록표등본

제54조【장애아동의 범위 등】(2022. 3. 18. 제목개정)

① 영 제107조 제1항 제1호에서 "기획재정부령으로 정하는 사람"이란 「장애아동 복지지원법」 제21조 제1항에 따른 발달재활서비스를 지원받고 있는 사람을 말한다. (2022. 3. 18. 항번개정)

② 영 제107조 제2항 각 호 외의 부분 단서

제51조의 3 【연금보험료공제】 ① 종합소득이 있는 거주자가 공적연금 관련법에 따른 기여금 또는 개인부담금(이하 "연금보험료"라 한다)을 납입한 경우에는 해당 과세기간의 종합소득금액에서 그 과세기간에 납입한 연금보험료를 공제한다. (2014. 1. 1. 개정)

1. 공적연금 관련법에 따른 기여금 또는 개인부담금 (2013. 1. 1. 개정)
2. 거주자가 연금계좌에 납입하는 금액으로서 다음 각 목의 어느 하나에 해당하지 아니하는 금액 (2013. 1. 1. 개정)
　가. 제146조 제2항에 따라 소득세가 원천징수되지 아니한 퇴직소득 등 과세가 이연된 소득 (2013. 1. 1. 개정)
　나. 연금계좌에서 다른 연금계좌로 계약을 이전함으로써 납입되는 금액 (2013. 1. 1. 개정)

1.~2. 삭　제 (2014. 1. 1.)
② 제1항에 따른 공제를 "연금보험료공제"라 한다. (2009. 12. 31. 개정)
③ 다음 각 호에 해당하는 공제를 모두 합한 금액이 종합소득금액을 초과하는 경우 그 초과하는 금액을 한도로 연금보험료공제를 받지 아니한 것으로 본다. (2014. 12. 23. 개정)
1. 제51조 제3항에 따른 인적공제 (2014. 12. 23. 개정)
2. 이 조에 따른 연금보험료공제 (2014. 12. 23. 개정)
3. 제51조의 4에 따른 주택담보노후연금 이자비용공제 (2014. 12. 23. 개정)
4. 제52조에 따른 특별소득공제 (2014. 12. 23. 개정)
5. 「조세특례제한법」에 따른 소득공제 (2014. 12. 23. 개정)
④ 삭　제 (2006. 12. 30)
⑤ 제1항부터 제3항까지의 규정에 따른 연금보험료공제의 계산방법 등에 관하여 필요한 사항은 대통령령으로 정한다. (2009. 12. 31. 개정)
⑤ 삭　제 (2014. 1. 1.)

정부령으로 정하는 장애인증명서(「국가유공자 등 예우 및 지원에 관한 법률」에 따른 상이자의 증명을 받은 사람 또는 「장애인복지법」에 따른 장애인등록증을 발급받은 사람의 경우에는 해당 증명서·장애인등록증의 사본이나 그 밖의 장애사실을 증명하는 서류로 한다)를 다음 각 호의 구분에 따라 제출해야 한다. 다만, 본문에 따른 장애인 증명 관련 서류가 법 제165조 제1항 및 이 영 제216조의 3 제1항에 따라 국세청장에게 제출되는 경우에는 기획재정부령으로 정하는 서류를 제출(국세정보통신망에 의한 제출을 포함한다)할 수 있다. (2022. 2. 15. 개정)
② 제1항 각 호의 어느 하나에 해당하는 사람이 장애인공제를 받으려는 때에는 기획재정부령으로 정하는 장애인증명서(「국가유공자 등 예우 및 지원에 관한 법률」에 따른 상이자의 증명을 받은 사람 또는 「장애인복지법」에 따른 장애인등록증을 발급받은 사람의 경우에는 해당 증명서·장애인등록증의 사본이나 그 밖의 장애사실을 증명하는 서류로 하며, 「장애아동 복지지원법」에 따른 장애아동으로서 같은 법 제21조에 따른 발달재활서비스를 지원받고 있는 사람의 경우에는 발달재활서비스 이용을 증명하는 서류로 한다)를 다음 각 호의 구분에 따라 제출해야 한다. 다만, 본문에 따른 장애인 증명 관련 서류가 법 제165조 제1항 및 이 영 제216조의 3 제1항에 따라 국세청장에게 제출되는 경우에는 기획재정부령으로 정하는 서류를 제출(국세정보통신망에 의한 제출을 포함한다)할 수 있다. (2025. 2. 28. 개정)
1. 과세표준확정신고를 하는 때에는 그 신고서에 첨부하여 납세지 관할세무서장에게 제출한다.
2. 근로소득(법 제127조 제1항 제4호 각 목의 어느 하나에 해당하는 근로소득은 제외한다)이 있는 사람은 근로소득자 소득·세액 공제신고서에 첨부하여 연말정산을 하는 원천징수의무자에게 제출한다. (2014. 2. 21. 개정)
3. 법 제144조의 2에 따라 연말정산되는 사업소득이 있는 자는 소득·세액 공제신고서에 첨부하여 연말정산을 하는 원천징수의무자에게 제출한다. (2014. 2. 21. 개정)
③ 장애인으로서 당해 장애의 상태가 1년 이상 지속될 것으로 예상되는 경우 그 장애기간이 기재된 장애인증명서를 제2항의 규정에 의하여 제출한 때에는 그 장애기간 동안은 이를 다시 제출하지 아니하여도 된다. 다만, 그 장애기간 중 납세지 관할세무서 또는 사용자를 달리하게 된 때에는 제2항의 규정에 의하여 장애인증명서를 제출하여야 한다.

에서 "기획재정부령으로 정하는 서류"란 같은 조 제1항 제1호 및 제2호에 따른 장애인에 대한 추가공제에 관한 서류로서 소득공제 명세를 일괄적으로 적어 국세청장이 발급하는 서류를 말한다. (2022. 3. 18. 신설)

(2001. 12. 31 개정)

④ 제3항 단서의 경우 전 납세지 관할세무서장 또는 전 원천징수의무자로부터 이미 제출한 장애인증명서를 반환받아 이를 제출할 수 있다. (2001. 12. 31 개정)

　　제108조【부녀자공제 등】법 제51조 제1항의 규정을 적용함에 있어서 배우자의 유무 및 부양가족이 있는 세대주인지의 여부는 당해 과세기간종료일 현재의 주민등록표등본 또는 가족관계등록부 증명서에 의한다. 이 경우 납세지 관할 세무서장은 「전자정부법」 제36조 제1항에 따른 행정정보의 공동이용을 통하여 거주자의 주민등록표 등본을 확인하여야 하며, 거주자가 확인에 동의하지 아니하거나 그의 주민등록표 등본으로 배우자의 유무 및 부양가족이 있는 세대주인지의 여부를 판단할 수 없는 경우 또는 근로소득자가 법 제140조에 따라 소득공제신고를 하는 경우에는 주민등록표 등본 또는 가족관계등록부 증명서를 제출하도록 하여야 한다. (2010. 5. 4. 후단 개정 ; 전자정부법 시행령 부칙)

제108조의 2【연금보험료공제】① 법 제51조의 3 제1항 제2호를 적용받으려는 자는 기획재정부령으로 정하는 연금납입확인서를 제113조 제1항 각 호에 따른 날까지 원천징수의무자 · 납세조합 또는 납세지 관할세무서장에게 제출하여야 한다. (2013. 2. 15. 개정)
② 제1항을 적용하는 경우 제216조의 3에 따라 소득공제증빙서류가 국세청장에게 제출되는 때에는 기획재정부령으로 정하는 서류를 제113조 제1항 각 호에 따른 날까지 제출할 수 있다. (2008. 2. 29. 직제개정 ; 기획재정부와~직제 부칙)
③ 삭 제 (2009. 2. 4.)

제108조의 2【연금보험료공제】 삭 제 (2014. 2. 21.)

　　제108조의 3【주택담보노후연금 이자비용공제】① 법 제51조의 4 제1항에서 "대통령령으로 정하는 요건에 해당하는 주택담보노후연금"이란 다음 각 호의 요건을 모두 갖춘 연금을 말한다. (2010. 2. 18. 개정)
1. 「한국주택금융공사법」 제2조 제8호의 2에 따른 주택담보노후연금 보증을 받아 지급받거나 같은 법 제2조 제11호에 따른 금융기관의 주택담보노후연금일 것 (2013. 2. 15. 개정)

제55조【연금보험료공제 증빙서류】영 제108조의 2 제2항에서 "기획재정부령으로 정하는 서류"라 함은 영 제216조의 3 제1항 제1호에 따른 지급액에 관한 서류로서 소득공제명세를 기재하여 국세청장이 발급하는 서류를 말한다. (2008. 4. 29. 개정)

　제55조【연금보험료공제 증빙서류】삭 제 (2014. 3. 14.)

관계조문 ▶▶

규칙 101조 8호의 2 ⇒ 연금납입확인서

　　제51조의 4【주택담보노후연금 이자비용공제】① 연금소득이 있는 거주자가 대통령령으로 정하는 요건에 해당하는 주택담보노후연금을 받은 경우에는 그 받은 연금에 대해서 해당 과세기간에 발생한 이자비용 상당액을 해당 과세기간 연금소득금액에서 공제(이하 "주택담보노후연금 이자비용공제"라 한다)한다. 이 경우 공제할 이자 상당액이 200만원을 초과하는 경우에는 200만원을 공제하고, 연금소득금액을 초

편주 ▶

영 108조의 3 제1항 3호의 개정규정은 2024. 1. 1. 이후 연말정산을 하거나 종합소

과하는 경우 그 초과금액은 없는 것으로 한다. (2009. 12. 31. 개정)
② 주택담보노후연금 이자비용공제는 해당 거주자가 신청한 경우에 적용한다. (2009. 12. 31. 개정)
③ 주택담보노후연금 이자비용공제의 신청, 이자 상당액의 확인방법, 그 밖에 필요한 사항은 대통령령으로 정한다. (2009. 12. 31. 개정)

제52조【특별소득공제】(2014. 1. 1. 제목개정)

① 근로소득이 있는 거주자(일용근로자는 제외한다. 이하 이 조에서 같다)가 해당 과세기간에「국민건강보험법」,「고용보험법」또는「노인장기요양보험법」에 따라 근로자가 부담하는 보험료를 지급한 경우 그 금액을 해당 과세기간의 근로소득금액에서 공제한다. (2014. 1. 1. 개정)
1.~2. 삭 제 (2014. 1. 1.)

통칙 52-0…1【국민건강보험료의 공제시기】
법 제52조 제1항에 규정하는 국민건강보험료는 급여에서 지급한 날이 속하는 과세기간의 소득에서 공제한다. (2019. 12. 23. 개정)

52-0…2【사용자가 부담한 보험료의 공제여부】
법 제52조 제1항에 규정하는 국민건강보험료는 급여에서 지급한 날이 속하는 과세기간의 소득에서 공제한다. (2019. 12. 23. 개정)

②~③ 삭 제 (2014. 1. 1.)

④ 과세기간 종료일 현재 주택을 소유하지 아니한 대통령령으로 정하는 세대(이하 이 항 및 제5항에서 "세대"라 한다)의 세대주(세대주가 이 항, 제5항 및「조세특례제한법」제87조 제2항에 따른 공제를 받지 아니하는 경우에는 세대의 구성원을 말하며, 대통령령으로 정하는 외국인을 포함한다)로서 근로소득이 있는 거주자가 대통령령으로 정하는 일정 규모 이하의 주택(주거에 사용하는 오피스텔과 주택 및 오피스텔에 딸린 토지를 포함하며, 그 딸린 토지가 건물이 정착된 면적에 지역별로 대통령령으로

---

2. 삭 제 (2009. 4. 21.)
3. 주택담보노후연금 가입 당시 담보권의 설정대상이 되는 법 제99조 제1항에 따른 주택(연금소득이 있는 거주자의 배우자 명의의 주택을 포함한다)의 기준시가가 12억원 이하일 것 (2024. 2. 29. 개정)
② 주택담보노후연금을 지급받은 경우 그 지급받은 연금에 대하여 발생한 이자상당액은 해당 주택담보노후연금을 지급한 금융회사 등 또는「한국주택금융공사법」에 따른 한국주택금융공사가 발급한 기획재정부령으로 정하는 주택담보노후연금이자비용증명서에 적힌 금액으로 한다. (2010. 2. 18. 개정)
③ 법 제51조의 4에 따른 주택담보노후연금이자비용공제를 받으려는 자는 과세표준확정신고서에 제2항에 따른 주택담보노후연금이자비용증명서를 첨부하여 납세지 관할세무서장에게 제출하여야 한다. (2007. 2. 28. 신설)

제109조【보험료공제】삭 제 (2014. 2. 21.)
　　제109조의 2【장애인전용보장성보험의 보험료 공제】삭 제 (2014. 2. 21.)
　　제110조【의료비공제】삭 제 (2014. 2. 21.)
　　제110조의 2【소득공제되는 보육비용의 범위】삭 제 (98. 12. 31.)
　　제110조의 3【교육비공제】삭 제 (2014. 2. 21.)
　　제111조【장애인특수교육비 등】삭 제 (2008. 2. 22.)

제112조【주택자금공제】① 법 제52조 제4항 본문에서 "대통령령으로 정하는 세대"란 거주자와 그 배우자, 거주자와 같은 주소 또는 거소에서 생계를 같이 하는 거주자와 그 배우자의 직계존비속(그 배우자를 포함한다) 및 형제자매를 모두 포함한 세대를 말한다. 이 경우 거주자와 그 배우자는 생계를 달리하더라도 동일한 세대로 본다. (2015. 2. 3. 개정)
② 법 제52조 제4항 본문에서 "대통령령으로 정하는 일정 규모 이하의 주택"이란「주택법」에 따른 국민주택규모의 주택(「주택법 시행령」제

관계조문
규칙 101조 8호의 3 ⇒ 주택담보노후연금 이자비용증명서

제56조【체육시설업자의 범위】삭 제 (2014. 3. 14.)

(➡ 영 112조)
집행기준 52-112-1【장기주택저당차입금 적용시 주택수의 계산】
① 주택 수의 범위에는 세대 구성원의 무허가주택을 포함한다.
② 상속으로 여러 사람이 공동으로 소유하는 1주택이 있는 경우 해당 공동상속주택은 상속지분이 가장 큰 상속인이 주택을 소유한 것으로 보아 장

정하는 배율을 곱하여 산정한 면적을 초과하는 경우 해당 주택 및 오피스텔은 제외한다)을 임차하기 위하여 대통령령으로 정하는 주택임차자금 차입금의 원리금 상환액을 지급하는 경우에는 그 금액의 100분의 40에 해당하는 금액을, 해당 과세기간의 근로소득금액에서 공제한다. 다만, 그 공제하는 금액과 「조세특례제한법」 제87조 제2항에 따른 금액의 합계액이 연 400만원을 초과하는 경우 그 초과하는 금액(이하 이 항에서 "한도초과금액"이라 한다)은 없는 것으로 한다. (2022. 12. 31. 개정)

1. 대통령령으로 정하는 주택임차자금 차입금의 원리금 상환액 (2009. 12. 31. 개정)
2. 해당 과세기간의 총급여액이 5천만원 이하인 사람(해당 과세기간에 종합소득과세표준을 계산할 때 합산하는 종합소득금액이 4천만원을 초과하는 사람은 제외한다)이 지급하는 대통령령으로 정하는 월세액 (2014. 1. 1. 개정)

1.~2. 삭 제 (2014. 12. 23.)

⑤ 근로소득이 있는 거주자로서 주택을 소유하지 아니하거나 1주택을 보유한 세대의 세대주(세대주가 이 항, 제4항 및 「조세특례제한법」 제87조 제2항에 따른 공제를 받지 아니하는 경우에는 세대의 구성원 중 근로소득이 있는 자를 말하며, 대통령령으로 정하는 외국인을 포함한다)가 취득 당시 제99조 제1항에 따른 주택의 기준시가가 6억원 이하인 주택을 취득하기 위하여 그 주택에 저당권을 설정하고 금융회사등 또는 「주택도시기금법」에 따른 주택도시기금으로부터 차입한 대통령령으로 정하는 장기주택저당차입금(주택을 취득함으로써 승계받은 장기주택저당차입금을 포함하며, 이하 이 항 및 제6항에서 "장기주택저당차입금"이라 한다)의 이자를 지급하였을 때에는 해당 과세기간에 지급한 이자 상환액을 다음 각 호의 기준에 따라 그 과세기간의 근로소득금액에서 공제한다. 다만, 그 공제하는 금액과 제4항 및 「조세특례제한법」 제87조 제2항에 따른 주택청약종합저축 등에 대한 소득공제 금액의 합계액이 연 800만원(차입금의 상환기간이 15년 이상인 장기주택저당차입금에 대하여 적용하며, 이하 이 항 및 제6항에서 "공제한도"라 한다)을 초과하는 경우 그 초과하는 금액은 없는 것으로 한다. (2023. 12. 31. 개정)

편주 ▶
• 2024. 1. 1. 전에 취득한 주택 및 주택분양권에 대한 장기주택저당차입금 이자 상환액의 소득공제 대상 주택 및 주택분양권의 범위에 관하여는 법 52조 5항 각 호 외의 부분 본문의 개정규정에도 불구하고 종전의 규

4조 제4호에 따른 오피스텔을 포함한다)을 말한다. 이 경우 해당 주택이 다가구주택이면 가구당 전용면적을 기준으로 한다. (2016. 8. 11. 개정 ; 주택법 시행령 부칙)

③ 법 제52조 제4항 본문 및 같은 조 제5항 각 호 외의 부분 본문에서 "대통령령으로 정하는 배율"이란 다음 각 호의 구분에 따른 배율을 말한다. (2015. 2. 3. 개정)

1. 「국토의 계획 및 이용에 관한 법률」 제6조에 따른 도시지역의 토지 : 5배 (2010. 2. 18. 개정)
2. 그 밖의 토지 : 10배 (2010. 2. 18. 개정)

④ 법 제52조 제4항 본문에서 "대통령령으로 정하는 주택임차자금 차입금"이란 다음 각 호의 어느 하나에 해당하는 차입금을 말한다. 다만, 제2호의 차입금의 경우 해당 과세기간의 총급여액이 5천만원 이하인 사람만 해당한다. (2015. 2. 3. 개정)

1. 별표 1의 2에 따른 대출기관으로부터 차입한 자금으로서 다음 각 목의 요건을 모두 갖춘 것 (2010. 2. 18. 개정)

1. 별표 1의 2에 따른 대출기관(이하 이 항에서 "대출기관"이라 한다)으로부터 차입한 자금으로서 다음 각 목의 요건을 모두 갖춘 것 (2025. 2. 28. 개정)

가. 「주택임대차보호법」 제3조의 2 제2항에 따른 임대차계약증서(이하 이 조에서 "임대차계약증서"라 한다)의 입주일과 주민등록표 등본의 전입일(제5항에 따른 외국인의 경우에는 「출입국관리법」에 따른 외국인등록표의 체류지 등록일 또는 「재외동포의 출입국과 법적 지위에 관한 법률」에 따른 국내거소신고증의 거소 신고일을 말한다. 이하 이 항에서 "전입일등"이라 한다) 중 빠른 날부터 전후 3개월 이내에 차입한 자금일 것. 이 경우 임대차계약을 연장하거나 갱신하면서 차입하는 경우에는 임대차계약 연장일 또는 갱신일부터 전후 3개월 이내에 차입한 자금을 포함하며, 주택임차자금 차입금의 원리금 상환액에 대한 소득공제를 받고 있던 사람이 다른 주택으로 이주하는 경우에는 이주하기 전 주택의 입주일과 전입일등 중 빠른 날부터 전후 3개월 이내에 차입한 자금을 포함한다. (2021. 2. 17. 개정)

가. 「주택임대차보호법」 제3조의 2 제2항에 따른 임대차계약증서(이하 이 조에서 "임대차계약증서"라 한다)의 입주일과 주민등록표 등본의 전입일(제5항에 따른 외국인의 경우에는 「출입국관리법」에 따른 외국인등록표의 체류지 등록일 또는 「재외동포의 출입국과 법적 지위에 관한 법률」에 따른 국내거소신고증의 거소 신고일을 말한다. 이하 이 항에서 "전입일등"이라 한다) 중

기주택저당차입금 등 주택자금공제 여부를 판단한다. 이 경우 상속지분이 가장 큰 상속인이 2인 이상인 때에는 해당 주택에 거주하는 자, 최연장자의 순서에 따라 해당 거주자가 그 공동상속주택을 소유한 것으로 보아 공제가능 여부를 판단한다.

③ 동일자에 1주택을 취득·양도한 경우에는 1주택을 양도한 후 다른 1주택을 취득한 것으로 보아 장기주택저당차입금 규정을 적용한다.

④ 판매목적의 주택을 소유하는 경우 해당 주택은 주택수에 포함한다.

⑤ 다가구주택은 단독주택으로 보아 국민주택규모를 판단한다. 다만, 다가구주택이 구분 등기된 경우에는 각각을 1개의 주택으로 보고 가구당 전용면적을 기준으로 소득공제 여부를 판단한다. (2024. 10. 31. 개정)

🖙
개정취지
대환대출 시 주택임차자금 차입금 원리금 상환액 소득공제 적용

• 종전의 주택임차자금 차입금을 다른 대출기관으로부터 차입한 자금으로 상환하는 대환대출의 경우 대환대출 전에 최초로 차입한 자금의 원리금 상환액에 대한 소득공제 요건*이 충족되면 대환대출에 따른 차입금에 대해서도 소득공제를 적용하도록 함. (영 112조 4항 1호 개정 ; 2025. 2. 28.)

* 전입일 전후 3개월 이내에 차입하고, 해당 차입금이 대출기관에서 임대인 계좌로 직접 입금될 것

• 영 112조 4항 1호의 개정규정은 2025. 1. 1. 이후 연말정산을 하거나 종합소득과세표준 확정신고를 하는 경우부터 적용함. (영 부칙(2025. 2. 28.) 11조)

정에 따름. (법 부칙(2023. 12. 31.) 16조 1항)

- 2024. 1. 1. 전에 차입한 장기주택저당차입금의 이자 상환액에 대한 소득공제 한도에 관하여는 다음 각 호의 구분에 따름. (법 부칙(2023. 12. 31.) 16조 2항)
  1. 2024. 1. 1. 전에 지급한 이자 상환액의 경우: 법 52조 5항 각 호 외의 부분 단서 및 같은 조 6항의 개정규정에도 불구하고 종전의 규정에 따름.
  2. 2024. 1. 1. 이후 지급하는 이자 상환액의 경우: 법 52조 5항 각 호 외의 부분 단서 및 같은 조 6항의 개정규정을 적용함. 다만, 2012. 1. 1. 전에 차입한 장기주택저당차입금의 이자 상환액에 대하여 법 52조 5항 각 호 외의 부분 단서 및 같은 조 6항의 개정규정을 적용하는 것이 법률 11146호 소득세법 일부개정법률 부칙 17조에 따라 종전의 법 52조 5항 각 호 외의 부분 단서를 적용하는 것보다 납세자에게 불리하게 되는 경우에는 같은 종전의 규정에 따름.

---

1. 세대주 여부의 판정은 과세기간 종료일 현재의 상황에 따른다. (2009. 12. 31. 개정)
2. 세대 구성원이 보유한 주택을 포함하여 과세기간 종료일 현재 2주택 이상을 보유한 경우에는 적용하지 아니한다. (2014. 1. 1. 개정)
3. 세대주에 대해서는 실제 거주 여부와 관계없이 적용하고, 세대주가 아닌 거주자에 대해서는 실제 거주하는 경우만 적용한다. (2009. 12. 31. 개정)
4. 무주택자인 세대주가 「주택법」에 따른 사업계획의 승인을 받아 건설되는 주택(「주택법」에 따른 주택조합 및 「도시 및 주거환경정비법」에 따른 정비사업조합의 조합원이 취득하는 주택 또는 그 조합을 통하여 취득하는 주택을 포함한다. 이하 이 호에서 같다)을 취득할 수 있는 권리(이하 이 호에서 "주택분양권"이라 한다)로서 대통령령으로 정하는 가격이 6억원 이하인 권리를 취득하고 그 주택을 취득하기 위하여 그 주택의 완공 시 장기주택저당차입금으로 전환할 것을 조건으로 금융회사 등 또는 「주택도시기금법」에 따른 주택도시기금으로부터 차입(그 주택의 완공 전에 해당 차입금의 차입조건을 그 주택 완공 시 장기주택저당차입금으로 전환할 것을 조건으로 변경하는 경우를 포함한다)한 경우에는 그 차입일(차입조건을 새

빠른 날부터 전후 3개월 이내에 차입한 자금[종전의 주택임차자금 차입금을 다른 대출기관으로부터 차입한 자금으로 상환(이하 이 호에서 "대환대출"이라 한다)하는 경우에는 대환대출 전에 최초로 차입한 자금을 기준으로 한다]일 것. 이 경우 임대차계약을 연장하거나 갱신하면서 차입하는 경우에는 임대차계약 연장일 또는 갱신일부터 전후 3개월 이내에 차입한 자금을 포함하며, 주택임차자금 차입금의 원리금 상환액에 대한 소득공제를 받고 있던 사람이 다른 주택으로 이주하는 경우에는 이주하기 전 주택의 입주일과 전입일등 중 빠른 날부터 전후 3개월 이내에 차입한 자금을 포함한다. (2025. 2. 28. 개정)

나. 차입금이 별표 1의 2에 따른 대출기관에서 임대인의 계좌로 직접 입금될 것 (2010. 2. 18. 개정)

나. 차입한 자금(대환대출의 경우에는 대환대출 전에 최초로 차입한 자금을 기준으로 한다)이 별표 1의 2에 따른 대출기관에서 임대인의 계좌로 직접 입금될 것 (2025. 2. 28. 개정)

2. 「대부업 등의 등록 및 금융이용자 보호에 관한 법률」 제2조에 따른 대부업등을 경영하지 아니하는 거주자로부터 차입한 자금으로서 다음 각 목의 요건을 모두 갖춘 것 (2010. 2. 18. 개정)

가. 임대차계약증서의 입주일과 전입일등 중 빠른 날부터 전후 1개월 이내에 차입한 자금일 것. 이 경우 임대차계약을 연장하거나 갱신하면서 차입하는 경우에는 임대차계약 연장일 또는 갱신일부터 전후 1개월 이내에 차입한 자금을 포함하며, 주택임차자금 차입금의 원리금 상환액에 대한 소득공제를 받고 있던 사람이 다른 주택으로 이주하는 경우에는 이주하기 전 주택의 입주일과 전입일등 중 빠른 날부터 전후 1개월 이내에 차입한 자금을 포함한다. (2021. 2. 17. 개정)

나. 기획재정부령으로 정하는 이자율보다 낮은 이자율로 차입한 자금이 아닐 것 (2010. 2. 18. 개정)

⑤ 법 제52조 제4항 본문 및 같은 조 제5항 각 호 외의 부분 본문에서 "대통령령으로 정하는 외국인"이란 다음 각 호의 요건을 모두 갖춘 거주자를 말한다. (2021. 2. 17. 신설)

1. 다음 각 목의 어느 하나에 해당하는 사람일 것 (2021. 2. 17. 신설)

제57조【주택임차자금 차입금의 이자율】영 제112조 제4항 제2호 나목에서 "기획재정부령으로 정하는 이자율"이란 연 1천분의 35를 말한다. (2024. 3. 22. 개정)

제57조【주택임차자금 차입금의 이자율】영 제112조 제4항 제2호 나목에서 "기획재정부령으로 정하는 이자율"이란 연 1천분의 31을 말한다. (2025. 3. 21. 개정)

편주 ▶ ●●●●●●●●●●●●●●●●●●●●●

2025. 3. 21. 전에 주택임차자금을 차입한

로 변경한 경우에는 그 변경일을 말한다)부터 그 주택의 소유권보존
등기일까지 그 차입금을 장기주택저당차입금으로 본다. 다만, 거주
자가 주택분양권을 둘 이상 보유하게 된 경우에는 그 보유기간이 속
하는 과세기간에는 적용하지 아니한다. (2023. 12. 31. 개정)

편주

2024. 1. 1. 전에 취득한 주택 및 주택분양권에 대한 장기주택저당차입금
이자 상환액의 소득공제 대상 주택 및 주택분양권의 범위에 관하여는 법
52조 5항 4호 본문의 개정규정에도 불구하고 종전의 규정에 따름. (법 부
칙(2023. 12. 31.) 16조 1항)

5. 주택에 대한 「부동산 가격공시에 관한 법률」에 따른 개별주택가격
  및 공동주택가격이 공시되기 전에 차입한 경우에는 차입일 이후 같
  은 법에 따라 최초로 공시된 가격을 해당 주택의 기준시가로 본다.
  (2016. 1. 19. 개정 ; 부동산 가격공시 및~법률 부칙)
⑥ 제5항 단서에도 불구하고 장기주택저당차입금이 다음 각 호의 어느
하나에 해당하는 경우에는 연 800만원 대신 그 해당 각 호의 금액을
공제한도로 하여 제5항 본문을 적용한다. (2023. 12. 31. 개정)
1. 차입금의 상환기간이 15년 이상인 장기주택저당차입금의 이자를
  대통령령으로 정하는 고정금리 방식(이하 이 항에서 "고정금리"
  라 한다)으로 지급하고, 그 차입금을 대통령령으로 정하는 비거
  치식 분할상환 방식(이하 이 항에서 "비거치식 분할상환"이라 한
  다)으로 상환하는 경우 : 2천만원 (2023. 12. 31. 개정)
2. 차입금의 상환기간이 15년 이상인 장기주택저당차입금의 이자를 고
  정금리로 지급하거나 그 차입금을 비거치식 분할상환으로 상환하는
  경우 : 1천800만원 (2023. 12. 31. 개정)
3. 차입금의 상환기간이 10년 이상인 장기주택저당차입금의 이자를 고
  정금리로 지급하거나 그 차입금을 비거치식 분할상환으로 상환하는
  경우 : 600만원 (2023. 12. 31. 개정)
⑦ 삭 제 (2014. 1. 1.)
⑧ 제1항·제4항 및 제5항에 따른 공제는 해당 거주자가 대통령령으
로 정하는 바에 따라 신청한 경우에 적용하며, 공제액이 그 거주자의

가. 「출입국관리법」 제31조에 따라 등록한 외국인 (2021. 2. 17.
  신설)
나. 「재외동포의 출입국과 법적 지위에 관한 법률」 제6조에 따라
  국내거소신고를 한 외국국적동포 (2021. 2. 17. 신설)
2. 다음 각 목의 어느 하나에 해당하는 사람이 법 제52조 제4항·제5
  항 및 「조세특례제한법」 제87조 제2항에 따른 공제를 받지 않았을
  것 (2021. 2. 17. 신설)
  가. 거주자의 배우자 (2021. 2. 17. 신설)
  나. 거주자와 같은 주소 또는 거소에서 생계를 같이 하는 사람으로
    서 다음의 어느 하나에 해당하는 사람 (2021. 2. 17. 신설)
    1) 거주자의 직계존비속(그 배우자를 포함한다) 및 형제자매
      (2021. 2. 17. 신설)
    2) 거주자의 배우자의 직계존비속(그 배우자를 포함한다) 및 형
      제자매 (2021. 2. 17. 신설)
⑥ 삭 제 (2015. 2. 3.)
⑦ 삭 제 (2014. 2. 21.)
⑧ 법 제52조 제5항 각 호 외의 부분 본문에서 "대통령령으로 정하는
장기주택저당차입금"이란 다음 각 호의 요건을 모두 갖춘 차입금을 말
하며, 같은 항 단서 및 같은 조 제6항 제1호부터 제3호까지의 규정에
따라 차입금의 상환기간을 산정할 때에 해당 주택의 전소유자가 해당
주택에 저당권을 설정하고 차입한 장기주택저당차입금에 대한 채무를
양수인이 주택 취득과 함께 인수한 경우에는 해당 주택의 전소유자가
해당 차입금을 최초로 차입한 때를 기준으로 하여 계산한다. 이 경우
해당 요건을 충족하지 못하게 되는 경우에는 그 사유가 발생한 날부터
법 제52조 제5항을 적용하지 아니한다. (2015. 2. 3. 개정)
1. 삭 제 (2015. 2. 3.)
2. 주택소유권이전등기 또는 보존등기일부터 3월 이내에 차입한 장기
  주택저당차입금일 것 (2000. 10. 23 개정)
3. 장기주택저당차입금의 채무자가 당해 저당권이 설정된 주택의 소유
  자일 것 (2000. 10. 23 개정)
⑨ 법 제52조 제6항 제1호에서 "대통령령으로 정하는 고정금리 방식"이란 차입금의
100분의 70 이상의 금액에 상당하는 분에 대한 이자를 상환기간 동안 고정금리(5년 이

경우의 소득공제 관련 이자율 요건에 관하여
는 규칙 57조의 개정규정에도 불구하고 종
전의 규정에 따름. (규칙 부칙(2025. 3. 21.)
7조)

해당 과세기간의 합산과세되는 종합소득금액을 초과하는 경우 그 초과하는 금액은 없는 것으로 한다. (2014. 1. 1. 개정)

1. 법정기부금의 경우 : 3년 (2012. 1. 1. 개정)
2. 지정기부금의 경우 : 5년 (2009. 12. 31. 개정)

1.~2. 삭 제 (2014. 1. 1.)

⑨ 삭 제 (2014. 1. 1.)

⑩ 제1항·제4항·제5항 및 제8항에 따른 공제를 "특별소득공제"라 한다. (2014. 1. 1. 개정)

⑪ 특별소득공제에 관하여 그 밖에 필요한 사항은 대통령령으로 정한다. (2014. 1. 1. 개정)

상의 기간 단위로 금리를 변경하는 경우를 포함한다)로 지급하는 경우를 말하며, "대통령령으로 정하는 비거치식 분할상환 방식"이란 차입일이 속하는 과세기간의 다음 과세기간부터 차입금 상환기간의 말일이 속하는 과세기간까지 매년 다음 계산식에 따른 금액 이상의 차입금을 상환하는 경우를 말한다. 이 경우 상환기간 연수 중 1년 미만의 기간은 1년으로 본다. (2015. 2. 3. 개정)

$$\frac{\text{차입금의 100분의 70}}{\text{상환기간 연수}}$$

⑨ 법 제52조 제6항 제1호에서 "대통령령으로 정하는 고정금리 방식"이란 차입금의 100분의 70 이상의 금액에 상당하는 분에 대한 이자를 상환기간 동안 고정금리(5년 이상의 기간 단위로 금리를 변경하는 경우를 포함한다)로 지급하는 경우를 말하며, "대통령령으로 정하는 비거치식 분할상환 방식"이란 상환기간 동안 이자만 상환하는 기간(이하 이 항에서 "거치기간"이라 한다)이 1년 이내이고 거치기간 종료일이 속하는 과세기간부터 차입금 상환기간의 말일이 속하는 과세기간까지 매년 다음 계산식에 따른 금액 이상의 차입금을 상환하는 경우를 말한다. 이 경우 상환기간 연수 중 1년 미만의 기간은 1년으로 본다. (2025. 2. 28. 개정)

$$\frac{\text{차입금의 100분의 70}}{\text{상환기간 연수}} \times \frac{\text{해당 과세기간의 차입금 상환월수}}{12}$$

⑩ 다음 각 호의 어느 하나에 해당하는 경우 해당 차입금은 제8항에도 불구하고 법 제52조 제5항 각 호 외의 부분 본문에 따른 "대통령령으로 정하는 장기주택저당차입금"으로 본다. 다만, 제2호 또는 제4호에 해당하는 경우에는 기존의 차입금의 잔액을 한도로 한다. (2013. 9. 9. 개정)

1. 「조세특례제한법」 제99조에 따른 양도소득세의 감면대상 신축주택을 최초로 취득하는 자가 금융회사 등 또는 「주택도시 기금법」에 따른 주택도시기금으로부터 차입한 차입금으로 해당 주택을 취득하기 위하여 차입한 사실이 확인되는 경우 (2015. 6. 30. 개정 ; 주택도시기금법 시행령 부칙)

2. 제8항에 따른 장기주택저당차입금의 차입자가 해당 금융회사 등 내에서 또는 다른 금융회사 등으로 장기주택저당차입금을 다음 각 목

⑪ 제8항을 적용할 때 주택취득과 관련하여 해당 주택의 양수인이 장기주택저당차입금의 채무를 인수하는 경우에는 같은 항 제2호의 요건을 적용하지 아니한다. (2013. 9. 9. 개정)

⑫ 법률 제5584호 「조세감면규제법개정법률」로 개정되기 전의 「조세감면규제법」 제92조의 4에 따른 주택자금 차입금 이자에 대한 세액공제를 받는 자에 대하여는 해당 과세기간에 있어서는 해당 주택취득과 관련된 차입금은 제8항에도 불구하고 법 제52조 제5항 각 호 외의 부분 본문에 따른 "대통령령으로 정하는 장기주택저당차입금"으로 보지 아니한다. (2013. 9. 9. 개정)

⑬ 제9항 제4호를 적용할 때 15년 이상 장기주택저당차입금으로 전환 당시 또는 연장 당시 법 제99조 제1항에 따른 주택의 기준시가 또는 제15항에 따른 주택분양권의 가격이 각각 3억원을 초과하는 경우에는 법 제52조 제3항에 따른 "대통령령이 정하는 장기주택저당차입금"으로 보지 아니한다. (2009. 2. 4. 개정)

⑬ 삭 제 (2010. 2. 18.)

⑭ 제11항을 적용할 때 주택양수인이 주택을 취득할 당시 법 제99조 제1항에 따른 주택의 기준시가가 6억원을 초과하는 경우에는 법 제52조 제5항 각 호 외의 부분 본문에 따른 "대통령령으로 정하는 장기주택저당차입금"으로 보지 않는다. (2024. 2. 29. 개정)

편주 ▶
2024. 1. 1. 전에 장기주택저당차입금의 상환기간을 연장하거나 신규로 차입한 경우 또는 채무를 인수한 경우 그 이자 상환액의 소득공제에 관하여는 영 112조 14항의 개정규정에도 불구하고 종전의 규정에 따름. (영 부칙(2024. 2. 29.) 8조 2항)

⑮ 법 제52조 제5항 제4호 본문에서 "대통령령으로 정하는 가격"이란 다음 각 호의 어느 하나에 해당하는 가격을 말한다. (2010. 2. 18. 개정)

1. 법 제52조 제5항 제4호 본문에 따른 주택분양권 중 제2호에 따른 조합원입주권을 제외한 주택분양권 : 분양가격 (2010. 2. 18. 개정)

2. 법 제89조 제2항 본문의 규정에 따른 조합원입주권 (2006. 2. 9. 신설)
　가. 청산금을 납부한 경우 (2006. 2. 9. 신설)

☞ p.2629 2단 연결

의 어느 하나에 해당하는 방식으로 이전하는 경우. 이 경우 해당 차입금의 상환기간은 15년 이상이어야 하며, 상환기간을 계산할 때에는 기존의 장기주택저당차입금을 최초로 차입한 날을 기준으로 한다. (2024. 2. 29. 개정)

가. 해당 금융회사 등 또는 다른 금융회사 등이 기존의 장기주택저당차입금의 잔액을 직접 상환하고 해당 주택에 저당권을 설정하는 형태로 장기주택저당차입금을 이전하는 방식 (2024. 2. 29. 신설)

나. 해당 차입자가 신규로 차입한 장기주택저당차입금으로 기존의 장기주택저당차입금의 잔액을 즉시 상환하고 해당 주택에 저당권을 설정하는 형태로 장기주택저당차입금을 이전하는 방식 (2024. 2. 29. 신설)

3. 주택양수자가 금융회사 등 또는 「주택도시기금법」에 따른 주택도시기금으로부터 주택양도자의 주택을 담보로 차입금의 상환기간이 15년 이상인 차입금을 차입한 후 즉시 소유권을 주택양수자에게로 이전하는 경우 (2015. 6. 30. 개정 ; 주택도시기금법 시행령 부칙)

4. 법 제52조 제5항에 따라 제8항 제2호 및 제3호의 요건에 해당하나 그 상환기간이 15년 미만인 차입금의 차입자가 그 상환기간을 15년 이상으로 연장하거나 해당 주택에 저당권을 설정하고 상환기간을 15년 이상으로 하여 신규로 차입한 차입금으로 기존 차입금을 상환하는 경우로서 상환기간 연장 당시 또는 신규 차입 당시 법 제99조 제1항에 따른 주택의 기준시가 또는 제15항에 따른 주택분양권의 가격이 각각 6억원 이하인 경우. 이 경우 제8항 제2호를 적용할 때에는 신규 차입금에 대하여는 기존 차입금의 최초차입일을 기준으로 한다. (2024. 2. 29. 개정)

5. 「조세특례제한법」 제98조의 3에 따른 양도소득세 과세특례대상 주택을 2009년 2월 12일부터 2010년 2월 11일까지의 기간 중에 최초로 취득하는 자가 해당 주택을 취득하기 위하여 금융회사 등 또는 「주택도시기금법」에 따른 주택도시기금으로부터 차입한 차입금으로서 상환기간이 5년 이상인 경우. 이 경우 해당 차입금은 제8항 제2호 및 제3호의 요건을 충족하여야 한다. (2015. 6. 30. 개정 ; 주택도시기금법 시행령 부칙)

편주 ▶
2024. 1. 1. 전에 장기주택저당차입금의 상환기간을 연장하거나 신규로 차입한 경우 또는 채무를 인수한 경우 그 이자 상환액의 소득공제에 관하여는 영 112조 10항 4호 전단의 개정규정에도 불구하고 종전의 규정에 따름. (영 부칙(2024. 2. 29.) 8조 2항)

기존건물과 그 부수토지의 평가액 + 납부한 청산금
나. 청산금을 지급받은 경우 (2006. 2. 9. 신설)
　　기존건물과 그 부수토지의 평가액 – 지급받은 청산금

제112조의 2 【기부금의 소득공제 등】 삭　제 (2014. 2. 21.)

제113조 【특별소득공제 및 특별세액공제】 (2014. 2. 21. 제목개정)
① 법 제52조 또는 제59조의 4를 적용받으려는 사람은 기획재정부령으로 정하는 서류를 다음 각 호에 규정된 날까지 원천징수의무자·납세조합 또는 납세지 관할세무서장에게 제출하여야 한다. 다만, 법 제52조 제1항에 따른 보험료와 원천징수의무자가 급여액에서 일괄공제하는 기부금에 대해서는 그러하지 아니하다. (2014. 2. 21. 개정)
1. 근로소득이 있는 사람(법 제127조 제1항 제4호 각 목의 어느 하나에 해당하는 근로소득이 있는 사람 중 납세조합에 가입하지 아니한 사람은 제외한다)은 해당 과세기간의 다음 연도 2월분의 급여를 받는 날(퇴직한 경우에는 퇴직한 날이 속하는 달의 급여를 받는 날) (2010. 2. 18. 개정)
2. 법 제127조 제1항 제4호 각 목의 어느 하나에 해당하는 근로소득이 있는 사람 중 납세조합에 가입하지 아니한 사람은 종합소득 과세표준확정신고기한 (2010. 2. 18. 개정)
② 제216조의 3에 따라 소득공제 및 세액공제 증명서류가 국세청장에게 제출되는 경우에는 제1항 본문에도 불구하고 법 제52조 또는 제59조의 4를 적용받고자 하는 자는 기획재정부령이 정하는 서류를 제출(국세정보통신망에 의한 제출을 포함한다)할 수 있다. (2016. 2. 17. 개정)
③ 법 제47조 제5항은 특별소득공제 및 특별세액공제에 관하여 준용한다. 다만, 법 제52조 제1항에 따른 보험료는 해당 보험료 계산의 기초가 된 급여를 지급하는 원천징수의무자가 공제한다. (2014. 2. 21. 개정)

관계조문 》

규칙 101조 17호 ⇒ 의료비지급명세서

제58조 【특별소득공제 및 특별세액공제】 (2014. 3. 14. 제목개정)
① 영 제113조 제1항 각 호 외의 부분 본문에서 "기획재정부령으로 정하는 서류"란 다음 각 호의 서류[국세청장이 정하여 고시하는 기준에 해당하는 자로서 국세청장이 지정하는 자가 인터넷을 통하여 발급하는 서류(이하 이 조에서 "인터넷증빙서류"라 한다)를 포함한다]를 말한다. (2017. 3. 10. 개정)
1. 법 제59조의 4 제1항에 따른 보험료 세액공제에 있어서는 보험료납입증명서 또는 보험료납입영수증으로서 제61조의 3에 따라 보험료공제 대상임이 표시되거나 영 제118조의 4 제1항에 따라 장애인전용보험으로 표시된 것 (2014. 3. 14. 개정)

관계조문 》

규칙 101조 16호 ⇒ 보험료납입증명서

2. 법 제59조의 4 제2항에 따른 의료비 세액공제의 경우에는 의료비지급명세서. 이 경우 다음 각 목의 어느 하나에 해당하는 의료비영수증 등을 첨부해야 한다. (2022. 3. 18. 개정)

항 제2호에 따른 월세액에 대한 공제의 경우는 제외한다) 또는 장기주택저당차입금이자상환증명서 (2011. 3. 28. 개정)

관계조문 ≫
규칙 101조 19호 ⇒ 주택자금상환등증명서 또는 장기주택저당차입금이자상환증명서

나. 주민등록표등본 (99. 5. 7 개정)
다. 법 제52조 제4항 제2호에 따른 월세액에 대한 공제에 대해서는 임대차계약증서 사본 및 현금영수증, 계좌이체영수증, 무통장입금증 등 주택 임대인에게 월세액을 지급하였음을 증명할 수 있는 서류 (2010. 4. 30. 개정)
라. 법 제52조 제5항에 따른 장기주택저당차입금의 이자상환액에 대한 공제에 대하여는 그 차입금으로 취득한 주택의 가액 또는 주택분양권의 가격을 확인할 수 있는 다음의 어느 하나에 해당하는 서류와 등기사항증명서 또는 분양계약서 (2017. 3. 10. 개정)
1) 「부동산가격공시에 관한 법률 시행규칙」 제13조에 따른 개별주택가격 확인서 (2017. 3. 10. 개정)
2) 「부동산가격공시에 관한 법률 시행규칙」 제17조에 따른 공동주택가격 확인서 (2017. 3. 10. 개정)
3) 1) 및 2)에 따른 서류 외에 주택의 가액 또는 주택분양권의 가격을

☞ p.2631 4단 연결

는 교육과정의 경우에는 당해 학교가 발행하는 교육비납입증명서 (2005. 3. 19. 개정)
나. 가목에 규정된 학교 외의 교육기관에서 이수하는 교육과정의 경우에는 해당 교육기관이 발행(인터넷으로 발행하는 것을 포함한다. 이하 이 목에서 같다)하는 교육비 납입증명서. 다만, 해당 교육기관이 해산 등으로 발행할 수 없는 경우에는 「평생교육법」 제19조 제1항에 따른 국가평생교육진흥원에서 발행하는 교육비납입증명서를 말한다. (2017. 3. 10. 개정)
3의 3. 법 제59조의 4 제3항 제1호 나목의 「독학에 의한 학위취득에 관한 법률」에 따른 학위취득과정의 교육비세액공제의 경우에는 해당 교육기관이 발행하는 교육비납입증명서 (2014. 3. 14. 개정)
3의 4. 법 제59조의 4 제3항 제1호 다목에 따른 국외교육비의 공제에 있어서는 영 제118조의 6 제4항 및 제5항의 요건을 갖춘 자임을 입증할 수 있는 서류 (2014. 3. 14. 개정)
3의 5. 영 제118조의 6 제1항 제5호에 따른 공제 중 학교 외에서 구입한 초·중·고등학교의 방과후 학교 수업용 도서는 방과후 학교 수업용 도서구입 증명서 (2014. 3. 14. 개정)
4. 법 제52조 제4항 및 제5항에 따른 주택자금공제의 경우에는 다음 각 목의 서류 (2010. 4. 30. 개정)
가. 주택자금상환등증명서(법 제52조 제4

숙아 및 선천성이상아를 위하여 지급한 의료비의 경우에는 「의료법」 제17조에 따른 진단서 또는 증명서와 가목부터 라목까지의 서류 중 해당되는 서류 (2022. 3. 18. 신설)
사. 법 제59조의 4 제2항 제4호에 따른 난임시술을 위하여 지출한 비용의 경우에는 「의료법」 제17조에 따른 진단서 또는 증명서와 가목 및 라목의 서류 중 해당되는 서류 (2022. 3. 18. 신설)
3. 법 제59조의 4 제3항에 따른 교육비 세액공제의 경우에는 교육비납입증명서. 다만, 법령에 따라 자녀학비보조수당을 받은 자의 경우에는 자녀학비보조수당 금액의 범위에서 해당 법령이 정하는 바에 따라 소속기관장에게 이미 제출한 취학자녀의 재학증명서로 갈음할 수 있으며, 법 제59조의 4 제3항 제3호에 따른 특수교육비의 경우에는 같은 호 가목 또는 나목에 해당하는 시설 또는 법인임을 해당 납입증명서를 발급한 자가 입증하는 서류를 첨부하여야 한다. (2014. 3. 14. 개정)

관계조문 ≫
규칙 101조 18호 ⇒ 교육비납입증명서

3의 2. 법 제59조의 4 제3항 제1호 나목의 「학점인정 등에 관한 법률」에 따른 학위취득과정의 교육비 세액공제의 경우에는 다음 각 목의 서류 (2014. 3. 14. 개정)
가. 「고등교육법」에 의한 대학·전문대학 및 이에 준하는 학교에서 이수하

가. 「의료법」에 따른 의료기관 및 「약사법」에 따른 약국에 지급한 의료비의 경우에는 「국민건강보험 요양 급여의 기준에 관한 규칙」 제7조 제1항에 따른 계산서·영수증, 동조 제2항에 따른 진료비(약제비) 납입확인서 또는 「국민건강보험법」에 따른 국민건강보험공단의 이사장이 발행하는 의료비부담명세서 (2008. 4. 29. 개정)

관계조문 ≫
규칙 101조 17호 ⇒ 의료비부담명세서

나. 안경 또는 콘택트렌즈 구입비용의 경우에는 사용자의 성명 및 시력교정용임을 안경사가 확인한 영수증 (2003. 4. 14 신설)
다. 보청기 또는 장애인보장구 구입비용의 경우에는 사용자의 성명을 판매자가 확인한 영수증 (2003. 4. 14 신설)
라. 영 제118조의 5 제1항 제3호에 따른 의료기기 구입비용 또는 임차비용의 경우에는 의사·치과의사·한의사의 처방전과 판매자 또는 임대인이 발행한 의료기기명이 적힌 의료비영수증 (2014. 3. 14. 개정)
마. 「모자보건법」 제2조 제10호에 따른 산후조리원에 산후조리 및 요양의 대가로 지급하는 비용의 경우에는 사용자의 성명을 산후조리원이 확인한 영수증 (2020. 3. 13. 신설)
바. 법 제59조의 4 제2항 제3호에 따른 미

할 수 있다. (2001. 4. 30 개정)

② 삭 제 (2009. 4. 14.)

③ 법 제52조 제1항·제4항·제5항 및 제59조의 4 제1항부터 제4항까지의 규정에 따른 특별소득공제 및 특별세액공제를 받기 위하여 제1항 제3호의 4, 같은 항 제4호 나목·라목 및 바목에 따른 서류를 제출하고 그 이후 변동사항이 없는 경우에는 그 다음 과세기간분부터는 해당 서류를 제출하지 아니할 수 있다. (2014. 3. 14. 개정)

④ 국세청장은 제1항에 따른 인터넷증빙서류에 관하여 다음 각 호의 사항을 정하여 고시하여야 한다. (2006. 4. 10. 개정)

1. 인터넷증빙서류 신청자 및 발급자의 인적사항의 표기에 관한 사항 (2006. 4. 10. 개정)

2. 소득·세액 공제 대상금액의 표기에 관한 사항 (2014. 3. 14. 개정)

3. 암호화코드·복사방지마크 등 위조 또는 변조 방지장치에 관한 사항 (2006. 4. 10. 개정)

4. 그 밖에 인터넷증빙서류가 갖추어야 할 요건에 관한 사항 (2006. 4. 10. 개정)

⑤ 영 제113조 제2항에서 "기획재정부령이 정하는 서류"란 영 제216조의 3 제1항 각 호의 지급액에 관한 서류로서 소득·세액 공제 명세를 일괄적으로 적어 국세청장이 발급하는 서류를 말한다. (2014. 3. 14. 개정)

사. 영 제112조 제10항 제2호 및 제4호에 따른 차입금의 경우에는 기존 및 신규 차입금의 대출계약서 사본 (2025. 3. 21. 개정)

5. 법 제59조의 4 제4항에 따른 공제에 있어서는 기부금명세서. 이 경우 기부금영수증을 첨부하되,「정치자금에 관한 법률」등 관련 법령에서 영수증을 별도로 정하고 있는 경우에는 해당 법령에서 정하는 바에 따르며, 원천징수의무자가 기부금을 일괄 징수하는 경우에는 기부금영수증을 첨부하지 아니할 수 있다. (2014. 3. 14. 개정)

관계조문

- 규칙 101조 20호 ⇒ 기부금명세서
- 규칙 101조 20호의 2 ⇒ 기부금영수증

6. 법 제52조 제9항의 규정에 의한 공제에 있어서는 다음 각목의 서류 (2004. 3. 5. 신설)
가. 혼인의 경우에는 혼인한 자의 혼인관계증명서 (2008. 4. 29. 개정)
나. 장례의 경우에는 사망한 자의 기본 증명서 (2008. 4. 29. 개정)
다. 주소 이동의 경우에는 주민등록등본과 주택매매계약서 또는 주택임대차계약서 사본 (2004. 3. 5. 신설)

6. 삭 제 (2009. 4. 14.)

② 법 제52조 제1항 제2호·제2호의 2 또는 동조 제2항의 규정에 의한 특별공제를 받기 위하여 제1항 제1호 또는 제4호의 규정에 의한 서류를 제출한 경우에는 그 다음 연도분부터는 당해 보험증권의 사본 및 보험료자동이체증장의 사본 또는 주택마련저축통장(대출금상환의 경우에는 주택자금대출금통장을 말한다)의 사본으로 제1항 제1호 또는 제4호의 서류를 각각 갈음

확인할 수 있는 서류로서 국세청장이 고시하는 서류 (2017. 3. 10. 개정)

마. 영 제112조 제4항 제2호에 따른 차입금에 대한 공제에 대해서는 임대차계약증서 사본(영 제112조 제4항 제1호 후단 또는 같은 항 제2호 후단에 따라 공제를 받는 경우에는 임대차계약을 연장 또는 갱신하거나 이주를 하기 전의 임대차계약에 대한 임대차계약증서사본을 포함한다), 금전소비대차계약서 사본, 계좌이체 영수증 및 무통장입금증 등 해당 차입금에 대한 원리금을 대주(貸主)에게 상환하였음을 증명할 수 있는 서류 (2014. 3. 14. 개정)

바. 영 제112조 제10항 제1호에 따른 차입금을 상환하는 경우에는 다음의 해당서류 (2025. 3. 21. 개정)

(1) 자기가 건설한 주택(주택조합 또는 정비사업조합의 조합원이 취득한 주택을 포함한다) : 사용승인서 또는 사용검사서(임시사용승인서를 포함한다) 사본 (2010. 4. 30. 신설)

(2) 주택건설사업자가 건설한 주택 : 주택매매계약서사본, 계약금을 납부한 사실을 입증할 수 있는 서류 및 「조세특례제한법」 제99조 제1항 제2호 단서에 해당하지 아니함을 확인하는 주택건설사업자의 확인서 (2010. 4. 30. 신설)

제53조【생계를 같이 하는 부양가족의 범위와 그 판정시기】① 제50조에 규정된 생계를 같이 하는 부양가족은 주민등록표의 동거가족으로서 해당 거주자의 주소 또는 거소에서 현실적으로 생계를 같이 하는 사람으로 한다. 다만, 직계비속·입양자의 경우에는 그러하지 아니하다. (2009. 12. 31. 개정)

② 거주자 또는 동거가족(직계비속·입양자는 제외한다)이 취학·질병의 요양, 근무상 또는 사업상의 형편 등으로 본래의 주소 또는 거소에서 일시 퇴거한 경우에도 대통령령으로 정하는 사유에 해당할 때에는 제1항의 생계를 같이 하는 사람으로 본다. (2009. 12. 31. 개정)

통칙 53-114…1【입영한 군인의 일시퇴거 해당 여부】
영내에 기거하는 군인은 법 제53조 제2항의 규정에 의한 근무상의 형편에 의거 일시퇴거한 자로 본다. (97. 4. 8. 개정)

③ 거주자의 부양가족 중 거주자(그 배우자를 포함한다)의 직계존속이 주거 형편에 따라 별거하고 있는 경우에는 제1항에도 불구하고 제50조에서 규정하는 생계를 같이 하는 사람으로 본다. (2009. 12. 31. 개정)

④ 제50조, 제51조 및 제59조의 2에 따른 공제대상 배우자, 공제대상 부양가족, 공제대상 장애인 또는 공제대상 경로우대자에 해당하는지 여부의 판정은 해당 과세기간의 과세기간 종료일 현재의 상황에 따른다. 다만, 과세기간 종료일 전에 사망한 사람 또는 장애가 치유된 사람에 대해서는 사망일 전날 또는 치유일 전날의 상황에 따른다. (2014. 1. 1. 개정)

⑤ 제50조 제1항 제3호 및 제59조의 2에 따라 적용대상 나이가 정해진 경우에는 제4항 본문에도 불구하고 해당 과세기간의 과세기간 중에 해당 나이에 해당되는 날이 있는 경우에 공제대상자로 본다. (2014. 1. 1. 개정)

제54조【종합소득공제 등의 배제】(2014. 1. 1. 제목개정)
① 분리과세이자소득, 분리과세배당소득, 분리과세연금소득과 분리과세기타소득만이 있는 자에 대해서는 종합소득공제를 적용하지 아니한

제113조의 2【성실사업자의 범위】삭　제 (2014. 2. 21.)

제114조【일시퇴거자의 범위】① 법 제53조 제2항에서 "대통령령으로 정하는 사유"란 거주자 또는 그 동거가족(직계비속 및 입양자는 제외한다)이 취학, 질병의 요양, 근무상 또는 사업상의 형편으로 본래의 주소 또는 거소를 일시 퇴거한 경우를 말한다. (2010. 2. 18. 개정)

② 법 제53조 제2항에 따른 일시퇴거자에 대한 종합소득공제 및 특별세액공제를 받고자 하는 자는 기획재정부령이 정하는 일시퇴거자 동거가족상황표(이하 "일시퇴거자 동거가족상황표"라 한다)에 다음 각 호의 어느 하나에 해당하는 서류를 첨부하여 원천징수의무자 또는 납세지 관할세무서장에게 제출 (2014. 2. 21. 개정)

관계조문

규칙 101조 9호 ⇒ 일시퇴거자 동거가족상황표

1. 취학을 위하여 일시퇴거한 경우에는 당해 학교(학원 등을 포함한다)의 장이 발행하는 재학증명서
2. 질병의 요양을 위하여 일시퇴거한 경우에는 당해 의료기관의 장이 발행하는 요양증명서
3. 근무를 위하여 일시퇴거한 경우에는 당해 근무처의 장이 발행하는 재직증명서
4. 삭　제 (2006. 6. 12. ; 행정정보의 공동이용 및~일부 개정령)

③ 제2항에 따라 신청을 받은 납세지 관할 세무서장은 「전자정부법」 제36조 제1항에 따른 행정정보의 공동이용을 통하여 다음 각 호의 서류를 확인하여야 하며, 거주자가 확인에 동의하지 아니하거나 근로소득자가 법 제140조에 따라 소득공제 및 세액공제 신고를 하는 경우에는 이를 첨부하도록 하여야 한다. (2014. 2. 21. 개정)
1. 본래의 주소지 및 일시퇴거지의 주민등록표 등본 (2006. 6. 12. 신설

제59조【일시퇴거자 동거상황표】
영 제114조 제3항에 따라 주민등록표등본을 제출하여야 할 일시퇴거자가 기숙사, 그 밖에 다수인이 동거하는 숙소에 거주하는 때에는 주민등록표초본으로 그 등본에 갈음할 수 있다. (2009. 4. 14. 개정)

다. (2013. 1. 1. 개정)

② 제70조 제1항, 제70조의 2 제2항 또는 제74조에 따라 과세표준확정신고를 하여야 할 자가 제70조 제4항 제1호에 따른 서류를 제출하지 아니한 경우에는 기본공제 중 거주자 본인에 대한 분(分)과 제59조의 4 제9항에 따른 표준세액공제만을 공제한다. 다만, 과세표준확정신고 여부와 관계없이 그 서류를 나중에 제출한 경우에는 그러하지 아니하다. (2014. 1. 1. 개정)

③ 제82조에 따른 수시부과 결정의 경우에는 기본공제 중 거주자 본인에 대한 분(分)만을 공제한다. (2009. 12. 31. 개정)

제54조의 2【공동사업에 대한 소득공제 등 특례】(2014. 1. 1. 제목개정)

제51조의 3 또는 「조세특례제한법」에 따른 소득공제를 적용하거나 제59조의 3에 따른 세액공제를 적용하는 경우 제43조 제3항에 따라 소득금액이 주된 공동사업자의 소득금액에 합산과세되는 특수관계인이 지출·납입·투자·출자 등을 한 금액이 있으면 주된 공동사업자의 소득에 합산과세되는 소득금액의 한도에서 주된 공동사업자가 지출·납입·투자·출자 등을 한 금액으로 보아 주된 공동사업자의 합산과세되는 종합소득금액 또는 종합소득산출세액을 계산할 때에 소득공제 또는 세액공제를 받을 수 있다. (2014. 1. 1. 개정)

제 4 절   세액의 계산

제 1 관 세   율

제55조【세   율】 ① 거주자의 종합소득에 대한 소득세는 해당 연도의 종합소득과세표준에 다음의 세율을 적용하여 계산한 금액(이하 "종합소득산출세액"이라 한다)을 그 세액으로 한다. (2022. 12. 31. 개정)

; 행정정보의 공동이용 및~일부 개정령)

2. 사업자등록증 사본(사업상 형편으로 일시퇴거한 경우에 한한다) (2006. 6. 12. 신설 ; 행정정보의 공동이용 및~일부 개정령)

④ 제2항 및 제3항의 규정에 의한 일시퇴거자 동거가족상황표의 제출에 관하여는 제113조 제1항의 규정을 준용한다. (2006. 6. 12. 개정 ; 행정정보의 공동이용 및~일부 개정령)

제 5 절   세율과 세액공제

제115조【퇴직소득의 세액계산】삭 제 (2013. 2. 15.)

제116조【배당세액공제의 신청】삭 제 (2007. 2. 28.)

편주 ···
2016. 1. 1.부터 2019. 12. 31.까지의 기간 동안 퇴직한 경우에는 퇴직소득 산출세액을 계산함에 있어 법 55조 2항의 개정규정에도 불구하고 퇴직소득 산출세액을 다음 표의 퇴직일이 속하는 과세기간에 해당하는 계산식에 따른 금액으로 함. (법 부칙(2014. 12. 23.) 25조)

종합소득 과세표준	세 율
1,400만원 이하	과세표준의 6퍼센트
1,400만원 초과 5,000만원 이하	84만원 + (1,400만원을 초과하는 금액의 15퍼센트)
5,000만원 초과 8,800만원 이하	624만원 + (5,000만원을 초과하는 금액의 24퍼센트)
8,800만원 초과 1억5천만원 이하	1,536만원 + (8,800만원을 초과하는 금액의 35퍼센트)
1억5천만원 초과 3억원 이하	3,706만원 + (1억5천만원을 초과하는 금액의 38퍼센트)
3억원 초과 5억원 이하	9,406만원 + (3억원을 초과하는 금액의 40퍼센트)
5억원 초과 10억원 이하	1억7,406만원 + (5억원을 초과하는 금액의 42퍼센트)
10억원 초과	3억8,406만원 + (10억원을 초과하는 금액의 45퍼센트)

② 거주자의 퇴직소득에 대한 소득세는 다음 각 호의 순서에 따라 계산한 금액(이하 "퇴직소득 산출세액"이라 한다)으로 한다. (2013. 1. 1. 개정)

1. 해당 과세기간의 퇴직소득과세표준에 제1항의 세율을 적용하여 계산한 금액 (2014. 12. 23. 개정)

2. 제1호의 금액을 12로 나눈 금액에 근속연수를 곱한 금액 (2014. 12. 23. 개정)

3. 제2호를 5로 나눈 금액에 근속연수를 곱한 금액 (2013. 1. 1. 개정)

3. 삭　제 (2014. 12. 23.)

제 2 관　세액공제

제56조 【배당세액공제】 ① 거주자의 종합소득금액에 제17조 제3항 각 호 외의 부분 단서가 적용되는 배당소득금액이 합산되어 있는 경우에는 같은 항 각 호 외의 부분 단서에 따라 해당 과세기간의 총수입금액에 더한 금액에 해당하는 금액을 종합소득 산출세액에서 공제한

퇴직일이 속하는 과세기간	퇴직소득 산출세액
2016. 1. 1.부터 2016. 12. 31.까지	종전 규정에 따른 퇴직소득 산출세액 × 80% + 개정규정에 따른 퇴직소득 산출세액 × 20%
2017. 1. 1.부터 2017. 12. 31.까지	종전 규정에 따른 퇴직소득 산출세액 × 60% + 개정규정에 따른 퇴직소득 산출세액 × 40%
2018. 1. 1.부터 2018. 12. 31.까지	종전 규정에 따른 퇴직소득 산출세액 × 40% + 개정규정에 따른 퇴직소득 산출세액 × 60%
2019. 1. 1.부터 2019. 12. 31.까지	종전 규정에 따른 퇴직소득 산출세액 × 20% + 개정규정에 따른 퇴직소득 산출세액 × 80%

●예 판

회생계획인가결정에 따라 외상매출채권을 채무자 주식으로 전환한 경우 출자전환된 매출채권의 장부가액과 출자전환으로 취득한 주식의 시가와의 차액은 대손금으로 필요경비인정되나, 출자전환 후 감자하는 경우 감소되는 주식수에 상당하는 금액은 대손금으로 필요경비 산입할 수 없음. (기획재정부 소득세제과-279, 2016. 7. 4.)

●예 판

법인세법상 유동화전문회사 등에 대한 소득공제를 적용받지 아니한 유동화전문회사로부터 지급받는 배당금은 배당세액공제대상 배당소득에 해당함. (서면1팀-623, 2008. 5. 2.)

다. (2009. 12. 31. 개정)

② 제1항에 따른 공제를 "배당세액공제"라 한다. (2009. 12. 31. 개정)

③ 삭 제 (2003. 12. 30.)

④ 제1항을 적용할 때 배당세액공제의 대상이 되는 배당소득금액은 제14조 제2항의 종합소득과세표준에 포함된 배당소득금액으로서 이자소득등의 종합과세기준금액을 초과하는 것으로 한다. (2009. 12. 31. 개정)

⑤ 삭 제 (2006. 12. 30.)

⑥ 배당세액공제액의 계산 등에 필요한 사항은 대통령령으로 정한다. (2009. 12. 31. 개정)

제56조의 2 【기장세액공제】 ① 제160조 제3항에 따른 간편장부대상자가 제70조 또는 제74조에 따른 과세표준확정신고를 할 때 복식부기에 따라 기장(記帳)하여 소득금액을 계산하고 제70조 제4항 제3호에 따른 서류를 제출하는 경우에는 해당 장부에 의하여 계산한 사업소득금액이 종합소득금액에서 차지하는 비율을 종합소득 산출세액에 곱하여 계산한 금액의 100분의 20에 해당하는 금액을 종합소득 산출세액에서 공제한다. 다만, 공제세액이 100만원을 초과하는 경우에는 100만원을 공제한다. (2009. 12. 31. 개정)

② 다음 각 호의 어느 하나에 해당하는 경우에는 제1항에 따른 공제[이하 "기장세액공제"(記帳稅額控除)라 한다]를 적용하지 아니한다. (2009. 12. 31. 개정)

1. 비치·기록한 장부에 의하여 신고하여야 할 소득금액의 100분의 20 이상을 누락하여 신고한 경우 (2009. 12. 31. 개정)

2. 기장세액공제와 관련된 장부 및 증명서류를 해당 과세표준확정신고기간 종료일부터 5년간 보관하지 아니한 경우. 다만, 천재지변 등 대통령령으로 정하는 부득이한 사유에 해당하는 경우에는 그러하지 아니하다. (2009. 12. 31. 개정)

③ 기장세액공제에 관하여 필요한 사항은 대통령령으로 정한다. (2009. 12. 31. 개정)

제56조의 3 【전자계산서 발급 전송에 대한 세액공제】 ① 총수입금액 등을 고

제116조의 2 【배당세액공제대상 배당소득금액의 계산방법】 법 제62조를 적용함에 있어서 법 제56조 제4항에서 규정하는 이자소득 등의 종합과세기준금액을 초과하는 배당소득금액은 이자소득 등의 금액을 다음 각 호에 따라 순차적으로 합산하여 계산한 금액에 의한다. (2015. 2. 3. 개정)

1. 이자소득과 배당소득이 함께 있는 경우에는 이자소득부터 먼저 합산한다. (96. 12. 31 신설)

2. 제1호의 규정을 적용함에 있어서 법 제17조 제3항 단서가 적용되는 배당소득과 기타의 배당소득이 함께 있는 경우에는 기타의 배당소득부터 먼저 합산하고, 「조세특례제한법」 제104조의 27 제1항에 따른 배당소득이 있는 경우에는 이를 다음으로 합산한다. (2015. 2. 3. 개정)

제116조의 3 【기장세액공제】 ① 삭 제 (2010. 2. 18.)

② 법 제56조의 2 제2항 제2호 단서에서 "천재지변 등 대통령령으로 정하는 부득이한 사유"란 다음 각 호의 어느 하나에 해당하는 경우를 말한다. (2010. 2. 18. 개정)

1. 천재·지변 (98. 12. 31 신설)

2. 화재·전쟁의 재해를 입거나 도난을 당한 경우 (98. 12. 31 신설)

3. 기타 제1호 및 제2호에 준하는 사유가 발생한 경우 (98. 12. 31 신설)

③ 법 제56조의 2의 규정에 의한 기장세액공제를 받고자 하는 자는 과세표준확정신고서에 기획재정부령이 정하는 기장세액공제신청서를 첨

관계조문

규칙 100조 10호의 2 ⇒ 기장세액공제신청서

려하여 대통령령으로 정하는 사업자가 제163조 제1항 후단에 따른 전자계산서를 2024년 12월 31일까지 발급(제163조 제8항에 따라 전자계산서 발급명세를 국세청장에게 전송하는 경우로 한정한다)하는 경우에는 전자계산서 발급 건수 등을 고려하여 대통령령으로 정하는 금액을 해당 과세기간의 사업소득에 대한 종합소득산출세액에서 공제할 수 있다. 이 경우 공제한도는 연간 100만원으로 한다. (2021. 12. 8. 개정)

제56조의 3 【전자계산서 발급 전송에 대한 세액공제】 ① 총수입금액 등을 고려하여 대통령령으로 정하는 사업자가 제163조 제1항 후단에 따른 전자계산서를 2027년 12월 31일까지 발급(제163조 제8항에 따라 전자계산서 발급명세를 국세청장에게 전송하는 경우로 한정한다)하는 경우에는 전자계산서 발급 건수 등을 고려하여 대통령령으로 정하는 금액을 해당 과세기간의 사업소득에 대한 종합소득산출세액에서 공제할 수 있다. 이 경우 공제한도는 연간 100만원으로 한다. (2024. 12. 31. 개정)

② 제1항에 따른 세액공제를 적용받으려는 사업자는 제70조 또는 제74조에 따른 과세표준확정신고를 할 때 기획재정부령으로 정하는 전자계산서 발급 세액공제신고서를 납세지 관할 세무서장에게 제출하여야 한다. (2014. 12. 23. 신설)

제57조 【외국납부세액공제】 ① 거주자의 종합소득금액 또는 퇴직소득금액에 국외원천소득이 합산되어 있는 경우로서 그 국외원천소득에 대하여 외국에서 대통령령으로 정하는 외국소득세(이하 이 조에서 "외국소득세액"이라 한다)을 납부하였거나 납부할 것이 있을 때에는 다음 계산식에 따라 계산한 금액(이하 이 조에서 "공제한도금액"이라 한다) 내에서 외국소득세액을 해당 과세기간의 종합소득산출세액 또는 퇴직소득 산출세액에서 공제할 수 있다. (2020. 12. 29. 개정)

$$\text{공제한도금액} = A \times \frac{B}{C}$$

A : 제55조에 따라 계산한 해당 과세기간의 종합소득산출세액 또는 퇴직소득 산출세액

B : 국외원천소득(「조세특례제한법」이나 그 밖의 법률에 따라 세액감면 또는 면제를 적용받는 경우에는 세액감면 또는

부하여 납세지 관할세무서장에게 신청하여야 한다. (2008. 2. 29. 직제개정 ; 기획재정부와~직제 부칙)

제116조의 4 【전자계산서 발급 전송에 대한 세액공제 특례】 ① 법 제56조의 3 제1항 전단에서 "대통령령으로 정하는 사업자"란 다음 각 호의 어느 하나에 해당하는 사업자를 말한다. (2024. 2. 29. 개정)

1. 해당 과세기간에 신규로 사업을 개시한 사업자 (2024. 2. 29. 신설)

2. 직전 과세기간의 사업장별 총수입금액이 3억원 미만인 사업자 (2024. 2. 29. 신설)

② 법 제56조의 3 제1항 전단에서 "대통령령으로 정하는 금액"이란 전자계산서 발급 건수 당 200원을 곱하여 계산한 금액을 말한다. (2022. 2. 15. 개정)

제117조 【외국납부세액공제】 ① 법 제57조 제1항 계산식 외의 부분 및 제129조 제4항 전단에서 "대통령령으로 정하는 외국소득세액"이란 외국정부에 납부했거나 납부할 다음 각 호의 세액(가산세는 제외한다)을 말한다. 다만, 해당 세액이 조세조약에 따른 비과세·면제·제한세율에 관한 규정에 따라 계산한 세액을 초과하는 경우에는 그 초과하는 세액은 제외하되, 러시아연방 정부가 비우호국과의 조세조약 이행중단을 내용으로 하는 자국 법령에 근거하여 조세조약에 따른 비과세·면제·제한세율에 관한 규정에 따라 계산한 세액을 초과하여 과세한 세액은 포함한다. (2024. 2. 29. 단서개정)

1. 개인의 소득금액을 과세표준으로 하여 과세된 세액과 그 부가세액

2. 제1호와 유사한 세목에 해당하는 것으로서 소득 외의 수입금액 기타 이에 준하는 것을 과세표준으로 하여 과세된 세액

② 법 제57조 제1항이 적용되는 국외원천소득은 국외에서 발생한 소득으로서 거주자의 종합소득금액 또는 퇴직소득금액의 계산에 관한 규정

제60조 【외국납부세액공제】 ① 국외원천소득이 종합소득·퇴직소득 또는 양도소득으로 구분하여 과세되지 아니한 외국납부세액에 대한 세액공제액은 종합소득금액·퇴직소득금액 또는 양도소득금액에 의하여 안분계산한다. (2007. 4. 17. 개정)

② 외국납부세액의 원화환산은 외국세액을 납부한 때의 「외국환거래법」에 의한 기준환율 또는 재정환율에 의한다. (2005. 3. 19. 개정)

③ 영 제117조 제2항 각 호 외의 부분 후단에서 "연구개발 관련 비용 등 기획재정부령으로 정하는 비용"이란 영 제55조에

면제 대상 국외원천소득에 세액감면 또는 면제 비율을 곱한 금액은 제외한다)

C : 해당 과세기간의 종합소득금액 또는 퇴직소득금액

② 제1항(외국소득세액을 종합소득산출세액에서 공제하는 경우만 해당한다)을 적용할 때 외국정부에 납부하였거나 납부할 외국소득세액이 해당 과세기간의 공제한도금액을 초과하는 경우 그 초과하는 금액은 해당 과세기간의 다음 과세기간 개시일부터 10년 이내에 끝나는 과세기간(이하 이 조에서 "이월공제기간"이라 한다)으로 이월하여 그 이월된 과세기간의 공제한도금액 내에서 공제받을 수 있다. 다만, 외국정부에 납부하였거나 납부할 외국소득세액을 이월공제기간 내에 공제받지 못한 경우 그 공제받지 못한 외국소득세액은 제33조 제1항 제1호에도 불구하고 이월공제기간의 종료일 다음 날이 속하는 과세기간의 소득금액을 계산할 때 필요경비에 산입할 수 있다. (2022. 12. 31. 개정)

③ 국외원천소득이 있는 거주자가 조세조약의 상대국에서 그 국외원천소득에 대하여 소득세를 감면받은 세액의 상당액은 그 조세조약에서 정하는 범위에서 제1항에 따른 세액공제의 대상이 되는 외국소득세액으로 본다. (2020. 12. 29. 개정)

④ 거주자의 종합소득금액 또는 퇴직소득금액에 외국법인으로부터 받는 이익의 배당이나 잉여금의 분배액(이하 이 항에서 "수입배당금액"이라 한다)이 포함되어 있는 경우로서 그 외국법인의 소득에 대하여 해당 외국법인이 아니라 출자자인 거주자가 직접 납세의무를 부담하는 등 대통령령으로 정하는 요건을 갖춘 경우에는 그 외국법인의 소득에 대하여 출자자인 거주자에게 부과된 외국소득세액 중 해당 수입배당금액에 대응하는 것으로서 대통령령으로 정하는 바에 따라 계산한 금액은 제1항에 따른 세액공제의 대상이 되는 외국소득세액으로 본다. (2020. 12. 29. 개정)

⑤ 제1항부터 제4항까지의 규정에 따른 국외원천소득의 계산방법, 세액공제 또는 필요경비산입에 필요한 사항은 대통령령으로 정한다. (2013. 1. 1. 개정)

을 준용해 산출한 금액으로 하고, 같은 항에 따라 공제한도금액을 계산할 때의 국외원천소득은 그 국외원천소득에서 해당 과세기간의 종합소득금액을 계산할 때 필요경비에 산입된 금액(국외원천소득이 발생한 국가에서 과세할 때 필요경비에 산입된 금액은 제외한다)으로서 국외원천소득에 대응하는 다음 각 호의 비용(이하 이 조에서 "국외원천소득대응비용"이라 한다)을 뺀 금액으로 한다. 이 경우 거주자가 연구개발 관련 비용 등 기획재정부령으로 정하는 비용에 대하여 기획재정부령으로 정하는 계산방법을 선택하여 계산하는 경우에는 그에 따라 계산한 금액을 국외원천소득대응비용으로 하고, 기획재정부령으로 정하는 계산방법을 선택한 경우에는 그 선택한 계산방법을 적용받으려는 과세기간부터 5개 과세기간동안 연속하여 적용해야 한다. (2021. 2. 17. 개정)

1. 직접비용 : 해당 국외원천소득에 직접적으로 관련되어 대응되는 비용. 이 경우 해당 국외원천소득과 그 밖의 소득에 공통적으로 관련된 비용은 제외한다. (2020. 2. 11. 개정)

2. 배분비용 : 해당 국외원천소득과 그 밖의 소득에 공통적으로 관련된 비용 중 기획재정부령으로 정하는 배분방법에 따라 계산한 국외원천소득 관련 비용 (2020. 2. 11. 개정)

관계조문 ▶▶

규칙 100조 11호 ⇒ 외국납부세액공제(필요경비산입)신청서

③ 법 제57조 제1항에 따른 외국납부세액은 해당 국외원천소득이 과세표준에 산입되어 있는 과세기간의 산출세액에서 공제한다. 이 경우 외국납부세액의 공제를 받으려는 거주자는 기획재정부령으로 정하는 외국납부세액공제신청서를 국외원천소득이 산입된 과세기간의 과세표준확정신고 또는 연말정산을 할 때에 납세지 관할세무서장 또는 원천징수의무자에게 제출해야 한다. (2021. 2. 17. 개정)

④ 거주자는 외국정부의 국외원천소득에 대한 소득세의 결정통지의 지연이나 과세기간의 상이등의 사유로 제3항에 따른 신청서를 과세표준확정신고와 함께 제출할 수 없는 때에는 그 결정통지를 받은 날부터 3개월 이내에 이를 제출할 수 있다. (2017. 2. 3. 개정)

⑤ 제4항의 규정은 외국정부가 국외원천소득에 대한 소득세의 결정을

따른 사업소득의 필요경비로서 「조세특례제한법」 제2조 제1항 제11호의 연구개발 활동에 따라 발생한 비용(연구개발 업무를 위탁하거나 공동연구개발을 수행하는데 드는 비용을 포함하며, 이하 이 조에서 "연구개발비"라 한다)을 말한다. (2021. 3. 16. 개정)

④ 영 제117조 제2항 각 호 외의 부분 후단에서 "기획재정부령으로 정하는 계산방법"이란 다음 각 호의 방법을 말한다. 다만, 제2호에 따라 계산한 금액이 제1호에 따라 계산한 금액의 100분의 50 미만인 경우에는 제1호에 따라 계산한 금액의 100분의 50을 영 제117조 제2항에 따른 국외원천소득 대응 비용으로 한다. (2020. 3. 13. 신설)

1. 매출액 방법 : 해당 과세기간에 거주자의 전체 연구개발비 중 국내에서 수행되는 연구개발 활동에 소요되는 비용이 차지하는 비율(이하 이 항에서 "연구개발비용비율"이라 한다)의 구분에 따른 다음의 계산식에 따라 국외원천소득 대응 비용을 계산하는 방법 (2021. 3. 16. 개정)

구분	계산식
가. 연구개발 비용비율이 50퍼센트 이상인 경우	$A \times \dfrac{50}{100} \times \dfrac{C}{B+C+D}$

예판

- 거주자가 해외 연수 중 내국법인으로부터 지급받는 급여는 국외원천소득이 아니므로 외국납부세액공제의 적용대상이 아님. (서면2팀－1777, 2004. 8. 25.)
- 거주자가 국내원천소득에 대하여 외국에서 납부한 세액에 대하여는 외국납부세액공제를 적용하지 않음. (서면2팀－991, 2007. 5. 23.)
- 조세조약에 따라 적정하게 납부된 세액에 해당하지 아니하는 경우에는 「소득세법」에 따른 외국납부세액공제를 적용받을 수 없음. (서면국제세원－527, 2015. 5. 12.)
- 국내에서 지급받은 근로소득도 국외원천소득으로 보며, 종합소득금액에 국외원천소득이 합산되어 있는 경우에는 그 국외원천소득에 대하여 외국에서 납부한 소득세액은 외국납부세액 공제를 적용받을 수 있는 것임. (서면－2022－국제세원－3878, 2023. 2. 23.)

통칙 57－0…1 【국외원천소득의 범위】 (2009. 2. 2. 번호개정)
법 제57조 제1항에 규정하는 "국외원천소득"이라 함은 우리나라 세법에 의하여 계산한 과세소득으로서 국외에서 발생된 소득을 말한다.

57－0…2 【정부간의 조세조약과 외국납부세액공제】 (2011. 5. 20. 제목개정)
법 제57조 제1항에서 규정한 외국납부세액공제는 정부간의 조세조약 체결 여부와는 관계없이 그 세액공제를 받을 수 있다. (2011. 5. 20. 개정)

경정함으로써 외국납부세액에 변동이 생긴 경우에 이를 준용한다. 이 경우 환급세액이 발생하는 경우에는 「국세기본법」 제51조에 따라 충당하거나 환급할 수 있다. (2009. 2. 4. 후단신설)

⑥ 법 제19조에 따른 사업소득 외의 종합소득에 대한 외국납부세액은 법 제57조 제1항의 방법에 따라 공제한다. (2021. 2. 17. 개정)

⑦ 법 제57조 제1항에 따른 공제한도금액을 계산할 때 국외사업장이 둘 이상의 국가에 있는 경우에는 사업자가 국가별로 구분하여 계산한다. (2021. 2. 17. 개정)

⑧ 법 제57조 제4항에서 "대통령령으로 정하는 요건을 갖춘 경우"란 다음 각 호의 어느 하나에 해당하는 경우를 말한다. (2010. 12. 30. 신설)

1. 외국법인의 소득이 그 본점 또는 주사무소가 있는 국가(이하 이 항에서 "거주지국"이라 한다)에서 발생한 경우 : 거주지국의 세법에 따라 그 외국법인의 소득에 대하여 해당 외국법인이 아닌 그 주주 또는 출자자인 거주자가 직접 납세의무를 부담하는 경우 (2010. 12. 30. 신설)

2. 외국법인의 소득이 거주지국 이외의 국가(이하 이 항에서 "원천지국"이라 한다)에서 발생한 경우 : 다음 각 목의 요건을 모두 갖춘 경우 (2010. 12. 30. 신설)

   가. 거주지국의 세법에 따라 그 외국법인의 소득에 대하여 해당 외국법인이 아닌 그 주주 또는 출자자인 거주자가 직접 납세의무를 부담할 것 (2010. 12. 30. 신설)

   나. 원천지국의 세법에 따라 그 외국법인의 소득에 대하여 해당 외국법인이 아닌 그 주주 또는 출자자인 거주자가 직접 납세의무를 부담할 것 (2010. 12. 30. 신설)

⑨ 법 제57조 제4항에서 "대통령령으로 정하는 바에 따라 계산한 금액"이란 다음의 산식에 따라 계산한 금액을 말한다. (2010. 12. 30. 신설)

$$\text{거주자가 부담한 외국법인의 해당 사업연도 소득에 대한 소득세액} \times \frac{\text{(외국법인의 해당 사업연도 소득금액} \times \text{거주자의 해당 사업연도 손익 배분비율)} - \text{거주자가 부담한 외국법인의 해당 사업연도 소득에 대한 소득세액}}{\text{수입배당금액}}$$

구분	계산식
나. 연구개발비용비율이 50퍼센트 미만인 경우	$(A \times \frac{50}{100} \times \frac{C}{C+D}) +$ $(A \times \frac{50}{100} \times \frac{C}{B+C+D})$

비고 : 위의 계산식에서 기호의 의미는 다음과 같다.

A : 연구개발비

B : 기업회계기준에 따른 거주자의 전체 매출액[거주자의 법 제119조 제10호 가목 및 나목에 해당하는 권리·자산 또는 정보(이하 이 조에서 "권리등"이라 한다)를 사용하거나 양수하여 해당 거주자에게 그 권리등의 사용대가 또는 양수대가(이하 이 항에서 "사용료소득"이라 한다)를 지급하는 외국법인으로서 거주자가 의결권이 있는 발행 주식총수 또는 출자총액의 50퍼센트 이상을 직접 또는 간접으로 보유하고 있는 외국법인(이하 이 항에서 "외국자회사"라 한다)의 해당 거주자에 대한 매출액과 거주자의 국외 소재 사업장(이하 이 항에서 "국외사업장"이라 한다)에서 발생한 매출액은 해당 거주자의 전체 매출액에서 뺀다]

C : 해당 국가에서 거주자에게 사용료소득을 지급하는 모든 비거주

법 제57조에 규정하는 외국납부세액은 거주자의 당해연도의 과세표준금액에 포함된 국외원천소득에 대하여 납부하였거나 납부할 것으로 확정된 금액을 말한다.

⑩ 법 제57조 제1항에 따른 공제한도금액을 초과하는 외국소득세액 중 직·간접비용과 관련된 외국소득세액(제1호의 금액에서 제2호의 금액을 뺀 금액을 말한다)에 대해서는 법 제57조 제2항 본문을 적용하지 않는다. 이 경우 해당 외국소득세액은 세액공제를 적용받지 못한 과세기간의 다음 과세기간 소득금액을 계산할 때 필요경비에 산입할 수 있다. (2023. 2. 28. 개정)

1. 제2항 각 호 외의 부분 전단에 따라 산출한 법 제57조 제1항이 적용되는 국외원천소득을 기준으로 계산한 공제한도금액 (2023. 2. 28. 개정)

2. 법 제57조 제1항에 따른 공제한도금액 (2021. 2. 17. 개정)

제117조의 2 【간접투자회사등으로부터 지급받은 소득에 대한 외국납부세액공제 특례】 ① 법 제57조의 2 제1항 제1호 각 목의 어느 하나에 해당하는 것(이하 이 조 및 제189조의 2에서 "간접투자회사등"이라 한다)이 같은 항 제2호에 따른 간접투자외국법인세액(이하 이 조 및 제189조의 2에서 "간접투자외국법인세액"이라 한다)을 납부한 경우 간접투자회사등이 거주자별로 지급한 소득에 대응하는 간접투자외국법인세액은 다음 각 호의 금액을 더한 금액으로 한다. (2023. 2. 28. 신설)

1. 간접투자회사등이 다른 간접투자회사등이 발행하는 증권을 취득하는 구조 외의 방식으로 투자한 경우 : 다음 계산식에 따라 일(日)별로 계산한 금액의 합계액 (2023. 2. 28. 신설)

거주자의 일별 간접투자 외국법인세액 = A × B

A : 간접투자회사등이 납부한 일별 좌당 또는 주당 외국법인세액(간접투자회사등이 납부한 총 외국법인세액을 간접투자회사등이 발행한 총 좌수 또는 총 주식수로 나눈 금액을 말한다)

제57조의 2 【간접투자회사등으로부터 지급받은 소득에 대한 외국납부세액공제 특례】 ① 거주자의 종합소득금액에 다음 각 호의 요건을 갖춘 소득이 합산되어 있는 경우에는 제2항 제2호에 따른 금액을 해당 과세기간의 종합소득산출세액에서 공제할 수 있다. (2022. 12. 31. 신설)

1. 다음 각 목의 어느 하나에 해당하는 것(이하 이 조 및 제129조에서 "간접투자회사등"이라 한다)으로부터 지급받은 소득일 것 (2022. 12. 31. 신설)

   가. 「자본시장과 금융투자업에 관한 법률」에 따른 투자회사, 투자목적회사, 투자유한회사, 투자합자회사(같은 법 제9조 제19항 제1호의 기관전용 사모집합투자기구는 제외한다), 투자유한책임회사, 투자신탁, 투자합자조합 및 투자익명조합 (2022. 12. 31. 신설)

   나. 「부동산투자회사법」에 따른 기업구조조정 부동산투자회사 및 위탁관리 부동산투자회사 (2022. 12. 31. 신설)

   다. 「법인세법」 제5조 제2항에 따라 내국법인으로 보는 신탁재산 (2022. 12. 31. 신설)

2. 간접투자회사등이 거주자에게 지급한 소득에 대하여 「법인세법」 제57조 제1항 및 제6항에 따른 외국법인세액(간접투자회사등이 다른 간접투자회사등이 발행하는 증권을 취득하는 구조로 투자한 경우로서 그 다른 간접투자회사등이 납부한 같은 규정에 따른 외국법인세액이 있는 경우 해당 세액을 포함하며, 이하 이 조 및 제129조에서 "간접투자

자 또는 외국법인의 해당 사용료소득에 대응하는 매출액(거주자가 해당 매출액을 확인하기 어려운 경우에는 사용료소득을 기준으로 거주자가 합리적으로 계산한 금액으로 갈음할 수 있다)의 합계액(거주자의 국외사업장의 매출액을 포함한다). 다만, 외국자회사의 경우 그 소재지국에서 재무제표 작성 시에 일반적으로 인정되는 회계원칙에 따라 산출한 외국자회사의 전체 매출액(해당 외국자회사에 대한 거주자의 매출액이 있는 경우 이를 외국자회사의 전체 매출액에서 뺀다)에 거주자의 해당 과세기간 종료일 현재 외국자회사에 대한 지분비율을 곱한 금액으로 한다.

D : 해당 국가 외의 국가에서 C에 따라 산출한 금액을 모두 합한 금액

2. 매출총이익 방법 : 해당 과세기간에 거주자의 연구개발비용비율의 구분에 따른 다음의 계산식에 따라 국외원천소득 대응 비용을 계산하는 방법 (2021. 3.

구분	계산식
가. 연구개발비용비율이 50퍼센트 이상인 경우	$A \times \dfrac{75}{100} \times \dfrac{F}{E+F+G}$

외국법인세액"이라 한다)을 납부하였을 것 (2022. 12. 31. 신설)

② 제1항을 적용할 때 거주자가 간접투자회사등으로부터 지급받은 소득과 종합소득산출세액에서 공제되는 금액은 다음 각 호의 금액으로 한다. (2022. 12. 31. 신설)

1. 간접투자회사등으로부터 지급받은 소득 : 「자본시장과 금융투자업에 관한 법률」 제238조 제6항에 따른 기준가격(간접투자외국법인세액이 차감된 가격을 말하며, 이하 이 조 및 제129조에서 "세후기준가격"이라 한다)을 기준으로 계산된 금액. 다만, 증권시장에 상장된 간접투자회사등의 증권의 매도에 따라 간접투자회사등으로부터 지급받은 소득은 대통령령으로 정하는 바에 따라 계산한 금액으로 한다. (2022. 12. 31. 신설)

1. 간접투자회사등으로부터 지급받은 소득 : 「자본시장과 금융투자업에 관한 법률」 제238조 제6항에 따른 기준가격(간접투자외국법인세액이 차감된 가격을 말하며, 이하 이 조 및 제129조에서 "세후기준가격"이라 한다)을 기준으로 계산된 금액. 다만, 「자본시장과 금융투자업에 관한 법률」에 따른 증권시장(이하 "증권시장"이라 한다)에 상장된 간접투자회사등의 증권의 매도에 따라 간접투자회사등으로부터 지급받은 소득은 대통령령으로 정하는 바에 따라 계산한 금액으로 한다. (2024. 12. 31. 단서개정)

2. 종합소득산출세액에서 공제하는 금액 : 간접투자외국법인세액을 세후기준가격을 고려하여 대통령령으로 정하는 바에 따라 계산한 금액 (2022. 12. 31. 신설)

③ 제1항에 따라 종합소득산출세액에서 공제할 수 있는 금액은 다음 계산식에 따른 금액(이하 이 항에서 "공제한도금액"이라 한다)을 한도로 한다. 이 경우 제2항 제2호의 금액이 해당 과세기간의 공제한도금액을 초과하는 경우 그 초과하는 금액은 해당 과세기간의 다음 과세기간 개시일부터 10년 이내에 끝나는 과세기간으로 이월하여 그 이월된 과세기간의 공제한도금액 내에서 공제할 수 있다. (2022. 12. 31. 신설)

$$\text{공제한도금액} = A \times \frac{B}{C}$$

A : 제55조에 따라 계산한 해당 과세기간의 종합소득산출세액

B : 간접투자회사등으로부터 지급받은 소득(해당 소득에 대하여 간접투자외국법인세액이 납부된 경우로 한정한다)의 합계액

C : 해당 과세기간의 종합소득금액

B : 거주자의 간접투자회사등에 대한 보유 좌수 또는 주식수(간접투자회사등이 외국법인세액을 납부할 당시 거주자가 보유하고 있던 좌수 또는 주식수를 말한다)

2. 간접투자회사등이 다른 간접투자회사등이 발행하는 증권을 취득하는 구조로 투자한 경우 : 다음 계산식에 따라 일별로 계산한 금액의 합계액 (2023. 2. 28. 신설)

$$\text{거주자의 일별 간접투자 외국법인세액} = A \times B \times C$$

A : 다른 간접투자회사등이 납부한 일별 좌당 또는 주당 외국법인세액(다른 간접투자회사등이 납부한 총 외국법인세액을 다른 간접투자회사등이 발행한 총 좌수 또는 총 주식수로 나눈 금액을 말한다)

B : 간접투자회사등의 다른 간접투자회사등에 대한 보유 좌수 또는 주식수(다른 간접투자회사등이 외국법인세액을 납부할 당시 간접투자회사등이 보유하고 있던 좌수 또는 주식수를 말한다)

C : 거주자의 간접투자회사등에 대한 보유 좌수 또는 주식수의 비율(다른 간접투자회사등이 외국법인세액을 납부할 당시 거주자가 보유하고 있던 좌수 또는 주식수를 간접투자회사등이 발행한 총 좌수 또는 총 주식수로 나눈 값을 말한다)

② 법 제57조의 2 제2항 제1호 단서에서 "대통령령으로 정하는 바에 따라 계산한 금액"이란 제150조의 17 제3항에 따라 계산한 금액을 말한다. (2023. 2. 28. 신설)

② 법 제57조의 2 제2항 제1호 단서에서 "대통령령으로 정하는 바에 따라 계산한 금액"이란 실제 매도가격에서 실제 매수가격을 뺀 금액을 말한다. (2024. 12. 31. 개정)

② 법 제57조의 2 제2항 제1호 단서에서 "대통령령으로 정하는 바에 따라 계산한 금액"이란 다음 각 호에 따라 계산한 금액 중 적은 금액을 말한다. (2025. 2. 28. 개정)

편주 ▶ ……………………………………………………

• 영 117조의 2 제2항·4항 및 5항의 개정규정은 2025. 2. 28. 이후 간접투자회사등으로부터 지급받는 소득에 대해 간접투자외국법인세액을 공제하거나 원천징수하는 경우부터 적용함. (영 부칙(2025. 2. 28.) 12조 1항)

• 2025. 2. 28. 전에 발생한 소득에 대한 해당 과세기간의 종합소득과세표

구분	계산식
나. 연구개발비용비율이 50퍼센트 미만인 경우	$(A \times \dfrac{25}{100} \times \dfrac{F}{F+G}) +$ $(A \times \dfrac{75}{100} \times \dfrac{F}{E+F+G})$

비고 : 위의 계산식에서 기호의 의미는 다음과 같다.

A : 연구개발비

E : 기업회계기준에 따른 거주자의 매출총이익(국외사업장의 매출총이익과 비거주자 또는 외국법인으로부터 지급받은 사용료소득은 제외한다)

F : 해당 국가에 소재하는 비거주자 또는 외국법인으로부터 거주자가 지급받은 사용료소득과 거주자의 해당 국가에 소재하는 국외사업장의 매출총이익 합계액

G : 해당 국가 외의 국가에 소재하는 비거주자 또는 외국법인으로부터 거주자가 지급받은 사용료소득과 거주자의 해당 국가 외의 국가에 소재하는 국외사업장의 매출총이익 합계액

16. 개정)

⑤ 영 제117조 제2항 제2호에서 "기획재정부령으로 정하는 배분방법"이란 다음 각 호의 계산 방법을 말한다. (2020. 3. 13. 개정)

1. 국외원천소득과 그 밖의 소득의 업종이

④ 제1항부터 제3항까지의 규정에 따른 간접투자회사등으로부터 지급받은 소득의 계산방법, 그 밖에 세액공제에 필요한 사항은 대통령령으로 정한다. (2022. 12. 31. 신설)

편주 ··
법 57조의 2(법률 17757호 소득세법 일부개정법률 87조의 27 제1항의 개정규정에 따라 준용되는 경우를 포함함)의 개정규정은 2025. 1. 1. 이후 지급받는 소득에 대하여 과세표준을 신고하거나 원천징수하는 경우부터 적용함. (법 부칙(2022. 12. 31.) 4조)
··

준 확정신고를 하는 경우 외국 납부세액공제에 관하여는 영 117조의 2 제2항·4항 및 5항의 개정규정에도 불구하고 종전의 규정에 따름. (영 부칙(2025. 2. 28.) 12조 2항)
··

1. 매도 시의 과세표준기준가격(「자본시장과 금융투자업에 관한 법률」 제238조 제6항에 따른 기준가격에서 제26조의 2 제4항 각 호 외의 부분 본문에 따라 집합투자기구로부터의 이익에 포함되지 않는 손익을 제외하여 산정한 금액을 말하며, 「자본시장과 금융투자업에 관한 법률」 제279조 제1항에 따른 외국 집합투자증권으로서 과세표준기준가격이 없는 경우에는 같은 법 제280조 제4항 본문에 따른 기준가격을 말한다. 이하 이 항에서 같다)에서 매수 시(매수 후 결산·분배가 있었던 경우에는 직전 결산·분배 직후를 말한다)의 과세표준기준가격을 뺀 후 직전 결산·분배 시 발생한 과세되지 않은 투자자별 손익을 더하거나 뺀 금액 (2025. 2. 28. 개정)

2. 실제 매도가격에서 실제 매수가격을 뺀 후 직전 결산·분배 시 발생한 과세되지 않은 투자자별 손익을 더하거나 뺀 금액 (2025. 2. 28. 개정)

③ 법 제57조의 2 제2항 제2호에 따라 거주자의 종합소득산출세액에서 공제하는 금액은 제1항에 따른 거주자별 간접투자외국법인세액에 다음 각 호의 구분에 따른 계산식에 따라 계산한 율을 곱한 금액으로 한다. (2023. 2. 28. 신설)

1. 법 제129조 제1항에 따른 원천징수세율이 간접투자외국법인세액에 적용된 외국 원천징수세율보다 작은 경우 (2023. 2. 28. 신설)

$$\frac{\text{법 제129조 제1항에 따른 원천징수세율}}{\text{간접투자외국법인 세액에 적용된 외국 원천징수세율}} - \frac{\text{법 제55조 제1항에 따른 종합소득 과세표준에 대한 한계세율}}{}$$

2. 법 제129조 제1항에 따른 원천징수세율이 간접투자외국법인세액에 적용된 외국 원천징수세율보다 크거나 같은 경우 (2023. 2. 28. 신설)

$$1 - \frac{\text{법 제55조 제1항에 따른 종합소득}}{\text{과세표준에 대한 한계세율}}$$

동일한 경우의 공통필요경비는 국외원천소득과 그 밖의 소득별로 수입금액 또는 매출액에 비례하여 안분계산 (2019. 3. 20. 개정)

2. 국외원천소득과 그 밖의 소득의 업종이 다른 경우의 공통필요경비는 국외원천소득과 그 밖의 소득별로 개별필요경비(공통필요경비 외의 필요경비의 합계액을 말한다. 이하 같다)에 비례하여 안분계산 (2019. 3. 20. 개정)

⑥ 국내에서 공제받은 외국납부세액을 외국에서 환급받아 국내에서 추가로 세액을 납부할 경우의 원화환산은 제2항에 따라 적용한 해당 외국납부세액을 납부한 때의 「외국환거래법」에 따른 기준환율 또는 재정환율에 따른다. 다만, 환급받은 세액의 납부일이 분명하지 아니할 경우에는 해당 과세기간 동안 해당 국가에 납부한 외국납부세액의 제2항에 따라 환산한 원화합계액을 해당 과세기간 동안 해당 국가에 납부한 외국납부세액의 합계액으로 나누어 계산한 환율에 따른다. (2020. 3. 13. 항번개정)

제60조의 2 【간접투자외국법인세액 환급금의 납부】 영 제117조의 2 제1항에 따른 간접투자회사등(이하 "간접투자회사등"이라 한다)이 납부한 같은 항에 따른 간접투자외국법인세액의 전부 또는 일부가 해당 사업연도 또는 회계기간 이후 환급된 경우 간접투자회사등은 같은 조 제6항에 따라 해당 환급금을 그 환급받은 날

터 지급받는 소득 (2023. 2. 28. 신설)

2. 신규로 설립되는 간접투자회사등으로부터 해당 간접투자회사등의 설립일이 속하는 사업연도 또는 회계기간에 지급받는 소득 (2023. 2. 28. 신설)

⑥ 간접투자회사등(간접투자회사등이 다른 간접투자회사등이 발행하는 증권을 취득하는 구조로 투자한 경우에는 그 다른 간접투자회사등을 포함한다)이 납부한 간접투자외국법인세액의 전부 또는 일부가 해당 사업연도 또는 회계기간 이후 환급된 경우 간접투자회사등은 그 환급금을 기획재정부령으로 정하는 바에 따라 납세지 관할 세무서장에게 납부해야 한다. (2023. 2. 28. 신설)

⑦ 제6항을 적용할 때 「자본시장과 금융투자업에 관한 법률」에 따른 투자신탁재산을 운용하는 집합투자업자는 그 투자신탁을 대리하는 것으로 본다. (2023. 2. 28. 신설)

편주 ▶ ···

영 117조의 2의 개정규정은 2025. 1. 1.부터 시행함. (영 부칙(2023. 2. 28.) 1조 1호 나목)

···

⑧ 거주자는 법 제57조의 2 제1항에 따른 외국납부세액의 공제를 받으려는 경우에는 법 제70조에 따른 종합소득 과세표준확정신고와 함께 기획재정부령으로 정하는 간접투자회사등 외국납부세액공제 계산서를 납세지 관할 세무서장에게 제출해야 한다. (2025. 2. 28. 신설)

---

④ 제3항 제1호를 적용할 때 외국 원천징수세율은 다음 각 호의 구분에 따라 계산한 율로 한다. 이 경우 하나의 간접투자회사등이 제1호 및 제2호에 모두 해당하는 경우에는 제1호 및 제2호에 따라 각각 계산한 율을 해당 호의 투자비율에 따라 가중평균하여 계산한 율로 한다.

1. 간접투자회사등이 다른 간접투자회사등이 발행하는 증권을 취득하는 구조 외의 방식으로 투자한 경우 (2023. 2. 28. 신설)

간접투자회사등의 직전 사업연도 또는 회계기간의 외국납부세액	÷	해당 외국납부세액에 대응하는 국외원천소득의 금액

2. 간접투자회사등이 다른 간접투자회사등이 발행하는 증권을 취득하는 구조로 투자한 경우 (2023. 2. 28. 신설)

제1호에 따라 계산한 값	×	간접투자회사등의 다른 간접투자회사등에 대한 직 전 사업연도 또는 회계기간의 평균 투자비율

④ 제3항 제1호를 적용할 때 외국 원천징수세율은 간접투자회사등이 제1항 각 호의 어느 하나에 해당하는 방식으로 투자한 투자대상별로 다음 계산식에 따라 계산한 율을 합산한 율로 한다. (2025. 2. 28. 개정)

$$\frac{A}{B} \times C$$

A : 투자대상에서 발생한 소득에 대응하는 제1항 각 호의 구분에 따라 계산된 간접투자외국법인세액

B : 투자대상별 간접투자외국법인세액의 합계액

C : 투자대상별 외국 원천징수세율(간접투자회사등이 직전 사업연도 또는 회계기간에 납부한 외국납부세액 ÷ 해당 외국납부세액에 대응하는 국외원천소득의 금액). 이 경우 직전 사업연도 또는 회계기간의 외국납부세액 또는 국외원천소득의 금액을 알 수 없는 등의 사유로 외국 원천징수세율을 계산할 수 없으면 해당 외국 원천징수세율은 100분의 14로 한다.

⑤ 제3항에도 불구하고 다음 각 호의 어느 하나에 해당하는 소득의 경우 거주자의 종합소득산출세액에서 공제하는 금액은 제1항에 따른 거주자별 간접투자외국법인세액에 제3항 제2호의 계산식에 따라 계산한 율을 곱한 금액으로 한다. (2023. 2. 28. 신설)

⑤ 삭 제 (2025. 2. 28.)

1. 2025년 1월 1일부터 2025년 12월 31일까지 간접투자회사등으로부

이 속하는 분기의 마지막 달의 다음 달 말일까지 납세지 관할 세무서장에게 납부해야 한다. 이 경우 「법인세법 시행규칙」 별지 제64호의 6 서식을 준용하여 작성한 간접투자회사등의 외국납부세액 환급금 납부계산서에 해당 환급금에 관한 입증서류를 첨부하여 납세지 관할 세무서장에게 제출해야 한다. (2023. 3. 20. 신설)

편주 ▶ ···

규칙 60조의 2의 개정규정은 2025. 1. 1.부터 시행함. (법 부칙(2023. 3. 20.) 1조 2호 나목)

···

제58조 【재해손실세액공제】 ① 사업자가 해당 과세기간에 천재지변이나 그 밖의 재해(이하 "재해"라 한다)로 대통령령으로 정하는 자산총액(이하 이 항에서 "자산총액"이라 한다)의 100분의 20 이상에 해당하는 자산을 상실하여 납세가 곤란하다고 인정되는 경우에는 다음 각 호의 소득세액(사업소득에 대한 소득세액을 말한다. 이하 이 조에서 같다)에 그 상실된 가액이 상실 전의 자산총액에서 차지하는 비율(이하 이 조에서 "자산상실비율"이라 한다)을 곱하여 계산한 금액(상실된 자산의 가액을 한도로 한다)을 그 세액에서 공제한다. 이 경우 자산의 가액에는 토지의 가액을 포함하지 아니한다. (2009. 12. 31. 개정)

1. 재해 발생일 현재 부과되지 아니한 소득세와 부과된 소득세로서 미납된 소득세액 (2020. 12. 29. 개정)
2. 재해 발생일이 속하는 과세기간의 소득에 대한 소득세액 (2009. 12. 31. 개정)

통칙 58-0…1 【자산상실비율의 계산】 (2024. 3. 15. 제목개정)
① 법 제58조 제1항의 규정에 의한 자산상실비율의 계산은 사업자별로 영 제118조 제1항 각호의 자산총액을 기준으로 하여 사업자의 소득별로 계산하는 것이므로 1사업장 단위로 계산하지 아니한다. (2024. 3. 15. 개정)
② 제1항의 규정에 의한 자산상실비율의 계산은 다음 산식에 의한다. (2024. 3. 15. 개정)

$$자산상실비율 = \frac{상실자산가액}{상실전자산가액}$$

③ 제2항의 규정을 적용함에 있어 1과세기간중에 2회 이상의 재해를 입은 경우에 자산상실비율의 계산은 다음 산식에 의한다. (2024. 3. 15. 개정)

$$자산상실비율 = \frac{재해로 상실된 자산가액의 합계액}{최초재해전 자산가액+최종재해 전까지의 증가된 자산가액}$$

② 제1항의 경우에 제56조, 제56조의 2, 제57조 및 제57조의 2에 따라 공제할 세액이 있을 때에는 이를 공제한 후의 세액을 소득세액으로 하여 제1항을 적용한다. (2022. 12. 31. 개정)

제118조 【재해손실세액공제】 ① 법 제58조 제1항 각 호 외의 부분 전단에서 "대통령령으로 정하는 자산"이란 다음 각 호의 어느 하나에 해당하는 것을 말한다. (2008. 2. 22. 개정)

통칙 58-118…1 【재해자산 등의 범위】
법 제58조의 규정을 적용함에 있어서 재해손실가액은 다음 각호에 따라 처리한다. (97. 4. 8. 개정)
1. 재해로 인하여 수탁받은 자산을 상실하고, 그 자산가액의 상당액을 보상하여 주는 경우에는 이를 재해자산가액 및 상실 전의 사업용 총자산가액에 포함한다.
2. 예금, 받을어음, 외상매출금 등은 당해 채권추심에 관한 증서가 소실된 경우에도 이를 재해상실가액에 포함하지 아니한다.
3. 재해자산이 보험에 가입되어 있음으로써 보험금을 수령할 때에도 재해자산가액은 동 보험금을 차감하여 계산하지 아니한다.

1. 사업용 자산(토지를 제외한다)
2. 상실한 타인소유의 자산으로서 그 상실에 대한 변상책임이 당해 사업자에게 있는 것
3. 재해손실세액공제를 하는 소득세의 과세표준금액에 이자소득금액 또는 배당소득금액이 포함되어 있는 경우에는 그 소득금액과 관련되는 예금·주식 기타의 자산

② 법 제58조 제1항의 규정을 적용함에 있어서 재해발생의 비율은 재해발생일 현재의 장부가액에 의하여 계산하되, 장부가 소실 또는 분실되어 장부가액을 알 수 없는 경우에는 납세지 관할세무서장이 조사확인한 재해발생일 현재의 가액에 의하여 이를 계산한다.
③ 법 제58조 제1항에 따라 재해손실세액공제를 받으려는 자는 다음 각 호의 기한까지 기획재정부령으로 정하는 재해손실세액공제신청서를 납세지 관할 세무서장에게 제출(국세정보통신망에 의한 제출을 포함한다)해야 한다. (2022. 2. 15. 개정)

관계조문
규칙 100조 12호 ⇒ 재해손실세액공제신청서

1. 재해발생일 현재 과세표준확정신고기한이 경과되지 않은 소득세의

제61조 【재해손실세액공제】 법 제58조 제1항을 적용할 때 사업소득에 대한 소득세액은 다음 계산식에 따라 계산한 금액으로 한다. (2012. 2. 28. 개정)

$$종합소득세액 \times \frac{사업소득금액}{종합소득금액}$$

제62조 【공통손익의 계산과 구분경리】 ① 법 및 「조세특례제한법」 제3조 제1항에 따른 법률에 따라 소득세가 감면되는 사업과 그 밖의 사업을 겸영하는 경우에 감면사업과 그 밖의 사업의 공통수입금액과 공통필요경비는 다음 각 호의 기준에 따라 구분하여 계산한다. 다만, 공통수입금액 또는 공통필요경비를 구분계산할 때 개별필요경비가 없거나 그 밖의 사유로 다음 각 호의 규정을 적용할 수 없거나 이를 적용하는 것이 불합리한 경우에는 그 공통필요경비의 비용항목에 따라 국세청장이 정하는 작업시간, 사용시간, 사용면적 등의 기준에 따라 안분계산한다. (2019. 3. 20. 단서개정)

1. 감면사업과 그 밖의 사업의 공통수입금액은 해당 사업의 총수입금액에 비례하여 안분계산한다. (2010. 4. 30. 신설)
2. 감면사업과 그 밖의 사업의 업종이 같은 경우의 공통필요경비는 해당 사업의 총수입금액에 비례하여 안분계산한다. (2010. 4. 30. 신설)
3. 감면사업과 그 밖의 사업의 업종이 같지 아니한 경우의 공통필요경비는 감면

편주 ▶ ……………………………………………………
법 58조 2항의 개정규정은 2025. 1. 1.부터 시행함. (법 부칙(2022. 12. 31.) 1조 2호)
……………………………………………………

③ 제1항에 따른 공제를 "재해손실세액공제"라 한다. (2009. 12. 31. 개정)

④ 재해손실세액공제를 적용받으려는 자는 대통령령으로 정하는 바에 따라 관할 세무서장에게 신청할 수 있다. (2009. 12. 31. 개정)

⑤ 관할 세무서장이 제4항의 신청을 받았을 때에는 그 공제할 세액을 결정하여 신청인에게 알려야 한다. (2009. 12. 31. 개정)

통칙 58－0…2【재해손실세액공제의 범위】
법 제58조의 규정에 의한 재해손실세액공제는 재해로 인하여 자산을 상실한 당해 사업자에 한하여 적용되는 것이며 거래 상대방이 재해로 인하 여 매출채권을 회수할 수 없는 경우 등과 같이 간접적으로 재해로 인하여 손실을 보는 경우에는 적용되지 아니한다. (97. 4. 8. 개정)

⑥ 제4항의 신청이 없는 경우에도 제1항을 적용한다. (2009. 12. 31. 개정)

⑦ 집단적으로 재해가 발생한 경우에는 대통령령으로 정하는 바에 따라 관할 세무서장이 조사결정한 자산상실비율에 따라 제1항을 적용한다. (2009. 12. 31. 개정)

⑧ 재해손실세액공제에 관하여 필요한 사항은 대통령령으로 정한다. (2009. 12. 31. 개정)

제59조【근로소득세액공제】① 근로소득이 있는 거주자에 대해서는 그 근로소득에 대한 종합소득산출세액에서 다음의 금액을 공제한다. (2015. 5. 13. 개정)

근로소득에 대한 종합소득산출세액	공제액
130만원 이하	산출세액의 100분의 55
130만원 초과	71만5천원＋(130만원을 초과하는 금액의 100분의 30)

경우는 그 신고기한. 다만, 재해발생일부터 신고기한까지의 기간이 3개월 미만인 경우는 재해발생일부터 3개월 (2022. 2. 15. 개정)

2. 재해발생일 현재 미납부된 소득세와 납부해야 할 소득세의 경우는 재해발생일부터 3개월 (2022. 2. 15. 개정)

④ 법 제58조 제7항의 규정에 의한 자산상실비율은 재해발생지역의 관할세무서장이 조사하여 관할지방국세청장의 승인을 얻어야 한다. (95. 12. 30 개정)

사업과 그 밖의 사업의 개별 필요경비에 비례하여 안분계산한다. (2010. 4. 30. 신설)

② 법 및 「조세특례제한법」 제3조 제1항에 따른 법률에 따른 경리의 구분은 각각의 해당 규정에 따라 구분하여야 할 사업 또는 수입별로 총수입금액과 필요경비를 장부상 각각 독립된 계정과목에 의하여 구분기장하는 것으로 한다. 다만, 각 사업 또는 수입에 공통되는 총수입금액과 필요경비는 그러하지 아니하다. (2010. 4. 30. 신설)

② 제1항에도 불구하고 공제세액이 다음 각 호의 구분에 따른 금액을 초과하는 경우에 그 초과하는 금액은 없는 것으로 한다. (2014. 1. 1. 신설)

1. 총급여액이 3천 300만원 이하인 경우 : 74만원 (2015. 5. 13. 개정)

2. 총급여액이 3천 300만원 초과 7천만원 이하인 경우 : 74만원 - [(총급여액 - 3천 300만원) × 8/1000]. 다만, 위 금액이 66만원보다 적은 경우에는 66만원으로 한다. (2015. 5. 13. 개정)

3. 총급여액이 7천만원 초과 1억2천만원 이하인 경우 : 66만원 - [(총급여액 - 7천만원) × 1/2]. 다만, 위 금액이 50만원보다 적은 경우에는 50만원으로 한다. (2022. 12. 31. 개정)

4. 총급여액이 1억2천만원을 초과하는 경우 : 50만원 - [(총급여액 - 1억2천만원) × 1/2]. 다만, 위 금액이 20만원보다 적은 경우에는 20만원으로 한다. (2022. 12. 31. 신설)

③ 일용근로자의 근로소득에 대해서 제134조 제3항에 따른 원천징수를 하는 경우에는 해당 근로소득에 대한 산출세액의 100분의 55에 해당하는 금액을 그 산출세액에서 공제한다. (2014. 1. 1. 항번개정)

제59조의 2 【자녀세액공제】 ① 종합소득이 있는 거주자의 기본공제대상자에 해당하는 자녀(입양자 및 위탁아동을 포함하며, 이하 이 조에서 "공제대상자녀"라 한다) 및 손자녀로서 8세 이상의 사람에 대해서는 다음 각 호의 구분에 따른 금액을 종합소득산출세액에서 공제한다. (2023. 12. 31. 개정)

1. 1명인 경우 : 연 15만원 (2014. 1. 1. 신설)

1. 1명인 경우 : 연 25만원 (2024. 12. 31. 개정)

2. 2명인 경우 : 연 35만원 (2023. 12. 31. 개정)

2. 2명인 경우 : 55만원 (2024. 12. 31. 개정)

3. 3명 이상인 경우 : 연 35만원과 2명을 초과하는 1명당 연 30만원을 합한 금액 (2023. 12. 31. 개정)

3. 3명 이상인 경우 : 연 55만원과 2명을 초과하는 1명당 연 40만원을 합한 금액 (2024. 12. 31. 개정)

② 삭 제 (2017. 12. 19.)

③ 해당 과세기간에 출산하거나 입양 신고한 공제대상자녀가 있는 경

개정취지

자녀세액공제 금액 확대
- 종합소득이 있는 거주자의 8세 이상 자녀·손자녀 1명당 10만원씩 세액

우 다음 각 호의 구분에 따른 금액을 종합소득산출세액에서 공제한다. (2016. 12. 20. 개정)
1. 출산하거나 입양 신고한 공제대상자녀가 첫째인 경우 : 연 30만원 (2016. 12. 20. 신설)
2. 출산하거나 입양 신고한 공제대상자녀가 둘째인 경우 : 연 50만원 (2016. 12. 20. 신설)
3. 출산하거나 입양 신고한 공제대상자녀가 셋째 이상인 경우 : 연 70만원 (2016. 12. 20. 신설)
④ 제1항 및 제3항에 따른 공제를 "자녀세액공제"라 한다. (2017. 12. 19. 개정)

제59조의 3 【연금계좌세액공제】 ① 종합소득이 있는 거주자가 연금계좌에 납입한 금액 중 다음 각 호에 해당하는 금액을 제외한 금액(이하 "연금계좌 납입액"이라 한다)의 100분의 12[해당 과세기간에 종합소득과세표준을 계산할 때 합산하는 종합소득금액이 4천 500만원 이하(근로소득만 있는 경우에는 총급여액 5천 500만원 이하)인 거주자에 대해서는 100분의 15]에 해당하는 금액을 해당 과세기간의 종합소득산출세액에서 공제한다. 다만, 연금계좌 중 연금저축계좌에 납입한 금액이 연 600만원을 초과하는 경우에는 그 초과하는 금액은 없는 것으로 하고, 연금저축계좌에 납입한 금액 중 600만원 이내의 금액과 퇴직연금계좌에 납입한 금액을 합한 금액이 연 900만원을 초과하는 경우에는 그 초과하는 금액은 없는 것으로 한다. (2022. 12. 31. 개정)
1. 제146조 제2항에 따라 소득세가 원천징수되지 아니한 퇴직소득 등 과세가 이연된 소득 (2014. 1. 1. 신설)
2. 연금계좌에서 다른 연금계좌로 계약을 이전함으로써 납입되는 금액 (2014. 1. 1. 신설)
② 제1항에 따른 공제를 "연금계좌세액공제"라 한다. (2014. 1. 1. 신설)
③ 「조세특례제한법」 제91조의 18에 따른 개인종합자산관리계좌의 계약기간이 만료되고 해당 계좌 잔액의 전부 또는 일부를 대통령령으로 정하는 방법으로 연금계좌로 납입한 경우 그 납입한 금액(이하 이 조에서 "전환금액"이라 한다)을 납입한 날이 속하는 과세기간의 연금계좌 납입액에 포함한다. (2019. 12. 31. 신설)

공제금액을 인상하여 자녀ㆍ손자녀가 1명인 경우 연 25만원, 2명인 경우 연 55만원, 3명인 경우에는 연 95만원을 종합소득산출세액에서 공제하도록 함. (법 59조의 2 제1항 개정 ; 2024. 12. 31.)
• 법 59조의 2 제1항 1호부터 3호까지의 개정규정은 2025. 1. 1.이 속하는 과세기간분부터 적용함. (법 부칙(2024. 12. 31.) 7조)

....

제118조의 2 【연금계좌세액공제】 ① 법 제59조의 3 제1항을 적용받으려는 자는 기획재정부령으로 정하는 연금납입확인서를 제113조 제1항 각 호에 따른 날까지 원천징수의무자, 납세조합 또는 납세지 관할 세무서장에게 제출하여야 한다. (2014. 2. 21. 신설)
② 제1항을 적용하는 경우 제216조의 3에 따라 세액공제 증명서류가 국세청장에게 제출되었을 때에는 기획재정부령으로 정하는 서류를 제113조 제1항 각 호에 따른 날까지 제출할 수 있다. (2014. 2. 21. 신설)
③ 법 제59조의 3 제3항에서 "대통령령으로 정하는 방법으로 연금계좌로 납입한 경우"란 개인종합자산관리계좌의 계약기간이 만료된 날부터 60일 이내에 해당 계좌 잔액의 전부 또는 일부를 연금계좌로 납입한 경우를 말한다. (2020. 2. 11. 신설)

제118조의 3 【연금계좌세액공제 한도액 초과납입금 등의 해당 연도 납입금으로의 전환 특례】 ① 연금계좌 가입자가 이전 과세기간에 연금계좌에 납입한 연금보험료 중 법 제59조의 3에 따른 연금계좌세액공제를 받지 아니한 금액이 있는 경우로서 그 금액의 전부 또는 일부를 해당 과세기간에 연금계좌에 납입한 연금보험료로 전환하여 줄 것을 연금계좌취급자에게 신청한 경우에는 법 제59조의 3을 적용할 때 그 전환을 신청한 금액을 제40조의 3 제2항에도 불구하고 연금계좌에서 가장 먼저 인출하여 그 신청을 한 날에 다시 해당 연금계좌에 납입한 연금보험료로 본다. 이 경우 전환을 신청한 금액은 그 신청한 날에

제61조의 2 【연금계좌세액공제 증명서류】 영 제118조의 2 제2항에서 "기획재정부령으로 정하는 서류"란 영 제216조의 3 제1항 제1호에 따른 지급액에 관한 서류로서 세액공제 명세를 적어 국세청장이 발급하는 서류를 말한다. (2014. 3. 14. 신설)

(➡ 영 118조의 4)

집행기준 59의 4 - 118의 4 - 1 【보장성보험료 등의 세액공제여부】
① 공제대상 보장성보험료를 사용자가 지급해 주는 경우 동 보험료 상당액은 그 근로자의 급여액에 가산한 보험료를 세액공제한다.
② 보장성보험에 대한 보험료 세액공제는 근로자 본인 또는 소득이 없는 가족명의로 계약하고 피보험자가 기본공제대상자(근로자 본인, 공제대상 배우자, 공제대상 부양가족)인 보험으로서 근로

④ 전환금액이 있는 경우에는 제1항 각 호 외의 부분 단서에도 불구하고 같은 항을 적용할 때 전환금액의 100분의 10 또는 300만원(직전 과세기간과 해당 과세기간에 걸쳐 납입한 경우에는 300만원에서 직전 과세기간에 적용된 금액을 차감한 금액으로 한다) 중 적은 금액과 제1항 각 호 외의 부분 단서에 따라 연금계좌에 납입한 금액으로 하는 금액을 합한 금액을 초과하는 금액은 없는 것으로 한다. (2019. 12. 31. 신설)
⑤ 제1항부터 제4항까지의 규정에 따른 연금계좌세액공제의 계산방법, 신청 절차 등에 관하여 필요한 사항은 대통령령으로 정한다. (2019. 12. 31. 개정)

　제59조의 4【특별세액공제】 ① 근로소득이 있는 거주자(일용근로자는 제외한다. 이하 이 조에서 같다)가 해당 과세기간에 만기에 환급되는 금액이 납입보험료를 초과하지 아니하는 보험의 보험계약에 따라 지급하는 다음 각 호의 보험료를 지급한 경우 그 금액의 100분의 12(제1호의 경우에는 100분의 15)에 해당하는 금액을 해당 과세기간의 종합소득산출세액에서 공제한다. 다만, 다음 각 호의 보험료별로 그 합계액이 각각 연 100만원을 초과하는 경우 그 초과하는 금액은 각각 없는 것으로 한다. (2015. 5. 13. 개정)
1. 기본공제대상자 중 장애인을 피보험자 또는 수익자로 하는 장애인전용보험으로서 대통령령으로 정하는 장애인전용보장성보험료 (2014. 1. 1. 신설)

2. 기본공제대상자를 피보험자로 하는 대통령령으로 정하는 보험료(제1호에 따른 장애인전용보장성보험료는 제외한다) (2014. 1. 1. 신설)

연금계좌에 납입한 연금보험료로 보아 제40조의 2 제2항 각 호의 요건을 충족하여야 한다. (2014. 2. 21. 신설)
② 제1항에 따라 전환을 신청한 금액에 대한 연금계좌세액공제의 계산은 법 제59조의 3 제1항 각 호 외의 부분을 따른다. (2022. 2. 15. 신설)
③ 제1항에 따른 납입한 연금보험료의 전환 신청 등에 필요한 사항은 기획재정부령으로 정한다. (2022. 2. 15. 항번개정)

　제118조의 4【보험료세액공제】 ① 법 제59조의 4 제1항 제1호에서 "대통령령으로 정하는 장애인전용보장성보험료"란 제2항 각 호에 해당하는 보험·공제로서 보험·공제 계약 또는 보험료·공제료 납입영수증에 장애인전용 보험·공제로 표시된 보험·공제의 보험료·공제료를 말한다. (2014. 2. 21. 신설)
② 법 제59조의 4 제1항 제2호에서 "대통령령으로 정하는 보험료"란 다음 각 호의 어느 하나에 해당하는 보험·보증·공제의 보험료·보증료·공제료 중 기획재정부령으로 정하는 것을 말한다. (2018. 2. 13. 개정)
1. 생명보험 (2014. 2. 21. 신설)
2. 상해보험 (2014. 2. 21. 신설)
3. 화재·도난이나 그 밖의 손해를 담보하는 가계에 관한 손해보험 (2014. 2. 21. 신설)
4. 「수산업협동조합법」, 「신용협동조합법」 또는 「새마을금고법」에 따

자가 실제로 납입한 금액을 세액공제한다.
③ 맞벌이 부부인 근로자 본인(남편)이 계약자이고 피보험자가 부부공동인 보장성보험의 보험료는 근로자(남편)의 연말정산시 보험료 세액공제 대상에 해당한다.
④ 근로자 본인과 배우자가 모두 근로소득이 있어 서로 공제대상 배우자가 아닌 경우 근로자 본인이 계약자이고 피보험자인 보장성보험에 대한 보험료는 근로자 본인만이 보험료 세액공제를 받을 수 있으나, 계약자가 근로자 본인이고 피보험자가 배우자인 경우에는 본인 및 배우자 모두 보험료에 대한 세액공제를 받을 수 없다.
⑤ 보험계약자가 연령 또는 소득금액의 요건을 충족하지 않아 해당 근로자의 기본공제대상자에 해당하지 않는 경우에는 해당 근로자가 보험료 세액공제를 받을 수 없다.
⑥ 재외국민 또는 외국인이 국내에 근무하는 동안 외국보험회사에 납부한 보험료는 세액공제대상 보험료에 해당하지 않는다.
⑦ 근로자가 근로제공기간 중에 납부한 국민건강보험료(지역가입자 포함)는 연말정산시 보험료 세액공제대상에 포함되는 것이나 근로제공기간 외의 기간에 납부한 국민건강보험료는 세액공제대상에 포함되지 않는다. (2024. 10. 31. 개정)

　제61조의 3【공제대상보험료의 범위】 영 제118조의 4 제2항 각 호 외의 부분에서 "기획재정부령으로 정하는 것"이란 만기에 환급되는 금액이 납입보험료를 초과하지 아니하는 보험으로서 보험계약 또는 보험료납입영수증에 보험료 공제대상임이 표시된 보험의 보험료를 말한다. (2014. 3. 14. 신설)

② 근로소득이 있는 거주자가 기본공제대상자(나이 및 소득의 제한을 받지 아니한다)를 위하여 해당 과세기간에 대통령령으로 정하는 의료비를 지급한 경우 다음 각 호의 금액의 100분의 15(제3호의 경우에는 100분의 20, 제4호의 경우에는 100분의 30)에 해당하는 금액을 해당 과세기간의 종합소득산출세액에서 공제한다. (2021. 12. 8. 개정)
1. 기본공제대상자를 위하여 지급한 의료비(제2호부터 제4호까지의 의료비는 제외한다)로서 총급여액에 100분의 3을 곱하여 계산한 금액을 초과하는 금액. 다만, 그 금액이 연 700만원을 초과하는 경우에는 연 700만원으로 한다. (2021. 12. 8. 개정)

• 예 판 ……………………………………………………………
회사가 근로자 및 근로자 가족에게 지급한 건강검진비 지원금액은 의료비 공제대상에 포함됨. (원천세과 − 390, 2024. 3. 28.)
…………………………………………………………………………

2. 다음 각 목의 어느 하나에 해당하는 사람을 위하여 지급한 의료비. 다만, 제1호의 의료비가 총급여액에 100분의 3을 곱하여 계산한 금액에 미달하는 경우에는 그 미달하는 금액을 뺀다. (2017. 12. 19. 개정)
　가. 해당 거주자 (2017. 12. 19. 신설)
　나. 과세기간 개시일 현재 6세 이하인 사람 (2023. 12. 31. 신설)

• 편주 ▶ …………………………………………………………
법 59조의 4 제2항 2호 나목의 개정규정은 2024. 1. 1. 이후 의료비를 지급하는 경우부터 적용함. (법 부칙(2023. 12. 31.) 4조)
…………………………………………………………………………

른 공제 (2014. 2. 21. 신설)
5. 「군인공제회법」, 「한국교직원공제회법」, 「대한지방행정공제회법」, 「경찰공제회법」 및 「대한소방공제회법」에 따른 공제 (2014. 2. 21. 신설)
6. 주택 임차보증금의 반환을 보증하는 것을 목적으로 하는 보험·보증. 다만, 보증대상 임차보증금이 3억원을 초과하는 경우는 제외한다. (2018. 2. 13. 신설)

제118조의 5 【의료비 세액공제】 ① 법 제59조의 4 제2항 각 호 외의 부분에서 "대통령령으로 정하는 의료비"란 해당 근로자가 직접 부담하는 다음 각 호의 어느 하나에 해당하는 의료비(제216조의 3 제7항 각 호의 어느 하나에 해당하는 자로부터 지급받은 실손의료보험금은 제외한다. 이하 이 조에서 같다)를 말한다. (2021. 2. 17. 개정)
1. 진찰·치료·질병예방을 위하여 「의료법」 제3조에 따른 의료기관에 지급한 비용 (2014. 2. 21. 신설)
2. 치료·요양을 위하여 「약사법」 제2조에 따른 의약품(한약을 포함한다. 이하 같다)을 구입하고 지급하는 비용 (2014. 2. 21. 신설)
3. 장애인 보장구(「조세특례제한법 시행령」 제105조에 따른 보장구를 말한다) 및 의사·치과의사·한의사 등의 처방에 따라 의료기기(「의료기기법」 제2조 제1항에 따른 의료기기를 말한다)를 직접 구입하거나 임차하기 위하여 지출한 비용 (2014. 2. 21. 신설)
4. 시력보정용 안경 또는 콘택트렌즈를 구입하기 위하여 지출한 비용으로서 법 제50조 제1항에 따른 기본공제대상자(연령 및 소득금액의 제한을 받지 아니한다) 1명당 연 50만원 이내의 금액 (2014. 2. 21. 신설)
5. 보청기를 구입하기 위하여 지출한 비용 (2014. 2. 21. 신설)
6. 「노인장기요양보험법」 제40조 제1항 및 같은 조 제3항 제3호에 따른 장기요양급여에 대한 비용으로서 실제 지출한 본인부담금 (2024. 2. 29. 개정)
6의 2. 「장애인활동 지원에 관한 법률」 제33조 제1항 및 같은 조 제2항 제2호에 따른 활동지원급여에 대한 비용으로서 실제 지출한 본

• 편주 ▶ …………………………………………………………
영 118조의 5 제1항 6호의 2 및 7호의 개정규정은 2024. 2. 29.이 속하는 과세기간에 지출 또는 지급하는 비용부터 적용함. (영 부칙(2024. 2. 29.) 10조)
…………………………………………………………………………
☞

다. 과세기간 종료일 현재 65세 이상인 사람 (2023. 12. 31. 목번개정)
라. 장애인 (2023. 12. 31. 목번개정)

마. 대통령령으로 정하는 중증질환자, 희귀난치성질환자 또는 결핵
환자 (2023. 12. 31. 목번개정)

3. 대통령령으로 정하는 미숙아 및 선천성이상아를 위하여 지급한 의
료비. 다만, 제1호 및 제2호의 의료비 합계액이 총급여액에 100분의
3을 곱하여 계산한 금액에 미달하는 경우에는 그 미달하는 금액을
뺀다. (2021. 12. 8. 개정)
4. 대통령령으로 정하는 난임시술(이하 이 호에서 "난임시술"이라 한
다)을 위하여 지출한 비용(난임시술과 관련하여 처방을 받은 「약사
법」 제2조에 따른 의약품 구입비용을 포함한다). 다만, 제1호부터
제3호까지의 의료비 합계액이 총급여액에 100분의 3을 곱하여 계산
한 금액에 미달하는 경우에는 그 미달하는 금액을 뺀다. (2021. 12.
8. 신설)

③ 근로소득이 있는 거주자가 그 거주자와 기본공제대상자(나이의 제
한을 받지 아니하되, 제3호 나목의 기관에 대해서는 과세기간 종료일
현재 18세 미만인 사람만 해당한다)를 위하여 해당 과세기간에 대통령

인부담금 (2024. 2. 29. 신설)
7. 「모자보건법」 제2조 제10호에 따른 산후조리원에 산후조리 및 요양
의 대가로 지급하는 비용으로서 출산 1회당 200만원 이내의 금액
(2024. 2. 29. 개정)
② 제1항 각 호의 비용에는 미용·성형수술을 위한 비용 및 건강증진
을 위한 의약품 구입비용은 포함하지 아니한다. (2014. 2. 21. 신설)
③ 원천징수의무자는 법 제137조, 제137조의 2 또는 제138조에 따른
근로소득세액 연말정산을 할 때 특별세액공제 대상이 되는 의료비가
있는 근로자에 대해서는 근로소득지급명세서를 제출할 때에 해당 근
로자의 의료비지급명세서가 전산처리된 테이프 또는 디스켓을 관할
세무서장에게 제출하여야 한다. (2014. 2. 21. 신설)
④ 법 제59조의 4 제2항 제2호 마목에서 "대통령령으로 정하는 중
증질환자, 희귀난치성질환자 또는 결핵환자"란 「국민건강보험법 시행
령」 별표 2 제3호 가목 3), 같은 호 나목 2) 및 같은 호 마목에 따른
요양급여를 받는 사람으로서 기획재정부령으로 정하는 사람을 말한다.
(2024. 2. 29. 개정)
⑤ 법 제59조의 4 제2항 제3호 본문에서 "대통령령으로 정하는 미숙아
및 선천성이상아를 위하여 지급한 의료비"란 다음 각 호의 구분에 따
른 의료비를 말한다. (2022. 2. 15. 개정)
1. 「모자보건법」에 따른 미숙아의 경우: 보건소장 또는 의료기관의 장
이 미숙아 출생을 원인으로 미숙아가 아닌 영유아와는 다른 특별한
의료적 관리와 보호가 필요하다고 인정하는 치료를 위하여 지급한
의료비 (2022. 2. 15. 개정)
2. 「모자보건법」에 따른 선천성이상아의 경우: 해당 선천성이상 질환
을 치료하기 위하여 지급한 의료비 (2022. 2. 15. 개정)
⑥ 법 제59조의 4 제2항 제4호 본문에서 "대통령령으로 정하는 난임
시술"이란 「모자보건법」에 따른 보조생식술을 말한다. (2022. 2. 15.
신설)

제118조의 6 【교육비 세액공제】 ① 법 제59조의 4 제3항 각
호 외의 부분 본문에서 "대통령령으로 정하는 교육비"란 다음 각 호
의 어느 하나에 해당하는 교육비를 말한다. (2014. 2. 21. 신설)

**제61조의 4 【중증질환자 등의 범
위】** (2018. 3. 21. 제목개정)
영 제118조의 5 제4항 및 제155조 제4항
제3호에서 "기획재정부령으로 정하는 사
람"이란 「국민건강보험법 시행령」 제19
조 제1항에 따라 보건복지부장관이 정하
여 고시하는 기준에 따라 중증질환자, 희
귀난치성질환자 또는 결핵환자 산정특례
대상자로 등록되거나 재등록된 자를 말한
다. (2019. 3. 20. 개정)

령으로 정하는 교육비를 지급한 경우 다음 각 호의 금액의 100분의 15에 해당하는 금액을 해당 과세기간의 종합소득 산출세액에서 공제한다. 다만, 소득세 또는 증여세가 비과세되는 대통령령으로 정하는 교육비는 공제하지 아니한다. (2014. 1. 1. 신설)

1. 기본공제대상자인 배우자·직계비속·형제자매·입양자 및 위탁아동(이하 이 호에서 "직계비속등"이라 한다)을 위하여 지급한 다음 각 목의 교육비를 합산한 금액. 다만, 대학원에 지급하거나 직계비속등이 제2호 라목에 따른 학자금 대출을 받아 지급하는 교육비는 제외하며, 대학생인 경우에는 1명당 연 900만원, 초등학교 취학 전 아동과 초·중·고등학생인 경우에는 1명당 연 300만원을 한도로 한다. (2016. 12. 20. 개정)

　가. 「유아교육법」, 「초·중등교육법」, 「고등교육법」 및 특별법에 따른 학교에 지급하거나 「고등교육법」 제34조 제3항의 시험 응시를 위하여 지급한 교육비 (2022. 12. 31. 개정)

　나. 다음의 평생교육시설 또는 과정을 위하여 지급한 교육비 (2014. 12. 23. 개정)

　　1) 「평생교육법」 제31조 제2항에 따라 고등학교졸업 이하의 학력이 인정되는 학교형태의 평생교육시설, 같은 조 제4항에 따라 전공대학의 명칭을 사용할 수 있는 평생교육시설(이하 "전공대학"이라 한다)과 같은 법 제33조에 따른 원격대학 형태의 평생교육시설(이하 "원격대학"이라 한다) (2014. 12. 23. 개정)

1. 수업료·입학금·보육비용·수강료 및 그 밖의 공납금 (2014. 2. 21. 신설)

2. 「학교급식법」, 「유아교육법」, 「영유아보육법」 등에 따라 급식을 실시하는 학교, 유치원, 어린이집, 법 제59조의 4 제3항 제1호 라목에 따른 학원 및 체육시설(초등학교 취학 전 아동의 경우만 해당한다)에 지급한 급식비 (2014. 2. 21. 신설)

3. 「초·중등교육법」 제2조에 따른 학교에서 구입한 교과서대금 (2017. 2. 3. 개정)

4. 교복구입비용(중·고등학교의 학생만 해당하며, 학생 1명당 연 50만원을 한도로 한다) (2014. 2. 21. 신설)

5. 다음 각 목의 학교 등에서 실시하는 방과후 학교나 방과후 과정 등의 수업료 및 특별활동비(학교 등에서 구입한 도서의 구입비와 학교 외에서 구입한 초·중·고등학교의 방과후 학교 수업용 도서의 구입비를 포함한다) (2014. 2. 21. 신설)

　가. 「초·중등교육법」 제2조에 따른 학교 (2014. 2. 21. 신설)

　나. 「유아교육법」 제2조 제2호에 따른 유치원 (2014. 2. 21. 신설)

　다. 「영유아보육법」 제2조 제3호에 따른 어린이집 (2014. 2. 21. 신설)

　라. 법 제59조의 4 제3항 제1호 라목에 따른 학원 및 체육시설(초등학교 취학 전 아동의 경우만 해당한다) (2014. 2. 21. 신설)

6. 「초·중등교육법」 제2조에 따른 학교에서 교육과정으로 실시하는 현장체험학습에 지출한 비용(학생 1명당 연 30만원을 한도로 한다) (2017. 2. 3. 신설)

7. 「고등교육법」 제34조 제3항에 따른 시험의 응시수수료 및 같은 법 제34조의 4에 따른 입학전형료 (2023. 2. 28. 신설)

② 법 제59조의 4 제3항 각 호 외의 부분 단서에서 "대통령령으로 정하는 교육비"란 해당 과세기간에 받은 장학금 또는 학자금(이하 이 항에서 "장학금등"이라 한다)으로서 다음 각 호의 어느 하나에 해당하는 것을 말한다. (2014. 2. 21. 신설)

1. 「근로복지기본법」에 따른 사내근로복지기금으로부터 받은 장학금등 (2014. 2. 21. 신설)

2. 재학 중인 학교로부터 받은 장학금등 (2014. 2. 21. 신설)

2) 「학점인정 등에 관한 법률」 제3조 및 「독학에 의한 학위취득에 관한 법률」 제5조 제1항에 따른 과정 중 대통령령으로 정하는 교육과정(이하 각각의 교육과정을 이 항에서 "학위취득과정"이라 한다) (2014. 12. 23. 개정)

다. 대통령령으로 정하는 국외교육기관(국외교육기관의 학생을 위하여 교육비를 지급하는 거주자가 국내에서 근무하는 경우에는 대통령령으로 정하는 학생만 해당한다)에 지급한 교육비 (2014. 1. 1. 신설)

라. 초등학교 취학 전 아동을 위하여 「영유아보육법」에 따른 어린이집, 「학원의 설립·운영 및 과외교습에 관한 법률」에 따른 학원 또는 대통령령으로 정하는 체육시설에 지급한 교육비(학원 및 체육시설에 지급하는 비용의 경우에는 대통령령으로 정하는 금액만 해당한다) (2014. 1. 1. 신설)

2. 해당 거주자를 위하여 지급한 다음 각 목의 교육비를 합산한 금액 (2014. 1. 1. 신설)

가. 제1호 가목부터 다목까지의 규정에 해당하는 교육비 (2014. 1. 1. 신설)

나. 대학(전공대학, 원격대학 및 학위취득과정을 포함한다) 또는 대학원의 1학기 이상에 해당하는 교육과정과 「고등교육법」 제36

---

3. 근로자인 학생이 직장으로부터 받은 장학금등 (2014. 2. 21. 신설)

4. 그 밖에 각종 단체로부터 받은 장학금등 (2014. 2. 21. 신설)

③ 법 제59조의 4 제3항 제1호 나목 2)에서 "대통령령으로 정하는 교육과정"이란 「학점인정 등에 관한 법률」 제3조 제1항에 따라 교육부장관이 학점인정학습과정으로 평가인정한 교육과정 및 「독학에 의한 학위취득에 관한 법률 시행령」 제9조 제1항 제4호에 따른 교육과정을 말한다. (2015. 2. 3. 개정)

④ 법 제59조의 4 제3항 제1호 다목에서 "대통령령으로 정하는 국외교육기관"이란 국외에 소재하는 교육기관으로서 우리나라의 「유아교육법」에 따른 유치원, 「초·중등교육법」 또는 「고등교육법」에 따른 학교에 해당하는 것을 말한다. (2014. 2. 21. 신설)

⑤ 법 제59조의 4 제3항 제1호 다목에서 "대통령령으로 정하는 학생"이란 해당 과세기간 종료일 현재 대한민국 국적을 가진 거주자가 교육비를 지급한 학생(초등학교 취학 전 아동과 초등학생·중학생의 경우에는 다음 각 호의 어느 하나에 해당하는 사람으로 한정한다)을 말한다. (2014. 2. 21. 신설)

1. 「국외유학에 관한 규정」 제5조에 따른 자비유학의 자격이 있는 사람 (2014. 2. 21. 신설)

2. 「국외유학에 관한 규정」 제15조에 따라 유학을 하는 자로서 부양의무자와 국외에서 동거한 기간이 1년 이상인 사람 (2014. 2. 21. 신설)

⑥ 법 제59조의 4 제3항 제1호 라목에서 "대통령령으로 정하는 체육시설"이란 다음 각 호의 어느 하나에 해당하는 것을 말한다. (2014. 2. 21. 신설)

1. 「체육시설의 설치·이용에 관한 법률」에 따른 체육시설업자(기획재정부령으로 정하는 체육시설업자를 포함한다)가 운영하는 체육시설 (2014. 2. 21. 신설)

2. 국가, 지방자치단체 또는 「청소년활동 진흥법」에 따른 청소년수련시설로 허가·등록된 시설을 운영하는 자가 운영(위탁운영을 포함한다)하는 체육시설 (2014. 2. 21. 신설)

⑦ 법 제59조의 4 제3항 제1호 라목에서 "대통령령으로 정하는 금액"이란 초등학교 취학 전 아동이 「학원의 설립·운영 및 과외교습에 관한 법률」에 따른 학원 또는 제6항에 따른 체육시설에서 월단위

제61조의 5 【체육시설업자의 범위】
(2015. 3. 13. 조번개정)

영 제118조의 6 제6항 제1호에서 "기획재정부령으로 정하는 체육시설업자"란 합기도장·국선도장·공수도장 및 단학장 등 「체육시설의 설치·이용에 관한 법률」에 따른 체육시설업자가 운영하는 체육시설과 유사한 체육시설(「민법」 제32조에 따라 설립된 비영리법인이 운영하는 체육시

조에 따른 시간제 과정에 지급하는 교육비 (2014. 1. 1. 신설)
다. 「국민 평생 직업능력 개발법」 제2조에 따른 직업능력개발훈련
　　시설에서 실시하는 직업능력개발훈련을 위하여 지급한 수강료.
　　다만, 대통령령으로 정하는 지원금 등을 받는 경우에는 이를 뺀
　　금액으로 한다. (2021. 8. 17. ; 근로자직업능력～부칙)
라. 대통령령으로 정하는 학자금 대출의 원리금 상환에 지출한 교육
　　비. 다만, 대출금의 상환 연체로 인하여 추가로 지급하는 금액 등
　　대통령령으로 정하는 지급액은 제외한다. (2016. 12. 20. 신설)

3. 기본공제대상자인 장애인(소득의 제한을 받지 아니한다)을 위하여
　　다음 각 목의 어느 하나에 해당하는 자에게 지급하는 대통령령으로
　　정하는 특수교육비 (2014. 1. 1. 신설)

가. 대통령령으로 정하는 사회복지시설 및 비영리법인 (2014. 1. 1.

로 실시하는 교습과정(1주 1회 이상 실시하는 과정만 해당한다)의 교
습을 받고 지출한 수강료를 말한다. (2014. 2. 21. 신설)
⑧ 법 제59조의 4 제3항 제2호 다목 단서에서 "대통령령으로 정하는
지원금 등"이란 「고용보험법 시행령」 제43조에 따른 근로자의 직업능
력 개발을 위한 지원을 말한다. (2014. 2. 21. 신설)
⑨ 법 제59조의 4 제3항 제2호 라목 본문에서 "대통령령으로 정하는
학자금 대출"이란 다음 각 호의 학자금 대출(등록금에 대한 대출에 한
정한다)을 말한다. (2017. 2. 3. 신설)
1. 「한국장학재단 설립 등에 관한 법률」 제2조 제2호에 따른 취업 후
　　상환 학자금대출 및 같은 조 제3호에 따른 일반 상환 학자금대출
　　(2017. 2. 3. 신설)
2. 「농어업인 삶의 질 향상 및 농어촌지역 개발촉진에 관한 특별법 시
　　행령」 제17조 제1항 제4호에 따른 학자금 융자지원 사업을 통한 학
　　자금 대출 (2017. 2. 3. 신설)
3. 「한국주택금융공사법」에 따라 한국주택금융공사가 금융기관으로부
　　터 양수한 학자금 대출 (2017. 2. 3. 신설)
4. 제1호부터 제3호까지의 규정에 따른 학자금 대출과 유사한 학자금
　　대출로서 기획재정부령으로 정하는 대출 (2017. 2. 3. 신설)
⑩ 법 제59조의 4 제3항 제2호 라목 단서에서 "대출금의 상환 연체로
인하여 추가로 지급하는 금액 등 대통령령으로 정하는 지급액"이란 다
음 각 호의 금액을 말한다. (2017. 2. 3. 신설)
1. 제9항에 따른 학자금 대출의 원리금 상환의 연체로 인하여 추가로
　　지급하는 금액 (2017. 2. 3. 신설)
2. 제9항에 따른 학자금 대출의 원리금 중 감면받거나 면제받은 금액
　　(2017. 2. 3. 신설)
3. 제9항에 따른 학자금 대출의 원리금 중 지방자치단체 또는 공공기관
　　등으로부터 학자금을 지원받아 상환한 금액 (2017. 2. 3. 신설)
⑪ 법 제59조의 4 제3항 제3호 각 목 외의 부분에서 "대통령령으로
정하는 특수교육비"란 장애인의 재활교육을 위하여 지급하는 비용
(「장애아동복지지원법」에 따라 국가 또는 지방자치단체로부터 지원
받는 금액은 제외한다)을 말한다. (2017. 2. 3, 항번개정)
⑫ 법 제59조의 4 제3항 제3호 가목에서 "대통령령으로 정하는 사회복

설을 포함한다)을 운영하는 자로서 다음
각 호의 어느 하나를 발급받거나 부여받은
자를 말한다. (2014. 3. 14. 신설)
1. 법 제168조 제3항, 「법인세법」 제111
　　조 제3항 또는 「부가가치세법」 제8조
　　제5항에 따른 사업자등록증 (2014. 3.
　　14. 신설)
2. 법 제168조 제5항 또는 「법인세법 시
　　행령」 제154조 제3항에 따른 고유번호
　　(2021. 3. 16. 개정)

제61조의 6 【교육비 세액공제 적용
대상인 유사한 학자금 대출의 범위】 영
제118조의 6 제9항 제4호에서 "기획재정
부령으로 정하는 대출"이란 다음 각 호의
어느 하나에 해당하는 대출을 말한다.
(2017. 3. 10. 신설)
1. 「한국장학재단 설립 등에 관한 법률」 제
　　2조 제3호의 2에 따른 전환대출 (2017.
　　3. 10. 신설)
2. 「한국장학재단 설립 등에 관한 법률」
　　제2조 제4호의 2에 따른 구상채권 행사
　　의 원인이 된 학자금 대출 (2017. 3. 10.
　　신설)
3. 법률 제9415호 한국장학재단 설립 등에
　　관한 법률 부칙 제5조에 따라 승계된
　　학자금 대출 (2017. 3. 10. 신설)

신설)

    나. 장애인의 기능향상과 행동발달을 위한 발달재활서비스를 제공하는 대통령령으로 정하는 기관 (2014. 1. 1. 신설)
    다. 가목의 시설 또는 법인과 유사한 것으로서 외국에 있는 시설 또는 법인 (2014. 1. 1. 신설)

④ 거주자(사업소득만 있는 자는 제외하되, 제73조 제1항 제4호에 따른 자 등 대통령령으로 정하는 자는 포함한다)가 해당 과세기간에 지급한 기부금[제50조 제1항 제2호 및 제3호에 해당하는 사람(나이의 제한을 받지 아니하며, 다른 거주자의 기본공제를 적용받은 사람은 제외한다)이 지급한 기부금을 포함한다]이 있는 경우 다음 각 호의 기부금을 합한 금액에서 사업소득금액을 계산할 때 필요경비에 산입한 기부금을 뺀 금액의 100분의 15(해당 금액이 1천만원을 초과하는 경우 그 초과분에 대해서는 100분의 30)에 해당하는 금액(이하 제61조 제2항에서 "기부금 세액공제액"이라 한다)을 해당 과세기간의 합산과세되는 종합소득산출세액(필요경비에 산입한 기부금이 있는 경우 사업소득에 대한

지시설 및 비영리법인"이란 다음 각 호의 시설 및 법인을 말한다. (2017. 2. 3. 항번개정)
1. 「사회복지사업법」에 따른 사회복지시설 (2014. 2. 21. 신설)
2. 「민법」에 따라 설립된 비영리법인으로서 보건복지부장관이 장애인재활교육을 실시하는 기관으로 인정한 법인 (2014. 2. 21. 신설)
⑬ 법 제59조의 4 제3항 제3호 나목에서 "대통령령으로 정하는 기관"이란 「장애아동복지지원법」 제21조 제3항에 따라 지방자치단체가 지정한 발달재활서비스 제공기관을 말한다. (2017. 2. 3. 항번개정)
⑭ 법 제59조의 4 제7항 전단에서 "대통령령으로 정하는 기관"이란 다음 각 호의 어느 하나에 해당하는 기관을 말한다. (2017. 2. 3. 신설)
1. 「한국장학재단 설립 등에 관한 법률」 제6조에 따른 한국장학재단 (2017. 2. 3. 신설)
2. 「한국주택금융공사법」에 따른 한국주택금융공사 (2017. 2. 3. 신설)
3. 「한국자산관리공사 설립 등에 관한 법률」에 따른 한국자산관리공사 (2022. 2. 17. 개정 ; 금융회사부실자산~부칙)
⑮ 법 제59조의 4 제7항 전단에서 "학자금대출 및 원리금 상환내역 등 대통령령으로 정하는 자료"란 다음 각 호의 자료를 말한다. (2017. 2. 3. 신설)
1. 연도별 학자금 대출 및 원리금 상환내역 (2017. 2. 3. 신설)
2. 법 제59조의 4 제3항에 따른 교육비 공제의 적용과 관련하여 국세청장이 필요하다고 인정하는 자료 (2017. 2. 3. 신설)

    제118조의 7 【기부금의 세액공제 등】 ① 법 제59조의 4 제4항에 따라 거주자가 지출한 기부금에 따른 기부금 세액공제액을 종합소득금액 산출세액에서 공제하는 경우에는 제79조 제4항 및 제81조 제3항부터 제6항까지의 규정을 준용한다. (2015. 2. 3. 개정)
② 원천징수의무자는 법 제137조, 제137조의 2 및 제138조에 따른 근로소득세액 연말정산 또는 법 제144조의 2에 따른 사업소득세액의 연말정산을 할 때 기부금세액공제를 적용받은 거주자에 대해서는 지급명세서를 제출할 때에 해당 거주자의 기부금명세서가 전산처리된 테이프 또는 디스켓을 관할 세무서장에게 제출하여야 한다. (2014. 2. 21. 신설)
③ 법 제59조의 4 제4항에서 "제73조 제1항 제4호에 따른 자 등 대통

산출세액은 제외한다)에서 공제한다. 이 경우 제1호의 기부금과 제2호의 기부금이 함께 있으면 제1호의 기부금을 먼저 공제하되, 2013년 12월 31일 이전에 지급한 기부금을 2014년 1월 1일 이후에 개시하는 과세기간에 이월하여 소득공제하는 경우에는 해당 과세기간에 지급한 기부금보다 먼저 공제한다. (2018. 12. 31. 개정)

1. 제34조 제2항 제1호의 특례기부금 (2022. 12. 31. 개정)
2. 제34조 제3항 제1호의 일반기부금. 이 경우 한도액은 다음 각 목의 구분에 따른다. (2022. 12. 31. 개정)

　가. 종교단체에 기부한 금액이 있는 경우 (2020. 12. 29. 개정)

　　한도액 = [종합소득금액(제62조에 따른 원천징수세율을 적용받는 이자소득 및 배당소득은 제외한다)에서 제1호에 따른 기부금을 뺀 금액을 말하며, 이하 이 항에서 "소득금액"이라 한다] × 100분의 10 + [소득금액의 100분의 20과 종교단체 외에 기부한 금액 중 적은 금액]

　나. 가목 외의 경우 (2014. 1. 1. 신설)

　　한도액 = 소득금액의 100분의 30

⑤ 제1항부터 제3항까지의 규정을 적용할 때 과세기간 종료일 이전에 혼인·이혼·별거·취업 등의 사유로 기본공제대상자에 해당되지 아니하게 되는 종전의 배우자·부양가족·장애인 또는 과세기간 종료일 현재 65세 이상인 사람을 위하여 이미 지급한 금액이 있는 경우에는 그 사유가 발생한 날까지 지급한 금액에 제1항부터 제3항까지의 규정에 따른 율을 적용한 금액을 해당 과세기간의 종합소득산출세액에서 공제한다. (2014. 1. 1. 신설)

⑥ 제1항부터 제4항까지의 규정에 따른 공제는 해당 거주자가 대통령령으로 정하는 바에 따라 신청한 경우에 적용한다. (2014. 1. 1. 신설)

⑦ 국세청장은 제3항 제2호 라목에 따른 교육비가 세액공제 대상에 해당하는지 여부를 확인하기 위하여 「한국장학재단 설립 등에 관한 법률」 제6조에 따른 한국장학재단 등 학자금 대출·상환업무를 수행하는 대통령령으로 정하는 기관(이하 이 항에서 "한국장학재단등"이라 한다)에 학자금대출 및 원리금 상환내역 등 대통령령으로 정하는 자료의 제공을 요청할 수 있다. 이 경우 요청을 받은 한국장학재단등은 특별한

령령으로 정하는 자"란 법 제73조 제1항 제4호에 따른 사업자를 말한다. (2015. 2. 3. 개정)

④ 법 제59조의 4 제4항에 따라 세액공제를 받으려는 거주자에게 사업소득이 있는 경우 법 제59조의 4 제4항 제2호 가목에 따른 한도액을 계산할 때 종합소득금액은 기부금을 필요경비에 산입하기 전의 소득금액을 기준으로 한다. (2014. 2. 21. 신설)

⑤ 법 제59조의 4 제7항에서 "대통령령으로 정하는 근로소득에 대한 종합소득산출세액"이란 해당 과세기간의 종합소득산출세액에 근로소득금액이 그 과세기간의 종합소득금액에서 차지하는 비율을 곱하여 산출한 금액을 말한다. (2014. 2. 21. 신설)

⑤ 삭　제 (2015. 2. 3.)

사유가 없으면 그 요청에 따라야 한다. (2016. 12. 20. 신설)

⑧ 제4항에도 불구하고 2024년 1월 1일부터 2024년 12월 31일까지 지급한 기부금을 해당 과세기간의 합산과세되는 종합소득산출세액(필요경비에 산입한 기부금이 있는 경우 사업소득에 대한 산출세액은 제외한다)에서 공제하는 경우에는 같은 항에 따른 세액공제액 외에 같은 항 각 호의 기부금을 합한 금액에서 사업소득금액을 계산할 때 필요경비에 산입한 기부금을 뺀 금액이 3천만원을 초과하는 경우 그 초과분에 대해서는 100분의 10에 해당하는 금액을 추가로 공제한다. (2023. 12. 31. 개정)

⑨ 거주자가 다음 각 호의 어느 하나에 해당하는 경우 다음 각 호의 구분에 따른 금액을 종합소득산출세액에서 공제(이하 "표준세액공제"라 한다)한다. (2020. 12. 29. 개정)

1. 근로소득이 있는 거주자로서 제6항, 제52조 제8항 및 「조세특례제한법」 제95조의 2 제2항에 따른 소득공제나 세액공제 신청을 하지 아니한 경우 : 연 13만원 (2020. 12. 29. 개정)

2. 종합소득이 있는 거주자(근로소득이 있는 자는 제외한다)로서 「조세특례제한법」 제122조의 3에 따른 세액공제 신청을 하지 아니한 경우 : 다음 각 목의 구분에 따른 금액 (2020. 12. 29. 개정)

　가. 제160조의 5 제3항에 따른 사업용계좌의 신고 등 대통령령으로 정하는 요건에 해당하는 사업자(이하 "성실사업자"라 한다)의 경우 : 연 12만원 (2020. 12. 29. 개정)

　나. 가목 외의 경우 : 연 7만원 (2020. 12. 29. 개정)

⑩ 제1항부터 제9항까지의 규정에 따른 공제를 "특별세액공제"라 한다. (2014. 1. 1. 신설)

⑪ 특별세액공제에 관하여 그밖에 필요한 사항은 대통령령으로 정한다. (2014. 1. 1. 신설)

제118조의 8 【성실사업자의 범위】 ① 법 제59조의 4 제9항 제2호 가목에서 "사업용계좌의 신고 등 대통령령으로 정하는 요건에 해당하는 사업자"란 다음 각 호의 요건을 모두 갖춘 사업자를 말한다. (2021. 2. 17. 개정)

1. 다음 각 목의 어느 하나에 해당하는 사업자일 것 (2014. 2. 21. 신설)

　가. 법 제162조의 2 및 제162조의 3에 따라 신용카드가맹점 및 현금영수증가맹점으로 모두 가입한 사업자. 다만, 해당 과세기간에 법 제162조의 2 제2항, 제162조의 3 제3항 또는 같은 조 제4항을 위반하여 법 제162조의 2 제4항 후단 또는 제162조의 3 제6항 후단에 따라 관할 세무서장으로부터 해당 사실을 통보받은 사업자는 제외한다. (2014. 2. 21. 신설)

　나. 「조세특례제한법」 제5조의 2 제1호에 따른 전사적(全社的) 기업자원 관리설비 또는 「유통산업발전법」에 따라 판매시점정보관리시스템설비를 도입한 사업자 등 기획재정부령으로 정하는

제58조의 2 【성실사업자의 범위】 영 제118조의 8 제1항 제1호 나목에서 "「조세특례제한법」 제5조의 2 제1호에 따른 전사적(全社的) 기업자원 관리설비 또는 「유통산업발전법」에 따라 판매시점정보관리시스템설비를 도입한 사업자 등 기획재정부령으로 정하는 사업자"란 다음 각 호의 어느 하나에 해당하는 사업자를 말한다. (2014. 3. 14. 개정)

1. 「조세특례제한법」 제5조의 2 제1호에 따른 전사적(全社的)기업자원관리설비 또는 「유통산업발전법」에 따른 판매시점정보관리시스템설비를 도입한 사업자 (2009. 4. 14. 개정)

제59조의 5 【세액의 감면】 (2014. 1. 1. 조번개정)
① 종합소득금액 중 다음 각 호의 어느 하나의 소득이 있을 때에는 종합소득 산출세액에서 그 세액에 해당 근로소득금액 또는 사업소득금액이 종합소득금액에서 차지하는 비율을 곱하여 계산한 금액 상당액을 감면한다. (2009. 12. 31. 신설)
1. 정부 간의 협약에 따라 우리나라에 파견된 외국인이 그 양쪽 또는 한쪽 당사국의 정부로부터 받는 급여 (2009. 12. 31. 신설)

【관계조문】
법 161조 ⇒ 구분기장
영 209조 ⇒ 공통손익의 계산

2. 거주자 중 대한민국의 국적을 가지지 아니한 자가 대통령령으로 정하는 선박과 항공기의 외국항행사업으로부터 얻는 소득. 다만, 그 거주자의 국적지국(國籍地國)에서 대한민국 국민이 운용하는 선박과 항공기에 대해서도 동일한 면제를 하는 경우만 해당한다. (2013. 1. 1. 개정)
② 이 법 외의 법률에 따라 소득세가 감면되는 경우에도 그 법률에 특

사업자 (2014. 2. 21. 신설)
2. 법 제160조 제1항 또는 제2항에 따라 장부를 비치·기록하고, 그에 따라 소득금액을 계산하여 신고할 것(법 제80조 제3항 단서에 따라 추계조사결정이 있는 경우 해당 과세기간은 제외한다) (2014. 2. 21. 신설)
3. 법 제160조의 5 제3항에 따라 사업용계좌를 신고하고, 해당 과세기간에 같은 조 제1항에 따라 사업용계좌를 사용하여야 할 금액의 3분의 2 이상을 사용할 것 (2014. 2. 21. 신설)
② 제1항 제1호 각 목에 해당하는지에 대한 판정 등에 필요한 사항은 기획재정부령으로 정한다. (2014. 2. 21. 신설)

제119조 【공통손익의 계산】 법 제59조의 5 제1항 또는 다른 법률에 따라 감면되는 사업과 그 밖의 사업을 겸영하는 경우에 감면사업과 그 밖의 사업의 공통필요경비와 공통수입금액은 기획재정부령으로 정하는 바에 따라 구분 계산하여야 한다. (2014. 2. 21. 개정)

【통칙】 59의 5 - 119의 2…1 【외국항행소득의 범위】
　　　　(2019. 12. 23. 번호개정)
법에 특별히 규정하는 것을 제외하고 다음 각호에 규정하는 수익은 외국항행소득으로 본다. (1997. 4. 8. 개정)
1. 외국을 항행하는 선박 또는 항공기(「선박법」 제8조 또는 「항공안전법」 제7조의 규정에 의하여 등록된 선박 또는 항공기를 말한다)가 조난으로 인하여 소멸(침몰을 포함한다) 또는 손괴됨에 따라 발생한 보험차익 (2024. 3. 15. 개정)
2. 외국항행을 주업으로 하는 자가 자기가 운용하는 선박 또는 항공기의 탑승을 위하여 매표한 탑승권으로 승객이 타인의 선박 또는 항공기에 탑승함으로써 상대편으로부터 받는 매표 수수료에 상당하는 금액
3. 외국항행만을 목적으로 하는 자가 외국항행사업에 따른 채무를 면제받은 경우 채무면제익 및 수증익

제119조의 2 【외국항행소득의 범위】 (2013. 2. 15. 제목개정)
법 제59조의 5 제1항 제2호 본문에서 "대통령령으로 정하는 선박과 항공기의 외국항행사업으로부터 얻는 소득"이란 다음 각 호의 어느 하나에 해당하는 소득을 말한다. (2014. 2. 21. 개정)
1. 외국항행만을 목적으로 하는 정상적인 업무에서 발생하는 소득 (2010. 6. 8. 신설)

2. 「영화 및 비디오물의 진흥에 관한 법률」에 따라 설립된 영화진흥위원회가 운영하는 영화상영관입장권통합　전산망에 가입한 사업자 (2007. 4. 17. 신설)
3. 전자상거래사업을 영위하는 사업자로서 다음 각 목의 어느 하나에 해당하는 사업자 (2007. 4. 17. 신설)
　가. 「여신전문금융업법」에 따른 결제대행업체를 통해서만 매출대금의 결제가 이루어지는 사업자 (2007. 4. 17. 신설)
　나. 납세지 관할 세무서장에게 신고한 사업용계좌를 통해서만 매출대금의 결제가 이루어지는 사업자 (2007. 4. 17. 신설)
　다. 가목 및 나목의 방식으로만 매출대금의 결제가 이루어지는 사업자 (2007. 4. 17. 신설)
4. 지방자치단체의 장의 주관 하에 수입금액이 공동으로 관리·배분되는 버스운송사업을 영위하는 사업자 (2007. 4. 17. 신설)
5. 「부가가치세법」 제21조에 따른 수출에 의해서만 거래가 이루어지는 사업자 (2013. 6. 28. 개정 ; 부가가치세법 시행규칙 부칙)
6. 납세지 관할 세무서장에게 신고한 사업용계좌를 통해서만 매출 및 매입대금의 결제가 이루어지는 사업자 (2007. 4. 17. 신설)
7. 「부가가치세법 시행령」 제42조에 따른 인적용역을 제공하고 그 수입금액이 원

별한 규정이 있는 경우 외에는 제1항을 준용하여 계산한 소득세를 감면한다. (2009. 12. 31. 신설)

제60조【세액감면 및 세액공제 시 적용순위 등】① 조세에 관한 법률을 적용할 때 소득세의 감면에 관한 규정과 세액공제에 관한 규정이 동시에 적용되는 경우 그 적용순위는 다음 각 호의 순서로 한다. (2009. 12. 31. 개정)
1. 해당 과세기간의 소득에 대한 소득세의 감면 (2009. 12. 31. 개정)
2. 이월공제가 인정되지 아니하는 세액공제 (2009. 12. 31. 개정)
3. 이월공제가 인정되는 세액공제. 이 경우 해당 과세기간 중에 발생한 세액공제액과 이전 과세기간에서 이월된 미공제액이 함께 있을 때에는 이월된 미공제액을 먼저 공제한다. (2009. 12. 31. 개정)
② 제1항 제1호 및 제2호에 따른 감면액 및 세액공제액의 합계액이 납부할 소득세액(가산세는 제외한다)을 초과하는 경우 그 초과하는 금액은 없는 것으로 본다. (2009. 12. 31. 개정)
③ 제2항을 적용할 때 제58조에 따라 공제하는 세액의 경우 납부할 소득세액에는 가산세를 포함하는 것으로 한다. (2009. 12. 31. 개정)
②~③ 삭 제 (2014. 12. 23.)

제61조【세액감면액 및 세액공제액의 산출세액 초과 시의 적용방법 등】① 제59조의 4 제1항부터 제3항까지 및 「조세특례제한법」 제95조의 2의 규정에 따른 세액공제액의 합계액이 그 거주자의 해당 과세기간의 대통령령으로 정하는 근로소득에 대한 종합소득산출세액을 초과하는 경우 그 초과하는 금액은 없는 것으로 한다. (2014. 12. 23. 신설)
② 제59조의 2에 따른 자녀세액공제액, 제59조의 3에 따른 연금계좌세액공제액, 제59조의 4에 따른 특별세액공제액, 「조세특례제한법」 제58조, 같은 법 제76조 및 같은 법 제88조의 4 제13항에 따른 세액공제액의 합계액이 그 거주자의 해당 과세기간의 합산과세되는 종합소득산출세액(제62조에 따라 원천징수세율을 적용받는 이자소득 및 배당소득에 대한 대통령령으로 정하는 산출세액은 제외하며, 이하 이 조에서 "공제기준산출세액"이라 한다)을 초과하는 경우 그 초과하는 금액은 없는 것으로 한다. 다만, 그 초과한 금액에 기부금 세액공제액이 포함되어 있는 경우 해당 기부금과 제59조의 4 제4항 제2호에 따라 한도액을 초

2. 사업자가 소유하는 선박 또는 항공기가 정기용선계약 또는 정기용기계약(나용선계약 또는 나용기계약은 제외한다)에 의하여 외국을 항행함으로써 발생하는 소득 (2010. 6. 8. 신설)

제119조의 3【세액감면액 및 세액공제액의 산출세액 초과 시의 적용방법】① 법 제61조 제1항에서 "대통령령으로 정하는 근로소득에 대한 종합소득산출세액"이란 해당 과세기간의 종합소득산출세액에 근로소득금액이 그 과세기간의 종합소득금액에서 차지하는 비율을 곱하여 산출한 금액을 말한다. (2015. 2. 3. 신설)
② 법 제61조 제2항 본문에서 "대통령령으로 정하는 산출세액"이란 해당 과세기간의 종합소득산출세액에 법 제62조에 따라 원천징수세율을 적용받는 이자소득금액 및 배당소득금액의 합계액이 그 과세기간의 종합소득금액에서 차지하는 비율을 곱하여 산출한 금액을 말한다. (2015. 2. 3. 신설)

천징수되는 사업자 (2013. 6. 28. 개정 ; 부가가치세법 시행규칙 부칙)

제58조의 3【성실사업자의 판정기준】① 다음 각 호의 구분에 따른 요건을 충족하는 경우에는 해당 과세기간동안 영 제118조의 8 제1항 제1호 가목의 요건을 갖춘 것으로 판정한다. (2014. 3. 14. 개정)
1. 영 제210조의 3 제1항에 따른 현금영수증가맹점 가입대상자에 해당하는 사업자 : 다음 각 목의 어느 하나에 해당하는 경우 (2007. 4. 17. 신설)
   가. 법 제162조의 3 제1항에 따른 기간 이내에 현금영수증가맹점 및 신용카드가맹점으로 가입되어 있는 경우 (2007. 4. 17. 신설)
   나. 가목 외의 경우로서 해당 과세기간의 직전 과세기간에 현금영수증가맹점 및 신용카드가맹점으로 가입한 경우 (2007. 4. 17. 신설)
2. 제1호 외의 사업자 : 해당 과세기간 중 현금영수증가맹점 및 신용카드가맹점에서 탈퇴한 사실이 없는 경우로서 해당 과세기간 종료일 현재 6개월 이상 동일한 기간 동안 계속하여 현금영수증가맹점 및 신용카드가맹점으로 가입되어 있는 경우 (2007. 4. 17. 신설)
② 제58조의 2 각 호의 어느 하나에 해당하는 사업자가 해당 과세기간 동안 계속하여 그 사업을 영위하고 있는 경우에는 영 제118조의 8 제1항 제1호 나목의 요건을 충족

과하여 공제받지 못한 기부금은 해당 과세기간의 다음 과세기간의 개시일부터 10년 이내에 끝나는 각 과세기간에 이월하여 제59조의 4 제4항에 따른 율을 적용한 기부금 세액공제액을 계산하여 그 금액을 공제기준산출세액에서 공제한다. (2024. 12. 31. 개정)

③ 이 법 또는 「조세특례제한법」에 따른 감면액 및 세액공제액의 합계액이 해당 과세기간의 합산과세되는 종합소득산출세액을 초과하는 경우 그 초과하는 금액은 없는 것으로 보고, 그 초과하는 금액을 한도로 연금계좌세액공제를 받지 아니한 것으로 본다. 다만, 제58조에 따른 재해손실세액공제액이 종합소득산출세액에서 다른 세액감면액 및 세액공제액을 뺀 후 가산세를 더한 금액을 초과하는 경우 그 초과하는 금액은 없는 것으로 본다. (2014. 12. 23. 신설)

제 5 절　세액 계산의 특례

　제62조【이자소득 등에 대한 종합과세 시 세액 계산의 특례】거주자의 종합소득과세표준에 포함된 이자소득과 배당소득(이하 이 조에서 "이자소득등"이라 한다)이 이자소득등의 종합과세기준금액(이하 이 조에서 "종합과세기준금액"이라 한다)을 초과하는 경우에는 그 거주자의 종합소득 산출세액은 다음 각 호의 금액 중 큰 금액으로 하고, 종합과세기준금액을 초과하지 아니하는 경우에는 제2호의 금액으로 한다. 이 경우 제17조 제1항 제8호에 따른 배당소득이 있을 때에는 그 배당소득금액은 이자소득등으로 보지 아니한다. (2016. 12. 20. 개정)

1. 다음 각 목의 세액을 더한 금액 (2009. 12. 31. 개정)
　가. 이자소득등의 금액 중 종합과세기준금액을 초과하는 금액과 이자소득등을 제외한 다른 종합소득금액을 더한 금액에 대한 산출세액 (2009. 12. 31. 개정)
　나. 종합과세기준금액에 제129조 제1항 제1호 라목의 세율을 적용하여 계산한 세액 (2018. 12. 31. 단서삭제)
2. 다음 각 목의 세액을 더한 금액 (2014. 12. 23. 개정)
　가. 이자소득등에 대하여 제129조 제1항 제1호 및 제2호의 세율을 적용하여 계산한 세액. 다만, 다음의 어느 하나에 해당하는 소득에

제 6 절　세액 계산의 특례

제121조【합산자산소득세액의 계산】삭　제 (2002. 12. 30)
　제121조의 2【원천징수가 면제된 해외장기채권의 세액계산의 특례】삭　제 (2003. 12. 30.)

한 것으로 판정한다. (2014. 3. 14. 개정)

③ 다음 각 호의 구분에 따른 요건을 충족하는 경우에는 해당 과세기간 동안 영 제118조의 8 제1항 제3호에 따른 요건 중 사업용계좌의 신고의 요건을 갖춘 것으로 판정한다. (2014. 3. 14. 개정)

1. 법 제160조 제3항에 따른 복식부기의무자 : 다음 각 목의 어느 하나에 해 당하는 경우 (2007. 4. 17. 신설)
　가. 법 제160조의 5 제3항에 따른 기간 이내에 사업용계좌가 신고되어 있는 경우 (2011. 3. 28. 개정)
　나. 가목 외의 경우로서 직전 과세기간에 사업용계좌를 신고한 경우 (2011. 3. 28. 개정)
2. 제1호 외의 사업자 : 해당 과세기간의종료일 6월 이전에 사업용계좌가 신고되어 있는 경우 (2011. 3. 28. 개정)

대해서는 그 구분에 따른 세율을 적용한다. (2016. 12. 20. 개정)

1) 「조세특례제한법」 제104조의 27에 따른 배당소득(종합과세기준금액을 한도로 한다) : 「조세특례제한법」 제104조의 27 제1항에 따른 세율 (2016. 12. 20. 개정)

1) 삭　제 (2018. 12. 31.)

2) 제127조에 따라 원천징수되지 아니하는 이자소득등 중 제16조 제1항 제11호의 소득 : 제129조 제1항 제1호 나목의 세율 (2016. 12. 20. 개정)

3) 제127조에 따라 원천징수되지 아니하는 이자소득등 중 제16조 제1항 제11호의 소득을 제외한 이자소득등 : 제129조 제1항 제1호 라목의 세율 (2016. 12. 20. 개정)

나. 이자소득등을 제외한 다른 종합소득금액에 대한 산출세액. 다만, 그 세액이 제17조 제1항 제8호에 따른 배당소득에 대하여 제129조 제1항 제1호 라목의 세율을 적용하여 계산한 세액과 이자소득등 및 제17조 제1항 제8호에 따른 배당소득을 제외한 다른 종합소득금액에 대한 산출세액을 합산한 금액(이하 이 목에서 "종합소득 비교세액"이라 한다)에 미달하는 경우 종합소득 비교세액으로 한다. (2009. 12. 31. 개정)

제63조【직장공제회 초과반환금에 대한 세액 계산의 특례】① 제16조 제1항 제10호에 따른 직장공제회 초과반환금(이하 이 조에서 "직장공제회 초과반환금"이라 한다)에 대해서는 그 금액에서 다음 각 호의 금액을 순서대로 공제한 금액을 납입연수(1년 미만인 경우에는 1년으로 한다. 이하 같다)로 나눈 금액에 기본세율을 적용하여 계산한 세액에 납입연수를 곱한 금액을 그 산출세액으로 한다. (2014. 12. 23. 항번개정)

1. 직장공제회 초과반환금의 100분의 40에 해당하는 금액 (2010. 12. 27. 개정)

2. 납입연수에 따라 정한 다음의 금액 (2009. 12. 31. 개정)

〈납입연수〉	〈공제액〉
5년 이하	30만원×납입연수
5년 초과 10년 이하	150만원+50만원×(납입연수−5년)

제120조【직장공제회 초과반환금에 대한 세액계산의 특례】① 직장공제회 반환금을 분할하여 지급받는 경우 납입금 초과이익에 대한 산출세액은 납입금 초과이익에 대하여 법 제63조 제1항에 따라 계산한 금액(이하 "납입금 초과이익 산출세액"이라 한다)으로 한다. (2015. 2. 3. 개정)

② 분할하여 지급받을 때마다의 반환금 추가이익에 대한 산출세액은 다음 제1호의 금액에 제2호의 비율을 곱한 금액으로 한다. (2015. 2. 3. 개정)

1. 분할하여 지급받을 때마다 그 기간 동안 발생하는 반환금 추가이익 (2015. 2. 3. 개정)

2. 납입금 초과이익 산출세액을 납입금 초과이익으로 나눈 비율 (2015. 2. 3. 개정)

〈납입연수〉	〈공제액〉
10년 초과 20년 이하	400만원+80만원×(납입연수 – 10년)
20년 초과	1천200만원+120만원×(납입연수 – 20)

② 직장공제회 초과반환금을 분할하여 지급받는 경우 세액의 계산 방법 등 필요한 사항은 대통령령으로 정한다. (2014. 12. 23. 신설)

제64조 【부동산매매업자에 대한 세액계산의 특례】 ① 대통령령으로 정하는 부동산매매업(이하 "부동산매매업"이라 한다)을 경영하는 거주자(이하 "부동산매매업자"라 한다)로서 종합소득금액에 제104조 제1항 제1호(분양권에 한정한다)·제8호·제10호 또는 같은 조 제7항 각 호의 어느 하나에 해당하는 자산의 매매차익(이하 이 조에서 "주택등매매차익"이라 한다)이 있는 자의 종합소득 산출세액은 다음 각 호의 세액 중 많은 것으로 한다. (2020. 12. 29. 개정)
1. 종합소득 산출세액 (2009. 12. 31. 개정)
2. 다음 각 목에 따른 세액의 합계액 (2009. 12. 31. 개정)
　가. 주택등매매차익에 제104조에 따른 세율을 적용하여 산출한 세액의 합계액 (2009. 12. 31. 개정)
　나. 종합소득과세표준에서 주택등매매차익의 해당 과세기간 합계액을 공제한 금액을 과세표준으로 하고 이에 제55조에 따른 세율을 적용하여 산출한 세액 (2009. 12. 31. 개정)
② 부동산매매업자에 대한 주택등매매차익의 계산과 그 밖에 종합소득 산출세액의 계산에 필요한 사항은 대통령령으로 정한다. (2009. 12. 31. 개정)

●통칙 64 – 122…1 【부동산매매업 등의 업종구분】
① 영 제122조의 규정에 의한 부동산매매업의 범위는 다음과 같다. (97. 4. 8. 개정)
1. 삭　제 (2019. 12. 23.)
2. 자기의 토지 위에 상가 등을 신축하여 판매할 목적으로 건축중인 「건축법」에 의한 건물과 토지를 제3자에게 양도한 경우 (2008. 7. 30. 개정)
3. 토지를 개발하여 주택지·공업단지·상가·묘지 등으로 분할판매하는 경우 (「공유수면 관리 및 매립에 관한 법률」 제46조의 규정에 의하여 소유권을 취득

제122조 【부동산매매업자에 대한 세액계산의 특례】 ① 법 제64조 제1항 각 호 외의 부분에서 "대통령령으로 정하는 부동산매매업"이란 한국표준산업분류에 따른 비주거용 건물건설업(건물을 자영건설하여 판매하는 경우만 해당한다)과 부동산 개발 및 공급업을 말한다. 다만, 한국표준산업분류에 따른 주거용 건물 개발 및 공급업(구입한 주거용 건물을 재판매하는 경우는 제외한다. 이하 "주거용 건물 개발 및 공급업"이라 한다)은 제외한다. (2010. 12. 30. 단서개정)
② 법 제64조 제1항에 따른 주택 등 매매차익은 해당 자산의 매매가액에서 다음 각 호의 금액을 차감한 것으로 한다. (2018. 2. 13. 개정)
1. 제163조 제1항부터 제3항까지 및 제5항에 따라 계산한 양도자산의 필요경비 (2018. 2. 13. 개정)
2. 법 제103조에 따른 양도소득 기본공제 금액 (2018. 2. 13. 개정)
3. 법 제95조 제2항에 따른 장기보유 특별공제액 (2013. 2. 15. 신설)
③ 제1항 단서를 적용할 때 주거용 건물에는 이에 딸린 토지로서 다음 각 호의 어느 하나의 면적 중 넓은 면적 이내의 토지를 포함하는 것으로 한다. (2010. 12. 30. 신설)
1. 건물의 연면적(지하층의 면적, 지상층의 주차용으로 사용되는 면적, 「건축법 시행령」 제34조 제3항에 따른 피난안전구역의 면적 및 「주택건설기준 등에 관한 규정」 제2조 제3호에 따른 주민공동시설의 면적은 제외한다) (2010. 12. 30. 신설)
2. 건물이 정착된 면적에 5배(「국토의 계획 및 이용에 관한 법률」 제6조 제1호에 따른 도시지역 밖의 토지의 경우에는 10배)를 곱하여 산정한 면적 (2010. 12. 30. 신설)
④ 제1항 단서를 적용할 때 주거용 건물의 일부에 설치된 점포 등 다른

제63조 【부동산매매업자에 대한 종합소득세액의 계산】삭　제 (96. 3. 30)

한 자가 그 취득한 매립지를 분할하여 양도하는 경우 포함) (2024. 3. 15. 개정)
② 부동산매매·저당·임대 등에 따라 행하는 부동산 감정업무를 수행하는 사업은 부동산 감정평가업으로 본다. (2011. 3. 21. 개정)
③ 부동산매매업의 구분에 있어 토지의 개발이라 함은 일정한 토지를 정지·분합·조성·변경 등을 함으로써 당해 토지의 효용가치가 합리적이고 효율적으로 증진을 가져오게 되는 일체의 행위를 말한다. (2011. 3. 21. 신설)
64 – 122⋯2【건물정착면적의 범위】
① 대지면적과 건물이 정착한 면적(건축면적)은 「건축법 시행령」 제119조에서 정하는 바에 의한다. (2008. 7. 30. 개정)
② 건축면적의 5배(「국토의 계획 및 이용에 관한 법률」 제6조의 규정에 따른 도시지역 밖의 토지는 10배)를 초과하는 대지면적을 계산함에 있어서 「건축법 시행령」 제119조 제1항 제1호 단서에 규정하는 건축선과 도로와의 사이의 면적은 이를 없는 것으로 한다. (2008. 7. 30. 개정)

제64조의 2【주택임대소득에 대한 세액 계산의 특례】

① 분리과세 주택임대소득이 있는 거주자의 종합소득 결정세액은 다음 각 호의 세액 중 하나를 선택하여 적용한다. (2018. 12. 31. 개정)
1. 제14조 제3항 제7호를 적용하기 전의 종합소득 결정세액 (2018. 12. 31. 개정)
2. 다음 각 목의 세액을 더한 금액 (2018. 12. 31. 개정)
　가. 분리과세 주택임대소득에 대한 사업소득금액에 100분의 14를 곱하여 산출한 금액. 다만, 「조세특례제한법」 제96조 제1항에 해당하는 거주자가 같은 항에 따른 임대주택을 임대하는 경우에는 해당 임대사업에서 발생한 분리과세 주택임대소득에 대한 사업소득금액에 100분의 14를 곱하여 산출한 금액에서 같은 항에 따라 감면받는 세액을 차감한 금액으로 한다. (2018. 12. 31. 개정)
　나. 가목 외의 종합소득 결정세액 (2018. 12. 31. 개정)
② 제1항 제2호 가목에 따른 분리과세 주택임대소득에 대한 사업소득금액은 총수입금액에서 필요경비(총수입금액의 100분의 50으로 한다)를 차감한 금액으로 하되, 분리과세 주택임대소득을 제외한 해당 과세기간의 종합소득금액이 2천만원 이하인 경우에는 추가로 200만원을 차감한 금액으로 한다. 다만, 대통령령으로 정하는 임대주택(이하 이 조에서 "임대주택"이라 한다)을 임대하는 경우에는 해당 임대사업에서

목적의 건물 또는 같은 지번(주거여건이 같은 단지 내의 다른 지번을 포함한다)에 설치된 다른 목적의 건물(이하 이 항에서 "다른 목적의 건물"이라 한다)이 해당 건물과 같이 있는 경우에는 다른 목적의 건물 및 그에 딸린 토지는 제1항 단서에 따른 주거용 건물에서 제외하는 것으로 하고, 다음 각 호의 어느 하나에 해당하는 경우에는 그 전체를 제1항 단서에 따른 주거용 건물로 본다. 이 경우 건물에 딸린 토지의 면적의 계산에 관하여는 제154조 제4항을 준용한다. (2010. 12. 30. 신설)
1. 주거용 건물과 다른 목적의 건물이 각각의 매매단위로 매매되는 경우로서 다른 목적의 건물면적이 주거용 건물면적의 100분의 10 이하인 경우 (2010. 12. 30. 신설)
2. 주거용 건물에 딸린 다른 목적의 건물과 주거용 건물을 하나의 매매단위로 매매하는 경우로서 다른 목적의 건물면적이 주거용 건물면적보다 작은 경우 (2010. 12. 30. 신설)
⑤ 주거용 건물과 다른 목적의 건물을 신축하여 판매하는 경우에는 각각 이를 구분하여 기장하고, 이에 공통되는 필요경비가 있는 경우에는 기획재정부령으로 정하는 바에 따라 안분 계산한다. (2010. 12. 30. 신설)
⑥ 법 제64조의 규정에 의한 세액의 계산 그밖에 필요한 사항은 기획재정부령으로 정한다. (2010. 12. 30. 항번개정)

제122조의 2【분리과세 주택임대소득에 대한 사업소득금액 등 계산의 특례】 (2019. 2. 12. 제목개정)

① 법 제64조의 2 제2항 단서에서 "대통령령으로 정하는 임대주택"이란 다음 각 호의 요건을 모두 충족하는 임대주택(이하 이 조에서 "등록임대주택"이라 한다)을 말한다. (2019. 2. 12. 개정)
1. 다음 각 목의 어느 하나에 해당하는 주택일 것 (2020. 10. 7. 개정)
　가. 「민간임대주택에 관한 특별법」 제5조에 따른 임대사업자등록을

제63조의 2【필요경비의 안분계산】

① 영 제122조 제5항에 따른 안분 계산은 같은 조 제4항에 따른 주거용 건물 및 다른 목적의 건물(각각에 부수되는 토지를 포함한다. 이하 이 조에서 같다)에 공통되는 필요경비를 해당 주거용 건물 및 다른 목적의 건물 각각의 가액에 비례하여 안분계산하는 방식에 따른다. (2011. 3. 28. 신설)
② 제1항을 적용할 때 해당 주거용 건물 및 다른 목적의 건물의 가액의 구분이 불분명한 경우에는 해당 주거용 건물 및 다른 목적의 건물의 각각의 기준시가에 따라 안분계산한다. (2011. 3. 28. 신설)

발생한 사업소득금액은 총수입금액에서 필요경비(총수입금액의 100분의 60으로 한다)를 차감한 금액으로 하되, 분리과세 주택임대소득을 제외한 해당 과세기간의 종합소득금액이 2천만원 이하인 경우에는 추가로 400만원을 차감한 금액으로 한다. (2018. 12. 31. 개정)

③ 다음 각 호의 어느 하나에 해당하는 경우에는 그 사유가 발생한 날이 속하는 과세연도의 과세표준신고를 할 때 다음 각 호의 구분에 따른 금액을 소득세로 납부하여야 한다. 다만, 「민간임대주택에 관한 특별법」

한 자가 임대 중인 같은 법 제2조 제4호에 따른 공공지원민간임대주택 (2020. 10. 7. 개정)

나. 「민간임대주택에 관한 특별법」 제5조에 따른 임대사업자등록을 한 자가 임대 중인 같은 법 제2조 제5호에 따른 장기일반민간임대주택[아파트를 임대하는 민간매입임대주택의 경우에는 2020년 7월 10일 이전에 종전의 「민간임대주택에 관한 특별법」(법률 제17482호 민간임대주택에 관한 특별법 일부개정법률에 따라 개정되기 전의 것을 말한다. 이하 같다) 제5조에 따라 등록을 신청(임대할 주택을 추가하기 위해 등록사항의 변경 신고를 한 경우를 포함한다. 이하 이 항에서 같다)한 것에 한정한다] (2020. 10. 7. 개정)

다. 종전의 「민간임대주택에 관한 특별법」 제5조에 따른 임대사업자등록을 한 자가 임대 중인 같은 법 제2조 제6호에 따른 단기민간임대주택(2020년 7월 10일 이전에 등록을 신청한 것으로 한정한다) (2020. 10. 7. 개정)

2. 법 제168조에 따른 사업자의 임대주택일 것 (2019. 2. 12. 개정)

3. 임대보증금 또는 임대료(이하 이 호에서 "임대료등"이라 한다)의 증가율이 100분의 5를 초과하지 않을 것. 이 경우 임대료등의 증액 청구는 임대차계약의 체결 또는 약정한 임대료등의 증액이 있은 후 1년 이내에는 하지 못하고, 임대사업자가 임대료등의 증액을 청구하면서 임대보증금과 월임대료를 상호 간에 전환하는 경우에는 「민간임대주택에 관한 특별법」 제44조 제4항의 전환 규정을 준용한다. (2020. 2. 11. 개정)

② 제1항을 적용할 때 종전의 「민간임대주택에 관한 특별법」 제5조에 따라 등록한 같은 법 제2조 제6호에 따른 단기민간임대주택을 같은 법 제5조 제3항에 따라 2020년 7월 11일 이후 「민간임대주택에 관한 특별법」 제2조 제4호 또는 제5호에 따른 공공지원민간임대주택 또는 장기일반민간임대주택(이하 "장기일반민간임대주택등"이라 한다)으로 변경 신고한 주택은 등록임대주택에서 제외한다. (2020. 10. 7. 신설)

③ 법 제64조의 2 제3항 각 호 외의 부분 단서에서 "「민간임대주택에 관한 특별법」 제6조 제1항 제11호에 해당하여 등록이 말소되는 경우 등 대통령령으로 정하는 경우"란 다음 각 호의 어느 하나에 해당하는 경우를 말한다. (2021. 2. 17. 신설)

제6조 제1항 제11호에 해당하여 등록이 말소되는 경우 등 대통령령으로 정하는 경우에는 그러하지 아니하다. (2020. 12. 29. 단서신설)

1. 제1항 제2호 가목 단서에 따라 세액을 감면받은 사업자가 해당 임대주택을 4년(「민간임대주택에 관한 특별법」 제2조 제4호에 따른 공공지원민간임대주택 또는 같은 법 제2조 제5호에 따른 장기일반민간임대주택의 경우에는 10년) 이상 임대하지 아니하는 경우 : 제1항 제2호 가목 단서에 따라 감면받은 세액 (2020. 12. 29. 개정)
2. 제2항 단서를 적용하여 세액을 계산한 사업자가 해당 임대주택을 10년 이상 임대하지 아니하는 경우 : 제2항 단서를 적용하지 아니하고 계산한 세액과 당초 신고한 세액과의 차액 (2020. 12. 29. 개정)

④ 제3항 각 호에 따라 소득세액을 납부하는 경우에는 「조세특례제한법」 제63조 제3항의 이자 상당 가산액에 관한 규정을 준용한다. 다만, 대통령령으로 정하는 부득이한 사유가 있는 경우에는 그러하지 아니하다. (2023. 12. 31. 개정)

⑤ 분리과세 주택임대소득에 대한 종합소득 결정세액의 계산 및 임대주택 유형에 따른 사업소득금액의 산출방법 등에 필요한 사항은 대통령령으로 정한다. (2018. 12. 31. 개정)

제64조의 3【분리과세기타소득에 대한 세액 계산의 특례】 ① 제14조에 따라 종합소득과세표준을 계산할 때 제127조 제1항 제6호 나목의 소득을 합산하지 아니하는 경우 그 합산하지 아니하는 기타소득에 대한 결정세액은 해당 기타소득금액에 제129조 제1항 제6호 라목의 세율을 적용하여 계산한 금액으로 한다. (2020. 12. 29. 항번개정)
② 제21조 제1항 제27호의 소득에 대한 결정세액은 해당 기타소득금액(이하 "가상자산소득금액"이라 한다)에서 250만원을 뺀 금액에 100분의 20을 곱하여 계산한 금액으로 한다. (2020. 12. 29. 신설)

1. 「민간임대주택에 관한 특별법」 제6조 제1항 제11호 또는 같은 조 제5항에 따라 임대사업자 등록이 말소된 경우 (2021. 2. 17. 신설)
2. 「도시 및 주거환경정비법」에 따른 재개발사업·재건축사업, 「빈집 및 소규모주택 정비에 관한 특례법」에 따른 소규모주택정비사업으로 임대 중이던 당초의 임대주택이 멸실되어 새로 취득하거나 「주택법」에 따른 리모델링으로 새로 취득한 주택이 아파트(당초의 임대주택이 단기민간임대주택인 경우에는 모든 주택을 말한다)인 경우. 다만, 새로 취득한 주택의 준공일부터 6개월이 되는 날이 2020년 7월 10일 이전인 경우는 제외한다. (2021. 2. 17. 신설)

④ 법 제64조의 2 제3항 제1호 또는 제2호를 적용할 때 임대기간의 산정은 다음 각 호의 구분에 따른다. (2021. 2. 17. 신설)
1. 법 제64조의 2 제3항 제1호 : 「조세특례제한법 시행령」 제96조 제3항에 따라 산정 (2021. 2. 17. 신설)
2. 법 제64조의 2 제3항 제2호 : 「조세특례제한법 시행령」 제96조 제3항 제3호부터 제6호까지를 준용하여 산정 (2021. 2. 17. 신설)

⑤ 법 제64조의 2 제3항 제1호에 해당하여 납부해야 하는 소득세액은 같은 조 제1항 제2호 가목 단서에 따라 감면받은 세액에 「조세특례제한법 시행령」 제96조 제6항에 따라 임대기간에 따른 감면율을 적용한 금액으로 한다. (2021. 2. 17. 신설)

⑥ 법 제64조의 2 제4항 단서에서 "대통령령으로 정하는 부득이한 사유"란 다음 각 호의 어느 하나에 해당하는 경우를 말한다. (2021. 2. 17. 항번개정)
1. 파산 또는 강제집행에 따라 임대주택을 처분하거나 임대할 수 없는 경우 (2019. 2. 12. 개정)
2. 법령상 의무를 이행하기 위해 임대주택을 처분하거나 임대할 수 없는 경우 (2019. 2. 12. 개정)
3. 「채무자 회생 및 파산에 관한 법률」에 따른 회생절차에 따라 법원의 허가를 받아 임대주택을 처분한 경우 (2019. 2. 12. 개정)

⑦ 법 제64조의 2 제5항에 따른 주택임대소득의 계산은 다음 각 호에 따른다. (2021. 2. 17. 항번개정)
1. 제1항을 적용할 때 과세기간 중 일부 기간 동안 등록임대주택을 임대한 경우 등록임대주택의 임대사업에서 발생하는 수입금액은

제63조의 3【분리과세 주택임대소득에 대한 사업소득금액 등 계산과 관련된 서류】 영 제122조의 2 제4항에서 "기획재정부령으로 정하는 증명서류"란 다음 각 호의 서류를 말한다. (2019. 3. 20. 신설)
1. 「민간임대주택에 관한 특별법 시행령」 제4조 제6항에 따른 임대사업자 등록증 또는 「공공주택 특별법」 제4조에 따른 공공주택사업자 지정을 증명하는 자료 (2024. 3. 22. 개정)
2. 「민간임대주택에 관한 특별법 시행령」 제36조 제4항에 따른 임대 조건 신고증명서 (2019. 3. 20. 신설)
3. 「민간임대주택에 관한 특별법」 제47조 또는 「공공주택 특별법」 제49조의 2에 따른 표준임대차계약서 사본 (2019. 3. 20. 신설)
4. 「민간임대주택에 관한 특별법 시행규칙」 제19조 제7항에 따른 임대차계약 신고이력 확인서 (2019. 3. 20. 신설)
5. 그 밖에 국세청장이 필요하다고 인정하는 서류 (2019. 3. 20. 신설)

제64조의 4 【연금소득에 대한 세액 계산의 특례】 제20조의 3 제1항 제2호 및 제3호에 따른 연금소득 중 분리과세연금소득 외의 연금소득이 있는 거주자의 종합소득 결정세액은 다음 각 호의 세액 중 하나를 선택하여 적용한다. (2022. 12. 31. 신설)

1. 종합소득 결정세액 (2022. 12. 31. 신설)

2. 다음 각 목의 세액을 더한 금액 (2022. 12. 31. 신설)

　가. 제20조의 3 제1항 제2호 및 제3호에 따른 연금소득 중 분리과세연금소득 외의 연금소득에 100분의 15를 곱하여 산출한 금액 (2022. 12. 31. 신설)

　나. 가목 외의 종합소득 결정세액 (2022. 12. 31. 신설)

제 6 절　중간예납 · 예정신고 및 세액납부

제 1 관　중간예납

제65조 【중간예납】 ① 납세지 관할 세무서장은 종합소득이 있는 거주자(대통령령으로 정하는 소득만이 있는 자와 해당 과세기간의 개시일 현재 사업자가 아닌 자로서 그 과세기간 중 신규로 사업을 시작한 자는 제외한다. 이하 이 조에서 같다)에 대하여 1월 1일부터 6월 30일

월수로 계산한다. 이 경우 해당 임대기간의 개시일 또는 종료일이 속하는 달이 15일 이상인 경우에는 1개월로 본다. (2019. 2. 12. 개정)

2. 해당 과세기간 중에 임대주택을 등록한 경우 주택임대소득금액은 다음의 계산식에 따라 계산한다. (2019. 2. 12. 개정)

$$[\text{등록한 기간에 발생한 수입금액} \times (1 - 0.6)]$$
$$+ [\text{등록하지 않은 기간에 발생한 수입금액} \times (1 - 0.5)]$$

3. 해당 과세기간 동안 등록임대주택과 등록임대주택이 아닌 주택에서 수입금액이 발생한 경우 법 제64조의 2 제2항에 따라 해당 과세기간의 종합소득금액이 2천만원 이하인 경우에 추가로 차감하는 금액은 다음의 계산식에 따라 계산한다. (2019. 2. 12. 개정)

$$\left(\frac{\text{등록임대주택에서 발생한 수입금액}}{\text{총 주택임대수입금액}} \times 400\text{만원} \right) +$$
$$\left(\frac{\text{등록임대주택이 아닌 주택에서 발생한 수입금액}}{\text{총 주택임대수입금액}} \times 200\text{만원} \right)$$

⑧ 법 제64조의 2 제1항 제2호 가목 단서에 따라 소득세를 감면받거나 같은 조 제2항 단서에 따라 등록임대주택의 사업소득금액을 계산하려는 자는 해당 과세표준신고를 할 때 기획재정부령으로 정하는 증명서류를 납세지 관할 세무서장에게 제출해야 한다. (2021. 2. 17. 항번개정)

제 7 절　중간예납 · 예정신고 및 세액납부

제123조 【중간예납세액의 납부】 법 제65조 제1항 전단에서 "대통령령으로 정하는 소득"이란 다음 각 호의 소득을 말한다. (2010. 2. 18. 개정)

1. 이자소득 · 배당소득 · 근로소득 · 연금소득 또는 기타소득 (2007. 2.

제66조 【중간예납의 분납】 삭 제 (2008. 4. 29.)

까지의 기간을 중간예납기간으로 하여 직전 과세기간의 종합소득에 대한 소득세로서 납부하였거나 납부하여야 할 세액(이하 "중간예납기준액"이라 한다)의 2분의 1에 해당하는 금액(이하 "중간예납세액"이라 하고, 1천원 미만의 단수가 있을 때에는 그 단수금액은 버린다)을 납부하여야 할 세액으로 결정하여 11월 30일까지 그 세액을 징수하여야 한다. 이 경우 납세지 관할 세무서장은 중간예납세액을 납부하여야 할 거주자에게 11월 1일부터 11월 15일까지의 기간에 중간예납세액의 납부고지서를 발급하여야 한다. (2020. 12. 29. 후단개정)

② 제1항에 따라 고지된 중간예납세액을 납부하여야 할 거주자가 11월 30일까지 그 세액의 전부 또는 일부를 납부하지 아니한 경우에는 납부하지 아니한 세액 중 제77조에 따라 분할납부할 수 있는 세액에 대해서는 납부의 고지가 없었던 것으로 보며, 납세지 관할 세무서장은 해당 과세기간의 다음 연도 1월 1일부터 1월 15일까지의 기간에 그 분할납부할 수 있는 세액을 납부할 세액으로 하는 납부고지서를 발급하여야 한다. (2020. 12. 29. 개정)

③ 종합소득이 있는 거주자가 중간예납기간의 종료일 현재 그 중간예납기간 종료일까지의 종합소득금액에 대한 소득세액(이하 "중간예납추계액"이라 한다)이 중간예납기준액의 100분의 30에 미달하는 경우에는 11월 1일부터 11월 30일까지의 기간에 대통령령으로 정하는 바에 따라 중간예납추계액을 중간예납세액으로 하여 납세지 관할 세무서장에게 신고할 수 있다. (2009. 12. 31. 개정)

④ 제3항에 따라 종합소득이 있는 거주자가 신고를 한 경우에는 제1항에 따른 중간예납세액의 결정은 없었던 것으로 본다. (2009. 12. 31. 개정)

⑤ 중간예납기준액이 없는 거주자 중 제160조 제3항에 따른 복식부기의무자가 해당 과세기간의 중간예납기간 중 사업소득이 있는 경우에는 11월 1일부터 11월 30일까지의 기간에 대통령령으로 정하는 바에 따라 중간예납추계액을 중간예납세액으로 하여 납세지 관할 세무서장에게 신고하여야 한다. (2018. 12. 31. 개정)

⑥ 제3항이나 제5항에 따라 신고한 거주자는 신고와 함께 그 중간예납세액을 11월 30일까지 납세지 관할 세무서, 한국은행(그 대리점을 포함한다. 이하 같다) 또는 체신관서에 납부하여야 한다. (2009. 12. 31. 개정)

28. 개정)

2. 사업소득 중 속기·타자 등 한국표준산업분류에 따른 사무지원 서비스업에서 발생하는 소득 (2010. 2. 18. 개정)

3. 사업소득 중 법 제82조에 따라 수시 부과하는 소득 (2010. 2. 18. 개정)

3의 2. 법 제14조 제3항 제7호 전단에 따른 분리과세 주택임대소득 (2021. 2. 17. 신설)

4. 기타 기획재정부령이 정하는 소득 (2008. 2. 29. 직제개정 ; 기획재정부와~직제 부칙)

제124조 【중간예납세액의 고지】 (2000. 12. 29 제목개정)

법 제65조 제1항의 규정에 의한 중간예납세액의 고지는 「국세징수법」에 의한 고지서에 의한다. (2005. 2. 19. 개정)

제125조 【중간예납추계액의 신고와 조사결정】 ① 법 제65조 제3항 또는 제5항의 규정에 의하여 중간예납추계액을 신고하고자 하는 자는 기획재정부령이 정하는 중간예납추계액신고서를 납세지 관할세무서장에게 제출하여야 한다. (2008. 2. 29. 직제개정 ; 기획재정부와~직제 부칙)

관계조문 ▶▶

규칙 100조 13호 ⇒ 중간예납추계액신고서

② 납세지 관할세무서장은 법 제65조 제5항의 규정에 의하여 중간예납기간의 종합소득금액을 신고하여야 할 자가 그 신고를 하지 아니한 때에는 법 제80조의 규정을 준용하여 그 종합소득금액을 조사결정할 수 있다. (2000. 12. 29 개정)

제126조 【출국자의 중간예납특례】 삭 제 (96. 12. 31)

제64조 【중간예납에서 제외되는 소득】 영 제123조 제4호에서 "기획재정부령이 정하는 소득"이란 다음 각 호의 어느 하나에 규정하는 사업에서 발생한 소득을 말한다. 다만, 제3호의 경우에는 법 제144조의 2에 따라 원천징수의무자가 직전 과세기간에 대한 사업소득세액의 연말정산을 한 것에 한정한다. (2011. 3. 28. 개정)

1. 법 제19조 제1항 제17호에 따른 사업 중 다음 각 목의 어느 하나에 해당하는 사업 (2010. 4. 30. 개정)

가. 저술가, 화가, 배우, 가수, 영화감독, 연출가, 촬영사 등 자영 예술가 (2010. 4. 30. 개정)

나. 직업선수, 코치, 심판 등 가목 외의 기타 스포츠 서비스업 (2010. 4. 30. 개정)

2. 독립된 자격으로 보험가입자의 모집·증권매매의 권유·저축의 권장 또는 집금 등을 행하거나 이와 유사한 용역을 제공하고 그 실적에 따라 모집수당, 권장수당, 집금수당 등을 받는 업 (97. 4. 23 개정)

3. 「방문판매 등에 관한 법률」에 의하여

⑦ 제1항에 따른 중간예납기준액은 다음 각 호의 세액의 합계액에서 제85조에 따른 환급세액(「국세기본법」 제45조의 2에 따라 경정청구에 의한 결정이 있는 경우에는 그 내용이 반영된 금액을 포함한다)을 공제한 금액으로 한다. (2009. 12. 31. 개정)
1. 직전 과세기간의 중간예납세액 (2009. 12. 31. 개정)
2. 제76조에 따른 확정신고납부세액 (2009. 12. 31. 개정)
3. 제85조에 따른 추가납부세액(가산세액을 포함한다) (2009. 12. 31. 개정)
4. 「국세기본법」 제45조의 3에 따른 기한후신고납부세액(가산세액을 포함한다) 및 같은 법 제46조에 따른 추가자진납부세액(가산세액을 포함한다) (2009. 12. 31. 개정)
⑧ 제3항에 따른 중간예납추계액은 다음 각 호의 계산식 순서에 따라 계산한다. (2009. 12. 31. 개정)
1. 종합소득과세표준 = (중간예납기간의 종합소득금액 × 2) − 이월결손금 − 종합소득공제 (2009. 12. 31. 개정)
2. 종합소득 산출세액 = 종합소득 과세표준 × 기본세율 (2009. 12. 31. 개정)
3. 중간예납추계액 = ($\dfrac{\text{종합소득산출세액}}{2}$)

　　− (중간예납기간 종료일까지의 종합소득에 대한 감면세액 · 세액공제액, 토지등 매매차익 예정신고 산출세액, 수시부과세액 및 원천징수세액) (2009. 12. 31. 개정)
⑨ 납세지 관할 세무서장은 제3항 또는 제5항에 따라 신고를 한 자의 신고 내용에 탈루 또는 오류가 있거나, 제5항에 따라 신고를 하여야 할 자가 신고를 하지 아니한 경우에는 중간예납세액을 경정하거나 결정할 수 있다. 이 경우 경정하거나 결정할 세액은 제8항에 따른 중간예납추계액의 계산방법을 준용하여 산출한 금액으로 한다. (2009. 12. 31. 개정)
⑩ 제69조에 따라 부동산매매업자가 중간예납기간 중에 매도한 토지 또는 건물에 대하여 토지등 매매차익 예정신고 · 납부를 한 경우에는 제1항에 따른 중간예납기준액의 2분의 1에 해당하는 금액에서 그 신고 · 납부한 금액을 뺀 금액을 중간예납세액으로 한다. 이 경우 토지등

☞

⦿통칙 65−0…1 【감면세액의 범위】
법 제65조 제8항에 규정하는 감면세액은 「조세특례제한법」 제3조의 규정에 따라 조세의 감면을 할 수 있는 법률과 조약의 규정에 의한 감면세액을 말한다. (2008. 7. 30. 개정)

방문판매업자 또는 후원방문판매업자를 대신하여 방문판매업무 또는 후원방문판매업무를 수행하고 그 실적에 따라 판매수당 등을 받는 업 (2012. 8. 16. 개정 ; 방문판매 등에~시행규칙 부칙)
4. 「조세특례제한법」 제104조의 7 제1항에 따라 「소득세법」이 적용되는 전환정비사업조합의 조합원이 영위하는 공동사업 (2008. 4. 29. 신설)
5. 「소득세법」이 적용되는 「주택법」 제2조 제11호의 주택조합의 조합원이 영위하는 공동사업 (2009. 4. 14. 개정)

매매차익예정신고·납부세액이 중간예납기준액의 2분의 1을 초과하는 경우에는 중간예납세액이 없는 것으로 한다. (2009. 12. 31. 개정)

⑪ 납세지 관할 세무서장은 내우외환등의 사유로 긴급한 재정상의 수요가 있다고 국세청장이 인정할 때에는 제1항부터 제5항까지의 규정에도 불구하고 대통령령으로 정하는 바에 따라 다음 각 호의 금액을 초과하지 아니하는 범위에서 해당 과세기간의 중간예납세액을 결정할 수 있다. (2009. 12. 31. 개정)

1. 제1항에 따라 중간예납을 하는 경우에는 중간예납기준액 (2009. 12. 31. 개정)
2. 제3항 및 제5항에 따라 중간예납을 하는 경우에는 제8항에 따른 중간예납추계액에 2를 곱한 금액 (2009. 12. 31. 개정)

제66조【중간예납세액의 통지】삭　제 (2000. 12. 29)

제67조【중간예납추계액의 신고와 조사결정】삭　제 (2000. 12. 29)

제68조【납세조합원의 중간예납 특례】납세조합이 중간예납기간 중 제150조에 따라 그 조합원의 해당 소득에 대한 소득세를 매월 징수하여 납부한 경우에는 그 소득에 대한 중간예납을 하지 아니한다. (2009. 12. 31. 개정)

제 2 관   토지 등 매매차익예정신고와 납부

제69조【부동산매매업자의 토지등 매매차익예정신고와 납부】 (2009. 12. 31. 제목개정)

① 부동산매매업자는 토지 또는 건물(이하 "토지등"이라 한다)의 매매차익과 그 세액을 매매일이 속하는 달의 말일부터 2개월이 되는 날까지 대통령령으로 정하는 바에 따라 납세지 관할 세무서장에게 신고하여야 한다. 토지등의 매매차익이 없거나 매매차손이 발생하였을 때에도 또한 같다. (2009. 12. 31. 개정)

② 제1항에 따른 신고를 "토지등 매매차익예정신고"라 한다. (2009. 12. 31. 개정)

법 149조 ⇒ 납세조합의 조직

제127조【부동산매매업자의 토지 등 매매차익예정신고와 납부】① 법 제69조 제1항의 규정에 의하여 토지등 매매차익예정신고를 하고자 하는 자는 기획재정부령이 정하는 토지등 매매차익예정신고서를 납세지 관할세무서장에게 제출하여야 한다. (2008. 2. 29. 직제개정 ; 기획재정부와~직제 부칙)

② 부동산매매업자가 토지등 매매차익예정세액을 납부하려는 때에는 제1항의 토지등 매매차익예정신고서에 기획재정부령으로 정하는 토지등매매차익예정신고납부계산서를 첨부하여 납세지 관할세무서·한국은행(그 대리점을 포함한다. 이하 같다) 또는 체신관서에 납부하여야

규칙 100조 15호 ⇒ 토지등 매매차익예정신고서, 토지등 매매차익예정신고납부계산서

(➡ 법 69조)

집행기준 69-0-1【토지 등 매매차익 예정신고 및 확정신고】

① 부동산매매업자가 토지 또는 건물(이하 '토지등'이라 한다)을 매매한 경우에는 매매차익과 그 세액을 매매일이 속하는 달의 말일부터 2개월이 되는 날까지 토지등 매매차익 예정신고를 해야 한다. 이때 토지 등의 매매차익이 없는 경우나 매

③ 부동산매매업자의 토지등의 매매차익에 대한 산출세액은 그 매매가액에서 제97조를 준용하여 계산한 필요경비를 공제한 금액에 제104조에서 규정하는 세율을 곱하여 계산한 금액으로 한다. 다만, 토지등의 보유기간이 2년 미만인 경우에는 제104조 제1항 제2호 및 제3호에도 불구하고 같은 항 제1호에 따른 세율을 곱하여 계산한 금액으로 한다. (2014. 1. 1. 개정)

④ 부동산매매업자는 제3항에 따른 산출세액을 제1항에 따른 매매차익예정신고 기한까지 대통령령으로 정하는 바에 따라 납세지 관할 세무서, 한국은행 또는 체신관서에 납부하여야 한다. (2013. 1. 1. 신설)

⑤ 토지등의 매매차익에 대한 산출세액의 계산, 결정 · 경정 및 환산취득가액(실지거래가액 · 매매사례가액 또는 감정가액을 대통령령으로 정하는 방법에 따라 환산한 가액을 말한다. 이하 제97조 제1항 · 제2항, 제100조 제1항, 제114조 제7항 및 제114조의 2에서 같다) 적용에 따른 가산세에 관하여는 제107조 제2항, 제114조 및 제114조의 2를 준용한다. (2020. 12. 29. 개정)

⑥ 토지등의 매매차익과 그 세액의 계산 등에 관하여 필요한 사항은 대통령령으로 정한다. (2013. 1. 1. 개정)

한다. (2010. 2. 18. 개정)

　　제128조【토지 등 매매차익의 계산】① 법 제69조 제3항에 따른 토지등의 매매차익은 그 매매가액에서 다음 각 호의 금액을 공제한 것으로 한다. (2010. 2. 18. 개정)
1. 제163조 제1항 내지 제5항의 규정에 의하여 계산한 양도자산의 필요경비에 상당하는 금액 (98. 12. 31 개정)
2. 제75조의 규정에 의하여 계산한 당해 토지 등의 건설자금에 충당한 금액의 이자
3. 토지 등의 매도로 인하여 법률에 의하여 지급하는 공과금
4. 법 제95조 제2항의 규정에 의한 장기보유특별공제액
② 토지 등을 평가증하여 장부가액을 수정한 때에는 그 평가증을 하지 아니한 장부가액으로 매매차익을 계산한다.
③ 부동산매매업자는 토지 등과 기타의 자산을 함께 매매하는 경우에는 이를 구분하여 기장하고 공통되는 필요경비가 있는 경우에는 당해 자산의 가액에 따라 안분계산하여야 한다.

　　제129조【토지 등 매매차익과 세액의 결정 · 경정 및 통지】① 법 제69조에 따른 토지등의 매매차익은 다음 각 호에 따라 계산한다. (2010. 2. 18. 개정)
1. 부동산매매업자가 토지등 매매차익예정신고시에 제출한 증빙서류 또는 비치 · 기장한 장부와 증빙서류에 의하여 계산한다.
2. 제143조 제1항 각호의 1에 해당하는 경우에 있어서는 매매가액에 동조 제3항의 규정을 적용하여 계산한 금액으로 한다. (2000. 12. 29 개정)
② 제1항 제2호를 적용할 때 매도한 토지등의 실지거래가액을 확인할 수 있는 경우에는 실지거래가액을 매매가액으로 하고, 실지거래가액을 확인할 수 없는 경우에는 제176조의 2 제3항 각 호의 방법을 순차적으로 적용하여 산정한 가액을 매매가액으로 한다. 이 경우 제176조의 2 제3항 제1호에 따른 매매사례가액 또는 같은 항 제2호에 따른 감정가액이 제98조 제1항에 따른 특수관계인과의 거래에 따른 가액 등으로서 객관적으로 부당하다고 인정되는 경우에는 해당 가액

매차손이 발생한 경우에도 신고해야 한다.
② 토지 등 매매차익 예정신고할 때에는 양도소득기본공제는 매매차익 계산시 적용하지 않는다.
③ 토지 등 매매차익예정신고납부한 경우에도 종합소득과세표준 확정신고의무가 있으므로 확정신고 하지 않은 경우에는 예정신고한 토지 등 매매차익도 무신고한 소득금액으로 보고 신고불성실가산세를 적용한다.
④ 토지 등 매매차익예정신고시 토지 등 매매가액에서 공제받은 장기보유특별공제액은 부동산매매업자가 종합소득과세표준 확정신고시에 필요경비에 산입하지 않는다.
(2024. 10. 31. 개정)

은 적용하지 아니한다. (2012. 2. 2. 개정)

③ 납세지 관할세무서장은 법 제69조 제1항에 따라 토지등 매매차익예정신고 또는 토지등 매매차익예정신고납부를 한 자에 대해서는 그 신고 또는 신고납부를 한 날부터 1개월 내에, 매매차익예정신고를 하지 아니한 자에 대해서는 즉시 그 매매차익과 세액을 결정하고 제149조를 준용하여 해당 부동산매매업자에게 이를 통지하여야 한다. (2010. 2. 18. 개정)

④ 법 제69조 제5항에서 "대통령령으로 정하는 방법에 따라 환산한 가액"이란 다음 각 호의 방법에 따라 환산한 가액을 말한다. (2021. 2. 17. 신설)

1. 법 제94조 제1항 제3호에 따른 주식등이나 같은 항 제4호에 따른 기타자산의 경우에는 다음 산식에 따라 계산한 가액 (2021. 2. 17. 신설)

양도 당시의 실지거래가액, 제176조의 2 제3항 제1호의 매매사례가액 또는 같은 항 제2호의 감정가액	×	취득 당시의 기준시가 / 양도 당시의 기준시가

1. 법 제94조 제1항 제4호에 따른 기타자산의 경우에는 다음 산식에 따라 계산한 가액 (2022. 2. 15. 개정)

양도 당시의 실지거래가액, 제176조의 2 제3항 제1호의 매매사례가액 또는 같은 항 제2호의 감정가액	×	취득 당시의 기준시가 / 양도 당시의 기준시가

2. 법 제94조 제1항 제1호 및 같은 항 제2호 가목에 따른 토지·건물 및 부동산을 취득할 수 있는 권리의 경우에는 다음 계산식에 따른 금액. 이 경우 「부동산 가격공시에 관한 법률」에 따른 개별주택가격 및 공동주택가격(이들에 부수되는 토지의 가격을 포함한다)이 최초로 공시되기 이전에 취득한 주택과 부수토지를 함께 양도하는 경우에는 다음 계산식 중 취득 당시의 기준시가를 제164조 제7항에 따라 계산한 가액으로 한다. (2022. 2. 15. 개정)

양도 당시의 실지거래가액, 제176조의 2 제3항 제1호의 매매사례가액 또는 같은 항 제2호의 감정가액	×	취득 당시의 기준시가 / 양도 당시의 기준시가 (제164조 제8항에 해당하는 경우에는 같은 항에 따른 양도 당시의 기준시가)

편주 〉 영 129조 4항 1호의 개정규정은 2025. 1. 1.부터 시행함. (영 부칙(2022. 2. 15.) 1조 3호) (2022. 12. 31. 개정)

제 7 절　과세표준의 확정신고와 납부
(2009. 12. 31. 제목개정)

제70조【종합소득과세표준 확정신고】① 해당 과세기간의 종합소득금액이 있는 거주자(종합소득과세표준이 없거나 결손금이 있는 거주자를 포함한다)는 그 종합소득 과세표준을 그 과세기간의 다음 연도 5월 1일부터 5월 31일까지 대통령령으로 정하는 바에 따라 납세지 관할 세무서장에게 신고하여야 한다. (2010. 12. 27. 개정)

② 해당 과세기간에 분리과세 주택임대소득 및 제127조 제1항 제6호 나목의 소득이 있는 경우에도 제1항을 적용한다. (2019. 12. 31. 개정)

② 해당 과세기간에 분리과세 주택임대소득, 제21조 제1항 제27호 및 제127조 제1항 제6호 나목의 소득이 있는 경우에도 제1항을 적용한다. (2020. 12. 29. 개정)

③ 제1항에 따른 신고를 "종합소득 과세표준확정신고"라 한다. (2009. 12. 31. 개정)

④ 종합소득 과세표준확정신고를 할 때에는 그 신고서에 다음 각 호의 서류를 첨부하여 납세지 관할 세무서장에게 제출하여야 한다. 이 경우 제160조 제3항에 따른 복식부기의무자가 제3호에 따른 서류를 제출하지 아니한 경우에는 종합소득 과세표준확정신고를 하지 아니한 것으로 본다. (2009. 12. 31. 개정)

1. 인적공제, 연금보험료공제, 주택담보노후연금 이자비용공제, 특별소득공제, 자녀세액공제, 연금계좌세액공제 및 특별세액공제 대상임을 증명하는 서류로서 대통령령으로 정하는 것 (2014. 1. 1. 개정)

2. 종합소득금액 계산의 기초가 된 총수입금액과 필요경비의 계산에 필요한 서류로서 대통령령으로 정하는 것 (2009. 12. 31. 개정)

제 8 절　과세표준의 확정신고와 자진납부

제130조【종합소득 과세표준확정신고】① 법 제70조 제1항에 따른 종합소득 과세표준확정신고는 기획재정부령으로 정하는 종합소득 과세표준확정신고 및 납부계산서에 따른다. (2010. 2. 18. 개정)

관계조문 »

규칙 101조 11호 ⇒ 종합소득과세표준확정신고 및 납부계산서

편주 »

법 70조 2항의 개정규정은 2027. 1. 1. 이후 가상자산을 양도·대여하는 분부터 적용함. (법 부칙(2020. 12. 29.) 5조 1항) (2024. 12. 31. 개정)

② 법 제70조 제4항 제1호에서 "대통령령으로 정하는 것"이란 다음 각 호의 어느 하나에 해당하는 것을 말한다. (2010. 2. 18. 개정)

1. 삭 제 (2006. 6. 12. ; 행정정보의 공동이용~일부 개정령)

1의 2. 제106조 제10항의 서류 (2010. 12. 30. 개정)

2. 제107조 제2항에 따른 장애인증명서 (2010. 2. 18. 개정)

2의 2. 제108조의 3 제2항의 서류 (2007. 2. 28. 신설)

3. 제113조 제1항의 서류

4. 제114조 제2항의 일시퇴거자 동거가족상황표

5. 「조세특례제한법 시행령」 제80조 제4항 및 제80조의 2 제6항의 서류 (2007. 2. 28. 신설)

③ 법 제70조 제4항 제2호에서 "대통령령으로 정하는 것"이란 소득금액계산명세서 등 기획재정부령으로 정하는 서류를 말한다. (2010. 2.

제65조【종합소득 과세표준확정신고 등】① 영 제130조 제1항에 따른 종합소득 과세표준확정신고 및 납부계산서에는 소득·세액 공제신고서를 첨부하여야 한다. 다만, 과세표준확정신고를 하여야 할 자가 원천징수의무자에게 법 제140조 제1항에 따른 근로소득자 소득·세액 공제신고서 또는 영 제201조의 12 및 제202조의 4 제2항에 따른 소득·세액 공제신고서를 제출하여 연말정산을 받은 경우에는 소득·세액 공제신고서를 제출한 것으로 본다. (2017. 3. 10. 단서개정)

관계조문 »

규칙 101조 21호 ⇒ 소득·세액 공제신고서

② 영 제130조 제3항에서 "소득금액계산명세서 등 기획재정부령으로 정하는 서

☞

관계조문 »

규칙 101조 12호 ⇒ 표준재무상태표, 표준손익계산서, 표준원가명세서 및 표준합계잔액시산표

3. 사업소득금액을 제160조 및 제161조에 따라 비치·기록된 장부와 증명서류에 의하여 계산한 경우에는 기업회계기준을 준용하여 작성한 재무상태표·손익계산서와 그 부속서류, 합계잔액시산표(合計殘額試算表) 및 대통령령으로 정하는 바에 따라 작성한 조정계산서. 다만, 제160조 제2항에 따라 기장(記帳)을 한 사업자의 경우에는 기획재정부령으로 정하는 간편장부소득금액 계산서 (2012. 1. 1. 단서개정)

통칙 70-131…1【재무제표 첨부 신고 존중】
법 제160조 제2항 및 제3항의 규정에 의한 간편장부대상자도 소득세의 신고납부의무를 성실히 이행하기 위하여 법 제70조 제4항 제3호 본문에 의한 재무제표 등을 첨부하여 신고할 수 있다. (2008. 7. 30. 개정)

70-131…2【복식부기의무자가 간편장부소득금액계산서를 첨부하여 신고하는 경우 신고효력】
법 제160조 제3항의 규정에 의한 복식부기의무자가 법 제70조 제4항 제3호 본문에서 규정하는 재무제표 등 신고 부속서류 대신에 간편장부소득금액계산서를 첨부하여 과세표준확정신고를 하는 때에는 적법한 신고를 하지 아니한 것으로 본다. (2008. 7. 30. 개정)

18. 개정)

④ 「국세기본법」 제5조의 2의 규정에 의하여 전자신고를 하는 경우에는 기획재정부령이 정하는 표준재무상태표·표준손익계산서·표준원가명세서·표준합계잔액시산표 및 조정계산서를 제출하는 것으로 법 제70조 제4항 제3호에 따른 재무상태표·손익계산서와 그 부속서류·합계잔액시산표 및 조정계산서의 제출을 갈음할 수 있다. (2013. 2. 15. 개정)

⑤ 법 제70조에 따라 종합소득 과세표준 확정신고서를 제출받은 납세지 관할세무서장은 「전자정부법」 제36조 제1항에 따른 행정정보의 공동이용을 통하여 그 과세기간 종료일 현재 신고인의 주민등록표 등본을 확인하여야 한다. 다만, 신고인이 확인에 동의하지 아니하거나 그의 주민등록표 등본으로 부양가족의 유무를 판단할 수 없는 경우에는 그의 주민등록표 등본 또는 가족관계등록부 증명서를 첨부하도록 하여야 한다. (2010. 5. 4. 개정 ; 전자정부법 시행령 부칙)

제131조【조정계산서】 ① 법 제70조 제4항 제3호 본문의 조정계산서(이하 이 조에서 "조정계산서"라 한다)는 수입금액 및 필요경비의 귀속시기, 자산·부채의 취득 및 평가 등 소득금액을 계산할 때 법과 기업회계의 차이를 조정하기 위하여 작성하는 서류로서 기획재정부령으로 정하는 서류로 한다. (2010. 6. 8. 신설)

② 성실한 납세를 위하여 필요하다고 인정하여 기획재정부령으로 정하는 사업자의 경우 조정계산서는 세무사(「세무사법」 제20조의 2에 따라 등록한 공인회계사를 포함한다. 이하 이 조에서 같다)가 작성하여야 한다. (2010. 6. 8. 개정)

② 삭 제 (2016. 2. 17.)

③ 조정계산서에는 기획재정부령으로 정하는 서류를 첨부하여야 한다. (2010. 6. 8. 개정)

④ 조정계산서를 작성할 수 있는 세무사의 요건에 관하여 필요한 사항은 기획재정부령으로 정한다. (2010. 6. 8. 개정)

④ 삭 제 (2016. 2. 17.)

⑤ 세무사가 작성한 조정계산서를 첨부하는 사업자로서 기획재정부령이 정하는 요건을 갖춘 사업자는 제3항에 따른 서류 중 국세청장이 정하는 서류를 조정계산서에 첨부하지 아니할 수 있다. 이 경우 첨부하지 아니한 서류가 신고내용의 분석 등에 필요하여 납세지 관할지방국세청장 또는 납세지 관할세무서장이 그 제출을 서면으로 요구하는 경우에

류"란 다음 각 호의 서류를 말한다. (2014. 3. 14. 단서삭제)

1. 다음 각 목의 소득금액명세서 (2007. 4. 17. 개정)

가. 법 제12조 제2호 다목에 따른 농어가부업소득이 있는 경우에는 비과세사업소득(농가부업소득·어로어업소득)계산명세서 (2021. 3. 16. 개정)

가. 법 제12조 제2호 다목에 따른 농어가부업소득이 있는 경우에는 비과세사업소득(농어가부업·어로어업·양식어업소득) 계산명세서 (2025. 3. 21. 개정)

관계조문 »

규칙 101조 21호의 2 ⇒ 비과세사업소득(농가부업소득·어로어업소득) 계산 명세서

나. 법 제12조 제2호 바목에 따른 작물재배업에서 발생하는 소득이 있는 경우에는 비과세사업소득(작물재배업 소득)계산명세서 (2015. 3. 13. 신설)

다. 법 제59조의 5에 따라 소득세를 감면받은 때에는 소득세가 감면되는 소득과 그 밖의 소득을 구분한 계산서 (2015. 3. 13. 목번개정)

라. 법 또는 다른 법률의 규정에 의하여 충당금·준비금 등을 필요경비 또는 총수입금액에 산입한 경우에는 그 명세서 (2015. 3. 13. 목번개정)

마. 법 제43조의 규정에 의하여 공동사

4. 제28조부터 제32조까지의 규정에 따라 필요경비를 산입한 경우에는 그 명세서 (2009. 12. 31. 개정)

5. 사업자(대통령령으로 정하는 소규모사업자는 제외한다)가 사업과 관련하여 다른 사업자(법인을 포함한다)로부터 재화 또는 용역을 공급받고 제160조의 2 제2항 각 호의 어느 하나에 해당하는 증명서류 외의 것으로 증명을 받은 경우에는 대통령령으로 정하는 영수증 수취명세서(이하 "영수증 수취명세서"라 한다) (2009. 12. 31. 개정)

6. 사업소득금액을 제160조 및 제161조에 따라 비치 · 기록한 장부와 증명서류에 의하여 계산하지 아니한 경우에는 기획재정부령으로 정하는 추계소득금액 계산서 (2012. 1. 1. 개정)

⑤ 납세지 관할 세무서장은 제4항에 따라 제출된 신고서나 그 밖의 서류에 미비한 사항 또는 오류가 있을 때에는 그 보정을 요구할 수 있다. (2009. 12. 31. 개정)

⑥ 소득금액의 계산을 위한 세무조정을 정확히 하기 위하여 필요하다고 인정하여 제160조 제3항에 따른 복식부기의무자로서 대통령령으로 정하는 사업자의 경우 제4항 제3호에 따른 조정계산서는 다음 각 호의 어느 하나에 해당하는 자로서 대통령령으로 정하는 조정반에 소속된 자가 작성하여야 한다. (2015. 12. 15. 신설)

1. 「세무사법」에 따른 세무사등록부에 등록한 세무사 (2015. 12. 15. 신설)

2. 「세무사법」에 따른 세무사등록부 또는 공인회계사 세무대리업무등

는 이를 제출하여야 한다. (2010. 6. 8. 개정)

제132조【영수증수취명세서 등】(2012. 2. 2. 제목개정)

① 삭 제 (98. 12. 31)

② 법 제70조 제4항 제3호 단서의 규정에 의한 간편장부소득금액계산서 및 동항 제6호의 규정에 의한 추계소득금액계산서는 기획재정부령으로 정한다. (2008. 2. 29. 직제개정 ; 기획재정부와~직제 부칙)

② 삭 제 (2012. 2. 2.)

③ 법 제70조 제4항 제5호에 따른 영수증수취명세서는 거래건당 3만원을 초과하고 법 제160조의 2 제2항 각 호에 따른 계산서 · 세금계산서 · 신용카드매출전표 및 현금영수증이 아닌 영수증을 기재한 것으로서 기획재정부령으로 정하는 것으로 한다. (2009. 2. 4. 개정)

관계조문 ▶▶

규칙 101조 11호의 2 ⇒ 영수증수취명세서

④ 법 제70조 제4항 제5호에서 "대통령령으로 정하는 소규모사업자"란 다음 각 호의 어느 하나에 해당하는 사업자를 말한다. (2010. 2. 18. 개정)

1. 해당 과세기간에 신규로 사업을 개시한 사업자 (2007. 2. 28. 신설)

2. 직전 과세기간의 사업소득의 수입금액(결정 또는 경정으로 증가된 수입금액을 포함한다)이 4천800만원에 미달하는 사업자 (2010. 2. 18. 개정)

3. 법 제73조 제1항 제4호를 적용받는 사업자 (2010. 2. 18. 개정)

제131조의 2【외부세무조정 대상사업자의 범위】① 법 제70조 제6항에서 "대통령령으로 정하는 사업자"란 다음 각 호의 어느 하나에 해당하는 사업자(이하 이 조에서 "외부세무조정 대상사업자"라 한다)를 말한다. (2016. 2. 17. 신설)

1. 직전 과세기간의 수입금액(결정 또는 경정으로 증가된 수입금액을 포함하며, 법 제19조 제1항 제20호에 따른 사업용 유형자산을 양도함으로써 발생한 수입금액은 제외한다)이 다음 각 목의 업종별 기준수입금액 이상인 사업자. 이 경우 가목부터 다목까지의 규정에 따른 업종을 겸영

업에 대한 소득금액을 계산한 경우에는 공동사업자별소득금액등 분배명세서 (2015. 3. 13. 목번개정)

바. 법 제45조의 규정에 의하여 이월 결손금을 처리한 경우에는 이월결손금명세서 (2015. 3. 13. 목번개정)

사. 그 밖에 총수입금액과 필요경비 계산에 필요한 참고서류 (2015. 3. 13. 목번개정)

2. 삭 제 (2014. 3. 14.)

3. 삭 제 (2006. 4. 10.)

③ 2 이상의 사업장을 가진 사업자가 법 제160조 제5항에 따라 사업장별 거래내용이 구분될 수 있도록 장부에 기록한 경우에는 법 제70조 제4항 제2호 내지 제6호의 서류는 그 사업장별 · 소득별로 작성하고 합계표를 첨부하여야 한다. (2011. 3. 28. 개정)

④ 삭 제 (2000. 4. 3)

제65조의 2【조정계산서】삭 제 (2016. 3. 16.)

제65조의 4【조정계산서 첨부서류 제출면제자의 범위 등】영 제131조 제5항에서 "기획재정부령이 정하는 요건을 갖춘 사업자"란 전자계산조직에 의하여 세무조정을 하고 해당 서류를 마이크로필름 · 자기테이프 · 디스켓 등에 수록 · 보관하여 항시 출력이 가능한 상태에 있는 사업자를 말한다. (2011. 3. 28. 개정)

록부에 등록한 공인회계사 (2021. 11. 23. 개정 ; 세무사법 부칙)
3. 「세무사법」에 따른 세무사등록부 또는 변호사 세무대리업무등록부
   에 등록한 변호사 (2021. 11. 23. 개정 ; 세무사법 부칙)

통칙 70-0…1 【장부 및 증빙서류가 멸실된 경우의 신고】
천재·지변 등의 사유로 장부 및 증빙서류가 멸실된 경우에는 「국세기본법」 제6조의 규정에 의하여 납세지관할세무서장의 승인을 얻어 과세표준확정신고 및 납부기한을 연장할 수 있으며, 장부 및 증빙서류가 멸실됨으로 인하여 법 제70조 제4항 제3호에 규정하는 재무제표와 그 부속서류를 첨부하지 아니하고 소득세과세표준확정신고 및 자진납부계산서만을 제출한 경우에는 적법한 신고로 보지 아니한다. 다만, 이 경우에도 「국세기본법」 제48조 제1항의 규정에 의하여 가산세의 감면을 받을 수 있다. (2008. 7. 30. 개정)
70-0…2 【공동사업장의 소득에 대한 신고 첨부서류】
① 공동사업장의 경우 당해 공동사업장의 직전연도 총수입금액의 합계액이 영 제208조 제5항에 규정하는 일정규모 미만에 해당하는 경우에는 간편장부소득금액계산서를 첨부할 수 있다. (2008. 7. 30. 개정)
② 사업자가 공동사업장과 단독으로 경영하는 사업장이 있는 경우의 과세표준확정신고는 공동사업장의 수입금액과 단독으로 경영하는 사업장의 수입금액을 각각 구분계산하여 영 제208조 제5항에 규정하는 일정규모 미만인 경우에는 간편장부소득금액계산서를 첨부하여 신고할 수 있다. (2008. 7. 30. 개정)
③ 제1항 및 제2항의 규정을 적용함에 있어서 구성원이 동일한 공동사업장이 2 이상인 경우에는 공동사업장 전체의 직전연도 수입금액의 합계액을 기준으로 일정규모 미만 사업자 여부를 판단한다. (97. 4. 8. 개정)

하거나 사업장이 둘 이상인 사업자의 경우에는 제208조 제7항을 준용하여 계산한 수입금액을 기준수입금액에 따른다. (2021. 2. 17. 개정)
　가. 농업·임업 및 어업, 광업, 도매 및 소매업(상품중개업은 제외한다), 제122조 제1항에 따른 부동산매매업, 그 밖에 나목 및 다목에 해당하지 아니하는 사업 : 6억원 (2016. 2. 17. 신설)
　나. 제조업, 숙박 및 음식점업, 전기·가스·증기 및 공기조절 공급업, 수도·하수·폐기물처리·원료재생업, 건설업(비주거용 건물 건설업은 제외하고, 주거용 건물 개발 및 공급업을 포함한다), 운수업 및 창고업, 정보통신업, 금융 및 보험업, 상품중개업 : 3억원 (2018. 2. 13. 개정)
　다. 법 제45조 제2항에 따른 부동산임대업, 부동산업(제122조 제1항에 따른 부동산매매업은 제외한다), 전문·과학 및 기술서비스업, 사업시설관리·사업지원 및 임대서비스업, 교육서비스업, 보건업 및 사회복지서비스업, 예술·스포츠 및 여가 관련 서비스업, 협회 및 단체, 수리 및 기타 개인서비스업, 가구내 고용활동 : 1억 5천만원 (2018. 2. 13. 개정)
2. 복식부기의무자로서 다음 각 목의 어느 하나에 해당하는 사업자 (2016. 2. 17. 신설)
　가. 직전 과세기간의 소득에 대한 소득세 과세표준과 세액을 추계결정 또는 추계경정을 받은 자 (2016. 2. 17. 신설)
　나. 직전 과세기간 중에 사업을 시작한 사업자. 다만, 제147조의 2 또는 「부가가치세법 시행령」 제109조 제2항 제7호에 따른 사업자로서 제208조 제5항 제2호에 해당하는 사업자는 제외한다. (2020. 2. 11. 단서개정)
　다. 「조세특례제한법」에 따라 소득세 과세표준과 세액에 대한 세액공제, 세액감면 또는 소득공제를 적용받은 사업자. 다만, 「조세특례제한법」 제7조, 제86조의 3 또는 제104조의 8의 어느 하나의 규정만을 적용받은 사업자는 제외한다. (2016. 2. 17. 신설)
② 제1항 제1호 및 제2호에 해당하지 아니하는 사업자는 종합소득 과세표준확정신고를 할 때 정확한 세무조정을 위하여 법 제70조 제6항 각 호의 어느 하나에 해당하는 자(이하 "세무사등"이라 한다)가 작성한 세무조정계산서를 첨부할 수 있다. (2016. 2. 17. 신설)

② 종합소득과세표준확정신고를 한 자가 그 신고기한내에 신고한 사항 중 정부의 허가·인가·승인등에 의하여 물품가격이 인상됨으로써 신고기한이 지난 뒤에 당해 소득의 총수입금액이 변동되어 추가로 신고한 경우에는 법 제70조 또는 법 제74조의 규정에 의하여 신고한 것으로 본다.

통칙 70-134…1 【추가신고납부의 기한】
영 제134조 제2항에 따라 신고기간경과 후에 추가로 신고하는 경우의 신고납부기한은 영 제134조 제1항의 규정을 적용하여 그 물품가격의 인상에 대한 정부의 승인이 있은 날이 속하는 달의 다음다음 달 말일까지로 한다. (2011. 3. 21. 개정)

③ 법 제164조 제10항에 따라 국세청장이 제공한 기타소득지급명세서에 따라 종합소득 과세표준확정신고를 한 자가 그 제공받은 내용에 오류 등이 있어 소득세를 추가신고(제215조 제7항 후단에 따른 통지를 받고 그 받은 날이 속하는 달의 다음다음 달 말일까지 추가신고하는 경우를 포함한다)한 때에는 법 제70조 또는 제74조에 따른 기한까지 신고한 것으로 본다. (2023. 2. 28. 개정)

④ 종합소득 과세표준 확정신고를 한 자가 그 신고기한이 지난 후에 법원의 판결·화해 등에 의하여 부당해고기간의 급여를 일시에 지급받음으로써 소득금액에 변동이 발생함에 따라 소득세를 추가로 납부하여야 하는 경우로서 법원의 판결 등에 따른 근로소득원천징수영수증을 교부받은 날이 속하는 달의 다음다음 달 말일까지 추가신고한 때에는 법 제70조 또는 제74조의 기한까지 신고한 것으로 본다. (2021. 2. 17. 개정)

⑤ 제1항부터 제4항까지의 규정에 따라 추가신고를 할 때 세액감면을 신청한 경우에는 법 제75조 제1항에 따라 세액감면을 신청한 것으로 본다. (2021. 2. 17. 개정)

⑥ 제1항부터 제4항까지의 규정에 따라 추가신고를 한 자로서 납부해야 할 세액이 있는 자는 제1항부터 제4항까지의 규정에 따른 추가신고기한까지 그 세액을 납부해야 한다. (2021. 2. 17. 신설)

⑦ 제6항에 따라 제1항부터 제4항까지의 규정에 따른 추가신고기한까지 세액을 납부한 경우에는 법 제76조에 따라 과세표준확정신고기한까지 납부한 것으로 본다. (2021. 2. 17. 신설)

제131조의 3 【조정반】 ① 법 제70조 제6항에서 "대통령령으로 정하는 조정반(이하 이 조에서 "조정반"이라 한다)"이란 대표자를 선임하여 지방국세청장의 지정을 받은 다음 각 호의 어느 하나에 해당하는 자를 말한다. 이 경우 세무사등은 하나의 조정반에만 소속되어야 한다. (2016. 2. 17. 신설)
1. 2명 이상의 세무사등 (2016. 2. 17. 신설)
2. 세무법인 (2016. 2. 17. 신설)
3. 회계법인 (2016. 2. 17. 신설)
4. 「변호사법」에 따라 설립된 법무법인, 법무법인(유한) 또는 법무조합 (2022. 2. 15. 신설)
② 제1항 제2호부터 제4호까지의 규정에 따른 법인 등은 법 제70조 제4항 제3호에 따른 조정계산서를 작성할 때에 2명 이상의 소속 세무사등을 참여시켜야 한다. (2022. 2. 15. 개정)
③ 제1항에 따른 조정반의 신청, 지정, 지정취소 및 유효기간 등 그 밖에 필요한 사항은 기획재정부령으로 정한다. (2016. 2. 17. 신설)

제134조 【추가신고】 (2021. 2. 17. 제목개정)
① 종합소득 과세표준확정신고기한이 지난 후에 「법인세법」에 따라 법인이 법인세 과세표준을 신고하거나 세무서장이 법인세 과세표준을 결정 또는 경정하여 익금에 산입한 금액이 배당·상여 또는 기타소득으로 처분됨으로써 소득금액에 변동이 발생함에 따라 종합소득 과세표준확정신고 의무가 없었던 자, 세법에 따라 과세표준확정신고를 하지 아니하여도 되는 자 및 과세표준확정신고를 한 자가 소득세를 추가납부하여야 하는 경우 해당 법인(제192조 제1항 단서에 따라 거주자가 통지를 받은 경우에는 그 거주자를 말한다)이 같은 항에 따른 소득금액변동통지서를 받은 날(「법인세법」에 따라 법인이 신고함으로써 소득금액이 변동된 경우에는 그 법인의 법인세 신고기일을 말한다)이 속하는 달의 다음다음 달 말일까지 추가신고한 때에는 법 제70조 또는 제74조의 기한까지 신고한 것으로 본다. (2023. 2. 28. 개정)

편주 ▶ 법인소재 불명시 인정상여에 대한 원천징수는 통칙 135-192…2 참조

제65조의 3 【조정반의 지정 절차 등】 (2016. 3. 16. 제목개정)
① 영 제131조의 3 제1항에 따른 조정반(이하 이 조에서 "조정반"이라 한다)의 지정을 받으려는 자는 별지 제82호의 3 서식에 따른 조정반 지정 신청서를 작성하여 매년 11월 30일까지 대표자의 사무소 소재지 관할 지방국세청장에게 조정반 지정 신청을 하여야 한다. 다만, 법 제70조 제6항 각 호의 어느 하나에 해당하는 자(이하 "세무사등"이라 한다)로서 매년 12월 1일 이후 개업한 자 또는 매년 12월 1일 이후 설립된 세무법인, 회계법인, 법무법인, 법무법인(유한) 또는 법무조합(이하 "세무법인등"이라 한다)은 각각 세무사등의 개업신고일(구성원이 2명 이상인 경우에는 최근 개업한 조정반 구성원의 개업신고일을 말한다) 또는 법인설립등기일(법무조합의 경우에는 「변호사법」 제58조의 19 제2항에 따른 관보 고시일을 말한다)부터 1개월 이내에 신청할 수 있다. (2022. 3. 18. 단서개정)
② 제1항의 신청을 받은 지방국세청장은 신청을 받은 연도의 12월 31일(제1항 단서에 따라 신청을 받은 경우 신청을 받은 날이 속하는 달의 다음 달 말일)까지 지정 여부를 결정하여 신청인에게 통지하고, 그 사실을 관보 또는 인터넷 홈페이지에 공고하여야 한다. 다만, 조정반 지정 신청을 한 영 제131조의 3 제1항 각 호의 자가 다음 각 호의 어느 하나에 해당하

제70조의 2【성실신고확인서 제출】① 성실한 납세를 위하여 필요하다고 인정되어 수입금액이 업종별로 대통령령으로 정하는 일정 규모 이상의 사업자(이하 "성실신고확인대상사업자"라 한다)는 제70조에 따른 종합소득과세표준 확정신고를 할 때에 같은 조 제4항 각 호의 서류에 더하여 제160조 및 제161조에 따라 비치·기록된 장부와 증명서류에 의하여 계산한 사업소득금액의 적정성을 세무사 등 대통령령으로 정하는 자가 대통령령으로 정하는 바에 따라 확인하고 작성한 확인서(이하 "성실신고확인서"라 한다)를 납세지 관할 세무서장에게 제출하여야 한다. (2011. 5. 2. 신설)

② 제1항에 따라 성실신고확인대상사업자가 성실신고확인서를 제출하는 경우에는 제70조 제1항에도 불구하고 종합소득과세표준 확정신고를 그 과세기간의 다음 연도 5월 1일부터 6월 30일까지 하여야 한다. (2013. 1. 1. 개정)

③ 납세지 관할 세무서장은 제1항에 따라 제출된 성실신고확인서에 미비한 사항 또는 오류가 있을 때에는 그 보정을 요구할 수 있다. (2011. 5. 2. 신설)

제133조【성실신고확인서 제출】① 법 제70조의 2 제1항에서 "수입금액이 업종별로 대통령령으로 정하는 일정 규모 이상의 사업자"란 해당 과세기간의 수입금액(법 제19조 제1항 제20호에 따른 사업용 유형자산을 양도함으로써 발생한 수입금액은 제외한다)의 합계액이 다음 각 호의 구분에 따른 금액 이상인 사업자(이하 이 조에서 "성실신고확인대상사업자"라 한다)를 말한다. 다만, 제1호 또는 제2호에 해당하는 업종을 영위하는 사업자 중 별표 3의 3에 따른 사업서비스업을 영위하는 사업자의 경우에는 제3호에 따른 금액 이상인 사업자를 말한다. (2020. 2. 11. 개정)

1. 농업·임업 및 어업, 광업, 도매 및 소매업(상품중개업을 제외한다), 제122조 제1항에 따른 부동산매매업, 그 밖에 제2호 및 제3호에 해당하지 아니하는 사업 : 15억원 (2018. 2. 13. 개정)
2. 제조업, 숙박 및 음식점업, 전기·가스·증기 및 공기조절 공급업, 수도·하수·폐기물처리·원료재생업, 건설업(비주거용 건물 건설업은 제외하고, 주거용 건물 개발 및 공급업을 포함한다), 운수업 및 창고업, 정보통신업, 금융 및 보험업, 상품중개업 : 7억 5천만원 (2018. 2. 13. 개정)
3. 법 제45조 제2항에 따른 부동산 임대업, 부동산업(제122조 제1항에 따른 부동산매매업은 제외한다), 전문·과학 및 기술 서비스업, 사업시설관리·사업지원 및 임대서비스업, 교육 서비스업, 보건업 및 사회복지 서비스업, 예술·스포츠 및 여가관련 서비스업, 협회 및 단체, 수리 및 기타 개인 서비스업, 가구내 고용활동 : 5억원 (2018. 2. 13. 개정)

② 제1항을 적용할 때 같은 항 제1호부터 제3호까지의 업종을 겸영하거나 사업장이 2 이상인 경우에는 제208조 제7항을 준용하여 계산한 수입금액에 따른다. (2017. 2. 3. 개정)

③ 법 제70조의 2 제1항에서 "세무사 등 대통령령으로 정하는 자"란 세무사(「세무사법」 제20조의 2에 따라 등록한 공인회계사를 포함한다. 이하 이 조에서 같다), 세무법인 또는 회계법인(이하 이 조에서 "세무사등"이라 한다)을 말한다. (2011. 6. 3. 신설)

④ 세무사가 성실신고확인대상사업자에 해당하는 경우에는 자신의 사업소득금액의 적정성에 대하여 해당 세무사가 성실신고확인서를 작

는 경우에는 조정반 지정을 하지 아니한다. (2016. 3. 16. 개정)

1. 기획재정부 세무사징계위원회 또는 금융위원회 공인회계사징계위원회의 징계 중 직무정지나 자격정지의 징계를 받아 그 징계기간이 종료되지 아니한 경우(다만, 공인회계사인 세무사의 경우에는 세무대리에 관련된 징계에 한정한다) (2016. 3. 16. 개정)
2. 제3항 제2호부터 제4호까지에 해당하는 사유로 조정반이 취소되고 그 취소된 날부터 신청일까지 1년이 지나지 아니한 경우 (2016. 3. 16. 개정)
3. 소득세 또는 법인세가 기장에 의하여 신고되지 아니하거나 추계결정·경정된 과세기간의 종료일부터 신청일까지 2년이 지나지 아니한 경우 (2016. 3. 16. 개정)

③ 지방국세청장은 조정반이 다음 각 호의 어느 하나에 해당하는 경우에는 조정반 지정을 취소할 수 있다. (2016. 3. 16. 개정)

1. 조정반에 소속된 세무사등이 1명이 된 경우 (2016. 3. 16. 개정)
2. 조정계산서를 거짓으로 작성한 경우 (2016. 3. 16. 개정)
3. 부정한 방법으로 지정을 받은 경우 (2016. 3. 16. 개정)
4. 조정반 지정일부터 1년 이내에 조정반의 구성원(세무법인등의 경우에는 실제 조정계산서의 작성에 참여한 세무사등을 말한다. 이하 이 호에서 같다) 또는 구성원의 배우자가 대표이사 또는 과점

제71조【퇴직소득과세표준 확정신고】① 해당 과세기간의 퇴직소득금액이 있는 거주자는 그 퇴직소득과세표준을 그 과세기간의 다음 연도 5월 1일부터 5월 31일까지 대통령령으로 정하는 바에 따라 납세지 관할 세무서장에게 신고하여야 한다. (2009. 12. 31. 개정)
② 제1항은 해당 과세기간의 퇴직소득 과세표준이 없을 때에도 적용한다. 다만, 제146조부터 제148조까지의 규정에 따라 소득세를 납부한 자에 대해서는 그러하지 아니하다. (2009. 12. 31. 개정)
③ 제1항에 따른 신고를 "퇴직소득 과세표준확정신고"라 한다. (2009. 12. 31. 개정)

제72조【산림소득 과세표준확정신고】삭 제 (2006. 12. 30.)

제73조【과세표준확정신고의 예외】① 다음 각 호의 어느 하나에 해당하는 거주자는 제70조 및 제71조에도 불구하고 해당 소득에 대하여 과세표준확정신고를 하지 아니할 수 있다. (2009. 12. 31. 개정)
1. 근로소득만 있는 자 (2009. 12. 31. 개정)
2. 퇴직소득만 있는 자 (2009. 12. 31. 개정)
3. 공적연금소득만 있는 자 (2013. 1. 1. 개정)
4. 제127조에 따라 원천징수되는 사업소득으로서 대통령령으로 정하는 사업소득만 있는 자 (2009. 12. 31. 개정)

성·제출해서는 아니 된다. (2011. 6. 3. 신설)
⑤ 성실신고확인대상사업자는 성실신고를 확인하는 세무사등을 선임하여 해당 과세기간의 다음 연도 4월 30일(성실신고확인대상사업자가 사망하거나 출국하는 경우에는 다음 각 호의 어느 하나에 해당하는 날)까지 기획재정부령으로 정하는 서식에 따라 납세지 관할 세무서장에게 신고하여야 한다. (2018. 2. 13. 개정)
1. 사망하는 경우 : 상속개시일이 속하는 달의 말일부터 4개월이 되는 날(이 기간 중 상속인이 출국하는 경우에는 출국일 전날) (2018. 2. 13. 신설)
2. 출국하는 경우 : 출국일 전날 (2018. 2. 13. 신설)
⑤ 삭 제 (2020. 2. 11.)
⑥ 제1항부터 제5항까지에서 규정한 사항 외에 성실신고확인서의 서식, 제출 등에 필요한 사항은 기획재정부장관이 정한다. (2011. 6. 3. 신설)

제135조【퇴직소득과세표준 확정신고】법 제71조 제1항에 따라 퇴직소득과세표준 확정신고를 하려는 자는 기획재정부령으로 정하는 퇴직소득과세표준 확정신고 및 납부계산서를 납세지 관할세무서장에게 제출하여야 한다. (2010. 2. 18. 개정)

관계조문 ▶▶
규칙 101조 13호 ⇒ 퇴직소득과세표준확정신고 및 납부계산서

제136조【산림소득 과세표준확정신고】삭 제 (2007. 2. 28.)

제137조【과세표준확정신고의 예외】(2010. 2. 18. 제목개정)
① 법 제73조 제1항 제4호에서 "대통령령으로 정하는 사업소득"이란

주주였던 기업의 세무조정을 한 경우 (2022. 3. 18. 개정)
④ 조정반 지정의 유효기간은 1년으로 한다. (2016. 3. 16. 개정)
⑤ 조정반의 구성원(세무법인등의 구성원은 제외한다)이나 대표자가 변경된 경우에는 그 사유가 발생한 날부터 14일 이내에 별지 제82호의 3 서식에 따른 조정반 변경지정 신청서를 작성하여 대표자의 사무소 소재지 관할 지방국세청장에게 조정반 변경지정 신청을 하여야 한다. (2022. 3. 18. 개정)
⑥ 제5항에 따라 조정반 변경지정 신청을 받은 지방국세청장은 신청을 받은 날부터 7일 이내에 변경지정 여부를 결정하여 신청인에게 통지하여야 한다. (2016. 3. 16. 개정)
⑦ 지방국세청장은 제2항에 따라 조정반을 지정하거나 제6항에 따라 조정반을 변경지정하려는 경우에는 신청인에게 별지 제82호의 4 서식에 따른 조정반 지정서 또는 조정반 변경지정서를 발급하여야 한다. (2016. 3. 16. 개정)
⑧「법인세법 시행규칙」제50조의 3 제2항 및 제6항에 따라 조정반 지정 또는 변경지정을 받은 자는 제2항 및 제6항에 따라 지정 또는 변경지정을 받은 것으로 본다. (2016. 3. 16. 개정)

4의 2. 제127조 제1항 제6호에 따라 원천징수되는 기타소득으로서 종
교인소득만 있는 자 (2015. 12. 15. 신설)

5. 제1호 및 제2호의 소득만 있는 자 (2009. 12. 31. 개정)

6. 제2호 및 제3호의 소득만 있는 자 (2009. 12. 31. 개정)

7. 제2호 및 제4호의 소득만 있는 자 (2009. 12. 31. 개정)

7의 2. 제2호 및 제4호의 2의 소득만 있는 자 (2015. 12. 15. 신설)

8. 분리과세이자소득, 분리과세배당소득, 분리과세연금소득 및 분리과
세기타소득(제127조에 따라 원천징수되지 아니하는 소득은 제외한
다. 이하 이 항에서 같다)만 있는 자 (2019. 12. 31. 개정)

9. 제1호부터 제4호까지, 제4호의 2, 제5호부터 제7호까지 및 제7호
의 2에 해당하는 사람으로서 분리과세이자소득, 분리과세배당소
득, 분리과세연금소득 및 분리과세기타소득이 있는 자 (2015. 12.
15. 개정)

② 2명 이상으로부터 받는 다음 각 호의 어느 하나에 해당하는 소득이
있는 자(일용근로자는 제외한다)에 대해서는 제1항을 적용하지 아니한
다. 다만, 제137조의 2, 제138조, 제144조의 2 제5항 또는 제145조의
3에 따른 연말정산 및 제148조 제1항에 따라 소득세를 납부함으로써
제76조 제2항에 따른 확정신고납부를 할 세액이 없는 자에 대하여는
그러하지 아니하다. (2015. 12. 15. 개정)

1. 근로소득 (2015. 12. 15. 신설)

2. 공적연금소득 (2015. 12. 15. 신설)

3. 퇴직소득 (2015. 12. 15. 신설)

4. 종교인소득 (2015. 12. 15. 신설)

5. 제1항 제4호에 따른 소득 (2015. 12. 15. 신설)

③ 제127조 제1항 제4호 각 목의 근로소득 또는 같은 항 제7호 단서에
해당하는 퇴직소득이 있는 자에게는 제1항을 적용하지 아니한다. 다만,
제152조 제2항에 따라 제137조, 제137조의 2 및 제138조의 예에 따른
원천징수에 의하여 소득세를 납부한 자에 대해서는 그러하지 아니하
다. (2013. 1. 1. 단서개정)

④ 제2항 각 호에 해당하는 소득(근로소득 중 일용근로소득은 제외한
다)이 있는 자에 대하여 제127조에 따른 원천징수의무를 부담하는 자
가 제137조, 제137조의 2, 제138조, 제143조의 4, 제144조의 2, 제145

다음 각 호의 어느 하나에 해당하는 사업자로서 법 제160조 제3항에
따른 간편장부대상자가 받는 해당 사업소득을 말한다. 다만, 제2호 및
제3호의 사업자가 받는 사업소득은 해당 사업소득의 원천징수의무자
가 법 제144조의 2 및 이 영 제201조의 11에 따라 연말정산을 한 것만
해당한다. (2013. 2. 15. 단서개정)

1. 독립된 자격으로 보험가입자의 모집 및 이에 부수되는 용역을 제공
하고 그 실적에 따라 모집수당 등을 받는 자 (97. 12. 31 개정)

2. 「방문판매 등에 관한 법률」에 의하여 방문판매업자를 대신하여 방
문판매업무를 수행하고 그 실적에 따라 판매수당 등을 받거나 후원
방문판매조직에 판매원으로 가입하여 후원방문판매업을 수행하고
후원수당 등을 받는 자 (2013. 2. 15. 개정)

3. 독립된 자격으로 일반 소비자를 대상으로 사업장을 개설하지 않고
음료품을 배달하는 계약배달 판매 용역을 제공하고 판매실적에 따
라 판매수당 등을 받는 자 (2013. 2. 15. 신설)

② 법 제73조 제2항 단서에서 "연말정산에 의하여 소득세를 납부한 자"란 연말정산에
의하여 소득세를 납부함으로써 확정신고납부를 할 세액이 없는 자를 말한다. (2010. 2.
18. 개정)

③ 법 제74조 제1항의 규정에 의하여 피상속인의 과세표준을 신고하고자 하는 자는
과세표준확정신고서와 함께 기획재정부령이 정하는 서류를 납세지 관할세무서장에게
제출하여야 한다. (2008. 2. 29. 직제개정 ; 기획재정부와~직제 부칙)

④ 상속인이 2인 이상 있는 경우에는 제3항의 규정에 의한 신고서에 각 상속인이 연서
하여 하나의 신고서를 제출하거나 상속인별로 다른 상속인의 성명을 부기하여 각각 신
고서를 제출할 수 있다. (96. 12. 31 개정)

②~④ 삭 제 (2010. 12. 30.)

조의 3 또는 제146조에 따라 소득세를 원천징수하지 아니한 때에는 제1항을 적용하지 아니한다. (2015. 12. 15. 개정)

⑤ 제82조에 따른 수시부과 후 추가로 발생한 소득이 없을 경우에는 과세표준확정신고를 하지 아니할 수 있다. (2009. 12. 31. 개정)

제74조 【과세표준확정신고의 특례】 ① 거주자가 사망한 경우 그 상속인은 그 상속 개시일이 속하는 달의 말일부터 6개월이 되는 날(이 기간 중 상속인이 출국하는 경우에는 출국일 전날)까지 사망일이 속하는 과세기간에 대한 그 거주자의 과세표준을 대통령령으로 정하는 바에 따라 신고하여야 한다. 다만, 제44조 제2항에 따라 상속인이 승계한 연금계좌의 소득금액에 대해서는 그러하지 아니하다. (2013. 1. 1. 단서신설)

② 1월 1일과 5월 31일 사이에 사망한 거주자가 사망일이 속하는 과세기간의 직전 과세기간에 대한 과세표준확정신고를 하지 아니한 경우에는 제1항을 준용한다. (2009. 12. 31. 개정)

③ 제1항과 제2항은 해당 상속인이 과세표준확정신고를 정해진 기간에 하지 아니하고 사망한 경우에 준용한다. (2009. 12. 31. 개정)

④ 과세표준확정신고를 하여야 할 거주자가 출국하는 경우에는 출국일이 속하는 과세기간의 과세표준을 출국일 전날까지 신고하여야 한다. (2009. 12. 31. 개정)

⑤ 거주자가 1월 1일과 5월 31일 사이에 출국하는 경우 출국일이 속하는 과세기간의 직전 과세기간에 대한 과세표준확정신고에 관하여는 제4항을 준용한다. (2009. 12. 31. 개정)

⑥ 제1항부터 제5항까지의 규정에 따른 과세표준확정신고의 특례에 관하여는 제70조 제4항 및 제5항을 준용한다. (2009. 12. 31. 개정)

제75조 【세액감면 신청】 ① 제59조의 5 제1항에 따라 소득세를 감면받으려는 거주자는 제69조, 제70조, 제70조의 2 또는 제74조에 따른 신고와 함께 대통령령으로 정하는 바에 따라 납세지 관할 세무서장에게 신청하여야 한다. (2014. 1. 1. 개정)

② 제59조의 5 제1항 제1호에 따라 근로소득에 대한 감면을 받으려는 자는 대통령령으로 정하는 바에 따라 관할 세무서장에게 신청하여야

제137조의 2 【과세표준확정신고의 특례】 ① 법 제74조 제1항 본문에 따라 피상속인의 과세표준을 신고하려는 자는 과세표준확정신고서와 함께 기획재정부령으로 정하는 서류를 납세지 관할세무서장에게 제출하여야 한다. (2013. 2. 15. 개정)

② 상속인이 2인 이상 있는 경우에는 제1항에 따른 신고서에 각 상속인이 연서하여 하나의 신고서를 제출하거나 상속인별로 다른 상속인의 성명을 부기하여 각각 신고서를 제출할 수 있다. (2010. 12. 30. 신설)

관계조문 》》

영 134조 1항 ⇒ 추가신고납부

제138조 【세액감면 신청】 ① 법 제59조의 5 제1항 제2호 및 제75조 제1항에 따라 외국항행사업으로부터 얻는 소득에 대한 세액을 감면받으려는 자는 과세표준확정신고와 함께 기획재정부령으로 정하는 세액감면신청서를 납세지 관할세무서장에게 제출하여야 한다. (2014. 2. 21. 개정)

제66조의 2 【상속인의 종합소득과 세표준확정신고】 영 제137조의 2 제1항에서 "기획재정부령으로 정하는 서류"란 다음 각호의 사항을 기재한 서류를 말한다. (2011. 3. 28. 개정)

1. 상속인의 성명과 주소(국내에 주소가 없는 경우에는 거소) (2000. 4. 3 신설)

2. 피상속인과의 관계 (2000. 4. 3 신설)

3. 상속인이 2명 이상 있는 경우에는 상속지분에 따라 안분계산한 세액 (2008. 4. 29. 개정)

제102조 【조정계산서 관련 서식】 ① 영 제130조 제4항 및 영 제131조 제1항에 규정하는 조정계산서는 별지 제46호 서식에 의한다. (2005. 3. 19. 개정)

② 조정계산서에는 다음 각 호에 규정하는 서류 중 해당 사업자에 관련된 서류를 첨부해야 한다. (2020. 3. 13. 개정)

1. 별지 제47호 서식에 의한 소득금액조정합계표

2. 별지 제48호 서식에 의한 과목별 소득금액조정명세서

3. 별지 제49호 서식에 의한 유보소득조정명세서

4. 별지 제50호 서식에 의한 소득구분계산서

5. 별지 제51호 서식에 의한 추가납부세액

한다. (2014. 1. 1. 개정)

☞

관계조문 ▶▶

규칙 100조 17호 ⇒ 외국인근로소득세액감면신청서

제76조 【확정신고납부】 (2009. 12. 31. 제목개정)
① 거주자는 해당 과세기간의 과세표준에 대한 종합소득 산출세액 또는 퇴직소득 산출세액에서 감면세액과 세액공제액을 공제한 금액을 제70조, 제70조의 2, 제71조 및 제74조에 따른 과세표준확정신고기한까지 대통령령으로 정하는 바에 따라 납세지 관할 세무서, 한국은행 또는 체신관서에 납부하여야 한다. (2013. 1. 1. 개정)
② 제1항에 따른 납부를 이 장에서 "확정신고납부"라 한다. (2020. 12. 29. 개정)
③ 확정신고납부를 할 때에는 다음 각 호의 세액을 공제하여 납부한다. (2009. 12. 31. 개정)
1. 제65조에 따른 중간예납세액 (2009. 12. 31. 개정)
2. 제69조에 따른 토지등 매매차익예정신고 산출세액 또는 그 결정·경정한 세액 (2009. 12. 31. 개정)
3. 제82조에 따른 수시부과세액 (2009. 12. 31. 개정)
4. 제127조에 따른 원천징수세액(제133조의 2 제1항에 따른 채권등의 이자등 상당액에 대한 원천징수세액은 제46조 제1항에 따른 해당 거주자의 보유기간의 이자등 상당액에 대한 세액으로 한정한다) (2010. 12. 27. 개정)
5. 제150조에 따른 납세조합의 징수세액과 그 공제액 (2009. 12. 31. 개정)

제77조 【분할납부】 (2009. 12. 31. 제목개정)

관계조문 ▶▶

규칙 100조 16호 ⇒ 외국항행사업에 대한 세액감면신청서

② 법 제59조의 5 제1항 제1호 및 제75조 제2항에 따라 근로소득에 대한 세액을 감면받으려는 자는 기획재정부령으로 정하는 세액감면신청서를 국내에서 근로소득금액을 지급하는 자를 거쳐 그 감면을 받고자 하는 달의 다음달 10일까지 원천징수 관할세무서장에게 제출하여야 한다. (2014. 2. 21. 개정)

제139조 【과세표준확정신고세액의 납부】 (2010. 2. 18. 제목개정)
① 법 제76조 제1항에 따라 확정신고납부를 하는 자는 과세표준확정신고와 함께 납세지 관할세무서장에게 납부하거나 「국세징수법」에 따른 납부서를 첨부하여 한국은행 또는 체신관서에 납부하여야 한다. (2010. 2. 18. 개정)
② 제1항의 규정에 의하여 납부서에 과세표준확정신고 및 확정신고자진납부계산서를 첨부하여 한국은행 또는 체신관서에 제출한 경우에는 법 제70조 제1항의 규정에 의한 신고를 한 것으로 본다.
② 삭 제 (2009. 2. 4.)

☞

편주 ▶

규칙 102조 2항 9호의 개정규정은 2024. 1. 1.부터 시행함. (법 부칙 (2023. 3. 20.) 1조 3호)

제140조 【소득세의 분납】 법 제77조의 규정에 의하여 분납할 수

계산서
5의 2. 별지 제51호의 2 서식에 따른 가산세액계산서 (2007. 4. 17. 신설)
5의 2. 삭 제 (2010. 4. 30.)
6. 별지 제52호 서식(1)에 따른 총수입금액 조정명세서 및 별지 제52호 서식(2)에 따른 조정후 총수입금액명세서 (2010. 4. 30. 개정)
7. 별지 제53호 서식에 따른 부동산(주택 제외) 임대보증금 등의 총수입금액 조정명세서(1)·(2) 및 부동산(주택) 임대보증금 등의 총수입금액 조정명세서(3) (2013. 2. 23. 개정)
8. 별지 제54호 서식에 의한 국고보조금·보험차익금으로 취득한 자산에 대한 필요경비산입조정명세서 (2020. 3. 13. 개정)
9. 별지 제55호 서식에 따른 기업업무추진비조정명세서 (1)·(2) (2023. 3. 20. 개정)
10. 별지 제56호 서식에 따른 기부금 조정명세서 (2011. 3. 28. 단서삭제)
11. 별지 제57호 서식에 의한 광고선전비조정명세서
11. 삭 제 (2010. 4. 30.)
12. 별지 제58호 서식에 의한 대손충당금 및 대손금조정명세서
13. 별지 제59호 서식에 따른 퇴직급여충당금 조정명세서 (2011. 3. 28. 단서삭제)
14. 별지 제60호 서식에 의한 퇴직연금부담금조정명세서 (2011. 3. 28. 개정)
15. 삭 제 (99. 5. 7)
16. 별지 제62호 서식에 의한 재고자산평

거주자로서 제65조·제69조 또는 제76조에 따라 납부할 세액이 각각 1천만원을 초과하는 자는 대통령령으로 정하는 바에 따라 그 납부할 세액의 일부를 납부기한이 지난 후 2개월 이내에 분할납부할 수 있다. (2009. 12. 31. 개정)

통칙 77-0…1【납부기한연장의 경우 소득세분납기한】
「국세기본법」 제6조 및 동법시행령 제2조에 규정하는 기한연장 등의 사유로 소득세의 납부기한연장 승인을 받은 경우 그에 따른 소득세의 분납기한은 연장된 소득세의 납부기한 경과일부터 계산한다. (2008. 7. 30. 개정)

있는 세액은 다음 각호에 의한다.
1. 납부할 세액이 2천만원 이하인 때에는 1천만원을 초과하는 금액
2. 납부할 세액이 2천만원을 초과하는 때에는 그 세액의 100분의 50 이하의 금액

가조정명세서
17. 삭　제 (99. 5. 7)
18. 별지 제64호 서식에 의한 지급이자조정명세서(1)·(2)
19. 별지 제65호 서식에 의한 외화평가차손익조정명세서
20. 별지 제66호 서식에 의한 선급비용조정명세서
21. 별지 제67호 서식에 의한 제세공과금조정명세서
22. 별지 제68호 서식에 의한 농·어촌특별세 과세대상 감면세액 합계표
23. 별지 제69호 서식에 의한 최저한세조정명세서
24. 별지 제70호 서식에 의한 특별비용조정명세서
25. 별지 제71호 서식에 따른 세액공제액조정명세서 (2010. 4. 30. 개정)
26. 삭　제 (2007. 4. 17.)
27. 별지 제73호 서식에 의한 감면세액조정명세서
28. 별지 제74호 서식에 의한 공장지방이전준비금조정명세서
28. 삭　제 (2009. 4. 14.)
29. 삭　제 (99. 5. 7)
30. 「조세특례제한법 시행규칙」 제61조 제1항 제3호의 3에 따른 연구·인력개발준비금조정명세서 (2009. 4. 14. 개정)
31. 별지 제77호 서식에 의한 중소기업 등 투자준비금조정명세서
31. 삭　제 (2009. 4. 14.)
32.~35. 삭　제 (99. 5. 7)

결손금소급공제세액환급신청서는 별지 제40호의 4 서식에 의한다. (97. 4. 23 신설)

15. 영 제150조 제6항에 규정하는 공동사업장에서 발생한 소득금액과 가산세액 및 원천징수된 세액의 각 공동사업자별 분배명세서는 별지 제41호 서식에 의한다. (2007. 4. 17. 개정)

15의 2. 영 제150조의 10 제2항에 따른 서류는 다음 각 목의 서류를 말한다. (2009. 4. 14. 신설)
　가. 별지 제41호의 2 서식에 따른 성실중소사업자 표준세액공제 신청서 (2009. 4. 14. 신설)
　나. 별지 제41호의 3 서식에 따른 성실중소사업자 수입액증가세액공제 신청서 (2009. 4. 14. 신설)
　다. 별지 제41호의 4 서식에 따른 성실중소사업자 기준검토표 (2009. 4. 14. 신설)

15의 2. 삭 제 (2011. 3. 28.)

16. 제58조 제1항 제1호에 규정하는 보험험료납입증명서는 별지 제42호 서식(1) 또는 별지 제42호 서식(2)에 의한다. (96. 3. 30 개정)

17. 제58조 제1항 제2호에 따른 의료비지급명세서는 별지 제43호 서식에 따르고, 의료비부담명세서는 별지 제43호의 2 서식에 따른다. (2008. 4. 29. 개정)

18. 제58조 제1항 제3호에 따른 교육비납입증명서는 별지 제44호 서식(1)에 따른다. (2009. 4. 14. 개정)

18의 2. 제58조 제1항 제3호의 5에 따른 방과후 학교 수업용 도서 구입 증명서는 별지 제44호의 2 서식에 따른다. (2013. 9. 27. 신설)

☞ p.2682 3단 연결

표준확정신고 및 납부계산서는 별지 제40호 서식(1)에 따른다. 다만, 다음 각 목의 어느 하나에 해당하는 경우에는 다음 각 목의 구분에 따른 서식으로 갈음할 수 있다. (2021. 3. 16. 단서개정)
　가. 부동산임대업에서 발생한 사업소득 또는 부동산임대업 외의 업종에서 발생한 사업소득이 있는 사업자로서 장부를 기장하지 않고 단순경비율로 추계신고하는 경우: 별지 제40호 서식(4) (2021. 3. 16. 신설)
　나. 법 제21조 제1항 제26호에 따른 종교인소득만 있는 경우: 별지 제40호 서식(5) (2021. 3. 16. 신설)
　다. 법 제70조 제2항에 따른 분리과세 주택임대소득 및 법 제127조 제1항 제6호 나목의 소득만 있는 경우: 별지 제40호 서식(6) (2021. 3. 16. 신설)

11의 2. 영 제132조 제3항의 규정에 의한 영수증수취명세서는 별지 제40호의 5 서식에 의한다. (99. 5. 7 신설)

12. 영 제130조 제4항에 따른 표준재무상태표·표준손익계산서·표준원가명세서·표준합계잔액시산표는 별지 제40호의 6 서식부터 별지 제40호의 9 서식까지에 따른다. (2014. 3. 14. 개정)

13. 영 제135조에 따른 퇴직소득과세표준 확정신고 및 납부계산서는 별지 제40호의 2 서식에 따른다. (2010. 4. 30. 개정)

14. 삭 제 (2007. 4. 17.)

14의 2. 영 제149조의 2 제3항에 규정하는

4. 영 제78조의 3 제10항의 규정에 의한 업무용승용차 관련비용 등 명세서는 별지 제63호 서식에 의한다. (2016. 3. 16. 신설)

5. 영 제79조 제5항의 규정에 의한 기부 금명세서는 별지 제45호 서식에 의한다. (99. 5. 7 개정)

5의 2. 영 제81조 제6항에 규정하는 특별재난지역 자원봉사용역 등에 대한 기부금확인서는 별지 제36호의 2 서식에 의한다. (2010. 4. 30. 개정)

6. 영 제97조 제2항에 따른 외화자산·부채의 평가는 제102조 제2항 제19호에 따른 외화평가차손익조정명세서에 따른다. (2010. 4. 30. 개정)

7. 영 제106조 제1항에 따른 근로소득자소득·세액 공제신고서는 별지 제37호 서식(1)에 따른다. (2017. 3. 10. 개정)

8. 영 제107조 제2항에 규정하는 장애인증명서는 별지 제38호 서식에 의한다. (2007. 4. 17. 개정)

8의 2. 영 제118조의 2 제1항에 따른 연금납입확인서는 별지 제38호의 2 서식에 따른다. (2014. 3. 14. 개정)

8의 3. 영 제108조의 3 제2항에 따른 주택담보노후연금이자비용증명서는 별지 제38호의 3 서식에 따른다. (2007. 4. 17. 신설)

9. 영 제114조 제2항에 규정하는 일시퇴거자 동거가족상황표는 별지 제39호 서식에 의한다. (96. 3. 30 개정)

10. 삭 제 (2005. 3. 19.)

11. 영 제130조 제1항에 따른 종합소득 과세

36. 「법인세법 시행규칙」 별지 제20호 서식(1), 별지 제20호 서식(2) 및 별지 제20호 서식(4)를 준용하여 계산한 감가상각비 관련 조정명세서 (2011. 3. 28. 개정)

37. 「법인세법 시행규칙」 별지 제41호 서식을 준용하여 작성한 이연자산평가조정명세서 (2005. 3. 19. 개정)

37. 삭 제 (2008. 4. 29.)

③ 법 제70조 제4항 제3호 단서 및 제6호에 따른 간편장부소득금액계산서 및 추계소득금액계산서는 각각 별지 제74호 서식 및 별지 제75호 서식에 의한다. 다만, 영 제143조 제3항에 따라 추계소득금액을 계산하여 이 규칙 제101조 제11항 단서에 따라 별지 제40호 서식(1) 또는 별지 제40호 서식(4)를 제출한 때에는 별지 제75호 서식을 제출한 것으로 본다. (2022. 3. 18. 개정)

제101조【과세표준확정신고 관련 서식】 과세표준확정신고 관련 서식은 다음 각 호의 어느 하나에 따른다. (2014. 3. 14. 개정)

1. 영 제55조 제4항에 규정하는 퇴직연금부담금조정명세서는 제102조 제2항 제14호의 규정에 의한 퇴직연금부담금조정명세서에 의한다. (2011. 3. 28. 개정)

2. 영 제56조 제6항에 따른 대손충당금 및 대손금 조정명세서는 제102조 제2항 제12호에 따른 서식에 따른다. (2010. 4. 30. 개정)

3. 영 제57조 제6항에 규정하는 퇴직급여충당금명세서는 제102조 제2항 제13호의 규정에 의한 퇴직급여충당금조정명세서에 의한다. (2011. 3. 28. 개정)

제8절　사업장 현황신고와 확인
(2009. 12. 31. 제목개정)

제78조【사업장 현황신고】① 사업자(해당 과세기간 중 사업을 폐업 또는 휴업한 사업자를 포함한다)는 대통령령으로 정하는 바에 따라 해당 사업장의 현황을 해당 과세기간의 다음 연도 2월 10일까지 사업장 소재지 관할 세무서장에게 신고(이하 "사업장 현황신고"라 한다)하여야 한다. 다만, 다음 각 호의 어느 하나에 해당하는 경우에는 사업장 현황신고를 한 것으로 본다. (2014. 12. 23. 개정)

1. 사업자가 사망하거나 출국함에 따라 제74조가 적용되는 경우 (2009. 12. 31. 개정)
2. 「부가가치세법」 제2조 제3호에 따른 사업자가 같은 법 제48조·제49조·제66조 또는 제67조에 따라 신고한 경우. 다만, 사업자가 「부가가치세법」상 과세사업과 면세사업등을 겸영(兼營)하여 면세사업 수입금액 등을 신고하는 경우에는 그 면세사업등에 대하여 사업장 현황신고를 한 것으로 본다. (2014. 12. 23. 개정)

② 제1항에 따라 사업장 현황신고를 하여야 하는 사업자는 다음 각 호의 사항이 포함된 신고서를 제출하여야 한다. (2009. 12. 31. 개정)

1. 사업자 인적 사항 (2009. 12. 31. 개정)
2. 업종별 수입금액 명세 (2009. 12. 31. 개정)
3. 시설 현황 (2009. 12. 31. 개정)
3. 삭　제 (2018. 12. 31.)
4. 그 밖에 대통령령으로 정하는 사항 (2009. 12. 31. 개정)

③ 제1항에도 불구하고 납세조합에 가입하여 수입금액을 신고하는 자 등 대통령령으로 정하는 사업자는 사업장 현황신고를 하지 아니할 수 있다. (2018. 12. 31. 신설)

통칙 78-0…1【사업장현황신고를 하지 아니하는 사업자의 범위】
다음 각호에 해당하는 자는 법 제78조의 사업장현황신고를 하지 아니할 수 있다. (2008. 7. 30. 개정)
1. 납세조합에 가입하여 수입금액을 신고하는 자
2. 담배·연탄·복권·우표·인지·우유 소매사업자

제9절　사업장 현황보고와 확인

제141조【사업장 현황신고 및 조사확인】(98. 12. 31 제목개정) ① 법 제78조의 규정에 의한 사업장 현황신고는 기획재정부령이 정하는 사업장 현황신고서에 의하며, 국세청장이 업종의 특성 및 세원관리를 위하여 필요하다고 인정하는 사업장의 경우에는 동 신고서에 수입금액명세서 및 관련자료를 첨부하여야 한다. (2008. 2. 29. 직제개정 ; 기획재정부와~직제 부칙)

관계조문 »

• 규칙 100조 18호 ⇒ 사업장 현황신고서(별지 19호 서식)
• 규칙 100조 18호 ⇒ 수입금액명세서 및 관련자료(별지 19호의 2 서식부터 19호의 8 서식)

② 법 제78조 제2항 제4호에서 "대통령령으로 정하는 사항"이란 다음 각 호의 사항을 말한다. (2010. 2. 18. 개정)

1. 수입금액의 결제수단별 내역 (2007. 2. 28. 신설)
2. 계산서·세금계산서·신용카드매출전표 및 현금영수증 수취내역 (2007. 2. 28. 신설)
3. 그 밖에 사업장의 현황과 관련된 사항으로서 기획재정부령으로 정하는 사항 (2019. 2. 12. 호번개정)

③ 2 이상의 사업장이 있는 사업자는 각 사업장별로 사업장 현황신고를 하여야 한다. (2007. 2. 28. 항번개정)

④ 법 제78조 제3항에서 "납세조합에 가입하여 수입금액을 신고하는 자 등 대통령령으로 정하는 사업자"란 다음 각 호의 어느 하나에 해당하는 자를 말한다. (2019. 2. 12. 신설)

1. 납세조합에 가입해 수입금액을 신고한 자 (2019. 2. 12. 신설)
2. 독립된 자격으로 보험가입자의 모집 및 이에 부수되는 용역을 제공하고 그 실적에 따라 모집수당 등을 받는 자 (2019. 2. 12. 신설)
3. 독립된 자격으로 일반 소비자를 대상으로 사업장을 개설하지 않고 음료품을 배달하는 계약배달 판매 용역을 제공하고 판매실적에 따

19. 제58조 제1항 제4호에 규정하는 주택자금상환등증명서 또는 장기주택저당차입금 이자상환증명서는 별지 제44호의 3 서식 또는 별지 제44호의 4 서식에 의한다. (2010. 4. 30. 개정)
20. 제58조 제1항 제5호에 규정하는 기부금명세서는 별지 제45호 서식에 의한다. (96. 3. 30 개정)
20의 2. 제58조 제1항 제5호 후단에 규정하는 기부금영수증은 별지 제45호의 2 서식에 의한다. (2004. 3. 5. 신설)
21. 제65조 제1항에 따른 소득·세액 공제신고서는 별지 제37호 서식(1) 또는 별지 제37호 서식(2)에 따른다. (2017. 3. 10. 개정)
21의 2. 제65조 제2항 제1호 가목에 따른 비과세사업소득(농가부업소득·어로어업소득)계산명세서는 별지 제37호의 3 서식에 따른다. (2021. 3. 16. 개정)
21의 2. 제65조 제2항 제1호 가목에 따른 비과세사업소득(농어가부업·어로어업·양식어업소득) 계산명세서는 별지 제37호의 3 서식에 따른다. (2025. 3. 21. 개정)
21의 3. 제65조 제2항 제1호 나목에 따른 비과세사업소득(작물재배업 소득)계산명세서는 별지 제37호의 4 서식에 따른다. (2015. 3. 13. 신설)
22. 영 제201조의 7 제1항에 따른 연금소득자소득·세액 공제신고서는 별지 제37호의 2 서식에 따른다. (2014. 3. 14. 개정)

3. 보험모집인
78-0…2【공동사업장의 사업장 현황신고】
법 제78조의 규정을 적용함에 있어 공동으로 사업을 경영하는 경우에는 대표공동
사업자가 당해 공동사업장의 사업장현황신고서를 작성하여 제출하는 것이며 이에
대표자 및 구성원 각각의 사업장현황신고서를 별지로 작성하여 부표로 제출하여
야 한다. (2008. 7. 30. 개정)

제79조【사업장 현황의 조사·확인】 제78조에 따른 사업장 현황
신고를 받은 사업장 소재지 관할 세무서장 또는 지방국세청장은 대통
령령으로 정하는 바에 따라 그 사업장의 현황을 조사·확인하거나 이
에 관한 장부·서류·물건 등의 제출 또는 그 밖에 필요한 사항을 명
할 수 있다. (2009. 12. 31. 개정)

제 9 절 결정·경정과 징수 및 환급

제 1 관 과세표준의 결정 및 경정

제80조【결정과 경정】 ① 납세지 관할 세무서장 또는 지방국세
청장은 제70조, 제70조의 2, 제71조 및 제74조에 따른 과세표준확정신
고를 하여야 할 자가 그 신고를 하지 아니한 경우에는 해당 거주자의
해당 과세기간 과세표준과 세액을 결정한다. (2013. 1. 1. 개정)
② 납세지 관할 세무서장 또는 지방국세청장은 제70조, 제70조의 2,
제71조 및 제74조에 따른 과세표준확정신고를 한 자(제2호 및 제3호의
경우에는 제73조에 따라 과세표준확정신고를 하지 아니한 자를 포함한
다)가 다음 각 호의 어느 하나에 해당하는 경우에는 해당 과세기간의
과세표준과 세액을 경정한다. (2013. 1. 1. 개정)
1. 신고 내용에 탈루 또는 오류가 있는 경우 (2009. 12. 31. 개정)
2. 제137조, 제137조의 2, 제138조, 제143조의 4, 제144조의 2, 제145
   조의 3 또는 제146조에 따라 소득세를 원천징수한 내용에 탈루 또
   는 오류가 있는 경우로서 원천징수의무자의 폐업·행방불명 등으로

라 판매수당 등을 받는 자 (2019. 2. 12. 신설)
4. 그 밖에 제1호부터 제3호까지의 규정에 해당하는 자와 유사한 자로
   서 기획재정부령으로 정하는 자 (2019. 2. 12. 신설)
⑤ 사업장 관할세무서장 또는 지방국세청장은 다음 각 호의 어느 하나
에 해당하는 사유가 있는 때에는 사업장 현황을 조사·확인할 수 있다.
(2019. 2. 12. 개정)
1. 법 제78조의 규정에 의한 사업장 현황신고를 하지 아니한 경우 (98.
   12. 31 개정)
2. 사업장현황신고서 내용 중 수입금액 등 기본사항의 중요부분이 미
   비하거나 허위라고 인정되는 경우 (2019. 2. 12. 개정)
3. 매출·매입에 관한 계산서 수수내역이 사실과 현저하게 다르다고
   인정되는 경우
4. 사업자가 그 사업을 휴업 또는 폐업한 경우

제 10 절 결정·경정과 징수 및 환급

제142조【과세표준과 세액의 결정 및 경정】 ① 법 제80조의 규
정에 의한 과세표준과 세액의 결정 또는 경정은 과세표준확정신고서
및 그 첨부서류에 의하거나 실지조사에 의함을 원칙으로 한다.
② 법 제80조 제1항의 규정에 의한 결정은 과세표준확정신고기일부터
1년내에 완료하여야 한다. 다만, 국세청장이 조사기간을 따로 정하거나
부득이한 사유로 인하여 국세청장의 승인을 얻은 경우에는 그러하지
아니하다.

23. 영 제217조의 2 제1항 각 호에 따른 해외현지법
    인 명세서등은 다음 각 목의 구분에 따른다.
    (2014. 3. 14. 신설)
    가. 해외현지법인 명세서 : 별지 제93호 서식
        (2014. 3. 14. 신설)
    나. 해외현지법인 재무상황표 : 별지 제94호 서식
        (2014. 3. 14. 신설)
    다. 손실거래명세서 : 별지 제95호 서식 (2014. 3.
        14. 신설)
    라. 해외영업소 설치현황표 : 별지 제96호 서식
        (2014. 3. 14. 신설)
    마. 해외부동산 취득·투자운용(임대) 및 처분 명
        세서 : 별지 제97호 서식 (2019. 3. 20. 개정)
24. 영 제217조의 5 제1항에 따른 취득자금 소명대
    상 금액의 출처 확인서는 별지 제97호의 2 서식
    에 따른다. (2019. 3. 20. 신설)
23~24. 삭 제 (2021. 3. 16.)

원천징수의무자로부터 징수하기 어렵거나 근로소득자의 퇴사로 원천징수의무자의 원천징수 이행이 어렵다고 인정되는 경우 (2015. 12. 15. 개정)
3. 제140조에 따른 근로소득자 소득·세액 공제신고서를 제출한 자가 사실과 다르게 기재된 영수증을 받는 등 대통령령으로 정하는 부당한 방법으로 종합소득공제 및 세액공제를 받은 경우로서 원천징수의무자가 부당공제 여부를 확인하기 어렵다고 인정되는 경우 (2014. 1. 1. 개정)
4. 제163조 제5항에 따른 매출·매입처별 계산서합계표 또는 제164조·제164조의 2에 따른 지급명세서의 전부 또는 일부를 제출하지 아니한 경우 (2009. 12. 31. 개정)
5. 다음 각 목의 어느 하나에 해당하는 경우로서 시설 규모나 영업 상황으로 보아 신고 내용이 불성실하다고 판단되는 경우 (2009. 12. 31. 개정)
가. 제160조의 5 제1항에 따라 사업용계좌를 이용하여야 할 사업자가 이를 이행하지 아니한 경우 (2009. 12. 31. 개정)
나. 제160조의 5 제3항에 따라 사업용계좌를 신고하여야 할 사업자가 이를 이행하지 아니한 경우 (2010. 12. 27. 개정)
다. 제162조의 2 제1항에 따른 신용카드가맹점 가입 요건에 해당하는 사업자가 정당한 사유 없이 「여신전문금융업법」에 따른 신용카드가맹점으로 가입하지 아니한 경우 (2009. 12. 31. 개정)
라. 제162조의 2 제2항에 따른 신용카드가맹점 가입 요건에 해당하여 가맹한 신용카드가맹점이 정당한 사유 없이 같은 조 제2항을 위반하여 신용카드에 의한 거래를 거부하거나 신용카드매출전표를 사실과 다르게 발급한 경우 (2009. 12. 31. 개정)
마. 제162조의 3 제1항에 따른 요건에 해당하는 사업자가 정당한 사유 없이 현금영수증가맹점으로 가입하지 아니한 경우 (2009. 12. 31. 개정)
바. 제162조의 3 제1항에 따라 현금영수증가맹점으로 가입한 사업자가 정당한 사유 없이 같은 조 제3항 또는 제4항을 위반하여 현금영수증을 발급하지 아니하거나 사실과 다르게 발급한 경우 (2009. 12. 31. 개정)

③ 법 제80조 제2항 제3호에서 "사실과 다르게 기재된 영수증을 받는 등 대통령령으로 정하는 부당한 방법"이란 다음 각 호의 어느 하나에 해당하는 경우를 말한다. (2010. 2. 18. 개정)
1. 허위증거자료 또는 허위문서의 작성 및 제출 (2008. 2. 22. 신설)
2. 허위증거자료 또는 허위문서의 수취(허위임을 알고 받는 경우에 한한다) 및 제출 (2008. 2. 22. 신설)

③ 납세지 관할 세무서장 또는 지방국세청장은 제1항과 제2항에 따라 해당 과세기간의 과세표준과 세액을 결정 또는 경정하는 경우에는 장부나 그 밖의 증명서류를 근거로 하여야 한다. 다만, 대통령령으로 정하는 사유로 장부나 그 밖의 증명서류에 의하여 소득금액을 계산할 수 없는 경우에는 대통령령으로 정하는 바에 따라 소득금액을 추계조사결정할 수 있다. (2009. 12. 31. 개정)

④ 납세지 관할 세무서장 또는 지방국세청장은 과세표준과 세액을 결정 또는 경정한 후 그 결정 또는 경정에 탈루 또는 오류가 있는 것이 발견된 경우에는 즉시 그 과세표준과 세액을 다시 경정한다. (2009. 12. 31. 개정)

제143조 【추계결정 및 경정】 ① 법 제80조 제3항 단서에서 "대통령령으로 정하는 사유"란 다음 각 호의 어느 하나에 해당하는 경우를 말한다. (2010. 2. 18. 개정)

1. 과세표준을 계산할 때 필요한 장부와 증빙서류가 없거나 한국표준산업분류에 따른 동종업종 사업자의 신고내용 등에 비추어 수입금액 및 주요 경비 등 중요한 부분이 미비 또는 허위인 경우 (2019. 2. 12. 개정)

2. 기장의 내용이 시설규모·종업원수·원자재·상품 또는 제품의 시가·각종 요금 등에 비추어 허위임이 명백한 경우

3. 기장의 내용이 원자재사용량·전력사용량 기타 조업상황에 비추어 허위임이 명백한 경우

② 법 제80조 제3항 단서에 따라 과세표준을 추계결정 또는 경정하는 경우에는 제3항에 따라 산출한 소득금액에서 법 제50조, 제51조, 제52조에 따른 인적공제와 특별소득공제를 하여 과세표준을 계산한다. (2014. 2. 21. 개정)

③ 법 제80조 제3항 단서에 따라 소득금액의 추계결정 또는 경정을 하는 경우에는 다음 각 호의 방법에 따른다. 다만, 제1호의 2는 단순경비율 적용대상자만 적용한다. (2010. 2. 18. 개정)

1. 수입금액에서 다음 각 목의 금액의 합계액(수입금액을 초과하는 경우에는 그 초과하는 금액은 제외한다)을 공제한 금액을 그 소득금액(이하 이 조에서 "기준소득금액"이라 한다)으로 결정 또는 경정하는 방법. 다만, 기준소득금액이 제1호의 2에 따른 소득금액에 기획재정부령으로 정하는 배율을 곱하여 계산한 금액 이상인 경우 2024년 12월 31일이 속하는 과세기간의 소득금액을 결정 또는 경정할 때까지는 그 배율을 곱하여 계산한 금액을 소득금액으로 결정할 수 있다. (2022. 2. 15. 단서개정)

1. 수입금액에서 다음 각 목의 금액의 합계액(수입금액을 초과하는 경우에는 그 초과하는 금액은 제외한다)을 공제한 금액을 그 소득금액(이하 이 조에서 "기준소득금액"이라 한다)으로 결정 또는 경정하는 방법. 다만, 기준소득금액이 제1호의 2에 따른 소득금액에 기획재정부령으로 정하는 배율을 곱하여 계산한 금액 이상인 경우 2027년 12월 31일이 속하는 과세기간의 소득금액을 결정 또는 경정할 때까지는 그 배율을 곱하여 계산한 금액을 소득금액으로 결정할 수 있다. (2025. 2. 28. 단서개정)

단순경비율 적용대상자에 대해 당해 연도 소득금액을 추계로 결정하는 경우 단순경비율에 의하여 계산된 소득금액이 기준경비율에 의하여 계산된 소득금액 이상인 경우에는 기준경비율에 의하여 계산한 금액을 소득금액으로 결정할 수 있는 것임. (서면1팀-211, 2006. 2. 16.)

제67조 【소득금액 추계결정 또는 경정 시 적용하는 배율】 (2010. 4. 30. 제목개정)

영 제143조 제3항 제1호 각 목 외의 부분 단서에서 "기획재정부령으로 정하는 배율"이란 3.4(법 제160조에 따른 간편장부대상자의 경우에는 2.8)를 말한다. (2020. 3. 13. 개정)

통칙 80－143…1【천재·지변 등의 경우에 있어서 소득금액의 계산】
법 제80조 제3항 단서 및 영 제143조 제3항 제2호의 규정에 의하여 천재·지변·기타 불가항력으로 장부·기타 증빙서류가 멸실된 경우에 있어서 당해연도의 소득금액을 추계결정·경정하는 때에는 추계결정·경정 소득금액에서 다음 각호의 1에 해당되는 금액을 차감하여 소득금액을 계산한다. (2011. 3. 21. 개정)
1. 사업용고정자산이 천재·지변·기타 불가항력인 사유로 파손 또는 멸실된 경우에는 당해 고정자산의 장부가액
2. 사업용고정자산이 고유목적에 전혀 사용할 수 없거나 다른 용도에도 전용할 수 없는 경우에는 당해 자산의 장부가액과 처분가액(처분하지 아니한 때에는 평가한 가액)과의 차액
3. 보수·개수 또는 수리함으로써 재사용이 가능한 당해 사업용고정자산은 보수·개수 또는 수리에 지출한 비용상당액(다만, 자본적지출에 상당하는 금액은 제외)

3. 기타 국세청장이 합리적이라고 인정하는 방법
④ 제3항 각 호 외의 부분 단서에서 "단순경비율 적용대상자"란 다음 각 호의 어느 하나에 해당하는 사업자로서 해당 과세기간의 수입금액이 제208조 제5항 제2호 각 목에 따른 금액에 미달하는 사업자를 말한다. (2018. 2. 13. 개정)
1. 해당 과세기간에 신규로 사업을 개시한 사업자 (2018. 2. 13. 개정)
2. 직전 과세기간의 수입금액(결정 또는 경정으로 증가된 수입금액을 포함한다)의 합계액이 다음 각 목의 금액에 미달하는 사업자 (2010. 2. 18. 개정)
　가. 농업·임업 및 어업, 광업, 도매 및 소매업(상품중개업을 제외한다), 제122조 제1항에 따른 부동산매매업, 그 밖에 나목 및 다목에 해당되지 아니하는 사업 : 6천만원 (2013. 2. 15. 개정)
　나. 제조업, 숙박 및 음식점업, 전기·가스·증기 및 공기조절 공급업, 수도·하수·폐기물처리·원료재생업, 건설업(비주거용 건물 건설업은 제외한다), 부동산 개발 및 공급업(주거용 건물 개발 및 공급업으로 한정한다, 운수업 및 창고업, 정보통신업, 금융 및 보험업, 상품중개업, 수리 및 기타 개인서비스업(「부가가치세법 시행령」 제42조 제1호에 따른 인적용역만 해당한

☞ p.2687 2단 연결

가. 매입비용(사업용 유형자산 및 무형자산의 매입비용을 제외한다. 이하 이 조에서 같다)과 사업용 유형자산 및 무형자산에 대한 임차료로서 증빙서류에 의하여 지출하였거나 지출할 금액 (2020. 2. 11. 개정)

예판 사업용 차량운반구를 운용리스의 형태로 사용하고 지급하는 리스료는 사업용고정자산 임차료에 해당하지 않음. (서면1팀－960, 2007. 7. 6.)

나. 종업원의 급여와 임금 및 퇴직급여로서 증빙서류에 의하여 지급하였거나 지급할 금액 (2000. 12. 29 개정)
다. 수입금액에 기준경비율을 곱하여 계산한 금액. 다만, 복식부기의무자의 경우에는 수입금액에 기준경비율의 2분의 1을 곱하여 계산한 금액 (2016. 2. 17. 개정)
1의 2. 수입금액(「고용정책 기본법」 제29조에 따라 고용노동부장관이 기업의 고용유지에 필요한 비용의 일부를 지원하기 위해 지급하는 금액으로 기획재정부령으로 정하는 것은 제외한다. 이하 이 호에서 같다)에서 수입금액에 단순경비율을 곱한 금액을 공제한 금액을 그 소득금액으로 결정 또는 경정하는 방법 (2020. 2. 11. 개정)
1의 3. 법 제73조 제1항 제4호에 따른 사업소득(이하 "연말정산사업소득"이라 한다)에 대한 수입금액에 제201조의 11 제4항에 따른 연말정산사업소득의 소득률을 곱하여 계산한 금액을 그 소득금액으로 결정 또는 경정하는 방법 (2010. 6. 8. 개정)
2. 기준경비율 또는 단순경비율이 결정되지 아니하였거나 천재·지변 기타 불가항력으로 장부 기타 증빙서류가 멸실된 때에는 기장이 가장 정확하다고 인정되는 동일업종의 다른 사업자의 소득금액을 참작하여 그 소득금액을 결정 또는 경정하는 방법. 다만, 동일업종의 다른 사업자가 없는 경우로서 소득금액확정신고후에 장부등이 멸실된 때에는 법 제70조의 규정에 의한 신고서 및 그 첨부서류에 의하고 소득금액확정신고전에 장부 등이 멸실된 때에는 직전과세기간의 소득률에 의하여 소득금액을 결정 또는 경정한다. (2000. 12. 29 개정)

　제67조의 2【단순경비율을 적용하는 수입금액의 범위】영 제143조 제3항 제1호의 2에서 "기획재정부령으로 정하는 것"이란 「고용정책 기본법 시행규칙」 제5조 제1항에 따른 일자리안정자금을 말한다. (2020. 3. 13. 신설)

2. 18. 개정)

⑨ 제3항 제1호 가목에 따른 증빙서류를 제출하지 못하는 경우에는 기획재정부령으로 정하는 주요경비지출명세서를 제출하여야 한다. (2013. 2. 15. 신설)

제144조【추계결정·경정시의 수입금액의 계산】 ① 사업자의 수입금액을 장부 기타 증빙서류에 의하여 계산할 수 없는 경우 그 수입금액은 다음 각 호의 어느 하나에 해당하는 방법에 따라 계산한 금액으로 한다. (2021. 1. 5. 개정 ; 어려운~대통령)

1. 기장이 정당하다고 인정되어 기장에 의하여 조사결정한 동일 업황의 다른 사업자의 수입금액을 참작하여 계산하는 방법
2. 국세청장이 사업의 종류, 지역 등을 고려하여 사업과 관련된 인적·물적시설(종업원·객실·사업장·차량·수도·전기 등)의 수량 또는 가액과 매출액의 관계를 정한 영업효율이 있는 때에는 이를 적용하여 계산하는 방법 (2021. 1. 5. 개정 ; 어려운~대통령)
3. 국세청장이 업종별로 투입원재료에 대하여 조사한 생산수율을 적용하여 계산한 생산량에 당해 과세기간 중에 매출한 수량의 시가를 적용하여 계산하는 방법 (98. 12. 31. 개정)
4. 국세청장이 사업의 종류별·지역별로 정한 다음 각 목의 어느 하나에 해당하는 기준에 따라 계산하는 방법 (2020. 2. 11. 개정)
　가. 생산에 투입되는 원·부재료 중에서 일부 또는 전체의 수량과 생산량과의 관계를 정한 원단위투입량
　나. 인건비·임차료·재료비·수도광열비 기타 영업비용 중에서 일부 또는 전체의 비용과 매출액의 관계를 정한 비용관계비율
　다. 일정기간동안의 평균재고금액과 매출액 또는 매출원가와의 관계를 정한 상품회전율
　라. 일정기간동안의 매출액과 매출총이익의 비율을 정한 매매총이익률
　마. 일정기간동안의 매출액과 부가가치액의 비율을 정한 부가가치율 (98. 12. 31. 신설)

☞ p.2688 2단 연결

다) : 3천600만원 (2024. 2. 29. 개정)
　다. 법 제45조 제2항에 따른 부동산 임대업, 부동산업(제122조 제1항에 따른 부동산매매업은 제외한다), 전문·과학및 기술서비스업, 사업시설관리·사업지원 및 임대서비스업, 교육서비스업, 보건업 및 사회복지서비스업, 예술·스포츠 및 여가 관련 서비스업, 협회 및 단체, 수리 및 기타 개인서비스업(「부가가치세법 시행령」 제42조 제1호에 따른 인적용역은 제외한다), 가구내 고용활동 : 2천400만원 (2023. 2. 28. 개정)

⑤ 제3항 제1호 가목에 따른 매입비용과 사업용 유형자산 및 무형자산에 대한 임차료의 범위, 같은 호 가목 및 나목에 따른 증빙서류의 종류는 국세청장이 정하는 바에 따른다. (2020. 2. 11. 개정)

⑥ 제4항 제2호의 규정을 적용함에 있어서 같은 호 가목부터 다목까지의 업종을 겸영하거나 사업장이 2 이상인 경우에는 제208조 제7항을 준용하여 계산한 수입금액에 의한다. (2008. 2. 22. 개정)

⑦ 제4항에도 불구하고 다음 각 호의 어느 하나에 해당하는 사업자는 단순경비율 적용대상자에 포함되지 않는다. (2020. 2. 11. 개정)

1. 제147조의 2에 따른 사업자 (2020. 2. 11. 개정)
2. 「부가가치세법 시행령」 제109조 제2항 제7호에 해당하는 사업을 영위하는 자 (2013. 6. 28. 개정 ; 부가가치세법 시행령 부칙)
3. 법 제162조의 3 제1항에 따라 현금영수증가맹점에 가입하여야 하는 사업자 중 현금영수증가맹점으로 가입하지 아니한 사업자(가입하지 아니한 해당 과세기간에 한한다) (2007. 2. 28. 신설)
4. 해당 과세기간에 법 제162조의 2 제2항, 제162조의 3 제3항 또는 같은 조 제4항을 위반하여 법 제162조의 2 제4항 후단 또는 제162조의 3 제6항 후단에 따라 관할세무서장으로부터 해당 과세기간에 3회 이상 통보받고 그 금액의 합계액이 100만원 이상이거나 5회 이상 통보받은 사업자(통보받은 내용이 발생한 날이 속하는 해당 과세기간에 한정한다) (2010. 2. 18. 개정)

⑧ 법 또는 다른 법률에 따라 총수입금액에 산입할 충당금·준비금 등이 있는 자에 대한 소득금액을 법 제80조 제3항 단서에 따라 추계결정 또는 경정하는 때에는 제3항에 따라 계산한 소득금액에 해당 과세기간의 총수입금액에 산입할 충당금·준비금 등을 가산한다. (2010.

을 계산할 수 있는 때에는 해당 과세기간의 과세표준과 세액은 실지조사에 의하여 결정 또는 경정해야 한다. (2020. 2. 11. 개정)

제145조 【기준경비율 및 단순경비율】 (2000. 12. 29. 제목개정)
① 제143조 제3항에 따른 기준경비율 또는 단순경비율은 국세청장이 규모와 업황에 있어서 평균적인 기업에 대하여 업종과 기업의 특성에 따라 조사한 평균적인 경비비율을 참작하여 기획재정부령으로 정하는 절차를 거쳐 결정한다. (2022. 10. 4. 개정 ; 행정기관 소속~대통령령)
② 제1항에 따른 기준경비율심의회는 국세청에 두되, 그 위원장은 국세청 차장이 되고, 위원은 경상계대학·학술연구단체·경제단체·금융회사 등으로부터 추천을 받아 국세청장이 위촉하는 자 11인과 기획재정부령으로 정하는 공무원으로 구성한다. (2010. 2. 18. 개정)
② 삭　제 (2022. 10. 4. ; 행정기관 소속~대통령령)
③ 국세청장은 당해 과세기간에 적용할 경비율 및 추계방법(2 이상의 추계방법을 정하는 경우에는 그 적용에 관한 사항을 포함한다)을 당해 과세기간에 대한 과세표준확정신고기간 개시 1개월 전까지 확정하고 이를 고시하여야 한다. (2022. 10. 4. 개정 ; 행정기관 소속~대통령령)
④ 기준경비율심의회의 조직·운영에 관하여 필요한 사항은 국세청장이 정한다. (2000. 12. 29 개정)
④ 삭　제 (2022. 10. 4. 개정 ; 행정기관 소속~대통령령)

통칙 80 - 143…2 【실제업종에 대한 기준경비율 또는 단순경비율 적용】
법 제80조 제3항 단서 및 영 제143조의 규정에 의하여 기준경비율 또는 단순경비율을 적용하는 데 있어서 사업자등록증상의 업종과 실제의 업종이 상이한 경우에는 실제의 업태와 종목에 대한 기준경비율 또는 단순경비율을 적용한다. (2008. 7. 30. 개정)

제146조 【신고불성실가산세】 삭　제 (2007. 2. 28.)
　제146조의 2 【납부불성실가산세】 삭　제 (2007. 2. 28.)

5. 추계결정·경정대상사업자에 대하여 제2호 내지 제4호의 비율을 산정할 수 있는 경우에는 이를 적용하여 계산하는 방법 (98. 12. 31. 신설)
6. 주로 최종소비자를 대상으로 거래하는 업종에 대하여는 국세청장이 정하는 입회조사기준에 의하여 계산하는 방법 (98. 12. 31. 신설)
② 법 제21조 제1항 제7호에 따른 기타소득에 대한 수입금액을 장부나 그 밖의 증빙서류에 의하여 계산할 수 없는 경우 그 수입금액은 다음 각 호의 어느 하나의 금액으로 한다. (2020. 2. 11. 개정)
1. 삭　제 (2003. 12. 30.)
2. 영업권(점포임차권을 제외한다)은 「상속세 및 증여세법 시행령」 제59조 제2항에 따라 평가한 금액 (2020. 2. 11. 개정)
3. 점포임차권은 다음 가목에 따라 계산한 금액에서 나목에 따라 계산한 금액을 차감한 금액 (2020. 2. 11. 개정)
　가. 양도시의 임대보증금상당액+당해 자산을 양도하는 사업자의 영업권평가액
　나. 취득시의 임대보증금상당액+(가목에 의하여 계산한 금액 − 취득시의 임대보증금상당액)×1/2
4. 법 제21조 제1항 제7호의 자산이나 권리(영업권 및 점포임차권을 제외한다)는 「상속세 및 증여세법 시행령」 제59조 제4항부터 제6항까지의 규정에 따라 평가한 금액 (2020. 2. 11. 개정)
③ 제1항에 따른 수입금액은 다음 각 호의 금액을 가산한 것으로 한다. (2018. 2. 13. 개정)
1. 해당 사업과 관련하여 국가·지방자치단체로부터 지급받은 보조금 또는 장려금 (2020. 2. 11. 개정)
2. 해당 사업과 관련하여 동업자단체 또는 거래처로부터 지급받은 보조금 또는 장려금 (2020. 2. 11. 개정)
3. 「부가가치세법」 제46조 제1항에 따라 신용카드매출전표를 교부함으로써 공제받은 부가가치세액 (2013. 6. 28. 개정 ; 부가가치세법 시행령 부칙)
4. 복식부기의무자의 사업용 유형자산 양도가액 (2020. 2. 11. 개정)
④ 제1항부터 제3항까지의 규정에 따라 수입금액을 추계결정 또는 경정할 때 거주자가 비치한 장부와 그 밖의 증빙서류에 의하여 소득금액

제68조 【기준경비율 또는 단순경비율의 결정】 ① 국세청장은 영 제145조 제3항에 따른 기준경비율 또는 단순경비율을 결정하려면 기준경비율심의회(이하 이 조에서 "심의회"라 한다)의 심의를 거쳐야 한다. (2022. 12. 31. 개정)
② 심의회는 국세청장 소속으로 설치하고, 심의회의 위원장은 국세청차장이 되며, 위원은 다음 각 호의 사람이 된다. (2022. 12. 31. 개정)
1. 경상계대학, 학술연구단체, 경제단체, 금융회사 등으로부터 추천을 받아 국세

제81조【영수증 수취명세서 제출·작성 불성실 가산세】(2019. 12. 31. 제목개정)

① 사업자(대통령령으로 정하는 소규모사업자 및 대통령령으로 정하는 바에 따라 소득금액이 추계되는 자는 제외한다)가 다음 각 호의 어느 하나에 해당하는 경우에는 그 제출하지 아니한 분의 지급금액 또는 불분명한 분의 지급금액의 100분의 1을 가산세로 해당 과세기간의 종합소득 결정세액에 더하여 납부하여야 한다. (2019. 12. 31. 개정)

1. 영수증 수취명세서를 과세표준확정신고기한까지 제출하지 아니한 경우 (2019. 12. 31. 개정)
2. 제출한 영수증 수취명세서가 불분명하다고 인정되는 경우로서 대통령령으로 정하는 경우 (2019. 12. 31. 개정)

② 제1항에 따른 가산세는 종합소득산출세액이 없는 경우에도 적용한다. (2019. 12. 31. 개정)

제81조의 2【성실신고확인서 제출 불성실 가산세】① 성실신고확인대상사업자가 제70조의 2 제2항에 따라 그 과세기간의 다음 연도 6월 30일까지 성실신고확인서를 납세지 관할 세무서장에게 제출하지 아니한 경우에는 다음 각 호의 금액 중 큰 금액을 가산세로 해당 과세기간의 종합소득 결정세액에 더하여 납부하여야 한다. (2021. 12. 8. 개정)

1. 다음 계산식에 따라 계산한 금액(사업소득금액이 종합소득금액에서 차지하는 비율이 1보다 큰 경우에는 1로, 0보다 작은 경우에는 0으로 한다) (2021. 12. 8. 개정)

$$\text{가산세} = A \times \frac{B}{C} \times 100\text{분의 } 5$$

A : 종합소득산출세액
B : 사업소득금액
C : 종합소득금액

2. 해당 과세기간 사업소득의 총수입금액에 1만분의 2를 곱한 금액 (2021. 12. 8. 개정)

② 제1항을 적용할 때 제80조에 따른 경정으로 종합소득산출세액이 0보다 크게 된 경우에는 경정된 종합소득산출세액을 기준으로 가산세를

제147조【영수증 수취명세서 제출·작성 불성실 가산세 및 증명서류 수취 불성실 가산세】(2020. 2. 11. 제목개정)

① 법 제81조 제1항 각 호 외의 부분, 제81조의 5 계산식 외의 부분 전단 및 제81조의 6 제1항 본문에서 "대통령령으로 정하는 소규모사업자"란 각각 제132조 제4항 각 호의 어느 하나에 해당하는 사업자를 말한다. (2020. 2. 11. 개정)

편주 ▶ ··
계산서 미발급에 대한 가산세 특례
영 부칙(98. 12. 31.) 19조(2020. 2. 11. 개정) 참조
··

② 법 제81조 제1항 각 호 외의 부분 및 제81조의 6 제1항 본문에서 "대통령령으로 정하는 바에 따라 소득금액이 추계되는 자"란 각각 제143조 제3항에 따라 소득금액이 추계되는 자를 말한다. 다만, 제143조 제4항에 따른 단순경비율 적용대상자 외의 자인 경우에는 같은 조 제3항 제1호 가목 및 나목을 제외한 비용에 해당하는 금액에 대해 소득금액이 추계되는 분만 해당한다. (2020. 2. 11. 개정)

③ 법 제81조 제1항 제2호에서 "대통령령으로 정하는 경우"란 제출된 영수증수취명세서에 거래상대방의 상호, 성명, 사업자등록번호(주민등록번호로 갈음하는 경우에는 주민등록번호), 거래일 및 지급금액을 기재하지 않았거나 사실과 다르게 적어 거래사실을 확인할 수 없는 경우를 말한다. (2020. 2. 11. 개정)

청장이 위촉하는 사람 11명 (2022. 12. 31. 개정)

2. 기획재정부에서 소득세제 업무를 담당하는 공무원 중에서 국세청장이 위촉하는 사람 1명 (2022. 12. 31. 개정)
3. 국세청 소속 공무원 중에서 국세청장이 지명하는 사람 3명 (2022. 12. 31. 개정)

③ 심의회의 구성·운영에 필요한 사항은 국세청장이 정한다. (2022. 12. 31. 개정)

통칙 81의 10-147의 6…1【착오로 교부한 계산서에 대한 가산세의 적용】(2024. 3. 15. 번호개정)

① 사업자(복식부기의무자에 한한다)가 세금계산서 교부대상 재화를 공급하면서 착오로 계산서를 교부함에 따라 「부가가치세법」 제60조 제2항 제2호의 세금계산서 미교부가산세가 적용되는 부분에 대하여는 법 제81조의 10 제1항의 가산세를 적용하지 아니한다. (2024. 3. 15. 개정)

② 제1항의 규정에 해당하는 계산서를 교부받은 사업자의 경우 이를 매입처별계산서합계표에 기재하여 제출하지 아니한 때에는 당해 가산세가 적용된다. (2011. 3. 21. 신설)

81의 10-147의 6…2【계산서합계표 미제출가산세의 적용배제】(2024. 3. 15. 번호개정)

재화나 용역의 공급자로부터 계산서를 교부받지 못하여 매입처별계산서합계표를 제출하지 못한 경우에는 법 제81조의 10 제1항의 가산세를 적용하지 아니한다. (2024. 3. 15. 개정)

81의 10-147의 6…3【계산서 미교부가산세 적용배제】(2024. 3. 15. 번호개정)

다음 각호에 해당하는 재화 또는 용역의 공급에 대하여는 법 제163조에 따른 계산서를 교부하지

계산한다. (2019. 12. 31. 신설)

③ 제1항에 따른 가산세는 종합소득산출세액이 없는 경우에도 적용한다. (2021. 12. 8. 신설)

제81조의 3 【사업장 현황신고 불성실 가산세】 ① 사업자(주로 사업자가 아닌 소비자에게 재화 또는 용역을 공급하는 사업자로서 대통령령으로 정하는 사업자만 해당한다)가 다음 각 호의 어느 하나에 해당하는 경우에는 그 신고하지 아니한 수입금액 또는 미달하게 신고한 수입금액의 1천분의 5를 가산세로 해당 과세기간의 종합소득 결정세액에 더하여 납부하여야 한다. (2019. 12. 31. 신설)

1. 사업장 현황신고를 하지 아니한 경우 (2019. 12. 31. 신설)

2. 제78조 제2항에 따라 신고하여야 할 수입금액(같은 조 제1항 제2호 단서에 따라 사업장 현황신고를 한 것으로 보는 경우에는 면세사업등 수입금액)보다 미달하게 신고한 경우 (2019. 12. 31. 신설)

② 제1항에 따른 가산세는 종합소득산출세액이 없는 경우에도 적용한다. (2019. 12. 31. 신설)

제81조의 4 【공동사업장 등록 · 신고 불성실 가산세】 ① 공동사업장에 관한 사업자등록 및 신고와 관련하여 다음 각 호의 어느 하나에 해당하는 경우에는 다음 각 호의 구분에 따른 금액을 가산세로 해당 과세기간의 종합소득 결정세액에 더하여 납부하여야 한다. (2019. 12. 31. 신설)

1. 공동사업자가 제87조 제3항에 따라 사업자등록을 하지 아니하거나 공동사업자가 아닌 자가 공동사업자로 거짓으로 등록한 경우 : 등록하지 아니하거나 거짓 등록에 해당하는 각 과세기간 총수입금액의 1천분의 5 (2019. 12. 31. 신설)

2. 공동사업자가 제87조 제4항 또는 제5항에 따라 신고하여야 할 내용을 신고하지 아니하거나 거짓으로 신고한 경우로서 대통령령으로 정하는 경우 : 신고하지 아니하거나 거짓 신고에 해당하는 각 과세기간 총수입금액의 1천분의 1 (2019. 12. 31. 신설)

② 제1항에 따른 가산세는 종합소득산출세액이 없는 경우에도 적용한다. (2019. 12. 31. 신설)

제147조의 2 【사업장 현황신고 불성실 가산세】 (2020. 2. 11. 제목개정)

법 제81조의 3 제1항 각 호 외의 부분에서 “대통령령으로 정하는 사업자”란 「의료법」에 따른 의료업, 「수의사법」에 따른 수의업 및 「약사법」에 따라 약국을 개설하여 약사(藥事)에 관한 업(業)을 행하는 사업자를 말한다. (2020. 2. 11. 개정)

제147조의 3 【공동사업장 등록 · 신고 불성실 가산세】 (2020. 2. 11. 제목개정)

법 제81조의 4 제1항 제2호에서 “대통령령으로 정하는 경우”란 다음 각 호의 어느 하나에 해당하는 경우를 말한다. (2020. 2. 11. 개정)

1. 공동사업자가 아닌 자를 공동사업자로 신고하는 경우 (2020. 2. 11. 개정)

아니하는 경우에도 법 제81조의 10 제1항의 가산세를 부과하지 아니한다. (2024. 3. 15. 개정)

1. 제조장과 별도로 직매장을 설치한 사업자가 자기제조장에서 생산한 제품을 판매하기 위하여 직매장에 반출하는 경우

2. 사업을 포괄적으로 양도하는 경우

3. 상품권 등 유가증권을 매매하는 경우(상품권 매매업자 포함)

제81조의 5 【장부의 기록·보관 불성실 가산세】 사업자(대통령령으로 정하는 소규모사업자는 제외한다)가 제160조 또는 제161조에 따른 장부를 비치·기록하지 아니하였거나 비치·기록한 장부에 따른 소득금액이 기장하여야 할 금액에 미달한 경우에는 다음 계산식에 따라 계산한 금액을 가산세로 해당 과세기간의 종합소득 결정세액에 더하여 납부하여야 한다. 이 경우 기장하지 아니한 소득금액 또는 기장하여야 할 금액에 미달한 소득금액이 종합소득금액에서 차지하는 비율이 1보다 큰 경우에는 1로, 0보다 작은 경우에는 0으로 한다. (2019. 12. 31. 신설)

$$\text{가산세} = A \times \frac{B}{C} \times 100\text{분의 } 20$$

A : 종합소득산출세액
B : 기장하지 아니한 소득금액 또는 기장하여야 할 금액에 미달한 소득금액
C : 종합소득금액

제81조의 6 【증명서류 수취 불성실 가산세】 ① 사업자(대통령령으로 정하는 소규모사업자 및 대통령령으로 정하는 바에 따라 소득금액이 추계되는 자는 제외한다)가 사업과 관련하여 다른 사업자(법인을 포함한다)로부터 재화 또는 용역을 공급받고 제160조의 2 제2항 각 호의 어느 하나에 따른 증명서류를 받지 아니하거나 사실과 다른 증명서류를 받은 경우에는 그 받지 아니하거나 사실과 다르게 받은 금액으로 필요경비에 산입하는 것이 인정되는 금액(건별로 받아야 할 금액과의 차액을 말한다)의 100분의 2를 가산세로 해당 과세기간의 종합소득 결정세액에 더하여 납부하여야 한다. 다만, 제160조의 2 제2항 각 호 외의 부분 단서가 적용되는 부분은 그러하지 아니하다. (2019. 12. 31. 신설)
② 제1항에 따른 가산세는 종합소득산출세액이 없는 경우에도 적용한다. (2019. 12. 31. 신설)

2. 제100조 제1항에 따른 출자공동사업자(이하 "출자공동사업자"라 한다)에 해당하는 자를 신고하지 않거나 출자공동사업자가 아닌 자를 출자공동사업자로 신고하는 경우 (2020. 2. 11. 개정)
3. 손익분배비율을 공동사업자 간에 약정된 내용과 다르게 신고하는 경우 (2020. 2. 11. 개정)
4. 공동사업자·출자공동사업자 또는 약정한 손익분배비율이 변동된 경우 법 제87조 제5항에 따른 변동신고를 하지 않은 경우 (2020. 2. 11. 개정)

제81조의 7 【기부금영수증 발급·작성·보관 불성실 가산세】
① 제34조 및 「법인세법」 제24조에 따라 기부금을 필요경비 또는 손금에 산입하거나, 제59조의 4 제4항에 따라 기부금세액공제를 받기 위하여 필요한 기부금영수증[「법인세법」 제75조의 4 제2항에 따른 전자기부금영수증(이하 "전자기부금영수증"이라 한다)을 포함한다. 이하 "기부금영수증"이라 한다]을 발급하는 거주자 또는 비거주자가 다음 각 호의 어느 하나에 해당하는 경우에는 다음 각 호의 구분에 따른 금액을 가산세로 해당 과세기간의 종합소득 결정세액에 더하여 납부하여야 한다. (2020. 12. 29. 개정)
1. 기부금영수증을 사실과 다르게 적어 발급(기부금액 또는 기부자의 인적사항 등 주요 사항을 적지 아니하고 발급하는 경우를 포함한다. 이하 이 호에서 같다)한 경우 (2019. 12. 31. 신설)
　가. 기부금액을 사실과 다르게 적어 발급한 경우 : 사실과 다르게 발급한 금액[기부금영수증에 실제 적힌 금액(기부금영수증에 금액이 적혀 있지 아니한 경우에는 기부금영수증을 발급받은 자가 기부금을 필요경비에 산입하거나 기부금세액공제를 받은 해당 금액으로 한다)과 건별로 발급하여야 할 금액과의 차액을 말한다]의 100분의 5 (2019. 12. 31. 신설)
　나. 기부자의 인적사항 등을 사실과 다르게 적어 발급하는 등 가목 외의 경우 : 기부금영수증에 적힌 금액의 100분의 5 (2019. 12. 31. 신설)
2. 기부자별 발급명세를 제160조의 3 제1항에 따라 작성·보관하지 아니한 경우 : 그 작성·보관하지 아니한 금액의 1천분의 2 (2019. 12. 31. 신설)
② 「상속세 및 증여세법」 제78조 제3항에 따라 보고서 제출의무를 이행하지 아니하거나 같은 조 제5항 제2호에 따라 출연받은 재산에 대한 장부의 작성·비치의무를 이행하지 아니하여 가산세가 부과되는 경우에는 제1항 제2호의 가산세를 적용하지 아니한다. (2019. 12. 31. 신설)
③ 제1항에 따른 가산세는 종합소득산출세액이 없는 경우에도 적용한다. (2019. 12. 31. 신설)

제81조의 8 【사업용계좌 신고·사용 불성실 가산세】 ① 사업자가 다음 각 호의 어느 하나에 해당하는 경우에는 다음 각 호의 구분에 따른 금액을 가산세로 해당 과세기간의 종합소득 결정세액에 더하여 납부하여야 한다. (2019. 12. 31. 신설)
1. 제160조의 5 제1항 각 호의 어느 하나에 해당하는 경우로서 사업용계좌를 사용하지 아니한 경우 : 사업용계좌를 사용하지 아니한 금액의 1천분의 2 (2019. 12. 31. 신설)
2. 제160조의 5 제3항에 따라 사업용계좌를 신고하지 아니한 경우(사업장별 신고를 하지 아니하고 이미 신고한 다른 사업장의 사업용계좌를 사용한 경우는 제외한다) : 다음 각 목의 금액 중 큰 금액 (2019. 12. 31. 신설)
　가. 다음 계산식에 따라 계산한 금액 (2019. 12. 31. 신설)

$$\text{가산세} = A \times \frac{B}{C} \times 1천분의\ 2$$

A : 해당 과세기간의 수입금액

B : 미신고기간(과세기간 중 사업용계좌를 신고하지 아니한 기간으로서 신고기한의 다음 날부터 신고일 전날까지의 일수를 말하며, 미신고기간이 2개 이상의 과세기간에 걸쳐 있으면 각 과세기간별로 미신고기간을 적용한다)

C : 365(윤년에는 366으로 한다)

　나. 제160조의 5 제1항 각 호에 따른 거래금액의 합계액의 1천분의 2 (2019. 12. 31. 신설)
② 제1항에 따른 가산세는 종합소득산출세액이 없는 경우에도 적용한다. (2019. 12. 31. 신설)

제81조의 9 【신용카드 및 현금영수증 발급 불성실 가산세】 ① 제162조의 2 제2항에 따른 신용카드가맹점이 신용카드에 의한 거래를 거부하거나 신용카드매출전표를 사실과 다르게 발급하여 같은 조 제4항 후단에 따라 납세지 관할 세무서장으로부터 통보받은 경우에는 통보받은 건별 거부 금액 또는 신용카드매출전표를 사실과 다르게 발급한 금액(건별로 발급하여야 할 금액과의 차액을 말한다)의 100분의 5 (건별로 계산한 금액이 5천원 미만이면 5천원으로 한다)를 가산세로 해당 과세기간의 종합소득 결정세액에 더하여 납부하여야 한다. (2019. 12. 31. 신설)
② 사업자가 다음 각 호의 어느 하나에 해당하는 경우에는 다음 각 호의 구분에 따른 금액을 가산세로 해당 과세기간의 종합소득 결정세액에 더하여 납부하여야 한다. (2019. 12. 31. 신설)

☞ p.2693 1단 연결

1. 제162조의 3 제1항을 위반하여 현금영수증가맹점으로 가입하지 아니하거나 그 가입기한이 지나서 가입한 경우 : 다음 계산식에 따라 계산한 금액 (2019. 12. 31. 신설)

$$가산세 = A \times \frac{B}{C} \times 100분의 1$$

   A : 해당 과세기간의 수입금액(현금영수증가맹점 가입대상인 업종의 수입금액만 해당하며, 제163조에 따른 계산서 및 「부가가치세법」 제32조에 따른 세금계산서 발급분 등 대통령령으로 정하는 수입금액은 제외한다)
   B : 미가입기간(제162조의 3 제1항에 따른 가입기한의 다음 날부터 가입일 전날까지의 일수를 말하며, 미가입기간이 2개 이상의 과세기간에 걸쳐 있으면 각 과세기간별로 미가입기간을 적용한다)
   C : 365(윤년에는 366으로 한다)

2. 제162조의 3 제3항을 위반하여 현금영수증 발급을 거부하거나 사실과 다르게 발급하여 같은 조 제6항 후단에 따라 납세지 관할 세무서장으로부터 신고금액을 통보받은 경우(현금영수증의 발급대상 금액이 건당 5천원 이상인 경우만 해당하며, 제3호에 해당하는 경우는 제외한다) : 통보받은 건별 발급 거부 금액 또는 사실과 다르게 발급한 금액(건별로 발급하여야 할 금액과의 차액을 말한다)의 100분의 5(건별로 계산한 금액이 5천원 미만이면 5천원으로 한다) (2019. 12. 31. 신설)

3. 제162조의 3 제4항을 위반하여 현금영수증을 발급하지 아니한 경우(「국민건강보험법」에 따른 보험급여의 대상인 경우 등 대통령령으로 정하는 경우는 제외한다) : 미발급금액의 100분의 20(착오나 누락으로 인하여 거래대금을 받은 날부터 10일 이내에 관할 세무서에 자진 신고하거나 현금영수증을 자진 발급한 경우에는 100분의 10으로 한다) (2021. 12. 8. 개정)

③ 제1항 및 제2항에 따른 가산세는 종합소득산출세액이 없는 경우에도 적용한다. (2019. 12. 31. 신설)

제147조의 4 【현금영수증 발급 불성실 가산세】 (2020. 2. 11. 제목개정)

① 법 제81조의 9 제2항 제1호 계산식에서 "제163조에 따른 계산서 및 「부가가치세법」 제32조에 따른 세금계산서 발급분 등 대통령령으로 정하는 수입금액"이란 다음 각 호의 어느 하나에 해당하는 수입금액을 말한다. (2020. 2. 11. 개정)

1. 법 제163조에 따른 계산서 발급분 (2020. 2. 11. 개정)
2. 「부가가치세법」 제32조에 따른 세금계산서 발급분 (2020. 2. 11. 개정)

② 법 제81조의 9 제2항 제3호에서 "「국민건강보험법」에 따른 보험급여의 대상인 경우 등 대통령령으로 정하는 경우"란 다음 각 호의 어느 하나에 해당하는 경우를 말한다. (2020. 2. 11. 개정)

1. 「국민건강보험법」에 따른 보험급여 (2020. 2. 11. 개정)
2. 「의료급여법」에 따른 의료급여 (2020. 2. 11. 개정)
3. 「긴급복지지원법」에 따른 의료지원비 (2020. 2. 11. 개정)
4. 「응급의료에 관한 법률」에 따른 대지급금 (2020. 2. 11. 개정)
5. 「자동차손해배상 보장법」에 따른 보험금 및 공제금(같은 법 제2조 제6호의 「여객자동차 운수사업법」 및 「화물자동차 운수사업법」에 따른 공제사업자의 공제금으로 한정한다) (2020. 2. 11. 개정)

제147조의 5 【경정 등의 경우 가산세 적용특례】 (2020. 2. 11. 제목개정)

① 사업자가 법 제80조에 따른 결정·경정 또는 「국세기본법」 제45조에 따른 수정신고로 인하여 수입금액이 증가함에 따라 제208조 제5항에 따른 사업자에 해당되지 않게 되는 경우에는 법 제70조 제4항 각 호 외의 부분 후단 및 제160조의 5 제3항을 적용할 때 그 결정·경정 또는 수정신고하는 날이 속하는 과세기간까지는 간편장부대상자로 본다. 다만, 결정·경정 또는 수정신고하는 날이 속하는 과세기간 전에 복식부기의무자로 전환된 경우에는 복식부기의무자로 전환된 과세기간의 직전과세기간까지는 간편장부대상자로 본다. (2020. 2. 11. 개정)

② 법 제81조의 9 제2항 제1호는 법 제80조에 따른 결정 또는 경정에 따라 법 제162조의 3 제1항에 따른 현금영수증가맹점으로 가입해야 할 사업자에 해당하게 되는 경우에도 적용한다. (2020. 2. 11. 개정)

제81조의 10 【계산서 등 제출 불성실 가산세】 ① 사업자(대통령령으로 정하는 소규모사업자는 제외한다)가 다음 각 호의 어느 하나에 해당하는 경우에는 다음 각 호의 구분에 따른 금액을 가산세로 해당 과세기간의 종합소득 결정세액에 더하여 납부하여야 한다. (2019. 12. 31. 신설)

1. 제163조 제1항 또는 제2항에 따라 발급한 계산서(같은 조 제1항 후단에 따른 전자계산서를 포함한다. 이하 이 조에서 같다)에 대통령령으로 정하는 기재 사항의 전부 또는 일부가 기재되지 아니하거나 사실과 다르게 기재된 경우(제2호가 적용되는 분은 제외한다) : 공급가액의 100분의 1 (2019. 12. 31. 신설)

2. 제163조 제5항에 따른 매출·매입처별 계산서합계표(이하 이 호에서 “계산서합계표”라 한다)의 제출과 관련하여 다음 각 목의 어느 하나에 해당하는 경우(제4호가 적용되는 분의 매출가액 또는 매입가액은 제외한다) : 다음 각 목의 구분에 따른 금액 (2019. 12. 31. 신설)

　가. 계산서합계표를 제163조 제5항에 따라 제출하지 아니한 경우 : 공급가액의 1천분의 5(제출기한이 지난 후 1개월 이내에 제출하는 경우에는 공급가액의 1천분의 3으로 한다) (2019. 12. 31. 신설)

　나. 제출한 계산서합계표에 대통령령으로 정하는 기재하여야 할 사항의 전부 또는 일부가 기재되지 아니하거나 사실과 다르게 기재된 경우(계산서합계표의 기재 사항이 착오로 기재된 경우로서 대통령령으로 정하는 바에 따라 거래사실이 확인되는 분의 매출가액 또는 매입가액은 제외한다) : 공급가액의 1천분의 5 (2019. 12. 31. 신설)

3. 「부가가치세법」 제54조에 따른 매입처별 세금계산서합계표(이하 “매입처별 세금계산서합계표”라 한다)의 제출과 관련하여 다음 각 목의 어느 하나에 해당하는 경우(제4호가 적용되는 분의 매입가액은 제외한다) : 다음 각 목의 구분에 따른 금액 (2019. 12. 31. 신설)

　가. 매입처별 세금계산서합계표를 제163조의 2 제1항에 따라 제출하지 아니한 경우 : 공급가액의 1천분의 5(제출기한이 지난 후 1개월 이내에 제출하는 경우에는 공급가액의 1천분의 3으로 한

제147조의 6 【계산서 등 제출 불성실 가산세】 (2020. 2. 11. 제목개정)

① 법 제81조의 10 제1항 각 호 외의 부분에서 “대통령령으로 정하는 소규모사업자”란 다음 각 호의 사업자를 말한다. (2020. 2. 11. 개정)

1. 법 제73조 제1항 제4호를 적용받는 사업자 (2020. 2. 11. 개정)

2. 법 제160조 제3항에 따른 간편장부대상자로서 직전 과세기간의 사업소득의 수입금액이 4천8백만원에 미달하는 사업자 (2020. 2. 11. 개정)

3. 해당 과세기간에 신규로 사업을 개시한 사업자 (2020. 2. 11. 개정)

② 법 제81조의 10 제1항 제1호에서 “대통령령으로 정하는 기재 사항”이란 제211조 제1항 제1호부터 제4호까지의 규정에 따른 기재사항(이하 이 항에서 “필요적 기재사항”이라 한다)을 말하며, 교부한 계산서의 필요적 기재사항 중 일부가 착오로 기재되었으나 해당 계산서의 그 밖의 기재사항으로 보아 거래사실이 확인되는 경우에는 법 제81조의 10 제1항 제1호에서 규정하는 사실과 다르게 기재된 계산서로 보지 않는다. (2020. 2. 11. 개정)

③ 법 제81조의 10 제1항 제2호 나목에서 “대통령령으로 정하는 기재하여야 할 사항”이란 거래처별 등록번호 및 공급가액을 말하고, “대통령령으로 정하는 바에 따라 거래사실이 확인되는 분의 매출가액 또는 매입가액”이란 교부했거나 교부받은 계산서에 따라 거래사실이 확인되는 분의 매출가액 또는 매입가액을 말한다. (2020. 2. 11. 개정)

④ 「농수산물 유통 및 가격안정에 관한 법률」 제2조 제9호에 따른 중도매인(이하 “중도매인”이라 한다)이 2021년 1월 1일부터 2026년 12월 31일까지 종료하는 각 과세기간별로 계산서를 발급하고, 관할 세무서장에게 매출처별 계산서합계표를 제출한 금액이 총매출액에서 차지하는 비율(이하 이 조에서 “계산서 발급비율”이라 한다)이 다음 각 호의 어느 하나에 해당하는 비율 이상인 경우에는 2026년 12월 31일 이내에 종료하는 과세기간에는 해당 중도매인을 제1항 각 호의 사업자로 본다. 이 경우 중도매인의 2026년 12월 31일 이내에 종료하는 각 과세기간별 계산서 발급비율이 다음 각 호의 어느 하나에 해당하는 비율에 미달하는 경우에는 각 과세기간별로 총 매출액에 다음 각 호의 어느 하나에 해당하는 비율을 적용하여 계산한 금액과 매출처별 계산서합계

다) (2019. 12. 31. 신설)

나. 매입처별 세금계산서합계표를 제출한 경우로서 그 매입처별 세금계산서합계표에 기재하여야 할 사항의 전부 또는 일부가 기재되지 아니하거나 사실과 다르게 기재된 경우(매입처별 세금계산서합계표의 기재사항이 착오로 기재된 경우로서 대통령령으로 정하는 바에 따라 거래사실이 확인되는 분의 매입가액은 제외한다) : 공급가액의 1천분의 5 (2019. 12. 31. 신설)

4. 다음 각 목의 어느 하나에 해당하는 경우 : 공급가액의 100분의 2(가목을 적용할 때 제163조 제1항에 따라 전자계산서를 발급하여야 하는 자가 전자계산서 외의 계산서를 발급한 경우와 같은 조 제7항에 따른 계산서의 발급시기가 지난 후 해당 재화 또는 용역의 공급시기가 속하는 과세기간의 다음 연도 1월 25일까지 같은 조 제1항 또는 제2항에 따른 계산서를 발급한 경우에는 100분의 1로 한다) (2019. 12. 31. 신설)

가. 제163조 제1항 또는 제2항에 따른 계산서를 같은 조 제7항에 따른 발급시기에 발급하지 아니한 경우 (2019. 12. 31. 신설)

나. 재화 또는 용역을 공급하지 아니하고 제163조 제1항 또는 제2항에 따른 계산서, 제160조의 2 제2항 제3호에 따른 신용카드매출전표 또는 같은 항 제4호에 따른 현금영수증(이하 이 호에서 "계산서등"이라 한다)을 발급한 경우 (2019. 12. 31. 신설)

다. 재화 또는 용역을 공급받지 아니하고 계산서등을 발급받은 경우 (2019. 12. 31. 신설)

라. 재화 또는 용역을 공급하고 실제로 재화 또는 용역을 공급하는 자가 아닌 자의 명의로 계산서등을 발급한 경우 (2019. 12. 31. 신설)

마. 재화 또는 용역을 공급받고 실제로 재화 또는 용역을 공급하는 자가 아닌 자의 명의로 계산서등을 발급받은 경우 (2019. 12. 31. 신설)

5. 제163조 제8항에 따른 기한이 지난 후 재화 또는 용역의 공급시기가 속하는 과세기간 말의 다음 달 25일까지 국세청장에게 전자계산서 발급명세를 전송하는 경우(제4호가 적용되는 분은 제외한다) :

표를 제출한 금액과의 차액에 대해서만 계산서를 발급하지 않은 공급가액으로 하여 법 제81조의 10 제1항에 따라 가산세를 부과한다. (2024. 2. 29. 개정)

1. 서울특별시 소재 「농수산물 유통 및 가격안정에 관한 법률」 제2조 제3호에 따른 중앙도매시장의 중도매인 (2024. 2. 29. 개정)

과세기간	비율
2021. 1. 1. ～ 2021. 12. 31.	100분의 90
2022. 1. 1. ～ 2022. 12. 31.	100분의 95
2023. 1. 1. ～ 2023. 12. 31.	100분의 95
2024. 1. 1. ～ 2026. 12. 31.	100분의 95

2. 제1호 외의 중도매인 (2024. 2. 29. 개정)

과세기간	비율
2021. 1. 1. ～ 2021. 12. 31.	100분의 70
2022. 1. 1. ～ 2022. 12. 31.	100분의 75
2023. 1. 1. ～ 2023. 12. 31.	100분의 75
2024. 1. 1. ～ 2025. 12. 31.	100분의 80
2026. 1. 1. ～ 2026. 12. 31.	100분의 85

⑤ 법 제81조의 10 제1항 제3호 나목에서 "대통령령으로 정하는 바에 따라 거래사실이 확인되는 분의 매입가액"이란 교부받은 세금계산서에 따라 거래사실이 확인되는 분의 매입가액을 말한다. (2020. 2. 11. 개정)

공급가액의 1천분의 3(제163조 제1항 제1호에 따른 사업자가 2016년 12월 31일 이전에 재화 또는 용역을 공급한 분과 같은 항 제2호에 따른 사업자가 2018년 12월 31일 이전에 재화 또는 용역을 공급한 분에 대해서는 각각 1천분의 1로 한다) (2019. 12. 31. 신설)

6. 제163조 제8항에 따른 기한이 지난 후 재화 또는 용역의 공급시기가 속하는 과세기간 말의 다음 달 25일까지 국세청장에게 전자계산서 발급명세를 전송하지 아니한 경우(제4호가 적용되는 분은 제외한다) : 공급가액의 1천분의 5(제163조 제1항 제1호에 따른 사업자가 2016년 12월 31일 이전에 재화 또는 용역을 공급한 분과 같은 항 제2호에 따른 사업자가 2018년 12월 31일 이전에 재화 또는 용역을 공급한 분에 대해서는 각각 1천분의 3으로 한다) (2019. 12. 31. 신설)

② 사업자가 아닌 자가 재화 또는 용역을 공급하지 아니하고 계산서를 발급하거나 재화 또는 용역을 공급받지 아니하고 계산서를 발급받은 경우 그 계산서를 발급하거나 발급받은 자를 사업자로 보고 그 계산서에 적힌 공급가액의 100분의 2를 그 계산서를 발급하거나 발급받은 자에게 사업자등록증을 발급한 세무서장이 가산세로 징수한다. 이 경우 그 계산서를 발급하거나 발급받은 자의 사업소득에 대한 제15조에 따른 종합소득산출세액은 0으로 본다. (2019. 12. 31. 신설)

③ 제1항 및 제2항의 가산세는 종합소득산출세액이 없는 경우에도 적용한다. (2019. 12. 31. 신설)

④ 제1항 및 제2항의 가산세는 다음 각 호의 구분에 따라 가산세가 부과되는 부분에 대해서는 적용하지 아니한다. (2019. 12. 31. 신설)

1. 제1항의 가산세를 적용하지 아니하는 경우 : 제81조의 6 또는 「부가가치세법」 제60조 제2항・제3항・제5항・제6항에 따라 가산세가 부과되는 부분 (2019. 12. 31. 신설)

2. 제2항의 가산세를 적용하지 아니하는 경우 : 「부가가치세법」 제60조 제4항에 따라 가산세가 부과되는 부분 (2019. 12. 31. 신설)

제81조의 11 【지급명세서 등 제출 불성실 가산세】 (2021. 3. 16. 제목개정)

① 제164조・제164조의 2 또는 「법인세법」 제120조・제120조의 2에 따른 지급명세서(이하 이 조에서 "지급명세서"라 한다)나 이 법 제164조의 3에 따른 간이지급명세서(이하 이 조에서 "간이지급명세서"라 한다)를 제출하여야 할 자가 다음 각 호의 어느 하나에 해당하는 경우에는 각 호에서 정하는 금액을 가산세로 해당 과세기간의 종합소득 결정세액에 더하여 납부하여야 한다. 다만, 「조세특례제한법」 제90조의 2에 따라 가산세가 부과되는 분에 대해서는 그러하지 아니하다. (2022. 12. 31. 개정)

1. 지급명세서 또는 간이지급명세서(이하 이 조에서 "지급명세서등"이라 한다)를 기한까지 제출하지 아니한 경우 : 다음 각 목의 구분에 따른 금액 (2021. 3. 16. 개정)

가. 지급명세서의 경우 : 제출하지 아니한 분의 지급금액의 100분의 1(제출기한이 지난 후 3개월 이내에 제출하는 경우에는 지급금액의 1천분의 5로 한다). 다만, 제164조 제1항 각 호 외의 부분 단서에 따른 일용근로자의 근로소득(이하 이 조에서 "일용근로소득"이라 한다)에 대한 지급명세서의 경우에는 제출하지 아니한 분의 지급금액의 1만분의 25(제출기한이 지난 후 1개월 이내에 제출하는 경우에는 지급금액의 10만분의 125)로 한다. (2021. 3. 16. 개정)

나. 간이지급명세서의 경우 : 제출하지 아니한 분의 지급금액의 1만분의 25(제출기한이 지난 후 1개월 이내에 제출하는 경우에는 지급금액의 10만분의 125로 한다) (2022. 12. 31. 개정)

편주 ▶

• 법 81조의 11 제1항 1호 나목(법 164조의 3 제1항 1호의 소득에 대한 간이지급명세서를 제출하지 아니한 경우는 제외함)의 개정규정은 2024. 1. 1. 이후 지급하는 소득에 대하여 지급명세서등을 제출하여야 하거나 제출하는 경우부터 적용함. (법 부칙(2022. 12. 31.) 6조 1항) (2023. 12. 31. 개정)

• 법 81조의 11 제1항 1호 나목(법 164조의 3 제1항 1호의 소득에 대한 간이지급명세서를 제출하지 아니한 경우로 한정함)의 개정규정은 2026. 1. 1. 이후 지급하는 소득에 대하여 지급명세서등을 제출하여야 하거나

☞ p.2697 1단 연결

제출하는 경우부터 적용함. (법 부칙(2022. 12. 31.) 6조 2항) (2023. 12. 31. 신설)

• 2026. 1. 1. 전에 지급한 법 164조의 3 제1항 1호의 소득에 대한 간이지급명세서의 지연 제출에 따른 가산세에 관하여는 법 81조의 11 제1항 1호 나목의 개정규정에도 불구하고 종전의 규정에 따름. (법 부칙(2022. 12. 31.) 6조 4항) (2023. 12. 31. 개정)

....

2. 제출된 지급명세서등이 대통령령으로 정하는 불분명한 경우에 해당하거나 제출된 지급명세서등에 기재된 지급금액이 사실과 다른 경우 : 다음 각 목의 구분에 따른 금액 (2021. 3. 16. 개정)

　가. 지급명세서의 경우 : 불분명하거나 사실과 다른 분의 지급금액의 100분의 1. 다만, 일용근로소득에 대한 지급명세서의 경우에는 불분명하거나 사실과 다른 분의 지급금액의 1만분의 25로 한다. (2021. 3. 16. 개정)

　나. 간이지급명세서의 경우 : 불분명하거나 사실과 다른 분의 지급금액의 1만분의 25 (2021. 3. 16. 개정)

② 제1항 제1호에도 불구하고 제128조 제2항에 따라 원천징수세액을 반기별로 납부하는 원천징수의무자가 2021년 7월 1일부터 2022년 6월 30일까지 일용근로소득 또는 제164조의 3 제1항 제2호의 소득을 지급하는 경우로서 다음 각 호의 어느 하나에 해당하는 경우에는 제1항 제1호의 가산세는 부과하지 아니한다. (2021. 3. 16. 신설)

1. 일용근로소득에 대한 지급명세서를 그 소득 지급일(제135조를 적용받는 소득에 대해서는 해당 소득에 대한 과세기간 종료일을 말한다)이 속하는 분기의 마지막 달의 다음 달 말일(휴업, 폐업 또는 해산한 경우에는 휴업일, 폐업일 또는 해산일이 속하는 분기의 마지막 달의 다음 달 말일)까지 제출하는 경우 (2021. 3. 16. 신설)

2. 제164조의 3 제1항 제2호의 소득에 대한 간이지급명세서를 그 소득 지급일(제144조의 5를 적용받는 소득에 대해서는 해당 소득에 대한 과세기간 종료일을 말한다)이 속하는 반기의 마지막 달의 다음 달 말일(휴업, 폐업 또는 해산한 경우에는 휴업일, 폐업일 또는 해산일이 속하는 반기의 마지막 달의 다음 달 말일)까지 제출하는 경우 (2021. 3. 16. 신설)

제147조의 7【지급명세서 등 제출 불성실 가산세】 (2021. 5. 4. 제목개정)

① 법 제81조의 11 제1항 제2호 각 목 외의 부분에서 "대통령령으로 정하는 불분명한 경우"란 다음 각 호의 구분에 따른 경우를 말한다. (2020. 2. 11. 개정)

1. 지급명세서의 경우 : 다음 각 목의 어느 하나에 해당하는 경우 (2020. 2. 11. 개정)

　가. 제출된 지급명세서에 지급자 또는 소득자의 주소·성명·납세번호(주민등록번호로 갈음하는 경우에는 주민등록번호), 사업자등록번호, 소득의 종류, 소득의 귀속연도 또는 지급액을 적지 않았거나 잘못 적어 지급사실을 확인할 수 없는 경우 (2020. 2. 11. 개정)

　나. 제출된 지급명세서 및 이자·배당소득 지급명세서에 유가증권 표준코드를 적지 않았거나 잘못 적어 유가증권의 발행자를 확인할 수 없는 경우 (2020. 2. 11. 개정)

　다. 제출된 지급명세서에 제202조의 2 제1항에 따른 이연퇴직소득세를 적지 않았거나 잘못 적은 경우 (2020. 2. 11. 개정)

2. 간이지급명세서의 경우 : 제출된 간이지급명세서에 지급자 또는 소득자의 주소·성명·납세번호(주민등록번호로 갈음하는 경우에는 주민등록번호), 사업자등록번호, 소득의 종류, 소득의 귀속연도 또는 지급액을 적지 않았거나 잘못 적어 지급사실을 확인할 수 없는 경우를 말한다. (2021. 5. 4. 개정)

② 다음 각 호의 지급금액은 제1항에 따른 불분명한 금액에 포함하지 않는 것으로 한다. (2020. 2. 11. 개정)

1. 지급일 현재 납세번호를 부여받은 자 또는 사업자등록증의 교부를

③ 제1항 제1호 나목에도 불구하고 다음 각 호에 해당하는 경우에는 제1항 제1호 나목의 가산세는 부과하지 아니한다. (2022. 12. 31. 신설)

1. 2026년 1월 1일부터 2026년 12월 31일(제128조 제2항에 따라 원천징수세액을 반기별로 납부하는 원천징수의무자의 경우에는 2027년 12월 31일)까지 제164조의 3 제1항 제1호의 소득을 지급하는 경우로서 해당 소득에 대한 간이지급명세서를 그 소득 지급일(제135조를 적용받는 소득에 대해서는 해당 소득에 대한 과세연도 종료일을 말한다)이 속하는 반기의 마지막 달의 다음 달 말일(휴업, 폐업 또는 해산한 경우에는 휴업일, 폐업일 또는 해산일이 속하는 반기의 마지막 달의 다음 달 말일)까지 제출하는 경우 (2023. 12. 31. 개정)

2. 2024년 1월 1일부터 2024년 12월 31일까지 제164조의 3 제1항 제3호의 소득을 지급하는 경우로서 해당 소득에 대한 지급명세서를 그 소득 지급일이 속하는 과세연도의 다음 연도의 2월 말일(휴업, 폐업 또는 해산한 경우에는 휴업일, 폐업일 또는 해산일이 속하는 달의 다음다음 달 말일)까지 제출하는 경우 (2022. 12. 31. 신설)

편주▶

법 81조의 11 제3항 2호의 개정규정은 2024. 1. 1. 이후 지급하는 소득에 대하여 지급명세서등을 제출하여야 하거나 제출하는 경우부터 적용함. (법 부칙(2022. 12. 31.) 6조 1항) (2023. 12. 31. 개정)

④ 제1항 제2호에도 불구하고 일용근로소득 또는 제164조의 3 제1항 각 호의 소득에 대하여 제출된 지급명세서등이 제1항 제2호 각 목 외의 부분에 해당하는 경우로서 지급명세서등에 기재된 각각의 총지급금액에서 제1항 제2호 각 목 외의 부분에 해당하는 분의 지급금액이 차지하는 비율이 대통령령으로 정하는 비율 이하인 경우에는 제1항 제2호의 가산세는 부과하지 아니한다. (2022. 12. 31. 개정)

⑤ 제1항을 적용할 때 제164조의 3 제1항 제2호(제73조 제1항 제4호에 따라 대통령령으로 정하는 사업소득은 제외한다) 또는 제3호의 소득에 대한 지급명세서등의 제출의무가 있는 자에 대하여 제1항 제1호 가목의 가산세가 부과되는 부분에 대해서는 같은 호 나목의 가산세를 부과하지 아니하고, 제1항 제2호 가목의 가산세가 부과되는 부분에 대

받은 자에게 지급한 금액 (2020. 2. 11. 개정)

2. 제1호 외의 지급금액으로서 지급 후에 그 지급받은 자의 소재 불명이 확인된 금액 (2020. 2. 11. 개정)

③ 법 제81조의 11을 적용할 때 연금소득 및 퇴직소득의 경우에는 법 제20조의 3 제2항 및 제22조 제2항에 따른 연금소득 및 퇴직소득을 지급금액으로 본다. (2020. 2. 11. 개정)

④ 법 제81조의 11 제4항에서 "대통령령으로 정하는 비율"이란 100분의 5를 말한다. (2023. 2. 28. 개정)

편주▶

법 81조의 11 제3항 1호의 개정규정은 2026. 1. 1. 이후 지급하는 소득에 대하여 지급명세서등을 제출하여야 하거나 제출하는 경우부터 적용함. (법 부칙(2022. 12. 31.) 6조 2항) (2023. 12. 31. 신설)

편주▶

• 법 81조의 11 제4항(법 164조의 3 제1항 1호의 소득에 관한 부분은 제외함)의 개정규정은 2024. 1. 1. 이후 지급하는 소득에 대하여 지급명세서등을 제출하여야 하거나 제출하는 경우부터 적용함. (법 부칙(2022. 12. 31.) 6조 1항) (2023. 12. 31. 개정)

• 법 81조의 11 제4항(법 164조의 3 제1항 1호의 소득에 관한 부분으로 한정함)의 개정규정은 2026. 1. 1. 이후 지급하는 소득에 대하여 지급명세서등을 제출하여야 하거나 제출하는 경우부터 적용함. (법 부칙(2022. 12. 31.) 6조 2항) (2023. 12. 31. 신설)

• 2026. 1. 1. 전에 지급한 법 164조의 3 제1항 1호의 소득에 대한 간이지급명세서의 지연 제출에 따른 가산세에 관하여는 법 81조의 11 제4항

편주▶

영 147조의 7 제4항의 개정규정은 2024. 1. 1.부터 시행함. (영 부칙(2023. 2. 28.) 1조 3호)

해서는 같은 호 나목의 가산세를 부과하지 아니한다. (2022. 12. 31. 신설)

⑥ 제1항에 따른 가산세는 종합소득산출세액이 없는 경우에도 적용한다. (2022. 12. 31. 항번개정)

제81조의 12【주택임대사업자 미등록 가산세】 ① 주택임대소득이 있는 사업자가 제168조 제1항 및 제3항에 따라 「부가가치세법」 제8조 제1항 본문에 따른 기한까지 등록을 신청하지 아니한 경우에는 사업 개시일부터 등록을 신청한 날의 직전일까지의 주택임대수입금액의 1천분의 2를 가산세로 해당 과세기간의 종합소득 결정세액에 더하여 납부하여야 한다. (2019. 12. 31. 신설)
② 제1항에 따른 가산세는 종합소득산출세액이 없는 경우에도 적용한다. (2019. 12. 31. 신설)

제81조의 13【특정외국법인의 유보소득 계산 명세서 제출 불성실 가산세】 ① 「국제조세조정에 관한 법률」 제34조 제3호에 따른 특정외국법인의 유보소득 계산 명세서(이하 이 항에서 "명세서"라 한다)를 같은 조에 따라 제출하여야 하는 거주자가 다음 각 호의 어느 하나에 해당하는 경우에는 해당 특정외국법인의 배당 가능한 유보소득금액의 1천분의 5를 가산세로 해당 과세기간의 종합소득 결정세액에 더하여 납부하여야 한다. (2020. 12. 29. 개정)
1. 제출기한까지 명세서를 제출하지 아니한 경우 (2019. 12. 31. 신설)

의 개정규정에도 불구하고 종전의 규정에 따름. (법 부칙(2022. 12. 31.) 6조 4항) (2023. 12. 31. 개정)

2. 제출한 명세서의 전부 또는 일부를 적지 아니하는 등 제출한 명세서가 대통령령으로 정하는 불분명한 경우에 해당하는 경우 (2019. 12. 31. 신설)

② 제1항에 따른 가산세는 종합소득산출세액이 없는 경우에도 적용한다. (2019. 12. 31. 신설)

제81조의 14【업무용승용차 관련 비용 명세서 제출 불성실 가산세】① 제33조의 2 제1항부터 제3항까지의 규정에 따라 업무용승용차 관련 비용 등을 필요경비에 산입한 복식부기의무자가 같은 조 제4항에 따른 업무용승용차 관련 비용 등에 관한 명세서(이하 이 항에서 "명세서"라 한다)를 제출하지 아니하거나 사실과 다르게 제출한 경우에는 다음 각 호의 구분에 따른 금액을 가산세로 해당 과세기간의 종합소득 결정세액에 더하여 납부하여야 한다. (2021. 12. 8. 신설)

1. 명세서를 제출하지 아니한 경우: 해당 복식부기의무자가 제70조 및 제70조의 2에 따른 신고를 할 때 업무용승용차 관련 비용 등으로 필요경비에 산입한 금액의 100분의 1 (2021. 12. 8. 신설)

2. 명세서를 사실과 다르게 제출한 경우: 해당 복식부기의무자가 제70조 및 제70조의 2에 따른 신고를 할 때 업무용승용차 관련 비용 등으로 필요경비에 산입한 금액 중 해당 명세서에 사실과 다르게 적은 금액의 100분의 1 (2021. 12. 8. 신설)

② 제1항에 따른 가산세는 종합소득산출세액이 없는 경우에도 적용한다. (2021. 12. 8. 신설)

제82조【수시부과 결정】① 납세지 관할 세무서장 또는 지방국세청장은 거주자가 과세기간 중에 다음 각 호의 어느 하나에 해당하면 수시로 그 거주자에 대한 소득세를 부과(이하 "수시부과"라 한다)할 수 있다. (2009. 12. 31. 개정)

1. 사업부진이나 그 밖의 사유로 장기간 휴업 또는 폐업 상태에 있는 때로서 소득세를 포탈(逋脫)할 우려가 있다고 인정되는 경우 (2009. 12. 31. 개정)

2. 그 밖에 조세를 포탈할 우려가 있다고 인정되는 상당한 이유가 있는 경우 (2009. 12. 31. 개정)

제147조의 8【특정외국법인의 유보소득 계산 명세서 제출 불성실 가산세】법 제81조의 13 제1항 제2호에서 "대통령령으로 정하는 불분명한 경우"란 배당 가능한 유보소득금액을 산출할 때 적어야 하는 금액의 전부 또는 일부를 적지 않거나 잘못 적어 배당 가능한 유보소득금액을 잘못 계산한 경우를 말한다. (2020. 2. 11. 신설)

제148조【수시부과】① 법 제82조 제1항의 규정에 의한 과세표준 및 세액의 결정은 제142조 제1항을 준용하여 사업장 관할세무서장(사업자 외의 자에 대하여는 납세지 관할세무서장)이 한다. (95. 12. 30. 개정)

② 법 제82조 제4항에 따라 수시부과를 하려는 세무서장은 관할지방국세청장의 승인을 받아 지체 없이 해당 거주자에게 그 뜻을 통지하여야 한다. (2010. 2. 18. 개정)

③ 세무서장은 사업자가 주한국제연합군 또는 외국기관으로부터 수입금액을 외국환은행을 통하여 외환증서 또는 원화로 영수할 때에는 법

통칙 80 -0…1【과세표준과 세액의 경정결정】

① 당초 결정 또는 경정이 실지조사에 의하여 이루어진 경우에는 그 후에 추계방법으로 경정 또는 재경정을 할 수 없다. 다만, 당초 결정 또는 경정 후 수입금액 등의 누락 또는 탈루가 발견되었으나 천재·지변 기타 불가항력의 사유로 당초의 장부와 증빙 등이 멸실되어 실지조사할 수 없는 경우에는 그 부분에 한하여 소득금액을 추계할 수 있다. (2011. 3. 21. 개정)

부도발생 또는 채무누적 등의 사유로 인하여 법원에 의하여 소유부동산이 경매될 것이 예상되는 경우에도 수시부과사유에 해당된다. (97. 4. 8. 개정)

② 제1항은 해당 과세기간의 사업 개시일부터 제1항 각 호의 사유가 발생한 날까지를 수시부과기간으로 하여 적용한다. 이 경우 제1항 각 호의 사유가 제70조 또는 제70조의 2에 따른 확정신고기한 이전에 발생한 경우로서 납세자가 직전 과세기간에 대하여 과세표준확정신고를 하지 아니한 경우에는 직전 과세기간을 수시부과기간에 포함한다. (2013. 1. 1. 후단개정)

③ 제1항과 제2항에 따라 수시부과한 경우 해당 세액 및 수입금액에 대해서는 「국세기본법」 제47조의 2 및 제47조의 3을 적용하지 아니한다. (2009. 12. 31. 개정)

④ 관할세무서장 또는 지방국세청장은 주소·거소 또는 사업장의 이동이 빈번하다고 인정되는 지역의 납세의무가 있는 자에 대해서는 제1항과 제2항을 준용하여 대통령령으로 정하는 바에 따라 수시부과할 수 있다. (2009. 12. 31. 개정)

⑤ 수시부과 절차와 그 밖에 필요한 사항은 대통령령으로 정한다. (2009. 12. 31. 개정)

제83조 【과세표준과 세액의 통지】 납세지 관할 세무서장 또는 지방국세청장은 제80조에 따라 거주자의 과세표준과 세액을 결정 또는 경정한 경우에는 그 내용을 해당 거주자 또는 상속인에게 대통령령으로 정하는 바에 따라 서면으로 통지하여야 한다. 다만, 제42조에 따라 과세표준과 세액의 결정 또는 경정을 한 경우에는 지체 없이 통지하여야 한다. (2009. 12. 31. 개정)

수시부과의 경우 고지세액의 계산은 수시부과산출세액에서 기납부한 세액을 공제한 세액을 말한다. 이 경우 기납부한 세액이 수시부과산출세액을 초과하는 경우에는 초과하는 세액은 환급할 수 있다. (97. 4. 8. 개정)

제82조의 규정에 의하여 그 영수할 금액에 대한 과세표준을 결정할 수 있다.

④ 법 제82조 제1항 제3호의 규정에 의하여 수시부과를 받고자 하는 사업자는 폐업신고와 함께 재정경제부령이 정하는 폐업수시부과신청서를 사업장 관할세무서장에게 제출하여야 한다. (98. 12. 31 신설)
⑤ 제4항의 규정에 의하여 폐업수시부과신청을 받은 세무서장은 그 신청일이 속하는 달의 다음달 말일까지 당해 사업장의 과세표준과 세액을 결정하여야 한다. (98. 12. 31 신설)

④～⑤ 삭 제 (2008. 2. 22.)
⑥ 법 제82조에 규정하는 수시부과에 있어서 그 세액계산에 필요한 사항은 기획재정부령으로 정한다. (2008. 2. 29. 직제개정 ; 기획재정부와～직제 부칙)

제149조 【과세표준과 세액의 통지】 ① 납세지 관할세무서장 또는 관할지방국세청장이 법 제83조의 규정에 의하여 과세표준과 세액을 통지하고자 하는 때에는 과세표준과 세율·세액 기타 필요한 사항을 서면으로 통지하여야 한다. 이 경우 납부할 세액이 없는 때에도 또한 같다.

규칙 100조 18호의 3 ⇒ 종합소득세과세표준 등 결정(경정)통지

② 납세지 관할세무서장 또는 관할지방국세청장이 피상속인의 소득금액에 대한 소득세를 2인 이상의 상속인에게 과세하는 경우에는 과세표준과 세액을 그 지분에 따라 배분하여 상속인별로 각각 통지하여야 한다.

---

② 당초 결정 또는 경정이 추계결정되었을 경우에는 그 후 당초 추계결정 근거에서 누락된 수입금액의 누락 등의 발견시에도 소득금액을 추계하여 계산한다. (97. 4. 8. 개정)

제69조 【수시부과】 영 제148조 제6항의 규정에 의한 수시부과세액은 다음 각 호의 산식에 의하여 계산한 금액으로 한다. (2007. 4. 17. 개정)

1. 영 제148조 제3항의 경우 (2001. 4. 30. 개정)

수시부과세액 = 총수입금액×(1 - 단순경비율)×기본세율

2. 제1호 외의 종합소득의 경우

수시부과세액 = (종합소득금액 - 거주자 본인에 대한 기본공제)×기본세율

3. 삭 제 (2007. 4. 17.)

규칙 100조 18호의 4 ⇒ 피상속인의 소득금액에 대한 상속인별 과세표준과 세액 통지서

제84조 【기타소득의 과세최저한】 기타소득이 다음 각 호의 어느 하나에 해당하면 그 소득에 대한 소득세를 과세하지 아니한다. (2009. 12. 31. 개정)

1. 제21조 제1항 제4호에 따른 환급금으로서 건별로 승마투표권, 승자투표권, 소싸움경기투표권, 체육진흥투표권의 권면에 표시된 금액의 합계액이 10만원 이하이고 다음 각 목의 어느 하나에 해당하는 경우 (2015. 12. 15. 개정)

　가. 적중한 개별투표당 환급금이 10만원 이하인 경우 (2015. 12. 15. 개정)

　나. 단위투표금액당 환급금이 단위투표금액의 100배 이하이면서 적중한 개별투표당 환급금이 200만원 이하인 경우 (2015. 12. 15. 개정)

2. 제14조 제3항 제8호 라목에 따른 복권 당첨금(복권당첨금을 복권 및 복권 기금법령에 따라 분할하여 지급받는 경우에는 분할하여 지급받는 금액의 합계액을 말한다) 또는 제21조 제1항 제14호에 따른 당첨금품등이 건별로 200만원 이하인 경우 (2022. 12. 31. 개정)

3. 해당 과세기간의 가상자산소득금액이 250만원 이하인 경우 (2020. 12. 29. 신설)

4. 그 밖의 기타소득금액(제21조 제1항 제21호의 기타소득금액은 제외한다)이 건별로 5만원 이하인 경우 (2020. 12. 29. 호번 개정)

> **편주 ▶** 법 84조 4호의 개정규정은 2027. 1. 1.부터 시행함. (법 부칙(2020. 12. 29.) 1조 2호) (2024. 12. 31. 개정)

제 2 관　세액의 징수와 환급

제85조 【징수와 환급】 ① 납세지 관할 세무서장은 거주자가 다음 각 호의 어느 하나에 해당하면 그 미납된 부분의 소득세액을 「국세징수법」에 따라 징수한다. (2013. 1. 1. 개정)

③ 삭　제 (2002. 12. 30)

> **• 예 판** ‘기타소득의 과세최저한’은 소득금액의 발생근거 또는 지급사유별로 판단하는 것이므로 형식적으로 2개 이상의 계약이 존재하더라도 각각의 계약이 독립적으로 병존할 수 없는 것이어서 사실상 1개의 계약에 해당하는 경우에는 전체를 1건으로 보고 과세최저한 적용 여부를 판단해야 함. (서면1팀 -1424, 2005. 11. 23.)

> **편주 ▶** 법 84조 3호의 개정규정은 2027. 1. 1. 이후 가상자산을 양도·대여하는 분부터 적용함. (법 부칙(2020. 12. 29.) 5조 1항) (2024. 12. 31. 개정)

1. 제65조 제6항에 따라 중간예납세액을 신고·납부하여야 할 자가 그
   세액의 전부 또는 일부를 납부하지 아니한 경우 (2009. 12. 31. 개정)
2. 제76조에 따라 해당 과세기간의 소득세로 납부하여야 할 세액의 전
   부 또는 일부를 납부하지 아니한 경우 (2009. 12. 31. 개정)
② 납세지 관할 세무서장은 제1항 또는 제76조에 따라 징수하거나
납부된 거주자의 해당 과세기간 소득세액이 제80조에 따라 납세지
관할 세무서장 또는 지방국세청장이 결정 또는 경정한 소득세액에
미달할 때에는 그 미달하는 세액을 징수한다. 제65조에 따른 중간예
납세액의 경우에도 또한 같다. (2009. 12. 31. 개정)

통칙 85-0…2 【상여처분 취소판결에 의하여 발생한 환급금의 환급대상자】
「법인세법 시행령」 제106조의 규정에 의하여 상여로 처분된 소득에 대하여
원천징수의무자가 소득세원천징수·납부를 불이행함에 따라 원천징수 관할
세무서장이 원천징수의무자에게 고지·징수한 후, 법원의 판결에 의하여 그
상여처분된 소득금액이 취소됨으로써 발생한 환급금은 그 부과된 소득세를
납부한 당해 원천징수의무자에게 환급한다. (2008. 7. 30. 개정)

③ 납세지 관할 세무서장은 원천징수의무자가 징수하였거나 징수하여
야 할 세액을 그 기한까지 납부하지 아니하였거나 미달하게 납부한 경
우에는 그 징수하여야 할 세액에 「국세기본법」 제47조의 5 제1항에 따
른 가산세액을 더한 금액을 그 세액으로 하여 그 원천징수의무자로부터
징수하여야 한다. 다만, 원천징수의무자가 원천징수를 하지 아니한 경
우로서 다음 각 호의 어느 하나에 해당하는 경우에는 「국세기본법」 제
47조의 5 제1항에 따른 가산세액만을 징수한다. (2013. 1. 1. 개정)
1. 납세의무자가 신고·납부한 과세표준금액에 원천징수하지 아니
   한 원천징수대상 소득금액이 이미 산입된 경우 (2009. 12. 31.
   개정)
2. 원천징수하지 아니한 원천징수대상 소득금액에 대해서 납세의무자의
   관할 세무서장이 제80조 및 제114조에 따라 그 납세의무자에게 직접
   소득세를 부과·징수하는 경우 (2009. 12. 31. 개정)
④ 납세지 관할 세무서장은 제65조·제69조·제82조·제127조 및
제150조에 따라 중간예납, 토지등 매매차익예정신고납부, 수시부과

및 원천징수한 세액이 제15조 제3호에 따른 종합소득 총결정세액과
퇴직소득 총결정세액의 합계액을 각각 초과하는 경우에는 그 초과하
는 세액은 환급하거나 다른 국세 및 강제징수비에 충당하여야 한다.
(2020. 12. 29. 개정)

통칙 85-0…1 【납세조합가입자 등의 소득세환급금의 범위】
납세조합가입자가 당해연도의 소득에 대하여 종합소득과세표준확정신고를 하거나
납세조합의 원천징수의무자가 연말정산한 결과 이미 원천징수된 세액이 총결정세
액을 초과하는 경우에 발생하는 국세환급금은 당해 거주자가 실제로 정부에 납부
한 세액을 한도로 한다. (97. 4. 8. 개정)

⑤ 납세조합 관할 세무서장은 납세조합이 그 조합원에 대한 해당 소득
세를 매월 징수하여 기한까지 납부하지 아니하였거나 미달하게 납부
하였을 때에는 그 징수하여야 할 세액에 「국세기본법」 제47조의 5 제
1항에 따른 가산세액을 더한 금액을 세액으로 하여 해당 납세조합으
로부터 징수하여야 한다. (2012. 1. 1. 신설)

제85조의 2【중소기업의 결손금소급공제에 따른 환급】(2019. 12. 31. 제목개정)

① 「조세특례제한법」 제6조 제1항에 따른 중소기업을 경영하는 거주자가 그 중소기업의 사업소득금액을 계산할 때 제45조 제3항에서 규정하는 해당 과세기간의 이월결손금(부동산임대업에서 발생한 이월결손금은 제외한다. 이하 이 조에서 같다)이 발생한 경우에는 직전 과세기간의 그 중소기업의 사업소득에 부과된 종합소득 결정세액을 한도로 하여 대통령령으로 정하는 바에 따라 계산한 금액(이하 “결손금 소급공제세액”이라 한다)을 환급신청할 수 있다. 이 경우 소급공제한 이월결손금에 대해서 제45조 제3항을 적용할 때에는 그 이월결손금을 공제받은 금액으로 본다. (2020. 12. 29. 개정)

▶예 판◀ ···
직전 과세기간의 소득금액을 단순경비율이나 기준경비율을 적용하여 추계로 신고한 경우에도 결손금소급공제에 의한 환급신청을 할 수 있는 것임. (서면1팀 – 1162, 2006. 8. 24.)
··

② 결손금 소급공제세액을 환급받으려는 자는 제70조, 제70조의 2 또는 제74조에 따른 과세표준확정신고기한까지 대통령령으로 정하는 바에 따라 납세지 관할 세무서장에게 환급을 신청하여야 한다. (2013. 1. 1. 개정)

▶예 판◀ ···
당초 신고시 당해 과세기간의 결손금에 대해 결손금소급공제에 의한 환급을 신청하지 않고 이월공제를 선택한 후, 결손금소급공제에 의한 환급을 신청하는 방법으로 경정청구할 수 없음. (서삼 46019 – 11199, 2002. 7. 23)
··

③ 납세지 관할 세무서장이 제2항에 따라 소득세의 환급신청을 받은 경우에는 지체 없이 환급세액을 결정하여 「국세기본법」 제51조 및 제52조에 따라 환급하여야 한다. (2009. 12. 31. 개정)

제149조의 2【결손금소급공제에 의한 환급】① 법 제85조의 2 제1항 전단에서 “대통령령으로 정하는 중소기업”이란 「조세특례제한법 시행령」 제2조에 규정된 기업을 말하며, “대통령령으로 정하는 소득세액”이란 직전 과세기간의 해당 중소기업에 대한 종합소득결정세액을 말한다. (2010. 2. 18. 개정)

제149조의 2【결손금소급공제에 의한 환급】① 삭 제 (2020. 2. 11.)

② 법 제85조의 2 제1항 전단에서 “대통령령으로 정하는 바에 따라 계산한 금액”이란 다음 제1호의 금액에서 제2호의 금액을 뺀 것(이하 “결손금소급공제세액”이라 한다)을 말한다. (2010. 2. 18. 개정)

1. 직전 과세기간의 당해 중소기업에 대한 종합소득산출세액 (96. 12. 31 신설)

2. 직전 과세기간의 종합소득과세표준에서 법 제45조 제3항의 이월결손금으로서 소급공제를 받으려는 금액(직전 과세기간의 종합소득과세표준을 한도로 한다)을 뺀 금액에 직전 과세기간의 세율을 적용하여 계산한 해당 중소기업에 대한 종합소득산출세액 (2010. 2. 18. 개정)

③ 법 제85조의 2 제2항의 규정에 의하여 결손금소급공제세액의 환급을 받고자 하는 자는 기획재정부령이 정하는 결손금소급공제세액환급신청서를 납세지 관할세무서장에게 제출하여야 한다. (2008. 2. 29. 직제개정 ; 기획재정부와～직제 부칙)

▶관계조문◀ ·········
규칙 101조 14호의 2 ⇒ 결손금소급공제세액환급신청서

④ 제1항부터 제3항까지의 규정은 해당 거주자가 제70조, 제70조의 2 또는 제74조에 따른 신고기한까지 결손금이 발생한 과세기간과 그 직전 과세기간의 소득에 대한 소득세의 과세표준 및 세액을 각각 신고한 경우에만 적용한다. (2013. 1. 1. 개정)

⑤ 납세지 관할 세무서장은 제3항에 따라 소득세를 환급받은 자가 다음 각 호의 어느 하나에 해당하는 경우에는 그 환급세액(제1호 및 제2호의 경우에는 과다하게 환급된 세액 상당액을 말한다)과 그에 대한 이자상당액을 대통령령으로 정하는 바에 따라 그 이월결손금이 발생한 과세기간의 소득세로서 징수한다. (2019. 12. 31. 개정)

1. 결손금이 발생한 과세기간에 대한 소득세의 과세표준과 세액을 경정함으로써 이월결손금이 감소된 경우 (2012. 1. 1. 개정)
2. 결손금이 발생한 과세기간의 직전 과세기간에 대한 종합소득과세표준과 세액을 경정함으로써 환급세액이 감소된 경우 (2013. 1. 1. 신설)
3. 제1항에 따른 중소기업 요건을 갖추지 아니하고 환급을 받은 경우 (2013. 1. 1. 호번개정)

⑥ 결손금의 소급공제에 의한 환급세액의 계산 및 신청 절차와 그 밖에 필요한 사항은 대통령령으로 정한다. (2009. 12. 31. 개정)

제86조 【소액 부징수】 (2014. 1. 1. 제목개정)

다음 각 호의 어느 하나에 해당하는 경우에는 해당 소득세를 징수하지 아니한다. (2009. 12. 31. 개정)

1. 제127조 제1항 각 호의 소득(같은 항 제1호의 이자소득과 같은 항 제3호의 원천징수대상 사업소득 중 대통령령으로 정하는 사업소득은 제외한다)에 대한 원천징수세액이 1천원 미만인 경우 (2023. 12. 31. 개정)

④ 납세지 관할 세무서장은 결손금소급공제세액을 환급받은 사업자가 법 제85조의 2 제5항 각 호의 어느 하나의 사유에 해당하는 경우 다음 계산식에 따라 계산한 금액(이하 "환급취소세액"이라 한다)과 환급취소세액에 대하여 결손금소급공제세액 환급세액의 통지일 다음 날부터 법 제85조의 2 제5항에 따라 징수하는 소득세액의 고지일까지의 기간에 「국세기본법 시행령」 제27조의 4에 따른 율을 곱하여 계산한 이자상당액의 합계액을 법 제85조의 2 제5항에 따라 소득세로 징수해야 한다. 다만, 법 제45조 제3항의 이월결손금 중 그 일부 금액만을 소급공제받은 경우에는 소급공제받지 않은 결손금이 먼저 감소된 것으로 본다. (2020. 2. 11. 개정)

$$\text{법 제85조의 2 제3항의 규정에 의한 환급세액} \times \frac{\text{감소된 결손금액으로서 소급공제받지 아니한 결손금을 초과하는 금액}}{\text{소급공제한 결손금액}}$$

⑤ 납세지 관할세무서장은 결손금소급공제세액 계산의 기초가 된 직전 과세기간의 종합소득과세표준과 세액이 경정등에 의하여 변경되는 경우에는 즉시 당초 환급세액을 재결정하여 결손금소급공제세액으로 환급한 세액과 재결정한 환급세액의 차액을 환급하거나 징수하여야 하며, 환급한 세액이 재결정한 환급세액을 초과하여 그 차액을 징수하는 때에는 제4항의 규정을 준용하여 계산한 이자상당액을 가산하여 징수하여야 한다. (96. 12. 31 신설)

⑥ 결손금소급공제에 의한 환급세액의 계산 기타 필요한 사항은 기획재정부령으로 정한다. (2008. 2. 29. 직제개정 ; 기획재정부와~직제부칙)

제149조의 3 【소액 부징수의 예외】

법 제86조 제1호에서 "대통령령으로 정하는 사업소득"이란 「부가가치세법」 제26조 제1항 제15호에 따른 인적 용역을 계속적·반복적으로 공급하고 그 대가로 받은 소득을 말한다. (2024. 2. 29. 신설)

[편주] 영 149조의 3의 개정규정은 2024. 7. 1.부터 시행함. (영 부칙(2024. 2. 29.) 1조 1호)

편주 ▶
법 86조 1호의 개정규정은 2024. 7. 1. 이후 지급하는 소득에 대하여 원천
징수하는 경우부터 적용함. (법 부칙(2023. 12. 31.) 6조)

2. 제150조에 따른 납세조합의 징수세액이 1천원 미만인 경우 (2009. 12. 31. 개정)

3. 제156조 및 제156조의 3부터 제156조의 6까지의 규정에 따른 원천징수세액이 1천원 미만인 경우 (2012. 1. 1. 개정)

3. 삭　제 (2013. 1. 1.)

4. 제65조에 따른 중간예납세액이 50만원 미만인 경우 (2021. 12. 8. 개정)

제 10 절　공동사업장에 대한 특례
(2006. 12. 30. 제목개정)

제87조【공동사업장에 대한 특례】① 공동사업장에서 발생한 소득금액에 대하여 원천징수된 세액은 각 공동사업자의 손익분배비율에 따라 배분한다. (2009. 12. 31. 개정)

② 제81조, 제81조의 3, 제81조의 4, 제81조의 6 및 제81조의 8부터 제81조의 11까지의 규정과 「국세기본법」 제47조의 5에 따른 가산세로서 공동사업장에 관련되는 세액은 각 공동사업자의 손익분배비율에 따라 배분한다. (2019. 12. 31. 개정)

③ 공동사업장에 대해서는 그 공동사업장을 1사업자로 보아 제160조 제1항 및 제168조를 적용한다. (2009. 12. 31. 개정)

예판 ▶
단독으로 사업을 영위하다가 공동사업으로 변경시, 단독사업장은 공동사업 변경 전날에 폐업(또는 승계)한 것으로 보아 소득금액 계산하며, 단독사업장 및 공동사업장은 각각 별개로 장부 비치·기장의무 있음. (서일 46011 – 10568, 2002. 4. 30.)

제 11 절　공동사업장에 대한 특례
(2007. 2. 28. 제목개정)

제150조【공동사업장에 대한 특례】 (2007. 2. 28. 제목개정)

① 법 제87조 제4항에서 "대표공동사업자"란 출자공동사업자 외의 자로서 다음 각 호의 자를 말한다. (2007. 2. 28. 신설)

1. 공동사업자들 중에서 선임된 자 (2007. 2. 28. 신설)

2. 선임되어 있지 아니한 경우에는 손익분배비율이 가장 큰 자. 다만, 그 손익분배비율이 같은 경우에는 사업장 소재지 관할세무서장이 결정하는 자로 한다. (2007. 2. 28. 신설)

② 법 제87조의 규정에 의한 공동사업에서 발생하는 소득금액의 결정 또는 경정은 제87조 제4항에 따른 대표공동사업자(이하 이 조에서 "대표공동사업자"라 한다)의 주소지 관할세무서장이 한다. 다만, 국세청장이 특히 중요하다고 인정하는 것에 대하여는 사업장 관할세무서장 또는 주소지 관할지방국세청장이 한다. (2007. 2. 28. 개정)

③ 법 제87조 제4항에 따른 공동사업장의 사업자등록은 대표공동사업자가 기획재정부령이 정하는 공동사업장등 이동신고서에 따라 해당 사업장 관할세무서장에게 하여야 한다. 이 경우 법 제168조 제1항 및 제2항에 따른 사업자등록을 할 때 공동사업자 명세를 신고한 경우에는 공

관계조문 ▶▶
규칙 100조 18호의 5 ⇒ 공동사업장등 이동신고서

④ 공동사업자가 그 공동사업장에 관한 제168조 제1항 및 제2항에 따른 사업자등록을 할 때에는 대통령령으로 정하는 바에 따라 공동사업자(출자공동사업자 해당 여부에 관한 사항을 포함한다), 약정한 손익분배비율, 대표공동사업자, 지분·출자명세, 그 밖에 필요한 사항을 사업장 소재지 관할 세무서장에게 신고하여야 한다. (2009. 12. 31. 개정)
⑤ 제4항에 따라 신고한 내용에 변동사항이 발생한 경우 대표공동사업자는 대통령령으로 정하는 바에 따라 그 변동 내용을 해당 사업장 소재지 관할 세무서장에게 신고하여야 한다. (2009. 12. 31. 개정)
⑥ 공동사업장에 대한 소득금액의 신고, 결정, 경정 또는 조사 등에 필요한 사항은 대통령령으로 정한다. (2009. 12. 31. 개정)

관계조문

법 2조의 2 제1항 ⇒ 공동사업자의 납세의무
법 43조 ⇒ 공동사업에 대한 소득금액계산의 특례

동사업장등이동신고서를 제출한 것으로 본다. (2018. 2. 13. 개정)
④ 대표공동사업자는 법 제87조 제4항에 따른 신고내용에 변동이 발생한 경우 그 사유가 발생한 날이 속하는 과세기간의 종료일부터 15일 이내에 기획재정부령으로 정하는 공동사업장등이동신고서에 의하여 해당 사업장 관할세무서장에게 그 변동내용을 신고하여야 한다. 이 경우 법 제168조 제3항에 따라 사업자등록 정정신고를 할 때 변동내용을 신고한 경우에는 공동사업장등이동신고서를 제출한 것으로 본다. (2018. 2. 13. 후단신설)
⑤ 제64조 및 제94조의 규정의 적용에 있어서 공동사업장에 대한 납세지 관할세무서장은 대표공동사업자의 주소지 관할세무서장으로 한다. (2007. 2. 28. 항번개정)
⑥ 공동사업자가 과세표준확정신고를 하는 때에는 과세표준확정신고서와 함께 당해 공동사업장에서 발생한 소득과 그 외의 소득을 구분한 계산서를 제출하여야 한다. 이 경우 대표공동사업자는 당해 공동사업장에서 발생한 소득금액과 가산세액 및 원천징수된 세액의 각 공동사업자별 분배명세서를 제출하여야 한다. (2007. 2. 28. 항번개정)
⑦ 공동사업장의 소득금액을 계산할 때 법 제41조 제1항을 적용하는 경우에는 공동사업자를 거주자로 본다. (2017. 2. 3. 신설)
⑧ 제1항부터 제7항까지에서 규정한 사항 외에 공동사업장에 관하여 필요한 사항은 기획재정부령으로 정한다. (2017. 2. 3. 개정)

편주

규칙 101조 15호 ⇒ 공동사업자별 분배명세서

제 2 장의 2 거주자의 금융투자소득에 대한 납세의무
(2020. 12. 29. 신설)

제 1 절 정 의 (2020. 12. 29. 신설)

제87조의 2 【정 의】 이 장에서 사용하는 용어의 뜻은 다음과 같다. (2020. 12. 29. 신설)
1. "주식등"이란 「자본시장과 금융투자업에 관한 법률」 제4조 제4항에 따른 지분증권(같은 법 제4조 제1항 단서는 적용하지 아니하며, 같은 법 제9조 제21항의 집합투자증권 등 대통령령으로 정하는 것은 제외한다), 같은 법 제4조 제8항의 증권예탁증권 중 지분증권과 관련된 권리가 표시된 것 및 출자지분을 말한다. (2020. 12. 29. 신설)

제 2 장의 2 거주자의 금융투자소득에 대한 납세의무
(2021. 2. 17. 신설)

제 1 절 정 의 (2021. 2. 17. 신설)

제150조의 2 【주식등 및 채권등의 범위】 ① 법 제87조의 2 제1호에서 "집합투자증권 등 대통령령으로 정하는 것"이란 다음 각 호에 해당하는 것을 말한다. (2021. 2. 17. 신설)
1. 「자본시장과 금융투자업에 관한 법률」 제9조 제21항에 따른 집합투자증권(국외에서 설정된 집합투자기구에 대한 출자지분 또는 수익권이 표시된 것을 포함한다) (2021. 2. 17. 신설)

2. "채권등"이란 「자본시장과 금융투자업에 관한 법률」 제4조 제3항에 따른 채무증권, 같은 조 제8항의 증권예탁증권 중 채무증권과 관련된 권리가 표시된 것 및 이자 또는 할인액이 발생하는 증권으로서 대통령령으로 정하는 것을 말한다. (2020. 12. 29. 신설)
3. "양도"란 자산의 매도, 교환, 법인에 대한 현물출자, 계좌 간 이체, 계좌의 명의변경, 실물양도 등을 통하여 그 자산을 유상(有償)으로 사실상 이전하는 것을 말한다. 이 경우 다음 각 목의 어느 하나에 해당하는 경우에는 양도로 본다. (2022. 12. 31. 후단 개정)
  가. 대통령령으로 정하는 부담부증여(負擔附贈與) 시 수증자가 부담하는 채무액에 해당하는 부분 (2022. 12. 31. 신설)
  나. 채권등의 상환 (2022. 12. 31. 신설)
  다. 주식등 중 「자본시장과 금융투자업에 관한 법률」 제4조 제4항에 따른 신주인수권이 표시된 지분증권의 소멸 (2022. 12. 31. 신설)

제 2 절 금융투자소득에 대한 비과세 (2020. 12. 29. 신설)

제87조의 3【비과세 금융투자소득】 다음 각 호의 어느 하나에 해당하는 금융투자소득에 대해서는 소득세를 과세하지 아니한다. (2020. 12. 29. 신설)
1. 「공익신탁법」에 따른 공익신탁의 이익 (2020. 12. 29. 신설)
2. 파산선고에 의한 처분으로 발생하는 소득 (2020. 12. 29. 신설)

제 3 절 금융투자소득과세표준과 세액의 계산 (2020. 12. 29. 신설)

제87조의 4【금융투자소득과세표준의 계산】① 거주자의 금융투자소득에 대한 과세표준(이하 "금융투자소득과세표준"이라 한다)은 종합소득, 퇴직소득 및 양도소득에 대한 과세표준과 구분하여 계산한다. (2020. 12. 29. 신설)
② 금융투자소득과세표준은 제87조의 7에 따른 금융투자소득금액에서 다음 각 호의 금액을 차례대로 공제한 금액으로 한다. (2020. 12. 29. 신설)
1. 제87조의 7 제2항에 따른 금융투자결손금 중 다음 각 목의 요건을 모두 갖춘 금액(이하 "금융투자이월결손금"이라 한다) (2020. 12. 29. 신설)
  가. 해당 과세기간의 개시일 전 5년 이내에 발생한 제87조의 7 제2항에 따른 금융투자결손금으로서 그 후 각 과세기간의 과세표준을 계산할 때 공제되지 아니한 것 (2020. 12. 29. 신설)
  나. 제87조의 23에 따라 신고(같은 조 제3항 제3호 단서에 따라 확정신고를 하지 아니할 수 있는 경우를 포함한다)하거나 제87조의 25에 따라 결정ㆍ경정되거나 「국세기본법」 제45조에 따라 수정신고한 과세표준에 포함된 금융투자결손금일 것 (2021. 12. 8. 개정)

2. 법 제94조 제1항 제4호 나목부터 라목까지의 규정에 따른 주식등 (2021. 2. 17. 신설)
3. 그 밖에 증권의 성격을 고려하여 기획재정부령으로 정하는 것 (2021. 2. 17. 신설)
② 법 제87조의 2 제2호에서 "대통령령으로 정하는 것"이란 다음 각 호에 해당하는 것을 말한다. (2021. 2. 17. 신설)
1. 「자본시장과 금융투자업에 관한 법률」 제4조 제7항 제3호ㆍ제3호의 2 및 제3호의 3에 해당하는 사채 또는 증권 (2021. 2. 17. 신설)
2. 제102조 제1항 제1호 또는 제4호의 증서 또는 어음 (2021. 2. 17. 신설)

제150조의 3【부담부 증여시 양도】 법 제87조의 2 제3호 후단에서 "대통령령으로 정하는 부담부증여(負擔附贈與) 시 수증자가 부담하는 채무액에 해당하는 부분"이란 부담부증여 시 증여자의 채무를 수증자가 인수하는 경우 증여가액 중 그 채무액에 해당하는 부분을 말한다. 다만, 배우자 간 또는 직계존비속 간의 부담부증여(「상속세 및 증여세법」 제44조에 따라 증여로 추정되는 경우를 포함한다)로서 같은 법 제47조 제3항 본문에 따라 수증자에게 인수되지 않은 것으로 추정되는 채무액은 제외한다. (2021. 2. 17. 신설)

제150조의 4【양도의 범위 등】 법 제87조의 2 제3호를 적용할 때 양도의 범위 및 부담부증여에 대한 소득금액 계산에 관한 사항은 제151조 제1항ㆍ제2항 및 제159조를 준용한다. (2021. 2. 17. 신설)

제 2 절 금융투자소득과세표준과 세액의 계산 (2021. 2. 17. 신설)

제150조의 5【금융투자소득과세표준의 계산】① 법 제87조의 4에 따라 법 제87조의 7에 따른 금융투자소득금액(이하 "금융투자소득금액"이라 한다)에서 법 제87조의 4 제2항 제1호에 따른 금융투자이월결손금(이하 "금융투자이월결손금"이라 한다)을 공제할 때 금융투자소득금액 중 법 제87조의 18 제1항 각 호별로 소득금액 합계액이 모두 0보다 큰 경우에는 같은 항 제1호의 소득금액 합계액에서 먼저 공제한다. (2021. 2. 17. 신설)
② 법 제87조의 4에 따라 금융투자이월결손금을 공제할 때에는 먼저 발생한 과세기간의 결손금부터 차례대로 공제한다. (2021. 2. 17. 신설)
③ 법 제87조의 4에 따라 금융투자과세표준을 계산할 때 법 제87조의 18 제1항 각 호의 소득금액 합계액이 0보다 작거나 금융투자이월결손금으로 모두 공제된 경우에는 법 제87조의 4 제2항 제2호에 따른 기본공제를 적용하지 않는다. (2021. 2. 17. 신설)

제 3 절 금융투자소득금액의 계산 (2021. 2. 17. 신설)

제150조의 6【국외금융투자소득】 (2023. 2. 28. 제목개정)
법 제87조의 6 제1항에 따른 금융투자소득 중 거주자의 해당 과세기간에 국외에 있는

2. 제87조의 18에 따른 금융투자소득 기본공제 (2020. 12. 29. 신설)

③ 다음 각 호에 따른 소득금액은 금융투자소득과세표준을 계산할 때 합산하지 아니한다. (2021. 12. 8. 신설)

1. 「조세특례제한법」 또는 이 법 제87조의 3에 따라 과세되지 아니하는 금융투자소득 (2021. 12. 8. 신설)

2. 「조세특례제한법」에 따라 분리과세되는 금융투자소득(이하 "분리과세금융투자소득"이라 한다) (2021. 12. 8. 신설)

④ 제2항에 따른 금융투자소득과세표준의 구체적인 계산방법과 그 밖에 필요한 사항은 대통령령으로 정한다. (2021. 12. 8. 항번개정)

제87조의 5【금융투자소득세액 계산의 순서】

금융투자소득에 대한 소득세(이하 "금융투자소득세"라 한다)는 다음 각 호에 따라 계산한다. (2020. 12. 29. 신설)

1. 금융투자소득 산출세액 : 금융투자소득과세표준에 제87조의 19에 따른 세율을 적용하여 계산 (2020. 12. 29. 신설)

2. 금융투자소득 결정세액 : 제1호에 따른 금융투자소득 산출세액에서 제87조의 20에 따른 감면세액을 공제(제87조의 20에 따른 감면세액이 있는 경우로 한정한다)하여 계산 (2020. 12. 29. 신설)

3. 금융투자소득 총결정세액 : 제2호에 따라 계산한 금융투자소득 결정세액에 「국세기본법」 제47조의 2부터 제47조의 4까지의 규정에 따른 가산세를 더하여 계산 (2020. 12. 29. 신설)

제4절 금융투자소득금액의 계산 (2020. 12. 29. 신설)

제87조의 6【금융투자소득의 범위】

① 금융투자소득은 해당 과세기간에 발생한 다음 각 호의 소득으로 한다. 다만, 제16조에 따른 이자소득, 제17조에 따른 배당소득 및 제94조에 따른 양도소득에 해당하는 것은 제외한다. (2020. 12. 29. 신설)

1. 주식등의 양도로 발생하는 소득 (2020. 12. 29. 신설)

2. 채권등의 양도로 발생하는 소득 (2020. 12. 29. 신설)

3. 「자본시장과 금융투자업에 관한 법률」 제4조 제6항에 따른 투자계약증권(이하 "투자계약증권"이라 한다)의 양도로 발생하는 소득 (2020. 12. 29. 신설)

4. 대통령령으로 정하는 집합투자증권의 환매·양도 및 집합투자기구의 해지·해산(이하 "환매등"이라 한다)으로 발생한 이익 (2022. 12. 31. 개정)

5. 「자본시장과 금융투자업에 관한 법률」 제4조 제7항에 따른 파생결합증권(이하 "파생결합증권"이라 한다)으로부터의 이익 (2020. 12. 29. 신설)

6. 파생상품의 거래 또는 행위로 발생하는 소득 (2020. 12. 29. 신설)

② 제1항에 따른 금융투자소득의 범위에 관하여 필요한 사항은 대통령령으로 정한다. (2020. 12. 29. 신설)

자산으로부터 발생한 같은 항 각 호의 소득(이하 "국외금융투자소득"이라 한다)의 범위는 기획재정부령으로 정한다. 이 경우 국외금융투자소득이 국외에서 외화를 차입하여 취득한 주식등, 채권등 및 투자계약증권을 양도하여 발생하는 소득으로서 환율변동으로 인하여 외화차입금으로부터 발생하는 환차익을 포함하고 있는 경우에는 해당 환차익은 제외한다. (2023. 2. 28. 개정)

제150조의 7【집합투자증권】 (2023. 2. 28. 제목개정)

법 제87조의 6 제1항 제4호에서 "대통령령으로 정하는 집합투자증권"이란 제150조의 2 제1항 제1호에 따른 집합투자증권(이하 "집합투자증권"이라 한다)을 말한다. (2023. 2. 28. 개정)

제150조의 8【금융투자소득의 수입시기】

① 금융투자소득의 수입시기는 다음 각 호에 따른 날로 한다. (2021. 2. 17. 신설)

1. 법 제87조의 6 제1항 제1호, 제2호 또는 제3호에 따른 주식등, 채권등 또는 투자계약증권의 양도로 발생하는 소득 : 법 제87조의 27 및 법 제98조에 따른 양도시기 (2021. 2. 17. 신설)

2. 법 제87조의 6 제1항 제4호에 따른 집합투자증권의 환매등으로 발생한 이익 : 법 제87조의 27 및 법 제98조에 따른 양도시기 또는 환매·해지·해산에 따른 이익을 지급받은 날 (2021. 2. 17. 신설)

3. 법 제87조의 6 제1항 제5호에 따른 파생결합증권으로부터의 이익 : 그 이익을 지급받은 날. 다만, 원본에 전입하는 뜻의 특약이 있는 분배금은 그 특약에 따라 원본에 전입되는 날로 한다. (2023. 2. 28. 호번개정)

4. 법 제87조의 6 제1항 제6호에 따른 파생상품의 거래 또는 행위로 발생하는 소득 : 계좌별로 동일한 종목의 매도 미결제약정과 매수 미결제약정이 상계(이하 "반대거래상계"라 한다)되거나 권리행사, 최종거래일의 종료 등으로 파생상품의 거래 또는 행위로 발생하는 손익이 확정된 날. 다만, 「자본시장과 금융투자업에 관한 법률」 제5조 제3항에 따른 장외파생상품의 경우에는 파생상품 계약에 따라 수익을 지급받거나 지급받기로 한 날을 말한다. (2023. 2. 28. 호번개정)

② 금융투자소득의 수입시기에 관하여 필요한 사항은 기획재정부령으로 정한다. (2021. 2. 17. 신설)

제150조의 9【금융투자소득금액의 계산】

① 금융투자소득금액은 다음 각 호의 순서에 따라 계산한다. (2021. 2. 17. 신설)

1. 법 제87조의 8부터 제87조의 10까지 및 제87조의 14부터 제87조의 16까지의 규정에 따라 계산한 주식등소득금액, 채권등소득금액, 투자계약증권소득금액, 집합투자기구소득금액, 파생결합증권소득금액 및 파생상품소득금액을 법 제87조의 18 제1항 각 호의 구분별로 합산할 것 (2021. 2. 17. 신설)

2. 제1호의 소득금액을 계산할 때 손실금액은 법 제87조의 18 제1항 각 호의 구분별 소득금액에서 먼저 공제할 것 (2021. 2. 17. 신설)

영 제150조의 6 전단에 따른 국외금융투자소득(이하 "국외금융투자소득"이라 한다)의 범위는 다음 각 호와 같다. (2023. 3. 20. 개정)

1. 다음 각 목의 것을 양도함으로써 발생하는 소득 (2023. 3. 20. 개정)

　가. 내국법인이 발행한 법 제87조의 2 제1호에 따른 주식등(이하 "주식등"이라 한다)과 같은 조 제2호에 따른 채권등(이하 "채권등"이라 한다)으로서 「자본시장과 금융투자업에 관한 법률 시행령」 제2조 제1호에 따른 해외 증권시장(이하 "해외증권시장"이라 한다)에 상장된 것 (2023. 3. 20. 개정)

　나. 외국법인이 발행한 주식등과 채권등으로서 영 제150조의 14 제1항 제1호 가목에 따른 증권시장(이하 "증권시장"이라 한다)에 상장되지 않은 것 (2023. 3. 20. 개정)

　다. 법 제87조의 6 제1항 제3호에 따른 투자계약증권으로서 국외에서 발행된 것 (2023. 3. 20. 개정)

2. 법 제87조의 6 제1항 제4호에 따른 집합투자증권으로서 국외에서 설정된 집합투자기구의 집합투자증권에 대한 환매등으로 발생한 이익 (2023. 3. 20. 개정)

3. 법 제87조의 6 제1항 제5호에 따른 파생결합증권으로서 국외에서 발행된 것으로부터의 이익 (2023. 3. 20. 개정)

4. 법 제87조의 6 제1항 제6호에 따른 파생상품으로서 국외에서의 거래 또는 행위로 발생하는 소득 (2023. 3. 20. 개정)

제69조의 2【국외금융투자소득의 범위】 삭 제 (2024. 12. 31.)

제69조의 3【적격집합투자기구의 요건】 (2022. 3. 18. 제목개정)

① 영 제150조의 7 제2항 제1호에 따른 집합투자재산의 평가이익은 집합투자재산으로 인식되지만 실제로 귀속되지 않은 이익으로서 이미 경과한 기간에 대응하는 집합투자재산의 이자, 미수 배당금, 미수 임대료 수입 등을 포함한다. (2022. 3. 18. 항번개정)

제87조의 7 【금융투자소득금액】 ① 금융투자소득금액은 제87조의 8, 제87조의 9, 제87조의 10, 제87조의 14, 제87조의 15 및 제87조의 16에 따라 계산한 주식등소득금액, 채권등소득금액, 투자계약증권소득금액, 집합투자기구소득금액, 파생결합증권소득금액 및 파생상품소득금액을 합한 금액으로 한다. (2020. 12. 29. 신설)

② 금융투자소득금액이 0보다 작은 경우에는 그 금액을 "금융투자결손금"이라 한다. (2020. 12. 29. 신설)

③ 금융투자소득금액의 계산방법, 금융투자결손금의 한도와 그 밖에 필요한 사항은 대통령령으로 정한다. (2020. 12. 29. 신설)

제87조의 8 【주식등소득금액】 ① 주식등소득금액은 제87조의 6 제1항 제1호에 따른 주식등의 양도로 발생하는 소득의 총수입금액(이하 "주식등양도가액"이라 한다)에서 제87조의 12에 따른 필요경비를 공제한 금액으로 한다. (2020. 12. 29. 신설)

② 주식등소득금액의 구체적인 계산방법과 그 밖에 필요한 사항은 대통령령으로 정한다. (2020. 12. 29. 신설)

제87조의 9 【채권등소득금액】 ① 채권등소득금액은 제87조의 6 제1항 제2호에 따른 채권등의 양도로 발생하는 소득의 총수입금액(이하 "채권등양도가액"이라 한다)에서 제87조의 12에 따른 필요경비 및 제46조 제1항에 따른 보유기간별로 귀속되는 이자등 상당액을 공제한 금액으로 한다. (2020. 12. 29. 신설)

② 채권등소득금액의 구체적인 계산방법과 그 밖에 필요한 사항은 대통령령으로 정한다. (2020. 12. 29. 신설)

제87조의 10 【투자계약증권소득금액】 ① 투자계약증권소득금액은 제87조의 6 제1항 제3호에 따른 투자계약증권의 양도로 발생하는 소득의 총수입금액(이하 "투자계약증권양도가액"이라 한다)에서 제87조의 12에 따른 필요경비를 공제한 금액으로 한다. (2020. 12. 29. 신설)

② 투자계약증권소득금액의 구체적인 계산방법과 그 밖에 필요한 사항은 대통령령으로 정한다. (2020. 12. 29. 신설)

제87조의 11 【주식등·채권등·투자계약증권양도가액】 주식등양도가액, 채권등양도가액 및 투자계약증권양도가액은 양도자와 양수자의 실지거래가액(양도 또는 취득 당시에 양도자와 양수자가 실제로 거래한 가액으로서 양도 또는 취득과 대가관계에 있는 금전과 그 밖의 재산가액을 말한다. 이하 이 장에서 같다)에 따르며 제96조 제3항을 준용한다. (2020. 12. 29. 신설)

제87조의 12 【주식등·채권등·투자계약증권소득금액 필요경비 계산】 ① 거주자의 주식등소득금액, 채권등소득금액, 투자계약증권소득금액을 계산할 때 주식등양도가액, 채권등양도가액 및 투자계약증권양도가액에서 공제할 필요경비는 다음 각 호에 따른 비용으로 한다. (2020. 12. 29. 신설)

3. 법 제87조의 18 제1항 각 호의 구분별 소득금액 합계액이 모두 0보다 작은 경우에는 이를 합산하여 법 제87조의 7 제2항에 따른 금융투자결손금(이하 "금융투자결손금"이라 한다)을 계산할 것 (2021. 2. 17. 신설)

4. 제3호 외의 경우로서 법 제87조의 18 제1항 각 호의 구분별 소득금액 합계액 중 하나 이상의 소득금액 합계액이 0보다 작은 경우에는 이를 합산하여 금융투자소득금액 또는 금융투자결손금을 계산하되 구분하여 관리할 것 (2022. 2. 15. 개정)

5. 법 제87조의 18 제1항 각 호의 구분별 소득금액 합계액이 모두 0보다 큰 경우에는 이를 합산하여 금융투자소득금액을 계산하되 구분하여 관리할 것 (2022. 2. 15. 개정)

② 제1항에도 불구하고 법 또는 다른 법률에서 금융투자소득을 비과세하는 경우의 손실금액은 금융투자소득금액 계산 시 공제하지 않는다. (2021. 2. 17. 신설)

③ 제1항에도 불구하고 법 또는 다른 법률에서 금융투자소득세에 대한 세액감면, 특례세율의 적용 등 조세특례가 적용되는 경우의 손실금액은 1에서 감면비율을 뺀 비율을 곱하여 제1항 제1호 및 제2호를 적용한다. (2022. 2. 15. 개정)

④ 제1항부터 제3항까지에서 규정한 사항 외에 조세특례가 적용되는 경우 감면비율의 계산 등 금융투자소득금액 계산에 필요한 사항은 기획재정부령으로 정한다. (2021. 2. 17. 신설)

제150조의 10 【파생상품소득의 결손금 한도】 제150조의 9 제1항에도 불구하고 파생상품 계약 종료 시점에서 거주자가 파생상품 거래를 위해 지급한 「자본시장과 금융투자업에 관한 법률」 제396조 제1항에 따른 위탁증거금 등 기획재정부령으로 정하는 금액(이하 "위탁증거금등"이라 한다)을 초과하여 손실이 발생한 경우의 위탁증거금 등을 초과하는 손실금액은 금융투자소득금액을 계산할 때 합산하지 않는다. (2021. 2. 17. 신설)

제150조의 11 【주식등·채권등·투자계약증권소득금액의 계산】 제150조의 9 제1항을 적용할 때 주식등소득금액, 채권등소득금액, 투자계약증권소득금액은 제150조의 8 제1항 제1호의 수입시기에 같은 계좌 내에서 양도하는 같은 자산을 하나의 과세단위로 하여 소득금액 또는 손실금액을 계산한다. (2021. 2. 17. 신설)

제150조의 12 【국외금융투자소득 계산 시 양도가액】 (2023. 2. 28. 제목개정) ① 거주자의 국외금융투자소득을 계산할 때 국외에 있는 법 제87조의 6 제1항 제1호부터 제3호까지에 해당하는 주식등, 채권등 및 투자계약증권의 양도가액은 그 자산의 양도 당시의 실지거래가액으로 한다. 다만, 양도 당시의 실지거래가액을 확인할 수 없는 경우에는 양도자산이 소재하는 국가의 양도 당시 현황을 반영한 시가에 따르되, 시가를 산정하기 어려울 때에는 그 자산의 종류, 규모, 거래상황 등을 고려하여 기획재정부령으로 정하는 방법에 따른 가액으로 한다. (2023. 2. 28. 개정)

② 제1항에 따른 국외에 있는 자산의 시가 산정 등 양도가액의 계산에 필요한 사항은 기획재정부령으로 정한다. (2023. 2. 28. 개정)

② 집합투자업자는 영 제150조의 7 제2항 제3호에 따라 집합투자기구의 이익 및 분배·유보 내역 신고서를 납세지 관할 세무서장에게 제출해야 한다. (2022. 3. 18. 신설)

제69조의 3 【적격집합투자기구의 요건】 삭 제 (2023. 3. 20.)

편주 ●●●●●●●●●●●●●●●●●●●●●●●●●●●●●●

규칙 69조의 3의 개정규정은 2025. 1. 1.부터 시행함. (법 부칙(2023. 3. 20.) 1조 2호 가목)
●●●●●●●●●●●●●●●●●●●●●●●●●●●●●●●

제69조의 4 【장기할부 시 금융투자소득의 수입시기】 다음 각 호의 요건을 모두 갖춘 경우 영 제150조의 8 제1항에 따른 금융투자소득의 수입시기는 등록 및 명의개서 접수일, 인도일 또는 수익일 중 빠른 날로 한다. (2021. 3. 16. 신설)

1. 계약금을 제외하고 양도가액 또는 필요경비를 월부·연부 등의 방법으로 2회 이상 분할하여 수령하거나 지출할 것 (2021. 3. 16. 신설)

2. 양도 또는 취득하는 자산의 등록 및 명의개서 접수일, 인도일 또는 수익일 중 빠른 날의 다음 날부터 최종 할부금의 지급기일까지의 기간이 1년 이상일 것 (2021. 3. 16. 신설)

제69조의 4 【장기할부 시 금융투자소득의 수입시기】 삭 제 (2024. 12. 31.)

제69조의 5 【금융투자소득세에 대한 세액감면 등의 적용방법】 법 및 다른 법률에 따라 금융투자소득세에 대한 세액감면 또는 소득공제가 적용되는 경우에는 해당 세액감면율 또는 소득공제율을 영 제150조의 9 제3항에 따른 감면비율로 한다. (2021. 3. 16. 신설)

제69조의 5 【금융투자소득세에 대한 세액감면 등의 적용방법】 삭 제 (2024. 12. 31.)

1. 대통령령으로 정하는 취득가액 (2020. 12. 29. 신설)

2. 자본적지출액, 양도비 등 대통령령으로 정하는 것 (2020. 12. 29. 신설)

② 제1항 제1호의 취득가액은 자산의 취득에 든 실지거래가액으로 한다. (2020. 12. 29. 신설)

③ 제2항에도 불구하고 실지거래가액을 확인할 수 없는 경우의 취득가액 및 제1항에 따른 필요경비 계산 등에 관하여는 제97조를 준용한다. (2020. 12. 29. 신설)

④ 제2항 및 제3항에도 불구하고 취득가액을 계산할 때 2025년 1월 1일 이후 양도되는 대통령령으로 정하는 주식등의 취득가액은 2024년 과세기간 종료일(과세기간 종료일이 증권시장에서 매매가 없는 날인 경우 종료일 전 매매가 있는 마지막 날을 말한다)을 기준으로 대통령령으로 정하는 방법에 따라 평가한 가액과 제2항 또는 제3항에 따라 계산한 취득가액 중 큰 금액으로 한다. (2022. 12. 31. 개정)

⑤ 주식등, 채권등 및 투자계약증권의 평가방법 등 필요경비 계산에 관하여 필요한 사항은 대통령령으로 정한다. (2020. 12. 29. 신설)

제87조의 13【주식등·채권등·투자계약증권소득금액 필요경비 계산 특례】 ① 거주자가 양도일부터 소급하여 1년 이내에 그 배우자(양도 당시 혼인관계가 소멸된 경우를 포함하되, 사망으로 혼인관계가 소멸된 경우는 제외한다. 이하 이 항에서 같다)로부터 증여받은 주식등·채권등·투자계약증권에 대한 주식등·채권등·투자계약증권 양도소득금액을 계산할 때 주식등·채권등·투자계약증권양도가액에서 공제할 필요경비는 그 배우자의 취득 당시 제87조의 12 제1항 제1호, 같은 조 제2항 및 제3항에 따른 금액으로 한다. 이 경우 거주자가 증여받은 주식등·채권등·투자계약증권에 대하여 납부하였거나 납부할 증여세 상당액이 있는 경우에는 필요경비에 산입한다. (2020. 12. 29. 신설)

② 제1항을 적용하여 계산한 주식등·채권등·투자계약증권소득금액이 제1항을 적용하지 아니하고 계산한 주식등·채권등·투자계약증권소득금액보다 적은 경우에는 제1항을 적용하지 아니한다. (2020. 12. 29. 신설)

③ 「상속세 및 증여세법」 제18조 제1항에 따른 공제(이하 이 항에서 "가업상속공제"라 한다)가 적용된 주식등소득금액을 계산할 때 주식등양도가액에서 공제할 필요경비는 제87조의 12 제1항 및 제3항에 따른다. 다만, 취득가액은 다음 각 호의 금액을 합한 금액으로 한다. (2022. 12. 31. 개정)

1. 피상속인의 취득가액(제87조의 12 제1항 제1호에 따른 금액) × 해당 자산가액 중 가업상속공제가 적용된 비율(이하 이 조에서 "가업상속공제적용률"이라 한다) (2020. 12. 29. 신설)

2. 상속개시일 현재 해당 자산가액 × (1 - 가업상속공제적용률) (2020. 12. 29. 신설)

④ 제1항부터 제3항까지의 규정을 적용할 때 증여세 상당액의 계산과 가업상속공제적용률의 계산방법 등 필요경비의 계산에 필요한 사항은 제97조의 2를 준용한다. (2020. 12. 29. 신설)

제87조의 14【집합투자기구소득금액】 ① 집합투자기구소득금액은 제2항에

제150조의 13【주식등·채권등·투자계약증권소득금액 필요경비 계산】 ① 법 제87조의 12 제1항 제1호에서 "대통령령으로 정하는 취득가액"이란 제163조 제1항, 제2항, 제9항, 제10항 및 제13항을 준용하여 계산한 금액을 말한다. 이 경우 채권등의 취득가액은 취득가액에 포함된 법 제46조 제1항에 따른 보유기간별로 귀속되는 이자등 상당액을 공제한 금액으로 한다. (2023. 2. 28. 개정)

② 법 제87조의 12 제1항 제2호에서 "대통령령으로 정하는 것"이란 제163조 제3항 제2호 및 같은 조 제5항 제1호에 따른 비용을 말한다. (2021. 2. 17. 신설)

③ 주식등, 채권등 및 투자계약증권 취득가액의 평가방법은 다음 각 호의 구분에 따른 방법을 준용한다. 이 경우 평가는 계좌별로 적용한다. (2021. 2. 17. 신설)

1. 주식등 : 제92조 제2항 제5호에 따른 이동평균법 (2021. 2. 17. 신설)

2. 채권등 : 제92조 제2항 제1호에 따른 개별법 (2022. 2. 15. 개정)

3. 투자계약증권 : 제92조 제2항 제1호에 따른 개별법 (2021. 2. 17. 신설)

④ 삭 제 (2022. 2. 15.)

제150조의 14【의제취득가액 등】 ① 법 제87조의 12 제4항에서 "대통령령으로 정하는 주식등"이란 거주자가 2024년 12월 31일 이전에 취득한 주식등으로서 다음 각 호의 어느 하나에 해당하는 주식등을 말한다. (2022. 12. 31. 개정)

1. 「자본시장과 금융투자업에 관한 법률」 제9조 제15항 제3호에 따른 주권상장법인(이하 이 장에서 "주권상장법인"이라 한다)의 주식등으로서 다음 각 목의 어느 하나에 해당하는 주식등 (2021. 2. 17. 신설)

　가. 소유주식의 시가총액 등을 고려하여 기획재정부령으로 정하는 주권상장법인의 소액주주(이하 이 장에서 "주권상장법인소액주주"라 한다)가 「자본시장과 금융투자업에 관한 법률」 제8조의 2 제4항 제1호에 따른 증권시장(이하 "증권시장"이라 한다)에서 양도하는 주식등 (2021. 2. 17. 신설)

　나. 주권상장법인소액주주가 「상법」 제360조의 2 및 제360조의 15에 따른 주식의 포괄적 교환·이전 또는 같은 법 제360조의 5 및 제360조의 22에 따른 주식의 포괄적 교환·이전에 대한 주식매수청구권 행사로 증권시장에서의 거래를 통하지 않고 양도하는 주식등 (2021. 2. 17. 신설)

2. 소유주식의 시가총액 등을 고려하여 기획재정부령으로 정하는 주권비상장법인의 소액주주가 「자본시장과 금융투자업에 관한 법률」 제283조에 따라 설립된 한국금융투자협회가 행하는 같은 법 제286조 제1항 제5호에 따른 장외매매거래를 통해 양도하는 제150조의 25에 따른 중소기업 및 중견기업의 주식등 (2021. 2. 17. 신설)

② 법 제87조의 12 제4항에서 "대통령령으로 정하는 방법에 따라 평가한 가액"이란 다음 각 호의 구분에 따라 계산한 금액을 말한다. (2021. 2. 17. 신설)

1. 제1항 제1호의 주식등인 경우 : 「자본시장과 금융투자업에 관한 법률」 제8조의 2 제2항에 따른 거래소(이하 "거래소"라 한다) 최종시세가액(거래실적 유무를 따지지 않는다. 이하 같다) × 양도 주식 수 (2021. 2. 17. 신설)

2. 제1항 제2호의 주식등인 경우 : 「자본시장과 금융투자업에 관한 법률」 제283조에 따라 설립된 한국금융투자협회가 공표하는 최종시세가액 × 양도 주식 수 (2021. 2.

제69조의 6【파생상품소득의 결손금 한도】 영 제150조의 10에서 "위탁증거금 등 기획재정부령으로 정하는 금액"이란 다음 각 호를 모두 합한 금액을 말한다. (2021. 3. 16. 신설)

1. 「자본시장과 금융투자업에 관한 법률」 제396조 제1항에 따른 위탁증거금 (2021. 3. 16. 신설)

2. 해당 거주자가 계약 종료 전 납입한 금액 중 계약 종료 시점까지 손실을 변제하기 위해 사용된 금액 (2021. 3. 16. 신설)

제69조의 6【파생상품소득의 결손금 한도】 삭 제 (2024. 12. 31.)

제69조의 7【국외금융투자소득 계산시 양도가액 등】 (2023. 3. 20. 제목개정)

① 영 제150조의 12 제1항 단서에 따라 양도자산이 소재하는 국가의 양도·취득 당시 현황을 반영한 시가를 계산할 때 해당 자산의 양도에 대한 과세와 관련하여 이루어진 외국정부(지방자치단체를 포함한다)의 평가가액이 확인되는 경우 해당 가액을 포함한다. (2023. 3. 20. 개정)

② 영 제150조의 12 제1항 단서에서 "기획재정부령으로 정하는 방법에 따른 가액"이란 법 제87조의 17에 따른 기준시가의 산정 방법에 따라 평가한 가액을 말한다. (2022. 3. 18. 개정)

③ 국외금융투자소득금액을 계산할 때 외화환산에 관하여는 영 제178조의 5를 준용한다. (2023. 3. 20. 개정)

제69조의 7【국외금융투자소득 계산시 양도가액 등】 삭 제 (2024. 12. 31.)

제69조의 8【주권상장법인 및 주권비상장법인의 소액주주】 ① 영 제150조의 14 제1항 제1호 가목에서 "기획재정부령으로 정하는 주권상장법인의 소액주주"란 종전의 「소득세법 시행령」(대통령령 제32420호로 개정되기 전의 것을 말한다. 이하 이 조 및 제99조의 5에서 같다) 제157조 제4항·제5항·제7항 및 제12항에 따른 주권상장법인대주주가 아닌 주권상장법인의 주주를 말한다. 이 경우 종

따른 집합투자증권 양도소득금액으로 한다. (2022. 12. 31. 개정)

② 집합투자증권 양도소득금액(제87조의 6 제1항 제4호에 따른 집합투자증권의 환매등으로 발생한 이익의 금액을 말한다)은 환매등에 따라 지급받은 금액, 집합투자증권 취득 시의 기준가격(「자본시장과 금융투자업에 관한 법률」 제238조 제6항에 따른 기준가격을 말한다. 이하 이 장에서 같다)과 직전 결산분배 직후 기준가격 등을 고려하여 대통령령으로 정한 금액으로 한다. (2020. 12. 29. 신설)

③ 삭 제 (2022. 12. 31.)

④ 집합투자기구소득금액의 구체적인 계산방법과 그 밖에 필요한 사항은 대통령령으로 정한다. (2020. 12. 29. 신설)

제87조의 15【파생결합증권소득금액】① 파생결합증권소득금액(제87조의 6 제1항 제5호에 따른 파생결합증권으로부터의 이익의 금액을 말한다)은 「자본시장과 금융투자업에 관한 법률」 제4조 제10항에 따른 기초자산의 가격·이자율·지표·단위 또는 이를 기초로 하는 지수 등의 변동과 연계하여 미리 정해진 방법에 따라 파생결합증권으로부터 회수하였거나 회수할 수 있는 금전, 그 밖의 재산적 가치가 있는 것(이하 "금전등"이라 한다)의 총액, 파생결합증권을 취득하기 위하여 지급하였거나 지급할 금전등의 총액 등을 고려하여 대통령령으로 정한 금액으로 한다. (2020. 12. 29. 신설)

② 파생결합증권소득금액은 파생결합증권으로부터의 분배금, 파생결합증권의 상환·환매·양도, 권리행사, 최종거래일의 종료 등으로 발생하는 모든 이익을 포함한다. (2020. 12. 29. 신설)

③ 파생결합증권소득금액의 구체적인 계산방법과 그 밖에 필요한 사항은 대통령령으로 정한다. (2020. 12. 29. 신설)

제87조의 16【파생상품소득금액】① 파생상품소득금액(제87조의 6 제1항 제6호에 따른 파생상품의 거래 또는 행위로 발생하는 소득의 금액을 말한다)은 「자본시장과 금융투자업에 관한 법률」 제5조 제1항 각 호의 계약상의 권리에 대하여 계약체결 당시의 약정가격, 계약종료일의 최종결제가격, 권리행사결제기준가격, 거래승수 등을 고려하여 대통령령으로 정한 금액으로 한다. (2020. 12. 29. 신설)

② 파생상품소득금액의 구체적인 계산방법과 그 밖에 필요한 사항은 대통령령으로 정한다. (2020. 12. 29. 신설)

제87조의 17【기준시가의 산정】① 금융투자소득금액을 계산하는 경우 기준시가는 다음 각 호에서 정하는 바에 따른다. (2020. 12. 29. 신설)

1. 주식등 : 주식등의 종류, 상장(上場) 여부 및 거래방식 등을 고려하여 대통령령으로 정하는 방법에 따라 평가한 가액 (2020. 12. 29. 신설)

2. 채권등 : 「상속세 및 증여세법」 제63조 제1항 제2호를 준용하여 평가한 가액 (2020. 12. 29. 신설)

3. 파생결합증권 : 파생결합증권의 기초자산을 구성하는 가격·이자율·지표·단위 또는 이를 기초로 하는 지수 등을 고려하여 대통령령으로 정하는 방법에 따라 평가한 가액 (2020. 12. 29. 신설)

17. 신설)

③ 법 제87조의 12 제4항을 적용할 때 같은 조 제2항 또는 제3항에 따라 계산한 취득가액은 제92조 제2항 제5호에 따른 이동평균법을 준용하여 평가한다. (2021. 2. 17. 신설)

제150조의 15【국외금융투자소득금액의 필요경비 계산】(2023. 2. 28. 제목개정)

국외금융투자소득금액을 계산할 때 제150조의 12에 따른 양도가액에서 공제하는 필요경비의 계산에 관하여는 법 제118조의 4를 준용한다. (2023. 2. 28. 개정)

제150조의 16【주식등·채권등·투자계약증권소득금액 필요경비 계산 특례】① 법 제87조의 13 제1항 및 제4항에 따른 증여세 상당액의 계산에 관하여는 제163조의 2 제2항을 준용한다. (2021. 2. 17. 신설)

② 법 제87조의 13 제3항을 적용할 때 가업상속공제적용률에 관하여는 제163조의 2 제3항에 따른다. (2021. 2. 17. 신설)

제150조의 17【집합투자기구소득금액 계산방식 등】① 법 제87조의 14 제2항에 따른 집합투자증권 양도소득금액은 다음 산식에 따라 계산한 금액으로 한다. (2021. 2. 17. 신설)

> 집합투자증권 양도소득금액 = A × B − C
> A : 제2항 및 제3항에 따른 집합투자증권의 좌당 또는 주당 양도소득금액(이하 이 조에서 "좌당양도소득금액"이라 한다)
> B : 환매등이 발생하는 좌수·주수
> C : 「자본시장과 금융투자업에 관한 법률」에 따른 각종 보수·수수료, 집합투자증권 환매등에 따른 증권거래세·농어촌특별세 등

② 제1항을 적용할 때 집합투자증권의 좌당양도소득금액은 다음 각 호의 구분에 따른 금액으로 한다. (2023. 2. 28. 항번개정)

1. 다음 각 목의 집합투자증권의 경우 : 집합투자증권의 환매등이 발생하는 시점의 기준가격에서 직전 결산·분배 직후(결산·분배가 없었던 경우에는 매수 시로 한다)의 기준가격을 뺀 금액 (2023. 2. 28. 개정)

　가. 「자본시장과 금융투자업에 관한 법률」 제234조에 따른 상장지수집합투자기구의 집합투자증권 (2023. 2. 28. 개정)

　나. 증권시장에 상장된 「자본시장과 금융투자업에 관한 법률」 제9조 제18항 제2호에 따른 집합투자기구의 집합투자증권 (2021. 2. 17. 신설)

　다. 「자본시장과 금융투자업에 관한 법률 시행령」 제2조 제1호에 따른 해외 증권시장(이하 "해외증권시장"이라 한다)에 상장된 집합투자증권 (2023. 2. 28. 신설)

2. 제1호 외의 집합투자증권의 경우 : 환매등이 발생하는 시점의 기준가격에서 매수 시(매수 후 결산·분배가 있었던 경우에는 직전 결산·분배 직후로 한다) 기준가격을 뺀 후 직전 결산·분배 시 발생한 과세되지 않은 투자자별 손익을 더하거나 뺀 금액

전의 「소득세법 시행령」 제157조 중 "주식등의 양도일"은 "2025년 1월 1일"로 본다. (2022. 12. 31. 개정)

② 영 제150조의 14 제1항 제2호에서 "기획재정부령으로 정하는 주권비상장법인의 소액주주"란 종전의 「소득세법 시행령」 제167조의 8 제1항 제2호 각 목의 어느 하나에 해당하는 주주가 아닌 주권비상장법인의 주주를 말한다. 이 경우 종전의 「소득세법 시행령」 제167조의 8 제1항 제2호 각 목 중 "주식등의 양도일"은 "2025년 1월 1일"로 본다. (2022. 12. 31. 후단개정)

제69조의 8【주권상장법인 및 주권비상장법인의 소액주주】삭 제 (2024. 12. 31.)

4. 파생상품 : 파생상품의 종류, 규모, 거래상황 등을 고려하여 대통령령으로 정하는 방법에 따라 평가한 가액 (2020. 12. 29. 신설)
② 기준시가에 관하여 그 밖에 필요한 사항은 대통령령으로 정한다. (2020. 12. 29. 신설)

제87조의 18【금융투자소득 기본공제】① 금융투자소득이 있는 거주자에 대해서는 금융투자소득금액에서 금융투자이월결손금을 공제한 후 다음 각 호의 구분에 따라 해당 금액을 공제한다. (2020. 12. 29. 신설)
1. 다음 각 목의 소득금액의 합계액에서 공제할 금액 : 5천만원의 범위에서 대통령령으로 정하는 금액 (2020. 12. 29. 신설)
  가. 주식등소득금액 중 주권상장법인의 주식등을 증권시장에서 양도하여 발생한 소득금액 (2020. 12. 29. 신설)
  나. 주권비상장법인인 대통령령으로 정하는 중소기업 및 대통령령으로 정하는 중견기업의 주식등을 「자본시장과 금융투자업에 관한 법률」 제283조에 따라 설립된 한국금융투자협회가 행하는 같은 법 제286조 제1항 제5호에 따른 장외매매거래로 양도하여 발생한 소득금액 (2020. 12. 29. 신설)
  다. 집합투자기구소득금액 중 적격집합투자기구(연 1회 이상 이익금의 분배 등 대통령령으로 정하는 요건을 갖춘 집합투자기구를 말한다)로서 대통령령으로 정하는 공모 국내주식형 적격집합투자기구에서 발생한 소득금액 (2022. 12. 31. 개정)
  라. 「상법」 제360조의 2 및 제360조의 15에 따른 주식의 포괄적 교환·이전 또는 같은 법 제360조의 5 및 제360조의 22에 따른 주식의 포괄적 교환·이전에 대한 주식매수청구권 행사로 주권상장법인의 주식등을 양도하여 발생한 소득금액 (2022. 12. 31. 신설)
2. 제1호 외의 소득금액의 합계액에서 공제할 금액 : 250만원 (2020. 12. 29. 신설)
② 제1항을 적용할 때 이 법 또는 「조세특례제한법」이나 그 밖의 법률에 따른 감면소득금액이 있는 경우에는 그 감면소득금액 외의 소득금액에서 먼저 공제한다. (2020. 12. 29. 신설)
③ 금융투자소득 기본공제의 구체적인 계산방법과 그 밖에 필요한 사항은 대통령령으로 정한다. (2020. 12. 29. 신설)

제 5 절 금융투자소득에 대한 세액의 계산 (2020. 12. 29. 신설)

제87조의 19【금융투자소득세의 세율】거주자의 금융투자소득과세표준에 적용하는 세율은 다음과 같다. (2020. 12. 29. 신설)

금융투자소득과세표준	세 율
3억원 이하	20퍼센트
3억원 초과	6천만원 + (3억원 초과액 × 25퍼센트)

(2021. 2. 17. 신설)
③ 증권시장에 상장된 집합투자증권을 증권시장에서 매도하거나 해외증권시장에 상장된 집합투자증권을 해외증권시장에서 매도하는 경우의 좌당양도소득금액은 제2항에도 불구하고 실제 매도가격에서 실제 매수가격을 뺀 금액으로 한다. (2023. 2. 28. 개정)
④ 제1항을 적용할 때 같은 계좌 내에서 같은 집합투자증권을 2회 이상 매수한 경우 매수 시의 기준가격은 제92조 제2항 제2호에 따른 선입선출법을 준용하여 산정한다. (2023. 2. 28. 개정)
⑤ 같은 계좌 내에서 증권시장에 상장된 같은 집합투자증권 또는 해외증권시장에 상장된 같은 집합투자증권을 2회 이상 매수한 경우 매수 시의 기준가격은 제4항에도 불구하고 제92조 제2항 제5호에 따른 이동평균법을 준용하여 산정한다. (2023. 2. 28. 개정)
⑥ 제1항을 적용할 때 「자본시장과 금융투자업에 관한 법률」 제249조의 8 제8항에 따라 집합투자기구의 집합투자규약으로 거주자별 손익의 분배 등을 차등하여 정하고 있는 경우에는 실제 차등하여 지급받는 손익을 기준으로 좌당양도소득금액을 산정한다. (2023. 2. 28. 개정)

제150조의 18【집합투자기구소득금액 계산 특례】① 제150조의 17에 따라 집합투자증권(해외증권시장에 상장된 집합투자증권은 제외한다)의 양도소득금액 계산할 때 2024년 12월 31일 이전에 취득한 집합투자증권의 기준가격, 실제 매수가격은 다음 각 호의 구분에 따른다. (2023. 2. 28. 개정)
1. 제150조의 17 제2항 제1호 가목(상장지수집합투자기구로서 증권시장에서 거래되는 주식의 가격만을 기반으로 하는 지수의 변화를 그대로 추적하는 것을 목적으로 하는 집합투자기구의 집합투자증권에 한정한다) 및 나목에 따라 계산한 금액 (2021. 2. 17. 신설)

> 직전 결산·분배 직후(결산·분배가 없었던 경우에는 매수 시로 한다)
>
> 기준가격 = A - (B - C)
>
> A : 2024년 과세기간 종료일(과세기간 종료일이 증권시장에서 매매가 없는 날인 경우 종료일 전 매매가 있는 마지막 날을 말한다. 이하 이 조에서 같다)의 기준가격
> B : 2024년 과세기간 종료일의 과세표준기준가격
> C : 2024년 과세기간 종료일의 직전 결산·분배 직후(결산·분배가 없었던 경우에는 매수 시로 한다) 과세표준기준가격

2. 다음 각 목의 경우 : 해당 목에서 정하는 산식에 따라 계산한 금액 (2023. 2. 28. 개정)
  가. 제150조의 17 제2항 제1호 가목(상장지수집합투자기구로서 증권시장에서 거래되는 주식의 가격만을 기반으로 하는 지수의 변화를 그대로 추적하는 것을 목적으로 하는 집합투자기구의 집합투자증권은 제외한다)에 따라 좌당양도소득금액을 계산할 때 직전 결산·분배 직후(결산·분배가 없었던 경우에는 매수 시로 한다) 기준가격 : (2023. 2. 28. 개정)

제87조의 20 【금융투자소득세액의 감면】 ① 금융투자소득금액에 이 법 또는 다른 조세에 관한 법률에 따른 감면대상 금융투자소득금액이 있을 때에는 다음 계산식에 따라 계산한 금융투자소득세 감면액을 금융투자소득 산출세액에서 감면한다. (2020. 12. 29. 신설)

$$\text{금융투자소득세 감면액} = A \times \frac{B - C}{D} \times E$$

A : 제87조의 5 제1호에 따른 금융투자소득 산출세액
B : 감면대상 금융투자소득금액
C : 제87조의 18에 따른 금융투자소득 기본공제 금액
D : 제87조의 4에 따른 금융투자소득과세표준
E : 이 법 또는 다른 조세에 관한 법률에서 정한 감면율

② 제1항에도 불구하고 「조세특례제한법」에서 금융투자소득세의 감면을 금융투자소득금액에서 감면대상 금융투자소득금액을 차감하는 방식으로 규정하는 경우에는 그에 따라 차감한 후 금융투자소득과세표준을 계산하는 방식으로 금융투자소득세를 감면한다. (2020. 12. 29. 신설)
③ 제1항 및 제2항에 따른 금융투자소득세액 감면의 구체적인 계산방법과 그 밖에 필요한 사항은 대통령령으로 정한다. (2020. 12. 29. 신설)

제 6 절 금융투자소득 예정신고와 납부 (2020. 12. 29. 신설)

제87조의 21 【금융투자소득 예정신고】 ① 다음 각 호의 어느 하나에 해당하는 소득(이하 "예정신고 대상소득"이라 한다)을 지급받은 자는 제87조의 7에 따라 계산한 금융투자소득금액 또는 금융투자결손금을 대통령령으로 정하는 바에 따라 납세지 관할 세무서장에게 신고하여야 한다. (2020. 12. 29. 신설)
1. 금융회사등을 통하여 지급받지 아니한 금융투자소득 (2020. 12. 29. 신설)
2. 금융회사등을 통하여 지급받은 금융투자소득 중 제127조에 따라 원천징수되지 아니한 소득 (2020. 12. 29. 신설)
3. 제87조의 2 제3호 가목에 따른 부담부증여 시 수증자가 부담하는 채무액에 해당하는 부분으로서 양도로 보는 부분에 대한 소득 (2022. 12. 31. 개정)
② 제1항에 따른 신고는 지급일 또는 양도일이 속하는 반기의 마지막 달의 다음다음 달 말일까지 하여야 한다. (2022. 12. 31. 개정)
③ 제1항에 따른 신고를 이 장에서 "금융투자소득 예정신고"라 한다. (2020. 12. 29. 신설)

제87조의 22 【예정신고납부】 ① 거주자가 금융투자소득 예정신고를 할 때에는 대통령령으로 정하는 예정신고 산출세액(이하 "예정신고 산출세액"이라 한다)에서 「조세특례제한법」이나 그 밖의 법률에 따른 감면세액(예정신고 대상소득금액에 감면이 적

직전 결산 · 분배 직후(결산 · 분배가 없었던 경우에는 매수 시로 한다)
기준가격 = A - (B - C ± D)

A : 2024년 과세기간 종료일의 기준가격
B : 2024년 과세기간 종료일의 과세표준기준가격
C : 매수 시(매수 후 결산 · 분배가 있었던 경우에는 2022년 과세기간 종료일의 직전 결산 · 분배 직후로 한다) 과세표준기준가격
D : 2024년 과세기간 종료일의 직전 결산 · 분배 시 발생한 과세되지 않은 투자자별 과세손익

나. 제150조의 17 제2항 제2호에 따라 좌당양도소득금액을 계산할 때 매수 시(매수 후 결산 · 분배가 있었던 경우에는 직전 결산 · 분배 직후로 한다) 기준가격 : (2023. 2. 28. 개정)

매수 시(매수 후 결산 · 분배가 있었던 경우에는 직전 결산 · 분배 직후로 한다) 기준가격 = A - (B - C ± D)

A : 2024년 과세기간 종료일의 기준가격. 다만, 제150조의 26 제2항에 따른 공모 국내주식형 적격집합투자기구 집합투자증권의 경우에는 2024년 과세기간 종료일의 기준가격 또는 매수 시(매수 후 결산 · 분배가 있었던 경우에는 2024년 과세기간 종료일의 직전 결산 · 분배 직후로 한다)의 기준가격 중 큰 가격으로 한다.
B : 2024년 과세기간 종료일의 과세표준기준가격
C : 매수 시(매수 후 결산 · 분배가 있었던 경우에는 2024년 과세기간 종료일의 직전 결산 · 분배 직후로 한다) 과세표준기준가격
D : 2024년 과세기간 종료일의 직전 결산 · 분배 시 발생한 과세되지 않은 투자자별 과세손익

3. 제150조의 17 제3항에 따라 증권시장에 상장된 다음 각 목의 집합투자증권의 좌당양도소득금액을 계산하는 경우 실제 매수가격 : 2024년 과세기간 종료일 현재 기획재정부령으로 정하는 방법에 따라 평가한 가액과 법 제87조의 12 제2항에 따른 금액 중 큰 금액 (2023. 2. 28. 개정)
가. 「자본시장과 금융투자업에 관한 법률」 제234조에 따른 상장지수집합투자기구의 집합투자증권 (2021. 2. 17. 신설)
나. 제150조의 17 제2항 제1호 나목의 집합투자증권 (2023. 2. 28. 개정)
② 제1항 제1호 · 제2호의 산식에서 과세표준기준가격은 기준가격에서 대통령령 제31083호 소득세법 시행령 일부개정령 제26조의 2 제4항 각 호 외의 부분 본문에 따라 집합투자기구로부터의 이익에 포함되지 않는 손익을 제외하여 산정한 금액을 말하며, 「자본시장과 금융투자업에 관한 법률」 제279조 제1항에 따른 외국집합투자증권으로서 과세표준기준가격이 없는 경우에는 기준가격을 말한다. (2023. 2. 28. 개정)

제69조의 9 【상장된 집합투자증권의 양도소득금액 계산 특례】 영 제150조의 18 제1항 제3호에서 "2024년 과세기간 종료일 현재 기획재정부령으로 정하는 방법에 따라 평가한 가액"이란 다음 각 호의 구분에 따른 금액을 말한다. (2022. 12. 31. 개정)
1. 「자본시장과 금융투자업에 관한 법률」 제234조에 따른 상장지수집합투자기구(이하 "상장지수집합투자기구"라 한다)의 집합투자증권의 경우 : 다음 각 목의 구분에 따른 금액 (2023. 3. 20. 개정)
가. 증권시장에서 거래되는 주식의 가격만을 기반으로 하는 지수의 변화를 그대로 추적하는 것을 목적으로 하는 집합투자증권의 경우: 2024

용되는 경우로 한정한다)을 뺀 세액을 대통령령으로 정하는 바에 따라 납세지 관할 세무서, 한국은행 또는 체신관서에 납부하여야 한다. (2020. 12. 29. 신설)
② 제1항에 따른 납부를 이 장에서 "예정신고납부"라 한다. (2020. 12. 29. 신설)
③ 예정신고납부를 하는 경우 제82조 또는 제87조의 27에 따른 수시부과세액이 있을 때에는 이를 공제하여 납부한다. (2020. 12. 29. 신설)
④ 예정신고납부세액의 계산방법과 그 밖에 필요한 사항은 대통령령으로 정한다. (2020. 12. 29. 신설)

제 7 절 금융투자소득과세표준의 확정신고와 납부

(2020. 12. 29. 신설)

제87조의 23【금융투자소득과세표준 확정신고】① 해당 과세기간의 금융투자소득금액이 있는 거주자(금융투자소득과세표준이 없거나 금융투자결손금이 있는 거주자를 포함한다)는 그 금융투자소득과세표준을 그 과세기간의 다음 연도 5월 1일부터 5월 31일까지 대통령령으로 정하는 바에 따라 납세지 관할 세무서장에게 신고하여야 한다. (2020. 12. 29. 신설)
② 제1항에 따른 신고를 "금융투자소득과세표준 확정신고"라 한다. (2020. 12. 29. 신설)
③ 다음 각 호에 모두 해당하지 아니하는 자는 금융투자소득과세표준 확정신고를 하지 아니할 수 있다. (2020. 12. 29. 신설)
1. 제87조의 5에 따른 금융투자소득 총결정세액이 제87조의 22에 따른 예정신고납부세액, 제82조 및 제87조의 27에 따른 수시부과세액 및 제127조에 따른 원천징수세액의 합계액을 초과하는 자 (2020. 12. 29. 신설)
2. 제87조의 26 제4항에 따라 환급을 받으려는 자 (2020. 12. 29. 신설)
3. 해당 과세기간의 금융투자결손금액을 확정하려는 자. 다만, 제87조의 21에 따른 예정신고 대상소득을 지급받지 아니한 과세기간의 금융투자결손금액을 확정하려는 자의 경우는 제외한다. (2021. 12. 8. 개정)
4. 이 법 또는 다른 법률에서 규정하는 금융투자소득에 대한 비과세, 감면 등 조세특례를 적용받으려는 자. 다만, 분리과세금융투자소득(제127조에 따라 원천징수되지 아니하는 소득은 제외한다)만 있는 자가 해당 소득에 대한 조세특례를 적용받으려는 경우는 제외한다. (2021. 12. 8. 개정)
④ 거주자는 금융투자소득과세표준 확정신고를 하는 경우 그 신고서에 금융투자소득금액 계산에 필요한 서류로서 대통령령으로 정하는 것을 납세지 관할 세무서장에게 제출하여야 한다. (2020. 12. 29. 신설)
⑤ 납세지 관할 세무서장은 금융투자소득과세표준 확정신고에 미비한 사항 또는 오류가 있을 때에는 그 보정을 요구할 수 있다. (2020. 12. 29. 신설)

제87조의 24【확정신고납부】① 거주자는 금융투자소득과세표준에 대한 금융투자소득 산출세액에서 감면세액과 세액공제액을 공제한 금액을 제87조의 23 제1항의

제150조의 19【파생결합증권소득금액의 계산 등】① 법 제87조의 15 제1항에서 "대통령령으로 정한 금액"이란 제2항에 따른 파생결합증권 양도등소득금액과 제3항에 따른 파생결합증권 분배소득금액을 합한 금액을 말한다. (2021. 2. 17. 신설)
② 파생결합증권 양도등소득금액은 「자본시장과 금융투자업에 관한 법률」 제4조 제7항에 따른 파생결합증권(이하 "파생결합증권"이라 한다)의 양도·상환, 권리행사, 최종거래일의 종료 등(이하 "양도등"이라 한다)으로 발생한 이익의 금액으로 하고, 다음 산식에 따라 계산한다. (2021. 2. 17. 신설)

> 파생결합증권 양도등소득금액 = A × B − C
>
> A : 파생결합증권의 1증권당 양도등소득금액
> B : 양도등이 발생한 파생결합증권의 수
> C : 「자본시장과 금융투자업에 관한 법률」에 따른 각종 보수·수수료 등

③ 파생결합증권 분배소득금액은 파생결합증권을 발행하는 자가 투자자에게 분배하는 금액으로 하고, 다음 산식에 따라 계산한다. (2021. 2. 17. 신설)

> 파생결합증권 분배소득금액 = A × B − C
>
> A : 파생결합증권의 1증권당 분배소득금액
> B : 분배가 발생한 파생결합증권의 수
> C : 「자본시장과 금융투자업에 관한 법률」에 따른 각종 보수·수수료 등

④ 제2항에 따른 파생결합증권의 1증권당 양도등소득금액은 다음 각 호의 구분에 따른 금액으로 한다. (2021. 2. 17. 신설)
1. 「자본시장과 금융투자업에 관한 법률」 제4조 제10항에 따른 기초자산의 가격·이자율·지표·단위 또는 이를 기초로 하는 지수 등의 변동과 연계하여 미리 정해진 방법에 따라 이익을 얻거나 손실을 회피하기 위한 계약상의 권리를 나타내는 것으로서 증권시장 또는 해외증권시장에 상장되어 거래되는 증권 또는 증서(이하 이 장에서 "상장지수증권"이라 한다)의 경우 : 다음 각 목의 구분에 따른 금액 (2023. 2. 28. 개정)
가. 증권시장 또는 해외증권시장에서 매도하는 경우 : 실제 매도가격에서 실제 매수가격을 뺀 금액 (2023. 2. 28. 개정)
나. 가목 외의 경우 : 양도등이 발생하는 시점의 기준가격에서 매수 시 기준가격을 뺀 금액 (2021. 2. 17. 신설)
2. 당사자 일방의 의사표시에 따라 증권시장 또는 해외증권시장을 대표하는 종목을 기준으로 산출된 지수(해당 지수의 변동성을 기준으로 산출된 지수를 포함한다) 등의 변동과 연계하여 미리 정해진 방법에 따라 주권의 매매나 금전을 수수하는 거래를 성립시킬 수 있는 권리를 표시하는 증권 또는 증서의 경우 : 다음 각 목의 구분에 따른 금액 (2023. 2. 28. 개정)
가. 권리행사 또는 최종거래일의 종료로 증권이 소멸되는 경우 : 다음 계산식에 따른 금액 (2021. 2. 17. 신설)

년 과세기간 종료일의 최종시세가액 (2023. 3. 20. 개정)
나. 가목 외의 경우 : 다음 계산식에 따라 계산한 금액 (2022. 12. 31. 개정)

> A − (B − C)
>
> A : 2024년 과세기간 종료일의 최종시세가액
> B : 2024년 과세기간 종료일의 과세표준기준가격
> C : 매수 시 과세표준기준가격

2. 영 제150조의 17 제2항 제1호 나목의 집합투자증권의 경우 : 다음 각 목의 구분에 따른 금액 (2023. 3. 20. 개정)
가. 2024년 12월 31일 현재 종전의 「소득세법 시행령」(대통령령 제32420호로 개정되기 전의 것을 말한다) 제167조의 8 제1항 각 호의 어느 하나에 해당하는 경우 : 0원 (2022. 12. 31. 개정)
나. 가목 외의 경우 : 2024년 과세기간 종료일의 최종시세가액 (2022. 12. 31. 개정)

제69조의 9【상장된 집합투자증권의 양도소득금액 계산 특례】삭　제 (2024. 12. 31.)

제69조의 10【상장지수증권의 양도소득금액 계산 특례】영 제150조의 20에서 "2024년 과세기간 종료일 현재(과세기간 종료일이 증권시장에서 매매가 없는 날인 경우 종료일 전 매매가 있는 마지막 날을 말한다) 기획재정부령으로 정하는 방법에 따라 평가한 가액"이란 다음 각 호의 구분에 따른 금액을 말한다. (2022. 12. 31. 개정)
1. 증권시장에서 거래되는 주식의 가격만을 기반으로 하는 지수의 변화를 그대로 추적하는 것을 목적으로 하는 경우 : 2024년 과세기간 종료일의 최종시세가액 (2022. 12. 31. 개정)
2. 제1호 외의 경우 : 다음 계산식에 따라 계산한 금액 (2022. 12. 31. 개정)

기간까지 대통령령으로 정하는 바에 따라 납세지 관할 세무서장, 한국은행 또는 체신관서에 납부하여야 한다. (2020. 12. 29. 신설)
② 제1항에 따른 납부를 이 장에서 "확정신고납부"라 한다. (2020. 12. 29. 신설)
③ 확정신고납부를 하는 경우 제87조의 22에 따라 납부하였거나 납부하여야 할 세액, 제82조 및 제87조의 27에 따른 수시부과세액과 제127조에 따른 원천징수세액을 공제하여 납부한다. (2020. 12. 29. 신설)

제8절 금융투자소득에 대한 결정·경정과 징수 및 환급
(2020. 12. 29. 신설)

제87조의 25【금융투자소득과세표준과 세액의 결정·경정】 ① 납세지 관할 세무서장 또는 지방국세청장은 금융투자소득 예정신고, 금융투자소득과세표준 확정신고를 하여야 할 자가 그 신고를 하지 아니한 경우에는 해당 거주자의 금융투자소득과세표준과 세액을 결정한다. (2020. 12. 29. 신설)
② 납세지 관할 세무서장 또는 지방국세청장은 금융투자소득 예정신고, 금융투자소득과세표준 확정신고 내용에 탈루 또는 오류가 있는 경우에는 금융투자소득과세표준과 세액을 경정한다. (2020. 12. 29. 신설)
③ 납세지 관할 세무서장 또는 지방국세청장은 제1항 및 제2항에 따라 금융투자소득과세표준과 세액을 결정 또는 경정한 후 그 결정 또는 경정에 탈루 또는 오류가 있는 것이 발견된 경우에는 즉시 다시 경정한다. (2020. 12. 29. 신설)
④ 대통령령으로 정하는 사유로 장부나 그 밖의 증명서류에 의하여 금융투자소득을 인정 또는 확인할 수 없는 경우에는 대통령령으로 정하는 바에 따라 매매사례가액, 환산취득가액(실지거래가액·매매사례가액 또는 대통령령으로 정하는 방법에 따라 환산한 가액을 말한다) 또는 기준시가 등에 따라 추계조사하여 결정 또는 경정할 수 있다. (2020. 12. 29. 신설)
⑤ 납세지 관할 세무서장 또는 지방국세청장은 제1항부터 제4항까지의 규정에 따라 거주자의 금융투자소득과세표준과 세액을 결정 또는 경정하였을 때에는 이를 그 거주자에게 대통령령으로 정하는 바에 따라 알려야 한다. (2020. 12. 29. 신설)
⑥ 납세지 관할 세무서장 또는 지방국세청장은 금융투자소득에 대한 신고 내용의 탈루 또는 오류, 그 밖에 거래명세의 적정성을 확인할 필요가 있는 경우에는 「금융실명거래 및 비밀보장에 관한 법률」 등 다른 법률의 규정에도 불구하고 대통령령으로 정하는 바에 따라 「자본시장과 금융투자업에 관한 법률」 제8조 제2항 또는 제3항에 따른 투자매매업자 또는 투자중개업자 및 같은 법 제3조에 따른 금융투자상품을 발행한 법인에 이를 조회할 수 있다. (2020. 12. 29. 신설)

제87조의 26【금융투자소득세액의 징수·환급】 ① 납세지 관할 세무서장은 제87조의 22 및 제87조의 24에 따라 금융투자소득세를 납부하여야 할 자가 그 세액의 전부 또는 일부를 납부하지 아니한 경우에는 그 미납된 금융투자소득세액을 「국세징수

> [(A - B) × C × D]와 0 중 큰 금액 - E
>
> A : 최종거래일의 권리행사결제기준가격
> B : 증권의 행사가격
> C : 증권의 유형이 살 수 있는 권리가 있는 증권인 경우에는 1, 팔 수 있는 권리가 있는 증권의 경우에는 − 1
> D : 「자본시장과 금융투자업에 관한 법률」 제390조 제1항의 증권상장규정에 따른 전환비율
> E : 증권의 매수가격

나. 그 외의 경우 : 실제 매도가격 또는 상환금액에서 실제 매수가격을 뺀 금액 (2021. 2. 17. 신설)
3. 제1호 또는 제2호 외의 파생결합증권의 경우 : 실제 매도가격 또는 상환금액에서 실제 매수가격을 뺀 금액 (2021. 2. 17. 신설)
⑤ 제3항에 따른 파생결합증권의 1증권당 분배소득금액은 파생결합증권을 발행하는 자가 투자자에게 증권당 분배하는 금액으로 한다. (2021. 2. 17. 신설)
⑥ 제2항 및 제3항을 적용할 때 같은 계좌 내에서 같은 상장지수증권 또는 제4항 제2호에 따른 같은 파생결합증권을 2회 이상 매수한 경우 실제 매수가격 또는 매수 시 기준가격은 제92조 제2항 제5호에 따른 이동평균법을 준용하여 산정한다. (2023. 2. 28. 개정)

제150조의 20【파생결합증권 소득금액 계산 특례】 제150조의 19 제4항 제1호에 따라 상장지수증권의 양도등소득금액을 계산할 때 2024년 12월 31일 이전에 취득한 상장지수증권(해외증권시장에 상장되어 거래되는 것은 제외한다)의 실제 매수가격은 2024년 과세기간 종료일(과세기간 종료일이 증권시장에서 매매가 없는 날인 경우 종료일 전 매매가 있는 마지막 날을 말한다) 현재 기획재정부령으로 정하는 방법에 따라 평가한 가액과 법 제87조의 12 제2항에 따른 금액 중 큰 금액으로 한다. (2023. 2. 28. 개정)

제150조의 21【파생상품소득금액의 계산 등】 ① 법 제87조의 16에서 "대통령령으로 정한 금액"이란 다음 각 호의 구분에 따른 금액을 말한다. 이 경우 제5호에 해당하는 파생상품의 금융투자소득금액은 제1호부터 제4호까지의 규정에도 불구하고 해당 호에서 정하는 바에 따른다. (2022. 2. 15. 후단신설)
1. 「자본시장과 금융투자업에 관한 법률」 제5조 제1항 제1호에 해당하는 파생상품 중 같은 조 제2항에 따른 장내파생상품의 금융투자소득금액 : 반대거래상계되거나 최종거래일이 종료되는 등의 원인으로 소멸된 계약에 대하여 각각 계약체결 당시 약정가격과 최종결제가격 및 거래승수 등을 고려하여 기획재정부령으로 정하는 방법에 따라 산출되는 손익 (2021. 2. 17. 신설)
2. 「자본시장과 금융투자업에 관한 법률」 제5조 제1항 제1호에 해당하는 파생상품 중 같은 조 제3항에 따른 장외파생상품의 금융투자소득금액 : 계약에 따라 수취하였거나 수취할 「자본시장과 금융투자업에 관한 법률」 제3조 제1항의 금전등(이하 이 조

> A − (B − C)
>
> A : 2024년 과세기간 종료일의 최종시세가액
> B : 2024년 과세기간 종료일의 과세표준기준가격
> C : 매수 시 과세표준기준가격

제69조의 10【상장지수증권의 양도소득금액 계산 특례】삭 제 (2024. 12. 31.)

제69조의 11【파생상품소득금액의 계산】
① 영 제150조의 21 제1항 제1호에서 "기획재정부령으로 정하는 방법에 따라 산출되는 손익"이란 다음 계산식에 따라 계산한 금액을 말한다. (2021. 3. 16. 신설)

> (A × C + B × C) × D
>
> A : 미결제약정 수량을 증가시키는 거래의 계약 체결 당시 약정가격
> B : 각 종목의 매수계약과 매도계약별로 미결제약정 수량을 소멸시키는 거래(이하 이 조에서 "반대거래"라 한다)의 계약 체결 당시 약정가격 또는 최종거래일의 도래로 소멸되는 계약의 최종거래일 최종결제가격
> C : 매도계약의 경우(매수계약의 최종거래일이 종료되는 경우를 포함한다)이면 1, 매수계약의 경우(매도계약의 최종거래일이 종료되는 경우를 포함한다)이면 − 1
> D : 「자본시장과 금융투자업에 관한 법률」 제393조 제2항의 파생상품시장업무규정에 따른 거래승수(이하 이 조에서 "거래승수"라 한다)

② 영 제150조의 21 제1항 제3호에서 "기획재정부령으로 정하는 방법에 따라 산출되는 손익"이란 다음 계산식에 따라 계산한 금액을 말한다. (2021. 3. 16. 신설)
1. 반대거래로 계약이 소멸되는 경우 (2021. 3. 16. 신설)

「법」에 따라 징수한다. (2020. 12. 29. 신설)

② 납세지 관할 세무서장은 제1항에 따라 징수하거나 납부된 거주자의 해당 과세기간 소득세액이 제87조의 25에 따라 납세지 관할 세무서장 또는 지방국세청장이 결정 또는 경정한 소득세액에 미달할 때에는 그 미달하는 세액을 징수한다. (2020. 12. 29. 신설)

③ 납세지 관할 세무서장은 원천징수의무자가 징수하였거나 징수하여야 할 세액을 그 기한까지 납부하지 아니하였거나 미달하게 납부한 경우에는 그 징수하여야 할 세액에 「국세기본법」 제47조의 5 제1항에 따른 가산세액을 더한 금액을 그 세액으로 하여 그 원천징수의무자로부터 징수하여야 한다. 다만, 원천징수의무자가 원천징수를 하지 아니한 경우로서 다음 각 호의 어느 하나에 해당하는 경우에는 「국세기본법」 제47조의 5 제1항에 따른 가산세액만을 징수한다. (2020. 12. 29. 신설)

1. 납세의무자가 신고·납부한 과세표준금액에 원천징수하지 아니한 원천징수대상 소득금액이 이미 산입된 경우 (2020. 12. 29. 신설)

2. 원천징수하지 아니한 원천징수대상 소득금액에 대해서 납세의무자의 관할 세무서장이 제87조의 25에 따라 그 납세의무자에게 직접 소득세를 부과·징수하는 경우 (2020. 12. 29. 신설)

④ 납세지 관할 세무서장은 과세기간별로 다음 각 호의 세액의 합계액이 금융투자소득 총결정세액을 초과할 때에는 그 초과하는 세액을 환급하거나 다른 국세 및 강제징수비에 충당하여야 한다. (2020. 12. 29. 신설)

1. 제87조의 22에 따른 예정신고납부세액과 제87조의 24에 따른 확정신고납부세액 (2020. 12. 29. 신설)

2. 제1항에 따라 징수하는 세액 (2020. 12. 29. 신설)

3. 제82조 및 제87조의 27에 따른 수시부과세액 (2020. 12. 29. 신설)

4. 제127조에 따라 원천징수한 세액 (2020. 12. 29. 신설)

제87조의 27 【준용규정】 ① 금융투자소득세에 대해서는 제24조, 제27조, 제33조, 제39조, 제43조, 제44조, 제57조, 제57조의 2, 제60조, 제61조, 제74조, 제75조, 제77조, 제82조, 제86조, 제98조, 제100조 및 제101조를 준용한다. (2022. 12. 31. 개정)

② 제101조를 준용하는 경우 제101조 제2항 각 호 외의 부분 중 "10년"은 "1년"으로 본다. (2022. 12. 31. 개정)

제 2 장의 2 거주자의 금융투자소득에 대한 납세의무 삭 제 (2024. 12. 31.)

에서 "금전등"이라 한다)의 가액에서 계약에 따라 지급하였거나 지급할 금전등의 가액을 차감한 금액 (2021. 2. 17. 신설)

3. 「자본시장과 금융투자업에 관한 법률」 제5조 제1항 제2호에 해당하는 파생상품의 금융투자소득금액 : 반대거래상계, 권리행사, 최종 거래일의 종료 등의 원인으로 소멸된 계약에 대하여 각각 계약체결 당시 약정가격, 권리행사결제기준가격, 행사가격, 거래승수 등을 고려하여 기획재정부령으로 정하는 방법에 따라 산출되는 손익 (2021. 2. 17. 신설)

4. 「자본시장과 금융투자업에 관한 법률」 제5조 제1항 제3호에 해당하는 파생상품의 금융투자소득금액 : 과세기간동안 수취하였거나 수취하기로 한 금전등의 가액에서 지급했거나 지급할 금전등의 가액을 차감한 금액 (2021. 2. 17. 신설)

5. 「자본시장과 금융투자업에 관한 법률」 제5조 제3항의 장외파생상품으로서 다음 각 목의 요건을 모두 갖춘 파생상품(경제적 실질이 동일한 것을 포함한다)의 금융투자소득금액: 계좌별로 동일한 종목의 계약체결 당시의 약정가격과 반대거래의 약정가격의 차액 및 그 계약을 위하여 발생한 수입과 비용 등을 고려하여 기획재정부령으로 정하는 방법에 따라 산출되는 손익 (2022. 2. 15. 신설)

가. 계약 체결 당시의 약정가격과 계약에 따른 약정을 소멸시키는 반대거래의 약정가격 간의 차액을 현금으로 결제하고 계약 종료시점을 미리 정하지 않고 거래 일방의 의사표시로 계약이 종료되는 상품일 것 (2022. 2. 15. 신설)

나. 「자본시장과 금융투자업에 관한 법률」 제4조 제10항에 따른 기초자산의 가격과 연계하는 상품일 것 (2023. 2. 28. 개정)

1)~3) 삭 제 (2023. 2. 28.)

② 파생상품 중 「자본시장과 금융투자업에 관한 법률」 제5조 제2항에 따른 장내파생상품은 먼저 거래한 것부터 순차적으로 소멸된 것으로 보아 소득금액을 계산한다. (2021. 2. 17. 신설)

③ 제1항 각 호의 소득금액을 계산하는 경우 위탁매매 수수료 등 파생상품 거래와 관련하여 지출한 비용으로 기획재정부령으로 정하는 비용은 제1항 각 호의 금액에서 공제한다. (2021. 2. 17. 신설)

④ 제1항부터 제3항까지에서 규정한 사항 외에 파생상품소득금액 계산에 필요한 사항은 기획재정부령으로 정한다. (2021. 2. 17. 신설)

제150조의 22 【주식등 기준시가의 산정】 ① 법 제87조의 17 제1항 제1호에서 "대통령령으로 정하는 방법에 따라 평가한 가액"이란 다음 각 호에 따른 가액을 말한다. (2021. 2. 17. 신설)

1. 주권상장법인의 주식등(제2호에 따른 주식등은 제외한다) : 양도일·취득일 이전 1개월 동안 매일 공표된 거래소 최종시세가액의 평균액 (2021. 2. 17. 신설)

2. 기획재정부령으로 정하는 주식등과 주권상장법인이 아닌 법인의 주식등 : 다음 각 목에서 정하는 바에 따라 평가한 가액 (2021. 2. 17. 신설)

가. 1주당 가액의 평가는 1)의 계산식에 따라 평가한 가액(이하 이 항에서 "순손익가치"라 한다)과 2)의 계산식에 따라 평가한 가액(이하 이 항에서 "순자산가치"라

$$(A \times C + B \times C) \times D$$

A : 미결제약정 수량을 증가시키는 거래의 계약체결 당시 약정가격

B : 반대거래 체결 당시 약정가격

C : 매도계약의 경우이면 1, 매수계약의 경우이면 − 1

D : 거래승수

2. 권리행사 또는 최종거래일의 종료로 계약이 소멸되는 경우 (2021. 3. 16. 신설)

$$[\{(A - B) \times C\}와 0 중 큰 금액 - D] \times E \times F$$

A : 최종거래일의 권리행사결제기준가격

B : 해당 옵션의 행사가격

C : 옵션의 유형이 콜옵션이면 1, 풋옵션이면 − 1

D : 미결제약정 수량을 증가시키는 거래의 계약체결 당시 약정가격

E : 거래승수

F : 매수계약이 소멸되는 경우이면 1, 매도계약이 소멸되는 경우이면 − 1

③ 영 제150조의 21 제1항 제5호 각 목 외의 부분에서 "기획재정부령으로 정하는 방법에 따라 산출되는 손익"이란 다음 계산식에 따라 계산한 금액을 말한다. (2022. 3. 18. 신설)

$$(A \times C) + (B \times C) + D - E$$

A : 미결제약정 수량을 증가시키는 거래의 계약 체결 당시 약정가격

B : 반대거래의 계약 체결 당시 약정가격

C : 매도계약의 경우에는 1, 매수계약의 경우에는 − 1

D : 기초자산에서 발생하는 배당소득 등 약정에 따른 매매차익 외의 계약에 따라 지급받는 소득

E : 증권거래세, 농어촌특별세 및 차입이자, 수수료 등 약정에 따른 매매차손 이외의 계약에 따라 지급하는 비용(제4항 각 호의 비용은 제외한다)

④ 영 제150조의 21 제3항에서 "기획재정부령으로

차액과 신주인수가액을 차감한 가액 중 큰 금액 (2021. 2. 17. 신설)
2) 신주인수권증서 : 다음의 구분에 따른 가액 (2021. 2. 17. 신설)
　가) 거래소에서 거래되는 경우 : 거래소에 상장되어 거래되는 전체 거래일의 종가 평균 (2021. 2. 17. 신설)
　나) 가) 외의 경우 : 해당 신주인수권증서로 인수할 수 있는 주식의 권리락(權利落) 전 가액에서 「상속세 및 증여세법 시행령」 제57조 제3항에 따른 배당차액과 신주인수가액을 차감한 가액 (2021. 2. 17. 신설)
4. 제1호부터 제3호까지에서 규정한 사항 외에 주식등의 평가에 따른 가액 : 제167조 제5항에 따라 평가한 가액 (2021. 2. 17. 신설)
② 주식등의 양도일 현재는 제1항 제1호에 따른 주식등에 해당하나 그 취득 당시에는 같은 호에 따른 주식등에 해당되지 않는 경우 취득 당시의 기준시가는 같은 항 제2호에도 불구하고 다음 산식으로 계산한 가액으로 한다. (2021. 2. 17. 신설)

> 증권시장 상장일 이후 1개월간 매일 공표된 증권시장의 최종시세가액의 평균액
> × (취득일 현재의 제1항 제2호에 따른 평가액 ÷ 증권시장 상장일 현재의 같은 호에 따른 평가액)

③ 제1항 제1호 및 제2호에 따라 산정한 양도 당시의 기준시가와 취득 당시의 기준시가가 같은 경우에는 제1항 제1호 및 제2호에도 불구하고 해당 자산의 보유기간과 기준시가의 상승률을 고려하여 기획재정부령으로 정하는 방법에 따라 계산한 가액을 양도 당시의 기준시가로 한다. (2022. 2. 15. 신설)

제150조의 23 【주식등 이외 자산 기준시가의 산정】 ① 법 제87조의 17 제1항 제3호에서 "대통령령으로 정하는 방법에 따라 평가한 가액"이란 다음 각 호의 구분에 따른 가액을 말한다. (2021. 2. 17. 신설)
1. 증권시장에 상장되어 거래되는 경우 : 평가기준일 현재 거래소 최종시세가액 (2021. 2. 17. 신설)
2. 제1호 외의 경우 : 파생결합증권 발행회사가 공시하는 공정가액 (2021. 2. 17. 신설)
② 법 제87조의 17 제1항 제4호에서 "대통령령으로 정하는 방법에 따라 평가한 가액"이란 다음 각 호에 따른 가액을 말한다. (2021. 2. 17. 신설)
1. 증권시장에 상장되어 거래되는 경우 : 평가기준일 현재 거래소 최종시세가액 (2021. 2. 17. 신설)
2. 제1호 외의 경우 : 본래의 권리의 가액을 기초로 하여 평가기준일 현재의 조건내용을 구성하는 사실, 조건성취의 확실성, 그 밖의 제반사정을 고려한 적정가액 (2021. 2. 17. 신설)

제150조의 24 【금융투자소득 기본공제 금액】 법 제87조의 18 제1항 제1호에서 "대통령령으로 정하는 금액"이란 5천만원을 말한다. (2021. 2. 17. 신설)

☞ p.2719 2단 연결

한다)을 각각 3과 2의 비율로 가중평균한 가액으로 할 것. 다만, 그 가중평균한 가액이 1주당 순자산가치에 100분의 80을 곱한 금액보다 적은 경우에는 1주당 순자산가치에 100분의 80을 곱한 금액을 평가액으로 한다. (2021. 2. 17. 신설)
1) 양도일 또는 취득일이 속하는 사업연도의 직전 사업연도의 1주당 순손익액 ÷ 금융회사등이 보증한 3년만기 회사채의 유통수익률을 고려하여 기획재정부령으로 정하는 이자율 (2022. 2. 15. 개정)
2) 양도일 또는 취득일이 속하는 사업연도의 직전 사업연도 종료일 현재 해당 법인의 장부가액(토지의 경우는 법 제99조 제1항 제1호 가목에 따른 기준시가를 말한다) ÷ 발행주식총수(양도일 또는 취득일이 속하는 사업연도의 직전 사업연도 종료일 현재의 발행주식 총수를 말한다) (2021. 2. 17. 신설)
나. 가목을 적용할 때 제2호의 주식등(이하 이 목에서 "비상장주식등"이라 한다)을 발행한 법인이 다른 비상장주식 등을 발행한 법인의 발행주식총수 또는 출자총액의 100분의 10 이하의 주식 또는 출자지분을 소유하고 있는 경우에 그 다른 비상장주식등은 가목에도 불구하고 「법인세법 시행령」 제74조 제1항 제1호 마목에 따른 취득가액에 따라 평가할 것 (2021. 2. 17. 신설)
다. 다음의 어느 하나에 해당하는 주식등 : 가목 1) · 2) 외의 부분에 불구하고 가목 2)의 산식에 따라 평가한 가액으로 할 것 (2021. 2. 17. 신설)
1) 법 제87조의 23에 따른 금융투자소득과세표준 확정신고기한 이내에 청산절차가 진행 중인 법인과 사업자의 사망 등으로 인하여 사업의 계속이 곤란하다고 인정되는 법인의 주식등 (2021. 2. 17. 신설)
2) 사업개시 전 또는 사업개시 후 1년 미만의 법인, 휴 · 폐업 중에 있는 법인의 주식등 (2021. 2. 17. 신설)
3) 법인의 자산총액 중 주식등 가액의 합계액이 차지하는 비율이 100분의 80 이상인 법인의 주식등 (2023. 2. 28. 개정)
4) 법인의 설립 시 정관에 존속기한이 확정된 법인으로서 평가기준일 현재 잔여 존속기한이 3년 이내인 법인의 주식등 (2023. 2. 28. 신설)
3. 신주인수권 : 다음 각 복의 구분에 따라 평가한 가액 (2021. 2. 17. 신설)
가. 주식으로의 전환 등이 불가능한 기간 중인 경우의 신주인수권증권에 대한 평가 가액 : 신주인수권부사채의 만기상환금액(만기 전에 발생하는 이자상당액을 포함한다. 이하 이 목에서 같다)을 사채발행이율에 따라 발행 당시의 현재가치로 할인한 가액에서 그 만기상환금액을 3년 만기 회사채의 유통수익률을 고려하여 기획재정부령으로 정하는 이자율(이하 이 호에서 "적정할인율"이라 한다)에 따라 발행 당시의 현재가치로 할인한 가액을 뺀 가액. 이 경우 그 가액이 음수인 경우에는 0으로 한다. (2021. 2. 17. 신설)
나. 주식으로의 전환 등이 가능한 기간 중인 경우의 신주인수권증권 및 신주인수권증서에 대한 평가 가액 : 다음의 구분에 따라 평가한 가액 (2021. 2. 17. 신설)
1) 신주인수권증권 : 가목에 따라 평가한 가액과 해당 신주인수권증권으로 인수할 수 있는 주식가액에서 「상속세 및 증여세법 시행령」 제57조 제3항에 따른 배당

정하는 비용"이란 다음 각 호의 어느 하나에 해당하는 비용을 말한다. (2022. 3. 18. 항번개정)
1. 「자본시장과 금융투자업에 관한 법률」 제58조에 따른 수수료로서 다음 각 목의 어느 하나에 해당하는 비용 (2021. 3. 16. 신설)
　가. 위탁매매수수료 (2021. 3. 16. 신설)
　나. 「자본시장과 금융투자업에 관한 법률」 제6조 제8항에 따른 투자일임업을 영위하는 같은 법 제8조 제3항의 투자중개업자가 투자중개업무와 투자일임업무를 결합한 자산관리계좌를 운용하여 부과하는 투자일임수수료 중 다음의 요건을 모두 갖춘 위탁매매수수료에 상당하는 비용 (2021. 3. 16. 신설)
　1) 전체 투자일임수수료를 초과하지 않을 것 (2021. 3. 16. 신설)
　2) 파생상품을 온라인으로 직접 거래하는 경우에 부과하는 위탁매매수수료를 초과하지 않을 것 (2021. 3. 16. 신설)
　3) 부과기준이 약관 및 계약서에 적혀 있을 것 (2021. 3. 16. 신설)
2. 「자본시장과 금융투자업에 관한 법률」 제5조 제3항에 따른 장외파생상품의 계약서 작성비용 (2021. 3. 16. 신설)

제69조의 11 【파생상품소득금액의 계산】 삭　제 (2024. 12. 31.)

제69조의 12 【주식등 기준시가의 산정】 ① 영 제150조의 22 제1항 제2호 각 목 외의 부분에서 "기획재정부령으로 정하는 주식등"이란 코스닥시장 상장법인(대통령령 제24697호 자본시장과 금융투자업에 관한 법률 시행령 일부개정령 부칙 제8조에 따른 코스닥시장에 상장된 주권을 발행한 법인을 말한다) 또는 코넥스시장상장법인(「자본시장과 금융투자업에 관한 법률 시행령」 제11조 제2항에 따른 코넥스시장에 상장된 주권을 발행한 법인을 말한다)의 주식등으로서 「상속세 및 증여세법 시행령」 제52조의 2 제3항에 해당하지 않는 주식등을 말한다. (2021. 3. 16. 신설)

투자재산"이라 한다)의 3분의 2 이상이 되도록 투자(이하 "최저투자의무"라 한다)하는 집합투자기구일 것. 다만, 다음 각 목의 어느 하나에 해당하는 기간 동안에는 최저투자의무를 적용하지 않는다. (2023. 2. 28. 개정)

가. 집합투자기구의 최초 설립일 또는 설정일부터 1개월간 (2023. 2. 28. 개정)

나. 집합투자기구의 회계기간 종료일 이전 1개월간(회계기간이 3개월 이상인 경우로 한정한다) (2023. 2. 28. 개정)

다. 집합투자기구의 해산일 또는 해지일 이전 1개월간(최초 설립일 또는 설정일부터 해산일 또는 해지일까지의 기간이 3개월 이상인 경우로 한정한다) (2023. 2. 28. 개정)

라. 3영업일 동안 누적된 추가설정 또는 해지청구된 금액이 각각 집합투자재산 총액의 100분의 10을 초과하여 최저투자의무를 위반하게 된 경우 그 위반일부터 1개월간 (2023. 2. 28. 개정)

마. 집합투자기구가 투자한 자산의 가격변동으로 최저투자의무를 위반하게 된 경우 그 위반일부터 1개월간 (2023. 2. 28. 개정)

③ 제1항 제1호 단서에 따라 분배를 유보할 수 있는 집합투자재산 평가이익의 범위 등에 관한 사항은 기획재정부령으로 정한다. (2023. 2. 28. 신설)

제4절 금융투자소득 예정신고와 납부

(2021. 2. 17. 신설)

제150조의 27【금융투자소득 예정신고】 ① 법 제87조의 21 제1항에 따라 금융투자소득 예정신고(이하 이 절에서 "금융투자소득 예정신고"라 한다)를 하려는 자는 기획재정부령으로 정하는 금융투자소득 예정신고 및 납부계산서(이하 이 절에서 "금융투자소득예정신고·납부계산서"라 한다)에 다음 각 호의 서류를 첨부하여 납세지 관할 세무서장에게 제출해야 한다. (2021. 2. 17. 신설)

1. 금융투자소득 과세대상인 금융투자상품(「자본시장과 금융투자업에 관한 법률」 제3조에 따른 금융투자상품을 말한다. 이하 같다)의 매도 및 매입 등에 관한 계약서 사본(금융회사등을 통하여 금융투자소득을 지급받은 경우에는 「자본시장과 금융투자업에 관한 법률」 제8조 제1항에 따른 금융투자업자가 발급하는 거래내역서를 말한다) (2023. 2. 28. 개정)

2. 양도비 등의 명세서 (2021. 2. 17. 신설)

② 법 제87조의 21 제1항에 따라 금융투자결손금을 신고하는 경우에는 기획재정부령으로 정하는 금융투자결손금신고서에 제1항 각 호의 서류를 첨부하여 납세지 관할 세무서장에게 제출해야 한다. (2021. 2. 17. 신설)

제150조의 28【예정신고 산출세액의 계산】 ① 법 제87조의 22 제1항에서 "대통령령으로 정하는 예정신고 산출세액"은 다음 계산식에 따라 계산한 세액을 말한

☞ p.2720 2단 연결

제150조의 25【중소기업 및 중견기업의 범위】 ① 법 제87조의 18 제1항 제1호 나목에서 "대통령령으로 정하는 중소기업"이란 주식등의 양도일 현재 「중소기업기본법」 제2조에 따른 중소기업에 해당하는 기업을 말한다. (2022. 2. 15. 개정)

② 법 제87조의 18 제1항 제1호 나목에서 "대통령령으로 정하는 중견기업"이란 주식등의 양도일 현재 「중견기업 성장촉진 및 경쟁력 강화에 관한 특별법」에 따른 중견기업에 해당하는 기업을 말한다. (2022. 2. 15. 개정)

③ 제1항을 적용할 때 중소기업에 해당하는지 여부의 판정은 「중소기업기본법 시행령」 제3조의 3 제1항에도 불구하고 주식등의 양도일이 속하는 사업연도의 직전 사업연도 종료일 현재를 기준으로 한다. 다만, 주식등의 양도일이 속하는 사업연도에 새로 설립된 법인의 경우에는 주식등의 양도일 현재를 기준으로 한다. (2021. 2. 17. 신설)

③ 삭 제 (2022. 2. 15.)

제150조의 26【공모 국내주식형 적격집합투자기구 요건 등】 (2023. 2. 28. 제목개정)

① 법 제87조의 18 제1항 제1호 다목에서 "연 1회 이상 이익금의 분배 등 대통령령으로 정하는 요건을 갖춘 집합투자기구"란 집합투자기구 중 다음 각 호의 요건을 모두 갖춘 집합투자기구(이하 "적격집합투자기구"라 한다)를 말한다. 다만, 국외에서 설정된 집합투자기구는 다음 각 호의 요건을 갖추지 못한 경우에도 적격집합투자기구로 본다. (2023. 2. 28. 신설)

1. 해당 집합투자기구의 설정일부터 매년 1회 이상 결산·분배할 것. 다만, 「자본시장과 금융투자업에 관한 법률」 제9조 제22항에 따른 집합투자규약에서 정하는 바에 따라 집합투자기구이익금 중 금융투자소득에 해당하는 금액과 「자본시장과 금융투자업에 관한 법률」 제238조에 따라 평가한 집합투자재산의 평가이익은 분배를 유보할 수 있으며, 집합투자기구이익금이 0보다 작은 경우에도 분배를 유보할 수 있다. (2023. 2. 28. 신설)

2. 금전으로 위탁받아 금전으로 환급할 것(금전 외의 자산으로 위탁받아 환급하는 경우로서 해당 위탁가액과 환급가액이 모두 금전으로 표시된 것을 포함한다) (2023. 2. 28. 신설)

3. 집합투자기구이익금과 제1호의 분배금 및 유보금 내역 등을 기획재정부령으로 정하는 바에 따라 납세지 관할 세무서장에게 신고할 것 (2023. 2. 28. 신설)

② 법 제87조의 18 제1항 제1호 다목에서 "대통령령으로 정하는 공모 국내주식형 적격집합투자기구"란 다음 각 호의 요건을 모두 갖춘 집합투자기구를 말한다. (2023. 2. 28. 항번개정)

1. 「자본시장과 금융투자업에 관한 법률」 제229조 제1호에 따른 증권집합투자기구로서 적격집합투자기구일 것 (2021. 2. 17. 신설)

2. 「자본시장과 금융투자업에 관한 법률」 제9조 제19항에 따른 사모집합투자기구가 아닐 것 (2021. 2. 17. 신설)

3. 주권상장법인의 주식등 기획재정부령으로 정하는 자산에 투자하는 비율이 매일 「자본시장과 금융투자업에 관한 법률」 제9조 제20항에 따른 집합투자재산(이하 "집합

② 영 제150조의 22 제1항 제2호 가목 1)에서 "기획재정부령으로 정하는 이자율"이란 「상속세 및 증여세법 시행규칙」 제17조에 따른 이자율을 말한다. (2022. 3. 18. 신설)

③ 영 제150조의 22 제1항 제3호 가목에서 "기획재정부령으로 정하는 이자율"이란 「상속세 및 증여세법 시행규칙」 제18조의 3에 따른 이자율을 말한다. (2022. 3. 18. 항번개정)

④ 영 제150조의 22 제3항에서 "기획재정부령으로 정하는 방법에 따라 계산한 가액"이란 다음 각 호의 구분에 따라 계산한 가액을 말한다. 이 경우 1개월 미만의 월수는 1개월로 본다. (2022. 3. 18. 신설)

1. 양도일과 취득일이 동일한 사업연도에 속하는 경우 : 다음 계산식에 따라 계산한 가액 (2022. 3. 18. 신설)

$$A + [(A - B) \times C \div D]$$

A : 취득일이 속하는 사업연도의 직전 사업연도 기준시가

B : 취득일이 속하는 사업연도의 직전전 사업연도 기준시가

C : 양도자산 보유 월수

D : 취득일이 속하는 사업연도의 직전 사업연도의 월수

2. 제1호 외의 경우 : 해당 양도자산의 기준시가 (2022. 3. 18. 신설)

제69조의 12【주식등 기준시가의 산정】 삭 제 (2024. 12. 31.)

제69조의 13【공모 국내주식형 적격집합투자기구 요건 등】 (2023. 3. 20. 제목개정)

① 영 제150조의 26 제1항 제1호에 따른 집합투자재산의 평가이익은 집합투자재산으로 인식되지만 실제로 귀속되지 않은 이익으로서 이미 경과한 기간에 대응하는 집합투자재산의 이자, 미수 배당금, 미수 임대료 수입 등을 포함한다. (2023. 3. 20. 신설)

② 집합투자업자는 영 제150조의 26 제1항 제3호에 따라 집합투자기구의 이익 및 분배·유보 내역 신고

1. 제150조의 27 제1항 각 호의 서류 (2021. 2. 17. 신설)
2. 제150조의 35 및 제177조 제1항에 따른 문서 또는 통지서 사본(금융투자소득예정신고를 하지 않은 자의 경우에는 기획재정부령으로 정하는 금융투자소득금액계산명세서를 말한다) (2021. 2. 17. 신설)
3. 법 제87조의 27 및 제101조에 따라 소득금액을 계산한 경우에는 필요경비불산입명세서 (2021. 2. 17. 신설)
4. 금융투자소득에 대한 조세특례적용신청서 및 조세특례에 관한 사항 확인을 위해 필요한 서류 (2021. 2. 17. 신설)

제150조의 31 【확정신고세액의 납부절차】 ① 법 제87조의 24 제1항에 따라 확정신고납부를 하려는 자는 금융투자소득과세표준확정신고와 함께 납세지 관할 세무서장에게 납부하거나 「국세징수법」에 따른 납부서에 제150조의 30 제1항에 따른 금융투자소득과세표준확정신고 및 납부계산서를 첨부하여 한국은행 또는 체신관서에 납부해야 한다. (2021. 2. 17. 신설)
② 제1항에 따라 제150조의 30 제1항에 따른 금융투자소득과세표준확정신고 및 납부계산서를 납부서에 첨부하여 한국은행 또는 체신관서에 제출한 경우에는 법 제87조의 23 제1항에 따른 신고를 한 것으로 본다. (2021. 2. 17. 신설)

제 6 절 금융투자소득에 대한 결정·경정과 징수 및 환급
(2021. 2. 17. 신설)

제150조의 32 【금융투자소득과세표준과 세액의 결정·경정】 법 제87조의 25에 따른 금융투자소득과세표준과 세액의 결정 및 경정에 관하여는 제176조를 준용한다. (2021. 2. 17. 신설)

제150조의 33 【추계결정 및 경정】 ① 법 제87조의 25 제4항에서 "대통령령으로 정하는 사유"란 제176조의 2 제1항에 해당하는 경우를 말한다. (2021. 2. 17. 신설)
② 법 제87조의 25 제4항에서 "대통령령으로 정하는 방법에 따라 환산한 가액"이란 제129조 제4항을 준용하여 환산한 가액을 말한다. (2021. 2. 17. 신설)
③ 제1항 및 제2항에서 규정한 사항 외에 법 제87조의 25 제4항에 따른 금융투자소득 추계결정 및 경정에 관하여는 제176조의 2 제3항부터 제5항까지를 준용한다. (2021. 2. 17. 신설)

제150조의 34 【금융투자소득과세표준과 세액의 통지】 법 제87조의 25 제5항에 따른 통지에 관하여는 제177조를 준용한다. (2021. 2. 17. 신설)

☞ p.2721 2단 연결

다. (2021. 2. 17. 신설)

$$\text{예정신고 산출세액} = (A - B) \times C$$

A : 금융투자소득금액
B : 금융투자소득 기본공제
C : 법 제87조의 19에 따른 세율

② 제1항에도 불구하고 해당 과세기간에 금융투자소득예정신고를 2회 이상 하고 누진세율이 적용되는 경우로서 거주자가 이미 신고한 금융투자소득금액과 합산하여 신고하려는 경우에는 다음의 계산식에 따라 계산한 금액을 2회 이후 신고하는 예정신고 산출세액으로 한다. (2021. 2. 17. 신설)

$$\text{예정신고 산출세액} = [(A + B - C) \times D] - E$$

A : 이미 신고한 금융투자소득금액
B : 2회 이후 신고하는 금융투자소득금액
C : 금융투자소득 기본공제
D : 법 제87조의 19에 따른 세율
E : 이미 신고한 예정신고 산출세액

③ 제1항 및 제2항에 따라 예정신고 산출세액 계산 시 금융투자소득 기본공제는 제203조의 2 제5항에 따라 금융투자소득 기본공제를 신청하지 않은 경우로 한정하여 적용한다. (2021. 2. 17. 신설)

제150조의 29 【예정신고납부】 법 제87조의 22 제1항에 따라 예정신고납부를 하려는 자는 금융투자소득예정신고·납부계산서를 첨부하여 제출해야 한다. (2021. 2. 17. 신설)

제 5 절 금융투자소득과세표준의 확정신고와 납부
(2021. 2. 17. 신설)

제150조의 30 【금융투자소득과세표준 확정신고】 ① 법 제87조의 23 제2항에 따른 금융투자소득과세표준 확정신고(이하 "금융투자소득과세표준확정신고"라 한다)를 하는 때에는 기획재정부령으로 정하는 금융투자소득 과세표준확정신고 및 납부계산서에 제2항 각 호의 서류를 첨부해야 한다. 다만, 제150조의 31 제2항에 따라 금융투자소득과세표준확정신고를 한 것으로 보는 경우는 제외한다. (2021. 2. 17. 신설)
② 법 제87조의 23 제4항에서 "대통령령으로 정하는 것"이란 다음 각 호의 서류를 말한다. (2021. 2. 17. 신설)

서를 결산·분배일이 속하는 반기의 종료일 다음 달 말일까지 납세지 관할 세무서장에게 제출해야 한다. (2023. 3. 20. 신설)
③ 영 제150조의 26 제2항 제3호에서 "주권상장법인의 주식등 기획재정부령으로 정하는 자산"이란 다음 각 호의 어느 하나에 해당하는 자산을 말한다. (2023. 3. 20. 개정)
1. 주권상장법인의 주식등 (2021. 3. 16. 신설)
2. 다음 각 목의 집합투자증권 (2023. 3. 20. 개정)
　가. 상장지수집합투자기구로서 증권시장에서 거래되는 주식의 가격만을 기반으로 하는 지수의 변화를 그대로 추적하는 것을 목적으로 하는 집합투자기구의 집합투자증권 (2023. 3. 20. 개정)
　나. 증권시장에 상장된 「자본시장과 금융투자업에 관한 법률」 제9조 제18항 제2호에 따른 집합투자기구의 집합투자증권 (2023. 3. 20. 개정)
④ 영 제150조의 26 제2항 제1호 및 제2호의 요건을 모두 갖추어 법 제87조의 18 제1항 제1호 다목에 따른 공모 국내주식형 적격집합투자기구(이하 이 조에서 "공모국내주식형적격집합투자기구"라 한다)의 집합투자증권에 투자한 집합투자기구(이하 이 조에서 "적격재간접집합투자기구"라 한다)는 직접 보유한 제3항 각 호의 자산 가액에 다음 계산식에 따라 계산한 금액을 합하여 영 제150조의 26 제2항 제3호를 적용한다. (2023. 3. 20. 개정)

$$A \times \frac{B_1 + B_2}{C}$$

A : 적격재간접집합투자기구가 직접 보유한 공모국내주식형적격집합투자기구의 집합투자증권의 가액
B_1 : 공모국내주식형적격집합투자기구가 직접 보유한 제3항 각 호의 자산 가액
B_2 : 공모국내주식형적격집합투자기구가 다른 공모국내주식형적격집합투자기구에 투자하여 간접 보유한 제3항 각 호의 자산 가액(다른 공모국내주식형적격집합투자기구에 투자한 금액에 다른 공모국내주식형집합투자기구의 자산총액 중 제3항 각 호의 자산 가액의 비

제 2 장의 2 거주자의 금융투자소득에 대한 납세의무 삭 제 (2024. 12. 31.)

제 3 장 거주자의 양도소득에 대한 납세의무

제 1 절 양도의 정의

제88조 【정 의】(2016. 12. 20. 제목개정)
이 장에서 사용하는 용어의 뜻은 다음과 같다. (2016. 12. 20. 개정)
1. "양도"란 자산에 대한 등기 또는 등록과 관계없이 매도, 교환, 법인에 대한 현물출자 등을 통하여 그 자산을 유상으로 사실상 이전하는 것을 말한다. 이 경우 대통령령으로 정하는 부담부증여 시 수증자가 부담하는 채무액에 해당하는 부분은 양도로 보며, 다음 각 목의 어느 하나에 해당하는 경우에는 양도로 보지 아니한다. (2020. 12. 29. 개정)
가. 「도시개발법」이나 그 밖의 법률에 따른 환지처분으로 지목 또는 지번이 변경되거나 보류지(保留地)로 충당되는 경우 (2016. 12. 20. 개정)
나. 토지의 경계를 변경하기 위하여 「공간정보의 구축 및 관리 등에 관한 법률」 제79조에 따른 토지의 분할 등 대통령령으로 정하는 방법과 절차로 하는 토지 교환의 경우 (2016. 12. 20. 개정)
다. 위탁자와 수탁자 간 신임관계에 기하여 위탁자의 자산에 신탁이 설정되고 그 신탁재산의 소유권이 수탁자에게 이전된 경우로서 위탁자가 신탁 설정을 해지하거나 신탁의 수익자를 변경할 수

제 3 장 거주자의 양도소득에 대한 납세의무

제 1 절 양도의 정의

제151조 【양도의 범위】(2017. 2. 3. 제목개정)
① 법 제88조 제1호를 적용할 때 채무자가 채무의 변제를 담보하기 위하여 자산을 양도하는 계약을 체결한 경우에 다음 각호의 요건을 모두 갖춘 계약서의 사본을 양도소득 과세표준 확정신고서에 첨부하여 신고하는 때에는 이를 양도로 보지 아니한다. (2017. 2. 3. 개정)

●예판 ···
일정기간 후에 같은 종류로서 같은 양의 주식 등을 반환받는 조건으로 주식 등을 대여하는 주식대차거래는 양도거래에 해당하지 않음. (서면법규-468, 2014. 5. 9.)
··

1. 당사자간에 채무의 변제를 담보하기 위하여 양도한다는 의사표시가 있을 것
2. 당해 자산을 채무자가 원래대로 사용·수익한다는 의사표시가 있을 것
3. 원금·이율·변제기한·변제방법 등에 관한 약정이 있을 것
② 제1항의 규정에 의한 계약을 체결한 후 동항의 요건에 위배하거나

중을 곱한 금액을 말한다)
C : 공모국내주식형적격집합투자기구의 자산 총액

제69조의 13 【공모 국내주식형 적격집합투자기구 요건 등】삭 제 (2024. 12. 31.)

(➡ 법 88조)

집행기준 88-0-2 【자산이 유상으로 이전되는 경우】
자산의 유상이전은 어떤 행위에 보상이 있는 것을 말하므로, 현금으로 대가를 받는 것은 물론 조합원의 지위를 취득하거나, 채무의 면제 등 자산을 이전하고 보상을 받은 것은 자산이 유상으로 이전되는 경우에 해당된다.

자산의 유상이전 사례	대 가
매매(매도)	금전
교환	부동산 또는 동산
법인에 현물출자	주식또는 출자지분
공동사업에 현물출자	조합원의 지위
협의매수·수용	현금·채권 또는 대토
경매·공매, 위자료, 대물변제, 부담부증여, 물납	채무의 감소

(2024. 10. 31. 개정)

(➡ 영 151조)
88-151-5 【사해행위취소 판결에 따라 소유권이 이전된 경우】
사해행위취소 판결은 채권자와 양수자 사이에 있어서만 그 효력이 발생할 뿐이므로 당초 소유자 명의로 원상회복하는 것은 양도에 해당하지 아니

있는 등 신탁재산을 실질적으로 지배하고 소유하는 것으로 볼 수 있는 경우 (2020. 12. 29. 신설)

2. ☞ p.2724

채무불이행으로 인하여 당해 자산을 변제에 충당한 때에는 그 때에 이를 양도한 것으로 본다.

③ 법 제88조 제1호 각 목 외의 부분 후단에서 "대통령령으로 정하는 부담부증여 시 수증자가 부담하는 채무액에 해당하는 부분"이란 부담부증여 시 증여자의 채무를 수증자(受贈者)가 인수하는 경우 증여가액 중 그 채무액에 해당하는 부분을 말한다. 다만, 배우자 간 또는 직계존비속 간의 부담부증여(「상속세 및 증여세법」 제44조에 따라 증여로 추정되는 경우를 포함한다)로서 같은 법 제47조 제3항 본문에 따라 수증자에게 인수되지 아니한 것으로 추정되는 채무액은 제외한다. (2023. 2. 28. 개정)

제159조【부담부증여에 대한 양도차익의 계산】 ① 법 제88조 제1호 각 목 외의 부분 후단에 따른 부담부증여의 경우 양도로 보는 부분에 대한 양도차익을 계산할 때 그 취득가액 및 양도가액은 다음 각 호에 따른다. (2020. 2. 11. 개정)

1. 취득가액 : 다음 계산식에 따른 금액 (2023. 2. 28. 개정)

$$\text{취득가액} \ = \ A \times \frac{B}{C}$$

A : 법 제97조 제1항 제1호에 따른 가액(제2호에 따른 양도가액을 「상속세 및 증여세법」 제61조 제1항 · 제2항 · 제5항 및 제66조에 따라 기준시가로 산정한 경우에는 취득가액도 기준시가로 산정한다)

B : 채무액

C : 증여가액

2. 양도가액 : 다음 계산식에 따른 금액 (2017. 2. 3. 개정)

$$\text{양도가액} \ = \ A \times \frac{B}{C}$$

A : 「상속세 및 증여세법」 제60조부터 제66조까지의 규정에 따라 평가한 가액

B : 채무액

C : 증여가액

하고, 당초 소유자 명의로 원상회복하여도 당초 소유자가 직접 권리를 취득하는 것이 아니어서 당초 소유자가 납부한 양도소득세는 환급대상이 아니다. (2024. 10. 31. 개정)

② 제1항을 적용할 때 양도소득세 과세대상에 해당하는 자산과 해당하지 아니하는 자산을 함께 부담부증여하는 경우로서 증여자의 채무를 수증자가 인수하는 경우 채무액은 다음 계산식에 따라 계산한다. (2017. 2. 3. 개정)

$$채무액 = A \times \frac{B}{C}$$

A : 총 채무액
B : 양도소득세 과세대상 자산가액
C : 총 증여 자산가액

제152조【환지 등의 정의】① 법 제88조 제1호 가목에서 환지처분이란 「도시개발법」에 따른 도시개발사업, 「농어촌정비법」에 따른 농업생산기반 정비사업, 그 밖의 법률에 따라 사업시행자가 사업완료 후에 사업구역 내의 토지 소유자 또는 관계인에게 종전의 토지 또는 건축물 대신에 그 구역 내의 다른 토지 또는 사업시행자에게 처분할 권한이 있는 건축물의 일부와 그 건축물이 있는 토지의 공유지분으로 바꾸어 주는 것(사업시행에 따라 분할·합병 또는 교환하는 것을 포함한다)을 말한다. (2017. 2. 3. 개정)

② 법 제88조 제1호 가목에서 "보류지(保留地)"란 제1항에 따른 사업시행자가 해당 법률에 따라 일정한 토지를 환지로 정하지 아니하고 다음 각 호의 토지로 사용하기 위하여 보류한 토지를 말한다. (2017. 2. 3. 개정)

1. 해당 법률에 따른 공공용지 (2012. 2. 2. 개정)
2. 해당 법률에 따라 사업구역 내의 토지소유자 또는 관계인에게 그 구역 내의 토지로 사업비용을 부담하게 하는 경우의 해당 토지인 체비지 (2012. 2. 2. 개정)

③ 법 제88조 제1호 나목에서 "「공간정보의 구축 및 관리 등에 관한 법률」 제79조에 따른 토지의 분할 등 대통령령으로 정하는 방법과 절차로 하는 토지 교환"이란 다음 각 호의 요건을 모두 충족하는 토지 교환을 말한다. (2017. 2. 3. 개정)

1. 토지 이용상 불합리한 지상(地上) 경계(境界)를 합리적으로 바꾸기

(➡ 영 152조)
88-152-3【양도로 보지 아니하는 기타 해석 사례】

구분	양도로 보지 아니하는 경우
양도담보자산	채무자가 양도담보계약을 체결하고 양도담보계약서의 사본을 과세표준확정신고서에 첨부하여 신고하는 경우
명의신탁해지	법원의 확정판결에 의하여 신탁해지를 원인으로 소유권 이전등기를 하는 경우
매매원인무효로 자산이전	매매원인 무효의 소에 의하여 그 매매사실이 원인무효로 판시되어 소유권이 환원되는 경우
어음부도로 계약이 해지된 경우	소유권이전등기가 완료되지 않은 상태에서 매매대금의 일부로 받은 어음이 부도처리되어 당초 계약이 해지된 경우
본인소유 자산을 자기가 재취득하는 경우	본인 소유자산을 경매 등으로 자기가 재취득하는 경우
재산분할청구권의 행사로 소유권이 이전되는 경우	혼인 중에 형성된 실질적인 부부공동재산을 재산분할 청구권의 행사(민법 §839의 2)에 따라 소유권이 이전되는 경우

(2024. 10. 31. 개정)

〈제88조〉

2. "주식등"이란 주식 또는 출자지분을 말하며, 신주인수권과 대통령령으로 정하는 증권예탁증권을 포함한다. (2016. 12. 20. 개정)

2. "주식등"이란 주식 또는 출자지분을 말하며, 신주인수권과 대통령령으로 정하는 증권예탁증권을 포함한다. (2024. 12. 31. 개정)

3. "주권상장법인"이란 「자본시장과 금융투자업에 관한 법률」 제9조 제15항 제3호에 따른 주권상장법인을 말한다. (2016. 12. 20. 개정)

3. "주권상장법인"이란 「자본시장과 금융투자업에 관한 법률」 제9조 제15항 제3호에 따른 주권상장법인을 말한다. (2024. 12. 31. 신설)

4. "주권비상장법인"이란 제3호에 따른 주권상장법인이 아닌 법인을 말한다. (2016. 12. 20. 개정)

4. "주권비상장법인"이란 제3호에 따른 주권상장법인이 아닌 법인을 말한다. (2024. 12. 31. 신설)

5. "실지거래가액"이란 자산의 양도 또는 취득 당시에 양도자와 양수자가 실제로 거래한 가액으로서 해당 자산의 양도 또는 취득과 대가관계에 있는 금전과 그 밖의 재산가액을 말한다. (2016. 12. 20. 개정)

6. "1세대"란 거주자 및 그 배우자(법률상 이혼을 하였으나 생계를 같이 하는 등 사실상 이혼한 것으로 보기 어려운 관계에 있는 사람을 포함한다. 이하 이 호에서 같다)가 그들과 같은 주소 또는 거소에서 생계를 같이 하는 자[거주자 및 그 배우자의 직계존비속(그 배우자를 포함한다) 및 형제자매를 말하며, 취학, 질병의

위하여 「공간정보의 구축 및 관리 등에 관한 법률」이나 그 밖의 법률에 따라 토지를 분할하여 교환할 것 (2015. 6. 1. 개정 ; 측량·수로조사 및~시행령 부칙)

2. 제1호에 따라 분할된 토지의 전체 면적이 분할 전 토지의 전체 면적의 100분의 20을 초과하지 아니할 것 (2015. 2. 3. 신설)

④ 토지소유자는 법 제88조 제1호 나목에 해당하는 경우 토지 교환이 제3항의 요건을 모두 충족하였음을 입증하는 자료를 납세지 관할 세무서장에게 제출하여야 한다. (2017. 2. 3. 개정)

⑤ 제4항에 따른 자료의 제출 시기, 그 밖에 필요한 사항은 국세청장이 정하여 고시한다. (2015. 2. 3. 신설)

제152조의 2 【증권예탁증권의 범위】 법 제88조 제2호에서 "대통령령으로 정하는 증권예탁증권"이란 「자본시장과 금융투자업에 관한 법률」 제4조 제2항 제2호의 지분증권을 예탁받은 자가 그 증권이 발행된 국가 외의 국가에서 발행한 것으로서 그 예탁받은 증권에 관련된 권리가 표시된 것을 말한다. (2017. 2. 3. 신설)

제152조의 2 【증권예탁증권의 범위】 (2024. 12. 31. 제목개정) 법 제88조 제2호에서 "대통령령으로 정하는 증권예탁증권"이란 「자본시장과 금융투자업에 관한 법률」 제4조 제2항 제2호의 지분증권을 예탁받은 자가 그 증권이 발행된 국가 외의 국가에서 발행한 것으로서 그 예탁받은 증권에 관련된 권리가 표시된 것을 말한다. (2024. 12. 31. 개정)

제152조의 3 【1세대의 범위】 법 제88조 제6호 단서에서 "대통령령으로 정하는 경우"란 다음 각 호의 어느 하나에 해당하는 경우를 말한다. (2017. 2. 3. 신설)

1. 해당 거주자의 나이가 30세 이상인 경우 (2017. 2. 3. 신설)

2. 배우자가 사망하거나 이혼한 경우 (2017. 2. 3. 신설)

요양, 근무상 또는 사업상의 형편으로 본래의 주소 또는 거소에서 일시 퇴거한 사람을 포함한다]와 함께 구성하는 가족단위를 말한다. 다만, 대통령령으로 정하는 경우에는 배우자가 없어도 1세대로 본다. (2018. 12. 31. 개정)

7. "주택"이란 허가 여부나 공부(公簿)상의 용도구분과 관계없이 세대의 구성원이 독립된 주거생활을 할 수 있는 구조로서 대통령령으로 정하는 구조를 갖추어 사실상 주거용으로 사용하는 건물을 말한다. 이 경우 그 용도가 분명하지 아니하면 공부상의 용도에 따른다. (2023. 12. 31. 개정)

8. "농지"란 논밭이나 과수원으로서 지적공부(地籍公簿)의 지목과 관계없이 실제로 경작에 사용되는 토지를 말한다. 이 경우 농지의 경영에 직접 필요한 농막, 퇴비사, 양수장, 지소(池沼), 농도(農道) 및 수로(水路) 등에 사용되는 토지를 포함한다. (2016. 12. 20. 개정)

9. "조합원입주권"이란 「도시 및 주거환경정비법」 제74조에 따른 관리처분계획의 인가 및 「빈집 및 소규모주택 정비에 관한 특례법」 제29조에 따른 사업시행계획인가로 인하여 취득한 입주자로 선정된 지위를 말한다. 이 경우 「도시 및 주거환경정비법」에 따른 재건축사업 또는 재개발사업, 「빈집 및 소규모주택 정비에 관한 특례법」에 따른 자율주택정비사업, 가로주택정비사업, 소규모재건축사업 또는 소규모재개발사업을 시행하는 정비사업조합의 조합원(같은 법 제22조에 따라 주민합의체를 구성하는 경우에는 같은 법 제2조 제6호의 토지등소유자를 말한다)으로서 취득한 것(그 조합원으로부터 취득한 것을 포함한다)으로 한정하며, 이에 딸린 토지를 포함한다. (2021. 12. 8. 후단개정)

10. "분양권"이란 「주택법」 등 대통령령으로 정하는 법률에 따른 주택에 대한 공급계약을 통하여 주택을 공급받는 자로 선정된 지위(해당 지위를 매매 또는 증여 등의 방법으로 취득한 것을 포함한다)를 말

3. 법 제4조에 따른 소득 중 기획재정부령으로 정하는 소득이 「국민기초생활 보장법」 제2조 제11호에 따른 기준 중위소득을 12개월로 환산한 금액의 100분의 40 수준 이상으로서 소유하고 있는 주택 또는 토지를 관리·유지하면서 독립된 생계를 유지할 수 있는 경우. 다만, 미성년자의 경우를 제외하되, 미성년자의 결혼, 가족의 사망 그 밖에 기획재정부령이 정하는 사유로 1세대의 구성이 불가피한 경우에는 그러하지 아니하다. (2024. 2. 29. 개정)

제152조의 4 【주택의 범위】 법 제88조 제7호 전단에서 "대통령령으로 정하는 구조"란 세대별로 구분된 각각의 공간마다 별도의 출입문, 화장실, 취사시설이 설치되어 있는 구조를 말한다. (2024. 2. 29. 신설)

제152조의 5 【분양권의 범위】 (2024. 2. 29. 조번개정)
법 제88조 제10호에서 "「주택법」 등 대통령령으로 정하는 법률"이란 다음 각 호의 법률을 말한다. (2021. 2. 17. 신설)

제70조 【1세대의 범위】 영 제152조의 3 제3호 본문에서 "기획재정부령으로 정하는 소득"이란 다음 각 호의 소득(비과세소득은 제외하며, 제1호 및 제3호의 경우에는 필요경비를 공제한 금액으로 한다)을 합한 금액을 말한다. (2024. 3. 22. 신설)

1. 법 제19조 제1항 각 호의 사업소득 (2024. 3. 22. 신설)

2. 법 제20조 제1항 각 호의 근로소득 (2024. 3. 22. 신설)

3. 법 제21조 제1항 제5호·제15호 및 제19호의 기타소득 (2024. 3. 22. 신설)

4. 그 밖에 제1호부터 제3호까지의 소득에 준하는 계속적·반복적 성격의 소득으로서 국세청장이 인정하는 소득 (2024. 3. 22. 신설)

한다. (2020. 8. 18. 신설)

통칙 88-0…1【자산의 양도로 보지 아니하는 경우】
① 법원의 확정판결에 의하여 신탁해지를 원인으로 소유권이전등기를 하는 경우에는 양도로 보지 아니한다. (97. 4. 8. 개정)
② 매매원인 무효의 소에 의하여 그 매매사실이 원인무효로 판시되어 환원될 경우에는 양도로 보지 아니한다. (97. 4. 8. 개정)
③ 공동소유의 토지를 소유지분별로 단순히 분할하거나 공유자지분 변경없이 2개 이상의 공유토지로 분할하였다가 그 공유토지를 소유지분별로 단순히 재분할하는 경우에는 양도로 보지 아니한다. 이 경우 공동지분이 변경되는 경우에는 변경되는 부분은 양도로 본다. (97. 4. 8. 개정)
④ 이혼으로 인하여 혼인중에 형성된 부부공동재산을 「민법」제839조의 2에 따라 재산분할하는 경우에는 양도로 보지 아니한다. (2011. 3. 21. 신설)
⑤ 소유자산을 경매·공매로 인하여 자기가 재취득하는 경우에는 양도로 보지 아니한다. (2011. 3. 21. 신설)

제 2 절　양도소득에 대한 비과세 및 감면

제89조【비과세 양도소득】① 다음 각 호의 소득에 대해서는 양도소득에 대한 소득세(이하 "양도소득세"라 한다)를 과세하지 아니한다. (2009. 12. 31. 개정)
1. 파산선고에 의한 처분으로 발생하는 소득 (2009. 12. 31. 개정)
2. 대통령령으로 정하는 경우에 해당하는 농지의 교환 또는 분합(分合)으로 발생하는 소득 (2009. 12. 31. 개정)
3. 다음 각 목의 어느 하나에 해당하는 주택(주택 및 이에 딸린 토지의 양도 당시 실지거래가액의 합계액이 12억원을 초과하는 고가주택은 제외한다)과 이에 딸린 토지로서 건물이 정착된 면적에 지역별로 대통령령으로 정하는 배율을 곱하여 산정한 면적 이내의 토지(이하 이 조에서 "주택부수토지"라 한다)의 양도로 발생하는 소득 (2021. 12. 8. 개정)
　가. ☞ p.2728

1. 「건축물의 분양에 관한 법률」 (2021. 2. 17. 신설)
2. 「공공주택 특별법」 (2021. 2. 17. 신설)
3. 「도시개발법」 (2021. 2. 17. 신설)
4. 「도시 및 주거환경정비법」 (2021. 2. 17. 신설)
5. 「빈집 및 소규모주택 정비에 관한 특례법」 (2021. 2. 17. 신설)
6. 「산업입지 및 개발에 관한 법률」 (2021. 2. 17. 신설)
7. 「주택법」 (2021. 2. 17. 신설)
8. 「택지개발촉진법」 (2021. 2. 17. 신설)

☞
통칙 88-0…2【토지 등을 공동사업체에 현물출자한 경우 양도여부】
공동사업(주택신축판매업 등)을 경영할 것을 약정하는 계약에 따라 「소득세법」 제94조 제1항의 자산을 해당 공동사업체에 현물출자하는 경우에는 등기에 관계없이 현물출자한 날 또는 등기접수일 중 빠른 날에 해당 토지 등이 그 공동사업체에 유상으로 양도된 것으로 본다. (2011. 3. 21. 신설)

제 2 절　양도소득에 대한 비과세 및 감면

제153조【농지의 비과세】① 법 제89조 제1항 제2호에서 "대통령령으로 정하는 경우"란 다음 각 호의 어느 하나에 해당하는 농지(제4항 각 호의 어느 하나에 해당하는 농지는 제외한다)를 교환 또는 분합하는 경우로서 교환 또는 분합하는 쌍방 토지가액의 차액이 가액이 큰 편의 4분의 1이하인 경우를 말한다. (2010. 2. 18. 개정)
1. 국가 또는 지방자치단체가 시행하는 사업으로 인하여 교환 또는 분합하는 농지
2. 국가 또는 지방자치단체가 소유하는 토지와 교환 또는 분합하는 농지
3. 경작상 필요에 의하여 교환하는 농지. 다만, 교환에 의하여 새로이 취득하는 농지를 3년 이상 농지소재지에 거주하면서 경작하는 경우

☞
통칙 88-0…3【부동산으로 위자료를 대물변제하는 경우 양도여부】
손해배상에 있어서 당사자간의 합의에 의하거나 법원의 확정판결에 의하여 일정액의 위자료를 지급하기로 하고, 동 위자료 지급에 갈음하여 당사자 일방이 소유하고 있던 부동산으로 대물변제한 때에는 그 자산을 양도한 것으로 본다. (2011. 3. 21. 개정)

제70조의 2【농지의 범위 등】(2024. 3. 22. 조번개정)

① 영 제153조 제1항에서 "농지"라 함은 전·답으로서 지적공부상의 지목에 관계없이 실제로 경작에 사용되는 토지를 말하며, 농지경영에 직접 필요한 농막·퇴비사·양수장·지소·농도·수로 등을 포함한다. (2007. 4. 17. 개정)
① 삭　제 (2017. 3. 10.)

집행기준 89-154-4 【비과세 요건을 갖춘 주택의 지분분할 양도】

구분		비과세 여부
지분 양도		비 과 세
분할 양도1)	1주택을 2 이상의 주택으로 분할하여 양도(주택과 토지)	먼저 양도하는 주택과 토지 : 과세 나중 양도하는 주택과 토지 : 비과세
	주택 전부를 먼저 양도	비과세
	토지 전부를 먼저 양도	과세

1) 공익사업에 수용된 경우에는 잔존주택을 5년 이내 양도시 비과세 가능함. (2024. 10. 31. 개정)

(➡ 영 154조)

집행기준 89-154-11 【펜션의 주택 여부】
펜션을 숙박용역 용도로만 제공하는 경우 주택에 해당하지 않으나 세대원이 해당 건물로 거소 등을 이전하여 주택으로 사용하는 경우에는 겸용주택으로 본다. (2024. 10. 31. 개정)

(➡ 영 154조)

집행기준 89-154-13 【공실인 오피스텔의 주택 여부】
주택 양도일 현재 공실로 보유하는 오피스텔의 경우 내부시설 및 구조 등을 주거용으로 사용할 수 있도록 변경하지 아니하고 건축법상의 업무용으로 사용승인된 형태를 유지하고 있는 경우에는 주택으로 보지 않으며, 내부시설 및 구조 등을 주거용으로 변경하여 항상 주거용으로 사용 가능한 경우에는 주택으로 본다. (2024. 10. 31. 개정)

(➡ 영 154조)

집행기준 89-154-16 【주택에 딸린 토지로 보는 해석 사례】

구 분	주택에 딸린 토지로 보는 경우
한 울타리 내 여러 필지	필지 수에 불구하고 사실상 주택과 경제적 일체를 이루는 경우
같은 세대원이 소유한 주택에 딸린 토지	주택과 그에 딸린 토지를 같은 세대원이 각각 소유한 경우

에 한한다.

4. 「농어촌정비법」·「농지법」·「한국농어촌공사 및 농지관리기금법」 또는 「농업협동조합법」에 의하여 교환 또는 분합하는 농지 (2009. 6. 26. 개정 ; 한국농촌공사~시행령 부칙)

② 삭 제 (2005. 12. 31.)

③ 제1항 제3호 단서에서 "농지소재지"라 함은 다음 각 호의 어느 하나에 해당하는 지역(경작개시 당시에는 당해 지역에 해당하였으나 행정구역의 개편 등으로 이에 해당하지 아니하게 된 지역을 포함한다)을 말한다. (2013. 2. 15. 개정)

1. 농지가 소재하는 시(특별자치시와 「제주특별자치도 설치 및 국제자유도시 조성을 위한 특별법」 제10조 제2항에 따라 설치된 행정시를 포함한다. 이하 이 항에서 같다)·군·구(자치구인 구를 말한다. 이하 이 항에서 같다)안의 지역 (2023. 2. 28. 개정)
2. 제1호의 지역과 연접한 시·군·구안의 지역 (95. 12. 30 개정)
3. 농지로부터 직선거리 30킬로미터 이내에 있는 지역 (2015. 2. 3. 개정)

④ 제1항의 규정에 따른 농지에서 제외되는 농지는 다음 각 호와 같다. (2013. 2. 15. 개정)

1. 양도일 현재 특별시·광역시(광역시에 있는 군을 제외한다)·특별자치시(특별자치시에 있는 읍·면지역은 제외한다)·특별자치도(「제주특별자치도 설치 및 국제자유도시 조성을 위한 특별법」 제10조 제2항에 따라 설치된 행정시의 읍·면지역은 제외한다) 또는 시지역(「지방자치법」 제3조 제4항의 규정에 의한 도·농복합형태의 시의 읍·면지역을 제외한다)에 있는 농지 중 「국토의 계획 및 이용에 관한 법률」에 의한 주거지역·상업지역 또는 공업지역안의 농지로서 이들 지역에 편입된 날부터 3년이 지난 농지. 다만, 다음 각 목의 어느 하나에 해당하는 경우는 제외한다. (2016. 1. 22. 개정 ; 제주특별자치도 설치 및~시행령 부칙)
가. 사업지역 내의 토지소유자가 1천명 이상이거나 사업시행면적이 기획재정부령으로 정하는 규모 이상인 개발사업지역(사업인정고시일이 같은 하나의 사업시행지역을 말한다) 안에서 개발사업의 시행으로 인하여 「국토의 계획 및 이용에 관한 법률」

② 영 제153조 제4항 제1호 가목에서 "기획재정부령으로 정하는 규모"라 함은 다음 각 호의 어느 하나의 것을 말한다. (2008. 4. 29. 개정)

구 분	주택에 딸린 토지로 보는 경우
환지청산금	1세대 1주택 비과세 요건(고가주택 제외)을 갖춘 조합원이 조합으로부터 환지청산금을 지급받는 경우
전용 사도	해당 토지가 양도 주택에만 전용으로 사용되는 별도 필지의 도로

(2024. 10. 31. 개정)

가. 1세대가 1주택을 보유하는 경우로서 대통령령으로 정하는 요건

에 따른 주거지역·상업지역 또는 공업지역에 편입된 농지로서 사업시행자의 단계적 사업시행 또는 보상지연으로 이들 지역에 편입된 날부터 3년이 지난 경우 (2008. 2. 29. 직제개정 ; 기획재정부와~직제 부칙)

나. 사업시행자가 국가, 지방자치단체, 그 밖에 기획재정부령으로 정하는 공공기관인 개발사업지역 안에서 개발사업의 시행으로 인하여 「국토의 계획 및 이용에 관한 법률」에 따른 주거지역·상업지역 또는 공업지역에 편입된 농지로서 기획재정부령으로 정하는 부득이한 사유에 해당하는 경우 (2008. 2. 29. 직제개정 ; 기획재정부와~직제 부칙)

2. 당해 농지에 대하여 환지처분이전에 농지 외의 토지로 환지예정지의 지정이 있는 경우로서 그 환지예정지 지정일부터 3년이 지난 농지 (95. 12. 30 개정)

⑤ 제1항 제3호의 규정을 적용함에 있어서 새로운 농지의 취득 후 3년 이내에 「공익사업을 위한 토지 등의 취득 및 보상에 관한 법률」에 의한 협의매수·수용 및 그 밖의 법률에 의하여 수용되는 경우에는 3년 이상 농지소재지에 거주하면서 경작한 것으로 본다. (2005. 12. 31. 개정)

⑥ 제1항 제3호의 규정을 적용함에 있어서 새로운 농지 취득후 3년 이내에 농지소유자가 사망한 경우로서 상속인이 농지 소재지에 거주하면서 계속 경작한 때에는 피상속인의 경작기간과 상속인의 경작기간을 통산한다. (2005. 12. 31. 개정)

제154조【1세대 1주택의 범위】① 법 제89조 제1항 제3호 가목에서 "대통령령으로 정하는 요건"이란 1세대가 양도일 현재 국내에 1주택을 보유하고 있는 경우로서 해당 주택의 보유기간이 2년(제8항 제2호에 해당하는 거주자의 주택인 경우는 3년) 이상인 젯[취득 당시에 「주택법」 제63조의 2 제1항 제1호에 따른 조정대상지역(이하 "조정대상지역"이라 한다)에 있는 주택의 경우에는 해당 주택의 보유기간이 2년(제8항 제2호에 해당하는 거주자의 주택인 경우에는 3년) 이상이고 그 보유기간 중 거주기간이 2년 이상인 것]을 말한다. 다만, 1세대가 양도일 현재국내에 1주택을 보유하고 있는 경우로서 제1호부터 제3호까지의 어느 하나에 해당하는 경우에는 그 보유기간 및 거주기간의 제한을 받지 않으며 제5호에 해당하는 경우에는 거주기간의 제한을 받지 않는다. (2020. 2. 11. 단서개정)

제154조【1세대 1주택의 범위】① 법 제89조 제1항 제3호 가목

---

1. 사업시행면적이 100만제곱미터 (97. 4. 23 신설)

2. 「택지개발촉진법」에 의한 택지개발사업 또는 「주택법」에 의한 대지조성사업의 경우로서 당해 개발사업시행면적이 10만제곱미터 (2005. 3. 19. 개정)

③ 영 제153조 제4항 제1호 나목에서 "기획재정부령으로 정하는 공공기관"이란 「공공기관의 운영에 관한 법률」에 따라 지정된 공공기관과 「지방공기업법」에 따라 설립된 지방직영기업·지방공사·지방공단을 말한다. (2008. 4. 29. 신설)

④ 영 제153조 제4항 제1호 나목에서 "기획재정부령으로 정하는 부득이한 사유"란 사업 또는 보상이 지연된 경우로서 그 책임이 해당 사업시행자에게 있다고 인정되는 사유를 말한다. (2008. 4. 29. 신설)

제71조【1세대 1주택의 범위】① 영

을 충족하는 주택 (2016. 12. 20. 개정)

나. 1세대가 1주택을 양도하기 전에 다른 주택을 대체취득하거나 상속, 동거봉양, 혼인 등으로 인하여 2주택 이상을 보유하는 경우로서 대통령령으로 정하는 주택 (2014. 1. 1. 신설)

4. 조합원입주권을 1개 보유한 1세대[「도시 및 주거환경정비법」 제74조에 따른 관리처분계획의 인가일 및 「빈집 및 소규모주택 정비에 관한 특례법」 제29조에 따른 사업시행계획인가일(인가일 전에 기존주택이 철거되는 때에는 기존주택의 철거일) 현재 제3호 가목에 해당하는 기존주택을 소유하는 세대]가 다음 각 목의 어느 하나의 요건을 충족하여 양도하는 경우 해당 조합원입주권을 양도하여 발생하는 소득. 다만, 해당 조합원입주권의 양도 당시 실지거래가액이 12억원을 초과하는 경우에는 양도소득세를 과세한다. (2021. 12. 8. 단서개정)

가. 양도일 현재 다른 주택 또는 분양권을 보유하지 아니할 것 (2021. 12. 8. 개정)

나. 양도일 현재 1조합원입주권 외에 1주택을 보유한 경우(분양권을 보유하지 아니하는 경우로 한정한다)로서 해당 1주택을 취득한 날부터 3년 이내에 해당 조합원입주권을 양도할 것(3년 이내에 양도하지 못하는 경우로서 대통령령으로 정하는 사유에 해당하는 경우를 포함한다) (2021. 12. 8. 개정)

5. 「지적재조사에 관한 특별법」 제18조에 따른 경계의 확정으로 지적공부상의 면적이 감소되어 같은 법 제20조에 따라 지급받는 조정금 (2018. 12. 31. 신설)

통칙 89-154…7【2필지로 된 주택에 부수되는 토지의 범위】
지적공부상 지번이 상이한 2필지의 토지 위에 주택이 있는 경우에도 한 울타리 안에 있고 1세대가 거주용으로 사용하는 때에는 주택과 이에 부수되는 토지로 본다. (97. 4. 8. 개정)

89-154…8【주택일부의 무허가 정착면적에 부수되는 토지면적계산】
주택에 부수되는 토지면적은 주택정착면적에 지역별로 소득세법 시행령 제154조 제7항에서 정하는 배율을 곱하여 산정한 면적을 포함하여 계산한다. (2024. 3. 15. 개정)

89-154…9【공장내 합숙소의 주택여부】

에서 "대통령령으로 정하는 요건"이란 1세대가 양도일(주택의 매매계약을 체결한 후 해당 계약에 따라 주택을 주택 외의 용도로 용도변경하여 양도하는 경우에는 해당 주택의 매매계약일을 말한다. 이하 이 항에서 같다) 현재 국내에 1주택을 보유하고 있는 경우로서 해당 주택의 보유기간이 2년(제8항 제2호에 해당하는 거주자의 주택인 경우는 3년) 이상인 것[취득 당시에 「주택법」 제63조의 2 제1항 제1호에 따른 조정대상지역(이하 "조정대상지역"이라 한다)에 있는 주택의 경우에는 해당 주택의 보유기간이 2년(제8항 제2호에 해당하는 거주자의 주택인 경우에는 3년) 이상이고 그 보유기간 중 거주기간이 2년 이상인 것]을 말한다. 다만, 1세대가 양도일 현재국내에 1주택을 보유하고 있는 경우로서 제1호부터 제3호까지의 어느 하나에 해당하는 경우에는 그 보유기간 및 거주기간의 제한을 받지 않으며 제5호에 해당하는 경우에는 거주기간의 제한을 받지 않는다. (2025. 2. 28. 개정)

편주 ●●●●●●●●●●●●●●●●●●●●●●●●●●●●●●●●●●
영 154조 1항의 개정규정은 2025. 2. 28. 이후 매매계약을 체결하는 경우부터 적용함. (영 부칙(2025. 2. 28.) 13조)
●●●●●●●●●●●●●●●●●●●●●●●●●●●●●●●●●●●●●●●

통칙 88-0…4【1세대의 범위】 (2019. 12. 23. 번호개정)
① 동일한 장소에서 생계를 같이하는 가족의 주민등록상 현황과 사실상 현황이 다른 경우에는 사실상 현황에 따른다. (2019. 12. 23. 개정)
② 1세대 1주택 비과세 규정을 적용하는 경우 부부가 각각 세대를 달리 구성하는 경우에도 동일한 세대로 본다. (2019. 12. 23. 개정)

89-154…2【주택과 그 부수토지의 보유기간의 계산】
영 제154조 제1항에 따른 보유기간의 계산에 있어 주택의 보유기간이 2년 또는 3년 이상이라 함은 주택 및 그에 부수되는 토지를 각각 2년 또는 3년 이상 보유한 것을 말한다. (2013. 5. 24. 개정)

89-154…4【공부상 주택이나 사실상 영업용 건물인 경우 비과세여부】
소유하고 있던 공부상 주택인 1세대 1주택을 거주용이 아닌 영업용 건물(점포·사무소 등)로 사용하다가 양도하는 때에는 영 제154조 제1항에 규정하는 1세대 1주택으로 보지 아니한다. (97. 4. 8. 개정)

89-154…6【대지와 건물을 세대원이 각각 소유하고 있는 경우 1세대 1주택여부】

제154조 제1항 본문에서 규정하는 보유기간의 확인은 당해 주택의 등기부등본 또는 토지·건축물대장등본 등에 의한다. (96. 3. 30 개정)

통칙 89-154…5【매수자의 등기지연으로 1세대 2주택이 된 경우 비과세여부】
1세대 1주택을 양도하였으나 동 주택을 매수한 자가 소유권이전등기를 하지 아니하여 부득이 공부상 1세대 2주택이 된 경우에는 매매계약서 등에 의하여 1세대 1주택임이 사실상 확인되는 때에는 비과세로 한다. (97. 4. 8. 개정)

② 삭 제 (2006. 4. 10.)

③ 영 제154조 제1항 제1호 및 제3호에서 "기획재정부령으로 정하는 취학, 근무상의 형편, 질병의 요양, 그 밖에 부득이한 사유"란 세대의 구성원 중 일부(영 제154조 제1항 제1호의 경우를 말한다) 또는 세대 전원(영 제154조 제1항 제3호의 경우를 말한다)이 다음 각 호의 어느 하나에 해당하는 사유로 다른 시(특별시, 광역시, 특별자치시 및 「제주특별자치도 설치 및 국제자유도시 조성을 위한 특별법」 제10조 제2항에 따라 설치된 행정시를 포함한다. 이하 이 조, 제72조 및 제75조의 2에서 같다)·군으로 주거를 이전하는 경우(광역시지역 안에서 구지역과 읍·면지역 간에 주거를 이전하는 경우와 특별자치시, 「지방자치법」 제7조 제2항에 따라 설치된 도농복합형태의 시지역 및 「제주특별자치도 설치 및 국제자유도시 조성을 위한 특별법」

사용인의 기거를 위하여 공장에 부수된 건물을 합숙소로 사용하고 있는 경우에 당해 합숙소는 주택으로 보지 아니한다. (97. 4. 8. 개정)

② ☞ p.2742

(➡ 영 154조)

집행기준 89-154-17 【주택에 딸린 토지로 보지 않는 해석 사례】

구분	주택에 딸린 토지로 보지 않는 경우
울타리 경계 밖에 있는 토지	담장 또는 울타리 경계 밖에 있는 토지
타인이 소유한 주택에 딸린 토지	같은 세대원이 아닌 자가 소유한 주택에 딸린 토지
주택 양도후 주택에 딸린 토지가 수용되는 경우	주택을 제3자에게 먼저 양도한 후 나중에 수용되는 주택에 딸린 토지
공동으로 사용하는 사도	다른 세대도 공동으로 사용하는 사도

(2024. 10. 31. 개정)

(➡ 영 154조)

집행기준 89-154-21 【상속·증여·이혼으로 취득한 주택의 보유기간 계산】

취득 구분		보유 및 거주기간 계산
상속	같은 세대원간 상속인 경우	같은 세대원으로서 피상속인의 보유 및 거주기간과 상속인의 보유 및 거주기간 통산
	같은 세대원간 상속이 아닌 경우	상속이 개시된 날부터 양도한 날까지 계산
증여	같은 세대원간 증여인 경우	같은 세대원으로서 증여자의 보유 및 거주기간과 증여 후 수증인의 보유 및 거주기간 통산
	같은 세대원간 증여가 아닌 경우	증여받은 날부터 양도한 날까지 계산
이혼	재산분할로 취득 (민법 §839의 2)	재산분할전 배우자가 해당 주택을 취득한 날부터 양도한 날까지 보유 및 거주기간 통산
	위자료로 취득	소유권이전등기접수일부터 양도한 날까지 계산

(2024. 10. 31. 개정)

1세대 1주택의 비과세요건을 갖춘 대지와 건물을 동일한 세대의 구성원이 각각 소유하고 있는 경우에도 이를 1세대 1주택으로 본다. (97. 4. 8. 개정)

1. 「민간임대주택에 관한 특별법」에 따른 민간건설임대주택이나 「공공주택 특별법」에 따른 공공건설임대주택 또는 공공매입임대주택을 취득하여 양도하는 경우로서 해당 임대주택의 임차일부터 양도일까지의 기간 중 세대전원이 거주(기획재정부령으로 정하는 취학, 근무상의 형편, 질병의 요양, 그 밖에 부득이한 사유로 세대의 구성원 중 일부가 거주하지 못하는 경우를 포함한다)한 기간이 5년 이상인 경우 (2022. 2. 15. 개정)
2. 다음 각 목의 어느 하나에 해당하는 경우. 이 경우 가목에 있어서는 그 양도일 또는 수용일부터 5년 이내에 양도하는 그 잔존주택 및 그 부수토지를 포함하는 것으로 한다. (2013. 2. 15. 후단개정)

• 예판 ┄┄┄┄┄┄┄┄┄┄┄┄┄┄┄┄┄┄┄┄┄┄┄┄

• 1주택 보유 거주자가 해외근무상 형편으로 세대전원이 출국한 후 다른 1주택을 취득하고 1세대 1주택 비과세 요건을 갖추지 못한 종전 주택을 그 추가 취득일부터 1년 이내, 출국일부터 2년 이후 양도하는 경우 1세대 1주택 비과세를 적용받을 수 없음. (재재산-993, 2010. 10. 18.)
• 혼인함으로써 1세대가 2주택을 보유한 상태에서 근무상 형편으로 세대전원이 출국하는 경우에는 영 154조 1항 2호 다목이 적용되지 아니함. (재재산-1042, 2010. 10. 28.)

┄┄┄┄┄┄┄┄┄┄┄┄┄┄┄┄┄┄┄┄┄┄┄┄┄┄┄┄┄

가. 주택 및 그 부수토지(사업인정 고시일 전에 취득한 주택 및 그 부수토지에 한한다)의 전부 또는 일부가 「공익사업을 위한 토지 등의 취득 및 보상에 관한 법률」에 의한 협의매수·수용 및 그 밖의 법률에 의하여 수용되는 경우 (2006. 2. 9. 개정)
나. 「해외이주법」에 따른 해외이주로 세대전원이 출국하는 경우. 다만, 출국일 현재 1주택을 보유하고 있는 경우로서 출국일부터 2년 이내에 양도하는 경우에 한한다. (2008. 2. 22. 단서개정)
다. 1년 이상 계속하여 국외거주를 필요로 하는 취학 또는 근무상의 형편으로 세대전원이 출국하는 경우. 다만, 출국일 현재 1주택을 보유하고 있는 경우로서 출국일부터 2년 이내에 양도하는 경

제10조 제2항에 따라 설치된 행정시 안에서 동지역과 읍·면지역 간에 주거를 이전하는 경우를 포함한다. 이하 이 조, 제72조 및 제75조의 2에서 같다)를 말한다. (2020. 3. 13. 개정)

1. 「초·중등교육법」에 따른 학교(초등학교 및 중학교를 제외한다) 및 「고등교육법」에 따른 학교에의 취학 (2014. 3. 14. 개정)
2. 직장의 변경이나 전근등 근무상의 형편 (96. 3. 30 개정)
3. 1년 이상의 치료나 요양을 필요로 하는 질병의 치료 또는 요양 (96. 3. 30 개정)
4. 「학교폭력예방 및 대책에 관한 법률」에 따른 학교폭력으로 인한 전학(같은 법에 따른 학교폭력대책자치위원회가 피해학생에게 전학이 필요하다고 인정하는 경우에 한한다) (2016. 3. 16. 신설)

④ 영 제154조 제1항 각 호 외의 부분 단서에 해당하는 지의 확인은 다음의 서류와 주민등록표등본에 따른다. (2020. 3. 13. 개정)

1. 영 제154조 제1항 제1호의 경우에는 임대차계약서 사본 (96. 3. 30 개정)
2. 영 제154조 제1항 제2호 가목의 경우에는 협의매수 또는 수용된 사실을 확인할 수 있는 서류 (2003. 4. 14 개정)
3. 영 제154조 제1항 제2호 나목의 경우에는 외교부장관이 교부하는 해외이주신고서확인서. 다만, 「해외이주법」에 따른 현지이주의 경우에는 현지이주확인

3. 경기도	과천시·광명시·성남시·고양시·남양주시·하남시 및 화성시(반송동·석우동, 동탄면 금곡리·목리·방교리·산척리·송리·신리·영천리·오산리·장지리·중리·청계리 일원에 지정된 택지개발지구로 한정한다)
4. 기타	「신행정수도 후속대책을 위한 연기·공주지역 행정중심복합도시 건설을 위한 특별법」 제2조 제2호에 따른 예정지역

③ 법 제89조 제1항 제3호를 적용할 때 하나의 건물이 주택과 주택 외의 부분으로 복합되어 있는 경우와 주택에 딸린 토지에 주택 외의 건물이 있는 경우에는 그 전부를 주택으로 본다. 다만, 주택의 연면적이 주택 외의 부분의 연면적보다 적거나 같을 때에는 주택 외의 부분은 주택으로 보지 아니한다. (2010. 2. 18. 개정)

1층은 주택 외의 부분이고 2층은 주택인 겸용주택으로서 2층으로 올라가기 위한 2층 전용계단이 1층에 설치된 경우, 1층 중 그 계단부분은 주택으로 보아 1세대 1주택의 비과세 규정을 적용함. (서면4팀-1653, 2007. 5. 17.)

④ 제3항 단서의 경우에 주택에 딸린 토지는 전체 토지면적에 주택의 연면적이 건물의 연면적에서 차지하는 비율을 곱하여 계산한다. (2010. 2. 18. 개정)

통칙 89-154…10【상가와 아파트를 동시 소유시 겸용주택 해당여부】
하층은 상가로 되어 있고 상층은 거주용으로 된 아파트 건물을 함께 소유하는 경우에 이들을 겸용주택으로 보지 아니한다. (97. 4. 8. 개정)

89-154…11【겸용주택의 지하실에 대한 주택면적의 계산】
겸용주택의 지하실은 실지 사용하는 용도에 따라 판단하는 것이며, 그 사용 용도가 명확하지 아니할 경우에는 주택의 면적과 주택 이외의 면적의 비율로 안분하여 계산한다. (97. 4. 8. 개정)

☞ p.2732 2단 연결

우에 한한다. (2008. 2. 22. 단서개정)

3. 1년 이상 거주한 주택을 기획재정부령으로 정하는 취학, 근무상의 형편, 질병의 요양, 그 밖에 부득이한 사유로 양도하는 경우 (2014. 2. 21. 개정)

• 1세대 1주택자가 취학·근무상의 형편 등 부득이한 사유로 인해 세대 전원이 거주 이전함에 따라 양도소득세가 비과세되는 1년 이상 거주 주택의 해당 여부는 주택 취득일로부터 양도일까지의 거주기간으로 판정함. (법규-1224, 2007. 3. 16.)
• 1세대 1주택자가 취학, 근무상의 형편 등 부득이한 사유로 동 주택 양도시 1년 이상 거주한 주택인지는 양도자의 주택보유기간 내에 1년 이상 거주하였는지를 말하는 것으로 주택보유기간이 1년 미만인 경우에는 1세대 1주택 비과세 특례가 적용되지 아니함. (재재산-878, 2008. 11. 30.)

4. 거주자가 해당 주택을 임대하기 위하여 법 제168조 제1항에 따른 등록과 「민간임대주택에 관한 특별법」 제5조에 따른 임대사업자등록을 한 경우. 다만, 「민간임대주택에 관한 특별법」 제43조를 위반하여 임대의무기간 중에 해당 주택을 양도하는 경우와 임대보증금 또는 임대료의 연 증가율이 100분의 5를 초과하는 경우는 제외한다. (2019. 2. 12. 단서개정)

4. 삭 제 (2020. 2. 11.)

5. 거주자가 조정대상지역의 공고가 있은 날 이전에 매매계약을 체결하고 계약금을 지급한 사실이 증빙서류에 의하여 확인되는 경우로서 해당 거주자가 속한 1세대가 계약금 지급일 현재 주택을 보유하지 아니하는 경우 (2018. 2. 13. 개정)

② 제1항에서 조정대상지역을 적용할 때 2017년 8월 3일부터 2017년 11월 9일까지의 기간에는 다음 표의 지역을 조정대상지역으로 한다. (2018. 2. 13. 개정)

1. 서울특별시	전 지역
2. 부산광역시	해운대구·연제구·동래구·남구·부산진구 및 수영구, 기장군

서 또는 거주여권사본 (2013. 3. 23. 직제개정 ; 기획재정부와~직제 시행규칙 부칙)

4. 영 제154조 제1항 제1호(세대의 구성원 중 일부가 거주하지 못하는 경우만 해당한다), 제2호 다목 및 제3호의 경우에는 재학증명서, 재직증명서, 요양증명서 등 해당 사실을 증명하는 서류 (2020. 3. 13. 개정)

5.~6. 삭 제 (2005. 12. 31.)

⑤ 영 제154조 제1항 제3호에 따른 사유로서 제3항을 적용할 때 제3항 각 호의 사유가 발생한 당사자외의 세대원 중 일부가 취학, 근무 또는 사업상의 형편 등으로 당사자와 함께 주거를 이전하지 못하는 경우에도 세대전원이 주거를 이전한 것으로 본다. (2020. 3. 13. 개정)

⑥ 영 제154조 제1항 제2호 나목을 적용할 때 「해외이주법」에 따른 현지이주의 경우 출국일은 영주권 또는 그에 준하는 장기체류 자격을 취득한 날을 말한다. (2009. 4. 14. 신설)

제72조【1세대 1주택의 특례】

① 영 제155조 제1항 및 같은 조 제17항 제2호에서 "기획재정부령으로 정하는 사유에 해당하는 경우"란 다른 주택을 취득한 날부터 3년이 되는 날 현재 다음 각 호의 어느 하나에 해당하는 경우로서 해당 각 호의 어느 하나의 방법에 따라 양도된 경우를 말한다. (2012. 6. 29. 개정)

1. 「금융기관부실자산 등의 효율적 처리 및 한국자산관리공사의 설립에 관한 법률」에 의하여 설립된 한국자산관리공사(이하 "한국자산관리공사"라 한다)에 매각을 의뢰한 경우 (2005. 12. 31. 개정)

2. 비거주자가 해당 주택을 3년 이상 계속 보유하고 그 주택에서 거주한 상태로 거주자로 전환된 경우에는 해당 주택에 대한 거주기간 및 보유기간 (2008. 2. 22. 신설)

3. 상속받은 주택으로서 상속인과 피상속인이 상속 개시 당시 동일세대인 경우에는 상속개시 전에 상속인과 피상속인이 동일세대로서 거주하고 보유한 기간 (2017. 9. 19. 개정)

⑨ 법 제89조 제1항 제3호의 규정을 적용함에 있어서 2개 이상의 주택을 같은 날에 양도하는 경우에는 당해 거주자가 선택하는 순서에 따라 주택을 양도한 것으로 본다. (2005. 12. 31. 개정)

● 예 판

1세대 3주택 이상인 자가 동일한 날에 1주택은 증여하고 1주택은 양도한 경우에는 거주자의 선택에 의해 양도 또는 증여의 순서를 판단함. (서면4팀-1805, 2005. 9. 30.)

⑩ 제1항에 따른 1세대 1주택이 다음 각 호의 요건에 모두 해당하는 경우에는 제155조 제20항 각 호 외의 부분 후단에 따른 직전거주주택의 양도일 후의 기간분에 대해서만 국내에 1주택을 보유한 것으로 보아 제1항을 적용한다. (2017. 2. 3. 개정)

1. 「민간임대주택에 관한 특별법」 제5조에 따라 임대주택으로 등록하거나 「영유아보육법」 제12조 또는 제13조에 따른 어린이집으로 설치·운영된 사실이 있을 것 (2022. 2. 15. 개정)

2. 해당 주택이 제155조 제20항 각 호 외의 부분 후단에 따른 직전거주주택보유주택일 것 (2019. 2. 12. 개정)

⑪ 법 제89조 제1항 제3호 나목에서 "대통령령으로 정하는 주택"이란 제155조에 따른 1세대 1주택의 특례에 해당하여 이 조를 적용하는 주택을 말한다. (2014. 2. 21. 신설)

⑫ 제1항을 적용할 때 취득 당시에 조정대상지역에 있는 주택으로서 제155조 제3항 각 호 외의 부분 본문에 따른 공동상속주택인 경우 거주기간은 해당 주택에 거주한 공동상속인 중 그 거주기간이 가장 긴 사람이 거주한 기간으로 판단한다. (2024. 2. 29. 개정)

☞ p.2733 2단 연결

⑤ 제1항에 따른 보유기간의 계산은 법 제95조 제4항에 따른다. 다만, 주택이 아닌 건물을 사실상 주거용으로 사용하거나 공부상의 용도를 주택으로 변경하는 경우 그 보유기간은 해당 자산을 사실상 주거용으로 사용한 날(사실상 주거용으로 사용한 날이 분명하지 않은 경우에는 그 자산의 공부상 용도를 주택으로 변경한 날)부터 양도한 날까지로 한다. (2024. 2. 29. 단서신설)

편주 ▶

2주택 이상(일시적 2주택에 해당하는 경우 해당 2주택은 제외하되, 2주택 이상을 보유한 1세대가 1주택 외의 주택을 모두 양도한 후 신규주택을 취득하여 일시적 2주택이 된 경우는 제외하지 않음)을 보유한 1세대가 1주택 외의 주택을 모두 양도한 경우에는 양도 후 1주택을 보유하게 된 날부터 보유기간을 기산함. (기획재정부 재산세제과-194, 2020. 2. 18.)

⑥ 제1항에 따른 거주기간은 주민등록표 등본에 따른 전입일부터 전출일까지의 기간으로 한다. (2019. 2. 12. 신설)

⑦ 법 제89조 제1항 제3호 각 목 외의 부분에서 "지역별로 대통령령으로 정하는 배율"이란 다음의 배율을 말한다. (2014. 2. 21. 개정)

1. 「국토의 계획 및 이용에 관한 법률」 제6조 제1호에 따른 도시지역 내의 토지 : 다음 각 목에 따른 배율 (2020. 2. 11. 개정)

　가. 「수도권정비계획법」 제2조 제1호에 따른 수도권(이하 이 호에서 "수도권"이라 한다) 내의 토지 중 주거지역·상업지역 및 공업지역 내의 토지 : 3배 (2020. 2. 11. 개정)

　나. 수도권 내의 토지 중 녹지지역 내의 토지 : 5배 (2020. 2. 11. 개정)

　다. 수도권 밖의 토지 : 5배 (2020. 2. 11. 개정)

2. 그 밖의 토지 : 10배 (2012. 2. 2. 개정)

⑧ 제1항에 따른 거주기간 또는 보유기간을 계산할 때 다음 각 호의 기간을 통산한다. (2018. 2. 13. 개정)

1. 거주하거나 보유하는 중에 소실·무너짐·노후 등으로 인하여 멸실되어 재건축한 주택인 경우에는 그 멸실된 주택과 재건축한 주택에 대한 거주기간 및 보유기간 (2018. 2. 13. 개정)

2. 법원에 경매를 신청한 경우 (96. 3. 30 개정)

3. 「국세징수법」에 의한 공매가 진행 중인 경우 (2005. 3. 19. 개정)

4. 「도시 및 주거환경정비법」에 따른 주택재개발사업 또는 주택재건축사업의 시행으로 같은 법 제47조에 따라 현금으로 청산을 받아야 하는 토지 등 소유자가 사업시행자를 상대로 제기한 현금청산금 지급을 구하는 소송절차가 진행 중인 경우 (2012. 2. 28. 신설)

① 삭 제 (2017. 3. 10.)

② 영 제154조 제1항을 적용할 때 주택에 부수되는 토지를 분할하여 양도(지분으로 양도하는 경우를 포함한다. 다만, 영 제154조 제1항 본문에 해당하는 주택과 그 부수토지를 함께 지분으로 양도하는 경우를 제외한다)하는 경우에 그 양도하는 부분의 토지는 법 제89조 제1항 제3호 가목에 따른 1세대 1주택에 부수되는 토지로 보지 아니하며 1주택을 2 이상의 주택으로 분할하여 양도(영 제154조 제1항 본문에 해당하는 주택을 지분으로 양도하는 경우를 제외한다)한 경우에는 먼저 양도하는 부분의 주택은 그 1세대 1주택으로 보지 아니한다. 이 경우 주택 및 그 부수토지의 일부가 「공익사업을 위한 토지 등의 취득 및 보상에 관한 법률」에 의한 협의매수·수용 및 그밖의 법률에 따라 수용되는 경우의 해당 주택(그 부수토지를 포함한다)과 그 양도일 또는 수용일부터 5년 이내에 양도하는 잔존토지 및 잔존주택(그 부수토지를 포함한다)은 그러하지 아니하다. (2014. 3. 14. 개정)

③ 영 제155조 제18항을 적용받으려는

① 1세대 1주택자인 거주자가 그 주택을 양도하기 전에 다른 주택을 새로이 취득하여 일시적으로 1세대 2주택이 된 경우에도 다음 각호의 요건을 모두 충족하는 경우에는 1세대 1주택으로 보아 양도소득세를 비과세한다. (1997. 4. 8. 개정)
1. 종전 주택은 양도일 현재 1세대 1주택 비과세요건을 충족할 것
2. 영 제155조 제1항의 요건을 충족할 것 (2019. 12. 23. 개정)
② 1세대 1주택을 소유한 자가 다른 주택을 신축하고자 매입한 낡은 주택을 헐어버리고 나대지상태로 보유하고 있는 동안에는 종전의 주택이 영 제154조 제1항의 규정에 해당하는 경우에는 1세대 1주택으로 본다. (1997. 4. 8. 개정)

89-155…2【대체취득 및 상속 등으로 인하여 1세대 3주택이 된 경우 종전 주택양도에 따른 비과세】

① 국내에 1세대 1주택을 소유한 거주자가 종전 주택을 취득한 날부터 1년 이상이 지난 후 새로운 주택을 취득하여 일시 2개의 주택을 소유하고 있던 중 상속 또는 영 제155조 제4항 및 제5항에 따른 직계존속 봉양 또는 혼인하기 위하여 세대를 합침으로써 1세대가 3개의 주택을 소유하게 되는 경우 새로운 주택을 취득한 날부터 영 제155조 제1항에 따른 종전 주택 양도기간 이내에 종전의 주택을 양도하는 경우에는 1세대 1주택의 양도로 보아 영 제154조 제1항의 규정을 적용한다. (2024. 3. 15. 개정)
② 국내에 1세대 1주택을 소유한 거주자가 영 제155조 제2항에 따른 상속주택을 취득하여 1세대 2주택이 된 상태에서 상속주택이 아닌 종전 주택을 취득한 날부터 1년 이상이 지난 후 새로운 1주택을 취득함으로써 1세대가 3개의 주택을 소유하게 되는 경우 새로운 주택을 취득한 날부터 영 제155조 제1항에 따른 종전 주택 양도기간 이내에 상속주택이 아닌 종전의 주택을 양도하는 경우에는 1세대 1주택의 양도로 보아 영 제154조 제1항의 규정을 적용한다. (2019. 12. 23. 개정)

② 상속받은 주택[조합원입주권 또는 분양권을 상속받아 사업시행 완료 후 취득한 신축주택을 포함하며, 피상속인이 상속개시 당시 2 이상의 주택{상속받은 1주택이 「도시 및 주거환경정비법」에 따른 재개발사업(이하 "재개발사업"이라 한다), 재건축사업(이하 "재건축사업"이라 한다) 또는 「빈집 및 소규모주택 정비에 관한 특례법」에 따른 소규모재건축사업, 소규모재개발사업, 가로주택정비사업, 자율주택정비사업(이하 "소규모재건축사업등"이라 한다)의 시행으로 2 이상의 주택이 된 경우를 포함한다}을 소유한 경우에는 다음 각 호의 순위에 따른

☞ p.2734 2단 연결

편주 ▶

2024. 2. 29. 전에 양도한 주택의 거주기간 판단에 관하여는 영 154조 12항의 개정규정에도 불구하고 종전의 규정에 따름. (영 부칙(2024. 2. 29.) 19조)

제154조의 2【공동소유주택의 주택 수 계산】1주택을 여러사람이 공동으로 소유한 경우 이 영에 특별한 규정이 있는 것 외에는 주택 수를 계산할 때 공동 소유자 각자가 그 주택을 소유한 것으로 본다. (2010. 2. 18. 신설)

제155조【1세대 1주택의 특례】① 국내에 1주택을 소유한 1세대가 그 주택(이하 이 항에서 "종전의 주택"이라 한다)을 양도하기 전에 다른 주택(이하 이 조에서 "신규 주택"이라 한다)을 취득(자기가 건설하여 취득한 경우를 포함한다)함으로써 일시적으로 2주택이 된 경우 종전의 주택을 취득한 날부터 1년 이상이 지난 후 신규 주택을 취득하고 신규 주택을 취득한 날부터 3년 이내에 종전의 주택을 양도하는 경우(제18항에 따른 사유에 해당하는 경우를 포함한다)에는 이를 1세대 1주택으로 보아 제154조 제1항을 적용한다. 이 경우 제154조 제1항 제1호, 같은 항 제2호 가목 및 같은 항 제3호의 어느 하나에 해당하는 경우에는 종전의 주택을 취득한 날부터 1년 이상이 지난 후 다른 주택을 취득하는 요건을 적용하지 않으며, 종전의 주택 및 그 부수토지의 일부가 제154조 제1항 제2호 가목에 따라 협의매수되거나 수용되는 경우로서 해당 잔존하는 주택 및 그 부수 토지를 그 양도일 또는 수용일부터 5년 이내에 양도하는 때에는 해당 잔존하는 주택 및 그 부수토지의 양도는 종전의 주택 및 그 부수토지의 양도 또는 수용에 포함되는 것으로 본다. (2023. 2. 28. 개정)

◀ 예 판 ▶

일반주택(A)과 상속주택(B)을 순차로 취득한 다음 다른 일반주택(C)을 추가 취득 후 3년 내 일반주택(A) 양도시 1세대1주택으로 보아 「소득세법 시행령」 154조 1항을 적용함. (사전-2019-법령해석재산-0374, 2019. 10. 21.)

자는 다음 각 호의 어느 하나의 서류를 제출해야 한다. (2020. 3. 13. 개정)
1. 매각의뢰를 신청한 경우에는 부동산매각의뢰신청서접수증 (96. 3. 30 신설)
2. 법원에 경매를 신청한 경우에는 그 사실을 입증하는 서류 (96. 3. 30 신설)
3. 법원에 현금청산금 지급소송을 제기한 경우에는 소제기일을 확인할 수 있는 서류 등 해당 사실을 입증하는 서류 (2012. 2. 28 신설)
4. 법원에 매도청구소송이 제기된 경우에는 소제기일을 확인할 수 있는 서류 등 해당 사실을 입증하는 서류 (2020. 3. 13. 신설)
5. 관할 토지수용위원회에 수용재결이 신청된 경우에는 신청일을 확인할 수 있는 서류 등 해당 사실을 입증하는 서류 (2021. 3. 16. 신설)
④ 영 제155조 제18항 제1호에 따라 매각을 의뢰한 부동산의 처분방법, 처분조건의 협의절차 등에 관하여는 「부동산 실권리자명의 등기에 관한 법률 시행령」 제6조의 규정을 준용한다. (2017. 3. 10. 개정)
⑤ 「금융회사부실자산 등의 효율적 처리 및 한국자산관리공사의 설립에 관한 법률」에 따라 설립된 한국자산관리공사(이하 "한국자산관리공사"라 한다)는 제4항에 따라 매각을 의뢰한 자가 매각의뢰를 철회한 경우에는 매각을 의뢰한 자의 납세지 관할세무서장에게 그 사실을 통보하여야 한다. (2017. 3. 10. 개정)
⑥ 제4항의 규정에 의한 부동산매각의뢰신

하지 아니하며, 상속지분이 가장 큰 상속인이 2명 이상인 경우에는 그 2명 이상의 사람 중 다음 각 호의 순서에 따라 해당 각 호에 해당하는 사람이 그 공동상속주택을 소유한 것으로 본다. (2022. 2. 15. 개정)

●예판●

상속 개시 당시 동일세대원이었던 상속인이 상속받은 「소득세법 시행령」 제155조 제3항에 따른 공동상속주택 외의 다른 주택을 양도하는 경우, 해당 공동상속주택이 같은 조 제2항 단서에 해당하는 경우에만 거주자의 주택으로 보지 아니하는 것임. (사전-2021-법령해석재산-0199, 2021. 5. 31.)

1. 당해 주택에 거주하는 자

2. 호주승계인

2. 삭　제 (2008. 2. 22.)

3. 최연장자

④ 1주택을 보유하고 1세대를 구성하는 자가 1주택을 보유하고 있는 60세 이상의 직계존속(다음 각 호의 사람을 포함하며, 이하 이 조에서 같다)을 동거봉양하기 위하여 세대를 합침으로써 1세대가 2주택을 보유하게 되는 경우 합친 날부터 10년 이내에 먼저 양도하는 주택은 이를 1세대 1주택으로 보아 제154조 제1항을 적용한다. (2019. 2. 12. 개정)

1. 배우자의 직계존속으로서 60세 이상인 사람 (2019. 2. 12. 신설)

2. 직계존속(배우자의 직계존속을 포함한다) 중 어느 한 사람이 60세 미만인 경우 (2019. 2. 12. 신설)

3. 「국민건강보험법 시행령」 별표 2 제3호 가목 3), 같은 호 나목 2) 또는 같은 호 마목에 따른 요양급여를 받는 60세 미만의 직계존속(배우자의 직계존속을 포함한다)으로서 기획재정부령으로 정하는 사람 (2019. 2. 12. 신설)

⑤ 1주택을 보유하는 자가 1주택을 보유하는 자와 혼인함으로써 1세대가 2주택을 보유하게 되는 경우 또는 1주택을 보유하고 있는 60세 이상의 직계존속을 동거봉양하는 무주택자가 1주택을 보유하는 자와 혼인함으로써 1세대가 2주택을 보유하게 되는 경우 각각 혼인한 날부터 5년 이내에 먼저 양도하는 주택은 이를 1세대 1주택으로 보아 제154조 제1항을 적용한다. (2012. 2. 2. 개정)

☞ p.2735 2단 연결

1주택을 말한다]과 그 밖의 주택(상속개시 당시 보유한 주택 또는 상속개시 당시 보유한 조합원입주권이나 분양권에 의하여 사업시행 완료 후 취득한 신축주택만 해당하며, 상속개시일부터 소급하여 2년 이내에 피상속인으로부터 증여받은 주택 또는 증여받은 조합원입주권이나 분양권에 의하여 사업시행 완료 후 취득한 신축주택은 제외한다. 이하 이 항에서 "일반주택"이라 한다)을 국내에 각각 1개씩 소유하고 있는 1세대가 일반주택을 양도하는 경우에는 국내에 1개의 주택을 소유하고 있는 것으로 보아 제154조 제1항을 적용한다. 다만, 상속인과 피상속인이 상속개시 당시 1세대인 경우에는 1주택을 보유하고 1세대를 구성하는 자가 직계존속(배우자의 직계존속을 포함하며, 세대를 합친 날 현재 직계존속 중 어느 한 사람 또는 모두가 60세 이상으로서 1주택을 보유하고 있는 경우만 해당한다)을 동거봉양하기 위하여 세대를 합침에 따라 2주택을 보유하게 되는 경우로서 합치기 이전부터 보유하고 있었던 주택만 상속받은 주택으로 본다(이하 제3항, 제7항 제1호, 제156조의 2 제7항 제1호 및 제156조의 3 제5항 제1호에서 같다) (2022. 2. 15. 개정)

1. 피상속인이 소유한 기간이 가장 긴 1주택 (97. 12. 31 개정)

2. 피상속인이 소유한 기간이 같은 주택이 2 이상일 경우에는 피상속인이 거주한 기간이 가장 긴 1주택 (97. 12. 31 개정)

3. 피상속인이 소유한 기간 및 거주한 기간이 모두 같은 주택이 2 이상일 경우에는 피상속인이 상속개시당시 거주한 1주택 (97. 12. 31 개정)

4. 피상속인이 거주한 사실이 없는 주택으로서 소유한 기간이 같은 주택이 2 이상일 경우에는 기준시가가 가장 높은 1주택(기준시가가 같은 경우에는 상속인이 선택하는 1주택) (97. 12. 31 개정)

③ 제154조 제1항을 적용할 때 공동상속주택[상속으로 여러 사람이 공동으로 소유하는 1주택을 말하며, 피상속인이 상속개시 당시 2 이상의 주택(상속받은 1주택이 재개발사업, 재건축사업 또는 소규모재건축사업등의 시행으로 2 이상의 주택이 된 경우를 포함한다)을 소유한 경우에는 제2항 각 호의 순위에 따른 1주택을 말한다] 외의 다른 주택을 양도하는 때에는 해당 공동상속주택은 해당 거주자의 주택으로 보지 아니한다. 다만, 상속지분이 가장 큰 상속인의 경우에는 그러

청서 및 부동산매각의뢰신청서접수증은 별지 제85호 서식에 의한다. (96. 3. 30 신설)

⑦ 영 제155조 제8항 및 같은 조 제10항 제5호에서 "기획재정부령으로 정하는 취학, 근무상의 형편, 질병의 요양, 그밖에 부득이한 사유"란 세대의 구성원 중 일부(영 제155조 제10항 제5호의 경우를 말한다) 또는 세대전원(영 제155조 제8항의 경우를 말한다)이 제71조 제3항 각 호의 어느 하나에 해당하는 사유로 다른 시·군으로 주거를 이전하는 경우를 말한다. (2023. 3. 20. 개정)

⑧ 제7항에 해당하는지의 확인은 재학증명서, 재직증명서, 요양증명서 등 해당 사실을 증명하는 서류에 따른다. (2023. 3. 20. 개정)

⑨ 영 제155조 제8항에 따른 사유로서 제7항을 적용할 때 제71조 제3항 각 호의 사유가 발생한 당사자 외의 세대원 중 일부가 취학, 근무 또는 사업상의 형편 등으로 당사자와 함께 주거를 이전하지 못하는 경우에도 세대원이 주거를 이전한 것으로 본다. (2020. 3. 13. 개정)

는 주택(이하 이 조에서 "농어촌주택"이라 한다)과 그 밖의 주택(이하 이 항 및 제11항부터 제13항까지에서 "일반주택"이라 한다)을 국내에 각각 1개씩 소유하고 있는 1세대가 일반주택을 양도하는 경우에는 국내에 1개의 주택을 소유하고 있는 것으로 보아 제154조 제1항을 적용한다. 다만, 제3호의 주택에 대해서는 그 주택을 취득한 날부터 5년 이내에 일반주택을 양도하는 경우에 한정하여 적용한다. (2021. 2. 17. 개정)

◦ 예 판 ……………………………………………………………

…………………………………………………………………………

1. 상속받은 주택(피상속인이 취득후 5년 이상 거주한 사실이 있는 경우에 한한다)
2. 이농인(어업에서 떠난 자를 포함한다. 이하 이 조에서 같다)이 취득일 후 5년 이상 거주한 사실이 있는 이농주택
3. 영농 또는 영어의 목적으로 취득한 귀농주택

⑧ 기획재정부령으로 정하는 취학, 근무상의 형편, 질병의 요양, 그 밖에 부득이한 사유(이하 이 항에서 "부득이한 사유"라 한다)로 취득한 수도권 밖에 소재하는 주택과 그 밖의 주택(이하 이 항에서 "일반주택"이라 한다)을 국내에 각각 1개씩 소유하고 있는 1세대가 부득이한 사유가 해소된 날부터 3년 이내에 일반주택을 양도하는 경우에는 국내에 1개의 주택을 소유하고 있는 것으로 보아 제154조 제1항을 적용한다. (2012. 2. 2. 개정)

⑨ 제7항 제2호에서 "이농주택"이라 함은 영농 또는 영어에 종사하던 자가 전업으로 인하여 다른 시(특별자치시와「제주특별자치도 설치 및 국제자유도시 조성을 위한 특별법」제10조 제2항에 따라 설치된 행정시를 포함한다)·구(특별시 및 광역시의 구를 말한다)·읍·면으로 전출함으로써 거주자 및 그 배우자와 생계를 같이하는 가족 전부 또는 일부가 거주하지 못하게 되는 주택으로서 이농인이 소유하고 있는 주택을 말한다. (2023. 2. 28. 개정)

☞ p.2736 2단 연결

⑤ 1주택을 보유하는 자가 1주택을 보유하는 자와 혼인함으로써 1세대가 2주택을 보유하게 되는 경우 또는 1주택을 보유하고 있는 60세 이상의 직계존속을 동거봉양하는 무주택자가 1주택을 보유하는 자와 혼인함으로써 1세대가 2주택을 보유하게 되는 경우 각각 혼인한 날부터 10년 이내에 먼저 양도하는 주택은 이를 1세대 1주택으로 보아 제154조 제1항을 적용한다. (2024. 11. 12. 개정)

편주 ▶ ……………………………………………………………

……………………………………………………………………………

◦ 예 판 ……………………………………………………………

⑥ 다음 각 호의 어느 하나에 해당하는 주택과 그 밖의 주택(이하 이 항에서 "일반주택"이라 한다)을 국내에 각각 1개씩 소유하고 있는 1세대가 일반주택을 양도하는 경우에는 국내에 1개의 주택을 소유하고 있는 것으로 보아 제154조 제1항을 적용한다. (2010. 2. 18. 개정)

1. 「문화재보호법」 제2조 제3항에 따른 지정문화재 및 같은 법 제53조 제1항에 따른 국가등록문화재 (2020. 5. 26. 개정 ; 문화재보호법 시행령 부칙)
1. 「문화유산의 보존 및 활용에 관한 법률」에 따른 지정문화유산·국가등록문화유산 및 「자연유산의 보존 및 활용에 관한 법률」에 따른 천연기념물등 (2024. 5. 7. 개정 ; 문화재보호법 시행령 부칙)
1. 「문화유산의 보존 및 활용에 관한 법률」에 따른 지정문화유산, 「근현대문화유산의 보존 및 활용에 관한 법률」에 따른 국가등록문화유산 및 「자연유산의 보존 및 활용에 관한 법률」에 따른 천연기념물등 (2024. 9. 10. 개정 ; 근현대문화유산의~시행령 부칙)
2.~3. 삭 제 (99. 2. 8 ; 전통건조물보존법 시행령 폐지령 부칙)

⑦ 다음 각 호의 어느 하나에 해당하는 주택으로서 수도권 밖의 지역 중 읍지역(도시지역안의 지역을 제외한다) 또는 면지역에 소재하

우 그 양도한 일반주택은 1세대 1주택으로 보지 아니하며, 해당 귀농주택 소유자는 3년 이상 영농 또는 영어에 종사하지 아니하거나 그 기간 동안 해당 주택에 거주하지 아니하는 사유가 발생한 날이 속하는 달의 말일부터 2개월 이내에 다음 계산식에 따라 계산한 금액을 양도소득세로 신고·납부하여야 한다. 이 경우 3년의 기간을 계산함에 있어 그 기간 중에 상속이 개시된 때에는 피상속인의 영농 또는 영어의 기간과 상속인의 영농 또는 영어의 기간을 통산한다. (2016. 3. 31. 개정)

납부할 양도소득세 = 일반주택 양도 당시 제7항을 적용하지 아니하였을 경우에 납부하였을 세액 – 일반주택 양도 당시 제7항을 적용받아 납부한 세액

⑬ 제7항을 적용받으려는 자는 기획재정부령으로 정하는 1세대 1주택 특례적용신고서를 법 제105조 또는 법 제110조에 따른 양도소득세 과세표준신고기한 내에 기획재정부령으로 정하는 서류와 함께 제출하여야 한다. 이 경우 납세지 관할 세무서장은 「전자정부법」 제36조 제1항에 따른 행정정보의 공동이용을 통하여 다음 각 호의 서류를 확인하여야 하며, 제1호의 경우 신고인이 확인에 동의하지 아니하는 경우에는 이를 제출하도록 하여야 한다. (2018. 2. 13. 개정)

<관계법령>

규칙 103조 1항 ⇒ 1세대 1주택 특례적용신고서

1. 주민등록표 등·초본 (2012. 2. 2. 개정)
2. 일반주택의 토지·건축물대장 및 토지·건물 등기사항증명서 (2018. 2. 13. 개정)
3. 농어촌주택의 토지·건축물대장 및 토지·건물 등기사항증명서 (2018. 2. 13. 개정)
4. 취득농지의 등기부 등본 (2012. 2. 2. 신설)

⑭ 제7항 내지 제13항을 적용함에 있어서 농어촌주택의 범위등에 관하여 필요한 사항은 기획재정부령으로 정한다. (2008. 2. 29. 직제개정 ; 기획재정부와~직제 부칙)

☞ p.2737 2단 연결

⑩ 제7항 제3호에서 "귀농주택"이란 영농 또는 영어에 종사하고자 하는 자가 취득(귀농 이전에 취득한 것을 포함한다)하여 거주하고 있는 주택으로서 다음 각 호의 요건을 갖춘 것을 말한다. (2016. 2. 17. 개정)

1. 기획재정부령으로 정하는 연고지에 소재할 것 (2009. 2. 4. 개정)
1. 삭 제 (2016. 2. 17.)
2. 취득 당시에 법 제89조 제1항 제3호 각 목 외의 부분에 따른 고가주택에 해당하지 아니할 것 (2022. 2. 15. 개정)
3. 대지면적이 660제곱미터 이내일 것
4. 영농 또는 영어의 목적으로 취득하는 것으로서 다음 각 목의 어느 하나에 해당할 것 (2007. 2. 28. 개정)
   가. 1,000제곱미터 이상의 농지를 소유하는 자 또는 그 배우자가 해당 농지소재지(제153조 제3항에 따른 농지소재지를 말한다. 이하 이 조에서 같다)에 있는 주택을 취득하는 것일 것 (2019. 2. 12. 개정)
   나. 1,000제곱미터 이상의 농지를 소유하는 자 또는 그 배우자가 해당 농지를 소유하기 전 1년 이내에 해당 농지소재지에 있는 주택을 취득하는 것일 것 (2019. 2. 12. 개정)
   다. 기획재정부령이 정하는 어업인이 취득하는 것일 것 (2016. 3. 31. 목번개정)
5. 세대전원이 이사(기획재정부령으로 정하는 취학, 근무상의 형편, 질병의 요양, 그 밖의 부득이한 사유로 세대의 구성원 중 일부가 이사하지 못하는 경우를 포함한다)하여 거주할 것 (2014. 2. 21. 신설)

⑪ 귀농으로 인하여 세대전원이 농어촌주택으로 이사하는 경우에는 귀농후 최초로 양도하는 1개의 일반주택에 한하여 제7항 본문의 규정을 적용한다.

⑫ 제7항의 규정을 적용받은 귀농주택 소유자가 귀농일(귀농주택에 주민등록을 이전하여 거주를 개시한 날을 말하며, 제10항 제4호 나목에 따라 주택을 취득한 후 해당 농지를 취득하는 경우에는 귀농주택에 주민등록을 이전하여 거주를 개시한 후 농지를 취득한 날을 말한다)부터 계속하여 3년 이상 영농 또는 영어에 종사하지 아니하거나 그 기간 동안 해당 주택에 거주하지 아니한 경

제73조【농어촌주택】 ① 영 제155조 제10항 제1호에서 "기획재정부령으로 정하는 연고지"란 귀농주택소재지에 다음 각 호의 어느 하나에 해당하는 자의 가족관계등록부의 최초 등록기준지이거나 5년 이상 거주한 사실이 있는 곳을 말한다. (2009. 4. 14. 개정)

1. 영농 또는 영어에 종사하고자 하는자와 그 배우자
2. 제1호에서 규정한 자의 직계존속

② 제1항에 따른 가족관계등록부의 최초 등록기준지는 그 등록기준지가 소재한 읍지역(도시계획구역 안의 지역을 제외한다. 이하 이 항에서 같다) 또는 면지역과 그 연접한 읍·면지역을 말한다. (2009. 4. 14. 개정)

제73조【농어촌주택】 ①·② 삭 제 (2017. 3. 10.)

③ 영 제155조 제10항 제4호 다목에서 "기획재정부령이 정하는 어업인"이란 다음 각 호의 어느 하나에 해당하는 자를 말한다. (2017. 3. 10. 개정)

1. 「수산업법」에 따른 신고·허가·면허 어업자 및 「양식산업발전법」에 따른 허가·면허 양식업자(같은 법 제10조 제1항 제7호의 내수면양식업 및 제43조 제1항 제2호의 육상등 내수양식업을 경영하는 자는 제외한다) (2021. 3. 16. 개정)
2. 제1호의 자에게 고용된 어업종사자

④ 영 제155조 제13항 각 호 외의 부분 전단에서 "기획재정부령으로 정하는 서류"란 다음 각 호의 서류를 말한다. (2019. 3. 20. 개정)

산금을 지급받지 못한 경우 (2022. 2. 15. 개정)
5. 재개발사업, 재건축사업 또는 소규모재건축사업등의 시행으로 「도시 및 주거환경정비법」 제73조 또는 「빈집 및 소규모주택 정비에 관한 특례법」 제36조에 따라 사업시행자가 「도시 및 주거환경정비법」 제2조 제9호 또는 「빈집 및 소규모주택 정비에 관한 특례법」 제2조 제6호에 따른 토지등소유자(이하 이 호에서 "토지등소유자"라 한다)를 상대로 신청·제기한 수용재결 또는 매도청구소송 절차가 진행 중인 경우 또는 재결이나 소송절차는 종료되었으나 토지등소유자가 해당 매도대금 등을 지급받지 못한 경우 (2022. 2. 15. 개정)

⑲ 제2항 및 제3항을 적용할 때 상속주택 외의 주택을 양도할 때까지 상속주택을 「민법」 제1013조에 따라 협의분할하여 등기하지 아니한 경우에는 같은 법 제1009조 및 제1010조에 따른 상속분에 따라 해당 상속주택을 소유하는 것으로 본다. 다만, 상속주택 외의 주택을 양도한 이후 「국세기본법」 제26조의 2에 따른 국세 부과의 제척기간 내에 상속주택을 협의분할하여 등기한 경우로서 등기 전 제2항 및 제3항에 따라 제154조 제1항을 적용받았다가 등기 후 같은 항의 적용을 받지 못하여 양도소득세를 추가 납부하여야 할 자는 그 등기일이 속하는 달의 말일부터 2개월 이내에 다음 계산식에 따라 계산한 금액을 양도소득세로 신고·납부하여야 한다. (2017. 2. 3. 항번개정)

납부할 양도소득세 = 일반주택 양도 당시 제2항 또는 제3항을 적용하지 아니하였을 경우에 납부하였을 세액 - 일반주택 양도 당시 제2항 또는 제3항을 적용받아 납부한 세액

⑳ 제167조의 3 제1항 제2호에 따른 주택{같은 호 가목 및 다목에 해당하는 주택의 경우에는 해당 목의 단서에서 정하는 기한의 제한은 적용하지 않되, 2020년 7월 10일 이전에 「민간임대주택에 관한 특별법」 제5조에 따른 임대사업자등록 신청(임대할 주택을 추가하기 위해 등록사항의 변경 신고를 한 경우를 포함한다)을 한 주택으로 한정하며, 같은 호 마목에 해당하는 주택의 경우에는 같은 목 1)에 따른 주택[같은 목 2) 및 3)에 해당하지 않는 경우로 한정한다]을 포함한다. 이하 이 조에서 "장기임대주택"이라 한다} 또는 같은 항 제8호의 2에 해당하는 주택(이하 "장기어린이집"이라 한다)과 그 밖의 1주택을 국내에 소유하고 있는 1세대가 각각 제1호와 제2호 또는 제1호와 제3호의 요건을 충족하고 해당 1주택(이하 이 조에서 "거주주택"이라 한다)을 양도하는 경우(장기임대주택을 보유하고 있는 경우에는 생애 한 차례만 거주주택을 최초로

☞ p.2738 2단 연결

⑮ 제154조 제1항을 적용할 때 「건축법 시행령」 별표 1 제1호 다목에 해당하는 다가구주택은 한 가구가 독립하여 거주할 수 있도록 구획된 부분을 각각 하나의 주택으로 본다. 다만, 해당 다가구주택을 구획된 부분별로 양도하지 아니하고 하나의 매매단위로 하여 양도하는 경우에는 그 전체를 하나의 주택으로 본다. (2015. 2. 3. 단서개정)

⑯ 제1항을 적용(수도권에 1주택을 소유한 경우에 한정한다)할 때 수도권에 소재한 법인 또는 「지방자치분권 및 지역균형발전에 관한 특별법」 제2조 제14호에 따른 공공기관이 수도권 밖의 지역으로 이전하는 경우로서 법인의 임원과 사용인 및 공공기관의 종사자가 구성하는 1세대가 취득하는 다른 주택이 해당 공공기관 또는 법인이 이전한 시(특별자치시·광역시 및 「제주특별자치도 설치 및 국제자유도시 조성을 위한 특별법」 제10조 제2항에 따라 설치된 행정시를 포함한다. 이하 이 항에서 같다)·군 또는 이와 연접한 시·군의 지역에 소재하는 경우에는 제1항 중 "3년"을 "5년"으로 본다. 이 경우 해당 1세대에 대해서는 종전의 주택을 취득한 날부터 1년 이상이 지난 후 다른 주택을 취득하는 요건을 적용하지 아니한다. (2023. 7. 7. 개정 ; 지방자치분권~부칙)

⑰ 법 제89조 제1항 제4호 각 목 외의 부분 단서에서 "대통령령으로 정하는 기준을 초과하는 경우"란 조합원입주권의 양도 당시의 실지거래가액의 합계액이 9억원을 초과하는 경우를 말한다. (2017. 2. 3. 개정)

⑰ 삭 제 (2022. 2. 15.)

⑱ 법 제89조 제1항 제4호 나목에서 "대통령령으로 정하는 사유"란 다른 주택을 취득한 날부터 3년이 되는 날 현재 다음 각 호의 어느 하나에 해당하는 경우를 말한다. (2022. 2. 15. 개정)

1. 「한국자산관리공사 설립 등에 관한 법률」에 따른 한국자산관리공사에 매각을 의뢰한 경우 (2022. 2. 17. 개정 ; 금융회사부실자산~부칙)
2. 법원에 경매를 신청한 경우 (2017. 2. 3. 신설)
3. 「국세징수법」에 따른 공매가 진행 중인 경우 (2017. 2. 3. 신설)
4. 재개발사업, 재건축사업 또는 소규모재건축사업등의 시행으로 「도시 및 주거환경정비법」 제73조 또는 「빈집 및 소규모주택 정비에 관한 특례법」 제36조에 따라 현금으로 청산을 받아야 하는 토지등소유자가 사업시행자를 상대로 제기한 현금청산금 지급을 구하는 소송절차가 진행 중인 경우 또는 소송절차는 종료되었으나 해당 청

1. 제1항에 규정하는 연고지임을 입증할 수 있는 서류
1. 삭 제 (2021. 3. 16.)
2. 제3항에 규정하는 어업인임을 입증할 수 있는 서류(해당자에 한한다)
3. 농지원부 사본(해당하는 경우만 제출한다) (2011. 12. 28. 개정)

제74조 【다가구주택】 영 제155조 제15항에서 "기획재정부령이 정하는 다가구주택"이라 함은 「건축법 시행령」 별표 1 제1호 다목에 해당하는 것을 말한다. 이 경우 한 가구가 독립하여 거주할 수 있도록 구획된 부분을 각각 하나의 주택으로 본다. (2008. 4. 29. 직제개정)

제74조 【다가구주택】 삭 제 (2012. 2. 28.)

 관계조문

규칙 72조 1항 ⇒ 기획재정부령으로 정하는 사유에 해당하는 경우

1. 거주주택 : 보유기간 중 거주기간(직전거주주택보유주택의 경우에는 법 제168조에 따른 사업자등록과 「민간임대주택에 관한 특별법」 제5조에 따른 임대사업자 등록을 한 날, 「영유아보육법」 제13조 제1항에 따른 인가를 받은 날 또는 같은 법 제24조 제2항에 따른 위탁의 계약서상 운영개시일 이후의 거주기간을 말한다)이 2년 이상일 것 (2022. 2. 15. 개정)
2. 장기임대주택 : 양도일 현재 법 제168조에 따른 사업자등록을 하고, 장기임대주택을 「민간임대주택에 관한 특별법」 제5조에 따라 민간임대주택으로 등록하여 임대하고 있으며, 임대보증금 또는 임대료(이하 이 호에서 "임대료등"이라 한다)의 증가율이 100분의 5를 초과하지 않을 것. 이 경우 임대료등의 증액 청구는 임대차계약의 체결 또는 약정한 임대료등의 증액이 있은 후 1년 이내에는 하지 못하고, 임대사업자가 임대료등의 증액을 청구하면서 임대보증금과 월임대료를 상호 간에 전환하는 경우에는 「민간임대주택에 관한 특별법」 제44조 제4항의 전환 규정을 준용한다. (2020. 2. 11. 개정)
3. 장기어린이집 : 양도일 현재 법 제168조에 따라 고유번호를 부여받고, 장기어린이집을 운영하고 있을 것 (2022. 2. 15. 개정)

㉑ 1세대가 장기임대주택의 임대기간요건(이하 이 조에서 "임대기간요건"이라 한다) 또는 장기어린이집의 운영기간요건(이하 이 조에서 "운영기간요건"이라 한다)을 충족하기 전에 거주주택을 양도하는 경우에도 해당 임대주택 또는 어린이집을 장기임대주택 또는 장기어린이집으로 보아 제20항을 적용한다. (2022. 2. 15. 개정)

㉒ 1세대가 제21항을 적용받은 후에 임대기간요건 또는 운영기간요건을 충족하지 못하게 된(장기임대주택의 임대의무호수를 임대하지 않은 기간이 6개월을 지난 경우를 포함한다) 때에는 그 사유가 발생한 날이 속하는 달의 말일부터 2개월 이내에 제1호의 계산식에 따라 계산한 금액을 양도소득세로 신고·납부해야 한다. 이 경우 제2호의 임대기간요건 및 운영기간요건 산정특례에 해당하는 경우에는 해당 규정에 따른다. (2020. 2. 11. 개정)
1. 납부할 양도소득세 계산식 (2022. 2. 15. 개정)

☞ p.2739 2단 연결

양도하는 경우에 한정한다)에는 국내에 1개의 주택을 소유하고 있는 것으로 보아 제154조 제1항을 적용한다. 이 경우 해당 거주주택을 「민간임대주택에 관한 특별법」 제5조에 따라 민간임대주택으로 등록하였거나 「영유아보육법」 제13조 제1항에 따른 인가를 받거나 같은 법 제24조 제2항에 따른 위탁을 받아 어린이집으로 사용한 사실이 있고 그 보유기간 중에 양도한 다른 거주주택(양도한 다른 거주주택이 둘 이상인 경우에는 가장 나중에 양도한 거주주택을 말한다. 이하 "직전거주주택"이라 한다)이 있는 거주주택(민간임대주택으로 등록한 사실이 있는 주택인 경우에는 1주택 외의 주택을 모두 양도한 후 1주택을 보유하게 된 경우로 한정한다. 이하 이 항에서 "직전거주주택보유주택"이라 한다)인 경우에는 직전거주주택의 양도일 후의 기간분에 대해서만 국내에 1개의 주택을 소유하고 있는 것으로 보아 제154조 제1항을 적용한다. (2022. 2. 15. 개정)

⑳ 제167조의 3 제1항 제2호에 따른 주택{같은 호 가목 및 다목에 해당하는 주택의 경우에는 해당 목의 단서에서 정하는 기한의 제한은 적용하지 않되, 2020년 7월 10일 이전에 「민간임대주택에 관한 특별법」 제5조에 따른 임대사업자등록 신청(임대할 주택을 추가하기 위해 등록사항의 변경 신고를 한 경우를 포함한다)을 한 주택으로 한정하며, 같은 호 마목에 해당하는 주택의 경우에는 같은 목 1)에 따른 주택[같은 목 2) 및 3)에 해당하지 않는 경우로 한정한다]을 포함한다. 이하 이 조에서 "장기임대주택"이라 한다} 또는 같은 항 제8호의 2에 해당하는 주택(이하 "장기어린이집"이라 한다)과 그 밖의 1주택을 국내에 소유하고 있는 1세대가 각각 제1호와 제2호 또는 제1호와 제3호의 요건을 충족하고 해당 1주택(이하 이 조에서 "거주주택"이라 한다)을 양도하는 경우에는 국내에 1개의 주택을 소유하고 있는 것으로 보아 제154조 제1항을 적용한다. 이 경우 해당 거주주택을 「민간임대주택에 관한 특별법」 제5조에 따라 민간임대주택으로 등록하였거나 「영유아보육법」 제13조 제1항에 따른 인가를 받거나 같은 법 제24조 제2항에 따른 위탁을 받아 어린이집으로 사용한 사실이 있고 그 보유기간 중에 양도한 다른 거주주택(양도한 다른 거주주택이 둘 이상인 경우에는 가장 나중에 양도한 거주주택을 말한다. 이하 "직전거주주택"이라 한다)이 있는 거주주택(이하 이 항에서 "직전거주주택보유주택"이라 한다)인 경우에는 직전거주주택의 양도일 후의 기간분에 대해서만 국내에 1개의 주택을 소유하고 있는 것으로 보아 제154조 제1항을 적용한다. (2025. 2. 28. 개정)

편주 ▶ 영 155조 20항의 개정규정은 2025. 2. 28. 이후 주택을 양도하는 경우부터 적용함. (영 부칙(2025. 2. 28.) 14조)

1) 「민간임대주택에 관한 특별법」 제6조 제1항 제11호에 따라 임대사업자의 임대의무기간 내 등록 말소 신청으로 등록이 말소된 경우(같은 법 제43조에 따른 임대의무기간의 2분의 1 이상을 임대한 경우로 한정한다) (2020. 10. 7. 신설)

2) 「민간임대주택에 관한 특별법」 제6조 제5항에 따라 임대의 무기간이 종료한 날 등록이 말소된 경우 (2020. 10. 7. 신설)

마. 재개발사업, 재건축사업 또는 소규모재건축사업등으로 임대 중이던 당초의 장기임대주택이 멸실되어 새로 취득하거나 「주택법」 제2조에 따른 리모델링으로 새로 취득한 주택이 다음의 어느 하나의 경우에 해당하여 해당 임대기간요건을 갖추지 못하게 된 때에는 당초 주택(재건축 등으로 새로 취득하기 전의 주택을 말하며, 이하 이 목에서 같다)에 대한 등록이 말소된 날 해당 임대기간요건을 갖춘 것으로 본다. 다만, 임대의무호수를 임대하지 않은 기간(이 항 각 호 외의 부분에 따라 계산한 기간을 말한다)이 6개월을 지난 경우는 임대기간요건을 갖춘 것으로 보지 않는다. (2022. 2. 15. 개정)

1) 새로 취득한 주택에 대해 2020년 7월 11일 이후 종전의 「민간임대주택에 관한 특별법」 제2조 제5호에 따른 장기일반민간임대주택 중 아파트를 임대하는 민간매입임대주택이나 같은 조 제6호에 따른 단기민간임대주택으로 종전의 「민간임대주택에 관한 특별법」 제5조에 따른 임대사업자등록 신청(임대할 주택을 추가하기 위해 등록사항의 변경 신고를 한 경우를 포함한다. 이하 이 목에서 같다)을 한 경우 (2020. 10. 7. 신설)

2) 새로 취득한 주택이 아파트(당초 주택이 단기민간임대주택으로 등록되어 있었던 경우에는 모든 주택을 말한다)인 경우로서 「민간임대주택에 관한 특별법」 제5조에 따른 임대사업자등록 신청을 하지 않은 경우 (2020. 10. 7. 신설)

㉓ 제167조의 3 제1항 제2호 가목 및 다목부터 마목까지의 규정에 해당하는 장기임대주택(법률 제17482호 민간임대주택에 관한 특별법 일부개정법률 부칙 제5조 제1항이 적용되는 주택으로 한정한다)이

☞ p.2740 3단 연결

거주주택 양도 당시 해당 임대주택 또는 어린이집을 장기임대주택 또는 장기어린이집으로 보지 않을 경우에 납부했을 세액 – 거주주택 양도 당시 제20항을 적용받아 납부한 세액

2. 임대기간요건 및 운영기간요건 산정특례 (2018. 2. 13. 개정)

가. 「공익사업을 위한 토지 등의 취득 및 보상에 관한 법률」에 따른 수용 등 기획재정부령으로 정하는 부득이한 사유로 해당 임대기간요건 또는 운영기간요건을 충족하지 못하게 되거나 임대의무호수를 임대하지 않게 된 때에는 해당 임대주택을 계속 임대하거나 해당 어린이집을 계속 운영하는 것으로 본다. (2022. 2. 15. 개정)

나. 재건축사업, 재개발사업 또는 소규모재건축사업등의 사유가 있는 경우에는 어린이집을 운영하지 않은 기간 또는 임대의무호수를 임대하지 않은 기간을 계산할 때 해당 주택의 「도시 및 주거환경정비법」 제74조에 따른 관리처분계획(소규모재건축사업등의 경우에는 「빈집 및 소규모주택 정비에 관한 특례법」 제29조에 따른 사업시행계획을 말한다. 이하 "관리처분계획등"이라 한다) 인가일 전 6개월부터 준공일 후 6개월까지의 기간은 포함하지 않는다. (2022. 2. 15. 개정)

다. 「주택법」 제2조에 따른 리모델링 사유가 있는 경우에는 임대의무호수를 임대하지 않은 기간을 계산할 때 해당 주택이 같은 법 제15조에 따른 사업계획의 승인일 또는 같은 법 제66조에 따른 리모델링의 허가일 전 6개월부터 준공일 후 6개월까지의 기간은 포함하지 않는다. (2020. 2. 11. 신설)

라. 제167조의 3 제1항 제2호 가목 및 다목부터 마목까지의 규정에 해당하는 장기임대주택(법률 제17482호 민간임대주택에 관한 특별법 일부개정법률 부칙 제5조 제1항이 적용되는 주택으로 한정한다)이 다음의 어느 하나에 해당하여 등록이 말소되고 제167조의 3 제1항 제2호 가목 및 다목부터 마목까지의 규정에서 정한 임대기간요건을 갖추지 못하게 된 때에는 그 등록이 말소된 날에 해당 임대기간요건을 갖춘 것으로 본다. (2020. 10. 7. 신설)

제74조의 2【계속 임대로 보는 부득이한 사유】 영 제155조 제22항 제2호 가목에서 "기획재정부령으로 정하는 부득이한 사유"란 다음 각 호의 어느 하나에 해당하는 경우를 말한다. (2017. 3. 10. 개정)

1. 「공익사업을 위한 토지 등의 취득 및 보상에 관한 법률」 또는 그 밖의 법률에 따라 수용(협의 매수를 포함한다)된 경우 (2011. 12. 28. 신설)

2. 사망으로 상속되는 경우 (2011. 12. 28. 신설)

유하고 있는 직계존속(배우자의 직계존속을 포함한다)을 동거봉양하기 위하여 세대를 합침으로써 1세대가 2주택을 소유하게 되는 경우 먼저 양도하는 주택에 대하여는 국내에 1개의 주택을 소유하고 있는 것으로 보아 제154조 제1항의 규정을 적용하되, 장기저당담보주택은 거주기간의 제한을 받지 아니한다. (2005. 2. 19. 신설)

③ 1세대가 장기저당담보주택을 제1항의 규정에 의한 계약기간 만료 이전에 양도하는 경우에는 제1항 및 제2항의 규정을 적용하지 아니한다. (2005. 2. 19. 신설)

④ 제2항의 규정을 적용받으려는 자는 기획재정부령이 정하는 장기저당담보주택에 대한 특례적용신고서를 「소득세법」 제105조 또는 동법 제110조에 따른 양도소득세 과세표준신고기한 내에 장기저당담보주택에 관한 제1항의 대출 계약서와 함께 제출하여야 한다. 이 경우 납세지 관할 세무서장은 「전자정부법」 제36조 제1항에 따른 행정정보의 공동이용을 통하여 다음 각 호의 서류를 확인하여야 한다. (2010. 5. 4. 후단개정 ; 전자정부법 시행령 부칙)

관계조문 »

규칙 103조 1항 ⇒ 장기저당담보주택에 대한 특례적용신고서

1. 장기저당담보주택 외의 다른 주택의 토지 및 건축물대장등본 (2006. 6. 12. 개정 ; 행정정보의 공동이용 및~일부 개정령)
2. 장기저당담보주택의 토지 및 건축물대장 등본 (2006. 6. 12. 개정 ; 행정정보의 공동이용 및~일부 개정령)

제155조의 3 【상생임대주택에 대한 1세대1주택의 특례】 ① 국내에 1주택(제155조, 제155조의 2, 제156조의 2, 제156조의 3 및 그 밖의 법령에 따라 1세대1주택으로 보는 경우를 포함한다)을 소유한 1세대가 다음 각 호의 요건을 모두 갖춘 주택(이하 “상생임대주택”이라 한다)을 양도하는 경우에는 제154조 제1항, 제155조 제20항 제1호 및 제159조의 4를 적용할 때 해당 규정에 따른 거주기간의 제한을 받지 않는다. (2022. 8. 2. 개정)

☞ p.2741 2단 연결

본. 이 경우 「주민등록법」 제29조 제1항에 따라 열람한 주민등록 전입세대의 열람내역 제출로 갈음할 수 있다. (2020. 2. 11. 후단신설)

4. 그 밖에 기획재정부령으로 정하는 서류 (2011. 10. 14. 신설)

㉕ 제24항에 따라 신고서를 제출받은 납세지 관할 세무서장은 「전자정부법」 제36조 제1항에 따른 행정정보의 공동이용을 통하여 다음 각 호의 서류를 확인해야 하며, 신청인이 제1호 또는 제4호의 서류 확인에 동의하지 않는 경우에는 이를 제출하도록 해야 한다. (2021. 2. 17. 개정)

1. 주민등록표 등 · 초본 (2012. 2. 2. 개정)
2. 거주주택의 토지 · 건축물대장 및 토지 · 건물 등기사항증명서 (2018. 2. 13. 개정)
3. 장기임대주택 또는 장기어린이집의 등기사항증명서 또는 토지 · 건축물대장 등본 (2022. 2. 15. 개정)
4. 「민간임대주택에 관한 특별법 시행령」 제4조 제5항에 따른 임대사업자 등록증 또는 「영유아보육법」 제13조에 따른 어린이집 인가증 (2023. 9. 26. 개정 ; 민간임대주택에~부칙)

제155조의 2 【장기저당담보주택에 대한 1세대 1주택의 특례】 ① 국내에 1주택을 소유한 1세대가 다음 각호의 요건을 갖춘 장기저당담보대출계약을 체결하고 장기저당담보로 제공된 주택(이하 이 조에서 “장기저당담보주택”이라 한다)을 양도하는 경우에는 제154조 제1항의 규정을 적용함에 있어 거주기간의 제한을 받지 아니한다. (2005. 2. 19. 신설)

1. 계약체결일 현재 주택을 담보로 제공한 가입자가 60세 이상일 것 (2005. 2. 19. 신설)
2. 장기저당담보 계약기간이 10년 이상으로서 만기시까지 매월 · 매분기별 또는 그밖에 기획재정부령이 정하는 방법으로 대출금을 수령하는 조건일 것 (2008. 2. 29. 직제개정 ; 기획재정부와~직제 부칙)
3. 만기에 당해 주택을 처분하여 일시 상환하는 계약조건일 것 (2005. 2. 19. 신설)

② 1주택을 소유하고 1세대를 구성하는 자가 장기저당담보주택을 소

다음 각 호의 어느 하나에 해당하여 등록이 말소된 경우에는 해당 등록이 말소된 이후(장기임대주택을 2호 이상 임대하는 경우에는 최초로 등록이 말소되는 장기임대주택의 등록 말소 이후를 말한다) 5년 이내에 거주주택을 양도하는 경우에 한정하여 임대기간요건을 갖춘 것으로 보아 제20항을 적용한다. (2020. 10. 7. 신설)

1. 「민간임대주택에 관한 특별법」 제6조 제1항 제11호에 따라 임대사업자의 임대의무기간 내 등록 말소 신청으로 등록이 말소된 경우(같은 법 제43조에 따른 임대의무기간의 2분의 1 이상을 임대한 경우에 한정한다) (2020. 10. 7. 신설)
2. 「민간임대주택에 관한 특별법」 제6조 제5항에 따라 임대의무기간이 종료한 날 등록이 말소된 경우 (2020. 10. 7. 신설)

㉔ 제20항을 적용받으려는 자는 거주주택을 양도하는 날이 속하는 과세기간의 과세표준신고서와 기획재정부령으로 정하는 신고서에 다음 각 호의 서류를 첨부하여 납세지 관할 세무서장에게 제출해야 한다. (2020. 10. 7. 항번개정)

1. 「영유아보육법」 제24조에 따라 어린이집 운영을 위탁받은 경우 국공립어린이집의 위탁계약증서 사본 (2022. 2. 15. 신설)
2. 장기임대주택의 임대차계약서 사본 (2011. 10. 14. 신설)
3. 임차인의 주민등록표 등본 또는 그 사

2.) 2조)

④ 직전임대차계약 및 상생임대차계약에 따른 임대기간을 계산할 때 임차인의 사정으로 임대를 계속할 수 없어 새로운 임대차계약을 체결하는 경우로서 기획재정부령으로 정하는 요건을 충족하는 경우에는 새로운 임대차계약의 임대기간을 합산하여 계산한다. (2023. 2. 28. 신설)

⑤ 제1항을 적용받으려는 자는 법 제105조 또는 제110조에 따른 양도소득세 과세표준 신고기한까지 기획재정부령으로 정하는 상생임대주택에 대한 특례적용신고서에 해당 주택에 관한 직전임대차계약서 및 상생임대차계약서를 첨부하여 납세지 관할 세무서장에게 제출해야 한다. 이 경우 납세지 관할 세무서장은 「전자정부법」 제36조 제1항에 따른 행정정보의 공동이용을 통하여 해당 주택의 토지·건물 등기사항증명서를 확인해야 한다. (2023. 2. 28. 개정)

제156조 【고가주택의 범위】 (2002. 12. 30 제목개정)

① 법 제89조 제1항 제3호 각 목 외의 부분을 적용할 때 1주택 및 이에 딸린 토지의 일부를 양도하거나 일부가 타인 소유인 경우로서 실지거래가액 합계액에 양도하는 부분(타인 소유부분을 포함한다)의 면적이 전체 주택면적에서 차지하는 비율을 나누어 계산한 금액이 12억원을 초과하는 경우에는 고가주택으로 본다. (2022. 2. 15. 개정)

② 법 제89조 제1항 제3호 각 목 외의 부분에 따른 고가주택의 실지거래가액을 계산하는 경우에는 제154조 제3항 본문에 따라 주택으로 보는 부분(이에 부수되는 토지를 포함한다)에 해당하는 실지거래가액을 포함한다. (2022. 2. 15. 개정)

③ 제155조 제15항에 따라 단독주택으로 보는 다가구주택의 경우에는 그 전체를 하나의 주택으로 보아 법 제89조 제1항 제3호 각 목 외의 부분을 적용한다. (2022. 2. 15. 개정)

● 예 판 ▶

- 주택부분의 면적이 주택 이외의 면적보다 큰 겸용주택의 고가주택 판정은 1세대 1주택의 비과세 규정이 적용되는 경우에는 주택 이외 부분의
☞ p.2742 2단 연결

편주 ▶
영 155조의 3 제1항의 개정규정은 2021. 12. 20.부터 2022. 8. 2. 전까지 상생임대차계약을 체결한 주택에 대해서도 적용함. (영 부칙(2022. 8. 2.) 2조)

1. 1세대가 주택을 취득한 후 해당 주택에 대하여 임차인과 체결한 직전 임대차계약(해당 주택의 취득으로 임대인의 지위가 승계된 경우의 임대차계약은 제외하며, 이하 이 조에서 "직전임대차계약"이라 한다) 대비 임대보증금 또는 임대료의 증가율이 100분의 5를 초과하지 않는 임대차계약(이하 이 조에서 "상생임대차계약"이라 한다)을 2021년 12월 20일부터 2024년 12월 31일까지의 기간 중에 체결(계약금을 지급받은 사실이 증빙서류에 의해 확인되는 경우로 한정한다)하고 임대를 개시할 것 (2023. 2. 28. 개정)

1. 1세대가 주택을 취득한 후 해당 주택에 대하여 임차인과 체결한 직전 임대차계약(해당 주택의 취득으로 임대인의 지위가 승계된 경우의 임대차계약은 제외하며, 이하 이 조에서 "직전임대차계약"이라 한다) 대비 임대보증금 또는 임대료의 증가율이 100분의 5를 초과하지 않는 임대차계약(이하 이 조에서 "상생임대차계약"이라 한다)을 2021년 12월 20일부터 2026년 12월 31일까지의 기간 중에 체결(계약금을 지급받은 사실이 증빙서류에 의해 확인되는 경우로 한정한다)하고 임대를 개시할 것 (2024. 11. 12. 개정)

2. 직전임대차계약에 따라 임대한 기간이 1년 6개월 이상일 것 (2023. 2. 28. 개정)

3. 상생임대차계약에 따라 임대한 기간이 2년 이상일 것 (2023. 2. 28. 신설)

② 상생임대차계약을 체결할 때 임대보증금과 월임대료를 서로 전환하는 경우에는 「민간임대주택에 관한 특별법」 제44조 제4항에서 정하는 기준에 따라 임대보증금 또는 임대료의 증가율을 계산한다. (2022. 2. 15. 신설)

③ 직전임대차계약 및 상생임대차계약에 따른 임대기간은 월력에 따라 계산하며, 1개월 미만인 경우에는 1개월로 본다. (2023. 2. 28. 개정)

편주 ▶
영 155조의 3 제3항의 개정규정은 2021. 12. 20.부터 2022. 8. 2. 전까지 상생임대차계약을 체결한 주택에 대해서도 적용함. (영 부칙(2022. 8.

제74조의 3 【상생임대주택에 대한 1세대1주택의 특례】

영 제155조의 3 제4항에서 "기획재정부령으로 정하는 요건"이란 종전 임대차계약과 비교하여 새로운 임대차계약에 따른 임대보증금 또는 임대료가 증가하지 않았을 것을 말한다. (2023. 3. 20. 신설)

〈제89조〉

② 1세대가 주택(주택부수토지를 포함한다. 이하 이 조에서 같다)과 조합원입주권 또는 분양권을 보유하다가 그 주택을 양도하는 경우에는 제1항에도 불구하고 같은 항 제3호를 적용하지 아니한다. 다만, 「도시 및 주거환경정비법」에 따른 재건축사업 또는 재개발사업, 「빈집 및 소규모주택 정비에 관한 특례법」에 따른 자율주택정비사업, 가로주택정비사업, 소규모재건축사업 또는 소규모재개발사업의 시행기간 중 거주를 위하여 주택을 취득하는 경우나 그 밖의 부득이한 사유로서 대통령령으로 정하는 경우에는 그러하지 아니하다. (2021. 12. 8. 단서개정)

③ 실지거래가액의 계산 및 그 밖에 필요한 사항은 대통령령으로 정한다. (2021. 12. 8. 신설)

제90조 【양도소득세액의 감면】 ① 제95조에 따른 양도소득금액에 이 법 또는 다른 조세에 관한 법률에 따른 감면대상 양도소득금액이 있을 때에는 다음 계산식에 따라 계산한 양도소득세 감면액을 양도소득 산출세액에서 감면한다. (2016. 12. 20. 개정)

$$\text{양도소득세 감면액} = A \times \frac{(B-C)}{D} \times E$$

A : 제104조에 따른 양도소득 산출세액
B : 감면대상 양도소득금액
C : 제103조 제2항에 따른 양도소득 기본공제
D : 제92조에 따른 양도소득 과세표준
E : 이 법 또는 다른 조세에 관한 법률에서 정한 감면율

편주 ▶
양도소득금액에 감면소득금액이 포함된 경우 양도차손의 통산방법 ⇒ 영 167조의 2 제2항

가액을 포함한 전체 주택가액을 기준으로 하고, 1세대 1주택 비과세 규정이 적용되지 아니하는 경우에는 주택 이외의 부분을 제외한 가액을 기준으로 함. (서일 46014-11115, 2003. 8. 21.)
• 고가주택의 1세대 1주택 비과세 규정과 조특법상 신축주택의 취득자에 대한 양도소득세 감면규정이 동시에 적용되는 경우에는 1세대 1주택 비과세 규정 적용 후 양도소득세 감면규정을 적용함. (재재산-1114, 2006. 9. 7.)

제156조의 2 【주택과 조합원입주권을 소유한 경우 1세대 1주택의 특례】

① 법 제89조 제2항 본문에서 "대통령령으로 정하는 1세대"란 제154조에 따른 1세대를 말한다. (2010. 2. 18. 개정)

① 삭　제 (2017. 2. 3.)

② 법 제89조 제2항 단서에서 "대통령령으로 정하는 경우"란 1세대가 주택과 조합원입주권을 보유하다가 그 주택을 양도하는 경우로서 제3항부터 제11항까지의 규정에 해당하는 경우를 말한다. (2021. 2. 17. 개정)

③ 국내에 1주택을 소유한 1세대가 그 주택(이하 이 항에서 "종전의 주택"이라 한다)을 양도하기 전에 조합원입주권을 취득함으로써 일시적으로 1주택과 1조합원입주권을 소유하게 된 경우 종전의 주택을 취득한 날부터 1년 이상이 지난 후에 조합원입주권을 취득하고 그 조합원입주권을 취득한 날부터 3년 이내에 종전의 주택을 양도하는 경우(3년 이내에 양도하지 못하는 경우로서 기획재정부령으로 정하는 사유에 해당하는 경우를 포함한다)에는 이를 1세대 1주택으로 보아 제154조 제1항을 적용한다. 이 경우 제154조 제1항 제1호, 제2호 가목 및 제3호에 해당하는 경우에는 종전의 주택을 취득한 날부터 1년 이상이 지난 후 조합원입주권을 취득하는 요건을 적용하지 아니한다. (2013. 2. 15. 후단신설)

④ 국내에 1주택을 소유한 1세대가 그 주택(이하 이 항에서 "종전주택"이라 한다)을 양도하기 전에 조합원입주권을 취득함으로써 일시적으로 1주택과 1조합원입주권을 소유하게 된 경우 종전주택을 취득한 날부터 1년이 지난 후에 조합원입주권을 취득하고 그 조합원입주권을 취득한 날부터 3년이 지나 종전주택을 양도하는 경우로서 다음 각 호의 요건을 모두 갖춘 때에는 이를 1세대 1주택으로 보아 제154조 제1항을 적용한

(➡ 영 156조의 2)

집행기준 89-156의 2-7 【조합원입주권에 해당되지 않은 경우】
「도시 및 주거환경정비법」에 따른 재개발·재건축사업으로 기존 상가를 소유한 자가 취득하는 상가입주권을 분양받을 수 있는 권리, 재개발·재건축사업이 아닌 사업의 시행으로 인하여 취득한 특별분양을 받을 수 있는 지위는 「소득세법」 제89조 제2항의 조합원입주권에 해당되지 아니한다. (2024. 10. 31. 개정)

제75조 【주택과 조합원입주권 또는 주택과 분양권을 소유한 경우의 경매 등으로 인한 1세대1주택 특례의 요건】 (2021. 3. 16. 제목개정)

① 영 제156조의 2 제3항 전단 및 제156조의 3 제2항 전단에서 "3년 이내에 양도하지 못하는 경우로서 기획재정부령으로 정하는 사유에 해당하는 경우"란 각각 조합원입주권 또는 분양권을 취득한 날부터 3년이 되는 날 현재 다음 각호의 어느 하나에 해당하는 경우로서 해당 각 호의 어느 하나의 방법에 따라 양도된 경우를 말한다. (2021. 3. 16. 개정)

1. 한국자산관리공사에 매각을 의뢰한 경우 (2005. 12. 31. 신설)

2. 법원에 경매를 신청한 경우 (2005. 12.

② 제1항에도 불구하고 「조세특례제한법」에서 양도소득세의 감면을 양도소득금액에서 감면대상 양도소득금액을 차감하는 방식으로 규정하는 경우에는 제95조에 따른 양도소득금액에서 감면대상 양도소득금액을 차감한 후 양도소득과세표준을 계산하는 방식으로 양도소득세를 감면한다. (2013. 1. 1. 신설)

제91조【양도소득세 비과세 또는 감면의 배제 등】 (2010. 12. 27. 제목개정)

① 제104조 제3항에서 규정하는 미등기양도자산에 대하여는 이 법 또는 이 법 외의 법률 중 양도소득에 대한 소득세의 비과세에 관한 규정을 적용하지 아니한다. (2010. 12. 27. 개정)

② 제94조 제1항 제1호 및 제2호의 자산을 매매하는 거래당사자가 매매계약서의 거래가액을 실지거래가액과 다르게 적은 경우에는 해당 자산에 대하여 이 법 또는 이 법 외의 법률에 따른 양도소득세의 비과세 또는 감면에 관한 규정을 적용할 때 비과세 또는 감면받았거나 받을 세액에서 다음 각 호의 구분에 따른 금액을 뺀다. (2010. 12. 27. 개정)

1. 이 법 또는 이 법 외의 법률에 따라 양도소득세의 비과세에 관한 규정을 적용받을 경우 : 비과세에 관한 규정을 적용하지 아니하였을 경우의 제104조 제1항에 따른 양도소득 산출세액과 매매계약서의 거래가액과 실지거래가액과의 차액 중 적은 금액 (2010. 12. 27. 개정)

2. 이 법 또는 이 법 외의 법률에 따라 양도소득세의 감면에 관한 규정을 적용받았거나 받을 경우 : 감면에 관한 규정을 적용받았거나 받을 경우의 해당 감면세액과 매매계약서의 거래가액과 실지거래가액과의 차액 중 적은 금액 (2010. 12. 27. 개정)

통칙 91-0…1【미등기 건물의 1세대 1주택 비과세여부】

영 제154조 제1항의 1세대 1주택 비과세요건을 충족하였을 경우에도 미등기상태로 양도한 경우에는 양도소득에 대한 소득세가 과세되며, 이 경우 영 제168조에 규정하는 미등기양도제외자산에 해당하는 무허가건물등은 1세대 1주택으로 비과세된다. (2011. 3. 21. 개정)

다. 이 경우 제154조 제1항 제1호, 같은 항 제2호 가목 및 같은 항 제3호에 해당하는 경우에는 종전주택을 취득한 날부터 1년이 지난 후 조합원입주권을 취득하는 요건을 적용하지 않는다. (2022. 2. 15. 개정)

1. 재개발사업, 재건축사업 또는 소규모재건축사업등의 관리처분계획 등에 따라 취득하는 주택이 완성된 후 3년 이내에 그 주택으로 세대전원이 이사(기획재정부령이 정하는 취학, 근무상의 형편, 질병의 요양 그 밖의 부득이한 사유로 세대의 구성원 중 일부가 이사하지 못하는 경우를 포함한다)하여 1년 이상 계속하여 거주할 것 (2023. 2. 28. 개정)

2. 재개발사업, 재건축사업 또는 소규모재건축사업등의 관리처분계획 등에 따라 취득하는 주택이 완성되기 전 또는 완성된 후 3년 이내에 종전의 주택을 양도할 것 (2023. 2. 28. 개정)

⑤ 국내에 1주택을 소유한 1세대가 그 주택에 대한 재개발사업, 재건축사업 또는 소규모재건축사업등의 시행기간 동안 거주하기 위하여 다른 주택(이하 이 항에서 "대체주택"이라 한다)을 취득한 경우로서 다음 각 호의 요건을 모두 갖추어 대체주택을 양도하는 때에는 이를 1세대 1주택으로 보아 제154조 제1항을 적용한다. 이 경우 제154조 제1항의 보유기간 및 거주기간의 제한을 받지 않는다. (2022. 2. 15. 개정)

⦁예판 ....

• 임차주택에 거주하다 기존주택(A)의 재개발·재건축 시행 이후 대체주택(B)를 취득하는 경우, 그 대체주택(B)의 양도에 대한 1세대 1주택 비과세특례 규정은 기존주택(A)에서의 거주 여부에 관계없이 적용함. (법규 - 4477, 2007. 9. 20.)

• 「소득세법 시행령」 156조의 2 제5항은 대체주택 취득일을 기준으로 1주택을 소유한 1세대인 경우에 적용되는 것이며, 대체주택 취득일 현재 2주택 이상을 소유한 경우에는 해당 특례규정이 적용되지 않는 것임. (기획재정부 재산세제과 - 1270, 2023. 10. 23.)

....

1. 재개발사업, 재건축사업 또는 소규모재건축사업등의 사업시행인가일 이후 대체주택을 취득하여 1년 이상 거주할 것 (2022. 2. 15. 개정)

---

31. 신설)

3. 「국세징수법」에 따른 공매가 진행 중인 경우 (2005. 12. 31. 신설)

② 제1항의 규정을 적용받고자 하는 자는 다음 각 호의 어느 하나의 서류를 제출하여야 한다. (2005. 12. 31. 신설)

1. 매각의뢰를 신청한 경우에는 부동산 매각의뢰신청서 접수증 (2005. 12. 31. 신설)

2. 법원에 경매를 신청한 경우에는 그 사실을 입증하는 서류 (2005. 12. 31. 신설)

③ 제1항 제1호의 규정에 따라 매각을 의뢰한 부동산의 처분방법, 처분조건의 협의절차 등에 관하여는 「부동산 실권리자명의 등기에 관한 법률 시행령」 제6조의 규정을 준용한다. (2005. 12. 31. 신설)

④ 한국자산관리공사는 제3항의 규정에 따라 매각을 의뢰한 자가 매각의뢰를 철회한 경우에는 매각을 의뢰한 자의 납세지 관할 세무서장에게 그 사실을 통보하여야 한다. (2005. 12. 31. 신설)

⑤ 제4항의 규정에 따른 부동산매각의뢰신청서 및 부동산 매각의뢰신청서접수증은 별지 제85호 서식에 의한다. (2005. 12. 31. 신설)

제75조의 2【주택과 조합원입주권 또는 주택과 분양권을 소유한 경우의 취학 등으로 인한 1세대1주택 특례의 요건】 (2021. 3. 16. 제목개정)

① 영 제156조의 2 제4항 제1호에서 "기획재정부령이 정하는 취학, 근무상의 형

제 3 절　양도소득과세표준과 세액의 계산

제92조【양도소득과세표준과 세액의 계산】(2023. 12. 31. 제목 개정)

① 거주자의 양도소득에 대한 과세표준(이하 "양도소득과세표준"이라 한다)은 종합소득 및 퇴직소득에 대한 과세표준과 구분하여 계산한다. (2024. 12. 31. 개정)

② 양도소득과세표준은 다음 각 호의 순서에 따라 계산한다. (2023. 12. 31. 개정)

1. 양도차익: 제94조에 따른 양도소득의 총수입금액(이하 "양도가액"이라 한다)에서 제97조에 따른 필요경비를 공제하여 계산 (2023. 12. 31. 개정)

2. 양도소득금액: 제1호의 양도차익(이하 "양도차익"이라 한다)에서 제95조에 따른 장기보유 특별공제액을 공제하여 계산 (2023. 12. 31. 개정)

3. 양도소득과세표준: 제2호의 양도소득금액에서 제103조에 따른 양도소득 기본공제액을 공제하여 계산 (2023. 12. 31. 개정)

③ 양도소득세액은 이 법에 특별한 규정이 있는 경우를 제외하고는 다음 각 호의 순서에 따라 계산한다. (2023. 12. 31. 개정)

1. 양도소득 산출세액: 제2항에 따라 계산한 양도소득과세표준에 제104조에 따른 세율을 적용하여 계산 (2023. 12. 31. 개정)

2. 양도소득 결정세액: 제1호의 양도소득 산출세액에서 제90조에 따라 감면되는 세액이 있을 때에는 이를 공제하여 계산 (2023. 12. 31. 개정)

3. 양도소득 총결정세액: 제2호의 양도소득 결정세액에 제114조의 2, 제115조 및 「국세기본법」 제47조의 2부터 제47조의 4까지에 따른 가산세를 더하여 계산 (2023. 12. 31. 개정)

제93조【양도소득세액 계산의 순서】양도소득세는 이 법에 특별한 규정이 있는 경우를 제외하고는 다음 각 호에 따라 계산한다. (2009. 12. 31. 개정)

1. 제92조 제2항에 따른 양도소득과세표준에 제104조에 따른 세율을 적용하여 양도소득 산출세액을 계산한다. (2009. 12. 31. 개정)

2. 재개발사업, 재건축사업 또는 소규모재건축사업등의 관리처분계획 등에 따라 취득하는 주택이 완성된 후 3년 이내에 그 주택으로 세대전원이 이사(기획재정부령으로 정하는 취학, 근무상의 형편, 질병의 요양, 그 밖에 부득이한 사유로 세대원 중 일부가 이사하지 못하는 경우를 포함한다)하여 1년 이상 계속하여 거주할 것. 다만, 주택이 완성된 후 3년 이내에 취학 또는 근무상의 형편으로 1년 이상 계속하여 국외에 거주할 필요가 있어 세대전원이 출국하는 경우에는 출국사유가 해소(출국한 후 3년 이내에 해소되는 경우만 해당한다)되어 입국한 후 1년 이상 계속하여 거주해야 한다. (2023. 2. 28. 개정)

3. 재개발사업, 재건축사업 또는 소규모재건축사업등의 관리처분계획 등에 따라 취득하는 주택이 완성되기 전 또는 완성된 후 3년 이내에 대체주택을 양도할 것 (2023. 2. 28. 개정)

⑥ 상속받은 조합원입주권[피상속인이 상속개시 당시 주택 또는 분양권을 소유하지 않은 경우의 상속받은 조합원입주권만 해당하며, 피상속인이 상속개시 당시 2 이상의 조합원입주권을 소유한 경우에는 다음 각 호의 순위에 따른 1조합원입주권만 해당하고, 공동상속조합원입주권(상속으로 여러 사람이 공동으로 소유하는 1조합원입주권을 말하며, 이하 이 조에서 같다)의 경우에는 제7항 제3호에 해당하는 사람이 그 공동상속조합원입주권을 소유한 것으로 본다]과 그 밖의 주택(상속개시 당시 보유한 주택 또는 상속개시 당시 보유한 조합원입주권이나 분양권에 의하여 사업시행 완료 후 취득한 신축주택만 해당하며, 상속개시일부터 소급하여 2년 이내에 피상속인으로부터 증여받은 주택 또는 조합원입주권이나 분양권에 의하여 사업시행 완료 후 취득한 신축주택은 제외한다. 이하 이 항에서 "일반주택"이라 한다)을 국내에 각각 1개씩 소유하고 있는 1세대가 일반주택을 양도하는 경우에는 국내에 1개의 주택을 소유하고 있는 것으로 보아 제154조 제1항을 적용한다. 다만, 상속인과 피상속인이 상속개시 당시 1세대인 경우에는 1주택을 보유하고 1세대를 구성하는 자가 직계존속(배우자의 직계존속을 포함하며, 세대를 합친 날 현재 직계존속 중 어느 한 사람 또는 모두가 60세 이상으로서 1주택을 보유하고 있는 경우만 해당한다)을 동거봉양하기 위하여 세대를 합침에 따라 2주택을 보유하게 되는 경우로써 합치기 이전부터 보유하고 있었던 주택이 조합원입주권으로 전환된 경우에만

편, 질병의 요양 그 밖의 부득이한 사유"와 같은 조 제5항 제2호 및 제156조의 3 제3항 제1호에서 "기획재정부령으로 정하는 취학, 근무상의 형편, 질병의 요양, 그 밖에 부득이한 사유"란 각각 세대의 구성원 중 일부가 제71조 제3항 각 호의 어느 하나에 해당하는 사유로 다른 시·군으로 주거를 이전하는 경우를 말한다. (2021. 3. 16. 개정)

1. 「초·중등교육법」에 따른 학교(초등학교 및 중학교를 제외한다) 및 「고등교육법」에 따른 학교에의 취학 (2014. 3. 14. 개정)

2. 직장의 변경이나 전근 등 근무상의 형편 (2005. 12. 31. 신설)

3. 1년 이상의 치료나 요양을 필요로 하는 질병의 치료 또는 요양 (2005. 12. 31. 신설)

1~3. 삭 제 (2020. 3. 13.)

② 영 제156조의 2 제12항 제5호에서 "기획재정부령이 정하는 서류" 및 영 제156조의 3 제9항 제3호에서 "기획재정부령으로 정하는 서류"란 각각 제73조 제4항 제2호와 농업인임을 입증할 수 있는 서류를 말한다. 다만, 영 제156조의 2 제11항 또는 제156조의 3 제8항을 적용받는 경우에 한정한다. (2021. 3. 16. 개정)

③ 제1항에 해당하는지의 확인은 재학증명서, 재직증명서, 요양증명서 등 해당 사실을 증명하는 서류에 따른다. (2020. 3. 13. 신설)

2. 제1호에 따라 계산한 산출세액에서 제90조에 따라 감면되는 세액이 있을 때에는 이를 공제하여 양도소득 결정세액을 계산한다. (2009. 12. 31. 개정)
3. 제2호에 따라 계산한 결정세액에 제114조의 2 및 「국세기본법」 제47조의 2부터 제47조의 4까지의 규정에 따른 가산세를 더하여 양도소득 총결정세액을 계산한다. (2020. 12. 29. 개정)

편주 ▶ ••
• 법 93조 3호의 개정규정은 2025. 1. 1.부터 시행함. (법 부칙(2020. 12. 29.) 1조 1호) (2022. 12. 31. 개정)
• 2025. 1. 1. 전에 양도한 분에 대해서는 법 93조 3호의 개정규정에도 불구하고 종전의 규정에 따름. (법 부칙(2020. 12. 29.) 37조) (2022. 12. 31. 개정)

제93조 【양도소득세액 계산의 순서】 삭 제 (2023. 12. 31.)

상속받은 조합원입주권으로 본다(이하 제7항 제2호에서 같다) (2021. 2. 17. 개정)
1. 피상속인이 소유한 기간(주택 소유기간과 조합원입주권 소유기간을 합한 기간을 말한다. 이하 이 항에서 같다)이 가장 긴 1조합원입주권 (2005. 12. 31. 신설)
2. 피상속인이 소유한 기간이 같은 조합원입주권이 2 이상일 경우에는 피상속인이 거주한 기간(주택에 거주한 기간을 말한다. 이하 이 항에서 같다)이 가장 긴 1조합원입주권 (2005. 12. 31. 신설)
3. 피상속인이 소유한 기간 및 피상속인이 거주한 기간이 모두 같은 조합원입주권이 2 이상일 경우에는 상속인이 선택하는 1조합원입주권 (2005. 12. 31. 신설)
⑦ 제1호의 주택, 제2호의 조합원입주권 또는 제4호의 분양권과 상속 외의 원인으로 취득한 주택(이하 이 항에서 "일반주택"이라 한다) 및 상속 외의 원인으로 취득한 조합원입주권을 국내에 각각 1개씩 소유하고 있는 1세대가 일반주택을 양도하는 경우에는 국내에 일반주택과 상속 외의 원인으로 취득한 조합원입주권을 소유하고 있는 것으로 보아 제3항부터 제5항까지의 규정을 적용한다. 이 경우 제3항 및 제4항의 규정을 적용받는 일반주택은 상속개시 당시 보유한 주택(상속개시일부터 소급하여 2년 이내에 피상속인으로부터 증여받은 주택 또는 조합원입주권이나 분양권에 의하여 사업시행 완료 후 취득한 신축주택은 제외한다)으로 한정한다. (2021. 2. 17. 개정)
1. 상속받은 주택. 이 경우 피상속인이 상속개시 당시 2 이상의 주택을 소유한 경우에는 제155조 제2항 각 호의 순위에 따른 1주택에 한한다. (2005. 12. 31. 신설)
2. 피상속인이 상속개시 당시 주택 또는 분양권을 소유하지 않은 경우의 상속받은 조합원입주권. 이 경우 피상속인이 상속개시 당시 2 이상의 조합원입주권을 소유한 경우에는 제6항 각 호의 순위에 따른 1조합원입주권으로 한정한다. (2021. 2. 17. 개정)
3. 공동상속조합원입주권의 경우에는 다음 각 목의 순서에 따라 해당 각 목에 해당하는 사람이 그 공동상속조합원입주권을 소유한 것으로 본다. (2020. 2. 11. 신설)

p.2746 3단 연결

소유하던 것일 것 (2005. 12. 31. 신설)

다. 합친 날 이전 취득한 분양권으로서 최초양도주택이 합친 날 이전 분양권을 취득하기 전부터 소유하던 것일 것 (2021. 2. 17. 신설)

5. 합친 날 이전에 제1호 나목 또는 제2호 나목에 해당하는 자가 소유하던 1조합원입주권 또는 1분양권에 의하여 재개발사업, 재건축사업 또는 소규모재건축사업등의 관리처분계획등 또는 사업시행 완료에 따라 합친 날 이후에 취득하는 주택 (2022. 2. 15. 개정)

⑨ 제1호에 해당하는 자가 제1호에 해당하는 다른 자와 혼인함으로써 1세대가 1주택과 1조합원입주권, 1주택과 2조합원입주권, 2주택과 1조합원입주권 또는 2주택과 2조합원입주권 등을 소유하게 되는 경우 혼인한 날부터 <u>5년</u> 이내에 먼저 양도하는 주택(이하 이 항에서 "최초양도주택"이라 한다)이 제2호, 제3호 또는 제4호에 따른 주택 중 어느 하나에 해당하는 경우에는 이를 1세대 1주택으로 보아 제154조 제1항을 적용한다. (2021. 2. 17. 개정)

⑨ 제1호에 해당하는 자가 제1호에 해당하는 다른 자와 혼인함으로써 1세대가 1주택과 1조합원입주권, 1주택과 2조합원입주권, 2주택과 1조합원입주권 또는 2주택과 2조합원입주권 등을 소유하게 되는 경우 혼인한 날부터 <u>10년</u> 이내에 먼저 양도하는 주택(이하 이 항에서 "최초양도주택"이라 한다)이 제2호, 제3호 또는 제4호에 따른 주택 중 어느 하나에 해당하는 경우에는 이를 1세대 1주택으로 보아 제154조 제1항을 적용한다. (2024. 11. 12. 개정)

▶편주◀ ··
영 156조의 2 제9항의 개정규정은 2024. 11. 12. 이후 주택을 양도하는 경우부터 적용함. (영 부칙(2024. 11. 12.) 2조)
··

1. 다음 각 목의 어느 하나를 소유하는 자 (2005. 12. 31. 신설)

가. 1주택 (2005. 12. 31. 신설)

나. 1조합원입주권 또는 1분양권 (2021. 2. 17. 개정)

다. 1주택과 1조합원입주권 또는 1분양권 (2021. 2. 17. 개정)

2. 혼인한 날 이전에 제1호 가목에 해당하는 자가 소유하던 주택 (2005. 12. 31. 신설)

☞ p.2747 3단 연결

택과 1조합원입주권 또는 2주택과 2조합원입주권 등을 소유하게 되는 경우 합친 날부터 10년 이내에 먼저 양도하는 주택(이하 "최초양도주택"이라 한다)이 제3호, 제4호 또는 제5호에 따른 주택 중 어느 하나에 해당하는 경우에는 이를 1세대 1주택으로 보아 제154조 제1항을 적용한다. (2021. 2. 17. 개정)

1. 다음 각 목의 어느 하나를 소유하고 1세대를 구성하는 자 (2005. 12. 31. 신설)

가. 1주택 (2005. 12. 31. 신설)

나. 1조합원입주권 또는 1분양권 (2021. 2. 17. 개정)

다. 1주택과 1조합원입주권 또는 1분양권 (2021. 2. 17. 개정)

2. 다음 각 목의 어느 하나를 소유하고 있는 60세 이상의 직계존속(배우자의 직계존속을 포함하며, 직계존속 중 어느 한 사람이 60세 미만인 경우를 포함한다) (2012. 2. 2. 개정)

가. 1주택 (2005. 12. 31. 신설)

나. 1조합원입주권 또는 1분양권 (2021. 2. 17. 개정)

다. 1주택과 1조합원입주권 또는 1분양권 (2021. 2. 17. 개정)

3. 합친 날 이전에 제1호 가목 또는 제2호 가목에 해당하는 자가 소유하던 주택 (2005. 12. 31. 신설)

4. 합친 날 이전에 제1호 다목 또는 제2호 다목에 해당하는 자가 소유하던 주택. 다만, 다음 각 목의 어느 하나의 요건을 갖춘 경우로 한정한다. (2021. 2. 17. 개정)

가. 합친 날 이전에 소유하던 조합원입주권(합친 날 이전에 최초양도주택을 소유하던 자가 소유하던 조합원입주권을 말한다. 이하 이 항에서 "합가전 조합원입주권"이라 한다)이 관리처분계획등의 인가로 인하여 최초 취득된 것(이하 제9항에서 "최초 조합원입주권"이라 한다)인 경우에는 최초양도주택이 그 재개발사업, 재건축사업 또는 소규모재건축사업등의 시행기간 중 거주하기 위하여 사업시행계획 인가일 이후 취득된 것으로서 취득 후 1년 이상 거주하였을 것 (2022. 2. 15. 개정)

나. 합가 전 조합원입주권이 매매 등으로 승계취득된 것인 경우에는 최초양도주택이 합가전 조합원입주권을 취득하기 전부터

가. 상속지분이 가장 큰 상속인 (2020. 2. 11. 신설)

나. 해당 공동상속조합원입주권의 재개발사업, 재건축사업 또는 소규모재건축사업등의 관리처분계획등의 인가일(인가일 전에 주택이 철거되는 경우에는 기존 주택의 철거일) 현재 피상속인이 보유하고 있었던 주택에 거주했던 자 (2022. 2. 15. 개정)

다. 최연장자 (2020. 2. 11. 신설)

4. 피상속인의 상속개시 당시 주택 또는 조합원입주권을 소유하지 않은 경우의 상속받은 분양권. 이 경우 피상속인이 상속개시 당시 2 이상의 분양권을 소유한 경우에는 제156조의 3 제4항 각 호의 순위에 따른 1분양권으로 한정한다. (2021. 2. 17. 신설)

5. 공동상속분양권(상속으로 여러 사람이 공동으로 소유하는 1분양권을 말하며, 이하 같다)의 경우에는 다음 각 목의 순서에 따라 해당 각 목에 해당하는 사람이 그 공동상속분양권을 소유한 것으로 본다. (2021. 2. 17. 신설)

가. 상속지분이 가장 큰 상속인 (2021. 2. 17. 신설)

나. 최연장자 (2021. 2. 17. 신설)

⑧ 제1호에 해당하는 자가 제2호에 해당하는 자를 동거봉양하기 위하여 세대를 합침으로써 1세대가 1주택과 1조합원입주권, 1주택과 2조합원입주권, 2주

⑬ 제4항 또는 제5항의 규정을 적용받은 1세대(제7항·제10항 또는 제11항의 규정에 따라 제4항 또는 제5항의 규정을 적용받은 1세대를 포함한다)가 제4항 제1호 또는 제5항 제2호의 요건을 충족하지 못하게 된 때에는 그 사유가 발생한 날이 속하는 달의 말일부터 2개월 이내에 주택 양도 당시 제4항 또는 제5항을 적용받지 아니할 경우에 납부하였을 세액을 양도소득세로 신고·납부하여야 한다. (2013. 2. 15. 개정)

⑭ 제12항에 따라 조합원입주권 소유자 1세대 1주택 특례적용신고서를 제출받은 납세지 관할 세무서장은 「전자정부법」 제36조 제1항에 따른 행정정보의 공동이용을 통하여 다음 각 호의 서류를 확인하여야 한다. 다만, 제1호의 경우 신고인이 확인에 동의하지 아니하는 경우에는 이를 제출하도록 하여야 한다. (2010. 5. 4. 개정 ; 전자정부법 시행령 부칙)

1. 주민등록표 등본 (2006. 6. 12. 신설 ; 행정정보의 공동이용 및~일부 개정령)
2. 양도하는 주택의 토지 및 건축물대장 등본 (2006. 6. 12. 신설 ; 행정정보의 공동이용 및~일부 개정령)
3. 농어촌주택의 토지 및 건축물대장등본(제11항의 경우에 한한다) (2006. 6. 12. 신설 ; 행정정보의 공동이용 및~일부 개정령)

⑮ 피상속인이 상속개시 당시 주택은 소유하지 않고 조합원입주권과 분양권만 소유한 경우에는 상속인이 조합원입주권 또는 분양권 중 하나에 대해서만 선택하여 상속받은 것으로 보아 제6항, 제7항 제2호 또는 제4호를 적용할 수 있다. 이 경우 피상속인이 상속개시 당시 분양권 또는 조합원입주권을 소유하고 있지 않은 경우여야 한다는 요건은 적용하지 않는다. (2021. 2. 17. 신설)

제156조의 3 【주택과 분양권을 소유한 경우 1세대 1주택의 특례】

① 법 제89조 제2항 단서에서 "대통령령으로 정하는 경우"란 1세대가 주택과 분양권을 보유하다가 그 주택을 양도하는 경우로서 제2항부터 제8항까지의 규정에 해당하는 경우를 말한다. (2021. 2. 17. 신설)

② 국내에 1주택을 소유한 1세대가 그 주택(이하 이 항에서 "종전주택"이라 한다)을 양도하기 전에 분양권을 취득함으로써 일시적으로 1

☞ p.2748 3단 연결

료에 따라 혼인한 날 이후에 취득하는 주택 (2022. 2. 15. 개정)

⑩ 제155조 제6항 제1호에 해당하는 주택과 그 밖의 주택(이하 이 항에서 "일반주택"이라 한다) 및 조합원입주권을 국내에 각각 1개씩 소유하고 있는 1세대가 일반주택을 양도하는 경우에는 국내에 일반주택과 조합원입주권을 소유하고 있는 것으로 보아 제3항 내지 제5항의 규정을 적용한다. (2005. 12. 31. 신설)

⑪ 제155조 제7항의 규정에 따른 농어촌주택 중 동항 제2호의 이농주택과 그 밖의 주택(이하 이 조에서 "일반주택"이라 한다) 및 조합원입주권을 국내에 각각 1개씩 소유하고 있는 1세대가 일반주택을 양도하는 경우에는 국내에 일반주택과 조합원입주권을 소유하고 있는 것으로 보아 제3항 내지 제5항의 규정을 적용한다. (2005. 12. 31. 신설)

⑫ 제3항 내지 제11항의 규정을 적용받고자 하는 자는 기획재정부령이 정하는 조합원입주권 소유자 1세대 1주택 특례적용신고서를 법 제105조 또는 법 제110조의 규정에 따른 양도소득세 과세표준 신고기한 내에 다음 각 호의 서류와 함께 제출하여야 한다. (2008. 2. 29. 직제개정 ; 기획재정부와~직제 부칙)

1. 주민등록증 사본(주민등록표에 의하여 확인할 수 없는 경우에 한한다) (2006. 6. 12. 개정 ; 행정정보의~일부 개정령)
2. 삭 제 (2006. 6. 12. ; 행정정보의 공동이용 및~일부 개정령)
3. 조합원입주권으로 전환되기 전의 주택의 토지 및 건축물대장등본. 다만, 제5항(제7항 내지 제11항의 규정에 따라 제5항을 적용받는 경우를 포함한다)의 규정을 적용받는 자에 한한다. (2005. 12. 31. 신설)
4. 삭 제 (2006. 6. 12. ; 행정정보의 공동이용 및~일부 개정령)
5. 그 밖에 기획재정부령이 정하는 서류 (2008. 2. 29. 직제개정 ; 기획재정부와~직제 부칙)

관계조문 ▶▶

규칙 103조 1항 ⇒ 조합원입주권 또는 분양권 소유자 1세대 1주택 특례 적용신고서

---

3. 혼인한 날 이전에 제1호 다목에 해당하는 자가 소유하던 주택. 다만, 다음 각 목의 어느 하나의 요건을 갖춘 경우로 한정한다. (2021. 2. 17. 단서개정)

가. 혼인한 날 이전에 소유하던 조합원입주권(혼인한 날 이전에 최초양도주택을 소유하던 자가 소유하던 조합원입주권을 말한다. 이하 이 항에서 "혼인전 조합원입주권"이라 한다)이 최초 조합원입주권인 경우에는 최초양도주택이 그 재개발사업, 재건축사업 또는 소규모재건축사업등의 시행기간 중 거주하기 위하여 사업시행계획 인가일 이후 취득된 것으로서 취득 후 1년 이상 거주하였을 것 (2022. 2. 15. 개정)

나. 혼인전 조합원입주권이 매매 등으로 승계취득된 것인 경우에는 최초양도주택이 혼인전 조합원입주권을 취득하기 전부터 소유하던 것일 것 (2005. 12. 31. 신설)

다. 혼인한 날 이전에 취득한 분양권으로서 최초양도주택이 혼인한 날 이전에 분양권을 취득하기 전부터 소유하던 것일 것 (2021. 2. 17. 신설)

4. 혼인한 날 이전에 제1호 나목에 해당하는 자가 소유하던 1조합원 입주권 또는 1분양권에 의하여 재개발사업, 재건축사업 또는 소규모재건축사업등의 관리처분계획등 또는 사업시행 완

는 1세대가 일반주택을 양도하는 경우에는 국내에 일반주택과 상속 외의 원인으로 취득한 분양권을 소유하고 있는 것으로 보아 제2항 및 제3항을 적용한다. 이 경우 제2항 및 제3항을 적용받는 일반주택은 상속개시 당시 보유한 주택(상속개시일부터 소급하여 2년 이내에 피상속인으로부터 증여받은 주택 또는 조합원입주권이나 분양권에 의하여 사업시행 완료 후 취득한 신축주택은 제외한다)으로 한정한다. (2021. 2. 17. 신설)

1. 상속받은 주택. 이 경우 피상속인이 상속개시 당시 2 이상의 주택을 소유한 경우에는 제155조 제2항 각 호의 순위에 따른 1주택으로 한정한다. (2021. 2. 17. 신설)
2. 피상속인이 상속개시 당시 주택 또는 분양권을 소유하지 않은 경우의 상속받은 조합원입주권. 이 경우 피상속인이 상속개시 당시 2 이상의 조합원입주권을 소유한 경우에는 제156조의 2 제6항 각 호의 순위에 따른 1조합원입주권으로 한정한다. (2021. 2. 17. 신설)
3. 공동상속조합원입주권의 경우에는 다음 각 목의 순서에 따라 해당 각 목에 해당하는 사람이 그 공동상속조합원입주권을 소유한 것으로 본다. (2021. 2. 17. 신설)
　가. 상속지분이 가장 큰 상속인 (2021. 2. 17. 신설)
　나. 해당 공동상속조합원입주권의 재개발사업, 재건축사업 또는 소규모재건축사업등의 관리처분계획등의 인가일(인가일 전에 주택이 철거되는 경우에는 기존 주택의 철거일을 말한다) 현재 피상속인이 보유하고 있었던 주택에 거주했던 자 (2022. 2. 15. 개정)
　다. 최연장자 (2021. 2. 17. 신설)
4. 피상속인이 상속개시 당시 주택 또는 조합원입주권을 소유하지 않은 경우의 상속받은 분양권. 이 경우 피상속인이 상속개시 당시 2 이상의 분양권을 소유한 경우에는 제4항 각 호의 순위에 따른 1분양권으로 한정한다. (2021. 2. 17. 신설)
5. 공동상속분양권의 경우에는 다음 각 목의 순서에 따라 해당 각 목에 해당하는 사람이 그 공동상속분양권을 소유한 것으로 본다. (2021. 2. 17. 신설)

☞ p.2749 2단 연결

취학, 근무상의 형편, 질병의 요양 그 밖의 부득이한 사유로 세대의 구성원 중 일부가 이사하지 못하는 경우를 포함한다)하여 1년 이상 계속하여 거주할 것 (2023. 2. 28. 개정)
2. 분양권에 따라 취득하는 주택이 완성되기 전 또는 완성된 후 3년 이내에 종전의 주택을 양도할 것 (2023. 2. 28. 개정)
④ 상속받은 분양권[피상속인이 상속개시 당시 주택 또는 조합원입주권을 소유하지 않은 경우의 상속받은 분양권만 해당하며, 피상속인이 상속개시 당시 2 이상의 분양권을 소유한 경우에는 다음 각 호의 순위에 따른 1분양권만 해당하고, 공동상속분양권의 경우에는 제5항 제5호에 해당하는 사람이 그 공동상속분양권을 소유한 것으로 본다]과 그 밖의 주택(상속개시 당시 보유한 주택 또는 상속개시 당시 보유한 조합원입주권 또는 분양권에 의하여 사업시행 완료 후 취득한 신축주택만 해당하며, 상속개시일부터 소급하여 2년 이내에 피상속인으로부터 증여받은 주택 또는 조합원입주권이나 분양권에 의하여 사업시행 완료 후 취득한 신축주택은 제외한다. 이하 이 항에서 "일반주택"이라 한다)을 국내에 각각 1개씩 소유하고 있는 1세대가 일반주택을 양도하는 경우에는 국내에 1개의 주택을 소유하고 있는 것으로 보아 제154조 제1항을 적용한다. 다만, 상속인과 피상속인이 상속개시 당시 1세대인 경우에는 1주택을 보유하고 1세대를 구성하는 자가 직계존속(배우자의 직계존속을 포함하며, 세대를 합친 날 현재 직계존속 중 어느 한 사람 또는 모두가 60세 이상으로서 1주택을 보유하고 있는 경우만 해당한다)을 동거봉양하기 위해 세대를 합침에 따라 2주택을 보유하게 되는 경우로써 합치기 이전부터 보유하고 있었던 분양권만 상속받은 분양권으로 본다(이하 제5항 제4호에서 같다). (2021. 2. 17. 신설)
1. 피상속인이 소유한 기간이 가장 긴 1분양권 (2021. 2. 17. 신설)
2. 피상속인이 소유한 기간이 같은 분양권이 2 이상일 경우에는 상속인이 선택하는 1분양권 (2021. 2. 17. 신설)
⑤ 제1호의 주택, 제2호의 조합원입주권 또는 제4호의 분양권과 상속 외의 원인으로 취득한 주택(이하 이 항에서 "일반주택"이라 한다) 및 상속 외의 원인으로 취득한 분양권을 국내에 각각 1개씩 소유하고 있

주택과 1분양권을 소유하게 된 경우 종전주택을 취득한 날부터 1년 이상이 지난 후에 분양권을 취득하고 그 분양권을 취득한 날부터 3년 이내에 종전주택을 양도하는 경우(3년 이내에 양도하지 못하는 경우로서 기획재정부령으로 정하는 사유에 해당하는 경우를 포함한다)에는 이를 1세대 1주택으로 보아 제154조 제1항을 적용한다. 이 경우 같은 항 제1호, 제2호 가목 및 제3호에 해당하는 경우에는 종전주택을 취득한 날부터 1년 이상이 지난 후 분양권을 취득하는 요건을 적용하지 않는다. (2021. 2. 17. 신설)
③ 국내에 1주택을 소유한 1세대가 그 주택(이하 이 항에서 "종전주택"이라 한다)을 양도하기 전에 분양권을 취득함으로써 일시적으로 1주택과 1분양권을 소유하게 된 경우 종전주택을 취득한 날부터 1년이 지난 후에 분양권을 취득하고 그 분양권을 취득한 날부터 3년이 지나 종전주택을 양도하는 경우로서 다음 각 호의 요건을 모두 갖춘 때에는 이를 1세대 1주택으로 보아 제154조 제1항을 적용한다. 이 경우 제154조 제1항 제1호, 같은 항 제2호 가목 및 같은 항 제3호에 해당하는 경우에는 종전주택을 취득한 날부터 1년이 지난 후 분양권을 취득하는 요건을 적용하지 않는다. (2022. 2. 15. 개정)
1. 분양권에 따라 취득하는 주택이 완성된 후 3년 이내에 그 주택으로 세대전원이 이사(기획재정부령으로 정하는

가. 상속지분이 가장 큰 상속인 (2021. 2. 17. 신설)

나. 최연장자 (2021. 2. 17. 신설)

⑥ 1주택 또는 1분양권 이상을 보유한 자가 1주택 또는 1분양권 이상을 보유한 자를 동거봉양하기 위해 세대를 합친 경우 또는 1주택 1분양권 이상을 보유한 자가 1주택 또는 1분양권 이상을 보유한 자와 혼인한 경우로써 1세대가 1주택과 1분양권, 1주택과 2분양권, 2주택과 1분양권 또는 2주택과 2분양권 등을 소유하게 되는 경우는 제156조의2 제8항 또는 제9항에 따른다. (2021. 2. 17. 신설)

⑦ 제155조 제6항 제1호에 해당하는 주택과 그 밖의 주택(이하 이 항에서 "일반주택"이라 한다) 및 분양권을 국내에 각각 1개씩 소유하고 있는 1세대가 일반주택을 양도하는 경우에는 국내에 일반주택과 분양권을 소유하고 있는 것으로 보아 제2항 또는 제3항을 적용한다. (2021. 2. 17. 신설)

⑧ 제155조 제7항에 따른 농어촌주택 중 같은 항 제2호의 이농주택과 그 밖의 주택(이하 이 조에서 "일반주택"이라 한다) 및 분양권을 국내에 각각 1개씩 소유하고 있는 1세대가 일반주택을 양도하는 경우에는 국내에 일반주택과 분양권을 소유하고 있는 것으로 보아 제2항 또는 제3항을 적용한다. (2021. 2. 17. 신설)

⑨ 제2항부터 제8항까지의 규정을 적용받으려는 자는 기획재정부령으로 정하는 분양권 소유자 1세대1주택 특례적용신고서에 다음 각 호의 서류를 첨부하여 법 제105조 또는 법 제110조에 따른 양도소득세 과세표준 신고기한까지 납세지 관할 세무서장에게 제출해야 한다. (2021. 2. 17. 신설)

1. 주민등록증 사본(제11항에 따라 주민등록표를 확인할 수 없는 경우로 한정한다) (2021. 2. 17. 신설)

2. 주택 공급계약서 (2021. 2. 17. 신설)

3. 그 밖에 기획재정부령으로 정하는 서류 (2021. 2. 17. 신설)

⑩ 제3항을 적용받은 1세대(제5항·제7항 또는 제8항에 따라 제3항을 적용받은 1세대를 포함한다)가 제3항 제1호의 요건을 갖추지 못하게 된 때에는 그 사유가 발생한 날이 속하는 달의 말일부터 2개월 이내에 주택 양도 당시 같은 항을 적용받지 않을 경우에 납부했을 세액

을 양도소득세로 신고·납부해야 한다. (2021. 2. 17. 신설)

⑪ 제9항에 따라 분양권 소유자 1세대1주택 특례적용신고서를 제출받은 납세지 관할 세무서장은 「전자정부법」 제36조 제1항에 따른 행정정보의 공동이용을 통하여 다음 각 호의 서류를 확인해야 한다. 다만, 신고인이 제1호의 서류 확인에 동의하지 않는 경우에는 이를 제출하도록 해야 한다. (2021. 2. 17. 신설)

1. 주민등록표 등본 (2021. 2. 17. 신설)

2. 양도하는 주택의 토지 및 건축물대장 등본 (2021. 2. 17. 신설)

3. 농어촌주택의 토지 및 건축물대장등본(제8항을 적용받는 경우로 한정한다) (2021. 2. 17. 신설)

⑫ 피상속인이 상속개시 당시 주택은 소유하지 않고 조합원입주권과 분양권만 소유한 경우에는 상속인이 조합원입주권 또는 분양권 중 하나에 대해서만 선택하여 상속받은 것으로 보아 제4항, 제5항 제2호 또는 제4호를 적용할 수 있다. 이 경우 피상속인이 상속개시 당시 조합원입주권 또는 분양권을 소유하고 있지 않은 경우여야 한다는 요건은 적용하지 않는다. (2021. 2. 17. 신설)

제 4 절　양도소득금액의 계산

제94조【양도소득의 범위】① 양도소득은 해당 과세기간에 발생한 다음 각 호의 소득으로 한다. (2009. 12. 31. 개정)

1. 토지[「공간정보의 구축 및 관리 등에 관한 법률」에 따라 지적공부(地籍公簿)에 등록하여야 할 지목에 해당하는 것을 말한다] 또는 건물(건물에 부속된 시설물과 구축물을 포함한다)의 양도로 발생하는 소득 (2014. 6. 3. 개정 ; 측량·수로조사~법률 부칙)

2. 다음 각 목의 어느 하나에 해당하는 부동산에 관한 권리의 양도로 발생하는 소득 (2009. 12. 31. 개정)

　가. 부동산을 취득할 수 있는 권리(건물이 완성되는 때에 그 건물과 이에 딸린 토지를 취득할 수 있는 권리를 포함한다) (2009. 12. 31. 개정)

통칙 94 - 0…1【부동산을 취득할 수 있는 권리의 예시】

법 제94조 제1항 제2호 가목에서 "부동산을 취득할 수 있는 권리"라 함은 법 제98조에서 규정하는 취득시기가 도래하기 전에 당해 부동산을 취득할 수 있는 권리를 말하는 것으로 그 예시는 다음과 같다. (2013. 5. 24. 개정)

1. 건물이 완성되는 때에 그 건물과 이에 부수되는 토지를 취득할 수 있는 권리(아파트당첨권 등)

2. 지방자치단체·한국토지주택공사가 발행하는 토지상환채권 및 주택상환사채 (2019. 12. 23. 개정)

3. 부동산매매계약을 체결한 자가 계약금만 지급한 상태에서 양도하는 권리 (2013. 5. 24. 호번개정)

　나. 지상권 (2009. 12. 31. 개정)

　다. 전세권과 등기된 부동산임차권 (2009. 12. 31. 개정)

3. 다음 각 목의 어느 하나에 해당하는 주식등의 양도로 발생하는 소득 (2016. 12. 20. 개정)

　가. 주권상장법인의 주식등으로서 다음의 어느 하나에 해당하는 주식등 (2016. 12. 20. 개정)

　　1) 소유주식의 비율·시가총액 등을 고려하여 대통령령으로 정하는 주권상장법인의 대주주가 양도하는 주식등 (2016. 12. 20.)

　　2) 1)에 따른 대주주에 해당하지 아니하는 자가 「자본시장과 금융투자업에 관한 법

제 3 절　양도소득금액의 계산

제157조【주권상장법인대주주의 범위 등】(2018. 2. 13. 제목개정)

① 삭 제 (2017. 2. 3.)

②~③ 삭 제 (2000. 12. 29)

④ 법 제94조 제1항 제3호 가목 1)에서 "대통령령으로 정하는 주권상장법인의 대주주"란 다음 각 호의 어느 하나에 해당하는 자(이하 이 장 및 제225조의 2에서 "주권상장법인대주주"라 한다)를 말한다. (2022. 12. 31. 개정)

1. 주식등을 소유하고 있는 주주 또는 출자자 1인(이하 이 장에서 "주주 1인"이라 한다)이 주식등의 양도일이 속하는 사업연도의 직전 사업연도 종료일(주식등의 양도일이 속하는 사업연도에 새로 설립된 법인의 경우에는 해당 법인의 설립등기일로 한다. 이하 이 조 및 제167조의 8에서 같다) 현재 소유한 주식등의 합계액이 해당 법인의 주식등의 합계액에서 차지하는 비율(이하 이 장에서 "소유주식의 비율"이라 한다)이 100분의 1 이상인 경우 해당 주주 1인. 다만, 주식등의 양도일이 속하는 사업연도의 직전 사업연도 종료일 현재 주주 1인 및 그와 「법인세법 시행령」 제43조 제8항 제1호에 따른 특수관계에 있는 자(이하 이 조에서 "주주 1인등"이라 한다)의 소유주식의 비율 합계가 해당 법인의 주주 1인등 중에서 최대인 경우로서 주식등의 양도일이 속하는 사업연도의 직전 사업연도 종료일 현재 주주 1인 및 주식등의 양도일이 속하는 사업연도의 직전 사업연도 종료일 현재 그와 다음 각 목의 어느 하나에 해당하는 관계에 있는 자(이하 이 장에서 "주권상장법인기타주주"라 한다)의 소유주식의 비율 합계가 100분의 1 이상인 경우에는 해당 주주 1인 및 주권상장법인기타주주를 말한다. (2023. 2. 28. 개정)

　가. 「국세기본법 시행령」 제1조의 2 제1항 각 호의 어느 하나에 해당하는 사람 (2023. 2. 28. 개정)

　나. 「국세기본법 시행령」 제1조의 2 제3항 제1호에 해당하는 자 (2023. 2. 28. 개정)

　다.~바. 삭 제 (2023. 2. 28.)

2. 주식등의 양도일이 속하는 사업연도의 직전 사업연도 종료일 현재 주주 1인이 소유하고 있는 해당 법인의 주식등의 시가총액이 50억원 이상인 경우의 해당 주주 1인. 다만, 주식등의 양도일이 속하는 사업연도의 직전 사업연도 종료일 현재 주주 1인등의 소유주식의 비율 합계가 해당 법인의 주주 1인등 중에서 최대인 경우로서 주식등의 양도일이 속하는 사업연도의 직전 사업연도 종료일 현재 주주 1인 및 주권상장법인기타주주가 소유하고 있는 주식등의 시가총액이 50억원 이상인 경우에는 해당 주주 1인 및 주권상장법인기타주주를 말한다. (2023. 12. 31. 개정)

⑤ 제4항 제1호 및 제2호에도 불구하고 주식등의 양도일이 속하는 사업연도의 직전 사업연도 종료일 현재 주주 1인의 소유주식의 비율 또는 주주 1인이 소유하고 있는 해당 법인의 주식등의 시가총액이 다음 각 호의 구분에 따른 기준에 해당하는 경우에는 해당 주주 1인을 대주주로 본다. 다만, 주식등의 양도일이 속하는 사업연도의 직전 사업연도 종료일 현재 주주 1인등의 소유주식의 비율 합계가 해당 법인의 주주 1인등 중에서 최

편주 ▶

• 영 157조 4항 및 6항의 개정규정은 2024. 1. 1.부터 시행함. (영 부칙(2023. 2. 28.) 1조 3호)

• 2024. 1. 1. 전에 주식등을 양도한 경우의 대주주의 범위에 관하여는 영 157조 4항 및 6항의 개정규정에도 불구하고 종전의 규정에 따름. (영 부칙(2023. 2. 28.) 21조)

편주 ▶

• 영 157조 4항 2호 본문·단서 및 같은 조 5항 1호·2호의 개정규정은 2024. 1. 1.부터 시행함. (영 부칙(2023. 12. 28.) 1조)

• 2024. 1. 1. 전에 주식등을 양도한 경우에는 영 157조 4항 2호 본문·단서 및 같은 조 5항 1호·2호의 개정규정에도 불구하고 종전의 규정에 따름. (영 부칙(2023. 12. 28.) 2조)

률」에 따른 증권시장(이하 "증권시장"이라 한다)에서의 거래에 의하지 아니하고 양도하는 주식등. 다만, 「상법」 제360조의 2 및 제360조의 15에 따른 주식의 포괄적 교환·이전 또는 같은 법 제360조의 5 및 제360조의 22에 따른 주식의 포괄적 교환·이전에 대한 주식매수청구권 행사로 양도하는 주식등은 제외한다. (2017. 12. 19. 개정)

나. 주권비상장법인의 주식등. 다만, 소유주식의 비율·시가총액 등을 고려하여 대통령령으로 정하는 주권비상장법인의 대주주에 해당하지 아니하는 자가 「자본시장과 금융투자업에 관한 법률」 제283조에 따라 설립된 한국금융투자협회가 행하는 같은 법 제286조 제1항 제5호에 따른 장외매매거래에 의하여 양도하는 대통령령으로 정하는 중소기업(이하 이 장에서 "중소기업"이라 한다) 및 대통령령으로 정하는 중견기업의 주식등은 제외한다. (2017. 12. 19. 개정)

다. 외국법인이 발행하였거나 외국에 있는 시장에 상장된 주식등으로서 대통령령으로 정하는 것 (2019. 12. 31. 개정)

3. 다음 각 목의 어느 하나에 해당하는 주식등의 양도로 발생하는 소득 (2024. 12. 31. 신설)

　가. 주권상장법인의 주식등으로서 다음의 어느 하나에 해당하는 주식등 (2024. 12. 31. 신설)

　　1) 소유주식의 비율·시가총액 등을 고려하여 대통령령으로 정하는 주권상장법인의 대주주가 양도하는 주식등 (2024. 12. 31. 신설)

　　2) 1)에 따른 대주주에 해당하지 아니하는 자가 증권시장에서의 거래에 의하지 아니하고 양도하는 주식등. 다만, 「상법」 제360조의 2 및 제360조의 15에 따른 주식의 포괄적 교환·이전 또는 같은 법 제360조의 5 및 제360조의 22에 따른 주식의 포괄적 교환·이전에 대한 주식매수청구권 행사로 양도하는 주식등은 제외한다. (2024. 12. 31. 신설)

　나. 주권비상장법인의 주식등. 다만, 소유주식의 비율·시가총액 등을 고려하여 대통령령으로 정하는 주권비상장법인의 대주주에 해당하지 아니하는 자가 「자본시장과 금융투자업에 관한 법률」 제283조에 따라 설립된 한국금융투자협회가 행하는 같은 법 제286조 제1항 제5호에 따른 장외매매거래에 의하여 양도하는 대통령령으로 정하는 중소기업(이하 이 장에서 "중소기업"이라 한다) 및 대통령령으로 정하는 중견기업의 주식등은 제외한다. (2024. 12. 31. 신설)

대인 경우로서 주식등의 양도일이 속하는 사업연도의 직전 사업연도 종료일 현재 주주 1인 및 주권상장법인기타주주의 소유주식의 비율 합계 또는 주주 1인 및 주권상장법인기타주주가 소유하고 있는 해당 법인의 주식등의 시가총액이 다음 각 호의 구분에 따른 기준에 해당하는 경우에는 해당 주주 1인 및 주권상장법인기타주주를 대주주로 본다. (2022. 12. 31. 개정)

1. 코스닥시장상장법인[대통령령 제24697호 자본시장과 금융투자업에 관한 법률 시행령 일부개정령 부칙 제8조에 따른 코스닥시장(이하 "코스닥시장"이라 한다)에 상장된 주권을 발행한 법인을 말한다]의 주식등의 경우 : 소유주식의 비율(이 항 각 호 외의 부분 단서에 해당하는 경우에는 소유주식의 비율 합계를 말한다)이 100분의 2 이상이거나 시가총액이 50억원 이상인 경우 (2023. 12. 31. 개정)

2. 코넥스시장상장법인[「자본시장과 금융투자업에 관한 법률 시행령」 제11조 제2항에 따른 코넥스시장(이하 "코넥스시장"이라 한다)에 상장된 주권을 발행한 법인을 말한다]의 주식등의 경우 : 소유주식의 비율(이 항 각 호 외의 부분 단서에 해당하는 경우에는 소유주식의 비율 합계를 말한다)이 100분의 4 이상이거나 시가총액이 50억원 이상인 경우 (2023. 12. 31. 개정)

⑥ 법 제94조 제1항 제3호 나목 단서에서 "대통령령으로 정하는 주권비상장법인의 대주주"란 제167조의 8 제1항 제2호에도 불구하고 주식등의 양도일이 속하는 사업연도의 직전 사업연도 종료일 현재 주주 1인 및 주식등의 양도일이 속하는 사업연도의 직전 사업연도 종료일 현재 그와 다음 각 호의 구분에 따른 관계에 있는 자(이하 이 장에서 "주권비상장법인기타주주"라 한다)의 소유주식의 비율 합계 또는 주주 1인 및 주권비상장법인기타주주가 소유하고 있는 해당 법인의 주식등의 시가총액이 제5항 제2호의 기준에 해당하는 경우의 해당 주주 1인 및 주권비상장법인기타주주를 말한다. (2022. 12. 31. 개정)

1. 주주 1인등의 소유주식의 비율 합계가 해당 법인의 주주 1인등 중에서 최대인 경우 : 제4항 제1호 각 목의 어느 하나에 해당하는 자 (2022. 12. 31. 개정)

2. 주주 1인등의 소유주식의 비율 합계가 해당 법인의 주주 1인등 중에서 최대가 아닌 경우 : 다음 각 목의 어느 하나에 해당하는 자 (2022. 12. 31. 개정)

　가. 직계존비속 (2022. 12. 31. 개정)

　나. 배우자(사실상의 혼인관계에 있는 사람을 포함한다) (2022. 12. 31. 개정)

　다. 「국세기본법 시행령」 제1조의 2 제3항 제1호에 해당하는 자 (2023. 2. 28. 개정)

⑦ 제4항부터 제6항까지의 규정에 따른 시가총액을 계산할 때 시가는 다음 각 호의 금액에 따른다. (2018. 2. 13. 신설)

1. 주권상장법인의 주식등의 경우에는 주식등의 양도일이 속하는 사업연도의 직전사업연도 종료일 현재의 최종시세가액. 다만, 직전사업연도 종료일 현재의 최종시세가액이 없는 경우에는 직전거래일의 최종시세가액에 따른다. (2018. 2. 13. 신설)

2. 제1호 외의 주식등의 경우에는 제165조 제4항에 따른 평가액 (2018. 2. 13. 신설)

⑧ 제4항부터 제7항까지의 규정을 적용할 때 피합병법인의 주주가 합병에 따라 합병법인의 신주를 교부받아 그 주식을 합병등기일이 속하는 사업연도에 양도하는 경우 대주주의 범위 등에 관하여는 해당 피합병법인의 합병등기일 현재 주식보유 현황에 따른다.

다. 외국법인이 발행하였거나 외국에 있는 시장에 상장된 주식등으로서 대통령령으로 정하는 것 (2024. 12. 31. 신설)

● 예판 ....

2025. 1. 1. 전에 배당소득으로 구분되는 국내상장 국내주식 ETF와 국내상장 해외주식 ETF의 양도로 발생한 이익과, 주식양도소득으로 구분되는 해외상장 ETF에서 발생한 손실은 통산할 수 없음. (서면 – 2022 – 법규재산 – 5398, 2024. 6. 27.)

....

4. 다음 각 목의 어느 하나에 해당하는 자산(이하 이 장에서 "기타자산"이라 한다)의 양도로 발생하는 소득 (2009. 12. 31. 개정)
　가. 사업에 사용하는 제1호 및 제2호의 자산과 함께 양도하는 영업권(영업권을 별도로 평가하지 아니하였으나 사회통념상 자산에 포함되어 함께 양도된 것으로 인정되는 영업권과 행정관청으로부터 인가 · 허가 · 면허 등을 받음으로써 얻는 경제적 이익을 포함한다) (2019. 12. 31. 개정)

통칙 94 – 0…2 **【기타자산에 해당하는 영업권의 범위】**
법 제94조 제1항 제4호 가목에서 규정하는 영업권에 포함되는 "행정관청으로부터 인가 · 허가 · 면허를 받음으로써 얻은 경제적 이익"인 영업권을 양도함으로 발생하는 소득에는 해당 인가 · 허가 · 면허가 법규상 이전의 금지여부와는 관계없이 사실상 이전됨으로써 발생하는 소득을 포함한다. (2019. 12. 23. 개정)

　나. 이용권 · 회원권, 그 밖에 그 명칭과 관계없이 시설물을 배타적으로 이용하거나 일반이용자보다 유리한 조건으로 이용할 수 있도록 약정한 단체의 구성원이 된 자에게 부여되는 시설물 이용권(법인의 주식등을 소유하는 것만으로 시설물을 배타적으로 이용하거나 일반이용자보다 유리한 조건으로 시설물 이용권을 부여받게 되는 경우 그 주식등을 포함한다) (2009. 12. 31. 개정)
　다.  p.2755

(2018. 2. 13. 개정)
⑨ 제4항부터 제7항까지의 규정을 적용할 때 분할법인의 주주가 분할에 따라 분할신설법인의 신주를 교부받아 그 주식을 설립등기일이 속하는 사업연도에 양도하거나 분할법인의 주식을 분할등기일이 속하는 사업연도에 분할등기일 이후 양도하는 경우 대주주의 범위 등에 관하여는 해당 분할 전 법인의 분할등기일 현재의 주식보유 현황에 따른다. (2018. 2. 13. 개정)
⑩ 주주가 일정기간 후에 같은 종류로서 같은 양의 주식등을 반환받는 조건으로 주식등을 대여하는 경우 주식등을 대여한 날부터 반환받은 날까지의 기간 동안 그 주식등은 대여자의 주식등으로 보아 제4항부터 제7항까지의 규정을 적용한다. (2018. 2. 13. 개정)
⑪ 거주자가 「자본시장과 금융투자업에 관한 법률」에 따른 사모집합투자기구를 통하여 법인의 주식등을 취득하는 경우 그 주식등(사모집합투자기구의 투자비율로 안분하여 계산한 분으로 한정한다)은 해당 거주자의 소유로 보아 제4항부터 제7항까지의 규정을 적용한다. (2018. 2. 13. 개정)
⑫ 제4항 제1호, 제5항 및 제6항에도 불구하고 소유주식의 비율 또는 소유주식의 비율 합계가 주식등의 양도일이 속하는 사업연도의 직전 사업연도 종료일 현재 해당 규정에 따른 기준에 미달하였으나 그 후 주식등을 취득함으로써 그 기준에 해당하게 되는 경우에는 그 취득일 이후의 주주 1인, 주권상장법인기타주주 또는 주권비상장법인기타주주를 해당 규정에 따른 주권상장법인 또는 주권비상장법인의 대주주로 본다. (2022. 12. 31. 신설)

제157조 【주권상장법인의 대주주의 범위 등】 ① 법 제94조 제1항 제3호 가목 1)에서 "대통령령으로 정하는 주권상장법인의 대주주"란 다음 각 호의 어느 하나에 해당하는 자(이하 이 장 및 제225조의2에서 "주권상장법인대주주"라 한다)를 말한다. (2024. 12. 31. 신설)
1. 주식등을 소유하고 있는 주주 또는 출자자 1인(이하 이 장에서 "주주 1인"이라 한다) 이 주식등의 양도일이 속하는 사업연도의 직전 사업연도 종료일(주식등의 양도일이 속하는 사업연도에 새로 설립된 법인의 경우에는 해당 법인의 설립등기일로 한다. 이하 이 조 및 제167조의8에서 같다) 현재 소유한 주식등의 합계액이 해당 법인의 주식등의 합계액에서 차지하는 비율(이하 이 장에서 "소유주식의 비율"이라 한다)이 100분의 1 이상인 경우 해당 주주 1인. 다만, 주식등의 양도일이 속하는 사업연도의 직전 사업연도 종료일 현재 주주 1인 및 그와 「법인세법 시행령」 제43조 제8항 제1호에 따른 특수관계에 있는 자(이하 이 조에서 "주주 1인등"이라 한다)의 소유주식의 비율 합계가 해당 법인의 주주 1인등 중에서 최대인 경우로서 주식등의 양도일이 속하는 사업연도의 직전 사업연도 종료일 현재 주주 1인 및 주식등의 양도일이 속하는 사업연도의 직전 사업연도 종료일 현재 그와 다음 각 목의 어느 하나에 해당하는 관계에 있는 자(이하 이 장에서 "주권상장법인기타주주"라 한다)의 소유주식의 비율 합계가 100분의 1 이상인 경우에는 해당 주주 1인 및 주권상장법인기타주주를 말한다. (2024. 12. 31. 신설)

☞ p.2753 3단 연결

2. 코넥스시장상장법인[「자본시장과 금융투자업에 관한 법률 시행령」 제11조 제2항에 따른 코넥스시장(이하 "코넥스시장"이라 한다)에 상장된 주권을 발행한 법인을 말한다]의 주식등의 경우: 소유주식의 비율(이 항 각 호 외의 부분 단서에 해당하는 경우에는 소유주식의 비율 합계를 말한다)이 100분의 4 이상이거나 시가총액이 50억원 이상인 경우 <u>(2024. 12. 31. 신설)</u>

③ 법 제94조 제1항 제3호 나목 단서에서 "대통령령으로 정하는 주권비상장법인의 대주주"란 제167조의 8 제1항 제2호에도 불구하고 주식등의 양도일이 속하는 사업연도의 직전 사업연도 종료일 현재 주주 1인 및 주식등의 양도일이 속하는 사업연도의 직전 사업연도 종료일 현재 그와 다음 각 호의 구분에 따른 관계에 있는 자(이하 이 장에서 "주권비상장법인기타주주"라 한다)의 소유주식의 비율 합계 또는 주주 1인 및 주권비상장법인기타주주가 소유하고 있는 해당 법인의 주식등의 시가총액이 제2항 제2호의 기준에 해당하는 경우의 해당 주주 1인 및 주권비상장법인기타주주를 말한다. <u>(2024. 12. 31. 신설)</u>

1. 주주 1인등의 소유주식의 비율 합계가 해당 법인의 주주 1인등 중에서 최대인 경우 : 제1항 제1호 각 목의 어느 하나에 해당하는 자 <u>(2024. 12. 31. 신설)</u>

2. 주주 1인등의 소유주식의 비율 합계가 해당 법인의 주주 1인등 중에서 최대가 아닌 경우 : 다음 각 목의 어느 하나에 해당하는 자 <u>(2024. 12. 31. 신설)</u>

   가. 직계존비속 (2024. 12. 31. 신설)

   나. 배우자(사실상의 혼인관계에 있는 사람을 포함한다) (2024. 12. 31. 신설)

   다. 「국세기본법 시행령」 제1조의 2 제3항 제1호에 해당하는 자 <u>(2024. 12. 31. 신설)</u>

④ 제1항부터 제3항까지의 규정에 따른 시가총액을 계산할 때 시가는 다음 각 호의 금액에 따른다. <u>(2024. 12. 31. 신설)</u>

1. 주권상장법인의 주식등의 경우에는 주식등의 양도일이 속하는 사업연도의 직전사업연도 종료일 현재의 최종시세가액. 다만, 직전사업

☞ p.2754 3단 연결

가. 「국세기본법 시행령」 제1조의 2 제1항 각 호의 어느 하나에 해당하는 사람 (2024. 12. 31. 신설)

나. 「국세기본법 시행령」 제1조의 2 제3항 제1호에 해당하는 자 <u>(2024. 12. 31. 신설)</u>

2. 주식등의 양도일이 속하는 사업연도의 직전 사업연도 종료일 현재 주주 1인이 소유하고 있는 해당 법인의 주식등의 시가총액이 50억원 이상인 경우의 해당 주주 1인. 다만, 주식등의 양도일이 속하는 사업연도의 직전 사업연도 종료일 현재 주주 1인등의 소유주식의 비율 합계가 해당 법인의 주주 1인등 중에서 최대인 경우로서 주식등의 양도일이 속하는 사업연도의 직전 사업연도 종료일 현재 주주 1인 및 주권상장법인기타주주가 소유하고 있는 주식등의 시가총액이 50억원 이상인 경우에는 해당 주주 1인 및 주권상장법인기타주주를 말한다. <u>(2024. 12. 31. 신설)</u>

② 제1항 제1호 및 제2호에도 불구하고 주식등의 양도일이 속하는 사업연도의 직전 사업연도 종료일 현재 주주 1인의 소유주식의 비율 또는 주주 1인이 소유하고 있는 해당 법인의 주식등의 시가총액이 다음 각 호의 구분에 따른 기준에 해당하는 경우에는 해당 주주 1인을 대주주로 본다. 다만, 주식등의 양도일이 속하는 사업연도의 직전 사업연도 종료일 현재 주주 1인등의 소유주식의 비율 합계가 해당 법인의 주주 1인등 중에서 최대인 경우로서 주식등의 양도일이 속하는 사업연도의 직전 사업연도 종료일 현재 주주 1인 및 주권상장법인기타주주의 소유주식의 비율 합계 또는 주주 1인 및 주권상장법인기타주주가 소유하고 있는 해당 법인의 주식등의 시가총액이 다음 각 호의 구분에 따른 기준에 해당하는 경우에는 해당 주주 1인 및 주권상장법인기타주주를 대주주로 본다. <u>(2024. 12. 31. 신설)</u>

1. 코스닥시장상장법인[대통령령 제24697호 자본시장과 금융투자업에 관한 법률 시행령 일부개정령 부칙 제8조에 따른 코스닥시장(이하 "코스닥시장"이라 한다)에 상장된 주권을 발행한 법인을 말한다]의 주식등의 경우: 소유주식의 비율(이 항 각 호 외의 부분 단서에 해당하는 경우에는 소유주식의 비율 합계를 말한다)이 100분의 2 이상이거나 시가총액이 50억원 이상인 경우 <u>(2024. 12. 31. 신설)</u>

1. 주식등을 소유하고 있는 주주 또는 출자자 1인(법인은 제외하며, 이하 이 장에서 "주주 1인"이라 한다)이 주식등의 양도일이 속하는 사업연도의 직전 사업연도 종료일(주식등의 양도일이 속하는 사업연도에 새로 설립된 법인의 경우에는 해당 법인의 설립등기일로 한다. 이하 이 조 및 제167조의 8에서 같다) 현재 소유한 주식등의 합계액이 해당 법인의 주식등의 합계액에서 차지하는 비율(이하 이 장에서 "소유주식의 비율"이라 한다)이 100분의 1 이상인 경우 해당 주주 1인. 다만, 주식등의 양도일이 속하는 사업연도의 직전 사업연도 종료일 현재 주주 1인 및 그와 「법인세법 시행령」 제43조 제8항 제1호에 따른 특수관계에 있는 자(이하 이 조에서 "주주 1인등"이라 한다)의 소유주식의 비율 합계가 해당 법인의 주주 1인등 중에서 최대인 경우로서 주식등의 양도일이 속하는 사업연도의 직전 사업연도 종료일 현재 주주 1인 및 주식등의 양도일이 속하는 사업연도의 직전 사업연도 종료일 현재 그와 다음 각 목의 어느 하나에 해당하는 관계에 있는 자(이하 이 장에서 "주권상장법인기타주주"라 한다)의 소유주식의 비율 합계가 100분의 1 이상인 경우에는 해당 주주 1인 및 주권상장법인기타주주를 말한다. (2025. 2. 28. 개정)

주식등의 양도일이 속하는 사업연도에 새로 설립된 법인의 경우에는 주식등의 양도일 현재를 기준으로 한다. (2024. 12. 31. 신설)

제157조의 3 【국외주식 등의 범위】 법 제94조 제1항 제3호 다목에서 "대통령령으로 정하는 것"이란 다음 각 호의 어느 하나에 해당하는 주식등을 말한다. (2020. 2. 11. 신설)
1. 외국법인이 발행한 주식등(증권시장에 상장된 주식등과 제178조의 2 제4항에 해당하는 주식등은 제외한다) (2020. 2. 11. 신설)
2. 내국법인이 발행한 주식등(국외 예탁기관이 발행한 제152조의 2에 따른 증권예탁증권을 포함한다)으로서 「자본시장과 금융투자업에 관한 법률 시행령」 제2조 제1호에 따른 해외 증권시장에 상장된 것 (2020. 2. 11. 신설)

제157조의 3 【국외주식 등의 범위】 법 제94조 제1항 제3호 다목에서 "대통령령으로 정하는 것"이란 다음 각 호의 어느 하나에 해당하는 주식등을 말한다. (2024. 12. 31. 신설)
1. 외국법인이 발행한 주식등(증권시장에 상장된 주식등과 제178조의 2 제4항에 해당하는 주식등은 제외한다) (2024. 12. 31. 신설)
2. 내국법인이 발행한 주식등(국외 예탁기관이 발행한 제152조의 2에 따른 증권예탁증권을 포함한다)으로서 「자본시장과 금융투자업에 관한 법률 시행령」 제2조 제1호에 따른 해외 증권시장에 상장된 것 (2024. 12. 31. 신설)

관한 법률」에 따른 사모집합투자기구를 통하여 법인의 주식등을 취득하는 경우 그 주식등(사모집합투자기구의 투자비율로 안분하여 계산한 분으로 한정한다)은 해당 거주자의 소유로 보아 제1항부터 제4항까지의 규정을 적용한다. (2024. 12. 31. 신설)
⑨ 제1항 제1호, 제2항 및 제3항에도 불구하고 소유주식의 비율 또는 소유주식의 비율 합계가 주식등의 양도일이 속하는 사업연도의 직전 사업연도 종료일 현재 해당 규정에 따른 기준에 미달하였으나 그 후 주식등을 취득함으로써 그 기준에 해당하게 되는 경우에는 그 취득일 이후의 주주 1인, 주권상장법인기타주주 또는 주권비상장법인기타주주를 해당 규정에 따른 주권상장법인 또는 주권비상장법인의 대주주로 본다. (2024. 12. 31. 신설)

제157조의 2 【중소기업 및 중견기업의 범위】 ① 법 제94조 제1항 제3호 나목 단서에서 "대통령령으로 정하는 중소기업"이란 「중소기업기본법」 제2조에 따른 중소기업에 해당하는 기업을 말한다. (2020. 2. 11. 개정)
② 법 제94조 제1항 제3호 나목 단서에서 "대통령령으로 정하는 중견기업"이란 주식등의 양도일 현재 「조세특례제한법 시행령」 제6조의 4 제1항에 따른 중견기업에 해당하는 기업을 말한다. (2021. 2. 17. 개정)
③ 제1항을 적용할 때 중소기업에 해당하는지 여부의 판정은 「중소기업기본법 시행령」 제3조의 3 제1항에도 불구하고 주식등의 양도일이 속하는 사업연도의 직전 사업연도 종료일 현재를 기준으로 한다. 다만, 주식등의 양도일이 속하는 사업연도에 새로 설립된 법인의 경우에는 주식등의 양도일 현재를 기준으로 한다. (2020. 2. 11. 신설)

제157조의 2 【중소기업 및 중견기업의 범위】 ① 법 제94조 제1항 제3호 나목 단서에서 "대통령령으로 정하는 중소기업"이란 「중소기업기본법」 제2조에 따른 중소기업에 해당하는 기업을 말한다. (2024. 12. 31. 신설)
② 법 제94조 제1항 제3호 나목 단서에서 "대통령령으로 정하는 중견기업"이란 주식등의 양도일 현재 「조세특례제한법 시행령」 제6조의 4 제1항에 따른 중견기업에 해당하는 기업을 말한다. (2024. 12. 31. 신설)
③ 제1항을 적용할 때 중소기업에 해당하는지 여부의 판정은 「중소기업기본법 시행령」 제3조의 3 제1항에도 불구하고 주식등의 양도일이 속하는 사업연도의 직전 사업연도 종료일 현재를 기준으로 한다. 다만,

연도 종료일 현재의 최종시세가액이 없는 경우에는 직전거래일의 최종시세가액에 따른다. (2024. 12. 31. 신설)
2. 제1호 외의 주식등의 경우에는 제165조 제4항에 따른 평가액 (2024. 12. 31. 신설)
⑤ 제1항부터 제4항까지의 규정을 적용할 때 피합병법인의 주주가 합병에 따라 합병법인의 신주를 교부받아 그 주식을 합병등기일이 속하는 사업연도에 양도하는 경우 대주주의 범위 등에 관하여는 해당 피합병법인의 합병등기일 현재 주식보유 현황에 따른다. (2024. 12. 31. 신설)
⑥ 제1항부터 제4항까지의 규정을 적용할 때 분할법인의 주주가 분할에 따라 분할신설법인의 신주를 교부받아 그 주식을 설립등기일이 속하는 사업연도에 양도하거나 분할법인의 주식을 분할등기일이 속하는 사업연도에 분할등기일 이후 양도하는 경우 대주주의 범위 등에 관하여는 해당 분할 전 법인의 분할등기일 현재의 주식보유 현황에 따른다. (2024. 12. 31. 신설)
⑦ 주주가 일정기간 후에 같은 종류로서 같은 양의 주식등을 반환받는 조건으로 주식등을 대여하는 경우 주식등을 대여한 날부터 반환받은 날까지의 기간 동안 그 주식등은 대여자의 주식등으로 보아 제1항부터 제4항까지의 규정을 적용한다. (2024. 12. 31. 신설)
⑧ 거주자가 「자본시장과 금융투자업에

다. 법인의 자산총액 중 다음의 합계액이 차지하는 비율이 100분의 50 이상인 법인의 과점주주(소유 주식등의 비율을 고려하여 대통령령으로 정하는 주주를 말하며, 이하 이 장에서 "과점주주"라 한다)가 그 법인의 주식등의 100분의 50 이상을 해당 과점주주 외의 자에게 양도하는 경우(과점주주가 다른 과점주주에게 양도한 후 양수한 과점주주가 과점주주 외의 자에게 다시 양도하는 경우로서 대통령령으로 정하는 경우를 포함한다)에 해당 주식등 (2018. 12. 31. 개정)

1) 제1호 및 제2호에 따른 자산(이하 이 조에서 "부동산등"이라 한다)의 가액 (2016. 12. 20. 개정)

2) 해당 법인이 직접 또는 간접으로 보유한 다른 법인의 주식가액에 그 다른 법인의 부동산등 보유비율을 곱하여 산출한 가액. 이 경우 다른 법인의 범위 및 부동산등 보유비율의 계산방법 등은 대통령령으로 정한다. (2019. 12. 31. 개정)

제158조 【과점주주의 범위 등】 (2017. 2. 3. 제목개정)

① 법 제94조 제1항 제4호 다목 1) · 2) 외의 부분에서 "소유 주식등의 비율을 고려하여 대통령령으로 정하는 주주"란 법인의 주주 1인과 주권상장법인기타주주 또는 주권비상장법인기타주주가 소유하고 있는 주식등의 합계액이 해당 법인의 주식등의 합계액의 100분의 50을 초과하는 경우 그 주주 1인과 주권상장법인기타주주 또는 주권비상장법인기타주주(이하 "과점주주"라 한다)를 말한다. (2022. 12. 31. 개정)

② 법 제94조 제1항 제4호 다목은 과점주주가 주식등을 과점주주 외의 자에게 여러 번에 걸쳐 양도하는 경우로서 과점주주 중 1인이 주식등을 양도하는 날부터 소급해 3년 내에 과점주주가 양도한 주식등을 합산해 해당 법인의 주식등의 100분의 50 이상을 양도하는 경우에도 적용한다. 이 경우 법 제94조 제1항 제4호 다목에 해당하는지는 과점주주 중 1인이 주식 등을 양도하는 날부터 소급하여 그 합산하는 기간 중 최초로 양도하는 날 현재의 해당 법인의 주식 등의 합계액 또는 자산총액을 기준으로 한다. (2019. 2. 12. 개정)

③ 법 제94조 제1항 제4호 다목 1) · 2) 외의 부분에서 "대통령령으로 정하는 경우"란 과점주주가 해당 법인의 주식등의 100분의 50 이상을 과점주주 외의 자에게 양도한 주식등 중에서 양도하는 날(여러 번에 걸쳐 양도하는 경우에는 그 양도로 양도한 주식등이 전체 주식등의 100분의 50 이상이 된 날을 말한다)부터 소급해 3년 내에 해당 법인의 과점주주 간에 해당 법인의 주식등을 양도한 경우를 말한다. 이 경우 제2항을 준용한다. (2019. 2. 12. 신설)

④ 법 제94조 제1항 제4호 다목 · 라목 및 제2항의 자산총액은 해당 법인의 장부가액(「소득세법」 제94조 제1항 제1호에 따른 자산으로서 해당 자산의 기준시가가 장부가액보다 큰 경우에는 기준시가)에 따른다. 이 경우 다음 각 호의 금액은 자산총액에 포함하지 아니한다. (2023. 2. 28. 후단개정)

1. 「법인세법 시행령」 제24조 제1항 제2호 바목 및 사목에 따른 무형자산의 금액 (2019. 2. 12. 개정)

2. 양도일부터 소급하여 1년이 되는 날부터 양도일까지의 기간 중에 차입금 또는 증자 등에 의하여 증가한 현금 · 대여금 및 기획재정부령

제76조 【부동산과다보유법인의 범위 등】 ① 법 제94조 제1항 제4호 라목에 해당하는지의 여부는 양도일 현재 해당 법인의 자산총액을 기준으로 이를 판정한다. 다만, 양도일 현재의 자산총액을 알 수 없는 경우에는 양도일이 속하는 사업연도의 직전사업연도 종료일 현재의 자산총액을 기준으로 한다. (2017. 3. 10. 개정)

② 영 제158조 제4항 제2호에서 "기획재정부령으로 정하는 금융재산"이란 「금융실명거래 및 비밀보장에 관한 법률」 제2조 제2호에 따른 금융자산을 말한다. (2023. 3. 20. 신설)

② 영 제158조 제4항 제2호에서 "기획재정부령으로 정하는 금융재산"이란 「금융

라. 대통령령으로 정하는 사업을 하는 법인으로서 자산총액 중 다목 1) 및 2)의 합계액이 차지하는 비율이 100분의 80 이상인 법인의 주식등 (2016. 12. 20. 신설)

으로 정하는 금융재산의 합계액 (2023. 2. 28. 개정)

⑤ 제4항 각 호 외의 부분 전단에도 불구하고 자산총액을 계산할 때 동일인에 대한 「법인세법」 제28조 제1항 제4호 나목에 따른 가지급금 등과 가수금이 함께 있는 경우에는 이를 상계한 금액을 자산총액으로 한다. 다만, 동일인에 대한 가지급금 등과 가수금의 발생시에 각각 상환기간 및 이자율 등에 관한 약정이 있는 경우에는 상계하지 아니한다. (2019. 2. 12. 개정)

⑥ 법 제94조 제1항 제4호 다목 2) 전단에 따른 다른 법인은 다음 각 호의 어느 하나에 해당하는 법인으로 한다. (2019. 2. 12. 항번개정)

1. 법 제94조 제1항 제1호 및 제2호에 따른 자산(이하 이 조에서 "부동산 등"이라 한다) 보유비율이 100분의 50 이상인 법인 (2017. 2. 3. 신설)

2. 제8항에 따른 사업을 하는 법인으로서 제7항에 따라 계산한 부동산 등 보유비율이 100분의 80 이상인 법인 (2019. 2. 12. 개정)

⑦ 법 제94조 제1항 제4호 다목 2) 전단에 따른 다른 법인의 부동산등 보유비율은 다음 계산식에 따라 계산한 부동산등 보유비율로 한다. (2020. 2. 11. 개정)

$$\text{다른 법인의 부동산등 유비율} = \frac{A + B + C}{D}$$

A : 다른 법인이 보유하고 있는 법 제94조 제1항 제1호의 자산가액

B : 다른 법인이 보유하고 있는 법 제94조 제1항 제2호의 자산가액

C : 다른 법인이 보유하고 있는 「국세기본법 시행령」 제1조의 2 제3항 제2호 및 같은 조 제4항에 따른 경영지배관계에 있는 법인이 발행한 주식가액에 그 경영지배관계에 있는 법인의 부동산등 보유비율을 곱하여 산출한 가액

D : 다른 법인의 자산총액

⑧ 법 제94조 제1항 제4호 라목에서 "대통령령으로 정하는 사업"이란 「체육시설의 설치·이용에 관한 법률」에 따른 골프장업·스키장업 등 체육시설업, 「관광진흥법」에 따른 관광사업 중 휴양시설관련업 및 부동산업·부동산개발업으로서 기획재정부령으로 정하는 사업을 말한다. (2019. 2. 12. 항번개정)

실명거래 및 비밀보장에 관한 법률」 제2조 제2호에 따른 금융자산 및 「상속세 및 증여세법 시행규칙」 제8조 각 호의 금융재산을 말한다. (2025. 3. 21. 개정)

<편주> ▶

규칙 76조 2항의 개정규정은 2025. 3. 21. 이후 주식등을 양도하는 경우부터 적용함. (규칙 부칙(2025. 3. 21.) 3조)

③ 영 제158조 제8항에서 "기획재정부령으로 정하는 사업"이란 다음 각 호의 어느 하나에 해당하는 시설을 건설 또는 취득하여 직접 경영하거나 분양 또는 임대하는 사업을 말한다. (2023. 3. 20. 항번개정)

1. 골프장

마. 제1호의 자산과 함께 양도하는 「개발제한구역의 지정 및 관리에 관한 특별조치법」 제12조 제1항 제2호 및 제3호의 2에 따른 이축을 할 수 있는 권리(이하 "이축권"이라 한다). 다만, 해당 이축권 가액을 대통령령으로 정하는 방법에 따라 별도로 평가하여 신고하는 경우는 제외한다. (2019. 12. 31. 신설)

5. 대통령령으로 정하는 파생상품등의 거래 또는 행위로 발생하는 소득(제16조 제1항 제13호 및 제17조 제1항 제10호에 따른 파생상품의 거래 또는 행위로부터의 이익은 제외한다) (2024. 12. 23. 신설)

5. 파생상품, 파생결합증권 등 대통령령으로 정하는 금융투자상품(이하 "파생상품등"이라 한다)의 거래 또는 행위로 발생하는 소득(제16조 제1항 제13호 및 제17조 제1항 제10호에 따른 파생상품의 거래 또는 행위로부터의 이익은 제외한다) (2024. 12. 31. 신설)

6. ☞ p.2759

제158조의 2 【양도소득에서 제외되는 이축권의 범위】 법 제94조 제1항 제4호 마목 단서에서 "대통령령으로 정하는 방법에 따라 별도로 평가하여 신고하는 경우"란 「감정평가 및 감정평가사에 관한 법률」에 따른 감정평가법인등이 감정한 가액이 있는 경우 그 가액(감정한 가액이 둘 이상인 경우에는 그 감정한 가액의 평균액)을 구분하여 신고하는 경우를 말한다. (2022. 1. 21. 개정 ; 감정평가~시행령 부칙)

제159조의 2 【파생상품등의 범위】 ① 법 제94조 제1항 제5호에서 "대통령령으로 정하는 파생상품등"이란 파생결합증권, 「자본시장과 금융투자업에 관한 법률」 제5조 제2항 제1호부터 제3호까지의 규정에 따른 장내파생상품 또는 같은 조 제3항에 따른 장외파생상품 중 다음 각 호의 어느 하나에 해당하는 것을 말한다. (2019. 2. 12. 개정)

1. 「자본시장과 금융투자업에 관한 법률」 제5조 제2항 제1호에 따른 장내파생상품으로서 증권시장 또는 이와 유사한 시장으로서 외국에 있는 시장을 대표하는 종목을 기준으로 산출된 지수(해당 지수의 변동성을 기준으로 산출된 지수를 포함한다)를 기초자산으로 하는 상품 (2019. 2. 12. 개정)

2. 「자본시장과 금융투자업에 관한 법률」 제5조 제3항에 따른 파생상품으로서 다음 각 목의 요건을 모두 갖춘 파생상품(경제적 실질이 동일한 상품을 포함한다) (2021. 2. 17. 신설)

가. 계약 체결 당시 약정가격과 계약에 따른 약정을 소멸시키는 반대거래 약정가격 간의 차액을 현금으로 결제하고 계약 종료시점을 미리 정하지 않고 거래 일방의 의사표시로 계약이 종료되는 상품일 것 (2021. 2. 17. 신설)

나. 다음의 어느 하나 이상에 해당하는 기초자산의 가격과 연계하는 상품일 것 (2021. 2. 17. 신설)

1) 주식등(외국법인이 발행한 주식을 포함한다) (2021. 2. 17. 신설)

2) 제26조의 2 제5항 제3호에 따른 상장지수집합투자기구(상장지수집합투자기구와 유사한 것으로서 외국 상장지수집합투자기구를 포함한다)로서 증권시장 또는 이와 유사한 시장으로서 외국에 있는 시장을 대표하는 종목을 기준으로 산출된 지수(해당 지수의 변동성을 기준으로 산출된 지수를 포함한다)를 추적하는 것을 목적으로 하는 집합투자기구의 집합투자증권 (2021. 2. 17. 신설)

3) 제26조의 3 제1항 제2호에 따른 상장지수증권(상장지수증권과 유사한 것으로서 외국 상장지수증권을 포함한다)로서 증권시장 또는 이와 유사한 시장으로서 외국에 있는 시장을 대표하는 종목을 기준으로 산출된 지수(해당 지수의 변동성을 기준으로 산출된 지수를 포함한다)를 추적하는 것을 목적으로 하는 상장지수증권 (2021. 2. 17. 신설)

3) 증권시장 또는 이와 유사한 시장으로서 외국에 있는 시장을 대표하는 종목을 기준으로 산출된 지수(해당 지수의 변동성을 기준으로 산출된 지수를 포함한다)를 추적하는 것을 목적으로 하는 상장지수증권(상장지수증권과 유사한 것으로서 외국 상장지수증권을 포함한다) (2024. 9. 10. 개정)

2. 스키장

3. 휴양콘도미니엄

4. 전문휴양시설

나. 다음의 어느 하나 이상에 해당하는 기초자산의 가격과 연계하는 상품일 것 (2024. 12. 31. 신설)

　1) 주식등(외국법인이 발행한 주식을 포함한다) (2024. 12. 31. 신설)

　2) 제26조의 2 제5항 제2호에 따른 상장지수집합투자기구(상장지수집합투자기구와 유사한 것으로서 외국 상장지수집합투자기구를 포함한다)로서 증권시장 또는 이와 유사한 시장으로서 외국에 있는 시장을 대표하는 종목을 기준으로 산출된 지수(해당 지수의 변동성을 기준으로 산출된 지수를 포함한다)를 추적하는 것을 목적으로 하는 집합투자기구의 집합투자증권 (2024. 12. 31. 신설)

　3) 증권시장 또는 이와 유사한 시장으로서 외국에 있는 시장을 대표하는 종목을 기준으로 산출된 지수(해당 지수의 변동성을 기준으로 산출된 지수를 포함한다)를 추적하는 것을 목적으로 하는 상장지수증권(상장지수증권과 유사한 것으로서 외국 상장지수증권을 포함한다) (2024. 12. 31. 신설)

3. 당사자 일방의 의사표시에 따라 제1호에 따른 지수의 수치의 변동과 연계하여 미리 정해진 방법에 따라 주권의 매매나 금전을 수수하는 거래를 성립시킬 수 있는 권리를 표시하는 증권 또는 증서 (2024. 12. 31. 신설)

4. 「자본시장과 금융투자업에 관한 법률」 제5조 제2항 제2호에 따른 해외 파생상품시장에서 거래되는 파생상품 (2024. 12. 31. 신설)

5. 「자본시장과 금융투자업에 관한 법률」 제5조 제3항에 따른 장외파생상품으로서 경제적 실질이 제1호에 따른 장내파생상품과 동일한 상품 (2024. 12. 31. 신설)

② 법률 제11845호 자본시장과 금융투자업에 관한 법률 일부개정법률 부칙 제15조 제1항에 따라 거래소허가를 받은 것으로 보는 한국거래소가 장내파생상품시장을 개설하기 위해 「자본시장과 금융투자업에 관한 법률」 제412조에 따라 파생상품시장업무규정의 변경 승인을 금융위원회에 요청하는 경우에는 파생상품의 유형, 품목, 기초자산 등 주요명세를 기획재정부장관에게 제출해야 한다. (2024. 12. 31. 신설)

3. 삭 제 (2019. 2. 12.)

4. 당사자 일방의 의사표시에 따라 제1호에 따른 지수의 수치의 변동과 연계하여 미리 정하여진 방법에 따라 주권의 매매나 금전을 수수하는 거래를 성립시킬 수 있는 권리를 표시하는 증권 또는 증서 (2019. 2. 12. 개정)

5. 「자본시장과 금융투자업에 관한 법률」 제5조 제2항 제2호에 따른 해외 파생상품시장에서 거래되는 파생상품 (2018. 2. 13. 신설)

6. 「자본시장과 금융투자업에 관한 법률」 제5조 제3항에 따른 장외파생상품으로서 경제적 실질이 제1호에 따른 장내파생상품과 동일한 상품 (2019. 2. 12. 신설)

② 법률 제11845호 자본시장과 금융투자업에 관한 법률 일부개정법률 부칙 제15조 제1항에 따라 거래소허가를 받은 것으로 보는 한국거래소가 장내파생상품시장을 개설하기 위하여 「자본시장과 금융투자업에 관한 법률」 제412조에 따라 파생상품시장업무규정의 변경 승인을 금융위원회에 요청하는 경우 파생상품의 유형, 품목, 기초자산 등 주요명세를 기획재정부장관에게 제출하여야 한다. (2015. 2. 3. 신설)

제159조의 2 【파생상품등의 범위】 ① 법 제94조 제1항 제5호에서 "대통령령으로 정하는 파생상품등"이란 파생결합증권, 「자본시장과 금융투자업에 관한 법률」 제5조 제2항 제1호부터 제3호까지의 규정에 따른 장내파생상품 또는 같은 조 제3항에 따른 장외파생상품 중 다음 각 호의 어느 하나에 해당하는 것을 말한다.

제159조의 2 【파생상품등의 범위】 ① 법 제94조 제1항 제5호에서 "파생상품, 파생결합증권 등 대통령령으로 정하는 금융투자상품"이란 파생결합증권, 「자본시장과 금융투자업에 관한 법률」 제5조 제2항 제1호부터 제3호까지의 규정에 따른 장내파생상품 또는 같은 조 제3항에 따른 장외파생상품 중 다음 각 호의 어느 하나에 해당하는 것(이하 "파생상품등"이라 한다)을 말한다. (2025. 2. 28. 개정)

1. 「자본시장과 금융투자업에 관한 법률」 제5조 제2항 제1호에 따른 장내파생상품으로서 증권시장 또는 이와 유사한 시장으로서 외국에 있는 시장을 대표하는 종목을 기준으로 산출된 지수(해당 지수의 변동성을 기준으로 산출된 지수를 포함한다)를 기초자산으로 하는 상품 (2024. 12. 31. 신설)

2. 「자본시장과 금융투자업에 관한 법률」 제5조 제3항에 따른 파생상품으로서 다음 각 목의 요건을 모두 갖춘 파생상품(경제적 실질이 동일한 상품을 포함한다) (2024. 12. 31. 신설)

　가. 계약 체결 당시 약정가격과 계약에 따른 약정을 소멸시키는 반대거래 약정가격 간의 차액을 현금으로 결제하고 계약 종료시점을 미리 정하지 않고 거래 일방의 의사표시로 계약이 종료되는 상품일 것 (2024. 12. 31. 신설)

제76조의 2 【파생상품등의 범위】 영 제159조의 2 제1항 제3호에서 "기획재정부령으로 정하는 것"이란 다음 각 호의 어느 하나에 해당하는 것을 말한다. (2016. 3. 16. 신설)

1. 미니코스피200선물 (2016. 3. 16. 신설)

2. 미니코스피200옵션 (2016. 3. 16. 신설)

제76조의 2 【파생상품등의 범위】 삭 제 (2019. 3. 20.)

6. 신탁의 이익을 받을 권리(「자본시장과 금융투자업에 관한 법률」 제110조에 따른 수익증권 및 같은 법 제189조에 따른 투자신탁의 수익권 등 대통령령으로 정하는 수익권은 제외하며, 이하 "신탁 수익권"이라 한다)의 양도로 발생하는 소득. 다만, 신탁 수익권의 양도를 통하여 신탁재산에 대한 지배·통제권이 사실상 이전되는 경우는 신탁재산 자체의 양도로 본다. (2020. 12. 29. 신설)

② 제1항 제3호 및 제4호에 모두 해당되는 경우에는 제4호를 적용한다. (2009. 12. 31. 개정)

② 제1항 제3호 및 제4호에 모두 해당되는 경우에는 제4호를 적용한다. (2024. 12. 31. 개정)

제95조【양도소득금액과 장기보유 특별공제액】(2023. 12. 31. 제목개정)

① 양도소득금액은 양도차익에서 장기보유 특별공제액을 공제한 금액으로 한다. (2023. 12. 31. 개정)

(➡ 영 159조의 4)

집행기준 95-159의 4-1【멸실 후 신축한 1세대 1주택의 장기보유특별공제액 계산】
1세대가 양도일 현재 국내에 1주택을 소유하고 있는 경우로서 그 주택이 기존주택을 멸실하고 신축한 주택에 해당하는 경우 장기보유특별공제율 적용을 위한 보유기간은 신축한 주택의 사용승인서 교부일부터 계산한다.
(2024. 10. 31. 개정)

② 제1항에서 "장기보유 특별공제액"이란 제94조 제1항 제1호에 따른 자산(제104조 제3항에 따른 미등기양도자산과 같은 조 제7항 각 호에 따른 자산은 제외한다)으로서 보유기간이 3년 이상인 것 및 제94조 제1항 제2호 가목에 따른 자산 중 조합원입주권(조합원으로부터 취득한 것은 제외한다)에 대하여 그 자산의 양도차익(조합원입주권을 양도하는 경우에는 「도시 및 주거환경정비법」 제74조에 따른 관리처분계획 인가 및 「빈집 및 소규모주택 정비에 관한 특례법」 제29조에 따른 사업시행

제159조의 3【양도소득세 과세대상에서 제외되는 수익권】법 제94조 제1항 제6호 본문에서 "투자신탁의 수익권 등 대통령령으로 정하는 수익권"이란 다음 각 호의 수익권 또는 수익증권을 말한다. (2021. 2. 17. 신설)

1. 「자본시장과 금융투자업에 관한 법률」 제110조에 따른 수익권 또는 수익증권 (2021. 2. 17. 신설)

2. 「자본시장과 금융투자업에 관한 법률」 제189조에 따른 투자신탁의 수익권 또는 수익증권으로서 해당 수익권 또는 수익증권의 양도로 발생하는 소득이 법 제17조 제1항에 따른 배당소득으로 과세되는 수익권 또는 수익증권 (2021. 2. 17. 신설)

3. 신탁의 이익을 받을 권리에 대한 양도로 발생하는 소득이 법 제17조 제1항에 따른 배당소득으로 과세되는 수익권 또는 수익증권 (2021. 2. 17. 신설)

4. 위탁자의 채권자가 채권담보를 위하여 채권 원리금의 범위 내에서 선순위 수익자로서 참여하고 있는 경우 해당 수익권. 이 경우 법 제115조의 2에 따른 신탁 수익자명부 변동상황명세서를 제출해야 한다. (2021. 2. 17. 신설)

제159조의 4【장기보유특별공제】법 제95조 제2항 표 외의 부분 단서 및 같은 조 제5항 각 호 외의 부분에서 "대통령령으로 정하는 1세대 1주택"이란 각각 1세대가 양도일 현재 국내에 1주택(제155조·제155조의 2·제156조의 2·제156조의 3 및 그 밖의 규정에 따라 1세대 1주택으로 보는 주택을 포함한다)을 보유하고 보유기간 중 거주기간이 2년 이상인 것을 말한다. 이 경우 해당 1주택이 제155조 제3항 각 호 외의 부분 본문에 따른 공동상속주택인 경우 거주기간은 해당 주택에 거주한 공동상속인 중 그 거주기간이 가장 긴 사람이 거주한 기간으로 판단한다. (2024. 2. 29. 개정)

제159조의 4【장기보유특별공제】법 제95조 제2항 표 외의 부분 단서 및 같은 조 제5항 각 호 외의 부분에서 "대통령령으로 정하는 1세대 1주택"이란 각각 1세대가 양도일(주택의 매매계약을 체결한 후 해당 계약에 따라 주택을 주택 외의 용도로 용도변경하여 양도하는 경우에는 해당 주택의 매매계약일을 말한다) 현재 국내에 1주택(제155조·제155조의 2·제156조의 2·제156조의 3 및 그 밖의 규정에 따라 1세대 1주택으로 보는 주택을 포함한다)을 보유하고 보유기간 중

편주 ▶
• 영 159조의 4 전단의 개정규정은 2025. 1. 1.부터 시행함. (영 부칙(2024. 2. 29.) 1조 2호)
• 2024. 2. 29. 전에 양도한 주택의 거주기간 판단에 관하여는 영 159조의 4 후단의 개정규정에도 불구하고 종전의 규정에 따름. (영 부칙(2024. 2. 29.) 19조)

계획인가 전 토지분 또는 건물분의 양도차익으로 한정한다)에 다음 표 1에 따른 보유기간별 공제율을 곱하여 계산한 금액을 말한다. 다만, 대통령령으로 정하는 1세대 1주택(이에 딸린 토지를 포함한다)에 해당하는 자산의 경우에는 그 자산의 양도차익에 다음 표 2에 따른 보유기간별 공제율을 곱하여 계산한 금액과 같은 표에 따른 거주기간별 공제율을 곱하여 계산한 금액을 합산한 것을 말한다. (2023. 12. 31. 개정)

• 예 판

1세대1주택에 딸린 토지를 양도하는 경우로서 주택보다 보유기간이 오래된 주택 부수토지에 대한 장기보유특별공제는 그 토지의 전체보유기간의 공제율과 주택 부수토지로서의 보유기간에 따른 공제율 중 큰 공제율을 적용함. (재재산 – 1183, 2010. 12. 10.)

표 1

보유기간	공제율
3년 이상 4년 미만	100분의 6
4년 이상 5년 미만	100분의 8
5년 이상 6년 미만	100분의 10
6년 이상 7년 미만	100분의 12
7년 이상 8년 미만	100분의 14
8년 이상 9년 미만	100분의 16
9년 이상 10년 미만	100분의 18
10년 이상 11년 미만	100분의 20
11년 이상 12년 미만	100분의 22
12년 이상 13년 미만	100분의 24
13년 이상 14년 미만	100분의 26
14년 이상 15년 미만	100분의 28
15년 이상	100분의 30

표 2

보유기간	공제율	거주기간	공제율
3년 이상 4년 미만	100분의 12	2년 이상 3년 미만 (보유기간 3년 이상에 한정함)	100분의 8

거주기간이 2년 이상인 것을 말한다. 이 경우 해당 1주택이 제155조 제3항 각 호 외의 부분 본문에 따른 공동상속주택인 경우 거주기간은 해당 주택에 거주한 공동상속인 중 그 거주기간이 가장 긴 사람이 거주한 기간으로 판단한다. (2025. 2. 28. 개정)

통칙 95 – 0…1【주택부수토지가 주택보다 보유기간이 긴 경우】(2024. 3. 15. 번호개정)

「소득세법」 제95조 제2항을 적용할 때 1세대 1주택에 딸린 토지를 양도하는 경우로서 주택보다 보유기간이 오래된 주택 부수토지에 대한 장기보유특별공제는 그 토지의 전체보유기간에 따른 같은 항 표1의 공제율과 주택 부수토지로서의 보유기간에 따른 같은 항 표2의 공제율 중 큰 공제율을 적용한다. (2019. 12. 23. 신설)

보유기간	공제율	거주기간	공제율
3년 이상 4년 미만	100분의 12	3년 이상 4년 미만	100분의 12
4년 이상 5년 미만	100분의 16	4년 이상 5년 미만	100분의 16
5년 이상 6년 미만	100분의 20	5년 이상 6년 미만	100분의 20
6년 이상 7년 미만	100분의 24	6년 이상 7년 미만	100분의 24
7년 이상 8년 미만	100분의 28	7년 이상 8년 미만	100분의 28
8년 이상 9년 미만	100분의 32	8년 이상 9년 미만	100분의 32
9년 이상 10년 미만	100분의 36	9년 이상 10년 미만	100분의 36
10년 이상	100분의 40	10년 이상	100분의 40

③ 제89조 제1항 제3호에 따라 양도소득의 비과세대상에서 제외되는 고가주택(이에 딸린 토지를 포함한다) 및 같은 항 제4호 각 목 외의 부분 단서에 따라 양도소득의 비과세대상에서 제외되는 조합원입주권에 해당하는 자산의 양도차익 및 장기보유 특별공제액은 제1항에도 불구하고 대통령령으로 정하는 바에 따라 계산한 금액으로 한다. (2019. 12. 31. 개정)

④ 제2항에서 규정하는 자산의 보유기간은 그 자산의 취득일부터 양도일까지로 한다. 다만, 제97조의 2 제1항의 경우에는 증여한 배우자 또는 직계존비속이 해당 자산을 취득한 날부터 기산(起算)하고, 같은 조 제4항 제1호에 따른 가업상속공제가 적용된 비율에 해당하는 자산의 경우에는 피상속인이 해당 자산을 취득한 날부터 기산한다. (2016. 12. 20. 단서개정)

⑤ 제2항 단서에도 불구하고 주택이 아닌 건물을 사실상 주거용으로 사용하거나 공부상의 용도를 주택으로 변경하는 경우로서 그 자산이 대통령령으로 정하는 1세대 1주택(이에 딸린 토지를 포함한다)에 해당하는 자

제160조 【고가주택에 대한 양도차익 등의 계산】 (2002. 12. 30 제목개정)

① 법 제95조 제3항에 따른 고가주택(하나의 건물이 주택과 주택 외의 부분으로 복합되어 있는 경우와 주택에 딸린 토지에 주택 외의 건물이 있는 경우에는 주택 외의 부분은 주택으로 보지 않는다)에 해당하는 자산의 양도차익 및 장기보유특별공제액은 다음 각 호의 산식으로 계산한 금액으로 한다. 이 경우 해당 주택 또는 이에 부수되는 토지가 그 보유기간이 다르거나 미등기양도자산에 해당하거나 일부만 양도하는 때에는 12억원에 해당 주택 또는 이에 부수되는 토지의 양도가액이 그 주택과 이에 부수되는 토지의 양도가액의 합계액에서 차지하는 비율을 곱하여 안분계산한다. (2022. 2. 15. 후단개정)

1. 고가주택에 해당하는 자산에 적용할 양도차익 (2022. 2. 15. 개정)

$$\text{법 제95조 제1항에 따른 양도차익} \times \frac{\text{양도가액} - 12\text{억원}}{\text{양도가액}}$$

2. 고가주택에 해당하는 자산에 적용할 장기보유특별공제액 (2022. 2.

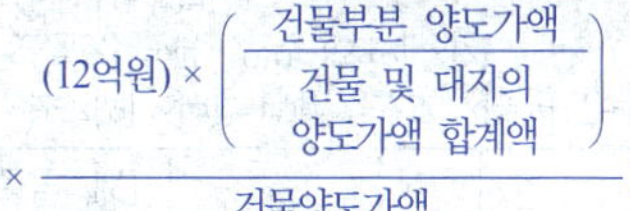

통칙 95 – 160…1 【고가주택의 양도차익계산】 (2024. 3. 15. 번호개정)

1세대 1주택 요건을 갖춘 고가주택과 이에 부수되는 토지가 그 보유기간이 다르거나 어느 한쪽이 미등기 양도자산인 경우의 양도차익은 다음과 같이 계산한다. (2024. 3. 15. 개정)

1. 건물부분 양도차익

$$= (\text{건물부분 양도차익}) - \left[(\text{건물부분 양도차익}) \times \frac{(12\text{억원}) \times \left(\dfrac{\text{건물부분 양도가액}}{\text{건물 및 대지의 양도가액 합계액}} \right)}{\text{건물양도가액}} \right]$$

2. 대지부분 양도차익

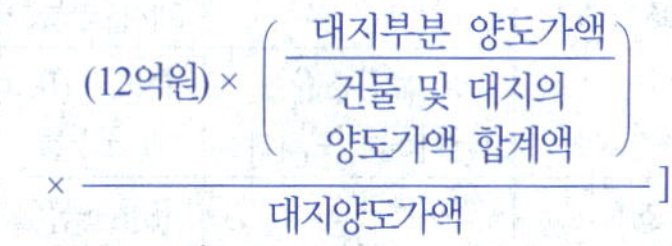

$$= (\text{대지부분 양도차익}) - \left[(\text{대지부분 양도차익}) \times \frac{(12\text{억원}) \times \left(\dfrac{\text{대지부분 양도가액}}{\text{건물 및 대지의 양도가액 합계액}} \right)}{\text{대지양도가액}} \right]$$

산인 경우 장기보유 특별공제액은 그 자산의 양도차익에 제1호에 따른 보유기간별 공제율을 곱하여 계산한 금액과 제2호에 따른 거주기간별 공제율을 곱하여 계산한 금액을 합산한 것을 말한다. (2023. 12. 31. 신설)

1. 보유기간별 공제율 : 다음 계산식에 따라 계산한 공제율. 다만, 다음 계산식에 따라 계산한 공제율이 100분의 40보다 큰 경우에는 100분의 40으로 한다. (2023. 12. 31. 신설)

> 주택이 아닌 건물로 보유한 기간에 해당하는 제2항 표 1에 따른 보유기간별 공제율 + 주택으로 보유한 기간에 해당하는 제2항 표 2에 따른 보유기간별 공제율

2. 거주기간별 공제율 : 다음 계산식에 따라 계산한 공제율 (2023. 12. 31. 신설)

> 주택으로 보유한 기간 중 거주한 기간에 해당하는 제2항 표 2에 따른 거주기간별 공제율

편주 ▶
법 95조 5항 및 6항의 개정규정은 2025. 1. 1. 이후 자산을 양도하는 경우부터 적용함. (법 부칙(2023. 12. 31.) 7조)

⑥ 제5항 제1호 및 제2호에 따른 주택으로 보유한 기간은 해당 자산을 사실상 주거용으로 사용한 날부터 기산한다. 다만, 사실상 주거용으로 사용한 날이 분명하지 아니한 경우에는 그 자산의 공부상 용도를 주택으로 변경한 날부터 기산한다. (2023. 12. 31. 신설)

⑦ 양도소득금액의 계산에 필요한 사항은 대통령령으로 정한다. (2023. 12. 31. 항번개정)

제96조 【양도가액】 ① 제94조 제1항 각 호에 따른 자산의 양도가액은 그 자산의 양도 당시의 양도자와 양수자 간에 실지거래가액에 따른다. (2016. 12. 20. 개정)

통칙 96-0…1 【채무인수조건부 양도시 양도가액 계산】

---

15. 개정)

법 제95조 제2항에 따른 장기보유특별공제액 × $\dfrac{\text{양도가액} - 12억원}{\text{양도가액}}$

② 제1항 후단의 규정에 의한 양도가액의 안분계산은 법 제100조 제2항의 규정을 준용한다.

제161조 【직전거주주택보유주택 등에 대한 양도소득금액 등의 계산】 ① 제154조 제10항에 따른 1세대 1주택 및 제155조 제20항 각 호 외의 부분 후단에 따른 직전거주주택보유주택(이하 이 조에서 "직전거주주택보유주택등"이라 한다)의 양도소득금액은 다음 계산식에 따라 계산한 금액으로 한다. (2017. 2. 3. 개정)

법 제95조 제1항에 따른 양도소득 금액 × $\dfrac{\text{직전거주주택보유주택등의 기준시가}\;-\;\text{등의 취득 당시의 기준시가}}{\text{직전거주주택보유주택등의 양도 당시의 기준시가}\;-\;\text{등의 취득 당시의 기준시가}}$

② 제1항에도 불구하고 직전거주주택보유주택등이 법 제89조 제1항 제3호 각 목 외의 부분에 따른 고가주택인 경우 해당 직전거주주택보유주택등의 양도소득금액은 다음 각 호의 계산식에 따라 계산한 금액을 합산한 금액으로 한다. (2022. 2. 15. 개정)

1. 직전거주주택 양도일 이전 보유기간분 양도소득금액 (2013. 2. 15. 개정)

법 제95조 제1항에 따른 양도소득 금액 × $\dfrac{\text{직전거주주택보유주택 등의 기준시가}\;-\;\text{택 등의 취득 당시의 기준시가}}{\text{직전거주주택보유주택 등의 양도당시의 기준시가}\;-\;\text{택 등의 취득 당시의 기준시가}}$

2. 직전거주주택 양도일 이후 보유기간분 양도소득금액 (2022. 2. 15. 개정)

(➡ 법 96조)

집행기준 96-0-2 【교환하는 경우 실지거래가액 여부】

교환대상 부동산에 대한 감정평가법인 등의 객관적인 교환가치에 의해 그 감정가액의 차액에 대한 정산절차를 수반한 교환인 경우에는 실지거래가액을 확인할 수 있다고 할 것이며, 그렇지 아니한 단순한 교환은 실지거래가액을 확인할 수 없는 경우에 해당된다. (2024. 10. 31. 개정)

(➡ 법 96조)

집행기준 96-0-4 【고가양도의 유형별 양도가액】

양수자	양도가액	관련 조문
특수관계 있는 법인	시가[1]	소법 §96 ③ 1호
특수관계 있는 개인	시가[2] + 증여재산 공제금액[3]	
특수관계 없는 법인	시가[2] + 3억원[4]	소법 §96 ③ 2호
특수관계 없는 개인		

1) 양도자의 상여 · 배당 등으로 처분된 금액이 있는 경우에는 법법 §52의 시가
2) 상증법상 평가액
3) Min[①시가×30%, ②3억원](상증령 §26, 2008. 2.22. 이후 양도분부터 적용)
4) 대가와 시가와의 차액이 시가의 30% 이상인 경우에 공제하는 금액을 말함.
(2024. 10. 31. 개정)

양도하는 자산에 일정액의 채무가 있어 동 채무를 그 자산을 취득하는 자가 인수·변제하기로 하는 계약조건인 경우에 있어서 동 채무는 양도가액에서 공제하지 아니한다. (2011. 3. 21. 신설)

② 제94조 제1항 제1호 및 제2호에 따른 자산을 2006년 12월 31일까지 양도하는 경우에 그 자산의 양도가액은 제1항에도 불구하고 다음 각 호의 어느 하나에 해당하는 경우 외에는 그 자산의 양도 당시의 기준시가에 따른다. (2009. 12. 31. 개정)
1. 제89조 제1항 제3호에 따른 고가주택의 기준에 해당하는 주택(이에 딸린 토지를 포함한다)인 경우 (2009. 12. 31. 개정)
2. 제94조 제1항 제2호 가목에 따른 부동산을 취득할 수 있는 권리인 경우 (2009. 12. 31. 개정)
3. 제104조 제3항에 따른 미등기양도자산인 경우 (2009. 12. 31. 개정)
4. 취득 후 1년 이내의 부동산인 경우 (2009. 12. 31. 개정)
5. 거짓 계약서의 작성, 주민등록의 거짓 이전 등 부정한 방법으로 부동산을 취득하거나 양도하는 경우로서 대통령령으로 정하는 기준에 해당하는 경우 (2009. 12. 31. 개정)
6. 양도자가 양도 당시 및 취득 당시의 실지거래가액을 증명서류와 함께 제110조 제1항에 따른 확정신고기한까지 납세지 관할 세무서장에게 신고하는 경우 (2009. 12. 31. 개정)
7. 제104조의 2 제2항에 따른 지정지역에 있는 부동산인 경우 (2009. 12. 31. 개정)
8. 제104조의 3에 따른 비사업용 토지인 경우 (2009. 12. 31. 개정)
9. 그 밖에 해당 자산의 종류, 보유기간, 보유 수(數), 거래 규모 및 거래방법 등을 고려하여 대통령령으로 정하는 경우 (2009. 12. 31. 개정)
② 삭 제 (2016. 12. 20.)
③ 제1항을 적용할 때 거주자가 제94조 제1항 각 호의 자산을 양도하는 경우로서 다음 각 호의 어느 하나에 해당하는 경우에는 그 가액을 해당 자산의 양도 당시의 실지거래가액으로 본다. (2016. 12. 20. 개정)
1. 「법인세법」 제2조 제12호에 따른 특수관계인에 해당하는 법인(외국법인을 포함하며, 이하 이 항에서 "특수관계법인"이라 한다)에 양도한 경우로서 같은 법 제67조에 따라 해당 거주자의 상여·배당 등으로 처분된 금액이 있는 경우에는 같은 법 제52조에 따른 시가 (2018. 12. 31. 개정)
2. 특수관계법인 외의 자에게 자산을 시가보다 높은 가격으로 양도한 경우로서 「상속세 및 증여세법」 제35조에 따라 해당 거주자의 증여재산가액으로 하는 금액이 있는 경우에는 그 양도가액에서 증여재산가액을 뺀 금액 (2016. 12. 20. 개정)

$$\text{법 제95조 제1항에 따른 양도소득 금액} \times \frac{\genfrac{}{}{0pt}{}{\text{직전거주주택보유주택}}{\text{등의 양도당시의}}{\text{기준시가}} - \genfrac{}{}{0pt}{}{\text{직전거주주택보유주택}}{\text{등의 기준시가}}}{\genfrac{}{}{0pt}{}{\text{직전거주주택보유주택}}{\text{등의 양도당시의}}{\text{기준시가}} - \genfrac{}{}{0pt}{}{\text{직전거주주택보유주택}}{\text{등의 취득 당시의}}{\text{기준시가}}}$$

$$\times \frac{\text{양도가액} - 12억원}{\text{양도가액}}$$

③ 제1항 및 제2항에 따라 계산한 직전거주주택보유주택등의 양도소득금액이 법 제95조 제1항에 따른 양도소득금액을 초과하는 경우에는 각각 그 초과하는 금액은 없는 것으로 한다. (2013. 2. 15. 개정)
④ 제1항 및 제2항 제1호에 따른 양도소득금액 계산시 장기보유특별공제액은 법 제95조 제2항 표1을 적용하고, 제2항 제2호에 따른 양도소득금액 계산시 장기보유특별공제액은 법 제95조 제2항 표2를 적용한다. (2013. 2. 15. 신설)

제161조의 2【파생상품등에 대한 양도차익 등의 계산】 ① 제159조의 2 제1항 제1호의 파생상품으로서 「자본시장과 금융투자업에 관한 법률」 제5조 제1항 제1호에 해당하는 파생상품의 양도차익은 계좌별로 동일한 종목의 매도 미결제약정과 매수 미결제약정이 상계(이하 이 조에서 "반대거래를 통한 상계"라 한다)되거나 최종거래일이 종료되는 등의 원인으로 소멸된 계약에 대하여 각각 계약체결 당시 약정가격과 최종결제가격 및 거래승수 등을 고려하여 기획재정부령으로 정하는 방법에 따라 산출되는 손익에서 그 계약을 위하여 직접 지출한 비용으로서 기획재정부령으로 정하는 비용을 공제한 금액의 합계액으로 한다. (2019. 2. 12. 개정)
② 제159조의 2 제1항 제1호의 파생상품으로서 「자본시장과 금융투자업에 관한 법률」 제5조 제1항 제2호에 해당하는 파생상품의 양도차익은 반대거래를 통한 상계, 권리행사, 최종거래일의 종료 등의 원인으로 소멸된 계약에 대하여 각각 계약체결 당시 약정가격, 권리행사결제기준가격, 행사가격, 거래승수 등을 고려하여 기획재정부령으로 정하는 방법에 따라 산출되는 손익에서 그 계약을 위하여 직접 지출한 비용으로서 기획재정부령으로 정하는 비용을 공제한 금액의 합계액으로 한다. (2019. 2. 12. 개정)
③ 제159조의 2 제1항 제4호에 따른 파생결합증권의 양도차익은 환매, 권리행사, 최종거래일의 종료 등의 원인으로 양도 또는 소멸된 증권에 대하여 각각 매수 당시 증권가격, 권리행사결제기준가격, 행사가격, 전환비율 등을 고려하여 기획재정부령으로 정하는 방법에 따라 산출되는 손익에서 그 증권의 매매를 위하여 직접 지출한 비용으로서 기획재정부령으로 정하는 비용을 공제한 금액의 합계액으로 한다. (2018. 2. 13.

제76조의 3【파생상품등에 대한 양도차익 계산 등】 (2016. 3. 16. 조번개정)
① 영 제161조의 2 제1항에서 "기획재정부령으로 정하는 방법에 따라 산출되는 손익"이란 다음 산식에 따라 계산한 금액을 말한다. (2015. 3. 13. 신설)

$$(A \times C + B \times C) \times D$$

A : 미결제약정 수량을 증가시키는 거래의 계약 체결 당시 약정가격
B : 각 종목의 매수계약과 매도계약별로 미결제약정 수량을 소멸시키는 거래(이하 이 조에서 "반대거래"라 한다)의 계약 체결 당시 약정가격 또는 최종거래일의 도래로 소멸되는 계약의 최종거래일 최종결제가격
C : 매도계약의 경우(매수계약의 최종거래일이 종료되는 경우를 포함한다)이면 1, 매수계약의 경우(매도계약의 최종거래일이 종료되는 경우를 포함한다)이면 − 1
D : 「자본시장과 금융투자업에 관한 법률」 제393조 제2항의 파생상품시장업무규정에 따

④ 제2항 제4호를 적용할 때 「공익사업을 위한 토지 등의 취득 및 보상에 관한 법률」이나 그 밖의 법률에 따른 수용(收用) 및 협의 매수 등 부득이한 사유로 취득 후 1년 이내에 양도하는 경우에는 대통령령으로 정하는 바에 따라 기준시가에 따를 수 있다. (2009. 12. 31. 개정)

④ 삭　제 (2016. 12. 20.)

개정)

④ 제159조의 2 제1항 제2호에 해당하는 파생상품의 양도차익은 계좌별로 동일한 종목의 계약체결 당시 약정가격과 반대거래의 약정가격의 차액 및 그 계약을 위하여 발생한 수입과 비용 등을 고려하여 기획재정부령으로 정하는 방법에 따라 산출된 금액의 합계액으로 한다. (2021. 2. 17. 신설)

⑤ 제1항부터 제4항까지를 적용하는 경우 먼저 거래한 것부터 순차적으로 소멸된 것으로 보아 양도차익을 계산한다. (2021. 2. 17. 개정)

⑥ 제159조의 2 제1항 제5호 및 제6호에 따른 파생상품의 양도차익은 파생상품의 유형, 품목 등에 따라 각각 제1항 및 제2항을 준용하여 계산한다. (2021. 2. 17. 항번개정)

제161조의 2 【파생상품등에 대한 양도차익 등의 계산】 ① 제159조의 2 제1항 제1호의 파생상품으로서 「자본시장과 금융투자업에 관한 법률」 제5조 제1항 제1호에 해당하는 파생상품의 양도차익은 계좌별로 동일한 종목의 매도 미결제약정과 매수 미결제약정이 상계(이하 이 조에서 "반대거래를 통한 상계"라 한다)되거나 최종거래일이 종료되는 등의 원인으로 소멸된 계약에 대하여 각각 계약체결 당시 약정가격과 최종결제가격 및 거래승수 등을 고려하여 기획재정부령으로 정하는 방법에 따라 산출되는 손익에서 그 계약을 위하여 직접 지출한 비용으로서 기획재정부령으로 정하는 비용을 공제한 금액의 합계액으로 한다. (2024. 12. 31. 신설)

② 제159조의 2 제1항 제1호의 파생상품으로서 「자본시장과 금융투자업에 관한 법률」 제5조 제1항 제2호에 해당하는 파생상품의 양도차익은 반대거래를 통한 상계, 권리행사, 최종거래일의 종료 등의 원인으로 소멸된 계약에 대하여 각각 계약체결 당시 약정가격, 권리행사결제기준가격, 행사가격, 거래승수 등을 고려하여 기획재정부령으로 정하는 방법에 따라 산출되는 손익에서 그 계약을 위하여 직접 지출한 비용으로서 기획재정부령으로 정하는 비용을 공제한 금액의 합계액으로 한다. (2024. 12. 31. 신설)

③ 제159조의 2 제1항 제2호에 해당하는 파생상품의 양도차익은 계좌별로 동일한 종목의 계약체결 당시 약정가격과 반대거래의 약정가격의 차액 및 그 계약을 위하여 발생한 수입과 비용 등을 고려하여 기획재정부령으로 정하는 방법에 따라 산출된 금액의 합계액으로 한다. (2024. 12. 31. 신설)

른 거래승수(이하 이 조에서 "거래승수"라 한다)

② 영 제161조의 2 제2항에서 "기획재정부령으로 정하는 방법에 따라 산출되는 손익"이란 다음 산식에 따라 계산한 금액을 말한다. (2015. 3. 13. 신설)

1. 반대거래로 계약이 소멸되는 경우 (2015. 3. 13. 신설)

$$(A \times C + B \times C) \times D$$

A : 미결제약정 수량을 증가시키는 거래의 계약체결 당시 약정가격

B : 반대거래 체결 당시 약정가격

C : 매도계약의 경우이면 1, 매수계약의 경우이면 − 1

D : 거래승수

2. 권리행사 또는 최종거래일의 종료로 계약이 소멸되는 경우 (2015. 3. 13. 신설)

$$[\{(A - B) \times C\}와\ 0\ 중\ 큰\ 금액 - D] \times E \times F$$

A : 최종거래일의 권리행사결제기준가격

B : 해당 옵션의 행사가격

C : 옵션의 유형이 콜옵션이면 1, 풋옵션이면 − 1

D : 미결제약정 수량을 증가시키는 거래의 계약체결 당시 약정가격

E : 거래승수

F : 매수계약이 소멸되는 경우이면 1, 매도계약이 소멸되는 경우이면 − 1

③ 영 제161조의 2 제3항에서 "기획재정부령으로 정하는 방법에 따라 산출되는 손익"이란 다음 각 호의 구분에 따른 산식에 따라 계산한 금액을 말한다. (2017. 3. 10. 신설)

1. 증권을 환매하는 경우 : 증권의 매도가격 − 증권의 매수가격 (2017. 3. 10. 신설)

2. 권리행사 또는 최종거래일의 종료로 증권이 소멸되는 경우 (2017. 3. 10. 신설)

의 양도차익계산에 있어서 필요경비로 공제하는 취득가액은 당초 그 자산의 취득 당시의 가액으로 한다. (2019. 12. 23. 개정)
② 양도자산을 보유기간 중에 자산재평가법에 의하거나 또는 임의로 재평가하였을 경우에는 재평가액에 불구하고 취득당시의 가액이 취득가액이 된다. (2019. 12. 23. 개정)

④ 제159조의 2 제1항 제3호에 따른 파생결합증권의 양도차익은 환매, 권리행사, 최종거래일의 종료 등의 원인으로 양도 또는 소멸된 증권에 대하여 각각 매수 당시 증권가격, 권리행사결제기준가격, 행사가격, 전환비율 등을 고려하여 기획재정부령으로 정하는 방법에 따라 산출되는 손익에서 그 증권의 매매를 위하여 직접 지출한 비용으로서 기획재정부령으로 정하는 비용을 공제한 금액의 합계액으로 한다. (2024. 12. 31. 신설)
⑤ 제1항부터 제4항까지를 적용하는 경우 먼저 거래한 것부터 순차적으로 소멸된 것으로 보아 양도차익을 계산한다. (2024. 12. 31. 신설)
⑥ 제159조의 2 제1항 제4호 및 제5호에 따른 파생상품의 양도차익은 파생상품의 유형, 품목 등에 따라 각각 제1항 및 제2항을 준용하여 계산한다. (2024. 12. 31. 신설)

제162조의 2 【지하수개발·이용권 등의 양도가액】 (2017. 2. 3. 제목개정)

토사석의 채취허가에 따른 권리와 지하수의 개발·이용권(이하 이 조에서 "지하수개발·이용권등"이라 한다)을 법 제94조 제1항 제1호에 따른 토지 또는 건물(이하 이 조에서 "토지등"이라 한다)과 함께 양도하는 경우로서 지하수개발·이용권등과 토지등의 취득가액 또는 양도가액을 구별할 수 없는 때에는 제51조 제8항 각 호의 기준을 준용하여 취득가액 또는 양도가액을 계산한다. 이 경우 "임목"은 "지하수개발·이용권등"으로, "임지"는 "토지등"으로 본다. (2017. 2. 3. 개정)

제162조의 3 【지정지역 기준 등】 삭 제 (2005. 12. 31.)
제162조의 4 【부동산가격안정심의위원회의 구성 및 운영】 삭 제 (2005. 12. 31.)
제162조의 5 【지정지역의 지정절차 등】 삭 제 (2005. 12. 31.)

통칙 97-0…2 【감정가액으로 기록된 장부가액을 취득가액으로 인정여부】
① 사업자가 기장을 하기 이전에 취득한 자산을 「감정평가 및 감정평가사에 관한 법률」에 의한 감정평가업자가 감정한 가액으로 기장한 경우라 할지라도 동 자산

$$[(A-B) \times C \times D]와 0 중 큰 금액 - E$$

A : 최종거래일의 권리행사결제기준가격
B : 증권의 행사가격
C : 증권의 유형이 살 수 있는 권리가 있는 증권인 경우에는 1, 팔 수 있는 권리가 있는 증권인 경우에는 − 1
D : 「자본시장과 금융투자업에 관한 법률」 제390조 제1항의 증권상장규정에 따른 전환비율
E : 증권의 매수가격

④ 영 제161조의 2 제1항부터 제3항까지에서 "기획재정부령으로 정하는 비용"이란 「자본시장과 금융투자업에 관한 법률」 제58조에 따른 수수료로서 다음 각 호의 어느 하나에 해당하는 비용을 말한다. (2018. 3. 21. 개정)
1. 위탁매매수수료 (2018. 3. 21. 개정)
2. 「자본시장과 금융투자업에 관한 법률」 제6조 제8항에 따른 투자일임업을 영위하는 같은 법 제8조 제3항의 투자중개업자가 투자중개업무와 투자일임업무를 결합한 자산관리계좌를 운용하여 부과하는 투자일임수수료 중 다음 각 목의 요건을 모두 갖춘 위탁매매수수료에 상당하는 비용 (2019. 3. 20. 개정)
   가. 전체 투자일임수수료를 초과하지 아니할 것 (2018. 3. 21. 개정)
   나. 영 제159조의 2 제1항 각 호에 해당하는 파생상품등을 온라인으로 직접 거래하는 경우에 부과하는 위탁매매수수료를 초과하지 아니할 것 (2018. 3. 21. 개정)
   다. 부과기준이 약관 및 계약서에 적혀 있을 것 (2019. 3. 20. 개정)
⑤ 영 제161조의 2 제4항에서 "기획재정부령으로 정하는 방법에 따라 산출된 금액"이란 다음 계산식에 따라 계산한 금액을 말한다. (2021. 3. 16. 신설)

$$(A \times C + B \times C) + D - E$$

A : 미결제약정 수량을 증가시키는 거래의 계약 체결 당시 약정가격

제97조【양도소득의 필요경비 계산】 ① 거주자의 양도차익을 계산할 때 양도가액에서 공제할 필요경비는 다음 각 호에서 규정하는 것으로 한다. (2009. 12. 31. 개정)
1. 취득가액(「지적재조사에 관한 특별법」 제18조에 따른 경계의 확정으로 지적공부상의 면적이 증가되어 같은 법 제20조에 따라 징수한 조정금은 제외한다). 다만, 가목의 실지거래가액을 확인할 수 없는 경우에 한정하여 나목의 금액을 적용한다. (2020. 6. 9. 단서개정 ; 법률용어~법률)
　가. 제94조 제1항 각 호의 자산 취득에 든 실지거래가액 (2016. 12. 20. 단서삭제)
　나. 대통령령으로 정하는 매매사례가액, 감정가액 또는 환산취득가액을 순차적으로 적용한 금액 (2019. 12. 31. 개정)

통칙 97-0…5【자산취득시 징수된 부가가치세 등의 필요경비 산입여부】
취득등기시 납부한 취득세에 대한 교육세와 아파트 분양시 그 분양사업자가 거래징수한 부가가치세는 양도차익계산시 필요경비로 계산한다. 이 경우 아파트를 분양받은 자가 부가가치세법상 일반과세사업자로서 사업용으로 분양받은 경우에는 그 부가가치세는 필요경비로 산입할 수 없다. (2011. 3. 21. 개정)

(➡ 영 163조)
집행기준 97-163-7【특수관계자로부터 고가로 매입한 경우】
특수관계자로부터 자산을 고가로 매입하여 해당소득에 대한 조세의 부담을 부당하게 감소시킨 것으로 인정되는 때에는 시가를 취득가액으로 본다.

〈사례〉
• 2003.1월 : "甲"은 특수관계자인 "乙"로부터 자산을 고가매입(실지취득가액 : 6억원, 시가 : 5억원)
• 2008.7월 : "甲" 해당 자산 양도시
☞ 甲의 취득가액 = 5억원 (시가)

(2024. 10. 31. 개정)

통칙 97-0…1【자산의 대가를 금전 이외의 물품으로 지급하는 경우 실지거래가액계산】
토지나 건물을 취득 또는 양도하는 자가 당해 자산의 대가로서 금전 이외의 물품을 지급하거나 영수하고 그 양도자산의 매매계약서상에는 물품수량만이 명시된

(➡ 영 163조)
집행기준 97-163-43【중개수수료를 과다지급한 경우】
중개수수료가 통상의 부동산 취득에 따른 중개수수료에 비해 많다고 하더라도 실지 지급된 금액은 필요경비에 산입된다. (2024. 10. 31. 개정)

제163조【양도자산의 필요경비】 ① 법 제97조 제1항 제1호 가목에 따른 취득에 든 실지거래가액은 다음 각 호의 금액을 합한 것으로 한다. (2017. 2. 3. 개정)
1. 제89조 제1항을 준용하여 계산한 취득원가에 상당하는 가액(제89조 제2항 제1호에 따른 현재가치할인차금과 「부가가치세법」 제10조 제1항 및 제6항에 따라 납부하였거나 납부할 부가가치세를 포함하되 부당행위계산에 의한 시가초과액을 제외한다) (2018. 2. 13. 개정)
2. 취득에 관한 쟁송이 있는 자산에 대하여 그 소유권 등을 확보하기 위하여 직접 소요된 소송비용·화해비용 등의 금액으로서 그 지출한 연도의 각 소득금액의 계산에 있어서 필요경비에 산입된 것을 제외한 금액
3. 제1호를 적용할 때 당사자 약정에 의한 대금지급방법에 따라 취득원가에 이자상당액을 가산하여 거래가액을 확정하는 경우 당해 이자상당액은 취득원가에 포함한다. 다만, 당초 약정에 의한 거래가액의 지급기일의 지연으로 인하여 추가로 발생하는 이자상당액은 취득원가에 포함하지 아니한다. (2012. 2. 2. 개정)
4. 제1호를 적용할 때 합병으로 인하여 소멸한 법인의 주주가 합병 후 존속하거나 합병으로 신설되는 법인(이하 이 호에서 "합병법인"이라 한다)으로부터 교부받은 주식의 1주당 취득원가에 상당하는 가액은 합병 당시 해당 주주가 보유하던 피합병법인의 주식을 취득하는 데 든 총금액(「법인세법」 제16조 제1항 제5호의 금액은 더하고 같은 호의 합병대가 중 금전이나 그 밖의 재산가액의 합계액은 뺀 금액으로 한다)을 합병으로 교부받은 주식수로 나누어 계산한 가액으로 한다. (2012. 2. 2. 신설)

B : 반대거래의 계약 체결 당시 약정가격
C : 매도계약의 경우이면 1, 매수계약의 경우이면 - 1
D : 기초자산에서 발생하는 배당소득 등 약정에 따른 매매차익 외의 계약에 따라 지급받는 소득
E : 증권거래세, 농어촌특별세, 차입이자, 수수료(투자일임수수료는 제4항을 준용하여 계산한다) 등 약정에 따른 매매차손 외의 계약에 따라 지급하는 비용

제76조의 3【파생상품등에 대한 양도차익 계산 등】 ① 영 제161조의 2 제1항에서 "기획재정부령으로 정하는 방법에 따라 산출되는 손익"이란 다음 계산식에 따라 계산한 금액을 말한다. (2024. 12. 31. 신설)

$$(A \times C + B \times C) \times D$$

A : 미결제약정 수량을 증가시키는 거래의 계약 체결 당시 약정가격
B : 각 종목의 매수계약과 매도계약별로 미결제약정 수량을 소멸시키는 거래(이하 이 조에서 "반대거래"라 한다)의 계약 체결 당시 약정가격 또는 최종거래일의 도래로 소멸되는 계약의 최종거래일 최종결제가격
C : 매도계약의 경우(매수계약의 최종거래일이 종료되는 경우를 포함한다)이면 1, 매수계약의 경우(매도계약의 최종거래일이 종료되는 경우를 포함한다)이면 - 1
D : 「자본시장과 금융투자업에 관한 법률」 제393조 제2항에 따른 거래소의 파생상품시장업무규정에 따른

경우에는 당해 양도자산의 취득가액 또는 양도가액은 물품의 인도 또는 영수당시의 시가에 의해 계산한 가액으로 한다. (97. 4. 8. 개정)

97-0…3 【양도차익계산시 취득가액에 산입하는 필요경비의 범위】

① 취득세는 납부영수증이 없는 경우에도 양도소득금액계산시 필요경비로 공제한다. 다만, 「지방세법」 등에 의하여 취득세가 감면된 경우의 당해 세액은 공제하지 아니한다. (2011. 3. 21. 개정)

② 양도차익계산시 산입되는 취득가액에는 취득시 쟁송으로 인한 명도비용, 소송비용, 인지대 등 취득에 소요된 모든 비용을 포함한다. 이 경우 소송비용은 「민사소송법」이 정하는 소송비용과 변호사의 보수 등 자산의 소유권을 확보하기 위하여 직접 소요된 일체의 경비를 말한다. (2011. 3. 21. 개정)

③ 양도하는 토지 위에 나무재배를 위하여 소요된 비용 등은 필요경비로 산입하지 아니한다. (2011. 3. 21. 개정)
☞

2. 자본적지출액 등으로서 대통령령으로 정하는 것 (2009. 12. 31. 개정)

3. ☞ p.2769

---

5. 제1호를 적용할 때 분할법인 또는 소멸한 분할합병의 상대방 법인의 주주가 분할신설법인 또는 분할합병의 상대방 법인으로부터 분할 또는 분할합병으로 인하여 취득하는 주식의 1주당 취득원가에 상당하는 가액은 분할 또는 분할합병 당시의 해당 주주가 보유하던 분할법인 또는 소멸한 분할합병의 상대방 법인의 주식을 취득하는 데 소요된 총금액(「법인세법」 제16조 제1항 제6호의 금액은 더하고 같은 호의 분할대가 중 금전이나 그 밖의 재산가액의 합계액은 뺀 금액으로 한다)을 분할로 인하여 취득하는 주식 수로 나누어 계산한 가액으로 한다. (2020. 2. 11. 신설)

② 제1항 제1호에 따라 제89조 제2항 제1호에 따른 현재가치할인차금을 취득원가에 포함하는 경우에 있어서 양도자산의 보유기간 중에 그 현재가치할인차금의 상각액을 각 연도의 사업소득금액 계산 시 필요경비로 산입하였거나 산입할 금액이 있는 때에는 이를 제1항의 금액에서 공제한다. (2010. 2. 18. 개정)

③ 법 제97조 제1항 제2호에서 "자본적지출액 등으로서 대통령령으로 정하는 것"이란 다음 각 호의 어느 하나에 해당하는 것으로서 그 지출에 관한 법 제160조의 2 제2항에 따른 증명서류를 수취·보관하거나 실제 지출사실이 금융거래 증명서류에 의하여 확인되는 경우를 말한다. (2018. 2. 13. 개정)

1. 제67조 제2항의 규정을 준용하여 계산한 자본적 지출액 (2000. 12. 29 개정)

2. 양도자산을 취득한 후 쟁송이 있는 경우에 그 소유권을 확보하기 위하여 직접 소요된 소송비용·화해비용 등의 금액으로서 그 지출한 연도의 각 소득금액의 계산에 있어서 필요경비에 산입된 것을 제외한 금액 (2000. 12. 29 개정)

2의 2. 「공익사업을 위한 토지 등의 취득 및 보상에 관한 법률」이나 그 밖의 법률에 따라 토지 등이 협의 매수 또는 수용되는 경우로서 그 보상금의 증액과 관련하여 직접 소요된 소송비용·화해비용 등의 금액으로서 그 지출한 연도의 각 소득금액의 계산에 있어서 필요경비에 산입된 것을 제외한 금액. 이 경우 증액보상금을 한도로 한다. (2015. 2. 3. 신설)

3. ☞ p.2769

거래승수(이하 이 조에서 "거래승수"라 한다)

② 영 제161조의 2 제2항에서 "기획재정부령으로 정하는 방법에 따라 산출되는 손익"이란 다음 계산식에 따라 계산한 금액을 말한다. (2024. 12. 31. 신설)

1. 반대거래로 계약이 소멸되는 경우 (2024. 12. 31. 신설)

$$(A \times C + B \times C) \times D$$

A : 미결제약정 수량을 증가시키는 거래의 계약체결 당시 약정가격
B : 반대거래 체결 당시 약정가격
C : 매도계약의 경우이면 1, 매수계약의 경우이면 − 1
D : 거래승수

2. 권리행사 또는 최종거래일의 종료로 계약이 소멸되는 경우 (2024. 12. 31. 신설)

$$[\{(A - B) \times C\}와\ 0\ 중\ 큰\ 금액 - D] \times E \times F$$

A : 최종거래일의 권리행사결제기준가격
B : 해당 옵션의 행사가격
C : 옵션의 유형이 콜옵션이면 1, 풋옵션이면 − 1
D : 미결제약정 수량을 증가시키는 거래의 계약체결 당시 약정가격
E : 거래승수
F : 매수계약이 소멸되는 경우이면 1, 매도계약이 소멸되는 경우이면 − 1

③ 영 제161조의 2 제3항에서 "기획재정부령으로 정하는 방법에 따라 산출된 금

을 것 (2024. 12. 31. 신설)

나. 영 제159조의 2 제1항 각 호에 해당하
는 파생상품등을 온라인으로 직접 거
래하는 경우에 부과하는 위탁매매수
수료를 초과하지 않을 것 (2024. 12.
31. 신설)

다. 부과기준이 약관 및 계약서에 적혀 있
을 것 (2024. 12. 31. 신설)

⑤ 영 제161조의 2 제4항에서 "기획재정부령
으로 정하는 방법에 따라 산출되는 손익"이
란 다음 각 호의 구분에 따른 계산식에 따라
계산한 금액을 말한다. (2024. 12. 31. 신설)

1. 증권을 환매하는 경우 : 증권의 매도가격 −
증권의 매수가격 (2024. 12. 31. 신설)

2. 권리행사 또는 최종거래일의 종료로 증권이
소멸되는 경우 (2024. 12. 31. 신설)

$$[(A - B) \times C \times D]와\ 0\ 중$$
$$큰\ 금액\ -\ E$$

A : 최종거래일의 권리행사결제기준가격

B : 증권의 행사가격

C : 증권의 유형이 살 수 있는 권리가
있는 증권인 경우에는 1, 팔 수 있는
권리가 있는 증권인 경우에는 − 1

D : 「자본시장과 금융투자업에 관한 법
률」 제390조 제1항의 증권상장규정
에 따른 전환비율

E : 증권의 매수가격

통칙 **97 - 0…6 【위약금의 필요경비 산입여부】**

부동산매매계약의 해약으로 인하여 지급하는 위약
금 등은 양도차익 계산시 필요경비로 공제하지 아니
한다. (97. 4. 8. 개정)

액"이란 다음 계산식에 따라 계산한 금액을
말한다. (2024. 12. 31. 신설)

$$(A \times C + B \times C) + D - E$$

A : 미결제약정 수량을 증가시키는 거래
의 계약 체결 당시 약정가격

B : 반대거래의 계약 체결 당시 약정가격

C : 매도계약의 경우이면 1, 매수계약의
경우이면 − 1

D : 기초자산에서 발생하는 배당소득 등
약정에 따른 매매차익 외의 계약에
따라 지급받는 소득

E : 증권거래세, 농어촌특별세, 차입이자, 수
수료(투자일임수수료는 제4항을 준용하
여 계산한다) 등 약정에 따른 매매차손
이외의 계약에 따라 지급하는 비용

④ 영 제161조의 2 제1항·제2항 및 제4항
에서 "기획재정부령으로 정하는 비용"이란
「자본시장과 금융투자업에 관한 법률」 제58
조에 따른 수수료로서 다음 각 호의 어느 하
나에 해당하는 비용을 말한다. (2024. 12. 31.
신설)

1. 위탁매매수수료 (2024. 12. 31. 신설)

2. 「자본시장과 금융투자업에 관한 법률」 제
6조 제8항에 따른 투자일임업을 수행하는
같은 법 제8조 제3항의 투자중개업자가
투자중개업무와 투자일임업무를 결합한
자산관리계좌를 운용하여 부과하는 투자
일임수수료 중 다음 각 목의 요건을 모두
갖춘 위탁매매수수료에 상당하는 비용
(2024. 12. 31. 신설)

가. 전체 투자일임수수료를 초과하지 않

 97-0…8 【건물 철거 비용의 필요경비산입】
토지만을 이용하기 위하여 토지와 건물을 함께 취득한 후 해당 건물을 철거하고 토지만을 양도하는 경우 철거된 건물의 취득가액과 철거비용의 합계액에서 철거 후 남아있는 시설물의 처분가액을 차감한 잔액을 양도자산의 필요경비로 산입한다. 다만, 그 양도차익을 기준시가로 산정하는 경우에는 철거된 건물의 취득당시의 기준시가에 영 제163조 제6항 제1호 및 제2호의 금액을 가산한 금액을 양도하는 토지의 필요경비로 산입한다. (2011. 3. 21. 개정)

〈제97조 ①〉
3. 양도비 등으로서 대통령령으로 정하는 것 (2009. 12. 31. 개정)

●예 판●
양도비는 해당 양도자산의 필요경비로 공제하는 것이나, 부동산 매도를 위해 상권조사, 지가상승요소분석, 매도가격 타당성 분석, 매매진행컨설팅 등을 의뢰하고 지급한 컨설팅 비용은 양도비 등에 포함되지 아니함. (법규재산 2013-217, 2013. 7. 23.)

② 제1항에 따른 양도소득의 필요경비는 다음 각 호에 따라 계산한다. (2010. 12. 27. 개정)
1. 취득가액을 실지거래가액에 의하는 경우의 필요경비는 다음 각 목의 금액에 제1항 제2호 및 제3호의 금액을 더한 금액으로 한다. (2010. 12. 27. 개정)
  가. 제1항 제1호 가목에 따르는 경우에는 해당 실지거래가액 (2017.

〈제163조 ③〉
3. 양도자산의 용도변경·개량 또는 이용편의를 위하여 지출한 비용(재해·노후화 등 부득이한 사유로 인하여 건물을 재건축한 경우 그 철거비용을 포함한다) (2020. 2. 11. 개정)
3의 2. 「개발이익환수에 관한 법률」에 따른 개발부담금(개발부담금의 납부의무자와 양도자가 서로 다른 경우에는 양도자에게 사실상 배분될 개발부담금상당액을 말한다) (2006. 9. 22. 신설)
3의 3. 「재건축초과이익 환수에 관한 법률」에 따른 재건축부담금(재건축부담금의 납부의무자와 양도자가 서로 다른 경우에는 양도자에게 사실상 배분될 재건축부담금상당액을 말한다) (2006. 9. 22. 신설)
4. 제1호 내지 제3호, 제3호의 2 및 제3호의 3에 준하는 비용으로서 기획재정부령이 정하는 것 (2008. 2. 29. 직제개정 ; 기획재정부와~직제 부칙)
④ 삭 제 (2000. 12. 29)

 97-0…9 【묘지이장비 등의 필요경비산입】
토지의 이용편의를 위하여 지출한 묘지이장비용은 양도자산의 필요경비로 산입한다. (97. 4. 8. 개정)

⑤ 법 제97조 제1항 제3호에서 "대통령령으로 정하는 것"이란 다음 각 호의 어느 하나에 해당하는 것으로서 그 지출에 관한 법 제160조의 2 제2항에 따른 증명서류를 수취·보관하거나 실제 지출사실이 금융거래 증명서류에 의하여 확인되는 경우를 말한다. (2018. 2. 13. 개정)
1. 법 제94조 제1항 각 호의 자산을 양도하기 위하여 직접 지출한 비용으로서 다음 각 목의 비용 (2009. 2. 4. 개정)
  가. 「증권거래세법」에 따라 납부한 증권거래세 (2009. 2. 4. 신설)
  나. 양도소득세과세표준 신고서 작성비용 및 계약서 작성비용 (2009. 2. 4. 신설)
  다. 공증비용, 인지대 및 소개비 (2009. 2. 4. 신설)
  라. 매매계약에 따른 인도의무를 이행하기 위하여 양도자가 지출하는 명도비용 (2018. 2. 13. 신설)
  마. 가목부터 라목까지의 비용과 유사한 비용으로서 기획재정부령으로 정하는 비용 (2018. 2. 13. 개정)

제79조 【양도자산의 필요경비 계산 등】 ① 영 제163조 제3항 제4호에서 "기획재정부령이 정하는 것"이라 함은 다음 각 호의 비용을 말한다. (2008. 4. 29. 직제개정)
1. 「하천법」·「댐건설 및 주변지역지원 등에 관한 법률」 그 밖의 법률에 따라 시행하는 사업으로 인하여 해당 사업구역 내의 토지소유자가 부담한 수익자부담금 등의 사업비용 (2006. 9. 27. 개정)

 97-0…7 【토지에 도로를 신설한 경우에 필요경비 산입요건】
① 토지의 이용편의를 위하여 해당 토지에 도로를 신설하여 국가 또는 지방자치단체에 이를 무상으로 공여하여 양도하는 경우에는 그 도로의 취득가액을 필요경비에 산입한다. (2011. 3. 21. 개정)
② 제1항의 규정에서 "도로"라 함은 다음 각호의 요건을 갖춘 경우를 말한다. (97. 4. 8. 개정)
1. 도로 신설의 뚜렷한 표시가 될 것(도로부분과 일반토지가 구분될 것)
2. 도로신설이 토지이용의 편익에 공헌할 것
3. 국가 또는 지방자치단체에 대하여 도로 신설

12. 19. 개정)

나. 제1항 제1호 나목 및 제114조 제7항에 따라 환산취득가액에 의하여 취득 당시의 실지거래가액을 계산하는 경우로서 법률 제4803호 소득세법개정법률 부칙 제8조에 따라 취득한 것으로 보는 날(이하 이 목에서 "의제취득일"이라 한다) 전에 취득한 자산(상속 또는 증여받은 자산을 포함한다)의 취득가액을 취득 당시의 실지거래가액과 그 가액에 취득일부터 의제취득일의 전날까지의 보유기간의 생산자물가상승률을 곱하여 계산한 금액을 합산한 가액에 의하는 경우에는 그 합산한 가액 (2019. 12. 31. 개정)

다. 제7항 각 호 외의 부분 본문에 의하는 경우에는 해당 실지거래가액 (2009. 12. 31. 개정)

2. 그 밖의 경우의 필요경비는 제1항 제1호 나목(제1호 나목이 적용되는 경우는 제외한다), 제7항(제1호 다목이 적용되는 경우는 제외한다) 또는 제114조 제7항(제1호 나목이 적용되는 경우는 제외한다)의 금액에 자산별로 대통령령으로 정하는 금액을 더한 금액. 다만, 제1항 제1호 나목에 따라 취득가액을 환산취득가액으로 하는 경우로서 가목의 금액이 나목의 금액보다 적은 경우에는 나목의 금액을 필요경비로 할 수 있다. (2019. 12. 31. 단서개정)

가. 제1항 제1호 나목에 따른 환산취득가액과 본문 중 대통령령으로 정하는 금액의 합계액 (2019. 12. 31. 개정)

나. 제1항 제2호 및 제3호에 따른 금액의 합계액 (2010. 12. 27. 신설)

③ 제2항에 따라 필요경비를 계산할 때 양도자산 보유기간에 그 자산에 대한 감가상각비로서 각 과세기간의 사업소득금액을 계산하는 경우 필요경비에 산입하였거나 산입할 금액이 있을 때에는 이를 제1항의 금액에서 공제한 금액을 그 취득가액으로 한다. (2010. 12. 27. 개정)

2. 법 제94조 제1항 제1호의 자산을 취득함에 있어서 법령 등의 규정에 따라 매입한 국민주택채권 및 토지개발채권을 만기 전에 양도함으로써 발생하는 매각차손. 이 경우 기획재정부령으로 정하는 금융기관(이하 이 호에서 "금융기관"이라 한다) 외의 자에게 양도한 경우에는 동일한 날에 금융기관에 양도하였을 경우 발생하는 매각차손을 한도로 한다. (2008. 2. 29. 직제개정 ; 기획재정부와~직제 부칙)

토지와 건물을 함께 취득한 후 해당 건물을 철거하여 토지만을 양도하거나, 새로 건물을 건축하여 그 건물과 함께 양도하는 경우 기존건물의 취득가액은 토지와 기존건물의 취득이 당초부터 건물을 철거하여 토지만을 이용하려는 목적이었음이 명백한 것으로 인정되는 경우에 한하여 양도자산의 필요경비로 산입할 수 있는 것이며, 매수자가 이미 정해진 거래에서 그 매매대금의 협상을 위해 지출한 컨설팅용역 비용은 「소득세법 시행령」 제163조 제5항 각 호의 어느 하나에 따른 비용에 해당하지 않는 것임. (사전-2021-법규재산-1832, 2022. 3. 10.)

···

⑥ 법 제97조 제2항 제2호 각 목 외의 부분 본문에서 "대통령령으로 정하는 금액"이란 다음 각 호의 금액을 말한다. (2012. 2. 2. 개정)

1. 토 지 (97. 12. 31 개정)
　　취득당시의 법 제99조 제1항 제1호 가목의 규정에 의한 개별공시지가×3/100(법 제104조 제3항에 규정된 미등기양도자산의 경우에는 3/1,000)

2. 건 물 (97. 12. 31 개정)
　가. 법 제99조 제1항 제1호 다목의 규정에 의한 건물(그 부수토지를 포함한다) 및 동호 라목의 규정에 의한 주택 (2005. 8. 5. 개정)
　　취득당시의 법 제99조 제1항 제1호 다목 또는 라목의 가액×3/100(법 제104조 제3항에 규정된 미등기양도자산의 경우에는 3/1,000)
　나. 가목 외의 건물 (99. 12. 31 개정)
　　취득당시의 법 제99조 제1항 제1호 나목의 가액×3/100(법 제104조 제3항에 규정된 미등기양도자산의 경우에는 3/1,000)

3. 법 제94조 제1항 제2호 나목 및 다목의 규정에 의한 자산(법 제104

의 대가를 받지 아니할 것. 이 경우 도로에 충당된 토지를 국가지방자치단체에 기부하였는지 혹은 그 토지의 지적공부상의 지목을 변경하였는지의 여부는 불문한다.

2. 토지이용의 편의를 위하여 지출한 장애철거비용

3. 토지이용의 편의를 위하여 해당 토지 또는 해당 토지에 인접한 타인 소유의 토지에 도로를 신설한 경우의 그 시설비 (2011. 3. 28. 개정)

4. 토지이용의 편의를 위하여 해당 토지에 도로를 신설하여 국가 또는 지방자치단체에 이를 무상으로 공여한 경우의 그 도로로 된 토지의 취득당시 가액 (2012. 2. 28. 개정)

5. 사방사업에 소요된 비용

6. 제1호 내지 제5호의 비용과 유사한 비용

② 영 제163조 제5항 제1호 마목에서 "기획재정부령으로 정하는 비용"이란 법 제94조 제1항 제3호에 따른 주식등을 양도하기 위해 직접 지출한 비용으로서 다음 각 호의 비용을 말한다. (2019. 3. 20. 신설)

② 영 제163조 제5항 제1호 마목에서 "기획재정부령으로 정하는 비용"이란 법 제94조 제1항 제3호에 따른 주식등을 양도하기 위해 직접 지출한 비용으로서 다음 각 호의 비용을 말한다. (2024. 12. 31. 개정)

1. 「자본시장과 금융투자업에 관한 법률」 제58조에 따른 수수료로서 다음 각 목의 어느 하나에 해당하는 비용 (2019. 3. 20. 신설)
　가. 위탁매매수수료 (2019. 3. 20. 신설)
　나. 「자본시장과 금융투자업에 관한

④ 거주자가 양도일부터 소급하여 5년 이내에 그 배우자(양도 당시 혼인관계가 소멸된 경우를 포함하되, 사망으로 혼인관계가 소멸된 경우는 제외한다. 이하 이 항에서 같다) 또는 직계존비속으로부터 증여받은 제94조 제1항 제1호에 따른 자산이나 그 밖에 대통령령으로 정하는 자산의 양도차익을 계산할 때 사업인정고시일부터 소급하여 2년 이전에 증여받은 경우로서 「공익사업을 위한 토지 등의 취득 및 보상에 관한 법률」이나 그 밖의 법률에 따라 협의매수 또는 수용된 경우 외에는 양도가액에서 공제할 필요경비는 제2항에 따르되, 취득가액은 각각 그 배우자 또는 직계존비속의 취득 당시 제1항 제1호 각 목의 어느 하나에 해당하는 금액으로 한다. 이 경우 거주자가 증여받은 자산에 대하여 납부하였거나 납부할 증여세 상당액이 있는 경우에는 제2항에도 불구하고 필요경비에 산입한다. (2010. 12. 27. 개정)

④ 삭 제 (2014. 1. 1.)

⑤ 취득에 든 실지거래가액의 범위 등 필요경비의 계산에 필요한 사항은 대통령령으로 정한다. (2014. 1. 1. 개정)

⑥ 제4항에서 규정하는 연수는 등기부에 기재된 소유기간에 따른다. (2009. 12. 31. 개정)

⑥ 삭 제 (2014. 1. 1.)

조 제3항에 규정된 미등기양도자산을 제외한다) (2000. 12. 29 개정)
　　취득당시의 기준시가×7/100
4. 제1호 내지 제3호 외의 자산 (97. 12. 31 개정)
　　취득당시의 기준시가×1/100

⑦ 법 제97조 제4항에서 "대통령령으로 정하는 자산"이란 법 제94조 제1항 제4호 나목의 자산을 말한다. (2010. 2. 18. 개정)

⑧ 법 제97조 제4항 및 제5항에 따른 증여세 상당액은 거주자가 그 배우자 또는 직계존비속으로부터 증여받은 자산에 대한 증여세 산출세액(「상속세 및 증여세법」 제56조에 따른 증여세 산출세액을 말한다)에 법 제97조 제4항에 따라 양도한 해당 자산가액(증여세가 과세된 증여세 과세가액을 말한다)이 「상속세 및 증여세법」 제47조에 따른 증여세과세가액에서 차지하는 비율을 곱하여 계산한 금액으로 한다. 이 경우 필요경비로 산입되는 증여세 상당액은 양도가액에서 법 제97조 제1항 및 제2항의 금액을 공제한 잔액을 한도로 한다. (2009. 2. 4. 개정)

⑦～⑧ 삭 제 (2014. 2. 21.)

⑨ 상속 또는 증여(법 제88조 제1호 각 목 외의 부분 후단에 따른 부담부증여의 채무액에 해당하는 부분도 포함하되, 「상속세 및 증여세법」 제34조부터 제39조까지, 제39조의 2, 제39조의 3, 제40조, 제41조의 2부터 제41조의 5까지, 제42조, 제42조의 2 및 제42조의 3에 따른 증여는 제외한다)받은 자산에 대하여 법 제97조 제1항 제1호 가목을 적용할 때에는 상속개시일 또는 증여일 현재 「상속세 및 증여세법」 제60조부터 제66조까지의 규정에 따라 평가한 가액(같은 법 제76조에 따라 세무서장등이 결정·경정한 가액이 있는 경우 그 결정·경정한 가액으로 한다)을 취득당시의 실지거래가액으로 본다. 다만, 다음 각 호의 어느 하나에 해당하는 경우에는 각 호의 구분에 따라 계산한 금액으로 한다. (2021. 2. 17. 개정)
1. 「부동산 가격공시에 관한 법률」에 따라 1990년 8월 30일 개별공시지가가 고시되기 전에 상속 또는 증여받은 토지의 경우에는 상속개시일 또는 증여일 현재 「상속세 및 증여세법」 제60조 내지 제66조의 규정에 의하여 평가한 가액과 제164조 제4항의 규정에 의한 가액 중 많은 금액 (2016. 8. 31. 개정 ; 부동산가격공시～시행령 부칙)
2. 「상속세 및 증여세법」 제61조 제1항 제2호 내지 제4호의 규정에 의한 건물의 기준시가가 고시되기 전에 상속 또는 증여받은 건물의 경우에는 상속개시일 또는 증여일 현재 「상속세 및 증여세법」 제60조

법률」 제6조 제8항에 따른 투자일임업을 영위하는 같은 법 제8조 제3항의 투자중개업자가 투자중개업무와 투자일임업무를 결합한 자산관리계좌를 운용해 부과하는 투자일임수수료 중 다음의 요건을 모두 갖춘 위탁매매수수료에 상당하는 비용 (2019. 3. 20. 신설)
　1) 전체 투자일임수수료를 초과하지 않을 것 (2019. 3. 20. 신설)
　2) 주식등을 온라인으로 직접 거래하는 경우에 부과하는 위탁매매수수료를 초과하지 않을 것 (2019. 3. 20. 신설)
　3) 부과기준이 약관 및 계약서에 적혀 있을 것 (2019. 3. 20. 신설)
2. 「농어촌특별세법」 제5조 제1항 제5호에 따라 납부한 농어촌특별세 (2019. 3. 20. 신설)

③ 영 제163조 제5항 제2호에서 "기획재정부령으로 정하는 금융기관"이란 「자본시장과 금융투자업에 관한 법률」에 따른 투자매매업자 또는 투자중개업자, 「은행법」에 따른 인가를 받아 설립된 은행 및 「농업협동조합법」에 따른 농협은행을 말한다. (2019. 3. 20. 항번개정)

④ 영 제163조 제11항 제2호에서 "기획재정부령으로 정하는 방법"이란 「부동산 거래신고에 관한 법률」 제3조 제1항에 따라 신고(「주택법」 제80조의 2에 따른 주택 거래신고를 포함한다)한 실제거

☞

⑦ 제1항 제1호 가목을 적용할 때 제94조 제1항 제1호 및 제2호에 따른 자산을 양도한 거주자가 그 자산 취득 당시 대통령령으로 정하는 방법으로 실지거래가액을 확인한 사실이 있는 경우에는 이를 그 거주자의 취득 당시의 실지거래가액으로 본다. 다만, 다음 각 호의 어느 하나에 해당하는 경우에는 그러하지 아니하다. (2017. 12. 19. 개정)

1. 해당 자산에 대한 전 소유자의 양도가액이 제114조에 따라 경정되는 경우 (2009. 12. 31. 개정)
2. 전 소유자의 해당 자산에 대한 양도소득세가 비과세되는 경우로서 실지거래가액보다 높은 가액으로 거래한 것으로 확인한 경우 (2009. 12. 31. 개정)

제97조의 2 【양도소득의 필요경비 계산 특례】① 거주자가 양도일부터 소급하여 <u>10년</u> 이내에 그 배우자(양도 당시 혼인관계가 소멸된 경우를 포함하되, 사망으로

내지 제66조의 규정에 의하여 평가한 가액과 제164조 제5항 내지 제7항의 규정에 의한 가액 중 많은 금액 (2005. 8. 5. 개정)

⑩ 법 제97조 제1항 제1호 가목은 다음 각 호에 따라 적용한다. (2017. 2. 3. 개정)

1. 「상속세 및 증여세법」 제3조의 2 제2항, 제33조부터 제39조까지, 제39조의 2, 제39조의 3, 제40조, 제41조의 2부터 제41조의 5까지, 제42조, 제42조의 2, 제42조의 3, 제45조의 3부터 제45조의 5까지의 규정에 따라 상속세나 증여세를 과세받은 경우에는 해당 상속재산가액이나 증여재산가액(같은 법 제45조의 3부터 제45조의 5까지의 규정에 따라 증여세를 과세받은 경우에는 증여의제이익을 말한다) 또는 그 증·감액을 취득가액에 더하거나 뺀다. (2016. 2. 17. 개정)
2. 법 제94조 제1항 각 호의 자산을 「법인세법」 제2조 제12호에 따른 특수관계인(외국법인을 포함한다)으로부터 취득한 경우로서 같은 법 제67조에 따라 거주자의 상여·배당 등으로 처분된 금액이 있으면 그 상여·배당 등으로 처분된 금액을 취득가액에 더한다. (2019. 2. 12. 개정)

⑪ 법 제97조 제7항 각 호 외의 부분 본문에서 "대통령령으로 정하는 방법"이란 다음 각 호의 어느 하나에 해당하는 방법을 말한다. (2010. 2. 18. 개정)

1. 거주자가 전소유자의 부동산양도소득과세표준 예정신고 또는 확정신고시 제169조 제1항 제1호 마목에 따른 인감증명서를 제출하는 방법 (2007. 2. 28. 개정)
1. 삭 제 (2009. 12. 31.)
2. 거주자가 부동산 취득시 「부동산 거래신고 등에 관한 법률」 제3조 제1항에 따른 부동산의 실제거래가격(이하 이 호에서 "실제거래가격"이라 한다)을 기획재정부령으로 정하는 방법에 의하여 확인하는 방법. 다만, 실제거래가격이 전소유자의 부동산양도소득과세표준 예정신고 또는 확정신고시의 양도가액과 동일한 경우에 한한다. (2017. 1. 17. 개정 ; 부동산 거래신고~시행령 부칙)

⑫ 법 제97조 제1항 제1호 나목에서 "대통령령으로 정하는 매매사례가액, 감정가액 또는 환산취득가액"이란 제176조의 2 제2항부터 제4항까지의 규정에 따른 가액을 말한다. (2020. 2. 11. 개정)

⑬ 주식매수선택권을 행사하여 취득한 주식을 양도하는 때에는 주식매

래가격을 관할 세무서장이 확인하는 방법을 말한다. (2019. 3. 20. 항번개정)

제97조의 2【양도소득의 필요경비 계산 특례】 ① 거주자가 양도일부터 소급하여 10년(제94조 제1항 제3호에 따른 자산의 경우에는 1년) 이내에 그 배우자(양도 당시 혼인관계가 소멸된 경우를 포함하되, 사망으로 혼인관계가 소멸된 경우는 제외한다. 이하 이 항에서 같다) 또는 직계존비속으로부터 증여받은 제94조 제1항 제1호 및 제3호에 따른 자산이나 그 밖에 대통령령으로 정하는 자산의 양도차익을 계산할 때 양도가액에서 공제할 필요경비는 제97조 제2항에 따르되, 다음 각 호의 기준을 적용한다. (2024. 12. 31. 개정)

> **편주** ▶
> 법 97조의 2 제1항 각 호 외의 부분의 개정규정은 2025. 1. 1. 이후 증여받는 자산부터 적용함. (법 부칙(2024. 12. 31.) 8조)

1. 취득가액은 거주자의 배우자 또는 직계존비속이 해당 자산을 취득할 당시의 제97조 제1항 제1호에 따른 금액으로 한다. (2023. 12. 31. 개정)
2. 제97조 제1항 제2호에 따른 필요경비에는 거주자의 배우자 또는 직계존비속이 해당 자산에 대하여 지출한 같은 호에 따른 금액을 포함한다. (2023. 12. 31. 개정)
3. 거주자가 해당 자산에 대하여 납부하였거나 납부할 증여세 상당액이 있는 경우 필요경비에 산입한다. (2023. 12. 31. 개정)

> **편주** ▶
> 법 97조의 2 제1항의 개정규정은 2024. 1. 1. 이후 자산을 양도하는 경우부터 적용함. (법 부칙(2023. 12. 31.) 8조)

② 다음 각 호의 어느 하나에 해당하는 경우에는 제1항을 적용하지 아니한다. (2014. 1. 1. 신설)
1. 사업인정고시일부터 소급하여 2년 이전에 증여받은 경우로서 「공익사업을 위한 토지 등의 취득 및 보상에 관한 법률」이나 그 밖의 법률에 따라 협의매수 또는 수용된 경우 (2014. 1. 1. 신설)

수선택권을 행사하는 당시의 시가를 법 제97조 제1항 제1호의 규정에 의한 취득가액으로 한다. (2000. 12. 29 신설)

제163조의 2【양도소득의 필요경비 계산 특례】 ① 법 제97조의 2 제1항 각 호 외의 부분에서 "대통령령으로 정하는 자산"이란 법 제94조 제1항 제2호 가목 및 같은 항 제4호 나목의 자산을 말한다. (2024. 2. 29. 개정)
② 법 제97조의 2 제1항 및 제5항에 따른 증여세 상당액은 제1호에 따른 증여세 산출세액에 제2호에 따른 자산가액이 제3호에 따른 증여세 과세가액에서 차지하는 비율을 곱하여 계산한 금액으로 한다. 이 경우 필요경비로 산입되는 증여세 상당액은 양도가액에서 법 제97조 제1항 및 제2항의 금액을 공제한 잔액을 한도로 한다. (2014. 2. 21. 신설)
1. 거주자가 그 배우자 또는 직계존비속으로부터 증여받은 자산에 대한 증여세 산출세액(「상속세 및 증여세법」 제56조에 따른 증여세 산출세액을 말한다) (2014. 2. 21. 신설)
2. 법 제97조의 2 제1항에 따라 양도한 해당 자산가액(증여세가 과세된 증여세 과세가액을 말한다) (2014. 2. 21. 신설)
3. 「상속세 및 증여세법」 제47조에 따른 증여세 과세가액 (2014. 2. 21. 신설)

> **예판** ▶
> • 법인의 잉여금을 자본에 전입함에 따라 주주가 무상으로 받은 주식의 취득일은 그 무상주의 취득이 「소득세법」 제17조 제2항에 의해 의제배당으로 과세되지 않는 경우 당해 무상주 취득의 원인이 되는 기존 주식의 취득일이고, 당해 무상주의 취득가액은 "0"으로 하는 것임. (서면 - 2019 - 자본거래 - 1671, 2020. 2. 19.)

2. 제1항을 적용할 경우 제89조 제1항 제3호 각 목의 주택[같은 호에 따라 양도소득의 비과세대상에서 제외되는 고가주택(이에 딸린 토지를 포함한다)을 포함한다]의 양도에 해당하게 되는 경우 (2015. 12. 15. 개정)

3. 제1항을 적용하여 계산한 양도소득 결정세액이 제1항을 적용하지 아니하고 계산한 양도소득 결정세액보다 적은 경우 (2016. 12. 20. 신설)

③ 제1항에서 규정하는 연수는 등기부에 기재된 소유기간에 따른다. (2014. 1. 1. 신설)

④ 「상속세 및 증여세법」 제18조의 2 제1항 및 제11항에 따른 공제(이하 이 항에서 "가업상속공제"라 한다)가 적용된 자산의 양도차익을 계산할 때 양도가액에서 공제할 필요경비는 제97조 제2항에 따른다. 다만, 취득가액은 다음 각 호의 금액을 합한 금액으로 한다. (2024. 12. 31. 개정)

1. 피상속인의 취득가액(제97조 제1항 제1호에 따른 금액) × 해당 자산가액 중 가업상속공제가 적용된 비율(이하 이 조에서 "가업상속공제적용률"이라 한다) (2017. 12. 19. 개정)

2. 상속개시일 현재 해당 자산가액 × (1 − 가업상속공제적용률) (2014. 1. 1. 신설)

⑤ 제1항부터 제4항까지의 규정을 적용할 때 증여세 상당액의 계산과 가업상속공제적용률의 계산방법 등 필요경비의 계산에 필요한 사항은 대통령령으로 정한다. (2014. 1. 1. 신설)

제98조 【양도 또는 취득의 시기】 자산의 양도차익을 계산할 때 그 취득시기 및 양도시기는 대금을 청산한 날이 분명하지 아니한 경우 등 대통령령으로 정하는 경우를 제외하고는 해당 자산의 대금을 청산한 날로 한다. 이 경우 자산의 대금에는 해당 자산의 양도에 대한 양도소득세 및 양도소득세의 부가세액을 양수자가 부담하기로 약정한 경우에는 해당 양도소득세 및 양도소득세의 부가세액은 제외한다. (2010. 12. 27. 개정)

통칙 98-162…1 【잔금청산일이 매매계약서에 기재된 잔금지급약정일과 다른 경우 양도 또는 취득의 시기】

③ 법 제97조의 2 제4항을 적용할 때 가업상속공제적용률은 「상속세 및 증여세법」 제18조의 2 제1항에 따라 상속세 과세가액에서 공제한 금액을 같은 항 각 호 외의 부분 전단에 따른 가업상속 재산가액으로 나눈 비율로 하고, 가업상속공제가 적용된 자산별 가업상속공제금액은 가업상속공제금액을 상속 개시 당시의 해당 자산별 평가액을 기준으로 안분하여 계산한다. (2023. 2. 28. 개정)

제162조 【양도 또는 취득의 시기】 ① 법 제98조 전단에서 "대금을 청산한 날이 분명하지 아니한 경우 등 대통령령으로 정하는 경우"란 다음 각 호의 경우를 말한다. (2010. 12. 30. 개정)

1. 대금을 청산한 날이 분명하지 아니한 경우에는 등기부·등록부 또는 명부 등에 기재된 등기·등록접수일 또는 명의개서일 (2001. 12. 31 개정)

2. 대금을 청산하기 전에 소유권이전등기(등록 및 명의의 개서를 포함한다)를 한 경우에는 등기부·등록부 또는 명부등에 기재된 등기접수일

3. 기획재정부령이 정하는 장기할부조건의 경우에는 소유권이전등기(등록 및 명의개서를 포함한다) 접수일·인도일 또는 사용수익일 중 빠른 날 (2008. 2. 29. 직제개정 ; 기획재정부와~직제 부칙)

4. 자기가 건설한 건축물에 있어서는 「건축법」 제22조 제2항에 따른 사용승인서 교부일. 다만, 사용승인서 교부일 전에 사실상 사용하

• 이익배당(주식배당)으로 인한 무상주 취득시기는 주주총회 결의에 의하여 잉여금처분이 실제로 결정된 날이며, 취득시기가 동일하고 취득가액이 다른 주식 중 일부가 양도된 경우로서 양도된 주식의 취득가액을 구체적으로 확인할 수 없는 경우에는 각 주식 비율대로 양도된 것으로 보아 취득가액 산정하는 것임. (서면-2020-법규재산-2209, 2022. 2. 9.)

• 비상장주식 양도 시 주식의 취득시기가 다른 경우, 양도주식의 주권발행번호 등으로 취득시기를 확인할 수 있는 경우에는 그 확인되는 날이 취득시기가 되는 것임. (서면-2021-자본거래-8172, 2022. 2. 14.)

• 무상주의 취득이 의제배당으로 과세되지 않는 경우 취득시기는 당해 무상주 취득의 원인이 되는 기존주식의 취득일이며, 취득가액은 "0"으로 하는 것임. (서면-2022-자본거래-3177, 2022. 9. 8.)

☞

제78조 【장기할부조건의 범위】 (2000. 4. 3 제목개정)

① 삭 제 (2000. 4. 3)

② 삭 제 (96. 3. 30)

③ 영 제162조 제1항 제3호에서 "기획재정부령이 정하는 장기할부조건"이라 함은 법 제94조 제1항 각호에 규정된 자산의 양도로 인하여 해당 자산의 대금을 월부·연부 기타의 부불방법에 따라 수입

① 매매계약서 등에 기재된 잔금지급약정일보다 앞당겨 잔금을 받거나 늦게 받는 경우에는 실지로 받은 날이 잔금청산일이 된다. (2011. 3. 21. 개정)
② 제1항을 적용함에 있어서 잔금을 소비대차로 변경한 경우는 소비대차로의 변경일을 잔금청산일로 한다. (2011. 3. 21. 개정)

98-162…2【부동산에 관한 권리의 취득시기】
부동산의 분양계약을 체결한 자가 해당 계약에 관한 모든 권리를 양도한 경우에는 그 권리에 대한 취득시기는 해당 부동산을 분양받을 수 있는 권리가 확정되는 날(아파트당첨권은 당첨일)이고 타인으로부터 그 권리를 인수받은 때에는 잔금청산일이 취득시기가 된다. (2011. 3. 21. 개정)

98-162…3【경락에 의하여 자산을 취득하는 경우의 취득시기】
경매에 의하여 자산을 취득하는 경우에는 경락인이 매각조건에 의하여 경매대금을 완납한 날이 취득의 시기가 된다. (2011. 3. 21. 개정)

98-162…4【잔금을 어음이나 기타 이에 준하는 증서로 받은 경우의 양도·취득시기】
잔금을 어음이나 기타 이에 준하는 증서로 받은 경우 어음 등의 결제일이 그 자산의 잔금청산일이 된다. (97. 4. 8. 개정)

거나 같은 조 제3항 제2호에 따른 임시사용승인을 받은 경우에는 그 사실상의 사용일 또는 임시사용승인을 받은 날 중 빠른 날로 하고 건축 허가를 받지 아니하고 건축하는 건축물에 있어서는 그 사실상의 사용일로 한다. (2014. 2. 21. 개정)
5. 상속 또는 증여에 의하여 취득한 자산에 대하여는 그 상속이 개시된 날 또는 증여를 받은 날
6. 「민법」 제245조 제1항의 규정에 의하여 부동산의 소유권을 취득하는 경우에는 당해 부동산의 점유를 개시한 날 (2005. 2. 19. 개정)
7. 「공익사업을 위한 토지 등의 취득 및 보상에 관한 법률」이나 그 밖의 법률에 따라 공익사업을 위하여 수용되는 경우에는 대금을 청산한 날, 수용의 개시일 또는 소유권이전등기접수일 중 빠른 날. 다만, 소유권에 관한 소송으로 보상금이 공탁된 경우에는 소유권 관련 소송 판결 확정일로 한다. (2015. 2. 3. 단서신설)
8. 완성 또는 확정되지 아니한 자산을 양도 또는 취득한 경우로서 해당자산의 대금을 청산한 날까지 그 목적물이 완성 또는 확정되지 아니한 경우에는 그 목적물이 완성 또는 확정된 날. 이 경우 건설 중인 건물의 완성된 날에 관하여는 제4호를 준용한다. (2010. 12. 30. 신설)
9. 「도시개발법」 또는 그 밖의 법률에 따른 환지처분으로 인하여 취득한 토지의 취득시기는 환지 전의 토지의 취득일. 다만, 교부받은 토지의 면적이 환지처분에 의한 권리면적보다 증가 또는 감소된 경우에는 그 증가 또는 감소된 면적의 토지에 대한 취득시기 또는 양도시기는 환지처분의 공고가 있은 날의 다음날로 한다. (2010. 12. 30. 신설)
10. 제158조 제2항의 경우 자산의 양도시기는 주주 1인과 주권상장법인기타주주 또는 주권비상장법인기타주주가 주식등을 양도함으로써 해당 법인의 주식등의 합계액의 100분의 50 이상이 양도되는 날. 이 경우 양도가액은 그들이 사실상 주식등을 양도한 날의 양도가액에 의한다. (2022. 12. 31. 개정)
② 완성 또는 확정되지 아니한 자산을 양도 또는 취득한 경우로서 해당 자산의 대금을 청산한 날까지 그 목적물이 완성 또는 확정되지 아니한 경우에는 그 목적물이 완성 또는 확정된 날을 그 양도일 또는 취득일로 본다. 이 경우 건설 중인 건물의 완성된 날에 관하여는 제1항 제4호를 준용한다. (2010. 2. 18. 개정)

하는 것 중 다음 각호의 요건을 갖춘 것을 말한다. (2011. 3. 28. 개정)
1. 계약금을 제외한 해당 자산의 양도대금을 2회 이상으로 분할하여 수입할 것 (2011. 3. 28. 개정)
2. 양도하는 자산의 소유권이전등기(등록 및 명의개서를 포함한다) 접수일·인도일 또는 사용수익일 중 빠른 날의 다음 날부터 최종 할부금의 지급기일까지의 기간이 1년 이상인 것 (2000. 4. 3 개정)

제78조의 2【양도자산의 취득시기에 관한 의제 대상에서 제외되는 집합투자증권 등의 범위】영 제162조 제6항 제3호에서 "집합투자증권 등 기획재정부령으로 정하는 것"이란 「자본시장과 금융투자업에 관한 법률」에 따른 집합투자증권(국외에서 설정된 집합투자기구에 대한 출자지분 또는 수익권이 표시된 것을 포함한다)을 말한다. (2022. 3. 18. 신설)

제78조의 2【양도자산의 취득시기에 관한 의제 대상에서 제외되는 집합투자증권 등의 범위】삭 제 (2024. 12. 31.)

제80조【토지·건물의 기준시가 산정】① 영 제164조 제8항에서 "기획재정부령이 정하는 방법에 의하여 계산한 가액"이란 다음 각 호의 가액을 말한다. (2017. 3. 10. 개정)
1. 취득일이 속하는 연도의 다음연도말일 이전에 양도하는 경우에는 다음 각목의 구분에 따른 산식에 의하여 계산한 가액. 다만, 다음 각 목의 산식에 의하여 계산한 양도당시의 기준시가가 취득당

③「도시개발법」기타 법률에 의한 환지처분으로 인하여 취득한 토지의 취득시기는 환지전의 토지의 취득일로 한다. 다만, 교부받은 토지의 면적이 환지처분에 의한 권리면적보다 증가 또는 감소된 경우에는 그 증가 또는 감소된 면적의 토지에 대한 취득시기 또는 양도시기는 환지처분의 공고가 있은 날의 다음날로 한다. (2005. 2. 19. 개정)

④ 제158조 제2항의 경우 자산의 양도시기는 주주 1인과 기타 주주가 주식 등을 양도함으로써 당해 법인의 주식 등의 합계액의 100분의 50 이상이 양도되는 날로 하되, 그 양도가액은 그들이 사실상 주식 등을 양도한 날의 양도가액에 의한다. (99. 12. 31 개정)

②~④ 삭 제 (2010. 12. 30.)

⑤ 법 제98조 및 이 조 제1항을 적용할 때 양도한 자산의 취득시기가 분명하지 아니한 경우에는 먼저 취득한 자산을 먼저 양도한 것으로 본다. (2010. 12. 30. 개정)

⑥ 법률 제4803호「소득세법 개정법률」부칙 제8조에서 "대통령령이 정하는 자산"이란 다음 각 호의 자산을 말한다. (2022. 2. 15. 개정)

1. 1984년 12월 31일 이전에 취득한 법 제94조 제1항 제2호 및 제4호의 자산 (2000. 12. 29 개정)

2. 삭 제 (95. 12. 30)

3. 1985년 12월 31일 이전에 취득한 법 제94조 제1항 제3호의 자산 (2000. 12. 29. 개정)

3. 1985년 12월 31일 이전에 취득한 법 제94조 제1항 제3호의 자산 (2024. 12. 31. 개정)

⑦ 법률 제4803호「소득세법개정법률」부칙 제8조에서 "대통령령이 정하는 날"이란 다음 각 호의 날을 말한다. (2022. 2. 15. 개정)

1. 법 제94조 제1항 제2호 및 제4호의 자산의 경우에는 1985년 1월 1일 (2000. 12. 29 개정)

2. 삭 제 (95. 12. 30)

3. 법 제94조 제1항 제3호의 자산의 경우에는 1986년 1월 1일 (2000. 12. 29. 개정)

3. 법 제94조 제1항 제3호의 자산의 경우에는 1986년 1월 1일 (2024. 12. 31. 개정)

편주 ▶ ……………………………………
영 162조 7항 3호의 개정규정은 2025. 1. 1.부터 시행함. (영 부칙(2022. 2. 15.) 1조 3호) (2022. 12. 31. 개정)
……………………………………

⑧ 법 제92조 제2항 제1호에 따른 양도가액의 수입시기에 관하여는 법 제98조 및 이 조 제1항을 준용한다. (2024. 2. 29. 개정)

시의 기준시가보다 적은 경우에는 취득당시의 기준시가를 양도당시의 기준시가로 한다. (2005. 8. 5. 단서개정)

가. 양도일까지 새로운 기준시가가 고시(「부동산 가격공시에 관한 법률」에 따른 개별주택가격 및 공동주택가격의 공시를 포함한다. 이하 이 조에서 같다)되지 아니한 경우 : 양도당시의 기준시가＝취득당시의 기준시가＋(취득당시의 기준시가－전기의 기준시가)

$$\times \frac{\text{양도자산의 보유기간의 월수}}{\text{기준시가 조정월수}}$$

(100분의 100을 한도로 한다) (2017. 3. 10. 개정)

나. 양도일부터 2월이 되는 날이 속하는 월의 말일까지 새로운 기준시가가 고시된 경우로서 거주자가 다음 산식을 적용하여 법 제110조 제1항의 규정에 의한 신고를 하는 경우 : 양도당시의 기준시가＝취득당시의 기준시가＋(새로운 기준시가－취득당시의 기준시가)

$$\times \frac{\text{양도자산의 보유기간의 월수}}{\text{기준시가 조정월수}}$$

(99. 5. 7 개정)

2. 제1호 외의 경우에는 당해 양도자산의 취득당시의 기준시가 (98. 3. 21 개정)

② 제1항 제1호 각목의 규정에 의한 "기준시가 조정월수"와 동호 가목의 규정에 의한 "전기의 기준시가"라 함은 다음 각호와

제99조【기준시가의 산정】(2006. 12. 30. 제목개정)
① 제100조 및 제114조 제7항에 따른 기준시가는 다음 각 호에서 정하는 바에 따른다. (2016. 12. 20. 개정)
1. 제94조 제1항 제1호에 따른 토지 또는 건물 (2009. 12. 31. 개정)
가. 토지 (2016. 1. 19. 개정 ; 부동산 가격공시 및~법률 부칙)
「부동산 가격공시에 관한 법률」에 따른 개별공시지가(이하 “개별공시지가”라 한다). 다만, 개별공시지가가 없는 토지의 가액은 납세지 관할 세무서장이 인근 유사토지의 개별공시지가를 고려하여 대통령령으로 정하는 방법에 따라 평가한 금액으로 하고, 지가(地價)가 급등하는 지역으로서 대통령령으로 정하는 지역의 경우에는 배율방법에 따라 평가한 가액으로 한다.
나. 건물 (2009. 12. 31. 개정)
건물(다목 및 라목에 해당하는 건물은 제외한다)의 신축가격, 구조, 용도, 위치, 신축연도 등을 고려하여 매년 1회 이상 국세청장이 산정·고시하는 가액

편주 ▶
국세청장이 산정·고시하는 가액 ⇒ 국세청 건물 기준시가 고시 (국세청 고시 제2024-38호, 2024. 12. 31.)

다. 오피스텔 및 상업용 건물 (2019. 12. 31. 개정)
건물에 딸린 토지를 공유로 하고 건물을 구분소유하는 것으로서 건물의 용도·면적 및 구분소유하는 건물의 수(數) 등을 고려하여 대통령령으로 정하는 오피스텔(이에 딸린 토지를 포함한다) 및 상업용 건물(이에 딸린 토지를 포함한다)에 대해서는 건물의 종류, 규모, 거래상황, 위치 등을 고려하여 매년 1회 이상 국세청장이 토지와 건물에 대하여 일괄하여 산정·고시하는 가액

편주 ▶
국세청장이 토지와 건물에 대하여 일괄하여 산정·고시하는 가액 ⇒ 2024년 오피스텔 및 상업용 건물에 대한 기준시가 고시 (국세청 고시 제2024-39호, 2024. 12. 31.)

제164조【토지·건물의 기준시가 산정】① 법 제99조 제1항 제1호 가목 단서에서 “대통령령으로 정하는 방법에 따라 평가한 금액”이란 다음 각 호의 어느 하나에 해당하는 개별공시지가가 없는 토지와 지목·이용상황 등 지가형성요인이 유사한 인근토지를 표준지로 보고 「부동산 가격공시에 관한 법률」 제3조 제8항에 따른 비교표에 따라 납세지 관할세무서장(납세지 관할세무서장과 해당 토지의 소재지를 관할하는 세무서장이 서로 다른 경우로서 납세지 관할세무서장의 요청이 있는 경우에는 그 토지의 소재지를 관할하는 세무서장)이 평가한 가액을 말한다. 이 경우 납세지 관할세무서장은 「지방세법」 제4조 제1항 단서에 따라 시장·군수가 산정한 가액을 평가한 가액으로 하거나 둘 이상의 감정평가법인등에게 의뢰하여 그 토지에 대한 감정평가업자의 감정가액을 고려하여 평가할 수 있다. (2022. 1. 21. 후단개정 ; 감정평가~시행령 부칙)
1. 「공간정보의 구축 및 관리 등에 관한 법률」에 의한 신규등록토지 (2015. 6. 1. 개정 ; 측량·수로조사 및~시행령 부칙)
2. 「공간정보의 구축 및 관리 등에 관한 법률」에 의하여 분할 또는 합병된 토지 (2015. 6. 1. 개정 ; 측량·수로조사 및~시행령 부칙)
3. 토지의 형질변경 또는 용도변경으로 인하여 「공간정보의 구축 및 관리 등에 관한 법률」상의 지목이 변경된 토지 (2015. 6. 1. 개정 ; 측량·수로조사 및~시행령 부칙)
4. 개별공시지가의 결정·고시가 누락된 토지(국·공유지를 포함한다) (97. 12. 31 신설)
② 법 제99조 제1항 제1호 가목 단서에서 “대통령령으로 정하는 지역”이란 각종 개발사업 등으로 지가가 급등하거나 급등우려가 있는 지역으로서 국세청장이 지정한 지역을 말한다. (2010. 2. 18. 개정)
③ 법 제99조 제1항 제1호 가목부터 라목까지의 규정을 적용함에 있어서 새로운 기준시가가 고시되기 전에 취득 또는 양도하는 경우에는 직전의 기준시가에 의한다. (2015. 2. 3. 개정)
④ 「부동산 가격공시에 관한 법률」에 따라 1990년 8월 30일 개별공시지가가 고시되기 전에 취득한 토지의 취득당시의 기준시가는 다음 산식에 의하여 계산한 가액으로 한다. 이 경우 다음 산식 중 시가표준액은 법률 제4995호로 개정되기 전의 「지방세법」상 시가표준액을 말한

같다. (99. 5. 7 개정)
1. 기준시가 조정월수 : 제1항 제1호 가목의 경우에는 전기의 기준시가결정일부터 취득당시의 기준시가 결정일 전일까지의 월수를 말하며, 동호 나목의 경우에는 취득당시의 기준시가 결정일부터 새로운 기준시가 결정일 전일까지의 월수를 말한다. (99. 5. 7 개정)
2. 전기의 기준시가 (98. 3. 21 개정)
취득당시의 기준시가 결정일 전일의 당해 양도자산의 기준시가를 말한다.
③ 제1항 제1호 가목을 적용할 때 전기의 기준시가가 없는 경우에는 다음 각 호에 따른 가액을 전기의 기준시가로 본다. (2021. 10. 28. 개정 ; 어려운~일부개정령)
1. 토지 (2021. 10. 28. 개정 ; 어려운~일부개정령)
해당 토지와 지목·이용상황 등이 유사한 인근토지의 전기의 기준시가
2. 법 제99조 제1항 제1호 나목의 건물 (2021. 10. 28. 개정 ; 어려운~일부개정령)
전기의 기준시가 = 국세청장이 해당 건물에 대하여 최초로 고시한 기준시가 × 해당 건물의 취득연도·신축연도·구조·내용연수 등을 고려하여 국세청장이 고시한 기준율
3. 법 제99조 제1항 제1호 다목의 오피스텔 및 상업용 건물과 같은 호 라목의 주택 (2021. 10. 28. 개정 ; 어려운~일부개정령)

라. 주택 (2019. 12. 31. 단서개정)

「부동산 가격공시에 관한 법률」에 따른 개별주택가격 및 공동주택가격. 다만, 공동주택가격의 경우에 같은 법 제18조 제1항 단서에 따라 국세청장이 결정·고시한 공동주택가격이 있을 때에는 그 가격에 따르고, 개별주택가격 및 공동주택가격이 없는 주택의 가격은 납세지 관할 세무서장이 인근 유사주택의 개별주택가격 및 공동주택가격을 고려하여 대통령령으로 정하는 방법에 따라 평가한 금액으로 한다.

2. 제94조 제1항 제2호에 따른 부동산에 관한 권리 (2009. 12. 31. 개정)

가. 부동산을 취득할 수 있는 권리 (2009. 12. 31. 개정)

양도자산의 종류, 규모, 거래상황 등을 고려하여 대통령령으로 정하는 방법에 따라 평가한 가액

나. 지상권·전세권 및 등기된 부동산임차권 (2009. 12. 31. 개정)

권리의 남은 기간, 성질, 내용 및 거래상황 등을 고려하여 대통령령으로 정하는 방법에 따라 평가한 가액

3. 제94조 제1항 제3호 가목에 따른 주식등(대통령령으로 정하는 주권상장법인의 주식등은 대통령령으로 정하는 것만 해당한다) : 「상속세 및 증여세법」 제63조 제1항 제1호 가목을 준용하여 평가한 가액. 이 경우 가목 중 "평가기준일 이전·이후 각 2개월"은 "양도일·취득일 이전 1개월"로 본다. (2017. 12. 19. 개정)

4. 제3호에 따른 대통령령으로 정하는 주권상장법인의 주식등 중 제3호에 해당하지 아니하는 것과 제94조 제1항 제3호 나목에 따른 주식등 (2017. 12. 19. 개정)

「상속세 및 증여세법」 제63조 제1항 제1호 나목을 준용하여 평가한 가액. 이 경우 평가기준시기 및 평가액은 대통령령으로 정하는 바에 따르되, 장부 분실 등으로 취득당시의 기준시가를 확인할 수 없는 경우에는 액면가액을 취득 당시의 기준시가로 한다.

5. 제94조 제1항 제3호에 따른 신주인수권 (2009. 12. 31. 개정)

양도자산의 종류, 규모, 거래상황 등을 고려하여 대통령령으로 정하는 방법에 따라 평가한 가액

3. 제94조 제1항 제3호 가목에 따른 주식등(대통령령으로 정하는 주권상장법인의 주식등은 대통령령으로 정하는 것만 해당한다) (2024. 12. 31. 신설)

「상속세 및 증여세법」 제63조 제1항 제1호 가목을 준용하여 평가한 가액. 이 경우 "평가기준일 이전·이후 각 2개월"은 "양도일·취득일 이전 1개월"로 본다.

다. (2016. 8. 31. 개정 ; 부동산 가격공시~시행령 부칙)

$$1990년\ 1월\ 1일을\ 기준으로\ 한\ 개별공시지가 \times \frac{취득당시의\ 시가표준액}{1990년\ 8월\ 30일\ 현재의\ 시가표준액과\ 그\ 직전에\ 결정된\ 시가표준액의\ 합계액을\ 2로\ 나누어\ 계산한\ 가액}$$

⑤ 법 제99조 제1항 제1호 나목에 따른 기준시가가 고시되기 전에 취득한 건물의 취득당시의 기준시가는 다음 산식에 의하여 계산한 가액으로 한다. (2021. 1. 5. 개정 ; 어려운~대통령령)

국세청장이 해당 자산에 대하여 최초로 고시한 기준시가 × 해당 건물의 취득연도·신축연도·구조·내용연수 등을 고려하여 국세청장이 고시한 기준율

편주 ▶ ···

국세청장이 고시한 기준율 ⇒ 건물에 대한 취득당시 기준시가 산정 기준율 고시(국세청 고시 제2000-50호, 2001. 1. 4.)

··

⑥ 법 제99조 제1항 제1호 다목 또는 같은 호 라목 단서에 따른 기준시가가 고시되기 전에 취득한 오피스텔(이에 딸린 토지를 포함한다), 상업용 건물(이에 딸린 토지를 포함한다) 또는 공동주택의 취득당시의 기준시가는 다음 산식에 따라 계산한 가액으로 한다. 이 경우 해당 자산에 대하여 국세청장이 최초로 고시한 기준시가 고시당시 또는 취득당시의 법 제99조 제1항 제1호 나목의 가액이 없는 경우에는 제5항을 준용하여 계산한 가액에 따른다. (2020. 2. 11. 개정)

$$국세청장이\ 당해자산에\ 대하여\ 최초로\ 고시한\ 기준시가 \times \frac{취득당시의\ 법\ 제99조\ 제1항\ 제1호\ 가목의\ 가액과\ 나목의\ 가액의\ 합계액}{당해\ 자산에\ 대하여\ 국세청장이\ 최초로\ 고시한\ 기준시가\ 고시당시의\ 법\ 제99조\ 제1항\ 제1호\ 가목의\ 가액과\ 나목의\ 가액의\ 합계액(취득당시의\ 가액과\ 최초로\ 고시한\ 기준시가\ 고시당시의\ 가액이\ 동일한\ 경우에는\ 제8항의\ 규정을\ 준용한다)}$$

⑦ 「부동산 가격공시에 관한 법률」에 따른 개별주택가격 및 공동주택

$$전기의\ 기준시가 = 취득당시의\ 기준시가$$

$$전기의\ 법\ 제99조\ 제1항\ 제1호\ 가목의\ 가액과\ 동호\ 나목의\ 가액의\ 합계액 \times \frac{}{취득당시의\ 법\ 제99조\ 제1항\ 제1호\ 가목의\ 가액과\ 동호\ 나목의\ 가액의\ 합계액}$$

④ 제3항 제3호의 규정을 적용함에 있어서 당해 자산의 취득당시 또는 전기의 법 제99조 제1항 제1호 나목의 규정에 의한 가액이 없는 경우에는 제3항 제2호의 규정을 준용하여 계산한 가액으로 한다. (2001. 4. 30 신설)

⑤ 제1항 및 제2항의 규정에 의한 기준시가의 조정월수 및 양도자산보유기간의 월수를 계산함에 있어서 1월미만의 일수는 1월로 한다. (2000. 4. 3 개정)

⑥ 영 제164조 제4항의 규정을 적용함에 있어 동항 산식중 분모의 가액은 1990년 8월 30일 현재의 시가표준액을 초과하지 못하며, 1990년 8월 30일 직전에 결정된 시가표준액과 취득일 직전에 결정된 시가표준액이 동일한 경우로서 1990년 1월 1일을 기준으로 한 개별공시지가에 곱하는 그 비율이 100분의 100을 초과하는 경우에는 그 초과하는 부분은 이를 없는 것으로 한다. (2000. 4. 3 개정)

⑦ 영 제164조 제4항의 규정을 적용함에 있어서 동항 산식 중 "직전에 결정된 시가표준액"이라 함은 1989년 12월 31일 현재의 시가표준액을 말한다. 다만, 1990년 1

4. 제3호에 따른 대통령령으로 정하는 주권상장법인의 주식등 중 제3호에 해당하지 아니하는 것과 제94조 제1항 제3호 나목에 따른 주식등 (2024. 12. 31. 신설)
「상속세 및 증여세법」 제63조 제1항 제1호 나목을 준용하여 평가한 가액. 이 경우 평가기준시기 및 평가액은 대통령령으로 정하는 바에 따르되, 장부 분실 등으로 취득 당시의 기준시가를 확인할 수 없는 경우에는 액면가액을 취득 당시의 기준시가로 한다.

5. 제94조 제1항 제3호에 따른 신주인수권 (2024. 12. 31. 신설)
양도자산의 종류, 규모, 거래상황 등을 고려하여 대통령령으로 정하는 방법에 따라 평가한 가액

6. 제94조 제1항 제4호에 따른 기타자산 (2009. 12. 31. 개정)
양도자산의 종류, 규모, 거래상황 등을 고려하여 대통령령으로 정하는 방법에 따라 평가한 가액

7. 제94조 제1항 제5호에 따른 파생상품등 (2014. 12. 23. 신설)
파생상품등의 종류, 규모, 거래상황 등을 고려하여 대통령령으로 정하는 방법에 따라 평가한 가액

7. 제94조 제1항 제5호에 따른 파생상품등 (2024. 12. 31. 신설)
파생상품등의 종류, 규모, 거래상황 등을 고려하여 대통령령으로 정하는 방법에 따라 평가한 가액

8. 제94조 제1항 제6호에 따른 신탁 수익권: 「상속세 및 증여세법」 제65조 제1항을 준용하여 평가한 가액. 이 경우 평가기준시기 및 평가액은 대통령령으로 정하는 바에 따른다. (2020. 12. 29. 신설)

② 제1항 제1호 가목 단서에서 "배율방법"이란 양도·취득 당시의 개별공시지가에 대통령령으로 정하는 배율을 곱하여 계산한 금액에 따라 평가하는 방법을 말한다. (2009. 12. 31. 개정)

③ 다음 각 호의 기준시가 산정에 필요한 사항은 건물의 종류, 거래상황, 기준시가 고시여부 등을 고려하여 대통령령으로 정한다. (2019. 12. 31. 개정)

1. 제1항에 따라 산정한 양도 당시의 기준시가와 취득 당시의 기준시가가 같은 경우 양도 당시의 기준시가 (2009. 12. 31. 개정)

2. 「부동산 가격공시에 관한 법률」에 따라 개별공시지가, 개별주택가격 또는 공동주택가격이 공시 또는 고시되기 전에 취득한 토지 및

가격(이들에 부수되는 토지를 포함한다)이 공시되기 전에 취득한 주택의 취득당시의 기준시가는 다음 산식에 의하여 계산한 가액으로 한다. 이 경우 당해 주택에 대하여 국토교통부장관이 최초로 공시한 주택가격 공시당시 또는 취득당시의 법 제99조 제1항 제1호 나목의 가액이 없는 경우에는 제5항의 규정을 준용하여 계산한 가액에 의한다. (2016. 8. 31. 개정 ; 부동산 가격공시~시행령 부칙)
국토교통부장관이 당해 주택에 대하여 최초로 공시한 주택가격 × 취득당시의 법 제99조 제1항 제1호 가목의 가액과 나목의 가액의 합계액 / 당해 주택에 대하여 국토교통부장관이 최초로 공시한 주택가격 공시당시의 법 제99조 제1항 제1호 가목의 가액과 나목의 가액의 합계액(취득당시의 가액과 최초로 공시한 주택가격 공시당시의 가액이 동일한 경우에는 제8항의 규정을 준용한다)

⑧ 보유기간 중 새로운 기준시가가 고시되지 아니함으로써 법 제99조 제1항 제1호의 규정에 의한 양도당시의 기준시가와 취득당시의 기준시가가 동일한 경우에는 당해 토지 또는 건물의 보유기간과 양도일 전후 또는 취득일 전후의 기준시가의 상승률을 참작하여 기획재정부령이 정하는 방법에 의하여 계산한 가액을 양도당시의 기준시가로 한다. (2008. 2. 29. 직제개정 ; 기획재정부와~직제 부칙)

⑨ 다음 각 호의 어느 하나에 해당하는 가액이 법 제99조 제1항 제1호 가목부터 라목까지의 규정에 따른 가액보다 낮은 경우에는 그 차액을 같은 호 가목부터 라목까지의 규정에 따른 가액에서 차감하여 양도 당시 기준시가를 계산한다. (2009. 2. 4. 개정)

1. 「공익사업을 위한 토지 등의 취득 및 보상에 관한 법률」에 따른 협의매수·수용 및 그 밖의 법률에 따라 수용되는 경우의 그 보상액과 보상액 산정의 기초가 되는 기준시가 중 적은 금액 (2013. 2. 15. 개정)

2. 「국세징수법」에 의한 공매와 「민사집행법」에 의한 강제경매 또는 저당권실행을 위하여 경매되는 경우의 그 공매 또는 경락가액 (2005. 2. 19. 개정)

⑩ 법 제99조 제1항 제1호 다목에서 "대통령령으로 정하는 오피스텔(이에 딸린 토지를 포함한다) 및 상업용 건물(이에 딸린 토지를 포함한다)"이란 국세청장이 해당 건물의 용도·면적 및 구분소유하는 건

월 1일 이후 1990년 8월 29일 이전에 시가표준액이 수시조정된 경우에는 당해 최종수시조정일의 전일의 시가표준액을 말한다. (2000. 4. 3 개정)

⑧ 영 제164조 제9항 제1호에서 보상금액 산정의 기초가 되는 기준시가는 보상금 산정 당시 해당 토지의 개별공시지가를 말한다. (2009. 4. 14. 신설)

개별주택가격이 공시되기 전에 취득한 주택으로서 그 부수토지의 취득시기와 건물의 취득시기가 다른 경우 자산별(토지, 건물) 취득 당시의 기준시가는 소득세법 시행령 164조 7항의 방법으로 계산한 주택의 취득 당시의 기준시가를 자산별 취득 당시의 소득세법 99조 1항 1호 가목 및 나목의 가액에 의하여 안분계산한 가액으로 함. (재산-371, 2009. 10. 5.)

······························

국세청장이 해당 건물의 용도·면적 및 구분소유하는 건물의 수(數) 등을 고려하여 지정하는 지역 ⇒ 2024년 오피스텔 및 상업용 건물에 대한 기준시가 고시 (국세청 고시 제2024-39호, 2024. 12. 31.)

······························

주택의 취득 당시의 기준시가 (2016. 1. 19. 개정 ; 부동산 가격공시
및~법률 부칙)
3. 제1항 제1호 나목에 따른 기준시가가 고시되기 전에 취득한 건물의
취득 당시의 기준시가 (2009. 12. 31. 개정)
4. 제1항 제1호 다목 또는 같은 호 라목 단서에 따른 기준시가가 고시
되기 전에 취득한 오피스텔(이에 딸린 토지를 포함한다), 상업용 건
물(이에 딸린 토지를 포함한다) 또는 공동주택의 취득 당시의 기준
시가 (2019. 12. 31. 신설)

④ ☞ p.2784

물의 수(數) 등을 고려하여 지정하는 지역에 소재하는 오피스텔(이에
딸린 토지를 포함한다) 및 상업용 건물(이에 딸린 토지를 포함한다)을
말한다. (2020. 2. 11. 개정)
⑪ 법 제99조 제1항 제1호 라목 단서에서 "대통령령으로 정하는 방법
에 따라 평가한 금액"이란 다음 각 호에 따른 가액을 말한다. 이 경우
납세지 관할세무서장은 「지방세법」 제4조 제1항 단서에 따라 시장·
군수가 산정한 가액을 평가한 가액으로 하거나 둘 이상의 감정평가법
인등에게 의뢰하여 해당 주택에 대한 감정평가법인등의 감정가액을 고
려하여 평가할 수 있다. (2022. 1. 21. ; 감정평가~시행령 부칙)
1. 「부동산 가격공시에 관한 법률」에 따른 개별주택가격이 없는 단독
주택의 경우에는 당해 주택과 구조·용도·이용상황 등 이용가치가
유사한 인근주택을 표준주택으로 보고 같은 법 제16조 제6항에 따
른 비준표에 따라 납세지 관할세무서장(납세지 관할세무서장과 당
해 주택의 소재지를 관할하는 세무서장이 서로 다른 경우로서 납
세지 관할세무서장의 요청이 있는 경우에는 당해 주택의 소재지
를 관할하는 세무서장)이 평가한 가액 (2016. 8. 31. 개정 ; 부동
산 가격공시~시행령 부칙)
2. 「부동산 가격공시에 관한 법률」에 따른 공동주택가격이 없는 공동
주택의 경우에는 인근 유사공동주택의 거래가격·임대료 및 당해
공동주택과 유사한 이용가치를 지닌다고 인정되는 공동주택의 건설
에 필요한 비용추정액 등을 종합적으로 참작하여 납세지 관할세무
서장(납세지 관할세무서장과 당해 주택의 소재지를 관할하는 세무
서장이 서로 다른 경우로서 납세지 관할세무서장의 요청이 있는 경
우에는 당해 주택의 소재지를 관할하는 세무서장)이 평가한 가액
(2016. 8. 31. 개정 ; 부동산 가격공시~시행령 부칙)
⑫ 법 제99조 제2항에서 "대통령령으로 정하는 배율"이란 국세청장이
양도·취득당시의 개별공시지가에 지역마다 그 지역에 있는 가격사정
이 유사한 토지의 매매사례가액을 참작하여 고시하는 배율을 말한다.
(2010. 2. 18. 개정)

제165조 【토지·건물외의 자산의 기준시가 산정】 ① 법 제99조

항 제1호 가목에 따른 기준시가) ÷ 발행주식총수 (2024. 12. 31. 신설)

2. 제1호를 적용하는 경우 법 제99조 제1항 제4호의 주식등(이하 이 호에서 "비상장주식등"이라 한다)을 발행한 법인이 다른 비상장주식등을 발행한 법인의 발행주식총수 또는 출자총액의 100분의 10 이하의 주식 또는 출자지분을 소유하고 있는 경우에는 그 다른 비상장주식등의 평가는 제1호에도 불구하고 「법인세법 시행령」 제74조 제1항 제1호 마목에 따른 취득가액에 따를 수 있다. (2024. 12. 31. 신설)

3. 다음 각 목의 어느 하나에 해당하는 주식등의 경우에는 제1호 각 목 외의 부분에도 불구하고 제1호 나목의 계산식에 따라 평가한 가액으로 한다. (2024. 12. 31. 신설)

　가. 법 제110조에 따른 양도소득과세표준 확정신고기한 이내에 청산절차가 진행 중인 법인과 사업자의 사망 등으로 인하여 사업의 계속이 곤란하다고 인정되는 법인의 주식등 (2024. 12. 31. 신설)

　나. 사업개시 전의 법인, 사업개시 후 1년 미만의 법인과 휴·폐업 중에 있는 법인의 주식등 (2024. 12. 31. 신설)

　다. 법인의 자산총액 중 주식등 가액의 합계액이 차지하는 비율이 100분의 80 이상인 법인의 주식등 (2024. 12. 31. 신설)

　라. 법인의 설립 시 정관에 존속기한이 확정된 법인으로서 평가기준일 현재 잔여 존속기한이 3년 이내인 법인의 주식등 (2024. 12. 31. 신설)

4. 제1호 나목을 적용하는 경우 "발행주식총수"는 양도일 또는 취득일이 속하는 사업연도의 직전 사업연도 종료일 현재의 발행주식총수에 따른다. (2024. 12. 31. 신설)

⑤ 주식등의 양도일 현재에는 제3항에 따른 주식등에 해당되나 그 취득 당시에는 제3항에 따른 주식등에 해당되지 않는 경우 취득 당시의 기준시가는 제4항에도 불구하고 다음 계산식에 따라 계산한 가액에 따른다. 이 경우 취득일 현재의 제4항에 따른 평가액과 코스닥시장 또

☞ p.2782 2단 연결

제1항 제2호 가목에서 "대통령령으로 정하는 방법에 따라 평가한 가액"이란 취득일 또는 양도일까지 납입한 금액과 취득일 또는 양도일 현재의 프리미엄에 상당하는 금액을 합한 금액을 말한다. (2018. 6. 5. 개정 ; 일본식 용어 정비를 위한 공무원 채용 신체검사 규정 등 19개 대통령령 일부개정령)

② 법 제99조 제1항 제2호 나목에서 "대통령령으로 정하는 방법에 따라 평가한 가액"이란 「상속세 및 증여세법 시행령」 제51조 제1항을 준용하여 평가한 가액을 말한다. (2010. 2. 18. 개정)

③ 법 제99조 제1항 제3호 전단 및 같은 항 제4호 전단에서 "대통령령으로 정하는 주권상장법인"이란 각각 코스닥시장 또는 코넥스시장에 주권을 상장한 법인을 말하며, 법 제99조 제1항 제3호에서 "대통령령으로 정하는 것"이란 「상속세 및 증여세법 시행령」 제52조의 2 제3항에 해당하는 것을 말한다. 이 경우 같은 항 중 "평가기준일 전후 2개월"은 "양도일·취득일 이전 1개월"로 한다. (2024. 12. 31. 신설)

④ 법 제99조 제1항 제4호 후단에 따른 평가기준시기 및 평가액은 다음 각 호에서 정하는 바에 따른다. (2024. 12. 31. 신설)

1. 1주당 가액의 평가는 가목의 계산식에 따라 평가한 가액(이하 이 항에서 "순손익가치"라 한다)과 나목의 계산식에 따라 평가한 가액(이하 이 항에서 "순자산가치"라 한다)을 각각 3과 2의 비율(법 제94조 제1항 제4호 다목에 해당하는 법인의 경우에는 순손익가치와 순자산가치의 비율을 각각 2와 3으로 한다)로 가중평균한 가액으로 한다. 다만, 그 가중평균한 가액이 1주당 순자산가치에 100분의 80을 곱한 금액보다 적은 경우에는 1주당 순자산가치에 100분의 80을 곱한 금액을 평가액으로 한다. (2024. 12. 31. 신설)

　가. 양도일 또는 취득일이 속하는 사업연도의 직전 사업연도의 1주당 순손익액 ÷ 「금융실명거래 및 비밀보장에 관한 법률」 제2조 제1호에 따른 금융회사등이 보증한 3년만기회사채의 유통수익률을 고려하여 기획재정부령으로 정하는 이자율 (2024. 12. 31. 신설)

　나. 양도일 또는 취득일이 속하는 사업연도의 직전 사업연도 종료일 현재 해당 법인의 장부가액(토지의 경우에는 법 제99조 제1

제81조【토지·건물 외의 자산의 기준시가 산정】 ① 삭 제 (2007. 4. 17.)

② 영 제165조 제4항 제1호 가목에서 "기획재정부령이 정하는 이자율"이란 「상속세 및 증여세법 시행규칙」 제17조에 따른 이자율을 말한다. (2023. 3. 20. 신설)

③ 영 제165조 제8항 제3호에서 "기획재

1. 법 제94조 제1항 제4호 나목부터 라목까지의 규정에 따른 주식등 법 제99조 제1항 제3호 및 제4호에 따라 평가한 가액. 이 경우 법 제94조 제1항 제4호 라목에 따른 주식등이 법 제99조 제1항 제4호의 주식등에 해당하는 경우에는 이 조 제4항 제1호 나목의 계산식에 따라 평가한 가액으로 한다. (2024. 12. 31. 개정)
2. 법 제94조 제1항 제4호 가목의 규정에 의한 영업권 「상속세 및 증여세법 시행령」 제59조 제2항의 규정을 준용하여 평가한 가액 (2005. 2. 19. 개정)
3. 법 제94조 제1항 제4호 나목에 따른 시설물이용권(주식등은 제외한다) 「지방세법」에 따라 고시한 시가표준액. 다만, 취득 또는 양도 당시의 시가표준액을 확인할 수 없는 경우에는 기획재정부령으로 정하는 방법에 따라 계산한 가액 (2009. 2. 4. 개정)
⑨ 법 제99조 제1항 제3호 및 제4호에 따라 산정한 양도 당시의 기준시가와 취득 당시의 기준시가가 같은 경우에는 법 제99조 제1항 제3호 및 제4호에도 불구하고 해당 자산의 보유기간과 기준시가의 상승률을 고려하여 기획재정부령으로 정하는 방법에 따라 계산한 가액을 양도 당시의 기준시가로 한다. (2024. 12. 31. 신설)
⑩ 제8항 제2호의 규정에 의하여 영업권을 평가함에 있어서 양도자가 제시한 증빙에 의하여 자기자본을 확인할 수 없는 경우에는 다음 각호의 산식에 의하여 계산한 금액 중 많은 금액으로 한다. (2000. 12. 29. 개정)

☞ p.2784 2단 연결

는 코넥스시장 상장일 현재의 제4항에 따른 평가액이 같은 경우에는 제9항을 준용하여 계산한 가액을 코스닥시장 또는 코넥스시장 상장일 현재의 제4항에 따른 평가액으로 한다. (2024. 12. 31. 신설)

(코스닥시장 또는 코넥스시장 상장일 이후 1개월간 공표된 매일의 코스닥시장 또는 코넥스시장의 최종시세가액의 평균액) × (취득일 현재의 제4항에 따른 평가액 / 코스닥시장 또는 코넥스시장 현재의 제4항에 따른 평가액)

⑥ 주식등의 양도일 현재에는 유가증권시장상장법인(「자본시장과 금융투자업에 관한 법률 시행령」 제176조의 9 제1항에 따른 유가증권시장에 주권을 상장한 법인을 말한다)의 주식등에 해당하나 그 취득 당시에는 유가증권시장상장법인(「자본시장과 금융투자업에 관한 법률 시행령」 제176조의 9 제1항에 따른 유가증권시장에 주권을 상장한 법인을 말한다)의 주식등과 제3항에 따른 주식등에 해당되지 않는 경우 취득 당시의 기준시가는 제5항을 준용하여 계산한 가액에 따른다. 이 경우 "코스닥시장 또는 코넥스시장 상장일"은 "유가증권시장 상장일"로, "코스닥시장 또는 코넥스시장의 최종시세가액"은 "거래소의 최종시세가액"으로 본다. (2024. 12. 31. 신설)
⑦ 법 제99조 제1항 제5호에서 "대통령령으로 정하는 방법에 따라 평가한 가액"이란 「상속세 및 증여세법 시행령」 제58조의 2 제2항을 준용하여 평가한 가액을 말한다. (2024. 12. 31. 신설)
⑧ 법 제99조 제1항 제6호에서 "대통령령으로 정하는 방법에 따라 평가한 가액"이란 다음 각 호에 따라 평가한 가액을 말한다. (2010. 2. 18. 개정)

1. 법 제94조 제1항 제4호 나목부터 라목까지의 규정에 따른 주식등 제150조의 22에 따라 평가한 가액. 이 경우 다음 각 목의 주식등이 제150조의 22 제1항 제2호 각 목 외의 부분의 주식등에 해당하는 경우에는 다음 각 목에서 정하는 가액으로 한다. (2023. 2. 28. 개정)
　가. 법 제94조 제1항 제4호 다목에 따른 주식등: 제150조의 22 제1항 제2호 가목에서 정하는 바에 따라 평가(다만, 순손익가치와 순자산가치의 비율은 각각 2와 3으로 한다)한 가액 (2023. 2. 28. 신설)
　나. 법 제94조 제1항 제4호 라목에 따른 주식등: 제150조의 22 제1항 제2호 가목 2)의 계산식에 따라 평가한 가액 (2023. 2. 28. 신설)

정부령으로 정하는 방법에 따라 계산한 가액"이란 다음 각 호의 방법으로 환산한 가액을 말한다. 이 경우 "생산자물가지수"란 「한국은행법」에 따라 한국은행이 조사한 매월의 생산자물가지수를 말한다. (2009. 4. 14. 신설)
1. 양도 당시의 기준시가는 정하여져 있으나 취득 당시의 기준시가를 정할 수 없는 경우에 취득 당시의 기준시가로 하는 가액 (2009. 4. 14. 신설)

$$\text{「지방세법 시행령」에 따라 최초로 고시한 시가표준액} \times \frac{\text{취득일이 속하는 달의 생산자물가지수}}{\text{「지방세법 시행령」에 따른 시가표준액을 최초로 고시한 날이 속하는 달의 생산자물가지수}}$$

2. 취득 당시의 기준시가와 양도 당시의 기준시가를 모두 정할 수 없는 경우에 취득 또는 양도 당시의 기준시가로 하는 가액 (2009. 4. 14. 신설)

$$\text{분양가} \times \frac{\text{취득일(양도일)이 속하는 달의 생산자물가지수}}{\text{분양일이 속하는 달의 생산자물가지수}}$$

④ 영 제165조 제9항에서 "기획재정부령으로 정하는 방법에 따라 계산한 가액"이란 다음 각 호의 규정에 의하여 계산한 가액을 말한다. 이 경우 1개월 미만의 월수는 1개월로 본다. (2010. 4. 30. 개정)
1. 당해 법인의 동일한 사업연도내에 취득하여 양도하는 경우에는 다음 산식에 의하여 계산한 가액 (96. 3. 30 개정)

토지소유자가 환지청산금을 수령하는 경우의 양도 또는 취득가액의 계산은 다음 각호의 산식에 의한다.

1. 환지시 청산금을 수령한 경우
   가. 양도가액
      환지청산금에 상당하는 면적 × 환지청산금 수령시의 단위당 기준시가
   나. 취득가액

$$\text{(종전토지의 면적} \times \text{취득당시의 단위당 기준시가)} \times \frac{\text{환지청산금에 상당하는 면적}}{\text{권리면적}}$$

2. 환지예정지구의 토지 또는 환지처분된 토지를 양도한 경우
   가. 양도가액
      환지예정(교부)면적 × 양도당시의 단위당 기준시가
   나. 취득가액

$$\text{(종전토지의 면적} \times \text{취득당시의 단위당 기준시가)} \times \frac{\text{권리면적} - \text{환지청산금에 상당하는 면적}}{\text{권리면적}}$$

③ 제1항 제1호 및 제2항의 경우에 환지사업으로 인하여 감소되는 토지의 면적에 대한 가액은 자본적 지출로 계상하지 아니한다.

기자본이익률 및 자기자본회전율을 말한다. (2001. 4. 30 개정)

⑦ 삭 제 (2009. 4. 14.)

제77조【환지예정지 등의 양도 또는 취득가액의 계산】 ① 양도 또는 취득가액을 기준시가에 의하는 경우 「도시개발법」 또는 「농어촌정비법」 등에 의한 환지지구내 토지의 양도 또는 취득가액의 계산은 다음 각호의 산식에 의한다. 다만, 1984년 12월 31일 이전에 취득한 토지로서 취득일 전후를 불문하고 1984년 12월 31일 이전에 환지예정지로 지정된 토지의 경우에는 제2호의 산식에 의한다. (2005. 3. 19. 개정)

1. 종전의 토지소유자가 환지예정지구내의 토지 또는 환지처분된 토지를 양도한 경우
   가. 양도가액
      환지예정(교부)면적×양도당시의 단위당 기준시가
   나. 취득가액
      종전토지의 면적×취득당시의 단위당 기준시가

2. 환지예정지구내의 토지를 취득한 자가 당해 토지를 양도한 경우
   가. 양도가액
      환지예정(교부)면적×양도당시의 단위당 기준시가
   나. 취득가액
      환지예정면적×취득당시의 단위당 기준시가

② 제1항의 규정을 적용함에 있어서 종전의

양도당시의 기준시가 = 취득일이 속하는 사업연도의 직전사업연도 기준시가 + (취득일 속하는 사업연도의 직전사업연도 기준시가 − 취득일이 속하는 사업연도의 전전사업연도 기준시가)

$$\times \frac{\text{양도자산 보유월수}}{\text{취득일이 속하는 사업연도의 직전사업연도의 월수}}$$

2. 제1호 외의 경우에는 당해 양도자산의 기준시가 (96. 3. 30 개정)

④ 영 제165조 제9항에서 "기획재정부령으로 정하는 방법에 따라 계산한 가액"이란 다음 각 호의 구분에 따라 계산한 가액을 말한다. 이 경우 1개월 미만의 월수는 1개월로 본다. (2024. 12. 31. 신설)

1. 해당 법인의 동일한 사업연도 내에 취득하여 양도하는 경우에는 다음 계산식에 따라 계산한 가액 (2024. 12. 31. 신설)

양도당시의 기준시가 = 취득일이 속하는 사업연도의 직전사업연도 기준시가 + (취득일이 속하는 사업연도의 직전사업연도 기준시가 − 취득일이 속하는 사업연도의 전전사업연도 기준시가) × 양도자산 보유월수 ÷ 취득일이 속하는 사업연도의 직전사업연도의 월수

2. 제1호 외의 경우에는 해당 양도자산의 기준시가 (2024. 12. 31. 신설)

⑤ 삭 제 (2000. 4. 3)

⑥ 영 제165조 제10항 제1호 및 제2호에 규정하는 자기자본이익률 및 자기자본회전율은 한국은행이 업종별, 규모별로 발표한 자

〈제99조〉
④ 제1항 제1호 다목에 따라 국세청장이 기준시가를 산정하였을 때에는 이를 고시하기 전에 인터넷을 통한 게시 등 기획재정부령으로 정하는 방법에 따라 공고하여 20일 이상 소유자나 그 밖의 이해관계인의 의견을 들어야 한다. (2009. 12. 31. 개정)
⑤ 국세청장은 제4항에 따라 소유자나 그 밖의 이해관계인으로부터 의견을 제출받았을 때에는 의견 제출기간이 끝난 날부터 30일 이내에 그 처리 결과를 알려야 한다. (2009. 12. 31. 개정)
⑥ 제4항에 따른 공고에는 기준시가 열람부의 열람 장소, 의견 제출기간 등 대통령령으로 정하는 사항이 포함되어야 한다. (2009. 12. 31. 개정)

통칙 99 – 164…1 【양도 또는 취득당시의 토지등급이 없는 경우에 적용할 가액】
양도 및 취득당시 설정된 토지등급이 없는 때에 적용할 토지등급은 다음 각 호의 순서에 따른다. (2011. 3. 21. 개정)

$$1. \quad \frac{\text{사업소득금액}}{\text{기획재정부령이 정하는 자기자본 이익률}}$$
(2008. 2. 29. 직제개정 ; 기획재정부와 그 소속기관 직제 부칙)

$$2. \quad \frac{\text{수입금액}}{\text{기획재정부령이 정하는 자기자본 회전율}}$$
(2008. 2. 29. 직제개정 ; 기획재정부와 그 소속기관 직제 부칙)

⑪ 제10항을 적용할 때 사업소득금액과 수입금액은 영업권의 양도일이 속하는 연도의 직전 과세연도의 해당 사업부문에서 발생한 것으로 한다. 다만, 자산을 양도한 연도에 양도하는 사업을 새로 개시한 경우에는 사업개시일부터 양도일까지의 그 양도하는 사업부문에서 발생한 사업소득금액 또는 수입금액을 연(年)으로 환산하여 계산한다. (2010. 2. 18. 신설)
⑫ 법 제99조 제1항 제8호에 따라 「상속세 및 증여세법」 제65조 제1항을 준용하여 평가하는 경우 「상속세 및 증여세법 시행령」 제61조의 "평가기준일"은 "양도일 · 취득일"로 본다. (2021. 2. 17. 신설)

제164조의 2 【기준시가의 고시 전 의견청취】 법 제99조 제4항의 규정에 의한 공고에는 다음 각 호의 사항이 포함되어야 한다. (2005. 8. 5. 신설)
1. 기준시가열람부의 열람기간 및 열람장소 (2005. 8. 5. 신설)
2. 의견 제출기간 및 제출처 (2005. 8. 5. 신설)
3. 의견제출방법 (2005. 8. 5. 신설)

제80조의 2 【기준시가 고시 전 의견청취를 위한 공고방법】 법 제99조 제4항에서 "기획재정부령으로 정하는 방법"이란 국세청 인터넷 홈페이지에 게시하는 것을 말한다. (2010. 4. 30. 개정)

1. 재산세과세대장상에 등재된 토지등급
2. 해당 토지의 품위와 정황이 유사한 인근토지의 등급가격을 참작하여 시장(구청장) · 군수가 결정한 가액 (2011. 3. 21. 개정)
3. 해당 토지와 바로 인접된 토지 중 품위 · 정황이 유사한 토지의 등급 (2011. 3. 21. 개정)
4. 품위 · 정황이 유사한 토지가 없는 때에는 해당 토지 소재지 동(리)의 최하등급 (2011. 3. 21. 개정)

제99조의 2【기준시가의 재산정 및 고시 신청】(2009. 12. 31. 제목개정)
① 제99조 제1항 제1호 다목에 따라 고시한 기준시가에 이의가 있는 소유자나 그 밖의 이해관계인은 기준시가 고시일부터 30일 이내에 서면으로 국세청장에게 재산정 및 고시를 신청할 수 있다. (2009. 12. 31. 개정)
② 국세청장은 제1항에 따른 신청기간이 끝난 날부터 30일 이내에 그 처리 결과를 신청인에게 서면으로 알려야 한다. 이 경우 국세청장은 신청 내용이 타당하다고 인정될 때에는 제99조 제1항 제1호 다목에 따라 기준시가를 다시 산정하여 고시하여야 한다. (2009. 12. 31. 개정)
③ 국세청장은 기준시가 산정 · 고시가 잘못되었거나 오기 또는 그 밖에 대통령령으로 정하는 명백한 오류를 발견한 경우에는 지체 없이 다시 산정하여 고시하여야 한다. (2009. 12. 31. 개정)
④ 재산정, 고시 신청 및 처리 절차 등에 관하여 필요한 사항은 대통령령으로 정한다. (2009. 12. 31. 개정)

제100조【양도차익의 산정】① 양도차익을 계산할 때 양도가액을 실지거래가액(제96조 제3항에 따른 가액 및 제114조 제7항에 따라 매매사례가액 · 감정가액이 적용되는 경우 그 매매사례가액 · 감정가액 등을 포함한다)에 따를 때에는 취득가액도 실지거래가액(제97조 제7항에 따른 가액 및 제114조 제7항에 따라 매매사례가액 · 감정가액 · 환산취득가액이 적용되는 경우 그 매매사례가액 · 감정가액 · 환산취득가액 등을 포함한다)에 따르고, 양도가액을 기준시가에 따를 때에는 취득가액도 기준시가에 따른다. (2019. 12. 31. 개정)
② 제1항을 적용할 때 양도가액 또는 취득가액을 실지거래가액에 따라

제164조의 3【기준시가의 재산정 · 고시신청】① 법 제99조의 2 제1항의 규정에 의하여 국세청장이 산정 · 고시한 기준시가에 대하여 재산정 · 고시를 신청하고자 하는 자는 다음 각 호의 사항을 기재한 기준시가 재산정 · 고시신청서를 관할 세무서장을 거쳐 국세청장에게 제출하여야 한다. (2005. 8. 5. 신설)
1. 신청인의 성명 및 주소 (2005. 8. 5. 신설)
2. 대상재산의 소재지 (2005. 8. 5. 신설)
3. 신청사유 (2005. 8. 5. 신설)
② 법 제99조의 2 제2항 후단 및 동조 제3항의 규정에 의하여 국세청장이 기준시가를 다시 고시하는 경우에는 인터넷에 게시하는 방법에 의한다. (2005. 8. 5. 신설)

제166조【양도차익의 산정 등】① 법 제100조의 규정에 의하여 양도차익을 산정함에 있어서 재개발사업, 재건축사업 또는 소규모재건축사업등을 시행하는 정비사업조합의 조합원이 당해 조합에 기존건물과 그 부수토지를 제공(건물 또는 토지만을 제공한 경우를 포함한다)하고 취득한 입주자로 선정된 지위를 양도하는 경우 그 조합원의 양도차익은 다음 각 호의 산식에 의하여 계산한다. (2022. 2. 15. 개정)
1. 청산금을 납부한 경우 (2024. 2. 29. 개정)
   [양도가액 - (기존건물과 그 부수토지의 평가액 + 납부한 청산금)

● 예판 ·····································
재개발 · 재건축 입주권의 양도차익 산정시 '납부한 청산금'은 입주권 전환 후 실제 납부한 청산금의 합계액을 말함. (서면4팀 - 2009, 2005. 10. 31.)
···
☞

산정하는 경우로서 토지와 건물 등을 함께 취득하거나 양도한 경우에는 이를 각각 구분하여 기장하되 토지와 건물 등의 가액 구분이 불분명할 때에는 취득 또는 양도 당시의 기준시가 등을 고려하여 대통령령으로 정하는 바에 따라 안분계산(按分計算)한다. 이 경우 공통되는 취득가액과 양도비용은 해당 자산의 가액에 비례하여 안분계산한다. (2009. 12. 31. 개정)

③ 제2항을 적용할 때 토지와 건물 등을 함께 취득하거나 양도한 경우로서 그 토지와 건물 등을 구분 기장한 가액이 같은 항에 따라 안분계산한 가액과 100분의 30 이상 차이가 있는 경우에는 토지와 건물 등의 가액 구분이 불분명한 때로 본다. 다만, 다른 법령에서 정하는 바에 따라 가액을 구분한 경우 등 대통령령으로 정하는 사유에 해당하는 경우는 제외한다. (2024. 12. 31. 단서신설)

편주 ▶

법 100조 3항 단서의 개정규정은 2025. 1. 1. 이후 양도하는 경우부터 적용함. (법 부칙(2024. 12. 31.) 9조)

④ 양도차익을 산정하는 데에 필요한 사항은 대통령령으로 정한다. (2015. 12. 15. 항번개정)

－법 제97조 제1항 제2호 및 제3호에 따른 필요경비](이하 이 조에서 "관리처분계획등인가후양도차익"이라 한다) + [(기존건물과 그 부수토지의 평가액 － 기존건물과 그 부수토지의 취득가액) － 법 제97조 제1항 제2호 및 제3호 또는 제163조 제6항에 따른 필요경비](이하 이 조에서 "관리처분계획등인가전양도차익"이라 한다)

2. 청산금을 지급받은 경우 다음 각 목의 금액을 합한 가액 (2013. 2. 15. 개정)

가. [양도가액 － (기존건물과 그 부수토지의 평가액 － 지급받은 청산금) － 법 제97조 제1항 제2호 및 제3호에 따른 필요경비] (2013. 2. 15. 개정)

나. [(기존건물과 그 부수토지의 평가액 － 기존건물과 그 부수토지의 취득가액 － 법 제97조 제1항 제2호 및 제3호 또는 제163조 제6항에 따른 필요경비]×[(기존건물과 그 부수토지의 평가액 － 지급받은 청산금)÷기존건물과 그 부수토지의 평가액] (2013. 2. 15. 개정)

② 법 제100조에 따라 양도차익을 산정하는 경우 재개발사업, 재건축사업 또는 소규모재건축사업등을 시행하는 정비사업조합의 조합원이 해당 조합에 기존건물과 그 부수토지를 제공하고 관리처분계획등에 따라 취득한 신축주택 및 그 부수토지를 양도하는 경우 실지거래가액에 의한 양도차익은 다음 각 호의 산식에 따라 계산한다. (2022. 2. 15. 개정)

1. 청산금을 납부한 경우 (2024. 2. 29. 개정)

[관리처분계획등인가후양도차익 × 납부한 청산금 ÷ (기존건물과 그 부수토지의 평가액 + 납부한 청산금)](이하 이 조에서 "청산금납부분 양도차익"이라 한다) + {[관리처분계획등인가후양도차익 × 기존건물과 그 부수토지의 평가액 ÷ (기존건물과 그 부수토지의 평가액 + 납부한 청산금)] + 관리처분계획등인가전양도차익}(이하 이 조에서 "기존건물분 양도차익"이라 한다)

2. 청산금을 지급받는 경우 (2007. 2. 28. 신설)

제1항 제2호에 따른 가액

☞ p.2787 3단 연결

7항)은 재건축·재개발된 상가 등을 양도하는 경우에도 적용할 수 있음. (서면4팀-1054, 2004. 7. 9.)

....

1. 기존건물과 그 부수토지의 취득일부터 관리처분계획등 인가일 전일까지의 양도차익 : 관리처분계획인가일 전일 현재의 기존건물과 그 부수토지의 기준시가(법 제99조 제1항 제1호의 규정에 의한 것을 말한다. 이하 이 항에서 같다) – 기존건물과 그 부수토지의 취득일 현재의 기존건물과 그 부수토지의 기준시가 – 기존건물과 그 부수토지의 필요경비(제163조 제6항의 규정에 의한 것을 말한다. 이하 이 항에서 같다) (2018. 2. 9. 개정 ; 빈집 및~시행령 부칙)

2. 관리처분계획등 인가일부터 신축건물의 준공일(제162조 제1항 제4호의 규정에 의한 취득일을 말한다) 전일까지의 양도차익 : 신축건물의 준공일 전일 현재의 기존건물의 부수토지의 기준시가 – 관리처분계획인가일 현재의 기존건물의 부수토지의 기준시가 (2018. 2. 9. 개정 ; 빈집 및~시행령 부칙)

3. 신축건물의 준공일부터 신축건물의 양도일까지의 양도차익 : 신축건물의 양도일 현재의 신축건물과 그 부수토지의 기준시가 – 신축건물의 준공일 현재의 신축건물과 그 부수토지의 기준시가(신축주택의 양도일 현재 법 제99조 제1항 제1호 다목 및 라목의 규정에 의한 기준시가가 있는 경우에는 제164조 제6항 및 제7항의 규정을 준용하여 계산한 기준시가) – 신축건물과 그 부수토지(기존건물의 부수토지보다 증가된 부분에 한한다)의 필요경비 (2005. 8. 5. 개정)

⑧ 법 제100조 제3항 단서에서 "다른 법령에서 정하는 바에 따라 가액을 구분한 경우 등 대통령령으로 정하는 사유에 해당하는 경우"란 다음 각 호의 어느 하나에 해당하는 경우를 말한다. (2025. 2. 28. 신설)

1. 다른 법령에서 정하는 바에 따라 토지와 건물 등의 가액을 구분한 경우 (2025. 2. 28. 신설)

2. 토지와 건물 등을 함께 취득한 후 건물 등을 철거하고 토지만 사용하는 경우 (2025. 2. 28. 신설)

그 보유기간의 계산은 다음 각 호에 따른다. (2022. 2. 15. 개정)

1. 관리처분계획등인가전양도차익 및 제1항 제2호 나목에서 장기보유특별공제액을 공제하는 경우의 보유기간 : 기존건물과 그 부수토지의 취득일부터 관리처분등 계획인가일까지의 기간 (2024. 2. 29. 개정)

2. 제2항 제1호에 따른 양도차익에서 장기보유특별공제액을 공제하는 경우의 보유기간 (2013. 2. 15. 개정)

　가. 청산금납부분 양도차익에서 장기보유특별공제액을 공제하는 경우의 보유기간 : 관리처분등 계획인가일부터 신축주택과 그 부수토지의 양도일까지의 기간 (2018. 2. 9. 개정 ; 빈집 및~시행령 부칙)

　나. 기존건물분 양도차익에서 장기보유특별공제액을 공제하는 경우의 보유기간 : 기존건물과 그 부수토지의 취득일부터 신축주택과 그 부수토지의 양도일까지의 기간 (2018. 2. 9. 개정 ; 빈집 및~시행령 부칙)

⑥ 법 제100조 제2항의 규정을 적용함에 있어서 토지와 건물 등의 가액의 구분이 불분명한 때에는 「부가가치세법 시행령」 제64조 제1항에 따라 안분계산하며, 이를 적용함에 있어 「상속세 및 증여세법」 제62조 제1항에 따른 선박 등 그 밖의 유형재산에 대하여 「부가가치세법 시행령」 제64조 제2호 단서에 해당하는 장부가액이 없는 경우에는 「상속세 및 증여세법」 제62조 제1항에 따라 평가한 가액을 기준으로 한다. (2023. 2. 28. 개정)

⑦ 법 제100조에 따라 양도차익을 산정할 때 재개발사업, 재건축사업 또는 소규모재건축사업등을 시행하는 정비사업조합의 조합원이 그 조합에 기존건물과 그 부수토지를 제공하고 관리처분계획등에 따라 취득한 신축건물 및 그 부수 토지를 양도하는 경우 기준시가에 의한 양도차익은 다음 각 호의 구분에 따라 계산한 양도차익의 합계액(청산금을 수령한 경우에는 이에 상당하는 양도차익을 차감한다)으로 한다. (2022. 2. 15. 개정)

 **예판** ....

조합원 소유의 재건축·재개발 주택에 대한 양도차익 산정규정(영 166조

③ 제1항 및 제2항을 적용할 때 기존건물과 그 부수토지의 취득가액을 확인할 수 없는 경우에는 다음 산식을 적용하여 계산한 가액에 따른다. (2022. 2. 15. 개정)

$$\text{기존건물과 그 부수토지의 평가액} \times \frac{\text{취득일 현재 기존건물과 그 부수토지의 법 제99조 제1항 제1호에 따른 기준시가}}{\text{관리처분계획등 인가일 현재 기존건물과 그 부수토지의 법 제99조 제1항 제1호에 따른 기준시가}}$$

④ 제1항 내지 제3항에서 기존건물과 그 부수토지의 평가액이란 다음 각 호의 가액을 말한다. (2007. 2. 28. 개정)

1. 관리처분계획등에 따라 정하여진 가격. 다만, 그 가격이 변경된 때에는 변경된 가격으로 한다. (2018. 2. 9. 개정 ; 빈집 및~시행령 부칙)

2. 제1호에 따른 가격이 없는 경우에는 제176조의 2 제3항 제1호, 제2호 및 제4호의 방법을 순차로 적용하여 산정한 가액. 이 경우 제176조의 2 제3항 제1호 및 제2호에서 "양도일 또는 취득일 전후"는 "관리처분계획등 인가일 전후"로 본다. (2018. 2. 9. 개정 ; 빈집 및~시행령 부칙)

⑤ 법 제95조에 따른 양도소득금액을 계산하기 위하여 제1항 및 제2항 제1호에 따른 양도차익에서 법 제95조 제2항에 따른 장기보유특별공제액을 공제하는 경우

제101조 【양도소득의 부당행위계산】 ① 납세지 관할 세무서장 또는 지방국세청장은 양도소득이 있는 거주자의 행위 또는 계산이 그 거주자의 특수관계인과의 거래로 인하여 그 소득에 대한 조세 부담을 부당하게 감소시킨 것으로 인정되는 경우에는 그 거주자의 행위 또는 계산과 관계없이 해당 과세기간의 소득금액을 계산할 수 있다. (2012. 1. 1. 개정)

• 예 판 ────────────────

코스닥상장주식을 시간외대량매매방식으로 특수관계에 있는 법인에게 법인세법상 시가(당일 거래소 종가)로 양도하여 부당행위계산 부인 규정이 적용되지 않는 경우 소득세법에 따른 부당행위계산부인 규정이 적용되지 않음. (사전법령재산-204, 2015. 8. 18.)

··

② 거주자가 제1항에서 규정하는 특수관계인(제97조의 2 제1항을 적용받는 배우자 및 직계존비속의 경우는 제외한다)에게 자산을 증여한 후 그 자산을 증여받은 자가 그 증여일부터 10년 이내에 다시 타인에게 양도한 경우로서 제1호에 따른 세액이 제2호에 따른 세액보다 적은 경우에는 증여자가 그 자산을 직접 양도한 것으로 본다. 다만, 양도소득이 해당 수증자에게 실질적으로 귀속된 경우에는 그러하지 아니하다. (2022. 12. 31. 개정)

편주 ▶

2023. 1. 1. 전에 증여받은 자산을 2023. 1. 1. 이후 양도하는 경우의 필요경비 계산 및 부당행위계산에 관하여는 법 101조 2항 각 호 외의 부분 본문의 개정규정(법률 17757호 소득세법 일부개정법률 87조의 27 제2항의 개정규정에 따라 준용되는 경우를 포함함)에도 불구하고 종전의 규정에 따름. (법 부칙(2022. 12. 31.) 18조)

··

1. 증여받은 자의 증여세(「상속세 및 증여세법」에 따른 산출세액에서 공제·감면세액을 뺀 세액을 말한다)와 양도소득세(이 법에 따른 산출세액에서 공제·감면세액을 뺀 결정세액을 말한다. 이하 제2호에서 같다)를 합한 세액 (2009. 12. 31. 개정)
2. 증여자가 직접 양도하는 경우로 보아 계산한 양도소득세 (2009. 12.

제167조 【양도소득의 부당행위계산】 (99. 12. 31 제목개정)

①~② 삭 제 (99. 12. 31)

③ 법 제101조 제1항에서 "조세의 부담을 부당하게 감소시킨 것으로 인정되는 경우"란 다음 각 호의 어느 하나에 해당하는 때를 말한다. 다만, 시가와 거래가액의 차액이 3억원 이상이거나 시가의 100분의 5에 상당하는 금액 이상인 경우로 한정한다. (2017. 2. 3. 개정)

1. 특수관계인으로부터 시가보다 높은 가격으로 자산을 매입하거나 특수관계인에게 시가보다 낮은 가격으로 자산을 양도한 때 (2012. 2. 2. 개정)
2. 그 밖에 특수관계인과의 거래로 해당 연도의 양도가액 또는 필요경비의 계산시 조세의 부담을 부당하게 감소시킨 것으로 인정되는 때 (2012. 2. 2. 개정)

④ 제98조 제1항에 따른 특수관계인과의 거래에 있어서 토지등을 시가를 초과하여 취득하거나 시가에 미달하게 양도함으로써 조세의 부담을 부당히 감소시킨 것으로 인정되는 때에는 그 취득가액 또는 양도가액을 시가에 의하여 계산한다. (2012. 2. 2. 개정)

⑤ 제3항 및 제4항을 적용할 때 시가는 「상속세 및 증여세법」 제60조부터 제66조까지와 같은 법 시행령 제49조, 제50조부터 제52조까지, 제52조의 2, 제53조부터 제58조까지, 제58조의 2부터 제58조의 4까지, 제59조부터 제63조까지의 규정을 준용하여 평가한 가액에 따른다. 이 경우 「상속세 및 증여세법 시행령」 제49조 제1항 각 호 외의 부분 본문 중 "평가기준일 전후 6개월(증여재산의 경우에는 평가기준일 전 6개월부터 평가기준일 후 3개월까지로 한다) 이내의 기간"은 "양도일 또는 취득일 전후 각 3개월의 기간"으로 본다. (2021. 2. 17. 개정)

⑥ 개인과 법인간에 재산을 양수 또는 양도하는 경우로서 그 대가가 「법인세법 시행령」 제89조의 규정에 의한 가액에 해당되어 당해 법인의 거래에 대하여 「법인세법」 제52조의 규정이 적용되지 아니하는 경우에는 법 제101조 제1항의 규정을 적용하지 아니한다. 다만, 거짓 그 밖의 부정한 방법으로 양도소득세를 감소시킨 것으로 인정되는 경우에는 그러하지 아니하다. (2005. 2. 19. 개정)

⑦ 제5항에도 불구하고 주권상장법인이 발행한 주식의 시가는 「법인세법 시행령」 제89조 제1항에 따른 시가로 한다. 이 경우 제3항 각 호

• 예 판 ────────────────

소득세법상 부당행위계산 부인의 대상인 저가양도의 기준으로 규정하고 있는 시가는 객관적이고 합리적인 방법으로 평가한 가액도 포함하는 개념으로서 공신력 있는 감정기관의 감정가격도 시가로 볼 수 있고 그 가액이 소급감정에 의한 것이라 하여도 달라지지 아니함. (대법 2010두 28328, 2012. 5. 24.)

··

(➡ 영 167조)

집행기준 101-167-4 【부당행위계산 시 적용하는 시가】

구분	시가 산정방법	감정가액	상장주식
개인	상증법상 평가액	2이상 감정가액 평균액[1]	거래일 종가[2]
법인	매매사례가액 ⇒ 감정가액 ⇒ 상증법 평가액(순차 적용)	1개 감정가액 (2이상은 평균액)	거래일 종가

1) 기준시가 10억원 이하 부동산은 1개 감정가액(2018.4.1. 이후 감정의뢰분부터)
2) 2021.2.17. 이후 양도분부터
(2024. 10. 31. 개정)

31. 개정)

③ 제2항에 따라 증여자에게 양도소득세가 과세되는 경우에는 당초 증여받은 자산에 대해서는 「상속세 및 증여세법」의 규정에도 불구하고 증여세를 부과하지 아니한다. (2009. 12. 31. 개정)

• 증여 당시에는 특수관계에 있으나 양도 당시에는 사망 등으로 인해 특수관계가 소멸된 경우 또는 증여 당시에는 특수관계에 있지 아니하나 양도 당시에 특수관계가 성립된 경우에는 양도소득의 부당행위계산의 부인 규정이 적용되지 아니함. (재산 46014-444, 2000. 4. 8. ; 서면4팀-1195, 2007. 4. 11.)
• 특수관계자간 저가양도로 보아 양수인에게 증여의제하여 증여세를 부과하고 동시에 양도인에게 양도세를 부과함은 이중과세에 해당하지 않음. (대법 2002두 12458, 2003. 5. 13.)
• 양도소득의 부당행위계산의 부인 규정이 적용되는 경우, 당초 증여받은 자산에 대하여 과세된 증여세와 그 수증자가 납부한 양도소득세는 수증자에게 환급하되, 그 양도소득세를 사실상 증여자가 부담한 경우에는 이를 증여자의 기납부세액으로 공제함. (서면5팀-261, 2006. 9. 27. ; 서면4팀-1653, 2004. 10. 18.)
• 특수관계자로부터 증여받은 자산이 그 증여일로부터 5년 이내에 협의매수 또는 수용되는 경우에도 소득세법 101조의 규정에 의한 양도소득의 부당행위계산의 부인 규정의 적용대상임. (서면4팀-3538, 2006. 10. 26.)
• 거주자가 특수관계에 있는 법인에게 증여한 자산을 당해 법인이 수증일로부터 5년 이내에 양도하는 경우에도 증여자가 해당 자산을 직접 양도한 것으로 보아 양도소득의 부당행위계산의 부인 규정을 적용함. (서면4팀-2110, 2007. 7. 10.)

④ 제2항에 따른 연수의 계산에 관하여는 제97조의 2 제3항을 준용한다. (2014. 1. 1. 개정)
⑤ 제1항에 따른 특수관계인의 범위와 그 밖에 부당행위계산에 필요한 사항은 대통령령으로 정한다. (2012. 1. 1. 개정)

제102조【양도소득금액의 구분 계산 등】 ① 양도소득금액은 다음 각 호의 소득별로 구분하여 계산한다. 이 경우 소득금액을 계산할

외의 부분 단서는 적용하지 않는다. (2021. 2. 17. 신설)

• 거주자의 국외자산에서 발생한 결손금은 국내자산의 양도차익과 통산할 수 없음. (서면4팀-962, 2005. 6. 16.)
• 실지거래가액에 의한 양도차익 산정시 매매사례가액, 감정가액 또는 기준시가에 의한 환산취득가액이 양도가액을 초과하여 발생한 양도차손은 당해 자산 외의 다른 자산의 양도차익에서 공제할 수 있음. (재재산-1164, 2007. 9. 28.)

☞

때 발생하는 결손금은 다른 호의 소득금액과 합산하지 아니한다. (2009. 12. 31. 개정)

1. 제94조 제1항 제1호·제2호 및 제4호에 따른 소득 (2009. 12. 31. 개정)

2. 제94조 제1항 제3호에 따른 소득 (2009. 12. 31. 개정)

3. 제94조 제1항 제5호에 따른 소득 (2014. 12. 23. 신설)

2. 제94조 제1항 제3호에 따른 소득 (2024. 12. 31. 신설)

3. 제94조 제1항 제5호에 따른 소득 (2024. 12. 31. 신설)

4. 제94조 제1항 제6호에 따른 소득 (2020. 12. 29. 신설)

② 제1항에 따라 양도소득금액을 계산할 때 양도차손이 발생한 자산이 있는 경우에는 제1항 각 호별로 해당 자산 외의 다른 자산에서 발생한 양도소득금액에서 그 양도차손을 공제한다. 이 경우 공제방법은 양도소득금액의 세율 등을 고려하여 대통령령으로 정한다. (2009. 12. 31. 개정)

제 5 절　양도소득 기본공제

제103조 【양도소득 기본공제】 ① 양도소득이 있는 거주자에 대해서는 다음 각 호의 소득별로 해당 과세기간의 양도소득금액에서 각각 연 250만원을 공제한다. (2009. 12. 31. 개정)

1. 제94조 제1항 제1호·제2호 및 제4호에 따른 소득. 다만, 제104조 제3항에 따른 미등기양도자산의 양도소득금액에 대해서는 그러하지 아니하다. (2009. 12. 31. 개정)

2. 제94조 제1항 제3호에 따른 소득 (2009. 12. 31. 개정)

3. 제94조 제1항 제5호에 따른 소득 (2014. 12. 23. 신설)

2. 제94조 제1항 제3호에 따른 소득 (2024. 12. 31. 신설)

3. 제94조 제1항 제5호에 따른 소득 (2024. 12. 31. 신설)

4. 제94조 제1항 제6호에 따른 소득 (2020. 12. 29. 신설)

② 제1항을 적용할 때 제95조에 따른 양도소득금액에 이 법 또는 「조세특례제한법」이나 그 밖의 법률에 따른 감면소득금액이 있는 경우에는 그 감면소득금액 외의 양도소득금액에서 먼저 공제하고, 감면소득

제167조의 2 【양도차손의 통산 등】 ① 법 제102조 제2항의 규정에 의한 양도차손은 다음 각호의 자산의 양도소득금액에서 순차로 공제한다. (2003. 12. 30. 신설)

1. 양도차손이 발생한 자산과 같은 세율을 적용받는 자산의 양도소득금액 (2003. 12. 30. 신설)

2. 양도차손이 발생한 자산과 다른 세율을 적용받는 자산의 양도소득금액. 이 경우 다른 세율을 적용받는 자산의 양도소득금액이 2 이상인 경우에는 각 세율별 양도소득금액의 합계액에서 당해 양도소득금액이 차지하는 비율로 안분하여 공제한다. (2003. 12. 30. 신설)

② 법 제90조의 감면소득금액을 계산함에 있어서 제1항의 양도소득금액에 감면소득금액이 포함되어 있는 경우에는 순양도소득금액(감면소득금액을 제외한 부분을 말한다)과 감면소득금액이 차지하는 비율로 안분하여 당해 양도차손을 공제한 것으로 보아 감면소득금액에서 당해 양도차손 해당분을 공제한 금액을 법 제90조의 규정에 의한 감면소득금액으로 본다. (2003. 12. 30. 신설)

통칙 92-167의 2···1 【양도소득세의 과세표준계산】

① 1과세기간에 수필지의 토지 등을 양도함으로써 양도자산별로 양도차익과 결손금이 각각 발생한 경우에는 그 양도자산을 미등기 양도자산과 그 외 양도자산으로 먼저 구분하고 그 외의 양도자산 중에서 보유기간별로 구분하여 각각 양도차익과 결손금을 가감하여 계산한다. (97. 4. 8. 개정)

② 제1항의 규정에 의하여 양도차익과 결손금을 가감산한 결과 어느 하나가 결손금이 있는 경우에는 그 결손금을 다른 두 양도차익 합계액에서 각 양도차익이 차지하는 비율에 따라 결손금을 안분하여 이를 해당 양도차익에서 공제한다. 그 예시는 다음과 같다. (97. 4. 8. 개정)

구 분	① 양도차익	② 결손금	①-② 가감 후 양도차익	과세표준
2년이상 보유자산	100		100	$100-(200\times\frac{100}{400})$ =50
2년미만 보유자산	200	△400	△200	
미등기 양도자산	300		300	$300-(200\times\frac{300}{400})$ =150

금액 외의 양도소득금액 중에서는 해당 과세기간에 먼저 양도한 자산의 양도소득금액에서부터 순서대로 공제한다. (2009. 12. 31. 개정)
③ 제1항에 따른 공제를 "양도소득 기본공제"라 한다. (2009. 12. 31. 개정)

제 6 절　양도소득에 대한 세액의 계산

제104조【양도소득세의 세율】① 거주자의 양도소득세는 해당 과세기간의 양도소득과세표준에 다음 각 호의 세율을 적용하여 계산한 금액(이하 "양도소득 산출세액"이라 한다)을 그 세액으로 한다. 이 경우 하나의 자산이 다음 각 호에 따른 세율 중 둘 이상에 해당할 때에는 해당 세율을 적용하여 계산한 양도소득 산출세액 중 큰 것을 그 세액으로 한다. (2016. 12. 20. 후단개정)
1. 제94조 제1항 제1호·제2호 및 제4호에 따른 자산 (2020. 8. 18. 개정)
   제55조 제1항에 따른 세율(분양권의 경우에는 양도소득 과세표준의 100분의 60)
2. 제94조 제1항 제1호 및 제2호에서 규정하는 자산으로서 그 보유기간이 1년 이상 2년 미만인 것 (2020. 8. 18. 개정)
   양도소득 과세표준의 100분의 40[주택(이에 딸린 토지로서 대통령령으로 정하는 토지를 포함한다. 이하 이 항에서 같다), 조합원입주권 및 분양권의 경우에는 100분의 60]
3. 제94조 제1항 제1호 및 제2호에 따른 자산으로서 그 보유기간이 1년 미만인 것 (2020. 8. 18. 개정)
   양도소득 과세표준의 100분의 50(주택, 조합원입주권 및 분양권의 경우에는 100분의 70)
4. 제94조 제1항 제2호에 따른 자산 중 「주택법」 제63조의 2 제1항 제1호에 따른 조정대상지역(이하 이 조에서 "조정대상지역"이라 한다) 내 주택의 입주자로 선정된 지위(조합원입주권은 제외한다). 다만, 거주자가 조정대상지역의 공고가 있은 날 이전에 주택의 입주자로 선정된 지위를 양도하기 위하여 매매계약을 체결하고 계약금을 지급받은 사실이 증빙서류에 의하여 확인되는 경우 또는 1세대가 보유하고 있는 주택이 없는 경우로서 대통령령으로 정하는 경우는 제외한다. (2018. 12. 31. 단서개정)

구 분	① 양도차익	② 결손금	①-② 가감 후 양도차익	과세표준
합 계	600	△400	△200 400	200

(➡ 법 104조)

집행기준 104-0-11【세율 적용 시 자산의 보유기간】

구 분	보유기간 계산
보유기간 계산 원칙	취득일부터 양도일까지
상속받은 자산	피상속인의 취득일부터 양도일까지
이월과세대상 자산	증여자의 취득일부터 양도일까지
합병·분할 법인의 주식	피합병법인 및 분할전 법인 주식 취득일부터 양도일까지

(2024. 10. 31. 개정)

◑예판
다주택자가 2009. 3. 16.~2012. 12. 31. 중 취득한 주택을 2018. 4. 1. 이후에 양도(조정대상지역 내 소재)한 경우 법률 9270호 부칙 14조 1항에 따라 소득세법 104조 1항 1호의 세율을 적용하는 것임. (기획재정부 재산세제과-1422, 2023. 12. 26.)

☞

제167조의 5【단기보유 주택부수토지의 범위】(2014. 2. 21. 제목개정)
법 제104조 제1항 제2호에서 "대통령령으로 정하는 토지"란 해당 주택이 정착된 면적에 지역별로 다음 각 호의 배율을 곱하여 산정한 면적 이내의 토지를 말한다. (2016. 2. 17. 개정)
1. 「국토의 계획 및 이용에 관한 법률」 제6조 제1호에 따른 도시지역 내의 토지 : 다음 각 목에 따른 배율 (2020. 2. 11. 개정)
   가. 「수도권정비계획법」 제2조 제1호에 따른 수도권(이하 이 호에서 "수도권"이라 한다) 내의 토지 중 주거지역·상업지역 및 공업지역 내의 토지 : 3배 (2020. 2. 11. 개정)
   나. 수도권 내의 토지 중 녹지지역 내의 토지 : 5배 (2020. 2. 11. 개정)
   다. 수도권 밖의 토지 : 5배 (2020. 2. 11. 개정)
2. 그 밖의 지역의 토지 : 10배 (2016. 2. 17. 개정)

양도소득 과세표준의 100분의 50

4. 삭 제 (2020. 8. 18.)

5. 대통령령으로 정하는 1세대가 주택과 제89조 제2항에 따른 조합원입주권을 보유한 경우로서 주택 수와 조합원입주권 수의 합이 3 이상인 경우의 그 주택(대통령령으로 정하는 경우는 제외한다) (2009. 12. 31. 개정)
　양도소득 과세표준의 100분의 60

6. 대통령령으로 정하는 1세대 2주택에 해당하는 주택 (2009. 12. 31. 개정)
　양도소득 과세표준의 100분의 50

7. 대통령령으로 정하는 1세대가 주택과 제89조 제2항에 따른 조합원입주권을 각각 1개씩 보유한 경우의 그 주택(대통령령으로 정하는 경우는 제외한다) (2009. 12. 31. 개정)
　양도소득 과세표준의 100분의 50

5.～7. 삭 제 (2014. 1. 1.)

8. 제104조의 3에 따른 비사업용 토지 (2022. 12. 31. 개정)

양도소득과세표준	세 율
1,400만원 이하	16퍼센트
1,400만원 초과 5,000만원 이하	224만원 + (1,400만원 초과액 × 25퍼센트)
5,000만원 초과 8,800만원 이하	1,124만원 + (5,000만원 초과액 × 34퍼센트)
8천800만원 초과 1억5천만원 이하	2,416만원 + (8,800만원 초과액 × 45퍼센트)
1억5천만원 초과 3억원 이하	5,206만원 + (1억5천만원 초과액 × 48퍼센트)
3억원 초과 5억원 이하	1억2,406만원 + (3억원 초과액 × 50퍼센트)
5억원 초과 10억원 이하	2억2,406만원 + (5억원 초과액 × 52퍼센트)
10억원 초과	4억8,406만원 + (10억원 초과액 × 55퍼센트)

9. 제94조 제1항 제4호 다목 및 라목에 따른 자산 중 제104조의 3에 따른 비사업용 토지의 보유 현황을 고려하여 대통령령으로 정하는 자산 (2022. 12. 31. 개정)

양도소득과세표준	세 율
1,400만원 이하	16퍼센트

제167조의 6【양도소득세가 중과되지 아니하는 주택의 입주자로 선정된 지위의 범위】법 제104조 제1항 제4호 단서에서 "대통령령으로 정하는 경우"란 다음 각 호의 요건을 모두 충족하는 경우를 말한다. (2018. 2. 13. 신설)

1. 양도 당시에 양도자가 속한 1세대가 다른 주택의 입주자로 선정된 지위를 보유하고 있지 아니할 것 (2018. 2. 13. 신설)

2. 양도자가 30세 이상이거나 배우자가 있을 것(양도자가 미성년자인 경우는 제외하며, 배우자가 사망하거나 이혼한 경우를 포함한다) (2018. 2. 13. 신설)

제167조의 6【양도소득세가 중과되지 아니하는 주택의 입주자로 선정된 지위의 범위】삭 제 (2021. 2. 17.)

　제167조의 7【비사업용 토지 과다소유법인 주식의 범위】법 제104조 제1항 제9호에서 "대통령령으로 정하는 자산"이란 법 제94조 제1항 제4호 다목 또는 라목에 해당하는 주식등으로서 해당 법인의 자산총액 중 「법인세법」 제55조의 2 제2항에 따른 비사업용토지의 가액이 차지하는 비율이 100분의 50 이상인 법인의 주식등을 말한다.

양도소득과세표준	세 율
1,400만원 초과 5,000만원 이하	224만원 + (1,400만원 초과액 × 25퍼센트)
5,000만원 초과 8,800만원 이하	1,124만원 + (5,000만원 초과액 × 34퍼센트)
8,800만원 초과 1억5천만원 이하	2,416만원 + (8,800만원 초과액 × 45퍼센트)
1억5천만원 초과 3억원 이하	5,206만원 + (1억5천만원 초과액 × 48퍼센트)
3억원 초과 5억원 이하	1억2,406만원 + (3억원 초과액 × 50퍼센트)
5억원 초과 10억원 이하	2억2,406만원 + (5억원 초과액 × 52퍼센트)
10억원 초과	4억8,406만원 + (10억원 초과액 × 55퍼센트)

10. 미등기양도자산 (2009. 12. 31. 개정)

　양도소득 과세표준의 100분의 70

11. 제94조 제1항 제3호 가목 및 나목에 따른 자산 (2019. 12. 31. 개정)

　가. 소유주식의 비율·시가총액 등을 고려하여 대통령령으로 정하는 대주주(이하 이 장에서 "대주주"라 한다)가 양도하는 주식등 (2017. 12. 19. 개정)

　　1) 1년 미만 보유한 주식등으로서 중소기업 외의 법인의 주식등 : 양도소득 과세표준의 100분의 30 (2017. 12. 19. 개정)

　　2) 1)에 해당하지 아니하는 주식등 (2017. 12. 19. 개정)

양도소득과세표준	세 율
3억원 이하	20퍼센트
3억원 초과	6천만원 + (3억원 초과액 × 25퍼센트)

　나. 대주주가 아닌 자가 양도하는 주식등 (2017. 12. 19. 개정)

　　1) 중소기업의 주식등 : 양도소득 과세표준의 100분의 10 (2017. 12. 19. 개정)

　　2) 1)에 해당하지 아니하는 주식등 : 양도소득 과세표준의 100분의 20 (2017. 12. 19. 개정)

(2017. 2. 3. 개정)

제167조의 8 【대주주의 범위】 (2018. 2. 13. 제목개정)

① 법 제104조 제1항 제11호 가목에서 "대통령령으로 정하는 대주주"란 다음 각 호의 어느 하나에 해당하는 자(이하 이 장에서 "대주주"라 한다)를 말한다. (2017. 2. 3. 개정)

1. 주권상장법인대주주 (2017. 2. 3. 개정)

2. 주권비상장법인의 주주로서 다음 각 목의 어느 하나에 해당하는 자 (2018. 2. 13. 개정)

　가. 주식등의 양도일이 속하는 사업연도의 직전 사업연도 종료일 현재 주주 1인 및 주권비상장법인기타주주의 소유주식의 비율 합계가 100분의 4 이상인 경우 해당 주주 1인 및 주권비상장법인기타주주. 이 경우 직전 사업연도 종료일 현재 100분의 4에 미달하였으나 그 후 주식등을 취득함으로써 소유주식의 비율 합계가 100분의 4 이상이 되는 때에는 그 취득일 이후의 주주 1인 및 주권비상장법인기타주주를 포함한다. (2022. 12. 31. 개정)

　나. 주식등의 양도일이 속하는 사업연도의 직전 사업연도 종료일 현재 주주 1인 및 주권비상장법인기타주주가 소유하고 있는 해당 법인의 주식등의 시가총액이 10억원(「자본시장과 금융투자업에 관한 법률 시행령」 제178조 제1항에 따라 거래되는 「벤처기업육성에 관한 특별법」 제2조 제1항에 따른 벤처기업의 주식등의 경우에는 40억원으로 한다) 이상인 경우 해당 주주 1인 및 주권비상장법인기타주주 (2024. 7. 2. 개정 ; 벤처기업~부칙)

② 삭 제 (2018. 2. 13.)

③ 제1항 제2호에 따른 시가총액을 계산할 때 시가는 제165조 제4항에 따른 평가액에 따른다. (2018. 2. 13. 개정)

④ 제1항 제2호 및 제3항을 적용할 때 피합병법인의 주주가 합병에 따라 합병법인의 신주를 지급받아 그 주식을 합병등기일이 속하는 사업연도에 양도하는 경우 대주주의 범위 등에 대해서는 해당 피합병법인의 합병등기일 현재 주식보유 현황에 따른다. (2017. 2. 3. 개정)

⑤ 제1항 제2호 및 제3항을 적용할 때 분할법인의 주주가 분할에 따라 분할신설법인의 신주를 지급받아 그 주식을 설립등기일이 속하는 사업연도에 양도하거나 분할법인의 주식을 분할등기일이 속하는 사업연도에 분할등기일 이후 양도하는 경우 대주주의 범위 등에 대해서는 해당 분할 전 법인의 분할등기일 현재의 주식보유 현황에 따른다. (2017. 2. 3. 개정)

⑥ 제1항 제2호 및 제3항을 적용할 때 주주가 일정기간 후에 같은 종류로서 같은 양의 주식등을 반환받는 조건으로 주식등을 대여하는 경우 주식등을 대여한 날부터 반환받은 날까지의 기간 동안 그 주식등은 대여자의 주식등으로 본다. (2017. 2. 3. 개정)

⑦ 제1항 제2호 및 제3항을 적용할 때 거주자가 「자본시장과 금융투자업에 관한 법률」에 따른 사모집합투자기구를 통하여 법인의 주식등을 취득하는 경우 그 주식등(사모집합투자기구의 투자비율로 안분하여 계산한 분으로 한정한다)은 해당 거주자의 소유로 본다. (2017. 2. 3. 개정)

11. 제94조 제1항 제3호 가목 및 나목에 따른 자산 (2024. 12. 31. 신설)
　가. 소유주식의 비율·시가총액 등을 고려하여 대통령령으로 정하는 대주주(이하 이 장에서 "대주주"라 한다)가 양도하는 주식등 (2024. 12. 31. 신설)
　　1) 1년 미만 보유한 주식등으로서 중소기업 외의 법인의 주식등 : 양도소득과세표준의 100분의 30 (2024. 12. 31. 신설)
　　2) 1)에 해당하지 아니하는 주식등 (2024. 12. 31. 신설)

양도소득과세표준	세 율
3억원 이하	20퍼센트
3억원 초과	6천만원 + (3억원 초과액 × 25퍼센트)

　나. 대주주가 아닌 자가 양도하는 주식등 (2024. 12. 31. 신설)
　　1) 중소기업의 주식등 : 양도소득과세표준의 100분의 10 (2024. 12. 31. 신설)
　　2) 1)에 해당하지 아니하는 주식등 : 양도소득과세표준의 100분의 20 (2024. 12. 31. 신설)
12. 제94조 제1항 제3호 다목에 따른 자산 (2019. 12. 31. 신설)
　가. 중소기업의 주식등 (2019. 12. 31. 신설)
　　양도소득 과세표준의 100분의 10
　나. 그 밖의 주식등 (2019. 12. 31. 신설)
　　양도소득 과세표준의 100분의 20
13. 제94조 제1항 제5호에 따른 파생상품등 (2019. 12. 31. 항번개정)
　양도소득 과세표준의 100분의 20
12. 제94조 제1항 제3호 다목에 따른 자산 (2024. 12. 31. 신설)
　가. 중소기업의 주식등 (2024. 12. 31. 신설)
　　양도소득과세표준의 100분의 10
　나. 그 밖의 주식등 (2024. 12. 31. 신설)
　　양도소득과세표준의 100분의 20
13. 제94조 제1항 제5호에 따른 파생상품등 (2024. 12. 31. 신설)
　양도소득과세표준의 100분의 20
14. 제94조 제1항 제6호에 따른 신탁 수익권 (2020. 12. 29. 신설)

양도소득과세표준	세 율
3억원 이하	20퍼센트
3억원 초과	6천만원 + (3억원 초과액 × 25퍼센트)

　제167조의 8 【대주주의 범위】 ① 법 제104조 제1항 제11호 가목에서 "대통령령으로 정하는 대주주"란 다음 각 호의 어느 하나에 해당하는 자(이하 이 장에서 "대주주"라 한다)를 말한다. (2024. 12. 31. 신설)
1. 주권상장법인대주주 (2024. 12. 31. 신설)
2. 주권비상장법인의 주주로서 다음 각 목의 어느 하나에 해당하는 자 (2024. 12. 31. 신설)
　가. 주식등의 양도일이 속하는 사업연도의 직전 사업연도 종료일 현재 주주 1인 및 주권비상장법인기타주주의 소유주식의 비율 합계가 100분의 4 이상인 경우 해당 주주 1인 및 주권비상장법인기타주주. 이 경우 직전 사업연도 종료일 현재 100분의 4에 미달하였으나 그 후 주식등을 취득함으로써 소유주식의 비율 합계가 100분의 4 이상이 되는 때에는 그 취득일 이후의 주주 1인 및 주권비상장법인기타주주를 포함한다. (2024. 12. 31. 신설)
　나. 주식등의 양도일이 속하는 사업연도의 직전 사업연도 종료일 현재 주주 1인 및 주권비상장법인기타주주가 소유하고 있는 해당 법인의 주식등의 시가총액이 10억원(「자본시장과 금융투자업에 관한 법률 시행령」 제178조 제1항에 따라 거래되는 「벤처기업육성에 관한 특별법」 제2조 제1항에 따른 벤처기업의 주식등의 경우에는 40억원으로 한다) 이상인 경우 해당 주주 1인 및 주권비상장법인기타주주 (2024. 12. 31. 신설)
② 제1항 제2호에 따른 시가총액을 계산할 때 시가는 제165조 제4항에 따른 평가액에 따른다. (2024. 12. 31. 신설)
③ 제1항 제2호 및 제2항을 적용할 때 피합병법인의 주주가 합병에 따라 합병법인의 신주를 지급받아 그 주식을 합병등기일이 속하는 사업연도에 양도하는 경우 대주주의 범위 등에 대해서는 해당 피합병법인의 합병등기일 현재 주식보유 현황에 따른다. (2024. 12. 31. 신설)
④ 제1항 제2호 및 제2항을 적용할 때 분할법인의 주주가 분할에 따라 분할신설법인의 신주를 지급받아 그 주식을 설립등기일이 속하는 사업연도에 양도하거나 분할법인의 주식을 분할등기일이 속하는 사업연도에 분할등기일 이후 양도하는 경우 대주주의 범위 등에 대해서는 해당 분할 전 법인의 분할등기일 현재의 주식보유 현황에 따른다. (2024.

② 제1항 제2호·제3호 및 제11호 가목의 보유기간은 해당 자산의 취득일부터 양도일까지로 한다. 다만, 다음 각 호의 어느 하나에 해당하는 경우에는 각각 그 정한 날을 그 자산의 취득일로 본다. (2024. 12. 31. 개정)

1. 상속받은 자산은 피상속인이 그 자산을 취득한 날 (2009. 12. 31. 개정)

2. 제97조의 2 제1항에 해당하는 자산은 증여자가 그 자산을 취득한 날 (2014. 1. 1. 개정)

3. 법인의 합병·분할[물적분할(物的分割)은 제외한다]로 인하여 합병법인, 분할신설법인 또는 분할·합병의 상대방 법인으로부터 새로 주식등을 취득한 경우에는 피합병법인, 분할법인 또는 소멸한 분할·합병의 상대방 법인의 주식등을 취득한 날 (2009. 12. 31. 개정)

③ 제1항 제10호에서 "미등기양도자산"이란 제94조 제1항 제1호 및 제2호에서 규정하는 자산을 취득한 자가 그 자산 취득에 관한 등기를 하지 아니하고 양도하는 것을 말한다. 다만, 대통령령으로 정하는 자산은 제외한다. (2009. 12. 31. 개정)

관계조문 ▶▶

법 91조 ⇒ 양도소득세 비과세 또는 감면의 배제 등

④ 다음 각 호의 어느 하나에 해당하는 부동산을 양도하는 경우 제55조 제1항[제3호(같은 호 단서에 해당하는 경우를 포함한다)의 경우에는 제1항 제8호]에 따른 세율에 100분의 10을 더한 세율을 적용한다. 이 경우 해당 부동산 보유기간이 2년 미만인 경우에는 제55조 제1항[제3호(같은 호 단서에 해당하는 경우를 포함한다)의 경우에는 제1항 제8호]에 따른 세율에 100분의 10을 더한 세율을 적용하여 계산한 양도소득 산출세액과 제1항 제2호 또는 제3호의 세율을 적용하여 계산한 양도소득 산출세액 중 큰 세액을 양도소득 산출세액으로 한다. (2019. 12. 31. 개정)

1. 제104조의 2 제2항에 따른 지정지역에 있는 부동산으로서 대통령령으로 정하는 1세대 3주택 이상에 해당하는 주택(이에 딸린 토지를 포함한다. 이하 이 항에서 같다) (2014. 1. 1. 개정)

2. 제104조의 2 제2항에 따른 지정지역에 있는 부동산으로서 1세대가 주택과 조합원입주

12. 31. 신설)

⑤ 제1항 제2호 및 제2항을 적용할 때 주주가 일정기간 후에 같은 종류로서 같은 양의 주식등을 반환받는 조건으로 주식등을 대여하는 경우 주식등을 대여한 날부터 반환받은 날까지의 기간 동안 그 주식등은 대여자의 주식등으로 본다. (2024. 12. 31. 신설)

⑥ 제1항 제2호 및 제2항을 적용할 때 거주자가 「자본시장과 금융투자업에 관한 법률」에 따른 사모집합투자기구를 통하여 법인의 주식등을 취득하는 경우 그 주식등(사모집합투자기구의 투자비율로 안분하여 계산한 분으로 한정한다)은 해당 거주자의 소유로 본다. (2024. 12. 31. 신설)

제168조【미등기양도제외 자산의 범위 등】(2000. 12. 29 제목 개정)

① 법 제104조 제3항 단서에서 "대통령령으로 정하는 자산"이란 다음 각 호의 것을 말한다. (2010. 2. 18. 개정)

1. 장기할부조건으로 취득한 자산으로서 그 계약조건에 의하여 양도당시 그 자산의 취득에 관한 등기가 불가능한 자산

2. 법률의 규정 또는 법원의 결정에 의하여 양도당시 그 자산의 취득에 관한 등기가 불가능한 자산

3. 법 제89조 제1항 제2호, 「조세특례제한법」 제69조 제1항 및 제70조 제1항에 규정하는 토지 (2006. 2. 9. 개정)

4. 법 제89조 제1항 제3호 각 목의 어느 하나에 해당하는 주택으로서 「건축법」에 따른 건축허가를 받지 아니하여 등기가 불가능한 자산 (2014. 2. 21. 개정)

5. 상속에 의한 소유권이전등기를 하지 아니한 자산으로서 「공익사업을 위한 토지 등의 취득 및 보상에 관한 법률」 제18조의 규정에 의하여 사업시행자에게 양도하는 것 (2005. 2. 19. 개정)

5. 삭 제 (2018. 2. 13.)

6. 「도시개발법」에 따른 도시개발사업이 종료되지 아니하여 토지 취득등기를 하지 아니하고 양도하는 토지 (2010. 2. 18. 신설)

7. 건설사업자가 「도시개발법」에 따라 공사용역 대가로 취득한 체비지를 토지구획환지처분공고 전에 양도하는 토지 (2020. 2. 18. 개정 ; 건설산업기본법 시행령 부칙)

관계법령 ▶▶

조특법 69조 1항 ⇒ 8년 이상 자경농지

권을 보유한 경우로서 그 수의 합이 3 이상인 경우의 해당 주택 (2016. 12. 20. 개정)

1.~2. 삭　제 (2017. 12. 19.)

3. 제104조의 2 제2항에 따른 지정지역에 있는 부동산으로서 제104조의 3에 따른 비사업용 토지. 다만, 지정지역의 공고가 있은 날 이전에 토지를 양도하기 위하여 매매계약을 체결하고 계약금을 지급받은 사실이 증빙서류에 의하여 확인되는 경우는 제외한다. (2019. 12. 31. 개정)

4. 그 밖에 부동산 가격이 급등하였거나 급등할 우려가 있어 부동산 가격의 안정을 위하여 필요한 경우에 대통령령으로 정하는 부동산 (2009. 12. 31. 개정)

⑤ 해당 과세기간에 제94조 제1항 제1호·제2호 및 제4호에서 규정한 자산을 둘 이상 양도하는 경우 양도소득 산출세액은 다음 각 호의 금액 중 큰 것(이 법 또는 다른 조세에 관한 법률에 따른 양도소득세 감면액이 있는 경우에는 해당 감면세액을 차감한 세액이 더 큰 경우의 산출세액을 말한다)으로 한다. 이 경우 제2호의 금액을 계산할 때 제1항 제8호 및 제9호의 자산은 동일한 자산으로 보고, 한 필지의 토지가 제104조의 3에 따른 비사업용 토지와 그 외의 토지로 구분되는 경우에는 각각을 별개의 자산으로 보아 양도소득 산출세액을 계산한다. (2019. 12. 31. 개정)

1. 해당 과세기간의 양도소득과세표준 합계액에 대하여 제55조 제1항에 따른 세율을 적용하여 계산한 양도소득 산출세액 (2014. 12. 23. 신설)

2. 제1항부터 제4항까지 및 제7항의 규정에 따라 계산한 자산별 양도소득 산출세액 합계액. 다만, 둘 이상의 자산에 대하여 제1항 각 호, 제4항 각 호 및 제7항 각 호에 따른 세율 중 동일한 호의 세율이 적용되고, 그 적용세율이 둘 이상인 경우 해당 자산에 대해서는 각 자산의 양도소득과세표준을 합산한 것에 대하여 제1항·제4항 또는 제7항의 각 해당 호별 세율을 적용하여 산출한 세액 중에서 큰 산출세액의 합계액으로 한다. (2018. 12. 31. 개정)

⑥ 제1항 제13호에 따른 세율은 자본시장 육성 등을 위하여 필요한 경우 그 세율의 100분의 75의 범위에서 대통령령으로 정하는 바에 따라 인하할 수 있다. (2019. 12. 31. 개정)

⑥ 제1항 제13호에 따른 세율은 자본시장 육성 등을 위하여 필요한 경우 그 세율의 100분의 75의 범위에서 대통령령으로 정하는 바에 따라 인하할 수 있다. (2024. 12. 31. 신설)

② 법 제104조 제1항 제1호를 적용할 때 법 제94조 제1항 제4호 다목에 따른 주식 등의 양도소득산출세액에 대주주로서 납부하였거나 납부할 세액이 포함되어 있는 경우에는 이를 차감하여 계산한 금액을 양도소득산출세액으로 한다. (2017. 2. 3. 개정)

② 법 제104조 제1항 제1호를 적용할 때 법 제94조 제1항 제4호 다목에 따른 주식등의 양도소득산출세액에 대주주로서 납부하였거나 납부할 세액이 포함되어 있는 경우에는 이를 차감하여 계산한 금액을 양도소득산출세액으로 한다. (2024. 12. 31. 신설)

제168조의 2 【세율을 조정할 수 있는 1세대 2주택 이상에 해당하는 주택의 범위】 (2005. 12. 31. 제목개정)

법 제104조 제4항 제2호에서 "대통령령이 정하는 1세대 2주택 이상에 해당하는 주택"이라 함은 국내에 주택을 2개 이상(제167조의 3 제1항 제1호에 해당하는 주택은 주택의 수를 계산함에 있어 이를 산입하지 아니한다) 소유하고 있는 1세대가 소유하고 있는 주택으로서 제167조의 5 제1항 각 호의 어느 하나에 해당하지 아니하는 주택을 말한다. 이 경우 주택 보유수의 판정 등에 관하여는 제167조의 3 제2항 내지 제7항의 규정을 준용한다. (2005. 12. 31. 개정)

1.~5. 삭　제 (2005. 12. 31.)

제168조의 2 【세율을 조정할 수 있는 1세대 2주택 이상에 해당하는 주택의 범위】 삭　제 (2009. 6. 8.)

제167조의 9 【파생상품등에 대한 양도소득세 탄력세율】 법 제104조 제6항에 따라 같은 조 제1항 제13호에 따른 파생상품등에 대한 양도소득세의 세율은 100분의 10으로 한다. (2020. 2. 11. 개정)

제167조의 9 【파생상품등에 대한 양도소득세 탄력세율】 제104조 제6항에 따라 같은 조 제1항 제13호에 따른 파생상품등에 대한 양도소득세의 세율은 100분의 10으로 한다. (2024. 12. 31. 신설)

⑦ 다음 각 호의 어느 하나에 해당하는 주택(이에 딸린 토지를 포함한다. 이하 이 항에서 같다)을 양도하는 경우 제55조 제1항에 따른 세율에 100분의 20(제3호 및 제4호의 경우 100분의 30)을 더한 세율을 적용한다. 이 경우 해당 주택 보유기간이 2년 미만인 경우에는 제55조 제1항에 따른 세율에 100분의 20(제3호 및 제4호의 경우 100분의 30)을 더한 세율을 적용하여 계산한 양도소득 산출세액과 제1항 제2호 또는 제3호의 세율을 적용하여 계산한 양도소득 산출세액 중 큰 세액을 양도소득 산출세액으로 한다. (2020. 8. 18. 개정)

1. 「주택법」 제63조의 2 제1항 제1호에 따른 조정대상지역(이하 이 조에서 "조정대상지역"이라 한다)에 있는 주택으로서 대통령령으로 정하는 1세대 2주택에 해당하는 주택 (2020. 8. 18. 개정)

2. ☞ p.2799

제167조의 10 【양도소득세가 중과되는 1세대 2주택에 해당하는 주택의 범위】 ① 법 제104조 제7항 제1호에서 "대통령령으로 정하는 1세대 2주택에 해당하는 주택"이란 국내에 주택을 2개(제1호 또는 제12호에 해당하는 주택은 주택의 수를 계산할 때 산입하지 않는다) 소유하고 있는 1세대가 소유하는 주택으로서 다음 각 호의 어느 하나에 해당하지 않는 주택을 말한다. (2024. 2. 29. 개정)

1. 수도권 및 광역시·특별자치시(광역시에 소속된 군, 「지방자치법」 제3조 제3항·제4항에 따른 읍·면 및 「세종특별자치시 설치 등에 관한 특별법」 제6조 제3항에 따른 읍·면에 해당하는 지역을 제외한다) 외의 지역에 소재하는 주택으로서 해당 주택 및 이에 부수되는 토지의 기준시가의 합계액이 해당 주택 또는 그 밖의 주택의 양도 당시 3억원을 초과하지 않는 주택 (2021. 2. 17. 개정)

2. 제167조의 3 제1항 제2호부터 제8호까지 및 제8호의 2 중 어느 하나에 해당하는 주택 (2018. 2. 13. 신설)

3. 1세대의 구성원 중 일부가 기획재정부령으로 정하는 취학, 근무상의 형편, 질병의 요양, 그 밖에 부득이한 사유로 인하여 다른 시(특별시·광역시·특별자치시 및 「제주특별자치도 설치 및 국제자유도시 조성을 위한 특별법」 제10조 제2항에 따라 설치된 행정시를 포함한다. 이하 이 호에서 같다)·군으로 주거를 이전하기 위하여 1주택(학교의 소재지, 직장의 소재지 또는 질병을 치료·요양하는 장소와 같은 시·군에 소재하는 주택으로서 취득 당시 법 제99조에 따른 기준시가의 합계액이 3억원을 초과하지 아니하는 것에 한정한다)을 취득함으로써 1세대 2주택이 된 경우의 해당 주택(취득 후 1년 이상 거주하고 해당 사유가 해소된 날부터 3년이 경과하지 아니한

영 167조의 10 제1항 각 호 외의 부분의 개정규정은 2024. 2. 29. 이후 주택을 양도하는 경우부터 적용함. (영 부칙(2024. 2. 29.) 11조 3항)

제83조 【양도소득세가 중과되는 1세대 2주택에 관한 특례의 요건】 ① 영 제167조의 10 제1항 제3호 및 영 제167조의 11 제1항 제4호에서 "기획재정부령으로 정하는 취학, 근무상의 형편, 질병의 요양, 그 밖에 부득이한 사유"란 세대의 구성원 중 일부가 제71조 제3항 각 호의 어느 하나에 해당하는 경우를 말한다. (2020. 3. 13. 개정)

1. 「초·중등교육법」에 따른 학교(초등학교 및 중학

12의 2. 법 제95조 제4항에 따른 보유기간이 2년(재개발사업, 재건축사업 또는 소규모 재건축사업등을 시행하는 정비사업조합의 조합원이 해당 조합에 기존건물과 그 부수토지를 제공하고 관리처분계획등에 따라 취득한 신축주택 및 그 부수토지를 양도하는 경우의 보유기간은 기존건물과 그 부수토지의 취득일부터 기산한다) 이상인 주택을 2025년 5월 9일까지 양도하는 경우 그 해당 주택 (2024. 2. 29. 개정)

12의 2. 법 제95조 제4항에 따른 보유기간이 2년(재개발사업, 재건축사업 또는 소규모재건축사업등을 시행하는 정비사업조합의 조합원이 해당 조합에 기존건물과 그 부수토지를 제공하고 관리처분계획등에 따라 취득한 신축주택 및 그 부수토지를 양도하는 경우의 보유기간은 기존건물과 그 부수토지의 취득일부터 기산한다) 이상인 주택을 2026년 5월 9일까지 양도하는 경우 그 해당 주택 (2025. 2. 28. 개정)

13. 제155조 제2항에 따라 상속받은 주택과 일반주택을 각각 1개씩 소유하고 있는 1세대가 일반주택을 양도하는 경우로서 제154조 제1항이 적용되고 같은 항의 요건을 모두 충족하는 일반주택 (2021. 2. 17. 신설)

14. 제155조 제20항에 따른 장기임대주택과 그 밖의 1주택(이하 이 호에서 "거주주택"이라 한다)을 소유하고 있는 1세대가 거주주택을 양도하는 경우로서 제154조 제1항이 적용되고 같은 항의 요건을 모두 충족하는 거주주택 (2021. 2. 17. 신설)

13.~14. 삭　제 (2023. 2. 28.)

15. 제155조 또는 「조세특례제한법」에 따라 1세대가 국내에 1개의 주택을 소유하고 있는 것으로 보거나 1세대 1주택으로 보아 제154조 제1항이 적용되는 주택으로서 같은 항의 요건을 모두 충족하는 주택 (2023. 2. 28. 신설)

② 제1항을 적용할 때 제167조의 3 제2항부터 제8항까지 및 제10항을 준용한다. (2024. 2. 29. 개정)

양도하는 공동상속주택이 「소득세법 시행령」 제167조의 10 제2항 및 같은 법 시행령 제167조의 3 제2항 제2호의 소수지분에 해당하는 경우에 다주택 중과세율이 적용되는 주택수 판정에 제외되는 것임. (사전－2020－법령해석재산－1189, 2021. 9. 30.)

경우에 한정한다) (2018. 2. 13. 신설)

4. 제155조 제8항에 따른 수도권 밖에 소재하는 주택 (2018. 2. 13. 신설)

5. 1주택을 소유하고 1세대를 구성하는 사람이 1주택을 소유하고 있는 60세 이상의 직계존속(배우자의 직계존속을 포함하며, 직계존속 중 어느 한 사람이 60세 미만인 경우를 포함한다)을 동거봉양하기 위하여 세대를 합침으로써 1세대가 2주택을 소유하게 되는 경우의 해당 주택(세대를 합친 날부터 10년이 경과하지 아니한 경우에 한정한다) (2018. 2. 13. 신설)

6. 1주택을 소유하는 사람이 1주택을 소유하는 다른 사람과 혼인함으로써 1세대가 2주택을 소유하게 되는 경우의 해당 주택(혼인한 날부터 5년이 경과하지 아니한 경우에 한정한다) (2018. 2. 13. 신설)

5.~6. 삭　제 (2023. 2. 28.)

7. 주택의 소유권에 관한 소송이 진행 중이거나 해당 소송결과로 취득한 주택(소송으로 인한 확정판결일부터 3년이 경과하지 아니한 경우에 한정한다) (2018. 2. 13. 신설)

8. 1주택을 소유한 1세대가 그 주택을 양도하기 전에 다른 주택을 취득(자기가 건설하여 취득한 경우를 포함한다)함으로써 일시적으로 2주택을 소유하게 되는 경우의 종전의 주택[다른 주택을 취득한 날부터 3년이 지나지 아니한 경우(3년이 지난 경우로서 제155조 제18항 각 호의 어느 하나에 해당하는 경우를 포함한다)에 한정한다] (2018. 2. 13. 신설)

8. 삭　제 (2023. 2. 28.)

9. 주택의 양도 당시 법 제99조에 따른 기준시가가 1억원 이하인 주택. 다만, 「도시 및 주거환경정비법」에 따른 정비구역(종전의 「주택건설촉진법」에 따라 설립인가를 받은 재건축조합의 사업부지를 포함한다)으로 지정·고시된 지역 또는 「빈집 및 소규모주택 정비에 관한 특례법」에 따른 사업시행구역에 소재하는 주택(주거환경개선사업의 경우 해당 사업시행자에게 양도하는 주택은 제외한다)은 제외한다. (2018. 2. 13. 신설)

10. 1세대가 제1호부터 제7호까지의 규정에 해당하는 주택을 제외하고 1개의 주택만을 소유하고 있는 경우 그 해당 주택 (2018. 2. 13. 신설)

11. 조정대상지역의 공고가 있은 날 이전에 해당 지역의 주택을 양도하기 위하여 매매계약을 체결하고 계약금을 지급받은 사실이 증빙서류에 의하여 확인되는 주택 (2018. 10. 23. 신설)

12. 제167조의 3 제1항 제12호에 해당하는 주택 (2024. 2. 29. 신설)

교는 제외한다) 및 「고등교육법」 제2조에 따른 학교에의 취학 (2018. 3. 21. 신설)

2. 직장의 변경이나 전근 등 근무상의 형편 (2018. 3. 21. 신설)

3. 1년 이상의 치료나 요양을 필요로 하는 질병의 치료 또는 요양 (2018. 3. 21. 신설)

1.~3. 삭　제 (2020. 3. 13.)

② 제1항에 해당하는지의 확인은 재학증명서, 재직증명서, 요양증명서 등 해당 사실을 증명하는 서류에 따른다. (2020. 3. 13. 신설)

편주 ▶ ·······························
영 167조의 10 제1항 12호의 개정규정은 2024. 2. 29. 이후 주택을 양도하는 경우부터 적용함. (영 부칙(2024. 2. 29.) 11조 3항)
·······························

<제104조 ⑦>

2. 조정대상지역에 있는 주택으로서 1세대가 1주택과 조합원입주권 또는 분양권을 1개 보유한 경우의 해당 주택. 다만, 대통령령으로 정하는 장기임대주택 등은 제외한다. (2020. 8. 18. 개정)

3. ☞ p.2801

제167조의 11 【1세대 2주택·조합원입주권 또는 분양권에서 제외되는 주택의 범위】 (2021. 2. 17. 제목개정)

① 법 제104조 제7항 제2호 단서에서 "대통령령으로 정하는 장기임대주택 등"이란 국내에 주택과 조합원입주권 또는 분양권을 각각 1개씩 소유하고 있는 1세대가 소유하고 있는 주택으로서 다음 각 호의 어느 하나에 해당하는 주택을 말한다. (2021. 2. 17. 개정)

1. 제156조의 2 제3항부터 제5항까지 또는 제156조의 3 제2항·제3항에 따라 1세대 1주택으로 보아 제154조 제1항을 적용받는 주택으로서 양도소득세가 과세되는 주택 (2021. 2. 17. 개정)

1. 삭 제 (2023. 2. 28.)

2. 제167조의 3 제1항 제2호부터 제8호까지 및 제8호의 2 중 어느 하나에 해당하는 주택 (2018. 2. 13. 신설)

3. 제2항에 해당하는 주택 (2018. 2. 13. 신설)

4. 1세대의 구성원 중 일부가 기획재정부령으로 정하는 취학, 근무상의 형편, 질병의 요양, 그 밖에 부득이한 사유로 인하여 다른 시(특별시·광역시·특별자치시 및 「제주특별자치도 설치 및 국제자유도시 조성을 위한 특별법」 제10조 제2항에 따라 설치된 행정시를 포함한다. 이하 이 호에서 같다)·군으로 주거를 이전하기 위하여 1주택(학교의 소재지, 직장의 소재지 또는 질병을 치료·요양하는 장소와 같은 시·군에 소재하는 주택으로서 취득 당시 법 제99조에 따른 기준시가의 합계액이 3억원을 초과하지 않은 것으로 한정한다)을 취득하여 1세대가 1주택과 1조합원 입주권 또는 1주택과 1분양권을 소유하게 된 경우 해당 주택(취득 후 1년 이상 거주하고 해당 사유가 해소된 날부터 3년이 경과하지 않은 경우로 한정한다) (2021. 2. 17. 개정)

5. 제155조 제8항에 따른 수도권 밖에 소재하는 주택 (2018. 2. 13. 신설)

6. 1주택, 1조합원입주권 또는 1분양권을 소유하고 1세대를 구성하는 자가 1주택, 1조합원입주권 또는 1분양권을 소유하고 있는 60세 이상의 직계존속(배우자의 직계존속을 포함하며, 직계존속 중 어느 한 사람이 60세 미만인 경우를 포함한다)을 동거봉양하기 위하여 세대를 합침으로써 1세대가 1주택과 1조합원입주권 또는 1주택과 1분양권을 소유하게 되는 경우의 해당 주택(세대를 합친 날부터 10년이 경과하지 않은 경우로 한정한다) (2021. 2. 17. 개정)

년 5월 9일까지 양도하는 경우 그 해당 주택 (2025. 2. 28. 개정)

13. 제156조의 2, 제156조의 3 또는 「조세특례제한법」에 따라 1세대가 국내에 1개의 주택을 소유하고 있는 것으로 보거나 1세대 1주택으로 보아 제154조 제1항이 적용되는 주택으로서 같은 항의 요건을 모두 충족하는 주택 (2023. 2. 28. 신설)

② 법 제104조 제7항 제2호에서 1세대가 보유한 주택(주택에 딸린 토지를 포함한다. 이하 이 조에서 같다)과 조합원입주권 또는 분양권의 수를 계산할 때 다음 각 호의 주택, 조합원입주권 또는 분양권은 이를 산입하지 않는다.　(2024. 2. 29. 개정)

1. 수도권 및 광역시 · 특별자치시(광역시에 소속된 군, 「지방자치법」 제3조 제3항 · 제4항에 따른 읍 · 면 및 「세종특별자치시 설치 등에 관한 특별법」 제6조 제3항에 따른 읍 · 면에 해당하는 지역을 제외한다) 외의 지역에 소재하는 주택, 조합원입주권 또는 분양권으로서 해당 주택의 기준시가, 조합원입주권의 가액(「도시 및 주거환경정비법」 제74조 제1항 제5호에 따른 종전 주택의 가격을 말한다) 또는 분양권의 가액[주택에 대한 공급계약서상의 공급가격(선택품목에 대한 가격은 제외한다)을 말한다]이 해당 주택 또는 그 밖의 주택의 양도 당시 3억원을 초과하지 않는 주택, 조합원입주권 또는 분양권 (2024. 2. 29. 신설)

2. 제167조의 3 제1항 제12호에 해당하는 주택 (2024. 2. 29. 신설)

편주 ▶　영 167조의 11 제2항 2호의 개정규정은 2024. 2. 29. 이후 주택을 양도하는 경우부터 적용함. (영 부칙(2024. 2. 29.) 11조 4항)

③ 제1항 및 제2항을 적용할 때 제167조의 3 제2항부터 제8항까지 및 제10항을 준용한다. (2024. 2. 29. 개정)

7. 1주택, 1조합원입주권 또는 1분양권을 소유하는 자가 1주택, 1조합원입주권 또는 1분양권을 소유하는 다른 자와 혼인함으로써 1세대가 1주택과 1조합원입주권 또는 1주택과 1분양권을 소유하게 되는 경우 해당 주택(혼인한 날부터 5년이 경과하지 않은 경우로 한정한다) (2021. 2. 17. 개정)

6.~7. 삭　제 (2023. 2. 28.)

8. 주택의 소유권에 관한 소송이 진행 중이거나 해당 소송결과로 취득한 주택(소송으로 인한 확정판결일부터 3년이 경과하지 아니한 경우에 한정한다) (2018. 2. 13. 신설)

9. 주택의 양도 당시 법 제99조에 따른 기준시가가 1억원 이하인 주택. 다만, 「도시 및 주거환경정비법」에 따른 정비구역(종전의 「주택건설촉진법」에 따라 설립인가를 받은 재건축조합의 사업부지를 포함한다)으로 지정 · 고시된 지역 또는 「빈집 및 소규모주택 정비에 관한 특례법」에 따른 사업시행구역에 소재하는 주택(주거환경개선사업의 경우 해당 사업시행자에게 양도하는 주택은 제외한다)은 제외한다. (2018. 2. 13. 신설)

10. 조정대상지역의 공고가 있은 날 이전에 해당 지역의 주택을 양도하기 위하여 매매계약을 체결하고 계약금을 지급받은 사실이 증빙서류에 의하여 확인되는 주택 (2018. 10. 23. 신설)

11. 제167조의 3 제1항 제12호에 해당하는 주택 (2024. 2. 29. 신설)

편주 ▶　영 167조의 11 제1항 11호의 개정규정은 2024. 2. 29. 이후 주택을 양도하는 경우부터 적용함. (영 부칙(2024. 2. 29.) 11조 4항)

12. 법 제95조 제4항에 따른 보유기간이 2년(재개발사업, 재건축사업 또는 소규모재건축사업등을 시행하는 정비사업조합의 조합원이 해당 조합에 기존건물과 그 부수토지를 제공하고 관리처분계획등에 따라 취득한 신축주택 및 그 부수토지를 양도하는 경우의 보유기간은 기존건물과 그 부수토지의 취득일부터 기산한다) 이상인 주택을 2025년 5월 9일까지 양도하는 경우 그 해당 주택 (2024. 2. 29. 개정)

12. 법 제95조 제4항에 따른 보유기간이 2년(재개발사업, 재건축사업 또는 소규모재건축사업등을 시행하는 정비사업조합의 조합원이 해당 조합에 기존건물과 그 부수토지를 제공하고 관리처분계획등에 따라 취득한 신축주택 및 그 부수토지를 양도하는 경우의 보유기간은 기존건물과 그 부수토지의 취득일부터 기산한다) 이상인 주택을 2026

<제104조 ⑦>

3. 조정대상지역에 있는 주택으로서 대통령령으로 정하는 1세대 3주택 이상에 해당하는 주택 (2017. 12. 19. 신설)

• 예 판 ••

「조세특례제한법」 99조의 2를 적용받는 주택을 보유하고, 일반주택을 양도할 때 양도주택이 고가주택에 해당하고, 1세대 3주택자인 경우 고가주택에 해당하는 부분에 대해서는 중과세율이 적용되고 장기보유특별공제가 배제됨. (서면 - 2018 - 부동산 - 3457, 2019. 2. 14.)

••

4. ☞ p.2808

제167조의 3 【1세대 3주택 이상에 해당하는 주택의 범위】 ① 법 제104조 제7항 제3호에서 "대통령령으로 정하는 1세대 3주택 이상에 해당하는 주택"이란 국내에 주택을 3개 이상(제1호 또는 제12호에 해당하는 주택은 주택의 수를 계산할 때 산입하지 않는다) 소유하고 있는 1세대가 소유하는 주택으로서 다음 각 호의 어느 하나에 해당하지 않는 주택을 말한다. (2024. 2. 29. 개정)

1. 수도권 및 광역시 · 특별자치시(광역시에 소속된 군, 「지방자치법」 제3조 제3항 · 제4항에 따른 읍 · 면 및 「세종특별자치시 설치 등에 관한 특별법」 제6조 제3항에 따른 읍 · 면에 해당하는 지역을 제외한다) 외의 지역에 소재하는 주택으로서 해당 주택 및 이에 부수되는 토지의 기준시가의 합계액이 해당 주택 또는 그 밖의 주택의 양도 당시 3억원을 초과하지 않는 주택 (2021. 2. 17. 개정)

2. 법 제168조에 따른 사업자등록과 「민간임대주택에 관한 특별법」 제5조에 따른 임대사업자 등록[이하 이 조에서 "사업자등록등"이라 하고, 2003년 10월 29일(이하 이 조에서 "기존사업자기준일"이라 한다) 현재 「민간임대주택에 관한 특별법」 제5조에 따른 임대사업자등록을 했으나 법 제168조에 따른 사업자등록을 하지 않은 거주자가 2004년 6월 30일까지 같은 조에 따른 사업자등록을 한 때에는 「민간임대주택에 관한 특별법」 제5조에 따른 임대사업자등록일에 법 제168조에 따른 사업자등록을 한 것으로 본다]을 한 거주자가 민간임대주택으로 등록하여 임대하는 다음 각 목의 어느 하나에 해당하는 주택(이하 이 조에서 "장기임대주택"이라 한다). 다만, 이 조, 제167조의 4, 제167조의 10 및 제167조의 11을 적용할 때 가목 및 다목부터 마목까지의 규정에 해당하는 장기임대주택(법률 제17482호 민간임대주택에 관한 특별법 일부개정법률 부칙 제5조 제1항이 적용되는 주택으로 한정한다)으로서 「민간임대주택에 관한 특별법」 제6조 제5항에 따라 임대의무기간이 종료한 날 등록이 말소되는 경우에는 임대의무기간이 종료한 날 해당 목에서 정한 임대기간요건을 갖춘 것으로 본다. (2020. 10. 7. 개정)

가. 「민간임대주택에 관한 특별법」 제2조 제3호에 따른 민간매입임

☞ p.2802 3단 연결

편주 ••••••••••••••••••••••••••••

영 167조의 3 제1항 각 호 외의 부분의 개정규정은 2024. 2. 29. 이후 주택을 양도하는 경우부터 적용함. (영 부칙(2024. 2. 29.) 11조 1항)

••••••••••••••••••••••••••••••••••••

분양주택 매입 시의 매매계약서 사본을 납세지 관할세무서장에게 제출해야 한다. (2023. 2. 28. 개정)

1) 대지면적이 298제곱미터 이하이고 주택의 연면적(제154조 제3항 본문에 따라 주택으로 보는 부분과 주거전용으로 사용되는 지하실부분의 면적을 포함하고, 공동주택의 경우에는 전용면적을 말한다)이 149제곱미터 이하일 것 (2008. 7. 24. 신설)

2) 5년 이상 임대한 것일 것 (2023. 2. 28. 개정)

3) 취득 당시 해당 주택 및 이에 부수되는 토지의 기준시가의 합계액이 3억원 이하일 것 (2008. 7. 24. 신설)

4) 수도권 밖의 지역에 소재할 것 (2008. 7. 24. 신설)

5) 1)부터 4)까지의 요건을 모두 갖춘 매입임대주택(이하 이 조에서 "미분양매입임대주택"이라 한다)이 같은 시·군에서 5호 이상일 것[가목에 따른 매입임대주택이 5호 이상이거나 나목에 따른 매입임대주택이 2호 이상인 경우에는 가목 또는 나목에 따른 매입임대주택과 미분양매입임대주택을 합산하여 5호 이상일 것(나목에 따른 매입임대주택과 합산하는 경우에는 그 미분양매입임대주택이 같은 시·군에 있는 경우에 한정한다)] (2008. 7. 24. 신설)

6) 2020년 7월 11일 이후 종전의 「민간임대주택에 관한 특별법」 제5조에 따른 등록을 신청(임대할 주택을 추가하기 위해 등록사항의 변경 신고를 한 경우를 포함한다)한 같은 법 제2조 제5호에 따른 장기일반민간임대주택 중 아파트를 임대하는 민간매입임대주택 또는 같은 조 제6호에 따른 단기민간임대주택이 아닐 것 (2020. 10. 7. 신설)

7) 종전의 「민간임대주택에 관한 특별법」 제5조에 따라 등록을 한 같은 법 제2조 제6호에 따른 단기민간임대주택을 같은 법 제5조 제3항에 따라 2020년 7월 11일 이후 장기일반민간임대주택 등으로 변경 신고한 주택이 아닐 것 (2020. 10. 7. 신설)

☞ p.2803 3단 연결

부수되는 토지의 기준시가의 합계액이 해당 주택의 취득 당시 3억원을 초과하지 아니하는 주택 (2016. 8. 11. 개정 ; 주택법 시행령 부칙)

다. 「민간임대주택에 관한 특별법」에 따라 대지면적이 298제곱미터 이하이고 주택의 연면적(제154조 제3항 본문에 따라 주택으로 보는 부분과 주거전용으로 사용되는 지하실부분의 면적을 포함하고, 공동주택의 경우에는 전용면적을 말한다)이 149제곱미터 이하인 건설임대주택을 2호 이상 임대하는 거주자가 5년 이상 임대하거나 분양전환(같은 법에 따라 임대사업자에게 매각하는 경우를 포함한다)하는 주택으로서 해당 주택 및 이에 부수되는 토지의 기준시가의 합계액(「부동산 가격공시에 관한 법률」에 따른 주택가격이 있는 경우에는 그 가격을 말한다)이 해당 주택의 임대개시일 당시 6억원을 초과하지 않고 임대료등의 증가율이 100분의 5를 초과하지 않는 주택(임대료등의 증액 청구는 임대차계약의 체결 또는 약정한 임대료등의 증액이 있은 후 1년 이내에는 하지 못하고, 임대사업자가 임대료등의 증액을 청구하면서 임대보증금과 월임대료를 상호 간에 전환하는 경우에는 「민간임대주택에 관한 특별법」 제44조 제4항의 전환 규정을 준용한다). 다만, 2018년 3월 31일까지 사업자등록등을 한 주택으로 한정한다. (2020. 2. 11. 개정)

라. 「민간임대주택에 관한 특별법」 제2조 제3호에 따른 민간매입임대주택[미분양주택(「주택법」 제54조에 따른 사업주체가 같은 조에 따라 공급하는 주택으로서 입주자모집공고에 따른 입주자의 계약일이 지난 주택단지에서 2008년 6월 10일까지 분양계약이 체결되지 아니하여 선착순의 방법으로 공급한 주택을 말한다)으로서 2008년 6월 11일부터 2009년 6월 30일까지 최초로 분양계약을 체결하고 계약금을 납부한 주택에 한정한다]으로서 다음의 요건을 모두 갖춘 주택. 이 경우 해당 주택을 양도하는 거주자는 해당 주택을 양도하는 날이 속하는 과세연도의 과세표준확정신고 또는 과세표준예정신고와 함께 시장·군수 또는 구청장이 발행한 미분양주택 확인서 사본 및 미

대주택을 1호 이상 임대하고 있는 거주자가 5년 이상 임대한 주택으로서 해당 주택 및 이에 부수되는 토지의 기준시가의 합계액이 해당 주택의 임대개시일 당시 6억원(수도권 밖의 지역인 경우에는 3억원)을 초과하지 않고 임대보증금 또는 임대료(이하 이 조에서 "임대료등"이라 한다)의 증가율이 100분의 5를 초과하지 않는 주택(임대료등의 증액 청구는 임대차계약의 체결 또는 약정한 임대료등의 증액이 있은 후 1년 이내에는 하지 못하고, 임대사업자가 임대료등의 증액을 청구하면서 임대보증금과 월임대료를 상호 간에 전환하는 경우에는 「민간임대주택에 관한 특별법」 제44조 제4항의 전환 규정을 준용한다). 다만, 2018년 3월 31일까지 사업자등록등을 한 주택으로 한정한다. (2020. 2. 11. 개정)

나. 기존사업자기준일 이전에 사업자등록 등을 하고 「주택법」 제2조 제6호에 따른 국민주택규모에 해당하는 「민간임대주택에 관한 특별법」 제2조 제3호에 따른 민간매입임대주택을 2호 이상 임대하고 있는 거주자가 5년 이상 임대한 주택(기존사업자기준일 이전에 임대주택으로 등록하여 임대하는 것에 한한다)으로서 당해 주택 및 이에

10년 이상 임대하거나 분양전환(같은 법에 따라 임대사업자에게 매각하는 경우를 포함한다)하는 주택으로서 해당 주택 및 이에 부수되는 토지의 기준시가의 합계액(「부동산 가격공시에 관한 법률」에 따른 주택가격이 있는 경우에는 그 가격을 말한다)이 해당 주택의 임대개시일 당시 9억원을 초과하지 않고 임대료등의 증가율이 100분의 5를 초과하지 않는 주택(임대료등의 증액 청구는 임대차계약의 체결 또는 약정한 임대료등의 증액이 있은 후 1년 이내에는 하지 못하고, 임대사업자가 임대료등의 증액을 청구하면서 임대보증금과 월임대료를 상호 간에 전환하는 경우에는 「민간임대주택에 관한 특별법」 제44조 제4항의 전환 규정을 준용한다). 다만, 종전의 「민간임대주택에 관한 특별법」 제5조에 따라 등록을 한 같은 법 제2조 제6호에 따른 단기민간임대주택을 같은 법 제5조 제3항에 따라 2020년 7월 11일 이후 장기일반민간임대주택등으로 변경 신고한 주택은 제외한다. (2025. 2. 28. 개정)

개**정취지** ·······························
다주택자에 대한 양도소득세 중과 적용배제 대상의 확대 및 기한 연장
• 조정대상지역에 있는 주택을 보유한 다주택자가 해당 주택을 양도하는 경우 양도소득세 중과세율의 적용이 배제되는 주택의 범위에 단기민간임대주택*을 추가함.
  * 6년 이상 임대하고, 직전 임대차계약 대비 임대료의 증가율이 5퍼센트를 초과하지 않는 등의 요건을 갖춘 주택
• 조정대상지역에 있는 주택을 2년 이상 보유한 다주택자가 해당 주택을 양도하는 경우 양도소득세 중과세율의 적용이 배제되는 기한을 ‘2025년 5월 9일’에서 ‘2026년 5월 9일’로 1년 연장함. (영 167조의 3 제1항 2호, 167조의 4 제3항 6호의 2, 167조의 10 1항 12호의 2 및 167조의 11 1항 12호 개정 ; 2025. 2. 28.)
• 영 167조의 3 제1항 2호 바목의 개정규정은 2025. 2. 28. 이후 민간임대주택으로 등록한 장기일반민간임대주택등을 양도하는 경우부터 적용함. (영 부칙(2025. 2. 28.) 15조 1항)
·······························

☞ p.2804 3단 연결

기 위해 매매계약을 체결하고 계약금을 지급한 사실이 증빙서류에 의해 확인되는 경우는 제외한다] (2023. 2. 28. 개정)

2) 2020년 7월 11일 이후 「민간임대주택에 관한 특별법」 제5조에 따른 임대사업자등록 신청(임대할 주택을 추가하기 위해 등록사항의 변경 신고를 한 경우를 포함한다)을 한 종전의 「민간임대주택에 관한 특별법」 제2조 제5호에 따른 장기일반민간임대주택 중 아파트를 임대하는 민간매입임대주택 (2020. 10. 7. 신설)

3) 종전의 「민간임대주택에 관한 특별법」 제5조에 따라 등록을 한 같은 법 제2조 제6호에 따른 단기민간임대주택을 같은 법 제5조 제3항에 따라 2020년 7월 11일 이후 장기일반민간임대주택등으로 변경 신고한 주택 (2020. 10. 7. 신설)

바. 「민간임대주택에 관한 특별법」 제2조 제2호에 따른 민간건설임대주택 중 장기일반민간임대주택등으로서 대지면적이 298제곱미터 이하이고 주택의 연면적(제154조 제3항 본문에 따라 주택으로 보는 부분과 주거전용으로 사용되는 지하실부분의 면적을 포함하고, 공동주택의 경우에는 전용면적을 말한다)이 149제곱미터 이하인 건설임대주택을 2호 이상 임대하는 거주자가 10년 이상 임대하거나 분양전환(같은 법에 따라 임대사업자에게 매각하는 경우를 포함한다)하는 주택으로서 해당 주택 및 이에 부수되는 토지의 기준시가의 합계액(「부동산 가격공시에 관한 법률」에 따른 주택가격이 있는 경우에는 그 가격을 말한다)이 해당 주택의 임대개시일 당시 6억원을 초과하지 않고 임대료등의 증가율이 100분의 5를 초과하지 않는 주택(임대료등의 증액 청구는 임대차계약의 체결 또는 약정한 임대료등의 증액이 있은 후 1년 이내에는 하지 못하고, 임대사업자가 임대료등의 증액을 청구하면서 임대보증금과 월임대료를 상호 간에 전환하는 경우에는 「민간임대주택에 관한 특별법」 제44조 제4항의 전환 규정을 준용한다). 다만, 종전의 「민간임대주택에 관한 특별법」 제5조에 따라 등록을 한 같은 법 제2조 제6호에 따른 단기민간임대주택을 같은 법 제5조 제3항에 따라 2020년 7월 11일 이후 장기일반민간임대주택등으로 변경 신고한 주택은 제외한다. (2020. 10. 7. 개정)

바. 「민간임대주택에 관한 특별법」 제2조 제2호에 따른 민간건설임대주택 중 장기일반민간임대주택등으로서 대지면적이 298제곱미터 이하이고 주택의 연면적(제154조 제3항 본문에 따라 주택으로 보는 부분과 주거전용으로 사용되는 지하실부분의 면적을 포함하고, 공동주택의 경우에는 전용면적을 말한다)이 149제곱미터 이하인 건설임대주택을 2호 이상 임대하는 거주자가

마. 「민간임대주택에 관한 특별법」 제2조 제3호에 따른 민간매입임대주택 중 장기일반민간임대주택등으로 10년 이상 임대한 주택으로서 해당 주택 및 이에 부수되는 토지의 기준시가의 합계액이 해당 주택의 임대개시일 당시 6억원(수도권 밖의 지역인 경우에는 3억원)을 초과하지 않고 임대료등의 증가율이 100분의 5를 초과하지 않는 주택(임대료등의 증액 청구는 임대차계약의 체결 또는 약정한 임대료등의 증액이 있은 후 1년 이내에는 하지 못하고, 임대사업자가 임대료등의 증액을 청구하면서 임대보증금과 월임대료를 상호 간에 전환하는 경우에는 「민간임대주택에 관한 특별법」 제44조 제4항의 전환 규정을 준용한다). 다만, 다음의 어느 하나에 해당하는 주택은 제외한다. (2023. 2. 28. 개정)

1) 1세대가 국내에 1주택 이상을 보유한 상태에서 새로 취득한 조정대상지역에 있는 「민간임대주택에 관한 특별법」 제2조 제5호에 따른 장기일반민간임대주택[조정대상지역의 공고가 있은 날 이전에 주택(주택을 취득할 수 있는 권리를 포함한다)을 취득하거나 주택(주택을 취득할 수 있는 권리를 포함한다)을 취득하

이상의 주택의 임대를 개시한 날(2호 이상의 주택의 임대를 개시한 날 이후 임대를 개시한 주택의 경우에는 그 주택의 임대를 개시한 날) 당시 6억원 이하일 것 (2025. 2. 28. 신설)

　　4) 직전 임대차계약 대비 임대료등의 증가율이 100분의 5를 초과하지 않을 것. 이 경우 임대료등의 증액 청구는 임대차계약의 체결 또는 약정한 임대료등의 증액이 있은 후 1년 이내에는 하지 못하고, 임대사업자가 임대료등의 증액을 청구하면서 임대보증금과 월임대료를 서로 전환하는 경우에는 「민간임대주택에 관한 특별법」 제44조 제4항에 따라 정한 기준을 준용한다. (2025. 2. 28. 신설)

3. 「조세특례제한법」 제97조 · 제97조의 2 및 제98조에 따라 양도소득세가 감면되는 임대주택으로서 5년 이상 임대한 국민주택(이하 이 조에서 "감면대상장기임대주택"이라 한다) (2018. 2. 13. 개정)

4. 종업원(사용자의 「국세기본법 시행령」 제1조의 2 제1항에 따른 특수관계인을 제외한다)에게 무상으로 제공하는 사용자 소유의 주택으로서 당해 무상제공기간이 10년 이상(이하 이 조에서 "의무무상기간"이라 한다)인 주택(이하 이 조에서 "장기사원용주택"이라 한다) (2012. 2. 2. 개정)

5. 「조세특례제한법」 제77조, 제98조의 2, 제98조의 3, 제98조의 5부터 제98조의 8까지, 제99조, 제99조의 2 및 제99조의 3에 따라 양도소득세가 감면되는 주택 (2021. 2. 17. 개정)

6. 제155조 제6항 제1호에 해당하는 문화재주택 (2018. 2. 13. 개정)

6. 제155조 제6항 제1호에 해당하는 국가유산주택 (2024. 5. 7. 개정 ; 문화재~부칙)

7. 제155조 제2항에 해당하는 상속받은 주택(상속받은 날부터 5년이 경과하지 아니한 경우에 한정한다) (2018. 2. 13. 개정)

8. 저당권의 실행으로 인하여 취득하거나 채권변제를 대신하여 취득한 주택으로서 취득일부터 3년이 경과하지 아니한 주택 (2006. 2. 9. 개정)

☞ p.2805 2단 연결

기준시가의 합계액이 해당 주택의 임대개시일 당시 4억원(수도권 밖의 지역인 경우에는 2억원) 이하일 것 (2025. 2. 28. 신설)

3) 직전 임대차계약 대비 임대료등의 증가율이 100분의 5를 초과하지 않을 것. 이 경우 임대료등의 증액 청구는 임대차계약의 체결 또는 약정한 임대료등의 증액이 있은 후 1년 이내에는 하지 못하고, 임대사업자가 임대료등의 증액을 청구하면서 임대보증금과 월임대료를 서로 전환하는 경우에는 「민간임대주택에 관한 특별법」 제44조 제4항에 따라 정한 기준을 준용한다. (2025. 2. 28. 신설)

4) 1세대가 국내에 1주택 이상을 보유한 상태에서 세대원이 새로 취득한 조정대상지역에 있는 「민간임대주택에 관한 특별법」 제2조 제6호의 2에 따른 단기민간임대주택이 아닐 것. 다만, 조정대상지역의 공고일(이미 공고된 조정대상지역의 경우 2018년 9월 13일을 말한다) 이전에 주택(주택을 취득할 수 있는 권리를 포함한다)을 취득하거나 주택(주택을 취득할 수 있는 권리를 포함한다)을 취득하기 위해 매매계약을 체결하고 계약금을 지급한 사실이 증명서류에 의해 확인되는 주택은 조정대상지역에 있는 주택으로 보지 않는다. (2025. 2. 28. 신설)

자. 「민간임대주택에 관한 특별법」 제2조 제2호에 따른 민간건설임대주택 중 같은 조 제6호의 2에 따른 단기민간임대주택으로서 다음의 요건을 모두 갖춘 주택이 2호 이상인 경우 그 주택 (2025. 2. 28. 신설)

1) 대지면적이 298제곱미터 이하이고 주택의 연면적(제154조 제3항 본문에 따라 주택으로 보는 부분과 주거전용으로 사용되는 지하실부분의 면적을 포함하며, 공동주택의 경우에는 전용면적을 말한다)이 149제곱미터 이하일 것 (2025. 2. 28. 신설)

2) 6년 이상 임대하는 것일 것 (2025. 2. 28. 신설)

3) 주택 및 이에 부수되는 토지의 기준시가의 합계액이 2호

사. 가목 및 다목부터 마목까지의 규정에 따른 장기임대주택(법률 제17482호 민간임대주택에 관한 특별법 일부개정법률 부칙 제5조 제1항이 적용되는 주택으로 한정한다)이 「민간임대주택에 관한 특별법」 제6조 제1항 제11호에 따라 임대사업자의 임대의무기간 내 등록 말소 신청으로 등록이 말소된 경우(같은 법 제43조에 따라 임대의무기간의 2분의 1 이상을 임대한 경우로 한정한다)로서 등록 말소 이후 1년 이내 양도하는 주택. 이 경우 임대기간요건 외에 해당 목의 다른 요건은 갖추어야 한다. (2020. 10. 7. 신설)

아. 「민간임대주택에 관한 특별법」 제2조 제3호에 따른 민간매입임대주택 중 같은 조 제6호의 2에 따른 단기민간임대주택으로서 다음의 요건을 모두 갖춘 주택 (2025. 2. 28. 신설)

편주 ►

영 167조의 3 제1항 2호 아목 및 자목의 개정규정은 2025. 6. 4. 이후 민간임대주택으로 등록한 단기민간임대주택을 양도하는 경우부터 적용함. (영 부칙(2025. 2. 28.) 15조 2항)

1) 6년 이상 임대하는 것일 것 (2025. 2. 28. 신설)

2) 주택 및 이에 부수되는 토지의

개정)

  1) 전용면적이 60제곱미터 이하일 것 (2024. 2. 29. 신설)

  2) 취득가액이 6억원(수도권 밖의 지역에 소재하는 주택의 경우에는 3억원) 이하일 것 (2024. 2. 29. 신설)

  3) 2024년 1월 10일부터 2025년 12월 31일까지의 기간 중에 준공된 것일 것 (2024. 2. 29. 신설)

  3) 2024년 1월 10일부터 2027년 12월 31일까지의 기간 중에 준공된 것일 것 (2024. 11. 12. 개정)

  4) 아파트에 해당하지 않을 것 (2024. 2. 29. 신설)

  4) 아파트(「주택법」에 따른 도시형 생활주택인 아파트는 제외한다)에 해당하지 않을 것 (2024. 9. 10. 개정)

> **편주 ▶** ······
> 영 167조의 3 제1항 12호 가목 4)의 개정규정은 2024. 9. 10.이 속하는 과세기간에 주택을 양도하는 경우부터 적용함. (영 부칙(2024. 9. 10.) 3조)

  5) 그 밖에 기획재정부령으로 정하는 요건을 갖출 것 (2024. 2. 29. 신설)

나. 다음의 요건을 모두 갖춘 준공 후 미분양주택 (2024. 2. 29. 신설)

나. 2024년 1월 10일부터 2025년 12월 31일까지 취득하는 주택으로서 다음의 요건을 모두 갖춘 준공 후 미분양주택 (2024. 11. 12. 개정)

  1) 전용면적이 85제곱미터 이하일 것 (2024. 2. 29. 신설)

  2) 취득가액이 6억원 이하일 것 (2024. 2. 29. 신설)

  3) 수도권 밖의 지역에 소재할 것 (2024. 2. 29. 신설)

  4) 그 밖에 기획재정부령으로 정하는 요건을 갖출 것 (2024. 2. 29. 신설)

> **편주 ▶**
> • 조정대상지역에 있는 주택을 2년 이상 보유한 다주택자가 해당 주택을 양도하는 경우 양도소득세 중과세율의 적용이 배제되는 기한을 '2024년 5월 9일'에서 '2025년 5월 9일'로 1년 연장함. (영 167조의 3 제1항
> ☞ p.2806 2단 연결

금융기관의 근저당권 실행에 따른 법원의 임의경매를 통하여 취득한 주택은 양도소득세 중과세율의 적용이 배제되는 저당권의 실행으로 인해 취득하거나 채권변제를 대신하여 취득한 주택에 해당하지 않음. (서면5팀 – 1623, 2007. 5. 22.)

8의 2. 다음 각 목의 어느 하나에 해당하는 주택으로서 1세대의 구성원이 해당 목에 규정된 인가 또는 위탁을 받고 법 제168조에 따른 고유번호를 부여받은 후 5년 이상(이하 이 조에서 "의무사용기간"이라 한다) 어린이집으로 사용하고 어린이집으로 사용하지 않게 된 날부터 6개월이 경과하지 않은 주택. 이 경우 해당 주택이 가목에서 나목으로 또는 나목에서 가목으로 전환된 경우에는 의무사용기간을 적용할 때 각각의 사용기간을 합산한다. (2022. 2. 15. 개정)

가. 「영유아보육법」 제13조 제1항에 따른 인가를 받아 운영하는 어린이집 (2022. 2. 15. 개정)

나. 「영유아보육법」 제24조 제2항에 따라 국가 또는 지방자치단체로부터 위탁받아 운영하는 어린이집 (2022. 2. 15. 개정)

9. 주택의 가액 및 면적 등을 감안하여 기획재정부령이 정하는 일정 규모 이하의 소형주택 (2008. 2. 29. 직제개정 ; 기획재정부와~직제 부칙)

9. 삭 제 (2018. 2. 13.)

10. 1세대가 제1호부터 제8호까지 및 제8호의 2에 해당하는 주택을 제외하고 1개의 주택만을 소유하고 있는 경우의 해당 주택(이하 이 조에서 "일반주택"이라 한다) (2018. 2. 13. 개정)

11. 조정대상지역의 공고가 있은 날 이전에 해당 지역의 주택을 양도하기 위하여 매매계약을 체결하고 계약금을 지급받은 사실이 증빙서류에 의하여 확인되는 주택 (2018. 10. 23. 신설)

12. 2024년 1월 10일부터 2025년 12월 31일까지 취득하는 주택으로서 다음 각 목의 어느 하나에 해당하는 주택 (2024. 2. 29. 신설)

12. 다음 각 목의 어느 하나에 해당하는 주택 (2024. 11. 12. 개정)

가. 다음의 요건을 모두 갖춘 소형 신축주택 (2024. 2. 29. 신설)

가. 2024년 1월 10일부터 2027년 12월 31일까지 취득하는 주택으로서 다음의 요건을 모두 갖춘 소형 신축주택 (2024. 11. 12.

제82조【소형 신축주택 및 준공 후 미분양주택의 요건 등】(2024. 3. 22. 제목개정)

① 영 제167조의 3 제1항 제12호 가목 5)에서 "기획재정부령으로 정하는 요건"이란 다음 각 호의 요건을 말한다. (2024. 3. 22. 신설)

1. 양도자가 다음 각 목의 어느 하나에 해당할 것 (2024. 3. 22. 신설)

가. 「주택법」 제54조 제1항 각 호 외의 부분 전단에 따른 사업주체 (2024. 3. 22. 신설)

나. 「건축물의 분양에 관한 법률」 제2조 제3호에 따른 분양사업자 (2024. 3. 22. 신설)

다. 가목에 따른 사업주체 또는 나목에 따른 분양사업자로부터 주택의 공사대금으로 해당 주택을 받은 시공자 (2024. 3. 22. 신설)

2. 양수자가 해당 주택에 대한 매매계약(주택공급계약 및 분양계약을 포함한다. 이하 이 항에서 같다)을 최초로 체결한 자일 것 (2024. 3. 22. 신설)

3. 양도자와 양수자가 해당 주택에 대한 매매계약을 체결하기 전에 다른 자가 해당 주택에 입주한 사실이 없을 것 (2024. 3. 22. 신설)

② 영 제167조의 3 제1항 제12호 나목 4)에서 "기획재정부령으로 정하는 요건"이란 다음 각 호의 요건을 말한다. (2024. 3. 22. 신설)

1. 제1항 제1호부터 제3호까지의 요건 (2024. 3. 22.

③ 제1항 제2호의 규정에 의한 장기임대주택의 임대기간의 계산은 「조세특례제한법 시행령」 제97조의 규정을 준용한다. 이 경우 사업자 등록 등을 하고 임대주택으로 등록하여 임대하는 날부터 임대를 개시한 것으로 본다. (2005. 2. 19. 개정)

④ 1세대가 제1항 제2호부터 제4호까지 또는 제8호의 2에 따른 장기어린이집·감면대상장기임대주택·장기사원용주택 또는 장기가정보육시설(이하 이 조에서 "장기임대주택 등"이라 한다)의 의무임대기간·의무무상기간 또는 의무사용기간(이하 이 조에서 "의무임대기간 등"이라 한다)의 요건을 충족하기 전에 일반주택을 양도하는 경우에도 해당 임대주택·사원용주택 또는 어린이집(이하 이 조에서 "임대주택 등"이라 한다)을 제1항에 따른 장기임대주택 등으로 보아 제1항 제10호를 적용한다. (2023. 2. 28. 개정)

⑤ 제4항을 적용받은 1세대가 장기임대주택등의 의무임대기간등의 요건을 충족하지 못하게 되는 사유(제1항 제2호 각 목 및 같은 항 제3호에 따른 임대의무호수를 임대하지 않은 기간이 6개월을 지난 경우를 포함한다)가 발생한 때에는 그 사유가 발생한 날이 속하는 달의 말일부터 2개월 이내에 제1호의 계산식에 따라 계산한 금액을 양도소득세로 신고·납부해야 한다. 이 경우 제2호의 의무임대기간등 산정특례에 해당하는 경우에는 해당 규정에 따른다. (2023. 2. 28. 후단개정)
1. 납부할 양도소득세 계산식 (2023. 2. 28. 개정)
　　일반주택 양도 당시 해당 임대주택등을 제1항 제2호부터 제4호까지 및 제8호의 2에 따른 장기임대주택등으로 보지 아니할 경우에 법 제104조에 따른 세율에 따라 납부하였을 세액 – 일반주택 양도 당시 제4항을 적용받아 법 제104조에 따른 세율에 따라 납부한 세액
2. 의무임대기간등 산정특례 (2023. 2. 28. 개정)
　　가. 「공익사업을 위한 토지 등의 취득 및 보상에 관한 법률」에 따른 수용 등 기획재정부령으로 정하는 부득이한 사유로 해당 의무임대기간등의 요건을 충족하지 못하게 되거나 임대의무호수를 임대하지 아니하게 된 때에는 해당 임대주택등을 계속 임대·사용하거나 무상으로 사용하는 것으로 본다. (2023. 2. 28. 개정)

☞ p.2807 2단 연결

12호의 2, 167조의 4 제3항 6호의 2, 167조의 10 제1항 12호의 2 및 167조의 11 제1항 12호 개정 ; 2024. 2. 29.)
• 영 167조의 3 제1항 12호의 개정규정은 2024. 2. 29. 이후 주택을 양도하는 경우부터 적용함. (영 부칙(2024. 2. 29.) 11조 1항)

12의 2. 법 제95조 제4항에 따른 보유기간이 2년(재개발사업, 재건축사업 또는 소규모재건축사업등을 시행하는 정비사업조합의 조합원이 해당 조합에 기존건물과 그 부수토지를 제공하고 관리처분계획등에 따라 취득한 신축주택 및 그 부수토지를 양도하는 경우의 보유기간은 기존건물과 그 부수토지의 취득일부터 기산한다) 이상인 주택을 2025년 5월 9일까지 양도하는 경우 그 해당 주택 (2024. 2. 29. 개정)
12의 2. 법 제95조 제4항에 따른 보유기간이 2년(재개발사업, 재건축사업 또는 소규모재건축사업등을 시행하는 정비사업조합의 조합원이 해당 조합에 기존건물과 그 부수토지를 제공하고 관리처분계획등에 따라 취득한 신축주택 및 그 부수토지를 양도하는 경우의 보유기간은 기존건물과 그 부수토지의 취득일부터 기산한다) 이상인 주택을 2026년 5월 9일까지 양도하는 경우 그 해당 주택 (2025. 2. 28. 개정)
13. 제155조 또는 「조세특례제한법」에 따라 1세대가 국내에 1개의 주택을 소유하고 있는 것으로 보거나 1세대 1주택으로 보아 제154조 제1항이 적용되는 주택으로서 같은 항의 요건을 모두 충족하는 주택 (2021. 2. 17. 신설)

② 제1항을 적용할 때 주택수의 계산은 다음 각 호의 방법에 따른다. (2018. 2. 13. 개정)
1. 다가구주택 : 제155조 제15항을 준용하여 주택수를 계산한다. 이 경우 제155조 제15항 단서는 거주자가 선택하는 경우에 한정하여 적용한다. (2018. 2. 13. 후단개정)
2. 공동상속주택 : 상속지분이 가장 큰 상속인의 소유로 하여 주택수를 계산하되, 상속지분이 가장 큰 자가 2인 이상인 경우에는 제155조 제3항 각호의 순서에 의한 자가 당해 공동상속주택을 소유한 것으로 본다. (2003. 12. 30. 신설)
3. 부동산매매업자가 보유하는 재고자산인 주택 : 주택수의 계산에 있어서 이를 포함한다. (2003. 12. 30. 신설)

신설)
1. 제1항 제1호 및 제2호의 요건 (2024. 9. 10. 개정)

편주▶ 규칙 82조 2항 1호의 개정규정은 2024. 9. 10.이 속하는 과세기간에 주택을 양도하는 경우부터 적용함. (규칙 부칙(2024. 9. 10.) 2조)

2. 입주자 모집공고에 따른 입주자의 계약일 또는 분양 광고에 따른 입주예정일까지 분양계약이 체결되지 않아 선착순의 방법으로 공급하는 주택(이하 이 조에서 "준공 후 미분양주택"이라 한다)일 것 (2024. 3. 22. 신설)
2. 「주택법」 제49조에 따른 사용검사(같은 조 제4항 단서에 따른 임시 사용승인을 포함한다) 또는 「건축법」 제22조에 따른 사용승인(같은 조 제3항 각 호의 어느 하나에 해당하여 건축물을 사용할 수 있는 경우를 포함한다)을 받은 날까지 분양계약이 체결되지 않아 선착순의 방법으로 공급하는 주택(이하 이 조에서 "준공 후 미분양주택"이라 한다)일 것 (2025. 3. 21. 개정)
3. 해당 주택의 소재지를 관할하는 시장·군수·구청장으로부터 해당 주택이 준공 후 미분양주택이라는 확인을 받은 주택일 것 (2024. 3. 22. 신설)

③ 준공 후 미분양주택의 확인 절차는 다음 각 호의 순서에 따른다. (2024. 3. 22. 신설)
1. 양도자는 해당 주택의 소재지를 관할하

「임대주택에 관한 특별법」 제5조에 따른 임대사업자등록 신청(임대할 주택을 추가하기 위해 등록사항의 변경 신고를 한 경우를 포함한다. 이하 이 목에서 같다)을 한 경우 (2020. 10. 7. 신설)

2) 새로 취득한 주택이 아파트(당초 주택이 단기민간임대주택으로 등록되어 있었던 경우에는 모든 주택을 말한다)인 경우로서 「민간임대주택에 관한 특별법」 제5조에 따른 임대사업자등록 신청을 하지 않은 경우 (2020. 10. 7. 신설)

⑥ 제1항 내지 제5항의 규정을 적용함에 있어서 2개 이상의 주택을 같은 날에 양도하는 경우 그 결정방법에 대하여는 제154조 제9항의 규정을 준용한다. (2003. 12. 30. 신설)

⑦ 제1항 제2호·제3호·제8호의 2 및 제4항을 적용받으려는 자는 해당 임대주택 등 또는 일반주택을 양도하는 날이 속하는 과세연도의 과세표준신고서와 기획재정부령으로 정하는 신청서에 다음 각 호의 서류를 첨부하여 납세지 관할세무서장에게 제출해야 한다. (2020. 2. 11. 개정)

관계조문 »

규칙 103조 1항 ⇒ 1세대 3주택 이상 자의 장기임대주택 등 일반세율 적용신청서

1. 「민간임대주택에 관한 특별법 시행령」 제4조 제4항의 규정에 의한 임대사업자등록증 또는 「영유아보육법」 제13조의 규정에 따른 어린이집 인가의 인가증 (2015. 12. 28. 개정 ; 임대주택법 시행령 부칙)
1. 삭 제 (2021. 2. 17.)
2. 임대차계약서 사본 (2003. 12. 30. 신설)
3. 임차인의 주민등록표 등본 또는 그 사본. 이 경우 「주민등록법」 제29조 제1항에 따라 열람한 주민등록 전입세대의 열람내역 제출로 갈음할 수 있다. (2020. 2. 11. 개정)
4. 국공립어린이집의 경우 위탁계약증서 사본 (2022. 2. 15. 신설)
5. 그 밖의 기획재정부령이 정하는 서류 (2008. 2. 29. 직제개정 ; 기획재정부와~직제 부칙)

☞ p.2808 2단 연결

나. 재개발사업, 재건축사업 또는 소규모재건축사업등의 사유가 있는 경우에는 임대의무호수를 임대하지 아니한 기간을 계산할 때 해당 주택의 관리처분계획등 인가일 전 6개월부터 준공일 후 6개월까지의 기간은 포함하지 않는다. (2022. 2. 15. 개정)
다. 「주택법」 제2조에 따른 리모델링 사유가 있는 경우에는 임대의무호수를 임대하지 않은 기간을 계산할 때 해당 주택이 같은 법 제15조에 따른 사업계획의 승인일 또는 같은 법 제66조에 따른 리모델링의 허가일 전 6개월부터 준공일 후 6개월까지의 기간은 포함하지 않는다. (2020. 2. 11. 신설)
라. 제1항 제2호 가목 및 다목부터 마목까지의 규정에 따른 장기임대주택(법률 제17482호 민간임대주택에 관한 특별법 일부개정법률 부칙 제5조 제1항이 적용되는 주택으로 한정한다)이 「민간임대주택에 관한 특별법」 제6조 제1항 제11호에 따라 임대사업자의 임대의무기간 내 등록말소 신청으로 등록이 말소된 경우(같은 법 제43조에 따른 임대의무기간의 2분의 1 이상을 임대한 경우에 한정한다)로서 해당 목에서 정한 임대기간요건을 갖추지 못하게 된 때에는 그 등록이 말소된 날에 해당 임대기간요건을 갖춘 것으로 본다. (2020. 10. 7. 신설)
마. 재개발사업, 재건축사업 또는 소규모재건축사업등으로 임대 중이던 당초의 장기임대주택이 멸실되어 새로 취득하거나 「주택법」 제2조에 따른 리모델링으로 새로 취득한 주택이 다음의 어느 하나의 경우에 해당하여 해당 임대기간요건을 갖추지 못하게 된 때에는 당초 주택(재건축 등으로 새로 취득하기 전의 주택을 말하며, 이하 이 목에서 같다)에 대한 등록이 말소된 날 해당 임대기간요건을 갖춘 것으로 본다. 다만, 임대의무호수를 임대하지 않은 기간(이 항 각 호 외의 부분에 따라 계산한 기간을 말한다)이 6개월을 지난 경우는 임대기간요건을 갖춘 것으로 보지 않는다. (2022. 2. 15. 개정)
1) 새로 취득한 주택에 대해 2020년 7월 11일 이후 종전의 「민간임대주택에 관한 특별법」 제2조 제5호에 따른 장기일반민간임대주택 중 아파트를 임대하는 민간매입임대주택이나 같은 조 제6호에 따른 단기민간임대주택으로 종전의 「민간

는 시장·군수·구청장에게 해당 주택이 준공 후 미분양주택인지 여부를 확인해 줄 것을 요청할 것 (2024. 3. 22. 신설)
2. 제1호에 따라 요청받은 시장·군수·구청장은 해당 주택이 준공 후 미분양주택임을 확인한 경우에는 해당 주택의 매매계약서에 별지 제83호의 7 서식에 따른 준공 후 미분양주택 확인 날인을 하여 양도자에게 내주고, 그 확인내용을 별지 제83호의 8 서식에 따른 준공 후 미분양주택 확인 대장에 기재하여 매매계약서 사본과 함께 보관할 것 (2024. 3. 22. 신설)
3. 양도자는 제2호에 따라 준공 후 미분양주택 확인 날인을 받은 매매계약서를 양수자에게 내줄 것 (2024. 3. 22. 신설)
4. 시장·군수·구청장은 별지 제83호의 8 서식에 따른 준공 후 미분양주택 확인 대장 및 매매계약서 사본을 해당 주택의 소재지를 관할하는 세무서장에게 제출할 것 (2024. 3. 22. 신설)
4. 시장·군수·구청장은 매매계약서에 준공 후 미분양임대주택임을 확인하는 날인을 한 날이 속하는 분기의 말일부터 1개월 이내에 별지 제83호의 8서식의 준공 후 미분양주택 확인 대장을 정보처리장치 등의 전자적 형태로 해당 주택의 소재지를 관할하는 세무서장에게 제출할 것 (2025. 3. 21. 개정)
④ 영 제167조의 3 제5항 제2호 가목에서 "기획재정부령으로 정하는 부득이한 사유"란 「공익사업을 위한 토지 등의 취득

⑧ 제7항에 따른 신청서를 제출받은 경우에 납세지 관할 세무서장은 「전자정부법」 제36조 제1항에 따른 행정정보의 공동이용을 통하여 다음 각 호의 사항을 확인해야 한다. 다만, 신청인이 제2호의 서류 확인에 동의하지 않는 경우에는 이를 제출하도록 해야 한다. (2021. 2. 17. 개정)

1. 임대주택등에 대한 등기사항증명서 또는 토지·건축물대장 등본 (2021. 2. 17. 신설)

2. 「민간임대주택에 관한 특별법 시행령」 제4조 제5항에 따른 임대사업자등록증 또는 「영유아보육법」 제13조에 따른 어린이집 인가의인가증 (2023. 9. 26. 개정 ; 민간임대주택에~부칙)

⑨ 제1항에도 불구하고 1주택 이상을 보유하는 자가 1주택 이상을 보유하는 자와 혼인함으로써 혼인한 날 현재 제1항에 따른 1세대3주택 이상에 해당하는 주택을 보유하게 된 경우로서 그 혼인한 날부터 5년 이내에 해당 주택을 양도하는 경우에는 일 현재 양도자의 배우자가 보유한 주택 수(제1항에 따른 주택 수를 말한다)를 차감하여 해당 1세대가 보유한 주택 수를 계산한다. 다만, 혼인한 날부터 5년 이내에 새로운 주택을 취득한 경우 해당 주택의 취득일 이후 양도하는 주택에 대해서는 이를 적용하지 아니한다. (2012. 2. 2. 신설)

⑩ 제1항 제12호에 해당하는 주택의 확인 절차 및 그 밖에 필요한 사항은 기획재정부령으로 정한다. (2024. 2. 29. 신설)

제167조의 4 【1세대 3주택·입주권 또는 분양권 이상에서 제외되는 주택의 범위】 (2021. 2. 17. 제목개정)

① 법 제104조 제4항 제2호에서 "대통령령으로 정하는 1세대"란 제154조에 따른 1세대를 말한다. (2014. 2. 21. 개정)

① 삭 제 (2017. 2. 3.)

② 법 제104조 제7항 제4호에서 1세대가 소유한 주택(주택에 딸린 토지를 포함한다. 이하 이 조에서 같다)과 조합원입주권 또는 분양권의 수를 계산할 때 다음 각 호의 주택, 조합원입주권 또는 분양권은 이를 산입하지 않는다. (2024. 2. 29. 개정)

1. 수도권 및 광역시·특별자치시(광역시에 소속된 군, 「지방자치법」 제3조 제3항·제4항에 따른 읍·면 및 「세종특별자치시 설치 등에 관한 특별법」 제6조 제3항에 따른 읍·면에 해당하는 지역은 제외

〈제104조 ⑦〉

4. 조정대상지역에 있는 주택으로서 1세대가 주택과 조합원입주권 또는 분양권을 보유한 경우로서 그 수의 합이 3 이상인 경우 해당 주택. 다만, 대통령령으로 정하는 장기임대주택 등은 제외한다. (2020. 8. 18. 개정)

⑧ 그 밖에 양도소득 산출세액의 계산에 필요한 사항은 대통령령으로 정한다. (2017. 12. 19. 항번개정)

및 보상에 관한 법률」 등에 의하여 수용(협의매수를 포함한다)되거나 사망으로 인하여 상속되는 경우를 말한다. (2017. 3. 10. 개정)

6의 2. 법 제95조 제4항에 따른 보유기간이 2년(재개발사업, 재건축사업 또는 소규모재건축사업등을 시행하는 정비사업조합의 조합원이 해당 조합에 기존건물과 그 부수토지를 제공하고 관리처분계획등에 따라 취득한 신축주택 및 그 부수토지를 양도하는 경우의 보유기간은 기존건물과 그 부수토지의 취득일부터 기산한다) 이상인 주택을 2025년 5월 9일까지 양도하는 경우 그 해당 주택 (2024. 2. 29. 개정)

6의 2. 법 제95조 제4항에 따른 보유기간이 2년(재개발사업, 재건축사업 또는 소규모재건축사업등을 시행하는 정비사업조합의 조합원이 해당 조합에 기존건물과 그 부수토지를 제공하고 관리처분계획등에 따라 취득한 신축주택 및 그 부수토지를 양도하는 경우의 보유기간은 기존건물과 그 부수토지의 취득일부터 기산한다) 이상인 주택을 2026년 5월 9일까지 양도하는 경우 그 해당 주택 (2025. 2. 28. 개정)

7. 제155조, 제156조의 2, 제156조의 3 또는 「조세특례제한법」에 따라 1세대가 국내에 1개의 주택을 소유하고 있는 것으로 보거나 1세대 1주택으로 보아 제154조 제1항이 적용되는 주택으로서 같은 항의 요건을 모두 충족하는 주택 (2021. 2. 17. 신설)

④ 제2항 및 제3항을 적용할 때 제167조의 3 제2항부터 제8항까지 및 제10항을 준용한다. (2024. 2. 29. 개정)

⑤ 1주택, 1조합원입주권 또는 1분양권 이상을 보유하는 자가 1주택, 1조합원입주권 또는 1분양권 이상을 보유하는 자와 혼인함으로써 혼인한 날 현재 법 제104조 제7항 제4호에 따른 주택과 조합원입주권 또는 분양권의 수의 합이 3 이상이 된 경우 그 혼인한 날부터 5년 이내에 해당 주택을 양도하는 경우에는 양도일 현재 배우자가 보유한 제2항에 따른 주택, 조합원입주권 또는 분양권의 수를 차감하여 해당 1세대가 보유한 주택, 조합원입주권 또는 분양권의 수를 계산한다. 다만, 혼인한 날부터 5년 이내에 새로운 주택, 조합원입주권 또는 분양권을 취득한 경우 해당 주택, 조합원입주권 또는 분양권의 취득일 이후 양도하는 주택에 대해서는 이를 적용하지 않는다. (2021. 2. 17. 개정)

한다) 외의 지역에 소재하는 주택, 조합원입주권 또는 분양권으로서 해당 주택의 기준시가, 조합원입주권의 가액(「도시 및 주거환경정비법」 제74조 제1항 제5호에 따른 종전 주택의 가격을 말한다) 또는 분양권의 가액[주택에 대한 공급계약서상의 공급가격(선택품목에 대한 가격은 제외한다)을 말한다]이 해당 주택 또는 그 밖의 주택의 양도 당시 3억원을 초과하지 않는 주택, 조합원입주권 또는 분양권 (2024. 2. 29. 신설)

2. 제167조의 3 제1항 제12호에 해당하는 주택 (2024. 2. 29. 신설)

편주 ▶ ●●
영 167조의 4 제2항 2호의 개정규정은 2024. 2. 29. 이후 주택을 양도하는 경우부터 적용함. (영 부칙(2024. 2. 29.) 11조 2항)
●●

③ 법 제104조 제7항 제4호 단서에서 "대통령령으로 정하는 장기임대주택 등"이란 국내에 소유하고 있는 주택과 조합원입주권 또는 분양권 수의 합이 3개 이상인 1세대가 소유하고 있는 주택으로서 다음 각 호의 어느 하나에 해당하는 주택을 말한다. (2021. 2. 17. 개정)

1. 제2항의 규정에 따른 주택 (2005. 12. 31. 신설)

2. 제167조의 3 제1항 제2호 내지 제8호 및 제8호의 2 중 어느 하나에 해당하는 주택 (2005. 12. 31. 신설)

3. 주택의 가액 및 면적 등을 감안하여 기획재정부령이 정하는 일정 규모 이하의 소형주택 (2008. 2. 29. 직제개정 ; 기획재정부와~직제 부칙)

3. 삭 제 (2018. 2. 13.)

4. 1세대가 제1호 및 제2호에 해당하는 주택을 제외하고 1개의 주택만을 소유하고 있는 경우의 당해 주택 (2005. 12. 31. 신설)

5. 조정대상지역의 공고가 있는 날 이전에 해당 지역의 주택을 양도하기 위하여 매매계약을 체결하고 계약금을 지급받은 사실이 증빙서류에 의하여 확인되는 주택 (2018. 10. 23. 신설)

6. 제167조의 3 제1항 제12호에 해당하는 주택 (2024. 2. 29. 신설)

편주 ▶ ●●
영 167조의 4 제3항 6호의 개정규정은 2024. 2. 29. 이후 주택을 양도하는 경우부터 적용함. (영 부칙(2024. 2. 29.) 11조 2항)
●●

제104조의 2【지정지역의 운영】 ① 기획재정부장관은 해당 지역의 부동산 가격 상승률이 전국 소비자물가 상승률보다 높은 지역으로서 전국 부동산 가격 상승률 등을 고려할 때 그 지역의 부동산 가격이 급등하였거나 급등할 우려가 있는 경우에는 대통령령으로 정하는 기준 및 방법에 따라 그 지역을 지정지역으로 지정할 수 있다. (2009. 12. 31. 개정)

② 제104조 제4항 제3호에서 "지정지역에 있는 부동산"이란 제1항에 따른 지정지역에 있는 부동산 중 대통령령으로 정하는 부동산을 말한다. (2017. 12. 19. 개정)

③ ☞ p.2812

제168조의 3【지정지역 지정의 기준 등】 ① 법 제104조의 2 제1항에서 "지정지역"이란 다음 각 호의 어느 하나에 해당하는 지역 중 국토교통부장관이 전국의 부동산가격동향 및 해당 지역특성 등을 고려하여 해당 지역의 부동산가격 상승이 지속될 가능성이 있거나 다른 지역으로 확산될 우려가 있다고 판단되어 지정요청(관계 중앙행정기관의 장이 국토교통부장관을 경유하여 요청하는 경우를 포함한다)하는 경우로서 기획재정부장관이 제168조의 4에 따른 부동산가격안정심의위원회의 심의를 거쳐 지정하는 지역을 말한다. (2021. 1. 5. 개정 ; 어려운~대통령령)

1. 지정하는 날이 속하는 달의 직전월(이하 이 항에서 "직전월"이라 한다)의 주택매매가격상승률이 전국소비자물가상승률의 100분의 130보다 높은 지역으로서 다음 각 목의 어느 하나에 해당하는 지역 (2005. 12. 31. 신설)

　가. 직전월부터 소급하여 2월간의 월평균 주택매매가격상승률이 전국주택매매가격상승률의 100분의 130보다 높은 지역 (2005. 12. 31. 신설)

　나. 직전월부터 소급하여 1년간의 연평균 주택매매가격상승률이 직전월부터 소급하여 3년간의 연평균 전국주택매매가격상승률보다 높은 지역 (2005. 12. 31. 신설)

2. 직전월의 지가상승률이 전국소비자물가상승률의 100분의 130보다 높은 지역으로서 다음 각 목의 어느 하나에 해당하는 지역 (2005. 12. 31. 신설)

　가. 직전월부터 소급하여 2월간의 월평균 지가상승률이 전국지가상승률의 100분의 130보다 높은 지역 (2005. 12. 31. 신설)

　나. 직전월부터 소급하여 1년간의 연평균 지가상승률이 직전월부터 소급하여 3년간의 연평균 전국지가상승률보다 높은 지역 (2005. 12. 31. 신설)

3.「개발이익환수에 관한 법률」 제2조 제2호의 규정에 따른 개발사업(개발부담금을 부과하지 아니하는 개발사업을 포함한다) 및 주택재건축사업(이하 "개발사업 등"이라 한다)이 진행 중인 지역(중앙행정기관의 장 또는 지방자치단체의 장이 그 개발사업 등을 발표한

☞ p.2811 3단 연결

대하여 일반인의 열람이 가능하도록 조치하여야 한다. (2005. 12. 31. 신설)

⑥ 지정지역의 지정은 제4항의 규정에 따라 지정지역의 지정을 공고한 날부터 효력이 발생한다. (2005. 12. 31. 신설)

⑦ 제1항의 규정에 따른 지정지역을 지정한 후 당해 지역의 부동산가격이 안정되는 등 지정사유가 해소된 것으로 인정되어 국토교통부장관의 지정해제요청(관계중앙행정기관의 장이 국토교통부장관을 경유하여 요청하는 경우를 포함한다)이 있는 경우에는 기획재정부장관은 부동산가격안정심의위원회의 심의를 거쳐 지정역을 해제한다. (2013. 3. 23. 직제개정 ; 기획재정부와~직제 부칙)

⑧ 제2항 및 제4항 내지 제6항의 규정은 제7항의 규정에 따른 지정해제에 관하여 이를 준용한다. (2005. 12. 31. 신설)

⑨ 제1항에 따른 지정지역은 특별시·광역시·특별자치시·도·특별자치도 또는 시(「제주특별자치도 설치 및 국제자유도시 조성을 위한 특별법」 제10조 제2항에 따라 설치된 행정시를 포함한다)·군·구의 행정구역을 단위로 지정한다. 다만, 제1항 제3호·제4호의 지역 및 「부동산 거래신고 등에 관한 법률」 제10조에 따른 허가구역에 대해서는 해당 지역만을 지정지역으로 지정할 수 있다. (2021. 2. 17. 개정)

⑩ 제9항에도 불구하고 지정지역으로 지정되었거나 지정될 예정인 지역에 해당하는 행정구역 중 일부 지역에 대해서는 해당 지역의 부동산가격동향 및 지역특성 등을 고려하여 부동산가격안정심의위원회의 심의를 거쳐 해당 지정지역에서 제외할 수 있다. (2021. 1. 5. 개정 ; 어려운~대통령령)

⑪ 제1항에 따른 전국소비자물가상승률·주택매매가격상승률·전국주택매매가격상승률·지가상승률 및 전국지가상승률의 통계는 「통계법」 제18조에 따라 통계청장이 통계작성에 대하여 승인한 통계에 따른다. 이 경우 「건축법 시행령」 별표 1에 따른 아파트에 대한 매매가격상승률 통계만 있는 지역의 경우에는 이를 해당 지역의 주택매매가격상승률 통계로 보며, 직전월의 부동산가격상승률 통계가 없는 경우에는 전전월의 통계에 따른다. (2017. 2. 3. 개정)

☞ p.2812 2단 연결

② 기획재정부장관은 필요하다고 인정되는 경우 제1항의 규정에 불구하고 국토교통부장관의 요청없이 부동산가격안정심의위원회에 지정지역의 지정에 관한 사항을 회부할 수 있다. (2013. 3. 23. 직제개정 ; 기획재정부와~직제 부칙)

③ 법 제104조의 2 제2항에서 "대통령령으로 정하는 부동산"이란 다음 각 호의 어느 하나에 해당하는 부동산을 말한다. (2018. 2. 13. 개정)

1. 제1항 제1호 및 제3호의 규정에 따른 지정지역의 경우 : 주택(그 부수토지를 포함한다) (2005. 12. 31. 신설)

1. 삭 제 (2018. 2. 13.)

2. 제1항 제2호에 따른 지정지역의 경우 : 주택(그 부수토지를 포함한다) 외의 부동산 (2018. 2. 13. 개정)

3. 제1항 제4호에 따른 지정지역의 경우 : 주택(그 부수토지를 포함한다) 외의 부동산 (2018. 2. 13. 개정)

4. 다음 각 목의 어느 하나에 해당하는 주택(「건축법 시행령」 별표 1 제14호 나목의 오피스텔을 제외한다. 이하 이 조에서 같다). 다만, 「도시 및 주거환경정비법」에 따른 정비구역(법률 제6916호 주택법 중 개정법률로 개정되기 전의 「주택건설촉진법」에 따라 설립인가를 받은 재건축조합의 사업부지를 포함한다)으로 지정·고시된 지역에 소재하는 주택을 제외한다. (2013. 2. 15. 개정)

가. 「건축법 시행령」 별표 1의 규정에 따른 아파트로서 전용면적이 60제곱미터 이하이고, 양도당시 법 제99조의 규정에 의한 기준시가가 4천만원 이하일 것 (2005. 12. 31. 신설)

나. 「건축법 시행령」 별표 1의 규정에 따른 연립주택·다세대주택으로서 전용면적이 85제곱미터 이하이고, 양도당시 법 제99조의 규정에 따른 기준시가가 1억원 이하일 것 (2005. 12. 31. 신설)

다. 「건축법 시행령」 별표 1의 규정에 따른 단독주택으로서 대지면적이 170제곱미터 이하이고, 주택의 연면적(제154조 제3항 본문의 규정에 따라 주택으로 보는 부분과 주거전용으로 사용되는 지하실부분의 면적을 포함한다. 이하 이 조에서 같다)이 85제곱미터 이하이며, 양도당시 법 제99조의 규정에 의한 기준시가가 1억원 이하일 것 (2005. 12. 31. 신설)

4. 삭 제 (2018. 2. 13.)

④ 기획재정부장관은 제1항의 규정에 따라 지정지역을 지정한 때에는 지체 없이 그 내용을 공고하고, 그 공고내용을 국세청장에게 통지하여야 한다. (2008. 2. 29. 직제개정 ; 기획재정부와~직제 부칙)

⑤ 국세청장은 제4항의 규정에 따라 통지를 받은 때에는 그 내용에

경우를 포함한다)으로서 다음 각 목의 요건을 모두 갖춘 지역 (2005. 12. 31. 신설)

가. 직전월의 주택매매가격상승률이 전국소비자물가상승률의 100분의 130 보다 높을 것 (2005. 12. 31. 신설)

나. 직전월의 주택매매가격상승률이 전국주택매매가격상승률의 100분의 130 보다 높을 것 (2005. 12. 31. 신설)

4. 「택지개발촉진법」에 따른 택지개발지구, 「신행정수도 후속대책을 위한 연기·공주지역 행정중심복합도시 건설을 위한 특별법」에 따른 행정중심복합도시건설사업 예정지역·주변지역 또는 그 밖에 기획재정부령이 정하는 대규모개발사업의 추진이 예정되는 지역(이하 이 호에서 "예정지구 등"이라 한다)으로서 다음 각 목의 어느 하나에 해당하는 지역. 이 경우 예정지구 등의 후보지를 행정기관이 발표하는 경우에는 그 후보지를 예정지구 등으로 본다. (2011. 8. 30. 개정 ; 택지개발촉진법 시행령 부칙)

가. 직전월의 주택매매가격상승률이 전국소비자물가상승률보다 높은 지역 (2005. 12. 31. 신설)

나. 직전월의 지가상승률이 전국소비자물가상승률보다 높은 지역 (2005. 12. 31. 신설)

〈제104조의 2〉
③ 제1항에 따른 지정지역의 지정과 해제, 그 밖에 필요한 사항을 심의하기 위하여 기획재정부에 부동산 가격안정 심의위원회를 둔다. (2009. 12. 31. 개정)
④ 제1항에 따른 지정지역 해제의 기준 및 방법과 부동산 가격안정 심의위원회의 구성 및 운용 등에 필요한 사항은 대통령령으로 정한다. (2009. 12. 31. 개정)

⑫ 제1항의 규정을 적용함에 있어서 동항 제1호 내지 제3호에서 규정하는 전국소비자물가상승률의 100분의 130에 해당하는 수, 전국주택매매가격상승률의 100분의 130에 해당하는 수 또는 전국지가상승률의 100분의 130에 해당하는 수가 각각 1,000분의 5 미만인 경우에는 1,000분의 5로 하고, 동항 제4호에서 규정하는 전국소비자물가상승률에 해당하는 수가 음수인 경우에는 이를 영으로 한다. (2005. 12. 31. 신설)

제168조의 4【부동산가격안정심의위원회의 구성 및 운영】① 법 제104조의 2 제3항의 규정에 따른 부동산가격안정심의위원회(이하 이 조에서 "심의위원회"라 한다)는 위원장 및 부위원장 각 1인을 포함하여 12인 이내의 위원으로 구성한다. (2005. 12. 31. 신설)
② 심의위원회의 위원장은 기획재정부장관이 지명하는 기획재정부차관, 부위원장은 국토교통부장관이 지명하는 국토교통부차관이 되고, 위원은 관계부처 차관급 또는 고위공무원단에 속하는 일반직공무원과 경제 및 부동산에 관한 학식과 경험이 풍부한 자 중에서 기획재정부장관이 임명 또는 위촉하는 자로 한다. (2013. 3. 23. 직제개정 ; 기획재정부와~직제 부칙)
③ 심의위원회의 회의는 재적위원 과반수의 출석으로 개의하고, 출석위원 과반수의 찬성으로 의결한다. (2005. 12. 31. 신설)
④ 기획재정부장관은 위원이 다음 각 호의 어느 하나에 해당하는 경우에는 해당 위원을 해임 또는 해촉(解囑)할 수 있다. (2015. 12. 31. 신설 ; 행정기관 소속~일부개정령)
1. 심신장애로 인하여 직무를 수행할 수 없게 된 경우 (2015 12. 31. 신설 ; 행정기관 소속~일부개정령)
2. 직무와 관련된 비위사실이 있는 경우 (2015 12. 31. 신설 ; 행정기관 소속~일부개정령)
3. 직무태만, 품위손상이나 그 밖의 사유로 인하여 위원으로 적합하지 아니하다고 인정되는 경우 (2015 12. 31. 신설 ; 행정기관 소속~일부개정령)
4. 위원 스스로 직무를 수행하는 것이 곤란하다고 의사를 밝히는 경우 (2015 12. 31. 신설 ; 행정기관 소속~일부개정령)

제83조의 2【부동산가격안정심의위원회 위원의 임기 등】① 영 제168조의 4의 규정에 따른 부동산가격안정심의위원회의 위원의 임기는 2년으로 한다. (2005. 12. 31. 신설)
② 부동산가격안정심의위원회의 구성ㆍ운영과 관련하여 필요한 사항은 기획재정부장관이 정한다. (2008. 4. 29. 직제개정)

제104조의 3 【비사업용 토지의 범위】 ① 제104조 제1항 제8호에서 "비사업용 토지"란 해당 토지를 소유하는 기간 중 대통령령으로 정하는 기간 동안 다음 각 호의 어느 하나에 해당하는 토지를 말한다. (2016. 12. 20. 개정)

제168조의 5 【지정지역의 지정절차 등】 제168조의 3 및 제168조의 4의 규정을 적용함에 있어서 지정지역의 지정절차, 통계의 적용방법 및 심의위원회 위원의 임기와 위원장의 직무 그 밖에 등 심의위원회의 운영에 관하여 필요한 사항은 기획재정부령이 정하는 바에 의한다. (2008. 2. 29. 직제개정 ; 기획재정부와~직제 부칙)

제168조의 6 【비사업용 토지의 기간기준】 법 제104조의 3 제1항 각 호 외의 부분에서 "대통령령으로 정하는 기간"이란 다음 각 호의 어느 하나에 해당하는 기간을 말한다. 이 경우 기간의 계산은 일수로 한다. (2016. 2. 17. 후단신설)

⬤예판 ┄┄┄┄┄┄┄┄┄┄┄┄┄┄┄┄┄┄┄┄┄┄┄┄

• 소유기간 중 지목이 변경된 토지의 경우 비사업용 토지의 범위는 각 지목별로 판단하고, 비사업용 토지의 기간기준은 각 지목별 비사업용 토지의 해당 기간을 합산하여 비사업용 토지의 해당 여부를 판정함. (서면4팀 – 2446, 2006. 7. 24.)
• 상속받은 토지는 피상속인의 소유기간을 제외하고 비사업용 토지의 기간기준을 적용함. (재재산 – 861, 2007. 7. 13.)
┄┄┄┄┄┄┄┄┄┄┄┄┄┄┄┄┄┄┄┄┄┄┄┄┄┄┄┄┄┄

1. 토지의 소유기간이 5년 이상인 경우에는 다음 각 목의 모두에 해당하는 기간 (2005. 12. 31. 신설)
  가. 양도일 직전 5년 중 2년을 초과하는 기간 (2005. 12. 31. 신설)
  나. 양도일 직전 3년 중 1년을 초과하는 기간 (2005. 12. 31. 신설)
  다. 토지의 소유기간의 100분의 40에 상당하는 기간을 초과하는 기간 (2016. 2. 17. 후단삭제)
2. 토지의 소유기간이 3년 이상이고 5년 미만인 경우에는 다음 각 목의 모두에 해당하는 기간 (2005. 12. 31. 신설)
  가. 토지의 소유기간에서 3년을 차감한 기간을 초과하는 기간 (2005. 12. 31. 신설)
  나. 양도일 직전 3년 중 1년을 초과하는 기간 (2005. 12. 31. 신설)
  다. 토지의 소유기간의 100분의 40에 상당하는 기간을 초과하는 기간 (2016. 2. 17. 후단삭제)

3. 토지의 소유기간이 3년 미만인 경우에는 다음 각 목의 모두에 해당하는 기간. 다만, 소유기간이 2년 미만인 경우에는 가목을 적용하지 아니한다. (2009. 2. 4. 단서신설)
  가. 토지의 소유기간에서 2년을 차감한 기간을 초과하는 기간 (2005. 12. 31. 신설)
  나. 토지의 소유기간의 100분의 40에 상당하는 기간을 초과하는 기간 (2016. 2. 17. 후단삭제)

제168조의 7 【토지지목의 판정】 법 제104조의 3의 규정을 적용함에 있어서 농지·임야·목장용지 및 그 밖의 토지의 판정은 이 영에 특별한 규정이 있는 경우를 제외하고는 사실상의 현황에 의한다. 다만, 사실상의 현황이 분명하지 아니한 경우에는 공부상의 등재현황에 의한다. (2005. 12. 31. 신설)

제168조의 8 【농지의 범위 등】 ① 법 제104조의 3 제1항 제1호에서 "농지"라 함은 전·답 및 과수원으로서 지적공부상의 지목에 관계없이 실제로 경작에 사용되는 토지를 말한다. 이 경우 농지의 경영에 직접 필요한 농막·퇴비사·양수장·지소(池沼)·농도·수로 등의 토지 부분을 포함한다. (2005. 12. 31. 신설)

☞ p.2814 2단 연결

1. 농지로서 다음 각 목의 어느 하나에 해당하는 것 (2016. 12. 20. 개정)
　가. 대통령령으로 정하는 바에 따라 소유자가 농지 소재지에 거주하지 아니하거나 자기가 경작하지 아니하는 농지. 다만, 「농지법」이나 그 밖의 법률에 따라 소유할 수 있는 농지로서 대통령령으로 정하는 경우는 제외한다. (2009. 12. 31. 개정)

제168조의 8 【농지의 범위 등】① 삭　제 (2017. 2. 3.)
② 법 제104조의 3 제1항 제1호 가목 본문에서 "소유자가 농지소재지에 거주하지 아니하거나 자기가 경작하지 아니하는 농지"란 제153조 제3항에 따른 농지소재지에 사실상 거주(이하 "재촌"이라 한다)하는 자가 「조세특례제한법 시행령」 제66조 제13항에 따른 직접 경작(이하 "자경"이라 한다)을 하는 농지를 제외한 농지를 말한다. 이 경우 자경한 기간의 판정에 관하여는 「조세특례제한법 시행령」 제66조 제14항을 준용한다. (2023. 2. 28. 개정)
③ 법 제104조의 3 제1항 제1호 가목 단서에서 "「농지법」이나 그 밖의 법률에 따라 소유할 수 있는 농지로서 대통령령으로 정하는 경우"란 다음 각 호의 어느 하나에 해당하는 농지의 경우를 말한다. (2015. 2. 3. 개정)
1. 「농지법」 제6조 제2항 제2호 · 제9호 · 제10호 가목 또는 다목에 해당하는 농지 (2021. 5. 4. 개정)
2. 「농지법」 제6조 제2항 제4호에 따라 상속에 의하여 취득한 농지로서 그 상속개시일부터 3년이 경과하지 아니한 토지 (2008. 2. 22. 개정)
3. 「농지법」 제6조 제2항 제5호에 따라 이농당시 소유하고 있던 농지로서 그 이농일부터 3년이 경과하지 아니한 토지 (2008. 2. 22. 개정)
4. 「농지법」 제6조 제2항 제7호에 따른 농지전용허가를 받거나 농지전용신고를 한 자가 소유한 농지 또는 같은 법 제6조 제2항 제8호에 따른 농지전용협의를 완료한 농지로서 당해 전용목적으로 사용되는 토지 (2008. 2. 22. 개정)
5. 「농지법」 제6조 제2항 제10호 라목부터 바목까지의 규정에 따라 취득한 농지로서 당해 사업목적으로 사용되는 토지 (2008. 2. 22. 개정)
6. 종중이 소유한 농지(2005년 12월 31일 이전에 취득한 것에 한한다) (2005. 12. 31. 신설)
7. 소유자(법 제88조 제6호에 따른 생계를 같이하는 자 중 소유자와 동거하면서 함께 영농에 종사한 자를 포함한다)가 질병, 고령, 징집, 취학, 선거에 의한 공직취임 그 밖에 기획재정부령이 정하는 부득이한 사유로 인하여 자경할 수 없는 경우로서 다음 각 목의 요건을 모두 갖춘 토지 (2017. 2. 3. 개정)

제83조의 3 【농지의 범위 등】① 영 제168조의 8 제3항 제7호 각 목 외의 부분에서 "질병"이라 함은 1년 이상의 치료나 요양을 필요로 하는 질병을 말한다. (2005. 12. 31. 신설)

가. 해당 사유 발생일부터 소급하여 5년 이상 계속하여 재촌하면서 자경한 농지로서 해당 사유 발생 이후에도 소유자가 재촌하고 있을 것. 이 경우 해당 사유 발생당시 소유자와 동거하던 법 제88조 제6호에 따른 생계를 같이하는 자가 농지 소재지에 재촌하고 있는 경우에는 그 소유자가 재촌하고 있는 것으로 본다. (2017. 2. 3. 개정)

나. 「농지법」 제23조에 따라 농지를 임대하거나 사용대할 것 (2008. 2. 22. 개정)

8. 「지방세특례제한법」 제22조·제41조·제50조 및 제89조에 따른 사회복지법인등, 학교등, 종교·제사 단체 및 정당이 그 사업에 직접 사용하는 농지 (2010. 9. 20. 개정 ; 지방세법 시행령 부칙)

9. 「한국농어촌공사 및 농지관리기금법」 제3조에 따른 한국농어촌공사가 같은 법 제24조의 4 제1항에 따라 8년 이상 수탁(개인에게서 수탁한 농지에 한한다)하여 임대하거나 사용대(使用貸)한 농지 (2009. 6. 26. 개정 ; 한국농촌공사~시행령 부칙)

9의 2. 「주한미군기지 이전에 따른 평택시 등의 지원 등에 관한 특별법」에 따라 수용된 농지를 대체하여 「부동산 거래신고 등에 관한 법률 시행령」 제10조 제1항 제3호에 따라 취득한 농지로서 해당 농지로부터 직선거리 80킬로미터 이내에 있는 지역에 재촌하는 자가 자경을 하는 농지 (2018. 2. 13. 개정)

10. 「농지법」 그 밖의 법률에 따라 소유할 수 있는 농지로서 기획재정부령이 정하는 농지 (2008. 2. 29. 직제개정 ; 기획재정부와~직제 부칙)

④ 법 제104조의 3 제1항 제1호 나목 본문에서 "대통령령으로 정하는 지역"이란 「국토의 계획 및 이용에 관한 법률」에 따른 녹지지역 및 개발제한구역을 말한다. (2010. 2. 18. 개정)

⑤ 법 제104조의 3 제1항 제1호 나목 단서에서 "소유자가 농지소재지에 거주하며 스스로 경작하던 농지"란 다음 각 호의 어느 하나에 해당하는 농지를 말한다. (2017. 2. 3. 개정)

1. 법 제104조의 3 제1항 제1호 나목 본문의 규정에 따른 도시지역에 편입된 날부터 소급하여 1년 이상 재촌하면서 자경하던 농지 (2005. 12. 31. 신설)

② 영 제168조의 8 제3항 제7호 각 목 외의 부분에서 "고령"이라 함은 65세 이상의 연령을 말한다. (2005. 12. 31. 신설)

③ 영 제168조의 8 제3항 제7호 각 목 외의 부분에서 "그 밖에 기획재정부령이 정하는 부득이한 사유"라 함은 「농지법 시행령」 제24조 제1항 제2호에 해당하는 경우를 말한다. (2008. 4. 29. 개정)

④ 영 제168조의 8 제7항에서 "기획재정부령이 정하는 서류"라 함은 다음 각 호의 서류를 말한다. (2008. 4. 29. 직제개정)

1. 별지 제90호 서식의 질병 등으로 인한 농지의 비사업용토지 제외신청서 (2005. 12. 31. 신설)

2.~3. 삭 제 (2006. 7. 5. ; 행정정보의 공동이용 및~일부 개정령)

4. 재직증명서(자경할 수 없는 사유가 공직취임인 경우에 한한다) (2005. 12. 31. 신설)

5. 재학증명서(자경할 수 없는 사유가 취학인 경우에 한한다) (2005. 12. 31. 신설)

6. 진단서 또는 요양증명서(자경할 수 없는 사유가 질병인 경우에 한한다) (2005. 12. 31. 신설)

7. 그 밖에 자경할 수 없는 사유를 확인할 수 있는 서류 (2005. 12. 31. 신설)

⑤ 영 제168조의 8 제7항에 따라 서류를 제출받은 납세지 관할 세무서장은 「전자정부법」 제36조 제1항에 따른 행정정보의 공동이용을 통하여 다음 각 호의 서류를 확인하여야 한다. 다만, 제1호에 따른 주민등록표 등본은 영 제168조의 8 제3항

나. 특별시·광역시(광역시에 있는 군은 제외한다. 이하 이 항에서 같다)·특별자치시(특별자치시에 있는 읍·면지역은 제외한다. 이하 이 항에서 같다)·특별자치도(「제주특별자치도 설치 및 국제자유도시 조성을 위한 특별법」 제10조 제2항에 따라 설치된 행정시의 읍·면지역은 제외한다. 이하 이 항에서 같다) 및 시지역(「지방자치법」 제3조 제4항에 따른 도농 복합형태인 시의 읍·면지역은 제외한다. 이하 이 항에서 같다) 중 「국토의 계획 및 이용에 관한 법률」에 따른 도시지역(대통령령으로 정하는 지역은 제외한다. 이하 이 호에서 같다)에 있는 농지. 다만, 대통

령령으로 정하는 바에 따라 소유자가 농지 소재지에 거주하며 스스로 경작하던 농지로서 특별시 · 광역시 · 특별자치시 · 특별자치도 및 시지역의 도시지역에 편입된 날부터 대통령령으로 정하는 기간이 지나지 아니한 농지는 제외한다. (2015. 7. 24. 개정 ; 제주특별자치도 설치 및~특별법 부칙)

2. 임야. 다만, 다음 각 목의 어느 하나에 해당하는 것은 제외한다. (2009. 12. 31. 개정)

　가. 「산림자원의 조성 및 관리에 관한 법률」에 따라 지정된 산림유전자원보호림, 보안림(保安林), 채종림(採種林), 시험림(試驗林), 그 밖에 공익을 위하여 필요하거나 산림의 보호 · 육성을 위하여 필요한 임야로서 대통령령으로 정하는 것 (2009. 12. 31. 개정)

2. 제3항 각 호의 어느 하나에 해당하는 농지 (2005. 12. 31. 신설)

⑥ 법 제104조의 3 제1항 제1호 나목 단서에서 "대통령령이 정하는 기간"이라 함은 3년을 말한다. (2015. 2. 3. 개정)

⑦ 제3항 제7호를 적용받고자 하는 자는 법 제105조 또는 법 제110조의 규정에 의한 양도소득세 과세표준 신고기한 내에 기획재정부령이 정하는 서류를 제출하여야 한다. (2008. 2. 29. 직제개정 ; 기획재정부와~직제 부칙)

　　제168조의 9 【임야의 범위 등】 ① 법 제104조의 3 제1항 제2호 가목에서 "공익을 위하여 필요하거나 산림의 보호 · 육성을 위하여 필요한 임야로서 대통령령으로 정하는 것"이란 다음 각 호의 어느 하나에 해당하는 임야를 말한다. (2010. 2. 18. 개정)

1. 「산림보호법」에 따른 산림보호구역, 「산림자원의 조성 및 관리에 관한 법률」에 따른 채종림(採種林) 또는 시험림 (2010. 3. 9. 개정 ; 산림보호법 시행령 부칙)

2. 「산지관리법」에 따른 산지 안의 임야로서 다음 각 목의 어느 하나에 해당하는 임야. 다만, 「국토의 계획 및 이용에 관한 법률」에 따른 도시지역(같은 법 시행령 제30조의 규정에 따른 보전녹지지역을 제외한다. 이하 이 호에서 같다) 안의 임야로서 도시지역으로 편입된 날부터 3년이 경과한 임야를 제외한다. (2015. 2. 3. 단서개정)

　가. 「산림자원의 조성 및 관리에 관한 법률」에 따른 산림경영계획 인가를 받아 시업(施業) 중인 임야 (2007. 2. 28. 개정)

　나. 「산림자원의 조성 및 관리에 관한 법률」에 따른 특수산림사업지구 안의 임야 (2007. 2. 28. 개정)

3. 사찰림 또는 동유림(洞有林) (2005. 12. 31. 신설)

4. 「자연공원법」에 따른 공원자연보존지구 및 공원자연환경지구 안의 임야 (2005. 12. 31. 신설)

5. 「도시공원 및 녹지 등에 관한 법률」에 따른 도시공원 안의 임야 (2005. 12. 31. 신설)

6. 「문화재보호법」에 따른 문화재보호구역 안의 임야 (2005. 12. 31. 신설)

6. 「문화유산의 보존 및 활용에 관한 법률」에 따른 보호구역 또는 「자연유산의 보존 및 활용에 관한 법률」에 따른 보호구역 안의 임야

제7호의 적용을 받으려는 자가 확인에 동의하지 아니하는 경우에는 그 서류를 제출하도록 하여야 한다. (2011. 3. 28. 개정)

1. 주민등록표 등본 (2006. 7. 5. 신설 ; 행정정보의 공동이용 및~일부 개정령)

2. 토지등기부 등본 또는 토지대장 등본 (2006. 7. 5. 신설 ; 행정정보의 공동이용 및~일부 개정령)

(2024. 5. 7. 개정 ; 문화재~부칙)

7. 「전통사찰의 보존 및 지원에 관한 법률」에 따라 전통사찰이 소유하고 있는 경내지 (2009. 6. 9. 개정 ; 전통사찰보존법 시행령 부칙)

8. 「개발제한구역의 지정 및 관리에 관한 특별조치법」에 따른 개발제한구역 안의 임야 (2005. 12. 31. 신설)

9. 「군사기지 및 군사시설 보호법」에 따른 군사기지 및 군사시설 보호구역 안의 임야 (2008. 9. 22. 개정 ; 군사기지 및 군사시설 보호법 시행령 부칙)

10. 「도로법」에 따른 접도구역 안의 임야 (2005. 12. 31. 신설)

11. 「철도안전법」에 따른 철도보호지구 안의 임야 (2005. 12. 31. 신설)

12. 「하천법」에 따른 홍수관리구역 안의 임야 (2008. 4. 3. 개정 ; 하천법 시행령 부칙)

13. 「수도법」에 따른 상수원보호구역 안의 임야 (2005. 12. 31. 신설)

14. 그 밖에 공익상 필요 또는 산림의 보호육성을 위하여 필요한 임야로서 기획재정부령이 정하는 임야 (2008. 2. 29. 직제개정 ; 기획재정부와~직제 부칙)

나. 대통령령으로 정하는 바에 따라 임야 소재지에 거주하는 자가 소유한 임야 (2009. 12. 31. 개정)

② 법 제104조의 3 제1항 제2호 나목에서 "임야소재지에 거주하는 자가 소유한 임야"라 함은 임야의 소재지와 동일한 시(특별자치시와(「제주특별자치도 설치 및 국제자유도시 조성을 위한 특별법」 제10조 제2항에 따라 설치된 행정시를 포함한다. 이하 이 조에서 같다)·군·구(자치구인 구를 말한다. 이하 이 조에서 같다), 그와 연접한 시·군·구 또는 임야로부터 직선거리 30킬로미터 이내에 있는 지역에 주민등록이 되어 있고 사실상 거주하는 자가 소유하는 임야를 말한다. (2023. 2. 28. 개정)

다. 토지의 소유자, 소재지, 이용 상황, 보유기간 및 면적 등을 고려하여 거주 또는 사업과 직접 관련이 있다고 인정할 만한 상당한 이유가 있는 임야로서 대통령령으로 정하는 것 (2009. 12. 31. 개정)

③ 법 제104조의 3 제1항 제2호 다목에서 "대통령령으로 정하는 것"이란 다음 각 호의 어느 하나에 해당하는 것을 말한다. (2010. 2. 18. 개정)

1. 「임업 및 산촌 진흥촉진에 관한 법률」에 따른 임업후계자가 산림용 종자, 산림용 묘목, 버섯, 분재, 야생화, 산나물 그 밖의 임산물의 생산에 사용하는 임야 (2005. 12. 31. 신설)

2. 「산림자원의 조성 및 관리에 관한 법률」에 따른 종·묘생산업자가

산림용 종자 또는 산림용 묘목의 생산에 사용하는 임야 (2007. 2. 28. 개정)
3. 「산림문화·휴양에 관한 법률」에 따른 자연휴양림을 조성 또는 관리·운영하는 사업에 사용되는 임야 (2007. 2. 28. 개정)
4. 「수목원·정원의 조성 및 진흥에 관한 법률」에 따른 수목원을 조성 또는 관리·운영하는 사업에 사용되는 임야 (2015. 7. 20. 개정 ; 수목원 조성 및 진흥에 관한 법률 시행령 부칙)
5. 산림계가 그 고유목적에 직접 사용하는 임야 (2005. 12. 31. 신설)
6. 「지방세특례제한법」 제22조·제41조·제50조 및 제89조에 따른 사회복지법인등, 학교등, 종교·제사 단체 및 정당이 그 사업에 직접 사용하는 임야 (2010. 9. 20. 개정 ; 지방세법 시행령 부칙)
7. 상속받은 임야로서 상속개시일부터 3년이 경과하지 아니한 임야 (2005. 12. 31. 신설)
8. 종중이 소유한 임야(2005년 12월 31일 이전에 취득한 것에 한한다) (2005. 12. 31. 신설)
9. 그 밖에 토지의 소유자, 소재지, 이용상황, 소유기간 및 면적 등을 고려하여 거주 또는 사업과 직접 관련이 있는 임야로서 기획재정부령으로 정하는 임야 (2021. 1. 5. 개정 ; 어려운~대통령령)

　　제168조의 10 【목장용지의 범위 등】 ① 법 제104조의 3 제1항 제3호에서 "목장용지"라 함은 축산용으로 사용되는 축사와 부대시설의 토지, 초지 및 사료포(飼料圃)를 말한다. (2005. 12. 31. 신설)
② 법 제104조의 3 제1항 제3호 각 목 외의 부분 단서에서 "거주 또는 사업과 직접 관련이 있다고 인정할 만한 상당한 이유가 있는 목장용지로서 대통령령으로 정하는 것"이란 다음 각 호의 어느 하나에 해당하는 것을 말한다. (2010. 2. 18. 개정)
1. 상속받은 목장용지로서 상속개시일부터 3년이 경과하지 아니한 것 (2005. 12. 31. 신설)
2. 종중이 소유한 목장용지(2005년 12월 31일 이전에 취득한 것에 한한다) (2005. 12. 31. 신설)
3. 「지방세특례제한법」 제22조·제41조·제50조 및 제89조에 따른 사회복지법인등, 학교등, 종교·제사 단체 및 정당이 그 사업에 직

3. 목장용지로서 다음 각 목의 어느 하나에 해당하는 것. 다만, 토지의 소유자, 소재지, 이용 상황, 보유기간 및 면적 등을 고려하여 거주 또는 사업과 직접 관련이 있다고 인정할 만한 상당한 이유가 있는 목장용지로서 대통령령으로 정하는 것은 제외한다. (2009. 12. 31. 개정)
　가. 축산업을 경영하는 자가 소유하는 목장용지로서 대통령령으로 정하는 축산용 토지의 기준면적을 초과하거나 특별시·광역시·특별자치시·특별자치도 및 시지역의 도시지역(대통령령으로 정하는 지역은 제외한다. 이하 이 호에서 같다)에 있는 것(도시지역에 편입된 날부터 대통령령으로 정하는 기간이 지나지 아니한 경우는 제외한다) (2013. 1. 1. 개정)
　나. 축산업을 경영하지 아니하는 자가 소유하는 토지 (2009. 12. 31. 개정)

4. 농지, 임야 및 목장용지 외의 토지 중 다음 각 목을 제외한 토지 (2009. 12. 31. 개정)

　가. 「지방세법」 또는 관계 법률에 따라 재산세가 비과세되거나 면제되는 토지 (2009. 12. 31. 개정)

　나. 「지방세법」 제106조 제1항 제2호 및 제3호에 따른 재산세 별도합산과세대상 또는 분리과세대상이 되는 토지 (2010. 3. 31. 개정 ; 지방세법 부칙)

　다. 토지의 이용 상황, 관계 법률의 의무 이행 여부 및 수입금액 등을 고려하여 거주 또는 사업과 직접 관련이 있다고 인정할 만한 상당한 이유가 있는 토지로서 대통령령으로 정하는 것 (2009. 12. 31. 개정)

5. ☞ p.2823

접 사용하는 목장용지 (2010. 9. 20. 개정 ; 지방세법 시행령 부칙)

4. 그 밖에 토지의 소유자, 소재지, 이용상황, 소유기간 및 면적 등을 고려하여 거주 또는 사업과 직접 관련이 있는 목장용지로서 기획재정부령으로 정하는 것 (2021. 1. 5. 개정 ; 어려운~대통령령)

③ 법 제104조의 3 제1항 제3호 가목에서 "대통령령으로 정하는 축산용 토지의 기준면적"이란 별표 1의 3에 규정된 가축별 기준면적과 가축두수를 적용하여 계산한 토지의 면적을 말한다. (2010. 2. 18. 개정)

④ 법 제104조의 3 제1항 제3호 가목에서 "대통령령으로 정하는 지역"이란 「국토의 계획 및 이용에 관한 법률」에 따른 녹지지역 및 개발제한구역을 말한다. (2010. 2. 18. 개정)

⑤ 법 제104조의 3 제1항 제3호 가목에서 "대통령령으로 정하는 기간"이란 3년을 말한다. (2015. 2. 3. 개정)

제168조의 11 【사업에 사용되는 그 밖의 토지의 범위】 ① 법 제104조의 3 제1항 제4호 다목에서 "거주 또는 사업과 직접 관련이 있다고 인정할 만한 상당한 이유가 있는 토지로서 대통령령으로 정하는 것"이란 다음 각 호의 어느 하나에 해당하는 토지를 말한다. (2010. 2. 18. 개정)

1. 운동장·경기장 등 체육시설용 토지로서 다음 각 목의 어느 하나에 해당하는 것 (2005. 12. 31. 신설)

　가. 선수전용 체육시설용 토지 (2005. 12. 31. 신설)

　　(1) 「국민체육진흥법」에 따라 직장운동경기부를 설치한 자가 선수전용으로 계속하여 제공하고 있는 체육시설용 토지로서 기획재정부령이 정하는 선수전용 체육시설의 기준면적 이내의 토지. 다만, 직장운동경기부가 기획재정부령이 정하는 선수·지도자 등에 관한 요건에 해당하지 아니하는 경우에는 그러하지 아니하다. (2008. 2. 29. 직제개정 ; 기획재정부와~직제 부칙)

　　(2) 운동경기업을 영위하는 자가 선수훈련에 직접 사용하는 체육시설로서 기획재정부령이 정하는 기준면적 이내의 토지 (2008. 2. 29. 직제개정 ; 기획재정부와~직제 부칙)

　나. 종업원 체육시설용 토지 (2008. 2. 29. 직제개정 ; 기획재정부

제83조의 4 【사업에 사용되는 그 밖의 토지의 범위】 ① 영 제168조의 11 제1항 제1호 가목 (1) 본문에서 "기획재정부령이 정하는 선수전용 체육시설의 기준면적"이라 함은 별표 3의 기준면적을 말한다. (2008. 4. 29. 직제개정)

② 영 제168조의 11 제1항 제1호 가목 (1) 단서에서 "기획재정부령이 정하는 선수·지도자 등에 관한 요건"이라 함은 다음 각 호의 모든 요건을 말한다. (2008. 4. 29. 직제개정)

·예 판··

주차장용으로 임대하는 토지는 양도소득세 중과대상 비사업용 토지에서
제외되지 않음. (서면4팀 – 113, 2006. 9. 18.)

···

3. 「사회기반시설에 대한 민간투자법」에 따라 지정된 사업시행자가
　동법에서 규정하는 민간투자사업의 시행으로 조성한 토지 및 그 밖
　의 법률에 따라 사업시행자가 조성하는 토지로서 기획재정부령이
　정하는 토지. 다만, 토지의 조성이 완료된 날부터 2년이 경과한 토
　지를 제외한다. (2008. 2. 29. 직제개정 ; 기획재정부와~직제 부칙)
4. 「청소년활동진흥법」에 따른 청소년수련시설용 토지로서 동법에 따
　른 시설·설비기준을 갖춘 토지. 다만, 기획재정부령이 정하는 기
　준면적을 초과하는 토지를 제외한다. (2008. 2. 29. 직제개정 ; 기획
　재정부와~직제 부칙)
5. 종업원 등의 예비군훈련을 실시하기 위하여 소유하는 토지로
　서 다음 각 목의 요건을 모두 갖춘 토지 (2005. 12. 31. 신설)
　가. 지목이 대지 또는 공장용지가 아닐 것 (2005. 12. 31. 신설)
　나. 「국토의 계획 및 이용에 관한 법률」에 따른 도시지역의 주거지
　　역·상업지역 및 공업지역 안에 소재하지 아니할 것 (2005. 12.
　　31. 신설)
　다. 기획재정부령이 정하는 시설기준을 갖추고 기획재정부령이 정
　　하는 기준면적 이내일 것 (2008. 2. 29. 직제개정 ; 기획재정부
　　와~직제 부칙)
　라. 수임 군부대의 장으로부터 예비군훈련의 실시를 위임받은 자가
　　소유할 것 (2005. 12. 31. 신설)
6. 「관광진흥법」에 따른 전문휴양업·종합휴양업 등 기획재정부령이
　정하는 휴양시설업용 토지로서 기획재정부령이 정하는 기준면적
　이내의 토지 (2008. 2. 29. 직제개정 ; 기획재정부와~직제 부칙)
7. 하치장용 등의 토지 (2018. 2. 13. 개정)
　물품의 보관·관리를 위하여 별도로 설치·사용되는 하치장·야
　적장·적치장(積置場) 등(「건축법」에 따른 건축허가를 받거나 신

☞ p.2821 2단 연결

와~직제 부칙)
종업원의 복지후생을 위하여 설치한 체육시설용 토지 중 기획
재정부령이 정하는 종업원 체육시설의 기준면적 이내의 토지.
다만, 기획재정부령이 정하는 종업원 체육시설의 기준에 적합
하지 아니하는 경우에는 그러하지 아니하다.
다. 「체육시설의 설치·이용에 관한 법률」에 따른 체육시설업을
　영위하는 자가 동법의 규정에 따른 적합한 시설 및 설비를 갖
　추고 당해 사업에 직접 사용하는 토지 (2005. 12. 31. 신설)
라. 경기장운영업을 영위하는 자가 당해 사업에 직접 사용하는 토
　지 (2005. 12. 31. 신설)
2. 주차장용 토지로서 다음 각 목의 어느 하나에 해당하는 것 (2005.
12. 31. 신설)
가. 「주차장법」에 따른 부설주차장(주택의 부설주차장을 제외한다.
　이하 이 목에서 같다)으로서 동법에 따른 부설주차장 설치기준
　면적 이내의 토지. 다만, 제6호의 규정에 따른 휴양시설업용 토
　지 안의 부설주차장용 토지에 대하여는 제6호에서 정하는 바에
　의한다. (2005. 12. 31. 신설)
나. 「지방세법 시행령」 제101조 제3항 제1호에 따른 사업자 외의
　자로서 업무용자동차(승용자동차·이륜자동차 및 종업원의
　통근용 승합자동차를 제외한다)를 필수적으로 보유하여야 하
　는 사업에 제공되는 업무용자동차의 주차장용 토지. 다만, 소
　유하는 업무용자동차의 차종별 대수에 「여객자동차 운수사업
　법」 또는 「화물자동차 운수사업법」에 규정된 차종별 대당 최
　저보유차고면적기준을 곱하여 계산한 면적을 합한 면적(이하
　"최저차고기준면적"이라 한다)에 1.5를 곱하여 계산한 면적
　이내의 토지에 한한다. (2010. 9. 20. 개정 ; 지방세법 시행령
　부칙)
다. 주차장운영업용 토지 (2005. 12. 31. 신설)
　주차장운영업을 영위하는 자가 소유하고, 「주차장법」에 따른
　노외주차장으로 사용하는 토지로서 토지의 가액에 대한 1년간
　의 수입금액의 비율이 재정경제부령이 정하는 율 이상인 토지

1. 선수는 대한체육회에 가맹된 경기단체
　에 등록되어 있는 자일 것 (2005. 12.
　31. 신설)
2. 경기종목별 선수의 수는 당해 종목의 경
　기정원 이상일 것 (2005. 12. 31. 신설)
3. 경기종목별로 경기지도자가 1인 이상일
　것 (2005. 12. 31. 신설)
③ 영 제168조의 11 제1항 제1호 가목 (2)
에서 "기획재정부령이 정하는 기준면적"
이라 함은 별표 4의 기준면적을 말한다.
(2008. 4. 29. 직제개정)
④ 영 제168조의 11 제1항 제1호 나목 본
문에서 "기획재정부령이 정하는 종업원 체
육시설의 기준면적"이라 함은 별표 5의 기
준면적을 말한다. (2008. 4. 29. 직제개정)
⑤ 영 제168조의 11 제1항 제1호 나목 단
서에서 "기획재정부령이 정하는 종업원체
육시설의 기준"이라 함은 다음 각 호의 기
준을 말한다. (2008. 4. 29. 직제개정)
1. 운동장과 코트는 축구·배구·테니스
　경기를 할 수 있는 시설을 갖출 것
　(2005. 12. 31. 신설)
2. 실내체육시설은 영구적인 시설물이어야
　하고, 탁구대를 2면 이상을 둘 수 있는
　규모일 것 (2005. 12. 31. 신설)
⑥ 영 제168조의 11 제1항 제2호 다목에서
"기획재정부령이 정하는 율"이라 함은 100
분의 3을 말한다. (2008. 4. 29. 직제개정)
⑦ 영 제168조의 11 제1항 제3호 본문에
서 "기획재정부령이 정하는 토지"라 함은
다음 각 호의 어느 하나에 해당하는 토지
를 말한다. (2008. 4. 29. 직제개정)

유지를 위한 부지를 말한다)로서 다음 각 목의 어느 하나에 해당하는 토지 (2015. 6. 1. 개정 ; 측량·수로조사 및~시행령 부칙)

가. 「양식산업발전법」 제43조 제1항 제1호에 따라 허가를 받은 육상해수양식업 또는 「수산종자산업육성법」에 따라 허가를 받은 수산종자생산업에 사용되는 토지 (2021. 2. 17. 개정)

나. 「내수면어업법」 및 「양식산업발전법」(같은 법 제10조 제1항 제7호의 내수면양식업 및 제43조 제1항 제2호의 육상등 내수양식업으로 한정한다)에 따라 시장·군수 또는 구청장(자치구의 구청장을 말하며, 서울특별시의 한강의 경우에는 한강관리에 관한 업무를 관장하는 기관의 장을 말한다. 이하 이 목에서 같다)으로부터 면허 또는 허가를 받거나 시장·군수·구청장에게 신고한 자가 당해 면허어업(양식업 면허의 경우를 포함한다)·허가어업(양식업 허가의 경우를 포함한다) 및 신고어업에 사용하는 토지 (2021. 2. 17. 개정)

다. 가목 및 나목 외의 토지로서 토지의 가액에 대한 1년간의 수입금액의 비율이 기획재정부령이 정하는 율 이상인 토지 (2008. 2. 29. 직제개정 ; 기획재정부와~직제 부칙)

12. 블록·석물·토관제조업용 토지, 화훼판매시설업용 토지, 조경작물식재업용 토지, 자동차정비·중장비정비·중장비운전 또는 농업에 관한 과정을 교습하는 학원용 토지 그 밖에 이와 유사한 토지로서 기획재정부령이 정하는 토지의 경우에는 토지의 가액에 대한 1년간의 수입금액의 비율이 기획재정부령이 정하는 율 이상인 토지 (2008. 2. 29. 직제개정 ; 기획재정부와~직제 부칙)

13. 주택을 소유하지 아니하는 1세대가 소유하는 1필지의 나지[裸地(제1호 내지 제12호에 해당하지 아니하 는 토지로서 어느 용도로도 사용되고 있지 아니한 토지를 말한다)]로서 주택 신축의 가능여부 등을 고려하여 기획재정부령이 정하는 기준에 해당하는 토지(660제곱미터 이내에 한한다) (2008. 2. 29. 직제개정 ; 기획재정부와~직제 부칙)

14. 그 밖에 제1호부터 제13호까지에서 규정한 토지와 유사한 토지 중 토지의 이용 상황, 관계 법령의 이행여부 등을 고려하여 사업과

☞ p.2822 2단 연결

고를 하여야 하는 건축물로서 허가 또는 신고없이 건축한 창고용 건축물의 부속토지를 포함한다)으로서 매년 물품의 보관·관리에 사용된 최대면적의 100분의 120 이내의 토지

● 예판 ···

• 자원의 절약과 재활용 촉진에 관한 법률에 따라 재활용사업에 종사하는 사업자가 재활용가능자원의 수집·보관에 사용하는 토지는 양도소득세 중과대상 비사업용 토지의 범위에서 제외되는 하치장용 토지에 해당함. (서면4팀 – 315, 2007. 1. 23.)
• 토지 임차인이 물품의 보관·관리를 위해 별도로 설치·사용되는 야적장은 양도소득세 중과대상 비사업용 토지의 범위에서 제외되는 하치장용 토지에 해당함. (서면5팀 – 3013, 2007. 11. 15.)

··

8. 골재채취장용 토지 (2005. 12. 31. 신설)
「골재채취법」에 따라 시장·군수 또는 구청장(자치구의 구청장에 한한다)으로부터 골재채취의 허가를 받은 자가 허가받은 바에 따라 골재채취에 사용하는 토지

● 예판 ···

골재채취법에 의한 허가를 받아 골재채취에 사용하는 토지는 그 허가 받은 자의 소유가 아니더라도 양도소득세 중과대상 비사업용 토지의 범위에서 제외함. (재재산 – 149, 2007. 2. 1.)

··

9. 「폐기물관리법」에 따라 허가를 받아 폐기물처리업을 영위하는 자가 당해 사업에 사용하는 토지 (2005. 12. 31. 신설)

10. 광천지[鑛泉地(청량음료제조업·온천장업 등에 사용되는 토지로서 지하에서 온수·약수 등이 용출되는 용출구 및 그 유지를 위한 부지를 말한다)]로서 토지의 가액에 대한 1년간의 수입금액의 비율이 기획재정부령이 정하는 율 이상인 토지 (2008. 2. 29. 직제개정 ; 기획재정부와~직제 부칙)

11. 「공간정보의 구축 및 관리 등에 관한 법률」에 따른 양어장 또는 지소(池沼)용 토지(내수면양식업·낚시터운영업 등에 사용되는 댐·저수지·소류지(小溜池) 및 자연적으로 형성된 호소와 이들의

---

1. 「경제자유구역의 지정 및 운영에 관한 법률」에 따른 개발사업시행자가 경제자유구역개발계획에 따라 경제자유구역 안에서 조성한 토지 (2005. 12. 31. 신설)

2. 「관광진흥법」에 따른 사업시행자가 관광단지 안에서 조성한 토지 (2005. 12. 31. 신설)

3. 「기업도시개발특별법」에 따라 지정된 개발사업시행자가 개발구역 안에서 조성한 토지 (2008. 4. 29. 개정)

4. 「물류시설의 개발 및 운영에 관한 법률」에 따른 물류단지개발사업시행자가 해당 물류단지 안에서 조성한 토지 (2008. 4. 29. 개정)

5. 「중소기업진흥 및 제품구매촉진에 관한 법률」에 따라 단지조성사업의 실시계획이 승인된 지역의 사업시행자가 조성한 토지 (2005. 12. 31. 신설)

6. 「지역균형개발 및 지방중소기업 육성에 관한 법률」에 따라 지정된 개발촉진지구 안의 사업시행자가 조성한 토지 (2005. 12. 31. 신설)

7. 「한국컨테이너부두공단법」에 따라 설립된 한국컨테이너부두공단이 조성한 토지 (2005. 12. 31. 신설)

⑧ 영 제168조의 11 제1항 제4호 단서에서 "기획재정부령이 정하는 기준면적"이라 함은 수용정원에 200제곱미터를 곱한 면적을 말한다. (2008. 4. 29. 직제개정)

⑨ 영 제168조의 11 제1항 제5호 다목의 규정에 따른 시설기준은 별표 6 제1호와 같다. (2005. 12. 31. 신설)

관련된 1과세기간의 수입금액은 다음 산식에 따라 계산한다. (2005. 12. 31. 신설)

당해 토지 등에 관련된 1과세기간의 수입금액 = 당해 토지 등과 기타토지 등에 공통으로 관련된 1과세기간의 수입금액 × (당해 과세기간의 당해 토지의 가액 ÷ 당해 과세기간의 당해 토지의 가액과 그 밖의 토지의 가액의 합계액)

3. 사업의 신규개시·폐업, 토지의 양도 또는 법령에 따른 토지의 사용금지 그 밖의 부득이한 사유로 인하여 1과세기간 중 당해 토지에서 사업을 영위한 기간이 1년 미만인 경우에는 당해 기간 중의 수입금액을 1년간으로 환산하여 연간수입금액을 계산한다. (2005. 12. 31. 신설)

④ 제2항 및 제3항에서 "당해 과세기간의 토지가액"이라 함은 당해 과세기간 종료일(과세기간 중에 양도한 경우에는 양도일)의 기준시가를 말한다. (2005. 12. 31. 신설)

⑤ 법 제104조의 3 제1항의 규정을 적용함에 있어서 연접하여 있는 다수 필지의 토지가 하나의 용도에 일괄하여 사용되고 그 총면적이 비사업용 토지 해당여부의 판정기준이 되는 면적(이하 이 항에서 "기준면적"이라 한다)을 초과하는 경우에는 다음 각 호의 구분에 따라 해당 호의 각목의 순위에 따른 토지의 전부 또는 일부를 기준면적 초과부분으로 본다. (2005. 12. 31. 신설)

1. 토지 위에 건축물 및 시설물이 없는 경우 (2005. 12. 31. 신설)
　가. 취득시기가 늦은 토지 (2005. 12. 31. 신설)
　나. 취득시기가 동일한 경우에는 거주자가 선택하는 토지 (2005. 12. 31. 신설)
2. 토지 위에 건축물 또는 시설물이 있는 경우 (2005. 12. 31. 신설)
　가. 건축물의 바닥면적 또는 시설물의 수평투영면적을 제외한 토지 중 취득시기가 늦은 토지 (2005. 12. 31. 신설)
　나. 취득시기가 동일한 경우에는 거주자가 선택하는 토지 (2005. 12. 31. 신설)

⑥ 법 제104조의 3 제1항의 규정을 적용함에 있어서 토지 위에 하나

☞ p.2823 2단 연결

직접 관련이 있다고 인정할 만한 토지로서 기획재정부령으로 정하는 토지 (2021. 1. 5. 개정 ; 어려운~대통령령)

② 제1항 제2호 다목, 제10호, 제11호 다목 및 제12호의 규정을 적용함에 있어서 토지의 가액에 대한 1년간의 수입금액의 비율(이하 이 항에서 "수입금액비율"이라 한다)은 과세기간별로 계산하되, 다음 각 호의 비율 중 큰 것으로 한다. 이 경우 당해 토지에서 발생한 수입금액을 토지의 필지별로 구분할 수 있는 경우에는 필지별로 수입금액비율을 계산한다. (2005. 12. 31. 신설)

1. 당해 과세기간의 연간수입금액을 당해 과세기간의 토지가액으로 나눈 비율 (2005. 12. 31. 신설)
2. (당해 과세기간의 연간수입금액 + 직전 과세기간의 연간수입금액) ÷ (당해 과세기간의 토지가액 + 직전 과세기간의 토지가액) (2005. 12. 31. 신설)

양도소득세 중과대상 비사업용 토지 여부를 판정하기 위한 1년간의 수입금액의 비율 계산시 사업의 신규개시 및 토지의 양도로 인해 1과세기간 중 당해 토지에서 사업을 영위한 기간이 1년 미만인 경우에는 당해 기간 중의 수입금액을 1년간으로 환산한 금액을 1년간의 수입금액으로 함. (서면4팀-3320, 2007. 11. 16.)

③ 제2항에서 "연간수입금액"이라 함은 다음 각 호에 규정한 방법에 따라 계산한 금액을 말한다. (2005. 12. 31. 신설)

1. 당해 토지 및 건축물·시설물 등에 관련된 사업의 1과세기간의 수입금액으로 하되, 당해 토지 및 건축물·시설물 등에 대하여 전세 또는 임대계약을 체결하여 전세금 또는 보증금을 받는 경우에는 「부가가치세법 시행령」 제65조 제1항에 따른 산식을 준용하여 계산한 금액을 합산한다. (2013. 6. 28. 개정 ; 부가가치세법 시행령 부칙)
2. 1과세기간의 수입금액이 당해 토지 및 건축물·시설물 등(이하 이 호에서 "당해 토지 등"이라 한다)과 그 밖의 토지 및 건축물·시설물 등(이하 이 호에서 "기타토지 등"이라 한다)에 공통으로 관련되고 있어 그 실지귀속을 구분할 수 없는 경우에는 당해 토지 등에

⑩ 영 제168조의 11 제1항 제5호 다목의 규정에 따른 기준면적은 별표 6 제2호와 같다. (2005. 12. 31. 신설)

⑪ 영 제168조의 11 제1항 제6호에서 "기획재정부령이 정하는 휴양시설용 토지"라 함은 「관광진흥법」에 따른 전문휴양업·종합휴양업 그 밖에 이와 유사한 시설을 갖추고 타인의 휴양이나 여가선용을 위하여 이를 이용하게 하는 사업용 토지(「관광진흥법」에 따른 전문휴양업·종합휴양업 그 밖에 이와 유사한 휴양시설업의 일부로 운영되는 스키장업 또는 수영장업용 토지를 포함하며, 온천장용 토지를 제외한다)를 말한다. (2008. 4. 29. 직제개정)

⑫ 영 제168조의 11 제1항 제6호에서 "기획재정부령이 정하는 기준면적"이란 다음 각 호의 기준면적을 합한 면적을 말한다. (2009. 4. 14. 개정)

1. 옥외 동물방목장 및 옥외 식물원이 있는 경우 그에 사용되는 토지의 면적 (2005. 12. 31. 신설)
2. 부설주차장이 있는 경우 「주차장법」에 따른 부설주차장 설치기준면적의 2배 이내의 부설주차장용 토지의 면적. 다만, 「도시교통정비 촉진법」에 따라 교통영향분석·개선대책이 수립된 주차장의 경우에는 같은 법 제16조 제4항에 따라 해당 사업자에게 통보된 주차장용 토지면적으로 한다. (2009. 4. 14. 단서개정)
3. 「지방세법 시행령」 제101조 제1항 제2호에 따른 건축물이 있는 경우 재산세

〈제104조의 3 ①〉

5. 「지방세법」 제106조 제2항에 따른 주택부속토지 중 주택이 정착된 면적에 지역별로 대통령령으로 정하는 배율을 곱하여 산정한 면적을 초과하는 토지 (2010. 3. 31. 개정 ; 지방세법 부칙)

6. 주거용 건축물로서 상시주거용으로 사용하지 아니하고 휴양, 피서,

이상의 건축물(시설물 등을 포함한다. 이하 이 항에서 같다)이 있고, 그 건축물이 거주자의 거주 또는 특정 사업에 사용되는 부분(다수의 건축물 중 거주 또는 특정 사업에 사용되는 일부 건축물을 포함한다. 이하 이 항에서 "특정용도분"이라 한다)과 그러하지 아니한 부분이 함께 있는 경우 건축물의 바닥면적 및 부속토지면적(이하 이 항에서 "부속토지면적 등"이라 한다) 중 특정용도분의 부속토지면적 등의 계산은 다음 산식에 의한다. (2005. 12. 31. 신설)

1. 하나의 건축물이 복합용도로 사용되는 경우 (2005. 12. 31. 신설)

특정용도분의 부속토지면적 등 = 건축물의 부속토지면적 등 × 특정용도분의 연면적 / 건축물의 연면적

2. 동일경계 안에 용도가 다른 다수의 건축물이 있는 경우 (2005. 12. 31. 신설)

특정용도분의 부속토지면적 = 다수의 건축물의 전체 부속토지면적 × 특정용도분의 바닥면적 / 다수의 건축물의 전체 바닥면적

⑦ 법 제104조의 3 제1항을 적용할 때 업종의 분류는 이 영에 특별한 규정이 있는 경우를 제외하고는 「통계법」에 따라 통계청장이 고시하는 한국표준산업분류에 따른다. (2009. 2. 4. 개정)

제168조의 12 【주택부수토지의 범위】 법 제104조의 3 제1항 제5호에서 "지역별로 대통령령으로 정하는 배율"이란 다음 각 호의 배율을 말한다. (2010. 2. 18. 개정)

1. 「국토의 계획 및 이용에 관한 법률」 제6조 제1호에 따른 도시지역 내의 토지 : 다음 각 목에 따른 배율 (2020. 2. 11. 개정)

가. 「수도권정비계획법」 제2조 제1호에 따른 수도권(이하 이 호에서 "수도권"이라 한다) 내의 토지 중 주거지역·상업지역 및 공업지역 내의 토지 : 3배 (2020. 2. 11. 개정)

나. 수도권 내의 토지 중 녹지지역 내의 토지 : 5배 (2020. 2. 11. 개정)

다. 수도권 밖의 토지 : 5배 (2020. 2. 11. 개정)

2. 그 밖의 토지 : 10배 (2012. 2. 2. 개정)

제168조의 13 【별장의 범위와 적용기준】 법 제104조의 3 제1

종합합산과세대상 토지 중 건축물의 바닥면적(건물 외의 시설물인 경우에는 그 수평투영면적을 말한다)에 동조 제2항의 규정에 따른 용도지역별 배율을 곱하여 산정한 면적 범위 안의 건축물 부속토지의 면적 (2011. 3. 28. 개정)

⑬ 영 제168조의 11 제1항 제10호 및 제11호 다목에서 "기획재정부령이 정하는 율"이라 함은 100분의 4를 말한다. (2008. 4. 29. 직제개정)

⑭ 영 제168조의 11 제1항 제12호에서 "기획재정부령이 정하는 토지"라 함은 블록·석물·토관·벽돌·콘크리트제품·옹기·철근·비철금속·플라스틱파이프·골재·조경작물·화훼·분재·농산물·수산물·축산물의 도매업 및 소매업용(농산물·수산물 및 축산물의 경우에는 「유통산업발전법」에 따른 시장과 그 밖에 이와 유사한 장소에서 운영하는 경우에 한한다) 토지를 말한다. (2008. 4. 29. 직제개정)

⑮ 영 제168조의 11 제1항 제12호에서 "기획재정부령이 정하는 율"이라 함은 다음 각 호의 규정에 따른 율을 말한다. (2008. 4. 29. 직제개정)

1. 블록·석물 및 토관제조업용 토지 (2005. 12. 31. 신설)

100분의 20

2. 조경작물식재업용 토지 및 화훼판매시설업용 토지 (2005. 12. 31. 신설)

100분의 7

3. 자동차정비·중장비정비·중장비운전에 관한 과정을 교습하는 학원용 토지

위락 등의 용도로 사용하는 건축물(이하 이 호에서 "별장"이라 한다)의 부속토지. 다만, 「지방자치법」 제3조 제3항 및 제4항에 따른 읍 또는 면에 소재하고 대통령령으로 정하는 범위와 기준에 해당하는 농어촌주택의 부속토지는 제외하며, 별장에 부속된 토지의 경계가 명확하지 아니한 경우에는 그 건축물 바닥면적의 10배에 해당하는 토지를 부속토지로 본다. (2014. 12. 23. 개정)

7. 그 밖에 제1호부터 제6호까지와 유사한 토지로서 거주자의 거주 또는 사업과 직접 관련이 없다고 인정할 만한 상당한 이유가 있는 대통령령으로 정하는 토지 (2009. 12. 31. 개정)

② 제1항을 적용할 때 토지 취득 후 법률에 따른 사용 금지나 그 밖에 대통령령으로 정하는 부득이한 사유가 있어 그 토지가 제1항 각 호의 어느 하나에 해당하는 경우에는 대통령령으로 정하는 바에 따라 그 토지를 비사업용 토지로 보지 아니할 수 있다. (2009. 12. 31. 개정)

③ 제1항과 제2항을 적용할 때 농지·임야·목장용지의 범위 등에 관하여 필요한 사항은 대통령령으로 정한다. (2009. 12. 31. 개정)

항 제6호 단서에서 "대통령령으로 정하는 범위와 기준에 해당하는 농어촌 주택의 부속토지"란 다음 각 호의 요건을 모두 갖춘 주택의 부속토지를 말한다. (2015. 2. 3. 개정)

1. 건물의 연면적이 150제곱미터 이내이고 그 건물의 부속토지의 면적이 660제곱미터 이내일 것 (2005. 12. 31. 신설)

2. 건물과 그 부속토지의 가액이 기준시가 2억원 이하일 것 (2015. 2. 3. 개정)

3. 「조세특례제한법」 제99조의 4 제1항 제1호 가목 1)부터 4)까지의 어느 하나에 해당하는 지역을 제외한 지역에 소재할 것 (2010. 12. 30. 개정)

제168조의 14 【부득이한 사유가 있어 비사업용 토지로 보지 않는 토지의 판정기준 등】 (2021. 1. 5. 제목개정 ; 어려운~대통령령)

① 법 제104조의 3 제2항에 따라 다음 각 호의 어느 하나에 해당하는 토지는 해당 각 호에서 규정한 기간동안 법 제104조의 3 제1항 각 호의 어느 하나에 해당하지 않는 토지로 보아 같은 항에 따른 비사업용 토지(이하 "비사업용 토지"라 한다)에 해당하는지를 판정한다. (2021. 1. 5. 개정 ; 어려운~대통령령)

1. 토지를 취득한 후 법령에 따라 사용이 금지 또는 제한된 토지 : 사용이 금지 또는 제한된 기간 (2005. 12. 31. 신설)

● 예 판 ●

농지가 법률상 사용이 제한되었더라도 농지 본래의 용도인 경작 자체가 금지 또는 제한되지 아니한 경우에는 '법령에 따라 사용이 금지 또는 제한된 토지'에 해당하지 아니함. (재산 - 3655, 2008. 11. 6.)

2. 토지를 취득한 후 「문화재보호법」에 따라 지정된 보호구역 안의 토지 : 보호구역으로 지정된 기간 (2005. 12. 31. 신설)

2. 토지를 취득한 후 「문화유산의 보존 및 활용에 관한 법률」 또는 「자연유산의 보존 및 활용에 관한 법률」에 따라 지정된 보호구역 안의 토지 : 보호구역으로 지정된 기간 (2024. 5. 7. 개정 ; 문화재~부칙)

3. 제1호 및 제2호에 해당되는 토지로서 상속받은 토지 : 상속개시일부터 제1호 및 제2호에 따라 계산한 기간 (2008. 2. 22. 신설)

(2005. 12. 31. 신설)

100분의 10

4. 농업에 관한 과정을 교습하는 학원용 토지 (2005. 12. 31. 신설)

100분의 7

5. 제14항의 규정에 따른 토지 (2005. 12. 31. 신설)

100분의 10

⑯ 영 제168조의 11 제1항 제13호에서 "주택 신축의 가능여부 등을 고려하여 기획재정부령이 정하는 기준에 해당하는 토지"란 법령의 규정에 따라 주택의 신축이 금지 또는 제한되는 지역에 소재하지 아니하고, 그 지목이 대지이거나 실질적으로 주택을 신축할 수 있는 토지(「건축법」 제44조에 따른 대지와 도로와의 관계를 충족하지 못하는 토지를 포함한다)를 말한다. (2009. 4. 14. 개정)

⑰ 영 제168조의 11 제1항 제13호 및 제16항의 규정을 적용함에 있어서 나지가 2필지 이상인 경우에는 당해 세대의 구성원이 제16항의 규정에 따른 토지를 선택할 수 있다. 다만, 제18항의 규정에 따른 무주택세대 소유 나지의 비사업용토지 제외신청서를 제출하지 아니한 경우에는 제16항의 규정에 따른 토지에 해당하는 필지의 결정은 다음 각 호의 방법에 의한다. (2005. 12. 31. 신설)

1. 1세대의 구성원 중 2인 이상이 나지를 소유하고 있는 경우에는 다음의 순서를 적용한다. (2005. 12. 31. 신설)

가. 세대주 (2005. 12. 31. 신설)

가. 사업인정고시일이 2006년 12월 31일 이전인 토지 (2021. 5. 4.
　　신설)
나. 취득일(상속받은 토지는 피상속인이 해당 토지를 취득한 날을
　　말하고, 법 제97조의 2 제1항을 적용받는 경우에는 증여한 배
　　우자 또는 직계존비속이 해당 자산을 취득한 날을 말한다)이
　　사업인정고시일부터 5년 이전인 토지 (2021. 5. 4. 신설)
4. 법 제104조의 3 제1항 제1호 나목에 해당하는 농지로서 다음 각
　목의 어느 하나에 해당하는 농지 (2006. 2. 9. 신설)
　가. 종중이 소유한 농지(2005년 12월 31일 이전에 취득한 것에 한
　　한다) (2006. 2. 9. 신설)
　나. 상속에 의하여 취득한 농지로서 그 상속개시일부터 5년 이내에
　　양도하는 토지 (2006. 2. 9. 신설)
5. 그 밖에 공익·기업의 구조조정 또는 불가피한 사유로 인한 법령상
　제한, 토지의 현황·취득사유 또는 이용상황 등을 고려하여 기획재
　정부령으로 정하는 부득이한 사유에 해당되는 토지 (2021. 1. 5. 개
　정 ; 어려운~대통령령)
④ 제3항 제1호의 2에 따른 경작한 기간을 계산할 때 직계존속이 그
배우자로부터 상속·증여받아 경작한 사실이 있는 경우에는 직계존속
의 배우자가 취득 후 토지소재지에 거주하면서 직접 경작한 기간은 직
계존속이 경작한 기간으로 본다. (2013. 2. 15. 신설)

4. 그 밖에 공익, 기업의 구조조정 또는 불가피한 사유로 인한 법령상
　제한, 토지의 현황·취득사유 또는 이용상황 등을 고려하여 기획재
　정부령으로 정하는 부득이한 사유에 해당되는 토지 : 기획재정부령
　으로 정하는 기간 (2021. 1. 5. 개정 ; 어려운~대통령령)
② 법 제104조의 3 제2항의 규정에 따라 다음 각 호의 어느 하나에
해당하는 토지에 대하여는 해당 각 호에서 규정한 날을 양도일로 보아
제168조의 6의 규정을 적용하여 비사업용 토지에 해당하는지 여부를
판정한다. (2005. 12. 31. 신설)
1. 「민사집행법」에 따른 경매에 따라 양도된 토지 : 최초의 경매기일
　(2005. 12. 31. 신설)
2. 「국세징수법」에 따른 공매에 따라 양도된 토지 : 최초의 공매일
　(2005. 12. 31. 신설)
3. 그 밖에 토지의 양도에 일정한 기간이 소요되는 경우 등 기획재정
　부령이 정하는 부득이한 사유에 해당되는 토지 (2008. 2. 29. 직제
　개정 ; 기획재정부와~직제 부칙)
③ 법 제104조의 3 제2항에 따라 다음 각 호의 어느 하나에 해당하는
토지는 비사업용 토지로 보지 않는다. (2021. 1. 5. 개정 ; 어려운~대
통령령)
1. 2006년 12월 31일 이전에 상속받은 농지·임야 및 목장용지로서
　2009년 12월 31일까지 양도하는 토지 (2005. 12. 31. 신설)
1의 2. 직계존속 또는 배우자가 8년 이상 기획재정부령으로 정하는 토
　지소재지에 거주하면서 직접 경작한 농지·임야 및 목장용지로서
　이를 해당 직계존속 또는 해당 배우자로부터 상속·증여받은 토지.
　다만, 양도 당시 「국토의 계획 및 이용에 관한 법률」에 따른 도시지
　역(녹지지역 및 개발제한구역은 제외한다) 안의 토지는 제외한다.
　(2013. 2. 15. 개정)
2. 2006년 12월 31일 이전에 20년 이상을 소유한 농지·임야 및 목장
　용지로서 2009년 12월 31일까지 양도하는 토지 (2005. 12. 31. 신설)
3. 「공익사업을 위한 토지 등의 취득 및 보상에 관한 법률」 및 그 밖의
　법률에 따라 협의매수 또는 수용되는 토지로서 다음 각 목의 어느
　하나에 해당하는 토지 (2021. 5. 4. 개정)

나. 세대주의 배우자 (2005. 12. 31. 신설)
다. 연장자 (2005. 12. 31. 신설)
2. 1세대의 구성원 중 동일인이 2필지 이
　상의 나지를 소유하고 있는 경우에는
　면적이 큰 필지의 나지를, 동일한 면적
　인 필지의 나지 중에서는 먼저 취득한
　나지를 우선하여 적용한다. (2005. 12.
　31. 신설)
⑱ 제16항에 해당하는 토지의 소유자는
양도일이 속하는 과세기간의 과세표준신
고시에 납세지 관할세무서장에게 별지 제
91호 서식의 무주택세대 소유 나지의 비
사업용토지 제외신청서에 다음 각 호의 서
류를 첨부하여 제출하여야 한다. (2009. 4.
14. 개정)
1.~2. 삭 제 (2006. 7. 5. ; 행정정보의 공
　동이용 및~일부 개정령)
3. 무주택 세대임을 확인할 수 있는 서류 (2005. 12.
　31. 신설)
4. 세대원의 나지 소유 현황 (2005. 12. 31. 신설)
3.~4. 삭 제 (2009. 4. 14.)
⑲ 제18항에 따라 신청서를 제출받은 납
세지 관할 세무서장은 「전자정부법」 제
36조 제1항에 따른 행정정보의 공동이용
을 통하여 다음 각 호의 서류를 확인하여
야 한다. 다만, 제1호에 따른 주민등록표
등본은 신청인이 확인에 동의하지 아니하
는 경우에는 이를 제출하도록 하여야 한
다. (2011. 3. 28. 개정)
1. 주민등록표 등본 (2006. 7. 5. 신설 ; 행
　정정보의 공동이용 및~일부 개정령)
2. 토지등기부 등본 또는 토지대장 등본(토

제 7 절　양도소득과세표준의 예정신고와 납부

(2009. 12. 31. 제목개정)

제105조 【양도소득과세표준 예정신고】 ① 제94조 제1항 각 호(같은 항 제3호 다목 및 같은 항 제5호는 제외한다)에서 규정하는 자산을 양도한 거주자는 제92조 제2항에 따라 계산한 양도소득과세표준을 다음 각 호의 구분에 따른 기간에 대통령령으로 정하는 바에 따라 납세지 관할 세무서장에게 신고하여야 한다. (2019. 12. 31. 개정)

제105조 【양도소득과세표준 예정신고】 ① 제94조 제1항 각 호에서 규정하는 자산을 양도한 거주자는 제92조 제2항에 따라 계산한 양도소득과세표준을 다음 각 호의 구분에 따른 기간에 대통령령으로 정하는 바에 따라 납세지 관할 세무서장에게 신고하여야 한다. (2020. 12. 29. 개정)

제105조 【양도소득과세표준 예정신고】 ① 제94조 제1항 각 호(같은 항 제3호 다목 및 같은 항 제5호는 제외한다)에서 규정하는 자산을 양도한 거주자는 제92조 제2항에 따라 계산한 양도소득과세표준을 다음 각 호의 구분에 따른 기간에 대통령령으로 정하는 바에 따라 납세지 관할 세무서장에게 신고하여야 한다. (2024. 12. 31. 개정)

1. 제94조 제1항 제1호·제2호·제4호 및 제6호에 따른 자산을 양도한 경우에는 그 양도일이 속하는 달의 말일부터 2개월. 다만, 「부동산 거래신고 등에 관한 법률」 제10조 제1항에 따른 토지거래계약에 관한 허가구역에 있는 토지를 양도할 때 토지거래계약허가를 받기 전에 대금을 청산한 경우에는 그 허가일(토지거래계약허가를 받기 전에 허가구역의 지정이 해제된 경우에는 그 해제일을 말한다)이 속하는 달의 말일부터 2개월로 한다. (2020. 12. 29. 개정)

2. 제94조 제1항 제3호 가목 및 나목에 따른 자산을 양도한 경우에는 그 양도일이 속하는 반기(半期)의 일부터 2개월 (2019. 12. 31. 개정)

2. 제94조 제1항 제3호 가목 및 나목에 따른 자산을 양도한 경우에는 그 양도일이 속하는 반기의 말일부터 2개월 (2024. 12. 31. 신설)

3. 제1호 및 제2호에도 불구하고 제88조 제1호 각 목 외의 부분 후단에 따른 부담부증여의 채무액에 해당하는 부분으로서 양도로 보는 경우에는 그 양도일이 속하는 달의 말일부터 3개월 (2016. 12. 20. 신설)

② 제1항에 따른 양도소득 과세표준의 신고를 예정신고라 한다. (2009. 12. 31. 개정)

제 4 절　양도소득과세표준의 예정신고와 납부

(2010. 2. 18. 제목개정)

제169조 【양도소득과세표준예정신고】 ① 법 제105조 제1항에 따라 예정신고를 하려는 자는 기획재정부령으로 정하는 양도소득과세표준예정신고및납부계산서에 다음 각 호의 구분에 따른 서류를 첨부하여 납세지 관할세무서장에게 제출해야 한다. (2020. 2. 11. 개정)

관계조문 》

규칙 103조 2항 ⇒ 양도소득과세표준예정신고 및 납부계산서

1. 법 제94조 제1항 제1호, 제2호 및 제6호에 따른 자산을 양도하는 경우에는 다음 각 목의 서류 (2021. 2. 17. 개정)
   가·나. 삭 제 (2006. 6. 12. ; 행정정보의 공동이용 및~일부 개정령)
   다. 환지예정지증명원·잠정등급확인원 및 관리처분내용을 확인할 수 있는 서류 등 (2001. 12. 31 개정)
   라. 당해 자산의 매도 및 매입에 관한 계약서 사본 (2009. 12. 31. 후단삭제)
   마. 양수자의 인감증명서 (2007. 2. 28. 개정)
   마. 삭 제 (2009. 12. 31)
   바. 자본적 지출액·양도비 등의 명세서 (2001. 12. 31 개정)
   사. 감가상각비명세서 (2001. 12. 31 개정)

2. 법 제94조 제1항 제3호 가목·나목 및 같은 항 제4호에 따른 자산을 양도하는 경우에는 다음 각 목의 서류 (2020. 2. 11. 개정)

2. 법 제94조 제1항 제3호 가목·나목 및 같은 항 제4호에 따른 자산을 양도하는 경우에는 다음 각 목의 서류 (2024. 12. 31. 개정)
   가. 해당 자산의 매도 및 매입에 관한 계약서 사본. 다만, 「자본시장과 금융투자업에 관한 법률 시행령」 제178조 제1항에 따라 거래되는 주식을 양도하는 경우에는 「자본시장과 금융투자업에 관한 법률」 제8조 제1항에 따른 금융투자업자가 발급하는 매매내역서 (2016. 2. 17. 개정)
   나. 양도비 등의 명세서 (2001. 12. 31. 개정)

지이용계획 확인서를 포함한다) (2011. 3. 28. 개정)

제83조의 5 【부득이한 사유가 있어 비사업용 토지로 보지 아니하는 토지의 판정기준 등】 ① 영 제168조의 14 제1항 제4호에 따라 다음 각 호의 어느 하나에 해당하는 토지는 해당 각 호에서 규정한 기간동안 법 제104조의 3 제1항 각 호의 어느 하나에 해당하지 아니하는 토지로 보아 같은 항에 따른 비사업용 토지에 해당하는지 여부를 판정한다. 다만, 부동산 매매업(한국표준산업분류에 따른 건물건설업 및 부동산공급업을 말한다)을 영위하는 자가 취득한 매매용부동산에 대하여는 제1호 및 제2호를 적용하지 아니한다. (2009. 4. 14. 개정)

1. 토지를 취득한 후 법령에 따라 당해 사업과 관련된 인가·허가(건축허가를 포함한다. 이하 같다)·면허 등을 신청한 자가 「건축법」 제18조 및 행정지도에 따라 건축허가가 제한됨에 따라 건축을 할 수 없게 된 토지 : 건축허가가 제한된 기간 (2009. 4. 14. 개정)

2. 토지를 취득한 후 법령에 따라 당해 사업과 관련된 인가·허가·면허 등을 받았으나 건축자재의 수급조절을 위한 행정지도에 따라 착공이 제한된 토지 : 착공이 제한된 기간 (2005. 12. 31. 신설)

3. 사업장(임시 작업장을 제외한다)의 진입도로로서 「사도법」에 따른 사도 또는 불특정다수인이 이용하는 도로 : 사도

③ 제1항은 양도차익이 없거나 양도차손이 발생한 경우에도 적용한다. (2009. 12. 31. 개정)

☞

관계조문

• 규칙 103조 3항 ⇒ 주식거래내역서
• 규칙 103조 4항 ⇒ 대주주신고서

제106조【예정신고납부】(2009. 12. 31. 제목개정)
① 거주자가 예정신고를 할 때에는 제107조에 따라 계산한 산출세액에서「조세특례제한법」이나 그 밖의 법률에 따른 감면세액을 뺀 세액을 대통령령으로 정하는 바에 따라 납세지 관할 세무서, 한국은행 또는 체신관서에 납부하여야 한다. (2009. 12. 31. 개정)
② 제1항에 따른 납부를 이 장에서 "예정신고납부"라 한다. (2020. 12. 29. 개정)
③ 예정신고납부를 하는 경우 제82조 및 제118조에 따른 수시부과세액이 있을 때에는 이를 공제하여 납부한다. (2009. 12. 31. 개정)

다. 법인(주권상장법인외의 법인을 포함한다. 이하 이 장에서 같다)의 대주주에 해당하는 경우에는 기획재정부령으로 정하는 주식거래내역서 (2014. 2. 21. 개정)

다. 법인(주권상장법인 외의 법인을 포함한다. 이하 이 장에서 같다)의 대주주에 해당하는 경우에는 기획재정부령으로 정하는 주식거래내역서 (2024. 12. 31. 신설)

라. 제157조 제12항에 따라 주권상장법인 또는 주권비상장법인의 대주주로 보는 주주 1인, 주권상장법인기타주주 또는 주권비상장법인기타주주의 경우에는 기획재정부령으로 정하는 대주주신고서 (2022. 12. 31. 개정)

라. 제157조 제9항에 따라 주권상장법인 또는 주권비상장법인의 대주주로 보는 주주 1인, 주권상장법인기타주주 또는 주권비상장법인기타주주의 경우에는 기획재정부령으로 정하는 대주주신고서 (2024. 12. 31. 신설)
② 제1항에 따라 예정신고를 받은 납세지 관할 세무서장은「전자정부법」제36조 제1항에 따른 행정정보의 공동이용을 통하여 법 제94조 제1항 제1호 및 제2호에 따른 자산의 양도와 관련된 다음 각 호의 서류를 확인하여야 한다. 다만, 행정정보의 공동이용을 통하여 해당 서류의 확인이 불가능한 경우에는 납세자에게 다음 각 호의 서류의 제출을 요구할 수 있다. (2016. 2. 17. 단서신설)
1. 토지대장 및 건축물대장 등본 (2006. 6. 12. 신설 ; 행정정보의 공동이용 및~일부 개정령)
2. 토지 및 건물 등기사항증명서 (2018. 2. 13. 개정)

제170조【예정신고납부】(2010. 2. 18. 제목개정)
법 제106조 제1항에 따라 예정신고납부를 하려는 자는 양도소득과세표준예정신고서에 기획재정부령으로 정하는 양도소득과세표준예정신고및납부계산서를 첨부하여야 한다. (2010. 2. 18. 개정)

관계조문

규칙 103조 2항 ⇒ 양도소득과세표준예정신고 및 납부계산서

또는 도로로 이용되는 기간 (2005. 12. 31. 신설)
4.「건축법」에 따라 건축허가를 받을 당시에 공공공지(公共空地)로 제공한 토지 : 당해 건축물의 착공일부터 공공공지로의 제공이 끝나는 날까지의 기간 (2005. 12. 31. 신설)
5. 지상에 건축물이 정착되어 있지 아니한 토지를 취득하여 사업용으로 사용하기 위하여 건설에 착공(착공일이 불분명한 경우에는 착공신고서 제출일을 기준으로 한다)한 토지 : 당해 토지의 취득일부터 2년 및 착공일 이후 건설이 진행 중인 기간(천재지변, 민원의 발생 그 밖의 정당한 사유로 인하여 건설을 중단한 경우에는 중단한 기간을 포함한다) (2005. 12. 31. 신설)

6. 저당권의 실행 그 밖에 채권을 변제받기 위하여 취득한 토지 및 청산절차에 따라 잔여재산의 분배로 인하여 취득한 토지 : 취득일부터 2년 (2005. 12. 31. 신설)

7. 당해 토지를 취득한 후 소유권에 관한 소송이 계속(係屬) 중인 토지 : 법원에 소송이 계속되거나 법원에 의하여 사용이 금지된 기간 (2005. 12. 31. 신설)

8. 「도시개발법」에 따른 도시개발구역 안의 토지로서 환지방식에 따라 시행되는 도시개발사업이 구획단위로 사실상 완료되어 건축이 가능한 토지 : 건축이 가능한 날부터 2년 (2005. 12. 31. 신설)

9. 건축물이 멸실·철거되거나 무너진 토지 : 당해 건축물이 멸실·철거되거나 무너진 날부터 <u>2년</u> (2005. 12. 31. 신설)

9. 건축물이 멸실·철거되거나 무너진 토지 : 당해 건축물이 멸실·철거되거나 무너진 날부터 <u>5년</u> (2025. 3. 21. 개정)

10. 거주자가 2년 이상 사업에 사용한 토지로서 사업의 일부 또는 전부를 휴업·폐업 또는 이전함에 따라 사업에 직접 사용하지 아니하게 된 토지 : 휴업·폐업 또는 이전일부터 2년 (2005. 12. 31. 신설)

11. 천재지변 그 밖에 이에 준하는 사유의 발생일부터 소급하여 2년 이상 계속하여 재촌(영 제168조의 8 제2항의 규정에 따른 재촌을 말한다)하면서 자경(영 제168조의 8 제2항의 규정에 따른 자경을 말한다. 이하 이 호에서

용지를 같은 법 제2조에 따른 관리기관(같은 법 제39조 제2항 각 호의 유관기관을 포함한다)에 양도하는 토지 (2011. 3. 28. 개정)

6. 「농어촌근대화촉진법」(법률 제4118호로 개정되기 전의 것)에 따른 방조 제공사로 인한 해당 어민의 피해에 대한 보상대책으로 같은 법에 따라 조성된 농지를 보상한 경우로서 같은 법에 따른 농업진흥공사로부터 해당 농지를 최초로 취득하여 8년 이상 직접 경작한 농지. 이 경우 제3항 제1호에 따른 농지소재지 거주요건은 적용하지 아니한다. (2009. 4. 14. 신설)

7. 「채무자의 회생 및 파산에 관한 법률」 제242조에 따른 회생계획인가 결정에 따라 회생계획의 수행을 위하여 양도하는 토지 (2015. 3. 13. 신설)

⑤ 제1항 제11호의 규정을 적용받고자 하는 자는 법 제105조 또는 제110조의 규정에 따른 양도소득세 과세표준 신고기한 내에 납세지 관할 세무서장에게 별지 제92호 서식의 천재지변 등으로 인한 농지의 비사업용토지 제외 신청서에 형질변경사실확인원 그 밖에 특례적용대상임을 확인할 수 있는 서류를 첨부하여 제출하여야 한다. (2009. 4. 14. 항번개정)

1.∼3. 삭 제 (2006. 7. 5. ; 행정정보의 공동이용 및∼일부 개정령)

⑥ 제5항에 따라 신청서를 제출받은 납세지 관할 세무서장은 「전자정부법」 제36조 제1항에 따른 행정정보의 공동이용을 통하여 다

☞ p.2830 3단 연결

당하는 토지를 말한다. (2009. 4. 14. 개정)

1. 공장의 가동에 따른 소음·분진·악취 등으로 인하여 생활환경의 오염피해가 발생되는 지역 안의 토지로서 그 토지소유자의 요구에 따라 취득한 공장용 부속토지의 인접토지 (2006. 4. 10. 개정)

2. 2006년 12월 31일 이전에 이농한 자가 「농지법」 제6조 제2항 제5호에 따라 이농당시 소유하고 있는 농지로서 2009년 12월 31일까지 양도하는 토지 (2008. 4. 29. 개정)

3. 「기업구조조정 촉진법」에 따른 부실징후기업과 채권금융기관협의회가 같은 법 제10조에 따라 해당 부실징후 기업의 경영정상화계획 이행을 위한 약정을 체결하고 그 부실징후기업이 해당 약정에 따라 양도하는 토지 (2008년 12월 31일 이전에 취득한 것에 한정한다. 이하 이 항에서 같다) (2009. 4. 14. 신설)

4. 채권은행 간 거래기업의 신용위험평가 및 기업구조조정방안 등에 대한 협의와 거래기업에 대한 채권은행 공동관리절차를 규정한 「채권은행협의회 운영협약」에 따른 관리대상기업과 채권은행자율협의회가 같은 협약 제19조에 따라 해당 관리대상기업의 경영정상화계획 이행을 위한 특별약정을 체결하고 그 관리대상기업이 해당 약정에 따라 양도하는 토지 (2009. 4. 14. 신설)

5. 「산업집적활성화 및 공장설립에 관한 법률」 제39조에 따라 산업시설구역의 산업용지를 소유하고 있는 입주기업체가 산업

의 요건을 갖추어 매년 매각을 재공고(직전 매각공고시의 매각예정가격에서 동 금액의 100분의 10을 차감한 금액 이하로 매각을 재공고한 경우에 한한다)하고, 재공고일부터 1년 이내에 매각계약을 체결한 토지 : 최초의 공고일 (2005. 12. 31. 신설)

③ 영 제168조의 14 제3항 제1호의 2에서 "8년 이상 기획재정부령으로 정하는 토지소재지에 거주하면서 직접 경작한농지·임야·목장용지"란 다음 각 호의 토지를 말한다. (2009. 4. 14. 신설)

1. 8년 이상 농지의 소재지와 같은 시·군·구(자치구를 말한다. 이하 이 항에서 같다), 연접한 시·군·구 또는 농지로부터 직선거리 30킬로미터 이내에 있는 지역에 사실상 거주하는 자가 「조세특례제한법 시행령」 제66조 제13항에 따른 자경을 한 농지(2015. 3. 13. 개정)

2. 8년 이상 임야의 소재지와 같은 시·군·구, 연접한 시·군·구 또는 임야로부터 직선거리 30킬로미터 이내에 있는 지역에 사실상 거주하면서 주민등록이 되어 있는 자가 소유한 임야 (2015. 3. 13. 개정)

3. 8년 이상 축산업을 영위하는 자가 소유하는 목장용지로서 영 별표 1의 3에 따른 가축별 기준면적과 가축두수를 적용하여 계산한 토지의 면적 이내의 목장용지 (2009. 4. 14. 신설)

④ 영 제168조의 14 제3항 제5호에서 "기획재정부령으로 정하는 부득이한 사유에 해당되는 토지"란 다음 각 호의 어느 하나에 해

같다)한 자가 소유하는 농지로서 농지의 형질이 변경되어 황지(荒地)가 됨으로써 자경하지 못하는 토지 : 당해 사유의 발생일부터 2년 (2005. 12. 31. 신설)

12. 당해 토지를 취득한 후 제1호 내지 제11호의 사유 외에 도시계획의 변경 등 정당한 사유로 인하여 사업에 사용하지 아니하는 토지 : 당해 사유가 발생한 기간 (2005. 12. 31. 신설)

② 영 제168조의 14 제2항 제3호의 규정에 따라 다음 각 호의 어느 하나에 해당하는 토지에 대하여는 해당 각 호에서 규정한 날을 양도일로 보아 영 제168조의 6의 규정을 적용하여 비사업용 토지에 해당하는지 여부를 판정한다. (2005. 12. 31. 신설)

1. 한국자산관리공사에 매각을 위임한 토지 : 매각을 위임한 날 (2005. 12. 31. 신설)

2. 전국을 보급지역으로 하는 일간신문을 포함한 3개 이상의 일간신문에 다음 각 목의 조건으로 매각을 3일 이상 공고하고, 공고일(공고일이 서로 다른 경우에는 최초의 공고일)부터 1년 이내에 매각계약을 체결한 토지 : 최초의 공고일 (2005. 12. 31. 신설)

  가. 매각예정가격이 영 제167조 제5항의 규정에 따른 시가 이하일 것 (2005. 12. 31. 신설)

  나. 매각대금의 100분의 70 이상을 매각계약 체결일부터 6월 이후에 결제할 것 (2005. 12. 31. 신설)

3. 제2호의 규정에 따른 토지로서 동호 각 목

제107조 【예정신고 산출세액의 계산】 ① 거주자가 예정신고를 할 때 예정신고 산출세액은 다음 계산식에 따라 계산한다. (2016. 12. 20. 개정)

예정신고 산출세액 = $(A - B - C) \times D$

A : 양도차익
B : 장기보유 특별공제
C : 양도소득 기본공제
D : 제104조 제1항에 따른 세율

② 해당 과세기간에 누진세율 적용대상 자산에 대한 예정신고를 2회 이상 하는 경우로서 거주자가 이미 신고한 양도소득금액과 합산하여 신고하려는 경우에는 다음 각 호의 구분에 따른 금액을 제2회 이후 신고하는 예정신고 산출세액으로 한다. (2016. 12. 20. 개정)

1. 제104조 제1항 제1호에 따른 세율 적용대상 자산의 경우 : 다음의 계산식에 따른 금액 (2016. 12. 20. 개정)

예정신고 산출세액 = $[(A + B - C) \times D] - E$

A : 이미 신고한 자산의 양도소득금액
B : 2회 이후 신고하는 자산의 양도소득금액
C : 양도소득 기본공제
D : 제104조 제1항 제1호에 따른 세율
E : 이미 신고한 예정신고 산출세액

2. 제104조 제1항 제8호 또는 제9호에 따른 세율 적용대상 자산의 경우 : 다음의 계산식에 따른 금액 (2016. 12. 20. 개정)

예정신고 산출세액 = $[(A + B - C) \times D] - E$

A : 이미 신고한 자산의 양도소득금액
B : 2회 이후 신고하는 자산의 양도소득금액
C : 양도소득 기본공제
D : 제104조 제1항 제8호 또는 제9호에 따른 세율
E : 이미 신고한 예정신고 산출세액

3. 제104조 제1항 제11호 가목 2)에 따른 세율 적용대상 자산의 경우 : 다음의 계산식에 따른 금액 (2017. 12. 19. 신설)

예정신고 산출세액 = $[(A + B - C) \times D] - E$

A : 이미 신고한 자산의 양도소득금액
B : 2회 이후 신고하는 자산의 양도소득금액
C : 양도소득 기본공제
D : 제104조 제1항 제11호 가목 2)에 따른 세율
E : 이미 신고한 예정신고 산출세액

3. 제104조 제1항 제11호 가목 2)에 따른 세율 적용대상 자산의 경우 : 다음의 계산식에 따른 금액 (2024. 12. 31. 신설)

예정신고 산출세액 = $[(A + B - C) \times D] - E$

A : 이미 신고한 자산의 양도소득금액
B : 2회 이후 신고하는 자산의 양도소득금액
C : 양도소득 기본공제
D : 제104조 제1항 제11호 가목 2)에 따른 세율
E : 이미 신고한 예정신고 산출세액

4. 제104조 제1항 제14호에 따른 세율 적용대상 자산의 경우 : 다음의 계산식에 따른 금액 (2020. 12. 29. 신설)

예정신고 산출세액 = $[(A + B - C) \times D] - E$

A : 이미 신고한 자산의 양도소득금액
B : 2회 이후 신고하는 자산의 양도소득금액
C : 양도소득 기본공제
D : 제104조 제1항 제14호에 따른 세율
E : 이미 신고한 예정신고 산출세액

음 각 호의 서류를 확인하여야 한다. 다만, 제1호에 따른 주민등록표등본은 신청인이 확인에 동의하지 아니하는 경우에는 이를 제출하도록 하여야 한다. (2011. 3. 28. 개정)

1. 주민등록표 등본 (2006. 7. 5. 신설 ; 행정정보의 공동이용 및~일부 개정령)

2. 토지등기부 등본 또는 토지대장 등본 (2006. 7. 5. 신설 ; 행정정보의 공동이용 및~일부 개정령)

제108조【재외국민과 외국인의 부동산등양도신고확인서의 제출】「재외동포의 출입국과 법적지위에 관한 법률」 제2조 제1호에 따른 재외국민과 「출입국관리법」 제2조 제2호에 따른 외국인이 제94조 제1항 제1호의 자산을 양도하고 그 소유권을 이전하기 위하여 등기관서의 장에게 등기를 신청할 때에는 대통령령으로 정하는 바에 따라 부동산등양도신고확인서를 제출하여야 한다. (2019. 12. 31. 신설)

제109조【자산양도차익의 결정】삭 제 (99. 12. 28)

제8절 양도소득과세표준의 확정신고와 납부
(2009. 12. 31 제목개정)

제110조【양도소득과세표준 확정신고】① 해당 과세기간의 양도소득금액이 있는 거주자는 그 양도소득 과세표준을 그 과세기간의 다음 연도 5월 1일부터 5월 31일까지[제105조 제1항 제1호 단서에 해당하는 경우에는 토지거래계약에 관한 허가일(토지거래계약허가를 받기 전에 허가구역의 지정이 해제된 경우에는 그 해제일을 말한다)이 속하는 과세기간의 다음 연도 5월 1일부터 5월 31일까지] 대통령령으로 정하는 바에 따라 납세지 관할 세무서장에게 신고하여야 한다. (2017. 12. 19. 개정)
② 제1항은 해당 과세기간의 과세표준이 없거나 결손금액이 있는 경우에도 적용한다. (2009. 12. 31. 개정)
③ 제1항에 따른 양도소득 과세표준의 신고를 확정신고라 한다. (2009. 12. 31. 개정)

제171조【부동산등양도신고확인서의 신청 및 발급】법 제108조에 따라 등기관서의 장에게 부동산등양도신고확인서를 제출해야 하는 자는 기획재정부령으로 정하는 신청서를 세무서장에게 제출하여 부동산등양도신고확인서 발급을 신청해야 한다. 이 경우 「인감증명법 시행령」 제13조 제3항 단서에 따라 세무서장으로부터 부동산 매도용 인감증명서 발급 확인을 받은 경우에는 법 제108조에 따른 부동산등양도신고확인서를 제출한 것으로 본다. (2020. 2. 11. 신설)

제172조【자산양도차익의 결정 및 통지】삭 제 (99. 12. 31.)

제5절 양도소득과세표준의 확정신고와 납부
(2010. 2. 18. 제목개정)

제173조【양도소득과세표준 확정신고】(99. 12. 31 제목개정)
① 법 제110조 제1항에 따라 확정신고를 하는 때에는 기획재정부령으로 정하는 양도소득과세표준확정신고및납부계산서에 제2항 각 호의 서류를 첨부하여야 한다. (2010. 2. 18. 개정)
② 법 제110조 제5항에서 "대통령령으로 정하는 것"이란 다음 각 호의 서류를 말한다. (2010. 2. 18. 개정)
1. 제169조 제1항 및 제2항 각 호의 서류 (2006. 6. 12. 개정 ; 행정정보의 공동이용 및~일부 개정령)
2. 제177조 제1항의 규정에 의한 통지서 사본(법 제105조의 규정에 의한 예정신고를 하지 아니한 자는 기획재정부령이 정하는 양도소득금액계산명세서를 첨부하여야 한다) (2008. 2. 29. 직제개정 ; 기획재정부와~직제 부칙)
3. 법 제101조의 규정에 의하여 소득금액을 계산한 경우에는 필요경비불산입 명세서
4. 법 제94조 제1항 제5호 및 법 제118조의 2 제4호에 따른 자산을 양도하는 경우에는 다음 각 목의 서류 (2015. 2. 3. 신설)
    가. 위탁수수료 등의 명세서 (2015. 2. 3. 신설)
    나. 기획재정부령으로 정하는 파생상품거래내역서 (2015. 2. 3. 신설)

제84조【부동산등양도신고확인서의 신청 및 발급】영 제171조 전단에서 "기획재정부령으로 정하는 신청서"란 별지 제88호 서식의 부동산등양도신고확인서 발급 신청서를 말한다. (2020. 3. 13. 신설)

제103조【양도소득세 관련 서식】
① 영 제155조 제13항 각 호 외의 부분 전단에 따른 농어촌주택 소유자 1세대 1주택 특례적용신고서는 별지 제83호 서식, 영 제155조 제23항 각 호 외의 부분에 따른 임대주택사업자의 거주주택 1세대 1주택 특례적용신고서는 별지 제83호의 2 서식, 영 제155조의 2 제4항에 따른 장기저당담보주택에 대한 특례적용신고서는 별지 제83호의 3 서식, 영 제155조의 3 제5항 전단에 따른 상생임대주택에 대한 특례적용신고서는 별지 제83호의 4 서식, 영 제156조의 2 제12항에 따른 조합원입주권 또는 분양권 소유자 1세대 1주택 특례적용신고서는 별지 제83호의 5 서식, 영 제167조의 3 제7항에 따른 1세대 3주택 이상자의 장기임대주택 등 일반세율 적용신청서는 별지 제83호의 6 서식에 따른다. (2023.

④ 예정신고를 한 자는 제1항에도 불구하고 해당 소득에 대한 확정신고를 하지 아니할 수 있다. 다만, 해당 과세기간에 누진세율 적용대상 자산에 대한 예정신고를 2회 이상 하는 경우 등으로서 대통령령으로 정하는 경우에는 그러하지 아니하다. (2009. 12. 31. 개정)

⑤ 확정신고를 하는 경우 그 신고서에 양도소득금액 계산의 기초가 된 양도가액과 필요경비 계산에 필요한 서류로서 대통령령으로 정하는 것을 납세지 관할 세무서장에게 제출하여야 한다. (2009. 12. 31. 개정)

⑥ 납세지 관할 세무서장은 제5항에 따라 제출된 신고서나 그 밖의 서류에 미비한 사항 또는 오류가 있는 경우에는 그 보정을 요구할 수 있다. (2009. 12. 31. 개정)

---

4. 삭　제 (2016. 2. 17.)

③ 확정신고기한이 지난 후에 「법인세법」에 따라 법인이 법인세과세표준을 신고하거나 세무서장이 법인세과세표준을 결정 또는 경정할 때 익금에 산입한 금액이 배당·상여 또는 기타소득으로 처분됨으로써 확정신고를 한 자가 양도소득금액에 변동이 발생하여 법 제96조 제3항에 해당하게 되는 경우 해당 법인(제192조 제1항 단서에 따라 거주자가 통지를 받은 경우에는 해당거주자를 말한다)이 제192조 제1항에 따른 소득금액변동통지서를 받은 날(「법인세법」에 따라 법인이 신고하여 양도소득금액이 변동한 경우에는 해당 법인의 법인세신고기일을 말한다)이 속하는 달의 다음다음 달 말일까지 추가신고 납부(환급신고를 포함한다)한 때에는 법 제110조의 기한까지 신고납부한 것으로 본다. (2010. 2. 18. 개정)

④ 양도소득과세표준 확정신고를 한 자가 「공익사업을 위한 토지 등의 취득 및 보상에 관한 법률」이나 그 밖의 법률에 따른 토지등의 수용으로 인한 수용보상가액과 관련하여 제기한 행정소송으로 인하여 보상금이 변동됨에 따라 당초 신고한 양도소득금액이 변동된 경우로서 소송 판결 확정일이 속하는 달의 다음 다음 달 말일까지 추가신고·납부한 때에는 법 제110조의 기한까지 신고·납부한 것으로 본다. (2018. 2. 13. 신설)

⑤ 법 제110조 제4항 단서에서 "대통령령으로 정하는 경우"란 다음 각 호의 어느 하나에 해당하는 경우를 말한다. (2018. 2. 13. 항번개정)

1. 당해연도에 누진세율의 적용대상 자산에 대한 예정신고를 2회 이상 한 자가 법 제107조 제2항의 규정에 따라 이미 신고한 양도소득금액과 합산하여 신고하지 아니한 경우 (2000. 12. 29 신설)

2. 법 제94조 제1항 제1호·제2호·제4호 및 제6호의 토지, 건물, 부동산에 관한 권리, 기타자산 및 신탁 수익권을 2회 이상 양도한 경우로서 법 제103조 제2항을 적용할 경우 당초 신고한 양도소득산출세액이 달라지는 경우 (2021. 2. 17. 개정)

3. 법 제94조 제1항 제3호 가목 및 나목에 해당하는 주식 등을 2회 이상 양도한 경우로서 법 제103조 제2항을 적용할 경우 당초 신고한 양도소득산출세액이 달라지는 경우 (2020. 2. 11. 개정)

3. 법 제94조 제1항 제3호 가목 및 나목에 해당하는 주식등을 2회 이상 양도한 경우로서 법 제103조 제2항을 적용할 경우 당초 신고한 양도소득산출세액이 달라지는 경우 (2024. 12. 31. 신설)

---

3. 20. 개정)

② 영 제169조 제1항 각 호 외의 부분 및 제170조에 따른 양도소득과세표준예정신고및납부계산서는 별지 제84호 서식 또는 별지 제84호의 4 서식에 따른다. (2011. 3. 28. 개정)

③ 영 제169조 제1항 제2호 다목에 따른 주식거래명세서는 별지 제84호의 2 서식에 의한다. (2011. 3. 28. 개정)

④ 영 제169조 제1항 제2호 라목에 따른 대주주신고서는 별지 제84호의 3 서식에 따른다. (2014. 3. 14. 개정)

⑤ 영 제173조 제1항에서 규정하는 양도소득과세표준 확정신고 및 납부계산서는 별지 제84호 서식, 별지 제84호의 4 서식 또는 별지 제84호의 5 서식에 따른다. (2021. 3. 16. 개정)

⑥ 영 제173조 제2항 제2호에 규정하는 양도소득금액계산명세서는 국세청장이 정하는 바에 의한다. (2000. 4. 3 개정)

⑦ 영 제173조 제2항 제4호 나목에 따른 파생상품거래내역서는 별지 제84호의 5 서식 또는 제84호의 6 서식에 따른다. (2015. 3. 13. 신설)

⑦ 삭　제 (2016. 3. 16.)

⑧ 영 제175조의 2 제4항의 규정에 의한 물납신청은 별지 제86호 서식에 의하며, 동조 제5항의 규정에 의한 물납결정상황통지는 별지 제87호 서식에 의한다. (2015. 3. 13. 항번개정)

⑨ 영 제177조의 3에 따른 신탁 수익자명부 변동상황명세서는 별지 제107호 서식에 따른다. (2021. 3. 16. 신설)

4. 법 제94조 제1항 제1호·제2호 및 제4호에 따른 토지, 건물, 부동산에 관한 권리 및 기타자산을 둘 이상 양도한 경우로서 법 제104조 제5항을 적용할 경우 당초 신고한 양도소득산출세액이 달라지는 경우 (2020. 2. 11. 신설)

제111조 【확정신고납부】 (2009. 12. 31. 제목개정)
① 거주자는 해당 과세기간의 과세표준에 대한 양도소득 산출세액에서 감면세액과 세액공제액을 공제한 금액을 제110조 제1항(제118조에 따라 준용되는 제74조 제1항부터 제4항까지의 규정을 포함한다)에 따른 확정신고기한까지 대통령령으로 정하는 바에 따라 납세지 관할 세무서, 한국은행 또는 체신관서에 납부하여야 한다. (2009. 12. 31. 개정)
② 제1항에 따른 납부를 이 장에서 "확정신고납부"라 한다. (2020. 12. 29. 개정)
③ 확정신고납부를 하는 경우 제107조에 따른 예정신고 산출세액, 제114조에 따라 결정·경정한 세액 또는 제82조·제118조에 따른 수시부과세액이 있을 때에는 이를 공제하여 납부한다. (2009. 12. 31. 개정)

제112조 【양도소득세의 분할납부】 (2009. 12. 31. 제목개정)
거주자로서 제106조 또는 제111조에 따라 납부할 세액이 각각 1천만원을 초과하는 자는 대통령령으로 정하는 바에 따라 그 납부할 세액의 일부를 납부기한이 지난 후 2개월 이내에 분할납부할 수 있다. (2009. 12. 31. 개정)

제112조의 2 【양도소득세의 물납】 ① 토지등이 「공익사업을 위한 토지 등의

제174조 【확정신고세액의 납부절차】 (2010. 2. 18. 제목개정)
① 법 제111조에 따라 확정신고납부를 하려는 자는 확정신고와 함께 납세지 관할세무서장에게 납부하거나 「국세징수법」에 따른 납부서에 양도소득과세표준확정신고및납부계산서를 첨부하여 한국은행 또는 체신관서에 납부하여야 한다. (2010. 2. 18. 개정)
② 제1항에 따라 양도소득과세표준확정신고및납부계산서를 납부서에 첨부하여 한국은행 또는 체신관서에 제출한 경우에는 법 제110조 제1항에 따른 신고를 한 것으로 본다. (2010. 2. 18. 개정)

제175조 【양도소득세의 분납】 법 제112조의 규정에 의하여 분납할 수 있는 세액은 다음 각호에 의한다.
1. 납부할 세액이 2천만원 이하인 때에는 1천만원을 초과하는 금액
2. 납부할 세액이 2천만원을 초과하는 때에는 그 세액의 100분의 50 이하의 금액

제175조의 2 【양도소득세의 물납】 ① 법 제112조의 2 제1항의 채권은 「공익사업을 위한 토지 등의 취득 및 보상에 관한 법률」 제63조의 규정에 의하여 사업시행자가 발행한 보상채권을 말한다. (2005. 2. 19. 개정)
② 법 제112조의 2 제1항의 규정에 의하여 물납에 충당할 채권의 수납가액은 「상속세 및 증여세법」 제63조 제1항 제2호의 규정을 준용하여 평가한 가액에 의한다. (2005. 2. 19. 개정)
③ 법 제112조의 2 제1항의 규정에 의한 양도소득세의 물납은 동조 동항에 규정하는 공공사업의 시행자에게 양도하거나 수용되어 발생한 양도차익에 대한 양도소득세액을 한도로 토지등을 양도한 연도의 납부세액이 1천만원을 초과하는 경우에 한한다. (96. 12. 31 개정)
④ 제3항의 규정에 의하여 양도소득세를 물납하고자 하는 자는 기획재정부령이 정하는 바에 따라 법 제105조 및 법 제110조에 규정하는 신고기한 10일전까지 납세지 관할세

⑩ 영 제178조의 6 제2항의 규정에 의한 국외자산 양도소득세액공제(필요경비 산입)신청서는 별지 제89호 서식에 의한다. (2021. 3. 16. 항번개정)
⑩ 삭 제 (2022. 3. 18.)
⑪ 영 제178조의 10에 따른 국외전출자 양도소득세 세액공제신청서는 별지 제103호서식 및 별지 제103호서식 부표에 따른다. (2021. 3. 16. 항번개정)
⑪ 영 제178조의 10에 따른 국외전출자 양도소득세 세액공제신청서는 별지 제103호 서식 및 별지 제103호 서식 부표에 따른다. (2024. 12. 31. 개정)
⑫ 영 제178조의 11 제1항에 따른 납세관리인신고서는 「국세기본법 시행규칙」 제33조에 따른 별지 제43호 서식을 준용하고, 국외전출자 국내주식등 보유현황 신고서는 별지 제104호서식에 따른다. (2021. 3. 16. 항번개정)
⑫ 영 제178조의 11 제1항에 따른 납세관리인신고서는 「국세기본법 시행규칙」 제33조에 따른 별지 제43호 서식을 준용하고, 국외전출자 국내주식등 보유현황 신고서는 별지 제104호 서식에 따른다. (2024. 12. 31. 개정)
⑬ 영 제178조의 11 제2항 및 같은 조 제3항에 따른 양도소득과세표준 신고 및 납부계산서는 별지 제84호서식에 따른다. (2021. 3. 16. 항번개정)
⑬ 영 제183조의 8 제2항 및 제3항에 따른 국외전출자과세표준 신고서 및 납부계산서는 별지 제108호서식에 따른다. (2023. 3. 20. 개정)
⑬ 영 제178조의 11 제2항 및 제3항에 따른 양도소득과세표준 신고 및 납부계산서는 별지 제84호 서식에 따른다. (2024. 12. 31. 개정)
⑭ 영 제178조의 11 제4항에 따른 경정청구서는 「국세기본법 시행규칙」 제12조의 2에 따른 별지 제16호의 2 서식을 준용한다. (2021. 3. 16. 항번개정)

취득 및 보상에 관한 법률」이 적용되는 공공사업용으로 그 공공사업의 시행자에게 양도되거나 그 밖의 법률에 따라 수용됨으로써 발생하는 소득에 대한 양도소득세를 금전으로 납부하기 곤란한 경우에는 그 토지등의 대금으로 교부받은 채권으로 납부할 수 있다. 다만, 대통령령으로 정하는 경우에는 그러하지 아니하다. (2009. 12. 31. 개정)
② 제1항에 따른 물납의 범위, 물납대상 채권의 평가 및 물납 절차에 관하여 필요한 사항은 대통령령으로 정한다. (2009. 12. 31. 개정)

제112조의 2 【양도소득세의 물납】삭　제 (2015. 12. 15.)

제 9 절　양도소득에 대한 결정 · 경정과 징수 및 환급
(99. 12. 28. 제목개정)

제113조 【양도소득과세표준과 세액의 결정시기】삭　제 (99. 12. 28)

제114조 【양도소득과세표준과 세액의 결정 · 경정 및 통지】① 납세지 관할 세무서장 또는 지방국세청장은 제105조에 따라 예정신고를 하여야 할 자 또는 제110조에 따라 확정신고를 하여야 할 자가 그 신고를 하지 아니한 경우에는 해당 거주자의 양도소득과세표준과 세액을 결정한다. (2009. 12. 31. 개정)
② 납세지 관할 세무서장 또는 지방국세청장은 제105조에 따라 예정신고를 한 자 또는 제110조에 따라 확정신고를 한 자의 신고 내용에 탈루 또는 오류가 있는 경우에는 양도소득과세표준과 세액을 경정한다. (2009. 12. 31. 개정)
③ 납세지 관할 세무서장 또는 지방국세청장은 양도소득 과세표준과 세액을 결정 또는 경정한 후 그 결정 또는 경정에 탈루 또는 오류가 있는 것이 발견된 경우에는 즉시 다시 경정한다. (2009. 12. 31. 개정)
④ 납세지 관할 세무서장 또는 지방국세청장은 제1항부터 제3항까지의 규정에 따라 양도소득 과세표준과 세액을 결정 또는 경정하는 경우에는 제96조, 제97조 및 제97조의 2에 따른 가액에 따라야 한다. (2014. 1. 1. 개정)
⑤ 제94조 제1항 제1호에 따른 자산의 양도로 양도가액 및 취득가액을 실지거래가액에 따라 양도소득 과세표준 예정신고 또는 확정신고를 하

무서장에게 신청하여야 한다. (2008. 2. 29. 직제개정 ; 기획재정부와~직제 부칙)
⑤ 제4항의 신청을 받은 납세지 관할세무서장은 법 제105조 및 법 제110조에 규정하는 신고기한 전일까지 제2항의 규정에 의하여 채권수납가액을 평가하여 그 물납에 대한 결정상황을 신청자에게 통지하여야 한다. (96. 12. 31 개정)
⑥ 법 제112조의 2 제1항 단서에서 "대통령령으로 정하는 경우"란 기획재정부장관이 세입 또는 통화의 조절상 필요하다고 인정하는 경우를 말한다. (2010. 2. 18. 개정)

제175조의 2 【양도소득세의 물납】삭　제 (2016. 2. 17.)

제 6 절　양도소득에 대한 결정 · 경정과 징수 및 환급
(99. 12. 31 제목개정)

제176조 【양도소득과세표준과 세액의 결정 및 경정】 (99. 12. 31 제목개정)
① 삭　제 (99. 12. 31)
② 법 제114조의 규정에 의한 과세표준과 세액은 납세지 관할세무서장이 결정 또는 경정한다. 다만, 국세청장이 특히 중요하다고 인정하는 경우에는 지방국세청장이 결정 또는 경정한다. (99. 12. 31 개정)
③ 제2항 단서의 경우에 납세지 관할세무서장은 당해 과세표준과 세액 또는 양도소득금액의 결정 또는 경정에 필요한 서류를 지방국세청장에게 지체없이 송부하여야 한다. (99. 12. 31 개정)
④ 제2항 단서의 규정에 의하여 양도소득금액을 조사결정 또는 경정한 지방국세청장은 그 조사결정 또는 경정한 사항을 지체없이 납세지 관할세무서장에게 통보하여야 한다. (99. 12. 31 개정)

⑤ 법 제114조 제5항 본문에서 "양도소득과세표준과 세액 또는 신고의무자의 실지거래가액 소명 여부 등을 고려하여 대통령령으로 정하는

⑭ 영 제178조의 11 제4항에 따른 경정청구서는 「국세기본법 시행규칙」 제12조의 2에 따른 별지 제16호의 2 서식을 준용한다. (2024. 12. 31. 개정)
⑮ 영 제178조의 12 제4항에 따른 납부유예신청서는 별지 제105호서식에 따른다. (2021. 3. 16. 항번개정)
⑮ 영 제178조의 12 제4항에 따른 납부유예신청서는 별지 제105호 서식에 따른다. (2024. 12. 31. 개정)

제85조 【분납의 신청】법 제112조 및 영 제175조의 규정에 의하여 납부할 세액의 일부를 분납하고자 하는 자는 다음 각호의 구분에 따라 납세지 관할세무서장에게 신청하여야 한다.
1. 법 제110조 제1항의 규정에 의하여 확정신고를 하는 경우에는 별지 제84호 서식의 양도소득과세표준확정신고및납부계산서에 분납할 세액을 기재하여 법 제110조 제1항의 규정에 의한 확정신고기한까지 신청하여야 한다. (2010. 4. 30. 개정)
2. 법 제105조 제1항의 규정에 의하여 예정신고를 하는 경우에는 별지 제84호 서식의 양도소득과세표준예정신고 및 납부계산서에 분납할 세액을 기재하여 동조 동항의 규정에 의한 예정신고기한까지 신청하여야 한다. (2010. 4. 30 개정)

여야 할 자(이하 이 항에서 "신고의무자"라 한다)가 그 신고를 하지 아니한 경우로서 양도소득 과세표준과 세액 또는 신고의무자의 실지거래가액 소명(疏明) 여부 등을 고려하여 대통령령으로 정하는 경우에 해당할 때에는 납세지 관할 세무서장 또는 지방국세청장은 제4항에도 불구하고 「부동산등기법」 제68조에 따라 등기부에 기재된 거래가액(이하 이 항에서 "등기부 기재가액"이라 한다)을 실지거래가액으로 추정하여 양도소득 과세표준과 세액을 결정할 수 있다. 다만, 납세지 관할 세무서장 또는 지방국세청장이 등기부 기재가액이 실지거래가액과 차이가 있음을 확인한 경우에는 그러하지 아니하다. (2012. 1. 1. 개정)
⑥ 제4항을 적용할 때 양도가액 및 취득가액을 실지거래가액에 따라 양도소득 과세표준 예정신고 또는 확정신고를 한 경우로서 그 신고가액이 사실과 달라 납세지 관할 세무서장 또는 지방국세청장이 실지거래가액을 확인한 경우에는 그 확인된 가액을 양도가액 또는 취득가액으로 하여 양도소득 과세표준과 세액을 경정한다. (2009. 12. 31. 개정)

⑦ 제4항부터 제6항까지의 규정을 적용할 때 양도가액 또는 취득가액을 실지거래가액에 따라 정하는 경우로서 대통령령으로 정하는 사유로 장부나 그 밖의 증명서류에 의하여 해당 자산의 양도 당시 또는 취득 당시의 실지거래가액을 인정 또는 확인할 수 없는 경우에는 대통령령으로 정하는 바에 따라 양도가액 또는 취득가액을 매매사례가액, 감정가액, 환산취득가액 또는 기준시가 등에 따라 추계조사하여 결정 또는 경정할 수 있다. (2020. 12. 29. 개정)
⑧ ☞ p.2837

경우"란 다음 각 호의 어느 하나에 해당하는 경우를 말한다. (2012. 2. 2. 개정)
1. 등기부기재가액을 실지거래가액으로 추정하여 계산한 납부할 양도소득세액이 300만원 미만인 경우 (2014. 2. 21. 개정)
2. 등기부기재가액을 실지거래가액으로 추정하여 계산한 납부할 양도소득세액이 300만원 이상인 경우로서 다음 각 목의 요건을 모두 충족하는 경우 (2014. 2. 21. 개정)
   가. 납세지 관할세무서장 또는 지방국세청장이 제173조 제2항 각 호의 서류를 첨부하여 「국세기본법」 제45조의 3에 따른 기한 후 신고(이하 이 조에서 "기한 후 신고"라 한다)를 하지 아니할 경우 등기부기재가액을 실지거래가액으로 추정하여 양도소득과세표준과 세액을 결정할 것임을 신고의무자에게 통보하였을 것 (2012. 2. 2. 개정)
   나. 신고의무자가 가목에 따른 통보를 받은 날부터 30일 이내에 기한 후 신고를 하지 아니하였을 것 (2012. 2. 2. 개정)

제176조의 2 【추계결정 및 경정】 ① 법 제114조 제7항에서 "대통령령으로 정하는 사유"란 다음 각 호의 어느 하나에 해당하는 경우를 말한다. (2010. 12. 30. 개정)
1. 양도 또는 취득당시의 실지거래가액의 확인을 위하여 필요한 장부·매매계약서·영수증 기타 증빙서류가 없거나 그 중요한 부분이 미비된 경우 (99. 12. 31 신설)
2. 장부·매매계약서·영수증 기타 증빙서류의 내용이 매매사례가액, 「감정평가 및 감정평가사에 관한 법률」에 따른 감정평가법인등(이하 이 조에서 "감정평가법인등"이라 한다)이 평가한 감정가액 등에 비추어 거짓임이 명백한 경우 (2022. 1. 21. 개정 ; 감정평가~시행령 부칙)
② 법 제114조 제7항에서 "대통령령으로 정하는 방법에 따라 환산한 가액"이란 다음 각 호의 방법에 따라 환산한 가액을 말한다. (2020. 2. 11. 개정)
1. 법 제94조 제1항 제3호의 규정에 의한 주식 등이나 법 제94조 제1항 제4호의 규정에 의한 기타 자산의 경우에는 다음 산식에 의하여 계산한 가액 (2003. 12. 30. 개정)

의 주식 등은 제외한다)과 동일성 또는 유사성이 있는 자산의 매매 사례가 있는 경우 그 가액 (2009. 2. 4. 개정)

2. 양도일 또는 취득일 전후 각 3개월 이내에 해당 자산(주식 등을 제외한다)에 대하여 둘 이상의 감정평가법인등이 평가한것으로서 신빙성이 있는 것으로 인정되는 감정가액(감정평가기준일이 양도일 또는 취득일 전후 각 3개월 이내인 것에 한정한다)이 있는 경우에는 그 감정가액의 평균액. 다만, 기준시가가 10억원 이하인 자산(주식등은 제외한다)의 경우에는 양도일 또는 취득일 전후 각 3개월 이내에 하나의 감정평가법인등이 평가한 것으로서 신빙성이 있는 것으로 인정되는 경우 그 감정가액(감정평가기준일이 양도일 또는 취득일 전후 각 3개월 이내인 것에 한정한다)으로 한다. (2022. 1. 22. 개정 ; 감정평가~시행령 부칙)

3. 제2항의 규정에 의하여 환산한 취득가액 (99. 12. 31 신설)

4. 기준시가 (99. 12. 31 신설)

④ 법률 제4803호 「소득세법 개정법률」 부칙 제8조에서 정하는 날(이하 "의제취득일"이라 한다) 전에 취득한 자산(상속 또는 증여받은 자산을 포함한다)에 대하여 제3항 제1호부터 제3호까지의 규정을 적용할 때에 의제취득일 현재의 취득가액은 다음 각 호의 가액 중 많은 것으로 한다. (2009. 2. 4. 개정)

1. 의제취득일 현재 제3항 제1호 내지 제3호의 규정에 의한 가액 (99. 12. 31 신설)

2. 취득 당시 실지거래가액이나 제3항 제1호 및 제2호에 따른 가액이 확인되는 경우로서 해당 자산의 실지거래가액이나 제3항 제1호 및 제2호에 따른 가액과 그 가액에 취득일부터 의제취득일의 직전일까지의 보유기간동안의 생산자물가상승률을 곱하여 계산한 금액을 합산한 가액 (2009. 2. 4. 개정)

⑤ 국세청장은 주소지 관할세무서장 또는 지방국세청장이 양도소득금액을 결정 또는 경정함에 있어서 필요하다고 인정하는 때에는 기획재정부령이 정하는 바에 따라 부동산의 감정·평가에 관한 학식과 경험이 풍부한 자에게 자문하여 그 결정 또는 경정에 공정성을 기하게 할 수 있다. (2008. 2. 29. 직제개정 ; 기획재정부와~직제 부칙)

$$\text{양도당시의 실지거래가액, 제3항 제1호의 매매사례가액 또는 동항 제2호의 감정가액} \times \frac{\text{취득당시의 기준시가}}{\text{양도당시의 기준시가}}$$

1. 법 제94조 제1항 제4호에 따른 기타 자산의 경우에는 다음 산식에 의하여 계산한 가액 (2022. 2. 15. 개정)

$$\text{양도당시의 실지거래가액, 제3항 제1호의 매매사례가액 또는 동항 제2호의 감정가액} \times \frac{\text{취득당시의 기준시가}}{\text{양도당시의 기준시가}}$$

1. 법 제94조 제1항 제3호에 따른 주식등이나 같은 항 제4호에 따른 기타 자산의 경우에는 다음 산식에 의하여 계산한 가액 (2024. 12. 31. 개정)

$$\text{양도당시의 실지거래가액, 제3항 제1호의 매매사례가액 또는 동항 제2호의 감정가액} \times \frac{\text{취득당시의 기준시가}}{\text{양도당시의 기준시가}}$$

2. 법 제94조 제1항 제1호 및 제2호 가목에 따른 토지·건물 및 부동산을 취득할 수 있는 권리의 경우에는 다음 계산식에 따른 금액. 이 경우 「부동산 가격공시에 관한 법률」에 따른 개별주택가격 및 공동주택가격(이들에 부수되는 토지의 가격을 포함한다)이 최초로 공시되기 이전에 취득한 주택과 부수토지를 함께 양도하는 경우에는 다음 계산식 중 취득당시의 기준시가를 제164조 제7항에 따라 계산한 가액으로 한다. (2022. 2. 15. 개정)

$$\text{양도당시의 실지거래가액, 제3항 제1호의 매매사례가액 또는 동항 제2호의 감정가액} \times \frac{\text{취득당시의 기준시가}}{\text{양도당시의 기준시가(제164조 제8항의 규정에 해당하는 경우에는 동항의 규정에 의한 양도당시의 기준시가)}}$$

③ 법 제114조 제7항에 따라 양도가액 또는 취득가액을 추계결정 또는 경정하는 경우에는 다음 각 호의 방법을 순차적으로 적용(신주인수권의 경우에는 제3호를 적용하지 않는다)하여 산정한 가액에 따른다. 다만, 제1호에 따른 매매사례가액 또는 제2호에 따른 감정가액이 제98조 제1항에 따른 특수관계인과의 거래에 따른 가액 등으로서 객관적으로 부당하다고 인정되는 경우에는 해당 가액을 적용하지 않는다. (2020. 2. 11. 개정)

1. 양도일 또는 취득일 전후 각 3개월 이내에 해당 자산(주권상장법인

제 8 5 조 의 2 【생산자물가상승률 등】 ① 영 제176조의 2 제4항 제2호에서 "생산자물가상승률"이라 함은 「한국은행법」 제86조의 규정에 의하여 한국은행이 조사한 각 연도(1984년 이전을 말한다. 이하 이 조에서 같다)의 연간생산자물가지수에 의하여 산정된 비율(당해 양도자산의 보유기간의 월수가 12월 미만인 연도에 있어서는 월간생산자물가지수에 의하여 산정된 비율)을 말한다. (2005. 3. 19. 개정)

<제114조>
⑧ 납세지 관할 세무서장 또는 지방국세청장은 제1항부터 제7항까지의 규정에 따라 거주자의 양도소득 과세표준과 세액을 결정 또는 경정하였을 때에는 이를 그 거주자에게 대통령령으로 정하는 바에 따라 서면으로 알려야 한다. (2009. 12. 31. 개정)

⑨ 납세지 관할 세무서장 또는 지방국세청장은 제1항부터 제3항까지의 규정을 적용할 때 제94조 제1항 제3호 및 제4호에 따른 주식등의 양도차익에 대한 신고 내용의 탈루 또는 오류, 그 밖에 거래명세의 적정성을 확인할 필요가 있는 경우에는 「금융실명거래 및 비밀보장에 관한 법률」 등 다른 법률의 규정에도 불구하고 대통령령으로 정하는 바에 따라 「자본시장과 금융투자업에 관한 법률」에 따른 투자매매업자 또는 투자중개업자 및 그 주식등의 주권 또는 출자증권을 발행한 법인에 이를 조회할 수 있다. (2009. 2. 31. 개정)

⑨ 납세지 관할 세무서장 또는 지방국세청장은 제1항부터 제3항까지의 규정을 적용할 때 제94조 제1항 제3호 및 제4호에 따른 주식등의 양도차익에 대한 신고 내용의 탈루 또는 오류, 그 밖에 거래명세의 적정성을 확인할 필요가 있는 경우에는 「금융실명거래 및 비밀보장에 관한 법률」 등 다른 법률의 규정에도 불구하고 대통령령으로 정하는 바에 따라 「자본시장과 금융투자업에 관한 법률」에 따른 투자매매업자 또는 투자중개업자 및 그 주식등의 주권 또는 출자증권을 발행한 법인에 이를 조회할 수 있다. (2024. 12. 31. 개정)

제114조의 2 【감정가액 또는 환산취득가액 적용에 따른 가산세】 (2019. 12. 31. 제목개정)

① 거주자가 건물을 신축 또는 증축(증축의 경우 바닥면적 합계가 85제곱미터를 초과하는 경우에 한정한다)하고 그 건물의 취득일 또는 증축일부터 5년 이내에 해당 건물을 양도하는 경우로서 제97조 제1항 제1호 나목에 따른 감정가액 또는 환산취득가액을 그 취득가액으로 하는 경우에는 해당 건물의 감정가액(증축의 경우 증축한 부분에 한정한다) 또는 환산취득가액(증축의 경우 증축한 부분에 한정한다)의 100분의 5에 해당하는 금액을 제92조 제3항 제2호에 따른 양도소득 결정세액에 더한다. (2023. 12. 31. 개정)

② 제1항은 제92조 제3항 제1호에 따른 양도소득 산출세액이 없는 경우에도 적용한다. (2023. 12. 31. 개정)

제177조 【양도소득과세표준과 세액의 통지】 (99. 12. 31 제목개정)

① 법 제114조 제8항에 따른 통지에 있어서는 과세표준과 세율·세액 기타 필요한 사항을 납부고지서에 기재하여 서면으로 통지해야 한다. 이 경우에 지방국세청장이 과세표준과 세액을 결정 또는 경정한 것은 그 뜻을 덧붙여 적어야 한다. (2021. 2. 17. 개정)

② 제1항의 규정은 납부할 세액이 없는 경우에도 적용한다.

③ 납세지 관할세무서장은 피상속인의 양도소득세를 2인 이상의 상속인에게 부과하는 경우에는 과세표준과 세액을 그 지분에 따라 배분하여 상속인별로 각각 통지하여야 한다.

제177조의 2 【주식거래내역 등의 조회】 법 제114조 제9항을 적용할 때 납세지 관할세무서장 또는 지방국세청장은 다음 각호의 사항을 기재한 문서에 의하여 「자본시장과 금융투자업에 관한 법률」에 따른 투자매매업자 또는 투자중개업자와 주권 또는 출자증권을 발행한 법인의 대표자에게 주식 등의 거래내역 기타 필요한 사항을 요구하여야 한다. (2009. 2. 4. 개정)

1. 거래자의 인적 사항 (99. 12. 31 신설)
2. 사용목적 (99. 12. 31 신설)
3. 요구하는 자료 등의 내용 (99. 12. 31 신설)

☞

통칙 114의 2 - 0…1 【고가주택의 환산가액 적용에 대한 가산세】
비과세대상에서 제외되는 고가주택(이에 딸린 토지 포함)에 대한 환산가액 적용에 따른 가산세는 해당 건물분에 대한 「소득세법」 제97조 제1항 제1호 나목에 따른 환산가액 전체의 100분의 5에 해당하는 금액으로 한다. (2019. 12. 23. 신설)

② 영 제176조의 2 제5항의 규정에 의하여 국세청장은 관할세무서장 또는 지방국세청장으로 하여금 양도소득세의 과세대상이 되는 자산의 평가 및 이와 관련있는 사항을 당해 세무서 또는 지방국세청의 과장급 공무원 3인 이상과 공무원이 아닌 자로서 부동산 감정평가에 관한 학식·경험이 풍부한 자 3인 이상에게 국세청장이 정하는 절차에 따라 자문하게 할 수 있다. (2000. 4. 3 신설)

제115조【주식 등에 대한 장부의 비치·기록의무 및 기장 불성실 가산세】
(2010. 12. 27. 제목개정)
① 법인(중소기업을 포함한다)의 대주주가 양도하는 주식등에 대하여는 대통령령으로 정하는 바에 따라 종목별로 구분하여 거래일자별 거래명세 등을 장부에 기록·관리하여야 하며 그 증명서류 등을 갖추어 두어야 한다. 다만, 「자본시장과 금융투자업에 관한 법률」에 따른 투자매매업자 또는 투자중개업자가 발행한 거래명세서를 갖추어 둔 경우에는 장부를 비치·기록한 것으로 본다. (2010. 12. 27. 개정)
② 제1항에 따라 법인의 대주주가 양도하는 주식등에 대하여 거래명세 등을 기장하지 아니하였거나 누락하였을 때에는 기장을 하지 아니한 소득금액 또는 누락한 소득금액이 양도소득금액에서 차지하는 비율을 산출세액에 곱하여 계산한 금액의 100분의 10에 해당하는 금액(이하 이 조에서 "기장 불성실가산세"라 한다)을 산출세액에 더한다. 다만, 산출세액이 없을 때에는 그 거래금액의 1만분의 7에 해당하는 금액을 기장 불성실가산세로 한다. (2010. 12. 27. 개정)

제115조【주식등에 대한 장부의 비치·기록의무 및 기장 불성실가산세】① 법인(중소기업을 포함한다)의 대주주가 양도하는 주식등에 대하여는 대통령령으로 정하는 바에 따라 종목별로 구분하여 거래일자별 거래명세 등을 장부에 기록·관리하여야 하며 그 증명서류 등을 갖추어 두어야 한다. 다만, 「자본시장과 금융투자업에 관한 법률」에 따른 투자매매업자 또는 투자중개업자가 발행한 거래명세서를 갖추어 둔 경우에는 장부를 비치·기록한 것으로 본다. (2024. 12. 31. 신설)
② 제1항에 따라 법인의 대주주가 양도하는 주식등에 대하여 거래명세 등을 기장하지 아니하였거나 누락하였을 때에는 기장을 하지 아니한 소득금액 또는 누락한 소득금액이 양도소득금액에서 차지하는 비율을 산출세액에 곱하여 계산한 금액의 100분의 10에 해당하는 금액(이하 이 조에서 "기장 불성실가산세"라 한다)을 산출세액에 더한다. 다만, 산출세액이 없을 때에는 그 거래금액의 1만분의 7에 해당하는 금액을 기장 불성실가산세로 한다. (2024. 12. 31. 신설)

제115조의 2【신탁 수익자명부 변동상황명세서의 제출】신탁의 수탁자는 제94조 제1항 제6호에 따른 신탁 수익권에 대하여 신탁이 설정된 경우와 수익권의 양도 등으로 인하여 신탁 수익자의 변동사항이 있는 경우 대통령령으로 정하는 바에 따라 수익자명부 변동상황명세서를 작성·보관하여야 하며, 신탁 설정 또는 수익자 변동이 발생한 과세기간의 다음 연도 5월 1일부터 5월 31일(법인과세 신탁재산의 수

제178조【주식 등에 대한 장부의 기장 방법】법 제115조 제1항에 따라 주식등의 거래명세를 장부에 기록·관리할 때에는 종목별로 구분하여 각각 별지에 기장하여야 하며, 각 종목별 기장에 있어서는 거래일자·거래수량·단가·취득가액 또는 양도가액·거래수수료·증권거래세·농어촌특별세 등의 거래명세를 항목별로 빠짐없이 기장하여야 한다. (2010. 12. 30. 신설)

제178조【주식 등에 대한 장부의 기장 방법】법 제115조 제1항에 따라 주식등의 거래명세를 장부에 기록·관리할 때에는 종목별로 구분하여 각각 별지에 기장해야 하며, 각 종목별 기장에 있어서는 거래일자·거래수량·단가·취득가액 또는 양도가액·거래수수료·증권거래세·농어촌특별세 등의 거래명세를 항목별로 빠짐없이 기장해야 한다. (2024. 12. 31. 신설)

제177조의 3【신탁 수익자명부 변동상황명세서 작성】법 제115조의 2에 따른 신탁 수익자명부 변동상황명세서는 기획재정부령으로 정하는 서식에 따라 작성하며, 다음 각 호의 내용을 포함해야 한다. (2021. 2. 17. 신설)
1. 위탁자의 성명 또는 명칭 및 주소 (2021. 2. 17. 신설)
2. 수탁자의 성명 또는 명칭 및 주소 (2021. 2. 17. 신설)

탁자의 경우는 「법인세법」 제60조에 따른 신고기한)까지 수익자명부
변동상황명세서를 납세지 관할 세무서장에게 제출하여야 한다. (2020.
12. 29. 신설)

　제116조【양도소득세의 징수】① 납세지 관할 세무서장은 거주
자가 제111조에 따라 해당 과세기간의 양도소득세로 납부하여야 할 세
액의 전부 또는 일부를 납부하지 아니한 경우에는 그 미납된 부분의
양도소득세액을 「국세징수법」에 따라 징수한다. 제106조에 따른 예정
신고납부세액의 경우에도 또한 같다. (2013. 1. 1. 개정)
② 납세지 관할 세무서장은 제114조에 따라 양도소득과세표준과
세액을 결정 또는 경정한 경우 제92조 제3항 제3호에 따른 양도소
득 총결정세액이 다음 각 호의 금액의 합계액을 초과할 때에는 그
초과하는 세액(이하 "추가납부세액"이라 한다)을 해당 거주자에
게 알린 날부터 30일 이내에 징수한다. (2023. 12. 31. 개정)
1. 제106조에 따른 예정신고납부세액과 제111조에 따른 확정신고납부
　세액 (2009. 12. 31. 개정)
2. 제1항에 따라 징수하는 세액 (2009. 12. 31. 개정)
3. 제82조 및 제118조에 따른 수시부과세액 (2009. 12. 31. 개정)
4. 제156조 제1항 제5호에 따라 원천징수한 세액 (2018. 12. 31. 개정)

　제117조【양도소득세의 환급】납세지 관할 세무서장은 과세기
간별로 제116조 제2항 각 호의 금액의 합계액이 제92조 제3항 제3호
에 따른 양도소득 총결정세액을 초과할 때에는 그 초과하는 세액을 환
급하거나 다른 국세 및 강제징수비에 충당하여야 한다. (2023. 12. 31.
개정)

　제118조【준용규정】① 양도소득세에 대해서는 제24조·제27조·제33조·제
39조·제43조·제44조·제46조·제74조·제75조 및 제82조를 준용한다. (2017. 12.
19. 항번개정)
　제118조【준용규정】① 양도소득세에 관하여는 제24조·제27
조·제33조·제39조·제43조·제44조·제46조·제74조·제75조
및 제82조를 준용한다. (2024. 12. 31. 항번개정)

3. 수익자의 성명 또는 명칭 및 주소 (2021. 2. 17. 신설)
4. 수익자별 수익권 또는 수익증권의 보유현황 및 내용 (2021. 2. 17.
　신설)
5. 과세기간 중 수익자의 변동사항 (2021. 2. 17. 신설)

② 다음 각 호의 소득에 대한 양도소득세액의 계산에 관하여는 제118조의 2부터 제118조의 4까지 및 제118조의 6을 준용한다. (2024. 12. 31. 신설)

1. 제94조 제1항 제3호 다목에 따른 자산의 양도로 발생하는 소득 (2024. 12. 31. 신설)

2. 제94조 제1항 제5호에 따른 소득 중 「자본시장과 금융투자업에 관한 법률」 제5조 제2항 제2호에 따른 해외 파생상품시장에서 거래되는 파생상품의 양도로 발생하는 소득 (2024. 12. 31. 신설)

제 10 절　국외자산양도에 대한 양도소득세
(98. 12. 28. 신설)

제118조의 2 【국외자산 양도소득의 범위】 (2019. 12. 31. 제목개정)
거주자(해당 자산의 양도일까지 계속 5년 이상 국내에 주소 또는 거소를 둔 자만 해당한다)의 국외에 있는 자산의 양도에 대한 양도소득은 해당 과세기간에 국외에 있는 자산을 양도함으로써 발생하는 다음 각 호의 소득으로 한다. 다만, 다음 각 호에 따른 소득이 국외에서 외화를 차입하여 취득한 자산을 양도하여 발생하는 소득으로서 환율변동으로 인하여 외화차입금으로부터 발생하는 환차익을 포함하고 있는 경우에는 해당 환차익을 양도소득의 범위에서 제외한다. (2015. 12. 31. 단서신설)

1. 토지 또는 건물의 양도로 발생하는 소득 (2009. 12. 31. 개정)

2. 다음 각 목의 어느 하나에 해당하는 부동산에 관한 권리의 양도로 발생하는 소득 (2016. 12. 20. 개정)

　가. 부동산을 취득할 수 있는 권리(건물이 완성되는 때에 그 건물과 이에 딸린 토지를 취득할 수 있는 권리를 포함한다) (2016. 12. 20. 개정)

　나. 지상권 (2016. 12. 20. 개정)

　다. 전세권과 부동산임차권 (2016. 12. 20. 개정)

3. 주식등으로서 대통령령으로 정하는 것의 양도로 발생하는 소득 (2010. 12. 27. 개정)

3. 삭　제 (2019. 12. 31.)

제 7 절　국외자산양도에 대한 양도소득세
(98. 12. 31 신설)

제178조의 2 【국외자산 양도소득의 범위】 (2017. 2. 3. 제목개정)
① 법 제118조의 2 제2호에서 "대통령령으로 정하는 부동산에 관한 권리"란 다음 각 호의 것(미등기 양도자산을 포함한다)을 말한다. (2010. 2. 18. 개정)
1. 지상권·전세권과 부동산임차권 (98. 12. 31 신설)
2. 부동산을 취득할 수 있는 권리(건물이 완성되는 때에 그 건물과 이에 부수되는 토지를 취득할 수 있는 권리를 포함한다) (98. 12. 31 신설)

① 삭　제 (2017. 2. 3.)

② 법 제118조의 2 제3호에서 "대통령령으로 정하는 것"이란 외국법인이 발행한 주식등(증권시장에 상장된 주식 등과 제4항에 해당하는 주식 등은 제외한다)과 내국법인이 발행한 주식 등(국외 예탁기관이 발행한 제152조의 2에 따른 증권예탁증권을 포함한다)으로서 증권시장과 유사한 시장으로서 외국에 있는 시장에 상장된 주식등을 말한다. (2017. 2. 3. 개정)

② 삭　제 (2020. 2. 11.)

③ 법 제118조의 2 제4호에서 "대통령령으로 정하는 파생상품등"이란 「자본시장과 금융투자업에 관한 법률」 제5조 제2항 제2호에 따른 장내파생상품을 말한다. (2015. 2. 3. 개정)

③ 삭　제 (2018. 2. 13.)

4. 삭 제 (2017. 12. 19.)

5. 그 밖에 제94조 제1항 제4호에 따른 기타자산 등 대통령령으로 정하는 자산의 양도로 발생하는 소득 (2015. 12. 15. 개정)

④ 법 제118조의 2 제5호에서 "대통령령으로 정하는 자산"이란 국외에 있는 자산으로서 법 제94조 제1항 제4호에 따른 기타자산과 법 제118조의 2 제2호에 따른 부동산에 관한 권리로서 미등기 양도자산을 말한다. (2017. 2. 3. 개정)

⑤ 법 제118조의 2 제5호에 따라 양도소득세를 과세하는 경우에는 제158조 제2항부터 제4항까지의 규정을 준용한다. (2019. 2. 12. 개정)

편주 ▶
영 178조의 3의 개정규정은 2025. 1. 1.부터 시행함. (영 부칙(2021. 2. 17.) 1조 5호) (2022. 12. 31. 개정)

제118조의 3【국외자산의 양도가액】 (2019. 12. 31. 제목개정) ① 제118조의 2에 따른 자산(이하 이 절에서 "국외자산"이라 한다)의 양도가액은 그 자산의 양도 당시의 실지거래가액으로 한다. 다만, 양도 당시의 실지거래가액을 확인할 수 없는 경우에는 양도자산이 소재하는 국가의 양도 당시 현황을 반영한 시가에 따르되, 시가를 산정하기 어려울 때에는 그 자산의 종류, 규모, 거래상황 등을 고려하여 대통령령으로 정하는 방법에 따른다. (2009. 12. 31. 개정)

② 제1항에 따른 시가의 산정에 관한 사항과 그 밖에 필요한 사항은 대통령령으로 정한다. (2009. 12. 31. 개정)

제178조의 3【국외자산의 시가산정 등】 ① 법 제118조의 3 제1항 단서 및 제118조의 4 제1항 제1호 단서에 따라 국외자산의 시가를 산정하는 경우 다음 각 호의 어느 하나에 해당하는 가액이 확인되는 때에는 이를 해당 자산의 시가로 한다. 다만, 제157조의 3에 따른 주식등과 제178조의 2 제4항에 따른 자산 중 법 제94조 제1항 제4호 나목부터 라목까지의 규정에 따른 자산(같은 호 나목에 따른 자산인 경우에는 같은 호 다목 및 라목에 따른 주식등으로 한정한다)의 경우에는 제2호부터 제4호까지의 규정을 적용하지 않는다. (2024. 12. 31. 개정)

1. 국외자산의 양도에 대한 과세와 관련하여 이루어진 외국정부(지방자치단체를 포함한다)의 평가가액 (98. 12. 31 신설)

제118조의 4 【국외자산 양도소득의 필요경비 계산】 (2019. 12. 31. 제목개정)

① 국외자산의 양도에 대한 양도차익을 계산할 때 양도가액에서 공제하는 필요경비는 다음 각 호의 금액을 합한 것으로 한다. (2009. 12. 31. 개정)

1. 취득가액 (2009. 12. 31. 개정)

　해당 자산의 취득에 든 실지거래가액. 다만, 취득 당시의 실지거래가액을 확인할 수 없는 경우에는 양도자산이 소재하는 국가의 취득 당시의 현황을 반영한 시가에 따르되, 시가를 산정하기 어려울 때에는 그 자산의 종류, 규모, 거래상황 등을 고려하여 대통령령으로 정하는 방법에 따라 취득가액을 산정한다.

2. 대통령령으로 정하는 자본적지출액 (2009. 12. 31. 개정)

3. 대통령령으로 정하는 양도비 (2009. 12. 31. 개정)

2. 국외자산의 양도일 또는 취득일전후 6월 이내에 이루어진 실지거래가액 (98. 12. 31 신설)

3. 국외자산의 양도일 또는 취득일전후 6월 이내에 평가된 감정평가법인등의 감정가액 (2022. 1. 21. 개정 ; 감정평가~시행령 부칙)

4. 국외자산의 양도일 또는 취득일전후 6월 이내에 수용 등을 통하여 확정된 국외자산의 보상가액 (98. 12. 31 신설)

② 법 제118조의 3 제1항 단서 및 제118조의 4 제1항 제1호 단서에서 "대통령령으로 정하는 방법"이란 다음 각 호의 어느 하나에 따라 평가하는 것을 말한다. (2010. 2. 18. 개정)

1. 부동산 및 부동산에 관한 권리의 경우에는 「상속세 및 증여세법」 제61조, 제62조, 제64조 및 제65조를 준용하여 국외자산가액을 평가하는 것. 다만, 「상속세 및 증여세법」 제61조, 제62조, 제64조 및 제65조를 준용하여 국외자산가액을 평가하는 것이 적절하지 아니한 경우에는 「감정평가 및 감정평가사에 관한 법률」에 따른 감정평가법인등이 평가하는 것을 말한다. (2022. 1. 21. 단서개정 ; 감정평가~시행령 부칙)

2. 유가증권가액의 산정은 「상속세 및 증여세법」 제63조의 규정에 의한 평가방법을 준용하여 평가하는 것. 이 경우 동조 제1항 제1호 가목의 규정 중 "평가기준일 이전·이후 각 2월"은 각각 "양도일·취득일 이전 1월"로 본다. (2005. 2. 19. 개정)

제178조의 4 【국외자산 양도소득의 필요경비】 (2020. 2. 11. 제목개정)

① 법 제118조의 4 제1항 제1호 본문의 규정에 의하여 취득에 소요된 실지거래가액을 산정하는 경우에는 제163조 제1항 및 제2항의 규정을 준용한다. (98. 12. 31 신설)

② 삭 제 (2003. 12. 30.)

③ 법 제118조의 4 제1항 제2호에서 "대통령령으로 정하는 자본적 지출액"이란 제163조 제3항 각 호의 어느 하나에 해당하는 것을 말한다. (2013. 2. 15. 개정)

④ 법 제118조의 4 제1항 제3호에서 "대통령령으로 정하는 양도비"란 제163조 제5항 각 호의 어느 하나에 해당하는 것을 말한다. (2013. 2.

② 제1항에 따른 양도차익의 외화 환산, 취득에 드는 실지거래가액, 시가의 산정 등 필요경비의 계산에 필요한 사항은 대통령령으로 정한다. (2009. 12. 31. 개정)

　　제118조의 5【국외자산 양도소득세의 세율】(2019. 12. 31. 제목개정)
① 국외자산의 양도소득에 대한 소득세는 해당 과세기간의 양도소득과세표준에 제55조 제1항에 따른 세율을 적용하여 계산한 금액을 그 세액으로 한다. (2019. 12. 31. 개정)
1. 제118조의 2 제1호·제2호 및 제5호에 따른 자산 (2014. 12. 23. 개정)
　제55조 제1항에 따른 세율
2. 제118조의 2 제3호에 따른 자산 (2009. 12. 31. 개정)
1.~2. 삭　제 (2019. 12. 31.)
　　가. 중소기업의 주식등 (2009. 12. 31. 개정)
　　　양도소득 과세표준의 100분의 10
　　나. 그 밖의 주식등 (2009. 12. 31. 개정)
　　　양도소득 과세표준의 100분의 20
3. 제118조의 2 제4호에 따른 파생상품등 (2014. 12. 23. 신설)
　제104조 제1항 제12호에 따른 세율
3. 삭　제 (2017. 12. 19.)
② 제1항에 따른 세율의 조정에 관하여는 제104조 제4항을 준용한다. (2019. 12. 31. 개정)

　　제118조의 6【국외자산 양도소득에 대한 외국납부세액의 공제】(2019. 12. 31. 제목개정)
① 국외자산의 양도소득에 대하여 해당 외국에서 과세를 하는 경우로서 그 양도소득에 대하여 대통령령으로 정하는 국외자산 양도소득에 대한 세액(이하 이 항에서 "국외자산 양도소득세액"이라 한다)을 납부하였거나 납부할 것이 있을 때에는 다음 각 호의 방법 중 하나를 선택하여 적용할 수 있다. (2019. 12. 31. 개정)
1. 외국납부세액의 세액공제방법 : 다음 계산식에 따라 계산한 금액을

　　제178조의 5【국외자산 양도차익의 외화환산】(2020. 2. 11. 제목개정)
① 법 제118조의 4 제2항의 규정에 의하여 양도차익을 계산함에 있어서는 양도가액 및 필요경비를 수령하거나 지출한 날 현재「외국환거래법」에 의한 기준환율 또는 재정환율에 의하여 계산한다. (2005. 2. 19. 개정)
② 제1항의 규정을 적용함에 있어서 제162조 제1항 제3호의 규정에 의한 장기할부조건의 경우에는 동호의 규정에 의한 양도일 및 취득일을 양도가액 또는 취득가액을 수령하거나 지출한 날로 본다. (2001. 12. 31 신설)

●예판●••
법 118조의 5 제1항 2호 가목에서 규정하는 중소기업의 주식 등은 해외증시에서 거래되는 국내중소기업 발행 주식을 의미함. (재재산-207, 2012. 3. 15.)
••
☞

　　제178조의 6【국외 파생상품 등의 양도소득세 탄력세율】법 제118조의 5 제2항에 따라 같은 조 제1항 제3호에 따른 파생상품등에 대한 양도소득세의 세율은 100분의 5로 한다. (2017. 2. 3. 신설)
　　제178조의 6【국외 파생상품 등의 양도소득세 탄력세율】삭제 (2018. 2. 13.)

　　제178조의 7【국외자산 양도소득에 대한 외국납부세액의 공제】(2020. 2. 11. 제목개정)
① 법 제118조의 6 제1항 본문에서 "대통령령으로 정하는 국외자산 양도소득에 대한 세액"(이하 이 조에서 "국외자산 양도소득세액"이라 한다)이란 국외자산의 양도소득에 대하여 외국정부(지방자치단체를 포함한다)가 과세한 다음 각 호의 어느 하나에 해당하는 세액을 말한다. (2010. 2. 18. 개정)
1. 개인의 양도소득금액을 과세표준으로 하여 과세된 세액 (98. 12. 31

한도로 국외자산 양도소득세액을 해당 과세기간의 양도소득 산출세액에서 공제하는 방법 (2019. 12. 31. 개정)

$$공제한도금액 \ = \ A \ \times \ \frac{B}{C}$$

A : 제118조의 5에 따라 계산한 해당 과세기간의 국외자산에 대한 양도소득 산출세액

B : 해당 국외자산 양도소득금액

C : 해당 과세기간의 국외자산에 대한 양도소득금액

2. 외국납부세액의 필요경비 산입방법 : 국외자산 양도소득에 대하여 납부하였거나 납부할 국외자산 양도소득세액을 해당 과세기간의 필요경비에 산입하는 방법 (2019. 12. 31. 개정)

② 제1항의 세액공제 및 필요경비산입에 필요한 사항은 대통령령으로 정한다. (2009. 12. 31. 개정)

　제118조의 7 【국외자산 양도소득 기본공제】 (2019. 12. 31. 제목개정)

① 국외자산의 양도에 대한 양도소득이 있는 거주자에 대해서는 해당 과세기간의 양도소득금액에서 연 250만원을 공제한다. (2019. 12. 31. 개정)

1. 제118조의 2 제1호·제2호 및 제5호에 따른 소득 (2014. 12. 23. 개정)

2. 제118조의 2 제3호에 따른 소득 (2009. 12. 31. 개정)

1.∼2. 삭　제 (2019. 12. 31.)

3. 제118조의 2 제4호에 따른 소득 (2014. 12. 23. 신설)

3. 삭　제 (2017. 12. 19.)

② 제1항을 적용할 때 해당 과세기간의 양도소득금액에 이 법 또는 「조세특례제한법」이나 그 밖의 법률에 따른 감면소득금액이 있는 경우에는 감면소득금액 외의 양도소득금액에서 먼저 공제하고, 감면소득금액 외의 양도소득금액 중에서는 해당 과세기간에 먼저 양도하는 자산의 양도소득금액에서부터 순서대로 공제한다. (2009. 12. 31. 개정)

　제118조의 8 【국외자산 양도에 대한 준용규정】 (2019. 12. 31. 제목개정)

신설)

2. 개인의 양도소득금액을 과세표준으로 하여 과세된 세의 부가세액 (98. 12. 31 신설)

② 법 제118조의 6 제1항의 규정에 의하여 국외자산양도소득세액을 공제받고자 하거나 필요경비에 산입하고자 하는 자는 기획재정부령이 정하는 국외자산양도소득세액공제(필요경비산입)신청서를 법 제110조의 규정에 의한 확정신고(법 제105조의 규정에 의한 예정신고를 포함한다)기한내에 납세지 관할세무서장에게 제출하여야 한다. (2008. 2. 29. 직제개정 ; 기획재정부와∼직제 부칙)

관계조문 》》

규칙 103조 9항 ⇒ 국외자산 양도소득세액공제(필요경비산입)신청서

국외자산의 양도에 대한 양도소득세의 과세에 관하여는 제89조, 제90조, 제92조, 제95조, 제97조 제3항, 제98조, 제100조, 제101조, 제105조부터 제107조까지, 제110조부터 제112조까지, 제114조, 제114조의 2 및 제115조부터 제118조까지의 규정을 준용한다. 다만, 제95조에 따른 장기보유 특별공제액은 공제하지 아니한다. (2023. 12. 31. 개정)
국외자산의 양도에 대한 양도소득세의 과세에 관하여는 제89조, 제90조, 제92조, 제95조, 제97조 제3항, 제98조, 제100조, 제101조, 제105조부터 제107조까지, 제110조부터 제112조까지, 제114조, 제114조의 2 및 제115조부터 제118조까지를 준용한다. 다만, 제95조에 따른 장기보유 특별공제액은 공제하지 아니한다. (2024. 12. 31. 개정)

제11절 거주자의 출국 시 국내 주식 등에 대한 과세 특례
(2016. 12. 20. 신설)

제118조의 9【거주자의 출국 시 납세의무】 ① 다음 각 호의 요건을 모두 갖추어 출국하는 거주자(이하 "국외전출자"라 한다)는 제88조 제1호에도 불구하고 출국 당시 소유한 제94조 제1항 제3호 가목 및 나목, 같은 항 제4호 다목 및 라목에 해당하는 주식등을 출국일에 양도한 것으로 보아 양도소득에 대하여 소득세를 납부할 의무가 있다. (2019. 12. 31. 개정)
1. 출국일 10년 전부터 출국일까지의 기간 중 국내에 주소나 거소를 둔 기간의 합계가 5년 이상일 것 (2016. 12. 20. 신설)
2. 출국일이 속하는 연도의 직전 연도 종료일 현재 소유하고 있는 주식등의 비율·시가총액 등을 고려하여 대통령령으로 정하는 대주주에 해당할 것 (2016. 12. 20. 신설)
② 삭 제 (2018. 12. 31.)
③ 국외전출자의 범위 및 그 밖에 필요한 사항은 대통령령으로 정한다. (2016. 12. 20. 신설)

제118조의 10【국외전출자 국내주식등에 대한 과세표준의 계산】 (2019. 12. 31. 제목개정)
① 제118조의 9 제1항에 따른 주식등(이하 "국외전출자 국내주식등"이라 한다)의 양도가액은 출국일 당시의 시가로 한다. 다만, 시가를 산정하기 어려울 때에는 그 규모 및 거래상황 등을 고려하여 대통령령으로 정하는 방법에 따른다. (2016. 12. 20. 신설)
② 제1항에 따른 양도가액에서 공제할 필요경비는 제97조에 따라 계산한다. (2016. 12. 20. 신설)
③ 양도소득금액은 제1항에 따른 양도가액에서 제2항에 따른 필요경비를 공제한 금액으로 한다. (2018. 12. 31. 개정)
④ 양도소득과세표준은 제3항에 따른 양도소득금액에서 연 250만원을 공제한 금액으

로 한다. (2016. 12. 20. 신설)
⑤ 제4항에 따른 양도소득과세표준은 종합소득, 퇴직소득 및 제92조 제2항에 따른 양도소득과세표준과 구분하여 계산한다. (2016. 12. 20. 신설)
⑥ 제1항에 따른 시가의 산정 및 그 밖에 필요한 사항은 대통령령으로 정한다. (2016. 12. 20. 신설)

제118조의 11【국외전출자 국내주식등에 대한 세율과 산출세액】 (2019. 12. 31. 제목개정)
국외전출자의 양도소득세는 제118조의 10 제4항에 따른 양도소득과세표준에 다음의 계산식에 따라 계산한 금액을 그 세액(이하 이 절에서 "산출세액"이라 한다)으로 한다. (2018. 12. 31. 개정)

양도소득과세표준	세 율
3억원 이하	20퍼센트
3억원 초과	6천만원 + (3억원 초과액 × 25퍼센트)

제118조의 12【조정공제】 ① 국외전출자가 출국한 후 국외전출자 국내주식등을 실제 양도한 경우로서 실제 양도가액이 제118조의 10 제1항에 따른 양도가액보다 낮은 때에는 다음의 계산식에 따라 계산한 세액(이하 이 절에서 "조정공제액"이라 한다)을 산출세액에서 공제한다. (2016. 12. 20. 신설)
[제118조의 10 제1항에 따른 양도가액 − 실제 양도가액] × 제118조의 11에 따른 세율
② 제1항에 따른 공제에 필요한 사항은 대통령령으로 정한다. (2016. 12. 20. 신설)

제118조의 13【국외전출자 국내주식등에 대한 외국납부세액의 공제】 (2019. 12. 31. 제목개정)
① 국외전출자가 출국한 후 국외전출자 국내주식등을 실제로 양도하여 해당 자산의 양도소득에 대하여 외국정부(지방자치단체를 포함한다. 이하 같다)에 세액을 납부하였거나 납부할 것이 있는 때에는 산출세액에서 조정공제액을 공제한 금액을 한도로 다음의 계산식에 따라 계산한 외국납부세액을 산출세액에서 공제한다. (2016. 12. 20. 신설)
해당 자산의 양도소득에 대하여 외국정부에 납부한 세액 × [118조의 10 제1항에 따른 양도가액(제118조의 12 제1항에 해당하는 경우에는 실제 양도가액) − 제118조의 10 제2항에 따른 필요경비] ÷ (실제 양도가액 − 제118조의 10 제2항에 따른 필요경비)
② 다음 각 호의 어느 하나에 해당하는 경우에는 제1항에 따른 공제를 적용하지 아니한다. (2016. 12. 20. 신설)
1. 외국정부가 산출세액에 대하여 외국납부세액공제를 허용하는 경우 (2016. 12. 20. 신설)
2. 외국정부가 국외전출자 국내주식등의 취득가액을 제118조의 10 제1항에 따른 양도가액으로 조정하여 주는 경우 (2016. 12. 20. 신설)
③ 제1항에 따른 공제에 필요한 사항은 대통령령으로 정한다. (2016. 12. 20. 신설)

제118조의 14【비거주자의 국내원천소득 세액공제】 ① 국외전출자가 출국한 후 국외전출자 국내주식등을 실제로 양도하여 제119조 제11호에 따른 비거주자의 국내원천소득으로 국내에서 과세되는 경우에는 산출세액에서 조정공제액을 공제한 금액을 한도로 제156조 제1항 제7호에 따른 금액을 산출세액에서 공제한다. (2018. 12. 31. 개정)
② 제1항에 따른 공제를 하는 경우에는 제118조의 13 제1항에 따른 외국납부세액의 공제를 적용하지 아니한다. (2016. 12. 20. 신설)
③ 제1항에 따른 공제에 필요한 사항은 대통령령으로 정한다. (2016. 12. 20. 신설)

제118조의 15【국외전출자 국내주식등에 대한 신고·납부 및 가산세 등】 (2019. 12. 31. 제목개정)
① 국외전출자는 국외전출자 국내주식등의 양도소득에 대한 납세관리인과 국외전출자 국내주식등의 보유현황을 출국일 전날까지 납세지 관할 세무서장에게 신고하여야 한다. 이 경우 국외전출자 국내주식등의 보유현황은 신고일의 전날을 기준으로 작성한다. (2018. 12. 31. 개정)
② 국외전출자는 제118조의 10 제4항에 따른 양도소득과세표준을 출국일이 속하는 달의 말일부터 3개월 이내(제1항에 따라 납세관리인을 신고한 경우에는 제110조 제1항에 따른 양도소득과세표준 확정신고 기간 내)에 대통령령으로 정하는 바에 따라 납세지 관할 세무서장에게 신고하여야 한다. (2018. 12. 31. 개정)
③ 국외전출자가 제2항에 따라 양도소득과세표준을 신고할 때에는 산출세액에서 이 법 또는 다른 조세에 관한 법률에 따른 감면세액과 세액공제액을 공제한 금액을 대통령령으로 정하는 바에 따라 납세지 관할 세무서, 한국은행 또는 체신관서에 납부하여야 한다. (2016. 12. 20. 신설)
④ 국외전출자가 제1항에 따라 출국일 전날까지 국외전출자 국내주식등의 보유현황을 신고하지 아니

☞ p.2846 1단 연결

하거나 누락하여 신고한 경우에는 다음 각 호의 구분에 따른 금액의 100분의 2에 상당하는 금액을 산출세액에 더한다. (2018. 12. 31. 개정)
1. 출국일 전날까지 국외전출자 국내주식등의 보유현황을 신고하지 아니한 경우: 출국일 전날의 국외전출자 국내주식등의 액면금액(무액면주식인 경우에는 그 주식을 발행한 법인의 자본금을 발행주식총수로 나누어 계산한 금액을 말한다. 이하 이 조에서 같다) 또는 출자가액 (2018. 12. 31. 개정)
2. 국내주식등의 보유현황을 누락하여 신고한 경우: 신고일의 전날을 기준으로 신고를 누락한 국외전출자 국내주식등의 액면금액 또는 출자가액 (2018. 12. 31. 개정)
⑤ 제118조의 12 제1항에 따른 조정공제, 제118조의 13 제1항에 따른 외국납부세액공제 및 제118조의 14 제1항에 따른 비거주자의 국내원천소득 세액공제를 적용받으려는 자는 국외전출자 국내주식등을 실제 양도한 날부터 2년 이내에 대통령령으로 정하는 바에 따라 납세지 관할 세무서장에게 경정을 청구할 수 있다. (2018. 12. 31. 신설)
⑥ 제1항부터 제5항까지에서 규정한 사항 외에 국외전출자 국내주식등에 대한 양도소득세의 신고 및 납부 등에 필요한 사항은 대통령령으로 정한다. (2018. 12. 31. 개정)

　　제118조의 16 【납부유예】 ① 국외전출자는 납세담보를 제공하거나 납세관리인을 두는 등 대통령령으로 정하는 요건을 충족하는 경우에는 제118조의 15 제3항에도 불구하고 출국일부터 국외전출자 국내주식등을 실제로 양도할 때까지 납세지 관할 세무서장에게 양도소득세 납부의 유예를 신청하여 납부를 유예받을 수 있다. (2016. 12. 20. 신설)
② 제1항에 따라 납부를 유예받은 국외전출자는 출국일부터 5년(국외전출자의 국외유학 등 대통령령으로 정하는 사유에 해당하는 경우에는 10년으로 한다. 이하 이 절에서 같다) 이내에 국외전출자 국내주식등을 양도하지 아니한 경우에는 출국일부터 5년이 되는 날이 속하는 달의 말일부터 3개월 이내에 국외전출자 국내주식등에 대한 양도소득세를 납부하여야 한다. (2016. 12. 20. 신설)
③ 제1항에 따라 납부유예를 받은 국외전출자는 국외전출자 국내주식등을 실제 양도한 경우 양도일이 속하는 달의 말일부터 3개월 이내에 국외전출자 국내주식등에 대한 양도소득세를 납부하여야 한다. (2017. 12. 19. 신설)
④ 제1항에 따라 납부를 유예받은 국외전출자는 제2항 및 제3항에 따라 국외전출자 국내주식등에 대한 양도소득세를 납부할 때 대통령령으로 정하는 바에 따라 납부유예를 받은 기간에 대한 이자상당액을 가산하여 납부하여야 한다. (2017. 12. 19. 개정)
⑤ 국외전출자 국내주식등에 대한 양도소득세의 납부유예에 필요한 사항은 대통령령으로 정한다. (2017. 12. 19. 항번개정)

　　제118조의 17 【재전입 등에 따른 환급 등】 ① 국외전출자(제3호의 경우에는 상속인을 말한다)는 다음 각 호의 어느 하나에 해당하는 사유가 발생한 경우 그 사유가 발생한 날부터 1년 이내에 납세지 관할 세무서장에게 제118조의 15에 따라 납부한 세액의 환급을 신청하거나 제118조의 16에 따라 납부유예 중인 세액의 취소를 신청하여야 한다. (2016. 12. 20. 신설)

1. 국외전출자가 출국일부터 5년 이내에 국외전출자 국내주식등을 양도하지 아니하고 국내에 다시 입국하여 거주자가 되는 경우 (2017. 12. 19. 개정)
2. 국외전출자가 출국일부터 5년 이내에 국외전출자 국내주식등을 거주자에게 증여한 경우 (2016. 12. 20. 신설)
3. 국외전출자의 상속인이 국외전출자의 출국일부터 5년 이내에 국외전출자 국내주식등을 상속받은 경우 (2016. 12. 20. 신설)
② 납세지 관할 세무서장은 제1항에 따른 신청을 받은 경우 지체 없이 국외전출자가 납부한 세액을 환급하거나 납부유예 중인 세액을 취소하여야 한다. (2016. 12. 20. 신설)
③ 제1항에 해당하여 국외전출자가 납부한 세액을 환급하는 경우 제118조의 15 제4항에 따라 산출세액에 더하여진 금액은 환급하지 아니한다. (2021. 12. 8. 신설)
④ 제1항 제2호 또는 제3호에 해당하여 국외전출자가 납부한 세액을 환급하는 경우에는 「국세기본법」 제52조에도 불구하고 국세환급금에 국세환급가산금을 가산하지 아니한다. (2021. 12. 8. 항번개정)

　　제118조의 18 【국외전출자 국내주식등에 대한 준용규정 등】 (2019. 12. 31. 제목개정)
① 국외전출자 국내주식등에 대한 양도소득세에 관하여는 제90조, 제92조 제3항, 제102조 제2항, 제114조, 제116조 및 제117조의 규정을 준용한다. (2023. 12. 31. 개정)
② 국외전출자 국내주식등에 대한 양도소득세의 부과와 그 밖에 필요한 사항은 대통령령으로 정한다. (2018. 12. 31. 개정)

☞ p.2847 1단 연결

제118조의 9 【거주자의 출국 시 납세의무】 ① 다음 각 호의 요건을 모두 갖추어 출국하는 거주자(이하 "국외전출자"라 한다)는 제88조 제1호에도 불구하고 출국 당시 소유한 제94조 제1항 제3호 가목 및 나목, 같은 항 제4호 다목 및 라목에 해당하는 주식등을 출국일에 양도한 것으로 보아 양도소득에 대하여 소득세를 납부할 의무가 있다. (2024. 12. 31. 신설)

1. 출국일 10년 전부터 출국일까지의 기간 중 국내에 주소나 거소를 둔 기간의 합계가 5년 이상일 것 (2024. 12. 31. 신설)

2. 출국일이 속하는 연도의 직전 연도 종료일 현재 소유하고 있는 주식등의 비율·시가총액 등을 고려하여 대통령령으로 정하는 대주주에 해당할 것 (2024. 12. 31. 신설)

② 국외전출자의 범위 및 그 밖에 필요한 사항은 대통령령으로 정한다. (2024. 12. 31. 신설)

제118조의 10 【국외전출자 국내주식등에 대한 과세표준의 계산】 ① 제118조의 9 제1항에 따른 주식등(이하 "국외전출자 국내주식등"이라 한다)의 양도가액은 출국일 당시의 시가로 한다. 다만, 시가를 산정하기 어려울 때에는 그 규모 및 거래상황 등을 고려하여 대통령령으로 정하는 방법에 따른다. (2024. 12. 31. 신설)

② 제1항에 따른 양도가액에서 공제할 필요경비는 제97조에 따라 계

제178조의 8 【대주주의 범위】 법 제118조의 9 제1항 제2호에서 "대통령령으로 정하는 대주주"란 제167조의 8 제1항 각 호의 어느 하나에 해당하는 자를 말한다. (2017. 2. 3. 신설)

제178조의 8 【대주주의 범위】 법 제118조의 9 제1항 제2호에서 "대통령령으로 정하는 대주주"란 제167조의 8 제1항 각 호의 어느 하나에 해당하는 자를 말한다. (2024. 12. 31. 신설)

제178조의 9 【출국일 시가 등】 ① 법 제118조의 10 제1항 본문에 따른 시가는 법 제118조의 9 제1항에 따른 국외전출자(이하 "국외전출자"라 한다)의 출국일 당시의 해당 주식등의 거래가액으로 한다. (2017. 2. 3. 신설)

② 법 제118조의 10 제1항 단서에서 "대통령령으로 정하는 방법"이란 다음 각 호의 구분에 따른 방법을 말한다. (2017. 2. 3. 신설)

1. 주권상장법인의 주식등 : 법 제99조 제1항 제3호, 제5호 및 제6호에 따른 기준시가 (2019. 2. 12. 개정)

2. 주권비상장법인의 주식등 : 다음 각 목의 방법을 순차로 적용하여 계산한 가액 (2017. 2. 3. 신설)

가. 출국일 전후 각 3개월 이내에 해당 주식등의 매매사례가 있는 경우 그 가액 (2017. 2. 3. 신설)

나. 법 제99조 제1항 제4호부터 제6호까지의 규정에 따른 기준시가 (2019. 2. 12. 개정)

제178조의 9 【출국일 시가 등】 ① 법 제118조의 10 제1항 본문에 따른 시가는 법 제118조의 9 제1항에 따른 국외전출자(이하 "국외전출자"라 한다)의 출국일 당시의 해당 주식등의 거래가액으로 한다. (2024. 12. 31. 신설)

② 법 제118조의 10 제1항 단서에서 "대통령령으로 정하는 방법"이란 다음 각 호의 구분에 따른 방법을 말한다. (2024. 12. 31. 신설)

산한다. (2024. 12. 31. 신설)

③ 양도소득금액은 제1항에 따른 양도가액에서 제2항에 따른 필요경비를 공제한 금액으로 한다. (2024. 12. 31. 신설)

④ 양도소득과세표준은 제3항에 따른 양도소득금액에서 연 250만원을 공제한 금액으로 한다. (2024. 12. 31. 신설)

⑤ 제4항에 따른 양도소득과세표준은 종합소득, 퇴직소득 및 제92조 제2항에 따른 양도소득과세표준과 구분하여 계산한다. (2024. 12. 31. 신설)

⑥ 제1항에 따른 시가의 산정 및 그 밖에 필요한 사항은 대통령령으로 정한다. (2024. 12. 31. 신설)

제118조의 11 【국외전출자 국내주식등에 대한 세율과 산출세액】 국외전출자의 양도소득세는 제118조의 10 제4항에 따른 양도소득과세표준에 다음의 계산식에 따라 계산한 금액을 그 세액(이하 이 절에서 "산출세액"이라 한다)으로 한다. (2024. 12. 31. 신설)

양도소득과세표준	세 율
3억원 이하	20퍼센트
3억원 초과	6천만원 + (3억원 초과액 × 25퍼센트)

제118조의 12 【조정공제】 ① 국외전출자가 출국한 후 국외전출자 국내주식등을 실제 양도한 경우로서 실제 양도가액이 제118조의 10 제1항에 따른 양도가액보다 낮은 때에는 다음의 계산식에 따라 계산한 세액(이하 이 절에서 "조정공제액"이라 한다)을 산출세액에서 공제한다. (2024. 12. 31. 신설)

[제118조의 10 제1항에 따른 양도가액 – 실제 양도가액] × 제118조의 11에 따른 세율

② 제1항에 따른 공제에 필요한 사항은 대통령령으로 정한다. (2024. 12. 31. 신설)

제118조의 13 【국외전출자 국내주식등에 대한 외국납부세액의 공제】 ① 국외전출자가 출국한 후 국외전출자 국내주식등을 실제로

1. 주권상장법인의 주식등 : 법 제99조 제1항 제3호, 제5호 및 제6호에 따른 기준시가 (2024. 12. 31. 신설)

2. 주권비상장법인의 주식등 : 다음 각 목의 방법을 순차로 적용하여 계산한 가액 (2024. 12. 31. 신설)

　가. 출국일 전후 각 3개월 이내에 해당 주식등의 매매사례가 있는 경우 그 가액 (2024. 12. 31. 신설)

　나. 법 제99조 제1항 제4호부터 제6호까지의 규정에 따른 기준시가 (2024. 12. 31. 신설)

제178조의 10 【세액공제】 법 제118조의 12 제1항에 따른 조정공제, 법 제118조의 13 제1항에 따른 외국납부세액공제 또는 법 제118조의 14 제1항에 따른 비거주자의 국내원천소득 세액공제를 받으려는 자는 법 제118조의 9 제1항에 따른 주식등(이하 이 절에서 "국외전출자 국내주식등"이라 한다)을 실제 양도한 날부터 2년 이내에 기획재정부령으로 정하는 세액공제신청서를 납세지 관할 세무서장에게 제출(국세정보통신망을 통한 제출을 포함한다. 이하 이 절에서 같다)하여야 한다. (2019. 2. 12. 개정)

제178조의 10 【세액공제】 법 제118조의 12 제1항에 따른 조정공제, 법 제118조의 13 제1항에 따른 외국납부세액공제 또는 법 제118조의 14 제1항에 따른 비거주자의 국내원천소득 세액공제를 받으려는 자는 법 제118조의 9 제1항에 따른 주식등(이하 이 절에서 "국외전출자 국내주식등"이라 한다)을 실제 양도한 날부터 2년 이내에 기획재정부령으로 정하는 세액공제신청서를 납세지 관할 세무서장에게 제출(국세정보통신망을 통한 제출을 포함한다. 이하 이 절에서 같다)해야 한다. (2024. 12. 31. 신설)

양도하여 해당 자산의 양도소득에 대하여 외국정부에 세액을 납부하였 거나 납부할 것이 있는 때에는 산출세액에서 조정공제액을 공제한 금 액을 한도로 다음의 계산식에 따라 계산한 외국납부세액을 산출세액에 서 공제한다. (2024. 12. 31. 신설)

해당 자산의 양도소득에 대하여 외국정부에 납부한 세액 × [제118조의 10 제1항에 따른 양도가액(제118조의 12 제1항에 해당하는 경우에는 실제 양도가액) － 제118조의 10 제2항에 따른 필요경비] ÷ (실제 양 도가액 － 제118조의 10 제2항에 따른 필요경비)

② 다음 각 호의 어느 하나에 해당하는 경우에는 제1항에 따른 공제를 적용하지 아니한다. (2024. 12. 31. 신설)

1. 외국정부가 산출세액에 대하여 외국납부세액공제를 허용하는 경우 (2024. 12. 31. 신설)

2. 외국정부가 국외전출자 국내주식등의 취득가액을 제118조의 10 제1 항에 따른 양도가액으로 조정하여 주는 경우 (2024. 12. 31. 신설)

③ 제1항에 따른 공제에 필요한 사항은 대통령령으로 정한다. (2024. 12. 31. 신설)

제118조의 14【비거주자의 국내원천소득 세액공제】 ① 국외 전출자가 출국한 후 국외전출자 국내주식등을 실제로 양도하여 제119 조 제11호에 따른 비거주자의 국내원천소득으로 국내에서 과세되는 경 우에는 산출세액에서 조정공제액을 공제한 금액을 한도로 제156조 제 1항 제7호에 따른 금액을 산출세액에서 공제한다. (2024. 12. 31. 신설)

② 제1항에 따른 공제를 하는 경우에는 제118조의 13 제1항에 따른 외국납부세액의 공제를 적용하지 아니한다. (2024. 12. 31. 신설)

③ 제1항에 따른 공제에 필요한 사항은 대통령령으로 정한다. (2024. 12. 31. 신설)

제118조의 15【국외전출자 국내주식등에 대한 신고ㆍ납부 및 가산세 등】 ① 국외전출자는 국외전출자 국내주식등의 양도소득에 대 한 납세관리인과 국외전출자 국내주식등의 보유현황을 출국일 전날까 지 납세지 관할 세무서장에게 신고하여야 한다. 이 경우 국외전출자 국 내주식등의 보유현황은 신고일의 전날을 기준으로 작성한다. (2024.

제178조의 11【국외전출자 국내주식등에 대한 신고ㆍ납부 등】 (2020. 2. 11. 제목개정)

① 법 제118조의 15 제1항에 따라 납세관리인 및 국외전출자 국내주식등의 보유현황을 신고하려는 자는 기획재정부령으로 정하는 납세관리인신고서 및 국외전출자 국내주식 등 보유현황신고서를 납세지 관할 세무서장에게 제출하여야 한다. (2017. 2. 3. 신설)

② 법 제118조의 15 제2항에 따라 양도소득과세표준을 신고하려는 자는 기획재정부령 으로 정하는 양도소득과세표준신고서 및 납부계산서를 납세지 관할 세무서장에게 제출 하여야 한다. (2017. 2. 3. 신설)

③ 법 제118조의 15 제3항에 따라 신고납부하려는 자는 양도소득과세표준 신고와 함께 납세지 관할 세무서장에게 납부하거나 「국세징수법」 제5조에 따른 납부서에 기획재정 부령으로 정하는 양도소득과세표준신고서 및 납부계산서를 첨부하여 한국은행 또는 체 신관서에 납부해야 한다. (2021. 2. 17. 개정)

④ 법 제118조의 15 제5항에 따라 경정을 청구하려는 자는 기획재정부령으로 정하는 경정청구서에 제178조의 10에 따른 세액공제신청서를 첨부하여 납세지 관할 세무서장 에게 제출해야 한다. (2019. 2. 12. 신설)

제178조의 11【국외전출자 국내주식등에 대한 신고ㆍ납부 등】 ① 법 제118조의 15 제1항에 따라 납세관리인 및 국외전출자 국내주 식등의 보유현황을 신고하려는 자는 기획재정부령으로 정하는 납세관 리인신고서 및 국외전출자 국내주식등 보유현황신고서를 납세지 관할 세무서장에게 제출해야 한다. (2024. 12. 31. 신설)

12. 31. 신설)

② 국외전출자는 제118조의 10 제4항에 따른 양도소득과세표준을 출국일이 속하는 달의 말일부터 3개월 이내(제1항에 따라 납세관리인을 신고한 경우에는 제110조 제1항에 따른 양도소득과세표준 확정신고기간 내)에 대통령령으로 정하는 바에 따라 납세지 관할 세무서장에게 신고하여야 한다. (2024. 12. 31. 신설)

③ 국외전출자가 제2항에 따라 양도소득과세표준을 신고할 때에는 산출세액에서 이 법 또는 다른 조세에 관한 법률에 따른 감면세액과 세액공제액을 공제한 금액을 대통령령으로 정하는 바에 따라 납세지 관할 세무서, 한국은행 또는 체신관서에 납부하여야 한다. (2024. 12. 31. 신설)

④ 국외전출자가 제1항에 따라 출국일 전날까지 국외전출자 국내주식등의 보유현황을 신고하지 아니하거나 누락하여 신고한 경우에는 다음 각 호의 구분에 따른 금액의 100분의 2에 상당하는 금액을 산출세액에 더한다. (2024. 12. 31. 신설)

1. 출국일 전날까지 국외전출자 국내주식등의 보유현황을 신고하지 아니한 경우 : 출국일 전날의 국외전출자 국내주식등의 액면금액(무액면주식인 경우에는 그 주식을 발행한 법인의 자본금을 발행주식총수로 나누어 계산한 금액을 말한다. 이하 이 조에서 같다) 또는 출자가액 (2024. 12. 31. 신설)

2. 국내주식등의 보유현황을 누락하여 신고한 경우: 신고일의 전날을 기준으로 신고를 누락한 국외전출자 국내주식등의 액면금액 또는 출자가액 (2024. 12. 31. 신설)

⑤ 제118조의 12제1항에 따른 조정공제, 제118조의 13 제1항에 따른 외국납부세액공제 및 제118조의 14 제1항에 따른 비거주자의 국내원천소득 세액공제를 적용받으려는 자는 국외전출자 국내주식등을 실제 양도한 날부터 2년 이내에 대통령령으로 정하는 바에 따라 납세지 관할 세무서장에게 경정을 청구할 수 있다. (2024. 12. 31. 신설)

⑥ 제1항부터 제5항까지에서 규정한 사항 외에 국외전출자 국내주식등에 대한 양도소득세의 신고 및 납부 등에 필요한 사항은 대통령령으로 정한다. (2024. 12. 31. 신설)

제118조의 16 【납부유예】 ① 국외전출자는 납세담보를 제공하

② 법 제118조의 15 제2항에 따라 양도소득과세표준을 신고하려는 자는 기획재정부령으로 정하는 양도소득과세표준신고서 및 납부계산서를 납세지 관할 세무서장에게 제출해야 한다. (2024. 12. 31. 신설)

③ 법 제118조의 15 제3항에 따라 신고납부하려는 자는 양도소득과세표준 신고와 함께 납세지 관할 세무서장에게 납부하거나 「국세징수법」 제5조에 따른 납부서에 기획재정부령으로 정하는 양도소득과세표준신고서 및 납부계산서를 첨부하여 한국은행 또는 체신관서에 납부해야 한다. (2024. 12. 31. 신설)

④ 법 제118조의 15 제5항에 따라 경정을 청구하려는 자는 기획재정부령으로 정하는 경정청구서에 제178조의 10에 따른 세액공제신청서를 첨부하여 납세지 관할 세무서장에게 제출해야 한다. (2024. 12. 31. 신설)

제178조의 12 【납부유예】 ① 법 제118조의 16 제1항에서 "납세담보를 제공하거나 납세관리인을 두는 등 대통령령으로 정하는 요건을 충족하는 경우"란 다음 각 호의 요건을 모두 갖춘 경우를 말한다. (2018. 2. 13. 개정)

1. 「국세징수법」 제18조에 따른 납세담보를 제공할 것 (2021. 2. 17. 개정)

2. 법 제118조의 15 제1항에 따라 납세관리인을 납세지 관할 세무서장에게 신고할 것 (2017. 2. 3. 신설)

② 법 제118조의 16 제2항에서 "국외전출자의 국외유학 등 대통령령으로 정하는 사유"란 국외전출자의 「국외유학에 관한 규정」 제2조 제1호에 따른 유학을 말한다. (2017. 2. 3. 신설)

③ 법 제118조의 16 제4항에 따른 이자상당액은 다음의 계산식에 따라 산출된 금액으로 한다. (2021. 2. 17. 개정)

이자상당액 = 법 제118조의 15 제3항에 따른 금액 × 신고기한의 다음 날부터 납부일까지의 일수 × 납부유예 신청일 현재 「국세기본법 시행령」 제43조의 3 제2항 본문에 따른 이자율 (2021. 2. 17. 개정)

④ 법 제118조의 16 제1항에 따라 납부유예를 받으려는 자는 제178조의 11 제2항에 따른 양도소득과세표준신고서 및 납부계산서를 제출할 때 기획재정부령으로 정하는 납부유예신청서를 납세지 관할 세무서장에게 제출하여야 한다. (2017. 2. 3. 신설)

제178조의 12 【납부유예】 ① 법 제118조의 16 제1항에서 "납

거나 납세관리인을 두는 등 대통령령으로 정하는 요건을 충족하는 경우에는 제118조의 15 제3항에도 불구하고 출국일부터 국외전출자 국내주식등을 실제로 양도할 때까지 납세지 관할 세무서장에게 양도소득세 납부의 유예를 신청하여 납부를 유예받을 수 있다. (2024. 12. 31. 신설)
② 제1항에 따라 납부를 유예받은 국외전출자는 출국일부터 5년(국외전출자의 국외유학 등 대통령령으로 정하는 사유에 해당하는 경우에는 10년으로 한다. 이하 이 절에서 같다) 이내에 국외전출자 국내주식등을 양도하지 아니한 경우에는 출국일부터 5년이 되는 날이 속하는 달의 말일부터 3개월 이내에 국외전출자 국내주식등에 대한 양도소득세를 납부하여야 한다. (2024. 12. 31. 신설)
③ 제1항에 따라 납부를 유예받은 국외전출자는 국외전출자 국내주식등을 실제 양도한 경우 양도일이 속하는 달의 말일부터 3개월 이내에 국외전출자 국내주식등에 대한 양도소득세를 납부하여야 한다. (2024. 12. 31. 신설)
④ 제1항에 따라 납부를 유예받은 국외전출자는 제2항 및 제3항에 따라 국외전출자 국내주식등에 대한 양도소득세를 납부할 때 대통령령으로 정하는 바에 따라 납부유예를 받은 기간에 대한 이자상당액을 가산하여 납부하여야 한다. (2024. 12. 31. 신설)
⑤ 국외전출자 국내주식등에 대한 양도소득세의 납부유예에 필요한 사항은 대통령령으로 정한다. (2024. 12. 31. 신설)

    제118조의 17【재전입 등에 따른 환급 등】 ① 국외전출자(제3호의 경우에는 상속인을 말한다)는 다음 각 호의 어느 하나에 해당하는 사유가 발생한 경우 그 사유가 발생한 날부터 1년 이내에 납세지 관할 세무서장에게 제118조의 15에 따라 납부한 세액의 환급을 신청하거나 제118조의 16에 따라 납부유예 중인 세액의 취소를 신청하여야 한다. (2024. 12. 31. 신설)
1. 국외전출자가 출국일부터 5년 이내에 국외전출자 국내주식등을 양도하지 아니하고 국내에 다시 입국하여 거주자가 되는 경우 (2024. 12. 31. 신설)
2. 국외전출자가 출국일부터 5년 이내에 국외전출자 국내주식등을 거주자에게 증여한 경우 (2024. 12. 31. 신설)

세담보를 제공하거나 납세관리인을 두는 등 대통령령으로 정하는 요건을 충족하는 경우”란 다음 각 호의 요건을 모두 갖춘 경우를 말한다. (2024. 12. 31. 신설)
1. 「국세징수법」 제18조에 따른 납세담보를 제공할 것 (2024. 12. 31. 신설)
2. 법 제118조의 15 제1항에 따라 납세관리인을 납세지 관할 세무서장에게 신고할 것 (2024. 12. 31. 신설)
② 법 제118조의 16 제2항에서 “국외전출자의 국외유학 등 대통령령으로 정하는 사유”란 국외전출자의 「국외유학에 관한 규정」 제2조 제1호에 따른 유학을 말한다. (2024. 12. 31. 신설)
③ 법 제118조의 16 제4항에 따른 이자상당액은 다음의 계산식에 따라 산출된 금액으로 한다. (2024. 12. 31. 신설)

> 이자상당액 = 법 제118조의 15 제3항에 따른 금액 × 신고기한의 다음 날부터 납부일까지의 일수 × 납부유예 신청일 현재 「국세기본법 시행령」 제43조의 3 제2항 본문에 따른 이자율

④ 법 제118조의 16 제1항에 따라 납부유예를 받으려는 자는 제178조의 11 제2항에 따른 양도소득과세표준신고서 및 납부계산서를 제출할 때 기획재정부령으로 정하는 납부유예신청서를 납세지 관할 세무서장에게 제출해야 한다. (2024. 12. 31. 신설)

3. 국외전출자의 상속인이 국외전출자의 출국일부터 5년 이내에 국외
　전출자 국내주식등을 상속받은 경우 (2024. 12. 31. 신설)
② 납세지 관할 세무서장은 제1항에 따른 신청을 받은 경우 지체 없이
국외전출자가 납부한 세액을 환급하거나 납부유예 중인 세액을 취소하
여야 한다. (2024. 12. 31. 신설)
③ 제1항에 해당하여 국외전출자가 납부한 세액을 환급하는 경우 제
118조의 15 제4항에 따라 산출세액에 더하여진 금액은 환급하지 아니
한다. (2024. 12. 31. 신설)
④ 제1항 제2호 또는 제3호에 해당하여 국외전출자가 납부한 세액을
환급하는 경우에는 「국세기본법」 제52조에도 불구하고 국세환급금에
국세환급가산금을 가산하지 아니한다. (2024. 12. 31. 신설)

제118조의 18 【국외전출자 국내주식등에 대한 준용규정 등】
① 국외전출자 국내주식등에 대한 양도소득세에 관하여는 제90조, 제
92조 제3항, 제102조 제2항, 제114조, 제116조 및 제117조를 준용한
다. (2024. 12. 31. 신설)
② 국외전출자 국내주식등에 대한 양도소득세의 부과와 그 밖에 필요
한 사항은 대통령령으로 정한다. (2024. 12. 31. 신설)

제 4 장　비거주자의 납세의무

제 1 절　비거주자에 대한 세액계산 통칙

제119조 【비거주자의 국내원천소득】 비거주자의 국내원천소득
은 다음 각 호와 같이 구분한다. (2009. 12. 31. 개정)
1. 국내원천 이자소득 : 다음 각 목의 어느 하나에 해당하는 소득으로서
　제16조 제1항에서 규정하는 이자(같은 항 제7호의 소득은 제외한다).
　다만, 거주자 또는 내국법인의 국외사업장을 위하여 그 국외사업장
　이 직접 차용한 차입금의 이자는 제외한다. (2024. 12. 31. 개정)
　가. 국가, 지방자치단체(지방자치단체조합을 포함한다. 이하 제156

제 4 장　비거주자의 납세의무

제 1 절　비거주자의 세액계산 통칙

제178조의 13 【비거주자의 국내원천 배당소득】 ① 법 제119조 제2호 다목에
서 "대통령령으로 정하는 이익"이란 제150조의 7에 따른 집합투자증권의 환매등으로
발생한 이익을 말한다. 다만, 다음 각 호의 어느 하나에 해당하는 이익 또는 소득은 제
외한다. (2023. 2. 28. 개정)
1. 법 제119조 제9호 나목 또는 같은 조 제11호에 따른 소득 중 주식 및 출자지분의
　양도로 발생하는 소득(제179조 제11항 각 호의 단서에 따라 국내원천 유가증권양도
　소득에서 제외하는 소득을 포함한다) (2023. 2. 28. 개정)
2. 「자본시장과 금융투자업에 관한 법률」 제234조에 따른 상장지수집합투자기구로서

조 제1항 제1호 가목에서 같다), 거주자, 내국법인, 「법인세법」 제94조에서 규정하는 외국법인의 국내사업장 또는 제120조에서 규정하는 비거주자의 국내사업장으로부터 받는 소득 (2018. 12. 31. 개정)

나. 외국법인 또는 비거주자로부터 받는 소득으로서 그 소득을 지급하는 외국법인 또는 비거주자의 국내사업장과 실질적으로 관련하여 그 국내사업장의 소득금액을 계산할 때 손금 또는 필요경비에 산입되는 것 (2009. 12. 31. 개정)

2. 국내원천 배당소득 : 내국법인 또는 법인으로 보는 단체나 그 밖의 국내에 소재하는 자로부터 받는 다음 각 목의 소득 (2020. 12. 29. 개정)

가. 제16조 제1항 제2호의 2에 따른 파생결합사채로부터의 이익 (2020. 12. 29. 신설)

가. 삭 제 (2024. 12. 31.)

나. 제17조 제1항에 따른 배당소득(같은 항 제6호에 따른 소득은 제외한다) (2020. 12. 29. 신설)

다. 제87조의 6 제1항 제4호에 따른 집합투자증권의 환매등으로 발생한 이익 중 대통령령으로 정하는 이익 (2022. 12. 31. 개정)

다. 삭 제 (2024. 12. 31.)

라. 제87조의 6 제1항 제5호에 따른 파생결합증권으로부터의 이익 중 대통령령으로 정하는 이익 (2020. 12. 29. 신설)

라. 삭 제 (2024. 12. 31.)

마. 「국제조세조정에 관한 법률」 제13조 또는 제22조에 따라 배당으로 처분된 금액 (2020. 12. 29. 신설)

3. 국내원천 부동산소득 : 국내에 있는 부동산 또는 부동산상의 권리와 국내에서 취득한 광업권, 조광권, 지하수의 개발·이용권, 어업권, 토사석 채취에 관한 권리의 양도·임대, 그 밖에 운영으로 인하여 발생하는 소득. 다만, 제9호에 따른 국내원천 부동산등양도소득은 제외한다. (2018. 12. 31. 개정)

4. 국내원천 선박등임대소득 : 거주자·내국법인 또는 「법인세법」 제94조에서 규정하는 외국법인의 국내사업장이나 제120조에서 규정하는 비거주자의 국내사업장에 선박, 항공기, 등록된 자동차·건설기계 또는 산업상·상업상·과학상의 기계·설비·장치, 그 밖에

증권시장에서 거래되는 주식의 가격만을 기반으로 하는 지수의 변화를 그대로 추적하는 것을 목적으로 하는 집합투자기구의 집합투자증권을 법 제87조의 2 제3호에 따른 양도를 하여 발생한 이익 (2023. 2. 28. 개정)

3. 증권시장에 상장된 「자본시장과 금융투자업에 관한 법률」 제9조 제18항 제2호에 따른 집합투자기구(이전 사업연도에 「법인세법」 제51조의 2 제1항에 따른 배당가능이익 전체를 1회 이상 배당하지 않은 집합투자기구는 제외한다)의 집합투자증권을 법 제87조의 2 제3호에 따른 양도를 하여 발생한 이익 (2023. 2. 28. 개정)

② 법 제119조 제2호 라목에서 "대통령령으로 정하는 이익"이란 다음 각 호의 어느 하나에 해당하는 이익을 말한다. (2021. 2. 17. 신설)

1. 파생결합증권으로부터 발생한 이익. 다만, 당사자 일방의 의사표시에 따라 증권시장 또는 해외증권시장에서 매매거래되는 특정 주권의 가격이나 주가지수 수치의 변동과 연계하여 미리 정해진 방법에 따라 주권의 매매나 금전을 수수하는 거래를 성립시킬 수 있는 권리를 표시하는 증권 또는 증서로부터 발생한 이익은 제외한다. (2023. 2. 28. 단서개정)

2. 파생결합증권 중 「자본시장과 금융투자업에 관한 법률」 제4조 제10항에 따른 기초자산의 가격·이자율·지표·단위 또는 이를 기초로 하는 지수 등의 변동과 연계하여 미리 정해진 방법에 따라 이익을 얻거나 손실을 회피하기 위한 계약상의 권리를 나타내는 것으로서 증권시장에 상장되어 거래되는 증권 또는 증서(이하 이 호에서 "상장지수증권"이라 한다)를 계좌 간 이체, 계좌의 명의변경, 상장지수증권의 실물양도의 방법으로 거래하여 발생한 이익. 다만, 증권시장에서 거래되는 주식의 가격만을 기반으로 하는 지수의 변화를 그대로 추적하는 것을 목적으로 하는 상장지수증권을 계좌 간 이체, 계좌의 명의변경 및 상장지수증권의 실물양도의 방법으로 거래하여 발생한 이익은 제외한다. (2021. 2. 17. 신설)

제178조의 13【비거주자의 국내원천 배당소득】 삭 제 (2024. 12. 31.)

제179조【비거주자의 국내원천소득의 범위】 ① 법 제119조 제4호에서 "대통령령으로 정하는 용구"란 운반구·공구·기구 및 비품을 말한다. (2010. 2. 18. 개정)

② 법 제119조 제5호 본문에서 "대통령령으로 정하는 소득"이란 법 제

대통령령으로 정하는 용구를 임대함으로써 발생하는 소득 (2018. 12. 31. 개정)

5. 국내원천 사업소득 : 비거주자가 경영하는 사업에서 발생하는 소득 (조세조약에 따라 국내원천사업소득으로 과세할 수 있는 소득을 포함한다)으로서 대통령령으로 정하는 소득. 다만, 제6호에 따른 국내원천 인적용역소득은 제외한다. (2018. 12. 31. 개정)

6. ☞ p.2856

19조에 따른 사업 중 국내에서 경영하는 사업에서 발생하는 다음 각 호의 소득을 말한다. 다만, 국내 및 국외에 걸쳐 사업을 경영하는 비거주자의 경우에는 다음 각 호의 소득을 국내에서 경영하는 사업에서 발생하는 소득으로 한다. (2019. 2. 12. 개정)

1. 비거주자가 국외에서 양도받은 재고자산을 국외에서 제조·가공·육성 기타 가치를 증대시키기 위한 행위(이하 이 조에서 "제조 등"이라 한다)를 하지 아니하고 이를 국내에서 양도하는 경우(당해 재고자산에 대하여 국내에서 제조 등을 한 후 양도하는 경우를 포함한다)에는 그 국내에서의 양도에 의하여 발생하는 모든 소득

2. 비거주자가 국외에서 제조 등을 행한 재고자산을 국내에서 양도하는 경우(당해 재고자산에 대하여 국내에서 제조 등을 한 후 양도하는 경우를 포함한다)에는 그 양도에 의하여 발생하는 소득 중 국외에서 제조 등을 행한 타인으로부터 통상의 거래조건에 따라 당해 자산을 취득하였다고 가정할 때에 이를 양도하는 경우(국내에서 행한 제조 등을 한 후 양도하는 경우를 포함한다) 그 양도에 의하여 발생하여야 할 소득

3. 비거주자가 국내에서 제조 등을 행한 재고자산을 국외에서 양도하는 경우(당해 재고자산에 대하여 국외에서 제조 등을 한 후 양도하는 경우를 포함한다)에는 그 양도에 의하여 발생하는 소득 중 국내에서 제조한 당해 재고자산을 국외의 타인에게 통상의 거래조건에 따라 양도하였다고 가정할 때에 그 국내에서 행한 제조 등에 의하여 발생하여야 할 소득

4. 비거주자가 국외에서 건설·설치·조립 기타 작업에 관하여 계약을 체결하거나 필요한 인원 또는 자재를 조달하여 국내에서 작업을 시행하는 경우에는 당해 작업에 의하여 발생하는 모든 소득

5. 비거주자가 국내 및 국외에 걸쳐 손해보험 또는 생명보험사업을 영위하는 경우에는 당해 사업에 의하여 발생하는 소득 중 국내에 있는 당해 사업에 관한 영업소 또는 보험계약의 체결을 대리하는 자를 통하여 체결한 보험계약에 의하여 발생하는 소득

6. 출판사업 또는 방송사업을 영위하는 비거주자가 국내 및 국외에 걸쳐 타인을 위하여 광고에 관한 사업을 행하는 경우에는 당해 광고에 관한 사업에 의하여 발생하는 소득 중 국내에서 행하는 광고에 의

하여 발생한 소득

7. 비거주자가 국내 및 국외에 걸쳐 선박에 의한 국제운송업을 영위하는 경우에는 국내에서 승선한 여객이나 선적한 화물과 관련하여 발생하는 수입금액을 기준으로 하여 판정한 그 비거주자의 국내업무에서 발생하는 소득

8. 비거주자가 국내 및 국외에 걸쳐 항공기에 의한 국제운송업을 영위하는 경우에는 국내에서 탑승한 여객이나 적재한 화물과 관련하여 발생하는 수입금액과 경비, 국내업무용 유형자산 및 무형자산의 가액 기타 그 국내업무가 해당 운송업에 대한 소득의 발생에 기여한 정도 등을 고려하여 기획재정부령으로 정하는 방법에 따라 계산한 그 비거주자의 국내업무에서 발생하는 소득 (2020. 2. 11. 개정)

9. 비거주자가 국내 및 국외에 걸쳐 제1호 내지 제8호 외의 사업을 영위하는 경우에는 당해 사업에서 발생하는 소득 중 당해 사업에 관련된 업무를 국내업무와 국외업무로 구분하여 이들 업무를 각각 다른 독립사업자가 행하고 또한 이들 독립사업자간에 통상의 거래조건에 의한 거래가격에 따라 거래가 이루어졌다고 가정할 경우 그 국내업무와 관련하여 발생하는 소득 또는 그 국내업무에 관한 수입금액과 경비, 소득등을 측정하는데 합리적이라고 판단되는 요인을 고려하여 판정한 그 국내업무와 관련하여 발생하는 소득

10. 외국법인이 발행한 주식 또는 출자지분으로서 증권시장에 상장된 것에 투자하거나 기타 이와 유사한 행위를 함으로써 발생하는 소득 (2009. 2. 4. 개정)

11. 비거주자가 산업상·상업상 또는 과학상의 기계·설비·장치·운반구·공구·기구 및 비품을 양도함으로 인하여 발생하는 소득 (2003. 12. 30. 신설)

③ 제2항에도 불구하고 국외에서 발생하는 소득으로서 국내사업장에 귀속되는 것은 법 제119조 제5호에 따른 국내원천 사업소득에 포함되는 것으로 한다. (2020. 2. 11. 개정)

1.~4. 삭 제 (2020. 2. 11.)

④ 비거주자가 국내에서 영위하는 사업을 위하여 국외에서 광고, 선전, 정보의 수집과 제공, 시장조사 기타 그 사업수행상 예비적 또는 보조적인 성격을 가진 행위를 하는 경우 또는 국외에서 영위하는 사업을 위하여 국내에서 이들 행위를 하는 경우에는 당해 행위에서는 소득이 발생하지 아니하는 것으로 본다. (2003. 12. 30. 항번개정)

⑤ 제2항 제1호 내지 제3호에서 규정하는 재고자산이 다음 각호의 1에 해당하는 경우에는 국내에서 당해 재고자산의 양도가 이루어지는 것으로 보아 동항의 규정을 적용한다. (2003. 12. 30. 개정)

1. 당해 재고자산이 양수자에게 인도되기 직전에 국내에 있거나 또는 양도자인 당해 비거주자의 국내사업장에서 행하는 사업을 통하여 관리되고 있는 경우

2. 당해 재고자산의 양도에 관한 계약이 국내에서 체결되는 경우

3. 당해 재고자산의 양도에 관한 계약을 체결하기 위하여 주문을 받거나, 협의 등을 하는 행위 중 중요한 부분이 국내에서 이루어지는 경우

☞ p.2856 2단 연결

제86조 【비거주자의 국내원천소득금액의 계산】 ① 영 제179조 제2항 제8호의 항공기에 의한 국제운송업을 행하는 비거주자의 국내원천소득금액은 다음 산식에 의하여 계산한 금액으로 한다. (2008. 4. 29. 개정)

$$\text{국제운송 소득금액} \times [\{ \frac{\text{국내총수입금액}}{\text{국제노선총수입금액}} +$$

$$\frac{\text{국내고정자산의 장부가액} + (\text{국내노선에 취항하는 항공기의 장부가액} \times \frac{\text{국내에서의 출항횟수}}{\text{국제노선 출항횟수}})}{\text{국제노선에 관련있는 총고정자산의 장부가액}} +$$

$$\frac{\text{국내의 급여액} + (\text{국제노선에 취항하는 항공기 승무원의 급여액} \times \frac{\text{국내에서의 출항횟수}}{\text{국제노선 출항횟수}})}{\text{국제노선에 관련한 총급여액}}$$

$$\times \frac{1}{3}] = \text{국내원천소득금액}$$

② 영 제179조 제2항 제2호·제3호 및 제9호에서 "통상의 거래조건"이란 해당 비거주자가 재고자산 등을 「국제조세조정에 관한 법률」 제8조 및 같은 법 시행령 제5조부터 제16조까지의 규정에 따른 방법을 준용하여 계산한 시가에 의하여 거래하는

〈제119조〉

6. 국내원천 인적용역소득 : 국내에서 대통령령으로 정하는 인적용역을 제공함으로써 발생하는 소득(국외에서 제공하는 인적용역 중 대통령령으로 정하는 용역을 제공함으로써 발생하는 소득이 조세조약에 따라 국내에서 발생하는 것으로 간주되는 경우 그 소득을 포함한다). 이 경우 그 인적용역을 제공받는 자가 인적용역 제공과 관련하여 항공료 등 대통령령으로 정하는 비용을 부담하는 경우에는 그 비용을 제외한 금액을 말한다. (2018. 12. 31. 개정)

●예 판●
비거주자인 미국인 기술자가 장비를 도입하여 국내에 설치작업을 하고 장비의 대가와 설치용역의 대가를 구분하여 지급받는 경우, 장비도입대가는 인적용역소득이 아니나 설치용역대가는 인적용역소득에 해당함. (서면2팀 – 1594, 2005. 10. 5.)

7. 국내원천 근로소득 : 국내에서 제공하는 근로와 대통령령으로 정하는 근로의 대가로서 받는 소득 (2018. 12. 31. 개정)

●예 판●
비거주자가 임원이며 보수의 지급원인이 되는 직무가 국내에서 행해지는 것인 경우에는 해당 비거주자에게 지급하는 보수는 「소득세법」 119조 7호 및 「한·미 조세조약」 19조에서 규정하는 국내원천 근로소득에 해당하는 것임. (사전 – 2019 – 법령해석국조 – 0061, 2019. 2. 20.)

●통 칙● 119 – 0···1 【비거주자가 국내사업장에서 업무를 수행하고 대가는 국외에서 지급받는 경우 국내원천소득의 범위】 (2009. 2. 2. 번호·제목개정)
비거주자가 법 제120조의 규정에 의한 국내사업장 등에 일시체류하면서 기술지도를 행하고 국내체류기간에 제공한 근로의 대가로 지급받는 급여는 이를 국외에서 지급받는 경우에도 당해 국가와의 조세조약 등에서 별도로 규정한 경우를 제외하고는 법 제119조에서 규정하는 국내원천소득으로 과세된다. (2011. 5. 20. 개정)

⑥ 법 제119조 제6호 전단에서 "대통령령으로 정하는 인적용역"이란 다음 각 호의 어느 하나에 해당하는 용역을 말하고, "국외에서 제공하는 인적용역 중 대통령령으로 정하는 용역"이란 국외에서 제공하는 제2호에 해당하는 용역을 말한다. (2017. 2. 3. 개정)
1. 변호사·공인회계사·세무사·건축사·측량사·변리사 기타 이와 유사한 전문직업인이 제공하는 용역
2. 과학기술·경영관리 기타 이와 유사한 분야에 관한 전문적 지식 또는 특별한 기능을 가진 자가 당해 지식 또는 기능을 활용하여 제공하는 용역
3. 직업운동가가 제공하는 용역
4. 배우·음악가 기타 연예인이 제공하는 용역
⑦ 법 제119조 제6호 후단에서 "항공료 등 대통령령으로 정하는 비용"이란 인적용역을 제공받는 자가 인적용역의 제공과 관련하여 항공회사·숙박업자 또는 음식업자에게 실제로 지급(인적용역을 제공하는 자를 통해 지급하는 경우를 포함한다)한 사실이 확인되는 항공료·숙박비 또는 식사대를 말한다. (2020. 2. 11. 개정)
⑧ 법 제119조 제7호에서 "대통령령으로 정하는 근로의 대가로서 받는 소득"이란 다음 각 호의 급여를 말한다. (2015. 2. 3. 개정)

●예 판●
• 영국거주자가 어느 12개월의 기간 중 총 183일을 초과하여 국내에 체재하면서 수취하는 근로소득의 경우 한·영조세협약 15조 2항의 종속적 인적용역에 대한 용역수행지국의 면제요건을 적용할 수 없고, 소득세법 119조 7호 및 한·영조세협약 15조의 규정에 따라 모두 국내에서 과세되는 것임. (서면2팀 – 2106, 2004. 10. 18.)
• 내국법인이 전적으로 국외에서 활동하는 비거주자인 중국 현지인을 고용하여 급여를 지급하는 경우 동 급여는 국내원천소득에 해당하지 아니하므로 국내에서 원천징수되지 아니함. (서면2팀 – 1670, 2005. 10. 19.)
• 내국법인의 임원으로서 국내에 근무하고 있는 외국인이 내국법인으로부터 주식매수선택권을 부여받아 퇴직 후 출국하여 비거주자인 상태에서 주식매수선택권을 행사하여 얻은 이익은 급여에 해당함. (서면2팀 – 960, 2007. 5. 17.)

것을 말한다. (2021. 3. 16. 개정)
③ 제2항에 따라 해당 비거주자가 국내원천소득을 계산한 경우에는 「국제조세조정에 관한 법률 시행규칙」 제27조 제1항에 따른 별지 제16호 서식의 국제거래명세서, 같은 조 제3항 제1호에 따른 별지 제18호 서식의 용역거래에 대한 정상가격 산출방법 신고서, 같은 항 제2호에 따른 별지 제19호 서식의 무형자산에 대한 정상가격 산출방법 신고서, 같은 항 제3호에 따른 별지 제20호 서식의 정상가격 산출방법 신고서를 법 제70조 및 제74조에 따른 신고기한까지 납세지 관할 세무서장에게 제출해야 한다. (2021. 3. 16. 개정)

119 - 0···2 【외국법인의 국내사업장에 근무하는 외국인의 급여의 국내원천
　　　소득 판정】 (2009. 2. 2. 번호개정)
외국인이 외국법인의 국내사업장에 파견되어 근로를 제공하고 수령하는 급여
는 이를 본사에서 지급하거나 또는 국내사업장의 손금으로 계산하는가의 여부
에 관계없이 당해 국가와의 조세조약 등에서 별도로 규정하는 것을 제외하고는
법 제119조 제7호의 규정에 의하여 국내원천소득으로 본다. (2011. 5. 20. 개정)
119 - 0···3 【유가증권 양도소득의 계산방법】
① 법 제119조 제11호에서 규정하고 있는 "그 밖의 유가증권"이란 재산적 이익을
얻을 수 있는 모든 종류의 유가증권을 말한다. (2019. 12. 23. 개정)
② 비거주자가 외화금액을 기준으로 내국법인이 발행한 유가증권을 취득하거나
양도한 경우 유가증권 양도소득은 양도가액 또는 취득가액을 원화로 환산한 금액
으로 계산한다. (2009. 2. 2. 신설)

8. 국내원천 퇴직소득 : 국내에서 제공하는 근로의 대가로 받는 퇴직소
　득 (2018. 12. 31. 개정)
8의 2. 국내원천 연금소득 : 국내에서 지급받는 제20조의 3 제1항 각
　호에 따른 연금소득 (2018. 12. 31. 개정)
9. 국내원천 부동산등양도소득 : 국내에 있는 다음 각 목의 어느 하나
　에 해당하는 자산·권리를 양도함으로써 발생하는 소득 (2018. 12.
　31. 개정)
　가. 제94조 제1항 제1호·제2호 및 같은 항 제4호 가목·나목에 따
　　른 자산 또는 권리 (2009. 12. 31. 개정)
　나. 내국법인의 주식 또는 출자지분(주식·출자지분을 기초로 하여
　　발행한 예탁증서 및 신주인수권을 포함한다. 이하 이 장에서 같
　　다) 중 양도일이 속하는 사업연도 개시일 현재 그 법인의 자산
　　총액 중 다음의 가액의 합계액이 100분의 50 이상인 법인의 주
　　식 또는 출자지분(이하 이 조에서 "부동산주식등"이라 한다)으
　　로서 증권시장에 상장되지 아니한 주식 또는 출자지분. 이 경우 조
　　세조약의 해석·적용과 관련하여 그 조세조약 상대국과 상호합의
　　에 따라 우리나라에 과세권한이 있는 것으로 인정되는 부동산주식
　　등도 전단의 부동산주식등에 포함한다. (2019. 12. 31. 개정)
　　1) 제94조 제1항 제1호 및 제2호의 자산가액 (2015. 12. 15.
　　　신설)

1. 거주자 또는 내국법인이 운용하는 외국항행선박·원양어업선박 및
　항공기의 승무원이 받는 급여
2. 내국법인의 임원의 자격으로서 받는 급여
3. 「법인세법」에 따라 상여로 처분된 금액 (2015. 2. 3. 신설)

2) 내국법인이 보유한 다른 부동산 과다보유 법인의 주식가액에
　　그 다른 법인의 부동산 보유비율을 곱하여 산출한 가액. 이
　　경우 부동산 과다보유 법인의 판정 및 부동산 보유비율의 계
　　산방법은 대통령령으로 정한다. (2015. 12. 15. 신설)

10. 국내원천 사용료소득 : 다음 각 목의 어느 하나에 해당하는 권리·
　자산 또는 정보(이하 이 호에서 "권리등"이라 한다)를 국내에서 사
　용하거나 그 대가를 국내에서 지급하는 경우의 그 대가 및 그 권리
　등의 양도로 발생하는 소득. 이 경우 제4호에 따른 산업상·상업
　상·과학상의 기계·설비·장치 등을 임대함으로써 발생하는 소득
　을 조세조약에서 사용료소득으로 구분하는 경우 그 사용대가를 포
　함한다. (2020. 12. 29. 개정)
　가. 학술 또는 예술과 관련된 저작물(영화필름을 포함한다)의 저작
　　　권, 특허권, 상표권, 디자인, 모형, 도면, 비밀의 공식(公式) 또는
　　　공정(工程), 라디오·텔레비전방송용 필름·테이프, 그 밖에 이
　　　와 유사한 자산이나 권리 (2009. 12. 31. 개정)
　나. 산업·상업 또는 과학과 관련된 지식·경험에 관한 정보 또는
　　　노하우 (2009. 12. 31. 개정)
　다. 사용지(使用地)를 기준으로 국내원천소득 해당 여부를 규정하
　　　는 조세조약(이하 이 조에서 "사용지 기준 조세조약"이라 한다)
　　　에서 사용료의 정의에 포함되는 그 밖에 이와 유사한 재산 또는
　　　권리[특허권, 실용신안권, 상표권, 디자인권 등 그 행사에 등록
　　　이 필요한 권리(이하 이 조에서 "특허권등"이라 한다)가 국내에
　　　서 등록되지 아니하였으나 그에 포함된 제조방법·기술·정보
　　　등이 국내에서의 제조·생산과 관련되는 등 국내에서 사실상
　　　실시되거나 사용되는 것을 말한다] (2019. 12. 31. 신설)
11. 국내원천 유가증권양도소득 : 다음 각 목의 어느 하나에 해당하는
　주식·출자지분(증권시장에 상장된 부동산주식등을 포함한다) 또는
　그 밖의 유가증권(「자본시장과 금융투자업에 관한 법률」 제4조에
　따른 증권을 포함한다. 이하 같다)의 양도로 발생하는 소득으로서
　대통령령으로 정하는 소득 (2018. 12. 31. 개정)
　가. 내국법인이 발행한 주식 또는 출자지분과 그 밖의 유가증권
　　　(2009. 12. 31. 개정)

⑨ 법 제119조 제9호 나목 2) 후단에 따른 다른 법인의 부동산 과다보
유 법인의 판정은 다음의 계산식에 따라 계산한 다른 법인의 부동산
보유비율이 100분의 50 이상에 해당하는지 여부에 따른다. (2016. 2.
17. 신설)

다른 법인이 보유하고 있는
법 제94조 제1항 제1호 및 제2호의 자산가액
―――――――――――――――――――――
다른 법인의 총 자산가액

⑩ 법 제119조 제9호 본문에서 "대통령령이 정하는 소득"이라 함은 다음 각호의 1에
해당하는 소득을 말한다. (2006. 2. 9. 항번개정)
1. 법 제94조 제1항 제1호·제2호의 소득 (2003. 12. 30. 개정)
2. 법 제94조 제1항 제4호의 소득. 이 경우 동호 중 "주식 등"은 제158조 제1항의 규정
　에 불구하고 양도일이 속하는 사업연도 개시일 현재 당해 법인의 자산총액 중 법
　제94조 제1항 제1호 및 제2호의 자산가액의 합계액이 100분의 50 이상인 법인의
　주식 또는 출자지분(유가증권시장에 상장 또는 등록된 주식 또는 출자지분을 제외한
　다)으로 한다. (2003. 12. 30. 개정)

⑩ 삭　제 (2009. 2. 4.)

⑪ 법 제119조 제11호 각 목 외의 부분에서 "대통령령으로 정하는
소득"이란 다음 각 호의 소득을 말한다. (2010. 2. 18. 개정)
1. 비거주자가 주식 또는 출자지분을 양도함으로써 발생하는 소득. 다
　만, 증권시장을 통하여 주식 또는 출자지분을 양도(「자본시장과 금
　융투자업에 관한 법률」 제78조에 따른 중개에 따라 주식을 양도하
　는 경우를 포함한다)함으로써 발생하는 소득으로서 해당 양도자 및
　그와 제98조 제1항에 따른 특수관계인이 해당 주식 또는 출자지분

나. 외국법인이 발행한 주식 또는 출자지분(증권시장에 상장된 것만 해당한다) (2018. 12. 31. 개정)

다. 외국법인의 국내사업장이 발행한 그 밖의 유가증권 (2018. 12. 31. 신설)

12. 국내원천 기타소득 : 제1호부터 제8호까지, 제8호의 2, 제9호부터 제11호까지의 규정에 따른 소득 외의 소득으로서 다음 각 목의 어느 하나에 해당하는 소득 (2018. 12. 31. 개정)

가. 국내에 있는 부동산 및 그 밖의 자산 또는 국내에서 경영하는 사업과 관련하여 받은 보험금, 보상금 또는 손해배상금 (2009. 12. 31. 개정)

나. 국내에서 지급하는 위약금 또는 배상금으로서 대통령령으로 정하는 소득 (2009. 12. 31. 개정)

다. 국내에서 지급하는 상금, 현상금, 포상금이나 그 밖에 이에 준하는 소득. 다만, 제12조 제5호 다목에서 규정하는 상금·부상은 제외한다. (2009. 12. 31. 개정)

라. 국내에서 발견된 매장물로 인한 소득 (2009. 12. 31. 개정)

마. 국내법에 따른 면허·허가 또는 그 밖에 이와 유사한 처분에 따라 설정된 권리와 그 밖에 부동산 외의 국내자산을 양도함으로써 생기는 소득 (2009. 12. 31. 개정)

의 양도일이 속하는 연도와 그 직전 5년의 기간 중 계속하여 해당주식 또는 출자지분을 발행한 법인의 발행주식총액 또는 출자총액(외국법인이 발행한 주식 또는 출자지분의 경우에는 증권시장에 상장된 주식 또는 출자지분의 총액)의 100분의 25 미만을 소유한 경우를 제외한다. (2012. 2. 2. 단서개정)

2. 국내사업장을 가지고 있는 비거주자가 주식 및 출자지분외의 유가증권을 양도함으로써 발생하는 소득. 다만, 당해 유가증권의 양도시에 법 제119조 제1호의 규정에 의하여 과세되는 소득을 제외한다. (2000. 12. 29 개정)

3. 국내사업장을 가지고 있지 아니한 비거주자가 내국법인, 거주자 또는 비거주자·외국법인의 국내사업장에 주식 또는 출자지분외의 유가증권을 양도함으로써 발생하는 소득. 다만, 당해 유가증권의 양도시에 법 제119조 제1호의 규정에 의하여 과세되는 소득을 제외한다. (2000. 12. 29 개정)

⑫ 국내사업장이 없는 비거주자가 다음 각 호의 어느 하나에 해당하는 파생상품을 통하여 취득한 소득은 국내원천소득으로 보지 아니한다. (2019. 2. 12. 개정)

1. 「자본시장과 금융투자업에 관한 법률」 제5조 제2항에 따른 장내파생상품 (2019. 2. 12. 신설)

2. 「자본시장과 금융투자업에 관한 법률」 제5조 제3항에 따른 장외파생상품으로서 같은 법 시행령 제186조의 2에 따른 위험회피목적의 거래인 것 (2019. 2. 12. 신설)

⑬ 법 제119조 제12호 나목에서 "대통령령으로 정하는 소득"이란 재산권에 관한 계약의 위약 또는 해약으로 인하여 지급받는 손해배상으로서 그 명목여하에 불구하고 본래의 계약내용이 되는 지급자체에 대한 손해를 넘어 배상받는 금전 또는 기타 물품의 가액을 말한다. (2010. 2. 18. 개정)

⑭ 법 제119조 제9호 나목에 따른 자산총액 및 자산가액의 계산에 관하여는 제158조 제4항 및 제5항을 준용한다. 이 경우 "양도일"은 "양도일이 속하는 사업연도 개시일"로 본다. (2020. 2. 11. 개정)

⑮ 법 제119조 제12호 자목에서 "대통령령으로 정하는 특수관계에 있는 비거주자"란 다음 각 호의 어느 하나에 해당하는 관계에 해당하는 비거주자를 말한다. (2010. 2. 18. 개정)

1. 거주자 또는 내국법인과 「국제조세조정에 관한 법률 시행령」 제2조 제2항에 따른 특수관계 (2021. 2. 17. 개정)

2. 비거주자 또는 외국법인과 제26조의 2 제8항 제1호 가목 또는 나목에 따른 특수관계 (2010. 2. 18. 개정)

2. 비거주자 또는 외국법인과 제26조의 2 제7항 제1호 가목 또는 나목에 따른 특수관계 (2024. 12. 31. 개정)

⑯ 법 제119조 제12호 자목에서 "대통령령으로 정하는 자본거래로 인하여 그 가치가 증가함으로써 발생하는 소득"이란 「법인세법 시행령」 제88조 제1항 제8호 각 목의 어느 하나 또는 같은 항 제8호의 2에 해당하는 거래로 인하여 주주 등인 비거주자가 제15항 각 호에 따른 특수관계에 있는 다른 주주 등으로부터 이익을 분여받아 발생한 소득을 말한다. (2010. 2. 18. 개정)

⑰ 국내사업장이 없는 비거주자가 「자본시장과 금융투자업에 관한 법률」에 따라 국내사업장이 없는 비거주자·외국법인과 유가증권(제102조에 따른 채권 등은 제외한다. 이하 이 항에서 같다) 대차거래를 하여 유가증권 차입자로부터 지급받는 배당 등의 보상금상당액은 국내원천소득으로 보지 아니한다. (2009. 2. 4. 개정)

⑱ 제11항 제1호 단서를 적용하는 경우 비거주자가 투자기구(법인의 거주지국에

☞ p.2860 2단 연결

바. 국내에서 발행된 복권, 경품권 또는 그 밖의 추첨권에 당첨되어 받는 당첨금품과 승마투표권, 승자투표권, 소싸움경기투표권, 체육진흥투표권의 구매자가 받는 환급금 (2009. 12. 31. 개정)

사. 슬롯머신등을 이용하는 행위에 참가하여 받는 당첨금품등 (2009. 12. 31. 개정)

아. 「법인세법」 제67조에 따라 기타소득으로 처분된 금액 (2010. 12. 27. 개정)

자. 대통령령으로 정하는 특수관계에 있는 비거주자(이하 제156조에서 "국외특수관계인"이라 한다)가 보유하고 있는 내국법인의 주식 또는 출자지분이 대통령령으로 정하는 자본거래로 인하여 그 가치가 증가함으로써 발생하는 소득 (2012. 1. 1. 개정)

차. 국내의 연금계좌에서 연금외수령하는 금액으로서 제21조 제1항 제21호의 소득 (2013. 1. 1. 신설)

카. 사용지 기준 조세조약 상대국의 거주자가 소유한 특허권등으로서 국내에서 등록되지 아니하고 국외에서 등록된 특허권등을 침해하여 발생하는 손해에 대하여 국내에서 지급하는 손해배상금·보상금·화해금·일실이익 또는 그 밖에 이와 유사한 소득. 이 경우 해당 특허권등에 포함된 제조방법·기술·정보 등이 국내에서의 제조·생산과 관련되는 등 국내에서 사실상 실시되거나 사용되는 것과 관련되어 지급하는 소득으로 한정한다. (2019. 12. 31. 신설)

타. 제21조 제1항 제27호에 따른 가상자산소득[비거주자가 「가상자산 이용자 보호 등에 관한 법률」 제2조 제2호에 따른 가상자산사업자 또는 이와 유사한 사업자(이하 "가상자산사업자등"이라 한다)가 보관·관리하는 가상자산을 인출하는 경우 인출시점을 양도시점으로 보아 대통령령으로 정하는 바에 따라 계산한 금액을 포함한다] (2023. 7. 18. 개정 ; 가상자산~부칙)

편주 ▶
법 119조 12호 타목의 개정규정은 2027. 1. 1. 이후 가상자산을 양도·대여·인출하는 분부터 적용함. (법 부칙(2020. 12. 29.) 20조 2항) (2024. 12. 31. 개정)

서 조세목적상 주식 또는 출자지분의 양도로 발생하는 소득에 대하여 법인이 아닌 그 주주 또는 출자자가 직접 납세의무를 부담하는 경우를 말한다. 이하 같다)를 통하여 내국법인 또는 외국법인(증권시장에 상장된 외국법인만 해당한다)의 주식(이하 이 항에서 "주식"이라 한다)을 취득하거나 출자(이하 "투자"라 한다)한 경우 그 주식 소유비율 또는 출자비율(이하 "투자비율"이라 한다)은 다음 각 호에 따라 계산한다. (2010. 12. 30. 개정)

1. 비거주자가 투자기구를 통한 투자(이하 "간접투자"라 한다)만 한 경우 : 투자기구의 투자비율. 이 경우 2 이상의 투자기구를 통하여 투자한 경우 그 투자기구들의 투자비율을 각각 합하여 산출한다. (2010. 12. 30. 개정)

2. 비거주자가 간접투자와 투자기구를 통하지 아니하는 직접 투자(이하 이 호에서 "직접투자"라 한다)를 동시에 한 경우 : 다음 각 목에 따라 계산한 비율 중 큰 비율 (2010. 12. 30. 개정)

　가. 비거주자의 직접투자와 간접투자에 의한 투자비율을 각각 합한 비율. 이 경우 비거주자가 간접투자한 비율은 해당 비거주자가 투자기구에 투자한 비율과 투자기구의 투자비율을 곱하여 산출한다. (2010. 12. 30. 개정)

　나. 투자기구의 투자비율. 이 경우 2 이상의 투자기구를 통하여 투자한 경우 그 투자기구들의 투자비율을 각각 합하여 산출한다. (2010. 12. 30. 개정)

⑲ 법 제119조 제12호 타목에서 "대통령령으로 정하는 바에 따라 계산한 금액"이란 가상자산을 인출하는 시점에 해당 가상자산을 양도한 것으로 보아 법 제126조 제1항 제3호에 따라 계산한 가상자산소득금액을 말한다. (2022. 3. 8. 신설)

편주 ▶
영 179조 19항의 개정규정은 2027. 1. 1.부터 시행함. (영 부칙(2022. 3. 8.)) (2024. 12. 31. 개정)

파. 가목부터 타목까지의 규정 외에 국내에서 하는 사업이나 국내
에서 제공하는 인적용역 또는 국내에 있는 자산과 관련하여 받
은 경제적 이익으로 인한 소득(국가 또는 특별한 법률에 따라
설립된 금융회사등이 발행한 외화표시채권의 상환에 따라 받은
금액이 그 외화표시채권의 발행가액을 초과하는 경우에는 그
차액을 포함하지 아니한다) 또는 이와 유사한 소득으로서 대통
령령으로 정하는 소득 (2020. 12. 29. 개정)

편주 ▶ ··

법 119조 12호 파목의 개정규정은 2027. 1. 1. 부터 시행함. (법 부칙
(2020. 12. 29.) 1조 2호) (2024. 12. 31. 개정)
···

제119조의 2 【국외투자기구에 대한 실질귀속자 특례】 ① 비
거주자가 국외투자기구를 통하여 제119조에 따른 국내원천소득을 지
급받는 경우에는 그 국외투자기구를 통하여 국내원천소득을 지급받는
비거주자를 국내원천소득의 실질귀속자(그 국내원천소득과 관련하여
법적 또는 경제적 위험을 부담하고 그 소득을 처분할 수 있는 권리를
가지는 등 해당 소득에 대한 소유권을 실질적으로 보유하고 있는 자를
말한다. 이하 같다)로 본다. 다만, 국외투자기구가 다음 각 호의 어느
하나에 해당하는 경우(제2조 제3항에 따른 법인으로 보는 단체 외의
법인 아닌 단체인 국외투자기구는 이 항 제2호 또는 제3호에 해당하
는 경우로 한정한다)에는 그 국외투자기구를 국내원천소득의 실질귀
속자로 본다. (2018. 12. 31. 신설)
1. 다음 각 목의 요건을 모두 갖추고 있는 경우 (2021. 12. 8. 개정)
   가. 조세조약에 따라 그 설립된 국가에서 납세의무를 부담하는 자
      에 해당할 것 (2021. 12. 8. 개정)
   나. 국내원천소득에 대하여 조세조약이 정하는 비과세·면제 또는
      제한세율(조세조약에 따라 체약상대국의 거주자 또는 법인에
      과세할 수 있는 최고세율을 말한다. 이하 같다)을 적용받을 수
      있는 요건을 갖추고 있을 것 (2021. 12. 8. 개정)
2. 제1호에 해당하지 아니하는 국외투자기구가 조세조약에서 국내원
   천소득의 수익적 소유자로 취급되는 것으로 규정되고 국내원천소

득에 대하여 조세조약이 정하는 비과세·면제 또는 제한세율을 적
용받을 수 있는 요건을 갖추고 있는 경우 (2021. 12. 8. 개정)
3. 제1호 또는 제2호에 해당하지 아니하는 국외투자기구가 그 국외투
   자기구에 투자한 투자자를 입증하지 못하는 경우(투자자가 둘 이상
   인 경우로서 투자자 중 일부만 입증하는 경우에는 입증하지 못하는
   부분으로 한정한다) (2018. 12. 31. 신설)
② 제1항 제3호에 해당하여 국외투자기구를 국내원천소득의 실질귀
속자로 보는 경우에는 그 국외투자기구에 대하여 조세조약에 따른 비
과세·면제 및 제한세율을 적용하지 아니한다. (2021. 12. 8. 개정)

**제119조의 3 【비거주자의 국채등 이자·양도소득에 대한 과세
특례 등】** ① 제156조 제1항에 따른 원천징수의 대상이 되는 비거주
자의 소득 중 다음 각 호의 소득에 대해서는 제3조 제2항에도 불구하
고 소득세를 과세하지 아니한다. (2022. 12. 31. 신설)
1. 제119조 제1호의 국내원천 이자소득 중 「국채법」 제5조 제1항에
   따라 발행하는 국채, 「한국은행 통화안정증권법」에 따른 통화안정
   증권 및 대통령령으로 정하는 채권(이하 이 조에서 "국채등"이라
   한다)에서 발생하는 소득 (2022. 12. 31. 신설)
2. 제119조 제11호의 국내원천 유가증권양도소득 중 국채등의 양도로
   발생하는 소득 (2022. 12. 31. 신설)

☞ p.2862 1단 연결

② 제1항에 따라 소득세를 과세하지 아니하는 국채등에는 대통령령으로 정하는 요건을 갖추어 국세청장의 승인을 받은 외국금융회사 등(이하 "적격외국금융회사등"이라 한다)을 통하여 취득·보유·양도하는 국채등을 포함한다. 이 경우 적격외국금융회사등의 준수사항, 승인 및 승인 취소의 기준·절차 등에 관하여 필요한 사항은 대통령령으로 정한다. (2022. 12. 31. 신설)
③ 비거주자가 국외투자기구를 통하여 제1항 각 호의 소득을 지급받는 경우에는 제119조의 2 제1항에도 불구하고 해당 국외투자기구를 제1항 각 호의 소득의 실질귀속자로 본다. (2024. 12. 31. 신설)

[편주] ▶ ·····························

법 119조의 3 제3항부터 5항까지의 개정규정은 2025. 1. 1. 이후 소득을 지급받는 경우부터 적용함. (법 부칙(2024. 12. 31.) 10조 1항)

·······························

④ ☞ p.2864

제179조의 2 【적격외국금융회사등의 승인 요건 등】
① 법 제119조의 3 제2항 전단에 따른 적격외국금융회사등(이하 "적격외국금융회사등"이라 한다)으로 국세청장의 승인을 받으려는 외국금융회사 등은 우리나라와 조세조약이 체결된 국가에 본점 또는 주사무소가 있는 외국법인으로서 다음 각 호의 어느 하나에 해당하는 법인이어야 한다. (2022. 12. 31. 신설)
1. 「자본시장과 금융투자업에 관한 법률」 제294조에 따른 한국예탁결제원과 유사한 업무를 영위하는 법인 (2022. 12. 31. 신설)
2. 해당 국가 외의 국가에서 발행된 증권의 보관 업무를 수행할 수 있는 법인 (2022. 12. 31. 신설)

① 법 제119조의 3 제2항 전단에 따른 적격외국금융회사등(이하 "적격외국금융회사등"이라 한다)으로 국세청장의 승인을 받으려는 외국금융회사 등은 우리나라와 조세조약이 체결된 국가에 본점 또는 주사무소가 있는 외국법인으로서 「자본시장과 금융투자업에 관한 법률」 제294조에 따른 한국예탁결제원과 유사한 업무를 수행한다고 금융감독원장이 인정하는 법인이어야 한다. (2024. 12. 31. 개정)

[편주] ▶ ·····························

2025. 1. 1. 전에 종전의 영 179조의 2 제1항 및 3항에 따라 적격외국금융회사등으로 승인받은 외국금융회사 등은 영 179조의 2 제1항 및 3항의 개정규정에 따라 승인받은 것으로 봄. (영 부칙(2024. 12. 31.) 2조)

·······························

② 적격외국금융회사등으로 승인을 받으려는 외국금융회사 등은 「자본시장과 금융투자업에 관한 법률」 제294조에 따른 한국예탁결제원을 거쳐 국세청장에게 기획재정부령으로 정하는 적격외국금융회사등 승인 신청서를 제출해야 한다. (2022. 12. 31. 신설)
③ 제2항에 따라 신청서를 제출받은 국세청장은 신청인이 제1항에 해당하는 법인인 경우 적격외국금융회사등으로 승인해야 한다. 이 경우 국세청장은 신청인이 제1항에 해당하는 법인인지에 관하여 「자본시장과 금융투자업에 관한 법률」 제294조에 따른 한국예탁결제원에 자문할 수 있다. (2024. 12. 31. 개정)
④ 국세청장은 적격외국금융회사등이 다음 각 호의 어느 하나에 해당하는 경우에는 적격외국금융회사등의 승인을 취소할 수 있다. (2022. 12. 31. 신설)
1. 신청 서류를 허위로 기재하는 등 거짓이나 부정한 방법으로 승인을

제86조의 2 【적격외국금융회사등의 보고】
법 제119조의 3 제2항 전단에 따른 적격외국금융회사등(이하 "적격외국금융회사등"이라 한다)은 영 제179조의 3 제3호에 따라 같은 조 제2호에 따른 국채등 보유·거래 명세 자료의 내용에 변동이 발생한 경우 그 변동일이 속한 분기의 마지막 달의 다음 달 말일까지 법 제119조의 3 제1항 각 호의 소득을 지급하는 자의 납세지 관할 세무서장에게 보고해야 한다. (2022. 12. 31. 신설)

제86조의 2 【적격외국금융회사등의 보고】 삭 제 (2025. 3. 21.)

행하는 법인인 외국금융회사 등(이하 이 조 및 제179조의 4에서 "중간수탁외국금융회사등"이라 한다)을 거쳐 적격외국금융회사등을 통해 국채등을 취득·보유·양도하는 경우에는 해당 중간수탁외국금융회사등에게 해당 비거주자의 인적사항에 관한 자료의 제출을 요구할 수 있다. (2025. 2. 28. 개정)

2. 국채등의 취득일, 취득금액, 보유기간, 양도일 및 양도금액 등이 포함된 비거주자별 국채등 보유·거래 명세 자료를 보관·비치할 것. 다만, 비거주자가 중간수탁외국금융회사등을 거쳐 적격외국금융회사등을 통해 국채등을 취득·보유·양도하는 경우에는 해당 중간수탁외국금융회사등에게 해당 비거주자별 국채등 보유·거래 명세 자료를 보관·비치하게 할 수 있다. (2024. 12. 31. 단서신설)

2. 삭 제 (2025. 2. 28.)

3. 제2호에 따른 자료를 기획재정부령으로 정하는 바에 따라 법 제119조의 3 제1항 각 호의 소득을 지급하는 자(이하 이 조 및 제179조의 4에서 "소득지급자"라 한다)의 납세지 관할 세무서장에게 보고할 것 (2022. 12. 31. 신설)

3. 삭 제 (2025. 2. 28.)

4. 국세청장 또는 소득지급자가 제1호 또는 제2호에 따른 자료의 제출을 요구하는 경우에는 요구받은 날부터 30일 이내에 그 자료를 제출할 것 (2022. 12. 31. 신설)

4. 국세청장 또는 소득지급자가 제1호 또는 제2호에 따른 자료의 제출을 요구하는 경우에는 요구받은 날부터 30일(제1호 단서 또는 제2호 단서에 해당하는 경우에는 60일) 이내에 그 자료를 제출할 것 (2024. 12. 31. 개정)

4. 국세청장 또는 소득지급자(법 제119조의 3 제1항 각 호의 소득을 지급하는 자를 말하며, 이하 제179조의 4에서 "소득지급자"라 한다)가 제1호에 따른 자료의 제출을 요구하는 경우에는 요구받은 날부터 30일(같은 호 단서에 해당하는 경우에는 60일) 이내에 그 자료를 제출할 것 (2025. 2. 28. 개정)

5. 국세청장이 적격외국금융회사등의 승인을 할 때 조건을 정한 경우에는 그 조건을 준수할 것 (2022. 12. 31. 신설)

② 적격외국금융회사등은 제1항 제3호에 따라 보고하거나 같은 항 제4호에 따라 제출하는 자료를 같은 항 제1호 단서 및 제2호 단서에 따라 중간수탁외국금융회사등에게 보관·비치하게 한 경우에는 해당 중간수탁외국금융회사등에게 해당 자료의 제출을 요구할 수 있다. 이 경우 자료의 제출을 요구받은 중간수탁외국금융회사등은 요구받은 날부터 30일 이내에 적격외국금융회사등에게 해당 자료를 제출해야 한다. (2024. 12. 31. 신설)

② 삭 제 (2025. 2. 28.)

받은 경우 (2022. 12. 31. 신설)

2. 체납세액이 있고 그 징수가 현저히 곤란하다고 인정되는 경우 (2022. 12. 31. 신설)

3. 제179조의 3 제1항 각 호의 의무를 이행하지 않는 등 적격외국금융회사등의 업무를 수행하도록 하는 것이 적절하지 않다고 인정되는 경우 (2024. 12. 31. 개정)

4. 적격외국금융회사등이 국세청장에게 적격외국금융회사등 승인의 취소를 요청하는 경우 (2024. 12. 31. 신설)

제179조의 3【적격외국금융회사등의 준수사항】(2024. 12. 31. 제목개정)

① 적격외국금융회사등은 다음 각 호의 의무를 이행해야 한다. (2024. 12. 31. 항번개정)

1. 해당 적격외국금융회사등을 통해 법 제119조의 3 제1항 제1호에 따른 국채등(이하 이 조 및 제179조의 4에서 "국채등"이라 한다)을 취득·보유·양도하는 비거주자의 성명, 국적 및 거주지 등 인적사항을 확인하고 관련 자료를 보관·비치할 것 (2022. 12. 31. 신설)

1. 해당 적격외국금융회사등을 통해 법 제119조의 3 제1항 제1호에 따른 국채등(이하 이 조 및 제179조의 4에서 "국채등"이라 한다)을 취득·보유·양도하는 비거주자(법 제119조의 3 제3항에 따라 실질귀속자로 보는 국외투자기구를 포함한다. 이하 이 조 및 제179조의 4에서 같다)의 성명, 국적 및 거주지 등 인적사항을 확인하고 관련 자료를 보관·비치할 것. 다만, 비거주자가 해당 국가 외의 국가에서 발행된 증권의 보관 업무를 수행하는 법인인 외국금융회사 등(이하 이 조에서 "중간수탁외국금융회사등"이라 한다)을 거쳐 적격외국금융회사등을 통해 국채등을 취득·보유·양도하는 경우에는 해당 중간수탁외국금융회사등에게 해당 비거주자의 성명, 국적 및 거주지 등 인적사항을 확인하고 관련 자료를 보관·비치하게 할 수 있다. (2024. 12. 31. 개정)

1. 해당 적격외국금융회사등을 통해 법 제119조의 3 제1항 제1호에 따른 국채등(이하 이 조 및 제179조의 4에서 "국채등"이라 한다)을 취득·보유·양도하는 비거주자(법 제119조의 3 제3항에 따라 실질귀속자로 보는 국외투자기구를 포함한다. 이하 이 조 및 제179조의 4에서 같다)의 성명, 국적 및 거주지 등 인적사항(이하 이 조에서 "인적사항"이라 한다)에 관한 자료를 보관·비치할 것. 다만, 비거주자가 해당 국가 외의 국가에서 발행된 증권의 보관 업무를 수

〈제119조의 3〉

③ 제1항에 따른 비과세를 적용받으려는 비거주자 또는 적격외국금융회사등은 대통령령으로 정하는 바에 따라 납세지 관할 세무서장에게 비과세 적용 신청을 하여야 한다. (2022. 12. 31. 신설)

④ 제1항에 따른 비과세를 적용받으려는 비거주자(제3항에 따라 실

제179조의 4 【비거주자의 국채등 이자·양도소득에 대한 비과세 적용 신청】

① 법 제119조의 3 제3항에 따른 비거주자의 비과세 적용 신청은 다음 각 호의 구분에 따른 절차에 따른다. 이 경우 해당 신청에 따라 비과세 적용을 받은 후 국채등으로 발생한 다른 이자·양도소득에 대해 비과세 적용을 받으려고 할 때 당초의 신청 내용에 변경사항이 없으면 다음 각 호의 구분에 따른 절차를 다시 거치지 않을 수 있다. (2023. 2. 28. 개정)

1. 법 제119조의 3 제1항 각 호의 소득이 국외투자기구(법 제119조의 2 제1항 각 호의 어느 하나에 해당하여 국외투자기구를 실질귀속자로 보는 경우의 국외투자기구 및 법 제119조의 3 제4항 각 호의 어느 하나에 해당하는 국외투자기구는 제외한다)를 통해 지급되는 경우 : 다음 각 목의 순서에 따른 절차 (2022. 12. 31. 신설)

　가. 비거주자가 다음의 서류를 국외투자기구에 제출한다. (2022. 12. 31. 신설)

　　1) 기획재정부령으로 정하는 세무서장제출용 비과세 신청서(이하 "세무서장제출용 비거주자비과세신청서"라 한다) (2022. 12. 31. 신설)

　　2) 해당 비거주자 거주지국의 권한 있는 당국이 발급하는 거주자증명서 또는 국세청장이 정하여 고시하는 서류 (2022. 12. 31. 신설)

　나. 국외투자기구가 가목에 따라 제출받은 서류를 소득지급자에게 제출한다. (2022. 12. 31. 신설)

　다. 소득지급자가 기획재정부령으로 정하는 소득지급자용 거래·보유 명세서(이하 "소득지급자용 거래·보유 명세서"라 한다)를 작성하여 나목에 따라 제출받은 서류와 함께 해당 소득을 지급한 날이 속하는 달의 다음 달 9일까지 납세지 관할 세무서장에게 제출한다. (2022. 12. 31. 신설)

2. 제1호 외의 경우 : 다음 각 목의 순서에 따른 절차 (2022. 12. 31. 신설)

　가. 비거주자(법 제119조의 2 제1항 각 호의 어느 하나에 해당하여 국외투자기구를 실질귀속자로 보는 경우의 국외투자기구 및 법 제119조의 3 제4항 각 호의 어느 하나에 해당하는 국외투자기구를 포함한다. 이하 이 호에서 같다)가 다음의 서류를 소득지급자에게 제출한다. (2022. 12. 31. 신설)

　　1) 세무서장제출용 비거주자비과세신청서(법 제119조의 2 제1항 각 호의 어느 하나에 해당하여 국외투자기구를 실질귀속자로 보는 경우의 국외투자기구 또는 법 제119조의 3 제4항 각 호의 어느 하나에 해당하는 국외투자기구가 외국법인인 경우에는 「법인세법 시행령」 제132조의 4 제1항 제1호 가목 1)에 따른 세무서장제출용 외국법인비과세신청서를 말한다) (2022. 12. 31. 신설)

　　2) 해당 비거주자 거주지국의 권한 있는 당국이 발급하는 거주자증명서 또는 국세청장이 정하여 고시하는 서류 (2022. 12. 31. 신설)

　나. 소득지급자가 소득지급자용 거래·보유 명세서를 작성하여 가목에 따라 제출받은 서류와 함께 해당 소득을 지급한 날이 속하는 달의 다음 달 9일까지 납세지 관할 세무서장에게 제출한다. (2022. 12. 31. 신설)

① 법 제119조의 3 제4항에 따른 비거주자(같은 조 제3항에 따라 실질

☞

편주 ▶

영 179조의 4의 개정규정은 2025. 2. 28. 이후 비과세 적용 신청을 하는 경우부터 적용함. (영 부칙(2025. 2. 28.) 16조)

질귀속자로 보는 국외투자기구를 포함한다. 이하 이 조에서 같다) 또는 적격외국금융회사등은 대통령령으로 정하는 바에 따라 납세지 관할 세무서장에게 비과세 적용 신청을 하여야 한다. (2024. 12. 31. 개정)

⑤ ☞ p.2867

귀속자로 보는 국외투자기구를 포함한다. 이하 이 조에서 같다)의 비과세 적용 신청은 다음 각 호의 구분에 따른 절차에 따른다. 이 경우 해당 신청에 따라 비과세 적용을 받은 후 국채등으로 발생한 다른 이자·양도소득에 대해 비과세 적용을 받으려고 할 때 당초의 신청 내용에 변경사항이 없으면 다음 각 호의 구분에 따른 절차를 다시 거치지 않을 수 있다. (2025. 2. 28. 개정)

1. 적격외국금융회사등을 통하지 않고 취득·보유·양도하는 국채등에 대한 법 제119조의 3 제1항 각 호의 소득이 비거주자에게 지급되는 경우 : 다음 각 목의 순서에 따른 절차 (2025. 2. 28. 개정)

　가. 비거주자는 기획재정부령으로 정하는 비거주자 비과세신청서(이하 이 조에서 "비거주자비과세신청서"라 한다)를 소득지급자에게 제출 (2025. 2. 28. 개정)

　나. 소득지급자는 가목에 따라 제출받은 비거주자비과세신청서를 해당 소득을 지급한 날이 속하는 달의 다음 달 9일까지 납세지 관할 세무서장에게 제출 (2025. 2. 28. 개정)

2. 적격외국금융회사등을 통해(중간수탁외국금융회사등을 거치는 경우를 포함한다) 취득·보유·양도하는 국채등에 대한 법 제119조의 3 제1항 각 호의 소득이 비거주자에게 지급되는 경우: 다음 각 목의 순서에 따른 절차 (2025. 2. 28. 개정)

　가. 적격외국금융회사등은 기획재정부령으로 정하는 적격외국금융회사등 비과세신청서(이하 이 조에서 "적격외국금융회사등비과세신청서"라 한다)를 작성하여 소득지급자에게 제출 (2025. 2. 28. 개정)

　나. 소득지급자는 가목에 따라 제출받은 적격외국금융회사등비과세신청서를 해당 소득을 지급한 날이 속하는 달의 다음 달 9일까지 납세지 관할 세무서장에게 제출 (2025. 2. 28. 개정)

② 제1항 제1호에도 불구하고 적격외국금융회사등을 통해 취득·보유·양도하는 국채등의 경우에는 다음 각 호의 순서에 따른 절차를 적용할 수 있다. (2022. 12. 31. 신설)

1. 비거주자가 다음 각 목의 서류를 국외투자기구에 제출한다. (2022. 12. 31. 신설)

　가. 기획재정부령으로 정하는 적격외국금융회사등제출용 비과세 신청서(이하 "적격외국금융회사등제출용 비거주자비과세신청서"라 한다) (2022. 12. 31. 신설)

　나. 해당 비거주자 거주지국의 권한 있는 당국이 발급하는 거주자증명서 또는 국세청장이 정하여 고시하는 서류 (2022. 12. 31. 신설)

점, 주사무소, 사업의 실질적 관리장소 또는 국내사업장(「법인세법」 제94조에 따른 국내사업장을 포함한다)이 없는 경우에는 제1항부터 제3항까지의 규정에도 불구하고 국외투자기구, 비거주자 또는 적격외국금융회사등은 다음 각 호의 구분에 따른 서류를 납세지 관할 세무서장에게 직접 제출할 수 있다. (2022. 12. 31. 신설)

⑦ 제5항 또는 제6항이 적용되지 않는 경우로서 국내에 소득지급자의 주소, 거소, 본점, 주사무소, 사업의 실질적 관리장소 또는 국내사업장(「법인세법」 제94조에 따른 국내사업장을 포함한다)이 없는 경우에는 제1항에도 불구하고 비거주자 또는 적격외국금융회사등은 다음 각 호의 구분에 따른 신청서를 납세지 관할 세무서장에게 직접 제출할 수 있다. (2025. 2. 28. 개정)

1. 국외투자기구의 경우 : 제1항 제1호 나목에 따라 소득지급자에게 제출해야 하는 서류 (2022. 12. 31. 신설)

1. 삭　제 (2025. 2. 28.)

2. 비거주자의 경우 : 제1항 제2호 가목에 따라 소득지급자에게 제출해야 하는 서류 (2022. 12. 31. 신설)

2. 비거주자의 경우 : 제1항 제1호 가목에 따라 소득지급자에게 제출해야 하는 비거주자비과세신청서 (2025. 2. 28. 개정)

3. 적격외국금융회사등의 경우 : 제2항 제3호 또는 제3항 제2호에 따라 소득지급자에게 제출해야 하는 서류 (2022. 12. 31. 신설)

3. 적격외국금융회사등의 경우 : 제1항 제2호 가목에 따라 소득지급자에게 제출해야 하는 적격외국금융회사등비과세신청서 (2025. 2. 28. 개정)

☞ p.2867 2단 연결

2. 국외투자기구가 제1호에 따라 제출받은 서류를 적격외국금융회사등에 제출한다. (2022. 12. 31. 신설)

3. 적격외국금융회사등이 기획재정부령으로 정하는 적격외국금융회사등용 거래·보유 명세서(이하 "적격외국금융회사등용 거래·보유 명세서"라 한다)와 기획재정부령으로 정하는 적격외국금융회사등 비과세 신청서(이하 "적격외국금융회사등비과세신청서"라 한다)를 작성하여 소득지급자에게 제출한다. (2022. 12. 31. 신설)

4. 소득지급자가 제3호에 따라 제출받은 서류를 해당 소득을 지급한 날이 속하는 달의 다음 달 9일까지 납세지 관할 세무서장에게 제출한다. (2022. 12. 31. 신설)

② 삭　제 (2025. 2. 28.)

③ 제1항 제2호에도 불구하고 적격외국금융회사등을 통해 취득·보유·양도하는 국채등의 경우에는 다음 각 호의 순서에 따른 절차를 적용할 수 있다. (2022. 12. 31. 신설)

1. 비거주자가 다음 각 목의 서류를 적격외국금융회사등에 제출한다. (2022. 12. 31. 신설)

　가. 적격외국금융회사등제출용 비거주자비과세신청서 (2022. 12. 31. 신설)

　나. 해당 비거주자 거주지국의 권한 있는 당국이 발급하는 거주자증명서 또는 국세청장이 정하여 고시하는 서류 (2022. 12. 31. 신설)

2. 적격외국금융회사등이 적격외국금융회사등용 거래·보유 명세서와 적격외국금융회사등비과세신청서를 작성하여 소득지급자에게 제출한다. (2022. 12. 31. 신설)

3. 소득지급자가 제2호에 따라 제출받은 서류를 해당 소득을 지급한 날이 속하는 달의 다음 달 9일까지 납세지 관할 세무서장에게 제출한다. (2022. 12. 31. 신설)

③ 삭　제 (2025. 2. 28.)

④ 비거주자와 적격외국금융회사등은 그 대리인(「국세기본법」 제82조에 따른 납세관리인을 포함한다)을 통해 제1항에 따른 신청을 할 수 있다. (2025. 2. 28. 개정)

⑤ 금융회사 등이 비거주자의 국채등을 인수·매매·중개 또는 대리하는 경우에는 해당 금융회사 등과 비거주자 간에 대리 또는 위임의 관계가 있는 것으로 보아 제1항 및 제4항을 적용한다. (2025. 2. 28. 개정)

⑥ 법 제156조 제6항 본문에 따라 국채등의 양도에 관하여 「자본시장과 금융투자업에 관한 법률」에 따른 투자매매업자 또는 투자중개업자가 원천징수를 하는 경우에는 해당 투자매매업자 또는 투자중개업자와 비거주자 간에 대리 또는 위임의 관계가 있는 것으로 보아 제1항 및 제4항을 적용한다. (2025. 2. 28. 개정)

⑦ 제5항 또는 제6항이 적용되지 않는 경우로서 국내에 소득지급자의 주소, 거소, 본

〈제119조의 3〉

⑤ 거주자가 국외투자기구를 통하여 지급받는 제1항 각 호의 소득에
대해서는 제127조를 적용하지 아니하며, 해당 거주자가 대통령령으로
정하는 바에 따라 직접 신고·납부하여야 한다. (2024. 12. 31. 개정)

1. 「자본시장과 금융투자업에 관한 법률」에 따른 집합투자기구와 유사한 국외투자기구
   로서 설립지국의 법령 등에 따라 공모(公募) 투자기구로 인정되는 국외투자기구
   (2022. 12. 31. 신설)

1. 삭　제 (2024. 12. 31.)

2. 제1호에 준하는 것으로서 대통령령으로 정하는 요건을 갖춘 국외투자기구 (2022.
   12. 31. 신설)

2. 삭　제 (2024. 12. 31.)

⑥ 제1항에 따른 비과세를 적용받지 못한 비거주자 또는 적격외국금융
회사등이 비과세 적용을 받으려는 경우에는 비거주자, 적격외국금융회
사등 또는 제1항 각 호의 소득을 지급하는 자가 납세지 관할 세무서장
에게 경정을 청구할 수 있다. (2024. 12. 31. 신설)

편주 ▶

법 119조의 3 제6항 및 7항의 개정규정은 2025. 1. 1. 이후 경정을 청구하
는 경우부터 적용함. (법 부칙(2024. 12. 31.) 10조 2항)

⑦ 제6항에 따른 경정청구의 기한 및 방법·절차 등에 관하여는 제156
조의 2 제5항부터 제7항까지의 규정을 준용한다. 이 경우 제156조의
2 제5항 본문 중 "제3항에 따라 비과세 또는 면제"는 "제119조의 3
제1항에 따라 비과세"로, "실질귀속자가 비과세 또는 면제"는 "비거주
자 또는 적격외국금융회사등이 비과세"로, "실질귀속자 또는 소득지급
자가 제3항"은 "비거주자, 적격외국금융회사등 또는 제1항 각 호의 소
득을 지급하는 자가 제156조 제1항"으로 본다. (2024. 12. 31. 신설)

제120조 【비거주자의 국내사업장】 ① 비거주자가 국내에 사업
의 전부 또는 일부를 수행하는 고정된 장소를 가지고 있는 경우에는
국내사업장이 있는 것으로 한다. (2013. 1. 1. 개정)
② 제1항에서 규정하는 국내사업장에는 다음 각 호의 어느 하나에
해당하는 장소를 포함하는 것으로 한다. (2009. 12. 31. 개정)

제179조의 5 【거주자의 국채등 소득에 대한 신고·납부】
(2023. 2. 28. 제목개정)

① 법 제119조의 3 제4항 제2호에서 "대통령령으로 정하는 요건을 갖
춘 국외투자기구"란 투자설명서 작성 또는 이와 유사한 방식으로 국외
에서 50명 이상의 일반 투자자에게 증권 취득의 청약을 권유한 국외투
자기구를 말한다. (2023. 2. 28. 개정)
② 법 제119조의 3 제4항 각 호의 어느 하나에 해당하는 국외투자기구
에 투자한 거주자는 같은 조 제1항 각 호의 소득에 대해 법 제17조,
제70조 및 제76조에 따라 신고·납부해야 한다. (2023. 2. 28. 개정)

1. 지점, 사무소 또는 영업소 (2009. 12. 31. 개정)
2. 상점이나 그 밖의 고정된 판매장소 (2009. 12. 31. 개정)
3. 작업장, 공장 또는 창고 (2009. 12. 31. 개정)
4. 6개월을 초과하여 존속하는 건축 장소, 건설·조립·설치공사의 현장 또는 이와 관련된 감독을 하는 장소 (2009. 12. 31. 개정)
5. 고용인을 통하여 용역을 제공하는 장소로서 다음 각 목의 어느 하나에 해당하는 장소 (2009. 12. 31. 개정)
　가. 용역이 계속 제공되는 12개월 중 합계 6개월을 초과하는 기간 동안 용역이 수행되는 장소 (2009. 12. 31. 개정)
　나. 용역이 계속 제공되는 12개월 중 합계 6개월을 초과하지 아니하는 경우로서 유사한 종류의 용역이 2년 이상 계속적·반복적으로 수행되는 장소 (2009. 12. 31. 개정)
6. 광산·채석장 또는 해저천연자원이나 그 밖의 천연자원의 탐사 장소 및 채취 장소[국제법에 따라 우리나라가 영해 밖에서 주권을 행사하는 지역으로서 우리나라의 연안에 인접한 해저지역의 해상과 하층토(下層土)에 있는 것을 포함한다] (2009. 12. 31. 개정)
③ 비거주자가 제1항에 따른 고정된 장소를 가지고 있지 아니한 경우에도 다음 각 호의 어느 하나에 해당하는 자 또는 이에 준하는 자로서 대통령령으로 정하는 자를 두고 사업을 경영하는 경우에는 그 자의 사업장 소재지(사업장이 없는 경우에는 주소지, 주소지가 없는 경우에는 거소지로 한다)에 국내사업장을 둔 것으로 본다. (2018. 12. 31. 개정)
1. 국내에서 그 비거주자를 위하여 다음 각 목의 어느 하나에 해당하는 계약(이하 이 항에서 "비거주자 명의 계약등"이라 한다)을 체결할 권한을 가지고 그 권한을 반복적으로 행사하는 자 (2018. 12. 31. 신설)
　가. 비거주자 명의의 계약 (2018. 12. 31. 신설)
　나. 비거주자가 소유하는 자산의 소유권 이전 또는 소유권이나 사용권을 갖는 자산의 사용권 허락을 위한 계약 (2018. 12. 31. 신설)
　다. 비거주자의 용역제공을 위한 계약 (2018. 12. 31. 신설)
2. 국내에서 그 비거주자를 위하여 비거주자 명의 계약등을 체결할 권한을 가지고 있지 아니하더라도 계약을 체결하는 과정에서 중요한 역할(비거주자가 계약의 중요사항을 변경하지 아니하고 계약을 체

제180조 【비거주자의 대리인 등의 범위】 (2019. 2. 12. 제목개정)
① 법 제120조 제3항 각 호 외의 부분에서 "대통령령으로 정하는 자"란 다음 각 호의 어느 하나에 해당하는 자를 말한다. (2019. 2. 12. 개정)
1. 비거주자의 자산을 상시 보관하고 관례적으로 이를 배달 또는 인도하는 자
2. 중개인, 일반위탁매매인, 기타독립적 지위의 대리인으로서 주로 특정 비거주자만을 위하여 계약체결등 사업에 관한 중요한 부분의 행위를 하는 자(이들이 자기사업의 정상적인 과정에서 활동하는 경우를 포함한다)
3. 보험사업(재보험사업은 제외한다)을 영위하는 비거주자를 위하여 보험료를 징수하거나 국내소재 피보험물에 대한 보험을 인수하는 자

결하는 경우로 한정한다)을 반복적으로 수행하는 자 (2018. 12. 31. 신설)

④ 다음 각 호의 장소(이하 이 조에서 "특정 활동 장소"라 한다)가 비거주자의 사업 수행상 예비적 또는 보조적인 성격을 가진 활동을 하기 위하여 사용되는 경우에는 제1항에 따른 국내사업장에 포함되지 아니한다. (2019. 12. 31. 개정)

1. 비거주자가 단순히 자산의 구입만을 위하여 사용하는 일정한 장소 (2009. 12. 31. 개정)

2. 비거주자가 판매를 목적으로 하지 아니하는 자산의 저장 또는 보관만을 위하여 사용하는 일정한 장소 (2009. 12. 31. 개정)

3. 비거주자가 광고ㆍ선전ㆍ정보의 수집ㆍ제공 및 시장조사를 하거나 그 밖에 이와 유사한 활동만을 위하여 사용하는 일정한 장소 (2018. 12. 31. 개정)

4. 비거주자가 자기의 자산을 타인으로 하여금 가공만 하게 하기 위하여 사용하는 일정한 장소 (2009. 12. 31. 개정)

⑤ 제4항에도 불구하고 특정 활동 장소가 다음 각 호의 어느 하나에 해당하는 경우에는 제1항에 따른 국내사업장에 포함한다. (2018. 12. 31. 신설)

1. 비거주자 또는 대통령령으로 정하는 특수관계인(이하 이 항에서 "특수관계인"이라 한다)이 특정 활동 장소와 같은 장소 또는 국내의 다른 장소에서 사업을 수행하고 다음 각 목의 요건을 모두 충족하는 경우 (2018. 12. 31. 신설)

　가. 특정 활동 장소와 같은 장소 또는 국내의 다른 장소에 해당 비거주자 또는 특수관계인의 국내사업장이 존재할 것 (2018. 12. 31. 신설)

　나. 특정 활동 장소에서 수행하는 활동과 가목의 국내사업장에서 수행하는 활동이 상호 보완적일 것 (2018. 12. 31. 신설)

2. 비거주자 또는 특수관계인이 특정 활동 장소와 같은 장소 또는 국내의 다른 장소에서 상호 보완적인 활동을 수행하고 각각의 활동을 결합한 전체적인 활동이 비거주자 또는 특수관계인의 사업 활동에 비추어 예비적 또는 보조적인 성격을 가진 활동에 해당하지 아니하는 경우 (2019. 12. 31. 개정)

② 법 제120조 제5항 제1호 각 목 외의 부분에서 "대통령령으로 정하는 특수관계인"이란 제183조의 2 제2항 각 호의 어느 하나에 해당하는 관계에 있는 자를 말한다. (2019. 2. 12. 신설)

제121조 【비거주자에 대한 과세방법】 ① 비거주자에 대하여 과세하는 소득세는 해당 국내원천소득을 종합하여 과세하는 경우와 분류하여 과세하는 경우 및 그 국내원천소득을 분리하여 과세하는 경우로 구분하여 계산한다. (2013. 1. 1. 개정)

② 국내사업장이 있는 비거주자와 제119조 제3호에 따른 국내원천 부동산소득이 있는 비거주자에 대해서는 제119조 제1호부터 제7호까지, 제8호의 2 및 제10호부터 제12호까지의 소득(제156조 제1항 및 제156조의 3부터 제156조의 6까지의 규정에 따라 원천징수되는 소득은 제외한다)을 종합하여 과세하고, 제119조 제8호에 따른 국내원천 퇴직소득 및 같은 조 제9호에 따른 국내원천 부동산등양도소득이 있는 비거주자에 대해서는 거주자와 같은 방법으로 분류하여 과세한다. 다만, 제119조 제9호에 따른 국내원천 부동산등양도소득이 있는 비거주자로서 대통령령으로 정하는 비거주자에게 과세할 경우에 제89조 제1항 제3호ㆍ제4호 및 제95조 제2항 표 외의 부분 단서는 적용하지 아니한다. (2019. 12. 31. 단서개정)

③ 국내사업장이 없는 비거주자에 대해서는 제119조 각 호(제8호 및 제9호는 제외한다)의 소득별로 분리하여 과세한다. (2013. 1. 1. 개정)

④ 국내사업장이 있는 비거주자의 국내원천소득으로서 제156조 제1항 및 제156조의 3부터 제156조의 6까지의 규정에 따라 원천징수되는 소득에 대해서는 제119조 각 호(제8호 및 제9호는 제외한다)의 소득별로 분리하여 과세한다. (2013. 1. 1. 개정)

⑤ 제3항 및 제4항에 따라 과세되는 경우로서 원천징수되는 소득 중 제119조 제6호에 따른 국내원천 인적용역소득이 있는 비거주자가 제70조를 준용하여 종합소득과세표준 확정신고를 하는 경우에는 제119조 각 호(제8호 및 제9호는 제외한다)의 소득에 대하여 종합하여 과세할 수 있다. (2018. 12. 31. 개정)

⑥ 국내사업장이 있는 비거주자가 공동으로 사업을 경영하고 그 손익

☞

●통칙 121-0…1 【비거주자가 내국법인에 출자하여 배당소득과 근로소득을 지급받는 경우의 과세방법】
외국에서 영주권을 가지고 있는 국내사업장이 없는 재외교포가 국내에 주소 또는 183일 이상의 거소가 없이 국내법인에 출자하여 배당소득이 있고 또한 동 법인의 비상근임원으로서 급여를 받는 경우에는 비거주자의 배당소득과 근로소득에 해당되므로 법 제121조 제3항의 규정에 의하여 당해 소득별로 분리하여 과세한다. (2019. 12. 23. 개정)

제180조의 2 【비거주자에 대한 과세방법】 (2013. 2. 15. 제목개정)

① 법 제121조 제2항 단서에서 "대통령령으로 정하는 비거주자"란 법 제1조의 2 제1항 제2호의 비거주자를 말한다. 다만, 법 제89조 제1항 제3호를 적용할 때에는 제154조 제1항 제2호 나목 및 다목의 요건을 충족하는 비거주자는 제외한다. (2013. 2. 15. 항번개정)

② 법 제121조 제3항 및 제4항에 따라 과세되는 경우로서 법 제2조 제3항 각 호 외의 부분 본문에 해당하는 비거주자로 보는 단체에 대해서는 그 단체의 구성원별로 분배받는 이익에 대하여 법과 이 영을 적용하여 과세한다. (2019. 2. 12. 개정)

☞

을 분배하는 공동사업의 경우 원천징수된 세액의 배분 등에 관하여는
제87조를 준용한다. (2013. 1. 1. 신설)

제 2 절 비거주자에 대한 종합과세

　제122조【비거주자 종합과세 시 과세표준과 세액의 계산】①
제121조 제2항 또는 제5항에서 규정하는 비거주자의 소득에 대한 소
득세의 과세표준과 세액의 계산에 관하여는 이 법 중 거주자에 대한
소득세의 과세표준과 세액의 계산에 관한 규정을 준용한다. 다만, 제51
조 제3항에 따른 인적공제 중 비거주자 본인 외의 자에 대한 공제와
제52조에 따른 특별소득공제, 제59조의 2에 따른 자녀세액공제 및 제
59조의 4에 따른 특별세액공제는 하지 아니한다. (2018. 12. 31. 항번
개정)
② 제1항을 적용할 때 필요경비의 계산, 이자소득 또는 배당소득의 계
산 등 종합과세 시 과세표준과 세액의 계산 방법에 필요한 사항은 대통
령령으로 정한다. (2018. 12. 31. 신설)

　제123조【비거주자의 세액감면 신청】제120조에서 규정하는 국내사업장이 없
는 비거주자가 제59조의 2 제1항 각 호에서 규정하는 소득이 있는 경우에는 제75조에
따른 신청이 없을 때에도 그 소득에 대한 소득세를 감면한다. (2009. 12. 31. 개정)
　제123조【비거주자의 세액감면 신청】삭　제 (2013. 1. 1.)

제 2 절 비거주자에 대한 종합과세

　제181조【종합과세시의 과세표준과 세액의 계산】① 법 제122
조 제1항에 따른 종합과세 시 과세표준과 세액의 계산 방법은 다음 각
호에 따른다. (2019. 2. 12. 개정)
1. 법 제28조의 규정에 의한 대손충당금의 필요경비계산에 있어서 그
　대손금은 비거주자가 국내에서 영위하는 사업에 관한 것에 한한다.
2. 법 제29조의 규정에 의한 퇴직급여충당금의 필요경비계산에 있어서
　종업원은 비거주자의 종업원 중 그 비거주자가 국내에서 영위하는
　사업을 위하여 국내에서 상시 근무하는 자에 한한다.
3. 법 제33조 제1항 제1호 내지 제4호 및 제12호의 규정에 의한 경비에
　는 외국정부 또는 외국지방자치단체에 의하여 부과된 것을 포함한다.
4. 법 제34조 및 법 제35조의 규정에 의한 기부금 또는 기업업무추진
　비등의 필요경비 계산에 있어서 그 기부금 또는 기업업무추진비등
　은 국내에서 영위하는 사업에 관한 것에 한한다. (2023. 2. 28. 개정)
5. 제48조 제4호의 규정에 의한 장기할부조건에 의한 상품 등의 판매
　는 비거주자가 국내에서 영위하는 사업에 관한 것에 한한다. (99.
　12. 31 개정)
6. 제48조 제5호의 규정에 의한 건설ㆍ제조 기타 용역(도급공사 및 예
　약매출을 포함한다)은 비거주자가 국내에서 영위하는 사업에 관한
　것에 한한다. (2012. 2. 2. 개정)
7. 제62조 제2항 제1호 및 동항 제2호 가목 내지 라목의 규정에 의한
　감가상각자산은 비거주자의 감가상각자산 중 국내에 있는 것에 한
　한다. (2001. 12. 31 개정)
8. 제91조 및 제93조의 규정에 의한 재고자산 또는 유가증권은 비거주
　자의 당해 자산 중 국내에 있는 것에 한한다.
9. 제62조 제2항 제2호 바목 및 사목에 따른 무형자산은 비거주자의
　무형자산 중 비거주자가 국내에서 영위하는 사업에 귀속되는 것 또

이 속하는 달의 말일부터 6개월 이내에 납세지 관할세무서장에게 제출해야 하고, 그 계산에 관한 증명서류를 보관·비치해야 한다. (2022. 2. 15. 개정)
⑤ 제1항부터 제4항까지의 규정을 적용할 때 내부거래에 따른 국내원천소득금액과 자본의 계산 절차 및 방법, 국내사업장에 배분되는 경비의 범위·배분방식, 업종별 경비배분방법 및 경비배분 시 외화의 원화환산방법, 그 밖에 필요한 사항은 기획재정부령으로 정한다. (2020. 2. 11. 개정)

는 그 비거주자의 국내에 있는 자산에 관한 것에 한정한다. (2020. 2. 11. 개정)
10. 법 제119조 제1호에 따른 국내원천 이자소득 및 같은 조 제2호에 따른 국내원천 배당소득은 국내에서 받는 것에 한정한다. (2019. 2. 12. 개정)
② 국내사업장에서 발생된 판매비 및 일반관리비와 기타의 경비 중 국내원천소득의 발생과 관련되지 아니하는 것으로서 기획재정부령이 정하는 것은 법 제27조의 규정에 의한 필요경비에 포함하지 아니한다. (2008. 2. 29. 직제개정 ; 기획재정부와~직제 부칙)

제181조의 2【국내사업장과 본점 등의 거래에 대한 국내원천소득금액의 계산】 (2013. 2. 15. 제목개정)
① 비거주자의 국내사업장의 각 과세기간의 소득금액을 결정함에 있어서 국내사업장과 국외의 본점 및 다른 지점(이하 이 조에서 "본점 등"이라 한다)간 거래(이하 "내부거래"라 한다)에 따른 국내원천소득금액의 계산은 법 및 이 영에서 달리 정하는 것을 제외하고는 제183조의 2 제1항의 정상가격(이하 이 조에서 "정상가격"이라 한다)에 의하여 계산한 금액으로 한다. (2013. 2. 15. 신설)
② 제1항을 적용할 때 내부거래에 따른 비용은 정상가격의 범위에서 국내사업장에 귀속되는 소득과 필수적 또는 합리적으로 관련된 비용에 한정하여 필요경비에 산입하고, 자금거래에 따른 이자 등 기획재정부령으로 정하는 비용은 이를 필요경비에 산입하지 않는다. 다만, 자금거래에 따른 이자에 대해 조세조약에 따라 필요경비에 산입할 수 있는 경우에는 그렇지 않다. (2020. 2. 11. 개정)
③ 비거주자의 국내사업장의 각 과세기간의 소득금액을 결정함에 있어서 그 본점등의 경비 중 공통경비로서 그 국내사업장의 국내원천소득발생과 합리적으로 관련된 것은 국내사업장에 배분하여 필요경비에 산입한다. (2013. 2. 15. 개정)
④ 제1항 및 제2항에 따라 비거주자가 내부거래에 따른 국내원천소득금액을 계산할 때에는 내부거래 명세서, 경비배분계산서 등 기획재정부령으로 정하는 서류를 법 제5조에 따른 과세기간 종료일

제86조의 3【국내원천소득금액의 계산】영 제181조 제2항에서 "기획재정부령이 정하는 것"이라 함은 다음 각 호의 어느 하나에 해당하는 것을 말한다. (2008. 4. 29. 개정)
1. 국내사업장이 약정 등에 따른 대가를 받지 아니하고 본점 등을 위하여 재고자산을 구입하거나 보관함으로써 발생한 경비 (2013. 2. 23. 개정)
2. 기타 국내원천소득의 발생과 합리적으로 관련되지 아니하는 경비 (99. 5. 7 신설)

제86조의 4【국내사업장과 본점 등의 거래에 대한 국내원천소득금액의 계산】 (2013. 2. 23. 제목개정)
① 영 제181조의 2 제2항 본문에서 "기획재정부령으로 정하는 비용"이란 다음 각 호의 금액을 말한다. (2020. 3. 13. 개정)
1. 자금거래에서 발생한 이자 비용 (2013. 2. 23. 신설)
2. 보증거래에서 발생한 수수료 등 비용 (2013. 2. 23. 신설)
② 영 제181조의 2 제1항 및 제2항에 따라 비거주자의 국내사업장과 국외의 본점 및 다른 지점간 거래(이하 이 조에서 "내

2. 본점 등의 특정부서나 특정한 지점만을 위하여 지출하는 경비 (99. 5. 7 신설)

3. 다른 법인에 대한 투자와 관련되어 발생하는 경비 (99. 5. 7 신설)

4. 기타 국내원천소득의 발생과 합리적으로 관련되지 아니하는 경비 (99. 5. 7. 신설)

⑥ 영 제181조의 2 제3항에 따라 비거주자의 국내사업장에 본점 및 그 국내사업장을 관할하는 관련지점 등의 공통경비를 배분함의 국내사업장에 본점 및 그 국내사업장을 에 있어서는 그 배분의 대상이 되는 경비를 경비항목별기준에 따라 배분하는 항목별 배분방법에 의하거나 배분의 대상이 되는 경비를 국내사업장의 수입금액이 본점 및 그 국내사업장을 관할하는 관련지점 등의 총수입금액에서 차지하는 비율에 따라 배분하는 일괄배분방법에 의할 수 있다. (2020. 3. 13. 항번개정)

⑦ 제6항에 따라 공통경비를 배분하는 경우 외화의 원화환산은 과세기간중의 「외국환거래법」에 의한 기준환율 또는 재정환율의 평균을 적용한다. (2020. 3. 13. 개정)

⑧ 제5항부터 제7항까지의 규정을 적용할 때 구체적인 배분방법, 첨부서류의 제출 기타 필요한 사항은 국세청장이 정한다. (2020. 3. 13. 개정)

[편주] ▶ ···

외국기업 본점 등의 공통경비 배분방법 및 제출서류에 관한 고시 : 국세청 고시 제2024-29호, 2024. 9. 2.)

···

명세서, 경비배분계산서 등 기획재정부령으로 정하는 서류"란 다음 각 호의 어느 하나에 해당하는 서류를 말한다. (2020. 3. 13. 개정)

1. 내부거래에 관한 명세서. 이 경우 내부거래에 관한 명세서는 「국제조세조정에 관한 법률 시행규칙」 제27조 제1항에 따른 별지 제16호 서식(갑)을 준용한다. (2021. 3. 16. 개정)

2. 「국제조세조정에 관한 법률 시행규칙」 제27조 제3항 제1호에 따른 별지 제18호 서식의 용역거래에 대한 정상가격 산출방법 신고서 (2021. 3. 16. 개정)

3. 「국제조세조정에 관한 법률 시행규칙」 제27조 제3항 제2호에 따른 별지 제19호 서식의 무형자산에 대한 정상가격 산출방법 신고서 (2021. 3. 16. 개정)

4. 「국제조세조정에 관한 법률 시행규칙」 제27조 제3항 제3호에 따른 별지 제20호 서식의 정상가격 산출방법 신고서 (2021. 3. 16. 개정)

⑤ 영 제181조의 2 제3항에 따라 비거주자의 국내사업장에 본점 및 그 국내사업장을 관할하는 관련지점 등의 공통경비를 배분함에 있어 다음 각 호의 어느 하나에 해당하는 본점 등의 경비는 국내사업장에 배분하지 아니한다. (2020. 3. 13. 항번개정)

1. 본점 등에서 수행하는 업무 중 회계감사, 각종 재무제표의 작성 등 본점만의 고유 업무를 수행함으로써 발생하는 경비 (99. 5. 7 신설)

부거래"라 한다)에 따른 국내원천소득금액을 계산하는 때 적용하는 정상가격은 비거주자의 국내사업장이 수행하는 기능[비거주자 국내사업장의 종업원 등이 자산의 소유 및 위험의 부담과 관련하여 중요하게 수행하는 기능(이하 이 조에서 "중요한 인적 기능"이라 한다)을 포함한다], 부담하는 위험 및 사용하는 자산 등의 사실을 고려하여 계산한 금액으로 한다. (2020. 3. 13. 개정)

③ 제2항을 적용할 때 국내사업장의 기능 및 사실의 분석은 다음 각 호를 따른다. (2020. 3. 13. 신설)

1. 국내사업장이 속한 본점과 독립된 기업들 간 거래로부터 발생하는 권리 및 의무를 국내사업장에 적절하게 배분 (2020. 3. 13. 신설)

2. 자산의 경제적 소유권의 배분과 관련된 중요한 인적 기능을 확인하여 국내사업장에 자산의 경제적 소유권을 배분 (2020. 3. 13. 신설)

3. 위험의 부담과 관련된 중요한 인적 기능을 확인하여 국내사업장에 위험을 배분 (2020. 3. 13. 신설)

4. 국내사업장의 자산 및 위험배분에 기초한 자본의 배분 (2020. 3. 13. 신설)

5. 국내사업장에 관한 중요한 인적 기능 외의 기능을 확인 (2020. 3. 13. 신설)

6. 국내사업장과 본점 및 다른 지점 간 거래의 성격에 대한 인식 및 결정 (2020. 3. 13. 신설)

④ 영 제181조의 2 제4항에서 "내부거래

제124조 【비거주자의 신고와 납부】 ① 제122조에 따라 소득세의 과세표준과 세액을 계산하는 비거주자의 신고와 납부(중간예납을 포함한다)에 관하여는 이 법 중 거주자의 신고와 납부에 관한 규정을 준용한다. 다만, 제76조를 준용할 때 제122조에 따른 비거주자의 과세표준에 제156조 제7항에 따라 원천징수된 소득의 금액이 포함되어 있는 경우에는 그 원천징수세액은 제76조 제3항 제4호에 따라 공제되는 세액으로 본다. (2021. 12. 8. 항번개정)

② 법인으로 보는 단체 외의 법인 아닌 단체 중 제2조 제3항 각 호 외의 부분 단서 또는 같은 조 제4항 제1호에 따라 단체의 구성원별로 납세의무를 부담하는 단체의 비거주자인 구성원(이하 이 항에서 "비거주자구성원"이라 한다)이 국내원천소득(비거주자구성원의 국내원천소득이 해당 단체의 구성원으로서 얻은 소득만 있는 경우로 한정한다)에 대하여 제121조 제5항에 따라 종합소득 과세표준확정신고를 하는 경우로서 다음 각 호의 요건을 모두 갖춘 경우에는 해당 단체의 거주자인 구성원 1인(이하 이 항에서 "대표신고자"라 한다)이 제1호에 따라 동의한 비거주자구성원을 대신하여 대통령령으로 정하는 바에 따라 비거주자구성원의 종합소득과세표준을 일괄 신고할 수 있다. (2021. 12. 8. 신설)

1. 비거주자구성원의 전부 또는 일부가 대표신고자가 자신의 종합소득과세표준을 대신 신고하는 것에 동의할 것 (2021. 12. 8. 신설)
2. 비거주자구성원이 자신이 거주자인 국가에서 부여한 「국제조세조정에 관한 법률」 제36조 제7항에 따른 납세자번호를 대표신고자에게 제출할 것 (2021. 12. 8. 신설)

제125조 【비거주자에 대한 과세표준 및 세액의 결정과 징수】 비거주자의 국내원천소득을 종합하여 과세하는 경우에 이에 관한 결정 및 경정과 징수 및 환급에 관하여는 이 법 중 거주자에 대한 소득세의 결정 및 경정과 징수 및 환급에 관한 규정을 준용한다. 이 경우 제76조를 준용할 때 제122조에 따른 비거주자의 과세표준에 제156조 제7항에 따라 원천징수된 소득의 금액이 포함되어 있는 경우에는 그 원천징수세액은 제76조 제3항 제4호에 따라 공제되는 세액으로 본다. (2013. 1. 1. 단서개정)

제182조 【비거주자의 신고와 납부】 ① 법 제124조에 따라 비거주자의 국내원천소득을 종합하여 과세하는 경우 이에 관한 신고와 납부에 관하여는 제2항에서 정하는 사항을 제외하고는 이 영 중 거주자의 신고와 납부에 관한 규정을 준용한다. (2022. 2. 15. 개정)

② 법 제124조 제2항에 따라 대표신고자가 비거주자구성원의 종합소득과세표준을 일괄해서 신고할 때에는 자신의 납세지 관할 세무서장에게 기획재정부령으로 정하는 신고서류를 제출해야 한다. 다만, 그 대표신고자가 법 제2조 제3항 각 호 외의 부분 단서 또는 같은 조 제4항 제1호에 따라 단체의 구성원별로 소득세 납세의무를 지는 구성원이 아닌 경우에는 해당 단체의 납세지 관할 세무서장에게 신고서류를 제출해야 한다. (2022. 2. 15. 신설)

제87조 【비거주자의 신고와 납부 등】 (2022. 3. 18. 제목개정)

① 법 제124조의 규정에 의하여 비거주자의 국내원천소득을 종합하여 과세하는 경우에 이에 관한 신고와 납부에 관하여는 이 영 중 거주자의 신고와 납부에 관한 규정을 준용한다.

② 영 제182조 제2항 본문에서 "기획재정부령으로 정하는 신고서류"란 다음 각 호의 서류를 말한다. (2022. 3. 18. 신설)

1. 법 제124조 제2항에 따른 비거주자구성원이 자신의 종합소득과세표준을 대신 신고하는 것에 동의한다는 뜻을 표시한 대표신고자 일괄신고 동의서 (2022. 3. 18. 신설)
2. 제1항에 따라 준용되는 규정에서 종합소득과세표준 신고 시 제출하도록 규정하고 있는 서류 (2022. 3. 18. 신설)

③ 법 제125조의 규정에 의하여 비거주자의 국내원천소득을 종합하여 과세하는 경우에 이에 관한 결정·경정과 징수 및 환급에 관하여는 이 영중 거주자에 대한 소득세의 결정·경정과 징수 및 환급에 관한 규정을 준용한다. (2022. 3. 18. 항번개정)

제126조【비거주자 분리과세 시 과세표준과 세액의 계산 등】(2013. 1. 1. 제목개정)

① 제121조 제3항 및 제4항에 따른 비거주자의 국내원천소득(제119조 제7호에 따른 국내원천 근로소득 및 같은 조 제8호의 2에 따른 국내원천 연금소득은 제외한다)에 대한 과세표준은 그 지급받는 해당 국내원천소득별 수입금액에 따라 계산한다. 다만, 다음 각 호의 소득에 대한 과세표준의 계산은 같은 호에서 정하는 바에 따라 그 수입금액에서 필요경비 등을 공제한 금액으로 할 수 있다. (2018. 12. 31. 개정)

1. 제119조 제11호에 따른 국내원천 유가증권양도소득에 대해서는 그 수입금액에서 대통령령으로 정하는 바에 따라 확인된 해당 유가증권의 취득가액 및 양도비용을 공제하여 계산한 금액 (2018. 12. 31. 개정)

2. 제119조 제12호에 따른 국내원천 기타소득 중 대통령령으로 정하는 상금·부상 등에 대해서는 그 수입금액에서 대통령령으로 정하는 금액을 공제하여 계산한 금액 (2018. 12. 31. 개정)

3. 제119조 제12호 타목에 따른 가상자산소득에 대해서는 그 수입금액(비거주자가 가상자산사업자등이 보관·관리하는 가상자산을 인출하는 경우에는 인출시점의 가상자산 시가로서 대통령령으로 정하는 금액을 말한다)에서 대통령령으로 정하는 필요경비를 공제하여 계산한 금액 (2020. 12. 29. 신설)

② 제1항의 국내원천소득에 대한 세액은 같은 항에서 규정하는 과세표준에 제156조 제1항 각 호의 세율을 곱하여 계산한 금액으로 한다. (2009. 12. 31. 개정)

제183조【비거주자의 분리과세의 경우의 과세표준과 세액의 계산】① 법 제126조 제1항 제1호에서 "대통령령으로 정하는 바에 따라 확인된 해당 유가증권의 취득가액 및 양도비용"이란 제179조 제11항에 따른 유가증권의 양도자 또는 그 대리인이 원천징수의무자에게 원천징수를 하는 날까지 제출하는 출자금 또는 주금납입영수증·양도증서·대금지급영수증 기타 출자 또는 취득 및 양도에 소요된 금액을 증명하는 자료에 의하여 그 유가증권의 취득가액 및 양도비용이 확인된 다음 각 호의 어느 하나에 해당하는 금액을 말한다. (2009. 2. 4. 개정)

1. 당해 유가증권의 취득 또는 양도에 실지로 직접 소요된 금액(그 취득 및 양도에 따라 직접 소요된 조세·공과금 및 중개수수료를 포함한다). 다만, 당해 유가증권이 출자지분 또는 주식으로서 그 출자지분 또는 주식에 법인의 잉여금의 전부 또는 일부를 출자 또는 자본의 금액에 전입함으로써 취득한 것이 포함되어 있는 경우에는 「법인세법 시행령」 제14조 제2항의 규정을 준용하여 계산한 금액으로 한다. (2005. 2. 19. 단서개정)

2. 상속인·수증자 기타 이에 준하는 자가 양도한 유가증권의 취득가액은 당해 양도자산의 당초의 피상속인·증여자 기타 이에 준하는 자를 당해 유가증권의 양도자로 보고 제1호의 규정에 의하여 계산한 금액. 다만, 당해 유가증권이 「상속세 및 증여세법」에 의하여 과세된 경우에는 당해 유가증권의 수증당시의 시가 (2005. 2. 19. 단서개정)

3. 「법인세법 시행령」 제88조 제1항 제8호 각 목의 어느 하나 또는 같은 항 제8호의 2에 해당하는 자본거래로 인하여 취득한 유가증권의 취득가액은 제1호에 따라 계산한 금액에 제179조 제16항에 따른 금액을 더한 금액 (2012. 2. 2. 개정)

② 제1항의 규정을 적용함에 있어서 취득가액이 서로 다른 동일 종목의 유가증권(채권의 경우에는 액면가액, 발행일 및 만기일, 이자율 등 발행조건이 같은 동일 종목의 채권을 말한다)을 보유한 비거주자가 당해 유

① 국내사업장이 없는 비거주자가 양도한 해외증권 관련 주식의 취득가액은 다음 각호에 의한다.

1. 전환사채의 전환권을 행사하여 취득한 주식의 1주당 취득가액은 당해 전환사채의 취득에 실지로 직접 소요된 금액을 전환권을 행사하여 취득한 주식수로 나눈 금액으로 한다.

2. 신주인수권부사채의 신주인수권을 행사하여 취득한 주식의 1주당 취득가액은 1주당 신주인수권의 취득가액과 1주당 주금납입금액의 합계액으로 한다. 다만, 신주인수권부사채 구입시 신주인수권을 따로 분리하지 않고 취득한 경우에 1주당 신주인수권의 취득가액은 당해 신주인수권부사채의 취득에 실제로 직접 소요된 금액에서 동 사채만의 가치를 차감한 금액(이하 "신주인수권의 취득가액"이라 한다)을 신주인수권을 행사하여 취득한 주식수로 나눈 금액으로 하되, 이때 신주인수권의 취득가액은 신주인수권부사채의 발행주간사가 동 신주인수권부사채의 발행조건 확정시 고시하는 가격의 범위 안에서 투자자의 장부가액으로 할 수 있다. 한편, 신주인수권만을 분리하여 취득한 경우에 1주당 신주인수권의 취득가액은 신주인수권 구입에 직접 소요된 금액을 동 권리행사로 취득한 주식수로 나눈 금액으로 한다.

② 제1항에서 해외증권 관련 주식이라 함은 증권관리위원회가 정한 규정에 따라 외국에서 발행되는 전환사채 또는 신주인수권부사채의 전환권 또는 신주인수권을 행사하여 취득한 국내주식을 말

③ 제121조 제3항 또는 제4항의 적용을 받는 비거주자가 제59조의 5 제1항 각 호에서 규정하는 소득이 있는 경우에는 감면의 신청이 없을 때에도 그 소득에 대한 소득세를 감면한다. (2014. 1. 1. 개정)

④ 제156조 및 제156조의 3부터 제156조의 6까지의 규정에 따른 원천징수에 대하여는 제85조 제3항 및 제86조 제1호를 준용한다. (2013. 1. 1. 신설)

⑤ 제121조 제3항 또는 제4항의 적용을 받는 비거주자의 국내원천소득 중 제119조 제7호에 따른 국내원천 근로소득 및 같은 조 제8호의 2에 따른 국내원천 연금소득의 과세표준과 세액의 계산, 신고와 납부, 결정ㆍ경정 및 징수와 환급에 대해서는 이 법 중 거주자에 대한 소득세의 과세표준과 세액의 계산 등에 관한 규정을 준용한다. 다만, 제51조 제3항에 따른 인적공제 중 비거주자 본인 외의 자에 대한 공제와 제52조에 따른 특별소득공제, 제59조의 2에 따른 자녀세액공제 및 제59조의 4에 따른 특별세액공제는 하지 아니하고, 제156조의 5에 따른 원천징수에 의하여 소득세를 납부한 비거주자에 대해서는 제73조 제1항을 준용한다. (2018. 12. 31. 개정)

가증권을 양도한 경우에 양도가액에서 공제할 취득가액은 제92조 제2항 제5호의 규정에 의한 이동평균법에 의하여 계산한다. (98. 12. 31 개정)

③ 법 제126조 제1항 제2호에서 "대통령령으로 정하는 상금ㆍ부상 등"이란 제87조 제1호에 따른 상금 및 부상을 말한다. (2009. 2. 4. 신설)

④ 법 제126조 제1항 제2호에서 "대통령령으로 정하는 금액"이란 비거주자가 지급받은 금액의 100분의 80에 상당하는 금액을 말한다. 다만, 실제 소요된 필요경비가 100분의 80에 상당하는 금액을 초과하는 경우에는 그 초과하는 금액도 포함한다. (2009. 2. 4. 신설)

⑤ 법 제126조 제1항 제3호에서 "대통령령으로 정하는 금액"이란 비거주자가 가상자산을 인출하는 시점에 그 가상자산을 보관ㆍ관리하는 가상자산사업자등이 표시한 그 가상자산 1개의 가액과 인출한 가상자산의 수량을 곱한 금액을 말한다. (2021. 2. 17. 신설)

⑤ 삭　제 (2022. 2. 15.)

⑤ 법 제126조 제1항 제3호에서 "대통령령으로 정하는 금액"이란 비거주자가 가상자산을 인출하는 시점에 그 가상자산을 보관ㆍ관리하는 「특정 금융거래정보의 보고 및 이용 등에 관한 법률」 제2조 제1호 하목에 따른 가상자산사업자나 이와 유사한 사업자(이하 "가상자산사업자등"이라 한다)가 표시한 그 가상자산 1개의 가액에 인출한 가상자산의 수량을 곱한 금액을 말한다. (2022. 3. 8. 신설)

⑤ 법 제126조 제1항 제3호에서 "대통령령으로 정하는 금액"이란 비거주자가 가상자산을 인출하는 시점에 그 가상자산을 보관ㆍ관리하는 가상자산사업자나 이와 유사한 사업자(이하 "가상자산사업자등"이라 한다)가 표시한 그 가상자산 1개의 가액에 인출한 가상자산의 수량을 곱한 금액을 말한다. (2025. 2. 28. 개정)

⑥ 법 제126조 제1항 제3호에서 "대통령령으로 정하는 필요경비"란 법 제37조 제1항 제3호, 같은 조 제5항 및 제6항에 따른 가상자산의 필요경비 계산 규정을 준용하여 산출한 금액을 말한다. 다만, 비거주자가 가상자산사업자등에게 가상자산을 직접 입고한 경우 입고한 가상자산의 취득가액은 입고시점에 해당 가상자산사업자등이 표시한 그 가상자산 1개의 가액에 입고한 가상자산의 수량을 곱한 금액으로 한다. (2022. 3. 8. 신설)

⑥ 법 제126조 제1항 제3호에서 "대통령령으로 정하는 필요경비"란 법 제37조 제1항 제3호, 같은 조 제5항 및 이 영 제88조 제2항부터 제4항까지의 규정에 따른 가상자산의 필요경비 계산 규정을 준용하여 계산하되, 평가방법은 「가상자산 이용자 보호 등에 관한 법률」 제7조 제1항 제3호에 따른 이용자의 가상자산주소별로 제92조 제2항 제5호의 이동평균법을 적용하여 계산한 금액을 말한다. 다만, 비거주자가 가상

한다.

편주

영 183조 5항부터 7항까지의 개정규정은 2027. 1. 1.부터 시행함. (영 부칙(2025. 2. 28.) 1조 3호)

⑥ 국내사업장이 없는 비거주자로서 제119조 제11호에 따른 국내원천 유가증권양도소득이 다음 각 호의 요건을 모두 갖춘 경우에는 제1항에도 불구하고 대통령령으로 정하는 정상가격(이하 이 항에서 "정상가격"이라 한다)을 그 수입금액으로 한다. (2018. 12. 31. 개정)

1. 국내사업장이 없는 비거주자와 대통령령으로 정하는 특수관계가 있는 비거주자(외국법인을 포함한다) 간의 거래일 것 (2018. 12. 31. 개정)
2. 제1호의 거래에 의한 거래가격이 정상가격에 미달하는 경우로서 대통령령으로 정하는 경우일 것 (2018. 12. 31. 개정)

자산사업자등에게 가상자산을 직접 입고한 경우 입고한 가상자산의 취득가액은 입고시점에 해당 가상자산사업자등이 표시한 그 가상자산 1개의 가액에 입고한 가상자산의 수량을 곱한 금액으로 한다. (2025. 2. 28. 개정)

⑦ 제5항 및 제6항에 따른 수입금액과 필요경비를 산출할 때 가상자산의 가치가 금액으로 표시되지 않는 경우에는 제88조 제3항 및 제4항을 준용하여 해당 금액을 산출한다. 이 경우 "교환거래"는 "가상자산의 입고 또는 인출"로 본다. (2022. 3. 8. 신설)

제183조의 2 【정상가격의 개념 등】 ① 법 제126조 제6항 각 호외의 부분에서 "대통령령으로 정하는 정상가격"이란 「국제조세조정에 관한 법률」 제8조 및 같은 법 시행령 제5조부터 제16조까지의 규정에 따른 방법을 준용하여 계산한 가액을 말한다. (2021. 2. 17. 개정)

② 법 제126조 제6항 제1호에서 "대통령령으로 정하는 특수관계"란 다음 각 호의 어느 하나에 해당하는 관계를 말한다. (2013. 2. 15. 개정)

1. 비거주자와 그의 배우자·직계혈족 및 형제자매인 관계 (2006. 2. 9. 개정)
2. 비거주자가 외국법인의 의결권 있는 주식의 100분의 50 이상을 직접 또는 간접으로 소유하고 있는 관계 (2006. 2. 9. 개정)

③ 제1항에 따른 정상가격을 산출할 수 없는 경우에는 법 제99조 제1항 제3호부터 제5호까지와 「상속세 및 증여세법」 제63조 제3항을 준용하여 평가한 가액을 정상가격으로 한다. (2014. 2. 21. 개정)

④ 제2항 제2호의 규정에 따른 주식의 간접소유비율의 계산에 관하여는 「국제조세조정에 관한 법률 시행령」 제2조 제3항을 준용한다. (2021. 2. 17. 개정)

⑤ 법 제126조 제6항 제2호에서 "대통령령으로 정하는 경우"란 정상가격과 거래가격의 차액이 3억원 이상이거나 정상가격의 100분의 5에 상당하는 금액 이상인 경우를 말한다. (2013. 2. 15. 개정)

제183조의 3 【비거주자의 장외 유가증권거래에 관한 자료제출】 법 제126조 제6항 제1호에 해당하는 유가증권의 양도가 증권시장을 통하지 아니하고 이루어진 경우에는 해당 유가증권의 양도로 인하

편주 ▶ ┄┄┄┄┄┄┄┄┄┄

영 183조 7항의 개정규정은 2027. 1. 1.부터 시행함. (영 부칙(2022. 3. 8.)) (2024. 12. 31. 개정)
┄┄┄┄┄┄┄┄┄┄

관계조문 ▶▶

규칙 100조 19호의 2 ⇒ 국외특수관계자간 주식양도가액검토서

제126조의 2【비거주자의 유가증권 양도소득에 대한 신고·납부 등의 특례】① 국내사업장이 없는 비거주자가 동일한 내국법인의 주식 또는 출자지분을 같은 사업과세기간(해당 주식 또는 출자지분을 발행한 내국법인의 사업과세기간을 말한다)에 2회 이상 양도함으로써 조세조약에서 정한 과세기준을 충족하게 된 경우에는 양도 당시 원천징수되지 아니한 소득에 대한 원천징수세액 상당액을 양도일이 속하는 사업연도의 종료일부터 3개월 이내에 대통령령으로 정하는 바에 따라 납세지 관할 세무서장에게 신고·납부하여야 한다. (2009. 12. 31. 개정)
② 국내사업장이 있는 비거주자의 양도 당시 원천징수되지 아니한 소득으로서 그 국내사업장과 실질적으로 관련되지 아니하거나 그 국내사업장에 귀속되지 아니한 소득에 대해서도 제1항을 준용한다. (2009. 12. 31. 개정)
③ 국내사업장이 없는 비거주자가 대통령령으로 정하는 주식·출자지분이나 그 밖의 유가증권(이하 이 항에서 "주식등"이라 한다)을 국내사업장이 없는 비거주자 또는 외국법인에 양도하는 경우에는 그 양도로 발생하는 소득금액에 제156조 제1항 제7호의 비율을 곱한 금액을 지급받은 날이 속하는 달의 다음다음 달 10일까지 대통령령으로 정하는 바에 따라 납세지 관할 세무서장에게 신고·납부하여야 한다. 다만, 주식등의 양도에 따른 소득을 지급하는 자가 제156조에 따라 해당 비거주자의 주식등 국내원천소득에 대한 소득세를 원천징수하여 납부한 경우에는 그러하지 아니하다. (2018. 12. 31. 개정)
④ 납세지 관할 세무서장은 비거주자가 제1항부터 제3항까지의 규정에 따른 신고·납부를 하지 아니하거나 신고하여야 할 과세표준에 미달하게 신고한 경우 또는 납부하여야 할 세액에 미달하게 납부한 경우에는 제80조를 준용하여 징수하여야 한다. (2009. 12. 31. 개정)

여 발생하는 소득의 지급자가 기획재정부령으로 정하는 국외특수관계인 간 주식양도가액검토서를 법 제156조 제1항에 따른 원천징수세액 납부기한까지 제출하여야 한다. (2013. 2. 15. 개정)

제183조의 4【비거주자의 유가증권양도소득에 대한 신고·납부 특례】① 비거주자는 법 제126조의 2의 규정에 의하여 양도당시 조세조약에서 정한 과세기준을 충족하지 아니하여 주식 또는 출자지분의 양도소득 중 원천징수되지 아니한 소득의 원천징수세액상당액을 당해 유가증권을 발행한 내국법인의 소재지를 관할하는 세무서장에게 신고·납부하여야 한다. (2000. 12. 29 신설)
② 제1항의 규정에 의하여 주식 또는 출자지분의 양도소득 중 원천징수되지 아니한 소득의 원천징수세액상당액을 신고·납부하고자 하는 비거주자는 동일한 사업연도에 양도한 당해 법인의 양도주식총액과 원천징수되지 아니한 양도주식총액을 구분하여 기획재정부령이 정하는 비거주자 유가증권 양도소득정산신고서를 제출하여야 한다. (2008. 2. 29. 직제개정 ; 기획재정부와~직제 부칙)
③ 법 제126조의 2 제3항 본문에서 "대통령령으로 정하는 주식·출자지분이나 그 밖의 유가증권"이란 다음 각 호의 유가증권을 말한다. (2019. 2. 12. 개정)
1. 「조세특례제한법 시행령」 제18조 제4항 제1호 및 제2호에 따라 과세되는 주식 등 유가증권 (2008. 2. 22. 신설)
2. 외국에서 거래되는 원화표시 유가증권(외국유가증권시장 외에서 거래되는 것을 말한다) (2008. 2. 22. 신설)
④ 법 제126조의 2 제3항에 따라 신고·납부하려는 비거주자는 해당 주식 등 유가증권을 발행한 내국법인의 소재지를 관할하는 세무서장에게 기획재정부령으로 정하는 비거주자유가증권양도소득신고서를 작성하여 신고·납부하여야 한다. (2008. 2. 29. 직제개정 ; 기획재정부와~직제 부칙)

관계조문 ▶▶

규칙 100조 19호의 3 ⇒ 비거주자 유가증권양도소득정산신고서

관계조문 ▶▶

규칙 100조 19호의 4 ⇒ 비거주자유가증권양도소득신고서

제4 절 거주자의 출국 시 국내 주식 등에
관한 과세 특례 (2020. 12. 29. 신설)

제126조의 3 【거주자의 출국 시 납세의무】 ① 출국하는 거주자(출국일 10년 전부터 출국일까지의 기간 중 국내에 주소나 거소를 둔 기간의 합계가 5년 이상인 자에 한정하며, 이하 “국외전출자”라 한다)는 제87조의 2 제3호 및 제88조 제1호에도 불구하고 출국 당시 소유한 제87조의 6 제1항 제1호에 해당하는 주식등(외국법인이 발행하였거나 외국에 있는 시장에 상장된 주식등으로서 대통령령으로 정하는 것은 제외하며, 이하 이 절에서 같다), 제94조 제1항 제4호 다목 및 라목에 해당하는 주식등을 출국일에 양도한 것으로 보아 금융투자소득 및 양도소득에 대하여 소득세(이하 이 절에서 “국외전출세”라 한다)를 납부할 의무가 있다. (2020. 12. 29. 신설)
② 국외전출자의 범위 및 그 밖에 필요한 사항은 대통령령으로 정한다. (2020. 12. 29. 신설)

제126조의 4 【국외전출자 국내주식등에 대한 과세표준의 계산】 ① 제126조의 3 제1항에 따른 제87조의 6 제1항 제1호에 해당하는 주식등과 제94조 제1항 제4호 다목 및 라목에 해당하는 주식등(이하 “국외전출자 국내주식등”이라 한다)의 양도가액은 출국일 당시의 시가로 한다. 다만, 시가를 산정하기 어려울 때에는 그 규모 및 거래 상황 등을 고려하여 대통령령으로 정하는 방법에 따른다. (2020. 12. 29. 신설)
② 제1항에 따른 양도가액에서 공제할 필요경비는 다음 각 호에 따라 계산한다. (2020. 12. 29. 신설)
1. 제87조의 6 제1항 제1호에 해당하는 주식등의 경우 : 제87조의 12에 따라 계산한 금액 (2020. 12. 29. 신설)
2. 제94조 제1항 제4호 다목 및 라목에 해당하는 주식등의 경우 : 제97조에 따라 계산한 금액 (2020. 12. 29. 신설)
③ 국외전출세를 계산하기 위한 소득금액은 제1항에 따른 양도가액에서 제2항에 따른 필요경비를 공제한 금액으로 한다. (2020. 12. 29. 신설)
④ 국외전출세를 계산하기 위한 과세표준은 제3항에 따른 소득금액에서 연 5천만원의 범위에서 대통령령으로 정하는 금액을 공제한 금액으로 한다. (2020. 12. 29. 신설)
⑤ 제4항에 따른 과세표준은 종합소득, 퇴직소득, 금융투자소득 및 제92조 제2항에 따른 양도소득과세표준과 구분하여 계산한다. (2020. 12. 29. 신설)
⑥ 제1항에 따른 시가의 산정 및 그 밖에 필요한 사항은 대통령령으로 정한다. (2020. 12. 29. 신설)

제126조의 5 【국외전출자 국내주식등에 대한 세율과 산출세액】 국외전출자의 국외전출세는 제126조의 4 제4항에 따른 과세표준에 다음의 계산식에 따라 계산한 금액을 그 세액(이하 이 절에서 “산출세액”이라 한다)으로 한다. (2020. 12. 29. 신설)

제3 절 거주자의 출국 시 국내주식등에
관한 과세 특례 (2021. 2. 17. 신설)

제183조의 5 【국외주식의 범위 등】 법 제126조의 3 제1항에서 “외국법인이 발행하였거나 외국에 있는 시장에 상장된 주식등으로서 대통령령으로 정하는 것”이란 다음 각 호의 어느 하나에 해당하는 주식등을 말한다. (2021. 2. 17. 신설)
1. 외국법인이 발행한 주식등(증권시장에 상장된 주식등과 제178조의 2 제4항에 해당하는 주식등은 제외한다) (2021. 2. 17. 신설)
2. 내국법인이 발행한 주식등[국외 예탁기관이 발행한 「자본시장과 금융투자업에 관한 법률」 제4조 제8항의 증권예탁증권(주식등으로 한정한다)을 포함한다]으로서 해외 증권시장에 상장된 것 (2023. 2. 28. 개정)

제183조의 6 【출국일 시가 등】 ① 법 제126조의 4 제1항 본문에 따른 시가는 법 제126조의 3 제1항에 따른 국외전출자(이하 “국외전출자”라 한다)의 출국일 당시의 해당 주식등의 거래가액으로 한다. (2021. 2. 17. 신설)
② 법 제126조의 4 제1항 단서에서 “대통령령으로 정하는 방법”이란 다음 각 호의 구분에 따른 방법을 말한다. (2021. 2. 17. 신설)
1. 주권상장법인의 주식등(기획재정부령으로 정하는 주식등은 제외한다) : 법 제99조 제1항 제6호 및 이 영 제150조의 22 제1항 제1호, 제3호에 따른 기준시가를 시가로 하는 방법 (2021. 2. 17. 신설)
2. 「자본시장과 금융투자업에 관한 법률」 제9조 제15항 제4호에 따른 주권비상장법인의 주식등(제150조의 22 제1항 제2호의 비상장주식등을 포함한다) : 다음 각 목의 방법을 순차로 적용하여 계산한 가액을 시가로 하는 방법 (2021. 2. 17. 신설)
가. 출국일 전후 각 3개월 이내에 해당 주식등의 매매사례가 있는 경우 그 가액 (2021. 2. 17. 신설)
나. 법 제99조 제1항 제6호 및 이 영 제150조의 22 제1항 제2호, 제3호에 따른 기준시가 (2021. 2. 17. 신설)
③ 법 제126조의 4 제4항에서 “대통령령으로 정하는 금액”이란 다음 각 호의 금액으로 한다. (2021. 2. 17. 신설)
1. 법 제87조의 18 제1항 제1호 가목 및 나목에 해당하는 주식등의 경우 : 5천만원에서 법 제5조 제3항에 따른 과세기간에 발생한 법 제87조의 18 제1항 제1호 가목 및 나목에 따른 소득금액을 차감한 금액 (2021. 2. 17. 신설)
2. 제1호 외의 주식등인 경우 : 250만원 (2021. 2. 17. 신설)

제183조의 7 【세액공제】 법 제126조의 6 제1항에 따른 조정공제, 법 제126조의 7 제1항에 따른 외국납부세액공제 또는 법 제126조의 8 제1항에 따른 비거주자의 국내원천소득 세액공제를 받으려는 자는 법 제126조의 4 제1항 본문에 따른 국외전출자 국내주식등(이하 이 절에서 “국외전출자국내주식등”이라 한다)을 실제 양도한 날부

과세표준	세 율
3억원 이하	20퍼센트
3억원 초과	6천만원 + (3억원 초과액 × 25퍼센트)

제126조의 6【조정공제】 ① 국외전출자가 출국한 후 국외전출자 국내주식등을 실제 양도한 경우로서 실제 양도가액이 제126조의 4 제1항에 따른 양도가액보다 낮은 때에는 다음의 계산식에 따라 계산한 세액(이하 이 절에서 "조정공제액"이라 한다)을 산출세액에서 공제한다. (2020. 12. 29. 신설)
[제126조의 4 제1항에 따른 양도가액 − 실제 양도가액] × 제126조의 5에 따른 세율
② 제1항에 따른 공제에 필요한 사항은 대통령령으로 정한다. (2020. 12. 29. 신설)

제126조의 7【국외전출자 국내주식등에 대한 외국납부세액의 공제】 ① 국외전출자가 출국한 후 국외전출자 국내주식등을 실제로 양도하여 해당 자산의 양도소득에 대하여 외국정부(지방자치단체를 포함한다. 이하 같다)에 세액을 납부하였거나 납부할 것이 있는 때에는 산출세액에서 조정공제액을 공제한 금액을 한도로 다음의 계산식에 따라 계산한 외국납부세액을 산출세액에서 공제한다. (2020. 12. 29. 신설)
해당 자산의 양도소득에 대하여 외국정부에 납부한 세액 × [제126조의 4 제1항에 따른 양도가액(제126조의 6 제1항에 해당하는 경우에는 실제 양도가액) − 제126조의 4 제2항에 따른 필요경비] ÷ (실제 양도가액 − 제126조의 4 제2항에 따른 필요경비)
② 다음 각 호의 어느 하나에 해당하는 경우에는 제1항에 따른 공제를 적용하지 아니한다. (2020. 12. 29. 신설)
1. 외국정부가 산출세액에 대하여 외국납부세액공제를 허용하는 경우 (2020. 12. 29. 신설)
2. 외국정부가 국외전출자 국내주식등의 취득가액을 제126조의 4 제1항에 따른 양도가액으로 조정하여 주는 경우 (2020. 12. 29. 신설)
③ 제1항에 따른 공제에 필요한 사항은 대통령령으로 정한다. (2020. 12. 29. 신설)

제126조의 8【비거주자의 국내원천소득 세액공제】 ① 국외전출자가 출국한 후 국외전출자 국내주식등을 실제로 양도하여 제119조 제11호에 따른 비거주자의 국내원천소득으로 국내에서 과세되는 경우에는 산출세액에서 조정공제액을 공제한 금액을 한도로 제156조 제1항 제7호에 따른 금액을 산출세액에서 공제한다. (2020. 12. 29. 신설)
② 제1항에 따른 공제를 하는 경우에는 제126조의 7 제1항에 따른 외국납부세액의 공제를 적용하지 아니한다. (2020. 12. 29. 신설)
③ 제1항에 따른 공제에 필요한 사항은 대통령령으로 정한다. (2020. 12. 29. 신설)

제126조의 9【국외전출자 국내주식등에 대한 신고·납부 및 가산세 등】 ① 국외전출자는 국외전출자 국내주식등의 양도소득에 대한 납세관리인과 국외전출자 국내주식등의 보유현황을 출국일 전날까지 납세지 관할 세무서장에게 신고하여야 한다. 이 경우 국외전출자 국내주식등의 보유현황은 신고일의 전날을 기준으로 작성한다. (2020.

터 2년 이내에 기획재정부령으로 정하는 세액공제신청서를 납세지 관할 세무서장에게 제출(국세정보통신망을 통한 제출을 포함한다. 이하 이 절에서 같다)해야 한다. (2021. 2. 17. 신설)

제183조의 8【국외전출자 국내주식등에 대한 신고·납부 등】 ① 법 제126조의 9 제1항에 따라 국외전출자국내주식등의 양도소득에 대한 납세관리인 및 국외전출자국내주식등의 보유현황을 신고하려는 자는 기획재정부령으로 정하는 납세관리인신고서 및 국외전출자국내주식등 보유현황신고서를 납세지 관할 세무서장에게 제출해야 한다. (2021. 2. 17. 신설)
② 법 제126조의 9 제2항에 따라 법 제126조의 4 제4항에 따른 과세표준(이하 이 절에서 "국외전출자과세표준"이라 한다)을 신고하려는 자는 기획재정부령으로 정하는 국외전출자과세표준 신고서 및 납부계산서를 납세지 관할 세무서장에게 제출해야 한다. (2021. 2. 17. 신설)
③ 법 제126조의 9 제3항에 따라 신고납부하려는 자는 다음 각 호의 어느 하나에 해당하는 방법으로 납부해야 한다. (2021. 2. 17. 신설)
1. 국외전출자과세표준 신고와 함께 납세지 관할 세무서장에게 납부하는 방법 (2021. 2. 17. 신설)
2. 「국세징수법」 제5조에 따른 납부서에 기획재정부령으로 정하는 국외전출자과세표준 신고서 및 납부계산서를 첨부하여 한국은행 또는 체신관서에 납부하는 방법 (2021. 2. 17. 신설)
④ 법 제126조의 9 제5항에 따라 경정을 청구하려는 자는 기획재정부령으로 정하는 경정청구서에 제183조의 7에 따른 세액공제신청서를 첨부하여 납세지 관할 세무서장에게 제출해야 한다. (2021. 2. 17. 신설)

제183조의 9【납부유예】 ① 법 제126조의 10 제1항에서 "납세담보를 제공하거나 납세관리인을 두는 등 대통령령으로 정하는 요건을 충족하는 경우"란 다음 각 호의 요건을 모두 갖춘 경우를 말한다. (2021. 2. 17. 신설)
1. 「국세징수법」 제18조에 따른 납세담보를 제공할 것 (2021. 2. 17. 신설)
2. 법 제126조의 9 제1항에 따라 납세관리인을 납세지 관할 세무서장에게 신고할 것 (2021. 2. 17. 신설)
② 법 제126조의 10 제2항에서 "국외전출자의 국외유학 등 대통령령으로 정하는 사유"란 국외전출자가 「국외유학에 관한 규정」 제2조 제1호에 따른 유학을 간 경우를 말한다. (2021. 2. 17. 신설)
③ 법 제126조의 10 제4항에 따른 이자상당액은 다음의 산식에 따라 계산된 금액으로 한다. (2021. 2. 17. 신설)

이자상당액	=	법 제126조의 9 제3항에 따른 금액	×	신고기한의 다음 날부터 납부일까지의 일수	×	납부유예 신청일 현재 「국세기본법 시행령」 제43조의 3 제2항 본문에 따른 이자율

12. 29. 신설)

② 국외전출자는 제126조의 4 제4항에 따른 과세표준을 출국일이 속하는 달의 말일부터 3개월 이내(제1항에 따라 납세관리인을 신고한 경우에는 제110조 제1항에 따른 양도소득과세표준 확정신고 기간 내)에 대통령령으로 정하는 바에 따라 납세지 관할 세무서장에게 신고하여야 한다. (2020. 12. 29. 신설)

③ 국외전출자가 제2항에 따라 제126조의 4 제4항에 따른 과세표준을 신고할 때에는 산출세액에서 이 법 또는 다른 조세에 관한 법률에 따른 감면세액과 세액공제액을 공제한 금액을 대통령령으로 정하는 바에 따라 납세지 관할 세무서, 한국은행 또는 체신관서에 납부하여야 한다. (2020. 12. 29. 신설)

④ 국외전출자가 제1항에 따라 출국일 전날까지 국외전출자 국내주식등의 보유현황을 신고하지 아니하거나 누락하여 신고한 경우에는 다음 각 호의 구분에 따른 금액의 100분의 2에 상당하는 금액을 산출세액에 더한다. (2020. 12. 29. 신설)

1. 출국일 전날까지 국외전출자 국내주식등의 보유현황을 신고하지 아니한 경우 : 출국일 전날의 국외전출자 국내주식등의 액면금액(무액면주식인 경우에는 그 주식을 발행한 법인의 자본금을 발행주식총수로 나누어 계산한 금액을 말한다. 이하 이 조에서 같다) 또는 출자가액 (2020. 12. 29. 신설)

2. 국내주식등의 보유현황을 누락하여 신고한 경우 : 신고일의 전날을 기준으로 신고를 누락한 국외전출자 국내주식등의 액면금액 또는 출자가액 (2020. 12. 29. 신설)

⑤ 제126조의 6 제1항에 따른 조정공제, 제126조의 7 제1항에 따른 외국납부세액공제 및 제126조의 8 제1항에 따른 비거주자의 국내원천소득 세액공제를 적용받으려는 자는 국외전출자 국내주식등을 실제 양도한 날부터 2년 이내에 대통령령으로 정하는 바에 따라 납세지 관할 세무서장에게 경정을 청구할 수 있다. (2020. 12. 29. 신설)

⑥ 제1항부터 제5항까지에서 규정한 사항 외에 국외전출자 국내주식등에 대한 국외전출세의 신고 및 납부 등에 필요한 사항은 대통령령으로 정한다. (2020. 12. 29. 신설)

제126조의 10【납부유예】① 국외전출자는 납세담보를 제공하거나 납세관리인을 두는 등 대통령령으로 정하는 요건을 충족하는 경우에는 제126조의 9 제3항에도 불구하고 출국일부터 국외전출자 국내주식등을 실제로 양도할 때까지 납세지 관할 세무서장에게 국외전출세 납부의 유예를 신청하여 납부를 유예받을 수 있다. (2020. 12. 29. 신설)

② 제1항에 따라 납부를 유예받은 국외전출자는 출국일부터 5년(국외전출자의 국외유학 등 대통령령으로 정하는 사유에 해당하는 경우에는 10년으로 한다. 이하 이 절에서 같다) 이내에 국외전출자 국내주식등을 양도하지 아니한 경우에는 출국일부터 5년이 되는 날이 속하는 달의 말일부터 3개월 이내에 국외전출자 국내주식등에 대한 국외전출세를 납부하여야 한다. (2020. 12. 29. 신설)

③ 제1항에 따라 납부유예를 받은 국외전출자는 국외전출자 국내주식등을 실제 양도한 경우 양도일이 속하는 달의 말일부터 3개월 이내에 국외전출자 국내주식등에 대한 국외전출세를 납부하여야 한다. (2020. 12. 29. 신설)

④ 제1항에 따라 납부를 유예받은 국외전출자는 제2항 및 제3항에 따라 국외전출자 국

④ 법 제126조의 10 제1항에 따라 납부유예를 받으려는 자는 기획재정부령으로 정하는 납부유예신청서를 제183조의 8 제2항에 따른 국외전출자과세표준 신고서 및 납부계산서를 제출할 때 납세지 관할 세무서장에게 제출해야 한다. (2021. 2. 17. 신설)

내주식등에 대한 국외전출세를 납부할 때 대통령령으로 정하는 바에 따라 납부유예를 받은 기간에 대한 이자상당액을 가산하여 납부하여야 한다. (2020. 12. 29. 신설)
⑤ 국외전출자 국내주식등에 대한 국외전출세의 납부유예에 필요한 사항은 대통령령으로 정한다. (2020. 12. 29. 신설)

　제126조의 11【재전입 등에 따른 환급 등】 ① 국외전출자(제3호의 경우에는 상속인을 말한다)는 다음 각 호의 어느 하나에 해당하는 사유가 발생한 경우 그 사유가 발생한 날부터 1년 이내에 납세지 관할 세무서장에게 제126조의 9에 따라 납부한 세액의 환급을 신청하거나 제126조의 10에 따라 납부유예 중인 세액의 취소를 신청하여야 한다. (2020. 12. 29. 신설)
1. 국외전출자가 출국일부터 5년 이내에 국외전출자 국내주식등을 양도하지 아니하고 국내에 다시 입국하여 거주자가 되는 경우 (2020. 12. 29. 신설)
2. 국외전출자가 출국일부터 5년 이내에 국외전출자 국내주식등을 거주자에게 증여한 경우 (2020. 12. 29. 신설)
3. 국외전출자의 상속인이 국외전출자의 출국일부터 5년 이내에 국외전출자 국내주식등을 상속받은 경우 (2020. 12. 29. 신설)
② 납세지 관할 세무서장은 제1항에 따른 신청을 받은 경우 지체 없이 국외전출자가 납부한 세액을 환급하거나 납부유예 중인 세액을 취소하여야 한다. (2020. 12. 29. 신설)
③ 제1항에 해당하여 국외전출자가 납부한 세액을 환급하는 경우 제126조의 9 제4항에 따라 산출세액에 더하여진 금액은 환급하지 아니한다. (2021. 12. 8. 신설)
④ 제1항 제2호 또는 제3호에 해당하여 국외전출자가 납부한 세액을 환급하는 경우에는 「국세기본법」 제52조에도 불구하고 국세환급금에 국세환급가산금을 가산하지 아니한다. (2021. 12. 8. 항번개정)

　제126조의 12【국외전출자 국내주식등에 대한 준용규정 등】 ① 국외전출자 국내주식등에 대한 국외전출세에 관하여는 제87조의 5, 제87조의 20, 제87조의 25, 제87조의 26, 제90조, 제92조 제3항, 제102조 제2항, 제114조, 제116조 및 제117조의 규정을 준용한다. (2023. 12. 31. 개정)
② 국외전출자 국내주식등에 대한 국외전출세의 부과와 그 밖에 필요한 사항은 대통령령으로 정한다. (2020. 12. 29. 신설)

제4절　거주자의 출국 시 국내 주식 등에 관한 과세 특례 삭 제 (2024. 12. 31.)

제3절　거주자의 출국 시 국내주식등에 관한 과세 특례 삭 제 (2024. 12. 31.)

　제87조의 2【국외전출자 국내주식등 기준시가의 산정】 영 제183조의 6 제2항 제1호에서 "기획재정부령으로 정하는 주식등"이란 제69조의 12 제1항에 따른 주식등을 말한다. (2021. 3. 16. 신설)

제87조의 2【국외전출자 국내주식등 기준시가의 산정】 삭 제 (2024. 12. 31.)

제 1 절　원천징수

제 1 관　원천징수의무자와 징수 · 납부

제127조【원천징수의무】① 국내에서 거주자나 비거주자에게 다음 각 호의 어느 하나에 해당하는 소득을 지급하는 자(제3호의 소득을 지급하는 자의 경우에는 사업자 등 대통령령으로 정하는 자로 한정한다)는 이 절의 규정에 따라 그 거주자나 비거주자에 대한 소득세를 원천징수하여야 한다. (2010. 12. 27. 개정)

제127조【원천징수의무】① 국내에서 거주자나 비거주자에게 다음 각 호의 어느 하나에 해당하는 소득을 지급하는 자(제3호의 소득을 지급하는 자의 경우에는 사업자 등 대통령령으로 정하는 자로 한정한다)는 이 절의 규정에 따라 그 거주자나 비거주자에 대한 소득세를 원천징수하여야 한다. (2024. 12. 31. 개정)

1. 이자소득 (2009. 12. 31. 개정)
2. 배당소득 (2009. 12. 31. 개정)

통 칙 127－0…1【증권회사가 지급하는 배당금에 대한 원천징수의무자】 상장법인주식의 신용거래로 인하여 한국증권금융주식회사 또는 증권회사 명의로 되어 있는 주식의 배당금에 대한 소득세의 원천징수의무자는 상장법인 또는 한국증권금융주식회사로부터 배당금을 수령하여 사실상의 주주에게 지급하는 증권회사로 한다. (97. 4. 8. 개정)

3. 대통령령으로 정하는 사업소득(이하 "원천징수대상 사업소득"이라 한다) (2009. 12. 31. 개정)
4. 근로소득. 다만, 다음 각 목의 어느 하나에 해당하는 소득은 제외한다. (2009. 12. 31. 개정)
　가. 외국기관 또는 우리나라에 주둔하는 국제연합군(미군은 제외한다)으로부터 받는 근로소득 (2009. 12. 31. 개정)
　나. 국외에 있는 비거주자 또는 외국법인(국내지점 또는 국내영업소는 제외한다)으로부터 받는 근로소득. 다만, 다음의 어느 하나에

(➡ 법 127조)

집행기준 127－0－9【퇴직금을 포기한 경우의 원천징수 여부】 법인의 대주주인 상근임원이 비상근임원으로 전환하면서 임원퇴직금지급규정에 따른 퇴직금의 수령을 주주총회에서 전액 포기한 경우에는 해당 대주주가 퇴직금 포기시 퇴직금을 수령한 것으로 보아 동 포기금액에 대해서 퇴직소득세를 원천징수한다. (2024. 10. 31. 개정)

통 칙 127－0…4【원천징수대상이 되는 이자소득의 범위】 ① 법 제33조 제1항 제11호의 규정에 의하여 채권자가 불분명한 차입금의 이자로서 필요경비 불산입된 이자는 법 제127조의 규정에 의하여 원천징수대상이 되는 이자소득으로 한다. 이 경우 가공차입금에 대한 이자임이 명백한 것은 제외한다. (97. 4. 8. 개정)
② 법원의 판결에 의하여 지급하는 손해배상금에 대한 법정이자는 제1항의 규정에 의한 원천징수대상이 되는 이자소득에 해당하지 아니하는 것으로 한다. (97. 4. 8. 개정)

제184조【원천징수대상 사업소득의 범위】 ① 법 제127조 제1항 제3호에서 "대통령령으로 정하는 사업소득"이란 「부가가치세법」 제26조 제1항 제5호 및 제15호에 따른 용역의 공급에서 발생하는 소득을 말한다. 다만, 다음 각 호의 어느 하나에 해당하는 소득은 제외한다. (2013. 6. 28. 개정 ; 부가가치세법 시행령 부칙)
1. 다음 각 목의 조제용역의 공급으로 발생하는 사업소득 중 기획재정부령으로 정하는 바에 따라 계산한 의약품가격이 차지하는 비율에 상당하는 소득 (2024. 2. 29. 개정)

(➡ 법 127조)

집행기준 127－0－1【원천징수의무자의 범위】 ① 국내에서 거주자나 비거주자에게 세법에 따른 원천징수 대상 소득을 지급하는 자는 그 거주자나 비거주자에 대한 소득세를 원천징수해야 한다.
② 소득을 지급하는 자가 사업자등록번호 또는 고유번호가 없는 경우에도 원천징수의무자에 해당되는 경우 원천징수납부의무가 있다.
③ 원천징수를 해야 할 자를 대리하거나 그 위임을 받은 자의 행위는 수권(授權) 또는 위임의 범위에서 본인 또는 위임인의 행위로 보아 원천징수의무규정을 적용한다.
④ 사업자(법인을 포함한다)가 음식 · 숙박용역이나 서비스용역을 공급하고 그 대가를 받을 때 봉사료를 함께 받아 해당 소득자에게 지급하는 경우에는 그 사업자가 그 봉사료에 대한 소득세를 원천징수하여야 한다.
(2024. 10. 31. 개정)

제88조【원천징수대상에서 제외되는 소득】 영 제184조 제1항 제1호 각 목 외의 부분에서 "기획재정부령으로 정하는 바에 따라 계산한 의약품가격이 차지하는 비율에 상당하는 소득"이라 함은 같은 호 각 목의 조제용역을 제공하고 지급받는 다음 각 호의 어느 하나에 해당하는 비용에 해당 의약품의 구입가격[보건복지부장관이 「국민

해당하는 소득은 제외한다. (2015. 12. 15. 단서개정)

1) 제120조 제1항 및 제2항에 따른 비거주자의 국내사업장과 「법인세법」 제94조 제1항 및 제2항에 따른 외국법인의 국내사업장의 국내원천소득금액을 계산할 때 필요경비 또는 손금으로 계상되는 소득 (2015. 12. 15. 신설)

2) 국외에 있는 외국법인(국내지점 또는 국내영업소는 제외한다)으로부터 받는 근로소득 중 제156조의 7에 따라 소득세가 원천징수되는 파견근로자의 소득 (2015. 12. 15. 신설)

5. 연금소득 (2009. 12. 31. 개정)

통칙 127-0…2【인정상여에 대한 원천징수세액의 납세의무자】

귀속이 불분명하여 「법인세법 시행령」 제106조의 규정에 따라 대표자에 대하여 상여로 처분하는 경우 그 상여처분이 귀속되는 대표자는 법인의 당해 결산사업연도중 그 상여가 발생한 시점의 대표자로 한다. (2008. 7. 30. 개정)

127-0…3【비거주자에 처분된 인정상여에 대한 원천징수세액의 납세의무자】(2009. 2. 2. 번호개정)

인정상여의 지급일로 보는 소득금액 변동통지일 또는 법인세과세표준신고일 현재에는 그 상여처분을 받는 대표자가 퇴직하여 비거주자가 된 경우에도 납세의무가 있다.

6. 기타소득. 다만, 다음 각 목의 어느 하나에 해당하는 소득은 제외한다. (2009. 12. 31. 개정)

가. 제8호에 따른 소득 (2009. 12. 31. 개정)

나. 제21조 제1항 제10호에 따른 위약금·배상금(계약금이 위약금·배상금으로 대체되는 경우만 해당한다) (2009. 12. 31. 개정)

다. 제21조 제1항 제23호, 제24호 또는 제27호에 따른 소득 (2020. 12. 29. 개정)

◆ 예판 ▶

NFT 거래 플랫폼 운영사업자가 NFT 거래당사자로부터 수취하는 거래수수료 중 일부를 개인발행인에게 지급하는 경우 원천징수대상 기타소득에 해당함. (서면-2022-법규소득-2671, 2023. 1. 25.)

7. 퇴직소득. 다만, 제4호 각 목의 어느 하나에 해당하는 근로소득이

가. 「부가가치세법 시행령」 제35조 제1호에 따른 용역 중 「약사법」 제23조 제4항에 따라 의사 또는 치과의사가 직접 제공하는 조제용역 (2024. 2. 29. 신설)

편주 ▶

영 184조 1항 1호 가목의 개정규정은 2024. 7. 1. 이후 사업소득을 지급하는 경우부터 적용함. (영 부칙(2024. 2. 29.) 12조)

나. 「부가가치세법 시행령」 제35조 제4호에 따른 조제용역 (2024. 2. 29. 신설)

2. 「부가가치세법 시행령」 제42조 제1호 바목에 따른 용역의 공급으로 발생하는 소득 (2013. 6. 28. 개정 ; 부가가치세법 시행령 부칙)

② 제1항 제1호는 법 제165조에 따라 해당 용역의 공급일이 속하는 과세기간의 직전연도에 소득공제증빙서류를 제출한 자의 경우에 한하여 적용한다. (2007. 2. 28. 신설)

② 삭 제 (2009. 2. 4.)

③ 법 제127조 제1항 제3호 및 제2항에 따른 원천징수를 할 때 소득세를 원천징수하여야 할 자는 다음 각 호의 어느 하나에 해당하는 자로 한다. (2010. 2. 18. 개정)

1. 사업자 (2010. 2. 18. 개정)

2. 법인세의 납세의무자

3. 국가·지방자치단체 또는 지방자치단체조합

4. 「민법」 기타 법률에 의하여 설립된 법인 (2005. 2. 19. 개정)

5. 「국세기본법」 제13조 제4항의 규정에 의하여 법인으로 보는 단체 (2005. 2. 19. 개정)

☞

편주 ▶

법 127조 1항 6호 다목의 개정규정은 2027. 1. 1. 이후 발생하는 가상자산 소득분부터 적용함. (법 부칙(2020. 12. 29.) 5조 2항) (2024. 12. 31. 개정)

건강보험법 시행령」 제22조 제1항 후단에 따라 고시하는 약제 및 치료재료의 상한금액 및 「국민건강증진법」 제25조 제1항 제1호에 따른 국민건강관리사업(이하 이 조에서 "국민건강관리사업"이라 한다)에 따라 지급받는 약제비용을 한도로 한다)이 약제비 총액(해당 의약품의 조제용역 제공에 따른 요양급여비용, 의료급여비용 또는 약제비용에 본인부담금을 합한 비용을 말한다)에서 차지하는 비율을 곱한 금액에 상당하는 소득을 말한다. (2024. 3. 22. 개정)

편주 ▶

규칙 88조의 개정규정은 2024. 7. 1.부터 시행함. (규칙 부칙(2024. 3. 22.) 1조 단서)

1. 「국민건강보험법」 제47조에 따라 지급받는 요양급여비용 (2018. 3. 21. 개정)

2. 「의료급여법」 제11조에 따라 지급받는 의료급여비용 (2007. 4. 17. 개정)

3. 「한국보훈복지의료공단법 시행령」 제15조의 2에 따라 지급받는 약제비용 (2007. 4. 17. 개정)

4. 「산업재해보상보험법」 제40조 제4항 제2호에 따라 지급받는 요양급여비용 (2011. 3. 28. 개정)

5. 국민건강관리사업에 따라 지급받는 약제비용 (2018. 3. 21. 신설)

통칙 127-0…5【원천징수의 시기】

① 법 제127조의 규정에 의하여 소득세를 원천징수할 시기는 원천징수대상이 되는 소득금액 또는 수입금액을 실제로 지급하는 때 또는 지급의

있는 사람이 퇴직함으로써 받는 소득은 제외한다. (2009. 12. 31. 개정)

8. 대통령령으로 정하는 봉사료 (2009. 12. 31. 개정)

9. 대통령령으로 정하는 금융투자소득 (2020. 12. 29. 신설)

9. 삭 제 (2024. 12. 31.)

② 제1항에 따른 원천징수를 하여야 할 자(제1항 제3호에 따른 소득의 경우에는 사업자 등 대통령령으로 정하는 자로 한정한다)를 대리하거나 그 위임을 받은 자의 행위는 수권(授權) 또는 위임의 범위에서 본인 또는 위임인의 행위로 보아 제1항을 적용한다. (2010. 12. 27. 개정)

③ 금융회사등이 내국인이 발행한 어음, 채무증서, 주식 또는 집합투자증권(이하 이 조에서 "어음등"이라 한다)을 인수·매매·중개 또는 대리하는 경우에는 그 금융회사등과 해당 어음등을 발행한 자 간에 대리 또는 위임의 관계가 있는 것으로 보아 제2항을 적용한다. (2010. 12. 27. 개정)

제184조의 2【봉사료수입금액】 법 제127조 제1항 제8호, 제129조 제1항 제8호, 제144조 제2항 및 제164조 제1항 제7호에서 "대통령령으로 정하는 봉사료"란 사업자(법인을 포함한다)가 다음 각 호의 어느 하나에 해당하는 용역을 제공하고 그 공급가액(「부가가치세법」 제61조를 적용받는 사업자의 경우에는 공급대가를 말한다. 이하 이 조에서 같다)과 함께 「부가가치세법 시행령」 제42조 제1호 바목에 따른 용역을 제공하는 자의 봉사료를 계산서·세금계산서·영수증 또는 신용카드 매출전표 등에 그 공급가액과 구분하여 적는 경우(봉사료를 자기의 수입금액으로 계상하지 아니한 경우만 해당한다)로서 그 구분하여 적은 봉사료금액이 공급가액의 100분의 20을 초과하는 경우의 봉사료를 말한다. (2013. 6. 28. 개정 ; 부가가치세법 시행령 부칙)

1. 음식·숙박용역 (98. 12. 31 신설)

1의 2. 안마시술소·이용원·스포츠맛사지업소 및 그 밖에 이와 유사한 장소에서 제공하는 용역 (2003. 12. 30. 신설)

2. 「개별소비세법」 제1조 제4항의 규정에 의한 과세유흥장소에서 제공하는 용역 (2007. 12. 31. 개정 ; 개별소비세법 시행령 부칙)

3. 기타 기획재정부령이 정하는 용역 (2008. 2. 29. 직제개정 ; 기획재정부와~직제 부칙)

제184조의 3【퇴직소득세 원천징수의무의 대리·위임】 ① 퇴직소득을 지급할 때 다음 각 호에 해당하는 금융회사 등(이하 이 조에서 "금융회사등"이라 한다)과 사용자 간에는 원천징수의무의 대리 또는 위임의 관계가 있는 것으로 보아 법 제127조 제2항을 적용한다. (2013. 2. 15. 개정)

1. 공적연금 관련법에 따라 공적연금을 취급하기 위하여 설립된 연금공단 및 연금관리단 (2013. 2. 15. 개정)

2. 연금계좌취급자 (2013. 2. 15. 개정)

② 원천징수를 대리하거나 그 위임을 받은 금융회사등과 사용자가 각각 퇴직소득을 지급하는 경우 퇴직소득세액의 정산 등에 관하여는 법 제148조를 준용한다. (2013. 2. 15. 개정)

제시기이다. (97. 4. 8. 개정)

② 다음 각호에 규정하는 날을 제1항의 규정에 의한 실제로 지급하는 때로 한다. (97. 4. 8. 개정)

1. 계약의 위약 또는 해약으로 인하여 이미 지급한 계약금 또는 계약보증금이 기타소득으로 되는 경우에는 그 계약의 위약 또는 해약이 확정된 날

2. 원천징수대상이 되는 소득금액을 어음으로 지급한 때에는 당해 어음이 결제된 날

3. 원천징수대상이 되는 소득금액으로 지급할 금액을 채권과 상계하거나 면제받은 때에는 상계한 날 또는 면제받은 날

4. 원천징수대상이 되는 소득금액을 대물로 변제하는 경우에는 그 변제하는 날

5. 원천징수대상이 되는 소득금액을 당사자간의 합의에 의하여 소비대차로 전환한 때에는 그 전환한 날

6. 원천징수대상이 되는 소득금액을 법원의 전부명령에 의하여 귀속자가 아닌 제3자에게 지급하는 경우는 그 제3자에게 지급하는 날

④ 「자본시장과 금융투자업에 관한 법률」에 따른 신탁업자가 신탁재산을 운용하거나 보관·관리하는 경우에는 해당 신탁업자와 해당 신탁재산에 귀속되는 소득을 지급하는 자 간에 원천징수의무의 대리 또는 위임의 관계가 있는 것으로 보아 제2항을 적용한다. (2010. 12. 27. 개정)

⑤ 외국법인이 발행한 채권 또는 증권에서 발생하는 제1항 제1호 및 제2호의 소득을 거주자에게 지급하는 경우에는 국내에서 그 지급을 대리하거나 그 지급 권한을 위임 또는 위탁받은 자가 그 소득에 대한 소득세를 원천징수하여야 한다. (2010. 12. 27. 개정)

⑥ 사업자(법인을 포함한다. 이하 이 항에서 같다)가 음식·숙박용역이나 서비스용역을 공급하고 그 대가를 받을 때 제1항 제8호에 따른 봉사료를 함께 받아 해당 소득자에게 지급하는 경우에는 그 사업자가 그 봉사료에 대한 소득세를 원천징수하여야 한다. (2010. 12. 27. 개정)

⑦ 금융회사등이 금융투자소득이 발생하는 계좌를 관리하는 경우에는 그 금융회사등과 제1항 제9호의 금융투자소득을 지급하는 자 간에 대리 또는 위임의 관계가 있는 것으로 보아 제2항을 적용한다. (2020. 12. 29. 신설)

⑦ 삭 제 (2024. 12. 31.)

⑦ 제1항부터 제6항까지의 규정에 따라 원천징수를 하여야 할 자를 "원천징수의무자"라 한다. (2024. 12. 31. 개정)

⑧ 원천징수의무자의 범위 등 그 밖에 필요한 사항은 대통령령으로 정한다. (2024. 12. 31. 항번개정)

제128조 【원천징수세액의 납부】 ① 원천징수의무자는 원천징수한 소득세를 그 징수일이 속하는 달의 다음 달 10일까지 대통령령으로 정하는 바에 따라 원천징수 관할 세무서, 한국은행 또는 체신관서에 납부하여야 한다. (2010. 12. 27. 단서삭제)

제128조 【원천징수세액의 납부】 ① 원천징수의무자는 원천징수한 소득세를 그 징수일이 속하는 달(금융투자소득의 경우 해당 과세기간의 반기 중에 금융계좌가 해지된 경우에는 그 반기 종료일이 속하는 달)의 다음 달 10일까지 대통령령으로 정하는 바에 따라 원천징수 관할 세무서, 한국은행 또는 체신관서에 납부하여야 한다. (2022. 12. 31. 개정)

제128조 【원천징수세액의 납부】 ① 원천징수의무자는 원천징수한 소득세를 그 징수일이 속하는 달의 다음 달 10일까지 대통령령으로 정하는 바에 따라 원천징수 관할 세무서, 한국은행 또는 체신관서에 납부하여야 한다. (2024. 12. 31. 개정)

제184조의 4 【한국예탁결제원에 예탁된 증권 등에서 발생한 소득에 대한 원천징수의무의 대리·위임】 「자본시장과 금융투자업에 관한 법률」 제294조에 따른 한국예탁결제원에 예탁된 증권등[같은 조 제1항에 따른 증권등(법 제127조 제4항이 적용되는 신탁재산은 제외한다)을 말하며, 이하 이 조에서 "증권등"이라 한다]에서 발생하는 이자 및 배당소득에 대해서는 다음 각 호의 구분에 따른 자와 해당 증권등을 발행한 자 간에 원천징수의무의 대리 또는 위임의 관계가 있는 것으로 보아 법 제127조 제2항을 적용한다. (2019. 2. 12. 신설)

1. 「자본시장과 금융투자업에 관한 법률」 제309조에 따라 한국예탁결제원에 계좌를 개설한 자(이하 이 조에서 "예탁자"라 한다)가 소유하고 있는 증권등의 경우 : 한국예탁결제원 (2019. 2. 12. 신설)

2. 「자본시장과 금융투자업에 관한 법률」 제309조에 따라 예탁자가 투자자로부터 예탁받은 증권등의 경우 : 예탁자 (2019. 2. 12. 신설)

제184조의 5 【원천징수대상 금융투자소득의 범위】 ① 법 제127조 제1항 각 호 외의 부분에서 제9호의 소득을 지급하는 자로서 원천징수를 해야 하는 자는 금융투자소득을 지급하는 금융회사등으로 한다. (2021. 2. 17. 신설)

② 법 제127조 제1항 제9호에서 "대통령령으로 정하는 금융투자소득"이란 금융회사등을 통하여 지급하는 금융투자소득을 말한다. 다만, 다음 각 호의 어느 하나에 해당하는 경우에 지급하는 소득은 제외한다. (2021. 2. 17. 신설)

1. 금융회사등이 제203조의 2 제14항에 따라 원천징수에서 제외된다는 것을 통지한 경우 (2023. 2. 28. 개정)

2. 금융투자소득에 대한 원천징수를 배제받으려는 자가 제203조의 4에 따라 원천징수 배제신청서를 관련 서류를 갖추어 금융회사등에 제출한 경우 (2021. 2. 17. 신설)

제184조의 5 【원천징수대상 금융투자소득의 범위】 삭 제 (2024. 12. 31.)

제185조 【원천징수세액의 납부】 ① 법 제127조의 규정에 의한 원천징수의무자는 원천징수한 소득세를 법 제128조의 규정에 의한 기한내에 「국세징수법」에 의한 납부서와 함께 원천징수 관할세무서·한국은행 또는 체신관서에 납부하여야 하며, 기획재정부령이 정하는 원

관계조문 ▶▶
규칙 100조 20호 ⇒ 원천징수이행상황신고서

관계조문 »

국세기본법 47조의 5 ⇒ 원천징수납부 불성실가산세

② 상시고용인원 수 및 업종 등을 고려하여 대통령령으로 정하는 원천징수의무자는 제1항에도 불구하고 다음 각 호의 원천징수세액 외의 원천징수세액을 그 징수일이 속하는 반기(半期)의 마지막 달의 다음 달 10일까지 납부할 수 있다. (2010. 12. 27. 개정)
② 상시고용인원 수 및 업종 등을 고려하여 대통령령으로 정하는 원천징수의무자(금융투자소득에 대한 원천징수의무자는 제외한다)는 제1항에도 불구하고 다음 각 호의 원천징수세액 외의 원천징수세액을 그 징수일이 속하는 반기의 마지막 달의 다음 달 10일까지 납부할 수 있다. (2020. 12. 29. 개정)
② 상시고용인원 수 및 업종 등을 고려하여 대통령령으로 정하는 원천징수의무자는 제1항에도 불구하고 다음 각 호의 원천징수세액 외의 원천징수세액을 그 징수일이 속하는 반기의 마지막 달의 다음 달 10일까지 납부할 수 있다. (2024. 12. 31. 개정)

1. 「법인세법」 제67조에 따라 처분된 상여·배당 및 기타소득에 대한 원천징수세액 (2010. 12. 27. 개정)

2. 「국제조세조정에 관한 법률」 제13조 또는 제22조에 따라 처분된 배당소득에 대한 원천징수세액 (2020. 12. 29. 개정)

3. 제156조의 5 제1항 및 제2항에 따른 원천징수세액 (2010. 12. 27. 개정)

제128조의 2 【원천징수 납부지연가산세 특례】 (2020. 12. 29. 제목개정)

원천징수의무자 또는 제156조 및 제156조의 3부터 제156조의 6까지의 규정에 따라 원천징수하여야 할 자가 국가·지방자치단체 또는 지방자치단체조합(이하 이 조에서 "국가등"이라 한다)인 경우로서 국가등으로부터 근로소득을 받는 사람이 제140조 제1항에 따른 근로소득자 소득·세액 공제신고서를 사실과 다르게 기재하여 부당하게 소득공제 또는 세액공제를 받아 국가등이 원천징수하여야 할 세액을 정해진 기간에 납부하지 아니하거나 미달하게 납부한 경우에는 국가등은 징수하여야 할 세액에 「국세기본법」 제47조의 5 제1항에 따른 가산세액을 더한 금액을 그 근로소득자로부터 징수하여 납

천징수이행상황신고서를 원천징수 관할세무서장에게 제출(국세정보통신망에 의한 제출을 포함한다)하여야 한다. (2008. 2. 29. 직제개정 ; 기획재정부와~직제 부칙)
② 제1항의 원천징수이행상황신고서에는 원천징수하여 납부할 세액이 없는 자에 대한 것도 포함하여야 한다. (97. 12. 31 개정)

제186조 【원천징수세액의 납부에 관한 특례】 ① 법 제128조 제2항에서 "대통령령으로 정하는 원천징수의무자"란 다음 각 호의 어느 하나에 해당하는 원천징수의무자로서 원천징수 관할 세무서장으로부터 법 제127조 제1항 각 호에 해당하는 소득에 대한 원천징수세액을 매 반기별로 납부할 수 있도록 승인을 받거나 국세청장이 정하는 바에 따라 지정을 받은 자를 말한다. (2021. 5. 4. 개정)

1. 직전 연도(신규로 사업을 개시한 사업자의 경우 신청일이 속하는 반기를 말한다. 이하 이 조에서 같다)의 상시고용인원이 20명 이하인 원천징수의무자(금융 및 보험업을 경영하는 자는 제외한다) (2021. 5. 4. 개정)

2. 종교단체 (2017. 12. 29. 신설)

② 제1항 제1호에 따른 직전 연도의 상시고용인원수는 직전 과세기간의 1월부터 12월까지의 매월 말일 현재의 상시고용인원의 평균인원수로 한다. (2021. 5. 4. 개정)
③ 제1항의 규정에 의하여 승인을 얻고자 하는 자는 원천징수세액을 반기별로 납부하고자 하는 반기의 직전월의 1일부터 말일까지 원천징수 관할세무서장에게 신청하여야 한다. (99. 12. 31. 개정)

관계조문 »

규칙 100조 21호 ⇒ 원천징수세액반기별납부승인신청서

④ 제3항에 따른 신청을 받은 원천징수 관할세무서장은 해당 원천징수

관계조문 »

규칙 100조 21호의 2 ⇒ 원천징수세액반기별납부승인통지서

☞

부하여야 한다. (2014. 1. 1. 개정)

　제129조【원천징수세율】① 원천징수의무자가 제127조 제1항 각 호에 따른 소득을 지급하여 소득세를 원천징수할 때 적용하는 세율 (이하 "원천징수세율"이라 한다)은 다음 각 호의 구분에 따른다. (2009. 12. 31. 개정)
1. 이자소득에 대해서는 다음에 규정하는 세율 (2009. 12. 31. 개정)
　가. 대통령령으로 정하는 장기채권의 이자와 할인액으로서 그 장기채권을 3년 이상 계속하여 보유한 거주자가 대통령령으로 정하는 바에 따라 해당 금융회사등 또는 그 지급자에게 분리과세를 신청한 경우 해당 거주자가 그 장기채권을 매입한 날부터 3년이 지난 후에 발생하는 이자와 할인액에 대해서는 100분의 30 (2013. 1. 1. 개정)
　가. 삭　제 (2017. 12. 19.)
　나. 비영업대금의 이익에 대해서는 100분의 25. 다만, 「온라인투자연계금융업 및 이용자 보호에 관한 법률」에 따라 금융위원회에 등록한 온라인투자연계금융업자를 통하여 지급받는 이자소득에 대해서는 100분의 14로 한다. (2020. 12. 29. 단서개정)
　다. 제16조 제1항 제10호에 따른 직장공제회 초과반환금에 대해서는 기본세율 (2009. 12. 31. 개정)
　라. 그 밖의 이자소득에 대해서는 100분의 14 (2009. 12. 31. 개정)
2. 배당소득에 대해서는 다음에 규정하는 세율 (2009. 12. 31. 개정)
　가. 제17조 제1항 제8호에 따른 출자공동사업자의 배당소득에 대해서는 100분의 25 (2009. 12. 31. 개정)
　나. 그 밖의 배당소득에 대해서는 100분의 14 (2009. 12. 31. 개정)
3. 원천징수대상 사업소득에 대해서는 100분의 3. 다만, 외국인 직업운동가가 한국표준산업분류에 따른 스포츠 클럽 운영업 중 프로스포츠구단과의 계약(계약기간이 3년 이하인 경우로 한정한다)에 따라 용역을 제공하고 받는 소득에 대해서는 100분의 20으로 한다. (2018. 12. 31. 개정)
3. 원천징수대상 사업소득에 대해서는 100분의 3. 다만, 외국인 직업운동가가 한국표준산업분류에 따른 스포츠 클럽 운영업 중 프로스포츠구단과의 계약에 따라 용역을 제공하고 받는 소득에 대해서는 100분의 20으로 한다. (2024. 12. 31. 단서개정)
4. 근로소득에 대해서는 기본세율. 다만, 일용근로자의 근로소득에 대해서는 100분의 6으로 한다. (2010. 12. 27. 단서개정)

의무자의 원천징수세액 신고·납부의 성실도 등을 고려하여 승인 여부를 결정한 후 신청일이 속하는 반기의 다음 달 말일까지 통지하여야 한다. 이 경우 원천징수의무자가 기한 내에 승인 여부를 통지받지 못한 경우에는 승인받은 것으로 본다. (2010. 2. 18. 개정)
⑤ 기타 원천징수세액의 반기별 납부에 관하여 필요한 사항은 국세청장이 정한다. (98. 12. 31. 개정)

　제187조【비영업대금의 이익 원천징수세율 인하대상】법 제129조 제1항 제1호 나목 단서에서 "대통령령으로 정하는 요건을 갖춘 자"란 「온라인투자연계금융업 및 이용자 보호에 관한 법률」 제5조에 따라 온라인투자연계금융업의 등록을 한 자를 말한다. (2020. 2. 11. 신설)
　제187조【비영업대금의 이익 원천징수세율 인하대상】삭　제 (2021. 2. 17.)

● 예 판 ‥‥‥‥‥‥‥‥‥‥‥‥‥‥‥‥‥‥‥‥‥‥‥‥‥‥

금융업을 영위하는 사업자 외의 자가 어음을 할인하고 할인료를 받는 경우에는 비영업대금의 이익으로 보아 원천징수하는 것임. (재소득 – 567, 2007. 10. 11.)

‥‥‥‥‥‥‥‥‥‥‥‥‥‥‥‥‥‥‥‥‥‥‥‥‥‥‥‥‥‥

편주 ▶ ‥‥‥‥‥‥‥‥‥‥‥‥‥‥‥‥‥‥‥‥‥‥‥‥‥

2025. 1. 1. 전에 지급한 소득의 원천징수에 관하여는 법 129조 1항 3호의 개정규정에도 불구하고 종전의 규정에 따름. (법 부칙(2024. 12. 31.) 13조)

‥‥‥‥‥‥‥‥‥‥‥‥‥‥‥‥‥‥‥‥‥‥‥‥‥‥‥‥‥‥

5. 공적연금소득에 대해서는 기본세율 (2013. 1. 1. 개정)

5의 2. 제20조의 3 제1항 제2호 나목 및 다목에 따른 연금계좌 납입액이나 운용실적에 따라 증가된 금액을 연금수령한 연금소득에 대해서는 다음 각 목의 구분에 따른 세율. 이 경우 각 목의 요건을 동시에 충족하는 때에는 낮은 세율을 적용한다. (2014. 12. 23. 개정)

가. 연금소득자의 나이에 따른 다음의 세율 (2014. 12. 23. 개정)

나이(연금수령일 현재)		세율
	70세 미만	100분의 5
70세 이상	80세 미만	100분의 4
80세 이상		100분의 3

나. 삭　제 (2014. 12. 23.)

다. 사망할 때까지 연금수령하는 대통령령으로 정하는 종신계약에 따라 받는 연금소득에 대해서는 100분의 4 (2013. 1. 1. 신설)

5의 3. 제20조의 3 제1항 제2호 가목에 따라 퇴직소득을 연금수령하는 연금소득에 대해서는 다음 각 목의 구분에 따른 세율. 이 경우 연금 실제 수령연차 및 연금외수령 원천징수세율의 구체적인 내용은 대통령령으로 정한다. (2019. 12. 31. 개정)

가. 연금 실제 수령연차가 10년 이하인 경우 : 연금외수령 원천징수세율의 100분의 70 (2019. 12. 31. 개정)

나. 연금 실제 수령연차가 10년을 초과하는 경우 : 연금외수령 원천징수세율의 100분의 60 (2019. 12. 31. 개정)

6. 기타소득에 대해서는 다음에 규정하는 세율. 다만, 제8호를 적용받는 경우는 제외한다. (2014. 1. 1. 단서개정)

가. 제14조 제3항 제8호 라목 및 마목에 해당하는 소득금액이 3억원을 초과하는 경우 그 초과하는 분에 대해서는 100분의 30 (2014. 12. 23. 개정)

나. 제21조 제1항 제18호 및 제21호에 따른 기타소득에 대해서는

제187조의 2 【종신계약의 범위】 법 제129조 제1항 제5호의 2 다목에서 "대통령령으로 정하는 종신계약"이란 사망일까지 연금수령하면서 중도 해지할 수 없는 계약을 말한다. (2013. 2. 15. 신설)

제187조의 3 【퇴직소득을 연금수령하는 경우의 원천징수세율 등】 (2020. 2. 11. 제목개정)

① 법 제129조 제1항 제5호의 3 각 목 외의 부분 후단에 따른 연금 실제 수령연차는 최초로 연금을 수령한 날이 속하는 과세기간을 기산연차로 하여 그 다음 연금을 수령한 날이 속하는 과세기간을 누적 합산한 연차로 한다. 다만, 다음 각 호의 어느 하나에 해당하는 경우의 연금 실제 수령연차는 다음 각 호의 구분에 따라 계산한다. (2020. 2. 11. 신설)

1. 둘 이상의 연금계좌가 있는 경우 : 각각의 연금계좌별로 계산 (2020. 2. 11. 신설)

2. 제40조의 4 제1항 각 호 및 같은 조 제2항 각 호에 따른 이체의 경우 : 제1호에 따라 계산한 연금계좌별 연금 실제 수령연차를 합산한 연수에서 중복하여 수령한 과세기간의 연수를 뺀 연수에 따라 계산 (2020. 2. 11. 신설)

　　100분의 15 (2017. 12. 19. 개정)
　다. 제14조 제3항 제7호 나목에 따른 기타소득에 대해서는 100분의 12 (2014. 1. 1. 개정)
　다. 삭　제 (2014. 12. 23.)
　라. 그 밖의 기타소득에 대해서는 100분의 20 (2014. 1. 1. 목번개정)
7. 퇴직소득에 대해서는 기본세율 (2009. 12. 31. 개정)
8. 대통령령으로 정하는 봉사료에 대해서는 100분의 5 (2009. 12. 31. 개정)
9. 대통령령으로 정하는 금융투자소득에 대해서는 100분의 20 (2020. 12. 29. 신설)
9. 삭　제 (2024. 12. 31.)

② 제1항에도 불구하고 다음 각 호의 이자소득 및 배당소득에 대해서는 다음 각 호에서 정하는 세율을 원천징수세율로 한다. (2009. 12. 31. 개정)
1. 「민사집행법」 제113조 및 같은 법 제142조에 따라 법원에 납부한 보증금 및 경락대금에서 발생하는 이자소득에 대해서는 100분의 14 (2009. 12. 31. 개정)
2. 대통령령으로 정하는 실지명의가 확인되지 아니하는 소득에 대해서는 100분의 45. 다만, 「금융실명거래 및 비밀보장에 관한 법률」 제5조가 적용되는 경우에는 같은 조에서 정한 세율로 한다. (2022. 12. 31. 개정)
③ 매월분의 근로소득과 공적연금소득에 대한 원천징수세율을 적용할 때에는 제1항 제4호 및 제5호에도 불구하고 대통령령으로 정하는 근로소득 간이세액표(이하 "근로소득 간이세액표"라 한다) 및 연금소득 간이세액표(이하 "연금소득 간이세액표"라 한다)를 적용한다. (2013. 1. 1. 개정)

관계조문
영 194조 ⇒ 근로소득간이세액표의 적용

④ 제1항에 따라 원천징수세액을 계산할 때 제127조 제1항 제1호 및 제2호의 소득에 대해서 외국에서 대통령령으로 정하는 외국소득세액을 납부한 경우에는 제1항에 따라 계산한 원천징수세액에서 그 외국소득세액을 뺀 금액을 원천징수세액으로 한다. 이 경우 외국소득세액이 제1항에 따라 계산한 원천징수액을 초과할 때에는 그 초과하는 금액은 없는 것으로 한다. (2009. 12. 31. 개정)
④ 제1항에 따라 원천징수세액을 계산할 때 제127조 제1항 제1호 및 제2호의 소득에 대해서 외국에서 대통령령으로 정하는 외국소득세액

② 법 제129조 제1항 제5호의 3 각 목 외의 부분 후단에 따른 연금외수령 원천징수세율은 같은 호 각 목 외의 부분 전단에 따른 연금소득을 연금외수령하였다고 가정할 때 제202조의 2 제2항부터 제4항까지의 규정에 따라 계산한 원천징수세액을 연금외수령한 금액으로 나눈 비율로 한다. (2025. 2. 28. 개정)

제188조【이자ㆍ배당소득에 대한 실지명의】 ① 법 제129조 제2항에 규정하는 "대통령령으로 정하는 실지명의"라 함은 「금융실명거래 및 비밀보장에 관한 법률」 제2조 제4호의 규정에 의한 실지명의를 말한다. (2005. 2. 19. 개정)
② 제1항에 따라 실지명의가 확인되지 아니하는 자는 법 제2조에 따른 거주자로 보아 법 제129조 제2항을 적용한다. (2010. 2. 18. 개정)

제189조【간이세액표】 ① 법 제129조 제3항에서 "대통령령으로 정하는 근로소득간이세액표"는 별표 2와 같다. (2010. 2. 18. 개정)
② 법 제129조 제3항에서 "대통령령으로 정하는 연금소득간이세액표"는 별표 3과 같다. (2010. 2. 18. 개정)

편주
영 187조의 3 제2항의 개정규정은 2026. 1. 1. 이후 지급하는 소득에 대해 원천징수하는 경우부터 적용함. (영 부칙(2025. 2. 28.) 17조)

편주
영 별표 2의 개정규정은 2024. 3. 1. 이후 원천징수하는 경우부터 적용함. (영 부칙 (2024. 2. 29.) 14조)

을 납부한 경우에는 제1항에 따라 계산한 원천징수세액에서 그 외국소득세액을 뺀 금액을 원천징수세액으로 한다. 이 경우 외국소득세액이 제1항에 따라 계산한 원천징수세액을 초과하는 경우에는 그 초과하는 금액은 없는 것으로 한다. (2024. 12. 31. 개정)

1. 「자본시장과 금융투자업에 관한 법률」에 따른 투자회사, 투자목적회사, 투자유한회사, 투자합자회사(같은 법 제9조 제19항 제1호의 기관전용 사모집합투자기구는 제외한다), 투자유한책임회사, 투자신탁, 투자합자조합 및 투자익명조합 (2021. 12. 8. 신설)
2. 「부동산투자회사법」에 따른 기업구조조정 부동산투자회사 및 위탁관리 부동산투자회사 (2021. 12. 8. 신설)
3. 「법인세법」 제5조 제2항에 따라 내국법인으로 보는 신탁재산 (2021. 12. 8. 신설)

1.～3. 삭 제 (2022. 12. 31.)

⑤ 제1항에 따라 원천징수세액을 계산할 때 제57조의 2 제1항 각 호의 요건을 갖춘 제127조 제1항 제2호 및 제9호의 소득에 대해서는 제1호의 금액에서 제2호의 금액을 뺀 금액을 원천징수세액으로 한다. (2022. 12. 31. 개정)

⑤ 제1항에 따라 원천징수세액을 계산할 때 제57조의 2 제1항 각 호의 요건을 갖춘 제127조 제1항 제2호의 소득에 대해서는 제1호의 금액에서 제2호의 금액을 뺀 금액을 원천징수세액으로 한다. (2024. 12. 31. 개정)

1. 간접투자회사등으로부터 지급받은 소득(제57조의 2 제2항 제1호에 따른 금액을 말한다. 이하 이 조에서 같다)에 제1항에 따른 세율을 곱하여 계산한 금액 (2022. 12. 31. 개정)
2. 간접투자외국법인세액을 세후기준가격을 고려하여 대통령령으로 정하는 바에 따라 계산한 금액 (2022. 12. 31. 개정)

⑥ 제5항을 적용할 때 같은 항 제2호의 금액은 다음 각 호의 구분에 따른 금액(이하 이 조에서 "공제한도금액"이라 한다)을 한도로 한다. (2022. 12. 31. 신설)

1. 제127조 제1항 제2호의 배당소득 : 해당 소득에 제1항 제2호 나목의 세율을 곱하여 계산한 금액 (2022. 12. 31. 신설)
2. 제127조 제1항 제9호의 금융투자소득 : 다음 계산식에 따라 계산한 금액 (2022. 12. 31. 신설)

$$\text{공제한도금액} = A \times \frac{B}{C}$$

A : 제148조의 2 제2항에 따라 계산한 해당 과세기간의 반기별 금융투자소득세

B : 간접투자회사등으로부터 지급받은 소득(해당 소득에 대하여 간접투자외국법인세액이 납부된 경우로 한정한다)의 반기별 합계액

C : 제148조의 2 제1항에 따라 계산한 해당 과세기간의 반기별 금융투자소득금액

제189조의 2【간접투자회사등으로부터 지급받는 소득에 대한 원천징수】 ① 법 제129조 제5항 제2호에 따라 거주자의 원천징수세액의 계산 시 차감하는 금액은 제117조의 2 제1항에 따른 거주자별 간접투자외국법인세액에 다음 각 호의 계산식에 따라 계산한 율을 곱한 금액으로 한다. (2023. 2. 28. 신설)

1. 법 제129조 제1항에 따른 원천징수세율이 간접투자외국법인세액에 적용된 외국 원천징수세율(제117조의 2 제4항에 따라 계산한 율을 말한다. 이하 이 항에서 같다)보다 작은 경우 (2023. 2. 28. 신설)

$$\frac{\text{법 제129조 제1항에 따른 원천징수세율}}{\text{간접투자외국법인세액에 적용된 외국 원천징수세율}} - \text{법 제129조 제1항에 따른 원천징수세율}$$

2. 법 제129조 제1항에 따른 원천징수세율이 간접투자외국법인세액에

편주 ▶ ⋯⋯⋯⋯⋯⋯⋯⋯⋯⋯

영 189조의 2의 개정규정은 2025. 1. 1.부터 시행함. (영 부칙(2023. 2. 28.) 1조 1호 나목)
⋯⋯⋯⋯⋯⋯⋯⋯⋯⋯⋯⋯

⑥ 제5항을 적용할 때 같은 항 제2호의 금액은 제57조의 2 제1항 각 호의 요건을 갖춘 제127조 제1항 제2호의 소득에 제1항 제2호 나목의 세율을 곱하여 계산한 금액(이하 이 조에서 "공제한도금액"이라 한다)을 한도로 한다. (2024. 12. 31. 개정)

⑦ 제5항을 적용할 때 같은 항 제2호의 금액이 공제한도금액을 초과하는 경우 그 초과하는 금액은 해당 간접투자외국법인세액을 납부한 날부터 10년이 지난 날이 속하는 연도의 12월 31일까지의 기간 중에 해당 간접투자회사등으로부터 소득을 지급받는 때에 해당 소득에 대한 공제한도금액 내에서 공제할 수 있다. 다만, 간접투자회사등이 발행한 증권의 전부 환매 또는 전부 양도에 따른 소득에 대한 제5항 제2호의 금액이 공제한도금액을 초과하는 경우 그 초과하는 금액은 없는 것으로 한다. (2022. 12. 31. 신설)

편주▶ 법 129조 7항 및 8항의 개정규정은 2025. 1. 1. 이후 지급받는 소득에 대하여 과세표준을 신고하거나 원천징수하는 경우부터 적용함. (영 부칙(2022. 12. 31.) 4조)

⑧ 제5항부터 제7항까지에서 규정한 사항 외에 간접투자회사등으로부터 지급받은 소득에 대한 원천징수에 관하여 필요한 사항은 대통령령으로 정한다. (2022. 12. 31. 신설)

제 2 관　이자소득 또는 배당소득에 대한 원천징수
(2010. 12. 27. 제목개정)

제130조【이자소득 또는 배당소득에 대한 원천징수시기 및 방법】(2010. 12. 27. 제목개정)

원천징수의무자가 이자소득 또는 배당소득을 지급할 때에는 그 지급금액에 원천징수세율을 적용하여 계산한 소득세를 원천징수한다. (2009. 12. 31. 개정)

제131조【이자소득 또는 배당소득 원천징수시기에 대한 특례】

적용된 외국 원천징수세율보다 크거나 같은 경우 (2023. 2. 28. 신설)

1 － 법 제129조 제1항에 따른 원천징수세율

② 제1항에도 불구하고 다음 각 호의 어느 하나에 해당하는 소득의 경우 원천징수세액의 계산 시 차감하는 금액은 제117조의 2 제1항에 따른 거주자별 간접투자외국법인세액에 제1항 제2호의 계산식에 따라 계산한 율을 곱한 금액으로 한다. (2023. 2. 28. 신설)
1. 2025년 1월 1일부터 2025년 12월 31일까지 간접투자회사등으로부터 지급받는 소득 (2023. 2. 28. 신설)
2. 신규로 설립되는 간접투자회사등으로부터 해당 간접투자회사등의 설립일이 속하는 사업연도 또는 회계기간에 지급받는 소득 (2023. 2. 28. 신설)

② 삭 제 (2025. 2. 28.)

③ 제1항을 적용할 때 「조세특례제한법」 제91조의 18 제1항에 따른 개인종합자산관리계좌로부터 지급받은 소득에 둘 이상의 간접투자회사등으로부터 지급받은 소득이 포함되어 있는 경우에는 해당 간접투자회사등별 간접투자외국법인세액을 합한 금액을 해당 개인종합자산관리계좌의 간접투자외국법인세액으로 하고, 외국 원천징수세율은 100분의 14로 하여 계산한다. (2025. 2. 28. 신설)

편주▶ 영 189조의 2 제3항의 개정규정은 2025. 7. 1. 이후 지급하는 소득에 대해 원천징수하는 경우부터 적용함. (영 부칙(2025. 2. 28.) 18조)

제190조【이자소득 원천징수시기에 대한 특례】(2010. 12. 30.

편주▶ 영 189조의 2 제2항의 개정규정은 2025. 2. 28. 이후 간접투자회사등으로부터 지급받는 소득에 대해 간접투자외국법인세액을 공제하거나 원천징수하는 경우부터 적용함. (영 부칙(2025. 2. 28.) 12조 1항)

(2010. 12. 27. 제목개정)

① 법인이 이익 또는 잉여금의 처분에 따른 배당 또는 분배금을 그 처분을 결정한 날부터 3개월이 되는 날까지 지급하지 아니한 경우에는 그 3개월이 되는 날에 그 배당소득을 지급한 것으로 보아 소득세를 원천징수한다. 다만, 11월 1일부터 12월 31일까지의 사이에 결정된 처분에 따라 다음 연도 2월 말일까지 배당소득을 지급하지 아니한 경우에는 그 처분을 결정한 날이 속하는 과세기간의 다음 연도 2월 말일에 그 배당소득을 지급한 것으로 보아 소득세를 원천징수한다. (2010. 12. 27. 개정)

② 「법인세법」 제67조에 따라 처분되는 배당에 대하여는 다음 각 호의 어느 하나에 해당하는 날에 그 배당소득을 지급한 것으로 보아 소득세를 원천징수한다. (2010. 12. 27. 개정)

1. 법인세 과세표준을 결정 또는 경정하는 경우 : 대통령령으로 정하는 소득금액변동통지서를 받은 날 (2010. 12. 27. 개정)

2. 법인세 과세표준을 신고하는 경우 : 그 신고일 또는 수정신고일 (2010. 12. 27. 개정)

③ 제1항 및 제2항 외에 이자소득 또는 배당소득을 지급하는 때와 다른 때에 그 소득을 지급한 것으로 보아 소득세를 원천징수하는 경우에 관하여는 대통령령으로 정한다. (2010. 12. 27. 개정)

통칙 131 - 0…1 【송금허가를 받지 못하는 경우 외국투자가에 대한 배당소득 지급시기】 (2019. 12. 23. 번호개정)

「외국인투자촉진법」에 의한 외국인투자기업이 동법의 규정에 의하여 외국투자가에 대한 배당금의 송금허가를 받지 못하는 경우에도 주주총회에서 결정한 배당결의는 동 결의에 대한 수정결의가 이루어지기 전까지는 유효한 것으로 보고 법 제131조의 배당소득의 원천징수시기특례 규정을 적용한다. (2019. 12. 23. 개정)

제132조 【배당소득 지급시기의 의제】 ① 법인이 이익 또는 잉여금의 처분에 따른 배당 또는 분배금을 그 처분을 결정한 날부터 3개월이 되는 날까지 지급하지 아니한 경우에는 그 3개월이 되는 날에 배당소득을 지급한 것으로 본다. (2009. 12. 31. 개정)
② 제1항 외의 배당소득에 대한 지급시기는 대통령령으로 정하는 날로 한다. (2009. 12. 31. 개정)

제132조 【배당소득 지급시기의 의제】 삭 제 (2010. 12. 27.)

제목개정)

다음 각 호의 어느 하나에 해당하는 이자소득에 대해서는 다음 각 호에 따른 날에 그 소득을 지급한 것으로 보아 소득세를 원천징수한다. (2010. 12. 30. 개정)

1. 금융회사 등이 매출 또는 중개하는 어음, 「주식·사채 등의 전자등록에 관한 법률」 제59조에 따른 단기사채등(이하 이 호에서 "단기사채등"이라 한다) 제2조에 따른 전자단기사채등(이하 이 호에서 "전자단기사채등"이라 한다), 「은행법」 제2조에 따른 은행(「법인세법 시행령」 제61조 제2항 제2호부터 제4호까지의 규정에 따른 은행을 포함한다. 이하 이 조에서 "은행"이라 한다) 및 「상호저축은행법」에 따른 상호저축은행이 매출하는 표지어음으로서 보관통장으로 거래되는 것(은행이 매출한 표지어음의 경우에는 보관통장으로 거래되지 아니하는 것도 포함한다)의 이자와 할인액. 다만, 어음이 「자본시장과 금융투자업에 관한 법률」 제294조에 따른 한국예탁결제원에 발행일부터 만기일까지 계속하여 예탁되거나 단기 사채등이 「주식·사채 등의 전자등록에 관한 법률」 제2조 제6호에 따른 전자등록기관에 발행일부터 만기일까지 계속하여 전자등록된 경우에는 해당 어음 및 단가사채등의 이자와 할인액을 지급받는 자가 할인매출일에 원천징수하기를 선택한 경우만 해당한다. (2019. 6. 25. 개정 ; 주식·사채~시행령 부칙)

할인매출하는 날

1의 2. 법 제156조에 따른 원천징수를 하는 경우에는 법 제119조 제1호 나목에 따른 국내원천 이자소득 (2019. 2. 12. 개정)

당해 소득을 지급하는 외국법인 또는 비거주자의 당해 사업연도 또는 과세기간의 소득에 대한 과세표준의 신고기한의 종료일(「법인세법」 제97조 제2항에 의하여 신고기한을 연장한 경우에는 그 연장한 기한의 종료일)

1의 3. 「조세특례제한법」 제100조의 18 제1항에 따라 배분받는 소득으로서 해당 동업기업의 과세기간 종료 후 3개월이 되는 날까지 지급하지 아니한 소득 (2010. 12. 30. 개정)

해당 동업기업의 과세기간 종료 후 3개월이 되는 날

1의 4. 직장공제회 반환금을 분할하여 지급하는 경우 납입금 초과이익 : 납입금 초과이익을 원본에 전입하는 뜻의 특약에 따라 원본에 전입된 날 (2015. 2. 3. 신설)

2. 그 밖의 이자소득 (2009. 2. 4. 개정)
제45조 제1호부터 제5호까지, 제7호부터 제9호까지, 제9호의 2 및 제10호에서 규정한 날

제191조 【배당소득 원천징수시기에 관한 특례】 (2010. 12. 30. 제목개정)

다음 각 호의 어느 하나에 해당하는 배당소득에 대해서는 다음 각 호에 따른 날에 그 소득을 지급한 것으로 보아 소득세를 원천징수한다. (2010. 12. 30. 개정)

1. 의제배당 (2000. 12. 29 개정)
제46조 제4호 또는 제5호에 규정된 날

2. 출자공동사업자의 배당소득으로서 과세기간 종료 후 3개월이 되는 날까지 지급하지 아니한 소득 (2010. 12. 30. 개정)

과세기간 종료 후 3개월이 되는 날

3. 「조세특례제한법」 제100조의 18 제1항에 따라 배분받는 소득으로서 해당 동업기업의 과세기간 종료 후 3개월이 되는 날까지 지급하지 아니한 소득 (2010. 12. 30. 개정)

☞ p.2894 2단 연결

관계조문 »

법 17조 2항 → 의제배당

해당 동업기업의 과세기간 종료 후 3개월이 되는 날

3의 2. 「조세특례제한법」 제100조의 18 제1항에 따라 배분받은 소득 (2009. 2. 4. 신설) 지급을 받은 날. 다만, 해당 동업기업의 과세기간 종료 후 3개월이 되는 날까지 지급하지 아니한 때에는 그 3개월이 되는 날로 한다.

3의 2. 삭　제 (2010. 12. 30.)

4. 그 밖의 배당소득 (2009. 2. 4. 개정)

제46조 각 호에 규정된 날

관계조문 »

• 영 134조 1항 ⇒ 추가신고납부
• 규칙 100조 24호 ⇒ 소득금액변동통지서

통칙 135 - 192…1 【법인세를 수시부과하는 때의 소득금액변동통지】
「법인세법」 제69조의 규정에 의하여 법인세를 수시부과한 경우에도 영 제192조 제1항의 규정에 의하여 소득금액 변동통지를 하여야 한다. (2008. 7. 30. 개정)

제192조 【소득처분에 따른 소득금액변동통지서의 통지】 (2010. 12. 30. 제목개정)

① 「법인세법」에 의하여 세무서장 또는 지방국세청장이 법인소득금액을 결정 또는 경정할 때에 처분(「국제조세조정에 관한 법률 시행령」 제49조에 따라 처분된 것으로 보는 경우를 포함한다)되는 배당·상여 및 기타소득은 법인소득금액을 결정 또는 경정하는 세무서장 또는 지방국세청장이 그 결정일 또는 경정일부터 15일내에 기획재정부령으로 정하는 소득금액변동통지서에 따라 해당 법인에 통지해야 한다. 다만, 해당 법인의 소재지가 분명하지 않거나 그 통지서를 송달할 수 없는 경우에는 해당 주주 및 당해 상여나 기타소득의 처분을 받은 거주자에게 통지해야 한다. (2021. 2. 17. 개정)

② 제1항의 경우에 당해 배당·상여 및 기타소득은 그 통지서를 받은 날에 지급하거나 회수한 것으로 본다.

③ 「법인세법 시행령」 제106조에 따라 처분되는 배당·상여 및 기타소득은 해당 법인이 법인세 과세표준 및 세액의 신고기일 또는 수정신고일에 지급한 것으로 본다. (2010. 2. 18. 개정)

②~③ 삭　제 (2010. 12. 30.)

④ 세무서장 또는 지방국세청장이 제1항에 따라 해당 법인에게 소득금액변동통지서를 통지한 경우 통지하였다는 사실(소득금액 변동내용은 포함하지 아니한다)을 해당 주주 및 해당 상여나 기타소득의 처분을 받은 거주자에게 알려야 한다. (2008. 2. 22. 신설)

제133조【이자소득 등에 대한 원천징수영수증의 발급】(2009. 12. 31. 제목개정)
① 국내에서 이자소득 또는 배당소득을 지급하는 원천징수의무자는 이를 지급할 때 소득을 받는 자에게 그 이자소득 또는 배당소득의 금액과 그 밖에 필요한 사항을 적은 기획재정부령으로 정하는 원천징수영수증을 발급하여야 한다. 다만, 원천징수의무자가 지급한 날이 속하는 과세기간의 다음 연도 3월 31일까지 이자소득 또는 배당소득을 받는 자에게 그 이자소득 또는 배당소득의 금액과 그 밖에 필요한 사항을 대통령령으로 정하는 바에 따라 통지하는 경우에는 해당 원천징수영수증을 발급한 것으로 본다. (2020. 6. 9. 개정 ; 법률용어~법률)
② 제1항에 따른 원천징수의무자는 이자소득 또는 배당소득의 지급금액이 대통령령으로 정하는 금액 이하인 경우에는 제1항에 따른 원천징수영수증을 발급하지 아니할 수 있다. 다만, 제133조의 2 제1항에 따라 원천징수영수증을 발급하는 경우와 이자소득 또는 배당소득을 받는 자가 원천징수영수증의 발급을 요구하는 경우에는 제1항에 따라 원천징수영수증을 발급하거나 통지하여야 한다. (2009. 12. 31. 개정)

관계조문

규칙 100조 25호 ⇒ 원천징수영수증

제133조의 2【채권 등에 대한 원천징수 특례】① 거주자 또는 비거주자가 채권등의 발행법인으로부터 이자등을 지급받거나 해당 채권등을 발행법인 또는 대통령령으로 정하는 법인(이하 이 항에서 "발행법인등"이라 한다)에게 매도하는 경우 그 채권등의 발행일 또는 직전 원천징수일을 시기(始期)로 하고, 이자등의 지급일 등 또는 채권등의 매도일 등을 종기(終期)로 하여 대통령령으로 정하는 기간계산방법

제193조【원천징수영수증의 교부】① 법 제133조·제144조·제145조·제156조 및 이 영 제201조의 11 제8항에 따른 원천징수영수증은 기획재정부령으로 정하는 바에 따른다. (2010. 6. 8. 개정)
② 원천징수의무자가 제1항의 규정에 의한 원천징수영수증을 교부하는 때에는 당해 소득을 지급받는 자의 실지명의를 확인하여야 한다.

제193조【원천징수영수증의 교부】①~② 삭 제 (2010. 12. 30.)
③ 법 제133조 제1항 단서에서 "대통령령으로 정하는 바에 따라 통지하는 경우"란 다음 각 호의 어느 하나에 해당하는 경우를 말한다. 이 경우 지급받은 이자소득 및 배당소득의 연간합계액과 원천징수세액명세 및 원천징수의무자의 사업자등록번호와 그 상호 또는 법인명(이하 이 조에서 "사업자등록번호등"이라 한다)을 기재하거나 통보하는 때에도 원천징수영수증을 발급한 것으로 본다. (2021. 1. 5. 후단개정 ; 어려운~대통령령)
1. 금융회사 등이 이자소득이나 배당소득을 받은 자의 통장 또는 금융거래명세서에 그 지급내용과 원천징수의무자의 사업자등록번호 등을 기재하여 통보하는 경우 (2010. 2. 18. 개정)
2. 금융회사 등이 이자소득이나 배당소득을 받는 자로부터 신청을 받아 그 지급내용과 원천징수의무자의 사업자등록번호 등을 우편, 전자계산조직을 이용한 정보통신 또는 팩스로 통보하여 주는 경우 (2021. 1. 5. 개정 ; 어려운~대통령령)
2. 금융회사 등이 이자소득이나 배당소득을 받는 자로부터 신청을 받아 그 지급내용과 원천징수의무자의 사업자등록번호 등을 우편 또는 「정보통신망 이용촉진 및 정보보호 등에 관한 법률」 제2조 제13호의 전자적 전송매체로 통보하여 주는 경우 (2025. 2. 28. 개정)
④ 법 제133조 제2항 본문에서 "대통령령으로 정하는 금액 이하인 경우"란 계좌별로 1년간 발생한 이자소득 또는 배당소득금액이 1백만원 이하인 경우를 말한다. (2010. 2. 18. 개정)

제193조의 2【채권 등에 대한 원천징수】① 법 제133조의 2 제1항에서 "대통령령으로 정하는 법인"이란 「법인세법」 제2조에 따른 법인(국가·지방자치단체 및 외국법인의 국내사업장을 포함한다)을 말한다. (2010. 2. 18. 신설)
② 법 제133조의 2 제1항에서 "대통령령으로 정하는 기간계산방법"이란 해당 채권등의 발행일 또는 직전 원천징수일(이하 이 조에서 "매수

에 따른 원천징수기간의 이자등 상당액을 제16조에 따른 이자소득으로 보고, 해당 채권등의 발행법인등을 원천징수의무자로 하며, 이자등의 지급일 등 또는 채권등의 매도일 등 대통령령으로 정하는 날을 원천징수 하는 때로 하여 제127조부터 제133조까지, 제164조 및 제164조의 2의 규정을 적용한다. (2013. 1. 1. 개정)

② 제1항에 따른 이자등 상당액의 계산방법과 제46조 제1항에 따른 환매조건부채권매매거래 등의 경우의 원천징수에 관하여 필요한 사항은 대통령령으로 정한다. (2009. 12. 31. 신설)

알”이라 한다)의 다음 날부터 매도일(법인에게 매도를 위탁 · 중개 · 알선시킨 경우에는 실제로 매도된 날을 매도일로 본다) 또는 이자등의 지급일(이하 이 조에서 “매도알”이라 한다)까지의 보유기간을 일수로 계산하는 방법을 말한다. (2010. 2. 18. 신설)

③ 법 제46조 및 제133조의 2 제1항에 따른 이자등 상당액(이하 이 조 및 제207조의 3에서 “보유기간이자등상당액”이라 한다)은 해당 채권등의 매수일부터 매도일까지의 보유기간에 대하여 이자등의 계산기간에 약정된 이자등의 계산방식에 따라 다음 각 호의 어느 하나에 해당하는 율을 적용하여 계산한 금액(물가연동국고채의 경우에는 기획재정부령으로 정하는 계산방법에 따른 원금증가분을 포함한다)을 말한다. 다만, 전환사채 · 교환사채 또는 신주인수권부사채에 대한 이자율을 적용할 때 만기보장수익률이 별도로 있는 경우에는 그 만기보장수익률을 이자율로 하되, 조건부 이자율이 있는 경우에는 그 조건이 성취된 날부터는 그 조건부 이자율을 이자율로 하며, 전환사채 또는 교환사채를 발행한 법인의 부도가 발생한 이후 주식으로 전환 또는 교환하는 경우로서 전환 또는 교환을 청구한 날의 전환 또는 교환가액보다 주식의 시가가 낮은 경우에는 전환 또는 교환하는 자의 보유기간이자등상당액은 없는 것으로 하며, 주식으로 전환청구 또는 교환청구를 한 후에도 이자를 지급하는 약정이 있는 경우에는 전환청구일 또는 교환청구일부터는 기획재정부령으로 정하는 바에 따라 해당 약정이자율을 적용한다. (2016. 2. 17. 개정)

1. 제22조의 2 제1항 및 제2항 각 호의 채권을 공개시장에서 발행하는 경우에는 표면이자율 (2010. 2. 18. 신설)

2. 제1호 외의 채권등의 경우에는 해당 채권등의 표면이자율에 발행 시 할인율을 더하고 할증률을 뺀 율 (2010. 2. 18. 신설)

④ 제3항을 적용할 때 집합투자증권을 그 집합투자증권의 이익계산기간 중도에 매도하는 경우에는 제3항에도 불구하고 그 집합투자증권의 보유기간이자등상당액은 제26조의 2에 따라 계산한 금액으로 한다. (2010. 2. 18. 신설)

④ 삭 제 (2010. 12. 30.)

⑤ 법 제133조의 2 제1항에서 “이자등의 지급일 등 또는 채권등의 매도일 등 대통령령으로 정하는 날”이란 해당 채권등의 이자등 상당액의 지급일 또는 매도일을 말하며, 해당 채권 등이 상속되거나 증여되는 경

제88조의 2 【전환사채등에 대한 이자등 상당액】 영 제193조의 2 제3항 단서에 따른 전환사채 또는 교환사채(이하 이 항에서 “전환사채등”이라 한다)가 주식으로 전환청구 또는 교환청구(이하 이 항에서 “청구”라 한다)된 이후에는 이를 법 제46조 제1항에 따른 채권등이 아닌 것으로 본다. 다만, 영 제193조의 2 제3항 단서에 따라 주식으로 청구를 한 후에도 이자를 지급하는 약정이 있는 경우에는 해당 이자를 지급받는 자에게 청구일 이후의 약정이자가 지급되는 것으로 보아 청구일(청구일이 분명하지 아니한 경우에는 해당 전환사채등 발행법인의 사업연도 중에 최초로 청구된 날과 최종으로 청구된 날의 가운데에 해당하는 날을 말한다)부터 해당 전환사채등 발행법인의 사업연도 말일까지의 기간에 대하여 약정이자율을 적용한다. (2010. 4. 30. 신설)

제88조의 4 【물가연동국고채에 대한 이자 등 상당액】 영 제193조의 2 제3항 각 호 외의 부분 본문에서 “기획재정부령으로 정하는 계산방법”이란 영 제22조의 2 제3항에 따른 물가연동국고채(이하 이 조에서 “물가연동국고채”라 한다)의 액면가액에 매도일 또는 이자 등의 지급일의 「국채법 시행규칙」 제3조에 따라 기획재정부장관이

우에는 상속개시일과 증여일을 말한다. (2010. 2. 18. 신설)
⑥ 거주자 또는 비거주자가 제190조 제1호에 규정하는 날에 원천징수하는 채권등을 금융회사 등의 중개를 통하여 이자계산기간 중에 매도하는 경우 해당 금융회사 등은 중도매도일에 해당 채권등을 새로 매출한 것으로 보아 이자등을 계산하여 세액을 원천징수하여야 한다. (2013. 2. 15. 신설)

제3관 근로소득에 대한 원천징수

제134조【근로소득에 대한 원천징수시기 및 방법】 (2010. 12. 27. 제목개정)
① 원천징수의무자가 매월분의 근로소득을 지급할 때에는 근로소득 간이세액표에 따라 소득세를 원천징수한다. (2009. 12. 31. 개정)
② 원천징수의무자는 다음 각 호의 어느 하나에 해당할 때에는 제137조, 제137조의 2 또는 제138조에 따라 소득세를 원천징수하며, 제1호의 경우 다음 연도 2월분의 근로소득에 대해서는 제1항에서 규정하는 바에 따라 소득세를 원천징수한다. (2010. 12. 27. 개정)
1. 해당 과세기간의 다음 연도 2월분 근로소득을 지급할 때(2월분의 근로소득을 2월 말일까지 지급하지 아니하거나 2월분의 근로소득이 없는 경우에는 2월 말일로 한다. 이하 같다) (2009. 12. 31. 개정)
2. 퇴직자가 퇴직하는 달의 근로소득을 지급할 때 (2009. 12. 31. 개정)
③ 원천징수의무자가 일용근로자의 근로소득을 지급할 때에는 그 근로소득에 근로소득공제를 적용한 금액에 원천징수세율을 적용하여 계산한 산출세액에서 근로소득세액공제를 적용한 소득세를 원천징수한다. (2009. 12. 31. 개정)

제193조의 3【환매조건부채권 매매거래 등의 원천징수 및 환급방법】 삭 제 (2010. 6. 8.)

제194조【근로소득 간이세액표의 적용】 (2015. 6. 30. 제목개정)
① 법 제134조 제1항에 따라 원천징수의무자가 소득세를 원천징수할 때에는 근로소득에 대하여 별표 2의 근로소득 간이세액표 해당란의 세액을 기준으로 원천징수한다. 다만, 근로자가 별표 2의 근로소득 간이세액표 해당란 세액의 100분의 120 또는 100분의 80의 비율에 해당하는 금액의 원천징수를 신청하는 경우에는 그에 따라 원천징수할 수 있다. (2015. 6. 30. 개정)
② 제1항의 경우 종된 근무지의 원천징수의무자가 원천징수하는 때에는 해당 근로자 본인에 대한 기본공제와 표준세액공제만 있는 것으로 보고 해당란의 세액을 적용한다. (2014. 2. 21. 개정)
③ 근로자는 다음 각 호의 어느 하나에 해당하는 경우에는 기획재정부령으로 정하는 소득세 원천징수세액 조정신청서를 작성하여 원천징수의무자에게 제출하거나 근로소득자 소득·세액공제신고서에 원천징수세액의 비율을 기재하여 법 제140조 제1항에 따라 제출하여야 한다. 이 경우 그 제출일 이후 지급하는 근로소득부터 변경된 원천징수세액의 비율을 적용한다. (2016. 2. 17. 개정)
1. 제1항 단서에 따른 원천징수세액의 비율로 변경하려는 경우 (2015. 6. 30. 신설)

정하는 물가연동계수(이하 이 조에서 "물가연동계수"라 한다)를 적용하여 계산한 금액에서 물가연동국고채의 액면가액에 발행일 또는 직전 원천징수일의 물가연동계수를 적용하여 계산한 금액을 차감하는 방법을 말한다. 이 경우 원금증가분이 0보다 작은 경우에는 없는 것으로 보며, 발행일의 물가연동계수가 직전 원천징수일의 물가연동계수보다 클 경우에는 발행일의 물가연동계수를 적용한다. (2016. 3. 16. 신설)

제88조의 3【환매조건부채권매매거래 확인서】 삭 제 (2011. 3. 28.)

제89조【근로소득에 대한 원천징수】
① 원천징수의무자가 매월분의 근로소득에 대하여 소득세를 원천징수하는 때에는 직전 과세기간분의 연말정산을 위하여 받은 근로소득자 소득·세액 공제신고서에 의하여 간이세액표를 적용한다. (2014. 3. 14. 개정)
② 원천징수의무자가 해당 과세기간 중에 근로소득자 소득·세액 공제신고서를 받은 때에는 그 받은 날이 속하는 달분부터 그 신고서에 의하여 간이세액표를 적용한다. (2014. 3. 14. 개정)
③ 연봉제 등의 채택으로 급여를 매월 1회 지급하는 방법외의 방법으로 지급하는 근로소득에 대한 소득세의 원천징수는 다음 각호의 방법에 의한다. (99. 5. 7 신설)
1. 정기적으로 분할하여 지급하는 경우 (99. 5. 7 신설)

관계조문 ▶▶

법 59조 3항 ⇒ 일용근로자의 원천징수시 근로소득세액공제

④ 원천징수의무자가 다음 각 호의 어느 하나에 해당하는 세액공제를 받은 거주자에 대해서 제1항과 제2항에 따라 소득세를 원천징수할 때에는 해당 공제액을 대통령령으로 정하는 바에 따라 공제하고 원천징수한다. (2009. 12. 31. 개정)
1. 외국납부세액공제 (2009. 12. 31. 개정)
2. 근로소득세액공제 (2009. 12. 31. 개정)
④ 삭 제 (2010. 12. 27.)
⑤ 근로소득자의 근무지가 변경됨에 따라 월급여액(月給與額)이 같은 고용주에 의하여 분할지급되는 경우의 소득세는 변경된 근무지에서 그 월급여액 전액에 대하여 제1항부터 제3항까지의 규정을 적용하여 원천징수하여야 한다. (2010. 12. 27. 개정)

● 예 판 ●

• 성과급으로 자기주식을 지급하는 경우 지급일 현재의 시가를 근로소득으로 처리하며, 추후 약정에 의하여 반환을 받는 경우에도 당초의 원천징수를 수정하지 않음. (서면2팀 – 24, 2006. 1. 5.)
• 법인이 우수인력 확보를 위해 선지급한 사이닝 보너스는 근로소득으로 보아 계약조건에 따른 근로기간 동안 안분하여 계산한 금액을 각 사업연도에 손금산입하고, 동 금액을 근로소득 수입금액으로 하여 원천징수함. (서면2팀 – 1738, 2006. 9. 19.)
• 법인의 임원이 장부상 인건비로 계상된 미지급 성과급을 자발적인 의사에 따라 포기하는 경우에는 해당 임원이 성과급을 포기시에 성과급을 수령한 것으로 보아 법인이 포기금액에 대해서 근로소득세를 원천징수하는 것임. (원천 – 543, 2013. 11. 13.)

제135조【근로소득 원천징수시기에 대한 특례】(2010. 12. 27. 제목개정)
① 근로소득을 지급하여야 할 원천징수의무자가 1월부터 11월까지의 근로소득을 해당 과세기간의 12월 31일까지 지급하지 아니한 경우에는 그 근로소득을 12월 31일에 지급한 것으로 보아 소득세를 원천징수

2. 제1호에 따라 변경한 원천징수세액의 비율을 제1항에 따른 원천징수세액의 다른 비율로 변경하려는 경우 (2015. 6. 30. 신설)
④ 근로자가 제3항 각 호의 어느 하나에 해당하는 원천징수세액의 비율로 변경한 경우에 변경한 날부터 해당 과세기간의 종료일까지 지급되는 근로소득분에 대해서는 그 변경한 비율을 적용한다. (2015. 6. 30. 신설)

제196조【근로소득세액 연말정산】① 법 제134조에 따라 매월분의 근로소득을 지급하는 원천징수의무자는 기획재정부령으로 정하는 근로소득원천징수부(이하 “근로소득원천징수부”라 한다)를 비치 · 기록하여야 한다. 이 경우 근로소득원천징수부를 전산처리된 테이프 또는 디스크 등으로 수록 · 보관하여 항시 출력이 가능한 상태에 둔 때에는 근로소득원천징수부를 비치 · 기록한 것으로 본다. (2010. 2. 18. 개정)

관계조문 ▶▶

규칙 100조 27호 ⇒ 근로소득원천징수부

② 원천징수의무자는 근로소득원천징수부에 따라 해당 과세기간에 지급한 소득자별 근로소득의 합계액에서 법 및 「조세특례제한법」에 따른 소득공제를 한 금액을 과세표준으로 하여 기본세율을 적용하여 종합소득산출세액을 계산한다. (2010. 2. 18. 개정)
③ 원천징수의무자는 제2항의 종합소득산출세액에서 다음 각 호의 금액을 공제한 금액을 소득세로 징수한다. 다만, 다음 각 호의 금액의 합계액이 종합소득산출세액을 초과하는 경우에 그 초과하는 부분은 이를 환급하여야 한다. (2014. 2. 21. 개정)
1. 법 제134조 제1항의 규정에 의하여 원천징수하는 세액(가산세액을 제외한다)
2. 외국납부세액공제, 근로소득세액공제 및 특별세액공제에 따른 공제세액 (2014. 2. 21. 개정)
④ 근로자가 원천징수의무자에 대한 근로의 제공으로 인하여 원천징수의무자외의 자로부터 지급받는 소득(제38조 제1항 제16호에 따른 환

가. 분할지급대상기간이 1월을 초과하는 경우 : 법 제136조 제1항 제1호의 규정에 의한 지급대상기간이 있는 상여 등에 대한 소득세 원천징수 적용 (99. 5. 7 신설)
나. 분할지급대상기간이 1월 미만인 경우 : 매월 지급하는 총액에 대하여 간이세액표 적용 (99. 5. 7 신설)
2. 부정기적으로 지급하는 경우 : 법 제136조 제1항 제2호의 규정에 의한 지급대상기간이 없는 상여 등에 대한 소득세 원천징수 적용 (99. 5. 7 신설)

제94조【납세조합의 근로소득원천징수부】(2010. 4. 30. 제목개정)
영 제196조 제1항은 법 제127조 제1항 제4호 각 목의 어느 하나에 해당하는 근로소득이 있는 자가 조직한 납세조합의 경우에 이를 준용한다. (2010. 4. 30. 개정)

제90조【갑종근로소득에 대한 소득세원천징수증명서의 교부】삭 제 (2000. 4. 3)

한다. (2010. 12. 27. 개정)

② 원천징수의무자가 12월분의 근로소득을 다음 연도 2월 말일까지 지급하지 아니한 경우에는 그 근로소득을 다음 연도 2월 말일에 지급한 것으로 보아 소득세를 원천징수한다. (2010. 12. 27. 개정)

「법인세법」의 규정에 의하여 처분하는 상여·배당·기타소득에 대하여 소득금액변동통지를 하는 경우에 영 제192조 제1항 단서의 규정에 해당하는 때에는 원천징수를 이행할 법인이 없으므로 원천징수는 할 수 없는 것이며, 당해 거주자가 변동된 소득금액에 대하여 영 제134조의 규정에 의하여 추가신고자진납부를 하여야 한다. (2008. 7. 30. 개정)

③ 법인이 이익 또는 잉여금의 처분에 따라 지급하여야 할 상여를 그 처분을 결정한 날부터 3개월이 되는 날까지 지급하지 아니한 경우에는 그 3개월이 되는 날에 그 상여를 지급한 것으로 보아 소득세를 원천징수한다. 다만, 그 처분이 11월 1일부터 12월 31일까지의 사이에 결정된 경우에 다음 연도 2월 말일까지 그 상여를 지급하지 아니한 경우에는 그 상여를 다음 연도 2월 말일에 지급한 것으로 보아 소득세를 원천징수한다. (2010. 12. 27. 개정)

④ 「법인세법」 제67조에 따라 처분되는 상여에 대한 소득세의 원천징수시기에 관하여는 제131조 제2항을 준용한다. (2010. 12. 27. 개정)

제136조 【상여 등에 대한 징수세액】 ① 원천징수의무자가 근로소득에 해당하는 상여 또는 상여의 성질이 있는 급여(이하 "상여등"이라 한다)를 지급할 때에 원천징수하는 소득세는 다음 각 호의 구분에 따라 계산한다. 종합소득공제를 적용함으로써 근로소득에 대한 소득세가 과세되지 아니한 사람이 받는 상여등에 대해서도 또한 같다. (2009. 12. 31. 개정)
1. 지급대상기간이 있는 상여등 (2009. 12. 31. 개정)
　　그 상여등의 금액을 지급대상기간의 월수로 나누어 계산한 금액과 그 지급대상기간의 상여등 외의 월평균 급여액을 합산한 금액에 대하여 간이세액표에 따라 계산한 금액을 지급대상기간의 월수로 곱하여 계산한 금액에서 그 지급대상기간의 근로소득에 대해서 이미

급금을 포함한다)에 대하여는 해당 원천징수의무자가 해당 금액을 근로소득에 포함하여 연말정산하여야 한다. (2009. 2. 4. 개정)

제196조의 2 【2인 이상으로부터 근로소득을 받는 사람의 근무지 신고】 2인 이상의 사용자로부터 근로소득을 받는 사람은 해당 과세기간 종료일까지 주된 근무지와 종된 근무지를 정하여 기획재정부령으로 정하는 근무지(변동)신고서를 주된 근무지의 원천징수의무자에게 제출하여야 한다. (2010. 12. 30. 신설)

제195조 【상여 등에 관한 원천징수】 ① 법 제136조 제1항의 규정을 적용함에 있어서 상여 등의 지급대상기간과 세액의 계산은 다음 각호의 1에 의한다. (96. 12. 31 개정)
1. 지급대상기간의 마지막 달이 아닌 달에 지급되는 상여 등은 지급대상기간이 없는 상여 등으로 본다. (96. 12. 31 개정)
2. 법 제136조 제1항 제1호 및 제2호에서 규정하는 지급대상기간이 서로 다른 상여 등을 같은 달에 지급받는 경우 지급대상기간을 아래 산식에 의하여 계산한 후 동항 제1호의 규정을 적용하여 세액을 계산한다. 다만, 지급대상기간을 계산함에 있어 1월 미만의 단수가 있을 때에는 1월로 한다. (96. 12. 31 개정)

규칙 100조 28호 ⇒ 근무지(변동)신고서

제91조 【상여 등에 대한 세액의 계산】 ① 법 제136조 제1항에 규정하는 근로소득에 해당하는 상여 등을 지급하는 때에 원천징수하는 세액의 계산은 다음의 산식에 의하여 계산한 금액으로 한다. (97. 4. 23 개정)

$$\left(\frac{\text{상여 등의 금액} + \text{지급대상기간의 상여 등 외의 급여의 합계액}}{\text{지급대상기간의 월수}} \right)$$

에 대한 간이세액표상의 해당세액×지급대상기간의 월수 - 지급대상기간의 상여

원천징수하여 납부한 세액(가산세액은 제외한다)을 공제한 것을 그 세액으로 한다.

2. 지급대상기간이 없는 상여등 (2009. 12. 31. 개정)
그 상여등을 받은 과세기간의 1월 1일부터 그 상여등의 지급일이 속하는 달까지를 지급대상기간으로 하여 제1호에 따라 계산한 것을 그 세액으로 한다. 이 경우 그 과세기간에 2회 이상의 상여등을 받았을 때에는 직전에 상여등을 받은 날이 속하는 달의 다음 달부터 그 후에 상여등을 받은 날이 속하는 달까지를 지급대상기간으로 하여 세액을 계산한다. (2009. 12. 31. 개정)

3. 제1호와 제2호를 계산할 때 지급대상기간이 1년을 초과하는 경우에는 1년으로 보고 1개월 미만의 끝수가 있는 경우에는 1개월로 본다. (2009. 12. 31. 개정)

② 원천징수의무자가 잉여금 처분에 따른 상여등을 지급할 때에 원천징수하는 소득세는 대통령령으로 정하는 바에 따라 계산한다. (2009. 12. 31. 개정)

③ 상여등에 대한 징수세액을 계산할 때 지급대상기간의 적용방법과 그 밖에 필요한 사항은 대통령령으로 정한다. (2009. 12. 31. 개정)

　제137조【근로소득세액의 연말정산】① 원천징수의무자는 해당 과세기간의 다음 연도 2월분의 근로소득 또는 퇴직자의 퇴직하는 달의 근로소득을 지급할 때에는 다음 각 호의 순서에 따라 계산한 소득세(이하 이 조에서 "추가 납부세액"이라 한다)를 원천징수한다. (2015. 3. 10. 개정)

1. 근로소득자의 해당 과세기간(퇴직자의 경우 퇴직하는 날까지의 기간을 말한다. 이하 이 조에서 같다)의 근로소득금액에 그 근로소득자가 제140조에 따라 신고한 내용에 따라 종합소득공제를 적용하여 종합소득과세표준을 계산 (2010. 12. 27. 개정)

2. 제1호의 종합소득과세표준에 기본세율을 적용하여 종합소득산출세액을 계산 (2010. 12. 27. 개정)

3. 제2호의 종합소득산출세액에서 해당 과세기간에 제134조 제1항에 따라 원천징수한 세액, 외국납부세액공제, 근로소득세액공제, 자녀세액공제, 연금계좌세액공제 및 특별세액공제에 따

$$\text{지급대상기간} = \frac{\text{같은 달에 지급받은 상여 등의 지급대상기간의 합계}}{\text{같은 달에 지급받은 상여 등의 개수}}$$

•예 판 ....

....

② 법 제136조 제2항의 규정을 적용함에 있어서 잉여금 처분에 의한 상여 등을 지급하는 때에 원천징수하는 세액은 그 상여 등에 기본세율을 적용하여 계산한 금액으로 한다. (96. 12. 31 개정)

③ 상여 등의 징수세액계산에 있어 기타 필요한 사항은 기획재정부령으로 정한다. (2008. 2. 29. 직제개정 ; 기획재정부와~직제 부칙)

　제201조【근로소득세액 연말정산시의 환급】① 근로소득세액에 대한 연말정산을 하는 경우에 원천징수의무자가 이미 원천징수하여 납부한 소득세에 과오납이 있어 근로소득자에게 환급하는 때에는 그 환급액은 원천징수의무자가 원천징수하여 납부할 소득세에서 조정하여 환급한다.

② 제1항의 경우에 원천징수의무자가 원천징수하여 납부할 소득세가 없는 때에는 기획재정부령이 정하는 바에 의하여 환급한다. (2008. 2. 29. 직제개정 ; 기획재정부와~직제 부칙)

등 외의 급여에 대한 기 원천징수액

② 법 제136조 제2항의 상여 등에 대하여 원천징수할 소득세액의 계산은 다음 산식에 의한다. (97. 4. 23 개정)
잉여금처분에 의한 상여 등의 금액×기본세율

③ 상여 등의 금액과 그 지급대상기간이 사전에 정하여져 있는 경우(금액과 지급대상기간이 사전에 정하여진 상여등을 지급대상기간의 중간에 지급하는 경우를 포함한다)에는 매월분의 급여에 상여 등의 금액을 그 지급대상기간으로 나눈 금액을 합한 금액에 대하여 간이세액표에 의한 매월분 소득세를 징수할 수 있다. (97. 4. 23 개정)

　제92조【근로소득에 대한 세액의 연말정산】① 원천징수의무자가 법 제137조, 제137조의 2 및 법 제138조에 따른 근로소득세액의 연말정산을 하지 아니한 때에는 원천징수 관할세무서장은 즉시 연말정산을 하고 그 소득세를 원천징수의무자로부터 징수하여야 한다. (2011. 3. 28. 개정)

② 제1항의 경우에 원천징수의무자가 근로소득세액의 연말정산을 하지 아니하고 행방불명이 된 때에는 원천징수 관할세무서장은 당해 근로소득이 있는 자에게 과세표준 확정신고를 하여야 한다는 것을 통지하여야 한다.

른 공제세액을 공제하여 소득세를 계산 (2014. 1. 1. 개정)
② 제1항 제3호에서 해당 과세기간에 제134조 제1항에 따라 원천징수한 세액, 외국납부세액공제, 근로소득세액공제, 자녀세액공제, 연금계좌세액공제 및 특별세액공제에 따른 공제세액의 합계액이 종합소득산출세액을 초과하는 경우에는 그 초과액을 그 근로소득자에게 대통령령으로 정하는 바에 따라 환급하여야 한다. (2014. 1. 1. 개정)
③ 원천징수의무자가 제140조에 따른 신고를 하지 아니한 근로소득자에 대하여 제1항을 적용하여 추가 납부세액을 원천징수할 때에는 기본공제 중 그 근로소득자 본인에 대한 분과 표준세액공제만을 적용한다. (2015. 3. 10. 개정)
④ 제1항에도 불구하고 추가 납부세액이 10만원을 초과하는 경우 원천징수의무자는 해당 과세기간의 다음 연도 2월분부터 4월분의 근로소득을 지급할 때까지 추가 납부세액을 나누어 원천징수할 수 있다. (2015. 3. 10. 신설)

제137조의 2 【2인 이상으로부터 근로소득을 받는 사람에 대한 근로소득세액의 연말정산】 ① 2인 이상으로부터 근로소득을 받는 사람(일용근로자는 제외한다)이 대통령령으로 정하는 바에 따라 주된 근무지와 종된 근무지를 정하고 종된 근무지의 원천징수의무자로부터 제143조 제2항에 따른 근로소득 원천징수영수증을 발급받아 해당 과세기간의 다음 연도 2월분의 근로소득을 받기 전에 주된 근무지의 원천징수의무자에게 제출하는 경우 주된 근무지의 원천징수의무자는 주된 근무지의 근로소득과 종된 근무지의 근로소득을 더한 금액에 대하여 제137조에 따라 소득세를 원천징수한다. (2010. 12. 27. 신설)
② 제1항에 따라 근로소득 원천징수영수증을 발급하는 종된 근무지의 원천징수의무자는 해당 근무지에서 지급하는 해당 과세기간의 근로소득금액에 기본세율을 적용하여 계산한 종합소득산출세액에서 제134조 제1항에 따라 원천징수한 세액을 공제한 금액을 원천징수한다. (2010. 12. 27. 신설)
③ 제150조 제3항에 따라 납세조합에 의하여 소득세가 징수된 제127조 제1항 제4호 각 목에 따른 근로소득과 다른 근로소득이 함께 있는 사람(일용근로자는 제외한다)에 대한 근로소득세액의 연말정산에 관하

통칙 135 - 192…3 【인정상여에 대한 연말정산】
「법인세법 시행령」 제106조의 규정에 의하여 처분되는 상여에 대하여 원천징수할 소득세는 당해 과세기간에 귀속된 동 상여 외의 근로소득과 합산하여 법 제137조, 제137조의 2 또는 제138조에 따라 연말정산을 다시 하여야 한다. (2019. 12. 23. 개정)

137 - 0…1 【근로소득을 추가지급한 때의 연말정산】
원천징수의무자가 근로소득에 대한 연말정산을 한 후 당해 과세기간의 근로소득을 추가로 지급하는 때에는 추가로 지급하는 때에 근로소득세액의 연말정산을 다시 하여야 한다. (2024. 3. 15. 개정)

137 - 0…2 【피합병법인의 임직원에 대한 연말정산】
법인이 합병함에 있어서 피합병법인의 임직원이 합병법인에 계속 취업하고 현실적인 퇴직을 하지 아니한 경우에는 당해 임직원에 대한 연말정산은 합병법인이 하여야 한다. (2019. 12. 23. 개정)

137 - 0…3 【기업형태변경시의 근로소득세액의 연말정산】
개인기업이 법인기업으로 기업형태를 변경하고 당해 개인기업의 종업원을 계속 고용하며 퇴직급여충당금을 승계하는 때에는 그 종업원에 대한 근로소득의 연말정산은 당해 법인이 할 수 있다. (97. 4. 8. 개정)

137 - 0…4 【퇴직근로자의 급여를 분할하여 지급하는 경우 근로소득연말정산】 (2019. 12. 23. 번호개정)
원천징수의무자가 퇴직근로자의 퇴직하는 달의 급여를 분할하여 지급하는 때에는 그 급여를 처음 지급하는 때에 퇴직자의 근로소득을 연말정산하고, 근로소득원천징수영수증은 근로자가 퇴직하는 달의 급여를 처음 지급하는 날이 속하는 달의 다음달 말일까지 교부한다. (2019. 12. 23. 개정)

제93조 【원천징수세액의 환급】 ① 영 제201조 제1항의 규정을 적용함에 있어서 원천징수의무자가 환급할 소득세가 연말정산하는 달에 원천징수하여 납부할 소득세를 초과하는 경우에는 다음달 이후에 원천징수하여 납부할 소득세에서 조정하여 환급한다. 다만, 당해 원천징수의무자의 환급신청이 있는 경우에는 원천징수 관할세무서장이 그 초과액을 환급한다. (2002. 2. 1 개정)
② 제1항 단서에 따라 소득세를 환급받으려는 원천징수의무자는 원천징수세액환급신청서를 원천징수 관할세무서장에게 제출해야 한다. 다만, 원천징수의무자가 원천징수 관할세무서장에게 환급신청을 한 후 폐업 등으로 행방불명이 되거나 부도 상태인 경우에는 해당 근로소득이 있는 사람이 원천징수 관할세무서장에게 그 환급액의 지급을 신청할 수 있다. (2020. 3. 13. 개정)

관계조문

규칙 100조 38호 ⇒ 원천징수세액환급신청서

③ 제1항 및 제2항의 규정은 원천징수의무자가 원천징수하여 납부한 소득세 중 잘못 원천징수한 세액이 있는 경우에 이를 준용한다.

여는 제1항 및 제2항을 준용한다. (2010. 12. 27. 신설)

제138조 【재취직자에 대한 근로소득세액의 연말정산】 ① 해당 과세기간 중도에 퇴직하고 새로운 근무지에 취직한 근로소득자가 종전 근무지에서 해당 과세기간의 1월부터 퇴직한 날이 속하는 달까지 받은 근로소득을 포함하여 제140조 제1항에 따라 근로소득자 소득·세액 공제신고서를 제출하는 경우 원천징수의무자는 그 근로소득자가 종전 근무지에서 받은 근로소득과 새로운 근무지에서 받은 근로소득을 더한 금액에 대하여 제137조에 따라 소득세를 원천징수한다. (2014. 1. 1. 개정)
② 해당 과세기간 중도에 퇴직한 근로소득자로서 제137조에 따라 소득세를 납부한 후 다시 취직하고 그 과세기간의 중도에 또다시 퇴직한 자에 대한 소득세의 원천징수에 관하여는 제1항을 준용한다. (2009. 12. 31. 개정)

제139조 【징수 부족액의 이월징수】 제137조, 제137조의 2 또는 제138조에 따른 원천징수를 하는 경우 징수하여야 할 소득세가 지급할 근로소득의 금액을 초과할 경우(그 다음 달에 지급할 근로소득이 없는 경우는 제외한다)에는 그 초과하는 세액은 그 다음 달의 근로소득을 지급할 때에 징수한다. (2010. 12. 27. 개정)

제140조 【근로소득자의 소득공제 등 신고】 (2014. 1. 1. 제목개정)
① 제137조에 따라 연말정산을 할 때 해당 근로소득자가 종합소득공제 및 세액공제를 적용받으려는 경우에는 해당 과세기간의 다음 연도 2월분의 근로소득을 받기 전(퇴직한 경우에는 퇴직한 날이 속하는 달의 근로소득을 받기 전)에 원천징수의무자에게 해당 공제 사유를 표시하는 신고서(이하 "근로소득자 소득·세액 공제신고서"라 한다)를 대통령령으로 정하는 바에 따라 제출하여야 한다. (2014. 1. 1. 개정)
② 근로소득자 소득·세액 공제신고서를 받은 주된 근무지의 원천징수의무자는 그 신고 사항을 대통령령으로 정하는 바에 따라 원천징수 관할 세무서장에게 신고하고 종된 근무지의 원천징수의무자에게 통보하여야 한다. (2014. 1. 1. 개정)

제197조 【재취직자에 대한 근로소득세액의 연말정산】 ① 해당 과세기간의 중도에 퇴직한 근로소득자가 다른 근무지에 새로 취직한 때에는 그 새로운 근무지의 원천징수의무자는 해당 근로소득자로부터 전근무지의 근로소득원천징수영수증과 근로소득원천징수부의 사본을 제출받아 전 근무지의 근로소득을 합계한 금액에 대하여 제196조를 준용하여 연말정산을 한다. (2010. 2. 18. 개정)
② 제199조 제5항의 규정은 제1항의 경우에 이를 준용한다.
② 삭　제 (2010. 12. 30.)

제198조 【근로소득자의 소득공제 및 세액공제신고】 (2014. 2. 21. 제목개정)
① 근로소득(법 제127조 제1항 제4호 각 목의 어느 하나에 해당하는 근로소득은 제외한다)이 있는 사람은 해당 과세기간의 다음 연도 2월분의 근로소득을 지급받는 날까지(퇴직한 때에는 퇴직한 날이 속하는 달분의 근로소득을 지급받는 날까지) 근로소득자 소득·세액 공제신고서를 원천징수의무자에게 제출(국세정보통신망에 의한 제출을 포함한다)하여야 한다. (2016. 2. 17. 개정)
② 근로소득자는 근로소득자 소득·세액 공제신고서에 주민등록표등본을 첨부하여 제출하여야 한다. 다만, 이전에 동일한 원천징수의무자에게 주민등록표등본을 제출한 경우로서 공제대상 배우자 또는 부양가

③ 일용근로자에 대해서는 제1항과 제2항을 적용하지 아니한다. (2009. 12. 31. 개정)

④ 삭　제 (2010. 12. 27.)

　　제141조【재취직자의 소득공제신고】삭　제 (2010. 12. 27.)
　　제142조【근무지의 신고】삭　제 (2010. 12. 27.)

　　제143조【근로소득에 대한 원천징수영수증의 발급】(2009. 12. 31. 제목개정)
① 근로소득을 지급하는 원천징수의무자는 해당 과세기간의 다음 연도 2월 말일까지 그 근로소득의 금액과 그 밖에 필요한 사항을 적은 기획재정부령으로 정하는 원천징수영수증을 근로소득자에게 발급하여야 한다. 다만, 해당 과세기간 중도에 퇴직한 사람에게는 퇴직한 날이 속하는 달의 근로소득의 지급일이 속하는 달의 다음 달 말일까지 발급하여야 하며, 일용근로자에 대하여는 근로소득의 지급일이 속하는 달의 다음 달 말일까지 발급하여야 한다. (2022. 12. 31. 개정)
② 제1항에도 불구하고 2인 이상으로부터 근로소득을 받는 사람(일용근로자는 제외한다)이 제137조의 2에 따른 연말정산을 적용받기 위하여 제1항에 따른 원천징수영수증의 발급을 종된 근무지의 원천징수의무자에게 요청한 경우 그 종된 근무지의 원천징수의무자는 이를 지체 없이 발급하여야 한다. (2010. 12. 27. 개정)

　　　　제 3 관의 2　연금소득에 대한 원천징수
　　　　　　　　(2000. 12. 29. 신설)

　　제143조의 2【연금소득에 대한 원천징수시기 및 방법】(2010. 12. 27. 제목개정)
① 원천징수의무자가 공적연금소득을 지급할 때에는 연금소득 간이세액표에 따라 소득세를 원천징수한다. (2013. 1. 1. 개정)

족이 변동되지 아니한 때에는 주민등록표등본을 제출하지 아니한다. (2014. 2. 21. 개정)
③ 제1항에 따른 신고서를 제출함에 있어서 법 제53조 제2항에 해당하는 자가 있는 경우에는 일시퇴거자 동거가족상황표를 근로소득자 소득·세액 공제신고서에 첨부하여야 한다. (2014. 2. 21. 개정)

✍ **통칙 143-0…1【근로소득원천징수영수증의 서식】**
원천징수의무자가 전자계산조직에 의하여 법 제137조, 제137조의 2 또는 제138조에 따라 근로소득세액의 연말정산을 하고 법 제143조 제1항에 규정하는 근로소득원천징수영수증을 교부하는 경우에는 규칙 제100조 제26호의 별지 제24호 서식(1)의 내용을 변경하지 아니하는 범위 내에서 그 서식의 크기만을 전자계산조직에 맞도록 변경하여 교부할 수 있다. (2019. 12. 23. 개정)

　　제199조【2 이상의 근무지가 있는 경우의 근무지의 신고 및 연말정산】삭　제 (2010. 12. 30.)
　　제200조【근로소득 등 원천징수영수증의 교부】삭　제 (2010. 12. 30.)
　　제201조의 2【사업소득세액의 연말정산】삭　제 (2010. 6. 8.)
　　제201조의 3【연말정산되는 사업소득의 소득금액 계산】삭　제 (2010. 6. 8.)
　　제201조의 4【연말정산사업소득의 소득공제신고 등】삭　제 (2010. 6. 8.)

　　제201조의 5【연금소득간이세액표의 적용】법 제143조의 2 제1항의 규정에 의하여 소득세를 원천징수하는 때에는 연금소득에 대하여 별표 3 연금소득간이세액표의 해당란의 세액을 기준으로 하여 원천징수한다. (2000. 12. 29 신설)

✍
관계조문 ▶
규칙 100조 26호 ⇒ 근로소득원천징수영수증, 퇴직소득원천징수영수증

　　제93조의 2【연금소득에 대한 원천징수】① 삭　제 (2011. 3. 28.)
② 원천징수의무자가 법 제143조의 2 제1항에 따라 공적연금소득의 지급이 최초로

② 원천징수의무자가 제20조의 3 제1항 제2호 및 제3호의 연금소득을 지급할 때에는 그 지급금액에 제129조 제1항 제5호의 2에 따른 원천징수세율을 적용하여 계산한 소득세를 원천징수한다. (2013. 1. 1. 개정)

③ 원천징수의무자가 해당 과세기간의 다음 연도 1월분 공적연금소득을 지급할 때에는 제143조의 4에 따라 소득세를 원천징수한다. 이 경우 다음 연도 1월분의 공적연금소득에 대해서는 제1항에 따라 소득세를 원천징수한다. (2013. 1. 1. 개정)

제143조의 3 【연금소득지급시기의 의제】 삭 제 (2001. 12. 31)

제143조의 4 【공적연금소득세액의 연말정산】 (2013. 1. 1. 제목개정)

① 공적연금소득에 대한 원천징수의무자가 해당 과세기간의 다음 연도 1월분의 공적연금소득을 지급할 때에는 연금소득자의 해당 과세기간 연금소득금액에 그 연금소득자가 제143조의 6에 따라 신고한 내용에 따라 인적공제를 적용한 금액을 종합소득과세표준으로 하고, 그 금액에 기본세율을 적용하여 종합소득산출세액을 계산한 후 그 세액에서 자녀세액공제와 표준세액공제를 적용한 세액에서 그 과세기간에 이미 원천징수하여 납부한 소득세를 공제하고 남은 금액을 원천징수한다. (2014. 1. 1. 개정)

② 제1항의 경우 해당 과세기간에 이미 원천징수하여 납부한 소득세, 자녀세액공제 및 표준세액공제에 따른 공제세액의 합계액이 해당 종합소득산출세액을 초과할 때에는 그 초과액은 해당 연금소득자에게 대통령령으로 정하는 바에 따라 환급하여야 한다. (2014. 1. 1. 개정)

③ 원천징수의무자가 제143조의 6에 따른 신고를 하지 아니한 연금소득자에 대해서 제1항을 적용하여 소득세를 원천징수할 때에는 그 연금소득자 본인에 대한 기본공제와 표준세액공제만을 적용한다. (2014. 1. 1. 개정)

④ 공적연금소득을 받는 사람이 해당 과세기간 중에 사망한 경우 원천징수의무자는 그 사망일이 속하는 달의 다음다음 달 말일까지 제1항부터 제3항까지의 규정을 준용하여 그 사망자의 공적연금소득에 대한 연

제201조의 6 【연금소득세액 연말정산】 ① 법 제143조의 2의 규정에 의하여 매월분의 연금소득을 지급하는 원천징수의무자는 기획재정부령이 정하는 연금소득원천징수부(이하 "연금소득원천징수부"라 한다)를 비치·기록하여야 한다. 이 경우 연금소득원천징수부를 전산처리된 테이프 또는 디스크 등으로 수록·보관하여 항시 출력이 가능한 상태에 둔 때에는 연금소득원천징수부를 비치·기록한 것으로 본다. (2008. 2. 29. 직제개정 ; 기획재정부와~직제 부칙)

② 공적연금소득을 지급하는 원천징수의무자는 연금소득원천징수부에 의하여 해당 과세기간에 지급한 소득자별 연금소득의 합계액에서 연금소득공제·인적공제를 한 금액을 과세표준으로 하여 기본세율을 적용하여 종합소득산출세액을 계산한다. (2014. 2. 21. 개정)

③ 원천징수의무자는 제2항의 종합소득산출세액에서 다음 각호의 금액을 공제한 금액을 소득세로 징수한다. 다만, 다음 각호의 금액의 합계액이 종합소득산출세액을 초과하는 경우에 그 초과하는 부분은 이를 환급하여야 한다. (2000. 12. 29 신설)

1. 법 제143조의 2 제1항의 규정에 의하여 원천징수하는 세액(가산세액을 제외한다) (2000. 12. 29 신설)
2. 연금에 대한 외국납부세액공제 (2000. 12. 29 신설)
3. 자녀세액공제 (2014. 2. 21. 신설)
4. 표준세액공제 (2014. 2. 21. 신설)

관계조문 ▶▶

규칙 100조 28호의 5 ⇒ 연금소득원천징수부

개시되는 연도의 공적연금소득에 대하여 소득세를 원천징수함에 있어서는 다음 각호의 구분에 따라 영 별표 3 연금소득간이세액표를 적용한다. (2014. 3. 14. 개정)

1. 공적연금소득을 지급받는 사람이 법 제143조의 6 제1항에 따른 연금소득자 소득·세액 공제신고서(이하 "연금소득자 소득·세액 공제신고서"라 한다)를 제출한 경우 : 연금소득자 소득·세액 공제신고서에 의하여 영 별표 3 연금소득간이세액표를 적용한다. (2014. 3. 14. 개정)

2. 공적연금소득을 지급받는 사람이 연금소득자 소득·세액 공제신고서를 제출하지 아니한 경우 : 공제대상 가족의 수를 1명으로 보아 영 별표 3 연금소득간이세액표를 적용한다. (2014. 3. 14. 개정)

③ 원천징수의무자가 직전 연도의 공적연금소득에 대한 연말정산을 위하여 영 제201조의 7에 따라 연금소득자 소득·세액 공제신고서를 제출받은 경우 해당연도에 지급되는 공적연금소득에 대하여 원천징수를 함에 있어서는 그 신고서에 의하여 영 별표 3 연금소득간이세액표를 적용한다. 다만, 해당 연도 중에 공제대상 가족수의 변동 등으로 새로 연금소득자 소득·세액 공제신고서를 제출받은 때에는 그 받은 날이 속하는 달의 공적연금소득분부터 해당 신고서에 의하여 영 별표 3 연금소득간이세액표를 적용한다. (2014. 3. 14. 개정)

제93조의 3 【공적연금소득에 대한

말정산을 하여야 한다. (2013. 1. 1. 개정)

⑤ 제143조의 2 제1항에 따른 원천징수의무자가 지급한 연금소득의 금액이 연 600만 원 이하인 경우에는 제1항부터 제4항까지의 규정을 적용하지 아니하며, 제73조 제4항을 적용할 때에는 연말정산을 한 것으로 본다. (2009. 12. 31. 개정)

⑤ 삭 제 (2013. 1. 1.)

제143조의 5【징수 부족액의 이월징수】제143조의 4에 따른 원천징수를 하는 경우 징수하여야 할 소득세가 지급할 공적연금소득을 초과할 때에는 그 초과하는 세액은 그 다음 달의 공적연금소득을 지급할 때에 징수한다. (2013. 1. 1. 개정)

제143조의 6【연금소득자의 소득공제 등 신고】(2014. 1. 1. 제목개정)
① 공적연금소득을 지급받으려는 사람은 공적연금소득을 최초로 지급받기 전에 기획재정부령으로 정하는 연금소득자 소득·세액 공제신고서(이하 "연금소득자 소득·세액 공제신고서"라 한다)를 원천징수의무자에게 제출하여야 한다. (2014. 1. 1. 개정)
② 공적연금소득을 받는 사람이 자신의 배우자 또는 부양가족에 대한 인적공제와 자녀세액공제를 적용받으려는 경우에는 해당 연도 12월 31일까지 원천징수의무자에게 연금소득자 소득·세액 공제신고서를 대통령령으로 정하는 바에 따라 제출하여야 한다. 다만, 해당 과세기간에 제1항에 따라 연금소득자 소득·세액 공제신고서를 제출한 경우로서 공제대상 배우자 또는 부양가족이 변동되지 아니한 경우에는 연금소득자 소득·세액 공제신고서를 제출하지 아니할 수 있으며, 연금소득자가 해당 과세기간에 사망한 경우에는 상속인이 그 사망일이 속하는 달의 다음 달 말일까지 연금소득자 소득·세액 공제신고서를 제출하여야 한다. (2014. 1. 1. 개정)
③ 연금소득자 소득·세액 공제신고서를 받은 원천징수의무자는 그 신고 사항을 대통령령으로 정하는 바에 따라 원천징수 관할 세무서장에게 신고하여야 한다. (2014. 1. 1. 개정)
④ 연금소득자는 정보통신망의 활용 등 대통령령으로 정하는 바에 따라 연금소득자 소득공제신고서를 제출할 수 있다. (2009. 12. 31. 개정)

④ 삭 제 (2010. 12. 27.)

제201조의 7【연금소득자의 소득공제 및 세액공제 신고】(2014. 2. 21. 제목개정)
① 법 제143조의 6 제1항 및 제2항에 따라 연금소득자가 연금소득자 소득·세액 공제신고서를 제출하는 경우 주민등록표등본 제출에 관하여는 제198조 제2항을 준용한다. (2014. 2. 21. 개정)
② 법 제143조의 6 제1항 및 제2항에 따라 연금소득자 소득·세액 공제신고서를 제출할 때 법 제53조 제2항에 해당하는 자가 있는 경우에는 일시퇴거자 동거가족상황표를 연금소득자 소득·세액 공제신고서에 첨부하여야 한다. (2014. 2. 21. 개정)
③ 공적연금소득을 지급하는 원천징수의무자는 연금소득자 소득·세액 공제신고서를 작성하여 정보통신망에 게재할 수 있고 연금소득자는 해당 연금소득자 소득·세액 공제신고서를 정보통신망을 통하여 제출할 수 있다. (2014. 2. 21. 개정)
④ 연금소득자가 제3항에 따라 원천징수의무자가 작성한 연금소득자 소득·세액 공제신고서에 오류가 없음을 확인하는 경우(오류가 있는 경우 연금소득자가 해당 오류를 수정한 경우를 포함한다) 원천징수의무자가 작성한 소득·세액 공제신고서는 해당 연금소득자가 직접 작성하여 제출한 신고서로 본다. (2014. 2. 21. 개정)
⑤ 원천징수의무자는 연금소득자가 연금소득자 소득·세액 공제신고서의 열람 및 수정을 요청하면 이를 허용하여야 한다. (2014. 2. 21. 개정)

세액의 연말정산】(2013. 2. 23. 제목개정)
원천징수의무자가 법 제143조의 4에 따른 공적연금소득세액의 연말정산을 하지 아니한 때에는 원천징수 관할세무서장은 즉시 연말정산을 하고 그 소득세를 원천징수의무자로부터 징수하여야 한다. (2013. 2. 23. 개정)

관계조문

규칙 101조 22호 ⇒ 연금소득자 소득·세액 공제신고서

제143조의 7 【연금소득에 대한 원천징수영수증의 발급】 (2009. 12. 31. 제목개정)
원천징수의무자는 연금소득을 지급할 때 그 연금소득의 금액과 그 밖에 필요한 사항을 적은 기획재정부령으로 정하는 원천징수영수증을 연금소득자에게 발급하여야 한다. 다만, 원천징수의무자가 연금소득을 지급한 날이 속하는 과세기간의 다음 연도 2월 말일(해당 과세기간 중도에 사망한 사람에 대해서는 그 사망일이 속하는 달의 다음다음 달 말일)까지 연금소득을 받는 자에게 그 연금소득의 금액과 그 밖에 필요한 사항을 대통령령으로 정하는 내용과 방법에 따라 통지하는 경우에는 해당 원천징수영수증을 발급한 것으로 본다. (2014. 12. 23. 개정)

관계조문 》

규칙 100조 28호의 6 ⇒ 연금소득원천징수영수증

1. 공적연금소득 : 지급일이 속하는 과세기간의 다음 연도 2월 말일까지 (2013. 1. 1. 개정)
2. 제20조의 3 제1항 제2호 및 제3호에 따른 연금소득 : 연금소득을 지급하는 때 (2013. 1. 1. 개정)
1.~2. 삭　제 (2014. 12. 23.)

제 4 관　사업소득에 대한 원천징수

제144조 【사업소득에 대한 원천징수시기와 방법 및 원천징수영수증의 발급】 (2010. 12. 27. 제목개정)
① 원천징수의무자가 원천징수대상 사업소득을 지급할 때에는 그 지급금액에 원천징수세율을 적용하여 계산한 소득세를 원천징수하고, 그 사업소득의 금액과 그 밖에 필요한 사항을 적은 기획재정부령으로 정하는 원천징수영수증을 사업소득자에게 발급하여야 한다. (2010. 12. 27. 개정)
② 원천징수의무자가 대통령령으로 정하는 봉사료를 지급할 때에는 제1항을 준용한다. (2009. 12. 31. 개정)

제201조의 8 【연금소득 원천징수영수증의 교부】 법 제143조의 7 단서에서 "대통령령으로 정하는 내용과 방법에 따라 통지하는 경우"란 지급받은 연금소득의 연간 합계액, 원천징수세액명세 및 원천징수의무자의 사업자등록번호와 그 상호 또는 법인명을 정보통신망을 통하여 통보(연금소득자로부터 신청을 받은 경우에 한정한다)하거나 서면 또는 팩스로 통보하는 경우를 말한다. (2015. 2. 3. 신설)

제201조의 9 【지연지급시 원천징수】 삭　제 (2013. 2. 15.)

제201조의 10 【과세제외금액 확인을 위한 소득·세액 공제확인서의 발급 등】 (2014. 2. 21. 제목개정)
① 다음 각 호의 어느 하나에 해당하는 사람(이하 이 조에서 "연금소득자 등"이라 한다)이 과세제외금액(공적연금소득의 경우 과세제외기여금등을 말한다. 이하 이 조에서 같다)이 있어 이를 확인받으려는 경우에는 연금보험료 등 소득·세액 공제확인서를 관할 세무서장에게 신청하여 발급받은 후 그 확인서를 원천징수의무자에게 제출하여야 한다. (2014. 2. 21. 개정)
1. 공적연금 관련법에 따른 각종 연금 및 일시금을 수령하려는 사람 (2013. 2. 15. 개정)
2. 연금계좌에서 인출하려는 사람 (2013. 2. 15. 개정)
3. 법 제21조 제1항 제18호에 따른 기타소득을 지급받으려는 사람 (2013. 2. 15. 개정)
② 제1항에 따라 연금보험료 등 소득·세액 공제확인서를 제출받은 원천징수의무자는 연금보험료 등의 납입액(이미 과세제외금액으로 확인된 금액은 제외하며, 이하 이 조에서 "확인대상납입액"이라 한다)이 소득공제 및 세액공제를 받은 금액을 초과하는 경우 그 초과하는 금액을 과세제외금액으로 확인하여야 한다. (2014. 2. 21. 개정)
③ 제1항에 따라 연금보험료 등 소득·세액 공제확인서를 제출받은 원천징수의무자(연금계좌취급자로 한정한다)는 「조세특례제한법」 제89조의 2 제1항에 따른 세금우대저축자료 집중기관을 통하여 연금소득자 등이 가입한 다른 연금계좌의 납입내역이 확인되는 경우 제2항에도 불구하고 다음 각 호의 금액 중 적은 금액을 해당 연금계좌의 과세제외금액으로 확인하여야 한다. (2017. 2. 3. 개정)

영 184조 ⇒ 원천징수대상 사업소득의 범위
영 193조 ⇒ 원천징수영수증의 교부

제144조의 2【과세표준확정신고 예외 사업소득세액의 연말정산】 ① 제73조 제1항 제4호에 따른 사업소득(이하 "연말정산 사업소득"이라 한다)을 지급하는 원천징수의무자는 해당 과세기간의 다음 연도 2월분의 사업소득을 지급할 때(2월분의 사업소득을 2월 말일까지 지급하지 아니하거나 2월분의 사업소득이 없는 경우에는 2월 말일로 한다. 이하 이 조에서 같다) 또는 해당 사업자와의 거래계약을 해지하는 달의 사업소득을 지급할 때에 해당 과세기간의 사업소득금액에 대통령령으로 정하는 율을 곱하여 계산한 금액에 그 사업자가 제144조의 3에 따라 신고한 내용에 따라 종합소득공제를 적용한 금액을 종합소득과세표준으로 하여 종합소득산출세액을 계산하고, 그 산출세액에서 이 법 및 「조세특례제한법」에 따른 세액공제를 적용한 후 해당 과세기간에 이미 원천징수하여 납부한 소득세를 공제하고 남은 금액을 원천징수한다. (2010. 12. 27. 개정)
② 제1항의 경우 징수하여야 할 소득세가 지급할 사업소득의 금액을 초과할 때(그 다음 달에 지급할 사업소득이 없는 경우는 제외한다)에는 그 초과하는 세액은 그 다음 달의 사업소득을 지급할 때에 징수한다. (2010. 12. 27. 개정)
③ 제1항의 경우 해당 과세기간에 이미 원천징수하여 납부한 소득세가 해당 종합소득 산출세액에서 세액공제를 한 금액을 초과할 때에는 그

---

1. 해당 연금계좌의 확인대상납입액과 다른 연금계좌의 확인대상납입액의 합계액이 세액공제 받은 금액을 초과하는 경우 그 초과하는 금액 (2014. 2. 21. 개정)
2. 해당 연금계좌의 확인대상납입액 (2013. 2. 15. 개정)
④ 제1항의 연금보험료 등 소득·세액 공제확인서는 기획재정부령으로 정하며, 연금소득자등이 연금보험료 등 소득·세액 공제확인서와 연금납입확인서의 발급을 신청한 경우 관할 세무서장과 연금계좌취급자는 즉시 발급하여야 한다. (2014. 2. 21. 개정)
⑤ 연금계좌취급자는 연금소득자등이 연금계좌를 해지한 이후에도 제4항에 따라 연금납입확인서를 발급하기 위해 필요한 연금납입 정보를 별도의 기간 제한 없이 보유해야 한다. (2020. 2. 11. 신설)

제201조의 11【사업소득세액의 연말정산】 ① 법 제137조 제1항 제2호 및 제3호에 따른 사업소득의 원천징수의무자가 법 제144조의 2 제1항에 따른 연말정산을 하려는 경우에는 최초로 연말정산을 하려는 해당 과세기간의 종료일까지 기획재정부령으로 정하는 사업소득세액연말정산신청서를 사업장 관할세무서장에게 제출하여야 한다. (2013. 2. 15. 개정)
② 법 제144조의 2 제1항에서 "대통령령으로 정하는 바에 따라 연말정산 신청을 하는 경우"란 제137조 제1항 제2호의 사업자에 대한 사업소득 원천징수의무자가 최초로 연말정산을 하려는 해당 과세기간의 종료일까지 기획재정부령으로 정하는 사업소득세액연말정산신청서를 사업장 관할 세무서장에게 제출하는 경우를 말한다. (2010. 6. 8. 신설)
② 삭 제 (2010. 12. 30.)
③ 제1항에 따라 사업소득세액연말정산신청서를 제출한 원천징수의무자가 연말정산을 하지 아니하려는 경우에는 해당 과세기간의 종료일까지 기획재정부령으로 정하는 사업소득세액연말정산포기서를 사업장 관할 세무서장에게 제출하여야 한다. (2010. 12. 30. 개정)
④ 법 제144조의 2 제1항에서 "해당 과세기간의 사업소득금액에 대통령령으로 정하는 율을 곱하여 계산한 금액"이란 해당 과세기간에 지급한 수입금액에 해당 업종의 기준경비율 및 단순경비율에 따라 계산한 소득의 소득률을 고려하여 기획재정부령으로 정하는 율(이하 "연말정산사업소득의 소득률"이라 한다)을 곱하여 계산한 금액을 말한다.

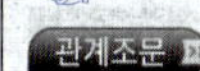

규칙 100조 28호의 2 ⇒ 소득·세액 공제확인서

규칙 100조 39호 ⇒ 사업소득세액연말정산신청(포기)서

제94조의 2【연말정산사업소득의 소득률】 (2010. 4. 30. 제목개정)
영 제201조의 11 제4항에서 "기획재정부령으로 정하는 율"이란 다음 계산식에 따른 율을 말한다. 이 경우 해당 과세기간의

초과액은 해당 사업자에게 대통령령으로 정하는 바에 따라 환급하여야 한다. (2009. 12. 31. 개정)

④ 원천징수의무자가 제144조의 3에 따른 신고를 하지 아니한 사업자에 대해서 제1항을 적용하여 원천징수할 때에는 기본공제 중 그 사업자 본인에 대한 분과 표준세액공제만을 적용한다. (2014. 1. 1. 개정)

⑤ 2인 이상으로부터 연말정산 사업소득을 지급받는 자와 해당 과세기간의 중도에 새로운 계약체결에 따라 연말정산 사업소득을 지급받는 자에 대한 사업소득세액의 연말정산에 관하여는 제137조의 2 및 제138조를 준용한다. (2010. 12. 27. 신설)

　　제144조의 3 【연말정산 사업소득자의 소득공제 등 신고】 (2014. 1. 1. 제목개정)

제144조의 2에 따라 연말정산을 할 때 해당 사업자가 종합소득공제, 자녀세액공제, 연금계좌세액공제 및 특별세액공제를 적용받으려는 경우에는 해당 과세기간의 다음 연도 2월분의 사업소득을 받기 전(해당 원천징수의무자와의 거래계약을 해지한 경우에는 해지한 달의 사업소

(2010. 6. 8. 신설)

⑤ 법 제144조의 2 제3항에 따른 초과액을 해당 사업자에게 환급하는 경우에 관하여는 제201조를 준용한다. (2010. 6. 8. 신설)

⑥ 2인 이상으로부터 연말정산사업소득을 지급받는 자와 해당 과세기간의 중도에 새로운 계약체결에 따라 연말정산사업소득을 지급받는 자에 대한 사업소득세액 연말정산에 관하여는 법 제137조 제3항 및 제138조를 준용한다. (2010. 6. 8. 신설)

⑥ 삭　제 (2010. 12. 30.)

⑦ 법 제144조의 2 제1항에 따른 원천징수의무자는 기획재정부령으로 정하는 사업소득원천징수부를 갖추어 매월 기록하여야 한다. 이 경우 사업소득원천징수부를 전산처리된 테이프 또는 디스크 등으로 수록·보관하여 항상 출력이 가능한 상태에 둔 때에는 사업소득원천징수부를 갖추어 기록한 것으로 본다. (2010. 6. 8. 신설)

⑧ 법 제144조의 2 제1항에 따른 원천징수의무자는 연말정산일이 속하는 달의 다음 달 말일까지 그 사업소득의 금액과 그 밖에 필요한 사항을 적은 사업소득세액 연말정산분에 대한 원천징수영수증을 해당 사업자에게 발급하여야 한다. (2010. 6. 8. 신설)

⑨ 연말정산사업소득을 지급하지 아니한 때에는 다음 각 호의 어느 하나에 해당하는 때에 지급한 것으로 본다. (2010. 6. 8. 신설)

1. 1월부터 11월까지의 사업소득을 해당 과세기간의 12월 31일까지 지급하지 아니한 경우에는 12월 31일 (2010. 6. 8. 신설)

2. 12월분의 사업소득을 다음 연도 2월 말일까지 지급하지 아니한 경우에는 다음 연도 2월 말일 (2010. 6. 8. 신설)

⑧~⑨ 삭　제 (2010. 12. 30.)

⑩ 연말정산사업소득이 있는 자가 법 제70조에 따른 종합소득과세표준 확정신고를 할 때에는 제4항에 따라 계산한 금액을 연말정산사업소득의 소득금액으로 신고할 수 있다. (2010. 6. 8. 신설)

⑪ 사업소득세액 연말정산에 관하여 이 영에 특별한 규정이 있는 경우 외에는 근로소득세액 연말정산의 예에 따른다. (2010. 6. 8. 신설)

　　제201조의 12 【연말정산사업소득의 소득공제 및 세액공제 신고 등】 (2014. 2. 21. 제목개정)

법 제144조의 3에 따라 종합소득공제, 자녀세액공제, 연금계좌세액공제 및 특별세액공제를 적용받으려는 사업자는 기획재정부령으로 정하는 소득·세액 공제신고서에 법 제167조 제1항에 따른 주민등록표 등본등을 첨부하여 원천징수의무자에게 제출하여야 한다. (2014. 2. 21.

단순경비율이 결정되어 있지 아니한 경우에는 직전 과세기간의 단순경비율을 적용한다. (2011. 3. 28. 개정)

소득률 = (1 - 영 제145조 제1항에 따른 단순경비율)

☞
▶▶ 관계조문
─────────

규칙 100조 28호의 3 ⇒ 사업소득원천징수부

☞
▶▶ 관계조문
─────────

규칙 100조 28호의 4 ⇒ 소득·세액 공제확인서

득을 받기 전을 말한다)에 원천징수의무자에게 대통령령으로 정하는 바에 따라 연말정산 사업소득자 소득·세액 공제신고서를 제출하여야 한다. (2014. 1. 1. 개정)

제144조의 4【연말정산 사업소득에 대한 원천징수영수증의 발급】 연말정산 사업소득을 지급하는 원천징수의무자는 연말정산일이 속하는 달의 다음 달 말일까지 그 사업소득의 금액과 그 밖에 필요한 사항을 적은 기획재정부령으로 정하는 원천징수영수증을 해당 사업자에게 발급하여야 한다. (2010. 12. 27. 개정)

제144조의 5【연말정산 사업소득의 원천징수시기에 대한 특례】 ① 연말정산 사업소득을 지급하여야 할 원천징수의무자가 1월부터 11월까지의 사업소득을 해당 과세기간의 12월 31일까지 지급하지 아니한 경우에는 12월 31일에 그 사업소득을 지급한 것으로 보아 소득세를 원천징수한다. (2010. 12. 27. 신설)
② 원천징수의무자가 12월분의 연말정산 사업소득을 다음 연도 2월 말일까지 지급하지 아니한 경우에는 다음 연도 2월 말일에 그 사업소득을 지급한 것으로 보아 소득세를 원천징수한다. (2010. 12. 27. 신설)

제5관 기타소득에 대한 원천징수

제145조【기타소득에 대한 원천징수시기와 방법 및 원천징수영수증의 발급】 (2010. 12. 27. 제목개정)
① 원천징수의무자가 기타소득을 지급할 때에는 그 기타소득금액에 원천징수세율을 적용하여 계산한 소득세를 원천징수한다. (2009. 12. 31. 개정)

·예 판 ·······························
영업권 거래 당사자가 영업권 대가 중 부가가치세를 지급하는 것으로 약정하고 이를 지급하더라도 그 지급액의 100/110의 상당액에 대해 「소득세법」 145조 1항에 따라 원천징수하는 것임. (사전-2018-법령해석소득-0632, 2019. 1. 30.)
···

개정)

제202조【원천징수대상 기타소득금액】 ① 법 제145조 제1항의 규정에 의한 기타소득금액은 당해 지급금액에서 이에 대응하는 필요경비로 당해 원천징수의무자가 확인할 수 있는 금액 또는 제87조의 규정에 의한 필요경비를 공제한 금액으로 한다. (2007. 2. 28. 개정)
② 법 제145조 제2항 단서에서 "대통령령으로 정하는 금액"이란 100만원(필요경비를 공제하기 전의 금액을 말한다)을 말한다. (2010. 2. 18. 개정)
③ 법 제145조 제1항에 따라 소득세를 원천징수할 때 「조세특례제한법」 제100조의 18 제1항에 따라 배분받은 소득은 지급받은 날에 원천징수한다. 다만, 해당 동업기업의 과세기간 종료 후 3개월이 되는 날까지 지급하지 아니한 때에는 그 3개월이 되는 날에 원천징수한다.

관계조문

영 87조 ⇒ 기타소득의 필요경비계산

② 기타소득을 지급하는 원천징수의무자는 이를 지급할 때에 그 기타소득의 금액과 그 밖에 필요한 사항을 적은 기획재정부령으로 정하는 원천징수영수증을 그 소득을 받는 사람에게 발급하여야 한다. 다만, 제21조 제1항 제15호 가목 및 제19호 가목 · 나목에 해당하는 기타소득으로서 대통령령으로 정하는 금액 이하를 지급할 때에는 지급받는 자가 원천징수영수증의 발급을 요구하는 경우 외에는 발급하지 아니할 수 있다. (2010. 12. 27. 개정)

제145조의 2 【기타소득 원천징수시기에 대한 특례】「법인세법」 제67조에 따라 처분되는 기타소득에 대한 소득세의 원천징수시기에 관하여는 제131조 제2항을 준용한다. (2010. 12. 27. 신설)

제145조의 3 【종교인소득에 대한 연말정산 등】① 종교인소득을 지급하고 그 소득세를 원천징수하는 자는 해당 과세기간의 다음 연도 2월분의 종교인소득을 지급할 때(2월분의 종교인소득을 2월 말일까지 지급하지 아니하거나 2월분의 종교인소득이 없는 경우에는 2월 말일로 한다. 이하 이 조에서 같다) 또는 해당 종교관련종사자와의 소속관계가 종료되는 달의 종교인소득을 지급할 때 해당 과세기간의 종교인소득에 대하여 대통령령으로 정하는 방법에 따라 계산한 금액을 원천징수한다. (2015. 12. 15. 신설)
② 종교인소득에 대한 제1항에 따른 연말정산, 소득공제 등의 신고, 원천징수영수증의 발급 또는 원천징수 시기에 관하여는 제144조의 2(같은 조 제1항은 제외한다)부터 제144조의 5까지의 규정을 준용한다. 이 경우 "사업소득"은 "종교인소득"으로, "사업자" 또는 "사업소득자"는 "종교관련종사자"로, "거래계약"은 "소속관계"로, "해지"는 "종료"로 본다. (2015. 12. 15. 신설)

제 6 관　퇴직소득에 대한 원천징수

제146조 【퇴직소득에 대한 원천징수시기와 방법 및 원천징수영수증의 발급 등】 (2013. 1. 1. 제목개정)

(2009. 2. 4. 신설)
④ 법 제145조 제1항에 따라 원천징수의무자가 소득세를 원천징수할 때 종교인소득에 대해서는 별표 3의 4의 종교인소득 간이세액표 해당란의 세액을 기준으로 원천징수한다. (2017. 12. 29. 개정)

제202조의 4 【종교인소득에 대한 연말정산 등】① 법 제145조의 3 제1항에서 "대통령령으로 정하는 방법에 따라 계산한 금액"이란 종교관련종사자가 해당 과세기간에 받은 금액에서 제87조 제3호에 따른 필요경비를 공제하고 법 제145조의 3 제2항 및 법 제144조의 3에 따라 신고한 종합소득공제를 적용한 금액을 종합소득과세표준으로 하여 종합소득산출세액을 계산하고, 그 종합소득산출세액에서 이 법 및 「조세특례제한법」에 따른 세액공제를 적용한 후 해당 과세기간에 이미 원천징수하여 납부한 소득세를 공제하고 남은 금액을 말한다. (2016. 2. 17. 신설)
② 종교인소득에 대한 연말정산, 소득공제 및 세액공제의 신고 등에 대해서는 제201조의 11(같은 조 제4항은 제외한다) 및 제201조의 12를 준용한다. 이 경우 "사업소득"은 "종교인소득"으로, "사업자" 또는 "사업소득자"는 "종교관련종사자"로, "사업소득세액연말정산신청서"는 "종교인소득세액연말정산신청서"로, "사업소득원천징수부"는 "종교인소득원천징수부"로 본다. (2016. 2. 17. 신설)

제202조의 2 【이연퇴직소득세액 및 원천징수세액의 계산】① 법 제146조 제2항에 따라 원천징수하지 아니하거나 환급하는 퇴직소

① 원천징수의무자가 퇴직소득을 지급할 때에는 그 퇴직소득과세표준에 원천징수세율을 적용하여 계산한 소득세를 징수한다. (2013. 1. 1. 개정)

② 거주자의 퇴직소득이 다음 각 호의 어느 하나에 해당하는 경우에는 제1항에도 불구하고 해당 퇴직소득에 대한 소득세를 연금외수령하기 전까지 원천징수하지 아니한다. 이 경우 제1항에 따라 소득세가 이미 원천징수된 경우 해당 거주자는 원천징수세액에 대한 환급을 신청할 수 있다. (2013. 1. 1. 개정)

1. 퇴직일 현재 연금계좌에 있거나 연금계좌로 지급되는 경우 (2013. 1. 1. 개정)

2. 퇴직하여 지급받은 날부터 60일 이내에 연금계좌에 입금되는 경우 (2014. 1. 1. 개정)

③ 퇴직소득을 지급하는 자는 그 지급일이 속하는 달의 다음 달 말일까지 그 퇴직소득의 금액과 그 밖에 필요한 사항을 적은 기획재정부령으로 정하는 원천징수영수증을 퇴직소득을 지급받는 사람에게 발급하여야 한다. 다만, 제2항에 따라 퇴직소득에 대한 소득세를 원천징수하지 아니한 때에는 그 사유를 함께 적어 발급하여야 한다. (2013. 1. 1. 개정)

④ 퇴직소득의 원천징수 방법과 환급절차 등에 관하여 필요한 사항은 대통령령으로 정한다. (2013. 1. 1. 개정)

제146조의 2【소득이연퇴직소득의 소득발생과 소득세의 징수이연 특례】① 2012년 12월 31일 이전에 퇴직하여 지급받은 퇴직소득을 퇴직연금계좌에 이체 또는 입금함에 따라 그 퇴직연금계좌에서 가입자가 실제로 지급받을 때까지 소득이 발생하지 아니한 것으로 보는 금액(운용실적에 따라 추가로 지급받는 금액이 있는 경우 그 금액을 포함하며, 이하 "소득이연퇴직소득"이라 한다)이 2014년 12월 31일에 퇴직연금계좌에 있는 경우 2014년 12월 31일에 해당 소득이연퇴직소득 전액을 퇴직소득으로 지급받아 즉시 해당 퇴직연금계좌에 다시 납입한 것으로 본다. (2014. 12. 23. 신설)

② 제1항에 따라 지급받아 다시 납입한 것으로 보는 퇴직소득에 대한 소득세는 제146조 제2항 전단에 따라 원천징수되지 아니한 것으로 본

득세(이하 이 조에서 "이연퇴직소득세"라 한다)는 다음의 계산식(환급하는 경우의 퇴직소득금액은 이미 원천징수한 세액을 뺀 금액으로 한다)에 따라 계산한 금액으로 한다. (2013. 2. 15. 신설)

$$\text{퇴직소득 산출세액} \times \frac{\text{법 제146조 제2항 각 호에 해당하는 금액}}{\text{퇴직소득금액}}$$

② 이연퇴직소득을 연금외수령하는 경우 원천징수의무자는 다음의 계산식에 따라 계산한 이연퇴직소득세를 원천징수하여야 한다. (2013. 2. 15. 신설)

$$\text{연금외수령 당시 이연퇴직소득세} \times \frac{\text{연금외수령한 이연퇴직소득}}{\text{연금외수령 당시 이연퇴직소득}}$$

③ 제2항의 계산식에서 "연금외수령 당시 이연퇴직소득세"란 해당 연금외수령 전까지의 이연퇴직소득세 누계액에서 인출한 이연퇴직소득의 누계액(이하 이 항에서 "인출퇴직소득누계액"이라 한다)에 대한 세액을 뺀 금액을 말하며, 인출퇴직소득누계액에 대한 세액은 다음의 계산식에 따라 계산한 금액으로 한다. (2013. 2. 15. 신설)

$$\text{이연퇴직소득세 누계액} \times \frac{\text{인출퇴직소득 누계액}}{\text{이연퇴직소득 누계액}}$$

④ 제3항의 계산식을 적용할 때 해당 연금외수령 전까지 법 제148조에 따라 퇴직소득세액을 정산한 경우에는 제203조 제5항 전단에 따라 계산한 정산후이연퇴직소득세액을 이연퇴직소득세 누계액으로 하고, 정산 전까지 인출한 이연퇴직소득은 이연퇴직소득 누계액 및 인출퇴직소득 누계액에 산입하지 않는다. (2025. 2. 28. 신설)

⑤ 이연퇴직소득을 지급하는 원천징수의무자는 이연퇴직소득 지급일이 속하는 달의 다음 달 말일까지 기획재정부령으로 정하는 원천징수영수증을 연금외수령한 사람에게 발급하여야 한다. (2025. 2. 28. 항번개정)

제202조의 3【퇴직소득세의 환급절차】① 법 제146조 제2항 각 호 외의 부분 후단에 따라 환급을 신청하려는 사람(이하 이 조에서 "환급신청자"라 한다)은 퇴직소득이 연금계좌에 지급 또는 입금될 때 기획재정부령으로 정하는 과세이연계좌신고서를 연금계좌취급자에게

편주 ▶ ⋯⋯⋯⋯⋯⋯⋯⋯⋯⋯⋯

영 202조의 2 제4항의 개정규정은 2026. 1. 1. 이후 퇴직(영 43조 2항에 따라 퇴직한 것으로 보는 경우를 포함함)하여 지급받는 소득분부터 적용함. (영 부칙(2025. 2. 28.) 19조)

⋯⋯⋯⋯⋯⋯⋯⋯⋯⋯⋯⋯⋯⋯

☞

편주 ▶ ⋯⋯⋯⋯⋯⋯⋯⋯⋯⋯⋯

영 203조의 개정규정은 2026. 1. 1. 이후 퇴직(영 43조 2항에 따라 퇴직한 것으로 보는 경우를 포함함)하여 지급받는 소득분부터 적용함. (영 부칙(2025. 2. 28.) 19조)

⋯⋯⋯⋯⋯⋯⋯⋯⋯⋯⋯⋯⋯⋯

☞

다. (2014. 12. 23. 신설)

　제147조 【퇴직소득 원천징수시기에 대한 특례】(2010. 12. 27. 제목개정)
① 퇴직소득을 지급하여야 할 원천징수의무자가 1월부터 11월까지의 사이에 퇴직한 사람의 퇴직소득을 해당 과세기간의 12월 31일까지 지급하지 아니한 경우에는 그 퇴직소득을 12월 31일에 지급한 것으로 보아 소득세를 원천징수한다. (2010. 12. 27. 개정)
② 원천징수의무자가 12월에 퇴직한 사람의 퇴직소득을 다음 연도 2월 말일까지 지급하지 아니한 경우에는 그 퇴직소득을 다음 연도 2월 말일에 지급한 것으로 보아 소득세를 원천징수한다. (2010. 12. 27. 개정)
③ 법인이 이익 또는 잉여금의 처분에 따라 지급하여야 할 퇴직소득을 그 처분을 결정한 날부터 3개월이 되는 날까지 지급하지 아니한 경우에는 그 퇴직소득을 그 3개월이 되는 날에 지급한 것으로 보아 소득세를 원천징수한다. 다만, 11월 1일부터 12월 31일까지의 사이에 결정된 처분에 따라 다음 연도 2월 말일까지 퇴직소득을 지급하지 아니한 경우 그 퇴직소득을 다음 연도 2월 말일에 지급한 것으로 보아 소득세를 원천징수한다. (2010. 12. 27. 개정)
③ 삭　제 (2013. 1. 1.)
④ 제22조 제1항 제1호에 따른 퇴직소득에 대해서는 제1항 및 제2항을 적용하지 아니한다. (2013. 1. 1. 개정)

　제148조 【퇴직소득에 대한 세액정산 등】(2014. 12. 23. 제목개정)
① 퇴직자가 퇴직소득을 지급받을 때 이미 지급받은 다음 각 호의 퇴직소득에 대한 원천징수영수증을 원천징수의무자에게 제출하는 경우 원천징수의무자는 퇴직자에게 이미 지급된 퇴직소득과 자기가 지급할 퇴직소득을 합계한 금액에 대하여 정산한 소득세를 원천징수하여야 한다. (2013. 1. 1. 개정)
1. 해당 과세기간에 이미 지급받은 퇴직소득 (2013. 1. 1. 개정)
2. 대통령령으로 정하는 근로계약에서 이미 지급받은 퇴직소득 (2013. 1. 1. 개정)

제출하여야 한다. (2015. 2. 3. 개정)
② 연금계좌취급자는 제1항에 따라 제출받은 과세이연계좌신고서를 원천징수의무자에게 제출하여야 하고 원천징수의무자는 제202조의 2 제1항의 계산식에 따라 계산한 세액을 환급할 세액으로 하되, 환급할 소득세가 환급하는 달에 원천징수하여 납부할 소득세를 초과하는 경우에는 다음 달 이후에 원천징수하여 납부할 소득세에서 조정하여 환급한다. 다만, 원천징수의무자가 기획재정부령으로 정하는 원천징수세액환급신청서를 원천징수관할세무서장에게 제출하는 경우에는 원천징수관할세무서장이 그 초과액을 환급한다. (2015. 2. 3. 개정)
③ 제2항에 따라 환급되는 세액은 과세이연계좌신고서에 있는 연금계좌에 이체 또는 입금하는 방법으로 환급하며, 해당 환급세액은 이연퇴직소득에 포함한다. 다만, 원천징수의무자의 폐업 등으로 연금계좌취급자가 과세이연계좌신고서를 원천징수의무자의 원천징수 관할 세무서장에게 제출한 경우에는 원천징수 관할 세무서장이 해당 환급세액을 환급신청자에게 직접 환급할 수 있다. (2015. 2. 3. 단서개정)
④ 법 제146조 제2항에 따라 퇴직소득세를 원천징수하지 않거나 환급한 경우 원천징수의무자는 법 제164조에 따른 지급명세서를 연금계좌취급자에게 즉시 통보하여야 한다. (2013. 2. 15. 신설)

　제203조 【퇴직소득세액의 정산】① 법 제148조 제1항에 따라 정산하는 퇴직소득세는 이미 지급된 퇴직소득과 자기가 지급할 퇴직소득을 합계한 금액에 대하여 퇴직소득세액을 계산한 후 이미 지급된 퇴직소득에 대한 세액을 뺀 금액으로 한다. (2013. 2. 15. 개정)
　제203조 【퇴직소득세액의 정산】① 법 제148조 제1항에 따라 정산하는 퇴직소득세는 이미 지급된 퇴직소득과 자기가 지급할 퇴직소득을 합계한 금액(이하 "퇴직소득누계액"이라 한다)에 대해 퇴직소득세액을 계산한 후 이미 지급된 퇴직소득에 대한 세액을 뺀 금액으로 한다. (2025. 2. 28. 개정)
② 제1항에도 불구하고 이미 지급된 퇴직소득 중 이연퇴직소득이 있는 퇴직자가 퇴직소득을 지급받는 경우에는 법 제148조 제1항에 따라 정산하는 퇴직소득세는 다음 계산식에 따라 계산한 금액으로 한다. 이 경우 퇴직자는 법 제148조 제1항에 따라 퇴직소득에 대한 원천징수영수

관계조문 ▶▶

규칙 100조 28호의 7 ⇒ 과세이연계좌신고서
규칙 100조 38호 ⇒ 원천징수세액환급신청서

② 2012년 12월 31일 이전에 퇴직하여 지급받은 퇴직소득을 퇴직연금계좌에 이체 또는 입금하여 퇴직일에 퇴직소득이 발생하지 아니한 경우 제146조의 2에도 불구하고 해당 퇴직일에 해당 퇴직소득이 발생하였다고 보아 해당 퇴직소득을 제1항 제2호의 이미 지급받은 퇴직소득으로 보고 제1항을 적용할 수 있다. (2014. 12. 23. 신설)

③ 퇴직소득세액의 정산 방법 및 절차 등에 관하여 필요한 사항은 대통령령으로 정한다. (2014. 12. 23. 항번개정)

통칙 148‑203…1 【중간정산 퇴직금을 분할 지급하는 경우 퇴직소득의 수입시기 등】

기업이 근로자에게 중간정산 퇴직금을 분할 하여 지급하는 경우에는 다음과 같이 원천징수한다. (2011. 3. 21. 신설)

1. 근로자가 분할지급 받는 퇴직소득의 수입시기는 약정에 의하여 중간정산 퇴직금을 최초로 지급 받기로 한 날(지급일에 관한 약정이 없는 경우에는 실제로 중간정산 퇴직금을 최초로 지급 받은 날)로 한다.

2. 원천징수방법은
   (1) 원천징수의무자가 퇴직소득을 1차로 지급하는 때에 1차 지급분에 대하여 원천징수한다.
   (2) 2차 이후의 지급분에 대하여는
      (가) 1차 지급일과 동일한 연도에 지급하는 경우에는 당해 지급분을 지급하는 때에 원천징수하며
      (나) 1차 지급일과 동일한 연도에 미지급한 경우에는 법 제147조의 규정에 의한 퇴직소득 지급시기의 의제를 적용하여 원천징수한다.

증을 원천징수의무자에게 제출할 때 연금계좌취급자로부터 발급받은 기획재정부령으로 정하는 연금계좌 현황자료를 함께 제출하거나 연금계좌취급자로 하여금 해당 연금계좌 현황자료를 원천징수의무자에게 제출하게 해야 한다. (2025. 2. 28. 신설)

$$A - (B + C + D)$$

A : 퇴직소득누계액에 대한 퇴직소득세액

B : 정산전이연퇴직소득세액*

C : 정산 전까지 지급된 퇴직소득에 대해 원천징수된 세액 (법 제146조 제2항 후단에 따라 환급된 원천징수세액 및 정산 전까지 인출한 이연퇴직소득에 대한 원천징수세액은 제외한다)

D : 정산 전까지 인출한 이연퇴직소득을 전액 연금외수령 하였다고 가정할 때 제202조의 2 제2항부터 제4항까지의 규정에 따라 계산한 원천징수세액

* 정산전이연퇴직소득세액

$$= E \times \frac{F}{G}$$

E : 퇴직소득누계액에 대한 퇴직소득세액

F : 정산 전까지의 이연퇴직소득 누계액에서 정산 전까지 인출한 이연퇴직소득 누계액을 뺀 금액

G : 퇴직소득누계액

③ 제1항 및 제2항에 따라 퇴직소득세를 정산하는 경우의 근속연수는 이미 지급된 퇴직소득에 대한 근속연수와 지급할 퇴직소득의 근속연수를 합산한 월수에서 중복되는 기간의 월수를 뺀 월수에 따라 계산한다. (2025. 2. 28. 개정)

④ 법 제148조 제1항 제2호에서 "대통령령으로 정하는 근로계약"이란 근로제공을 위하여 사용자와 체결하는 계약으로서 사용자가 같은 하나의 계약(제43조 제1항 각 호의 어느 하나에 해당하는 사유로 체결하는 계약을 포함한다)을 말한다. (2025. 2. 28. 항번개정)

⑤ 원천징수의무자는 제2항 전단에 따라 퇴직소득세를 정산하는 경우에는 제2항의 계산식 중 정산전이연퇴직소득세액과 정산 시 자기가 지급할 퇴직소득에 대해 제202조의 2 제1항에 따라 계산한 이연퇴직소득세액을 합산한 금액(이하 "정산후이연퇴직소득세액"이라 한다)을 계산하고, 법 제164조에 따른 지급명세서에 정산후이연퇴직소득세액을 반영하여 연금계좌취급자에게 즉시 통보해야 한다. 이 경우 둘 이상의 연금계좌에 있거나 입금될 이연퇴직소득에 대한 연금계좌별 정산후이연퇴직소득세액은 전체 정산후이연퇴직소득세액을 연금계좌별 이연퇴직소득(정산 전까지 인출한 이연퇴직소득은 제외한다)의 비율로 안분한 금액으로 한다. (2025. 2. 28. 신설)

⑥ 제5항 전단에 따른 통보를 받은 연금계좌취급자는 연금계좌별 정산후이연퇴직소득세액을 제2항 후단에 따른 연금계좌 현황자료 작성 및 제202조의 2 제2항부터 제4항까지의 규정에 따른 원천징수세액 계산 시 반영해야 한다. (2025. 2. 28. 신설)

제203조의 2 【금융투자소득에 대한 원천징수】 ① 법 제148조의 2 제1항에 따른 계좌보유자별 금융투자소득금액에 대한 원천징수세액은 법 제87조의 18 제1항 각 호의 소득금액별로 구분하여 다음 각 호의 순서대로 계산한다. (2021. 2. 17. 신설)
1. 「금융실명거래 및 비밀보장에 관한 법률」 제2조 제4호에 따른 실지명의별로 보유계좌에서 발생한 해당 과세기간의 소득금액과 손실금액을 법 제87조의 18 제1항 각 호의 구분별로 합산 (2021. 2. 17. 신설)
2. 제1호에 따라 법 제87조의 18 제1항 각 호의 구분별로 합산된 소득금액에 제5항, 제6항 및 제8항에 따라 금융투자소득 기본공제를 적용 (2021. 2. 17. 신설)
3. 제2호에 따라 금융투자소득 기본공제를 적용한 금액이 0보다 큰 경우에는 그 금액에 원천징수세율을 적용하여 계산한 금액을 합산 (2021. 2. 17. 신설)
② 제1항 제1호에 따라 법 제87조의 18 제1항 각 호의 구분별로 합산된 소득금액 또는 제1항 제2호에 따라 금융투자소득 기본공제를 적용한 금액이 0보다 작거나 같은 경우에는 원천징수를 하지 않는다. (2021. 2. 17. 신설)
③ 계좌보유자별 금융투자결손금액은 제1항 제1호에 따라 계산한 금액이 0보다 작은 경우 해당 금액을 말한다. (2021. 2. 17. 신설)
④ 「금융실명거래 및 비밀보장에 관한 법률」에 따른 금융회사등(이하 이 장에서 "금융회사등"이라 한다)은 계좌보유자별로 소득금액 또는 손실금액이 발생하는 때에 제1항을 적용하여 누적하여 계산한 원천징수세액 상당액에 해당하는 금액에 대해 법 제148조의 2 제3항에 따라 계좌에서 인출을 제한할 수 있다. (2022. 2. 15. 개정)
⑤ 금융회사등을 통하여 지급받는 금융투자소득이 있는 자는 법 제87조의 18 제1항

제 7 관　금융투자소득에 대한 원천징수 (2020. 12. 29. 신설)

제148조의 2 【금융투자소득에 대한 원천징수시기 및 방법】 ① 금융회사등은 다음 각 호의 기간(이하 "금융투자소득 원천징수기간"이라 한다) 중 관리하는 모든 계좌에 대하여 금융투자소득금액을 계좌보유자별로 합산하여 대통령령으로 정하는 바에 따라 계좌보유자별 금융투자소득금액 또는 금융투자결손금을 계산하여야 한다. (2020. 12. 29. 신설)
1. 해당 과세기간의 반기 (2020. 12. 29. 신설)
2. 반기 중 계좌를 해지한 경우 반기 시작일부터 계좌해지일까지 (2020. 12. 29. 신설)

② 금융회사등은 제1항에 따라 계산한 금융투자소득금액에서 대통령령으로 정하는 바에 따라 기본공제액을 공제한 후 원천징수세율을 적용하여 계산한 금융투자소득세를 금융투자소득 원천징수기간의 종료일에 원천징수한다. (2022. 12. 31. 개정)

③ 금융회사등은 금융투자소득 원천징수기간에 각 계좌보유자별로 금융투자소득금액을 대통령령으로 정하는 바에 따라 누적 관리하여야 하며, 계좌보유자별 원천징수세액 상당액에 대해서는 원천징수기간 중 인출을 제한할 수 있다. (2020. 12. 29. 신설)

④ 상반기의 계좌보유자별 금융투자결손금은 하반기의 원천징수대상 금융투자소득금액에서 공제한다. (2020. 12. 29. 신설)

⑤ 이 법 또는 다른 법률에 따라 비과세되는 금융투자소득이 있는 자는 금융투자소득 원천징수기간까지 대통령령으로 정하는 바에 따라 기획재정부령으로 정하는 비과세 대상임을 확인하는 증빙서류를 첨부하여 금융회사등에 원천징수배제신청서를 제출할 수 있다. (2020. 12. 29. 신설)

⑥ 금융회사등은 제5항에 따른 원천징수배제신청서를 받은 경우 해당 금융투자소득을 원천징수에서 제외하고 제164조에 따른 지급명세서 제출 시 대통령령으로 정하는 바에 따라 납세지 관할 세무서장에게 제출하여야 한다. (2020. 12. 29. 신설)

⑦ 제1항부터 제6항까지에서 규정한 사항 외에 취득가액을 확인할 수 없는 경우의 원천징수 절차, 기본공제 적용방법 등 금융투자소득 원천징수에 필요한 사항은 대통령령으로 정한다. (2020. 12. 29. 신설)

제148조의 3【금융투자소득에 대한 원천징수영수증의 발급】 ① 금융투자소득의 원천징수의무자는 반기 마지막 달(반기 중 계좌를 해지한 경우 계좌해지일이 속하는 달)의 다음 달 10일까지 계좌보유자에게 계좌보유자별 금융투자소득의 금액과 그 밖에 필요한 사항을 적은 기획재정부령으로 정하는 원천징수영수증을 발급하여야 한다. 다만, 원천징수의무자가 반기 마지막 달(반기 중 계좌를 해지한 경우 계좌해지일이 속하는 달)의 다음다음 달 말일까지 금융투자소득을 받는 자에게 그 금융투자소득의 금액과 그 밖에 필요한 사항을 대통령령으로 정하는 바에 따라 통지하는 경우에는 해당 원천징수영수증을 발급한 것으로 본다. (2020. 12. 29. 신설)

② 금융투자소득의 원천징수의무자는 금융투자소득의 지급금액이 대통령령으로 정하는 금액 이하인 경우에는 제1항에 따른 원천징수영수증을 발급하지 아니할 수 있다. (2020. 12. 29. 신설)

제 7 관 금융투자소득에 대한 원천징수 삭 제 (2024. 12. 31.)

각 호의 구분별로 금융회사등을 통해 금융투자소득 기본공제를 적용받을 수 있다. 이 경우 법 제87조의 18 제1항 각 호의 구분에 따른 공제 금액을 한도로 하나 이상의 금융회사등을 통해 기본공제를 받을 수 있다. (2022. 2. 15. 개정)

⑤ 금융투자소득 기본공제를 적용받으려는 자는 기본공제를 적용할 금융투자소득 원천징수기간 종료일까지 기획재정부령으로 정하는 바에 따라 금융회사등에 신청해야 한다. 이 경우 신청 이후에는 당초 신청한 기본공제 금액이 법 제87조의 18 제1항 각 호의 구분에 따른 기본공제 금액에 미달하여 그 차액의 범위에서 추가적으로 기본공제 적용을 신청하는 경우를 제외하고는 동일 과세기간 중에 당초 설정한 기본공제 금액 또는 대상 금융회사등을 변경하거나 추가할 수 없다. (2023. 2. 28. 후단개정)

⑦ 제6항에 따라 금융회사등에 기본공제 적용을 신청한 후 다음 과세기간에 대한 기본공제 금액 또는 대상 금융회사등을 변경하거나 추가하려는 경우에는 해당 과세기간 개시일 전에 기획재정부령으로 정하는 바에 따라 금융회사등에 신청해야 한다. (2023. 2. 28. 신설)

⑧ 제6항에 따라 기본공제 적용을 신청한 경우로서 제7항에 따라 변경 또는 추가 신청을 하지 않은 경우에는 당초 신청한 기본공제 금액과 대상 금융회사등을 다음 과세기간에도 동일하게 적용한다. (2023. 2. 28. 신설)

⑨ 제6항에 따른 기본공제적용 신청을 받은 금융회사등은 거주자별로 거주자의 성명, 주민등록번호 및 기본공제적용 신청금액 등의 사항을 정보통신망 등 전자적 매체를 통하여 기획재정부령으로 정하는 기관(이하 "금융투자소득기본공제자료집중기관"이라 한다)에 즉시 통보해야 하며, 금융투자소득기본공제자료집중기관은 법 제87조의 18 제1항 각 호의 구분에 따른 공제 금액을 한도로 거주자가 금융회사별로 신청한 기본공제 금액을 통합관리해야 한다. (2023. 2. 28. 개정)

⑩ 국세청장은 제6항에 따라 거주자가 금융회사등에 신청한 기본공제 금액을 확인하기 위하여 금융투자소득기본공제자료집중기관에 거주자의 금융투자소득 기본공제 신청금액에 관한 자료를 조회·열람할 수 있게 요청하거나 금융투자소득기본공제자료집중기관이 그 자료를 제공해 줄 것을 요청할 수 있다. (2023. 2. 28. 개정)

⑪ 금융회사등은 거주자가 법 제87조의 18 제1항 각 호의 구분에 따른 공제 금액을 한도로 신청할 수 있도록 안내하거나 제6항에 따른 기본공제 신청금액이 법 제87조의 18 제1항 각 호의 금액을 초과하는지 여부 등을 확인하기 위하여 금융투자소득기본공제자료집중기관에 요청하여 거주자가 다른 금융회사등에 신청한 금융투자소득 기본공제 금액을 확인할 수 있다. (2023. 2. 28. 개정)

⑫ 법 제148조의 2 제4항에 따라 금융투자결손금을 하반기에 공제하는 경우에는 법 제87조의 18 제1항 각 호의 구분에 따라 해당 소득금액에서 공제한다. (2023. 2. 28. 항번개정)

⑬ 상반기에 금융투자소득 기본공제를 적용한 후 다음 계산식에 따른 금융투자소득 기본공제 잔여금액(법 제87조의 18 제1항 각 호의 구분별로 적용한다)이 있으면 이는 하반기에 적용한다. (2023. 2. 28. 항번개정)

금융투자 소득 기본공제 잔여금액	＝	법 제87조의 18 제1항에 따른 금융투자소득 기본공제	－	제5항에 따른 기본공제 적용 대상 상반기 금융투자소득

⑭ 금융회사등은 관리하는 계좌에 입고된 금융투자소득 과세대상인 금융투자상품의 금융투자소득금액을 계산할 수 없는 경우로서 기획재정부령으로 정하는 사유가 있는 경우에는 계좌보유자에게 해당 소득(한 계좌 내 동일 종목의 금융투자상품 중 일부의 금융투자소득금액을 계산할 수 없는 경우에는 해당 종목의 금융투자소득 전부를 말한다)이 원천징수에서 제외된다는 것을 통지해야 한다. (2023. 2. 28. 개정)

⑮ 금융회사등은 제14항에 따라 원천징수에서 제외되었으나 제150조의 8에 따른 금융투자소득의 수입시기 전까지 계좌보유자가 금융투자소득 계산에 필요한 서류를 갖추어 기획재정부령으로 정하는 바에 따라 원천징수요청서를 금융회사등에 제출한 경우에는 원천징수를 해야 한다. (2023. 2. 28. 개정)

⑯ 금융회사등은 제14항에 따라 원천징수를 하지 않은 금융투자소득에 대해서는 법 제164조에 따라 지급명세서를 제출할 때 원천징수대상 소득 중 원천징수하지 않은 소득에 관한 명세서를 납세지 관할 세무서장에게 함께 제출해야 한다. (2023. 2. 28. 개정)

⑰ 법 제148조의 2 제1항에 따라 금융투자소득금액을 계산할 때 다음 각 호의 주식등으로서 거주자가 2024년 12월 31일 이전에 취득한 주식등의 양도로 발생하는 소득금액을 계산하는 경우 그 취득가액은 2024 과세기간 종료일(과세기간 종료일이 증권시장에서 매매가 없는 날인 경우에는 종료일 전 매매가 있는 마지막 날로 한다)을 기준으로 각각 제150조의 14 제2항 제1호 또는 제2호에 따라 평가한 가액과 법 제87조의 12 제2항 또는 제3항에 따라 계산한 취득가액 중 큰 금액으로 한다. 이 경우 법 제87조의 12 제2항 또는 제3항에 따라 계산한 취득가액은 제92조 제2항 제5호의 이동평균법을 준용하여 평가한다. (2023. 2. 28. 항번개정)

1. 「자본시장과 금융투자업에 관한 법률」 제9조 제15항 제3호의 주권상장법인의 주식등으로서 다음 각 목의 어느 하나에 해당하는 주식등 (2022. 2. 15. 신설)

　가. 「자본시장과 금융투자업에 관한 법률」 제8조의 2 제4항 제1호의 증권시장에서 양도하는 주식등 (2022. 2. 15. 신설)

　나. 「상법」 제360조의 2 및 제360조의 15에 따른 주식의 포괄적 교환·이전이나 같은 법 제360조의 5 및 제360조의 22에 따른 주식의 포괄적 교환·이전에 대한 주식매수청구권 행사로 증권시장에서의 거래를 통하지 않고 양도하는 주식등 (2022. 2. 15. 신설)

2. 「자본시장과 금융투자업에 관한 법률」 제283조에 따라 설립된 한국금융투자협회가 행하는 같은 법 제286조 제1항 제5호에 따른 장외매매거래를 통해 양도하는 제150조의 25에 따른 중소기업 및 중견기업의 주식등 (2022. 2. 15. 신설)

⑱ 제17항에도 불구하고 개별 금융회사등이 관리하고 있는 계좌를 통해 거주자인 주주가 소유하고 있는 해당 법인의 주식등의 시가총액(2025년 1월 1일이 속하는 사업연도의 직전 사업연도 종료일을 기준으로 한다)이 10억원 이상인 경우 그 주식등의 취득가액은 법 제87조의 12 제2항 또는 제3항에 따라 계산한 금액으로 한다. (2022. 12. 31. 개정 ; 2023. 2. 28. 개정)

⑲ 금융회사등은 금융투자소득 과세대상인 금융투자상품을 다른 금융회사등의 계좌로 대체 또는 이체할 때 취득가액 등 금융투자소득금액 계산에 필요한 거래내역을 기획재정부령으로 정하는 방법에 따라 다른 금융회사등에 통보해야 한다. 다만, 해당 거래내역이 확인되지 않은 경우는 제외한다. (2023. 2. 28. 신설)

　제203조의 2 【금융투자소득에 대한 원천징수】 <u>삭　제</u> (2024. 12. 31.)

　제203조의 3 【금융투자소득 원천징수세액의 정산】 금융회사등은 상반기와 하반기 원천징수세액 합계액이 연간 원천징수세액(해당 과세기간에 대해 제203조의 2 제1항에 따라 계산한 금액을 말한다)을 초과하는 경우에는 그 초과액을 거주자에게 제201조를 준용하여 환급해야 한다. (2021. 2. 17. 신설)

　제203조의 3 【금융투자소득 원천징수세액의 정산】 <u>삭　제</u> (2024. 12. 31.)

제203조의 4【원천징수배제 신청】① 법 제148조의 2 제5항에 따라 금융회사등에 원천징수배제신청서를 제출해야 하는 시기는 제150조의 8에 따른 금융투자소득의 수입시기가 속하는 달의 말일까지로 한다. (2022. 2. 15. 개정)
② 법 제148조의 2 제5항에 따라 원천징수배제신청서를 제출받은 금융기관등은 법 제164조에 따른 지급명세서 제출 시 원천징수대상 소득 중 원천징수하지 않은 소득 명세서와 제1항에 따라 제출받은 원천징수배제신청서를 함께 제출해야 한다. (2021. 2. 17. 신설)

제203조의 4【원천징수배제 신청】삭 제 (2024. 12. 31.)

제203조의 5【금융투자소득의 통지 등】① 법 제148조의 3 제1항 단서에 따라 통지하는 방법은 다음 각 호와 같다. (2021. 2. 17. 신설)
1. 원천징수의무자가 금융투자소득을 받은 자의 통장 또는 금융거래명세서에 그 지급내용과 자신의 사업자등록번호와 그 상호 또는 법인명(이하 이 조에서 "사업자등록번호등"이라 한다)을 적어서 통지하는 방법 (2021. 2. 17. 신설)
2. 원천징수의무자가 금융투자소득을 받는 자로부터 신청을 받아 그 지급내용과 자신의 사업자등록번호등을 우편, 전자계산조직을 이용한 정보통신 또는 모사전송으로 통지하는 방법 (2021. 2. 17. 신설)
3. 지급받은 금융투자소득의 연간합계액과 원천징수세액명세 및 원천징수의무자의 사업자등록번호등을 기재하거나 통지하는 방법 (2021. 2. 17. 신설)
② 법 제148조의 3 제2항에서 "대통령령으로 정하는 금액 이하인 경우"란 계좌별로 반기에 발생한 금융투자소득금액이 1백만원 이하인 경우를 말한다. (2021. 2. 17. 신설)
③ 원천징수의무자는 법 제148조의 3 제2항에 따라 원천징수영수증을 발급하지 않은 경우에는 제1항 각 호의 방법으로 해당 내용을 통지해야 한다. (2021. 2. 17. 신설)
④ 원천징수의무자는 법 제148조의 2 제1항에 따라 금융투자결손금이 계산된 경우에도 제1항 각 호의 방법으로 해당 내용을 통지해야 한다. (2021. 2. 17. 신설)

제203조의 5【금융투자소득의 통지 등】삭 제 (2024. 12. 31.)

제94조의 3【금융투자소득에 대한 원천징수】① 법 제148조의 2 제5항에서 "기획재정부령으로 정하는 비과세 대상임을 확인하는 증빙서류"란 법 또는 다른 법률에 따른 비과세 요건의 충족 여부를 입증할 수 있는 서류를 말한다. (2022. 3. 18. 신설)
② 영 제203조의 2 제9항에서 "기획재정부령으로 정하는 기관"이란 「자본시장과 금융투자업에 관한 법률」 제283조에 따라 설립된 한국금융투자협회를 말한다. (2023. 3. 20. 개정)
③ 영 제203조의 2 제14항에서 "기획재정부령으로 정하는 사유"란 다음 각 호에 해당하는 경우를 말한다. (2023. 3. 20. 개정)
1. 다음 각 목의 어느 하나에 해당하는 사유로 금융투자상품이 「금융실명거래 및 비밀보장에 관한 법률」에 따른 금융회사등(이하 "금융회사등"이라 한다)이 관리하는 계좌에 입고되거나 계좌의 명의가 변경된 경우 (2023. 3. 20. 개정)
가. 상속, 증여 또는 대차 (2023. 3. 20. 신설)
나. 금융회사등이 금융투자상품의 매매·위탁매매 또는 매매의 중개나 대리를 하지 않는 양도 (2023. 3. 20. 신설)
2. 「자본시장과 금융투자업에 관한 법률」 제294조에 따라 설립된 한국예탁결제원에 예탁되지 않은 주식등이 금융회사등이 관리하는 계좌에 입고된 경우 (2022. 3. 18. 신설)
3. 2025년 1월 1일 전에 출자, 증자, 감자, 주식배당 등으로 주주 또는 출자자의 지분비율, 보유주식액면총액 또는 보유출자총액 등이 변동되는 경우 (2022. 12. 31. 개정)
4. 제1호부터 제3호까지와 유사한 사유로 금융회사등이 금융투자상품의 금융투자소득을 계산할 수 없는 경우 (2023. 3. 20. 신설)
④ 영 제203조의 2 제19항 본문에서 "기획재정부령으로 정하는 방법"이란 「주식·사채 등의 전자등록에 관한 법률 시행령」 제25조 제4항 제5호에 따른 전자등록 방법 및 이와 유사한 방법을 말한다. (2023. 3. 20. 신설)

제94조의 3【금융투자소득에 대한 원천징수】삭 제 (2024. 12. 31.)

제 2 절　납세조합의 원천징수

제149조【납세조합의 조직】 다음 각 호의 어느 하나에 해당하는 거주자는 대통령령으로 정하는 바에 따라 납세조합을 조직할 수 있다. (2009. 12. 31. 개정)

1. 제127조 제1항 제4호 각 목의 어느 하나에 해당하는 근로소득이 있는 자 (2009. 12. 31. 개정)

☞

통칙 149‑204…1【타세무서관할 납세조합의 가입】
사업장 관할세무서 관내에 납세조합이 없는 경우에는 타세무서 관할에 있는 납세조합에 가입할 수 있다. (97. 4. 8. 개정)

2. 대통령령으로 정하는 사업자 (2009. 12. 31. 개정)

제 2 절　납세조합의 원천징수특례

제204조【납세조합의 조직 및 운영】 ① 법 제149조에 따라 납세조합을 조직하려는 사람은 다음 각 호의 요건을 갖추어 납세조합 관할세무서장을 거쳐 지방국세청장의 승인을 얻어야 한다. (2010. 2. 18. 개정)

1. 법 제127조 제1항 제4호 각 목의 어느 하나에 해당하는 근로소득이 있는 사람의 납세조합은 조합원이 될 납세의무자가 50명 이상으로서 그 3분의 2 이상의 동의를 얻을 것. 다만, 지역적인 특수성으로 인하여 조합원이 50명에 미달하는 경우에는 그 미달하는 인원으로도 납세조합을 조직할 수 있다. (2010. 2. 18. 개정)
2. 법 제149조 제2호의 사업자의 납세조합은 조합원이 될 납세의무자가 20명 이상일 것
3. 법 제153조의 규정에 의한 납세관리와 납세에 관한 업무만을 목적으로 할 것
4. 가입 및 탈퇴를 강제하지 아니할 것. 다만, 납세에 관하여 다른 조합원에게 피해를 입히게 되는 경우로서 당해 조합의 정관 또는 규약에 따로 규정을 둔 때에는 그러하지 아니하다.

② 법 제149조 제2호에서 "대통령령으로 정하는 사업자"란 다음 각 호의 어느 하나에 해당하는 사람을 말한다. (2010. 2. 18. 개정)

1. 농·축·수산물 판매업자. 다만, 복식부기의무자는 제외한다. (2016. 2. 17. 개정)
2. 노점상인
3. 기타 국세청장이 필요하다고 인정하는 사업자

③ 납세조합이 다음 각 호의 어느 하나에 해당하는 경우에는 해산하여야 한다. (2010. 2. 18. 개정)

1. 조합원의 2분의 1 이상의 동의가 있는 때
2. 조합원의 수가 제1항 제2호에 따른 납세조합에 있어서는 20명, 법 제127조 제1항 제4호 각 목의 어느 하나에 해당하는 근로소득이 있는 사람의 납세조합에 있어서는 50명에 각각 미달하게 된 때. 다만, 제1항 제1호 단서의 경우에는 그러하지 아니하다. (2010. 2. 18. 개정)

④ 관할지방국세청장은 납세조합이 다음 각호의 1에 해당하는 경우에

제150조【납세조합의 징수의무】① 제149조에 따른 납세조합은 그 조합원의 제127조 제1항 제4호 각 목의 어느 하나에 해당하는 근로소득 또는 사업소득에 대한 소득세를 매월 징수하여야 한다. (2009. 12. 31. 개정)

② 제149조 제2호에 따른 사업자가 조직한 납세조합이 2024년 12월 31일 이전에 그 조합원에 대한 매월분의 소득세를 제1항에 따라 징수할 때에는 그 세액의 100분의 5에 해당하는 금액을 공제하고 징수한다. (2021. 12. 8. 개정)

③ 제149조 제1호에 따른 자가 조직한 납세조합이 2024년 12월 31일 이전에 그 조합원에 대한 매월분의 소득세를 제1항에 따라 징수할 때에는 그 세액의 100분의 5에 해당하는 금액을 공제하고 징수한다. 다만, 제149조 제1호에 따른 자가 제70조에 따라 종합소득 과세표준확정신고를 하거나 제137조, 제137조의 2 및 제138조의 예에 따라 연말정산을 하는 경우에는 해당 납세조합에 의하여 원천징수된 근로소득에 대한 종합소득산출세액의 100분의 5에 해당하는 금액을 공제한 것을 세액으로 납부하거나 징수한다. (2021. 12. 8. 개정)

③ 제149조 제1호에 따른 자가 조직한 납세조합이 2027년 12월 31일 이전에 그 조합원에 대한 매월분의 소득세를 제1항에 따라 징수할 때에는 그 세액의 100분의 3에 해당하는 금액을 공제하고 징수한다. 다만, 제149조 제1호에 따른 자가 제70조에 따라 종합소득 과세표준확정신고를 하거나 제137조, 제137조의 2 및 제138조의 예에 따라 연말정산을 하는 경우에는 해당 납세조합에 의하여 원천징수된 근로소득에 대한 종합소득산출세액의 100분의 3에 해당하는 금액을 공제한 것을 세액으로 납부하거나 징수한다. (2024. 12. 31. 개정)

④ 제2항 또는 제3항에 따라 공제하는 금액은 연 100만원(해당 과세기간이 1년 미만이거나 해당 과세기간의 근로제공기간이 1년 미만인 경우에는 100만원에 해당 과세기간의 월수 또는 근로제공 월수를 곱하고 이를 12로 나누어 산출한 금액을 말한다)을 한도로 한다. (2021. 12.

는 그 해산을 명할 수 있다.
1. 제1항 각호의 요건에 위배된 때
2. 조세행정에 지장이 있는 행위가 있다고 인정되는 때
⑤ 제1항의 납세조합의 조직 및 운영에 관하여 필요한 사항은 국세청장이 정한다.

제205조【납세조합징수세액의 납부】① 법 제150조의 규정에 의하여 납세조합이 그 조합원으로부터 소득세를 징수한 때에는 당해 조합원에게 기획재정부령이 정하는 영수증을 교부하여야 한다. (2008. 2. 29. 직제개정 ; 기획재정부와~직제 부칙)

관계조문 ▶▶

규칙 100조 29호 ⇒ 근로소득 원천징수영수증 또는 납세조합영수증

② 제185조 제1항 및 제2항의 규정은 납세조합이 그 조합원으로부터 징수한 매월분의 소득세를 납부하는 경우에 이를 준용한다.

③ 법 제152조 제1항에서 "대통령령으로 정하는 바에 따라 계산한 각 조합원의 매월분 소득"이란 각 조합원의 매월분 수입금액에서 수입금액에 단순경비율을 곱한 금액을 공제한 금액을 말한다. (2010. 2. 18. 개정)

④ 납세조합(농·축·수산물 조합에 한한다)은 매월분 원천징수세액을 납부할 때 기획재정부령으로 정하는 납세조합징수이행상황신고서와 납세조합 조합원 변동명세서를 관할 세무서장에게 제출(국세정보통신망에 의한 제출을 포함한다)하여야 한다. (2008. 2. 29. 직제개정 ; 기획재정부와~직제 부칙)

☞

편주 ▶

2025. 1. 1. 전에 발생한 소득에 대한 세액공제에 관하여는 법 150조 3항의 개정규정에도 불구하고 종전의 규정에 따름. (법 부칙(2024. 12. 31.) 14조 1항)

☞

관계조문 ▶▶

규칙 100조 29호의 2 ⇒ 납세조합징수이행상황신고서 및 납세조합조합원 변동명세서

8. 신설)

⑤ 제2항과 제3항에 따른 공제를 "납세조합공제"라 한다. (2021. 12. 8. 항번개정)

⑥ 제1항에 따른 소득세의 징수에 관하여 필요한 사항은 대통령령으로 정한다. (2021. 12. 8. 항번개정)

제151조【납세조합 징수세액의 납부】 납세조합은 제150조에 따라 징수한 매월분의 소득세를 징수일이 속하는 달의 다음 달 10일까지 대통령령으로 정하는 바에 따라 납세조합 관할 세무서, 한국은행 또는 체신관서에 납부하여야 한다. (2009. 12. 31. 개정)

제152조【납세조합의 징수방법】 ① 제150조 제2항에 따른 납세조합은 같은 조 제1항에 따라 소득세를 징수할 때 대통령령으로 정하는 바에 따라 계산한 각 조합원의 매월분 소득에 12를 곱한 금액에 종합소득공제를 적용한 금액에 기본세율을 적용하여 계산한 세액의 12분의 1을 매월분의 소득세로 하여 세액공제와 납세조합공제를 적용한 금액을 징수한다. 이 경우에 1개월 미만의 끝수가 있을 때에는 1개월로 본다. (2009. 12. 31. 개정)

② 제150조 제3항에 따른 납세조합은 같은 조 제1항에 따라 소득세를 징수할 때 그 조합원의 매월분의 소득에 대해서는 제127조에 따른 근로소득에 대한 원천징수의 예에 따르되, 제134조에 따른 근로소득 간이세액표에 따라 계산한 소득세에서 납세조합공제를 적용한 금액을 징수한다. (2009. 12. 31. 개정)

제153조【납세조합의 납세관리】 ① 납세조합은 그 조합원의 소득세에 관한 신고·납부 및 환급에 관한 사항을 관리하는 납세관리인이 될 수 있다. (2009. 12. 31. 개정)

② 제1항에 따라 납세조합이 그 조합원의 납세관리인이 되려는 경우에는 대통령령으로 정하는 바에 따라 납세조합 관할 세무서장에게 신고하여야 한다. (2009. 12. 31. 개정)

🖝

통칙 152-0…1【납세조합원의 연말정산에 의한 환급】

법 제127조 제1항 제4호 각 목에 따른 근로소득이 있는 자가 조직한 납세조합이 당해 조합원에 대한 소득세를 징수하여 납부한 후 연말정산으로 인하여 환급금이 발생한 때에는 영 제201조 제1항을 준용하여 당해 조합이 징수·납부할 소득세에서 조정하여 환급할 수 있다. (2011. 3. 21. 개정)

제206조【납세조합의 납세관리】 ① 법 제153조의 규정을 적용함에 있어서 납세조합이 그 조합원의 납세관리인이 되고자 하는 경우에는 기획재정부령이 정하는 납세관리인선정신고서를 납세조합 관할 세무서장에게 제출하여야 한다. (2008. 2. 29. 직제개정 ; 기획재정부와~직제 부칙)

② 제1항의 경우에는 당해 조합원이 납세조합을 납세관리인으로 선정한 뜻을 기재하고 연서한 서류를 당해 신고서에 첨부하여야 한다.

제95조【납세관리인신고】 영 제206조 제1항에 규정하는 납세관리인선정신고서는 「국세기본법 시행규칙」 별지 제43호 서식을 준용한다. (2005. 3. 19. 개정)

제154조【원천징수의 면제】원천징수의무자가 제127조 제1항 각 호의 소득으로서 소득세가 과세되지 아니하거나 면제되는 소득을 지급할 때에는 소득세를 원천징수하지 아니한다. (2009. 12. 31. 개정)

제155조【원천징수의 배제】제127조 제1항 각 호의 소득으로서 발생 후 지급되지 아니함으로써 소득세가 원천징수되지 아니한 소득이 종합소득에 합산되어 종합소득에 대한 소득세가 과세된 경우에 그 소득을 지급할 때에는 소득세를 원천징수하지 아니한다. (2009. 12. 31. 개정)

제155조의 2【특정금전신탁 등의 원천징수의 특례】제4조 제2항 각 호를 제외한 신탁의 경우에는 다음 각 호에 따라 해당 소득에 대한 소득세를 원천징수하여야 한다. (2020. 12. 29. 개정)
1. 제130조에도 불구하고 제127조 제2항에 따라 원천징수를 대리하거나 위임을 받은 자가 제127조 제1항 제1호 및 제2호의 소득이 신탁에 귀속된 날부터 3개월 이내의 특정일(동일 귀속연도 이내로 한정한다)에 소득세를 원천징수할 것 (2020. 12. 29. 개정)
2. 제127조 제7항에 따라 원천징수를 대리하거나 위임을 받은 금융회사등이 제127조 제1항 제9호의 소득에 대하여 원천징수할 때에는 제148조의 2 및 제148조의 3을 준용하여 징수할 것 (2021. 12. 8. 개정)

제155조의 2【특정금전신탁 등의 원천징수의 특례】제4조 제2항 각 호를 제외한 신탁의 경우에는 제130조에도 불구하고 제127조 제2항에 따라 원천징수를 대리하거나 위임을 받은 자가 제127조 제1항 제1호 및 제2호의 소득이 신탁에 귀속된 날부터 3개월 이내의 특정일(동일 귀속연도 이내로 한정한다)에 그 소득에 대한 소득세를 원천징수하여야 한다. (2024. 12. 31. 개정)

제155조의 3【집합투자기구의 원천징수 특례】제127조 제1항 각 호에 따른 소득금액이 「자본시장과 금융투자업에 관한 법률」에 따른 집합투자재산에 귀속되는 시점에는 그 소득금액이 지급된 것으로 보지 아니한다. (2009. 12. 31. 개정)

통칙 155 - 0…1【원천징수의 배제】
법 제155조의 규정에서의 "소득세가 과세된 경우"에는 당해 소득이 있는 거주자가 당해 소득을 종합소득에 합산하여 법 제70조 또는 제74조의 규정에 의하여 종합소득과세표준확정신고(국세기본법 제45조의 규정에 의한 과세표준수정신고 포함)를 한 경우를 포함한다. (97. 4. 8. 개정)

제155조의 4 【상여처분의 원천징수 특례】 ① 법인이 「채무자 회생 및 파산에 관한 법률」에 따른 회생절차에 따라 특수관계인이 아닌 다른 법인에 합병되는 등 지배주주가 변경(이하 이 조에서 "인수"라 한다)된 이후 회생절차 개시 전에 발생한 사유로 인수된 법인의 대표자 등에 대하여 「법인세법」 제67조에 따라 상여로 처분되는 대통령령으로 정하는 소득에 대해서는 제127조에도 불구하고 소득세를 원천징수하지 아니한다. (2014. 1. 1. 신설)
② 상여처분의 원천징수 특례에 관하여 그 밖에 필요한 사항은 대통령령으로 정한다. (2014. 1. 1. 신설)

제155조의 5 【서화·골동품 양도로 발생하는 소득의 원천징수 특례】 제21조 제2항에 따른 서화·골동품의 양도로 발생하는 소득에 대하여 원천징수의무자가 대통령령으로 정하는 사유로 제127조 제1항에 따른 원천징수를 하기 곤란하여 원천징수를 하지 못하는 경우에는 서화·골동품의 양도로 발생하는 소득을 지급받는 자를 제127조 제1항에 따른 원천징수의무자로 보아 이 법을 적용한다. (2020. 12. 29. 개정)

제155조의 6 【종교인소득에 대한 원천징수 예외】 종교인소득(제21조 제4항에 해당하는 경우를 포함한다)을 지급하는 자는 제127조, 제134조부터 제143조, 제145조 및 제145조의 3에 따른 소득세의 원천징수를 하지 아니할 수 있다. 이 경우 종교인소득을 지급받은 자는 제70조에 따라 종합소득과세표준을 신고하여야 한다. (2020. 12. 29. 개정)

제155조의 7 【비실명자산소득에 대한 원천징수 특례】 ① 제127조에 따른 원천징수의무자가 「금융실명거래 및 비밀보장에 관한 법률」 제5조에 따른 차등과세가 적용되는 이자 및 배당소득에 대하여 고의 또는 중대한 과실 없이 같은 조에서 정한 세율이 아닌 제129조 제1항 제1호 라목 또는 같은 항 제2호 나목에 따른 세율로 원천징수한 경우에는 해당 계좌의 실질 소유자가 제127조 제1항에도 불구하고 소득세 원천징수 부족액(「국세기본법」 제47조의 5 제1항에 따른 가산세를 포함한다. 이하 이 조에서 같다)을 납부하여야 한다. (2018. 12. 31. 신설)
② 제1항에 따른 소득세 원천징수 부족액에 관하여는 해당 계좌의

제206조의 2 【상여처분의 원천징수 특례】 법 제155조의 4 제1항에서 "대통령령으로 정하는 소득"이란 「법인세법 시행령」 제106조 제1항 제1호 나목에 따라 상여로 처분된 소득을 말한다. (2014. 2. 21. 신설)

제206조의 3 【서화·골동품 양도 시 원천징수 특례】 법 제155조의 5에서 "대통령령으로 정하는 사유"란 양수자인 원천징수의무자가 국내사업장이 없는 비거주자 또는 외국법인인 경우를 말한다. (2015. 2. 3. 신설)

실질 소유자를 원천징수의무자로 본다. (2018. 12. 31. 신설)

제156조【비거주자의 국내원천소득에 대한 원천징수의 특례】
① 제119조 제1호·제2호·제4호부터 제6호까지 및 제9호부터 제12호까지의 규정에 따른 국내원천소득으로서 국내사업장과 실질적으로 관련되지 아니하거나 그 국내사업장에 귀속되지 아니한 소득의 금액(국내사업장이 없는 비거주자에게 지급하는 금액을 포함한다)을 비거주자에게 지급하는 자(제119조 제9호에 따른 국내원천 부동산등양도소득을 지급하는 거주자 및 비거주자는 제외한다)는 제127조에도 불구하고 그 소득을 지급할 때에 다음 각 호의 금액을 그 비거주자의 국내원천소득에 대한 소득세로서 원천징수하여 그 원천징수한 날이 속하는 달의 다음 달 10일까지 대통령령으로 정하는 바에 따라 원천징수 관할 세무서, 한국은행 또는 체신관서에 납부하여야 한다. (2018. 12. 31. 개정)
1. 제119조 제1호에 따른 국내원천 이자소득 : 다음 각 목의 구분에 따른 금액 (2018. 12. 31. 개정)
　가. 국가·지방자치단체 및 내국법인이 발행하는 채권에서 발생하는 이자소득 : 지급금액의 100분의 14 (2018. 12. 31. 개정)
　나. 가목 외의 이자소득 : 지급금액의 100분의 20 (2018. 12. 31. 개정)
2. 제119조 제2호에 따른 국내원천 배당소득 : 지급금액의 100분의 20 (2018. 12. 31. 개정)
3. 제119조 제4호에 따른 국내원천 선박등임대소득 및 같은 조 제5호(조세조약에 따라 국내원천 사업소득으로 과세할 수 있는 소득은 제외한다)에 따른 국내원천 사업소득 : 지급금액의 100분의 2 (2018. 12. 31. 개정)
4. 제119조 제6호에 따른 국내원천 인적용역소득 : 지급금액의 100분의 20. 다만, 국외에서 제공하는 인적용역 중 대통령령으로 정하는 용역을 제공함으로써 발생하는 소득이 조세조약에 따라 국내에서 발생하는 것으로 보는 소득에 대해서는 그 지급금액의 100분의 3으로 한다. (2018. 12. 31. 개정)
5. 제119조 제9호에 따른 국내원천 부동산등양도소득 : 지급금액의

제207조【비거주자에 대한 원천징수세액의 납부】 ① 법 제156조의 규정에 의하여 징수한 원천징수세액의 납부에 관하여는 제185조의 규정을 준용한다. 다만, 원천징수의무자가 국내에 주소·거소·본점·주사무소 또는 국내사업장(외국법인의 국내사업장을 포함한다)이 없는 경우에는 「국세기본법」 제82조의 규정에 의한 납세관리인을 정하여 관할세무서장에게 신고하여야 한다. (2013. 2. 15. 단서개정)
② 법 제156조 제1항 제4호 단서에서 "국외에서 제공하는 인적용역 중 대통령령으로 정하는 용역"이란 국외에서 제공하는 제179조 제6항 제2호에 해당하는 용역을 말한다. (2019. 2. 12. 개정)
③ 법 제156조 제1항 제5호에 따라 원천징수하는 금액을 계산할 때 양도자가 법 제121조 제2항에 따라 소득세를 신고·납부한 후 양수자가 법 제156조 제1항에 따라 원천징수하는 경우에는 해당 양도자가 신고·납부한 세액을 뺀 금액으로 한다. (2019. 2. 12. 개정)
④ 법 제156조 제1항 제8호 나목 단서에서 "대통령령으로 정하는 금액"이란 다음 계산식에 따른 원천징수액에 상당하는 가상자산의 금액을 말한다. (2022. 3. 8. 신설)

원천징수액에 상당하는 가상자산	=	법 제156조 제1항 제8호 나목 1) 또는 2)에 따라 계산한 금액
		가상자산을 교환·인출하는 시점에 그 가상자산을 보관·관리하는 가상자산사업자등이 표시한 가상자산 1개의 가액

비고 : 이 계산식 분모를 적용할 때 가상자산의 가치가 금액으로 표시되지 않는 가상자산을 교환·인출할 때의 가액은 제88조 제3항 및 제4항을 준용하여 산출한다.

⑤ 법 제156조 제13항에서 "대통령령으로 정하는 시기"란 다음 각 호의 어느 하나에 해당하는 날을 말한다. (2021. 2. 17. 항번개정)
1. 「법인세법 시행령」 제88조 제1항 제8호 가목 및 같은 항 제8호의2(합병·분할의 경우로 한정한다)의 경우 : 법인이 합병으로 인하여 소멸한 경우에는 그 합병등기를 한 날, 법인이 분할 또는 분할합병

통칙 156-0…1【주식 등 양도소득금액 계산상 양도차익과 양도차손의 통산배제】 (2009. 2. 2. 번호개정)
국내사업장이 없는 비거주자의 유가증권 양도소득금액은 유가증권의 종목별 및 매매거래건별로 구분하여 계산하며 이때 종목간 및 매매거래건간 양도차익과 양도차손은 상호통산하지 아니한다. 단, 증권회사에 개설된 수개의 계좌를 통하여 한 국증권거래소에 상장된 유가증권에 투자하면서 취득한 주식을 각각 다른 증권회사에 보관시키고 있는 경우에는 각 증권회사에 개설한 계좌별로 위의 규정을 적용할 수 있다.

156-0…2【내국법인의 해외연락사무소에 고용된 비거주자 급여의 국내 원천징수 여부】
내국법인이 해외에 연락사무소를 설치하고 오로지 현지에서만 활동하는 비거주자인 현지인을 고용하여 급여를 지급하는 경우 동 급여에 대하여 당해 내국법인은 원천징수의무를 부담하지 아니한다. (2009. 2. 2. 신설)

편주▶
영 207조 4항의 개정규정은 2027. 1. 1.부터 시행함. (영 부칙(2022. 3. 8.)) (2024. 12. 31. 개정)

100분의 10. 다만, 양도한 자산의 취득가액 및 양도비용이 확인되는 경우에는 그 지급금액의 100분의 10에 해당하는 금액과 그 자산의 양도차익의 100분의 20에 해당하는 금액 중 적은 금액으로 한다. (2018. 12. 31. 개정)

6. 제119조 제10호에 따른 국내원천 사용료소득 : 지급금액의 100분의 20 (2018. 12. 31. 개정)

7. 제119조 제11호에 따른 국내원천 유가증권양도소득 : 지급금액(제126조 제6항에 해당하는 경우에는 같은 항의 정상가격을 말한다. 이하 이 호에서 같다)의 100분의 10. 다만, 제126조 제1항 제1호에 따라 해당 유가증권의 취득가액 및 양도비용이 확인되는 경우에는 그 지급금액의 100분의 10에 해당하는 금액과 같은 호에 따라 계산한 금액의 100분의 20에 해당하는 금액 중 적은 금액으로 한다. (2018. 12. 31. 개정)

8. 제119조 제12호에 따른 국내원천 기타소득: 지급금액(제126조 제1항 제2호에 따른 상금·부상 등에 대해서는 같은 호에 따라 계산한 금액으로 한다)의 100분의 20. 다만, 같은 호 카목의 소득에 대해서는 그 지급금액의 100분의 15로 한다. (2019. 12. 31. 개정)

8. 제119조 제12호에 따른 국내원천 기타소득 : 다음 각 목의 구분에 따른 금액 (2020. 12. 29. 개정)

편주 ▶ ┄┄┄┄┄┄┄┄┄┄┄┄┄┄┄┄┄┄┄┄┄┄┄┄┄┄┄┄
법 156조 1항 8호의 개정규정은 2027. 1. 1.부터 시행함. (법 부칙(2020. 12. 29.) 1조 2호) (2024. 12. 31. 개정)
┄┄┄┄┄┄┄┄┄┄┄┄┄┄┄┄┄┄┄┄┄┄┄┄┄┄┄┄┄┄┄

가. 제119조 제12호 카목의 소득 : 지급금액의 100분의 15 (2020. 12. 29. 개정)

나. 제119조 제12호 타목의 소득 : 다음의 구분에 따른 금액. 다만, 가상자산을 교환하거나 인출하는 경우에는 다음의 구분에 상당하는 금액으로서 가상자산 단위로 표시한 대통령령으로 정하는 금액으로 한다. (2020. 12. 29. 개정)

편주 ▶ ┄┄┄┄┄┄┄┄┄┄┄┄┄┄┄┄┄┄┄┄┄┄┄┄┄┄┄┄
법 156조 1항 8호 나목의 개정규정은 2027. 1. 1. 이후 발생하는 가상자산소득분부터 적용함. (법 부칙(2020. 12. 29.) 22조) (2024. 12. 31. 개정)
┄┄┄┄┄┄┄┄┄┄┄┄┄┄┄┄┄┄┄┄┄┄┄┄┄┄┄┄┄┄┄

으로 인하여 소멸 또는 존속하는 경우에는 그 분할등기 또는 분할합병등기를 한 날 (2012. 2. 2. 개정)

2. 「법인세법 시행령」 제88조 제1항 제8호 나목·다목 및 같은 항 제8호의 2(합병·분할의 경우는 제외한다)의 경우 : 주식의 소각, 자본의 감소 또는 자본에의 전입을 결정한 날 (2012. 2. 2. 개정)

⑥ 주식 또는 출자지분을 발행한 내국법인은 법 제119조 제12호 자목에 따른 국내원천 기타소득을 제5항에 따른 시기에 원천징수해야 한다. (2021. 2. 17. 개정)

⑦ 법 제156조 제15항에서 "대통령령으로 정하는 바에 따라 그 소득에 대한 소득세를 미리 납부하였거나 그 소득이 비과세 또는 과세미달되는 것임을 증명하는 경우"란 비거주자가 법 제6조 제2항에 따른 납세지 관할 세무서장에게 기획재정부령이 정하는 양도소득세 신고납부(비과세 또는 과세미달)확인 신청서에 당해 부동산에 대한 등기부등본·매매계약서를 첨부하여 신청하고, 그 확인을 받아 이를 원천징수의무자에게 제출하는 경우를 말한다. (2021. 2. 17. 항번개정)

⑧ 법 제156조 제16항에 따라 가상자산사업자등은 보관·관리하는 가상자산의 각 인출시점에 다음의 계산식에 따른 인별로 납부해야 할 금액을 월단위로 합산하여 납세지 관할 세무서, 한국은행 또는 체신관서에 납부해야 한다. (2022. 3. 8. 신설)

$$\text{인별로 납부해야 할 금액} \ = \ (A - D) \ \times \ \frac{B}{C}$$

A : 가상자산사업자등이 법 제156조 제1항 제8호 나목에 따라 원천징수한 금액(가상자산을 교환·인출함에 따라 원천징수를 하는 경우에는 가상자산 단위로 표시한 제4항에 따른 금액으로서 교환 또는 인출 즉시 현금으로 매각한 금액을 말한다)의 인별누적액

B : 가상자산 또는 현금의 인별인출액. 이 경우 가상자산의 인출액은 제183조 제5항에 따른 금액을 말한다.

C : 가상자산사업자등이 보관·관리하는 인별자산총액

D : 직전 인출시점으로 계산한 인별로 납부해야 할 금액의 누적액

관계조문 ▶▶
규칙 100조 29호의 4 ⇒ 양도소득세 신고납부(비과세·과세미달) 확인(신청)서

편주 ▶ ┄┄┄┄┄┄┄┄┄┄┄┄┄┄┄┄┄┄┄┄┄┄┄┄
영 207조 8항부터 10항까지의 개정규정은 2027. 1. 1.부터 시행함. (영 부칙(2022. 3. 8.)) (2024. 12. 31. 개정)
┄┄┄┄┄┄┄┄┄┄┄┄┄┄┄┄┄┄┄┄┄┄┄┄┄

1) 제126조 제1항 제3호에 따라 가상자산의 필요경비가 확인되는 경우 : 지급금액의 100분의 10에 해당하는 금액과 같은 호에 따라 계산한 금액의 100분의 20에 해당하는 금액 중 적은 금액 (2020. 12. 29. 개정)

2) 제126조 제1항 제3호에 따른 가상자산의 필요경비가 확인되지 아니한 경우 : 지급금액의 100분의 10 (2020. 12. 29. 개정)

다. 가목 및 나목 외의 기타소득 : 지급금액(제126조 제1항 제2호에 따른 상금·부상 등에 대해서는 같은 호에 따라 계산한 금액으로 한다)의 100분의 20 (2020. 12. 29. 개정)

② 외국인의 국내 투자자금의 변동성이 확대되어 외환부문의 건전성을 해치는 등 금융시장에 불안이 초래되고 통화정책 수행을 어렵게 하거나 어렵게 할 우려가 있어 긴급히 필요하다고 인정될 때에는 비거주자의 소득 중 다음 각 호의 소득에 대해서는 제1항의 세율을 대통령령으로 정하는 바에 따라 인하하거나 영의 세율로 할 수 있다. 이 경우 기획재정부장관은 인하할 세율과 그 필요성에 관한 내용을 국회 소관 상임위원회에 사전에 보고하여야 한다. (2018. 12. 31. 개정)

1. 제119조 제1호에 따른 국내원천 이자소득 중 「국채법」 제5조 제1항에 따라 발행하는 국채 및 대통령령으로 정하는 채권(이하 이 조에서 "국채등"이라 한다)에서 발생하는 소득) (2018. 12. 31. 개정)

2. 제119조 제11호에 따른 국내원천 유가증권양도소득 중 국채 등의 양도로 인하여 발생하는 소득 (2018. 12. 31. 개정)

② 삭 제 (2022. 12. 31.)

③ 제1항에서 규정하는 국내원천소득이 국외에서 지급되는 경우에 그 지급자가 국내에 주소, 거소, 본점, 주사무소 또는 국내사업장(「법인세법」 제94조에 규정된 국내사업장을 포함한다)을 둔 경우에는 그 지급자가 해당 국내원천소득을 국내에서 지급하는 것으로 보고 제1항을 적용한다. (2010. 12. 27. 항번개정)

④ 국내사업장이 없는 비거주자에게 외국차관자금으로 제119조 제1호·제5호·제6호 및 제10호의 국내원천소득을 지급하는 자는 해당 계약조건에 따라 그 소득을 자기가 직접 지급하지 아니하는 경우에도 그 계약상의 지급 조건에 따라 그 소득이 지급될 때마다 제1항에 따른 원천징수를 하여야 한다. (2013. 1. 1. 개정)

⑤ 외국을 항행하는 선박이나 항공기를 운영하는 비거주자의 국내대리점으로서 제120조 제3항에 해당하지 아니하는 자가 그 비거주자에게 그 선박이나 항공기가 외국을 항행하여 생기는 소득을 지급할 때에는

⑨ 제8항의 계산식을 적용할 때 비거주자가 가상자산거래로 손실이 발생한 경우 가상자산사업자등은 다음의 계산식에 따라 손실분을 반영하여 법 제156조 제1항 제8호 나목에 따라 원천징수한 금액의 인별누적액(제8항의 계산식 중 "A"값을 말하며, 이하 이 항에서 "원천징수누적액"이라 한다)을 차감 조정한다. (2022. 3. 8. 신설)

$$\begin{array}{l} \text{손실발생 시 기준} \\ \text{원천징수 누적액} \end{array} = \begin{array}{l} \text{손실발생 직전 거래 시 기준} \\ \text{원천징수누적액} - (\text{손실금액의 100분의 20에} \\ \text{해당하는 금액과 Z 중 적은 금액}) \end{array}$$

Z : 손실발생 직전 거래 시 기준 원천징수누적액 − 손실발생 직전 인출 시점으로 계산한 인별로 납부해야 할 금액의 누적액

⑩ 가상자산사업자등은 제9항에 따라 차감한 금액에 상당하는 금액을 손실이 발생한 비거주자에게 지급해야 한다. (2022. 3. 8. 신설)

⑪ 법 제156조 제17항에 따라 가상자산사업자등은 납세자별로 같은 조 제16항에 따른 원천징수를 최초로 이행하기 전에 다음 각 호의 어느 하나에 해당하는 방법으로 가상자산을 양도·대여·인출하는 자가 원천징수 대상에 해당하는지를 확인해야 한다. (2022. 3. 8. 신설)

1. 해당 납세자로부터 원천징수 대상 여부 확인에 필요한 증빙자료를 받아 확인하는 방법 (2022. 3. 8. 신설)

2. 국세청으로부터 원천징수 대상 여부 확인에 필요한 정보를 받아 확인하는 방법 (2022. 3. 8. 신설)

⑪ 법 제156조 제17항에 따라 가상자산사업자등은 납세자별로 같은 조 제16항에 따른 원천징수를 최초로 이행하기 전에 가상자산을 양도·대여·인출하는 자로부터 원천징수 대상 여부 확인에 필요한 증명자료를 받아 해당 납세자가 원천징수 대상에 해당하는지를 확인해야 한다. (2025. 2. 28. 개정)

⑫ 가상자산사업자등은 제11항에 따라 원천징수 대상 여부를 확인한 때부터 3년마다 원천징수 대상의 변동 여부를 확인해야 한다. (2022. 3. 8. 신설)

편주 ▶
영 207조 12항의 개정규정은 2027. 1. 1.부터 시행함. (영 부칙(2022. 3. 8.)) (2024. 12. 31. 개정)

편주 ▶
영 207조 11항의 개정규정은 2027. 1. 1.부터 시행함. (영 부칙(2025. 2. 28.) 1조 3호)

제1항에 따라 그 비거주자의 국내원천소득의 금액에 대하여 원천징수를 하여야 한다. (2010. 12. 27. 항번개정)

⑥ 제119조 제11호에 따른 유가증권을 「자본시장과 금융투자업에 관한 법률」에 따른 투자매매업자 또는 투자중개업자를 통하여 양도하는 경우에는 그 투자매매업자 또는 투자중개업자가 제1항에 따라 원천징수를 하여야 한다. 다만, 「자본시장과 금융투자업에 관한 법률」에 따라 주식을 상장하는 경우로서 이미 발행된 주식을 양도하는 경우에는 그 주식을 발행한 법인이 원천징수하여야 한다. (2010. 12. 27. 항번개정)

⑦ 건축·건설, 기계장치 등의 설치·조립, 그 밖의 작업이나 그 작업의 지휘·감독 등에 관한 용역의 제공으로 발생하는 국내원천소득 또는 제119조 제6호에 따라 인적용역을 제공함에 따른 국내원천소득(조세조약에서 사업소득으로 구분하는 경우를 포함한다)을 비거주자에게 지급하는 자는 비거주자가 국내사업장을 가지고 있는 경우에도 제1항에 따른 원천징수를 하여야 한다. 다만, 그 비거주자가 제168조에 따라 사업자등록을 한 경우는 제외한다. (2014. 1. 1. 개정)

⑧ 제119조 제12호 바목(승마투표권, 승자투표권, 소싸움경기투표권, 체육진흥투표권의 환급금만 해당한다) 및 사목의 소득에 대하여 제1항을 적용할 때에는 제84조를 준용한다. (2010. 12. 27. 항번개정)

⑨ 비거주자가 「민사집행법」에 따른 경매 또는 「국세징수법」에 따른 공매로 인하여 제119조에 따른 국내원천소득을 지급받는 경우에는 해당 경매대금을 배당하거나 공매대금을 배분하는 자가 해당 비거주자에게 실제로 지급하는 금액의 범위에서 제1항에 따라 원천징수를 하여야 한다. (2014. 1. 1. 개정)

⑩ 제1항부터 제9항까지의 규정에 따른 원천징수의무자를 대리하거나 그 위임을 받은 자의 행위는 수권(授權) 또는 위임의 범위에서 본인 또는 위임인의 행위로 보아 제1항부터 제9항까지의 규정을 적용한다. (2010. 12. 27. 신설)

⑪ 금융회사등이 내국인이 발행한 어음, 채무증서, 주식 또는 집합투자증권을 인수·매매·중개 또는 대리하는 경우에는 그 금융회사등과 해당 내국인 간에 대리 또는 위임의 관계가 있는 것으로 보아 제10항을 적용한다. (2010. 12. 27. 신설)

⑫ 제1항부터 제11항까지 및 제16항의 규정에 따른 원천징수의무자는 원천징수를 할 때에 그 국내원천소득의 금액과 그 밖에 필요한 사항을 적은 기획재정부령으로 정하는 원천징수영수증을 그 국내원천소득을 받는 자에게 발급하여야 한다. (2020. 12. 29. 개정)

▶ 편주
법 156조 12항의 개정규정은 2027. 1. 1. 이후 발생하는 가상자산소득분부터 적용함. (법 부칙(2020. 12. 29.) 22조) (2024. 12. 31. 개정)

⑬ 제119조 제12호 자목에 따른 국내원천소득은 주식 또는 출자지분을 발행한 내국법인이 그 주식 또는 출자지분을 보유하고 있는 국외특수관계인으로부터 대통령령으로 정하는 시기에 원천징수를 하여야 한다. (2012. 1. 1. 개정)

⑭ 제13항에 따른 원천징수의 구체적인 방법에 관하여는 대통령령으로 정한다. (2010. 12. 27. 개정)

⑮ 제1항을 적용할 때 제119조 제9호에 따른 국내원천 부동산등양도소득이 있는 비거주자가 대통령령으로 정하는 바에 따라 그 소득에 대한 소득세를 미리 납부하였거나 그 소득이 비과세 또는 과세미달되는 것임을 증명하는 경우에는 그 소득에 대하여 소득세를 원천징수를 하지 아니한다. (2018. 12. 31. 개정)

⑯ 제1항에도 불구하고 가상자산사업자등을 통하여 발생하는 제119조 제12호 타목에 따른 비거주자의 국내원천 기타소득은 가상자산사업자등이 제1항 제8호 나목에 따른 금액을 원천징수하여 가상자산 또는 현금을 인출하는 달의 다음 달 10일(매년 1월 1일부터 12월 31일까지 인출하지 아니한 경우 그 다음 연도 1월 10일)까지 대통령령으로 정하는 바에 따라 납세지 관할 세무서, 한국은행 또는 체신관서에 납부하여야 한다. (2020. 12. 29. 신설)

▶ 편주
법 156조 16항 및 17항의 개정규정은 2027. 1. 1. 이후 발생하는 가상자산소득분부터 적용함. (법 부칙(2020. 12. 29.) 22조) (2024. 12. 31. 개정)

⑰ 제16항을 적용할 때 가상자산을 양도·대여·인출하는 자가 제1항 제8호 나목의 원천징수 대상에 해당하는지 여부에 대하여 가상자산사업자등이 확인하는 방법은 대통령령으로 정한다. (2020. 12. 29. 신설)

① 제119조에 따른 국내원천소득(같은 조 제5호에 따른 국내원천 사업소득 및 같은 조 제6호에 따른 국내원천 인적용역소득은 제외한다)의 실질귀속자인 비거주자가 조세조약에 따라 비과세 또는 면제를 적용받으려는 경우에는 대통령령으로 정하는 바에 따라 비과세·면제신청서 및 국내원천소득의 실질귀속자임을 증명하는 서류(이하 이 조에서 "신청서등"이라 한다)를 국내원천소득을 지급하는 자(이하 이 조에서 "소득지급자"라 한다)에게 제출하고, 해당 소득지급자는 그 신청서등을 납세지 관할 세무서장에게 제출하여야 한다. (2022. 12. 31. 개정)

① 제119조에 따른 국내원천소득(같은 조 제5호에 따른 국내원천 사업소득은 제외한다)의 실질귀속자인 비거주자가 조세조약에 따라 비과세 또는 면제를 적용받으려는 경우에는 대통령령으로 정하는 바에 따라 비과세·면제신청서 및 국내원천소득의 실질귀속자임을 증명하는 서류(이하 이 조에서 "신청서등"이라 한다)를 국내원천소득을 지급하는 자(이하 이 조에서 "소득지급자"라 한다)에게 제출하고, 해당 소득지급자는 그 신청서등을 납세지 관할 세무서장에게 제출하여야 한다. (2024. 12. 31. 개정)

편주

• 법 156조의 2 제1항의 개정규정은 2026. 1. 1.부터 시행함. (법 부칙 (2024. 12. 31.) 1조 3호)
• 2026. 1. 1. 전에 발생한 국내원천 인적용역소득에 관하여는 법 156조의 2 제1항의 개정규정에도 불구하고 종전의 규정에 따름. (법 부칙 (2024. 12. 31.) 15조)

② 제1항을 적용할 때 해당 국내원천소득이 국외투자기구를 통하여 지급되는 경우에는 그 국외투자기구가 대통령령으로 정하는 바에 따라 실질귀속자로부터 신청서등을 제출받아 이를 그 명세가 포함된 국외투자기구 신고서와 함께 소득지급자에게 제출하고 해당 소득지급자는 그 신고서와 신청서등을 납세지 관할 세무서장에게 제출하여야 한다. (2022. 12. 31. 개정)

③ 제1항 또는 제2항에 따라 실질귀속자 또는 국외투자기구로부터 신청서등을 제출받은 소득지급자는 제출된 신청서등에 누락된 사항이나 미비한 사항이 있으면 보완을 요구할 수 있으며, 실질귀속자 또는 국외

① 법 제156조의 2 제1항에 따라 비과세 또는 면제를 적용받으려는 국내원천소득의 실질귀속자(법 제119조의 2 제1항 각 호 외의 부분 본문에 따른 실질귀속자를 말한다. 이하 같다)는 기획재정부령으로 정하는 비과세·면제신청서(이하 이 조에서 "비과세·면제신청서"라 한다)를 소득지급자에게 제출하고, 해당 소득지급자는 소득을 지급하는 날이 속하는 달의 다음 달 9일까지 소득지급자의 납세지 관할세무서장에게 제출하여야 한다. (2019. 2. 12. 개정)

② 비과세·면제신청서에는 해당 비거주자의 거주지국의 권한 있는 당국이 발급하는 거주자증명서나 국세청장이 정하여 고시하는 서류를 첨부하여야 한다. 다만, 법 제119조 제12호 바목 및 사목에 따른 국내원천 기타소득에 대해서는 여권 사본과 「출입국관리법」 제88조에 따른 출입국에 관한 사실증명서(입국일부터 최근 1년간의 출입국 사실을 증명하는 것으로 한정한다)로 거주자증명서나 국세청장이 정하여 고시하는 서류를 대신하려는 경우에는 거주자증명서나 국세청장이 정하여 고시하는 서류의 제출을 생략할 수 있다. (2019. 2. 12. 단서개정)

③ 비거주자는 그 대리인(「국세기본법」 제82조의 규정에 의한 납세관리인을 포함한다) 등으로 하여금 제1항의 규정에 의한 비과세 또는 면제신청을 하게 할 수 있다. (2005. 2. 19. 개정)

④ 법 제46조에 따라 금융회사 등이 비거주자의 채권등을 인수·매매·중개 또는 대리하는 경우에는 그 금융회사 등과 비거주자 간에 대리 또는 위임의 관계가 있는 것으로 보아 제1항을 적용한다. (2010. 2. 18. 개정)

⑤ 법 제156조 제6항에 따라 유가증권 양도에 관하여 「자본시장과 금융투자업에 관한 법률」에 따른 투자매매업자나 투자중개업자 또는 주식발행법인이 원천징수하는 경우에는 그 투자매매업자나 투자중개업자 또는 주식발행법인과 비거주자간에 대리 또는 위임의 관계가 있는 것으로 보아 제1항을 적용한다. (2012. 2. 2. 개정)

⑥ 제4항 및 제5항이 적용되지 아니하는 경우로서 소득지급자가 국내에 주소·거소·본점·주사무소 또는 국내사업장(외국법인의 국내사업장을 포함한다)이 없는 경우에는 제1항에도 불구하고 소득지급자에

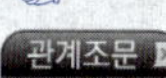

투자기구로부터 신청서등 또는 국외투자기구 신고서를 제출받지 못하거나 제출된 서류를 통해서는 실질귀속자를 파악할 수 없는 등 대통령령으로 정하는 사유에 해당하는 경우에는 비과세 또는 면제를 적용하지 아니하고 제156조 제1항 각 호의 금액을 원천징수하여야 한다. (2022. 12. 31. 개정)

④ 제1항 또는 제2항에 따라 신청서등을 제출받은 납세지 관할 세무서장은 비과세 또는 면제요건 충족 여부를 검토한 결과 비과세·면제 요건이 충족되지 아니하거나 해당 신청서의 내용이 사실과 다르다고 인정되는 경우에는 제126조 제4항에 따라 준용되는 제85조 제3항에 따라 같은 규정에 따른 세액을 소득지급자로부터 징수하여야 한다. 이 경우 신청서등에 기재된 내용만으로는 비과세·면제 요건의 충족 여부를 판단할 수 없는 경우에는 상당한 기한을 정하여 소득지급자에게 관련 서류의 보완을 요구할 수 있다. (2022. 12. 31. 신설)

⑤ 제3항에 따라 비과세 또는 면제를 적용받지 못한 실질귀속자가 비과세 또는 면제를 적용받으려는 경우에는 실질귀속자 또는 소득지급자가 제3항에 따라 세액이 원천징수된 날이 속하는 달의 다음 달 11일부터 5년 이내에 대통령령으로 정하는 바에 따라 소득지급자의 납세지 관할 세무서장에게 경정을 청구할 수 있다. 다만, 「국세기본법」 제45조의 2 제2항 각 호의 어느 하나에 해당하는 사유가 발생하였을 때에는 본문에도 불구하고 그 사유가 발생한 것을 안 날부터 3개월 이내에 경정을 청구할 수 있다. (2023. 12. 31. 개정)

◀ 편주 ▶ ···
법 156조의 2 제5항 본문의 개정규정은 2024. 1. 1. 당시 각각 같은 개정 규정에 따른 경정청구기간이 만료되지 아니한 경우에도 적용함. (법 부칙 (2023. 12. 31.) 9조)
···

⑥ 제5항에 따라 경정을 청구받은 세무서장은 청구를 받은 날부터 6개월 이내에 과세표준과 세액을 경정하거나 경정하여야 할 이유가 없다는 뜻을 청구인에게 알려야 한다. (2022. 12. 31. 개정)

⑦ 제1항부터 제6항까지에서 규정된 사항 외에 신청서등 및 국외투자기구 신고서 등 관련 서류의 제출 방법·절차, 제출된 서류의 보관의무

게 제출하지 아니하고 국내원천소득의 실질귀속자가 납세지 관할세무서장에게 직접 비과세·면제신청서를 제출할 수 있다. (2014. 2. 21. 개정)

⑦ 법 제119조에 따른 국내원천소득으로서 다음 각 호의 어느 하나에 해당하는 소득에 대하여는 제1항에도 불구하고 비과세·면제신청서를 제출하지 아니할 수 있다. (2009. 2. 4. 개정)

1. 법 및 「조세특례제한법」에 따라 소득세가 과세되지 아니하거나 면제되는 국내원천소득 (2010. 12. 30. 개정)

2. 법 제119조 제3호·제9호 및 제10호의 규정에 의한 국내원천소득 (2001. 12. 31. 신설)

2. 삭 제 (2009. 2. 4.)

3. 그 밖에 기획재정부령이 정하는 국내원천소득 (2008. 2. 29. 직제개정 ; 기획재정부와~직제 부칙)

8. 법 제156조의 2 제2항에서 "대통령령으로 정하는 국외투자기구"란 제207조의 8 제2항에 따른 국외투자기구를 말한다. (2014. 2. 21. 신설)

⑧ 삭 제 (2019. 2. 12.)

⑨ 제1항을 적용할 때 국내원천소득이 국외투자기구를 통하여 지급되는 경우에는 해당 국외투자기구가 실질귀속자로부터 비과세·면제신청서를 제출받아 실질귀속자 명세를 포함하여 작성한 기획재정부령으로 정하는 국외투자기구 신고서(이하 이 조에서 "국외투자기구 신고서"라 한다)와 제출받은 비과세·면제신청서를 소득지급자에게 제출하고 해당 소득지급자는 소득을 지급하는 날이 속하는 달의 다음 달 9일까지 소득지급자의 납세지 관할 세무서장에게 제출하여야 한다. 다만, 제207조의 8 제3항 단서에 따른 국외공모집합투자기구(이하 이 조에서 "국외공모집합투자기구"라 한다)로서 다음 각 호의 서류를 제출한 경우에는 그러하지 아니하다. (2014. 2. 21. 신설)

1. 제207조의 8 제3항 각 호의 사항을 확인할 수 있는 서류 (2014. 2. 21. 신설)

2. 해당 국외투자기구의 국가별 실질귀속자의 수 및 총투자금액 명세가 포함된 국외투자기구 신고서 (2014. 2. 21. 신설)

3. 국외공모집합투자기구의 명의로 작성한 비과세·면제신청서 (2014. 2. 21. 신설)

와 경정청구의 방법ㆍ절차 등 비과세ㆍ면제의 적용에 필요한 사항은 대통령령으로 정한다. (2022. 12. 31. 개정)

⑩ 국외투자기구(이하 이 조에서 "1차 국외투자기구"라 한다)에 다른 국외투자기구(이하 이 조에서 "2차 국외투자기구"라 한다)가 투자하고 있는 경우 1차 국외투자기구는 2차 국외투자기구로부터 실질귀속자별 비과세ㆍ면제신청서를 제출받아 그 명세(해당 2차 국외투자기구가 국외공모집합 투자기구인 경우에는 이를 확인할 수 있는 서류와 해당 국외투자기구의 국가별 실질귀속자의 수 및 총투자금액 명세를 말한다)가 포함된 국외투자기구 신고서와 제출받은 비과세ㆍ면제신청서를 제출하여야 한다. 이 경우 다수의 국외투자기구가 연속적으로 투자관계에 있는 경우에는 투자를 받는 직전 국외투자기구를 1차 국외투자기구로, 투자하는 국외투자기구를 2차 국외투자기구로 본다. (2014. 2. 21. 신설)

⑪ 제1항과 제9항을 적용할 때 제207조의 8 제5항 각 호의 어느 하나에 해당하는 경우에는 이를 실질귀속자로 본다. (2014. 2. 21. 신설)

⑫ 제1항 또는 제9항에 따라 제출된 비과세ㆍ면제신청서 또는 국외투자기구 신고서는 제출한 날부터 3년 이내에는 다시 제출하지 아니할 수 있다. 다만, 그 내용에 변동이 있는 경우에는 변동사유가 발생한 날 이후 소득을 최초로 지급하는 날이 속하는 달의 다음 달 9일까지 그 변동 내용을 제1항 또는 제9항에 따라 제출하여야 한다. (2014. 2. 21. 신설)

⑬ 법 제156조의 2 제3항에서 "비과세ㆍ면제신청서 또는 국외투자기구 신고서를 제출받지 못하거나 제출된 서류를 통해서는 실질귀속자를 파악할 수 없는 등 대통령령으로 정하는 사유"란 다음 각 호의 어느 하나에 해당하는 사유를 말한다. 이 경우 제2호 또는 제3호는 그 사유가 발생한 부분으로 한정하고, 국외공모집합투자기구에 대해서는 제3호의 사유를 제외한다. (2014. 2. 21. 신설)

1. 비과세ㆍ면제신청서 또는 국외투자기구 신고서를 제출받지 못한 경우 (2014. 2. 21. 신설)

2. 제출된 비과세ㆍ면제신청서 또는 국외투자기구 신고서에 적힌 내용의 보완 요구에 따르지 아니하는 경우 (2014. 2. 21. 신설)

3. 제출된 비과세ㆍ면제신청서 또는 국외투자기구 신고서를 통해서는 실질귀속자를 파악할 수 없는 경우 (2014. 2. 21. 신설)

⑭ 소득지급자와 국외투자기구는 비과세ㆍ면제신청서, 국외투자기구신고서 등 관련 자료를 제1항에 따른 기한의 다음 날부터 5년간 보관하여야 한다. 이 경우 소득지급자의 납세지 관할 세무서장이 제출을 요구하는 경우에는 그 자료를 제출하여야 한다. (2014. 2. 21. 신설)

⑮ 법 제156조의 2 제5항에 따라 경정을 청구하려는 자는 소득지급자의 납세지 관할 세무서장에게 기획재정부령으로 정하는 비과세ㆍ면제 적용을 위한 경정청구서에 국내원천소득의 실질귀속자임을 입증할 수 있는 다음 각 호의 서류를 첨부하여 경정을 청구하여야 한다. 이 경우 증명서류는 한글번역본과 함께 제출하여야 하되, 국세청장이 인정하는 경우에는 영문으로 작성된 서류만을 제출할 수 있다. (2023. 2. 28. 개정)

1. 비과세ㆍ면제신청서 (2014. 2. 21. 신설)

2. 해당 실질귀속자 거주지국의 권한 있는 당국이 발급하는 거주자증명서 (2014. 2. 21. 신설)

⑯ 제15항에 따른 경정청구 절차에 관하여는 제207조의 5 제2항부터 제4항까지의 규정을 준용한다. (2014. 2. 21. 신설)

제156조의 3 【비거주자의 채권등에 대한 원천징수의 특례】 제156조 제1항을 적용받는 비거주자에게 채권등의 이자등을 지급하는 자 또는 해당 비거주자로부터 채권등을 매수(증여·변제 및 출자 등으로 채권등의 소유권 또는 이자소득의 수급권의 변동이 있는 경우와 매도를 위탁받거나 중개·알선하는 경우를 포함하되, 환매조건부채권매매거래 등 대통령령으로 정하는 경우는 제외한다)하는 자는 그 비거주자의 보유기간을 고려하여 대통령령으로 정하는 바에 따라 원천징수를 하여야 한다. (2013. 1. 1. 개정)

제207조의 3 【비거주자의 채권 등의 이자 등에 대한 원천징수 특례】 ① 법 제156조 제1항을 적용받는 비거주자에 대하여 채권 등의 이자 등을 지급하는 자 또는 채권 등의 이자 등을 지급받기 전에 비거주자로부터 채권 등을 매수하는 자는 그 이자 등의 지급금액에 대하여 법·「조세특례제한법」 또는 조세조약에 따른 세율(이하 이 조에서 "적용세율"이라 한다)을 적용하는 경우에 그 지급금액에 다음 각 호의 세율을 적용하여 계산한 금액을 원천징수하여야 한다. 이 경우 제1호에 따른 적용세율이 법 제129조 제1항 제1호에 따른 세율보다 높은 경우로서 당해 비거주자가 채권 등의 보유기간을 입증하지 못하는 경우에는 지급금액 전액을 당해 비거주자의 보유기간이자등상당액으로 보며, 제1호에 따른 적용세율이 법 제129조 제1항 제1호에 따른 세율보다 낮은 경우로서 당해 비거주자가 채권 등의 보유기간을 입증하지 못하는 경우에는 당해 비거주자의 보유기간이자등상당액은 없는 것으로 본다. (2009. 2. 4. 개정)

1. 지급금액 중 해당 비거주자의 보유기간이자등상당액에 대하여는 해당 비거주자에 대한 적용세율 (2009. 2. 4. 개정)
2. 지급금액 중 제1호의 보유기간이자등상당액을 차감한 금액에 대하여는 법 제129조 제1항 제1호에 따른 세율 (2009. 2. 4. 개정)

② 제1항을 적용할 때 제190조는 비거주자의 채권등의 이자등에 대한 지급시기에 관하여 준용하고, 제102조 및 제193조의 2는 채권등의 보유기간계산, 보유기간이자등상당액의 계산방법 및 보유기간 입증방법에 관하여 준용하며, 제207조 제1항은 원천징수세액납부에 관하여 준용한다. (2010. 2. 18. 개정)

③ 법 제156조의 3에서 "환매조건부채권매매거래 등 대통령령으로 정하는 경우"란 다음 각 호의 어느 하나에 해당하거나 각 호가 혼합되는 거래를 말한다. (2016. 2. 17. 개정)

1. 비거주자가 일정기간 후에 일정가격으로 환매수할 것을 조건으로 하여 채권등을 매도하는 거래(해당 거래가 연속되는 경우를 포함한다)로서 그 거래에 해당하는 사실이 「자본시장과 금융투자업에 관한 법률」 제294조에 따른 한국예탁결제원의 계좌를 통하여 확인되는 경우 (2016. 2. 17. 개정)

2. 비거주자가 일정기간 후에 같은 종류로서 같은 양의 채권을 반환받는 조건으로 채권을 대여하는 거래(해당 거래가 연속되는 경우를 포함한다)로서 그 거래에 해당하는 사실이 채권대차거래중개기관이 작성한 거래 원장(전자적 형태의 원장을 포함한다)을 통하여 확인되는 경우 (2016. 2. 17. 개정)

④ 제3항에 따른 거래의 경우 채권등을 매도 또는 대여한 날부터 환매수 또는 반환받은 날까지의 기간 동안 그 채권등으로부터 발생하는 이자소득에 상당하는 금액은 매도자 또는 대여자(해당 거래가 연속되는 경우나 제3항 각 호의 거래가 혼합되는 경우에는 최초 매도자 또는 최초 대여자를 말한다)에게 귀속되는 것으로 보아 법 제46조·제133조의 2 및 제156조의 3을 적용한다. (2016. 2. 17. 개정)

⑤～⑥ 삭 제 (2010. 6. 8.)

제156조의 4 【특정지역 비거주자에 대한 원천징수 절차 특례】
(2018. 12. 31. 제목개정)
① 제156조, 제156조의 3 및 제156조의 6에 따른 원천징수의무자는 기획재정부장관이 고시하는 국가 또는 지역에 소재하는 비거주자의 국내원천소득 중 제119조 제1호, 제2호, 같은 조 제9호 나목, 같은 조 제10호 또는 제11호에 따른 소득에 대하여 소득세로서 원천징수하는 경우에는 제156조의 2 및 조세조약에 따른 비과세·면제 또는 제한세율에 관한 규정에도 불구하고 제156조 제1항 각 호에 따른 세율을 우선 적용하여 원천징수하여야 한다. 다만, 대통령령으로 정하는 바에 따라 조세조약에 따른 비과세·면제 또는 제한세율에 관한 규정을 적용받을 수 있음을 국세청장이 사전 승인하는 경우에는 그러하지 아니하다. (2012. 1. 1. 개정)

제207조의 4 【조세조약상의 비과세·면제 또는 제한세율 적용을 위한 사전승인 절차】 ① 법 제156조의 4 제1항 단서에 따른 사전승인을 받으려는 자는 국세청장에게 기획재정부령으로 정하는 원천징수특례사전승인신청서에 다음 각 호의 서류를 첨부하여 신청하여야 한다. 다만, 제2항에 따라 사전승인을 받은 후 계약내용 등의 변경으로 당초 신고한 내용과 달라진 경우에는 사전승인 신청을 다시 하여야 한다. (2009. 2. 4. 개정)

1. 조세조약에서 상대방국가(이하 "체약상대국"이라 한다)에서 발급하는 거주자증명서 (2012. 2. 2. 개정)

2. 해당 국내원천소득을 얻기 위한 투자자금 조달방법 (2006. 2. 9. 신설)

3. 해당 국내원천소득 수령 후의 처분명세서 또는 그 계획서 (2006. 2. 9. 신설)

4. 최근 3년(설립 후 3년이 경과하지 아니한 경우에는 설립일부터 신청일까지의 기간) 동안 체약상대국의 세무당국에 제출한 신고서·감사보고서·재무제표 및 부속서류 (2006. 2. 9. 신설)

4. 최근 3년(설립 후 3년이 경과하지 아니한 경우에는 설립일부터 신청일까지의 기간) 동안 체약상대국의 세무당국에 제출한 재무제표(부속서류를 포함한다), 세무신고서 또는 감사보고서 (2025. 2. 28. 개정)

② 국세청장은 제1항에 따라 사전승인의 신청을 받은 때에는 법 제119조 제1호·제2호·제10호 또는 제11호에 따른 소득의 실질귀속자에 해당하고 해당 체약상대국의 거주자인 경우에는 사전승인을 할 수 있다. (2017. 2. 3. 개정)

③ 국세청장은 제1항의 규정에 따른 사전승인신청의 내용에 대하여 보정할 필요가 있다고 인정되는 때에는 30일 이내의 기간을 정하여 보정할 것을 요구할 수 있다. 이 경우 보정기간은 제5항의 규정에 따른 기간에 산입하지 아니한다. (2006. 2. 9. 신설)

④ 제3항의 규정에 따른 보정요구는 다음 각 호의 사항을 모두 기재한 문서로 하여야 한다. (2006. 2. 9. 신설)

1. 보정할 사항 (2006. 2. 9. 신설)

2. 보정을 요구하는 이유 (2006. 2. 9. 신설)

관계조문 ▶▶

규칙 100조 29호의 5 ⇒ 원천징수특례사전승인신청서

관계조문 ▶▶

규칙 100조 29호의 6 ⇒ 보정요구

② 제1항에서 규정한 국내원천소득을 실질적으로 귀속받는 자(그 대리인 또는 「국세기본법」 제82조에 따른 납세관리인을 포함한다)가 그 소득에 대하여 조세조약에 따른 비과세·면제 또는 제한세율에 관한 규정을 적용받으려는 경우에는 제1항에 따라 세액이 원천징수된 날이 속하는 달의 다음 달 11일부터 5년 이내에 대통령령으로 정하는 바에 따라 원천징수의무자의 납세지 관할 세무서장에게 경정을 청구할 수 있다. 다만, 「국세기본법」 제45조의 2 제2항 각 호의 어느 하나에 해당하는 사유가 발생하였을 때에는 본문에도 불구하고 그 사유가 발생한 것을 안 날부터 3개월 이내에 경정을 청구할 수 있다. (2023. 12. 31. 개정)

편주 ▶ ………………………………………………………
법 156조의 4 제2항 본문의 개정규정은 2024. 1. 1. 당시 각각 같은 개정규정에 따른 경정청구기간이 만료되지 아니한 경우에도 적용함. (법 부칙 (2023. 12. 31.) 9조)
………………………………………………………

③ 제2항에 따른 경정의 청구를 받은 세무서장은 그 청구를 받은 날부터 6개월 이내에 과세표준과 세액을 경정하거나 경정하여야 할 이유가 없다는 뜻을 그 청구를 한 자에게 알려야 한다. (2009. 12. 31. 개정)

3. 보정할 기간 (2006. 2. 9. 신설)
4. 그 밖의 필요한 사항 (2006. 2. 9. 신설)
⑤ 국세청장은 제1항의 규정에 따른 신청을 받은 날부터 3월 이내에 승인 여부를 통보하여야 한다. (2006. 2. 9. 신설)
⑥ 국세청장은 제출된 서류가 허위로 기재된 것임이 확인되는 경우에는 사전승인을 취소하여야 한다. (2006. 2. 9. 신설)
⑦ 제1항을 적용할 때 원천징수특례사전승인신청서에 첨부하는 서류는 한글번역본과 함께 제출하여야 한다. 다만, 국세청장이 인정하는 경우에는 영문으로 작성된 서류만을 제출할 수 있다. (2009. 2. 4. 신설)

　제207조의 5【조세조약상의 비과세·면제 또는 제한세율 적용을 위한 경정청구의 절차】① 법 제156조의 4 제2항의 규정에 따라 경정을 청구하고자 하는 자는 원천징수의무자의 납세지 관할세무서장에게 기획재정부령이 정하는 원천징수특례적용을 위한 경정청구서에 제207조의 4 제1항 제1호 내지 제4호의 서류를 첨부하여 청구하여야 한다. 이 경우 증빙서류는 한글번역본과 함께 제출하여야 하며, 국세청장이 인정하는 경우에는 영문으로 작성된 서류만을 제출할 수 있다. (2008. 2. 29. 직제개정 ; 기획재정부와~직제 부칙)
② 세무서장은 제1항에 따라 경정청구를 한 법 제119조 제1호·제2호·제10호 또는 제11호에 따른 소득을 수취한 자가 해당 국내원천소득의 실질귀속자에 해당하는 경우에는 경정하여야 한다. (2017. 2. 3. 개정)
③ 세무서장은 제1항의 규정에 따른 경정청구의 내용에 대하여 보정할 필요가 있다고 인정되는 때에는 30일 이내의 기간을 정하여 보정할 것을 요구할 수 있다. 이 경우 보정기간은 법 제156조의 4 제3항의 규정에 따른 기간에 산입하지 아니한다. (2006. 2. 9. 신설)
④ 제3항의 규정에 따른 보정요구는 다음 각 호의 사항을 모두 기재한 문서로 하여야 한다. (2006. 2. 9. 신설)
1. 보정할 사항 (2006. 2. 9. 신설)
2. 보정을 요구하는 이유 (2006. 2. 9. 신설)
3. 보정할 기간 (2006. 2. 9. 신설)
4. 그 밖의 필요한 사항 (2006. 2. 9. 신설)

☞ 관계조문 ▶▶ ———————————————
규칙 100조 29호의 7 ⇒ 원천징수특례 적용을 위한 경정청구서
———————————————

☞ 관계조문 ▶▶ ———————————————
규칙 100조 29호의 6 ⇒ 보정요구
———————————————

제207조의 6【비거주자의 국채 및 통화안정증권 이자·양도소득에 대한 탄력세율】삭 제 (2023. 2. 28.)

제156조의 5【비거주 연예인 등의 용역 제공과 관련된 원천징수 절차 특례】① 비거주자인 연예인 또는 운동가 등 대통령령으로 정하는 자(이하 이 조에서 "비거주 연예인등"이라 한다)가 국내에서 제공한 용역(제119조 제6호·제7호 및 제12호를 포함한다. 이하 이 조에서 같다)과 관련하여 지급받는 보수 또는 대가에 대해서 조세조약에 따라 국내사업장이 없거나 국내사업장에 귀속되지 아니하는 등의 이유로 과세되지 아니하는 외국법인(이하 이 조에서 "비과세 외국연예등법인"이라 한다)에 비거주 연예인등이 국내에서 제공한 용역과 관련하여 보수 또는 대가를 지급하는 자는 조세조약에도 불구하고 그 지급하는 금액의 100분의 20의 금액을 원천징수하여 그 원천징수한 날이 속하는 달의 다음 달 10일까지 대통령령으로 정하는 바에 따라 원천징수 관할 세무서, 한국은행 또는 체신관서에 납부하여야 한다. (2018. 12. 31. 개정)

② 제156조 제1항에도 불구하고 비과세 외국연예등법인은 비거주 연예인등의 용역 제공과 관련하여 보수 또는 대가를 지급할 때 그 지급금액의 100분의 20의 금액을 지급받는 자의 국내원천소득에 대한 소득세로서 원천징수하여 그 원천징수한 날이 속하는 달의 다음 달 10일까지 대통령령으로 정하는 바에 따라 원천징수 관할 세무서, 한국은행 또는 체신관서에 납부하여야 한다. 이 경우 비거주 연예인등이 국내에서 제공한 용역과 관련하여 비과세 외국연예등법인에 대가를 지급하는 자가 제1항에 따라 원천징수하여 납부한 경우에는 그 납부한 금액의 범

제207조의 7【비거주연예인 등의 용역제공과 관련된 원천징수세액의 납부 및 환급절차】① 법 제156조의 5 제1항에서 "비거주자인 연예인 또는 운동가 등 대통령령으로 정하는 자"란 법 제156조의 5 제1항에 따른 비과세외국연예등법인(이하 "비과세외국연예등법인"이라 한다)의 국내 용역을 제공하는 해당 연예인·운동가뿐만 아니라 그 연예인·운동가의 국내 용역 제공을 보조하는 감독, 코치, 조명·촬영·음향 기사 및 이와 비슷한 용역을 제공하는 자를 말한다. (2019. 2. 12. 개정)
② 비과세외국연예등법인에게 보수 또는 대가를 지급하는 자가 법 제156조의 5 제1항에 따라 징수한 원천징수세액을 납부하는 경우에는 다음 각 호의 서류를 원천징수 관할 세무서장에게 제출하여야 한다. (2008. 2. 22. 신설)
1. 기획재정부령으로 정하는 원천징수이행상황신고서 (2008. 2. 29. 직제개정 ; 기획재정부와~직제 부칙)
2. 해당 비과세외국연예등법인에게 보수 또는 대가를 지급하는 자와 해당 비과세외국연예등법인 사이에 체결된 용역제공 관련 계약서 (2008. 2. 22. 신설)
③ 법 제156조의 5 제2항에 따라 비과세외국연예등법인이 징수한 원천징수세액을 납부하는 경우에는 해당 비과세외국연예등법인에게 보수 또는 대가를 지급한 자의 원천징수 관할 세무서장에게 다음 각 호의 서류를 제출하여야 한다. (2008. 2. 22. 신설)
1. 기획재정부령으로 정하는 비거주연예인 등의 용역제공소득 지급명세서 (2008. 2. 29. 직제개정 ; 기획재정부와~직제 부칙)
2. 기획재정부령으로 정하는 원천징수이행상황신고서 (2008. 2. 29. 직제개정 ; 기획재정부와~직제 부칙)

관계조문 ▶▶

규칙 100조 29호의 12 ⇒ 비거주연예인 등의 용역제공소득 지급명세서

위에서 그 소득세를 납부한 것으로 본다. (2009. 12. 31. 개정)

③ 제1항에 따라 원천징수하여 납부한 금액이 제2항에 따라 원천징수하여 납부한 금액보다 큰 경우 그 차액에 대하여 비과세 외국연예등법인은 대통령령으로 정하는 바에 따라 관할 세무서장에게 환급을 신청할 수 있다. (2009. 12. 31. 개정)

제156조의 6【비거주자에 대한 조세조약상 제한세율 적용을 위한 원천징수 절차 특례】① 제119조에 따른 국내원천소득의 실질귀속자인 비거주자가 조세조약에 따른 제한세율을 적용받으려는 경우에는 대통령령으로 정하는 바에 따라 제한세율 적용신청서 및 국내원천소득의 실질귀속자임을 증명하는 서류(이하 이 조에서 "신청서등"이라 한다)를 제156조 제1항에 따른 원천징수의무자(이하 이 조에서 "원천징수의무자"라 한다)에게 제출하여야 한다. (2022. 12. 31. 개정)

② 제1항을 적용할 때 해당 국내원천소득이 국외투자기구를 통하여 지급되는 경우에는 그 국외투자기구가 대통령령으로 정하는 바에 따라 실질귀속자로부터 신청서등을 제출받아 이를 그 명세가 포함된 국외투자기구 신고서와 함께 원천징수의무자에게 제출하여야 한다. (2022. 12. 31. 개정)

④ 법 제156조의 5 제3항에 따라 비과세외국연예등법인이 환급받으려면 기획재정부령으로 정하는 비과세외국연예등법인에 대한 원천징수세액 환급신청서에 다음 각 호의 서류를 첨부하여 원천징수 관할 세무서장에게 신청하여야 한다. (2008. 2. 29. 직제개정 ; 기획재정부와~ 직제 부칙)

1. 비과세외국연예등법인과 비거주연예인 등 사이에 체결된 용역제공 관련 계약서 (2008. 2. 22. 신설)

2. 비거주연예인 등에게 지급한 보수 또는 대가에 대한 증거서류 (2008. 2. 22. 신설)

⑤ 제4항에 따라 환급신청을 받은 세무서장은 환급 여부를 결정하여야 하며 환급세액이 있으면 법 제156조의 5 제1항에 따라 원천징수하여 납부한 날의 다음 날부터 환급결정을 하는 날까지의 기간과 「국세기본법 시행령」 제43조의 3 제2항에 따른 이율에 따라 계산한 금액을 국세환급금에 가산하여야 한다. (2013. 2. 15. 개정)

⑥ 제2항·제3항 및 제4항 각 호에 규정된 서류를 제출하는 경우 영문으로 작성된 서류는 한글번역본과 함께 제출하여야 한다. 다만, 세무서장이 인정하는 경우에는 영문으로 작성된 서류만을 제출할 수 있다. (2008. 2. 22. 신설)

제207조의 8【비거주자에 대한 조세조약상 제한세율 적용을 위한 원천징수절차 특례】① 법 제156조의 6 제1항에 따라 제한세율을 적용받으려는 국내원천소득의 실질귀속자는 기획재정부령으로 정하는 국내원천소득 제한세율 적용신청서(이하 이 조에서 "제한세율 적용신청서"라 한다)를 해당 국내원천소득을 지급받기 전까지 원천징수의무자에게 제출하여야 한다. 다만, 「자본시장과 금융투자업에 관한 법률」 제296조 제5호에 따른 외국예탁결제기관이 같은 법 제294조에 따른 한국예탁결제원에 개설한 계좌를 통하여 지급받는 국내원천소득의 경우에는 제한세율 적용신청서를 제출하지 아니할 수 있다. (2012. 2. 2. 신설)

② 법 제156조의 6 제2항에서 "대통령령으로 정하는 국외투자기구"란 투자권유를 하여 모은 금전 등을 재산적 가치가 있는 투자대상자산을 취득, 처분 또는 그 밖의 방법으로 운용하고 그 결과를 투자자에게 배분하여 귀속시키는 투자행위를 하는 기구로서 국외

관계조문 ≫

규칙 100조 29호의 13 ⇒ 비과세외국연예등법인에 대한 원천징수세액 환급신청서

관계조문 ≫

규칙 100조 29호의 14 ⇒ 국내원천소득 제한세율 적용신청서(별지 29호의 12 서식)

에서 설립된 것(이하 "국외투자기구"라 한다)을 말한다. (2012. 2. 2. 신설)

② 삭 제 (2019. 2. 12.)

③ 제1항을 적용할 때 국내원천소득이 국외투자기구를 통하여 지급되는 경우에는 해당 국외투자기구가 실질귀속자로부터 제한세율 적용신청서를 제출받아 기획재정부령으로 정하는 국외투자기구 신고서(이하 이 조에서 "국외투자기구 신고서"라 한다)에 실질귀속자 명세를 첨부하여 국내원천소득을 지급받기 전까지 원천징수의무자에게 제출하여야 한다. 다만, 다음 각 호의 요건을 모두 갖춘 국외투자기구(이하 이 조에서 "국외공모집합투자기구"라 한다)로서 각 호의 사항을 확인할 수 있는 서류와 해당 국외투자기구의 국가별 실질귀속자의 수 및 총투자금액 명세를 국외투자기구 신고서에 첨부하여 제출한 경우에는 그러하지 아니하다. (2012. 2. 2. 신설)

관계조문

규칙 100조 29호의 15 ⇒ 국외투자기구 신고서(별지 29호의 13 서식)

1. 「자본시장과 금융투자업에 관한 법률」에 따른 집합투자기구와 유사한 국외투자기구로서 체약상대국의 법률에 따라 등록하거나 승인을 받은 국외투자기구 (2012. 2. 2. 신설)
2. 증권을 사모로 발행하지 아니하고 직전 회계기간 종료일(신규로 설립된 국외투자기구인 경우에는 국외투자기구 신고서 제출일을 말한다) 현재 투자자가 100명(투자자가 다른 국외투자기구인 경우에는 그 국외투자기구를 1명으로 본다) 이상일 것 (2012. 2. 2. 신설)
3. 조세조약에서 조약상 혜택의 적용을 배제하도록 규정된 국외투자기구에 해당하지 아니할 것 (2012. 2. 2. 신설)

④ 국외투자기구(이하 이 조에서 "1차 국외투자기구"라 한다)에 다른 국외투자기구(이하 이 조에서 "2차 국외투자기구"라 한다)가 투자하고 있는 경우 1차 국외투자기구는 2차 국외투자기구로부터 실질귀속자 명세(해당 2차 국외투자기구가 국외공모집합투자기구인 경우에는 이를 확인할 수 있는 서류와 해당 국외투자기구의 국가별 실질귀속자의 수 및 총투자금액 명세를 말한다)를 첨부한 국외투자기구 신고서를 제출받아 이를 함께 제출하여야 한다. 이 경우 다수의 국외투자기구가 연속적으로 투자관계에 있는 경우에는 투자를 받는 직전 국외투자기구를 1차 국외투자기구로, 투자하는 국외투자기구를 2차 국외투자기구로 본다. (2012. 2. 2. 신설)

⑤ 제1항 및 제3항을 적용할 때 다음 각 호의 어느 하나에 해당하는 경우에는 이를 실질귀속자로 본다. (2012. 2. 2. 신설)

1. 「국민연금법」, 「공무원연금법」, 「군인연금법」, 「사립학교교직원 연금법」 및 「근로자퇴직급여 보장법」 등에 준하는 체약상대국의 법률에 따라 외국에서 설립된 연금 (2012. 2. 2. 신설)
2. 체약상대국의 법률에 따라 외국에서 설립된 비영리단체로서 수익을 구성원에게 분배하지 아니하는 기금 (2012. 2. 2. 신설)
3. 조세조약에서 실질귀속자로 인정되는 것으로 규정된 국외투자기구 (2012. 2. 2. 신설)

3. 삭 제 (2019. 2. 12.)

⑥ 제1항 또는 제3항에 따라 제출된 제한세율 적용신청서 또는 국외투자기구 신고서는 제출된 날부터 3년 이내에는 다시 제출하지 아니할 수 있다. 다만, 그 내용에 변동이 있는 경우에는 변동사유가 발생한 날 이후 최초로 국내원천소득을 지급받기 전까지 그 변동 내용을 제1항 또는 제3항에 따라 제출하여야 한다. (2014. 2. 21. 개정)

☞ p.2936 2단 연결

③ 제1항 또는 제2항에 따라 실질귀속자 또는 국외투자기구로부터 신청서등을 제출받은 원천징수의무자는 제출된 신청서등에 누락된 사항이나 미비한 사항이 있으면 보완을 요구할 수 있으며, 실질귀속자 또는 국외투자기구로부터 신청서등 또는 국외투자기구 신고서를 제출받지 못하거나 제출된 서류를 통해서는 실질귀속자를 파악할 수 없는 등 대통령령으로 정하는 사유에 해당하는 경우에는 제한세율을 적용하지 아니하고 제156조 제1항 각 호의 금액을 원천징수하여야 한다. (2022. 12. 31. 개정)

④ 제1항 및 제2항에 따라 적용받은 제한세율에 오류가 있거나 제3항에 따라 제한세율을 적용받지 못한 실질귀속자가 제한세율을 적용받으려는 경우에는 실질귀속자 또는 원천징수의무자가 제3항에 따라 세액이 원천징수된 날이 속하는 달의 다음 달 11일부터 5년 이내에 대통령령으로 정하는 바에 따라 원천징수의무자의 납세지 관할 세무서장에게 경정을 청구할 수 있다. 다만, 「국세기본법」 제45조의 2 제2항 각 호의 어느 하나에 해당하는 사유가 발생하였을 때에는 본문에도 불구하고 그 사유가 발생한 것을 안 날부터 3개월 이내에 경정을 청구할 수 있다. (2023. 12. 31. 개정)

▶편주
법 156조의 6 제4항 본문의 개정규정은 2024. 1. 1. 당시 각각 같은 개정규정에 따른 경정청구기간이 만료되지 아니한 경우에도 적용함. (법 부칙 (2023. 12. 31.) 9조)

⑤ 제4항에 따라 경정을 청구받은 세무서장은 청구를 받은 날부터 6개월 이내에 과세표준과 세액을 경정하거나 경정하여야 할 이유가 없다는

⑦ 법 제156조의 6 제3항에서 "대통령령으로 정하는 사유"란 다음 각 호의 어느 하나의 사유를 말한다. 이 경우 제2호 또는 제3호는 그 사유가 발생한 부분으로 한정하고, 국외공모집합투자기구에 대해서는 제3호의 사유를 제외한다. (2014. 2. 21. 후단개정)
1. 제한세율 적용신청서 또는 국외투자기구 신고서를 제출받지 못한 경우 (2012. 2. 2. 신설)
2. 제출된 제한세율 적용신청서 또는 국외투자기구 신고서에 기재된 내용의 보완 요구에 응하지 아니하는 경우 (2012. 2. 2. 신설)
3. 제출된 제한세율 적용신청서 또는 국외투자기구 신고서를 통해서는 실질귀속자를 파악할 수 없는 경우 (2014. 2. 21. 개정)
⑧ 원천징수의무자 및 국외투자기구는 제한세율 적용신청서, 국외투자기구 신고서 등 관련 자료를 법 제156조 제1항에 따른 원천징수세액의 납부기한 다음 날부터 5년간 보관하여야 하고, 원천징수의무자의 납세지 관할 세무서장이 그 제출을 요구하는 경우에는 이를 제출하여야 한다. (2012. 2. 2. 신설)

제207조의 9 【비거주자에 대한 조세조약상 제한세율 적용을 위한 경정청구 절차】 ① 법 제156조의 6 제4항에 따라 경정을 청구하려는 자는 원천징수의무자의 납세지 관할세무서장에게 기획재정부령으로 정하는 제한세율 적용을 위한 경정청구서에 국내원천소득의 실질귀속자임을 입증할 수 있는 다음 각 호의 서류를 첨부하여 경정을 청구하여야 한다. 이 경우 증명서류는 한글번역본과 함께 제출하여야 하되, 국세청장이 인정하는 경우에는 영문으로 작성된 서류만을 제출할 수 있다. (2012. 2. 2. 신설)
1. 제207조의 8 제1항에 따른 제한세율 적용신청서 (2012. 2. 2. 신설)
2. 해당 실질귀속자 거주지국의 권한 있는 당국이 발급하는 거주자증명서 (2012. 2. 2. 신설)
② 제1항에 따른 경정청구 절차에 관하여는 제207조의 5 제2항부터 제4항까지의 규정을 준용한다. (2012. 2. 2. 신설)

▶관계조문
규칙 100조 29호의 16 ⇒ 제한세율 적용을 위한 경정청구서(별지 29호의 14 서식)

뜻을 청구인에게 알려야 한다. (2012. 1. 1. 신설)
⑥ 제1항부터 제5항까지에서 규정된 사항 외에 신청서등 및 국외투자 기구 신고서 등 관련 서류의 제출 방법·절차, 제출된 서류의 보관의무, 경정청구 방법·절차 등 제한세율 적용에 필요한 사항은 대통령령으로 정한다. (2022. 12. 31. 개정)

제156조의 7【외국법인 소속 파견근로자의 소득에 대한 원천징수 특례】 ① 내국법인과 체결한 근로자파견계약에 따라 근로자를 파견하는 국외에 있는 외국법인(국내지점 또는 국내영업소는 제외하며, 이하 이 조에서 "파견외국법인"이라 한다)의 소속 근로자(이하 이 조에서 "파견근로자"라 한다)를 사용하는 내국법인(이하 "사용내국법인"이라 한다)은 제134조 제1항에도 불구하고 파견근로자가 국내에서 제공한 근로의 대가를 파견외국법인에 지급하는 때에 그 지급하는 금액(파견근로자가 파견외국법인으로부터 지급받는 금액을 대통령령으로 정하는 바에 따라 사용내국법인이 확인한 경우에는 그 확인된 금액을 말한다)에 「조세특례제한법」 제18조의 2 제2항에 따른 세율을 적용하여 계산한 금액을 소득세로 원천징수하여 그 원천징수하는 날이 속하는 달의 다음 달 10일까지 대통령령으로 정하는 바에 따라 원천징수 관할 세무서, 한국은행 또는 체신관서에 납부하여야 한다. (2021. 12. 8. 개정)
② 파견외국법인은 제1항에 따른 파견근로자에게 해당 과세기간의 다음 연도 2월분의 근로소득을 지급할 때에 제137조에 따라 해당 과세기간의 근로소득에 대한 소득세를 원천징수하여야 한다. 이 경우 파견근로자에 대한 해당 과세기간의 과세표준과 세액의 계산, 과세표준 확정신고와 납부, 결정·경정 및 징수·환급에 대해서는 이 법에 따른 거주자 및 비거주자에 대한 관련 규정을 준용한다. (2015. 12. 15. 신설)
③ 제2항을 적용할 때 사용내국법인은 파견외국법인을 대리하여 원천징수할 수 있다. (2015. 12. 15. 신설)
④ 제1항부터 제3항까지를 적용할 때 파견근로자에 대하여 원천징수를 하는 사용내국법인 및 파견근로자의 범위, 원천징수·환급신청 등과 관련 서류의 제출 방법 및 절차 등에 관하여 필요한 사항은 대통령령으로 정한다. (2015. 12. 15. 신설)

제207조의 10【외국법인 소속 파견근로자의 소득에 대한 원천징수 의무자등의 범위 및 특례절차 등】 ① 법 제156조의 7에 따른 사용내국법인은 다음 각 호의 요건을 모두 갖춘 내국법인으로 한다. (2016. 2. 17. 신설)
1. 법 제156조의 7 제1항에 따른 파견외국법인(이하 이 조에서 "파견외국법인"이라 한다)에게 지급하는 근로대가의 합계액이 다음 각 목의 어느 하나에 해당할 것 (2022. 2. 15. 개정)
   가. 파견외국법인과 체결한 근로자 파견계약상 근로대가가 20억원을 초과할 것 (2022. 2. 15. 신설)
   나. 직전 사업연도에 사용내국법인이 파견외국법인에 실제로 지급한 근로대가의 합계액이 20억원을 초과할 것 (2022. 2. 15. 신설)
2. 직전 사업연도 매출액이 1,500억원 이상이거나 직전 사업연도 말 현재 자산총액이 5,000억원 이상일 것 (2016. 2. 17. 신설)
3. 한국표준산업분류에 따른 항공운송업, 건설업, 전문·과학 및 기술 서비스업, 선박 및 수상 부유구조물 건조업, 금융업을 영위할 것 (2018. 2. 13. 개정)
② 법 제156조의 7에 따른 파견근로자는 파견외국법인에 소속된 근로자로서 사용내국법인에 파견되어 해당 사용내국법인에 근로를 제공하는 자로 한다. (2016. 2. 17. 신설)
③ 법 제156조의 7 제1항에 따라 사용내국법인이 원천징수한 세액을 납부하는 경우에는 다음 각 호의 서류를 원천징수 관할 세무서장에게 제출하여야 한다. (2016. 2. 17. 신설)
1. 기획재정부령으로 정하는 원천징수이행상황신고서 (2016. 2. 17. 신설)
2. 기획재정부령으로 정하는 파견근로자 근로계약 명세서 (2016. 2.

관계조문

규칙 100조 29호의 18 → 원천징수이행상황신고서(별지 21호 서식) 및 파견근로자 근로계약 명세서(별지 101호 서식)

제156조의 8 【이자 · 배당 및 사용료에 대한 세율의 적용 특례】 ① 조세조약의 규정상 비거주자의 국내원천소득 중 이자, 배당 또는 사용료소득에 대해서는 제한세율과 다음 각 호의 어느 하나에 규정된 세율 중 낮은 세율을 적용한다. (2020. 12. 29. 신설)

1. 조세조약의 대상 조세에 지방소득세가 포함되지 아니하는 경우에는 제156조 제1항 제1호, 제2호 및 제6호에서 규정하는 세율 (2020. 12. 29. 신설)

2. 조세조약의 대상 조세에 지방소득세가 포함되는 경우에는 제156조 제1항 제1호, 제2호 및 제6호에서 규정하는 세율에 「지방세법」 제103조의 18 제1항의 원천징수하는 소득세의 100분의 10을 반영한 세율 (2020. 12. 29. 신설)

② 제1항에도 불구하고 제156조의 4 제1항에 해당하는 경우에는 제156조의 4 제1항에 따라 원천징수한다. 이 경우 제156조의 4 제3항에 따라 과세표준과 세액을 경정하는 경우에는 제한세율과 제1항 각 호의 어느 하나에 규정된 세율 중 낮은 세율을 적용한다. (2020. 12. 29. 신설)

편주 ▶
법 156조의 8의 개정규정(산업상 · 상업상 · 과학상의 기계 · 설비 · 장치 등을 임대함으로써 발생하는 소득이 조세조약에서 사용료소득으로 구분되어 그 사용대가가 사용료소득에 포함되는 것에 관한 부분에 한정함)은 2013. 1. 1. 이후 지급하는 소득분부터 적용함. (법 부칙(2020. 12. 29.) 21조)

제156조의 9 【외국인 통합계좌를 통하여 지급받는 국내원천소득에 대한 원천징수 특례】 ① 비거주자가 외국인 통합계좌(「자본시장과 금융투자업에 관한 법률」 제12조 제2항 제1호 나목에 따른 외국 금융투자업자가 다른 외국 투자자의 주식 매매거래를 일괄하여 주문 · 결제하기 위하여 자기 명의로 개설한 계좌를 말한다. 이하 같다)를 통하여 제119조에 따른 국내원천소득을 지급받는 경우 해당 국내원천소득을 외국인 통합계좌를 통하여 지급하는 자는 외국인 통합계좌의 명의인에게 그 소득금액을 지급할 때 제156조 제1항 각 호에 따른 금액을 소득세로 원천징수하여야 한다. (2023. 12. 31. 신설)

② 제1항에 따라 소득을 지급받은 비거주자는 조세조약상 비과세 · 면

17. 신설)

3. 사용내국법인과 파견외국법인 사이에 체결된 용역제공 관련 계약서 (2016. 2. 17. 신설)

④ 법 제156조의 7 제2항에 따라 파견외국법인(법 제156조의 7 제3항에 따라 사용내국법인이 파견외국법인을 대리하여 원천징수하는 경우에는 사용내국법인을 말한다)이 파견근로자의 근로소득세액에 대한 원천징수를 하는 경우에는 사용내국법인의 원천징수 관할 세무서장에게 다음 각 호의 서류를 제출하여야 한다. (2016. 2. 17. 신설)

1. 기획재정부령으로 정하는 근로소득 지급명세서 (2016. 2. 17. 신설)

2. 기획재정부령으로 정하는 원천징수세액 환급신청서 (2016. 2. 17. 신설)

3. 파견외국법인과 파견근로자 사이에 체결된 용역제공 관련 계약서 (2016. 2. 17. 신설)

4. 파견외국법인이 파견근로자에게 지급한 보수 또는 대가에 대한 증거서류 (2016. 2. 17. 신설)

⑤ 제3항 제3호 및 제4항 제3호 · 제4호에 규정된 서류를 제출하는 경우 영문으로 작성된 서류는 한글번역본과 함께 제출하여야 한다. (2016. 2. 17. 신설)

관계조문 ▶▶
규칙 100조 29호의 19 → 근로소득지급명세서(별지 24호 서식(1)) 및 파견외국법인에 대한 원천징수세액 환급신청서(별지 102호 서식)

편주 ▶
법 156조의 9의 개정규정은 2024. 1. 1. 이후 외국인 통합계좌의 명의인에게 국내원천소득을 지급하는 경우부터 적용함. (법 부칙(2023. 12. 31.) 10조)

제 및 제한세율을 적용받으려는 경우에는 납세지 관할 세무서장에게 경정을 청구할 수 있다. (2023. 12. 31. 신설)

③ 비거주자가 제2항에 따라 경정을 청구하는 경우 경정청구의 기한 및 방법·절차 등에 관하여는 제156조의 2 제5항부터 제7항까지 및 제156조의 6 제4항부터 제6항까지를 준용한다. 이 경우 제156조의 2 제5항 본문 중 "실질귀속자가" 및 "실질귀속자 또는 소득지급자가"와 제156조의 6 제4항 본문 중 "실질귀속자가" 및 "실질귀속자 또는 원천징수의무자가"는 각각 "비거주자가"로 본다. (2023. 12. 31. 신설)

제157조【원천징수의 승계】 ① 법인이 해산한 경우에 원천징수를 하여야 할 소득세를 징수하지 아니하였거나 징수한 소득세를 납부하지 아니하고 잔여재산을 분배하였을 때에는 청산인은 그 분배액을 한도로 하여 분배를 받은 자와 연대하여 납세의무를 진다. (2009. 12. 31. 개정)

② 법인이 합병한 경우에 합병 후 존속하는 법인이나 합병으로 설립된 법인은, 합병으로 소멸된 법인이 원천징수를 하여야 할 소득세를 납부하지 아니하면 그 소득세에 대한 납세의무를 진다. (2009. 12. 31. 개정)

제 4 절 원천징수납부 불성실가산세 삭 제 (2012. 1. 1.)

제158조【원천징수납부 불성실가산세】 삭 제 (2012. 1. 1.)
제159조【납세조합 불납가산세】 삭 제 (2012. 1. 1.)

제 6 장 보 칙

제160조【장부의 비치·기록】(2009. 12. 31. 제목개정)
① 사업자(국내사업장이 있거나 제119조 제3호에 따른 소득이 있는 비거주자를 포함한다. 이하 같다)는 소득금액을 계산할 수 있도록 증명서류 등을 갖춰 놓고 그 사업에 관한 모든 거래 사실이 객관적으로 파악

제 6 장 보   칙

제208조【장부의 비치·기록】(2010. 2. 18. 제목개정)
① 법 제160조 제1항의 장부는 사업의 재산상태와 그 손익거래내용의 변동을 빠짐없이 이중으로 기록하여 계산하는 부기형식의 장부를 말한다.
② 다음 각호의 1에 해당하는 경우에는 제1항의 장부를 비치·기장한

통칙 160-208…1【장부의 요건】
① 영 제208조에서 규정하는 장부의 비치·기장은 다음 요건을 갖추어야 장부를 비치·기장한 것으로 본다. (2019. 12. 23. 개정)
1. 장부의 기재사항에 의하여 법에 규정하는 총수입금액·소득금액 및 과세표준의 계산이 가능하여야 한다.
2. 총수입금액·소득금액 또는 과세표준의 정당 여부가 장부에 의하여 비교적 용이하게 감사(조사)될 수 있어야 한다.
3. 장부가 세금계산서·계산서 또는 신뢰할 수 있는 객관적 자료와 증거에 의하여 기록되어야 한다.
② 매매거래의 기록을 거래별로 기록하지 아니하고 세금계산서·계산서 또는 이에 준하는 영수증·지불증을 주의깊게 철하여 이에 의하여 일계 또는 주계 또는 월계로서 기록하여도 정당한 기장을 한 것으로 본다. (97. 4. 8. 개정)
③ 장부상의 오류가 있어도 기장된 내용에 따라 총수입금액과 소득금액의 계산이 가능하면 기장을 부인하지 못한다. (97. 4. 8. 개정)

160-208…3【전표식 또는 카드식에 의한 장부와 전산조직에 의한 장부의 효력】
전표식 또는 카드식에 의한 장부와 전산조직에 의한 장부 등 그 명칭이나 형식에 불구하고 대차평균의 원리에 따라 이중기록함으로써 자산과 부채의 증감, 변동 및 손익을 계산할 수 있는 정도의 것은 영 제208조 제1항의 규정에 의한 적법한 복식부기에 의한 장부로 본다. (97. 4. 8. 개정)

☞

될 수 있도록 복식부기에 따라 장부에 기록·관리하여야 한다. (2013. 1. 1. 개정)

② 업종·규모 등을 고려하여 대통령령으로 정하는 업종별 일정 규모 미만의 사업자가 대통령령으로 정하는 간편장부(이하 "간편장부"라 한다)를 갖춰 놓고 그 사업에 관한 거래 사실을 성실히 기재한 경우에는 제1항에 따른 장부를 비치·기록한 것으로 본다. (2009. 12. 31. 개정)

③ 제2항에 따른 대통령령으로 정하는 업종별 일정 규모 미만의 사업자는 "간편장부대상자"라 하고, 간편장부대상자 외의 사업자는 "복식부기의무자"라 한다. (2009. 12. 31. 개정)

④ 제1항이나 제2항의 경우에 사업소득에 부동산임대업에서 발생한 소득이 포함되어 있는 사업자는 그 소득별로 구분하여 회계처리하여야 한다. 이 경우에 소득별로 구분할 수 없는 공통수입금액과 그 공통수입금액에 대응하는 공통경비는 각 총수입금액에 비례하여 그 금액을 나누어 장부에 기록한다. (2009. 12. 31. 개정)

⑤ 둘 이상의 사업장을 가진 사업자가 이 법 또는 「조세특례제한법」에 따라 사업장별로 감면을 달리 적용받는 경우에는 사업장별 거래 내용이 구분될 수 있도록 장부에 기록하여야 한다. (2010. 12. 27. 개정)

⑥ 법인(중소기업을 포함한다)의 대주주가 양도하는 주식 또는 출자지분에 대해서는 대통령령으로 정하는 바에 따라 종목별로 구분하여 거래일자별 거래명세 등을 장부에 기록·관리하여야 하며 그 증명서류 등을 갖춰 놓아야 한다. 다만, 「자본시장과 금융투자업에 관한 법률」에 따른 투자매매업자 또는 투자중개업자가 발행한 거래명세서를 갖춰 놓은 경우에는 장부를 비치·기록한 것으로 본다. (2009. 12. 31. 개정)

⑥ 삭　제 (2010. 12. 27.)

⑦ 제1항부터 제5항까지의 규정에 따른 장부·증명서류의 기록·비치에 필요한 사항은 대통령령으로 정한다. (2009. 12. 31. 개정)

것으로 본다.

1. 이중으로 대차평균하게 기표된 전표와 이에 대한 증빙서류가 완비되어 사업의 재산상태와 손익거래내용의 변동을 빠짐없이 기록한 때

2. 제1항의 장부 또는 제1호의 전표와 이에 대한 증빙서류를 전산처리된 테이프 또는 디스크등으로 보관한 때

③~④ 삭　제 (98. 12. 31)

⑤ 법 제160조 제2항 및 제3항에서 "대통령령으로 정하는 업종별 일정 규모 미만의 사업자"란 다음 각 호의 어느 하나에 해당하는 사업자를 말한다. 다만, 제147조의 2 및 「부가가치세법 시행령」 제109조 제2항 제7호에 따른 사업자는 제외한다. (2020. 2. 11. 단서개정)

1. 해당 과세기간에 신규로 사업을 개시한 사업자 (2010. 2. 18. 개정)

2. 직전 과세기간의 수입금액(결정 또는 경정으로 증가된 수입금액을 포함하며, 법 제19조 제1항 제20호에 따른 사업용 유형자산을 양도함으로써 발생한 수입금액은 제외한다)의 합계액이 다음 각 목의 금액에 미달하는 사업자. 다만, 업종의 현황 등을 고려하여 기획재정부령으로 정하는 영세사업의 경우에는 기획재정부령으로 정하는 금액에 미달하는 사업자로 한다. (2020. 2. 11. 개정)

가. 농업·임업 및 어업, 광업, 도매 및 소매업(상품중개업을 제외한다), 제122조 제1항에 따른 부동산매매업, 그 밖에 나목 및 다목에 해당되지 아니하는 사업 : 3억원 (2013. 2. 15. 개정)

나. 제조업, 숙박 및 음식점업, 전기·가스·증기 및 공기조절 공급업, 수도·하수·폐기물처리·원료재생업, 건설업(비주거용 건물 건설업은 제외한다), 부동산 개발 및 공급업(주거용 건물 개발 및 공급업에 한정한다), 운수업 및 창고업, 정보통신업, 금융 및 보험업, 상품중개업 : 1억5천만원 (2020. 2. 11. 개정)

다. 법 제45조 제2항에 따른 부동산임대업, 부동산업(제122조 제1항에 따른 부동산매매업은 제외한다), 전문·과학 및 기술서비스업, 사업시설관리·사업지원 및 임대서비스업, 교육서비스업, 보건업 및 사회복지서비스업, 예술·스포츠 및 여가 관련 서비스업, 협회 및 단체, 수리 및 기타 개인서비스업, 가구내 고용활동 : 7천500만원 (2018. 2. 13. 개정)

⑥ 법 제56조의 2를 적용하는 경우 제5항 단서에 불구하고 제147조의 3 및 「부가가치

제95조의 2 【간편장부대상자의 사업 규모에 대한 특례】 ① 영 제208조 제5항 제2호 단서에서 "기획재정부령으로 정하는 영세사업"이란 욕탕업을 말한다. (2014. 3. 14. 신설)

② 영 제208조 제5항 제2호 단서에서 "기획재정부령으로 정하는 금액"이란 1억 5천만원을 말한다. (2014. 3. 14. 신설)

세법 시행령」 제74조 제2항 제7호에 따른 사업자가 제5항 각 호의 어느 하나에 해당되는 경우로서 복식부기에 의하여 기장한 때에는 해당 사업자를 간편장부대상자로 본다. (2007. 2. 28. 신설)

⑥ 삭 제 (2010. 2. 18.)

⑦ 제5항 제2호의 규정을 적용함에 있어서 동호 가목 내지 다목의 업종을 겸영하거나 사업장이 2 이상인 경우에는 다음의 산식에 의하여 계산한 수입금액에 의한다. (2007. 2. 28. 항번개정)

주업종(수입금액이 가장 큰 업종을 말한다. 이하 이 항에서 같다)의 수입금액 + 주업종 외의 업종의 수입금액 × (주업종에 대한 제5항 제2호 각목의 금액 / 주업종 외의 업종에 대한 제5항 제2호 각목의 금액)

⑧ 삭 제 (2003. 12. 30.)

⑨ 법 제160조 제2항에서 "대통령령으로 정하는 간편장부"란 다음 각 호의 사항을 기재할 수 있는 장부로서 국세청장이 정하는 것을 말한다. (2010. 2. 18. 개정)

1. 매출액 등 수입에 관한 사항 (98. 12. 31 신설)

2. 경비지출에 관한 사항 (98. 12. 31 신설)

3. 사업용 유형자산 및 무형자산의 증감에 관한 사항 (2020. 2. 11. 개정)

4. 기타 참고사항 (98. 12. 31 신설)

⑩ 법 제160조 제6항의 규정에 의하여 주식 또는 출자지분(신주인수권을 포함한다)의 거래내역 등을 장부에 기록·관리함에 있어서는 종목별로 구분하여 각각 별지에 기장하여야 하며, 각 종목별 기장에 있어서는 거래일자·거래수량·단가·취득가액 또는 양도가액·거래수수료·증권거래세·농어촌특별세 등 양도가액과 필요경비를 항목별로 빠짐없이 기장하여야 한다. (2007. 2. 28. 항번개정)

⑩ 삭 제 (2010. 12. 30.)

제208조의 2 【경비 등의 지출증명 수취 및 보관】 (2010. 2. 18. 제목개정)

① 법 제160조의 2 제2항 각 호 외의 부분 단서에서 "대통령령으로 정하는 경우"란 다음 각 호의 어느 하나에 해당하는 경우를 말한다. (2010. 2. 18. 개정)

1. 공급받은 재화 또는 용역의 거래건당 금액(부가가치세를 포함한다)이 3만원 이하인 경우 (2009. 2. 4. 개정)

2. 거래상대방이 읍·면지역에 소재하는 사업자(「부가가치세법」 제36

제160조의 2 【경비 등의 지출증명 수취 및 보관】 (2009. 12. 31. 제목개정)

① 거주자 또는 제121조 제2항 및 제5항에 따른 비거주자가 사업소득금액 또는 기타소득금액을 계산할 때 제27조 또는 제37조에 따라 필요경비를 계산하려는 경우에는 그 비용의 지출에 대한 증명서류를 받아 이를 확정신고기간 종료일부터 5년간 보관하여야 한다. 다만, 각 과세기간의 개시일 5년 전에 발생한 결손금을 공제받은 자는 해당 결손금이 발생한 과세기간의 증명서류를 공제받은 과세기간의 다음다음 연도

5월 31일까지 보관하여야 한다. (2013. 1. 1. 개정)

② 제1항의 경우 사업소득이 있는 자가 사업과 관련하여 사업자(법인을 포함한다)로부터 재화 또는 용역을 공급받고 그 대가를 지출하는 경우에는 다음 각 호의 어느 하나에 해당하는 증명서류를 받아야 한다. 다만, 대통령령으로 정하는 경우에는 그러하지 아니하다. (2009. 12. 31. 개정)

관계조문 》

법 81조의 6 ⇒ 증명서류 수취 불성실 가산세

1. 제163조 및 「법인세법」 제121조에 따른 계산서 (2009. 12. 31. 개정)
2. 「부가가치세법」 제32조에 따른 세금계산서 (2013. 6. 7. 개정 ; 부가가치세법 부칙)
3. 「여신전문금융업법」에 따른 신용카드매출전표(신용카드와 유사한 것으로서 대통령령으로 정하는 것을 사용하여 거래하는 경우 그 증명서류를 포함한다) (2009. 12. 31. 개정)
4. 제162조의 3 제1항에 따라 현금영수증가맹점으로 가입한 사업자가 재화나 용역을 공급하고 그 대금을 현금으로 받은 경우 그 재화나 용역을 공급받는 자에게 현금영수증 발급장치에 의하여 발급하는 것으로서 거래일시·금액 등 결제내역이 기재된 영수증(이하 "현금영수증"이라 한다) (2009. 12. 31. 개정)

③ 제2항을 적용할 때 사업자가 다음 각 호에 해당하는 경우에는 같은 항에 따른 증명서류의 수취·보관의무를 이행한 것으로 본다. (2022. 12. 31. 개정)
1. 제2항 제1호의 계산서를 발급받지 못하여 제163조의 3에 따른 매입자발행계산서를 발행하여 보관한 경우 (2022. 12. 31. 개정)
2. 제2항 제2호의 세금계산서를 발급받지 못하여 「부가가치세법」 제34조의 2 제2항에 따른 매입자발행세금계산서를 발행하여 보관한 경우 (2022. 12. 31. 개정)

④ 제1항부터 제3항까지의 규정을 적용할 때 비용 지출에 대한 증명서류의 수취·보관에 관한 사항과 그 밖에 필요한 사항은 대통령령으로 정한다. (2009. 12. 31. 개정)

조 제1항 제2호를 적용받는 사업자에 한한다)로서 「여신전문금융업법」에 의한 신용카드가맹점이 아닌 경우 (2023. 2. 28. 개정)
3. 금융·보험용역을 제공받은 경우 (98. 12. 31 신설)
4. 국내사업장이 없는 비거주자 또는 외국법인과 거래한 경우 (98. 12. 31 신설)
5. 농어민(한국표준산업분류에 따른 농업 중 작물 재배업, 축산업, 작물 재배 및 축산 복합농업, 임업 또는 어업에 종사하는 자를 말하며, 법인은 제외한다)으로부터 재화 또는 용역을 직접 공급받은 경우 (2010. 2. 18. 개정)
6. 국가·지방자치단체 또는 지방자치단체조합으로부터 재화 또는 용역을 공급받은 경우 (98. 12. 31 신설)
7. 비영리법인(비영리외국법인을 포함하며, 수익사업과 관련된 부분은 제외한다)으로부터 재화 또는 용역을 공급받은 경우 (98. 12. 31 신설)
8. 법 제127조 제1항 제3호에 규정하는 원천징수대상 사업소득자로부터 용역을 공급받은 경우(원천징수한 경우에 한한다) (98. 12. 31 신설)
9. 기타 기획재정부령이 정하는 경우 (2008. 2. 29. 직제개정 ; 기획재정부와~직제 부칙)

② 법 제160조의 2 제2항 제3호에서 "대통령령으로 정하는 것"이란 제83조 제4항 각 호에 해당하는 것을 말한다. (2019. 2. 12. 개정)

③ 사업자는 제1항 각 호의 어느 하나에 해당하는 거래와 관련된 증명서류를 법 제160조의 2 제2항 각 호의 어느 하나에 해당하는 증명서류와 구분하여 보관·관리하여야 한다. (2010. 2. 18. 개정)

④ 다음 각 호의 어느 하나에 해당하는 증명자료를 보관하고 있는 경우에는 신용카드매출전표 및 현금영수증을 수취하여 보관하고 있는 것으로 본다. (2010. 2. 18. 개정)
1. 다음 각 목의 어느 하나에 해당하는 사업자(이하 이 조에서 "신용카드업자 등"이라 한다)로부터 교부받은 신용카드 월별이용대금명세서 및 「조세특례제한법」 제126조의 2 제1항 제4호에 따른 기명식선불카드의 월별이용대금명세서 (2010. 2. 18. 개정)
　가. 「여신전문금융업법」에 따른 신용카드업자 (2008. 2. 22. 개정)
　나. 「전자금융거래법」에 따른 전자금융업자 (2010. 2. 18. 개정)
　다. 「신용협동조합법」에 따른 신용협동조합중앙회 (2008. 2. 22.

제95조의 3 【경비 등의 지출증빙 특례】 (2014. 3. 14. 조번개정)

영 제208조의 2 제1항 제9호에서 "기타 기획재정부령이 정하는 경우"란 다음 각 호의 어느 하나에 해당하는 경우를 말한다. (2020. 3. 13. 개정)
1. 「부가가치세법」 제10조에 따라 재화의 공급으로 보지 아니하는 사업의 양도에 의하여 재화를 공급받은 경우 (2013. 6. 28. 개정 ; 부가가치세법 시행규칙 부칙)
2. 「부가가치세법」 제26조 제1항 제8호에 따른 방송용역을 공급받은 경우 (2013. 6. 28. 개정 ; 부가가치세법 시행규칙 부칙)
3. 「전기통신사업법」에 의한 전기통신사업자로부터 전기통신역무를 제공받는 경우. 다만, 「전자상거래 등에서의 소비

개정)

라. 「상호저축은행법」에 따른 상호저축은행중앙회 (2008. 2. 22. 개정)

2. 신용카드업자 등으로부터 전송받아 전사적자원관리시스템에 보관하고 있는 신용카드, 현금영수증, 직불카드 및 「조세특례제한법」 제126조의 2 제1항 제4호에 따른 기명식선불카드, 직불전자지급수단, 기명식선불전자지급수단, 기명식전자화폐의 거래정보(「국세기본법 시행령」 제65조의 7 각호의 요건을 충족하는 경우만 해당한다) (2010. 2. 18. 개정)

⑤ 다음 각 호의 어느 하나에 해당하는 지출증거자료에 대하여는 법 제160조의 2 제1항에도 불구하고 보관하지 아니할 수 있다. (2008. 2. 22. 신설)

1. 현금영수증 (2008. 2. 22. 신설)

2. 국세청 현금영수증홈페이지에 사업용신용카드로 등록한 신용카드 매출전표 (2008. 2. 22. 신설)

3. 화물운전자 복지카드 매출전표 (2008. 2. 22. 신설)

4. 법 제163조 제8항에 따라 발급명세서가 전송된 전자계산서 (2016. 2. 17. 개정)

제208조의 3 【기부금영수증 발급명세의 작성·보관의무】 (2008. 2. 22. 제목개정)

① 법 제160조의 3 제1항에서 "대통령령으로 정하는 기부자별 발급명세"란 다음 각 호의 내용이 모두 포함된 것을 말한다. (2010. 2. 18. 개정)

1. 기부자의 성명, 주민등록번호 및 주소(기부자가 법인인 경우에는 상호, 사업자등록번호와 「법인세법 시행령」 제7조 제6항 제2호에 따른 본점등의 소재지) (2019. 2. 12. 개정)

2. 기부금액 (2008. 2. 22. 개정)

3. 기부금 기부일자 (2008. 2. 22. 개정)

4. 기부금영수증 발급일자 (2008. 2. 22. 개정)

5. 그 밖에 기획재정부령으로 정하는 사항 (2008. 2. 29. 직제개정 ; 기획재정부와~직제 부칙)

자보호에 관한 법률」에 따른 통신판매업자가 「전기통신사업법」에 따른 부가통신사업자로부터 동법 제4조 제4항에 따른 부가통신역무를 제공받는 경우를 제외한다. (2007. 4. 17. 단서신설)

4. 국외에서 재화 또는 용역을 공급받은 경우(세관장이 세금계산서 또는 계산서를 교부한 경우를 제외한다) (99. 5. 7 신설)

5. 공매·경매 또는 수용에 의하여 재화를 공급받은 경우 (99. 5. 7 신설)

6. 토지 또는 주택을 구입하거나 주택의 임대업을 영위하는 자(법인을 제외한다)로부터 주택임대용역을 공급받은 경우 (99. 5. 7 신설)

7. 택시운송용역을 공급받은 경우 (99. 5. 7 신설)

8. 건물(토지를 함께 공급받은 경우에는 당해 토지를 포함하며, 주택을 제외한다)을 구입하는 경우로서 거래내용이 확인되는 매매계약서 사본을 과세표준확정신고서에 첨부하여 납세지 관할세무서장에게 제출하는 경우 (99. 5. 7 신설)

8의 2. 국세청장이 정하여 고시한 전산발매통합관리시스템에 가입한 사업자로부터 입장권·승차권·승선권 등을 구입하여 용역을 제공받은 경우 (2000. 4. 3 신설)

8의 2. 삭 제 (2020. 3. 13.)

8의 3. 항공기의 항행용역을 제공받은 경우 (2000. 4. 3 신설)

8의 4. 부동산임대용역을 제공받은 경우로서 「부가가치세법 시행령」 제65조 제1

제160조의 3 【기부금영수증 발급명세의 작성·보관의무 등】 (2007. 12. 31. 제목개정)

① 기부금영수증을 발급하는 거주자 또는 비거주자(이하 이 조에서 "기부금 영수증을 발급하는 자"로 한다)는 대통령령으로 정하는 기부자별 발급명세를 작성하여 발급한 날부터 5년간 보관하여야 한다. 다만, 전자기부금영수증을 발급한 경우에는 그러하지 아니하다. (2020. 12. 29. 개정)

② 기부금영수증을 발급하는 자는 제1항에 따라 보관하고 있는 기부자별 발급명세를 국세청장, 지방국세청장 또는 관할 세무서장이 요청하는 경우 제출하여야 한다. 다만, 전자기부금영수증을 발급한 경우에는 그러하지 아니하다. (2020. 12. 29. 단서신설)

③ 기부금영수증을 발급하는 자는 해당 과세기간의 기부금영수증 총 발급 건수 및 금액 등을 기재한 기부금영수증 발급합계표를 해당 과세

기간의 다음 연도 6월 30일까지 제168조 제5항에 따른 관할 세무서장에게 제출하여야 한다. 다만, 전자기부금영수증을 발급한 경우에는 그러하지 아니하다. (2023. 12. 31. 개정)
④ 기부금영수증을 발급하는 자는 해당 과세기간의 직전 과세기간에 받은 기부금에 대하여 발급한 기부금영수증 금액의 총 합계액이 3억원 이상의 금액으로서 대통령령으로 정하는 금액을 초과하는 경우에는 해당 과세기간에 받은 기부금에 대하여 그 기부금을 받은 날이 속하는 연도의 다음 연도 1월 10일까지 전자기부금영수증을 발급하여야 한다. (2024. 12. 31. 신설)

관계조문 ▶

법 160조의 3 제4항의 개정규정은 2025. 1. 1. 이후 기부금을 받는 경우부터 적용함. (법 부칙(2024. 12. 31.) 11조)

제160조의 4 【금융회사등의 증명서 발급명세의 작성·보관의무 등】 (2009. 12. 31. 제목개정)
① 금융회사등은 이 법 또는 「조세특례제한법」에 따른 소득공제에 필요한 증명서를 발급하는 경우 대통령령으로 정하는 개인별 발급명세를 작성하여 발급한 날부터 5년간 보관하여야 한다. (2013. 1. 1. 개정)
② 금융회사등은 제1항에 따라 보관하고 있는 개인별 발급명세를 국세청장이 요청하는 경우 제출하여야 한다. (2013. 1. 1. 개정)

② 법 제160조의 3 제3항의 기부금영수증 발급합계표는 기획재정부령으로 정하는 서식에 따른다. (2024. 2. 29. 개정)

관계조문 ▶

• 규칙 100조 29호의 8 ⇒ 기부자별 발급명세
• 규칙 100조 29호의 9 ⇒ 기부금영수증 발급합계표

③ 법 제160조의 3 제4항에서 "대통령령으로 정하는 금액"이란 3억원을 말한다. (2025. 2. 28. 신설)

개정취지 ▶

전자기부금영수증 발급 의무 기준금액 설정
기부금영수증을 발급하는 자가 해당 과세기간에 기부받은 금액에 대해 전자적 방법으로 기부금영수증을 발급해야 하는 기준을 직전 과세기간에 발급한 기부금영수증의 총합계액이 3억원을 초과하는 경우로 정함. (영 208조의 3 제3항 신설 ; 2025. 2. 28.)

제208조의 4 【금융회사 등의 증명서 발급내역의 작성·보관의무】 (2010. 2. 18. 제목개정)
법 제160조의 4 제1항에서 "대통령령으로 정하는 개인별 발급명세"란 다음 각 호의 내용이 모두 포함된 것을 말한다. (2013. 2. 15. 개정)
1. 개인의 성명, 주민등록번호 및 주소 (2013. 2. 15. 개정)
2. 다음 각 목의 어느 하나에 해당하는 금액 (2007. 2. 28. 개정)
　가. 소득공제대상 저축의 납입금액 또는 보험료 납입금액 (2016. 2. 17. 개정)
　나. 소득공제대상 차입금의 원리금 또는 이자 상환액(법 제51조의 4에 따른 주택담보노후연금에서 발생한 이자상당액을 포함한다) (2007. 2. 28. 개정)
　다. 소득공제대상이 되는 「조세특례제한법」 제126조의 2 제1항에 따른 신용카드, 직불카드, 기명식선불카드, 직불전자지급수단, 기명식선불전자지급수단, 기명식전자화폐의 이용금액 (2010. 2. 18. 개정)
3. 그 밖에 기획재정부령이 정하는 사항 (2008. 2. 29. 직제개정 ; 기획

항의 규정을 적용받는 전세금 또는 임대보증금에 대한 부가가치세액을 임차인이 부담하는 경우 (2013. 6. 28. 개정 ; 부가가치세법 시행규칙 부칙)
8의 5. 재화공급계약·용역제공계약 등에 의하여 확정된 대가의 지급지연으로 인하여 연체이자를 지급하는 경우 (2000. 4. 3 신설)
8의 6. 「유료도로법」 제2조 제2호에 따른 유료도로를 이용하고 통행료를 지급하는 경우 (2007. 4. 17. 신설)
9. 다음 각 목의 어느 하나에 해당하는 경우로서 공급받은 재화 또는 용역의 거래금액을 「금융실명거래 및 비밀보장에 관한 법률」 제2조 제1호의 규정에 의한 금융회사 등을 통하여 지급한 경우로서 과세표준확정신고서에 송금사실을 기재한 경비 등의 송금명세서를 첨부하여 납세지 관할세무서장에게 제출하는 경우 (2012. 2. 28. 개정)

관계조문 ▶

규칙 100조 40호 ⇒ 경비 등의 송금명세서

　가. 「부가가치세법」 제36조 제1항 제2호에 해당하는 사업자로부터 부동산임대용역을 공급받은 경우 (2023. 3. 20. 개정)
　나. 임가공용역을 공급받은 경우(법인과의 거래를 제외한다) (2000. 4. 3 개정)

제160조의 5【사업용계좌의 신고·사용의무 등】(2010. 12. 27. 제목개정)

① 복식부기의무자는 사업과 관련하여 재화 또는 용역을 공급받거나 공급하는 거래의 경우로서 다음 각 호의 어느 하나에 해당하는 때에는 대통령령으로 정하는 사업용계좌(이하 "사업용계좌"라 한다)를 사용하여야 한다. (2009. 12. 31. 개정)

1. 거래의 대금을 금융회사등을 통하여 결제하거나 결제받는 경우 (2009. 12. 31. 개정)

2. 인건비 및 임차료를 지급하거나 지급받는 경우. 다만, 인건비를 지급하거나 지급받는 거래 중에서 거래 상대방의 사정으로 사업용계좌를 사용하기 어려운 것으로서 대통령령으로 정하는 거래는 제외한다. (2009. 12. 31. 개정)

② 삭 제 (2008. 12. 26)

③ 복식부기의무자는 복식부기의무자에 해당하는 과세기간의 개시일(사업 개시와 동시에 복식부기의무자에 해당되는 경우에는 다음 과세기간 개시일)부터 6개월 이내에 사업용계좌를 해당 사업자의 사업장 관할 세무서장 또는 납세지 관할 세무서장에게 신고하여야 한다. 다만, 사업용계좌가 이미 신고되어 있는 경우에는 그러하지 아니하다. (2014. 12. 23. 개정)

④ 복식부기의무자는 사업용계좌를 변경하거나 추가하는 경우 제70조 및 제70조의 2에 따른 확정신고기한까지 이를 신고하여야 한다. (2013. 1. 1. 개정)

1. 제78조에 따른 사업장 현황신고 의무자의 경우에는 같은 조에 따른 신고기한 이내 (2009. 12. 31. 개정)

재정부와~직제 부칙)

제208조의 5【사업용계좌의 신고 등】(2010. 12. 30. 제목개정)

① 법 제160조의 5 제1항에서 "대통령령으로 정하는 사업용계좌"란 다음 각 호의 요건을 모두 갖춘 것을 말한다. (2010. 2. 18. 개정)

1. 「금융실명거래 및 비밀보장에 관한 법률」 제2조 제1호 각 목의 어느 하나에 해당하는 금융기관(이하 이 조에서 "금융기관"이라 한다)에 개설한 계좌일 것 (2007. 2. 28. 신설)

2. 사업에 관련되지 아니한 용도로 사용되지 아니할 것 (2007. 2. 28. 신설)

3. 개설되는 계좌의 통장의 명의인 표시에 사업자의 상호가 함께 기재될 것(상호가 있는 경우에 한한다) (2007. 2. 28. 신설)

4. 개설되는 계좌의 통장의 표지에 "사업용계좌"라는 문구가 표시될 것 (2007. 2. 28. 신설)

3.~4. 삭 제 (2008. 2. 22.)

② 사업용계좌는 사업장별로 사업장 관할세무서장에게 신고하여야 한다. 이 경우 1개의 계좌를 2 이상의 사업장에 대한 사업용계좌로 신고할 수 있다. (2007. 2. 28. 신설)

③ 사업용계좌는 사업장별로 2 이상 신고할 수 있다. (2010. 12. 30. 개정)

④ 법 제160조의 5 제1항 제1호에 따라 사업용계좌를 사용하여야 하는 거래의 범위에는 금융기관의 중개 또는 금융기관에 위탁 등을 통한 다음 각 호의 어느 하나에 해당하는 방법에 의하여 그 대금의 결제가 이루어지는 경우를 포함한다. (2007. 2. 28. 신설)

1. 송금 및 계좌간 자금이체 (2007. 2. 28. 신설)

2. 「수표법」 제1조에 따른 수표(발행인이 사업자인 것에 한한다)로 이루어진 거래대금의 지급 및 수취 (2007. 2. 28. 신설)

3. 「어음법」 제1조 및 제75조에 따른 어음으로 이루어진 거래대금의 지급 및 수취 (2007. 2. 28. 신설)

4. 「조세특례제한법」 제126조의 2 제1항에 따른 신용카드, 직불카드, 기명식선불카드, 직불전자지급수단, 기명식선불전자지급수단, 기명식전자화폐를 통하여 이루어진 거래대금의 지급 및 수취 (2010. 2.

다. 운수업을 영위하는 자(「부가가치세법」 제36조 제1항 제2호에 해당하는 사업자에 한한다)가 제공하는 운송용역을 공급받은 경우(제7호의 규정을 적용받는 경우를 제외한다) (2023. 3. 20. 개정)

라. 「부가가치세법」 제36조 제1항 제2호에 해당하는 사업자로부터 「조세특례제한법 시행령」 제110조 제4항 각호의 규정에 의한 재활용폐자원 등 또는 「자원의 절약과 재활용촉진에 관한 법률」 제2조 제2호에 따른 재활용가능자원(동법 시행규칙 별표 1 제1호 내지 제9호의 1에 해당하는 것에 한한다)을 공급받은 경우 (2023. 3. 20. 개정)

마. 광업권, 어업권, 산업재산권, 산업정보, 산업상 비밀, 상표권, 영업권, 토사석의 채취허가에 따른 권리, 지하수의 개발·이용권 그밖에 이와 유사한 자산이나 권리를 공급받는 경우 (2002. 4. 13 신설)

바. 「부가가치세법 시행령」 제32조 제2항에 따라 영세율이 적용되는 「항공법」에 의한 상업서류송달용역을 제공받는 경우 (2013. 6. 28. 개정 ; 부가가치세법 시행규칙 부칙)

사. 「공인중개사의 업무 및 부동산 거래신고에 관한 법률」에 의한 중개업자에게 수수료를 지급하는 경우 (2008. 4. 29. 개정)

2. 「부가가치세법」 제2조에 따른 사업자의 경우에는 같은 법 제19조 및 제27조에 따른 신고기한 이내 (2009. 12. 31. 개정)

1.~2. 삭　제 (2012. 1. 1.)

⑤ 사업용계좌의 신고·변경·추가와 그 신고방법, 사업용계좌를 사용하여야 하는 거래의 범위 및 명세서 작성 등에 필요한 사항은 대통령령으로 정한다. (2010. 12. 27. 개정)

☞

관계조문

규칙 100조 29호의 11 ⇒ 사업용계좌신고(변경신고·추가신고)서

제161조 【구분 기장】 (2010. 12. 27. 제목개정)

제59조의 5 제1항 제2호에 따라 소득세를 감면받으려는 자는 그 감면소득과 그 밖의 소득을 구분하여 장부에 기록하여야 한다. (2014. 1. 1. 개정)

---

18. 개정)

⑤ 법 제160조의 5 제1항 제2호 단서에서 "거래 상대방의 사정으로 사업용계좌를 사용하기 어려운 것으로서 대통령령으로 정하는 거래"란 다음 각 호의 어느 하나에 해당하는 자와 한 거래를 말한다. (2010. 2. 18. 개정)

1. 금융거래와 관련하여 채무불이행 등의 사유로 「신용정보의 이용 및 보호에 관한 법률」 제25조 제2항 제1호에 따른 종합신용정보집중기관에 그 사실이 집중관리 및 활용되는 자 (2009. 10. 1. 개정 ; 신용정보의 이용~시행령 부칙)

2. 외국인 불법체류자 (2008. 2. 22. 신설)

3. 제20조 제1호에 따른 건설공사에 종사하는 일용근로자로서 「국민연금법」에 따른 국민연금 가입대상이 아닌 자(2009년 12월 31일까지 적용한다) (2008. 2. 22. 신설)

⑥ 「주택법」 제2조 제11호 가목에 따른 지역주택조합이 같은 법 제5조에 따른 공동사업주체인 등록사업자와 공동명의로 개설한 사업용계좌는 법 제160조의 5 제1항에 따른 사업용계좌로 본다. (2017. 2. 3. 신설)

⑦ 삭　제 (2009. 2. 4.)

⑧ 복식부기의무자는 사업장별로 해당 과세기간 중 사업용계좌를 사용하여야 할 거래금액, 실제 사용한 금액 및 미사용 금액을 구분하여 기록·관리하여야 한다. (2008. 2. 22. 항번개정)

⑨ 법 제160조의 5 제3항 및 제4항에 따라 사업용계좌의 신고·변경 및 추가하는 경우에는 해당 기한 이내에 기획재정부령으로 정하는 사업용계좌신고(변경신고·추가신고)서를 사업장 관할세무서장에게 제출하여야 한다. (2010. 12. 30. 개정)

⑩ 국세청장은 납세관리상 필요한 범위에서 사업용계좌의 신고·명세서 작성 등에 필요한 세부적인 사항을 정할 수 있다. (2010. 12. 30. 개정)

제209조 【공통손익의 구분계산 방법】 (2013. 2. 15. 제목개정)

법 제161조에 따라 구분하여 장부에 기록하는 경우 자산·부채 및 손익의 구분계산 방법에 관하여는 기획재정부령으로 정한다. (2010. 2. 18. 개정)

아. 「전자상거래 등에서의 소비자보호에 관한 법률」 제2조 제2호 본문에 따른 통신판매에 따라 재화 또는 용역을 공급받은 경우 (2012. 2. 28. 개정)

자. 그 밖에 국세청장이 정하여 고시하는 경우 (2012. 2. 28. 신설)

편주

지출증빙서류의 수취특례거래 고시 : 국세청고시 제2025-2호 (2025. 2. 1.)

통칙 161-209…1 【수개의 업종과 사업을 겸영하는 경우 공통손익의 안분계산】

수개의 업종과 수개의 사업(감면사업·기타사업)을 겸영하고 있는 사업자의 공통손익에 대한 안분계산은 먼저 업종별로 안분계산하고 다음에 동일업종 내에서 사업별로 공통손익을 안분계산한다. (97. 4. 8. 개정)

161-209…2 【공통손익계산에 있어서의 업종구분】

공통손익을 계산함에 있어서 규칙 제62조 제1항 제2호 및 제3호에 규정하는 "업종"의 구분은 당해 과세기간개시일 현재의 한국표준산업분류상의 "소분류"를 기준으로 한다. 다만, 소분류에 해당 업종이 없는 경우에는 "중분류"에 의한다. (2019. 12. 23. 개정)

☞

제162조【금전등록기의 설치ㆍ사용】① 사업자로서 대통령령으로 정하는 자가 금전등록기를 설치ㆍ사용한 경우에 총수입금액은 제24조 제1항에도 불구하고 해당 과세기간에 수입한 금액의 합계액에 따라 계산할 수 있다. (2009. 12. 31. 개정)

통칙 162-0…1【신설로 금전등록기를 비치ㆍ사용할 때의 수입금액계산】
영 제210조의 규정에 의한 금전등록기 설치대상업자가 과세기간중 새로이 금전등록기를 설치ㆍ사용한 때에는 설치ㆍ사용한 이후의 매출분에 한하여 법 제162조 제1항의 규정을 적용한다. (97. 4. 8. 개정)
162-0…2【금전등록기의 사용폐지시 수입금액의 계산】
금전등록기를 사용하던 자가 법 제162조 제1항의 규정에 따라 총수입금액을 계상한 경우 과세기간중 그 사용을 폐지한 때에는 미수금, 외상매출금 전액을 그 사용을 폐지한 날이 속하는 과세기간의 총수입금액에 산입한다. (97. 4. 8. 개정)

② 금전등록기의 설치ㆍ사용에 필요한 사항은 대통령령으로 정한다. (2009. 12. 31. 개정)

제162조의 2【신용카드가맹점 가입ㆍ발급의무 등】① 국세청장은 주로 사업자가 아닌 소비자에게 재화 또는 용역을 공급하는 사업자로서 업종ㆍ규모 등을 고려하여 대통령령으로 정하는 요건에 해당하는 사업자에 대해서 납세관리를 위하여 필요하다고 인정되는 경우 「여신전문금융업법」 제2조에 따른 신용카드가맹점으로 가입하도록 지도할 수 있다. (2009. 12. 31. 개정)
② 신용카드가맹점(제1항에 따른 요건에 해당하여 가맹한 사업자를 말한다. 이하 이 조에서 같다)은 사업과 관련하여 재화 또는 용역을 공급하고 그 상대방이 대금을 제35조 제2항 제1호 가목에 따른 신용카드로 결제하려는 경우 이를 거부하거나 제160조의 2 제2항 제3호에 따른 신용카드매출전표(이하 이 조에서 "신용카드매출전표"라 한다)를 사실과 다르게 발급해서는 아니된다. 다만, 「유통산업발전법」 제2조 제3호에 따른 대규모점포나 「체육시설의 설치ㆍ이용에 관한 법률」 제2조 제1호에 따른 체육시설(이하 이 항에서 "대규모점포등"이라 한다)을 운영하는 자가 해당 대규모점포등 내의 다른 사업자의 매출액을 합산하여 신용카드매출전표를 발급하는 경우(대규모점포등을 운영하는 자가 「유통

제210조【금전등록기의 설치ㆍ사용】① 법 제162조 제1항에서 "대통령령으로 정하는 자"란 제211조 제2항 제2호 및 제3호 또는 「부가가치세법」 제36조 제1항 제1호 및 같은 법 시행령 제73조에 따라 영수증을 작성ㆍ교부할 수 있는 사업자를 말한다. (2013. 6. 28. 개정 ; 부가가치세법 시행령 부칙)
② 국세청장은 납세보전상 필요한 범위 안에서 금전등록기의 보급, 테이프의 제조 및 보급 기타 필요한 사항을 정할 수 있다.

제210조의 2【신용카드가맹점의 가입 등】(2007. 2. 28. 제목개정)
① 법 제162조의 2 제1항에서 "대통령령으로 정하는 요건에 해당하는 사업자"란 소비자에게 재화 또는 용역을 공급하는 별표 3의 2에 따른 소비자상대업종(이하 "소비자상대업종"이라 한다)을 영위하는 다음 각 호의 어느 하나에 해당하는 사업자로서 업종과 규모 등을 고려하여 국세청장이 정하는 바에 따라 사업장소재지 관할세무서장 또는 지방국세청장으로부터 신용카드가맹점 가입대상자로 지정받은 자를 말한다. (2021. 1. 5. 개정 ; 어려운~대통령령)
1. 직전 과세기간의 수입금액(결정 또는 경정에 의하여 증가된 수입금액을 포함한다. 이하 이 조에서 같다)의 합계액이 2천400만원 이상인 사업자 (2008. 2. 22. 개정)
2. 제147조의 2에 따른 사업자 (2020. 2. 11. 개정)
3. 「부가가치세법 시행령」 제109조 제2항 제7호에 따른 사업자 (2013. 6. 28. 개정 ; 부가가치세법 시행령 부칙)
② 신용카드가맹점으로부터 신용카드에 의한 거래가 거부되거나 사실

산업발전법」 제2조 제12호에 따른 판매시점정보관리시스템의 설비를 운용하는 경우로서 사업자 간 사전 약정을 맺은 경우만 해당한다)에는 신용카드매출전표를 사실과 다르게 발급한 것으로 보지 아니한다. (2016. 12. 20. 단서개정)

③ 신용카드가맹점으로부터 신용카드에 의한 거래를 거부당하거나 사실과 다른 신용카드매출전표를 받은 자는 그 거래 내용을 국세청장·지방국세청장 또는 세무서장에게 신고할 수 있다. (2009. 12. 31. 개정)

④ 제3항에 따라 신고를 받은 국세청장·지방국세청장 또는 세무서장은 신용카드가맹점의 납세지 관할 세무서장에게 이를 통보하여야 한다. 이 경우 납세지 관할 세무서장은 해당 과세기간의 신고금액을 해당 신용카드가맹점에 통보하여야 한다. (2009. 12. 31. 개정)

⑤ 국세청장은 신용카드에 의한 거래를 거부하거나 신용카드매출전표를 사실과 다르게 발급한 신용카드가맹점에 대해서 그 시정에 필요한 사항을 명할 수 있다. (2009. 12. 31. 개정)

⑥ 신용카드가맹점 가입을 위한 행정지도, 신용카드에 의한 거래거부 및 사실과 다른 신용카드매출전표 발급의 신고·통보방법, 그 밖에 필요한 사항은 대통령령으로 정한다. (2009. 12. 31. 개정)

　　제162조의 3【현금영수증가맹점 가입·발급의무 등】① 주로 사업자가 아닌 소비자에게 재화 또는 용역을 공급하는 사업자로서 업종·규모 등을 고려하여 대통령령으로 정하는 요건에 해당하는 사업자는 그 요건에 해당하는 날부터 60일(수입금액 등 대통령령으로 정하는 요건에 해당하는 사업자의 경우 그 요건에 해당하는 날이 속하는 달의 말일부터 3개월) 이내에 신용카드단말기 등에 현금영수증 발급장치를 설치함으로써 현금영수증가맹점으로 가입하여야 한다. (2019. 12. 31. 개정)

② 제1항에 따라 현금영수증가맹점으로 가입한 사업자는 국세청장이 정하는 바에 따라 현금영수증가맹점을 나타내는 표지를 게시하여야 한다. (2009. 12. 31. 개정)

③ 현금영수증가맹점으로 가입한 사업자는 사업과 관련하여 재화 또는 용역을 공급하고 그 상대방이 대금을 현금으로 지급한 후 현금영수증

과 다르게 신용카드매출전표를 발급받은 자가 법 제162조의 2 제3항에 따라 그 거래내용을 신고하려는 때에는 다음 각 호의 사항이 포함된 신고서에 관련 사실을 증명할 수 있는 서류 또는 자료를 첨부하여 그 거래가 거부되거나 사실과 다르게 발급받은 날부터 1개월 이내에 국세청장·지방국세청장 또는 세무서장에게 제출하여야 한다. (2010. 2. 18. 개정)

1. 신고자 성명 (2009. 2. 4. 개정)
2. 신용카드가맹점 상호 (2007. 2. 28. 신설)
3. 신용카드에 의한 거래가 거부되거나 사실과 다르게 발급받은 일자·거래내용 및 금액 (2009. 2. 4. 개정)

③ 납세지 관할세무서장은 법 제162조의 2 제4항 후단에 따라 해당 과세기간의 신고금액을 해당 신용카드가맹점에 통보하는 경우 그 과세기간 종료 후 2개월 이내에 통보하여야 한다. (2007. 2. 28. 신설)

④ 신용카드가맹점 가입대상자, 가입대상자의 지정절차, 소비자가 신용카드에 의한 거래거부 등에 대하여 서면 등으로 신고하는 절차 및 그 신고내용의 확인결과를 해당 신고자에게 통보하는 절차 등에 관하여 필요한 세부적인 사항은 납세관리상 필요한 범위에서 국세청장이 정한다. (2010. 2. 18. 개정)

　　제210조의 3【현금영수증가맹점의 가입 등】① 법 제162조의 3 제1항에서 "대통령령으로 정하는 요건에 해당하는 사업자"란 소비자상대업종을 경영하는 다음 각 호의 어느 하나에 해당하는 사업자를 말한다. 다만, 현금영수증가맹점으로 가입하기 곤란한 경우로서 기획재정부령으로 정하는 사업자는 제외한다. (2010. 2. 18. 개정)

1. 직전 과세기간의 수입금액(결정 또는 경정에 의하여 증가된 수입금액을 포함한다. 이하 이 조에서 같다)의 합계액이 2천400만원 이상인 사업자 (2007. 2. 28. 신설)
2. 제147조의 2에 따른 사업자 (2020. 2. 11. 개정)
3. 「부가가치세법 시행령」 제109조 제2항 제7호에 따른 사업자 다만, 도선사업은 제외한다. (2020. 2. 11. 단서신설)
4. 별표 3의 3에 따른 업종을 영위하는 사업자 (2013. 6. 11. 신설)

　　제95조의 4【현금영수증가맹점 가입대상자의 범위】① 영 제210조의 3 제1항 단서에서 "기획재정부령으로 정하는 사업자"라 함은 다음 각 호의 자를 말한다. (2008. 4. 29. 직제개정)

1. 택시운송 사업자 (2007. 4. 17. 신설)
2. 읍·면지역에 소재하는 소매업자 중 사업규모·시설·업황 등을 고려하여 국세청장이 지정하는 사업자 (2008. 4. 29. 개정)
3. 「법인세법」 제117조의 2 제3항 단서에 따라 사실과 다르게 발급한 것으로 보지 아니하는 사업자를 통하여 현금영수증

의 발급을 요청하는 경우에는 그 발급을 거부하거나 사실과 다르게 발급해서는 아니 된다. (2009. 12. 31. 개정)

● 예판 ··

재화나 용역을 구입하고 가상화폐로 결제한 경우 현금영수증 발급대상에 해당하지 아니함. (기획재정부 소득세제과 - 162, 2021. 3. 12.)

④ 제1항에 따라 현금영수증가맹점으로 가입하여야 하는 사업자 중 대통령령으로 정하는 업종을 영위하는 사업자는 건당 거래금액(부가가치세액을 포함한다)이 10만원 이상인 재화 또는 용역을 공급하고 그 대금을 현금으로 받은 경우에는 제3항에도 불구하고 상대방이 현금영수증 발급을 요청하지 아니하더라도 대통령령으로 정하는 바에 따라 현금영수증을 발급하여야 한다. 다만, 제168조, 「법인세법」 제111조 또는 「부가가치세법」 제8조에 따라 사업자등록을 한 자에게 재화 또는 용역을 공급하고 제163조, 「법인세법」 제121조 또는 「부가가치세법」 제32조에 따라 계산서 또는 세금계산서를 교부한 경우에는 현금영수증을 발급하지 아니할 수 있다. (2014. 1. 1. 개정)

⑤ 제3항에 따라 현금영수증가맹점으로 가입한 사업자 또는 제4항에 따라 현금영수증을 발급하여야 하는 사업자가 현금영수증을 발급하지 아니하거나 사실과 다른 현금영수증을 발급한 때에는 그 상대방은 그 현금거래 내용을 국세청장 · 지방국세청장 또는 세무서장에게 신고할 수 있다. (2017. 12. 19. 개정)

⑥ 제5항에 따라 신고를 받은 국세청장 · 지방국세청장 또는 세무서장은 해당 사업자의 납세지 관할 세무서장에게 이를 통보하여야 한다. 이 경우 납세지 관할 세무서장은 해당 과세기간의 신고금액을 해당 사업자에게 통보하여야 한다. (2009. 12. 31. 개정)

⑦ 현금영수증가맹점으로 가입한 사업자는 그로부터 재화 또는 용역을 공급받은 상대방이 현금영수증의 발급을 요청하지 아니하는 경우에도 대통령령으로 정하는 바에 따라 현금영수증을 발급할 수 있다. (2012. 1. 1. 신설)

⑧ 국세청장은 현금영수증가맹점으로 가입한 사업자에게 현금영수증 발급 요령, 현금영수증가맹점 표지 게시방법 등 현금영수증가맹점으로

편주 ▶ ··

- 영 별표 3의 3의 개정규정은 2026. 1. 1. 이후 재화 또는 용역을 공급하는 경우부터 적용함. (영 부칙(2025. 2. 28.) 20조)
- 영 별표 3의 3 제2호 및 5호의 개정규정은 2025. 1. 1. 이후 재화 또는 용역을 공급하는 경우부터 적용함. (영 부칙(2024. 2. 29.) 16조)

② 제1항 제1호를 적용하는 경우 소비자상대업종과 다른 업종을 겸영하는 사업자의 수입금액은 소비자상대업종의 수입금액만으로 하며, 소비자상대업종을 영위하는 사업장이 2 이상인 사업자의 수입금액은 사업장별 수입금액을 합산하여 산정한다. (2007. 2. 28. 신설)

③ 제1항 제1호를 적용하는 경우 직전 과세기간에 신규로 사업을 개시한 사업자의 수입금액은 직전 과세기간의 수입금액을 해당 사업월수(1월 미만의 단수가 있는 때에는 이를 1월로 한다)로 나눈 금액에 12를 곱하여 산정한다. (2007. 2. 28. 신설)

④ 제1항 제1호에 해당하게 되는 사업자는 해당 연도의 3월 31일까지 현금영수증가맹점으로 가입하여야 한다. (2007. 2. 28. 신설)

⑤ 제4항에 따라 현금영수증가맹점으로 가입된 사업자는 그 현금영수증가맹점의 수입금액의 합계액이 2천400만원에 미달하게 되는 과세기간이 있는 경우에는 그 다음 연도 1월 1일부터 현금영수증가맹점에서 탈퇴할 수 있다. 이 경우 현금영수증가맹점을 나타내는 표지를 게시하여서는 아니 된다. (2007. 2. 28. 신설)

⑥ 현금영수증의 발급대상금액은 건당 1원 이상의 거래금액으로 한다. (2008. 2. 22. 개정)

⑦ 현금영수증가맹점으로부터 현금영수증 발급이 거부되거나 사실과 다른 현금영수증을 발급받은 자가 법 제162조의 3 제5항에 따라 그 거래내용을 신고하려는 때에는 다음 각 호의 사항이 포함된 신고서에 관련 사실을 증명할 수 있는 서류 또는 자료를 첨부하여 현금영수증 발급이 거부되거나 사실과 다르게 발급받은 날부터 5년 이내에 국세청장 · 지방국세청장 또는 세무서장에게 제출하여야 한다. (2012. 2. 2. 개정)

⑦ 법 제162조의 3 제3항에 따라 현금영수증가맹점으로 가입한 사업자 또는 같은 조 제4항에 따라 현금영수증을 발급해야 하는 사업자(이하 이 조에서 "현금영수증가맹사업자등"이라 한다)로부터 현금영수증을 발급받지 못하거나 사실과 다른 현금영수증을 발급받은 자가 법 제

을 발급하는 사업자 (2012. 2. 28. 신설)

② 영 별표 3의 2 소매업란에서 "기획재정부령으로 정하는 업종"이란 다음 각 호의 어느 하나에 해당하는 업종을 말한다. (2008. 4. 29. 신설)

1. 노점상업 · 행상업 (2008. 4. 29. 신설)
2. 무인자동판매기를 이용하여 재화 또는 용역을 공급하는 자동판매기운영업 (2008. 4. 29. 신설)
3. 자동차소매업(중고자동차 소매업은 제외한다) (2017. 3. 10. 개정)
4. 우표 · 수입인지소매업 및 복권소매업 (2008. 4. 29. 신설)

③ 영 별표 3의 2 제조업란에서 "기획재정부령으로 정하는 업종"이라 함은 다음 각 호의 어느 하나에 해당하는 업종을 말한다. (2008. 4. 29. 개정)

1. 과자점업, 도정업 및 제분업(떡방앗간을 포함한다) (2007. 4. 17. 신설)
2. 양복점업, 양장점업 및 양화점업 (2007. 4. 17. 신설)

가입한 사업자가 준수하여야 할 사항과 관련하여 필요한 명령을 할 수 있다. (2012. 1. 1. 개정)
⑨ 현금영수증가맹점 가입 및 탈퇴, 발급대상 금액, 현금영수증의 미발급 및 사실과 다른 발급의 신고·통보방법, 그 밖에 필요한 사항은 대통령령으로 정한다. (2009. 12. 31. 항번개정)

(➡ 법 162조의 3)

집행기준 162의 3-0-1【현금영수증의 의무발행】
① 다음의 업종을 경영하는 사업자로서 현금영수증가맹점으로 가입한 사업자는 건당 거래금액(부가가치세액을 포함한다)이 10만원 이상인 재화 또는 용역을 공급하고 그 대금을 현금으로 받은 경우에는 상대방이 현금영수증 발급을 요청하지 않더라도 현금영수증을 발급해야 한다. 다만, 다음의 경우에는 현금영수증을 발급하지 아니할 수 있다.
1. 사업자등록을 한 자에게 재화 또는 용역을 공급하고 계산서 또는 세금계산서를 교부한 경우
2. 비사업자에게 주민등록번호를 기재한 전자세금계산서를 발급하고 동 세금계산서 발급명세를 국세청장에게 전송한 경우
3. 국내사업장이 없는 비거주자·외국법인과의 현금거래로서 부가가치세 신고기한 내에 외화입금증명서를 붙여 사업장 관할 세무서장에게 부가가치세 과세표준 신고(수정신고를 포함한다)한 경우

구 분	업 종
사업 서비스업	변호사업, 공인회계사업, 세무사업, 변리사업, 건축사업, 법무사업, 심판변론인업, 경영지도사업, 기술지도사업, 감정평가사업, 손해사정인업, 통관업, 기술사업, 측량사업, 공인노무사업, 행정사업
보건업	종합병원, 일반병원, 치과병원, 한방병원, 요양병원, 일반의원(일반과, 내과, 소아청소년과, 일반외과, 정형외과, 신경과, 정신건강의학과, 피부과, 비뇨의학과, 안과, 이비인후과, 산부인과, 방사선과 및 성형외과), 기타의원(마취통증의학과, 결핵과, 가정의학과, 재활의학과 등 달리 분류되지 아니한 병과), 치과의원, 한의원, 수의업
숙박 및 음식점업	일반유흥주점업(「식품위생법 시행령」 제21조 제8호 다목에 따른 단란주점영업을 포함), 무도유흥 주점업, 일반 및 생활 숙박시설운영업, 출장 음식 서비스업, 기숙사 및 고시원 운영업(고시원 운영업으로 한정), 숙박공유업

162조의 3 제5항에 따라 그 거래내용을 신고하려는 때에는 다음 각 호의 사항이 포함된 신고서에 관련 사실을 증명할 수 있는 서류 또는 자료를 첨부하여 현금영수증 발급이 거부되거나 사실과 다르게 발급받은 날부터 5년 이내에 국세청장·지방국세청장 또는 세무서장에게 제출하여야 한다. (2025. 2. 28. 개정)
1. 신고자 성명 (2012. 2. 2. 개정)
2. 현금영수증가맹점 상호 (2012. 2. 2. 개정)
2. 현금영수증가맹사업자등의 상호 (2025. 2. 28. 개정)
3. 현금영수증 발급이 거부되거나 사실과 다르게 발급받은 일자·거래내용 및 금액 (2012. 2. 2. 개정)
⑧ 납세지 관할 세무서장은 법 제162조의 3 제6항에 따라 해당 과세기간의 신고금액을 다음 각 호의 구분에 따른 기한까지 해당 현금영수증가맹점에 통보하여야 한다. (2012. 2. 2. 신설)
⑧ 납세지 관할 세무서장은 법 제162조의 3 제6항에 따라 해당 과세기간의 신고금액을 다음 각 호의 구분에 따른 기한까지 해당 현금영수증가맹사업자등에게 통보해야 한다. (2025. 2. 28. 개정)
1. 해당 과세기간 중에 신고를 받은 경우 : 그 과세기간 종료 후 2개월 이내 (2012. 2. 2. 신설)
2. 해당 과세기간이 지난 후에 신고를 받은 경우 : 신고일 이후 2개월 이내 (2012. 2. 2. 신설)
⑨ 법 제162조의 3 제1항에서 "수입금액 등 대통령령으로 정하는 요건"이란 제1항 제1호에 따라 현금영수증가맹점 의무가입대상에 해당하는 경우를 말한다. (2020. 2. 11. 신설)
⑩ 법 제162조의 3 제1항을 적용할 때 그 요건에 해당하는 날은 제1항 제1호의 경우에는 직전 과세기간의 말일로, 신규사업자로서 제1항 제2호부터 제4호까지의 규정에 해당하는 경우에는 해당 업종에 대한 사업을 개시한 날로 한다. (2020. 2. 11. 신설)
⑪ 법 제162조의 3 제4항에서 "대통령령으로 정하는 업종을 영위하는 사업자"란 별표 3의 3에 따른 업종을 영위하는 사업자를 말한다. (2020. 2. 11. 항번개정)
⑫ 법 제162조의 3 제4항 본문 또는 같은 조 제7항에 따라 현금영수증을 발급하는 경우에는 재화 또는 용역을 공급하고 그 대금을 현금으로

구 분	업 종
교육 서비스업	일반교습학원, 예술학원, 외국어학원 및 기타 교습학원, 운전학원, 태권도 및 무술 교육기관, 기타 스포츠 교육기관, 기타 교육지원 서비스업, 청소년 수련시설 운영업(교육목적용으로 한정), 기타 기술 및 직업훈련학원, 컴퓨터 학원, 그 외 기타 교육기관
그 밖의 업종	골프장운영업, 골프 연습장 운영업, 장례식장 및 장의관련 서비스업, 예식장업, 부동산 중개 및 대리업, 부동산 투자 자문업, 산후조리원, 시계 및 귀금속 소매업, 피부 미용업, 손·발톱 관리 미용업 등 기타 미용업, 비만 관리 센터 등 기타 신체 관리 서비스업, 마사지업(발 마사지업 및 스포츠 마사지업으로 한정), 실내건축 및 건축마무리 공사업(도배업만 영위하는 경우는 제외), 인물 사진 및 행사용 영상 촬영업, 결혼 상담 및 준비 서비스업, 의류 임대업, 「화물자동차 운수사업법」 제2조 제4호에 따른 화물자동차 운송주선사업(이사화물을 포장하는 서비스를 제공하는 사업으로 한정), 자동차 부품 및 내장품 판매업, 자동차 종합 수리업, 자동차 전문 수리업, 전세버스 운송업, 가구 소매업, 전기용품 및 조명장치 소매업, 의료용 기구 소매업, 페인트·창호 및 기타 건설자재 소매업, 주방용품 및 가정용 유리, 요업 제품 소매업, 안경 및 렌즈 소매업, 운동 및 경기용품 소매업, 예술품 및 골동품 소매업, 중고자동차 소매업 및 중개업, 악기 소매업, 자전거 및 기타 운송장비 소매업, 체력단련시설 운영업, 화장터 운영·묘지 분양 및 관리업(묘지 분양 및 관리업으로 한정), 특수여객자동차 운송업, 가전제품 소매업, 의약품 및 의료용품 소매업, 독서실 운영업, 두발 미용업, 철물 및 난방용구 소매업, 신발 소매업, 애완용 동물 및 관련용품 소매업, 의복 소매업, 컴퓨터 및 주변장치·소프트웨어 소매업, 통신기기 소매업, 건강보조식품 소매업, 자동차 세차업, 벽지·마루덮개 및 장판류 소매업, 공구 소매업, 가방 및 기타 가죽제품 소매업, 중고가구 소매업, 사진기 및 사진용품 소매업, 모터사이클 수리업, 가전제품 수리업, 가정용 직물제품 소매업, 가죽·가방 및 신발 수리업, 게임용구·인형 및 장난감 소매업, 구두류 제조업, 남자용 겉옷 제조업, 여자용 겉옷 제조업, 모터사이클 및 부품 소매업(부품 판매업으로 한정), 시계·귀금속 및 악기 수리업, 운송장비용 주유소 운영업, 의복 및 기타 가정용 직물제품 수리업, 중고 가전제품 및 통신장비 소매업
통신 판매업	전자상거래 소매업, 전자상거래 소매 중개업, 기타 통신 판매업

받은 날부터 5일 이내에 무기명으로 발급할 수 있다. (2020. 2. 11. 항번개정)

⑬ 현금영수증가맹점 가입대상자의 가입, 탈퇴, 발급거부 등에 관한 신고·통보 절차, 소비자가 현금영수증의 발급을 원하지 아니할 경우 무기명으로 발급하는 방법 등에 관하여 필요한 세부적인 사항은 납세관리상 필요한 범위에서 국세청장이 정한다. (2020. 2. 11. 항번개정)

* 비고 : 업종의 구분은 한국표준산업분류를 기준으로 함. 다만, 위 표에서 특별히
　정하는 업종의 경우에는 그러하지 않음
② 현금영수증을 의무적으로 발급해야 하는 경우로서 소비자가 현금영수증 발급
을 원하지 아니할 경우에는 무기명으로 발급할 수 있다.
③ 현금영수증 의무발행 대상업종을 경영하는 사업자는 직전 과세기간의 수입금
액이 2,400만원 미만이더라도 현금영수증가맹점에 가입한 경우에는 제1항이 적용
된다.
④ 현금영수증 발급의무 대상인 건당 거래는 거래당사자와 약정(인지·협의 등)
한 거래 총금액이 있는 경우에는 총금액 기준 또는 거래대금을 지급받은 금액을
기준으로 판단한다.
(2024. 10. 31. 개정)

제163조【계산서의 작성·발급 등】(2009. 12. 31. 제목개정)
① 제168조에 따라 사업자등록을 한 사업자가 재화 또는 용역을 공급
하는 경우에는 대통령령으로 정하는 바에 따라 계산서 또는 영수증(이
하 "계산서등"이라 한다)을 작성하여 재화 또는 용역을 공급받는 자에
게 발급하여야 한다. 이 경우 다음 각 호의 어느 하나에 해당하는 사업
자가 계산서를 발급할 때에는 대통령령으로 정하는 전자적 방법으로
작성한 계산서(이 법에서 "전자계산서"라 한다)를 발급하여야 한다.
(2014. 12. 23. 후단신설)
1. 「부가가치세법」 제32조 제2항에 따른 전자세금계산서를 발급하여
　야 하는 사업자 (2014. 12. 23. 신설)
2. 제1호 외의 사업자로서 총수입금액등을 고려하여 대통령령으로 정
　하는 사업자 (2014. 12. 23. 신설)

⊙ 예판 ··
국내사업자(A)가 다른 국내사업자(B)로부터 물품을 공급받기로 하고 B는
국외사업자(Y)로부터 구매하여 국내 반입 없이 A가 지정하는 다른 국외사
업자(Z)에게 인도하는 경우 B는 계산서를 작성·교부하여야 함. (서면1팀
－528, 2008. 4. 15.)
···

② 「부가가치세법」 제26조 제1항 제1호에 따라 부가가치세가 면제되
는 농산물·축산물·수산물·임산물의 위탁판매의 경우나 대리인에

제211조【계산서의 작성·발급】(2013. 2. 15. 제목개정)
① 사업자가 재화 또는 용역을 공급하는 때에는 다음 각 호의 사항이
적힌 계산서 2매를 작성하여 그 중 1매를 공급받는 자에게 발급하여야
한다. (2015. 2. 3. 개정)
1. 공급하는 사업자의 등록번호와 성명 또는 명칭
2. 공급받는 자의 등록번호와 성명 또는 명칭. 다만, 공급받는 자가 사
　업자가 아니거나 등록한 사업자가 아닌 경우에는 법 제168조 제5항
　에 따른 고유번호 또는 공급받는 자의 주민등록번호로 한다. (2015.
　2. 3. 단서신설)
3. 공급가액
4. 작성연월일 (96. 12. 31 개정)
5. 기타 참고사항
② 다음 각 호의 어느 하나에 해당하는 사업을 영위하는 자가 재화 또
는 용역을 공급하는 때에는 제1항의 규정에 불구하고 영수증을 발급할
수 있다. 다만, 재화 또는 용역을 공급받은 사업자가 사업자등록증을
제시하고 제1항의 규정에 의한 계산서의 발급을 요구하는 때에는 계산
서를 발급하여야 한다. (2013. 2. 15. 개정)
1. 「부가가치세법」 제36조 제1항 제1호 및 같은 법 시행령 제73조 제1
　항 및 제2항을 적용받는 사업 (2013. 6. 28. 개정 ; 부가가치세법 시
　행령 부칙)
2. 「부가가치세법」 제36조 제1항 제1호 및 같은 법 시행령 제73조 제1

제96조의 3【전자계산서】법 제163
조 제1항에 따른 전자계산서는 「전자문서
및 전자거래 기본법」 제24조 제1항에 따
라 제정된 전자계산서의 표준에 따라 생
성·발급·전송되어야 한다. (2015. 3.
13. 개정)

🔖 관계조문 ▶▶

규칙 100조 30호 ⇒ 계산서
─────────────────

통칙 163－211…3【출판사가 교과서를 교
　육청단위로 공급하는
　경우 계산서교부방법】
제조업자가 교과서용 도서를 출판하여 최종소
비자인 학생에게 공급함에 있어 공급과정상

의한 판매의 경우에는 수탁자 또는 대리인이 재화를 공급한 것으로 보아 계산서등을 작성하여 해당 재화를 공급받는 자에게 발급하여야 한다. 다만, 제1항에 따라 대통령령으로 정하는 바에 따라 계산서등을 발급하는 경우에는 그러하지 아니하다. (2013. 6. 7. 개정 ; 부가가치세법 부칙)

③ 수입하는 재화에 대해서는 세관장이 대통령령으로 정하는 바에 따라 계산서를 수입자에게 발급하여야 한다. (2009. 12. 31. 개정)

④ 부동산을 매각하는 경우 등 계산서등을 발급하는 것이 적합하지 아니하다고 인정되어 대통령령으로 정하는 경우에는 제1항부터 제3항까지의 규정을 적용하지 아니한다. (2009. 12. 31. 개정)

⑤ 사업자는 제1항부터 제3항까지의 규정에 따라 발급하였거나 발급받은 계산서의 매출·매입처별 합계표(이하 "매출·매입처별 계산서합계표"라 한다)를 대통령령으로 정하는 기한까지 사업장 소재지 관할 세무서장에게 제출하여야 한다. 다만, 다음 각 호의 어느 하나에 해당하는 계산서의 합계표는 제출하지 아니할 수 있다. (2014. 12. 23. 단서개정)

1. 제3항에 따라 계산서를 발급받은 수입자는 그 계산서의 매입처별 합계표 (2014. 12. 23. 신설)

2. 전자계산서를 발급하거나 발급받고 전자계산서 발급명세를 제8항 및 제9항에 따라 국세청장에게 전송한 경우에는 매출·매입처별 계산서합계표 (2014. 12. 23. 신설)

⑥ 「부가가치세법」에 따라 세금계산서 또는 영수증을 작성·발급하였거나 매출·매입처별 세금계산서합계표를 제출한 분에 대해서는 제1항부터 제3항까지 및 제5항에 따라 계산서등을 작성·발급하였거나 매출·매입처별 계산서합계표를 제출한 것으로 본다. (2009. 12. 31. 개정)

 163 − 212…1 【선박대리점의 계산서 제출】
외국선박회사가 부가가치세면세사업자로부터 제공받은 용역의 대가를 국내선박대리점이 대납하여 주고 그 면세사업자로부터 교부받은 계산서에 대한 매출·매입처별계산서합계표는 국내선박대리점이 관할세무서장에게 제출하여야 한다. (2011. 3. 21. 개정)

163 − 212…2 【국가·지방자치단체 등의 매출·매입처별 계산서합계표

항 및 제2항에 규정된 사업으로서 부가가치세가 면제되는 사업 (2013. 6. 28. 개정 ; 부가가치세법 시행령 부칙)

3. 주로 사업자가 아닌 소비자에게 재화 또는 용역을 공급하는 사업으로서 기획재정부령이 정하는 사업 (2008. 2. 29. 직제개정 ; 기획재정부와~직제 부칙)

4. 토지 및 건축물을 공급하는 경우 (2001. 12. 31 신설)

③ 「부가가치세법」 제36조 제1항 제2호를 적용받는 사업자가 부가가치세가 과세되는 재화 또는 용역을 공급하는 때에는 제1항 및 제2항 단서의 규정에 불구하고 계산서를 발급할 수 없으며, 영수증을 발급하여야 한다. (2023. 2. 28. 개정)

④ 다음 각 호의 재화 또는 용역의 공급에 대해서는 제1항부터 제3항까지의 규정에도 불구하고 계산서 또는 영수증을 발급하지 아니할 수 있다. (2010. 2. 18. 개정)

1. 노점상인·행상인 또는 무인판매기 등을 이용하여 사업을 하는 자가 공급하는 재화 또는 용역 (98. 12. 31 개정)

2. 「부가가치세법」 제26조 제1항 제7호의 용역 중 시내버스에 의한 용역 (2013. 6. 28. 개정 ; 부가가치세법 시행령 부칙)

3. 국내사업장이 없는 비거주자 또는 외국법인과 거래되는 재화 또는 용역. 다만, 「법인세법」 제94조의 2 제1항에 따른 외국법인연락사무소와 거래되는 재화 또는 용역은 제외한다. (2023. 2. 28. 단서신설)

4. 기타 「부가가치세법」 제36조 제1항 제1호, 같은 법 시행령 제71조 및 제73조에 따라 세금계산서 또는 영수증의 발급이 면제되는 재화 또는 용역 (2013. 6. 28. 개정 ; 부가가치세법 시행령 부칙)

 163 − 211…2 【위탁판매 등의 계산서 작성교부】
부가가치세가 면세되는 재화를 위탁 또는 대리에 의하여 판매를 할 경우에는 위탁자 또는 본인의 명의로 수탁자 또는 대리인이 계산서를 교부하여야 하는 것이나, 위탁자 또는 본인을 알 수 없는 경우에는 수탁자 또는 대리인이 거래상대방에게 공급한 것으로 보아 계산서를 교부한다. (97. 4. 8. 개정)

⑤ 사업자가 법 제144조의 규정에 의하여 용역을 공급받는 자로부터 원천징수영수증을 발급받는 것에 대하여는 제1항의 규정에 의한 계산서를 발급한 것으로 본다. (2013. 2. 15. 개정)

시·군 교육청 단위로 공급하는 경우에는 당해 교육청을 공급받는 자로 하여 계산서를 작성·교부하여야 한다. (97. 4. 8. 개정)

제96조의 2 【영수증을 발행할 수 있는 사업자의 범위】 영 제211조 제2항 제3호에서 "기획재정부령이 정하는 사업"이라 함은 다음 각 호의 어느 하나에 해당하는 사업을 말한다. 다만, 제2호부터 제7호까지에 해당하는 사업은 직접 최종소비자에게 재화 또는 용역을 공급하는 경우에 한한다. (2008. 4. 29. 개정)

1. 금융 및 보험업 (96. 3. 30 신설)

2. 사업시설관리 및 사업지원서비스업 (2010. 4. 30. 개정)

3. 교육서비스업 (96. 3. 30 신설)

4. 보건업 및 사회복지서비스업 (2010. 4. 30. 개정)

5. 예술, 스포츠 및 여가 관련 서비스업 (2010. 4. 30. 개정)

6. 협회 및 단체, 수리 및 기타 개인서비스업 (2010. 4. 30. 개정)

7. 가구내 고용활동에서 발생하는 소득 (2010. 4. 30. 개정)

8. 그 밖에 제1호부터 제7호까지와 유사한 사업으로서 계산서 발급이 불가능하거나 현저히 곤란한 사업 (2010. 4. 30. 신설)

제출방법】

국가·지방자치단체·지방자치단체조합 등이 법 제163조 제1항 및 영 제211조 제1항의 계산서를 교부하거나 교부받은 경우에는 영 제212조의 규정에 의하여 해당 과세기간의 다음연도 2월 10일까지 매출·매입처별계산서합계표를 사업장소재지 관할세무서장에게 제출하여야 한다. (2019. 12. 23. 개정)

⑦ 계산서등의 작성·발급 및 매출·매입처별 계산서합계표의 제출에 필요한 사항은 대통령령으로 정한다. (2009. 12. 31. 개정)

⑧ 제1항 후단에 따라 전자계산서를 발급하였을 때에는 대통령령으로 정하는 기한까지 대통령령으로 정하는 전자계산서 발급명세를 국세청장에게 전송하여야 한다. (2014. 12. 23. 신설)

⑨ 전자계산서를 발급하여야 하는 사업자가 아닌 사업자도 제1항 후단에 따라 전자계산서를 발급하고, 제8항에 따라 전자계산서 발급명세를 국세청장에게 전송할 수 있다. (2014. 12. 23. 신설)

⑥ 사업자는 제1항 제1호부터 제4호까지의 규정에 따른 기재사항과 기타 필요하다고 인정되는 사항 및 국세청장에게 신고한 계산서임을 적은 계산서를 국세청장에게 신고한 후 발급할 수 있다. 이 경우 그 계산서는 제1항에 따른 계산서로 본다. (2013. 2. 15. 개정)

⑦ 법 제163조 제1항 각 호 외의 부분 단서에서 "대통령령으로 정하는 전자적 방법"이란 「부가가치세법 시행령」 제68조 제4항에 따른 전자적 방법으로 발급하는 것을 말한다. (2015. 2. 3. 개정)

⑧ 법 제163조 제1항 제2호에서 "대통령령으로 정하는 사업자"란 직전 과세기간의 총수입금액이 10억원 이상인 사업자를 말한다. (2015. 2. 3. 개정)

⑨ 법 제163조 제8항에서 "대통령령으로 정하는 기한"이란 전자계산서 발급일의 다음 날을 말한다. (2015. 2. 3. 개정)

⑩ 법 제163조 제8항에서 "대통령령으로 정하는 전자계산서 발급명세"란 발급건별로 제1항 각 호의 사항이 기재된 것을 말한다. (2015. 2. 3. 개정)

⑪ 법 제163조에 따른 전자계산서의 발급·전송 및 각 설비 및 시스템을 구축·운영하는 사업자의 등록에 관하여는 이 영에 특별한 규정이 있는 경우를 제외하고 「부가가치세법 시행령」 제68조를 준용한다. 이 경우 "전자세금계산서"는 "전자계산서"로 본다. (2015. 2. 3. 신설)

⑫ 제7항 및 제9항에서 규정한 사항 외에 전자계산서의 발급절차 및 보관요건 등에 관하여 필요한 사항은 기획재정부령으로 정한다. (2015. 2. 3. 신설)

⑦~⑫ 삭 제 (2016. 2. 17.)

[통칙] 163-211…1【영수증 등의 범위】

사업의 관행에 따라 교부하는 영수증, 기타 이에 준하는 계산서로서 공급자의 사업자등록번호·상호·성명·공급가액 및 작성연월일이 기재된 다음 각호의 영수증·청구서 및 계산서 등은 영 제211조 제2항에서 규정하는 영수증에 갈음되는 것으로 본다. (97. 4. 8. 개정)

1. 금전등록기영수증
2. 신문통신대금 구독료영수증
3. 법령이나 조례·규칙 등에서 정한 영수증
4. 금융·보험업자가 교부한 영수증
5. 기타 제1호 내지 제4호에 유사한 영수증

제211조의 2【전자계산서의 발급 등】 ① 법 제163조 제1항 각 호 외의 부분 후단에서 "대통령령으로 정하는 전자적 방법"이란 「부가가치세법 시행령」 제68조 제5항에 따른 전자적 방법으로 발급하는 것을 말한다. (2020. 2. 11. 개정)

[통칙] 163-211…4【수정계산서 작성연월일란의 기재】

「부가가치세법 시행령」 제70조를 준용하여 수정계산서를 작성하는 경우에도 작성연월일은 당초 계산서 작성연월일을 기재한다. (2019. 12. 23. 개정)

경우 "전자세금계산서"는 "전자계산서"로 본다. (2016. 2. 17. 신설)

⑦ 제1항부터 제6항까지에서 규정한 사항 외에 전자계산서의 발급절차 등에 관하여 필요한 사항은 기획재정부령으로 정한다. (2016. 2. 17. 신설)

제212조 【매출·매입처별계산서합계표의 제출 등】 ① 사업자는 법 제78조에 따른 기한까지 기획재정부령으로 정하는 매출·매입처별계산서합계표를 제출하여야 한다. (2010. 12. 30. 후단삭제)

관계조문 ▶▶

규칙 100조 31호 ⇒ 매출·매입처별계산서합계표

② 제211조의 계산서의 작성·교부 및 제1항의 매출·매입처별계산서합계표의 제출에 관하여는 이 영에 특별한 규정이 있는 경우를 제외하고는 「부가가치세법」 제32조부터 제35조까지 및 제54조와 같은 법 시행령 제69조부터 제72조까지 및 제97조부터 제99조까지의 규정을 준용한다. (2013. 6. 28. 개정 ; 부가가치세법 시행령 부칙)

③ 법 제163조 제2항 단서에서 "대통령령으로 정하는 바에 따라 계산서등을 발급하는 경우"란 위탁자 또는 본인의 명의로 제2항에 따라 계산서를 발급하는 경우를 말한다. (2010. 2. 18. 개정)

④ 법 제163조 제2항 본문의 규정에 의하여 수탁자 또는 대리인이 재화를 공급한 것으로 보아 계산서를 교부하는 경우에는 계산서에 그 사실을 부기하여야 한다. (98. 12. 31 신설)

⑤ 제211조 제5항에 따라 용역을 공급받는 자로부터 원천징수영수증을 발급받고, 원천징수의무자가 지급명세서를 제출한 거래에 대해서는 제1항에 따른 매출·매입처별계산서합계표를 제출한 것으로 본다. (2020. 2. 11. 신설)

제212조의 2 【수입계산서】 ① 법 제163조 제3항의 규정에 의하여 교부하는 계산서는 제211조 제1항의 규정을 준용하여 관세청장이 정하여 고시하는 바에 의한다. (2001. 12. 31 신설)

② 삭 제 (2006. 2. 9.)

② 법 제163조 제1항 제2호에서 "대통령령으로 정하는 사업자"란 직전 과세기간의 사업장별 총수입금액이 1억원 이상인 사업자를 말한다. (2022. 2. 15. 개정)

② 법 제163조 제1항 제2호에서 "대통령령으로 정하는 사업자"란 직전 과세기간의 사업장별 총수입금액이 8천만원 이상인 사업자(그 이후 과세기간의 사업장별 총수입금액이 8천만원 미만이 된 사업자를 포함한다)를 말한다. (2023. 2. 28. 개정)

③ 법 제163조 제1항 각 호에 따른 전자계산서 의무발급 개인사업자는 다음 각 호의 구분에 따른 날부터 전자계산서를 발급해야 한다. (2023. 2. 28. 개정)

1. 법 제163조 제1항 제1호에 해당하는 사업자 : 「부가가치세법 시행령」 제68조 제2항에 따라 전자세금계산서를 발급해야 하는 날 (2023. 2. 28. 개정)

2. 법 제163조 제1항 제2호에 해당하는 사업자 : 사업장별 총수입금액이 1억원 이상인 과세기간의 다음 과세기간의 7월 1일부터 그 다음 과세기간의 6월 30일까지. 다만, 사업장별 총수입금액이 「국세기본법」 제45조에 따른 수정신고 또는 법 제80조에 따른 결정과 경정(이하 이 항에서 "수정신고등"이라 한다)으로 1억원 이상이 된 경우 전자계산서를 발급하여야 하는 기간은 수정신고등을 한 날이 속하는 과세기간의 다음 과세기간으로 한다. (2022. 2. 15. 개정)

2. 법 제163조 제1항 제2호에 해당하는 사업자 : 사업장별 총수입금액이 최초로 8천만원 이상이 된 과세기간의 다음 과세기간의 7월 1일. 다만, 사업장별 총수입금액이 「국세기본법」 제45조에 따른 수정신고 또는 법 제80조에 따른 결정과 경정(이하 이 항에서 "수정신고등"이라 한다)으로 8천만원 이상이 된 경우에는 수정신고등을 한 날이 속하는 과세기간의 다음 과세기간의 개시일로 한다. (2023. 2. 28. 개정)

④ 법 제163조 제8항에서 "대통령령으로 정하는 기한"이란 전자계산서 발급일의 다음 날을 말한다. (2016. 2. 17. 신설)

⑤ 법 제163조 제8항에서 "대통령령으로 정하는 전자계산서 발급명세"란 발급건별로 제211조 제1항 각 호의 사항이 기재된 것을 말한다. (2016. 2. 17. 신설)

⑥ 법 제163조에 따른 전자계산서의 발급·전송, 각 설비 및 시스템을 구축·운영하는 사업자의 등록에 관하여는 이 영에 특별한 규정이 있는 경우를 제외하고는 「부가가치세법 시행령」 제68조를 준용한다. 이

제163조의 2 【매입처별 세금계산서합계표의 제출】 ① 제78조 제1항에 따라 사업장 현황신고를 하여야 하는 사업자 또는 제78조 제1항 제1호에 따라 제74조가 적용되는 경우의 그 상속인이나 출국하는 거주자 또는 제121조 제2항 및 제5항에 따른 비거주자는 제78조 제1항에 따라 사업장 현황신고를 하여야 하는 사업자 또는 제78조 제1항 제1호에 따른 사업자가 재화 또는 용역을 공급받고 「부가가치세법」 제32조 제1항·제7항 및 제35조 제1항에 따라 세금계산서를 발급받은 경우에는 제78조에 따른 사업장 현황신고기한(제78조 제1항 제1호에 따라 제74조가 적용되는 경우에는 같은 조에 따른 과세표준확정신고기한을 말한다)까지 매입처별 세금계산서합계표를 사업장 소재지 관할 세무서장에게 제출하여야 한다. 다만, 「부가가치세법」 제54조 제5항에 따라 제출한 경우에는 그러하지 아니하다. (2013. 6. 7. 개정 ; 부가가치세법 부칙)
② 매입처별 세금계산서합계표의 제출 등에 필요한 사항은 대통령령으로 정한다. (2009. 12. 31. 개정)

제163조의 3 【매입자발행계산서】 ① 제163조 또는 「법인세법」 제121조에도 불구하고 제168조에 따라 사업자등록을 한 사업자 또는 법인으로부터 재화 또는 용역을 공급받은 거주자가 사업자 또는 법인의 부도·폐업, 공급 계약의 해제·변경 또는 그 밖에 대통령령으로 정하는 사유로 계산서를 발급받지 못한 경우 납세지 관할 세무서장의 확인을 받아 계산서(이하 "매입자발행계산서"라 한다)를 발행할 수 있다. (2022. 12. 31. 신설)
② 매입자발행계산서의 발급 대상·방법, 그 밖에 필요한 사항은 대통령령으로 정한다. (2022. 12. 31. 신설)

제212조의 3 【매입처별세금계산서합계표의 제출 등】 법 제163조의 2에 따른 매입처별세금계산서합계표의 제출 등에 관해서는 「부가가치세법 시행령」 제97조 및 제98조를 준용한다. (2013. 9. 9. 개정)

제212조의 4 【매입자발행계산서의 발급 대상 및 방법 등】 ① 법 제163조의 3 제1항에서 "대통령령으로 정하는 사유"란 재화 또는 용역을 공급한 사업자 또는 법인(이하 이 조에서 "공급자"라 한다)이 다음 각 호의 어느 하나에 해당하는 경우를 말한다. (2024. 2. 29. 신설)
1. 소재불명 또는 연락두절 상태인 경우 (2024. 2. 29. 신설)
2. 휴업이나 그 밖의 부득이한 사유로 계산서를 발급받는 것이 곤란하다고 국세청장이 인정하는 경우 (2024. 2. 29. 신설)

편주 ▶ 영 212조의 4 제1항의 개정규정은 2024. 2. 29. 이후 매입자발행계산서를 발급하는 경우부터 적용함. (영 부칙(2024. 2. 29.) 13조)

② 법 제163조의 3 제1항에 따른 매입자발행계산서(이하 이 조에서 "매입자발행계산서"라 한다)를 발급하려는 거주자(이하 이 조에서 "신청인"이라 한다)는 해당 재화 또는 용역의 공급시기가 속하는 과세기간의 종료일부터 6개월 이내에 기획재정부령으로 정하는 거래사실확인신청서에 거래사실을 객관적으로 입증할 수 있는 서류를 첨부하여 신청인 관할 세

제96조의 4 【매입자발행계산서】 ① 영 제212조의 4 제2항에 따른 거래사실확인신청서는 별지 제29호의 16 서식과 같다. (2024. 3. 22. 개정)
② 영 제212조의 4 제8항 각 호 외의 부분 단서에서 "공급자의 부도, 일시 부재 등 기획재정부령으로 정하는 불가피한 사유가 있는 경우"란 다음 각 호의 어느 하나에 해당하는 경우를 말한다. (2024. 3. 22. 개정)
1. 공급자의 부도, 질병, 장기출장 등으로 거래사실 확인이 곤란하여 공급자가 연기를 요청한 경우 (2023. 3. 20. 신설)
2. 세무공무원이 거래사실의 확인을 위하여 2회 이상 공급자를 방문하였으나 폐문·부재 등으로 인하여 공급자를 만나

무서장에게 거래사실의 확인을 신청해야 한다. (2024. 2. 29. 항번개정)

③ 제2항에 따른 거래사실의 확인신청 대상이 되는 거래는 거래건당 공급가액이 5만원 이상인 경우로 한다. (2024. 2. 29. 개정)

④ 제2항에 따른 신청을 받은 관할 세무서장은 신청서에 공급자의 인적사항이 부정확하거나 신청서 기재방식에 흠이 있는 경우에는 신청일부터 7일 이내에 일정한 기간을 정하여 보정요구를 할 수 있다. (2024. 2. 29. 개정)

⑤ 신청인이 제4항의 기간 이내에 보정요구에 응하지 않거나 다음 각 호의 어느 하나에 해당하는 경우에는 신청인 관할 세무서장은 거래사실의 확인을 거부하는 결정을 해야 한다. (2024. 2. 29. 개정)

1. 제2항의 신청기간을 넘긴 것이 명백한 경우 (2024. 2. 29. 개정)

2. 신청서의 내용으로 보아 거래 당시 미등록사업자 또는 휴·폐업자와 거래한 것이 명백한 경우 (2023. 2. 28. 신설)

⑥ 신청인 관할 세무서장은 제5항에 따른 확인을 거부하는 결정을 하지 않은 신청에 대해서는 거래사실확인신청서가 제출된 날(제4항에 따라 보정을 요구했을 때에는 보정이 된 날)부터 7일 이내에 신청서와 제출된 증빙서류를 공급자 관할 세무서장에게 송부해야 한다. (2024. 2. 29. 개정)

⑦ 제6항에 따라 신청서 등을 송부받은 공급자 관할 세무서장은 신청인의 신청내용, 제출된 증빙자료를 검토하여 거래사실 여부를 확인해야 한다. 이 경우 거래사실의 존재 및 그 내용에 대한 입증책임은 신청인에게 있다. (2024. 2. 29. 개정)

⑧ 공급자 관할 세무서장은 신청일의 다음 달 말일까지 거래사실 여부를 확인한 후 다음 각 호의 구분에 따른 통지를 공급자와 신청인 관할 세무서장에게 해야 한다. 다만, 공급자의 부도, 일시 부재 등 기획재정부령으로 정하는 불가피한 사유가 있는 경우에는 거래사실 확인기간을 20일 이내의 범위에서 연장할 수 있다. (2024. 2. 29. 항번개정)

1. 거래사실이 확인되는 경우 : 공급자 및 공급받는 자의 사업자등록번호, 작성연월일, 공급가액 등을 포함한 거래사실 확인 통지 (2023. 2. 28. 신설)

2. 거래사실이 확인되지 않는 경우 : 거래사실 확인불가 통지 (2023. 2.

28. 신설)

⑨ 신청인 관할 세무서장은 공급자 관할 세무서장으로부터 제8항의 통지를 받은 후 즉시 신청인에게 그 확인결과를 통지해야 한다. (2024. 2. 29. 개정)

⑩ 제9항에 따라 신청인 관할 세무서장으로부터 제8항 제1호에 따른 거래사실 확인 통지를 받은 신청인은 공급자 관할 세무서장이 확인한 거래일자를 작성일자로 하여 매입자발행계산서를 발급하여 공급자에게 교부해야 한다. (2024. 2. 29. 개정)

⑪ 제10항에도 불구하고 신청인 및 공급자가 관할 세무서장으로부터 제8항 제1호의 통지를 받은 때에는 신청인이 매입자발행계산서를 공급자에게 교부한 것으로 본다. (2024. 2. 29. 개정)

지 못한 경우 (2023. 3. 20. 신설)

③ 영 제212조의 4 제10항에 따른 매입자발행계산서는 별지 제29호의 17 서식과 같다. (2024. 3. 22. 개정)

④ 영 제212조의 4 제12항에 따른 매입자발행계산서합계표는 별지 제29호의 18 서식과 같다. (2024. 3. 22. 개정)

제164조【지급명세서의 제출】(2007. 12. 31. 제목개정)

① 제2조에 따라 소득세 납세의무가 있는 개인에게 다음 각 호의 어느 하나에 해당하는 소득을 국내에서 지급하는 자(법인, 제127조 제5항 또는 제7항에 따라 소득의 지급을 대리하거나 그 지급 권한을 위임 또는 위탁받은 자 및 제150조에 따른 납세조합, 제7조 또는 「법인세법」 제9조에 따라 원천징수세액의 납세지를 본점 또는 주사무소의 소재지로 하는 자와 「부가가치세법」 제8조 제3항 후단에 따른 사업자 단위 과세 사업자를 포함한다)는 대통령령으로 정하는 바에 따라 지급명세서를 그 지급일(제131조, 제135조, 제144조의 5 또는 제147조를 적용받는 소득에 대해서는 해당 소득에 대한 과세기간 종료일을 말한다. 이하 이 항에서 같다)이 속하는 과세기간의 다음 연도 2월 말일(제3호에 따른 사업소득과 제4호에 따른 근로소득 또는 퇴직소득, 제6호에 따른 기타소득 중 종교인소득 및 제7호에 따른 봉사료의 경우에는 다음 연도 3월 10일, 휴업, 폐업 또는 해산한 경우에는 휴업일, 폐업일 또는 해산일이 속하는 달의 다음다음 달 말일)까지 원천징수 관할 세무서장, 지방국세청장 또는 국세청장에게 제출하여야 한다. 다만, 제4호의 근로소득 중 대통령령으로 정하는 일용근로자의 근로소득의 경우에는 그 지급일이 속하는 분기의 마지막 달의 다음 달 말일(휴업, 폐업 또는 해산한 경우에는 휴업일, 폐업일 또는 해산일이 속하는 분기의 마지막 달의 다음 달 말일)까지, 제9호의 금융투자소득의 경우에는 금융투자소득 원천징수기간이 속하는 반기의 마지막 달의 다음 달 말일까지 지급명세서를 제출하여야 한다. (2020. 12. 29. 개정)

① 제2조에 따라 소득세 납세의무가 있는 개인에게 다음 각 호의 어느 하나에 해당하는 소득을 국내에서 지급하는 자(법인, 제127조 제5항 또는 제7항에 따라 소득의 지급을 대리하거나 그 지급 권한을 위임 또는 위탁받은 자 및 제150조에 따른 납세조합, 제7조 또는 「법인세법」 제9조에 따라 원천징수세액의 납세지를 본점 또는 주사무소의 소재지로 하는 자와 「부가가치세법」 제8조 제3항 후단에 따른 사업자 단위 과세 사업자를 포함한다)는 대통령령으로 정하는 바에 따라 지급명세서를 그 지급일(제131조, 제135조, 제144조의 5 또는 제147조를 적용받는 소득에 대해서는 해당 소득에 대한 과세기간 종료일을 말한다. 이하 이 항에서 같다)이 속하는 과세기간의 다음 연도 2월 말일(제3호에 따른 사업소득과 제4호에 따른 근로소득 또는 퇴직소득, 제6호에 따른 기타소득 중 종교인소득 및 제7호에 따른 봉사료의 경우에는 다음 연도 3월 10일, 휴업, 폐업 또는 해산한 경우에는 휴업일, 폐업일 또는 해산일이 속하는 달의 다음다음 달 말일)까지 원천징수 관할 세무서장, 지방국세청장 또는 국세청장에게 제출하여야 한다. 다만, 제4호의 근로소득 중 대통령령으로 정하는 일용근로자의 근로소득의 경우에는 그 지급일이 속하는 달의 다음 달 말일(휴업, 폐업 또는 해산한 경우에는 휴업일, 폐업일 또는 해산일이 속하는 달의 다음 달 말일)까지, 제9호의 금융투자소득의 경우에는 금융투자소득

⑫ 사업자가 「부가가치세법」 제42조에 따른 의제매입세액 공제를 받기 위하여 같은 법 시행령 제84조 제5항 제3호에 따라 제출해야 하는 매입자발행계산서합계표의 서식은 기획재정부령으로 정한다. (2024. 2. 29. 항번개정)

제213조【지급명세서 등의 제출】(2021. 5. 4. 제목개정)

① 법 제164조 제1항에 따른 지급명세서 및 법 제164조의 3 제1항에 따른 간이지급명세서는 그 소득을 지급받는 소득자별로 구분하되, 그 서식은 기획재정부령으로 정한다. (2021. 5. 4. 개정)

② 법 제164조의 3 제1항 각 호 외의 부분에서 "휴업, 폐업 또는 해산을 이유로 간이지급명세서 제출기한까지 지급명세서를 제출한 자로서 대통령령으로 정하는 자"란 법 제164조의 3에 따라 간이지급명세서 제출의무가 있는 자로서 다음 각 호의 어느 하나에 해당하는 자를 말한다. (2021. 5. 4. 개정)

1. 법 제164조의 3 제1항 제1호의 소득에 대한 간이지급명세서 제출의무가 있는 자로서 휴업, 폐업 또는 해산하여 지급명세서를 휴업일, 폐업일 또는 해산일이 속하는 반기의 마지막 달의 다음 달 말일까지 제출한 자 (2021. 5. 4. 개정)

2. 법 제164조의 3 제1항 제2호의 소득에 대한 간이지급명세서 제출의무가 있는 자로서 휴업, 폐업 또는 해산하여 지급명세서를 휴업일, 폐업일 또는 해산일이 속하는 달의 다음 달 말일까지 제출한 자 (2021. 5. 4. 개정)

② 삭 제 (2023. 2. 28.)

③ 다음 각 호의 어느 하나에 해당하는 경우에는 각 소득자에게 연간 지급된 금액의 합계액에 대한 지급명세서를 원천징수 관할 세무서장·지방국세청장 또는 국세청장에게 제출하여야 한다. (2010. 2. 18. 개정)

1. 「국민건강보험법」에 의한 국민건강보험공단 또는 「산업재해보상보험법」에 의한 근로복지공단이 「의료법」에 의한 의료기관 또는 「약사법」에 의한 약국에게 요양급여비용 등을 지급하는 경우 (2005. 2. 19. 개정)

2. 「방문판매 등에 관한 법률」에 의하여 다단계판매업자가 다단계판매원에게 후원수당을 지급하는 경우 (2005. 2. 19. 개정)

3. 금융회사 등이 연간 계좌별로 거주자에게 지급한 이자소득금액(법 제46조 제1항에 따른 채권등에 대한 이자소득금액은 제외한다)이 1백만원 이하인 경우 (2013. 2. 15. 신설)

④ 법 제164조 제1항에 따라 지급명세서를 제출하여야 하는 자가 「고

관계조문

규칙 100조 25호, 26호 및 28호의 6 ⇒ 지급명세서

편주

영 213조 2항의 개정규정은 2024. 1. 1.부터 시행함. (영 부칙(2023. 2. 28.) 1조 3호)

① 제2조에 따라 소득세 납세의무가 있는 개인에게 다음 각 호의 어느 하나에 해당하는 소득을 국내에서 지급하는 자(법인, 제127조 제5항에 따라 소득의 지급을 대리하거나 그 지급 권한을 위임 또는 위탁받은 자 및 제150조에 따른 납세조합, 제7조 또는 「법인세법」 제9조에 따라 원천징수세액의 납세지를 본점 또는 주사무소의 소재지로 하는 자와 「부가가치세법」 제8조 제3항 후단에 따른 사업자 단위 과세 사업자를 포함한다)는 대통령령으로 정하는 바에 따라 지급명세서를 그 지급일(제131조, 제135조, 제144조의 5 또는 제147조를 적용받는 소득에 대해서는 해당 소득에 대한 과세기간 종료일을 말한다. 이하 이 항에서 같다)이 속하는 과세기간의 다음 연도 2월 말일(제3호에 따른 사업소득과 제4호에 따른 근로소득 또는 퇴직소득, 제6호에 따른 기타소득 중 종교인소득 및 제7호에 따른 봉사료의 경우에는 다음 연도 3월 10일, 휴업, 폐업 또는 해산한 경우에는 휴업일, 폐업일 또는 해산일이 속하는 달의 다음다음 달 말일)까지 원천징수 관할 세무서장, 지방국세청장 또는 국세청장에게 제출하여야 한다. 다만, 제4호의 근로소득 중 대통령령으로 정하는 일용근로자의 근로소득의 경우에는 그 지급일이 속하는 달의 다음 달 말일(휴업, 폐업 또는 해산한 경우에는 휴업일, 폐업일 또는 해산일이 속하는 달의 다음 달 말일)까지 지급명세서를 제출하여야 한다. (2024. 12. 31. 개정)

1. 이자소득 (2009. 12. 31. 개정)

2. 배당소득 (2009. 12. 31. 개정)

3. 원천징수대상 사업소득 (2009. 12. 31. 개정)

4. 근로소득 또는 퇴직소득 (2009. 12. 31. 개정)

5. 연금소득 (2009. 12. 31. 개정)

6. 기타소득(제7호에 따른 봉사료는 제외한다) (2009. 12. 31. 개정)

7. 대통령령으로 정하는 봉사료 (2009. 12. 31. 개정)

8. 대통령령으로 정하는 장기저축성보험의 보험차익 (2009. 12. 31. 개정)

9. 금융투자소득 (2020. 12. 29. 신설)

9. 삭　제 (2024. 12. 31.)

용보험법 시행령」 제7조 제1항 후단에 따라 근로내용 확인신고서를 고용노동부장관에게 제출한 경우에는 법 제164조 제1항 각 호 외의 부분 단서에 따라 지급명세서를 제출한 것으로 본다. (2015. 2. 3. 신설)

⑤ 법 제164조 제1항 각 호 외의 부분 단서에서 "대통령령으로 정하는 일용근로자"란 제20조에 따른 일용근로자를 말한다. (2010. 2. 18. 개정)

⑥ 법 제164조 제1항 제8호에서 "대통령령으로 정하는 장기저축성보험의 보험차익"이란 법 제16조 제1항 제9호에 해당하지 아니하는 보험차익(피보험자의 사망·질병·부상, 그 밖의 신체상의 상해 또는 자산의 멸실이나 손괴로 보험금을 받는 것은 제외한다)을 말한다. (2010. 2. 18. 개정)

② 제1항 각 호의 소득 중 대통령령으로 정하는 소득에 대해서는 제1항을 적용하지 아니할 수 있다. (2009. 12. 31. 개정)

③ 제1항에 따라 지급명세서를 제출하여야 하는 자는 지급명세서의 기재 사항을 「국세기본법」 제2조 제18호에 따른 정보통신망에 의하여 제출하거나 디스켓 등 전자적 정보저장매체로 제출하여야 한다. 이 경우 제1항 각 호의 소득 중 대통령령으로 정하는 소득을 지급하는 자는 「조세특례제한법」 제126조의 3에 따른 현금영수증 발급장치 등 대통령령으로 정하는 방법을 통하여 제출할 수 있다. (2009. 12. 31. 개정)

제213조의 2【현금영수증 발급장치 등을 통한 제출】① 법 제164조 제3항 후단 및 법 제164조의 3 제2항 후단에서 "대통령령으로 정하는 소득"이란 다음 각 호의 어느 하나에 해당하는 소득을 말한다. (2019. 2. 12. 개정)

1. 제213조 제5항의 규정에 따른 일용근로자에게 지급하는 근로소득 (2006. 2. 9. 신설)

2. 제215조 제2항의 규정에 따른 거주자에게 지급하는 근로소득 (2006. 2. 9. 신설)

② 법 제164조 제3항 후단에서 "현금영수증 발급장치 등 대통령령으로 정하는 방법"이란 「조세특례제한법」 제126조의 3에 따른 현금영수증 발급장치를 통하여 다음 각 호의 사항을 모두 제출하는 것을 말한다. (2019. 2. 12. 후단삭제)

1. 급여의 귀속연도 (2006. 2. 9. 신설)

2. 일용근로자 또는 거주자의 주민등록번호 (2006. 2. 9. 신설)

3. 급여액 (2006. 2. 9. 신설)

4. 소득세(결정세액을 말한다) (2006. 2. 9. 신설)

③ 법 제164조의 3 제2항 후단에서 "현금영수증 발급장치 등 대통령령으로 정하는 방법"이란 「조세특례제한법」 제126조의 3에 따른 현금영수증 발급장치를 통해 다음 각 호의 사항을 모두 제출하는 것을 말한다. (2019. 2. 12. 신설)

1. 급여의 귀속연도 (2021. 5. 4. 개정)

2. 소득자의 주민등록번호 (2019. 2. 12. 신설)

3. 급여액 (2019. 2. 12. 신설)

제214조【지급명세서 등의 제출 면제 등】(2021. 5. 4. 제목개정) ① 다음 각 호의 어느 하나에 해당하는 소득에 대해서는 법 제164조 제1항을 적용하지 않는다. (2021. 2. 17. 개정)

1. 법 제12조 제5호의 규정에 따라 비과세되는 기타소득. 다만, 제19조 제3항 제3호에 따른 금액 및 물품은 제외한다. (2017. 12. 29. 단서신설)

제96조의 5【현금영수증 발급장치를 통한 지급명세서 등의 작성방법 등】(2023. 3. 20. 조번 · 제목개정)

영 제213조의 2 제2항 및 제3항에 따라 현금영수증 발급장치를 통해 제출하는 지급명세서 및 간이지급명세서의 작성방법 등에 관하여 필요한 사항은 국세청장이 정하여 고시한다. (2023. 3. 20. 개정)

편주 ▶
현금영수증 발급장치를 통한 지급명세서 제출에 관한 고시 : 국세청고시 제2022 - 13호 (2022. 5. 31.)

제96조【공통손익의 계산과 구분경리】삭 제 (2010. 4. 30.)

④ 국세청장은 제3항에도 불구하고 대통령령으로 정하는 바에 따라 일정 업종 또는 일정 규모 이하에 해당되는 자에게는 지급명세서를 문서로 제출하게 할 수 있다. (2009. 12. 31. 개정)

⑤ 원천징수의무자가 원천징수를 하여 대통령령으로 정하는 바에 따라 제출한 원천징수 관련 서류 중 지급명세서에 해당하는 것이 있으면 그 제출한 부분에 대하여 지급명세서를 제출한 것으로 본다. (2009. 12.

2. 법 제21조 제1항 제2호에 해당하는 기타소득으로서 1건당 당첨금품의 가액이 10만원 이하인 경우 (2006. 2. 9. 개정)

2. 삭 제 (2023. 2. 28.)

2의 2. 법 제12조 제3호 가목부터 사목까지, 카목, 타목, 하목, 너목, 버목 및 저목의 소득 (2023. 2. 28. 개정)

2의 3. 제12조 제2호부터 제4호까지 및 제8호의 소득 (2008. 2. 22. 신설)

3. 그 밖에 기획재정부령으로 정하는 소득 (2008. 2. 29. 직제개정 ; 기획재정부와～직제 부칙)

② 삭 제 (2006. 2. 9.)

③ 법 제164조 제4항에서 "일정 업종 또는 일정 규모 이하에 해당되는 자"란 직전 과세기간에 제출한 지급명세서의 매수가 50매 미만인 자 또는 상시 근무하는 근로자의 수(매월 말일의 현황에 따른 평균인원수를 말한다)가 10명 이하인 자를 말한다. 다만, 다음 각 호의 어느 하나에 해당하는 자는 제외한다. (2010. 2. 18. 개정)

1. 한국표준산업분류상의 금융보험업자 (2003. 12. 30. 개정)
2. 국가ㆍ지방자치단체 또는 지방자치단체조합 (2003. 12. 30. 개정)
3. 법인 (2003. 12. 30. 개정)
4. 복식부기의무자 (2016. 2. 17. 개정)

④ 법 제164조의 3 제3항에 따라 간이지급명세서를 문서로 제출할 수 있는 자는 법 제164조 제1항에 따라 제출한 직전 과세연도 지급명세서가 20매 미만인 자 또는 상시 근무하는 근로자의 수(매월 말일의 현황에 따른 평균인원수를 말한다)가 5명 이하인 자로 한다. 다만, 다음 각 호의 어느 하나에 해당하는 자는 제외한다. (2021. 5. 4. 개정)

1. 한국표준산업분류상의 금융보험업자 (2019. 2. 12. 신설)
2. 국가ㆍ지방자치단체 또는 지방자치단체조합 (2019. 2. 12. 신설)
3. 법인 (2019. 2. 12. 신설)
4. 복식부기의무자 (2019. 2. 12. 신설)

제215조 【지급명세서 제출의 특례】 (2008. 2. 22. 제목개정)

① 원천징수의무자는 법 제164조 제5항에 따라 원천징수에 관한 명세서, 그 밖의 관계서류를 제출함으로써 지급명세서의 제출에 갈음하

제97조 【지급명세서 제출의무의 면제】 (2009. 4. 14. 제목개정)

영 제214조 제1항 제3호에서 "기획재정부령으로 정하는 소득"이란 다음 각 호의 어느 하나에 해당하는 것을 말한다. (2009. 4. 14. 개정)

1. 법 제21조 제1항 제2호에 해당하는 기타소득(법 제14조 제3항 제8호 라목에 따른 복권 당첨금은 제외한다)으로서 1건당 당첨금품의 가액이 10만원 이하인 경우 (2023. 3. 20. 신설)

2. 법 제21조 제1항 제4호에 해당하는 기타소득으로서 1건당 환급금이 200만원 미만(체육진흥투표권의 경우 10만원 이하)인 경우 (2023. 3. 20. 항번개정)

3. 법 제84조에 따라 소득세가 과세되지 아니하는 기타소득. 다만, 법 제21조 제1항 제15호 및 제19호에 따른 기타소득을 제외한다. (2023. 3. 20. 항번개정)

4. 영 제184조의 2 제1호의 2의 규정에 의한 안마시술소에서 제공하는 용역에 대한 소득으로서 안마시술소가 소득세를 원천징수하는 소득 (2023. 3. 20. 항번개정)

31. 개정)

⑥ 제163조 제5항에 따라 사업장 소재지 관할 세무서장에게 제출한 매출·매입처별 계산서합계표(제163조 제8항 또는 제9항에 따라 전자계산서 발급명세를 국세청장에게 전송한 경우를 포함한다)와 「부가가치세법」에 따라 사업장 소재지 관할 세무서장에게 제출한 매출·매입처별 세금계산서합계표(「부가가치세법」 제32조 제3항 또는 제5항에 따라 전자세금계산서 발급명세를 국세청장에게 전송한 경우를 포함한다) 중 지급명세서에 해당하는 것이 있으면 그 제출한 부분에 대하여 지급명세서를 제출한 것으로 본다. (2017. 12. 19. 개정)

⑦ 제164조의 3 제1항 제2호(제73조 제1항 제4호에 따라 대통령령으로 정하는 사업소득은 제외한다) 또는 제3호의 소득에 대한 간이지급명세서를 제출한 경우에는 그 제출한 부분에 대하여 지급명세서를 제출한 것으로 본다. (2022. 12. 31. 신설)

편주

• 법 164조 7항(법 164조의 3 제1항 3호의 소득에 관한 부분으로 한정함)의 개정규정은 2024. 1. 1. 이후 지급하는 소득에 대하여 지급명세서등을 제출하여야 하거나 제출하는 경우부터 적용함. (법 부칙(2022. 12. 31.) 6조 1항)

• 법 164조 7항(법 164조의 3 제1항 2호의 소득에 관한 부분으로 한정함)의 개정규정은 2023. 1. 1. 이후 지급하는 소득에 대하여 지급명세서등을 제출하여야 하거나 제출하는 경우부터 적용함. (법 부칙(2022. 12. 31.) 6조 3항) (2023. 12. 31. 개정)

⑧ 원천징수 관할 세무서장, 지방국세청장 또는 국세청장은 필요하다고 인정할 때에는 지급명세서의 제출을 요구할 수 있다. (2022. 12. 31. 항번개정)

⑨ 제1항에 따른 지급자를 대리하거나 그 위임을 받은 자의 행위는 수권 또는 위임의 범위에서 본인 또는 위임인의 행위로 보고 제1항을 적용한다. (2022. 12. 31. 항번개정)

⑩ 국세청장은 제1항 제6호에 따른 기타소득 중 대통령령으로 정하는 기타소득에 대한 지급명세서를 받은 경우에는 대통령령으로 정하는 바에 따라 「국세기본법」 제2조 제19호에 따른 국세정보통신망을 이용하

려고 할 때에는 그 원천징수영수증 부본을 법 제164조에 따른 기한까지 원천징수 관할세무서장에게 제출하여야 한다. (2010. 2. 18. 개정)

② 총급여액이 근로소득공제액 및 본인에 대한 기본공제액의 합계액 이하인 거주자에 대하여는 법 제164조에 따른 지급명세서에 갈음하여 국세청장이 정하는 근로소득지급명세서를 제출할 수 있다. 다만, 종된 근무지가 없는 거주자만 해당하며 과세기간 중에 취직 또는 퇴직한 자에 대하여는 연으로 환산한 총급여액을 기준으로 적용한다. (2014. 2. 21. 개정)

③ 법 제16조 제1항의 이자소득이나 법 제17조 제1항의 배당소득에 대하여는 법 제164조 제1항의 규정에 의한 지급명세서에 갈음하여 기획재정부령이 정하는 이자·배당소득지급명세서를 제출할 수 있다. (2008. 2. 29. 직제개정 ; 기획재정부와~직제 부칙)

④ 삭 제 (2000. 12. 29)

⑤ 법 제144조의 2에 따라 연말정산되는 사업소득의 소득금액(연으로 환산한 소득금액을 말한다)이 본인에 대한 기본공제의 합계액 이하인 사업자에 대하여는 법 제164조에 따른 지급명세서에 갈음하여 국세청장이 정하는 "사업소득지급명세서"를 제출할 수 있다. (2014. 2. 21. 개정)

⑥ 법 제164조 제10항에서 "대통령령으로 정하는 기타소득"이란 법 제21조 제1항 제15호 가목 및 제19호 가목·나목에 따른 기타소득을 말한다. (2023. 2. 28. 개정)

⑦ 국세청장은 제6항에 따른 기타소득에 대한 지급명세서를 제출받은 경우 거주자가 종합소득 과세표준확정신고를 하는데 사용할 수 있도록 해당 기타소득에 대한 내역을 「국세기본법」 제2조 제19호에 따른 국세정보통신망을 이용하여 제공하여야 한다. 이 경우 국세청장은 오류 등으로 그 내역에 변동이 발생한 때에는 이를 정정하고 해당 납세의무자에게 통지하여야 한다. (2010. 2. 18. 개정)

제216조【지급명세서 등의 제출기한 연장】 (2021. 5. 4. 제목개정)

① 천재지변 또는 그 밖에 특수한 사유가 발생한 경우에 해당 원천징수 관할세무서장·관할지방국세청장 또는 국세청장은 법 제164조에 따른 지급명세서 또는 법 제164조의 3에 따른 간이지급명세서의 제출을 다음 각 호의 구분에 따라 면제하거나 그 제출기한을 연장할 수 있

제98조【전산자료 제출대상자】 삭 제 (2003. 4. 14)

관계조문

규칙 100조 32호의 2 가목 ⇒ 이자·배당소득지급명세서

여 그 명세서를 해당 기타소득의 납세의무자에게 제공하여야 한다. (2022. 12. 31. 항번개정)
⑪ 제1항부터 제10항까지의 규정에 따른 지급명세서의 제출에 필요한 사항은 대통령령으로 정한다. (2022. 12. 31. 개정)

제164조의 2 【비거주자의 국내원천소득 등에 대한 지급명세서 제출의무 특례】 ① 제119조에 따른 국내원천소득을 비거주자에게 지급하는 자(「자본시장과 금융투자업에 관한 법률」에 따라 주식을 상장하는 경우로서 상장 전 이미 발행된 주식을 양도하는 경우에는 그 주식을 발행한 법인을 말한다)는 지급명세서를 납세지 관할 세무서장에게 그 지급일이 속하는 과세기간의 다음 연도 2월 말일(제119조 제7호 또는 제8호에 따른 소득의 경우에는 다음 연도 3월 10일, 휴업 또는 폐업한 경우에는 휴업일 또는 폐업일이 속하는 달의 다음다음 달 말일)까지 이를 제출하여야 한다. 다만, 제156조의 2에 따라 비과세·면제대상임이 확인되는 소득 등 대통령령으로 정하는 소득을 지급하는 경우에는 그러하지 아니한다. (2020. 12. 29. 개정)
② 제1항에 따른 지급명세서의 제출에 관하여는 제164조를 준용한다. (2009. 12. 31. 개정)

제164조의 3 【간이지급명세서의 제출】 (2021. 3. 16. 제목개정)
① 제2조에 따라 소득세 납세의무가 있는 개인에게 다음 각 호의 어느

다. (2021. 5. 4. 개정)
1. 천재지변 등 불가항력인 사유로 장부나 그 밖의 증빙서류가 없어진 경우에는 그 사유가 발생한 달의 전월분부터 해당 사업이 원상으로 회복된 달의 전월분(법 제164조 제3항의 경우에는 기획재정부령으로 정하는 기간분)까지 지급명세서 또는 간이지급명세서의 제출을 면제할 수 있다. (2021. 5. 4. 개정)
2. 권한 있는 기관에 장부나 그 밖의 증빙서류가 압수 또는 영치된 경우에는 그 사유가 발생한 당월분과 그 전월분(법 제164조 제3항의 경우에는 기획재정부령으로 정하는 기간분)에 대하여 지급명세서 또는 간이지급명세서를 제출할 수 있는 상태로 된 날이 속하는 달의 다음달 말일까지 제출기한을 연장할 수 있다. (2021. 5. 4. 개정)
② 제1항에 따라 지급명세서 또는 간이지급명세서 제출 면제 또는 연장을 받으려는 자는 법 제164조 또는 제164조의 3에 따른 기한 내에 해당 원천징수 관할세무서장·관할지방국세청장 또는 국세청장에게 신청해야 한다. (2021. 5. 4. 개정)

제216조의 2 【비거주자의 국내원천소득 등에 대한 지급명세서 제출의무 특례】 (2008. 2. 22. 제목개정)
① 법 제119조에 따른 국내원천소득을 비거주자에게 지급하는 자는 법 제164조의 2에 따라 납세지 관할세무서장에게 기획재정부령으로 정하는 지급명세서(이하 이 조에서 "지급명세서"라 한다)를 제출하여야 한다. 다만, 다음 각 호의 어느 하나에 해당하는 소득에 대하여는 그러하지 아니하다. (2009. 2. 4. 개정)
1. 법 또는 「조세특례제한법」에 따라 소득세가 과세되지 아니하거나 면제되는 국내원천소득. 다만, 다음 각 목의 어느 하나에 해당하는 국내원천소득은 제외한다. (2014. 2. 21. 개정)
   가. 「조세특례제한법」 제21조 제1항에 따른 국내원천소득 (2014. 2. 21. 개정)
   나. 「조세특례제한법」 제21조의 2 제1항에 따른 국내원천소득 (2014. 2. 21. 개정)
   다. 「조세특례제한법」(법률 제12173호 조세특례제한법 일부개정법률로 개정되기 전의 것을 말한다) 제121조의 2 제3항에 따른 국

제99조 【지급명세서 제출기한의 연장】 (2009. 4. 14. 제목개정)
영 제216조 제1항 제1호 및 제2호에서 "기획재정부령으로 정하는 기간분"이란 전산시스템의 유지·관리 및 입력·출력 상태 등을 고려하여 국세청장이 정하는 기간분으로 한다. (2021. 10. 28. 개정 ; 어려운~일부개정령)

관계조문 ▶▶
규칙 100조 32호 ⇒ 지급명세서

편주 ··
• 영 216조의 2 제1항의 개정규정은 2026.

하나에 해당하는 소득을 국내에서 지급하는 자(법인, 제127조 제5항에 따라 소득의 지급을 대리하거나 그 지급 권한을 위임 또는 위탁받은 자 및 제150조에 따른 납세조합, 제7조 또는 「법인세법」 제9조에 따라 원천징수세액의 납세지를 본점 또는 주사무소의 소재지로 하는 자와 「부가가치세법」 제8조 제3항 후단에 따른 사업자 단위 과세 사업자를 포함하고, 휴업, 폐업 또는 해산을 이유로 간이지급명세서 제출기한까지 지급명세서를 제출한 자는 제외한다)는 대통령령으로 정하는 바에 따라 간이지급명세서를 그 소득 지급일(제135조 또는 제144조의 5를 적용받는 소득에 대해서는 해당 소득에 대한 과세기간 종료일을 말한다)이 속하는 달의 다음 달 말일(휴업, 폐업 또는 해산한 경우에는 휴업일, 폐업일 또는 해산일이 속하는 달의 다음 달 말일)까지 원천징수 관할 세무서장, 지방국세청장 또는 국세청장에게 제출하여야 한다. (2022. 12. 31. 개정)

편주 ▶

- 법 164조의 3 제1항의 개정규정("제1호의 소득"의 개정부분은 제외함)은 2024. 1. 1. 이후 지급하는 소득에 대하여 지급명세서등을 제출하여야 하거나 제출하는 경우부터 적용함. (법 부칙(2022. 12. 31.) 6조 1항) (2023. 12. 31. 개정)
- 법 164조의 3 제1항("제1호의 소득"의 개정부분으로 한정함)의 개정규정은 2026. 1. 1. 이후 지급하는 소득에 대하여 지급명세서등을 제출하여야 하거나 제출하는 경우부터 적용함. (법 부칙(2022. 12. 31.) 6조 2항) (2023. 12. 31. 신설)
- 2026. 1. 1. 전에 지급한 법 164조의 3 제1항 1호의 소득에 대한 간이지급명세서의 제출 기한에 관하여는 법 164조의 3 제1항 각 호 외의 부분의 개정규정에도 불구하고 종전의 규정에 따름. (법 부칙(2022. 12. 31.) 6조 5항) (2023. 21. 31. 개정)

1. 일용근로자가 아닌 근로자에게 지급하는 근로소득 : 그 소득 지급일(제135조를 적용받는 소득에 대해서는 해당 소득에 대한 과세기간 종료일을 말한다)이 속하는 반기의 마지막 달의 다음 달 말일(휴업, 폐업 또는 해산한 경우에는 휴업일, 폐업일 또는 해산일이 속하는 반기의 마지막 달의 다음 달 말일) (2021. 3. 16. 개정)

1. 일용근로자가 아닌 근로자에게 지급하는 근로소득 (2022. 12. 31. 개정)

내원천소득 (2014. 2. 21. 개정)

2. 법 제119조 제1호·제2호·제4호·제10호·제11호 및 제12호(동호 바목 및 사목의 소득을 제외한다)의 국내원천소득으로서 국내사업장과 실질적으로 관련되거나 그 국내사업장에 귀속되는 소득(법 제46조의 규정에 의하여 원천징수되는 소득을 제외한다) (2013. 2. 15. 개정)

3. 법 제119조 제3호의 국내원천소득 (2009. 2. 4. 개정)

4. 법 제119조 제5호의 국내원천소득(법 제156조의 규정에 의하여 원천징수되는 소득을 제외한다) (2025. 2. 28. 개정)

5. 법 제119조 제12호 바목 또는 사목에 해당하는 소득 (2010. 2. 18. 개정)

6. 법 제156조의 2의 규정에 의하여 비과세 또는 면제신청을 한 국내원천소득 (2001. 12. 31 신설)

7. 원천징수세액이 1천원 미만인 소득(법 제119조 제9호 및 제11호에 따른 소득은 제외한다) (2013. 2. 15. 개정)

8. 그 밖에 지급명세서를 제출할 실효성이 없다고 인정되는 소득으로서 기획재정부령으로 정하는 소득 (2009. 2. 4. 개정)

② 삭 제 (2002. 12. 30)

③ 법 제46조 또는 제156조 제6항·제16항에 따라 소득세를 원천징수하는 경우에는 해당 원천징수의무자가 그 지급금액에 대한 지급명세서를 제출해야 한다. (2022. 3. 8. 개정)

편주 ▶

영 216조의 2 제3항의 개정규정은 2027. 1. 1.부터 시행함. (영 부칙(2022. 3. 8.)) (2024. 12. 31. 개정)

---

④ 법 제119조 제1호·제2호·제11호 및 법 제156조의 5의 소득에 대하여 제출하는 지급명세서는 따로 기획재정부령으로 정할 수 있다. (2010. 2. 18. 개정)

관계조문 ▶

규칙 100조 32호의 2 ⇒ 이자·배당소득지급명세서, 유가증권양도소득지급

---

1. 1.부터 시행함. (영 부칙(2025. 2. 28.) 1조 1호)
- 2026. 1. 1. 전에 발생한 국내원천 인적용역소득에 대한 지급명세서 제출의무에 관하여는 영 216조의 2 제1항 4호의 개정규정에도 불구하고 종전의 규정에 따름. (영 부칙(2025. 2. 28.) 22조)

☞

제97조의 2 【비거주자의 국내원천소득 등에 대한 지급명세서 제출의무면제】 (2009. 4. 14. 제목개정)

영 제216조의 2 제1항 제8호에서 "기획재정부령으로 정하는 소득"이란 다음 각호의 소득을 말한다. (2009. 4. 14. 개정)

1. 예금 등의 잔액이 30만원 미만으로서 1년 이상 거래가 없는 계좌에서 발생하는 이자소득 또는 배당소득 (2002. 4. 13 신설)

2. 계좌별로 1년간 발생한 이자소득 또는 배당소득이 3만원 미만인 경우의 당해 소득 (2002. 4. 13 신설)

3. 법 제119조 제7호의 국내원천소득으로서 일용근로자의 소득 (2002. 4. 13 신설)

⑤ 삭 제 (2006. 2. 9.)

⑥ 비거주자의 국내원천소득 등에 대한 지급명세서 제출에 관하여는 제215조 및 제216조를 준용한다. (2010. 2. 18. 개정)

편주 ▶ ·············
2026. 1. 1. 전에 지급한 법 164조의 3 제1항 1호의 소득에 대한 간이지급명세서의 제출 기한에 관하여는 법 164조의 3 제1항 1호의 개정규정에도 불구하고 종전의 규정에 따름. (법 부칙(2022. 12. 31.) 6조 5항) (2023. 21. 31. 개정)
·············

2. 원천징수대상 사업소득 (2022. 12. 31. 개정)

3. 제21조 제1항 제19호에 해당하는 기타소득 (2022. 12. 31. 신설)

② 제1항에 따라 간이지급명세서를 제출하여야 하는 자는 간이지급명세서의 기재 사항을 「국세기본법」 제2조 제18호에 따른 정보통신망을 통하여 제출하거나 디스켓 등 전자적 정보저장매체로 제출하여야 한다. 이 경우 제1항 각 호의 소득 중 대통령령으로 정하는 소득을 지급하는 자는 「조세특례제한법」 제126조의 3에 따른 현금영수증 발급장치 등 대통령령으로 정하는 방법을 통하여 제출할 수 있다. (2021. 3. 16. 개정)

③ 국세청장은 제2항에도 불구하고 대통령령으로 정하는 바에 따라 일정 업종 또는 일정 규모 이하에 해당되는 자에게는 간이지급명세서를 문서로 제출하게 할 수 있다. (2021. 3. 16. 개정)

④ 원천징수 관할 세무서장, 지방국세청장 또는 국세청장은 필요하다고 인정할 때에는 간이지급명세서의 제출을 요구할 수 있다. (2021. 3. 16. 개정)

⑤ 제1항부터 제4항까지의 규정에 따른 간이지급명세서의 제출에 필요한 사항은 대통령령으로 정한다. (2021. 3. 16. 개정)

제164조의 4 【가상자산 거래내역 등의 제출】 「특정 금융거래정보의 보고 및 이용 등에 관한 법률」 제7조에 따라 신고가 수리된 가상자산사업자는 가상자산 거래내역 등 소득세 부과에 필요한 자료를 대통령령으로 정하는 바에 따라 거래가 발생한 날이 속하는 분기의 종료일의 다음다음 달 말일까지 납세지 관할 세무서장에게 제출하여야 한다. (2020. 12. 29. 신설)

제164조의 4 【가상자산 거래내역 등의 제출】 ① 「가상자산 이용자 보호 등에 관한 법률」에 따른 가상자산사업자는 가상자산 거래내역 등 소득세 부과에 필요한 자료를 대통령령으로 정하는 바에 따라 거래가 발생한 날이 속하는 분기 또는 연도의 종료일의 다음다음 달

제216조의 4 【신고수리가상자산사업자의 자료 제출】 법 제164조의 4에 따라 가상자산 거래내역 등 소득세 부과에 필요한 자료를 제출해야 하는 신고수리가상자산사업자는 기획재정부령으로 정하는 가상자산거래명세서 및 가상자산거래집계표를 본점 또는 주사무소 소재지 관할 세무서장에게 제출해야 한다. (2022. 3. 8. 신설)

제216조의 4 【가상자산 거래내역 등의 제출】 (2025. 2. 28. 제목개정)

법 제164조의 4에 따라 가상자산 거래내역 등 소득세 부과에 필요한 자료를 제출해야 하는 가상자산사업자는 기획재정부령으로 정하는 가

편주 ▶ ·············
영 216조의 4의 개정규정은 2027. 1. 1.부터 시행함. (영 부칙(2025. 2. 28.) 1조 3호)
·············

☞

말일까지 납세지 관할 세무서장, 지방국세청장 또는 국세청장에게 제출하여야 한다. (2024. 12. 31. 개정)

편주 ▶ ‥‥‥‥‥‥‥‥‥‥‥‥‥‥‥‥‥‥‥‥‥‥‥‥‥‥‥‥‥
법 164조의 4 제1항의 개정규정은 2027. 1. 1.부터 시행함. (법 부칙 (2024. 12. 31.) 1조 2호)
‥‥‥‥‥‥‥‥‥‥‥‥‥‥‥‥‥‥‥‥‥‥‥‥‥‥‥‥‥‥‥

② 국세청장은 제1항에 따른 가상자산사업자가 가상자산 거래내역 등 소득세 부과에 필요한 자료를 제출하지 아니한 경우에는 그 시정에 필요한 명령을 할 수 있다. (2024. 12. 31. 신설)

제164조의 5【국외 주식매수선택권등 거래명세서의 제출】① 내국법인 또는 「법인세법」 제94조에 따른 외국법인의 국내사업장을 둔 외국법인은 제1호의 자에게 제2호의 사유가 발생하면 그 사유가 발생한 과세기간의 다음 연도 3월 10일(휴업, 폐업 또는 해산한 경우에는 휴업일, 폐업일 또는 해산일이 속하는 달의 다음다음 달 말일)까지 제3호의 서류를 납세지 관할 세무서장에게 제출하여야 한다. (2023. 12. 31. 신설)

1. 해당 내국법인 또는 외국법인의 국내사업장에 종사하는 다음 각 목에 해당하는 임원 또는 종업원(임원 또는 종업원이었던 자를 포함하며, 이하 이 조에서 “임원등”이라 한다) (2023. 12. 31. 신설)

1. 해당 내국법인 또는 외국법인의 국내사업장에 종사하는 다음 각 목에 해당하는 임원등(임원등이었던 자를 포함한다. 이하 이 조에서 같다) (2024. 12. 31. 개정)

　가. 거주자 (2023. 12. 31. 신설)

　나. 비거주자[제2호 가목의 주식매수선택권 또는 같은 호 나목의 주식기준보상(이하 이 조에서 “주식매수선택권등”이라 한다)으로부터 발생하는 소득의 전부 또는 일부가 제119조에 따른 국내원천소득에 해당하는 사람으로 한정한다] (2023. 12. 31. 신설)

2. 임원등이 다음 각 목의 어느 하나에 해당하게 된 경우 (2023. 12. 31. 신설)

　가. 대통령령으로 정하는 국외 지배주주인 외국법인으로부터 부여

상자산거래명세서 및 가상자산거래집계표를 납세지 관할 세무서장, 지방국세청장 또는 국세청장에게 제출해야 한다. (2025. 2. 28. 개정)

편주 ▶ ‥‥‥‥‥‥‥‥‥‥‥‥‥‥‥‥‥‥‥‥‥‥‥‥‥‥‥‥‥
법 164조의 4 제2항의 개정규정은 2028. 1. 1. 이후 발생하는 거래에 관하여 자료를 제출하지 아니하는 경우부터 적용함. (법 부칙(2024. 12. 31.) 12조)
‥‥‥‥‥‥‥‥‥‥‥‥‥‥‥‥‥‥‥‥‥‥‥‥‥‥‥‥‥‥‥

제216조의 5【국외 주식매수선택권등 거래명세서의 제출】①

받은 주식매수선택권(이와 유사한 것으로서 주식을 미리 정한
가액으로 인수 또는 매수할 수 있는 권리를 포함한다)을 행사한
경우 (2023. 12. 31. 신설)
　나. 가목의 외국법인으로부터 주식기준보상(주식이나 주식가치에
　　상당하는 금전으로 지급받는 상여금으로서 대통령령으로 정하
　　는 것을 말한다)을 지급받은 경우 (2023. 12. 31. 신설)
3. 임원등의 인적사항과 주식매수선택권등의 부여·행사 또는 지급 내
　역 등을 적은 기획재정부령으로 정하는 주식매수선택권등 거래명세
　서 (2023. 12. 31. 신설)
② 납세지 관할 세무서장은 내국법인 또는 국내사업장을 둔 외국법인
이 제1항 제3호의 주식매수선택권등 거래명세서를 제출하지 아니하거
나 거짓으로 제출한 경우 해당 서류의 제출이나 보완을 요구할 수 있
다. (2023. 12. 31. 신설)
③ 제2항에 따라 주식매수선택권등 거래명세서의 제출 또는 보완을 요
구받은 자는 그 요구를 받은 날부터 60일 이내에 해당 서류를 제출하
여야 한다. (2023. 12. 31. 신설)

제165조【소득공제 및 세액공제 증명서류의 제출 및 행정지도】
(2014. 1. 1. 제목개정)
① 이 법 또는 「조세특례제한법」에 따른 소득공제 및 세액공제 중 대
통령령으로 정하는 소득공제 및 세액공제를 받기 위하여 필요한 증명
서류(이하 "소득공제 및 세액공제 증명서류"라 한다)를 발급하는 자(보
험·공제 계약에 따라 실제 부담한 의료비를 실손의료보험금으로 지급
한 경우에는 그 실손의료보험금을 지급한 보험회사 등 대통령령으로
정하는 자를 포함한다)는 정보통신망의 활용 등 대통령령으로 정하는
바에 따라 국세청장에게 소득공제 및 세액공제 증명서류를 제출하여야
한다. 다만, 소득공제 및 세액공제 증명서류를 발급받는 자가 서류 제

법 제164조의 5 제1항 제2호 가목에서 "대통령령으로 정하는 국외 지
배주주인 외국법인"이란 다음 각 호의 구분에 따른 외국법인을 말한다.
(2024. 2. 29. 신설)
1. 법 제164조의 5 제1항 제1호 각 목 외의 부분에 따른 임원등(이하
　이 조에서 "임원등"이라 한다)이 내국법인에 종사하는 경우: 「국제
　조세조정에 관한 법률 시행령」 제45조 제1항 제1호에 해당하는 외
　국법인 (2024. 2. 29. 신설)
2. 임원등이 「법인세법」 제94조에 따른 외국법인의 국내사업장에 종사
　하는 경우: 「국제조세조정에 관한 법률 시행령」 제45조 제2항 제1
　호 또는 제2호에 해당하는 외국법인 (2024. 2. 29. 신설)
② 법 제164조의 5 제1항 제2호 나목에서 "대통령령으로 정하는 것"
이란 임원등이 지급받는 상여금으로서 다음 각 호의 요건을 모두 갖춘
것을 말한다. (2024. 2. 29. 신설)
1. 주식 또는 주식가치에 상당하는 금전으로 지급하는 것일 것 (2024.
　2. 29. 신설)
2. 사전에 작성된 주식기준보상 운영기준 등에 따라 지급하는 것일 것
　(2024. 2. 29. 신설)

제216조의 3【소득공제 및 세액공제 증명서류의 제출 및 행정
지도】(2014. 2. 21. 제목개정)
① 법 제165조 제1항 본문에서 "대통령령으로 정하는 소득공제 및 세
액공제"란 제107조 제1항 제1호 및 제2호에 따른 장애인에 대한 추가
공제와 다음 각 호의 어느 하나에 해당하는 지급액에 대한 소득공제
및 세액공제를 말한다. (2022. 2. 15. 개정)
1. 법 제59조의 3 제1항에 따른 연금계좌 납입액 (2014. 2. 21. 개정)
1의 2. 법 제51조의 4에 따른 주택담보노후연금이자비용 (2007. 2. 28.
　신설)
2. 법 제59조의 4 제1항에 따른 보험료 (2014. 2. 21. 개정)

출을 거부하는 등 대통령령으로 정하는 경우에는 그러하지 아니하다. (2020. 12. 29. 개정)

② 제1항에 따라 소득공제 및 세액공제 증명서류를 받은 자는 이를 타인에게 제공하거나, 과세목적 외의 용도로 사용하거나, 그 내용을 누설해서는 아니 된다. (2014. 1. 1. 개정)

③ 제1항에 따라 소득공제 및 세액공제 증명서류를 받아 그 내용을 알게 된 자 중 공무원이 아닌 자는 「형법」이나 그 밖의 법률에 따른 벌칙을 적용할 때 공무원으로 본다. (2014. 1. 1. 개정)

④ 국세청장은 소득공제 및 세액공제 증명서류를 발급하는 자에 대해서 그 서류를 국세청장에게 제출하도록 지도할 수 있다. (2014. 1. 1. 개정)

⑤ 제4항에 따른 지도에 필요한 사항은 대통령령으로 정한다. (2009. 12. 31. 개정)

⑥ 국세청장은 기본공제대상자로부터 소득공제 및 세액공제 증명서류의 정보 제공에 대해서 서면 등 대통령령으로 정하는 방법으로 동의를 받은 경우 제50조 제1항에 따른 종합소득이 있는 거주자에게 그 부양가족에 대한 해당 정보를 제공할 수 있다. (2014. 1. 1. 개정)

3. 법 제59조의 4 제2항 및 「조세특례제한법」 제122조의 3에 따른 의료비. 다만, 제118조의 5 제1항 제4호 및 제5호에 따른 의료비는 제외한다. (2024. 11. 12. 단서개정)

4. 법 제59조의 4 제3항에 따른 교육비로서 다음 각 목의 어느 하나에 해당하는 기관에 지출한 교육비 (2014. 2. 21. 개정)

　가. 「유아교육법」에 따른 유치원 (2006. 2. 9. 신설)

　나. 「초·중등교육법」·「고등교육법」 및 특별법에 따른 학교 (2006. 2. 9. 신설)

　다. 「영유아보육법」에 따른 어린이집 (2011. 12. 8. 개정 ; 영유아보육법 시행령 부칙)

　라. 「국민 평생 직업능력 개발법」에 따른 직업능력개발훈련시설 (2022. 2. 17. 개정 ; 근로자직업능력~부칙)

4의 2. 「조세특례제한법」 제122조의 3에 따른 교육비로서 제4호 가목부터 다목까지의 기관에 지출한 교육비 (2008. 2. 22. 신설)

4의 3. 법 제59조의 4 제3항 제2호 라목에 따른 학자금 대출의 원리금 상환에 지출한 교육비 (2017. 12. 29. 신설)

5. 법 제52조 제4항 제1호 및 제5항에 따른 주택임차자금 차입금의 원리금 상환액, 장기주택저당차입금 이자상환액 (2010. 2. 18. 개정)

5의 2. 「조세특례제한법」 제99조의 7에 따른 목돈 안드는 전세 이자상환액 (2015. 2. 3. 신설)

6. 다음 각 목의 어느 하나에 해당하는 저축 또는 신탁의 납입액 (2018. 2. 13. 개정)

　가. 「조세특례제한법」 제16조 제1항 제2호에 따른 벤처기업투자신탁 (2018. 2. 13. 신설)

　나. 「조세특례제한법」 제86조의 2에 따른 연금저축 (2010. 2. 18. 개정)

　나. 삭　제 (2013. 2. 15.)

　다. 「조세특례제한법」 제86조의 3에 따른 공제부금 (2010. 2. 18. 개정)

　라. 「조세특례제한법」 제87조 제2항에 따른 청약저축 및 주택청약종합저축 (2010. 2. 18. 개정)

　마. 「조세특례제한법」 제91조의 9 제1항에 따른 장기주식형저축 (2010. 2. 18. 개정)

편주 ▶

영 216조의 3 제1항 3호의 개정규정은 2024. 11. 12.이 속하는 과세기간에 발생하는 소득에 대한 소득공제 및 세액공제 증명서류를 제출하는 경우부터 적용함. (영 부칙 (2024. 11. 12.) 3조)

바. 「조세특례제한법」 제91조의 16 제1항에 따른 장기집합투자증
    권저축 (2015. 2. 3. 개정)
7. 「조세특례제한법」 제95조의 2에 따른 월세액 중 「공공주택특별법」
    에 따른 공공주택사업자에게 지급하는 월세액 (2021. 2. 17. 신설)
7의 2. 「조세특례제한법」 제86조의 3에 따른 공제부금 불입액 (2008. 2. 22. 신설)
7의 3. 「조세특례제한법」 제87조 제2항에 따른 주택마련저축 불입액 (2008. 2. 22. 신설)
7의 2.~7의 3. 삭 제 (2010. 2. 18.)
8. 「조세특례제한법」 제126조의 2의 규정에 따른 신용카드 등 사용금
    액 (2006. 2. 9. 신설)
9. 법 제51조의 3 제1항에 따른 연금보험료 중 「국민연금법」에 따라
    납입한 연금보험료 (2016. 12. 5. 신설)
10. 법 제52조 제1항에 따른 보험료 중 「국민건강보험법」, 「고용보험
    법」에 따라 근로자가 부담하는 보험료 (2023. 2. 28. 개정)
② 법 제165조 제1항에 따른 소득공제 및 세액공제 증명서류를 발급하
는 자는 국세청장이 정하는 바에 따라 국세청장 또는 별표 4에서 규정
하는 기관(이하 이 조에서 "자료집중기관"이라 한다)에 소득공제 및 세
액공제 증명자료를 제출해야 한다. (2022. 2. 15. 개정)
③ 제2항에 따른 자료집중기관은 국세청장이 정하는 바에 따라 국세청
장에게 소득공제 및 세액공제 증명자료를 제출하여야 한다. (2014. 2.
21. 개정)
④ 법 제165조 제1항 단서에서 "소득공제 및 세액공제 증명서류를 발
급받는 자가 서류 제출을 거부하는 등 대통령령으로 정하는 경우"란
소득공제 및 세액공제 증명서류를 발급받는 자가 본인의 의료비내역과
관련된 자료의 제출을 제3항에 따라 자료집중기관이 국세청장에게 소
득공제 및 세액공제 증명서류를 제출하기 전까지 거부하는 경우를 말
한다. (2015. 2. 3. 개정)
⑤ 국세청장은 소득공제 및 세액공제와 관련하여 필요한 범위에서 소
득공제 및 세액공제 증명서류를 발급하는 자에 대하여 제출안내 등 지
도에 관하여 필요한 사항을 정할 수 있다. (2014. 2. 21. 개정)
⑥ 법 제165조 제6항에서 "서면 등 대통령령으로 정하는 방법으로 동
의를 받은 경우"란 법 제50조에 따른 기본공제대상자가 다음 각 호의
어느 하나에 해당하는 방법으로 동의하여 정보를 제공하는 경우를 말

☞

편주

영 별표 4 제3호의 개정규정은 2024. 11. 12.이 속하는 과세기간에 발생
하는 소득에 대한 소득공제 및 세액공제 증명서류를 제출하는 경우부터 적
용함. (영 부칙(2024. 11. 12.) 3조)

한다. (2009. 2. 4. 신설)

1. 서면에 의한 동의 (2009. 2. 4. 신설)

2. 「전자서명법」 제2조 제2호에 따른 전자서명(서명자의 실지명의를 확인할 수 있는 것으로 한정한다)이 있는 「전자문서 및 전자거래 기본법」 제2조 제1호의 전자문서에 따른 동의 (2020. 12. 8. 개정 ; 전자서명법 시행령 부칙)

3. 정보제공자에 대한 보안성 및 안정성이 확보될 수 있는 유무선통신으로서 국세청장이 정하는 것에 따른 동의 (2009. 2. 4. 신설)

⑦ 법 제165조 제1항 본문에서 "대통령령으로 정하는 자"란 다음 각 호의 어느 하나에 해당하는 자를 말한다. (2021. 2. 17. 신설)

1. 「보험업법」에 따른 보험회사 (2021. 2. 17. 신설)

2. 「수산업협동조합법」, 「신용협동조합법」 또는 「새마을금고법」에 따른 공제사업을 하는 자 (2021. 2. 17. 신설)

3. 「군인공제회법」, 「한국교직원공제회법」, 「대한지방행정공제회법」, 「경찰공제회법」 및 「대한소방공제회법」에 따른 공제회 (2021. 2. 17. 신설)

4. 우정사업본부 (2021. 2. 17. 신설)

제217조【이자·배당·금융투자소득에 대한 원천징수부의 비치·기록】(2021. 2. 17. 제목개정)

① 국내에서 이자소득 또는 배당소득을 지급하는 원천징수의무자는 기획재정부령이 정하는 이자 · 배당원천징수부를 비치 · 기록하여야 한다. (2021. 2. 17. 개정)

② 국내에서 금융투자소득을 지급하는 원천징수의무자는 기획재정부령으로 정하는 금융투자소득원천징수부를 비치 · 기록해야 한다. (2021. 2. 17. 신설)

③ 제1항 및 제2항에 따른 원천징수부를 전산처리된 테이프 또는 디스크 등으로 수록 · 보관하여 항시 출력이 가능한 상태에 둔 때에는 원천징수부를 비치 · 기록한 것으로 본다. (2021. 2. 17. 신설)

제217조【이자 · 배당에 대한 원천징수부의 비치 · 기록】국내에서 이자소득 또는 배당소득을 지급하는 원천징수의무자는 기획재정부령으로 정하는 이자 · 배당원천징수부를 비치 · 기록해야 한다. 이 경우 이자 · 배당원천징수부를 전산처리된 테이프 또는 디스크등으로 수록 · 보관하여 항시 출력이 가능한 상태에 둔 때에는 이자 · 배당원천징수부를 비치 · 기록한 것으로 본다. (2024. 12. 31. 개정)

관계조문 ▶▶

규칙 100조 33호 ⇒ 이자 · 배당원천징수부

제165조의 2 【해외현지법인 등에 대한 자료제출 의무】 ① 「외국환거래법」 제3조 제1항 제18호에 따른 해외직접투자를 하거나 같은 항 제19호에 따른 자본거래 중 외국에 있는 부동산이나 이에 관한 권리(이하 "해외부동산등"이라 한다)를 취득하거나 처분(해외부동산등의 물건별 취득가액 또는 처분가액이 2억원 이상인 경우로 한정한다)한 거주자(제3조 제1항 단서에 따른 외국인 거주자는 제외한다)는 제70조 또는 제70조의 2에 따른 신고기한까지 다음 각 호의 자료(이하 "해외현지법인 명세서등"이라 한다)를 대통령령으로 정하는 바에 따라 납세지 관할 세무서장에게 제출하여야 한다. (2018. 12. 31. 개정)

1. 해외직접투자의 명세 (2014. 1. 1. 신설)
2. 해외직접투자를 받은 외국법인의 재무상황(해외직접투자를 받은 외국법인이 투자한 외국법인의 재무상황을 포함한다) (2014. 1. 1. 신설)
3. 해외직접투자를 한 거주자의 손실거래(해외직접투자를 받은 외국법인과의 거래에서 발생한 손실거래로 한정한다) (2014. 1. 1. 신설)
4. 해외직접투자를 받은 외국법인의 손실거래(해외직접투자를 한 거주자와의 거래에서 발생한 손실거래는 제외한다) (2014. 1. 1. 신설)
5. 해외 영업소의 설치현황 (2014. 1. 1. 신설)
6. 해외부동산등의 투자 명세 (2018. 12. 31. 개정)
7. 그 밖에 대통령령으로 정하는 해외직접투자 또는 해외부동산등의 투자운용 및 처분과 관련된 자료 (2018. 12. 31. 개정)

② 납세지 관할 세무서장은 제1항에 따른 거주자가 해외현지법인 명세서등을 제출하지 아니하거나 거짓된 해외현지법인 명세서등을 제출한 경우에는 해외현지법인 명세서등의 제출이나 보완을 요구할 수 있다. 다만, 제1항에 따른 기한의 다음 날부터 2년이 지난 경우에는 그러하지 아니하다. (2014. 1. 1. 신설)

③ 제2항에 따라 자료제출 또는 보완을 요구받은 자는 요구받은 날부터 60일 이내에 해당 자료를 제출하여야 한다. (2014. 1. 1. 신설)

④ 제1항을 적용할 때 취득가액 및 처분가액은 다음 각 호에 따라 계산한다. 이 경우 외화의 원화환산은 외화를 수령하거나 지급한 날의 「외국환거래법」에 따른 기준환율 또는 재정환율을 적용하여 계산한다. (2018. 12. 31. 신설)

제217조의 2 【해외현지법인 등에 대한 자료제출 의무】 ① 법 제165조의 2 제1항에 따른 해외현지법인 명세서등은 다음 각 호의 구분에 따른 자료로 한다. (2014. 2. 21. 신설)

1. 「외국환거래법」 제3조 제1항 제18호 가목에 따른 해외직접투자를 한 거주자 : 기획재정부령으로 정하는 해외현지법인 명세서 (2014. 2. 21. 신설)
2. 제1호에 해당하는 거주자 중 다음 각 목의 어느 하나에 해당하는 거주자 : 기획재정부령으로 정하는 해외현지법인 명세서와 해외현지법인 재무상황표 (2014. 2. 21. 신설)
   가. 「외국환거래법」 제3조 제1항 제18호 가목에 따른 해외직접투자를 받은 법인(이하 이 조에서 "피투자법인"이라 한다)의 발행주식총수 또는 출자총액의 100분의 10 이상을 소유하고 그 투자금액이 1억원 이상인 거주자 (2014. 2. 21. 신설)
   나. 피투자법인의 발행주식총수 또는 출자총액의 100분의 10 이상을 직접 또는 간접으로 소유하고 피투자법인과 「국제조세조정에 관한 법률」 제2조 제1항 제8호에 따른 특수관계에 있는 거주자 (2014. 2. 21. 신설)
3. 제2호 나목에 해당하는 거주자 중 법 제165조의 2 제1항 제3호 또는 제4호에 해당하는 거래 건별 손실금액(이하 이 조에서 "손실거래금액"이라 한다)이 단일 과세기간에 10억원 이상이거나 최초 손실이 발생한 과세기간부터 5년이 되는 날이 속하는 과세기간까지 누적 손실금액이 20억원 이상인 거주자 : 기획재정부령으로 정하는 해외현지법인 명세서, 해외현지법인 재무상황표와 손실거래명세서 (2014. 2. 21. 신설)
4. 「외국환거래법」 제3조 제1항 제18호 나목에 따른 해외직접투자를 한 거주자 : 기획재정부령으로 정하는 해외영업소 설치현황표 (2014. 2. 21. 신설)
5. 「외국환거래법」 제3조 제1항 제19호에 따른 자본거래로서 해당 과세기간 중에 외국에 있는 부동산이나 이에 관한 권리(이하 "해외부동산등"이라 한다)를 취득하거나 해당 과세기간 중에 해외부동산등을 투자운용(임대를 포함한다) 또는 처분한 사실이 있는 거주자 : 기획재정부령으로 정하는 해외부동산 취득 · 투자운용(임대) 및 처분 명세서 (2019. 2. 12. 개정)

② 제1항 제3호를 적용할 때 손실거래금액은 다음 각 호에 따른 손실로서 거주자의 경우에는 기업회계기준에 따라 산출하고, 피투자법인의 경우에는 피투자법인의 거주지국에서 재무제표를 작성할 때 일반적으로 인정되는 회계원칙에 따라 산출한다. 다만, 그 거주지국에서 일반적으로 인정되는 회계원칙이 우리나라의 기업회계기준과 현저히 다른 경우에는 우리나라의 기업회계기준을 적용하여 산출한다. (2014. 2. 21. 신설)

1. 자산의 매입 · 처분 · 증여 · 평가 · 감액 등으로 인한 손실. 다만, 다음 각 목에 해당하는 손실은 제외한다. (2014. 2. 21. 신설)
   가. 사업목적에 따른 재고자산의 매입 · 판매로 인한 손실 (2014. 2. 21. 신설)
   나. 사업목적으로 사용되는 유형자산 및 무형자산의 감가상각비 (2020. 2. 11. 개정)
   다. 유가증권시장(외국유가증권시장을 포함한다)에서 거래되는 유가증권의 처분 · 평가 · 감액으로 인한 손실 (2014. 2. 21. 신설)
   라. 화폐성 외화자산의 환율변동에 의한 평가로 인한 손실 (2014. 2. 21. 신설)
2. 부채(충당금을 포함하며, 미지급 법인세는 제외한다) 인식 · 평가 · 상환 등으로 인한 손실. 다만, 화폐성 외화부채의 환율변동에 의한 평가로 인한 손실은 제외한다.

1. 취득가액 : 제118조의 4 제1항 제1호에 따른 취득가액 (2018. 12. 31. 신설)
2. 처분가액 : 제118조의 3에 따른 양도가액 (2018. 12. 31. 신설)

제165조의 2 【해외현지법인 등에 대한 자료제출 의무】 삭 제 (2020. 12. 29.)

제165조의 3 【해외현지법인 등에 대한 자료제출 의무 불이행에 대한 과태료】 ① 제165조의 2에 따른 해외현지법인 명세서등(같은 조 제1항 제6호에 따른 해외부동산등의 투자 명세 및 같은 항 제7호에 따른 외국에 있는 부동산등과 관련된 자료는 제외한다. 이하 이 항에서 같다)의 자료제출 의무가 있는 거주자(제165조의 2 제1항에 따라 해외직접투자를 한 거주자의 경우 투자받은 법인의 발행주식 총수 또는 출자총액의 100분의 10 이상을 직접 또는 간접으로 소유한 경우만 해당한다)가 다음 각 호의 어느 하나에 해당하는 경우 그 거주자에게는 5천만원 이하의 과태료를 부과한다. 다만, 기한 내에 자료제출이 불가능하다고 인정되는 경우 등 대통령령으로 정하는 정당한 사유가 있는 경우에는 그러하지 아니하다. (2017. 12. 19. 개정)
1. 제165조의 2 제1항에 따른 기한까지 해외현지법인 명세서등을 제출하지 아니하거나 거짓된 해외현지법인 명세서등을 제출하는 경우 (2014. 1. 1. 신설)
2. 제165조의 2 제2항에 따라 자료제출 또는 보완을 요구받아 같은 조 제3항에 따른 기한까지 해당 자료를 제출하지 아니하거나 거짓된 자료를 제출하는 경우 (2014. 1. 1. 신설)
② 제165조의 2에 따라 같은 조 제1항 제6호에 따른 해외 부동산등의 투자 명세 및 같은 항 제7호에 따른 외국에 있는 부동산등과 관련된 자료(이하 이 항에서 "해외 부동산등의 투자 명세등"이라 한다)의 제출의무가 있는 거주자가 다음 각 호의 어느 하나에 해당하는 경우 그 거주자에게는 해외 부동산등의 취득가액의 100분의 1 이하의 과태료(5천만원을 한도로 한다)를 부과한다. 다만, 기한 내에 자료제출이 불가능하다고 인정되는 경우 등 대통령령으로 정하는 정당한 사유가 있는 경우에는 그러하지 아니하다. (2014. 12. 23. 신설)
1. 제165조의 2 제1항에 따른 기한까지 해외 부동산등의 투자 명세등을 제출하지 아니하거나 거짓된 해외 부동산등의 투자 명세등을 제출하는 경우 (2014. 12. 23. 신설)
2. 제165조의 2 제2항에 따라 자료제출 또는 보완을 요구받아 같은 조 제3항에 따른 기한까지 해당 자료를 제출하지 아니하거나 거짓된 자료를 제출하는 경우 (2014. 12. 23. 신설)
③ 제1항 및 제2항에 따른 과태료는 대통령령으로 정하는 바에 따라 납세지 관할 세무서장이 부과·징수한다. (2014. 12. 23. 개정)

제165조의 3 【해외현지법인 등에 대한 자료제출 의무 불이행에 대한 과태료】 삭 제 (2018. 12. 31.)

제165조의 4 【해외현지법인 등의 자료제출 의무 불이행 시 취득자금 출처에 대한 소명】 ① 거주자가 소명요구일 전 10년 이내에 해외부동산등을 취득하거나 해외

(2014. 2. 21. 신설)
3. 증자·감자·합병·분할 등 자본거래로 인한 손실 (2014. 2. 21. 신설)

제217조의 2 【해외현지법인 등에 대한 자료제출 의무】 삭 제 (2021. 2. 17.)

제217조의 3 【해외현지법인 등에 대한 자료제출 의무 불이행】 법 제165조의 3 제1항 각 호 외의 부분 단서 및 같은 조 제2항 각 호 외의 부분 단서에서 "기한 내에 자료제출이 불가능하다고 인정되는 경우 등 대통령령으로 정하는 정당한 사유가 있는 경우"란 다음 각 호의 어느 하나에 해당하는 사유를 말한다. (2015. 2. 3. 개정)
1. 화재·재난 및 도난 등의 사유로 자료제출이 불가능한 경우 (2014. 2. 21. 신설)
2. 사업이 중대한 위기에 처하여 자료제출이 매우 곤란하다고 납세지 관할 세무서장이 인정하는 경우 (2014. 2. 21. 신설)
3. 수사기관 등 관계 기관에 관련 장부·서류가 압수되거나 영치된 경우 (2014. 2. 21. 신설)
4. 자료의 수집·작성에 상당한 기간이 필요하여 기한 내에 자료를 제출할 수 없다고 납세지 관할 세무서장이 인정하는 경우 (2014. 2. 21. 신설)
5. 제1호부터 제4호까지의 규정에 따른 사유와 비슷한 사유로서 기한 내에 자료제출이 불가능하다고 납세지 관할 세무서장이 인정하는 경우 (2014. 2. 21. 신설)

제217조의 3 【해외현지법인 등에 대한 자료제출 의무 불이행】 삭 제 (2019. 2. 12.)

제217조의 4 【과태료의 부과기준】 ① 법 제165조의 3 제1항 및 제2항에 따른 과태료의 부과기준은 별표 5와 같다. (2015. 2. 3. 개정)

직접투자를 받은 법인의 주식 또는 출자지분을 취득한 경우로서 제165조의 2 제1항에 따른 기한까지 같은 항 제1호(「외국환거래법」 제3조 제1항 제18호 가목에 따른 해외직접투자를 한 거주자가 해외직접투자를 받은 법인의 발행주식 총수 또는 출자총액의 100분의 10 이상을 직접 또는 간접으로 소유한 경우로 한정한다. 이하 이 항에서 같다), 제6호 및 제7호(해외부동산등과 관련된 자료로 한정한다. 이하 이 항에서 같다)의 자료를 제출하지 아니하거나 거짓된 자료를 제출한 경우에는 해당 납세지 관할 세무서장은 그 거주자에게 다음 각 호의 금액(「외국환거래법」 제18조에 따라 신고한 금액은 제외하며, 이하 "취득자금 출처에 대한 소명대상 금액"이라 한다)의 출처에 대하여 소명을 요구할 수 있다. (2018. 12. 31. 신설)

1. 제165조의 2 제1항 제1호의 자료를 제출하지 아니하거나 거짓된 자료를 제출한 경우 : 「외국환거래법」 제3조 제1항 제18호 가목에 따른 해외직접투자를 받은 외국법인의 주식 또는 출자지분의 취득에 든 금액 (2018. 12. 31. 신설)

2. 제165조의 2 제1항 제6호 및 제7호의 자료를 제출하지 아니하거나 거짓된 자료를 제출한 경우 : 해외부동산등의 취득에 든 금액 (2018. 12. 31. 신설)

② 제1항에 따른 소명을 요구받은 거주자는 통지를 받은 날부터 90일 이내(이하 이 조에서 "소명기간"이라 한다)에 대통령령으로 정하는 방법에 따라 소명을 하여야 한다. 이 경우 소명을 요구받은 거주자가 소명을 요구받은 금액의 100분의 80 이상에 대하여 출처를 소명한 경우에는 소명을 요구받은 전액에 대하여 소명한 것으로 본다. (2018. 12. 31. 신설)

③ 제2항에도 불구하고 거주자가 자료의 수집·작성에 상당한 기간이 걸리는 등 대통령령으로 정하는 부득이한 사유로 소명기간의 연장을 신청하는 경우에는 납세지 관할 세무서장은 60일의 범위에서 한 차례만 연장할 수 있다. (2018. 12. 31. 신설)

제165조의 4 【해외현지법인 등의 자료제출 의무 불이행 시 취득자금 출처에 대한 소명】 삭 제 (2020. 12. 29)

제166조 【주민등록 전산정보자료 등의 이용】 (2010. 12. 27. 제목개정)
소득세의 과세업무 및 징수업무의 원활한 수행을 위하여 「주민등록법」에 따른 주민등록 전산정보자료 및 「가족관계의 등록 등에 관한 법률」에 따른 등록전산정보자료의 이용에 필요한 사항은 대통령령으로 정한다. (2010. 12. 27. 개정)

제167조 【주민등록표 등본 등의 제출】 (2009. 12. 31. 제목개정)
① 납세지 관할 세무서장은 거주자가 과세표준확정신고를 한 경우에는 주민등록표 등본(주민등록표 등본에 의하여 가족관계가 확인되지 아니하는 경우에는 가족관계 기록 사항에 관한 증명서를 말하며, 이하 "주

② 납세지 관할 세무서장은 위반행위의 정도, 위반 횟수, 위반행위의 동기와 그 결과 등을 고려하여 별표 5에 따른 과태료 금액의 2분의 1의 범위에서 그 금액을 줄이거나 늘릴 수 있다. (2014. 2. 21. 신설)

제217조의 4 【과태료의 부과기준】 삭 제 (2019. 2. 12.)

제217조의 5 【해외현지법인 등의 자료제출 의무 불이행 시 취득자금 출처에 대한 소명】 ① 법 제165조의 4 제1항에 따라 소명을 요구받은 거주자가 같은 조 제2항에 따라 취득자금 출처에 대한 소명대상 금액의 출처에 대해 소명하려는 경우에는 기획재정부령으로 정하는 취득자금 소명대상 금액의 출처 확인서를 납세지 관할 세무서장에게 제출해야 한다. (2019. 2. 12. 신설)

② 법 제165조의 4 제3항에서 "자료의 수집·작성에 상당한 기간이 걸리는 등 대통령령으로 정하는 부득이한 사유"란 제227조 제1항 각 호의 어느 하나에 해당하는 사유를 말한다. (2019. 2. 12. 신설)

제217조의 5 【해외현지법인 등의 자료제출 의무 불이행 시 취득자금 출처에 대한 소명】 삭 제 (2021. 2. 17.)

제218조 【주민등록전산정보자료 등의 이용 및 제공】 (2010. 12. 30. 제목개정)
① 국세청장은 소득세의 과세 및 징수업무를 위하여 필요한 때에는 「주민등록법」에 따른 주민등록사무의 지도·감독기관의 장 또는 지도·감독을 위임받은 기관의 장(이하 이 조에서 "주민등록사무감독기관의 장"이라 한다)이나 「가족관계의 등록 등에 관한 법률」 제11조에 따른 법원행정처장에게 전산매체를 이용하여 주민등록전산정보자료 또는 가족관계 등록사항에 대한 전산정보자료의 제공을 요청하여야 한다. (2010. 12. 30. 개정)

② 제1항의 요청을 받은 주민등록사무감독기관의 장 또는 법원행정처장은 정당한 사유가 없는 한 주민등록전산정보자료 또는 가족관계 등

민등록표 등본등”이라 한다)에 의하여 배우자, 공제대상 부양가족, 공제대상 장애인 또는 공제대상 경로우대자에 해당하는지를 전산으로 확인하여야 한다. 다만, 납세지 관할 세무서장의 전산 확인에 동의하지 아니하는 거주자는 과세표준확정신고서에 주민등록표 등본등을 첨부하여 제출하되, 이전에 주민등록표 등본등을 제출한 경우로서 공제대상 배우자, 공제대상 부양가족, 공제대상 장애인 또는 공제대상 경로우대자가 변동되지 아니한 경우에는 주민등록표 등본등을 제출하지 아니한다. (2009. 12. 31. 개정)
② 비거주자가 과세표준확정신고를 할 때에는 대통령령으로 정하는 바에 따라 그 외국인등록표 등본 또는 이에 준하는 서류를 납세지 관할 세무서장에게 제출하여야 한다. (2009. 12. 31. 개정)

제168조【사업자등록 및 고유번호의 부여】① 새로 사업을 시작하는 사업자는 대통령령으로 정하는 바에 따라 사업장 소재지 관할 세무서장에게 등록하여야 한다. (2018. 12. 31. 개정)
②「부가가치세법」에 따라 사업자등록을 한 사업자는 해당 사업에 관하여 제1항에 따른 등록을 한 것으로 본다. (2009. 12. 31. 개정)
③ 이 법에 따라 사업자등록을 하는 사업자에 대해서는 「부가가치세법」 제8조를 준용한다. (2013. 6. 7. 개정 ; 부가가치세법 부칙)
④ 삭 제 (96. 12. 30)
⑤ 사업장 소재지나 법인으로 보는 단체 외의 사단·재단 또는 그 밖의 단체의 소재지 관할 세무서장은 다음 각 호의 어느 하나에 해당하는 자에게 대통령령으로 정하는 바에 따라 고유번호를 매길 수 있다. (2009. 12. 31. 개정)
1. 종합소득이 있는 자로서 사업자가 아닌 자 (2009. 12. 31. 개정)
2.「비영리민간단체 지원법」에 따라 등록된 단체 등 과세자료의 효율적 처리 및 소득공제 사후 검증 등을 위하여 필요하다고 인정되는 자 (2009. 12. 31. 개정)

록사항에 대한 전산정보자료를 제공하여야 한다. (2010. 12. 30. 개정)

제219조【외국인등록표등본의 제출】비거주자가 과세표준확정신고를 하는 때에는 과세표준확정신고서에 외국인등록표등본 또는 이에 준하는 서류를 첨부하여 납세지 관할세무서장에게 제출하여야 한다.
☞

제220조【사업자등록 및 고유번호의 부여】(2019. 2. 12. 제목개정)
① 법 제168조 제1항에 따라 사업자등록을 하려는 자는 사업장마다 사업 개시일부터 20일 이내에 기획재정부령으로 정하는 바에 따라 사업자등록신청서를 사업장 소재지 관할 세무서장에게 제출해야 한다. (2019. 2. 12. 신설)
② 법 제168조 제1항에 따라 사업자등록을 하려는 자 중 주택임대사업을 하려는 자는 제1항에 따른 사업자등록신청서를 제출할 때 기획재정부령으로 정하는 임대주택명세서를 첨부해야 한다. 이 경우 임대주택명세서에 갈음해 「민간임대주택에 관한 특별법 시행령」 제4조 제6항에 따른 임대사업자 등록증 사본을 첨부할 수 있다. (2023. 9. 26. 후단개정 ; 민간임대주택에~부칙)
③「민간임대주택에 관한 특별법」 제5조에 따라 특별자치시장·특별자치도지사·시장·군수 또는 구청장(구청장은 자치구의 구청장을 말한다)에게 임대사업자 등록을 신청하면서 법 제168조 제1항에 따른 사업자등록을 위해 「민간임대주택에 관한 특별법 시행령」 제4조 제4항에 따른 신청서에 제1항에 따른 사업자등록신청서를 함께 제출한 경우에는 법 제168조 제1항에 따른 사업자등록을 신청한 것으로 본다. 이 경우 「부가가치세법 시행령」 제11조 제5항 본문에 따른 발급기한은 사업자등록신청서가 국세정보통신망에 도달한 때부터 기산한다. (2023. 9. 26. 개정 ; 민간임대주택에~부칙)

제99조의 2【사업자등록】영 제220조 제1항에 따라 사업자등록을 하려는 자에 대해서는 「부가가치세법 시행령」 제11조부터 제16조까지의 규정을 준용한다. (2019. 3. 20. 신설)
☞

④ 법 제168조 제5항의 규정에 따른 고유번호는 사업장소재지 또는 법인으로 보는 단체 외의 사단·재단, 그 밖의 단체의 소재지 관할 세무서장이 부여한다. (2019. 2. 12. 항번개정)

제221조【교부금의 지급】① 국세청장은 법 제150조에 따라 납세조합이 매월 징수·납부한 소득세액의 <u>100분의 2</u>부터 100분의 10까지에 해당하는 금액의 범위에서 납세조합이 징수·납부한 세액, 조합원수, 업종의 특수성, 조합운영비등을 고려하여 해당 납세조합에 교부금을 지급해야 한다. 다만, 납세조합이 매월 징수·납부한 조합원수에 세무비용 등을 고려하여 기획재정부령으로 정한 금액을 곱한 금액을 초과하여 지급할 수 없다. (2020. 2. 11. 개정)

제169조【교부금의 지급】국세청장은 제150조에 따라 <u>소득세를 징수하여 납부</u>한 자에게 대통령령으로 정하는 바에 따라 교부금을 지급하여야 한다. (2009. 12. 31. 개정)

제169조【교부금의 지급】국세청장은 제150조에 따라 <u>근로소득에 대한</u> 소득세를 징수하여 납부한 자에게 대통령령으로 정하는 바에 따라 교부금을 지급하여야 한다. (2024. 12. 31. 개정)

제221조【교부금의 지급】① 국세청장은 법 제150조에 따라 납세조합이 매월 징수·납부한 소득세액의 <u>100분의 1</u>부터 100분의 10까지에 해당하는 금액의 범위에서 납세조합이 징수·납부한 세액, 조합원수, 업종의 특수성, 조합운영비등을 고려하여 해당 납세조합에 교부금을 지급해야 한다. 다만, 납세조합이 매월 징수·납부한 조합원수에 세무비용 등을 고려하여 기획재정부령으로 정한 금액을 곱한 금액을 초과하여 지급할 수 없다. (2025. 2. 28. 개정)

② 제1항에 따라 교부금을 받으려는 자는 해당 과세기간의 12월 20일까지 납세지 관할세무서장에게 청구하여야 한다. 다만, 12월분에 대하여는 다음 연도 2월말일까지 청구할 수 있다. (2015. 2. 3. 개정)

제99조의 4【납세조합 교부금의 지급한도】영 제221조 제1항 단서에서 "기획재정부령으로 정한 금액"이란 30만원을 말한다. (2020. 3. 13. 신설)

제170조【질문·조사】① 소득세에 관한 사무에 종사하는 공무원은 그 직무 수행을 위하여 필요한 경우에는 다음 각 호의 어느 하나에 해당하는 자에 대하여 질문을 하거나 해당 장부·서류 또는 그 밖의 물건을 조사하거나 그 제출을 명할 수 있다. 다만, 제21조 제1항 제26호에 따른 종교인소득(제21조 제4항에 해당하는 경우를 포함한다)에 대해서는 종교단체의 장부·서류 또는 그 밖의 물건 중에서 종교인소득과 관련된 부분에 한정하여 조사하거나 그 제출을 명할

제222조【질문·조사】① 세무에 종사하는 공무원이 소득세에 관한 조사를 하는 경우에 장부·서류나 그 밖의 물건을 검사할 때에는 기획재정부령으로 정하는 조사원증을 관계자에게 제시해야 한다. (2022. 2. 15. 개정)

② 제41조 제16항에 따라 종교단체가 소속 종교관련종사자에게 지급한 금액 및 물품과 그 밖에 종교 활동과 관련하여 지출한 비용을 정당하게 구분하여 기록·관리하는 경우 세무에 종사하는 공무원은 법 제

관계조문 ▶▶

규칙 100조 35호 ⇒ 조사원증

통칙 170-0…1【금전대부자료수집에 대한 질문·조사】
금융관계의 금전대부에 관한 증서 또는 서류는

수 있다. (2020. 12. 29. 단서개정)
1. 납세의무자 또는 납세의무가 있다고 인정되는 자 (2009. 12. 31. 개정)
2. 원천징수의무자 (2009. 12. 31. 개정)
3. 납세조합 (2009. 12. 31. 개정)
4. 지급명세서 제출의무자 (2009. 12. 31. 개정)
5. 제156조 및 제156조의 3부터 제156조의 6까지의 규정에 따른 원천
　 징수의무자 (2012. 1. 1. 개정)
6. 「국세기본법」 제82조에 따른 납세관리인 (2009. 12. 31. 개정)
7. 제1호에서 규정하는 자와 거래가 있다고 인정되는 자 (2009. 12. 31.
　 개정)
8. 납세의무자가 조직한 동업조합과 이에 준하는 단체 (2009. 12. 31.
　 개정)
9. 기부금영수증을 발급하는 자 (2009. 12. 31. 개정)
② 제1항을 적용하는 경우 소득세에 관한 사무에 종사하는 공무원은
직무를 위하여 필요한 범위 외에 다른 목적 등을 위하여 그 권한을 남
용해서는 아니 된다. (2020. 6. 9. 개정 ; 법률용어~부칙)

　　제171조【자　문】세무서장·지방국세청장 또는 국세청장은 소
득세에 관한 신고·결정·경정 또는 조사를 할 때 필요하면 사업자로
조직된 동업조합과 이에 준하는 단체 또는 해당 사업에 관한 사정에
정통(精通)한 자에게 소득세에 관한 사항을 자문할 수 있다. (2009. 12.
31. 개정)

　　제172조【매각·등기·등록관계 서류 등의 열람 등】관할 세무
서장, 관할 지방국세청장 또는 그 위임을 받은 세무공무원이 개인의
재산 상태와 소득을 파악하기 위하여 다음 각 호의 자료에 대한 관
계 서류의 열람 또는 복사를 요청하는 경우 관계기관은 정당한 사유
가 없으면 이에 따라야 한다. (2009. 12. 31. 개정)
1. 주택, 토지, 공장재단, 광업재단, 선박, 항공기, 건설기계 및 자동차
　 등의 매각·등기·등록자료 (2009. 12. 31. 개정)
2. 「국민기초생활 보장법」에 따른 수급자 등의 소득·재산 및 급여 자
　 료 (2009. 12. 31. 개정)

170조에 따라 질문·조사할 때 종교단체가 소속 종교관련종사자에게
지급한 금액 및 물품 외에 그 밖에 종교 활동과 관련하여 지출한 비용
을 구분하여 기록·관리한 장부 또는 서류에 대해서는 조사하거나 그
제출을 명할 수 없다. (2019. 2. 12. 개정)
③ 세무에 종사하는 공무원은 종교인소득에 관한 신고내용에 누락 또
는 오류가 있어 법 제170조에 따라 질문·조사권을 행사하려는 경우
에는 미리 「국세기본법」 제45조에 따른 수정신고를 안내하여야 한다.
(2017. 12. 29. 신설)

「금융실명거래 및 비밀보장에 관한 법률」 제4
조 제1항 제2호의 규정에 의거 법 제170조의
규정에 의한 질문조사권의 대상이 되는 것이므
로 세무공무원은 이를 열람하거나 그 제출을
명할 수 있다. (2008. 7. 30. 개정)
170-0…2【질문·조사권의 행사주체】
법 제170조에 규정하는 질문·조사권은 소득세
에 관한 사무에 종사하는 공무원만이 이를 행사
할 수 있는 것이므로 세무관서은 질문·조사권을
행사할 수 없다. 다만, 세무관서의 장이 세무공무
원의 자격으로 이를 행사하는 경우에는 그러하지
아니하다. (97. 4. 8. 개정)

통칙 173-224…1【용역제공자에 관한 과
　　　　　　　　　세자료의 제출】

3. 「국민연금법」에 따른 가입자 등의 소득·재산 및 급여 자료 (2009. 12. 31. 개정)
4. 「국민건강보험법」에 따른 가입자 등의 소득·재산 및 요양급여비용 자료 (2009. 12. 31. 개정)
5. 「고용보험법」에 따른 피보험자 등의 임금 및 급여 자료 (2009. 12. 31. 개정)
6. 「산업재해보상보험법」에 따른 수급권자 등의 임금 및 급여 자료 (2009. 12. 31. 개정)
7. 제1호부터 제6호까지의 자료와 유사한 것으로서 대통령령으로 정하는 자료 (2009. 12. 31. 개정)

제173조【용역제공자에 관한 과세자료의 제출】(2021. 8. 10. 제목개정)
① 제2조에 따라 소득세 납세의무가 있는 개인으로서 한국표준산업분류에 따른 대리운전, 소포배달 등 대통령령으로 정하는 용역을 제공하는 자(이하 이 항에서 "용역제공자"라 한다)에게 용역 제공과 관련된 사업장을 제공하는 자 등 대통령령으로 정하는 자는 용역제공자에 관한 과세자료를 수입금액 또는 소득금액이 발생하는 달의 다음 달 말일까지 사업장 소재지 관할 세무서장, 지방국세청장 또는 국세청장에게 제출하여야 한다. (2021. 8. 10. 개정)
② 국세청장은 제1항에 따라 과세자료를 제출하여야 할 자가 과세자료를 제출하지 아니하거나 사실과 다르게 제출한 경우 그 시정에 필요한 사항을 명할 수 있다. (2021. 8. 10. 개정)
③ 국가 및 지방자치단체는 제1항에 따라 과세자료를 제출하여야 할 자가 과세자료를 성실하게 제출하는 경우 필요한 행정적·재정적 지원

제223조【연금소득자료 등의 열람】법 제172조 제7호에서 "대통령령으로 정하는 자료"란 다음 각 호의 어느 하나에 해당하는 자료를 말한다. (2010. 2. 18. 개정)
1. 제26조의 규정에 따른 직장공제회에서 납입공제료를 기초로 지급하는 반환금자료 (2006. 2. 9. 신설)
2. 「공무원연금법」·「군인연금법」·「사립학교교직원 연금법」 또는 「별정우체국법」에 따라 2001년 12월 31일 이전에 납입된 연금기여금 및 사용자 부담금을 기초로 하거나 2001년 12월 31일 이전 근로의 제공을 기초로 하여 지급하는 연금소득자료 (2015. 2. 3. 개정)

제224조【용역제공자 및 사업장제공자 등의 범위】① 법 제173조 제1항에서 "대리운전, 소포배달 등 대통령령으로 정하는 용역"이란 다음 각 호의 어느 하나에 해당하는 용역을 말한다. (2010. 2. 18. 개정)
1. 대리운전용역 (2006. 2. 9. 신설)
2. 소포배달용역 (2006. 2. 9. 신설)
3. 간병용역 (2006. 2. 9. 신설)
4. 골프장경기보조용역 (2006. 2. 9. 신설)
5. 파출용역 (2006. 2. 9. 신설)
6. 제1호부터 제5호까지의 용역과 유사한 용역으로서 한국표준산업분류 또는 한국표준직업분류에 따른 대인 서비스와 관련된 일에 종사하는 자로서 기획재정부령으로 정하는 자가 직접 제공하는 용역 (2021. 11. 9. 개정)
② 법 제173조 제1항에서 "용역 제공과 관련된 사업장을 제공하는 자 등 대통령령으로 정하는 자"란 제1항 각 호의 용역(해당 용역의 제공

① 소득세 납세의무가 있는 개인으로서 대리운전, 소포배달 등 영 제224조 및 규칙 제99조의 3에 따른 용역을 제공하는 자(이하 이 조에서 "용역제공자"라 한다)에게 용역 제공과 관련된 사업장을 제공하거나 해당 용역을 알선·중개하는 자는 용역제공자에 관한 과세자료를 수입금액 또는 소득금액이 발생하는 달의 다음 달 말일까지 사업장 소재지 관할 세무서장, 지방국세청장 또는 국세청장에게 제출하여야 한다. 다만, 해당 용역의 제공으로 발생하는 소득이 법 제127조에 따라 원천징수대상이 되는 경우는 제외한다.
※ 사업장제공자의 경우 과세자료 제출 예시
② 제1항에 따라 용역제공자의 수입금액 또는 소득금액에 대한 과세자료를 제출해야 하는 자(이하 이 항에서 "제출의무자"라 한다)는 용역제공자 인적사항, 용역제공기간 및 용역제공대가 등을 기재하여 제출하여야 한다. 다만, 제출의무자가 용역제공자와 관련된 전산자료, 증빙자료 등으로도 확인할 수 없는 경우에는 용역제공대가는 제출하지 않을 수 있다. (2024. 3. 15. 신설)
☞

제99조의 3【인적용역제공사업자 등의 범위】(2019. 3. 20. 조번개정)
영 제224조 제1항 제6호에서 "기획재정부령이 정하는 자"라 함은 다음 각 호의 어느 하나에 해당하는 자를 말한다. (2008. 4. 29. 직제개정)

을 할 수 있다. (2021. 8. 10. 신설)

④ 제1항에 따른 과세자료의 작성방법 및 제3항에 따른 행정적·재정적 지원 등에 관하여 필요한 사항은 대통령령으로 정한다. (2021. 8. 10. 개정)

　　제174조【손해보험금 지급자료 제출】「보험업법」에 따른 손해보험회사(이하 이 조에서 "손해보험회사"라 한다)는 소송 결과에 따라 보험금을 지급한 경우에는 대통령령으로 정하는 바에 따라 해당 손해보험금 지급자료를 지급일이 속하는 과세기간의 다음 연도 2월 말일까지 손해보험회사의 관할 세무서장에게 제출하여야 한다. (2009. 12. 31. 개정)

으로 발생하는 소득이 법 제127조에 따른 소득세 원천징수대상이 되는 경우는 제외한다)의 제공과 관련하여 다음 각 호의 어느 하나에 해당하는 자를 말한다. 이 경우 제1호에 해당하는 자와 제2호에 해당하는 자가 모두 있는 경우에는 제2호에 해당하는 자를 말한다. (2021. 11. 9. 개정)

1. 골프장사업자, 병원사업자 등 제1항 각 호의 용역을 제공하는 자에게 용역 제공과 관련된 사업장을 제공하는 자 (2021. 11. 9. 개정)

2. 직업소개업자, 「고용보험법」 제77조의 7 제1항에 따른 노무제공플랫폼사업자(이하 이 호에서 "노무제공플랫폼사업자"라 한다) 등 제1항 각 호의 용역을 알선·중개하는 자. 이 경우 해당 용역을 알선·중개하는 자가 노무제공플랫폼사업자와 「고용보험법」 제77조의 7 제1항에 따른 노무제공플랫폼이용계약을 체결하고 그 계약에 따라 알선·중개하는 경우에는 노무제공플랫폼사업자를 해당 용역을 알선·중개하는 자로 본다. (2021. 11. 9. 개정)

③ 법 제173조 제1항에 따라 용역제공자의 수입금액 또는 소득금액에 대한 과세자료를 작성하여 제출하여야 하는 자는 기획재정부령으로 정하는 사업장 제공자 등의 과세자료 제출명세서에 용역제공자 인적사항, 용역제공기간 및 용역제공대가 등을 기재하여 제출해야 한다. 다만, 용역제공대가의 경우 이를 확인할 수 없을 때에는 제출하지 않을 수 있다. (2021. 11. 9. 개정)

　　제225조【손해보험금 지급자료 제출방식】법 제174조에 따른 손해보험금지급자료의 제출은 기획재정부령으로 정하는 손해배상청구소송결과통보서에 따른다. (2008. 2. 29. 직제개정 ; 기획재정부와~직제 부칙)

제225조의 2【금융투자업자의 파생상품등 또는 주식등 거래내역 제출등】(2016. 2. 17. 제목개정)

① 법 제174조의 2 제1항 제1호 및 제2호를 적용하는 경우 「자본시장과 금융투자업에 관한 법률」 제8조 제1항에 따른 금융투자업자(이하 이 조에서 "금융투자업자"라 한다)는 제159조의 2에 따른 파생상품등과 같은 법 시행령 제178조 제1항에 따라 거래되는 주식등에 대하여 양도소득세 신고의무자별로 기획재정부령으로 정하는 다음 각 호의

1. 수하물운반원 (2006. 4. 10. 신설)

2. 중고자동차판매원 (2006. 4. 10. 신설)

3. 욕실종사원 (2006. 4. 10. 신설)

4. 스포츠 강사 및 트레이너 (2023. 3. 20. 신설)

편주 ▶

규칙 99조의 3 제4호의 개정규정은 2024. 1. 1. 이후 수입금액 또는 소득금액이 발생하는 경우부터 적용함. (법 부칙(2023. 3. 20.) 2조)

관계조문 ▶

규칙 100조 35호의 2 ⇒ 사업장 제공자 등의 과세자료 제출명세서

관계조문 ▶

규칙 100조 35호의 3 ⇒ 손해배상청구소송결과통보서

제174조의 2【파생상품 또는 주식의 거래내역 등 제출】「자본시장과 금융투자업에 관한 법률」 제8조 제1항에 따른 금융투자업자는 다음 각 호의 어느 하나에 해당하는 자료를 대통령령으로 정하는 바에 따라 거래 또는 행위가 발생한 날이 속하는 분기의 종료일의 다음 달 말일까지 관할 세무서장에게 제출하여야 한다. 다만, 제3호에 해당하는 자료는 국세청장이 요청한 날이 속하는 달의 말일부터 2개월이 되는 날까지 국세청장에게 제출하여야 한다. (2017. 12. 19. 단서신설)

1. 파생상품등의 거래내역 등 양도소득세 부과에 필요한 자료 (2015. 12. 15. 신설)
2. 「자본시장과 금융투자업에 관한 법률」 제286조에 따른 장외매매거래의 방법으로 주식의 매매를 중개하는 경우 그 거래내역 등 양도소득세 부과에 필요한 자료 (2015. 12. 15. 신설)
3. 양도소득세의 부과에 필요한 제94조 제1항 제3호 가목 1)에 해당하는 주식등의 거래내역 등으로서 대통령령으로 정하는 바에 따라 국세청장이 요청하는 자료 (2017. 12. 19. 신설)

제174조의 2【금융투자상품의 거래·보유 내역 제출 및 보관】(2021. 12. 8. 제목개정)

① 제127조 제1항에 따른 원천징수의무가 있는 금융회사등(이하 이 조에서 "자료제출

구분에 따른 자료를 본점 또는 주사무소 소재지 관할 세무서장에게 제출하여야 한다. (2018. 2. 13. 개정)

1. 법 제174조의 2 제1호의 경우 : 파생상품거래명세서 (2016. 2. 17. 신설)
2. 법 제174조의 2 제2호의 경우 : 주식등의 거래명세서 (2016. 2. 17. 신설)

② 법 제174조의 2 제3호에 따라 국세청장이 자료를 요청하는 경우 국세청장은 주권상장법인대주주의 명단을 금융투자업자에게 통보하여야 하며, 금융투자업자는 통보받은 해당 대주주가 거래하는 주식등에 대하여 기획재정부령으로 정하는 대주주의 주식등의 거래명세서를 국세청장에게 제출하여야 한다. (2018. 2. 13. 신설)

③ 금융투자업자가 제1항 및 제2항에 따른 자료를 기한 내에 제출하지 아니한 경우 관할 세무서장 또는 국세청장은 해당 금융투자업자에게 해당 자료를 제출할 것을 요청할 수 있다. 이 경우 요청을 받은 금융투자업자는 정당한 사유가 없으면 이에 따라야 한다. (2018. 2. 13. 개정)

제225조의 2【금융투자업자의 금융투자상품 거래·보유내역 제출 등】(2022. 2. 15. 제목개정)

① 법 제174조의 2 제1항 제1호에서 "대통령령으로 정하는 자료"란 다음 각 호의 자료를 말한다. (2022. 2. 15. 개정)

1. 법 제87조의 2 제1호에 따른 주식등 : 기획재정부령으로 정하는 주식등 거래명세서 (2022. 2. 15. 개정)
2. 법 제87조의 2 제2호에 따른 채권등 : 기획재정부령으로 정하는 채권등 거래명세서 (2022. 2. 15. 개정)
3. 법 제87조의 6 제1항 제3호에 따른 투자계약증권 : 기획재정부령으로 정하는 투자계약증권 거래명세서 (2022. 2. 15. 개정)
4. 법 제87조의 6 제1항 제4호에 따른 집합투자증권 및 집합투자기구 : 기획재정부령으로 정하는 집합투자증권 거래 및 집합투자기구 분배명세서 (2022. 2. 15. 개정)
5. 법 제87조의 6 제1항 제5호에 따른 파생결합증권 : 기획재정부령으로 정하는 파생결합증권 거래명세서 (2022. 2. 15. 개정)
6. 법 제87조의 6 제1항 제6호에 따른 파생상품 : 기획재정부령으로 정하는 파생상품 거래명세서 (2022. 2. 15. 개정)
7. 그 밖에 금융투자소득의 과세에 필요한 자료로서 기획재정부령으로 정하는 자료 (2022. 2. 15. 개정)

② 법 제174조의 2 제1항 제2호에서 "대통령령으로 정하는 자료"란 기획재정부령으로 정하는 금융투자상품 보유명세서를 말한다. (2022. 2. 15. 개정)

③ 법 제174조의 2 제2항에서 "금융투자업관계기관 등 대통령령으로 정하는 자"란 다음 각 호의 어느 하나에 해당하는 자를 말한다. (2022. 2. 15. 개정)

1. 「자본시장과 금융투자업에 관한 법률」 제9조 제17항 각 호의 자 (2021. 2. 17. 개정)
2. 거래소 (2021. 2. 17. 개정)
3. 「자본시장과 금융투자업에 관한 법률」 제8조의 2 제5항에 따른 다자간매매체결회사 (2022. 2. 15. 개정)

④ 법 제174조의 2 제3항에서 "대통령령으로 정하는 정당한 사유"란 다음 각 호의 어

제99조의 5【국세청의 주식등 거래내역 요청방법】국세청장은 법 제174조의 2 제3호 및 영 제225조의 2 제2항에 따라 「자본시장과 금융투자업

대상금융회사등"이라 한다)은 금융투자소득세 과세에 필요한 다음 각 호의 자료를 각 호에서 정하는 바에 따라 납세지 관할 세무서장에게 제출하고 보관하여야 한다. (2021. 12. 8. 개정)

1. 제87조의 6에 따른 금융투자소득 과세대상인 금융투자상품(「자본시장과 금융투자업에 관한 법률」 제3조에 따른 금융투자상품을 말한다. 이하 이 항에서 같다)의 거래내역 등 대통령령으로 정하는 자료 : 거래 또는 행위가 발생한 날이 속하는 반기의 종료일의 다음다음 달 10일까지 제출하고, 거래 또는 행위가 발생한 날이 속하는 과세기간의 말일부터 5년간 보관할 것 (2021. 12. 8. 개정)
2. 매년 1월 1일 현재 제87조의 6에 따른 금융투자소득 과세대상인 금융투자상품의 보유내역으로서 대통령령으로 정하는 자료 : 매년 2월 10일까지 제출하고, 제출일이 속하는 과세기간의 말일부터 5년간 보관할 것 (2021. 12. 8. 개정)

② 국세청장은 「자본시장과 금융투자업에 관한 법률」 제9조 제17항에 따른 금융투자관계기관 등 대통령령으로 정하는 자(이하 "금융투자업관계기관등"이라 한다)에게 금융투자소득세 과세에 필요한 자료를 요청할 수 있다. 이 경우 요청을 받은 금융투자관계기관등은 요청을 받은 날이 속하는 달의 말일부터 2개월이 되는 날까지 해당 자료를 국세청장에게 제출하여야 한다. (2021. 12. 8. 개정)

③ 자료제출대상금융회사등 및 금융투자업관계기관등은 대통령령으로 정하는 정당한 사유가 있는 경우 대통령령으로 정하는 바에 따라 제1항 또는 제2항 후단에 따른 제출기한 연장을 신청할 수 있다. (2021. 12. 8. 개정)

④ 금융투자소득세 과세에 필요한 자료 제출 방법·절차 및 그 밖에 필요한 사항은 대통령령으로 정한다. (2021. 12. 8. 개정)

제174조의 2 【파생상품 또는 주식의 거래내역 등 제출】 (2024. 12. 31. 제목개정)

「자본시장과 금융투자업에 관한 법률」 제8조 제1항에 따른 금융투자업자는 다음 각 호의 어느 하나에 해당하는 자료를 대통령령으로 정하는 바에 따라 거래 또는 행위가 발생한 날이 속하는 분기의 종료일의 다음 달 말일까지 관할 세무서장에게 제출하여야 한다. 다만, 제3호에 해당하는 자료는 국세청장이 요청한 날이 속하는 달의 말일부터 2개월이 되는 날까지 국세청장에게 제출하여야 한다. (2024. 12. 31. 개정)

1. 파생상품등의 거래내역 등 양도소득세 부과에 필요한 자료 (2024. 12. 31. 개정)
2. 「자본시장과 금융투자업에 관한 법률」 제286조에 따른 장외매매거래의 방법으로 주식의 매매를 중개하는 경우 그 거래내역 등 양도소득세 부과에 필요한 자료 (2024. 12. 31. 개정)
3. 양도소득세의 부과에 필요한 제94조 제1항 제3호 가목 1)에 해당하는 주식등의 거래내역 등으로서 대통령령으로 정하는 바에 따라 국

느 하나에 해당하는 경우를 말한다. (2022. 2. 15. 개정)

1. 화재·재난 또는 도난 등의 사유로 자료제출이 불가능한 경우 (2021. 2. 17. 개정)
2. 사업이 중대한 위기에 처해 자료제출이 매우 곤란하다고 납세지 관할 세무서장이 인정하는 경우 (2021. 2. 17. 개정)
3. 수사기관 등 관계 기관에 관련 장부·서류가 압수되거나 영치된 경우 (2021. 2. 17. 개정)
4. 자료의 수집·작성에 상당한 기간이 필요해 기한까지 자료를 제출할 수 없다고 납세지 관할 세무서장이 인정하는 경우 (2021. 2. 17. 개정)
5. 그 밖에 제1호부터 제4호까지의 규정에 따른 사유에 준하는 사유로서 기한까지 자료제출이 불가능하다고 납세지 관할 세무서장이 인정하는 경우 (2021. 2. 17. 개정)

⑤ 법 제174조의 2 제1항 각 호 외의 부분에 따른 자료제출대상금융회사등 및 같은 조 제2항에 따른 금융투자업관계기관등이 제4항에 따른 사유에 해당하여 제출기한 연장을 신청하는 경우에는 기획재정부령으로 정하는 자료제출기한 연장 신청서를 제출해야 한다. (2022. 2. 15. 개정)

⑥ 국세청장은 법 제174조의 2 제2항에 따라 요청한 자료의 제출방법에 관하여 필요한 사항을 정할 수 있다. (2022. 2. 15. 개정)

⑦ 법률 제11845호 자본시장과 금융투자업에 관한 법률 일부개정법률 부칙 제15조 제1항에 따라 거래소허가를 받은 것으로 보는 한국거래소가 장내파생상품시장을 개설하기 위해 「자본시장과 금융투자업에 관한 법률」 제412조에 따라 파생상품시장업무규정의 변경 승인을 금융위원회에 요청하는 경우에는 그 파생상품의 유형, 품목, 기초자산 등 주요 명세를 국세청장에게 제출해야 한다. (2021. 2. 17. 개정)

제225조의 2 【금융투자업자의 파생상품등 또는 주식등 거래내역 제출등】 (2024. 12. 31. 제목개정)

① 법 제174조의 2 제1호 및 제2호를 적용하는 경우 「자본시장과 금융투자업에 관한 법률」 제8조 제1항에 따른 금융투자업자(이하 이 조에서 "금융투자업자"라 한다)는 제159조의 2에 따른 파생상품등과 같은 법 시행령 제178조 제1항에 따라 거래되는 주식등에 대하여 양도소득세 신고의무자별로 기획재정부령으로 정하는 다음 각 호의 구분에 따른 자료를 본점 또는 주사무소 소재지 관할 세무서장에게 제출해야 한다. (2024. 12. 31. 개정)

1. 법 제174조의 2 제1호의 경우 : 파생상품거래명세서 (2024. 12. 31. 개정)
2. 법 제174조의 2 제2호의 경우 : 주식등의 거래명세서 (2024. 12. 31. 개정)

② 법 제174조의 2 제3호에 따라 국세청장이 자료를 요청하는 경우 국세청장은 주권상장법인대주주의 명단을 금융투자업자에게 통보해야

에 관한 법률」 제8조 제1항에 따른 금융투자업자에 주권상장법인 대주주가 양도하는 주식등의 거래내역 자료를 요청하는 경우 자료제출 대상기간을 5년 이하의 기간으로 특정해 서면으로 요청해야 한다. (2020. 3. 13. 신설)

제99조의 5 【금융투자소득세 과세를 위한 자료 제출】 (2021. 3. 16. 제목개정)

영 제225조의 2 제1항 제7호에서 "기획재정부령으로 정하는 자료"란 다음 각 호의 어느 하나에 해당하는 자료를 말한다. (2022. 3. 18. 개정)

1. 종전의 「소득세법 시행령」 제157조 제4항·제5항·제7항 및 제12항에 따른 주권상장법인대주주의 주식등 거래 명세서. 이 경우 종전의 「소득세법 시행령」 제157조 중 "주식등의 양도알"은 "2025년 1월 1일"로 본다. (2022. 12. 31. 개정)
2. 종전의 「소득세법 시행령」 제167조의 8 제1항 제2호 각 목의 어느 하나에 해당하는 주주의 주식등 거래 명세서. 이 경우 종전의 「소득세법 시행령」 제167조의 8 제1항 제2호 각 목 중 "주식등의 양도알"은 "2025년 1월 1일"로 본다. (2022. 12. 31. 후단개정)

제99조의 5 【국세청의 주식등 거래내역 요청방법】 (2024. 12. 31. 제목개정)

국세청장은 법 제174조의 2 제3호 및 영 제225조의 2 제2항에 따라 「자본시장과 금융투자업에 관한 법률」 제8조 제1항에 따른 금융투자업자에 주권상장법인 대주주가 양도하는 주식등의 거래내역 자료를 요청하는 경우 자료제출 대상기간을 5년 이하의 기간으로 특정해 서면으로 요청해야 한다. (2024. 12. 31. 개정)

제100조 【일반서식】 일반서식은 다음 각 호의 어느 하나에 따른다. (2014. 3. 14. 개정)

1. 영 제5조 제5항에 규정하는 납세지신고

세청장이 요청하는 자료 (2024. 12. 31. 개정)

제174조의 3 【실손의료보험금 지급자료 제출】 보험회사 등 대통령령으로 정하는 자는 보험·공제 계약에 따라 실제 부담한 의료비를 실손의료보험금으로 지급한 경우 그 지급자료를 지급일이 속하는 과세기간의 다음 연도 2월 말일까지 국세청장에게 제출하여야 한다. (2018. 12. 31. 신설)

제174조의 3 【실손의료보험금 지급자료 제출】 삭 제 (2020. 12. 29.)

제175조 【표본조사 등】 ① 납세지 관할 세무서장 또는 지방국세청장은 제34조에 따라 기부금을 필요경비에 산입하거나 제59조의 4 제4항에 따라 기부금세액공제를 받은 거주자 또는 제121조 제2항 및 제5항에 따른 비거주자 중 대통령령으로 정하는 자(이하 이 조에서 "기부금공제자"라 한다)에 대해서 필요경비산입 또는 세액공제의 적정성을 검증하기 위하여 해당 과세기간 종료일부터 2년 이내에 표본조사를 하여야 한다. (2014. 1. 1. 개정)

② 표본조사는 기부금공제자 중 대통령령으로 정하는 비율에 해당하는 인원에 대하여 실시한다. (2009. 12. 31. 개정)

③ 표본조사의 방법 및 절차 등에 관하여 필요한 사항은 대통령령으로 정한다. (2009. 12. 31. 개정)

하며, 금융투자업자는 통보받은 해당 대주주가 거래하는 주식등에 대해 기획재정부령으로 정하는 대주주의 주식등의 거래명세서를 국세청장에게 제출해야 한다. (2024. 12. 31. 개정)

③ 금융투자업자가 제1항 및 제2항에 따른 자료를 기한 내에 제출하지 않은 경우 관할 세무서장 또는 국세청장은 해당 금융투자업자에게 해당 자료를 제출할 것을 요청할 수 있다. 이 경우 요청을 받은 금융투자업자는 정당한 사유가 없으면 이에 따라야 한다. (2024. 12. 31. 개정)

제225조의 3 【실손의료보험금 지급자료 제출 대상】 법 제174조의 3에서 "보험회사 등 대통령령으로 정하는 자"란 다음 각 호의 어느 하나에 해당하는 자를 말한다. (2019. 2. 12. 신설)

1. 「보험업법」에 따른 보험회사 (2019. 2. 12. 신설)
2. 「수산업협동조합법」, 「신용협동조합법」 또는 「새마을금고법」에 따른 공제사업을 하는 자 (2019. 2. 12. 신설)
3. 「군인공제회법」, 「한국교직원공제회법」, 「대한지방행정공제회법」, 「경찰공제회법」 및 「대한소방공제회법」에 따른 공제회 (2019. 2. 12. 신설)
4. 우정사업본부 (2020. 2. 11. 신설)

제225조의 3 【실손의료보험금 지급자료 제출 대상】 삭 제 (2021. 2. 17.)

제226조 【표본조사 등】 ① 법 제175조 제1항에서 "대통령령으로 정하는 자"란 기부금세액공제 대상금액 또는 필요경비 산입금액이 100만원 이상인 거주자 또는 법 제121조 제2항 및 제5항에 따른 비거주자를 말한다. (2014. 2. 21. 개정)

② 법 제175조 제2항에서 "대통령령으로 정하는 비율에 해당하는 인원"이란 표본조사 대상 기부금공제자 또는 필요경비 산입자의 1백분의 1에 해당하는 인원을 말한다. (2020. 2. 11. 개정)

③ 국세청장은 매년 표본조사 기본계획을 세워 8월말까지 기획재정부장관에게 제출하여야 한다. (2013. 2. 15. 개정)

④ 표본조사는 실지조사·서면조사 등의 방법으로 하며, 절차 등에 필요한 사항은 국세청장이 정할 수 있다. (2008. 2. 22. 신설)

서는 별지 제1호 서식에 의한다. (96. 3. 30 개정)

2. 영 제6조 제1항에 규정하는 납세지지정신청서는 별지 제2호 서식에 의한다. (96. 3. 30 개정)

3. 영 제7조 제1항에 규정하는 납세지변경신고서는 별지 제3호 서식에 의한다. (96. 3. 30 개정)

3의 2. 영 제40조의 2 제6항에 따른 연금수령개시 및 해지명세서는 별지 별지 제3호의 2 서식에 따른다. (2015. 3. 13. 개정)

3의 3. 영 제40조의 4 제5항에 따른 연금계좌이체명세서는 별지 제3호의 5 서식에 따른다. (2023. 3. 20. 개정)

3의 4. 영 제40조의 2 제9항 제1호에 따른 의료비인출 신청서는 별지 제3호의 4 서식에 따른다. (2014. 3. 14. 신설)

3의 4. 삭 제 (2015. 3. 13.)

4. 영 제59조 제4항에 규정하는 보험금사용계획서는 별지 제4호 서식에 의한다. (96. 3. 30 개정)

5. 영 제60조 제3항에 규정하는 국고보조금사용계획서는 별지 제5호 서식에 의한다. (96. 3. 30 개정)

6. 영 제63조 제2항의 규정에 의한 내용연수신고서, 영 제63조의 2 제2항의 규정에 의한 내용연수(변경)승인신청서, 영 제64조 제2항의 규정에 의한 감가상각방법신고서 또는 영 제65조 제2항의 규정에 의한 감가상각방법변경신청서는 별지 제6호 서식에 의한다. (99. 5. 7 개정)

제 7 장 벌 칙 (2018. 12. 31. 신설)

제176조 【해외현지법인 등의 자료제출 의무 불이행 등에 대한 과태료】 ① 제165조의 2에 따라 해외현지법인 명세서등(같은 조 제1항 제6호에 따른 해외부동산등의 투자 명세 및 같은 항 제7호에 따른 해외부동산등과 관련된 자료는 제외한다. 이하 이 항에서 같다)의 자료제출 의무가 있는 거주자(제165조의 2 제1항 제1호부터 제4호까지의 규정에 따른 자료는 「외국환거래법」 제3조 제1항 제18호에 따른 해외직접투자를 한 거주자가 해외직접투자를 받은 법인의 발행주식 총수 또는 출자총액의 100분의 10 이상을 직접 또는 간접으로 소유한 경우만 해당한다)가 다음 각 호의 어느 하나에 해당하는 경우 그 거주자에게는 5천만원 이하의 과태료를 부과한다. 다만, 기한까지 자료제출이 불가능하다고 인정되는 경우 등 대통령령으로 정하는 정당한 사유가 있는 경우에는 과태료를 부과하지 아니한다. (2018. 12. 31. 신설)

1. 제165조의 2 제1항에 따른 기한까지 해외현지법인 명세서등을 제출하지 아니하거나 거짓된 해외현지법인 명세서등을 제출하는 경우 (2018. 12. 31. 신설)

2. 제165조의 2 제2항에 따라 자료제출 또는 보완을 요구받아 같은 조 제3항에 따른 기한까지 해당 자료를 제출하지 아니하거나 거짓된 자료를 제출하는 경우 (2018. 12. 31. 신설)

② 제165조의 2에 따라 같은 조 제1항 제6호에 따른 해외부동산등의 투자 명세 및 같은 항 제7호에 따른 해외부동산등과 관련된 자료(이하 이 항에서 "해외부동산등의 투자 명세등"이라 한다)의 제출의무가 있는 거주자가 다음 각 호의 어느 하나에 해당하는 경우 그 거주자에게는 대통령령으로 정하는 해외부동산등의 취득가액, 처분가액 및 투자운용 소득의 100분의 10 이하의 과태료(1억원을 한도로 한다)를 부과한다. 다만, 기한까지 자료제출이 불가능하다고 인정되는 경우 등 대통령령으로 정하는 정당한 사유가 있는 경우에는 과태료를 부과하지 아니한다. (2018. 12. 31. 신설)

1. 제165조의 2 제1항에 따른 기한까지 해외부동산등의 투자 명세등을 제출하지 아니하거나 거짓된 해외부동산등의 투자 명세등을 제출하는 경우 (2018. 12. 31. 신설)

2. 제165조의 2 제2항에 따라 자료제출 또는 보완을 요구받아 같은 조 제3항에 따른 기한까지 해당 자료를 제출하지 아니하거나 거짓된 자료를 제출하는 경우 (2018. 12. 31. 신설)

③ 거주자가 제165조의 4 제2항 및 제3항을 위반하여 취득자금 출처에 대한 소명대상 금액의 출처에 대하여 소명하지 아니하거나 거짓으로 소명한 경우에는 소명하지 아니하거나 거짓으로 소명한 금액의 100분의 20에 상당하는 과태료를 부과한다. 다만, 천재지변 등 대통령령으로 정하는 정당한 사유가 있는 경우에는 과태료를 부과하지 아니한다. (2018. 12. 31. 신설)

④ 제1항부터 제3항까지의 규정에 따른 과태료는 대통령령으로 정하는 바에 따라 납세지 관할 세무서장이 부과·징수한다. (2018. 12. 31. 신설)

제176조 【해외현지법인 등의 자료제출 의무 불이행 등에 대한

제 7 장 벌 칙 (2019. 2. 12. 신설)

제227조 【해외현지법인 등의 자료제출 의무 불이행 등에 대한 과태료 면제 사유 등】 ① 법 제176조 제1항 각 호 외의 부분 단서 및 같은 조 제2항 각 호 외의 부분 단서에서 "기한까지 자료제출이 불가능하다고 인정되는 경우 등 대통령령으로 정하는 정당한 사유가 있는 경우"란 다음 각 호의 어느 하나에 해당하는 경우를 말한다. (2019. 2. 12. 신설)

1. 화재·재난 또는 도난 등의 사유로 자료제출이 불가능한 경우 (2019. 2. 12. 신설)

2. 사업이 중대한 위기에 처해 자료제출이 매우 곤란하다고 납세지 관할 세무서장이 인정하는 경우 (2019. 2. 12. 신설)

3. 수사기관 등 관계 기관에 관련 장부·서류가 압수되거나 영치된 경우 (2019. 2. 12. 신설)

4. 자료의 수집·작성에 상당한 기간이 필요해 기한까지 자료를 제출할 수 없다고 납세지 관할 세무서장이 인정하는 경우 (2019. 2. 12. 신설)

5. 그 밖에 제1호부터 제4호까지의 규정에 따른 사유와 비슷한 사유로서 기한까지 자료제출이 불가능하다고 납세지 관할 세무서장이 인정하는 경우 (2019. 2. 12. 신설)

② 법 제176조 제2항 각 호 외의 부분 본문에서 "대통령령으로 정하는 해외부동산등의 취득가액, 처분가액 및 투자운용 소득"이란 다음 각 호의 구분에 따른 것을 말한다. (2019. 2. 12. 신설)

1. 취득가액 : 법 제118조의 4 제1항 제1호에 따른 취득가액에서 해당 해외부동산등의 취득과 관련해 「외국환거래법」 제18조에 따라 신고한 금액을 뺀 가액 (2019. 2. 12. 신설)

2. 처분가액 : 법 제118조의 3에 따른 양도가액에서 해당 해외부동산등의 처분과 관련해 「외국환거래법」 제20조에 따라 보고한 금액을 뺀 가액 (2019. 2. 12. 신설)

3. 투자운용 소득 : 해외부동산등의 투자운용과 관련된 법 제24조에 따른 총수입금액 (2019. 2. 12. 신설)

③ 법 제176조 제3항 단서에서 "천재지변 등 대통령령으로 정하는 정당한 사유가 있는 경우"란 다음 각 호의 어느 하나에 해당하는 경우를 말한다. (2019. 2. 12. 신설)

1. 천재지변, 재난 또는 도난 등 불가항력적인 사유로 증명서류 등이 없어져 소명이 불가능한 경우 (2019. 2. 12. 신설)

2. 해당 해외현지법인 또는 해외부동산등의 소재 국가의 사정 등으로 소명이 불가능한 경우 (2019. 2. 12. 신설)

제227조 【해외현지법인 등의 자료제출 의무 불이행 등에 대한 과태

---

7. 영 제80조 제1항 제5호 바목에 따른 연간 기부금 모금액 및 활용실적의 공개는 별지 제6호의 2 서식에 따른다. (2014. 3. 14. 신설)

7의 2. 영 제80조 제5항에 따른 수입명세서는 별지 제7호 서식에 따른다. (2014. 3. 14. 호번개정)

7의 3. 영 제83조 제3항 제2호에 따른 송금명세서는 별지 제7호의 2 서식에 따른다. (2025. 3. 21. 개정)

8. 영 제94조 제1항 및 같은 조 제2항에 따른 재고자산등의 평가방법 신고서 또는 재고자산등의 평가방법 변경신고서는 별지 제8호 서식에 따른다. (2010. 4. 30. 개정)

9. 영 제102조 제8항 제2호에 규정하는 채권등 매출확인서는 별지 제9호의 2 서식에 의한다. (96. 3. 30 개정)

9의 2. 영 제102조의 3 제2항의 규정에 의한 환매조건부채권매매거래 원천세액환급신청서는 별지 제9호의 3 서식에 의한다. (2005. 3. 19. 개정)

9의 3. 영 제102조의 3 제3항 및 이 규칙 제53조의 3의 규정에 의한 환매조건부채권매매거래 확인서는 별지 제9호의 4 서식에 의한다. (2005. 3. 19. 개정)

9의 2~9의 3. 삭 제 (2010. 4. 30.)

9의 4. 영 제113조 제1항의 규정에 의한 장애인특수교육비납입증명서는 별지 제44호 서식(3)에 의한다. (2002. 4. 13 신설)

9의 4. 삭 제 (2009. 4. 14.)

10. 삭 제 (2007. 4. 17.)

10의 2. 영 제116조의 3 제3항의 규정에 의한 기장세액공제신청서는 별지 제10호

　　제177조【명령사항 위반에 대한 과태료】관할 세무서장은 다음 각 호의 어느 하나에 해당하는 명령사항을 위반한 사업자(제3호 및 제4호의 경우에는 법인을 포함한다)에게 2천만원 이하의 과태료를 부과·징수한다. (2024. 12. 31. 개정)

1. 제162조의 2 제5항에 따른 신용카드가맹점에 대한 명령 (2018. 12. 31. 신설)
2. 제162조의 3 제8항에 따른 현금영수증가맹점에 대한 명령 (2018. 12. 31. 신설)
3. 제173조 제2항에 따른 과세자료를 제출하여야 할 자에 대한 명령 (2021. 8. 10. 신설)
4. 제164조의 4 제2항에 따른 가상자산사업자에 대한 명령 (2024. 12. 31. 신설)

▶편주◀ ···
법 177조의 개정규정은 2028. 1. 1.부터 시행함. (법 부칙(2024. 12. 31.) 1조 4호)
··

　　제228조【과태료의 부과기준】① 법 제177조에 따른 과태료의 부과기준은 별표 5와 같다. (2021. 2. 17. 개정)

▶편주◀ ···
영 별표 5의 개정규정은 2028. 1. 1.부터 시행함. (영 부칙(2025. 2. 28.) 1조 6호)
··

② 납세지 관할 세무서장은 위반행위의 정도, 위반 횟수, 위반행위의 동기와 그 결과 등을 고려해 별표 5에 따른 과태료 금액의 2분의 1의 범위에서 그 금액을 줄이거나 늘릴 수 있다. 다만, 과태료 금액을 늘리는 경우에는 법 제177조에 따른 과태료 금액의 상한을 넘을 수 없다. (2021. 2. 17. 개정)

의 3 서식에 의한다. (99. 5. 7 신설)

10의 3. 법 제56조의 3 제2항에 따른 전자계산서 발급 세액공제신고서는 별지 제10호의 4 서식에 따른다. (2015. 3. 13. 신설)

11. 영 제117조 제3항에 규정하는 외국납부세액공제(필요경비산입)신청서는 별지 제11호 서식에 의한다. (99. 5. 7 개정)

11. 영 제117조 제3항 후단에 따른 외국납부세액공제신청서 및 영 제117조의 2 제8항에 따른 간접투자회사등 외국납부세액공제 계산서는 별지 제11호 서식과 같다. (2025. 3. 21. 개정)

12. 영 제118조 제3항에 규정하는 재해손실세액공제신청서는 별지 제12호서식에 의한다. (96. 3. 30 개정)

13. 영 제125조 제1항에 따른 중간예납추계액신고서는 별지 제14호 서식에 의한다. (2009. 4. 14. 개정)

14. 삭　제 (97. 4. 23)

15. 영 제127조 제1항에 규정하는 토지 등 매매차익예정신고서와 같은 조 제2항에 따른 토지등매매차익예정신고납부계산서는 별지 제16호 서식, 별지 제16호 서식 부표(1) 및 별지 제16호 서식 부표(2)에 의한다. (2010. 4. 30. 개정)

15의 2. 영 제133조 제5항에 따른 성실신고확인자 선임신고는 별지 제16호의 2 서식에 따른다. (2011. 8. 3. 신설)

16. 영 제138조 제1항에 규정하는 외국항행사업으로부터 얻는 소득에 대한 세

23의 4. 영 제150조의 4 제1항에 따른 성실납세방식적용의 적격여부에 대한 소명 안내 및 성실납세방식적용 적격여부소명에 대한 검토결과 통지는 각각 별지 제21호의 8 서식 및 별지 제21호의 9 서식에 따른다. (2009. 4. 14. 신설)

23의 5. 영 제150조의 4 제2항에 따른 성실납세방식적용 승인취소통지서는 별지 제21호의 10 서식에 따른다. (2009. 4. 14. 신설)

23의 2.～23의 5. 삭　제 (2011. 3. 28.)

24. 영 제192조 제1항에 규정하는 소득금액 변동통지서는 별지 제22호 서식(1)에 의한다. 다만, 영 제192조 제1항 단서의 규정에 의하여 통지하는 경우에는 별지 제22호 서식(2)에 의한다. (96. 3. 30 개정)

25. 법 제133조 제1항·제144조 제1항·제144조의 4·제145조 제2항·제145조의 3 제2항·제156조 제12항에 따른 원천징수영수증 및 영 제213조 제1항에 따른 지급명세서는 별지 제23호 서식(1), 별지 제23호 서식(2), 별지 제23호 서식(3), 별지 제23호 서식(4), 별지 제23호 서식(5), 별지 제23호 서식(6) 또는 별지 제24호 서식(6)에 따른다. (2017. 3. 10. 개정)

25의 2. 영 제194조 제3항에 따른 소득세 원천징수세액 조정신청서는 별지 제24호의 2 서식에 따르고, 같은 항에 따른 근로소득자 소득·세액 공제신고서는 별지 제37호 서식(1)에 따른다. (2017. 3. 10. 개정)

25의 3. 영 제193조의 3 제2항, 제207조의 3 제6항 및 이 규칙 제88조의 3에 따른 환매조건부채권 매매거래 확인서는 별지 제23호의 3 서식에 따른다. (2010. 4. 30. 신설)

19의 3. 영 제183조의 4 제2항의 규정에 의한 비거주자유가증권양도소득정산신고서는 별지 제20호의 3 서식에 의한다. (2001. 4. 30 신설)

19의 4. 영 제183조의 4 제4항에 따른 비거주자유가증권양도소득신고서는 별지 제20호의 4 서식에 따른다. (2008. 4. 29. 신설)

19의 5. 영 제179조의 2 제2항 및 제3항에 따른 적격외국금융회사 등의 승인 신청과 이에 대한 승인은 별지 제20호의 5 서식에 따른다. (2010. 4. 30. 개정)

19의 5. 삭　제 (2011. 3. 28.)

20. 영 제185조 제1항의 규정에 의한 원천징수이행상황신고서는 별지 제21호 서식에 의한다. (2003. 4. 14 개정)

21. 영 제186조 제3항에 따른 원천징수세액 반기별납부 승인신청은 별지 제21호의 2 서식에 따른다. (2007. 4. 17. 개정)

21의 2. 영 제186조 제4항에 따른 원천징수세액 반기별납부 승인통지는 별지 제21호의 3 서식에 따른다. (2007. 4. 17. 신설)

22. 영 제187조 제2항 본문에 따른 장기채권이자소득분리과세신청서는 별지 제21호의 4 서식에 따른다. (2007. 4. 17. 개정)

23. 영 제187조 제2항 단서에 따른 장기채권이자소득분리과세철회신청서는 별지 제21호의 5 서식에 따른다. (2007. 4. 17. 개정)

23의 2. 영 제150조의 3 제1항에 따른 성실납세방식적용신청서는 별지 제21호의 6 서식에 따른다. (2009. 4. 14. 신설)

23의 3. 영 제150조의 3 제2항에 따른 성실납세방식적용 승인(불가)통지서는 별지 제21호의 7 서식에 따른다. (2009. 4. 14. 신설)

의 13 서식(1) (2022. 12. 31. 신설)

나. 영 제179조의 4 제2항 제1호 가목에 따른 적격외국금융회사등제출용 비거주자비과세신청서 : 별지 제19호의 13 서식 (2) (2022. 12. 31. 신설)

18의7. 영 제179조의 4에 따른 비과세신청서는 다음 각 목의 구분에 따른다. (2025. 3. 21. 개정)

가. 영 제179조의 4 제1항 제1호 가목에 따른 비거주자비과세신청서 : 별지 제19호의 13 서식 (1) (2025. 3. 21. 개정)

나. 영 제179조의 4 제1항 제2호 가목에 따른 적격외국금융회사등비과세신청서 : 별지 제19호의 13 서식 (2) (2025. 3. 21. 개정)

다. 영 제179조의 4 제2항 제3호에 따른 적격외국금융회사등비과세신청서 : 별지 제19호의 13 서식 (3) (2022. 12. 31. 신설)

라. 영 제179조의 4 제1항 제1호 다목에 따른 소득지급자용 거래·보유 명세서 : 별지 제19호의 14 서식 (1) (2022. 12. 31. 신설)

마. 영 제179조의 4 제2항 제3호에 따른 적격외국금융회사등용 거래·보유명세서 : 별지 제19호의 14 서식 (2)

19. 제87조 제2항에 따른 대표신고자 일괄신고 동의서는 별지 제20호 서식에 따른다. (2022. 3. 18. 신설)

19의 2. 영 제183조의 3의 규정에 의한 국외특수관계인간 주식양도가액검토서는 별지 제20호의 2 서식에 따른다. (2012. 2. 28 개정)

액감면 신청서는 별지 제17호 서식에 의한다. (99. 5. 7 개정)

17. 영 제138조 제2항에 규정하는 외국인근로소득에 대한 세액감면신청서는 별지 제18호 서식에 의한다. (99. 5. 7 개정)

18. 영 제141조 제1항에 규정하는 사업장현황신고서는 별지 제19호 서식에 따르고, 수입금액명세서 및 관련 자료는 별지 제19호의 2 서식, 별지 제19호의 3 서식 및 별지 제19호의 5 서식부터 별지 제19호의 8 서식에 따른다. (2022. 3. 18. 개정)

18의 2. 영 제143조 제9항에 따른 주요경비지출명세서는 별지 제20호의 5 서식에 따른다. (2013. 2. 23. 신설)

18의 3. 영 제149조에 따른 과세표준과 세액의 통지는 별지 제19호의 9 서식에 따른다. (2013. 2. 23. 호번개정)

18의 4. 영 제149조 제2항에 따른 상속인별 과세표준과 세액의 통지는 별지 제19호의 10 서식에 따른다. (2013. 2. 23. 호번개정)

18의 5. 영 제150조 제3항 및 제4항에 따른 공동사업장등 이동신고서는 별지 제19호의 11 서식에 따른다. (2022. 3. 18. 개정)

18의 6. 영 제179조의 2 제2항 및 제3항에 따른 적격외국금융회사등 승인 신청서 및 승인서는 별지 제19호의 12 서식에 따른다. (2022. 12. 31. 신설)

18의 7. 영 제179조의 4에 따른 비과세 신청서 및 거래·보유 명세서는 다음 각 목의 구분에 따른다. (2022. 12. 31. 신설)

가. 영 제179조의 4 제1항 제1호 가목 1)에 따른 세무서장제출용 비거주자비과세신청서 : 별지 제19호

☞ p.2895 4단 연결

는 별지 제29호의 2 서식(8), 적격외국금융회사 등을 통하지 아니하고 직접 투자한 경우에는 별지 제29호의 2 서식 (9) (2010. 4. 30. 개정)

바. 삭 제 (2011. 3. 28.)

29의 4. 영 제207조 제7항에 따른 양도소득세 신고납부(비과세·과세미달) 확인(신청)서는 별지 제29호의 3 서식에 따른다. (2021. 3. 16. 개정)

29의 5. 영 제207조의 4 제1항에 따른 원천징수특례사전승인신청서는 별지 제29호의 4 서식과 같다. (2008. 4. 29. 호번개정)

29의 6. 영 제207조의 4 제4항 및 제207조의 5 제4항에 따른 보정요구는 별지 제29호의 5 서식에 따른다. (2008. 4. 29. 호번개정)

29의 7. 영 제207조의 5 제1항에 따른 원천징수특례 적용을 위한 경정청구서는 별지 제29호의 6 서식과 같다. (2008. 4. 29. 호번개정)

29의 8. 영 제208조의 3 제1항에 따른 기부자별 발급명세는 별지 제29호의 7 서식(1)에 따른다. (2008. 4. 29. 개정)

29의 9. 영 제208조의 3 제2항에 따른 기부금영수증 발급합계표는 별지 제29호의 7 서식(2)에 따른다. (2024. 3. 22. 개정)

29의 10. 영 제208조의 5 제5항에 따른 사업용계좌외거래명세서는 별지 제29호의 8 서식에 따른다. (2008. 4. 29. 호번개정)

29의 10. 삭 제 (2009. 4. 14.)

29의 11. 영 제208조의 5 제9항에 따른 사업용계좌신고(변경신고·추가신고)서는 별지 제29호의 9 서식에 따른다. (2011. 3. 28. 개정)

☞ p.2986 4단 연결

징수이행상황신고서 및 납세조합조합원변동명세서는 각각 별지 제27호 서식(4) 및 별지 제27호 서식(5)에 따른다. (2008. 4. 29. 신설)

29의 3. 영 제207조의 2에 따른 비과세·면제신청서는 다음 각 목의 구분에 따른다. (2020. 3. 13. 개정)

편주 ▸ 규칙 100조 29호의 3의 개정규정은 2026. 1. 1.부터 시행함. (규칙 부칙(2025. 3. 21.) 1조 3호)

가. 이자·배당·사용료·기타소득에 대한 비과세·면제신청서 : 별지 제29호의 2 서식(1) (2002. 4. 13 신설)

가. 이자소득·배당소득·사용료소득·인적용역소득·기타소득에 대한 비과세·면제신청서 : 별지 제29호의 2 서식(1) (2025. 3. 21. 개정)

나. 유가증권양도소득에 대한 비과세·면제신청서 : 별지 제29호의 2 서식(2) (2002. 4. 13 신설)

다. 근로소득에 대한 비과세·면제신청서 : 별지 제29호의 2 서식(3) (2002. 4. 13 신설)

라. 부동산양도소득에 대한 비과세·면제신청서 : 별지 제29호의 2 서식(4) (2009. 4. 14. 신설)

마. 연금소득에 대한 비과세·면제신청서: 별지 제29호의 2 서식(5) (2020. 3. 13. 신설)

바. 국채 및 통화안정증권 보유기간명세서 : 비거주자가 적격외국금융회사 등을 통하여 투자한 경우에

공제신고서는 별지 제37호 서식(1)에 따른다. (2017. 3. 10. 개정)

28의 5. 영 제201조의 6 제1항의 규정에 의한 연금소득원천징수부는 별지 제25호 서식(3)에 의한다. (2013. 2. 23. 호번개정)

28의 6. 법 제143조의 7에 따른 연금소득원천징수영수증 및 영 제213조 제1항에 따른 지급명세서는 별지 제24호 서식(5) 및 별지 제24호 서식(6)에 의한다. (2013. 2. 23. 호번개정)

28의 7. 영 제202조의 3 제1항에 따른 과세이연계좌신고서는 별지 제24호의 3 서식과 같다. (2014. 3. 14. 개정)

28의 8. 법 제145조의 3 제2항 및 영 제202조의 4 제2항에 따른 종교인소득 원천징수부는 별지 제25호 서식(4)에 따르고, 소득·세액 공제신고서는 별지 제37호 서식(2)에 따른다. (2017. 3. 10. 신설)

28의 9. 영 제203조 제2항에 따른 연금계좌현황자료는 별지 제24호의 5 서식과 같다. (2025. 3. 21. 신설)

편주 ▸ 규칙 100조 28호의 9·29호의 3의 개정규정은 2026. 1. 1.부터 시행함. (규칙 부칙(2025. 3. 21.) 1조 3호)

29. 영 제205조 제1항에 따른 근로소득원천징수영수증 또는 납세조합영수증은 별지 제24호 서식(1) 또는 별지 제27호 서식(1)에 따른다. (2010. 4. 30. 개정)

29의 2. 영 제205조 제4항에 따른 납세조합

25의 4. 영 제207조의 3 제5항에 따른 대차거래채권매매거래 원천세액 환급신청서는 별지 제23호의 4 서식에 따른다. (2010. 4. 30. 신설)

25의 5. 영 제207조의 3 제6항에 따른 대차거래채권 확인서는 별지 제23호의 5 서식에 따른다. (2010. 4. 30. 신설)

25의 3. ~ 25의 5. 삭 제 (2011. 3. 28.)

26. 법 제143조 제1항에 따른 근로소득원천징수영수증, 법 제146조 제3항에 따른 퇴직소득원천징수영수증 및 영 제202조의 3 제4항·영 제213조 제1항에 따른 지급명세서는 별지 제24호 서식(1), 별지 제24호 서식(2), 별지 제24호 서식(3), 별지 제24호 서식(4) 또는 별지 제24호 서식(6)에 따른다. (2014. 3. 14. 개정)

26의 2. 영 제213조 제1항에 따른 간이지급명세서는 별지 제24호의 4서식(1), 별지 제24호의 4 서식(2) 또는 별지 제24호의 4 서식(4)에 따른다. (2021. 5. 17. 개정)

27. 영 제196조 제1항에 규정하는 근로소득원천징수부는 별지 제25호 서식(1)에 의한다. (2001. 4. 30 개정)

28. 영 제196조의 2에 따른 근무지(변동)신고서는 별지 제26호 서식에 의한다. (2011. 3. 28. 개정)

28의 2. 영 제201조의 10 제4항에 따른 연금보험료 등 소득·세액 공제확인서는 별지 제26호의 2 서식에 따른다. (2014. 3. 14. 개정)

28의 3. 영 제201조의 11 제7항에 따른 사업소득원천징수부는 별지 제25호 서식(2)에 의한다. (2013. 2. 23. 호번개정)

28의 4. 영 제201조의 12에 따른 소득·세액

제93조 제2항 본문에 따른 원천징수세액 환급신청서는 별지 제21호 서식에 따른다. (2021. 3. 16. 개정)

38의 2. 제93조 제2항 단서에 따른 폐업·부도기업 원천징수세액환급금 지급 신청서는 별지 제21호의 6 서식에 따른다. (2021. 3. 16. 신설)

39. 영 제201조의 11에 따른 사업소득세액연말정산신청서 및 사업소득세액연말정산포기서는 별지 제25호의 2 서식에 따르고, 영 제202조의 4 제2항에 따른 종교인소득세액연말정산신청서 및 종교인소득세액연말정산포 기서는 별지 제25호의 3 서식에 따른다. (2017. 3. 10. 개정)

40. 제95조의 3 제9호의 규정에 의한 경 비 등의 송금명세서는 별지 제7호의 2 서식에 따른다. (2019. 3. 20. 개정)

40의 2. 영 제220조 제2항 전단에 따른 임대주택명세서는 별지 제106호 서식에 따른다. (2019. 3. 20. 신설)

41. 영 제225조의 2 제1항 제1호에 따른 파생상품거래명세서는 별지 제98호 서식, 별지 제98호의 3 서식, 별지 제99호 서식 및 별지 제99호의 3 서식에 따른다. (2016. 3. 16. 개정)

42. 영 제225조의 2 제1항 제2호에 따른 주식등의 거래명세서는 별지 제100호 서식에 따른다. (2016. 3. 16. 신설)

43. 영 제225조의 2 제2항에 따른 대주주의 주식등의 거래명세서는 별지 제100호의 2

☞ p.2987 4단 연결

4 서식에 따른다. (2022. 3. 18. 신설)

편주 ▶ ···
규칙 100조 32호의 4의 개정규정은 2027. 1. 1.부터 시행함. (규칙 부칙(2022. 3. 18.) 1조 1호의 2) (2024. 12. 31. 신설)
···

32의 5. 법 제164조의 5 제1항 제3호에 따른 주식매수선택권등 거래명세서는 별지 제30호의 5 서식에 따른다. (2024. 3. 22. 신설)

33. 영 제217조에 규정하는 이자·배당원천징수부는 별지 제31호 서식(1) 또는 별지 제31호 서식(2)에 의한다. (96. 3. 30 개정)

34. 삭 제 (97. 4. 23)

35. 영 제222조 제1항에 따른 조사원증은 별지 제33호 서식에 따른다. (2022. 3. 18. 개정)

35의 2. 영 제224조 제3항에 따른 사업장 제공자 등의 과세자료 제출명세서는 별지 제33호의 2 서식과 같다. (2006. 4. 10. 신설)

35의 3. 영 제225조에 따른 손해배상청 구 소송결과통보서는 별지 제33호의 3 서식과 같다. (2007. 4. 17. 개정)

35의 4. 제44조의 2 제1항에 따른 공익단체 추천서는 별지 제33호의 4 서식에 따른다. (2021. 3. 16. 개정)

36. 제66조에 규정하는 소득세중간예납분납신청서는 별지 제34호 서식에 의한다. (96. 3. 30 개정)

36. 삭 제 (2009. 4. 14.)

37. 삭 제 (2000. 4. 3)

38. 영 제202조의 3 제2항 단서 및 이 규칙

별지 제102호 서식에 따른다. (2016. 3. 16. 신설)

30. 영 제211조에 규정하는 계산서는 별지 제28호 서식(1) 또는 별지 제28호 서식(2)에 의한다. (96. 3. 30 개정)

31. 영 제212조에 규정하는 매출·매입처별 계산서합계표는 별지 제29호 서식(1) 또는 별지 제29호 서식(2)에 의한다. (96. 3. 30 개정)

31의 2. 영 제215조 제3항에 따른 이자·배당소득지급명세서는 별지 제30호 서식(1)에 따른다. (2012. 2. 28. 신설)

32. 영 제216조의 2 제1항에 따른 지급명세서는 별지 제23호 서식(1), 별지 제23호 서식(5), 별지 제24호 서식(1), 별지 제24호 서식(2), 별지 제24호 서식(7) 및 별지 제24호 서식(8)에 의한다. (2009. 4. 14. 개정)

32의 2. 영 제216조의 2 제4항의 규정에 의한 지급명세서는 다음 각목의 구분에 의한다. (2002. 4. 13 신설)

　가. 이자·배당소득지급명세서 : 별지 제30호 서식(1) (2002. 4. 13 신설)

　나. 유가증권양도소득지급명세서 : 별지 제30호 서식(2) (2002. 4. 13 신설)

32의 3. 영 제216조의 4에 따른 가상자산거래명세서는 별지 제30호의 2 서식에 따른다. (2021. 3. 16. 신설)

32의 3. 삭 제 (2022. 3. 18.)

32의 4. 영 제216조의 4에 따른 가상자산거래명세서 및 가상자산거래집계표는 각각 별지 제30호의 3 서식 및 별지 제30호의

29의 12. 영 제207조의 7 제3항에 따른 비거주연예인 등의 용역제공소득 지급명세서는 별지 제29호의 10 서식에 따른다. (2008. 4. 29. 신설)

29의 13. 영 제207조의 7 제4항에 따른 비과세외국연예등법인에 대한 원천징수세액 환급신청서는 별지 제29호의 11 서식에 따른다. (2008. 4. 29. 신설)

29의 14. 영 제207조의 8 제1항에 따른 국내 원천소득 제한세율 적용신청서는 별지 제29호의 12 서식에 따른다. (2012. 2. 28. 신설)

29의 15. 영 제207조의 2 제9항 및 제207조의 8 제3항에 따른 국외투자기구 신고서는 별지 제29호의 13 서식에 따른다. (2014. 3. 14. 개정)

29의 16. 영 제207조의 9 제1항에 따른 제한세율 적용을 위한 경정청구서는 별지 제29호의 14 서식에 따른다. (2012. 2. 28. 신설)

29의 17. 영 제207조의 2 제15항에 따른 비과세·면제 적용을 위한 경정청구서는 별지 제29호의 15 서식에 따른다. (2014. 3. 14. 신설)

29의 18. 영 제207조의 10 제3항 제1호에 따른 원천징수이행상황신고서 및 같은 항 제2호에 따른 파견근로자 근로계약 명세서는 별지 제21호 서식 및 별지 제101호 서식에 따른다. (2016. 3. 16. 신설)

29의 19. 영 제207조의 10 제4항 제1호에 따른 근로소득 지급명세서 및 같은 항 제2호에 따른 파견외국법인에 대한 원천징수세액 환급신청서는 별지 제24호 서식(1) 및

15. 영 제225조의 2 제5항에 따른 자료제출기한 연장
신청서는 별지 제80호의 8 서식에 따른다. (2022. 3.
18. 신설)

제102조의 2【금융투자소득세 관련 서식】삭 제 (2024. 12. 31.)

6. 영 제203조의 2 제16항 및 제203조의 4 제2항에 따
른 원천징수하지 않은 소득 명세서는 별지 제78호의
4 서식에 따른다. (2023. 3. 20. 개정)

7. 법 제148조의 3 제1항에 따른 원천징수영수증 및 영
제213조 제1항에 따른 지급명세서 중 금융투자소득
지급명세서는 별지 제79호 서식에 따른다. (2022. 3.
18. 신설)
8. 영 제225조의 2 제1항 제1호에 따른 주식등 거래명
세서는 별지 제80호 서식에 따른다. (2022. 3. 18.
신설)
9. 영 제225조의 2 제1항 제2호에 따른 채권등 거래명
세서는 별지 제80호의 2 서식에 따른다. (2022. 3.
18. 신설)
10. 영 제225조의 2 제1항 제3호에 따른 투자 계약증권
거래명세서는 별지 제80호의 3 서식에 따른다.
(2022. 3. 18. 신설)
11. 영 제225조의 2 제1항 제4호에 따른 집합투자증권
거래 및 집합투자기구 분배명세서는 별지 제80호의
4 서식에 따른다. (2022. 3. 18. 신설)
12. 영 제225조의 2 제1항 제5호에 따른 파생결합증권
거래명세서는 별지 제80호의 5 서식에 따른다.
(2022. 3. 18. 신설)
13. 영 제225조의 2 제1항 제6호에 따른 파생상품 거
래명세서는 별지 제80호의 6 서식에 따른다. (2022.
3. 18. 신설)
14. 영 제225조의 2 제2항에 따른 금융투자상품 보유명
세서는 별지 제80호의 7 서식에 따른다. (2022. 3.
18. 신설)

서식에 따른다. (2018. 3. 21. 개정)
44. 법 제174조의 3에 따른 실손의료보험금 지급 결과
통보서는 별지 제100호의 3 서식에 따른다. (2020.
3. 13. 신설)
44. 삭 제 (2025. 3. 21.)

제102조의 2【금융투자소득세 관련 서식】금
융투자소득세 관련 서식은 다음 각 호의 어느 하나에
따른다. (2022. 3. 18. 신설)
1. 영 제150조의 26 제1항 제3호에 따른 집합투자기구
의 이익 및 분배·유보 내역 신고서는 별지 제76호
서식에 따른다. (2023. 3. 20. 개정)

2. 영 제150조의 27 제1항에 따른 금융투자 소득세 예
정신고 및 납부계산서와 같은 조 제2항에 따른 금융
투자결손금 신고서 및 영 제150조의 30 제1항에 따
른 금융투자소득세 과세표준확정신고 및 납부계산서
와 같은 조 제2항 제2호에 따른 금융투자소득금액계
산명세서는 별지 제77호 서식에 따른다. (2022. 3.
18. 신설)
3. 법 제148조의 2 제5항에 따른 원천징수배제신청서는
별지 제78호 서식에 따른다. (2022. 3. 18. 신설)
4. 영 제203조의 2 제6항 및 제7항에 따른 금융투자소
득 기본공제 적용 또는 변경·추가 신청서는 별지
제78호의 2 서식에 따른다. (2023. 3. 20. 개정)

5. 영 제203조의 2 제15항에 따른 원천징수요청서는 별
지 제78호의 3 서식에 따른다. (2023. 3. 20. 개정)

부　칙 (2024. 12. 31. 법률 제20615호)

제1조 【시행일】 이 법은 2025년 1월 1일부터 시행한다. 다만, 다음 각 호의 개정규정은 해당 호에서 정하는 날부터 시행한다.

1. 제4조 제2항 제4호 및 제17조 제1항 제5호의 3·제5호의 4의 개정규정, 법률 제17757호 소득세법 일부개정법률 제17조 제1항 제9호·제10호(같은 항 제5호의 3 및 제5호의 4에 관한 부분으로 한정한다)의 개정규정 : 2025년 7월 1일

2. 법률 제17757호 소득세법 일부개정법률 제37조 제1항 제3호, 같은 조 제5항·제6항·제7항 및 제164조의 4 제1항의 개정규정 : 2027년 1월 1일

3. 제156조의 2 제1항의 개정규정 : 2026년 1월 1일

4. 법률 제17757호 소득세법 일부개정법률 제164조의 4 제2항의 개정규정, 제177조의 개정규정 : 2028년 1월 1일

제2조 【신탁소득에 관한 적용례】 제4조 제2항 제4호 및 제17조 제1항 제5호의 3·제5호의 4의 개정규정, 법률 제17757호 소득세법 일부개정법률 제17조 제1항 제9호·제10호(같은 항 제5호의 3 및 제5호의 4에 관한 부분으로 한정한다)의 개정규정은 2025년 7월 1일 이후 지급받는 소득분부터 적용한다.

제3조 【기업의 출산지원금 비과세에 대한 적용례】 제12조 제3호 머목 1)의 개정규정은 이 법 시행 이후 종합소득과세표준 확정신고를 하거나 연말정산하는 경우부터 적용한다.

제4조 【임원등에 대한 할인금액 비과세에 대한 적용례】 제12조 제3호 처목 및 제20조 제1항 제6호의 개정규정은 이 법 시행 이후 발생하는 소득분부터 적용한다.

제5조 【배당소득의 가산 적용에서 제외되는 소득의 범위에 관한 적용례】 제17조 제3항 제1호·제6호 및 제7호의 개정규정은 이 법 시행 이후 자본의 감소 또는 재평가적립금·자본준비금의 감액으로 취득하거나 지급받는 소득분부터 적용한다.

제6조 【가상자산 취득가액 산정방식에 관한 적용례】 법률 제17757호 소득세법 일부개정법률 제37조 제6항의 개정규정은 2027년 1월 1일 이후 가상자산을 양도하는 경우부터 적용한다.

제7조 【자녀세액공제에 관한 적용례】 제59조의 2 제1항 제1호부터 제3호까지의 개정규정은 이 법 시행일이 속하는 과세기간분부터 적용한다.

제8조 【양도소득의 필요경비 계산 특례에 관한 적용례】 제97조의 2 제1항 각 호 외의 부분의 개정규정은 이 법 시행 이후 증여받는 자산부터

부　칙 (2025. 2. 28. 대통령령 제35349호)

제1조 【시행일】 이 영은 공포한 날부터 시행한다. 다만, 다음 각 호의 개정규정은 해당 호에서 정하는 날부터 시행한다.

1. 제4조 제3항, 제53조 제1항, 제107조 제2항, 제187조의 3 제2항, 제202조의 2 제4항, 제203조, 제216조의 2 제1항 및 별표 3의 3의 개정규정: 2026년 1월 1일

2. 제26조의 2 제1항 제2호, 같은 조 제4항 제2호, 같은 조 제5항 제2호, 제26조의 3 제8항부터 제11항까지, 제46조 제9호 및 제189조의 2 제3항의 개정규정: 2025년 7월 1일

3. 대통령령 제32516호 소득세법 시행령 일부개정령 제183조 제5항·제6항, 제207조 제11항 및 제216조의 4의 개정규정: 2027년 1월 1일

4. 대통령령 제32516호 소득세법 시행령 일부개정령(대통령령 제33207호 소득세법 시행령 일부개정령 및 대통령령 제35121호 소득세법 시행령 일부개정령에 따라 각각 개정된 내용을 포함한다) 제88조의 개정규정: 2027년 1월 1일

5. 제167조의 3 제1항 제2호 아목 및 자목의 개정규정: 2025년 6월 4일

6. 별표 5의 개정규정: 2028년 1월 1일

제2조 【거주기간의 계산에 관한 적용례】 ① 제4조 제2항의 개정규정은 이 영 시행일이 속하는 과세기간에 출국하는 경우부터 적용한다.
② 제4조 제3항의 개정규정은 2026년 1월 1일 이후 개시하는 과세기간에 발생하는 소득분부터 적용한다.

제3조 【국외근로자 비과세급여의 범위 확대에 관한 적용례】 제16조 제1항 제2호의 개정규정은 이 영 시행일이 속하는 과세기간에 지급받는 소득분부터 적용한다.

제4조 【비과세되는 종교인소득의 범위에 관한 적용례】 제19조 제3항 제2호의 개정규정은 이 영 시행일이 속하는 과세기간에 지급받는 소득분부터 적용한다.

제5조 【저축성보험의 보험차익에 관한 적용례】 제25조의 개정규정은 이 영 시행 이후 지급받는 소득분부터 적용한다.

제6조 【집합투자기구의 분배 유보 이익금에 관한 적용례】 제26조의 2 제1항 제2호 및 같은 조 제5항 제2호의 개정규정은 2025년 7월 1일 이후 발생하는 이익분부터 적용한다.

제7조 【연금부동산 양도차익의 연금계좌 납입에 관한 적용례】 제40조의 2 제2항 제1호 및 같은 조 제7항부터 제11항까지의 개정규정은 이 영

부　칙 (2025. 3. 21. 기획재정부령 제1124호)

제1조 【시행일】 이 규칙은 공포한 날부터 시행한다. 다만, 다음 각 호의 개정규정은 해당 호에서 정한 날부터 시행한다.

1. 제13조 제6항의 개정규정 : 2025년 4월 1일

2. 제14조의 2, 및 제14조의 3 및 별지 제23호 서식(1)(조각투자상품에 관한 부분으로 한정한다)의 개정규정 : 2025년 7월 1일

3. 제100조 제28호의 9·제29호의 3, 별지 제24호 서식(2), 별지 제24호 서식(6) 부표, 별지 제24호의 5 서식 및 별지 제29호의 2 서식(1)의 개정규정 : 2026년 1월 1일

제2조 【집합투자기구로부터의 이익에 대한 과세표준 계산방식에 관한 적용례】 제13조 제6항의 개정규정은 2025년 4월 1일 이후 매수하는 집합투자증권부터 적용한다.

제3조 【부동산과다보유법인의 범위등에 관한 적용례】 제76조 제2항의 개정규정은 이 규칙 시행 이후 주식등을 양도하는 경우부터 적용한다.

제4조 【비사업용 토지로 보지 않는 토지의 판정기준 변경에 관한 적용례】 제83조의 5 제1항 제9호의 개정규정은 이 규칙 시행 이후 토지를 양도하는 경우부터 적용한다.

제5조 【서식에 관한 적용례 등】 서식의 개정규정은 이 규칙 시행 이후 신고, 신청, 제출 또는 보고하는 경우부터 적용하되, 개정서식으로는 종전의 법 또는 영에 따른 신고 등을 할 수 없는 경우에는 종전의 서식에 따른다.

제6조 【총수입금액계산 관련 이자율의 변경에 관한 경과조치】 이 규칙 시행일이 속하는 과세기간 전에 발생한 사업소득금액의 계산에 적용하는 이자율에 관하여는 제23조

적용한다.

　제9조【양도차익의 산정에 관한 적용례】제100조 제3항 단서의 개정규정은 이 법 시행 이후 양도하는 경우부터 적용한다.

　제10조【비거주자의 국채 등 이자·양도소득 과세특례에 관한 적용례】① 제119조의 3 제3항부터 제5항까지의 개정규정은 이 법 시행 이후 소득을 지급받는 경우부터 적용한다.

　② 제119조의 3 제6항 및 제7항의 개정규정은 이 법 시행 이후 경정을 청구하는 경우부터 적용한다.

　제11조【전자기부금영수증 발급의무에 관한 적용례】제160조의 3 제4항의 개정규정은 이 법 시행 이후 기부금을 받는 경우부터 적용한다.

　제12조【가상자산 거래내역 제출에 관한 적용례】법률 제17757호 소득세법 일부개정법률 제164조의 4 제2항의 개정규정은 2028년 1월 1일 이후 발생하는 거래에 관하여 자료를 제출하지 아니하는 경우부터 적용한다.

　제13조【원천징수세율에 관한 경과조치】이 법 시행 전에 지급한 소득의 원천징수에 관하여는 제129조 제1항 제3호의 개정규정에도 불구하고 종전의 규정에 따른다.

　제14조【납세조합 세액공제 및 교부금의 지급에 관한 경과조치】① 이 법 시행 전에 발생한 소득에 대한 세액공제에 관하여는 제150조 제3항의 개정규정에도 불구하고 종전의 규정에 따른다.

　② 이 법 시행 전에 발생한 소득에 대하여 소득세를 징수하여 납부한 자에게 지급하는 교부금에 관하여는 제169조의 개정규정에도 불구하고 종전의 규정에 따른다.

　제15조【비거주자의 조세조약상 비과세 또는 면제 적용 신청에 관한 경과조치】제156조의 2 제1항의 개정규정 시행 전에 발생한 국내원천 인적 용역소득에 관하여는 같은 개정규정에도 불구하고 종전의 규정에 따른다.

　제16조【다른 법률의 개정】① 법률 제19190호 국세징수법 일부개정법률 일부를 다음과 같이 개정한다.

　제111조 중 "이자소득, 배당소득 또는 금융투자소득"을 "이자소득 또는 배당소득"으로 한다.

　② 법률 제18589호 농어촌특별세법 일부개정법률 일부를 다음과 같이 개정한다.

　제2조 제1항 제2호 중 "이자소득·배당소득·금융투자소득"을 "이자소득·배당소득"으로 한다.

　제4조 제3호의 2 중 "양도소득세 또는 금융투자소득세"를 "양도소득세"

시행일이 속하는 과세기간에 연금부동산을 양도하는 경우부터 적용한다.

　제8조【감가상각자산의 범위 등에 관한 적용례】제62조 제2항 제2호, 제63조 제1항 제2호, 제64조 제1항 제1호·제9호 및 같은 조 제4항 제6호의 개정규정은 이 영 시행일이 속하는 과세기간에 감가상각하는 경우부터 적용한다.

　제9조【공익성을 고려하여 정하는 기부금의 범위 등에 관한 적용례】① 제80조 제1항 제2호의 개정규정은 2025년 1월 1일 이후 연말정산을 하거나 종합소득과세표준 확정신고를 하는 경우부터 적용한다.

　② 제80조 제8항의 개정규정은 이 영 시행 이후 공익단체가 지정 또는 지정 취소되거나 제80조 제2항 각 호의 어느 하나에 해당하게 된 경우부터 적용한다.

　제10조【장애인 증명서류 제출에 관한 적용례】제107조 제2항의 개정규정은 2026년 1월 1일 이후 연말정산을 하거나 종합소득과세표준 확정신고를 하는 경우부터 적용한다.

　제11조【주택임차자금 차입금 소득공제에 관한 적용례】제112조 제4항 제1호의 개정규정은 2025년 1월 1일 이후 연말정산을 하거나 종합소득과세표준 확정신고를 하는 경우부터 적용한다.

　제12조【간접투자회사등으로부터 지급받은 소득에 대한 외국 납부세액공제 특례에 관한 적용례 등】① 제117조의 2 제2항·제4항·제5항 및 제189조의 2 제2항의 개정규정은 이 영 시행 이후 간접투자회사등으로부터 지급받는 소득에 대해 간접투자외국법인세액을 공제하거나 원천징수하는 경우부터 적용한다.

　② 이 영 시행 전에 발생한 소득에 대한 해당 과세기간의 종합소득과세표준 확정신고를 하는 경우 외국 납부세액공제에 관하여는 제117조의 2 제2항·제4항 및 제5항의 개정규정에도 불구하고 종전의 규정에 따른다.

　제13조【양도소득 비과세 대상 1세대 1주택의 범위 등에 관한 적용례】제154조 제1항 및 제159조의 4의 개정규정은 이 영 시행 이후 매매계약을 체결하는 경우부터 적용한다.

　제14조【주택임대사업자의 거주주택 등 양도에 관한 적용례】제155조 제20항의 개정규정은 이 영 시행 이후 주택을 양도하는 경우부터 적용한다.

　제15조【1세대 3주택 이상의 주택에서 제외되는 주택의 범위에 관한 적용례】① 제167조의 3 제1항 제2호 바목의 개정규정은 이 영 시행 이후 민간임대주택으로 등록한 장기일반민간임대주택등을 양도하는 경우부터 적용한다.

제1항의 개정규정에도 불구하고 종전의 규정에 따른다.

　제7조【주택임차자금 차입금의 이자율 요건 변경에 관한 경과조치】이 규칙 시행 전에 주택임차자금을 차입한 경우의 소득공제 관련 이자율 요건에 관하여는 제57조의 개정규정에도 불구하고 종전의 규정에 따른다.

부　칙 (2024. 12. 31. 기획재정부령 제1098호)

이 규칙은 2025년 1월 1일부터 시행한다.

부　칙 (2024. 9. 10. 기획재정부령 제1080호)

　제1조【시행일】이 규칙은 공포한 날부터 시행한다.

　제2조【준공 후 미분양주택의 요건에 관한 적용례】제82조 제2항 제1호의 개정규정은 이 규칙 시행일이 속하는 과세기간에 주택을 양도하는 경우부터 적용한다.

부　칙 (2024. 3. 22. 기획재정부령 제1052호)

　제1조【시행일】이 규칙은 공포한 날부터 시행한다. 다만, 제88조의 개정규정은 2024년 7월 1일부터 시행한다.

　제2조【업무용승용차 관련비용 등의 필요경비 불산입 특례에 관한 적용례】제42조 제7항의 개정규정은 이 규칙 시행일이 속하는 과세기간에 폐업하는 경우부터 적용한다.

　제3조【총수입금액계산 관련 이자율의 변경에 관한 경과조치】이 규칙 시행일이 속하는 과세기간 전에 발생한 사업소득금액의 계산에 적용하는 이자율에 관하여는 제23조 제1항의 개정규정에도 불구하고 종전의 규정에 따른다.

　제4조【주택임차자금 차입금의 이자율 요건 변경에 관한 경과조치】이 규칙 시행 전에 주택임

로 하고, 같은 조 제4호 중 "이자소득, 배당소득 및 금융투자소득"을 "이자소득 및 배당소득"으로 한다.

제5조 제1항 제2호의 과세표준란 중 "배당소득·금융투자소득"을 "배당소득"으로 하고, 같은 조 제4항 각 호 외의 부분 및 같은 항 제1호 각 목 외의 부분 중 "이자소득·배당소득·금융투자소득"을 각각 "이자소득 및 배당소득"으로 하며, 같은 호 다목을 삭제한다.

부 칙 (2023. 12. 31. 법률 제19933호)

제1조【시행일】이 법은 2024년 1월 1일부터 시행한다. 다만, 다음 각 호의 개정규정은 해당 호에서 정하는 날부터 시행한다.

1. 제25조 제1항 제2호의 개정규정: 2026년 1월 1일
2. 제86조 제1호의 개정규정 : 2024년 7월 1일
3. 제95조 제5항 및 제6항의 개정규정: 2025년 1월 1일

제2조【비과세소득에 관한 적용례 등】① 제12조 제2호 사목의 개정규정은 이 법 시행 이후 발생하는 소득분부터 적용한다.

② 제12조 제3호 마목, 같은 호 어목 1) 단서 및 같은 조 제5호 라목 단서의 개정규정은 이 법 시행 이후 소득을 지급받는 경우부터 적용한다.

③ 이 법 시행 전에 지급받은 출산·보육과 관련한 소득의 비과세 한도에 관하여는 제12조 제3호 머목 및 같은 조 제5호 아목 4)의 개정규정에도 불구하고 종전의 규정에 따른다.

제3조【자녀세액공제에 관한 적용례】① 제59조의 2 제1항 각 호 외의 부분의 개정규정은 이 법 시행 이후 종합소득과세표준을 신고하거나 소득세를 결정하거나 연말정산하는 경우부터 적용한다.

② 제59조의 2 제1항 제2호 및 제3호의 개정규정은 이 법 시행일이 속하는 과세기간분부터 적용한다.

제4조【의료비 세액공제에 관한 적용례】제59조의 4 제2항 제2호 나목의 개정규정은 이 법 시행 이후 의료비를 지급하는 경우부터 적용한다.

제5조【이자 상당 가산액의 계산에 관한 적용례】제64조의 2 제4항 본문의 개정규정은 이 법 시행 이후의 기간에 대하여 이자 상당 가산액을 계산하는 경우부터 적용한다.

제6조【소액 부징수의 예외에 관한 적용례】제86조 제1호의 개정규정은 2024년 7월 1일 이후 지급하는 소득에 대하여 원천징수하는 경우부터 적용한다.

제7조【장기보유 특별공제액의 계산에 관한 적용례】제95조 제5항 및 제6항의 개정규정은 2025년 1월 1일 이후 자산을 양도하는 경우부터 적용한다.

제8조【양도소득의 필요경비 계산 특례에 관한 적용례】제97조의 2 제1항의 개정규정은 이 법 시행 이후 자산을 양도하는 경우부터 적용한다.

제9조【조세조약상 비과세·면제 또는 제한세율의 적용을 위한 경정청구기간에 관한 적용례】제156조의 2 제5항 본문, 제156조의 4 제2항 본문 및 제156조의 6 제4항

② 제167조의 3 제1항 제2호 아목 및 자목의 개정규정은 2025년 6월 4일 이후 민간임대주택으로 등록한 단기민간임대주택을 양도하는 경우부터 적용한다.

제16조【비거주자의 국채 등 이자·양도소득에 대한 비과세 적용 신청에 관한 적용례】제179조의 4의 개정규정은 이 영 시행 이후 비과세 적용 신청을 하는 경우부터 적용한다.

제17조【퇴직소득연금 수령 시 원천징수세율에 관한 적용례】제187조의 3 제2항의 개정규정은 2026년 1월 1일 이후 지급하는 소득에 대해 원천징수하는 경우부터 적용한다.

제18조【간접투자회사등으로부터 지급받는 소득에 대한 원천징수세액의 계산에 관한 적용례】제189조의 2 제3항의 개정규정은 2025년 7월 1일 이후 지급하는 소득에 대해 원천징수하는 경우부터 적용한다.

제19조【퇴직소득세액의 정산 등에 관한 적용례】제202조의 2 제4항 및 제203조의 개정규정은 2026년 1월 1일 이후 퇴직(제43조 제2항에 따라 퇴직한 것으로 보는 경우를 포함한다)하여 지급받는 소득분부터 적용한다.

제20조【현금영수증 의무발행업종에 관한 적용례】별표 3의 3의 개정규정은 2026년 1월 1일 이후 재화 또는 용역을 공급하는 경우부터 적용한다.

제21조【자본준비금 감액배당에 관한 경과조치】이 영 시행 전에 지급받은 배당에 관하여는 제26조의 3 제6항의 개정규정에도 불구하고 종전의 규정에 따른다.

제22조【비거주자의 국내원천 인적용역소득에 대한 지급명세서 제출 의무에 관한 경과조치】2026년 1월 1일 전에 발생한 국내원천 인적용역소득에 대한 지급명세서 제출의무에 관하여는 제216조의 2 제1항 제4호의 개정규정에도 불구하고 종전의 규정에 따른다.

제23조【교부금의 지급에 관한 경과조치】이 영 시행 전에 청구한 교부금의 지급에 관하여는 제221조 제1항의 개정규정에도 불구하고 종전의 규정에 따른다.

부 칙 (2024. 12. 31. 대통령령 제35121호)

제1조【시행일】이 영은 공포한 날부터 시행한다.

제2조【적격외국금융회사등의 승인에 관한 경과조치】이 영 시행 전에 종전의 제179조의 2 제1항 및 제3항에 따라 적격외국금융회사등으로 승인받은 외국금융회사 등은 제179조의 2 제1항 및 제3항의 개정규정에 따라 승인받은 것으로 본다.

차자금을 차입한 경우의 소득공제 관련 이자율 요건에 관하여는 제57조의 개정규정에도 불구하고 종전의 규정에 따른다.

부 칙 (2023. 12. 29. 기획재정부령 제1034호)

제1조【시행일】이 규칙은 공포한 날부터 시행한다. 다만, 기획재정부령 제966호 소득세법 시행규칙 일부개정령 별지 제24호의 4 서식 (3)의 개정규정 및 기획재정부령 제966호 소득세법 시행규칙 일부개정령 부칙 제1조 제3호·제4호의 개정규정은 2024년 1월 1일부터 시행한다.

제2조【서식에 관한 적용례 등】서식의 개정규정은 이 규칙 시행 이후 신고, 신청, 제출 또는 보고하는 경우부터 적용하되, 개정서식으로는 종전의 법 또는 영에 따른 신고 등을 할 수 없는 경우에는 종전의 서식에 따른다.

부 칙 (2023. 7. 3. 기획재정부령 제1004호)

이 규칙은 공포한 날부터 시행한다.

부 칙 (2023. 3. 20. 기획재정부령 966호)

제1조【시행일】이 규칙은 공포한 날부터 시행한다. 다만, 다음 각 호의 개정규정은 해당 호에서 정한 날부터 시행한다.

1. 제11조의 3 제1항, 제16조의 2, 제96조의 4, 제100조 제3호의 3, 별지 제3호의 3 서식부터 별지 제3호의 6 서식까지, 별지 제19호 서식, 별지 제24호 서식 (3), 별지 제24호 서식 (4), 별지 제24호의 4 서식 (2), 별지 제29호의 16 서식부터 별지 제29호의 18 서식까지 및 별지 제38호의 2 서식의 개정규정 : 2023년 7월 1일
2. 다음 각 목의 개정규정 : 2025년 1월 1일
   가. 기획재정부령 제848호 소득세법 시행규칙 일부개정령 제13조, 제69조의 2, 제69조의 3, 제69조의 7 및 제69조의 13의 개정규정
   나. 제60조의 2 및 별지 제108호 서식의 개정규정
   다. 기획재정부령 제848호 소득세법 시행규칙 일부개정령(기획재정부령 제952호 소득세법 시행규칙 일부개정령으로 개정된 것을 포함

본문의 개정규정은 이 법 시행 당시 각각 같은 개정규정에 따른 경정청구기간이 만료되지 아니한 경우에도 적용한다.

제10조【외국인 통합계좌 원천징수 특례에 관한 적용례】제156조의 9의 개정규정은 이 법 시행 이후 외국인 통합계좌의 명의인에게 국내원천소득을 지급하는 경우부터 적용한다.

제11조【국외 주식매수선택권등 거래명세서 제출에 관한 적용례】제164조의 5의 개정규정은 이 법 시행 이후 임원등이 주식매수선택권을 행사하거나 주식기준보상을 지급받는 경우부터 적용한다.

제12조【신탁소득에 대한 소득세 과세에 관한 경과조치】이 법 시행 전에 신탁재산에 귀속된 소득에 대해서는 제2조의 3 제2항의 개정규정에도 불구하고 종전의 규정에 따른다.

제13조【분리과세 기준금액 상향에 관한 경과조치】이 법 시행 전에 지급받은 연금소득의 분리과세 기준금액에 관하여는 제14조 제3항 제9호 다목의 개정규정에도 불구하고 종전의 규정에 따른다.

제14조【배당가산율 인하에 관한 경과조치】이 법 시행 전에 지급받은 배당소득의 소득금액 계산에 관하여는 제17조 제3항 각 호 외의 부분 단서의 개정규정에도 불구하고 종전의 규정에 따른다.

제15조【주택의 보증금등에 대한 총수입금액 계산의 특례에 관한 경과조치】이 법 시행 전에 개시한 과세기간의 총수입금액 계산에 관하여는 제25조 제1항 제2호의 개정규정에도 불구하고 종전의 규정에 따른다.

제16조【장기주택저당차입금 이자 상환액의 소득공제에 관한 경과조치 등】① 이 법 시행 전에 취득한 주택 및 주택분양권에 대한 장기주택저당차입금 이자 상환액의 소득공제 대상 주택 및 주택분양권의 범위에 관하여는 제52조 제5항 각 호 외의 부분 본문 및 같은 항 제4호 본문의 개정규정에도 불구하고 종전의 규정에 따른다.
② 이 법 시행 전에 차입한 장기주택저당차입금의 이자 상환액에 대한 소득공제 한도에 관하여는 다음 각 호의 구분에 따른다.
1. 이 법 시행 전에 지급한 이자 상환액의 경우 : 제52조 제5항 각 호 외의 부분 단서 및 같은 조 제6항의 개정규정에도 불구하고 종전의 규정에 따른다.
2. 이 법 시행 이후 지급하는 이자 상환액의 경우 : 제52조 제5항 각 호 외의 부분 단서 및 같은 조 제6항의 개정규정을 적용한다. 다만, 2012년 1월 1일 전에 차입한 장기주택저당차입금의 이자 상환액에 대하여 제52조 제5항 각 호 외의 부분 단서 및 같은 조 제6항의 개정규정을 적용하는 것이 법률 제11146호 소득세법 일부개정법률 부칙 제17조에 따라 종전의 제52조 제5항 각 호 외의 부분 단서를 적용하는 것보다 납세자에게 불리하게 되는 경우에는 같은 종전의 규정에 따른다.

부 칙 (2023. 8. 8. 법률 제19590호 ; 문화재보호법 부칙)
제1조【시행일】이 법은 2024년 5월 17일부터 시행한다.
제2조 ~제8조 생 략
제9조【다른 법률의 개정】①~㉘ 생 략

부 칙 (2024. 9. 10. 대통령령 제34990호)
제1조【시행일】이 영은 공포한 날부터 시행한다.
제2조【1세대 1주택 특례 등에 관한 적용례】제155조 제5항 및 제156조의 2 제9항의 개정규정은 이 영 시행 이후 주택을 양도하는 경우부터 적용한다.
제3조【소득공제 및 세액공제 증명서류의 제출에 관한 적용례】제216조의 3 제1항 제3호 및 별표 4 제3호의 개정규정은 이 영 시행일이 속하는 과세기간에 발생하는 소득에 대한 소득공제 및 세액공제 증명서류를 제출하는 경우부터 적용한다.

부 칙 (2024. 9. 10. 대통령령 제34881호 ; 근현대문화유산의 보존 및 활용에 관한 법률 시행령 부칙)
제1조【시행일】이 영은 2024년 9월 15일부터 시행한다.
제2조【다른 법령의 개정】①~⑪ 생 략
⑫ 소득세법 시행령 일부를 다음과 같이 개정한다.
제155조 제6항 제1호 중 "지정문화유산·국가등록문화유산"을 "지정문화유산, 「근현대문화유산의 보존 및 활용에 관한 법률」에 따른 국가등록문화유산"으로 한다.
⑬~㉒ 생 략
제3조 생 략

부 칙 (2024. 9. 10. 대통령령 제34873호)
제1조【시행일】이 영은 공포한 날부터 시행한다.
제2조【거래·평가 손익이 비과세되는 집합투자기구로부터의 이익의 범위에 관한 적용례】제26조의 2 제4항 제2호 가목의 개정규정은 이 영 시행 이후 집합투자기구가 주식, 수익증권 또는 상장지수증권이나 이를 대상으로 하는 장내파생상품을 취득하는 분부터 적용한다.
제3조【1세대 3주택 이상에 해당하는 주택의 범위에 관한 적용례】제167조의 3 제1항 제12호 가목 4)의 개정규정은 이 영 시행일이 속하는 과세기간에 주택을 양도하는 경우부터 적용한다.

부 칙 (2024. 7. 23. 대통령령 제34728호 ; 기부금품의 모집 및 사용에 관한 법률 시행령 부칙)
제1조【시행일】이 영은 2024년 7월 31일부터 시행한다.

한다) 제69조의 9의 개정규정
라. 기획재정부령 제907호 소득세법 시행규칙 일부개정령(기획재정부령 제952호 소득세법 시행규칙 일부개정령으로 개정된 것을 포함한다) 제94조의 3 및 별지 제77호 서식의 개정규정
마. 기획재정부령 제907호 소득세법 시행규칙 일부개정령 제102조의 2, 제103조 제13항, 별지 제76호 서식, 별지 제78호 서식, 별지 제78호의 2 서식부터 별지 제78호의 4 서식까지, 별지 제79호 서식, 별지 제80호 서식 및 별지 제80호의 2 서식부터 별지 제80호의 8 서식까지의 개정규정
3. 제45조의 제목, 제99조의 3 제4호, 제102조 제2항 제9호, 별지 제24호의 4 서식 (1), 별지 제24호의 4 서식 (3) 및 별지 제55호 서식의 개정규정 : 2024년 1월 1일

제2조【인적용역제공사업자 등의 범위에 관한 적용례】제99조의 3 제4호의 개정규정은 부칙 제1조 제3호에 따른 시행일 이후 수입금액 또는 소득금액이 발생하는 경우부터 적용한다.

제3조【서식에 관한 적용례 등】서식의 개정규정은 이 규칙 시행 이후 신고, 신청, 제출 또는 보고하는 경우부터 적용하되, 개정서식으로는 종전의 법 또는 영에 따른 신고 등을 할 수 없는 경우에는 종전의 서식에 따른다.

제4조【총수입금액계산 관련 이자율의 변경에 관한 경과조치】이 규칙 시행일이 속하는 과세기간 전에 발생한 사업소득금액의 계산에 적용하는 이자율에 관하여는 제23조 제1항의 개정규정에도 불구하고 종전의 규정에 따른다.

제5조【주택임차자금 차입금의 이자율 요건 변경에 관한 경과조치】이 규칙 시행 전에 주택임차자금을 차입한 경우의 소득공제 관련 이자율 요건에 관하여는 제57조의 개정규정에도 불구하고 종전의 규정에 따른다.

제6조【경비 등의 지출증빙 특례에 관한 경과조치】이 규칙 시행 전에 재화 또는 용역을 공급받은 경우의 지출증명 수취 및 보관에 관하여는 제95

㉙ 소득세법 일부를 다음과 같이 개정한다.

제12조 제5호 바목 중 "「문화재보호법」"을 "「문화유산의 보존 및 활용에 관한 법률」"로, "국가지정문화재로"를 "국가지정문화유산으로"로 한다.

㉚～㊼ 생략

제10조 생 략

부 칙 (2023. 7. 18. 법률 제19563호 ; 가상자산 이용자 보호 등에 관한 법률 부칙)

제1조 【시행일】 이 법은 공포 후 1년이 경과한 날부터 시행한다. 다만, 부칙 제2조 제6항은 2025년 1월 1일부터 시행한다.

제2조 【다른 법률의 개정】 ①～⑤ 생 략

⑥ 법률 제17757호 소득세법 일부개정법률 일부를 다음과 같이 개정한다.

제21조 제1항 제27호 중 "「특정 금융거래정보의 보고 및 이용 등에 관한 법률」 제2조 제3호"를 "「가상자산 이용자 보호 등에 관한 법률」 제2조 제1호"로 한다.

제119조 제12호 타목 중 "「특정 금융거래정보의 보고 및 이용 등에 관한 법률」 제2조 제1호 하목"을 "「가상자산 이용자 보호 등에 관한 법률」 제2조 제2호"로 한다.

⑦～⑧ 생 략

부 칙 (2022. 12. 31. 제19196호)

제1조 【시행일】 이 법은 2023년 1월 1일부터 시행한다. 다만, 다음 각 호의 개정규정은 해당 호에서 정한 날부터 시행한다.

1. 법률 제17757호 소득세법 일부개정법률 제17조 제1항 제5호, 제37조 제5항, 제87조의 2 제3호, 제87조의 6 제1항 제4호, 제87조의 12 제4항, 제87조의 13 제3항, 제87조의 14조 제1항·제3항, 제87조의 18 제1항 제1호 다목·라목, 제87조의 21 제1항 제3호 및 같은 조 제2항, 제87조의 27 제2항, 제119조 제2호 다목, 제128조 제1항 및 제148조의 2 제2항의 개정규정 : 2025년 1월 1일

2. 제15조 제2호, 제33조 제1항 제1호, 제57조의 2, 제58조 제2항의 개정규정, 법률 제17757호 소득세법 일부개정법률 제87조의 27 제1항의 개정규정, 법률 제18578호 소득세법 일부개정법률 제129조 제4항부터 제8항까지의 개정규정 : 2025년 1월 1일

3. 제35조 제1항부터 제5항까지(같은 조 제2항 제3호 중 "매입자발행계산서"의 개정부분은 제외한다), 제81조의 11 제1항 제1호 나목(제164조의 3 제1항 제1호의 소득에 대한 간이지급명세서를 제출하지 아니한 경우는 제외한다), 같은 조 제3항 제2호, 같은 조 제4항(제164조의 3 제1항 제1호의 소득에 관한 부분은 제외한다), 같은 조 제5항의 개정규정 중 제164조의 3 제1항 제3호의 소득에 대한 개정부분, 제164조 제7항의 개정규정 중 "제3호의 소득"의 개정부분, 제164조의 3 제1항의 개정규정("제1호의 소득"의 개정부분은 제외한다): 2024년 1월 1일 (2023. 12. 31. 개정)

4. 제35조 제2항 제3호의 개정규정 중 "매입자발행계산서"의 개정부분, 제160조의 2 제3항 및 제163조의 3의 개정규정 : 2023년 7월 1일

5. 제81조의 11 제1항 제1호 나목(제164조의 3 제1항 제1호의 소득에 대한 간이지급명

제2조 【다른 법령의 개정】 ①～⑤ 생 략

⑥ 소득세법 시행령 일부를 다음과 같이 개정한다.

제80조 제2항 제6호 중 "「기부금품의 모집 및 사용에 관한 법률」"을 "「기부금품의 모집·사용 및 기부문화 활성화에 관한 법률」"로 한다.

⑦～⑬ 생 략

제3조 생 략

부 칙 (2024. 7. 2. 대통령령 제34657호 ; 벤처기업육성에 관한 특별법 시행령 부칙)

제1조 【시행일】 이 영은 2024년 7월 10일부터 시행한다. (단서생략)

제2조 【다른 법령의 개정】 ①～㉒ 생 략

㉓ 소득세법 시행령 일부를 다음과 같이 개정한다.

제26조의 2 제4항 제2호 나목 및 제167조의 8 제1항 제2호 나목 중 "「벤처기업육성에 관한 특별조치법」"을 각각 "「벤처기업육성에 관한 특별법」"으로 한다.

㉔～㉟ 생 략

제3조 생 략

부 칙 (2024. 6. 25. 대통령령 제34591호 ; 교육부와 그 소속기관 직제 부칙)

제1조 【시행일】 이 영은 2024년 6월 27일부터 시행한다.

제2조 생 략

제3조 【다른 법령의 개정】 ①～④ 생 략

⑤ 소득세법 시행령 일부를 다음과 같이 개정한다.

별표 4 제4호 나목의 소득공제 및 세액공제 증명자료란을 다음과 같이 하고, 같은 표의 제4호 다목란을 삭제한다.

> 나. 「초·중등교육법」에 따른 학교, 「유아교육법」에 따른 국립유치원 및 「육아보육법」에 따른 어린이집에 지급한 교육비

⑥ 생 략

부 칙 (2024. 5. 7. 대통령령 제34488호 ; 문화재보호법 시행령 부칙)

제1조 【시행일】 이 영은 2024년 5월 17일부터 시행한다.

제2조·제3조 생 략

제4조 【다른 법령의 개정】 ①～㉕ 생 략

조의 3 제9호의 개정규정에도 불구하고 종전의 규정에 따른다.

부 칙 (2022. 12. 31. 기획재정부령 제952호)

이 규칙은 2023년 1월 1일부터 시행한다. 다만, 다음 각 호의 개정규정은 해당 호에서 정한 날부터 시행한다.

1. 제68조의 개정규정 : 2023년 1월 5일

2. 기획재정부령 제907호 소득세법 시행규칙 일부개정령 제69조의 8, 제94조의 3 제3항 제3호, 제99조의 5, 별지 제30호의 3 서식, 별지 제30호의 4 서식 및 별지 제77호 서식의 개정규정과 기획재정부령 제848호 소득세법 시행규칙 일부개정령 제69조의 9 및 제69조의 10의 개정규정 : 2025년 1월 1일

부 칙 (2022. 6. 30. 기획재정부령 제920호)

제1조 【시행일】 이 규칙은 2022년 7월 1일부터 시행한다.

제2조 【서식에 관한 경과조치】 이 규칙 시행 전에 지급한 원천징수대상 사업소득에 대한 간이지급명세서를 이 규칙 시행 이후에 제출하는 경우에는 별지 제24호의 4 서식(2)의 개정규정에도 불구하고 종전의 서식에 따른다.

부 칙 (2022. 3. 18. 기획재정부령 제907호)

제1조 【시행일】 이 규칙은 공포한 날부터 시행한다. 다만, 제76조의 3, 제78조의 2, 제81조 제4항, 제94조의 3, 제100조 제32호의 4, 제102조의 2, 제103조 제11항부터 제15항까지, 별지 제21호 서식(가상자산에 관한 부분으로 한정한다), 별지 제23호 서식(5)(가상자산에 관한 부분으로 한정한다), 별지 제30호의 3 서식, 별지 제30호의 4 서식, 별지 제40호 서식(가상자산에 관한 부분으로 한정한다), 별지 제76호 서식부터 별지 제78호 서식까지, 별지 제78호의 2 서식부터 별지 제78호의 4 서식까지, 별지 제79호 서식, 별지 제80호 서식, 별지 제80호의 2 서식부터 별지 제80호의 8 서식까지, 별지 제103호 서식, 별지 제104호 서식 및 별지 제105호 서식의 개

세서를 제출하지 아니한 경우로 한정한다), 같은 조 제3항 제1호, 같은 조 제4항(제164조의 3 제1항 제1호의 소득에 관한 부분으로 한정한다), 제164조의 3 제1항 중 "제1호의 소득"의 개정부분: 2026년 1월 1일 (2023. 12. 31. 신설)

제2조 【일반적 적용례】 이 법은 부칙 제1조에 따른 각 해당 규정의 시행일 이후 소득이 발생하는 경우부터 적용한다.

제3조 【특별소득공제에 관한 적용례 등】 제52조 제4항 단서의 개정규정은 2022년 과세기간의 근로소득에 대하여 이 법 시행 이후 종합소득과세표준을 신고하거나 소득세를 결정하거나 연말정산하는 경우부터 적용한다.

제4조 【간접투자회사등으로부터 지급받은 소득에 대한 외국납부세액공제 특례 등에 관한 적용례】 제57조의 2(법률 제17757호 소득세법 일부개정법률 제87조의 27 제1항의 개정규정에 따라 준용되는 경우를 포함한다), 법률 제18578호 소득세법 일부개정법률 제129조 제4항부터 제8항까지의 개정규정은 2025년 1월 1일 이후 지급받는 소득에 대하여 과세표준을 신고하거나 원천징수하는 경우부터 적용한다.

제5조 【교육비의 특별세액공제에 관한 적용례】 제59조의 4 제3항 제1호 가목의 개정규정은 이 법 시행 이후 교육비를 지급하는 경우부터 적용한다.

제6조 【지급명세서등 제출 및 불성실 가산세에 관한 적용례 등】 ① 제81조의 11 제1항 제1호 나목(제164조의 3 제1항 제1호의 소득에 대한 간이지급명세서를 제출하지 아니한 경우는 제외한다), 같은 조 제3항 제2호, 같은 조 제4항(제164조의 3 제1항 제1호의 소득에 관한 부분은 제외한다), 같은 조 제5항(제164조의 3 제1항 제3호의 소득에 관한 부분으로 한정한다), 제164조 제7항 (제164조의 3 제1항 제3호의 소득에 관한 부분으로 한정한다) 및 제164조의 3 제1항("제1호의 소득"의 개정부분은 제외한다)의 개정규정은 2024년 1월 1일 이후 지급하는 소득에 대하여 지급명세서등을 제출하여야 하거나 제출하는 경우부터 적용한다. (2023. 12. 31. 개정)

② 제81조의 11 제1항 제1호 나목(제164조의 3 제1항 제1호의 소득에 대한 간이지급명세서를 제출하지 아니한 경우로 한정한다), 같은 조 제3항 제1호, 같은 조 제4항(제164조의 3 제1항 제1호의 소득에 관한 부분으로 한정한다) 및 제164조의 3 제1항("제1호의 소득"의 개정부분으로 한정한다)의 개정규정은 2026년 1월 1일 이후 지급하는 소득에 대하여 지급명세서등을 제출하여야 하거나 제출하는 경우부터 적용한다. (2023. 12. 31. 신설)

③ 제81조의 11 제5항 및 제164조 제7항의 개정규정(각각 제164조의 3 제1항 제2호의 소득에 관한 부분으로 한정한다)은 2023년 1월 1일 이후 지급하는 소득에 대하여 지급명세서등을 제출하여야 하거나 제출하는 경우부터 적용한다. (2023. 12. 31. 항번개정)

④ 2026년 1월 1일 전에 지급한 제164조의 3 제1항 제1호의 소득에 대한 간이지급명세서의 지연 제출에 따른 가산세에 관하여는 제81조의 11 제1항 제1호 나목 및 같은 조 제4항의 개정규정에도 불구하고 종전의 규정에 따른다. (2023. 12. 31. 개정)

⑤ 2026년 1월 1일 전에 지급한 제164조의 3 제1항 제1호의 소득에 대한 간이지급명세서의 제출 기한에 관하여는 제164조의 3 제1항 각 호 외의 부분 및 같은 항 제1호의 개정규정에도 불구하고 종전의 규정에 따른다. (2023. 12. 31. 개정)

제7조 【복권 당첨금 과세최저한에 관한 적용례】 제84조 제2호의 개정규정은 이

㉖ 소득세법 시행령 일부를 다음과 같이 개정한다.

제155조 제6항 제1호를 다음과 같이 한다.

1. 「문화유산의 보존 및 활용에 관한 법률」에 따른 지정문화유산·국가등록문화유산 및 「자연유산의 보존 및 활용에 관한 법률」에 따른 천연기념물 등

제167조의 3 제1항 제6호 중 "문화재주택"을 "국가유산주택"으로 한다.

제168조의 9 제1항 제6호를 다음과 같이 한다.

6. 「문화유산의 보존 및 활용에 관한 법률」에 따른 보호구역 또는 「자연유산의 보존 및 활용에 관한 법률」에 따른 보호구역 안의 임야

제168조의 14 제1항 제2호 중 "「문화재보호법」"을 "「문화유산의 보존 및 활용에 관한 법률」 또는 「자연유산의 보존 및 활용에 관한 법률」"로 한다.

㉗~㊳ 생 략

제5조 생 략

부 칙 (2024. 2. 29. 대통령령 제34265호)

제1조 【시행일】 이 영은 공포한 날부터 시행한다. 다만, 다음 각 호의 개정규정은 해당 호에서 정한 날부터 시행한다.

1. 제149조의 3 및 제184조 제1항의 개정규정: 2024년 7월 1일
2. 제159조의 4 전단, 별표 3의 2 제10호·제12호 및 별표 3의 3 제2호·제5호의 개정규정: 2025년 1월 1일
3. 별표 2의 개정규정 : 2024년 3월 1일

제2조 【국외근로자 비과세급여의 범위 확대에 관한 적용례】 제16조 제1항 제1호 및 제2호의 개정규정은 이 영 시행일이 속하는 과세기간에 지급받는 소득부터 적용한다.

제3조 【직무발명보상금의 비과세 한도 상향에 관한 적용례】 제17조의 3 제1항 및 제18조 제2항의 개정규정은 이 영 시행일이 속하는 과세기간에 지급받는 소득부터 적용한다.

제4조 【복리후생적 급여의 범위 조정에 관한 적용례】 ① 제17조의 4 제2호 단서 및 같은 호 각 목의 개정규정은 이 영 시행 이후 발생하는 소득부터 적용한다.

② 제17조의 4 제2호의 2의 개정규정은 이 영 시행일이 속하는 과세기간에 발생하는 소득부터 적용한다.

제5조 【사업소득 필요경비의 범위 확대에 관한 적용례】 제55조 제1항 제11호의 4 및 제11호의 5의 개정규정은 이 영 시행일이 속하는 과세기간에 납부하는 보험료부터 적용한다.

제6조 【기부금의 필요경비 산입 범위 조정 등에 관한 적용례】 제81조 제4항의 개정규정은 2024년 1월 1일 이후 연말정산을 하거나 종합소득과세표준 확정신고를 하는 경우부터 적용한다.

정규정과 기획재정부령 제848호 소득세법 시행규칙 일부개정령 제69조의 3, 제69조의 7 제2항, 제69조의 8, 제69조의 11 제3항, 제69조의 12 제2항·제4항 및 제99조의 5의 개정규정은 2023년 1월 1일부터 시행한다.

제2조 【금융투자소득에 대한 원천징수 제외 사유에 관한 적용례】 제94조의 3 제3항의 개정규정은 부칙 제1조 단서에 따른 시행일 전에 금융회사등이 관리하는 계좌에 입고된 주식등에 대해서도 적용한다.

제3조 【서식에 관한 적용례】 서식에 관한 개정규정은 부칙 제1조에 따른 시행일 이후에 신고, 신청, 제출 또는 보고하는 경우부터 적용하되, 개정규정에 따른 서식으로는 종전의 법 또는 영에 따른 신고 등을 할 수 없는 경우에는 종전의 서식에 따른다.

제4조 【조정반 지정 절차에 관한 특례】 ① 이 규칙 시행 전에 설립된 법무법인, 법무법인(유한) 또는 법무조합은 제65조의 3 제1항의 개정규정에도 불구하고 이 규칙 시행일부터 1개월 이내에 대표자의 사무소 소재지 관할 지방국세청장에게 조정반 지정 신청을 할 수 있다.

② 제1항에 따른 신청을 받은 지방국세청장은 제65조의 3 제2항 각 호 외의 부분 본문에도 불구하고 신청을 받은 날이 속하는 달의 다음 달 말일까지 지정 여부를 결정하여 신청인에게 통지하고, 그 사실을 관보 또는 인터넷 홈페이지에 공고해야 한다.

(1969. 8. 7. 재무부령 제694호~
2021. 11. 9. 기획재정부령 제869호) 생략

법 시행 이후 복권 당첨금을 지급받는 경우부터 적용한다.

제8조【비거주자의 국채등 이자양도소득에 대한 과세특례 등에 관한 적용례】제119조의 3의 개정규정은 이 법 시행 이후 이자를 지급하거나 국채등을 양도하는 경우부터 적용한다.

제9조【비거주자의 국내원천소득 비과세등의 신청에 관한 적용례】제156조의 2 및 제156조의 6의 개정규정은 2023년 1월 1일 이후 비과세, 면제 또는 제한세율 적용을 신청하는 경우부터 적용한다.

제10조【매입자발행계산서 발급에 관한 적용례】제163조의 3의 개정규정은 2023년 7월 1일 이후 재화 또는 용역을 공급받는 경우부터 적용한다.

제11조【주택임대소득 비과세기준 변경에 관한 경과조치】이 법 시행 전에 발생한 주택임대소득의 비과세기준에 관하여는 제12조 제2호 나목의 개정규정에도 불구하고 종전의 규정에 따른다.

제12조【접대비의 명칭변경에 관한 경과조치】2024년 1월 1일 전에 지출한 접대비는 제35조의 개정규정에 따른 기업업무추진비로 본다.

제13조【퇴직소득공제에 관한 경과조치】이 법 시행 전에 퇴직한 거주자의 퇴직소득에 대한 근속연수에 따른 공제에 관하여는 제48조 제1항 제1호의 개정규정에도 불구하고 종전의 규정에 따른다.

제14조【종합소득세의 세율에 관한 경과조치】이 법 시행 전에 개시한 과세기간에 대한 소득세의 계산(제55조 제2항, 제64조 제1항 제2호 나목, 제104조 제1항 제1호, 같은 조 제4항, 같은 조 제5항 제1호, 같은 조 제7항 및 제118조의 5에 따라 종합소득세율이 적용되는 경우를 포함한다)에 적용되는 세율에 관하여는 제55조 제1항의 개정규정에도 불구하고 종전의 규정에 따른다.

제15조【근로소득세액공제에 관한 경과조치】이 법 시행 전에 개시한 과세기간의 종합소득산출세액에 대한 근로소득세액공제의 한도에 관하여는 제59조 제2항의 개정규정에도 불구하고 종전의 규정에 따른다.

제16조【자녀세액공제에 관한 경과조치】이 법 시행 전에 개시한 과세기간의 종합소득산출세액에 대한 자녀세액공제의 연령기준에 관하여는 제59조의 2 제1항의 개정규정에도 불구하고 종전의 규정에 따른다.

제17조【연금계좌세액공제에 관한 경과조치】이 법 시행 전에 개시한 과세기간의 종합소득산출세액에 대한 연금계좌세액공제의 기준에 관하여는 제59조의 3 제1항의 개정규정에도 불구하고 종전의 규정에 따른다.

제18조【양도소득의 필요경비 계산 및 부당행위계산에 관한 경과조치】이 법 시행 전에 증여받은 자산을 이 법 시행 이후 양도하는 경우의 필요경비 계산 및 부당행위계산에 관하여는 제97조의 2 제1항 전단 및 제101조 제2항 각 호 외의 부분 본문의 개정규정(법률 제17757호 소득세법 일부개정법률 제87조의 27 제2항의 개정규정에 따라 준용되는 경우를 포함한다)에도 불구하고 종전의 규정에 따른다.

제19조【양도소득세 세율에 관한 경과조치】이 법 시행 전에 양도한 경우의 양도소득세 세율에 관하여는 제104조 제1항 제8호 및 제9호의 개정규정에도 불구하고 종전의 규정에 따른다.

제7조【주택담보노후연금 이자비용공제 요건 완화에 관한 적용례】제108조의 3 제1항 제3호의 개정규정은 2024년 1월 1일 이후 말정산을 하거나 종합소득과세표준 확정신고를 하는 경우부터 적용한다.

제8조【장기주택저당차입금 이자 상환액의 소득공제에 관한 적용례 등】① 제112조 제10항 제2호의 개정규정은 2024년 1월 1일 후 연말정산을 하거나 종합소득과세표준 확정신고를 하는 경우부터 적용한다.

② 2024년 1월 1일 전에 장기주택저당차입금의 상환기간을 연장하거나 신규로 차입한 경우 또는 채무를 인수한 경우 그 이자 상환액의 소득공제에 관하여는 제112조 제10항 제4호 전단 및 같은 조 제14항의 개정규정에도 불구하고 종전의 규정에 따른다.

제9조【외국납부세액공제의 범위 확대에 관한 적용례】제117조 제1항 각 호 외의 부분 단서의 개정규정은 2023년 8월 8일 이후 납부했거나 납부할 외국소득세액부터 적용한다.

제10조【의료비 세액공제의 대상 확대에 관한 적용례】제118조의 5 제1항 제6호의 2 및 제7호의 개정규정은 이 영 시행일이 속하는 과세기간에 지출 또는 지급하는 비용부터 적용한다.

제11조【다주택자에 대한 양도소득세 중과 한시 적용배제에 관한 적용례】① 제167조의 3 제1항 각 호 외의 부분 및 같은 항 제12호의 개정규정은 이 영 시행 이후 주택을 양도하는 경우부터 적용한다.

② 제167조의 4 제2항 제2호 및 같은 조 제3항 제6호의 개정규정은 이 영 시행 이후 주택을 양도하는 경우부터 적용한다.

③ 제167조의 10 제1항 각 호 외의 부분 및 같은 항 제12호의 개정규정은 이 영 시행 이후 주택을 양도하는 경우부터 적용한다.

④ 제167조의 11 제1항 제11호 및 같은 조 제2항 제2호의 개정규정은 이 영 시행 이후 주택을 양도하는 경우부터 적용한다.

제12조【원천징수대상 사업소득의 범위 축소에 관한 적용례】제184조 제1항 제1호 가목의 개정규정은 2024년 7월 1일 이후 사업소득을 지급하는 경우부터 적용한다.

제13조【매입자발행계산서의 발급 사유 확대에 관한 적용례】제212조의 4 제1항의 개정규정은 이 영 시행 이후 매입자발행계산서를 발급하는 경우부터 적용한다.

제14조【근로소득 간이세액표의 조정에 관한 적용례】별표 2의 개정규정은 2024년 3월 1일 이후 원천징수하는 경우부터 적용한다.

제15조【소비자상대업종 확대에 관한 적용례】별표 3의 2 제10호 및 제12호의 개정규정은 2025년 1월 1일 이후 재화 또는 용역을 공급하는 경우부터 적용한다.

제16조【현금영수증 의무발행업종 확대에 관한 적용례】별표 3의 3 제2호 및 제5호의 개정규정은 2025년 1월 1일 이후 재화 또는 용역을 공급하는 경우부터 적용한다.

제17조【농어가부업소득의 범위에 관한 경과조치】2024년 1월 1일 전에 발생한 소득에 관하여는 제9조 제1항의 개정규정에도 불구하고 종전의 규정에 따른다.

제18조【자원봉사용역의 가액 산정에 관한 경과조치】이 영 시행 전에 제공한 자원봉사용역의 가액에 관하여는 제81조 제5항의 개정규정에도 불구하고 종전의 규정에

통칙 부 칙 (2024. 3. 15.)

①【시행일】이 통칙은 2024년 3월 15일부터 시행한다.

②【일반적 적용례】이 통칙 시행당시 종전의 규정에 의하여 부과하였거나 부과할 국세에 관하여는 종전의 예에 따른다. 다만, 이 통칙 시행일 이전에 관련법률 등의 개정으로 이미 시행되는 규정은 관련법률 등의 적용례에 따른다.

③【종전예규와의 관계】이 통칙 시행 전의 예규로서 이 통칙과 상치되는 경우에는 이 통칙에 의한다.

부 칙 (2019. 12. 23.)

①【시행일】이 통칙은 2019년 12월 23일부터 시행한다.

②【일반적 적용례】이 통칙은 시행당시 종전의 규정에 의하여 부과하였거나 부과할 국세에 관하여는 종전의 예에 의한다. 다만, 이 통칙 시행일 이전에 관련법률 등의 개정으로 이미 시행되는 규정은 관련법률 등의 적용례에 따른다.

③【양도소득 관련 규정에 관한 적용례】양도소득 관련 규정은 이 통칙의 시행일 이후 최초로 양도하는 분부터 적용한다. 다만, 법령개정으로 인한 개정규정은 개정법령 시행일 이후 최초로 양도하는 분부터 적용한다.

④【종전예규와의 관계】이 통칙 시행 전의 예규로서 이 통칙과 상치되는 경우에는 이 통칙에 의한다.

(1981. 12. 31.～2013. 5. 24.) 생략

제20조【원천징수세율에 관한 경과조치】이 법 시행 전에 지급한 이자소득 및 배당소득으로서 실지명의가 확인되지 아니한 소득에 대한 원천징수세율에 관하여는 제129조 제2항 제2호의 개정규정에도 불구하고 종전의 규정에 따른다.

제21조【근로소득에 대한 원천징수영수증의 발급 시기에 관한 경과조치】이 법 시행 전에 지급한 근로소득에 대한 원천징수영수증의 발급 시기에 관하여는 제143조 제1항 단서의 개정규정에도 불구하고 종전의 규정에 따른다.

제22조【비거주자 국내원천소득에 대한 원천징수의 특례에 관한 경과조치】이 법 시행 전에 이자를 지급하거나 국채등을 양도한 경우에는 제156조 제2항의 개정규정에도 불구하고 종전의 규정에 따른다.

제23조【다른 법률의 개정】농어촌특별세법 일부를 다음과 같이 개정한다.

법률 제18589호 농어촌특별세법 일부개정법률 부칙 제1조 단서 중 "시행한다"를 "시행하고, 제2조 제1항 제2호, 제4조 제3호의 2 · 제4호(「조세특례제한법」 제91조의 20 및 제91조의 21의 개정부분은 제외한다), 제5조 제1항 제2호 및 같은 조 제4항의 개정규정은 2025년 1월 1일부터 시행한다"로 한다.

부　칙 (2022. 8. 12. 법률 제18975호)

제1조【시행일】이 법은 2023년 1월 1일부터 시행한다.

제2조【비과세소득에 관한 적용례】제12조 제3호 러목의 개정규정은 이 법 시행 이후 받는 식사 기타 음식물 또는 식사대부터 적용한다.

(1967. 11. 29. 법률 제1966호~
2021. 12. 8. 법률 제18578호) 생략

따른다.

제19조【공동상속주택의 거주기간 판단에 관한 경과조치】이 영 시행 전에 양도한 주택의 거주기간 판단에 관하여는 제154조 제12항 및 제159조의 4 후단의 개정규정에도 불구하고 종전의 규정에 따른다.

부　칙 (2023. 12. 28. 대통령령 제34061호)

제1조【시행일】이 영은 2024년 1월 1일부터 시행한다.

제2조【대주주의 범위 변경에 관한 경과조치】이 영 시행 전에 주식등을 양도한 경우에는 제157조 제4항 제2호 본문 · 단서 및 같은 조 제5항 제1호 · 제2호의 개정규정에도 불구하고 종전의 규정에 따른다.

부　칙 (2023. 9. 26. 대통령령 제33764호 ; 민간임대주택에 관한 특별법 시행령 부칙)

제1조【시행일】이 영은 2023년 9월 29일부터 시행한다.

제2조【다른 법령의 개정】① 생　략

② 소득세법 시행령 일부를 다음과 같이 개정한다.

제155조 제25항 제4호 중 "「민간임대주택에 관한 특별법 시행령」 제4조 제4항"을 "「민간임대주택에 관한 특별법 시행령」 제4조 제5항"으로 한다.

제167조의 3 제8항 제2호 중 "「민간임대주택에 관한 특별법 시행령」 제4조 4항"을 "「민간임대주택에 관한 특별법 시행령」 제4조 제5항"으로 한다.

제220조 제2항 후단 중 "「민간임대주택에 관한 특별법 시행령」 제4조 제5항"을 "「민간임대주택에 관한 특별법 시행령」 제4조 제6항"으로 하고, 같은 조 제3항 전단 중 "「민간임대주택에 관한 특별법 시행령」 제4조 제3항"을 "「민간임대주택에 관한 특별법 시행령」 제4조 제4항"으로 한다.

③ 생　략

부　칙 (2023. 9. 26. 대통령령 제33736호)

제1조【시행일】이 영은 2023년 10월 1일부터 시행한다.

제2조【공익성을 고려하여 정하는 기부금의 범위 변경에 관한 적용례 등】① 제80조 제1항 제2호 가목의 개정규정은 이 영 시행 이후 노동조합에 납부하는 조합비부터 적용한다.

② 이 영 시행 전에 노동조합에 납부한 회비에 관하여는 제80조 제1항 제2호의 개정규정에도 불구하고 종전의 규정에 따른다.

부　칙 (2023. 7. 7. 대통령령 제33621호 ; 지방자치분권 및 지역균형발전에 관한 특별법 시행령 부칙)

제1조【시행일】이 영은 2023년 7월 10일부터 시행한다.

제2조 ~제11조 생　략

157조 제4항·제6항, 제181조 제1항 제4호, 제213조 제2항, 별표 3의 2 및 별표 3의 3의 개정규정 : 2024년 1월 1일

　제2조【비과세되는 식사대의 범위에 관한 적용례】제19조 제2항 제2호의 개정규정은 이 영 시행일이 속하는 과세기간에 발생하는 소득부터 적용한다.

　제3조【거래·평가 손익이 비과세되는 집합투자기구로부터의 이익에 관한 적용례】제26조의 2 제4항의 개정규정은 이 영 시행 이후 집합투자기구가 결산·분배하는 이익부터 적용한다.

　제4조【주택차액의 연금계좌 납입에 관한 적용례】제40조의 2 제2항 제1호 다목 및 같은 조 제7항부터 제12항까지의 개정규정은 부칙 제1조 제2호에 따른 시행일 전에 주택을 양도한 경우에도 적용한다.

　제5조【외국소득세액의 필요경비 산입에 관한 적용례 등】① 제117조 제10항의 개정규정은 2023년 1월 1일 이후 발생한 국외원천소득에 대한 외국소득세액부터 적용한다.
② 2023년 1월 1일 전에 발생한 국외원천소득에 대한 외국소득세액의 필요경비 산입에 관하여는 제117조 제10항의 개정규정에도 불구하고 종전의 규정에 따른다.

　제6조【교육비 세액공제에 관한 적용례】제118조의 6 제1항 제7호의 개정규정은 2023년 1월 1일 이후 교육비를 지급하는 경우부터 적용한다.

　제7조【단순경비율 적용대상자 수입금액 기준에 관한 적용례】① 제143조 제4항 제2호의 개정규정은 이 영 시행일이 속하는 과세기간에 발생하는 소득부터 적용한다.

　제8조【1세대1주택의 특례에 관한 적용례 등】① 제155조 제1항, 제156조의 2 제4항 제1호·제2호, 같은 조 제5항 제2호·제3호 및 제156조의 3 제3항 제1호·제2호의 개정규정은 2023년 1월 12일 이후 주택을 양도하는 경우부터 적용한다.
② 2023년 1월 12일 전에 주택을 양도한 경우에는 제155조 제1항, 제156조의 2 제4항 제1호·제2호, 같은 조 제5항 제2호·제3호 및 제156조의 3 제3항 제1호·제2호의 개정규정에도 불구하고 종전의 규정에 따른다.

　제9조【토지·건물 외 자산의 기준시가 산정에 관한 적용례】제165조 제4항 제3호 다목·라목 및 같은 조 제8항 제1호 후단의 개정규정은 이 영 시행일 이후 주식등을 양도하는 경우부터 적용한다.

　제10조【양도소득세가 중과세되는 주택의 범위에 관한 적용례】제167조의 10 제1항 제15호 및 제167조의 11 제1항 제13호의 개정규정은 이 영 시행일 이후 주택을 양도하는 경우부터 적용한다.

　제11조【국외공모투자기구에 준하는 국외투자기구의 요건에 관한 적용례】제179조의 5 제1항의 개정규정은 2023년 1월 1일 이후 이자를 지급하거나 국채등을 양도하는 경우부터 적용한다.

　제12조【외국법인연락사무소의 계산서 또는 영수증 발급에 관한 적용례】제211조 제4항 제3호 단서의 개정규정은 부칙 제1조 제2호에 따른 시행일 이후 재화 또는 용역을 공급하는 경우부터 적용한다.

　제13조【전자계산서의 발급 등에 관한 적용례 등】① 제211조의 2 제2항 및 제3항의 개정규정은 부칙 제1조 제2호에 따른 시행일 이후 재화 또는 용역을 공급하는 경우부터 적용한다. 이 경우 제211조의 2 제2항 및 같은 조 제3항 제2호 본문의 사업

제12조【다른 법령의 개정】①～⑳ 생　략
⑳ 소득세법 시행령 일부를 다음과 같이 개정한다.
　제12조 제17호 및 제155조 제16항 전단 중 "「국가균형발전 특별법」 제2조 제10호"를 각각 "「지방자치분권 및 지역균형발전에 관한 특별법」 제2조 제14호"로 한다.
㉒～㊱ 생　략
　제13조·제14조 생　략

부　칙 (2023. 4. 11. 대통령령 제33382호 ; 국가보훈부와 그 소속기관 직제 부칙)

제1조【시행일】이 영은 2023년 6월 5일부터 시행한다.
제2조～제4조 생　략
제5조【다른 법령의 개정】①～③ 생　략
④ 소득세법 시행령 일부를 다음과 같이 개정한다.
　별표 1의 2 타목 중 "국가보훈처와 그 소속기관 직제」"를 "「국가보훈부와 그 소속기관 직제」"로 한다.
　별표 4 제1호의 자료집중기관란을 다음과 같이 한다.

> 국가보훈부, 보건복지부

⑤～㊼ 생　략

부　칙 (2023. 2. 28. 대통령령 제33267호)

제1조【시행일】이 영은 공포한 날부터 시행한다. 다만, 다음 각 호의 개정규정은 해당 호에서 정한 날부터 시행한다.
1. 다음 각 목의 개정규정 : 2025년 1월 1일
　가. 대통령령 제31442호 소득세법 시행령 일부개정령 제26조의 2 제1항·제4항·제5항, 제150조의 6, 제150조의 7, 제150조의 8 제1항, 제150조의 12, 제150조의 13 제1항, 제150조의 15, 제150조의 18 제1항·제2항, 제150조의 19 제4항·제6항, 제150조의 20, 제150조의 22 제1항 제2호 다목, 제150조의 26 제1항부터 제3항까지, 제150조의 27 제1항 제1호, 제178조의 13 및 제183조의 5 제2호의 개정규정
　나. 제117조의 2 및 제189조의 2의 개정규정
　다. 대통령령 제31442호 소득세법 시행령 일부개정령(대통령령 제32420호 소득세법 일부개정령으로 개정된 것을 포함한다) 제150조의 17 제1항부터 제8항까지 및 제203조의 2 제6항부터 제19항까지의 개정규정
　라. 대통령령 제32420호 소득세법 시행령 일부개정령 제150조의 21 제1항 제5호 나목, 제165조 제8항 및 제184조의 5 제2항 제1호의 개정규정
2. 제40조의 2 제2항 제1호 다목 및 같은 조 제7항부터 제12항까지, 제211조 제4항 제3호, 제211조의 2 제2항·제3항 및 제212조의 4의 개정규정 : 2023년 7월 1일
3. 제78조 제4호, 제78조의 3 제4항, 제81조, 제83조, 제85조, 제147조의 7 제4항, 제

호 소득세법 시행령 일부개정령 제150조의 14 제1항 및 제203조의 2 제15항·제16항의 개정규정과 대통령령 제31442호 소득세법 시행령 일부개정령 제150조의 18 제1항 및 제150조의 20의 개정규정은 2025년 1월 1일부터 시행한다.

제2조 【대주주 범위의 변경 등에 관한 경과조치】 이 영 시행 전에 주식등을 양도한 경우의 대주주·기타주주·과점주주의 범위, 주식등의 양도시기 및 양도소득과세표준 예정신고에 관하여는 제157조 제4항부터 제6항까지, 같은 조 제12항, 제158조 제1항, 제162조 제1항 제10호 전단, 제167조의 8 제1항 제2호 및 제169조 제 1항 제2호 라목의 개정규정에도 불구하고 종전의 규정에 따른다.

부 칙 (2022. 10. 27. 대통령령 제32964호)

제1조 【시행일】 이 영은 공포한 날부터 시행한다.

제2조 【비거주자의 국채 및 통화안정증권 이자양도소득에 대한 탄력세율에 관한 적용례】 제207조의 6의 개정규정은 2022년 10월 17일부터 2022년 12월 31일까지 이자를 지급받거나 국채 및 통화안정증권을 양도하는 경우에 적용한다.

부 칙 (2022. 10. 4. 대통령령 제32931호 ; 행정기관 소속위원회 정비를 위한 관세법 시행령 등 5개 법령의 일부개정에 관한 대통령령)

제1조 【시행일】 이 영은 공포 후 3개월이 경과한 날부터 시행한다. 다만, 제2조 및 제5조의 개정규정은 공포한 날부터 시행한다.

제2조 【「예산성과금 규정」의 개정에 관한 경과조치】 부칙 제1조 단서에 따른 시행일 전에 종전의 「예산성과금 규정」 제7조 제2항 제2호에 따라 위촉된 위원으로서 임기 중에 있는 위원은 부칙 제1조 단서에 따른 시행일에 그 임기가 만료된 것으로 본다.

부 칙 (2022. 8. 2. 대통령령 제32830호)

제1조 【시행일】 이 영은 공포한 날부터 시행한다.

제2조 【상생임대주택에 관한 적용례】 제155조의 3 제1항, 제3항 및 제4항의 개정규정은 2021년 12월 20일부터 이 영 시행일 전까지 상생임대차계약을 체결한 주택에 대해서도 적용한다.

부 칙 (2022. 5. 31. 대통령령 제32654호)

제1조 【시행일】 이 영은 공포한 날부터 시행한다.

제2조 【주택 보유기간 계산에 관한 적용례 등】 ① 제154조 제5항의 개정규정은 2022년 5월 10일 이후 주택을 양도하는 경우부터 적용한다.

② 2022년 5월 10일 전에 주택을 양도한 경우의 보유기간 계산에 관하여는 제154조 제5항의 개정규정에도 불구하고 종전의 규정에 따른다.

제3조 【조정대상지역의 일시적 2주택 비과세 요건에 관한 적용례 등】 ① 제155조 제1항 제2호의 개정규정은 2022년 5월 10일 이후 종전의 주택을 양도하는 경우부터 적용한다.

② 2022년 5월 10일 전에 종전의 주택을 양도한 경우의 비과세 요건에 관하여는 제

장별 총 수입금액은 2022년 1월 1일이 속하는 과세기간을 기준으로 판단한다.

② 제211조의 2 제2항 및 같은 조 제3항 제2호 본문의 개정규정에도 불구하고 2023년 7월 1일부터 2024년 6월 30일까지는 같은 개정규정 중 "8천만원"을 각각 "1억원"으로 보아 같은 개정규정을 적용한다.

③ 제211조의 2 제3항 제2호 단서의 개정규정에도 불구하고 2022년 1월 1일부터 2022년 12월 31일까지의 기간 동안의 사업장별 총수입금액이 수정신고등으로 변경된 경우에는 같은 개정규정 중 "8천만원"을 "1억원"으로 보아 같은 개정규정을 적용한다.

제14조 【지급명세서 제출 면제에 관한 적용례】 제214조 제1항 제2호 및 제2호의 2의 개정규정은 이 영 시행일이 속하는 과세기간에 소득을 지급하는 경우부터 적용한다.

제15조 【소득공제 및 세액공제 증명서류의 제출에 관한 적용례】 제216조의 3 제1항 제10호의 개정규정은 이 영 시행일이 속하는 과세기간에 발생하는 소득에 대한 소득공제를 위하여 증명서류를 제출하는 경우부터 적용한다.

제16조 【근로소득연금소득 간이세액표에 관한 적용례】 별표 2 및 별표 3의 개정규정은 이 영 시행 이후 원천징수하는 경우부터 적용한다.

제17조 【소비자상대업종에 관한 적용례】 별표 3의 2의 개정규정은 부칙 제1조 제3호에 따른 시행일 이후 재화 또는 용역을 공급하는 경우부터 적용한다.

제18조 【현금영수증 의무발행업종에 관한 적용례】 별표 3의 3의 개정규정은 부칙 제1조 제3호에 따른 시행일 이후 재화 또는 용역을 공급하는 경우부터 적용한다.

제19조 【신탁소득에 대한 납세의무에 관한 경과조치】 이 영 시행 전에 신탁재산에 귀속된 소득에 대한 납세의무에 관하여는 제4조의 2 제4항의 개정규정에도 불구하고 종전의 규정에 따른다.

제20조 【업무용승용차 관련비용 등의 필요경비 불산입 특례에 관한 경과조치】 부칙 제1조 제3호에 따른 시행일 전에 발생한 업무용승용차 관련비용에 관하여는 제78조의 3 제4항의 개정규정에도 불구하고 종전의 규정에 따른다.

제21조 【대주주의 범위 등에 관한 경과조치】 부칙 제1조 제3호에 따른 시행일 전에 주식등을 양도한 경우의 대주주의 범위에 관하여는 제157조 제4항 및 제6항의 개정규정에도 불구하고 종전의 규정에 따른다.

제22조 【양도소득의 범위에 관한 경과조치】 이 영 시행 전에 주식을 양도한 경우의 양도소득 범위에 관하여는 제158조 제4항 제2호의 개정규정에도 불구하고 종전의 규정에 따른다.

제23조 【주식등의 기준시가 산정에 관한 경과조치】 이 영 시행 전에 주식등을 양도한 경우의 기준시가 산정에 관하여는 제165조 제4항 제3호 다목의 개정규정에도 불구하고 종전의 규정에 따른다.

제24조 【경비 등의 지출증명 수취 및 보관에 관한 경과조치】 이 영 시행 전에 재화 또는 용역을 공급받은 경우의 지출증명 수취 및 보관에 관하여는 제208조의 2 제1항 제2호의 개정규정에도 불구하고 종전의 규정에 따른다.

부 칙 (2022. 12. 31. 대통령령 제33207호)

제1조 【시행일】 이 영은 2023년 1월 1일부터 시행한다. 다만, 대통령령 제32420

7월 1일

3. 제129조 제4항 제1호, 제152조의 2, 제157조, 제157조의 2, 제159조의 2, 제161조의
   2, 제162조 제6항 제3호, 같은 조 제7항 제3호, 제165조 제8항 제1호, 제167조의
   8, 제176조의 2 제2항 제1호, 제178조의 11, 제178조의 12 및 별표 3의 3 개정규정
   과 대통령령 제31442호 소득세법 시행령 일부개정령 제150조의 9 제1항·제3항, 제
   150조의 13 제3항·제4항, 제150조의 14 제1항, 제150조의 17 제8항, 제150조의
   21 제1항 각 호 외의 부분 후단, 같은 항 제5호, 제150조의 22 제1항 제2호 가목
   1), 같은 조 제3항, 제150조의 25, 제184조의 5 제2항 제1호, 제203조의 2 제4항부
   터 제16항까지, 제203조의 4 제1항 및 제225조의 2의 개정규정: 2023년 1월 1일
   제2조【일반적 적용례】① 이 영은 부칙 제1조에 따른 각 해당 개정규정의 시행
일이 속하는 과세기간에 발생하는 소득부터 적용한다.
② 이 영 중 양도소득세에 관한 개정규정은 부칙 제1조에 따른 각 해당 개정규정의
시행일 이후 양도하는 경우부터 적용한다.
   제3조【종합소득과세표준에서 제외되는 연금소득 인출 요건에 관한 적용례】제
20조의 2 제1항 제1호 라목 및 같은 조 제2항의 개정규정은 이 영 시행 이후 연금계좌
에서 인출하는 경우부터 적용한다.
   제4조【기관전용 사모집합투자기구로부터의 이익 등에 관한 적용례】제26조의
2 제3항·제4항 및 제27조의 3 제3항의 개정규정은 2021년 10월 21일 이후 발생하는
소득부터 적용한다.
   제5조【연금계좌의 인출순서에 관한 적용례】제40조의 3 제2항의 개정규정은 이
영 시행 전에 법 제59조의 3 제3항에 따른 전환금액을 연금계좌에 납입하고 그 납입한
날이 속하는 과세기간에 인출한 경우에도 적용한다.
   제6조【사업소득의 필요경비의 계산에 관한 적용례】제55조 제2항의 개정규정
은 이 영 시행 이후 한국무역보험공사가 회수불능으로 확인한 채권부터 적용한다.
   제7조【재해손실세액공제에 관한 적용례】제118조 제3항의 개정규정은 이 영 시
행 전에 재해가 발생한 경우로서 이 영 시행 당시 재해발생일부터 3개월이 지나지 않
은 경우에도 적용한다.
   제8조【고가주택에 대한 양도차익 등의 계산 등에 관한 적용례】제155조 제10
항, 제156조, 제160조 및 제161조의 개정규정은 2021년 12월 8일 이후 양도하는 경우
부터 적용한다.
   제9조【조합원입주권 적용대상 정비사업 범위 확대 등에 따른 적용례】제155조
제18항 제4호·제5호, 제156조의 2 제4항 제1호·제2호, 같은 조 제5항, 같은 조 제7
항 제3호 나목, 같은 조 제8항 제4호 가목, 같은 항 제5호, 같은 조 제9항 제3호 가목,
같은 항 제4호, 제156조의 3 제5항 제3호 나목, 제166조 제1항 각 호 외의 부분, 같은
조 제2항 각 호 외의 부분, 같은 조 제7항 각 호 외의 부분의 개정규정은 2022년 1월
1일 이후 취득하는 조합원입주권부터 적용한다.
   제10조【비거주자의 국내사업장과 본점 등의 거래에 관한 자료 제출 기한에 관
한 적용례】제181조의 2 제4항의 개정규정은 이 영 시행 전에 개시한 과세기간에 대
한 자료 제출의무가 발생한 경우로서 이 영 시행 당시 종전의 규정에 따른 제출기한이

155조 제1항 제2호의 개정규정에도 불구하고 종전의 규정에 따른다.
   제4조【조정대상지역의 다주택자 양도소득세 중과 적용 배제에 관한 적용례】
제167조의 3 제1항 제12호의 2, 제167조의 4 제3항 제6호의 2, 제167조의 10 제1항
제12호의 2 및 제167조의 11 제1항 제12호의 개정규정은 2022년 5월 10일 이후 주택
을 양도하는 경우부터 적용한다.

부 칙 (2022. 3. 8. 대통령령 제32516호)
이 영은 2025년 1월 1일부터 시행한다. (2022. 12. 31. 개정)
이 영은 2027년 1월 1일부터 시행한다. (2024. 12. 31. 개정)

**부 칙 (2022. 2. 17. 대통령령 제32449호 ; 금융회사부실자산 등의 효율적
        처리 및 한국자산관리공사의 설립에 관한 법률 시행령 부칙)**
   제1조【시행일】이 영은 2022년 2월 18일부터 시행한다.
   제2조【다른 법령의 개정】①~㊴ 생 략
㊵ 소득세법 시행령 일부를 다음과 같이 개정한다.
   제118조의 6 제14항 제3호 중 "「금융회사부실자산 등의 효율적 처리 및 한국자산
관리공사의 설립에 관한 법률」"을 "「한국자산관리공사 설립 등에 관한 법률」"로 한다.
   제155조 제18항 제1호 중 "「금융회사부실자산 등의 효율적 처리 및 한국자산관리공
사의 설립에 관한 법률」에 따라 설립된"을 "「한국자산관리공사 설립 등에 관한 법률」에
따른"으로 한다.
㊶~㊾ 생 략
   제3조 생 략

**부 칙 (2022. 2. 17. 대통령령 제32447호 ; 근로자직업능력 개발법 시행령
        부칙)**
   제1조【시행일】이 영은 2022년 2월 18일부터 시행한다.
   제2조【다른 법령의 개정】①~㊶ 생 략
㊷ 소득세법 시행령 일부를 다음과 같이 개정한다.
   제11조 각 호 외의 부분 및 제216조의 3 제1항 제4호 라목 중 "「근로자직업능력
개발법」"을 각각 "「국민 평생 직업능력 개발법」"으로 한다.
㊸~㊽ 생 략
   제3조 생 략

부 칙 (2022. 2. 15. 대통령령 제32420호)
   제1조【시행일】이 영은 공포한 날부터 시행한다. 다만, 다음 각 호의 개정규정은
해당 호에서 정한 날부터 시행한다.
1. 제40조의 2 제1항 제2호 다목의 개정규정: 2022년 4월 14일
2. 제116조의 4의 개정규정과 대통령령 제31442호 소득세법 시행령 일부개정령 제211
   조의 2 제2항, 같은 조 제3항 제2호 및 부칙 제12조·제25조의 개정규정 : 2022년

지나지 않은 경우에도 적용한다.

제11조【금융투자소득에 대한 기본공제 신청에 관한 적용례】대통령령 제31442호 소득세법 시행령 일부개정령 제203조의 2 제6항의 개정규정은 2023년 1월 1일 이후 발생하는 금융투자소득에 대해 2023년 1월 1일 전에 금융회사등에 기본공제 적용을 신청하는 경우에도 적용한다.

제12조【주택과 조합원입주권 또는 분양권을 소유한 경우의 1세대1주택 특례에 관한 경과조치】이 영 시행 전에 조합원입주권 또는 분양권을 취득한 경우의 1세대1주택 특례 적용에 관하여는 제156조의 2 제4항 각 호 외의 부분 또는 제156조의 3 제3항 각 호 외의 부분의 개정규정에도 불구하고 종전의 규정에 따른다.

제13조【토지·건물 외의 자산의 기준시가 산정에 관한 경과조치】2023년 1월 1일 전에 양도한 토지·건물 외의 자산의 기준시가 산정에 관하여는 제165조 제8항 제1호의 개정규정에도 불구하고 종전의 규정에 따른다.

제14조【외국법인 소속 파견근로자의 소득에 대한 원천징수 의무자의 범위에 관한 경과조치】2022년 4월 1일 전에 개시한 사업연도에 지급하는 근로대가에 대하여 원천징수를 하는 사용내국법인의 범위에 관하여는 제207조의 10 제1항 제1호 가목 및 나목의 개정규정에도 불구하고 종전의 규정에 따른다.

부 칙 (2022. 1. 21. 대통령령 제32352호 ; 감정평가 및 감정평가사에 관한 법률 시행령 부칙)

제1조【시행일】이 영은 2022년 1월 21일부터 시행한다.

제2조~제4조 생 략

제5조【다른 법령의 개정】①~⑩ 생 략

⑪ 소득세법 시행령 일부를 다음과 같이 개정한다.

제158조의 2 중 "감정평가업자가"를 "감정평가법인등이"로 한다.

제164조 제1항 각 호 외의 부분 후단 및 같은 조 제11항 각 호 외의 부분 후단 중 "감정평가업자"를 각각 "감정평가법인등"으로 한다.

제176조의 2 제1항 제2호 중 "「감정평가 및 감정평가사에 관한 법률」 제2조 제4호에 따른 감정평가업자(이하 이 조에서 "감정평가업자"라 한다)가"를 "「감정평가 및 감정평가사에 관한 법률」에 따른 감정평가법인등(이하 이 조에서 "감정평가법인등"이라 한다)이"로 하고, 같은 조 제3항 제2호 본문 및 단서 중 "감정평가업자가"를 각각 "감정평가법인등이"로 한다.

제178조의 3 제1항 제3호 중 "감정평가업자"를 "감정평가법인등"으로 하고, 같은 조 제2항 제1호 단서 중 "「감정평가 및 감정평가사에 관한 법률」 제2조 제4호에 따른 감정평가업자가"를 "「감정평가 및 감정평가사에 관한 법률」에 따른 감정평가법인등이"로 한다.

⑫~⑭ 생 략

(1970. 8. 20. 대통령령 제5286호~
2021. 11. 9. 대통령령 제32104호) 생략

개별소비세법

소비법 부칙

기본통칙

2001. 12. 15. 법률 제6521호	2018. 11. 6. 대통령령 제29272호	1984. 5. 1. 재 무 부 령 제1608호
2000. 12. 29. 법률 제6294호	2018. 8. 7. 대통령령 제29078호	1982. 8. 30. 재 무 부 령 제1535호
1999. 12. 3. 법률 제6032호	2018. 2. 13. 대통령령 제28649호	1982. 1. 8. 재 무 부 령 제1508호
1998. 1. 8. 법률 제5495호	2017. 2. 7. 대통령령 제27841호	1981. 6. 26. 재 무 부 령 제1481호
1997. 12. 13. 법률 제5425호	(전기용품안전 관리법 시행령 부칙) 2017. 1. 26. 대통령령 제27806호	1980. 2. 9. 재 무 부 령 제1420호
1995. 12. 29. 법률 제5034호	(무형문화재 보전~시행령 부칙) 2016. 3. 25. 대통령령 제27056호	1979. 1. 4. 재 무 부 령 제1378호
1994. 12. 22. 법률 제4809호	2016. 2. 19. 대통령령 제26987호	제정 1977. 3. 11. 재 무 부 령 제1247호
1993. 12. 31. 법률 제4665호	2016. 2. 5. 대통령령 제26950호	
1988. 12. 26. 법률 제4024호	2015. 11. 27. 대통령령 제26668호	
(관광사업법 부칙) 1986. 12. 31. 법률 제3910호	2015. 9. 7. 대통령령 제26507호	
1982. 12. 21. 법률 제3579호	(액화석유가스의~시행령 부칙) 2015. 7. 24. 대통령령 제26438호	
1981. 12. 31. 법률 제3475호	2015. 6. 30. 대통령령 제26343호	
1978. 12. 5. 법률 제3103호	2015. 2. 3. 대통령령 제26073호	
제정 1976. 12. 22. 법률 제2935호	(전기용품안전 관리법 시행령 부칙) 2014. 7. 16. 대통령령 제25476호	
	(장애인 비하 법령용어~일부 개정령) 2014. 6. 30. 대통령령 제25435호	
	2014. 6. 30. 대통령령 제25405호	
	2014. 2. 21. 대통령령 제25197호	
	(부가가치세법 시행령 부칙) 2013. 6. 28. 대통령령 제24638호	
	(기획재정부와~직제 부칙) 2013. 3. 23. 대통령령 제24441호	
	2013. 2. 15. 대통령령 제24360호	
	(고엽제후유의증 등 환자지원~시행령 부칙) 2012. 12. 21. 대통령령 제24247호	
	2012. 9. 14. 대통령령 제24103호	
	(고엽제후유의증 환자지원~시행령 부칙) 2012. 4. 17. 대통령령 제23734호	
	2012. 2. 2. 대통령령 제23597호	
	2011. 12. 31. 대통령령 제23480호	
	(영유아보육법 시행령 부칙) 2011. 12. 8. 대통령령 제23356호	
	(기초과학연구 진흥법 시행령 부칙) 2011. 6. 24. 대통령령 제22977호	
	2010. 12. 30. 대통령령 제22569호	
	(지방세법 시행령 부칙) 2010. 9. 20. 대통령령 제22395호	
	(전자정부법 시행령 부칙) 2010. 5. 4. 대통령령 제22151호	
	2010. 2. 18. 대통령령 제22031호	
	2009. 2. 4. 대통령령 제21294호	
	2009. 1. 6. 대통령령 제21247호	
	(행정정보의 공동이용 및~일부 개정령) 2008. 12. 31. 대통령령 제21215호	
	(행정안전부와~직제 부칙) 2008. 12. 31. 대통령령 제21214호	
	2008. 11. 28. 대통령령 제21137호	
	2008. 3. 10. 대통령령 제20745호	
	(기획재정부와~직제 부칙) 2008. 2. 29. 대통령령 제20720호	
	2007. 12. 31. 대통령령 제20516호	
	(석유 및 석유대체연료~시행령 부칙) 2007. 12. 20. 대통령령 제20458호	
	(체육시설의 설치·이용~시행령 부칙) 2007. 11. 20. 대통령령 제20394호	
	(액화석유가스의~시행령 부칙) 2007. 9. 10. 대통령령 제20258호	
	2007. 7. 23. 대통령령 제20182호	
	(행정정보의 공동이용 및~일부 개정령) 2007. 6. 28. 대통령령 제20120호	

(소비자보호법 시행령 부칙) 2007. 3. 27. 대통령령 제19958호
2007. 2. 28. 대통령령 제19895호

(1976. 12. 31. 대통령령 제8408호〜2006. 6. 12. 대통령령 제19507호 개정) 생략

기본통칙

개정 2024. 3. 15.
2019. 12. 23.
2011. 2. 1.
2008. 7. 25.
2001. 6. 1.
전면개정 1999. 5. 3.
1997. 5. 26.
1995. 1. 19.
1986. 1. 1.
개정 1982. 5. 1.
시행 1981. 12. 31.

제1조 【과세대상과 세율】 ① 개별소비세는 특정한 물품, 특정한 장소 입장행위(入場行爲), 특정한 장소에서의 유흥음식행위(遊興飲食行爲) 및 특정한 장소에서의 영업행위에 대하여 부과한다. (2010. 1. 1. 개정)

② 개별소비세를 부과할 물품(이하 "과세물품"이라 한다)과 그 세율은 다음과 같다. (2010. 1. 1. 개정)

1. 다음 각 목의 물품에 대해서는 그 물품가격에 100분의 20의 세율을 적용한다. (2016. 12. 20. 개정)

　가. 투전기(投錢機), 오락용 사행기구(射倖器具), 그 밖의 오락용품 (2016. 12. 20. 개정)

　나. 수렵용 총포류 (2016. 12. 20. 개정)

2. 다음 각 목의 물품에 대해서는 그 물품가격 중 대통령령으로 정하는 기준가격(이하 "기준가격"이라 한다)을 초과하는 부분의 가격(이하 이 호에서 "과세가격"이라 한다)에 해당 세율을 적용한다. (2010. 1. 1. 개정)

　가. 다음의 물품에 대해서는 과세가격의 100분의 20 (2010. 1. 1. 개정)

　　1) 보석[공업용 다이아몬드, 가공하지 아니한 원석(原石) 및 나석(裸石)은 제외한다], 진주, 별갑(鼈甲), 산호, 호박(琥珀) 및 상아와 이를 사용한 제품(나석을 사용한 제품은 포함한다) (2018. 12. 31. 개정)

　　2) 귀금속 제품 (2010. 1. 1. 개정)

　　3) 고급 사진기와 그 관련 제품 (2010. 1. 1. 개정)

　　3) 삭 제 (2015. 12. 15.)

　　4) 고급 시계 (2010. 1. 1. 개정)

　　5) 고급 융단 (2010. 1. 1. 개정)

　　6) 고급 가방 (2013. 1. 1. 신설)

　나. 다음의 물품에 대해서는 과세가격의 100분의 20 (2010. 1. 1. 개정)

　　1) 고급 모피와 그 제품[토끼 모피 및 그 제품과 생모피(生毛皮)는 제외한다] (2010. 1. 1. 개정)

제2조 【용어의 정의】 ① 「개별소비세법」(이하 "법"이라 한다) 또는 이 영에서 사용하는 용어의 뜻은 다음과 같다. (2010. 2. 18. 개정)

1. "수출"이란 다음 각 목의 어느 하나에 해당하는 것을 말한다. (2010. 2. 18. 개정)

　가. 내국물품을 국외로 반출하는 것 (2010. 2. 18. 개정)

　나. 외국공공기관 또는 국제금융기관으로부터 받은 차관자금으로 물품을 구매하기 위하여 실시되는 국제경쟁입찰의 낙찰자가 해당 계약 내용에 따라 국내에서 생산된 물품을 납품하는 것 (2010. 2. 18. 개정)

2. "주한외국군에 납품하는 것"이란 주한외국군기관에 매각하거나 그 기관의 공사 및 용역의 시공을 위하여 사용하는 물품을 말한다. (2010. 2. 18. 개정)

3. "조"란 2개 이상이 함께 사용되는 물품으로서 보통 짝을 이루어 거래되는 것을 말한다. (2010. 2. 18. 개정)

4. "이미 개별소비세가 납부되었거나 납부될 물품의 원재료"란 다음 각 목의 어느 하나에 해당하는 것을 말한다. (2010. 2. 18. 개정)

　가. 과세물품 또는 수출물품을 형성하는 원재료 (2010. 2. 18. 개정)

　나. 과세물품 또는 수출물품을 상품화하는 데에 필요한 포장 또는 용기 (2010. 2. 18. 개정)

　다. 과세물품 또는 수출물품을 형성하지는 아니하나 해당 물품의 제조·가공에 직접적으로 사용되는 것으로서 화학반응을 하는 물품과 해당 과세물품과 해당 과세물품 또는 수출물품의 제조·가공 과정에서 해당 물품이 직접적으로 사용되는 단용(單用)원자재 (2010. 2. 18. 개정)

5. "비거주자"란 「외국환거래법」에 따라 비거주자로 인정되는 자를 말한다. (2010. 2. 18. 개정)

6. "제조장과 특수한 관계에 있는 곳"이란 다음 각 목의 어느 하나에 해당하는 장소를 말한다. (2010. 2. 18. 개정)

　가. 제조자가 자기의 제품을 직접 판매하기 위하여 특별히 설치한 판매장(하치장을 포함한다) (2010. 2. 18. 개정)

　나. 제조자와 「국세기본법」 제2조 제20호에 따른 특수관계인에

2) 고급 가구 (2010. 1. 1. 개정)

관계조문 »

영 4조 ⇒ 기준가격

3. 다음 각 목의 자동차에 대해서는 그 물품가격에 해당 세율을 적용한다. (2010. 1. 1. 개정)

　가. 배기량이 2천시시를 초과하는 승용자동차와 캠핑용자동차 : 100분의 5 (2020. 6. 9. 개정 ; 법률용어 정비를~법률)

　나. 배기량이 2천시시 이하인 승용자동차(배기량이 1천시시 이하인 것으로서 대통령령으로 정하는 규격의 것은 제외한다)와 이륜자동차 : 100분의 5 (2020. 6. 9. 개정 ; 법률용어 정비를~법률)

관계조문 »

영 2조의 2 ⇒ 탄력세율

　다. 전기승용자동차(「자동차관리법」 제3조 제2항에 따른 세부기준을 고려하여 대통령령으로 정하는 규격의 것은 제외한다) : 100분의 5 (2011. 12. 31. 신설)

4. 다음 각 목의 물품에 대해서는 그 수량에 해당 세율을 적용한다. (2010. 1. 1. 개정)

　가. 휘발유 및 이와 유사한 대체유류(代替油類) : 리터당 475원 (2010. 1. 1. 개정)

　나. 경유 및 이와 유사한 대체유류 : 리터당 340원 (2010. 1. 1. 개정)

　다. 등유 및 이와 유사한 대체유류 : 리터당 90원 (2010. 1. 1. 개정)

　라. 중유(重油) 및 이와 유사한 대체유류 : 리터당 17원 (2010. 1. 1. 개정)

　마. 석유가스[액화(液化)한 것을 포함한다. 이하 같다] 중 프로판(프로판과 부탄을 혼합한 것으로서 대통령령으로 정하는 것을 포함한다) : 킬로그램당 20원 (2010. 1. 1. 개정)

해당하는 자가 경영하는 판매장 (2014. 2. 21. 개정)

7. "공예창작품"이란 「무형문화재 보전 및 진흥에 관한 법률」에 따라 문화재청장이 국가무형문화재의 보유자로 인정한 사람의 작품과 전통적인 공예 기능·기술·기법으로 옻칠을 하여 제작한 물품을 말한다. (2016. 3. 25. 개정 ; 무형문화재 보전 및 진흥에 관한 법률 시행령 부칙)

7. "공예창작품"이란 「무형유산의 보전 및 진흥에 관한 법률」에 따라 국가유산청장이 국가무형유산의 보유자로 인정한 사람의 작품과 전통적인 공예 기능·기술·기법으로 옻칠을 하여 제작한 물품을 말한다. (2024. 5. 7. 개정 ; 무형문화재~부칙)

8. "유흥음식요금"이란 음식료, 연주료, 그 밖에 명목이 무엇이든 상관없이 과세유흥장소의 경영자가 유흥음식행위를 하는 사람으로부터 받는 금액을 말한다. 다만, 그 받는 금액 중 종업원(자유직업소득자를 포함한다)의 봉사료가 포함되어 있는 경우에는 「부가가치세법」에 따른 세금계산서·영수증·신용카드매출전표 또는 직불카드영수증에 봉사료 금액을 구분하여 기재하고, 봉사료가 해당 종업원에게 지급된 사실이 확인되는 경우에는 그 봉사료는 유흥음식요금에 포함하지 아니하되, 과세유흥장소의 경영자가 그 봉사료를 자기의 수입금액에 계상(計上)하는 경우에는 이를 포함하는 것으로 한다. (2010. 2. 18. 개정)

② 삭 제 (99. 12. 3)

③ ☞ p.3168

바. 석유가스 중 부탄(부탄과 프로판을 혼합한 것으로서 마목에 해
    당하지 아니하는 것을 포함한다) : 킬로그램당 252원 (2010. 1.
    1. 개정)

관계조문 »

영 2조의 2 ⇒ 탄력세율

사. 천연가스(액화한 것을 포함한다. 이하 같다): 킬로그램당 12원.
    다만, 발전용 외의 천연가스(기획재정부령으로 정하는 것을 말
    한다)는 킬로그램당 60원으로 한다. (2018. 12. 31. 개정)
아. 석유제품 외의 물품을 제조하는 과정에서 부산물(副産物)로 생
    산되는 유류로서 대통령령으로 정하는 것 : 리터당 90원 (2010.
    1. 1. 개정)
자. 유연탄: 킬로그램당 46원 (2018. 12. 31. 개정)

5. 다음 각 목의 물품 중 소비전력량이 대통령령으로 정하는 요건에 해당하는 것(에너
지소비효율이 높은 제품으로서 대통령령으로 정하는 제품은 제외한다)에 대해서는
그 물품가격에 100분의 5의 세율을 적용한다. (2013. 1. 1. 개정)
가. 전기냉방기 (2010. 1. 1. 신설)
나. 전기냉장고 (2010. 1. 1. 신설)
다. 전기세탁기 (2010. 1. 1. 신설)
라. 텔레비전수상기 (2010. 1. 1. 신설)
5. 삭 제 (2016. 12. 20.)
6. 담배(다음 각 목의 어느 하나를 말한다)에 대한 종류별 세율은 별표
   와 같다. (2020. 12. 22. 개정)

관계조문 »

영 2조의 2 ⇒ 탄력세율

가. 「담배사업법」 제2조 제1호에 따른 담배 (2020. 12. 22. 개정)
나. 가목과 유사한 것으로서 연초(煙草)의 잎이 아닌 다른 부분을
    원료의 전부 또는 일부로 하여 피우거나, 빨거나, 증기로 흡입
    하거나, 씹거나, 냄새 맡기에 적합한 상태로 제조한 것 (2020.
    12. 22. 개정)

다. 그 밖에 가목과 유사한 것으로서 대통령령으로 정하는 것 (2020.
    12. 22. 개정)
③ 입장행위(관련 설비 또는 용품의 이용을 포함한다. 이하 같다)에
대하여 개별소비세를 부과할 장소(이하 "과세장소"라 한다)와 그 세율
은 다음과 같다. (2010. 1. 1. 개정)
1. 경마장 : 1명 1회 입장에 대하여 1천원. 다만, 장외발매소는 2천원
   으로 한다. (2015. 12. 15. 개정)
2. 경륜장(競輪場)·경정장(競艇場) : 1명 1회 입장에 대하여 400원.
   다만, 장외매장은 800원으로 한다. (2015. 12. 15. 개정)
3. 투전기를 설치한 장소 : 1명 1회 입장에 대하여 1만원 (2010. 1.
   1. 개정)
4. 골프장 : 1명 1회 입장에 대하여 1만2천원 (2010. 1. 1. 개정)
5. 카지노 : 1명 1회 입장에 대하여 5만원(「폐광지역 개발 지원에
   관한 특별법」 제11조에 따라 허가를 받은 카지노의 경우에는 1명
   1회 입장에 대하여 6천300원). 다만, 외국인은 1명 1회 입장에 대
   하여 2천원으로 한다. (2014. 1. 1. 개정)

☞ p.3168 1단 연결

④ 유흥음식행위에 대하여 개별소비세를 부과하는 장소(이하 "과세유흥장소"라 한다)와 그 세율은 다음과 같다. (2010. 1. 1. 개정)
유흥주점, 외국인전용 유흥음식점, 그 밖에 이와 유사한 장소 : 유흥음식요금의 100분의 10

⑤ 영업행위에 대하여 개별소비세를 부과하는 장소(이하 "과세영업장소"라 한다)와 그 세율은 다음과 같다. (2010. 1. 1. 개정)
「관광진흥법」 제5조 제1항에 따라 허가를 받은 카지노(「폐광지역개발 지원에 관한 특별법」 제11조에 따라 허가를 받은 카지노를 포함한다) : 연간 총매출액(「관광진흥법」 제30조 제1항에 따른 총매출액을 말한다. 이하 같다)에 따른 다음 각 호의 어느 하나의 세율

호별	연간 총매출액	세 율
1	500억원 이하	100분의 0
2	500억원 초과 1천억원 이하	500억원을 초과하는 금액의 100분의 2
3	1천억원 초과	10억원+(1천억원을 초과하는 금액의 100분의 4)

⑥ 과세물품(제2항 제2호 나목 1), 같은 항 제4호 바목 · 사목 및 같은 항 제6호는 제외한다), 과세장소, 과세유흥장소 및 과세영업장소의 세목(細目)과 종류는 대통령령으로 정한다. (2014. 12. 23. 개정)

⑦ 제2항과 제3항의 세율은 국민경제의 효율적 운용을 위하여 경기 조절, 가격 안정, 수급 조정에 필요한 경우와 유가변동에 따른 지원사업의 재원 조달에 필요한 경우 그 세율의 100분의 30(제2항 제4호 각 목의 경우 2024년 12월 31일까지는 100분의 50)의 범위에서 대통령령으로 조정할 수 있다. 다만, 제2항 제1호부터 제3호까지의 과세물품 중 대통령령으로 정하는 과세물품에 대해서는 본문에 따라 세율을 조정하는 경우 제2항에서 정한 세율에 따른 산출세액과 조정 후 세

〈제2조〉

③ 법 제1조 제4항에서 "그 밖에 이와 유사한 장소"란 「식품위생법 시행령」에 따른 유흥주점과 사실상 유사한 영업을 하는 장소(유흥종사자를 두지 않고, 별도의 춤추는 공간이 없는 장소는 제외한다)를 말한다. (2019. 2. 12. 개정)

제1조 【과세물품과 과세장소 및 과세유흥장소의 세목 등】 「개별소비세법」 제1조 제6항에 따른 과세물품의 세목은 별표 1과 같이 하고, 과세장소의 종류는 별표 2와 같이 하며, 과세유흥장소의 종류는 유흥주점 · 외국인전용 유흥음식점 및 그 밖에 이와 유사한 장소로 하고, 과세영업장소의 종류는 「관광진흥법」 제5조 제1항에 따라 허가를 받은 카지노(「폐광지역개발 지원에 관한 특별법」 제11조에 따라 허가를 받은 카지노를 포함한다)로 한다. (2009. 2. 4. 개정)

제2조의 2 【탄력세율】 ① 법 제1조 제7항 본문에 따라 탄력세율을 적용할 과세대상과 세율은 다음 각 호와 같다. (2021. 1. 12. 개정)
1. 별표 1 제6호 다목 및 아목에 해당하는 물품 : 리터당 63원 (2016. 2. 5. 호번개정)
2. 별표 1 제6호 마목에 해당하는 물품으로서 다음 각 목의 물품 : 킬로그램당 14원 (2024. 2. 29. 개정)
　가. 수소를 제조하기 위하여 다음의 설비에 공급(연료용으로 공급하

편주 ▶
영 2조의 2 제1항 2호의 개정규정은 2024. 3. 1. 이후 제조장에서 반출하거나 수입신고를 하는 프로판부터 적용함. (영 부칙(2024. 2. 29.) 2조)

☞

율에 따른 산출세액 간 차액의 한도를 과세물품당 100만원의 범위에서 대통령령으로 정할 수 있다. (2022. 8. 12. 개정)

⑧ 과세물품의 판정은 그 명칭이 무엇이든 상관없이 그 물품의 형태 · 용도 · 성질이나 그 밖의 중요한 특성에 의한다. (2010. 1. 1. 개정)

⑨ 동일한 과세물품이 제2항의 품목 중 둘 이상에 해당하는 경우에는 그 과세물품의 특성에 맞는 물품으로 취급하되 그 특성이 명확하지 아니한 경우에는 주된 용도로 사용되는 물품으로 취급하고, 주된 용도가 명확하지 아니한 경우에는 높은 세율이 적용되는 물품으로 취급한다. (2010. 1. 1. 개정)

⑩ 과세물품이 분해되었거나 미조립(未組立) 상태로 반출(搬出)되는 경우에는 이를 완제품으로 취급한다. (2010. 1. 1. 개정)

⑪ 「식품위생법」, 「관광진흥법」, 그 밖의 법령에 따라 허가를 받지 아니하고 제4항 또는 제5항에 해당하는 과세유흥장소 또는 과세영업장소를 경영하는 경우에도 그 장소를 과세대상인 과세유흥장소 또는 과세영업장소로 본다. (2010. 1. 1. 개정)

는 것은 제외한다)하는 물품 (2024. 2. 29. 개정)

　1) 수소추출설비 (2024. 2. 29. 개정)

　2) 「수소경제 육성 및 수소 안전관리에 관한 법률」에 따른 연료전지 (2024. 2. 29. 개정)

　2) 「수소경제 육성 및 수소 안전관리에 관한 법률」 제2조 제6호에 따른 연료전지(이하 "연료전지"라 한다) (2025. 2. 28. 개정)

나. 기획재정부령으로 정하는 가정용 · 상업용 물품 (2024. 2. 29. 개정)

3. 별표 1 제6호 바목에 해당하는 물품 : 다음 각 목의 구분에 따른 세율 (2024. 2. 29. 개정)

가. 수소를 제조하기 위하여 다음의 설비에 공급(연료용으로 공급하는 것은 제외한다)하는 물품 : 킬로그램당 176.4원 (2024. 2. 29. 개정)

　1) 수소추출설비 (2024. 2. 29. 개정)

　2) 「수소경제 육성 및 수소 안전관리에 관한 법률」에 따른 연료전지 (2024. 2. 29. 개정)

나. 가목 외의 물품 : 킬로그램당 275원. 다만, 2024년 4월 30일까지는 킬로그램당 176.4원으로 한다. (2024. 2. 29. 개정)

나. 가목 외의 물품 : 킬로그램당 275원. 다만, 2024년 6월 30일까지는 킬로그램당 176.4원으로 한다. (2024. 4. 30. 단서개정)

나. 가목 외의 물품 : 킬로그램당 275원. 다만, 2024년 8월 31일까지는 킬로그램당 193원으로 한다. (2024. 6. 28. 단서개정)

나. 가목 외의 물품 : 킬로그램당 275원. 다만, 2024년 10월 31일까지는 킬로그램당 193원으로 한다. (2024. 8. 30. 단서개정)

나. 가목 외의 물품 : 킬로그램당 275원. 다만, 2024년 12월 31일까지는 킬로그램당 212원으로 한다. (2024. 10. 31. 단서개정)

나. 가목 외의 물품 : 킬로그램당 275원. 다만, 2025년 2월 28일까지는 킬로그램당 212원으로 한다. (2024. 12. 31. 단서개정)

3. 삭 제 (2025. 2. 28.)

제1조 【용도별 탄력세율을 적용하는 물품의 범위 등】 (2015. 6. 30. 제목개정)

① 「개별소비세법 시행령」(이하 "영"이라 한다) 제2조의 2 제1항 제2호 나목에서 "기획재정부령으로 정하는 가정용 · 상업용 물품"이란 다음 각 호의 어느 하나에 해당하는 자에게 공급하는 물품을 말한다. (2024. 3. 22. 개정)

1. 「액화석유가스의 안전관리 및 사업법」 제2조 제5호에 따른 액화석유가스 충전사업자 (2016. 3. 23. 개정)

2. 「도시가스사업법」 제2조 제4호에 따른 일반도시가스사업을 하는 자로서 같은 법 시행령 제1조의 2 제2호 가목에 따른 석유가스를 공급하는 자 (2014. 3. 14. 신설)

3. 「고압가스 안전관리법」에 따른 고압가스 제조(액화석유가스 제조만 해당한다)허가를 받은 자. 다만, 공급받은 물품을 「액화석유가스의 안전관리 및 사업법」 제2조 제5호에 따른 액화석유가스 충전사업자에게 재공급하는 경우에 한정한다. (2016. 3. 23. 신설)

② 「개별소비세법」(이하 "법"이라 한다) 제1조 제2항 제4호 사목 단서 및 영 제2조의 2 제1항 제4호 나목에서 "기획재정

10.2원 (2023. 12. 29. 개정)

라. 발전용 물품(가목 및 다목의 물품은 제외한다) : 2024년 12월 31일까지 킬로그램당 10.2원 (2024. 6. 28. 개정)

라. 발전용 물품(가목 및 다목의 물품은 제외한다) : 2025년 6월 30일까지 킬로그램당 10.2원 (2024. 12. 31. 개정)

5. 별표 1 제6호 자목에 해당하는 물품 : 다음 각 목의 구분에 따른 세율 (2022. 7. 29. 개정)

가. 순발열량(純發熱量, 연료의 연소과정에서 발생하는 수증기가 흡수한 열을 제외한 발열량을 말한다. 이하 이 호에서 같다)이 킬로그램당 5,500킬로칼로리 이상인 물품 : 킬로그램당 49원. 다만, 2024년 6월 30일까지는 킬로그램당 41.6원으로 한다. (2023. 12. 29. 단서개정)

가. 순발열량(純發熱量, 연료의 연소과정에서 발생하는 수증기가 흡수한 열을 제외한 발열량을 말한다. 이하 이 호에서 같다)이 킬로그램당 5,500킬로칼로리 이상인 물품 : 킬로그램당 49원. 다만, 2024년 12월 30일까지는 킬로그램당 41.6원으로 한다. (2024. 6. 28. 단서개정)

가. 순발열량(純發熱量, 연료의 연소과정에서 발생하는 수증기가 흡수한 열을 제외한 발열량을 말한다. 이하 이 호에서 같다)이 킬로그램당 5,500킬로칼로리 이상인 물품 : 킬로그램당 49원. 다만, 2025년 6월 30일까지는 킬로그램당 41.6원으로 한다. (2024. 12. 31. 단서개정)

나. 순발열량이 킬로그램당 5,000킬로칼로리 이상 5,500킬로칼로리 미만인 물품 : 2024년 6월 30일까지 킬로그램당 39.1원 (2023. 12. 29. 개정)

나. 순발열량이 킬로그램당 5,000킬로칼로리 이상 5,500킬로칼로리 미만인 물품 : 2024년 12월 31일까지 킬로그램당 39.1원 (2024. 6. 28. 개정)

나. 순발열량이 킬로그램당 5,000킬로칼로리 이상 5,500킬로칼로리 미만인 물품 : 2025년 6월 30일까지 킬로그램당 39.1원 (2024. 12. 31. 개정)

다. 순발열량이 킬로그램당 5,000킬로칼로리 미만인 물품 : 킬로그램당 43원. 다만, 2024년 6월 30일까지는 킬로그램당 36.5원으로 한다. (2023. 12. 29. 단서개정)

다. 순발열량이 킬로그램당 5,000킬로칼로리 미만인 물품 : 킬로그램당 43원. 다만, 2024년 12월 31일까지는 킬로그램당 36.5원으로 한다. (2024. 6. 28. 단서개정)

다. 순발열량이 킬로그램당 5,000킬로칼로리 미만인 물품 : 킬로그램당 43원. 다만, 2025년 6월 30일까지는 킬로그램당 36.5원으로 한다. (2024. 12. 31. 단서개정)

5. 삭 제 (2025. 2. 28.)

편주 ▶ ┄┄┄┄┄┄┄┄┄┄┄┄┄┄┄┄┄┄┄┄┄┄┄┄┄┄┄┄┄┄
영 2조의 2 제1항 5호의 개정규정은 2025. 7. 1.부터 시행함. (영 부칙 (2025. 2. 28.) 1조 단서)
┄┄┄┄┄┄┄┄┄┄┄┄┄┄┄┄┄┄┄┄┄┄┄┄┄┄┄┄┄┄

☞ p.3171 2단 연결

3의 2. 별표 1 제6호 바목에 해당하는 물품(제3호에 해당하는 물품은 제외한다): 킬로그램당 275원. 다만, 2025년 4월 30일까지는 킬로그램당 212원으로 한다. (2025. 2. 28. 신설)

편주 ▶ ┄┄┄┄┄┄┄┄┄┄┄┄┄┄┄┄┄┄┄┄┄┄┄┄┄┄┄┄┄┄
영 2조의 2 제1항 3호의 2의 개정규정은 2025. 3. 1.부터 시행함. (영 부칙(2025. 2. 28.) 1조 단서)
┄┄┄┄┄┄┄┄┄┄┄┄┄┄┄┄┄┄┄┄┄┄┄┄┄┄┄┄┄┄

4. 별표 1 제6호 사목에 해당하는 물품에 적용할 탄력세율은 다음 각 목과 같다. (2019. 2. 12. 개정)

가. 다음의 어느 하나에 해당하는 자에게 열과 전기를 동시에 생산하는 시설의 연료용으로 공급하는 물품 : 킬로그램당 8.4원 (2019. 2. 12. 개정)

1) 「집단에너지사업법」 제2조 제3호에 따른 사업자 (2019. 2. 12. 개정)

2) 「신에너지 및 재생에너지 개발·이용·보급 촉진법」 제2조 제5호에 따른 신·재생에너지 발전사업자. 다만, 「도시가스사업법」 제2조 제3호에 따른 대량수요자에게 공급하는 경우는 제외한다. (2019. 2. 12. 개정)

3) 「전기사업법」 제2조 제19호에 따른 자가용전기설비를 설치한 자 (2019. 2. 12. 개정)

나. 발전용 외의 물품(기획재정부령으로 정하는 것을 말한다) : 킬로그램당 42원 (2019. 2. 12. 개정)

다. 수소를 제조하기 위하여 다음의 설비에 공급(연료용으로 공급하는 것은 제외한다)하는 물품 : 킬로그램당 8.4원 (2022. 2. 15. 신설)

1) 수소추출설비 (2022. 2. 15. 신설)

2) 「수소경제 육성 및 수소 안전관리에 관한 법률」에 따른 연료 전지(가목에 해당하는 것은 제외한다) (2022. 2. 15. 신설)

2) 연료전지(가목에 해당하는 것은 제외한다) (2025. 2. 28. 개정)

라. 발전용 물품(가목 및 다목의 물품은 제외한다) : 2024년 6월 30일까지 킬로그램당

부령으로 정하는 것"이란 다음 각 호의 물품을 말한다. (2019. 3. 20. 개정)

1. 「도시가스사업법」 제2조 제8호에 따른 천연가스수출입업자(이하 이 항에서 "천연가스수출입업자"라 한다)가 수입하는 천연가스 또는 국내에서 제조하는 천연가스로서 다음 각 목의 어느 하나에 해당하는 자에게 공급하는 물품 (2020. 3. 13. 개정)

가. 「도시가스사업법」 제2조 제2호에 따른 가스도매사업자(영 제2조의 2 제1항 제4호 가목 및 다목의 물품 또는 「도시가스사업법 시행규칙」 제2조 제2항 제2호 가목의 물품을 공급하기 위한 경우는 제외한다) (2022. 3. 18. 개정)

나. 「도시가스사업법」 제2조 제2호에 따른 일반도시가스사업자 및 도시가스충전사업자(영 제2조의 2 제1항 제4호 가목 및 다목의 물품을 공급하기 위한 경우는 제외한다) (2022. 3. 18. 개정)

다. 「도시가스사업법 시행규칙」 제2조 제2항 제1호 또는 제3호에 해당하는 자(영 제2조의 2 제1항 제4호 가목 및 다목의 물품을 공급하기 위한 경우는 제외한다) (2023. 3. 20. 개정)

2. 「도시가스사업법」 제2조 제2호에 따른 도시가스사업자인 천연가스수출입업자가 수입하는 천연가스로서 설비 시운전 등 같은 조 제3호에 따른 가스도매사업

서류를 첨부하여 2025. 4. 25.까지 신고하는 경우에는 세율이 인하된 분에 해당하는 세액을 환급하거나 납부해야 할 세액에서 공제함. (영 부칙(2025. 2. 28.) 3조 2항)

- 영 부칙(2025. 2. 28.) 3조 1항에도 불구하고 영 2조의 2 제1항 7호의 개정규정에 따라 세율이 인하된 물품으로서 2025. 1. 2. 이전에 제조장 또는 보세구역에서 반출되어 개별소비세가 납부되었거나 납부될 물품을 2025. 1. 3. 당시 보유하고 있는 제조업자, 도ㆍ소매업자 또는 수입업자가 해당 물품에 대한 판매확인서, 재고물품확인서, 환급신청서 등 국세청장 또는 관세청장이 정하는 증명서류를 첨부하여 2025. 4. 5.까지 관할 세무서장 또는 세관장에게 신고하여 확인을 받은 경우에는 세율이 인하된 분에 해당하는 세액을 환급하거나 납부해야 할 세액에서 공제함. (영 부칙(2025. 2. 28.) 3조 3항)

---

② 삭 제 (2025. 2. 28.)

③ 법 제1조 제7항 단서에 따라 같은 조 제2항에서 정한 세율에 따른 산출세액과 제1항 제7호에서 정한 세율에 따른 산출세액 간 차액은 과세물품당 100만원을 한도로 한다. (2025. 2. 28. 신설)

편주 ▶ ┈┈┈┈┈┈┈┈┈┈┈┈┈┈┈┈┈┈┈┈┈

- 영 2조의 2 제3항의 개정규정은 2025. 6. 30.까지 효력을 가짐. (영 부칙(2025. 2. 28.) 2조)
- 영 2조의 2 제3항의 개정규정은 2025. 1. 3.부터 2025. 6. 30.까지 제조장에서 반출하거나 수입신고를 하는 분에 한정하여 적용함. (영 부칙(2025. 2. 28.) 3조 1항)
- 관할 세무서장 또는 세관장은 법 3조에 따른 납세의무자가 영 2조의 2 제3항의 개정규정에 따라 세율이 인하된 물품을 2025. 1. 3.부터 2025. 2. 28. 전일까지 반출하거나 수입신고한 분에 대하여 그 사실을 확인할 수 있는 세금계산서 등 국세청장 또는 관세청장이 정하는 증명서류를 첨부하여 2025. 4. 25.까지 신고하는 경우에는 세율이 인하된 분에 해당하는 세액을 환급하거나 납부해야 할 세액에서 공제함. (영 부칙(2025. 2. 28.) 3조 2항)

☞ p.3172 2단 연결

---

6. 삭 제 (2025. 2. 28.)

편주 ▶ ┈┈┈┈┈┈┈┈┈┈┈┈┈┈┈┈┈┈┈┈┈

- 영 2조의 2 제1항 6호 및 같은 조 2항의 개정규정은 2023. 6. 30.까지 효력을 가짐. (영 부칙(2021. 1. 12.) 2조 1항) (2022. 12. 30. 개정)
- 영 2조의 2 제1항 6호 및 같은 조 2항의 개정규정은 2023. 6. 30. 이전에 제조장에서 반출하거나 수입신고하는 분에 한정하여 적용함. (영 부칙(2021. 1. 12.) 2조 2항) (2022. 12. 30. 개정)
- 영 2조의 2 제1항 6호 및 같은 조 2항의 개정규정은 2021. 1. 1. 이후 제조장에서 반출하거나 수입신고하는 분부터 적용함. (영 부칙(2021. 1. 12.) 3조)
- 관할 세무서장 또는 세관장은 납세의무자가 영 2조의 2 제1항 6호의 개정규정에 따라 세율이 인하되는 물품을 2021. 1. 1.부터 2021. 1. 12. 전까지 반출하거나 수입신고한 분에 대해 그 사실을 확인할 수 있는 세금계산서 등 국세청장 또는 관세청장이 정하는 증명서류를 첨부하여 2021. 4. 25.까지 신고하면 세율이 인하된 분(영 2조의 2 제2항의 개정규정에 따른 한도가 적용된 분을 말함)에 해당하는 세액을 환급하거나 납부해야 할 세액에서 공제해야 함. (영 부칙(2021. 1. 12.) 4조)

---

7. 별표 1 제5호 가목부터 라목까지의 규정에 해당하는 물품: 물품가격의 1천분의 35 (2025. 2. 28. 신설)

편주 ▶ ┈┈┈┈┈┈┈┈┈┈┈┈┈┈┈┈┈┈┈┈┈

- 영 2조의 2 제1항 7호의 개정규정은 2025. 6. 30.까지 효력을 가짐. (영 부칙(2025. 2. 28.) 2조)
- 영 2조의 2 제1항 7호의 개정규정은 2025. 1. 3.부터 2025. 6. 30.까지 제조장에서 반출하거나 수입신고를 하는 분에 한정하여 적용함. (영 부칙(2025. 2. 28.) 3조 1항)
- 관할 세무서장 또는 세관장은 법 3조에 따른 납세의무자가 영 2조의 2 제1항 7호의 개정규정에 따라 세율이 인하된 물품을 2025. 1. 3.부터 2025. 2. 28. 전일까지 반출하거나 수입신고한 분에 대하여 그 사실을 확인할 수 있는 세금계산서 등 국세청장 또는 관세청장이 정하는 증명

외의 용도로 사용하는 물품 (2019. 3. 20. 개정)

3. 「도시가스사업법」 제2조 제9호에 따른 자가소비용직수입자가 수입하는 천연가스로서 같은 법 시행령 제1조의 4 제2호 및 제4호의 용도로 사용하는 물품(영 제2조의 2 제1항 제4호 다목에 해당하는 물품은 제외한다) (2023. 3. 20. 개정)

③ 영 제2조의 2 제4항에 따른 용도별 탄력세율 적용 물품 사용예정서는 별지 제2호 서식에 따른다. (2025. 3. 21. 개정)

• 영 부칙(2025. 2. 28.) 3조 1항에도 불구하고 영 2조의 2 제3항의 개정 규정에 따라 세율이 인하된 물품으로서 2025. 1. 2. 이전에 제조장 또는 보세구역에서 반출되어 개별소비세가 납부되었거나 납부될 물품을 2025. 1. 3. 당시 보유하고 있는 제조업자, 도ㆍ소매업자 또는 수입업자가 해당 물품에 대한 판매확인서, 재고물품확인서, 환급신청서 등 국세청장 또는 관세청장이 정하는 증명서류를 첨부하여 2025. 4. 5.까지 관할 세무서장 또는 세관장에게 신고하여 확인을 받은 경우에는 세율이 인하된 분에 해당하는 세액을 환급하거나 납부해야 할 세액에서 공제함. (영 부칙(2025. 2. 28.) 3조 3항)

....

④ 제1항 제2호 및 제4호에 해당하는 물품에 대하여 탄력세율을 적용받으려는 자는 해당 물품을 제조장에서 반출한 날이 속하는 달의 다음 달 말일까지(수입물품의 경우에는 그 수입신고를 할 때) 다음 각 호의 사항을 적은 용도별 탄력세율 적용 물품 사용예정서를 관할 세무서장 또는 세관장에게 제출「국세기본법」 제2조 제19호에 따른 국세정보통신망(이하 “국세정보통신망”이라 한다)을 통한 제출을 포함한다]하여야 한다. (2025. 2. 28. 항번개정)
1. 반출자 또는 수입신고인의 인적사항 (2015. 6. 30. 신설)
2. 반출 장소 (2015. 6. 30. 신설)
3. 탄력세율 대상 물품의 명세 및 사용 계획 (2015. 6. 30. 신설)
4. 그 밖의 참고사항 (2015. 6. 30. 신설)

제2조의 3 【잠정세율 적용물품】삭　제 (99. 12. 3.)

제3조 【과세물품과 과세장소의 판정】 법 제1조 제12항에 따라 과세물품과 과세장소의 판정은 다음 각 호의 기준에 따른다. (2010. 2. 18. 개정)
1. 별표 1 제3호의 물품의 판정은 다음 각 목의 기준에 따른다. (2010. 2. 18. 개정)
　가. 물품에 사용된 원재료의 전부 또는 대부분이 보석ㆍ진주ㆍ별갑(鱉甲)ㆍ산호ㆍ호박ㆍ상아 또는 귀금속으로 제조된 것으로 한다. (2010. 2. 18. 개정)

⑫ 제8항부터 제11항까지에서 규정한 사항 외에 과세물품, 과세장소, 과세유흥장소, 과세영업장소 및 유흥음식행위의 판정에 필요한 사항은 대통령령으로 정한다. (2010. 12. 27. 개정)

제1조의 2 【잠정세율】 ① 과세물품 중 기술개발을 선도하거나 환경친화적인 물품으로서 대통령령으로 정하는 물품에 대해서는 다음 각 호의 세율을 적용한다. (2010. 1. 1. 개정)
1. 대통령령으로 정하는 날부터 4년간 : 제1조 제2항의 세율(이하 이

조에서 "기본세율"이라 한다)의 100분의 10 (2010. 1. 1. 개정)
2. 제1호에 따른 기간이 지난 날부터 1년간 : 기본세율의 100분의 40 (2010. 1. 1. 개정)
3. 제2호에 따른 기간이 지난 날부터 1년간 : 기본세율의 100분의 70 (2010. 1. 1. 개정)
② 제1항에 따른 세율은 대통령령으로 정하는 바에 따라 그 적용을 단축 또는 중지하거나 기본세율의 범위에서 인상할 수 있다. (2010. 1. 1. 개정)
③ 제1항과 제2항에 따른 세율은 기본세율 및 제1조 제7항의 세율에 우선하여 적용한다. (2010. 1. 1. 개정)

제2조 【비과세】 다음 각 호의 어느 하나에 해당하는 물품에 대해서는 개별소비세를 부과하지 아니한다. (2010. 1. 1. 개정)
1. 자기(법인은 제외한다)와 자기 가족만이 사용하기 위하여 자기가 직접 제조하는 물품 (2010. 1. 1. 개정)
2. 「관세법」에 따라 간이세율을 적용하는 물품 (2010. 1. 1. 개정)
3. 「축산물위생관리법」·「약사법」 또는 「식품위생법」에 따라 제조장에서 수거되는 물품 (2010. 5. 25. 개정 ; 축산물가공처리법 부칙)
4. 알코올분 1도 이상을 함유하는 물품으로서 「주세법」에 따라 주세(酒稅)가 부과되는 물품 (2010. 1. 1. 개정)

통칙 2-0…1 【자가용품의 범위】 (2019. 12. 23. 번호개정)
① 법 제2조 제1호는 제조하는 물품이 전량 자기나 자기가족의 개인적인 사용 또는 소비에 충당하기 위한 물품에만 적용하며, 그 기간의 계산은 법 제9조에 따른 과세기간마다 산정한다. (2019. 12. 23. 개정)
② 제1항에서 가족이란 「민법」 제779조 제1항에 따른 가족 중 생계를 같이 하는 가족을 말한다. (2019. 12. 23. 개정)
통칙 2-0…2 【간이세율 적용물품의 범위】 (2019. 12. 23. 번호개정)
법 제2조 제2호에서 규정하는 "간이세율을 적용하는 물품"이라 함은 「관세법」 제81조의 규정에 의하여 관세·임시수입부가세 및 개별소비세 등 내국세의 세율을 기초로 하여 「관세법 시행령」 제96조 제1항의 규정에 의하여 간이세율이 적용되는 여행자휴대품·우편물, 별송품 등을 말한다. (2024. 3. 15. 개정)

나. 가목에 해당하는 물품의 판정은 물품 원가의 구성비율에 따라 판정함을 원칙으로 하되, 원가구성비율이 같은 경우에는 그 물품에 사용된 원재료의 구성비율이 높은 것에 따라 판정한다. (2010. 2. 18. 개정)
2. 과세물품이 불완전 또는 미완성 상태로 반출되는 경우에 해당 물품의 주된 부분을 갖추어 그 기능을 나타낼 수 있는 물품은 완제품으로 취급한다. (2010. 2. 18. 개정)
3. 하나의 물품이 과세물품과 비과세물품으로 결합되어 있는 경우에는 해당 물품의 특성 및 주된 용도에 따라 판정하고, 이에 따라 판정할 수 없는 경우에는 원가가 높은 것에 따라 판정한다. (2010. 2. 18. 개정)

제4조 【기준가격】 법 제1조 제2항 제2호의 물품에 대하여 적용하는 기준가격은 다음 각 호의 구분에 따른다. (2015. 11. 27. 개정)
1. 법 제1조 제2항 제2호 가목 1) 및 2)의 물품과 같은 호 나목 1)의 물품: 1개당 500만원 (2015. 11. 27. 개정)
2. 법 제1조 제2항 제2호 가목 4)부터 6)까지의 물품: 1개당 200만원. 다만, 같은 목 5)의 물품은 그 물품의 면적에 제곱미터당 10만원을 곱하여 계산한 금액이 200만원을 초과하는 경우에는 그 금액으로 한다. (2016. 2. 5. 개정)
3. 법 제1조 제2항 제2호 나목 2)의 물품: 1조당 800만원 또는 1개당 500만 원 (2015. 11. 27. 개정)

통칙 2-0…3 【제조장에서 수거되는 물품의 범위】 (2019. 12. 23. 번호개정)
① 법 제2조제3호에 해당하는 비과세물품은 제조장에서 「축산물위생관리법」·「약사법」 또는 「식품위생법」에 따라 권한있는 공무원이 품질·규격의 감정 등 정당한 직무수행을 위하여 과세물품을 수거하는 경우를 말한다. (2024. 3. 15. 개정)
② 제1항은 제조자가 정당하게 수거된 사실을 객관적으로 입증하는 것에 한한다. (2019. 12. 23. 개정)

제3조【납세의무자】 다음 각 호의 어느 하나에 해당하는 자는 이 법에 따라 개별소비세를 납부할 의무가 있다. (2010. 1. 1. 개정)

1. 제1조 제2항 제2호 가목1) 및 2)에 해당하는 과세물품을 판매하는 자(일시적으로 직접 판매하는 소비자는 제외한다) (2010. 1. 1. 개정)
1. 삭　제 (2015. 12. 15.)
2. 과세물품을 제조하여 반출하는 자 (2010. 1. 1. 개정)
3. 「관세법」에 따라 관세를 납부할 의무가 있는 자로서 과세물품을 「관세법」에 따른 보세구역(保稅區域, 이하 "보세구역"이라 한다)에서 반출하는 자 (2010. 1. 1. 개정)
4. 제3호의 경우 외에 관세를 징수하는 물품에 대해서는 그 관세를 납부할 의무가 있는 자 (2010. 1. 1. 개정)
5. 제1조 제3항의 과세장소의 경영자 (2010. 1. 1. 개정)
6. 제1조 제4항의 과세유흥장소의 경영자 (2010. 1. 1. 개정)
7. 제1조 제5항의 과세영업장소의 경영자 (2010. 1. 1. 개정)

제4조【과세시기】 개별소비세는 다음 각 호에 따른 반출, 수입신고, 입장, 유흥음식행위 또는 영업행위를 할 때에 그 행위 당시의 법령에 따라 부과한다. 다만, 제3조 제4호의 경우에는 「관세법」에 따른다. (2015. 12. 15. 개정)

1. 물품에 대한 개별소비세: 과세물품을 제조장에서 반출할 때 또는 수입신고를 할 때 (2015. 12. 15. 개정)
2. 입장행위에 대한 개별소비세 : 과세장소에 입장할 때 (2010. 1. 1. 개정)
3. 유흥음식행위에 대한 개별소비세 : 유흥음식행위를 할 때 (2010. 1. 1. 개정)
4. 영업행위에 대한 개별소비세 : 과세영업장소의 영업행위를 할 때 (2010. 1. 1. 개정)

통칙 4-0…4【제조의 범위】
① 과세물품을 제조 이외의 장소에서 당해 물품의 특성·형태·용도 등에 실질적인 변화를 가함이 없는 범위 안에서 당해 물품에 부착되어 있는 부분품을 제거 또는 부착하는 단순한 수리행위는 제조에 해당하지 아니한다. (2008. 7. 25. 개정)

통칙 3-0…2【수탁제조물품의 납세의무】
① 과세물품(법 제1조 제2항 제2호 가목 1)·2) 물품을 제외한다)을 수탁받아 제조하는 경우에 동 물품에 대한 납세의무자는 수탁자가 되며 이 경우 과세표준계산은 영 제8조 제1항 제10호에 따른다. (2024. 3. 15. 개정)
② 법 제14조 제1항 제3호에 따라 위탁자에게 미납세반출한 후, 위탁자가 같은 물품을 다시 반출하는 경우에는 위탁자가 납세의무자가 된다. (2019. 12. 23. 개정)

제4조의 2【잠정세율의 적용물품 등】 삭　제 (2007. 2. 28.)

통칙 4-0…3【제조의 의의】
"제조"란 법 제5조에 따라 "제조로 보는 경우" 이외에 재료 또는 원료에 물리적 또는 화학적 변화를 가하여 새로운 과세물품(법 제1조 제2항 제2호 가목에 해당하는 물품을 제외한다)을 생산하는 행위를 말하며, 그 행위주체 및 행위장소를 불문한다. (2011. 2. 1. 개정)
〈예 1〉삭　제 (2024. 3. 15.)
〈예 2〉 구입 또는 채굴한 원유를 일정한 정유시설을 통하여 휘발유·경유 등으로 정제하는 행위
〈예 3〉 가구판매업자가 멜라민 화장판(melamine faced sheet)(장방형 또는 원형의 것)에 금속제의 다리(통상 4개)를 붙여 식탁 또는 좌탁 등으로 개조하는 행위

4-0…5【제조장의 의의】 (2024. 3. 15. 제목개정)
법 제4조에 따른 "제조장"이란 과세물품을 제조하는 자가 그 사업을 영위하거나 영위하기 위한 장소를 말한다. (2024. 3. 15. 개정)

4-0…8【반출의 범위】
① 과세물품이 제조장안에서 천재·지변 또는 화재 등으로 소멸된 사실이 명백한 경우에는 반출로 보지 아니한다. (99. 5. 3 개정)
② 과세물품 제조공정에서 발생한 불량품과 포장 및 용량미달이나 물품보관 중 불량품이 생겨 반출할 수 없게 되어 제조장안에서 폐기한 사실이 명백한 경우에는

통칙 3-0…3【제조로 보는 경우의 납세의무자】
제조장 이외의 장소에서 과세물품(중고품을 포함한다)의 가치를 증대하는 것이 법 제5조에서 규정하는 "제조로 보는 경우"에 해당하는 경우에는 다음 각호에서 정하는 자를 납세의무자로 본다. (99. 5. 3 개정)

1. 사업자가 주요재료(부분품)를 공급하고 설치용역만 타인에게 의뢰하는 경우에는 당해 사업자 (2024. 3. 15. 개정)
2. 주요재료(부분품)와 설치용역을 같이 제공하는 경우에는 당해 제조용역 제공자 (2001. 6. 1 개정)

통칙 4-0…6【제조장의 범위】 (2024. 3. 15. 제목개정)
① 2필지 이상의 부지가 도로 또는 개울을 사이에 두는 등 접해 있지 않다 하더라도 근접한 장소로서 제조·저장 등이 총괄적으로 이루어지는 경우에는 그 부지들은 하나의 제조장에 해당하는 것으로 한다. (2024. 3. 15. 개정)
② 하나의 제조장의 부지가 2개 이상의 지방국세청이나 세무서의 관할구역에 위치한 경우에는 주요시설물·주사무실의 위치를 종합감안하여 국세청장 또는 지방국세청장이 정하는 지방국세청 또는 세무서의 관할구역 안에 있는 것으로 한다. (2024. 3. 15. 개정)

4-0…7【반출의 의의】
"반출"이란 법 제6조 제1항에 따라 "반출로 보는 경우" 이외에 과세물품을 제조장으로부터 현실적으로 제조장 이외의 장소로 이동하는 사실행위를 말한다. (2011. 2. 1. 개정)
〈예〉 제조장에서 제조한 견본품·광고선전품

<예> 사용 중이던 승용자동차의 파손된 시트나 문짝을 서비스공장에서 제거하고 새로운 것으로 교체하는 행위
② 중고 과세물품에 도장 또는 단순한 불량부분을 대체하는 등의 수리행위는 제조에 해당하지 아니한다. (2008. 7. 25. 개정)
<예> 삭 제 (2024. 3. 15.)
③ 천연가스를 단지 수송상의 편의를 위하여 액화하였던 것을 본래의 상태인 기체상태로 환원하는 것은 새로운 과세물품을 생산하는 제조에 해당하지 아니한다. (99. 5. 3 개정)

제5조 【제조로 보는 경우】 다음 각 호의 어느 하나에 해당하는 경우에는 해당 물품을 제조하는 것으로 본다. (2010. 1. 1. 개정)
1. 제조장이 아닌 장소에서 판매 목적으로 다음 각 목의 어느 하나에 해당하는 행위를 하는 것 (2010. 1. 1. 개정)
　가. 대통령령으로 정하는 물품을 용기에 충전(充塡)하거나 재포장하는 것 (2020. 6. 9. 개정 ; 법률용어 정비를~법률)
　나. 과세물품에 가치를 높이기 위한 장식, 조립, 첨가 등의 가공을 하는 것 (2010. 1. 1. 개정)
　다. 제1조 제2항 제4호 마목 및 바목의 물품을 혼합하는 것(그 혼합물이 제1조 제2항 제4호 바목의 물품인 석유가스 중 부탄인 경우만 해당한다) (2010. 1. 1. 개정)
2. 중고품을 신품(新品)과 동등한 정도로 그 가치를 높이기 위하여 대부분의 재료를 대체 또는 보완하거나 중고품의 부분품의 전부 또는 일부를 재료로 하여 새로운 물품으로 가공 또는 개조하는 것 (2010. 1. 1. 개정)

통칙 5-5…1 【제조장 이외의 장소의 의의】
법 제5조 제1호에 따른 "제조장이 아닌 장소"란 과세물품을 제조한 해당 제조장이 아닌 장소를 말한다. (2011. 2. 1. 개정)

5-5…2 【용기충전의 의의】
법 제5조 제1호에 따른 "충전"이란 제조장 또는 보세구역으로부터 미포장된 상태로 반출한 물품을 새로운 용기에 주입하거나 반출당시의 용기를 새로운 용기로 대체함으로써 그 물품의 가치를 증대시키는 것을 말한다. 다만, 소비자가 제공하는 용기에 충전하여 판매하는 경우에는 그러하지 아니하다. (2011. 2. 1. 개정)

반출로 보지 아니한다. (99. 5. 3 개정)

제5조 【제조로 보는 물품 및 가공의 범위】 법 제5조 제1호 가목에서 "대통령령으로 정하는 물품"이란 방향용(芳香用) 화장품을 말한다. (2010. 2. 18. 개정)
제5조 【제조로 보는 물품 및 가공의 범위】 삭 제 (2017. 2. 7)

통칙 5-5…4 【용기재포장의 의의】 (2024. 3. 15. 제목개정)
① 법 제5조 제1호 가목에 따른 "재포장"이란 제조장(보세구역)에서 반출한 개개의 물품에 대하여 이미 이루어진 용기·포장·상표 등을 새로운 용기·포장·상표 등으로 바꾸는 경우를 말한다. 다만, 기존상표·포장이 오손되어 이를 대체부착하는 경우 (2024. 3. 15. 개정)
② 판매업자가 자기의 포장지로 포장하거나 선물용품 화장용 상자에 넣어 포장하는 경우(예 : 백화점 포장지, 포장상자) (1999. 5. 3. 개정)
③ 수입자가 법령에 의하여 수입물품에 자기의 주소, 성명, 상호가 기재된 지편(지편)을 첩부하는 경우는 재포장으로 보지 아니한다. (2024. 3. 15. 개정)

5-0…5 【용기재포장의 범위】 (2024. 3. 15. 제목개정)
과세물품의 판매자가 상표 등이 표시되어 있지 아니한 용기에 자기의 상표·명칭 등을 표시하여 판매하는 경우에는 최초로 상품이 되는 것이므로 법 제5조 제1호 가목에 따른 "제조로 보는 경우"에 해당한다. (2024. 3. 15. 개정)

5-0…6 【장식의 의의】
법 제5조 제1호 나목에 따른 "장식"이란 제조장 이외의 장소에서 제조장으로부터 반출한 물품에 그 물품의 특성·용도 등에 변화를 일으키지 않는 범위 안에서 가치증대를 위하여 조각하거나 그림 등을 넣어 부착하는 행위를 말한다. (2011. 2. 1. 개정)
<예> 가구판매장에서 제조장으로부터 구입한 옷장에 조각하여 부착함으로써 가치증대가 이루어지는 경우 (2011. 2. 1. 개정)
<예> 판매목적으로 고급시계를 구입하여 그 중 일부를 동등한 다른 것으로 개체하는 행위는 본래의 고급시계의 특성·용도에 아무런 변화를 가져오지 아니하므로 비록 가치증대가 이루어진다 하더라도 이에 해당하지 아니한다.

☞

을 무상으로 반출하는 경우

☞

통칙 5-0…7 【조립의 의의】
법 제5조 제1호 나목에 따른 "조립"이란 제조장 이외의 장소에서 제조장으로부터 반출한 물품에 다른 과세물품 또는 비과세물품을 물리적으로 결합(결합할 수 있도록 특별히 시공하는 경우를 포함한다)하여 그 물품에 새로운 특성과 용도를 부여함으로써 가치증대를 이루는 행위를 말한다.

5-0…8 【첨가의 의의】
법 제5조 제1호 나목에 따른 "첨가"란 제조장 이외의 장소에서 제조장으로부터 반출한 물품에 그 물품 본래의 특성·용도에 변화를 일으키지 않는 범위 안에서 가치증대를 위하여 과세물품 또는 기타 물품을 부가하는 행위를 말한다. (2011. 2. 1. 개정)

5-0…9 【대부분의 재료의 범위】
법 제5조 제2호에서 "대부분의 재료를 대체·보완하는 것"이란 해당 물품가격의 100분의 50을 초과하는 재료나 부분품을 대체·보완하는 것을 말한다. (2011. 2. 1. 개정)

5 – 5…3 【용기충전의 범위】

사업자가 대형용기에 들어있는 과세물품을 구입하여 이를 판매목적으로 소형용기에 나누어 포장·충전하는 경우에는 법 제5조 제1호 가목에 따른 "제조로 보는 경우"에 해당한다. (2011. 2. 1. 개정)

제6조 【반출 등으로 보는 경우】 (2022. 12. 31. 제목개정)

① 과세물품이 다음 각 호의 어느 하나에 해당하는 경우에는 제조장에서 반출하는 것으로 본다. (2022. 12. 31. 개정)

1. 제조장에서 사용되거나 소비되는 경우. 다만, 대통령령으로 정하는 사유에 해당하는 경우는 제외한다. (2022. 12. 31. 개정)

【관계조문】

영 10조 ⇒ 판매장 또는 제조장에서 소비하는 물품의 가격 계산

【통칙】 6 - 0…1 【반출로 보는 경우의 범위】

법 제6조 제1항에 따른 "제조장에서 사용되거나 소비되는 경우"란 다음 각 호와 같은 유형을 말한다. (2011. 2. 1. 개정)

1. 과세물품인 로얄제리를 그 제조장 안에서 비과세물품인 건강보조식품의 제조용 원료로 사용하는 때 (2001. 6. 1 개정)
2. 삭 제 (2008. 7. 25.)
3. 과세물품인 응접셋트·승용자동차 등을 그 제조장의 집기·비품 등으로 사용하는 때 (99. 5. 3 개정)
4. 과세물품인 경유 또는 등유를 그 제조장 안에서 자가발전용 연료로 사용하는 때 (99. 5. 3 개정)
5. 삭 제 (2024. 3. 15.)

2. 제조장에 있다가 공매(公賣), 경매 또는 파산절차로 환가(換價)되는 경우 (2022. 12. 31. 개정)

3. 과세물품의 제조를 사실상 폐지한 경우에 제조장에 남아있는 경우. 다만, 대통령령으로 정하는 사유에 해당하여 관할 세무서장의 승인을 받은 경우는 제외한다. (2022. 12. 31. 개정)

【통칙】 6 - 0…3 【사실상 폐지의 의의】 (2024. 3. 15. 번호개정)

법 제6조 제1항 제3호에 따른 "사실상 폐지한 경우"란 사업부진이나 채권자로부

제6조 【반출로 보지 않는 경우와 그 승인신청】 (2023. 2. 28. 제목개정)

① 법 제6조 제1항 제1호 단서에서 "대통령령으로 정하는 사유"란 다음 각 호의 어느 하나에 해당하는 경우를 말한다. (2010. 2. 18. 개정)

1. 동일 제조장에서 과세물품의 원재료로 사용되는 경우 (2010. 2. 18. 개정)
2. 동일 제조장에서 과세물품이 시험·연구 및 검사의 목적으로 사용되는 경우. 이 경우 「기초연구진흥 및 기술개발지원에 관한 법률」에 따른 기업부설연구소 및 연구개발전담부서는 제조장 밖에 있는 경우에도 동일 제조장에 있는 것으로 본다. (2011. 6. 24. 후단개정 ; 기초과학연구 진흥법 시행령 부칙)
3. 개별소비세가 과세되지 않는 석유류의 제조용 원재료로 정유공정에 그대로 사용되는 경우 (2010. 2. 18. 개정)

【통칙】 6 - 0…2 【공매·경매·파산절차에 의한 환가시기】

법 제6조 제1항 제2호에 따른 "환가되는 경우"란 계약금 이외에 그 대금의 일부를 받은 때를 말한다. (2011. 2. 1. 개정)

② 법 제6조 제1항 제3호 단서에서 "대통령령으로 정하는 사유"란 제조를 폐지한 당시 해당 제조장에 남아 있는 과세물품이 매월분의 통상적인 반출 수량보다 많은 경우를 말한다. (2023. 2. 28. 개정)

③ 법 제6조 제1항 제3호 단서에 따른 승인을 받으려는 자는 제조를 폐지한 날이 속한 달의 다음 달 25일까지 다음 각 호의 사항을 적은 신청서를 관할 세무서장에게 제출(국세정보통신망을 통한 제출을 포

【통칙】 6 - 6…4 【반출로 보지 아니하는 경우】

영 제6조 제1항 제3호에 따른 "개별소비세가 과세되지 않는 석유류의 제조용 원재료로 정유공정에 그대로 사용되는 경우"란 다음을 말한다. (2019. 12. 23. 개정)

1. "정유공정"이란 석유제품을 제조·가공하기 위하여 원유를 증류탑에서 상압·감압·증류공정으로 증류하거나 증류에 의하여 원유에 포함된 불순물을 제거 또는 정제공정을 거친 석유류를 단순히 혼합하는 조합공정을 포함한다. (2011. 2. 1. 개정)
2. "그대로 사용되는 경우"란 정유공정에 있어 원유에서 최종 제품에 이르기까지 일관된 제조공정으로 중단없이 사용하는 경우는 물론 생산과정의 편의상 다음 단계의 원료가 되는 석유류를 저장탱크에 저장하였다가 혼합하기 위하여 사용하는 경우도 포함하는 것으로 한다. (2011. 2. 1. 개정)

제2조 【반출로 보지 아니하는 승인신청 등】 (2023. 3. 20. 제목개정)

영 제6조 제3항에 따른 신청 및 승인은 별

터 원재료 또는 제품을 압류당하는 등의 사유로 인하여 현실적으로 제조중단 등 그 영업활동을 계속할 수 없는 경우를 말한다. (2024. 3. 15. 개정)

② 과세유흥장소의 경영자가 과세유흥장소 외의 장소에서 유흥음식행위를 하게 한 경우에는 그 유흥음식행위를 과세유흥장소에서 한 것으로 본다. (2010. 1. 1. 개정)

③ 과세영업장소의 경영자가 과세영업장소 외의 장소에서 영업행위를 하게 한 경우에는 그 영업행위를 과세영업장소에서 한 것으로 본다. (2010. 1. 1. 개정)

제7조 【유흥음식요금을 전액 받은 것으로 보는 경우】 (2010. 1. 1. 제목개정)

과세유흥장소의 경영자가 유흥음식 요금의 전부 또는 일부를 받지 아니하고 유흥음식행위를 하게 한 경우에는 그 요금의 전액을 받은 것으로 본다. (2010. 1. 1. 개정)

제8조 【과세표준】 ① 개별소비세의 과세표준은 다음 각 호에 따른다. 다만, 제1조 제2항 제2호의 과세물품은 다음 제1호부터 제4호까지의 가격 중 기준가격을 초과하는 부분의 가격을 과세표준으로 한다. (2010. 1. 1. 개정)

1. 제3조 제1호의 납세의무자가 판매하는 물품 : 판매장에서 판매할 때의 가격 (2010. 1. 1. 개정)

1. 삭　제 (2015. 12. 15.)

2. 제3조 제2호의 납세의무자가 제조하여 반출하는 물품 : 제조장에서 반출할 때의 가격 또는 수량. 다만, 제1조 제2항 제4호 가목의 물품인 휘발유 및 이와 유사한 대체유류의 경우에는 제조장에서 반출한 후 소비자에게 판매할 때까지 수송 및 저장 과정에서 증발 등으로 자연 감소되는 정도를 고려하여 대통령령으로 정하는 비율을 제조장에서 반출할 때의 수량에 곱하여 계산한 수량을 반출할 때의 수량에서 뺀 수량으로 한다. (2010. 1. 1. 개정)

3. 제3조 제3호의 납세의무자가 보세구역에서 반출하는 물품 : 수입신고를 할 때의 관세의 과세가격과 관세를 합한 금액 또는 수량. 다만,

---

함한다)하여야 한다. (2023. 2. 28. 개정)

1. 신청인의 인적사항 (2010. 2. 18. 개정)
2. 제조장 소재지 (2023. 2. 28. 개정)
3. 제조 폐지 연월일 (2023. 2. 28. 개정)
4. 제조를 폐지한 때에 남아 있는 물품의 명세 (2023. 2. 28. 개정)
5. 반출 완료 예정 연월일 (2023. 2. 28. 개정)
6. 신청 사유 (2010. 2. 18. 호번개정)

④ 제3항의 신청을 받은 관할 세무서장은 개별소비세의 보전 또는 단속에 지장을 주지 아니한다고 인정하는 경우에는 6개월의 범위에서 그 신청을 승인할 수 있다. (2010. 2. 18. 개정)

제7조 【공무 등의 범위】 삭　제 (99. 12. 3)

제8조 【제조장에서 반출하는 물품의 가격 계산】 (2016. 2. 5. 제목개정)

① 법 제8조 제1항 제2호에 따른 반출할 때의 가격은 제조자가 실제로 반출하는 금액으로 한다. 다만, 다음 각 호의 어느 하나에 해당하는 경우에는 다음 각 호의 구분에 따른 해당 금액으로 한다. (2016. 2. 5. 개정)

1. 외상 또는 할부로 반출하는 경우 : 해당 물품을 인도한 날의 실제 반출가격에 상당하는 금액 (2016. 2. 5. 개정)
2. 원재료 또는 자금의 공급을 조건으로 낮은 가격으로 반출하거나 자

지 제1호 서식의 반출의제 적용유예 승인 신청서 및 그 승인서에 따른다. (2023. 3. 20. 개정)

통칙 8-8…7 【해약물품을 제조장에 환입함이 없이 재판매하는 때의 과세표준】

제조자가 거래처에 물품을 반출하였으나 그 거래처의 재산상태 악화 등으로 인하여 해약된 물품을 회수함에 있어서 제조장에 환입하지 아니하고 그대로 다른 거래처로 재판매한 경우에는 그 사실이 명백하고 당초의 거래가 위장이 아닌 한 당초 제조장 반출시의 대가를 기초로 과세표준을 산정한다. (99. 5. 3 개정)

제1조 제2항 제4호 가목의 물품인 휘발유 및 이와 유사한 대체유류의 경우에는 제2호 단서를 준용한다. (2011. 12. 31. 개정)

관계조문 ▷▷

영 11조 ⇒ 보세구역에서 반출하는 물품의 가격 계산

4. 제3조 제4호의 물품 : 해당 관세를 징수할 때의 관세의 과세가격과 관세를 합한 금액 또는 수량 (2011. 12. 31. 개정)
5. 과세장소 입장행위 : 입장할 때의 인원 (2010. 1. 1. 개정)
6. 과세유흥장소에서의 유흥음식행위 : 유흥음식행위를 할 때의 요금. 다만, 제23조의 3에 따라 금전등록기를 설치·사용하는 과세유흥장소는 대통령령으로 정하는 바에 따라 현금 수입금액을 과세표준으로 할 수 있다. (2010. 1. 1. 개정)
7. 과세영업장소에서의 영업행위 : 총매출액 (2010. 1. 1. 개정)
② 제1항 제2호부터 제6호까지의 가격이나 요금에는 해당 물품 또는 유흥음식행위에 대한 개별소비세와 부가가치세를 포함하지 아니하며, 제1항 제2호부터 제4호까지의 가격에는 그 용기 대금과 포장 비용(대통령령으로 정하는 것은 제외한다)을 포함한다. (2015. 12. 15. 개정)

관계조문 ▷▷

영 13조 ⇒ 용기 대금과 포장 비용의 계산

③ 과세표준이 되는 가격·수량·요금·인원 또는 총 매출액의 계산에 필요한 사항은 대통령령으로 정한다. (2010. 1. 1. 개정)

통칙 8-8…2 【동종·동질의 과세물품을 이중가격으로 반출하는 때의 과세표준】 (2024. 3. 15. 제목개정)
동종·동질의 과세물품을 도매자·소매자와 실수요자 등에게 각각 상이한 가격으로 반출한다 하더라도 영 제8조 제1항 단서의 규정에 해당하지 아니하는 경우에는 실제 반출가격을 과세표준으로 한다. (2024. 3. 15. 개정)
8-8…3 【과세누락을 발견하는 때의 과세표준】
법 제11조에 따라 경정결정을 하는 경우 해당 과세를 누락한 물품의 판매가격에 세액에 상당하는 금액이 포함되어 있는지의 여부가 불분명한 경우에는 그 물품의 판매가격에 세액에 상당하는 금액이 포함되어 있는 것으로

가제조물품을 다른 제조자의 제품과 저렴한 가격으로 교환하는 경우 : 반출 또는 교환한 날의 실제 반출가격에 상당하는 금액 (2016. 2. 5. 개정)
3. 물품을 반출한 후 일정한 금액을 매수자에게 되돌려주는 경우 : 처음의 반출가격에 상당하는 금액 (2016. 2. 5. 개정)
4. 반출되는 물품의 운송비를 그 운송거리나 운송방법에 상관없이 같은 금액으로 하여 그 반출가격에 포함시키거나 그 금액을 별도로 받는 경우(운송기관이 운송을 담당하는 경우를 포함한다) : 그 운송비를 포함한 가격에 상당하는 금액 (2016. 2. 5. 개정)
5. 입찰의 방법으로 물품을 반출할 때 입찰견적서에 운송비가 따로 계상되어 있더라도 그 낙찰가격에 운송비를 포함하고 있는 경우 : 그 운송비를 포함한 가격에 상당하는 금액 (2016. 2. 5. 개정)
6. 제조장에서 무상으로 반출하는 경우 : 그 물품을 반출한 날의 실제 반출가격에 상당하는 금액 (2016. 2. 5. 개정)
7. 법 제6조 제1항 제2호에 따라 환가되는 경우 : 환가된 때의 가격(해당 물품에 대한 개별소비세와 부가가치세를 포함하지 않은 금액으로 한다)에 상당하는 금액 (2010. 2. 18. 개정)
8. 법 제6조 제1항 제3호 본문에 따라 제조장에 현존하는 물품의 경우 : 폐지한 때의 실제 반출가격에 상당하는 금액. 이 경우 법 제6조 제1항 제3호 단서에 해당하는 경우에는 해당 물품이 실제로 반출되었거나 반출된 것으로 보아 개별소비세를 부과하게 되는 때의 실제 반출가격에 상당하는 금액으로 한다. (2023. 2. 28. 개정)
9. 다음 각 목의 어느 하나에 해당하는 경우 : 해당 물품의 판매가격(해당 물품에 대한 개별소비세와 부가가치세를 포함하지 않는 금액으로 한다. 이하 이 호에서 같다)에서 제8조의 2에 따른 기준판매비율과 판매가격을 곱하여 계산한 금액을 뺀 금액 (2023. 2. 28. 개정)
가. 제조장과 특수한 관계에 있는 곳에 판매를 위탁하거나 판매를 전담하게 하는 경우로서 통상적인 거래를 할 때 실제 판매가격이 없거나 실제 판매가격에 상당하는 금액보다 저렴한 가격으로 반출하는 경우 (2023. 2. 28. 개정)
나. 제조장에서 별도의 판매장을 거치지 않고 소비자에게 직접 반출

8-8…8 【도장료를 별도로 수령하는 때의 과세표준】
제조자가 과세물품 제조를 주문받았을 때 물품대금 외에 도장료를 별도로 수령하는 경우 당해 도장료는 그 물품대가의 일부인 것이므로 과세표준에 산입한다. (99. 5. 3 개정)
8-8…9 【환가된 물품의 과세표준】
법 제6조 제1항 제2호에 따라 과세물품이 환가됨으로써 반출로 보는 경우에 해당하는 물품의 과세표준은 구입자의 업태 여하에 불구하고 그 환가금액에 세액이 포함되어 있는 것으로 보아 과세표준을 산정한다. (2011. 2. 1. 개정)
8-8…10 【공용용기에 넣어 일괄판매하는 때의 과세표준】
제조자가 과세물품과 비과세물품을 동일용기에 넣거나 포장하여 판매하는 경우의 과세표준은 이들 물품의 세제 외 가격의 구성비율에 따라 배분한 용기 또는 포장물의 가격에 그 과세물품의 세 제외 가격을 합한 금액을 과세표준으로 한다. (99. 5. 3 개정)
8-8…11 【잉여물품을 판매하는 때의 과세표준】
수출원자재를 미납세로 반입하여 수출용 과세물품을 제조하고 수출을 완료한 후에 발생한 잉여물품(기술소득분)을 판매하는 경우의 과세표준은 실제로 판매한 금액이다. (2024. 3. 15. 개정)
8-8…12 【가격결정 전에 판매하는 때의 과세표준】
가격이 결정되기 전에 물품을 판매함에 있어 우선 예정가격으로 판매하되, 후일 가격이 결정되면 그에 따라 조정계산하기로 약정하고 판매한 경우에 가격결정이 그 물품의 과세표준신고 기한 내에 이루어지지 않는 때에는 예정가격에 의하여 산출한 과세표준으로 한다. (99. 5. 3 개정)
8-8…13 【비과세물품을 부착하여 판매하는 때의 과세표준】

한다. (2011. 2. 1. 개정)

8-8…4【위탁판매하는 경우의 과세표준】

제조자가 자기가 제조한 물품을 위탁판매하는 경우의 과세표준은 수탁자가 실지로 판매한 가격으로 한다. 이 경우 판매가격에 개별소비세·교육세 및 부가가치세가 포함되어 있는 경우에는 이를 제외한 가격으로 한다. (2011. 2. 1. 개정)

8-8…5【세포함가격에 대한 과세표준의 계산】

개별소비세과세대상의 반출가격 및 유흥음식요금에 개별소비세 등 제세 또는 일부의 세금이 포함된 경우의 개별소비세 과세표준계산은 다음과 같다. (2024. 3. 15. 개정)

○반출가격, 유흥음식요금 : p (2024. 3. 15. 개정)
○개별소비세율 : s (2024. 3. 15. 개정)
○동 교육세율 : e
○동 농어촌특별세율 : a
○부가가치세율 : v
○기준가격 : g

1. 기준가격 또는 종량제가 적용되지 아니하는 과세대상
   가. 반출가격·유흥음식요금에 개별소비세 등 제세금이 포함된 경우 (2024. 3. 15. 개정)
      (1) 농어촌특별세과세대상의 경우

$$\text{과세표준} = p \times \frac{1}{1+s+s \times e+s \times a+(1+s+s \times e+s \times a) \times v}$$

      (2) 농어촌특별세 과세대상이 아닌 경우

$$\text{과세표준} = p \times \frac{1}{1+s+s \times e+(1+s+s \times e) \times v}$$

      (3) 간이과세자 경영의 과세유흥장소 (2024. 3. 15. 개정)

$$\text{과세표준} = \{\text{유흥음식요금} - \text{간이과세자 납부세액}\} \times \frac{1}{1+s+s \times e}$$

      * 간이과세자 납부세액은 부가가치세법 제63조 제2항의 규정에 의한 납부세액으로 다음과 같음.
         간이과세자 : 당해 월의 공급대가×업종별 부가가치율×10%
      (4) 삭 제 (2001. 6. 1)
   나. 반출가격·유흥음식요금(일반과세자인 경우에 한함)에 제세금 전부 또는 일부의 세금이 포함되지 아니한 경우 (2001. 6. 1 개정)
      ○는 당해 세금이 포함된 경우
      ×는 당해 세금이 포함되지 아니한 경우
      (1) 개별소비세·교육세·농어촌특별세 ○, 부가가치세 × (2008. 7. 25. 개정)

하는 경우 (2023. 2. 28. 개정)
   다. 제조자와 판매자가 동일한 경우 (2023. 2. 28. 개정)

관계조문 ▶▶

영 9조 ⇒ 반출가격계산의 특례

10. 수탁가공(위탁자가 물품을 직접 제조하지 아니하고 수탁자에게 의뢰하여 제조하는 경우로서 다음 각 목의 요건을 모두 충족하는 것을 말한다)한 물품[법 제1조 제2항 제2호 가목 1)·2)의 물품은 제외한다]에 대하여 수탁자가 해당 세액을 납부하는 경우 : 그 물품을 인도한 날에 위탁자가 실제로 판매하는 가격에 상당하는 금액 (2012. 2. 2. 개정)
   가. 위탁자가 생산할 물품을 직접 기획(고안·디자인 및 견본제작 등을 말한다)할 것 (2012. 2. 2. 신설)
   나. 해당 물품을 위탁자의 명의로 제조할 것 (2012. 2. 2. 신설)
   다. 해당 물품을 인수하여 위탁자의 책임하에 직접 판매할 것 (2012. 2. 2. 신설)
② 제1항 제9호 및 제10호의 판매가격은 제1항 제1호부터 제8호까지의 반출하는 경우의 금액 산정 기준을 준용하여 산정할 수 있다. (2016. 2. 5. 신설)

통칙 8-8…14【기준가격이 적용되는 물품의 과세표준 계산】

기준가격이 적용되는 법 제1조 제2항 제2호 물품의 개별소비세 과세표준 계산방법은 다음과 같다. (2008. 7. 25. 개정)

1-1. 보석·귀금속제품, 고급모피제품 (2019. 12. 23. 개정)
   기준가격은 1개당 500만원이며, 과세표준은 기준가격(500만원)을 초과하는 금액임.
   〈예〉 귀금속제품 1개당 세전가격이 550만원인 경우
      과세표준=550만원 - 500만원(기준가격)=50만원

1-2. 고급시계 (2019. 12. 23. 신설)
   기준가격은 1개당 200만원이며, 과세표준은 기준가격(200만원)을 초과하는 금액임.
   〈예〉 고급시계 1개당 세전가격이 250만원인 경우
      과세표준=250만원 - 200만원(기준가격)=50만원

2. 고급융단 (2001. 6. 1 개정)

과세물품의 제조과정에서 비과세물품을 부착하여 반출하는 경우로서 그 비과세물품의 가격을 과세물품의 판매가격에 포함시켜 반출하는 경우에는 구분계약서의 작성여부에 관계없이 비과세물품의 가격을 포함한 금액을 과세표준으로 하고 비과세물품을 별개로 반출하는 경우에는 과세표준에 산입하지 아니한다. (99. 5. 3 개정)
〈예〉 승용자동차에 히타(Heater)를 부착하여 반출하는 경우

통칙 8-8…16【봉사료의 과세표준】

과세유흥장소의 경영자가 유흥음식요금 영수시 일정률의 금액을 봉사료 명목으로 직접 고객에게 청구하여 지급받아 당해 서비스를 제공한 종업원이 누구인지를 불문하고 모든 종업원에게 일정한 지급기준에 의거 지급하는 경우에는 영수증·세금계산서·신용카드매출전표 또는 금전등록기 산서에 봉사료를 구분 기재하더라도 과세표준에 포함한다. 다만 봉사료를 경영자의 청구에 의하지 아니하고 고객이 스스로 지급하는 경우에는 과세표준에 포함하지 아니한다. (2024. 3. 15. 개정)

8-8…17【석유류의 과세표준산정 기준온도】

과세표준 = $p \times \dfrac{1}{1+s+s \times e + s \times a}$

(2) 부가가치세 ○, 개별소비세 · 교육세 · 농어촌특별세 × (2008. 7. 25. 개정)

과세표준 = $p \times \dfrac{1}{1+v}$

(3) 개별소비세 · 부가가치세 ○, 교육세 · 농어촌특별세 × (2008. 7. 25. 개정)

과세표준 = $p \times \dfrac{1}{1+s+(1+s) \times v}$

(4) 개별소비세 · 교육세 · 부가가치세 ○, 농어촌특별세 × (2008. 7. 25. 개정)

과세표준 = $p \times \dfrac{1}{1+s+s \times e + (1+s+s \times e) \times v}$

2. 기준가격이 적용되는 과세물품

가. 반출가격에 개별소비세 등 제세금이 포함된 경우 (2024. 3. 15. 개정)

(1) 농어촌특별세 과세대상의 경우

과세표준 = $(p \times \dfrac{100}{110} - g) \times \dfrac{1}{1+s+s \times e + s \times a}$

(2) 농어촌특별세 과세대상이 아닌 경우

과세표준 = $(p \times \dfrac{100}{110} - g) \times \dfrac{1}{1+s+s \times e}$

나. 반출가격에 제세금 전부 또는 일부의 세금이 포함되지 아니한 경우 (2024. 3. 15. 개정)

○는 당해 세금이 포함된 경우

×는 당해 세금이 포함되지 아니한 경우

(1) 개별소비세 · 교육세 · 농어촌특별세 ○, 부가가치세 × (2008. 7. 25. 개정)

과세표준 = $(p - g) \times \dfrac{1}{1+s+s \times e + s \times a}$

(2) 부가가치세 ○, 개별소비세 · 교육세 · 농어촌특별세 × (2008. 7. 25. 개정)

과세표준 = $(p \times \dfrac{100}{110} - g)$

(3) 개별소비세 · 부가가치세 ○, 교육세 · 농어촌특별세 × (2008. 7. 25. 개정)

과세표준 = $(p \times \dfrac{100}{110} - g) \times \dfrac{1}{1+s}$

기준가격은 1장당 200만원과 그 물품의 면적에 평방미터당 10만원을 곱하여 계산한 금액 중 큰 금액이며, 과세표준은 기준가격을 초과하는 금액임.(롤(Roll)제품으로 절단하지 아니한 것은 전체를 1장으로 봄)

〈예 1〉 융단 1장의 면적이 6㎡이고 세전가격이 220만원인 경우

과세표준 = 220만원 − 200만원(기준가격) = 20만원

※ 200만원과 60만원(= 6㎡×10만원) 중 큰 금액인 200만원이 기준가격임.

〈예 2〉 융단 1장의 면적이 50㎡이고 세전가격이 400만원인 경우

과세표준 = 400만원 − 500만원(기준가격) = △100만원

※ 200만원과 500만원(= 50㎡×10만원) 중 큰 금액인 500만원이 기준가격이나, 동 융단은 기준가격 이하이므로 과세되지 아니함.

3. 고급가구 (2001. 6. 1 개정)

기준가격은 1개당 500만원 또는 1조당 800만원이고, 과세표준은 기준가격을 초과하는 금액임. 이 경우 1조당 800만원의 초과금액이 1개당 500만원의 조단위 초과금액 합계액보다 작은 경우에는 1개당 500만원의 조단위 초과금액 합계액을 기준으로 개단위로 과세표준을 계산하는 것임.

<예> 고급가구의 사례별 계산

구 분	반출가격	기준가격	계산방법	과세표준
예1	○조당 가격 900만원	조당 기준가격 800만원	900만원 − 800만원 =100만원	100만원
예2	○조당가격 900만원 ○개당가격 −탁자 1개 100만원	조당 기준가격 800만원	900만원 − 800만원 =100만원	200만원 (개단위 초과금액이 조단위 초과금액보다 큼)
예2	−3인용 쇼파 700만원 −1인용 쇼파 2개 각 50만원	개당 기준가격 500만원	700만원 − 500만원 =200만원	
예3	○조당가격 750만원 ○개당가격 −탁자 1개 100만원	조당 기준가격 800만원	750만원 − 800만원 =△50만원	0
예3	−3인용 쇼파 550만원 −1인용 쇼파 2개 각 50만원	개당 기준가격 500만원	550만원 − 500만원 =50만원	50만원
예4	○조당가격 750만원 ○개당가격 −탁자 1개 100만원	조당 기준가격 800만원	750만원 − 800만원 =△50만원	0
예4	−3인용 쇼파 500만원 −1인용 쇼파 2개 각 50만원	개당 기준가격 500만원	500만원 − 500만원 =0	0

※반출가격은 간접세제가 제외(단, 관세는 포함)된 세전가격임.

개별소비세가 과세되는 휘발유 · 경유 · 등유의 과세표준은 제조장에서 반출하거나 수입신고를 하는 때의 수량을 표준온도(15℃ 또는 60°F)로 환산한 수량이다. (2008. 7. 25. 개정)

8−8…19【무환위탁가공 재수입물품 과세표준】

무환위탁가공 후 재수입하는 물품에 대한 개별소비세 과세표준은 법 제8조 제1항 및 영 제11조와 「관세법」 제30조에 따라, 원재료비＋가공료＋관세상당액＋기타 관세법령상 과세가격에 산입하도록 규정된 제비용(해당 있는 경우에 한정하고, 영 제11조 제3항에 따른 무체재산권은 제외한다)을 합계한 금액이 되는 것이다. (2011. 2. 1. 개정)

(4) 개별소비세·교육세·부가가치세 ○, 농어촌특별세 × (2008. 7. 25. 개정)

$$과세표준 = \left(p \times \frac{100}{110} - g\right) \times \frac{1}{1+s+s \times e}$$

(5) 개별소비세·교육세·농어촌특별세·부가가치세 × (2008. 7. 25. 개정)

$$과세표준 = p - g$$

3. 종량세·정액세가 적용되는 물품 (2008. 7. 25. 개정)

수량 또는 중량을 기준으로 과세하는 석유류와 인원수를 기준으로 과세하는 과세장소는 수량·중량 또는 인원수 자체가 개별소비세 과세표준이므로 별도의 개별소비세 과세표준 계산절차는 불필요함.

8-8…6【동시에 2 이상의 물품을 일괄반출가격으로 반출하는 때의 과세표준】(2024. 3. 15. 제목개정)

2 이상의 물품을 동시에 일괄반출가격으로 반출하는 때의 개별소비세 과세표준은 다음과 같이 산정한다. (2024. 3. 15. 개정)

○p : x물품과 y물품 동시 일괄반출가격 (2024. 3. 15. 개정)

○p1 : x물품 별도 반출시 가격 (2024. 3. 15. 개정)

○p2 : y물품 별도 반출시 가격 (2024. 3. 15. 개정)

○세율: 개별소비세율 s, 교육세율 e, 농어촌특별세율 a, 부가가치세율 v

○g : 기준가격

1. 과세물품과 과세물품 일괄 반출하는 경우 (2024. 3. 15. 개정)

〈예〉 기준가격 적용되는 x물품과 비기준가격 적용되는 y물품

x물품 과세표준 =

$$\left(p \times \frac{p_1}{p_1+p_2} \times \frac{100}{110} - g\right) \times \frac{1}{1+s+s \times e+s \times a}$$

y물품 과세표준 =

$$\left(p \times \frac{p_2}{p_1+p_2}\right) \times \frac{1}{1+s+s \times e+s \times a+(1+s+s \times e+s \times a) \times v}$$

2. 과세물품과 비과세물품 일괄 반출하는 경우 (2024. 3. 15. 개정)

가. 기준가격 적용되는 x과세물품과 y비과세물품의 경우 (2024. 3. 15. 개정)

x물품 과세표준 =

$$\left(p \times \frac{p_1}{p_1+p_2} \times \frac{100}{110} - g\right) \times \frac{1}{1+s+s \times e+s \times a}$$

나. 비기준가격 적용되는 x과세물품과 y비과세물품의 경우 (2024. 3. 15. 개정)

x물품 과세표준 =

$$p \times \frac{p_2}{p_1+p_2} \times \frac{1}{1+s+s \times e+s \times a+(1+s+s \times e+s \times a) \times v}$$

제8조의 2【기준판매비율】 ① 제8조 제1항 제9호 각 목 외의 부분에 따른 기준판매비율은 업종 및 기업의 특성에 따라 조사한 평균적인 판매비용(제조단계 후 발생하는 비용을 말한다) 등을 고려해 기획재정부령으로 정하는 절차를 거쳐 국세청장이 고시하는 비율로 한다. 이 경우 국세청장은 품목(법 제1조 제2항에 따라 분류된 물품을 말한다)을 구분해 기준판매비율을 고시할 수 있다. (2023. 2. 28. 신설)

② 제1항에 따라 고시한 기준판매비율은 그 고시한 날이 속하는 분기의 종료일 다음 날부터 3년간 적용한다. (2023. 2. 28. 신설)

제9조【반출가격계산의 특례】 ① 제8조 제1항 제9호 가목에 따른 해당 판매장의 판매가격에 상당하는 금액의 계산은 제조장에서 반출한 날이 속하는 분기 중에 해당 판매장에서 판매한 동종·동질 물품을 기준으로 다음 산식에 따라 계산한 금액으로 한다. (2024. 2. 29. 개정)

$$판매가격\ 상당액 = \frac{동종·동질\ 물품의\ 판매\ 금액의\ 합계}{동종·동질\ 물품의\ 판매\ 수량의\ 합계} \times 제조장에서\ 반출한\ 수량$$

② 원재료의 일부 또는 전부를 제공하여 과세물품의 제조를 위탁하는 경우에는 그 수탁자를 제조자로 보아 제8조를 적용한다. (2010. 2. 18. 개정)

③ 제2항에도 불구하고 과세물품의 제조를 위탁하는 경우로서 다음 각 호에 해당하는 경우에는 반출가격을 다음 각 호의 구분에 따른 금액으로 한다. (2023. 2. 28. 개정)

1. 법 제1조 제2항 제2호 가목 1)·2)의 물품 또는 같은 항 제3호 가목의 캠핑용자동차(별표 1 제5호에 해당하는 자동차를 「자동차관리법」 제34조에 따라 튜닝한 경우로 한정한다) : 다음 각 목의 구분에 따른 금액 (2023. 2. 28. 개정)

가. 위탁자가 제공한 원재료만으로 제조·가공 또는 수리한 경우 : 그 위탁 공임에 상당하는 금액 (2023. 2. 28. 개정)

나. 위탁자가 제공한 것 외의 원재료를 수탁자가 보충·첨가한 경우 : 보충·첨가된 원재료의 가격과 위탁 공임을 합산한 금액 (2023. 2. 28. 개정)

제2조의 2【기준판매비율의 결정】

① 국세청장은 영 제8조의 2 제1항에 따른 기준판매비율을 결정하려면 기준판매비율심의회(이하 이 조에서 "심의회"라 한다)의 심의를 거쳐야 한다. (2023. 3. 20. 신설)

② 심의회는 국세청장 소속으로 설치하고, 심의회의 위원장은 국세청차장이 되며, 위원은 다음 각 호의 사람이 된다. (2023. 3. 20. 신설)

1. 경상계대학, 학술연구단체, 경제단체 등으로부터 추천을 받아 국세청장이 위촉하는 사람 4명 (2023. 3. 20. 신설)

2. 기획재정부장관의 추천을 받아 국세청장이 위촉하는 사람 3명 (2023. 3. 20. 신설)

3. 국세청 소속 공무원 중에서 국세청장이 지명하는 사람 1명 (2023. 3. 20. 신설)

③ 심의회의 구성·운영에 관하여 필요한 사항은 국세청장이 정한다. (2023. 3. 20. 신설)

2. 법 제1조 제2항 제3호 가목의 캠핑용자동차(별표 1 제5호에 해당
하지 않는 자동차를 「자동차관리법」 제34조에 따라 튜닝한 경우로
한정한다) : 다음 각 목의 금액을 합산한 금액 (2023. 2. 28. 개정)
　가. 위탁자가 제공한 자동차의 가격(수탁자의 제조장에서 반출한 때
　　의 「지방세법 시행령」 제4조 제1항 제3호에 따라 산정된 시가
　　표준액을 말한다) (2023. 2. 28. 개정)
　나. 수탁자가 보충·첨가한 원재료의 가격 (2023. 2. 28. 개정)
　다. 위탁 공임 (2023. 2. 28. 개정)
④ 조에 해당하는 물품을 개별로 판매 또는 반출하는 경우에는 조를 이루어 판매 또는
반출하는 것으로 보아 그 개별가격을 과세표준으로 한다. (2010. 2. 18. 개정)
④ 조에 해당하는 물품을 개별로 판매 또는 반출하는 경우에는 조를
이루어 판매 또는 반출하는 것으로 보아 제8조를 적용한다. (2025. 2.
28. 개정)

통칙 8-9…20【반출가격계산의 특례】

영 제9조 제1항에 따른 "제조장과 특수한 관계가 있는 곳(이하 "특수판매장"이라
한다)의 판매가격에 상당하는 금액"의 계산방법은 다음 열거하는 예에 따른다.
(2024. 3. 15. 개정)

〈예〉 동종·동질의 물품이 2023년 1분기에 다음과 같이 반출 및 판매된 경우

제조장에서 23년 1분기 중 특수판매장으로 k물품을 반출한 수량 : q				
	구 분	판매단가	판매수량	판매금액
23년 1분기 중 특수판매장에서 판매한 내역	k물품의 판매 단가별 수량 및 판매금액	a	가	a×가=x
		b	나	b×나=y
		c	다	c×다=z
23년 4월 25일 제조장에서 신고하여야 할 과세표준 (①+②+③)	① 단가 a에 해당하는 과세표준			$\dfrac{q \times x}{\text{가}+\text{나}+\text{다}}$
	② 단가 b에 해당하는 과세표준			$\dfrac{q \times y}{\text{가}+\text{나}+\text{다}}$
	③ 단가 c에 해당하는 과세표준			$\dfrac{q \times z}{\text{가}+\text{나}+\text{다}}$

제10조의 2 【휘발유의 자연감소율】법 제8조 제1항 제2호 단서에서 "대통령령으로 정하는 비율"이란 해당 과세물품의 1천분의 2를 말한다. (2020. 2. 11. 개정)

제11조 【보세구역에서 반출하는 물품의 가격 계산】(2010. 2. 18. 제목개정)

① 법 제8조 제1항 제3호에 따른 수입신고를 할 때의 가격은 관세의 과세가격에 해당 물품에 부과하여야 할 관세를 더한 금액으로 한다. (2010. 2. 18. 개정)
② 법 제8조 제1항 제4호에 따른 관세를 징수할 때의 가격은 관세의 과세가격에 해당 물품에 부과하여야 할 관세를 더한 금액으로 한다. (2010. 2. 18. 개정)
①·② 삭 제 (2012. 2. 2.)
③ 수입물품의 수입신고가격에 그 물품의 가격에 산입할 수 없는 출판권, 판매권, 공연권 등 무체재산권의 인수대가로 지급하는 금액이 포함되어 있는 경우에는 그 수입신고가격에서 해당 권리의 대가로 지급하는 금액을 뺀 금액을 과세가격으로 한다. (2010. 2. 18. 개정)
④ 법 제8조 제1항 제3호를 적용하는 경우 보세공장에서 제조한 과세물품이 「관세법」 제189조에 따라 원료과세를 받는 물품인 경우에는 보세공장에서 해당 과세물품의 실제 반출가격에 상당하는 금액으로 한다. (2012. 2. 2. 개정)

제11조의 2 【골프장 입장행위 시 과세표준이 되는 인원의 계산】강설, 폭우, 안개 등 천재지변 또는 그 밖의 불가항력적인 사유로 골프행위를 중단하는 경우 법 제8조 제1항 제5호에 따라 과세표준이 되는 입장할 때의 인원은 다음 계산식에 따라 계산한다. (2019. 2. 12. 신설)

$$\text{당초 골프장에 입장할 때의 인원} \times \frac{\text{실제 이용한 홀 수}}{\text{전체 홀 수}}$$

제12조 【용도변경 등으로 세액을 징수 또는 신고·납부하는 물품의 가격 계산 등】(2012. 2. 2. 제목개정)
① 미납세(법 제14조에 따라 개별소비세를 납부하지 않는 것을 말한

☞ p.3184 2단 연결

제10조 【제조장에서 소비하는 물품의 가격 계산】(2023. 2. 28. 제목개정)

① 법 제6조 제1항 제1호 본문에 따라 제조장에서 소비되거나 과세물품이 아닌 물품의 제조용 원재료로 제공되어 제8조 제1항 본문에 따른 가격을 그 물품의 가격으로 할 수 없는 경우에는 해당 물품의 제조총원가에 통상적인 이윤에 상당하는 금액(제조 총원가의 100분의 10)을 더한 금액으로 한다. 이 경우 제조 총원가는 원재료비, 보조재료비, 노무비, 경비, 일반관리비 및 판매비로서 해당 물품에 배부되어야 할 부분으로 구성되는 총금액으로 한다. (2023. 2. 28. 개정)
② 제1항의 원재료비에는 부산물 가액은 포함되지 않으며, 그 구성 비목(費目)과 원재료 구입가격의 평가방법은 다음 각 호에 따른다. (2010. 2. 18. 개정)
1. 원재료비를 구성하는 비목은 다음 각 목과 같다. (2010. 2. 18. 개정)
  가. 원재료 구입가격 (2010. 2. 18. 개정)
  나. 관세 (2010. 2. 18. 개정)
  다. 원재료 구입을 위하여 협회·조합 등에 납부하는 모든 비용 (2010. 2. 18. 개정)
  라. 원재료 구입을 위한 신용장 개설에 드는 모든 비용 (2010. 2. 18. 개정)
  마. 하역비, 운반비, 보험료 및 보관료 (2010. 2. 18. 개정)
  바. 원재료 구입을 위한 융자에 대한 지급이자 및 수수료 (2010. 2. 18. 개정)
2. 제1호 가목의 원재료 구입가격에 대한 평가는 다음 각 목의 가격에 따른다. (2010. 2. 18. 개정)
  가. 국산원재료는 실제 구입가격에도 불구하고 원재료로 사용된 때를 기준으로 하여 최종 구입한 원재료의 가격 (2010. 2. 18. 개정)
  나. 수입원재료는 원재료로 사용된 때를 기준으로 하여 최종 수입한 원재료의 도착가격을 해당 월의 「외국환거래법」에 따른 기준환율 또는 재정환율을 적용하여 환산한 가격 (2010. 2. 18. 개정)

통칙 8-10…21 【자가소비하는 때의 과세표준】
규격미달(정상제품에 비하여 품질저하 또는 병입 물품의 용량부족 등)로 사외로 반출할 수 없어 제조장 안에서 사용·소비한 때의 과세표준은 해당 물품의 제조총원가에 통상이윤상당액을 가산한 금액으로 하되, 이 때의 원가계산은 해당 물품을 소비한 매월별로 한다. (2019. 12. 23. 개정)

관련법령 ▶▶

관세법
제189조 【원료과세】① 보세공장에서 제조된 물품을 수입하는 경우 제186조에 따른 사용신고 전에 미리 세관장에게 해당 물품의 원료인 외국물품에 대한 과세의 적용을 신청한 경우에는 제16조에도 불구하고 제186조에 따른 사용신고를 할 때의 그 원료의 성질 및 수량에 따라 관세를 부과한다. (2010. 12. 30. 개정)
② 세관장은 대통령령으로 정하는 기준에 해당하는 보세공장에 대하여는 1년의 범위에서 원료별, 제품별 또는 보세공장 전체에 대하여 제1항에 따른 신청을 하게 할 수 있다. (2010. 12. 30. 개정)

세율이 법 제18조 제1항에 따라 면제받은 때의 세율보다 높은 경우에는 면제받은 때의 세율을 적용한다. (2012. 2. 2. 신설)

제13조 【용기 대금과 포장 비용의 계산】 ① 법 제8조 제2항에 따라 용기 대금과 포장 비용이 과세표준에서 제외되는 경우는 과세물품의 용기 또는 포장을 장래 해당 제조장에 반환할 것을 조건으로 그 용기 대금 또는 포장 비용을 뺀 금액으로 반출하는 것으로서 국세청장이 지정하는 종류와 절차에 따라 관할 세무서장의 승인을 받은 경우로 한다. 다만, 수입물품의 용기 또는 포장의 경우에는 해당 용기 대금 또는 포장 비용이 그 내용물인 과세물품의 가격보다 비싼 것으로서 수입신고 수리일부터 6개월 내에 수출자에게 반환할 것을 조건으로 보세구역의 관할 세관장의 승인을 받은 것으로 한정한다. (2023. 2. 28. 개정)

② 제1항 본문의 승인을 받으려는 자는 해당 용기 또는 포장을 반출하기 전에 다음 각 호의 사항을 적은 신청서를 관할 세무서장에게 제출(국세정보통신망을 통한 제출을 포함한다)하여야 한다. (2010. 2. 18. 개정)

1. 신청인의 인적사항 (2010. 2. 18. 개정)
2. 제조장의 소재지 (2010. 2. 18. 개정)
3. 구입연월일 (2010. 2. 18. 개정)
4. 용기 또는 포장의 명세 (2010. 2. 18. 개정)

③ 제1항 단서의 승인을 받으려는 자는 해당 물품의 수입신고를 하는 때에 다음 각 호의 사항을 적은 신청서를 보세구역의 관할 세관장에게 제출해야 한다. (2025. 2. 28. 개정)

1. 신청인의 인적사항 (2010. 2. 18. 개정)
2. 용도 및 사용장소 (2010. 2. 18. 개정)
3. 수출 예정시기, 수출지 및 수출 예정 세관명 (2010. 2. 18. 개정)
4. 용기 또는 포장의 명세 (2010. 2. 18. 개정)

④ 과세물품과 비과세물품을 1개의 용기에 함께 넣거나 포장하여 반출하는 경우에는 물품의 과세 전 가격을 기준으로 산출한 가격구성비율에 따라 용기 대금과 포장 비용을 계산한다. (2023. 2. 28. 개정)

☞ p.3185 2단 연결

다. 이하 같다) 또는 면세(개별소비세가 면제되는 것을 말한다. 이하 같다)로 반출 또는 반입한 자가 해당 물품의 용도를 변경하거나 타인에게 양도하는 등의 사유로 개별소비세를 징수하거나 신고·납부하는 경우에 해당 물품의 가격은 다음 각 호의 구분에 따른다. (2012. 2. 2. 개정)

1. 법 제14조 제2항에 따라 세액을 징수하는 경우 : 미납세된 때의 가격 (2010. 2. 18. 개정)
2. 법 제15조 제2항에 따라 세액을 징수하는 경우 : 면세된 때의 가격 (2010. 2. 18. 개정)
3. 법 제15조 제3항에 따라 세액을 징수하는 경우 : 면세된 때 의 가격 (2010. 2. 18. 개정)
4. 법 제15조 제4항 및 제16조 제2항에 따라 제조장에서 구입한 물품에 대한 세액을 징수하는 경우 : 양수한 금액(수입한 물품에 대한 세액을 징수하는 경우에는 양수한 금액과 이를 과세가격으로 하는 관세를 합한 금액). 다만, 증여를 받았거나 소지한 것에 대해서는 「관세법」 제33조부터 제35조까지의 규정을 준용한다. (2012. 2. 2. 개정)
5. 법 제17조 제5항에 따라 세액을 징수하는 경우 : 면세로 판매장에서 구입한 가격에 상당하는 금액 (2010. 2. 18. 개정)
6. 법 제17조 제6항에 따라 세액을 징수하는 경우 : 소지 당시 면세판매장의 판매가격에 상당하는 금액 (2010. 2. 18. 개정)
7. 법 제17조 제2항 및 제18조 제2항에 따라 세액을 징수하는 경우 : 면세된 물품의 가격 (2010. 2. 18. 개정)
8. 법 제18조 제3항에 따라 제33조 제1항 각 호의 어느 하나의 사유에 해당하여 개별소비세를 신고·납부하는 경우 : 판매가격에 상당하는 금액(개별소비세를 신고·납부하는 물품이 법 제18조 제1항 제3호 각 목의 어느 하나에 해당하는 물품인 경우에는 「지방세법」 제4조 제2항에 따라 결정한 취득세 시가표준액을 준용하여 국세청장이 정하여 고시하는 금액) (2010. 9. 20. 개정 ; 지방세법 시행령 부칙)

② 제1항 제8호에 따라 개별소비세를 신고·납부하는 경우에 해당 세액은 용도변경 등의 사유가 발생할 때의 세율을 적용한다. 다만, 해당

제3조 【용기 대금 승인신청 등】 영 제13조 제2항 및 제3항에 따른 신청 및 승인은 별지 제4호 서식 및 별지 제5호 서식의 용기대금(포장 비용)승인신청서 및 그 승인서에 따른다. (2010. 4. 26. 개정)

⑤ 제2항 및 제3항에 따라 승인을 한 관할 세무서장 또는 세관장은 해당 승인사항에 대한 이행 사실을 확인하여야 하며, 그 승인사항을 위반하였음이 확인되었을 경우에는 그 위반된 용기 대금 또는 포장 비용에 대하여 개별소비세를 즉시 징수하여야 한다. (2010. 2. 18. 개정)

통칙 8-13…22【용기대금 또는 포장비용에 관한 세액 추징시 과세표준】
법 제8조 제2항 및 영 제13조에 따라 과세표준에 포함하지 아니하는 용기 또는 포장으로서 승인사항 등을 위반하여 해당 세액을 징수하는 때의 과세표준은 다음과 같이 산정한다. (2011. 2. 1. 개정)
1. 용기 또는 포장의 판매대금(보증금) 등이 장부나 제증빙서류에 의하여 확인되는 때에는 그 확인된 가격 (99. 5. 3 개정)
2. 용기 또는 포장의 판매대금이 확인되지 않는 때에는 고정자산대장에 의한 장부가격 (99. 5. 3 개정)

8-13…23【승인용기 등을 타용도로 전용】
과세표준에 산입하지 아니하고자 소정의 절차를 밟아 지정 또는 사용승인을 받은 용기 또는 포장물을 타용도로 전용하기 위하여는 사용취소 승인을 받은 후 당초 승인에 의한 표시를 삭제한 후 사용하여야 한다. (99. 5. 3 개정)

제14조【입장요금계산의 특례】삭 제 (1999. 12. 3.)

제14조의 2【유흥음식요금계산의 특례】법 제23조의 3 제1항에 따라 금전등록기를 설치한 자가 금전등록기에 의하여 계산서(영수증)를 교부하고, 감사테이프를 보관한 때에는 법 제8조 제1항 제6호 단서에 따라 과세표준을 계산할 수 있다. 다만, 유흥음식행위를 무상 또는 외상으로 하게 한 경우에는 다음 각 호에 따라 과세표준을 계산한다. (2009. 2. 4. 개정)
1. 무상으로 <u>유흥행위</u>를 하게 한 것은 해당 월분의 과세표준에 합산한다. (2010. 12. 30. 개정)
1. 무상으로 <u>유흥음식행위</u>를 하게 한 것은 해당 월분의 과세표준에 합산한다. (2025. 2. 28. 개정)
2. 외상으로 유흥음식행위를 하게 한 것으로서 경영을 폐지한 때의 외상매출금 잔액은 법 제9조 제7항에 따른 신고 시의 과세표준에 합산한다. (2009. 2. 4. 개정)

법 9	영 15	칙 4
제9조 【과세표준의 신고】 ① 제3조 제2호와 제6조 제1항 제1호에 따라 납세의무가 있는 자는 매 분기(제1조 제2항 제4호 또는 같은 항 제6호에 해당하는 물품은 매월) 제조장에서 반출한 물품의 물품별 수량, 가격, 과세표준, 산출세액, 미납세액, 면제세액, 공제세액, 환급세액, 납부세액 등을 적은 신고서를 반출한 날이 속하는 분기의 다음 달 25일(제1조 제2항 제4호 또는 같은 항 제6호에 해당하는 물품은 반출한 날이 속하는 달의 다음 달 말일)까지 제조장 관할 세무서장에게 제출(국세정보통신망을 통하여 제출하는 경우는 국세정보통신망에 입력하는 것을 말한다. 이하 같다)하여야 한다. (2022. 12. 31. 개정) ② 제3조 제3호의 납세의무자가 보세구역 관할 세관장에게 수입신고를 한 경우에는 제1항에 따른 신고를 한 것으로 본다. (2010. 1. 1. 개정) ③ 제3조 제4호의 납세의무자에 관하여는 「관세법」을 준용한다. (2010. 1. 1. 개정) ④ 제3조 제5호의 납세의무자는 매 분기 과세장소의 종류별·세율별로 입장 인원과 입장 수입을 적은 신고서를 입장한 날이 속하는 분기의 다음 달 25일까지 과세장소 관할 세무서장에게 제출하여야 한다. (2010. 1. 1. 개정) ⑤ 제3조 제6호의 납세의무자는 매 월 과세유흥장소의 종류별로 인원, 유흥음식 요금, 산출세액, 면제세액, 공제세액, 납부세액 등을 적은 신고서를 유흥음식행위를 한 날이 속하는 달의 다음 달 25일까지 과세유흥장소의 관할 세무서장에게 제출하여야 한다. (2010. 12. 27. 개정) ⑥ 제3조 제7호의 납세의무자는 매년 과세영업장소의 고객으로부터 받은 총금액, 고객에게 지급한 총금액, 총매출액, 총세액 등을 적은 신고서와 공인회계사의 감사보고서가 첨부된 전년도 재무제표를 영업행위를 한 날이 속하는 해의 다음 해 3월 31일까지 과세영업장소의 관할 세무서장에게 제출하여야 한다. (2020. 6. 9. 개정 ; 법률용어 정비를~법률) ⑦ 제1항 및 제4항부터 제6항까지의 규정에도 불구하고 다음 각 호의 어느 하나에 해당하는 경우에는 그 사유가 발생한 날이 속한 달의 다음 달 25일까지 해당 신고서를 제출하여야 한다. (2011. 12. 31.	제15조 【과세표준의 신고】 ① 법 제9조 제1항에 따라 과세표준을 신고해야 할 자는 다음 각 호의 사항을 적은 신고서에 과세물품 총반출 명세서(면세 석유류 구입추천서를 포함한다), 제품 출납 상황표, 개별소비세 공제(환급)신청서를 첨부하여 관할 세무서장에게 제출(국세정보통신망을 통한 제출을 포함한다)해야 한다. (2023. 2. 28. 개정) 1. 사업자의 인적사항 (2010. 2. 18. 개정) 2. 총반출물품의 세액과 그 계산근거 (2023. 2. 28. 개정) 3. 미납세 또는 면세 반출물품의 세액 상당액과 그 계산근거 (2023. 2. 28. 개정) 4. 환급세액 또는 공제세액과 그 계산근거 (2010. 2. 18. 개정) 5. 자진납부세액 (2010. 2. 18. 개정) ② 법 제9조 제4항에 따라 과세표준을 신고하여야 할 자는 다음 각 호의 사항을 적은 신고서를 관할 세무서장에게 제출(국세정보통신망을 통한 제출을 포함한다)하여야 한다. (2010. 2. 18. 개정) 1. 사업자의 인적사항 (2010. 2. 18. 개정) 2. 과세장소별 자진납부세액 및 그 계산근거 (2010. 2. 18. 개정) ③ 법 제9조 제5항에 따라 과세표준을 신고하여야 할 자는 다음 각 호의 사항을 적은 신고서를 관할 세무서장에게 제출(국세정보통신망을 통한 제출을 포함한다)하여야 한다. (2010. 2. 18. 개정) 1. 사업자의 인적사항 (2010. 2. 18. 개정) 2. 과세유흥장소별 자진납부세액 및 그 계산근거 (2010. 2. 18. 개정) ④ 법 제9조 제6항에 따라 신고하여야 할 자는 다음 각 호의 사항을 기재한 신고서를 관할 세무서장에게 제출(국세정보통신망에 의한 제출을 포함한다)하여야 한다. (2009. 2. 4. 신설) 1. 사업자의 인적사항 (2009. 2. 4. 신설) 2. 과세영업장소별 자진납부세액 및 그 계산근거 (2009. 2. 4. 신설) ⑤ 법 제9조 제7항에 따라 과세표준을 신고해야 할 자는 제1항부터 제4항까지의 규정에 준한 서류에 해당 사유를 명확하게 적어 신고(국세정보통신망을 통한 신고를 포함한다)해야 한다. (2021. 1. 5. 개정 ; 어	제4조 【과세표준의 신고】 ① 영 제15조 제1항에 따른 신고는 별지 제6호 서식의 과세물품 과세표준 신고서에 따른다. (2010. 4. 26. 개정) ② 영 제15조 제2항에 따른 신고는 별지 제7호 서식의 과세장소 과세표준 신고서에 따른다. (2010. 4. 26. 개정) ③ 영 제15조 제3항에 따른 신고는 별지 제7호의 2 서식의 과세유흥장소 과세표준 신고서에 따른다. (2010. 4. 26. 개정) ④ 영 제15조 제4항에 따른 신고는 별지 제7호의 3 서식의 과세영업장소 과세표준 신고서에 따른다. (2010. 4. 26. 개정)

개정)

1. 제3조 제2호의 납세의무자가 제6조 제1항 제2호 및 제3호에 해당하게 된 경우 (2015. 12. 15. 개정)
2. 제3조 제2호 및 제5호부터 제7호까지의 납세의무자가 제조장·과세장소·과세유흥장소 및 과세영업장소의 영업을 폐업한 경우 (2022. 12. 31. 개정)
⑧ 제1항, 제2항 및 제4항부터 제7항까지의 규정에 따른 과세표준의 신고에 필요한 사항은 대통령령으로 정한다. (2010. 1. 1. 개정)

　제10조【납　부】① 제3조 제2호 및 제5호부터 제7호까지의 규정과 제6조 제1항 제1호에 따라 납세의무가 있는 자는 매 분기분(제1조 제2항 제4호 또는 같은 항 제6호에 해당하는 물품 및 제1조 제4항에 해당하는 과세유흥장소는 매월분, 제1조 제5항에 해당하는 과세영업장소는 매 연도분)의 개별소비세를 제9조 제1항 및 제4항부터 제6항까지의 규정에 따른 신고서 제출 기한까지 관할 세무서장에게 납부하여야 한다. (2015. 12. 15. 개정)
② 다음 각 호의 어느 하나에 해당하는 자는 개별소비세를 제9조 제7항에 따른 신고서 제출 기한까지 관할 세무서장에게 납부하여야 한다. (2010. 1. 1. 개정)
1. 제6조 제1항 제2호 및 제3호에 따라 납세의무가 있는 자 (2010. 1. 1. 개정)
2. 제조장·과세장소·과세유흥장소 또는 과세영업장소의 영업을 사실상 폐업한 자 (2022. 12. 31. 개정)
③ 제3조 제3호 및 제4호의 납세의무자의 개별소비세 납부에 관하여는 「관세법」에 따른다. (2010. 1. 1. 개정)
④ 과세물품을 「관세법」에 따라 수입신고 수리 전에 보세구역에서 반출하려는 자는 「관세법」으로 정하는 바에 따라 해당 개별소비세액에 상당하는 담보를 제공하여야 한다. (2010. 1. 1. 개정)
⑤ 제3조 제6호 또는 제7호에 해당하는 과세유흥장소 또는 과세영업장소의 경영자에 대하여 관할 세무서장은 납세 보전(保全)을 위하여 필요하다고 인정하면 대통령령으로 정하는 바에 따라 해당 개별소비세액에 상당하는 담보의 제공을 요구할 수 있다. (2010. 1. 1.

　제16조【납　부】법 제10조에 따라 개별소비세를 납부하려는 자는 법 제9조에 따른 기한까지 납부할 세액을 관할 세무서장에게 납부하거나 「국세징수법」 제5조에 따른 납부서로 한국은행(그 대리점을 포함한다) 또는 체신관서에 납부해야 한다. (2021. 2. 17. 개정)

　제17조【납세담보의 제공 및 처분】① 법 제10조 제5항에 따라 관할세무서장이 과세유흥장소 또는 과세영업장소의 경영자에게 납세담보의 제공을 요구하려면 납세담보를 요구한 날부터 30일 이내에 관할세무서장에게 납세담보를 제공하도록 통지하여야 한다. (2009. 2. 4. 개정)

개정)

제10조의 2 【총괄납부】 ① 제3조 제2호에 따른 납세의무자로서 제5조 제1호 다목, 제14조 제4항 및 제20조의 2 제1항·제2항에 따라 개별소비세를 납부하거나 환급받는 자는 대통령령으로 정하는 바에 따라 해당 물품을 제조·반출한 제조장에서 총괄하여 납부하거나 환급받을 수 있다. (2024. 12. 31. 개정)

편주 ▶ ‥‥‥‥‥‥‥‥‥‥‥‥‥‥‥‥‥‥‥‥‥‥‥‥‥‥
법 10조의 2 제1항의 개정규정은 2025. 4. 1.부터 시행함. (법 부칙(2024. 12. 31.) 1조)
‥‥‥‥‥‥‥‥‥‥‥‥‥‥‥‥‥‥‥‥‥‥‥‥‥‥‥‥‥‥

② 제1항에 따라 해당 물품을 제조·반출한 제조장에서 총괄하여 납부하려는 자는 대통령령으로 정하는 바에 따라 관할 세무서장에게 신청하여 승인을 받아야 한다. (2010. 1. 1. 개정)

제10조의 3 【사업자 단위 신고·납부】 제9조 제1항, 같은 조 제4항부터 제7항까지 및 제10조 제1항·제2항에도 불구하고 제21조 제2항에 따라 사업자 단위로 신고한 사업자(이하 제21조 제3항에서 "사업자단위과세사업자"라 한다)는 그 사업자의 본점 또는 주사무소(主事務所)에서 총괄하여 신고·납부할 수 있다. 이 경우 그 사업자의 본점 또는 주사무소는 신고·납부와 관련하여 이 법을 적용할 때

② 제1항의 납세담보를 요구할 수 있는 최고한도의 금액은 전월(과세영업장소는 전년도)에 납부한 개별소비세액[전월(과세영업장소는 전년도)에 납부한 세액이 없는 경우에는 해당 월(과세영업장소는 해당 연도)에 납부할 개별소비세액의 추정액]의 100분의 120(납세담보가 현금 또는 납세보험증권의 경우에는 100분의 110)에 상당하는 금액으로 한다. (2022. 2. 15. 개정)
③ 법 제10조 제4항 및 제5항에 따라 담보를 제공한 자가 납부 기한까지 해당 개별소비세를 납부하지 아니하거나 해당 용도에 제공한 사실을 증명하지 아니하였을 경우에는 그 담보물로 해당 개별소비세에 충당한다. 이 경우 부족한 금액이 있을 때에는 이를 징수하며, 남은 금액이 있을 때에는 이를 환급한다. (2010. 2. 18. 개정)

제16조의 2 【총괄납부】 ① 법 제10조의 2 제1항에 따라 제조장에서 총괄하여 납부할 수 있는 경우는 다음 각 호의 어느 하나에 해당하는 경우로 한다. (2010. 2. 18. 개정)
1. 법 제5조 제1호 다목에 따라 제조장이 아닌 장소에서 법 제1조 제2항 제4호 마목 및 바목의 물품을 혼합함으로써 개별소비세를 납부하게 되는 경우 (2010. 2. 18. 개정)
2. 법 제14조 제1항 제2호 및 제4호에 따라 제조장에서 미납세반출한 물품이 반입된 장소에서 용도가 변경되어 개별소비세를 납부하게 되는 경우 (2010. 2. 18. 개정)
3. 제19조 제3항 제5호에 따라 하치장에 미납세반출한 물품을 판매하기 위하여 같은 하치장에서 반출하는 경우 (2010. 2. 18. 개정)
4. 법 제20조의 2 제1항에 따라 개별소비세를 환급 또는 공제받으려는 경우 (2010. 2. 18. 개정)
② 법 제10조의 2 제1항에 따라 제조장에서 총괄하여 납부하려는 자는 그 납부하려는 기간이 시작되기 20일 전에 다음 각 호의 사항을 적은 총괄납부 승인신청서를 해당 물품을 제조·반출하는 제조장의 관할 세무서장에게 제출(국세정보통신망을 통한 제출을 포함한다)하여야 한다. (2010. 2. 18. 개정)
1. 사업자의 인적사항 (2010. 2. 18. 개정)
2. 총괄하여 납부하려는 장소 (2010. 2. 18. 개정)

제5조 【총괄납부의 승인신청 등】 ① 영 제16조의 2 제2항에 따른 총괄납부의 승인신청 및 승인과 영 제16조의 3 제3항에 따른 총괄납부의 포기신고는 별지 제8호 서식의 개별소비세 총괄납부 승인신청서(포기신고서) 및 그 승인서에 따른다. (2011. 4. 1. 개정)

각 제조장·과세장소·과세유흥장소 또는 과세영업장소로 본다. (2022. 12. 31. 후단개정)

3. 총괄납부 신청 사유 (2010. 2. 18. 개정)
4. 그 밖의 참고사항 (2010. 2. 18. 개정)
③ 삭 제 (2007. 12. 31.)
④ 제2항의 신청을 받은 관할 세무서장은 납세의무자가 다음 각 호의 어느 하나에 해당하여 납세관리에 지장이 있다고 인정하는 경우를 제외하고는 그 신청을 승인하고 신청일부터 20일 이내에 해당 납세의무자와 제조장 및 하치장 등의 관할 세무서장에게 승인 사실을 통지하여야 한다. (2010. 2. 18. 개정)
1. 하치장 설치신고를 하지 아니한 경우 (2010. 2. 18. 개정)
2. 신청일부터 기산(起算)하여 과거 2년 이내에 「조세범 처벌법」에 따른 처분 또는 처벌을 받은 사실이 있는 경우 (2010. 2. 18. 개정)
3. 신청일부터 기산하여 과거 2년 이내에 세법에 따른 경정조사 시 매출누락금액이 1억원 이상 발견된 경우 (2010. 2. 18. 개정)
4. 신청일부터 기산하여 과거 2년 이내에 국세 또는 지방세를 체납한 사실이 있는 경우 (2010. 2. 18. 개정)
⑤ 총괄납부의 승인을 받은 내용을 변경하려는 경우 그 신청 및 승인에 관하여는 제2항 및 제4항을 준용한다. (2010. 2. 18. 개정)

　제16조의 3【총괄납부 승인의 철회 및 포기】① 총괄납부를 승인한 관할 세무서장은 제16조의 2 제4항에 따라 총괄납부의 승인을 받은 자가 사업 내용의 변경, 그 밖의 사정변경으로 제조장에서 총괄하여 납부하는 것이 적당하지 않다고 인정되는 경우에는 총괄납부의 승인을 철회할 수 있다. (2010. 2. 18. 개정)
② 제1항에 따라 총괄납부의 승인을 철회한 경우 해당 세무서장은 철회 사실을 해당 납세의무자와 제조장 및 하치장 등의 관할 세무서장에게 통지하여야 한다. (2010. 2. 18. 개정)
③ 제16조의 2 제4항에 따라 총괄납부의 승인을 받은 자가 사정 변경으로 총괄납부를 포기하고 각 사업장별로 납부하려는 경우에는 그 납부하려는 기간이 시작되기 20일 전에 다음 각 호의 사항을 적은 총괄납부 포기신고서를 제조장 관할 세무서장에게 제출(국세정보통신망을 통한 제출을 포함한다)하여야 한다. (2010. 2. 18. 개정)
1. 사업자의 인적사항 (2010. 2. 18. 개정)

② 영 제16조의 2 제5항에 따른 총괄납부 변경 승인신청 및 승인은 별지 제8호의 2 서식의 개별소비세 총괄납부 변경 승인신청서 및 그 승인서에 따른다. (2010. 4. 26. 개정)

2. 총괄납부 포기 사유 (2010. 2. 18. 개정)

3. 그 밖의 참고사항 (2010. 2. 18. 개정)

④ 제3항에 따라 총괄납부의 포기신고를 받은 제조장 관할 세무서장은 제조장 및 하치장 등의 관할 세무서장에게 즉시 그 사실을 통지하여야 한다. (2010. 2. 18. 개정)

제10조의 4 【미납세반출 후 반입지에서 판매 또는 반출한 물품의 신고·납부 특례】 제14조 제1항 및 제20조의 3 제1항에 따라 개별소비세를 납부하지 아니하고 반출 등을 한 자(이하 이 조에서 "미납세반출자"라 한다)와 그 반출된 물품을 반입한 자가 동일한 사업자인 경우에는 해당 물품을 반입지에서 판매 또는 반출할 때 제14조 제4항에도 불구하고 미납세반출자가 대통령령으로 정하는 바에 따라 해당 물품에 대한 개별소비세를 관할 세무서장 또는 세관장에게 신고·납부할 수 있다. (2014. 12. 23. 개정)

제10조의 5 【저유소에서의 서로 다른 유류의 혼합 등에 대한 특례】 제3조 제2호 또는 제3호의 납세의무자(이하 이 조에서 "제조자등"이라 한다)가 제1조 제2항 제4호 가목부터 다목까지의 유류를 해당 제조자등의 제조장 또는 보세구역에서 「송유관 안전관리법」에 따른 송유관 또는 선박·탱크로리 등 운송수단을 통하여 반출한 후 제조자등이 소유 또는 임차한 저유소(貯油所)에서 다시 반출하는 경우로서 해당 저유소에서 서로 다른 유류의 혼합 등 대통령령으로 정하는 사유(이하

제16조의 4 【미납세반출 특례에 따른 신고절차 등】 ① 법 제10조의 4에 따른 미납세반출자(이하 이 항에서 "미납세반출자"라 한다)가 반입지에서 판매 또는 반출한 물품에 대하여 개별소비세를 신고·납부하려는 경우에는 법 제9조에 따른 과세표준 신고를 할 때 제15조 제1항에 따른 신고서에 다음 각 호의 서류를 첨부하여 미납세반출자 관할 세무서장에게 제출(국세정보통신망을 통한 제출을 포함한다)하여야 한다. 다만, 제1호의 신청서는 법 제10조의 4를 적용하여 처음으로 과세표준을 신고할 때 제출하여야 하며, 이미 제출한 내용이 변경되거나 법 제10조의 4에 따른 특례를 적용받지 아니하려는 경우에는 이를 다시 제출하여야 한다. (2012. 2. 2. 신설)

1. 다음 각 목의 사항을 적은 미납세반출특례신청서 (2012. 2. 2. 신설)

　　가. 미납세반출자의 인적사항 (2012. 2. 2. 신설)

　　나. 반입자의 소재지 및 관할 세무서 (2012. 2. 2. 신설)

　　다. 미납세반출한 물품 (2012. 2. 2. 신설)

　　라. 그 밖의 참고사항 (2012. 2. 2. 신설)

2. 반입지별 과세표준신고서 (2012. 2. 2. 신설)

② 제1항 제1호에 따른 신청서를 받은 관할 세무서장은 반입지 관할 세무서장에게 그 사실을 통지하여야 한다. (2012. 2. 2. 신설)

제16조의 5 【저유소에서의 서로 다른 유류의 혼합 등에 대한 특례 사유 등】 ① 법 제10조의 5 각 호 외의 부분에서 "대통령령으로 정하는 사유"란 다음 각 호의 어느 하나에 해당하는 사유를 말한다. (2012. 2. 2. 신설)

1. 법 제1조 제2항 제4호 가목부터 다목까지의 유류가 저유소(貯油所)에서 서로 다른 유류와 혼합되는 경우 (2012. 2. 2. 신설)

2. 저유소에서 법 제1조 제2항 제4호 가목부터 다목까지의 유류에 첨

제5조의 2 【미납세반출 특례 신청 등】 영 제16조의 4 제1항에 따른 특례 의 신청·변경신청 또는 제외신청은 별지 제8호의 3 서식의 미납세반출 특례 신청(변경신청·제외신청)서에 따른다. (2012. 2. 28. 신설)

이 조에서 "혼유등"이라 한다)가 발생하는 경우에는 다음 각 호의 구분에 따라 이 법을 적용한다. (2013. 1. 1. 개정)
1. 납세의무자 : 제3조 제2호에도 불구하고 제조자등 (2011. 12. 31. 신설)
2. 과세시기 : 제4조 제1호에도 불구하고 혼유등이 발생한 때 (2011. 12. 31. 신설)
3. 과세표준 : 제8조 제1항 제2호에도 불구하고 혼유등이 발생한 때의 수량 (2011. 12. 31. 신설)

제11조 【결정·경정결정 및 재경정】 (2011. 12. 31. 제목개정)

① 제9조에 따른 신고서를 제출하지 아니하거나 신고한 내용에 오류 또는 탈루(脫漏)가 있는 경우에는 관할 세무서장, 관할 지방국세청장 또는 세관장은 그 과세표준과 세액을 결정 또는 경정결정(更正決定)한다. (2011. 12. 31. 개정)

② 제1항에 따른 결정 또는 경정결정은 장부나 그 밖의 증명 자료를 근거로 하여야 한다. 다만, 다음 각 호의 어느 하나에 해당하는 사유가 있는 경우에는 대통령령으로 정하는 바에 따라 추계(推計)할 수 있다.

가제[옥탄값 향상제, 부식방지제, 조연제(助燃劑), 착색제 등 유류의 성능을 향상시키거나 그 밖의 필요에 따라 유류에 첨가하는 모든 물질을 말한다]를 혼합하는 경우 (2012. 2. 2. 신설)

② 법 제10조의 5에 따른 제조자등(이하 이 항에서 "제조자등"이라 한다)은 제1항 각 호의 어느 하나에 해당하는 사유가 발생한 경우에는 법 제9조에 따른 과세표준 신고를 할 때 제15조 제1항에 따른 신고서에 다음 각 호의 서류를 첨부하여 제조자등 관할 세무서장에게 제출(국세정보통신망에 의한 제출을 포함한다)하여야 한다. 다만, 제1호의 신청서는 법 제10조의 5를 적용하여 처음으로 과세표준을 신고할 때에 제출하여야 하며, 이미 제출한 내용이 변경되는 경우에는 다시 제출하여야 한다. (2012. 2. 2. 신설)
1. 다음 각 목의 사항을 적은 저유소혼유등특례신청서 (2012. 2. 2. 신설)
   가. 제조자등의 인적사항 (2012. 2. 2. 신설)
   나. 저유소의 소재지 및 관할 세무서 (2012. 2. 2. 신설)
   다. 그 밖의 참고사항 (2012. 2. 2. 신설)
2. 저유소별 과세표준신고서 (2012. 2. 2. 신설)

③ 제2항 제1호에 따른 신청서를 받은 관할 세무서장은 저유소 관할 세무서장에게 그 사실을 통지하여야 한다. (2012. 2. 2. 신설)

제18조 【추계결정의 방법】 (2012. 2. 2. 제목개정)

① 법 제11조 제2항 단서에 따라 다음 각 호의 어느 하나에 해당하는 경우에는 추계결정(推計決定)을 할 수 있다. (2010. 2. 18. 개정)
1. 과세표준을 계산할 때 필요한 장부 또는 그 밖의 증명서류가 없거나 중요한 부분이 갖춰지지 아니하였거나 거짓인 경우 (2010. 2. 18. 개정)
2. 장부나 그 밖의 증명서류의 내용이 시설규모, 종업원 수, 원재료, 상품, 제품 또는 각종 요금의 시가(時價) 등에 비추어 거짓임이 명백한 경우 (2010. 2. 18. 개정)
3. 장부나 그 밖의 증명서류의 내용이 원자재 사용량, 동력(動力) 사용량, 그 밖의 조업 상황에 비추어 거짓임이 명백한 경우 (2010. 2. 18. 개정)

① 삭 제 (2012. 2. 2.)

② 법 제11조 제2항 단서에 따라 추계를 할 때에는 다음 각 호의 어느 하나에 해당하는 방법에 따른다. (2012. 2. 2. 개정)
1. 기장이 정당하다고 인정되고 신고가 성실하여 법 제11조 제1항에

제5조의 3 【저유소 혼유등 특례 신청 등】 영 제16조의 5 제2항에 따른 특례의 신청 또는 변경신청은 별지 제8호의 4 서식의 저유소 혼유등 특례 신청(변경신청)서에 따른다. (2012. 2. 28. 신설)

(2011. 12. 31. 개정)

1. 과세표준을 계산할 때 필요한 장부나 그 밖의 증명 자료가 없거나 중요한 부분이 갖추어지지 아니한 경우 (2011. 12. 31. 개정)
2. 장부나 그 밖의 증명 자료의 내용이 시설규모, 종업원 수와 원자재·상품·제품 또는 각종 요금의 시가(時價) 등에 비추어 거짓임이 명백한 경우 (2011. 12. 31. 개정)
3. 장부나 그 밖의 증명 자료의 내용이 원자재 사용량, 동력(動力) 사용량 또는 그 밖의 조업 상황 등에 비추어 거짓임이 명백한 경우 (2011. 12. 31. 개정)

③ 관할 세무서장, 관할 지방국세청장 또는 세관장은 제1항 및 제2항에 따라 결정 또는 경정결정한 과세표준과 세액에 오류 또는 탈루가 있는 것이 발견된 경우에는 이를 다시 경정한다. (2011. 12. 31. 신설)

제12조【수시부과】 납세의무자가 개별소비세를 포탈(逋脫)할 우려가 있다고 인정되거나, 사업 부진이나 그 밖의 사유로 휴업 또는 폐업 상태인 경우에는 제9조에도 불구하고 수시로 그 과세표준과 세액을 결정할 수 있다. 이 경우에는 제11조 제2항을 준용한다. (2010. 1. 1. 개정)

제13조【가산세】 삭　제 (2006. 12. 30. ; 국세기본법 부칙)

제14조【미납세반출】 ① 다음 각 호의 어느 하나에 해당하는 물품에 대해서는 대통령령으로 정하는 바에 따라 개별소비세를 징수하지 아니한다. (2010. 1. 1. 개정)

통칙 14 - 19…1【미납세반출의 의의】
법 제14조에 따른 "미납세반출"이란 과세물품을 법이 정한 요건에 따라 해당 물품에 대한 세액의 부담이 유보된 상태로 반출하는 제도를 말한다. (2024. 3. 15. 개정)

1. 수출할 물품을 다른 장소에 반출하는 것 (2010. 1. 1. 개정)
2. 국내에서 개최하는 박람회·전시회·품평회·전람회나 그 밖에 이

따라 결정 및 경정을 받지 아니한 다른 동업자와 비교하여 계산하는 방법 (2012. 2. 2. 개정)
2. 국세청장이 사업의 종류·지역 등을 고려하여 다음 각 목의 관계에 대하여 조사한 비율이 있는 경우에는 그 비율을 적용하여 계산하는 방법 (2012. 2. 2. 개정)
　가. 투입 원재료 또는 부재료의 전부 또는 일부의 수량 및 가액과 생산량 및 매출액과의 관계 (2012. 2. 2. 개정)
　나. 사업과 관련된 인적·물적 시설(종업원·사업장·차량·수도·전기 등)의 전부 또는 일부의 수량 및 가액과 생산량 및 매출액과의 관계 (2012. 2. 2. 개정)
　다. 일정한 기간의 평균 재고량 및 재고금액과 생산량 및 매출액과의 관계 (2012. 2. 2. 개정)
　라. 일정한 기간의 매출 총이익 또는 부가가치액과 매출액과의 관계 (2012. 2. 2. 개정)
3. 추계결정·경정대상 사업자에 대하여 제2호의 비율을 직접 산정할 수 있는 경우에는 그 비율을 적용하여 계산하는 방법 (2012. 2. 2. 개정)
4. 유흥음식행위에 대해서는 「부가가치세법 시행령」 제104조 제1항 제6호에 따라 국세청장이 정하는 입회조사기준에 따라 계산하는 방법 (2013. 6. 28. 개정 ; 부가가치세법 시행령 부칙)

제18조의 2【가산세】 삭　제 (2007. 2. 28.)

제19조【미납세반출 승인신청】 ① 법 제14조 제1항 각 호의 어느 하나에 해당하는 물품을 판매장, 제조장 또는 하치장에서 반출하거나 보세구역에서 반출하려는 자는 해당 물품을 반출할 때에(수입물품의 경우에는 그 수입신고 시부터 수입신고 수리 전까지) 다음 각 호의 사항을 적은 신청서를 관할 세무서장 또는 세관장에게 제출(국세정보통신망을 통한 제출을 포함한다)하여 그 승인을 받아야 한다. (2010. 2. 18. 개정)
1. 신청인의 인적사항 (2010. 2. 18. 개정)
2. 판매 또는 반출 장소 (2010. 2. 18. 개정)

제6조【미납세 및 면세 반출 승인신청 등】 ① 영 제19조 제1항·제2항, 영 제26조 또는 영 제30조(조건부 면세의 경우만 해당한다)에 따른 신청, 승인 및 통보는 별지 제9호 서식의 개별소비세 미납세(외국인전용판매장 면세, 조건부 면세) 반출 승인신청서, 그 승인서 및 그 통보서에 따른다. (2010. 4. 26. 개정)

② 영 제22조에 따른 신청 및 승인은 별지

에 준하는 곳(이하 "박람회등"이라 한다)에 출품하기 위하여 제조장에서 반출하는 것, 국내 또는 국외에서 개최한 박람회등에 출품한 물품을 제조장에 환입(還入)하거나 보세구역에서 반출하는 것, 국제적인 박람회등에 출품할 것을 조건으로 외국에서 수입하는 것 또는 국내에서 개최하는 박람회등에 출품하기 위하여 무상으로 수입하는 것으로서 관세가 면세되는 것 (2010. 1. 1. 개정)

3. 원료를 공급받거나 위탁 공임만을 받고 제조한 물품을 제조장에서 위탁자의 제품 저장창고에 반출하는 것 (2010. 1. 1. 개정)

4. 제조장 외의 장소에서 규격 검사를 받기 위하여 과세물품을 제조장에서 반출하거나 그 제조장에 환입하는 것 (2010. 1. 1. 개정)

5. 제1호·제3호·제15조 제1항·제16조 제1항·제17조 제1항·제18조 제1항 또는 제19조를 적용받아 반입(搬入)된 물품으로서 품질 불량이나 그 밖의 사유로 제조장에 반환하는 것 (2010. 1. 1. 개정)

6. 개별소비세 보전이나 그 밖에 단속에 지장이 없다고 인정되는 것으로서 대통령령으로 정하는 것 (2010. 1. 1. 개정)

② 제1항의 물품으로서 반입 장소에 반입된 사실 또는 정해진 용도로 제공한 사실을 대통령령으로 정하는 바에 따라 증명하지 아니한 것에 대해서는 반출자 또는 수입신고인으로부터 개별소비세를 징수한다. (2022. 12. 31. 개정)

법 제14조 제1항에 따라 미납세로 반출하는 물품에 대한 사후관리는 같은 조 제2항에 따라 반입장소에 반입된 사실을 지정한 기한 내에 반입지 관할 세무서장이 증명하면 완료되는 것이며, 수출목적으로 미납세 반입된 물품에 대한 수출이행기간은 법상 제한규정이 없으므로 용도증명서가 제출될 때까지 계속 사후관리 하여야 한다. (2011. 2. 1. 개정)

③ 제1항의 물품이 반입 장소에 반입되기 전에 재해나 그 밖의 부득이한 사유로 멸실(滅失)된 경우에는 대통령령으로 정하는 바에 따라 개별소비세를 징수하지 아니한다. (2010. 1. 1. 개정)

관계조문 ▶▶

영 21조 ⇒ 멸실 승인신청

---

3. 반출할 물품의 명세 (2010. 2. 18. 개정)
4. 반입장소 (2010. 2. 18. 개정)
5. 반입자의 인적사항 (2010. 2. 18. 개정)
6. 반출 예정 연월일 (2010. 2. 18. 개정)
7. 반입증명서 제출기한 (2010. 2. 18. 개정)
8. 신청 사유 (2010. 2. 18. 개정)
9. 그 밖의 참고사항 (2010. 2. 18. 개정)

② 제1항의 신청을 받은 관할 세무서장 또는 세관장이 이를 승인하였을 때에는 그 신청서에 준하는 내용의 승인서를 발급하고, 반입지 관할 세무서장 또는 세관장에게 그 사실을 통지하여야 한다. (2010. 2. 18. 개정)

③ 법 제14조 제1항 제6호에서 "대통령령으로 정하는 것"이란 다음 각 호의 어느 하나에 해당하는 것을 말한다. (2010. 2. 18. 개정)

1. 수출물품 또는 수출물품의 제조·가공을 위한 물품을 내국신용장(원내국신용장과 제2차 내국신용장으로 한정한다)에 의하여 수출업자 또는 수출물품의 제조·가공업자에게 반출하는 것 (2010. 2. 18. 개정)

2. 수출물품을 제조·가공하기 위하여 동일 제조장에서 다른 제품의 원료로 사용하는 것 (2010. 2. 18. 개정)

3. 수출물품을 제조·가공하기 위하여 다른 제조장으로 반출하는 것 (2010. 2. 18. 개정)

영 제19조 제3항 제3호에 따른 "다른 제조장으로 반출하는 것"이란 수출물품을 제조·가공하기 위하여 다른 곳에 있는 자기의 제조장 또는 타인의 제조장에 반출하는 경우를 말한다. (2011. 2. 1. 개정)

14－19…3【수출용 원재료의 임가공 및 수출물품 반출절차】
수출품제조업자가 미납세로 반입한 물품을 임가공하기 위하여 임가공업자에게 반출하는 경우에는 영 제19조 또는 영 제19조의 2에 따라 미납세반출승인신청(신고)을 하여야 하며, 임가공한 수출물품을 위탁자제조장으로 재반출하는 경우에도 동조의 규정에 의하여 미납세반출승인신청(신고)을 하여야 한다. (2011. 2. 1. 개정)

4. 판매장 또는 제조장을 이전하기 위하여 반출하는 것 (2010. 2. 18. 개정)

제10호 서식의 개별소비세 수출(군납) 면세 반출 승인신청서 및 그 승인서에 따른다. (2010. 4. 26. 개정)

③ 영 제23조 제1항 및 영 제30조(무조건 면세의 경우만 해당한다)에 따른 신청 및 승인은 별지 제11호 서식의 개별소비세 외교관(무조건) 면세 반출 승인신청서 및 그 승인서에 따른다. (2015. 3. 6. 개정)

④ 영 제23조 제2항에 따른 신청 및 승인은 별지 제11호의 2 서식의 외교관등 면세 차량 개별소비세 징수 면제 승인신청서 및 그 승인서에 따른다. (2015. 3. 6. 신설)

① 미납세 또는 면세반출승인된 물품이 반출할 수 없는 사유가 발생한 경우에는 그 승인을 취소할 수 있으며, 이 때의 신청서는 미납세 또는 면세반출승인신청서를 준용한다. (99. 5. 3 개정)

② 면세 또는 미납세반출승인을 받은 후, 당해 승인에 대한 별도의 취소신청 없이 반입 또는 용도증명의 제출기한이 경과하였더라도 실제로 반출되지 아니한 경우에는 당해 세액을 징수하지 아니한다. (99. 5. 3 개정)

제6조의 2【하치장에 반출하는 물품의 범위】삭 제 (2000. 7. 1)

통칙 14-21…12【재해나 그 밖의 부득이한 사유로 멸실의 범위】(2011. 2.
1. 제목개정)

법 제14조 제3항에 따른 "재해나 그 밖의 부득이한 사유"의 범위는 다음 각 호에
따른다. (2011. 2. 1. 개정)

1. "재해"란 풍수해·지진·설해·동해·낙뢰·사태·분화 등의 천재 및 화재
   기타 인위적 재난으로서 납세자의 귀책사유에 해당되지 아니하는 것을 말한다.
   (2011. 2. 1. 개정)
2. "멸실"이란 원칙적으로 물품이 물리적으로 존재하지 아니하게 된 것을 말하며,
   그 원형은 어느 정도 남아있는 경우라도 해당 물품의 본래의 상태·구조·기
   능 및 상품가치를 현저하게 상실하고 이를 사고 전의 상태로 환원하기 위하여
   는 새로 제조하는 경우와 동등한 정도의 행위를 요하는 경우를 포함한다.
   (2011. 2. 1. 개정)

④ 제1항의 경우에는 해당 물품의 반입 장소를 제조장으로 보고, 반입
자를 제3조에 따른 제조자로 본다. (2022. 12. 31. 개정)
⑤ 제1항을 적용받아 과세물품을 반입 장소에 반입한 자는 반입한 날
이 속하는 분기의 다음 달 15일(제1조 제2항 제4호 또는 같은 항 제6
호에 해당하는 물품은 반입한 날이 속하는 달의 다음 달 15일)까지 반
입 사실을 반입지 관할 세무서장 또는 세관장에게 신고하여야 한다.
(2014. 12. 23. 개정)

통칙 14-19…5【미납세로 반입한 수출용 원자재의 사후관리】

영 제19조 또는 제19조의 2에 따라 미납세로 반입한 물품의 사후관리는 다음 각
호에 의한다. (2011. 2. 1. 개정)

1. 원재료로 제조·가공한 물품(새로 제조·가공한 물품이 비과세물품인 경우를
   포함한다)을 수출하는 경우에는 영 제19조의 2 및 영 제22조 제1항에 따라 수
   출하는 자가 관할 세무서장으로부터 사전에 면세반출승인을 받거나 수출하는
   달의 다음 달 말일까지 과세표준신고서에 수출사실증명을 붙여 제출하여야 한
   다. (2011. 2. 1. 개정)
2. 제1호의 수출사실을 증명하는 서류는 영 제20조 제3항 제1호·제2호
   및 제4호에 규정하는 서류이다. (2011. 2. 1. 개정)
3. 수출면세승인을 받은 경우 영 제20조 제5항에 따른 용도증명서의 제출기한연
   장은 당초 제출기한의 경과 전에 신청하여야 한다. (2011. 2. 1. 개정)

〈예〉 수출용물품인 [건강식품] 가공용으로 로얄제리를 미납세로 반입하고 이를

환입신고를 필한 물품을 제조장의 이전에 따라 새로운 사업장에 반출하고자 하는 때
에는 영 제19조 제3항 제4호에 따른 미납세반출의 절차에 의한다. (2011. 2. 1. 개정)

5. 별표 1 제5호의 물품을 보관·관리하기 위하여 제조장에서 하치장
   으로 또는 하치장에서 다른 하치장으로 반출하거나 해당 제조장에
   환입(還入)하는 것 (2010. 2. 18. 개정)
6. 과세물품을 제조·가공하기 위한 원료로 사용하기 위하여 다른 제
   조장으로 반출하는 것 (2010. 2. 18. 개정)
7. 법 제1조 제2항 제4호의 물품을 「석유 및 석유대체연료 사업법」 제
   16조에 따른 석유비축시책의 일환으로 「한국석유공사법」에 따라
   설립된 한국석유공사(이하 이 호에서 "한국석유공사"라 한다)에
   공급하기 위하여 제조장 또는 보세구역에서 반출하는 것과 제조장
   또는 보세구역에서 반출한 후 제조자 또는 수입업자의 저유소를
   거쳐 한국석유공사에 공급하는 것으로서 국세청장이 정하는 방법
   으로 공급하는 것 (2012. 2. 2. 개정)
8. 별표 1 제6호 아목의 물품으로서 「석유 및 석유대체연료 사업법」 제
   2조 제7호에 따른 석유정제업자에게 석유제품 원료용으로 공급하기
   위하여 제조장 또는 보세구역에서 반출하는 것 (2010. 2. 18. 개정)
9. 별표 1 제5호 가목의 물품으로서 제조자 또는 수입업자의 판매장에
   30일 이상 전시하기 위하여 제조장 또는 보세구역에서 반출하거나
   해당 제조장 또는 보세구역으로 환입하는 것 (2014. 2. 21. 개정)
10. 별표 1 제6호의 물품을 제조·가공하기 위하여 동일한 제조자의
    다른 제조장으로 반출하는 것 (2010. 12. 30. 신설)

④ 제3항 각 호에 따른 물품을 반출하려는 자는 신청서에 다음 각 호의
서류를 첨부하여 관할 세무서장 또는 세관장에게 제출(국세정보통신망
을 통한 제출을 포함한다)하여 그 승인을 받아야 한다. 다만, 제3항 제2
호 및 제7호의 경우에는 그러하지 아니하다. (2010. 2. 18. 개정)

1. 제3항 제1호 및 제3호의 경우 : 내국신용장 또는 수출신용장의 사본,
   그 밖에 수출물품임을 증명할 수 있는 서류 (2010. 2. 18. 개정)
2. 제3항 제5호의 경우 : 반입지의 하치장 설치신고 확인서 (2010. 2.
   18. 개정)

⑤ 제4항에 따른 신청서를 제출받은 관할 세무서장 또는 세관장은 「전자정부법」 제36
조 제1항에 따른 행정정보의 공동이용을 통하여 다음 각 호의 행정정보를 확인하여야

통칙 14-19…4【보관·관리하기 위한 하
치장의 범위】

영 제19조 제3항 제5호에 따른 "보관·관리하기
위한 하치장"이란 영 제1조 별표 1 제5호의 물품
을 제조하는 자가 제조장이 협소하여 자기 제조
장 이외의 장소에 위 물품을 보관·관리하는 장
소로서 「부가가치세법」에 따라 하치장설치신고
를 한 장소(해당 제조자의 소유에 속하는 장소 이
외에 타인의 소유에 속하는 장소를 임대차한 경
우를 포함한다)를 말하며, 단순히 판매업을 하는
장소는 포함하지 아니한다. (2011. 2. 1. 개정)

사용하여 만든 물품을 2018. 1. 6. 수출면세반출승인을 받을 때 (2019. 12. 23. 개정)

○용도증명서제출기한 : 2018. 4. 6. (영 제20조 제4항 참조)
○용도증명서제출연장기한 : 2018. 7. 6. (영 제20조 제5항 참조)

14-19…7【미납세 반출로 보지 아니하는 광고선전 목적의 전시장】
백화점, 직매장, 빌딩, 지하도 등에 고객에게 상품선전을 목적으로 전시장을 설치하여 과세물품을 동 전시장에 반출하는 것은 미납세 반출의 대상에 포함하지 않는다. (99. 5. 3 개정)

14-20…9【미납세반입의 신고절차】
① 법 제14조 제5항 및 영 제20조에 따른 미납세반입신고는 반입자가 반입장소를 반입지로 하여 반입지 관할 세무서장 또는 세관장에게 하여야 한다. (2011. 2. 1. 개정)
② 수출업자로부터 내국신용장을 받아 수출물품을 제조·납품하여야 할 자가 수출물품의 제조·가공을 위한 과세물품을 타인의 제조장(임가공하청공장)에 미납세로 반출하고자 하는 경우에는 반입장소를 임가공하청공장으로 하고, 반입자를 납품자와 제조자(하청공장경영자) 연명으로 하여 신청(신고)하여야 하며, 반입신고도 연명으로 하여야 한다. 이 때 제조한 과세물품을 수출하기 위하여 보세구역으로 반출하는 경우에는 수출자와 제조자가 연명으로 수출면세반출승인신청(신고)을 하여야 한다. (99. 5. 3 개정)

14-20…11【미납세(면세 포함)의 기한 경과한 반입증명서의 처리】
법 제14조 제5항에 따른 반입신고는 반입한 날이 속하는 분기의 다음달 15일(제1조 제2항 제4호에 또는 같은 항 제6호에 해당하는 물품은 반입한 날이 속하는 달의 다음 달 15일)까지 신고하여야 하며, 15일이 경과하더라도 해당 물품이 사용되기 전에 납세자가 장부·기타 증빙 등으로 반입사실을 입증하는 경우에는 세무서장은 입증되는 부분에 대하여 반입증명을 발급한다. 다만, 미납세(면세)반입한 물품과 다른 물품을 구분할 수 없는 경우는 반입증명을 발급할 수 없다. (2019. 12. 23. 개정)

편주 ▶ ●●●●●●●●●●●●●●●●●●●●●●●●●●●●●●●●●●●●●●●
미납세반입의 신고절차는 통칙 14-20…9 참조
●●●●●●●●●●●●●●●●●●●●●●●●●●●●●●●●●●●●●●●
☞

한다. 다만, 신청인이 확인에 동의하지 않는 경우에는 해당 서류의 사본을 첨부하도록 하여야 한다. (2010. 5. 4. 개정 ; 전자정부법 시행령 부칙)

⑤ 제4항에 따른 신청서를 제출받은 관할 세무서장 또는 세관장은 「전자정부법」 제36조 제1항에 따른 행정정보의 공동이용을 통하여 다음 각 호의 행정정보를 확인하여야 한다. 다만, 신청인이 제1호 및 제2호에 따른 서류의 확인에 동의하지 않는 경우에는 그 서류를 첨부하게 해야 한다. (2025. 2. 28. 단서개정)

1. 제3항 제1호 및 제3호의 경우 : 사업자등록증 (2010. 2. 18. 개정)

1. 제3항 제1호 및 제3호의 경우 : 사업자등록증명(주민등록번호가 제외된 사업자등록증명을 말한다. 이하 같다) (2025. 2. 28. 개정)

2. 제3항 제4호·제6호 및 제8호의 경우 : 반입지의 사업자등록증 (2010. 2. 18. 개정)

2. 제3항 제4호·제6호 및 제8호의 경우 : 반입지의 사업자등록증명 (2025. 2. 28. 개정)

⑥ 제3항 제1호부터 제3호까지에 따라 반입한 물품으로 제조·가공한 과세물품 또는 비과세물품(그 비과세물품의 원재료가 과세물품인 경우로 한정한다)을 재반출하려는 경우에도 제4항 및 제5항과 같다. (2010. 2. 18. 개정)

제19조의 2【미납세 및 면세 반출 승인신청에 대한 특례】(2010. 2. 18. 제목개정)
법 제14조 제1항, 제15조 제1항, 제17조 제1항 및 제18조 제1항에 따른 용도에 사용하기 위하여 판매장, 제조장 또는 하치장에서 반출(타인을 통해 지체 없이 반출하는 경우를 포함한다)하는 물품에 대하여 면세를 받으려는 자는 제19조 제1항·제4항 및 제5항, 제20조 제4항, 제22조 제1항, 제26조 제1항 및 제30조 제1항에도 불구하고 해당 물품을 반출한 날이 속하는 분기의 다음 달 25일까지 해당 분기분(별표 1 제6호에 해당하는 과세물품은 반출한 날이 속하는 달의 다음 달 말일까지 해당 월분)의 과세표준신고서에 제20조 제2항 또는 제3항에 따른 서류와 제30조 제2항에 따른 서류(법 제18조 제1항의 면세 사유에 해당하는 물품만 해당한다)를 첨부하여 제출하여야 한다. (2023. 2. 28. 개정)

제20조【반입신고·반입증명 및 용도증명】① 법 제14조 제5

제7조【반입신고 및 반입증명】① 영

반입보고서를 말한다. (2025. 2. 28. 개정)

편주 ▶

영 20조 2항 3호의 개정규정은 2025. 4. 1. 이후 제조장에서 반출하거나 수입신고하는 경우부터 적용함. (영 부칙(2025. 2. 28.) 4조)

4. 법 제18조 제1항 제9호에 따른 항공기에 사용하는 석유류 및 같은 항 제11호에 따른 소모품의 경우 : 관할 세관장이 발행하는 선(기)적허가서(내항선인 원양어업선박의 경우에는 반입자의 반입보고서) (2013. 2. 15. 신설)

5. 법 제20조의 3 제1항 및 제2항에 따라 개별소비세를 징수하지 아니하거나 면제하는 담배의 경우 : 다음 각 목의 구분에 따른 서류 (2016. 2. 5. 신설)

　가. 「지방세법」 제53조 제1항 각 호에 따라 반출되어 보세구역에 반입되는 경우 및 같은 법 제54조 제1항 제3호부터 제5호까지의 규정에 따른 용도에 해당하는 경우 : 관할 세관장이 발행하는 물품반입확인서 (2023. 3. 14. 개정 ; 지방세법 시행령 부칙)

　나. 「지방세법」 제54조 제1항 제1호(수출 상담을 위한 견본용 담배는 제외한다) 및 제7호의 용도에 해당하는 경우 : 수출신고를 수리한 세관장이 발급한 신고필증 (2016. 2. 5. 신설)

　다. 「지방세법 시행령」 제62조 제3호에 따라 반출되어 폐기장소로 반입되는 경우 : 기획재정부령으로 정하는 폐기사실 확인 서류 (2016. 2. 5. 신설)

　라. 「지방세법 시행령」 제63조 각 호의 용도에 해당하는 경우: 납품을 받은 군(軍) 기관의 장이 발행한 납품증명서(사용확인서를 포함한다) (2016. 2. 5. 신설)

　마. 가목부터 라목까지의 규정에 해당하지 아니하는 경우 : 제1항의 신고서에 준하는 내용의 증명서 (2016. 2. 5. 신설)

③ 법 제15조 제2항에 따른 정해진 용도로 제공한 사실의 증명은 다음 각 호의 어느 하나에 해당하는 서류로 한다. 다만, 「부가가치세법」에 따른 수출 영세율(零稅率) 조기환급을 받기 위하여 다음 각 호의

☞ p.3197 2단 연결

항, 제17조 제2항 및 제18조 제5항에 따라 반입사실을 신고하는 경우에는 다음 각 호의 사항을 적은 신고서를 반입지 관할 세무서장 또는 세관장에게 제출(국세정보통신망을 통한 제출을 포함한다)하여야 한다. 다만, 법 제18조 제1항 제3호에 따른 승용자동차의 경우에는 「자동차관리법」에 따른 자동차등록으로 반입 사실 신고를 갈음한다. (2014. 2. 21. 개정)

1. 신고인의 인적사항 (2010. 2. 18. 개정)

2. 승인번호 및 승인연월일 (2010. 2. 18. 개정)

3. 반입물품의 명세 (2010. 2. 18. 개정)

4. 반입장소 (2010. 2. 18. 개정)

5. 반입 사유 (2010. 2. 18. 개정)

6. 반입연월일 (2010. 2. 18. 개정)

7. 반출자의 인적사항 (2023. 2. 28. 개정)

8. 반입증명서 제출기한 (2010. 2. 18. 개정)

9. 그 밖의 참고사항 (2010. 2. 18. 개정)

② 법 제14조 제2항, 제17조 제2항 및 제18조 제2항에 따른 반입 사실의 증명은 제1항의 신고서에 준하는 내용의 증명서로 한다. 다만, 다음 각 호의 물품의 경우에는 다음 각 호의 구분에 따른 서류로 증명한다. (2010. 2. 18. 개정)

1. 보세구역과 수출자유지역에 반입되는 물품의 경우 : 관할 세관장이 발행하는 물품반입확인서 (2010. 2. 18. 개정)

2. 법 제18조 제1항 제3호에 따른 승용자동차의 경우 : 자동차등록증. 이 경우 반입지 관할 세무서장 또는 세관장은 「전자정부법」 제36조 제1항에 따른 행정정보의 공동이용을 통하여 자동차등록증을 확인하여야 하며, 신고인이 확인에 동의하지 않는 경우에는 그 사본을 제출하도록 하여야 한다. (2010. 5. 4. 개정 ; 전자정부법 시행령 부칙)

3. 법 제18조 제1항 제9호에 따른 외국항행선박 또는 원양어업선박에 사용하는 석유류의 경우 : 유류공급명세서(내항선인 원양어업선박의 경우에는 반입자의 반입보고서) (2013. 2. 15. 개정)

3. 법 제18조 제1항 제9호에 따른 외국항행선박 또는 원양어업선박에 사용하는 석유류의 경우 : 면세용도 급유 증명자료 등을 포함한 유류공급명세서. 다만, 내항선인 원양어업선박의 경우에는 반입자의

제20조 제1항 및 제2항에 따른 신고 및 증명은 별지 제12호 서식의 개별소비세 미납세(면세)물품 반입 신고서, 그 증명 신청서 및 그 증명서(영 제20조 제2항 제1호에 따른 물품반입확인서 및 같은 항 제4호에 따른 선(기)적허가서는 관세청장이 정하는 서류로 하고, 같은 항 제3호에 따른 유류공급명세서는 별지 제12호의 2 서식의 외국항행선박 · 원양어업선박용 면세유류공급명세서로 하며, 같은 항 제5호 다목에 따른 폐기사실 확인 서류는 별지 제12호 서식 및 「지방세법 시행규칙」 제31조의 2에 따른 담배 폐기 확인서로 한다)에 따른다. (2016. 3. 23. 개정)

② 영 제20조 제3항 각 호 외의 부분 단서에 따른 수출증명 명세서는 별지 제13호 서식을 사용한다. (2010. 4. 26. 개정)

액을 징수한다는 뜻을 지체 없이 통지하여야 한다. (2023. 2. 28. 개정)

제21조【멸실 승인신청】① 법 제14조 제3항에 따라 개별소비세를 면제받으려는 자는 해당 반입증명서의 제출기한까지 다음 각 호의 사항을 적은 멸실승인신청서에 해당 물품의 멸실 사실을 증명하는 서류를 첨부하여 반출지 관할 세무서장 또는 세관장에게 지체 없이 <u>제출하여</u> 그 승인을 받아야 한다. (2010. 2. 18. 개정)

제21조【멸실 승인신청】① 법 제14조 제3항에 따라 개별소비세를 면제받으려는 자는 해당 반입증명서의 제출기한까지 다음 각 호의 사항을 적은 멸실승인신청서에 해당 물품의 멸실 사실을 증명하는 서류를 첨부하여 반출지 관할 세무서장 또는 세관장에게 지체 없이 <u>제출(국세정보통신망을 통한 제출을 포함한다)하여</u> 그 승인을 받아야 한다. (2025. 2. 28. 개정)

1. 신청인의 인적사항 (2010. 2. 18. 개정)
2. 제조장의 소재지, 승인번호 및 승인연월일 (2010. 2. 18. 개정)
3. 멸실물품의 명세 (2010. 2. 18. 개정)
4. 멸실연월일, 멸실장소 및 멸실물품의 처리방법 (2010. 2. 18. 개정)
5. 반입증명서 제출기한 (2010. 2. 18. 개정)
6. 그 밖의 참고사항 (2010. 2. 18. 개정)

② 제1항의 경우에 멸실한 장소가 다른 세무서장의 관할에 속하는 경우에는 해당 멸실지 관할 세무서장이 발급하는 다음 각 호의 사항을 적은 증명서를 첨부하여야 한다. (2010. 2. 18. 개정)

1. 신청인의 인적사항 (2010. 2. 18. 개정)
2. 제조장의 소재지 (2010. 2. 18. 개정)
3. 원(原) 승인 세무서명, 승인연월일 및 승인번호 (2010. 2. 18. 개정)
4. 멸실물품의 명세 (2010. 2. 18. 개정)
5. 반출자 또는 인도자의 인적사항 (2010. 2. 18. 개정)
6. 멸실연월일, 멸실장소 및 멸실 사유 (2010. 2. 18. 개정)
7. 그 밖의 참고사항 (2010. 2. 18. 개정)

제22조【수출 및 군납 면세 승인신청】① 법 제15조 제1항 각 호의 물품에 대하여 면세를 받으려는 자는 다음 각 호의 사항을 적은 신청서에 수출신용장, 그 밖에 수출물품임을 증명하는 서류 또는 납품계약서의 사본을 첨부하여 해당 물품을 반출할 때에(수입물품의 경우에는 그 수입신고 시부터 수입신고 수리 전까지) 관할 세무서장

☞ p.3198 2단 연결

어느 하나에 해당하는 서류를 이미 관할 세무서장에게 제출한 경우에는 기획재정부령으로 정하는 수출증명 명세서로 증명할 수 있다. (2010. 2. 18. 개정)

1. 수출신고를 수리한 세관장이 발급한 신고필증 (2010. 2. 18. 개정)
2. 소포우편으로 수출한 경우에는 해당 우체국장이 발행한 소포수령증 (2010. 2. 18. 개정)
3. 납품을 받은 군(軍) 기관의 장이 발행한 납품증명서(사용확인서를 포함한다) (2010. 2. 18. 개정)
4. 그 밖에 수출 사실을 증명할 수 있는 서류로서 국세청장이 정하는 것 (2010. 2. 18. 개정)

통칙 15－20…8【수출을 증명하는 서류】
영 제20조 제3항 제4호에 따른 "그 밖에 수출사실을 증명할 수 있는 서류"는 다음 각 호에 따른다. (2011. 2. 1. 개정)
1. 영 제2조 제1호 "나"에 해당하는 경우 : 반입지 관할세무서장의 반입증명서 (99. 5. 3 개정)
2. 기타의 경우 : 수입국의 통관지 관할세관장의 수입신고필증 또는 이와 동등한 효력이 있는 서류 (99. 5. 3 개정)

④ 법 제14조 제2항, 제15조 제2항 본문, 제17조 제2항 및 제18조 제2항에 따른 반입된 사실 또는 정해진 용도로 제공한 사실을 증명하기 위한 서류는 해당 물품을 반출한 날부터 3개월의 범위에서 반출지 관할 세무서장 또는 세관장이 지정하는 날까지 제출하여야 한다. (2023. 2. 28. 개정)
⑤ 제4항과 제19조의 2 및 제19조의 3에 따른 기한까지 해당 사실을 증명하기 위한 서류를 부득이한 사정으로 제출할 수 없는 경우에는 관할 세무서장 또는 세관장에게 제출기한의 연장을 신청할 수 있다. 이 경우 관할 세무서장 또는 세관장은 해당 사실을 증명하기 위한 서류의 제출기한이 경과한 날부터 3개월의 범위에서 그 기한을 연장할 수 있다. (2010. 2. 18. 개정)
⑥ 관할 세무서장 또는 세관장은 법 제14조 제2항, 제15조 제2항 본문, 제17조 제2항 및 제18조 제2항에 따라 해당 세액을 징수하려는 경우에 반출자 또는 수입신고인이 해당 세액을 징수할 수 있는 날부터 30일 이내에 해당 사실을 증명하기 위한 서류를 제출하지 않을 때에는 해당 세

제7조의 2【해외취업근로자용 물품의 구입절차 등】삭 제 (2000. 7. 1)

제8조【멸실 승인신청 등】① 영 제21조 제1항에 따른 신청 및 승인은 별지 제14호 서식의 개별소비세 미납세(면세) 반출물품 멸실 승인신청서 및 그 승인서에 따른다. (2010. 4. 26. 개정)
② 영 제21조 제2항에 따른 증명은 별지 제15호 서식의 개별소비세 미납세(면세) 반출물품 멸실 증명신청서 및 그 증명서에 따른다. (2010. 4. 26. 개정)

제15조【수출 및 군납 면세】① 다음 각 호의 어느 하나에 해당하는 물품에 대해서는 대통령령으로 정하는 바에 따라 개별소비세를 면제한다. (2010. 1. 1. 개정)

【편주】 ●●●●●●●●●●●●●●●●●●●●●●●●●●●●●●●●●
미납세·면세반출승인신청에 대한 특례 ⇒ 영 19조의 2
●●●●●●●●●●●●●●●●●●●●●●●●●●●●●●●●●

1. 수출하는 것 (2010. 1. 1. 개정)

【통칙】 15 - 2…2 【수출의 범위】
① 법 제15조 제1항 제1호 및 영 제2조 제1항 제1호에 따른 수출에는 내국신용장에 의한 국내수출은 포함하지 아니한다. (2011. 2. 1. 개정)
② 수출면세반출승인을 얻어 반출된 물품이 사실상 수출통관된 것으로서 수입자의 도산 등으로 그 물품대금의 결제가 이루어지지 아니하더라도 영 제20조에 따른 용도증명이 제출된 경우에는 법상 수출에 해당한다. (2011. 2. 1. 개정)

15 - 2…3【수출용원재료의 범위】
수출용 승용자동차제조시에 엔진검사공정인 주행검사(road test) 또는 제품완성과정에서 사용하는 유류는 영 제2조 제1항 제4호의 규정에 따른 수출용 원자재에 해당하지 아니한다. (2024. 3. 15. 개정)

2. 우리나라에 주둔하는 외국군대(이하 "주한외국군"이라 한다)에 납품하는 것 (2010. 1. 1. 개정)
② 제1항의 물품으로서 정해진 용도로 제공한 사실을 대통령령으로 정하는 바에 따라 증명하지 아니한 것에 대해서는 반출자 또는 수입신고인으로부터 개별소비세를 징수한다. 다만, 해당 물품의 용도를 변경한 사실이 확인된 경우에는 대통령령으로 정하는 바에 따라 즉시 개별소비세를 징수한다. (2022. 12. 31. 개정)
③ 제1항 제1호에 따라 개별소비세를 면제받은 물품을 반입하는 자에 대해서는 대통령령으로 정하는 일정한 사유가 발생한 경우에 그 반입자로부터 개별소비세를 징수한다. (2010. 1. 1. 개정)
④ 제1항 제2호에 따라 개별소비세를 면제받은 물품을 대통령령으로

또는 세관장에게 제출하여 그 승인을 받아야 한다. 이 경우 해당 물품의 제조자와 수출 또는 납품하는 자가 다른 경우에는 제조자와 수출 또는 납품하는 자가 연명(連名)으로 신청하여야 한다. (2023. 2. 28. 개정)

제22조【수출 및 군납 면세 승인신청】① 법 제15조 제1항 각 호의 물품에 대하여 면세를 받으려는 자는 다음 각 호의 사항을 적은 신청서에 수출신용장, 그 밖에 수출물품임을 증명하는 서류 또는 납품계약서의 사본을 첨부하여 해당 물품을 반출할 때에(수입물품의 경우에는 그 수입신고 시부터 수입신고 수리 전까지) 관할 세무서장 또는 세관장에게 제출(국세정보통신망을 통한 제출을 포함한다)하여 그 승인을 받아야 한다. 이 경우 해당 물품의 제조자와 수출 또는 납품하는 자가 다른 경우에는 제조자와 수출 또는 납품하는 자가 연명(連名)으로 신청하여야 한다. (2025. 2. 28. 개정)
1. 신청인의 인적사항 (2010. 2. 18. 개정)
2. 반출 장소 (2023. 2. 28. 개정)
3. 면세대상 물품의 명세 (2010. 2. 18. 개정)
4. 수출처 또는 군납처 (2010. 2. 18. 개정)
5. 수출세관명 (2010. 2. 18. 개정)
6. 수출자의 인적사항 (2010. 2. 18. 개정)
7. 반출 예정 연월일 (2023. 2. 28. 개정)
8. 수출증명서 또는 군납증명서 제출기한 (2010. 2. 18. 개정)
9. 그 밖의 참고사항 (2010. 2. 18. 개정)
② 제1항의 신청을 받은 관할 세무서장 또는 세관장이 이를 승인하였을 때에는 그 신청서에 준하는 내용의 승인서를 발급하여야 한다. (2010. 2. 18. 개정)

제22조의 2【해외취업근로자용 물품에 대한 수출면세 승인 등의 특례】삭 제 (99. 12. 3)

【통칙】 15 - 19…4【내국신용장에 의한 수출면세승인신청】
제조자가 내국신용장에 의하여 제조한 수출물품을 수출하는 자에게 반출하는 경우에는 영 제19조 제5항에 따라 미납세반출승인신청(신고)을 하여야 하며, 수출하는 자가 위 수출물품을 제조자의 제조장에서 직접 수출하고자 하는 경우에는 영 제22조 제1항 단서에 따라 제조자와 수출자가 연명으로 수출면세반출승인신청(신고)을 하여야 한다. (2011. 2. 1. 개정)

15 - 22…5【수출면세반출승인신청서에 첨부하는 서류의 효력】
① 영 제22조 제1항에 따른 "그 밖에 수출을 증명하는 서류"란 구매계약서·수출계약서·수출허가서 등을 말한다. (2011. 2. 1. 개정)
② 수출면세반출승인신청(신고)서에 첨부된 수출신용장상의 선적기일이 이미 경과되었다 하더라도 그 신용장으로 수출할 수 있다는 증빙서를 별도로 첨부하는 경우에는 수출면세반출승인신청(신고)을 할 수 있다. (99. 5. 3 개정)

15 - 22…6【자유무역지역에 반출한 물품의 관리】 (2008. 7. 25. 제목개정)
자유무역지역은 「자유무역지역의 지정 및 운영에 관한 법률」 제2조 제1호에 따라 보세구역의 성격을 띤 지역을 말하므로 동 지역에 반입한 미납세 또는 면세물품의 사후관리책임은 해당 지역을 관할하는 세관장에게 있으며, 동 지역에 반입한 물품에 대한 용도증명은 해당 지역을 관할하는 세관장이 확인하는 증명서로 한다. (2011. 2. 1. 개정)

정하는 바에 따라 면제의 승인을 받은 날부터 5년 내에 타인에게 양도한 경우에는 이를 양수한 자가, 면제의 승인을 받은 날부터 5년 내에 타인이 소지한 경우에는 이를 소지한 자가 반출 또는 수입신고를 한 것으로 보아 개별소비세를 징수한다. (2010. 1. 1. 개정)
⑤ 제1항에 따라 개별소비세를 면제받아 반출한 물품에 관하여는 제14조 제3항을 준용한다. (2010. 1. 1. 개정)

　제16조【외교관 면세】① 다음 각 호의 어느 하나에 해당하는 물품에 대해서는 대통령령으로 정하는 바에 따라 개별소비세를 면제한다. (2010. 1. 1. 개정)

통칙 16 - 23…1【외교관면세의 의의】
법 제16조에 따른 "외교관면세"란 국내에 주재하는 외교공관에서 공용품으로 사용하기 위하여 제조장에서 반출하거나 보세구역에서 반출하는 물품과 주한외교관이나 원조사절 및 그 가족이 사용하기 위하여 수입하는 물품에 대하여 세액을 부담시키지 않는 제도를 말한다. (2024. 3. 15. 개정)

1. 우리나라에 주재하는 외교공관과 이에 준하는 대통령령으로 정하는 기관(이하 "주한외교공관등"이라 한다)에서 공용품(公用品)으로 수입하거나 제조장에서 구입하는 것 (2010. 12. 27. 개정)

통칙 16 - 23…2【주한외국공관의 범위】
법 제16조 제1항 제1호에 따른 "주한외교공관"이란 주한 각국의 대사관·공사관·영사관(명예영사를 제외한다) 및 특권과 면제에 관하여 공관에 준하는 대우를 받는 외국기관과 국제연합전문기구(그 주재기관을 포함한다) 등과 문화체육관광부장관의 인가를 받아 설립한 외신기자클럽을 말한다. (2024. 3. 15. 개정)

16 - 23…3【공용품의 적용범위】
법 제16조 제1항 제1호에 따른 "공용품"이란 외교공관 등이 공용에 사용하기 위하여 해당 공관 등의 예산으로 구입하고 또한 구입 후에 해당 공관 등의 자산 또는 비품으로 처리하는 물품을 말한다. (2024. 3. 15. 개정)

2. 우리나라에 주재하는 외교관과 이에 준하는 사람으로서 대통령령으로 정하는 사람(이하 "주한외교관등"이라 한다)과 그 가족이 자가용품(自家用品)으로 수입하는 것 (2010. 12. 27. 개정)

　제23조【외교관 면세승인 신청】① 법 제16조 제1항 각 호의 물품에 대하여 면세를 받으려는 자는 다음 각 호의 사항을 적은 신청서에 법 제16조 제1항 제1호에 따른 주한외교공관등의 장이 해당 사실을 증명한 서류를 첨부하여 해당 물품을 반출할 때에(수입물품의 경우에는 그 수입신고 시부터 수입신고 수리 전까지) 관할 세무서장 또는 세관장에게 제출(국세정보통신망을 통한 제출을 포함한다)하여 그 승인을 받아야 한다. (2023. 2. 28. 개정)
1. 신청인의 인적사항 (2010. 2. 18. 개정)
2. 반출 장소 (2023. 2. 28. 개정)
3. 면세대상 물품의 명세 (2010. 2. 18. 개정)
4. 반입장소 (2010. 2. 18. 개정)
5. 반입자의 인적사항 (2010. 2. 18. 개정)
6. 반출 예정 연월일 (2010. 2. 18. 개정)
7. 신청 사유 (2010. 2. 18. 개정)
8. 그 밖의 참고사항 (2010. 2. 18. 개정)
② 법 제16조 제2항 단서에 따라 개별소비세의 징수를 면제받으려는 자는 다음 각 호의 사항을 적은 신청서에 외교부장관이 제25조의 2 각 호의 어느 하나에 해당하는 사유가 있다는 것을 증명하는 서류를 첨부하여 관할 세무서장 또는 세관장에게 제출하여 그 승인을 받아야 한다. (2015. 2. 3. 신설)
② 법 제16조 제2항 단서에 따라 개별소비세의 징수를 면제받으려는 자는 다음 각 호의 사항을 적은 신청서에 외교부장관이 제25조의 2 각 호의 어느 하나에 해당하는 사유가 있다는 것을 증명하는 서류를 첨부하여 관할 세무서장 또는 세관장에게 제출(국세정보통신망을 통한 제출을 포함한다)하여 그 승인을 받아야 한다. (2025. 2. 28. 개정)
1. 신청인의 인적사항 (2015. 2. 3. 신설)
2. 면세대상 물품의 명세 (2015. 2. 3. 신설)

3. 주한외교공관등과 주한외교관등이 사용하는 자동차에 사용되는 석유류 (2010. 12. 27. 개정)

② 제1항에 따라 개별소비세를 면제받은 물품을 대통령령으로 정하는 바에 따라 면세 승인을 받은 날부터 3년 내에 타인에게 양도한 경우에는 이를 양수한 자가, 면세 승인을 받은 날부터 3년 내에 타인이 소지한 경우에는 이를 소지한 자가 반출 또는 수입신고를 한 것으로 보아 개별소비세를 징수한다. 다만, 제1항에 따라 개별소비세를 면제받은 물품 중 자동차에 대해서는 주한외교관등이 이임(移任)하는 등 대통령령으로 정하는 부득이한 사유가 있는 경우에는 면세 승인을 받은 날부터 3년 내에 타인에게 양도하거나 타인이 소지한 경우에도 개별소비세를 징수하지 아니한다. (2014. 12. 23. 단서신설)

③ 제1항에 따라 개별소비세를 면제받아 반출한 물품에 관하여는 제14조 제3항을 준용한다. (2010. 1. 1. 개정)

④ 외교부장관은 기획재정부장관과 협의하여 제1항 제3호에 따른 석유류에 대한 매 연도분의 면세한도량을 그 전년도 12월 31일까지 정하여야 한다. (2013. 3. 23. 직제개정 ; 정부조직법 부칙)

⑤ 제1항과 제2항은 해당 국가에서 우리나라의 공관 또는 외교관 등에게 그 국가의 조세로서 우리나라의 개별소비세 또는 이와 유사한 성질의 조세를 면제하는 경우(제2항 단서는 해당 국가에서 우리나라의 공관 또는 외교관 등에게 동일하게 징수를 면제하는 경우로 한정한다)와 해당 국가에 우리나라의 개별소비세 또는 이와 유사한 성질의 조세가 없는 경우에만 적용한다. (2014. 12. 23. 개정)

3. 면세 승인 연월일 (2015. 2. 3. 신설)
4. 양도 또는 소지 예정 연월일 (2015. 2. 3. 신설)
5. 신청 사유 (2015. 2. 3. 신설)
6. 그 밖의 참고사항 (2015. 2. 3. 신설)

③ 제1항 및 제2항의 신청을 받은 관할 세무서장 또는 세관장이 이를 승인하였을 때에는 그 신청서에 준하는 내용의 승인서를 발급하여야 한다. (2015. 2. 3. 개정)

제24조 【외교공관용 석유류에 대한 면세 특례】 (2010. 12. 30. 제목개정)

① 법 제16조 제1항 제3호에 따라 개별소비세가 면제되는 석유류를 제조장 또는 석유류판매장에서 구입하는 경우 제조자 또는 석유류의 판매자(이하 이 조에서 "판매자"라 한다)는 외교부장관이 발행한 외교공관명, 유류의 종류별 사용량, 그 밖의 필요한 사항을 적은 면세석유류 구입추천서를 받고 개별소비세에 상당하는 금액을 그 가격에서 공제한 후 해당 석유류를 인도하여야 한다. (2013. 3. 23. 직제개정 ; 기획재정부와~직제 부칙)

② 제1항의 경우에 판매자는 해당 면세석유류 구입추천서를 갖추어 매월분 판매량을 제조자에게 통보하여야 하며, 그 통보를 받은 제조자는 공제된 개별소비세에 상당하는 금액을 판매자에게 지급하여야 한다. (2010. 2. 18. 개정)

③ 제조자는 주한외교공관에 직접 판매한 석유류의 매월분 판매량과 제2항에 따라 통보받은 판매자의 매월분 판매량을 면세석유류 구입추천서를 갖추어 관할 세무서장에게 보고(국세정보통신망을 통한 보고를 포함한다)하여야 한다. (2010. 12. 30. 개정)

④ 제3항의 보고를 받은 관할 세무서장은 판매자가 판매한 석유류에 대하여 이미 납부한 개별소비세액을 제조자에게 환급하여야 한다. 다만, 환급받을 자의 신청(국세정보통신망을 통한 신청을 포함한다)에 따라 이후에 납부할 세액에서 공제할 수 있다. (2010. 2. 18. 개정)

제25조 【주한외교공관 등의 범위】 (2010. 12. 30. 제목개정)

① 법 제16조 제1항 제1호에서 "대통령령으로 정하는 기관"이란 우

제9조 【외교공관용 석유류 판매통보 등】 (2011. 4. 1. 제목개정)

① 영 제24조 제2항에 따른 통보는 별지 제16호 서식의 외교공관용 석유류 판매통보서에 따른다. (2011. 4. 1. 개정)

② 영 제24조 제3항 및 제4항에 따른 보고 및 신청은 별지 제17호 서식의 외교공관용 석유류 판매보고 및 개별소비세 공제(환급)신청서에 따른다. (2011. 4. 1. 개정)

리나라에 상주하는 영사기관(명예영사관원을 장으로 하는 영사기관은 제외한다), 국제연합과 이에 준하는 국제기구(우리나라가 당사국인 조약과 그 밖의 국내법령에 따라 특권과 면제를 부여받을 수 있는 경우만 해당한다)를 말한다. (2010. 12. 30. 개정)
② 법 제16조 제1항 제2호에서 "대통령령으로 정하는 사람"이란 제1항에 따른 기관의 소속 직원으로서 해당 국가로부터 공무원 신분을 부여받은 자 또는 외교부장관으로부터 이에 준하는 신분임을 확인받은 자 중 내국인이 아닌 자를 말한다. (2013. 3. 23. 직제개정 ; 기획재정부와~직제 부칙)

제25조의 2【외교관 면세차량 양도 등에 관한 개별소비세 징수면제 사유】법 제16조 제2항 단서에서 "주한외교관등이 이임(移任)하는 등 대통령령으로 정하는 부득이한 사유가 있는 경우"란 다음 각 호의 어느 하나에 해당하는 경우를 말한다. (2015. 2. 3. 신설)
1. 법 제16조 제1항 제2호에 따른 주한외교관등(이하 "주한외교관등"이라 한다)이 본국이나 제3국으로 이임하는 경우 (2015. 2. 3. 신설)
2. 주한외교관등의 직무가 종료되거나 직위를 상실한 경우 (2015. 2. 3. 신설)
3. 주한외교관등이 사망한 경우 (2015. 2. 3. 신설)
4. 법 제16조 제1항 제1호에 따른 주한외교공관등이 우리나라와의 외교관계 단절 등으로 인하여 폐쇄되는 경우 (2015. 2. 3. 신설)

제26조【외국인전용판매장에서 판매할 물품의 면세승인신청】① 법 제17조 제1항에 따라 면세를 받으려는 자는 다음 각 호의 사항을 적은 신청서에 외국인전용판매장 지정증 사본을 첨부하여 해당 물품을 반출할 때에 관할 세무서장에게 제출(국세정보통신망을 통한 제출을 포함한다)하여 그 승인을 받아야 한다. 이 경우 관할 세무서장은 「전자정부법」 제36조 제1항에 따른 행정정보의 공동이용을 통하여 사업자등록증을 확인하여야 하며, 신청인이 확인에 동의하지 않는 경우에는 사업자등록증 사본을 첨부하도록 하여야 한다. (2023. 2. 28. 개정)

제17조【외국인전용판매장 면세】① 관할 세무서장이 지정하는 외국인전용판매장에서 비거주자(非居住者) 또는 국내에 주소나 거소(居所)를 둔 주한외교관 등에게 판매할 목적으로 그 판매장에 반입하게 하기 위하여 제조장에서 반출하는 물품에 대해서는 대통령령으로

제26조【외국인전용판매장에서 판매할 물품의 면세승인신청】① 법 제17조 제1항에 따라 면세를 받으려는 자는 다음 각 호의 사항을 적은 신청서에 외국인전용판매장 지정증 사본을 첨부하여 해당 물품을 반출할 때에 관할 세무서장에게 제출(국세정보통신망을 통한 제출을 포

정하는 바에 따라 개별소비세를 면제한다. (2022. 12. 31. 개정)

통칙 17－26…1 【외국인전용판매장 면세의 의의】
법 제17조에 따른 "외국인전용판매장면세"란 비거주자 또는 주한외교관에게 외화를 받고 판매하기 위하여 정부가 지정하는 장소에 특정한 과세물품을 판매 또는 반출함에 있어 세액을 부담시키지 않는 제도를 말한다. (2011. 2. 1. 개정)

② 제1항에 따라 개별소비세를 면제받아 반출된 물품에 관한 반입 증명, 멸실, 납세의무와 반입 사실의 신고에 관하여는 제14조 제2항부터 제5항까지를 준용한다. (2010. 1. 1. 개정)
③ 제1항의 외국인전용판매장의 경영자는 매 분기(제1조 제2항 제4호에 해당하는 물품은 매월) 판매한 면세물품에 대하여 제9조 제1항을 준용하여 관할 세무서장에게 면세판매신고서를 제출하여야 한다. (2010. 1. 1. 개정)
④ 삭　제 (99. 12. 3)
⑤ 외국인전용판매장에서 개별소비세가 면제되는 물품을 구입한 자가 출국 당시 그 물품을 소지하지 아니한 경우에는 그 구입자로부터 개별소비세를 징수한다. (2010. 1. 1. 개정)
⑥ 제1항에 따라 개별소비세를 면제받아 반입된 물품을 해당 판매장에서 구입할 수 없는 자가 소지한 경우에는 그 소지자로부터 개별소비세를 징수한다. 다만, 해당 경영자나 구입자로부터 개별소비세를 징수한 사실이 확인된 경우에는 그러하지 아니하다. (2010. 1. 1. 개정)
⑦ 외국인전용판매장의 지정 및 그 취소, 비거주자, 면세물품, 구입자가 출국 당시 소지하지 아니하는 경우에 해당 세액을 징수하는 물품의 종류·판매의 절차 및 보고에 관한 사항은 대통령령으로 정한다. (2010. 1. 1. 개정)

함한다)하여 그 승인을 받아야 한다. 이 경우 관할 세무서장은 「전자정부법」 제36조 제1항에 따른 행정정보의 공동이용을 통하여 사업자등록증명을 확인해야 하며, 신청인이 사업자등록증명의 확인에 동의하지 않는 경우에는 그 서류를 첨부하게 해야 한다. (2025. 2. 28. 후단개정)
1. 신청인의 인적사항 (2010. 2. 18. 개정)
2. 반출 장소 (2023. 2. 28. 개정)
3. 면세대상 물품의 명세 (2010. 2. 18. 개정)
4. 반입장소 (2010. 2. 18. 개정)
5. 반입자의 인적사항 (2010. 2. 18. 개정)
6. 반출 예정 연월일 (2023. 2. 28. 개정)
7. 반입증명서 제출기한 (2010. 2. 18. 개정)
8. 신청 사유 (2010. 2. 18. 개정)
9. 그 밖의 참고사항 (2010. 2. 18. 개정)
② 제1항의 신청을 받은 관할 세무서장이 이를 승인하였을 때에는 그 신청서에 준하는 내용의 승인서를 발급하고 반입지 관할 세무서장에게 그 사실을 통지하여야 한다. (2010. 2. 18. 개정)

제27조 【외국인전용판매장에서 판매하는 면세물품의 범위】 법 제17조 제1항에 따라 개별소비세를 면제받을 수 있는 물품은 다음 각 호와 같다. (2010. 2. 18. 개정)
1. 보석과 이를 사용한 제품 (2010. 2. 18. 개정)
2. 귀금속 제품 (2010. 2. 18. 개정)
3. 골패(骨牌)와 화투류 (2010. 2. 18. 개정)
4. 고급 가구 (2010. 2. 18. 개정)
5. 방향용 화장품 (2010. 2. 18. 개정)
5. 삭　제 (2017. 2. 7.)
6. 고급 융단 (2010. 2. 18. 개정)
7. 고급 가방 (2013. 2. 15. 신설)

제28조 【외국인전용판매장의 지정 및 지정취소】 (2010. 2. 18. 제목개정)
① 법 제17조 제1항에 따라 외국인전용판매장의 지정을 받으려는

제10조 【외국인전용판매장 지정신청】
① 영 제28조 제1항에 따른 신청은 별지 제18호 서식의 외국인전용판매장지정신청

1. 외국인의 이용도가 낮다고 인정되는 장소에서 판매장을 경영하려
   는 경우 (2010. 2. 18. 개정)
2. 판매에 필요한 인원 및 물적 시설을 갖추지 못한 경우 (2010. 2.
   18. 개정)
3. 신청일부터 기산하여 과거 1년 이내에 국세에 관한 범칙행위를 한
   경우 (2010. 2. 18. 개정)
4. 판매장 경영에 필요한 자력(資力) 및 신용을 갖추지 못하였다고 인
   정되는 경우 (2010. 2. 18. 개정)

제29조【외국인전용판매장에서 판매하는 면세물품의 구입방법 및
판매보고】① 제28조 제1항에 따라 외국인전용판매장의 지정을 받은
자가 면세물품을 판매할 때에는 해당 물품 구입자의 신분을 확인한 후
다음 각 호의 사항을 적은 개별소비세 면세물품 구입기록표를 작성하여
구입자의 여권에 첨부하고 간인(間印)하여야 한다. (2010. 2. 18. 개정)
1. 판매자의 인적사항, 판매장 소재지 및 관할 세무서 (2010. 2. 18.
   개정)
2. 구입자의 인적사항, 입국 및 출국 관련 사항 (2010. 2. 18. 개정)
3. 면세구입물품의 명세 (2010. 2. 18. 개정)
② 제1항의 물품을 판매한 자는 같은 항 각 호의 사항 외에 면세구매
물품의 휴대 여부 또는 세액의 징수 내용을 적은 개별소비세 면세물품
판매확인서 2통을 작성하여 그 중 1통은 구입자(주한외교관 및 주한
외국군 장병의 경우는 제외한다)의 출국 예정항 관할 세관장에게 판매
한 때마다 제출하고, 다른 1통은 판매장 관할 세무서장에게 법 제17조
제3항에 따른 신고를 할 때에 과세물품 총판매명세서(면세분으로 구
분하여 적는다)에 첨부하여 각각 제출하여야 한다. 다만, 보세구역에
있는 판매장에서 판매한 경우에는 해당 관할 세관장에게는 제출하지
않아도 된다. (2010. 2. 18. 개정)
③ 제2항의 확인서를 받은 세관장은 구입자가 출국할 때에 제1항의
기록표를 제출받아 구입 사실을 확인한 후 해당 물품의 소지 사실을
확인하여야 한다. (2017. 2. 7 개정)

☞ p.3204 2단 연결

자는 다음 각 호의 사항을 적은 신청서를 판매장 관할 세무서장에
게 제출하여야 한다. 이 경우 외국인만 이용하는 판매장으로서 법
령에 따라 정부의 허가 또는 등록을 받아야 하는 것에 대해서는 해
당 허가증 또는 등록증 사본을 첨부하여 제출(국세정보통신망을 통
한 제출을 포함한다)하여야 한다. (2010. 2. 18. 개정)
1. 신청인의 인적사항 (2010. 2. 18. 개정)
2. 판매장의 소재지 및 상호 (2010. 2. 18. 개정)
3. 면세판매하려는 물품명 (2010. 2. 18. 개정)
② 제1항의 지정을 한 관할 세무서장은 다음 각 호의 사항을 적은 지
정증을 발급하여야 한다. (2010. 2. 18. 개정)
1. 지정번호 (2010. 2. 18. 개정)
2. 판매장의 소재지 및 상호 (2010. 2. 18. 개정)
3. 대표자의 인적사항 (2010. 2. 18. 개정)
4. 면세판매할 물품명 (2010. 2. 18. 개정)
③ 관할 세무서장은 제1항의 지정을 받은 자가 다음 각 호의 어느 하
나에 해당하는 경우에는 그 지정을 취소할 수 있다. (2010. 2. 18. 개정)
1. 면세물품을 부정하게 판매한 사실이 있는 경우 (2010. 2. 18. 개정)
2. 법 제25조에 따른 관할 지방국세청장 또는 관할 세무서장의 명령을
   위반하여 처벌 또는 처분을 받은 경우 (2010. 2. 18. 개정)
3. 관계 법령에 따른 허가 또는 등록이 취소되거나 그 밖의 처분을 받
   은 경우 (2010. 2. 18. 개정)
4. 사업자 또는 법인의 임원이 국세 또는 지방세를 50만원 이상 포탈
   하여 처벌 또는 처분을 받은 경우 (2010. 2. 18. 개정)
5. 해당 판매장을 양도하거나 대여한 경우 (2010. 2. 18. 개정)
6. 제1항의 서류에 거짓 내용을 적은 사실이 발견된 경우 (2010. 2.
   18. 개정)
7. 국내에 거주하지 아니하거나 실종된 사실이 발견된 경우. 다만, 관
   리인이 따로 있는 경우는 제외한다. (2010. 2. 18. 개정)
④ 제1항의 신청을 받은 관할 세무서장은 신청인이 다음 각 호의 어느
하나에 해당하는 경우에는 그 지정을 하지 않을 수 있다. (2010. 2.
18. 개정)

서에 따른다. (2010. 4. 26. 개정)
② 영 제28조 제2항에 따른 지정증은 별
지 제19호 서식의 외국인전용판매장지
정증에 따른다. (2010. 4. 26. 개정)

제11조【면세물품 구입기록표 등】
① 영 제29조 제1항에 따른 개별소비세면
세물품 구입기록표는 별지 제20호 서식
에 따른다. (2010. 4. 26. 개정)
② 영 제29조 제2항에 따른 개별소비세면
세물품 판매확인서는 별지 제21호 서식에
따른다. (2010. 4. 26. 개정)

④ 세관장은 매 분기분의 개별소비세 면세물품 구입기록표와 개별소비세 면세물품 판매확인서를 판매장 관할 세무서장에게 해당 분기의 다음 달 10일까지 송부하여야 한다. (2010. 2. 18. 개정)

⑤ 제3항에 따라 세관장이 구입 사실을 확인하는 경우에 재해나 그 밖의 사정으로 해당 구입물품이 멸실되었다는 사실을 멸실한 즉시 세관장에게 신고하였거나 우편 등의 방법으로 출국 전에 외국으로 반출한 물품에 대해서는 그 사실에 관하여 세관장 또는 우체국장이 발행한 증명서류를 제출한 경우에만 그 물품을 휴대한 것으로 본다. (2010. 2. 18. 개정)

⑥ 관할 세무서장은 판매자가 제출한 개별소비세 면세물품 판매확인서와 구매자의 출국항 관할 세관장이 송부한 개별소비세 면세물품 구입기록표 및 개별소비세 면세물품 판매확인서를 대조·확인한 후 면세로 반입한 물품의 판매량과 재고량을 조사하여 차이가 있는 경우에는 그 차이에 상당하는 물품에 대한 개별소비세를 판매자로부터 징수한다. (2010. 2. 18. 개정)

제18조【조건부면세】① 다음 각 호의 어느 하나에 해당하는 물품에 대해서는 대통령령으로 정하는 바에 따라 개별소비세를 면제한다. 다만, 제3호 가목의 물품에 대한 개별소비세(장애인을 위한 특수장비 설치비용을 과세표준에서 제외하고 산출한 금액을 말한다)는 500만원을 한도로 하여 면제하고, 같은 호 바목의 물품에 대한 개별소비세는 300만원을 한도로 하여 면제한다. (2022. 12. 31. 단서개정)

▶편주◀ ···

• 법 18조 1항 각 호 외의 부분 단서의 개정규정은 2023. 1. 1. 이후 제조장에서 반출하거나 수입신고하는 분부터 적용함. (법 부칙(2022. 12. 31.) 2조)
• 법 부칙(2022. 12. 31.) 2조에도 불구하고 납세의무자는 2023. 1. 1. 전에 제조장에서 반출하거나 수입신고한 승용자동차에 대하여 개별소비세를 납부하였거나 납부할 세액이 있는 경우로서 다음 각 호의 요건을 모두 갖춘 경우에는 면세분에 해당하는 세액을 환급받거나 납부하여야 할 세액에서 공제받을 수 있음. (법 부칙(2022. 12. 31.) 3조)
1. 자동차 제조업자, 수입업자 또는 도·소매업자가 2023. 1. 1. 현재

제30조【면세 승인신청】① 법 제18조 제1항 각 호 및 제19조 각 호에 따른 물품에 대하여 면세를 받으려는 자는 다음 각 호의 사항을 적은 신청서를 해당 물품을 반출할 때에(수입물품의 경우에는 그 수입신고 시부터 수입신고수리 전까지) 관할 세무서장 또는 세관장에게 제출(국세정보통신망을 통한 제출을 포함한다)하여 그 승인을 받아야 한다. (2023. 2. 28. 개정)
1. 신청인의 인적사항 (2010. 2. 18. 개정)
2. 반출 장소 (2023. 2. 28. 개정)
3. 면세대상물품의 명세 (2010. 2. 18. 개정)
4. 반입장소 (2010. 2. 18. 개정)
5. 반입자의 인적사항 (2010. 2. 18. 개정)
6. 반출 예정 연월일 (2010. 2. 18. 개정)
7. 반입증명서, 물품반입확인서, 유류공급명세서, 선(기)적허가서(내항선인 원양어업선박의 경우에는 반입자의 반입보고서) 제출기한 (2013. 2. 15. 개정)
8. 신청 사유 (2010. 2. 18. 개정)

하치장·직매장·보세구역 등 국세청장 또는 관세청장이 정하는 장소에 해당 승용자동차를 보유하고 있을 것
2. 자동차 제조업자, 수입업자 또는 도·소매업자가 2023. 1. 1. 이후 법 18조 1항 3호 바목의 개정규정에 따른 사람에게 해당 승용자동차를 인도할 것
3. 납세의무자는 해당 승용자동차를 인도한 날이 속하는 분기의 다음 달 25일까지 국세청장 또는 관세청장이 정하는 바에 따라 자동차등록증 등 증명서류를 첨부하여 관할 세무서장 또는 관할 세관장에게 신고할 것

통칙 18-0…1 【조건부면세의 의의】

법 제18조에 따른 "조건부면세"란 국가시책으로 특정한 용도에 사용되는 과세물품을 제조장 또는 보세구역으로부터 반출함에 있어 일정한 조건을 달아 세액을 부담시키지 않는 제도를 말한다. (2024. 3. 15. 개정)

1. 원자로, 원자력 또는 동위원소의 생산·사용·개발에 제공하거나 그 물품의 제조용 원료로 사용하는 물품 (2010. 1. 1. 개정)

통칙 18-0…4 【원자로·원자력 또는 동위원소의 생산·사용·개발에 공하거나 제조원료로 사용하는 물품의 범위】

법 제18조 제1항 제1호에 따라 면세되는 물품이란 원자로·원자력 또는 동위원소의 생산·사용·개발에 제공되는 시설자재나 그 물품의 제조용 원료로 사용하는 물품을 말하므로 교육목적으로 사용하는 물품은 이에 해당하지 아니한다. (2011. 2. 1. 개정)

2. 보석으로서 이화학(理化學) 실험연구용, 공업용 및 축음기(蓄音機) 침(針) 제작용인 것 (2010. 1. 1. 개정)
3. 승용자동차로서 다음 각 목의 어느 하나에 해당하는 것 (2010. 1. 1. 개정)
　가. 대통령령으로 정하는 장애인이 구입하는 것(장애인 1명당 1대로 한정한다) (2010. 1. 1. 개정)

관계조문 ▶

영 31조 ⇒ 장애인의 범위 등

9. 그 밖의 참고사항 (2010. 2. 18. 개정)

통칙 18-20…10 【국내생산이 곤란한 물품 등에 대한 면세】

① 「조세특례제한법」 제111조 및 제114조에 따라 면세를 받으려는 자는 영 제30조 제1항에 따른 조건부면세반출승인신청서에 다음 각 호의 서류를 붙여 해당 물품을 반출할 때에(수입물품의 경우에는 그 수입신고시부터 수입신고수리 전까지) 관할 세무서장 또는 세관장에게 제출하여 그 승인을 얻어야 한다. 다만, 관세의 면제를 받기 위하여 증명된 사항에 관하여는 해당 서류를 붙이지 아니한다. (2011. 2. 1. 개정)
1. 삭 제 (2008. 7. 25.)
2. 「조세특례제한법」 제111조의 경우에는 석유류공급계약서 (2008. 7. 25. 개정)
3. 「조세특례제한법」 제114조의 경우에는 납품계약서, 국방부조달본부장 또는 군단위부대의 장이 발행한 납품요구서 (2008. 7. 25. 개정)
② 제1항의 신청을 받은 세무서장 또는 세관장이 이를 승인하는 때에는 그 신청서에 준하는 내용의 승인서를 교부하고 반입지 관할세무서장에게 그 뜻을 통지한다. (99. 5. 3 개정)
③ 제1항에 따라 반입장소에 반입한 자는 해당 물품을 반입지에 반입한 날이 속하는 달의 다음달 15일까지 그 반입사실을 반입지 관할 세무서장에게 신고하여야 한다. (2011. 2. 1. 개정)
④ 제1항의 물품으로서 반입장소에 반입된 사실을 반출지관할세무서장 또는 세관장이 지정하는 기한 내에 증명하지 아니한 것에 대하여는 반출자로부터 개별소비세를 징수한다. (2024. 3. 15. 개정)
⑤ 제3항 및 제4항의 경우 「조세특례제한법」 제111조 제1항 제1호 및 같은 법 제114조에 따른 물품에 대한 반입신고서 및 반입증명서는 국군복지단장이 발행한 납품증명서로 갈음할 수 있으며 같은 법 제111조 제1항 제2호에 따른 물품에 대한 반입증명서는 다음 각 호의 서류로 갈음할 수 있다. (2011. 2. 1. 개정)
1. 수산업협동조합중앙회에 직접 공급하는 석유류의 경우에는 수산업협동조합중앙회장이 발행한 유류구입증명서 및 반입지 수산업협동조합장의 유류인수확인서 (99. 5. 3 개정)
2. 농업협동조합중앙회에 직접 공급하는 석유류의 경우에는 농업협동조합중앙회장이 발행한 유류구입증명서 및 반입지 단위농업협동조합장의 유류구입확인서 (99. 5. 3 개정)
3. 한국해운조합에 직접 공급하는 석유류의 경우에는 한국해운조합회장이 발행한 유류구입증명서 및 한국해운조합지부장 또는 출장소장의 유류인수확인서 (99. 5. 3 개정)
⑥ 세무서장 또는 세관장은 면세승인신청서상 작성하는 각종 서류 중에서 군사기밀이 누설될 우려가 있다는 국방부조달본부장 또는 군단위부대의 장의 의견표시

나. 환자 수송을 전용으로 하는 것 (2010. 1. 1. 개정)

다. 「여객자동차 운수사업법」에 따른 여객자동차운송사업에 사용하는 것 (2010. 1. 1. 개정)

라. 「여객자동차 운수사업법」 제2조 제4호에 따른 자동차대여사업에 사용되는 것. 다만, 구입일부터 3년 이내에 동일인 또는 동일법인에 대여한 기간의 합이 6개월을 초과하는 것은 제외한다. (2014. 1. 1. 개정)

마. 「기업부설연구소등의 연구개발 지원에 관한 법률」 제7조 제1항에 따라 인정받은 기업부설연구소 또는 연구개발전담부서가 신제품 또는 신기술을 개발하기 위하여 시험·연구용으로 수입하여 사용하는 것 (2025. 1. 31. 개정 ; 기업부설연구소등의~부칙)

바. 18세 미만의 자녀(가족관계등록부를 기준으로 하고, 양자 및 배우자의 자녀를 포함하되, 입양된 자녀는 친생부모의 자녀 수에는 포함하지 아니한다) 3명 이상을 양육하는 사람이 구입하는 것 (2022. 12. 31. 신설)

편주 ▶
• 법 18조 1항 3호 바목의 개정규정은 2023. 1. 1. 이후 제조장에서 반출하거나 수입신고하는 분부터 적용함. (법 부칙(2022. 12. 31.) 2조)
• 법 부칙(2022. 12. 31.) 2조에도 불구하고 납세의무자는 2023. 1. 1. 전에 제조장에서 반출하거나 수입신고한 승용자동차에 대하여 개별소비세를 납부하였거나 납부할 세액이 있는 경우로서 다음 각 호의 요건을 모두 갖춘 경우에는 면세분에 해당하는 세액을 환급받거나 납부하여야 할 세액에서 공제받을 수 있음. (법 부칙(2022. 12. 31.) 3조)
1. 자동차 제조업자, 수입업자 또는 도·소매업자가 2023. 1. 1. 현재 하치장·직매장·보세구역 등 국세청장 또는 관세청장이 정하는 장소에 해당 승용자동차를 보유하고 있을 것
2. 자동차 제조업자, 수입업자 또는 도·소매업자가 2023. 1. 1. 이후 법 18조 1항 3호 바목의 개정규정에 따른 사람에게 해당 승용자동차를 인도할 것
3. 납세의무자는 해당 승용자동차를 인도한 날이 속하는 분기의 다음 달 25일까지 국세청장 또는 관세청장이 정하는 바에 따라 자동차등록증 등 증명서류를 첨부하여 관할 세무서장 또는 관할 세관장에게 신고할 것

가 있는 때에는 이의 기재를 아니하게 할 수 있다. (99. 5. 3 개정)

⑦ 「조세특례제한법」 제111조·제114조에 따라 제조장으로부터 반출하는 물품에 대하여 면세를 받으려는 자가 영 제19조의 2에 따른 면세반출승인신청 등에 대한 특례규정을 준용하는 경우에는 제1항은 이를 적용하지 아니한다. (2011. 2. 1. 개정)

② 제1항의 신청서에는 다음 각 호의 구분에 따른 서류를 첨부하여야 한다. 다만, 관세의 감면을 위하여 증명된 사항에 관하여는 해당 서류를 첨부하지 않아도 된다. (2010. 2. 18. 개정)
1. 법 제18조 제1항 제1호, 제4호부터 제7호까지, 제9호부터 제11호까지 및 제13호와 제19조 제1호부터 제3호까지, 제8호 및 제16호의 경우 : 소관 중앙행정기관의 장이 발행한 해당 사실을 증명하는 서류. 다만, 다음 각 목의 어느 하나에 해당되는 물품에 대한 증명서류는 학교의 경우에는 해당 학교장이 발행하는 것으로 하고, 어린이집의 경우에는 특별자치도지사 또는 시장·군수·구청장이 발행하는 것으로 한다. (2016. 2. 5. 개정)
가. 법 제18조 제1항 제6호에 따른 학교 또는 어린이집에 진열하거나 교재로 사용하기 위한 표본 또는 참고품 (2011. 12. 8. 개정 ; 영유아보육법 시행령 부칙)
나. 법 제18조 제1항 제7호에 따라 교육용으로 사용하게 하기 위하여 교육기관(학교로 한정한다)에 기증되는 물품 (2010. 12. 30. 신설)
다. 법 제18조 제1항 제12호에 따른 학교 교육용 또는 어린이집 보육용 고급 사진기 (2011. 12. 8. 개정 ; 영유아보육법 시행령 부칙)
다. 삭 제 (2016. 2. 5.)
1의 2. 법 제18조 제1항 제2호의 경우 : 특별시장·광역시장·도지사 또는 특별자치도지사가 발행한 해당 사실을 증명하는 서류 (2010. 12. 30. 신설)
2. 법 제19조 제13호의 경우 : 소관 중앙행정기관의 장, 한국무역협회 또는 대한상공회의소의 장이 발행한 해당 사실을 증명하는 서류 (2010. 2. 18. 개정)
3. 법 제18조 제1항 제8호와 제19조 제4호부터 제6호까지 및 제9호부터 제12호까지의 경우 : 「관세법」에 따른 면세신청에 필요한 서류

제12조 【면세용도물품 증명】 영 제30조 제2항 각 호에 따른 증명은 별지 제22호 서식의 개별소비세 면세용도물품 증명신청서 및 그 증명서에 따른다. (2010. 4. 26. 개정)

4. 외국으로부터 자선 또는 구호를 위하여 자선 또는 구호기관·단체
   에 기증되는 물품 (2010. 1. 1. 개정)
5. 외국으로부터 사원·교회 등에 기증되는 의식용품(儀式用品) 또는
   예배용품으로서 대통령령으로 정하는 것 (2010. 1. 1. 개정)

관계조문 ▶▶

영 32조 ⇒ 의식용품 등

6. 학교, 「영유아보육법」에 따른 어린이집(이하 이 조에서 "어린이집"
   이라 한다), 「과학관육성법」에 따른 과학관, 「박물관 및 미술관 진
   흥법」에 따른 박물관, 물품 진열장소 등에 진열하거나 교재로 사용
   하기 위한 표본 또는 참고품 (2011. 6. 7. 개정 ; 영유아보육법 부칙)

통칙 18-0…2【표본 또는 참고품의 범위】
법 제18조 제1항 제6호에 따른 "교재로 사용하기 위한 표본 또는 참고품"이란 연
구·실험 등의 대상이 되는 교재용 물품을 말하며, 과세물품의 본래의 용도로 사
용되는 것은 표본 또는 참고품에 해당하지 아니한다. (2011. 2. 1. 개정)

7. 외국으로부터 학술연구용 또는 교육용으로 사용하게 하기 위하여
   학술연구단체 또는 교육기관에 기증되는 물품 (2010. 1. 1. 개정)
8. 재수출할 물품을 보세구역에서 반출하는 것으로서 관세가 면제되는
   것 (2010. 1. 1. 개정)
9. 외국항행선박, 원양어업선박 또는 항공기에 사용하는 석유류 (2010.
   1. 1. 개정)
10. 의료용, 의약품 제조용, 비료 제조용, 농약 제조용 또는 석유화학공
    업용 원료로 사용하는 석유류 (2010. 1. 1. 개정)
11. 외국 무역선, 원양어업선박 또는 외국항행 항공기에서 사용할 것으
    로 인정되는 연료 외의 소모품 (2010. 1. 1. 개정)
12. 고급 사진기로서 방송, 신문, 통신용, 학교 교육용 또는 어린이집 보육용인 것
    (2011. 6. 7. 개정 ; 영유아보육법 부칙)
12. 삭 제 (2015. 12. 15.)
13. 산업용 등 대통령령으로 정하는 용도로 사용하는 유연탄 (2014. 1.
    1. 신설)

(2010. 2. 18. 개정)

4. 법 제19조 제7호의 경우 : 해당 물품을 기증받은 정부기관 또는 지
   방자치단체의 장이 발행한 기증받은 사실을 증명하는 서류 (2010.
   2. 18. 개정)
5. 법 제19조 제14호 및 제15호의 경우 : 관할 세무서장이 발행한 해당
   사실을 증명하는 서류 (2010. 2. 18. 개정)
6. 관수용(官需用) 물품의 경우 : 면제를 받으려는 기관의 장이 발행한
   해당 사실을 증명하는 서류 (2010. 2. 18. 개정)
③ 제1항의 신청을 받은 관할 세무서장 또는 세관장이 해당 물품에 대
한 면세를 승인하였을 때에는 그 신청서에 준하는 내용의 승인서를 발
급하여야 하며, 법 제18조 제1항에 해당하는 경우에는 반입지 관할 세
무서장 또는 세관장에게 그 뜻을 통지하여야 한다. (2010. 2. 18. 개정)

제31조【장애인의 범위 등】① 법 제18조 제1항 제3호 가목에서
"대통령령으로 정하는 장애인"이란 다음 각 호의 어느 하나에 해당하
는 사람을 말한다. (2010. 2. 18. 개정)
1. 「국가유공자 등 예우 및 지원에 관한 법률」에 따른 국가유공자 중
   장애인 (2010. 2. 18. 개정)
2. 「장애인복지법」에 따른 장애인(장애의 정도가 심한 장애인으
   로 한정한다) (2018. 12. 31. 개정 ; 장애인복지법 시행령 부칙)
3. 「5·18민주유공자예우 및 단체설립에 관한 법률」에 따른 5·18민
   주화운동부상자로서 같은 법 제7조에 따라 등록된 사람 (2021. 4.
   6. 개정 ; 5·18 민주유공자~시행령 부칙)
4. 「고엽제후유의증 등 환자지원 및 단체설립에 관한 법률」에 따른
   고엽제후유의증환자로서 경도 장애 이상의 장애등급 판정을 받은
   사람 (2012. 12. 21. 개정 ; 고엽제후유의증 등 환자지원~시행령
   부칙)
② 삭 제 (99. 12. 3)
③ 법 제18조 제1항 제3호 가목에 따라 개별소비세를 면세할 승용
자동차는 제1항에 해당하는 장애인이 본인 명의로 구입하거나 장애
인과 주민등록표, 외국인등록표 또는 국내거소신고원부에 의하여
세대를 함께 하는 것이 확인되는 배우자, 직계존비속, 형제자매 또

제12조의 2【장애인 전용 승용자동
차 처분사실 신고】① 영 제31조 제3항
단서에 따른 신고서는 별지 제22호의 2서
식의 장애인 전용 승용자동차 처분 사실

② 제1항의 물품으로서 대통령령으로 정하는 바에 따라 반입지에 반입한 사실을 증명하지 아니한 것에 대해서는 관할 세무서장 또는 세관장이 그 반출자 또는 수입신고인으로부터 개별소비세를 징수한다. (2022. 12. 31. 개정)

③ 제1항의 물품으로서 반입지에 반입된 후에 면세를 받은 물품의 용도를 변경하는 등 대통령령으로 정하는 사유가 발생하는 경우에는 반입자는 사유가 발생한 날이 속하는 분기의 다음 달 25일까지(제1조 제2항 제4호 또는 같은 항 제6호에 해당하는 물품은 그 사유가 발생한 날이 속하는 달의 다음 달 말일까지) 제9조에 따른 신고서를 반입지 관할 세무서장 또는 세관장에게 제출하고 개별소비세를 납부하여야 한다. (2014. 12. 23. 개정)

통칙 18−0…5 【질권이 설정된 면세물품의 사후관리】
법 제18조에 따라 과세물품을 면세반입하거나 보세구역에서 면세반입한 후 법정기간 내에 해당 물품에 질권을 설정하는 때에는 반입자가 해당 물품을 본래의 용도 이외의 용도에 사용한 것이 되므로 용도변경으로 보아 당해 면세된 세액을 징수한다. (2011. 2. 1. 개정)

18−33…8 【면세물품의 용도변경의 범위】
법 제18조 제1항 및 영 제30조에 따라 면세반입한 후 영 제33조 제1항 각 호에 따른 기간 내에 반입자의 사망으로 인하여 상속하는 경우에는 면제된 세액을 징수한다. 다만, 상속에 의하여 피상속인의 권리 · 의무가 포괄적으로 승계되고 면세물품이 당초 면세용도에 따라 계속 사용되는 경우에 한하여 세액을 징수하지 아니한다. (2011. 2. 1. 개정)

18−33…9 【면세승용자동차 사후관리】
① 법 제18조 제1항 제3호에 따라 조건부면세로 반입한 승용자동차를 5년 이내 그 용도를 변경하거나 양도하는 때에는 영 제33조에 따라 개별소비세 징수시 과세표준 계산은 영 제12조 제1항 제8호 및 국세청고시 제2021−1호(2021. 2. 26.)호에 따른다. (2024. 3. 15. 개정)

② 자동차대여사업체를 포괄적으로 양도 · 양수하거나 합병하는 경우로서 조건부면세로 반입한 승용자동차를 같은 용도에 사용하기 위하여 재반출하는 때에는 법 제18조 제6항에 따라 처음 반출할 때와 같은 절차에 따라 개별소비세를 면세받을 수 있다. (2024. 3. 15. 개정)

③ 「조세특례제한법」 제110조 제1항에 따라 면세로 구입한 승용차를 구입한 날로부터 3년 이내에 타인에게 양도한 경우에는 영 제12조 제1항 제4호에 따라 양수한 금액을 과세표준으로 하여 양수인으로부터 면세된 세액을 징수한다. (2019.

는 직계비속의 배우자와 공동명의로 구입하는 것으로 한정한다. 다만, 노후한 장애인 전용 승용차를 교체하거나 폐차하기 위하여 장애인 전용 승용자동차를 취득하여 1인 2대가 된 경우에는 종전의 승용자동차를 새로 취득한 장애인 전용 승용자동차의 취득일부터 3개월 이내에 처분하고, 같은 기간 내에 그 처분 사실을 기획재정부령으로 정하는 신고서로 반입지 관할 세무서장에게 알려야(국세정보통신망을 통하여 알리는 경우를 포함한다) 한다. (2010. 2. 18. 개정)

　　제19조의 3 【장애인 등에 대한 승용자동차 면세 특례】 ① 법 제18조 제1항 제3호에 따른 용도에 사용하기 위하여 제조장 또는 보세구역에서 반출하는 승용자동차에 대하여 면세를 받으려는 자는 제20조 제4항 및 제30조 제1항에도 불구하고 법 제9조에 따른 과세표준의 신고서에 다음 각 호의 서류를 첨부하여 관할 세무서장 또는 세관장에게 제출(국세정보통신망을 통한 제출을 포함한다)하여야 한다. 다만, 제1호의 신고서를 국세청장 또는 관세청장이 정하는 서식과 절차에 따라 전자문서로 제출하는 경우로서 관할 세무서장 또는 세관장이 정보통신망을 이용하여 그 신고서에 기재된 사실을 확인할 수 있는 경우에는 제2호의 증명서류를 제출하지 아니하게 할 수 있다. (2010. 2. 18. 개정)

1. 승용자동차 개별소비세 면세반출 신고서 (2010. 2. 18. 개정)
2. 자동차매매계약서 사본(같은 용도의 것으로 양도한 경우만 해당한다) (2010. 2. 18. 개정)
3. 법 제18조 제1항 제3호 바목에 따라 승용자동차를 구입하는 경우로서 자녀의 취학, 질병의 요양 등 기획재정부령으로 정하는 사유로 자녀와 세대가 분리된 경우에는 해당 사유를 증명할 수 있는 기획재정부령으로 정하는 서류 및 세대를 함께 하지 않는 배우자 · 자녀의 주민등록표 등본, 외국인등록사실증명 또는 국내거소신고원부 (2024. 2. 29. 신설)

신고서에 따른다. (2022. 3. 18. 항번개정)

② 영 제31조 제3항 단서에 따라 제1항에 따른 장애인 전용 승용자동차 처분 사실 신고서를 제출받은 반입지 관할 세무서장은 「전자정부법」 제36조 제1항에 따른 행정정보의 공동이용을 통하여 자동차등록증 또는 자동차등록원부를 확인해야 한다. 다만, 신고인이 확인에 동의하지 않는 경우에는 그 서류를 첨부하도록 해야 한다. (2022. 3. 18. 신설)

　　제6조의 3 【승용자동차 개별소비세 면세 반출 신고 등】 (2008. 2. 27. 제목개정)

① 영 제19조의 3 제1항 또는 제3항에 따른 승용자동차 개별소비세 면세 반출 신고 또는 통보는 별지 제42호 서식의 승용자동차 개별소비세 면세 반출 신고서 또는 그 통보서에 따른다. (2024. 3. 22. 항번개정)

② 영 제19조의 3 제1항 제3호에서 "자녀의 취학, 질병의 요양 등 기획재정부령으로 정하는 사유"란 다음 각 호의 사유를 말한다.

1. 「초 · 중등교육법」에 따른 학교에의 취학 또는 전학 (2024. 3. 22. 신설)
2. 1년 이상의 치료나 요양을 필요로 하는 질

12. 23. 개정)

④ 제1항 제3호 라목 단서에 해당되는 승용자동차의 경우 반입자는 동일인 또는 동일 법인에 대여한 기간의 합이 6개월을 초과하는 날이 속하는 분기의 다음 달 25일까지 제9조에 따른 신고서를 반입지 관할 세무서장에게 제출하고 면제받은 개별소비세 전액을 납부하여야 한다. 다만, 대통령령으로 정하는 요건에 해당하는 경우에는 같은 목 단서에 해당하는 동일인 또는 동일법인에게 최초로 대여한 날에 제3항의 용도변경이 된 것으로 보아 납부할 개별소비세액을 계산한다. (2014. 1. 1. 신설)
⑤ 제1항에 따라 개별소비세를 면제받아 반출한 물품에 관하여는 제14조 제3항 및 제5항을 준용한다. (2014. 1. 1. 항번개정)
⑥ 제1항에 따라 개별소비세를 면제받아 반입지에 반입한 물품을 같은 항 각 호 또는 제19조 각 호의 용도로 제공하기 위하여 재반출하면 제1항부터 제4항까지 및 제19조에 따라 개별소비세를 면제한다. (2014. 1. 1. 항번개정)

통칙 18-19…13【조건부 면세승용차 재반출(양도)시 면세절차】
① 조건부면세로 반입한 승용차를 반입일(차량등록일)로부터 5년 이내에 같은 용도로 사용하려는 자에게 재반출(양도)할 때에는 당초 반입자가 법 제18조 제6항에 따라 처음 반출할 때와 동일한 절차에 따라 제반신고의무를 이행하여야만 개별소비세를 조건부로 다시 면세받을 수 있다. (2024. 3. 15. 개정)
② 재반출(양도)시 조건부면세요건에 부합하는 경우 영 제19조의 3에 따른 제반서류를 구비하여 재반출(양도)한 날이 속하는 분기의 다음달 25일까지 개별소비세과세표준신고서(구비서류 첨부)를 관할 세무서장에게 신고하여야 한다. (2019. 12. 23. 개정)
③ 같은 용도로 사용하기 위한 재반출(양도)의 범위에는 법 제18조 제1항 제3호에 따른 모든 용도별 재반출을 포함한다. (2011. 2. 1. 개정)
〈예〉 당초 용도   재반출 용도
　　 장애인용 ⇒ 개인택시용
　　 렌트카용 ⇒ 환자수송용
　　 개인택시용 ⇒ 렌트카용
　　 렌트카용 ⇒ 장애인용
18-20…11【면세구입 물품의 폐기】
「조세특례제한법」 제110조부터 제111조까지에 따라 면세로 구입한 날부터 5년 이내에 부패, 파손 또는 이와 유사한 사유로 해당 용도에 계속하여 사용할

편주 ▶ ┈┈┈┈┈┈┈┈┈┈┈┈┈┈┈┈┈┈┈┈┈
영 19조의 3 제1항 3호의 개정규정은 2023. 1. 1. 이후 2024. 2. 29 전까지 제조장 또는 보세구역에서 반출한 승용자동차에 대하여 개별소비세를 납부한 경우로서 2024. 2. 29 이후 법 20조 2항 및 4항에 따라 개별소비세 환급을 신청하는 경우에도 적용함. (영 부칙(2024. 2. 29.) 3조)
┈┈┈┈┈┈┈┈┈┈┈┈┈┈┈┈┈┈┈┈┈

② 법 제18조 제1항 제3호에 따른 용도에 사용하기 위하여 「자동차관리법」에 따른 자동차등록을 한 자는 해당 승용자동차를 제조장 또는 보세구역에서 반출한 날이 속하는 달의 다음 달 20일까지 자동차등록증 사본을 제조장에서 반출한 경우에는 승용자동차 제조자에게, 보세구역에서 반출한 경우에는 관할 세관장에게 제출해야 한다. (2025. 2. 28. 개정)
③ 제1항에 따라 과세표준신고를 접수한 반출지 관할 세무서장 또는 세관장은 다음 각 호의 사항을 적은 승용자동차 개별소비세 면세반출 통보서를 과세표준신고를 접수한 달의 다음 달 말일까지 반입지 관할 세무서장에게 통보하여야 한다. (2010. 2. 18. 개정)
1. 반출자의 인적사항 (2010. 2. 18. 개정)
2. 반출장소 (2010. 2. 18. 개정)
3. 반출연월일 (2010. 2. 18. 개정)
4. 반입자의 인적사항 (2010. 2. 18. 개정)
5. 반입장소 (2010. 2. 18. 개정)
6. 자동차등록 연월일 (2010. 2. 18. 개정)
7. 면세대상 물품의 명세 (2010. 2. 18. 개정)
8. 면세 사유 (2010. 2. 18. 개정)
9. 그 밖의 참고사항 (2010. 2. 18. 개정)
④ 제1항에 따라 과세표준의 신고를 받은 관할 세무서장 또는 세관장은 「전자정부법」 제36조 제1항에 따른 행정정보의 공동이용을 통하여 다음 각 호의 행정정보를 확인하여야 한다. 다만, 신고인이 확인에 동의하지 않는 경우에는 해당 서류(제2호 및 제4호의 경우에는 그 사본)를 첨부하도록 하여야 한다. (2025. 2. 28. 단서개정)
1. 사업자등록증(환자수송용 또는 영업용의 경우만 해당한다) (2010. 2. 18. 개정)
1. 사업자등록증명(환자수송용 또는 영업용의 경우만 해당한다) (2025.

병의 치료 또는 요양 (2024. 3. 22. 신설)
3. 직장의 변경이나 전근 등으로 인한 근무지 변경 (2024. 3. 22. 신설)
③ 영 제19조의 3 제1항 제3호에서 "기획재정부령으로 정하는 서류"란 재학증명서, 요양증명서, 재직증명서 등 제2항 각 호의 어느 하나에 해당하는 사실을 증명하는 서류를 말한다. (2024. 3. 22. 신설)

수 없게 되어 폐기하려는 경우에는 영 제33조 제3항 또는 「교통 · 에너지 · 환경세법 시행령」 제23조 제3항을 준용하여 관할 세무서장의 승인을 얻은 때에는 면제된 세액을 징수하지 아니한다. (2011. 2. 1. 개정)

18-20…12【면세 및 환급절차의 준용】

「조세특례제한법」 제113조 제3항에 따른 면세절차 및 세액의 징수에 관하여는 법 제18조 또는 「교통 · 에너지 · 환경세법」 제15조를 준용하며, 환급 또는 공제절차에 관하여는 법 제20조 또는 「교통 · 에너지 · 환경세법」 제17조를 준용한다. (2011. 2. 1. 개정)

제19조【무조건 면세】다음 각 호의 어느 하나에 해당하는 물품에 대해서는 대통령령으로 정하는 바에 따라 개별소비세를 면제한다. (2010. 1. 1. 개정)

1. 외국의 자선 또는 구호기관 · 단체에 기증하는 물품 (2010. 1. 1. 개정)

2. 외국으로부터 수여되는 훈장 · 기장(記章) 또는 이에 준하는 표창품(表彰品)과 상패 (2010. 1. 1. 개정)

3. 외국에 항행 중인 군함 또는 재외공관으로부터 송부되는 공용품

2. 28. 개정)

2. 자동차등록증(제조장에서 반출하는 경우만 해당한다) (2010. 2. 18. 개정)

3. 다음 각 목의 경우에는 주민등록표 등본 또는 외국인등록사실증명 (2023. 2. 28. 개정)

　가. 주민등록표, 외국인등록표 또는 국내거소신고원부를 통해 장애인과 세대를 함께 하는 것이 확인되는 배우자, 직계존비속, 형제자매 또는 직계비속의 배우자와 공동명의로 장애인 전용 승용자동차를 구입하는 경우 (2023. 2. 28. 개정)

　나. 법 제18조 제1항 제3호 바목의 경우 (2023. 2. 28. 개정)

4. 장애인등록증 또는 상이등급이 적힌 국가유공자증서 (2010. 2. 18. 개정)

5. 국내거소신고 사실증명(제3호에 따라 확인할 수 없는 경우만 해당한다) (2010. 2. 18. 개정)

6. 가족관계등록부(법 제18조 제1항 제3호 바목의 경우만 해당한다) (2023. 2. 28. 신설)

제31조의 2【장애인의 범위 등】삭　제 (94. 12. 31)

제32조【의식용품 등】(2010. 2. 18. 제목개정)

법 제18조 제1항 제5호에 따라 개별소비세를 면제할 물품은 탁자류, 불기(佛器), 화병, 염주, 다기, 솥, 교단, 촛대, 성찬용(聖餐用) 각종 기구, 법의[가사(袈裟)를 포함한다], 예복, 성포(聖布), 성막(聖幕) 및 베일로 한다. (2010. 2. 18. 개정)

제32조의 2【조건부면세가 적용되는 유연탄의 범위】법 제18조 제1항 제13호에서 "산업용 등 대통령령으로 정하는 용도에 사용하는 유연탄"이란 「전기사업법」 제2조 제3호에 따른 발전사업(「집단에너지사업법」 제2조 제2호에 따른 사업을 하는 과정에서 생산한 전기 및 「신에너지 및 재생에너지 개발 · 이용 · 보급 촉진법」 제2조 제1호 다목에 따른 석탄을 액화 · 가스화한 에너지를 사용하여 생산한 전기를 공급하는 발전사업은 제외한다) 외의 용도로만 사용되는 유연탄을 말

(2010. 1. 1. 개정)

4. 우리나라의 선박이나 그 밖의 운송기관이 조난으로 해체되어서 생긴 해체재(解體材)와 장비품(裝備品) (2010. 1. 1. 개정)

5. 수출 물품의 용기로서 재수입하는 것 (2010. 1. 1. 개정)

6. 외국 무역선 또는 원양어업 선박이 세관장의 승인을 받아 내항선(內航船)이 된 경우에 선박에 실린 것으로서 그 선박에서 사용할 것으로 인정되는 연료나 그 밖의 소모품 중 관세가 부과되지 아니하는 것 (2020. 6. 9. 개정 ; 법률용어 정비를~법률)

7. 국가 또는 지방자치단체에 기증하는 물품 (2010. 1. 1. 개정)

8. 군사원조로 수입하는 원조 물품 또는 그 물품을 원료로 하여 제조하는 군수용 물품. 다만, 원조 물품 외의 물품을 원료로 섞어 사용하는 경우 그 원료에 대해서는 면제하지 아니한다. (2010. 1. 1. 개정)

9. 거주 이전(移轉) 외의 목적으로 우리나라에 입국하는 사람이 입국할 때에 휴대하여 수입하거나 따로 수입하는 물품으로서 자기가 직접 사용할 것으로 인정되어 관세가 면제되는 것 (2010. 1. 1. 개정)

10. 거주 이전을 목적으로 입국하는 사람이 입국할 때에 휴대하여 수입하거나 따로 수입하는 이사(移徙) 화물로서 관세가 면제되는 물품 (2010. 1. 1. 개정)

11. 거주자가 받는 소액물품으로서 해당 거주자가 사용할 것으로 인정되어 관세가 면제되는 물품 (2014. 12. 23. 개정)

12. 외국으로부터 수입하는 상업용 견본 또는 광고용 물품으로서 관세가 면제되는 것 (2010. 1. 1. 개정)

13. 외국에서 개최되는 박람회등에 출품하기 위하여 해외로 반출하는 물품 (2010. 1. 1. 개정)

14. 개별소비세가 부과된 물품으로서 수출한 후 이 법에 따른 환급(還給)이나 공제를 받은 사실이 없다는 것을 관할 세무서장이 증명하는 물품이 재수입되어 보세구역에서 반출하는 것 (2010. 1. 1. 개정)

15. 국내에서 제조한 물품으로서 개별소비세가 부과되지 아니한 물품이 국외로 반출된 후 수출신고 수리일부터 6개월 내에 재수입됨으로써 과세물품이 되는 경우에 그 물품의 제조·가공에 사용한 원재료에 대하여 이 법에 따른 면제·환급 또는 공제를 받은 사실이 없다는 것을 관할 세무서장이 증명하는 물품이 재수입되

한다. (2017. 2. 7 개정)

제32조의 3【어업용 선외내연기관의 범위】삭 제 (2005. 2. 19.)
제32조의 4【운동선수용 요트 등의 범위】삭 제 (2005. 2. 19.)

제33조【조건부 면세물품의 반입자에 의한 용도변경 등】① 법 제18조 제1항의 물품으로서 반입지에 반입된 후에 해당 물품에 대하여 다음 각 호의 어느 하나에 해당하는 사유가 발생하는 경우 반입자는 법 제18조 제3항에 따라 반입지 관할 세무서장(제4호의 경우에는 관할 세관장)에게 개별소비세를 신고·납부해야 한다. 다만, 「관세법」에 따라 관세를 감면받은 물품인 경우로서 같은 법 제97조 제3항 또는 제102조 제2항에 따라 관할 세관장에게 감면받은 관세를 납부해야 하는 경우에는 관할 세관장에게 개별소비세를 신고·납부할 수 있다. (2025. 2. 28. 단서신설)

1. 법 제18조 제1항 제1호·제2호, 제4호부터 제8호까지 및 제13호에 해당하는 물품 : 반입자가 반입한 날부터 5년 이내(법 제18조 제6항에 따라 재반출한 물품을 반입한 경우에는 재반출자의 사용기간을 포함한다. 이하 제2호에서 같다)에 그 용도를 변경하거나 양도한 경우 (2016. 2. 5. 개정)

2. 법 제18조 제1항 제3호에 해당하는 물품 : 다음 각 목의 어느 하나에 해당하는 경우 (2024. 2. 29. 개정)

가. 반입자가 사망한 경우. 다만, 법 제18조 제1항 제3호 가목 및 바목의 물품의 경우 반입자가 반입한 날부터 5년 이내에 사망한 경우는 제외한다. (2024. 2. 29. 개정)

나. 반입자가 반입한 날부터 5년 이내에 그 용도를 변경하거나 양도한 경우. 다만, 다음의 어느 하나에 해당하는 경우는 제외한다. (2024. 2. 29. 개정)

1) 법 제18조 제1항 제3호 다목의 물품: 반입자가 반입한 날부터 5년 이내에 사망하여 그 상속인이 상속개시일부터 3개월 이내에 법 제18조 제1항 제3호의 용도로 양도하는 경우 (2024. 2. 29. 개정)

2) 법 제18조 제1항 제3호 바목의 물품: 다음의 어느 하나에 해

어 보세구역에서 반출하는 것 (2010. 1. 1. 개정)

16. 국가원수(國家元首)의 경호용으로 사용할 물품 (2010. 1. 1. 개정)

통칙 19-0…1【무조건면세의 의의】

법 제19조에 따른 "무조건면세"란 국가의 시책으로 특정한 용도에 사용되는 과세물품을 제조장 또는 보세구역으로부터 반출함에 있어 아무런 조건을 붙이지 아니하고 세액을 부담시키지 않는 제도를 말한다. (2024. 3. 15. 개정)

당하는 경우 (2024. 2. 29. 개정)

　가) 같은 세대의 배우자에게 양도하거나 같은 세대의 배우자 또는 자녀와 공동으로 소유권을 등록하는 경우 (2024. 2. 29. 개정)

　나) 이혼으로 자녀와 함께 거주하지 않게 된 경우 (2024. 2. 29. 개정)

　다) 반입일 이후 자녀가 18세 이상이 되는 경우 (2024. 2. 29. 개정)

　라) 반입일 이후 자녀가 사망한 경우 (2024. 2. 29. 개정)

3. 법 제18조 제1항 제9호(항공기에 사용하는 석유류로 한정한다) 및 제10호에 따른 석유류 : 해당 석유류를 반입한 날부터 6개월 이내에 다음 각 목의 구분에 따른 서류를 반입지 관할 세무서장에게 제출하지 아니한 경우. 다만, 부득이한 사유가 있는 경우에는 반입지 관할 세무서장은 3개월의 범위에서 그 기한을 연장할 수 있다. (2010. 2. 18. 개정)

　가. 법 제18조 제1항 제9호의 석유류 : 사용자의 사용보고서 (2010. 2. 18. 개정)

　나. 법 제18조 제1항 제10호의 석유류 : 사용자의 사용보고서와 소관 중앙행정기관의 장이 발행한 사용확인서 (2010. 2. 18. 개정)

4. 법 제18조 제1항 제9호(항공기에 사용하는 석유류는 제외한다) 및 제11호에 따른 물품: 제20조 제2항 제3호 및 제4호에 따른 유류공급명세서, 선(기)적허가서(내항선인 원양어업선박의 경우에는 반입자의 반입보고서)를 제출한 후 그 용도를 변경하거나 양도한 경우. 다만, 외국항행선박 및 원양어업선박이 외국항행 및 원양어업을 종료하여 사용하고 남은 석유류를 다시 국내로 반입함에 따라 「관세법」 제14조에 따른 과세물건에 해당하게 되어 개별소비세 또는 「교통·에너지·환경세법」에 따른 교통·에너지·환경세가 부과된 경우는 제외한다. (2021. 2. 17. 개정)

5. 법 제18조 제1항 제3호 가목의 물품 : 제31조 제3항 단서에 따라 종전의 승용자동차를 새로 취득한 장애인 전용 승용자동차의 취득일부터 3개월 이내에 처분하지 않은 경우 (2010. 2. 18. 개정)

② 법 제18조 제1항 각 호에 따른 사실을 증명하려는 자는 제1항 각

제13조【유류 면세용도 사용보고 등】

영 제33조 제1항 제3호 가목에 따른 보고는 별지 제23호 서식의 유류 면세용도 사용보고서에 따르고, 영 제33조 제1항 제3호 나목에 따른 확인신청 및 확인은 별지 제24호 서식의 유류 면세용도 사용 확인신청서 및 그 확인서에 따른다. (2010. 4. 26. 개정)

호의 사유가 발생하였을 때에는 그 사실을 즉시 국세청장 또는 관세청장에게 통지하여야 한다. (2010. 2. 18. 개정)

③ 법 제18조 제1항 각 호에 따른 물품으로서 제30조에 따른 승인을 받아 반입지에 반입한 물품이 부패·파손 또는 이와 유사한 사유로 정해진 용도로 계속하여 사용할 수 없게 된 경우로서 다음 각 호의 사항을 적은 신청서를 관할 세무서장에게 제출(국세정보통신망을 통한 제출을 포함한다)하여 그 승인을 받은 후 해당 물품을 폐기한 경우에는 해당 개별소비세를 징수하지 아니한다. 다만, 법 제18조 제1항 제3호에 해당하는 물품의 경우 「자동차관리법」 제13조 제1항·제2항 및 제7항에 따라 말소등록을 하고 그 사실을 증명하는 서류를 해당 물품을 폐기한 날이 속하는 달의 다음 달 말일까지 제출하는 경우에는 그 승인을 받은 것으로 본다. (2010. 2. 18. 개정)

1. 신청인의 인적사항 (2010. 2. 18. 개정)

2. 폐기하려는 물품의 명세 (2010. 2. 18. 개정)

3. 폐기 사유 (2010. 2. 18. 개정)

4. 반입 사유 및 반입연월일 (2010. 2. 18. 개정)

5. 그 밖의 참고사항 (2010. 2. 18. 개정)

④ 법 제18조 제1항 제3호 라목 단서에 따라 동일인 또는 동일 법인에 승용자동차를 대여한 기간의 합을 계산할 때 시간단위로 해당 자동차를 대여한 경우에는 시간단위로 합산해 24시간을 1일로 계산한다. (2019. 2. 12. 신설)

⑤ 법 제18조 제4항 단서에서 "대통령령으로 정하는 요건에 해당하는 경우"란 승용자동차의 구입일부터 3개월 이상의 기간 동안 법 제18조 제1항 제3호 라목 단서에 해당하는 동일인 또는 동일 법인에 대여한 사실이 없는 경우를 말한다. (2019. 2. 12. 항번개정)

제33조의 2 【입장행위의 면세】 ① 법 제19조의 2 제1호에서 "대통령령으로 정하는 단체"란 「민법」 제32조에 따라 설립된 프로골프선수를 회원으로 하는 사단법인으로서 문화체육관광부장관이 지정하는 단체를 말한다. (2010. 2. 18. 개정)

② 법 제19조의 2 제2호에서 "대통령령으로 정하는 골프선수"란 다음 각 호의 어느 하나에 해당하는 사람을 말한다. (2019. 2. 12. 개정)

제19조의 2 【입장행위의 면세】 다음 각 호의 어느 하나에 해당하는 입장행위에 대해서는 대통령령으로 정하는 바에 따라 개별소비세를 면제한다. (2010. 1. 1. 개정)

1. 「국민체육진흥법」에 따른 대한체육회 및 그 회원인 단체 또는 대통령령으로 정하는 단체가 개최하는 경기대회에 참가하는 선수가 대회 기간 중 경기 시설을 이용하거나 입장하는 경우 (2020. 12. 8. 개정 : 국민체육진흥법 부칙)

2. 대통령령으로 정하는 골프선수가 골프장에 입장하는 경우 (2010. 1. 1. 개정)

제14조 【면세물품 폐기 승인신청 등】 영 제33조 제3항에 따른 신청 및 승인은 별지 제25호 서식의 개별소비세 면세물품 폐기 승인신청서 및 그 승인서에 따르되, 승인신청일부터 10일 이내에 승인 여부에 대한 통지가 없으면 승인을 받은 것으로 본다. (2010. 4. 26. 개정)

3. 외국인이나 대통령령으로 정하는 해외 거주 국민이 「폐광지역개발
　 지원에 관한 특별법」 제11조에 따라 허가받은 카지노에 입장하는
　 경우 (2010. 1. 1. 개정)

제19조의 3 【유흥음식행위의 면세】 주한 국제연합군이나 미국
군이 주둔하는 지역의 과세유흥장소의 경영자로서 관할 세무서장의 지
정을 받은 자가 외국군인에게 외화를 받고 제공하는 유흥음식행위에
대하여는 대통령령으로 정하는 바에 따라 개별소비세를 면제한다.
(2010. 12. 27. 개정)

편주 ▶ ···

법 19조의 3의 개정규정은 2012. 12. 31.까지 효력을 가짐. (법 부칙
(2010. 12. 27.) 7조)

···

---

1. 「국민체육진흥법」에 따른 대한체육회 및 그 회원인 단체에 등록된
　 학생선수 (2021. 6. 1. 개정 ; 국민체육진흥법 시행령 부칙)
2. 제1항에 따른 단체에 등록된 정회원인 선수 (2010. 2. 18. 개정)
③ 제2항 제1호에 따른 선수에 대한 면세기간은 문화체육관광부장관이 정하는 날부터
1년으로 한다. (2010. 2. 18. 개정)
③ 삭　제 (2019. 2. 12.)
④ 골프장의 경영자는 제2항 각 호에 따른 선수의 입장 내역을 기록한
장부를 갖춰 두어야 한다. (2010. 2. 18. 개정)
⑤ 법 제19조의 2 제3호에서 "대통령령으로 정하는 해외 거주 국민"이란
「해외이주법」 제2조에 따른 해외이주자를 말한다. (2010. 2. 18. 개정)

제33조의 3 【유흥음식행위 면세절차】 (99. 12. 3 조번개정)
① 법 제19조의 3에 따른 유흥음식행위에 대하여 개별소비세를 면제
받으려는 과세유흥장소의 경영자는 외국군인에게 판매한 영수증 등의
서류를 갖춰 두어 기록하고 해당 월분의 과세표준신고서의 제출기한까
지 외국환 매입증명서를 첨부하여 관할 세무서장에게 제출하여야 한
다. (2010. 12. 30. 개정)
② 제1항에 따른 외화를 획득한 사실을 증명하는 서류 또는 거래한 사실을 증명하는
서류는 다음 각 호의 구분에 따른다. (2010. 2. 18. 개정)
1. 법 제19조의 3 제1호부터 제3호까지의 경우 : 외국환 매입증명서 (2010. 2. 18. 개정)
2. 법 제19조의 3 제4호의 경우 : 외국인관광객 거래확인서 (2010. 2. 18. 개정)
② 삭　제 (2010. 12. 30.)
③ 법 제19조의 3에 따라 관할 세무서장의 지정을 받으려는 자는 다음
사항을 적은 신청서를 관할 세무서장에게 제출하여야 한다. 이 경우 법
령에 따라 정부의 허가·등록(사업자등록은 제외한다)·지정을 받아
야 하는 것에 대해서는 해당 허가증·등록증 또는 지정증 사본을 첨부
하여 제출하여야 한다. (2010. 12. 30. 개정)
1. 신청인의 인적사항 (2010. 2. 18. 개정)
2. 면세받으려는 과세유흥장소의 소재지, 상호 및 대표자의 인적사항
　 (2010. 2. 18. 개정)
3. 신청 사유 (2010. 2. 18. 개정)
④ 법 제19조의 3에 따른 지정의 경우 지정증의 발급·지정의 취소
또는 지정의 거부에 관하여는 제28조 제2항부터 제4항까지의 규정을

제14조의 2 【유흥음식행위의 면세신
청 등】 (2009. 4. 2. 제목개정)
① 영 제33조의 3 제1항 제4호에 따른 외국인관광
객 거래확인서는 별지 제25호의 2 서식에 따른다.
(2010. 4. 26. 개정)
① 삭　제 (2011. 4. 1.)

② 영 제33조의 3 제3항에 따른 신청은 별
지 제25호의 3 서식의 과세유흥장소면세
지정 신청서에 따른다. (2010. 4. 26. 개정)

③ 영 제33조의 3 제4항에 따른 지정증은
별지 제25호의 4 서식의 과세유흥장소 면

준용한다. 이 경우 제28조 제2항 중 "판매장의 소재지"는 "과세유흥장소의 소재지"로, 같은 조 제3항 및 제4항 중 "판매장"은 "과세유흥장소"로 본다. (2010. 12. 30. 개정)

제20조【세액의 공제와 환급】① 이미 개별소비세가 납부되었거나 납부될 물품 또는 그 원재료가 다음 각 호의 어느 하나에 해당하는 경우에는 해당 세액을 대통령령으로 정하는 바에 따라 납부 또는 징수할 세액에서 공제한다. (2010. 1. 1. 개정)

제34조【세액의 공제 또는 환급신청】① 법 제20조 제1항·제2항 및 제20조의 3 제3항에 따른 사유가 발생하여 공제 또는 환급을 받으려는 자는 기획재정부령으로 정하는 신청서에 해당 사유의 발생 사실을 증명하는 서류와 개별소비세가 이미 납부되었거나 납부될 사실을 증명하는 서류를 첨부하여 다음 각 호의 구분에 따라 관할 세무서장 또는 세관장에게 신청(국세정보통신망을 통한 신청을 포함한다)하여야 한다. 다만, 과세된 석유류가 주한외교공관, 그 밖에 이에 준하는 기관에서 사용된 경우에는 제24조를 적용한다. (2016. 2. 5. 개정)
1. 법 제20조 제1항 및 제20조의 3 제3항에 따른 공제의 경우: 공제신청인의 관할 세무서장 (2016. 2. 5. 개정)
2. 법 제20조 제2항 및 제20조의 3 제3항에 따른 환급의 경우: 해당 물품에 대하여 개별소비세를 부과하였거나 부과할 관할 세무서장 또는 세관장 (2016. 2. 5. 개정)

<통칙> 20-34…2【부과(납부)사실증명의 발급】
부과(납부)사실증명은 이미 납부되었거나 납부될 사실을 증명하는 서류이므로 영 제34조 제1항에 따라 해당 세액이 납부되기 전에도 사실을 확인하여 발급할 수 있다. (2011. 2. 1. 개정)

② 법 제20조 제1항 제1호에서 "다른 법령에서 정하는 바에 따르는 경우 등 대통령령으로 정하는 부득이한 사유로 제조장 또는 보세구역이 아닌 장소로부터 반입하는 경우"란 다음 각 호의 어느 하나에 해당하는 경우를 말한다. (2022. 2. 15. 신설)
1. 「도시가스사업법」에 따른 자가소비용직수입자가 같은 법 제10조의 9 제1항 또는 제2항에 따라 천연가스를 수입할 수 있는 경우에 해당하지 않아 같은 법에 따른 도시가스사업자로부터 천연가스를 공급받는 경우 (2022. 2. 15. 신설)
2. 제1호에 따른 자가소비용직수입자가 아닌 자가 「도시가스사업법」에 따른 도시가스사업자로부터 천연가스를 공급받는 경우 (2022. 2.

세지정증에 따른다. (2009. 4. 2. 개정)

제15조【공제 및 환급 신청 등】① 영 제34조 제1항 및 제34조의 2 제4항에 따른 신청은 별지 제26호 서식의 개별소비세 공제(환급) 신청서에 따르고, 영 제34조 제1항에 따른 개별소비세가 이미 납부되었거나 납부될 사실의 증명은 별지 제27호 서식의 개별소비세 부과(납부)사실 증명신청서 및 그 증명서에 따른다. (2010. 4. 26. 개정)

<통칙> 20-34…7【환급관서】
법 제20조 제2항 제1호 및 제3호에 해당하는 경우의 환급관서는 영 제34조제1항에 따라 개별소비세를 부과한 세무서 또는 세관이다. (2024. 3. 15. 개정)

1. 과세물품의 제조장 또는 보세구역으로부터 과세물품을 반입(다른 법령에서 정하는 바에 따르는 경우 등 대통령령으로 정하는 부득이한 사유로 제조장 또는 보세구역이 아닌 장소로부터 반입하는 경우를 포함한다)하여 다른 과세물품의 제조·가공에 직접 사용하거나 제5조 제1호 각 목의 어느 하나에 해당하는 것으로서 해당 세액을 납부 또는 징수하는 경우 (2021. 12. 21. 개정)

통칙 20 – 34…1【세액의 공제방법】
이미 개별소비세가 납부되었거나 납부될 물품 또는 원재료를 해당 제조장 또는 보세구역으로부터 반입하여 다른 과세물품의 제조·가공에 직접 사용한 후, 해당 제품에 대한 세액을 납부 또는 징수하는 때에는 해당 제품의 제조·가공을 위하여 사용한 물품 또는 원재료에 대하여 이미 납부되었거나 납부될 세액을 법 제20조 제1항 제1호에 따라 공제하고 납부 또는 징수한다. (2011. 2. 1. 개정)
〈예〉 삭　제 (2019. 12. 23.)

20 – 34…4【공제세액의 범위】
① 법 제20조 제1항에 따른 세액의 공제대상금액은 제조·반출된 물품의 제조에 투입된 원재료에 부과되었거나 부과될 세액상당액으로서 제조공정에서 발생한 결감분도 포함한다. (2011. 2. 1. 개정)
〈예〉 삭　제 (2019. 12. 23.)
② 물품을 미조립상태로 수입함으로써 법 제1조 제10항에 따라 완제품으로 취급되어 세액을 납부한 후 완제품제조과정 중 그 원재료의 일부분을 세액이 납부되지 아니한 물품으로 대체하여 제조·반출하는 경우 같은 법 제20조 제1항 제3호에 따른 세액공제는 그 물품의 제조에 직접 사용한 원재료부분에 대하여 구분계산이 가능한 경우에 한하여 공제한다. (2011. 2. 1. 개정)

2. 판매자가 제1조 제2항 제2호 가목1) 및 2)의 물품을 다른 판매자 또는 제조자로부터 구입 또는 반입하였거나 보세구역에서 반입한 물품을 판매하는 것으로서 해당 세액을 납부 또는 징수하는 경우 (2010. 1. 1. 개정)
2. 삭　제 (2015. 12. 15.)
3. 제1조 제10항에 따라 과세물품을 제조장 또는 보세구역으로부터 반입하여 가공 또는 조립한 물품을 반출하는 것으로서 해당 세액을 납부 또는 징수하는 경우 (2010. 1. 1. 개정)
② 이미 개별소비세가 납부되었거나 납부될 물품 또는 그 원재료가 다음 각 호의 어느 하나에 해당하는 경우에는 대통령령으로 정하는 바에 따라 이미 납부한 세액을 환급한다. 이 경우 납부 또는 징수할

15. 신설)
③ 법 제20조 제2항 및 제20조의 3 제3항에 따라 환급을 받으려는 자가 개별소비세를 납부한 자가 아닌 경우에는 개별소비세를 납부한 자와 연명으로 신청하여야 한다. 다만, 환급을 받으려는 자가 개별소비세를 실제 부담하지 아니한 경우에는 개별소비세를 실제 부담한 자가 개별소비세를 납부한 자와 연명으로 신청할 수 있다. (2022. 2. 15. 항번개정)
④ 제1항에 따른 해당 사실을 증명하는 서류는 다음 각 호의 구분에 따른다. (2022. 2. 15. 항번개정)
1. 법 제20조 제1항 제1호의 경우 : 해당 물품에 소요된 물품의 명세서 (2010. 2. 18. 개정)
2. 법 제20조 제1항 제2호의 경우 : 해당 물품의 구입명세서 (2010. 2. 18. 개정)
2. 삭　제 (2016. 2. 5.)
3. 법 제20조 제1항 제3호 또는 이 영 제3조 제2호에 따라 과세된 물품을 제조장 또는 보세구역에서 반입하여 가공 또는 조립한 물품의 경우 : 해당 물품의 가공 또는 조립에 사용된 물품의 명세서 (2010. 2. 18. 개정)
4. 법 제20조 제2항 제1호의 경우 : 수출 또는 납품 사실 증명서, 해당 물품의 제조 또는 가공에 사용된 물품의 명세서와 산업통상자원부장관이 정하는 바에 따라 산업통상자원부장관이 지정하는 기관이 발행한 원료사용량 증명서 (2013. 3. 23. 직제개정 ; 기획재정부와～직제 부칙)
5. 법 제20조 제2항 제2호의 경우 : 다음 각 목의 어느 하나에 해당하는 서류 (2010. 2. 18. 개정)
　가. 제30조 제2항의 해당 사실을 증명하는 서류(면세되는 물품의 원재료로 사용된 경우에는 해당 물품에 소요된 물품의 명세서) (2010. 2. 18. 개정)
　나. 법 제18조 제1항 제3호의 승용자동차의 경우 제19조의 3 제1항 각 호의 서류 (2024. 2. 29. 개정)
　다. 법 제18조 제1항 제9호의 항공기용 석유류의 경우 사용자의 사용보고서 (2010. 2. 18. 개정)
　라. 법 제18조 제1항 제9호의 외국항행선박·원양어업선박용 석유

② 영 제34조 제4항 제1호·제3호·제4호 및 제5호 가목에 따른 명세서는 별지 제28호 서식의 과세물품 소요 명세서에 따르고, 같은 항 제7호 가목에 따른 해당 물품의 멸실승인서는 별지 제28호의 2 서식에 따른다. (2022. 3. 18. 개정)

통칙 20 – 34…9【수출면세물품 원자재 소요량 인정범위】
수출품의 제조에 사용한 원료물품의 사용량은 영 제34조 제4항 제4호에 따른 해당 물품에 소요된 물품의 원료사용량증명서상의 사용량범위 내에서 인정한다. 다만, 납세자가 원료사용량증명서상의 사용량보다 실지사용량이 초과한 사실을 객관적인 증빙에 의하여 입증하는 경우에는 실지사용량을 인정한다. (2024. 3. 15. 개정)

세액이 있으면 이를 공제한다. (2010. 1. 1. 개정)

통칙 20-34…5 【수출물품에 대한 세액의 환급】
① 영 제19조의 2 및 영 제22조 제1항에서 정한 수출면세반출승인(신고)절차를 이행한 후 과세물품을 수출하였으나 소정기한 내에 용도증명서를 제출하지 아니함으로써 징수한 세액은 환급할 수 있다. (99. 5. 3 개정)
② 수출물품 임가공업자가 미납세반출승인(신고)절차를 이행함이 없이 위탁자에게 납품함으로써 징수당한 세액은 환급할 수 있다. 이 경우 당해 물품이 수출된 경우에 한한다. (99. 5. 3 개정)
③ 환급받기 위하여 제출하는 서류 중 수출자와 환급신청자의 명의가 다른 경우라 하더라도 본사와 제조장간 또는 본사와 지사(지점)간의 관계와 같이 동일인격체인 경우에는 환급할 수 있다. (99. 5. 3 개정)

20-34…8 【면세신청을 하지 아니한 물품의 사후환급】
납세자가 법 제20조 제2항에 따라 사후 환급가능한 물품 이외의 과세물품을 면세용도에 전용하였다 하더라도 사전에 영 제19조의 2에 따른 특례규정이 정하는 바에 따른 소정의 절차 또는 영 제30조 제1항에 따른 면세승인신청을 이행하지 않은 경우에는 개별소비세를 환급하지 아니한다. 다만, 개별소비세 과세표준신고서를 법정신고기한 내에 제출한 자는 「국세기본법」 제45조의 2에 따라 관할 세무서장에게 경정 등을 청구할 수 있다. (2011. 2. 1. 개정)

1. 과세물품 또는 과세물품을 사용하여 제조·가공한 물품을 수출하거나 주한외국군에 납품하는 경우 (2010. 1. 1. 개정)
2. 개별소비세가 면제되는 물품과 그 물품의 원재료로 사용되는 물품 (2010. 1. 1. 개정)
3. 제조장으로부터 반출된 과세물품을 품질 불량, 변질, 자연재해, 그 밖에 대통령령으로 정하는 사유로 같은 제조장(제1조 제2항 제4호 각 목의 물품은 같은 회사의 다른 제조장을 포함한다) 또는 하치장(荷置場)에 환입한 것(중고품은 제외하되, 「소비자기본법」에 따라 교환이나 환불되어 환입한 중고품을 포함한다)으로서 그 환입한 날이 속하는 분기의 다음 달 25일(제1조 제2항 제4호에 해당하는 물품은 환입한 날이 속하는 달의 다음 달 말일)까지 환입된 사실을 관할 세무서장에게 신고하여 대통령령으로 정하는 바에 따라 확인을 받은 경우. 이 경우 하치장에 환입해서 확인을 받으면 같은 제조장에 환입한 것으로 본다. (2022. 12. 31. 개정)

류의 경우 제20조 제2항 제3호에 따른 유류공급명세서(내항선인 원양어업선박용은 반입자의 사용보고서) (2013. 2. 15. 개정)
　마. 법 제18조 제1항 제10호의 석유류의 경우 사용자의 사용보고서와 소관 중앙행정기관의 장이 발행한 사용확인서 (2010. 2. 18. 개정)
　바. 법 제18조 제1항 제11호의 소모품의 경우 제20조 제2항 제4호에 따른 선(기)적허가서(내항선인 원양어업선박의 경우에는 반입자의 사용보고서) (2013. 2. 15. 신설)
6. 법 제20조 제2항 제3호의 경우 : 해당 환입 사실을 확인하는 서류 (2010. 2. 18. 개정)
7. 법 제20조의 3 제3항의 경우: 다음 각 목의 구분에 따른 서류 (2016. 2. 5. 신설)
　가. 법 제20조의 3 제3항 제1호의 경우 : 해당 물품의 멸실승인서 또는 훼손 사실을 증명하는 서류 (2017. 2. 7 개정)
　나. 법 제20조의 3 제3항 제2호의 경우 : 해당 물품의 환입확인서 (2017. 2. 7 개정)
　다. 법 제20조의 3 제3항 제3호의 경우 : 세액이 초과 납부된 사실을 증명하는 서류 (2017. 2. 7 개정)
　라. 법 제20조의 3 제3항 제4호의 경우: 제20조 제2항 제5호 각 목의 구분에 따른 서류 (2017. 2. 7 신설)
⑤ 법 제20조 제2항에 따라 제1항의 신청을 받은 경우에 관할 세무서장은 그 신청인이 장래에 납부할 금액이 있는 경우에는 그 납부할 세액에서 이미 납부한 세액을 공제하며, 신청인이 제조를 폐지하거나 그 밖의 사유로 장래에 납부할 세액이 없는 경우에는 이미 납부한 세액을 제1항의 신청을 받은 날부터 30일 내에 환급하여야 한다. (2023. 2. 28. 개정)
⑥ 법 제20조 제2항 제3호 전단에서 "대통령령으로 정하는 사유"란 「소비자기본법」에 따른 교환 또는 환급을 말한다. (2022. 2. 15. 항번 개정)
⑦ 법 제20조 제2항 제3호에 따라 관할 세무서장에게 신고하려는 자는 기획재정부령으로 정하는 신고서 및 확인신청서를 관할 세무서장에게

③ 영 제34조 제4항 제7호 나목에 따른 해당 물품의 환입확인서 및 영 제34조 제7항에 따른 신고서 및 확인신청서(확인서)는 별지 제28호의 3 서식에 따른다. (2022. 3. 18. 개정)

(통칙) 20-34…10【중고품의 의의】
법 제20조 제2항 제3호에 따른 "중고품"이란 제조장에서 반출한 물품으로서 해당 물품의 용도에 따라 사용한 사실이 있는 물품을 말한다. (2011. 2. 1. 개정)

③ 제14조 제2항, 제17조 제2항 및 제18조 제2항·제3항에 따라 지정된 기한까지 반입 사실을 증명하지 아니하여 개별소비세를 징수하거나 면세를 받은 물품의 용도를 변경하는 등의 사유로 개별소비세를 신고·납부하는 경우에는 그 물품의 원재료에 대하여 납부되었거나 납부될 세액은 공제하거나 환급하지 아니한다. (2011. 12. 31. 개정)
④ 제1항과 제2항에 따른 공제 또는 환급을 받으려는 자는 해당 사유가 발생한 날부터 6개월이 지난 날이 속하는 달의 말일까지 대통령령으로 정하는 서류를 제9조에 따른 신고와 함께 관할 세무서장 또는 세관장에게 제출하여야 한다. (2011. 12. 31. 개정)

(통칙) 20-34…11【공제사유 발생시기】
이미 납부한 세액을 공제받고자 할 경우에 있어서 법 제20조 제4항에 따른 "해당 사유가 발생한 날"의 시기는 다음 각 호에 따른다. (2011. 2. 1. 개정)
1. 과세된 물품을 반입하여 다른 과세물품의 제조·가공에 직접 사용하는 경우(법 제5조에 따른 제조로 보는 경우를 포함한다) : 새로 제조한 물품의 반출로 인하여 세액을 신고·납부하는 때 (2011. 2. 1. 개정)
2. 판매자가 다른 판매자 또는 보세구역으로부터 반입한 물품을 판매하는 경우 : 그 물품의 판매로 인하여 세액을 신고·납부하는 때 (99. 5. 3 개정)
3. 원재료에 대한 세액을 사후에 징수하는 경우 : 그 원재료에 대한 세액을 납부하는 때 (99. 5. 3 개정)

20-34…12【환급사유 발생시기】
이미 납부한 세액을 환급받고자 할 경우에 있어서 법 제20조 제4항에 따른 "해당 사유가 발생한 날"의 시기는 다음 각 호에 따른다. (2011. 2. 1. 개정)
1. 과세된 물품을 수출하거나 주한외국군에 납품하는 경우 : 수출(납품)한 날. 다만, 수출 또는 군납면세승인을 얻지 아니하고 수출 또는 군납함으로써 당해 세액을 징수하는 경우에는 당해 세액을 납부한 날 (99. 5. 3 개정)
〈예 1〉 (2019. 12. 23. 개정)
• 과세된 원재료를 사용하여 수출물품을 제조하고 2018. 5. 1. 관할세무서장의 수출면세반출승인(신고)을 받아 2018. 5. 7. 수출한 경우
• 원재료에 과세된 세액의 환급사유가 발생한 날은 2018. 5. 7.임.

제출(국세정보통신망을 통한 제출을 포함한다)하여야 한다. 이 경우 관할 세무서장은 즉시 그 사실을 확인하고 확인서를 발급하여야 한다. (2022. 2. 15. 항번개정)

(통칙) 20-34…6【환급의 범위】
① 과세물품이 제조장으로부터 반출되어 직매장에 잔존하고 있을 때 법개정에 의하여 비과세물품으로 된 경우 이미 납부한 세액은 환급할 수 없다. (99. 5. 3 개정)
② 영 제19조의 2 또는 영 제26조에 따라 외국인전용 판매장 면세반출승인(신고)을 받아 반출한 후 지정기한 내에 반입지 관할 세무서장이 발행하는 반입증명서를 제출하지 아니함으로써 징수한 세액은 그 후 해당 물품이 면세로 판매되었다 하더라도 이미 추징한 세액은 환급할 수 없다. (2011. 2. 1. 개정)
③ 당초 공제 또는 환급신청이 적법하게 이루어졌으나 관할세무서장의 법규해석 착오로 당해 신청서가 부당하게 반려됨으로써 동 신청기한이 경과된 경우에는 관할세무서장이 직권에 의하여 당초 신청서에 의하여 세액의 공제 또는 환급을 결정하여야 한다. (99. 5. 3 개정)
④ 제조자가 과세물품을 수출면세반출승인신청(신고)절차를 이행함이 없이 수출한 경우에는 제조자로부터 개별소비세와 가산세를 같이 부과·징수 후 법 제20조 제2항에 따라 해당 제조자가 환급신청을 하는 때에는 가산세를 제외한 세액만을 환급한다. (2011. 2. 1. 개정)

20-34…15【국군부대 공급 석유류 환급방법】
다수의 세관을 통하여 수입되어 국군부대에 납품된 석유류(액화천연가스)에 대한 개별소비세가 당초 통관된 세관별로 구분이 불가능한 경우 이미 납부한 개별소비세에 대한 환급신청은 아래 방법에 의하여 세관별로 신청을 하여야 한다. (2024. 3. 15. 개정)

아 래

$$\bigcirc\text{A세관에 환급신청할 세액} = \frac{\text{환급신청총액(해당월)} \times \text{A세관수입량(해당월)}}{\text{A세관수입량(해당월)} + \text{B세관수입량(해당월)}}$$

$$\bigcirc\text{B세관에 환급신청할 세액} = \frac{\text{환급신청총액(해당월)} \times \text{B세관수입량(해당월)}}{\text{A세관수입량(해당월)} + \text{B세관수입량(해당월)}}$$

(통칙) 20-34…14【납세의무자와 환급사유 발생자가 다른 경우】
영 제34조 제3항에 따라 납세의무자와 환급사유발생자가 다른 경우의 환급신청은 다음 열거하는 예에 따른다. (2024. 3. 15. 개정)

<예 2> (2019. 12. 23. 개정)

- 과세된 원재료를 사용하여 수출물품을 제조하고
- 수출면세반출승인(신고) 절차를 이행함이 없이 2018. 5. 7. 수출하였으나
- 면세승인(신고)을 받지 아니하고 반출한 사실을 2018. 11. 15. 관할세무서에서 확인하고 2018. 11. 30.을 납기로 동 물품에 대하여 세액을 고지하여 2018. 11. 30. 당해 세액을 납부한 경우
- 동 물품에 과세된 세액의 환급사유가 발생한 날은 2018. 11. 30.임.

2. 과세된 물품을 원재료로 하여 제조·가공한 물품이 개별소비세가 면제되는 경우 : 그 물품을 실지로 반출한 때 (2024. 3. 15. 개정)
3. 환입물품으로서 재반출할 수 없는 경우 : 관할세무서장의 확인을 받은 때 (99. 5. 3 개정)
4. 과세된 석유류로써 (99. 5. 3 개정)

   가. 의료용·의약품·비료·농약제조용 원료로 사용되는 경우 : 그 물품을 실지로 사용한 때 (99. 5. 3 개정)

   나. 항공기에 사용되는 경우 : 그 물품을 실지로 사용한 때 (99. 5. 3 개정)

   다. 외국항행선박·원양어업선박에 사용되는 경우 : 그 물품을 당해 선박에 적재한 때 (99. 5. 3 개정)

   라. 주한외국공관 기타 이에 준하는 기관에 사용되는 경우 : 그 물품을 납품한 때 (99. 5. 3 개정)

5. 과세된 물품이 원자로·원자력·동위원소의 생산개발에 사용되거나 그 물품의 제조에 사용되는 경우 : 그 물품을 사용 완료한 때 (99. 5. 3 개정)

20-34…13 【해당 사실을 증명하는 서류】 (2011. 2. 1. 제목개정)

「조세특례제한법」 제113조 제2항에 따라 세액의 공제 또는 환급을 신청하는 경우에는 영 제34조를 준용하되, 해당 사실을 증명하는 서류는 다음 각 호에 따른다. (2011. 2. 1. 개정)

1. 「조세특례제한법」 제111조 제1항 제1호의 경우에는 국방부조달본부장 또는 국군복지단장이 발행한 납품증명서 (2011. 2. 1. 개정)
2. 「조세특례제한법」 제111조 제1항 제2호의 경우에는 산업통상자원부장관 또는 그 위임을 받은 기관의 장이 발행한 증명서 및 수산업협동조합중앙회장이 발행한 구입증명서와 발전기소유자별 공급명세서 (2024. 3. 15. 개정)
3. 「조세특례제한법」 제106조의 2 제1항 제1호의 경우에는 다음 각목에 의한다. (2024. 3. 15. 개정)

   가. 수산업협동조합중앙회에 직접 공급하는 석유류는 수산업협동조합중앙회장이 발행한 유류구입증명서 및 반입지 수산업협동조합장의 유류공급확인서 (1999. 5. 3. 개정)

   나. 농업협동조합중앙회에 직접 공급하는 석유류는 농업협동조합중앙회장이 발행한 유류구입증명서 및 반입지 단위농업협동조합장의 유류공

<예 1> 환급사유 발생자와 실제세액 부담자가 같은 경우

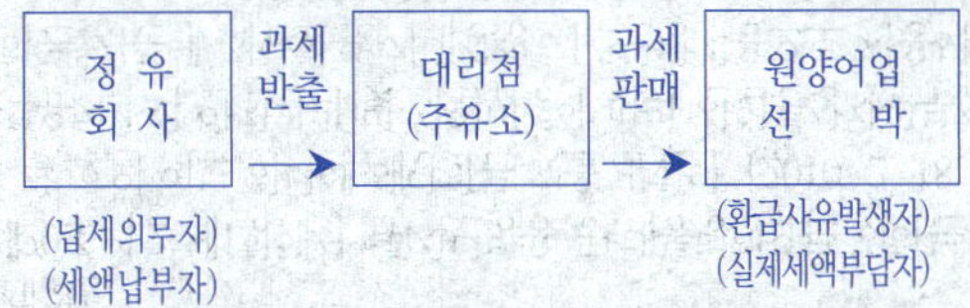

  ○이 경우에는 정유회사 및 원양어업선박 모두 환급신청자가 될 수 있는데 원양어업선박이 환급신청을 하는 경우에는 정유회사와 연명으로 신청을 하여야 한다.

<예 2> 환급사유 발생자와 실제세액 부담자가 다른 경우

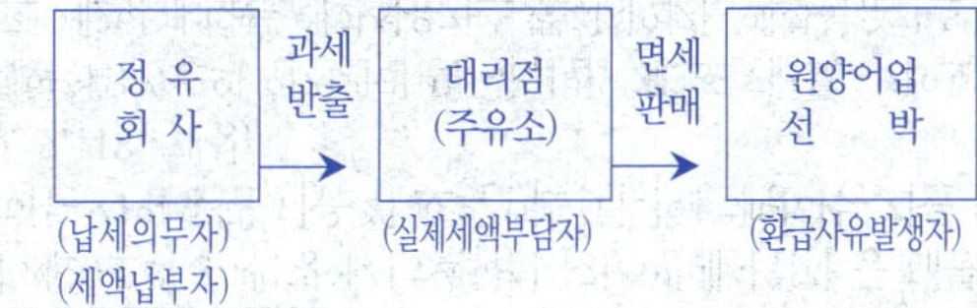

  ○이 경우에는 원칙적으로 정유회사가 환급신청자가 되는 것이며, 대리점도 정유회사와 연명으로 신청할 수 있다.

급확인서 (1999. 5. 3.개정)
4. 「조세특례제한법」 제106조의 2 제1항 제2호의 경우에는 한국해운조합 회장이 발행한 구입증명서 및 선박별 공급명세서 (2008. 7. 25. 개정)

⑤ 개별소비세가 납부되었거나 납부될 물품에 대하여 부과하였거나 부과할 가산세는 공제하거나 환급하지 아니한다. (2010. 1. 1. 개정)
⑥ 제1항에 따른 공제를 할 때 해당 원재료 또는 구입물품에 대한 세액이 그 원재료를 사용하여 제조한 물품에 대한 세액을 초과하는 경우에는 그 초과 부분의 세액은 공제하지 아니한다. (2022. 12. 31. 개정)
⑦ 제2항 제1호 및 제2호에 해당하여 환급 또는 공제를 받은 물품이 정해진 용도로 사용되지 아니한 사실이 확인된 경우에는 환급 또는 공제된 개별소비세를 징수한다. (2010. 1. 1. 개정)
⑧ 교통·에너지·환경세과세물품이 개별소비세과세물품의 원재료로 사용된 경우에는 제1항부터 제7항까지에 준하여 해당 교통·에너지·환경세액을 납부 또는 징수할 개별소비세액에서 공제하거나 이를 환급한다. (2007. 12. 31. 개정)
⑧ 삭 제 (2009. 1. 30. ; 교통·에너지·환경세법 부칙)

제20조의 2 【가정용부탄 등에 대한 개별소비세 환급 특례】
(2024. 12. 31. 제목개정)

편주 ▶
법 20조의 2의 개정규정은 2025. 4. 1. 이후 제조장에서 반출하거나 수입신고하는 부탄부터 적용함. (법 부칙(2024. 12. 31.) 2조)

① 액화석유가스판매사업자 등 대통령령으로 정하는 사업자에게 취사난방용 등 대통령령으로 정하는 용도로 사용되는 제1조 제2항 제4호 바목의 물품(이하 이 조에서 "가정용부탄"이라 한다)을 판매하는 액화석유가스충전사업자와 가정용부탄을 제조하거나 수입하는 제3조의 납세의무자에 대해서는 다음 계산식에 따라 계산된 개별소비세액(이하 이 조에서 "환급세액"이라 한다)을 환급하거나, 납부 또는 징수할 세액에서 이를 공제할 수 있다. (2010. 1. 1. 개정)
환급세액 = 가정용부탄으로 판매한 수량 × (제1조 제2항 제4호 바목의 세액 – 같은 호 마목의 세액)
① 액화석유가스판매사업자 등 대통령령으로 정하는 사업자에게 취사난방용 등 대통령령으로 정하는 용도로 사용되는 제1조 제2항 제4호

⑧ 법 제20조 제7항의 경우에는 해당 물품을 정해진 용도로 사용하지 않은 자로부터 해당 개별소비세를 징수한다. 이 경우 법 제18조 제1항 제9호(항공기에 사용하는 석유류는 제외한다) 및 제11호의 물품에 대해서는 해당 물품을 정해진 용도로 사용하지 않은 자의 관할 세관장이 징수한다. (2022. 2. 15. 항번개정)

제34조의 2 【가정용부탄 등에 대한 개별소비세 환급 특례】
(2025. 2. 28. 제목개정)

① 법 제20조의 2 제1항에서 "액화석유가스판매사업자 등 대통령령으로 정하는 사업자"란 다음 각 호의 어느 하나에 해당하는 자를 말한다. (2010. 2. 18. 개정)
1. 「액화석유가스의 안전관리 및 사업법」 제2조 제5호·제9호 및 제44조 제2항에 따른 액화석유가스 충전사업자, 액화석유가스 판매사업자 및 액화석유가스 특정사용자 (2015. 7. 24. 개정 ; 액화석유가스의~시행령 부칙)
2. 「고압가스 안전관리법」 제4조에 따른 고압가스제조자 (2010. 2. 18. 개정)
② 법 제20조의 2 제1항에서 "취사난방용 등 대통령령으로 정하는 용도"란 다음 각 호의 어느 하나에 해당하는 것을 말한다. (2010. 2. 18. 개정)
1. 액화석유가스의 안전관리 및 사업법령에 따라 산업통상자원부장관이 고시하는 기준에 적합한 용기내장형 가스난방기용으로 사용되는 것 (2013. 3. 23. 직제개정 ; 기획재정부와~직제 부칙)

바목의 물품(이하 이 조에서 "가정용부탄"이라 한다)을 판매하는 액화석유가스충전사업자와 가정용부탄을 제조하거나 수입하는 제3조의 납세의무자에 대해서는 다음 계산식에 따라 계산된 개별소비세액(이하 이 조에서 "가정용부탄 환급세액"이라 한다)을 환급하거나, 납부 또는 징수할 세액에서 이를 공제할 수 있다. (2024. 12. 31. 개정)

가정용부탄 환급세액 = 가정용부탄으로 판매한 수량 × (제1조 제2항 제4호 바목의 세액 - 같은 호 마목의 세액)

② 수소를 제조하기 위하여 대통령령으로 정하는 설비에 공급(연료용으로 공급하는 것은 제외한다)하는 제1조 제2항 제4호 바목의 물품(이하 이 조에서 "수소제조용부탄"이라 한다)을 판매하는 액화석유가스충전사업자와 수소제조용부탄을 제조하거나 수입하는 제3조의 납세의무자에 대해서는 다음 계산식에 따라 계산된 개별소비세액(이하 이 조에서 "수소제조용부탄 환급세액"이라 한다)을 환급하거나, 납부 또는 징수할 세액에서 이를 공제할 수 있다. (2024. 12. 31. 신설)

수소제조용부탄 환급세액 = 수소제조용부탄으로 판매한 수량 × (제1조 제2항 제4호 바목의 세액 - 같은 호 마목의 세액)

③ 제1항에 따라 환급 또는 공제를 받으려는 자는 매월 가정용부탄으로 판매한 수량 및 환급세액 등을 적은 환급신청서를 다음 달 말일까지 해당 사업자의 관할 세무서장 또는 세관장에게 제출하여야 한다. (2020. 12. 22. 개정)

③ 제1항 또는 제2항에 따라 환급 또는 공제를 받으려는 자는 매월 가정용부탄 또는 수소제조용부탄으로 판매한 수량 및 가정용부탄 환급세액과 수소제조용부탄 환급세액을 합친 금액(이하 이 조에서 "환급세액"이라 한다) 등을 적은 환급신청서를 다음 달 말일까지 해당 사업자의 관할 세무서장 또는 세관장에게 제출하여야 한다. (2024. 12. 31. 개정)

1. 가정용부탄의 경우 : 다음 달 말일까지 제출 (2010. 1. 1. 개정)
2. 취사난방용 천연가스의 경우 : 해당 일부터 2개월이 지난 날이 속하는 달의 말일까지 제출 (2011. 12. 31. 개정)

1. · 2. 삭 제 (2020. 12. 22.)

④ 관할 세무서장 또는 세관장은 다음 각 호의 어느 하나의 경우에는 해당 호에서 정한 금액과 그 금액의 100분의 40(단순착오에 의한 경우에는 100분의 10)에 상당하는 금액의 가산세를 합친 금액을 개별소비세로 징수한다. (2011. 12. 31. 개정)

2. 「고압가스 안전관리법」 제5조에 따라 산업통상자원부령으로 정하는 이동식 부탄연소기용으로 사용되는 것과 접합 또는 납붙임용기용으로 사용되는 것 (2013. 3. 23. 직제개정 ; 기획재정부와~직제 부칙)
3. 「전기용품 및 생활용품 안전관리법」 제2조 제10호 나목에 따라 산업통상자원부령으로 정하는 1회용 가스라이터용으로 사용되는 것 (2017. 1. 26. 개정 ; 전기용품안전 관리법 시행령 부칙)

③ 법 제20조의 2 제2항 계산식 외의 부분에서 "대통령령으로 정하는 설비"란 다음 각 호의 어느 하나에 해당하는 것을 말한다. (2025. 2. 28. 신설)

1. 수소추출설비 (2025. 2. 28. 신설)
2. 연료전지 (2025. 2. 28. 신설)

④ 법 제20조의 2 제3항에 따라 환급 또는 공제를 받으려는 자는 기획재정부령으로 정하는 신청서에 가정용부탄 판매명세서, 세금계산서, 그 밖에 국세청장 또는 관세청장이 정하는 서류를 첨부하여 관할 세무서장 또는 세관장에게 신청해야 한다. (2021. 2. 17. 개정)

⑤ 법 제20조의 2 제4항에서 "허위세금계산서를 발급하는 등 대통령령으로 정하는 사유"란 다음 각 호의 어느 하나에 해당하는 경우를 말한다. (2010. 2. 18. 개정)

1. 재화의 공급 없이 발행된 세금계산서로 환급신청서를 제출하는 경우 (2010. 2. 18. 개정)
2. 재화의 공급시기가 속하는 과세기간에 대한 확정신고기한 후에 발행된 세금계산서로 환급신청서를 제출하는 경우 (2021. 2. 17. 개정)
3. 동일한 재화의 공급에 대하여 이중으로 발행된 세금계산서로 환급신청서를 제출하는 경우 (2010. 2. 18. 개정)
4. 「부가가치세법」 제32조 제1항 제1호부터 제4호까지의 기재사항의 일부 또는 전부가 누락되거나 사실과 다르게 적힌 세금계산서로 환급신청서를 제출하는 경우. 다만, 기재사항이 착오로 적힌 것으로서 그 밖의 증명서류로 그 거래 사실이 확인되는 경우는 제외한다. (2013. 6. 28. 개정 ; 부가가치세법 시행령 부칙)
5. 법 제20조의 2 제1항에 따른 가정용부탄(이하 "가정용부탄"이라 한다)을 제1항 각 호에 해당하는 자 외의 자에게 판매하고 환급신청서를 제출하는 경우 (2010. 2. 18. 개정)

편주

영 34조의 2의 개정규정은 2025. 4. 1.부터 시행함. (영 부칙(2025. 2. 28.) 1조 단서)

1. 제1항 또는 제2항에 따라 세액을 환급 또는 공제받은 자가 허위세금계산서를 발급하는 등 대통령령으로 정하는 사유로 과다하게 환급 또는 공제받은 경우 : 그 과다환급세액 또는 과다공제금액 (2024. 12. 31. 개정)
2. 제1항 또는 제2항에 따라 해당 물품을 공급받은 사업자가 그 물품을 같은 항에 따른 용도 외로 사용하는 경우 : 용도 외 사용량에 해당하는 환급세액 (2024. 12. 31. 개정)
⑤ 제4항에 해당하는 자에 관하여는 대통령령으로 정하는 기준에 따라 「국세징수법」 제112조 제2항 및 제4항을 준용한다. (2020. 12. 22. 개정)
⑥ 제1항부터 제5항까지를 적용할 때 환급 또는 공제의 절차, 제출 서류, 세액 징수 등에 관하여 필요한 사항은 대통령령으로 정한다. (2024. 12. 31. 개정)

　제20조의 3 【담배에 대한 미납세반출, 면제와 세액의 공제 및 환급에 관한 특례】 ① 제14조 제1항에도 불구하고 제1조 제2항 제6호에 해당하는 물품(이하 이 조에서 “담배”라 한다)에 대하여 개별소비세를 징수하지 아니하는 사유에 관하여는 「지방세법」 제53조를 준용하며, 그 절차 및 추징 등에 관하여는 제14조 제1항 각 호 외의 부분, 같은 조 제2항부터 제5항까지의 규정에 따른다. (2014. 12. 23. 신설)
② 제15조 제1항, 제16조 제1항, 제18조 제1항 및 제19조에도 불구하고 담배에 대하여 개별소비세를 면제하는 사유에 관하여는 「지방세법」 제54조를 준용하며, 그 절차 및 추징 등에 관하여는 다음 각 호의 구분에 따른다. 다만, 개별소비세를 면제받은 담배를 반출한 후 해당 용도에 사용하지 아니하고 매도, 판매, 소비와 그 밖의 처분을 한 경우에는 그 처분을 한 자로부터 개별소비세를 징수한다. (2014. 12. 23. 신설)
1. 「지방세법」 제54조 제1항 제1호에 따른 수출(수출 상담을 위한 견본용 담배는 제외한다)의 경우 : 제15조 제1항 각 호 외의 부분 및 같은 조 제2항부터 제5항까지의 규정에 따른다. (2016. 12. 20. 개정)
2. 제1호 외의 경우 : 제18조 제1항 각 호 외의 부분 본문, 같은 조 제2항, 제3항 및 제5항의 규정에 따른다. (2014. 12. 23. 신설)
③ 제20조 제1항 및 제2항에도 불구하고 개별소비세가 납부되었거나

6. 가정용부탄을 제2항의 용도 외의 용도로 판매하고 환급신청서를 제출하는 경우 (2010. 2. 18. 개정)
7. 법 제20조의 2 제2항에 따른 취사난방용 천연가스를 「도시가스사업법」 제2조에 따른 일반도시가스사업자 및 대량수요자 외의 자에게 판매하거나 제3항의 용도 외의 용도로 판매하고 환급신청서를 제출하는 경우 (2010. 2. 18. 개정)
7. 삭 제 (2021. 2. 17.)
⑥ 법 제20조의 2 제4항에서 “대통령령으로 정하는 이자에 상당하는 가산액”이란 1일당 1만분의 5의 비율로 계산한 금액을 말한다. (2010. 2. 18. 개정)
⑥ 삭 제 (2012. 2. 2.)
⑦ 법 제20조의 2 제5항에서 “대통령령으로 정하는 기준”이란 다음 각 호의 어느 하나에 해당하는 경우를 말한다. (2010. 2. 18. 개정)
1. 법 제20조의 2 제4항에 따라 최근 2년 이내에 3회 이상 개별소비세액을 추징당한 경우 (2010. 2. 18. 개정)
2. 법 제20조의 2 제4항에 따라 최근 2년 이내에 추징된 세액의 합계액이 200만원 이상인 경우 (2010. 2. 18. 개정)

납부될 담배에 대하여 개별소비세의 세액을 공제하거나 환급하는 사유
는 다음 각 호와 같으며, 그 절차 및 추징 등에 관하여는 제20조 제1항
각 호 외의 부분, 같은 조 제2항 각 호 외의 부분 및 같은 조 제3항부터
제7항까지의 규정에 따른다. (2016. 12. 20. 개정)
1. 제조장 또는 보세구역에서 반출된 담배가 천재지변이나 그 밖의 부
   득이한 사유로 멸실되거나 훼손된 경우 (2016. 12. 20. 신설)
2. 제조장 또는 보세구역에서 반출된 담배가 포장 또는 품질의 불량,
   판매부진, 그 밖의 부득이한 사유로 제조장 또는 「지방세법」 제47조
   제6호에 따른 수입판매업자의 담배보관 장소로 반입된 경우 (2016.
   12. 20. 신설)
3. 이미 신고·납부한 세액이 초과 납부된 경우 (2016. 12. 20. 신설)
4. 제2항에 따라 개별소비세가 면제되는 담배와 그 담배의 원재료로 사
   용되는 담배 (2016. 12. 20. 신설)

　　제21조【개업·폐업 등의 신고】① 과세물품을 제조하려는 자와
과세장소·과세유흥장소 또는 과세영업장소의 영업을 하려는 자는 대
통령령으로 정하는 바에 따라 제조장·과세장소·과세유흥장소 또는
과세영업장소(이하 이 조에서 "사업장"이라 한다) 관할 세무서장에게
신고하여야 한다. 이를 휴업 또는 폐업하거나 신고 내용이 변경된 경우
에도 또한 같다. (2022. 12. 31. 개정)
② 제1항에도 불구하고 둘 이상의 사업장이 있는 사업자는 사업자 단
위로 해당 사업자의 본점 또는 주사무소 관할 세무서장에게 신고할 수
있다. (2010. 12. 27. 신설)
③ 제1항에 따라 개업 신고를 한 사업자가 제2항에 따라 사업자 단
위로 신고하려면 사업자단위과세사업자로 적용받으려는 제9조 제1
항 및 같은 조 제4항부터 제6항까지의 규정에 따른 과세기간이 시
작되기 20일 전까지 신고하여야 한다. (2010. 12. 27. 신설)
④ 과세물품의 제조업 또는 과세장소·과세유흥장소·과세영업장소
의 영업을 양수하거나 상속으로 승계한 자는 그 사실을 즉시 관할 세무
서장에게 신고하여야 한다. 이 경우 양수인은 양도인과 연명(連名)하
여 신고하여야 한다. (2022. 12. 31. 개정)

　　제35조【개업·폐업 등의 신고】① 법 제21조 제1항 전단 또는
제2항에 따라 과세물품을 제조하려는 자는 사업개시 5일 전까지, 과세
장소·과세유흥장소 또는 과세영업장소의 영업을 경영하려는 자는 영
업개시 전까지 기획재정부령으로 정하는 신고서를 제조장·과세장
소·과세유흥장소 또는 과세영업장소(이하 "사업장"이라 한다)의 관할
세무서장이나 본점 또는 주사무소의 관할 세무서장에게 제출하여야 한
다. (2023. 2. 28. 개정)

통칙 21-35…1【개업·폐업 등의 신고시 지번기재】
법 제21조 및 영 제35조에 따른 개업·폐업 등의 신고시 해당 신고서에 기재하여
야 할 제조장·과세장소 및 과세유흥장소의 소재지의 지번이 2 이상이 있는 때에
는 해당 2이상의 지번을 구체적으로 기재하여야 한다. (2024. 3. 15. 개정)

② 법령에 따라 허가 등을 받아야 하는 사업의 경우에는 허가증 등
의 사본(허가 등을 받기 전인 경우에는 허가신청서 등의 사본 또는
사업계획서)을 제1항의 신고서에 첨부하여 제출하여야 한다. 다만,
「부가가치세법」 제8조에 따라 등록을 한 자는 그러하지 아니하다.
(2013. 6. 28. 단서개정 ; 부가가치세법 시행령 부칙)
③ 법 제21조 제1항 후단 또는 제2항에 따라 과세물품의 제조자와 과세

　　제16조【개업·폐업 등의 신고】①
법 제21조와 영 제35조 제1항, 제3항 및
제4항 본문에 따른 신고는 별지 제29호 서
식의 과세장소·과세유흥장소·과세영업
장소의 개업·변경·폐업 신고서에 따른
다. (2023. 3. 20. 개정)
② 법 제21조 제2항 및 제3항에 따라 사업
자단위로 신고하려는 자는 제1항에 따른
신고서에 별지 제29호 서식 부표의 사업
자단위 적용 신고자의 종된사업장 명세서
를 첨부하여 제출하여야 한다. (2011. 4. 1.
신설)
③ 영 제35조 제5항에 따른 신고는 별지
제30호 서식의 사업장 단위 과세 전환신
고서에 따른다. (2014. 3. 14. 신설)

　　제17조【소지물품신고】삭 제 (94. 12.
31)

통칙 21 - 35…2 【사업을 승계하는 자가 없는 경우】
상속의 개시가 있는 때에 제조업 및 과세장소·과세유흥장소의 영업을 승계하는 자가 없는 경우에는 해당 상속의 개시일에 그 사업을 폐업한 것으로 본다. (2024. 3. 15. 개정)

⑤ 법인을 합병하는 경우에 합병 후 존속하는 법인 또는 합병으로 설립된 법인(이하 이 항에서 "합병법인"이라 한다)이 합병으로 소멸된 법인(이하 이 항에서 "피합병법인"이라 한다)의 제조업 또는 과세장소·과세유흥장소·과세영업장소의 영업을 승계한 경우에 합병법인은 그 사실을 즉시 관할 세무서장에게 신고하여야 한다. 이 경우 합병법인은 피합병법인과 연명(連名)하여 신고하여야 한다. (2022. 12. 31. 개정)
⑥ 제1항부터 제5항까지에서 규정한 사항 외에 개업·폐업 등의 신고에 필요한 사항은 대통령령으로 정한다. (2010. 12. 27. 신설)

제22조 【폐업으로 보지 아니하는 경우】 (2010. 1. 1. 제목개정)
제조장 또는 과세장소·과세유흥장소·과세영업장소를 사실상 이전하지 아니하고 제조업 또는 과세장소·과세유흥장소·과세영업장소의 영업을 포괄승계(包括承繼) 하는 경우에는 이 법을 적용할 때 해당 제조업 또는 영업을 폐업한 것으로 보지 아니한다. (2022. 12. 31. 개정)

장소·과세유흥장소 또는 과세영업장소의 영업의 경영자가 해당 영업을 1개월 이상 휴업하려면 기획재정부령으로 정하는 신고서를 휴업을 개시하기 전까지 사업장의 관할 세무서장이나 본점 또는 주사무소의 관할 세무서장에게 제출하여야 한다. (2023. 2. 28. 개정)
④ 제1항부터 제3항까지의 규정에 따라 신고한 사항에 변동이 생긴 경우 또는 해당 영업을 폐업한 경우에는 기획재정부령으로 정하는 신고서를 지체 없이 관할 세무서장에게 제출하여야 한다. 다만, 과세물품의 제조자와 과세장소 또는 과세유흥장소의 경영자가 제15조에 따른 신고서에 폐업연월일 및 사유를 적어 제출하는 경우에는 폐업신고서를 제출한 것으로 본다. (2023. 2. 28. 단서개정)
⑤ 법 제21조 제2항 또는 제3항에 따라 사업자단위과세사업자로 신고한 사업자가 각 사업장별로 법 제9조에 따른 과세표준의 신고를 하려는 경우에는 사업장 단위 과세사업자로 적용받으려는 과세기간이 시작되기 20일 전까지 기획재정부령으로 정하는 사업장 단위 과세 전환신고서를 본점 또는 주사무소의 관할 세무서장에게 제출하여야 한다. (2014. 2. 21. 신설)
⑥ 제5항에 따라 사업장 단위 과세 전환신고서를 제출받은 관할 세무서장은 그 처리결과를 지체없이 해당 사업자와 다른 사업장의 관할 세무서장에게 통지하여야 한다. (2014. 2. 21. 신설)

통칙 22 - 0…1 【제조장 및 과세장소·과세유흥업소의 폐지의 범위】 (2024. 3. 15. 제목개정)
① 다음 각호의 1의 경우에는 제조업 및 과세장소·과세유흥장소의 영업을 폐지한 것으로 본다. (2024. 3. 15. 개정)
1. 제조장·과세장소 또는 과세유흥장소를 이전하는 경우 (2024. 3. 15. 개정)
2. 사업을 양도하는 경우 (99. 5. 3 개정)
3. 법인으로 전환하는 경우 (99. 5. 3 개정)
4. 사업자가 사망하는 경우 (99. 5. 3 개정)
② 제1항에도 불구하고 다음 어느 하나의 호에 해당하는 경우에는 제조 또는 영업을 폐지한 것으로 보지 아니한다. (2024. 3. 15. 개정)
1. 사업장을 이전하지 아니하고 그 사업에 관하여 포괄승계가 있는 경우 (99. 5. 3 개정)
2. 사업자가 사망한 경우에 피상속인의 권리의무에 대하여 포괄승계가 있는 경우 (99. 5. 3 개정)

제18조 【비과세물품의 범위】 삭 제 (94. 12. 31)

제23조 【장부 기록의 의무】 (2010. 1. 1. 제목개정)
① 과세물품의 판매자 또는 제조자와 과세장소·과세유흥장소·과세영업장소의 경영자는 대통령령으로 정하는 바에 따라 장소별로 장부를 갖춰 두고 장부에 그 제조·저장·판매·입장·유흥음식행위 또는 영업행위에 관한 사항을 기재하여야 한다. (2010. 1. 1. 개정)
② 과세유흥장소의 경영자는 과세분과 면세분을 구분해서 장부에 기록하여야 한다. (2010. 1. 1. 개정)

제36조 【장부 기록의 의무】 (2010. 2. 18. 제목개정)
① 과세물품의 판매자 또는 제조자는 법 제23조에 따라 다음 각 호의 사항을 장부에 기록하여야 한다. (2010. 2. 18. 개정)
1. 매입한 원재료 또는 물품의 품명, 종류, 수량, 규격, 매입연월일과 판매자의 인적사항 (2010. 2. 18. 개정)
2. 사용한 원재료 또는 물품의 품명, 종류, 수량, 규격 및 사용연월일 (2010. 2. 18. 개정)
3. 제조 또는 판매한 물품의 품명, 수량, 규격 및 제조연월일 (2010. 2. 18. 개정)
4. 반출한 물품의 품명, 수량, 규격, 가격, 반출연월일과 구입자의 인적사항(법 제1조 제2항 제2호 가목 1)·2)에 해당하는 과세물품을 소비자에게 판매하는 경우는 제외한다) (2010. 2. 18. 개정)
② 과세장소의 경영자는 법 제23조에 따라 다음 각 호의 사항을 장부에 기록하여야 한다. (2010. 2. 18. 개정)
1. 입장한 인원과 입장요금의 총액 (2010. 2. 18. 개정)
2. 입장권의 사용 상황 (2014. 2. 21. 개정)
3. 세액 (2010. 2. 18. 개정)
4. 영수증용지 및 발행한 영수증에 관한 사항(제37조 제1항에 따라 영수증의 발행 명령을 받은 경우로 한정한다) (2010. 2. 18. 개정)
③ 과세유흥장소의 경영자는 법 제23조에 따라 다음 각 호의 사항을 장부에 기록하여야 한다. (2010. 2. 18. 개정)
1. 유흥음식행위 연월일 (2010. 2. 18. 개정)
2. 입장한 인원과 유흥음식요금의 총액 및 세액 (2010. 2. 18. 개정)
3. 구입한 주류(酒類)의 구입처·종류·수량·금액 및 구입연월일 (2010. 2. 18. 개정)
④ 과세영업장소의 경영자는 법 제23조에 따라 다음 각 호의 사항을 장부에 기재해야 한다. (2021. 1. 5. 개정 ; 어려운 법령용어~대통령령)
1. 영업연월일 (2009. 2. 4. 신설)
2. 영업일별로 입장한 인원, 영업일별로 고객으로부터 받은 총금액, 영업일별로 고객에게 지급한 총금액 및 세액 (2021. 1. 5. 개정 ; 어려운 법령용어~대통령령)

③ 제23조의 3 제1항에 따른 경영자는 대통령령으로 정하는 바에 따라 해당 감사(監査) 테이프를 보관하여야 한다. 이 경우에는 제1항에 따른 장부를 갖추고 장부에 기록한 것으로 본다. (2010. 1. 1. 개정)

제23조의 2 【영수증의 발급】 (2010. 1. 1. 제목개정)
과세유흥장소의 경영자가 유흥음식요금을 받은 경우에는 대통령령으로 정하는 바에 따라 영수증을 발급하고 그 사본을 보관하여야 한다. (2010. 1. 1. 개정)

제23조의 3 【금전등록기의 설치】 ① 과세유흥장소의 경영자로서 대통령령으로 정하는 자는 금전등록기를 설치·사용하고 금전등록기로 영수증을 발급할 수 있다. 이 경우에는 제23조의 2에 따른 영수증을 발급한 것으로 본다. (2010. 1. 1. 개정)

관계조문

영 14조의 2 ⇒ 유흥음식요금계산의 특례

② 금전등록기의 설치·운영에 필요한 사항은 대통령령으로 정한다. (2010. 1. 1. 개정)

제24조 【권리·의무의 승계】 ① 제조장 또는 과세장소·과세유흥장소·과세영업장소를 사실상 이전하지 아니하고 제조업 또는 과세장소·과세유흥장소·과세영업장소의 영업을 포괄승계 하는 경우 승계인은 피승계인(被承繼人)에게 속하였던 다음의 권리·의무를 승계한다. (2022. 12. 31. 개정)
1. 제9조에 따른 과세표준의 신고, 제10조·제10조의 2에 따른 세액 및 「국세기본법」 제47조의 2부터 제47조의 4까지의 규정에 따른 가산세 납부 등의 의무 (2011. 12. 31. 개정)
2. 제20조에 따른 공제와 환급에 관한 권리·의무 (2010. 1. 1. 개정)
3. 제23조에 따른 장부의 비치·기록의 의무 (2010. 1. 1. 개정)
4. 이 법에 따라 미납세(未納稅) 또는 면세로 반입된 물품으로서 사후관리를 받고 있는 것에 관한 권리·의무 (2010. 1. 1. 개정)

제36조의 2 【감사 테이프 및 영수증의 보관 등】 ① 법 제23조 제3항에 따른 감사 테이프의 보관에 관하여는 「부가가치세법」의 규정을 준용한다. (2010. 2. 18. 개정)

② 법 제23조의 2에 따른 영수증(세금계산서)의 발급 및 보관에 관하여는 「부가가치세법 시행령」의 규정을 준용한다. (2010. 2. 18. 개정)

③ 법 제23조의 3에 따라 금전등록기를 설치하는 자 및 금전등록기의 설치·사용에 관하여는 「부가가치세법 시행령」의 규정을 준용한다. (2010. 2. 18. 개정)

① 영 별표 2 제4호 나목에서 "재정경제부령이 정하는 골프장"이라 함은 체육시설의 설치·이용에 관한 법률 시행령 제8조 제1항 제2호의 대중체육시설업의 골프장으로서 동시행령 별표 3 제2호 가목의 규정에 의한 9홀인 골프장의 부지기준면적을 초과하는 골프장을 말한다. (2000. 7. 1 개정)
② 영 별표 2 제4호 다목에서 "재정경제부령이 정하는 골프장"이라 함은 체육시설의 설치·이용에 관한 법률 시행령 제5조 제3항 단서의 규정에 의하여 국방부장관이 지도·감독하는 골프장을 말한다. (2000. 7. 1 개정)

제19조 【대중골프장 등의 범위】 삭제 (2009. 4. 2.)

② 제1항 외의 경우로서 제14조 제1항 또는 제18조 제1항에 따라 미납세 또는 면세로 물품을 반입한 자에 대해서도 제1항을 적용한다. (2010. 1. 1. 개정)

제25조【명령 사항 등】① 관할 지방국세청장 또는 관할 세무서장은 개별소비세의 납세 보전을 위하여 필요하다고 인정하면 대통령령으로 정하는 바에 따라 과세물품의 판매자 및 제조자와 과세장소·과세유흥장소·과세영업장소의 경영자에게 세금계산서 발행, 입장권 사용, 영수증 발행, 표지판의 게시(揭示), 그 밖에 단속을 위하여 필요한 사항에 관한 명령을 할 수 있다. (2020. 6. 9. 개정 ; 법률용어 정비를~법률)

통칙 25 - 37…4【입장권의 의의】
법 제25조 제1항에 따른 "입장권"이란 국세청장이 납세보전상 필요하다고 인정되는 과세장소의 경영자에게 입장객의 입장시 교부하도록 지정한 서식의 것을 말한다. (2011. 2. 1. 개정)

② 삭 제 (2004. 10. 16)
③ 관할 지방국세청장 또는 관할 세무서장은 개별소비세의 납세 보전을 위하여 필요하다고 인정하면 다음 각 호의 어느 하나에 해당하는 자에게 해당 물품의 구분·적재(積載)·보관, 과세자료 제출, 그 밖에 단속을 위하여 필요한 사항에 관한 명령을 할 수 있다. (2010. 1. 1. 개정)
1. 제17조 제7항에 따라 판매업 지정을 받은 자 (2010. 1. 1. 개정)
2. 제24조 제2항에 해당하는 미납세 또는 면세로 물품을 반입한 자 (2010. 1. 1. 개정)
3. 과세물품의 부분품을 제조·가공하는 자 (2010. 1. 1. 개정)
④ 삭 제 (2004. 10. 16)

제26조【질문검사권】① 세무공무원은 개별소비세에 관한 조사를 위하여 필요하다고 인정하면 과세물품의 판매자 또는 제조자와 과세장소·과세유흥장소·과세영업장소의 경영자에 대하여 다음 각 호의 사항에 관하여 질문을 하거나 그 장부, 서류 또는 그 밖의 물건을 검사할 수 있다. (2010. 1. 1. 개정)

제37조【명령 사항 등】(2010. 2. 18. 제목개정)
① 관할지방국세청장 또는 관할세무서장은 법 제25조 제1항에 따라 과세물품의 제조자 또는 판매자와 과세장소의 경영자, 과세유흥장소의 경영자 또는 과세영업장소의 경영자에게 세금계산서의 발행, 입장권의 사용, 영수증의 발행, 표찰의 게시, 장부의 작성·보존 및 제출에 관한 사항을 명할 수 있다. (2009. 2. 4. 개정)
②~③ 삭 제 (2002. 12. 11)
④ 삭 제 (99. 12. 3)
⑤ 관할 지방국세청장 또는 관할 세무서장은 법 제25조 제3항에 따라 법 제17조 제1항에 따른 외국인전용판매장의 경영자와 법 제24조 제2항에 해당하는 자에게 면세로 반입한 물품의 구분·적재 및 보관, 장부의 작성·보존, 게시물의 부착 및 물품교환권의 사용에 관한 사항을 명할 수 있다. (2010. 2. 18. 개정)
⑥ 관할 지방국세청장 또는 관할 세무서장은 법 제25조 제3항에 따라 세원(稅源)을 조사하기 위하여 특히 필요하다고 인정되는 과세물품의 부분품을 제조·가공하는 자에게 과세자료의 제출을 명할 수 있다. (2010. 2. 18. 개정)

통칙 26 - 0…1【질문·검사권의 범위】
① 법 제26조에 따른 세무공무원의 질문·검사권한은 과세물품의 판매자·제조자 및 운반자와 보세구역에서 반출하는 자, 과세장소의 경영자, 단체의 대표자, 이들의 대리인·사용인 기타 자로서 해당 질문·검사에 관련되는 업무에 종사하는

1. 과세물품 또는 이를 사용한 제품으로서 과세물품의 판매자 또는 제조자가 소지하는 것 (2010. 1. 1. 개정)
2. 과세물품 또는 이를 사용한 제품의 제조·저장 또는 판매에 관한 장부·서류 (2010. 1. 1. 개정)
3. 과세물품 또는 이를 사용한 제품을 제조·저장 또는 판매하기 위하여 필요한 건축물·기계·기구·재료나 그 밖의 물건 (2010. 1. 1. 개정)
4. 과세장소 입장에 관한 장부·서류나 그 밖의 물건 (2010. 1. 1. 개정)
5. 과세유흥장소의 유흥음식행위에 관한 장부·서류나 그 밖의 물건 (2010. 1. 1. 개정)
6. 과세영업장소에서의 영업행위에 관한 장부·서류나 그 밖의 물건 (2010. 1. 1. 개정)

② 세무공무원은 운반 중인 과세물품과 이를 사용한 제품의 출처 또는 도착지를 질문할 수 있다. 이 경우 단속을 위하여 필요하다고 인정하면 세무공무원은 그 운반을 정지시키거나 화물 또는 선박·차량을 봉인하거나 그 밖에 필요한 조치를 할 수 있다. (2010. 1. 1. 개정)

③ 세무공무원이 제1항 또는 제2항에 따라 질문·검사하거나 그 밖의 필요한 조치를 할 때에는 그 권한을 표시하는 증표를 지니고 관계인에게 보여주어야 하며, 직무상 필요한 범위 외에 다른 목적 등을 위하여 그 권한을 남용해서는 아니 된다. (2018. 12. 31. 개정)

제27조【영업정지 및 허가취소의 요구】 (2010. 1. 1. 제목개정)
① 다음 각 호의 어느 하나에 해당하는 경우에는 관할 세무서장은 대통령령으로 정하는 바에 따라 지방국세청장을 거쳐 해당 과세장소·과세유흥장소 및 과세영업장소의 영업정지나 허가취소를 그 영업의 허가관청에 요구할 수 있다. (2010. 1. 1. 개정)
1. 과세장소·과세유흥장소 및 과세영업장소의 영업에 관하여「조세범 처벌법」또는「조세범 처벌절차법」에 따른 처벌이나 처분을 받은 경우 (2010. 1. 1. 개정)
2. 과세장소 입장행위, 과세유흥장소에서의 유흥음식행위 및 과세영업장소에서의 영업행위에 대한 개별소비세의 전부 또는 일부를 3회 이상 신고·납부하지 아니한 경우 (2010. 1. 1. 개정)

자에게도 미친다. (2011. 2. 1. 개정)

② 법 제26조 제2항에 따른 "운반중인 물품"에는 현재 운반중인 물품과 운반도중 일시적으로 장치되고 있는 물품도 포함한다. (2011. 2. 1. 개정)

26 - 0…2【증표의 의의】 (2024. 3. 15. 번호개정)
법 제26조 제3항에 규정하는 "증표"라 함은 세무공무원임을 증명하는 증서로서 세무관서장이 발행하는 공무원증·출장증 및 검찰관서장이 발행하는 세무공무원 지명서를 말한다. (2024. 3. 15. 개정)

26 - 36…2【장부의 의의】
법 제26조에 따른 "장부"란 다음 각 호에 열거하는 것을 말한다. (2011. 2. 1. 개정)
1. 영 제36조에 따른 원재료매입장·원재료수불부·제조물품수불부·과세장소경영자의 입장인원과 입장요금기입장·입장권수불장·요금영수증수불장 (2011. 2. 1. 개정)
2. 국세청장의 명령에 따른 각종 장부 (1999. 5. 3. 개정)
3. 개별소비세사무처리규정에 따른 장부 (2011. 2. 1. 개정)

제37조의 2【영업의 정지 또는 허가취소의 요구기준】 ① 법 제27조 제1항 각 호에 따른 영업의 정지 또는 허가취소의 요구는 다음 각 호의 구분에 따른다. (2010. 2. 18. 개정)
1. 법 제27조 제1항 제1호에 따른 처벌이나 처분을 받은 경우 (2010. 2. 18. 개정)
　가. 처벌이나 처분을 받은 횟수가 1회인 경우 : 15일간의 영업정지 요구 (2010. 2. 18. 개정)
　나. 처벌이나 처분을 받은 횟수가 2회인 경우 : 영업허가의 취소 요구 (2010. 2. 18. 개정)
2. 법 제27조 제1항 제2호의 신고·납부를 이행하지 않은 경우 (2010. 2. 18. 개정)

3. 과세유흥장소 및 과세영업장소의 경영자가 제10조 제5항에 따른
납세담보 요구를 따르지 아니한 경우 (2010. 1. 1. 개정)
② 제1항의 요구를 받은 허가관청은 정당한 사유가 없으면 요구에 따
라 영업정지나 허가취소를 하여야 한다. (2010. 1. 1. 개정)

제28조【개별소비세의 사무 관할】(2010. 1. 1. 조번개정)
보세구역에서 반출하거나 보세공장으로 반입한 물품에 대한 부과·징수
에 관한 사무는 보세구역의 관할 세관장이 처리한다. (2010. 1. 1. 개정)

통칙 28-0…1【사무관할】(2011. 2. 1. 조번개정)
① 과세물품을 제조하는 제조장이 보세구역 내에 소재하는 경우에는 법 제28조에
따라 개별소비세의 부과징수에 관한 사무는 관할 세관장이 처리한다. (2011. 2.
1. 개정)
②「관세법」제156조 제1항에 따라 보세구역이 아닌 장소에 장치하기 위해 허가
를 받는 경우에는 그 허가기간 동안 보세구역에 관한 규정이 준용되므로 보세구역
으로 본다. (2024. 3. 15. 개정)
③ 보세구역에 미납세로 반입한 수출물품 또는 보세구역에서 제조·가공한 수
출물품을 반출하고자 하는 경우 영 제19조의 2 및 영 제22조에 따른 수출면세반
출승인신청(신고)서는 관할 세관장에게 제출한다. (2011. 2. 1. 개정)
④ 수입할 때 과세된 물품으로 제조한 물품이 수출 등이 되는 경우로서 이미 납부
한 수출용 원재료에 대한 세액 등을 「수출용원재료에 대한 관세 등 환급특례법」
에 따라 환급받으려는 때에는 같은 법 제14조에 따라 관세청장이 지정한 세관에
신청한다. (2011. 2. 1. 개정)

제29조【과태료】① 관할 세무서장은 제18조 제1항 제9호에
따라 외국항행선박 또는 원양어업선박에 사용할 목적으로 개별소비
세를 면제받는 석유류 중 외국항행선박 또는 원양어업선박 외의 용
도로 반출한 석유류를 판매하거나 그 사실을 알면서 취득한 자에게
판매가액 또는 취득가액의 3배 이하의 과태료를 부과·징수한다.
(2018. 12. 31. 신설)
② 관할 세무서장은 제25조에 따른 납세 보전을 위한 명령을 위반한 자
에게 2천만원 이하의 과태료를 부과·징수한다. (2018. 12. 31. 신설)
③ 제1항 및 제2항에 따른 과태료의 부과기준은 대통령령으로 정한다.
(2021. 12. 21. 신설)

가. 신고·납부를 3회 이상 이행하지 않은 경우 : 15일간의 영업정
지 요구 (2010. 2. 18. 개정)
나. 신고·납부를 6회 이상 이행하지 않은 경우 : 영업허가의 취소
요구 (2010. 2. 18. 개정)
3. 법 제27조 제1항 제3호의 납세담보 요구에 따르지 않은 경우 : 15일
간의 영업정지의 요구. 다만, 영업의 정지기간이 지난 날부터 30일
이 지날 때까지 이에 따르지 않은 경우에는 영업허가의 취소를 요구
할 수 있다. (2010. 2. 18. 개정)
② 제1항 제1호 및 제2호에 따른 횟수는 해당 사유가 처음 발생한 날
부터 1년을 단위로 하여 계산한다. (2010. 2. 18. 개정)

제38조【서 식】법 또는 이 영에 따른 신청서, 신고서, 그 밖의
서류의 서식은 기획재정부령으로 정한다. (2010. 2. 18. 개정)

제39조【과태료의 부과기준】법 제29조 제1항 및 제2항에 따른
과태료의 부과기준은 별표 3과 같다. (2022. 2. 15. 신설)

제1조【시행일】이 법은 공포 후 1년이 경과한 날부터 시행한다.

제2조 ~ 제5조 생 략

제6조【다른 법률의 개정】① 개별소비세법 일부를 다음과 같이 개정한다.

제18조 제1항 제3호 마목 중 "「기초연구진흥 및 기술개발지원에 관한 법률」 제14조의 2 제1항에 따라 인정받은 기업부설연구소 및 기업의 연구개발전담부서"를 "「기업부설연구소등의 연구개발 지원에 관한 법률」 제7조 제1항에 따라 인정받은 기업부설연구소 또는 연구개발전담부서"로 한다.

②~⑤ 생 략

제7조 생 략

　　　부　칙 (2024. 12. 31. 법률 제20606호)

제1조【시행일】이 법은 2025년 4월 1일부터 시행한다.

제2조【수소제조용부탄에 대한 개별소비세 환급 특례에 관한 적용례】제20조의 2의 개정규정은 이 법 시행 이후 제조장에서 반출하거나 수입신고하는 부탄부터 적용한다.

　　　부　칙 (2022. 12. 31. 법률 제19185호)

제1조【시행일】이 법은 2023년 1월 1일부터 시행한다.

제2조【조건부면세에 관한 적용례】제18조 제1항 각 호 외의 부분 단서 및 같은 항 제3호 바목의 개정규정은 이 법 시행 이후 제조장에서 반출하거나 수입신고하는 분부터 적용한다.

제3조【조건부면세에 따른 세액의 환급 등에 관한 경과조치】부칙 제2조에도 불구하고 납세의무자는 이 법 시행 전에 제조장에서 반출하거나 수입신고한 승용자동차에 대하여 개별소비세를 납부하였거나 납부할 세액이 있는 경우로서 다음 각 호의 요건을 모두 갖춘 경우에는 면세분에 해당하는 세액을 환급받거나 납부하여야 할 세액에서 공제받을 수 있다.

1. 자동차 제조업자, 수입업자 또는 도·소매업자가 이 법 시행일 현재 하치장·직매장·보세구역 등 국세청장 또는 관세청장이 정하는 장소에 해당 승용자동차를 보유하고 있을 것

2. 자동차 제조업자, 수입업자 또는 도·소매업자가 이 법 시행 이후 제18조 제1항 제3호 바목의 개정규정에 따른 사람에게 해당 승용자동차를 인도할 것

3. 납세의무자는 해당 승용자동차를 인도한 날이 속하는 분기의 다음 달 25일까지 국세청장 또는 관세청장이 정하는 바에 따라 자동차등록증 등 증명서류를 첨부하여 관할

　　　부　칙 (2025. 2. 28. 대통령령 제35355호)

제1조【시행일】이 영은 공포한 날부터 시행한다. 다만, 제2조의 2 제1항 제3호 나목 및 같은 항 제3호의 2의 개정규정은 2025년 3월 1일부터 시행하고, 제2조의 2 제1항 제3호(나목의 개정규정은 제외한다), 제20조 제2항 제3호 및 제34조의 2의 개정규정은 2025년 4월 1일부터 시행하며, 제2조의 2 제1항 제5호의 개정규정은 2025년 7월 1일부터 시행한다.

제2조【탄력세율의 유효기간】제2조의 2 제1항 제7호 및 같은 조 제3항의 개정규정은 2025년 6월 30일까지 효력을 가진다.

제3조【탄력세율의 적용 및 세액의 환급 등에 관한 적용례】① 제2조의 2 제1항 제7호 및 같은 조 제3항의 개정규정은 2025년 1월 3일부터 2025년 6월 30일까지 제조장에서 반출하거나 수입신고를 하는 분에 한정하여 적용한다.

② 관할 세무서장 또는 세관장은 법 제3조에 따른 납세의무자가 제2조의 2 제1항 제7호 및 같은 조 제3항의 개정규정에 따라 세율이 인하된 물품을 2025년 1월 3일부터 이 영 시행일 전일까지 반출하거나 수입신고한 분에 대하여 그 사실을 확인할 수 있는 세금계산서 등 국세청장 또는 관세청장이 정하는 증명서류를 첨부하여 2025년 4월 25일까지 신고하는 경우에는 세율이 인하된 분에 해당하는 세액을 환급하거나 납부해야 할 세액에서 공제한다.

③ 제1항에도 불구하고 제2조의 2 제1항 제7호 및 같은 조 제3항의 개정규정에 따라 세율이 인하된 물품으로서 2025년 1월 2일 이전에 제조장 또는 보세구역에서 반출되어 개별소비세가 납부되었거나 납부될 물품을 2025년 1월 3일 당시 보유하고 있는 제조업자, 도·소매업자 또는 수입업자가 해당 물품에 대한 판매확인서, 재고물품확인서, 환급신청서 등 국세청장 또는 관세청장이 정하는 증명서류를 첨부하여 2025년 4월 5일까지 관할 세무서장 또는 세관장에게 신고하여 확인을 받은 경우에는 세율이 인하된 분에 해당하는 세액을 환급하거나 납부해야 할 세액에서 공제한다.

제4조【반입증명에 관한 적용례】제20조 제2항 제3호의 개정규정은 2025년 4월 1일 이후 제조장에서 반출하거나 수입신고하는 경우부터 적용한다.

제5조【조건부 면세물품의 반입자에 의한 용도변경 등에 관한 적용례】제33조 제1항 각 호 외의 부분 단서의 개정규정은 이 영 시행 전에 같은 항 각 호의 어느 하나에 해당하는 사유가 발생하였으나 이 영 시행 당시 개별소비세를 신고·납부하지 않은 분에 대해서도 적용한다.

　　　부　칙 (2025. 3. 21. 기획재정부령 제1120호)

이 규칙은 공포한 날부터 시행한다. 다만, 별지 제12호의 2 서식, 별지 제26호 서식 앞쪽 및 부표 2의 개정규정은 2025년 4월 1일부터 시행한다.

　　　부　칙 (2024. 3. 22. 기획재정부령 제1047호)

이 규칙은 공포한 날부터 시행한다.

　　　부　칙 (2023. 3. 20. 기획재정부령 제975호)

제1조【시행일】이 규칙은 공포한 날부터 시행한다. 다만, 제1조 제2항 제1호 다목의 개정규정은 2023년 4월 1일부터 시행하고, 제2조의 2의 개정규정은 2023년 7월 1일부터 시행한다.

제2조【용도별 탄력세율을 적용하는 물품의 범위에 관한 적용례】제1조 제2항 제1호 다목의 개정규정은 2023년 4월 1일 이후 제조장에서 반출하거나 수입신고하는 천연가스부터 적용한다.

　　　부　칙 (2022. 3. 18. 기획재정부령 제909호)

이 규칙은 공포한 날부터 시행한다.

(1977. 3. 11. 재무부령 제1247호~
2021. 10. 28. 기획재정부령 제867호)
생략

세무서장 또는 관할 세관장에게 신고할 것

부 칙 (2022. 8. 12. 법률 제18973호)

제1조 【시행일】 이 법은 공포한 날부터 시행한다.

제2조 【과세대상과 세율에 관한 적용례】 제1조 제7항의 개정규정은 이 법 시행 이후 제조장에서 반출하거나 수입신고하는 분부터 적용한다.

(1976. 12. 22. 법률 제2935호~
2021. 12. 21. 법률 제18582호) 생략

부 칙 (2024. 12. 31. 대통령령 제35129호)

이 영은 2025년 1월 1일부터 시행한다.

부 칙 (2024. 10. 31. 대통령령 제34976호)

제1조 【시행일】 이 영은 2024년 11월 1일부터 시행한다.

제2조 【부탄의 한시적인 탄력세율 조정 등에 따른 적용례 등】 ① 제2조의 2 제1항 제3호 나목 단서의 개정규정은 이 영 시행일부터 2024년 12월 31일까지 제조장에서 반출하거나 수입신고하는 부탄에 대하여 적용한다.

② 이 영 시행 전에 제조장에서 반출했거나 수입신고한 부탄에 대한 개별소비세 세율은 제2조의 2 제1항 제3호 나목 단서의 개정규정에도 불구하고 종전의 규정에 따른다.

부 칙 (2024. 8. 30. 대통령령 제34865호)

이 영은 2024년 9월 1일부터 시행한다.

부 칙 (2024. 6. 28. 대통령령 제34614호)

제1조 【시행일】 이 영은 2024년 7월 1일부터 시행한다.

제2조 【부탄의 한시적인 탄력세율 조정 등에 따른 적용례 등】 ① 제2조의 2 제1항 제3호 나목 단서의 개정규정은 이 영 시행일부터 2024년 8월 31일까지 제조장에서 반출하거나 수입신고하는 부탄에 대하여 적용한다.

② 이 영 시행 전에 제조장에서 반출했거나 수입신고한 부탄에 대한 개별소비세 세율은 제2조의 2 제1항 제3호 나목 단서의 개정규정에도 불구하고 종전의 규정에 따른다.

부 칙 (2024. 5. 7. 대통령령 제34492호 ; 무형문화재 보전 및 진흥에 관한 법률 시행령 부칙)

제1조 【시행일】 이 영은 2024년 5월 17일부터 시행한다.

제2조 【다른 법령의 개정】 ① 생 략

② 개별소비세법 시행령 일부를 다음과 같이 개정한다.

제2조 제1항 제7호 중 "「무형문화재 보전 및 진흥에 관한 법률」에 따라 문화재청장이 국가무형문화재"를 "「무형유산의 보전 및 진흥에 관한 법률」에 따라 국가유산청장이 국가무형유산"으로 한다.

③~⑮ 생 략

제3조 생 략

통칙 부 칙 (2024. 3. 15.)

① 【시행일】 이 통칙은 2024년 3월 15일부터 시행한다.

② 【일반적 적용례】 이 통칙 시행 당시 종전의 규정에 의하여 납부하였거나 납부할 인지세에 관하여는 종전의 예에 의한다. 다만, 이 통칙 시행일 이전에 관련법률 등의 개정으로 이미 시행되는 규정은 관련법률 등의 적용례에 따른다.

③ 【종전 예규와의 관계】 이 통칙 시행 전의 예규로서 이 통칙과 상치되는 경우에는 이 통칙에 의한다.

부 칙 (2019. 12. 23.)

① 【시행일】 이 통칙은 2019년 12월 23일부터 시행한다.

② 【일반적 적용례】 이 통칙 시행 당시 종전의 규정에 의하여 납부하였거나 납부할 인지세에 관하여는 종전의 예에 의한다. 다만, 이 통칙 시행일 이전에 관련법률 등의 개정으로 이미 시행되는 규정은 관련법률 등의 적용례에 따른다.

③ 【종전 예규와의 관계】 이 통칙 시행 전의 예규로서 이 통칙과 상치되는 경우에는 이 통칙에 의한다.

부 칙 (2011. 2. 1.)

① 【시행일】 이 통칙은 2019년 12월 23일부터 시행한다.

② 【일반적 적용례】 이 통칙 시행 당시 종전의 규정에 의하여 납부하였거나 납부할 인지세에 관하여는 종전의 예에 의한다. 다만, 이 통칙 시행일 이전에 관련법률 등의 개정으로 이미 시행되는 규정은 관련법률 등의 적용례에 따른다.

③ 【종전 예규와의 관계】 이 통칙 시행 전의 예규로서 이 통칙과 상치되는 경우에는 이 통칙에 의한다.

부 칙 (2023. 4. 28. 대통령령 제33438호)

제1조 【시행일】 이 영은 2023년 5월 1일부터 시행한다.

제2조 【탄력세율 조정 기한의 변경에 따른 적용례 등】 ① 제2조의 2 제1항 제3호 단서의 개정규정은 이 영 시행일부터 2023년 8월 31일까지 제조장에서 반출하거나 수입신고하는 부탄에 대하여 적용한다.

② 이 영 시행 전에 제조장에서 반출했거나 수입신고한 부탄에 대한 개별소비세 세율은 제2조의 2 제1항 제3호 단서의 개정규정에도 불구하고 종전의 규정에 따른다.

부 칙 (2023. 3. 14. 대통령령 제33325호 ; 지방세법 시행령 부칙)

제1조 【시행일】 이 영은 공포한 날부터 시행한다. (단서 생략)

제2조 ~ 제4조 생 략

제5조 【다른 법령의 개정】 개별소비세법 시행령 일부를 다음과 같이 개정한다.

제20조 제2항 제5호 가목 중 "「지방세법」 제53조 각 호"를 "「지방세법」 제53조 제1항 각 호"로 한다.

부 칙 (2023. 2. 28. 대통령령 제33273호)

제1조 【시행일】 이 영은 공포한 날부터 시행한다. 다만, 제8조 제1항 제9호, 제8조의 2 및 별표 2 제3호 나목의 개정규정은 2023년 7월 1일부터 시행한다.

제2조 【제조장에서 반출하는 물품의 가격 계산 등에 관한 적용례】 제8조 제1항 제9호 및 제8조의 2의 개정규정은 부칙 제1조 단서에 따른 시행일 이후 제조장에서 반출하는 물품부터 적용한다.

제3조 【반출가격계산의 특례에 관한 적용례】 제9조 제3항의 개정규정은 이 영 시행 이후 과세표준을 신고하는 분부터 적용한다.

제4조 【조건부 면세 승용차의 용도변경 등에 관한 적용례】 제33조 제1항 제2호 가목의 개정규정은 2023년 1월 1일 이후 제조장에서 반출하거나 수입신고한 승용자동차를 반입한 자(법률 제19185호 개별소비세법 일부개정법률 부칙 제3조에 따라 면세분에 해당하는 세액을 환급받거나 납부해야 할 세액에서 공제받은 경우를 포함한다)가 이 영 시행 전에 사망한 경우에도 적용한다.

제5조 【과세장소에 관한 적용례】 별표 2 제3호 나목의 개정규정은 부칙 제1조 단서에 따른 시행일 이후 입장행위부터 적용한다.

(1976. 12. 31. 대통령령 제8408호~
2022. 12. 30. 대통령령 제33181호) 생략

부 칙 (2024. 4. 30. 대통령령 제34453호)

이 영은 2024년 5월 1일부터 시행한다.

부 칙 (2024. 2. 29. 대통령령 제34272호)

제1조 【시행일】 이 영은 공포한 날부터 시행한다. 다만, 제2조의 2 제1항 제2호 및 제3호의 개정규정은 2024년 3월 1일부터 시행한다.

제2조 【석유가스에 대한 탄력세율 조정에 관한 적용례】 제2조의 2 제1항 제2호 및 제3호의 개정규정은 부칙 제1조 단서에 따른 시행일 이후 제조장에서 반출하거나 수입신고를 하는 프로판 및 부탄부터 적용한다.

제3조 【18세 미만의 자녀를 3명 이상 양육하는 사람에 대한 승용자동차 면세 특례에 관한 적용례】 제19조의 3 제1항 제3호의 개정규정은 2023년 1월 1일 이후 이 영 시행일 전까지 제조장 또는 보세구역에서 반출한 승용자동차에 대하여 개별소비세를 납부한 경우로서 이 영 시행일 이후 법 제20조 제2항 및 제4항에 따라 개별소비세 환급을 신청하는 경우에도 적용한다.

제4조 【조건부 면세 승용차의 용도변경 등에 관한 적용례】 제33조 제1항 제2호 나목 2)의 개정규정은 이 영 시행일 이후 같은 개정규정에 해당하는 사유가 발생하는 경우부터 적용한다.

부 칙 (2023. 12. 29. 대통령령 제34062호)

이 영은 2024년 1월 1일부터 시행한다.

부 칙 (2023. 10. 31. 대통령령 제33832호)

이 영은 2023년 11월 1일부터 시행한다.

부 칙 (2023. 8. 31. 대통령령 제33693호)

이 영은 2023년 9월 1일부터 시행한다.

부 칙 (2023. 6. 30. 대통령령 제33607호)

이 영은 2023년 7월 1일부터 시행한다.

부 칙 (2023. 5. 23. 대통령령 제33481호 ; 국가유공자 등 예우 및 지원에
관한 법률 시행령 부칙)

제1조 【시행일】 이 영은 2023년 6월 5일부터 시행한다.

제2조 생 략

제3조 【다른 법령의 개정】 ① 개별소비세법 시행령 일부를 다음과 같이 개정한다.

제19조의 3 제4항 제4호 중 "국가유공자증서"를 "국가보훈등록증"으로 한다.

② · ③ 생 략

제4조 생 략

주 세 법

주세법 부칙

<table>
<tr><td>법 률</td><td>시행령</td><td>시행규칙</td></tr>
</table>

사용량 및 여과방법 등】
- **별표 4**【특수용도면세품목】
- **별표 5**【과태료의 부과기준】

기본통칙

<table>
<tr><td>주 세 법</td><td>주세법 시행령</td><td>주세법 시행규칙</td></tr>
<tr><td>

개정 2024. 12. 31. 법률 제20618호
2023. 12. 31. 법률 제19937호
(무형문화재~부칙) 2023. 8. 8. 법률 제19588호
2022. 12. 31. 법률 제19201호
2021. 12. 21. 법률 제18593호
전부개정 2020. 12. 29. 법률 제17762호
(부가가치세법 부칙) 2020. 12. 29. 법률 제17653호
2019. 12. 31. 법률 제16847호
(식품산업진흥법 부칙) 2018. 12. 31. 법률 제16125호
2018. 12. 31. 법률 제16110호
(부가가치세법 부칙) 2018. 12. 31. 법률 제16101호
2017. 12. 19. 법률 제15228호
2016. 3. 2. 법률 제14051호
(수산업·어촌 발전 기본법 부칙) 2015. 6. 22. 법률 제13383호
(무형문화제 보전~법률 부칙) 2015. 3. 27. 법률 제13248호
(부가가치세법 부칙) 2013. 6. 7. 법률 제11873호
2013. 4. 5. 법률 제11718호
(정부조직법 부칙) 2013. 3. 23. 법률 제11690호
2011. 12. 31. 법률 제11134호
2010. 12. 27. 법률 제10402호
2009. 12. 31. 법률 제 9899호
(전염병예방법 부칙) 2009. 12. 29. 법률 제 9847호
(정부조직법 부칙) 2008. 2. 29. 법률 제 8852호
2008. 1. 9. 법률 제 8837호
(국세기본법 부칙) 2006. 12. 30. 법률 제 8139호
2005. 12. 31. 법률 제 7841호
2005. 5. 31. 법률 제 7532호
(채무자 회생 및 파산에 관한 법률 부칙) 2005. 3. 31. 법률 제 7428호
2004. 12. 31. 법률 제 7323호
2003. 12. 31. 법률 제 7031호
2001. 12. 31. 법률 제 6559호
전면개정 1999. 12. 28. 법률 제 6055호
(독점규제 및 공정거래에 관한 법률의 적용이~법률 부칙) 1999. 2. 5. 법률 제 5815호
(행정절차법의 시행에~법률) 1997. 12. 13. 법률 제 5453호
1995. 12. 29. 법률 제 5036호
1995. 8. 4. 법률 제 4956호
1993. 12. 31. 법률 제 4668호
1990. 12. 31. 법률 제 4284호
1988. 12. 26. 법률 제 4025호

</td><td>

개정 2025. 2. 28. 대통령령 제35357호
(무형문화재~부칙) 2024. 5. 7. 대통령령 제34492호
2024. 2. 29. 대통령령 제34273호
2023. 12. 14. 대통령령 제33965호
2023. 2. 28. 대통령령 제33270호
2022. 2. 15. 대통령령 제32426호
(자원의 절약과~시행령 부칙) 2021. 11. 23. 대통령령 제32148호
전부개정 2021. 2. 17. 대통령령 제31449호
2020. 2. 11. 대통령령 제30392호
2019. 2. 12. 대통령령 제29531호
2018. 3. 30. 대통령령 제28734호
2018. 2. 13. 대통령령 제28639호
(주민등록번호 등의~일부 개정령) 2017. 3. 27. 대통령령 제27960호
2017. 2. 7. 대통령령 제27847호
2016. 3. 31. 대통령령 제27075호
(무형문화재 보전 및~시행령 부칙) 2016. 3. 25. 대통령령 제27056호
2016. 2. 5. 대통령령 제26952호
2015. 2. 3. 대통령령 제26074호
(식품·의약품분야~시행령 부칙) 2014. 7. 28. 대통령령 제25529호
2014. 3. 5. 대통령령 제25223호
(부가가치세법 시행령 부칙) 2013. 6. 28. 대통령령 제24638호
2013. 6. 11. 대통령령 제24577호
(기획재정부와~직제 부칙) 2013. 3. 23. 대통령령 제24441호
2013. 2. 15. 대통령령 제24361호
2012. 2. 2. 대통령령 제23598호
(기초과학연구 진흥법 시행령 부칙) 2011. 6. 24. 대통령령 제22977호
2010. 12. 30. 대통령령 제22584호
2010. 6. 15. 대통령령 제22198호
2010. 2. 18. 대통령령 제22032호
2009. 2. 4. 대통령령 제21295호
(행정정보의 공동이용 및~개정령) 2008. 12. 31. 대통령령 제21215호
(행정안전부와~직제 부칙) 2008. 12. 31. 대통령령 제21214호
2008. 6. 25. 대통령령 제20856호
(기획재정부와~직제 부칙) 2008. 2. 29. 대통령령 제20720호
2008. 2. 22. 대통령령 제20628호
2007. 2. 28. 대통령령 제19896호
2006. 2. 9. 대통령령 제19336호
2005. 2. 19. 대통령령 제18708호

</td><td>

개정 2025. 3. 21. 기획재정부령 제1115호
2024. 3. 22. 기획재정부령 제1051호
2023. 12. 14. 기획재정부령 제1025호
2023. 3. 20. 기획재정부령 제 974호
2022. 3. 18. 기획재정부령 제 910호
전부개정 2021. 3. 16. 기획재정부령 제 838호
2020. 3. 13. 기획재정부령 제 777호
2019. 3. 20. 기획재정부령 제 724호
2018. 3. 19. 기획재정부령 제 660호
2016. 3. 9. 기획재정부령 제 549호
2015. 3. 13. 기획재정부령 제 483호
(개인정보 보호를 위한~일부 개정령)
2014. 5. 26. 기획재정부령 제 424호
2013. 2. 23. 기획재정부령 제 334호
2011. 4. 1. 기획재정부령 제 199호
2009. 4. 1. 기획재정부령 제 67호
2008. 4. 25. 기획재정부령 제 17호
2007. 3. 30. 재정경제부령 제 550호
2006. 2. 9. 재정경제부령 제 486호
2005. 2. 18. 재정경제부령 제 414호
2004. 3. 9. 재정경제부령 제 359호
2003. 1. 15. 재정경제부령 제 295호
2002. 3. 6. 재정경제부령 제 247호
2001. 3. 31. 재정경제부령 제 188호
전면개정 2000. 3. 31. 재정경제부령 제 134호
1996. 3. 26. 총 리 령 제 560호
1993. 12. 31. 재 무 부 령 제1955호
1993. 5. 7. 재 무 부 령 제1925호
1991. 3. 14. 재 무 부 령 제1851호
1989. 2. 23. 재 무 부 령 제1777호
1984. 11. 1. 재 무 부 령 제1630호
1983. 12. 26. 재 무 부 령 제1591호
1980. 2. 9. 재 무 부 령 제1421호
1975. 3. 3. 재 무 부 령 제1081호
1973. 9. 12. 재 무 부 령 제 978호
1972. 2. 19. 재 무 부 령 제 877호
1971. 6. 8. 재 무 부 령 제 838호
1970. 8. 1. 재 무 부 령 제 796호

</td></tr>
</table>

(임시조치법 부칙) 1976. 12. 22. 법률 제 2932호	
1976. 12. 22. 법률 제 2929호	
1974. 12. 21. 법률 제 2693호	
1973. 2. 26. 법률 제 2554호	
1971. 12. 28. 법률 제 2320호	
1967. 11. 29. 법률 제 1968호	
1966. 3. 8. 법률 제 1759호	
1965. 12. 20. 법률 제 1721호	
1965. 3. 19. 법률 제 1689호	
1962. 11. 28. 법률 제 1192호	
1962. 8. 18. 법률 제 1128호	
1962. 7. 14. 법률 제 1100호	
1961. 12. 8. 법률 제 826호	
1960. 12. 30. 법률 제 574호	
1956. 12. 31. 법률 제 419호	
1954. 10. 1. 법률 제 347호	
1954. 3. 31. 법률 제 325호	
1953. 5. 17. 법률 제 287호	
1951. 5. 7. 법률 제 199호	
1950. 4. 28. 법률 제 132호	
제정 1949. 10. 21. 법률 제 60호	

(전자적 민원처리를 위한~개정령) 2004. 3. 17. 대통령령 제18312호
2003. 12. 30. 대통령령 제18178호
2002. 12. 30. 대통령령 제17836호
2001. 12. 31. 대통령령 제17462호
(대외무역법시행령 부칙) 2001. 3. 31. 대통령령 제17186호
전면개정 1999. 12. 31. 대통령령 제16665호
(보건복지부와~직제 부칙) 1999. 5. 24. 대통령령 제16356호
(산업자원부와~직제 부칙) 1999. 5. 24. 대통령령 제16351호
1998. 12. 31. 대통령령 제15975호
(보건복지부와~직제 부칙) 1998. 2. 28. 대통령령 제15732호
(행정절차법의 시행에~시행령) 1997. 12. 31. 대통령령 제15598호
(보건복지부와~직제 부칙) 1996. 4. 6. 대통령령 제14971호
1995. 12. 30. 대통령령 제14867호
1995. 9. 30. 대통령령 제14774호
(재정경제원과~직제 부칙) 1994. 12. 23. 대통령령 제14438호
1993. 12. 31. 대통령령 제14085호
(문화체육부와~직제 부칙) 1993. 3. 6. 대통령령 제13869호
1990. 12. 31. 대통령령 제13201호
(문화부직제 부칙) 1990. 1. 3. 대통령령 제12895호
1989. 12. 30. 대통령령 제12880호
1988. 12. 31. 대통령령 제12570호
1986. 12. 31. 대통령령 제12039호
1984. 9. 17. 대통령령 제11507호
1982. 10. 4. 대통령령 제10928호
1979. 12. 31. 대통령령 제 9701호
1979. 5. 1. 대통령령 제 9444호
1978. 12. 30. 대통령령 제 9234호
1977. 11. 30. 대통령령 제 8759호
1977. 8. 20. 대통령령 제 8653호
1976. 12. 31. 대통령령 제 8349호
1975. 12. 31. 대통령령 제 7908호
1975. 5. 20. 대통령령 제 7631호
1974. 12. 31. 대통령령 제 7462호
1973. 5. 3. 대통령령 제 6661호
1972. 9. 28. 대통령령 제 6356호
1971. 12. 30. 대통령령 제 5903호
1971. 10. 7. 대통령령 제 5804호
제정 1970. 7. 13. 대통령령 제 5197호

제정 1969. 7. 3. 재 무 부 령 제 616호

기본통칙

개정 2019. 12. 23.
2011. 2. 1.
2008. 7. 25.
전면개정 2000. 8. 1.
1992. 3. 5.
시행 1982. 2. 1.

제1조【목 적】이 법은 주세의 과세 요건 및 절차를 규정함으로써 주세를 공정하게 과세하고, 납세의무의 적정한 이행을 확보하며, 재정수입의 원활한 조달에 이바지함을 목적으로 한다. (2020. 12. 29. 개정)

제2조【정 의】이 법에서 사용하는 용어의 뜻은 다음과 같다. (2020. 12. 29. 개정)
1. "주류"란 다음 각 목의 것을 말한다. (2020. 12. 29. 개정)
　가. 주정(酒精)[희석하여 음용할 수 있는 에틸알코올을 말하며, 불순물이 포함되어 있어서 직접 음용할 수는 없으나 정제하면 음용할 수 있는 조주정(粗酒精)을 포함한다] (2020. 12. 29. 개정)
　나. 알코올분 1도 이상의 음료[용해하여 음용할 수 있는 가루 상태인 것을 포함하되, 「약사법」에 따른 의약품 및 알코올을 함유한 조미식품으로서 대통령령으로 정하는 것은 제외한다] (2020. 12. 29. 개정)
　다. 나목과 유사한 것으로서 대통령령으로 정하는 것 (2020. 12. 29. 개정)
2. "알코올분"이란 전체용량에 포함되어 있는 에틸알코올(섭씨 15도에서 0.7947의 비중을 가진 것을 말한다)을 말한다. (2020. 12. 29. 개정)
3. "주류의 규격"이란 주류를 구분하는 다음 각 목의 기준을 말한다. (2020. 12. 29. 개정)
　가. 주류의 제조에 사용되는 원료의 사용량 (2020. 12. 29. 개정)
　나. 주류에 첨가할 수 있는 재료의 종류 및 비율 (2020. 12. 29. 개정)
　다. 주류의 알코올분 및 불휘발분의 함량 (2020. 12. 29. 개정)
　라. 주류를 나무통에 넣어 저장하는 기간 (2020. 12. 29. 개정)
　마. 주류의 여과 방법 (2020. 12. 29. 개정)
　바. 그 밖의 주류 구분 기준 (2020. 12. 29. 개정)
4. "불휘발분"이란 전체용량에 포함되어 있는 휘발되지 아니하는 성분을 말한다. (2020. 12. 29. 개정)

제1조【목 적】이 영은 「주세법」에서 위임된 사항과 그 시행에 필요한 사항을 규정함을 목적으로 한다. (2021. 2. 17. 개정)

제2조【주류의 범위】① 「주세법」(이하 "법"이라 한다) 제2조 제1호 나목에서 "대통령령으로 정하는 것"이란 다음 각 호의 것을 말한다. (2021. 2. 17. 개정)
1. 「약사법」에 따른 의약품으로서 알코올분 6도 미만인 것 (2021. 2. 17. 개정)
2. 법 별표 제4호 다목에 해당하는 주류 중 불휘발분 30도 이상인 것으로서 다른 식품의 조리과정에 첨가하여 풍미를 증진시키는 용도로 사용하기 위하여 제조된 식품일 것 (2022. 2. 15. 개정)
② 법 제2조 제1호 다목에서 "대통령령으로 정하는 것"이란 주류 제조 원료가 용기에 담긴 상태로 제조장에서 반출되거나 수입신고된 후 추가적인 원료 주입 없이 용기 내에서 주류 제조 원료가 발효되어 최종적으로 법 제2조 제1호 나목에 따른 음료가 되는 것을 말한다. (2021. 2. 17. 개정)
③ 제2항에 따른 주류의 종류는 최종 제품을 기준으로 한다. (2021. 2. 17. 개정)

제1조【목 적】이 규칙은 「주세법」 및 같은 법 시행령에서 위임된 사항과 그 시행에 필요한 사항을 규정함을 목적으로 한다. (2021. 3. 16. 개정)

5. "밑술"이란 효모를 배양·증식한 것으로서 당분이 포함되어 있는 물질을 알코올 발효시킬 수 있는 재료를 말한다. (2020. 12. 29. 개정)
6. "술덧"이란 주류의 원료가 되는 재료를 발효시킬 수 있는 수단을 재료에 사용한 때부터 주류를 제성(製成 : 조제하여 만듦)하거나 증류(蒸溜)하기 직전까지의 상태에 있는 재료를 말한다. (2020. 12. 29. 개정)
7. "주조연도"란 매년 1월 1일부터 12월 31일까지의 기간을 말한다. (2020. 12. 29. 개정)
8. "전통주"란 다음 각 목의 어느 하나에 해당하는 주류를 말한다. (2020. 12. 29. 개정)
　가. 「무형유산의 보전 및 진흥에 관한 법률」 제17조에 따라 인정된 주류부문의 국가무형유산 보유자 및 같은 법 제32조에 따라 인정된 주류부문의 시·도무형유산 보유자가 제조하는 주류 (2023. 8. 8. 개정 ; 무형문화재~부칙)
　나. 「식품산업진흥법」 제14조에 따라 지정된 주류부문의 대한민국 식품명인이 제조하는 주류 (2020. 12. 29. 개정)
　다. 「농업·농촌 및 식품산업 기본법」 제3조에 따른 농업경영체 및 생산자단체와 「수산업·어촌 발전 기본법」 제3조에 따른 어업경영체 및 생산자단체가 직접 생산하거나 주류제조장 소재지 관할 특별자치시·특별자치도 또는 시·군·구(자치구를 말한다. 이하 같다) 및 그 인접 특별자치시 또는 시·군·구에서 생산한 농산물을 주원료로 하여 제조하는 주류로서 「전통주 등의 산업진흥에 관한 법률」 제8조 제1항에 따라 특별시장·광역시장·특별자치시장·도지사·특별자치도지사의 추천을 받아 제조하는 주류 (2020. 12. 29. 개정)
9. "국(麴)"이란 다음 각 목의 것을 말한다. (2020. 12. 29. 개정)
　가. 녹말이 포함된 재료에 곰팡이류를 번식시킨 것 (2020. 12. 29. 개정)
　나. 녹말이 포함된 재료와 그 밖의 재료를 섞은 것에 곰팡이류를 번식시킨 것 (2020. 12. 29. 개정)

　다. 효소로서 녹말이 포함된 재료를 당화(糖化)시킬 수 있는 것 (2020. 12. 29. 개정)
10. "주류 제조 위탁자"란 자신의 상표명으로 자기 책임과 계산에 따라 주류를 판매하기 위하여 「주류 면허 등에 관한 법률」 제3조 제8항에 따라 주류의 제조를 다른 자에게 위탁하는 자를 말한다. (2020. 12. 29. 개정)
11. "주류 제조 수탁자"란 주류 제조 위탁자로부터 「주류 면허 등에 관한 법률」 제3조 제8항에 따라 주류의 제조를 위탁받아 해당 주류를 제조하는 자를 말한다. (2020. 12. 29. 개정)

제3조 【납세의무자】 다음 각 호의 어느 하나에 해당하는 자는 이 법에 따라 주세를 납부할 의무가 있다. (2020. 12. 29. 개정)
1. 주류를 제조하여 제조장으로부터 반출하는 자(위탁 제조하는 주류의 경우에는 주류 제조 위탁자를 말한다) (2020. 12. 29. 개정)
2. 주류를 수입하여 「관세법」에 따라 관세를 납부할 의무가 있는 자 (2020. 12. 29. 개정)

제4조 【과세대상】 주류에 대해서는 이 법에 따라 주세를 부과한다. (2020. 12. 29. 개정)

제5조【주류의 종류】① 주류의 종류는 다음과 같다. (2020. 12. 29. 개정)

1. 주정 (2020. 12. 29. 개정)
2. 발효주류 (2020. 12. 29. 개정)
   가. 탁주 (2020. 12. 29. 개정)
   나. 약주 (2020. 12. 29. 개정)
   다. 청주 (2020. 12. 29. 개정)
   라. 맥주 (2020. 12. 29. 개정)
   마. 과실주 (2020. 12. 29. 개정)
3. 증류주류 (2020. 12. 29. 개정)
   가. 소주 (2020. 12. 29. 개정)
   나. 위스키 (2020. 12. 29. 개정)
   다. 브랜디 (2020. 12. 29. 개정)
   라. 일반 증류주 (2020. 12. 29. 개정)
   마. 리큐르 (2020. 12. 29. 개정)
4. 기타 주류 (2020. 12. 29. 개정)

② 제1항에 따른 주류의 종류별 세부 내용은 별표와 같다. (2020. 12. 29. 개정)

제6조【주류의 규격】① 알코올분의 도수는 섭씨 15도에서 전체용량 100분(分) 중에 포함되어 있는 알코올분의 용량으로 한다. (2020. 12. 29. 개정)

② 불휘발분의 도수는 섭씨 15도에서 전체용량 100세제곱센티미터 중에 포함되어 있는 불휘발분의 그램 수로 한다. (2020. 12. 29. 개정)

③ 주류에는 「식품위생법」이나 그 밖에 대통령령으로 정하는 위생 관계 법령에 위반되는 유해한 성분이 포함되어서는 아니 된다. (2020. 12. 29. 개정)

④ 주류의 규격에 필요한 사항은 대통령령으로 정한다. (2020. 12. 29. 개정)

제3조【주류의 규격 등】① 법 제5조, 제6조 및 별표에 따라 주류의 종류별로 혼합 또는 첨가할 수 있는 주류 또는 재료는 별표 1과 같다. (2021. 2. 17. 개정)

② 법 제5조, 제6조 및 별표에 따른 주류의 종류별 알코올분 도수는 별표 2와 같다. (2021. 2. 17. 개정)

③ 법 제5조, 제6조 및 별표에 따라 주류를 제조할 때의 주류의 종류별 원료 사용량 및 여과방법 등은 별표 3과 같다. (2021. 2. 17. 개정)

[편주▶] 영 별표 2 제1호 나목의 개정규정은 2025. 2. 28. 전에 법 6조를 위반한 행위에 대하여 2025. 2. 28. 이후 「주류 면허 등에 관한 법률」 11조 1항에 따라 주류의 제조 또는 반출의 정지처분을 하는 경우에도 적용함. (영 부칙(2025. 2. 28.) 4조)

제 2 장　과세표준과 세율

　제7조【과세표준】① 주정, 탁주 및 맥주에 대한 주세의 과세표준은 다음 각 호의 구분에 따른 주류 수량으로 한다. (2020. 12. 29. 개정)
1. 주류 제조장에서 반출하는 경우 : 반출한 수량 (2020. 12. 29. 개정)
2. 수입하는 경우 : 수입신고하는 수량 (2020. 12. 29. 개정)

제 2 장　과세표준과 세율

　제4조【주류수량의 계산】법 제7조 제1항에 따른 주류의 수량은 다음 각 호의 구분에 따라 산정한다. (2021. 2. 17. 개정)
1. 「주류 면허 등에 관한 법률 시행령」 제2조 제3항에 따른 소규모주류제조자(이하 "소규모주류제조자"라 한다)가 제조하는 맥주[「주류 면허 등에 관한 법률」 제3조 제8항에 따라 위탁 제조된 주류(이하 "위탁제조주류"라 한다)는 제외한다. 이하 이 호에서 같다]의 과세대상 수량 : 해당 주조연도에 주류 제조장에서 실제 반출한 수량에 다음 각 목의 구분에 따른 인정비율을 곱한 수량. 다만, 맥주의 원료곡류 중 쌀의 사용중량이 녹말이 포함된 재료, 당분 또는 캐러멜의 중량과 발아된 맥류의 합계중량을 기준으로 하여 100분의 20 이상인 경우 반출 수량별 인정비율은 100분의 30으로 한다. (2021. 2. 17. 개정)
　가. 먼저 반출된 200킬로리터 이하의 수량 : 100분의 40 (2021. 2. 17. 개정)
　나. 가목의 수량 반출 후 반출된 200킬로리터 초과 500킬로리터 이하의 수량 : 100분의 60 (2021. 2. 17. 개정)
　다. 나목의 수량 반출 후 반출된 500킬로리터 초과 수량 : 100분의 80 (2021. 2. 17. 개정)
2. 「주류 면허 등에 관한 법률 시행령」 별표 1 제1호 라목에 따른 시설기준을 갖추고 「주류 면허 등에 관한 법률」 제3조에 따라 주류 제조면허를 받은 「조세특례제한법 시행령」 제2조에 따른 중소기업 중 가목에 해당하는 중소기업(소규모주류제조자는 제외한다)이 제조하는 맥주(위탁제조주류는 제외한다)의 과세대상 수량 : 나목에 따른 수량 (2021. 2. 17. 개정)
　가. 적용대상 중소기업 : 다음에 해당하는 중소기업 (2021. 2. 17. 개정)
　　1) 해당 주조연도에 신규로 맥주 제조면허를 받은 중소기업 (2021. 2. 17. 개정)
　　2) 직전 주조연도의 반출 수량이 3천킬로리터 이하인 중소기

② 주정, 탁주 및 맥주 외의 주류에 대한 주세의 과세표준은 다음 각 호의 구분에 따른 주류 가격으로 한다. (2020. 12. 29. 개정)
1. 주류 제조장에서 반출하는 경우 : 반출하는 때의 가격 (2020. 12. 29. 개정)
2. ☞ p.3329

업 (2021. 2. 17. 개정)
나. 과세대상 수량 : 다음의 구분에 따른 수량 (2021. 2. 17. 개정)
  1) 먼저 반출된 500킬로리터 이하의 수량 : 주류 제조장에서 실제 반출한 수량에 100분의 70을 곱한 수량 (2021. 2. 17. 개정)
  2) 1)의 수량 반출 후 반출된 500킬로리터 초과의 수량 : 주류 제조장에서 실제 반출한 수량 (2021. 2. 17. 개정)
3. 소규모주류제조자가 제조하는 탁주(위탁제조주류는 제외한다)의 과세대상 수량 : 해당 주조연도에 주류 제조장에서 실제 반출한 수량에 다음 각 목의 구분에 따른 인정비율을 곱한 수량 (2021. 2. 17. 개정)
가. 먼저 반출된 5킬로리터 이하의 수량 : 100분의 60 (2021. 2. 17. 개정)
나. 가목의 수량 반출 후 반출된 5킬로리터 초과 수량 : 100분의 80 (2021. 2. 17. 개정)
4. 제1호부터 제3호까지에서 규정한 사항 외의 과세대상 수량 : 주류 제조장에서 반출한 수량 또는 수입신고하는 수량 (2021. 2. 17. 개정)

제5조【주류가격의 계산】 ① 법 제7조 제2항 제1호에 따른 주류의 가격은 다음 각 호의 구분에 따라 산정한 금액(이하 이 조에서 "제조장판매가격"이라 한다)에서 제5조의 2에 따른 기준판매비율과 제조장판매가격을 곱하여 계산한 금액을 뺀 금액으로 한다. (2023. 12. 14. 개정)
1. 일반적인 거래 방식(제2호 외의 방식을 말한다)으로 주류 제조장에서 반출하는 주류의 가격 : 주류 제조자가 통상의 도매 수량과 거래 방식으로 판매하는 가격(이하 "통상가격"이라 한다) (2021. 2. 17. 개정)
2. 다음 각 목의 구분에 따른 특수한 거래 방식으로 주류 제조장에서 반출하는 주류의 가격 : 다음 각 목의 금액 (2021. 2. 17. 개정)
가. 외상 방식으로 통상가격보다 높은 가격에 반출하는 경우 : 그 반출하는 가격에 상당하는 금액 (2021. 2. 17. 개정)
나. 선매 방식으로 통상가격보다 낮은 가격에 반출하거나 상거래 관습상 일정한 금액을 통상가격에서 공제하여 반출하는 경우

편주

① 영 5조 1항 각 호 외의 부분의 개정규정은 다음 각 호의 구분에 따른 날 이후 제조장에서 반출하는 주류부터 적용함. (영 부칙(2023. 12. 14.) 2조 2항)
1. 법 5조 1항 3호 각 목의 증류주류: 2024. 1. 1.
2. 법 5조 1항 2호 나목·다목·마목의 발효주류 및 같은 항 4호의 기타주류: 2024. 2. 1.
② 위 1항 각 호의 구분에 따른 날 전에 주류 제조장에서 반출한 주류의 가격 계산에 관하여는 영 5조 1항 각 호 외의 부분의 개정규정에도 불구하고 종전의 규정에 따름. (영 부칙(2023. 12. 14.) 2조 2항)

통상의 제조수량에 따라 계산되는 제조원가(라목 후단에 따른 제조원가를 말한다)에 통상이윤상당액을 가산한 금액과 해당 주조연도의 과세대상인 약주 · 청주의 반출 수량을 기준으로 하여 다음의 구분에 따른 가격비율을 곱한 금액 (2021. 2. 17. 개정)

가) 먼저 반출된 5킬로리터 이하의 수량 : 100분의 60 (2021. 2. 17. 개정)

나) 가)의 수량 반출 후 반출된 5킬로리터 초과 수량 : 100분의 80 (2021. 2. 17. 개정)

2) 「주류 면허 등에 관한 법률 시행령」 별표 1 제4호의 비고 제1호 라목에 따라 판매하는 경우 : 통상가격(가목부터 바목까지의 규정에 따른 거래 방식으로 반출하는 경우에는 해당 목에서 규정하는 금액을 말한다)에 해당 주조연도의 과세대상인 약주 · 청주의 반출 수량을 기준으로 하여 다음의 구분에 따른 가격비율을 곱한 금액 (2021. 2. 17. 개정)

가) 먼저 반출된 5킬로리터 이하의 수량 : 100분의 60 (2021. 2. 17. 개정)

나) 가)의 수량 이후 반출된 5킬로리터 초과 수량 : 100분의 80 (2021. 2. 17. 개정)

아. 전통주의 경우로서 「전자상거래 등에서의 소비자보호에 관한 법률」 제2조 제2호에 따른 통신판매 방식으로 통상가격보다 높은 가격에 반출하는 경우 : 그 통상가격에 상당하는 금액 (2021. 2. 17. 개정)

: 그 통상가격에 상당하는 금액 (2021. 2. 17. 개정)

다. 반출된 주류에 대해 일정한 기간이 지난 후 매수자에게 일정한 금액을 돌려주는 경우 : 당초 반출했을 때의 가격에 상당하는 금액 (2021. 2. 17. 개정)

라. 무상으로 반출하는 경우 : 해당 주류와 동일한 규격과 용량을 가진 주류의 통상가격으로 하되, 동일한 규격과 용량을 가진 주류를 기준으로 가격을 산출할 수 없을 때에는 그 주류의 제조원가에 통상이윤상당액(제조원가의 100분의 10을 말하며, 이하 이 조에서 같다)을 가산한 금액. 이 경우 제조원가는 회계학상의 개념에도 불구하고 원료비 · 부원료비 · 노무비 · 경비 및 일반관리비(판매비를 포함한다) 중 해당 주류에 배분되어야 할 부분으로 구성되는 총금액으로 한다. (2021. 2. 17. 개정)

마. 주류 제조자가 다음의 어느 하나에 해당하는 특수관계에 있는 판매장에 무상으로 또는 통상가격보다 낮은 가격으로 반출하는 경우 : 그 통상가격에 상당하는 금액 (2021. 2. 17. 개정)

1) 주류 제조자가 자기가 생산한 주류를 직접 판매하기 위하여 특설한 판매장(법 제18조 제1항 제2호에 따른 하치장을 포함한다) (2021. 2. 17. 개정)

2) 주류 제조자와 「소득세법 시행령」 제98조 제1항 또는 「법인세법 시행령」 제2조 제8항 각 호의 어느 하나에 해당하는 관계에 있는 자가 경영하는 판매장 (2025. 2. 28. 개정)

바. 주류의 가격에 운송비가 포함(운송비를 주류의 가격과 별도로 수령하는 경우를 포함한다)되어 있음에도 불구하고 거리와 상관없이 주류 제조자가 상대방으로부터 받는 운송비가 동일한 경우 : 그 운송비를 포함하는 가격에 상당하는 금액 (2021. 2. 17. 개정)

사. 소규모주류제조자가 약주 · 청주를 제조하는 경우(위탁제조주류를 제조하는 경우는 제외한다. 이하 이 목에서 같다) : 다음의 구분에 따른 금액 (2021. 2. 17. 개정)

1) 「주류 면허 등에 관한 법률 시행령」 별표 1 제4호의 비고 제1호 가목부터 다목까지의 규정에 따라 판매하는 경우 :

☞ p.3329 2단 연결

<제7조 ②>

2. 수입하는 경우 : 수입신고를 하는 때의 가격 (2020. 12. 29. 개정)
③ 제2항에 따른 주류 제조장에서 반출하는 때의 가격에는 그 주류의 주세액에 해당하는 금액은 포함하지 아니하며, 그 용기 대금과 포장비용을 포함한다. 다만, 대통령령으로 정하는 용기 대금 또는 포장비용은 포함하지 아니한다. (2020. 12. 29. 개정)
④ 제1항에 따른 주류 수량과 제2항에 따른 주류 가격의 계산에 필요한 사항은 대통령령으로 정한다. (2020. 12. 29. 개정)

제8조【세 율】① 주류에 대한 세율은 다음과 같다. (2020. 12. 29. 개정)
1. 주정 : 1킬로리터당 5만 7천원(알코올분 95도를 초과하는 경우에는 그 초과하는 1도마다 600원을 더하여 계산한다) (2020. 12. 29. 개정)
2. 발효주류 : 다음 각 목에 따른 세율 (2020. 12. 29. 개정)
가. 탁주: 1킬로리터당 4만4400원 (2023. 12. 31. 개정)

나. 약주 · 과실주 · 청주 : 100분의 30 (2020. 12. 29. 개정)
다. 맥주 : 1킬로리터당 88만5700원. 다만, 별도의 추출장치를 사용하는 8리터 이상의 용기에 담아 판매되는 맥주로서 2026년 12월 31일 이전에 주류 제조장에서 반출하거나 수입신고하는 맥주에 대한 세율은 본문에 따른 세율의 100분의 80으로 하며, 100원 미만은 버린다. (2023. 12. 31. 개정)

② 법 제7조 제2항 제2호에 따라 수입하는 주류의 가격은 「관세법」 제241조에 따라 수입신고를 하는 때의 가격(관세의 과세가격과 관세를 합한 금액을 말한다)으로 한다. (2021. 2. 17. 개정)
③ 제1항에 따라 주류의 가격을 산정할 때 국군부대 또는 공신력이 있다고 인정되는 판매기관과의 직접계약에 따라 반출하는 경우에는 그 계약금액을 통상가격으로 한다. (2021. 2. 17. 개정)

제5조의 2【기준판매비율】① 제5조 제1항 각 호 외의 부분에 따른 기준판매비율은 주류의 종류 및 주류제조자의 판매 방식에 따라 조사한 평균적인 판매비용(제조단계 후 발생하는 비용을 말한다) 등을 고려해 기획재정부령으로 정하는 절차를 거쳐 국세청장이 고시하는 비율로 한다. 이 경우 국세청장은 주류의 종류(법 제5조 제1항에 따라 분류된 주류를 말한다)를 구분해 기준판매비율을 고시할 수 있다. (2023. 12. 14. 신설)
② 제1항에 따른 기준판매비율의 적용기간은 2년의 범위에서 국세청장이 정하여 고시한다. (2023. 12. 14. 신설)

제6조【용기 대금과 포장비용 등의 계산】① 제5조 제1항에 따라 주류의 가격을 산정할 때 병입(瓶入)반출하지 않는 주류에 대하여 용기 또는 포장물을 해당 주류의 제조장에 반환할 조건으로 그 용기 대금과 포장비용을 공제한 금액으로 반출하는 경우에는 그 금액을 통상가격으로 한다. (2021. 2. 17. 개정)
② 주류 제조자가 주류를 반출할 때 반복하여 사용할 수 있는 용기 또는 포장물을 회수나 재사용하기 위하여 「자원의 절약과 재활용촉진에 관한 법률」 제15조의 2에 따라 자원순환보증금을 받는 경우에는 해당 자원순환보증금은 법 제7조 제2항 제1호에 따른 반출하는 때의 가격에 포함하지 않는다. (2021. 11. 23. 개정 ; 자원의 절약과～시행령 부칙)
③ 법 제7조 제3항 단서에서 "대통령령으로 정하는 용기 대금 또는 포장비용"이란 다음 각 호의 것을 말한다. (2021. 2. 17. 개정)
1. 주류를 넣을 목적으로 특별히 제조된 도자기병과 이를 포장하기 위

제2조【계약금액에 따른 주류가격의 산정】① 「주류 면허 등에 관한 법률」 제3조에 따른 주류 제조면허를 받은 자(이하 "주류제조자"라 한다)가 「주세법 시행령」(이하 "영"이라 한다) 제5조 제3항을 적용받으려는 경우에는 납품계약을 한 주류의 종류, 수량, 계약기간, 계약상대기관 및 계약금액 등을 적은 서류를 관할 세무서장에게 제출해야 한다. (2021. 3. 16. 개정)
② 제1항에 따라 서류를 제출받은 관할 세무서장은 해당 납품계약의 금액을 영 제5조 제1항 제1호에 따른 통상가격(이하 "통상가격"이라 한다)으로 하기에 적정한지를 확인해야 한다. (2021. 3. 16. 개정)
③ 주류제조자가 제2항에 따라 관할 세무서장의 확인을 거쳐 납품계약의 금액을 통상가격으로 하는 경우에는 「주세법」(이하 "법"이라 한다) 제9조에 따른 신고서를 제출할 때에 계약상대기관의 장이 발행하는 납품증명서를 함께 제출해야 한다. (2021. 3. 16. 개정)

제2조의 2【기준판매비율의 결정】 국세청장은 영 제5조의 2 제1항에 따른 기준판매비율을 결정하려면 「개별소비세법 시행규칙」 제2조의 2에 따른 기준판매비율심의회의 심의를 거쳐야 한다. (2023. 12. 14. 신설)

3. 증류주류 : 100분의 72 (2020. 12. 29. 개정)
4. 기타 주류 (2020. 12. 29. 개정)
　가. 별표 제4호 가목 및 다목부터 마목까지의 주류 : 100분의 72.
　　　다만, 별표 제4호 다목의 주류 중 불휘발분이 30도 이상인 것은
　　　100분의 10으로 한다. (2020. 12. 29. 개정)
　나. 별표 제4호 나목의 주류 : 100분의 30 (2020. 12. 29. 개정)
② 탁주 또는 맥주의 세율은 다른 주류와의 과세형평성, 조세부담 수
준, 주류의 가격안정 등을 고려하여 제1항 제2호 가목 또는 다목에 따
른 세율의 100분의 30의 범위에서 대통령령으로 조정할 수 있다.
(2023. 12. 31. 신설)

편주 ▶

• 2024. 1. 1. 전에 주류 제조장에서 반출하였거나 수입신고한 탁주의 세
　율에 관하여는 법 8조 2항의 개정규정에도 불구하고 종전의 법 8조 1항
　2호 가목에 따름. (법 부칙(2023. 12. 31.) 2조 1항)
• 2024. 1. 1. 전에 주류 제조장에서 반출하였거나 수입신고한 맥주의 세
　율에 관하여는 법 8조 2항의 개정규정에도 불구하고 종전의 법 8조 1항
　2호 다목에 따름. (법 부칙(2023. 12. 31.) 2조 2항)

③ 전통주로서 대통령령으로 정하는 주류 중 대통령령으로 정하는 반출 수량 이하의
것에 대한 세율은 제1항 또는 제2항에 따른 세율의 100분의 50으로 한다. (2023. 12.
31. 개정)

편주 ▶

2024. 1. 1. 전에 주류 제조장에서 반출하였거나 수입신고한 탁주의 세율
에 관하여는 법 3항의 개정규정에도 불구하고 종전의 법 8조 1항 2호 가목
에 따름. (법 부칙(2023. 12. 31.) 2조 1항)

③ 전통주로서 대통령령으로 정하는 주류 중 대통령령으로 정하는 반
출 수량 이하의 것에 대한 세율은 제1항 또는 제2항에 따른 세율의
100분의 50의 범위에서 대통령령으로 정하는 바에 따라 경감할 수 있
다. (2024. 12. 31. 개정)

한 포장물의 가격 (2021. 2. 17. 개정)
2. 주류의 용기 또는 포장에 붙여 반출되는 것으로서 상품정보를 무선
으로 식별하도록 제작된 전자인식표의 가격 (2021. 2. 17. 개정)
3. 전통주에 사용되는 모든 용기 대금과 포장비용 (2021. 2. 17. 개정)
④ 제3항에 따른 용기 대금 및 포장비용은 주류의 가격과 구분하여 계
산해야 한다. (2021. 2. 17. 개정)

제7조 【세　율】 ① 법 제8조 제1항 제2호 가목 및 다목에 따라 2023년 4월 1일부
터 2024년 3월 31일까지 주류 제조장으로부터 반출하거나 수입신고하는 탁주와 맥주에
적용하는 세율 및 가격변동지수는 다음 각 호의 구분에 따른다. (2023. 2. 28. 개정)
1. 탁주 : 1킬로리터당 44,400원(가격변동지수 : 3.57퍼센트) (2023. 2. 28. 개정)
2. 맥주 : 1킬로리터당 885,700원(가격변동지수 : 3.57퍼센트) (2023. 2. 28. 개정)

제7조 【세　율】 ① 삭 제 (2024. 2. 29.)

② 법 제8조 제3항에서 "대통령령으로 정하는 주류"란 법 제5조 제1항 제2호·제3호,
법 별표 제4호 가목부터 마목까지의 규정에 따른 주류(이하 이 조에서 "경감세율적용
대상주류"라 한다)로서 다음 각 호의 구분에 따른 기준(이하 이 조에서 "경감세율적용
기준"이라 한다)을 충족하는 주류를 말한다. (2021. 2. 17. 개정)

② 법 제8조 제3항에서 "대통령령으로 정하는 주류"란 전통주로서 법
제5조 제1항 제2호·제3호, 별표 제4호 가목부터 마목까지의 규정
에 따른 주류(이하 이 조 및 별표 2에서 "경감세율적용대상주류"라 한
다)로서 다음 각 호의 구분에 따른 기준(이하 이 조에서 "경감세율적
용기준"이라 한다)을 충족하는 주류를 말한다. (2025. 2. 28. 개정)

1. 법 제5조 제1항 제2호 또는 법 별표 제4호 나목에 따른 주류의 경우 : 직전 주조연도
의 과세대상 반출 수량을 기준으로 500킬로리터 이하로 제조할 것 (2021. 2. 17. 개정)

1. 법 제5조 제1항 제2호 또는 별표 제4호 나목에 따른 주류의 경우
　: 직전 주조연도의 과세대상 반출 수량을 기준으로 1천킬로리터 이
　하로 제조할 것 (2025. 2. 28. 개정)

2. 법 제5조 제1항 제3호, 별표 제4호 가목 또는 같은 호 다목부터 마목까지의 규정에
따른 주류의 경우 : 직전 주조연도의 과세대상 반출 수량을 기준으로 250킬로리터
이하로 제조할 것 (2021. 2. 17. 개정)

2. 법 제5조 제1항 제3호, 별표 제4호 가목 또는 같은 호 다목부터 마
　목까지의 규정에 따른 주류의 경우 : 직전 주조연도의 과세대상 반
　출 수량을 기준으로 500킬로리터 이하로 제조할 것 (2025. 2. 28.
　개정)

편주 ▶

영 6조 3항 3호의 개정규정은 2014. 4. 1.
후 제조장으로부터 출고한 주류부터 적용함.
(영 부칙(2021. 2. 17.) 4조)

편주 ▶

영 7조 2항·4항 및 5항의 개정규정은
2025. 2. 28.이 속하는 주조연도에 반출하
는 주류부터 적용함. (영 부칙(2025. 2. 28.)
2조)

③ 제2항을 적용할 때 다음 각 호의 구분에 따른 주류는 경감세율적용기준을 충족한 것으로 본다. (2021. 2. 17. 개정)

1. 경감세율적용대상주류의 제조면허를 신규로 받은 경우 : 해당 주류 제조자가 제조면허를 받은 주조연도에 제조하는 주류 (2021. 2. 17. 개정)

2. 경감세율적용대상주류의 직전 주조연도 과세대상 반출 수량이 최초로 경감세율적용기준을 초과한 경우 : 그 초과사유가 발생한 주조연도와 그 다음 2주조연도까지 제조하는 주류 (2021. 2. 17. 개정)

④ 법 제8조 제3항에서 "대통령령으로 정하는 반출 수량"이란 다음 각 호의 구분에 따른 수량을 말한다. (2021. 2. 17. 개정)

1. 법 제5조 제1항 제2호 또는 법 별표 제4호 나목에 따른 주류의 경우 : 해당 주조연도의 과세대상 반출 수량 중 먼저 반출된 200킬로리터 (2021. 2. 17. 개정)

1. 법 제5조 제1항 제2호 또는 별표 제4호 나목에 따른 주류의 경우 : 해당 주조연도의 과세대상 반출 수량 중 먼저 반출된 400킬로리터 (2025. 2. 28. 개정)

2. 법 제5조 제1항 제3호, 별표 제4호 가목 또는 같은 호 다목부터 마목까지의 규정에 따른 주류의 경우 : 해당 주조연도의 과세대상 반출 수량 중 먼저 반출된 100킬로리터 (2021. 2. 17. 개정)

2. 법 제5조 제1항 제3호, 별표 제4호 가목 또는 같은 호 다목부터 마목까지의 규정에 따른 주류의 경우 : 해당 주조연도의 과세대상 반출 수량 중 먼저 반출된 200킬로리터 (2025. 2. 28. 개정)

⑤ 법 제8조 제3항에 따라 세율을 경감하여 계산할 때에는 같은 조 제1항 또는 제2항에 따른 세율(이하 이 항에서 "기본세율"이라 한다)에서 다음 각 호의 구분에 따라 계산한 경감세율을 빼고 계산한다. 이 경우 법 제5조 제1항 제2호 가목의 주류에 대한 세율의 100원 미만은 버린다. (2025. 2. 28. 신설)

1. 법 제5조 제1항 제2호 또는 별표 제4호 나목에 따른 주류의 경우: 기본세율에 다음 각 목의 구분에 따른 비율을 곱하여 계산 (2025. 2. 28. 신설)

　가. 해당 주조연도의 과세대상 반출 수량 중 먼저 반출된 200킬로리터 이하의 수량 : 100분의 50 (2025. 2. 28. 신설)

　나. 가목의 수량 반출 후 반출된 200킬로리터 초과 400킬로리터 이

하의 수량 : 100분의 30 (2025. 2. 28. 신설)
2. 법 제5조 제1항 제3호, 별표 제4호 가목 또는 같은 호 다목부터 마목까지의 규정에 따른 주류의 경우 : 기본세율에 다음 각 목의 구분에 따른 비율을 곱하여 계산 (2025. 2. 28. 신설)
　가. 해당 주조연도의 과세대상 반출 수량 중 먼저 반출된 100킬로리터 이하의 수량 : 100분의 50 (2025. 2. 28. 신설)
　나. 가목의 수량 반출 후 반출된 100킬로리터 초과 200킬로리터 이하의 수량 : 100분의 30 (2025. 2. 28. 신설)

제 3 장　신고와 납부

제9조 【과세표준 등의 신고】 ① 주류 제조장에서 주류를 반출한 자는 매 분기 주류 제조장에서 반출한 주류의 종류, 알코올분, 수량, 가격, 세율, 산출세액, 공제세액, 환급세액, 납부세액 등을 적은 신고서를 반출한 날이 속하는 분기의 다음 달 25일까지 관할 세무서장에게 제출하여야 한다. (2020. 12. 29. 개정)
② 주류 제조자는 제15조 제2호 · 제3호 또는 제16조에 해당하는 경우에는 그 사유가 발생한 날이 속하는 달의 다음 달 말일까지 반출된 것으로 보는 주류에 대하여 제1항에 따른 신고서를 관할 세무서장에게 제출하여야 한다. (2020. 12. 29. 개정)
③ 주류를 수입하는 자는 수입신고하는 때에 「관세법」에 따른 신고서를 관할 세관장에게 제출하여야 한다. (2020. 12. 29. 개정)

제10조 【납 부】 ① 주류 제조장에서 주류를 반출한 자는 반출한 주류의 수량 또는 가격에 세율을 곱하여 산출한 세액을 관할 세무서장에게 납부하여야 한다. (2020. 12. 29. 개정)
② 주류를 수입하는 자는 수입한 주류의 수량 또는 가격에 세율을 곱하여 산출한 세액을 관할 세관장에게 납부하여야 한다. (2020. 12. 29. 개정)

제 3 장　신고와 납부

제8조 【과세표준의 신고】 법 제9조 제1항 및 제2항에 따른 신고는 기획재정부령으로 정하는 주세과세표준신고서에 따른다. (2021. 2. 17. 개정)

제9조 【납 부】 법 제10조 제1항에 따라 주세를 납부하는 자는 법 제11조에 따른 기한까지 납부할 세액을 관할 세무서장, 한국은행(그 대리점을 포함한다) 또는 체신관서에 납부해야 한다. (2021. 2. 17. 개정)

제10조 【반출주류의 수량 산정방법】 ① 법 제10조에 따라 주류 제조장으로부터 반출한 주류의 수량을 산정할 때에는 「주류 면허 등에

제3조 【과세표준의 신고】 ① 법 제9조 제1항 및 제2항에 따라 과세표준을 신고하려는 자는 별지 제1호 서식의 주세과세표준신고서에 다음 각 호의 서류를 첨부하여 관할 세무서장에게 제출해야 한다. (2021. 3. 16. 개정)
1. 별지 제2호 서식의 주류반출명세서 1부 (2023. 3. 20. 개정)
2. 별지 제3호 서식의 주류 수불상황표 1부 (2021. 3. 16. 개정)
3. 별지 제4호 서식의 전통주 주세율 경감 기준 검토표 1부(경감대상에 해당하는 경우로 한정한다) (2021. 3. 16. 개정)
4. 별지 제5호 서식의 환입 · 폐기 주류 세액공제(환급) 신청서 1부(세액공제신청을 하는 경우로 한정한다) (2021. 3. 16. 개정)
5. 별지 제6호 서식의 원료용 주류 세액공

제11조【납부기한】 ① 주세는 매 분기 분을 제9조 제1항에 따른 신고서 제출기한까지 관할 세무서장에게 납부하여야 한다. 다만, 수입하는 주류에 관하여는 「관세법」에 따른다. (2020. 12. 29. 개정)
② 제9조 제2항에 따른 신고를 하는 경우에는 주세를 해당 신고서 제출기한까지 관할 세무서장에게 납부하여야 한다. (2020. 12. 29. 개정)

관한 법률」 제27조에 따라 검정한 주류의 수량에서 앙금분리·여과·저장·용기주입 및 반출과정 중 생기는 실감량(實減量)을 인정할 수 있다. 다만, 「주류 면허 등에 관한 법률」 제22조에 따른 납세증명표지를 붙이지 않은 주류의 경우에는 다음 각 호의 범위에서 실감량을 인정할 수 있다. (2021. 2. 17. 개정)
1. 주정 : 검정 수량의 100분의 1 이내 (2021. 2. 17. 개정)
2. 청주 : 검정 수량의 100분의 5 이내 (2021. 2. 17. 개정)
3. 맥주 : 검정 수량의 1천분의 35 이내(소규모주류제조자가 제조하는 맥주의 경우에는 1천분의 70 이내) (2021. 2. 17. 개정)
4. 제1호부터 제3호까지에서 규정한 주류 외의 주류 : 검정 수량의 100분의 2 이내 (2021. 2. 17. 개정)
② 위스키 또는 브랜디의 원액(물을 혼합하지 않은 것을 말한다)을 나무통에 넣어 저장하는 경우에는 제1항 제4호에 따른 실감량 외에 연간 100분의 2 이내에서 실감량을 추가로 인정할 수 있다. (2021. 2. 17. 개정)
② 주류의 원액(물을 혼합하지 않은 것을 말한다)을 나무통에 넣어 저장하는 경우에는 제1항 각 호에 따른 실감량 외에 연간 100분의 4 이내에서 실감량을 추가로 인정할 수 있다. (2025. 2. 28. 개정)

제 신청서 1부(세액공제신청을 하는 경우로 한정한다) (2021. 3. 16. 개정)
6. 별지 제7호 서식의 수출·납품용 원료 주류 세액공제(환급) 신청서 1부(공제세액이 납부세액을 초과하는 경우로 한정한다) (2021. 3. 16. 개정)
② 별지 제1호 서식의 주세과세표준 신고서에 적어야 할 주류의 수량을 계산할 때 주류별·규격별 또는 용량별로 합계하여 산출한 수량에서 10밀리리터 단위 미만의 단수가 생기는 경우에는 이를 계산하지 않는다. (2021. 3. 16. 개정)

영 10조 2항의 개정규정은 2025. 2. 28. 이후 제조장으로부터 반출하는 주류부터 적용함. (영 부칙(2025. 2. 28.) 3조)

제 4 장 결정 · 경정과 징수 및 환급

제 4 장 결정 · 경정과 징수 및 환급

제12조【결정 및 경정】 ① 관할 세무서장 또는 관할 지방국세청장(이하 "관할 세무서장등"이라 한다)은 제9조 제1항 또는 제2항에 따른 신고서의 제출이 없는 경우에는 과세표준과 세액을 결정한다. (2020. 12. 29. 개정)
② 관할 세무서장등은 제9조 제1항 또는 제2항에 따라 제출된 내용에 오류 또는 누락이 있는 경우에는 과세표준과 세액을 경정한다. (2020. 12. 29. 개정)
③ 관할 세무서장등이 제1항 또는 제2항에 따라 과세표준과 세액을 결정하거나 경정하는 경우에는 장부나 그 밖의 증명서류를 근거로 하여야 한다. 다만, 다음 각 호의 어느 하나에 해당하는 사유가 있는 경우에는 대통령령으로 정하는 바에 따라 추계할 수 있다. (2020. 12. 29. 개정)

제11조【추계결정의 방법】 법 제12조 제3항 단서에 따라 추계를 할 때에는 다음 각 호의 구분에 따른 방법에 따른다. (2021. 2. 17. 개정)
1. 국세청장이 사업의 종류·지역 등을 고려하여 다음 각 목의 관계에 대하여 조사한 비율이 있는 경우 : 그 비율을 적용하여 계산하는 방

2012. 2. 2. 전 과세표준 및 세액을 추계하는 분에 대해서는 영 11조의 개정규정에도

1. 과세표준을 계산할 때 필요한 장부 또는 그 밖의 증명 자료가 없거
　나 그 중요한 부분이 갖추어지지 아니한 경우 (2020. 12. 29. 개정)
2. 장부 또는 그 밖의 증명 자료의 내용이 시설규모, 종업원 수와 원자
　재·상품·제품 또는 각종 요금의 시가 등에 비추어 거짓임이 명백
　한 경우 (2020. 12. 29. 개정)
3. 장부 또는 그 밖의 증명 자료의 내용이 원자재 사용량, 동력 사용량
　이나 그 밖의 조업상황 등에 비추어 거짓임이 명백한 경우 (2020.
　12. 29. 개정)
④ 관할 세무서장등은 과세표준과 세액을 결정 또는 경정한 후 그 결
정 또는 경정에 오류 또는 누락이 있는 것을 발견한 경우에는 지체 없
이 이를 다시 경정한다. (2020. 12. 29. 개정)

　제13조【주세의 징수】제10조에 따라 주세를 납부하여야 할 자가
그 납부하여야 할 세액의 전부 또는 일부를 납부하지 아니한 경우에는
관할 세무서장 또는 관할 세관장은 그 납부하지 아니한 세액을 「국세
징수법」 또는 「관세법」에 따라 징수한다. (2020. 12. 29. 개정)

　제14조【수입 주류에 대한 과세】수입하는 주류에 대한 주세의
부과 및 징수에 관하여 이 법에서 정하지 아니한 사항에 관하여는 「관
세법」에 따른다. (2020. 12. 29. 개정)

　제15조【반출된 것으로 보는 경우】주류가 다음 각 호의 어느 하
나에 해당하는 경우에는 제조장에서 반출된 것으로 본다. (2020. 12.
29. 개정)
1. 제조장에서 마신 경우 (2020. 12. 29. 개정)

법 (2021. 2. 17. 개정)
가. 투입 원재료·부재료의 전부 또는 일부의 수량 및 가액과 생산
　량 및 매출액과의 관계 (2021. 2. 17. 개정)
나. 사업과 관련된 인적·물적 시설(종업원, 사업장, 차량, 수도 및
　전기 등을 말한다)의 전부 또는 일부의 수량 및 가액과 생산량
　및 매출액과의 관계 (2021. 2. 17. 개정)
다. 일정한 기간의 평균 재고량 및 재고금액과 생산량 및 매출액과
　의 관계 (2021. 2. 17. 개정)
라. 일정한 기간의 매출 총이익 또는 부가가치액과 매출액과의 관계
　(2021. 2. 17. 개정)
2. 추계결정·경정대상 사업자에 대하여 제1호의 비율을 직접 산정할
　수 있는 경우 : 직접 산정한 비율을 적용하여 계산하는 방법 (2021.
　2. 17. 개정)
3. 제1호 및 제2호 외의 경우 : 기장(記帳)이 정당하다고 인정되고 신고
　가 성실하여 법 제12조 제1항 및 제2항에 따른 결정 및 경정을 받지
　않은 다른 동업자와 비교하여 계산하는 방법 (2021. 2. 17. 개정)

　제12조【반출된 것으로 보는 주류 가격 등의 계산】① 법 제15
조 제1호·제2호·제4호 및 제16조에 따라 반출된 것으로 보는 주류
(이하 이 조에서 "반출간주주류"라 한다)의 가격(과세표준이 되는 가격
을 말한다. 이하 이 조에서 같다)은 반출된 것으로 보는 날이 속하는
달 또는 그 직전 달의 해당 주류와 동일한 규격과 용량에 대한 통상가
격으로 한다. (2021. 2. 17. 개정)
② 제1항을 적용할 때 반출간주주류를 용기에 넣지 않거나 포장하지
않은 상태로 둔 경우에는 반출된 것으로 보는 날이 속하는 달 또는 그
직전 달 중 가장 많은 양의 판매실적을 가진 용기의 종류에 따라 그
주류의 수량(과세표준이 되는 수량을 말한다)을 환산한다. (2021. 2.
17. 개정)

불구하고 대통령령 23598호로 개정되기 전
의 「주세법 시행령」 24조 1항에 따름. (영
부칙(2021. 2. 17.) 8조)

2. 「주류 면허 등에 관한 법률」 제13조에 따라 주류 제조면허가 취소
   된 경우로서 주류가 제조장에 남아 있는 경우. 다만, 대통령령으로
   정하는 경우는 제외한다. (2020. 12. 29. 개정)
3. 제조장에 있는 주류가 공매 또는 경매되거나 파산절차에 따라 환가
   (換價)된 경우 (2020. 12. 29. 개정)
4. 제조장에 있는 주류가 「부가가치세법」 제10조에 따라 재화의 공급
   으로 보는 경우에 해당하는 경우 (2020. 12. 29. 개정)

   제16조【담보 미제공 등의 주세 징수】 제21조에 따라 주세에 대
한 담보를 제공하거나 주류를 보존할 것을 명한 경우로서 해당 담보의
제공 또는 주류의 보존을 하지 아니한 경우에는 제조장에 있는 주류를
제조장에서 반출된 것으로 보아 지체 없이 그 주세를 징수한다. (2020.
12. 29. 개정)

   제17조【미납세 반출 등】 ① 다음 각 호의 어느 하나에 해당하는
주류에 대해서는 대통령령으로 정하는 바에 따라 주세를 징수하지 아
니한다. (2020. 12. 29. 개정)
1. 제20조 제1항 제1호에 따른 주류를 수출하기 위하여 다른 장소로
   반출하는 것(내국신용장 또는 「대외무역법」에 따른 구매확인서가
   있는 경우만 해당한다) (2020. 12. 29. 개정)
2. 주류를 제조 또는 가공하기 위한 원료로 사용하기 위하여 주류 제조
   장에서 반출하거나 또는 보세구역에서 반출하는 것 (2020. 12. 29.
   개정)
② 주류 제조장 또는 보세구역에서 제1항 각 호의 어느 하나에 해당하
는 주류를 반출하려는 자는 대통령령으로 정하는 바에 따라 관할 세무
서장 또는 관할 세관장의 승인을 받아야 한다. (2021. 12. 21. 신설)
③ 제1항 각 호에 따른 주류로서 반입 장소에 반입된 사실을 대통령령
으로 정하는 바에 따라 증명하지 아니한 것에 대해서는 반출자로부터

③ 법 제15조 제3호에 따라 반출된 것으로 보는 주류의 가격은 공매·
경매 또는 파산절차에 따라 환가(換價)된 금액으로 한다. (2021. 2. 17.
개정)

   제13조【반출간주 배제】 ① 법 제15조 제2호 단서에서 "대통령령
으로 정하는 경우"란 다음 각 호의 경우를 말한다. (2021. 2. 17. 개정)
1. 관할 세무서장이 주류의 제조면허를 취소하고 「주류 면허 등에 관한
   법률 시행령」 제12조 제3항에 따라 기간을 정하여 주류 제조장에
   현존하는 반제품에 대하여 제조·반출과 그 밖에 필요한 행위를 계
   속하게 한 경우 (2021. 2. 17. 개정)
2. 주류 제조자가 「주류 면허 등에 관한 법률 시행령」 제14조 제1항
   에 따라 면허취소신청서를 제출하는 때에 주류 제조장에 현존하
   는 주류를 반출기간을 정하여 계속 반출하는 것에 대하여 관할
   세무서장의 승인을 받은 경우 (2021. 2. 17. 개정)
② 제1항 각 호에 따른 기간 내에 제조·반출과 그 밖에 필요한 행위
를 끝내지 않은 경우에는 그 기간이 끝난 날을 면허를 취소한 날로
보아 법 제15조 제2호 본문을 적용한다. (2021. 2. 17. 개정)

   제14조【미납세 반출승인신청】 ① 법 제17조 제1항 각 호의 어
느 하나에 해당하는 주류를 주류 제조장 또는 보세구역에서 반출하려
는 자는 해당 주류를 반출하는 때에 다음 각 호의 사항을 적은 신청서
를 관할 세무서장 또는 관할 세관장에게 제출하여 그 승인을 받아야
한다. (2021. 2. 17. 개정)
1. 신청인의 인적사항 (2021. 2. 17. 개정)
2. 반출장소 (2021. 2. 17. 개정)
3. 주류의 종류별·용량별·알코올분별 수량 및 가격 (2021. 2. 17. 개정)
4. 주세 상당액 (2021. 2. 17. 개정)
5. 반입장소 (2021. 2. 17. 개정)
6. 반입자의 인적사항 (2021. 2. 17. 개정)
7. 반출예정 연월일 (2021. 2. 17. 개정)
8. 반입증명서의 제출기한 (2021. 2. 17. 개정)
9. 신청사유 (2021. 2. 17. 개정)

그 주세를 징수한다. (2021. 12. 21. 항번개정)

④ 제1항에 따른 주류가 반입 장소에 반입되기 전에 자연재해나 그 밖의 부득이한 사유로 멸실된 경우에는 대통령령으로 정하는 바에 따라 그 주세를 징수하지 아니한다. (2021. 12. 21. 항번개정)

② 제1항에 따른 신청서에는 다음 각 호의 구분에 따른 서류를 첨부해야 한다. (2021. 2. 17. 개정)
1. 법 제17조 제1항 제1호에 해당하는 경우 : 내국신용장 또는 「대외무역법」에 따른 구매확인서 (2021. 2. 17. 개정)
2. 법 제17조 제1항 제2호에 해당하는 경우 : 원료용 주류임을 증명할 수 있는 서류 (2021. 2. 17. 개정)
③ 제1항에 따른 신청을 받은 관할 세무서장 또는 관할 세관장은 반출승인을 한 경우 해당 신청인에게 승인서를 발급하고, 반입지 관할 세무서장 또는 관할 세관장에게 그 사실을 통지해야 한다. (2021. 2. 17. 개정)
④ 관할 세무서장 또는 관할 세관장은 제3항에 따라 승인서를 발급하는 경우 주류를 반출하는 날부터 2개월이 되는 날까지 신청인에게 반입증명서(제16조 제2항에 따라 반입신고를 한 자가 발급받은 것을 말한다. 이하 같다)를 제출하도록 해야 한다. (2021. 2. 17. 개정)

　제15조【재해 등으로 인한 멸실승인신청】① 법 제17조 제4항을 적용받으려는 자는 제14조 제4항에 따른 반입증명서 제출기한(이하 "반입증명서제출기한"이라 한다)까지 다음 각 호의 사항을 적은 신청서를 관할 세무서장 또는 관할 세관장에게 제출하여 그 승인을 받아야 한다. (2022. 2. 15. 개정)
1. 신청인의 인적사항 (2021. 2. 17. 개정)
2. 주류 제조장의 위치·승인번호 및 승인 연월일(수입주류의 경우에는 수출국명) (2021. 2. 17. 개정)
3. 멸실 주류의 종류별·용량별·알코올분별 수량 및 가격 (2021. 2. 17. 개정)
4. 주세 상당액 (2021. 2. 17. 개정)
5. 멸실된 연월일·장소·사유 및 멸실 주류의 처리방법 (2021. 2. 17. 개정)
6. 반입증명서제출기한 (2021. 2. 17. 개정)
② 법 제20조 제3항 단서를 적용받으려는 자는 해당 사유가 발생한 날부터 30일 이내에 다음 각 호의 사항을 적은 신청서를 주류 제조장 관할 세무서장 또는 관할 세관장에게 제출하여 그 승인을 받아야 한다.

(2021. 2. 17. 개정)
1. 신청인의 인적사항 (2021. 2. 17. 개정)
2. 주류 제조장의 위치(수입주류의 경우에는 수출국명) (2021. 2. 17. 개정)
3. 주류의 멸실 장소 (2021. 2. 17. 개정)
4. 주세의 면제를 승인한 연월일과 승인번호 (2021. 2. 17. 개정)
5. 주류의 종류별·용량별·알코올분별 수량 및 가격 (2021. 2. 17. 개정)
6. 주세 상당액 (2021. 2. 17. 개정)
③ 제1항 또는 제2항의 경우에 멸실된 장소가 주류 제조장 소재지 관할 세무서 또는 관할 세관의 관할구역 외의 지역일 때에는 멸실된 장소 관할 세무서장 또는 관할 세관장이 발급하는 다음 각 호의 사항을 적은 증명서를 제1항 또는 제2항에 따른 신청서에 첨부해야 한다. (2021. 2. 17. 개정)
1. 신청인의 인적사항 (2021. 2. 17. 개정)
2. 주류 제조장의 소재지(수입주류의 경우에는 수출국명) (2021. 2. 17. 개정)
3. 면세 또는 반출승인 세무서명(세관명), 승인 연월일 및 승인번호 (2021. 2. 17. 개정)
4. 멸실 주류의 종류별·용량별·알코올분별 수량 및 가격 (2021. 2. 17. 개정)
5. 멸실된 연월일·장소 및 사유 (2021. 2. 17. 개정)
6. 반출자의 인적사항 (2021. 2. 17. 개정)

⑤ 제1항에 따른 주류를 반입한 자는 반입한 날이 속한 달의 다음 달 10일까지 그 반입 사실을 반입지 관할 세무서장 또는 관할 세관장에게 신고하여야 한다. (2021. 12. 21. 항번개정)
⑥ 제1항에 따른 주류에 대하여 제13조를 적용할 때에는 그 주류의 반입 장소를 주류 제조장으로 보고, 반입자를 주류 제조장에서 주류를 반출한 자로 본다. (2021. 12. 21. 항번개정)

제16조【반입신고 및 반입증명】① 법 제17조 제5항에 따라 반입 사실을 신고하려는 자는 다음 각 호의 사항을 적은 신고서를 반입지 관할 세무서장 또는 관할 세관장에게 제출해야 한다. (2022. 2. 15. 개정)
1. 신고인의 인적사항 (2021. 2. 17. 개정)
2. 승인번호 및 승인 연월일 (2021. 2. 17. 개정)
3. 주류의 종류별·용량별·알코올분별 수량 및 가격 (2021. 2. 17. 개정)
4. 반입장소 (2021. 2. 17. 개정)

제18조【환입 주류에 대한 세액공제 및 환급】① 이미 주세가 납부되었거나 납부되어야 할 주류가 다음 각 호의 어느 하나의 경우에 해당하면 납부 또는 징수하여야 할 세액에서 그 세액을 공제하고, 납부 또는 징수할 세액이 없는 경우에는 이미 납부한 세액을 환급한다. (2020. 12. 29. 개정)

1. 변질, 품질불량, 대통령령으로 정하는 생산 중단이나 그 밖의 부득이한 사유로 동일한 주류 제조자의 주류 제조장 중 어느 한 곳으로 다시 들어온 경우 (2020. 12. 29. 개정)

2. 변질, 품질불량, 대통령령으로 정하는 수입 중단이나 그 밖의 부득이한 사유로 수입신고자의 본점 소재지 또는 하치장(荷置場 : 주류의 제조자가 직접 생산한 주류와 주류판매업자가 직접 구입한 주류의 보관·관리시설을 갖춘 장소를 말한다)에서 폐기된 경우 (2020. 12. 29. 개정)

3. 유통과정 중 파손 또는 자연재해로 멸실된 경우 (2020. 12. 29. 개정)

② 제1항에 따른 공제 또는 환급을 받으려는 자는 해당 사유가 발생한 날이 속하는 분기의 다음 달 25일(주류를 수입하는 자는 해당 사유가 발생한 날이 속한 달의 다음다음 달 말일)까지 대통령령으로 정하는 바에 따라 제9조 제1항 또는 같은 조 제3항에 따른 신고와 함께 공제 또는 환급을 신청하여야 한다. (2020. 12. 29. 개정)

③ 이미 납부하였거나 납부하여야 할 가산세는 제1항에도 불구하고 공제 또는 환급하지 아니한다. (2020. 12. 29. 개정)

5. 반입사유 (2021. 2. 17. 개정)

6. 반입 연월일 (2021. 2. 17. 개정)

7. 반출자의 인적사항 (2021. 2. 17. 개정)

8. 반입증명서제출기한 (2021. 2. 17. 개정)

9. 그 밖의 참고사항 (2021. 2. 17. 개정)

② 제1항에 따른 신고를 받은 반입지 관할 세무서장 또는 관할 세관장은 반입신고를 한 자에게 반입증명서를 발급해야 한다. (2021. 2. 17. 개정)

③ 법 제17조 제1항에 따른 주류를 주류 제조장 또는 보세구역에서 반출한 자는 반입증명서제출기한까지 반입증명서를 관할 세무서장 또는 관할 세관장에게 제출해야 한다. (2021. 2. 17. 개정)

제17조【환입 주류에 대한 세액공제 및 환급】① 법 제18조 제1항 제1호에서 "대통령령으로 정하는 생산 중단"이란 주류 제조자가 법 제9조 제1항에 따라 신고한 주류의 상품을 2주조연도 이상 계속하여 제조하지 않은 경우를 말한다. (2021. 2. 17. 개정)

② 법 제18조 제1항 제2호에서 "대통령령으로 정하는 수입 중단"이란 주류를 수입하는 자가 법 제9조 제3항에 따라 신고한 주류의 상품을 2주조연도 이상 계속하여 수입하지 않은 경우를 말한다. (2021. 2. 17. 개정)

③ 법 제18조 제2항에 따라 세액공제 또는 환급을 신청하려는 자는 다음 각 호의 사항을 적은 신청서를 제8조 또는 법 제9조 제3항에 따른 신고서와 함께 관할 세무서장 또는 관할 세관장에게 제출해야 한다. (2021. 2. 17. 개정)

1. 신청인의 인적사항 (2021. 2. 17. 개정)

2. 환입·폐기(수입신고자의 본점 소재지 또는 하치장에서 폐기하는 경우를 말한다. 이하 같다)·파손 또는 멸실된 주류의 종류별·용량별·알코올분별 수량 및 가격 (2021. 2. 17. 개정)

3. 공제 또는 환급받을 주세 상당액 (2021. 2. 17. 개정)

4. 환입·폐기 사유 (2021. 2. 17. 개정)

제19조【원료용 주류에 대한 세액공제 및 환급】① 이미 과세되었거나 과세되어야 할 주류를 원료로 하여 제조한 주류(용기주입제조장에서 제조한 주류를 포함한다)에 대하여는 제7조 및 제8조에 따라 산출한 세액에서 그 원료용 주류에 대한 주세액에 해당하는 금액을 공제한 것을 그 세액으로 한다. (2020. 12. 29. 개정)
② 제1항에 따라 공제하여야 할 금액이 해당 주류에 대한 세액을 초과하는 경우에는 납부할 주세액이 없는 것으로 한다. (2020. 12. 29. 개정)
③ 제20조 제1항 제1호부터 제5호까지의 규정에 해당하는 주류의 원료용 주류에 대한 주세액에 해당하는 금액은 제2항에도 불구하고 환급한다. 다만, 납부할 주세액이 있는 경우에는 공제하여야 한다. (2020. 12. 29. 개정)
④ 제1항과 제3항에 따른 원료용 주류에 대한 주세액의 공제 및 환급에 필요한 사항은 대통령령으로 정한다. (2020. 12. 29. 개정)
⑤ 이미 납부하였거나 납부하여야 할 가산세는 제1항과 제3항에도 불구하고 공제 또는 환급하지 아니한다. (2020. 12. 29. 개정)

5. 반출·수입 연월일 및 환입·폐기 연월일 (2021. 2. 17. 개정)
④ 제3항에 따른 신청서에는 다음 각 호의 서류를 첨부해야 한다. (2021. 2. 17. 개정)
1. 주류가 변질, 품질불량, 생산·수입 중단이나 그 밖의 부득이한 사유로 환입 또는 폐기되었거나 유통과정 중 파손 또는 자연재해로 멸실된 사실을 증명하는 서류 (2021. 2. 17. 개정)
2. 이미 납부되었거나 납부해야 할 세액을 증명하는 서류 (2021. 2. 17. 개정)
⑤ 제4항 제1호에 따른 서류는 관할 세무서장, 관할 세관장 또는 권한 있는 행정기관이 변질, 품질불량, 생산·수입 중단이나 그 밖의 부득이한 사유로 환입·폐기되었거나 유통과정 중 파손 또는 자연재해로 인하여 멸실되었음을 확인한 것이어야 한다. (2021. 2. 17. 개정)

제18조【원료용 주류에 대한 세액공제 및 환급】① 법 제19조 제1항에 따라 주세액의 공제를 받으려는 자는 다음 각 호의 사항을 적은 신청서를 제8조에 따른 신고서와 함께 주류 제조장 관할 세무서장에게 제출해야 한다. (2021. 2. 17. 개정)
1. 신청인의 인적사항 (2021. 2. 17. 개정)
2. 반출한 주류의 종류별·용량별·알코올분별 수량 및 가격 (2021. 2. 17. 개정)
3. 반출한 주류에 사용된 원료용 주류의 종류별·용량별·알코올분별 수량·가격·구입처 및 구입 연월일 (2021. 2. 17. 개정)
4. 공제해야 할 주세 상당액 (2021. 2. 17. 개정)
② 법 제19조 제3항에 따라 주세액의 공제 또는 환급을 받으려는 자(제1항에 해당하는 자는 제외한다)는 다음 각 호의 사항을 적은 신청서에 법 제20조 제1항 제1호부터 제5호까지의 규정에 해당하는 사실을 증명하는 서류를 첨부하여 제8조에 따른 신고서와 함께 주류 제조장 관할 세무서장에게 제출해야 한다. (2021. 2. 17. 개정)
1. 신청인의 인적사항 (2021. 2. 17. 개정)
2. 수출 또는 납품한 주류의 종류별·용량별·알코올분별 수량 및 가격 (2021. 2. 17. 개정)

제 5 장　면　　세

제20조【면 세】 ① 다음 각 호의 어느 하나에 해당하는 주류에 대해서는 대통령령으로 정하는 바에 따라 주세를 면제한다. (2020. 12. 29. 개정)
1. 수출하는 것 (2020. 12. 29. 개정)
2. 우리나라에 주둔하는 외국 군대에 납품하는 것 (2020. 12. 29. 개정)
3. 외국에 주둔하는 국군부대에 납품하는 것 (2020. 12. 29. 개정)

4. 주한외국공관이나 그 밖에 이에 준하는 기관으로서 대통령령으로 정하는 기관에 납품하는 것 (2020. 12. 29. 개정)

3. 수출 또는 납품한 주류에 사용된 원료용 주류의 종류별·용량별·알코올분별 수량·가격·구입처 및 구입 연월일 (2021. 2. 17. 개정)
4. 수출 또는 납품 연월일 (2021. 2. 17. 개정)
5. 수출 또는 납품처 (2021. 2. 17. 개정)
6. 공제 또는 환급해야 할 주세 상당액 (2021. 2. 17. 개정)
③ 제2항에 따라 주세액의 환급신청을 받은 주류 제조장 관할 세무서장은 법 제11조에 따른 납부기한이 지난 후 10일 이내에 환급해야 한다. (2021. 2. 17. 개정)

제 5 장　면　　세

제19조【수출의 정의 등】 ① 법 제20조 제1항 제1호에서 "수출"이란 다음 각 호의 어느 하나에 해당하는 것을 말한다. (2021. 2. 17. 개정)
1. 주류를 외국으로 반출하는 것(내국신용장 또는 「대외무역법」에 따른 구매확인서에 따라 공급하는 주류를 포함한다) (2021. 2. 17. 개정)
2. 외국을 항행하는 선박·항공기 또는 원양어선에 공급하는 것 (2021. 2. 17. 개정)
3. 출입국항의 보세구역 안에서 출국하는 자에게 판매하는 것 (2021. 2. 17. 개정)
② 법 제20조 제1항 제4호 또는 같은 조 제2항 제1호에 따라 다음 각 호의 어느 하나에 해당하는 기관에 납품하거나 해당 기관이 공용품으로 직접 수입하는 주류의 경우에는 주세가 면제된다. (2021. 2. 17. 개정)
1. 다음 각 목의 어느 하나에 해당하는 기관(이하 이 조에서 "주한외국공관"이라 한다) (2021. 2. 17. 개정)

5. 외국 선원 휴게소에 납품하는 것 (2020. 12. 29. 개정)

가. 대사관 (2021. 2. 17. 개정)

나. 공사관 (2021. 2. 17. 개정)

다. 총영사관 (2021. 2. 17. 개정)

라. 영사관(명예영사관은 제외한다) (2021. 2. 17. 개정)

2. 협정에 따라 제1호에 준하는 대우를 받는 주한외국기관 (2021. 2. 17. 개정)

3. 문화체육관광부장관의 허가를 받아 설립한 외신기자클럽 (2021. 2. 17. 개정)

③ 법 제20조 제1항 제5호에 따른 주세의 면제는 외국 선원 휴게소 안에서 음용에 제공되는 경우로 한정한다. (2021. 2. 17. 개정)

④ 법 제20조 제2항 제2호에 따라 주한외국공관에 근무하는 외국인으로서 해당국의 공무원의 신분을 가진 자와 주한외국공관이나 그 밖에 이에 준하는 기관에 근무하는 외국인이 소비용으로 직접 수입하는 주류의 경우에는 주세가 면제된다. (2021. 2. 17. 개정)

제20조【수출·납품 주류의 면세승인 신청】① 법 제20조 제1항 제1호부터 제3호까지 및 제5호에 따른 주류의 주세를 면제받으려는 자는 그 주류의 반출 전에 다음 각 호의 사항을 적은 신청서를 주류 제조장 관할 세무서장에게 제출하여 그 승인을 받아야 한다. 이 경우 주류 제조자와 수출 또는 납품하는 자가 다르고 해당 주류가 제조장에서 직접 수출 또는 납품되는 경우에는 주류 제조자와 수출 또는 납품하는 자가 연명(連名)으로 신청해야 한다. (2021. 2. 17. 개정)

1. 신청인의 인적사항 (2021. 2. 17. 개정)

2. 수출 또는 납품하는 주류의 제조장의 위치 (2021. 2. 17. 개정)

3. 수출 또는 납품하는 주류의 종류별·용량별·알코올분별 수량 및 가격 (2021. 2. 17. 개정)

4. 주세 상당액 (2021. 2. 17. 개정)

5. 수출 또는 납품 연월일 (2021. 2. 17. 개정)

6. 수출항·수입지 또는 납품처·납품지 (2021. 2. 17. 개정)

7. 수출주류의 적송(積送)방법 (2021. 2. 17. 개정)

② 제1항에 따라 주세의 면제승인을 받은 자는 그 승인을 받은 날부터 3개월의 범위에서 주류 제조장 관할 세무서장이 정하는 기간 내에 수

제4조【면세승인 절차】① 관할 세무서장은 영 제20조 제1항에 따라 면세승인을 하려는 경우 주류의 종류·용량·수량·알코올분이나 그 밖에 필요한 사항을 검사·확인해야 한다. (2021. 3. 16. 개정)

② 관할 세무서장은 제1항에 따른 검사·확인을 하고 난 후 주류의 포장에 봉인을 하거나 날인을 하고 주류의 종류·용량·수량·알코올분과 검사연월일 및 관할 세무서명을 표시한 표지를 붙여야 한다. (2021. 3. 16. 개정)

③ 관할 세무서장은 영 제20조 제1항에 따라 면세승인을 하는 경우 주류의 종류·용량·수량·알코올분, 포장, 용기의 종류 및 개수, 신청인의 주소·성명 또는 명칭, 승인연월일이나 그 밖에 필요한 사항을 다음 각 호의 구분에 따른 자에게 통지해야

[법]

6. 「주류 면허 등에 관한 법률」 또는 「식품위생법」에 따라 검사 목적으로 수거하는 것 (2020. 12. 29. 개정)

7. 「무형문화재 보전 및 진흥에 관한 법률」에 따른 무형문화재로 지정받은 기능보유자가 제조한 주류로서 같은 법에 따라 무형문화재 공개에 사용되는 것 (2020. 12. 29. 개정)

8. 「약사법」에 따라 의약품을 제조할 때 원료로서 사용되는 것 (2020. 12. 29. 개정)

[영]

출신고필증 · 납품증명서 · 선(기)적완료증명서 또는 이를 갈음하는 국세청장이 정하는 서류를 주류 제조장 관할 세무서장에게 제출해야 한다. 이 경우 주류 제조장 관할 세무서장은 부득이한 사유가 있다고 인정될 때에는 3개월의 범위에서 그 기간을 연장할 수 있다. (2021. 2. 17. 개정)

③ 제2항의 수출신고필증의 경우에는 관할 세무서장이 「전자정부법」 제36조 제1항에 따른 행정정보의 공동이용을 통하여 확인하는 것으로 제출을 갈음한다. 다만, 제1항에 따른 면제승인을 받은 자가 확인에 동의하지 않으면 해당 서류를 제출하도록 해야 한다. (2021. 2. 17. 개정)

④ 법 제20조 제1항 제4호에 따른 주세를 면제받는 주류를 납품하려는 자는 같은 호의 해당 기관이 신청하여 주무부장관이 발행하는 면세주류구입추천서에 따라 주류를 반출해야 한다. (2021. 2. 17. 개정)

⑤ 제4항에 따라 주류를 납품한 자는 제8조에 따른 신고서에 해당 기관에 납품한 사실을 증명하는 서류를 첨부해야 한다. (2021. 2. 17. 개정)

⑥ 법 제20조 제1항 제6호에 따른 주류의 주세를 면제받으려는 자는 제8조에 따른 신고서에 검사기관이 발급하는 수거한 사실을 증명하는 서류를 첨부해야 한다. (2021. 2. 17. 개정)

⑦ 법 제20조 제1항 제7호에 따른 주류의 주세를 면제받으려는 자는 제8조에 따른 신고서에 문화재청장 또는 특별시장 · 광역시장 · 특별자치시장 · 도지사 · 특별자치도지사(시 · 도무형문화재의 경우로 한정한다)가 발급하는 무형문화재의 공개에 사용되는 것임을 증명하는 서류를 첨부해야 한다. (2021. 2. 17. 개정)

⑦ 법 제20조 제1항 제7호에 따른 주류의 주세를 면제받으려는 자는 제8조에 따른 신고서에 국가유산청장 또는 특별시장 · 광역시장 · 특별자치시장 · 도지사 · 특별자치도지사(시 · 도무형유산의 경우로 한정한다)가 발급하는 무형유산의 공개에 사용되는 것임을 증명하는 서류를 첨부해야 한다. (2024. 5. 7. 개정 ; 무형문화재~부칙)

⑧ 법 제20조 제1항 제8호에 따른 주류의 주세를 면제받으려는 자는 다음 각 호의 사항을 적은 신청서에 식품의약품안전처장이 발급하는 해당 사실을 증명하는 서류를 첨부하여 주류 제조장 관할 세무서장에게 제출하고 그 승인을 받아야 한다. (2021. 2. 17. 개정)

1. 신청인의 인적사항 (2021. 2. 17. 개정)

2. 수입하는 의약품 원료의 경우에는 수출국명 (2021. 2. 17. 개정)

[칙]

한다. (2021. 3. 16. 개정)

1. 법 제20조 제1항 제1호 또는 제3호에 해당하는 주류의 경우 : 해당 세관장 (2021. 3. 16. 개정)

2. 법 제20조 제1항 제2호 또는 제5호에 해당하는 주류의 경우 : 해당 납품처 (2021. 3. 16. 개정)

④ 제3항에 따른 통지는 별지 제8호 서식의 수출 · 납품 주류 면세(승인신청 · 승인 · 승인통지)서에 따른다. (2021. 3. 16. 개정)

3. 의약품 원료의 종류·알코올분·수량 및 가격 (2021. 2. 17. 개정)

4. 의약품 원료의 용도 (2021. 2. 17. 개정)

5. 반출 연월일 (2021. 2. 17. 개정)

6. 주세 상당액 (2021. 2. 17. 개정)

⑨ 제1항에 따른 면세승인을 받지 않은 자가 법 제20조 제1항 제1호에 따른 주세의 면제를 받으려는 경우에는 해당 주류를 반출한 날이 속하는 분기의 마지막 달의 다음 달 25일까지 해당 분기분의 과세표준신고서에 제2항에 따른 서류와 기획재정부령으로 정하는 서류를 첨부하여 주류 제조장 관할 세무서장에게 제출해야 한다. (2021. 2. 17. 개정)

　　제21조【수출용 면세주류의 구입승인 신청 등】① 제19조 제1항 제2호 및 제3호의 목적으로 주류를 구입하려는 자는 다음 각 호의 사항을 적은 신청서를 판매장 관할 세무서장 또는 관할 세관장에게 제출하여 그 승인을 받아야 한다. (2021. 2. 17. 개정)

1. 신청인의 인적사항 (2021. 2. 17. 개정)

2. 판매장의 위치 (2021. 2. 17. 개정)

3. 구입할 주류의 종류·규격·용량·수량 및 가격 (2021. 2. 17. 개정)

4. 주세 상당액 (2021. 2. 17. 개정)

5. 구입처 및 구입일자 (2021. 2. 17. 개정)

6. 주류 판매업면허 또는 신고확인증을 받은 연월일 (2021. 2. 17. 개정)

② 제1항에 따라 승인을 받은 자가 주류를 구입하여 판매장에 반입한 경우에는 기획재정부령으로 정하는 수출용면세주류 반입신고서를 반입한 날부터 5일 이내에 판매장 관할 세무서장 또는 관할 세관장에게 제출해야 한다. (2021. 2. 17. 개정)

③ 제2항에 따른 신고를 받은 판매장 관할 세무서장 또는 관할 세관장은 주류의 반입 사실을 확인하고 그 사실을 반출지 관할 세무서장에게 지체 없이 통보해야 한다. (2021. 2. 17. 개정)

　　제22조【주정에 대한 면세】① 법 제20조 제1항 제9호에 따른 주정의 주세면제는 매회 20리터 이상의 주정을 별표 4에서 규정하는 물품의 제조에 사용하거나 식음용 외의 공업용에 사용하는 것을 대상

⑤ 영 제20조 제9항에서 "기획재정부령으로 정하는 서류"란 별지 제9호 서식에 따른 수출용 면세주류 반출 명세서를 말한다. (2021. 3. 16. 개정)

9. 주정으로서 국가의 화약 제조용, 연초 발효용(수출용에 한정한다), 연료용, 의료 의약품용이나 그 밖의 공업용으로 사용되는 것 (2020. 12. 29. 개정)

으로 한다. (2022. 2. 15. 개정)

② 제1항에 해당하는 주정의 주세를 면제받으려면 관할 세무서장 또는 관할 세관장의 승인을 받아야 한다. 다만, 공업용 합성주정(에틸렌을 원료로 하여 합성의 방법으로 제조한 주정을 말한다)의 경우에는 승인을 받지 않아도 된다. (2022. 2. 15. 신설)

③ 제2항 본문에 따른 승인을 받아 반출한 주정은 음용하지 못하게 관할 세무서장, 관할 세관장 또는 반입지 관할 세무서장이 지정하는 방법으로 변성(變性)하고 「주류 면허 등에 관한 법률」 제27조에 따른 검정을 받아야 한다. 다만, 수출용품ㆍ시약용품ㆍ시험연구용품ㆍ관수용품 또는 의료의약용품의 제조용에 사용하는 것은 변성하지 않을 수 있다. (2022. 2. 15. 개정)

④ 제2항 본문에 따른 주세의 면제에 대한 승인절차는 다음 각 호의 순서에 따라야 한다. (2022. 2. 15. 개정)

1. 제1항에 해당하는 주정을 구입하려는 자는 해당 주류 제조장의 명칭 또는 제조자의 성명, 구입연월일, 알코올분 수량 및 용도를 적은 신청서(주정을 구입하려는 자가 「주류 면허 등에 관한 법률 시행령」 제8조 제2항 제7호의 주정소매업 면허를 받은 자로서 시약용 알코올을 제조하려는 자인 경우에는 시약용 알코올 제조공정도 및 제조방법 설명서를 첨부한 신청서로 한다)를 본인의 소재지 관할 세무서장에게 제출하여 실수요자증명을 받을 것. 이 경우 「초ㆍ중등교육법」 및 「고등교육법」에 따른 학교, 「기초연구진흥 및 기술개발지원에 관한 법률」 제14조 제1항 각 호의 기관 및 단체와 비영리법인인 연구기관이 연구 목적으로 사용하는 10리터 이하의 용기로 포장된 시약용 알코올에 대해서는 3개월분을 일괄하여 실수요자증명을 받을 수 있다. (2022. 2. 15. 개정)

2. 제1호에 따른 실수요자증명을 받은 자(이하 "실수요자"라 한다)에게 주정을 반출하려는 자는 기획재정부령으로 정하는 신청서와 제1호에 따른 실수요자증명 서류를 관할 세무서장 또는 관할 세관장에게 제출하여 주정의 반출을 승인받을 것 (2022. 2. 15. 개정)

3. 제2호에 따른 승인 신청을 받은 반출지 관할 세무서장 또는 관할 세관장은 제1호에 따른 실수요자증명이 없을 때에는 주정의 반출을 승인할 수 없으며, 별표 4 제47호에 해당하는 물품의 제조에 사용하

는 주정에 대해 승인을 할 때에는 승인을 한 날부터 6개월 내에 해당 주정을 사용할 것을 조건으로 할 것 (2022. 2. 15. 신설)
4. 반출지 관할 세무서장 또는 관할 세관장은 제2호에 따른 승인을 한 경우에는 실수요자 소재지 관할 세무서장에게 지체 없이 그 승인사항과 변성여부를 통보할 것 (2022. 2. 15. 호번개정)
5. 실수요자 소재지 관할 세무서장은 제3호의 통보를 받은 경우에는 주정의 변성과 실수요자의 사용처분을 확인할 것. 다만, 별표 4 제47호에 해당하는 물품의 경우 「전자정부법」 제36조 제1항에 따른 행정정보의 공동이용을 통하여 수출신고필증을 확인해야 하며, 해당 실수요자가 확인에 동의하지 않을 때에는 해당 실수요자에게 수출신고필증 또는 이를 대신하는 서류를 수출한 후 1개월 이내에 제출하도록 해야 한다. (2022. 2. 15. 호번개정)
⑤ 법 제20조 제1항 제9호에 따른 주정으로서 주세를 면제받은 주정을 반입하거나 보세구역에서 반출한 후 해당 용도에 사용하지 않은 경우(제3항 제3호에 따른 기간 내에 사용하지 않은 경우를 포함한다)에는 반입 장소 또는 인수 장소를 제조장으로, 반입 장소 또는 인수 장소의 영업자를 주류 제조자로 보아 그 주세를 지체 없이 징수해야 한다. (2022. 2. 15. 개정)

제23조 【수입주류의 면세승인 신청】 ① 법 제20조 제2항 제1호 및 제2호에 따른 주류의 주세를 면제받으려는 자는 다음 각 호의 사항을 적은 신청서에 외교부장관이 발급하는 면세주류구입추천서를 첨부하여 관할 세관장에게 제출하고 그 승인을 받아야 한다. (2021. 2. 17. 개정)
1. 신청인의 인적사항 (2021. 2. 17. 개정)
2. 수출국명 (2021. 2. 17. 개정)
3. 수입주류의 종류 · 알코올분 · 수량 및 가격 (2021. 2. 17. 개정)
4. 수입주류의 용도 (2021. 2. 17. 개정)
5. 반출 연월일 (2021. 2. 17. 개정)
6. 주세 상당액 (2021. 2. 17. 개정)
② 법 제20조 제2항 제3호에 따른 주류의 주세를 면제받으려는 자는 제1항에 따른 신청서에 문화체육관광부장관이 발급하는 해당 사실을

② 다음 각 호의 어느 하나에 해당하는 주류의 수입에 대해서는 대통령령으로 정하는 바에 따라 주세를 면제한다. (2020. 12. 29. 개정)
1. 주한외국공관이나 그 밖에 이에 준하는 기관으로서 대통령령으로 정하는 기관이 공용품(公用品)으로 직접 수입하는 것 (2020. 12. 29. 개정)
2. 주한외교관 및 이에 준하는 자로서 대통령령으로 정하는 자가 자가 소비용으로 직접 수입하는 것 (2020. 12. 29. 개정)

3. 사원, 교회나 그 밖의 종교 단체에 의식용(儀式用)으로 외국에서 기증한 것 (2020. 12. 29. 개정)

4. 여행자가 입국할 때에 직접 가지고 들어오는 주류로서 관세가 면제되는 것 (2020. 12. 29. 개정)
5. 「약사법」에 따라 의약품을 제조하기 위한 원료로서 수입하는 것 (2020. 12. 29. 개정)
6. 「주류 면허 등에 관한 법률」 또는 「수입식품안전관리 특별법」에 따라 검사 목적으로 수거하는 것 (2020. 12. 29. 개정)

7. 수출된 주류가 변질, 품질불량이나 그 밖의 부득이한 사유로 해당 주류를 제조한 자의 주류 제조장 중 어느 한 곳으로 다시 들어온 것 (2020. 12. 29. 개정)
③ 관할 세무서장 또는 관할 세관장은 제1항과 제2항에 따라 지정한 기한까지 수출, 수입 또는 납품에 관한 증명을 하지 아니한 것에 대해서는 제조자 또는 수입신고를 한 자로부터 지체 없이 주세를 징수한다. 다만, 자연재해나 그 밖의 부득이한 사유로 멸실된 것에 대해서는 대통령령으로 정하는 바에 따라 주세를 면제할 수 있다. (2020. 12. 29. 개정)

④ 관할 세무서장 또는 관할 세관장은 제1항 또는 제2항에 따라 주세가 면제되는 주류에 대하여 필요하다고 인정되면 대통령령으로 정하는 바에 따라 그 주세액에 상당하는 담보물의 제공을 명할 수 있다. (2020. 12. 29. 개정)
⑤ 제1항 또는 제2항에 따라 주세가 면제된 주류가 원래 목적에 사용되지 아니한 경우에는 지체 없이 그 주세를 징수한다. 이 경우 제1항(같은 항 제9호는 제외한다) 또는 제2항에 따라 면세된 주류를 가지고 있는 자를 주류를 제조한 자로, 그 면세된 주류를 수입한 자를 주류를 수입한 자로 보고, 제1항 제9호에 따라 주세를 면제받은 주정의 경우에는 반입 장소 또는 인수 장소를 주류 제조장으로, 해당 장소의 영업자를 주류를 제조한 자로 본다. (2020. 12. 29. 개정)

증명하는 서류를 첨부하여 관할 세관장에게 제출하고 그 승인을 받아야 한다. (2021. 2. 17. 개정)
③ 법 제20조 제2항 제5호에 따른 주류의 주세 면제는 제20조 제8항을 준용한다. (2021. 2. 17. 개정)
④ 법 제20조 제2항 제6호에 따른 주류의 주세를 면제받으려는 자는 제1항에 따른 신청서에 검사기관이 발급하는 수거 사실을 증명하는 서류를 첨부하여 관할 세관장에게 제출하고 그 승인을 받아야 한다. (2021. 2. 17. 개정)
⑤ 법 제20조 제2항 제7호에 따른 주류의 주세를 면제받으려는 자는 제1항에 따른 신청서에 제20조 제1항에 따라 관할 세무서장이 발급하는 수출 주류로서 면세를 승인한 사실을 증명하는 서류를 첨부하여 관할 세관장에게 제출하고 그 승인을 받아야 한다. (2021. 2. 17. 개정)
⑥ 관할 세관장은 제5항에 따라 주세면제의 승인을 한 경우 그 승인사실을 주류 제조장 관할 세무서장에게 통보해야 한다. (2021. 2. 17. 개정)
⑦ 제5항에 따라 주세를 면제받은 자는 수입신고가 수리된 날부터 7일 이내에 주류를 제조장으로 환입(換入)해야 한다. (2021. 2. 17. 개정)

제24조 【제출기일 미준수에 따른 주세징수】 제15조 제1항·제2항 또는 제20조 제2항·제3항에 따라 제출해야 할 서류를 지정기일까지 제출하지 않은 경우에는 주세를 징수한다. (2021. 2. 17. 개정)

제25조 【납세담보물의 종류】 법 제20조 제4항에 따른 담보물의 종류는 「국세징수법」 제18조 제1호부터 제3호까지의 규정에 따른 담보물로 한정한다. (2021. 2. 17. 개정)

제21조【주세의 담보 및 보증】관할 세무서장은 주세 보전을 위하여 필요하다고 인정되면 주류 제조자에 대하여 대통령령으로 정하는 바에 따라 주세에 대한 담보를 제공하거나 납세 보증으로서 주세액에 상당하는 가액의 주류(이하 "납세보증주류"라 한다)를 보존할 것을 명할 수 있다. (2020. 12. 29. 개정)

편주 ▶ ···
종전의 「주세법」(법률 6055호로 개정되기 전의 것을 말함) 시행 전 종전의 규정에 따라 납세보증을 한 납세보증인에 대하여는 같은 법으로 개정되기 전의 규정에 따름. (법 부칙(2020. 12. 29.) 5조)
··

제22조【납세보증주류의 주세 충당】관할 세무서장은 납세의무자가 이 법에 따라 납부기한까지 주세를 납부하지 아니하는 경우에는 납세보증주류를 「국세징수법」에서 정하는 바에 따라 공매하고, 그 금액으로 주세를 충당하여야 한다. (2020. 12. 29. 개정)

제23조【납세보증주류의 보존】주류 제조자는 제21조에 따라 관할 세무서장이 보존을 명한 납세보증주류를 처분하거나 제조장에서 반출할 수 없다. (2020. 12. 29. 개정)

제24조【「국세징수법」의 준용】납세 담보에 관하여 이 법에 규정된 사항을 제외하고는 「국세징수법」 제18조부터 제23조까지의 규정을 준용한다. (2020. 12. 29. 개정)

제25조【질문ㆍ조사】① 주세에 관한 사무에 종사하는 공무원은 주세에 관한 업무를 위하여 필요하면 주류ㆍ밑술 또는 술덧의 제조자나 주류 판매업자에게 주세와 관계되는 사항을 질문하거나 그 장부ㆍ

제26조【담보금액 및 기간의 지정 및 변경】① 법 제21조에 따라 관할 세무서장은 주세 보존을 위하여 필요하다고 인정하는 경우에는 주류 제조자에 대해 금액(담보물의 금액 또는 납세 보증으로 보존해야 하는 주류의 가격을 말한다) 및 기간(명령이 개시되는 날과 주류를 보존해야 하는 기간을 말한다)을 정하여 주세에 대한 담보의 제공이나 주류의 보존을 명할 수 있다. (2021. 2. 17. 개정)
② 관할 세무서장은 「국세징수법」 제21조 제2항에 따른 사유에 준하여 필요하다고 인정하는 경우에는 제1항에 따른 금액 또는 기간을 변경할 수 있다. (2021. 2. 17. 개정)

제27조【주류의 보존 및 방법】① 제26조에 따라 주류보존의 명을 받은 자는 보존할 주류 및 보존의 방법을 정하여 관할 세무서장에게 신청해야 한다. (2021. 2. 17. 개정)
② 관할 세무서장은 납세의 보증으로 보존하는 주류를 봉할 수 있다. (2021. 2. 17. 개정)

제28조【납세보증주류의 가격】법 제21조에 따른 납세의 보증으로 주세액에 상당하는 가액을 판단할 때의 주류 가격은 통상가격으로 한다. (2021. 2. 17. 개정)

제29조【납세보증주류의 보존조치】관할 세무서장은 제26조에 따라 담보의 제공이나 주류의 보존을 명한 경우로서 같은 조 제1항에 따른 기간이 개시될 때까지 주류 제조자가 담보의 제공이나 제27조에 따른 주류의 보존 신청을 하지 않은 경우에는 주류 제조장에 있는 주류를 봉하고 그 처분 또는 반출을 금지할 수 있다. (2021. 2. 17. 개정)

제30조【세무공무원의 질문 및 검사】법 제25조 제1항에 따라 공무원이 질문 또는 검사를 하는 경우에는 그 권한을 표시하는 증표를 관계인에게 내보여야 한다. (2021. 2. 17. 개정)

제5조【납세담보의 제공 등】① 관할 세무서장은 영 제26조 제1항에 따른 담보의 제공이나 주류를 보존해야 하는 기간이 2주조연도 이상에 걸치는 경우에는 매년 1월에 담보 또는 보증의 내용과 그 적정성 여부를 조사해야 한다. (2021. 3. 16. 개정)
② 관할 세무서장은 법 제21조에 따라 담보를 제공하거나 납세보증주류를 보존하고 있던 주류제조자가 사망하여 그 면허 등을 상속한 자가 「주류 면허 등에 관한 법률」 제10조 제2항에 해당하는 경우에는 그 상속인에게 주세 보전을 위하여 필요한 담보의 제공이나 주류의 보존을 새로 명해야 한다. (2021. 3. 16. 개정)
③ 관할 세무서장은 법 제21조에 따라 보존한 주류의 가액이 미납부세액을 초과할 때에는 그 초과하는 가액에 상당하는 주류의 보존을 해제할 수 있다. (2021. 3. 16. 개정)

제6조【서 식】주세의 신고 및 납부 등에 관한 서식은 다음 각 호와 같다. (2021. 3. 16. 개정)
1. 영 제17조 제3항에 따른 환입ㆍ폐기 주류 세액공제(환급) 신청서 : 별지 제5호 서식 (2021. 3. 16. 개정)
2. 영 제18조 제1항에 따른 원료용 주류 세액공제 신청서 : 별지 제6호 서식 (2021. 3. 16. 개정)

서류나 그 밖의 물건을 조사하거나 그 제출을 명할 수 있다. (2020. 12. 29. 개정)

② 제1항을 적용하는 경우 주세에 관한 사무에 종사하는 공무원은 직무를 위하여 필요한 범위 외에 다른 목적 등을 위하여 그 권한을 남용해서는 아니 된다. (2020. 12. 29. 개정)

제26조 【주류 제조 위탁 관련 적용】「주류 면허 등에 관한 법률」 제3조 제8항에 따라 위탁 제조하는 주류와 관련하여 제2장부터 제6장까지 적용할 때에는 다음과 같이 한다. (2020. 12. 29. 개정)

1. 제7조 제1항부터 제3항까지, 제8조 제1항, 제9조 제1항, 제10조 제1항, 제15조, 제16조, 제17조 제1항·제2항 또는 제23조에서 "주류 제조장" 또는 "제조장"은 주류 제조 수탁자가 해당 주류의 제조를 위탁받아 제조하는 제조장으로 한다. (2022. 12. 31. 개정)

2. 제7조 제1항·제4항, 제8조 제3항, 제9조 제1항 또는 제10조 제1항에서 "반출한 수량" 또는 "수량"은 주류 제조 수탁자의 제조장에서 반출한 수량으로 한다. (2020. 12. 29. 개정)

3. 제7조 제2항·제3항, 제9조 제1항 또는 제10조 제1항에서 "반출하는 때의 가격" 또는 "가격"은 주류 제조 위탁자가 제3자에게 판매하는 가격으로 한다. (2020. 12. 29. 개정)

4. 제9조 제1항·제2항, 제10조 제1항, 제17조 제2항·제3항·제6항, 제18조 제1항 제1호, 제20조 제2항 제7호, 같은 조 제3항·제5항, 제21조 또는 제23조에서 "주류를 반출한 자", "주류를 반출하려는 자", "반출자", "주류 제조자", "주류를 제조한 자" 또는 "제조자"는 주류 제조 위탁자로 한다. (2021. 12. 21. 개정)

제31조 【고유식별정보의 처리】 국세청장, 세무서장 및 세관장은 법 제20조 제2항 각 호의 어느 하나에 해당하는 주류의 수입에 대한 주세의 면제에 관한 사무를 수행하기 위하여 불가피한 경우 「개인정보 보호법 시행령」 제19조에 따른 주민등록번호 또는 여권번호가 포함된 자료를 처리할 수 있다. (2021. 2. 17. 개정)

3. 영 제18조 제2항에 따른 수출·납품용 원료주류 세액공제(환급) 신청서 : 별지 제7호 서식 (2021. 3. 16. 개정)

4. 영 제20조 제1항에 따른 수출·납품 주류 면세(승인신청·승인·승인통지)서 및 영 제21조 제1항에 따른 수출용 면세주류 구입(승인신청·승인)서 : 별지 제8호 서식 (2021. 3. 16. 개정)

5. 영 제14조 제1항 및 제3항에 따른 주세 미납세 주류 반출 승인(신청·통지)서 : 별지 제10호 서식 (2021. 3. 16. 개정)

6. 영 제15조 제1항에 따른 주세 미납세 반출 주류 멸실 승인(신청)서 : 별지 제11호 서식 (2021. 3. 16. 개정)

7. 영 제15조 제2항에 따른 면세주류 멸실 승인(신청)서 : 별지 제12호 서식 (2021. 3. 16. 개정)

8. 영 제15조 제3항에 따른 주류 멸실 증명(신청)서 : 별지 제13호 서식 (2021. 3. 16. 개정)

9. 영 제16조 제1항 및 제2항에 따른 주세 미납세 주류 반입 신고(증명)서 : 별지 제14호 서식 (2021. 3. 16. 개정)

9의 2. 영 제20조 제8항에 따른 의약품 제조원료용 주류 면세(승인신청·승인)서 : 별지 제14호의 2 서식 (2022. 3. 18. 신설)

10. 영 제21조 제2항에 따른 수출용 면세주류 반입신고서 및 같은 조 제3항에 따른 수출용 면세주류 반입사실 확인통보서 : 별지 제15호 서식 (2021. 3. 16.

제27조【과태료】① 제20조에 따라 면세한 주류를 판매의 목적으로 소지하거나 판매한 자에게는 2천만원 이하의 과태료를 부과한다. (2020. 12. 29. 개정)
② 제1항에 따른 과태료는 대통령령으로 정하는 바에 따라 관할 세무서장이 부과·징수한다. (2020. 12. 29. 개정)

제 7 장　벌　　칙

제32조【과태료의 부과기준】① 법 제27조 제1항에 따른 과태료의 부과기준은 별표 5와 같다. (2021. 2. 17. 개정)
② 관할 세무서장은 위반 정도, 위반 횟수, 위반행위의 동기 및 그 결과 등을 고려하여 별표 5에 따른 과태료 금액의 2분의 1의 범위에서 그 금액을 줄이거나 늘릴 수 있다. 다만, 과태료 금액을 늘리는 경우에는 법 제27조 제1항에 따른 과태료 금액의 상한을 넘을 수 없다. (2021. 2. 17. 개정)

개정)
10의 2. 영 제22조 제4항 제1호에 따른 주정 실수요자(증명신청·증명)서 : 별지 제15호의 2 서식 (2022. 3. 18. 신설)
10의 3. 영 제22조 제4항 제2호에 따른 특수용도 주정 면세반출(승인신청·승인·승인통지)서 : 별지 제15호의 3 서식 (2022. 3. 18. 신설)
11. 영 제23조 제1항에 따른 수입주류면세(승인신청·승인)서 : 별지 제16호 서식 (2021. 3. 16. 개정)
12. 영 제30조에 따른 조사원증 : 별지 제17호 서식 (2021. 3. 16. 개정)

부 칙 (2024. 12. 31. 법률 제20618호)

제1조【시행일】이 법은 2025년 1월 1일부터 시행한다.

제2조【전통주의 세율에 관한 경과조치】이 법 시행 전에 주류 제조장에서 반출한 전통주의 세율에 관하여는 제8조 제3항의 개정규정에도 불구하고 종전의 규정에 따른다.

부 칙 (2023. 12. 31. 법률 제19937호)

제1조【시행일】이 법은 2024년 1월 1일부터 시행한다.

제2조【탁주와 맥주의 세율에 관한 경과조치】① 이 법 시행 전에 주류 제조장에서 반출하였거나 수입신고한 탁주의 세율에 관하여는 제8조 제1항 제2호 가목, 같은 조 제2항 및 제3항의 개정규정에도 불구하고 종전의 제8조 제1항 제2호 가목에 따른다. ② 이 법 시행 전에 주류 제조장에서 반출하였거나 수입신고한 맥주의 세율에 관하여는 제8조 제1항 제2호 다목 및 같은 조 제2항의 개정규정에도 불구하고 종전의 제8조 제1항 제2호 다목에 따른다.

부 칙 (2023. 8. 8. 법률 제19588호 ; 무형문화재 보전 및 진흥에 관한 법률 부칙)

제1조【시행일】이 법은 2024년 5월 17일부터 시행한다.

제2조~제6조 생 략

제7조【다른 법률의 개정】①~④ 생 략

⑤ 주세법 일부를 다음과 같이 개정한다.

제2조 제8호 가목 중 "「무형문화재 보전 및 진흥에 관한 법률」"을 "「무형유산의 보전 및 진흥에 관한 법률」"로, "국가무형문화재"를 "국가무형유산"으로, "시·도무형문화재"를 "시·도무형유산"으로 한다.

제20조 제1항 제7호 중 "「무형문화재 보전 및 진흥에 관한 법률」"을 "「무형유산의 보전 및 진흥에 관한 법률」"로, "무형문화재로"를 "무형유산으로"로, "무형문화재 공개"를 "무형유산 공개"로 한다.

⑥·⑦ 생 략

제8조 생 략

부 칙 (2022. 12. 31. 법률 제19201호)

제1조【시행일】이 법은 2023년 4월 1일부터 시행한다.

제2조【탁주와 맥주의 세율에 관한 경과조치】이 법 시행 전에 주류 제조장에서 반출하였거나 수입신고한 탁주와 맥주의 세율에 관하여는 제8조 제1항 제2호 가목·다목 및 같은 조 제2항의 개정규정에도 불구하고 종전의 규정에 따른다.

제3조【다른 법률의 개정】교육세법 중 일부를 다음과 같이 개정한다.

제5조 제1항 제4호의 세율란 가목을 다음과 같이 한다.

가. 「주세법」 제8조 제1항 제2호 다목의 맥주

부 칙 (2025. 2. 28. 대통령령 제35357호)

제1조【시행일】이 영은 공포한 날부터 시행한다.

제2조【경감세율적용대상주류의 세율 경감에 관한 적용례】제7조 제2항·제4항 및 제5항의 개정규정은 이 영 시행일이 속하는 주조연도에 반출하는 주류부터 적용한다.

제3조【나무통 숙성 주류의 반출 수량 산정 시 실감량 인정에 관한 적용례】제10조 제2항의 개정규정은 이 영 시행 이후 제조장으로부터 반출하는 주류부터 적용한다.

제4조【알코올분 도수 증가의 허용 대상 확대에 따른 적용례】별표 2 제1호 나목의 개정규정은 이 영 시행 전에 법 제6조를 위반한 행위에 대하여 이 영 시행 이후 「주류 면허 등에 관한 법률」 제11조 제1항에 따라 주류의 제조 또는 반출의 정지처분을 하는 경우에도 적용한다.

부 칙 (2024. 5. 7. 대통령령 제34492호 ; 무형문화재 보전 및 진흥에 관한 법률 시행령 부칙)

제1조【시행일】이 영은 2024년 5월 17일부터 시행한다.

제2조【다른 법령의 개정】①~⑪ 생 략

⑫ 주세법 시행령 일부를 다음과 같이 개정한다.

제20조 제7항 중 "문화재청장"을 "국가유산청장"으로, "시·도무형문화재"를 "시·도무형유산"으로, "무형문화재의 공개"를 "무형유산의 공개"로 한다.

⑬~⑮ 생 략

제3조 생 략

부 칙 (2024. 2. 29. 대통령령 제34273호)

제1조【시행일】이 영은 공포한 날부터 시행한다.

제2조【주류에 첨가할 수 있는 재료에 관한 적용례】별표 1 제2호 가목 5)의 개정규정은 이 영 시행 이후 제조장으로부터 반출하거나 수입신고하는 주류부터 적용한다.

부 칙 (2023. 12. 14. 대통령령 제33965호)

제1조【시행일】이 영은 공포한 날부터 시행한다.

제2조【제조장에서 반출하는 주류의 가격 계산에 관한 적용례 등】① 제5조 제1항 각 호 외의 부분의 개정규정은 다음 각 호의 구분에 따른 날 이후 제조장에서 반출하는 주류부터 적용한다.

1. 법 제5조 제1항 제3호 각 목의 증류주류 : 2024년 1월 1일

부 칙 (2025. 3. 21. 기획재정부령 제1115호)

이 규칙은 공포한 날부터 시행한다.

부 칙 (2024. 3. 22. 기획재정부령 제1051호)

이 규칙은 공포한 날부터 시행한다. 다만, 별지 제2호 서식 중 "무형문화유산"의 개정부분 및 별지 제4호 서식의 개정규정은 2024년 5월 17일부터 시행한다.

부 칙 (2023. 12. 14. 기획재정부령 제1025호)

이 규칙은 공포한 날부터 시행한다.

부 칙 (2023. 3. 20. 기획재정부령 제974호)

이 규칙은 공포한 날부터 시행한다.

부 칙 (2022. 3. 18. 기획재정부령 제910호)

이 규칙은 공포한 날부터 시행한다.

(1969. 7. 3. 재무부령 제616호~ 2021. 3. 16. 기획재정부령 제838호) 생략

(1949. 10. 21. 법률 제60호~
2021. 12. 21. 법률 제18593호) 생략

2. 법 제5조 제1항 제2호 나목·다목·마목의 발효주류 및 같은 항 제4호의 기타주류
: 2024년 2월 1일

② 제1항 각 호의 구분에 따른 날 전에 주류 제조장에서 반출한 주류의 가격 계산에 관하여는 제5조 제1항 각 호 외의 부분의 개정규정에도 불구하고 종전의 규정에 따른다.

부 칙 (2023. 2. 28. 대통령령 제33270호)

제1조 【시행일】 이 영은 공포한 날부터 시행한다. 다만, 제7조 제1항의 개정규정은 2023년 4월 1일부터 시행한다.

제2조 【탁주와 맥주의 세율에 관한 경과조치】 부칙 제1조 단서에 따른 시행일 전에 주류 제조장에서 반출하였거나 수입신고한 탁주와 맥주의 세율에 관하여는 제7조 제1항의 개정규정에도 불구하고 종전의 규정에 따른다.

부 칙 (2022. 2. 15. 대통령령 제32426호)

제1조 【시행일】 이 영은 공포한 날부터 시행한다.

제2조 【맥주 제조 시 과실 사용량에 관한 적용례】 별표 3 제1호 라목 2) 나)의 개정규정은 이 영 시행 이후 제조장으로부터 반출하거나 수입신고하는 주류부터 적용한다.

(1970. 7. 13. 대통령령 제5197호~
2021. 11. 23. 대통령령 제32148호) 생략

개정 2019. 12. 23.
　　　2011. 5. 20.
　　　2009. 2. 2.
　　　2008. 7. 25.
제정 2004. 6. 15

3-0…2 【알코올분 1도 이상의 음료】 (2011. 2. 1. 제목개정)
법 제3조에 따른 "알코올분 1도 이상의 음료"란, 알코올분 1도 이상의 것으로 그대로 마시는 음료와, 알코올분 1도 이상의 것으로 물 또는 그 밖의 물품(주류를 제외한다)으로 희석하여 마실 수 있는 음료로서 「약사법」에 따른 의약품으로서 알코올분 6도 미만의 음료를 제외한 것을 말하는 것이므로, 「약사법」에 따른 의약품일지라도 알코올분이 6도 이상인 음료는 주류로 보아 「주세법」을 적용한다. (2011. 2. 1. 개정)

3-0…3 【불순물 포함 알코올의 주류취급】 (2011. 2. 1. 제목개정)
증류기에 의하여 알코올 함유물을 증류하는 때에 분리된 불순물을 함유한 것으로서 재증류 또는 기타의 방법으로 가공하여도 그대로 마실 수 없거나 희석하여도 마실 수 없는 물품은 해당 물품의 알코올분 함유량이 1도 이상이라 하더라도 「주세법」상 주류로 보지 아니한다. (2011. 2. 1. 개정)

3-1…1 【주정의 범위】
법 제3조에 따른 주정이란, 같은 법 시행령 제1조 제1항에 따른 주정을 말하되, 이에는 다음 각 호의 것을 포함한다. (2011. 2. 1. 개정)
1. 알코올분을 함유하는 물료를 알코올분 85도 이상으로 증류한 것 중 합성의 방법에 의하여 제조한 것으로서, 희석하여 음료로 할 수 있는 것(합성주정을 말한다) (2011. 2. 1. 개정)
2. 불순물을 함유한 알코올분 85도 이상의 조제품으로써 그대로 또는 희석하여도 음료로 할 수 없으나, 연속식 증류의 방법에 의하여 증류정제하면 주류의 원료용 주정으로 제품이 가능한 것(조주정을 말한다). 다만, 메탄올·퓨젤유 등의 불순성분이 다량 함유되어 불쾌한 냄새가 나는 황갈색의 불량주정(알코올분 60도 이상의 것)으로써, 통상의 증류방법으로 제조하여도 주정으로 제품이 불가능하고

희석하여도 음료로 할 수 없는 것은 포함하지 아니한다. (2011. 2. 1. 개정)

3-1…2 【알코올분 1도 이상의 음료】
법 제3조의 규정에서 "알코올분 1도 이상의 음료"라 함은, 알코올분 1도 이상의 것으로 그대로 음용에 제공되는 음료와, 알코올분 1도 이상의 것으로 물 또는 그 밖의 물품(주류 제외)으로 희석하여 음용할 수 있는 음료로서 약사법의 규정에 의한 의약품으로써 알코올분 6도 미만의 음료를 제외한 것을 말하는 것이므로, 약사법의 규정에 의한 의약품일지라도 알코올분이 6도 이상인 음료는 주류로 보아 주세법을 적용한다. (2000. 8. 1. 개정)

4-2…7 【당분, 조미료 및 향료의 내용】
영 제3조 제2항에 따른 당분, 조미료 및 향료는 다음 각 호의 것을 말한다.
1. "설탕"이란 사탕수수 또는 사탕무우에서 추출한 즙에서 얻어진 당액 또는 원당을 정제한 결정 또는 결정성 분말을 말하며, 전화당을 포함한다. (2011. 2. 1. 개정)
2. "포도당"이란 전분 또는 전분질물질을 효소 또는 가수분해하여 정제한 것을 말하며, 포도당과 덱스트린 등이 공존하는 것에 있어서는 고형분 중의 순수한 포도당의 함유율이 100분의 50을 초과하는 경우에는 포도당으로 본다. (2011. 2. 1. 개정)
3. "엿류"란 가수분해의 정도가 낮은 전분질분해물 중 정제도가 높고 불순물의 함유량이 적은 것을 말한다. (2011. 2. 1. 개정)
4. "꿀"이란 꿀벌들이 꽃꿀을 채집하여 벌집에 저장·숙성한 것을 말하며, 인조꿀은 제외한다. (2011. 2. 1. 개정)
5. "아미노산류"란 글루타민산, 글리신, L-이소로이신과 같은 아미노산과 이들 아미노산에 나트륨 등과 결합한 염류를 말한다. (2011. 2. 1. 개정)
6. "홉"이란 맥주, 합성맥주 등의 주류에 특유한 고미와 향미를 부여하는 루프린, 후론 및 홉엑스를 포함하는 것으로 한다. (2011. 2. 1. 개정)
7. "무기염류"란 식염(염화나트륨), 탄산칼슘, 산성인산칼슘처럼 무기산이 나트륨, 칼슘, 칼륨 등과 결합한 것을 말한다. (2011. 2. 1. 개정)
8. 삭 제 (2019. 12. 23.)
9. 삭 제 (2019. 12. 23.)
10. 삭 제 (2019. 12. 23.)
11. "과당"이란 전분 또는 전분질물질을 주원료로 하여 당화시켜 얻은 포도당을 이성화한 것이거나, 설탕을 가수분해하여 얻은 당액을 가공한 것을 말하며, 고형분 중의 순수 과당의 함유율이 100분의 50을 초과하는 경우에는 과당으로 간주한다. (2011. 2. 1. 개정)

12. "당시럽류"란 사탕수수, 단풍나무 등에서 당즙을 채취한 후 정제, 농축 등의 방법으로 가공한 액상의 것을 말한다. (2019. 12. 23. 개정)
13. "올리고당류"란 설탕, 전분, 유당 등을 주원료로 하여 효소로 당화시키거나 압출하여 얻은 당액을 가공한 것을 말한다. (2011. 2. 1. 개정)
14. "덱스트린"이란 전분 또는 곡분을 산이나 효소로 부분 가수분해시켜 얻은 당화 중간생성물을 농축·건조 등의 방법으로 가공한 것을 말한다. (2011. 2. 1. 개정)

4-3…4 【주류원료의 취급】
법·영 및 규칙에서 쌀, 보리, 옥수수 등 주류의 원료로서 규정하고 있는 것은 사회통념상 해당 물품으로 취급되는 것이라면 그 명칭 및 형상 등의 구분은 상관하지 아니한다. 또한 쌀겨, 밀기울처럼 원료를 가공한 때에 분리된 것 및 인조미 등 처럼 전분, 곡물 등을 가공한 것이라도 해당 가공에 의하여 그 물질에 본질적인 변화를 가져오지 아니한 것은 가공 전의 물질의 명칭으로 취급한다. (2011. 2. 1. 개정)

4-3…5 【주류원료 곡류등의 중량계산】
법 제4조 및 영 제3조에 따른 주조용 원료의 중량계산은 다음 각 호에 따른다. (2011. 2. 1. 개정)
1. 선립, 도정 또는 정백 등을 하는 것에 대하여는 선립, 도정 또는 정백 등을 한 후의 중량에 의한다. (2000. 8. 1. 개정)
2. 인조미 등처럼 전분, 곡류 등을 가공한 것이라도 해당 가공에 의하여 그 물질에 본질적인 변화를 가져오지 아니한 것은 해당 가공 전의 전분 및 곡류로 취급하여 해당 가공품에 함유되어 있는 전분과 곡류 등과의 중량비에 의하여 안분하여 산정한다. (2011. 2. 1. 개정)
3. 주정, 설탕, 포도당처럼 희석 또는 용해하여 사용한 것의 중량계산은 희석 또는 용해하기 전의 중량에 의한다. (2000. 8. 1. 개정)

4-3…6 【여과와 증류의 구분】
주류의 제조공정에서 "여과"란, 그 방법 여하를 막론하고 술덧 또는 알코올분을 함유하는 물료 중의 고형분을 분리제거하는 모든 조작을 말하는 것이며, "증류"란, 술덧, 기타 발효액에 열을 가하여 발생한 증기를 냉각하여 알코올분을 응축액화하는 모든 조작을 말하는 것으로서 재증류를 포함하며 "연속식 증류"란 알코올 함유물을 연속으로 공급하면서 알코올을 연속하여 증류하는 조작을 말한다. (2011. 2. 1. 개정)

6-0…13 【면허장소 이외의 제조 또는 판매】
면허를 받은 자가 면허되지 아니한 장소에서 주류 등을 제조하거나 판매하였을 경우에는 해당 주류 등에 대하여 주세법규에 따른 제반검사

와 과세처분을 받았다 하더라도 무면허제조 또는 무면허판매행위로 본다. (2011. 2. 1. 개정)

6-0…14【면허자의 범위】
주류 등의 제조 또는 판매의 면허를 받을 수 있는 자는 주류 등의 제조 또는 판매업을 자기명의로 하는 자에 한한다. 따라서 「민법」 또는 「상법」에 따른 대리자(지배인·법정대리인·재산관리인 등을 말한다)는 등기 또는 등기의 내용에 관계없이 주류 등의 제조 또는 판매업에 관한 면허는 하지 아니한다. (2011. 2. 1. 개정)

6-0…15【공동면허 환원의 경우 면허장소】
공동면허를 취소하고 종전에 받은 면허로 환원(이하 “환원면허”라 한다)하는 경우 환원면허의 장소는 종전의 면허장소와 달리할 수 있다. 다만, 이 경우 환원면허의 장소는 종전 「주세법」 제5조 제3항에 따른 공급구역 내이어야 한다. (2011. 2. 1. 개정)

6-0…16【탁주의 공급구역변경 및 승인】 삭 제 (2011. 2. 1.)

6-4…8【면허의 처리지침】
주류, 밑술, 술덧(이하 “주류 등”이라 한다)의 제조 및 판매에 관한 면허의 처리에 대하여는, 이 통칙과 국세청장이 정하는 바에 따라 처리한다. (2000. 8. 1. 개정)

6-4…9【면허의 갱신】
면허를 받은 자가 자연인인 경우 이를 법인으로 갱신(법인을 자연인으로의 갱신 또한 같다)하고자 하거나, 또는 공동으로 받은 면허자의 일부를 갱신하고자 하는 경우에는 새로이 면허를 받아야 한다. (2000. 8. 1. 개정)

6-4…10【제조장 또는 판매장의 위치】
제조장 또는 판매장의 위치란 면허를 신청하려고 하는 주류 등의 제조장 또는 판매장이 존재하는 장소의 지번을 말한다. 다만, 그 장소가 같은 지번의 일부분이거나 같은 건물 또는 시설의 일부분인 경우에는 도시 기타 적당한 방법에 의하여 표시한 장소를 말한다. (2011. 2. 1. 개정)

6-4…11【시설완비를 조건으로 하는 면허】
① 제조·판매의 면허신청이 있는 경우에 세무서장은 다음과 같이 제조·판매의 시설설비를 완비할 것을 조건으로 면허할 수 있다. (2000. 8. 1. 개정)
1. 제조·판매시설 설비의 경우에는 그 소요기간을 3년 이내로 하고, 면허를 부여한 날로부터 1년 이내에 공사를 착수하여야 한다는 조건 (2000. 8. 1. 개정)
② 제1항의 면허조건이 제조·판매시설 설비를 완비함에 있어 천재지변·국가시책 등 부득이한 사유로 인하여 그 소요기간이 지연되는 경

우에는 그 사유를 증명할 수 있는 때에 한하여 1년(소규모주류제조자 면허를 받은 경우는 6월)의 범위 내에서 시설설비 소요기간을 연장할 수 있다. 다만, 다음 각 호의 경우에는 부득이한 사유에 불구하고 시설설비 소요기간을 연장하지 아니한다. (2019. 12. 23. 개정)
1. 신청자가 법 제12조부터 제15조까지의 규정에 따른 면허의 취소 또는 정지요건에 해당하는 경우 (2011. 2. 1. 개정)
2. 신청자가 「주세법」을 위반하여 통고처분을 받아 이행하지 아니하였거나 고발중에 있는 경우 (2011. 2. 1. 개정)
3. 신청자가 조세의 체납이 있는 경우 (2000. 8. 1. 개정)

6-4…12【국가기관에 대한 면허】 (삭제, 2011. 2. 1.)

6-7…17【공동면허의 대외적 효력】
공동면허자의 상호관계는 「민법」 제703조의 규정에 의한 조합으로 보아 「민법」의 규정을 준용한다. 따라서 공동면허자 총체의 대외행위인 신고나 신청 등은 공동면허자 전원의 서명날인으로 행하는 것이 원칙이나, 공동면허자 1인 또는 수인에게 대리권이 부여된 경우에는 그 대리권이 있음을 세무서장에게 신고한 자의 대외행위는 공동면허자 전원의 행위로 보며, 내부적으로 업무집행자가 선정 또는 선임된 경우에는 그 업무집행자의 대외행위도 대리권이 있는 것으로 추정한다. 이 경우 대리권자의 대리권의 범위는 「민법」 제118조의 규정을 준용한다. (2008. 7. 25. 개정)

6-7…18【공동면허취소요건의 한계】
법 제6조 제4항의 규정에서 “주세보전상 그 공동면허를 존속시킬 필요가 없다고 인정되는 때”란, 공동면허를 존속함으로 인하여 주류의 공급 사정이 원활하지 못하게 되거나, 주세체납의 발생 등으로 주세보전상 지장을 초래하는 객관적인 사유가 있을 때를 말한다. (2011. 2. 1. 개정)

6-7…19【공동면허자중 1명의 귀속사유발생시의 조치】
법 제6조 제4항에 따라 주류의 제조공동면허를 받은 자 중의 1명이, 자신의 면허지분을 다른 공동면허자 몰래 타인에게 양도한 사실 등이 발견되어 면허취소사유가 발생하였을 경우 공동면허는 취소되어야 하나, 그 공동면허 취소에 귀책사유가 없는 다른 공동면허자의 면허는 종전의 면허로 환원시킬 수 있다. (2011. 2. 1. 개정)

7-8…20【식초술덧 등의 제조시 면허】 (2011. 2. 1. 제목개정)
양조의 방법으로 식초요 등을 제조하는 과정에 있어, 해당 식초요 등이 알코올분을 1도 이상 함유하게 되면 이는 술덧에 해당하는 것이므로, 이 경우 술덧의 제조면허를 받아야 한다. (2011. 2. 1. 개정)

8-9…21【판매업의 범위】
주류 등의 “판매업”이란 주류 등을 판매하는 것을 말하고, 그 판매

행위가 영리의 목적인가 아닌가 또는 특정·불특정인에게 판매하는 것인가 아닌가는 상관하지 아니한다. (2011. 2. 1. 개정)

8-9…22【판매중개업의 범위】
주류 등의 “판매중개업”이란 타인간의 주류 등의 판매거래를 매개하는 것을 말하고, 그 매개행위가 영리의 목적인가 아닌가는 상관하지 아니한다. (2011. 2. 1. 개정)

8-9…23【접객업의 범위】
“접객업”이란 「식품위생법 시행령」 제21조 제8호에 따른 영업으로 하되, 「관광진흥법」 제3조 중 관광숙박업 및 관광객이용시설업을 경영하는 자로서 허가권자로부터 그 영업내용 중 주류를 취급할 수 있도록 된 것을 포함한다. (2019. 12. 23. 개정)

8-9…26【항공기내 등의 주류제공】 삭 제 (2011. 2. 1.)

8-10…24【사전 협의를 요하는 면허】
「자연공원법」등 타법에 따라 세무서장이 면허를 함에 있어 협의를 요하는 장소에 대한 판매업의 면허는 반드시 사전에 해당 기관과의 협의를 거쳐야 한다. (2011. 2. 1. 개정)

8-10…25【의제판매업면허의 신고기한】
영 제10조에 따른 “영업허가를 받은 날”이란, 「식품위생법」에 따라 허가권자로부터 영업의 허가를 받은 날을, “영업을 개시한 날”이란, 「식품위생법 시행령」 제21조 제8호에 따른 영업 이외의 영업을 경영하는 자로서 실질적으로 주류판매의 영업을 개시한 날을 말한다. 따라서, 「식품위생법」에 따라 영업의 허가를 받은 자는 그 영업의 허가를 받은 날로부터 30일 내에, 그 이외의 영업자는 주류판매의 영업을 개시한 날로부터 30일내에 세무서장에게 신고하여야 한다. (2019. 12. 23. 개정)

8-10…27【관광호텔내의 주류판매】
「관광진흥법」 제4조에 따라 관광숙박업의 등록을 한 때에는 주류판매업의 면허를 한 것으로 보아 별도의 면허 없이 주류의 판매행위를 할 수 있다. 다만, 해당 업소의 전부 또는 일부를 타인에게 임대하였을 경우 임차자가 해당 장소에서 주류의 판매업을 하고자 하는 때에는 주류판매업의 면허를 받아야 한다. (2011. 2. 1. 개정)

9-0…28【판매하는 주류의 범위 및 판매방법의 지정】
판매하는 주류의 범위 또는 주류의 판매방법에 대한 조건의 지정은, 주류의 수요와 공급의 유지와 주류유통거래질서의 정상화의 필요에 따라 다음의 구분에 의하여 지정할 수 있다. (2011. 2. 1. 개정)
1. 판매하는 주류의 범위에 대하여 조건을 지정하는 경우에는 판매하는 주류의 종류 또는 특정인이 제조한 주류 등의 구분에 따른다. (2011. 2. 1. 개정)

<예>
(1) 탁주에 한한다.
(2) 삭 제 (2000. 8. 1.)
(3) 수입한 주류(또는 수출하는 주류)에 한한다.
(4) ○○ℓ 이외의 용량의 용기에 병입된 주류에 한한다.
2. 판매방법에 대하여 조건을 지정하는 경우에는 업태, 구역, 판매선 또는 시설 등의 구분에 따른다. (2011. 2. 1. 개정)
<예>
(1) 도매(또는 소매)에 한한다. 가맹점에의 중개에 한한다.
(2) 역구내에 한한다.
(3) 면허장소 내에서 고객이 마시는 경우에 한한다.
(4) 임원 및 회사원(종업원)에게만 판매하여야 한다.

9-0…29 【취소권의 유보】
면허를 함에 있어 면허의 일반적인 효력 또는 효과를 제한하기 위하여 기한, 사업범위 또는 제조나 판매업을 함에 있어서 준수할 필요한 조건 등의 부관을 붙이는 경우에는 해당 부관을 위반하거나 이행하지 아니한 때에는 면허의 취소권을 행사한다는 행정청의 의사표시를 함께 하여야 한다. (2011. 2. 1. 개정)

9-0…30 【사후 부관의 한계】
면허를 한 후에 새로이 부관을 붙이는 것은 법령의 특별한 규정이 없는 한 할 수 없다. (2000. 8. 1. 개정)

10-0…31 【금고 이상의 형을 받은 때의 범위】
법 제10조 제9호의 규정에서 "금고 이상의 형을 받은 때"란 법원으로부터 사형, 징역 또는 금고의 형을 선고받고 「형법」 제65조 또는 같은 법 제81조에 따라 해당 형이 실효되지 아니한 때를 말한다. (2011. 2. 1. 개정)

10-0…32 【해당사유 있을 때의 범위】
법 제10조 본문 중 "…에 해당하면"의 의미는 면허 또는 허가의 신청 시만 아니라 면허 또는 허가를 하는 시점까지 해당하는 사유가 있을 때를 말한다. (2019. 12. 23. 개정)

11-11…33 【면허장의 확장】
면허장소가 협소하여 인접한 대지를 확장사용(건물의 경우도 지번이 상이하면 이에 포함한다)하고자 하는 경우에는 이전허가를 받아야 한다. (2000. 8. 1. 개정)

11-11…34 【이전허가의 효력】
제조장 또는 판매장의 이전을 허가한 경우에는 그 허가를 한 때로부터 이전지의 제조장 또는 판매장에 대한 면허의 효력이 발생하는 동시에 이전전의 제조장 또는 판매장에 대하여는 그 면허의 효력이 소멸된 것으로 한다. 다만, 제조시설설비의 설치등을 조건으로 면허한 장소를 다른 곳으로 이전을 허가한 경우에는 당초면허시에 지정한 조건의 효력은 그대로 지속하는 것으로 한다. (2000. 8. 1. 개정)

12-12…35 【면허자의 사망시 범칙처리】
주류 등의 제조 또는 판매의 면허를 받은 자가 사망한 경우 사망일을 기준으로 사망 전의 범칙행위에 대하여는 범칙 주체의 사망으로 인하여 처분 또는 처벌을 할 수 없으나, 사망일 이후의 해당 행위에 대하여는 법 제18조 및 영 제18조의 규정에 의한 상속인을 처분 또는 처벌한다. (2011. 2. 1. 개정)

12-12…36 【제조 또는 출고의 정지처분기간의 결정】
주류 등의 제조(출고를 포함한다) 또는 판매의 정지처분은 주세보전상 특정행위에 대한 제재, 증거보전 등에 목적이 있으므로 영 제12조부터 제14조까지의 규정에 따라 일정기간을 정하여 정지처분을 하는 경우에 있어서는 해당 법정기간 내에서 행정처분권자가 목적의 달성을 위하여 충분하다고 인정되는 기간으로 한다. (2011. 2. 1. 개정)

12-12…37 【동일장소에서 2개종류 이상 주류제조시의 처분】
동일장소에서 2개 이상의 주류제조의 면허를 받은 자가 법 제12조 제1항에 해당하는 사유가 있을 때에는 이에 해당하는 주류에 대하여만 제조 또는 출고정지처분을 한다. (2000. 8. 1. 개정)

12-12…38 【규격위반 주류제조의 범위】
법 제12조 제1항 제8호에서 "주류의 규격에 위반된 주류의 제조"란 법 제5조, 영 제1조, 제2조, 제3조 및 「식품위생법」 제14조에 따라 식품의약품안전처장이 작성·보급하는 식품등의 공전 중 식품 등의 기준 및 규격에 따른 주류별 규격을 위반한 주류를 제조하거나 「주세법」 및 「식품위생법」에 따라 주류에 첨가할 수 없는 물료 등을 첨가하여 제조한 때 또는 제조한 주류가 관계기관으로부터 인체에 유해하여 음용불가판정을 받은 때를 말한다. (2019. 12. 23. 개정)

12-12…39 【계속행위의 범위】
법 제12조부터 제15조까지의 규정에 따라 주류 등의 제조 또는 출고의 정지처분 및 제조 또는 판매의 면허를 취소처분을 한 경우에, 제조 또는 기타 필요한 행위를 계속할 수 있는 범위는 다음 각 호의 구분에 따른다. (2011. 2. 1. 개정)
1. 제조정지처분의 경우 : 반제품이 현존하는 때에 한하여 이의 제성 및 이의 제성을 위한 원료 또는 재료의 구입 또는 사용과 재고주류(현존하는 주류등 및 반제품으로부터 제조되는 주류등을 포함한다. 이하 같다)의 출고행위 (2000. 8. 1. 개정)
2. 출고정지처분의 경우 : 반제품이 현존하는 때에 한하여, 이의 제성 및 이의 제성을 위한 원료 또는 재료의 구입 또는 사용행위 (2000. 8. 1. 개정)
3. 면허취소처분의 경우 : 반제품의 제성 및 이의 제성을 위한 원료 또는 재료의 구입 또는 사용과 재고주류의 출고 또는 판매행위 (2000. 8. 1. 개정)

12-13…40 【계속행위 신청자의 범위】
계속행위를 신청할 수 있는 자는 제조 또는 출고의 정지처분을 받은 자 및 제조업 또는 판매업의 면허취소처분을 받은 자이나, 해당 처분을 받은 자가 사망하였거나 처분을 받은 자가 법인으로서 해산한 경우 계속행위의 신청자는 상속인 또는 청산법인으로 한다. (2011. 2. 1. 개정)

12-13…41 【계속행위신청의 처리】
법 제12조부터 제15조까지의 규정에 따라 제조 또는 출고의 정지 및 제조 또는 판매의 면허취소의 처분을 받은 자가 제조 또는 기타 필요한 행위의 계속신청이 있는 경우에는 특별한 사유가 없는 한 이를 승인한다. (2011. 2. 1. 개정)

12-13…42 【계속행위기간의 결정】
계속행위를 승인하는 때에는 현존하는 반제품의 상황, 재고주류 등의 수량, 종래의 제조 또는 판매의 기간 등의 상황을 감안하여 해당 계속행위의 기간을 결정하되, 이 기간의 시기는 계속행위신청서에 기재된 날로 한다. (2011. 2. 1. 개정)

12-13…43 【계속행위기간의 연장】
당초의 계속행위의 신청에 따라 이의 승인시에 지정한 계속행위의 기간에 대하여 계속행위기간 중에 이의 연장신청이 있는 경우에는 부득이하다고 인정되는 때에 한하여 이를 연장하여도 무방하다. (2000. 8. 1. 개정)

12-12…44 【계속행위 중 환입된 주류 등의 처리】 (2011. 2. 1. 제목개정)
해당 제조장으로부터 출고된 주류가 계속행위기간 중에 같은 주류제조장으로 환입되었을 경우에는 법 제34조의 규정을 적용하여 처리한다. (2011. 2. 1. 개정)

12-12…45 【공동면허자의 범칙처리】
제조 또는 판매의 면허를 2인 이상 공동으로 받은 자가 제조 또는 판매에 관련된 범칙행위를 하였을 경우에는 「형법」 제30조의 규정에 의한 공동정범으로 보아 처리한다. (2008. 7. 25. 개정)

13-0…48 【주세포탈세액의 산정】
주류제조자가 법 제13조 제1항 제9호에 기재한 주류별 주세액을 포탈한 것으로 보아 세무서장이 필요한 조치를 하였다 하더라도 법원의 확정판결에 따라 포탈세액이 달리 확정된 경우에는 이에 따라 처리하여야 한다. (2011. 2. 1. 개정)

13 - 0…49【면허종목 이외의 주류제조에 대한 처리】
2개 장소 이상의 면허를 받은 제조자가 어느 한 곳의 제조장에서 면허종목(예 : 청주, 희석식 소주) 이외의 주류 등을 제조하였을 경우에는, 해당 면허종목 이외의 주류를 제조한 제조장의 주류제조면허를 취소한다. (2011. 2. 1. 개정)

13 - 0…50【면허의 양도·대여 등에 대한 처리】
제조 또는 판매의 면허를 받은 자 또는 그 법정대리인 등이 제조 또는 판매의 면허를 사실상 제3자에게 양도 또는 임대하여 제3자가 주류 등의 제조 또는 판매행위를 하였거나 동업경영을 한 사실이 발견되었을 때에는 법 제13조 또는 제15조에 따라 해당 면허는 취소함과 아울러 양수, 임차 또는 동업경영한 제3자의 제조 또는 판매행위에 대하여는 법 제6조부터 제8조까지에 따른 면허를 받지 아니한 것으로 한다. (2011. 2. 1. 개정)

13 - 0…51【납세증지 또는 병마개 훼손에 대한 처리】
주류의 제조자가 주세포탈의 목적으로 납세증지 또는 병마개의 주류명, 규격 또는 용량표시부분을 삭제하거나 납세증지를 절단한 행위는, 납세증지 또는 병마개의 변조 또는 손괴로 본다. (2000. 8. 1. 개정)

13 - 0…52【국세체납자에 대한 면허취소】
주류 등의 제조 또는 판매의 면허를 받은 자가 국세의 체납이 3회 이상되어 「국세징수법」 제7조의 규정에 의한 관허사업의 허가취소요구요건이 충족되었을 경우에는 해당 면허를 취소할 수 있다. (2011. 2. 1. 개정)

13 - 16…46【면허취소대상 제조장의 한계】
법 제13조 제1항 각 호의 어느 하나에 해당되어 제조의 면허를 취소하는 제조장은 해당 사유에 해당되는 제조면허장소를 말하는 것이나, 다만 주류제조의 면허를 받은 자 또는 주류제조의 면허를 받은 법인의 임원이 금고 이상의 형을 받은 때 및 받은 사실이 발견된 때에는 해당자가 면허받은 모든 제조장의 면허를 취소하여야 한다. (2011. 2. 1. 개정)

13 - 16…47【타법령과 면허취소요건 경합시의 처리】
"항공기"란 사람이 탑승·조종하여 항공의 용도에 공하는 비행기·비행선·활공기·회전익항공기 그 밖의 법령으로 정하는 항공의 용도로 사용할 수 있는 기기를 말한다. (2011. 2. 1. 개정)

15 - 0…53【주류의 가공 또는 조작행위의 한계】
주류의 판매업의 면허를 받은 자가 판매(무상, 유상 구분하지 아니한

다) 또는 자가소비 등의 목적으로 소지(소유권의 유무를 상관하지 아니한다)한 주류를 제조장으로부터 출고(수입주류의 경우 세관장이 허가한 보세장소에서 반출)한 그대로 소지하지 아니하고 물리적 또는 화학적인 작용을 가하여 당초의 주류의 종류 또는 종목이나 규격에 변화를 가져오게 한 행위는 주류의 가공 또는 조작으로 본다. 다만, 접객업의 영업장소 내에서 고객의 요구에 따라 주류에 물료를 섞는 행위와, 맥주를 소비자의 요구에 의해 분배기를 통해 즉시 추출하여 빈 용기(상표가 표기되지 아니한 것으로 한정한다)에 담는 행위는 주류의 가공 또는 조작으로 보지 아니한다. (2019. 12. 23. 개정)

16 - 16…54【면허취소신청 또는 폐지신고의 처리】
주류 등의 제조업 또는 판매업의 면허를 받은 자가 그 제조업 또는 판매업을 폐지하고자 면허취소신청 또는 폐지신고가 있는 경우에 해당 제조장 또는 판매장이 「주세법」 제13조부터 제15조까지의 규정에 따른 면허의 취소요건에 해당하는 때에는 면허취소신청 또는 폐지신고를 받아서는 아니된다. (2019. 7. 9. 개정)

18 - 18…55【상속인의 범위】
주류 등의 제조업 또는 판매업을 상속한 자란 「민법」의 규정에 의한 재산상속인과 포괄수유자를 말하며 포괄수유자에는 법인도 포함한다. (2011. 2. 1. 개정)

18 - 18…56【상속인이 2명 이상인 경우의 처리】(2011. 2. 1. 제목개정)
2명 이상의 상속인이 신고를 한 경우에 법 제10조 제1호, 제2호, 제5호부터 제7호까지 또는 제9호에 해당하지 아니한 때에는, 해당 상속인 전원의 공동명의로 면허를 받은 것으로 본다. (2011. 2. 1. 개정)

18 - 18…57【상속신고기한 경과후 신고에 대한 처리】
영 제18조에 따른 상속신고기한 경과 후에 상속의 신고가 있는 경우라 하더라도 신고를 한 상속인이 법 제10조 제1호, 제2호, 제5호부터 제7호까지 또는 제9호에 해당하지 아니한 경우에는 해당 신고를 용인하며, 기한 내의 신고불이행을 이유로 다른 법령에 따라 제재하는 것은 별개로 다룬다. (2019. 12. 23. 개정)

19 - 0…58【주류제조관리사의 면허취소】(2011. 2. 1. 제목개정)
법 제19조 제5항 제2호에 따른 "이 법 또는 「식품위생법」의 규정에 위반한 때"란 주류의 제조과정에서 주류제조관리사의 고의 또는 중대한 과실로 인하여 법 제13조 제1항 제5호, 제6호, 제9호, 제11호, 제12호의 규정에 해당되어 제조장의 면허를 취소당하였을 때와 제조한 주류가 규격을 위반하여 관계기관에 따라 마시기 불가능한 주류로 판정되었을 때를 말한다. (2011. 2. 1. 개정)

20 - 19…59【주류업단체의 조직】
주류업단체의 조직단위, 허가, 감독, 정관 등에 관한 구체적인 사항에 대해서는 국세청장이 정하는 바에 따른다. (2011. 2. 1. 개정)

21 - 20…60【제조장으로부터 출고의 한계】
법 제21조, 제23조, 제25조 또는 제29조에서 "제조장으로부터 출고"란 제조면허를 받은 장소로부터의 출고를 말하는 것으로서 유상, 무상을 불문한다. (2011. 2. 1. 개정)

22 - 0…61【주정에 대한 주세율 적용】
법 제22조 제1항의 규정에 의한 주정의 세율은 주정의 알콜분이 85도 이상 95도 이하인 경우에는 알콜분 함유량에 따라 안분계산하지 아니하고 1킬로리터당 57,000원의 세율을 적용하는 것이며,(예, 85도 주정 1킬로리터의 주세액은 57,000원) 알콜분이 95도를 초과하는 경우에 있어 초과하는 알콜분이 1도 미만인 경우에는 세액을 가산하지 아니하는 것임(예, 알콜분이 96.7도인때 가산하는 주세액은 1킬로리터당 600원) (2000. 8. 1. 개정)

26 - 0…62【범칙주류의 주세납부】
법에 따른 면허를 받지 아니하고 제조한 주류 등 및 제조자가 불명인 부정주류 등을 주류제조면허자에게 공매처분 등을 한 경우, 해당 주류 등에 대한 주세액을 범칙자로부터 징수하였다 하더라도 공매를 받은 주류제조자가 이를 주류로 제성 출고하였을 때에는, 법 제23조 및 제26조에 따라 해당 주세를 납부하여야 한다. (2011. 2. 1. 개정)

26 - 0…63【시험양조주류의 주세납부】
국가기관이 시험양조한 주류를 공매 또는 불하 등의 방법에 따라 출고하는 경우 해당 국가기관은 법 제23조, 제26조, 제29조 또는 제30조에 따라 해당 주세를 납부하여야 한다. (2011. 2. 1. 개정)

29 - 0…64【출고로 보는 주류의 부패, 망실 등의 처리】(2011. 2. 1. 제목개정)
법 제29조 각 호의 규정에 해당되어 출고로 보아 과세한 이후에 해당 주류가 부패, 망실 등으로 인하여 출고할 수 없는 사유가 발생하였다 하더라도 당초 출고로 보아 과세한 처분에는 영향이 없다. (2011. 2. 1. 개정)

31 - 0…65【면세의 범위】(2011. 2. 1. 제목개정)
법 제31조 제1항 각 호에 해당되어 세무서장으로부터 면세승인을 받았으나 해당 주류를 지정한 기한 내에 수출 또는 납품하지 못하여 제조장으로부터 출고를 하지 못한 경우에는 같은 조 제3항 및 영 제34조의 규정을 적용하지 아니한다. (2011. 2. 1. 개정)

31 - 30…66【주한국제연합군에 납품하는 생맥주의 면세처리】

주한국제연합군에 납품하는 생맥주에 대해서는 주문서를 납품계약서로 보아 영 제30조 제2항에 따라 면세승인을 하되, 면세승인시에 지정한 기한 내에 납품영수증 정본의 제출을 조건으로 하여야 한다. (2011. 2. 1. 개정)

32-36…67 【용도변경주정의 범위】

법 제32조 제2항에서 "원래 목적으로 사용하지 아니한 주정"이란 영 제36조 관련 별표 6에 따른 물품 제조에 사용하거나 공업용(합성주정에 한한다)에 사용할 목적으로 영 제36조 제3항에 따라 면세승인을 받은 주정의 전부 또는 일부에 대하여 영 제36조 제3항 제4호에 따른 실수요자 소관세무서장의 사용확인을 받지 못하였거나 사용확인을 받지 아니한 수량을 지칭한다. (2019. 12. 23. 개정)

32-36…68 【주정의 특수용도면세 처리】

영 제36조 관련 별표 6에 기재하는 물품의 제조용에 사용하는 주정의 면세는 다음의 정하는 바에 따른다. (2011. 2. 1. 개정)

1. 제2호의 연초발효용 중 수출 이외의 연초발효용에 사용되는 주정(합성주정을 포함한다)에 대한 주세는 면세되지 아니한다. (2000. 8. 1. 개정)

2. 농약제조용 합성중간물인 에칠페닐아세테이트(Ethyl Phenyl Acetate) 제조공정상 필요한 에스테르류의 제조에 사용되는 주정은 주세를 면제한다. (2000. 8. 1. 개정)

3. 제11호 초산에는 식초를 포함하는 것으로서 이의 제조용 원료로 사용하는 주정은 주세를 면세한다. (2000. 8. 1. 개정)

4. 제18호의 사포닌 질제제에는 인삼엑기스 및 인삼차는 포함되지 아니한다. (2000. 8. 1. 개정)

5. 의약품제조용기의 소독용 또는 의약품의 제조에 합성주정을 사용하는 경우는 식음용 이외의 공업용으로 사용한 것으로 보아 주세를 면세한다. (2000. 8. 1. 개정)

32-36…69 【주정의 특수용도 면세승인】

주정에 대한 주세의 특수용도 면세는 사전에 영 제36조 제3항의 규정에 의한 면세절차를 밟아야 하는 것으로서, 주정이 특수용도 면세품목의 제조에 사용되었음이 사후에 확인된 경우라 하더라도 면세 또는 이에 따른 주세의 환급은 하지 아니한다. (2000. 8. 1. 개정)

34-0…70 【환입 및 입고의 구분】

주류의 "환입"이란 주류제조장으로부터 출고된 주류가 조악, 변질, 그 밖의 부득이한 사유로 인하여 당초 출고된 제조장으로 되돌아온 것을 말하며, 주류의 "입고"란 주류를 특정제조장 밖으로부터 들여오는 것을 말한다. 따라서 환입된 주류에 대해서는 주질의 개선을 위한 단순한

교정은 할 수 있으나 가공에 따른 증량행위는 할 수 없다. (2011. 2. 1. 개정)

35-0…71 【원료용주류의 감소에 대한 주세공제】 (2011. 2. 1. 제목개정)

법 제35조 및 영 제40조에 따른 원료용주류세액의 공제 또는 환급은 이중과세의 배제에 그 목적이 있는 것이므로 이미 과세되었거나 과세될 주류를 원료로 하여 주류를 제조할 경우에는 그 제조에 투입 사용된 원료용 주류의 전량에 대한 주세액에 상당하는 금액을 공제할 수 있다. 따라서 영 제26조에 따른 실감소량 및 제조공정중에 발생되는 감소분(국세청장이 별도로 정하는 범위 내로 한다)에 대한 주세액도 이 원료용 주류의 세액공제의 범위에 포함되는 것으로 한다. (2011. 2. 1. 개정)

40-0…72 【주세보전상 필요의 인정범위】

법 제40조에서 "주세보전상 필요하다고 인정되는 경우"란, 주세를 보전하기 위한 주류의 제조, 원료, 품질, 시설설비, 출고, 판매 및 가격 등과 납세의 담보를 위하여 구체적인 조치가 필요하다고 인정하는 때를 말한다. (2011. 2. 1. 개정)

40-46…74 【주류의 출고 등의 범위】 (2011. 2. 1. 제목개정)

영 제46조의 규정에 의한 주류의 출고에 따른 용기 및 상표상의 기재사항에 대하여는 국세청장이 정하는 바에 따른다. (2011. 2. 1. 개정)

40-47…73 【명령행위의 내용 및 효력】

법 제40조, 제44조 및 영 제47조부터 제51조까지의 규정에 따른 명령은 해당 법령에 근거한 권한 있는 행정관청이 구체적인 사항에 대한 명령으로서 문서로써 행하여야 하며, 이의 효력은 해당 명령이 도달한 때로부터 발생한다. (2011. 2. 1. 개정)

40-48…75 【시설, 설비 등의 범위】

영 제48조 및 제49조의 규정에 의한 주류의 제조 또는 판매 등에 대한 시설설비의 신설, 확장 또는 사용 등에 관하여는 국세청장이 정하는 바에 따른다. (2011. 2. 1. 개정)

42-55…76 【구입과 출고의 규제를 받는 주정의 범위】

영 제55조에 따른 "주정"이란 그 용도(주류제조용 또는 공업용)에 불구하고 법 제4조 제1항 제1호에 따른 주정을 말한다. (2011. 2. 1. 개정)

43-56…77 【주조원료의 용도변경 승인의 한계】

영 제56조에서 구입한 원료의 "부패, 손상 기타 부득이한 사유로 인하여 용도변경을 하고자 하는 때"란 구입한 원료가 관계기관의 감정·분석에 따라 해당 주조원료로 사용할 수 없다는 객관적인 증명이 있거나, 국가시책에 따라 그 사용이 금지 또는 제한된 원료로서 장기간 보관하더라도 다시 이를 사용할 수 없다고 판단되는 때 등을 말하는 것으로서

용도변경의 승인을 받은 원료의 수량은 원료배정량의 범위에서 제외한다. (2011. 2. 1. 개정)

43-56…78 【용도변경승인 주류등의 원료적용】

영 제56조에 따라 소정의 절차를 밟아 변질된 주류 등을 타주류 등의 원료로 변경할 경우, 변질된 주류 등을 제조하기 위하여 사용한 원료는 해당 주류 등의 제조용 원료로 사용한 것으로 보며, 용도변경하여 제조한 타주류 등의 제조원료로 사용한 것으로 보지 아니한다. (2011. 2. 1. 개정)

44-57…79 【납세증지 또는 병마개 사용의 범위】

법 제44조 및 영 제57조 또는 규칙 제9조에 따른 납세증지의 첩용 또는 납세병마개의 사용에 관하여 필요한 사항은 국세청장이 정하는 바에 따른다. (2011. 2. 1. 개정)

47-61…80 【기장으로 보는 경우】 (2011. 2. 1. 제목개정)

영 제61조에 따른 주류 등의 판매업자의 기장의무는 판매업자가 같은 조에 따른 사항을 기록·비치하고 있는 때를 말하는 것으로서 세무서장의 검인을 받지 아니한 판매계산서 등에 따라 주류 등의 판매에 관한 사항을 기재하였다 하더라도 기장이 정확하게 기록 보관되어 있을 때에는 기장한 것으로 본다. (2011. 2. 1. 개정)

48-0…81 【영업의 정지 또는 허가의 취소요구의 한계】

법 제48조 제1항에 따라 영업허가의 주무관청에 영업의 정지 또는 허가의 취소요구를 하는 때에는 법 제15조 제1항 및 영 제14조에 따른 처분요건이 전제되어야 하는 것으로서 주류판매업의 취소처분을 받은 자에 대하여 영업의 정지를 요구하거나 판매업의 정지처분을 받은 자에 대하여 허가의 취소를 요구하여서는 아니된다. (2011. 2. 1. 개정)

49-62…82 【주류의 수량 및 알코올분 검정방법】 (2011. 2. 1. 제목개정)

주류의 수량과 알코올분의 검정방법에 대하여는 국세청장이 정하는 바에 따른다. (2011. 2. 1. 개정)

50-0…83 【용기 등의 검정방법】 (2011. 2. 1. 제목개정)

주류 등의 제조자 또는 판매업자가 주류 등의 제조, 저장 또는 판매에 사용하는 기계, 기구와 용기의 검정방법은 국세청장이 정하는 바에 따른다. (2011. 2. 1. 개정)

52-0…84 【제조, 저장 또는 판매에 관한 모든 장부, 서류의 범위】 (2011. 2. 1. 제목개정)

법 제52조 제1항 제2호에 따른 "제조, 저장 또는 판매에 관한 모든 장부, 서류"란 제조, 저장 또는 판매에 관계되는 물적 또는 금전적 사정을 기록한 장부, 증서, 청구서, 영수증, 메모 등의 서류를 말한다. (2011. 2. 1. 개정)

통칙 부　칙 (2019. 12. 23.)

① 【시행일】 이 통칙은 2019년 12월 23일부터 시행한다.

② 【일반적 적용례】 이 통칙은 시행당시 종전의 규정에 의하여 부과하였거나 부과할 국세에 관하여는 종전의 예에 의한다. 다만, 이 통칙 시행일 이전에 관련법률 등의 개정으로 이미 시행되는 규정은 관련법률 등의 적용례에 따른다.

③ 【종전예규와의 관계】 이 통칙 시행 전의 예규로서 이 통칙과 상치되는 경우에는 이 통칙에 의한다.

(1982. 2. 1.~2011. 2. 1.) 생략

인지세법

<table>
<tr><td valign="top">

개정 2023. 12. 31. 법률 제19934호
2022. 12. 31. 법률 제19198호
(법률용어 정비를~법률) 2020. 6. 9. 법률 제17339호
2020. 3. 31. 법률 제17151호
(양식산업발전법 부칙) 2019. 8. 27. 법률 제16568호
2018. 12. 31. 법률 제16106호
2017. 12. 30. 법률 제15331호
2016. 3. 2. 법률 제14048호
(수입인지에 관한 법률 부칙) 2014. 12. 30. 법률 제12865호
2014. 1. 1. 법률 제12171호
(수입인지에 관한 법률 부칙) 2012. 12. 18. 법률 제11551호
(전자거래기본법 부칙) 2012. 6. 1. 법률 제11461호
2010. 1. 1. 법률 제 9917호
(정부조직법 부칙) 2008. 2. 29. 법률 제 8852호
2008. 1. 9. 법률 제 8839호
(관광진흥법 부칙) 2007. 4. 11. 법률 제 8343호
(국세기본법 부칙) 2006. 12. 30. 법률 제 8139호
2004. 12. 31. 법률 제 7320호
2001. 12. 29. 법률 제 6537호
(여신전문금융업법 부칙) 1997. 8. 28. 법률 제 5374호
전면개정 1991. 12. 27. 법률 제 4452호
(임시조치법 부칙) 1976. 12. 22. 법률 제 2932호
1976. 12. 22. 법률 제 2924호
제정 1971. 12. 28. 법률 제 2323호

</td><td valign="top">

개정 2024. 2. 29. 대통령령 제34269호
2023. 2. 28. 대통령령 제33281호
(경영지도자 및~시행령 부칙) 2021. 4. 6. 대통령령 제31611호
2021. 2. 17. 대통령령 제31457호
2019. 2. 12. 대통령령 제29536호
2017. 2. 7. 대통령령 제27844호
(감정평가 및~시행령 부칙) 2016. 8. 31. 대통령령 제27472호
(기술신용보증기금법 시행령 부칙) 2016. 5. 31. 대통령령 제27205호
(측량·수로조사 및~시행령 부칙) 2015. 6. 1. 대통령령 제26302호
2015. 2. 3. 대통령령 제26075호
(한국산업은행법 시행령 부칙) 2014. 12. 30. 대통령령 제25945호
2014. 2. 21. 대통령령 제25199호
(자본시장과 금융투자업에 관한 법률 시행령 부칙)
2013. 8. 27. 대통령령 제24697호
2013. 2. 15. 대통령령 제24363호
(은행법 시행령 부칙) 2010. 11. 15. 대통령령 제22493호
(전기통신사업법 시행령 부칙) 2010. 10. 1. 대통령령 제22424호
2010. 2. 18. 대통령령 제22039호
(측량·수로조사 및 지적에 관한 법률 시행령 부칙)
2009. 12. 14. 대통령령 제21881호
(중소기업진흥 및 제품구매촉진에 관한 법률 시행령 부칙)
2009. 11. 20. 대통령령 제21835호
(기획재정부와~직제 부칙) 2008. 2. 29. 대통령령 제20720호
(중소기업진흥 및~시행령 부칙) 2007. 9. 10. 대통령령 제20261호
2007. 2. 28. 대통령령 제19900호
(전자적 민원처리를 위한~개정령) 2004. 3. 17. 대통령령 제18312호
(한국주택금융공사법시행령 부칙) 2004. 2. 28. 대통령령 제18297호
(신기술사업금융지원에 관한 법률시행령 부칙)
2002. 12. 5. 대통령령 제17791호
2001. 12. 31. 대통령령 제17463호
(여신전문금융업법시행령 부칙) 1997. 12. 31. 대통령령 제15569호
(재정경제원~직제 부칙) 1994. 12. 23. 대통령령 제14438호
전면개정 1991. 12. 31. 대통령령 제13544호
1971. 12. 30. 대통령령 제 5906호
(한글화) 1969. 10. 6. 대통령령 제 4107호

</td><td valign="top">

개정 2023. 3. 20. 기획재정부령 제 981호
(국세징수법 시행규칙 부칙)
2021. 3. 16. 기획재정부령 제 835호
2019. 3. 20. 기획재정부령 제 722호
2017. 3. 10. 기획재정부령 제 603호
2015. 3. 6. 기획재정부령 제 471호
2013. 2. 23. 기획재정부령 제 330호
2010. 4. 13. 기획재정부령 제 147호
2008. 5. 8. 기획재정부령 제 23호
2002. 2. 26. 재정경제부령 제 245호
(여신전문금융업법시행규칙 부칙)
1997. 12. 31. 총 리 령 제 674호
전면개정 1992. 2. 29. 재 무 부 령 제1874호
1977. 2. 23. 재 무 부 령 제1238호
제정 1973. 7. 11. 재 무 부 령 제 965호

</td></tr>
</table>

제1조【납세의무】① 국내에서 재산에 관한 권리 등의 창설·이전 또는 변경에 관한 계약서나 이를 증명하는 그 밖의 문서를 작성하는 자는 이 법에 따라 그 문서에 대한 인지세를 납부할 의무가 있다. (2022. 12. 31. 개정)
② 2인 이상이 공동으로 문서를 작성하는 경우 그 작성자는 해당 문서에 대한 인지세를 연대(連帶)하여 납부할 의무가 있다. (2010. 1. 1. 개정)

제2조【정 의】이 법에서 사용하는 용어의 뜻은 다음과 같다. (2010. 1. 1. 개정)
1. "증서"란 재산에 관한 권리의 창설·이전 또는 변경에 관한 계약서나 그 밖에 이를 증명할 목적으로 작성하는 문서를 말한다. (2010. 1. 1. 개정)
2. "통장"이란 하나의 문서로서 반복적인 거래 사실을 표시할 수 있도록 철한 문서를 말한다. (2020. 6. 9. 개정 ; 법률용어 정비를~법률)

제3조【과세문서 및 세액】① 인지세를 납부하여야 할 문서(이하 "과세문서"라 한다) 및 세액은 다음과 같다. (2010. 1. 1. 개정)

과 세 문 서	세 액
1. 부동산·선박·항공기의 소유권 이전에 관한 증서 (2010. 1. 1. 개정)	기재금액이 1천만원 초과 3천만원 이하인 경우 : 2만원
	기재금액이 3천만원 초과 5천만원 이하인 경우 : 4만원
	기재금액이 5천만원 초과 1억원 이하인 경우 : 7만원
	기재금액이 1억원 초과 10억원 이하인 경우 : 15만원
	기재금액이 10억원을 초과하는 경우 : 35만원

2. ☞ p.3393

제1조【목 적】이 영은 「인지세법」에서 위임된 사항과 그 시행에 필요한 사항을 규정함을 목적으로 한다. (2010. 2. 18. 개정)

제2조【정 의】이 영에서 사용하는 용어의 정의는 「인지세법」(이하 "법"이라 한다)에서 정하는 바에 따른다. (2010. 2. 18. 개정)

제2조의 2【금전소비대차증서의 범위】법 제3조 제1항 제2호에서 "대통령령으로 정하는 금융·보험기관"이란 다음 각 호의 어느 하나에 해당하는 것을 말한다. (2010. 2. 18. 개정)
1. 「은행법」 제2조 제1항 제2호에 따른 은행 (2010. 11. 15. 개정 ; 은행법 시행령 부칙)
2. 「한국산업은행법」에 따른 한국산업은행 (2010. 2. 18. 개정)
3. 「한국정책금융공사법」에 따른 한국정책금융공사 (2010. 2. 18. 개정)
3. 삭 제 (2014. 12. 30. ; 한국산업은행법 시행령 부칙)
4. 「한국수출입은행법」에 따른 한국수출입은행 (2010. 2. 18. 개정)
5. 「중소기업은행법」에 따른 중소기업은행 (2010. 2. 18. 개정)
6. 「여신전문금융업법」 제2조 제15호에 따른 여신전문금융회사 (2010. 2. 18. 개정)
7. 「신용협동조합법」에 따른 신용협동조합 (2010. 2. 18. 개정)
8. 「상호저축은행법」에 따른 상호저축은행 (2010. 2. 18. 개정)
9. 「새마을금고법」에 따른 새마을금고 (2010. 2. 18. 개정)
10. 「자본시장과 금융투자업에 관한 법률」 제8조 제7항에 따른 신탁

제1조【목 적】이 규칙은 「인지세법」 및 같은 법 시행령에서 위임된 사항과 그 시행에 필요한 사항을 규정함을 목적으로 한다. (2010. 4. 13. 개정)

제2조【정 의】이 규칙에서 사용하는 용어의 뜻은 「인지세법」(이하 "법"이라 한다) 및 같은 법 시행령(이하 "영"이라 한다)에서 정하는 바에 따른다. (2010. 4. 13. 개정)

제3조【부동산 등의 소유권 이전에 관한 증서의 범위】법 제3조 제1항 제1호에 따른 부동산·선박·항공기의 소유권 이전에 관한 증서는 그 소유권 이전에 관한 등기 또는 등록신청을 할 때 제출하는 계약서나 그 밖의 등기 또는 등록원인서류로 한다. (2010. 4. 13. 개정)

제8조【기재금액】법 제3조 제1항 제1호부터 제3호까지, 제5호 및 제6호에 규정된 기재금액은 다음 각 호의 구분에 따른 금액으로 한다. (2010. 4. 13. 개정)

개정)

3. 「정보통신공사업법」 제26조에 따라 작성하는 도급문서 (2010. 2. 18. 개정)

4. 「국가를 당사자로 하는 계약에 관한 법률」 제11조 또는 「지방자치단체를 당사자로 하는 계약에 관한 법률」 제14조에 따라 작성하는 도급문서 (2010. 2. 18. 개정)

4의 2. 「공공기관의 운영에 관한 법률」 제15조 또는 제39조 제3항에 따라 작성하는 도급문서 (2019. 2. 12. 신설)

4의 3. 「지방공기업법」 제64조의 2 제3항(제76조 제2항에서 준용하는 경우를 포함한다)에 따라 작성하는 도급문서 (2019. 2. 12. 신설)

5. 「변호사법」 제3조에 따라 변호사가 작성하는 수임(受任)계약서 (2010. 2. 18. 개정)

6. 「해양사고의 조사 및 심판에 관한 법률」 제29조에 따라 심판변론인이 작성하는 수임계약서 (2010. 2. 18. 개정)

7. 「변리사법」 제2조에 따라 변리사가 작성하는 수임계약서 (2010. 2. 18. 개정)

8. 「법무사법」 제2조에 따라 법무사가 작성하는 수임계약서 (2010. 2. 18. 개정)

9. 「공인회계사법」 제2조에 따라 공인회계사가 작성하는 수임계약서 (2010. 2. 18. 개정)

10. 「세무사법」 제2조에 따라 세무사가 작성하는 수임계약서 (2010. 2. 18. 개정)

11. 「중소기업진흥에 관한 법률」 제55조에 따라 경영지도사 및 기술지도사가 작성하는 수임계약서 (2021. 4. 6. 개정 ; 경영지도사 및~시행령 부칙)

12. 「감정평가 및 감정평가사에 관한 법률」 제4조에 따라 감정평가사가 작성하는 수임계약서 (2016. 8. 31. 개정 ; 감정평가 및~시행령 부칙)

13. 「보험업법」 제188조에 따라 손해사정사가 작성하는 수임계약서 (2010. 2. 18. 개정)

☞ p.3393 2단 연결

업자 (2010. 2. 18. 개정)

11. 「자본시장과 금융투자업에 관한 법률」 제8조 제4항에 따른 집합투자업자 (2010. 2. 18. 개정)

12. 「보험업법」에 따른 보험회사 (2010. 2. 18. 개정)

13. 「자본시장과 금융투자업에 관한 법률」 제8조 제2항·제3항에 따른 투자매매업자·투자중개업자 및 같은 법 제9조 제17항 제3호에 따른 증권금융회사 (2010. 2. 18. 개정)

14. 「자본시장과 금융투자업에 관한 법률」 제336조에 따른 종합금융회사 (2010. 2. 18. 개정)

15. 「농업협동조합법」에 따른 조합, 중앙회 및 농협은행 (2013. 2. 15. 개정)

16. 「수산업협동조합법」에 따른 조합, 중앙회 및 수협은행 (2017. 2. 7. 개정)

17. 「산림조합법」에 따른 산림조합 및 그 중앙회 (2010. 2. 18. 개정)

18. 그 밖에 여신업무를 수행하는 금융기관 또는 보험기관으로서 기획재정부령으로 정하는 기관 (2010. 2. 18. 개정)

제2조의 3 【도급 및 위임 문서의 범위】 법 제3조 제1항 제3호에서 "대통령령으로 정하는 것"이란 다음 각 호의 어느 하나에 해당하는 것을 말한다. (2010. 2. 18. 개정)

1. 「건설산업기본법」 제22조에 따라 작성하는 도급문서 (2010. 2. 18. 개정)

1의 2. 「국가유산수리 등에 관한 법률」 제24조에 따라 작성하는 도급문서 (2024. 2. 29. 신설)

1의 3. 「소방시설공사업법」 제21조의 3에 따라 작성하는 도급문서 (2024. 2. 29. 신설)

편주 ▶
영 2조의 3 제1호의 2 및 1호의 3의 개정규정은 2024. 7. 1. 이후 작성하는 과세문서부터 적용함. (영 부칙(2024. 2. 29.) 2조)

2. 「전기공사업법」 제12조에 따라 작성하는 도급문서 (2010. 2. 18.

1. 부동산·선박·항공기의 소유권 이전에 관한 증서 : 이전의 대가액. 이 경우 이전과 관련된 비용은 포함되지 아니한다. (2010. 4. 13. 개정)

2. 금전소비대차에 관한 증서 : 금전소비대차금액. 이 경우 이자는 포함되지 아니한다. (2010. 4. 13. 개정)

3. 도급에 관한 증서 : 당사자 어느 한쪽이 어떤 일을 완성할 것을 약정하고 상대방이 그 일의 결과에 대하여 지급할 것을 약정한 보수인 도급금액 또는 수수료 (2010. 4. 13. 개정)

4. 위임에 관한 증서 : 당사자 어느 한쪽이 상대방에게 사무의 처리를 위탁하고 상대방이 이를 승낙한 경우 위탁자가 지급할 것을 약정한 보수인 수임금액 또는 수수료 (2010. 4. 13. 개정)

5. 광업권, 무체재산권, 어업권, 출판권, 저작인접권 또는 상호권의 양도에 관한 증서 : 양도의 대가액 (2010. 4. 13. 개정)

6. 법 제3조 제1항 제6호의 시설물이용권의 입회 또는 양도에 관한 증서 : 시설물이용권의 취득 또는 양도의 대가액 (2010. 4. 13. 개정)

〈제3조 ①〉

과 세 문 서	세 액
2. 대통령령으로 정하는 금융·보험기관과의 금전소비대차에 관한 증서 (2010. 1. 1. 개정)	제1호에 규정된 세액
3. 도급 또는 위임에 관한 증서 중 법률에 따라 작성하는 문서로서 대통령령으로 정하는 것 (2010. 1. 1. 개정)	제1호에 규정된 세액

민 법

제598조【소비대차의 의의】소비대차는 당사자 일방이 금전 기타 대체물의 소유권을 상대방에게 이전할 것을 약정하고 상대방은 그와 같은 종류, 품질 및 수량으로 반환할 것을 약정함으로써 그 효력이 생긴다.

제664조【도급의 의의】도급은 당사자 일방이 어느 일을 완성할 것을 약정하고 상대방이 그 일의 결과에 대하여 보수를 지급할 것을 약정함으로써 그 효력이 생긴다.

과 세 문 서	세 액
4. 소유권에 관하여 법률에 따라 등록 등을 하여야 하는 동산으로서 대통령령으로 정하는 자산의 양도에 관한 증서 (2010. 1. 1. 개정)	3,000원
5. 광업권, 무체재산권, 어업권, 양식업권, 출판권, 저작인접권 또는 상호권의 양도에 관한 증서 (2019. 8. 27. 개정 ; 양식산업발전법 부칙)	제1호에 규정된 세액
6. 다음 각 목의 어느 하나에 해당하는 시설물이용권의 입회 또는 양도에 관한 증서 (2010. 1. 1. 개정) 가.「체육시설의 설치·이용에 관한 법	제1호에 규정된 세액

14.「관세사법」제2조에 따라 관세사가 작성하는 수임계약서 (2010. 2. 18. 개정)

15.「기술사법」제3조에 따라 기술사가 작성하는 수임계약서 (2010. 2. 18. 개정)

16.「건축사법」제19조에 따라 건축사가 작성하는 수임계약서 (2010. 2. 18. 개정)

17.「도선법」제18조에 따라 도선사가 작성하는 수임계약서 (2010. 2. 18. 개정)

18.「공간정보의 구축 및 관리 등에 관한 법률」제39조에 따라 측량기술자가 작성하는 수임계약서 (2015. 6. 1. 개정 ; 측량·수로조사 및~시행령 부칙)

 규칙 4조의 개정규정은 2023. 7. 1. 이후 작성하는 금전소비대차에 관한 증서부터 적용함. (규칙 부칙(2023. 3. 20.) 2조)

제3조【동산 양도증서의 범위】법 제3조 제1항 제4호에서 "대통령령으로 정하는 자산"이란 국내에서 사용되는 다음 각 호의 어느 하나에 해당하는 것을 말한다. (2010. 2. 18. 개정)

1.「자동차관리법」제2조 제1호에 따른 자동차 (2010. 2. 18. 개정)

2.「건설기계관리법」제2조 제1항 제1호에 따른 건설기계 (2010. 2. 18. 개정)

3. 총톤수 20톤 미만의 선박(모터보트와 요트를 포함하되, 5톤 미만의 무동력선은 제외한다) (2010. 2. 18. 개정)

제4조【전화가입신청서의 범위】법 제3조 제1항 제7호 나목에서 "대통령령으로 정하는 역무를 이용하기 위하여 작성하는 계약서 또는 가입신청서"란 다음 각 호의 어느 하나에 해당하는 것을 말한다. (2010. 2. 18. 개정)

1.「전기통신사업법」제2조 제11호에 따른 기간통신역무 중 유선전화를 이용하기 위하

제4조【금전소비대차에 관한 증서의 범위】법 제3조 제1항 제2호에 따른 금전소비대차에 관한 증서에는 다음 각 호의 어느 하나에 해당하는 경우로서 계약당사자의 변경 없이 이율, 상환기간 및 담보에 관한 사항을 변경하는 증서는 포함되지 않는다. 대출의 최장기한이 경과하여 변경하는 증서의 경우에도 또한 같다. (2023. 3. 20. 개정)

1. 대출금액의 변경이 없는 경우 (2023. 3. 20. 개정)

2. 대출금을 일부 상환하여 그 대출금액을 변경하는 경우 (2023. 3. 20. 개정)

제5조【도급의 범위】삭 제 (2002. 2. 26)

제6조【용선계약서의 범위】삭 제 (2002. 2. 26)

제7조【정관의 범위】삭 제 (2002. 2. 26)

과 세 문 서	세 액
률」에 따른 회원제골프장이나 종합 체육시설 또는 승마장을 이용할 수 있는 회원권에 관한 증서 (2010. 1. 1. 개정) 나. 「관광진흥법」에 따른 휴양 콘도미니 엄을 이용할 수 있는 회원권에 관한 증서 (2010. 1. 1. 개정)	
7. 계속적·반복적 거래에 관한 증서로서 다음 각 목의 어느 하나에 해당하는 것 (2010. 1. 1. 개정) 가. 「여신전문금융업법」 제2조에 따른 신용카드회원으로 가입하기 위한 신청서 (2017. 12. 30. 개정)	300원 (2017. 12. 30. 개정)
나. 「전기통신사업법」 제4조 제2항에 따른 기간 통신 역무 중 대통령령으로 정하는 역무를 이용하기 위하여 작성하는 계약서 또는 가입 신청서 (2010. 1. 1. 개정)	1,000원
나. 삭 제 (2020. 3. 31.) 다. 「여신전문금융업법」 제2조 제5호에 따른 신용카드가맹점으로 가입하기 위한 신청서와 그 밖에 대통령령으 로 정하는 것 (2010. 1. 1. 개정)	300원
8. 대통령령으로 정하는 상품권 및 선불카 드(휴대전화로 전송되는 모바일상품권으 로서 권면금액이 3만원 이하인 것은 제 외한다) (2020. 3. 31. 개정)	권면금액이 1만원인 경 우 : 50원
	권면금액이 1만원 초 과 5만원 이하인 경우 : 200원
	권면금액이 5만원 초 과 10만원 이하인 경 우 : 400원

여 작성하는 계약서 또는 가입신청서 (2010. 10. 1. 개정 ; 전기통신사업법 시행령 부칙)
2. 「전기통신사업법」 제2조 제11호에 따른 기간통신역무 중 무선전화인 이동전화 및 개인휴대통신 역무를 이용하기 위하여 작성하는 계약서 또는 가입신청서 (2010. 10. 1. 개정 ; 전기통신사업법 시행령 부칙)

제4조 【전화가입신청서의 범위】 삭　제 (2021. 2. 17.)

제5조 【계속적·반복적 거래에 관한 증서의 범위】 법 제3조 제1항 제7호 다목에서 "대통령령으로 정하는 것"이란 다음 각 호의 어느 하나에 해당하는 것을 말한다. (2010. 2. 18. 개정)
1. 금융위원회가 「자본시장과 금융투자업에 관한 법률」 제72조 제2항 및 같은 법 시행령 제69조 제2항에 따라 정하는 신용공여에 관한 금융위원회의 고시에 따른 투자매매업자 또는 투자중개업자의 신용거래 계좌설정 약정서 (2010. 2. 18. 개정)
2. 「자본시장과 금융투자업에 관한 법률」에 따른 거래소 또는 다자간 매매체결회사가 같은 법 제393조 제1항에 따라 정하는 증권시장에 관한 업무규정 또는 같은 법 시행령 제78조에 따라 정하는 업무규 정에 따른 매매거래 계좌설정 약정서 (2013. 8. 27. 개정 ; 자본시장 과 금융투자업에 관한 법률 시행령 부칙)
3. 「자본시장과 금융투자업에 관한 법률」 제373조에 따른 거래소가 같 은 법 제393조 제2항에 따라 정하는 파생상품시장업무규정에 따른 파생상품 계좌설정 약정서 (2013. 8. 27. 개정 ; 자본시장과 금융투 자업에 관한 법률 시행령 부칙)

제5조의 2 【상품권과 선불카드의 범위】 ① 법 제3조 제1항 제8호에서 "대통령령으로 정하는 상품권"이란 그 명칭 또는 형태에 관계없이 발행자가 일정한 금액이나 물품 또는 용역의 수량을 기재하여 발행·매출한 증표로서, 그 소지자가 발행자 또는 발행자가 지정하는 자(이하 "발행자등"이라 한다)에게 이를 제시 또는 교부하거나 그 밖의 방법으로 사용함으로써 그 증표에 기재된 내용에 따라 발행자등으로부터 물품 또는 용역을 제공받을 수 있는 증표를 말한다. (2021. 2. 17. 개정)
② 법 제3조 제1항 제8호에서 "대통령령으로 정하는 선불카드"란 상품

과 세 문 서	세 액
	권면금액이 10만원을 초과하는 경우 : 800원
8의 2. 모바일 상품권(판매일로부터 7일 이내 판매가 취소되어 전액 환불되고 폐기되는 것은 제외한다) (2020. 3. 31. 신설)	권면금액이 5만원 초과 10만원 이하인 경우 : 400원
	권면금액이 10만원을 초과하는 경우 : 800원
9. 「자본시장과 금융투자업에 관한 법률」 제4조 제2항에 따른 채무증권, 지분증권 및 수익증권 (2010. 1. 1. 개정)	400원
10. 예금·적금에 관한 증서 또는 통장, 환매조건부채권매도약정서, 보험증권 및 신탁에 관한 증서 또는 통장 (2010. 1. 1. 개정)	100원
11. 「여신전문금융업법」 제2조 제10호에 따른 시설대여를 위한 계약서 (2010. 1. 1. 개정)	1만원
12. 채무의 보증에 관한 증서 (2010. 1. 1. 개정)	
가. 사채보증에 관한 증서 또는 그 밖에 이와 유사한 것으로서 대통령령으로 정하는 채무의 보증에 관한 증서 (2010. 1. 1. 개정)	1만원
나. 「신용보증기금법」에 따른 신용보증기금이 발행하는 채무의 보증에 관한 증서 또는 그 밖에 이와 유사한 것으로서 대통령령으로 정하는 채무의 보증에 관한 증서 (2010. 1. 1. 개정)	1,000원
다. 「보험업법」에 따른 보험업을 영위하는 자가 발행하는 보증보험증권, 「농	200원

권의 일종으로서 일정한 금액이나 물품 또는 용역의 수량이 전자적 또는 자기적 방법으로 기록되어 발행·매출한 증표를 말한다. (2021. 2. 17. 개정)

③ 제1항 및 제2항에도 불구하고 다음 각 호의 어느 하나에 해당하는 것은 상품권이나 선불카드에 해당하지 아니한다. (2010. 2. 18. 신설)

1. 국가, 지방자치단체 또는 「공공기관의 운영에 관한 법률」 제4조에 따른 공공기관이 발행하는 것 (2010. 2. 18. 신설)
2. 교통수단, 공연장, 경마장, 운동경기장, 유원지, 박람회장 등 불특정 다수인이 이용하는 시설 또는 장소의 입장권 또는 이용권 (2010. 2. 18. 신설)
3. 그 밖에 유통을 목적으로 하지 아니하거나 그 성질상 인지세를 과세하는 것이 적합하지 않다고 인정되는 것으로서 기획재정부령으로 정하는 것 (2010. 2. 18. 신설)

제6조 【채무의 보증에 관한 증서의 범위】 ① 법 제3조 제1항 제12호 가목에서 "대통령령으로 정하는 채무의 보증에 관한 증서"란 「은행법」에 따른 인가를 받아 설립된 은행과 기획재정부령으로 정하는 금융보험업을 영위하는 자가 발행하는 채무의 보증에 관한 증서를 말한다. 다만, 신용장은 제외한다. (2010. 11. 15. 개정 ; 은행법 시행령 부칙)

② 법 제3조 제1항 제12호 나목에서 "대통령령으로 정하는 채무의 보증에 관한 증서"란 「기술보증기금법」에 따른 기술보증기금이 발행하는 채무의 보증에 관한 증서를 말한다. (2016. 5. 31. 개정 ; 기술신용보증기금법 시행령 부칙)

③ 법 제3조 제1항 제12호 다목에서 "대통령령으로 정하는 채무의 보증에 관한 증서"란 「한국주택금융공사법」에 따라 설립된 한국주택금융공사(같은 법 제45조 제7항에 따라 그 업무를 위탁받은 기관을 포함한다)가 발행하는 주택자금의 융자에 대한 신용을 보증하기 위한 증서를 말한다. (2010. 2. 18. 개정)

제8조의 2 【선불카드 등의 범위】 (2019. 3. 20. 제목개정) 영 제5조의 2 제3항 제3호에서 "기획재정부령으로 정하는 것"이란 충전식 선불카드로서 최초의 권면금액을 사용한 후 충전하는 경우의 선불카드를 말한다. (2019. 3. 20. 개정)

제9조 【금융보험업을 영위하는 자의 범위】 영 제6조 제1항에서 "기획재정부령으로 정하는 금융보험업을 영위하는 자"란 다음 각 호의 어느 하나에 해당하는 자를 말한다. (2010. 4. 13. 개정)

1. 「한국산업은행법」에 따른 한국산업은행 (2010. 4. 13. 개정)
2. 「한국정책금융공사법」에 따른 한국정책금융공사 (2010. 4. 13. 개정)
3. 「중소기업은행법」에 따른 중소기업은행 (2010. 4. 13. 개정)
4. 「한국수출입은행법」에 따른 한국수출입은행 (2010. 4. 13. 개정)
5. 「자본시장과 금융투자업에 관한 법률」

과 세 문 서	세 액
림수산업자 신용보증법」 제4조에 따른 농림수산업자신용보증기금이 발행하는 채무의 보증에 관한 증서 또는 그 밖에 이와 유사한 것으로서 대통령령으로 정하는 채무의 보증에 관한 증서 (2010. 1. 1. 개정)	

② 제1항 각 호의 과세문서는 통장의 경우 1권마다, 통장 외의 과세문서의 경우 1통마다 해당 인지세를 납부하여야 한다. (2010. 1. 1. 개정)

③ 제1항 각 호의 과세문서에는 「전자문서 및 전자거래 기본법」 제2조에 따른 전자문서(「주식·사채 등의 전자등록에 관한 법률」 제2조 제1호 나목에 따른 사채로서 같은 법 제59조 각 호의 요건을 모두 갖추고 전자등록된 것 등 대통령령으로 정하는 전자문서는 제외하며, 이하 "과세대상 전자문서"라 한다)를 포함한다. (2022. 12. 31. 개정)

관련법령 ▶▶

전자문서 및 전자거래 기본법
제2조 【정 의】 1. "전자문서"란 정보처리시스템에 의하여 전자적 형태로 작성·변환되거나 송신·수신 또는 저장된 정보를 말한다. (2020. 6. 9. 개정)

④ 제1항 각 호의 과세문서에 대해서는 명칭이 무엇이든 그 실질적인 내용에 따라 이를 적용한다. (2010. 1. 1. 개정)

⑤ 제1항부터 제4항까지에서 규정한 사항 외에 과세문서의 판단 및 구분에 필요한 사항은 대통령령으로 정한다. (2010. 1. 1. 개정)

　제4조 【기재금액의 계산】 ① 제3조 제1항 제1호부터 제3호까지, 제5호 및 제6호의 과세문서로서 기재금액이 없는 경우에는 다음 각 호에 따른 금액을 기재금액으로 본다. (2010. 1. 1. 개정)

1. 해당 과세문서에 표기된 기재사항을 통하여 그 금액을 계산할 수 있을 때 : 그에 따라 계산해 낸 금액 (2010. 1. 1. 개정)

　제6조의 2 【과세대상에서 제외되는 전자문서의 범위】 법 제3조 제3항에서 "'주식·사채 등의 전자등록에 관한 법률」 제2조 제1호 나목에 따른 사채로서 같은 법 제59조 각 호의 요건을 모두 갖추고 전자등록된 것 등 대통령령으로 정하는 전자문서"란 법 제3조 제1항 제9호에 따른 문서로서 다음 각 호의 어느 하나에 해당하는 것을 말한다. (2023. 2. 28. 개정)

1. 「주식·사채 등의 전자등록에 관한 법률」 제2조 제1호 나목에 따른 사채로서 같은 법 제59조 각 호의 요건을 모두 갖추고 전자등록된 것 (2023. 2. 28. 개정)

편주 ▶

영 6조의 2의 개정규정은 2023. 2. 28. 이후 작성하는 과세문서부터 적용함. (영 부칙(2023. 2. 28.) 2조)

2. 「주식·사채 등의 전자등록에 관한 법률」 제2조 제1호 마목에 따른 권리로서 같은 법 제59조 각 호의 요건을 모두 갖추고 전자등록된 것 (2023. 2. 28. 개정)

3. 「주식·사채 등의 전자등록에 관한 법률」 제2조 제4호에 따른 전자등록주식등(제1호 및 제2호에 해당하는 것은 제외한다) (2023. 2. 28. 개정)

4. 「자본시장과 금융투자업에 관한 법률」 제309조에 따른 예탁자계좌

제8조 제7항에 따른 신탁업자 (2010. 4. 13. 개정)

6. 「자본시장과 금융투자업에 관한 법률」 제336조에 따른 종합금융회사 (2010. 4. 13. 개정)

7. 「농업협동조합법」에 따른 농협은행 (2013. 2. 23. 개정)

8. 「수산업협동조합법」에 따른 수협은행 (2017. 3. 10. 개정)

9. 「자본시장과 금융투자업에 관한 법률」 제9조 제17항 제3호에 따른 증권금융회사 (2010. 4. 13. 개정)

10. 「여신전문금융업법」 제2조 제15호에 따른 여신전문금융회사 (2010. 4. 13. 개정)

11. 「자본시장과 금융투자업에 관한 법률」 제8조 제2항 및 제3항에 따른 투자매매업자 및 투자중개업자 (2010. 4. 13. 개정)

12. 「중소기업창업 지원법」 제2조 제4호에 따른 중소기업창업투자회사 (2010. 4. 13. 개정)

2. 제1호에 따라 기재금액을 계산할 수 없을 때 : 제3조 제1항 제1호의 최저 기재금액 (2010. 1. 1. 개정)

② 제1항에서 규정한 사항 외에 기재금액 계산에 필요한 사항은 대통령령으로 정한다. (2010. 1. 1. 개정)

부와 같은 법 제310조에 따른 투자자계좌부에 기재된 증권 (2023. 2. 28. 개정)

5. 「은행법」 제33조의 5에 따라 등록된 사채등 (2023. 2. 28. 개정)

6. 「상법」 제358조의 2에 따라 불소지 신고되어 주주명부에 기재된 주권 (2023. 2. 28. 개정)

7. 법률 제14096호 주식·사채 등의 전자등록에 관한 법률 부칙 제6조에 따라 종전의 「공사채 등록법」(법률 제14096호 주식·사채 등의 전자등록에 관한 법률 부칙 제2조 제1항에 따라 폐지되기 전의 것을 말한다)을 적용하는 공사채 (2023. 2. 28. 개정)

제7조【과세문서의 판단 및 구분】① 하나의 문서가 법 제3조 제1항 제1호부터 제3호까지, 제5호 또는 제6호에 따른 과세문서와 같은 항 제4호, 제8호부터 제10호까지 또는 제12호에 따른 과세문서에 해당하는 경우(하나의 문서에 이들 내용이 같이 기재된 경우를 포함한다)에는 같은 항 제1호부터 제3호까지, 제5호 또는 제6호에 따른 과세문서로 보고, 하나의 문서가 법 제3조 제1항 제1호부터 제3호까지, 제5호 또는 제6호에 따른 과세문서와 같은 항 제7호 또는 제11호에 따른 과세문서에 해당하는 경우(하나의 문서에 이들 내용이 같이 기재된 경우를 포함한다)에는 같은 항 제7호 또는 제11호에 따른 과세문서로 본다. (2010. 2. 18. 개정)

② 하나의 문서가 법 제3조 제1항 제4호, 제7호부터 제12호까지에 따른 과세문서 중 둘 이상의 과세문서에 해당하는 경우(하나의 문서에 이들 내용이 같이 기재된 경우를 포함한다)에는 둘 이상의 규정 중에서 세액이 큰 규정의 과세문서로 본다. (2010. 2. 18. 개정)

제8조【기재금액의 계산】법 제3조 제1항 제1호부터 제3호까지, 제5호 또는 제6호에 따른 과세문서로서 당사자 간에 일정한 한도금액을 약정하고 그 한도금액 내에서 거래를 하는 경우에는 그 한도금액을 기재금액으로 본다. (2010. 2. 18. 개정)

제5조【보완문서】하나의 문서의 내용을 다른 하나 이상의 문서(이하 "보완문서"라 한다)가 보완하여 하나의 계약 내용을 이루는 경우

제9조【보완문서의 범위】법 제5조 단서에서 "대통령령으로 정하는 경우"란 다음 각 호의 어느 하나에 해당하는 경우를 말한다. (2010.

그 보완문서는 그 계약 내용을 증명하는 과세문서로 본다. 다만, 제3조 제1항 제7호의 문서를 보완하는 경우와 그 밖에 대통령령으로 정하는 경우에는 그러하지 아니하다. (2010. 1. 1. 개정)

　제6조【비과세문서】다음 각 호의 문서에 대해서는 인지세를 납부하지 아니한다. (2010. 1. 1. 개정)
1. 국가나 지방자치단체(지방자치단체조합을 포함한다. 이하 같다)가 작성하는 증서 또는 통장 (2010. 1. 1. 개정)
2. 국고금의 취급에 관하여 작성하는 증서 또는 통장 (2010. 1. 1. 개정)
3. 공공사업을 위한 기부를 위하여 국가나 지방자치단체에 제출하는 증서 (2010. 1. 1. 개정)
4. 자선이나 구호를 목적으로 하는 단체가 그 사업에 관하여 작성하는 증서 (2010. 1. 1. 개정)
5. 주택의 소유권 이전에 관한 증서로서 기재금액이 1억원 이하인 것 (2010. 1. 1. 개정)
6. 어음의 인수 또는 보증 (2010. 1. 1. 개정)
7. 「자본시장과 금융투자업에 관한 법률」 제4조 제1항에 따른 증권의 복본(複本) 또는 등본 (2010. 1. 1. 개정)
8. 금전소비대차에 관한 증서로서 기재금액이 5천만원 이하인 것 (2016. 3. 2. 개정)
9. 「우편법」에 따른 우편전용의 물건에 관한 증서 (2010. 1. 1. 개정)
10. 「공익사업을 위한 토지 등의 취득 및 보상에 관한 법률」의 적용을 받는 토지 등을 국가, 지방자치단체 또는 그 밖의 특별법에 따라 설립된 법인에 양도하는 경우 그 양도 절차에서 필요하여 작성하는 증서 (2020. 6. 9. 개정 ; 법률용어 정비를~법률)
11. 「한국은행통화안정증권법」에 따라 한국은행이 발행하는 통화안정증권 (2010. 1. 1. 개정)
12. 「국제금융기구에의 가입조치에 관한 법률」에서 정한 국제금융기구가 발행하는 채권 및 그 채권의 발행과 관련하여 작성하는 증서 (2010. 1. 1. 개정)

　제7조【국가 등이 공동으로 작성하는 문서】국가, 지방자치단체

2. 18. 개정)
1. 법 제3조 제1항 제10호의 과세문서를 보완하는 경우 (2010. 2. 18. 개정)
2. 제2조의 2 각 호에 따른 금융·보험기관과의 금전소비대차에 관한 계약에 따라 약정된 일정 금액을 분할 지급하기 위하여 보완문서를 작성하는 경우 (2010. 2. 18. 개정)

제10조【비과세문서의 범위】삭　제 (2007. 2. 28.)

자본시장과 금융투자업에 관한 법률
제4조【증　권】① 이 법에서 "증권"이란 내국인 또는 외국인이 발행한 금융투자상품으로서 투자자가 취득과 동시에 지급한 금전 등 외에 어떠한 명목으로든지 추가로 지급의무(투자자가 기초자산에 대한 매매를 성립시킬 수 있는 권리를 행사하게 됨으로써 부담하게 되는 지급의무를 제외한다)를 부담하지 아니하는 것을 말한다. 다만, 다음 각 호의 어느 하나에 해당하는 증권은 제2편 제5장, 제3편 제1장(제8편부터 제10편까지의 규정 중 제2편 제5장, 제3편 제1장의 규정에 따른 의무 위반행위에 대한 부분을 포함한다) 및 제178조·제179조를 적용하는 경우에만 증권으로 본다. (2015. 7. 24. 개정)
1. 투자계약증권 (2013. 5. 28. 신설)
2. 지분증권, 수익증권 또는 증권예탁증권 중 해당 증권의 유통 가능성, 이 법 또는 금융관련 법령에서의 규제 여부 등을 종합적으로 고려하여 대통령령으로 정하는 증권 (2013. 5. 28. 신설)

또는 제6조 제4호에 규정된 단체(이하 이 조에서 "국가등"이라 한다)
와 그 밖의 자가 공동으로 작성하여 각각 가지는 문서에 관하여는 국가
등이 가지는 것은 그 밖의 자가 작성한 것으로 보고, 그 밖의 자가 가지
는 것은 국가등이 작성한 것으로 본다. (2010. 1. 1. 개정)

제8조【납 부】 (2001. 12. 29 제목개정)
① 인지세는 과세문서에 「수입인지에 관한 법률」 제2조 제2항 제1호
에 따른 종이문서용 전자수입인지(이하 "종이문서용 전자수입인지"라
한다)를 첨부하여 납부한다. 다만, 대통령령으로 정하는 바에 따라 인
지세액에 해당하는 금액을 납부하고 과세문서에 인지세를 납부한 사실
을 표시함으로써 종이문서용 전자수입인지를 첨부하는 것을 갈음할 수
있다. (2014. 12. 30. 개정 ; 수입인지에 관한 법률 부칙)
② 과세대상 전자문서의 인지세는 제1항 단서 또는 그 밖에 대통령령
으로 정하는 방법으로 납부한다. (2022. 12. 31. 개정)

제11조【현금납부】 ① 법 제8조 제1항 단서에 따라 인지세를 납
부하려는 자는 과세문서명, 납부세액, 납부방법, 과세문서를 인쇄할 인쇄
소 등이 포함된 기획재정부령으로 정하는 신청서(전자문서로 된 신청서
를 포함한다)를 납세의무자의 사업장(「소득세법」, 「법인세법」 또는
「부가가치세법」상 사업장이 없는 경우에는 주소지를 말한다. 이하 같다)
관할 세무서장에게 제출하여 승인을 받아야 한다. 다만, 다음 각 호의
자는 법 제3조 제1항 제10호에 따른 과세문서에 대한 인지세를 법 제8
조 제1항 단서에 따라 현금납부하려는 경우 해당 중앙회를 통하여 그 중
앙회의 사업장 관할 세무서장에게 신청서를 제출하고 승인을 받을 수 있
다. (2023. 2. 28. 개정)
1. 「농업협동조합법」 제2조 제1호에 따른 조합 (2015. 2. 3. 신설)
2. 「수산업협동조합법」 제2조 제4호에 따른 조합 (2015. 2. 3. 신설)
3. 「산림조합법」 제2조 제1호에 따른 조합 (2015. 2. 3. 신설)
4. 「새마을금고법」 제2조 제1항에 따른 금고 (2015. 2. 3. 신설)
5. 「신용협동조합법」 제2조 제1호에 따른 신용협동조합 (2015. 2. 3.
   신설)
② 납세의무자의 사업장 관할 세무서장(제1항 각 호 외의 부분 단서에
따른 신청의 경우에는 그 중앙회의 사업장 관할 세무서장을 말한다. 이
하 같다)은 제1항에 따른 신청이 다음 각 호의 어느 하나에 해당하는
경우에는 그 승인을 거부할 수 있으며, 이 경우에는 신청일로부터 10일
이내에 거부 사유를 첨부하여 신청인에게 이를 알려야 한다. (2015. 2.
3. 개정)
1. 과세문서 작성 통수의 객관적 검증이 곤란하여 현금납부가 부적합
   하다고 판단되는 경우 (2010. 2. 18. 개정)
2. 신청인의 회계부서·영업부서 간, 본점·지점 간, 가맹점(거래처)
   간의 상호 견제장치가 투명하지 못하고 객관적이지 아니하여 과
   세문서의 작성 통수, 인계·인수 통수, 거래 통수를 명백하게 검

제10조【서 식】 ① 영 제11조 제1
항에 따른 인지세 납부 신청은 별지 제1호
서식의 인지세 현금납부표시 신청(승인)서
에 따른다. (2023. 3. 20. 개정)
☞

③ 제1조에 따라 인지세를 납부할 의무가 있는 자는 과세문서 작성일이 속하는 달의 다음 달 10일까지 인지세를 납부하여야 한다. 다만, 「전자조달의 이용 및 촉진에 관한 법률」 제12조에 따른 전자조달시스템 또는 같은 법 제14조에 따른 자체전자조달시스템을 이용하여 과세문서를 작성하는 경우 등 대통령령으로 정하는 경우에는 과세문서 작성일에 인지세를 납부하여야 한다. (2023. 12. 31. 단서신설)

편주 ▶ ‥‥‥‥‥‥‥‥‥‥‥‥‥‥‥‥‥‥‥‥‥‥‥‥‥
법 8조 3항의 개정규정은 2024. 1. 1. 이후 작성하는 과세문서부터 적용함. (법 부칙(2023. 12. 31.) 2조)
‥‥‥‥‥‥‥‥‥‥‥‥‥‥‥‥‥‥‥‥‥‥‥‥‥

　　제8조의 2【결정 및 경정】(2006. 12. 30. 제목개정 ; 국세기본법 부칙)
인지세 납세의무자의 관할 세무서장 또는 관할 지방국세청장은 제8조에 따른 인지세를 납부하지 아니하였거나 납부한 세액이 납부하여야 할 세액에 미치지 못하는 경우에는 그 납부하지 아니한 세액 또는 부족하게 납부한 세액을 결정하거나 경정결정한다. (2010. 1. 1. 개정)

증할 수 없는 경우 (2010. 2. 18. 개정)

3. 과세문서 작성자 외의 자에게 교부하여 거래 · 유통되는 과세문서로서 위조 · 변조 방지대책이 마련되지 아니한 경우 (2010. 2. 18. 개정)

4. 현금납부보다 「수입인지에 관한 법률」 제2조 제1항에 따른 전자수입인지를 첨부하고 소인(消印)하여 인지세를 납부하는 방법이 더 효율적인 경우 (2014. 2. 21. 개정)

5. 그 밖에 인지세 납세보전에 지장이 있다고 인정되는 경우 (2010. 2. 18. 개정)

③ 제1항에 따라 제출한 신청서를 승인받은 자는 납부세액을 납세의무자의 사업장 관할 세무서장에게 법 제8조 제3항 본문에 따라 과세문서 작성일이 속하는 달의 다음 달 10일까지 납부하여야 한다. (2024. 2. 29. 개정)

④ 제1항 및 제3항에 따라 인지세액을 납부한 자는 해당 문서에 인지세를 납부한 사실을 표시하여야 한다. (2010. 2. 18. 개정)

⑤ 제1항에 따른 현금납부를 승인한 관할 세무서장은 해당 과세문서를 인쇄할 인쇄업자에게 인지세 현금납부 표시의 승인내역을 통보하고, 인쇄업자는 인쇄종료 후 3일 이내에 납세의무자의 관할 세무서장에게 인쇄한 내용과 그 견본을 보고하여야 한다. (2010. 2. 18. 개정)

⑥ 제1항부터 제5항까지의 규정에 따른 신청서의 제출, 현금납부 및 인지세 납부 사실의 표시 등에 필요한 세부사항은 국세청장이 정하여 고시한다. (2010. 2. 18. 개정)

　　제11조의 2【과세대상 전자문서의 인지세 납부방법】법 제8조 제2항에서 "대통령령으로 정하는 방법"이란 「수입인지에 관한 법률」 제2조 제2항 제2호에 따른 전자문서용 전자수입인지를 첨부하여 납부하는 방법을 말한다. (2023. 2. 28. 개정)

　　제11조의 3【인지세 납부기한에 관한 특례】법 제8조 제3항 단서에 따라 「전자조달의 이용 및 촉진에 관한 법률」 제12조에 따른 전자조달시스템 또는 같은 법 제14조에 따른 자체전자조달시스템을 이용하여 과세문서를 작성하는 경우에는 과세문서 작성일에 인지세를 납부

편주 ▶ ‥‥‥‥‥‥‥‥‥‥‥‥‥‥‥‥‥‥‥‥‥‥‥‥‥
2023. 2. 28. 전에 인지세 현금납부를 신청한 과세문서의 승인 및 현금납부에 관하여는 영 11조 3항 단서의 개정규정에도 불구하고 종전의 규정에 따름. (영 부칙(2023. 2. 28.) 3조)
‥‥‥‥‥‥‥‥‥‥‥‥‥‥‥‥‥‥‥‥‥‥‥‥‥

② 영 제11조 제5항에 따른 세무서장의 현금납부표시 승인내역의 통보는 별지 제2호의 2 서식의 인지세 현금납부표시 승인내역 통보서에 따르고, 같은 항에 따른 인쇄업자의 인쇄내용 및 견본의 보고는 별지 제2호의 3 서식의 인지세 현금납부표시 인쇄종료 보고서에 따른다. (2010. 4. 13. 개정)

③ 영 제11조의 3에 따른 인지세 환급(공제) 신청은 별지 제3호 서식의 인지세 환급(공제)신청서에 따른다. (2010. 4. 13. 개정)

제8조의 3【세액의 환급 및 공제】① 제8조에 따라 인지세액을 납부한 후 과세문서를 작성하지 아니한 경우에는 납부한 세액을 환급하거나 납부할 세액에서 공제한다. (2010. 1. 1. 개정)
② 제1항에 따른 환급신청 절차 등에 관하여 필요한 사항은 대통령령으로 정한다. (2010. 1. 1. 개정)

제8조의 4【납부특례】제8조에도 불구하고 제3조 제1항 제5호의 무체재산권 중 특허권, 실용신안권, 디자인권 및 상표권의 양도증서에 관한 인지세는 특허청장이 징수하여 기획재정부령으로 정하는 납부시기와 납부방법에 따라 과세관청에 납부하여야 한다. (2010. 1. 1. 개정)

관계조문 ▶▶
규칙 11조 ⇒ 인지세대리납부신고서(별지 제4호 서식) 및 납부서(국세징수법 시행규칙 별지 제8호 서식)

제9조【세액의 재계산】제3조 제1항 제1호부터 제3호까지, 제5호 및 제6호의 과세문서를 작성한 후에 그 기재금액을 변경한 경우의 인지세액 계산에 관하여는 대통령령으로 정하는 바에 따른다. (2010. 1. 1. 개정)

제10조【소　인】제8조 제1항 본문에 따라 종이문서용 전자수입인지를 첨부하는 경우「수입인지에 관한 법률」제3조 제2항에 따른 전자수입인지업무대행기관이 제공하는 정보통신망(전자수입인지를 판매하는 인터넷사이트를 말한다)에 종이문서용 전자수입인지를 사용하였음을 입력하는 방식으로 소인(消印)하여야 한다. (2014. 12. 30. 개정 ; 수입인지에 관한 법률 부칙)

제11조【질문 · 검사】① 인지세에 관한 사무에 종사하는 세무공무원은 인지세에 관한 조사를 위하여 필요하다고 인정할 때에는 인지세의 납세의무자나 납세의무자와 거래가 있는 자 등에 대하여 과세문

해야 한다. (2024. 2. 29. 신설)

제11조의 4【환급절차】(2024. 2. 29. 조번개정)
법 제8조의 3에 따라 환급 또는 공제를 받으려는 자는 기획재정부령으로 정하는 환급신청서와 인지세를 납부한 후 작성하지 아니한 과세문서를 첨부하여 납세의무자의 사업장 관할 세무서장에게 신청하여야 한다. (2015. 2. 3. 개정)

제12조【기재금액 변경 시의 세액 계산】법 제3조 제1항 제1호부터 제3호까지, 제5호 및 제6호에 따른 과세문서를 작성한 후에 그 기재금액을 증액하여 변경한 경우의 인지세액은 변경 전의 계약금액과 증액한 금액의 합계액을 기재금액으로 한 세액에서 변경 전의 계약금액을 기재금액으로 하여 납부한 세액을 뺀 금액으로 한다. 다만, 그 기재금액을 감액하여 변경한 경우에는 기재금액의 변경이 없는 것으로 본다. (2010. 2. 18. 개정)

관계조문 ▶▶
통칙 9 - 12…1 ⇒ 변경계약서의 세액납부방법

☞

관계조문 ▶▶
통칙 10 - 0…3 ⇒ 공동작성문서의 소인방법

제11조【납부특례】법 제8조의 4에 따라 특허청장은 무체재산권 중 특허권, 실용신안권, 디자인권 및 상표권을 양도하는 서류의 접수일이 속하는 달의 다음달 25일까지 별지 제4호 서식의 인지세 대리납부 신고서를 관할 세무서장에게 제출하여야 하며, 「국세징수법 시행규칙」 별지 제1호 서식의 납부서를 한국은행(국고대리점을 포함한다) 또는 체신관서에 제시하고 징수한 인지세를 납부하여야 한다. (2021. 3. 16. 개정 ; 국세징수법 시행규칙 부칙)

서에 관한 질문을 하거나 검사를 할 수 있다. (2018. 12. 31. 항번개정)
② 인지세에 관한 사무에 종사하는 세무공무원은 제1항에 따른 질문
또는 검사를 하는 경우 직무 수행에 필요한 범위 외에 다른 목적 등을
위하여 그 권한을 남용해서는 아니 된다. (2020. 6. 9. 개정 ; 법률용어
정비를~법률)

제12조【시행령】이 법 시행에 관하여 필요한 사항은 대통령령으로 정한다.
　제12조【시행령】　삭　제 (2010. 1. 1.)

부 칙 (2023. 12. 31. 법률 제19934호)

제1조 【시행일】 이 법은 2024년 1월 1일부터 시행한다.

제2조 【인지세 납부기한에 관한 적용례】 제8조 제3항의 개정규정은 이 법 시행 이후 작성하는 과세문서부터 적용한다.

부 칙 (2022. 12. 31. 법률 제19198호)

제1조 【시행일】 이 법은 2023년 1월 1일부터 시행한다.

제2조 【인지세 납부기한에 관한 적용례 등】 ① 제8조 제3항의 개정규정은 이 법 시행 이후 작성하는 과세문서부터 적용한다.
② 이 법 시행 전에 종전의 제8조 제2항에 따라 계속적·반복적으로 작성한 과세문서의 인지세 납부기한에 관하여는 종전의 규정에 따른다.

부 칙 (2020. 6. 9. 법률 제17339호 ; 법률용어 정비를 위한 기획재정위원회 소관 33개 법률 일부개정을 위한 법률)

이 법은 공포한 날부터 시행한다. 다만, 제27조는 2020년 10월 1일부터 시행한다.

부 칙 (2020. 3. 31. 법률 제17151호)

제1조 【시행일】 이 법은 공포일이 속하는 달의 다음달 1일부터 시행한다.

제2조 【기간통신역무 이용을 위한 가입신청서 비과세에 관한 적용례】 제3조 제1항 제7호 나목의 개정규정은 이 법 시행 이후 기간통신역무를 이용하기 위하여 작성하는 계약서 또는 가입신청서부터 적용한다.

제3조 【과세대상인 모바일 상품권에 관한 적용례】 제3조 제1항 제8호의 2의 개정규정은 이 법 시행 이후 최초로 발행되는 모바일 상품권부터 적용한다.

(1950. 3. 10. 법률 제110호~
2019. 8. 27. 법률 제16568호) 생략

부 칙 (2024. 2. 29. 대통령령 제34269호)

제1조 【시행일】 이 영은 공포한 날부터 시행한다. 다만, 제2조의 3 제1호의 2 및 제1호의 3의 개정규정은 2024년 7월 1일부터 시행한다.

제2조 【과세대상인 도급문서에 관한 적용례】 제2조의 3 제1호의 2 및 제1호의 3의 개정규정은 부칙 제1조 단서에 따른 시행일 이후 작성하는 과세문서부터 적용한다.

부 칙 (2023. 2. 28. 대통령령 제33281호)

제1조 【시행일】 이 영은 공포한 날부터 시행한다.

제2조 【과세대상에서 제외되는 전자문서의 범위에 관한 적용례】 제6조의 2의 개정규정은 이 영 시행 이후 작성하는 과세문서부터 적용한다.

제3조 【현금납부에 관한 경과조치】 이 영 시행 전에 인지세 현금납부를 신청한 과세문서의 승인 및 현금납부에 관하여는 제11조 제1항 및 같은 조 제3항 단서의 개정규정에도 불구하고 종전의 규정에 따른다.

부 칙 (2021. 4. 6. 대통령령 제31611호 ; 경영지도사 및 기술지도사에 관한 법률 시행령 부칙)

제1조 【시행일】 이 영은 2021년 4월 8일부터 시행한다.

제2조~제4조 생 략

제5조 【다른 법령의 개정】 ①~⑧ 생 략
⑨ 인지세법 시행령 일부를 다음과 같이 개정한다.
제2조의 3 제11호 중 "「중소기업진흥에 관한 법률」 제46조 및 제55조"를 "「중소기업진흥에 관한 법률」 제55조"로 한다.
⑩~⑭ 생 략
제6조 생 략

부 칙 (2021. 2. 17. 대통령령 제31457호)

제1조 【시행일】 이 영은 2021년 3월 1일부터 시행한다. 다만, 제4조의 개정규정은 공포한 날부터 시행한다.

제2조 【과세대상 상품권 및 선불카드의 범위 확대에 따른 적용례】 제5조의 2 제1항 및 제2항의 개정규정은 이 영 시행 이후 발행되는 상품권 및 선불카드부터 적용한다.

(1950. 3. 20. 대통령령 제292호~
2019. 2. 12. 대통령령 제29536호) 생략

부 칙 (2023. 3. 20. 기획재정부령 제981호)

제1조 【시행일】 이 규칙은 공포한 날부터 시행한다. 다만, 제4조의 개정규정은 2023년 7월 1일부터 시행한다.

제2조 【금전소비대차에 관한 증서의 범위에 관한 적용례】 제4조의 개정규정은 부칙 제1조 단서에 따른 시행일 이후 작성하는 금전소비대차에 관한 증서부터 적용한다.

제3조 【서식에 관한 적용례】 별지 제3호 서식의 개정규정은 이 규칙 시행 이후 신청하는 경우부터 적용한다.

부 칙 (2021. 3. 16. 기획재정부령 제835호 ; 국세징수법 시행규칙 부칙)

제1조 【시행일】 이 규칙은 공포한 날부터 시행한다.

제2조 및 제3조 생 략

제4조 【다른 법령의 개정】 생 략
② 인지세법 시행규칙 일부를 다음과 같이 개정한다.
제11조 중 "「국세징수법 시행규칙」 별지 제8호 서식"을 "「국세징수법 시행규칙」 별지 제1호 서식"으로 한다.
제5조 생 략

(1973. 7. 11. 재무부령 제965호~
2019. 3. 20. 기획재정부령 제722호) 생략

개정 2024. 3. 15.
2019. 12. 23.
2011. 2. 1.
전문개정 2004. 3. 22.
전문개정 1993. 5. 1.
시행 1982. 2. 1.

1-1…1 【문서작성의 의의】
법 제1조 제1항에서 "문서를 작성한다"란 용지 등에 과세사항을 기재하고 작성자가 서명 또는 날인하는 것을 말한다. (2011. 2. 1. 개정)

1-1…3 【문서작성자의 의의】
법 제1조 제1항에서 "문서를 작성하는 자"란 다음 각 호의 어느 하나에 해당하는 자를 말한다. (2011. 2. 1. 개정)
1. 법인(법인격 없는 사단 또는 재단을 포함한다) 또는 자연인의 종업원(임원을 포함한다)이 그 법인 또는 자연인의 재산권에 관하여 종업원의 명의로 작성한 문서 : 당해 법인 또는 자연인
2. 법 제3조 제1항 제7호의 계속적·반복적 거래에 관한 증서 중 약관 등에 따라 어느 일방의 청약에 의하여 계약이 성립하는 것 : 증권회사 또는 신용카드업자 등과 그 거래상대방 (2011. 2. 1. 개정)
3. 제1호 및 제2호 외의 문서 : 해당 문서에 기재된 작성명의인 (2011. 2. 1. 개정)

1-1…4 【대리인이 작성하는 문서】
① 대리인이 수권사무를 처리함에 있어 대리인 명의로 작성하는 문서의 경우에는 본인의 명의를 함께 표시하더라도 대리인을 해당 문서의 작성자로 본다. (2011. 2. 1. 개정)
② 대리인이 본인의 명의만을 표시하여 작성하는 문서의 경우에는 본인을 해당 문서의 작성자로 본다. (2011. 2. 1. 개정)

1-1…5 【상속인, 합병법인 또는 사업양수인이 계속 사용하는 문서】
상속인, 합병으로 존속하거나 신설되는 법인 또는 사업양수인이 피상속인·소멸법인 또는 사업양도인이 작성하여 사용하던 문서를 권리의무를 포괄적으로 승계하는 상속인등의 명의로 명의변경하여 계속 사용하더라도 새로운 문서를 작성한 것으로 보지 아니한다. (2004. 3. 22. 개정)

1-1…6 【재해로 인하여 재작성하는 문서】
천재지변이나 화재 등의 재난으로 인하여 멸실된 문서를 재작성하는 경우에는 새로운 문서를 작성한 것으로 보지 아니한다. (2004. 3. 22. 개정)

1-1…7 【공동으로 작성하는 문서】
하나의 문서를 2인 이상이 공동으로 작성한 경우에는 해당 과세문서에 대한 세액에 대하여 작성자 전원이 연대하여 납세의무를 지는 것이나, 그 중 어느 1인이 해당 과세문서에 대한 납세의무를 전부 이행하면 다른 공동작성자 전원의 납세의무도 함께 소멸한다. (2011. 2. 1. 개정)

1-1…8 【각자의 지분을 표기한 문서】
여러 사람이 도급계약의 당사자로서 각자의 지분을 표기하여 하나의 문서를 작성하는 경우에는 그 작성자 전원이 총기재금액(도급금액 또는 수수료)에 대하여 연대납세의무를 진다. (2011. 2. 1. 개정)

1-1…9 【공정증서에 대한 납세의무】
공정증서가 과세문서에 해당하는 경우에는 「공증인법」 제42조에 따라 촉탁인이 인지세의 납세의무자가 된다. (2011. 2. 1. 개정)

1-1…10 【연대납세의무자의 처벌】
2인 이상이 공동으로 과세문서를 작성하는 경우 작성자들은 국가에 대하여 각자의 내부적 부담부분에 불구하고 전부의 납세의무를 부담하는 것이므로 어느 일방이 소지한 문서에 대하여 인지세를 포탈하였다면 공동작성자 전원을 모두 포탈범으로 처벌한다. (2004. 3. 22. 개정)

1-1…11 【비거주자가 작성하는 문서】 (2004. 3. 22. 제목개정)
국내에서 작성하는 과세문서는 조약, 그 밖의 법률에 따라 면세되는 경우를 제외하고는 그 작성인이 거주자이거나 비거주자이거나를 불문하고 인지세를 과세한다. (2011. 2. 1. 개정)

1-1…12 【국외에서 작성하는 문서】
계약을 체결함에 있어 청약장소의 국내·국외를 불문하고 승낙장소가 국내인 경우 해당 계약서는 과세문서가 되나 승낙장소가 국외인 경우에는 과세되지 아니한다. (2011. 2. 1. 개정)

2-2…1 【정 의】
이 통칙에서 사용하는 용어의 정의는 다음 각 호와 같다.
1. "문서"란 통상적으로 사용하는 문자, 숫자, 기호로 사람의 의사·감정·사상 등을 표기함으로써 사람의 육안으로 그 내용을 판단할 수 있는 유형물(종이, 천, 양피지, 목편, 플라스틱편 등을 포함한다)을 말한다. 계약내용과 문서(증서)내용이 수록되었더라도 녹음테이프·콤팩트디스크·플로피디스켓·컴퓨터에 수록된 파일·ARS기록장치 등은 문서에 해당되지 아니하나, 계약(문서·증서)내용을 유형물로 출력하고 당사자가 서명·증명하는 경우에 그 유형물은 문서에 해당된다. (2011. 2. 1. 개정)
2. "계약서"란 계약당사자간에 있어서 계약의 성립의 사실을 증명할 목적으로 작성하는 문서를 말한다. (2011. 2. 1. 개정)
3. "증서"란 재산에 관한 권리 등의 창설·이전 또는 변경에 관한 계약서 그 밖에 이를 증명할 목적으로 작성하는 문서를 말한다. 따라서 내용의 장단·매수의 다과 및 편철 여부를 불문한다. (2011. 2. 1. 개정)
4. "통장"이란 하나의 문서로서 반복적인 거래사실을 표시할 수 있도록 편철된 문서를 말한다. 따라서 계속적 또는 연속적으로 기록할 수 있는 형식을 갖추고 있으면 단 1회만 기재하였더라도 통장으로 본다. (2011. 2. 1. 개정)
5. "과세사항"이란 법 제3조 제1항 각 호의 어느 하나에 해당하는 재산에 관한 권리 등의 창설·이전 또는 변경에 관한 사항을 말한다. (2011. 2. 1. 개정)

2-2…2 【하나의 문서의 의의】
① 법 제2조 제2호에서 "하나의 문서"란 인지세의 과세단위로서 통장에 있어서는 1권, 통장 외의 과세문서에 있어서는 1통을 말한다. (2011. 2. 1. 개정)
② 2매 이상의 용지가 간인 등에 의하여 결합되어 있는 것은 하나의 문서로 보는 것이나, 그 형태·내용 등으로 보아 이를 분리하여 행사 또는 보존할 것을 예정하고 있는 것이 명백한 경우에는 각각 별개의 문서로 본다. (2004. 3. 22. 개정)
③ 과세문서를 작성한 후 당해 문서의 내용과 관계없이 별개의 과세사항을 추가 또는 부기한 때에는 새로운 문서를 작성한 것으로 본다. (2004. 3. 22. 개정)
④ 과세문서를 작성한 후 당해 문서의 중요한 사항에 변동을 가져오거나 이를 보완하는 추기 또는 부기를 한 때에는 변경계약서 또는 보완문서를 작성한 것으로 본다. 다만, 법 제5조 단서와 영 제9조 및 규칙 제4조에 해당하는 경우에는 그러하지 아니하다. (2004. 3. 22. 개정)
⑤ 제4항에서 "중요한 사항"이란 과세문서의 유형별로 별표에 기재한 사항을 말한다. (2011. 2. 1. 개정)

<별 표>

과 세 문 서	중요한 사항
1. 금전소비대차에 관한 증서	① 목적물의 내용 ② 계약금액 ③ 계약기간
2. 도급 또는 위임에 관한 증서	① 도급 또는 위임의 내용 ② 계약금액
3. 삭 제 (2011. 2. 1.)	삭 제 (2011. 2. 1.)
4. 삭 제 (2011. 2. 1.)	삭 제 (2011. 2. 1.)
5. 광업권 · 무체재산권 · 어업권 · 출판권 · 저작인접권 또는 상호권의 양도에 관한 증서	목적물의 내용
6. 신탁에 관한 증서	① 목적물의 내용 ② 수익자 ③ 신탁기간
7. 여신전문금융업법에 의한 시설대여 계약서	① 리스물건 ② 리스기간
8. 채무의 보증에 관한 증서	① 보증하는 채무의 내용 ② 보증기간
9. 시설물이용권에 관한 증서	회원권의 내용
10. 계속적 · 반복적 거래에 관한 증서	(1) 신용거래계좌설정약정서 : 신용거래기간 (2) 매매거래계좌설정약정서 : 해당 사항 없음. (3) 신용카드회원가입신청서 : 회원에게 부여되는 각종 편익의 내용(신용구매 · 할부구매 · 현금서비스 등) (4) 신용카드가맹점가입신청서 : 가맹점에 부여되는 각종 편익의 내용(신용판매 · 할부판매 등)
11. 환매조건부채권매도약정서	조건부채권매매의 내용

3-0…1 【실질내용의 판단】

과세문서의 판단 및 구분에 있어서 문서의 실질내용의 판단은 해당 문서에 기재 또는 표시되어 있는 문언 · 기호 등을 기초로 하여 판단하되, 그 문언 · 기호 등의 사용에 관하여 관계법률의 규정, 당사자간의 해석, 기본계약 또는 관습 등이 있는 때에는 이를 감안하여 판단한다. (2011. 2. 1. 개정)

3-0…2 【2통 이상 작성하는 동일내용의 문서】

① 동일내용의 문서를 2통 이상 작성하는 경우에 각각의 문서가 법 제3조 제1항 각 호의 어느 하나에 해당하는 재산에 관한 권리 등의 창설 · 이전 또는 변경에 관한 사항을 증명할 목적에서 작성된 것일 때에는 각각의 문서를 과세문서로 본다. (2011. 2. 1. 개정)

② 부본 · 등본 · 사본 등으로서 다음 각 호에 게기하는 것은 과세문서로 본다. 다만, 계약당사자 외의 자(국가 · 지방자치단체 · 금융기관 등)에게 제출 또는 교부하는 사본 등으로 그 용도가 명시되어 있는 것은 제외한다. (2011. 2. 1. 개정)

1. 계약당사자의 쌍방 또는 일방의 서명 또는 날인이 있는 것. 다만, 당사자 일방의 서명 또는 날인만 있는 것으로서 그 서명 또는 날인한 자가 소지하는 것은 제외한다.

2. 원본과 상위없다는 표시 또는 부본 · 등본 · 사본 등임을 계약당사자의 쌍방 또는 일방이 증명하고 있는 것. 다만, 당사자 일방의 증명만 있는 것으로서 그 증명을 한 자가 소지하는 것은 제외한다.

3-0…3 【청약서 등으로 표시된 문서】

① 계약은 청약과 해당 청약에 대한 승낙에 의하여 성립하는 것이므로 계약당사자의 일방이 작성하는 청약서는 과세문서에 해당되지 아니한다. (2011. 2. 1. 개정)

② 청약서 · 견적서 · 주문서 · 의뢰서 · 작업지시서 · 납품서 · 신청서 등(이하 "청약서 등"이라 한다)으로 표시된 문서라 하더라도 다음 각 호에 어느 하나에 해당하는 과세문서로 본다. (2011. 2. 1. 개정)

1. 법률의 규정, 계약당사자간의 기본계약 · 규약 또는 약관 등에 어느 일방의 청약에 의하여 계약이 자동적으로 성립하는 것으로 되어 있는 청약서등

2. 상대방이 작성한 청약서등에 따른 승낙사실이 기재되어 있는 청약서등

3. 계약당사자 쌍방의 서명 또는 날인이 있는 청약서등

3-0…4 【가문서의 취급】

정식문서를 작성할 것을 전제로 하여 일시적으로 작성하는 가문서

라 하더라도 해당 문서가 법 제3조 제1항 각 호의 어느 하나에 해당하는 재산에 관한 권리 등의 창설 · 이전 또는 변경에 관한 사항을 증명할 목적으로 작성하는 것일 때에는 과세문서에 해당된다. (2011. 2. 1. 개정)

3-0…5 【지출결의서의 취급】

회사의 내부에서 사용되는 지출결의서에 계약의 목적 · 금액 · 이행기간 · 계약 위반시의 부담 · 지체상금 · 그 밖의 필요한 사항에 대한 내용이 기재되어 있고, 상대방이 해당 기재사항을 준수 · 이행할 것을 승낙한 확인(서명 또는 날인)이 있는 경우에는 계약서로 본다. (2011. 2. 1. 개정)

3-0…6 【계약금액 갱신통지에 대한 동의서】

계약서 작성 후 설계변경 등의 사정변경으로 당초의 계약금액이 변경될 경우에 당사자 일방의 계약금액 갱신통지에 대한 상대방의 동의서는 과세문서에 해당된다. (2004. 3. 22. 개정)

3-0…7 【동일법인 안에서 작성하는 문서】

동일법인의 종업원간 또는 본점 · 지점 · 출장소 등의 상호간에 해당 법인의 사무정리상 작성하는 문서는 과세문서에 해당되지 아니한다. (2011. 2. 1. 개정)

3-0…8 【부동산의 의의】

"부동산"이란 토지 및 그 정착물을 말하며, 소유권 보존의 등기를 받은 입목은 독립한 부동산으로 본다. 따라서 토지에 부착하고 있는 물건이라도 미등기의 입목, 석탑, 가식 중의 수목, 임시적인 판자집 등은 동산으로 취급한다. (2011. 2. 1. 개정)

3-0…9 【선박의 의의】

법 제3조 제1항 제1호에서 "선박"이란 총톤수 20톤 미만의 선박, 단주와 노도만으로 운전하는 배를 제외한 모든 선박을 말한다. 따라서 20톤 미만의 선박은 동산으로 취급한다. (2011. 2. 1. 개정)

3-0…10 【항공기의 의의】

"항공기"란 사람이 탑승 · 조종하여 항공의 용도에 공하는 비행기 · 비행선 · 활공기 · 회전익항공기 그 밖의 법령으로 정하는 항공의 용도로 사용할 수 있는 기기를 말한다. (2011. 2. 1. 개정)

3-0…11 【부동산의 소유권이전에 관한 증서】

부동산의 소유권이전에 관한 증서란 그 소유권이전을 위한 등기신청시에 제출하는 계약서 그 밖의 등기원인서류를 말하며 이를 예시하면 다음과 같다. (2011. 2. 1. 개정)

<예>

등 기 원 인	과 세 문 서
매　　　　　매	검 인 계 약 서
교　　　　　환	검 인 계 약 서
공 유 물 　분 할	공 유 물 분 할 계 약 서
증　　　　　여	증 여 계 약 서

3-0…12【공장재단과 광업재단】

「공장 및 광업재단 저당법」에 따른 공장재단과 광업재단은 부동산에 해당된다. (2011. 2. 1. 신설)

3-0…27【광업권의 의의】

"광업권"이란 등록을 받은 일정한 토지의 구역에서 등록을 받은 광물과 이와 동일한 광상 중에 부존하는 다른 광물을 채굴하여 취득하는 권리를 말한다. (2011. 2. 1. 개정)

3-0…28【무체재산권의 의의】

"무체재산권"이란 비유체적 이익에 대한 배타적지배권을 총칭하는 것으로서 저작권과 공업소유권(특허권·실용신안권·상표권·의장권)을 말한다. (2011. 2. 1. 개정)

3-0…29【어업권의 의의】

"어업권"이란 일정한 구역의 공유수면에서 수산 동식물의 채포·양식사업을 독점적·배타적으로 할 수 있는 물권을 말한다. (2011. 2. 1. 개정)

3-0…30【출판권의 의의】

"출판권"이란 문학·학술 또는 예술의 범위에 속하는 창작물(저작물)을 인쇄 그 밖의 방법으로 문서 또는 도화로 발행하고자 하는 자가 그 저작물을 복제·배포할 수 있는 권리를 가진 자(복제권자)로부터 설정받은 저작물을 원작 그대로 출판할 권리를 말한다. (2011. 2. 1. 개정)

3-0…31【저작인접권의 의의】

"저작인접권"이란 「저작권법」에 따른 실연자(저작물 또는 저작물이 아닌 것을 연기·무용·연주·가창·연술 그 밖의 예능적 방법으로 표현하는 자 및 실연을 지휘·연출 또는 감독하는 자)와 음반제작자 및 방송사업자가 「저작권법」상 가지는 권리(녹음·녹화·촬영·복제·배포·방송·동시중계방송 등)를 말한다. (2011. 2. 1. 개정)

3-0…32【상호권의 의의】

"상호권"이란 상인이 그 상호(영업상 자기를 표시하기 위하여 사용하는 명칭)에 관하여 가지는 권리 즉, 타인의 방해를 받지 아니하고 자기의 상호를 사용하는 상호사용권과 그 상호의 사용에 대한 방해를 배제할 수 있는 상호전용권을 말한다. (2011. 2. 1. 개정)

3-0…33【영화상영권 매매계약서】

영화제작회사와 영화상영장(극장)간에 체결하는 영화상영권 매매계약서 또는 개봉관의 상영이 끝난 영화필름에 대하여 제작회사와 영화회사간에 체결하는 하급극장의 일괄상영권 매매계약서는 무체재산권의 양도에 관한 증서에 해당된다. (2004. 3. 22. 개정)

3-0…34【입어권의 양도계약서】

공동어업권에 속하는 어장에서 종래의 관행에 의하여 어업의 전부 또는 일부를 영위할 수 있는 권리인 입어권의 양도계약서는 어업권의 양도에 관한 증서에 해당된다. (2004. 3. 22. 개정)

3-0…35【시설물이용권에 관한 증서의 범위】

법 제3조 제1항 제6호의 과세문서는 다음 각호에 해당하는 것으로 한다. (2011. 2. 1. 개정)

1. 회원권을 신규취득하는 경우 : 회원입회계약서

2. 기존회원권소유자로부터 양수하는 경우 : 회원권명의변경 신청서 (2011. 2. 1. 개정)

3-0…40【책으로 편철한 상품권】

1통마다 금액이 기재되어 있는 상품권을 1책으로 편철한 것이라도 그 1통마다 독립하여 인환급부를 받을 수 있는 것은 그 1통마다 상품권으로 본다. (2004. 3. 22. 개정)

3-0…41【예치권 등】

상인이 고객의 요청에 의하여 고객으로부터 물품대금을 받거나 받기로 하고 예치권 등을 발행·교부한 후 이 예치권의 지참인에게 현품을 인도하는 경우에 해당 예치권 등은 상품권으로 본다. (2011. 2. 1. 개정)

3-0…42【상품권인 보관증】

자기가 생산한 제품을 선전할 목적으로 불특정다수인에게 기증을 함에 있어서 현품을 직접 인도하지 아니하고 보관증을 발행하여 이를 제시하는 자에게 현품을 인도하는 경우에 당해 보관증은 상품권으로 본다. (2004. 3. 22. 개정)

3-0…43【기념품 교환권】

회사의 창립기념일 등 각종 경축행사를 하는 경우에 그 기념식장 또는 체육대회장 등에 참석하는 사람에게 교부하는 기념품인환권은 상품권에 해당되지 아니한다. (2011. 2. 1. 개정)

3-0…44【매출경품권·사은권】

판매촉진의 목적으로 일정액 이상 구입하는 고객에게 경품권(사은권)을 교부하고 이를 소지한 고객이 요청하는 일정한 물품 또는 금전을 환급하는 경우의 해당 경품권은 상품권으로 보지 아니한다. (2011. 2. 1. 개정)

3-0…45【각종 요금할인권】

신장개업·창립기념 등의 명목으로 고객 또는 불특정다수인에게 발행하는 요금할인권(예:사진촬영할인권·양복주문할인권 등)은 상품권에 해당되지 아니한다. (2004. 3. 22. 개정)

3-0…46【주권의 의의】

"주권"이란 주식회사의 출자자인 주주로서의 법률상의 지위인 주주권을 표창하는 유가증권을 말한다. (2011. 2. 1. 개정)

3-0…47【채권의 의의】

"채권"이란 일반공중에 대한 기채로 생긴 주식회사 등의 채무를 표창하는 유가증권을 말한다. (2011. 2. 1. 개정)

3-0…48【출자증권의 의의】

"출자증권"이란 특별법에 따라 설치된 법인이 그 법인에 대하여 출자를 한 자에게 그 권리를 증명할 목적으로 작성·발행하는 유가증권을 말한다. (2011. 2. 1. 개정)

3-0…49【수익증권의 의의】

"수익증권"이란 「자본시장과 금융투자업에 관한 법률」에 따라 신탁회사 또는 위탁회사가 발행하는 수익증권을 말한다. (2011. 2. 1. 개정)

3-0…50【요식이 결여된 주권 등】

주권·채권 또는 보험증권은 「상법」에 따라 작성되는 요식증권이나 요식의 일부가 결여된 것이라도 주권·채권 또는 보험증권으로서의 효력이 있는 것이라면 과세문서로 취급한다. (2011. 2. 1. 개정)

3-0…51【보험증권의 의의】

"보험증권"이란 보험계약이 성립된 후에 계약의 성립과 그 내용을 증명하기 위하여 보험계약자의 청구에 의하여 보험자(보험회사)가 발행하는 증권을 말한다. (2011. 2. 1. 개정)

3-0…52【피보험자를 변경하는 보험증권】

보험증권을 발행한 후 피보험자를 변경하는 경우에 있어서 해당 증권상에 피보험자를 변경하는 의사표시를 기재하고 보험자와 보험계약자가 서명·날인하는 때에는 과세되지 아니하나, 보험증권을 새로이 작성하여 발행하는 때에는 과세된다. (2011. 2. 1. 개정)

3-0…53【예금 또는 적금증서의 의의】(2024. 3. 15. 제목개정)

"예금 또는 적금증서"란 법령에 따라 예금 또는 적금 업무를 취급할 수 있는 은행 기타 금융기관 등과 예금자간에 있어서 소비임치의 성립을 증명하기 위하여 수치인(은행 등)이 발행하는 증서를 말한다. (2024. 3. 15. 개정)

3-0…54【예금 또는 적금통장의 의의】

"예금 또는 적금통장"이란 하나의 문서에 예금 또는 적금증서의 내용

을 계속적으로 기재하기 위하여 작성하는 문서를 말한다. (2024. 3. 15. 개정)

3－0…55【환매조건부채권매도약정서의 의의】
"환매조건부채권매도약정서"란 증권회사 또는 증권업을 겸영하는 금융기관이 채권을 일정기간 후에 일정가액으로 환매수할 것을 조건으로 거래상대방에게 매도할 때에 작성하는 계약서를 말한다. (2011. 2. 1. 개정)

3－0…56【신탁의 의의】
"신탁"이란 계약 또는 유언에 따라 타인으로 하여금 일정한 목적에 좇아서 재산의 관리 또는 처분을 시키기 위하여 그 수탁자에게 재산을 이전하는 것을 말한다. (2011. 2. 1. 개정)

3－0…57【시설대여의 의의】
"시설대여"란 대여시설이용자가 선정한 특정물건을 시설대여회사가 새로이 취득하거나 대여받아 대여시설이용자에게 일정기간 이상 사용하게 하고, 그 기간에 걸쳐 일정대가를 정기적으로 분할하여 지급받으며, 그 기간 종료 후의 물건의 처분에 관하여는 당사자간의 약정으로 정하는 물적 금융을 말한다. (2011. 2. 1. 개정)

3－0…58【채무보증의 의의】
"채무의 보증"이란 주채무자가 채무를 이행하지 않는 경우에 그 이행을 담보하기 위하여 채무자 외의 자가 종된 채무를 부담하는 것을 말한다. (2011. 2. 1. 개정)

3－0…59【해외지급보증서】
은행이 해외진출업체의 입찰보증 등 해외지급보증을 하기 위하여 대출과 관계되는 서류를 작성함과 아울러 채무의 보증에 관한 증서를 발행하는 경우, 동 대출과 관계되는 서류는 대출을 목적으로 하는 것이 아니라 해외진출업체의 채무지급보증을 위한 것이므로 소비대차에 관한 증서에 해당되지 아니하고, 동 채무의 보증에 관한 증서는 법 제3조 제1항 제12호에 따른 과세문서에 해당된다. (2011. 2. 1. 개정)

3－0…60【사채원리금지급보증계약서】
회사가 보증사채를 발행함에 있어 동 사채의 원금과 이자의 지급보증을 위하여 금융기관과 작성하는 사채원리금지급보증계약서는 보증료의 지급에 관한 문언과 금액이 기재되어 있는 경우라 하더라도 도급에 관한 증서가 아니라 채무의 보증에 관한 증서에 해당된다. (2004. 3. 22. 개정)

3－0…61【공제조합의 보증서 등】
특별법에 따라 설립된 각종 공제조합이 발행하는 보증서(예 : 건설공제조합의 입찰보증서, 전기공사공제조합의 채무지급보증서 등)와 신입사원으로부터 받는 신원보증서는 과세문서에 해당되지 아니한다. (2011. 2. 1. 개정)

3－0…62【입장권의 의의 및 범위】
"입장권"이란 영화 · 연극 · 무용 · 음악 · 미술 · 체육경기 등 관람을 베푸는 장소에 들어가거나 경마 · 스키 · 골프 · 카지노 등 운동 또는 오락을 하기 위한 장소에 들어가는데 필요로 하는 표, 즉 입장을 승낙하는 증표를 말하며, 공연장 · 유기장 · 전시회 · 박람회 · 품평회 등 명칭여하에 불구하고 모든 입장권이 이에 해당한다. (2011. 2. 1. 개정)

3－2…12【금전소비대차의 의의】 (2004. 3. 22. 제목개정)
"금전소비대차"란 당사자의 일방이 금전의 소유권을 상대방에게 이전할 것을 약정하고 상대방은 그것과 동종 · 동등 · 동량의 금전을 반환할 것을 약정함으로써 성립하는 계약을 말한다. (2011. 2. 1. 개정)

3－2…13【금전채무인수 계약서】 (2004. 3. 22. 제목개정)
영 제2조의 2에 해당하는 금융기관과 작성한 금전소비대차계약에 의하여 발생한 기존채무에 대한 금전채무인수계약서는 채권자와 신채무자간의 새로운 계약으로서 금전소비대차에 관한 증서에 해당된다. (2004. 3. 22. 개정)

3－2…14【보증어음의 할인】
단기금융회사가 은행 등이 보증한 어음을 여신에 관한 약정서의 작성 없이 할인매입하는 경우에는 금전소비대차에 해당되지 아니한다. (2004. 3. 22. 개정)

3－2…15【금전소비대차에 관한 증서의 범위】 (2004. 3. 22. 제목개정)
금전소비대차계약을 체결한 후에 계약당사자와 금액의 변경없이(대출금 중 일부 금액의 상환으로 대출금이 감액되는 경우에는 금액의 변경이 없는 것으로 본다) 이율, 상환기간 및 담보에 관한 사항을 변경하는 증서는 당초의 상환기간 내에서 작성하거나 최장 대출기한 경과 후 작성하는 경우에는 과세되지 아니한다. (2024. 3. 15. 개정)

3－2…16【팩토링거래약정서 등】
동산에 대한 팩토링(Factoring)거래와 관련하여 작성되는 문서의 과세문서 구분은 다음 각 호에 의한다. (2011. 2. 1. 개정)
1. 판매상과 고객간에 작성하는 팩토링매매계약서 : 과세문서에 해당되지 아니한다. 다만, 법 제3조 제1항 제5호에 해당하는 경우에는 과세된다. (2004. 3. 22. 단서개정)
2. 판매상과 제조자간에 작성하는 팩토링약정서 : 특약점 또는 대리점계약서에 해당하나 과세되지 아니한다. (2004. 3. 22. 개정)
3. 판매상과 금융기관간에 작성하는 팩토링거래약정서 : 법 제3조 제1항 제2호의 금전소비대차에 관한 증서에 해당하여 과세된다. (2004. 3. 22. 개정)

3－2…17【도급의 의의】
"도급"이란 당사자의 일방(수급인)이 어느 일을 완성할 것을 약정하고 상대방(도급인)이 그 일의 결과에 대하여 보수를 지급할 것을 약정함으로써 성립하는 계약을 말한다. (2011. 2. 1. 개정)

3－2…19【하도급계약서】
원계약자가 계약내용(건축 · 토건 등)의 일부 또는 전부를 타인에게 하도급하는 계약서는 도급에 관한 증서에 해당된다. (2004. 3. 22. 개정)

3－2…20【공사도급실적증명원 등】
단순히 사실을 증명하기 위한 공사도급실적증명 · 공사기성고증명 · 공사착공계 · 공사준공계 · 준공검사원 등은 과세문서에 해당되지 아니한다. (2004. 3. 22. 개정)

3－2…63【종업원 대여금 또는 가지급금의 차용증】
종업원 · 사원 또는 주주의 월급여 또는 배당금등을 지급일 전에 선(가)지급하고 그 증빙으로 차용증서등을 징취하는 경우라 하더라도 그 선지급금이 월급여 또는 배당금등의 범위 안에서 선지급되는 때에는 당해 차용증서등을 금전소비대차에 관한 증서로 보지 아니한다. (2004. 3. 22. 개정)

3－3…23【동산양도증서의 범위】
법 제3조 제1항 제4호의 과세문서는 「자동차관리법」 · 「건설기계관리법」 · 「선박법」 · 「어선법」 등 관련 법률에 따른 등록신청 또는 등록사항의 변경신청시에 제출하는 양도증명서 · 제작증 · 매매계약서 등 등록원인서류로 한다. (2011. 2. 1. 개정)

3－5…36【신용거래계좌설정약정서의 의의】
"신용거래계좌설정약정서"란 유가증권시장에서의 매매거래를 함에 있어 고객이 증권회사로부터 매수에 대하여는 융자를, 매도에 대하여는 대주를 받아 수도결제하기 위한 매매거래의 구좌설정을 증권회사가 수탁받는 때에 그 융자 또는 대주의 한도, 담보비율 및 징수방법 등에 관하여 필요한 사항을 약정하는 계약서를 말한다. (2011. 2. 1. 개정)

3－5…37【매매거래계좌설정약정서의 의의】
"매매거래계좌설정약정서"란 유가증권시장에서의 매매거래를 함에 있어 고객의 위탁을 받은 증권회사가 매매거래를 처리하기 위하여 거래구좌를 설정하면서 예탁금 · 예탁증권의 보관 · 처분 및 이율 등에 관하여 필요한 사항을 약정하는 계약서를 말한다. (2011. 2. 1. 개정)

3－5…38【신용카드회원 및 신용카드가맹점의 의의】
"신용카드회원"이란 신용카드업을 영위할 목적으로 기획재정부장관으로부터 인가를 받은 법인(신용카드업자)과의 계약에 따라 물품의 구입 또는 용역의 제공을 반복하여 받을 수 있는 증표(신용카드)를 발급받은 자를 말하고, "신용카드가맹점"이란 신용카드업자와의 계약에 따라 신용카드회원에 대하여 신용카드에 의하여 물품 또는 용역을 제공하는 자를 말한다. (2011. 2. 1. 개정)

4-8…1【양도에 관한 증서에 있어서의 기재금액의 의의】
양도에 관한 증서에 있어서 기재금액이라 함은 다음 각 호의 금액을 말한다. (2011. 2. 1. 개정)
1. 매매 : 매매금액
　<예> 시가 1억원의 부동산을 5천만원으로 매매한다고 기재된 것 →
　　5천만원
2. 교환 : 교환금액
　가. 교환대상물의 쌍방의 가액이 기재되어 있는 경우에는 많은 쪽의 금액
　　　<예> 갑이 소유하는 부동산(가액 1억원)과 을이 소유하는 부동산(가액 3억원)을 교환하고 갑은 을에게 2억원을 지급한다고 기재된 것 → 3억원
　나. 등가교환의 경우에는 어느 한 쪽의 금액
　　　<예> 갑이 소유하는 부동산(가액 1억원)과 을이 소유하는 부동산(가액 1억원)을 교환한다고 기재된 것 → 1억원
　다. 교환차액만 기재되어 있는 경우에는 당해 교환차액. 다만, 교환차액만 기재되어 있는 경우라 하더라도 기재사항에 의하여 교환금액을 산출할 수 있는 때에는 많은 쪽의 금액
　　　<예> 갑이 소유하는 부동산과 을이 소유하는 부동산을 교환하고 갑은 을에게 1억원을 지급한다고 기재된 것 → 1억원
3. 대물변제 : 대물변제에 의하여 소멸되는 채무의 금액. 다만, 대물변제의 목적물 가액이 소멸하는 채무의 금액을 상회하여 채권자가 그 차액을 채무자에게 지급하기로 되어 있는 경우에는 그 차액을 가산한 금액
　　　<예 1> 차용금 1억원의 지급에 대신하여 부동산을 양도하기로 기재된 것 → 1억원
　　　<예 2> 차용금 1억원의 지급에 대신하여 1억5천만원 가액의 부동산을 양도함과 동시에 채권자는 5천만원을 채무자에게 지급하기로 기재된 것 → 1억5천만원
4. 그 밖의 양도 : 양도의 대가금액 (2011. 2. 1. 개정)
　　　<예> 갑의 영업재산 일체(1억원 상당액)를 5천만원에 을에게 양도하기로 기재된 것 → 5천만원

4-8…2【추정금액 등이 기재된 문서의 기재금액】 (2011. 2. 1. 제목개정)
추정금액 등이 기재되어 있는 문서에 대한 기재금액의 계산은 다음 각 호에 의한다. (2011. 2. 1. 개정)
1. 기재금액이 추정금액 또는 예정금액인 경우에는 해당 추정금액 또는 예정금액 (2011. 2. 1. 개정)
2. 기재금액이 최저금액 또는 최고금액인 경우에는 해당 최저금액 또는 최고금액 (2011. 2. 1. 개정)
　　<예> • 최저금액 1천만원 → 1천만원
　　　　• 최저금액 1천만원 이상 → 1천만원
　　　　• 최저금액 1천만원 초과 → 1천만 1원
　　　　• 최고금액 1천만원 → 1천만원
　　　　• 최고금액 1천만원 이하 → 1천만원
　　　　• 최저금액 1천만원 미만 → 999만 9,999원
3. 기재금액이 최저금액과 최고금액으로 병기된 경우에는 해당 최저금액 (2011. 2. 1. 개정)
　　<예> • 1천만원부터 1억원까지 → 1천만원
　　　　• 1천만원 초과 1억원까지 → 1천만 1원
4. 추정단가 또는 추정수량으로 기재되어 있는 경우에는 위 각 호의 규정을 준용하여 산출한 금액 (2011. 2. 1. 개정)
　　<예> • 단가(또는 추정단가) 1만원, 추정수량(또는 수량) 1천대 → 1천만원
　　　　• 단가(추정단가·최저단가·최고단가) 1만원, 수량(추정수량·최저수량·최고수량) 1천대 이상 2천대 이하 → 1천만원

4-8…3【기재금액으로 보지 않는 금액】 (2011. 2. 1. 제목개정)
문서에 기재된 금액이라 하더라도 해당 문서의 과세사항과 직접적인 관련이 없는 금액은 기재금액으로 보지 아니한다. (2011. 2. 1. 개정)
　<예> 1. 양도에 관한 증서에 있어서의 계약보증금액 또는 예치금액
　　　 2. 「건설산업기본법」에 따라 작성하는 도급계약서에 명시한 선급금·지체이자·위약금 등 (2011. 2. 1. 개정)

4-8…4【월단위로 계약금액을 정한 경우 기재금액】 (2004. 3. 22. 제목개정)
월 단위 등으로 계약금액을 정하고 있는 계약서로서 계약기간이 명시된 것은 해당 금액에 계약기간의 월수를 곱하여 산출한 금액을 기재금액으로 하고, 계약기간의 기재가 없는 것은 법 제3조 제1항 제1호부터 제3호까지, 제5호 또는 제6호의 최저기재금액으로 한다. (2011. 2. 1. 개정)

4-8…5【계약기간 자동연장의 경우 기재금액 계산】
계약기간의 갱신이 정하여진 것에 대하여는 갱신전의 기간만을 기재금액 산출의 대상기간으로 한다. (2004. 3. 22. 신설)
　<예> 도급계약서에 있어서 "관리비는 월 100만원, 계약기간은 1년으로 한다. 다만, 당사자간에 이의가 없을 때에는 새로이 1년을 연장하는 것으로 한다"라고 기재되어 있는 것 → 기재금액 1,200만원

4-8…6【기재금액 계산시 간접세 처리】 (2011. 2. 1. 제목개정)
재산권의 창설·이전·변경에 수반하는 간접세가 문서에 기재되었거나 기재내용에 의하여 그 세액을 산출할 수 있는 경우 해당 간접세는 기재금액에 포함하는 것으로 한다. (2011. 2. 1. 개정)

4-8…7【기재금액의 단수처리】
법 제3조 제1항 제1호부터 제3호까지, 제5호 또는 제6호에 따른 문서의 과세표준이 되는 기재금액에 대하여는 「국고금단수계산법」에 따라 1원 미만의 단수는 계산하지 아니한다. (2011. 2. 1. 개정)

4-8…8【외화표시금액의 환산】
기재금액을 외국화폐로 표기한 경우에는 내국화폐로 환산한 금액을 기재금액으로 한다. 이 경우 환산가액은 문서작성시의 「외국환거래법」에 따른 기준환율 또는 재정환율로 한다. (2011. 2. 1. 개정)

4-8…9【차등정액세 대상문서의 기재금액과 세액】
① 법 제3조 제1항 제1호 내지 제3호의 규정에 의한 문서로서 기재금액이 1천만원 이하인 것은 과세되지 아니한다. (2024. 3. 15. 개정)
② 하나의 문서에 법 제3조 제1항 제1호부터 제3호까지, 제5호 또는 제6호 중 동일 호의 과세사항을 2 이상 같이 기재한 경우에는 당해 기재금액의 합계액에 해당하는 세액을 납부하여야 한다. (2011. 2. 1. 개정)
③ 하나의 문서에 법 제3조 제1항 제1호부터 제3호까지, 제5호 또는 제6호 중 어느 한 호의 과세사항과 다른 호의 과세사항을 2 이상 같이 기재한 경우에 있어서 기재금액을 호별로 구분표기하거나 기재사항에 의하여 그 금액을 구분계산할 수 있는 때에는 호별로 각각의 기재금액에 해당하는 세액을 납부하고, 이를 구분계산할 수 없는 때에는 해당 총기재금액에 해당하는 세액을 납부하여야 한다. (2011. 2. 1. 개정)

6-0…1【국가 및 지방자치단체의 의의】
법 제6조 제1호 및 제7조에서 "국가"라 함은 헌법에서 규정하는 각종 국가기관 및 법령에 따라 국가공무원이 근무하는 각종 관서를 말하며, "지방자치단체"란 「지방자치법」 등 법령에 따라 지방공무원이 근무하는 각종 관서를 말한다. (2011. 2. 1. 개정)

6-0…2【자선 또는 구호를 목적으로 하는 단체의 의의】

법 제6조 제4호에서 "자선 또는 구호를 목적으로 하는 단체"란 자선 또는 구호사업을 목적으로 하여 특별법에 따라 설립된 단체(예:대한적십자사)와 「사회복지사업법」에 따라 설립된 법인 등을 말한다. (2011. 2. 1. 개정)

6-0…3【외국대사관 등이 작성하는 문서】
우리나라에 주재하는 외국대사관·공사관·영사관(명예영사관을 제외한다)·외국대표부 또는 외국대표부의 출장소와 이들에게 소속된 직원이 직무상 작성하는 문서에 대하여는 국가가 작성하는 문서에 준하여 취급한다. (2004. 3. 22. 개정)

6-0…4【지방자치단체조합의 의의】
"지방자치단체조합"이란 2개 이상의 지방자치단체가 하나 또는 둘 이상의 사무를 공동으로 처리할 필요가 있을 때에 규약을 정하여 해당 지방의회의 의결을 거쳐 시·도지사 또는 행정안전부장관의 승인을 얻어 설립되는 법인을 말한다. (2011. 2. 1. 개정)

6-0…5【공공단체 및 국영기업체가 작성하는 증서】
공공단체 또는 국영기업체는 법상 국가 또는 지방자치단체에 해당하지 아니하므로 이들이 작성하는 증서는 비과세되지 아니한다. (2004. 3. 22. 개정)

6-0…6【국가대행역무계약서】
정부투자기관이 국가사업을 수탁시행하면서 작성하는 대행역무계약서는 당해 기관이 국가가 아니기 때문에 비과세되지 아니한다. (2004. 3. 22. 개정)

6-0…7【국고금의 의의】
"국고금"이란 국가의 소유인 현금의 총칭으로서 세입금·세출금과 세입세출외의 현금을 포함한다. (2011. 2. 1. 개정)

6-0…8【국고금의 취급에 관하여 작성하는 문서의 범위】
"국고금의 취급에 관하여 작성하는 문서"란 국고금을 취급할 수 있는 국고은행(한국은행 본·지점)이나 국고대리점(국고금 출납사무의 대리를 하는 일반은행)에서 국고금을 취급할 때 작성하는 문서를 말한다. 따라서 국고보조금을 지급받아 운영하는 기업체 또는 국고금의 대여사업을 행하는 단체가 작성하는 문서는 비과세되지 아니한다. (2011. 2. 1. 개정)

6-0…9【공공사업의 의의】
"공공사업"이란 「공익사업을 위한 토지 등의 취득 및 보상에 관한 법률」에 따라 토지 등을 수용 또는 사용할 수 있는 공익사업(토지구획정리사업·재개발사업 및 농지개량사업을 포함한다) 등을 말한다. (2011. 2. 1. 개정)

6-0…10【주택의 의의】
"주택"이란 주거의 용도로 사용되는 건축물(이에 부속되는 토지를 포함한다)을 말하며, 법 제6조 제5호를 적용함에 있어 주택소유권이전계약서와 부속토지소유권이전계약서를 각각 별개의 계약서로 작성한 경우에는 각각 별도로 과세여부를 판단하여 세액을 산출한다. (2011. 2. 1. 개정)

6-0…11【주택의 범위】
주택에는 단독주택은 물론 아파트·연립주택·다세대주택 등의 공동주택을 포함하며, 등기여부를 가리지 아니한다. (2004. 3. 22. 개정)

6-0…12【복합건물의 취급】
주택과 사업용건물이 함께 설치되어 있는 경우에 주택부분의 면적이 사업용 건물부분의 면적보다 크거나 같은 경우에는 그 전부를 주택으로 보고, 주택부분의 면적이 사업용 건물부분의 면적보다 작은 경우에는 그 전부를 주택으로 보지 아니한다. (2004. 3. 22. 개정)

6-0…13【어음인수의 의의】
"어음의 인수"란 환어음의 지급인이 어음금액의 지급의무를 부담할 것을 목적으로 하는 어음행위, 즉 어음에 인수 또는 이와 동일한 뜻을 가지는 문자를 기재하고 이에 기명날인하는 행위를 말한다. (2011. 2. 1. 개정)

6-0…14【어음보증의 의의】
"어음의 보증"이란 어음채무를 담보할 것을 목적으로 하는 종된 어음행위, 즉 어음 또는 보충지에 보증 또는 이와 동일한 뜻을 가지는 문자를 기재하고 피보증인의 명칭을 표시하여 보증인이 기명날인하는 행위를 말한다. (2011. 2. 1. 개정)

6-0…15【유가증권의 의의】
"유가증권"이란 어음·수표 등과 같이 사법상의 재산권을 표창하는 증권으로서 증권상에 기재한 권리의 행사·이전에 관하여 증권의 소지 또는 교부를 필요로 하는 것을 말한다. (2011. 2. 1. 개정)

6-0…16【유가증권복본의 의의】
"유가증권의 복본"이란 한 개의 유가증권상의 권리를 표창하는 수 통의 유가증권을 말한다. 복본 각 통은 평등한 지위를 가지는 완전한 유가증권이고 그 사이에 정부(정부), 주종(주종)의 관계는 없고 복본 중 어느 1통만으로도 유가증권상의 권리를 행사할 수 있으나, 어느 1통으로 권리를 행사하면 다른 복본도 효력을 상실한다. 어음복본은 어음소지인이 1통을 상실하거나 인수를 위하여 송부중이라도 다른 1통으로 유통 또는 권리의 행사를 가능케 하기 위한 것이다. (2011. 2. 1. 개정)

6-0…17【유가증권등본의 의의】
"유가증권의 등본"이란 유가증권원본을 등사한 것을 말한다. 등본 자체는 복본과 같은 유가증권의 효력은 없고 다만, 그 위에 유효하게 배서 또는 보증을 할 수 있다. 어음등본은 어음소지인이 인수를 위하여 어음을 원격지에 송부하였을 때 복본발행의 번잡을 피하여 등본에 의하여 배서양도 또는 보증을 할 수 있게 하기 위한 것이다. (2011. 2. 1. 개정)

6-0…18【양도절차상 필요에 의하여 작성하는 증서의 범위】
법 제6조 제10호에서 "양도절차상 필요에 의하여 작성하는 증서"란 그 양도절차상 필요한 매매계약서와 등기절차상 작성하는 매도증서 등으로 문서의 명칭이나 종류를 불문한다. (2024. 3. 15. 개정)

6-0…19【신용장의 범위】
영 제6조 제1항의 신용장에는 내국신용장이 포함되는 것으로 한다. (2004. 3. 22. 개정)

7-0…1【국가 등과 작성한 문서의 인지첨부방법】 (2004. 3. 22. 제목개정)
법 제7조, 제6조 제1호 및 시행규칙 제3조의 "국가 등과 국가 등 외의 자가 공동으로 작성하는 문서"의 경우 인지첨부 방법은 다음 사례에 의한다. (2004. 3. 22. 개정)
<예> 국가(갑)와 국가 외의 자(을)가 공동으로 소유하는 공유물을 매수인(병)에게 매각하는 매매계약서를 3통 작성하여 갑·을·병이 각각 1통씩 가지는 경우
 • 갑이 가지는 문서 : 과　세
 • 을이 가지는 문서 : 비과세
 • 병이 가지는 문서 : 비과세

8-0…1【과세문서 작성일】
법 제8조제3항에서 "과세문서 작성일"이란 다음 각 호의 구분에 따른다. (2024. 3. 15. 개정)
1. 계약 당사자간 의사의 합치를 증명할 목적으로 작성하는 문서 : 서명·날인을 마치는 때 (2024. 3. 15. 개정)
2. 제3자에 의하여 인증을 받아야 효력이 발생하는 문서 : 인증을 받는 때 (2024. 3. 15. 개정)
3. 현금납부 승인을 받아 인쇄하는 문서 : 인쇄하는 때 (2024. 3. 15. 신설)

8-11…1【현금납부시의 관할세무서】
영 제11조에 따라 세인의 압날을 받거나 현금납부를 하고자 하는 자의 관할세무서는 다음 각 호의 구분에 의한다. (2011. 2. 1. 개정)

1. 작성자가 1인인 경우 : 작성자의 사업장 소재지 또는 주소지 관할세무서

2. 작성자가 2인 이상인 경우 : 작성자 중 해당 문서에 선순위로 기재되어 있는 자의 사업장 소재지 또는 주소지 관할세무서 (2011. 2. 1. 개정)

8-11…2【인쇄 또는 납부계기에 의한 현금납부표시】

영 제11조에 따라 인지붙임에 갈음하여 과세문서에 현금납부표시를 인쇄하거나 인지세 납부계기에 의한 현금납부표시를 하는 경우 그 절차와 방법은 국세청장이 별도로 정하는 바에 의한다. (2011. 2. 1. 개정)

8-11…3【현금납부시의 환급범위】 (2004. 3. 22. 제목개정)

법 제8조의 3 및 영 제11조의 3에 따라 인지 첨부·소인에 갈음하여 현금납부를 한 경우에 있어서 환급할 수 있는 범위는 다음 각 호에 따른다. (2011. 2. 1. 개정)

1. 납부할 세액을 초과하여 현금납부한 경우 (2004. 3. 22. 개정)
2. 비과세문서에 오납으로 현금납부한 경우 (2004. 3. 22. 개정)
3. 현금납부하고 인쇄에 의한 현금납부표시를 한 후 당해 과세문서가 작성완료 전(납세의무 성립 전)에 파손된 경우 (2024. 3. 15. 개정)
4. 과세문서가 법령의 강제규정에 의하여 사용할 수 없게 된 경우 (2004. 3. 22. 개정)

9-12…1【변경계약서의 세액납부방법】

법 제3조 제1항 제1호부터 제3호까지, 제5호 및 제6호의 과세문서를 작성한 후에 그 기재금액을 변경하는 계약서를 작성함에 있어서 계약금액을 증액하여 변경하는 경우의 세액은 변경전의 계약금액과 증액한 금액의 합계액을 기재금액으로 한 세액에서 이미 납부한 세액을 차감한 금액으로 하며, 계약금액을 감액하여 변경하는 경우에는 기재금액의 변경이 없는 것으로 본다. (2011. 2. 1. 개정)

<예>

계약금액	기재금액	납부할 세액	기납액 세액	추가납부할 세액
• 당초 계약금액 : 3천만원	3천만원	2만원	–	2만원
• 1차 변경 후 계약금액 : 7천만원 (4천만원 증액)	7천만원	7만원	2만원	5만원
• 2차 변경 후 계약금액 : 4천만원 (3천만원 감액)	7천만원	7만원	7만원	0
• 3차 변경 후 계약금액 : 1억2천만원 (8천만원 증액)	1억2천만원	15만원	7만원	8만원

9-12…2【보완문서의 세액납부방법】

법 제3조 제1항 제1호부터 제3호까지, 제5호 또는 제6호의 과세문서를 작성한 후에 그 기재금액을 보완하는 문서를 작성하는 경우의 납부세액은 다음 각 호의 금액으로 한다. (2011. 2. 1. 개정)

1. 원계약서에 총거래금액을 기재하지 아니하여 법 제3조 제1항 제1호부터 제3호까지, 제5호 또는 제6호의 최저기재금액에 해당하는 세액을 납부한 후 매연도 예산 등의 범위 안에서 보완문서를 작성하는 경우에는 보완문서의 기재금액의 합계액에 해당하는 세액에서 이미 납부한 세액을 차감한 금액 (2011. 2. 1. 개정)

<예 : 도급에 관한 증서>

구 분	기 재 금 액		세 액	
	당회기재분	누계	당회납부분	누계
원계약서	최저기재금액	최저기재금액	2만원	2만원
1차 보 완	1억원	1억원	5만원	7만원
2차 보 완	5억원	6억원	8만원	15만원
3차 보 완	4억원	10억원	0	15만원
4차 보 완	1억원	11억원	20만원	35만원
5차 보 완	1억원	12억원	0	35만원

2. 원계약서에 총거래금액을 기재하고 동 거래금액에 해당하는 세액을 납부한 후 동 거래금액을 매연도 예산 등에 의해 분할지급하기 위하여 보완문서를 작성하는 경우에는 보완문서의 기재금액의 합계액에 해당하는 세액에서 원계약서의 기재금액에 해당하는 세액을 차감한 금액. 다만, 보완문서의 기재금액의 합계액에 해당하는 세액이 원 계약서의 기재금액에 해당하는 세액에 미달하는 경우에는 납부세액이 없는 것으로 한다. (2004. 3. 22. 개정)

<예 : 도급에 관한 증서>

구 분	기 재 금 액		세 액	
	당회기재분	누계	당회납부분	누계
원계약서	10억원	10억원	15만원	15만원
1차 보 완	3억원	3억원	0	15만원
2차 보 완	5억원	8억원	0	15만원
3차 보 완	2억원	10억원	0	15만원
4차 보 완	1억원	11억원	20만원	35만원
5차 보 완	1억원	12억원	0	35만원

10-0…3【공동작성문서의 소인방법】

2인 이상이 공동으로 작성한 문서에 대한 소인은 작성자 중 어느 1인만 소인하여도 무방하다. (93. 5. 1 개정)

11-0…1【질문·검사·조사에 따른 세액의 고지】 (2004. 3. 22. 제목개정)

인지세에 관한 조사결과 세액을 과소납부한 문서 또는 납부하지 아니한 문서를 발견한 경우에는 세무서장은 법 제8조의 2에 따라 납세고지서를 발부할 수 있다. (2011. 2. 1. 개정)

통칙 부 칙 (2024. 3. 15.)

① 【시행일】 이 통칙은 2024년 3월 15일부터 시행한다.
② 【일반적 적용례】 이 통칙 시행 당시 종전의 규정에 의하여 납부하였거나 납부할 인지세에 관하여는 종전의 예에 의한다. 다만, 이 통칙 시행일 이전에 관련법률 등의 개정으로 이미 시행되는 규정은 관련법률 등의 적용례에 따른다.
③ 【종전 예규 등과의 관계】 이 통칙 시행 전의 예규 · 통칙으로서 이 통칙과 상치되거나 중복되는 것은 이 통칙에 의한다.

부 칙 (2019. 12. 23.)

① 【시행일】 이 통칙은 2019년 12월 23일부터 시행한다.
② 【일반적 적용례】 이 통칙 시행 당시 종전의 규정에 의하여 납부하였거나 납부할 인지세에 관하여는 종전의 예에 의한다. 다만, 이 통칙 시행일 이전에 관련법률 등의 개정으로 이미 시행되는 규정은 관련법률 등의 적용례에 따른다.
③ 【종전 예규 등과의 관계】 이 통칙 시행 전의 예규 · 통칙으로서 이 통칙과 상치되거나 중복되는 것은 이 통칙에 의한다.

부 칙 (2011. 2. 1.)

① 【시행일】 이 통칙은 2011년 2월 1일부터 시행한다.
② 【일반적 경과조치】 이 통칙 시행 당시 종전의 규정에 의하여 납부하였거나 납부할 인지세에 관하여는 종전의 예에 의한다.
③ 【종전 예규 등과의 관계】 이 통칙 시행 전의 예규·통칙으로서 이 통칙과 상치되거나 중복되는 것은 이 통칙에 의한다.

(1982. 2. 1.~2004. 3. 22.) 생략

증권거래세법

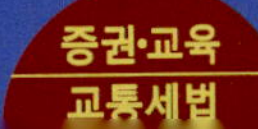

증권거래세법	증권거래세법 시행령	증권거래세법 시행규칙
개정 2022. 1. 6. 법률 제18724호	개정 2025. 2. 28. 대통령령 제35359호	개정 2025. 3. 21. 기획재정부령 제1113호
2020. 12. 22. 법률 제17655호	2022. 12. 31. 대통령령 제33209호	2023. 3. 20. 기획재정부령 제 969호
2019. 12. 31. 법률 제16837호	2022. 2. 15. 대통령령 제32430호	2022. 3. 18. 기획재정부령 제 897호
2018. 12. 31. 법률 제16111호	(국제조세～부칙) 2021. 2. 17. 대통령령 제31448호	2021. 3. 16. 기획재정부령 제 845호
2017. 12. 19. 법률 제15229호	2020. 12. 29. 대통령령 제31290호	2020. 3. 13. 기획재정부령 제 778호
(주식·사채 등의 전자등록에 관한 법률 부칙) 2016. 3. 22. 법률 제14096호	2020. 2. 11. 대통령령 제30406호	2019. 7. 3. 기획재정부령 제 740호
2015. 12. 29. 법률 제13628호	2019. 5. 28. 대통령령 제29788호	2019. 3. 20. 기획재정부령 제 723호
(부가가치세법 부칙) 2013. 6. 7. 법률 제11873호	2019. 2. 12. 대통령령 제29540호	2018. 3. 19. 기획재정부령 제 659호
(자본시장과～법률 부칙) 2013. 5. 28. 법률 제11845호	2017. 2. 7. 대통령령 제27843호	2014. 3. 14. 기획재정부령 제 408호
2013. 1. 1. 법률 제11615호	(자본시장과～시행령 부칙) 2013. 8. 27. 대통령령 제24697호	2013. 2. 23. 기획재정부령 제 324호
2010. 12. 27. 법률 제10401호	2013. 6. 28. 대통령령 제24641호	2011. 4. 1. 기획재정부령 제 200호
2008. 12. 26. 법률 제 9274호	2013. 2. 15. 대통령령 제24364호	2010. 4. 14. 기획재정부령 제 150호
2008. 1. 9. 법률 제 8838호	2009. 2. 3. 대통령령 제21286호	2009. 5. 11. 기획재정부령 제 81호
(국세기본법 부칙) 2006. 12. 30. 법률 제 8139호	(기획재정부와～직제 부칙) 2008. 2. 29. 대통령령 제20720호	2004. 10. 1. 재정경제부령 제 394호
2004. 12. 31. 법률 제 7324호	2008. 2. 22. 대통령령 제20629호	2001. 4. 2. 재정경제부령 제 192호
2000. 12. 29. 법률 제 6302호	(국세기본법 시행령 부칙) 2007. 2. 28. 대통령령 제19893호	1994. 7. 1. 재 무 부 령 제1989호
1996. 8. 14. 법률 제 5156호	2005. 2. 19. 대통령령 제18710호	1993. 12. 31. 재 무 부 령 제1956호
1993. 12. 31. 법률 제 4670호	2000. 12. 29. 대통령령 제17040호	1993. 5. 7. 재 무 부 령 제1926호
제정 1978. 12. 5. 법률 제 3104호	(조세특례제한법시행령 부칙) 1998. 12. 31. 대통령령 제15976호	1987. 3. 21. 재 무 부 령 제1703호
	(법인세법시행령 부칙) 1998. 12. 31. 대통령령 제15970호	제정 1979. 1. 4. 재 무 부 령 제1377호
	(상속세 및 증여세법시행령 부칙) 1996. 12. 31. 대통령령 제15193호	
	1996. 8. 22. 대통령령 제15139호	
	1996. 3. 30. 대통령령 제14963호	
	(소득세법시행령 부칙) 1995. 12. 30. 대통령령 제14860호	
	1995. 7. 14. 대통령령 제14734호	
	(재정경제원～직제 부칙) 1994. 12. 23. 대통령령 제14438호	
	1994. 2. 18. 대통령령 제14170호	
	1993. 12. 31. 대통령령 제14086호	
	1990. 6. 4. 대통령령 제13016호	
	1984. 9. 17. 대통령령 제11508호	
	1983. 9. 6. 대통령령 제11221호	
	1981. 8. 10. 대통령령 제10445호	
	1979. 3. 3. 대통령령 제 9356호	
	제정 1978. 12. 30. 대통령령 제 9236호	

제1조【목 적】이 법은 주권(株券) 또는 지분(持分)의 양도에 대하여 적정하게 과세함으로써 재정 수입의 원활한 조달에 이바지함을 목적으로 한다. (2015. 12. 29. 신설)

제1조의 2【정 의】(2015. 12. 29. 조번개정)
① 이 법에서 "주권"이란 다음 각 호의 어느 하나에 해당하는 것을 말한다. (2015. 12. 29. 개정)
1. 「상법」 또는 특별한 법률에 따라 설립된 법인의 주권 (2015. 12. 29. 개정)
2. 외국법인이 발행한 주권으로서 「자본시장과 금융투자업에 관한 법률」 제8조의 2 제4항 제1호에 따른 증권시장(이하 "증권시장"이라 한다)에 상장된 것 (2015. 12. 29. 개정)
② 이 법에서 "지분"이란 「상법」에 따라 설립된 합명회사·합자회사·유한책임회사 및 유한회사의 사원 지분을 말한다. (2015. 12. 29. 개정)
③ 이 법에서 "양도"(讓渡)란 계약상 또는 법률상의 원인에 의하여 유상(有償)으로 소유권이 이전되는 것을 말한다. (2015. 12. 29. 개정)
④ 「주식·사채 등의 전자등록에 관한 법률」에 따라 전자등록된 주식, 주권 발행 전의 주식, 주식 인수로 인한 권리, 신주인수권(新株引受權)과 특별한 법률에 따라 설립된 법인이 발행하는 출자증권 및 「자본시장과 금융투자업에 관한 법률」 제4조 제8항에 따른 증권예탁증권(같은 법 제4조 제2항 제2호의 지분증권을 예탁받은 자가 발행한 것만 해당한다)은 이 법을 적용할 때 주권으로 본다. (2016. 3. 22. 개정 ; 주식·사채～법률 부칙)
⑤ 이 법을 적용할 때 거주자, 비거주자, 내국법인, 외국법인, 비거주자의 국내사업장 및 외국법인의 국내사업장은 「소득세법」과 「법인세법」에서 사용하는 용어의 예에 따른다. (2015. 12. 29. 개정)

제2조【과세대상】(2015. 12. 29. 조번개정)
주권 또는 지분(이하 "주권등"이라 한다)의 양도에 대해서는 이 법에 따라 증권거래세를 부과한다. 다만, 다음 각 호의 어느 하나에 해당하는 양도에 대해서는 증권거래세를 부과하지 아니한다. (2015. 12. 29.

개정)

1. 증권시장과 비슷한 시장으로서 외국에 있는 시장(대통령령으로 정하는 시장만 해당하며, 이하 이 조에서 "외국증권시장"이라 한다)에 상장된 주권등을 양도하는 경우 (2015. 12. 29. 개정)
2. 외국증권시장에 주권등을 상장하기 위하여 인수인(「자본시장과 금융투자업에 관한 법률」 제9조 제12항에 따른 인수인을 말한다. 이하 같다)에게 주권등을 양도하는 경우 (2015. 12. 29. 개정)
3. 「자본시장과 금융투자업에 관한 법률」에 따라 거래소허가를 받은 거래소로서 금융위원회가 지정하는 거래소(이하 "지정거래소"라 한다)가 같은 법 제377조 제1항 제3호에 따라 채무인수를 하면서 주권등을 양도하는 경우 (2015. 12. 29. 개정)

제3조 【납세의무자】 증권거래세의 납세의무자는 다음 각 호의 어느 하나에 해당하는 자로 한다. (2015. 12. 29. 개정)

1. 다음 각 목의 어느 하나에 해당하는 주권을 계좌 간 대체(對替)로 매매결제하는 경우에는 「주식·사채 등의 전자등록에 관한 법률」 제2조 제6호에 따른 전자등록기관(이하 "전자등록기관"이라 한다) 또는 「자본시장과 금융투자업에 관한 법률」 제294조에 따라 설립된 한국예탁결제원 (2016. 3. 22. 개정 ; 주식·사채 등의 전자등록에 관한 법률 부칙)
   가. 증권시장에서 양도되는 주권 (2015. 12. 29. 개정)
   나. 증권시장 밖에서 대통령령으로 정하는 방법에 따라 양도되는 주권 (2015. 12. 29. 개정)
2. 제1호 외에 「자본시장과 금융투자업에 관한 법률」 제8조 제1항에 따른 금융투자업자(이하 "금융투자업자"라 한다)를 통하여 주권등을 양도하는 경우에는 해당 금융투자업자 (2015. 12. 29. 개정)
3. 제1호 및 제2호 외의 방법으로 주권등을 양도하는 경우에는 그 주권등의 양도자. 다만, 국내사업장을 가지고 있지 아니한 비거주자 또는 국내사업장을 가지고 있지 아니한 외국법인이 주권등을 금융투자업자를 통하지 아니하고 양도하는 경우에는 그 주권등의 양수인을 증권거래세 납세의무자로 한다. (2015. 12. 29. 개정)

제1조 【외국의 유가증권시장】 (2000. 12. 29 제목개정)
「증권거래세법」(이하 "법"이라 한다) 제2조 제1호에서 "대통령령으로 정하는 시장"이란 다음 각 호의 어느 하나에 해당하는 시장을 말한다. (2020. 2. 11. 개정)

1. 뉴욕증권거래소 (2000. 12. 29 개정)
2. 전미증권업협회중개시장 (2000. 12. 29 개정)
3. 기타 제1호 또는 제2호의 시장과 유사한 시장으로서 기획재정부령이 정하는 시장 (2008. 2. 29. 직제개정 ; 기획재정부와~직제 부칙)

제1조의 2 【납세의무자】 ① 법 제3조 제1호 나목에서 "대통령령으로 정하는 방법"이란 「자본시장과 금융투자업에 관한 법률 시행령」 제78조 또는 제178조 제1항에 따른 기준에 따라 주권을 매매하는 것을 말한다. (2013. 8. 27. 개정 ; 자본시장과~시행령 부칙)
② 법 제3조 제2호에서 "금융투자업자"란 「자본시장과 금융투자업에 관한 법률」에 따른 투자매매업자 또는 투자중개업자를 말한다. (2009. 2. 3. 개정)
③ 법 제3조 제2호에서 "금융투자업자를 통하여 주권 등을 양도하는 경우"란 금융투자업자가 주권 또는 지분(이하 "주권 등"이라 한다)의 매매·위탁매매 또는 매매의 중개나 대리를 하는 경우를 말한다. (2009. 2. 3. 개정)

제1조 【외국의 유가증권시장】「증권거래세법 시행령」(이하 "영"이라 한다) 제1조 제3호에서 "기획재정부령이 정하는 시장"이란 다음 각 호의 어느 하나에 해당하는 시장을 말한다. (2009. 5. 11. 개정)

1. 동경증권거래소 (2004. 10. 1. 신설)
2. 런던증권거래소 (2004. 10. 1. 신설)
3. 도이치증권거래소 (2004. 10. 1. 신설)
4. 제1호부터 제3호까지와 기능이 유사한 거래소로서 「자본시장과 금융투자업에 관한 법률」 제406조 제1항 제2호의 외국 거래소 (2009. 5. 11. 개정)

제4조【납세지】① 증권거래세의 납세지는 다음 각 호의 구분에 따른다. (2015. 12. 29. 개정)

1. 제3조 제1호 및 제2호의 경우에는 해당 납세의무자의 각 사업장소
   재지. 다만, 대통령령으로 정하는 경우에는 본점 또는 주사무소의
   소재지를 증권거래세의 납세지로 할 수 있다. (2015. 12. 29. 개정)

제1조의 3【본점일괄납부】① 법 제4조 제1항 제1호 단서에서 "대통령령이 정하는 경우"란 법 제3조 제2호에 따른 납세의무자가 본점 또는 주사무소 관할 세무서장에게 본점 또는 주사무소의 소재지를 그 납세의무자의 지점·영업소 또는 그 밖의 사업장(이하 "지점등"이라 한다)의 증권거래세액의 납세지로 제2항에 따라 신고하여 수리된 경우를 말한다. (2013. 2. 15. 개정)

② 법 제4조 제1항 제1호 단서에 따라 본점 또는 주사무소 소재지에서 해당 납세의무자의 지점등의 증권거래세액을 납부(이하 "본점일괄납부"라 한다)하려는 자는 본점일괄납부하려는 달의 전달 20일까지 다음 각 호의 사항을 적은 본점일괄납부 신고서를 본점 또는 주사무소 관할 세무서장에게 제출(국세정보통신망을 통한 제출을 포함한다)하여야 한다. (2013. 2. 15. 개정)

1. 납세의무자의 인적사항 (2013. 2. 15. 개정)

2. 지점등의 현황 (2013. 2. 15. 개정)

3. 본점 또는 주사무소 소재지 (2013. 2. 15. 개정)

4. 「자본시장과 금융투자업에 관한 법률」 제13조에 따른 금융투자업
   인가서 (2013. 2. 15. 개정)

5. 지방세 완납증명서 (2013. 2. 15. 개정)

③ 본점일괄납부하는 납세의무자는 다음 각 호의 사유가 발생한 경우에는 본점 또는 주사무소 관할 세무서장에게 납세의무자의 인적사항, 변경 사유 등을 적은 본점일괄납부 변경신고서를 제출(국세정보통신망을 통한 제출을 포함한다)하여야 한다. (2013. 2. 15. 개정)

1. 본점 또는 주사무소의 변경 (2013. 2. 15. 개정)

2. 지점등의 신설·폐지 (2013. 2. 15. 개정)

④ 본점 또는 주사무소 관할 세무서장은 제2항에 따라 본점일괄납부를 신고한 자가 다음 각 호의 어느 하나에 해당하는 경우를 제외하고는 본점일괄납부 신고를 수리하여야 한다. (2013. 2. 15. 개정)

1. 본점일괄납부를 신고한 자가 신고일부터 과거 2년 이내에 「조
   세범처벌법」에 따라 처벌받은 경우 (2013. 2. 15. 개정)

2. 본점일괄납부를 신고한 자가 신고일 현재 국세 또는 지방세를 체납

제1조의 2【본점일괄납부】① 영 제1조의 3 제2항에 따른 본점일괄납부 신고서는 별지 제1호 서식에 따른다. (2013. 2. 23. 신설)

② 영 제1조의 3 제3항에 따른 본점일괄납부 변경신고서는 별지 제1호의 2 서식에 따른다. (2013. 2. 23. 신설)

2. 제3조 제3호의 경우에는 다음 각 목의 구분에 따른 것 (2015. 12. 29. 개정)
　가. 납세의무자가 거주자인 경우에는 그 주소지. 다만, 주소지가 없는 경우에는 그 거소지로 한다. (2015. 12. 29. 개정)
　나. 납세의무자가 내국법인인 경우에는 등기부에 적힌 본점 또는 주사무소의 소재지 (2015. 12. 29. 개정)
　다. 납세의무자가 비거주자 또는 외국법인으로서 국내사업장을 가지고 있는 경우에는 그 국내사업장(국내사업장이 둘 이상인 경우에는 주된 국내사업장)의 소재지 (2015. 12. 29. 개정)
　라. 납세의무자가 비거주자 또는 외국법인으로서 국내사업장을 가지고 있지 아니한 경우에는 증권거래세의 과세대상이 되는 주권등을 발행한 법인의 본점 또는 주사무소의 소재지 (2015. 12. 29. 개정)
② 납세지가 불분명한 경우에는 대통령령으로 정하는 바에 따라 결정한다. (2015. 12. 29. 개정)

　제5조 【양도의 시기】 ① 이 법을 적용할 때 주권등의 양도 시기는 해당 매매거래가 확정되는 때로 한다. (2015. 12. 29. 개정)
② 제1항의 매매거래 확정에 필요한 사항은 대통령령으로 정한다. (2015. 12. 29. 개정)

하고 있는 경우 (2013. 2. 15. 개정)
3. 그 밖에 사정의 변경으로 인하여 본점일괄납부가 적당하지 아니한 경우 (2013. 2. 15. 개정)
⑤ 본점 또는 주사무소 관할 세무서장은 제4항에 따라 본점일괄납부 신고를 수리하거나 거부하는 경우에는 본점일괄납부를 신고한 달의 말일까지 신고인에게 그 사실을 알려야 한다. (2013. 2. 15. 개정)
⑥ 본점일괄납부를 하는 납세의무자가 본점일괄납부를 포기하고 각 지점등에서 납부하려는 경우에는 그 납부하려는 달의 전달 20일까지 다음 각 호의 사항을 적은 본점일괄납부 포기신고서를 본점 또는 주사무소 관할 세무서장에게 제출(국세정보통신망을 통한 제출을 포함한다)하여야 한다. (2013. 2. 15. 개정)
1. 납세의무자의 인적사항 (2013. 2. 15. 개정)
2. 본점일괄납부 포기 사유 (2013. 2. 15. 개정)

　제1조의 4 【납세지의 판정기준】 ① 법 제4조 제1항 제2호 가목의 규정에 의한 주소 또는 거소는 「소득세법 시행령」 제2조에 규정된 바에 따른다. (2005. 2. 19. 개정)

② 법 제4조 제2항의 규정에 의한 납세지의 결정은 「소득세법 시행령」 제5조 또는 「법인세법 시행령」 제8조의 규정에 의한다. (2005. 2. 19. 개정)

　제2조 【양도의 시기】 주권 등의 법 제5조 제2항에 따른 매매거래의 확정시기는 다음 각 호에 따른다. (2009. 2. 3. 개정)

---

③ 영 제1조의 3 제6항에 따른 본점일괄납부 포기신고서는 별지 제1호의 3 서식에 따른다. (2013. 2. 23. 신설)

제6조 【비과세양도】

다음 각 호의 어느 하나에 해당하는 경우에는 증권거래세를 부과하지 아니한다. (2015. 12. 29. 개정)

1. 국가나 지방자치단체가 주권등을 양도하는 경우. 다만, 「국가재정법」 별표 2에서 규정하는 법률에 따라 설치된 기금으로서 기금관리주체가 중앙행정기관의 장인 기금에서 취득한 주권등을 양도하는 경우 및 「우정사업 운영에 관한 특례법」 제2조 제2호에 따른 우정사업총괄기관이 주권등을 양도하는 경우는 제외한다. (2015. 12. 29. 개정)

2. 「자본시장과 금융투자업에 관한 법률」 제119조에 따라 주권을 매출하는 경우[청약된 주권의 총수(總數)가 매출하려는 주권 총수에 미달된 경우, 그 청약되지 아니한 주권을 인수인이 인수하는 경우를 포함한다] (2015. 12. 29. 개정)

3. 제1호 및 제2호 외에 대통령령으로 정하는 주권등을 양도하는 경우 (2015. 12. 29. 개정)

제7조 【과세표준】 ① 증권거래세의 과세표준은 다음 각 호의 구분에 따른다. (2015. 12. 29. 개정)

1. 제3조 제1호 각 목에 따른 주권을 양도하는 경우에는 그 주권의 양도가액 (2015. 12. 29. 개정)

2. 제1호 외의 주권등을 양도하는 경우에는 다음 각 목의 구분에 따른 가액 (2015. 12. 29. 개정)

　가. 주권등의 양도가액을 알 수 있는 경우 : 해당 주권등의 양도가액. 다만, 다음의 어느 하나에 해당하는 경우에는 다음에 규정하는 가액으로 한다. (2015. 12. 29. 개정)

　　1) 「소득세법」 제101조, 「법인세법」 제52조 또는 「상속세 및 증여세법」 제35조에 따라 주권등이 시가(時價)보다 낮은 가액으로 양도된 것으로 인정되는 경우(「국제조세조정에 관한 법률」 제27조가 적용되는 경우는 제외한다)에는 그 시가액 (2020. 12. 22. 개정)

　　2) 「소득세법」 제126조, 「법인세법」 제92조 또는 「국제조세조정에 관한 법률」 제7조에 따라 주권등이 정상가격보다 낮은

1. 「자본시장과 금융투자업에 관한 법률」에 따른 증권시장에서 거래(다자간매매체결회사에서의 거래를 포함한다)된 주권에 대하여는 그 양도가액이 결제되는 때 (2013. 8. 27. 개정 ; 자본시장과 금융투자업에 관한 법률 시행령 부칙)

2. 제1호에 따른 주권 외의 주권 등을 금융투자업자가 매매·위탁매매 또는 매매의 중개나 대리를 하는 경우에는 그 대금의 전부를 결제하거나 결제받는 때 (2009. 2. 3. 개정)

3. 제1호 및 제2호 이외의 경우에는 당해 주권 등을 인도하거나 대가의 전부를 받는 때. 다만, 그 주권 등을 인도하거나 대가의 전부를 받기 전에 권리가 이전되는 때에는 그 권리가 이전되는 때로 한다.

제3조 【비과세양도】 법 제6조 제3호에 따라 주권을 목적물로 하는 소비대차의 경우에는 증권거래세를 부과하지 않는다. (2020. 2. 11. 개정)

제4조 【양도가액평가방법】 ① 법 제7조 제1항 제2호 가목 1)에 따른 시가액 또는 같은 목 2)에 따른 정상가격은 다음 각 호의 가액을 말한다. (2020. 2. 11. 개정)

1. 시가액 : 「소득세법 시행령」 제167조, 「법인세법 시행령」 제89조 또는 「상속세 및 증여세법 시행령」 제26조에 따라 시가로 인정된 해당 주권 등의 가액 (2008. 2. 22. 개정)

2. 정상가격 : 「소득세법 시행령」 제183조의 2, 「법인세법 시행령」 제

자본시장과 금융투자업에 관한 법률

제119조 【모집 또는 매출의 신고】 ① 증권의 모집 또는 매출(대통령령으로 정하는 방법에 따라 산정한 모집가액 또는 매출가액 각각의 총액이 대통령령으로 정하는 금액 이상인 경우에 한한다)은 발행인이 그 모집 또는 매출에 관한 신고서를 금융위원회에 제출하여 수리되지 아니하면 이를 할 수 없다. (2008. 2. 29. 직제개정 ; 금융감독기구의 설치 등에 관한 법률 부칙)

② 제1항에 불구하고 증권의 종류, 발행예정기간, 발행횟수, 발행인의 요건 등을 고려하여 대통령령으로 정하는 기준과 방법에 따라 일정기간 동안 모집하거나 매출할 증권의 총액을 일괄하여 기재한 신고서(이하 "일괄신고서"라 한다)를 금융위원회에 제출하여 수리된 경우에는 그 기간중에 그 증권을 모집하거나 매출할 때마다 제출하여야 하는 신고서를 따로 제출하지 아니하고 그 증권을 모집하거나 매출할 수 있다. 이 경우 그 증권(집합투자증권 및 파생결합증권 중 대통령령으로 정하는 것을 제외한다)을 모집하거나 매출할 때마다 대통령령으로 정하는 일괄신고와 관련된 서류(이하 "일괄신고추가서류"라 한다)를 제출하여야 한다. (2013. 5. 28. 개정)

③ 발행인은 제1항의 신고서와 제2항의 일괄신고서(이하 "증권신고서"라 한다)에 발행인(투자신탁의 수익증권 및 투자익명조합의 지분증권의 경우에는 그 투자신탁 및 투자익명조합을 말한다. 이하 이 항에서 같다)의 미래의 재무상태나 영업실적 등에 대한 예측 또는 전망에 관한 사항으로서 다음 각 호의 사항(이하 "예측정보"라 한다)을 기재 또는 표시할 수 있다. 이 경우 예측정보의 기재 또는

가액으로 양도된 것으로 인정되는 경우에는 그 정상가격 (2020. 12. 22. 개정)
　나. 주권등의 양도가액을 알 수 없는 경우 : 대통령령으로 정하는 양도가액 평가방법에 따라 평가한 가액 (2015. 12. 29. 개정)
② 제1항을 적용할 때 시가 및 정상가격의 산정 등에 필요한 사항은 대통령령으로 정한다. (2015. 12. 29. 개정)

제8조 【세　율】 ① 증권거래세의 세율은 1만분의 35로 한다. 다만, 2021년 1월 1일부터 2022년 12월 31일까지는 1만분의 43으로 한다. (2020. 12. 22. 개정)
② 제1항의 세율은 자본시장 육성을 위하여 긴급히 필요하다고 인정될 때에는 증권시장에서 거래되는 주권에 한정하여 종목별로 대통령령으로 정하는 바에 따라 낮추거나 영(零)으로 할 수 있다. (2015. 12. 29. 개정)
[농특비]

131조 또는 「국제조세조정에 관한 법률」 제8조 및 같은 법 시행령 제5조부터 제16조까지의 규정에 따라 정상가격으로 인정된 해당 주권등의 가액 (2021. 2. 17. 개정 ; 국제조세~부칙)
② 법 제7조 제1항 제2호 나목에서 "대통령령으로 정하는 양도가액평가방법"이란 다음 각 호의 가액에 양도된 주권 등의 거래수량을 곱하여 계산하는 것을 말한다. (2022. 2. 15. 개정)
1. 「자본시장과 금융투자업에 관한 법률」에 따른 상장법인의 주권등을 증권시장 및 다자간매매체결회사 밖에서 양도하는 경우 : 「자본시장과 금융투자업에 관한 법률」에 따른 거래소가 공표하는 양도일의 매매거래 기준가액 (2013. 8. 27. 개정 ; 자본시장과~시행령부칙)
2. 「증권거래법」에 의한 코스닥상장법인의 주권 등을 코스닥시장 밖에서 양도하는 경우 : 「증권거래법」에 의한 한국증권업협회(이하 "증권업협회"라 한다)가 공표하는 양도일의 매매거래 기준가액 (2008. 2. 22. 개정)
2. 삭　제 (2009. 2. 3.)
3. 「자본시장과 금융투자업에 관한 법률」 제283조에 따른 한국금융투자협회(이하 "금융투자협회"라 한다)가 같은 법 시행령 제178조 제1항에 따른 기준에 따라 거래되는 종목으로 지정한 주권등을 같은 항에 따른 기준 외의 방법으로 양도하는 경우 : 금융투자협회가 공표하는 양도일의 매매거래 기준가액 (2009. 2. 3. 개정)
4. 제1호 및 제3호 외의 방식으로 주권 등을 양도하는 경우 : 「소득세법 시행령」 제165조에 따라 계산한 가액 (2025. 2. 28. 개정)

제5조 【탄력세율】 법 제8조 제2항을 적용받는 주권과 그 세율은 다음 각 호와 같다. (2013. 6. 28. 개정)
1. 유가증권시장(「자본시장과 금융투자업에 관한 법률 시행령」 제176조의 9 제1항에 따른 유가증권시장을 말한다)에서 양도되는 주권 : 영(零). 다만, 2021년 1월 1일부터 2022년 12월 31일까지는 1만분의 8로 하고, 2023년 1월 1일부터 2023년 12월 31일까지는 1만분의 5로 하며, 2024년 1월 1일부터 2024년 12월 31일까지는 1만분의 3으로 한다. (2022. 12. 31. 개정)
2. 코넥스시장(「자본시장과 금융투자업에 관한 법률 시행령」 제11조

표시는 제125조 제2항 제1호 · 제2호 및 제4호의 방법에 따라야 한다. (2007. 8. 3. 제정)
1. 매출규모 · 이익규모 등 발행인의 영업실적, 그밖의 경영성과에 대한 예측 또는 전망에 관한 사항 (2007. 8. 3. 제정)
2. 자본금규모 · 자금흐름 등 발행인의 재무상태에 대한 예측 또는 전망에 관한 사항 (2007. 8. 3. 제정)
3. 특정한 사실의 발생 또는 특정한 계획의 수립으로 인한 발행인의 경영성과 또는 재무상태의 변동 및 일정시점에서의 목표수준에 관한 사항 (2007. 8. 3. 제정)
4. 그밖에 발행인의 미래에 대한 예측 또는 전망에 관한 사항으로서 대통령령으로 정하는 사항 (2007. 8. 3. 제정)
④ 증권신고서를 제출하는 경우 증권신고서에 기재하여야 할 사항이나 그 첨부서류에 이미 제출된 것과 같은 부분이 있는 때에는 그 부분을 적시하여 이를 참조하라는 뜻을 기재한 서면으로 갈음할 수 있다. (2007. 8. 3. 제정)
⑤ 증권신고서를 제출하는 경우 신고당시 해당 발행인의 대표이사(집행임원 설치회사의 경우 대표집행임원을 말한다. 이하 이 조에서 같다) 및 신고업무를 담당하는 이사(대표이사 및 신고업무를 담당하는 이사가 없는 경우 이에 준하는 자를 말한다)는 그 증권신고서의 기재사항 중 중요사항에 관하여 거짓의 기재 또는 표시가 있거나 중요사항의 기재 또는 표시가 누락되어 있지 아니하다는 사실 등 대통령령으로 정하는 사항을 확인 · 검토하고 이에 각각 서명하여야 한다. (2013. 5. 28. 개정)
⑥ 제1항부터 제5항까지의 규정에도 불구하고 발행인 및 같은 종류의 증권에 대하여 충분한 공시가 이루어지고 있는 등 대통령령으로 정한 사유에 해당하는 때에는 매출에 관한 증권신고서를 제출하지 아니할 수

제2항에 따른 코넥스시장을 말한다)에서 양도되는 주권: 1만분의 10 (2020. 12. 29. 신설)
3. 다음 각 목의 어느 하나에 해당하는 주권의 경우: 1만분의 15. 다만, 2021년 1월 1일부터 2022년 12월 31일까지는 1만분의 23으로 하고, 2023년 1월 1일부터 2023년 12월 31일까지는 1만분의 20으로 하며, 2024년 1월 1일부터 2024년 12월 31일까지는 1만분의 18로 한다. (2022. 12. 31. 단서개정)
가. 코스닥시장(대통령령 제24697호 자본시장과 금융투자업에 관한 법률 시행령 일부개정령 부칙 제8조에 따른 코스닥시장을 말한다)에서 양도되는 주권 (2017. 2. 7. 개정)
나. 「자본시장과 금융투자업에 관한 법률 시행령」 제178조 제1항에 따른 기준에 따라 금융투자협회를 통하여 양도되는 주권 (2019. 5. 28. 목번개정)

제9조 【거래징수】 ① 제3조 제1호·제2호 및 같은 조 제3호 단서에 따른 납세의무자는 주권등을 양도하는 자로부터 제7조에 따른 과세표준에 제8조에 따른 세율을 적용하여 계산한 증권거래세를 주권등의 매매결제 또는 양도를 할 때에 징수하여야 한다. (2015. 12. 29. 개정)
② 지정거래소는 증권시장에서 주권등의 매매거래가 체결되었을 때에는 전자등록기관이 제1항에 따른 과세표준을 확정할 수 있도록 양도 건별 주권의 종목 명, 수량, 1주 당 가액, 매매금액, 매매연월일, 양도자의 계좌번호 및 투자자를 분류할 수 있는 정보 등 대통령령으로 정하는 사항을 매매일 다음 날까지 전자등록기관에 알려야 한다. (2022. 1. 6. 개정)

제9조의 2 【증권계좌 간 이체내용 등 제출】 (2015. 12. 29. 제목개정)

제6조 【거래징수】 법 제3조 제1호의 납세의무자가 법 제9조에 따라 증권거래세를 징수하려는 경우 법 제6조 제1호에 해당하는 부분에 대해서는 제6조의 2 각 호의 사항을 기재한 비과세양도명세서를 금융투자업자로부터 제출받은 분에 대해서만 증권거래세를 징수하지 않는다. (2022. 2. 15. 개정)

제6조의 2 【주권매매 관련 사항의 통지】 법 제9조 제2항에서 "양도 건별 주권의 종목 명, 수량, 1주 당 가액, 매매금액, 매매연월일, 양도자의 계좌번호 및 투자자를 분류할 수 있는 정보 등 대통령령으로 정하는 사항"이란 다음 각 호의 사항을 말한다. (2022. 2. 15. 개정)
1. 양도 건별 주권의 종목명, 수량, 1주당 가액, 매매금액, 매매연월일과 양도자의 계좌번호 (2022. 2. 15. 개정)
2. 법 제2조 제3호에 따른 지정거래소가 「자본시장과 금융투자에 관한 법률」 제393조에 따른 증권시장업무규정으로 정하는 사항으로서 투자자를 분류할 수 있는 정보에 관한 사항 (2022. 2. 15. 개정)

제6조의 3 【증권계좌간 이체내역 등 제출】 금융투자업자는 법 제9조의 2에 따라 그가 관리하는 증권계좌를 통하여 법 제3조 제3호에

있다. (2013. 5. 28. 신설)
⑦ 제1항부터 제4항까지의 증권신고서의 기재사항 및 그 첨부서류에 관하여 필요한 사항은 대통령령으로 정한다. (2013. 5. 28. 항변개정)
⑧ 자금조달계획의 동일성 등 대통령령으로 정하는 사항을 종합적으로 고려하여 둘 이상의 증권의 발행 또는 매도가 사실상 동일한 증권의 발행 또는 매도로 인정되는 경우로는 하나의 증권의 발행 또는 매도로 보아 제1항을 적용한다. (2017. 10. 31. 신설)

제1조의 3 【거래징수】 (2013. 2. 23. 조번개정)
영 제6조에 따른 비과세양도명세서는 별지 제1호의 4 서식에 따른다. (2013. 2. 23. 개정)

제1조의 4 【증권계좌간 이체내역 등 제출】 영 제6조의 3에 따른 주권등의 거

금융투자업자는 그가 관리하는 증권계좌를 통하여 제3조 제3호에 해당하는 납세의무자가 주권등을 양도한 경우에 해당 거래의 증권계좌 간 이체내용 등을 이체한 날이 속하는 분기의 말일부터 2개월 이내에 관할 세무서장에게 제출하여야 한다. 이 경우 이체내용 등 필요한 사항은 대통령령으로 정한다. (2015. 12. 29. 개정)

제10조 【신고·납부 및 환급】 (2000. 12. 29. 제목개정)
① 증권거래세의 납세의무자는 다음 각 호의 구분에 따라 과세표준과 세액을 대통령령으로 정하는 바에 따라 관할 세무서장에게 신고하여야 한다. (2015. 12. 29. 개정)
1. 제3조 제1호 및 제2호의 경우에는 매월분의 과세표준과 세액을 다음 달 10일까지 신고할 것 (2015. 12. 29. 개정)
2. 제3조 제3호의 경우에는 매 반기(半期)분의 과세표준과 세액을 양도일이 속하는 반기의 말일부터 2개월 이내에 신고할 것 (2017. 12. 19. 개정)

② 납세의무자는 제1항 각 호에 따른 신고와 동시에 해당 월분 또는 반기분의 증권거래세를 대통령령으로 정하는 바에 따라 납세지 관할 세무서, 한국은행(그 대리점을 포함한다) 또는 체신관서에 내야 한다. (2017. 12. 19. 개정)
③ 제3조 제1호에 따른 납세의무자가 제2항에 따라 낸 증권거래세액 중 잘못 내거나 초과하여 낸 금액이 있어 주권등을 양도한 자에게 환급할 때에는 그 납세의무자가 거래징수하여 낼 증권거래세액에서 조정하여 환급할 수 있다. (2015. 12. 29. 개정)
④ 제3항에 따른 환급의 요건 등에 관하여 필요한 사항은 대통령령으

해당하는 납세의무자가 주권등을 양도한 경우에 다음 각 호의 사항을 적은 주권등의 거래명세서를 관할 세무서장에게 제출하여야 한다. (2013. 2. 15. 신설)
1. 제출자의 인적사항 (2013. 2. 15. 신설)
2. 거래자의 인적사항 (2013. 2. 15. 신설)
3. 거래 연월일 (2013. 2. 15. 신설)
4. 거래대상 주권등 종목명 (2013. 2. 15. 신설)
5. 거래 수량 (2013. 2. 15. 신설)
6. 증권거래세 신고·납부세액 (2019. 2. 12. 신설)

제7조 【신고·납부 및 환급】 (2000. 12. 29 제목개정)
① 법 제10조 제1항의 규정에 의한 증권거래세의 과세표준신고에 있어서는 다음 각호의 사항을 기재한 증권거래세 과세표준신고서를 관할 세무서장에게 제출하여야 한다. (96. 8. 22 개정)
1. 납세의무자의 인적사항 (93. 12. 31 개정)
2. 세율별 과세표준·세율·세액 (93. 12. 31 개정)
3. 거래자의 인적사항(법 제3조 제3호의 규정에 의한 납세의무자에 한한다) (93. 12. 31 개정)
4. 주권 등 매매계약서 사본(법 제3조 제3호의 규정에 의한 납세의무자에 한한다) (93. 12. 31 개정)
5. 비과세양도명세서(법 제3조 제1호의 규정에 의한 납세의무자에 한한다) (93. 12. 31 개정)
6. 기타 참고사항 (93. 12. 31 개정)
② 법 제10조 제2항의 규정에 의한 증권거래세의 납부에 있어서는 증권거래세 과세표준신고서와 함께 관할세무서장에게 납부하거나 「국세징수법」에 의한 납부서에 증권거래세 과세표준신고서를 첨부하여 한국은행(그 대리점을 포함한다) 또는 체신관서에 납부하여야 한다. (2005. 2. 19. 개정)
③ 납세의무자가 사업장을 폐지한때에는 그 날부터 25일 이내에 폐지한 날이 속하는 달의 과세표준과 세액을 제1항 및 제2항의 규정에 의하여 신고하고 납부하여야 한다. (2009. 2. 3. 개정)
④ 법 제3조 제1호의 규정에 의한 납세의무자는 증권거래세 신고·납

래명세서는 별지 제1호의 5 서식에 따른다. (2013. 2. 23. 신설)

제2조 【증권거래세 과세표준 신고】 (2014. 3. 14. 제목개정)
영 제7조 제1항에 따른 증권거래세 과세표준신고서는 별지 제2호 서식에 따른다. 이 경우 다음 각 호의 구분에 따른 자료를 첨부하여야 한다. (2014. 3. 14. 개정)
1. 법 제3조 제1호에 따른 납세의무자의 경우 : 별지 제2호 서식 부표 1의 증권거래세 거래징수 내역서 (2025. 3. 21. 신설)

편주 ▶
규칙 2조 1호의 개정규정은 2025. 3. 21. 이후 신고 또는 제출하는 경우부터 적용함. (규칙 부칙(2025. 3. 21.) 2조)

4. 법 제6조 제1호에 따라 증권거래세를 부과하지 않는 경우(법 제3조 제1호의 납세자만 해당한다) : 별지 제1호의 4 서식의 비과세양도명세서 (2021. 3. 16. 신설)
2. 법 제3조 제1호에 따른 납세의무자인 경우로서 법 제6조 제1호에 따라 증권거래세를 부과하지 않는 경우 : 별지 제1호

로 정한다. (2015. 12. 29. 개정)

　제10조의 2【본점 등의 총괄신고·납부】증권거래세의 납세의무자가 「부가가치세법」 제8조 제3항 후단에 따른 사업자 단위 과세 사업자인 경우에는 제4조 제1항 제1호, 제10조 제1항 및 제2항에도 불구하고 그 사업자의 본점 또는 주사무소에서 총괄하여 신고·납부할 수 있다. (2015. 12. 29. 개정)

　제11조【경　정】① 관할 세무서장은 제10조에 따른 과세표준과 세액의 신고가 없거나 그 신고내용에 잘못되었거나 빠진 부분이 있으면 그 과세표준과 세액을 조사하여 결정하거나 경정(更正)할 수 있다. (2015. 12. 29. 개정)
② 제1항에 따라 결정하거나 경정할 때에는 장부나 그 밖의 증명자료를 근거로 하여야 한다. 다만, 장부나 그 밖의 증명자료를 근거로 할 수 없는 경우로서 대통령령으로 정하는 경우에는 추계(推計)하여 결정하거나 경정할 수 있다. (2015. 12. 29. 개정)
③ 관할 세무서장은 제1항과 제2항에 따라 결정하거나 경정한 과세표준과 세액에 잘못되었거나 빠진 것이 발견되었을 때에는 즉시 재경정한다. (2015. 12. 29. 개정)

　제12조【수시부과】관할 세무서장은 납세의무자가 휴업 또는 폐업하거나 그 밖에 증권거래세를 포탈할 우려가 있다고 인정될 때에는 제10조에도 불구하고 수시로 그 과세표준과 세액을 조사·결정할 수 있다. 이 경우에는 제11조 제2항을 준용한다. (2015. 12. 29. 개정)

　제13조【징　수】관할 세무서장은 증권거래세의 납세의무자가 신고한 세액을 내지 아니하거나 덜 낸 경우에는 그 내지 아니한 세액 또는 덜 낸 세액을 징수하고, 제11조 또는 제12조에 따라 결정·경정 또는 수시부과를 한 경우에는 그 내야 할 세액을 징수한다. (2015. 12. 29. 개정)

　제14조【가산세】삭　제 (2006. 12. 30. ; 국세기본법 부칙)

부기한 종료일의 다음날부터 6월 이내에 한하여 법 제10조 제3항의 규정에 의한 환급을 할 수 있다. (2000. 12. 29 신설)

　제8조【경　정】① 법 제11조 제2항 단서에서 "대통령령이 정하는 경우"라 함은 다음 각호의 1에 해당하는 경우를 말한다. (2000. 12. 29 개정)
1. 과세표준을 계산함에 있어서 필요한 장부 기타 증빙서류가 없거나 중요한 부분이 미비 또는 허위인 때
2. 장부 기타의 증빙서류의 내용이 주권 등의 거래량에 비추어 신빙성이 없다고 인정될 때
② 법 제11조 제2항 단서의 규정에 의하여 추계에 의하여 결정 또는 경정하는 때에는 조사에 의하여 확인된 주권 등의 거래량에 제4조 각호의 규정에 의하여 계산한 주권 등의 단위당 금액을 곱하여 과세표준과 세액을 계산한다. (2000. 12. 29 개정)

　제8조의 2【가산세】삭　제 (2007. 2. 28. ; 국세기본법 시행령 부칙)

의 4 서식의 비과세양도명세서 (2025. 3. 21. 개정)

3. 법 제3조 제1호에 따른 납세의무자인 경우로서 법 제10조 제3항에 따라 증권거래세액에서 조정하여 환급할 세액이 있는 경우: 별지 제2호 서식 부표 2의 조정환급명세서 (2025. 3. 21. 개정)

4. 법 제3조 제2호에 따른 납세의무자인 경우로서 법 제10조의 2에 따른 사업자 단위 과세 사업자와 영 제1조의 3에 따른 본점 또는 주사무소 일괄납부 사업자의 경우 : 별지 제2호 서식 부표 3의 사업장별 증권거래세 과세표준 및 산출세액 신고명세서(지점별 증권거래세 납부명세서) (2025. 3. 21. 개정)
5. 법 제3조 제3호에 따른 납세의무자의 경우 : 별지 제2호 서식 부표 4의 주권 또는 지분의 양도거래명세서 및 주권 또는 지분의 매매계약서 사본 (2025. 3. 21. 개정)
6. 「조세특례제한법」 제117조 제1항에 따라 증권거래세를 면제하는 경우: 「조세특례제한법 시행규칙」 별지 제70호 서식의 증권거래세 세액면제신청서 (2025. 3. 21. 호번개정)

제15조 【장부의 비치 · 기록】 (2015. 12. 29. 제목개정)
① 증권거래세의 납세의무자인 법인은 관계 장부를 갖추어 두고 주권 등의 종류 · 수량 · 거래금액과 그 밖에 대통령령으로 정하는 사항을 적어야 한다. (2015. 12. 29. 개정)
② 제1항의 장부는 해당 신고일부터 5년간 보존하여야 한다. (2015. 12. 29. 개정)

제16조 【명령사항】 정부는 증권거래세의 납세 보전(保全)을 위하여 필요하다고 인정될 때에는 대통령령으로 정하는 바에 따라 그 납세의무자 및 금융투자업자에게 주권등의 매매거래(제9조의 2에 해당하는 양도를 포함한다), 비과세양도 등에 관하여 단속에 필요한 사항을 명할 수 있다. (2015. 12. 29. 개정)

제17조 【질문 · 검사】 증권거래세에 관한 사무에 종사하는 세무공무원은 증권거래세의 납세의무자와 그 거래상대방에 대하여 증권거래세와 관련되는 사항을 질문하거나 그 업무에 관한 장부 · 서류나 그 밖의 물건을 검사할 수 있다. 이 경우 직무상 필요한 범위 외에 다른 목적 등을 위하여 그 권한을 남용해서는 아니 된다. (2018. 12. 31. 후단신설)

제18조 【시행령】 삭 제 (96. 8. 14)

제9조 【장부의 비치 · 기장】 법 제15조 제1항에서 규정하는 관계 장부에는 다음 각 호의 사항을 기재해야 한다. (2022. 2. 15. 개정)
1. 과세 및 비과세양도의 구분
2. 제6조의 2 각 호의 사항 및 세액 (2022. 2. 15. 개정)
3. 양도연월일
3. 삭 제 (2009. 2. 3.)
4. 기타 참고사항

제10조 【명령사항】 국세청장 · 관할지방국세청장 또는 관할세무서장은 법 제16조에 따라 납세의무자 및 금융투자업자에게 전자계산조직의 사용방법, 과세 및 비과세 양도의 구분표시, 주권등의 매매거래(법 제9조의 2에 해당하는 양도를 포함한다)상황보고, 그 밖에 납세보전상 필요한 한도 내에서 단속상 필요한 사항을 명령할 수 있다. (2013. 2. 15. 개정)

제11조 【질문 · 검사】 증권거래세에 관한 사무에 종사하는 공무원이 법 제17조의 규정에 의하여 질문 또는 검사를 할 때에는 그 권한을 표시하는 증표를 휴대하여 이를 관계인에게 제시하여야 한다.

제12조 【서 식】 이 영의 규정에 의한 신고서 기타 필요한 서식은 기획재정부령으로 정한다. (2008. 2. 29. 직제개정 ; 기획재정부와~직제 부칙)

제13조 【시행규칙】 삭 제 (2000. 12. 29)

제3조 【장부의 비치 · 기장】 ① 영 제9조에 규정하는 주권 등의 거래장부는 별지 제3호 서식에 의한다. 다만, 증권거래세법 제3조 제1호의 납세의무자는 거래 월별, 양도금액 증권거래세, 과세 및 비과세구분을 기재한다.
② 제1항에 규정하는 서식에 의하지 아니한 경우에도 영 제9조에 규정하는 기재사항의 전부가 기재된 경우에는 법 제15조의 규정에 의한 기장으로 본다.

제4조 【조사증】 영 제11조에 규정하는 증표는 별지 제4호 서식에 의한다.

제1조【시행일】이 법은 2022년 7월 1일부터 시행한다.
제2조【거래징수에 관한 적용례】제9조 제2항의 개정규정은 이 법 시행 이후 증권시장에서 주권등의 매매거래가 체결되었을 때부터 적용한다.

제1조【시행일】이 법은 2021년 1월 1일부터 시행한다.
제2조【세율 인하에 관한 적용례】제8조 제1항의 개정규정은 이 법 시행 이후 주권등을 양도하는 분부터 적용한다.

(1978. 12. 5. 법률 제3104호~
2019. 12. 31. 법률 제16837호) 생략

이 영은 공포한 날부터 시행한다.

이 영은 2023년 1월 1일부터 시행한다.

이 영은 2022년 7월 1일부터 시행한다. 다만, 제4조 제2항 제4호의 개정규정은 2023년 1월 1일부터 시행한다.

제1조【시행일】이 영은 공포한 날부터 시행한다. (단서 생략)
제2조~제34조 생 략
제35조【다른 법령의 개정】①~③ 생 략
④ 증권거래세법 시행령 일부를 다음과 같이 개정한다.
제4조 제1항 제2호 중 "「국제조세조정에 관한 법률」 제5조 및 같은 법 시행령 제4조"를 "「국제조세조정에 관한 법률」 제8조 및 같은 법 시행령 제5조부터 제16조까지의 규정"으로 한다.
⑤ 생 략
제36조 생 략

(1978. 12. 30. 대통령령 제9236호~
2020. 12. 29. 대통령령 제31290호) 생략

제1조【시행일】이 규칙은 공포한 날부터 시행한다.
제2조【증권거래세 과세표준 신고에 대한 적용례】제2조 제1호 및 별지 제2호 서식 부표 1의 개정규정은 이 규칙 시행 이후 신고 또는 제출하는 경우부터 적용한다.

이 규칙은 공포한 날부터 시행한다.

제1조【시행일】이 규칙은 2022년 7월 1일부터 시행한다.
제2조【서식에 관한 경과조치】이 규칙 시행 전에 증권시장에서 주권등의 매매거래가 체결된 경우에는 별지 제1호의 4 서식의 개정규정에도 불구하고 종전의 서식에 따른다.

이 규칙은 공포한 날부터 시행한다.

(1979. 1. 4. 재무부령 제1377호~
2020. 3. 13. 기획재정부령 제778호) 생략

교육세법

법 률

시행령

교 육 세 법

개정 (대부업 등의~부칙) 2025. 1. 21. 법률 제20714호
2023. 12. 31. 법률 제19925호
(주세법 부칙) 2022. 12. 31. 법률 제19201호
2022. 12. 31. 법률 제19187호
(국세징수법 부칙) 2020. 12. 29. 법률 제17758호
2019. 12. 31. 법률 제16839호
2018. 12. 31. 법률 제16095호
(법인세법 부칙) 2018. 12. 24. 법률 제16008호
2017. 12. 30. 법률 제15330호
2016. 12. 20. 법률 제14380호
2016. 3. 2. 법률 제14037호
2015. 12. 29. 법률 제13620호
(개별소비세법 부칙) 2014. 12. 23. 법률 제12846호
(공익신탁법 부칙) 2014. 3. 18. 법률 제12420호
(개별소비세법 부칙) 2014. 1. 1. 법률 제12157호
2011. 12. 31. 법률 제11122호
2010. 12. 27. 법률 제10407호
(은행법 부칙) 2010. 5. 17. 법률 제10303호
2008. 12. 26. 법률 제 9262호
(특별소비세법 부칙) 2007. 12. 31. 법률 제 8829호
2006. 12. 30. 법률 제 8137호
2005. 7. 13. 법률 제 7578호
(교통세법 부칙) 2003. 12. 30. 법률 제 7011호
(특별소비세법 부칙) 2001. 12. 15. 법률 제 6521호
2000. 12. 29. 법률 제 6296호
1999. 12. 28. 법률 제 6050호
(특별소비세법 부칙) 1999. 12. 3. 법률 제 6032호
(조세특례제한법 부칙) 1998. 12. 28. 법률 제 5584호
(법인세법 부칙) 1998. 12. 28. 법률 제 5581호
1995. 12. 29. 법률 제 5037호
(특별소비세법 부칙) 1994. 12. 22. 법률 제 4809호
(도농복합형태~법률) 1994. 12. 22. 법률 제 4796호
1993. 12. 31. 법률 제 4669호
1990. 12. 31. 법률 제 4279호
(지방세법 부칙) 1988. 12. 26. 법률 제 4028호
개정 1986. 12. 26. 법률 제 3864호
제정 1981. 12. 5. 법률 제 3459호

교육세법 시행령

개정 2025. 2. 28. 대통령령 제35358호
2024. 2. 29. 대통령령 제34274호
2023. 2. 28. 대통령령 제33283호
2021. 2. 17. 대통령령 제31455호
(어려운 법령용어~대통령령) 2021. 1. 5. 대통령령 제31380호
(법인세법 시행령 부칙) 2019. 2. 12. 대통령령 제29529호
2017. 2. 7. 대통령령 제27842호
(서민의 금융생활~시행령 부칙) 2016. 9. 22. 대통령령 제27511호
2016. 3. 31. 대통령령 제27076호
2016. 2. 5. 대통령령 제26953호
2015. 2. 3. 대통령령 제26076호
2014. 2. 21. 대통령령 제25206호
2011. 7. 14. 대통령령 제23022호
2010. 12. 30. 대통령령 제22570호
2010. 2. 18. 대통령령 제22046호
2009. 2. 4. 대통령령 제21296호
(특별소비세법 시행령 부칙) 2007. 12. 31. 대통령령 제20516호
2007. 2. 28. 대통령령 제19898호
2006. 2. 9. 대통령령 제19339호
2004. 12. 31. 대통령령 제18630호
2003. 12. 30. 대통령령 제18181호
2000. 12. 29. 대통령령 제17038호
(전당포영업법시행령 폐지령 부칙) 1999. 4. 30. 대통령령 제16270호
(법인세법시행령 부칙) 1998. 12. 31. 대통령령 제15970호
(여신전문금융업법시행령 부칙) 1997. 12. 31. 대통령령 제15569호
1996. 5. 4. 대통령령 제14992호
(예산회계법시행령 부칙) 1995. 11. 30. 대통령령 제14812호
(재정경제원~직제 부칙) 1994. 12. 23. 대통령령 제14438호
1993. 12. 31. 대통령령 제14088호
전면개정 1990. 12. 31. 대통령령 제13197호
(지방세법시행령 부칙) 1988. 12. 31. 대통령령 제12573호
(주세법시행령 부칙) 1988. 12. 31. 대통령령 제12570호
1986. 12. 31. 대통령령 제12036호
제정 1981. 12. 31. 대통령령 제10668호

　제1조【목　적】이 법은 교육의 질적 향상을 도모하기 위하여 필요한 교육재정의 확충에 드는 재원을 확보함을 목적으로 한다. (2010. 12. 27. 개정)

　제2조【정　의】이 법에서 사용하는 용어의 뜻은 이 법에서 정하는 것을 제외하고는 「국세기본법」, 「개별소비세법」, 「교통·에너지·환경세법」 및 「주세법」에서 정하는 바에 따른다. (2010. 12. 27. 개정)

　제3조【납세의무자】다음 각 호의 어느 하나에 해당하는 자는 이 법에 따라 교육세를 납부할 의무를 진다. (2010. 12. 27. 개정)
1. 국내에서 금융업·보험업을 경영하는 자 중 별표에 규정하는 자(이하 "금융·보험업자"라 한다) (2010. 12. 27. 개정)
2. 「개별소비세법」에 따른 개별소비세(「개별소비세법」 제1조 제2항 제4호 가목·나목·마목·사목·자목 및 같은 항 제6호의 물품에 대한 것은 제외한다. 이하 같다)의 납세의무자 (2014. 12. 23. 개정 ; 개별소비세법 부칙)
3. 「교통·에너지·환경세법」에 따른 교통·에너지·환경세의 납세의무자 (2010. 12. 27. 개정)
4. 「주세법」에 따른 주세(주정, 탁주, 약주에 대한 것은 제외한다. 이하 같다)의 납세의무자 (2010. 12. 27. 개정)

　제4조【비과세】금융·보험업자가 하는 「공익신탁법」에 따른 공익신탁의 신탁재산에서 발생하는 수익금액에 대하여는 교육세를 부과하지 아니한다. (2014. 3. 18. 개정 ; 공익신탁법 부칙)

　제5조【과세표준과 세율】① 교육세는 다음 각 호의 과세표준에 해당세율을 곱하여 계산한 금액을 그 세액으로 한다. 다만, 제1호의 경우에 「한국은행법」에 따른 한국은행과의 환매조건부외화자금매각거래(이하 "스와프거래"라 한다)와 관련하여 발생하는 수익금액에 대한 교육세액은 대통령령으로 정하는 바에 따라 스와프거래와 관련하여 발생하는 수익금액에서 그와 관련된 모든 비용을 공제한 금액을 초과하지 못한다. (2010. 12. 27. 개정)

호별	과 세 표 준	세　율
1	금융·보험업자의 수익금액 (2010. 12. 27. 개정)	1천분의 5 (2010. 12. 27. 개정)
2	「개별소비세법」에 따라 납부하여야 할 개별소비세액	100분의 30. 다만, 「개별소비세법」 제1조 제2항 제4호 다목·라목·바목 및 아목의 물품인 경우

　제1조【납세의무자】「교육세법」(이하 "법"이라 한다) 별표 제6호에서 "대통령령으로 정하는 외국보험회사"란 「보험업법」에 따른 외국보험회사로서 국내에서 내국인과 외국인을 대상으로 보험사업을 영위하는 자를 말하며, 국내에서 외국인만을 대상으로 보험사업을 영위하는 외국보험회사는 제외한다. (2017. 2. 7. 개정)

　제2조【과세표준의 계산】① 개별소비세액·교통·에너지·환경세액 또는 주세액에 부과되는 교육세는 「개별소비세법」·「교통·에너지·환경세법」 또는 「주세법」 상의 과세표준에 산입하지 아니한다. (2007. 12. 31. 개정 ; 특별소비세법 시행령 부칙)
② 교육세를 납부하여야 할 자가 교육세의 과세표준이 되는 세액을 납부하지 아니함으로써 당해 세액에 가산세가 가산된 때에는 그 가산세액은 교육세의 과세표준에 산입하지 아니한다. (90. 12. 31 개정)
③ 법 제5조 제1항 제2호 내지 제4호의 과세표준을 계산함에 있어서 교육세가 부과되는 물품을 원료로 하여 제조·가공한 물품에 대하여는 그 제조·가공한 물품의 개별소비세산출세액·교통·에너지·환경세산출세액 또는 주세산출세액에서 그 원료에 대하여 납부한 개별소비세액·교통·에너지·환경세액 또는 주세액을 공제한 것을 과세표준으로 한다. (2007. 12. 31. 개정 ; 특별소비세법 시행령 부칙)

　제3조【스와프거래에 대한 교육세 과세한도】법 제5조 제1항 단서의 규정에 의한 스와프거래와 관련하여 발생하는 수익금액에 대한 교육세액의 한도는 제1호의 금액에서 제2호의 금액을 차감한 금액으로 한다. (90. 12. 31 개정)
1. 외화자금의 매각으로 획득한 원화자금의 총운용수익 및 외화자금의 환매로 인하여 발생한 각종 보전수익의 합계액
2. 외화자금차입에 따른 총지급이자·각종 수수료 및 외화자금의 환매시 한국은행이 환수하는 국내·국외금리차와 환율변동에 따른 이익의 합계액 (90. 12. 31 개정)

호별	과 세 표 준	세 율
	(2010. 12. 27. 개정)	에는 100분의 15로 한다. (2010. 12. 27. 개정)
3	「교통·에너지·환경세법」에 따라 납부하여야 할 교통·에너지·환경세액 (2010. 12. 27. 개정)	100분의 15 (2010. 12. 27. 개정)
4	「주세법」에 따라 납부하여야 할 주세액 (2010. 12. 27. 개정)	100분의 10. 다만, 다음 각 목의 주류에 대해서는 100분의 30으로 한다. (2019. 12. 31. 개정) 가. 「주세법」 제8조 제1항 제2호 다목의 맥주 (2022. 12. 31. 개정 ; 주세법 부칙) 나. 「주세법」 제8조 제1항 제3호의 증류주류 (2022. 12. 31. 개정) 다. 「주세법」 제8조 제1항 제4호 가목의 주류. 다만, 같은 목 단서의 주류는 제외한다. (2022. 12. 31. 개정)

② 제1항 각 호에 따른 세율은 교육투자재원의 조달 또는 해당 물품의 수급상 필요한 경우 그 세율의 100분의 30의 범위에서 대통령령으로 조정할 수 있다. (2010. 12. 27. 개정)

③ 제1항 제1호의 과세표준이 되는 수익금액이란 금융·보험업자가 수입한 이자, 배당금, 수수료, 보증료, 유가증권의 매각익·상환익(유가증권의 매각 또는 상환에 따라 지급받은 금액에서 「법인세법」 제41조에 따라 계산한 취득가액을 차감한 금액을 말한다), 보험료(보험계약의 만기·해지 및 보험사고 등 보험계약에 따른 지급에 대비하여 적립되는 금액으로서 비상위험준비금 등 대통령령으로 정하는 금액과 재보험료를 공제한다), 그 밖에 대통령령으로 정하는 금액을 말하며, 그 계산에 관하여는 대통령령으로 정한다. (2022. 12. 31. 개정)

④ 제1항 제1호의 과세표준이 되는 수익금액은 제8조에 따른 각 과세기간분의 수익금액의 총액에 따른다. (2010. 12. 27. 개정)

　　제3조의 2 【보험계약에 따른 지급에 대비해 적립되는 금액의 범위】 법 제5조 제3항에서 "비상위험준비금 등 대통령령으로 정하는 금액"이란 다음 각 호의 금액을 말한다. (2023. 2. 28. 신설)

1. 「보험업법」 제120조에 따른 책임준비금과 유사한 항목으로서 다음 각 목의 금액 (2023. 2. 28. 신설)

　가. 「보험업법」 제127조 제1항에 따라 작성한 보험약관에 따라 해당 과세기간 종료일 현재 법 별표 제6호에 따른 해당 금융·보험업자의 모든 보험계약이 해지된 경우 계약자 또는 수익자에게 지급해야 할 환급액(해약공제액을 포함한다. 이하 "계약자적립액"이라 한다. (2023. 2. 28. 신설)

　나. 해당 과세기간 종료일 현재 보험계약에 따른 지급사유가 발생한 계약에 대해 아직 지급해야 할 보험금이 확정되지 않은 경우 그 손해액 및 환급액을 고려하여 추정한 보험금 상당액(손해사정, 보험대위 및 구상권 행사 등에 소요될 것으로 예상되는 금액과 보험계약자에게 향후 지급해야 할 의무가 있는 배당액을 포함한다. 이하 "발생사고요소"라 한다) (2023. 2. 28. 신설)

2. 「법인세법」 제31조 제1항에 따른 비상위험준비금(이하 "비상위험준비금"이라 한다) (2023. 2. 28. 신설)

제4조【금융보험업의 수익금액】① 법 제5조 제3항에서 "대통령령으로 정하는 금액"이란 다음 각 호의 금액을 말한다. (2011. 7. 14. 개정)

1. 수입할인료
2. 위탁자보수 및 이익분배금
3. 신탁보수
4. 대여료 (2004. 12. 31. 개정)
5. 다음 각 목의 금액을 합산한 후의 순이익 (2011. 7. 14. 개정)
  가. 「자본시장과 금융투자업에 관한 법률」 제4조 제7항에 따른 파생결합증권, 같은 항 제1호에 따른 증권 및 같은 법 제5조 제1항에 따른 파생상품(이하 이 호에서 "파생상품등"이라 한다) 거래의 손익을 통산(通算)한 순손익(「법인세법 시행령」 제76조 제1항에 따른 통화선도등의 평가손익 및 같은 조 제2항에 따른 환위험회피용통화선도등의 평가손익을 포함한다) (2015. 2. 3. 개정)
  나. 외환(파생상품등은 제외한다)매매손익(「법인세법 시행령」 제76조 제1항 및 제2항에 따른 화폐성외화자산·부채의 평가손익을 포함한다) (2021. 2. 17. 개정)
5의 2. 법 제3조 제1호에 따른 금융·보험업자(이하 "금융·보험업자"라 한다)의 파생상품거래의 손익 과 해당 파생상품거래와 관련된 위험을 회피하기 위한 금융투자상품거래의 손익을 통산한 후의 순이익 (2009. 2. 4. 개정)
5의 3. 금융·보험업자의 파생결합증권거래의 손익과 해당 파생결합증권거래와 관련된 위험을 회피하기 위한 금융투자상품거래의 손익을 통산한 후의 순이익 (2009. 2. 4. 신설)
5의 2. · 5의 3. 삭 제 (2011. 7. 14.)
6. 수입임대료
7. 고정자산처분익
7의 2. 「법인세법 시행령」 제75조 제4항에 따른 자산의 평가에서 발생한 이익 (2023. 2. 28. 신설)
8. 기타영업수익 및 영업외수익
② 다음의 금액은 법 제5조 제1항 제1호의 과세표준이 되는 수입금액에 이를 산입하지 아니한다. (90. 12. 31 개정)
1. 국외의 사업장에서 발생한 수익금액
2. 자산·부채의 평가 또는 수익·비용의 귀속시기 차이 등에 따라 발생하는 수익으로서 다음 각 목에 해당하는 것 (2010. 2. 18. 개정)
  가. 「법인세법」 제42조에 따라 익금으로 보지 아니하는 자산 및 부채의 평가익 (2010. 2.

가. 법률 제12633호 한국산업은행법 전부개정법률 부칙 제6조에 따라 한국산업은행이 「한국정책금융공사법」(법률 제12633호 한국산업은행법 전부개정법률 부칙 제2조에 따라 폐지되기 전의 것을 말한다. 이하 이 호에서 같다)에 따른 한국정책금융공사(이하 이 호에서 "한국정책금융공사"라 한다)로부터 승계한 대출채권(법률 제12633호 한국산업은행법 전부개정법률 부칙 제4조 제6항에 따른 합병의 등기를 한 날 이전에 한국정책금융공사가 대출계약을 체결한 것을 포함한다)으로부터 발생하는 이자 및 수수료 등의 수익금액 (2015. 2. 3. 신설)

나. 법률 제12633호 한국산업은행법 전부개정법률 부칙 제7조에 따라 한국산업은행이 한국정책금융공사로부터 승계한 업무로서 「한국정책금융공사법」 제21조 제1항 제1호에 따른 중소기업의 육성 분야에 자금을 공급하는 업무를 같은 조 제3항 각 호의 방법에 따라 금융·보험업자에게 대출·투자 또는 보증한 채권으로부터 발생하는 이자 및 수수료 등의 수익금액 (2015. 2. 3. 신설)

③ 법 제5조 제3항의 규정에 의한 "유가증권의 매각익·상환익"이라 함은 유가증권의 매각 또는 상환에 따라 지급받은 금액에서 「법인세법」 제41조의 규정에 의하여 계산한 취득가액을 차감한 금액을 말한다. (2006. 2. 9. 개정)

③ 삭　제 (2010. 12. 30.)

④ 「자본시장과 금융투자업에 관한 법률」에 따른 종합금융회사의 수익금액은 「법인세법 시행령」 제24조 제5항에 따른 금융리스 외의 리스로 인한 리스료 중 취득가액에 상당하는 금액(이하 "운용리스 원금"이라 한다) 외의 수익금액의 합계액으로 한다. (2009. 2. 4. 개정)

⑤ 전당포영업자의 수익금액은 수입이자·수입할인료 및 유질물처분익의 합계액으로 한다. (2004. 12. 31. 항번개정)

⑥ 「외국환거래법」에 의한 환전영업자의 수익금액은 외국환매매익 및 수입수수료의 합계액으로 한다. (2006. 2. 9. 개정)

⑦ 금전대부업자의 수익금액은 수입이자·수입할인료·수입수수료 및 수입대여료의 합계액으로 한다. (2004. 12. 31. 항번개정)

⑧ 「여신전문금융업법」에 따른 여신전문금융회사의 수익금액은 다음 각 호 외의 수익금액의 합계액으로 한다. (2009. 2. 4. 신설)

1. 운용리스 원금 (2009. 2. 4. 신설)

2. 「여신전문금융업법」 제41조 제1항에 따른 업무를 함으로써 발생하는 수익금액 (2023. 2. 28. 개정)

18. 개정)

나. 과세표준에서 차감되지 아니하는 비용의 환입에 따라 발생하는 수익 (2010. 2. 18. 개정)

다. 채권의 매각익 또는 상환익 중 해당 채권의 대손금 및 대손충당금에 상당하는 금액 (2010. 2. 18. 개정)

라. 그 밖에 대외거래와 관계없이 내부적·일시적으로 인식하는 수익 (2010. 2. 18. 개정)

3. 국고보조금·보험차익·채무면제익 및 자산수증익 (2010. 2. 18. 개정)

3의 2. 「서민의 금융생활 지원에 관한 법률」 제2조 제3호에 따른 휴면예금의 소멸시효완성익 (2016. 9. 22. 개정 ; 서민의 금융생활~시행령 부칙)

4. 부가가치세가 과세되는 재화 또는 용역의 가액

5. 국외의 보험회사가 인수한 보험으로서 재보험계약에 의하여 국내에 수입된 보험료 (2009. 2. 4. 개정)

6. 보험회사가 재보험에 가입함으로써 재보험회사로부터 받은 출재보험 수수료·출재이익 수수료·이재조사비 (2009. 2. 4. 개정)

7. 법 별표 제4호·제9호·제10호 및 제12호의 금융·보험업자가 영위하는 투자자문업 및 투자일임업에서 발생하는 수수료 (2010. 12. 30. 개정)

8. 법 별표 제12호의 금융·보험업자가 금융투자상품의 중개를 다른 회사와 공동으로 수행하고 자신의 수수료와 다른 회사에 분배될 수수료를 함께 수령한 경우, 그 다른 회사에 분배될 수수료 (2010. 12. 30. 개정)

9. 법 별표 제12호의 금융·보험업자가 국외에서 수행한 투자중개업무에 대한 수수료 (2010. 12. 30. 개정)

10. 「여신전문금융업법」 제2조 제2호의 신용카드 발행업무를 행하는 신용카드업자(이하 "신용카드 발행자"라 한다)와 신용카드 가맹점의 모집 및 관리업무를 행하는 신용카드업자(이하 "가맹점 모집 및 관리자"라 한다)가 다른 경우 가맹점 모집 및 관리자가 신용카드 등의 거래로 인하여 신용카드 가맹점으로부터 지급받은 가맹점수수료 중 신용카드 발행자에게 지급하는 수수료 (2009. 2. 4. 신설)

11. 법 별표 제14호의 금융·보험업자가 수입한 다음 각 목의 수익금액 (2010. 12. 30. 개정)

가. 보증료 (2009. 2. 4. 신설)

나. 무역어음 재할인으로 인하여 발생한 이자 (2009. 2. 4. 신설)

다. 비거주자로부터 수입한 이자 및 수수료 (2009. 2. 4. 신설)

12. 「한국산업은행법」에 따라 설립된 한국산업은행(이하 이 호에서 "한국산업은행"이라 한다)이 수입한 다음 각 목의 수익금액 (2015. 2. 3. 신설)

제6조【납세지】① 금융·보험업자의 수익금액에 부과되는 교육세의 납세지는 그 금융·보험업자의 본점 또는 주사무소의 소재지(외국에 본점 또는 주사무소가 있는 경우에는 국내의 주된 사업장 소재지)로 한다. 다만, 금융·보험업자에게 둘 이상의 사업장이 있는 경우에는 대통령령으로 정하는 바에 따라 각 사업장 소재지를 납세지로 할 수 있다. (2016. 3. 2. 항번개정)

② 제1항에도 불구하고 「법인세법」 제2조 제6호에 따른 연결납세방식(이하 "연결납세방식"이라 한다)을 적용받는 금융·보험업자의 수익금액에 부과되는 교육세의 납세지는 같은 조 제9호에 따른 연결모법인(연결모법인이 금융·보험업자인 경우로 한정한다)의 납세지로 한다. (2018. 12. 31. 개정)

제7조【금융·보험업자의 수익금액의 귀속시기】① 금융·보험업자의 수익금액의 귀

제5조【보험료 수익금액의 계산】법 제5조 제3항에 따른 보험료(계약자적립액, 발생사고요소 및 비상위험준비금으로 적립되는 금액과 재보험료를 공제한다)는 제1호의 금액에서 제2호의 금액을 공제한 금액으로 한다. (2023. 2. 28. 개정)

1. 보험료·수재보험료·전기말 현재의 계약자적립액, 발생사고요소와 비상위험준비금 및 재보험회사로부터 받은 해약환급금(중도해약으로 인하여 지급받은 금액 중 미경과보험료에 해당하는 금액을 말한다)의 합계액 (2023. 2. 28. 개정)

2. 당기말 현재의 계약자적립액, 발생사고요소와 비상위험준비금·해약환급금(중도해약으로 인하여 지급한 금액 중 미경과보험료에 해당하는 금액을 말한다)·출재보험료(제4조 제2항 제5호에 따른 보험료에 관계되는 출재보험료를 제외한다)의 합계액. 다만, 당기 중에 다음 각 목에 해당하는 금액이 발생한 경우에는 해당 금액을 당기에 한정하여 당기말 계약자적립액 및 발생사고요소에 가산한다. (2023. 2. 28. 개정)

가. 만기·사망·해약 등으로 소멸된 계약자적립액 및 발생사고요소 해당액 (2023. 2. 28. 개정)

가. 만기·사망·해약 등으로 소멸된 계약자적립액 및 발생사고요소 해당액(보험사고가 발생하여 소멸된 발생사고요소 해당액은 제외한다) (2025. 2. 28. 개정)

나. 사고 등에 따라 지급된 보험금으로서 보험료 산출기초에 이자율을 적용하지 아니하고 순보험료가 위험보험료로만 구성된 보험계약에 따라 지급된 보험금 (2010. 2. 18. 신설)

나. 보험사고 등에 따라 지급된 보험금으로서 보험료 산출기초에 이자율을 적용하지 아니하고 순보험료가 위험보험료로만 구성된 보험계약에 따라 지급된 보험금 (2025. 2. 28. 개정)

다. 「법인세법 시행령」 제75조 제4항에 따른 자산의 평가에서 손실이 발생하여 감소한 계약자적립액 상당액 (2023. 2. 28. 신설)

제6조【금융·보험업자의 사업장 소재지】① 법 제6조 제1항 단서에 따라 납세지로 할 수 있는 각 사업장 소재지는 법 제3조 제1호에 따른 금융·보험업자(이하 "금융·보험업자"라 한다)가 본점 외에 지점을 독립채산제 방식으로 운영하고 있는 경우의 그 본점 및 지점의 사업장 소재지로 한다. (2016. 3. 31. 개정)

② 금융·보험업자가 그 납세지를 본점 또는 주사무소의 소재지에서 각 사업장의 소재지로 변경하거나 각 사업장의 소재지에서 본점 또는 주사무소의 소재지로 변경하고자 하는 경우에는 당해 과세기간의 종료일까지 사업자의 인적사항, 변경 전·후의 납세지 및 변경사유를 기재한 납세지변경신고서를 변경 후의 납세지 소관세무서장에게 제출하여야 한다. (93. 12. 31 신설)

③ 제2항의 규정에 의한 신고를 받은 세무서장은 지체없이 변경 전의 납세지 소관세무서장에

속시기에 관하여는 「법인세법」 제40조·제43조 및 「소득세법」 제39조를 준용한다. (2022. 12. 31. 개정)

② 제1항에도 불구하고 별표 제6호에 따른 금융·보험업자의 다음 각 호의 구분에 따른 수익금액의 귀속시기는 해당 호에서 정하는 과세기간으로 한다. (2022. 12. 31. 신설)

1. 보험료 : 실제로 수입된 날이 속하는 과세기간. 다만, 과세기간 말 현재 경과하지 아니한 보험기간에 대응하는 보험료의 경우에는 다음 각 목의 구분에 따른 과세기간으로 한다. (2022. 12. 31. 신설)

　가. 보험계약이 계속 유지되는 경우 : 해당 보험료에 대응하는 보험기간이 속하는 각 과세기간 (2022. 12. 31. 신설)

　나. 보험계약이 해지된 경우 : 해당 계약이 해지된 날이 속하는 과세기간 (2022. 12. 31. 신설)

2. 보험약관에 따라 대출한 금액에서 발생한 이자 : 실제로 수입된 날이 속하는 과세기간 (2022. 12. 31. 신설)

제8조 【과세기간】 ① 금융·보험업자의 수익금액에 부과되는 교육세의 과세기간은 다음 각 호와 같다. 다만, 사업연도의 변경, 해산, 청산, 합병·분할 등의 경우에는 「법인세법」 제7조 및 제8조 제1항부터 제4항까지의 규정을 준용한다. (2018. 12. 24. 단서 개정 ; 법인세법 부칙)

1. 납세의무자가 법인인 경우 : 「법인세법」 제6조에 따른 사업연도 (2015. 12. 29. 개정)

2. 납세의무자가 개인인 경우 : 「소득세법」 제5조에 따른 과세기간 (2015. 12. 29. 개정)

② 신규로 금융·보험업자에 속하게 되는 자에 대한 최초의 과세기간은 사업 개시일부터 그 날이 속하는 과세기간의 종료일까지로 한다. (2010. 12. 27. 개정)

③ 금융·보험업자가 폐업하는 경우의 과세기간은 폐업일이 속하는 과세기간의 개시일부터 폐업일까지로 한다. (2010. 12. 27. 개정)

　제8조의 2 【중간예납】 ① 금융·보험업자(제8조 제1항 제1호의 사업연도가 3개월 이하인 법인은 제외한다)는 과세기간 중 다음 각 호에서 규정하는 기간(이하 "중간예납기간"이라 한다)이 끝난 후 2개월 이내에 직전 과세기간의 교육세로서 확정된 산출세액에서 직전 과세기간의 월수로 나눈 금액에 3을 곱하여 계산한 금액(이하 "중간예납세액"이라 한다)을 대통령령으로 정하는 바에 따라 납세지 관할 세무서, 한국은행(그 대리점을 포함한다) 또는 체신관서에 납부하여야 한다. 다만, 새로 설립된 법인으로서 설립 후 최초 과세기간인 경우, 직전 최초 과세기간의 교육세로서 확정된 산출세액이 없는 경우 및 중간예납기간의 납

게 신고받은 사실을 통보하여야 한다. (93. 12. 31 신설)

　제6조의 2 【중간예납】 ① 금융·보험업자는 법 제8조의 2 제1항에 따른 중간예납세액(이하 "중간예납세액"이라 한다)을 납부할 때에는 별지 제1호 서식의 교육세중간예납계산서를 납세지 관할 세무서장에게 제출하여야 한다. (2016. 2. 5. 신설)

② 제1항에도 불구하고 제6조의 3 제3호의 경우에는 별지 제2호 서식의 교육세과세표준신고서를 납세지 관할 세무서장에게 제출하여야 한다. (2016. 2. 5. 신설)

③ 중간예납기간 중 휴업 등의 사유로 수익금액이 없는 금융·보험업자는 해당 중간예납기간에 대한 교육세를 납부하지 아니한다. (2016. 2. 5. 신설)

부기한까지 직전 과세기간의 교육세액이 확정되지 아니한 경우에는 중간예납세액을 0으로 한다. (2015. 12. 29. 신설)
1. 제1차 중간예납기간 : 직전 과세기간 종료 후 최초 3개월 (2015. 12. 29. 신설)
2. 제2차 중간예납기간 : 제1차 중간예납기간 종료 후 3개월 (2015. 12. 29. 신설)
3. 제3차 중간예납기간 : 제2차 중간예납기간 종료 후 3개월 (2015. 12. 29. 신설)
② 제1항에도 불구하고 합병, 분할, 사업연도의 변경 등이 있는 경우의 중간예납에 대해서는 대통령령으로 정한다. (2015. 12. 29. 신설)

　　제9조【신고·납부】① 금융·보험업자는 각 과세기간의 과세표준에 대한 산출세액에서 중간예납세액을 공제한 후 과세기간 종료일이 속하는 달의 말일부터 3개월(연결납세방식을 적용받는 금융·보험업자의 경우에는 4개월) 이내에 납세지 관할 세무서장에게 신고함과 동시에 세액을 납부하여야 한다. 다만, 중간예납세액이 과세기간의 과세표준에 대한 산출세액을 초과하는 경우 그 초과하는 금액은 「국세기본법」 제51조에 따라 환급하거나 다른 국세 및 강제징수비에 충당하여야 한다. (2022. 12. 31. 단서개정)
1. 1기 : 5월 31일까지 (2010. 12. 27. 개정)
2. 2기 : 8월 31일까지 (2010. 12. 27. 개정)
3. 3기 : 11월 30일까지 (2010. 12. 27. 개정)
4. 4기 : 다음 연도 2월 말일까지 (2010. 12. 27. 개정)
1.~4. 삭 제 (2015. 12. 29.)
② 제3조 제2호부터 제4호까지의 규정에 따른 납세의무자는 해당 세법에 따라 해당 세액을 신고·납부하는 때에는 그에 대한 교육세를 신고·납부하여야 한다. (2010. 12. 27. 개정)
③ 제1항 및 제2항에 따른 신고·납부에 필요한 사항은 대통령령으로 정한다. (2010. 12. 27. 개정)

제6조의 3【합병 등의 경우 중간예납】법인이 중간예납세액을 납부할 때에는 다음 각 호에 따라 중간예납세액을 계산하여 납부하여야 한다. (2016. 2. 5. 신설)
1. 합병 후 존속하는 합병법인이 합병 후 최초의 사업연도에 중간예납세액을 납부하는 경우에는 합병법인의 직전 사업연도와 피합병법인(합병에 따라 소멸하는 법인을 말한다. 이하 이 조에서 같다)의 해산등기일이 속하는 사업연도의 직전 사업연도 모두를 법 제8조의 2 제1항에 따른 직전 과세기간으로 보아 중간예납세액을 계산하여 납부하여야 한다. (2016. 2. 5. 신설)
2. 합병에 따라 설립된 합병법인이 설립 후 최초의 사업연도에 중간예납세액을 납부하는 경우에는 피합병법인의 해산등기일이 속하는 사업연도의 직전 사업연도를 법 제8조의 2 제1항에 따른 직전 과세기간으로 보아 중간예납세액을 계산하여 납부하여야 한다. (2016. 2. 5. 신설)
3. 다음 각 목의 어느 하나에 해당하는 법인의 분할 후 최초의 사업연도의 경우에는 해당 사업연도의 수익금액에 대하여 법 제4조, 법 제5조, 법 제7조 및 법 제8조에 따라 중간예납세액을 계산하여 납부하여야 한다. (2016. 2. 5. 신설)
　가. 분할에 따라 설립되는 법인 (2016. 2. 5. 신설)
　나. 분할되는 법인의 일부가 다른 법인과 합병하여 그 다른 법인이 존속하는 경우 그 다른 법인 (2016. 2. 5. 신설)

　　제7조【신고·납부】① 법 제9조 제1항의 규정에 의하여 교육세를 신고·납부하는 때에는 별지 제2호 서식의 교육세과세표준신고서와 함께 소관세무서장에게 납부하거나 「국세징수법」에 의한 납부서에 교육세과세표준신고서를 첨부하여 한국은행(그 대리점을 포함한다. 이하 같다) 또는 체신관서에 납부하여야 한다.　(2016. 2. 5. 개정)
② 법 제9조 제2항에 따라 교육세를 신고·납부하는 때에는 해당 세법에 따라 해당 조세의 신고·납부서에 해당 세액과 교육세액을 함께 적고 그 합계액을 기재해야 한다. (2021. 1. 5. 개정 ; 어려운 법령용어~대통령령)

제10조 【부과와 징수】 ① 납세지 관할 세무서장은 제9조 제1항에 따라 교육세를 신고하여야 할 자가 신고하지 아니하거나 신고의 내용에 오류 또는 탈루가 있을 때에는 과세표준과 세액을 결정 또는 경정하며, 그 결정 또는 경정한 과세표준과 세액에 오류 또는 탈루가 있는 것이 발견된 때에는 경정 또는 재경정한다. (2016. 12. 20. 개정)

② 납세지 관할 세무서장은 제9조 제1항에 따라 신고한 세액을 납부하지 아니하거나 미달하게 납부한 경우에 그 미납부세액을 제1항에 따라 결정·경정 또는 재경정을 한 때에는 추가로 납부하여야 할 세액을 즉시 징수하여야 한다. (2016. 12. 20. 개정)

③ 개별소비세액, 교통·에너지·환경세액 또는 주세액에 부과되는 교육세는 납세지 관할 세무서장이 개별소비세, 교통·에너지·환경세 또는 주세의 부과·징수의 예에 따라 부과·징수한다. (2016. 12. 20. 개정)

④ 납세지 관할 세무서장은 금융·보험업자(제8조 제1항 제1호의 사업연도가 3개월 이하인 법인은 제외한다)가 제8조의 2에 따라 납부하여야 할 중간예납세액의 전부 또는 일부를 납부하지 아니하면 그 미납된 중간예납세액을 「국세징수법」에 따라 징수하여야 한다. (2016. 12. 20. 신설)

⑤ 제4항에도 불구하고 다음 각 호의 어느 하나에 해당하는 법인의 분할 후 최초의 사업연도에 대한 중간예납세액을 납부하지 아니한 경우에는 제8조의 2 제2항에 따라 계산한 중간예납세액을 결정하여 「국세징수법」에 따라 징수하여야 한다. (2016. 12. 20. 신설)
1. 분할에 따라 설립되는 법인 (2016. 12. 20. 신설)
2. 분할되는 법인의 일부가 다른 법인과 합병하여 그 다른 법인이 존속하는 경우 그 다른 법인 (2016. 12. 20. 신설)

제11조 【가산세】 삭　제 (2006. 12. 30.)

제12조 【환　급】 ① 금융·보험업자의 수익금액에 부과되는 교육세로서 납부한 금액 중 잘못 납부하거나 초과하여 납부한 금액의 환급에 관하여는 「국세기본법」 제51조, 제51조의 2 및 제52조부터 제54조까지의 규정을 준용한다. (2010. 12. 27. 개정)

② 개별소비세액, 교통·에너지·환경세액 또는 주세액에 부과되는 교육세로서 납부한 금액 중 잘못 납부하거나 초과하여 납부한 금액과 「개별소비세법」·「교통·에너지·환경세법」 또는 「주세법」에 따라 개별소비세액, 교통·에너지·환경세액 또는 주세액을 환급하는 경우의 해당 세액에 부과된 교육세의 환급에 관하여는 「국세기본법」 제51조, 제51조의 2 및 제52조부터 제54조까지의 규정과 「개별소비세법」 제20조·제20조의 2, 「교통·에너지·환경세법」 제17조 및 「주세법」 제18조·제19조를 준용한다. (2022. 12. 31. 개정)

제8조 【부과와 징수】 ① 법 제10조에 따라 교육세와 교육세의 과세표준이 되는 세액을 함께 징수하는 때에는 해당 조세의 납세고지서에 해당 세액과 교육세액을 함께 적고 그 합계액을 기재하여 고지해야 한다. (2021. 1. 5. 개정 ; 어려운 법령용어~대통령령)

② 세무서장은 교육세만을 고지하는 경우에는 교육세의 과세표준이 되는 세액에 대한 교육세임을 표시하여 고지하여야 한다. (2000. 12. 29 개정)

제9조 【불　복】 삭　제 (2000. 12. 29)
제10조 【국고납입】 삭　제 (2000. 12. 29)
제11조 【환　급】 삭　제 (2000. 12. 29)
제12조 【부과·징수상황의 보고】 삭　제 (2000. 12. 29)

　제13조【필요경비 또는 손금불산입】교육세의 과세표준이 되는 세액으로서「소득세법」
또는「법인세법」에 따라 필요경비 또는 손금에 산입되지 아니하는 세액에 부과된 교육세는
「소득세법」또는「법인세법」에 따른 소득금액을 계산할 때 필요경비 또는 손금에 산입하지
아니한다. (2010. 12. 27. 개정)

제1조【시행일】이 법은 공포 후 6개월이 경과한 날부터 시행한다.
제2조~제5조 생 략
제6조【다른 법률의 개정】① 교육세법 일부를 다음과 같이 개정한다.
별표 제15호 중 "같은 법 제9조의 4에 따른 미등록대부업자 또는 미등록대부중개업자"를 "불법사
금융업자 또는 불법사금융중개업자"로 한다.
②·③ 생 략

부 칙 (2023. 12. 31. 법률 제19925호)
제1조【시행일】이 법은 2024년 1월 1일부터 시행한다.
제2조【온라인투자연계금융업자 등의 교육세 납세의무에 관한 적용례】별표 제6호 및 제16호의 개정규정은
이 법 시행 이후 개시하는 과세기간 분부터 적용한다.

부 칙 (2022. 12. 31. 법률 제19201호 ; 주세법 부칙)
제1조【시행일】이 법은 2023년 4월 1일부터 시행한다.
제2조 생 략
제3조【다른 법률의 개정】교육세법 중 일부를 다음과 같이 개정한다.
제5조 제1항 제4호의 세율란 가목을 다음과 같이 한다.
가. 「주세법」 제8조 제1항 제2호 다목의 맥주

부 칙 (2022. 12. 31. 법률 제19187호)
제1조【시행일】이 법은 2023년 1월 1일부터 시행한다.
제2조【금융·보험업자에 대한 과세표준 계산 등에 관한 적용례】제5조 제3항 및 제7조의 개정규정은 이
법 시행 이후 개시하는 과세기간부터 적용한다. 다만, 금융·보험업자가 2022년 12월 31일이 속하는 과세기간에
「법인세법」 제42조의 3 제1항에 따른 보험계약국제회계기준을 적용하는 경우에는 이 법 시행 이후 신고하는 과세
기간부터 적용한다.

(1981. 12. 5. 법률 제3459호~2020. 12. 29. 법률 제17758호) 생략

부 칙 (2025. 2. 28. 대통령령 제35358호)
이 영은 공포한 날부터 시행한다.

부 칙 (2024. 2. 29. 대통령령 제34274호)
이 영은 공포한 날부터 시행한다.

부 칙 (2023. 2. 28. 대통령령 제33283호)
제1조【시행일】이 영은 공포한 날부터 시행한다.
제2조【금융보험업의 수익금액에 관한 적용례】제4조 제1항 제7호의 2의 개정규정은 이 영 시행 이후 신고
하는 분부터 적용한다.
제3조【보험료수익금액의 계산에 관한 적용례 등】① 제5조의 개정규정(같은 조 제2호 다목의 개정규정은
제외한다)은 2023년 1월 1일 이후 개시하는 과세기간분부터 적용한다. 다만, 금융·보험업자가 2022년 12월 31일
이 속하는 과세기간에 「법인세법」 제42조의 3 제1항에 따른 보험계약국제회계기준을 적용하는 경우에는 이 영
시행 이후 신고하는 분부터 적용한다.
② 제5조 제2호 다목의 개정규정은 이 영 시행 이후 신고하는 분부터 적용한다. 이 경우 금융·보험업자가 2022년
12월 31일이 속하는 과세기간에 「법인세법」 제42조의 3 제1항에 따른 보험계약국제회계기준을 적용하지 않은 경
우에는 제5조 제2호 다목의 개정규정 중 "계약자적립액"은 "「법인세법」(법률 제19193호 법인세법 일부개정법률로
개정되기 전의 것을 말한다) 제30조 제1항에 따른 책임준비금"으로 본다.
③ 금융·보험업자가 「법인세법」 제42조의 3 제1항에 따른 보험계약국제회계기준을 최초로 적용하는 과세기간에
대해 보험료수익금액을 계산하는 경우 전기말 현재를 기준으로 하는 금액에 관하여는 제5조 제1호의 개정규정에도
불구하고 종전의 규정에 따른다.
제4조【서식에 관한 적용례】별지 제1호 서식 및 별지 제2호 서식의 개정규정은 이 영 시행 이후 신고 또는
제출하는 경우부터 적용한다.

부 칙 (2021. 2. 17. 대통령령 제31455호)
이 영은 공포한 날부터 시행한다.

부 칙 (2021. 1. 5. 대통령령 제31380호 ; 어려운 법령용어 정비를 위한 473개 법령의 일부개정에 관
    한 대통령령)
이 영은 공포한 날부터 시행한다. 다만, 제36조 중 대통령령 제30584호 공공기록물 관리에 관한 법률 시행령
일부개정령 별표 6 제1호부터 제3호까지의 개정규정은 2021년 4월 1일부터 시행한다.

(1981. 12. 31. 대통령령 제10668호~2019. 2. 12. 대통령령 제29529호) 생략

교통 · 에너지 · 환경세법

교통 · 에너지 · 환경세법

```
                    개정 2024. 12. 31. 법률 제20609호
(지방자치분권 및~부칙) 2023.  6.  9. 법률 제19430호
                       2022.  8. 12. 법률 제18974호
                       2021. 12. 21. 법률 제18584호
                       2019. 12. 31. 법률 제16840호
                       2018. 12. 31. 법률 제16096호
                       2015. 12. 29. 법률 제13621호
                       2015. 12. 15. 법률 제13550호
      (정부조직법 부칙) 2013.  3. 23. 법률 제11690호
                       2013.  1.  1. 법률 제11603호
                       2011. 12. 31. 법률 제11123호
                       2010. 12. 27. 법률 제10403호
                       2009. 12. 31. 법률 제 9901호
                    폐지 2009.  1. 30. 법률 제 9346호
                       2008.  9. 26. 법률 제 9132호
   (특별소비세법 부칙) 2007. 12. 31. 법률 제 8829호
                       2006. 12. 30. 법률 제 8138호
                       2005.  7.  8. 법률 제 7576호
                       2003. 12. 30. 법률 제 7011호
                       2000. 12. 29. 법률 제 6295호
   (특별소비세법 부칙) 1999. 12.  3. 법률 제 6032호
                       1998.  9. 16. 법률 제 5554호
                       1998.  1.  8. 법률 제 5494호
                       1995. 12. 29. 법률 제 5035호
   (특별소비세법 부칙) 1994. 12. 22. 법률 제 4809호
                  제정 1993. 12. 31. 법률 제 4667호
```

교통 · 에너지 · 환경세법 시행령

```
                     개정 2025.  2. 28. 대통령령 제35356호
                        2024. 12. 31. 대통령령 제35130호
                        2024. 10. 31. 대통령령 제34977호
                        2024.  8. 30. 대통령령 제34866호
                        2024.  6. 28. 대통령령 제34615호
                        2024.  4. 30. 대통령령 제34454호
                        2024.  2. 29. 대통령령 제34282호
                        2023. 12. 29. 대통령령 제34063호
                        2023. 10. 31. 대통령령 제33833호
                        2023.  8. 31. 대통령령 제33694호
                        2023.  4. 28. 대통령령 제33439호
                        2022. 12. 30. 대통령령 제33182호
                        2022.  6. 30. 대통령령 제32736호
                        2022.  4. 27. 대통령령 제32603호
                        2022.  2. 15. 대통령령 제32429호
                        2021. 11. 12. 대통령령 제32115호
                        2021.  2. 17. 대통령령 제31456호
      (어려운 법령용어~대통령령) 2021.  1.  5. 대통령령 제31380호
                        2020.  2. 11. 대통령령 제30403호
                        2019.  5.  7. 대통령령 제29725호
        (법인세법 시행령 부칙) 2019.  2. 12. 대통령령 제29529호
                        2018. 11.  6. 대통령령 제29273호
                        2016.  2.  5. 대통령령 제26951호
                        2014.  2. 21. 대통령령 제25198호
     (부가가치세법 시행령 부칙) 2013.  6. 28. 대통령령 제24638호
(기획재정부와 그 소속기관 직제 부칙) 2013.  3. 23. 대통령령 제24441호
                        2013.  2. 15. 대통령령 제24362호
                        2012.  2.  2. 대통령령 제23599호
                        2010. 12. 30. 대통령령 제22571호
        (전자정부법 시행령 부칙) 2010.  5.  4. 대통령령 제22151호
                        2009.  5. 21. 대통령령 제21494호
(석유 및 석유대체연료 사업법 시행령 부칙) 2009.  4. 30. 대통령령 제21462호
   (행정정보의 공동이용 및~개정령) 2008. 12. 31. 대통령령 제21215호
                        2008. 10.  7. 대통령령 제21065호
                        2008.  3. 10. 대통령령 제20744호
      (기획재정부와~직제 부칙) 2008.  2. 29. 대통령령 제20720호
                        2008.  2. 22. 대통령령 제20627호
                        2007.  7. 23. 대통령령 제20181호
```

교통 · 에너지 · 환경세법 시행규칙

```
                  개정 2025.  3. 21. 기획재정부령 제1121호
                     2023.  3. 20. 기획재정부령 제 972호
                     2021.  3. 16. 기획재정부령 제 837호
                     2020.  3. 13. 기획재정부령 제 779호
                     2018.  3. 19. 기획재정부령 제 666호
                     2015.  3.  6. 기획재정부령 제 474호
           (개인정보 보호를~일부 개정령)
                     2014.  5. 26. 기획재정부령 제 424호
                     2014.  3. 14. 기획재정부령 제 416호
                     2013.  2. 23. 기획재정부령 제 335호
                     2012.  2. 28. 기획재정부령 제 271호
                     2011.  4.  1. 기획재정부령 제 202호
                     2008.  3. 14. 기획재정부령 제   6호
                     2007.  4.  5. 재정경제부령 제 552호
                     2006.  8. 30. 재정경제부령 제 523호
        (행정정보의 공동이용 및~일부 개정령)
                     2006.  7.  5. 재정경제부령 제 512호
                     1996.  3. 26. 총  리  령 제 559호
      제정 1993. 12. 31. 재 무 부 령 제1954호
```

(행정정보의 공동이용 및~일부 개정령) 2007. 6. 28. 대통령령 제20120호
2007. 2. 28. 대통령령 제19897호
2006. 6. 30. 대통령령 제19581호
2005. 7. 8. 대통령령 제18941호
(석유사업법 시행령 부칙) 2005. 4. 22. 대통령령 제18796호
2004. 10. 1. 대통령령 제18554호
(석유사업법시행령 부칙) 2004. 7. 20. 대통령령 제18473호
2004. 6. 29. 대통령령 제18446호
(전자적 민원처리를~개정령) 2004. 3. 17. 대통령령 제18312호
2004. 2. 28. 대통령령 제18298호
2003. 12. 30. 대통령령 제18180호
2003. 6. 30. 대통령령 제18032호
2003. 5. 1. 대통령령 제17973호
2002. 6. 29. 대통령령 제17644호
2001. 7. 30. 대통령령 제17319호
2000. 12. 29. 대통령령 제17043호
2000. 5. 1. 대통령령 제16801호
2000. 3. 2. 대통령령 제16740호
1999. 12. 31. 대통령령 제16656호
1999. 5. 6. 대통령령 제16286호
(법인세법시행령 부칙) 1998. 12. 31. 대통령령 제15970호
1998. 9. 16. 대통령령 제15890호
1998. 5. 2. 대통령령 제15787호
1998. 1. 8. 대통령령 제15605호
1996. 12. 13. 대통령령 제15179호
1995. 12. 30. 대통령령 제14866호
1995. 8. 12. 대통령령 제14749호
(재정경제원~직제 부칙) 1994. 12. 23. 대통령령 제14438호
1994. 7. 15. 대통령령 제14324호
1994. 2. 15. 대통령령 제14164호
제정 1993. 12. 31. 대통령령 제14078호

제1조【목 적】이 법은 도로·도시철도 등 교통시설의 확충 및 대중교통 육성을 위한 사업, 에너지 및 자원 관련 사업, 환경의 보전과 개선을 위한 사업에 필요한 재원을 확보함을 목적으로 한다. (2006. 12. 30. 개정)

편주 ▶ ••

교통·에너지·환경세법의 유효기간(법 부칙(1993. 12. 31.) 2조) (2024. 12. 31. 개정) → 2027. 12. 31.까지 유효
••

제2조【과세대상과 세율】① 교통·에너지·환경세를 부과할 물품(이하 "과세물품"이라 한다)과 그 세율은 다음과 같다. (2018. 12. 31. 개정)
1. 휘발유와 이와 유사한 대체유류 (2008. 9. 26. 개정)
　리터당 475원

제1조【목 적】이 영은 「교통·에너지·환경세법」에서 위임된 사항과 그 시행에 관하여 필요한 사항을 규정함을 목적으로 한다. (2007. 2. 28. 개정)

제2조【정 의】「교통·에너지·환경세법」(이하 "법"이라 한다) 및 이 영을 적용함에 있어서 사용하는 용어의 정의는 다음과 같다. (2007. 2. 28. 개정)
1. "수출"이라 함은 다음 각목의 것을 말한다.
　가. 내국물품을 국외로 반출하는 것 (99. 12. 31 개정)
　나. 외국공공기관 또는 국제금융기관으로부터 받은 차관자금으로 물품을 구매하기 위하여 실시되는 국제경쟁입찰의 낙찰자가 당해 계약내용에 따라 국내에서 생산된 물품을 납품하는 것 (99. 12. 31 개정)
　다.~라. 삭 제 (2000. 12. 29)
2. "주한외국군에 납품하는 것"이라 함은 주한외국군의 기관에 매각하거나 그 기관의 공사의 시공 또는 용역의 제공을 위하여 사용하는 물품을 말한다.
3. "이미 교통·에너지·환경세가 납부되었거나 납부될 물품의 원재료"라 함은 다음 각목의 것을 말한다. (2007. 2. 28. 개정)
　가. 과세물품 또는 수출물품을 형성하는 원재료
　나. 과세물품 또는 수출물품을 형성하지는 아니하나 당해 물품의 제조·가공에 직접 사용되는 것으로서 화학반응을 하는 물품과 당해 과세물품 또는 수출물품의 제조·가공과정에서 당해 물품이 직접 사용되는 단용 원자재
4. "제조장과 특수한 관계가 있는 곳"이라 함은 다음 각목의 장소를 말한다.
　가. 제조자가 자기의 제품을 직접 판매하기 위하여 설치한 특설판매장(하치장을 포함한다)
　나. 제조자와 「소득세법 시행령」 제98조 제1항 또는 「법인세법 시행령」 제2조 제8항 각 호의 어느 하나에 해당하는 관계에 있는 자가 경영하는 판매장 (2025. 2. 28. 개정)

제1조【목 적】이 규칙은 「교통·에너지·환경세법」 및 동법 시행령에서 위임된 사항과 그 시행에 관하여 필요한 사항을 규정함을 목적으로 한다. (2007. 4. 5. 개정)

2. 경유 및 이와 유사한 대체유류 (2008. 9. 26. 개정)

　리터당 340원

② 과세물품의 세목과 종류는 대통령령으로 정한다.

③ 제1항에 따른 세율은 국민경제의 효율적 운용을 위하여 교통시설의 확충과 대중교통 육성 사업, 에너지 및 자원 관련 사업, 환경의 보전 · 개선사업 및 유가 변동에 따른 지원 사업에 필요한 재원의 조달과 해당 물품의 수급상 필요한 경우에는 그 세율의 100분의 30(2024년 12월 31일까지는 100분의 50)의 범위에서 대통령령으로 조정할 수 있다.

다.~사. 삭　제 (99. 12. 31)

제3조【과세물품의 세목】법 제2조 제2항에 따른 과세물품의 세목은 다음과 같다. (2020. 2. 11. 개정)

1. 휘발유와 이와 유사한 대체유류

　가. 휘발유

　나. 「석유 및 석유대체연료 사업법」 제2조 제10호의 규정에 의한 휘발유와 유사한 가짜석유제품 (2013. 2. 15. 개정)

　다. 「자동차관리법」 제2조 제1호에 따른 자동차, 같은 법 시행령 제2조 각 호에 따른 기계 또는 차량(휘발유를 연료로 사용하는 것으로 한정한다)의 연료로 사용이 가능한 것으로서 가목 및 나목에 해당하지 않는 것. 다만, 「석유 및 석유대체연료 사업법」 제29조 제2항 제6호에 따라 산업통상자원부장관이 고시한 것은 제외한다. (2020. 2. 11. 개정)

2. 경유 및 이와 유사한 대체유류 (2000. 12. 29 개정)

　가. 경유 (2000. 12. 29 개정)

　나. 「석유 및 석유대체연료 사업법」 제2조 제10호의 규정에 의한 경유와 유사한 가짜석유제품 (2013. 2. 15. 개정)

　다. 법 제11조 제1항 제2호 각 목에 따른 차량 또는 기계 중 경유를 연료로 사용하는 것의 연료로 판매된 등유, 부생연료유(副生燃料油) 및 용제(溶劑) (2020. 2. 11. 개정)

　라. 「자동차관리법」 제2조 제1호에 따른 자동차, 같은 법 시행령 제2조 각 호에 따른 기계 또는 차량(경유를 연료로 사용하는 것으로 한정한다)의 연료로 사용이 가능한 것으로서 가목부터 다목까지의 규정에 해당하지 않는 것 (2020. 2. 11. 신설)

제3조의 2【탄력세율】법 제2조 제3항에 따라 탄력세율을 적용할 과세물품과 그 세율은 다음 각 호와 같다. (2006. 6. 30. 개정)

1. 제3조 제1호의 휘발유와 이와 유사한 대체유류 : 리터당 529원. 다만, 2024년 4월 30일까지는 리터당 396.7원으로 한다. (2024. 2. 29. 단서개정)

1. 제3조 제1호의 휘발유와 이와 유사한 대체유류 : 리터당 529원. 다만, 2024년 6월 30일까지는 리터당 396.7원으로 한다. (2024. 4. 30. 단서개정)

(2022. 8. 12. 개정)

④ 과세물품의 판정은 그 명칭여하에 불구하고 당해 물품의 형태·용도·성질 기타 중요한 특성에 의한다.

⑤ 과세물품이 제1항 및 제2항의 규정에 의하여 구분된 2 이상의 물품에 해당하는 경우에는 당해 물품의 특성에 따라 이를 판정하고, 그 특성이 명확하지 아니한 경우에는 주된 용도에 따라 판정하며, 특성과 주된 용도가 명확하지 아니한 경우에는 높은 세율이 적용되는 물품으로 취급한다.

⑥ 제4항 및 제5항 외에 과세물품의 판정에 관하여 필요한 사항은 대통령령으로 정한다.

제3조【납세의무자】 다음 각 호의 어느 하나에 해당하는 자는 이 법의 규정에 의하여 교통·에너지·환경세를 납부할 의무가 있다. (2006. 12. 30. 개정)

1. 과세물품을 제조하여 반출하는 자 (2011. 12. 31. 개정)
2. 과세물품을 「관세법」에 의한 보세구역(이하 "보세구역"이라 한다)으로부터 반출하는 자(「관세법」에 의하여 관세를 납부할 의무가 있는 자를 말한다. 이하 같다) (2018. 12. 31. 개정)
3. 제2호의 경우 외에 관세를 징수하는 물품에 대하여는 그 관세를 납부할 의무가 있는 자

제4조【과세시기】 교통·에너지·환경세는 과세물품을 제조장으로부터 반출하거나 수입신고를 하는 때에 부과한다. 다만, 제3조 제3호의 물품에 대하여는 「관세법」에 의한다. (2006. 12. 30. 개정)

제5조【제조 등으로 보는 경우】 ① 제조장 외의 장소에서 판매의 목적으로 과세물품에 가치증대를 위한 첨가 등의 가공을 하는 경우에는 당해 물품을 제조하는 것으로 본다.

② 과세물품이 다음 각호의 1에 해당하는 경우에는 이를 제조장으로부터 반출하는 것으로 본다.

1. 제조장 안에서 사용되거나 소비되는 경우. 다만, 대통령령이 정하는 사유에 해당하는 경우를 제외한다.

1. 제3조 제1호의 휘발유와 이와 유사한 대체유류 : 리터당 529원. 다만, 2024년 8월 31일까지는 리터당 423원으로 한다. (2024. 6. 28. 단서개정)
1. 제3조 제1호의 휘발유와 이와 유사한 대체유류 : 리터당 529원. 다만, 2024년 10월 31일까지는 리터당 423원으로 한다. (2024. 8. 30. 단서개정)
1. 제3조 제1호의 휘발유와 이와 유사한 대체유류 : 리터당 529원. 다만, 2024년 12월 31일까지는 리터당 450원으로 한다. (2024. 12. 31. 개정)
1. 제3조 제1호의 휘발유와 이와 유사한 대체유류 : 리터당 529원. 다만, 2025년 2월 28일까지는 리터당 450원으로 한다. (2024. 12. 31. 개정)
1. 제3조 제1호의 휘발유와 이와 유사한 대체유류 : 리터당 529원. 다만, 2025년 4월 30일까지는 리터당 450원으로 한다. (2025. 2. 28. 단서개정)

2. 제3조 제2호의 경유 및 이와 유사한 대체유류 : 리터당 375원. 다만, 2024년 4월 30일까지는 리터당 238원으로 한다. (2024. 2. 29. 단서개정)
2. 제3조 제2호의 경유 및 이와 유사한 대체유류 : 리터당 375원. 다만, 2024년 6월 30일까지는 리터당 238원으로 한다. (2024. 4. 30. 단서개정)
2. 제3조 제2호의 경유 및 이와 유사한 대체유류 : 리터당 375원. 다만, 2024년 8월 31일까지는 리터당 263원으로 한다. (2024. 6. 28. 단서개정)
2. 제3조 제2호의 경유 및 이와 유사한 대체유류 : 리터당 375원. 다만, 2024년 10월 31일까지는 리터당 263원으로 한다. (2024. 8. 30. 단서개정)
2. 제3조 제2호의 경유 및 이와 유사한 대체유류 : 리터당 375원. 다만, 2024년 12월 31일까지는 리터당 289원으로 한다. (2024. 12. 31. 개정)
2. 제3조 제2호의 경유 및 이와 유사한 대체유류 : 리터당 375원. 다만, 2025년 2월 28일까지는 리터당 289원으로 한다. (2024. 12. 31. 개정)
2. 제3조 제2호의 경유 및 이와 유사한 대체유류 : 리터당 375원. 다만, 2025년 4월 30일까지는 리터당 289원으로 한다. (2025. 2. 28. 단서개정)

제4조【과세물품의 판정】 법 제2조의 규정에 의한 과세물품의 판정에 있어서, 당해 물품이 불완전 또는 미완성 상태로 반출되는 경우에도 그 물품의 주된 성분을 갖추어 그 기능을 나타낼 수 있는 것은 이를 완제품으로 취급한다.

제5조【반출로 보지 아니하는 경우와 그 승인신청】 ① 법 제5조 제2항 제1호 단서의 규정에 의하여 제조장으로부터 반출하는 것으로

2. 제조장 안에 남아 있는 것으로서 공매 · 경매 또는 파산절차에 의하여 환가되는 경우

3. 과세물품의 제조를 사실상 폐지한 경우에 제조장 안에 남아 있는 경우. 다만, 대통령령이 정하는 사유에 해당되어 관할세무서장의 승인을 얻은 경우를 제외한다.

제6조 【과세표준】 ① 교통 · 에너지 · 환경세의 과세표준은 다음 각 호의 규정에 의한다. (2006. 12. 30. 개정)

1. 제3조 제1호의 규정에 의한 납세의무자가 제조하여 반출하는 물품은 제조장으로부터 반출하는 때의 수량. 다만, 제2조 제1항 제1호의 물품의 경우에는 제조장에서 반출한 후 소비자에게 판매할 때까지 수송 및 저장과정에서 증발 등으로 자연감소되는 정도를 감안하여 대통령령이 정하는 율을 제조장에서 반출한 때의 수량에 곱하여 산출한 수량을 공제한 수량으로 한다. (2000. 12. 29 개정)

보지 아니하는 경우는 다음과 같다.

1. 동일한 제조장안에서 과세물품의 원재료로 사용되는 경우

2. 동일한 제조장안에서 과세물품의 품질 또는 성능의 검사를 위하여 사용되는 경우

3. 정유공정상 교통 · 에너지 · 환경세가 과세되지 아니하는 석유류의 제조용 원재료로 직접 사용되는 경우 (2007. 2. 28. 개정)

② 법 제5조 제2항 제3호 단서의 규정에 의하여 제조장으로부터 반출하는 것으로 보지 아니하는 경우는 제조를 폐지한 당시 당해 제조장안에 남아 있는 과세물품이 매월분의 통상적인 반출수량보다 많은 경우로 한다.

③ 법 제5조 제2항 제3호 단서의 규정에 의한 승인을 얻고자 하는 자는 제조를 폐지한 날이 속하는 달의 다음 달 말일까지 다음 각호의 사항을 기재한 신청서를 관할세무서장에게 제출(국세정보통신망에 의한 제출을 포함한다)하여야 한다. (2012. 2. 2. 개정)

1. 신청인의 주소 · 성명 · 명칭 · 주민등록번호 또는 사업자 등록번호

2. 제조장의 소재지

3. 제조자의 주소 · 성명 및 명칭

4. 제조폐지연월일

5. 제조를 폐지한 때에 남아 있는 물품의 품명 · 수량 · 규격 · 단가 및 가격

6. 반출완료예정연월일

7. 신청사유

④ 제3항의 규정에 의한 승인신청을 받은 관할세무서장은 교통 · 에너지 · 환경세의 보전 기타 단속상 지장이 없다고 인정되는 때에 한하여 6월의 범위 안에서 이를 승인할 수 있다. (2007. 2. 28. 개정)

제6조 【휘발유의 자연감소율】 법 제6조 제1항 제1호 단서에서 "증발 등으로 자연감소되는 정도를 감안하여 대통령령이 정하는 율"이란 해당 과세물품의 1천분의 2를 말한다. (2020. 2. 11. 개정)

제7조 【과세표준의 계산】 제3조 제2호 가목에 해당하는 물품에 「조세특례제한법」 제111조 제2항에 따른 바이오디젤이 혼합되어 반출되는 경우의 과세표준이 되는

제2조 【반출로 보지 아니하는 경우 승인신청 등】 (2015. 3. 6. 제목개정)
「교통 · 에너지 · 환경세법 시행령」(이하 "영"이라 한다) 제5조 제3항에 따른 신청 및 승인은 별지 제1호 서식의 반출의제 적용 유예 승인신청서 및 승인서에 따른다. (2015. 3. 6. 개정)

제3조 【용기대금 승인신청 등】 삭제 (2007. 4. 5.)

2. 제3조 제2호의 규정에 의한 납세의무자가 보세구역으로부터 반출하는 물품은 수입신고를 하는 때의 수량. 다만, 제2조 제1항 제1호의 물품의 경우에는 제1호 단서의 규정을 준용한다. (2000. 12. 29 개정)

3. 제3조 제3호의 규정에 의한 물품은 당해 관세를 징수하는 때의 수량 (2000. 12. 29 개정)

② 삭 제 (2000. 12. 29)

③ 과세표준이 되는 수량의 계산에 관하여 필요한 사항은 대통령령으로 정한다. (2000. 12. 29 개정)

제7조【과세표준의 신고】 ① 제3조 제1호의 규정에 의한 납세의무자는 매월 제조장으로부터 반출한 물품의 물품별 수량 및 가격과 산출세액·미납세액·면제세액·공제세액·환급세액·납부세액 등을 기재한 신고서를 다음달 말일까지 제조장을 관할하는 세무서장에게 제출하여야 한다.

② 제3조 제2호의 규정에 의한 납세의무자가 보세구역을 관할하는 세관장에게 수입신고를 한 때에는 제1항의 규정에 의한 신고를 한 것으로 본다.

③ 제3조 제3호의 규정에 의한 납세의무자에 대하여는 「관세법」의 규정을 준용한다. (2005. 7. 8. 개정)

④ 제3조 제1호의 규정에 의한 납세의무자가 제5조 제2항 제2호 또는 제3호에 해당하게 된 때에는 제1항의 규정에 불구하고 그 사유가 발생한 날부터 10일 이내에 당해 신고서를 제출하여야 한다.

④ 삭 제 (2011. 12. 31.)

⑤ 제1항 및 제2항에 따른 과세표준의 신고에 관하여 필요한 사항은 대통령령으로 정한다. (2011. 12. 31. 개정)

제8조【납 부】 ① 제3조 제1호에 따른 납세의무자는 매월분의 교통·에너지·환경세를 제7조 제1항에 따른 신고서의 제출기한 내에 납부하여야 한다. (2011. 12. 31. 개정)

② 제3조 제2호 및 제3호의 규정에 의한 납세의무자의 교통·에너지·

수량은 그 혼합된 물품을 제조장에서 반출한 때의 수량에서 「조세특례제한법」 제111조 제2항에 따른 바이오디젤의 수량을 차감하여 계산한다. (2008. 2. 22. 개정)

제7조【과세표준의 계산】 삭 제 (2012. 2. 2.)

제8조【제조장 안에서 소비하는 물품의 과세표준】 삭 제 (2000. 12. 29)

제9조【보세구역으로부터 반출하는 물품의 과세표준】 삭 제 (2000. 12. 29)

제10조【용도변경 등 물품의 과세표준】 삭 제 (2000. 12. 29)

제11조【용기대금과 포장비용의 계산】 삭 제 (2000. 12. 29)

제12조【과세표준의 신고】 ① 법 제7조 제1항의 규정에 의하여 과세표준을 신고하여야 하는 자는 다음 각호의 사항을 기재한 신고서에 미납세 또는 면세반출명세서(면세석유류 구입추천서를 포함한다), 과세반출명세서, 제품수불상황표 및 환급 또는 공제신청서를 첨부하여 관할세무서장에게 제출(국세정보통신망에 의한 제출을 포함한다)하여야 한다. (2004. 3. 17 개정 ; 전자적 민원처리를 위한~개정령)

1. 신고인의 제조장 소재지와 주소·성명·명칭·주민등록번호 또는 사업자등록번호

2. 반출한 물품의 종류별 품명·수량·규격·단가·반출가격 및 세액

3. 미납세 또는 면세반출물품의 세액상당액

4. 환급 또는 공제세액상당액

5. 자진납부하여야 할 세액

② 법 제5조 제2항 제2호 또는 제3호에 해당하게 되어 과세표준을 신고해야 하는 자는 제1항에 준하는 서류에 해당 사유를 명확하게 한다. (2021. 1. 5. 개정 ; 어려운 법령용어~대통령령)

제13조【납 부】 법 제8조의 규정에 의하여 교통·에너지·환경세를 납부하고자 하는 자는 법 제7조의 규정에 의한 기한 내에 납부할 세액을 관할세무서장, 한국은행(그 대리점을 포함한다) 또는 체신관서에 납부하여야 한다. (2007. 2. 28. 개정)

제4조【과세표준의 신고】 영 제12조 제1항의 규정에 의한 신고는 별지 제4호 서식의 과세물품과세표준신고서에 의한다.

환경세 납부에 관하여는 「관세법」에 의한다. (2006. 12. 30. 개정)
③ 과세물품을 「관세법」에 의하여 수입신고 수리 전에 보세구역으로부터 반출하고자 하는 자는 「관세법」이 정하는 바에 따라 당해 교통 · 에너지 · 환경세액에 상당하는 담보를 제공하여야 한다. (2006. 12. 30. 개정)

제8조의 2 【사업자 단위 신고 · 납부】 제7조 제1항에도 불구하고 제18조 제3항에 따라 사업자 단위로 신고한 사업자(이하 "사업자단위과세사업자"라 한다)는 그 사업자의 본점 또는 주사무소(主事務所)에서 총괄하여 신고 · 납부할 수 있다. 이 경우 그 사업자의 본점 또는 주사무소는 신고 · 납부와 관련하여 이 법을 적용할 때 제조장으로 본다. (2010. 12. 27. 신설)

제8조의 3 【저유소에서의 서로 다른 유류의 혼합 등에 대한 특례】 제3조 제1호 또는 제2호의 납세의무자(이하 이 조 및 제11조에서 "제조자등"이라 한다)가 과세물품을 해당 제조자등의 제조장 또는 보세구역에서 「송유관 안전관리법」에 따른 송유관 또는 선박 · 탱크로리 등 운송수단을 통하여 반출한 후 제조자등이 소유 또는 임차한 저유소(貯油所)에서 다시 반출하는 경우로서 해당 저유소에서 서로 다른 유류의 혼합 등 대통령령으로 정하는 사유(이하 이 조에서 "혼유등"이라 한다)가 발생하는 경우에는 다음 각 호의 구분에 따라 이 법을 적용한다. (2013. 1. 1. 개정)
1. 납세의무자 : 제3조 제1호에도 불구하고 제조자등 (2011. 12. 31. 신설)
2. 과세시기 : 제4조에도 불구하고 혼유등이 발생한 때 (2011. 12. 31. 신설)
3. 과세표준 : 제6조 제1항 제1호에도 불구하고 혼유등이 발생한 때의 수량 (2011. 12. 31. 신설)

제13조의 2 【저유소에서의 서로 다른 유류의 혼합 등에 대한 특례사유 등】 ① 법 제8조의 3 각 호 외의 부분에서 "대통령령으로 정하는 사유"란 다음 각 호의 어느 하나에 해당하는 사유를 말한다. (2012. 2. 2. 신설)
1. 과세물품이 저유소에서 서로 다른 유류와 혼합되는 경우 (2012. 2. 2. 신설)
2. 저유소에서 과세물품에 첨가제[옥탄값 향상제, 부식방지제, 조연제(助燃劑), 착색제 등 유류의 성능을 향상시키거나 그 밖의 필요에 따라 유류에 첨가하는 모든 물질을 말한다]를 혼합하는 경우 (2012. 2. 2. 신설)
② 법 제8조의 3에 따른 제조자등(이하 이 항에서 "제조자등"이라 한다)은 제1항 각 호의 어느 하나에 해당하는 사유가 발생한 경우에는 법 제7조에 따른 과세표준 신고를 할 때 제12조 제1항에 따른 신고서에 다음 각 호의 서류를 첨부하여 제조자등 관할 세무서장에게 제출(국세정보통신망에 의한 제출을 포함한다)하여야 한다. 다만, 제1호의 신청서는 법 제8조의 3을 적용하여 처음으로 과세표준을 신고할 때에 제출하여야 하며, 이미 제출한 내용이 변경되는 경우에는 다시 제출하여야 한다. (2012. 2. 2. 신설)
1. 다음 각 목의 사항을 적은 저유소혼유등특례신청서 (2012. 2. 2. 신설)

제5조 【저유소 혼유등 특례 신청 등】 영 제13조의 2 제2항에 따른 특례의 신청 또는 변경신청은 별지 제5호 서식의 저유소 혼유등 특례 신청(변경신청)서에 따른다. (2012. 2. 28. 신설)

나. 저유소의 소재지 및 관할 세무서 (2012. 2. 2. 신설)

다. 그 밖의 참고사항 (2012. 2. 2. 신설)

2. 저유소별 과세표준신고서 (2012. 2. 2. 신설)

③ 제2항 제1호에 따른 신청서를 받은 관할 세무서장은 저유소 관할 세무서장에게 그 사실을 통지하여야 한다. (2012. 2. 2. 신설)

제14조【추계결정】 ① 법 제9조 제2항 단서의 규정에 의하여 과세표준과 세액의 추계결정을 할 수 있는 경우는 다음과 같다.

1. 과세표준을 계산함에 필요한 장부 기타 증빙서류가 없거나 중요한 부분이 미비 또는 허위로 기재된 경우

2. 장부 기타 증빙서류의 내용이 시설규모·종업원수·원재료·상품 및 제품의 시가 등에 비추어 허위임이 명백한 경우

3. 장부 기타 증빙서류의 내용이 원자재사용량·동력사용량 기타의 조업상황에 비추어 허위임이 명백한 경우

제14조【추계결정】 ① 삭 제 (2012. 2. 2.)

② 법 제9조 제2항 단서에 따라 추계를 할 때에는 다음 각 호의 어느 하나에 해당하는 방법에 따른다. (2012. 2. 2. 개정)

1. 기장이 정당하다고 인정되고 신고가 성실하여 법 제9조 제1항에 따라 결정 및 경정을 받지 아니한 다른 동업자와 비교하여 계산하는 방법 (2012. 2. 2. 개정)

2. 국세청장이 사업의 종류·지역 등을 고려하여 다음 각 목의 관계에 대하여 조사한 비율이 있는 경우에는 그 비율을 적용하여 계산하는 방법 (2012. 2. 2. 개정)

   가. 투입 원재료 또는 부재료의 전부 또는 일부의 수량과 생산량과의 관계 (2012. 2. 2. 개정)

   나. 사업과 관련된 인적·물적 시설(종업원·사업장·차량·수도·전기 등)의 전부 또는 일부의 수량과 생산량과의 관계 (2012. 2. 2. 개정)

   다. 일정한 기간의 평균 재고량과 생산량과의 관계 (2012. 2. 2. 개정)

   라. 일정한 기간의 매출 총이익 또는 부가가치액과 매출액과의 관계 (2012. 2. 2. 개정)

제9조【결정·경정결정 및 재경정】 (2011. 12. 31. 제목개정)

① 제7조에 따른 신고서를 제출하지 아니하거나 신고의 내용에 오류 또는 탈루가 있는 때에는 관할 세무서장, 관할 지방국세청장 또는 세관장은 그 과세표준과 세액을 결정 또는 경정결정한다. (2011. 12. 31. 개정)

② 제1항에 따른 결정 또는 경정결정은 장부나 그 밖의 증명 자료를 근거로 하여야 한다. 다만, 다음 각 호의 어느 하나에 해당하는 사유가 있는 경우에는 대통령령으로 정하는 바에 따라 추계(推計)할 수 있다. (2011. 12. 31. 개정)

1. 과세표준을 계산할 때 필요한 장부나 그 밖의 증명 자료가 없거나 중요한 부분이 갖추어지지 아니한 경우 (2011. 12. 31. 개정)

2. 장부나 그 밖의 증명 자료의 내용이 시설규모, 종업원 수와 원자재·상품·제품 또는 각종 요금의 시가(時價) 등에 비추어 거짓임이 명백한 경우 (2011. 12. 31. 개정)

3. 장부나 그 밖의 증명 자료의 내용이 원자재 사용량, 동력(動力) 사용량 또는 그 밖의 조업 상황 등에 비추어 거짓임이 명백한 경우 (2011. 12. 31. 개정)

③ 관할 세무서장, 관할 지방국세청장 또는 세관장은 제1항 및 제2항에 따라 결정 또는 경정결정한 과세표준과 세액에 오류 또는 탈루가 있는 것이 발견된 경우에는 이를 다시 경정한다. (2011. 12. 31. 신설)

제10조【수시부과】납세의무자가 교통 · 에너지 · 환경세를 포탈할 우려가 있다고 인정되거나 사업부진 기타의 사유로 휴업 또는 폐업한 때에는 제7조의 규정에 불구하고 수시로 그 과세표준과 세액을 결정할 수 있다. 이 경우 제9조 제2항의 규정을 준용한다. (2006. 12. 30. 개정)

제11조【가짜석유제품 등의 판매자등에 대한 과세 특례】(2019. 12. 31. 제목개정)

① 제3조 및 제4조에도 불구하고 다음 각 호의 어느 하나에 해당하는 자(이하 "판매자등"이라 한다)로부터 교통 · 에너지 · 환경세를 징수할 수 있다. (2019. 12. 31. 개정)

1. 「석유 및 석유대체연료 사업법」 제2조 제10호에 따른 가짜석유제품을 판매하거나 판매하기 위하여 보관하는 자 (2019. 12. 31. 개정)

1. 다음 각 목의 어느 하나에 해당하는 물품을 판매하거나 판매하기 위하여 보관하는 자 (2024. 12. 31. 개정)

　가. 「석유 및 석유대체연료 사업법」 제2조 제10호에 따른 가짜석유제품 (2024. 12. 31. 신설)

　나. 「부가가치세법」 제32조에 따른 세금계산서나 「소득세법」 제163조 또는 「법인세법」 제121조에 따른 계산서를 발급받지 아니하고 공급(「부가가치세법」 제33조 제1항에 해당하는 경우는 제외한다)받은 과세물품 (2024. 12. 31. 신설)

2. 등유, 부생연료유(副生燃料油) 또는 용제(溶劑)를 다음 각 목의 차량 또는 기계 중 경유를 연료로 사용하는 차량 또는 기계의 연료로 판매한 자 (2019. 12. 31. 개정)

　가. 「자동차관리법」 제2조 제1호에 따른 자동차 (2019. 12. 31. 개정)

　나. 「건설기계관리법」 제2조 제1항 제1호에 따른 건설기계 (2019. 12. 31. 개정)

　다. 「농업기계화 촉진법」 제2조 제1호에 따른 농업기계 (2019. 12. 31. 개정)

　라. 「군수품관리법」 제2조에 따른 군수품인 차량 (2019. 12. 31. 개정)

② 제3조 및 제4조 또는 제1항에 따라 제조자등 또는 판매자등 중 어느 하나의 당사자로부터 교통 · 에너지 · 환경세를 징수한 경우에는 다른 당사자로부터는 이를 징수하지

3. 추계결정 · 경정대상 사업자에 대하여 제2호의 비율을 직접 산정할 수 있는 경우에는 그 비율을 적용하여 계산하는 방법 (2012. 2. 2. 개정)

제14조의 2【가산세】삭　제 (2007. 2. 28.)

☞
편주 ···

법 11조의 개정규정은 2025. 1. 1. 이후 판매하거나 판매하기 위하여 보관하는 과세물품부터 적용함. (법 부칙(2024. 12. 31.) 2조)
··

아니한다. (2011. 12. 31. 신설)

② 다음 각 호에 따라 어느 하나의 당사자로부터 교통·에너지·환경세를 징수한 경우에는 다른 당사자로부터는 이를 징수하지 아니한다. (2024. 12. 31. 개정)

1. 제3조 및 제4조에 따라 제조자등으로부터 교통·에너지·환경세를 징수한 경우 (2024. 12. 31. 신설)

2. 제13조부터 제15조까지에 따라 반입자·양수자로부터 교통·에너지·환경세를 징수한 경우 (2024. 12. 31. 신설)

3. 제1항에 따라 판매자등으로부터 교통·에너지·환경세를 징수한 경우 (2024. 12. 31. 신설)

③ 판매자등으로부터 제1항에 따라 교통·에너지·환경세를 징수하는 경우의 과세표준은 제6조에도 불구하고 다음 각 호의 구분에 따른 수량으로 한다. (2019. 12. 31. 개정)

1. 제1항 제1호의 경우: 판매수량과 보관수량을 모두 합한 수량 (2019. 12. 31. 신설)

2. 제1항 제2호의 경우: 판매수량 (2019. 12. 31. 신설)

④ 제1항에 따라 판매자등으로부터 교통·에너지·환경세를 징수하는 경우에 관하여는 제17조를 준용한다. (2011. 12. 31. 신설)

제12조【미납세반출】① 다음 각 호의 어느 하나에 해당하는 물품에 대하여 대통령령이 정하는 바에 따라 관할세무서장 또는 세관장의 승인을 얻은 경우에는 교통·에너지·환경세를 징수하지 아니한다. (2006. 12. 30. 개정)

1. 수출할 물품을 다른 장소로 반출하는 것

2. 원료를 공급받거나 위탁공임만을 받고 제조한 물품을 제조장으로부터 위탁자의 제품저장창고에 반출하는 것

3. 제조장 외의 장소에서 규격검사를 받기 위하여 과세물품을 제조장으로부터 반출하거나 당해 제조장에 환입하는 것

4. 제1호·제2호·제13조 제1항·제14조 제1항·제15조 제1항 또는 제16조의 규정의 적용을 받아 반입된 물품으로서 품질불량 기타의 사유로 인하여 당해 용도에 공하지 아니하고 제조장에 반환하는 것

5. 교통·에너지·환경세의 보전 기타 단속상의 지장이 없다고 인정되

편주 ▶ ···
법 11조의 개정규정은 2025. 1. 1. 이후 판매하거나 판매하기 위하여 보관하는 과세물품부터 적용함. (법 부칙(2024. 12. 31.) 2조)
···

제15조【미납세반출승인신청】① 법 제12조 제1항 각호의 규정에 의한 물품을 제조장에서 반출하거나 보세구역에서 반출하고자 하는 자는 당해 물품을 반출할 때에(수입물품의 경우에는 그 수입신고시부터 수입면허 전까지) 다음 각호의 사항을 기재한 신청서를 관할세무서장 또는 세관장에게 제출하여 그 승인을 얻어야 한다.

제15조【미납세반출승인신청】① 법 제12조 제1항 각호의 규정에 의한 물품을 제조장에서 반출하거나 보세구역에서 반출하고자 하는 자는 당해 물품을 반출할 때에(수입물품의 경우에는 그 수입신고 시부터 수입신고 수리 전까지) 다음 각호의 사항을 기재한 신청서를 관할세무서장 또는 세관장에게 제출(국세정보통신망을 통한 제출을 포함한다)하여 그 승인을 얻어야 한다. (2025. 2. 28. 개정)

1. 신청인의 주소·성명·명칭·주민등록번호 또는 사업자등록번호

2. 반출장소

3. 품명·수량·규격·단가·가격 및 세액

4. 반입장소

5. 반입자의 주소·성명 및 명칭

6. 반출예정연월일

7. 반입증명서 제출기한

제6조【미납세 및 면세반출승인신청 등】① 영 제15조 제1항 또는 영 제22조 제1항(조건부 면세의 경우에 한한다)의 규정에 의한 신청 및 승인은 별지 제6호 서식의 교통·에너지·환경세미납세(조건부 면세)반출승인신청서, 동 승인서 및 동 통보서에 의한다. (2007. 4. 5. 개정)

② 영 제19조 제1항의 규정에 의한 신청 및 승인은 별지 제7호 서식의 교통·에너지·환경세수출(군납)면세반출승인신청서 및 동 승인서에 의한다. (2007. 4. 5. 개정)

③ 영 제22조 제1항(무조건면세의 경우에 한한다)의 규정에 의한 신청 및 승인은 별

어 대통령령이 정하는 반출이 이루어지는 것 (2006. 12. 30. 개정)
② 제1항의 규정을 적용받고자 하는 물품의 반출자 또는 수입신고인은 당해 물품이 반입장소에 반입된 사실 또는 소정의 용도에 공한 사실을 대통령령이 정하는 바에 따라 증명하여야 하며, 이를 증명하지 아니한 것에 대하여는 반출자 또는 수입신고인으로부터 교통 · 에너지 · 환경세를 징수한다. (2006. 12. 30. 개정)

관계조문 ▶▶

영 17조 ⇒ 반입신고 · 반입증명 및 용도증명

③ 제1항의 규정에 의한 물품이 반입장소에 반입되기 전에 재해 기타 부득이한 사유로 인하여 멸실된 경우에는 대통령령이 정하는 바에 따라 교통 · 에너지 · 환경세를 징수하지 아니한다. (2006. 12. 30. 개정)

관계조문 ▶▶

영 18조 ⇒ 멸실승인신청

④ 제1항의 규정에 의하여 반입된 물품에 대하여는 그 반입장소를 제조장으로, 반입자를 제3조의 규정에 의한 제조자로 보아 교통 · 에너지 · 환경세의 부과 또는 면제에 관한 규정을 적용한다. (2006. 12. 30. 개정)
⑤ 과세물품을 제1항의 규정의 적용을 받아 반입장소에 반입한 자는 반입한 날이 속하는 달의 다음달 15일까지 그 반입사실을 반입지를 관할하는 세무서장 또는 세관장에게 신고하여야 한다.

관계조문 ▶▶

영 17조 ⇒ 반입신고 · 반입증명 및 용도증명

8. 신청사유
9. 기타 참고사항
② 제1항의 규정에 의한 신청을 받은 관할세무서장 또는 세관장은 이를 승인한 때에는 그 신청서에 준하는 내용의 승인서를 교부하고, 반입지 관할세무서장 또는 세관장에게 그 뜻을 통지하여야 한다.
③ 법 제12조 제1항 제5호에서 "대통령령이 정하는 반출이 이루어지는 것"이라 함은 다음 각호의 1에 해당하는 것을 말한다.
1. 수출물품 또는 수출물품의 제조 · 가공을 위한 물품을 내국신용장(원내국신용장과 제2차 내국신용장에 한한다)에 의하여 수출업자 또는 수출물품의 제조 · 가공업자에게 반출하는 경우
2. 수출물품을 제조 · 가공하기 위하여 동일한 제조장에서 다른 제품의 원료로 사용하는 경우
3. 수출물품을 제조 · 가공하기 위하여 다른 제조장으로 반출하는 경우
4. 제조장을 이전하기 위하여 반출하는 경우
5. 과세물품을 제조 · 가공하기 위한 원료로 사용하기 위하여 다른 제조장으로 반출하는 경우
6. 법 제2조 제1항의 규정에 의한 물품을 「석유 및 석유대체연료 사업법」 제16조의 규정에 의한 석유비축시책의 일환으로 「한국석유공사법」에 의하여 설립된 한국석유공사에 공급하기 위하여 제조장 또는 보세구역으로부터 반출하는 것과 제조장 또는 보세구역에서 반출한 후 제조자 또는 수입업자의 저유소를 경유하여 한국석유공사에 공급하는 것으로서 국세청장이 정하는 방법에 의하여 공급하는 것 (2005. 7. 8. 개정)
7. 과세물품을 제조 · 가공하기 위하여 동일한 제조자의 다른 제조장으로 반출하는 경우 (2010. 12. 30. 신설)
④ 제3항 제1호 또는 제3호에 해당하는 물품을 반출하려고 하는 자는 신청서에 내국신용장 또는 수출신용장의 사본, 그 밖의 수출물품임을 증명할 수 있는 서류를 첨부하여 관할 세무서장 또는 세관장에게 제출(국세정보통신망을 통한 제출을 포함한다)하여 그 승인을 얻어야 한다. 이 경우 관할 세무서장 또는 세관장은 「전자정부법」 제36조 제1항에 따른 행정정보의 공동이용을 통하여 사업자등록증을 확인하여야 하며, 신청인이 확인에 동의하지 아니하는 경우에는 이를 첨부하도록 하여야 한다. (2010. 5. 4. 후단개정 ; 전자정부법 시행령 부칙)
④ 제3항 제1호 또는 제3호에 해당하는 물품을 반출하려고 하는 자는

지 제8호 서식의 교통 · 에너지 · 환경세무 조건면세반출승인신청서 및 동 승인서에 의한다. (2007. 4. 5. 개정)

항 또는 제3항의 규정에 의한 반입증명서 또는 용도증명서를 첨부하여 제출하여야 한다.

　　제17조【반입신고 · 반입증명 및 용도증명】① 법 제12조 제5항 또는 법 제15조 제3항의 규정에 의한 반입사실의 신고에 있어서는 다음 각호의 사항을 기재한 신고서를 반입지 관할세무서장 또는 세관장에게 제출하여야 한다.
1. 신고인의 주소 · 성명 · 명칭 · 주민등록번호 또는 사업자등록번호
2. 승인번호 및 승인연월일
3. 품명 · 수량 · 규격 · 단가 · 가격 및 세액
4. 반입장소
5. 반입사유
6. 반입연월일
7. 반출자의 주소 · 성명 및 명칭
8. 반입증명서 제출기한
9. 기타 참고사항
② 법 제12조 제2항 및 법 제15조 제2항 전단의 규정에 의한 반입사실의 증명은 제1항의 규정에 의한 신고서에 준하는 내용의 증명서에 의한다. 다만, 보세구역과 수출자유지역에 반입되는 물품의 경우에는 관할세관장이 발행하는 물품반입확인서에 의하고, 법 제15조 제1항 제3호의 규정에 의한 외국항행선박 · 원양어업선박 또는 항공기에 사용하는 석유류의 경우에는 관할세관장이 발행하는 선(기)적허가서(내항선인 원양어업선박의 경우에는 반입자의 반입보고서)에 의한다. 다만, 다음 각 호의 어느 하나에 해당하는 경우에는 다음 각 호의 구분에 따른 서류에 의한다. (2013. 2. 15. 단서개정)
1. 보세구역과 수출자유지역에 반입되는 물품의 경우 : 관할 세관장이 발행하는 물품반입확인서 (2013. 2. 15. 신설)
2. 법 제15조 제1항 제3호에 따른 외국항행선박 또는 원양어업선박에 사용하는 석유류 : 유류공급명세서(내항선인 원양어업선박의 경우에는 반입자의 반입보고서) (2013. 2. 15. 신설)
2. 법 제15조 제1항 제3호에 따른 외국항행선박 또는 원양어업선박

☞ p.3512 2단 연결

신청서에 내국신용장 또는 수출신용장의 사본, 그 밖의 수출물품임을 증명할 수 있는 서류를 첨부하여 관할 세무서장 또는 세관장에게 제출(국세정보통신망을 통한 제출을 포함한다)하여 그 승인을 얻어야 한다. 이 경우 관할 세무서장 또는 세관장은「전자정부법」제36조 제1항에 따른 행정정보의 공동이용을 통하여 사업자등록증명(주민등록번호가 제외된 사업자등록증명을 말한다. 이하 같다)을 확인해야 하며, 신청인이 사업자등록증명의 확인에 동의하지 않는 경우에는 그 서류를 첨부하게 해야 한다. (2025. 2. 28. 후단개정)
⑤ 제3항 제4호, 제5호 또는 제7호에 해당하는 물품을 반출하려고 하는 자는 신청서를 관할 세무서장 또는 세관장에게 제출(국세정보통신망을 통한 제출을 포함한다)하여 그 승인을 얻어야 한다. 이 경우 관할 세무서장 또는 세관장은「전자정부법」제36조 제1항에 따른 행정정보의 공동이용을 통하여 반입지의 사업자등록증을 확인하여야 한다. (2010. 12. 30. 개정)
⑤ 제3항 제4호, 제5호 또는 제7호에 해당하는 물품을 반출하려고 하는 자는 신청서를 관할 세무서장 또는 세관장에게 제출(국세정보통신망을 통한 제출을 포함한다)하여 그 승인을 얻어야 한다. 이 경우 관할 세무서장 또는 세관장은「전자정부법」제36조 제1항에 따른 행정정보의 공동이용을 통하여 반입지의 사업자등록증명을 확인해야 하며, 신청인이 사업자등록증명의 확인에 동의하지 않는 경우에는 그 서류를 첨부하게 해야 한다. (2025. 2. 28. 후단개정)
⑥ 제3항 및 제4항의 규정은 제3항 제1호 내지 제3호의 규정에 의하여 반입한 물품으로 제조 · 가공한 과세물품 또는 비과세 물품(그 비과세물품의 원재료가 과세물품인 경우에 한한다)을 재반출하고자 하는 경우에 이를 준용한다. (2004. 3. 17. 항번개정 ; 전자적 민원처리를 위한~개정령)

　　제16조【면세반출승인신청 등에 대한 특례】법 제12조 제1항 · 법 제13조 제1항 또는 법 제15조 제1항의 규정에 의한 용도에 제공하기 위하여 제조장으로부터 반출하는 물품에 대하여 면세를 받고자 하는 자는 제15조 제1항 · 제4항 및 제5항 · 제17조 제4항 · 제19조 제1항 및 제22조 제1항의 규정에 불구하고 당해 물품을 반출한 날이 속하는 달의 다음달 말일까지 당해 월분의 과세표준신고서에 제17조 제2

　　제7조【반입신고 및 반입증명】영 제17조 제1항 및 제2항의 규정에 의한 신고 및 증명은 별지 제9호 서식의 교통 · 에너지 · 환경세미납세(면세)물품반입신고서, 동 증명신청서 및 동 증명서(영 제17조 제2항 제1호에 따른 물품반입확인서 및 같은 항 제3호에 따른 기적허가서는 관세청장이 정하는 서류로 하고, 같은 항 제2호에 따른 유류공급명세서는 별지 제9호의 2 서식의 외국항행선박 · 원양어업선박용 면세유류공급명세서로 한다)에 의한다. (2013. 2. 23. 개정)

제18조 【멸실승인신청】 ① 법 제12조 제3항의 규정을 적용 받고자 하는 자는 당해 반입증명서의 제출기한 내에 다음 각호의 사항을 기재한 멸실승인신청서에 당해 물품의 멸실사실을 증명하는 서류를 첨부하여 반출지 관할세무서장 또는 세관장에게 지체없이 제출하여 그 승인을 얻어야 한다.

제18조 【멸실승인신청】 ① 법 제12조 제3항의 규정을 적용 받고자 하는 자는 당해 반입증명서의 제출기한 내에 다음 각호의 사항을 기재한 멸실승인신청서에 당해 물품의 멸실사실을 증명하는 서류를 첨부하여 반출지 관할세무서장 또는 세관장에게 지체없이 제출(국세정보통신망을 통한 제출을 포함한다)하여 그 승인을 얻어야 한다. (2025. 2. 28. 개정)
1. 신청인의 주소 · 성명 · 명칭 · 주민등록번호 또는 사업자등록번호
2. 제조장의 소재지 · 승인번호 및 승인연월일
3. 멸실물품의 품명 · 수량 · 규격 · 단가 · 가격 및 세액
4. 멸실연월일 · 멸실장소 및 멸실물품의 처리방법
5. 반입증명서 제출기한
6. 기타 참고사항
② 제1항의 경우 멸실한 장소가 다른 세무서장의 관할에 속하는 때에는 당해 멸실지 관할세무서장이 발급하는 다음 각호의 사항을 기재한 증명서를 첨부하여야 한다.
1. 신청인의 주소 · 성명 · 명칭 · 주민등록번호 또는 사업자등록번호
2. 제조장의 소재지
3. 원승인세무서명 · 승인연월일 및 승인번호
4. 멸실물품의 품명 · 수량 · 규격 · 단가 및 가격
5. 반출자 또는 인도자의 주소 · 성명 및 명칭
6. 멸실연월일 · 멸실장소 및 멸실사유
7. 기타 참고사항

☞ p.3513 2단 연결

에 사용하는 석유류 : 면세용도 급유 증명자료 등을 포함한 유류공급명세서. 다만, 내항선인 원양어업선박의 경우에는 반입자의 반입보고서를 말한다. (2025. 2. 28. 개정)

편주 ▶
영 17조 2항 2호의 개정규정은 2025. 4. 1. 이후 제조장에서 반출하거나 수입신고하는 경우부터 적용함. (영 부칙(2025. 2. 28.) 2조)

3. 법 제15조 제1항 제3호에 따른 항공기에 사용하는 석유류 : 관할세관장이 발행하는 기적(機積)허가서 (2013. 2. 15. 신설)
③ 법 제13조 제2항의 규정에 의한 소정의 용도에 공한 사실의 증명은 다음 각 호의 어느 하나에 해당하는 서류에 의한다. (2025. 2. 28. 개정)
1. 수출을 면허한 세관장이 발행한 수출면장
1. 수출신고를 수리한 세관장이 발급한 신고필증 (2025. 2. 28. 개정)
2. 납품을 받은 군기관의 장이 발행한 납품증명서(사용확인서를 포함한다)
3. 기타 수출사실을 증명할 수 있는 서류로서 국세청장이 정하는 것
④ 법 제12조 제2항, 법 제13조 제2항 또는 법 제15조 제2항 전단의 규정에 의한 반입된 사실 또는 소정의 용도에 공한 사실의 증명은 당해 물품을 반출한 날부터 3월의 범위 내에서 반출지 관할세무서장 또는 세관장이 지정하는 날까지 제출하여야 한다.
⑤ 제4항 및 제16조의 규정에 의한 기한 내에 당해 사실증명을 부득이한 사정으로 제출할 수 없는 경우에는 관할세무서장 또는 세관장에게 제출기한의 연기를 신청할 수 있다. 이 경우 관할세무서장 또는 세관장은 당해 사실증명의 제출기한이 경과된 날부터 3월의 범위 내에서 그 기한을 연장할 수 있다.
⑥ 관할세무서장 또는 세관장은 법 제12조 제2항, 법 제13조 제2항 또는 법 제15조 제2항 전단의 규정에 의하여 당해 세액을 징수하고자 함에 있어서 반출자 또는 수입신고인이 당해 세액을 징수할 수 있는 날부터 30일 이내에 당해 사실증명을 제출하지 아니할 때에는 당해 세액을 징수한다는 뜻을 지체없이 통지하여야 한다.

제8조 【멸실승인신청 등】 ① 영 제18조 제1항의 규정에 의한 신청 및 승인은 별지 제10호 서식의 교통 · 에너지 · 환경세미납세(면세)반출물품멸실승인신청서 및 동 승인서에 의한다. (2007. 4. 5. 개정)

② 영 제18조 제2항의 규정에 의한 증명은 별지 제11호 서식의 교통 · 에너지 · 환경세미납세(면세)반출물품멸실승인신청서 및 동 증명서에 의한다. (2007. 4. 5. 개정)

제13조【수출 및 군납면세】① 다음 각 호의 어느 하나에 해당하는 물품에 대하여 대통령령이 정하는 바에 따라 관할세무서장 또는 세관장의 승인을 얻은 경우에는 교통·에너지·환경세를 면제한다. (2006. 12. 30. 개정)
1. 수출하는 것
2. 우리나라에 주둔하는 외국군대(이하 "주한외국군"이라 한다)에 납품하는 것 (2018. 12. 31. 개정)
② 제1항의 규정에 의한 물품으로서 소정의 용도에 공한 사실을 대통령령이 정하는 바에 따라 증명하지 아니한 것에 대하여는 반출자 또는 수입신고인으로부터 교통·에너지·환경세를 징수한다. (2006. 12. 30. 개정)

관계조문 »

영 17조 ⇒ 반입신고·반입증명 및 용도증명

③ 제1항의 규정에 의하여 면제된 물품의 용도를 변경한 사실이 확인된 때에는 대통령령이 정하는 바에 따라 즉시 교통·에너지·환경세를 징수한다. (2006. 12. 30. 개정)
④ 제1항 제1호의 규정에 의하여 교통·에너지·환경세의 면제를 받은 물품의 반입자에 대하여 대통령령이 정하는 사유가 발생한 때에는 그 반입자로부터 교통·에너지·환경세를 징수한다. (2006. 12. 30. 개정)
⑤ 제1항 제2호의 규정에 의하여 교통·에너지·환경세의 면제를 받은 물품을 다른 사람에게 양도한 때에는 그 양수자가 반출 또는 수입신고한 것으로 보아 교통·에너지·환경세를 징수한다. (2006. 12. 30. 개정)
⑥ 제12조 제3항의 규정은 제1항의 규정에 의하여 교통·에너지·환경세의 면제를 받아 반출한 물품에 관하여 이를 준용한다. (2006.

제19조【수출 및 군납면세승인신청】① 법 제13조 제1항 각호의 물품에 대하여 면세를 받고자 하는 자는 다음 각호의 사항을 기재한 신청서에 수출신용장 기타 수출품임을 증명하는 서류 또는 납품계약서의 사본을 첨부하여 당해 물품을 반출할 때에(수입물품의 경우에는 그 수입신고시부터 수입면허 전까지) 관할세무서장 또는 세관장에게 제출하여 그 승인을 얻어야 한다. 이 경우 당해 물품의 제조자와 수출 또는 납품하는 자가 다를 때에는 제조자와 수출 또는 납품하는 자가 연명으로 신청하여야 한다.

제19조【수출 및 군납면세승인신청】① 법 제13조 제1항 각호의 물품에 대하여 면세를 받고자 하는 자는 다음 각호의 사항을 기재한 신청서에 수출신용장 기타 수출품임을 증명하는 서류 또는 납품계약서의 사본을 첨부하여 당해 물품을 반출할 때에(수입물품의 경우에는 그 수입신고 시부터 수입신고 수리 전까지) 관할세무서장 또는 세관장에게 제출(국세정보통신망을 통한 제출을 포함한다)하여 그 승인을 얻어야 한다. 이 경우 당해 물품의 제조자와 수출 또는 납품하는 자가 다를 때에는 제조자와 수출 또는 납품하는 자가 연명으로 신청하여야 한다. (2025. 2. 28. 개정)
1. 신청인의 주소·성명·명칭·주민등록번호 또는 사업자등록번호
2. 반출장소
3. 품명·수량·규격·단가·가격 및 세액
4. 수출 또는 군납처
5. 수출세관명
6. 수출자의 주소·성명 및 명칭
7. 반출예정연월일
8. 수출 또는 군납증명서 제출기한
9. 기타 참고사항
② 제1항의 규정에 의한 신청을 받은 관할세무서장 또는 세관장은 이를 승인한 때에는 그 신청서에 준하는 내용의 승인서를 교부하여야 한다.

12. 30. 개정)

제14조 【외교관면세】 ① 우리나라에 주재하는 외교공관 및 이에 준하는 대통령령으로 정하는 기관(이하 "주한외교공관등"이라 한다)과 우리나라에 주재하는 외교관 및 이에 준하는 대통령령으로 정하는 사람(이하 "주한외교관등"이라 한다)이 소유한 자동차에 사용하는 물품에 대하여는 교통 · 에너지 · 환경세를 면제한다. (2010. 12. 27. 개정)
② 외교부장관은 기획재정부장관과 협의하여 제1항에 따른 물품에 대한 매 연도분의 면세한도량을 그 전년도 12월 31일까지 정하여야 한다. (2013. 3. 23. 직제개정 ; 정부조직법 부칙)
③ 제1항은 해당 국가에서 우리나라의 공관 또는 외교관 등에게 그 국가의 조세로서 우리나라의 교통 · 에너지 · 환경세 또는 이와 유사한 성질의 조세를 면제하는 경우와 해당 국가에 우리나라의 교통 · 에너지 · 환경세 또는 이와 유사한 성질의 조세가 없는 경우에만 적용한다. (2010. 12. 27. 신설)
④ 제12조 제3항 및 제13조 제5항의 규정은 제1항의 규정에 의하여 교통 · 에너지 · 환경세의 면제를 받아 반출한 물품에 관하여 이를 준용한다. (2010. 12. 27. 항번개정)

제20조 【외교공관용 석유류에 대한 면세특례】 (2010. 12. 31. 제목개정)
① 석유류의 제조장 또는 판매장에서 법 제14조 제1항의 규정에 의하여 교통 · 에너지 · 환경세가 면제되는 석유류를 판매함에 있어서는 그 제조자 또는 석유류 판매자(이하 이 조에서 "판매자"라 한다)는 외교부장관이 발행한 외교공관별 · 유류별 사용량 기타 필요한 사항을 기재한 면세석유류구입추천서를 받고, 교통 · 에너지 · 환경세 상당액을 그 가격에서 공제한 후 인도하여야 한다. (2013. 3. 23. 직제개정 ; 기획재정부와~직제 부칙)
② 제1항의 경우 판매자는 당해 면세석유류구입추천서를 갖추어 매월분 판매량을 제조자에게 통보하여야 하며, 그 통보를 받은 제조자는 공제된 교통 · 에너지 · 환경세 상당액을 판매자에게 교부하여야 한다. (2007. 2. 28. 개정)
③ 제조자는 주한외교공관에 직접 판매한 석유류의 매월분 판매량과 제2항의 규정에 의하여 통보받은 판매자의 매월분 판매량을 관할세무서장에게 보고하여야 한다. 이 경우 면세석유류구입추천서를 첨부하여야 한다. (2010. 12. 30. 개정)
④ 제3항의 규정에 의한 보고를 받은 관할세무서장은 판매자가 판매한 석유류에 대하여 이미 납부한 교통 · 에너지 · 환경세액을 제조자에게 환급하여야 한다. 다만, 환급을 받을 자의 신청에 의하여 그 이후에 납부할 세액에서 공제할 수 있다. (2007. 2. 28. 개정)

제21조 【주한외교공관 등의 범위】 (2010. 12. 30. 제목개정)
① 법 제14조 제1항에서 "대통령령으로 정하는 기관"이란 우리나라에 상주하는 영사기관(명예영사관원을 장으로 하는 영사기관은 제외한다), 국제연합과 이에 준하는 국제기구(우리나라가 당사국인 조약과 그 밖의 국내 법령에 따라 특권과 면제를 부여받을 수 있는 경우만 해당한다)를 말한다. (2010. 12. 30. 개정)
② 법 제14조 제1항에서 "대통령령으로 정하는 사람"이란 제1항에 따른 기관의 소속 직원으로서 해당 국가로부터 공무원 신분을 부여받은

제9조 【외교공관용 석유류판매통보 등】 (2011. 4. 1. 제목개정)
① 영 제20조 제2항의 규정에 의한 통보는 별지 제12호 서식의 외교공관용 석유류판매통보서에 의한다. (2011. 4. 1. 개정)
② 영 제20조 제3항 및 제4항 단서의 규정에 의한 보고 및 신청은 별지 제13호 서식의 외교공관용석유류판매보고및교통 · 에너지 · 환경세공제(환급)신청서에 의한다. (2011. 4. 1. 개정)

제15조【조건부면세】① 다음 각 호의 어느 하나에 해당하는 물품에 대하여 대통령령이 정하는 바에 따라 관할세무서장 또는 세관장의 승인을 얻은 경우에는 교통·에너지·환경세를 면제한다. (2006. 12. 30. 개정)

1. 외국으로부터 자선 또는 구호를 위하여 자선 또는 구호기관·단체에 기증되는 것
2. 재수출할 물품을 보세구역으로부터 반출하는 것으로서 관세가 면제되는 것
3. 의료용·의약품제조용·비료제조용·농약제조용 또는 석유화학공업용 원료로 사용하는 것과 외국항행선박·원양어업선박 또는 항공기에 사용하는 것

② 제1항에 따른 물품으로서 대통령령이 정하는 바에 따라 반입지에 반입한 사실을 증명하지 아니한 것에 대하여는 관할 세무서장 또는 세관장이 그 반출자 또는 수입신고인으로부터 교통·에너지·환경세를 징수하며, 반입지에 반입된 후에 면세를 받은 물품의 용도를 변경하는 등 대통령령으로 정하는 사유가 발생한 경우에 반입자는 그 사유가 발생한 날이 속하는 달의 다음 달 말일까지 제7조에 따른 신고서를 반입지 관할 세무서장 또는 세관장에게 제출하고 교통·에너지·환경세를 납부하여야 한다. (2011. 12. 31. 개정)

③ 제12조 제3항·제5항 및 제13조 제4항의 규정은 제1항의 규정에 의하여 교통·에너지·환경세의 면제를 받아 반출한 물품에 관하여 이를 준용한다. (2006. 12. 30. 개정)

④ 제1항의 규정에 의하여 교통·에너지·환경세의 면제를 받아 반입지에 반입한 물품을 동항 각 호 또는 제16조 각 호의 용도에 공하기 위하여 재반출하는 때에는 제1항 내지 제3항 및 제16조의 규정에 의하

자 또는 외교부장관으로부터 이에 준하는 신분임을 확인받은 자 중 내국인이 아닌 자를 말한다. (2013. 3. 23. 직제개정 ; 기획재정부와 그 소속기관 직제 부칙)

제22조【면세승인신청】① 법 제15조 제1항 각호 또는 법 제16조 각호의 규정에 의하여 면세를 받고자 하는 자는 다음 각호의 사항을 기재한 신청서를 당해 물품을 반출할 때에(수입물품의 경우에는 그 수입신고시부터 수입면허 전까지) 관할세무서장 또는 세관장에게 제출하여 그 승인을 얻어야 한다.

제22조【면세승인신청】① 법 제15조 제1항 각호 또는 법 제16조 각호의 규정에 의하여 면세를 받고자 하는 자는 다음 각호의 사항을 기재한 신청서를 당해 물품을 반출할 때에(수입물품의 경우에는 그 수입신고 시부터 수입신고 수리 전까지) 관할세무서장 또는 세관장에게 제출(국세정보통신망을 통한 제출을 포함한다)하여 그 승인을 얻어야 한다. (2025. 2. 28. 개정)

1. 신청인의 주소·성명·명칭·주민등록번호 또는 사업자등록번호
2. 반출장소
3. 품명·수량·규격·단가·가격 및 세액
4. 반입장소
5. 반입자의 주소·성명 및 명칭
6. 반출예정연월일
7. 반입증명서, 물품반입확인서, 유류공급명세서(내항선인 원양어업선박의 경우에는 반입자의 반입보고서) 또는 기적허가서 제출기한 (2013. 2. 15. 개정)
8. 신청사유
9. 기타 참고사항

② 제1항의 규정에 의한 신청서에는 다음 각호의 서류를 첨부하여야 한다. 다만, 관세의 면제를 위하여 증명된 사항에 관하여는 당해 서류를 생략할 수 있다.

1. 법 제15조 제1항 제1호 및 제3호, 법 제16조 제1호 및 제4호의 경우에는 주무부처의 장이 발행한 당해 사실을 증명하는 서류
2. 법 제15조 제1항 제2호 및 법 제16조 제2호의 경우에는 「관세법」에 의한 면세신청에 필요한 서류 (2005. 7. 8. 개정)
3. 법 제16조 제3호의 경우에는 당해 물품을 기증받은 정부기관 또는

제10조【면세용도물품증명】영 제22조 제2항 각호의 규정에 의한 증명은 별지 제14호 서식의 교통·에너지·환경세면세용도물품증명신청서 및 동 증명서에 의한다. (2007. 4. 5. 개정)

여 교통 · 에너지 · 환경세를 면제한다. (2006. 12. 30. 개정)

　제16조【무조건면세】 다음 각 호의 어느 하나에 해당하는 물품에 대하여 대통령령이 정하는 바에 따라 관할세무서장 또는 세관장의 승인을 얻은 경우에는 교통 · 에너지 · 환경세를 면제한다. (2006. 12. 30. 개정)
1. 외국의 자선 또는 구호기관 · 단체에 기증하는 것
2. 외국무역선 또는 원양어업선박이 세관장의 승인을 얻어 내국무역선이 된 경우에 선박에 적재된 것으로서 그 선박 안에서 사용할 것으로 인정되는 연료 중 관세가 부과되지 아니하는 것
3. 국가 또는 지방자치단체에 기증하는 것
4. 군사원조에 의하여 수입하는 원조물품 또는 그 물품을 원료로 하여 제조하는 군수용 물품
5. 교통 · 에너지 · 환경세가 부과된 물품으로서 수출한 후 이 법의 규정에 의한 환급 또는 공제를 받은 사실이 없다는 것을 관할세무서장이 증명하는 물품이 재수입되어 보세구역으로부터 반출하는 것 (2006. 12. 30. 개정)
6. 국내에서 제조한 물품으로서 교통 · 에너지 · 환경세가 부과되지 아니한 물품이 국외로 반출된 후 수출면허일부터 6월 이내에 재수입됨으로써 과세물품이 되는 경우에 그 물품의 제조 · 가공에 사용한 원재료에 대하여 이 법 또는 「수출용원재료에 대한 관세 등 환급에 관한 특례법」에 의한 면제 · 환급 또는 공제를 받은 사실이 없다는 것을 관할세무서장 또는 세관장이 증명하는 물품이 재수입되어 보세구역으로부터 반출하는 것 (2006. 12. 30. 개정)

지방자치단체의 장이 발행한 수증사실을 증명하는 서류
4. 법 제16조 제5호 및 제6호의 경우에는 관할세무서장이 발행한 당해 사실을 증명하는 서류
③ 제1항의 규정에 의한 신청을 받은 관할세무서장 또는 세관장이 이를 승인한 때에는 그 신청서에 준하는 내용의 승인서를 교부하여야 하며, 법 제15조 제1항의 규정에 해당하는 경우에는 반입지 관할세무서장 또는 세관장에게 그 뜻을 통지하여야 한다.

　제23조【조건부 면세물품의 반입자에 의한 용도변경등】 ① 법 제15조 제1항의 물품이 반입지에 반입된 후에 해당 물품에 대하여 다음 각 호의 어느 하나에 해당하는 사유가 발생하는 때에는 반입자는 법 제15조 제2항에 따라 반입지 관할 세무서장(제3호의 경우에는 관할세관장)에게 교통 · 에너지 · 환경세를 신고 · 납부해야 한다. 다만, 「관세법」에 따라 관세를 감면받은 물품인 경우로서 같은 법 제97조 제3항 또는 제102조 제2항에 따라 관할 세관장에게 감면받은 관세를 납부해야 하는 경우에는 관할 세관장에게 교통 · 에너지 · 환경세를 신고 · 납부할 수 있다. (2025. 2. 28. 단서신설)
1. 법 제15조 제1항 제1호 및 제2호의 규정에 해당하는 물품에 있어서 반입자가 그 용도를 변경하거나 다른 사람에게 양도한 때
2. 법 제15조 제1항 제3호(외국항행선박 및 원양어업선박에 사용하는 석유류를 제외한다)의 규정에 해당하는 석유류에 있어서 당해 석유류를 반입한 날부터 6월 이내에 다음 각목의 서류를 반입지 관할세무서장에게 제출하지 아니한 때. 다만, 부득이한 사유가 있는 경우에는 반입지 관할세무서장은 3월의 범위 내에서 그 기한을 연장할 수 있다. (2003. 12. 30 개정)
　가. 항공기에 사용하는 석유류에 있어서는 사용자의 사용보고서
　나. 의료용 · 의약품제조용 · 비료제조용 · 농약제조용 또는 석유화학공업용 원료로 사용하는 석유류에 있어서는 사용자의 사용보고서와 주무부처의 장이 발행한 사용확인서
3. 법 제15조 제1항 제3호 중 외국항행선박 및 원양어업선박에 사용하는 석유류에 대하여 제17조 제2항 제2호에 따른 유류공급명세서(내항선인 원양어업선박의 경우에는 반입자의 반입보고서)를 제출한

　제11조【유류면세용도 사용보고】 영 제23조 제1항 제2호 가목 및 나목의 규정에 의한 보고는 별지 제15호 서식의 유류면세용도 사용보고서, 확인은 별지 제16호 서식의 유류면세용도 사용확인신청서 및 동 확인서에 의한다.

후 그 용도를 변경하거나 양도한 때. 다만, 외국항행선박 및 원양어업선박이 외국항행 및 원양어업을 종료하여 사용하고 남은 석유류를 다시 국내로 반입함에 따라 「관세법」 제14조에 따른 과세물건에 해당하게 되어 교통·에너지·환경세 또는 「개별소비세법」에 따른 개별소비세가 부과된 경우는 제외한다. (2021. 2. 17. 개정)

② 법 제15조 제1항 각호의 규정에 해당하는 사실을 증명하는 자는 제1항 각호의 사유가 발생한 때에는 그 사실을 즉시 국세청장 또는 관세청장에게 통지하여야 한다. (2003. 12. 30 개정)

③ 법 제15조 제1항 각호의 규정에 해당하는 물품으로서 제22조의 규정에 의한 승인을 얻어 반입지에 반입한 물품이 부패·파손 또는 이와 유사한 사유로 소정의 용도에 계속하여 사용할 수 없게 되어 이를 폐기하고자 하는 경우로서 다음 각호의 사항을 기재한 신청서를 관할 세무서장에게 제출하여 그 승인을 얻은 때에는 당해 교통·에너지·환경세를 징수하지 아니한다. (2007. 2. 28. 개정)

1. 신청인의 주소·성명·명칭·주민등록번호 또는 사업자등록번호
2. 품명·수량·규격·단가·가격 및 세액
3. 폐기수량 및 폐기사유
4. 반입사유 및 반입연월일
5. 기타 참고사항

제17조【세액의 공제와 환급】① 이미 교통·에너지·환경세가 납부되었거나 납부할 물품 또는 원재료를 그 제조장 또는 보세구역으로부터 반입하여 과세물품의 제조·가공에 직접 사용하는 경우 당해 과세물품에 대한 교통·에너지·환경세를 납부 또는 징수함에 있어서는 이미 납부되었거나 납부할 물품 또는 원재료에 대한 세액을 대통령령이 정하는 바에 따라 납부 또는 징수할 세액에서 공제한다. (2006. 12. 30. 개정)

② 이미 교통·에너지·환경세가 납부되었거나 납부할 물품 또는 원재료가 다음 각 호의 어느 하나에 해당하는 경우에는 대통령령이 정하는 바에 따라 이미 납부한 세액을 환급한다. 이 경우 납부할 세액이 있는 때에는 이를 공제한다. (2006. 12. 30. 개정)

1. 과세물품 또는 과세물품을 사용하여 제조·가공한 물품을 수출하거

제24조【세액의 공제 또는 환급신청】① 법 제17조 제1항 및 제2항의 규정에 해당하는 사유가 발생하여 공제 또는 환급을 받고자 하는 자는 기획재정부령이 정하는 신청서에 당해 사유의 발생사실을 증명하는 서류와 교통·에너지·환경세가 이미 납부되었거나 납부될 사실을 증명하는 서류를 첨부하여 다음 각호의 규정에 따라 관할세무서장 또는 세관장에게 신청(국세정보통신망에 의한 신청을 포함한다)하여야 한다. 다만, 과세된 석유류가 주한외국공관 기타 이에 준하는 기관에서 사용된 경우에는 제20조의 규정에 의한다. (2008. 2. 29. 직제개정 ; 기획재정부와~직제 부칙)

1. 법 제17조 제1항 및 제2항 제2호의 경우에는 신청인의 관할세무서장
2. 법 제17조 제2항 제1호·제3호 및 제4호의 경우에는 당해물품에 대하여 교통·에너지·환경세를 납부한 자와 연명으로 당해 교

제12조【면세물품폐기승인신청 등】영 제23조 제3항의 규정에 의한 신청 및 승인은 별지 제17호 서식의 교통·에너지·환경세면세물품폐기승인신청서 및 동 승인서에 의한다. (2007. 4. 5. 개정)

제13조【공제 및 환급신청 등】① 영 제24조 제1항의 규정에 의한 신청은 별지 제18호 서식의 교통·에너지·환경세공제(환급)신청서에 의하고, 교통·에너지·환경세가 이미 납부되었거나 납부될 사실의 증명은 별지 제19호 서식의 교통·에너지·환경세부과(납부)사실증명 신청서 및 동 증명서에 의한다. (2007. 4. 5. 개정)

② 영 제24조 제2항 제1호 및 제2호에 규정된 명세서는 별지 제20호 서식의 과세물품소요명세서에 의한다.

나 주한외국군에 납품하는 경우

2. 제조장 또는 보세구역으로부터 반출한 과세물품을 원재료로 하여 제조 · 가공한 과세물품이 교통 · 에너지 · 환경세가 면제되는 경우 (2006. 12. 30. 개정)

3. 제조장으로부터 반출한 과세물품을 제조장에 환입한 것으로서 대통령령이 정하는 바에 따라 관할세무서장의 확인을 받은 경우 (2009. 12. 31. 개정)

4. 과세물품이 의료용 · 의약품제조용 · 비료제조용 또는 농약제조용 원료로 사용되는 경우와 항공기 · 외국항행선박 · 원양어업선박 또는 주한외교공관등에서 사용되는 경우 (2010. 12. 27. 개정)

③ 제2항 제3호의 규정에 의한 확인을 받고자 하는 자는 당해 물품이 환입된 날이 속하는 달의 다음달 말일까지 환입된 사실을 관할세무서장에게 신고하여야 한다. 다만, 교통 · 에너지 · 환경세율을 인하하는 경우로서 당해 과세물품을 제조자의 하치장에 환입하고 세율인하일부터 5일 이내에 하치장 관할세무서장에게 신고하여 확인을 받은 경우에는 동일한 제조장에 환입된 것으로 본다. (2015. 12. 29. 개정)

④ 제12조 제2항 또는 제15조 제2항에 따라 지정된 기한 내에 반입사실을 증명하지 아니하여 교통 · 에너지 · 환경세를 징수하거나 면세를 받은 물품의 용도를 변경하는 등의 사유로 교통 · 에너지 · 환경세를 신고 · 납부하는 경우에는 그 물품의 원재료에 대하여 납부되었거나 납부될 세액은 공제 또는 환급하지 아니한다. (2011. 12. 31. 개정)

⑤ 제1항 및 제2항에 따른 공제 또는 환급을 받으려는 자는 해당 사유가 발생한 날부터 6개월이 지난 날이 속하는 달의 말일까지 대통령령으로 정하는 서류를 갖추어 제7조에 따른 신고와 함께 이를 관할 세무서장 또는 세관장에게 제출하여야 한다. (2011. 12. 31. 개정)

⑥ 교통 · 에너지 · 환경세가 납부되었거나 납부될 물품에 대하여 부과하였거나 부과할 가산세에 대하여는 공제 또는 환급하지 아니한다. (2006. 12. 30. 개정)

⑦ 제1항의 규정에 의한 공제에 있어서 당해 원재료 또는 구입물품에 대한 세액이 그 원재료를 사용하여 제조한 물품에 대한 세액을 초과하는 경우에는 그 초과하는 분의 세액은 이를 공제하지 아니한다.

⑧ 제2항 제4호의 규정에 해당하여 환급 또는 공제를 받은 물품이 소

통 · 에너지 · 환경세를 부과하였거나 부과할 관할세무서장 또는 세관장. 다만, 신청인과 실제 교통 · 에너지 · 환경세를 부담한 자가 다른 경우에는 실제 부담한 자가 교통 · 에너지 · 환경세를 납부한 자와 연명으로 신청할 수 있다. (2007. 2. 28. 개정)

② 제1항의 규정에 의한 증명서류는 다음과 같다.

1. 법 제17조 제1항 및 제2항 제2호의 경우에는 당해 물품에 소요된 물품의 명세서

2. 법 제17조 제2항 제1호의 경우에는 수출신고필증 또는 납품사실증명서, 해당 물품에 소요된 물품의 명세서 및 산업통상자원부장관이 정하는 바에 따라 산업통상자원부장관이 지정하는 기관이 발행한 원료소요량증명서. 다만, 수출신고필증의 경우에는 관할세무서장 또는 세관장이 「전자정부법」 제36조 제1항에 따른 행정정보의 공동이용을 통하여 확인하는 것으로 첨부를 갈음하며, 신청인이 확인에 동의하지 아니하면 첨부하도록 하여야 한다. (2013. 3. 23. 직제개정 ; 기획재정부와 그 소속기관 직제 부칙)

3. 법 제17조 제2항 제3호의 경우에는 당해 환입사실을 확인하는 서류

4. 법 제17조 제2항 제4호의 규정에 의한 의료용 원료 또는 의약품 · 비료 · 농약제조용 원료의 경우에는 사용자의 사용보고서 및 주무부처의 장이 발행한 사용확인서, 항공기용의 경우에는 사용자의 사용보고서, 외국항행선박 및 원양어업선박용의 경우에는 제17조 제2항 제2호에 따른 유류공급명세서(내항선인 원양어업선박용의 경우에는 반입자의 사용보고서) (2013. 2. 15. 개정)

③ 제1항의 규정에 의한 신청을 받은 관할세무서장은 그 신청인이 장래에 납부할 금액이 있는 때에는 그 납부할 세액에서 이미 납부한 세액을 공제하고, 신청인이 판매 또는 제조의 폐기 기타의 사유로 인하여 장래에 납부할 세액이 없는 때에는 이미 납부한 세액을 신청을 받은 날부터 30일 이내에 환급하여야 한다.

④ 법 제17조 제2항 제3호 및 동조 제3항의 규정에 의하여 관할세무서장에게 신고를 하고자 하는 자는 기획재정부령이 정하는 신고서 및 확인신청서를 관할세무서장에게 제출(국세정보통신망에 의한 제출을 포함한다)하여야 한다. 이 경우 관할세무서장은 즉시 그 사실을 확인하고 확인서를 교부하여야 한다. (2008. 2. 29. 직제개정 ; 기획재

제14조 【과세물품 환입신고 등】 영 제24조 제4항의 규정에 의한 신고 및 확인은 별지 제21호 서식의 과세물품 환입신고 및 확인신청(확인)서에 의한다.

정의 용도에 사용되지 아니한 사실이 확인된 때에는 환급 또는 공제된 교통·에너지·환경세를 징수한다. (2006. 12. 30. 개정)

⑨ 개별소비세 과세물품이 교통·에너지·환경세 과세물품의 원재료로 사용된 경우에는 제1항 내지 제7항의 규정에 준하여 당해 개별소비세액을 납부 또는 징수할 교통·에너지·환경세액에서 공제하거나 이를 환급할 수 있다. (2007. 12. 31. 개정 ; 특별소비세법 부칙)

제18조【개업·폐업 등의 신고】① 과세물품을 제조하고자 하는 자는 대통령령이 정하는 바에 따라 관할세무서장에게 신고하여야 한다. 이를 휴업 또는 폐업하거나 신고내용의 변경이 있는 때에도 또한 같다.

② 과세물품의 제조업의 영업을 양수·상속하거나 법인의 합병으로 인하여 당해 영업을 승계한 경우 양수인, 상속인, 합병 후 존속하는 법인 또는 합병으로 인하여 설립된 법인은 그 사실을 즉시 관할세무서장에게 신고하여야 한다. 이 경우 양수인은 양도인과 연명으로 신고하여야 한다.

③ 제1항에도 불구하고 둘 이상의 제조장이 있는 사업자는 사업자 단위로 해당 사업자의 본점 또는 주사무소의 관할세무서장에게 신고할 수 있다. (2010. 12. 27. 신설)

④ 제1항에 따라 개업 신고를 한 사업자가 제3항에 따라 사업자 단위로 신고하려면 사업자단위과세사업자로 적용받으려는 달이 시작되기 20일 전까지 신고하여야 한다. (2010. 12. 27. 신설)

⑤ 제1항부터 제4항까지에서 규정한 사항 외에 개업·폐업 등의 신고에 필요한 사항은 대통령령으로 정한다. (2010. 12. 27. 신설)

정부와~직제 부칙)

⑤ 법 제17조 제8항의 규정에 해당하는 경우에는 당해 물품을 소정의 용도에 사용하지 아니한 자로부터 당해 교통·에너지·환경세를 징수한다. 이 경우 법 제17조 제2항 제4호 중 외국항행선박 및 원양어업선박에서 사용하는 석유류에 있어서는 당해 물품을 소정의 용도에 사용하지 아니한 자의 관할세관장이 징수한다. (2007. 2. 28. 개정)

제25조【개업·폐업 등의 신고】① 법 제18조 제1항 전단 또는 같은 조 제3항에 따른 신고를 하려는 자는 사업개시 5일 전까지 기획재정부령이 정하는 신고서를 제조장관할세무서장이나 본점 또는 주사무소의 관할세무서장에게 제출하여야 한다. (2010. 12. 30. 개정)

② 법령에 의하여 허가·인가·등록 등(이하 이 항에서 "인·허가"라 한다)을 요하는 사업의 경우에는 그 인·허가에 관한 증서사본(인·허가전인 경우에는 그 인·허가신청서의 사본 또는 사업계획서)을 제1항의 신고서에 첨부하여 제출하여야 한다. 다만,「부가가치세법」제8조에 따라 등록을 한 자는 첨부를 생략할 수 있다. (2013. 6. 28. 단서개정 ; 부가가치세법 시행령 부칙)

③ 법 제18조 제1항 후단의 규정에 의하여 과세물품제조자가 당해 영업을 1월 이상 휴업하고자 하는 경우에는 기획재정부령이 정하는 신고서를 휴업을 개시하기 전까지 관할세무서장에게 제출하여야 한다. (2008. 2. 29. 직제개정 ; 기획재정부와~직제 부칙)

④ 제1항 내지 제3항의 규정에 의한 신고를 한 자는 그 신고사항에 변동이 생긴 때 또는 당해 영업을 폐지한 때에는 기획재정부령이 정하는 신고서를 지체없이 제조장관할세무서장이나 본점 또는 주사무소의 관할세무서장에게 제출하여야 한다. 다만, 과세물품의 제조자가 제12조에 따른 신고서에 폐업연월일 및 폐업사유를 적어 제출하는 경우에는 폐업신고서를 제출한 것으로 본다. (2010. 12. 30. 개정)

⑤ 법 제18조 제3항 또는 제4항에 따라 사업자단위과세사업자로 신고한 사업자가 각 제조장별로 법 제7조에 따른 과세표준의 신고를 하려는 경우에는 제조장 단위 과세사업자로 적용받으려는 달이 시작되기 20일 전까지 기획재정부령으로 정하는 제조장 단위 과세 전환신고서를 본점 또는 주사무소의 관할세무서장에게 제출하여야 한다. (2014. 2. 21. 신설)

제15조【개업·폐업 등의 신고】① 영 제25조 제1항·제3항 또는 제4항 본문에 따른 신고는 별지 제22호 서식의 과세물품제조업개업(변경·폐업)신고서에 의한다. (2011. 4. 1. 개정)

② 법 제18조 제3항 및 제4항에 따라 사업자단위로 신고하려는 자는 제1항에 따른 신고서에 별지 제22호 서식 부표의 사업자단위 적용 신고자의 종된 사업장 명세서를 첨부하여 제출하여야 한다. (2011. 4. 1. 신설)

③ 영 제25조 제5항에 따른 신고는 별지 제23호 서식의 제조장 단위 과세 전환신고서에 따른다. (2014. 3. 14. 신설)

제19조 【기장의무】 과세물품의 제조자는 대통령령이 정하는 바에 따라 제조장별로 장부를 비치하고 이에 그 제조 · 저장 · 판매에 관한 사항을 기재하여야 한다.

제20조 【권리 · 의무의 승계】 제조장을 사실상 이전하지 아니하고 제조업의 영업에 관하여 포괄승계가 있는 경우에 승계인은 피승계인에 속하였던 다음의 권리 · 의무를 승계한다. 제12조 제1항 또는 제15조 제1항의 규정에 의하여 미납세 또는 면세로 반입한 자의 지위를 포괄승계한 경우에도 또한 같다.
1. 제7조에 따른 과세표준의 신고, 제8조에 따른 세액 및 「국세기본법」 제47조의 2부터 제47조의 4까지의 규정에 따른 가산세 납부 등의 의무 (2011. 12. 31. 개정)
2. 제19조의 규정에 의한 장부비치 · 기장의 의무
3. 이 법의 규정에 의하여 미납세 또는 면세로 반입된 물품으로서 사후 관리를 받고 있는 것에 관한 권리
4. 제17조의 규정에 의한 공제와 환급에 관한 권리 · 의무

제21조 【명　령】 ① 정부는 교통 · 에너지 · 환경세의 납세보전을 위하여 필요하다고 인정하는 때에는 대통령령이 정하는 바에 따라 과세물품의 제조자 및 판매자등에 대하여 세금계산서의 발행 기타 단속상 필요한 사항에 관한 명령을 할 수 있다. (2015. 12. 29. 개정)
② 정부는 교통 · 에너지 · 환경세의 납세보전을 위하여 필요하다고 인정하는 때에는 제12조 제1항 또는 제15조 제1항의 규정에 의하여 미납세 또는 면세로 반입한 자에 대하여 과세자료의 제출 기타 단속상 필요한 사항에 관한 명령을 할 수 있다. (2006. 12. 30. 개정)

제22조 【질문 · 검사】 ① 세무공무원은 교통 · 에너지 · 환경세에 관한 조사를 위하여 필요하다고 인정하는 때에는 과세물품의 제조자

⑥ 제5항에 따라 제조장 단위 과세 전환신고서를 제출받은 관할세무서장은 그 처리결과를 지체없이 해당 사업자와 다른 제조장관할세무서장에게 통지하여야 한다. (2014. 2. 21. 신설)

제26조 【기장의무】 과세물품의 제조자는 법 제19조의 규정에 의하여 다음 각호의 사항을 장부에 기재하여야 한다.
1. 매입한 원재료 또는 물품의 품명 · 종류 · 수량 · 규격 · 매입연월일과 판매자의 주소 · 성명 · 명칭
2. 사용한 원재료 또는 물품의 품명 · 종류 · 수량 · 규격 및 사용연월일
3. 제조한 물품의 품명 · 수량 · 규격 및 제조연월일
4. 반출한 물품의 품명 · 수량 · 규격 · 가격 · 반출연월일과 구입자의 주소 · 성명 · 명칭

제27조 【명령사항】 ① 관할지방국세청장 또는 관할세무서장은 법 제21조 제1항에 따라 다음 각 호의 자에게 세금계산서의 발행, 장부의 작성 · 보존과 그 밖에 단속상 필요한 사항에 관한 명령을 할 수 있다. (2016. 2. 5. 개정)
1. 과세물품의 제조자 (2016. 2. 5. 개정)
2. 법 제11조 제1항에 따른 판매자등 (2016. 2. 5. 개정)
② 관할지방국세청장 또는 관할세무서장은 법 제21조 제2항에 따라 법 제20조 각 호 외의 부분 후단에 해당하는 자에게 면세로 반입한 물품의 구분 · 적재 및 보관과 장부의 작성 및 보존 기타 단속상 필요한 사항을 명할 수 있다. (2009. 5. 21. 개정)

및 판매자등에 대하여 다음 각 호의 사항에 관하여 질문을 하거나 그 장부·서류 기타의 물건을 검사할 수 있다. (2015. 12. 29. 개정)
1. 과세물품 또는 이를 사용한 제품으로서 과세물품의 제조자 또는 판매자등이 소지하는 것 (2015. 12. 29. 개정)
2. 과세물품 또는 이를 사용한 제품의 제조·저장 또는 판매에 관한 장부·서류
3. 과세물품 또는 이를 사용한 제품의 제조·저장 또는 판매상 필요한 건축물·기계·기구·재료 기타의 물건
② 세무공무원은 운반중의 과세물품과 이를 사용한 제품의 출처 또는 도달지를 질문할 수 있다. 이 경우에 단속상 필요하다고 인정하는 때에는 세무공무원은 그 운반을 정지하게 하거나 하물 또는 선차에 봉인을 하는 등 필요한 조치를 할 수 있다.

　제23조【증표의 제시】세무공무원은 제22조의 규정에 의하여 질문·검사 기타 필요한 조치를 하는 때에는 그 권한을 표시하는 증표를 지니고 관계인에게 이를 내보여야 한다.

　제24조【교통·에너지·환경세의 사무 관할】(2006. 12. 30. 제목개정)
보세구역으로부터 반출하거나 보세공장으로 반입한 물품의 부과징수에 관한 사무는 보세구역의 관할세관장이 처리한다.

　제25조【과태료】① 관할 세무서장은 제15조 제1항 제3호에 따라 외국항행선박 또는 원양어업선박에 사용할 목적으로 교통·에너지·환경세를 면제받는 석유류 중 외국항행선박 또는 원양어업선박 외의 용도로 반출한 석유류를 판매하거나 그 사실을 알면서 취득한 자에게 판매가액 또는 취득가액의 3배 이하의 과태료를 부과·징수한다. (2018. 12. 31. 신설)
② 관할 세무서장은 제21조에 따른 납세보전을 위한 명령을 위반한 자에게 2천만원 이하의 과태료를 부과·징수한다. (2018. 12. 31. 신설)
③ 제1항 및 제2항에 따른 과태료의 부과기준은 대통령령으로 정한다. (2021. 12. 21. 신설)

　제28조【과태료의 부과기준】법 제25조 제1항 및 제2항에 따른 과태료의 부과기준은 별표와 같다. (2022. 2. 15. 신설)

부 칙 (2024. 12. 31. 법률 제20609호)

제1조 【시행일】 이 법은 2025년 1월 1일부터 시행한다.

제2조 【세금계산서 등을 발급받지 않고 매입한 과세물품 등의 판매자 등에 대한 과세 특례에 관한 적용례】 제11조의 개정규정은 이 법 시행 이후 판매하거나 판매하기 위하여 보관하는 과세물품부터 적용한다.

제3조 【다른 법률의 개정】 ① 법률 제9346호 교통·에너지·환경세법 폐지법률(법률 제9901호 교통·에너지·환경세법 일부개정법률, 법률 제11603호 교통·에너지·환경세법 일부개정법률, 법률 제13550호 교통·에너지·환경세법 일부개정법률, 법률 제16096호 교통·에너지·환경세법 일부개정법률 및 법률 제18584호 교통·에너지·환경세법 일부개정법률에 따라 각각 개정된 내용을 포함한다) 일부를 다음과 같이 개정한다.

부칙 제1조 중 "2025년 1월 1일"을 "2028년 1월 1일"로 한다.

② 법률 제9902호 대한민국과 아메리카합중국 간의 상호방위조약 제4조에 의한 시설과 구역 및 대한민국에서의 합중국군대의 지위에 관한 협정의 실시에 따른 관세법 등의 임시특례에 관한 법률 일부개정법률(법률 제11603호 교통·에너지·환경세법 일부개정법률, 법률 제13550호 교통·에너지·환경세법 일부개정법률, 법률 제16096호 교통·에너지·환경세법 일부개정법률 및 법률 제18584호 교통·에너지·환경세법 일부개정법률에 따라 각각 개정된 내용을 포함한다) 일부를 다음과 같이 개정한다.

부칙 단서 중 "2025년 1월 1일"을 "2028년 1월 1일"로 한다.

③ 법률 제10423호 법인세법 일부개정법률(법률 제11603호 교통·에너지·환경세법 일부개정법률, 법률 제13550호 교통·에너지·환경세법 일부개정법률, 법률 제16096호 교통·에너지·환경세법 일부개정법률 및 법률 제18584호 교통·에너지·환경세법 일부개정법률에 따라 각각 개정된 내용을 포함한다) 일부를 다음과 같이 개정한다.

부칙 제1조 단서 중 "2025년 1월 1일"을 "2028년 1월 1일"로 한다.

④ 법률 제10893호 환경정책기본법 전부개정법률(법률 제11268호 환경정책기본법 일부개정법률, 법률 제11603호 교통·에너지·환경세법 일부개정법률, 법률 제13550호 교통·에너지·환경세법 일부개정법률, 법률 제16096호 교통·에너지·환경세법 일부개정법률 및 법률 제18584호 교통·에너지·환경세법 일부개정법률에 따라 각각 개정된 내용을 포함한다) 일부를 다음과 같이 개정한다.

부칙 제4조의 2 각 호 외의 부분 중 "2024년 12월 31일"을 "2027년 12월 31일"로 한다.

부 칙 (2025. 2. 28. 대통령령 제35356호)

제1조 【시행일】 이 영은 공포한 날부터 시행한다. 다만, 제17조 제2항 제2호의 개정규정은 2025년 4월 1일부터 시행한다.

제2조 【반입증명에 관한 적용례】 제17조 제2항 제2호의 개정규정은 부칙 제1조 단서에 따른 시행일 이후 제조장에서 반출하거나 수입신고하는 경우부터 적용한다.

제3조 【조건부 면세물품의 반입자에 의한 용도변경 등에 관한 적용례】 제23조 제1항 각 호 외의 부분 단서의 개정규정은 이 영 시행 전에 같은 항 각 호의 어느 하나에 해당하는 사유가 발생하였으나 이 영 시행 당시 교통·에너지·환경세를 신고·납부하지 않은 분에 대해서도 적용한다.

부 칙 (2024. 12. 31. 대통령령 제35130호)

이 영은 2025년 1월 1일부터 시행한다.

부 칙 (2024. 10. 31. 대통령령 제34977호)

제1조 【시행일】 이 영은 2024년 11월 1일부터 시행한다.

제2조 【탄력세율 조정에 따른 적용례 등】 ① 제3조의 2 제1호 단서 및 같은 조 제2호 단서의 개정규정은 이 영 시행일부터 2024년 12월 31일까지 제조장에서 반출하거나 수입신고하는 물품에 대하여 적용한다.

② 이 영 시행 전에 제조장에서 반출했거나 수입신고한 물품에 대한 교통·에너지·환경세 세율은 제3조의 2 제1호 단서 및 같은 조 제2호 단서의 개정규정에도 불구하고 종전의 규정에 따른다.

부 칙 (2024. 8. 30. 대통령령 제34866호)

이 영은 2024년 9월 1일부터 시행한다.

부 칙 (2024. 6. 28. 대통령령 제34615호)

제1조 【시행일】 이 영은 2024년 7월 1일부터 시행한다.

제2조 【탄력세율 조정 등에 따른 적용례 등】 ① 제3조의 2 제1호 단서 및 같은 조 제2호 단서의 개정규정은 이 영 시행일부터 2024년 8월 31일까지 제조장에서 반출하거나 수입신고하는 물품에 대하여 적용한다.

② 이 영 시행 전에 제조장에서 반출했거나 수입신고한 물품에 대한 교통·에너지·환경세 세율은 제3조의 2 제1호 단서 및 같은 조 제2호 단서의 개정규정에도 불구하고 종전의 규정에 따른다.

부 칙 (2025. 3. 21. 기획재정부령 제1121호)

이 규칙은 공포한 날부터 시행한다. 다만, 별지 제9호의 2 서식의 개정규정은 2025년 4월 1일부터 시행한다.

부 칙 (2023. 3. 20. 기획재정부령 제972호)

이 규칙은 공포한 날부터 시행한다.

부 칙 (2021. 3. 16. 기획재정부령 제837호)

제1조 【시행일】 이 규칙은 공포한 날부터 시행한다.

제2조 【서식에 관한 적용례】 서식에 관한 개정규정은 이 규칙 시행 이후 제출하는 경우부터 적용한다.

(1993. 12. 31. 재무부령 제1954호～2020. 3. 13. 기획재정부령 제779호) 생략

부　칙 (2023. 6. 9. 법률 제19430호 ; 지방자치분권 및 지역균형발전에 관한
　　　특별법 부칙)
　제1조【시행일】이 법은 공포 후 1개월이 경과한 날부터 시행한다. 다만, 다음 각
호의 사항은 해당 호에서 정하는 날부터 시행한다.
1.~3. 생　략
　제2조~제20조 생　략
　제21조【다른 법률의 개정】①~⑦ 생　략
⑧ 법률 제9346호 교통 · 에너지 · 환경세법 폐지법률 일부를 다음과 같이 한다.
부칙 제3조 제2항을 다음과 같이 한다.
② 지방자치분권 및 지역균형발전에 관한 특별법 일부를 다음과 같이 개정한다.
　제82조를 다음과 같이 한다.
　제82조(일반회계 또는 다른 특별회계로부터의 전입) 회계의 수입으로써 회계에 속
하는 경비의 전부를 마련할 수 없는 경우에는 그 부족액의 전부 또는 일부를 일반회계
나 다른 특별회계로부터의 전입금으로 충당할 수 있다.
⑨~ 생　략
　제22조 생　략

부　칙 (2022. 8. 12. 법률 제18974호)
　제1조【시행일】이 법은 공포한 날부터 시행한다.
　제2조【과세대상과 세율에 관한 적용례】제2조 제3항의 개정규정은 이 법 시행
이후 제조장에서 반출하거나 수입신고하는 분부터 적용한다.

(1993. 12. 31. 법률 제4667호
~2021. 12. 21. 법률 제18584호) 생략

부　칙 (2024. 4. 30. 대통령령 제34454호)
　이 영은 2024년 5월 1일부터 시행한다.

부　칙 (2024. 2. 29. 대통령령 제34282호)
　이 영은 2024년 3월 1일부터 시행한다.

부　칙 (2023. 12. 29. 대통령령 제34063호)
　이 영은 2024년 1월 1일부터 시행한다.

부　칙 (2023. 10. 31. 대통령령 제33833호)
　이 영은 2023년 11월 1일부터 시행한다.

부　칙 (2023. 8. 31. 대통령령 제33694호)
　이 영은 2023년 9월 1일부터 시행한다.

부　칙 (2023. 4. 28. 대통령령 제33439호)
　제1조【시행일】이 영은 2023년 5월 1일부터 시행한다.
　제2조【탄력세율 조정 기한의 변경에 따른 적용례 등】① 제3조의 2 제1호 단서
및 같은 조 제2호 단서의 개정규정은 이 영 시행일부터 2023년 8월 31일까지 제조장에
서 반출하거나 수입신고하는 물품에 대하여 적용한다.
② 이 영 시행 전에 제조장에서 반출했거나 수입신고한 물품에 대한 교통 · 에너지 · 환
경세 세율은 제3조의 2 제1호 단서 및 같은 조 제2호 단서의 개정규정에도 불구하고
종전의 규정에 따른다.

부　칙 (2022. 12. 30. 대통령령 제33182호)
　제1조【시행일】이 영은 2023년 1월 1일부터 시행한다.
　제2조【탄력세율 조정에 따른 적용례 등】① 제3조의 2 제1호 단서 및 같은 조
제2호 단서의 개정규정은 이 영 시행일부터 2023년 4월 30일까지 제조장에서 반출하거
나 수입신고하는 물품에 대하여 적용한다.
② 이 영 시행 전에 제조장에서 반출했거나 수입신고한 물품에 대한 교통·에너지 · 환
경세 세율은 제3조의 2 제1호 단서 및 같은 조 제2호 단서의 개정규정에도 불구하고
종전의 규정에 따른다.

(1993. 12. 31. 대통령령 제14078호~
2022. 6. 30. 대통령령 제32736호) 생략

종합부동산세법

<table>
<tr><th>법 률</th><th>시행령</th><th>시행규칙</th></tr>
</table>

<table>
<tr><td>종합부동산세법</td><td>종합부동산세법 시행령</td><td>종합부동산세법 시행규칙</td></tr>
<tr><td>

개정 2025. 3. 14. 법률 제20779호
2023. 4. 18. 법률 제19342호
(지방세법 부칙) 2023. 3. 14. 법률 제19230호
2022. 12. 31. 법률 제19200호
2022. 9. 15. 법률 제18977호
2021. 9. 14. 법률 제18449호
2020. 12. 29. 법률 제17760호
2020. 8. 18. 법률 제17478호
(법률용어 정비를~법률) 2020. 6. 9. 법률 제17339호
2018. 12. 31. 법률 제16109호
(정부조직법 부칙) 2017. 7. 26. 법률 제14839호
2016. 3. 2. 법률 제14050호
(부동산 가격공시 및~법률 부칙) 2016. 1. 19. 법률 제13796호
(임대주택법 부칙) 2015. 8. 28. 법률 제13499호
(정부조직법 부칙) 2014. 11. 19. 법률 제12844호
(지방세법 부칙) 2014. 1. 1. 법률 제12153호
(정부조직법 부칙) 2013. 3. 23. 법률 제11690호
(영유아보육법 부칙) 2011. 6. 7. 법률 제10789호
(지방세법 부칙) 2010. 3. 31. 법률 제10221호
(지방세특례제한법 부칙) 2010. 3. 31. 법률 제10220호
2009. 5. 27. 법률 제 9710호
2009. 4. 1. 법률 제 9555호
2008. 12. 26. 법률 제 9273호
(정부조직법 부칙) 2008. 2. 29. 법률 제 8852호
(국세기본법 부칙) 2007. 12. 31. 법률 제 8830호
(가족관계의 등록 등에 관한 법률 부칙) 2007. 5. 17. 법률 제 8435호
2007. 1. 11. 법률 제 8235호
2005. 12. 31. 법률 제 7836호
제정 2005. 1. 5. 법률 제 7328호

</td><td>

개정 2025. 2. 28. 대통령령 제35352호
2024. 11. 12. 대통령령 제34994호
(근현대문화~부칙) 2024. 9. 10. 대통령령 제34881호
2024. 9. 10. 대통령령 제34874호
2024. 6. 25. 대통령령 제34588호
(문화재보호법 시행령 부칙) 2024. 5. 7. 대통령령 제34488호
2024. 2. 29. 대통령령 제34268호
2023. 9. 5. 대통령령 제33696호
(지방자치분권~부칙) 2023. 7. 7. 대통령령 제33621호
2023. 2. 28. 대통령령 제33266호
2022. 9. 23. 대통령령 제32918호
2022. 8. 2. 대통령령 제32831호
2022. 2. 15. 대통령령 제32425호
2021. 2. 17. 대통령령 제31447호
2020. 10. 7. 대통령령 제31085호
2020. 8. 7. 대통령령 제30921호
2020. 2. 11. 대통령령 제30404호
(문화재보호법 시행령 부칙) 2019. 12. 31. 대통령령 제30285호
2019. 2. 12. 대통령령 제29524호
2018. 10. 23. 대통령령 제29243호
(민간임대주택에~시행령 부칙) 2018. 7. 16. 대통령령 제29045호
2018. 6. 5. 대통령령 제28930호
2018. 2. 13. 대통령령 제28645호
(행정안전부와 그 소속기관 직제 부칙) 2017. 7. 26. 대통령령 제28211호
2017. 2. 7. 대통령령 제27836호
(주택법 시행령 부칙) 2016. 8. 11. 대통령령 제27444호
2016. 2. 5. 대통령령 제26948호
(임대주택법 시행령 부칙) 2015. 12. 28. 대통령령 제26763호
2015. 11. 30. 대통령령 제26670호
(주택도시기금법 시행령 부칙) 2015. 6. 30. 대통령령 제26369호
(행정자치부와~직제 부칙) 2014. 11. 19. 대통령령 제25751호
(임대주택법 시행령 부칙) 2014. 7. 16. 대통령령 제25483호
(지방세법 시행령 부칙) 2014. 4. 22. 대통령령 제25317호
2014. 2. 21. 대통령령 제25208호
(기획재정부와 그 소속기관 직제 부칙) 2013. 3. 23. 대통령령 제24441호
2013. 2. 22. 대통령령 제24392호
2012. 2. 2. 대통령령 제23594호
(영유아보육법 시행령 부칙) 2011. 12. 8. 대통령령 제23356호

</td><td>

개정 2025. 3. 21. 기획재정부령 제1118호
2024. 9. 10. 기획재정부령 제1081호
2024. 3. 22. 기획재정부령 제1054호
2023. 9. 27. 기획재정부령 제1020호
2023. 3. 20. 기획재정부령 제 980호
2022. 9. 23. 기획재정부령 제 939호
2022. 7. 27. 기획재정부령 제 927호
2022. 3. 18. 기획재정부령 제 900호
2021. 3. 16. 기획재정부령 제 836호
2020. 3. 13. 기획재정부령 제 782호
2019. 3. 20. 기획재정부령 제 727호
2017. 3. 10. 기획재정부령 제 600호
2015. 3. 6. 기획재정부령 제 469호
(기획재정부와 ~ 직제 시행규칙 부칙)
2014. 11. 19. 기획재정부령 제 444호
2014. 3. 14. 기획재정부령 제 411호
(부가가치세법 시행규칙 부칙)
2013. 6. 28. 기획재정부령 제 355호
2013. 2. 23. 기획재정부령 제 328호
2012. 2. 28. 기획재정부령 제 268호
2011. 9. 7. 기획재정부령 제 235호
2010. 4. 12. 기획재정부령 제 146호
2009. 9. 23. 기획재정부령 제 102호
2009. 5. 12. 기획재정부령 제 80호
2008. 4. 29. 재정경제부령 제 19호
2007. 9. 27. 재정경제부령 제 576호
2006. 7. 13. 재정경제부령 제 515호
(행정정보의 공동이용 및~일부 개정령)
2006. 7. 5. 재정경제부령 제 512호
제정 2005. 5. 31. 재정경제부령 제 441호

</td></tr>
</table>

2011. 10. 14. 대통령령 제23219호
2011. 6. 3. 대통령령 제22952호
2011. 3. 31. 대통령령 제22813호
(지방세법 시행령 부칙) 2010. 12. 30. 대통령령 제22586호
(문화재보호법 시행령 부칙) 2010. 12. 29. 대통령령 제22560호
(지방세법 시행령 부칙) 2010. 9. 20. 대통령령 제22395호
2010. 9. 20. 대통령령 제22392호
2010. 6. 8. 대통령령 제22183호
2010. 2. 18. 대통령령 제22045호
2009. 12. 31. 대통령령 제21936호
2009. 9. 29. 대통령령 제21749호
(국유재산법 시행령 부칙) 2009. 7. 27. 대통령령 제21641호
2009. 4. 21. 대통령령 제21432호
2009. 2. 4. 대통령령 제21293호
2008. 12. 26. 대통령령 제21193호
(건축법 시행령 부칙) 2008. 10. 29. 대통령령 제21098호
2008. 7. 24. 대통령령 제20932호
(기획재정부와～직제 부칙) 2008. 2. 29. 대통령령 제20720호
2008. 2. 22. 대통령령 제20625호
2007. 8. 6. 대통령령 제20210호
(국세기본법 시행령 부칙) 2007. 2. 28. 대통령령 제19893호
2005. 12. 31. 대통령령 제19253호
제정 2005. 5. 31. 대통령령 제18848호

제1조【목 적】이 법은 고액의 부동산보유자에 대하여 종합부동산세를 부과하여 부동산보유에 대한 조세부담의 형평성을 제고하고, 부동산의 가격안정을 도모함으로써 지방재정의 균형발전과 국민경제의 건전한 발전에 이바지함을 목적으로 한다. (2005. 1. 5. 제정)

제2조【정 의】이 법에서 사용하는 용어의 정의는 다음 각호와 같다. (2005. 1. 5. 제정)
1. "시·군·구"라 함은 「지방자치법」 제2조에 따른 지방자치단체인 시·군 및 자치구(이하 "시·군"이라 한다)를 말한다. (2020. 6. 9. 개정 ; 법률용어 정비를~법률)
2. "시장·군수·구청장"이라 함은 지방자치단체의 장인 시장·군수 및 자치구의 구청장(이하 "시장·군수"라 한다)을 말한다. (2005. 1. 5. 제정)
3. "주택"이라 함은 「지방세법」 제104조 제3호에 의한 주택을 말한다. (2023. 3. 14. 단서삭제 ; 지방세법 부칙)
4. "토지"라 함은 「지방세법」 제104조 제1호에 따른 토지를 말한다. (2010. 3. 31. 개정 ; 지방세법 부칙)
5. "주택분 재산세"라 함은 「지방세법」 제105조 및 제107조에 따라 주택에 대하여 부과하는 재산세를 말한다. (2010. 3. 31. 개정 ; 지방세법 부칙)
6. "토지분 재산세"라 함은 「지방세법」 제105조 및 제107조에 따라 토지에 대하여 부과하는 재산세를 말한다. (2010. 3. 31. 개정 ; 지방세법 부칙)
7. 삭 제 (2005. 12. 31.)
8. "세대"라 함은 주택 또는 토지의 소유자 및 그 배우자와 그들과 생계를 같이하는 가족으로서 대통령령으로 정하는 것을 말한다. (2020. 6. 9. 개정 ; 법률용어 정비를~법률)
9. "공시가격"이라 함은 「부동산 가격공시에 관한 법률」에 따라 가격이 공시되는 주택 및 토지에 대하여 같은 법에 따라 공시된 가액을

제 1 장 총 칙

제1조【목 적】이 영은 「종합부동산세법」에서 위임된 사항과 동법의 시행에 관하여 필요한 사항을 규정함을 목적으로 한다. (2005. 5. 31. 제정)

제1조의 2【세대의 범위】① 「종합부동산세법」(이하 "법"이라 한다) 제2조 제8호에서 "대통령령이 정하는 것"이라 함은 주택 또는 토지의 소유자 및 그 배우자가 그들과 동일한 주소 또는 거소에서 생계를 같이하는 가족과 함께 구성하는 1세대를 말한다. (2005. 12. 31. 신설)
② 제1항에서 "가족"이라 함은 주택 또는 토지의 소유자와 그 배우

제1조【목 적】이 규칙은 「종합부동산세법」 및 동법 시행령에서 위임된 사항과 그 시행에 관하여 필요한 사항을 규정함을 목적으로 한다. (2005. 5. 31. 제정)

말한다. 다만, 같은 법에 따라 가격이 공시되지 아니한 경우에는 「지방세법」 제4조 제1항 단서 및 같은 조 제2항에 따른 가액으로 한다. (2020. 6. 9. 개정 ; 법률용어 정비를~법률)

제3조 【과세기준일】 종합부동산세의 과세기준일은 「지방세법」 제114조에 따른 재산세의 과세기준일로 한다. (2010. 3. 31. 개정 ; 지방세법 부칙)

제4조 【납세지】 ① 종합부동산세의 납세의무자가 개인 또는 법인으로 보지 아니하는 단체인 경우에는 소득세법 제6조의 규정을 준용하여 납세지를 정한다. (2005. 1. 5. 제정)
② 종합부동산세의 납세의무자가 법인 또는 법인으로 보는 단체인 경우에는 「법인세법」 제9조 제1항부터 제3항까지의 규정을 준용하여 납세지를 정한다. (2020. 6. 9. 개정 ; 법률용어 정비를~법률)
③ 종합부동산세의 납세의무자가 비거주자인 개인 또는 외국법인으로서 국내사업장이 없고 국내원천소득이 발생하지 아니하는 주택 및 토지를 소유한 경우에는 그 주택 또는 토지의 소재지(주택 또는 토지가 둘 이상인 경우에는 공시가격이 가장 높은 주택 또는 토지의 소재지를 말한다)를 납세지로 정한다. (2008. 12. 26. 신설)

제5조 【과세구분 및 세액】 ① 종합부동산세는 주택에 대한 종합부동산세와 토지에 대한 종합부동산세의 세액을 합한 금액을 그 세액으로 한다. (2005. 1. 5. 제정)
② 토지에 대한 종합부동산세의 세액은 제14조 제1항 및 제3항에 따른 토지분 종합합산세액과 같은 조 제4항 및 제6항에 따른 토지분 별도합산세액을 합한 금액으로 한다. (2022. 12. 31. 개정)

제6조 【비과세 등】 ① 「지방세특례제한법」 또는 「조세특례제한법」에 의한 재산세의 비과세·과세면제 또는 경감에 관한 규정(이하 "재산세의 감면규정"이라 한다)은 종합부동산세를 부과하는 경우에 준용한다. (2020. 6. 9. 개정 ; 법률용어 정비를~법률)
② 「지방세특례제한법」 제4조에 따른 시·군의 감면조례에 의한 재산

자의 직계존비속(그 배우자를 포함한다) 및 형제자매를 말하며, 취학, 질병의 요양, 근무상 또는 사업상의 형편으로 본래의 주소 또는 거소를 일시퇴거한 자를 포함한다. (2005. 12. 31. 신설)
③ 다음 각 호의 어느 하나에 해당하는 경우에는 배우자가 없는 때에도 이를 제1항에 따른 1세대로 본다. (2016. 2. 5. 개정)
1. 30세 이상인 경우 (2005. 12. 31. 신설)
2. 배우자가 사망하거나 이혼한 경우 (2005. 12. 31. 신설)
3. 「소득세법」 제4조에 따른 소득이 「국민기초생활 보장법」 제2조 제11호에 따른 기준 중위소득의 100분의 40 이상으로서 소유하고 있는 주택 또는 토지를 관리·유지하면서 독립된 생계를 유지할 수 있는 경우. 다만, 미성년자의 경우를 제외하되, 미성년자의 결혼, 가족의 사망 그 밖에 기획재정부령이 정하는 사유로 1세대의 구성이 불가피한 경우에는 그러하지 아니하다. (2016. 2. 5. 개정)
④ 혼인함으로써 1세대를 구성하는 경우에는 혼인한 날부터 5년 동안은 제1항에도 불구하고 주택 또는 토지를 소유하는 자와 그 혼인한 자별로 각각 1세대로 본다. (2009. 2. 4. 개정)
④ 혼인함으로써 1세대를 구성하는 경우에는 혼인한 날부터 10년 동안은 제1항에도 불구하고 주택 또는 토지를 소유하는 자와 그 혼인한 자별로 각각 1세대로 본다. (2024. 11. 12. 개정)
⑤ 동거봉양(同居奉養)하기 위하여 합가(合家)함으로써 과세기준일 현재 60세 이상의 직계존속(직계존속 중 어느 한 사람이 60세 미만인 경우를 포함한다)과 1세대를 구성하는 경우에는 제1항에도 불구하고 합가한 날부터 10년 동안(합가한 날 당시는 60세 미만이었으나, 합가한 후 과세기준일 현재 60세에 도달하는 경우는 합가한 날부터 10년의 기간 중에서 60세 이상인 기간 동안) 주택 또는 토지를 소유하는 자와 그 합가한 자별로 각각 1세대로 본다. (2018. 2. 13. 개정)
⑤ 동거봉양(同居奉養)하기 위하여 합가(合家)함으로써 과세기준일 현재 주택 또는 토지의 소유자 본인 또는 그 배우자의 60세 이상인 직계존속(그 직계존속 중 어느 한 사람이 60세 미만인 경우를 포함한다)과 1세대를 구성하는 경우에는 제1항에도 불구하고 합가한 날부터 10년 동안(합가한 날 당시는 60세 미만이었으나, 합가한 후 과세기준일 현재 60세에 도달하는 경우는 합가한 날부터 10년의 기간 중에서 60세 이상인 기간 동안) 주택 또는 토지를 소유하는 자와 그 합가한 자별로 각각 1세대로 본다. (2025. 2. 28. 개정)

편주 ▶
영 1조의 2 제4항의 개정규정은 2024. 11. 12.이 속하는 연도에 납세의무가 성립하는 경우부터 적용함. (영 부칙(2024. 11. 12.) 2조)

세의 감면규정은 종합부동산세를 부과하는 경우에 준용한다. (2020. 6. 9. 개정 ; 법률용어 정비를~법률)

③ 제1항 및 제2항에 따라 재산세의 감면규정을 준용하는 경우 그 감면대상인 주택 또는 토지의 공시가격에서 그 공시가격에 재산세 감면비율(비과세 또는 과세면제의 경우에는 이를 100분의 100으로 본다)을 곱한 금액을 공제한 금액을 공시가격으로 본다. (2020. 6. 9. 개정 ; 법률용어 정비를~법률)

④ 제1항 및 제2항의 재산세의 감면규정 또는 분리과세규정에 따라 종합부동산세를 경감하는 것이 종합부동산세를 부과하는 취지에 비추어 적합하지 않은 것으로 인정되는 경우 등 대통령령으로 정하는 경우 정하는 경우에는 종합부동산세를 부과할 때 제1항 및 제2항 또는 그 분리과세규정을 적용하지 아니한다. (2020. 6. 9. 개정 ; 법률용어 정비를~법률)

☞

편주▶┄┄
영 2조 2호의 개정규정은 2025. 6. 4. 이후 납세의무가 성립하는 경우부터 적용함. (영 부칙(2025. 2. 28.) 2조 2항)
┄┄

제 2 장 주택에 대한 과세

제7조【납세의무자】 ① 과세기준일 현재 주택분 재산세의 납세의무자는 종합부동산세를 납부할 의무가 있다. (2020. 8. 18. 개정)

②「신탁법」제2조에 따른 수탁자(이하 "수탁자"라 한다)의 명의로 등기 또는 등록된 신탁재산으로서 주택(이하 "신탁주택"이라 한다)의 경

제2조【시·군의 감면조례의 적용배제 등】 (2019. 2. 12. 제목개정) 법 제6조 제4항에서 "대통령령으로 정하는 경우"란 다음 각 호의 어느 하나에 해당하는 경우를 말한다. (2025. 2. 28. 개정)

1. 시·군의 감면조례에 따른 재산세의 감면규정 또는 분리과세규정 중 다음 각 목의 요건을 모두 충족하는 경우로서 행정안전부장관이 기획재정부장관과 협의하여 고시하는 경우 (2019. 2. 12. 개정)
   가. 전국 공통으로 적용되는 것이 아닌 것 (2019. 2. 12. 개정)
   나. 해당 규정이 전국적인 과세형평을 저해하는 것으로 인정되는 것 (2019. 2. 12. 개정)

2.「지방세특례제한법」또는「조세특례제한법」에 따른 재산세의 비과세, 과세면제 또는 경감에 관한 규정이 제3조 제1항 제8호 각 목 외의 부분 단서 및 같은 호 나목에 따라 종합부동산세가 합산배제되지 않는 임대주택에 적용되는 경우 (2020. 8. 7. 개정)

2.「지방세특례제한법」또는「조세특례제한법」에 따른 재산세의 비과세, 과세면제 또는 경감에 관한 규정이 제3조 제1항 제8호 각 목 외의 부분 단서 및 같은 호 나목과 같은 항 제11호 각 목 외의 부분 단서 및 같은 호 나목에 따라 종합부동산세가 합산배제되지 않는 임대주택에 적용되는 경우 (2025. 2. 28. 개정)

제 2 장 주택에 대한 과세

제2조의 2【주된 주택소유자】 법 제7조 제1항 후단에서 "대통령령이 정하는 주된 주택소유자"라 함은 다음 각 호의 순위에 따른 자를 말한다. (2005. 12. 31. 신설)

1. 주택(제3조 및 제4조에 해당하는 주택을 제외한다. 이하 이 조에서 같다)을 소유한 세대원 중에서 소유한 주택의 공시가격을 합한 금액이 가장 큰 자 (2007. 8. 6. 개정)

2. 주택의 공시가격을 합한 금액이 가장 큰 자가 2인 이상인 경우에는 그 중에서 다음

우에는 제1항에도 불구하고 같은 조에 따른 위탁자(「주택법」 제2조 제11호 가목에 따른 지역주택조합 및 같은 호 나목에 따른 직장주택조합이 조합원이 납부한 금전으로 매수하여 소유하고 있는 신탁주택의 경우에는 해당 지역주택조합 및 직장주택조합을 말한다. 이하 "위탁자"라 한다)가 종합부동산세를 납부할 의무가 있다. 이 경우 위탁자가 신탁주택을 소유한 것으로 본다. (2020. 12. 29. 신설)

③ 주된 주택소유자 외의 세대원은 그가 소유한 주택의 공시가격을 한도로 주된 주택소유자와 연대하여 종합부동산세를 납부할 의무가 있다. (2005. 12. 31. 신설)

③ 삭　제 (2008. 12. 26.)

제7조의 2 【신탁주택 관련 수탁자의 물적납세의무】 신탁주택의 위탁자가 다음 각 호의 어느 하나에 해당하는 종합부동산세 또는 강제징수비(이하 "종합부동산세등"이라 한다)를 체납한 경우로서 그 위탁자의 다른 재산에 대하여 강제징수를 하여도 징수할 금액에 미치지 못할 때에는 해당 신탁주택의 수탁자는 그 신탁주택으로써 위탁자의 종합부동산세등을 납부할 의무가 있다. (2020. 12. 29. 신설)

1. 신탁 설정일 이후에 「국세기본법」 제35조 제2항에 따른 법정기일이 도래하는 종합부동산세로서 해당 신탁주택과 관련하여 발생한 것 (2020. 12. 29. 신설)

2. 제1호의 금액에 대한 강제징수 과정에서 발생한 강제징수비 (2020. 12. 29. 신설)

제8조 【과세표준】 ① 주택에 대한 종합부동산세의 과세표준은 납세의무자별로 주택의 공시가격을 합산한 금액에서 다음 각 호의 금액을 공제한 금액에 부동산 시장의 동향과 재정 여건 등을 고려하여 100분의 60부터 100분의 100까지의 범위에서 대통령령으로 정하는 공정시장가액비율을 곱한 금액으로 한다. 다만, 그 금액이 영보다 작은 경우에는 영으로 본다. (2022. 12. 31. 개정)

1. 대통령령으로 정하는 1세대 1주택자(이하 "1세대 1주택자"라 한다) : 12억원 (2022. 12. 31. 개정)

2. 제9조 제2항 제3호 각 목의 세율이 적용되는 법인 또는 법인으로 보는 단체 : 0원 (2023. 4. 18. 개정)

3. 제1호 및 제2호에 해당하지 아니하는 자 : 9억원 (2022. 12. 31. 개정)

각 목의 구분에 따른 자 (2007. 8. 6. 개정)

가. 법 제16조 제1항에 따라 부과·징수되는 경우에는 국세청장이 정하는 자 (2007. 8. 6. 신설)

나. 법 제16조 제3항에 따라 신고하는 경우에는 그 신고를 하는 자 (2007. 8. 6. 신설)

3. 삭　제 (2007. 8. 6.)

제2조의 2 【주된 주택소유자】 삭　제 (2009. 2. 4.)

제2조의 3 【1세대 1주택의 범위】 ① 법 제8조 제1항 제1호에서 "대통령령으로 정하는 1세대 1주택자"란 세대원 중 1명만이 주택분 재산세 과세대상인 1주택만을 소유한 경우로서 그 주택을 소유한 「소득세법」 제1조의 2 제1항 제1호에 따른 거주자를 말한다. 이 경우 「건축법 시행령」 별표 1 제1호 다목에 따른 다가구주택은 1주택으로 보되, 제3조에 따른 합산배제 임대주택으로 같은 조 제9항에 따라 신고한 경우에는 1세대가 독립하여 구분 사용할 수 있도록 구획된 부분을 각각 1주택으로 본다. (2023. 2. 28. 개정)

② 제1항에 따른 1세대 1주택자 여부를 판단할 때 다음 각 호의 주택은 1세대가 소유한 주택 수에서 제외한다. 다만, 제1호는 각 호 외의 주택을 소유하는 자가 과세기준일 현재 그 주택에 주민등록이 되어 있

고 실제로 거주하고 있는 경우에 한정하여 적용한다. (2011. 10. 14. 단서신설)

1. 제3조 제1항 각 호(제5호는 제외한다)의 어느 하나에 해당하는 주택으로서 같은 조 제9항에 따른 합산배제 신고를 한 주택 (2020. 2. 11. 개정)
2. 제4조 제1항 제6호에 해당하는 1주택 (2011. 10. 14. 호번개정)
2. 삭 제 (2012. 2. 2.)
3. 제4조 제1항 각 호에 해당하는 주택으로서 같은 조 제5항에 따라 합산배제 신고를 한 주택 (2025. 2. 28. 개정)

제2조의 4【공정시장가액비율】 ① 법 제8조 제1항 각 호 외의 부분 본문에서 "대통령령으로 정하는 공정시장가액비율"이란 100분의 60을 말하되, 2019년부터 2021년까지 납세의무가 성립하는 종합부동산세에 대해서는 다음 각 호의 연도별 비율을 말한다. (2023. 2. 28. 개정)
1. 2019년: 100분의 85 (2019. 2. 12. 신설)
2. 2020년: 100분의 90 (2019. 2. 12. 신설)
3. 2021년: 100분의 95 (2019. 2. 12. 신설)

② 법 제13조 제1항 및 제2항에서 "대통령령으로 정하는 공정시장가액비율"이란 100분의 100을 말하되, 2019년부터 2021년까지 납세의무가 성립하는 종합부동산세에 대해서는 다음 각 호의 연도별 비율을 말한다. (2022. 8. 2. 개정)
1. 2019년 : 100분의 85 (2019. 2. 12. 개정)
2. 2020년 : 100분의 90 (2019. 2. 12. 개정)
3. 2021년: 100분의 95 (2019. 2. 12. 개정)

제3조【합산배제 임대주택】 ① 법 제8조 제2항 제1호에서 "대통령령으로 정하는 주택"이란 「공공주택 특별법」 제4조에 따른 공공주택사업자(이하 "공공주택사업자"라 한다) 또는 「민간임대주택에 관한 특별법」 제2조 제7호에 따른 임대사업자(이하 "임대사업자"라 한다)로서 과세기준일 현재 「소득세법」 제168조 또는 「법인세법」 제111조에 따른 주택임대업 사업자등록(이하 이 조에서 "사업자등

② 다음 각 호의 어느 하나에 해당하는 주택은 제1항에 따른 과세표준 합산의 대상이 되는 주택의 범위에 포함되지 아니하는 것으로 본다. (2020. 6. 9. 개정 ; 법률용어 정비를~법률)

1. 「민간임대주택에 관한 특별법」에 따른 민간임대주택, 「공공주택 특별법」에 따른 공공임대주택 또는 대통령령으로 정하는 다가구임대주택으로서 임대기간, 주택의 수, 가격, 규모 등을 고려하여 대통령령이 정하는 주택 (2020. 6. 9. 개정 ; 법률용어 정비를~법률)

2. ☞ p.3573

편주 ▶
2022. 2. 15. 전에 임대보증금 또는 임대료의 100분의 5를 초과하여 임대차 계약을 체결하거나 갱신한 경우로서 2022. 2. 15. 전에 납세의무가 성립한 경우의 법 8조 2항에 따른 과세표준 합산배제를 적용받을 수 있는 공공건설임대주택 및 공공매입임대주택의 범위에 관하여는 영 3조 1항 1호 및 2호의 개정규정에도 불구하고 종전의 규정에 따름. (영 부칙(2022. 2. 15.) 3조)

편주 ▶
영 3조 1항 1호 가목의 개정규정은 다음 각 호의 주택에 대하여 적용함. (영 부칙(2021. 2. 17.) 2조)
1. 2021. 2. 17. 이후 「건축법」 22조에 따라 사용승인을 받거나 「주택법」 49조에 따라 사용검사 확인증을 받는 「공공주택 특별법」에 따른 공공건설임대주택 (2022. 8. 2. 개정)
2. 다음 각 목의 구분에 따른 「민간임대주택에 관한 특별법」에 따른 민간건설임대주택 (2022. 8. 2. 개정)
　가. 2021년도에 납세의무가 성립하는 경우 : 2021. 2. 17. 이후 「민간임대주택에 관한 특별법」 5조에 따라 등록하는 민간건설임대주택 (2022. 8. 2. 개정)
　나. 2022년도 이후에 납세의무가 성립하는 경우 : 2021. 2. 17. 이후 「건축법」 22조에 따라 사용승인을 받거나 「주택법」 49조에 따라 사용검사 확인증을 받는 민간건설임대주택 (2022. 8. 2. 개정)

☞

록"이라 한다)을 한 자가 과세기준일 현재 임대(제1호부터 제3호까지, 제5호부터 제8호까지, 제10호 또는 제11호의 주택을 임대한 경우를 말한다)하거나 소유(제4호 또는 제9호의 주택을 소유한 경우를 말한다)하고 있는 다음 각 호의 주택(이하 "합산배제 임대주택"이라 한다)을 말한다. 이 경우 과세기준일 현재 임대를 개시한 자가 법 제8조 제3항에 따른 주택의 보유현황 신고기간 종료일까지 임대사업자로서 사업자등록을 하는 경우에는 해당 연도 과세기준일 현재 임대사업자로서 사업자등록을 한 것으로 본다. (2025. 2. 28. 개정)

1. 「민간임대주택에 관한 특별법」 제2조 제2호에 따른 민간건설임대주택과 「공공주택 특별법」 제2조 제1호의 2에 따른 공공건설임대주택(이하 이 조에서 "건설임대주택"이라 한다)으로서 다음 각 목의 요건을 모두 갖춘 주택이 2호 이상인 경우 그 주택. 다만, 「공공주택 특별법」 제49조 제4항에 따라 임대보증금 또는 임대료(이하 이 항에서 "임대료등"이라 한다)를 증액하는 경우에는 다목 전단을 적용하지 않으며, 「민간임대주택에 관한 특별법」 제2조 제2호에 따른 민간건설임대주택의 경우에는 2018년 3월 31일 이전에 같은 법 제5조에 따른 임대사업자 등록과 사업자등록(이하 이 조에서 "사업자등록등"이라 한다)을 한 주택으로 한정한다. (2022. 2. 15. 단서개정)

1. 「민간임대주택에 관한 특별법」 제2조 제2호에 따른 민간건설임대주택과 「공공주택 특별법」 제2조 제1호의 2에 따른 공공건설임대주택(이하 이 조에서 "건설임대주택"이라 한다)으로서 다음 각 목의 요건을 모두 갖춘 주택이 2호 이상인 경우 그 주택. 다만, 공공주택사업자 중 「한국토지주택공사법」에 따른 한국토지주택공사(이하 "한국토지주택공사"라 한다) 또는 「지방공기업법」 제49조에 따라 주택사업을 목적으로 설립된 지방공사(이하 "지방주택공사"라 한다)가 소유하고 있는 주택의 경우에는 가목을 적용하지 않고, 「공공주택 특별법」 제49조 제4항에 따라 임대보증금 또는 임대료(이하 이 항에서 "임대료등"이라 한다)를 증액하는 경우에는 다목 전단을 적용하지 않으며, 「민간임대주택에 관한 특별법」 제2조 제2호에 따른 민간건설임대주택의 경우에는 2018년 3월 31일 이전에 같은 법 제5조에 따른 임대사업자 등록과 사업자등록(이하 이 조에서 "사업자등록등"이라 한다)을 한 주택으로 한정한다. (2025. 2. 28. 단서개정)

　가. 전용면적이 149제곱미터 이하로서 2호 이상의 주택의 임대를 개시한 날(2호 이상의 주택의 임대를 개시한 날 이후 임대를 개시한 주택의 경우에는 그 주택의 임대개시일을 말한다) 또는 최초로 제9항에 따른 합산배제신고를 한 연도의 과세기준일의

☞ p.3567 3단 연결

☞

편주 ▶
영 3조 1항 1호 · 2호 · 3호 · 7호 및 8호의 개정규정은 2025. 2. 28. 이후 납세의무가 성립하는 경우부터 적용함. (영 부칙(2025. 2. 28.) 2조 1항)

(2024. 11. 12. 신설)

가) 「한국토지주택공사법」에 따라 설립된 한국토지주택공사(이하 "한국토지주택공사"라 한다)가 수도권에 조성한 「주택법」 제2조 제24호에 따른 공공택지에 소재할 것 (2024. 11. 12. 신설)

나) 미분양될 경우에는 한국토지주택공사가 매입을 확약하는 조건의 계약을 체결한 주택일 것 (2024. 11. 12. 신설)

다) 2025년 12월 31일까지 「주택법」 제16조 제2항 또는 「건축법」 제21조 제1항에 따라 신고한 주택일 것 (2024. 11. 12. 신설)

2) 해당 주택의 소재지가 수도권 밖의 지역인 경우 : 3억원 (2024. 11. 12. 신설)

가. 다음의 구분에 따른 공시가격이 그 구분에 따른 금액 이하일 것 (2025. 2. 28. 개정)

1) 30호 미만의 주택을 임대하는 경우 : 해당 주택의 임대를 개시한 날 또는 최초로 제9항에 따른 합산배제신고를 한 연도의 과세기준일을 기준으로 하여 다음의 구분에 따른 금액 (2025. 2. 28. 개정)

가) 해당 주택의 소재지가 「수도권정비계획법」 제2조 제1호에 따른 수도권(이하 "수도권"이라 한다)인 경우 : 6억원 (2025. 2. 28. 개정)

나) 해당 주택의 소재지가 수도권 밖의 지역인 경우 : 3억원 (2025. 2. 28. 개정)

2) 30호 이상의 주택을 임대하는 경우 : 30호 이상의 주택의 임대를 개시한 날(30호 이상의 주택의 임대를 개시한 날 이후 임대를 개시한 주택의 경우에는 그 주택의 임대를 개시한 날) 또는 최초로 제9항에 따른 합산배제신고를 한 연도의 과세기준일을 기준으로 하여 다음의 구분에 따른 금액 (2025. 2. 28. 개정)

가) 해당 주택의 소재지가 수도권인 경우 : 9억원 (2025. 2. 28. 개정)

나) 해당 주택의 소재지가 수도권 밖의 지역인 경우 : 6억원 (2025. 2. 28. 개정)

나. 5년 이상 계속하여 임대하는 것일 것 (2011. 3. 31. 개정)

다. 임대료 등의 증가율이 100분의 5를 초과하지 않을 것. 이 경우

☞ p.3568 3단 연결

지 못하고, 임대사업자가 임대료등의 증액을 청구하면서 임대보증금과 월임대료를 상호 간에 전환하는 경우에는 「민간임대주택에 관한 특별법」 제44조 제4항 및 「공공주택 특별법 시행령」 제44조 제3항에 따라 정한 기준을 준용한다. (2022. 2. 15. 개정)

2. 「민간임대주택에 관한 특별법」 제2조 제3호에 따른 민간매입임대주택과 「공공주택 특별법」 제2조 제1호의 3에 따른 공공매입임대주택(이하 이 조에서 "매입임대주택"이라 한다)으로서 다음 각 목의 요건을 모두 갖춘 주택. 다만, 「공공주택 특별법」 제49조 제4항에 따라 임대료등을 증액하는 경우에는 다목 전단을 적용하지 않으며, 「민간임대주택에 관한 특별법」 제2조 제3호에 따른 민간매입임대주택의 경우에는 2018년 3월 31일 이전에 사업자등록등을 한 주택으로 한정한다. (2022. 2. 15. 단서개정)

2. 「민간임대주택에 관한 특별법」 제2조 제3호에 따른 민간매입임대주택과 「공공주택 특별법」 제2조 제1호의 3에 따른 공공매입임대주택(이하 이 조에서 "매입임대주택"이라 한다)으로서 다음 각 목의 요건을 모두 갖춘 주택. 다만, 공공주택사업자 중 한국토지주택공사 또는 지방주택공사가 소유하고 있는 주택의 경우에는 가목을 적용하지 않고, 「공공주택 특별법」 제49조 제4항에 따라 임대료등을 증액하는 경우에는 다목 전단을 적용하지 않으며, 「민간임대주택에 관한 특별법」 제2조 제3호에 따른 민간매입임대주택의 경우에는 2018년 3월 31일 이전에 사업자등록등을 한 주택으로 한정한다. (2025. 2. 28. 단서개정)

가. 해당 주택의 임대개시일 또는 최초로 제9항에 따른 합산배제신고를 한 연도의 과세기준일의 공시가격이 6억원[「수도권정비계획법」 제2조 제1호에 따른 수도권(이하 "수도권"이라 한다) 밖의 지역인 경우에는 3억원] 이하일 것 (2020. 2. 11. 개정)

가. 해당 주택의 임대개시일 또는 최초로 제9항에 따른 합산배제신고를 한 연도의 과세기준일의 공시가격이 다음의 구분에 따른 금액 이하 일 것 (2024. 11. 12. 개정)

편주

영 3조 1항 2호 가목의 개정규정은 2024. 11. 12. 이후 납세의무가 성립하는 경우부터 적용함. (영 부칙(2024. 11. 12.) 3조)

1) 해당 주택의 소재지가 「수도권정비계획법」 제2조 제1호에 따른 수도권(이하 "수도권"이라 한다)인 경우: 6억원. 다만, 「공공주택 특별법」 제2조 제1호의 3에 따른 공공매입임대주택으로서 다음의 요건을 모두 갖춘 경우에는 9억원으로 한다.

공시가격이 9억원 이하일 것 (2021. 2. 17. 개정)

가. 전용면적이 149제곱미터 이하로서 다음의 구분에 따른 공시가격이 그 구분에 따른 금액 이하일 것 (2025. 2. 28. 개정)

1) 2호 이상 30호 미만의 주택을 임대하는 경우 : 2호 이상의 주택의 임대를 개시한 날(2호 이상의 주택의 임대를 개시한 날 이후 임대를 개시한 주택의 경우에는 그 주택의 임대를 개시한 날) 또는 최초로 제9항에 따른 합산배제신고를 한 연도의 과세기준일을 기준으로 하여 9억원 (2025. 2. 28. 개정)

2) 30호 이상의 주택을 임대하는 경우 : 30호 이상의 주택의 임대를 개시한 날(30호 이상의 주택의 임대를 개시한 날 이후 임대를 개시한 주택의 경우에는 그 주택의 임대를 개시한 날) 또는 최초로 제9항에 따른 합산배제신고를 한 연도의 과세기준일을 기준으로 하여 12억원 (2025. 2. 28. 개정)

나. 5년 이상 계속하여 임대하는 것일 것 (2010. 2. 18. 단서삭제)

다. 임대료등의 증가율이 100분의 5를 초과하지 않을 것. 이 경우 임대료등 증액 청구는 임대차계약의 체결 또는 약정한 임대료등의 증액이 있은 후 1년 이내에는 하

은 조에 따라 공급하는 주택으로서 입주자모집공고에 따른 입주자의 계약일이 지난 주택단지에서 2008년 6월 10일까지 분양계약이 체결되지 아니하여 선착순의 방법으로 공급하는 주택을 말한다. 이하 이 조에서 같다)으로서 2008년 6월 11일부터 2009년 6월 30일까지 최초로 분양계약을 체결하고 계약금을 납부한 주택에 한정한다]으로서 다음 각 목의 요건을 모두 갖춘 주택. 이 경우 가목부터 다목까지의 요건을 모두 갖춘 매입임대주택(이하 이 조에서 "미분양매입임대주택"이라 한다)이 5호 이상[제2호에 따른 매입임대주택이 5호 이상이거나 제3호에 따른 매입임대주택이 2호 이상이거나 제5호에 따른 임대주택이 5호 이상인 경우에는 제2호·제3호 또는 제5호에 따른 매입임대주택과 미분양매입임대주택을 합산하여 5호 이상(제3호에 따른 매입임대주택과 합산하는 경우에는 그 미분양매입임대주택이 같은 특별시·광역시 또는 도 안에 있는 경우에 한정한다)을 말한다]이어야 한다. (2020. 10. 7. 후단개정)

가. 전용면적이 149제곱미터 이하로서 5호 이상의 주택의 임대를 개시한 날(5호 이상의 주택의 임대를 개시한 날 이후 임대를 개시한 주택의 경우에는 그 주택의 임대개시일을 말한다) 또는 최초로 제9항에 따른 합산배제신고를 한 연도의 과세기준일의 공시가격이 3억원 이하일 것. 다만, 다음의 어느 하나에 해당하는 주택은 제외한다. (2020. 10. 7. 단서신설)

　1) 2020년 7월 11일 이후 종전의 「민간임대주택에 관한 특별법」(법률 제17482호 민간임대주택에 관한 특별법 일부개정법률로 개정되기 전의 것을 말한다. 이하 이 항에서 같다) 제5조 제1항에 따라 등록 신청(같은 조 제3항에 따라 임대할 주택을 추가하기 위한 등록사항의 변경신고를 포함한다. 이하 이 항에서 같다)한 같은 법 제2조 제6호에 따른 단기민간임대주택 (2020. 10. 7. 신설)

　2) 2020년 7월 11일 이후 종전의 「민간임대주택에 관한 특별법」 제5조 제1항에 따라 등록 신청한 같은 법 제2조 제5호에 따른 장기일반민간임대주택 중 아파트를 임대하는 민간

☞ p.3569 3단 연결

연도의 과세기준일 현재의 공시가격이 9억원 이하일 것 (2021. 2. 17. 개정)

편주 ▶

영 3조 1항 4호 나목의 개정규정은 다음 각 호의 주택에 대하여 적용함. (영 부칙(2021. 2. 17.) 2조)

1. 2021. 2. 17. 이후 「건축법」 22조에 따라 사용승인을 받거나 「주택법」 49조에 따라 사용검사 확인증을 받는 「공공주택 특별법」에 따른 공공건설임대주택 (2022. 8. 2. 개정)

2. 다음 각 목의 구분에 따른 「민간임대주택에 관한 특별법」에 따른 민간건설임대주택 (2022. 8. 2. 개정)

　가. 2021년도에 납세의무가 성립하는 경우 : 2021. 2. 17. 이후 「민간임대주택에 관한 특별법」 5조에 따라 등록하는 민간건설임대주택 (2022. 8. 2. 개정)

　나. 2022년도 이후에 납세의무가 성립하는 경우 : 2021. 2. 17. 이후 「건축법」 22조에 따라 사용승인을 받거나 「주택법」 49조에 따라 사용검사 확인증을 받는 민간건설임대주택 (2022. 8. 2. 개정)

다. 「건축법」 제22조에 따른 사용승인을 받은 날 또는 「주택법」 제49조에 따른 사용검사 후 사용검사필증을 받은 날부터 과세기준일 현재까지의 기간 동안 임대된 사실이 없고, 그 임대되지 아니한 기간이 2년 이내일 것 (2016. 8. 11. 개정 ; 주택법 시행령 부칙)

5. 「부동산투자회사법」 제2조 제1호에 따른 부동산투자회사(이하 "부동산투자회사"라 한다) 또는 「간접투자자산 운용업법」 제27조 제3호에 따른 부동산간접투자기구가 2008년 1월 1일부터 2008년 12월 31일까지 취득 및 임대하는 매입임대주택으로서 다음 각 목의 요건을 모두 갖춘 주택이 5호 이상인 경우의 그 주택 (2023. 9. 5. 개정)

가. 전용면적이 149제곱미터 이하로서 2008년도 과세기준일의 공시가격이 6억원 이하일 것 (2008. 2. 22. 신설)

나. 10년 이상 계속하여 임대하는 것일 것 (2008. 2. 22. 신설)

다. 수도권 밖의 지역에 위치할 것 (2011. 3. 31. 개정)

6. 매입임대주택[미분양주택(「주택법」 제54조에 따른 사업주체가 같

임대료등 증액 청구는 임대차계약의 체결 또는 약정한 임대료등의 증액이 있은 후 1년 이내에는 하지 못하고, 임대사업자가 임대료등의 증액을 청구하면서 임대보증금과 월임대료를 상호 간에 전환하는 경우에는 「민간임대주택에 관한 특별법」 제44조 제4항 및 「공공주택 특별법 시행령」 제44조 제3항에 따라 정한 기준을 준용한다. (2020. 2. 11. 개정)

3. 임대사업자의 지위에서 2005년 1월 5일 이전부터 임대하고 있던 임대주택으로서 다음 각목의 요건을 모두 갖춘 주택이 2호 이상인 경우 그 주택. 다만, 공공주택사업자 중 한국토지주택공사 또는 지방주택공사가 소유하고 있는 주택의 경우에는 가목을 적용하지 않는다. (2025. 2. 28. 단서신설)

가. 국민주택 규모 이하로서 2005년도 과세기준일의 공시가격이 3억원 이하일 것 (2005. 12. 31. 개정)

나. 5년 이상 계속하여 임대하는 것일 것 (2005. 5. 31. 제정)

4. 「민간임대주택에 관한 특별법」 제2조 제2호에 따른 민간건설임대주택으로서 다음 각 목의 요건을 모두 갖춘 주택 (2015. 12. 28. 개정 ; 임대주택법 시행령 부칙)

가. 전용면적이 149제곱미터 이하일 것 (2007. 8. 6. 신설)

나. 제9항에 따른 합산배제신고를 한

세기준일을 기준으로 하여 12억원 (2025. 2. 28. 개정)

나. 10년 이상 계속하여 임대하는 것일 것. 이 경우 임대기간을 계산할 때 「민간임대주택에 관한 특별법」 제5조 제3항에 따라 같은 법 제2조 제6호의 단기민간임대주택을 장기일반민간임대주택등으로 변경 신고한 경우에는 제7항 제1호에도 불구하고 같은 법 시행령 제34조 제1항 제3호에 따른 시점부터 그 기간을 계산한다. (2020. 10. 7. 개정)

다. 임대료등의 증가율이 100분의 5를 초과하지 않을 것. 이 경우 임대료등 증액 청구는 임대차계약의 체결 또는 약정한 임대료등의 증액이 있은 후 1년 이내에는 하지 못하고, 임대사업자가 임대료등의 증액을 청구하면서 임대보증금과 월임대료를 상호 간에 전환하는 경우에는 「민간임대주택에 관한 특별법」 제44조 제4항에 따라 정한 기준을 준용한다. (2020. 2. 11. 개정)

8. 매입임대주택 중 장기일반민간임대주택등으로서 가목 1)부터 3)까지의 요건을 모두 갖춘 주택. 다만, 나목 1)부터 4)까지에 해당하는 주택의 경우는 제외한다. (2020. 10. 7. 단서개정)

가. 적용요건 (2020. 8. 7. 개정)

  1) 해당 주택의 임대개시일 또는 최초로 제9항에 따른 합산배제신고를 한 연도의 과세기준일의 공시가격이 6억원(수도권 밖의 지역인 경우에는 3억원) 이하일 것 (2020. 8. 7. 개정)

  1) 다음의 구분에 따른 공시가격이 그 구분에 따른 금액 이하일 것 (2025. 2. 28. 개정)

    가) 30호 미만의 주택을 임대하는 경우 : 해당 주택의 임대를 개시한 날 또는 최초로 제9항에 따른 합산배제신고를 한 연도의 과세기준일을 기준으로 하여 다음의 구분에 따른 금액 (2025. 2. 28. 개정)

      (1) 해당 주택의 소재지가 수도권인 경우 : 6억원 (2025. 2. 28. 개정)

      (2) 해당 주택의 소재지가 수도권 밖의 지역인 경우 : 3억원 (2025. 2. 28. 개정)

    나) 30호 이상의 주택을 임대하는 경우 : 30호 이상의

☞ p.3570 3단 연결

기민간임대주택으로서 2020년 7월 11일 이후 같은 법 제5조 제3항에 따라 같은 법 제2조 제4호에 따른 공공지원민간임대주택 또는 같은 조 제5호에 따른 장기일반민간임대주택으로 변경신고한 주택은 제외한다. (2020. 10. 7. 단서신설)

가. 전용면적이 149제곱미터 이하로서 2호 이상의 주택의 임대를 개시한 날(2호 이상의 주택의 임대를 개시한 날 이후 임대를 개시한 주택의 경우에는 그 주택의 임대 개시일을 말한다) 또는 최초로 제9항에 따른 합산배제신고를 한 연도의 과세기준일의 공시가격이 9억원 이하일 것 (2021. 2. 17. 개정)

편주 ●●●●●●●●●●●●●●●●●●●●●●●●●●●●●●

영 3조 1항 7호 가목의 개정규정은 다음 각 호의 주택에 대하여 적용함. (영 부칙(2021. 2. 17.) 2조)

1. 2021. 2. 17. 이후 「건축법」 22조에 따라 사용승인을 받거나 「주택법」 49조에 따라 사용검사 확인증을 받는 「공공주택 특별법」에 따른 공공건설임대주택 (2022. 8. 2. 개정)

2. 다음 각 목의 구분에 따른 「민간임대주택에 관한 특별법」에 따른 민간건설임대주택 (2022. 8. 2. 개정)

가. 2021년도에 납세의무가 성립하는 경우 : 2021. 2. 17. 이후 「민간임대주택에 관한 특별법」 5조에 따라 등록하는 민간건설임대주택 (2022. 8. 2. 개정)

나. 2022년도 이후에 납세의무가 성립하는 경우 : 2021. 2. 17. 이후 「건축법」 22조에 따라 사용승인을 받거나 「주택법」 49조에 따라 사용검사 확인증을 받는 민간건설임대주택 (2022. 8. 2. 개정)

●●●●●●●●●●●●●●●●●●●●●●●●●●●●●●●●●●

가. 전용면적이 149제곱미터 이하로서 다음의 구분에 따른 공시가격이 그 구분에 따른 금액 이하일 것 (2025. 2. 28. 개정)

  1) 2호 이상 30호 미만의 주택을 임대하는 경우: 2호 이상의 주택의 임대를 개시한 날(2호 이상의 주택의 임대를 개시한 날 이후 임대를 개시한 주택의 경우에는 그 주택의 임대를 개시한 날) 또는 최초로 제9항에 따른 합산배제신고를 한 연도의 과세기준일을 기준으로 하여 9억원 (2025. 2. 28. 개정)

  2) 30호 이상의 주택을 임대하는 경우: 30호 이상의 주택의 임대를 개시한 날(30호 이상의 주택의 임대를 개시한 날 이후 임대를 개시한 주택의 경우에는 그 주택의 임대를 개시한 날) 또는 최초로 제9항에 따른 합산배제신고를 한 연도의 과

매입임대주택 (2020. 10. 7. 신설)

  3) 종전의 「민간임대주택에 관한 특별법」 제2조 제6호에 따른 단기민간임대주택으로서 2020년 7월 11일 이후 같은 법 제5조 제3항에 따라 같은 법 제2조 제4호에 따른 공공지원민간임대주택 또는 같은 조 제5호에 따른 장기일반민간임대주택으로 변경 신고한 주택 (2020. 10. 7. 신설)

나. 5년 이상 계속하여 임대하는 것일 것 (2008. 7. 24. 신설)

다. 수도권 밖의 지역에 위치할 것 (2009. 2. 4. 개정)

라. 해당 주택을 보유한 납세의무자가 법 제8조 제3항에 따른 신고와 함께 시장·군수 또는 구청장이 발행한 미분양주택 확인서 사본 및 미분양주택 매입 시의 매매계약서 사본을 제출할 것 (2020. 10. 7. 개정)

7. 건설임대주택 중 「민간임대주택에 관한 특별법」 제2조 제4호에 따른 공공지원민간임대주택 또는 같은 조 제5호에 따른 장기일반민간임대주택(이하 이 조에서 "장기일반민간임대주택등"이라 한다)으로서 다음 각 목의 요건을 모두 갖춘 주택이 2호 이상인 경우 그 주택. 다만, 종전의 「민간임대주택에 관한 특별법」 제2조 제6호에 따른 단

9. 제1호에 해당하는 공공건설임대주택 또는 제2호에 해당하는 공공매입임대주택 중 「공공주택 특별법 시행령」 제2조 제1항 제5호에 따른 분양전환공공임대주택으로서 같은 영 제54조에 따른 임대의무기간이 만료된 후 분양전환이 이루어지지 않은 주택(임대의무기간 만료일의 다음 날부터 2년 이내인 경우로 한정한다) (2023. 9. 5. 신설)

10. 건설임대주택 중 「민간임대주택에 관한 특별법」 제2조 제6호의 2에 따른 단기민간임대주택으로서 다음 각 목의 요건을 모두 갖춘 주택이 2호 이상인 경우 그 주택 (2025. 2. 28. 개정)

▶ 편주
영 3조 1항 10호 및 11호의 개정규정은 2025. 6. 4. 이후 납세의무가 성립하는 경우부터 적용함. (영 부칙(2025. 2. 28.) 2조 2항)

　가. 전용면적이 149제곱미터 이하로서 2호 이상의 주택의 임대를 개시한 날(2호 이상의 주택의 임대를 개시한 날 이후 임대를 개시한 주택의 경우에는 그 주택의 임대를 개시한 날을 말한다) 또는 최초로 제9항에 따른 합산배제신고를 한 연도의 과세기준일의 공시가격이 6억원 이하일 것 (2025. 2. 28. 개정)
　나. 6년 이상 계속하여 임대하는 것일 것 (2025. 2. 28. 개정)
　다. 임대료등의 증가율이 100분의 5를 초과하지 않을 것. 이 경우 임대료등 증액 청구는 임대차계약의 체결 또는 약정한 임대료등의 증액이 있은 후 1년 이내에는 하지 못하고, 임대사업자가 임대료등의 증액을 청구하면서 임대보증금과 월임대료를 상호 간에 전환하는 경우에는 「민간임대주택에 관한 특별법」 제44조 제4항에 따라 정한 기준을 준용한다. (2025. 2. 28. 개정)

11. 매입임대주택 중 「민간임대주택에 관한 특별법」 제2조 제6호의 2에 따른 단기민간임대주택으로서 가목 1)부터 3)까지의 요건을 모두 갖춘 주택. 다만, 나목 1) 및 2)에 해당하는 주택의 경우는 제외한다. (2025. 2. 28. 개정)
　가. 적용요건 (2025. 2. 28. 개정)

☞ p.3571 3단 연결

지 못하고, 임대사업자가 임대료등의 증액을 청구하면서 임대보증금과 월임대료를 상호 간에 전환하는 경우에는 「민간임대주택에 관한 특별법」 제44조 제4항에 따라 정한 기준을 준용한다. (2020. 8. 7. 개정)

나. 제외되는 주택 (2020. 8. 7. 개정)

1) 1세대가 국내에 1주택 이상을 보유한 상태에서 세대원이 새로 취득(제7항 제2호 또는 제7호에 따라 임대기간이 합산되는 경우의 취득은 제외한다)한 조정대상지역(「주택법」 제63조의 2 제1항 제1호에 따른 조정대상지역을 말한다. 이하 같다)에 있는 「민간임대주택에 관한 특별법」 제2조 제5호에 따른 장기일반민간임대주택[조정대상지역의 공고가 있은 날 이전에 주택(주택을 취득할 수 있는 권리를 포함한다)을 취득하거나 취득하기 위하여 매매계약을 체결하고 계약금을 지급한 사실이 증빙서류에 의하여 확인되는 경우는 제외한다] (2020. 8. 7. 개정)

2) 법인 또는 법인으로 보는 단체가 조정대상지역의 공고가 있은 날(이미 공고된 조정대상지역의 경우 2020년 6월 17일을 말한다)이 지난 후에 사업자등록등을 신청(임대할 주택을 추가하기 위한 등록사항의 변경신고를 포함하며, 제7항 제7호에 따라 임대기간이 합산되는 경우는 멸실된 주택에 대한 신청을 말한다)한 조정대상지역에 있는 「민간임대주택에 관한 특별법」 제2조 제5호에 따른 장기일반민간임대주택 (2020. 8. 7. 개정)

3) 2020년 7월 11일 이후 종전의 「민간임대주택에 관한 특별법」 제5조 제1항에 따라 등록 신청한 같은 법 제2조 제5호에 따른 장기일반민간임대주택 중 아파트를 임대하는 민간매입임대주택 (2020. 10. 7. 신설)

4) 종전의 「민간임대주택에 관한 특별법」 제2조 제6호에 따른 단기민간임대주택으로서 2020년 7월 11일 이후 같은 법 제5조 제3항에 따라 같은 법 제2조 제4호에 따른 공공지원민간임대주택 또는 같은 조 제5호에 따른 장기일반민간임대주택으로 변경신고한 주택 (2020. 10. 7. 신설)

임대를 개시한 날(30호 이상의 주택의 임대를 개시한 날 이후 임대를 개시한 주택의 경우에는 그 주택의 임대를 개시한 날) 또는 최초로 제9항에 따른 합산배제신고를 한 연도의 과세기준일을 기준으로 하여 다음의 구분에 따른 금액 (2025. 2. 28. 개정)
　(1) 해당 주택의 소재지가 수도권인 경우 : 9억원 (2025. 2. 28. 개정)
　(2) 해당 주택의 소재지가 수도권 밖의 지역인 경우 : 6억원 (2025. 2. 28. 개정)

2) 10년 이상 계속하여 임대하는 것일 것. 이 경우 임대기간을 계산할 때 「민간임대주택에 관한 특별법」 제5조 제3항에 따라 같은 법 제2조 제6호의 단기민간임대주택을 장기일반민간임대주택등으로 변경 신고한 경우에는 제7항 제1호에도 불구하고 같은 법 시행령 제34조 제1항 제3호에 따른 시점부터 그 기간을 계산한다. (2020. 10. 7. 개정)

3) 임대료등의 증가율이 100분의 5를 초과하지 않을 것. 이 경우 임대료등 증액 청구는 임대차계약의 체결 또는 약정한 임대료등의 증액이 있은 후 1년 이내에는 하

1. 제1항 제1호 및 제6호를 적용할 때 : 같은 특별시·광역시 또는 도에 소재하는 주택별로 각각 합산 (2011. 3. 31. 개정)
2. 제1항 제2호를 적용할 때 : 수도권에 있는 주택을 합산. 수도권 밖에 있는 주택은 제외한다. (2011. 3. 31. 개정)
⑥ 제1항의 규정을 적용함에 있어서 다가구주택은 「지방세법 시행령」 제112조에 따른 1구를 1호의 주택으로 본다. (2010. 9. 20. 개정 ; 지방세법 시행령 부칙)
⑦ 제1항을 적용할 때 합산배제 임대주택의 임대기간의 계산은 다음 각 호에 따른다. (2009. 2. 4. 개정)

1. 제1항 제1호 나목, 같은 항 제3호 나목 및 같은 항 제7호 나목에 따른 임대기간은 임대사업자로서 2호 이상의 주택의 임대를 개시한 날(2호 이상의 주택의 임대를 개시한 날 이후 임대를 개시한 주택의 경우에는 그 주택의 임대개시일을 말한다)부터, 제1항 제2호 나목 및 같은 항 제8호 가목 2)에 따른 임대기간은 임대사업자로서 해당 주택의 임대를 개시한 날부터, 제1항 제5호 나목 및 같은 항 제6호 나목에 따른 임대기간은 임대사업자로서 5호 이상의 주택의 임대를 개시한 날(5호 이상의 주택의 임대를 개시한 날 이후 임대를 개시한 주택의 경우에는 그 주택의 임대개시일을 말한다)부터 계산한다. (2020. 8. 7. 개정)

1. 제1항 제1호 나목, 같은 항 제3호 나목, 같은 항 제7호 나목 및 같은 항 제10호 나목에 따른 임대기간은 임대사업자로서 2호 이상의 주택의 임대를 개시한 날(2호 이상의 주택의 임대를 개시한 날 이후 임대를 개시한 주택의 경우에는 그 주택의 임대개시일을 말한다)부터, 제1항 제2호 나목, 같은 항 제8호 가목 2) 및 같은 항 제11호 가목 2)에 따른 임대기간은 임대사업자로서 해당 주택의 임대를 개시한 날부터, 제1항 제5호 나목 및 같은 항 제6호 나목에 따른 임대기간은 임대사업자로서 5호 이상의 주택의 임대를 개시한 날(5호 이상의 주택의 임대를 개시한 날 이후 임대를 개시한 주택의 경우에는 그 주택의 임대개시일을 말한다)부터 계산한다. (2025. 2. 28. 개정)
2. 상속으로 인하여 피상속인의 합산배제 임대주택을 취득하여 계속 임대하는 경우에는 당해 피상속인의 임대기간을 상속인의 임대기간에 합산한다. (2005. 5. 31. 제정)
3. 합병·분할 또는 조직변경을 한 법인(이하 이 조에서 "합병법인
☞ p.3572 3단 연결

상지역에 있는 「민간임대주택에 관한 특별법」 제2조 제6호의 2에 따른 단기민간임대주택[조정대상지역의 공고가 있은 날(이미 공고된 조정대상지역의 경우 2018년 9월 13일을 말한다) 이전에 주택(주택을 취득할 수 있는 권리를 포함한다)을 취득하거나 취득하기 위하여 매매계약을 체결하고 계약금을 지급한 사실이 증빙서류에 의하여 확인되는 경우는 제외한다] (2025. 2. 28. 개정)
2) 법인 또는 법인으로 보는 단체가 조정대상지역의 공고가 있은 날(이미 공고된 조정대상지역의 경우 2020년 6월 17일을 말한다)이 지난 후에 사업자등록등을 신청(임대할 주택을 추가하기 위한 등록사항의 변경신고를 포함하며, 제7항 제7호에 따라 임대기간이 합산되는 경우는 멸실된 주택에 대한 신청을 말한다)한 조정대상지역에 있는 「민간임대주택에 관한 특별법」 제2조 제6호의 2에 따른 단기민간임대주택 (2025. 2. 28. 개정)
② 법 제8조 제2항 제1호에서 "대통령령으로 정하는 다가구 임대주택"이란 임대사업자로서 사업자등록을 한 자가 임대하는 「건축법 시행령」 별표 1 제1호 다목에 따른 다가구주택(이하 이 조에서 "다가구주택"이라 한다)을 말한다. (2020. 8. 7. 개정)
③ 다가구주택 또는 다가구주택과 그 밖의 주택을 소유한 납세의무자가 주택임대를 위하여 사업자등록을 하는 경우에는 그 사업자등록을 한 날에 임대사업자에 해당하는 것으로 본다. (2015. 12. 28. 개정 ; 임대주택법 시행령 부칙)
④ 제3항의 규정에 따라 임대사업자로 보는 자가 임대하는 다가구 임대주택이 제1항의 규정에 따른 요건을 갖춘 경우에는 법 제8조 제2항 제1호의 규정에 따른 합산배제 임대주택으로 본다. (2005. 12. 31. 신설)
③·④ 삭 제 (2020. 2. 11.)
⑤ 제1항 제1호, 제6호, 제7호 및 제10호를 적용할 때 임대주택의 수(數)는 같은 특별시·광역시 또는 도에 소재하는 주택별로 각각 합산하여 계산한다. (2025. 2. 28. 개정)

편주 ••
영 3조 5항·7항 및 8항의 개정규정은 2025. 6. 4. 이후 납세의무가 성립하는 경우부터 적용함. (영 부칙(2025. 2. 28.) 2조 2항)

1) 해당 주택의 임대를 개시한 날 또는 최초로 제9항에 따른 합산배제신고를 한 연도의 과세기준일의 공시가격이 다음의 구분에 따른 금액 이하일 것 (2025. 2. 28. 개정)
가) 해당 주택의 소재지가 수도권인 경우 : 4억원 (2025. 2. 28. 개정)
나) 해당 주택의 소재지가 수도권 밖의 지역인 경우 : 2억원 (2025. 2. 28. 개정)
2) 6년 이상 계속하여 임대하는 것일 것 (2025. 2. 28. 개정)
3) 임대료등의 증가율이 100분의 5를 초과하지 않을 것. 이 경우 임대료등 증액 청구는 임대차계약의 체결 또는 약정한 임대료등의 증액이 있은 후 1년 이내에는 하지 못하고, 임대사업자가 임대료등의 증액을 청구하면서 임대보증금과 월임대료를 상호 간에 전환하는 경우에는 「민간임대주택에 관한 특별법」 제44조 제4항에 따라 정한 기준을 준용한다. (2025. 2. 28. 개정)
나. 제외되는 주택 (2025. 2. 28. 개정)
1) 1세대가 국내에 1주택 이상을 보유한 상태에서 세대원이 새로 취득(제7항 제2호 또는 제7호에 따라 임대기간이 합산되는 경우의 취득은 제외한다)한 조정대

공주택 특별법」 제50조의 2에 따른 임대의무기간의 종료일까지의 기간(해당 주택을 보유한 기간에 한정한다) (2019. 2. 12. 신설)

나. 제1항 제3호에 해당하는 임대주택 : 최초 임대를 개시한 날부터 양도일까지의 기간 (2019. 2. 12. 신설)

☞ p.3573 3단 연결

법률에 따른 협의매수 또는 수용 (2007. 8. 6. 개정)

나. 건설임대주택으로서 「공공주택 특별법 시행령」 제54조 제2항 제2호에 따른 임차인에 대한 분양전환 (2015. 12. 28. 개정 ; 임대주택법 시행령 부칙)

다. 천재·지변, 그 밖에 이에 준하는 사유의 발생 (2007. 8. 6. 개정)

6. 제1항 제1호 및 같은 항 제7호에 해당하는 건설임대주택은 제1호에도 불구하고 「건축법」 제22조에 따른 사용승인을 받은 날 또는 「주택법」 제49조에 따른 사용검사 후 사용검사필증을 받은 날부터 「민간임대주택에 관한 특별법」 제43조 또는 「공공주택 특별법」 제50조의 2에 따른 임대의무기간의 종료일까지의 기간(해당 주택을 보유한 기간에 한정한다) 동안은 계속 임대하는 것으로 본다. (2018. 2. 13. 개정)

6. 제1항 제1호·제7호 및 제10호에 해당하는 건설임대주택은 제1호에도 불구하고 「건축법」 제22조에 따른 사용승인을 받은 날 또는 「주택법」 제49조에 따른 사용검사 후 사용검사필증을 받은 날부터 「민간임대주택에 관한 특별법」 제43조 또는 「공공주택 특별법」 제50조의 2에 따른 임대의무기간의 종료일까지의 기간(해당 주택을 보유한 기간에 한정한다) 동안은 계속 임대하는 것으로 본다. (2025. 2. 28. 개정)

7. 「도시 및 주거환경정비법」에 따른 재개발사업·재건축사업 또는 「빈집 및 소규모주택 정비에 관한 특례법」에 따른 소규모주택정비사업에 따라 당초의 합산배제 임대주택이 멸실되어 새로운 주택을 취득하게 된 경우에는 멸실된 주택의 임대기간과 새로 취득한 주택의 임대기간을 합산한다. 이 경우 새로 취득한 주택의 준공일부터 6개월 이내에 임대를 개시해야 한다. (2020. 2. 11. 개정)

7의 2. 「주택법」에 따른 리모델링을 하는 경우에는 해당 주택의 같은 법에 따른 허가일 또는 사업계획승인일 전의 임대기간과 준공일 후의 임대기간을 합산한다. 이 경우 준공일부터 6개월 이내에 임대를 개시해야 한다. (2020. 2. 11. 신설)

8. 공공주택사업자가 소유한 임대주택의 경우 제1호 및 제4호에도 불구하고 다음 각 목의 주택별로 규정한 기간 동안 계속 임대하는 것으로 본다. (2023. 9. 5. 개정)

가. 제1항 제2호에 해당하는 공공매입임대주택: 취득일부터 「공

등"이라 한다)이 합병·분할 또는 조직변경전의 법인(이하 이 조에서 "피합병법인 등"이라 한다)의 합산배제 임대주택을 취득하여 계속 임대하는 경우에는 당해 피합병법인 등의 임대기간을 합병법인 등의 임대기간에 합산한다. (2005. 5. 31. 제정)

4. 기존 임차인의 퇴거일부터 다음 임차인의 입주일까지의 기간이 2년 이내인 경우에는 계속 임대하는 것으로 본다. (2011. 6. 3. 개정)

5. 다음 각 목의 어느 하나에 해당하는 사유로 제1항 각 호(제4호는 제외한다. 이하 이 호에서 같다)의 주택이 같은 항의 요건을 충족하지 못하게 되는 때에는 제1호에 따른 기산일부터 제1항 각 호의 나목에 따른 기간이 되는 날까지는 각각 해당 사유로 임대하지 못하는 주택에 한하여 계속 임대하는 것으로 본다. (2018. 2. 13. 개정)

5. 다음 각 목의 어느 하나에 해당하는 사유로 제1항 각 호(제4호 및 제9호는 제외한다)의 주택이 같은 항의 요건을 충족하지 못하게 되는 때에는 제1호에 따른 기산일부터 제1항 제1호 나목, 같은 항 제2호 나목, 같은 항 제3호 나목, 같은 항 제5호 나목, 같은 항 제6호 나목, 같은 항 제7호 나목, 같은 항 제8호 가목 2), 같은 항 제10호 나목 및 같은 항 제11호 가목 2)에 따른 기간이 되는 날까지는 각각 해당 사유로 임대하지 못하는 주택에 한하여 계속 임대하는 것으로 본다. (2025. 2. 28. 개정)

가. 「공익사업을 위한 토지 등의 취득 및 보상에 관한 법률」이나 그 밖의

⑧ 제1항을 적용할 때 같은 항 제1호 다목, 같은 항 제2호 다목, <u>같은 항 제7호 다목 및 같은 항 제8호 가목 3)</u>의 요건을 충족하지 않게 된 때에는 해당 과세연도를 포함하여 연속하는 2개 과세연도까지는 합산배제 임대주택에서 제외한다. (2020. 8. 7. 개정)

⑧ 제1항을 적용할 때 같은 항 제1호 다목, <u>같은 항 제7호 다목, 같은 항 제8호 가목 3)</u>, 같은 항 제10호 다목 및 같은 항 제11호 가목 3)의 요건을 충족하지 않게 된 때에는 해당 과세연도를 포함하여 연속하는 2개 과세연도까지는 합산배제 임대주택에서 제외한다. (2025. 2. 28. 개정)

⑨ 법 제8조 제2항 제1호에 따른 주택을 보유한 자가 합산배제 임대주택의 규정을 적용받으려는 때에는 기획재정부령으로 정하는 임대주택 합산배제 신고서에 따라 신고하여야 한다. 다만, 최초의 합산배제 신고를 한 연도의 다음 연도부터는 그 신고한 내용 중 기획재정부령으로 정하는 사항에 변동이 없는 경우에는 신고하지 아니할 수 있다. (2020. 2. 11. 항번개정)

⑩ 제7항 제7호 및 제7호의 2에 따라 주택의 임대기간의 합산을 받으려는 자는 해당 주택이 멸실(리모델링의 경우에는 허가일 또는 사업계획승인일을 말한다)된 후에 최초로 도래하는 과세기준일이 속하는 과세연도의 법 제8조 제3항에 따른 기간에 기획재정부령으로 정하는 서류를 관할세무서장에게 제출해야 한다. (2020. 2. 11. 신설)

제4조 【합산배제 사원용주택등】 (2014. 2. 21. 제목개정)

① 법 제8조 제2항 제2호 전단에서 "대통령령으로 정하는 주택"이란 다음 각 호의 주택(이하 "합산배제 사원용주택등"이라 한다)을 말한다. (2022. 2. 15. 개정)

1. 종업원에게 무상이나 저가로 제공하는 <u>사용자</u> 소유의 주택으로서 국민주택규모 이하이거나 과세기준일 현재 공시가격이 6억원 이하인 주택. 다만, 다음 각목의 어느 하나에 해당하는 종업원에게 제공하는 주택을 제외한다. (2023. 2. 28. 개정)

〈제8조 ②〉

2. 제1호의 주택 외에 종업원의 주거에 제공하기 위한 기숙사 및 사원용 주택, 주택건설사업자가 건축하여 소유하고 있는 미분양주택, 가정어린이집용 주택, 「수도권정비계획법」 제2조 제1호에 따른 수도권 외 지역에 소재하는 1주택 등 종합부동산세를 부과하는 목적에 적합하지 아니한 것으로서 대통령령으로 정하는 주택. 이 경우 수도권 외 지역에 소재하는 1주택의 경우에는 2009년 1월 1일부터 2011년 12월 31일까지의 기간 중 납세의무가 성립하는 분에 한정한다.

제2조의 2 【임대주택 등의 과세표준 합산배제신고 관련 구비서류】 (2008. 4. 29. 제목개정)
① 영 제3조 제8항에 따라 임대주택의 합산배제를 신고하는 자는 별지 제1호 서식(1)에 「임대주택법」 제6조에 따른 임대사업자등록증 사본을 첨부하여야 한다. (2008. 4. 29. 개정)
② 영 제4조 제4항에 따라 가정보육시설용 주택의 합산배제를 신고하는 자는 별지 제2호 서식(1)에 「영유아보육법」 제13조에 따른 보육시설인가증 사본을 첨부하여야 한다. (2008. 4. 29. 개정)

제2조의 2 【임대주택 등의 과세표준 합산배제신고 관련 구비서류】 삭 제 (2009. 5. 12.)

제2조 【임대주택 등의 과세표준 합산배제신고】 (2008. 4. 29. 제목개정)

① 「종합부동산세법 시행령」(이하 "영"이라 한다) 제3조 제9항 본문에서 "기획재정부령으로 정하는 임대주택 합산배제신고서"란 별지 제1호 서식(1) 및 별지 제1호 서식(2)를 말한다. (2020. 3. 13. 개정)

① 「종합부동산세법 시행령」(이하 "영"이라 한다) 제3조 제9항 본문에서 "기획재정부령으로 정하는 임대주택 합산배제신고서"란 다음 각 호의 구분에 따른 서식을 말한다. (2025. 3. 21. 개정)

편주▶
규칙 2조 1항·3항 및 4항의 개정규정은 2025. 6. 4.부터 시행함. (규칙 부칙(2025. 3. 21.) 1조)

1. 「공공주택 특별법」 제4조에 따른 공공주택사업자의 경우 : 별지 제1호 서식 (2025. 3. 21. 신설)

(2020. 6. 9. 개정 ; 법률용어 정비를~법률)
③ 제2항의 규정에 따른 주택을 보유한 납세의무자는 해당 연도 9월 16일부터 9월 30일까지 대통령령으로 정하는 바에 따라 납세지 관할세무서장(이하 "관할세무서장"이라 한다)에게 해당 주택의 보유현황을 신고하여야 한다. (2020. 6. 9. 개정 ; 법률용어 정비를~법률)
④ 제1항을 적용할 때 다음 각 호의 어느 하나에 해당하는 경우에는 1세대 1주택자로 본다. (2022. 9. 15. 개정)
1. 1주택(주택의 부속토지만을 소유한 경우는 제외한다)과 다른 주택의 부속토지(주택의 건물과 부속토지의 소유자가 다른 경우의 그 부속토지를 말한다)를 함께 소유하고 있는 경우 (2022. 9. 15. 개정)
2. ☞ p.3579

1. 종업원에게 무상이나 저가로 제공하는 사용자(사용자가 「근로복지기본법」 제50조에 따라 설치한 사내근로복지기금 또는 둘 이상의 사용자가 같은 법 제86조의 2에 따라 공동으로 조성한 공동근로복지기금을 포함한다. 이하 나목에서 같다) 소유의 주택으로서 국민주택규모 이하이거나 과세기준일 현재 공시가격이 6억원 이하인 주택. 다만, 다음 각목의 어느 하나에 해당하는 종업원에게 제공하는 주택을 제외한다. (2025. 2. 28. 개정)

편주 ▶
영 4조 1항 1호 각 목 외의 부분 본문의 개정규정은 2025. 2. 28. 이후 과세표준 및 세액을 신고하거나 결정·경정하는 경우부터 적용함. (영 부칙(2025. 2. 28.) 4조 1항)

가. 사용자가 개인인 경우에는 그 사용자와의 관계에 있어서 「국세기본법 시행령」 제1조의 2 제1항 각 호의 어느 하나에 해당하는 친족관계에 해당하는 자 (2023. 2. 28. 개정)
나. 사용자가 법인인 경우에는 「국세기본법」 제39조 제2호에 따른 과점주주 (2012. 2. 2. 개정)
2. 「건축법 시행령」 별표 1 제2호 라목의 기숙사 (2005. 5. 31. 제정)
3. 과세기준일 현재 사업자등록을 한 다음 각목의 어느 하나에 해당하는 자가 건축하여 소유하는 주택으로서 기획재정부령이 정하는 미분양 주택 (2008. 2. 29. 직제개정 ; 기획재정부와~직제 부칙)
가. 「주택법」 제15조에 따른 사업계획승인을 얻은 자 (2016. 8. 11. 개정 ; 주택법 시행령 부칙)
나. 「건축법」 제11조에 따른 허가를 받은 자 (2008. 10. 29. 개정 ; 건축법 시행령 부칙)
4. 다음 각 목의 어린이집으로 사용하는 주택으로서 세대원이 「소득세법」 제168조 제5항에 따른 고유번호를 부여받은 후 과세기준일 현재 5년(각 목의 어린이집을 상호 전환하여 운영하는 경우에는 전환하기 전의 운영기간을 포함하며, 이하 "의무운영기간"이라 한다) 이상 계속하여 어린이집으로 운영하는 주택(이하 "어린이집용 주택"이라 한다) (2022. 2. 15. 개정)

2. 「민간임대주택에 관한 특별법」 제2조 제7호에 따른 임대사업자의 경우 : 별지 제2호 서식 (2025. 3. 21. 신설)
② 영 제3조 제9항 단서에서 "기획재정부령으로 정하는 사항"이란 임대주택의 소유권 또는 전용면적을 말한다. (2020. 3. 13. 개정)
③ 영 제4조 제4항 본문에서 "기획재정부령으로 정하는 사원용주택등 합산배제 신고서"란 별지 제2호 서식(1) 및 별지 제2호 서식(2)를 말한다. (2014. 3. 14. 개정)
③ 영 제3조 제10항에서 "기획재정부령으로 정하는 서류"란 별지 제3호 서식을 말한다. (2025. 3. 21. 개정)
④ 영 제4조 제4항 단서에서 "기획재정부령으로 정하는 사항"이란 기타주택의 소유권 또는 전용면적을 말한다. (2008. 4. 29. 개정)
④ 영 제4조 제5항 본문에서 "기획재정부령으로 정하는 사원용주택등 합산배제 신고서"란 다음 각 호의 구분에 따른 서식을 말한다. (2025. 3. 21. 개정)
1. 영 제4조 제1항 제1호의 경우 : 별지 제4호 서식 (2025. 3. 21. 개정)
2. 영 제4조 제1항 제2호의 경우 : 별지 제5호 서식 (2025. 3. 21. 개정)
3. 영 제4조 제1항 제3호의 경우 : 별지 제6호 서식 (2025. 3. 21. 개정)
4. 영 제4조 제1항 제4호의 경우 : 별지 제7호 서식 (2025. 3. 21. 개정)
5. 영 제4조 제1항 제5호의 경우 : 별지 제8호 서식 (2025. 3. 21. 개정)
6. 영 제4조 제1항 제7호의 경우 : 별지 제9호 서식 (2025. 3. 21. 개정)
7. 영 제4조 제1항 제8호의 경우 : 별지 제

10. 제9호, 제14호 또는 제16호에 따라 기업구조조정부동산투자회사 등이 미분양주택을 취득할 당시 매입약정을 체결한 자가 그 매입약정에 따라 미분양주택(제14호의 경우에는 수도권 밖의 지역에 있는 미분양주택만 해당한다)을 취득한 경우로서 그 취득일부터 3년 이내인 주택 (2011. 6. 3. 개정)

11. 다음 각 목의 요건을 모두 갖춘 신탁계약에 따른 신탁재산으로 「자본시장과 금융투자업에 관한 법률」에 따른 신탁업자(이하 이 호에서 "신탁업자"라 한다)가 2010년 2월 11일까지 직접 취득(2010년 2월 11일까지 매매계약을 체결하고 계약금을 납부한 경우를 포함한다)을 하는 미분양주택 (2009. 12. 31. 개정)

가. 주택의 시공자(이하 이 조에서 "시공자"라 한다)가 채권을 발행하여 조달한 금전을 신탁업자에게 신탁하고, 해당 시공자가 발행하는 채권을 「한국주택금융공사법」에 따른 한국주택금융공사의 신용보증을 받아 「자산유동화에 관한 법률」에 따라 유동화 할 것 (2009. 9. 29. 신설)

나. 신탁업자가 신탁재산으로 취득하는 부동산은 모두 서울특별시 밖의 지역에 있는 미분양주택(「주택도시기금법」에 따른 주택도시보증공사가 분양보증을 하여 준공하는 주택만 해당한다)으로서 그 중 수도권 밖의 지역에 있는 주택수의 비율(신탁업자가 다수의 시공자로부터 금전을 신탁 받은 경우에는 해당 신탁업자가 신탁재산으로 취득한 전체 미분양주택을 기준으로 한다)이 100분의 60 이상일 것 (2015. 6. 30. 개정 ; 주택도시~부칙)

다. 신탁재산의 운용기간(신탁계약이 연장되는 경우 그 연장되는 기간을 포함한다)이 5년 이내일 것 (2009. 9. 29. 신설)

12. 「노인복지법」 제32조 제1항 제3호에 따른 노인복지주택을 같은 법 제33조 제2항에 따라 설치한 자가 소유한 해당 노인복지주택 (2009. 12. 31. 신설)

13. 「향교재산법」에 따른 향교 또는 향교재단이 소유한 주택의 부속토지(주택의 건물과 부속토지의 소유자가 다른 경우의 그 부속토지를 말한다) (2009. 12. 31. 신설)

☞ p.3576 2단 연결

가. 세대원이 「영유아보육법」 제13조 제1항에 따라 시장·군수 또는 구청장(자치구의 구청장을 말한다)의 인가를 받은 국공립어린이집 외의 어린이집 (2022. 2. 15. 개정)

나. 세대원이 「영유아보육법」 제24조 제2항에 따라 운영을 위탁받은 국공립어린이집 (2022. 2. 15. 개정)

5. 주택의 시공자가 제3호 가목 또는 나목의 자로부터 해당 주택의 공사대금으로 받은 제3호에 따른 미분양 주택(해당 주택을 공사대금으로 받은 날 이후 해당 주택의 주택분 재산세의 납세의무가 최초로 성립한 날부터 5년이 경과하지 않은 주택으로 한정한다) (2022. 8. 2. 개정)

6. 수도권 밖의 지역에 위치하는 1주택(납세의무자가 2주택 이상을 소유한 경우에는 주택의 공시가격이 가장 높은 주택을 말한다) (2009. 2. 4. 신설)

6. 삭 제 (2012. 2. 2.)

7. 「정부출연연구기관 등의 설립·운영 및 육성에 관한 법률」에 따른 연구기관 등 기획재정부령으로 정하는 정부출연연구기관이 해당 연구기관의 연구원에게 제공하는 주택으로서 2008년 12월 31일 현재 보유하고 있는 주택 (2009. 2. 4. 신설)

8. 「문화재보호법」에 따른 등록문화재 (2022. 2. 15. 개정)

9. 다음 각 호의 요건을 모두 갖춘 「부동산투자회사법」 제2조 제1호 다목에 따른 기업구조조정부동산투자회사 또는 「자본시장과 금융투자업에 관한 법률」 제229조 제2호에 따른 부동산집합투자기구(이하 이 항에서 "기업구조조정부동산투자회사등"이라 한다)가 2010년 2월 11일까지 직접 취득(2010년 2월 11일까지 매매계약을 체결하고 계약금을 납부한 경우를 포함한다)을 하는 미분양주택(「주택법」 제54조에 따른 사업주체가 같은 조에 따라 공급하는 주택으로서 입주자모집공고에 따른 입주자의 계약일이 지나 선착순의 방법으로 공급하는 주택을 말한다. 이하 이 항에서 같다) (2016. 8. 11. 개정 ; 주택법 시행령 부칙)

가. 취득하는 부동산이 모두 서울특별시 밖의 지역(「소득세법」 제104조의 2에 따른 지정지역은 제외한다. 이하 이 조에서 같다)에 있는 미분양주택으로서 그 중 수도권 밖의 지역에 있는 주택수의 비율이 100분의 60 이상일 것 (2009. 9. 29. 개정)

나. 존립기간이 5년 이내일 것 (2009. 4. 21. 신설)

10호 서식 (2025. 3. 21. 개정)

8. 영 제4조 제1항 제9호·제14호·제16호 및 제26호의 경우 : 별지 제11호 서식 (2025. 3. 21. 개정)

9. 영 제4조 제1항 제10호의 경우 : 별지 제12호 서식 (2025. 3. 21. 개정)

10. 영 제4조 제1항 제11호·제15호 및 제17호의 경우 : 별지 제13호 서식 (2025. 3. 21. 개정)

11. 영 제4조 제1항 제12호의 경우 : 별지 제14호 서식 (2025. 3. 21. 개정)

12. 영 제4조 제1항 제18호의 경우 : 별지 제15호 서식 (2025. 3. 21. 개정)

13. 영 제4조 제1항 제19호의 경우 : 별지 제16호 서식 (2025. 3. 21. 개정)

14. 영 제4조 제1항 제20호 및 제20호의 2의 경우 : 별지 제17호 서식 (2025. 3. 21. 개정)

15. 영 제4조 제1항 제21호의 경우 : 별지 제18호 서식 (2025. 3. 21. 개정)

16. 영 제4조 제1항 제22호의 경우 : 별지 제19호 서식 (2025. 3. 21. 개정)

17. 영 제4조 제1항 제23호의 경우 : 별지 제20호 서식 (2025. 3. 21. 개정)

18. 영 제4조 제1항 제24호의 경우 : 별지 제21호 서식 (2025. 3. 21. 개정)

19. 영 제4조 제1항 제25호의 경우 : 별지 제22호 서식 (2025. 3. 21. 개정)

20. 영 제4조 제1항 제27호의 경우 : 별지 제23호 서식 (2025. 3. 21. 개정)

⑤ 영 제4조 제5항 단서에서 "기획재정부령으로 정하는 사항"이란 다음 각 호의 사

가. 취득하는 부동산이 모두 미분양주택일 것 (2011. 6. 3. 신설)

나. 존립기간이 5년 이내일 것 (2011. 6. 3. 신설)

17. 다음 각 목의 요건을 모두 갖춘 신탁계약에 따른 신탁재산으로 「자본시장과 금융투자업에 관한 법률」에 따른 신탁업자(이하 이 호에서 "신탁업자"라 한다)가 2012년 12월 31일까지 직접 취득(2012년 12월 31일까지 매매계약을 체결하고 계약금을 납부한 경우를 포함한다)하는 미분양주택(「주택도시기금법」에 따른 주택도시보증공사가 분양보증을 하여 준공하는 주택만 해당한다) (2015. 6. 30. 개정 ; 주택도시기금법 시행령 부칙)

가. 시공자가 채권을 발행하여 조달한 금전을 신탁업자에게 신탁하고, 해당 시공자가 발행하는 채권을 「한국주택금융공사법」에 따른 한국주택금융공사의 신용보증을 받아 「자산유동화에 관한 법률」에 따라 유동화할 것 (2011. 6. 3. 신설)

나. 신탁재산의 운용기간(신탁계약이 연장되는 경우 그 연장되는 기간을 포함한다)이 5년 이내일 것 (2011. 6. 3. 신설)

18. 「송 · 변전설비 주변지역의 보상 및 지원에 관한 법률」 제5조에 따른 주택매수의 청구에 따라 사업자가 취득하여 보유하는 주택 (2015. 11. 30. 신설)

19. 「주택도시기금법」 제3조에 따른 주택도시기금(이하 "주택도시기금"이라 한다)과 「한국토지주택공사법」에 따라 설립된 한국토지주택공사가 공동으로 출자하여 설립한 부동산투자회사 또는 기획재정부령으로 정하는 기관이 매입하는 주택으로서 다음 각 목의 요건을 모두 갖춘 주택 (2023. 9. 5. 개정)

19. 「주택도시기금법」 제3조에 따른 주택도시기금(이하 "주택도시기금"이라 한다)과 한국토지주택공사가 공동으로 출자하여 설립한 부동산투자회사 또는 기획재정부령으로 정하는 기관이 매입하는 주택으로서 다음 각 목의 요건을 모두 갖춘 주택 (2024. 11. 12. 개정)

가. 매입 시점에 거주자가 거주하고 있는 주택으로서 해당 주택 외에 거주자가 속한 세대가 보유하고 있는 주택이 없을 것 (2018. 2. 13. 신설)

나. 해당 거주자에게 매입한 주택을 5년 이상 임대하고 임대기간 종료 후에 그 주택을 재매입할 수 있는 권리를 부여할 것 (2018. 2. 13. 신설)

☞ p.3577 2단 연결

14. 다음 각 목의 요건을 모두 갖춘 기업구조조정부동산투자회사등이 2011년 4월 30일까지 직접 취득(2011년 4월 30일까지 매매계약을 체결하고 계약금을 납부한 경우를 포함한다)하는 수도권 밖의 지역에 있는 미분양주택 (2010. 6. 8. 신설)

가. 취득하는 부동산이 모두 서울특별시 밖의 지역에 있는 2010년 2월 11일 현재 미분양주택으로서 그 중 수도권 밖의 지역에 있는 주택수의 비율이 100분의 50 이상일 것 (2010. 6. 8. 신설)

나. 존립기간이 5년 이내일 것 (2010. 6. 8. 신설)

15. 다음 각 목의 요건을 모두 갖춘 신탁계약에 따른 신탁재산으로 「자본시장과 금융투자업에 관한 법률」에 따른 신탁업자(이하 이 호에서 "신탁업자"라 한다)가 2011년 4월 30일까지 직접 취득(2011년 4월 30일까지 매매계약을 체결하고 계약금을 납부한 경우를 포함한다)하는 수도권 밖의 지역에 있는 미분양주택 (2010. 6. 8. 신설)

가. 시공자가 채권을 발행하여 조달한 금전을 신탁업자에게 신탁하고, 해당 시공자가 발행하는 채권을 「한국주택금융공사법」에 따른 한국주택금융공사의 신용보증을 받아 「자산유동화에 관한 법률」에 따라 유동화할 것 (2010. 6. 8. 신설)

나. 신탁업자가 신탁재산으로 취득하는 부동산은 모두 서울특별시 밖의 지역에 있는 2010년 2월 11일 현재 미분양주택(「주택도시기금법」에 따른 주택도시보증공사가 분양보증을 하여 준공하는 주택만 해당한다)으로서 그 중 수도권 밖의 지역에 있는 주택수의 비율(신탁업자가 다수의 시공자로부터 금전을 신탁받은 경우에는 해당 신탁업자가 신탁재산으로 취득한 전체 미분양주택을 기준으로 한다)이 100분의 50 이상일 것 (2015. 6. 30. 개정 ; 주택도시기금법 시행령 부칙)

다. 신탁재산의 운용기간(신탁계약이 연장되는 경우 그 연장되는 기간을 포함한다)은 5년 이내일 것 (2010. 6. 8. 신설)

16. 다음 각 목의 요건을 모두 갖춘 기업구조조정부동산투자회사등이 2014년 12월 31일까지 직접 취득(2014년 12월 31일까지 매매계약을 체결하고 계약금을 납부한 경우를 포함한다)하는 미분양주택 (2014. 2. 21. 개정)

항을 말한다. (2025. 3. 21. 신설)

편주 ●●●●●●●●●●●●●●●●●

규칙 2조 5항의 개정규정은 2025. 3. 21.부터 시행함. (규칙 부칙(2025. 3. 21.) 1조 단서)

1. 주택의 소유권 또는 전용면적 (2025. 3. 21. 신설)

2. 제2조의 3에 따른 전세금 또는 임대보증금(영 제4조 제1항 제1호의 주택만 해당한다) (2025. 3. 21. 신설)

편주 ●●●●●●●●●●●●●●●●●

규칙 2조 5항 2호의 개정규정은 2025. 3. 21. 이후 납세의무가 성립하는 경우부터 적용함. (규칙 부칙(2025. 3. 21.) 2조)

제2조의 3 【저가로 제공하는 주택의 범위】 영 제4조 제1항 제1호 각 목 외의 부분 본문에서 "저가로 제공하는 사용자 소유의 주택"이란 과세기준일 현재의 전세금 또는 임대보증금(종업원이 부담하는 월세 등 임차료가 있는 경우에는 이를 「부가가치세법 시행규칙」 제47조에 따라 국세청장이 정한 계약기간 1년의 정기예금이자율을 적용하여 1년으로 환산한 금액을 포함한다)이 해당주택 공시가격의 100분의 10 이하인 주택을 말한다. (2013. 6. 28. 개정 ; 부가가치세법 시행규칙 부칙)

제2조의 3 【저가로 제공하는 주택의 범위】 영 제4조 제1항 제1호 각 목 외의 부분 본문에서 "저가로 제공하는 사용자 소유의 주택"이란 과세기준일 현재의 전세금 또는 임대보증금(종업원이 부담하는 월세 등 임차료가 있는 경우에는 이를 「부가가치세법 시행규칙」 제47조에 따른 계약기간 1년의 정기예금 이자율을 적용하여 1년

등의 부속토지(주택의 건물과 부속토지의 소유자가 다른 경우의 그 부속토지를 말한다)로서 그 소유자가 다음 각 목의 어느 하나에 해당하는 부속토지 (2023. 9. 5. 신설)

가. 공공주택사업자 (2023. 9. 5. 신설)

나. 공공주택사업자 또는 주택도시기금이 단독 또는 공동으로 직접 출자하여 설립하고 출자지분의 전부를 소유하고 있는 부동산투자회사 (2023. 9. ·5. 신설)

24. 「전통사찰의 보존 및 지원에 관한 법률」 제2조 제3호에 따른 전통사찰보존지 내 주택의 부속토지(주택의 건물과 부속토지의 소유자가 다른 경우의 그 부속토지를 말한다)로서 그 연간 사용료가 해당 부속토지 공시가격의 1천분의 20 이하인 부속토지 (2023. 9. 5. 신설)

24. 「전통사찰의 보존 및 지원에 관한 법률」 제2조 제3호에 따른 전통사찰보존지 내 주택의 부속토지(주택의 건물과 부속토지의 소유자가 다른 경우의 그 부속토지를 말한다)로서 기획재정부령으로 정하는 연간 사용료가 해당 부속토지 공시가격의 1천분의 20 이하인 부속토지 (2025. 2. 28. 개정)

25. 공공주택사업자가 소유하는 「공공주택 특별법」 제2조 제1호의 4에 따른 지분적립형 분양주택(주택지분의 일부를 소유하는 경우에는 해당 지분을 말한다) (2024. 2. 29. 신설)

편주 ▶
영 4조 1항 25호의 개정규정은 2024. 2. 29. 이후 납세의무가 성립하는 경우부터 적용함. (영 부칙(2024. 2. 29.) 2조)

26. 「부동산투자회사법」 제2조 제1호 다목에 따른 기업구조조정 부동산투자회사가 2024년 3월 28일부터 2025년 12월 31일까지 직접 취득(2025년 12월 31일까지 매매계약을 체결하고 계약금을 납부한 경우를 포함한다)하는 수도권 밖의 지역에 있는 미분양주택(해당 주택을 취득한 날 이후 해당 주택의 주택분 재산세의 납세의무가 최초로 성립한 날부터 5년이 경과하지 않은 주택으로 한정한다) (2024. 6. 25. 신설)

☞ p.3578 2단 연결

다. 매입 당시 해당 주택의 공시가격이 5억원 이하일 것 (2018. 2. 13. 신설)

20. 「주택법」 제2조 제9호에 따른 토지임대부 분양주택의 부속토지 (2021. 2. 17. 신설)

20의 2. 「주택법」 제78조의 2에 따른 토지임대부 분양주택의 공공매입신청에 따라 한국토지주택공사가 취득하여 보유하는 주택 (2025. 2. 28. 신설)

편주 ▶
영 4조 1항 20호의 2 · 24호 · 27호의 개정규정은 2025. 2. 28. 이후 납세의무가 성립하는 경우부터 적용함. (영 부칙(2025. 2. 28.) 4조 2항)

21. 다음 각 목의 자가 주택건설사업을 위하여 멸실시킬 목적으로 취득하여 그 취득일부터 3년 이내에 멸실시키는 주택(기획재정부령으로 정하는 정당한 사유로 3년 이내에 멸실시키지 못한 주택을 포함한다) (2022. 2. 15. 신설)

가. 공공주택사업자 (2023. 9. 5. 개정)

나. 「도시 및 주거환경정비법」 제24조부터 제28조까지의 규정에 따른 사업시행자 (2022. 2. 15. 신설)

다. 「도시재생 활성화 및 지원에 관한 특별법」 제44조에 따라 지정된 혁신지구재생사업의 시행자 (2022. 2. 15. 신설)

라. 「빈집 및 소규모주택 정비에 관한 특례법」 제17조, 제18조 및 제19조에 따른 사업시행자 (2022. 2. 15. 신설)

마. 「주택법」에 따른 주택조합 및 같은 법 제4조 제1항 본문에 따라 등록한 주택건설사업자(같은 항 단서에 해당하여 등록하지 않은 자를 포함한다) (2022. 2. 15. 신설)

22. 제3조 제1항 제1호에 해당하는 공공건설임대주택 또는 같은 항 제2호에 해당하는 공공매입임대주택의 부속토지(주택의 건물과 부속토지의 소유자가 다른 경우의 그 부속토지를 말한다) (2023. 9. 5. 신설)

23. 제3조 제1항 제7호 또는 제8호에 해당하는 장기일반민간임대주택

으로 환산한 금액을 포함한다)이 해당 주택 공시가격의 100분의 10 이하인 주택을 말한다. (2025. 3. 21. 개정)

편주 ▶
규칙 2조의 3의 개정규정은 2025. 3. 21.부터 시행함. (규칙 부칙(2025. 3. 21.) 1조 단서)

제3조【다가구주택의 임대사업자등록 요건】삭 제 (2006. 7. 13.)

제4조【합산배제 미분양 주택의 범위】영 제4조 제1항 제3호 각 목 외의 부분에서 "기획재정부령이 정하는 미분양 주택"이란 주택을 신축하여 판매하는 자가 소유한 다음 각 호의 어느 하나에 해당하는 미분양 주택을 말한다. (2009. 5. 12. 개정)

1. 「주택법」 제15조에 따른 사업계획승인을 받은 자가 건축하여 소유하는 미분양 주택으로서 2005년 1월 1일 이후에 주택분 재산세의 납세의무가 최초로 성립하는 날부터 5년이 경과하지 않은 주택. 다만, 다음 각 목의 경우에는 주택분 재산세의 납세의무가 최초로 성립한 날부터 해당 목에서 정하는 기간이 경과하지 않은 주택으로 한다. (2025. 3. 21. 개정)

가. 2025년도 과세기준일 현재 주택분 재산세의 납세의무가 최초로 성립한 날부터 5년은 경과했으나 7년은 경과하지 않은 경우 : 7년 (2025. 3. 21. 신설)

나. 2025년도 과세기준일 현재 주택분

편주 ▶
영 4조 1항 26호의 개정규정은 2024. 6. 25.이 속하는 연도에 납세의무가 성립하는 경우부터 적용함. (영 부칙(2024. 6. 25.) 2조)

27. 「공항소음 방지 및 소음대책지역 지원에 관한 법률」 제15조의 2에 따른 구분소유권의 매수청구에 따라 같은 법 제2조 제5호에 따른 공항시설관리자 또는 같은 조 제6호에 따른 공항개발사업시행자가 취득하여 보유하는 주택 (2025. 2. 28. 신설)

② 제1항 제1호를 적용할 때 해당 연도 중 종업원에게 제공하는 기간이 9개월 이상인 경우로서 종업원에게 제공하지 않는 기간에 다른 용도로 사용하지 않는 경우에는 해당 연도 과세기준일 현재 종업원에게 계속하여 제공하는 것으로 본다. (2025. 2. 28. 신설)

③ 다음 각 호에 해당하는 경우에는 어린이집용 주택의 의무운영기간을 충족하는 것으로 본다. (2025. 2. 28. 항번개정)

1. 어린이집용 주택의 소유자 또는 어린이집을 운영하던 세대원이 사망한 경우 (2022. 2. 15. 개정)

2. 어린이집용 주택이 「공익사업을 위한 토지 등의 취득 및 보상에 관한 법률」 또는 그 밖의 법률에 따라 협의매수 또는 수용된 경우 (2022. 2. 15. 개정)

3. 그 밖에 천재·지변 등 기획재정부령으로 정하는 부득이한 사유로 더 이상 어린이집을 운영할 수 없는 경우 (2022. 2. 15. 개정)

④ 다음 각 호에 해당하는 경우에는 계속하여 어린이집을 운영하는 것으로 본다. (2025. 2. 28. 항번개정)

1. 어린이집용 주택에서 이사하여 입주한 주택을 3개월 이내에 어린이집으로 운영하는 경우 (2022. 2. 15. 개정)

2. 어린이집용 주택의 소유자 또는 어린이집을 운영하던 세대원의 사망으로 어린이집을 운영하지 않은 기간이 3개월 이내인 경우 (2022. 2. 15. 개정)

⑤ 법 제8조 제2항 제2호에 따른 주택(제1항 제13호에 해당하는 주택은 제외한다)을 보유한 자가 합산배제 사원용주택 등의 규정을 적용받으려는 때에는 기획재정부령으로 정하는 사원용주택등 합산배제 신고

☞

편주 ▶
영 4조 2항의 개정규정은 2025. 2. 28. 이후 납세의무가 성립하는 경우부터 적용함. (영 부칙(2025. 2. 28.) 4조 2항)

재산세의 납세의무가 최초로 성립한 날부터 4년은 경과했으나 5년은 경과하지 않은 경우 : 6년 (2025. 3. 21. 신설)

편주 ▶
규칙 4조 1호 및 2호의 개정규정은 2025. 3. 21. 이후 납세의무가 성립하는 경우부터 적용함. (규칙 부칙(2025. 3. 21.) 3조)

2. 「건축법」 제11조에 따른 허가를 받은 자가 건축하여 소유하는 미분양 주택으로서 2005년 1월 1일 이후에 주택분 재산세의 납세의무가 최초로 성립하는 날부터 5년이 경과하지 않은 주택. 다만, 다음 각 목의 경우에는 주택분 재산세의 납세의무가 최초로 성립한 날부터 해당 목에서 정하는 기간이 경과하지 않은 주택으로 한다. (2025. 3. 21. 단서신설)

가. 2025년도 과세기준일 현재 주택분 재산세의 납세의무가 최초로 성립한 날부터 5년은 경과했으나 7년은 경과하지 않은 경우 : 7년 (2025. 3. 21. 신설)

나. 2025년도 과세기준일 현재 주택분 재산세의 납세의무가 최초로 성립한 날부터 4년은 경과했으나 5년은 경과하지 않은 경우 : 6년 (2025. 3. 21. 신설)

제4조의 2【정부출연연구기관의 범위】영 제4조 제1항 제7호에서 "기획재정

<제8조 ④>

2. 1세대 1주택자가 1주택을 양도하기 전에 다른 주택을 대체취득하여 일시적으로 2주택이 된 경우로서 대통령령으로 정하는 경우 (2022. 9. 15. 개정)

3. 1주택과 상속받은 주택으로서 대통령령으로 정하는 주택(이하 "상속주택"이라 한다)을 함께 소유하고 있는 경우 (2022. 9. 15. 개정)

4. 1주택과 주택 소재 지역, 주택 가액 등을 고려하여 대통령령으로 정하는 지방 저가주택(이하 "지방 저가주택"이라 한다)을 함께 소유하고 있는 경우 (2022. 9. 15. 개정)

☞

서에 따라 신고해야 한다. 다만, 최초의 합산배제 신고를 한 연도의 다음 연도부터는 그 신고한 내용 중 기획재정부령으로 정하는 사항에 변동이 없는 경우에는 신고하지 않을 수 있다. (2025. 2. 28. 항번개정)

제4조의 2【1세대 1주택자의 범위】① 법 제8조 제4항 제2호에서 "대통령령으로 정하는 경우"란 1세대 1주택자가 보유하고 있는 주택을 양도하기 전에 다른 1주택(이하 이 항에서 "신규주택"이라 한다)을 취득(자기가 건설하여 취득하는 경우를 포함한다)하여 2주택이 된 경우로서 과세기준일 현재 신규주택을 취득한 날부터 3년이 경과하지 않은 경우를 말한다. (2023. 2. 28. 개정)

② 법 제8조 제4항 제3호에서 "대통령령으로 정하는 주택"이란 상속을 원인으로 취득한 주택(「소득세법」 제88조 제9호에 따른 조합원입주권 또는 같은 조 제10호에 따른 분양권을 상속받아 사업시행 완료 후 취득한 신축주택을 포함한다)으로서 다음 각 호의 어느 하나에 해당하는 주택을 말한다. (2022. 9. 23. 신설)

1. 과세기준일 현재 상속개시일부터 5년이 경과하지 않은 주택 (2022. 9. 23. 신설)

2. 지분율이 100분의 40 이하인 주택 (2022. 9. 23. 신설)

3. 지분율에 상당하는 공시가격이 6억원(수도권 밖의 지역에 소재하는 주택의 경우에는 3억원) 이하인 주택 (2022. 9. 23. 신설)

③ 법 제8조 제4항 제4호에서 "대통령령으로 정하는 지방 저가주택"이란 다음 각 호의 요건을 모두 충족하는 1주택을 말한다. (2022. 9. 23. 신설)

1. 공시가격이 3억원 이하일 것 (2022. 9. 23. 신설)

1. 공시가격이 4억원 이하일 것 (2025. 2. 28. 개정)

2. 다음 각 목의 어느 하나에 해당하는 지역에 소재하는 주택일 것

부령으로 정하는 정부출연연구기관"이란 「정부출연연구기관 등의 설립·운영 및 육성에 관한 법률」, 「과학기술분야 정부출연연구기관 등의 설립·운영 및 육성에 관한 법률」, 「한국국방연구원법」 및 「국방과학연구소법」에 따라 설립되거나 「특정연구기관육성법」의 적용을 받는 연구기관을 말한다. (2009. 5. 12. 신설)

제4조의 3【주택매입기관의 범위】영 제4조 제1항 제19호에서 "기획재정부령으로 정하는 기관"이란 「한국자산관리공사 설립 등에 관한 법률」에 따라 설립된 한국자산관리공사가 출자하여 설립한 부동산투자회사를 말한다. (2020. 3. 13. 신설)

제4조의 4【주택을 멸실시키지 못한 정당한 사유】영 제4조 제1항 제21호 각 목 외의 부분에서 "기획재정부령으로 정하는 정당한 사유"란 다음 각 호에 해당하는 경우를 말한다. (2022. 3. 18. 신설)

1. 법령에 따른 제한으로 주택의 멸실이 지연되거나 주택을 멸실시킬 수 없는 경우 (2022. 3. 18. 신설)

2. 천재지변이나 이에 준하는 재해로 주택의 멸실이 지연되거나 주택을 멸실시킬 수 없는 경우 (2022. 3. 18. 신설)

3. 그 밖에 주택 취득 당시 예측할 수 없었던 사유가 발생하여 주택의 멸실이 지연되거나 주택을 멸실시킬 수 없는 경우로서 통상적인 주택건설사업 시행방식을 고려할 때 해당 사유가 발생하면

하는 경우부터 적용함. (영 부칙(2025. 2. 28.) 5조)

⑤ 제4항 제2호부터 제4호까지의 규정을 적용받으려는 납세의무자는 해당 연도 9월 16일부터 9월 30일까지 대통령령으로 정하는 바에 따라

(2023. 2. 28. 개정)

가. 수도권 밖의 지역 중 광역시 및 특별자치시가 아닌 지역 (2023. 2. 28. 개정)

나. 수도권 밖의 지역 중 광역시에 소속된 군 (2023. 2. 28. 개정)

다. 「세종특별자치시 설치 등에 관한 특별법」 제6조 제3항에 따른 읍·면 (2023. 2. 28. 개정)

☞

편주 ▶

규칙 4조의 5의 개정규정은 2025. 3. 21.부터 시행함. (규칙 부칙(2025. 3. 21.) 1조 단서)

라. 서울특별시를 제외한 수도권 중 「지방자치분권 및 지역균형발전에 관한 특별법」 제2조 제12호에 따른 인구감소지역이면서 「접경지역 지원 특별법」 제2조 제1호에 따른 접경지역에 해당하는 지역으로서 부동산 가격의 동향 등을 고려하여 기획재정부령으로 정하는 지역 (2023. 7. 7. 개정 ; 지방자치분권～부칙)

☞

편주 ▶

규칙 4조의 6 제1호의 개정규정은 2025. 3. 21. 이후 납세의무가 성립하는 경우부터 적용함. (규칙 부칙(2025. 3. 21.) 4조)

④ 법 제8조 제5항에 따라 1세대 1주택자의 적용을 신청하려는 납세의무자는 기획재정부령으로 정하는 신청서를 관할세무서장에게 제출해

주택의 멸실이 곤란하다고 관할 세무서장이 인정하는 경우 (2022. 3. 18. 신설)

제4조의 5【합산배제 대상 전통사찰보존지 내 주택 부속토지의 연간 사용료】 영 제4조 제1항 제24호에서 "기획재정부령으로 정하는 연간 사용료"란 다음 계산식에 따라 계산한 금액을 말한다. (2025. 3. 21. 신설)

> 전통사찰보존지 내 주택 부속토지의 연간 사용료 $= A + B$
>
> A : 월세 등 임차료 × 12
>
> B : 임대보증금 × 「부가가치세법 시행규칙」 제47조에 따른 계약기간 1년의 정기예금 이자율

제4조의 6【수도권에 소재하는 지방 저가주택의 지역 범위】 (2025. 3. 21. 조번개정) 영 제4조의 2 제3항 제2호 라목에서 "기획재정부령으로 정하는 지역"이란 다음 각 호의 지역을 말한다. (2023. 3. 20. 신설)

1. 경기도 연천군 (2023. 3. 20. 신설)

1. 경기도 가평군 및 연천군 (2025. 3. 21. 개정)

2. 인천광역시 강화군 및 옹진군 (2023. 3. 20. 신설)

제4조의 7【1세대 1주택자 판단 시 주택 수 산정 제외 신청】 (2025. 3. 21.

관할세무서장에게 신청하여야 한다. (2022. 9. 15. 신설)

　　제9조【세율 및 세액】① 주택에 대한 종합부동산세는 다음 각 호와 같이 납세의무자가 소유한 주택 수에 따라 과세표준에 해당 세율을 적용하여 계산한 금액을 그 세액(이하 "주택분 종합부동산세액"이라 한다)으로 한다. (2018. 12. 31. 개정)

1. 납세의무자가 2주택 이하를 소유한 경우 (2022. 12. 31. 개정)

과세표준	세 율
3억원 이하	1천분의 5
3억원 초과 6억원 이하	150만원 + (3억원을 초과하는 금액의 1천분의 7)
6억원 초과 12억원 이하	360만원 + (6억원을 초과하는 금액의 1천분의 10)
12억원 초과 25억원 이하	960만원 + (12억원을 초과하는 금액의 1천분의 13)
25억원 초과 50억원 이하	2천650만원 + (25억원을 초과하는 금액의 1천분의 15)
50억원 초과 94억원 이하	6천400만원 + (50억원을 초과하는 금액의 1천분의 20)
94억원 초과	1억5천200만원 + (94억원을 초과하는 금액의 1천분의 27)

2. 납세의무자가 3주택 이상을 소유한 경우 (2022. 12. 31. 개정)

과세표준	세 율
3억원 이하	1천분의 5
3억원 초과 6억원 이하	150만원 + (3억원을 초과하는 금액의 1천분의 7)
6억원 초과 12억원 이하	360만원 + (6억원을 초과하는 금액의 1천분의 10)
12억원 초과 25억원 이하	960만원 + (12억원을 초과하는 금

야 한다. (2022. 9. 23. 신설)

⑤ 법 제8조 제5항에 따른 신청을 한 납세의무자는 최초의 신청을 한 연도의 다음 연도부터는 그 신청 사항에 변동이 없으면 신청하지 않을 수 있다. (2022. 9. 23. 신설)

　　제4조의 3【주택분 종합부동산세에서 공제되는 재산세액의 계산】(2022. 9. 23. 조번개정)

① 법 제9조 제1항 및 제2항에 따른 주택분 종합부동산세액(이하 "주택분 종합부동산세액"이라 한다)에서 같은 조 제3항에 따라 공제하는 주택분 과세표준 금액에 대한 주택분 재산세로 부과된 세액은 다음 계산식에 따라 계산한 금액으로 한다. (2024. 2. 29. 개정)

$$\text{「지방세법」 제112조 제1항 제1호에 따라 주택분 재산세로 부과된 세액의 합계액} \times \frac{\text{(법 제8조 제1항에 따른 주택분 종합부동산세의 과세표준} \times \text{「지방세법 시행령」 제109조 제1항 제2호에 따른 공정시장가액비율)} \times \text{「지방세법」 제111조 제1항 제3호에 따른 표준세율}}{\text{주택을 합산하여 주택분 재산세 표준세율로 계산한 재산세 상당액}}$$

② 제1항을 적용할 때 제2조의 3에 따른 1세대 1주택자의 경우에는 소유한 주택의 공시가격에서 3억원을 공제한 금액을 법 제8조에 따른 주택의 공시가격을 합산한 금액으로 본다. (2015. 11. 30. 개정)

② 삭 제 (2021. 2. 17.)

③ 법 제9조 제1항 및 제2항에 따라 주택분 종합부동산세액을 계산할 때 적용해야 하는 주택 수는 다음 각 호에 따라 계산한다. (2022. 9. 23. 개정)

1. 1주택을 여러 사람이 공동으로 소유한 경우 공동 소유자 각자가 그 주택을 소유한 것으로 본다. (2022. 2. 15. 단서삭제)

　가. 주택에 대한 소유 지분율이 20퍼센트 이하일 것 (2019. 2. 12. 신설)

　나. 소유 지분율에 상당하는 공시가격이 3억원 이하일 것 (2019. 2. 12. 신설)

　　가. ~ 나. 삭 제 (2022. 2. 15.)

2. 「건축법 시행령」 별표 1 제1호 다목에 따른 다가구주택은 1주택으로 본다. (2019. 2. 12. 신설)

3. 다음 각 목의 주택은 주택 수에 포함하지 않는다. (2022. 2. 15.

조번개정)

① 1세대 1주택자의 적용을 신청하려는 납세의무자는 영 제4조의 2 제4항에 따라 별지 제24호 서식의 1세대 1주택자 판단 시 주택 수 산정 제외 신청서를 관할 세무서장에게 제출해야 한다. 이 경우 「소득세법」 제88조 제9호에 따른 조합원입주권 또는 같은 조 제10호에 따른 분양권을 상속받아 사업시행 완료 후 취득한 신축주택을 소유하는 경우에는 매매계약서(주택공급계약서 및 분양계약서를 포함한다. 이하 같다) 사본을 첨부해야 한다. (2025. 3. 21. 개정)

편주 ▶
규칙 4조의 7 제1항의 개정규정은 2025. 6. 4.부터 시행함. (규칙 부칙(2025. 3. 21.) 1조)

② 영 제4조의 2 제4항에 따라 제1항의 신청서를 제출받은 관할세무서장은 「전자정부법」 제36조 제1항에 따른 행정정보의 공동이용을 통하여 해당 주택의 건물등기사항증명서 및 건축물대장을 확인해야 한다. (2022. 9. 23. 신설)

　　제4조의 8【소형 신축주택 및 준공 후 미분양주택의 요건 등】(2025. 3. 21. 조번개정)

① 영 제4조의 3 제3항 제3호 바목 1) 마)에서 "기획재정부령으로 정하는 요건"이란 다음 각 호의 요건을 말한다. (2024. 3. 22. 신설)

과세표준	세 율
	액의 1천분의 20)
25억원 초과 50억원 이하	3천560만원＋(25억원을 초과하는 금액의 1천분의 30)
50억원 초과 94억원 이하	1억1천60만원＋(50억원을 초과하는 금액의 1천분의 40)
94억원 초과	2억8천660만원＋(94억원을 초과하는 금액의 1천분의 50)

☞

편주 ▶ ⋯⋯⋯⋯⋯⋯⋯⋯⋯⋯⋯⋯⋯⋯⋯⋯⋯
영 4조의 3 제3항 3호 바목의 개정규정은 2024. 2. 29. 이후 납세의무가 성립하는 경우부터 적용함. (영 부칙(2024. 2. 29.) 3조)

개정)

가. 제3조 제1항 각 호 및 제4조 제1항 각 호에 해당하는 주택 (2022. 2. 15. 신설)

나. 상속을 원인으로 취득한 주택(「소득세법」 제88조 제9호에 따른 조합원입주권 또는 같은 조 제10호에 따른 분양권을 상속받아 사업시행 완료 후 취득한 신축주택을 포함한다)으로서 다음의 어느 하나에 해당하는 주택 (2022. 9. 23. 개정)

　1) 과세기준일 현재 상속개시일부터 5년이 경과하지 않은 주택 (2022. 9. 23. 개정)

　2) 지분율이 100분의 40 이하인 주택 (2022. 9. 23. 개정)

　3) 지분율에 상당하는 공시가격이 6억원(수도권 밖의 지역에 소재한 주택의 경우에는 3억원) 이하인 주택 (2022. 9. 23. 개정)

다. 토지의 소유권 또는 지상권 등 토지를 사용할 수 있는 권원이 없는 자가 「건축법」 등 관계 법령에 따른 허가 등을 받지 않거나 신고를 하지 않고 건축하여 사용 중인 주택(주택을 건축한 자와 사용 중인 자가 다른 주택을 포함한다)의 부속토지 (2022. 8. 2. 신설)

라. 법 제8조 제4항 제2호에 따라 1세대 1주택자로 보는 자가 소유한 제4조의 2 제1항에 따른 신규주택 (2022. 9. 23. 신설)

마. 법 제8조 제4항 제4호에 따라 1세대 1주택자로 보는 자가 소유한 제4조의 2 제3항에 따른 지방 저가주택 (2022. 9. 23. 신설)

바. 2024년 1월 10일부터 2025년 12월 31일까지 취득하는 주택으로서 다음의 어느 하나에 해당하는 주택 (2024. 2. 29. 신설)

바. 다음의 어느 하나에 해당하는 주택 (2024. 11. 12. 개정)

　1) 다음의 요건을 모두 갖춘 소형 신축주택 (2024. 2. 29. 신설)

　1) 2024년 1월 10일부터 2027년 12월 31일까지 취득하는 주택으로서 다음의 요건을 모두 갖춘 소형 신축주택 (2024. 11. 12. 개정)

　　가) 전용면적이 60제곱미터 이하일 것 (2024. 2. 29. 신설)

　　나) 취득가액이 6억원(수도권 밖의 지역에 소재하는 주택의 경우에는 3억원) 이하일 것 (2024. 2. 29. 신설)

1. 양도자가 다음 각 목의 어느 하나에 해당할 것 (2024. 3. 22. 신설)

　가. 「주택법」 제54조 제1항 각 호 외의 부분 전단에 따른 사업주체 (2024. 3. 22. 신설)

　나. 「건축물의 분양에 관한 법률」 제2조 제3호에 따른 분양사업자 (2024. 3. 22. 신설)

　다. 가목에 따른 사업주체 또는 나목에 따른 분양사업자로부터 주택의 공사대금으로 해당 주택을 받은 시공자 (2024. 3. 22. 신설)

2. 양수자가 해당 주택에 대한 매매계약(주택공급계약 및 분양계약을 포함한다. 이하 이 항에서 같다)을 최초로 체결한 자일 것 (2024. 3. 22. 신설)

3. 양도자와 양수자가 해당 주택에 대한 매매계약을 체결하기 전에 다른 자가 해당 주택에 입주한 사실이 없을 것 (2024. 3. 22. 신설)

② 영 제4조의 3 제3항 제3호 바목 2) 라)에서 "기획재정부령으로 정하는 요건"이란 다음 각 호의 요건을 말한다. (2024. 3. 22. 신설)

1. 제1항 제1호부터 제3호까지의 요건 (2024. 3. 22. 신설)

1. 제1항 제1호 및 제2호의 요건 (2024. 9. 10. 개정)

편주 ▶ ⋯⋯⋯⋯⋯⋯⋯⋯⋯⋯⋯⋯⋯⋯⋯
규칙 4조의 8 제2항 1호의 개정규정은 2024. 9. 10.이 속하는 연도에 납세의무가 성립하는 경우부터 적용함. (규칙 부칙

다) 2024년 1월 10일부터 <u>2025년 12월 31일까지의</u> 기간 중에 준공된 것일 것 (2024. 2. 29. 신설)

다) 2024년 1월 10일부터 <u>2027년 12월 31일까지</u>의 기간 중에 준공된 것일 것 (2024. 11. 12. 개정)

라) 아파트에 해당하지 않을 것 (2024. 2. 29. 신설)

라) 아파트(「주택법」에 따른 도시형 생활주택인 아파트는 제외한다)에 해당하지 않을 것 (2024. 9. 10. 개정)

마) 그 밖에 기획재정부령으로 정하는 요건을 갖출 것 (2024. 2. 29. 신설)

2) 다음의 요건을 모두 갖춘 준공 후 미분양주택 (2024. 2. 29. 신설)

2) 2024년 1월 10일부터 2025년 12월 31일까지 취득하는 주택<u>으로서 다음의</u> 요건을 모두 갖춘 준공 후 미분양주택 (2024. 11. 12. 개정)

가) 전용면적이 85제곱미터 이하일 것 (2024. 2. 29. 신설)

나) 취득가액이 6억원 이하일 것 (2024. 2. 29. 신설)

다) 수도권 밖의 지역에 소재할 것 (2024. 2. 29. 신설)

라) 그 밖에 기획재정부령으로 정하는 요건을 갖출 것 (2024. 2. 29. 신설)

④ 제3항 제3호 나목, 다목 또는 바목을 적용받으려는 자는 법 제8조 제3항에 따른 주택의 보유현황 신고기간에 기획재정부령으로 정하는 서류를 관할세무서장에게 제출해야 한다. 다만, 최초로 제출한 연도의 다음 연도부터는 그 제출 사항에 변동이 없으면 제출하지 않을 수 있다. (2023. 9. 5. 단서신설 ; 2024. 2. 29. 개정)

⑤ 제1항에 따른 주택분 재산세 표준세율의 적용방법, 제3항에 따른 주택 수 계산을 위한 주택 확인 절차 및 그 밖에 필요한 사항은 기획재정부령으로 정한다. (2024. 2. 29. 개정)

　　제4조의 4 【일반 누진세율이 적용되는 법인 등】 (2022. 9. 23. 조번개정)

① 법 제9조 제2항 제1호에서 "대통령령으로 정하는 경우"란 납세의무자가 다음 각 호의 법인 또는 법인으로 보는 단체인 경우를 말한다. (2023. 9. 5. 개정)

② 납세의무자가 법인 또는 법인으로 보는 단체인 경우 제1항에도 불구하고 과세표준에 다음 각 호에 따른 세율을 적용하여 계산한 금액을 주택분 종합부동산세액으로 한다. (2023. 4. 18. 개정)

1. 「상속세 및 증여세법」 제16조에 따른 공익법인등(이하 이 조에서 "공익법인등"이라 한다)이 직접 공익목적사업에 사용하는 주택만을

☞

영 4조의 3 제3항 3호 바목 1) 라)의 개정규정은 2024. 9. 10.이 속하는 연도에 납세의무가 성립하는 경우부터 적용함. (영 부칙(2024. 9. 10.) 2조)

(2024. 9. 10.) 2조)

2. 입주자 모집공고에 따른 입주자의 계약일 또는 분양 광고에 따른 입주예정일까지 분양계약이 체결되지 않아 선착순의 방법으로 공급하는 주택(이하 이 조에서 "준공 후 미분양주택"이라 한다)일 것 (2024. 3. 22. 신설)

2. 「주택법」 제49조에 따른 사용검사(같은 조 제4항 단서에 따른 임시 사용승인을 포함한다) 또는 「건축법」 제22조에 따른 사용승인(같은 조 제3항 단서에 따라 건축물을 사용할 수 있는 경우를 포함한다)을 받은 날까지 분양계약이 체결되지 않아 선착순의 방법으로 공급하는 주택(이하 이 조에서 "준공 후 미분양주택"이라 한다)일 것 (2025. 3. 21. 개정)

규칙 4조의 8 제2항 2호의 개정규정은 2025. 3. 21.부터 시행함. (규칙 부칙(2025. 3. 21.) 1조 단서)

3. 해당 주택의 소재지를 관할하는 시장·군수·구청장으로부터 해당 주택이 준공 후 미분양주택이라는 확인을 받은 주택일 것 (2024. 3. 22. 신설)

③ 준공 후 미분양주택의 확인 절차는 다음 각 호의 순서에 따른다. (2024. 3. 22. 신설)

1. 양도자는 해당 주택의 소재지를 관할하는 시장·군수·구청장에게 해당 주택이 준공 후 미분양주택인지 여부를 확인해 줄 것을 요청할 것 (2024. 3. 22. 신설)

보유한 경우와 「공공주택 특별법」 제4조에 따른 공공주택사업자 등 사업의 특성을 고려하여 대통령령으로 정하는 경우 : 제1항 제1호에 따른 세율 (2023. 4. 18. 개정)

2. 공익법인등으로서 제1호에 해당하지 아니하는 경우 : 제1항 각 호에 따른 세율 (2023. 4. 18. 개정)

3. 제1호 및 제2호 외의 경우 : 다음 각 목에 따른 세율 (2023. 4. 18. 개정)

　가. 2주택 이하를 소유한 경우 : 1천분의 27 (2023. 4. 18. 개정)

　나. 3주택 이상을 소유한 경우 : 1천분의 50 (2023. 4. 18. 개정)

③ 주택분 과세표준 금액에 대하여 해당 과세대상 주택의 주택분 재산세로 부과된 세액(「지방세법」 제111조 제3항에 따라 가감조정된 세율이 적용된 경우에는 그 세율이 적용된 세액, 같은 법 제122조에 따라 세부담 상한을 적용받은 경우에는 그 상한을 적용받은 세액을 말한다)은 주택분 종합부동산세액에서 이를 공제한다. (2010. 3. 31. 개정 ; 지방세법 부칙)

④ 주택분 종합부동산세액을 계산할 때 주택 수 계산 및 주택분 재산세로 부과된 세액의 공제 등에 관하여 필요한 사항은 대통령령으로 정한다. (2020. 6. 9. 개정 ; 법률용어 정비를~법률)

⑤ 주택분 종합부동산세 납세의무자가 1세대 1주택자에 해당하는 경우의 주택분 종합부동산세액은 제1항·제3항 및 제4항에 따라 산출된 세액에서 제6항부터 제9항까지의 규정에 따른 1세대 1주택자에 대한 공제액을 공제한 금액으로 한다. 이 경우 제6항부터 제9항까지는 공제율 합계 100분의 80의 범위에서 중복하여 적용할 수 있다. (2022. 9. 15. 개정)

⑥ 과세기준일 현재 만 60세 이상인 1세대 1주택자의 공제액은 제1항·제3항 및 제4항에 따라 산출된 세액에 다음 표에 따른 연령별 공제율을 곱한 금액으로 한다. (2022. 9. 15. 개정)

연 령	공 제 율
만 60세 이상 만 65세 미만	100분의 20
만 65세 이상 만 70세 미만	100분의 30
만 70세 이상	100분의 40

⑦ 과세기준일 현재 만 60세 이상인 1세대 1주택자가 제8조 제4항 각

1. 공공주택사업자(「공공주택 특별법」 제4조 제1항 각 호에 해당하는 자로 한정한다) (2023. 9. 5. 개정)

2. 「상속세 및 증여세법」 제16조 제1항에 따른 공익법인등 (2021. 2. 17. 신설)

2. 삭 제 (2023. 9. 5.)

3. 「주택법」 제2조 제11호의 주택조합 (2021. 2. 17. 신설)

4. 「도시 및 주거환경정비법」 제24조부터 제28조까지 및 「빈집 및 소규모주택 정비에 관한 특례법」 제17조부터 제19조까지의 규정에 따른 사업시행자 (2021. 2. 17. 신설)

5. 「민간임대주택에 관한 특별법」 제2조 제2호의 민간건설임대주택을 2호 이상 보유하고 있는 임대사업자로서 해당 민간건설임대주택과 다음 각 목에서 정하는 주택만을 보유한 경우 (2021. 2. 17. 신설)

　가. 법 제6조 제1항에 따라 재산세 비과세 규정을 준용하는 주택 및 「지방세법」 제109조에 따라 재산세 비과세 대상인 주택 (2021. 2. 17. 신설)

　나. 「공공주택 특별법」 제2조 제1호 가목에 따른 공공임대주택 (2021. 2. 17. 신설)

　다. 제4조 제1항 각 호의 어느 하나에 해당하는 주택 (2021. 2. 17. 신설)

5의 2. 「도시개발법」 제21조의 3 제1항에 따라 임대주택을 건설·공급해야 하는 사업시행자나 「도시재정비 촉진을 위한 특별법」 제30조 제4항 또는 제31조에 따라 임대주택을 건설·공급해야 하는 사업시행자로서 「민간임대주택에 관한 특별법」 제2조 제2호의 민간건설임대주택 2호 이상과 다음 각 목의 주택만을 보유한 경우 (2023. 2. 28. 신설)

　가. 법 제6조 제1항에 따라 재산세 비과세 규정을 준용하는 주택 및 「지방세법」 제109조에 따라 재산세 비과세 대상인 주택 (2023. 2. 28. 신설)

　나. 「공공주택 특별법」 제2조 제1호 가목에 따른 공공임대주택 (2023. 2. 28. 신설)

　다. 제4조 제1항 각 호의 어느 하나에 해당하는 주택 (2023. 2. 28. 신설)

6. 다음 각 목의 요건을 모두 갖춘 「사회적기업 육성법」에 따른 사회

2. 제1호에 따라 요청받은 시장·군수·구청장은 해당 주택이 준공 후 미분양주택임을 확인한 경우에는 해당 주택의 매매계약서에 별지 제25호 서식에 따른 준공 후 미분양주택 확인 날인을 하여 양도자에게 내주고, 그 확인내용을 별지 제26호 서식에 따른 준공 후 미분양주택 확인 대장에 기재하여 매매계약서 사본과 함께 보관할 것 (2025. 3. 21. 개정)

▶편주◀ ⋯⋯⋯⋯⋯⋯⋯⋯
규칙 4조의 8 제3항 2호 및 4호의 개정규정은 2025. 3. 21.부터 시행함. (규칙 부칙 (2025. 3. 21.) 1조 단서)
⋯⋯⋯⋯⋯⋯⋯⋯

3. 양도자는 제2호에 따라 준공 후 미분양주택 확인 날인을 받은 매매계약서를 양수자에게 내줄 것 (2024. 3. 22. 신설)

4. 시장·군수·구청장은 별지 제2호의 4 서식에 따른 준공 후 미분양주택 확인 대장 및 매매계약서 사본을 해당 주택의 소재지를 관할하는 세무서장에게 제출할 것 (2024. 3. 22. 신설)

5. 시장·군수·구청장은 별지 제26호 서식에 따른 준공 후 미분양주택 확인 대장을 제2호에 따라 준공 후 미분양주택 확인 날인을 한 날이 속하는 분기의 말일부터 1개월 이내에 정보처리장치 등의 전자적 형태로 해당 주택의 소재지를 관할하는 세무서장에게 제출할 것 (2025. 3. 21. 개정)

제4조의 9 【세율 적용 시 주택 수 산정 제외 신청】 (2025. 3. 21. 조번개정)

호의 어느 하나에 해당하는 경우 제6항에도 불구하고 해당 1세대 1주택자의 공제액은 제1항·제3항 및 제4항에 따라 산출된 세액에서 다음 각 호에 해당하는 산출세액(공시가격합계액으로 안분하여 계산한 금액을 말한다)을 제외한 금액에 제6항의 표에 따른 연령별 공제율을 곱한 금액으로 한다. (2022. 9. 15. 개정)

1. 제8조 제4항 제1호에 해당하는 경우 : 주택의 부속토지(주택의 건물과 부속토지의 소유자가 다른 경우의 그 부속토지를 말한다)분에 해당하는 산출세액 (2022. 9. 15. 개정)
2. 제8조 제4항 제2호에 해당하는 경우 : 1주택을 양도하기 전 대체취득한 주택분에 해당하는 산출세액 (2022. 9. 15. 개정)
3. 제8조 제4항 제3호에 해당하는 경우 : 상속주택분에 해당하는 산출세액 (2022. 9. 15. 개정)
4. 제8조 제4항 제4호에 해당하는 경우 : 지방 저가주택분에 해당하는 산출세액 (2022. 9. 15. 개정)

적기업 또는 「협동조합 기본법」에 따른 사회적협동조합(이하 이 호에서 "사회적기업등"이라 한다) (2022. 2. 15. 신설)
가. 정관 또는 규약상의 설립 목적이 다음의 어느 하나에 해당할 것 (2022. 2. 15. 신설)
　　1) 사회적기업등 구성원의 주택 공동 사용 (2022. 2. 15. 신설)
　　2) 「사회적기업 육성법」에 따른 취약계층이나 「주거기본법」 제3조 제2호에 따른 주거지원이 필요한 계층에 대한 주거지원 (2022. 2. 15. 신설)
나. 가목에 따른 설립 목적에 사용되는 주택만을 보유하고 있을 것 (2022. 2. 15. 신설)
7. 종중(宗中) (2022. 2. 15. 신설)

② 법 제9조 제2항 제1호 및 제2호에 해당하는 법인 또는 법인으로 보는 단체는 법 제8조 제3항에 따른 주택의 보유현황 신고기간에 기획재정부령으로 정하는 서류를 관할세무서장에게 제출해야 한다. 다만, 최초로 제출한 연도의 다음 연도부터는 그 제출 사항에 변동이 없으면 제출하지 않을 수 있다. (2023. 9. 5. 개정)

① 영 제4조의 3 제4항 본문에서 "기획재정부령으로 정하는 서류"란 별지 제27호 서식의 세율 적용 시 주택 수 산정 제외 신청서와 다음 각 호의 구분에 따른 서류를 말한다. (2025. 3. 21. 개정)

1. 영 제4조의 3 제3항 제3호 나목에 해당하는 경우 : 매매계약서 사본(「소득세법」 제88조 제9호에 따른 조합원입주권 또는 같은 조 제10호에 따른 분양권을 상속받아 사업시행 완료 후 취득한 신축주택인 경우만 해당한다) (2024. 3. 22. 개정)
2. 영 제4조의 3 제3항 제3호 바목 2)에 해당하는 경우 : 제4조의 7 제3항 제3호에 따른 준공 후 미분양주택 확인 날인을 받은 매매계약서 사본 (2024. 3. 22. 개정)

② 영 제4조의 3 제4항에 따라 제1항의 신청서를 제출받은 관할세무서장은 「전자정부법」 제36조 제1항에 따른 행정정보의 공동이용을 통하여 해당 주택의 건물등기사항증명서 및 건축물대장을 확인해야 한다. (2022. 9. 23. 개정)

제4조의 10【법인 등의 일반 누진세율 적용 신고】 (2025. 3. 21. 조번개정)

① 영 제4조의 4 제2항에서 "기획재정부령으로 정하는 서류"란 별지 제28호 서식의 법인 주택분 종합부동산세 일반 누진세

⑧ 1세대 1주택자로서 해당 주택을 과세기준일 현재 5년 이상 보유한 자의 공제액은 제1항·제3항 및 제4항에 따라 산출된 세액에 다음 표에 따른 보유기간별 공제율을 곱한 금액으로 한다. (2022. 9. 15. 신설)

보유기간	공 제 율
5년 이상 10년 미만	100분의 20
10년 이상 15년 미만	100분의 40
15년 이상	100분의 50

⑨ 1세대 1주택자로서 해당 주택을 과세기준일 현재 5년 이상 보유한 자가 제8조 제4항 각 호의 어느 하나에 해당하는 경우 제8항에도 불구하고 해당 1세대 1주택자의 공제액은 제1항·제3항 및 제4항에 따라 산출된 세액에서 제7항 각 호에 해당하는 산출세액(공시가격합계액으로 안분하여 계산한 금액을 말한다)을 제외한 금액에 제8항의 표에 따른 보유기간별 공제율을 곱한 금액으로 한다. (2022. 9. 15. 신설)

제10조 【세부담의 상한】 종합부동산세의 납세의무자가 해당 연도에 납부하여야 할 주택분 재산세액상당액(신탁주택의 경우 재산세의 납세의무자가 납부하여야 할 주택분 재산세액상당액을 말한다)과 주택분 종합부동산세액상당액의 합계액(이하 이 조에서 "주택에 대한 총세액상당액"이라 한다)으로서 대통령령으로 정하는 바에 따라 계산한 세액이 해당 납세의무자에게 직전년도에 해당 주택에 부과된 주택에 대한 총세액상당액으로서 대통령령으로 정하는 바에 따라 계산한 세액의 100분의 150을 초과하는 경우에는 그 초과하는 세액에 대해서는 제9조에도 불구하고 이를 없는 것으로 본다. 다만, 납세의무자가 법인 또는 법인으로 보는 단체로서 제9조 제2항 제3호 각 목의 세율이 적용되는 경우는 그러하지 아니하다. (2023. 4. 18. 개정)

1. 제9조 제1항 제1호의 적용대상인 경우 : 100분의 150 (2018. 12. 31. 신설)
2. 제9조 제1항 제2호의 적용대상인 경우 : 100분의 300 (2020. 8. 18. 개정)
　가.·나. 삭 제 (2020. 8. 18.)
1.·2. 삭 제 (2022. 12. 31.)

제4조의 5 【주택 보유기간의 산정】 (2022. 9. 23. 조번개정)
① 법 제9조 제8항 및 제9항을 적용할 때 소실(燒失)·도괴(倒壞)·노후(老朽) 등으로 인하여 멸실되어 재건축 또는 재개발하는 주택에 대하여는 그 멸실된 주택을 취득한 날부터 보유기간을 계산한다. (2022. 9. 23. 개정)
② 법 제9조 제8항 및 제9항을 적용할 때 배우자로부터 상속받은 주택에 대하여는 피상속인이 해당 주택을 취득한 날부터 보유기간을 계산한다. (2022. 9. 23. 개정)
③ 제1항 또는 제2항을 적용받으려는 자는 법 제8조 제3항에 따른 주택의 보유현황 신고기간에 기획재정부령으로 정하는 서류를 관할세무서장에게 제출해야 한다. 다만, 최초로 제출한 연도의 다음 연도부터는 그 제출 사항에 변동이 없으면 제출하지 않을 수 있다. (2025. 2. 28. 신설)

제5조 【주택에 대한 세부담의 상한】 ① 법 제10조에서 해당 연도에 납부하여야 할 주택에 대한 총세액상당액으로서 "대통령령으로 정하는 바에 따라 계산한 세액"이란 해당 연도의 종합부동산세 과세표준 합산의 대상이 되는 주택(이하 "과세표준합산주택"이라 한다)에 대한 제1호에 따른 재산세액과 제2호에 따른 종합부동산세액의 합계액을 말한다. (2012. 2. 2. 개정)
1. 「지방세법」에 따라 부과된 재산세액(같은 법 제112조 제1항 제1호에 따른 재산세액을 말하며, 같은 법 제122조에 따라 세부담의 상한이 적용되는 경우에는 그 상한을 적용한 후의 세액을 말한다) (2012. 2. 2. 개정)
1. 「지방세법」에 따라 부과된 재산세액(같은 법 제112조 제1항 제1호에 따른 재산세액을 말하며, 같은 법 제110조 제3항에 따라 과세표준상한이 적용되는 경우에는 그 상한을 적용한 후의 세액을 말한다) (2025. 2. 28. 개정)

편주 ●●●●●●●●●●●●●●●●●●●●●●●●●●
2024. 1. 1. 전에 「지방세법」에 따라 주택 재산세가 과세된 과세표준합산주택에 대하여 영 5조 1항 1호에 따른 재산세액을 산출할 때에는 영 5조 1항 1호의 개정규정에도 불구하고 2028. 12. 31.까지는 「지방세법」 110조 3항 및 종전의 「지방세법」(법률 19230호 지방세법 일부개정법률로 개정되기 전의 것을 말함) 122조를 적용하여 산출함. (영 부칙(2025. 2. 28.)

율 적용 신고서 및 다음 각 호의 구분에 따른 서류를 말한다. (2025. 3. 21. 개정)

편주 ●●●●●●●●●●●●●●●●●●●●●●●●
규칙 4조의 10 제1항의 개정규정은 2025. 6. 4.부터 시행함. (규칙 부칙(2025. 3. 21.) 1조)
●●●●●●●●●●●●●●●●●●●●●●●●●●●●●

1. 법 제9조 제2항 제1호의 경우「상속세 및 증여세법」 제16조에 따른 공익법인등(이하 이 항에서 "공익법인등"이라 한다)이 직접 공익목적사업에 사용하는 주택만을 보유한 경우만 해당한다]: 공익법인등임을 확인할 수 있는 서류 및 직접 공익목적사업에 사용하는 주택만을 보유하고 있음을 확인할 수 있는 서류 (2023. 9. 27. 신설)
1의 2. 법 제9조 제2항 제2호의 경우: 공익법인등임을 확인할 수 있는 서류 (2023. 9. 27. 신설)
2. 영 제4조의 4 제1항 제1호의 경우 : 「공공주택 특별법 시행규칙」 제10조 제5항에 따른 사업계획승인서 사본 (2023. 9. 27. 호번개정)
3. 영 제4조의 4 제1항 제3호의 경우 : 「주택법」 제2조 제11호의 주택조합임을 확인할 수 있는 서류 (2022. 9. 23. 개정)
4. 영 제4조의 4 제1항 제4호의 경우 : 「도시 및 주거환경정비법」 제24조부터 제28조까지 및 「빈집 및 소규모주택 정비에 관한 특례법」 제17조부터 제19조까지의 규정에 따른 사업시행자임을 확인

2024. 1. 1. 전에 「지방세법」에 따라 주택 재산세가 과세된 과세표준합산주택에 대하여 영 5조 2항 1호에 따른 재산세액상당액과 같은 항 2호에 따른 종합부동산세액상당액을 산출할 때에는 영 5조 2항 1호 및 같은 항 2호 후단의 개정규정에도 불구하고 2028. 12. 31.까지는 「지방세법」 110조 3항 및 종전의 「지방세법」(법률 19230호 지방세법 일부개정법률로 개정되기 전의 것을 말함) 122조의 적용을 제외하고 산출함. (영 부칙(2025. 2. 28.) 6조 2항)

☞

6조 1항)

2. 법 제9조에 따라 계산한 종합부동산세액 (2012. 2. 2. 개정)

② 법 제10조에서 직전연도에 해당 주택에 부과된 주택에 대한 총세액상당액으로서 "대통령령으로 정하는 바에 따라 계산한 세액"이란 납세의무자가 해당 연도의 과세표준합산주택을 직전 연도 과세기준일에 실제로 소유하였는지의 여부를 불문하고 직전 연도 과세기준일 현재 소유한 것으로 보아 해당 연도의 과세표준합산주택에 대한 제1호에 따른 재산세액상당액과 제2호에 따른 종합부동산세액상당액의 합계액을 말한다. (2009. 4. 21. 개정)

1. 재산세액상당액 (2010. 9. 20. 개정 ; 지방세법 시행령 부칙)

해당 연도의 과세표준합산주택에 대하여 직전 연도의 「지방세법」(같은 법 제111조 제3항, 제112조 제1항 제2호 및 제122조는 제외한다)을 적용하여 산출한 금액의 합계액

1. 재산세액상당액 (2010. 9. 20. 개정 ; 지방세법 시행령 부칙)

해당 연도의 과세표준합산주택에 대하여 직전 연도의 「지방세법」(같은 법 제110조 제3항, 제111조 제3항 및 제112조 제1항 제2호는 제외한다)을 적용하여 산출한 금액의 합계액 (2025. 2. 28. 개정)

2. 종합부동산세액상당액 (2010. 9. 20. 개정 ; 지방세법 시행령 부칙)

해당 연도의 과세표준합산주택에 대하여 직전 연도의 법(법 제10조를 제외한다)을 적용하여 산출한 금액(1세대 1주택자의 경우에는 직전 연도 과세기준일 현재 연령 및 주택 보유기간을 적용하여 산출한 금액). 이 경우 법 제9조 제3항 중 "세액(「지방세법」 제111조 제3항에 따라 가감조정된 세율이 적용된 경우에는 그 세율이 적용된 세액, 같은 법 제122조에 따라 세부담 상한을 적용받은 경우에는 그 상한을 적용받는 세액을 말한다)"을 "세액(「지방세법」(같은 법 제111조 제3항, 제112조 제1항 제2호 및 제122조는 제외한다)을 적용하여 산출한 세액을 말한다)"으로 하여 해당 규정을 적용한다.

2. 종합부동산세액상당액 (2010. 9. 20. 개정 ; 지방세법 시행령 부칙)

해당 연도의 과세표준합산주택에 대하여 직전 연도의 법(법 제10조를 제외한다)을 적용하여 산출한 금액(1세대 1주택자의 경우에는 직전 연도 과세기준일 현재 연령 및 주택 보유기간을 적용하여 산출한 금액). 이 경우 법 제9조 제3항 중 "세액(「지방세법」 제111조 제3항에 따라 가감조정된 세율이 적용된 경우에는 그 세율이 적용된 세

할 수 있는 서류 (2022. 9. 23. 개정)

5. 영 제4조의 4 제1항 제5호의 경우 : 「민간임대주택에 관한 특별법 시행규칙」 제2조 제4항에 따른 임대사업자 등록증 사본 (2022. 9. 23. 개정)

5의 2. 영 제4조의 4 제1항 제5호의 2의 경우 : 「도시개발법」 제21조의 3 제1항이나 「도시재정비 촉진을 위한 특별법」 제30조 제4항 또는 제31조에 따라 임대주택 건설·공급 의무가 있는 사업시행자임을 확인할 수 있는 서류 (2023. 3. 20. 신설)

6. 영 제4조의 4 제1항 제6호의 경우: 정관 또는 규약 사본과 다음 각 목의 구분에 따른 서류 (2022. 9. 23. 개정)

가. 「사회적기업 육성법」에 따른 사회적기업의 경우 : 같은 법 시행규칙 제10조 또는 제11조에 따라 발급받거나 재발급받은 사회적기업 인증서 사본 (2022. 3. 18. 신설)

나. 「협동조합 기본법」에 따른 사회적 협동조합의 경우 : 같은 법 시행규칙 제14조에 따라 발급받은 사회적 협동조합 설립인가증 사본 (2022. 3. 18. 신설)

7. 영 제4조의 4 제1항 제7호의 경우: 종중(宗中)이 발급받은 「법인 아닌 사단·재단 및 외국인의 부동산등기용 등록번호 부여절차에 관한 규정 시행규칙」 제6조에 따른 부동산등기용 등록번호 등록증명서 사본 (2022. 9. 23. 개정)

② 영 제4조의 4 제2항에 따라 서류를 제

제10조의 2【공동명의 1주택자의 납세의무 등에 관한 특례】
① 제7조 제1항에도 불구하고 과세기준일 현재 세대원 중 1인이 그 배우자와 공동으로 1주택을 소유하고 해당 세대원 및 다른 세대원이 다른 주택(제8조 제2항 각 호의 어느 하나에 해당하는 주택 중 대통령령으로 정하는 주택을 제외한다)을 소유하지 아니한 경우로서 대통령령으로 정하는 경우에는 배우자와 공동으로 1주택을 소유한 자 또는 그 배우자 중 대통령령으로 정하는 자(이하 “공동명의 1주택자”라 한다)를 해당 1주택에 대한 납세의무자로 할 수 있다. (2020. 12. 29. 신설)
② 제1항을 적용받으려는 납세의무자는 당해 연도 9월 16일부터 9월 30일까지 대통령령으로 정하는 바에 따라 관할세무서장에게 신청하여야 한다. (2020. 12. 29. 신설)
③ 제1항을 적용하는 경우에는 공동명의 1주택자를 1세대 1주택자로 보아 제8조에 따른 과세표준과 제9조에 따른 세율 및 세액을 계산한다. (2020. 12. 29. 신설)

액, 같은 법 제122조에 따라 세부담 상한을 적용받은 경우에는 그 상한을 적용받는 세액을 말한다)”을 “세액「지방세법」(같은 법 제110조 제3항, 제111조 제3항 및 제112조 제1항 제2호는 제외한다)을 적용하여 산출한 세액을 말한다]”으로 하여 해당 규정을 적용한다. (2025. 2. 28. 후단개정)
③ 주택의 신축·증축 등으로 인하여 해당 연도의 과세표준합산주택에 대한 직전 연도 과세표준액이 없는 경우에는 해당 연도 과세표준합산주택이 직전 연도 과세기준일 현재 존재하는 것으로 보아 직전 연도 「지방세법」과 직전 연도 법을 적용하여 과세표준액을 산출한 후 제2항의 규정을 적용한다. (2007. 8. 6. 개정)
④ 제2항 및 제3항의 규정을 적용함에 있어서 해당 연도의 과세표준합산주택이 법 제6조에 따라 재산세의 감면규정 또는 분리과세규정을 적용받지 아니하거나 적용받은 경우에는 직전 연도에도 동일하게 이를 적용받지 아니하거나 적용받은 것으로 본다. (2017. 2. 7. 개정)
⑤ 해당 연도의 과세표준합산주택이 직전 연도에 법 제8조 제2항에 따라 과세표준합산주택에 포함되지 아니한 경우에는 직전 연도에 과세표준합산주택에 포함된 것으로 보아 제2항을 적용한다. (2017. 2. 7. 신설)

　　제5조의 2【공동명의 1주택자에 대한 납세의무 등에 관한 특례】① 법 제10조의 2 제1항에서 “대통령령으로 정하는 주택”이란 제2조의 3 제2항에 따른 주택을 말한다. (2021. 2. 17. 신설)
② 법 제10조의 2 제1항에서 “대통령령으로 정하는 경우”란 세대원 중 1명과 그 배우자만이 주택분 재산세 과세대상인 1주택만을 소유한 경우로서 주택을 소유한 세대원 중 1명과 그 배우자가 모두 「소득세법」 제1조의 2 제1항 제1호의 거주자인 경우를 말한다. 다만, 제3항에 따른 공동명의 1주택자의 배우자가 다른 주택의 부속토지(주택의 건물과 부속토지의 소유자가 다른 경우의 그 부속토지를 말한다)를 소유하고 있는 경우는 제외한다. (2021. 2. 17. 신설)
③ 법 제10조의 2 제1항에서 “대통령령으로 정하는 자”란 해당 1주택을 소유한 세대원 1명과 그 배우자 중 주택에 대한 지분율이 높은 사람(지분율이 같은 경우에는 공동 소유자간 합의에 따른 사람을 말하며, 이하 “공동명의 1주택자”라 한다)을 말한다. (2021. 2. 17. 신설)

출받은 관할세무서장은 「전자정부법」 제36조 제1항에 따른 행정정보의 공동이용을 통하여 다음 각 호의 정보를 확인해야 한다. (2022. 9. 23. 개정)
1. 법인등기사항증명서 (2021. 3. 16. 신설)
2. 건물등기사항증명서 (2021. 3. 16. 신설)
3. 건축물대장 (2021. 3. 16. 신설)

　　제4조의 11【주택 보유기간의 산정 적용 신청】① 영 제4조의 5 제3항에서 “기획재정부령으로 정하는 서류”란 별지 제29호 서식의 1세대 1주택자 보유기간 계산 특례 (변경)신청서를 말하며, 영 제4조의 5 제2항에 따른 주택의 경우에는 해당 신청서를 제출할 때 혼인관계증명서를 첨부해야 한다. (2025. 3. 21. 신설)
② 영 제4조의 5 제3항에 따라 제1항의 신청서를 제출받은 관할 세무서장은 「전자정부법」 제36조 제1항에 따른 행정정보의 공동이용을 통하여 해당 주택의 건물등기사항증명서 및 건축물대장을 확인해야 한다. (2025. 3. 21. 신설)

편주▶
규칙 4조의 11의 개정규정은 2025. 6. 4.부터 시행함. (규칙 부칙(2025. 3. 21.) 1조)

④ 제1항부터 제3항까지를 적용할 때 해당 주택에 대한 과세표준의 계산, 세율 및 세액, 세부담의 상한의 구체적인 계산방식, 부과절차 및 그 밖에 필요한 사항은 대통령령으로 정한다. (2020. 12. 29. 신설)

제 3 장 토지에 대한 과세

제11조 【과세방법】 토지에 대한 종합부동산세는 국내에 소재하는 토지에 대하여 「지방세법」 제106조 제1항 제1호에 따른 종합합산 과세대상(이하 "종합합산과세대상"이라 한다)과 같은 법 제106조 제1 항 제2호에 따른 별도합산과세대상(이하 "별도합산과세대상"이라 한다)으로 구분하여 과세한다. (2010. 3. 31. 개정 ; 지방세법 부칙)

제12조 【납세의무자】 ① 과세기준일 현재 토지분 재산세의 납세의무자로서 다음 각호의 어느 하나에 해당하는 자는 해당 토지에 대한 종합부동산세를 납부할 의무가 있다. (2008. 12. 26. 개정)
1. 종합합산과세대상인 경우에는 국내에 소재하는 해당 과세대상토지의 공시가격을 합한 금액이 5억원을 초과하는 자 (2008. 12. 26. 개정)

④ 법 제10조의 2 제2항에 따라 1세대 1주택자로 적용받으려는 공동명의 1주택자는 기획재정부령으로 정하는 공동명의 1주택자 신청서를 관할세무서장에게 제출해야 한다. (2021. 2. 17. 신설)
⑤ 제4항에 따라 신청한 공동명의 1주택자는 신청을 한 연도의 다음 연도부터는 기획재정부령으로 정하는 사항이 변경된 경우 법 제10조의 2 제2항에서 정한 기간에 변경신청을 해야 한다. (2021. 2. 17. 신설)
⑥ 법 제10조의 2 제3항에 따라 공동명의 1주택자에 대한 과세표준 및 세액을 산정하는 경우에는 그 배우자 소유의 주택지분을 합산하여 계산한다. (2021. 2. 17. 신설)
⑦ 공동명의 1주택자에 대하여 법 제9조 제3항에 따라 주택분 종합부동산세액에서 주택분 재산세로 부과된 세액을 공제하거나 법 제10조에 따라 세부담의 상한을 적용할 경우 적용되는 재산세 부과액 및 재산세 상당액은 해당 과세대상 1주택 지분 전체에 대하여 계산한 금액으로 한다. (2021. 2. 17. 신설)
⑧ 공동명의 1주택자에 대하여 법 제9조 제5항에 따라 같은 조 제6항부터 제9항까지의 규정에 따른 1세대 1주택자에 대한 공제액을 정할 때 공동명의 1주택자의 연령 및 보유기간을 기준으로 한다. (2022. 9. 23. 개정)

제 3 장 토지에 대한 과세

<u>제4조의 12</u> 【공동명의 1주택자 적용 신청 등】 (2025. 3. 21. 조번개정)
① 영 제5조의 2 제4항에서 "기획재정부령으로 정하는 공동명의 1주택자 신청서"란 별지 제30호 서식의 종합부동산세 공동명의 1주택자 특례 (변경)신청서를 말하며, 해당 신청서를 제출할 때에는 혼인관계증명서를 첨부해야 한다. (2025. 3. 21. 개정)

② 영 제5조의 2 제4항 및 제5항에 따라 서류를 제출받은 관할세무서장은 「전자정부법」 제36조 제1항에 따른 행정정보의 공동이용을 통하여 부부 공동명의 주택의 건물등기사항증명서를 확인해야 한다. (2021. 3. 16. 신설)
③ 영 제5조의 2 제5항에서 "기획재정부령으로 정하는 사항이 변경된 경우"란 다음 각 호의 사항을 말한다. (2021. 3. 16. 신설)
1. 해당 주택의 소유자가 변경된 경우 (2021. 3. 16. 신설)
2. 해당 주택의 지분율이 변경된 경우 (2021. 3. 16. 신설)
3. 영 제5조의 2 제3항에 따른 공동명의 1주택자를 변경하려는 경우 (2021. 3. 16. 신설)
4. 법 제10조의 2 제1항의 적용을 받지 않으려는 경우 (2021. 3. 16. 신설)

2. 별도합산과세대상인 경우에는 국내에 소재하는 해당 과세대상토지의 공시가격을 합한 금액이 80억원을 초과하는 자 (2008. 12. 26. 개정)

② 수탁자의 명의로 등기 또는 등록된 신탁재산으로서 토지(이하 "신탁토지"라 한다)의 경우에는 제1항에도 불구하고 위탁자가 종합부동산세를 납부할 의무가 있다. 이 경우 위탁자가 신탁토지를 소유한 것으로 본다. (2020. 12. 29. 신설)

제12조의 2 【신탁토지 관련 수탁자의 물적납세의무】 신탁토지의 위탁자가 다음 각 호의 어느 하나에 해당하는 종합부동산세등을 체납한 경우로서 그 위탁자의 다른 재산에 대하여 강제징수를 하여도 징수할 금액에 미치지 못할 때에는 해당 신탁토지의 수탁자는 그 신탁토지로써 위탁자의 종합부동산세등을 납부할 의무가 있다. (2020. 12. 29. 신설)

1. 신탁 설정일 이후에 「국세기본법」 제35조 제2항에 따른 법정기일이 도래하는 종합부동산세로서 해당 신탁토지와 관련하여 발생한 것 (2020. 12. 29. 신설)

2. 제1호의 금액에 대한 강제징수 과정에서 발생한 강제징수비 (2020. 12. 29. 신설)

제13조 【과세표준】 ① 종합합산과세대상인 토지에 대한 종합부동산세의 과세표준은 납세의무자별로 해당 과세대상토지의 공시가격을 합산한 금액에서 5억원을 공제한 금액에 부동산 시장의 동향과 재정 여건 등을 고려하여 100분의 60부터 100분의 100까지의 범위에서 대통령령으로 정하는 공정시장가액비율을 곱한 금액으로 한다. (2008. 12. 26. 개정)

② 별도합산과세대상인 토지에 대한 종합부동산세의 과세표준은 납세의무자별로 해당 과세대상토지의 공시가격을 합산한 금액에서 80억원을 공제한 금액에 부동산 시장의 동향과 재정 여건 등을 고려하여 100분의 60부터 100분의 100까지의 범위에서 대통령령으로 정하는 공정시장가액비율을 곱한 금액으로 한다. (2008. 12. 26. 개정)

③ 제1항 또는 제2항의 금액이 영보다 작은 경우에는 영으로 본다. (2005. 1. 5. 제정)

제14조【세율 및 세액】① 종합합산과세대상인 토지에 대한 종합부동산세의 세액은 과세표준에 다음의 세율을 적용하여 계산한 금액(이하 "토지분 종합합산세액"이라 한다)으로 한다. (2018. 12. 31. 개정)

과세표준	세 율
15억원 이하	1천분의 10
15억원 초과 45억원 이하	1천500만원＋(15억원을 초과하는 금액의 1천분의 20)
45억원 초과	7천500만원＋(45억원을 초과하는 금액의 1천분의 30)

② 제1항의 규정에 의한 세액을 계산함에 있어서 2006년부터 2008년까지의 기간에 납세의무가 성립하는 종합합산과세대상 토지분 종합부동산세에 대하여는 제1항의 규정에 의한 세율별 과세표준에 다음 각 호의 연도별 적용비율과 제1항의 규정에 의한 세율을 곱하여 계산한 금액을 각각 당해연도의 세액으로 한다. (2005. 12. 31. 개정)
1. 2006년 : 100분의 70 (2005. 12. 31. 개정)
2. 2007년 : 100분의 80 (2005. 12. 31. 개정)
3. 2008년 : 100분의 90 (2005. 12. 31. 개정)
② 삭 제 (2008. 12. 26.)
③ 종합합산과세대상인 토지의 과세표준 금액에 대하여 해당 과세대상 토지의 토지분 재산세로 부과된 세액(「지방세법」 제111조 제3항에 따라 가감조정된 세율이 적용된 경우에는 그 세율이 적용된 세액, 같은 법 제122조에 따라 세부담 상한을 적용받은 경우에는 그 상한을 적용받은 세액을 말한다)은 토지분 종합합산세액에서 이를 공제한다. (2010. 3. 31. 개정 ; 지방세법 부칙)
④ 별도합산과세대상인 토지에 대한 종합부동산세의 세액은 과세표준에 다음의 세율을 적용하여 계산한 금액(이하 "토지분 별도합산세액"이라 한다)으로 한다. (2008. 12. 26. 개정)

〈과세표준〉	〈세 율〉
200억원 이하	1천분의 5
200억원 초과 400억원 이하	1억원＋(200억원을 초과하는 금액의 1천분의 6)
400억원 초과	2억2천만원＋(400억원을 초과하는 금액의 1천분의 7)

제5조의 3【토지분 종합부동산세의 재산세 공제】① 법 제14조 제1항에 따른 토지분 종합합산세액에서 같은 조 제3항에 따라 공제하는 종합합산과세대상인 토지의 과세표준 금액에 대한 토지분 재산세로 부과된 세액은 다음 계산식에 따라 계산한 금액으로 한다. (2024. 2. 29. 개정)

$$\text{「지방세법」 제112조 제1항 제1호에 따라 종합합산과세대상인 토지분 재산세로 부과된 세액의 합계액} \times \frac{\text{(법 제13조 제1항에 따른 종합합산과세대상인 토지의 과세표준} \times \text{「지방세법 시행령」 제109조 제1항 제1호에 따른 공정시장가액비율)} \times \text{「지방세법」 제111조 제1항 제1호 가목에 따른 표준세율}}{\text{종합합산과세대상인 토지를 합산하여 종합합산과세대상인 토지분 재산세 표준세율로 계산한 재산세 상당액}}$$

② 법 제14조 제4항에 따른 토지분 별도합산세액에서 같은 조 제6항에 따라 공제하는 별도합산과세대상인 토지에 대한 토지분 재산세로 부과된 세액은 다음 계산식에 따라 계산한 금액으로 한다. (2024. 2. 29. 개정)

$$\text{「지방세법」 제112조 제1항 제1호에 따라 별도합산과세대상인 토지분 재산세로 부과된 세액의 합계액} \times \frac{\text{(법 제13조 제2항에 따른 별도합산과세대상인 토지의 과세표준} \times \text{「지방세법 시행령」 제109조 제1항 제1호에 따른 공정시장가액비율)} \times \text{「지방세법」 제111조 제1항 제1호 나목에 따른 표준세율}}{\text{별도합산과세대상인 토지를 합산하여 별도합산과세대상인 토지분 재산세 표준세율로 계산한 재산세 상당액}}$$

③ 토지분 재산세 표준세율의 적용 등 제1항과 제2항에 따른 계산에 필요한 사항은 기획재정부령으로 정한다. (2015. 11. 30. 개정)

⑤ 제4항의 규정에 의한 세액을 계산함에 있어서 2006년부터 2014년까지의 기간에 납세의무가 성립하는 별도합산과세대상 토지분 종합부동산세에 대하여는 같은 항의 규정에 의한 세율별 과세표준에 다음 각 호의 연도별 적용비율과 같은 항의 규정에 의한 세율을 곱하여 계산한 금액을 각각 당해연도의 세액으로 한다. (2005. 12. 31. 신설)
1. 2006년 : 100분의 55 (2005. 12. 31. 신설)
2. 2007년 : 100분의 60 (2005. 12. 31. 신설)
3. 2008년 : 100분의 65 (2005. 12. 31. 신설)
4. 2009년 : 100분의 70 (2005. 12. 31. 신설)
5. 2010년 : 100분의 75 (2005. 12. 31. 신설)
6. 2011년 : 100분의 80 (2005. 12. 31. 신설)
7. 2012년 : 100분의 85 (2005. 12. 31. 신설)
8. 2013년 : 100분의 90 (2005. 12. 31. 신설)
9. 2014년 : 100분의 95 (2005. 12. 31. 신설)
⑤ 삭　제 (2008. 12. 26.)
⑥ 별도합산과세대상인 토지의 과세표준 금액에 대하여 해당 과세대상 토지의 토지분 재산세로 부과된 세액(「지방세법」 제111조 제3항에 따라 가감조정된 세율이 적용된 경우에는 그 세율이 적용된 세액, 같은 법 제122조에 따라 세부담 상한을 적용받은 경우에는 그 상한을 적용받은 세액을 말한다)은 토지분 별도합산세액에서 이를 공제한다. (2010. 3. 31. 개정 ; 지방세법 부칙)
⑦ 토지분 종합부동산세액을 계산할 때 토지분 재산세로 부과된 세액의 공제 등에 관하여 필요한 사항은 대통령령으로 정한다. (2020. 6. 9. 개정 ; 법률용어 정비를~법률)

제15조【세부담의 상한】① 종합부동산세의 납세의무자가 종합합산과세대상인 토지에 대하여 해당 연도에 납부하여야 할 재산세액상당액(신탁토지의 경우 재산세의 납세의무자가 종합합산과세대상인 해당 토지에 대하여 납부하여야 할 재산세액상당액을 말한다)과 토지분 종합합산세액상당액의 합계액(이하 이 조에서 "종합합산과세대상인 토지에 대한 총세액상당액"이라 한다)으로서 대통령령으로 정하는 바에 따라 계산한 세액이 해당 납세의무자에게 직전년도에 해당 토지에 부과된 종합합산과세대상인 토지에 대한 총세액상당액으로서 대통령령으로 정하는 바에 따라 계산한 세액의 100분의 150을 초과하는 경우에는 그 초과하는 세액에 대해서는 제14조

제6조【종합합산과세대상인 토지에 대한 세부담의 상한】① 법 제15조 제1항에서 해당 연도에 납부하여야 할 종합합산과세대상인 토지에 대한 총세액상당액으로서 "대통령령으로 정하는 바에 따라 계산한 세액"이란 해당 연도에 종합부동산세의 과세대상이 되는 종합합산과세대상인 토지(이하 이 조에서 "종합합산과세토지"라 한다)에 대한 제1호에 따른 재산세액과 제2호에 따른 종합부동산세액의 합계액을 말한다. (2012. 2. 2. 개정)
1. 「지방세법」에 따라 부과된 재산세액(같은 법 제112조 제1항 제1호에 따른 재산세액을 말하며, 같은 법 제122조에 따라 세부담의 상한이 적용되는 경우에는 그 상한을 적용한 후의 세액을 말한다)

제1항에도 불구하고 이를 없는 것으로 본다. (2020. 12. 29. 개정)

② 종합부동산세의 납세의무자가 별도합산과세대상인 토지에 대하여 해당 연도에 납부하여야 할 재산세액상당액(신탁토지의 경우 재산세의 납세의무자가 별도합산과세대상인 해당 토지에 대하여 납부하여야 할 재산세액상당액을 말한다)과 토지분 별도합산세액상당액의 합계액(이하 이 조에서 "별도합산과세대상인 토지에 대한 총세액상당액"이라 한다)으로서 대통령령으로 정하는 바에 따라 계산한 세액이 해당 납세의무자에게 직전년도에 해당 토지에 부과된 별도합산과세대상인 토지에 대한 총세액상당액으로서 대통령령으로 정하는 바에 따라 계산한 세액의 100분의 150을 초과하는 경우에는 그 초과하는 세액에 대해서는 제14조 제4항에도 불구하고 이를 없는 것으로 본다. (2020. 12. 29. 개정)

(2012. 2. 2. 개정)
2. 법 제14조 제1항, 제3항 및 제7항에 따라 계산한 종합부동산세액 (2012. 2. 2. 개정)

② 법 제15조 제1항에서 직전 연도에 해당 토지에 부과된 종합합산과세대상인 토지에 대한 총세액상당액으로서 "대통령령으로 정하는 바에 따라 계산한 세액"이란 납세의무자가 해당 연도의 종합합산과세토지를 직전 연도 과세기준일에 실제로 소유하였는지의 여부를 불문하고 직전 연도 과세기준일 현재 소유한 것으로 보아 해당 연도의 종합합산과세토지에 대한 제1호에 따른 재산세액상당액과 제2호에 따른 종합부동산세액상당액의 합계액을 말한다. (2009. 4. 21. 개정)
1. 재산세액상당액 (2010. 9. 20. 개정 ; 지방세법 시행령 부칙) 해당 연도의 종합합산과세토지에 대하여 직전 연도의 「지방세법」(같은 법 제111조 제3항, 제112조 제1항 제2호 및 제122조는 제외한다)을 적용하여 산출한 금액의 합계액
2. 종합부동산세액상당액 (2010. 9. 20. 개정 ; 지방세법 시행령 부칙) 해당 연도의 종합합산과세토지에 대하여 직전 연도의 법(법 제15조는 제외한다)을 적용하여 산출한 금액. 이 경우 법 제14조 제3항 중 "세액(「지방세법」 제111조 제3항에 따라 가감조정된 세율이 적용된 경우에는 그 세율이 적용된 세액, 같은 법 제122조에 따라 세부담 상한을 적용받는 경우에는 그 상한을 적용받는 세액을 말한다)"을 "세액[「지방세법」(같은 법 제111조 제3항, 제112조 제1항 제2호 및 제122조는 제외한다)을 적용하여 산출한 세액을 말한다]"으로 하여 해당 규정을 적용한다.
③ 토지의 분할·합병·지목변경·신규등록·등록전환 등으로 인하여 해당 연도의 종합합산과세토지에 대한 직전 연도 과세표준액이 없는 경우에는 해당 연도 종합합산과세토지가 직전 연도 과세기준일 현재 존재하는 것으로 보아 직전 연도 「지방세법」과 직전 연도 법을 적용하여 과세표준액을 산출한 후 제2항의 규정을 적용한다. (2007. 8. 6. 개정)
④ 제5조 제4항 및 제5항은 해당 연도의 종합합산과세토지에 대하여 제2항 및 제3항을 적용함에 있어서 이를 준용한다. 이 경우 "과세표준합산주택"은 "종합합산과세토지"로, "법 제8조 제2항"은 "「조세특례

제한법」 제104조의 19 제1항"으로 본다. (2017. 2. 7. 개정)

제7조【별도합산과세대상인 토지에 대한 세부담의 상한】① 법 제15조 제2항에서 해당 연도에 납부하여야 할 별도합산과세대상인 토지에 대한 총세액상당액으로서 "대통령령으로 정하는 바에 따라 계산한 세액"이란 해당 연도에 종합부동산세의 과세대상이 되는 별도합산과세대상인 토지(이하 이 조에서 "별도합산과세토지"라 한다)에 대한 제1호에 따른 재산세액과 제2호에 따른 종합부동산세액의 합계액을 말한다. (2012. 2. 2. 개정)
1. 「지방세법」에 따라 부과된 재산세액(같은 법 제112조 제1항 제1호에 따른 재산세액을 말하며, 같은 법 제122조에 따라 세부담의 상한이 적용되는 경우에는 그 상한을 적용한 후의 세액을 말한다) (2012. 2. 2. 개정)
2. 법 제14조 제4항, 제6항 및 제7항에 따라 계산한 종합부동산세액 (2012. 2. 2. 개정)
② 법 제15조 제2항에서 직전 연도에 해당 토지에 부과된 별도합산과세대상인 토지에 대한 총세액상당액으로서 "대통령령으로 정하는 바에 따라 계산한 세액"이란 납세의무자가 해당 연도의 별도합산과세토지를 직전 연도 과세기준일에 실제로 소유하였는지의 여부를 불문하고 직전 연

☞ p.3594 2단 연결

도 과세기준일 현재 소유한 것으로 보아 해당 연도의 별도합산과세토지에 대한 제1호에 따른 재산세액상당액과 제2호에 따른 종합부동산세액상당액의 합계액을 말한다. (2009. 4. 21. 개정)

1. 재산세액상당액 (2010. 9. 20. 개정 ; 지방세법 시행령 부칙)
해당 연도의 별도합산과세토지에 대하여 직전 연도의 「지방세법」(같은 법 제111조 제3항, 제112조 제1항 제2호 및 제122조는 제외한다)을 적용하여 산출한 금액의 합계액

2. 종합부동산세액상당액 (2010. 9. 20. 개정 ; 지방세법 시행령 부칙)
해당 연도의 별도합산과세토지에 대하여 직전 연도의 법(법 제15조는 제외한다)을 적용하여 산출한 금액. 이 경우 법 제14조 제6항 중 "세액(「지방세법」 제111조 제3항에 따라 가감조정된 세율이 적용된 경우에는 그 세율이 적용된 세액, 같은 법 제122조에 따라 세부담 상한을 적용받은 경우에는 그 상한을 적용받은 세액을 말한다)"을 "세액[「지방세법」(같은 법 제111조 제3항, 제112조 제1항 제2호 및 제122조는 제외한다)을 적용하여 산출한 세액을 말한다]"으로 하여 해당 규정을 적용한다.

③ 토지의 분할·합병·지목변경·신규등록·등록전환 등으로 인하여 해당 연도의 별도합산과세토지에 대한 직전 연도 과세표준액이 없는 경우에는 해당 연도 별도합산과세토지가 직전 연도 과세기준일 현재 존재하는 것으로 보아 직전 연도 「지방세법」과 직전 연도 법을 적용하여 과세표준액을 산출한 후 제2항의 규정을 적용한다. (2007. 8. 6. 개정)

④ 제5조 제4항의 규정은 해당 연도의 별도합산과세토지에 대하여 제2항 및 제3항을 적용함에 있어서 이를 준용한다. 이 경우 "과세표준합산주택"은 이를 "별도합산과세토지"로 본다. (2007. 8. 6. 개정)

제 4 장　부과·징수 등 (2007. 1. 11. 제목개정)

제 4 장　부과·징수 등 (2007. 8. 6. 제목개정)

제16조 【부과·징수 등】 (2007. 1. 11. 제목개정)
① 관할세무서장은 납부하여야 할 종합부동산세의 세액을 결정하여 해당 연도 12월 1일부터 12월 15일(이하 "납부기간"이라 한다)까지 부

과 · 징수한다. (2020. 6. 9. 개정 ; 법률용어 정비를~법률)

② 관할세무서장은 종합부동산세를 징수하려면 납부고지서에 주택 및 토지로 구분한 과세표준과 세액을 기재하여 납부기간 개시 5일 전까지 발급하여야 한다. (2020. 12. 29. 개정)

③ 제1항 및 제2항에도 불구하고 종합부동산세를 신고납부방식으로 납부하고자 하는 납세의무자는 종합부동산세의 과세표준과 세액을 해당 연도 12월 1일부터 12월 15일까지 대통령령으로 정하는 바에 따라 관할세무서장에게 신고하여야 한다. 이 경우 제1항의 규정에 따른 결정은 없었던 것으로 본다. (2020. 6. 9. 개정 ; 법률용어 정비를~법률)

④ 제3항의 규정에 따라 신고한 납세의무자는 신고기한까지 대통령령으로 정하는 바에 따라 관할세무서장 · 한국은행 또는 체신관서에 종합부동산세를 납부하여야 한다. (2020. 6. 9. 개정 ; 법률용어 정비를~법률)

⑤ 제1항 및 제2항의 규정에 따른 종합부동산세의 부과절차 및 징수에 관하여 필요한 사항은 대통령령으로 정한다. (2007. 1. 11. 개정)

제16조의 2 【물적납세의무에 대한 납부특례】 ① 제7조 제2항 또는 제12조 제2항에 따라 종합부동산세를 납부하여야 하는 위탁자의 관할 세무서장은 제7조의 2 또는 제12조의 2에 따라 수탁자로부터 위

제8조 【부과와 징수 등】 (2007. 8. 6. 제목개정)

① 관할세무서장은 법 제16조 제2항에 따라 납부고지서를 발급하는 경우 기획재정부령으로 정하는 세액산출명세서를 첨부해야 한다. (2021. 2. 17. 개정)

② 법 제16조 제3항에 따라 종합부동산세의 과세표준과 세액을 신고하는 때에는 기획재정부령이 정하는 다음 각 호의 서류를 관할세무서장에게 제출하여야 한다. (2008. 2. 29. 직제개정 ; 기획재정부와~직제 부칙)

1. 다음 각목의 사항이 포함된 종합부동산세 신고서 (2005. 5. 31. 제정)
   가. 납세의무자의 성명 · 주민등록번호 · 사업자등록번호 · 주소(납세의무자가 법인인 경우에는 법인명 · 법인등록번호 · 사업자등록번호 · 본점소재지) 등 납세의무자를 확인할 수 있는 사항(이하 "납세의무자의 인적사항"이라 한다) (2005. 5. 31. 제정)
   나. 종합부동산세 과세표준 (2005. 5. 31. 제정)
   다. 공제세액 및 가산세액 (2005. 5. 31. 제정)
   라. 납부세액 (2005. 5. 31. 제정)
   마. 그 밖에 분납 등에 관한 사항 (2017. 2. 7. 개정)
2. 과세대상 물건명세서 (2007. 8. 6. 개정)
3. 세부담 상한 초과세액계산명세서(세부담 상한을 신청하는 경우에 한한다) (2007. 8. 6. 개정)
4. 삭 제 (2007. 8. 6.)

③ 법 제16조 제4항에 따라 종합부동산세를 납부하는 때에는 관할세무서에 납부하거나 「국세징수법」에 의한 납부서에 의하여 한국은행(그 대리점을 포함한다) 또는 체신관서에 납부하여야 한다. (2007. 8. 6. 개정)

제5조 【종합부동산세 부과 · 징수 관련 서식】 (2008. 4. 29. 제목개정)

① 영 제8조 제1항에서 "기획재정부령으로 정하는 세액산출명세서"란 「국세징수법 시행규칙」 별지 제3호 서식을 말한다. (2021. 3. 16. 개정)

② 영 제8조 제2항 제1호에 따른 종합부동산세 신고서는 별지 제31호 서식에 따른다. (2025. 3. 21. 개정)

③ 영 제8조 제2항 제2호에 따른 과세대상 물건명세서는 별지 제4호의 2 서식(1), 별지 제4호의 2 서식(2), 별지 제4호의 3 서식(1), 별지 제4호의 3 서식(2), 별지 제4호의 4 서식(1) 및 별지 제4호의 4 서식(2)에 의한다. (2009. 5. 12. 단서삭제)

③ 영 제8조 제2항 제2호에 따른 과세대상 물건명세서는 별지 제32호 서식부터 별지 제34호 서식까지에 따른다. (2025. 3. 21. 개정)

④ 영 제8조 제2항 제3호에 따른 세부담 상한 초과세액 계산명세는 별지 제35호 서식에 따른다. (2025. 3. 21. 개정)

탁자의 종합부동산세등을 징수하려면 다음 각 호의 사항을 적은 납부
고지서를 수탁자에게 발급하여야 한다. 이 경우 수탁자의 주소 또는 거
소를 관할하는 세무서장과 위탁자에게 그 사실을 통지하여야 한다.
(2020. 12. 29. 신설)

1. 종합부동산세등의 과세기간, 세액 및 그 산출근거 (2020. 12. 29.
　신설)
2. 납부하여야 할 기한 및 납부장소 (2020. 12. 29. 신설)
3. 그 밖에 종합부동산세등의 징수를 위하여 필요한 사항 (2020. 12.
　29. 신설)

② 제1항에 따른 납부고지가 있은 후 납세의무자인 위탁자가 신탁의
이익을 받을 권리를 포기 또는 이전하거나 신탁재산을 양도하는 등의
경우에도 제1항에 따라 고지된 부분에 대한 납세의무에는 영향을 미치
지 아니한다. (2020. 12. 29. 신설)

③ 신탁재산의 수탁자가 변경되는 경우에 새로운 수탁자는 제1항에 따
라 이전의 수탁자에게 고지된 납세의무를 승계한다. (2020. 12. 29. 신설)

④ 제1항에 따른 납세의무자인 위탁자의 관할 세무서장은 최초의 수탁
자에 대한 신탁 설정일을 기준으로 제7조의 2 및 제12조의 2에 따라
그 신탁재산에 대한 현재 수탁자에게 위탁자의 종합부동산세등을 징수
할 수 있다. (2020. 12. 29. 신설)

⑤ 신탁재산에 대하여 「국세징수법」에 따라 강제징수를 하는 경우 「국
세기본법」 제35조 제1항에도 불구하고 수탁자는 「신탁법」 제48조 제1
항에 따른 신탁재산의 보존 및 개량을 위하여 지출한 필요비 또는 유익
비의 우선변제를 받을 권리가 있다. (2020. 12. 29. 신설)

⑥ 제1항부터 제5항까지에서 규정한 사항 외에 물적납세의무의 적
용에 필요한 사항은 대통령령으로 정한다. (2020. 12. 29. 신설)

제17조【결정과 경정】① 관할세무서장 또는 납세지 관할 지방
국세청장(이하 "관할지방국세청장"이라 한다)은 과세대상 누락, 위법
또는 착오 등으로 인하여 종합부동산세를 새로 부과할 필요가 있거나
이미 부과한 세액을 경정할 경우에는 다시 부과·징수할 수 있다.
(2007. 1. 11. 개정)

② 관할세무서장 또는 관할지방국세청장은　제16조 제3항에 따른 신고

제9조【결정·경정】① 법 제17조 제1항의 규정에 의한 결정은
법 제21조 제2항 내지 제4항의 규정에 의하여 행정안전부장관이 국세
청장에게 통보한 과세자료에 의한다. (2017. 7. 26. 직제개정 ; 행정안
전부와 ~ 직제 부칙)

② 법 제17조 제2항 및 동조 제3항의 규정에 의한 경정·재경정 또
는 추징은 제8조의 규정에 의한 신고서 및 그 첨부서류에 의하거나

를 한 자의 신고내용에 탈루 또는 오류가 있는 때에는 해당 연도의 과세
표준과 세액을 경정한다. (2020. 6. 9. 개정 ; 법률용어 정비를~법률)
③ 관할세무서장 또는 관할지방국세청장은 과세표준과 세액을 결정
또는 경정한 후 그 결정 또는 경정에 탈루 또는 오류가 있는 것이 발견
된 때에는 이를 경정 또는 재경정하여야 한다. (2008. 12. 26. 개정)
④ 관할세무서장 또는 관할지방국세청장은 제2항 및 제3항에 따른
경정 및 재경정 사유가 「지방세법」 제115조 제2항에 따른 재산세
의 세액변경 또는 수시부과사유에 해당되는 때에는 대통령령으로
정하는 바에 따라 종합부동산세의 과세표준과 세액을 경정 또는
재경정하여야 한다. (2010. 3. 31. 개정 ; 지방세법 부칙)
⑤ 관할세무서장 또는 관할지방국세청장은 다음 각 호의 어느 하나에
해당하는 경우에는 대통령령으로 정하는 바에 따라 경감받은 세액과
이자상당가산액을 추징하여야 한다. (2022. 9. 15. 개정)
1. 제8조 제2항에 따라 과세표준 합산의 대상이 되는 주택에서 제외된
   주택 중 같은 항 제1호의 임대주택 또는 같은 항 제2호의 가정어린
   이집용 주택이 추후 그 요건을 충족하지 아니하게 된 경우 (2022.
   9. 15. 신설)
2. 제8조 제4항 제2호에 따라 1세대 1주택자로 본 납세의무자가 추후
   그 요건을 충족하지 아니하게 된 경우 (2022. 9. 15. 신설)

   제18조 【가산세】 삭 제 (2007. 1. 11.)

현황 등에 대한 실지조사에 의한다. (2005. 5. 31. 제정)

③ 법 제17조 제4항의 규정에 의한 경정·재경정 또는 추징은 법 제
22조의 규정에 의하여 시장·군수가 관할세무서장 또는 관할지방국
세청장에게 회신한 자료에 의한다. (2005. 5. 31. 제정)
④ 관할세무서장 또는 관할지방국세청장은 제2항 및 제3항의 규정에 의
한 경정·재경정 또는 추징을 함에 있어서 행정안전부장관에게 의견조회
를 할 수 있다. (2017. 7. 26. 직제개정 ; 행정안전부와 ~ 직제 부칙)

   제10조 【추징액 등】 ① 법 제17조 제5항 제1호에 따라 추징해야
하는 경감받은 세액은 제1호의 금액에서 제2호의 금액을 뺀 금액으로
한다. (2022. 9. 23. 개정)
1. 합산배제 임대주택 또는 가정어린이집용 주택(이하 "합산배제 임대
   주택 등"이라 한다)으로 보아 왔던 매 과세연도마다 해당 주택을 종
   합부동산세 과세표준 합산의 대상이 되는 주택으로 보고 계산한 세
   액 (2011. 12. 8. 개정 ; 영유아보육법 시행령 부칙)
2. 합산배제 임대주택 등으로 보아 왔던 매 과세연도마다 해당 주택을
   종합부동산세 과세표준 합산의 대상에서 제외되는 주택으로 보고
   계산한 세액 (2009. 2. 4. 개정)
② 법 제17조 제5항 제1호에 따라 추징해야 하는 이자상당가산액은 제
1항에 따라 계산한 금액에 제1호의 기간과 제2호의 율을 곱하여 계산
한 금액으로 한다. (2022. 9. 23. 개정)
1. 합산배제 임대주택 등으로 신고한 매 과세연도(제3조 제9항 단서 및
   제4조 제5항 단서에 따라 신고하지 않은 과세연도를 포함한다)의 납
   부기한 다음 날부터 법 제17조 제5항 제1호에 따라 추징할 세액의
   고지일까지의 기간 (2025. 2. 28. 개정)
2. 1일당 10만분의 22 (2022. 2. 15. 개정)
③ 제1항에도 불구하고 다음 각 호의 어느 하나에 해당하는 경우에는 경
감받은 세액과 이자상당가산액을 추징하지 않는다. (2020. 10. 7. 신설)

편주 ☞
영 10조 3항의 개정규정은 2025. 6. 4. 이후 납세의무가 성립하는 경우부터 적용함. (영 부칙(2025. 2. 28.) 2조 2항)

1. 제3조 제1항 제1호 나목, 같은 항 제2호 나목, 같은 항 제7호 나목 및 같은 항 제8호 가목 2)에 따른 최소 임대의무기간이 지난 후에 같은 항 제1호 다목, 같은 항 제2호 다목, 같은 항 제7호 다목 및 같은 항 제8호 가목 3)의 요건을 충족하지 않게 된 경우 (2020. 10. 7. 신설)

1. 제3조 제1항 제1호 나목, 같은 항 제2호 나목, 같은 항 제7호 나목, 같은 항 제8호 가목 2), 같은 항 제10호 나목 및 같은 항 제11호 가목 2)에 따른 최소 임대의무기간이 지난 후에 같은 항 제1호 다목, 같은 항 제2호 다목, 같은 항 제7호 다목, 같은 항 제8호 가목 3), 같은 항 제10호 다목 및 같은 항 제11호 가목 3)의 요건을 충족하지 않게 된 경우 (2025. 2. 28. 개정)

2. 「민간임대주택에 관한 특별법」 제6조 제1항 제11호 또는 같은 조 제5항에 따라 임대사업자 등록이 말소된 경우 (2020. 10. 7. 신설)

3. 「도시 및 주거환경정비법」에 따른 재개발사업·재건축사업, 「빈집 및 소규모주택 정비에 관한 특례법」에 따른 소규모주택정비사업으로 당초의 합산배제 임대주택이 멸실되어 새로 취득하거나 「주택법」에 따른 리모델링으로 새로 취득한 주택이 다음 각 목의 어느 하나에 해당하는 요건을 갖춘 경우. 다만, 새로 취득한 주택의 준공일부터 6개월이 되는 날이 2020년 7월 10일 이전인 경우는 제외한다. (2020. 10. 7. 신설)

가. 새로 취득한 주택에 대하여 2020년 7월 11일 이후 종전의 「민간임대주택에 관한 특별법」(법률 제17482호 민간임대주택에 관한 특별법 일부개정법률로 개정되기 전의 것을 말한다) 제2조 제5호에 따른 장기일반민간임대주택 중 아파트를 임대하는 민간매입임대주택 또는 같은 조 제6호에 따른 단기민간임대주택으로 같은 법 제5조 제1항에 따라 등록 신청(같은 조 제3항에 따라 임대할 주택을 추가하기 위해 등록사항의 변경신고를 한 경우를 포함한다)을 했을 것 (2020. 10. 7. 신설)

나. 새로 취득한 주택이 아파트(당초의 합산배제 임대주택이 단기민간임대주택인 경우에는 모든 주택을 말한다)인 경우로서 해당 주택에 대하여 임대사업자 등록을 하지 않았을 것 (2020. 10. 7. 신설)

④ 법 제17조 제5항 제2호에 따라 추징해야 하는 경감받은 세액은 제1호의 금액에서 제2호의 금액을 뺀 금액으로 한다. (2022. 9. 23. 신설)

1. 법 제8조 제4항 제2호에 해당하여 1세대 1주택자로 보아 왔던 매 과세연도마다 1세대 1주택자가 아닌 것으로 보고 계산한 세액 (2022. 9. 23. 신설)

2. 법 제8조 제4항 제2호에 해당하여 1세대 1주택자로 보아 왔던 매 과세연도마다 1세대 1주택자인 것으로 보고 계산한 세액 (2022. 9. 23. 신설)

⑤ 법 제17조 제5항 제2호에 따라 추징해야 하는 이자상당가산액은 제4항에 따라 계산한 금액에 제1호의 기간과 제2호의 율을 곱하여 계산한 금액으로 한다. (2022. 9. 23. 신설)

1. 법 제8조 제5항에 따라 1세대 1주택자의 적용을 신청한 매 과세연도(제4조의 2 제5항에 따라 신청하지 않은 과세연도를 포함한다)의 납부기한 다음 날부터 법 제17조 제5항 제2호에 따라 추징할 세액의 고지일까지의 기간 (2022. 9. 23. 신설)

2. 1일당 10만분의 22 (2022. 9. 23. 신설)

제11조 【가산세】 삭 제 (2007. 2. 28. ; 국세기본법 시행령 부칙)

제19조【물 납】관할세무서장은 종합부동산세로 납부하여야 할 세액이 1천만원을 초과하는 경우에는 대통령령이 정하는 바에 의하여 물납을 허가할 수 있다. (2005. 1. 5. 제정)

제19조【물 납】삭 제 (2016. 3. 2.)

제12조【물납의 신청 및 허가】① 법 제19조에 따라 물납허가를 신청하고자 하는 자는 물납하려는 세액에 대하여 기획재정부령이 정하는 물납허가신청서를 법 제16조 제1항에 따른 납부기한 또는 법 제16조 제3항에 따른 신고기한(이하 "납부 또는 신고기한"이라 한다)까지 관할세무서장에게 제출하여야 한다. 다만, 법 제17조에 따라 과세표준과 세액의 결정·경정·재경정 또는 추징의 통지를 받은 경우에는 당해 납세고지서에 의한 납부기한까지 그 신청서를 제출하여야 한다. (2008. 2. 29. 직제개정 ; 기획재정부와~직제 부칙)

② 관할세무서장은 제1항에 따라 물납허가신청서를 제출받은 때에는 납부 또는 신고기한이 경과한 날부터 14일(제1항 단서의 경우에는 당해 납세고지서에 의한 납부기한이 경과한 날부터 14일을 말한다) 이내에 허가여부를 서면으로 통지하여야 한다. 다만, 물납허가를 신청한 재산에 대한 관리·처분의 적정성 판단 등에 소요되는 시일을 감안하여 그 처리기간을 연장하고자 하는 때에는 그 기한 연장에 관한 내용을 서면으로 통지하고 1회에 한하여 30일의 범위안에서 그 처리기한을 연장할 수 있다. (2007. 8. 6. 개정)

③ 관할세무서장이 제2항의 규정에 의한 기한까지 그 허가 여부에 대한 서면을 발송하지 아니한 때에는 허가를 한 것으로 본다. 다만, 물납허가를 신청한 재산이 「국유재산법」 제11조에 따라 국유재산으로 취득할 수 없는 재산인 경우에는 본문의 규정을 적용하지 아니한다. (2009. 7. 27. 단서개정 ; 국유재산법 시행령 부칙)

④ 관할세무서장이 제1항의 규정에 의한 신고기한 또는 납부기한을 경과하여 물납허가 여부를 통지하는 경우 및 제3항 본문의 규정에 의하여 허가를 한 것으로 보는 날이 제1항의 규정에 의한 신고기한 또는 납부기한을 경과한 경우의 그 물납액에 상당하는 세액의 징수에 있어서는 제5항의 규정에 의하여 지정된 물납재산의 수납일 이전에 한하여 「국세기본법」 제47조의 5 또는 「국세징수법」 제21조 및 동법 제22조의 규정을 적용하지 아니한다. (2007. 2. 28. 개정 ; 국세기본법 시행령 부칙)

⑤ 관할세무서장은 제2항의 규정에 의하여 물납을 허가하거나 제3항 본문의 규정에 의하여 허가를 한 것으로 보는 때에는 그 허가를 하거나 허가를 한 것으로 보는 날부터 20일 이내의 범위에서 물납재산의 수납일을 지정하여야 한다. 이 경우 물납재산의 분할 등의 사유로 당해 기간 이내에 물납재산의 수납이 어렵다고 인정되는 경우에는 1회에 한하여 20일 이내의 범위에서 물납 재산의 수납일을 다시 지정할 수 있다. (2005. 5. 31. 제정)

⑥ 제5항의 규정에 의한 물납재산의 수납일까지 물납재산의 수납이 이루어지지 아니하는 때에는 당해 물납허가(제3항 본문의 규정에 의하여 허가를 받은 것으로 보는 경우의 그 허가를 포함한다)는 그 효력을 상실한다. (2005. 5. 31. 제정)

⑦ 재산을 분할하거나 분할을 전제로 하여 물납허가를 신청을 하는 경우에는 물납허가를 신청한 재산의 가액이 분할 전보다 감소되지 아니하는 경우에만 물납을 허가할 수 있거나 허가를 한 것으로 볼 수 있다. (2005. 5. 31. 제정)

제12조【물납의 신청 및 허가】삭 제 (2017. 2. 7.)

제13조【물납에 충당할 수 있는 재산의 범위 및 수납가액의 계산】① 법 제19조에 따라 물납에 충당할 수 있는 재산은 국내에 소재하는 부동산으로 한다. (2013. 2.

제6조【물납허가관련 서식】① 영 제12조 제1항의 규정에 의한 물납허가신청 및 영 제15조 제1항의 규정에 의한 물납변경허가신청은 별지 제6호 서식에 의한다. (2005. 5. 31. 제정)

② 영 제12조 제2항(영 제15조 제4항에서 준용하는 경우를 포함한다)의 규정에 의한 물납허가의 통지 및 영 제14조(영 제15조 제5항에서 준용하는 경우를 포함한다)의 규정에 의한 물납대상재산의 변경요구통보는 별지 제7호 서식에 의한다. (2005. 5. 31. 제정)

제6조【물납허가관련 서식】삭 제 (2017. 3. 10.)

제6조의 2【시가로 인정되는 부동산가액】① 영 제13조 제3항에서 "기획재정부령으로 정하는 바에 따라 시가로 인정되는 것"이란 종합부동산세의 과세기준일 전 6월부터 과세기준일 현재까지의 기간 중에 확정된 가액으로서 다음 각 호의 어느 하나에 해당하는 것을 말한다. (2008. 4. 29. 신설)
1. 해당 부동산이 수용·공매 또는 「민사집행법」에 따라 경매된 경우에는 그 보상가액·공매가액 또는 경매가액 (2008. 4. 29. 신설)
2. 해당 부동산을 2 이상의 감정기관(「부동산 가격공시 및 감정평가에 관한 법률」 제2조 제9호에 따른 감정평가업자를 말한다)이 평가한 감정가액이 있는 경우에는 그 감정가액의 평균액 (2015. 3. 6. 개정)
3. 「지방세법」 제10조 제5항 제1호 및 제3호에 따른 취득가액(사실상의 취득가액이 있는 경우만을 말한다) (2013. 2. 23. 개정)

② 제1항에 따라 시가로 인정되는 가액이 2 이상인 경우에는 과세기준일부터 가장 가까운 날에 해당하는 가액에 의한다. (2008. 4. 29. 신설)

제6조의 2【시가로 인정되는 부동산가액】삭 제 (2020. 3. 13.)

22. 개정)

② 물납에 충당할 부동산의 수납가액은 과세기준일의 시가로 한다. (2013. 2. 22. 개정)

③ 제2항에 따른 시가는 공시가격으로 한다. 다만, 수용가액, 공매가액 및 감정가액 등으로서 기획재정부령으로 정하는 바에 따라 시가로 인정되는 것은 시가로 본다. (2008. 2. 29. 직제개정 ; 기획재정부와~직제 부칙)

제13조【물납에 충당할 수 있는 재산의 범위 및 수납가액의 계산】삭 제 (2017. 2. 7.)

제14조【관리·처분이 부적당한 재산의 물납】관할세무서장은 법 제19조의 규정에 의하여 물납허가신청을 받은 재산이 「상속세 및 증여세법 시행령」 제71조 제1항 각 호의 어느 하나에 해당하여 관리·처분이 부적당하다고 인정되는 경우에는 그 재산에 대한 물납허가를 하지 아니하거나 관리·처분이 가능한 다른 물납대상 재산으로의 변경을 요구할 수 있다. 이 경우 그 사유를 납세의무자에게 통보하여야 한다. (2005. 5. 31. 제정)

제14조【관리·처분이 부적당한 재산의 물납】삭 제(2017. 2. 7.)

제15조【물납재산의 변경 등】① 제14조에 따라 물납재산의 변경을 요구받은 납세의무자는 그 통보를 받은 날부터 20일 이내에 물납에 충당하려는 다른 재산의 명세서를 첨부하여 관할세무서장에게 신청할 수 있다. (2013. 2. 22. 개정)

② 제1항의 기한내에 물납재산변경신청이 없는 경우에는 당초의 물납신청은 그 효력을 상실한다. (2005. 5. 31. 제정)

③ 납세의무자가 국외에 주소를 둔 때에는 제1항의 기간은 3월로 한다. (2005. 5. 31. 제정)

④ 제12조 제2항 내지 제7항의 규정은 제1항의 규정에 의하여 물납재산의 변경요구를 받은 자의 물납재산변경신청에 대한 물납허가에 관하여 이를 준용한다. 이 경우 제12조 제2항 본문 중 "납부 또는 신고기한이 경과한 날" 및 "당해 납세고지서에 의한 납부기한이 경과한 날"은 각각 "물납산변경신청일"로 본다. (2007. 8. 6. 후단개정)

⑤ 관할세무서장은 제12조 제2항의 규정에 의한 물납허가일 또는 동조 제3항 본문의 규정에 의하여 허가를 한 것으로 보는 날 이후 동조 제5항의 규정에 의한 물납재산의 수납일까지의 기간 중 「상속세 및 증여세법 시행령」 제71조 제1항 각호의 어느 하나에 해당하여 관리·처분이 부적당하다고 인정되는 사유가 발견되는 때에는 다른 물납대상 재산으로의 변경을 요구할 수 있다. 이 경우 제14조 및 이 조 제1항 내지 제4항의 규정은 이 항 전단의 규정에 의한 물납대상 재산의 변경에 관하여 이를 준용한다. (2005. 5. 31. 제정)

제15조【물납재산의 변경 등】삭 제 (2017. 2. 7.)

제20조【분 납】관할세무서장은 종합부동산세로 납부하여야 할 세액이 250만원을 초과하는 경우에는 대통령령으로 정하는 바에 따라

제16조【종합부동산세의 분납】① 법 제20조에 따라 분납할 수 있는 세액은 법 제16조에 따라 납부하여야 할 세액으로서 다음 각 호

그 세액의 일부를 납부기한이 지난 날부터 6개월 이내에 분납하게 할 수 있다. (2020. 6. 9. 개정 ; 법률용어 정비를~법률)

제20조의 2 【납부유예】① 관할세무서장은 다음 각 호의 요건을 모두 충족하는 납세의무자가 주택분 종합부동산세액의 납부유예를 그 납부기한 만료 3일 전까지 신청하는 경우 이를 허가할 수 있다. 이 경우 납부유예를 신청한 납세의무자는 그 유예할 주택분 종합부동산세액에 상당하는 담보를 제공하여야 한다. (2022. 9. 15. 신설)

1. 과세기준일 현재 1세대 1주택자일 것 (2022. 9. 15. 신설)

1. 과세기준일 현재 1세대 1주택자(제10조의 2에 따른 공동명의 1주택자를 포함한다)일 것 (2025. 3. 14. 개정)

2. 과세기준일 현재 만 60세 이상이거나 해당 주택을 5년 이상 보유하고 있을 것 (2022. 9. 15. 신설)

3. 다음 각 목의 어느 하나에 해당하는 소득 기준을 충족할 것 (2022. 9. 15. 신설)

  가. 직전 과세기간의 총급여액이 7천만원 이하일 것(직전 과세기간에 근로소득만 있거나 근로소득 및 종합소득과세표준에 합산되지

의 금액을 말한다. (2007. 8. 6. 개정)

1. 납부하여야 할 세액이 250만원 초과 5백만원 이하인 때에는 해당 세액에서 250만원을 차감한 금액 (2019. 2. 12. 개정)

2. 납부하여야 할 세액이 5백만원을 초과하는 때에는 해당 세액의 100분의 50 이하의 금액 (2019. 2. 12. 개정)

② 법 제16조 제2항에 따른 납부고지서를 받은 자가 법 제20조에 따라 분납하려는 때에는 종합부동산세의 납부기한까지 기획재정부령으로 정하는 신청서를 관할세무서장에게 제출해야 한다. (2021. 2. 17. 개정)

③ 관할세무서장은 제2항에 따라 분납신청을 받은 때에는 이미 고지한 납부고지서를 납부기한까지 납부해야 할 세액에 대한 납부고지서와 분납기간 내에 납부해야 할 세액에 대한 납부고지서로 구분하여 수정 고지해야 한다. (2021. 2. 17. 개정)

제16조의 2 【주택분 종합부동산세액의 납부유예】① 법 제20조의 2 제1항에 따라 주택분 종합부동산세액의 납부유예를 신청하려는 납세의무자는 기획재정부령으로 정하는 납부유예 신청서를 관할세무서장에게 제출해야 한다. (2022. 9. 23. 신설)

② 제1항에 따른 신청서를 받은 관할세무서장은 납부기간의 만료일까지 신청인에게 허가 여부를 서면으로 통지해야 한다. (2022. 9. 23. 신설)

③ 관할세무서장은 법 제20조의 2 제3항에 따라 납부유예 허가를 취소한 경우에는 해당 납세의무자(납세의무자가 사망한 경우에는 그 상속인 또는 상속재산관리인을 말한다)에게 다음 각 호의 금액을 더한 금액을 징수해야 한다. (2022. 9. 23. 신설)

1. 납부유예를 허가받은 금액에서 납부한 금액을 뺀 금액 (2022. 9. 23. 신설)

2. 제1호에 따라 계산한 금액에 가목의 기간과 나목의 율을 곱하여 계산한 금액 (2022. 9. 23. 신설)

  가. 납부유예를 허가한 연도의 납부기한이 지난 날부터 법 제20조의 2 제5항에 따라 징수할 세액의 고지일까지의 기간 (2022. 9. 23. 신설)

  나. 「국세기본법 시행령」 제43조의 3 제2항 본문에 따른 이자율 (2022. 9. 23. 신설)

제6조의 3 【분납신청관련 서식】영 제16조 제2항에서 "기획재정부령으로 정하는 신청서"란 별지 제36호 서식을 말한다. (2025. 3. 21. 개정)

제6조의 4 【주택분 종합부동산세액의 납부유예 관련 서식】(2023. 3. 20. 제목개정)

① 영 제16조의 2 제1항에서 "기획재정부령으로 정하는 납부유예 신청서"란 별지 제37호 서식의 납부유예 신청서를 말하며, 해당 신청서를 제출할 때에는 「국세징수법」 제20조에 따른 담보 관련 서류 및 같은 법 시행규칙 제18조 제1항에 따른 납세담보제공서를 첨부해야 한다. (2025. 3. 21. 개정)

② 영 제16조의 2 제2항에 따른 납부유예 허가 또는 불허가 통지는 별지 제38호 서식에 따른다. (2025. 3. 21. 개정)

③ 법 제20조의 2 제4항에 따른 납부유예

아니하는 종합소득이 있는 자로 한정한다) (2022. 9. 15. 신설)
　나. 직전 과세기간의 종합소득과세표준에 합산되는 종합소득금액이
　　　6천만원 이하일 것(직전 과세기간의 총급여액이 7천만원을 초
　　　과하지 아니하는 자로 한정한다) (2022. 9. 15. 신설)
4. 해당 연도의 주택분 종합부동산세액이 100만원을 초과할 것 (2022.
　9. 15. 신설)
② 관할세무서장은 제1항에 따른 신청을 받은 경우 납부기한 만료일까
지 대통령령으로 정하는 바에 따라 납세의무자에게 납부유예 허가 여
부를 통지하여야 한다. (2022. 9. 15. 신설)
③ 관할세무서장은 제1항에 따라 주택분 종합부동산세액의 납부가 유
예된 납세의무자가 다음 각 호의 어느 하나에 해당하는 경우에는 그
납부유예 허가를 취소하여야 한다. (2022. 9. 15. 신설)
1. 해당 주택을 타인에게 양도하거나 증여하는 경우 (2022. 9. 15. 신설)
2. 사망하여 상속이 개시되는 경우 (2022. 9. 15. 신설)
3. 제1항 제1호의 요건을 충족하지 아니하게 된 경우 (2022. 9. 15. 신설)
4. 담보의 변경 또는 그 밖에 담보 보전에 필요한 관할세무서장의 명령
　에 따르지 아니한 경우 (2022. 9. 15. 신설)
5. 「국세징수법」 제9조 제1항 각 호의 어느 하나에 해당되어 그 납부
　유예와 관계되는 세액의 전액을 징수할 수 없다고 인정되는 경우
　(2022. 9. 15. 신설)
6. 납부유예된 세액을 납부하려는 경우 (2022. 9. 15. 신설)
④ 관할세무서장은 제3항에 따라 납부유예의 허가를 취소하는 경우 납
세의무자(납세의무자가 사망한 경우에는 그 상속인 또는 상속재산관리
인을 말한다. 이하 이 조에서 같다)에게 그 사실을 즉시 통지하여야 한
다. (2022. 9. 15. 신설)
⑤ 관할세무서장은 제3항에 따라 주택분 종합부동산세액의 납부유예 허
가를 취소한 경우에는 대통령령으로 정하는 바에 따라 해당 납세의무자에
게 납부를 유예받은 세액과 이자상당가산액을 징수하여야 한다. 다만, 상
속인 또는 상속재산관리인은 상속으로 받은 재산의 한도에서 납부를 유예
받은 세액과 이자상당가산액을 납부할 의무를 진다. (2022. 9. 15. 신설)
⑥ 관할세무서장은 제1항에 따라 납부유예를 허가한 연도의 납부기한
이 지난 날부터 제5항에 따라 징수할 세액의 고지일까지의 기간 동안

허가 취소의 통지는 별지 제39호 서식에
따른다. (2025. 3. 21. 개정)

편주 ▶
규칙 6조의 4의 개정규정은 2025. 6. 4.부
터 시행함. (규칙 부칙(2025. 3. 21.) 1조)

에는 「국세기본법」 제47조의 4에 따른 납부지연가산세를 부과하지 아
니한다. (2022. 9. 15. 신설)
⑦ 제1항부터 제6항까지에서 규정한 사항 외에 납부유예에 필요한 절
차 등에 관한 사항은 대통령령으로 정한다. (2022. 9. 15. 신설)

제 5 장 보 칙

제21조【과세자료의 제공】 ① 시장·군수는 「지방세법」에 따
른 해당 연도 재산세의 부과자료 중 주택분 재산세의 부과자료는 7
월 31일까지, 토지분 재산세의 부과자료는 9월 30일까지 행정안전
부장관에게 제출하여야 한다. 다만, 시장·군수는 「지방세법」 제
115조 제2항에 따른 재산세의 세액변경 또는 수시부과사유가 발생
한 때에는 그 부과자료를 매 반기별로 해당 반기의 종료일부터 10
일 이내에 행정안전부장관에게 제출하여야 한다. (2017. 7. 26. 직제
개정 ; 정부조직법 부칙)
② 행정안전부장관은 제7조에 규정된 주택에 대한 종합부동산세의 납
세의무자를 조사하여 납세의무자별로 과세표준과 세액을 계산한 후,
매년 8월 31일까지 대통령령으로 정하는 바에 따라 국세청장에게 통보
하여야 한다. (2020. 6. 9. 개정 ; 법률용어 정비를~법률)

제 5 장 보 칙

제17조【과세자료의 제공】 ① 행정안전부장관이 법 제21조 제2항
및 동조 제5항의 규정에 의하여 주택에 대한 종합부동산세 과세자료 및
재산세 부과자료를 국세청장에게 통보하는 때에는 기획재정부령이 정
하는 바에 따라 다음 각호의 사항이 포함된 자료를 전산매체에 의하여
통보하여야 한다. (2017. 7. 26. 직제개정 ; 행정안전부와 ~ 직제 부칙)
1. 납세의무자의 인적사항 (2005. 5. 31. 제정)
2. 주택의 소재지 (2005. 5. 31. 제정)
3. 재산세 과세표준 (2005. 5. 31. 제정)
4. 표준세율을 적용하여 산출한 개별 주택에 대한 재산세액 및 총재산
   세액 (2005. 5. 31. 제정)
4의 2. 「지방세법」 제111조 제3항에 따라 가감조정된 세율이 적용되어
   재산세액이 산출된 경우 그 재산세액 (2010. 9. 20. 개정 ; 지방세법
   시행령 부칙)
5. 종합부동산세 과세표준 (2005. 5. 31. 제정)
6. 주택분 종합부동산세액 (2005. 5. 31. 제정)

제7조【과세자료의 제공관련 서식】 ① 영 제
17조 제1항의 규정에 의한 통보는 별지 제8호 서식
에 의한다. (2005. 5. 31. 제정)
② 영 제17조 제2항에 따른 통보는 별지 제9호 서식
(1), 별지 제9호 서식(2), 별지 제9호 서식(3), 별지
제9호 서식(4), 별지 제9호 서식(5) 또는 별지 제9호
서식(6)에 따른다. (2006. 7. 13. 개정)
③ 영 제17조 제3항의 규정에 의한 통보는 별지 제
10호 서식(1) 내지 별지 제10호 서식(3)에 의한다.
(2005. 5. 31. 제정)
④ 영 제17조 제4항에 따른 통보는 별지 제11호 서식
(1), 별지 제11호 서식(2), 별지 제11호 서식(3) 또는
별지 제11호 서식(4)에 따른다. (2006. 7. 13. 개정)

제7조【과세자료의 제공관련 서식】
① 영 제17조 제1항에 따른 주택에 대한
종합부동산세 과세자료의 통보는 별지 제
40호 서식에 따른다. (2025. 3. 21. 개정)
② 영 제17조 제2항에 따른 토지에 대한
종합부동산세 과세자료의 통보는 별지 제
41호 서식에 따른다. (2025. 3. 21. 개정)
③ 영 제17조 제3항에 따른 주택 또는 토
지에 대한 종합부동산세 과세표준과 세액
재계산 자료의 통보는 별지 제42호 서식
에 따른다. (2025. 3. 21. 개정)
④ 다음 각 호에 따른 자료의 통보는 별지
제44호 서식에 따른다. (2025. 3. 21. 개정)
1. 영 제17조 제1항에 따른 주택에 대한
   재산세 과세자료 (2025. 3. 21. 개정)

③ 행정안전부장관은 제12조에 규정된 토지에 대한 종합부동산세의 납세의무자를 조사하여 납세의무자별로 과세표준과 세액을 계산한 후, 매년 10월 15일까지 대통령령으로 정하는 바에 따라 국세청장에게 통보하여야 한다. (2020. 6. 9. 개정 ; 법률용어 정비를~법률)

④ 행정안전부장관은 「지방세법」 제115조 제2항에 따른 재산세의 세액변경 또는 수시부과사유가 발생한 때에는 재산세 납세의무자별로 재산세 과세대상이 되는 주택 또는 토지에 대한 재산세 및 종합부동산세 과세표준과 세액을 재계산하여 매 반기별로 해당 반기의 종료일이 속하는 달의 다음다음 달 말일까지 대통령령으로 정하는 바에 따라 국세청장에게 통보하여야 한다. (2017. 7. 26. 직제개정 ; 정부조직법 부칙)

---

7. 종합부동산세가 적용되는 과세표준 구간에서의 재산세액 (2005. 5. 31. 제정)

8. 세부담 상한을 초과하는 세액 (2005. 5. 31. 제정)

9. 종합부동산세 산출세액 (2005. 5. 31. 제정)

10. 그 밖에 주택에 대한 종합부동산세 산출을 위하여 필요한 사항 (2005. 5. 31. 제정)

② 행정안전부장관이 법 제21조 제3항 및 동조 제5항의 규정에 의하여 토지에 대한 종합부동산세 과세자료 및 재산세 부과자료를 국세청장에게 통보하는 때에는 기획재정부령이 정하는 바에 따라 다음 각호의 사항이 포함된 자료를 전산매체에 의하여 통보하여야 한다. (2017. 7. 26. 직제개정 ; 행정안전부와 ~ 직제 부칙)

1. 납세의무자의 인적사항 (2005. 5. 31. 제정)

2. 토지의 소재지 (2005. 5. 31. 제정)

3. 재산세 과세표준 (2005. 5. 31. 제정)

4. 표준세율을 적용하여 산출한 재산세액 (2005. 5. 31. 제정)

4의 2. 「지방세법」 제111조 제3항에 따라 가감조정된 세율이 적용되어 재산세액이 산출된 경우 그 재산세액 (2010. 9. 20. 개정 ; 지방세법 시행령 부칙)

5. 종합부동산세 과세표준 (2005. 5. 31. 제정)

6. 토지분 종합부동산세액 (2005. 5. 31. 제정)

7. 종합부동산세가 적용되는 과세표준 구간에서의 재산세액 (2005. 5. 31. 제정)

8. 세부담 상한을 초과하는 세액 (2005. 5. 31. 제정)

9. 종합부동산세 산출세액 (2005. 5. 31. 제정)

10. 그 밖에 토지에 대한 종합부동산세 산출을 위하여 필요한 사항 (2005. 5. 31. 제정)

③ 행정안전부장관이 법 제21조 제4항의 규정에 의하여 납세의무자별로 주택 또는 토지에 대한 재산세 및 종합부동산세 과세표준과 세액을 재계산하여 국세청장에게 통보하는 때에는 제1항 및 제2항의 자료를 통보하되, 당초에 통보한 내용과 재계산시 조정된 내용을 구분 표시하여 전산매체에 의하여 통보하여야 한다. (2017. 7. 26. 직제개정 ; 행정안전부와 ~ 직제 부칙)

---

2. 영 제17조 제2항에 따른 토지에 대한 재산세 과세자료 (2025. 3. 21. 개정)

3. 영 제17조 제3항에 따른 주택 또는 토지에 대한 재산세 과세표준과 세액 재계산 자료 (2025. 3. 21. 개정)

4. 영 제17조 제4항 각 호의 자료 (2025. 3. 21. 개정)

편주 ▶
규칙 7조의 개정규정은 2025. 6. 4.부터 시행함. (규칙 부칙(2025. 3. 21.) 1조)

⑤ 행정안전부장관은 제1항에 따라 시장·군수로부터 제출받은 재산세 부과자료를 제1항에서 정한 날부터 10일 이내에 국세청장에게 통보하여야 한다. (2020. 6. 9. 개정 ; 법률용어 정비~법률)

⑥ 행정안전부장관 또는 국세청장은 종합부동산세 납세의무자의 세대원 확인 등을 위하여 필요한 경우 관련 기관의 장에게 가족관계등록 전산자료의 제출을 요구할 수 있고, 자료 제출의 요구를 받은 관련 기관의 장은 정당한 사유가 없으면 그 요구를 따라야 한다. (2020. 6. 9. 개정 ; 법률용어 정비를~법률)

제22조【시장·군수의 협조의무】 ① 관할세무서장 또는 관할지방국세청장은 종합부동산세의 과세와 관련하여 대통령령으로 정하는 바에 따라 과세물건 소재지 관할 시장·군수에게 의견조회를 할 수 있다. (2020. 6. 9. 개정 ; 법률용어 정비를~법률)

④ 행정안전부장관은 법 제21조 제2항 내지 제5항의 규정에 의하여 과세자료를 통보하는 때에는 기획재정부령이 정하는 바에 따라 종합부동산세 납세의무자의 부동산에 관한 다음 각호의 자료를 국세청장에게 통보하여야 한다. (2017. 7. 26. 직제개정 ; 행정안전부와 ~ 직제 부칙)

1. 법 제6조의 규정에 의하여 재산세의 감면규정 또는 분리과세규정을 적용받는 부동산 (2005. 5. 31. 제정)
2. 「지방세법」 제106조 제1항 제3호에 해당하는 분리과세대상토지 (2024. 2. 29. 개정)
3. 그 밖에 제1호 및 제2호외의 납세의무자 소유의 부동산 (2005. 5. 31. 제정)

⑤ 국세청장은 종합부동산세의 과세와 관련하여 그 밖의 필요한 자료를 행정안전부장관에게 요청할 수 있다. (2017. 7. 26. 직제개정 ; 행정안전부와 ~ 직제 부칙)

⑥ 행정안전부장관 또는 국세청장은 종합부동산세 납세의무자의 세대원 확인을 위하여 필요한 경우 관련 기관의 장에게 「주민등록법」 제30조에 따른 주민등록전산정보자료의 제출을 요구할 수 있고, 주민등록전산정보자료의 제출을 요구받은 관련 기관의 장은 정당한 사유가 없으면 이에 따라야 한다. (2017. 7. 26. 직제개정 ; 행정안전부와 ~ 직제 부칙)

⑦ 행정안전부장관은 법 제21조에 따라 종합부동산세의 과세표준과 세액을 계산하기 위하여 불가피한 경우 「개인정보 보호법 시행령」 제19조에 따른 주민등록번호, 여권번호, 운전면허의 면허번호 또는 외국인등록번호가 포함된 자료를 처리할 수 있다. (2017. 7. 26. 직제개정 ; 행정안전부와 ~ 직제 부칙)

제18조【의견조회 및 회신】 ① 관할세무서장 또는 관할지방국세청장은 법 제22조 제1항의 규정에 의하여 시장·군수에게 의견조회를 하는 때에는 기획재정부령이 정하는 바에 따라 다음 각호의 사항을 포함하여 의견조회를 하여야 한다. (2008. 2. 29. 직제개정 ; 기획재정부와~직제 부칙)

1. 납세의무자의 인적사항 (2005. 5. 31. 제정)
2. 의견조회 사유 (2005. 5. 31. 제정)
3. 의견조회 내용 (2005. 5. 31. 제정)

제8조【의견조회관련 서식】 ① 영 제18조 제1항에 따른 의견조회는 별지 제44호 서식에 따른다. (2025. 3. 21. 개정)

편주 ▶ ....

규칙 8조의 개정규정은 2025. 6. 4.부터 시행함. (규칙 부칙(2025. 3. 21.) 1조)
....

② 제1항에 따라 의견조회를 받은 시장·군수는 의견조회 요청을 받은 날부터 20일 이내에 대통령령으로 정하는 바에 따라 관할세무서장 또는 관할지방국세청장에게 회신하여야 한다. (2020. 6. 9. 개정 ; 법률용어 정비를~법률)

제23조【질문·조사】종합부동산세에 관한 사무에 종사하는 공무원은 그 직무수행을 위하여 필요한 때에는 다음 각호의 어느 하나에 해당하는 자에 대하여 질문하거나 해당 장부·서류 그 밖의 물건을 조사하거나 그 제출을 명할 수 있다. 이 경우 직무를 위하여 필요한 범위 외에 다른 목적 등을 위하여 그 권한을 남용해서는 아니 된다. (2020. 6. 9. 개정 ; 법률용어 정비를~법률)
1. 납세의무자 또는 납세의무가 있다고 인정되는 자 (2005. 1. 5. 제정)
2. 「법인세법」 제109조 제2항 제3호에 따른 경영 또는 관리책임자 (2020. 6. 9. 개정 ; 법률용어 정비를~법률)
3. 제1호에서 규정하는 자와 거래관계가 있다고 인정되는 자 (2020. 6. 9. 개정 ; 법률용어 정비를~법률)

제24조【매각·등기·등록관계 서류의 열람 등】관할세무서장, 관할지방국세청장 또는 그 위임을 받은 세무공무원이 종합부동산세를 부과·징수하기 위하여 주택 및 토지 등 과세물건의 매각·등기·등록 그 밖의 현황에 대한 관계서류의 열람 또는 복사를 요청하는 경우에는 관계기관은 그 요청을 따라야 한다. (2020. 6. 9. 개정 ; 법률용어 정비를~법률)

제25조【납세관리인】삭　제 (2007. 12. 31. ; 국세기본법 부칙)

② 시장·군수는 법 제22조 제2항의 규정에 의하여 관할세무서장 또는 관할지방국세청장에게 회신하는 때에는 기획재정부령이 정하는 바에 따라 다음 각호의 사항을 포함하여 회신하여야 한다. (2008. 2. 29. 직제개정 ; 기획재정부와~직제 부칙)
1. 납세의무자의 인적사항 (2005. 5. 31. 제정)
2. 의견조회 내용에 대한 사실관계 확인내용 (2005. 5. 31. 제정)
3. 재산세액 변동에 따른 과세물건 세부 조정내역 (2005. 5. 31. 제정)
4. 재산세 세액조정 전산처리일 (2005. 5. 31. 제정)

제19조【질문·조사】종합부동산세에 관한 사무에 종사하는 공무원이 법 제23조의 규정에 의하여 질문 또는 조사를 하는 때에는 기획재정부령이 정하는 조사원증을 제시하여야 한다. (2008. 2. 29. 직제개정 ; 기획재정부와~직제 부칙)

제20조【납세관리인 설정신고】① 법 제25조 제1항의 규정에 의하여 납세관리인을 정하는 신고를 하는 경우 다음 각호의 사항을 기재하여 문서로 관할세무서장에게 신고하여야 한다. (2005. 5. 31. 제정)
1. 납세의무자의 성명과 주소 또는 거소 (2005. 5. 31. 제정)
2. 납세관리인의 성명과 주소 또는 거소 (2005. 5. 31. 제정)
3. 납세관리인을 정하는 이유 (2005. 5. 31. 제정)
② 납세의무자가 법 제25조 제2항의 규정에 의하여 납세관리인을 변경하는 신고를 하는 때에는 다음 각호의 사항을 기재하여 문서로 관할세무서장에게 신고하여야 한다. (2005. 5. 31. 제정)
1. 제1항 제1호 및 동항 제2호의 사항 (2005. 5. 31. 제정)
2. 변경후의 납세관리인의 성명과 주소 또는 거소 (2005. 5. 31. 제정)
3. 납세관리인을 변경하는 이유 (2005. 5. 31. 제정)
제20조【납세관리인 설정신고】삭　제 (2009. 2. 4.)

제21조【납세관리인의 지정】관할세무서장은 법 제25조 제3항의 규정에 의하여 납세관리인을 정한 때에는 납세의무자와 그 납세관리인에게 지체없이 이를 통지하여야 한다. (2005. 5. 31. 제정)
제21조【납세관리인의 지정】삭　제 (2009. 2. 4.)

② 영 제18조 제2항에 따른 회신은 별지 제45호 서식에 따른다. (2025. 3. 21. 개정)

제9조【조사원증】영 제19조의 규정에 의한 조사원증은 별지 제14호 서식에 의한다. (2005. 5. 31. 제정)

제9조【조사원증】영 제19조에 따른 조사원증은 별지 제46호 서식에 따른다. (2025. 3. 21. 개정)

편주 ▶ ·············
규칙 9조의 개정규정은 2025. 6. 4.부터 시행함. (규칙 부칙(2025. 3. 21.) 1조)
·············

제10조【납세관리인 설정·변경신고】영 제20조의 규정에 의한 납세관리인 설정·변경신고는 「국세기본법 시행규칙」 별지 제43호 서식에 의한다. (2005. 5. 31. 제정)

제10조【납세관리인 설정·변경신고】삭　제 (2009. 5. 12.)

제11조【납세관리인 지정통지】영 제21조의 규정에 의한 납세관리인 지정통지는 별지 제15호 서식에 의한다. (2005. 5. 31. 제정)

제11조【납세관리인 지정통지】삭　제 (2009. 5. 12.)

부 칙 (2025. 3. 14. 법률 제20779호)

제1조【시행일】이 법은 공포한 날부터 시행한다.

제2조【납부유예에 관한 적용례】제20조의 2의 개정규정은 이 법 시행 이후 납세의무가 성립하는 분부터 적용한다.

부 칙 (2023. 4. 18. 법률 제19342호)

제1조【시행일】이 법은 공포한 날부터 시행한다.

제2조【일반적 적용례】이 법은 이 법 시행일이 속하는 연도에 납세의무가 성립하는 분부터 적용한다.

부 칙 (2023. 3. 14. 법률 제19230호 ; 지방세법 부칙)

제1조【시행일】이 법은 공포한 날부터 시행한다. (단서 생략)

제2조~제15조 생 략

제16조【다른 법률의 개정】① 생 략

② 종합부동산세법 일부를 다음과 같이 개정한다.

제2조 제3호 단서를 삭제한다.

부 칙 (2022. 12. 31. 법률 제19187호)

제1조【시행일】이 법은 2023년 1월 1일부터 시행한다.

제2조【일반적 적용례】이 법은 이 법 시행 이후 납세의무가 성립하는 분부터 적용한다.

부 칙 (2022. 9. 15. 법률 제18977호)

제1조【시행일】이 법은 공포한 날부터 시행한다.

제2조【일반적 적용례】이 법은 이 법 시행일이 속하는 연도에 납세의무가 성립하는 분부터 적용한다.

(2005. 1. 5. 법률 제7328호~
2021. 9. 14. 법률 제18449호) 생략

부 칙 (2025. 2. 28. 대통령령 제35352호)

제1조【시행일】이 영은 공포한 날부터 시행한다. 다만, 제2조 제2호, 제3조 제1항 각 호 외의 부분 전단, 같은 항 제10호·제11호, 같은 조 제5항·제7항·제8항 및 제10조 제3항의 개정규정은 2025년 6월 4일부터 시행한다.

제2조【합산배제 임대주택에 관한 적용례】① 제3조 제1항 제1호·제2호·제3호·제7호 및 제8호의 개정규정은 이 영 시행일 이후 납세의무가 성립하는 경우부터 적용한다.

② 제2조 제2호, 제3조 제1항 각 호 외의 부분 전단, 같은 항 제10호·제11호, 같은 조 제5항·제7항·제8항 및 제10조 제3항의 개정규정은 부칙 제1조 단서에 따른 시행일 이후 납세의무가 성립하는 경우부터 적용한다.

제3조【2025년도 합산배제 단기민간임대주택에 관한 적용특례】2025년도의 과세기준일 현재 주택[아파트(「주택법」 제2조 제20호의 도시형 생활주택이 아닌 것을 말한다)는 제외한다]을 임대하고 있는 자로서 제3조 제1항 제10호 및 제11호의 개정규정을 적용받으려는 자가 법 제8조 제3항에 따른 주택의 보유현황 신고기간 종료일까지 「민간임대주택에 관한 특별법」 제5조에 따라 해당 주택을 단기민간임대주택으로 등록하는 경우에는 부칙 제2조 제2항에도 불구하고 2025년도의 과세기준일 현재 같은 법 제2조 제6호의 2에 따른 단기민간임대주택을 임대하고 있는 것으로 보아 제3조 제1항 각 호 외의 부분 전단의 개정규정을 적용한다.

제4조【합산배제 사원용주택등에 관한 적용례】① 제4조 제1항 제1호 각 목 외의 부분 본문의 개정규정은 이 영 시행 이후 과세표준 및 세액을 신고하거나 결정·경정하는 경우부터 적용한다.

② 제4조 제1항 제20호의 2·제24호·제27호 및 같은 조 제2항의 개정규정은 이 영 시행 이후 납세의무가 성립하는 경우부터 적용한다.

제5조【1세대 1주택자에 관한 적용례】제4조의 2 제3항 제1호의 개정규정은 이 영 시행 이후 납세의무가 성립하는 경우부터 적용한다.

제6조【「지방세법」의 주택 세부담상한제 폐지에 따른 경과조치】① 2024년 1월 1일 전에 「지방세법」에 따라 주택 재산세가 과세된 과세표준합산주택에 대하여 제5조 제1항 제1호에 따른 재산세액을 산출할 때에는 제5조 제1항 제1호의 개정규정에도 불구하고 2028년 12월 31일까지는 「지방세법」 제110조 제3항 및 종전의 「지방세법」(법률 제19230호 지방세법 일부개정법률로 개정되기 전의 것을 말한다. 이하 같다) 제122조를 적용하여 산출한다.

부 칙 (2025. 3. 21. 기획재정부령 제1118호)

제1조【시행일】이 규칙은 2025년 6월 4일부터 시행한다. 다만, 제2조 제5항, 제2조의 3, 제4조 제1호·제2호, 제4조의 5, 제4조의 6 제1항, 제4조의 8 제2항 제2호, 같은 조 제3항 제2호·제4호, 별지 제25호 서식 및 별지 제26호 서식의 개정규정은 공포한 날부터 시행한다.

제2조【합산배제 사원용주택의 변동신고 제외 사유에 관한 적용례】제2조 제5항 제2호의 개정규정은 부칙 제1조 단서에 따른 시행일 이후 납세의무가 성립하는 경우부터 적용한다.

제3조【합산배제 미분양 주택의 한시적 과세특례에 관한 적용례】제4조 제1호 및 제2호의 개정규정은 부칙 제1조 단서에 따른 시행일 이후 납세의무가 성립하는 경우부터 적용한다.

제4조【수도권에 소재하는 지방 저가주택의 지역 범위에 관한 적용례】제4조의 6 제1호의 개정규정은 부칙 제1조 단서에 따른 시행일 이후 납세의무가 성립하는 경우부터 적용한다.

부 칙 (2024. 9. 10. 기획재정부령 제1081호)

제2조【준공 후 미분양주택의 요건에 관한 적용례】제4조의 7 제2항 제1호의 개정규정은 이 규칙 시행일이 속하는 연도에 납세의무가 성립하는 경우부터 적용한다.

부 칙 (2024. 3. 22. 기획재정부령 제1054호)

이 규칙은 공포한 날부터 시행한다.

터 적용한다.

부 칙 (2024. 5. 7. 대통령령 제34488호 ; 문화재보호법 시행령 부칙)

제1조 【시행일】 이 영은 2024년 5월 17일부터 시행한다.

제2조·제3조 생　략

제4조 【다른 법령의 개정】 ①~㊶ 생　략

㊷ 종합부동산세법 시행령 일부를 다음과 같이 개정한다.

제4조 제1항 제8호를 다음과 같이 한다.

8. 「문화유산의 보존 및 활용에 관한 법률」에 따른 등록문화유산

㊸~㊵ 생　략

제5조 생　략

부 칙 (2024. 2. 29. 대통령령 제34268호)

제1조 【시행일】 이 영은 공포한 날부터 시행한다.

제2조 【합산배제 사원용주택등의 범위에 관한 적용례】 제4조 제1항 제25호의 개정규정은 이 영 시행 이후 납세의무가 성립하는 경우부터 적용한다.

제3조 【주택분 종합부동산세액 계산 시 적용되는 주택 수 계산에 관한 적용례】 제4조의 3 제3항 제3호 바목의 개정규정은 이 영 시행 이후 납세의무가 성립하는 경우부터 적용한다.

부 칙 (2023. 9. 5. 대통령령 제33696호)

제1조 【시행일】 이 영은 공포한 날부터 시행한다.

제2조 【합산배제 임대주택 및 사원용주택등에 관한 적용례】 제3조 제1항 제9호 및 제4조 제1항 제22호부터 제24호까지의 개정규정은 이 영 시행일이 속하는 연도에 납세의무가 성립하는 경우부터 적용한다.

부 칙 (2023. 7. 7. 대통령령 제33621호 ; 지방자치분권 및 지역균형발전에 관한 특별법 시행령 부칙)

제1조 【시행일】 이 영은 2023년 7월 10일부터 시행한다.

제2조~제11조 생　략

제12조 【다른 법령의 개정】 ①~㉖ 생　략

㉗ 종합부동산세법 시행령 일부를 다음과 같이 개정한다.

제4조의 2 제3항 제2호 라목 중 "「국가균형발전 특별법」 제2조 제9호"를 "「지방자치분권 및 지역균형발전에 관한 특별법」 제2조 제12호"로 한다.

㉘~㉟ 생　략

제13조·제14조 생　략

② 2024년 1월 1일 전에 「지방세법」에 따라 주택 재산세가 과세된 과세표준합산주택에 대하여 제5조 제2항 제1호에 따른 재산세액상당액과 같은 항 제2호에 따른 종합부동산세액상당액을 산출할 때에는 제5조 제2항 제1호 및 같은 항 제2호 후단의 개정규정에도 불구하고 2028년 12월 31일까지는 「지방세법」 제110조 제3항 및 종전의 「지방세법」 제122조의 적용을 제외하고 산출한다.

부 칙 (2024. 11. 12. 대통령령 제34994호)

제1조 【시행일】 이 영은 공포한 날부터 시행한다.

제2조 【세대의 범위에 관한 적용례】 제1조의 2 제4항의 개정규정은 이 영 시행일이 속하는 연도에 납세의무가 성립하는 경우부터 적용한다.

제3조 【합산배제 임대주택에 관한 적용례】 제3조 제1항 제2호 가목의 개정규정은 이 영 시행 이후 납세의무가 성립하는 경우부터 적용한다.

부 칙 (2024. 9. 10. 대통령령 제34881호 ; 근현대문화유산의 보존 및 활용에 관한 법률 시행령 부칙)

제1조 【시행일】 이 영은 2024년 9월 15일부터 시행한다.

제2조 【다른 법령의 개정】 ①~⑯ 생　략

⑰ 종합부동산세법 시행령 일부를 다음과 같이 개정한다.

제4조 제1항 제8호 중 "「문화유산의 보존 및 활용에 관한 법률」"을 "「근현대문화유산의 보존 및 활용에 관한 법률」"로 한다.

⑱~㉒ 생　략

제3조 생　략

부 칙 (2024. 9. 10. 대통령령 제34874호)

제1조 【시행일】 이 영은 공포한 날부터 시행한다.

제2조 【주택분 종합부동산세액 계산 시 적용되는 주택 수 계산에 관한 적용례】 제4조의 3 제3항 제3호 바목 1) 라)의 개정규정은 이 영 시행일이 속하는 연도에 납세의무가 성립하는 경우부터 적용한다.

부 칙 (2024. 6. 25. 대통령령 제34588호)

제1조 【시행일】 이 영은 공포한 날부터 시행한다.

제2조 【합산배제 사원용주택등에 관한 적용례】 제4조 제1항 제26호의 개정규정은 이 영 시행일이 속하는 연도에 납세의무가 성립하는 경우부

부 칙 (2023. 9. 27. 기획재정부령 제1020호)

이 규칙은 공포한 날부터 시행한다.

부 칙 (2023. 3. 20. 기획재정부령 제980호)

이 규칙은 공포한 날부터 시행한다.

(2005. 5. 31. 재정경제부령 제441호~ 2022. 9. 23. 기획재정부령 제939호) 생략

부 칙 (2023. 2. 28. 대통령령 제33266호)

제1조【시행일】이 영은 공포한 날부터 시행한다.

제2조【합산배제 사원용주택등의 범위에 관한 적용례】제4조 제1항의 개정규정은 이 영 시행 이후 납세의무가 성립하는 경우부터 적용한다.

제3조【1세대 1주택자의 범위에 관한 적용례】제4조의 2 제1항의 개정규정은 이 영 시행 전에 법 제8조 제4항 제2호를 적용받기 위하여 같은 조 제5항에 따라 납세지 관할세무서장에게 신청을 한 납세의무자에 대해서도 적용한다.

제4조【지방 저가주택의 범위에 관한 적용례】제4조의 2 제3항 제2호의 개정규정은 이 영 시행 이후 납세의무가 성립하는 경우부터 적용한다.

제5조【일반 누진세율이 적용되는 법인 등에 관한 적용례】제4조의 4 제1항의 개정규정은 이 영 시행 이후 과세표준 및 세액을 신고하거나 결정·경정하는 경우부터 적용한다.

(2005. 5. 31. 대통령령 제18848호~
2022. 9. 23. 대통령령 제32918호) 생략

국세징수법

국징법 부칙

국징법

<table>
<tr><td>국세징수법</td><td>국세징수법 시행령</td><td>국세징수법
시행규칙</td></tr>
<tr><td>

개정 (소득세법 부칙) 2024. 12. 31. 법률 제20615호
2023. 12. 31. 법률 제19927호
(가상자산 이용자~부칙) 2023. 7. 18. 법률 제19563호
(정부조직법 부칙) 2023. 3. 4. 법률 제19228호
2022. 12. 31. 법률 제19190호
2021. 12. 21. 법률 제18587호
전부개정 2020. 12. 29. 법률 제17758호
(법률용어 정비를~법률) 2020. 6. 9. 법률 제17339호
(신용정보의~법률 부칙) 2020. 2. 4. 법률 제16957호
2019. 12. 31. 법률 제16842호
(금융회사부실자산~법률 부칙) 2019. 11. 26. 법률 제16652호
2018. 12. 31. 법률 제16098호
(정부조직법 부칙) 2017. 7. 26. 법률 제14839호
2016. 12. 20. 법률 제14383호
(항공안전법 부칙) 2016. 3. 29. 법률 제14116호
2016. 3. 2. 법률 제14040호
2015. 12. 29. 법률 제13622호
(정부조직법 부칙) 2014. 11. 19. 법률 제12844호
2014. 1. 1. 법률 제12163호
(측량·수로조사~법률 부칙) 2013. 7. 17. 법률 제11943호
(자본시장과~법률 부칙) 2013. 5. 28. 법률 제11845호
(정부조직법 부칙) 2013. 3. 23. 법률 제11690호
2013. 1. 1. 법률 제11605호
2011. 12. 31. 법률 제11125호
(금융기관부실자산 등의 효율적 처리~부칙) 2011. 5. 19. 법률 제10682호
2011. 4. 4. 법률 제10527호
2010. 1. 1. 법률 제 9913호
(신용정보의 이용 및 보호에 관한 법률 부칙) 2009. 4. 1. 법률 제 9617호
2008. 12. 26. 법률 제 9265호
2007. 12. 31. 법률 제 8832호
2006. 10. 27. 법률 제 8055호
2006. 4. 28. 법률 제 7931호
(채무자 회생 및 파산에 관한 법률 부칙) 2005. 3. 31. 법률 제 7428호
2004. 1. 29. 법률 제 7116호
2003. 12. 30. 법률 제 7004호
2002. 12. 26. 법률 제 6805호
(금융기관부실자산 등의 효율적 처리~부칙) 1999. 12. 31. 법률 제 6073호
1999. 12. 28. 법률 제 6053호

</td><td>

개정 2025. 2. 28. 대통령령 제35346호
(재난 및~부칙) 2024. 6. 18. 대통령령 제34573호
2024. 2. 29. 대통령령 제34262호
2023. 2. 28. 대통령령 제33268호
(지역 산업위기~부칙) 2022. 2. 18. 대통령령 제32455호
2022. 2. 15. 대통령령 제32422호
전부개정 2021. 2. 17. 대통령령 제31453호
(어려운 법령용어~대통령령) 2021. 1. 5. 대통령령 제31380호
2020. 2. 11. 대통령령 제30401호
2019. 2. 12. 대통령령 제29538호
2018. 6. 26. 대통령령 제28990호
2018. 2. 13. 대통령령 제28647호
2017. 2. 7. 대통령령 제27834호
(서민의 금융생활 지원에~시행령 부칙) 2016. 9. 22. 대통령령 제27511호
(감정평가 및 감정평가사에 관한 법률 시행령 부칙) 2016. 8. 31. 대통령령 제27472호
(기술신용보증기금법 시행령 부칙) 2016. 5. 31. 대통령령 제27205호
2016. 2. 5. 대통령령 제26947호
(금융기관부실자산~시행령 부칙) 2014. 3. 24. 대통령령 제25279호
(측량·수로조사~시행령 부칙) 2014. 1. 17. 대통령령 제25104호
2013. 2. 15. 대통령령 제24367호
2012. 2. 2. 대통령령 제23593호
2011. 9. 16. 대통령령 제23140호
2010. 12. 30. 대통령령 제22573호
(행정정보의 공동이용 및~개정령) 2010. 11. 2. 대통령령 제22467호
(국가를 당사자로~시행령 부칙) 2010. 7. 21. 대통령령 제22282호
(전자정부법 시행령 부칙) 2010. 5. 4. 대통령령 제22151호
2010. 2. 18. 대통령령 제22036호
2009. 12. 31. 대통령령 제21938호
2009. 2. 4. 대통령령 제21303호
(기획재정부와~직제 부칙) 2008. 2. 29. 대통령령 제20720호
2008. 2. 22. 대통령령 제20623호
2006. 4. 28. 대통령령 제19460호
(채무자 회생 및~시행령 부칙) 2006. 3. 29. 대통령령 제19422호
(지방자치~시행령 부칙) 2005. 12. 30. 대통령령 제19239호
(전자적 민원처리를~개정령) 2004. 3. 17. 대통령령 제18312호
2002. 12. 30. 대통령령 제17831호
2000. 12. 29. 대통령령 제17037호
(금융기관부실자산 등의 효율적 처리~부칙) 2000. 2. 14. 대통령령 제16709호

</td><td>

개정 2025. 3. 21. 기획재정부령 제1123호
2024. 3. 22. 기획재정부령 제1045호
2023. 3. 20. 기획재정부령 제 970호
2022. 3. 18. 기획재정부령 제 902호
2021. 3. 16. 기획재정부령 제 835호
2020. 4. 7. 기획재정부령 제 787호
2019. 12. 31. 기획재정부령 제 764호
2019. 3. 20. 기획재정부령 제 716호
2018. 3. 19. 기획재정부령 제 664호
2017. 3. 10. 기획재정부령 제 609호
2016. 3. 9. 기획재정부령 제 545호
2015. 2. 23. 기획재정부령 제 462호
2014. 3. 14. 기획재정부령 제 405호
(부가가치세법 시행규칙 부칙)
2013. 6. 28. 기획재정부령 제 355호
2013. 2. 23. 기획재정부령 제 321호
2012. 12. 14. 기획재정부령 제 304호
2012. 2. 28. 기획재정부령 제 263호
2011. 3. 24. 기획재정부령 제 192호
2010. 4. 8. 기획재정부령 제 145호
2009. 10. 13. 기획재정부령 제 105호
2009. 4. 23. 기획재정부령 제 76호
2008. 4. 29. 기획재정부령 제 18호
(행정정보공동이용 및~일부 개정령)
2007. 10. 29. 재정경제부령 제 579호
(행정정보의 공동이용 및~일부 개정령)
2006. 7. 5. 재정경제부령 제 512호
2006. 2. 9. 재정경제부령 제 485호
2005. 3. 19. 재정경제부령 제 427호
2004. 3. 11. 재정경제부령 제 361호
2003. 1. 24. 재정경제부령 제 297호
2001. 3. 31. 재정경제부령 제 191호
2000. 3. 27. 재정경제부령 제 131호
1999. 3. 23. 재정경제부령 제 72호
1997. 4. 10. 재 무 부 령 제 625호
1995. 2. 20. 재 무 부 령 제 489호
1994. 7. 1. 재 무 부 령 제1985호
1994. 3. 5. 재 무 부 령 제1964호

</td></tr>
</table>

(정부부처~법률) 1997. 12. 13. 법률 제 5454호
(금융기관부실자산 등의 효율적 처리~부칙) 1997. 8. 22. 법률 제 5371호
1996. 12. 30. 법률 제 5190호
(국제조세조정에 관한 법률 부칙) 1995. 12. 6. 법률 제 4981호
1994. 12. 22. 법률 제 4811호
1993. 12. 31. 법률 제 4673호
(중기관리법 부칙) 1993. 6. 11. 법률 제 4561호
(도로운송차량법 부칙) 1986. 12. 31. 법률 제 3912호
1983. 12. 19. 법률 제 3661호
전면개정 1974. 12. 21. 법률 제 2680호

1999. 12. 31. 대통령령 제16666호
1996. 12. 31. 대통령령 제15190호
(국제조세조정에 관한 법률 시행령 부칙) 1995. 12. 30. 대통령령 제14870호
1994. 12. 31. 대통령령 제14474호
1992. 12. 31. 대통령령 제13797호
1993. 12. 31. 대통령령 제14075호
(예산회계법 시행령 부칙) 1989. 12. 29. 대통령령 제12866호
(지가공시~부칙) 1989. 8. 18. 대통령령 제12781호
1983. 12. 31. 대통령령 제11311호
1981. 12. 31. 대통령령 제10697호
1977. 8. 20. 대통령령 제 8657호
전면개정 1974. 12. 31. 대통령령 제 7468호

1992. 12. 31. 재 무 부 령 제1899호
1991. 3. 14. 재 무 부 령 제1853호
1988. 1. 13. 재 무 부 령 제1743호
1984. 11. 29. 재 무 부 령 제1635호
1984. 9. 18. 재 무 부 령 제1626호
1983. 12. 31. 재 무 부 령 제1595호
1980. 11. 26. 재 무 부 령 제1461호
1980. 2. 15. 재 무 부 령 제1423호
1977. 8. 25. 재 무 부 령 제1282호
전면개정 1975. 3. 6. 재 무 부 령 제1088호

기본통칙

개정 2024. 3. 15.
2019. 12. 23.
2011. 3. 21.
전면개정 2004. 2. 19.
1994. 8. 31.
1991. 3. 27.
1988. 2. 5.
1986. 5. 1.
1982. 4. 21.
시행 1981. 9. 1.

제1조【목 적】이 법은 국세의 징수에 필요한 사항을 규정함으로써 국민의 납세의무의 적정한 이행을 통하여 국세수입을 확보하는 것을 목적으로 한다. (2020. 12. 29. 개정)

제2조【정   의】① 이 법에서 사용하는 용어의 뜻은 다음과 같다.
1. "납부기한"이란 납세의무가 확정된 국세(가산세를 포함한다. 이하 같다)를 납부하여야 할 기한으로서 다음 각 목의 구분에 따른 기한을 말한다. (2020. 12. 29. 개정)
   가. 법정납부기한 : 국세의 종목과 세율을 정하고 있는 법률,「국세기본법」,「조세특례제한법」 및「국제조세조정에 관한 법률」에서 정한 기한 (2020. 12. 29. 개정)
   나. 지정납부기한 : 관할 세무서장이 납부고지를 하면서 지정한 기한 (2020. 12. 29. 개정)
2. "체납"이란 국세를 지정납부기한까지 납부하지 아니하는 것을 말한다. 다만, 지정납부기한 후에 납세의무가 성립·확정되는「국세기본법」제47조의 4에 따른 납부지연가산세 및 같은 법 제47조의 5에 따른 원천징수 등 납부지연가산세의 경우 납세의무가 확정된 후 즉시 납부하지 아니하는 것을 말한다. (2020. 12. 29. 개정)
3. "체납자"란 국세를 체납한 자를 말한다. (2020. 12. 29. 개정)
4. "체납액"이란 체납된 국세와 강제징수비를 말한다. (2020. 12. 29. 개정)
② 제1항 제1호를 적용하는 경우 다음 각 호의 기한은 지정납부기한으로 본다. 다만,「소득세법」제65조 제4항,「부가가치세법」제48조 제4항 후단 및 같은 법 제66조 제3항,「종합부동산세법」제16조 제3항 후단에 따라 세액의 결정이 없었던 것으로 보는 경우는 제외한다. (2020. 12. 29. 개정)
1. 관할 세무서장이「소득세법」제65조 제1항 전단에 따라 중간예납세액을 징수하여야 하는 기한 (2020. 12. 29. 개정)
2. 관할 세무서장이「부가가치세법」제48조 제3항 본문 및 같은 법 제

제1조【목   적】이 영은「국세징수법」에서 위임된 사항과 그 시행에 필요한 사항을 규정함을 목적으로 한다. (2021. 2. 17. 개정)

제1조【목   적】이 규칙은「국세징수법」및 같은 법 시행령에서 위임된 사항과 그 시행에 필요한 사항을 규정함을 목적으로 한다. (2021. 3. 16. 개정)

66조 제1항 본문에 따라 부가가치세액을 징수하여야 하는 기한 (2020. 12. 29. 개정)
3. 관할 세무서장이 「종합부동산세법」 제16조 제1항에 따라 종합부동산세액을 징수하여야 하는 기한 (2020. 12. 29. 개정)
③ 제1항 및 제2항에서 정하는 것 외에 이 법에서 사용하는 용어의 뜻은 「국세기본법」에서 정하는 바에 따른다. (2020. 12. 29. 개정)

제3조【징수의 순위】체납액의 징수 순위는 다음 각 호의 순서에 따른다. (2020. 12. 29. 개정)
1. 강제징수비 (2020. 12. 29. 개정)
2. 국세(가산세는 제외한다) (2020. 12. 29. 개정)
3. 가산세 (2020. 12. 29. 개정)

제4조【다른 법률과의 관계】국세의 징수에 관하여 「국세기본법」이나 다른 세법에 특별한 규정이 있는 경우를 제외하고는 이 법에서 정하는 바에 따른다. (2020. 12. 29. 개정)

제 2 장　신고납부, 납부고지 등

제 1 절　신고납부

제5조【신고납부】납세자는 세법에서 정하는 바에 따라 국세를 관할 세무서장에게 신고납부하는 경우 그 국세의 과세기간, 세목(稅目), 세액 및 납세자의 인적사항을 납부서에 적어 납부하여야 한다. (2020. 12. 29. 개정)

제 2 절　납부고지

제6조【납세자에 대한 납부고지 등】① 관할 세무서장은 납세자로부터 국세를 징수하려는 경우 국세의 과세기간, 세목, 세액, 산출

제 2 장　신고납부, 납부고지 등

제 1 절　납부고지

제 2 장　신고납부, 납부고지 등

제 1 절　신고납부 및 납부고지

제2조【납부서】「국세징수법」(이하 "법"이라 한다) 제5조에 따른 납부서는 별지 제1호 서식에 따른다. (2021. 3. 16. 개정)

제3조【납부고지서】법 제6조 제1항에 따른 납부고지서는 별지 제2호 서식에

근거, 납부하여야 할 기한(납부고지를 하는 날부터 30일 이내의 범위로 정한다) 및 납부장소를 적은 납부고지서를 납세자에게 발급하여야 한다. 다만, 「국세기본법」 제47조의 4에 따른 납부지연가산세 및 같은 법 제47조의 5에 따른 원천징수 등 납부지연가산세 중 지정납부기한이 지난 후의 가산세를 징수하는 경우에는 납부고지서를 발급하지 아니할 수 있다. (2020. 12. 29. 개정)

② 관할 세무서장은 납세자가 체납액 중 국세만을 완납하여 강제징수비를 징수하려는 경우 강제징수비의 징수와 관계되는 국세의 과세기간, 세목, 강제징수비의 금액, 산출 근거, 납부하여야 할 기한(강제징수비고지를 하는 날부터 30일 이내의 범위로 정한다) 및 납부장소를 적은 강제징수비고지서를 납세자에게 발급하여야 한다. (2020. 12. 29. 개정)

제7조【제2차 납세의무자 등에 대한 납부고지】① 관할 세무서장은 납세자의 체납액을 다음 각 호의 어느 하나에 해당하는 자(이하 이 조에서 "제2차 납세의무자등"이라 한다)로부터 징수하는 경우 징수하려는 체납액의 과세기간, 세목, 세액, 산출 근거, 납부하여야 할 기한(납부고지를 하는 날부터 30일 이내의 범위로 정한다), 납부장소, 제2차 납세의무자등으로부터 징수할 금액, 그 산출 근거, 그 밖에 필요한 사항을 적은 납부고지서를 제2차 납세의무자등에게 발급하여야 한다. (2020. 12. 29. 개정)

1. 제2차 납세의무자 (2020. 12. 29. 개정)
2. 보증인 (2020. 12. 29. 개정)
3. 「국세기본법」 및 세법에 따라 물적납세의무를 부담하는 자(이하 "물적납세의무를 부담하는 자"라 한다) (2020. 12. 29. 개정)

② 관할 세무서장은 제1항에 따라 제2차 납세의무자등에게 납부고지서를 발급하는 경우 납세자에게 그 사실을 통지하여야 하고, 물적납세의무를 부담하는 자로부터 납세자의 체납액을 징수하는 경우 물적납세의무를 부담하는 자의 주소 또는 거소(居所)를 관할하는 세무서장에게도 그 사실을 통지하여야 한다. (2020. 12. 29. 개정)

제8조【납부고지서의 발급 시기】 납부고지서는 징수결정 즉시 발급하여야 한다. 다만, 제14조에 따라 납부고지를 유예한 경우 유

따른다. 다만, 종합부동산세 납부고지서는 별지 제3호 서식에 따른다. (2021. 3. 16. 개정)

제4조【영수증서】 수입공무원은 국세를 수납한 경우 별지 제4호 서식의 영수증서를 납세자에게 발급해야 한다. 다만, 별지 제4호 서식의 영수증서의 발급이 불가능한 경우에는 별지 제5호 서식의 영수증서를 발급해야 한다. (2021. 3. 16. 개정)

제5조【강제징수비고지서】 법 제6조 제2항에 따른 강제징수비고지서는 별지 제2호 서식의 납부고지서를 준용한다. (2021. 3. 16. 개정)

제6조【제2차 납세의무자 등에 대한 납부고지서】 법 제7조 제1항에 따른 제2차 납세의무자등에 대한 납부고지서는 별지 제6호 서식에 따른다. (2021. 3. 16. 개정)

예기간이 끝난 날의 다음 날에 발급한다. (2020. 12. 29. 개정)

　제9조【납부기한 전 징수】① 관할 세무서장은 납세자에게 다음 각 호의 어느 하나에 해당하는 사유가 있는 경우 납부기한 전이라도 이미 납세의무가 확정된 국세를 징수할 수 있다. (2020. 12. 29. 개정)
1. 국세, 지방세 또는 공과금의 체납으로 강제징수 또는 체납처분이 시작된 경우 (2020. 12. 29. 개정)
2. 「민사집행법」에 따른 강제집행 및 담보권 실행 등을 위한 경매가 시작되거나 「채무자 회생 및 파산에 관한 법률」에 따른 파산선고를 받은 경우 (2020. 12. 29. 개정)
3. 「어음법」 및 「수표법」에 따른 어음교환소에서 거래정지처분을 받은 경우 (2020. 12. 29. 개정)
4. 법인이 해산한 경우 (2020. 12. 29. 개정)
5. 국세를 포탈(逋脫)하려는 행위가 있다고 인정되는 경우 (2020. 12. 29. 개정)
6. 납세관리인을 정하지 아니하고 국내에 주소 또는 거소를 두지 아니하게 된 경우 (2020. 12. 29. 개정)
② 관할 세무서장은 제1항에 따라 납부기한 전에 국세를 징수하려는 경우 당초의 납부기한보다 단축된 기한을 정하여 납세자에게 납부고지를 하여야 한다. (2020. 12. 29. 개정)

제 3 절 독 촉

　제10조【독 촉】① 관할 세무서장은 납세자가 국세를 지정납부기한까지 완납하지 아니한 경우 지정납부기한이 지난 후 10일 이내에 체납된 국세에 대한 독촉장을 발급하여야 한다. 다만, 제9조에 따라 국세를 납부기한 전에 징수하거나 체납된 국세가 일정한 금액 미만인 경우 등 대통령령으로 정하는 경우에는 독촉장을 발급하지 아니할 수 있다. (2020. 12. 29. 개정)
② 관할 세무서장은 제1항 본문에 따라 독촉장을 발급하는 경우 독촉을 하는 날부터 20일 이내의 범위에서 기한을 정하여 발급한다. (2020.

　제2조【납부기한 전 징수】① 관할 세무서장은 「국세징수법」(이하 "법"이라 한다) 제9조 제1항 각 호의 어느 하나에 해당하는 사유가 있어 납부기한까지 기다려서는 국세를 징수할 수 없는 경우 같은 조에 따라 납부기한 전에 국세를 징수할 수 있다. (2021. 2. 17. 개정)
② 관할 세무서장은 법 제9조 제2항에 따라 납부고지를 하는 경우 납부고지서에 다음 각 호의 사항을 적어 납부기한 전에 징수한다는 것을 알려야 한다. (2021. 2. 17. 개정)
1. 당초의 납부기한 (2021. 2. 17. 개정)
2. 단축된 납부기한 (2021. 2. 17. 개정)
3. 납부기한 전 징수 사유 (2021. 2. 17. 개정)

제 2 절 독 촉

　제3조【독촉의 예외】법 제10조 제1항 단서에서 "법 제9조에 따라 국세를 납부기한 전에 징수하거나 체납된 국세가 일정한 금액 미만인 경우 등 대통령령으로 정하는 경우"란 다음 각 호의 어느 하나에 해당하는 경우를 말한다. (2021. 2. 17. 개정)
1. 법 제9조에 따라 국세를 납부기한 전에 징수하는 경우 (2021. 2. 17. 개정)
2. 체납된 국세가 1만원 미만인 경우 (2021. 2. 17. 개정)
3. 「국세기본법」 및 세법에 따라 물적납세의무를 부담하는 경우 (2021.

제 2 절 독　　촉

　제7조【독촉장】법 제10조 제1항에 따른 독촉장은 별지 제7호 서식에 따른다. 다만, 제2차 납세의무자 및 보증인에 대한 독촉장은 별지 제8호 서식에 따른다. (2021. 3. 16. 개정)

　제8조【체납액 징수 관련 사실행위의 위탁의뢰서 등】① 「국세징수법 시행령」

12. 29. 개정)

제11조【체납액 징수 관련 사실행위의 위탁】① 관할 세무서장은 제10조에 따른 독촉에도 불구하고 납부되지 아니한 체납액을 징수하기 위하여 「한국자산관리공사 설립 등에 관한 법률」 제6조에 따라 설립된 한국자산관리공사(이하 "한국자산관리공사"라 한다)에 다음 각 호의 징수 관련 사실행위를 위탁할 수 있다. 이 경우 한국자산관리공사는 위탁받은 업무를 제3자에게 다시 위탁할 수 없다. (2020. 12. 29. 개정)
1. 체납자의 주소 또는 거소 확인 (2020. 12. 29. 개정)
2. 체납자의 재산 조사 (2020. 12. 29. 개정)
3. 체납액의 납부를 촉구하는 안내문 발송과 전화 또는 방문 상담 (2020. 12. 29. 개정)
4. 제1호부터 제3호까지의 규정에 준하는 단순 사실행위에 해당하는 업무로서 대통령령으로 정하는 사항 (2020. 12. 29. 개정)
② 제1항에서 정한 사항 외에 위탁 방법, 위탁 대상 체납액의 범위, 위탁 수수료 및 위탁의 해지 등 체납액 징수 관련 사실행위의 위탁에 필요한 사항은 대통령령으로 정한다. (2020. 12. 29. 개정)

2. 17. 개정)

제4조【체납액 징수 관련 사실행위의 위탁 사유】관할 세무서장은 다음 각 호의 어느 하나에 해당하는 경우 법 제11조 제1항에 따라 「한국자산관리공사 설립 등에 관한 법률」 제6조에 따른 한국자산관리공사(이하 "한국자산관리공사"라 한다)에 체납액 징수 관련 사실행위를 위탁할 수 있다. (2021. 2. 17. 개정)
1. 체납자별 체납액이 1억원 이상인 경우 (2021. 2. 17. 개정)
2. 관할 세무서장이 체납자 명의의 소득 또는 재산이 없는 등의 사유로 징수가 어렵다고 판단한 경우 (2021. 2. 17. 개정)

제5조【체납액 징수 관련 사실행위의 위탁 방법】① 관할 세무서장은 법 제11조 제1항에 따라 체납액 징수 관련 사실행위를 위탁하는 경우 한국자산관리공사에 다음 각 호의 사항을 적은 위탁의뢰서를 보내야 한다. (2021. 2. 17. 개정)
1. 체납자의 주소 또는 거소 (2021. 2. 17. 개정)
2. 체납자의 성명 및 주민등록번호(체납자가 법인인 경우에는 명칭 및 사업자등록번호를 말한다) (2023. 2. 28. 개정)
3. 위탁 사유 (2021. 2. 17. 개정)
4. 체납자가 체납한 국세의 과세기간·세목(稅目)·세액 (2021. 2. 17. 개정)
5. 체납자가 체납한 국세의 지정납부기한 (2021. 2. 17. 개정)
② 관할 세무서장은 법 제11조 제1항에 따라 체납액 징수 관련 사실행위를 위탁한 경우 즉시 그 위탁 사실을 체납자에게 통지해야 한다. (2021. 2. 17. 개정)

제6조【위탁 수수료】법 제11조 제1항에 따른 위탁의 경우 그 위탁 수수료는 체납액 징수 관련 사실행위를 위탁받은 체납액 중 다음 각 호의 구분에 따른 금액에 100분의 25를 초과하지 않는 범위에서 기획재정부령으로 정하는 비율을 곱한 금액으로 한다. (2021. 2. 17. 개정)
1. 체납자가 체납액의 전부 또는 일부를 납부한 경우 : 해당 금액 (2021. 2. 17. 개정)

(이하 "영"이라 한다) 제5조 제1항 각 호 외의 부분에 따른 위탁의뢰서는 별지 제9호 서식에 따른다. (2021. 3. 16. 개정)
② 영 제5조 제2항에 따른 위탁 사실의 통지는 별지 제10호 서식의 체납액 징수 관련 사실행위 위탁 통지서에 따른다. (2021. 3. 16. 개정)

제9조【체납액 납부 촉구】법 제11조 제1항 제3호에 따른 체납액의 납부를 촉구하는 안내문은 별지 제11호 서식에 따른다. (2021. 3. 16. 개정)

제10조【위탁 수수료】영 제6조에 따른 위탁 수수료는 별표 1에 따른 금액으로 한다. (2021. 3. 16. 개정)

개정취지 ······························
위탁수수료 상향 조정
• 최근 물가 인상 등을 반영하여 체납액 징수 관련 사실행위의 위탁 수수료를 그 징수금액이 5억원을 초과하는 경우 1,332만원에서 2,810만원으로 인상하는 등 상향 조정함. (규칙 별표 1 개정 ; 2024. 3. 22.)
• 규칙 별표 1의 개정규정은 2025. 1. 1. 부터 시행함. (규칙 부칙(2024. 3. 22.) 1조 2호)
• 2025. 1. 1. 전에 납부 또는 징수한 금액에 대한 체납액 징수 관련 사실행위의 위탁 수수료에 관하여는 규칙 별표 1의 개정규정에도 불구하고 종전의 규정에 따름. (규칙 부칙(2024. 3. 22.) 2조)
······························

제1문단 (법 12)

제4 절 납부의 방법

　제12조【납부의 방법】① 국세 또는 강제징수비는 다음 각 호의 방법으로 납부한다. (2020. 12. 29. 개정)
1. 현금(대통령령으로 정하는 바에 따라 계좌이체하는 경우를 포함한다) (2020. 12. 29. 개정)
2. 「증권에 의한 세입납부에 관한 법률」에 따른 증권 (2020. 12. 29. 개정)

제2단 (영 6~9)

2. 한국자산관리공사가 체납자의 소득 또는 재산을 발견하여 관할 세무서장에게 통보한 경우 : 통보한 금액 중 징수한 금액 (2021. 2. 17. 개정)

　제7조【위탁 해지】관할 세무서장은 다음 각 호의 어느 하나에 해당하는 사유가 발생한 경우 해당 체납액에 대하여 체납액 징수 관련 사실행위의 위탁을 해지해야 한다. (2021. 2. 17. 개정)
1. 「국세기본법」 제26조에 따라 체납자의 납부의무가 소멸된 경우 (2021. 2. 17. 개정)
2. 법 제18조에 따라 체납자가 납세담보를 제공하여 체납액 징수가 가능하게 된 경우 (2021. 2. 17. 개정)

　제8조【위탁된 체납액 징수 관련 사실행위의 감독】국세청장은 위탁된 체납액 징수 관련 사실행위의 관리를 위하여 필요하다고 인정하는 경우 한국자산관리공사로 하여금 법 제11조 제1항에 따라 관할 세무서장이 위탁한 사항을 보고하게 하거나, 필요한 조치를 하도록 요구할 수 있다. 이 경우 한국자산관리공사는 특별한 사유가 없으면 국세청장의 요구에 따라야 한다. (2021. 2. 17. 개정)

제3 절 납부의 방법

　제9조【납부의 방법】① 법 제12조 제1항 제1호에서 “대통령령으로 정하는 바에 따라 계좌이체하는 경우”란 「국고금 관리법」 제36조 제1항 및 제2항에 따라 국고금 출납 사무를 취급하는 금융회사등(이하 “금융회사등”이라 한다)에 개설된 계좌에서 다른 계좌로 「전자금융거래법」 제2조 제8호에 따른 전자적 장치를 이용해 자금을 이체하는 경우(제3항 본문에 따라 자동이체를 하는 경우를 포함한다)를 말한다. (2021. 2. 17. 개정)
② 납세자는 제1항에 따른 전자적 장치를 활용한 납부확인서 등 납부증명서류로 세법에서 정한 수납기관이 발급한 영수증을 갈음하여 사용할 수 있다. (2021. 2. 17. 개정)
③ 납세자는 납부고지를 받은 국세 중 기획재정부령으로 정하는 국세

제3단 (칙 11~13)

　제11조【체납자의 소득·재산 발견 통보】영 제6조 제2호에 따른 체납자의 소득 또는 재산의 통보는 별지 제12호 서식의 체납자의 소득·재산 통보서에 따른다. (2021. 3. 16. 개정)

　제12조【위탁 해지의 통지】영 제7조에 따른 위탁 해지의 통지는 별지 제13호 서식의 체납액 징수 관련 사실행위 위탁 해지 통지서에 따른다. (2021. 3. 16. 개정)

제3 절 납부의 방법

제13조【자동이체로 납부 가능한 국

3. 대통령령으로 정하는 바에 따라 지정된 국세납부대행기관(이하 "국세납부대행기관"이라 한다)을 통해 처리되는 다음 각 목의 어느 하나에 해당하는 결제수단 (2020. 12. 29. 개정)

　　가. 「여신전문금융업법」 제2조 제3호에 따른 신용카드 또는 같은 조 제6호에 따른 직불카드 (2020. 12. 29. 개정)

　　나. 「정보통신망 이용촉진 및 정보보호 등에 관한 법률」 제2조 제10호에 따른 통신과금서비스 (2020. 12. 29. 개정)

　　다. 그 밖에 가목 또는 나목과 유사한 것으로서 대통령령으로 정하는 것 (2020. 12. 29. 개정)

② 제1항 제3호에 따라 신용카드, 직불카드 및 통신과금서비스 등으로 국세를 납부하는 경우에는 국세납부대행기관의 승인일을 납부일로 본다. (2020. 12. 29. 개정)

③ 국세납부대행기관의 지정·운영, 납부 대행 수수료 및 납부수단별 납부절차 등에 관한 구체적인 사항은 대통령령으로 정한다. (2020. 12. 29. 개정)

제 5 절　납부기한등의 연장 등

제13조【재난 등으로 인한 납부기한등의 연장】① 관할 세무서장은 납세자가 다음 각 호의 어느 하나에 해당하는 사유로 국세를 납부기한 또는 독촉장에서 정하는 기한(이하 이 조, 제15조 및 제16조에서 "납부기한등"이라 한다)까지 납부할 수 없다고 인정되는 경우 대통령령으로 정하는 바에 따라 납부기한등을 연장(세액을 분할하여 납부하도록 하는 것을 포함한다. 이하 같다)할 수 있다. (2020. 12. 29. 개정)

를 금융회사등에 개설된 예금계좌로부터 자동이체하는 방법으로 납부할 수 있다. 다만, 지정납부기한이 지난 국세는 자동이체하는 방법으로 납부할 수 없다. (2021. 2. 17. 개정)

④ 법 제12조 제1항 제3호 각 목 외의 부분에서 "대통령령으로 정하는 바에 따라 지정된 국세납부대행기관"이란 정보통신망을 이용하여 신용카드, 직불카드, 통신과금서비스 등(이하 이 조에서 "신용카드등"이라 한다)에 의한 결제를 수행하는 기관으로서 시설, 업무수행능력 등을 고려하여 기획재정부령으로 정하는 바에 따라 국세납부대행기관으로 지정받은 자를 말한다. (2021. 2. 17. 개정)

⑤ 제4항에 따라 지정된 국세납부대행기관의 납부 대행 수수료는 해당 납부세액의 1천분의 10 이내에서 기획재정부령으로 정한다. (2021. 2. 17. 개정)

⑥ 제1항부터 제5항까지에서 규정한 사항 외에 계좌이체 및 신용카드 등에 의한 납부절차에 관하여 필요한 세부 사항은 국세청장이 정한다. (2021. 2. 17. 개정)

제10조【제3자의 납부】① 제3자는 납세자를 위하여 납세자의 명의로 국세 및 강제징수비를 납부할 수 있다. (2021. 2. 17. 개정)

② 제3자는 제1항에 따라 국세 및 강제징수비를 납부한 경우 국가에 대하여 그 납부한 금액의 반환을 청구할 수 없다. (2021. 2. 17. 개정)

제 4 절　납부기한등의 연장 등

세】영 제9조 제3항 본문에서 "기획재정부령으로 정하는 국세"란 「부가가치세법」 제48조 제3항 본문에 따른 부가가치세 결정세액을 말한다. (2021. 3. 16. 개정)

제14조【신용카드 등에 의한 국세납부】① 영 제9조 제4항에서 "기획재정부령으로 정하는 바에 따라 국세납부대행기관으로 지정받은 자"란 다음 각 호의 어느 하나에 해당하는 자를 말한다. (2021. 3. 16. 개정)

1. 「민법」 제32조 및 「기획재정부 및 그 소속청 소관 비영리법인의 설립 및 감독에 관한 규칙」에 따라 설립된 금융결제원 (2021. 3. 16. 개정)

2. 시설, 업무수행능력, 자본금 규모 등을 고려하여 국세청장이 국세납부대행기관으로 지정하는 자 (2021. 3. 16. 개정)

② 영 제9조 제5항에 따른 납부 대행 수수료는 국세청장이 국세납부대행기관의 운영경비 등을 종합적으로 고려하여 승인해야 한다. (2021. 3. 16. 개정)

제 4 절　납부기한 등의 연장 등

1. 납세자가 재난 또는 도난으로 재산에 심한 손실을 입은 경우 (2020. 12. 29. 개정)
2. 납세자가 경영하는 사업에 현저한 손실이 발생하거나 부도 또는 도산의 우려가 있는 경우 (2020. 12. 29. 개정)
3. 납세자 또는 그 동거가족이 질병이나 중상해로 6개월 이상의 치료가 필요한 경우 또는 사망하여 상중(喪中)인 경우 (2020. 12. 29. 개정)
4. 그 밖에 납세자가 국세를 납부기한등까지 납부하기 어렵다고 인정되는 경우로서 대통령령으로 정하는 경우 (2020. 12. 29. 개정)
② 납세자는 제1항 각 호의 사유로 납부기한등의 연장을 받으려는 경우 대통령령으로 정하는 바에 따라 관할 세무서장에게 신청할 수 있다. (2020. 12. 29. 개정)

③ 관할 세무서장은 제1항에 따라 납부기한등을 연장하는 경우 대통령령으로 정하는 바에 따라 즉시 납세자에게 그 사실을 통지하여야 한다. (2020. 12. 29. 개정)
④ 관할 세무서장은 제2항에 따른 신청을 받은 경우 납부기한등의 만료일까지 대통령령으로 정하는 바에 따라 납세자에게 납부기한등의 연장 승인 여부를 통지하여야 한다. (2020. 12. 29. 개정)
⑤ 납세자가 납부기한등의 만료일 10일 전까지 제2항에 따른 신청을 하였으나 관할 세무서장이 그 신청일부터 10일 이내에 승인 여부를 통지하지 아니한 경우에는 신청일부터 10일이 되는 날에 제2항에 따른 신청을 승인한 것으로 본다. (2020. 12. 29. 개정)

제11조【납부기한 등의 연장사유】법 제13조 제1항 제4호에서 "대통령령으로 정하는 경우"란 다음 각 호의 어느 하나에 해당하는 경우를 말한다. (2021. 2. 17. 개정)
1. 권한 있는 기관에 장부나 서류 또는 그 밖의 물건이 압수 또는 영치된 경우 및 이에 준하는 경우 (2021. 2. 17. 개정)
2. 정전, 프로그램의 오류, 그 밖의 부득이한 사유로 다음 각 목의 어느 하나에 해당하는 정보처리장치나 시스템을 정상적으로 가동시킬 수 없는 경우 (2021. 2. 17. 개정)
　가.「한국은행법」에 따른 한국은행(그 대리점을 포함한다) (2021. 2. 17. 개정)
　나.「우체국예금·보험에 관한 법률」에 따른 체신관서 (2021. 2. 17. 개정)
3. 금융회사등·체신관서의 휴무, 그 밖에 부득이한 사유로 정상적인 국세 납부가 곤란하다고 국세청장이 인정하는 경우 (2021. 2. 17. 개정)
4.「세무사법」제2조 제3호에 따라 납세자의 장부 작성을 대행하는 세무사(같은 법 제16조의 4에 따라 등록한 세무법인을 포함한다) 또는 같은 법 제20조의 2 제1항에 따라 세무대리업무등록부에 등록한 공인회계사(「공인회계사법」제24조에 따라 등록한 회계법인을 포함한다)가 화재, 전화(戰禍), 그 밖의 재해를 입거나 해당 납세자의 장부(장부 작성에 필요한 자료를 포함한다)를 도난당한 경우 (2021. 2. 17. 개정)
5. 법 제13조 제1항 제1호부터 제3호까지의 규정에 준하는 사유가 있는 경우 (2021. 2. 17. 개정)

제12조【납부기한 등 연장 등의 기간과 분납 한도】① 관할 세

제15조【납부기한등 연장 등의 신청】법 제13조 제2항에 따른 납부기한등(이하 "납부기한등"이라 한다)의 연장 신청은 별지 제14호 서식의 납부기한등 연장 신청서에 따르고, 법 제14조 제2항에 따른 납부고지의 유예 신청은 별지 제15호 서식의 납부고지 유예 신청서에 따른다. (2021. 3. 16. 개정)

제16조【납부기한등 연장 등의 통지 등】법 제13조 제3항에 따른 납부기한등의 연장 통지 및 같은 조 제4항에 따른 납부기한등의 연장 승인 여부에 대한 통지는 별지 제16호 서식의 납부기한등 연장(승인, 기각) 통지서에 따르고, 법 제14조 제3항에 따른 납부고지의 유예 통지 및 같은 조 제4항에 따른 납부고지 유예의 승인 여부에 대한 통지는 별지 제17호 서식의 납부고지 유예(승인, 기각) 통지서에 따른다. (2021. 3. 16. 개정)

무서장은 법 제13조 제1항에 따른 납부기한등(이하 "납부기한등"이라 한다)의 연장 또는 법 제14조 제1항에 따른 납부고지의 유예를 하는 경우 그 연장 또는 유예 기간을 연장 또는 유예한 날의 다음 날부터 9개월 이내로 정하며, 연장 또는 유예 기간 중의 분납기한 및 분납금액을 정할 수 있다. 이 경우 관할 세무서장은 연장 또는 유예 기간이 6개월을 초과하는 경우에는 가능한 한 연장 또는 유예 기간 시작 후 6개월이 지난 날부터 3개월 이내에 균등액을 분납할 수 있도록 정해야 한다. (2021. 2. 17. 개정)

② 관할 세무서장은 제1항에도 불구하고 다음 각 호의 어느 하나에 해당하는 지역에 사업장을 가진 자가 법 제13조 제1항 제1호부터 제3호까지 및 이 영 제11조 제5호의 사유로 소득세, 법인세, 부가가치세 및 이에 부가되는 세목에 대하여 법 제13조 제2항 또는 제14조 제2항에 따라 납부기한등의 연장 또는 납부고지의 유예를 신청하는 경우(같은 사유로 제1항에 따라 납부기한등의 연장 또는 납부고지의 유예를 받고 그 연장 또는 유예 기간 중에 신청하는 경우를 포함한다) 그 연장 또는 유예의 기간을 연장 또는 유예한 날의 다음날부터 2년(제1항에 따라 연장 또는 유예받은 기간에 대해서는 연장 또는 유예를 받은 기간을 포함하여 산정한다) 이내로 정할 수 있고, 연장 또는 유예 기간 중의 분납기한 또는 분납금액을 관할 세무서장이 정할 수 있다. (2023. 2. 28. 개정)

4. 「재난 및 안전관리 기본법」 제60조 제3항에 따라 선포된 특별재난지역(선포된 날부터 2년으로 한정한다) (2024. 6. 18. 개정 ; 재난 및~부칙)

1. 다음 각 목의 어느 하나에 해당하는 지역에 사업장을 가진 자 (2025. 2. 28. 개정)

  가. 「고용정책 기본법」 제32조의 2 제2항에 따라 선포된 고용재난지역 (2025. 2. 28. 개정)
  나. 「고용정책 기본법 시행령」 제29조 제1항에 따라 지정ㆍ고시된 지역 (2025. 2. 28. 개정)
  다. 「지역 산업위기 대응 및 지역경제 회복을 위한 특별법」 제10조 제1항에 따라 지정된 산업위기대응특별지역 (2025. 2. 28. 개정)
  라. 「재난 및 안전관리 기본법」 제60조 제3항에 따라 선포된 특별재난지역(선포된 날부터 2년이 지나지 않은 특별재난지역으로 한정하며, 이하 이 조 및 제77조에서 "특별재난지역"이라 한다) (2025. 2. 28. 개정)

2. 특별재난지역 선포의 사유가 된 재난으로 인해 신체에 피해를 입은 「소득세법」에 따른 사업자 (2025. 2. 28. 개정)

3. 특별재난지역 선포의 사유가 된 재난으로 인해 사망한 「소득세법」에 따른 사업자가 경영하던 사업장을 상속받은 상속인(「국세기본법」 제24조 제1항에 따른 상속인을 말한다) (2025. 2. 28. 개정)

② 관할 세무서장은 제1항에도 불구하고 다음 각 호의 어느 하나에 해당하는 자가 법 제13조 제1항 제1호부터 제3호까지 및 이 영 제11조 제5호의 사유로 소득세, 법인세, 부가가치세 및 이에 부가되는 세목에 대하여 법 제13조 제2항 또는 제14조 제2항에 따라 납부기한등의 연장 또는 납부고지의 유예를 신청하는 경우(같은 사유로 제1항에 따라 납부기한등의 연장 또는 납부고지의 유예를 받고 그 연장 또는 유예 기간 중에 신청하는 경우를 포함한다) 그 연장 또는 유예의 기간을 연장 또는 유예한 날의 다음날부터 2년(제1항에 따라 연장 또는 유예받은 기간에 대해서는 연장 또는 유예를 받은 기간을 포함하여 산정한다) 이내로 정할 수 있고, 연장 또는 유예 기간 중의 분납기한 또는 분납금액을 관할 세무서장이 정할 수 있다. (2025. 2. 28. 개정)

1. 「고용정책 기본법」 제32조의 2 제2항에 따라 선포된 고용재난지역 (2023. 2. 28. 개정)
2. 「고용정책 기본법 시행령」 제29조 제1항에 따라 지정ㆍ고시된 지역 (2023. 2. 28. 개정)
3. 「지역 산업위기 대응 및 지역경제 회복을 위한 특별법」 제10조 제1항에 따라 지정된 산업위기대응특별지역 (2023. 2. 28. 개정)

개정취지 ┈┈┈┈┈┈┈┈┈┈┈

재난피해를 입은 사업자의 납세부담 완화

• 재난피해를 입은 사업자의 납세부담을 완화하기 위해 국세 납부기한 연장 기간 또는 강제징수에 따른 재산 압류의 유예 기간 등을 최대 2년까지로 할 수 있는 납세자의 범위에 특별재난지역 선포의 사유가 된 재난으로 인해 신체에 피해를 입은 사업자와 해당 재난으로 사망한 사업자가 경영하던 사업장을 상속받은 상속인을 추가함. (영 12조 2항 개정 : 2025. 2. 28.)
• 영 12조 2항의 개정규정은 2025. 2. 28. 이후 납부기한등의 연장 또는 납부고지의 유예를 승인하는 경우부터 적용함. (영 부칙(2025. 2. 28.) 2조)

┈┈┈┈┈┈┈┈┈┈┈

제14조 【납부고지의 유예】 ① 관할 세무서장은 납세자가 제13조 제1항 각 호의 어느 하나에 해당하는 사유로 국세를 납부할 수 없다고 인정되는 경우 대통령령으로 정하는 바에 따라 납부고지를 유예(세액을 분할하여 납부고지하는 것을 포함한다. 이하 같다)할 수 있다. (2020. 12. 29. 개정)

② 납세자는 제13조 제1항 각 호의 사유로 납부고지의 유예를 받으려는 경우 대통령령으로 정하는 바에 따라 관할 세무서장에게 신청할 수 있다. (2020. 12. 29. 개정)

③ 관할 세무서장은 제1항에 따라 납부고지를 유예하는 경우 대통령령으로 정하는 바에 따라 즉시 납세자에게 그 사실을 통지하여야 한다. (2020. 12. 29. 개정)

제13조 【납부기한등 연장 등의 납부지연가산세 등 미부과】 관할 세무서장은 법 제13조 또는 제14조에 따라 납부기한등을 연장하거나 납부고지를 유예한 경우 그 연장 또는 유예 기간 동안 「국세기본법」 제47조의 4에 따른 납부지연가산세 및 같은 법 제47조의 5에 따른 원천징수 등 납부지연가산세를 부과하지 않는다. 납세자가 납부고지 또는 독촉을 받은 후에 「채무자 회생 및 파산에 관한 법률」 제140조에 따른 징수의 유예를 받은 경우에도 또한 같다. (2021. 2. 17. 개정)

제14조 【납부기한등 연장 등의 신청】 납세자는 법 제13조 제2항 또는 제14조 제2항에 따라 납부기한등의 연장 또는 납부고지의 유예를 신청하려는 경우 기한(납부기한등 또는 납부고지 예정인 국세를 납부해야 할 기한을 말한다. 이하 이 조 및 제15조에서 같다) 만료일 3일 전까지 다음 각 호의 사항을 적은 신청서를 관할 세무서장에게 제출[「국세기본법」 제2조 제19호에 따른 국세정보통신망(이하 "국세정보통신망"이라 한다)을 통한 제출을 포함한다. 이하 이 조에서 같다]해야 한다. 다만, 관할 세무서장이 납세자가 기한 만료일 3일 전까지 신청서를 제출할 수 없다고 인정하는 경우에는 기한 만료일까지 제출할 수 있다. (2021. 2. 17. 개정)
1. 납세자의 주소 또는 거소와 성명 (2021. 2. 17. 개정)
2. 납부할 국세의 과세기간, 세목, 세액과 기한 (2021. 2. 17. 개정)
3. 연장 또는 유예를 받으려는 이유와 기간 (2021. 2. 17. 개정)
4. 분할납부의 방법으로 연장 또는 유예를 받으려는 경우에는 그 분납액 및 분납 횟수 (2021. 2. 17. 개정)

제15조 【납부기한등 연장 등의 통지】 ① 관할 세무서장은 법 제13조 제3항 또는 제14조 제3항에 따라 납부기한등의 연장 또는 납부고지의 유예를 통지하는 경우 다음 각 호의 사항을 적은 문서로 해야 한다. (2021. 2. 17. 개정)
1. 연장 또는 유예를 한 국세의 과세기간, 세목, 세액 및 기한 (2021. 2. 17. 개정)
2. 연장 또는 유예 기간 (2021. 2. 17. 개정)
3. 분할납부의 방법으로 연장 또는 유예를 한 경우에는 분납금액 및 분

④ 관할 세무서장은 제2항에 따라 납부고지의 유예를 신청받은 경우 납부고지 예정인 국세의 납부하여야 할 기한의 만료일까지 대통령령으로 정하는 바에 따라 납세자에게 납부고지 유예의 승인 여부를 통지하여야 한다. (2020. 12. 29. 개정)

⑤ 납세자가 납부고지 예정인 국세의 납부하여야 할 기한의 만료일 10일 전까지 제2항에 따른 신청을 하였으나 관할 세무서장이 신청일부터 10일 이내에 승인 여부를 통지하지 아니한 경우에는 신청일부터 10일이 되는 날에 제2항에 따른 신청을 승인한 것으로 본다. (2020. 12. 29. 개정)

제15조【납부기한등 연장 등에 관한 담보】관할 세무서장은 제13조에 따른 납부기한등의 연장 또는 제14조에 따른 납부고지의 유예를 하는 경우 그 연장 또는 유예와 관계되는 금액에 상당하는 제18조에 따른 납세담보의 제공을 요구할 수 있다. 다만, 납세자가 사업에서 심각한 손해를 입거나 그 사업이 중대한 위기에 처한 경우로서 관할 세무서장이 그 연장된 납부기한등까지 해당 국세를 납부할 수 있다고 인정하는 경우 등 대통령령으로 정하는 경우에는 그러하지 아니하다. (2020. 12. 29. 개정)

제16조【납부기한등 연장 등의 취소】① 관할 세무서장은 제13조에 따른 납부기한등의 연장 또는 제14조에 따른 납부고지의 유예를 한 후 해당 납세자가 다음 각 호의 어느 하나의 사유에 해당하게 된 경우 그 납부기한등의 연장 또는 납부고지의 유예를 취소하고 연장 또는 유예와 관계되는 국세를 한꺼번에 징수할 수 있다. (2020. 12. 29. 개정)

1. 국세를 분할납부하여야 하는 각 기한까지 분할납부하여야 할 금액을 납부하지 아니한 경우 (2020. 12. 29. 개정)

납횟수 (2021. 2. 17. 개정)

② 관할 세무서장은 법 제13조 제4항 또는 제14조 제4항에 따라 납부기한등의 연장 또는 납부고지의 유예를 승인하는 경우 제1항 각 호의 사항을 적은 문서로 통지하고, 기각하는 경우 그 사유를 적은 문서로 통지해야 한다. (2021. 2. 17. 개정)

③ 관할 세무서장은 제1항 및 제2항에도 불구하고 다음 각 호의 어느 하나에 해당하는 경우에는 관보, 일간신문 또는 정보통신망을 통하여 공고하는 방법으로 통지를 갈음할 수 있다. (2021. 2. 17. 개정)

1. 제11조 제2호에 해당하는 사유가 전국적으로 일시에 발생하는 경우 (2021. 2. 17. 개정)

2. 연장 또는 유예의 통지 대상자가 불특정 다수인 경우 (2021. 2. 17. 개정)

3. 연장 또는 유예의 사실을 그 대상자에게 개별적으로 통지할 시간적 여유가 없는 경우 (2021. 2. 17. 개정)

제16조【담보제공의 예외】법 제15조 단서에서 "납세자가 사업에서 심각한 손해를 입거나 그 사업이 중대한 위기에 처한 경우로서 관할 세무서장이 그 연장된 납부기한등까지 해당 국세를 납부할 수 있다고 인정하는 경우 등 대통령령으로 정하는 경우"란 다음 각 호의 어느 하나에 해당하는 경우를 말한다. (2021. 2. 17. 개정)

1. 납세자가 사업에서 심각한 손해를 입거나 그 사업이 중대한 위기에 처한 경우로서 관할 세무서장이 납부해야 할 금액, 납부기한등의 연장기간, 납부고지의 유예 기간 및 납세자의 과거 국세 납부명세 등을 고려하여 납세자가 그 연장 또는 유예 기간 내에 해당 국세를 납부할 수 있다고 인정하는 경우 (2021. 2. 17. 개정)

2. 법 제13조 제1항 제1호 또는 이 영 제11조 제2호·제3호에 해당하는 경우 (2021. 2. 17. 개정)

3. 제1호 또는 제2호와 유사한 사유에 해당하는 경우 (2021. 2. 17. 개정)

2. 제21조 제2항에 따른 관할 세무서장의 납세담보물의 추가 제공 또는 보증인의 변경 요구에 따르지 아니한 경우 (2020. 12. 29. 개정)
3. 재산 상황의 변동 등 대통령령으로 정하는 사유로 납부기한등의 연장 또는 납부고지의 유예를 할 필요가 없다고 인정되는 경우 (2020. 12. 29. 개정)
4. 제9조 제1항 각 호의 어느 하나에 해당하는 사유가 있어 그 연장 또는 유예한 기한까지 연장 또는 유예와 관계되는 국세의 전액을 징수할 수 없다고 인정되는 경우 (2020. 12. 29. 개정)
② 관할 세무서장은 제1항에 따라 납부기한등의 연장 또는 납부고지의 유예를 취소한 경우 납세자에게 그 사실을 통지하여야 한다. (2020. 12. 29. 개정)
③ 관할 세무서장은 제1항 제1호, 제2호 또는 제4호에 따라 지정납부기한 또는 독촉장에서 정한 기한(이하 "지정납부기한등"이라 한다)의 연장을 취소한 경우 그 국세에 대하여 다시 제13조 제1항에 따라 지정납부기한등의 연장을 할 수 없다. (2020. 12. 29. 개정)

　　제17조 【송달 지연으로 인한 지정납부기한등의 연장】 ① 납부고지서 또는 독촉장의 송달이 지연되어 다음 각 호의 어느 하나에 해당하는 경우에는 도달한 날부터 14일이 지난 날을 지정납부기한등으로 한다. (2020. 12. 29. 개정)
1. 도달한 날에 이미 지정납부기한등이 지난 경우 (2020. 12. 29. 개정)
2. 도달한 날부터 14일 이내에 지정납부기한등이 도래하는 경우 (2020. 12. 29. 개정)
② 제9조 제2항에 따라 납부기한 전에 납부고지를 하는 경우에는 제1항에도 불구하고 다음 각 호의 구분에 따른 날을 납부하여야 할 기한으로 한다. (2020. 12. 29. 개정)
1. 단축된 기한 전에 도달한 경우 : 단축된 기한 (2020. 12. 29. 개정)
2. 단축된 기한이 지난 후에 도달한 경우 : 도달한 날 (2020. 12. 29. 개정)

　　제17조 【납부기한등 연장 등의 취소】 법 제16조 제1항 제3호에서 "재산 상황의 변동 등 대통령령으로 정하는 사유"란 다음 각 호의 어느 하나에 해당하는 사유를 말한다. (2021. 2. 17. 개정)
1. 재산 상황의 변동 (2021. 2. 17. 개정)
2. 제11조 제2호 또는 제3호에 해당하는 사유로 납부기한등의 연장 또는 납부고지의 유예를 한 경우 그 사유의 소멸 (2021. 2. 17. 개정)
3. 그 밖에 납부기한등의 연장 또는 납부고지의 유예를 한 당시의 사정이 변화된 경우 (2021. 2. 17. 개정)

　　제17조 【납부기한등 연장 등의 취소 통지】 법 제16조 제2항에 따른 납부기한등 연장의 취소 통지는 별지 제18호 서식의 납부기한등 연장 취소 통지서에 따르고, 납부고지 유예의 취소 통지는 별지 제19호 서식의 납부고지 유예 취소 통지서에 따른다. (2021. 3. 16. 개정)

제18조【담보의 종류 등】(2021. 12. 21. 제목개정)
① 이 법 및 다른 세법에 따라 제공하는 담보(이하 "납세담보"라 한다)
는 다음 각 호의 어느 하나에 해당하는 것이어야 한다. (2021. 12. 21.
항번개정)
1. 금전 (2020. 12. 29. 개정)
2. 「자본시장과 금융투자업에 관한 법률」 제4조 제3항에 따른 국채증
   권 등 대통령령으로 정하는 유가증권(이하 이 절에서 "유가증권"이
   라 한다) (2020. 12. 29. 개정)
3. 납세보증보험증권(보험기간이 대통령령으로 정하는 기간 이상인 것
   으로 한정한다) (2021. 12. 21. 개정)
4. 「은행법」 제2조 제1항 제2호에 따른 은행 등 대통령령으로 정하는
   자의 납세보증서(이하 "납세보증서"라 한다) (2020. 12. 29. 개정)
5. 토지 (2020. 12. 29. 개정)

제18조【납세담보의 종류 등】(2022. 2. 15. 제목개정)
① 법 제18조 제1항 제2호에서 "「자본시장과 금융투자업에 관한 법률」
제4조 제3항에 따른 국채증권 등 대통령령으로 정하는 유가증권"이란
다음 각 호의 유가증권(이하 이 절에서 "유가증권"이라 한다)을 말한
다. (2022. 2. 15. 개정)
1. 「자본시장과 금융투자업에 관한 법률」 제4조 제3항에 따른 국채증
   권, 지방채증권 및 특수채증권 (2021. 2. 17. 개정)
2. 「자본시장과 금융투자업에 관한 법률」 제4조 제5항에 따른 수익증
   권으로서 무기명 수익증권이거나 환매청구가 가능한 수익증권
   (2021. 2. 17. 개정)
3. 「자본시장과 금융투자업에 관한 법률」 제8조의 2 제4항 제1호에 따
   른 증권시장(이하 이 조에서 "증권시장"이라 한다)에 주권을 상장한
   법인이 발행한 사채권 중 보증사채 및 전환사채 (2021. 2. 17. 개정)
4. 증권시장에 상장된 유가증권으로서 매매사실이 있는 것 (2021. 2.
   17. 개정)
5. 양도성 예금증서 (2021. 2. 17. 개정)
② 법 제18조 제1항 제3호에서 "대통령령으로 정하는 기간"이란 납세
담보를 필요로 하는 기간에 30일을 더한 기간을 말한다. 다만, 납부해
야 할 기한이 확정되지 않은 국세의 경우에는 국세청장이 정하는 기간
을 말한다. (2022. 2. 15. 신설)
③ 법 제18조 제1항 제4호에서 "「은행법」 제2조 제1항 제2호에 따른
은행 등 대통령령으로 정하는 자"란 다음 각 호의 어느 하나에 해당하
는 자를 말한다. (2022. 2. 15. 개정)
1. 「은행법」 제2조 제1항 제2호에 따른 은행 (2021. 2. 17. 개정)

제18조【담보의 제공】① 법 제18조
제1항 각 호 외의 부분에 따른 납세담보
를 제공하는 자는 별지 제20호 서식의 납
세담보제공서를 제출해야 한다. (2022.
3. 18. 개정)

6. 보험(보험기간이 대통령령으로 정하는 기간 이상인 것으로 한정한다)에 든 등기·등록된 건물, 공장재단(工場財團), 광업재단(鑛業財團), 선박, 항공기 또는 건설기계 (2021. 12. 21. 개정)

② 납세담보를 제공하는 경우에는 담보할 국세의 100분의 120(금전, 납세보증보험증권 또는 「은행법」 제2조 제1항 제2호에 따른 은행의 납세보증서로 제공하는 경우에는 100분의 110) 이상의 가액에 상당하는 담보를 제공하여야 한다. 다만, 국세가 확정되지 아니한 경우에는 국세청장이 정하는 가액에 상당하는 담보를 제공하여야 한다. (2021. 12. 21. 신설)

제19조 【담보의 평가】 금전 외의 납세담보의 가액(價額)은 다음 각 호의 구분에 따른다. (2020. 12. 29. 개정)

1. 유가증권 : 대통령령으로 정하는 바에 따라 시가(時價)를 고려하여 결정한 가액 (2020. 12. 29. 개정)
2. 납세보증보험증권 : 보험금액 (2020. 12. 29. 개정)
3. 납세보증서 : 보증금액 (2020. 12. 29. 개정)

4. 토지, 건물, 공장재단, 광업재단, 선박, 항공기 또는 건설기계 : 대통령령으로 정하는 가액 (2020. 12. 29. 개정)

제20조 【담보의 제공 방법】 ① 금전이나 유가증권을 납세담보로 제공하려는 자는 이를 공탁(供託)하고 그 공탁수령증을 관할 세무서장(이 법 및 다른 세법에 따라 국세에 관한 사무를 세관장이 관장하는 경우에는 세관장을 말한다. 이하 이 절에서 같다)에게 제출하여야 한다. 다만, 등록된 유가증권의 경우에는 담보 제공의 뜻을 등록하고 그 등록확인증을 제출하여야 한다. (2020. 12. 29. 개정)

② 납세보증보험증권이나 납세보증서를 납세담보로 제공하려는 자는 그 보험증권이나 보증서를 관할 세무서장에게 제출하여야 한다. (2020.

2. 「신용보증기금법」에 따른 신용보증기금 (2021. 2. 17. 개정)
3. 보증채무를 이행할 수 있는 자금능력이 충분하다고 관할 세무서장이 인정하는 자 (2021. 2. 17. 개정)

④ 법 제18조 제1항 제6호에서 "대통령령으로 정하는 기간"이란 납세담보를 필요로 하는 기간에 30일을 더한 기간을 말한다. (2022. 2. 15. 신설)

제19조 【납세담보의 평가】 ① 법 제19조 제1호에서 "대통령령으로 정하는 바에 따라 시가(時價)를 고려하여 결정한 가액"이란 담보로 제공하는 날의 전날을 평가기준일로 하여 「상속세 및 증여세법 시행령」 제58조 제1항을 준용하여 계산한 가액(價額)을 말한다. (2021. 2. 17. 개정)

② 법 제19조 제4호에서 "대통령령으로 정하는 가액"이란 다음 각 호의 구분에 따른 가액을 말한다. (2021. 2. 17. 개정)

② 법 제19조 제4호에서 "대통령령으로 정하는 가액"이란 담보로 제공하는 날을 평가기준일로 하여 다음 각 호의 구분에 따라 평가한 가액을 말한다. (2025. 2. 28. 개정)

1. 토지 또는 건물 : 「상속세 및 증여세법」 제60조 및 제61조에 따라 평가한 가액 (2021. 2. 17. 개정)
2. 공장재단, 광업재단, 선박, 항공기 또는 건설기계 : 「감정평가 및 감정평가사에 관한 법률」 제2조 제4호에 따른 감정평가법인등의 평가액 또는 「지방세법」 제4조에 따른 시가표준액 (2021. 2. 17. 개정)

② 법 제20조 제2항에 따른 납세보증서는 별지 제21호 서식에 따른다. (2021. 3. 16.

12. 29. 개정)

③ 토지, 건물, 공장재단, 광업재단, 선박, 항공기 또는 건설기계를 납세담보로 제공하려는 자는 그 등기필증, 등기완료통지서 또는 등록필증을 관할 세무서장에게 제시하여야 하며, 관할 세무서장은 이에 따라 저당권 설정을 위한 등기 또는 등록 절차를 밟아야 한다. 이 경우 화재보험에 든 건물, 공장재단, 광업재단, 선박, 항공기 또는 건설기계를 납세담보로 제공하려는 자는 그 화재보험증권도 관할 세무서장에게 제출하여야 한다. (2021. 12. 21. 후단신설)

④ 관할 세무서장은 제3항 전단에 따라 제시한 등기필증, 등기완료통지서 또는 등록필증이 사실과 일치하는지를 조사하여 다음 각 호의 어느 하나에 해당하는 경우에는 다른 담보를 제공하게 하여야 한다. (2021. 12. 21. 신설)

1. 법령에 따라 담보 제공이 금지되거나 제한된 경우(관계 법령에 따라 주무관청의 허가를 받아 제공하는 경우는 제외한다). (2021. 12. 21. 신설)

2. 법령에 따라 사용·수익이 제한되어 있는 등의 사유로 담보의 목적을 달성할 수 없다고 인정되는 경우 (2021. 12. 21. 신설)

⑤ 제1항부터 제4항까지에서 규정한 사항 외에 납세담보의 제공방법 등에 관하여 필요한 사항은 대통령령으로 정한다. (2021. 12. 21. 신설)

제21조 【담보의 변경과 보충】 ① 납세담보를 제공한 자는 관할 세무서장의 승인을 받아 그 담보를 변경할 수 있다. (2020. 12. 29. 개정)

② 관할 세무서장은 납세담보물의 가액 감소, 보증인의 자력(資力) 감소 또는 그 밖의 사유로 그 납세담보로는 국세 및 강제징수비의 납부를 담보할 수 없다고 인정할 때에는 담보를 제공한 자에게 담보물의 추가 제공 또는 보증인의 변경을 요구할 수 있다. (2020. 12. 29. 개정)

제20조 【납세담보에 대한 저당권 설정 절차】 (2022. 2. 15. 제목개정)

관할 세무서장은 법 제20조 제3항 전단에 따라 저당권 설정을 위한 등기 또는 등록 절차를 밟으려는 경우에는 다음 각 호의 사항을 적은 문서를 관할 등기소장, 관계 행정기관의 장 및 지방자치단체의 장(이하 "관할등기소장등"이라 한다)에게 제출하는 방법으로 등기 또는 등록을 촉탁해야 한다. (2022. 2. 15. 개정)

1. 저당권 설정 대상 재산의 표시 (2022. 2. 15. 개정)
2. 등기 또는 등록의 원인과 그 연월일 (2022. 2. 15. 개정)
3. 등기 또는 등록의 목적 (2022. 2. 15. 개정)
4. 저당권의 범위 (2022. 2. 15. 개정)
5. 등기 또는 등록 권리자 (2022. 2. 15. 개정)
6. 등기 또는 등록 의무자의 주소와 성명 (2022. 2. 15. 개정)

제21조 【납세담보의 변경과 보충】 ① 관할 세무서장은 법 제21조 제1항에 따라 납세자가 다음 각 호의 어느 하나에 해당하여 이미 제공한 납세담보의 변경승인을 신청하는 경우 그 변경을 승인해야 한다. (2021. 2. 17. 개정)

1. 보증인의 납세보증서를 갈음하여 다른 담보재산을 제공한 경우 (2021. 2. 17. 개정)

2. 제공한 납세담보의 가액이 변동되어 지나치게 많아진 경우 (2021. 2. 17. 개정)

3. 납세담보로 제공한 유가증권 중 상환기간이 정해진 것이 그 상환시기에 이른 경우 (2021. 2. 17. 개정)

② 법 제21조 제1항 또는 제2항에 따른 납세담보의 변경 승인 신청 또는 납세담보물의 추가 제공이나 보증인의 변경 요구는 문서로 해야 한다. (2021. 2. 17. 개정)

개정)

③ 영 제20조에 따른 저당권 설정을 위한 등기 또는 등록의 촉탁은 별지 제22호 서식의 납세담보에 따른 저당권설정등기(등록) 촉탁서에 따른다. (2022. 3. 18. 개정)

제19조 【납세담보의 변경과 보충】 ① 영 제21조 제2항에 따른 납세담보의 변경 승인 신청은 별지 제23호 서식의 납

제22조【담보에 의한 납부와 징수】① 납세담보로서 금전을 제공한 자는 그 금전으로 담보한 국세 및 강제징수비를 납부할 수 있다. (2020. 12. 29. 개정)
② 관할 세무서장은 납세담보를 제공받은 국세 및 강제징수비가 담보의 기간에 납부되지 아니하면 대통령령으로 정하는 바에 따라 그 담보로써 그 국세 및 강제징수비를 징수한다. (2020. 12. 29. 개정)

제23조【담보의 해제】관할 세무서장은 납세담보를 제공받은 국세 및 강제징수비가 납부되면 지체 없이 담보 해제 절차를 밟아야 한다. (2020. 12. 29. 개정)

제22조【납세담보에 의한 납부와 징수】① 법 제22조 제1항에 따라 납세담보로 제공한 금전으로 국세 및 강제징수비를 납부하려는 자는 그 뜻을 적은 문서로 관할 세무서장에게 납부를 신청해야 한다. 이 경우 신청한 금액에 상당하는 국세 및 강제징수비를 납부한 것으로 본다. (2021. 2. 17. 개정)
② 관할 세무서장은 법 제22조 제2항에 따라 납세담보를 제공받은 국세 및 강제징수비가 그 담보기간에 납부되지 않는 경우 납세담보가 금전이면 그 금전으로 해당 국세 및 강제징수비를 징수하고, 납세담보가 금전 외의 것이면 다음 각 호의 구분에 따른 방법으로 현금화하거나 징수한 금전으로 해당 국세 및 강제징수비를 징수한다. (2021. 2. 17. 개정)
1. 유가증권, 토지, 건물, 공장재단, 광업재단, 선박, 항공기 또는 건설기계인 경우 : 공매절차에 따라 매각 (2021. 2. 17. 개정)
2. 납세보증보험증권인 경우 : 해당 납세보증보험사업자에게 보험금의 지급을 청구 (2021. 2. 17. 개정)
3. 납세보증서인 경우 : 보증인으로부터 징수절차에 따라 징수 (2021. 2. 17. 개정)
③ 제2항에 따라 납세담보를 현금화한 금전으로 징수해야 할 국세 및 강제징수비를 징수하고 남은 금전이 있는 경우 공매대금의 배분방법에 따라 배분한 후 납세자에게 지급한다. (2021. 2. 17. 개정)

제23조【납세담보의 해제】① 관할 세무서장은 법 제23조에 따라 납세담보의 해제를 하려는 경우 그 뜻을 납세담보를 제공한 자에게 통지해야 한다. 이 경우 통지는 문서로 해야 하며, 납세자가 납세담보를 제공할 때 제출한 관계 서류가 있으면 그 서류를 첨부해야 한다.

세담보 변경 승인 신청서에 따른다. (2021. 3. 16. 개정)
② 영 제21조 제2항에 따른 납세담보물의 추가 제공이나 보증인의 변경요구는 별지 제24호 서식의 납세담보 변경 요구서에 따른다. (2021. 3. 16. 개정)

제20조【납세담보에 의한 납부】① 영 제22조 제1항에 따른 납세담보에 의한 납부의 신청은 별지 제25호 서식의 납세담보에 의한 납부신청서에 따른다. (2021. 3. 16. 개정)
② 관할 세무서장은 영 제22조 제1항 및 제2항에 따라 납세담보로 국세 및 강제징수비를 징수한 경우 그 사실을 별지 제26호 서식의 납세담보에 의한 징수 통지서에 따라 지체 없이 해당 납세자에게 통지해야 한다. (2021. 3. 16. 개정)

② 제1항을 적용할 때 납세담보 제공에 따라 제20조에 따라 저당권의 설정을 위한 등기 또는 등록을 촉탁하여 그 저당권이 설정된 경우에는 같은 조 각 호에 준하는 사항을 적은 문서를 관할등기소장등에게 제출하는 방법으로 저당권 말소의 등기 또는 등록을 촉탁해야 한다. (2022. 2. 15. 개정)

제21조【납세담보 해제】영 제23조 제2항에 따른 저당권 말소를 위한 등기 또는 등록의 촉탁은 별지 제27호 서식의 납세담보 해제에 따른 저당권말소등기(등록) 촉탁서에 따른다. (2021. 3. 16. 개정)

제 3 장   강제징수

제 1 절 통 칙

제24조【강제징수】관할 세무서장(체납기간 및 체납금액을 고려하여 대통령령으로 정하는 체납자의 경우에는 지방국세청장을 포함한다. 이하 이 장에서 같다)은 납세자가 제10조에 따른 독촉 또는 제9조 제2항에 따른 납부기한 전 징수의 고지를 받고 지정된 기한까지 국세 또는 체납액을 완납하지 아니한 경우 재산의 압류(교부청구ㆍ참가압류를 포함한다), 압류재산의 매각ㆍ추심 및 청산의 절차에 따라 강제징수를 한다. (2020. 12. 29. 개정)

제25조【사해행위의 취소 및 원상회복】관할 세무서장은 강제징수를 할 때 납세자가 국세의 징수를 피하기 위하여 한 재산의 처분이나 그 밖에 재산권을 목적으로 한 법률행위(「신탁법」 제8조에 따른 사해신탁을 포함한다)에 대하여 「신탁법」 제8조 및 「민법」 제406조ㆍ제407조를 준용하여 사해행위(詐害行爲)의 취소 및 원상회복을 법원에 청구할 수 있다. (2020. 12. 29. 개정)

제26조【가압류ㆍ가처분 재산에 대한 강제징수】관할 세무서장은 재판상의 가압류 또는 가처분 재산이 강제징수 대상인 경우에도 이 법에 따른 강제징수를 한다. (2020. 12. 29. 개정)

제 3 장   강제징수

제 1 절 통 칙

제24조【지방국세청장의 강제징수】법 제24조에서 "대통령령으로 정하는 체납자"란 체납 발생 후 1개월 이상 지나고 체납액이 5천만원 이상인 자를 말한다. (2021. 2. 17. 개정)

제25조【가압류ㆍ가처분 재산에 대한 압류 통지】관할 세무서장(제24조에 해당하는 체납자의 경우에는 지방국세청장을 포함한다. 이하 이 장에서 같다)은 법 제26조에 따라 재판상의 가압류 또는 가처분을 받은 재산을 압류하려는 경우 그 뜻을 해당 법원, 집행공무원 또는

제 3 장   강제징수

제 1 절 통 칙

제22조【가압류ㆍ가처분 재산에 대한 압류 통지】영 제25조에 따른 가압류 또는 가처분을 받은 재산에 대한 압류 및 압류 해제 통지는 부동산인 경우에는 별지

제27조【상속 또는 합병의 경우 강제징수의 속행 등】① 체납자의 재산에 대하여 강제징수를 시작한 후 체납자가 사망하였거나 체납자인 법인이 합병으로 소멸된 경우에도 그 재산에 대한 강제징수는 계속 진행하여야 한다. (2020. 12. 29. 개정)
② 제1항을 적용할 때 체납자가 사망한 후 체납자 명의의 재산에 대하여 한 압류는 그 재산을 상속한 상속인에 대하여 한 것으로 본다. (2020. 12. 29. 개정)

제28조【제3자의 소유권 주장】① 압류한 재산에 대하여 소유권을 주장하고 반환을 청구하려는 제3자는 그 재산의 매각 5일 전까지 소유자로 확인할 만한 증거서류를 관할 세무서장에게 제출하여야 한다. (2020. 12. 29. 개정)
② 관할 세무서장은 제1항에 따라 제3자가 소유권을 주장하고 반환을 청구하는 경우 그 재산에 대한 강제징수를 정지하여야 한다. (2020. 12. 29. 개정)
③ 관할 세무서장은 제1항에 따른 제3자의 소유권 주장 및 반환 청구가 정당하다고 인정되는 경우 즉시 압류를 해제하여야 하고, 부당하다고 인정되면 즉시 그 뜻을 제3자에게 통지하여야 한다. (2020. 12. 29. 개정)
④ 관할 세무서장은 제3항에 따른 통지를 받은 제3자가 통지를 받은 날부터 15일 이내에 그 재산에 대하여 체납자를 상대로 소유권에 관한 소송을 제기한 사실을 증명하지 아니하면 즉시 강제징수를 계속하여야 한다. (2020. 12. 29. 개정)
⑤ 관할 세무서장은 제3항에 따른 통지를 받은 제3자가 체납자를 상대로 소유권에 관한 소송을 제기하여 승소 판결을 받고 그 사실을 증명한 경우 압류를 즉시 해제하여야 한다. (2020. 12. 29. 개정)

제29조【인지세와 등록면허세의 면제】① 압류재산을 보관하는 과정에서 작성하는 문서에 관하여는 인지세를 면제한다. (2020. 12. 29. 개정)
② 다음 각 호의 등기 또는 등록에 관하여는 등록면허세를 면제한다. (2020. 12. 29. 개정)
1. 제45조 제1항 및 제2항에 따른 압류의 등기 또는 등록 (2020. 12.

강제관리인에게 통지해야 한다. 그 압류를 해제하려는 경우에도 또한 같다. (2021. 2. 17. 개정)

제26조【강제징수의 속행】관할 세무서장은 체납자가 파산선고를 받은 경우라도 이미 압류한 재산이 있을 때에는 강제징수를 계속 진행해야 한다. (2021. 2. 17. 개정)

제28호 서식(갑), 동산인 경우에는 별지 제28호 서식(을)의 가압류(가처분) 중인 재산 압류(압류 해제) 통지서에 따른다. (2021. 3. 16. 개정)

29. 개정)

2. 제58조 제2항에 따른 압류 말소의 등기 또는 등록 (2020. 12. 29. 개정)

3. 제74조에 따른 공매공고의 등기 또는 등록 (2020. 12. 29. 개정)

4. 제89조에 따른 공매공고 말소의 등기 또는 등록 (2020. 12. 29. 개정)

제30조 【고액ㆍ상습체납자의 수입물품에 대한 강제징수의 위탁】 ① 관할 세무서장은 체납 발생일부터 1년이 지난 국세의 합계액이 2억원 이상인 경우 체납자의 수입물품에 대한 강제징수를 세관장에게 위탁할 수 있다. (2020. 12. 29. 개정)
② 제1항에 따른 강제징수의 위탁 방법 및 위탁의 철회 등 강제징수의 위탁에 필요한 사항은 대통령령으로 정한다. (2020. 12. 29. 개정)

제27조 【고액ㆍ상습체납자의 수입물품에 대한 강제징수의 위탁】 ① 관할 세무서장은 법 제30조 제1항에 해당하는 체납자에 대하여 1개월 이내의 기간을 정하여 그 기간에 체납된 국세를 납부하지 않을 경우 같은 항에 따라 체납자의 수입물품에 대한 강제징수가 세관장에게 위탁될 수 있다는 사실을 알려야 한다. (2021. 2. 17. 개정)
② 관할 세무서장은 법 제30조 제1항에 따라 세관장에게 강제징수를 위탁한 경우 즉시 그 위탁 사실을 체납자에게 통지해야 한다. (2021. 2. 17. 개정)
③ 관할 세무서장은 체납자가 법 제114조 제1항에 따른 고액ㆍ상습체납자의 명단 공개 대상에서 제외되는 경우 즉시 해당 체납자의 수입물품에 대한 강제징수의 위탁을 철회해야 한다. (2021. 2. 17. 개정)

제28조 【강제징수의 인계】 ① 관할 세무서장은 체납자가 관할구역 밖에 거주하거나 압류할 재산이 관할구역 밖에 있는 경우 체납자의 거주지 또는 압류할 재산의 소재지를 관할하는 세무서장에게 강제징수를 인계할 수 있다. 다만, 압류할 재산이 채권이거나 체납자의 거주지 또는 압류할 재산의 소재지가 둘 이상의 세무서가 관할하는 구역에 걸쳐있는 경우에는 강제징수를 인계할 수 없다. (2021. 2. 17. 개정)
② 제1항 본문에 따라 강제징수를 인계받은 세무서장은 압류할 재산이 해당 관할구역에 없는 경우 강제징수의 인수를 거절할 수 있다. 이 경우 체납자가 그 관할구역에 거주하고 있는 경우에는 법 제35조 제5항에 따른 수색조서를 강제징수를 인계한 관할 세무서장에게 보내야 한다. (2021. 2. 17. 개정)

제23조 【고액ㆍ상습체납자의 수입물품에 대한 강제징수 위탁 사실의 통지】 영 제27조 제2항에 따른 고액ㆍ상습체납자의 수입물품에 대한 강제징수 위탁 통지는 별지 제29호 서식에 따른다. (2021. 3. 16. 개정)

제24조 【강제징수의 인계ㆍ인수 등】 영 제28조 제1항 및 제2항에 따른 강제징수의 인계ㆍ인수 및 인수 거절은 별지 제30호 서식에 따른다. (2021. 3. 16. 개정)

제2절 압류

제1관 통칙

제31조 【압류의 요건 등】 ① 관할 세무서장은 다음 각 호의 어느 하나에 해당하는 경우 납세자의 재산을 압류한다. (2020. 12. 29. 개정)
1. 납세자가 제10조에 따른 독촉을 받고 독촉장에서 정한 기한까지 국세를 완납하지 아니한 경우 (2020. 12. 29. 개정)
2. 납세자가 제9조 제2항에 따라 납부고지를 받고 단축된 기한까지 국세를 완납하지 아니한 경우 (2020. 12. 29. 개정)

② 관할 세무서장은 납세자에게 제9조 제1항 각 호의 어느 하나에 해당하는 사유가 있어 국세가 확정된 후 그 국세를 징수할 수 없다고 인정할 때에는 국세로 확정되리라고 추정되는 금액의 한도에서 납세자의 재산을 압류할 수 있다. (2020. 12. 29. 개정)

③ 관할 세무서장은 제2항에 따라 재산을 압류하려는 경우 미리 지방국세청장의 승인을 받아야 하고, 압류 후에는 납세자에게 문서로 그 압류 사실을 통지하여야 한다. (2020. 12. 29. 개정)

④ 관할 세무서장은 제2항에 따라 재산을 압류한 경우 다음 각 호의 어느 하나에 해당하면 즉시 압류를 해제하여야 한다. (2020. 12. 29. 개정)
1. 납세자가 납세담보를 제공하고 압류 해제를 요구한 경우 (2020. 12. 29. 개정)
2. 압류를 한 날부터 3개월(국세 확정을 위하여 실시한 세무조사가 「국세기본법」 제81조의 8 제4항에 따라 중지된 경우에 그 중지 기간은 빼고 계산한다)이 지날 때까지 압류에 따라 징수하려는 국세를 확정하지 아니한 경우 (2021. 12. 21. 개정)

⑤ 관할 세무서장은 제2항에 따라 압류를 한 후 압류에 따라 징수하려는 국세를 확정한 경우 압류한 재산이 다음 각 호의 어느 하나에 해당하고 납세자의 신청이 있으면 압류한 재산의 한도에서 확정된 국세를 징수한 것으로 볼 수 있다. (2020. 12. 29. 개정)
1. 금전 (2020. 12. 29. 개정)
2. 납부기한 내 추심 가능한 예금 또는 유가증권 (2020. 12. 29. 개정)

제2절 압류

제1관 통칙

제29조 【공유물에 대한 압류】 압류할 재산이 공유물인 경우 각자의 지분이 정해져 있지 않으면 그 지분이 균등한 것으로 보아 압류한다. (2021. 2. 17. 개정)

제2절 압류

제1관 통칙

제25조 【압류 통지】 법 제31조 제3항에 따른 압류 통지는 별지 제31호 서식의 압류 통지서에 따른다. (2021. 3. 16. 개정)

제32조【초과압류의 금지】관할 세무서장은 국세를 징수하기 위하여 필요한 재산 외의 재산을 압류할 수 없다. 다만, 불가분물(不可分物) 등 부득이한 경우에는 압류할 수 있다. (2020. 12. 29. 개정)

제33조【압류재산 선택 시 제3자의 권리보호】관할 세무서장은 압류재산을 선택하는 경우 강제징수에 지장이 없는 범위에서 전세권·질권·저당권 등 체납자의 재산과 관련하여 제3자가 가진 권리를 침해하지 아니하도록 하여야 한다. (2020. 12. 29. 개정)

제34조【압류조서】① 세무공무원은 체납자의 재산을 압류하는 경우 압류조서를 작성하여야 한다. 다만, 제61조에 따른 참가압류에 압류의 효력이 생긴 경우에는 압류조서를 작성하지 아니할 수 있다. (2020. 12. 29. 개정)
② 압류재산이 다음 각 호의 어느 하나에 해당하는 경우 압류조서 등본을 체납자에게 내주어야 한다. (2020. 12. 29. 개정)
1. 동산 또는 유가증권 (2020. 12. 29. 개정)
2. 채권 (2020. 12. 29. 개정)
3. 채권과 소유권을 제외한 그 밖의 재산권(이하 "그 밖의 재산권"이라 한다) (2020. 12. 29. 개정)
③ 압류조서에는 압류에 참여한 세무공무원이 제37조에 따른 참여자와 함께 서명날인을 하여야 한다. 다만, 참여자가 서명날인을 거부한 경우에는 그 사실을 압류조서에 적는 것으로 참여자의 서명날인을 갈음할 수 있다. (2020. 12. 29. 개정)
④ 세무공무원은 질권이 설정된 동산 또는 유가증권을 압류한 경우 그 동산 또는 유가증권의 질권자에게 압류조서의 등본을 내주어야 한다. (2020. 12. 29. 개정)
⑤ 압류조서에는 압류한 재산에 관하여 양도, 제한물권의 설정, 채권의 영수(領收) 및 그 밖의 처분을 할 수 없다는 뜻이 기재되어야 한다. (2020. 12. 29. 개정)

제35조【수 색】① 세무공무원은 재산을 압류하기 위하여 필요한 경우에는 체납자의 주거·창고·사무실·선박·항공기·자동차 또는 그 밖의 장소(이하 "주거등"이라 한다)를 수색할 수 있고, 해당 주거등의 폐쇄된 문·금고 또는 기구를 열게 하거나 직접 열 수 있다. (2020. 12. 29. 개정)
② 세무공무원은 다음 각 호의 어느 하나에 해당하는 경우 제3자의 주거등을 수색할 수 있고, 해당 주거등의 폐쇄된 문·금고 또는 기구를 열게 하거나 직접 열 수 있다. (2020. 12. 29. 개정)
1. 체납자 또는 제3자가 제3자의 주거등에 체납자의 재산을 감춘 혐의가 있다고 인정되는 경우 (2020. 12. 29. 개정)
2. 체납자의 재산을 점유·보관하는 제3자가 재산의 인도(引渡) 또는 이전을 거부하는 경우 (2021. 12. 21. 개정)
③ 제1항 또는 제2항에 따른 수색은 해가 뜰 때부터 해가 질 때까지만 할 수 있다. 다만, 해가 지기 전에 시작한 수색은 해가 진 후에도 계속할 수 있다. (2020. 12. 29. 개정)
☞ p.3672 1단 연결

제26조【압류조서】법 제34조에 따른 압류조서는 별지 제32호 서식에 따른다. (2021. 3. 16. 개정)

④ 주로 야간에 대통령령으로 정하는 영업을 하는 장소에 대해서는 제3항에도 불구하고 해가 진 후에도 영업 중에는 수색을 시작할 수 있다. (2020. 12. 29. 개정)

⑤ 세무공무원은 제1항 또는 제2항에 따라 수색을 하였으나 압류할 재산이 없는 경우 수색조서를 작성하고 수색조서에 제37조에 따른 참여자와 함께 서명날인하여야 한다. 다만, 참여자가 서명날인을 거부한 경우에는 그 사실을 수색조서에 적는 것으로 참여자의 서명날인을 갈음할 수 있다. (2020. 12. 29. 개정)

⑥ 세무공무원은 제5항에 따라 수색조서를 작성한 경우 그 등본을 수색을 받은 체납자 또는 참여자에게 내주어야 한다. (2020. 12. 29. 개정)

제36조【질문·검사】 ① 세무공무원은 강제징수를 하면서 압류할 재산의 소재 또는 수량을 알아내기 위해 필요한 경우 다음 각 호의 어느 하나에 해당하는 자에게 구두(口頭) 또는 문서로 질문하거나 장부, 서류 및 그 밖의 물건을 검사할 수 있다. (2020. 12. 29. 개정)
1. 체납자 (2020. 12. 29. 개정)
2. 체납자와 거래관계가 있는 자 (2020. 12. 29. 개정)
3. 체납자의 재산을 점유하는 자 (2020. 12. 29. 개정)
4. 체납자와 채권·채무 관계가 있는 자 (2020. 12. 29. 개정)
5. 체납자가 주주 또는 사원인 법인 (2020. 12. 29. 개정)
6. 체납자인 법인의 주주 또는 사원 (2020. 12. 29. 개정)
7. 체납자와 「국세기본법」 제2조 제20호 가목에 따른 친족관계나 같은 호 나목에 따른 경제적 연관관계가 있는 자 중에서 체납자의 재산을 감춘 혐의가 있다고 인정되는 자 (2020. 12. 29. 개정)

② 제1항에 따라 구두로 질문한 내용이 중요한 사항인 경우 그 내용을 기록하고 기록한 서류에 답변한 자와 함께 서명날인하여야 한다. 다만, 답변한 자가 서명날인을 거부한 경우 그 사실을 본문의 서류에 적는 것으로 답변한 자의 서명날인을 갈음할 수 있다. (2020. 12. 29. 개정)

제37조【참여자】 ① 세무공무원은 제35조에 따른 수색 또는 제36조에 따른 검사를 하는 경우 그 수색 또는 검사를 받는 사람, 그 가족·동거인이나 사무원 또는 그 밖의 종업원을 참여시켜야 한다.

제30조【야간수색 대상 영업】 법 제35조 제4항에서 "대통령령으로 정하는 영업"이란 다음 각 호의 어느 하나에 해당하는 영업을 말한다. (2021. 2. 17. 개정)
1. 객실을 갖추어 음식과 주류를 제공하고, 유흥종사자에게 손님의 유흥을 돋우는 접객행위를 하게 하는 영업 (2021. 2. 17. 개정)
2. 무도장(舞蹈場)을 설치하여 일반인에게 이용하게 하는 영업 (2021. 2. 17. 개정)
3. 주류, 식사, 그 밖의 음식물을 제공하는 영업 (2021. 2. 17. 개정)
4. 제1호부터 제3호까지의 영업과 유사한 영업으로서 기획재정부령으로 정하는 영업 (2021. 2. 17. 개정)

제27조【야간수색 대상 영업】 영 제30조 제4호에서 "기획재정부령으로 정하는 영업"이란 노래연습장, 그 밖에 주로 야간에 공중이 출입하는 영업을 말한다. (2021. 3. 16. 개정)

제28조【수색조서】 법 제35조 제5항에 따른 수색조서는 별지 제33호 서식에 따른다. (2021. 3. 16. 개정)

(2020. 12. 29. 개정)

② 제1항을 적용할 때 참여시켜야 할 자가 없거나 참여 요청에 따르지 아니하는 경우 성인 2명 이상 또는 특별시·광역시·특별자치시·특별자치도·시·군·자치구의 공무원이나 경찰공무원 1명 이상을 증인으로 참여시켜야 한다. (2020. 12. 29. 개정)

제38조【증표 등의 제시】 세무공무원은 다음 각 호의 어느 하나를 하는 경우 그 신분을 나타내는 증표 및 압류·수색 등 통지서를 지니고 이를 관계자에게 보여 주어야 한다. (2020. 12. 29. 개정)
1. 제31조에 따른 압류 (2020. 12. 29. 개정)
2. 제35조에 따른 수색 (2020. 12. 29. 개정)
3. 제36조에 따른 질문·검사 (2020. 12. 29. 개정)

제39조【압류, 수색 또는 질문·검사 중의 출입 제한】 세무공무원은 제38조 각 호의 어느 하나를 하는 경우로서 강제징수를 위하여 필요하다고 인정하는 경우 체납자 및 제37조에 따른 참여자 등 관계자를 제외한 사람에 대하여 해당 장소에서 나갈 것을 요구하거나 그 장소에 출입하는 것을 제한할 수 있다. (2020. 12. 29. 개정)

제40조【저당권자 등에 대한 압류 통지】 ① 관할 세무서장은 재산을 압류한 경우 전세권, 질권, 저당권 또는 그 밖에 압류재산 위의 등기 또는 등록된 권리자(이하 "저당권자등"이라 한다)에게 그 사실을 통지하여야 한다. (2020. 12. 29. 개정)
② 국세에 대하여 우선권을 가진 저당권자등이 제1항에 따라 통지를 받고 그 권리를 행사하려는 경우 통지를 받은 날부터 10일 이내에 그 사실을 관할 세무서장에게 신고하여야 한다. (2020. 12. 29. 개정)

제29조【신분증 등】 법 제38조에 따른 신분을 나타내는 증표는 세무공무원의 공무원증으로 하고, 압류·수색 등 통지서는 별지 제34호 서식에 따른다. (2021. 3. 16. 개정)

제30조【저당권자등에 대한 압류 통지】 법 제40조 제1항에 따른 저당권자등에 대한 재산의 압류의 통지는 별지 제35호 서식의 재산 압류 통지서에 따른다. (2021. 3. 16. 개정)

제2관　압류금지 등	제2관　압류금지 등	제2관　부동산 등의 압류
제41조【압류금지 재산】다음 각 호의 재산은 압류할 수 없다. (2020. 12. 29. 개정) 1. 체납자 또는 그와 생계를 같이 하는 가족(사실상 혼인관계에 있는 사람을 포함한다. 이하 이 조에서 "동거가족"이라 한다)의 생활에 없어서는 아니 될 의복, 침구, 가구, 주방기구, 그 밖의 생활필수품 (2020. 12. 29. 개정) 2. 체납자 또는 그 동거가족에게 필요한 3개월간의 식료품 또는 연료 (2020. 12. 29. 개정) 3. 인감도장이나 그 밖에 직업에 필요한 도장 (2020. 12. 29. 개정) 4. 제사 또는 예배에 필요한 물건, 비석 또는 묘지 (2020. 12. 29. 개정) 5. 체납자 또는 그 동거가족의 장례에 필요한 물건 (2020. 12. 29. 개정) 6. 족보ㆍ일기 등 체납자 또는 그 동거가족에게 필요한 장부 또는 서류 (2020. 12. 29. 개정) 7. 직무 수행에 필요한 제복 (2020. 12. 29. 개정) 8. 훈장이나 그 밖의 명예의 증표 (2020. 12. 29. 개정) 9. 체납자 또는 그 동거가족의 학업에 필요한 서적과 기구 (2020. 12. 29. 개정) 10. 발명 또는 저작에 관한 것으로서 공표되지 아니한 것 (2020. 12. 29. 개정) 11. 주로 자기의 노동력으로 농업을 하는 사람에게 없어서는 아니 될 기구, 가축, 사료, 종자, 비료, 그 밖에 이에 준하는 물건 (2020. 12. 29. 개정) 12. 주로 자기의 노동력으로 어업을 하는 사람에게 없어서는 아니 될 어망, 기구, 미끼, 새끼 물고기, 그 밖에 이에 준하는 물건 (2020. 12. 29. 개정) 13. 전문직 종사자ㆍ기술자ㆍ노무자, 그 밖에 주로 자기의 육체적 또는 정신적 노동으로 직업 또는 사업에 종사하는 사람에게 없어서는 아니 될 기구, 비품, 그 밖에 이에 준하는 물건 (2020. 12. 29. 개정)		

14. 체납자 또는 그 동거가족의 일상생활에 필요한 안경·보청기·의
치·의수족·지팡이·장애보조용 바퀴의자, 그 밖에 이에 준하는
신체보조기구 및 「자동차관리법」에 따른 경형자동차 (2020. 12.
29. 개정)
15. 재해의 방지 또는 보안을 위하여 법령에 따라 설치하여야 하는 소
방설비, 경보기구, 피난시설, 그 밖에 이에 준하는 물건 (2020. 12.
29. 개정)
16. 법령에 따라 지급되는 사망급여금 또는 상이급여금(傷痍給與金)
(2020. 12. 29. 개정)
17. 「주택임대차보호법」 제8조에 따라 우선변제를 받을 수 있는 금액
(2020. 12. 29. 개정)
18. 체납자의 생계 유지에 필요한 소액금융재산으로서 대통령령으로
정하는 것 (2020. 12. 29. 개정)

    제42조【급여채권의 압류 제한】 ① 급료, 연금, 임금, 봉급, 상여
금, 세비, 퇴직연금, 그 밖에 이와 비슷한 성질을 가진 급여채권에 대해
서는 그 총액의 2분의 1에 해당하는 금액은 압류가 금지되는 금액으로
한다. (2020. 12. 29. 개정)
② 제1항에도 불구하고 다음 각 호의 경우 압류가 금지되는 금액은 각
각 다음 각 호의 구분에 따른 금액으로 한다. (2020. 12. 29. 개정)

    제31조【압류금지 재산】 ① 법 제41조 제18호에서 "대통령령으
로 정하는 것"이란 다음 각 호의 구분에 따른 보장성보험의 보험금, 해
약환급금 및 만기환급금과 개인별 잔액이 250만원 미만인 예금(적금,
부금, 예탁금과 우편대체를 포함한다)을 말한다. (2024. 2. 29. 개정)
1. 사망보험금 중 1천5백만원 이하의 보험금 (2024. 2. 29. 개정)
2. 상해·질병·사고 등을 원인으로 체납자가 지급받는 보장성보험의
보험금 중 다음 각 목에 해당하는 보험금 (2021. 2. 17. 개정)
  가. 진료비, 치료비, 수술비, 입원비, 약제비 등 치료 및 장애 회복을
위하여 실제 지출되는 비용을 보장하기 위한 보험금 (2021. 2.
17. 개정)
  나. 치료 및 장애 회복을 위한 보험금 중 가목에 해당하는 보험금을
제외한 보험금의 2분의 1에 해당하는 금액 (2021. 2. 17. 개정)
3. 보장성보험의 해약환급금 중 250만원 이하의 금액 (2024. 2. 29. 개정)
4. 보장성보험의 만기환급금 중 250만원 이하의 금액 (2024. 2. 29. 개정)
② 보장성보험의 보험금, 해약환급금 또는 만기환급금 채권을 취득
하는 보험계약이 둘 이상인 체납자에 대해서는 다음 각 호의 구분에
따라 제1항 각 호의 금액을 계산한다. (2021. 2. 17. 개정)
1. 제1항 제1호, 제3호 및 제4호 : 보험계약별 사망보험금, 해약환급금,
만기환급금을 각각 합산한 금액 (2021. 2. 17. 개정)
2. 제1항 제2호 나목 : 보험계약별 금액 (2021. 2. 17. 개정)

개정취지

**압류금지 대상인 예금 및 급여의 기준금액
상향**
• 영세체납자의 기초생활보장을 강화하기
위해 압류금지 대상인 예금 및 급여의 기
준금액을 '185만원' 미만에서 '250만원'
미만으로 상향함. (영 31조 1항 개정 ;
2024. 2. 29.)
• 영 31조 1항 각 호 외의 부분, 같은 항 1
호·3호·4호의 개정규정은 2024. 2.
29. 이후 압류하는 경우부터 적용함. (영
부칙(2024. 2. 29.) 2조)

1. 제1항에 따라 계산한 급여채권 총액의 2분의 1에 해당하는 금액이 표준적인 가구의 「국민기초생활 보장법」 제2조 제7호에 따른 최저생계비를 고려하여 대통령령으로 정하는 금액에 미달하는 경우 : 같은 호에 따른 최저생계비를 고려하여 대통령령으로 정하는 금액 (2020. 12. 29. 개정)

2. 제1항에 따라 계산한 급여채권 총액의 2분의 1에 해당하는 금액이 표준적인 가구의 생계비를 고려하여 대통령령으로 정하는 금액을 초과하는 경우 : 표준적인 가구의 생계비를 고려하여 대통령령으로 정하는 금액 (2020. 12. 29. 개정)

③ 퇴직금이나 그 밖에 이와 비슷한 성질을 가진 급여채권에 대해서는 그 총액의 2분의 1에 해당하는 금액은 압류하지 못한다. (2020. 12. 29. 개정)

④ 제1항부터 제3항까지의 규정에 따른 총액은 「소득세법」 제20조 제1항 각 호에 해당하는 근로소득의 금액의 합계액(비과세소득의 금액은 제외한다) 또는 같은 법 제22조 제1항 각 호에 해당하는 퇴직소득의 금액의 합계액(비과세소득의 금액은 제외한다)에서 그 근로소득 또는 퇴직소득에 대한 소득세 및 소득세분 지방소득세를 뺀 금액으로 한다. (2020. 12. 29. 개정)

제 3 관　압류의 효력

제43조 【처분의 제한】 ① 세무공무원이 재산을 압류한 경우 체납자는 압류한 재산에 관하여 양도, 제한물권의 설정, 채권의 영수, 그 밖의 처분을 할 수 없다. (2020. 12. 29. 개정)

② 세무공무원이 채권 또는 그 밖의 재산권을 압류한 경우 해당 채권의 채무자 및 그 밖의 재산권의 채무자 또는 이에 준하는 자(이하 "제3채무자"라 한다)는 체납자에 대한 지급을 할 수 없다. (2020. 12. 29. 개정)

③ 세무공무원이 제56조의 2 제1항에 따른 예탁유가증권지분 또는 제56조의 3 제1항에 따른 전자등록주식등을 압류한 경우 제56조의 2 제1항 각 호의 구분에 따른 자는 해당 체납자에 대하여 계좌대체 및 증권반환을 할 수 없고, 제56조의 3 제1항 각 호의 구분에 따른 자는 해당

제32조 【급여의 압류 범위】 ① 법 제42조 제2항 제1호에서 "대통령령으로 정하는 금액"이란 각각 월 250만원을 말한다. (2024. 2. 29. 개정)

② 법 제42조 제2항 제2호에서 "대통령령으로 정하는 금액"이란 각각 다음 각 호의 금액을 더한 금액을 말한다. (2021. 2. 17. 개정)

1. 월 300만원 (2021. 2. 17. 개정)

2. 다음의 계산식에 따라 계산한 금액. 다만, 계산한 금액이 0보다 작은 경우에는 0으로 본다. (2021. 2. 17. 개정)

> [법 제42조 제1항에 따른 압류금지 금액(월액으로 계산한 금액을 말한다) − 제1호의 금액] × 1/2

제 3 관　압류의 효력

편주 ▶ 영 32조 1항의 개정규정은 2024. 2. 29. 이후 압류하는 경우부터 적용함. (영 부칙 (2024. 2. 29.) 2조)

체납자에 대하여 계좌대체 및 전자등록말소를 할 수 없다. (2023. 12. 31. 신설)

제44조【과실에 대한 압류의 효력】① 압류의 효력은 압류재산으로부터 생기는 천연과실(天然果實) 또는 법정과실(法定果實)에도 미친다. (2020. 12. 29. 개정)
② 제1항에도 불구하고 체납자 또는 제3자가 압류재산의 사용 또는 수익을 하는 경우 그 재산의 매각으로 인하여 권리를 이전하기 전까지 이미 거두어들인 천연과실에 대해서는 압류의 효력이 미치지 아니한다. (2020. 12. 29. 개정)

제4관 부동산 등의 압류

제45조【부동산 등의 압류 절차】① 관할 세무서장은 다음 각 호의 재산을 압류하려는 경우 압류조서를 첨부하여 압류등기를 관할 등기소에 촉탁하여야 한다. 그 변경등기에 관하여도 또한 같다. (2020. 12. 29. 개정)
1. 「부동산등기법」 등에 따라 등기된 부동산 (2020. 12. 29. 개정)
2. 「공장 및 광업재단 저당법」에 따라 등기된 공장재단 및 광업재단 (2020. 12. 29. 개정)
3. 「선박등기법」에 따라 등기된 선박 (2020. 12. 29. 개정)

제33조【과실에 대한 압류 효력의 특례】법 제44조에 따른 천연과실(天然果實) 중 성숙한 것은 토지 또는 입목(立木)과 분리하여 동산으로 볼 수 있다. (2021. 2. 17. 개정)

제4관 부동산 등의 압류

제34조【부동산 등의 압류등기】① 관할 세무서장은 법 제45조 제1항에 따라 부동산ㆍ공장재단 또는 광업재단의 압류등기 또는 그 변경등기를 촉탁하는 경우 다음 각 호의 사항을 적은 문서로 해야 한다. (2021. 2. 17. 개정)
1. 재산의 표시 (2021. 2. 17. 개정)
2. 등기 원인과 그 연월일 (2021. 2. 17. 개정)
3. 등기의 목적 (2021. 2. 17. 개정)
4. 등기권리자 (2021. 2. 17. 개정)
5. 등기의무자의 주소와 성명 (2021. 2. 17. 개정)
② 관할 세무서장은 법 제45조 제1항에 따라 선박의 압류등기 또는 그 변경등기를 촉탁하는 경우 다음 각 호의 사항을 적은 문서로 해야 한다. (2021. 2. 17. 개정)
1. 선박의 표시 (2021. 2. 17. 개정)
2. 선적항 (2021. 2. 17. 개정)
3. 선박소유자의 성명 또는 명칭 (2021. 2. 17. 개정)
4. 등기원인과 그 연월일 (2021. 2. 17. 개정)
5. 등기의 목적 (2021. 2. 17. 개정)
6. 등기권리자 (2021. 2. 17. 개정)
7. 등기의무자의 주소와 성명 (2021. 2. 17. 개정)

제31조【부동산 등의 압류등기 등 촉탁】① 영 제34조 제1항에 따른 부동산ㆍ공장재단 또는 광업재단의 압류등기 또는 그 변경등기의 촉탁은 별지 제36호 서식의 국세 강제징수에 따른 압류(변경)등기 촉탁서에 따른다. (2021. 3. 16. 개정)

② 영 제34조 제2항에 따른 선박의 압류등기 또는 그 변경등기 및 영 제35조에 따른 선박의 압류등록 또는 그 변경등록의 촉탁은 별지 제37호 서식의 국세 강제징수에 따른 선박 압류(변경)등기(등록) 촉탁서에 따른다. (2021. 3. 16. 개정)

② 관할 세무서장은 다음 각 호의 재산을 압류하려는 경우 압류의 등록을 관계 행정기관의 장 또는 지방자치단체의 장에게 촉탁하여야 한다. 그 변경 등록에 관하여도 또한 같다. (2020. 12. 29. 개정)
1. 「자동차관리법」에 따라 등록된 자동차 (2020. 12. 29. 개정)
2. 「선박법」에 따라 등록된 선박(「선박등기법」에 따라 등기된 선박은 제외한다) (2020. 12. 29. 개정)
3. 「항공안전법」에 따라 등록된 항공기 또는 경량항공기(이하 "항공기"라 한다) (2020. 12. 29. 개정)
4. 「건설기계관리법」에 따라 등록된 건설기계 (2020. 12. 29. 개정)
③ 관할 세무서장은 압류를 하기 위하여 부동산, 공장재단 및 광업재단의 재산을 분할하거나 구분하려는 경우 분할 또는 구분의 등기를 관할 등기소에 촉탁하여야 한다. 그 합병 또는 변경 등기에 관하여도 또한 같다. (2020. 12. 29. 개정)

④ 관할 세무서장은 등기되지 아니한 부동산을 압류하려는 경우 토지대장 등본, 건축물대장 등본 또는 부동산종합증명서를 갖추어 보존등기를 관할 등기소에 촉탁하여야 한다. (2020. 12. 29. 개정)
⑤ 관할 세무서장은 제2항에 따라 압류한 자동차, 선박, 항공기 또는 건설기계가 은닉 또는 훼손될 우려가 있다고 인정되는 경우 체납자에게 인도를 명하여 이를 점유할 수 있다. (2020. 12. 29. 개정)
⑥ 관할 세무서장은 제1항, 제2항 및 제4항에 따라 압류를 한 경우 그 사실을 체납자에게 통지하여야 한다. (2020. 12. 29. 개정)

　제46조 【부동산 등의 압류의 효력】 ① 제45조에 따른 압류의 효력은 그 압류등기 또는 압류의 등록이 완료된 때에 발생한다. (2020. 12. 29. 개정)

　제35조 【항공기 등의 압류등록】 법 제45조 제2항에 따른 자동차·선박·항공기 또는 건설기계의 압류등록 또는 그 변경등록의 촉탁에 관하여는 제34조 제2항을 준용한다. (2021. 2. 17. 개정)

　제36조 【부동산 등의 분할 또는 구분 등기】 ① 법 제45조 제3항에 따른 부동산·공장재단 또는 광업재단의 분할·구분·합병 또는 변경 등기의 촉탁에 관하여는 제34조 제1항을 준용한다. (2021. 2. 17. 개정)
② 관할 세무서장은 제1항에 따라 제34조 제1항을 준용하는 경우 그 촉탁서에 대위등기의 원인을 함께 적어야 한다. (2021. 2. 17. 개정)

　제37조 【부동산의 보존등기 절차】 ① 법 제45조 제4항에 따른 미등기 부동산의 보존등기의 촉탁에 관하여는 제34조 제1항 및 제36조 제2항을 준용한다. (2021. 2. 17. 개정)
② 관할 세무서장은 강제징수를 위하여 필요한 경우 소관 관서에 토지대장 등본이나 건축물대장 등본 또는 부동산종합증명서의 발급을 요구할 수 있다. (2021. 2. 17. 개정)

　제32조 【항공기 등의 압류등록 등 촉탁】 영 제35조에 따른 자동차·항공기 또는 건설기계의 압류등록 또는 그 변경등록의 촉탁은 별지 제38호 서식의 국세 강제징수에 따른 자동차·항공기 또는 건설기계 압류(변경)등록 촉탁서에 따른다. (2021. 3. 16. 개정)

　제33조 【부동산 등의 분할등기 등 촉탁】 영 제36조에 따른 부동산·공장재단 또는 광업재단의 분할·구분·합병 또는 변경 등기의 촉탁은 별지 제39호 서식의 부동산·공장재단·광업재단 분할(구분·합병·변경) 대위등기 촉탁서에 따른다. 다만, 변경등기 중 상속으로 인한 소유권 이전등기의 촉탁은 별지 제40호 서식의 상속으로 인한 소유권 이전 대위등기 촉탁서에 따른다. (2021. 3. 16. 개정)

　제34조 【미등기부동산의 보존등기 촉탁】 영 제37조 제1항에 따른 미등기 부동산의 보존등기의 촉탁은 별지 제41호 서식의 미등기부동산 보존 대위등기 촉탁서에 따른다. (2021. 3. 16. 개정)

　제35조 【압류 자동차 등의 인도명령】 법 제45조 제5항에 따른 자동차·선박·항공기 또는 건설기계의 인도명령은 별지 제42호 서식의 압류 자동차·선박·항공기·건설기계 인도명령서에 따른다. (2021. 3. 16. 개정)

② 제1항에 따른 압류의 효력은 해당 압류재산의 소유권이 이전되기 전에 「국세기본법」 제35조 제2항에 따른 법정기일이 도래한 국세의 체납액에 대해서도 미친다. (2020. 12. 29. 개정)

제47조【압류 부동산 등의 사용·수익】① 체납자는 압류된 부동산, 공장재단, 광업재단, 선박, 항공기, 자동차 또는 건설기계(이하 "부동산등"이라 한다)를 사용하거나 수익할 수 있다. 다만, 관할 세무서장은 그 가치가 현저하게 줄어들 우려가 있다고 인정할 경우에는 그 사용 또는 수익을 제한할 수 있다. (2020. 12. 29. 개정)
② 압류된 부동산등을 사용하거나 수익할 권리를 가진 제3자의 사용·수익에 관하여는 제1항을 준용한다. (2020. 12. 29. 개정)
③ 관할 세무서장은 자동차, 선박, 항공기 또는 건설기계에 대하여 강제징수를 위하여 필요한 기간 동안 정박 또는 정류를 하게 할 수 있다. 다만, 출항준비(出航準備)를 마친 선박 또는 항공기에 대해서는 정박 또는 정류를 하게 할 수 없다. (2020. 12. 29. 개정)
④ 관할 세무서장은 제3항에 따라 정박 또는 정류를 하게 하였을 경우 그 감시와 보존에 필요한 처분을 하여야 한다. (2020. 12. 29. 개정)

제 5 관 동산과 유가증권의 압류

제48조【동산과 유가증권의 압류】① 동산 또는 유가증권의 압류는 세무공무원이 점유함으로써 하고, 압류의 효력은 세무공무원이 점유한 때에 발생한다. (2020. 12. 29. 개정)
② 세무공무원은 제3자가 점유하고 있는 체납자 소유의 동산 또는 유가증권을 압류하기 위해서는 먼저 그 제3자에게 문서로 해당 동산 또는 유가증권의 인도를 요구하여야 한다. (2020. 12. 29. 개정)
③ 세무공무원은 제2항에 따라 인도를 요구받은 제3자가 해당 동산 또는 유가증권을 인도하지 아니하는 경우 제35조 제2항에 따라 제3자의 주거등에 대한 수색을 통하여 이를 압류할 수 있다. (2020. 12. 29. 개정)
④ 세무공무원은 체납자와 그 배우자의 공유재산으로서 체납자가 단독

제38조【압류 부동산 등의 사용·수익 절차】법 제47조 제1항 및 제2항에 따라 압류된 재산을 압류 당시와 달리 사용하거나 수익하려는 경우에 관하여는 법 제49조 제3항 및 이 영 제40조를 준용한다. (2021. 2. 17. 개정)

제 5 관 동산과 유가증권의 압류

제36조【부동산 등의 압류 통지】법 제45조 제6항에 따른 부동산 등의 압류 통지는 별지 제35호 서식의 재산 압류 통지서에 따른다. (2021. 3. 16. 개정)

제37조【압류 부동산 등의 사용·수익 허가 신청】영 제38조에 따라 압류 부동산 등의 사용·수익 허가를 신청하려는 경우 별지 제45호 서식의 압류재산 사용·수익 허가신청서에 따른다. (2021. 3. 16. 개정)

제 3 관 동산과 유가증권의 압류

제38조【제3자가 점유하는 동산·유가증권의 인도 요구】법 제48조 제2항에 따른 제3자가 점유하는 동산 또는 유가증권의 인도 요구는 별지 제43호 서식의 점유물 인도 요구서에 따른다. (2021. 3. 16. 개정)

점유하거나 배우자와 공동 점유하고 있는 동산 또는 유가증권을 제1항에 따라 압류할 수 있다. (2020. 12. 29. 개정)

　제49조【압류 동산의 사용·수익】① 제48조에도 불구하고 운반하기 곤란한 동산은 체납자 또는 제3자에게 보관하게 할 수 있다. 이 경우 봉인(封印)이나 그 밖의 방법으로 압류재산임을 명백히 하여야 한다. (2020. 12. 29. 개정)
② 관할 세무서장은 제1항에 따라 압류한 동산을 체납자 또는 이를 사용하거나 수익할 권리를 가진 제3자에게 보관하게 한 경우 강제징수에 지장이 없다고 인정되면 그 동산의 사용 또는 수익을 허가할 수 있다. (2020. 12. 29. 개정)
③ 제2항에 따라 허가를 받은 자는 압류 동산을 사용하거나 수익하는 경우 선량한 관리자의 주의의무를 다하여야 하며, 관할 세무서장이 해당 재산의 인도를 요구하는 경우 즉시 이에 따라야 한다. (2020. 12. 29. 개정)

　제50조【금전의 압류 및 유가증권에 관한 채권의 추심】① 관할 세무서장이 금전을 압류한 경우에는 그 금전 액수만큼 체납자의 압류에 관계되는 체납액을 징수한 것으로 본다. (2020. 12. 29. 개정)
② 관할 세무서장은 유가증권을 압류한 경우 그 유가증권에 따라 행사할 수 있는 금전의 급부를 목적으로 한 채권을 추심할 수 있다. 이 경우 관할 세무서장이 채권을 추심하였을 때에는 추심한 채권의 한도에서 체납자의 압류와 관계되는 체납액을 징수한 것으로 본다. (2020. 12. 29. 개정)

제 6 관　채권의 압류

　제39조【압류 동산의 표시】세무공무원은 법 제49조 제1항 후단에 따라 압류재산임을 명백히 하는 경우 압류 연월일과 압류한 세무공무원이 소속된 세무서의 명칭을 명백히 표시해야 한다. (2021. 2. 17. 개정)

　제40조【압류 동산의 사용·수익 절차】① 법 제49조 제2항에 따라 압류된 동산을 사용하거나 수익하려는 자는 기획재정부령으로 정하는 압류재산 사용·수익 허가신청서를 관할 세무서장에게 제출해야 한다. (2021. 2. 17. 개정)
② 관할 세무서장은 제1항에 따라 압류재산 사용·수익 허가신청서를 제출받은 경우 해당 사용·수익 행위가 압류재산의 보전(保全)에 지장을 주는지를 조사하여 30일 이내에 그 허가 여부를 신청인에게 통지해야 한다. (2021. 2. 17. 개정)

제 6 관　채권의 압류

　제41조【조건부채권의 압류】① 관할 세무서장은 신원보증금, 계약보증금 등의 조건부채권을 그 조건 성립 전에도 압류할 수 있다. (2021. 2. 17. 개정)
② 제1항에 따라 압류한 채권이 성립되지 않는 것이 확정된 때에는 그 압류를 지체 없이 해제해야 한다. (2021. 2. 17. 개정)

　제39조【압류 동산의 표시】영 제39조에 따른 압류 동산의 표시는 별지 제44호 서식에 따른다. (2021. 3. 16. 개정)

　제40조【압류 동산의 사용·수익 허가 신청】영 제40조에 따라 압류 동산의 사용·수익 허가를 신청하려는 경우 별지 제45호 서식의 압류재산 사용·수익 허가신청서에 따른다. (2021. 3. 16. 개정)

제 4 관　채권의 압류

제51조【채권의 압류 절차】① 관할 세무서장은 채권을 압류하려는 경우 그 뜻을 제3채무자에게 통지하여야 한다. (2020. 12. 29. 개정)
② 관할 세무서장은 제1항에 따라 채권을 압류한 경우 그 사실을 체납자에게 통지하여야 한다. (2020. 12. 29. 개정)

제52조【채권 압류의 효력 및 추심】① 채권 압류의 효력은 제51조 제1항에 따라 채권 압류 통지서가 제3채무자에게 송달된 때에 발생한다. (2020. 12. 29. 개정)
② 관할 세무서장은 제51조 제1항에 따른 통지를 한 경우 체납액을 한도로 하여 체납자인 채권자를 대위(代位)한다. (2020. 12. 29. 개정)
③ 관할 세무서장은 제2항에 따라 채권자를 대위하는 경우 압류 후 1년 이내에 제3채무자에 대한 이행의 촉구와 채무 이행의 소송을 제기하여야 한다. 다만, 체납된 국세와 관련하여 「국세기본법」에 따른 이의신청·심사청구·심판청구, 「감사원법」에 따른 심사청구 또는 「행정소송법」에 따른 행정소송(이하 "심판청구등"이라 한다)이 계속 중이거나 그 밖에 이에 준하는 사유로 법률상·사실상 추심이 불가능한 경우에는 그러하지 아니하다. (2020. 12. 29. 개정)
④ 관할 세무서장은 제3항 단서의 사유가 해소되어 추심이 가능해진 때에는 지체 없이 제3채무자에 대한 이행의 촉구와 채무 이행의 소송을 제기하여야 한다. (2020. 12. 29. 개정)

제53조【채권 압류의 범위】관할 세무서장은 채권을 압류하는 경우 체납액을 한도로 하여야 한다. 다만, 압류하려는 채권에 국세보다 우선하는 질권이 설정되어 있어 압류에 관계된 체납액의 징수가 확실하지 아니한 경우 등 필요하다고 인정되는 경우 채권 전액을 압류할 수 있다. (2020. 12. 29. 개정)

제54조【계속적 거래관계에서 발생하는 채권의 압류】급료, 임금, 봉급, 세비, 퇴직연금 또는 그 밖에 계속적 거래관계에서 발생하는 이와 유사한 채권에 대한 압류의 효력은 체납액을 한도로 하여 압류 후에 발생할 채권에도 미친다. (2020. 12. 29. 개정)

제42조【채무불이행에 따른 절차】① 관할 세무서장은 법 제51조 제1항에 따라 채권 압류의 통지를 받은 제3채무자가 채무이행의 기한이 지나도 이행하지 않은 경우 체납자인 채권자를 대위(代位)하여 이행의 촉구를 해야 한다. (2021. 2. 17. 개정)
② 관할 세무서장은 제1항에 따라 이행의 촉구를 받은 제3채무자가 촉구한 기한까지 채무를 이행하지 않는 경우 체납자인 채권자를 대위하여 제3채무자를 상대로 소송을 제기해야 한다. 다만, 채무이행의 자력(資力)이 없다고 인정하는 경우에는 소송을 제기하지 않고 채권의 압류를 해제할 수 있다. (2021. 2. 17. 개정)

제41조【채권 압류의 통지】① 법 제51조 제1항에 따른 제3채무자에 대한 채권 압류의 통지는 별지 제46호 서식(갑)의 채권 압류 통지서에 따른다. (2021. 3. 16. 개정)
② 법 제51조 제2항에 따른 체납자에 대한 채권 압류의 통지는 별지 제46호 서식(을)의 채권 압류 통지서에 따른다. (2021. 3. 16. 개정)

제 7 관　그 밖의 재산권의 압류

제55조 【그 밖의 재산권의 압류 절차 등】 ① 관할 세무서장은 권리의 변동에 등기 또는 등록이 필요한 그 밖의 재산권을 압류하려는 경우 압류의 등기 또는 등록을 관할 등기소, 관계 행정기관의 장, 지방자치단체의 장(이하 "관할 등기소등"이라 한다)에게 촉탁하여야 한다. 그 변경의 등기 또는 등록에 관하여도 또한 같다. (2020. 12. 29. 개정)

② 관할 세무서장은 권리의 변동에 등기 또는 등록이 필요하지 아니한 그 밖의 재산권을 압류하려는 경우 그 뜻을 다음 각 호의 구분에 따른 자에게 통지하여야 한다. (2020. 12. 29. 개정)

1. 제3채무자가 있는 경우 : 제3채무자 (2020. 12. 29. 개정)
2. 제3채무자가 없는 경우 : 체납자 (2020. 12. 29. 개정)

③ 관할 세무서장은 제2항에 따라 「가상자산 이용자 보호 등에 관한 법률」 제2조 제1호에 따른 가상자산(이하 "가상자산"이라 한다)을 압류하려는 경우 체납자[같은 법 제2조 제1호 하목에 따른 가상자산사업자(이하 "가상자산사업자"라 한다) 등 제3자가 체납자의 가상자산을 보관하고 있을 때에는 그 제3자를 말한다]에게 대통령령으로 정하는 바에 따라 해당 가상자산의 이전을 문서로 요구할 수 있고, 요구받은 체납자 또는 그 제3자는 이에 따라야 한다. (2023. 7. 18. 개정 ; 가상자산~부칙)

④ 관할 세무서장은 제1항 및 제2항 제1호에 따라 압류를 한 경우 및 제3항에 따라 체납자의 가상자산을 보관하고 있는 제3자에게 해당 가상자산의 이전을 요구한 경우 그 사실을 체납자에게 통지하여야 한다. (2023. 12. 31. 개정)

【편주 ▶】··
법 55조 4항의 개정규정은 2024. 1. 1. 이후 제3자에게 가상자산의 이전을 요구하는 경우부터 적용함. (법 부칙(2023. 12. 31.) 2조)
··

⑤ 관할 세무서장이 그 밖의 재산권을 압류한 경우 제52조 제3항 및 제4항을 준용하거나 제64조에 따라 매각·추심에 착수한다. (2021. 12. 21. 항번개정)

제 7 관　그 밖의 재산권의 압류

제43조 【그 밖의 재산권의 압류 등기 또는 등록】 관할 세무서장은 법 제55조 제1항에 따라 채권과 소유권을 제외한 그 밖의 재산권(이하 "그 밖의 재산권"이라 한다)의 압류 등기 또는 등록과 그 변경 등기 또는 등록을 촉탁하는 경우 다음 각 호의 사항을 적은 문서에 압류조서를 첨부하여 제출해야 한다. (2021. 2. 17. 개정)

1. 그 밖의 재산권의 표시 (2021. 2. 17. 개정)
2. 등기 또는 등록의 원인과 그 연월일 (2021. 2. 17. 개정)
3. 등기 또는 등록의 목적 (2021. 2. 17. 개정)
4. 등기 또는 등록의 권리자 (2021. 2. 17. 개정)
5. 그 밖의 재산권의 권리자의 주소와 성명 (2021. 2. 17. 개정)

제43조의 2 【가상자산의 압류】 ① 관할 세무서장은 법 제55조 제3항에 따라 「특정 금융거래정보의 보고 및 이용 등에 관한 법률」 제2조 제3호에 따른 가상자산(이하 "가상자산"이라 한다)의 이전을 문서로 요구하는 경우에는 다음 각 호의 구분에 따라 이전하도록 요구해야 한다. (2022. 2. 15. 신설)

1. 체납자나 제3자가 체납자의 가상자산을 보관하고 있는 경우(제2호의 경우는 제외한다): 체납자 또는 제3자에게 해당 가상자산을 관할 세무서장이 지정하는 가상자산주소(「특정 금융거래정보의 보고 및 이용 등에 관한 법률 시행령」 제10조의 10 제2호 나목에 따른 가상자산주소를 말하며, 제2호에 따른 계정은 제외한다. 이하 같다)로 이전하도록 요구 (2022. 2. 15. 신설)
2. 「특정 금융거래정보의 보고 및 이용 등에 관한 법률」 제2조 제1호 하목에 따른 가상자산사업자(이하 "가상자산사업자"라 한다)가 체납자의 가상자산을 보관하고 있는 경우: 가상자산사업자에게 해당 가상자산을 체납자의 계정(가상자산사업자가 가상자산의 거래·보관 등의 서비스 제공을 위해 고객에게 부여한 고유식별부호를 말한다. 이하 같다)에서 관할 세무서장이 지정하는 계정으로 이전하도록 요구 (2022. 2. 15. 신설)

제 5 관　그 밖의 재산권의 압류

제42조 【그 밖의 재산권의 압류 등기 등 촉탁】 영 제43조에 따른 그 밖의 재산권의 압류 등기 또는 등록과 그 변경 등기 또는 등록의 촉탁은 별지 제47호 서식의 국세 강제징수에 따른 그 밖의 재산권 압류(변경, 압류 말소)등기(등록) 촉탁서에 따른다. (2021. 3. 16. 개정)

제43조 【그 밖의 재산권의 압류 통지 등】 (2024. 3. 22. 제목개정)

① 법 제55조 제2항에 따른 그 밖의 재산권의 압류 통지는 별지 제35호 서식의 재산 압류 통지서에 따른다. (2024. 3. 22. 항번개정)

② 법 제55조 제4항에 따른 그 밖의 재산권 압류 사실의 통지는 별지 제35호의 2 서식(갑)의 재산 압류 사실 통지서에 따르고, 같은 항에 따른 가상자산의 이전요구 사실의 통지는 별지 제35호의 2 서식(을)의 가상자산 이전요구 사실 통지서에 따른다. (2024. 3. 22. 신설)

② 법 제55조 제3항에 따라 가상자산의 이전을 요구하는 문서에는 다음 각 호의 사항이 포함되어야 한다. (2022. 2. 15. 신설)
1. 체납자의 성명 또는 명칭과 주소 (2022. 2. 15. 신설)
2. 체납자의 가상자산을 보관하고 있는 자의 성명 또는 명칭과 주소(제3자가 체납자의 가상자산을 보관하고 있는 경우로 한정한다) (2022. 2. 15. 신설)
3. 이전하여야 할 가상자산 및 그 규모 (2022. 2. 15. 신설)
4. 이전 기한 (2022. 2. 15. 신설)
5. 제1항에 따라 관할 세무서장이 지정한 가상자산주소 또는 계정 (2022. 2. 15. 신설)
6. 그 밖에 가상자산의 이전에 필요한 사항 (2022. 2. 15. 신설)
③ 관할 세무서장은 체납자의 가상자산이 두 종류 이상인 경우에는 매각의 용이성 및 가상자산의 종류별 규모 등을 고려하여 특정 가상자산을 우선하여 이전하도록 요구할 수 있다. (2022. 2. 15. 신설)

제56조【국가 또는 지방자치단체의 재산에 관한 권리의 압류】 ① 관할 세무서장은 체납자가 국가 또는 지방자치단체(「지방자치법」 제159조에 따른 지방자치단체조합을 포함한다. 이하 이 조 및 제97조에서 같다)의 재산을 매수한 경우 소유권 이전 전이라도 그 재산에 관한 체납자의 국가 또는 지방자치단체에 대한 권리를 압류한다. (2020. 12. 29. 개정)
② 관할 세무서장은 제1항에 따라 압류를 한 경우 그 사실을 체납자에게 통지하여야 한다. (2020. 12. 29. 개정)
③ 제1항의 압류재산을 매각함에 따라 이를 매수한 자는 그 대금을 완납한 때에 그 재산에 관한 체납자의 국가 또는 지방자치단체에 대한 모든 권리·의무를 승계한다. (2020. 12. 29. 개정)

제 7 관의 2 예탁된 유가증권 및 전자등록된 주식 등의 압류 (2023. 12. 31. 신설)

제56조의 2【예탁된 유가증권의 압류 절차 등】 ① 관할 세무서

제44조【국가 또는 지방자치단체의 재산에 관한 권리의 압류등록】 ① 관할 세무서장은 법 제56조 제1항에 따라 국가 또는 지방자치단체의 재산에 관한 체납자의 권리를 압류하는 경우 다음 각 호의 사항을 적은 문서에 압류조서를 첨부하여 국가 또는 지방자치단체에 압류의 등록을 촉탁해야 한다. (2021. 2. 17. 개정)
1. 계약자의 주소 또는 거소와 성명 (2021. 2. 17. 개정)
2. 국가 또는 지방자치단체 재산의 표시 (2021. 2. 17. 개정)
3. 그 밖에 필요한 사항 (2021. 2. 17. 개정)
② 국가 또는 지방자치단체는 제1항에 따라 촉탁을 받은 경우 관계 대장에 그 사실을 등록하고 지체 없이 관할 세무서장에게 등록 사실을 통지해야 한다. (2021. 2. 17. 개정)

편주 ▶ ⋯⋯⋯⋯⋯⋯⋯⋯⋯⋯⋯⋯⋯⋯⋯⋯⋯⋯⋯⋯⋯⋯⋯⋯⋯⋯⋯
법 56조의 2의 개정규정은 2024. 1. 1. 이후 압류하는 경우부터 적용함. (법 부칙(2023. 12. 31.) 3조)
⋯⋯⋯⋯⋯⋯⋯⋯⋯⋯⋯⋯⋯⋯⋯⋯⋯⋯⋯⋯⋯⋯⋯⋯⋯⋯⋯⋯⋯⋯⋯
☞

제44조【국가 또는 지방자치단체의 재산에 관한 권리의 압류등록 촉탁】 영 제44조 제1항에 따른 국가 또는 지방자치단체의 재산에 관한 체납자 권리의 압류등록 촉탁은 별지 제48호 서식의 국제 강제징수에 따른 국가 또는 지방자치단체 재산에 관한 권리 압류(압류말소)등록 촉탁서에 따른다. (2021. 3. 16. 개정)

제 5 관의 2 예탁된 유가증권 및 전자등록된 주식 등의 압류 (2024. 3. 22. 신설)

제44조의 2【예탁된 유가증권의 압

장은 「자본시장과 금융투자업에 관한 법률」 제309조 제2항에 따라 한 국예탁결제원(이하 "예탁결제원"이라 한다)에 예탁된 유가증권(같은 법 제310조 제4항에 따라 예탁결제원에 예탁된 것으로 보는 경우를 포함한다)에 관한 공유지분(이하 "예탁유가증권지분"이라 한다)을 압류하려는 경우에는 그 뜻을 다음 각 호의 구분에 따른 자에게 통지하여야 한다. (2023. 12. 31. 신설)

1. 체납자가 「자본시장과 금융투자업에 관한 법률」 제309조 제2항에 따른 예탁자(이하 "예탁자"라 한다)인 경우 : 예탁결제원 (2023. 12. 31. 신설)

2. 체납자가 「자본시장과 금융투자업에 관한 법률」 제309조 제2항에 따른 투자자인 경우 : 예탁자 (2023. 12. 31. 신설)

② 관할 세무서장은 제1항에 따라 예탁유가증권지분을 압류한 경우에는 그 사실을 체납자에게 통지하여야 한다. (2023. 12. 31. 신설)

③ 예탁유가증권지분 압류의 효력은 그 압류 통지서가 제1항 각 호의 구분에 따른 자에게 송달된 때에 발생한다. (2023. 12. 31. 신설)

제56조의 3 【전자등록된 주식 등의 압류 절차 등】 ① 관할 세무서장은 「주식·사채 등의 전자등록에 관한 법률」 제2조 제4호에 따른 전자등록주식등(이하 "전자등록주식등"이라 한다)을 압류하려는 경우 그 뜻을 다음 각 호의 구분에 따른 자에게 통지하여야 한다. (2023. 12. 31. 신설)

1. 체납자가 「주식·사채 등의 전자등록에 관한 법률」 제23조 제1항에 따른 계좌관리기관등인 경우 : 같은 법 제2조 제6호에 따른 전자등록기관 (2023. 12. 31. 신설)

2. 체납자가 「주식·사채 등의 전자등록에 관한 법률」 제22조 제1항에 따라 계좌관리기관에 고객계좌를 개설한 자인 경우 : 같은 법 제2조 제7호에 따른 계좌관리기관 (2023. 12. 31. 신설)

3. 체납자가 「주식·사채 등의 전자등록에 관한 법률」 제29조 제1항에 따른 특별계좌의 명의자인 경우 : 같은 법 제29조 제1항에 따른 명의개서대행회사등 (2023. 12. 31. 신설)

② 관할 세무서장은 제1항에 따라 전자등록주식등을 압류한 경우 그 사실을 체납자에게 통지하여야 한다. (2023. 12. 31. 신설)

편주 ▶
법 56조의 3의 개정규정은 2024. 1. 1. 이후 압류하는 경우부터 적용함. (법 부칙(2023. 12. 31.) 3조)

류 통지】 ① 법 제56조의 2 제1항에 따른 예탁결제원 또는 예탁자에 대한 예탁유가증권지분 압류의 통지는 별지 제48호의 2 서식(갑)의 예탁유가증권지분 압류 통지서에 따른다. (2024. 3. 22. 신설)

② 법 제56조의 2 제2항에 따른 체납자에 대한 예탁유가증권지분 압류의 통지는 별지 제48호의 2 서식(을)의 예탁유가증권지분 압류 통지서에 따른다. (2024. 3. 22. 신설)

제44조의 3 【전자등록된 주식 등의 압류 통지】 ① 법 제56조의 3 제1항에 따른 전자등록기관, 계좌관리기관 또는 명의개서회사등에 대한 전자등록주식등 압류의 통지는 별지 제48호의 3 서식(갑)의 전자등록주식등 압류 통지서에 따른다. (2024. 3. 22. 신설)

② 법 제56조의 3 제2항에 따른 체납자에 대한 전자등록주식등 압류의 통지는 별지 제48호의 3 서식(을)의 전자등록주식등 압류 통지서에 따른다. (2024. 3. 22. 신설)

③ 전자등록주식등 압류의 효력은 그 압류 통지서가 제1항 각 호의 구분에 따른 자에게 송달된 때에 발생한다. (2023. 12. 31. 신설)

제8관 압류의 해제

제57조【압류 해제의 요건】① 관할 세무서장은 다음 각 호의 어느 하나에 해당하는 경우 압류를 즉시 해제하여야 한다. (2020. 12. 29. 개정)

1. 압류와 관계되는 체납액의 전부가 납부 또는 충당(국세환급금, 그 밖에 관할 세무서장이 세법상 납세자에게 지급할 의무가 있는 금전을 체납액과 대등액에서 소멸시키는 것을 말한다. 이하 이 조, 제60조 제1항 및 제71조 제5항에서 같다)된 경우 (2020. 12. 29. 개정)
2. 국세 부과의 전부를 취소한 경우 (2020. 12. 29. 개정)
3. 여러 재산을 한꺼번에 공매(公賣)하는 경우로서 일부 재산의 공매대금으로 체납액 전부를 징수한 경우 (2020. 12. 29. 개정)
4. 총 재산의 추산(推算)가액이 강제징수비(압류에 관계되는 국세에 우선하는 「국세기본법」 제35조 제1항 제3호에 따른 채권 금액이 있는 경우 이를 포함한다)를 징수하면 남을 여지가 없어 강제징수를 종료할 필요가 있는 경우. 다만, 제59조에 따른 교부청구 또는 제61조에 따른 참가압류가 있는 경우로서 교부청구 또는 참가압류와 관계된 체납액을 기준으로 할 경우 남을 여지가 있는 경우는 제외한다. (2020. 12. 29. 개정)
5. 제41조에 따른 압류금지재산을 압류한 경우 (2023. 12. 31. 신설)
6. 제3자의 재산을 압류한 경우 (2023. 12. 31. 신설)
7. 그 밖에 제1호부터 제4호까지의 규정에 준하는 사유로 압류할 필요가 없게 된 경우 (2023. 12. 31. 호번개정)

② 관할 세무서장은 다음 각 호의 어느 하나에 해당하는 경우 압류재산의 전부 또는 일부에 대하여 압류를 해제할 수 있다. (2020. 12. 29. 개정)

1. 압류 후 재산가격이 변동하여 체납액 전액을 현저히 초과한 경우 (2020. 12. 29. 개정)
2. 압류와 관계되는 체납액의 일부가 납부 또는 충당된 경우 (2020. 12. 29. 개정)

제8관 압류의 해제

제45조【추산가액】법 제57조 제1항 제4호 본문에 따른 추산(推算)가액은 강제징수의 목적물인 재산을 「상속세 및 증여세법」 제60조부터 제66조까지의 규정에 따라 평가한 금액으로 한다. (2021. 2. 17. 개정)

제46조【압류 해제 조서】관할 세무서장은 법 제57조에 따라 재산의 압류를 해제하는 경우 기획재정부령으로 정하는 압류 해제 조서를 작성해야 한다. 다만, 압류를 해제하려는 재산이 동산이나 유가증권인 경우에는 압류조서의 여백에 해제 연월일과 해제 이유를 함께 적음으로써 압류 해제 조서의 작성을 갈음할 수 있다. (2021. 2. 17. 개정)

제46조의 2【가상자산의 압류 해제】관할 세무서장은 법 제57조에 따라 가상자산의 압류를 해제하는 경우에는 해당 가상자산을 체납자의 가상자산주소(가상자산을 가상자산사업자가 아닌 제3자가 보관했던 경우에는 그 제3자의 가상자산주소를 말한다) 또는 계정으로 이전해야 한다. (2022. 2. 15. 신설)

제6관 압류의 해제

제45조【압류 해제 조서】영 제46조에 따른 압류 해제 조서는 별지 제49호 서식에 따른다. (2021. 3. 16. 개정)

3. 국세 부과의 일부를 취소한 경우 (2020. 12. 29. 개정)
4. 체납자가 압류할 수 있는 다른 재산을 제공하여 그 재산을 압류한 경우 (2020. 12. 29. 개정)
③ 관할 세무서장은 제1항 제4호 본문에 따른 사유로 압류를 해제하려는 경우 제106조에 따른 국세체납정리위원회의 심의를 거쳐야 한다. (2020. 12. 29. 개정)

제58조【압류 해제의 절차 등】① 관할 세무서장은 재산의 압류를 해제한 경우 그 사실을 그 재산의 압류 통지를 한 체납자, 제3채무자 및 저당권자등에게 통지하여야 한다. (2020. 12. 29. 개정)

② 관할 세무서장은 압류를 해제한 경우 압류의 등기 또는 등록을 한 것에 대해서는 압류 해제 조서를 첨부하여 압류 말소의 등기 또는 등록을 관할 등기소등에 촉탁하여야 한다. (2020. 12. 29. 개정)
③ 관할 세무서장은 제3자에게 보관하게 한 압류재산의 압류를 해제한 경우 그 보관자에게 압류 해제 통지를 하고 압류재산을 체납자 또는 정당한 권리자에게 반환하여야 한다. 이 경우 관할 세무서장이 받았던 압류재산의 보관증은 보관자에게 반환하여야 한다. (2020. 12. 29. 개정)
④ 관할 세무서장은 제3항을 적용할 때 필요하다고 인정하는 경우 보관자가 체납자 또는 정당한 권리자에게 그 압류재산을 직접 인도하게 할 수 있다. 이 경우 체납자 또는 정당한 권리자에게 보관자로부터 압류재산을 직접 인도받을 것을 통지하여야 한다. (2020. 12. 29. 개정)
⑤ 관할 세무서장은 보관 중인 재산을 반환하는 경우 영수증을 받아야 한다. 다만, 체납자 또는 정당한 관리자에게 압류조서에 영수 사실을 적고 서명날인하게 함으로써 영수증을 받는 것에 갈음할 수 있다. (2020. 12. 29. 개정)

제 9 관　교부청구 및 참가압류

제59조【교부청구】관할 세무서장은 다음 각 호의 어느 하나에 해당하는 경우 해당 관할 세무서장, 지방자치단체의 장, 「공공기관

제47조 【압류 말소의 등기 또는 등록】법 제58조 제2항에 따른 압류 말소의 등기 또는 등록의 촉탁에 관하여는 제34조를 준용한다. (2021. 2. 17. 개정)

제 9 관　교부청구 및 참가압류

제48조【파산선고에 따른 교부청구】관할 세무서장은 법 제59조에 따라 파산관재인에게 교부청구를 하는 경우 다음 각 호의 구분에

제46조【압류 해제의 통지】법 제58조 제1항에 따른 압류 해제의 통지는 별지 제50호 서식의 압류 해제 통지서에 따른다. (2021. 3. 16. 개정)

제47조【압류 말소의 등기 또는 등록 촉탁】법 제58조 제2항에 따른 압류 말소의 등기 또는 등록의 촉탁은 별지 제51호 서식의 국세 강제징수에 따른 압류 말소 등기(등록) 촉탁서에 따른다. 다만, 그 밖의 재산권 및 국가 또는 지방자치단체의 재산에 관한 체납자의 권리에 대한 압류 말소의 등기 또는 등록의 촉탁은 각각 별지 제47호 서식 및 별지 제48호 서식에 따른다. (2021. 3. 16. 개정)

제 7 관　교부청구 및 참가압류

제48조【교부청구】법 제59조에 따른 체납액의 교부청구는 별지 제52호 서식의

의 운영에 관한 법률」 제4조에 따른 공공기관의 장, 「지방공기업법」 제49조 또는 제76조에 따른 지방공사 또는 지방공단의 장, 집행법원, 집행공무원, 강제관리인, 파산관재인 또는 청산인에 대하여 다음 각 호에 따른 절차의 배당·배분 요구의 종기(終期)까지 체납액(제13조에 따라 지정납부기한이 연장된 국세를 포함한다)의 교부를 청구하여야 한다. (2020. 12. 29. 개정)
1. 국세, 지방세 또는 공과금의 체납으로 체납자에 대한 강제징수 또는 체납처분이 시작된 경우 (2020. 12. 29. 개정)
2. 체납자에 대하여 「민사집행법」에 따른 강제집행 및 담보권 실행 등을 위한 경매가 시작되거나 체납자가 「채무자 회생 및 파산에 관한 법률」에 따른 파산선고를 받은 경우 (2020. 12. 29. 개정)
3. 체납자인 법인이 해산한 경우 (2020. 12. 29. 개정)

제60조【교부청구의 해제】① 관할 세무서장은 납부, 충당, 국세부과의 취소나 그 밖의 사유로 교부를 청구한 체납액의 납부의무가 소멸된 경우 그 교부청구를 해제하여야 한다. (2020. 12. 29. 개정)
② 관할 세무서장은 제1항에 따라 교부청구를 해제하려는 경우 그 사실을 교부청구를 받은 기관에 통지하여야 한다. (2020. 12. 29. 개정)

제61조【참가압류】① 관할 세무서장은 압류하려는 재산이 이미 다른 기관에 압류되어 있는 경우 참가압류 통지서를 그 재산을 이미 압류한 기관(이하 "선행압류기관"이라 한다)에 송달함으로써 제59조에 따른 교부청구를 갈음하고 그 압류에 참가할 수 있다. (2020. 12. 29. 개정)
② 관할 세무서장은 제1항에 따라 참가압류를 한 경우 그 사실을 체납자, 제3채무자 및 저당권자등에게 통지하여야 한다. (2020. 12. 29. 개정)
③ 관할 세무서장은 권리의 변동에 등기 또는 등록이 필요한 재산에 대하여 참가압류를 하려는 경우 참가압류의 등기 또는 등록을 관할 등기소등에 촉탁하여야 한다. (2020. 12. 29. 개정)

제62조【참가압류의 효력 등】① 제61조에 따라 참가압류를 한 후에 선행압류기관이 그 재산에 대한 압류를 해제한 경우 그 참가압류

따른 방법으로 해야 한다. (2021. 2. 17. 개정)
1. 압류한 재산의 가액이 징수할 금액보다 적거나 적다고 인정될 경우 : 재단채권(財團債權)으로서 파산관재인에게 그 부족액을 교부청구하는 방법 (2021. 2. 17. 개정)
2. 납세담보물 제공자가 파산선고를 받아 강제징수에 의하여 그 담보물을 공매하려는 경우 : 「채무자 회생 및 파산에 관한 법률」 제447조에 따른 채권신고 절차를 거친 후 별제권(別除權)을 행사해도 부족하거나 부족하다고 인정되는 금액을 교부청구하는 방법. 다만, 파산관재인이 그 재산을 매각하려는 경우에는 징수할 금액을 교부청구하는 방법으로 해야 한다. (2021. 2. 17. 개정)

제49조【선행압류기관의 동산 등 인도 통지】법 제61조 제1항에 따른 선행압류기관(이하 "선행압류기관"이라 한다)은 법 제62조 제4항에 따라 압류를 해제한 동산 또는 유가증권 등을 참가압류를 한 관할 세무서장에게 인도하거나 같은 조 제8항에 따라 압류한 동산 또는 유가증권 등을 매각을 촉구한 관할 세무서장에게 인도하려는 경우 기획재정부령으로 정하는 참가압류재산 인도통지서를 보내야 한다. 이 경우 해당 재산을 제3자가 보관하고 있는 상태로 인도하려면 참가압류재산 인도통지서에 그 보관증과 보관자에 대한 인도지시서를 첨부해야 한다. (2021. 2. 17. 개정)

제50조【참가압류한 동산 등의 인수】① 참가압류를 한 관할 세무서장은 제49조에 따라 선행압류기관으로부터 동산 또는 유가증권 등의 인도 통지를 받은 경우 지체 없이 해당 동산 또는 유가증권 등을

교부청구서에 따른다. (2021. 3. 16. 개정)

제49조【교부청구의 해제 통지】법 제60조 제2항에 따른 체납액 교부청구의 해제 통지는 별지 제53호 서식의 교부청구 해제 통지서에 따른다. (2021. 3. 16. 개정)

제50조【참가압류 통지】① 법 제61조 제1항에 따른 선행압류기관(이하 "선행압류기관"이라 한다)에 대한 참가압류 통지서는 별지 제54호 서식(갑)에 따른다. (2021. 3. 16. 개정)
② 법 제61조 제2항에 따른 체납자, 제3채무자 및 저당권자등에 대한 참가압류의 통지는 별지 제54호 서식(을)의 참가압류 통지서에 따른다. (2021. 3. 16. 개정)

는 다음 각 호의 구분에 따른 시기로 소급하여 압류의 효력을 갖는다. (2020. 12. 29. 개정)

1. 권리의 변동에 등기 또는 등록이 필요한 재산 : 참가압류의 등기 또는 등록이 완료된 때 (2020. 12. 29. 개정)

2. 권리의 변동에 등기 또는 등록이 필요하지 아니한 재산 : 참가압류 통지서가 선행압류기관에 송달된 때 (2020. 12. 29. 개정)

② 제1항을 적용할 때 둘 이상의 참가압류가 있는 경우에는 다음 각 호의 구분에 따른 시기로 소급하여 압류의 효력이 생긴다. (2020. 12. 29. 개정)

1. 권리의 변동에 등기 또는 등록을 필요로 하는 재산 : 가장 먼저 참가압류의 등기 또는 등록이 완료된 때 (2020. 12. 29. 개정)

2. 권리의 변동에 등기 또는 등록을 필요로 하지 아니한 재산 : 가장 먼저 참가압류 통지서가 송달된 때 (2020. 12. 29. 개정)

③ 선행압류기관은 압류를 해제한 경우 압류가 해제된 재산 목록을 첨부하여 그 사실을 참가압류를 한 관할 세무서장에게 통지하여야 한다. (2020. 12. 29. 개정)

④ 선행압류기관은 압류를 해제한 재산이 동산 또는 유가증권 등인 경우로서 해당 재산을 선행압류기관이 점유하고 있거나 제3자에게 보관하게 한 경우 참가압류를 한 관할 세무서장에게 직접 인도하여야 한다. 다만, 제3자가 보관하고 있는 재산에 대해서는 그 제3자가 발행한 해당 보관증을 인도함으로써 재산을 직접 인도하는 것을 갈음할 수 있다. (2020. 12. 29. 개정)

⑤ 참가압류를 한 관할 세무서장은 선행압류기관이 그 압류재산을 장기간이 지나도록 매각하지 아니한 경우 이에 대한 매각을 선행압류기관에 촉구할 수 있다. (2020. 12. 29. 개정)

⑥ 참가압류를 한 관할 세무서장은 제5항에 따라 매각의 촉구를 받은 선행압류기관이 촉구를 받은 날부터 3개월 이내에 다음 각 호의 어느 하나에 해당하는 행위를 하지 아니한 경우 해당 압류재산을 매각할 수 있다. (2020. 12. 29. 개정)

1. 제67조에 따라 수의계약으로 매각하려는 사실의 체납자 등에 대한 통지 (2020. 12. 29. 개정)

인수해야 한다. (2021. 2. 17. 개정)

② 참가압류를 한 관할 세무서장은 제1항에 따라 인수한 동산 또는 유가증권 등이 제3자가 보관하고 있는 재산인 경우 제49조 후단에 따라 받은 보관증과 인도지시서를 그 보관자에게 내주어야 한다. (2021. 2. 17. 개정)

③ 참가압류를 한 관할 세무서장은 필요하다고 인정하면 제1항에 따라 인수한 동산 또는 유가증권 등을 체납자 또는 그 재산을 점유한 제3자에게 보관하게 할 수 있다. (2021. 2. 17. 개정)

④ 참가압류를 한 관할 세무서장은 제1항에 따라 동산 또는 유가증권 등을 인수한 경우 선행압류기관에 지체 없이 그 사실을 통지해야 한다. (2021. 2. 17. 개정)

제51조【일반 압류 규정의 준용】 참가압류에 관하여 이 영에 특별한 규정이 없는 경우에는 이 영 중 일반 압류에 관한 규정을 준용한다. (2021. 2. 17. 개정)

제53조【참가압류재산의 인수 통지】 영 제50조 제4항에 따른 동산 또는 유가증권 등의 참가압류재산 인수 통지는 별지 제59호 서식의 참가압류재산 인수 통지서에 따른다. (2021. 3. 16. 개정)

제51조【선행압류기관의 압류 해제 통지 등】 ① 법 제62조 제3항에 따른 선행압류기관의 압류 해제의 통지는 별지 제55호 서식의 선행압류기관 압류 해제 통지서에 따른다. (2021. 3. 16. 개정)

② 영 제49조에 따른 동산 또는 유가증권 등의 참가압류재산 인도통지서는 별지 제56호 서식에 따른다. (2021. 3. 16. 개정)

제52조【참가압류기관의 매각 촉구 및 통지】 ① 법 제62조 제5항에 따른 참가압류재산 매각 촉구는 별지 제57호 서식의 참가압류재산 매각 촉구서에 따른다. (2021. 3. 16. 개정)

2. 제72조에 따른 공매공고 (2020. 12. 29. 개정)

3. 제103조 제1항에 따라 공매 또는 수의계약을 대행하게 하는 의뢰서
 의 송부 (2020. 12. 29. 개정)

⑦ 참가압류를 한 관할 세무서장은 제6항에 따라 압류재산을 매각하려는 경우 그 내용을 선행압류기관에 통지하여야 한다. (2020. 12. 29. 개정)

⑧ 선행압류기관은 제7항에 따른 통지를 받은 경우 점유하고 있거나 제3자에게 보관하게 하고 있는 동산 또는 유가증권 등 압류재산을 제5항에 따라 매각을 촉구한 관할 세무서장에게 인도하여야 한다. 이 경우 인도 방법에 관하여는 제4항을 준용한다. (2020. 12. 29. 개정)

    제63조【참가압류의 해제】 참가압류의 해제에 관하여는 제29조, 제57조 및 제58조를 준용한다. (2020. 12. 29. 개정)

제 3 절 압류재산의 매각

제 1 관 통 칙

    제64조【매각의 착수시기】 ① 관할 세무서장은 압류 후 1년 이내에 매각을 위한 다음 각 호의 어느 하나에 해당하는 행위를 하여야 한다. 다만, 체납된 국세와 관련하여 심판청구등이 계속 중인 경우, 이 법 또는 다른 세법에 따라 압류재산의 매각을 유예한 경우, 압류재산의 감정평가가 곤란한 경우, 그 밖에 이에 준하는 사유로 법률상·사실상 매각이 불가능한 경우에는 그러하지 아니하다. (2020. 12. 29. 개정)

1. 제67조에 따라 수의계약으로 매각하려는 사실의 체납자 등에 대한
 통지 (2020. 12. 29. 개정)

2. 제72조에 따른 공매공고 (2020. 12. 29. 개정)

3. 제103조 제1항에 따라 공매 또는 수의계약을 대행하게 하는 의뢰서
 의 송부 (2020. 12. 29. 개정)

② 관할 세무서장은 제1항 각 호 외의 부분 단서의 사유가 해소되어 매각이 가능해진 때에는 지체 없이 제1항 각 호의 어느 하나에 해당하는 행위를 하여야 한다. (2020. 12. 29. 개정)

② 법 제62조 제7항에 따른 참가압류재산 매각 통지는 별지 제58호 서식의 참가압류재산 매각 통지서에 따른다. (2021. 3. 16. 개정)

제 3 절 압류재산의 매각

제 1 관 통 칙

제 3 절 압류재산의 매각

제 1 관 통 칙

제65조【매각 방법】 ① 압류재산은 공매 또는 수의계약으로 매각한다. (2020. 12. 29. 개정)

② 공매는 다음 각 호의 어느 하나에 해당하는 방법(정보통신망을 이용한 것을 포함한다)으로 한다. (2020. 12. 29. 개정)

1. 경쟁입찰 : 공매를 집행하는 공무원이 공매예정가격을 제시하고, 매수신청인에게 문서로 매수신청을 하게 하여 공매예정가격 이상의 신청가격 중 최고가격을 신청한 자(이하 "최고가 매수신청인"이라 한다)를 매수인으로 정하는 방법 (2020. 12. 29. 개정)

2. 경매 : 공매를 집행하는 공무원이 공매예정가격을 제시하고, 매수신청인에게 구두 등의 방법으로 신청가격을 순차로 올려 매수신청을 하게 하여 최고가 매수신청인을 매수인으로 정하는 방법 (2020. 12. 29. 개정)

③ 경매의 방법으로 매각하는 경우 경매의 성질에 반하지 아니하는 범위에서 이 절의 경쟁입찰에 관한 규정을 준용한다. (2020. 12. 29. 개정)

제66조【공　매】 ① 관할 세무서장은 압류한 부동산등, 동산, 유가증권, 그 밖의 재산권과 제52조 제2항에 따라 체납자를 대위하여 받은 물건(금전은 제외한다)을 대통령령으로 정하는 바에 따라 공매한다. (2020. 12. 29. 개정)

② 제1항에도 불구하고 관할 세무서장은 다음 각 호의 어느 하나에 해당하는 압류재산의 경우에는 각 호의 구분에 따라 직접 매각할 수 있다. (2021. 12. 21. 개정)

1. 「자본시장과 금융투자업에 관한 법률」 제8조의 2 제4항 제1호에 따른 증권시장(이하 "증권시장"이라 한다)에 상장된 증권: 증권시장에서의 매각 (2021. 12. 21. 신설)

2. 가상자산사업자를 통해 거래되는 가상자산: 가상자산사업자를 통한 매각 (2021. 12. 21. 신설)

제52조【개별공매 및 일괄공매】 ① 관할 세무서장은 법 제66조 제1항에 따라 여러 개의 재산을 공매에 부치는 경우 그 재산을 각각 공매해야 한다. 다만, 관할 세무서장이 해당 재산의 위치·형태·이용관계 등을 고려하여 그 재산을 일괄하여 공매하는 것이 알맞다고 인정하는 경우에는 직권으로 또는 이해관계인의 신청에 따라 일괄하여 공매할 수 있다. (2021. 2. 17. 개정)

② 관할 세무서장은 제1항 단서에 따라 여러 개의 재산을 일괄하여 공매할 때 각 재산의 매각대금을 특정할 필요가 있는 경우 각 재산에 대한 공매예정가격의 비율을 정해야 하며, 각 재산의 매각대금은 총 매각대금을 각 재산의 공매예정가격 비율에 따라 나눈 금액으로 한다. (2021. 2. 17. 개정)

③ 관할 세무서장은 제1항 단서에 따라 여러 개의 재산을 일괄하여 공매하는 경우 그 재산 중 일부 재산의 매각대금만으로도 체납액을 변제하기에 충분하면 다른 재산은 공매하지 않아야 한다. 다만, 다음 각 호의 어느 하나에 해당하는 경우는 예외로 한다. (2021. 2. 17. 개정)

1. 토지와 그 위의 건물을 일괄하여 공매하는 경우 (2021. 2. 17. 개정)

2. 재산을 분리하여 공매하면 그 경제적 효용이 현저하게 떨어지는 경

제53조의 2【직접 매각의 사전통지】 법 제66조 제3항에 따른 압류재산 직접 매각의 사전통지는 별지 제59호의 2 서식에 따른다. (2023. 3. 20. 신설)

③ 관할 세무서장은 제2항 각 호의 구분에 따라 압류재산을 직접 매각
하려는 경우에는 매각 전에 그 사실을 체납자 등 대통령령으로 정하는
자에게 통지하여야 한다. (2022. 12. 31. 신설)
④ 제1항 및 제2항에도 불구하고 제31조 제2항에 따라 압류한 재산은
그 압류와 관계되는 국세의 납세 의무가 확정되기 전에는 공매할 수
없다. (2022. 12. 31. 항번개정)
⑤ 제1항 및 제2항에도 불구하고 심판청구등이 계속 중인 국세의
체납으로 압류한 재산은 그 신청 또는 청구에 대한 결정이나 소(訴)
에 대한 판결이 확정되기 전에는 공매할 수 없다. 다만, 그 재산이
제67조 제2호에 해당하는 경우에는 그러하지 아니하다. (2022. 12.
31. 항번개정)

　　제66조의 2 【가족관계등록 전산정보의 공동이용】 관할 세무서
장(제103조 제1항 제1호에 따라 한국자산관리공사가 공매를 대행하는
경우에는 한국자산관리공사를 말한다)은 제66조 제1항 및 제2항에 따
른 공매를 위하여 필요한 경우 「전자정부법」 제36조 제1항에 따라 「가
족관계의 등록 등에 관한 법률」 제11조 제4항에 따른 전산정보자료를
공동이용(「개인정보 보호법」 제2조 제2호에 따른 처리를 포함한다)할
수 있다. (2022. 12. 31. 신설)

우 (2021. 2. 17. 개정)
3. 체납자의 동의를 받은 경우 (2021. 2. 17. 개정)
④ 제3항 본문에 따라 관할 세무서장이 여러 개의 재산 중 일부 재산을
공매하려는 경우 해당 체납자는 공매 대상 재산을 지정할 수 있다.
(2021. 2. 17. 개정)

　　제53조의 2 【압류재산 직접 매각 시 통지 대상】 법 제66조 제3
항에서 "체납자 등 대통령령으로 정하는 자"란 다음 각 호의 자를 말한
다. (2023. 2. 28. 신설)
1. 체납자 (2023. 2. 28. 신설)
2. 납세담보물 소유자 (2023. 2. 28. 신설)
3. 압류재산에 질권 또는 그 밖의 권리를 가진 자 (2023. 2. 28. 신설)

　　제106조의 2 【행정정보의 공동이용】 (2024. 2. 29. 조번개정)
① 관할 세무서장(법 제103조 제1항 제1호에 따른 공매를 대행하는 한
국자산관리공사를 포함한다)은 법 제66조 제1항 및 제2항에 따른 압류
재산의 공매를 위하여 필요한 경우 「전자정부법」 제36조 제1항에 따
른 행정정보의 공동이용을 통하여 다음 각 호의 정보를 확인할 수 있
다. (2024. 2. 29. 항번개정)
1. 법무부장관이 보유하는 출입국사실증명, 외국인등록사실증명 및 국
　　내거소신고사실증명 (2021. 2. 17. 개정)
2. 행정안전부장관이 보유하는 주민등록표 등본·초본 및 주민등록전
　　입세대 (2021. 2. 17. 개정)
3. 국토교통부장관이 보유하는 토지(임야)대장, 건축물대장, 자동차등
　　록원부 및 건설기계등록원부 (2021. 2. 17. 개정)
4. 해양수산부장관이 보유하는 선박원부 (2021. 2. 17. 개정)
5. 대법원장이 보유하는 법인등기사항증명서, 토지등기사항증명서 및
　　건물등기사항증명서 (2021. 2. 17. 개정)
② 한국자산관리공사는 법 제11조 제1항에 따라 관할 세무서장으로부
터 위탁받은 체납액 징수 관련 업무를 수행하기 위해 필요한 경우 「전
자정부법」 제36조 제1항에 따른 행정정보의 공동이용을 통하여 제1항
각 호의 정보를 확인할 수 있다. (2024. 2. 29. 신설)

　제67조 【수의계약】 관할 세무서장은 압류재산이 다음 각 호의 어느 하나에 해당하는 경우 수의계약으로 매각할 수 있다. (2020. 12. 29. 개정)
1. 수의계약으로 매각하지 아니하면 매각대금이 강제징수비 금액 이하가 될 것으로 예상되는 경우 (2020. 12. 29. 개정)
2. 부패·변질 또는 감량되기 쉬운 재산으로서 속히 매각하지 아니하면 그 재산가액이 줄어들 우려가 있는 경우 (2020. 12. 29. 개정)
3. 압류한 재산의 추산가격이 1천만원 미만인 경우 (2020. 12. 29. 개정)
4. 법령으로 소지(所持) 또는 매매가 금지 및 제한된 재산인 경우 (2020. 12. 29. 개정)
5. 제1회 공매 후 1년간 5회 이상 공매하여도 매각되지 아니한 경우 (2020. 12. 29. 개정)
6. 공매가 공익(公益)을 위하여 적절하지 아니한 경우 (2020. 12. 29. 개정)

제 2 관　공매의 준비

　제68조 【공매예정가격의 결정】 ① 관할 세무서장은 압류재산을 공매하려면 그 공매예정가격을 결정하여야 한다. (2020. 12. 29. 개정)

② 관할 세무서장은 공매예정가격을 결정하기 어려운 경우 대통령령으로 정하는 바에 따라 감정인(鑑定人)에게 평가를 의뢰하여 그 가액을 참고할 수 있다. (2020. 12. 29. 개정)
③ 감정인은 제2항의 평가를 위하여 필요한 경우 제69조 제2항에 따른 조치를 할 수 있다. (2020. 12. 29. 개정)
④ 관할 세무서장은 제2항에 따라 감정인에게 공매대상 재산의 평가를 의뢰한 경우 대통령령으로 정하는 바에 따라 수수료를 지급할 수 있다. (2020. 12. 29. 개정)

　제54조 【수의계약】 ① 관할 세무서장은 법 제67조에 따라 압류재산을 수의계약으로 매각하려는 경우 추산가격조서를 작성하고 2인 이상으로부터 견적서를 받아야 한다. 다만, 같은 조 제5호에 해당하여 수의계약을 하는 경우로서 그 매각금액이 최종 공매 시의 공매예정가격 이상인 경우에는 견적서를 받지 않을 수 있다. (2021. 2. 17. 개정)
② 관할 세무서장은 압류재산을 법 제67조에 따라 수의계약으로 매각하려는 경우 그 사실을 다음 각 호의 자에게 통지해야 한다. (2021. 2. 17. 개정)
1. 체납자 (2021. 2. 17. 개정)
2. 납세담보물 소유자 (2021. 2. 17. 개정)
3. 압류재산에 전세권·질권·저당권 또는 그 밖의 권리를 가진 자 (2021. 2. 17. 개정)

제 2 관　공매의 준비

　제55조 【감정인】 ① 관할 세무서장은 법 제68조 제2항에 따라 다음 각 호의 구분에 따른 감정인(鑑定人)에게 공매대상 재산의 평가를 의뢰할 수 있다. (2021. 2. 17. 개정)
1. 공매대상 재산이 부동산인 경우 : 「감정평가 및 감정평가사에 관한 법률」 제2조 제4호에 따른 감정평가법인등 (2021. 2. 17. 개정)
2. 공매대상 재산이 제1호 외의 재산인 경우 : 해당 재산과 관련된 분야에 5년 이상 종사한 전문가 (2021. 2. 17. 개정)
② 법 제68조 제4항에 따른 수수료는 감정평가금액 등을 고려하여 기획재정부령으로 정한다. (2021. 2. 17. 개정)

　제54조 【수의계약】 ① 영 제54조 제2항에 따른 수의계약의 통지는 별지 제60호 서식의 수의계약 통지서에 따른다. (2021. 3. 16. 개정)
② 관할 세무서장이 법 제75조에 따라 공매통지를 할 때에 제1회 공매 후 1년간 5회 이상 공매해도 매각되지 않으면 법 제67조에 따른 수의계약으로 매각할 수 있다는 뜻을 함께 통지하는 경우에는 영 제54조 제2항에 따른 통지를 한 것으로 본다. (2021. 3. 16. 개정)

　제55조 【공매예정가격조서】 법 제68조 제1항에 따른 공매예정가격의 결정은 별지 제61호 서식의 공매예정가격조서에 따른다. (2021. 3. 16. 개정)

　제56조 【감정서 및 감정수수료】 ① 영 제55조 제1항에 따라 공매대상 재산의 평가를 의뢰받은 감정인이 작성하는 감정서는 별지 제62호 서식에 따른다. (2021. 3. 16. 개정)

② 영 제55조 제2항에 따른 수수료는 별표 2에 따른 금액으로 한다. 다만, 무형자

제69조【공매재산에 대한 현황조사】① 관할 세무서장은 제68조에 따라 공매예정가격을 결정하기 위하여 공매재산의 현 상태, 점유관계, 임차료 또는 보증금의 액수, 그 밖의 현황을 조사하여야 한다. (2020. 12. 29. 개정)
② 세무공무원은 제1항의 조사를 위하여 건물에 출입할 수 있고, 체납자 또는 건물을 점유하는 제3자에게 공매재산의 현황과 관련된 질문을 하거나 문서의 제시를 요구할 수 있다. (2020. 12. 29. 개정)
③ 세무공무원은 제2항에 따라 건물에 출입하기 위하여 필요한 경우 잠긴 문을 여는 등 적절한 처분을 할 수 있다. (2020. 12. 29. 개정)

제70조【공매장소】공매는 지방국세청, 세무서, 세관 또는 공매재산이 있는 특별자치시ㆍ특별자치도ㆍ시ㆍ군ㆍ자치구에서 한다. 다만, 관할 세무서장이 필요하다고 인정하는 경우에는 다른 장소에서 공매할 수 있다. (2020. 12. 29. 개정)

제71조【공매보증】① 관할 세무서장은 압류재산을 공매하는 경우 필요하다고 인정하면 공매에 참여하려는 자에게 공매보증을 받을 수 있다. (2020. 12. 29. 개정)
② 공매보증금액은 공매예정가격의 100분의 10 이상으로 한다. (2020. 12. 29. 개정)
③ 공매보증은 다음 각 호의 어느 하나에 해당하는 것으로 한다. 이 경우 제2호부터 제4호까지의 어느 하나에 해당하는 것(이하 "국공채등"이라 한다)으로 할 때 필요한 요건은 대통령령으로 정한다. (2020. 12. 29. 개정)
1. 금전 (2020. 12. 29. 개정)
2. 국공채 (2020. 12. 29. 개정)
3. 증권시장에 상장된 증권 (2020. 12. 29. 개정)
4.「보험업법」에 따른 보험회사가 발행한 보증보험증권 (2020. 12. 29. 개정)
④ 관할 세무서장은 다음 각 호의 경우 다음 각 호의 구분에 따른 자가 제공한 공매보증을 반환한다. (2020. 12. 29. 개정)
1. 개찰(開札) 후 : 최고가 매수신청인을 제외한 다른 매수신청인

제56조【국공채 등의 공매보증 제공】① 매수신청인은 법 제71조 제3항 후단에 따른 국공채등(이하 "국공채등"이라 한다)을 공매보증으로 제공하려는 경우 해당 국공채등에 다음 각 호의 구분에 따른 서류를 첨부하여 관할 세무서장에게 제출해야 한다. (2021. 2. 17. 개정)
1. 무기명국채 또는 미등록공사채로 납부하는 경우 : 질권설정서 (2021. 2. 17. 개정)
2. 등록국채 또는 등록공사채로 납부하는 경우 : 다음 각 목의 서류 (2021. 2. 17. 개정)
　가. 담보권등록증명서 (2021. 2. 17. 개정)
　나. 등록국채 또는 등록공사채 기명자(記名者)의 인감증명서 또는 본인서명사실확인서를 첨부한 위임장 (2021. 2. 17. 개정)
3. 주식(출자증권을 포함한다)으로 납부하는 경우 : 다음 각 목의 구분

산 등 자산의 특수성으로 인하여 별표 2의 수수료를 적용하기 곤란한 경우에는 관할 세무서장이 감정인과 협의하여 수수료를 별도로 정할 수 있다. (2021. 3. 16. 개정)

제57조【공매재산 현황조사】법 제69조 제1항에 따른 공매재산에 대한 현황조사는 별지 제63호 서식의 공매재산 현황조사서에 따른다. (2021. 3. 16. 개정)

제58조【질권설정서】영 제56조 제1항 제1호에 따른 질권설정서는 별지 제64호 서식에 따른다. (2021. 3. 16. 개정)

(2020. 12. 29. 개정)

2. 매수인이 매수대금을 납부하기 전에 체납자가 매수인의 동의를 받아 압류와 관련된 체납액을 납부하여 제86조 제1호에 따라 압류재산의 매각결정이 취소된 경우 : 매수인 (2020. 12. 29. 개정)

3. 차순위 매수신청인이 있는 경우로서 매수인이 대금을 모두 지급한 경우 : 차순위 매수신청인 (2020. 12. 29. 개정)

4. 매수신청인이 제80조 제2항에 해당하여 매각결정을 받지 못한 경우 : 매수신청인 (2023. 12. 31. 신설)

⑤ 관할 세무서장은 다음 각 호의 어느 하나에 해당하는 경우 공매보증을 강제징수비, 압류와 관계되는 국세의 순으로 충당한 후 남은 금액은 체납자에게 지급한다. (2020. 12. 29. 개정)

1. 최고가 매수신청인이 개찰 후 매수계약을 체결하지 아니한 경우 (2020. 12. 29. 개정)

2. 제86조 제2호 또는 제3호에 해당하는 사유로 압류재산의 매각결정이 취소된 경우 (2023. 12. 31. 개정)

편주 ▶
법 71조 5항 2호의 개정규정은 2024. 7. 1.부터 시행함. (법 부칙(2023. 12. 31.) 1조 단서)

제72조 【공매공고】 ① 관할 세무서장은 공매를 하려는 경우 다음 각 호의 사항을 공고하여야 한다. (2020. 12. 29. 개정)

1. 매수대금을 납부하여야 할 기한(이하 "대금납부기한"이라 한다) (2020. 12. 29. 개정)

2. 공매재산의 명칭, 소재, 수량, 품질, 공매예정가격, 그 밖의 중요한 사항 (2020. 12. 29. 개정)

3. 입찰서 제출 또는 경매의 장소와 일시(기간입찰의 경우 그 입찰서 제출기간) (2020. 12. 29. 개정)

4. 개찰의 장소와 일시 (2020. 12. 29. 개정)

5. 공매보증을 받을 경우 그 금액 (2020. 12. 29. 개정)

6. 공매재산이 공유물의 지분 또는 부부공유의 동산·유가증권인 경우 공유자(체납자는 제외한다. 이하 같다)·배우자에게 각 우선매수권

에 따른 서류 (2021. 2. 17. 개정)

가. 무기명주식인 경우 : 해당 주식을 발행한 법인의 주식확인증 (2021. 2. 17. 개정)

나. 기명주식인 경우 : 질권설정에 필요한 서류 (2021. 2. 17. 개정)

② 관할 세무서장은 제1항 제3호 나목에 해당하는 서류를 제출받은 경우 질권설정의 등록을 해당 법인에 촉탁해야 한다. (2021. 2. 17. 개정)

제57조 【공매보증으로 제공하는 국공채등의 평가】 공매보증으로 제공하는 국공채등의 가액의 평가에 관하여는 법 제19조 제1호·제2호 및 이 영 제19조 제1항을 준용한다. 이 경우 이 영 제19조 제1항 중 "담보로 제공하는 날"은 "공매보증으로 제공하는 날"로 본다. (2021. 2. 17. 개정)

제58조 【공매공고 사항】 ① 관할 세무서장은 법 제72조에 따라 공매공고를 할 때 공매할 토지의 지목(地目) 또는 지적(地籍)이 토지대장의 표시와 다른 경우 그 사실을 공매공고문에 함께 적어야 한다. (2021. 2. 17. 개정)

② 관할 세무서장은 법 제72조에 따라 공고한 사항이 변경된 경우 그 변경된 사항을 지체 없이 다시 공고해야 한다. (2021. 2. 17. 개정)

이 있다는 사실 (2020. 12. 29. 개정)

7. 배분요구의 종기 (2020. 12. 29. 개정)

8. 배분요구의 종기까지 배분을 요구하여야 배분받을 수 있는 채권 (2020. 12. 29. 개정)

9. 매각결정기일 (2020. 12. 29. 개정)

10. 매각으로 소멸하지 아니하고 매수인이 인수하게 될 공매재산에 대한 지상권, 전세권, 대항력 있는 임차권 또는 가등기가 있는 경우 그 사실 (2020. 12. 29. 개정)

11. 공매재산의 매수인으로서 일정한 자격이 필요한 경우 그 사실 (2020. 12. 29. 개정)

12. 제77조 제2항 각 호에 따른 자료의 제공 내용 및 기간 (2020. 12. 29. 개정)

13. 차순위 매수신청의 기간과 절차 (2020. 12. 29. 개정)

② 관할 세무서장은 공매공고를 하는 경우 동일한 재산에 대한 향후의 여러 차례의 공매에 관한 사항을 한꺼번에 공고할 수 있다. (2020. 12. 29. 개정)

③ 공매공고는 정보통신망을 통하여 하되, 다음 각 호의 구분에 따른 게시 또는 게재도 함께 하여야 한다. (2020. 12. 29. 개정)

1. 지방국세청, 세무서, 세관, 특별자치시·특별자치도·시·군·자치구, 그 밖의 적절한 장소에 게시 (2020. 12. 29. 개정)

2. 관보 또는 일간신문에 게재 (2020. 12. 29. 개정)

④ 제1항 제7호에 따른 배분요구의 종기는 절차 진행에 필요한 기간을 고려하여 정하되, 최초의 입찰서 제출 시작일 이전으로 하여야 한다. 다만, 공매공고에 대한 등기 또는 등록이 지연되거나 누락되는 등 대통령령으로 정하는 사유로 공매 절차가 진행되지 못하는 경우에는 관할 세무서장은 배분요구의 종기를 최초의 입찰서 제출 마감일 이후로 연기할 수 있다. (2020. 12. 29. 개정)

⑤ 제1항 제9호에 따른 매각결정기일은 같은 항 제4호에 따른 개찰일부터 7일(토요일, 일요일, 「공휴일에 관한 법률」 제2조의 공휴일 및 같은 법 제3조의 대체공휴일은 제외한다) 이내로 정하여야 한다. (2022. 12. 31. 개정)

제59조【배분요구의 종기 연기사유】법 제72조 제4항 단서에서 "공매공고에 대한 등기 또는 등록이 지연되거나 누락되는 등 대통령령으로 정하는 사유"란 다음 각 호의 어느 하나에 해당하는 경우를 말한다. (2021. 2. 17. 개정)

1. 공매공고의 등기 또는 등록이 지연되거나 누락된 경우 (2021. 2. 17. 개정)

2. 법 제75조에 따른 공매통지가 누락되는 등의 사유로 다시 법 제72조에 따른 공매공고를 해야 하는 경우 (2021. 2. 17. 개정)

3. 그 밖에 제1호 및 제2호와 유사한 사유로 공매공고를 다시 진행하는 경우 (2021. 2. 17. 개정)

⑥ 관할 세무서장은 경매의 방법으로 재산을 공매하는 경우 대통령령으로 정하는 바에 따라 경매인을 선정하여 이를 취급하게 할 수 있다. (2020. 12. 29. 개정)

⑦ 제1항부터 제6항까지에서 규정한 사항 외에 공매공고에 필요한 사항은 대통령령으로 정한다. (2020. 12. 29. 개정)

제73조 【공매공고 기간】 공매공고 기간은 10일 이상으로 한다. 다만, 그 재산을 보관하는 데에 많은 비용이 들거나 재산의 가액이 현저히 줄어들 우려가 있으면 이를 단축할 수 있다. (2020. 12. 29. 개정)

제74조 【공매공고에 대한 등기 또는 등록의 촉탁】 관할 세무서장은 제72조에 따라 공매공고를 한 압류재산이 권리의 변동에 등기 또는 등록이 필요한 경우 공매공고 즉시 그 사실을 등기부 또는 등록부에 기입하도록 관할 등기소등에 촉탁하여야 한다. (2020. 12. 29. 개정)

제75조 【공매통지】 ① 관할 세무서장은 제72조 제1항 및 제2항에 따른 공매공고를 한 경우 즉시 그 내용을 다음 각 호의 자에게 통지하여야 한다. (2020. 12. 29. 개정)

1. 체납자 (2020. 12. 29. 개정)

2. 납세담보물 소유자 (2020. 12. 29. 개정)

3. 다음 각 목의 구분에 따른 자 (2020. 12. 29. 개정)

　가. 공매재산이 공유물의 지분인 경우 : 공매공고의 등기 또는 등록 전 날 현재의 공유자 (2020. 12. 29. 개정)

　나. 공매재산이 부부공유의 동산·유가증권인 경우 : 배우자 (2020. 12. 29. 개정)

4. 공매공고의 등기 또는 등록 전 날 현재 공매재산에 대하여 전세권·질권·저당권 또는 그 밖의 권리를 가진 자 (2020. 12. 29. 개정)

② 제1항 각 호의 자 중 일부에 대한 공매통지의 송달 불능 등의 사유로 동일한 공매재산에 대하여 다시 공매공고를 하는 경우 그 이전 공매공고 당시 공매통지가 도달되었던 제1항 제3호 및 제4호에 해당하는 자에 대하여 다시 하는 공매통지는 주민등록표 등본 등 공매집행기록에 표시된 주소, 거소, 영업소 또는 사무소에 등기우편을 발송하는 방법으로 할 수 있다. 이 경우 그 공매통지는 「국세기본법」 제12조 제1항 본문에도 불구하고 송달받아야 할 자에게 발송한 때부터 효력이 발생한다. (2020. 12. 29. 개정)

제76조 【배분요구 등】 ① 제74조에 따른 공매공고의 등기 또는 등록 전까지 등기 또는 등록되지 아니한 다음 각 호의 채권을 가진 자는 제96조 제1항에 따라 배분을 받으려는 경우 배분요구의 종기까지 관할 세무서장에게 배분을 요구하여야 한다. (2020. 12. 29. 개정)

1. 압류재산과 관계되는 체납액 (2020. 12. 29. 개정)

2. 교부청구와 관계되는 체납액·지방세 또는 공과금 (2020. 12. 29. 개정)

3. 압류재산에 설정된 전세권·질권·저당권 또는 가등기담보권에 의하여 담보된 채권 (2020. 12. 29. 개정)

4. 「주택임대차보호법」 또는 「상가건물 임대차보호법」에 따라 우선변제권이 있는 임차보증금 반환채권 (2020. 12. 29. 개정)

5. 「근로기준법」 또는 「근로자퇴직급여 보장법」에 따라 우선변제권이 있는 임금, 퇴직금, 재해보상금 및 그 밖에 근로관계로 인한 채권 (2020. 12. 29. 개정)

6. 압류재산과 관계되는 가압류채권 (2020. 12. 29. 개정)

7. 집행문이 있는 판결 정본에 의한 채권 (2020. 12. 29. 개정)

② 매각으로 소멸되지 아니하는 전세권을 가진 자는 배분을 받으려는 경우 배분요구의 종기까지 배분을 요구하여야 한다. (2020. 12. 29. 개정)

③ 배분요구를 한 자는 제1항 및 제2항에 따른 배분요구에 따라 매수인이 인수하여야 할 부담이 달라지는 경우 배분요구의 종기가 지난 뒤에는 이를 철회할 수 없다. (2020. 12. 29. 개정)

④ 체납자의 배우자는 공매재산이 제48조 제4항에 따라 압류한 부부공유의 동산 또는 유가증권인 경우 공유지분에 따른 매각대금의 지급을 배분요구의 종기까지 관할 세무서장에게 요구할 수 있다. (2020. 12. 29. 개정)

⑤ 관할 세무서장은 공매공고의 등기 또는 등록 전에 등기 또는 등

☞ p.3697 1단 연결

제59조 【공매공고에 대한 등기 또는 등록의 촉탁】 ① 법 제74조에 따른 공매공고의 등기 또는 등록의 촉탁은 별지 제65호 서식의 공매공고에 대한 등기(등록) 촉탁서에 따른다. (2021. 3. 16. 개정)

② 제1항에 따라 공매공고 등기 또는 등록 촉탁을 하는 경우 해당 압류재산에 대한 압류등기 또는 등록의 부기등기(附記登記) 또는 등록으로 해야 한다. 다만, 공매의 원인이 납세담보에 해당하는 경우에는 법 제20조 제3항 전단에 따른 저당권의 부기등기 또는 등록으로 해야 한다. (2022. 3. 18. 단서개정)

제60조 【공매통지】 법 제75조에 따른 공매통지는 별지 제66호 서식의 공매통지서에 따른다. (2021. 3. 16. 개정)

제61조 【채권신고 및 배분요구】 ① 법 제76조 제1항 및 제2항에 따른 배분요구와 같은 조 제5항에 따른 채권신고는 별지 제67호 서식의 채권신고 및 배분요구

록된 제1항 각 호의 채권을 가진 자(이하 "채권신고대상채권자"라 한다)에게 채권의 유무, 그 원인 및 액수(원금, 이자, 비용, 그 밖의 부대채권을 포함한다)를 배분요구의 종기까지 관할 세무서장에게 신고하도록 촉구하여야 한다. (2020. 12. 29. 개정)

⑥ 관할 세무서장은 채권신고대상채권자가 제5항에 따른 신고를 하지 아니한 경우 등기사항증명서 등 공매 집행기록에 있는 증명자료에 따라 해당 채권신고대상채권자의 채권액을 계산한다. 이 경우 해당 채권신고대상채권자는 채권액을 추가할 수 없다. (2020. 12. 29. 개정)

⑦ 관할 세무서장은 제1항 또는 제2항에 해당하는 자와 다음 각 호의 기관의 장에게 배분요구의 종기까지 배분요구를 하여야 한다는 사실을 안내하여야 한다. (2020. 12. 29. 개정)
1. 행정안전부 (2020. 12. 29. 개정)
2. 관세청 (2020. 12. 29. 개정)
3. 「국민건강보험법」에 따른 국민건강보험공단 (2020. 12. 29. 개정)
4. 「국민연금법」에 따른 국민연금공단 (2020. 12. 29. 개정)
5. 「산업재해보상보험법」에 따른 근로복지공단 (2020. 12. 29. 개정)

⑧ 제75조에 따른 공매통지에 제5항에 따른 채권 신고의 촉구 또는 제7항에 따른 배분요구의 안내에 관한 사항이 포함된 경우에는 해당 항에 따른 촉구 또는 안내를 한 것으로 본다. (2020. 12. 29. 개정)

제77조【공매재산명세서의 작성 및 비치 등】 ① 관할 세무서장은 공매재산에 대하여 제69조에 따른 현황조사를 기초로 다음 각 호의 사항이 포함된 공매재산명세서를 작성하여야 한다. (2020. 12. 29. 개정)
1. 공매재산의 명칭, 소재, 수량, 품질, 공매예정가격, 그 밖의 중요한 사항 (2020. 12. 29. 개정)
2. 공매재산의 점유자 및 점유 권원(權原), 점유할 수 있는 기간, 차임 또는 보증금에 관한 관계인의 진술 (2020. 12. 29. 개정)
3. 제76조 제1항 및 제2항에 따른 배분요구 현황 및 같은 조 제5항에 따른 채권신고 현황 (2020. 12. 29. 개정)

4. 공매재산에 대하여 등기·등록된 권리, 대항력 있는 임차권 또는 가처분으로서 매수인이 인수하는 것 (2020. 12. 29. 개정)
5. 매각에 따라 설정된 것으로 보게 되는 지상권의 개요 (2020. 12. 29. 개정)

② 관할 세무서장은 다음 각 호의 자료를 입찰서 제출 시작 7일 전부터 입찰서 제출 마감 전까지 세무서에 갖추어 두거나 정보통신망을 이용하여 게시함으로써 입찰에 참가하려는 자가 열람할 수 있게 하여야 한다. (2020. 12. 29. 개정)
1. 제1항에 따른 공매재산명세서 (2020. 12. 29. 개정)
2. 제68조 제2항에 따라 감정인이 평가한 가액에 관한 자료 (2020. 12. 29. 개정)
3. 그 밖에 입찰가격을 결정하는 데 필요한 자료 (2020. 12. 29. 개정)

제78조【국세에 우선하는 제한물권 등의 인수 등】 관할 세무서장은 공매재산에 압류와 관계되는 국세보다 우선하는 제한물권 등이 있는 경우 제한물권 등을 매수인에게 인수하게 하거나 매수대금으로 그 제한물권 등에 의하여 담보된 채권을 변제하는 데 충분하다고 인정된 경우가 아니면 그 재산을 공매하지 못한다. (2020. 12. 29. 개정)

제79조【공유자·배우자의 우선매수권】 ① 공유자는 공매재산이 공유물의 지분인 경우 매각결정기일 전까지 공매보증을 제공하고 다음 각 호의 구분에 따른 가격으로 공매재산을 우선매수하겠다는 신청을 할 수 있다. (2020. 12. 29. 개정)
1. 최고가 매수신청인이 있는 경우 : 최고가 매수신청가격 (2020. 12. 29. 개정)
2. 최고가 매수신청인이 없는 경우 : 공매예정가격 (2020. 12. 29. 개정)

② 체납자의 배우자는 공매재산이 제48조 제4항에 따라 압류한 부부공유의 동산 또는 유가증권인 경우 제1항을 준용하여 공매재산을 우선매수하겠다는 신청을 할 수 있다. (2020. 12. 29. 개정)

③ 관할 세무서장은 제1항 또는 제2항에 따른 우선매수 신청이 있는

☞ p.3698 1단 연결

서에 따른다. (2021. 3. 16. 개정)

② 법 제76조 제5항 및 제7항에 따른 채권신고 촉구 및 배분요구 안내는 별지 제68호 서식의 채권신고 촉구 및 배분요구 안내서에 따른다. (2021. 3. 16. 개정)

제62조【공매재산명세서】 법 제77조 제1항에 따른 공매재산명세서는 별지 제69호 서식에 따른다. (2021. 3. 16. 개정)

경우 제82조 제3항 및 제87조 제1항 제1호에도 불구하고 그 공유자 또는 체납자의 배우자에게 매각결정을 하여야 한다. (2020. 12. 29. 개정)
④ 관할 세무서장은 여러 사람의 공유자가 우선매수 신청을 하고 제3항의 절차를 마친 경우 공유자 간의 특별한 협의가 없으면 공유지분의 비율에 따라 공매재산을 매수하게 한다. (2020. 12. 29. 개정)
⑤ 관할 세무서장은 제3항에 따른 매각결정 후 매수인이 매수대금을 납부하지 아니한 경우 최고가 매수신청인에게 다시 매각결정을 할 수 있다. (2020. 12. 29. 개정)

제80조 【매수인의 제한】 ① 다음 각 호의 어느 하나에 해당하는 자는 자기 또는 제3자의 명의나 계산으로 압류재산을 매수하지 못한다. (2023. 12. 31. 항번개정)
1. 체납자 (2020. 12. 29. 개정)
2. 세무공무원 (2020. 12. 29. 개정)
3. 매각 부동산을 평가한 「감정평가 및 감정평가사에 관한 법률」에 따른 감정평가법인등(같은 법 제29조에 따른 감정평가법인의 경우 그 감정평가법인 및 소속 감정평가사를 말한다) (2020. 12. 29. 개정)
② 공매재산의 매수신청인이 매각결정기일(제84조 제2항에 따라 매각결정기일이 연기된 경우 연기된 매각결정기일을 말한다) 전까지 공매재산의 매수인이 되기 위하여 다른 법령에 따라 갖추어야 하는 자격을 갖추지 못한 경우에는 공매재산을 매수하지 못한다. (2023. 12. 31. 신설)

제81조 【공매참가의 제한】 관할 세무서장은 다음 각 호의 어느 하나에 해당한다고 인정되는 사실이 있는 자에 대해서는 그 사실이 있은 후 2년간 공매장소 출입을 제한하거나 입찰에 참가시키지 아니할 수 있다. 그 사실이 있은 후 2년이 지나지 아니한 자를 사용인이나 그 밖의 종업원으로 사용한 자와 이러한 자를 입찰 대리인으로 한 자에 대해서도 또한 같다. (2020. 12. 29. 개정)
1. 입찰을 하려는 자의 공매참가, 최고가 매수신청인의 결정 또는 매수인의 매수대금 납부를 방해한 사실 (2020. 12. 29. 개정)

2. 공매에서 부당하게 가격을 낮출 목적으로 담합한 사실 (2020. 12. 29. 개정)

3. 거짓 명의로 매수신청을 한 사실 (2020. 12. 29. 개정)

제 3 관　공매의 실시

제82조【입찰서 제출과 개찰】 ① 공매를 입찰의 방법으로 하는 경우 공매재산의 매수신청인은 그 성명·주소·거소, 매수하려는 재산의 명칭, 매수신청가격, 공매보증, 그 밖에 필요한 사항을 입찰서에 적어 개찰이 시작되기 전에 공매를 집행하는 공무원에게 제출하여야 한다. (2020. 12. 29. 개정)

② 개찰은 공매를 집행하는 공무원이 공개적으로 각각 적힌 매수신청가격을 불러 입찰조서에 기록하는 방법으로 한다. (2020. 12. 29. 개정)

③ 공매를 집행하는 공무원은 최고가 매수신청인을 정한다. 이 경우 최고가 매수신청가격이 둘 이상이면 즉시 추첨으로 최고가 매수신청인을 정한다. (2020. 12. 29. 개정)

④ 공매를 집행하는 공무원은 제3항 후단을 적용할 때 해당 매수신청인 중 출석하지 아니한 자 또는 추첨을 하지 아니한 자가 있는 경우 입찰 사무와 관계없는 공무원으로 하여금 대신하여 추첨하게 할 수 있다. (2020. 12. 29. 개정)

⑤ 공매를 집행하는 공무원은 공매예정가격 이상으로 매수신청한 자가 없는 경우 즉시 그 장소에서 재입찰을 실시할 수 있다. (2020. 12. 29. 개정)

제83조【차순위 매수신청】 ① 제82조에 따라 최고가 매수신청인이 결정된 후 해당 최고가 매수신청인 외의 매수신청인은 매각결정기일 전까지 공매보증을 제공하고 제86조 제2호 또는 제3호에 해당하는 사유로 매각결정이 취소되는 경우 최고가 매수신청가격에서 공매보증을 뺀 금액 이상의 가격으로 공매재산을 매수하겠다는 신청(이하 이 조에서 "차순위 매수신청"이라 한다)을 할 수 있다. (2023. 12. 31. 개정)

② 관할 세무서장은 제1항에 따라 차순위 매수신청을 한 자가 둘 이상

제 3 관　공매의 실시

편주▶ 법 83조 1항 및 같은 조 3항 본문의 개정규정은 2024. 7. 1.부터 시행함. (법 부칙(2023. 12. 31.) 1조 단서)

제 3 관　공매의 실시

제64조【입찰서】 법 제82조 제1항에 따른 입찰서는 별지 제71호 서식에 따른다. (2021. 3. 16. 개정)

제65조【입찰조서】 법 제82조 제2항에 따른 입찰조서는 별지 제72호 서식에 따른다. (2021. 3. 16. 개정)

제66조【매각결정 통지서 등】 법 제84조 제4항 본문 및 제84조의 2 제2항에 따른 매각결정 통지서는 별지 제73호 서식에 따른다. (2024. 3. 22. 개정)

편주▶ 규칙 66조 1항의 개정규정 중 "및 제84조의 2 제2항"의 개정부분은 2024. 7. 1.부터 시행함. (규칙 부칙(2024. 3. 22.) 1조 1호)

인 경우 최고액의 매수신청인을 차순위 매수신청인으로 정하고, 최고액의 매수신청인이 둘 이상인 경우에는 추첨으로 차순위 매수신청인을 정한다. (2020. 12. 29. 개정)
③ 관할 세무서장은 차순위 매수신청이 있는 경우 제86조 제2호 또는 제3호에 해당하는 사유로 매각결정을 취소한 날부터 3일(토요일, 일요일, 「공휴일에 관한 법률」 제2조의 공휴일 및 같은 법 제3조의 대체공휴일은 제외한다) 이내에 차순위 매수신청인을 매수인으로 정하여 매각결정을 할 것인지 여부를 결정하여야 한다. 다만, 제84조 제1항 각 호의 사유(이 경우 같은 항 제2호의 "최고가 매수신청인"은 "차순위 매수신청인"으로 본다)가 있는 경우에는 차순위 매수신청인에게 매각결정을 할 수 없다. (2023. 12. 31. 개정)

　제84조【매각결정 및 대금납부기한 등】① 관할 세무서장은 다음 각 호의 사유가 없으면 매각결정기일에 제82조에 따른 최고가 매수신청인을 매수인으로 정하여 매각결정을 하여야 한다. (2020. 12. 29. 개정)
1. 제79조에 따른 공유자·배우자의 우선매수 신청이 있는 경우 (2020. 12. 29. 개정)
2. 최고가 매수신청인이 제80조에 따른 매수인의 제한 또는 제81조에 따른 공매참가의 제한을 받는 자에 해당하는 경우 (2020. 12. 29. 개정)
3. 매각결정 전에 제88조에 따른 공매 취소·정지 사유가 있는 경우 (2020. 12. 29. 개정)
4. 그 밖에 매각결정을 할 수 없는 중대한 사실이 있다고 관할 세무서장이 인정하는 경우 (2020. 12. 29. 개정)
② 관할 세무서장은 최고가 매수신청인이 공매재산의 매수인이 되기 위하여 다른 법령에 따라 갖추어야 하는 자격을 갖추지 못한 경우에는 매각결정기일을 1회에 한정하여 당초 매각결정기일부터 10일 이내의 범위에서 연기할 수 있다. (2023. 12. 31. 신설)
③ 매각결정의 효력은 매각결정기일에 매각결정을 한 때에 발생한다. (2023. 12. 31. 항번개정)
④ 관할 세무서장은 매각결정을 한 경우 매수인에게 대금납부기한을 정하여 매각결정 통지서를 발급하여야 한다. 다만, 권리 이전에 등기 또는 등록이 필요 없는 재산의 매수대금을 즉시 납부시킬 경우에는 구

　제60조【매각불허의 통지】관할 세무서장은 법 제84조 제1항 각 호의 사유로 압류재산을 매각하지 않기로 결정한 경우 법 제65조 제2항 제1호에 따른 최고가 매수신청인(법 제83조 제3항 단서가 적용되는 경우 차순위 매수신청인을 말한다)에게 그 사유를 통지해야 한다. (2021. 2. 17. 개정)

編注
법 84조 2항의 개정규정은 2024. 1. 1. 이후 공매공고를 하는 경우부터 적용함. (법 부칙(2023. 12. 31.) 4조)

② 영 제60조에 따라 매각하지 않기로 결정한 사유의 통지는 별지 제74호 서식의 매각불허 통지서에 따른다. (2021. 3. 16. 개정)

두로 통지할 수 있다. (2023. 12. 31. 항번개정)

⑤ 제4항의 대금납부기한은 매각결정을 한 날부터 7일 이내로 한다. 다만, 관할 세무서장이 필요하다고 인정하는 경우에는 그 대금납부기한을 30일의 범위에서 연장할 수 있다. (2023. 12. 31. 개정)

제84조의 2【매수대금의 차액납부】① 공매재산에 대하여 저당권이나 대항력 있는 임차권 등을 가진 매수신청인으로서 대통령령으로 정하는 자는 매각결정기일 전까지 관할 세무서장에게 제96조에 따라 자신에게 배분될 금액을 제외한 금액을 매수대금으로 납부(이하 "차액납부"라 한다)하겠다는 신청을 할 수 있다. (2023. 12. 31. 신설)

② 제1항에 따른 신청을 받은 관할 세무서장은 그 신청인을 매수인으로 정하여 매각결정을 할 때 차액납부 허용 여부를 함께 결정하여 통지하여야 한다. (2023. 12. 31. 신설)

③ 관할 세무서장은 제2항에 따라 차액납부 여부를 결정할 때 차액납부를 신청한 자가 다음 각 호의 어느 하나에 해당하는 경우에는 차액납부를 허용하지 아니할 수 있다. (2023. 12. 31. 신설)

1. 배분요구의 종기까지 배분요구를 하지 아니하여 배분받을 자격이 없는 경우 (2023. 12. 31. 신설)

2. 배분받으려는 채권이 압류 또는 가압류되어 지급이 금지된 경우 (2023. 12. 31. 신설)

3. 배분순위에 비추어 실제로 배분받을 금액이 없는 경우 (2023. 12. 31. 신설)

4. 그 밖에 제1호부터 제3호까지에 준하는 사유가 있는 경우 (2023. 12. 31. 신설)

④ 관할 세무서장은 차액납부를 허용하기로 결정한 경우에는 제84조 제4항에도 불구하고 대금납부기한을 정하지 아니하며, 이 조 제5항에 따른 배분기일에 매수인에게 차액납부를 하게 하여야 한다. (2023. 12. 31. 신설)

⑤ 관할 세무서장은 차액납부를 허용하기로 결정한 경우에는 제95조 제1항에도 불구하고 그 결정일부터 30일 이내의 범위에서 배분기일을 정하여 배분하여야 한다. 다만, 30일 이내에 배분계산서를 작성하기 곤란한 경우에는 배분기일을 30일 이내의 범위에서 연기할 수 있다.

제60조의 2【차액납부의 신청 절차 등】① 법 제84조의 2 제1항에서 "대통령령으로 정하는 자"란 공매재산에 다음 각 호의 권리를 가진 매수신청인을 말한다. (2024. 2. 29. 신설)

1. 저당권, 전세권 또는 가등기담보권 (2024. 2. 29. 신설)

2. 대항력 있는 임차권 또는 등기된 임차권 (2024. 2. 29. 신설)

② 법 제84조의 2 제1항에 따라 차액납부를 신청하려는 자는 기획재정부령으로 정하는 차액납부 신청서를 작성하여 관할 세무서장에게 제출해야 한다. (2024. 2. 29. 신설)

개정취지 ···

차액납부액 신청 절차 신설
- 일정한 매수신청인의 경우 자신에게 배분될 채권액을 제외한 나머지 금액만 매수대금으로 납부하고 공매재산을 취득할 수 있도록 하는 차액납부 제도를 도입하는 내용으로「국세징수법」이 개정됨에 따라, 차액납부를 신청할 수 있는 자의 범위를 공매재산에 저당권·전세권·가등기담보권이나 대항력 있는 임차권 등을 가진 매수신청인으로 구체화하는 등 법률에서 위임된 사항을 정함. (영 60조의 2 신설 ; 2024. 2. 29.)
- 영 60조의 2의 개정규정은 2024. 7. 1.부터 시행함. (영 부칙(2024. 2. 29.) 1조 단서)

···

제66조의 2【차액납부 신청서】영 제60조의 2 제2항에 따른 차액납부 신청서는 별지 제74호의 2 서식에 따른다. (2024. 3. 22. 신설)

편주 ···

규칙 66조의 2의 개정규정은 2024. 7. 1.부터 시행함. (규칙 부칙(2024. 3. 22.) 1조 1호)

···

(2023. 12. 31. 신설)

⑥ 관할 세무서장으로부터 차액납부를 허용하는 결정을 받은 매수인은 그가 배분받아야 할 금액에 대하여 제99조 제1항 및 제2항에 따라 이의가 제기된 경우 이의가 제기된 금액을 이 조 제5항에 따른 배분기일에 납부하여야 한다. (2023. 12. 31. 신설)

⑦ 제1항부터 제6항까지에서 규정한 사항 외에 차액납부의 신청 절차 및 차액납부 금액의 계산 방법 등에 관하여 필요한 사항은 대통령령으로 정한다. (2023. 12. 31. 신설)

편주 ▶

법 84조의 2의 개정규정은 2024. 7. 1. 이후 공매공고를 하는 경우부터 적용함. (법 부칙(2023. 12. 31.) 5조)

제85조 【매수대금 납부의 촉구】 관할 세무서장은 매수인이 매수대금을 지정된 대금납부기한까지 납부하지 아니한 경우 다시 대금납부기한을 지정하여 납부를 촉구하여야 한다. (2020. 12. 29. 개정)

제86조 【매각결정의 취소】 관할 세무서장은 다음 각 호의 어느 하나에 해당하는 경우 압류재산의 매각결정을 취소하고 그 사실을 매수인에게 통지하여야 한다. (2020. 12. 29. 개정)

1. 제84조에 따른 매각결정을 한 후 매수인이 매수대금을 납부하기 전에 체납자가 압류와 관련된 체납액을 납부하고 매각결정의 취소를 신청하는 경우. 이 경우 체납자는 매수인의 동의를 받아야 한다. (2020. 12. 29. 개정)

2. 매수인이 제84조의 2 제4항에 따라 배분기일에 차액납부를 하지 아니하거나 같은 조 제6항에 따라 이의가 제기된 금액을 납부하지 아니한 경우 (2023. 12. 31. 신설)

3. 제85조에 따라 납부를 촉구하여도 매수인이 매수대금을 지정된 기한까지 납부하지 아니한 경우 (2023. 12. 31. 호번개정)

제87조 【재공매】 ① 관할 세무서장은 다음 각 호의 어느 하나에 해당하는 경우 재공매를 한다. (2020. 12. 29. 개정)

제61조 【매수대금의 납부촉구 기한】 관할 세무서장은 법 제85조에 따라 매수대금의 납부를 촉구하는 경우 대금납부기한을 납부 촉구일부터 10일 이내로 정해야 한다. (2021. 2. 17. 개정)

편주 ▶

법 86조 2호 및 3호의 개정규정은 2024. 7. 1.부터 시행함. (법 부칙(2023. 12. 31.) 1조 단서)

제67조 【매수대금의 납부 촉구】 영 제61조에 따른 매수대금의 납부 촉구는 별지 제75호 서식의 매수대금 납부 촉구서에 따른다. (2021. 3. 16. 개정)

제68조 【매각결정의 취소 통지】 법 제86조에 따른 매각결정의 취소 통지는 별지 제76호 서식의 매각결정 취소 통지서에 따른다. (2021. 3. 16. 개정)

1. 재산을 공매하여도 매수신청인이 없거나 매수신청가격이 공매예정
가격 미만인 경우 (2020. 12. 29. 개정)
2. 제86조 제2호 또는 제3호에 해당하는 사유로 매각결정을 취소한 경
우 (2023. 12. 31. 개정)
② 관할 세무서장은 재공매를 할 때마다 최초의 공매예정가격의 100
분의 10에 해당하는 금액을 차례로 줄여 공매하며, 최초의 공매예정
가격의 100분의 50에 해당하는 금액까지 차례로 줄여 공매하여도 매
각되지 아니할 때에는 제68조에 따라 새로 공매예정가격을 정하여
재공매를 할 수 있다. 다만, 제82조 제5항에 따라 즉시 재입찰을 실시
한 경우에는 최초의 공매예정가격을 줄이지 아니한다. (2020. 12. 29.
개정)
③ 제1항 및 제2항에 따른 재공매의 경우 제65조 제2항, 제68조, 제
70조부터 제73조까지, 제75조부터 제83조까지, 제88조 및 제89조를
준용한다. 다만, 관할 세무서장은 제73조에도 불구하고 공매공고
기간을 5일까지 단축할 수 있다. (2020. 12. 29. 개정)

　　　제88조【공매의 취소 및 정지】① 관할 세무서장은 다음 각 호의
어느 하나에 해당하는 경우 공매를 취소하여야 한다. (2020. 12. 29.
개정)
1. 해당 재산의 압류를 해제한 경우 (2020. 12. 29. 개정)
2. 그 밖에 공매를 진행하기 곤란한 경우로서 대통령령으로 정하는 경
우 (2020. 12. 29. 개정)
② 관할 세무서장은 다음 각 호의 어느 하나에 해당하는 경우 공매를
정지하여야 한다. (2020. 12. 29. 개정)
1. 제105조에 따라 압류 또는 매각을 유예한 경우 (2020. 12. 29. 개정)
2. 「국세기본법」 제57조 또는 「행정소송법」 제23조에 따라 강제징수
에 대한 집행정지의 결정이 있는 경우 (2020. 12. 29. 개정)
3. 그 밖에 공매를 정지하여야 할 필요가 있는 경우로서 대통령령으로
정하는 경우 (2020. 12. 29. 개정)
③ 관할 세무서장은 매각결정기일 전에 공매를 취소한 경우 공매취소
사실을 공고하여야 한다. (2020. 12. 29. 개정)
④ 관할 세무서장은 제2항에 따라 공매를 정지한 후 그 사유가 소멸되

법 87조 1항 2호의 개정규정은 2024. 7. 1.부터 시행함. (법 부칙(2023.
12. 31.) 1조 단서)

　　　제62조【공매취소의 사유】법 제88조 제1항 제2호에서 "대통령
령으로 정하는 경우"란 관할 세무서장이 직권으로 또는 제71조 제1
항에 따른 한국자산관리공사의 요구에 따라 해당 재산에 대한 공매
대행 의뢰를 해제한 경우를 말한다. (2021. 2. 17. 개정)

어 공매를 계속할 필요가 있다고 인정하는 경우 즉시 공매를 속행하여야 한다. (2020. 12. 29. 개정)

제89조 【공매공고의 등기 또는 등록 말소】 관할 세무서장은 다음 각 호의 어느 하나에 해당하는 경우 제74조에 따른 공매공고의 등기 또는 등록을 말소할 것을 관할 등기소등에 촉탁하여야 한다. (2020. 12. 29. 개정)
1. 제86조 제1호에 따라 매각결정을 취소한 경우 (2020. 12. 29. 개정)
2. 제88조 제3항에 따라 공매취소의 공고를 한 경우 (2020. 12. 29. 개정)

제 4 관　매수대금의 납부와 권리의 이전

제90조 【공매보증과 매수대금 납부】 ① 매수인이 공매보증으로 금전을 제공한 경우 그 금전은 매수대금으로서 납부된 것으로 본다. (2020. 12. 29. 개정)
② 관할 세무서장은 매수인이 공매보증으로 국공채등을 제공한 경우 그 국공채등을 현금화하여야 한다. 이 경우 그 현금화에 사용된 비용을 뺀 금액은 공매보증 금액을 한도로 매수대금으로서 납부된 것으로 본다. (2020. 12. 29. 개정)
③ 관할 세무서장은 제2항 전단에 따라 현금화한 금액(현금화에 사용된 비용을 뺀 금액을 말한다)이 공매보증 금액보다 적으면 다시 대금납부기한을 정하여 매수인에게 그 부족액을 납부하게 하여야 하고, 공매보증 금액보다 많으면 그 차액을 매수인에게 반환하여야 한다. (2020. 12. 29. 개정)

제91조 【매수대금 납부의 효과】 ① 매수인은 매수대금을 완납한 때에 공매재산을 취득한다. (2020. 12. 29. 개정)
② 관할 세무서장이 매수대금을 수령한 때에는 체납자로부터 매수대금만큼의 체납액을 징수한 것으로 본다. (2020. 12. 29. 개정)

제92조 【공매재산에 설정된 제한물권 등의 소멸과 인수 등】 ①
공매재산에 설정된 모든 질권·저당권 및 가등기담보권은 매각으로 소

제 4 관　매수대금의 납부와 권리의 이전

제69조 【공매공고의 등기 또는 등록 말소 촉탁】 법 제89조에 따른 공매공고의 등기 또는 등록 말소 촉탁은 별지 제77호 서식의 공매공고의 등기(등록) 말소등기(등록) 촉탁서에 따른다. (2021. 3. 16. 개정)

제 4 관　매수대금의 납부와 권리의 이전

멸된다. (2020. 12. 29. 개정)
② 지상권·지역권·전세권 및 등기된 임차권 등은 압류채권(압류와 관계되는 국세를 포함한다)·가압류채권 및 제1항에 따라 소멸하는 담보물권에 대항할 수 없는 경우 매각으로 소멸된다. (2020. 12. 29. 개정)
③ 제2항 외의 경우 지상권·지역권·전세권 및 등기된 임차권 등은 매수인이 인수한다. 다만, 제76조 제2항에 따라 전세권자가 배분요구를 한 전세권의 경우에는 매각으로 소멸된다. (2020. 12. 29. 개정)
④ 매수인은 유치권자(留置權者)에게 그 유치권(留置權)으로 담보되는 채권을 변제할 책임이 있다. (2020. 12. 29. 개정)

제93조【매각재산의 권리이전 절차】관할 세무서장은 매각재산에 대하여 체납자가 권리이전의 절차를 밟지 아니한 경우 대통령령으로 정하는 바에 따라 체납자를 대신하여 그 절차를 밟는다. (2020. 12. 29. 개정)

제63조【권리이전 등기 등의 촉탁】관할 세무서장은 법 제93조에 따라 매각재산의 권리이전 절차를 밟는 경우 권리이전의 등기 또는 등록이나 매각에 수반하여 소멸되는 권리의 말소등기 촉탁서에 다음 각 호의 문서를 첨부하여 촉탁해야 한다. (2021. 2. 17. 개정)
1. 매수인이 제출한 등기청구서 (2021. 2. 17. 개정)
2. 매각결정 통지서 또는 그 등본이나 배분계산서 등본 (2021. 2. 17. 개정)

제64조【국가 또는 지방자치단체의 재산에 관한 권리의 매각 통지】① 관할 세무서장은 법 제56조 제1항에 따라 압류한 국가 또는 지방자치단체의 재산에 관한 권리의 매수인이 그 매수대금을 완납한 경우 법 제97조 제1항 제1호의 금액을 납입함과 동시에 그 매각 사실을 국가 또는 해당 지방자치단체에 통지해야 한다. (2021. 2. 17. 개정)
② 국가 또는 지방자치단체는 제1항에 따라 통지를 받은 경우 소유권 이전에 관한 서류를 매수인에게 발급해야 한다. (2021. 2. 17. 개정)

제70조【권리이전의 등기 촉탁 등】영 제63조에 따른 권리이전의 등기 또는 등록 촉탁은 별지 제78호 서식의 공매에 따른 소유권 이전등기(등록) 촉탁서에 따르고, 등기(등록)청구서는 별지 제79호 서식에 따른다. (2021. 3. 16. 개정)

제71조【국가 또는 지방자치단체의 재산에 관한 권리의 매각 통지】영 제64조 제1항에 따른 국가 또는 지방자치단체의 재산에 관한 권리의 매각 통지는 별지 제80호 서식의 국세 강제징수에 따른 국가 또는 지방자치단체의 재산에 관한 권리의 매각 통지서에 따른다. (2021. 3. 16. 개정)

제4절 청산

제94조【배분금전의 범위】배분금전은 다음 각 호의 금전으로 한다. (2020. 12. 29. 개정)

1. 압류한 금전 (2020. 12. 29. 개정)
2. 채권·유가증권·그 밖의 재산권의 압류에 따라 체납자 또는 제3채무자로부터 받은 금전 (2020. 12. 29. 개정)
3. 압류재산의 매각대금 및 그 매각대금의 예치 이자 (2020. 12. 29. 개정)
4. 교부청구에 따라 받은 금전 (2020. 12. 29. 개정)

제95조【배분기일의 지정】① 관할 세무서장은 제94조 제2호 또는 제3호의 금전을 배분하려면 체납자, 제3채무자 또는 매수인으로부터 해당 금전을 받은 날부터 30일 이내에서 배분기일을 정하여 배분하여야 한다. 다만, 30일 이내에 배분계산서를 작성하기 곤란한 경우에는 배분기일을 30일 이내에서 연기할 수 있다. (2020. 12. 29. 개정)
② 관할 세무서장은 제1항 또는 제84조의 2 제5항에 따라 배분기일을 정한 경우 체납자, 채권신고대상채권자 및 배분요구를 한 채권자(이하 "체납자등"이라 한다)에게 그 사실을 통지하여야 한다. 다만, 체납자등이 외국에 있거나 있는 곳이 분명하지 아니한 경우 통지하지 아니할 수 있다. (2023. 12. 31. 개정)

편주 ▶ ··
법 95조 2항 본문의 개정규정은 2024. 7. 1.부터 시행함. (법 부칙(2023. 12. 31.) 1조 단서)
··

제96조【배분 방법】① 제94조 제2호 및 제3호의 금전은 다음 각 호의 체납액과 채권에 배분한다. 이 경우, 제76조 제1항 및 제2항에 따라 배분요구의 종기까지 배분요구를 하여야 하는 채권의 경우에는 배분요구를 한 채권에 대해서만 배분한다. (2020. 12. 29. 개정)

1. 압류재산과 관계되는 체납액 (2020. 12. 29. 개정)
2. 교부청구를 받은 체납액·지방세 또는 공과금 (2020. 12. 29. 개정)
3. 압류재산과 관계되는 전세권·질권·저당권 또는 가등기담보권에 의하여 담보된 채권 (2020. 12. 29. 개정)
4. 「주택임대차보호법」 또는 「상가건물 임대차보호법」에 따라 우선

제4절 청산

제4절 청산

제72조【배분기일 통지서】법 제95조 제2항 본문에 따른 배분기일의 통지는 별지 제81호 서식의 배분기일 통지서에 따른다. (2021. 3. 16. 개정)

변제권이 있는 임차보증금 반환채권 (2020. 12. 29. 개정)
5. 「근로기준법」 또는 「근로자퇴직급여 보장법」에 따라 우선변제권이 있는 임금, 퇴직금, 재해보상금 및 그 밖에 근로관계로 인한 채권 (2020. 12. 29. 개정)
6. 압류재산과 관계되는 가압류채권 (2020. 12. 29. 개정)
7. 집행문이 있는 판결정본에 의한 채권 (2020. 12. 29. 개정)
② 제94조 제1호 및 제4호의 금전은 각각 그 압류 또는 교부청구와 관계되는 체납액에 배분한다. (2020. 12. 29. 개정)
③ 관할 세무서장은 제1항과 제2항에 따라 금전을 배분하고 남은 금액이 있는 경우 체납자에게 지급한다. (2020. 12. 29. 개정)
④ 관할 세무서장은 매각대금이 제1항 각 호의 체납액 및 채권의 총액보다 적은 경우 「민법」이나 그 밖의 법령에 따라 배분할 순위와 금액을 정하여 배분하여야 한다. (2020. 12. 29. 개정)
⑤ 관할 세무서장은 제1항, 제2항 및 제4항에 따른 배분을 할 때 국세보다 우선하는 채권이 있음에도 불구하고 배분 순위의 착오나 부당한 교부청구 또는 그 밖에 이에 준하는 사유로 체납액에 먼저 배분한 경우 그 배분한 금액을 국세보다 우선하는 채권의 채권자에게 국세환급금 환급의 예에 따라 지급한다. (2020. 12. 29. 개정)

　　　제97조【국가 또는 지방자치단체의 재산에 관한 권리의 매각대금의 배분】① 제56조 제1항에 따라 압류한 국가 또는 지방자치단체의 재산에 관한 체납자의 권리를 매각한 경우 다음 각 호의 순서에 따라 매각대금을 배분한다. (2020. 12. 29. 개정)
1. 국가 또는 지방자치단체가 체납자로부터 지급받지 못한 매각대금 (2020. 12. 29. 개정)
2. 체납액 (2020. 12. 29. 개정)
② 관할 세무서장은 제1항에 따라 배분하고 남은 금액은 체납자에게 지급한다. (2020. 12. 29. 개정)

　　　제98조【배분계산서의 작성】① 관할 세무서장은 제96조에 따라 금전을 배분하는 경우 배분계산서 원안(原案)을 작성하고, 이를 배분기일 7일 전까지 갖추어 두어야 한다. (2020. 12. 29. 개정)

② 체납자등은 관할 세무서장에게 교부청구서, 감정평가서, 채권신고서, 배분요구서, 배분계산서 원안 등 배분금액 산정의 근거가 되는 서류의 열람 또는 복사를 신청할 수 있다. (2020. 12. 29. 개정)
③ 관할 세무서장은 제2항에 따른 열람 또는 복사의 신청을 받은 경우 이에 따라야 한다. (2020. 12. 29. 개정)

　　　제99조【배분계산서에 대한 이의 등】① 배분기일에 출석한 체납자등은 배분기일이 끝나기 전까지 자기의 채권과 관계되는 범위에서 제98조 제1항에 따른 배분계산서 원안에 기재된 다른 채권자의 채권 또는 채권의 순위에 대하여 이의제기를 할 수 있다. (2020. 12. 29. 개정)
② 제1항에도 불구하고 체납자는 배분기일에 출석하지 아니한 경우에도 배분계산서 원안이 갖추어진 이후부터 배분기일이 끝나기 전까지 문서로 이의제기를 할 수 있다. (2020. 12. 29. 개정)
③ 관할 세무서장은 다음 각 호의 구분에 따라 배분계산서를 확정하여 배분을 실시하고, 확정되지 아니한 부분에 대해서는 배분을 유보한다. (2020. 12. 29. 개정)
1. 제1항 및 제2항에 따른 이의제기가 있는 경우 (2020. 12. 29. 개정)
　가. 관할 세무서장이 이의제기가 정당하다고 인정하거나 배분계산서 원안과 다른 내용으로 체납자등이 한 합의가 있는 경우 : 정당하다고 인정된 이의제기의 내용 또는 합의에 따라 배분계산서를 수정하여 확정 (2020. 12. 29. 개정)
　나. 관할 세무서장이 이의제기가 정당하다고 인정하지 아니하고 배분계산서 원안과 다른 내용으로 체납자등이 한 합의도 없는 경우 : 배분계산서 중 이의제기가 없는 부분에 한정하여 확정 (2020. 12. 29. 개정)
2. 제1항 및 제2항에 따른 이의제기가 없는 경우 : 배분계산서 원안대로 확정 (2020. 12. 29. 개정)
④ 배분기일에 출석하지 아니한 채권자는 배분계산서 원안과 같이 배분을 실시하는 데에 동의한 것으로 보고, 그가 다른 체납자등이 제기한 이의에 관계된 경우 그 이의제기에 동의하지 아니한 것으로 본다. (2020. 12. 29. 개정)

　　　제73조【배분계산서】① 법 제98조 제1항에 따른 배분계산서는 별지 제82호 서식에 따른다. (2021. 3. 16. 개정)

제100조【배분계산서에 대한 이의의 취하간주】제99조 제3항 제1호 나목에 따라 배분계산서 중 이의제기가 있어 확정되지 아니한 부분이 있는 경우 이의를 제기한 체납자등이 관할 세무서장의 배분계산서 작성에 관하여 심판청구등을 한 사실을 증명하는 서류를 배분기일부터 1주일 이내에 제출하지 아니하면 이의제기가 취하된 것으로 본다. (2020. 12. 29. 개정)

제101조【배분금전의 예탁】① 관할 세무서장은 다음 각 호의 어느 하나에 해당하는 사유가 있는 경우 그 채권에 관계되는 배분금전을 「한국은행법」에 따른 한국은행(국고대리점을 포함한다)에 예탁(預託)하여야 한다. (2020. 12. 29. 개정)
1. 채권에 정지조건 또는 불확정기한이 붙어 있는 경우 (2020. 12. 29. 개정)
2. 가압류채권자의 채권인 경우 (2020. 12. 29. 개정)
3. 체납자등이 제100조에 따라 배분계산서 작성에 대하여 심판청구등을 한 사실을 증명하는 서류를 제출한 경우 (2020. 12. 29. 개정)
4. 그 밖의 사유로 배분금전을 체납자등에게 지급하지 못한 경우 (2020. 12. 29. 개정)
② 관할 세무서장은 제1항에 따라 예탁한 경우 그 사실을 체납자등에게 통지하여야 한다. (2020. 12. 29. 개정)

제102조【예탁금에 대한 배분의 실시】① 관할 세무서장은 제101조에 따라 배분금전을 예탁한 후 다음 각 호의 어느 하나에 해당하는 사유가 있는 경우 예탁금을 당초 배분받을 체납자등에게 지급하거나 배분계산서 원안을 변경하여 예탁금에 대한 추가 배분을 실시하여야 한다. (2020. 12. 29. 개정)
1. 배분계산서 작성에 관한 심판청구등의 결정·판결이 확정된 경우 (2020. 12. 29. 개정)
2. 그 밖에 예탁의 사유가 소멸한 경우 (2020. 12. 29. 개정)
② 관할 세무서장은 제1항에 따라 예탁금의 추가 배분을 실시하려는 경우 당초의 배분계산서에 대하여 이의를 제기하지 아니한 체납자등을 위해서도 배분계산서를 변경하여야 한다. (2020. 12. 29. 개정)

제65조【배분금전의 예탁 통지】관할 세무서장은 법 제101조 제2항에 따라 배분금전을 예탁(預託)한 사실을 통지하는 경우 법 제99조 제3항에 따른 배분계산서(배분계산서 원안을 수정하여 확정한 경우에는 수정된 배분계산서를 말한다) 등본을 첨부해야 한다. (2021. 2. 17. 개정)

② 법 제98조 제2항에 따른 배분금액 산정의 근거가 되는 서류의 열람 또는 복사 신청은 별지 제83호 서식의 배분 관련 서류의 열람·복사 신청서에 따른다. (2021. 3. 16. 개정)
③ 법 제99조에 따른 배분계산서 원안에 대한 이의제기는 별지 제84호 서식의 배분에 대한 이의제기서에 따른다. (2021. 3. 16. 개정)

제74조【배분금전의 예탁 통지】법 제101조 제2항에 따른 배분금전의 예탁 통지는 별지 제85호 서식의 배분금전 예탁 통지서에 따른다. (2021. 3. 16. 개정)

③ 체납자등은 제1항에 따른 추가 배분기일에 제99조에 따라 이의를 제기할 경우 종전의 배분기일에서 주장할 수 없었던 사유만을 주장할 수 있다. (2020. 12. 29. 개정)

제 5 절 공매 등의 대행 등

제103조【공매등의 대행】① 관할 세무서장은 다음 각 호의 업무(이하 이 조에서 "공매등"이라 한다)에 전문지식이 필요하거나 그 밖에 직접 공매등을 하기에 적당하지 아니하다고 인정되는 경우 대통령령으로 정하는 바에 따라 한국자산관리공사에 공매등을 대행하게 할 수 있다. 이 경우 공매등은 관할 세무서장이 한 것으로 본다. (2020. 12. 29. 개정)
1. 공매 (2020. 12. 29. 개정)
2. 수의계약 (2020. 12. 29. 개정)
3. 매각재산의 권리이전 (2020. 12. 29. 개정)
4. 금전의 배분 (2020. 12. 29. 개정)

제66조【공매대행 의뢰 등】① 관할 세무서장은 법 제103조 제1항 제1호에 따른 공매(공매와 관련한 같은 항 제3호 및 제4호의 업무를 포함한다. 이하 이 절에서 같다)를 한국자산관리공사에 대행하게 하는 경우 기획재정부령으로 정하는 공매대행 의뢰서를 한국자산관리공사에 보내야 한다. (2021. 2. 17. 개정)
② 관할 세무서장은 제1항에 따른 공매대행의 사실을 다음 각 호의 자에게 통지해야 한다. (2021. 2. 17. 개정)
1. 체납자 (2021. 2. 17. 개정)
2. 납세담보물 소유자 (2021. 2. 17. 개정)
3. 공매의 대상이 되는 재산에 전세권ㆍ질권ㆍ저당권 또는 그 밖의 권리를 가진 자 (2021. 2. 17. 개정)
4. 법 제49조 제1항 전단에 따라 압류재산을 보관하고 있는 자 (2021. 2. 17. 개정)
③ 관할 세무서장은 공매 여부 결정을 위하여 필요한 경우 제1항에 따라 공매대행을 의뢰하기 전에 한국자산관리공사에 해당 압류재산의 공매를 통한 매각의 적절성 등에 관한 분석을 의뢰할 수 있다. (2023. 2. 28. 신설)

제67조【압류재산의 인도】① 관할 세무서장은 법 제103조 제1

제80조【서식의 준용】법 제103조 제1항에 따라 한국자산관리공사가 공매등을 대행하는 경우의 서식에 관하여는 별지 제60호 서식부터 별지 제85호 서식까지를 준용한다. (2021. 3. 16. 개정)

제75조【공매대행 의뢰서】영 제66조 제1항에 따른 공매대행 의뢰서는 별지 제86호 서식에 따른다. (2021. 3. 16. 개정)

제76조【공매대행의 통지】영 제66조 제2항에 따른 공매대행의 통지는 별지 제87호 서식에 따른다. (2021. 3. 16. 개정)

항 제1호에 따른 공매를 한국자산관리공사에 대행하게 한 경우 점유하고 있거나 제3자에게 보관하게 한 압류재산을 한국자산관리공사에 인도할 수 있다. 다만, 제3자가 보관하고 있는 재산의 경우에는 그 제3자가 발행한 압류재산의 보관증을 인도함으로써 압류재산의 직접 인도에 갈음할 수 있다. (2021. 2. 17. 개정)
② 한국자산관리공사는 제1항에 따라 압류재산을 인수한 경우 인도·인수서를 작성해야 한다. (2021. 2. 17. 개정)

제68조 【관할 세무서장의 한국자산관리공사에 대한 압류 해제 등 통지】 ① 관할 세무서장은 법 제103조 제1항 제1호에 따른 공매를 한국자산관리공사에 대행하게 한 후 다음 각 호의 어느 하나에 해당하는 사유가 발생한 경우 지체 없이 그 사실을 한국자산관리공사에 통지해야 한다. (2021. 2. 17. 개정)
1. 매각결정 전에 법 제57조에 따라 해당 재산의 압류를 해제한 경우 (2021. 2. 17. 개정)
2. 법 제81조에 따라 공매참가를 제한한 경우 (2021. 2. 17. 개정)
② 한국자산관리공사는 관할 세무서장으로부터 제1항 제1호의 사실에 관한 통지를 받은 경우 지체 없이 해당 재산의 공매를 취소해야 한다. (2021. 2. 17. 개정)

제69조 【한국자산관리공사의 관할 세무서장에 대한 공매공고 등 통지】 한국자산관리공사는 법 제103조 제1항 제1호에 따른 공매를 대행하는 경우 다음 각 호의 어느 하나에 해당하는 사유가 발생하면 지체 없이 그 사실을 관할 세무서장에게 통지해야 한다. (2021. 2. 17. 개정)
1. 법 제72조에 따라 공매공고를 한 경우 (2021. 2. 17. 개정)
2. 법 제81조에 따라 공매참가를 제한한 경우 (2021. 2. 17. 개정)
3. 법 제83조 제3항 또는 제84조 제1항에 따라 매각 여부를 결정한 경우 (2021. 2. 17. 개정)
4. 법 제86조에 따라 매각결정을 취소한 경우 (2021. 2. 17. 개정)
5. 법 제88조 제1항 제1호의 사유로 공매를 취소한 경우 또는 같은

제77조 【압류재산의 인도·인수서】 영 제67조 제2항에 따른 압류재산의 인도·인수서는 별지 제88호 서식에 따른다. (2021. 3. 16. 개정)

제63조 【공매참가 제한의 통지】 영 제68조 또는 제69조에 따라 관할 세무서장 또는 「한국자산관리공사 설립 등에 관한 법률」 제6조에 따른 한국자산관리공사 (이하 "한국자산관리공사"라 한다)가 법 제81조에 따른 공매참가 제한을 통지하는 경우에는 별지 제70호 서식의 공매참가제한 통지서에 따른다. (2021. 3. 16. 개정)

조 제2항에 따라 공매를 정지한 경우 (2021. 2. 17. 개정)

제70조【매수대금 등의 인계 등】① 한국자산관리공사는 법 제103조 제1항 제1호에 따른 공매(같은 항 제4호에 따른 금전의 배분은 제외한다)를 대행하여 법 제71조 제3항 제1호에 따른 공매보증금 또는 매수대금을 수령한 경우 그 금액을 지체 없이 관할 세무서의 세입세출외 현금출납공무원에게 인계하거나 세입세출외 현금출납공무원 계좌에 입금해야 한다. (2021. 2. 17. 개정)
② 한국자산관리공사는 제1항에 따라 수령한 매수대금 등을 세입세출외 현금출납공무원 계좌에 입금한 경우 지체 없이 그 사실을 세입세출외 현금출납공무원에게 통지해야 한다. (2021. 2. 17. 개정)

제71조【공매대행 의뢰의 해제 요구】① 한국자산관리공사는 제66조 제1항에 따라 공매대행을 의뢰받은 날부터 2년이 지나도 공매되지 않은 재산이 있는 경우 관할 세무서장에게 해당 재산에 대한 공매대행 의뢰를 해제해 줄 것을 요구할 수 있다. (2021. 2. 17. 개정)
② 관할 세무서장은 제1항에 따라 해제 요구를 받은 경우 특별한 사정이 없는 한 해제 요구에 따라야 한다. (2021. 2. 17. 개정)

제72조【공매대행 수수료】법 제103조 제2항에 따른 수수료(같은 조 제1항 제2호에 따른 수의계약의 수수료는 제외한다)는 공매대행에 드는 실제 비용을 고려하여 기획재정부령으로 정한다. (2021. 2. 17. 개정)

제73조【공매대행의 세부 사항】한국자산관리공사가 법 제103조 제1항 제1호에 따른 공매를 대행하는 데 필요한 사항으로서 이 영에서 정하지 않은 사항은 국세청장이 한국자산관리공사와 협의하여 정한다. (2021. 2. 17. 개정)

② 관할 세무서장은 제1항에 따라 한국자산관리공사가 공매등을 대행하는 경우 대통령령으로 정하는 바에 따라 수수료를 지급할 수 있다. (2020. 12. 29. 개정)
③ 한국자산관리공사가 제1항 제1호, 제2호 및 제4호의 업무를 대행하는 경우 한국자산관리공사의 직원은 「형법」이나 그 밖의 법률에 따른 벌칙을 적용할 때 세무공무원으로 본다. (2020. 12. 29. 개정)
④ 제1항에 따라 한국자산관리공사가 대행하는 공매등에 필요한 사항은 대통령령으로 정한다. (2020. 12. 29. 개정)

제78조【공매대행 수수료 등】① 영 제72조에 따른 공매대행 수수료는 다음 각 호의 구분에 따른 금액(이하 이 조에서 "기준금액"이라 한다)을 기준으로 산정하되, 기준금액이 12억원을 초과하는 경우에는 12억원으로 한다. (2021. 3. 16. 개정)
1. 한국자산관리공사가 공매대행의 의뢰를 받은 후에 체납자 또는 제3자가 해당 체납액을 완납하여 법 제57조 제1항 제1호 및 제88조 제1항 제1호에 해당하여 압류 해제 및 공매 취소되거나 법 제86조 제1호에 따라 체납자가 매수인의 동의를 받아 체납액을 납부하여 매각결정

공매진행 단계 등에 따른 수수료율 중 가장 높은 수수료율을 적용하며, 매각결정취소수수료는 법 제71조 제2항에 따른 건별 공매보증금액을 한도로 한다. (2021. 3. 16. 개정)
③ 제2항에도 불구하고 한국자산관리공사가 공매대행의 의뢰를 받은 날부터 10일 이내에 제1항 제1호에 따라 압류 해제 및 공매 취소되거나 매각결정이 취소된 경우 또는 제1항 제2호에 따라 공매대행의 의뢰가 해제된 경우 해당 수수료를 면제한다. (2021. 3. 16. 개정)
④ 기획재정부장관은 제2항에 따른 공매대행 수수료를 한국자산관리공사의 공매대행 실적, 공매비용 및 물가상승률 등을 고려하여 매년 조정해야 한다. (2021. 3. 16. 개정)

이 취소된 경우의 수수료(이하 "완납수수료"라 한다): 해당 납부세액 (2021. 3. 16. 개정)
2. 한국자산관리공사가 공매대행의 의뢰를 받은 후에 관할 세무서장의 직권 또는 한국자산관리공사의 요구에 따라 공매대행의 의뢰가 해제된 경우(제1호에 따라 압류 해제 및 공매 취소되거나 매각결정이 취소된 경우 또는 법 제57조 제1항 제3호 및 제88조 제1항 제1호에 해당하여 압류 해제 및 공매 취소된 경우는 제외한다)의 수수료(이하 "해제수수료"라 한다): 해당 해제금액(체납액 또는 공매예정가격 중 적은 금액으로 한다) (2021. 3. 16. 개정)
3. 한국자산관리공사가 압류재산을 매각한 경우의 수수료(이하 "매각수수료"라 한다): 해당 건별 매각금액 (2021. 3. 16. 개정)
4. 법 제86조 제2호에 따른 매수인이 매수대금을 지정된 기한까지 납부하지 않은 경우에 해당하여 매각결정이 취소된 경우의 수수료(이하 "매각결정취소수수료"라 한다): 해당 매수대금 (2021. 3. 16. 개정)
② 영 제72조에 따른 공매대행 수수료는 제1항 각 호의 구분에 따른 기준금액에 별표 3에 따른 공매진행 단계에 따른 수수료율을 곱하여 계산한 금액과 공매진행 단계 등에 따른 최저수수료 중 큰 금액으로 한다. 이 경우 완납수수료 및 해제수수료를 산정할 때 동일한 체납자의 재산에 대하여 2건 이상의 공매 절차가 진행 중인 경우에는 각 재산의

제74조【수의계약 대행】 관할 세무서장이 법 제103조 제1항 제2호에 따른 수의계약(수의계약과 관련한 같은 항 제3호 및 제4호의 업무를 포함한다)을 한국자산관리공사에 대행하게 하는 경우 대행 의뢰, 압류재산의 인도, 매수대금 등의 인계, 해제 요구, 수수료 등에 관하여는 제66조부터 제73조까지의 규정(제68조 및 제69조는 재산의 압류를 해제함에 따라 공매를 취소하는 부분으로 한정한다)을 준용한다. (2021. 2. 17. 개정)

제75조【전문매각기관의 매각 관련 사실행위 대행】 ① 국세청장은 다음 각 호의 요건을 모두 충족하는 기관 중에서 법 제104조 제1항에 따른 전문매각기관(이하 "전문매각기관"이라 한다)으로 선정될 수 있는 대상 기관을 관보 및 국세청 홈페이지에 공고해야 한다. 이 경우 공고된 기관이 제7항 각 호의 어느 하나에 해당하는 경우에는 해당 기관을 제외하고 다시 공고해야 한다. (2022. 2. 15. 개정)
1. 공고일이 속하는 연도의 직전 2년 동안 법 제104조 제1항에 따른 예술품등(이하 "예술품등"이라 한다)을 경매를 통하여 매각한 횟수가 연평균 10회 이상일 것 (2021. 2. 17. 개정)
2. 정보통신망을 이용해서 예술품등의 매각이 가능할 것 (2021. 2. 17. 개정)
② 제1항에 따라 공고된 기간은 같은 항 각 호 외의 부분에 따라 국세청장이 공고한 날부터 2년 동안 전문매각기관으로 선정될 수 있다. (2022. 2. 15. 개정)
③ 관할 세무서장은 법 제104조 제1항에 따라 직권으로 제1항에 따라 공고된 기관 중 하나의 기관을 전문매각기관으로 선정하여 예술품등의 감정, 매각기일·기간의 진행 등 매각에 관련된 사실행위(이하 "매각관련사실행위"라 한다)의 대행을 의뢰할 수 있다. 이 경우 관할 세무서장은 매각 대상인 예술품등을 소유한 납세자에게 그 사실을 통지해야 한다. (2022. 2. 15. 개정)
④ 납세자는 법 제104조 제1항에 따라 관할 세무서장에게 전문매각기관을 선정하여 매각관련사실행위를 대행하도록 신청하려는 경우 기획재정부령으로 정하는 신청서를 작성하여 관할 세무서장에게 제출해야 한다. (2022. 2. 15. 개정)

제104조【전문매각기관의 매각관련사실행위 대행 등】 (2021. 12. 21. 제목개정)
① 관할 세무서장은 압류한 재산이 예술적·역사적 가치가 있어 가격을 일률적으로 책정하기 어렵고, 그 매각에 전문적인 식견이 필요하여 직접 매각을 하기에 적당하지 아니한 물품(이하 이 조에서 "예술품등"이라 한다)인 경우 직권이나 납세자의 신청에 따라 예술품등의 매각에 전문성과 경험이 있는 기관 중에서 전문매각기관을 선정하여 예술품등의 감정, 매각기일·기간의 진행 등 매각에 관련된 사실행위(이하 이 조에서 "매각관련사실행위"라 한다)를 대행하게 할 수 있다. (2021. 12. 21. 개정)
② 관할 세무서장은 제1항에 따라 전문매각기관에 매각관련사실행위의 대행을 의뢰하는 경우 예술품등의 감정가액에 상응하는 담보로서 제18조 제1항 각 호의 어느 하나에 해당하는 담보를 제공할 것을 요구할 수 있다. 이 경우 제18조 제1항 제3호의 "납세보증보험증권"은 "이행보증보험증권"으로 한다. (2021. 12. 21. 신설)
③ 제1항에 따라 선정된 전문매각기관(이하 이 조에서 "전문매각기관"이라 한다) 및 전문매각기관의 임직원은 직접적으로든 간접적으로든 매각관련사실행위 대행의 대상인 예술품등을 매수하지 못한다. (2021. 12. 21. 개정)
④ 관할 세무서장은 제1항에 따라 전문매각기관이 매각관련사실행위를 대행하는 경우 대통령령으로 정하는 바에 따라 수수료를 지급할 수 있다. (2021. 12. 21. 개정)
⑤ 제1항에 따른 납세자의 신청 절차, 전문매각기관의 선정과 그 취소의 기준·절차, 전문매각기관의 선정기간, 그 밖에 매각관련사실행위

제79조【수의계약 대행】 ① 한국자산관리공사가 수의계약을 대행하는 경우의 수수료에 관하여는 영 제74조에 따라 제78조를 준용한다. (2021. 3. 16. 개정)
② 수의계약 대행 의뢰서 및 수의계약 대행 통지서는 영 제74조에 따라 각각 별지 제86호 서식 및 별지 제87호 서식에 따른다. (2021. 3. 16. 개정)

제81조【매각 관련 사실행위 대행 신청서 등】 ① 영 제75조 제4항에 따른 예술품등에 대한 매각 관련 사실행위의 대행 신청서는 별지 제89호 서식에 따른다. (2021.

의 대행에 필요한 사항은 대통령령으로 정한다. (2021. 12. 21. 개정)

⑥ 제1항에 따라 전문매각기관이 매각관련사실행위를 대행하는 경우 전문매각기관의 임직원은 「형법」 제129조에서 제132조까지의 규정을 적용할 때에는 공무원으로 본다. (2021. 12. 21. 개정)

⑤ 관할 세무서장은 제4항에 따라 신청서를 제출받은 경우 제1항에 따라 공고된 기관 중 하나의 기관을 전문매각기관으로 선정하여 매각관련사실행위의 대행을 의뢰할 수 있으며, 제4항에 따라 신청서를 제출한 납세자에게 그 사실을 통지해야 한다. (2022. 2. 15. 개정)

⑥ 관할 세무서장은 전문매각기관에 예술품등에 대한 매각 관련 사실행위의 대행을 의뢰하는 경우 의뢰하는 예술품등의 감정가액에 상응하는 법 제18조 각 호의 어느 하나에 해당하는 담보의 제공을 전문매각기관에 요구할 수 있다. 이 경우 같은 조 제3호의 "납세보증보험증관"은 "이행보증보험증관"으로 본다. (2021. 2. 17. 개정)

⑥ 삭　제 (2022. 2. 15.)

⑦ 관할 세무서장은 제3항 또는 제5항에 따라 선정한 전문매각기관이 다음 각 호의 어느 하나에 해당하는 경우 그 선정을 취소할 수 있다. (2022. 2. 15. 개정)

1. 해당 기관의 부도, 파산, 휴업·폐업, 제1항에 따른 공고 당시의 시설·자본금 등의 변동 등으로 매각관련사실행위의 대행이 곤란하다고 인정되는 경우 (2022. 2. 15. 개정)

2. 해당 기관 또는 그 대표자가 법 제114조 제1항에 따라 고액·상습 체납자로 명단이 공개되거나 「조세범 처벌법」에 따라 벌금 이상의 형을 선고받은 경우 (2021. 2. 17. 개정)

3. 해당 기관의 임직원이 매각관련사실행위의 대행과 관련하여 「형법」 제129조부터 제132조까지의 죄로 벌금 이상의 형을 선고받은 경우 (2022. 2. 15. 개정)

4. 해당 기관 또는 그 대표자가 사회적 물의를 일으키거나 그 밖에 이에 준하는 사유가 있어 해당 기관의 매각관련사실행위의 대행이 적절하지 않다고 인정되는 경우 (2022. 2. 15. 개정)

⑧ 제1항부터 제7항까지에서 규정한 사항 외에 전문매각기관의 선정 및 예술품등의 매각 절차에 필요한 세부 사항은 국세청장이 정하여 고시한다. (2022. 2. 15. 개정)

　　제76조 【전문매각기관의 매각대행 수수료】 법 제104조 제4항에 따른 수수료는 매각관련사실행위의 대행에 드는 실제 비용을 고려하여 기획재정부령으로 정한다. (2022. 2. 15. 개정)

3. 16. 개정)

② 영 제75조 제5항에 따른 예술품등에 대한 매각 관련 사실행위 대행 의뢰 통지는 별지 제90호 서식에 따른다. (2021. 3. 16. 개정)

　　제82조 【매각대행 수수료】 영 제76조에 따른 매각대행 수수료는 다음 각 호와 같다. (2021. 3. 16. 개정)

1. 매각수수료: 법 제104조 제3항에 따른 전문매각기관(이하 "전문매각기관"이

라 한다)이 매각을 대행하는 물품을 매각한 경우 국세청장이 매각금액의 100분의 5 이내에서 정하여 고시하는 수수료 (2022. 3. 18. 개정)
2. 보전수수료: 전문매각기관이 물품을 감정하거나 운송 또는 보관한 경우 발생한 실제 비용을 보전하기 위해 국세청장이 정하여 고시하는 수수료 (2021. 3. 16. 개정)

제 6 절 압류·매각의 유예

제105조【압류·매각의 유예】① 관할 세무서장은 체납자가 다음 각 호의 어느 하나에 해당하는 경우 체납자의 신청 또는 직권으로 그 체납액에 대하여 강제징수에 따른 재산의 압류 또는 압류재산의 매각을 대통령령으로 정하는 바에 따라 유예할 수 있다. (2020. 12. 29. 개정)
1. 국세청장이 성실납세자로 인정하는 기준에 해당하는 경우 (2020. 12. 29. 개정)
2. 재산의 압류나 압류재산의 매각을 유예함으로써 체납자가 사업을 정상적으로 운영할 수 있게 되어 체납액의 징수가 가능하게 될 것이라고 관할 세무서장이 인정하는 경우 (2020. 12. 29. 개정)
② 관할 세무서장은 제1항에 따라 유예를 하는 경우 필요하다고 인정하면 이미 압류한 재산의 압류를 해제할 수 있다. (2020. 12. 29. 개정)
③ 관할 세무서장은 제1항 및 제2항에 따라 재산의 압류를 유예하거나 압류를 해제하는 경우 그에 상당하는 납세담보의 제공을 요구할 수 있다. 다만, 성실납세자가 체납세액 납부계획서를 제출하고 제106조에 따른 국세체납정리위원회가 체납세액 납부계획의 타당성을 인정하는 경우에는 그러하지 아니하다. (2020. 12. 29. 개정)
④ 제1항에 따른 유예의 신청·승인·통지 등의 절차에 관하여 필요한 사항은 대통령령으로 정한다. (2020. 12. 29. 개정)

제 6 절 압류·매각의 유예

제77조【압류·매각의 유예】① 법 제105조 제1항에 따른 압류 또는 매각의 유예의 기간은 그 유예한 날의 다음 날부터 1년 이내로 한다. (2021. 2. 17. 개정)
② 관할 세무서장은 제1항에도 불구하고 다음 각 호의 어느 하나에 해당하는 자가 소득세, 법인세, 부가가치세 및 이에 부가되는 세목에 대한 압류 또는 매각의 유예를 신청하는 경우(제1항에 따라 압류 또는 매각의 유예를 받고 그 유예기간 중에 신청하는 경우를 포함한다) 그 압류 또는 매각의 유예기간을 유예한 날의 다음 날부터 2년(제1항에 따라 압류 또는 매각의 유예를 받은 기간에 대해서는 그 기간을 포함하여 산정한다) 이내로 정할 수 있다. (2025. 2. 28. 개정)
1. 「조세특례제한법 시행령」 제2조에 따른 중소기업에 해당할 것 (2021. 2. 17. 개정)
2. 다음 각 목의 어느 하나에 해당하는 지역에 사업장이 소재할 것 (2021. 2. 17. 개정)
　　가. 「고용정책 기본법」 제32조의 2 제2항에 따라 선포된 고용재난지역 (2021. 2. 17. 개정)
　　나. 「고용정책 기본법 시행령」 제29조 제1항에 따라 지정·고시된 지역 (2021. 2. 17. 개정)
　　다. 「지역 산업위기 대응 및 지역경제회복을 위한 특별법」 제10조 제1항에 따라 지정된 산업위기대응특별지역 (2022. 2. 18. 개정 ; 지역 산업위기~부칙)
　　라. 「재난 및 안전관리 기본법」 제60조 제3항에 따라 선포된 특별재난지역(선포된 날부터 2년으로 한정한다) (2024. 6. 18. 개정 ; 재난 및~부칙)

제 6 절 압류·매각의 유예

편주 ▶ 영 77조 2항의 개정규정은 2025. 2. 28. 이후 압류 또는 매각의 유예를 승인하는 경우부터 적용함. (영 부칙(2025. 2. 28.) 3조)

⑤ 압류 · 매각의 유예 취소와 체납액의 일시징수에 관하여는 제16조를 준용한다. (2020. 12. 29. 개정)

1. 다음 각 목의 요건을 모두 갖춘 자 (2025. 2. 28. 개정)

　가. 「조세특례제한법 시행령」 제2조에 따른 중소기업에 해당할 것 (2025. 2. 28. 개정)

　나. 다음의 어느 하나에 해당하는 지역에 사업장이 소재할 것 (2025. 2. 28. 개정)

　　1) 「고용정책 기본법」 제32조의 2 제2항에 따라 선포된 고용재난지역 (2025. 2. 28. 개정)

　　2) 「고용정책 기본법 시행령」 제29조 제1항에 따라 지정 · 고시된 지역 (2025. 2. 28. 개정)

　　3) 「지역 산업위기 대응 및 지역경제 회복을 위한 특별법」 제10조 제1항에 따라 지정된 산업위기대응특별지역 (2025. 2. 28. 개정)

　　4) 특별재난지역 (2025. 2. 28. 개정)

2. 「소득세법」에 따른 사업자(「조세특례제한법 시행령」 제2조에 따른 중소기업에 해당하는 사업자로 한정하며, 이하 이 조에서 "피해사업자"라 한다)로서 특별재난지역 선포의 사유가 된 재난으로 인해 신체에 피해를 입은 사람 (2025. 2. 28. 개정)

3. 특별재난지역 선포의 사유가 된 재난으로 인해 사망한 피해사업자가 경영하던 사업장을 상속받은 상속인(「국세기본법」 제24조 제1항에 따른 상속인을 말한다) (2025. 2. 28. 개정)

③ 관할 세무서장은 압류 또는 매각이 유예된 체납세액을 제1항 또는 제2항에 따른 압류 또는 매각의 유예기간 동안 분할하여 징수할 수 있다. (2021. 2. 17. 개정)

④ 압류 또는 매각의 유예 신청 및 통지에 관하여는 제14조 및 제15조를 준용한다. (2021. 2. 17. 개정)

⑤ 법 제105조 제3항 단서에 따른 체납세액 납부계획서에는 다음 각 호의 사항이 포함되어야 한다. (2021. 2. 17. 개정)

1. 체납세액 납부에 제공될 재산 또는 소득에 관한 사항 (2021. 2. 17. 개정)

2. 체납세액의 납부일정에 관한 사항 (2021. 2. 17. 개정)

3. 그 밖에 체납세액 납부계획과 관련된 사항 (2021. 2. 17. 개정)

제83조【압류 · 매각의 유예의 신청 등】① 영 제77조 제4항에 따른 압류 또는 매각의 유예 신청은 별지 제91호 서식의 압류 · 매각 유예 신청서에 따른다. (2021. 3. 16. 개정)

② 영 제77조 제4항에 따른 압류 또는 매각 유예의 통지 및 압류 또는 매각 유예의 승인 여부에 대한 통지는 별지 제92호 서식의 압류 · 매각 유예(승인, 기각) 통지서

제106조【국세체납정리위원회】① 국세의 체납정리에 관한 사항을 심의하기 위하여 지방국세청과 대통령령으로 정하는 세무서에 국세체납정리위원회를 둔다. (2020. 12. 29. 개정)
② 국세체납정리위원회의 위원은 관계 공무원과 법률·회계 또는 경제에 관하여 자격을 보유하고 있거나 학식과 경험이 풍부한 사람 중에서 다음 각 호의 구분에 따른 사람이 된다. (2023. 12. 31. 신설)
1. 지방국세청에 두는 국세체납정리위원회: 지방국세청장이 임명 또는 위촉하는 사람 (2023. 12. 31. 신설)
2. 세무서에 두는 국세체납정리위원회: 세무서장이 임명 또는 위촉하는 사람 (2023. 12. 31. 신설)
③ 국세체납정리위원회의 위원 중 공무원이 아닌 위원은 「형법」 제127조 및 제129조부터 제132조까지를 적용할 때에는 공무원으로 본다. (2023. 12. 31. 신설)
④ 국세체납정리위원회의 조직과 운영에 필요한 사항은 대통령령으로 정한다. (2023. 12. 31. 개정)

제78조【국세체납정리위원회를 두는 세무서】법 제106조 제1항에서 "대통령령으로 정하는 세무서"란 「국세청과 그 소속기관 직제」 제24조 제2항에 따른 1급지세무서를 말한다. (2021. 2. 17. 개정)

제79조【국세체납정리위원회의 구성】① 법 제106조 제1항에 따른 국세체납정리위원회는 지방국세청에 두는 지방국세청국세체납정리위원회(이하 "지방국세청위원회"라 한다)와 제78조에 따른 세무서에 두는 세무서국세체납정리위원회(이하 "세무서위원회"라 한다)로 한다. (2021. 2. 17. 개정)
② 지방국세청위원회는 위원장을 포함한 7명 이상 9명 이하의 위원으로 구성하고, 세무서위원회는 위원장을 포함한 5명 이상 7명 이하의 위원으로 구성한다. (2021. 2. 17. 개정)
③ 지방국세청위원회 위원장은 지방국세청장이 되고, 세무서위원회 위원장은 세무서장이 된다. (2021. 2. 17. 개정)
④ 국세체납정리위원회 위원은 해당 지방국세청장 또는 세무서장이 다음 각 호의 어느 하나에 해당하는 사람 중에서 임명 또는 위촉한다. (2021. 2. 17. 개정)
1. 해당 지방국세청 또는 세무서 소속 5급 이상 공무원 (2021. 2. 17. 개정)
2. 변호사·공인회계사 또는 세무사의 자격이 있는 사람 (2021. 2. 17. 개정)
3. 법률·회계 또는 경제에 관하여 학식과 경험이 풍부한 사람으로서 경제계에 종사하는 사람 (2021. 2. 17. 개정)
⑤ 제4항 제2호 또는 제3호에 해당하는 위원(이하 "위촉위원"이라 한다)의 임기는 2년으로 하며, 한 차례만 연임할 수 있다. (2021. 2. 17. 개정)

제80조【국세체납정리위원회의 심의사항】(2023. 2. 28. 제목 개정)
국세체납정리위원회는 다음 각 호의 어느 하나에 해당하는 사항을 심의한다. (2021. 2. 17. 개정)
1. 법 제57조 제1항 제4호에 따른 사유로 압류를 해제하려는 사항 (2021. 2. 17. 개정)

에 따른다. (2021. 3. 16. 개정)
③ 법 제105조 제5항에 따른 압류 또는 매각 유예의 취소 통지는 별지 제93호 서식의 압류·매각 유예 취소 통지서에 따른다. (2021. 3. 16. 개정)

수 있다. (2021. 2. 17. 개정)

　제86조 【위원의 제척·회피】 ① 국세체납정리위원회 위원이 다음 각 호의 어느 하나에 해당하는 경우에는 체납국세에 관한 의사(議事)에서 제척(除斥)된다. (2021. 2. 17. 개정)
1. 위원 또는 그 배우자나 배우자였던 사람이 해당 의사의 당사자가 되거나 그 안건의 당사자와 공동권리자 또는 공동의무자인 경우 (2021. 2. 17. 개정)
2. 위원이 해당 의사의 당사자와 친족이거나 친족이었던 경우 (2021. 2. 17. 개정)
3. 위원이 해당 안건에 대하여 증언, 진술, 자문, 연구, 용역 또는 감정을 한 경우 (2021. 2. 17. 개정)
4. 위원이나 위원이 속한 법인이 해당 안건의 당사자의 대리인이거나 대리인이었던 경우 (2021. 2. 17. 개정)
② 국세체납정리위원회 위원이 제1항 각 호의 제척사유에 해당하는 경우에는 스스로 그 의사에서 회피(回避)해야 한다. (2021. 2. 17. 개정)

　제87조 【수　당】 국세체납정리위원회는 회의에 출석한 위촉위원에게 예산의 범위에서 수당을 지급할 수 있다. (2021. 2. 17. 개정)

　제88조 【위원의 해촉】 지방국세청장 또는 세무서장은 위촉위원이 다음 각 호의 어느 하나에 해당하는 경우 해당 위원을 해촉할 수 있다. (2021. 2. 17. 개정)
1. 심신장애로 직무를 수행할 수 없게 된 경우 (2021. 2. 17. 개정)
2. 직무와 관련한 비위 사실이 있는 경우 (2021. 2. 17. 개정)
3. 위촉 당시의 자격을 상실한 경우 (2021. 2. 17. 개정)
4. 국세를 체납한 경우 (2021. 2. 17. 개정)
5. 직무태만, 품위손상이나 그 밖의 사유로 위원으로 적합하지 않다고 인정되는 경우 (2021. 2. 17. 개정)
6. 위원 스스로 직무를 수행하기 어렵다는 의사를 밝히는 경우 (2021. 2. 17. 개정)
7. 제86조 제1항에 해당함에도 불구하고 회피하지 않은 경우 (2021. 2. 17. 개정)

2. 그 밖에 법 또는 다른 세법에 따라 국세체납정리위원회의 심의를 거치도록 한 사항 (2021. 2. 17. 개정)

　제81조 【국세체납정리위원회 위원장의 직무】 ① 국세체납정리위원회 위원장은 해당 위원회를 대표하고, 위원회의 업무를 총괄한다. (2021. 2. 17. 개정)
② 국세체납정리위원회 위원장이 부득이한 사유로 직무를 수행할 수 없는 경우 국세체납정리위원회 위원장이 지명하는 해당 위원회 위원이 그 직무를 대행한다. (2021. 2. 17. 개정)

　제82조 【회　의】 ① 국세체납정리위원회 위원장은 해당 위원회의 회의를 소집하고 그 의장이 된다. (2021. 2. 17. 개정)
② 국세체납정리위원회 위원장은 회의의 일정과 의안을 미리 각 위원에게 통지해야 한다. (2021. 2. 17. 개정)
③ 회의는 재적위원 과반수의 출석으로 개의(開議)하고, 출석위원 과반수의 찬성으로 의결한다. (2021. 2. 17. 개정)

　제83조 【회의록】 국세체납정리위원회 위원장은 해당 위원회의 회의를 개최한 경우 회의록을 작성하여 갖춰 두어야 한다. (2021. 2. 17. 개정)

　제84조 【보고와 통지】 ① 지방국세청위원회 위원장은 지방국세청위원회의 회의에서 의결된 사항을 관할 세무서장에게 지체 없이 통지해야 한다. (2021. 2. 17. 개정)
② 제81조 제2항에 따라 국세체납정리위원회 위원장의 직무를 대행하는 위원이 지방국세청위원회 또는 세무서위원회의 회의를 개최한 경우 해당 위원은 그 회의에서 의결된 사항을 지방국세청장 또는 세무서장에게 각각 보고해야 한다. (2021. 2. 17. 개정)
③ 지방국세청장은 제2항에 따른 보고를 받은 경우 그 내용을 관할 세무서장에게 지체 없이 통지해야 한다. (2021. 2. 17. 개정)

　제85조 【의견 청취】 국세체납정리위원회는 의안을 심의하기 위하여 필요하다고 인정하는 경우 체납자, 이해관계인 등의 의견을 들을

제107조【납세증명서의 제출】① 납세자는 다음 각 호의 어느 하나에 해당하는 경우 대통령령으로 정하는 바에 따라 납세증명서를 제출하여야 한다. (2020. 12. 29. 개정)

1. 국가, 지방자치단체 또는 대통령령으로 정하는 정부 관리기관으로부터 대금을 지급받을 경우(체납액이 없다는 사실의 증명이 필요하지 아니한 경우로서 대통령령으로 정하는 경우는 제외한다) (2020. 12. 21. 개정)

제89조【정부 관리기관】법 제107조 제1항 제1호에서 "대통령령으로 정하는 정부 관리기관"이란 「감사원법」 제22조 제1항 제3호 및 제4호에 따라 감사원의 검사 대상이 되는 법인 또는 단체 등을 말한다. (2021. 2. 17. 개정)

제90조【납세증명서의 제출】법 제107조 제1항 제1호에 따른 대금을 지급받는 자가 원래의 계약자가 아닌 자인 경우 다음 각 호의 구분에 따른 납세증명서를 제출해야 한다. (2021. 2. 17. 개정)

1. 채권양도로 인한 경우 : 양도인과 양수인의 납세증명서 (2021. 2. 17. 개정)
2. 법원의 전부명령(轉付命令)에 따르는 경우 : 압류채권자의 납세증명서 (2021. 2. 17. 개정)
3. 「하도급거래 공정화에 관한 법률」 제14조 제1항 제1호 및 제2호에 따라 건설공사의 하도급대금을 직접 지급받는 경우 : 수급사업자의 납세증명서 (2021. 2. 17. 개정)

제91조【납세증명서 제출의 예외】납세자는 법 제107조 제1항 제1호에 따라 국가, 지방자치단체 등으로부터 대금을 지급받을 경우라도 다음 각 호의 어느 하나에 해당하는 경우에는 납세증명서를 제출하지 않을 수 있다. (2021. 2. 17. 개정)

1. 「국가를 당사자로 하는 계약에 관한 법률 시행령」 제26조 제1항 각 호(같은 항 제1호 라목은 제외한다) 및 「지방자치단체를 당사자로 하는 계약에 관한 법률 시행령」 제25조 제1항 각 호(같은 항 제7호 가목은 제외한다)에 해당하는 수의계약에 따라 대금을 지급받는 경우 (2021. 2. 17. 개정)
2. 국가 또는 지방자치단체가 대금을 지급받아 그 대금이 국고 또는 지

2. 「출입국관리법」 제31조에 따른 외국인등록 또는 「재외동포의 출입국과 법적 지위에 관한 법률」 제6조에 따른 국내거소신고를 한 외국인이 체류기간 연장허가 등 대통령령으로 정하는 체류 관련 허가 등을 법무부장관에게 신청하는 경우 (2021. 12. 21. 개정)

방자치단체금고에 귀속되는 경우 (2021. 2. 17. 개정)
3. 국세 강제징수에 따른 채권 압류로 관할 세무서장이 그 대금을 지급받는 경우 (2021. 2. 17. 개정)
4. 「채무자 회생 및 파산에 관한 법률」에 따른 파산관재인이 납세증명서를 발급받지 못하여 관할 법원이 파산절차를 원활하게 진행하기 곤란하다고 인정하는 경우로서 관할 세무서장에게 납세증명서 제출의 예외를 요청하는 경우 (2021. 2. 17. 개정)
5. 납세자가 계약대금 전액을 체납세액으로 납부하거나 계약대금 중 일부 금액으로 체납세액 전액을 납부하려는 경우 (2021. 2. 17. 개정)

제92조 【체류 관련 허가】 법 제107조 제1항 제2호에서 "체류기간 연장허가 등 대통령령으로 정하는 체류 관련 허가 등"이란 다음 각 호의 어느 하나에 해당하는 것을 말한다. (2022. 2. 15. 개정)
1. 「재외동포의 출입국과 법적 지위에 관한 법률」 제6조에 따른 국내거소신고 (2021. 2. 17. 개정)
2. 「출입국관리법」 제20조에 따른 체류자격 외 활동허가 (2021. 2. 17. 개정)
3. 「출입국관리법」 제21조에 따른 근무처 변경 · 추가에 관한 허가 또는 신고 (2021. 2. 17. 개정)
4. 「출입국관리법」 제23조에 따른 체류자격 부여 (2021. 2. 17. 개정)
5. 「출입국관리법」 제24조에 따른 체류자격 변경허가 (2021. 2. 17. 개정)
6. 「출입국관리법」 제25조에 따른 체류기간 연장허가 (2021. 2. 17. 개정)
7. 「출입국관리법」 제31조에 따른 외국인등록 (2021. 2. 17. 개정)

제93조 【관할 세무서장 등에 대한 조회 등】 납세자가 법 제107조 제1항 각 호의 어느 하나에 해당하여 납세증명서를 제출해야 하는 경우 해당 주무관서 등이 국세청장 또는 관할 세무서장에게 조회(국세청장에게 조회하는 경우에는 국세정보통신망을 통한 방법으로 한정한다)하거나 납세자의 동의를 받아 「전자정부법」 제36조 제1항에 따른 행정정보의 공동이용을 통하여 그 체납사실 여부를 확인하는 경우에는 납세증명서를 제출받은 것으로 볼 수 있다. (2021. 2. 17. 개정)

3. 내국인이 해외이주 목적으로 「해외이주법」 제6조에 따라 재외동포
   청장에게 해외이주신고를 하는 경우 (2023. 3. 4. 개정 ; 정부조직법
   부칙)
② 제1항에 따른 납세증명서는 발급일 현재 다음 각 호의 금액을 제외
하고는 다른 체납액이 없다는 사실을 증명하는 문서를 말하며, 제13조
에 따라 지정납부기한이 연장된 경우 그 사실도 기재되어야 한다.
(2020. 12. 29. 개정)
1. 제13조에 따른 독촉장에서 정하는 기한의 연장에 관계된 금액
   (2020. 12. 29. 개정)
2. 제105조에 따른 압류·매각의 유예액 (2020. 12. 29. 개정)
3. 그 밖에 대통령령으로 정하는 금액 (2020. 12. 29. 개정)

제108조 【납세증명서의 발급】 관할 세무서장은 납세자로부터
납세증명서의 발급을 신청받은 경우 그 사실을 확인한 후 즉시 납세증
명서를 발급하여야 한다. (2020. 12. 29. 개정)

제94조 【납세증명서】 법 제107조 제2항 제3호에서 "대통령령으
로 정하는 금액"이란 다음 각 호의 금액을 말한다. (2021. 2. 17. 개정)
1. 법 제14조에 따른 납부고지의 유예액 (2021. 2. 17. 개정)
2. 「채무자 회생 및 파산에 관한 법률」 제140조에 따른 징수유예액 또
   는 강제징수에 따라 압류된 재산의 환가유예에 관련된 체납액
   (2021. 2. 17. 개정)
3. 「국세기본법」 제42조에 따라 물적납세의무를 부담하는 양도담보권
   자가 그 물적납세의무와 관련하여 체납한 국세 또는 강제징수비
   (2023. 2. 28. 신설)
4. 「종합부동산세법」 제7조의 2 또는 제12조의 2에 따라 물적납세의무
   를 부담하는 수탁자가 그 물적납세의무와 관련하여 체납한 종합부
   동산세 또는 강제징수비 (2021. 2. 17. 개정)
5. 「부가가치세법」 제3조의 2에 따라 물적납세의무를 부담하는 수탁자
   가 그 물적납세의무와 관련하여 체납한 부가가치세 또는 강제징수
   비 (2023. 2. 28. 호번개정)
6. 「조세특례제한법」 제99조의 6에 따른 압류 또는 매각이 유예된 체
   납액 (2023. 2. 28. 호번개정)
7. 「조세특례제한법」 제99조의 8에 따른 납부고지의 유예 또는 지정납
   부기한등의 연장에 관계된 국세 또는 체납액 (2023. 2. 28. 호번개정)
8. 「조세특례제한법」 제99조의 10에 따른 체납액 징수특례를 적용받
   은 징수곤란 체납액 (2023. 2. 28. 호번개정)

제95조 【납세증명서의 발급 신청】 법 제108조에 따라 납세증명
서를 발급받으려는 자는 다음 각 호의 사항을 적은 문서를 개인의 경
우에는 주소지(주소가 없는 외국인의 경우에는 거소지를 말한다. 이하
같다) 또는 사업장 소재지를 관할하는 세무서장에게 제출(국세정보통
신망을 통한 제출을 포함한다. 이하 이 조에서 같다)하고, 법인의 경우
에는 본점(외국법인인 경우에는 국내 주사업장을 말한다) 소재지를 관
할하는 세무서장에게 제출해야 한다. 다만, 국세청장이 납세자의 편의
를 위하여 발급 세무서를 달리 정하는 경우에는 그 발급 세무서의 장
에게 제출해야 한다. (2021. 2. 17. 개정)
1. 납세자의 주소 또는 거소와 성명 (2021. 2. 17. 개정)

제84조 【납세증명서의 발급 신청】
① 영 제95조에 따라 납세증명서의 발급
을 신청하려면 별지 제94호 서식의 납세
증명서에 영 제95조 각 호의 사항을 기재
하여 같은 조에 따라 관할 세무서장에게
제출한다. (2021. 3. 16. 개정)
② 법 제108조에 따른 납세증명서는 별지
제94호 서식에 따른다. (2021. 3. 16. 개정)

제109조【미납국세 등의 열람】① 「주택임대차보호법」 제2조에 따른 주거용 건물 또는 「상가건물 임대차보호법」 제2조에 따른 상가건물을 임차하여 사용하려는 자는 해당 건물에 대한 임대차계약을 하기 전 또는 임대차계약을 체결하고 임대차기간이 시작하는 날까지 임대인의 동의를 받아 그 자가 납부하지 아니한 다음 각 호의 국세 또는 체납액의 열람을 임차할 건물 소재지의 관할 세무서장에게 신청할 수 있다. 이 경우 열람 신청은 관할 세무서장이 아닌 다른 세무서장에게도 할 수 있으며, 신청을 받은 세무서장은 열람 신청에 따라야 한다. (2022. 12. 31. 개정)

1. 세법에 따른 과세표준 및 세액의 신고기한까지 신고한 국세 중 납부하지 아니한 국세 (2020. 12. 29. 개정)

2. 납부고지서를 발급한 후 지정납부기한이 도래하지 아니한 국세 (2020. 12. 29. 개정)

3. 체납액 (2020. 12. 29. 개정)

② 제1항에도 불구하고 임대차계약을 체결한 임차인으로서 해당 계약에 따른 보증금이 대통령령으로 정하는 금액을 초과하는 자는 임대차기간이 시작하는 날까지 임대인의 동의 없이도 제1항에 따른 신청을 할 수 있다. 이 경우 신청을 받은 세무서장은 열람 내역을 지체 없이 임대인에게 통지하여야 한다. (2022. 12. 31. 신설)

③ 제1항에 따른 열람신청에 필요한 사항은 대통령령으로 정한다. (2022. 12. 31. 항번개정)

2. 납세증명서의 사용 목적 (2021. 2. 17. 개정)

3. 납세증명서의 수량 (2021. 2. 17. 개정)

제96조【납세증명서의 유효기간】① 납세증명서의 유효기간은 그 증명서를 발급한 날부터 30일간으로 한다. 다만, 발급일 현재 해당 신청인에게 납부고지된 국세가 있는 경우에는 해당 국세의 지정납부기한까지로 할 수 있다. (2021. 2. 17. 개정)

② 관할 세무서장은 제1항 단서에 따라 유효기간을 지정납부기한까지로 정하는 경우 해당 납세증명서에 그 사유와 유효기간을 분명하게 적어야 한다. (2021. 2. 17. 개정)

제97조【미납국세 등의 열람 신청】① 법 제109조에 따라 미납국세 등의 열람을 신청하려는 자는 기획재정부령으로 정하는 미납국세 등 열람신청서에 다음 각 호의 서류를 첨부하여 세무서장에게 제출해야 한다. (2023. 2. 28. 개정)

1. 임대인의 동의를 증명할 수 있는 서류(법 제109조 제2항 전단에 따라 임대인의 동의 없이 신청하는 경우에는 임대차계약 체결 사실을 증명할 수 있는 서류를 말한다) (2023. 2. 28. 개정)

2. 임차하려는 자의 신분을 증명할 수 있는 서류 (2021. 2. 17. 개정)

② 법 제109조 제2항 전단에서 "대통령령으로 정하는 금액"이란 1천만원을 말한다. (2023. 2. 28. 신설)

③ 세무서장은 제1항에 따른 열람신청을 받은 경우 각 세법에 따른 과세표준 및 세액의 신고기한까지 임대인이 신고한 국세 중 납부하지 않은 국세에 대해서는 신고기한부터 30일(종합소득세의 경우에는 60일)이 지났을 때부터 열람 신청에 따라 열람할 수 있게 해야 한다. (2023. 2. 28. 개정)

제85조【미납국세 등의 열람 신청 등】(2023. 3. 20. 제목개정)

① 영 제97조 제1항에 따른 미납국세 등 열람신청서는 별지 제95호 서식에 따른다. (2023. 3. 20. 항번개정)

② 법 제109조 제2항 후단에 따른 미납국세 등 열람 내역의 통지는 별지 제95호의 2 서식에 따른다. (2023. 3. 20. 신설)

제110조【체납자료의 제공】① 관할 세무서장(지방국세청장을 포함한다. 이하 이 조 및 제112조에서 같다)은 국세징수 또는 공익 목적을 위하여 필요한 경우로서 「신용정보의 이용 및 보호에 관한 법률」 제2조 제6호에 따른 신용정보집중기관, 그 밖에 대통령령으로 정하는 자가 다음 각 호의 어느 하나에 해당하는 체납자의 인적사항 및 체납액에 관한 자료(이하 이 조에서 "체납자료"라 한다)를 요구한 경우 이를 제공할 수 있다. 다만, 체납된 국세와 관련하여 심판청구등이 계속 중이거나 그 밖에 대통령령으로 정하는 경우에는 체납자료를 제공할 수 없다. (2020. 12. 29. 개정)

1. 체납 발생일부터 1년이 지나고 체납액이 대통령령으로 정하는 금액 이상인 자 (2020. 12. 29. 개정)

2. 1년에 3회 이상 체납하고 체납액이 대통령령으로 정하는 금액 이상인 자 (2020. 12. 29. 개정)

② 제1항에 따른 체납자료의 제공 절차 등에 관하여 필요한 사항은 대통령령으로 정한다. (2020. 12. 29. 개정)

③ 제1항에 따라 체납자료를 제공받은 자는 이를 누설하거나 업무 목적 외의 목적으로 이용할 수 없다. (2020. 12. 29. 개정)

제111조【재산조회 및 강제징수를 위한 지급명세서 등의 사용】국세청장·지방국세청장 또는 관할 세무서장은 「금융실명거래 및 비밀보장에 관한 법률」 제4조 제4항 본문에도 불구하고 「소득세법」 제164조 및 「법인세법」 제120조에 따라 제출받은 이자소득, 배당소득 또는 금융투자소득에 대한 지급명세서 등 금융거래에 관한 정보를 체납자의 재산조회와 강제징수를 위하여 사용할 수 있다. (2022. 12. 31. 개정)

제111조【재산조회 및 강제징수를 위한 지급명세서 등의 사용】 국세청장·지방국세청장 또는 관할 세무서장은 「금융실명거래 및 비밀보장에 관한 법률」 제4조 제4항 본문에도 불구하고 「소득세법」 제164조 및 「법인세법」 제120조에 따라 제출받은 이자소득 또는 배당소득에 대한 지급명세서 등 금융거래에 관한 정보를 체납자의 재산조회와 강제징수를 위하여 사용할 수 있다. (2024. 12. 31. 개정)

편주 ▶ ···
법 111조의 개정규정은 2025. 1. 1.부터 시행함. (법 부칙(2022. 12. 31.) 1조 단서)
···

제98조【체납자료의 제공】① 법 제110조 제1항 각 호 외의 부분 단서에서 "대통령령으로 정하는 경우"란 다음 각 호의 어느 하나에 해당하는 경우를 말한다. (2021. 2. 17. 개정)

1. 법 제13조 제1항 제1호 또는 제2호의 사유에 해당하는 경우 (2021. 2. 17. 개정)

2. 법 제105조 제1항에 따라 압류 또는 매각이 유예된 경우 (2021. 2. 17. 개정)

3. 「국세기본법」 제42조에 따라 물적납세의무를 부담하는 양도담보권자가 그 물적납세의무와 관련한 국세 또는 강제징수비를 체납한 경우 (2023. 2. 28. 신설)

4. 「종합부동산세법」 제7조의 2 또는 제12조의 2에 따라 물적납세의무를 부담하는 수탁자가 그 물적납세의무와 관련한 종합부동산세 또는 강제징수비를 체납한 경우 (2021. 2. 17. 개정)

5. 「부가가치세법」 제3조의 2에 따라 물적납세의무를 부담하는 수탁자가 그 물적납세의무와 관련한 부가가치세 또는 강제징수비를 체납한 경우 (2023. 2. 28. 호번개정)

② 법 제110조 제1항 제1호 및 제2호에서 "대통령령으로 정하는 금액"이란 각각 500만원을 말한다. (2021. 2. 17. 개정)

제99조【체납자료 파일의 작성 등】① 관할 세무서장(지방국세청장을 포함한다. 이하 이 조부터 제101조까지에서 같다)은 법 제110조 제1항 각 호 외의 부분 본문에 따른 체납자료(이하 "체납자료"라 한다)를 전산정보처리조직에 의하여 처리하는 경우 체납자료 파일(자기테이프, 자기디스크, 그 밖에 이와 유사한 매체에 체납자료가 기록·보관된 것을 말한다. 이하 같다)을 작성할 수 있다. (2021. 2. 17. 개정)

② 제1항에 따른 체납자료 파일의 정리, 관리, 보관 등에 필요한 사항은 국세청장이 정한다. (2021. 2. 17. 개정)

제100조【체납자료의 요구 등】① 법 제110조 제1항 각 호 외의 부분 본문에 따라 체납자료를 요구하려는 자(이하 이 조에서 "요구자"라 한다)는 다음 각 호의 사항을 적은 문서를 관할 세무서장에게 제출해야 한다. (2021. 2. 17. 개정)

제112조【사업에 관한 허가 등의 제한】① 관할 세무서장은 납세자가 허가·인가·면허 및 등록 등(이하 이 조에서 "허가등"이라 한다)을 받은 사업과 관련된 소득세, 법인세 및 부가가치세를 체납한 경우 해당 사업의 주무관청에 그 납세자에 대하여 허가등의 갱신과 그 허가등의 근거 법률에 따른 신규 허가등을 하지 아니할 것을 요구할 수 있다. 다만, 재난, 질병 또는 사업의 현저한 손실, 그 밖에 대통령령으로 정하는 사유가 있는 경우에는 그러하지 아니하다. (2020. 12. 29. 개정)

1. 요구자의 이름 및 주소 (2021. 2. 17. 개정)
2. 요구하는 자료의 내용 및 이용 목적 (2021. 2. 17. 개정)
② 관할 세무서장은 제1항에 따라 체납자료를 요구받은 경우 제99조 제1항에 따른 체납자료 파일이나 문서로 제공할 수 있다. (2021. 2. 17. 개정)
③ 관할 세무서장은 제2항에 따라 제공한 체납자료가 체납액의 납부 등으로 체납자료에 해당되지 않게 된 경우 그 사실을 체납자료에 해당하지 않게 된 사유가 발생한 날부터 15일 이내에 요구자에게 통지해야 한다. (2021. 2. 17. 개정)
④ 제1항부터 제3항까지에서 규정한 사항 외에 체납자료의 요구 및 제공 등에 필요한 사항은 국세청장이 정한다. (2021. 2. 17. 개정)

제101조【사업에 관한 허가 등의 제한의 예외】① 법 제112조 제1항 단서에서 "대통령령으로 정하는 사유"란 다음 각 호의 어느 하나에 해당하는 경우로서 관할 세무서장이 인정하는 사유를 말한다. (2021. 2. 17. 개정)
1. 공시송달의 방법으로 납부고지된 경우 (2021. 2. 17. 개정)
2. 납세자에게 법 제9조 제1항 제2호 또는 제3호의 사유가 있는 경우 (2021. 2. 17. 개정)
3. 법 제13조 제1항 제1호부터 제3호까지의 사유에 해당하는 경우 (2021. 2. 17. 개정)
4. 납세자의 재산이 법 제57조 제1항 제4호 본문에 해당하는 경우 (2021. 2. 17. 개정)
5. 제1호부터 제4호까지의 규정에 준하는 사유가 있는 경우 (2021. 2. 17. 개정)
6. 「국세기본법」 제42조에 따라 물적납세의무를 부담하는 양도담보권자가 그 물적납세의무와 관련한 국세 또는 강제징수비를 체납한 경우 (2023. 2. 28. 신설)
7. 「종합부동산세법」 제7조의 2 또는 제12조의 2에 따라 물적납세의무를 부담하는 수탁자가 그 물적납세의무와 관련한 종합부동산세 또는 강제징수비를 체납한 경우 (2021. 2. 17. 개정)
8. 「부가가치세법」 제3조의 2에 따라 물적납세의무를 부담하는 수탁자가 그 물적납세의무와 관련한 부가가치세 또는 강제징수비를 체납

제86조【사업에 관한 허가 등의 제한 요구】법 제112조 제1항 및 제2항에 따른 사업에 관한 허가등의 제한 요구는 별지 제96호 서식의 사업에 관한 허가등의 제한 요구서에 따른다. (2021. 3. 16. 개정)

② 관할 세무서장은 허가등을 받아 사업을 경영하는 자가 해당 사업과 관련된 소득세, 법인세 및 부가가치세를 3회 이상 체납하고 그 체납된 금액의 합계액이 500만원 이상인 경우 해당 주무관청에 사업의 정지 또는 허가등의 취소를 요구할 수 있다. 다만, 재난, 질병 또는 사업의 현저한 손실, 그 밖에 대통령령으로 정하는 사유가 있는 경우에는 그러하지 아니하다. (2020. 12. 29. 개정)
③ 관할 세무서장은 제1항 또는 제2항의 요구를 한 후 해당 국세를 징수한 경우 즉시 그 요구를 철회하여야 한다. (2020. 12. 29. 개정)
④ 해당 주무관청은 제1항 또는 제2항에 따른 관할 세무서장의 요구가 있는 경우 정당한 사유가 없으면 요구에 따라야 하며, 그 조치 결과를 즉시 관할 세무서장에게 알려야 한다. (2020. 12. 29. 개정)

　　제113조【출국금지】① 국세청장은 정당한 사유 없이 5천만원 이상으로서 대통령령으로 정하는 금액 이상의 국세를 체납한 자 중 대통령령으로 정하는 자에 대하여 법무부장관에게 「출입국관리법」 제4조 제3항에 따라 출국금지를 요청하여야 한다. (2020. 12. 29. 개정)
② 법무부장관은 제1항의 요청에 따라 출국금지를 한 경우 국세청장에게 그 결과를 정보통신망 등을 통하여 통보하여야 한다. (2020. 12. 29. 개정)
③ 국세청장은 체납액 징수, 체납자 재산의 압류 및 담보 제공 등으로 출국금지 사유가 없어진 경우 즉시 법무부장관에게 출국금지의 해제를 요청하여야 한다. (2020. 12. 29. 개정)
④ 제1항부터 제3항까지에서 규정한 사항 외에 출국금지 및 그 해제의 요청 등의 절차에 관하여 필요한 사항은 대통령령으로 정한다. (2020.

한 경우 (2023. 2. 28. 호번개정)
② 법 제112조 제2항 단서에서 "대통령령으로 정하는 사유"란 다음 각 호의 어느 하나에 해당하는 경우를 말한다. (2021. 2. 17. 개정)
1. 제1항 각 호의 어느 하나에 해당하는 경우로서 관할 세무서장이 인정하는 경우 (2021. 2. 17. 개정)
2. 그 밖에 관할 세무서장이 납세자에게 납부가 곤란한 사정이 있다고 인정하는 경우 (2021. 2. 17. 개정)

　　제102조【체납 횟수의 계산】법 제112조 제2항 본문에 따른 3회의 체납 횟수는 납부고지서 1통을 1회로 보아 계산한다. (2021. 2. 17. 개정)

　　제103조【출국금지 요청】① 법 제113조 제1항에서 "대통령령으로 정하는 금액"이란 5천만원을 말한다. (2021. 2. 17. 개정)
② 법 제113조 제1항에서 "대통령령으로 정하는 자"란 다음 각 호의 어느 하나에 해당하는 사람으로서 관할 세무서장이 압류·공매, 담보 제공, 보증인의 납세보증서 등으로 조세채권을 확보할 수 없고, 강제징수를 회피할 우려가 있다고 인정하는 사람을 말한다. (2021. 2. 17. 개정)
1. 배우자 또는 직계존비속이 국외로 이주(국외에 3년 이상 장기체류 중인 경우를 포함한다)한 사람 (2021. 2. 17. 개정)
2. 출국금지 요청일 현재 최근 2년간 미화 5만달러 상당액 이상을 국외로 송금한 사람 (2021. 2. 17. 개정)
3. 미화 5만달러 상당액 이상의 국외자산이 발견된 사람 (2021. 2. 17. 개정)

12. 29. 개정)

4. 법 제114조 제1항에 따라 명단이 공개된 고액·상습체납자 (2021. 2. 17. 개정)

5. 출국금지 요청일을 기준으로 최근 1년간 체납된 국세가 5천만원 이상인 상태에서 사업 목적, 질병 치료, 직계존비속의 사망 등 정당한 사유 없이 국외 출입 횟수가 3회 이상이거나 국외 체류 일수가 6개월 이상인 사람 (2021. 2. 17. 개정)

5. 출국금지 요청일을 기준으로 최근 1년간 사업 목적, 질병 치료, 직계존비속의 사망 등 정당한 사유 없이 국외 출입 횟수가 3회 이상이거나 국외 체류 일수가 6개월 이상인 사람 (2025. 2. 28. 개정)

6. 법 제25조에 따라 사해행위(詐害行爲) 취소소송 중이거나 「국세기본법」 제35조 제6항에 따라 제3자와 짜고 한 거짓계약에 대한 취소소송 중인 사람 (2021. 2. 17. 개정)

③ 국세청장은 법 제113조 제1항에 따라 법무부장관에게 체납자에 대한 출국금지를 요청하는 경우 해당 체납자가 제2항 각 호의 어느 하나에 해당하는지와 조세채권을 확보할 수 없고 강제징수를 회피할 우려가 있다고 인정하는 사유를 구체적으로 밝혀야 한다. (2021. 2. 17. 개정)

제104조 【출국금지 해제 요청】 ① 국세청장은 출국금지 중인 사람에게 다음 각 호의 어느 하나에 해당하는 사유가 발생한 경우 지체 없이 법무부장관에게 출국금지의 해제를 요청해야 한다. (2021. 2. 17. 개정)

1. 체납액의 납부 또는 부과결정의 취소 등에 따라 체납된 국세가 5천만원 미만으로 된 경우 (2021. 2. 17. 개정)

2. 제103조 제2항에 따른 출국금지 요청의 요건이 해소된 경우 (2021. 2. 17. 개정)

② 국세청장은 출국금지 중인 사람에게 다음 각 호의 어느 하나에 해당하는 사유가 발생한 경우로서 강제징수를 회피할 목적으로 국외로 도피할 우려가 없다고 인정하는 경우에는 법무부장관에게 출국금지의 해제를 요청할 수 있다. (2021. 2. 17. 개정)

1. 국외건설계약 체결, 수출신용장 개설, 외국인과의 합작사업 계약 체결 등 구체적인 사업계획을 가지고 출국하려는 경우 (2021. 2. 17. 개정)

2. 국외에 거주하는 직계존비속이 사망하여 출국하려는 경우 (2021. 2. 17. 개정)

3. 제1호 및 제2호의 사유 외에 본인의 신병(身病) 치료 등 불가피한

개정취지

출국금지 관련 현행 제도 미비점 개선

• 국세청장이 법무부장관에게 정당한 사유 없이 국세를 5천만원 이상 체납한 사람에 대한 출국금지를 요청하는 경우 종전에는 출국금지 요청일을 기준으로 '최근 1년간 체납된 국세가 5천만원 이상인 상태'에서 정당한 사유 없이 국외 출입 횟수가 3회 이상이거나 국외 체류 일수가 6개월 이상인 사람에 대해 출국금지를 요청할 수 있도록 하던 것을 앞으로는 '국외 출입 또는 체류 당시의 체납액과 관계 없이' 최근 1년간 3회 이상 또는 6개월 이상 국외 출입·체류한 경우에 요청할 수 있도록 하는 등 현행 제도의 운영상 나타난 일부 미비점을 개선·보완하려는 것임. (영 103조 2항 5호 개정 : 2025. 2. 28.)

• 영 103조 2항 5호의 개정규정에 따라 국외 출입 횟수 또는 국외 체류 일수를 산정할 때 2025. 2. 28. 전의 국외 출입 횟수 또는 국외 체류 일수가 포함되는 경우에는 영 103조 2항 5호의 개정규정에도 불구하고 종전의 규정에 따라 2025. 2. 28. 전의 국외 출입 횟수 또는 국외 체류 일수를 산정함. (영 부칙(2025. 2. 28.) 3조)

제114조【고액·상습체납자의 명단 공개】① 국세청장은 「국세기본법」 제81조의 13에도 불구하고 체납 발생일부터 1년이 지난 국세의 합계액이 2억원 이상인 경우 체납자의 인적사항 및 체납액 등을 공개할 수 있다. 다만, 체납된 국세와 관련하여 심판청구등이 계속 중이거나 그 밖에 대통령령으로 정하는 경우에는 공개할 수 없다. (2020. 12. 29. 개정)
② 제1항에 따른 명단 공개 대상자의 선정 절차, 명단 공개 방법, 그 밖에 명단 공개와 관련하여 필요한 사항은 「국세기본법」 제85조의 5 제2항부터 제6항까지의 규정을 준용한다. (2020. 12. 29. 개정)

제115조【고액·상습체납자의 감치】① 법원은 검사의 청구에 따라 체납자가 다음 각 호의 사유에 모두 해당하는 경우 결정으로 30일의 범위에서 체납된 국세가 납부될 때까지 그 체납자를 감치(監置)에 처할 수 있다. (2020. 12. 29. 개정)
1. 국세를 3회 이상 체납하고 있고, 체납 발생일부터 각 1년이 경과하였으며, 체납된 국세의 합계액이 2억원 이상인 경우 (2020. 12. 29. 개정)
2. 체납된 국세의 납부능력이 있음에도 불구하고 정당한 사유 없이 체납한 경우 (2020. 12. 29. 개정)
3. 「국세기본법」 제85조의 5 제2항에 따른 국세정보위원회의 의결에 따라 해당 체납자에 대한 감치 필요성이 인정되는 경우 (2020. 12. 29. 개정)
② 국세청장은 체납자가 제1항 각 호의 사유에 모두 해당하는 경우 체납자의 주소 또는 거소를 관할하는 지방검찰청 또는 지청의 검사에게 체납자의 감치를 신청할 수 있다. (2020. 12. 29. 개정)

사유로 출국금지를 해제할 필요가 있다고 인정되는 경우 (2021. 2. 17. 개정)

제105조【고액·상습체납자의 명단 공개】① 법 제114조 제1항 본문에서 "체납 발생일부터 1년이 지난 국세"란 명단을 공개할 날이 속하는 연도의 직전 연도 12월 31일을 기준으로 역산하여 1년이 지난 국세를 말한다. (2021. 2. 17. 개정)
② 법 제114조 제1항 단서에서 "대통령령으로 정하는 경우"란 다음 각 호의 어느 하나에 해당하는 경우를 말한다. (2021. 2. 17. 개정)
1. 다음 계산식에 따라 계산한 최근 2년 간의 체납액 납부비율이 100분의 50 이상인 경우 (2021. 2. 17. 개정)

$$\text{최근 2년 간의 체납액 납부비율} = \frac{B}{A + B}$$

A : 명단 공개 예정일이 속하는 연도의 직전 연도 12월 31일 당시 명단 공개 대상 예정자의 체납액
B : 명단 공개 예정일이 속하는 연도의 직전 2개 연도 동안 명단 공개 대상 예정자가 납부한 금액

2. 「채무자 회생 및 파산에 관한 법률」 제243조에 따른 회생계획인가의 결정에 따라 체납된 국세의 징수를 유예받고 그 유예기간 중에 있거나 체납된 국세를 회생계획의 납부일정에 따라 납부하고 있는 경우 (2021. 2. 17. 개정)
3. 재산 상황, 미성년자 해당 여부 및 그 밖의 사정 등을 고려할 때 법 제114조 제2항에 따라 준용하는 「국세기본법」 제85조의 5 제2항에 따른 국세정보위원회(이하 이 조에서 "위원회"라 한다)가 공개할 실익이 없거나 공개하는 것이 부적절하다고 인정하는 경우 (2021. 2. 17. 개정)
4. 「국세기본법」 제42조에 따라 물적납세의무를 부담하는 양도담보권자가 그 물적납세의무와 관련한 국세 또는 강제징수비를 체납한 경우 (2023. 2. 28. 신설)
5. 「종합부동산세법」 제7조의 2 또는 제12조의 2에 따라 물적납세의무를 부담하는 수탁자가 물적납세의무와 관련된 종합부동산세 또는 강제징수비를 체납한 경우 (2021. 2. 17. 개정)

③ 국세청장은 제2항에 따라 체납자의 감치를 신청하기 전에 체납자에게 대통령령으로 정하는 바에 따라 소명자료를 제출하거나 의견을 진술할 수 있는 기회를 주어야 한다. (2020. 12. 29. 개정)

④ 제1항의 결정에 대해서는 즉시항고를 할 수 있다. (2020. 12. 29. 개정)

⑤ 제1항에 따라 감치에 처하여진 체납자는 동일한 체납 사실로 인하여 다시 감치되지 아니한다. (2020. 12. 29. 개정)

⑥ 제1항에 따라 감치에 처하는 재판을 받은 체납자가 그 감치의 집행 중에 체납된 국세를 납부한 경우 감치 집행을 종료하여야 한다. (2020. 12. 29. 개정)

⑦ 세무공무원은 제1항에 따른 감치집행 시 감치대상자에게 감치사유,

6. 「부가가치세법」 제3조의 2에 따라 물적납세의무를 부담하는 수탁자가 물적납세의무와 관련된 부가가치세 또는 강제징수비를 체납한 경우 (2023. 2. 28. 호번개정)

③ 국세청장은 법 제114조 제2항에 따라 준용하는 「국세기본법」 제85조의 5 제4항에 따라 체납자에게 명단 공개 대상자임을 통지하는 경우 체납된 국세를 납부하도록 촉구하고, 공개 제외 사유에 해당되는 경우에는 그 사유에 관한 소명자료를 제출하도록 안내해야 한다. (2021. 2. 17. 개정)

④ 체납자의 명단을 공개하는 경우 공개할 사항은 다음 각 호와 같다. (2021. 2. 17. 개정)

1. 체납자의 성명 · 상호(법인의 명칭을 포함한다) (2021. 2. 17. 개정)
2. 체납자의 나이 및 직업(체납자가 법인이 아닌 경우로 한정한다) (2021. 2. 17. 개정)
3. 법인의 대표자(체납자가 법인인 경우로 한정한다) (2021. 2. 17. 개정)
4. 체납자(체납자가 법인인 경우에는 그 대표자를 포함한다)의 주소 (2021. 2. 17. 개정)
5. 체납액의 세목 · 납부해야 할 기한 및 체납 요지 등 체납된 국세와 관련된 사항 (2021. 2. 17. 개정)

⑤ 체납자의 명단 공개와 관련하여 위원회의 구성 · 운영 등에 필요한 사항에 관하여는 「국세기본법 시행령」 제66조 제2항부터 제8항까지의 규정을 준용한다. (2021. 2. 17. 개정)

제106조【고액 · 상습체납자의 감치 신청에 대한 의견진술 등】
① 국세청장은 법 제115조 제3항에 따라 체납자가 소명자료를 제출하거나 의견을 진술할 수 있도록 다음 각 호의 사항이 모두 포함된 서면(체납자가 동의하는 경우 전자문서를 포함한다)을 체납자에게 통지해야 한다. 이 경우 제4호에 따른 기간에 소명자료를 제출하지 않거나 의견진술 신청이 없는 경우에는 의견이 없는 것으로 본다. (2021. 2. 17. 개정)

1. 체납자의 성명과 주소 (2021. 2. 17. 개정)
2. 감치(監置) 요건, 감치 신청의 원인이 되는 사실, 감치 기간 및 적용 법령 (2021. 2. 17. 개정)
3. 법 제115조 제6항에 따라 국세를 납부하는 경우에는 감치 집행이 종료될 수 있다는 사실 (2021. 2. 17. 개정)

제87조【고액 · 상습체납자의 명단 공개 사전통지】 영 제105조 제3항에 따른 명단 공개 대상자 통지는 별지 제97호 서식의 고액 · 상습체납자 명단 공개 사전통지서에 따른다. (2021. 3. 16. 개정)

제88조【고액 · 상습체납자의 감치 관련 소명자료 제출 및 의견진술 신청 통지 등】① 영 제106조 제1항 전단에 따른 소명자료 제출 및 의견진술 신청에 관한 통지는 별지 제98호 서식의 소명자료 제출 및 의견진술 신청 통지서에 따른다. (2021. 3. 16. 개정)

② 영 제106조 제1항 전단의 통지를 받고 소명자료를 제출하는 경우 별지 제99호 서식에 따른다. (2021. 3. 16. 개정)

감치기간 및 제6항에 따른 감치집행의 종료 등 감치결정에 대한 사항을 설명하고 그 밖에 감치집행에 필요한 절차에 협력하여야 한다. (2020. 12. 29. 개정)

⑧ 제1항에 따른 감치에 처하는 재판의 절차 및 그 집행, 그 밖에 필요한 사항은 대법원규칙으로 정한다. (2020. 12. 29. 개정)

4. 체납자가 소명자료를 제출하거나 의견을 진술할 수 있다는 사실과 소명자료 제출 및 의견진술 신청 기간. 이 경우 그 기간은 통지를 받은 날부터 30일 이상으로 해야 한다. (2021. 2. 17. 개정)

5. 그 밖에 소명자료 제출 및 의견진술 신청에 필요한 사항 (2021. 2. 17. 개정)

② 법 제115조 제3항에 따라 의견을 진술하려는 사람은 제1항 제4호에 따른 기간에 진술하려는 내용을 간략하게 적은 문서를 국세청장에게 제출해야 한다. (2021. 2. 17. 개정)

③ 국세청장은 제2항에 따라 의견진술 신청을 받은 경우 「국세기본법」 제85조의 5 제2항에 따른 국세정보위원회의 회의 개최일 3일 전까지 신청인에게 회의 일시 및 장소를 통지해야 한다. (2021. 2. 17. 개정)

제107조【고유식별정보의 처리】한국자산관리공사는 다음 각 호의 업무 수행을 위하여 불가피한 경우 「개인정보 보호법 시행령」 제19조 제1호 또는 제4호에 따른 주민등록번호 또는 외국인등록번호가 포함된 자료를 처리할 수 있다. (2023. 2. 28. 개정)

1. 법 제11조 제1항 제2호에 따라 위탁받은 체납자의 재산 조사 업무 (2023. 2. 28. 개정)

2. 법 제103조 제1항 제1호에 따라 대행하는 공매 업무 (2023. 2. 28. 개정)

③ 영 제106조 제2항에 따른 의견진술 신청은 별지 제100호 서식의 의견진술 신청서에 따른다. (2021. 3. 16. 개정)

④ 영 제106조 제3항에 따른 국세정보위원회 회의 일시 및 장소의 통지는 별지 제101호 서식의 국세정보위원회 회의 일시·장소 통지서에 따른다. (2021. 3. 16. 개정)

부 칙 (2024. 12. 31. 법률 제20615호 ; 소득세법 부칙)

제1조 【시행일】 이 법은 2025년 1월 1일부터 시행한다. (단서생략)

제2조 ~ 제15조 생 략

제16조 【다른 법률의 개정】 ① 법률 제19190호 국세징수법 일부개정 법률 일부를 다음과 같이 개정한다.

제111조 중 "이자소득, 배당소득 또는 금융투자소득"을 "이자소득 또는 배당소득"으로 한다.

② 생 략

부 칙 (2023. 12. 31. 법률 제19927호)

제1조 【시행일】 이 법은 2024년 1월 1일부터 시행한다. 다만, 제71조 제5항 제2호, 제83조 제1항 및 같은 조 제3항 본문, 제84조의 2, 제86조 제2호ㆍ제3호, 제87조 제1항 제2호 및 제95조 제2항 본문의 개정규정은 2024년 7월 1일부터 시행한다.

제2조 【가상자산 이전 요구 사실의 통지에 관한 적용례】 제55조 제4항의 개정규정은 이 법 시행 이후 제3자에게 가상자산의 이전을 요구하는 경우부터 적용한다.

제3조 【예탁유가증권지분 및 전자등록주식등의 압류에 관한 적용례】 제56조의 2 및 제56조의 3의 개정규정은 이 법 시행 이후 압류하는 경우부터 적용한다.

제4조 【매각결정기일의 연기에 관한 적용례】 제84조 제2항의 개정규정은 이 법 시행 이후 공매공고를 하는 경우부터 적용한다.

제5조 【매수대금의 차액납부에 관한 적용례】 제84조의 2의 개정규정은 2024년 7월 1일 이후 공매공고를 하는 경우부터 적용한다.

부 칙 (2023. 7. 18. 법률 제19563호 ; 가상자산 이용자 보호 등에 관한 법률 부칙)

제1조 【시행일】 이 법은 공포 후 1년이 경과한 날부터 시행한다. (단서생략)

제2조 【다른 법률의 개정】 ①ㆍ② 생 략

③ 국세징수법 일부를 다음과 같이 개정한다.

제55조 제3항 중 "「특정 금융거래정보의 보고 및 이용 등에 관한 법률」 제2조 제3호"를 "「가상자산 이용자 보호 등에 관한 법률」 제2조 제1호"로, "제2조 제1호 하목"을 "제2조 제2호"로 한다.

④~⑧ 생 략

부 칙 (2023. 3. 4. 법률 제19228호 ; 정부조직법 부칙)

제1조 【시행일】 이 법은 공포 후 3개월이 경과한 날부터 시행한다. 다만, 부칙 제7조에 따라 개정되는 법률 중 이 법 시행 전에 공포되었으나 시행일이 도래하지 아니한 법률을 개정한 부분은 각각 해당 법률의 시행일부터 시행한다.

제2조 ~ 제6조 생 략

부 칙 (2025. 2. 28. 대통령령 제35346호)

제1조 【시행일】 이 영은 공포한 날부터 시행한다.

제2조 【납부기한등의 연장 및 납부고지의 유예 기간에 관한 적용례】 제12조 제2항의 개정규정은 이 영 시행 이후 납부기한등의 연장 또는 납부고지의 유예를 승인하는 경우부터 적용한다.

제3조 【압류ㆍ매각의 유예에 관한 적용례】 제77조 제2항의 개정규정은 이 영 시행 이후 압류 또는 매각의 유예를 승인하는 경우부터 적용한다.

제4조 【출국금지 요청의 요건에 관한 경과조치】 제103조 제2항 제5호의 개정규정에 따라 국외 출입 횟수 또는 국외 체류 일수를 산정할 때 이 영 시행 전의 국외 출입 횟수 또는 국외 체류 일수가 포함되는 경우에는 제103조 제2항 제5호의 개정규정에도 불구하고 종전의 규정에 따라 이 영 시행 전의 국외 출입 횟수 또는 국외 체류 일수를 산정한다.

부 칙 (2024. 6. 18. 대통령령 제34573호 ; 재난 및 안전관리 기본법 시행령 부칙)

제1조 【시행일】 이 영은 2024년 6월 27일부터 시행한다. 다만, 제26조, 제29조, 제29조의 2부터 제29조의4까지, 제44조, 제68조 제2항 제1호, 제69조, 제73조의 2 제2항 제1호, 제73조의 5 제1항, 제79조의 5부터 제79조의 7까지, 별표 2의 개정규정 및 부칙 제3조는 2024년 7월 17일부터 시행한다.

제2조 생 략

제3조 【다른 법령의 개정】 ① 국세징수법 시행령 일부를 다음과 같이 개정한다.

제12조 제2항 제4호 및 제77조 제2항 제2호 라목 중 "「재난 및 안전관리 기본법」 제60조 제2항"을 각각 "「재난 및 안전관리 기본법」 제60조 제3항"으로 한다.

②~⑤ 생 략

부 칙 (2024. 2. 29. 대통령령 제34262호)

제1조 【시행일】 이 영은 공포한 날부터 시행한다. 다만, 제60조의 2의 개정규정은 2024년 7월 1일부터 시행한다.

제2조 【압류금지 재산 등에 관한 적용례】 제31조 제1항 각 호 외의 부분, 같은 항 제1호ㆍ제3호ㆍ제4호 및 제32조 제1항의 개정규정은 이 영 시행 이후 압류하는 경우부터 적용한다.

부 칙 (2025. 3. 21. 기획재정부령 제1123호)

이 규칙은 공포한 날부터 시행한다. 다만, 별지 제86호 서식의 개정규정은 2026년 1월 1일부터 시행한다.

부 칙 (2024. 3. 22. 기획재정부령 제1045호)

제1조 【시행일】 이 규칙은 공포한 날부터 시행한다. 다만, 다음 각 호의 개정규정은 해당 호에서 정하는 날부터 시행한다.

1. 제66조 제1항의 개정규정 중 "및 제84조의 2 제2항"의 개정부분, 제66조의 2, 별지 제73호 서식, 별지 제74호의 2 서식, 별지 제76호 서식 및 별지 제81호 서식의 개정규정 : 2024년 7월 1일

2. 별표 1의 개정규정 : 2025년 1월 1일

3. 별지 제2호 서식 제4쪽 안내말씀란 제4호의 개정규정 중 "개인 또는 법인"의 개정부분, 별지 제3호 서식 제4쪽 안내말씀란 제4호의 개정규정 중 "개인 또는 법인"의 개정부분 및 별지 제6호 서식 제4쪽 안내말씀란 제4호의 개정규정 중 "개인 또는 법인"의 개정부분: 2024년 4월 1일

제2조 【위탁 수수료의 기준금액 상향에 관한 경과조치】 2025년 1월 1일 전에 납부 또는 징수한 금액에 대한 체납액 징수 관련 사실행위의 위탁 수수료에 관하여는 별표 1의 개정규정에도 불구하고 종전의 규정에 따른다.

부 칙 (2023. 3. 20. 기획재정부령 제970호)

제1조 【시행일】 이 규칙은 공포한 날부터 시행한다. 다만, 제85조, 별지 제95호 서식 및 별지 제95호의 2 서식의 개정규정은 2023년 4월 1일부터 시행한다.

제2조 【공매대행 수수료에 관한 적용례】 별표 3의 개정규정은 이 규칙 시행 이후 공매대행을 의뢰하는 경우부터 적용한다.

제3조 【납세증명서 서식에 관한 경과조치】 이 규칙 시행 당시 종전의 별지 제94호 서식은 2023년

제7조【다른 법률의 개정】① 생 략

② 국세징수법 일부를 다음과 같이 개정한다.

제107조 제1항 제3호 중 "외교부장관"을 "재외동포청장"으로 한다.

③~㊻ 생 략

제8조 생 략

(1961. 12. 8. 법률 제819호~
2022. 12. 31. 법률 제19190호) 생략

부 칙 (2023. 2. 28. 대통령령 제33268호)

제1조【시행일】이 영은 공포한 날부터 시행한다. 다만, 제97조의 개정규정은 2023년 4월 1일부터 시행한다.

제2조【납부기한등의 연장 및 납부고지의 유예 기간에 관한 적용례】제12조 제2항의 개정규정은 이 영 시행 이후 납부기한등의 연장 또는 납부고지의 유예를 승인하는 경우부터 적용한다.

제3조【납세증명서 발급 등에 관한 적용례】제94조 제3호, 제98조 제1항 제3호, 제101조 제1항 제6호 및 제105조 제2항 제4호의 개정규정은 이 영 시행 이후 납세증명서의 발급, 체납자료의 제공, 허가·인가·면허·등록 등의 제한 요구 및 고액·상습체납자의 명단 공개를 하는 경우부터 적용한다.

(1961. 12. 30. 각령 제328호~
2022. 2. 18. 대통령령 제32455호) 생략

6월 30일까지 개정된 별지 제94호 서식과 함께 사용할 수 있다. 이 경우 이 규칙에 따라 개정된 부분은 수정하여 사용해야 한다.

(1962. 2. 6. 재무부령 제240호~
2022. 3. 18. 기획재정부령 제902호 생략

국세징수법 시행규칙 별표

[별표 1] (2024. 3. 22. 개정)

위탁 수수료 기준(제10조 관련)

징수금액	위탁 수수료
5백만원 이하	징수금액 × 100분의 10
5백만원 초과 1억원 이하	50만원+(5백만원을 초과하는 금액 × 100분의 8)
1억원 초과 5억원 이하	810만원+(1억원을 초과하는 금액 × 100분의 5)
5억원 초과	2,810만원

비고: 위 표에서 "징수금액"은 영 제6조 제1호 또는 제2호의 금액을 말한다.

[별표 2] (2021. 3. 16. 개정)

감정인의 재산평가에 따른 수수료 기준(제56조 제2항 관련)

건당 감정평가금액	기준수수료
5천만원 이하	20만원
5천만원 초과 5억원 이하	20만원+(5천만을 초과하는 금액 × 1만분의 11)
5억원 초과 10억원 이하	69만 5천원+(5억원을 초과하는 금액 × 1만분의 9)
10억원 초과 50억원 이하	114만 5천원+(10억원을 초과하는 금액 × 1만분의 8)
50억원 초과 100억원 이하	434만 5천원+(50억원을 초과하는 금액 × 1만분의 7)
100억원 초과 500억원 이하	784만 5천원+(100억원을 초과하는 금액 × 1만분의 6)
500억원 초과 1,000억원 이하	3,184만 5천원+(500억원을 초과하는 금액 × 1만분의 5)
1,000억원 초과 3,000억원 이하	5,684만 5천원+(1,000억원을 초과하는 금액 × 1만분의 4)
3,000억원 초과 6,000억원 이하	1억 3,684만 5천원+(3,000억원을 초과하는 금액 × 1만분의 3)
6,000억원 초과 1조원 이하	2억 2,684만 5천원+(6,000억원을 초과하는 금액 × 1만분의 2)
1조원 초과	3억 684만 5천원+(1조원을 초과하는 금액 × 1만분의 1)

비고 : 관할 세무서장은 수수료를 산정하는 경우 가격산출 근거자료, 가격 형성요인 분석, 적용된 감정평가기법 등을 고려하여 기준수수료의 100분의 20 범위에서 금액을 더하거나 뺄 수 있다.

[별표 3] (2023. 3. 20. 개정)

공매대행 수수료율 및 최저수수료 기준(제78조 제2항 관련)

구 분	공매진행 단계	수수료율	최저 수수료
완납 수수료	공매공고 전	0.6%	12만원
	공매공고 후 매각결정 전	0.9%	18만원
	매각결정 후 대금납부 전	1.2%	24만원
해제 수수료	공매공고 전	0.6%	12만원
	공매공고 후 매각결정 전	0.9%	18만원
	매각결정 후 대금납부 전	1.2%	24만원
매각 수수료	–	3.6%	36만원
매각결정 취소수수료	–	2.4%	36만원

비고
1. 위 표에서 "공매공고"란 법 제72조에 따른 공매공고를 말한다.
2. 위 표에서 "매각결정"이란 법 제84조 제1항에 따른 매각결정을 말한다.
3. 위 표에서 "대금납부"란 법 제91조 제1항에 따른 매수인의 매수대금 납부를 말한다.

개정 2024. 3. 22.
　　　2019. 12. 23.
　　　2011. 3. 21.
전면개정 2004. 2. 19.
　　　1994. 8. 31.
　　　1991. 3. 27.
　　　1988. 2. 5.
　　　1986. 5. 1.
　　　1982. 4. 21.
시행 1981. 9. 1.

2-0…1【강제징수비】 (2024. 3. 15. 제목·번호개정)
"강제징수비"라 함은 「국세기본법」 제2조 제6호(강제징수비의 정의)에 정한 것을 말한다. (2024. 3. 15. 개정)

2-0…2【납부기한】 (2024. 3. 15. 번호개정)
「국세기본법」 제5조(기한의 특례)등의 규정에 의하여 납부기한이 연장된 경우에는 그 연장된 납부기한을 말하며, 법 제9조(납부기한 전 징수) 또는 법 제13조(재난 등으로 인한 납부기한 등의 연장)의 규정에 의하여 납부기한이 변경된 경우에는 그 변경된 납부기한을 말한다. (2024. 3. 15. 개정)

3-0…1【징수의 순위】 (2024. 3. 15. 번호개정)
법 제3조 제2호의 "국세"는 교육세, 농어촌특별세, 교통·에너지·환경세 기타 국세의 순으로 징수한다. (2024. 3. 15. 개정)

6-0…1【연대납세의무자등에 대한 납부고지】
　　　(2024. 3. 15. 제목·번호개정)
「국세기본법」 및 각 세법에 따라 연대납세의무를 지는 자에게 납부고지를 하는 경우에는 연대납세의무자 전원을 납부고지서에 기재하여야 하며, 각자에게 모두 납부고지서를 발급하여야 한다. (2024. 3. 15. 개정)

7-0…1【징수유예등과의 관계】 (2024. 3. 15. 번호개정)
① 주된 납세자(제2차 납세의무의 원인이 된 납세의무를 지는 자를 말한다. 이하 같다)의 국세에 관하여 납부기한등을 연장한 기간 중에 있어서는 그 국세의 제2차 납세의무자에 대하여 납부고지서를 발급하거나 강제징수를 하지 아니한다. 그러나 제2차 납세의무자에 대하여 한 납부기한등의 연장은 주된 납세자에 대하여 효력을 미치지 아니한다. (2024. 3. 15. 개정)
② 주된 납세자의 국세에 대하여 환가의 유예를 한 경우에는 제2차 납세의무자에 대하여 납부고지서를 발급하거나 강제징수를 할 수 있다. 다만, 환가에 관하여는 66-0…3에 의한다. (2024. 3. 15. 개정)

7-0…2【제2차 납세의무의 이행효과】 (2024. 3. 15. 번호개정)
제2차 납세의무자가 제2차 납세의무를 이행한 경우에는 제2차 납세의무의 목적이 된 주된 납세자의 납세의무는 그 이행된 금액의 범위 안에서 소멸하는 것이나 주된 납세자가 납세의무의 일부를 이행한 경우에 아직 징수할 잔액의 범위 안에서 제2차 납세의무자의 제2차 납세의무는 존속한다. (2024. 3. 15. 개정)

7-0…3【정리채권이 면책된 경우】 (2024. 3. 15. 번호개정)
주된 납세자가 「채무자 회생 및 파산에 관한 법률」 제251조(회생채권 등의 면책 등)에 따라 국세의 납세의무에 대하여 면책된 경우에 있어서도 제2차 납세의무에 관한 국세의 납세의무에는 영향을 미치지 아니한다.(동법 제250조 제2항 참조) (2024. 3. 15. 개정)

7-0…4【제2차 납세의무자로부터 징수할 금액】 (2024. 3. 15. 번호개정)
법 제7조의 납부고지서에 기재하는 "제2차 납세의무자등으로부터 징수할 금액"이라 함은 다음의 금액을 말하되, 주된 납세자에 대한 강제징수를 종결하기 전이라도 징수할 금액에 부족하다고 인정되는 범위 내에서 납부고지를 할 수 있다. (2024. 3. 15. 개정)
1. 출자자의 제2차납세의무(기본법 제39조)에 있어서는 법인에 대하여 체납처분을 집행하여도 징수할 금액에 부족한 출자지분율에 해당하는 금액 (2004. 2. 19. 개정)
2. 재산 등의 가액을 한도로 하는 제2차납세의무(기본법 제38조, 제40조, 제41조)에 있어서는 주된 납세자에 대하여 체납처분을 집행하여도 징수할 금액에 부족한 체납액의 범위 안에서 그 재산 등의 가액을 한도로 하는 금액 (2004. 2. 19. 개정)

7-0…5【강제징수비와의 관계】 (2024. 3. 15. 제목·번호개정)
법 제7조의 "제2차 납세의무자등으로부터 징수할 금액"을 징수하기 위하여 필요한 강제징수비는 그 "징수할 금액"외로 징수할 수 있다. (2024. 3. 15. 개정)

7-0…6【납부기한 전 징수등의 준용】 (2024. 3. 15. 제목·번호개정)
법 제9조(납부기한 전 징수)와 법 제2장 제5절(납부기한등의 연장 등)의 규정은 제2차 납세의무자로부터의 징수에 관하여 준용한다. (2024. 3. 15. 개정)

8-0…1【납부고지서의 발급 시기 경과 후에 발급한 납부고지서의 효력】 (2024. 3. 15. 제목·번호개정)
납부고지서의 발급 시기에 관한 법 제8조의 규정은 훈시규정이므로, 동조의 발급 시기 이후에 발급된 납부고지서도 그 효력에는 영향이 없다. (2024. 3. 15. 개정)

8-0…2【징수결정】 (2024. 3. 15. 번호개정)
법 제8조에서 "징수결정"이라 함은 국세를 징수하고자 수입징수관이 수입연도, 수입과목, 세액, 납부기한 등 징수에 필요한 사항에 관하여 내부적인 의사결정을 하는 것을 말한다. (2024. 3. 15. 개정)

8-0…3【징수결정시기】 (2024. 3. 15. 번호개정)
수입징수관은 부과결정통보를 받은 때에는 지체없이 징수결정을 하여야 한다. (2024. 3. 15. 개정)

9-0…1【납세의무의 확정】 (2024. 3. 15. 번호개정)
법 제9조에서 "납세의무가 확정"된 경우란 「국세기본법」 제22조(납세의무의 확정)에 정한 것을 말한다. (2024. 3. 15. 개정)

9-0…2【지방세, 공과금】 (2024. 3. 15. 번호개정)
법 제9조에서 "지방세", "공과금"이라 함은 각각 「국세기본법」 제2조 제7호(지방세) 및 제8호(공과금)에 정한 것을 말한다. (2024. 3. 15. 개정)

9-0…3【강제집행】 (2024. 3. 15. 번호개정)
법 제9조에서 "강제집행"이란 「민사집행법」 제2편에 의한 강제집행을 말하는 것이나 가압류 및 가처분은 포함되지 아니한다. (2024. 3. 15. 개정)

9-0…4【국세를 포탈하려는 행위】 (2024. 3. 15. 제목·번호개정)
법 제9조에서 "국세를 포탈하려는 행위"라 함은 사기, 기타 부정한 방법으로 국세를 면하거나 면하고자 하는 행위, 국세의 환급·공제를 받거나 받고자 하는 행위 또는 국세의 강제징수의 집행을 면하거나 면하고자 하는 행위를 말한다. (2024. 3. 15. 개정)

10-0…1【담보물처분의 독촉】 (2024. 3. 15. 번호개정)
법 제22조(담보에 의한 납부와 징수) 제2항의 규정에 의하여 납세담보(보증인의 보증을 제외한다)를 처분하는 경우에는 독촉을 요하지 아니한다. (2024. 3. 15. 개정)

10-0…2【독촉의 예외】 (2024. 3. 15. 번호개정)
법 제9조(납부기한 전 징수)의 규정에 의하여 납부기한 전 징수를 하는 경우와 법 제31조 제2항에 따른 확정전보전압류를 하는 경우 국세기본법 및 각 세법에 따라 물적납세의무를 부담하는 경우에는 독촉을 요하지 아니한다. (2024. 3. 15. 개정)

10-0…3【연대납세의무자에 대한 독촉】 (2024. 3. 15. 번호개정)

연대납세의무자에 대하여는 각인별로 독촉장을 발부하여야 한다. (2024. 3. 15. 개정)

10-0…4【발부기한등】 (2024. 3. 15. 번호개정)

지정납부기한으로부터 10일이 경과한 후에 발급한 독촉장도 그 효력에는 영향이 없으며, 독촉장에서 정한 기한을 발급일로부터 20일 후로 지정하더라도 그 독촉의 효력에는 영향이 없다. 단, 독촉장 반송 후에는 지체 없이 재송달하여야 한다. (2024. 3. 15. 개정)

13-0…1【납부기한등의 연장 등을 받을 수 있는 납세자】 (2024. 3. 15. 제목·번호개정)

납부기한의 연장 또는 납부고지의 유예를 받을 수 있는 법 제13조 제1항 또는 제14조 제1항의 "납세자"에는 원천징수의무자, 연대납세의무자, 제2차 납세의무자 및 납세보증인이 포함된다. (2024. 3. 15. 개정)

13-0…2【납부기한등의 연장 등의 대상이 되는 국세】 (2024. 3. 15. 제목·번호개정)

법 제13조 제1항 또는 제14조 제1항에서 납부기한등의 연장 또는 납부고지의 유예의 대상이 되는 국세에는 「상속세 및 증여세법」 제71조(연부연납)에 따른 연부연납분도 포함된다. (2024. 3. 15. 개정)

13-0…3【납부기한등의 연장 등을 할 수 있는 금액】 (2024. 3. 15. 제목·번호개정)

법 제13조 제1항 또는 제14조 제1항의 규정에 의하여 납부기한등의 연장 또는 납부고지의 유예를 할 수 있는 국세의 금액은 법 제13조 제1항 각 호의 사유를 원인으로 하여 납부할 수 없다고 인정되는 범위의 금액을 한도로 한다. (2024. 3. 15. 개정)

13-0…4【사업에 현저한 손실】 (2024. 3. 15. 번호개정)

법 제13조 제1항 제2호에서 "사업에 현저한 손실"이라 함은 납세자가 경영하는 사업에 관하여 현저한 결손을 받은 것을 말하며, 그 손실에는 사업에 관하여 생긴 손실 이외의 사유로 인한 손실은 포함하지 아니한다. (2024. 3. 15. 개정)

13-0…5【동거가족】 (2024. 3. 15. 번호개정)

법 제13조 제1항 제3호에서 "동거가족"이란 납세자와 「민법」 제779조(가족의 범위)에 따른 가족관계에 있는 자로서 생계를 같이하는 자를 말한다. (2024. 3. 15. 개정)

13-11…1【납부기한등의 연장 등을 할 수 있는 기타 사유】 (2024. 3. 15. 제목·번호개정)

영 제11조 제5호에서 "법 제13조 제1항 제1호부터 제3호까지의 규정에 준하는 사유"란 국세의 징수절차를 즉시 강행하는 경우 납세자에게 돌이킬 수 없는 손해를 가하여 그의 경제생활을 위태롭게 할 우려가 있는 모든 사유를 포괄하는 것으로 다음 각 호의 어느 하나의 사유에 해당하는 경우 등을 말한다. (2024. 3. 15. 개정)

1. 동거가족 이외의 자로 납세자의 친족, 기타 납세자와 특수관계에 있는 자의 질병으로 그 납세자가 그 비용의 부담을 하지 아니하면 아니되는 때 (2004. 2. 19. 개정)

2. 사업을 영위하지 아니하는 납세자의 소득이 현저히 감소하거나 전혀 없는 때 (2004. 2. 19. 개정)

3. 납세자의 거래처 등인 채무자에게 다음 각 목의 어느 하나에 해당하는 사유가 발생함으로써 그 채무자에 대한 매출채권 등이 회수곤란하게 된 때 (2011. 3. 21. 개정)

　가. 파산선고를 받았을 때 (2004. 2. 19. 개정)

　나. 회생절차 개시결정이 있는 때 (2019. 12. 23. 개정)

　다. 어음 교환소에서 거래정지처분을 받은 때 (2004. 2. 19. 개정)

　라. 사업의 부진 또는 실패로 인하여 휴·폐업을 한 때 (2004. 2. 19. 개정)

　마. 위 "가" 내지 "라"에 유사한 사유가 있는 때 (2004. 2. 19. 개정)

13-12…1【납부기한등 연장 등의 기간 연장】 (2024. 3. 15. 제목·번호개정)

관할 세무서장은 영 제12조 제1항(납부기한등 연장 등의 기간과 분납한도)의 규정에 의하여 납부기한등의 연장 또는 납부고지의 유예를 한 후 연장 또는 유예의 사유가 해소되지 않고 법 제16조(납부기한등 연장 등의 취소)에 저촉되지 아니하는 경우에는 납세자의 신청에 의하여 동항의 납부기한의 연장 또는 유예기간의 범위(통산하여 9월)안에서 연장기간 또는 유예기간을 재차 연장할 수가 있다. (2024. 3. 15. 개정)

14-0…1【납부고지의 유예기간이 시작하는 시기】 (2024. 3. 15. 제목·번호개정)

납부고지의 유예기간이 시작하는 시기는 당초 납부기한의 다음날로 한다. 다만, 그날이 부적당하다고 인정하는 때에는 별도로 그 시기를 지정할 수 있다. (2024. 3. 15. 개정)

14-0…2【유예기간 중의 국세환급금의 충당】 (2024. 3. 15. 번호개정)

납부고지 유예기간 중에 납세자에 대하여 「국세기본법」 제51조의 규정에 의한 국세환급금의 결정이 있는 경우에는 관할 세무서장은 납부고지 유예가 법 제16조의 규정에 의한 취소사유에 해당되는지 여부를 검토하여 취소가 되는 때에 한하여 국세환급금을 납부고지를 유예한 세액에 충당한다. (2024. 3. 15. 개정)

15-0…1【사업에서 심각한 손해의 정도】

법 제15조 단서에서 "사업에서 심각한 손해"라 함은 물리적 또는 법률적 요인으로 사업의 경영이 곤란할 정도의 현저한 손해를 말한다. (2024. 3. 15. 신설)

15-0…2【사업이 중대한 위기에 처한 경우】 (2024. 3. 15. 제목·번호개정)

법 제15조 단서에서 "사업이 중대한 위기에 처한 경우"란 판매의 급격한 감소, 재고의 누적, 매출채권의 회수곤란, 노동쟁으로 인한 조업중단 기타의 사정에 의한 자금부족으로 부도발생 또는 기업도산의 우려가 있는 경우 등을 말한다. (2024. 3. 15. 개정)

16-0…1【한꺼번에 징수】 (2024. 3. 15. 번호개정)

법 제16조 제1항에서 "한꺼번에 징수"라 함은 법 제13조(재난 등으로 인한 납부기한등의 연장) 또는 법 제14조(납부고지의 유예)의 규정에 의하여 분할 납부 또는 분할 고지를 하는 경우에 기한미도래의 금액까지 징수하는 것을 말한다. (2024. 3. 15. 개정)

16-0…2【소명의 청취】

관할 세무서장은 법 제16조에 따라 납부기한등의 연장 또는 납부고지의 유예를 취소하는 경우에는 동조 제1항 제4호에 해당하는 사실이 있는 때를 제외하고는 되도록 연장 또는 유예를 받은 자의 사전소명을 들어 참고하여야 한다. (2024. 3. 15. 개정)

16-17…1【기간의 단축】 (2024. 3. 15. 번호개정)

납부자력의 증가 등의 사유가 생긴 경우에는 납부기한 연장 또는 납부고지 유예의 취소 대신에 연장 또는 유예 기간을 단축하는 것도 허용된다. (2024. 3. 15. 개정)

17-0…1【송달지연】

법 제17조에서 "송달 지연"이라 함은 국가의 책임 유무와 무관하게 납부고지서 또는 독촉장이 현실적으로 해당 납세자에게 송달이 지연되는 것을 말한다. (2024. 3. 15. 신설)

18-0…1【납세담보재산의 보험계약금액】

법 제18조 제6호에서 규정하는 보험에 든 재산인 경우 당해 재산의 보험계약금액은 그 재산에 의하여 담보된 국세와 체납처분비의 합계액

(선순위에 피담보채권이 있을 때는 그 피담보채권액을 가산한 금액) 이상이어야 한다. (2024. 3. 15. 신설)

20 - 0…1 【공 탁】
법 제20조에서 "공탁"이라 함은 금전, 유가증권, 기타의 물품을 「공탁법」 제4조의 공탁절차에 따라 공탁서를 작성하고 공탁관(供託官)에게 제출한 후 공탁물을 지정된 은행이나 창고업자에게 납입하는 것을 말한다. (2024. 3. 15. 신설)

20 - 0…2 【담보제공의 등록】
법 제20조 제1항에서 "담보제공의 뜻을 등록"한다는 것은 「국채법」 제9조 (등록국채의 이전 등) 등의 규정에 의하여 등록하는 것을 말한다. (2024. 3. 15. 신설)

21 - 0…1 【담보 변경의 사유】
법 제21조 제2항에서 "그 밖의 사유"란 다음 각 호의 어느 하나의 사유에 해당하는 경우를 말한다. (2024. 3. 15. 신설)
1. 담보로 제공된 후 그 담보물에 대하여 소유권의 귀속에 관한 소가 제기된 경우등으로 담보로서의 효력에 영향이 있다고 인정된 때 (2024. 3. 15. 신설)
2. 담보물에 설정된 보험계약이 효력을 잃은 때 (2024. 3. 15. 신설)
3. 담보로 제공된 후에 압류조세채권이 증가함으로써 그 담보물로서는 국세 및 강제징수비의 납부를 담보할 수 없다고 인정된 때 (2024. 3. 15. 신설)

22 - 22…1 【납세담보물의 매각】
영 제22조 제2항 제1호에서 "공매절차에 따라 매각"이란 압류 등의 절차없이 담보권의 행사로서 세무서장이 매각하는 것을 말한다. (2024. 3. 15. 신설)

25 - 0…1 【납세자의 무자력】
법 제25조에 의한 사해행위의 취소를 요구할 수 있는 경우는 압류를 면하고자 양도한 재산 이외에 다른 자력이 없어 국세를 완납할 수 없는 경우로 한다. (2024. 3. 15. 개정)

25 - 0…2 【제2차 납세의무자등이 있는 경우】 (2024. 3. 15. 번호개정)
제2차 납세의무자, 보증인 등으로부터 국세의 전액을 징수할 수 있는 경우에는 납세의무자를 무자력으로 인정하지 아니한다. (2024. 3. 15. 개정)

25 - 0…3 【강제징수를 집행할 때의 뜻】 (2024. 3. 15. 제목·번호개정)
법 제25조에서 "강제징수를 할 때"라 함은 세무서장이 사해행위의 취

소를 요구할 수 있는 시점을 정한 것으로서 사해행위의 시점을 정한 것이 아니다. (2024. 3. 15. 개정)

25 - 0…4 【국세가 목적물의 가액보다 적은 경우의 처리】 (2024. 3. 15. 번호개정)
사해행위취소의 소를 제기하는 경우에 있어 국세의 액이 사해행위의 목적이 된 재산의 처분예정가액보다 적은 때에는 다음에 의한다. (2024. 3. 15. 개정)
1. 사해행위의 목적이 된 재산이 가분인 때에는 국세에 상당하는 사해행위의 일부의 취소와 재산의 일부의 반환을 청구하는 것으로 한다. (2004. 2. 19. 개정)
2. 사해행위의 목적이 된 재산이 불가분인 때에는 사해행위의 전부취소와 재산의 반환을 청구하는 것으로 한다. 다만, 그 재산의 처분예정가액이 현저히 국세를 초과할 때는 그 재산의 반환 대신에 상당액의 손해배상을 청구하여도 무방하다. (2004. 2. 19. 개정)

25 - 0…5 【취소 후의 강제징수 등】 (2024. 3. 15. 번호개정)
사해행위의 취소에 의하여 납세자의 일반재산에 복귀한 재산 또는 재산의 반환에 대신한 손해배상금에 대한 강제징수는 다음에 의한다. (2024. 3. 15. 개정)
1. 인도받은 동산·유가증권에 대하여는 압류를 한다. 또한 판결이 있음에도 불구하고 피고가 인도하지 아니할 때에도 같다. (2004. 2. 19. 개정)
2. 등기를 말소하여야 할 취지의 판결을 받은 부동산 기타 재산에 관하여는 즉시 그 판결에 의하여 등기말소를 함과 동시에 압류를 한다. (2004. 2. 19. 개정)
3. 손해의 배상금액의 지급을 받은 경우에는 채권압류시에 있어서 제3채무자로부터 지급을 받은 금전에 준하여 처리한다. 또한 판결이 있음에도 불구하고 피고가 지급을 하지 아니할 때에는 집행문의 부여를 받아 「민사집행법」에 의하여 강제집행을 한다. (2011. 3. 21. 개정)
4. 반환을 받은 재산에 대하여 강제징수를 하고 국세에 충당한 후 잔여가 있는 경우에는 그 잔여분은 체납자에게 주지 아니하고 그 재산의 반환을 한 수익자 또는 전득자에게 반환한다. 다만, 사해행위로서 금전을 증여한 후 해당 증여행위가 사해행위 취소판결에 따라 취소된 경우에는 증여자에게 반환한다. (2024. 3. 15. 개정)

26 - 0…1 【가압류】 (2024. 3. 15. 번호개정)
법 제26조에서 "가압류"란 법원의 판결 또는 결정에 의한 가압류로서 민사집행법 제4편(보전처분)에 의한 강제집행을 보전하기 위한 가압류

뿐 아니라 「채무자 회생 및 파산에 관한 법률」 제43조(가압류·가처분 그 밖의 보전처분), 제323조(파산선고 전의 보전처분), 제592조(보전처분) 등에 따른 가압류를 포함한다. (2024. 3. 15. 개정)

26 - 0…2 【가처분】 (2024. 3. 15. 번호개정)
법 제26조에서 "가처분"이란 법원의 판결 또는 결정에 의한 가처분으로서 「민사집행법」 제300조 제1항(다툼의 대상에 관한 가처분)에 따른 가처분뿐 아니라 「채무자 회생 및 파산에 관한 법률」 제43조(가압류·가처분 그 밖의 보전처분), 제323조(파산선고 전의 보전처분), 제592조(보전처분) 등에 따른 가처분을 포함한다. 다만, 「민사집행법」 제300조 제2항(지위에 관한 가처분)등에 따른 가지위를 정하는 가처분 등은 금전 지급을 내용으로 하는 강제징수와의 경합이 생기지 아니하므로 이 조의 가처분에는 포함하지 아니한다. (2024. 3. 15. 개정)

26 - 0…3 【가압류 또는 가처분의 효력】 (2024. 3. 15. 번호개정)
처분금지가처분이 된 재산을 압류한 경우로서 가처분권자가 본안소송에서 승소하여 자기앞으로 소유권이전을 하는 경우에는 가처분 이후에 이루어진 강제징수에 의한 압류등기를 말소신청할 수 있으므로(대법원 등기예규 제1061호) 관할 세무서장은 당해 가처분에 대한 본안소송의 확정결정을 기다려 그 결과에 따라 공매 여부를 결정하여야 한다. (2024. 3. 15. 개정)

27 - 0…1 【체납자 명의의 재산】 (2024. 3. 15. 번호개정)
법 제27조 제2항의 "체납자명의의 재산"이라 함은 압류를 함에 있어서 세무공무원이 재산의 귀속을 명의에 의하여 판단하는 재산, 예를 들면 부동산, 선박, 항공기, 자동차, 건설기계 또는 각종 기명식 유가증권으로서, 체납자의 명의로 되어 있는 재산에 국한되지 아니하고 기타의 재산이라도 사회통념상 체납자의 소유의 재산이라고 인정되는 것은 포함하는 것으로 한다. (2024. 3. 15. 개정)

28 - 0…1 【제3자의 소유권주장】 (2024. 3. 15. 번호개정)
제3자의 소유권 주장은 압류재산이 압류 당시에 이미 제3자에게 귀속되어 압류권자에게 우선적 지위가 있음을 관할 세무서장에게 주장하여야 한다. (2024. 3. 15. 개정)

28 - 0…2 【소유권이전등기소송과 압류해제】 (2024. 3. 15. 제목·번호개정)
법 제28조 제5항에서 "승소 판결을 받고 그 사실을 증명한 경우 압류를 즉시 해제하여야 한다"라 함은 민사소송의 결과 압류된 재산이 압류 당시 이미 제3자의 소유라는 사실이 확정된 경우에는 체납자의 소유라고 보고 한 압류는 해제하여야 함을 말한다. (2024. 3. 15. 개정)

29-0…1【등록세등의 징수】(2024. 3. 15. 번호개정)
면제받지 못하는 인지세·등록면허세 등은 강제징수비로 징수한다. (2024. 3. 15. 개정)

31-0…1【재산의 귀속】(2024. 3. 15. 번호개정)
① 압류의 대상이 되는 재산은 압류당시에 체납자에게 귀속되고 있는 것이어야 한다. (2024. 3. 15. 개정)
② 재산이 다음 각호의 1에 해당하는 경우에는 체납자에게 귀속되는 것으로 추정한다. (2024. 3. 15. 개정)
1. 동산 및 유가증권…체납자가 소지하고 있을 것(「민법」 제197조 참조) (2011. 3. 21. 개정)
2. 등록공사채 등…등록명의가 체납자일 것(「국채법」 제8조 참조) (2024. 3. 15. 개정)
3. 등기 또는 등록된 부동산, 선박, 건설기계, 자동차 및 항공기, 지상권, 광업권등의 권리와 특허권 기타의 무체재산권 등…등기 또는 등록의 명의인이 체납자일 것 (2019. 12. 23. 개정)
4. 미등기의 부동산소유권, 기타의 부동산에 관한 권리 및 미등록의 저작권…점유의 사실, 가옥대장, 토지대장 기타 장부서류의 기재 등에 의해 체납자에게 귀속한다고 인정되는 것 (2004. 2. 19. 개정)
5. 합명회사 및 합자회사의 사원의 지분…정관 또는 상업 등기부상 사원의 명의가 체납자일 것(「상법」 제37조, 제179조, 제180조, 제183조, 제269조, 「상업등기규칙」 제51조 참조) (2019. 12. 23. 개정)
6. 유한회사의 사원의 지분…정관, 사원명부 또는 상업 등기부상 명의인이 체납자일 것(「상법」 제543조, 제549조, 제557조 참조) (2011. 3. 21. 개정)
7. 채권…차용증서, 예금통장, 매출장 기타 거래관계장부서류 등에 의해 체납자에게 귀속한다고 인정되는 것 (2004. 2. 19. 개정)

31-0…2【부부 또는 동거친족재산의 귀속】(2024. 3. 15. 번호개정)
배우자(사실혼 관계를 포함한다) 또는 동거친족이 납세자의 재산 또는 수입에 의하여 생계를 유지하고 있을 때에는 납세자의 주거에 있는 재산은 납세자에 귀속한 것으로 추정한다. 다만, 「민법」 기타 법령에 특별한 규정이 있는 경우에는 그러하지 아니하다. (2024. 3. 15. 개정)

31-0…3【재산의 소재】(2024. 3. 15. 번호개정)
① 압류의 대상이 되는 재산은 이 법의 효력이 미치는 지역내에 있는 재산이어야 한다. (2024. 3. 15. 개정)
② 전항의 재산의 소재지 결정에 있어서는 「상속세 및 증여세법」 제5조(상속재산 등의 소재지)를 준용한다. (2024. 3. 15. 개정)

31-0…4【재산의 금전적 가치】(2024. 3. 15. 번호개정)
압류의 대상이 되는 재산은 금전적 가치를 가진 것이어야 한다. 따라서 금전 또는 물건의 지급을 목적으로 하지 않는 행위(예 :연주를 하는 것 등) 또는 부작위(예 : 경업금지)를 목적으로 하는 채권 등은 압류의 대상이 되지 아니한다. (2024. 3. 15. 개정)

31-0…5【재산의 양도 또는 추심가능성】(2024. 3. 15. 번호개정)
① 압류의 대상이 되는 재산은 양도 또는 추심할 수 있는 것이어야 한다. (2024. 3. 15. 개정)
② 전항의 양도 또는 추심가능성에 관하여는 다음 사항에 유의한다. (2024. 3. 15. 개정)
1. 유가증권 중 지시금지어음 및 수표는 「어음법」 제11조(당연한 지시증권성) 또는 「수표법」 제14조(당연한 지시증권성)에 따르며 지명채권의 양도방식에 따라 양도할 수 있다. (민법 제508조 참조) (2011. 3. 21. 개정)
2. 상속권, 부양청구권, 위자료청구권, 재산분할청구권 등과 같이 납세자의 일신에 전속하는 권리는 양도할 수 없다. 다만, 그 권리의 행사로 인하여 금전적 채권 등으로 전환되었을 때는 예외이다. (2004. 2. 19. 개정)
3. 요역지의 소유권에 부종하는 지역권 또는 채권에 부종하는 유치권, 질권, 저당권 등은 주된 권리와 분리하여 양도할 수 없다. (2004. 2. 19. 개정)
4. 상호는 영업을 폐지하거나 영업과 함께 하는 경우가 아니면 양도할 수 없다. (「상법」 제25조 참조) (2011. 3. 21. 개정)

31-0…6【양도금지의 특약이 있는 재산】(2024. 3. 15. 번호개정)
당사자간의 계약에 의하여 양도금지의 특약이 있는 재산도 압류의 대상이 된다. (2024. 3. 15. 개정)

31-0…7【부과등의 처분에 쟁송이 있는 경우의 압류】(2024. 3. 15. 번호개정)
과세에 관한 처분, 고지 등에 대하여 이의신청, 심사, 심판의 청구, 소송 등이 계속중인 경우에도 그 처분이 취소될 때까지는 쟁송에 관련된 국세의 체납에 기하여 재산을 압류할 수 있다. (2024. 3. 15. 개정)

31-0…8【「채무자 회생 및 파산에 관한 법률」에 의하여 압류할 수 없는 경우】(2024. 3. 15. 번호개정)
납세자에 대하여 「채무자 회생 및 파산에 관한 법률」 제44조 (다른 절차의 중지명령 등) 및 동법 제58조(다른 절차의 중지 등)에 따라 체납처분을 할 수 없는 기간 내와 동법 제140조(벌금·조세 등의 감면)에 따라 징수유예를 한 기간 내에 있어서는 새로운 압류를 하지 못한다. (2024. 3. 15. 개정)

31-0…9【재산의 선택】(2024. 3. 15. 번호개정)
세무공무원이 압류재산을 선택하는 것은 재량에 속하나 다음의 사항을 고려하여 선택하여야 한다. (2024. 3. 15. 개정)
1. 압류재산이 환가하기에 편리하고 보관 및 인도에 편리할 것 (2004. 2. 19. 개정)
2. 압류재산이 납세자의 생계유지 및 사업계속에 지장이 적을 것 (2004. 2. 19. 개정)

31-0…10【압류 전의 납부 촉구】(2024. 3. 15. 제목·번호개정)
독촉장 또는 양도담보권자에 대한 고지서를 발부한 후 6개월 이상을 지나서 압류를 하려 할 때에는 미리 납부를 촉구하여야 한다. (2024. 3. 15. 개정)

31-0…11【야간, 휴일의 압류】(2024. 3. 15. 번호개정)
세무서장은 야간, 일요일 기타 일반의 휴일에는 특히 필요하다고 인정하는 경우를 제외하고는 압류를 하지 아니한다. (2024. 3. 15. 개정)

31-0…12【양도담보재산】(2024. 3. 15. 번호개정)
양도담보재산은 양도담보권자에게 속하는 재산으로서 그 양도담보재산의 체납액의 징수를 위하여 압류할 수 있으며, 또한 그 양도인의 체납액의 징수를 위하여 「국세기본법」 제42조(양도담보권자의 물적납세의무)의 규정에 의하여 압류할 수 있다. (2024. 3. 15. 개정)

31-0…13【조건부 또는 기한부 법률행위에 의하여 재산이 이전된 경우등】(2024. 3. 15. 번호개정)
조건부 또는 기한부 법률행위의 목적이 된 재산을 압류한 경우 압류 후에 그 조건의 성취 또는 기한의 도래에 의하여 권리를 취득한 자는 그 권리의 취득으로 국가에 대항하지 못한다. 매매계약 또는 재매매의 예약의 목적이 된 재산을 압류한 경우 압류 후에 그 매매를 완결하는 의사표시에 의하여 소유권을 취득한 자 또한 같다. 다만, 이들 권리를 보전하기 위하여 압류 전에 가등기가 된 경우에는 31-0…14에 의한다. (2024. 3. 15. 개정)

31-0…14【가등기된 재산】(2024. 3. 15. 번호개정)
가등기된 재산의 압류에 대하여는 다음에 유의한다. (2024. 3. 15. 개정)
1. 가등기된 재산에 대하여는 등기의 명의인의 재산으로 압류할 수 있으나 압류 후 가등기에 기초한 본등기가 되는 때에는 그 본등기의 순위는 가등기의 순위에 따르므로(「부동산등기법」 제91조 참조) 그

본등기가 압류의 대상인 권리를 이전하는 것인 경우에는 압류의 효력이 상실된다. 다만, 담보목적의 가등기를 한 재산으로서 그 재산에 부과된 상속세, 증여세, 종합부동산세의 체납처분을 위하여 압류한 경우와 담보목적의 가등기를 한 재산을 그 가등기일 전에 법정기일이 도래한 국세의 체납처분을 위하여 압류한 경우에는 그러하지 아니하다. (「국세기본법」 제35조 제4항 참조) (2024. 3. 15. 개정)

2. 전호 본문의 경우에 세무공무원은 가등기원인을 조사하여 담보의 목적으로 가등기가 된 것으로 인정되는 때에는 일단 압류한 후 본등기 이전시에는 가등기권자에게 「국세기본법」 제42조(양도담보권자의 물적납세의무)에 따른 양도담보권자로서 물적납세의무를 지정할 것을 검토하여 조세채권의 일실을 방지하여야 한다. (2011. 3. 21. 개정)

31-0…15【종물에 대한 압류의 효력】(2024. 3. 15. 번호개정)
주물을 압류한 때에는 그 압류의 효력은 종물에도 미친다. (「민법」 제100조 제2항 참조) (2024. 3. 15. 개정)

31-0…16【보험에 가입된 재산】(2024. 3. 15. 번호개정)
압류재산이 보험에 가입된 경우 화재 등에 의하여 멸실된 때에는 세무서장은 지체없이 보험계약에 기초한 보험금청구권에 대하여 압류절차를 밟아야 한다. (2024. 3. 15. 개정)

31-0…17【담보물처분의 경우와 압류】(2024. 3. 15. 번호개정)
법 제22조(담보에 의한 납부와 징수) 및 영 제22조 제2항 제1호(납세담보물의 매각)의 규정에 의하여 납세담보로 제공받은 담보물을 처분하는 경우에는 압류를 요하지 아니하며, 법 제66조(공매) 이하의 공매규정을 준용하여 처분한다. (2024. 3. 15. 개정)

31-0…18【압류의 효력】(2024. 3. 15. 번호개정)
압류는 그 대상이 된 재산의 법률상 또는 사실상 처분을 금지하는 효력이 있다. 따라서 압류 후에 있어서의 그 재산의 양도 또는 권리설정 등의 법률상 처분은 압류채권자인 국가에 대항하지 못한다. 이 경우 압류에 의하여 금지되는 법률상 또는 사실상의 처분은 압류채권자인 국가에 불이익한 것에 한하므로 국가에 유리한 처분은 포함되지 아니한다. (예:압류재산에 관한 전세계약의 해제) (2024. 3. 15. 개정)

31-29…1【공유재산에 대한 압류】(2024. 3. 15. 번호개정)
압류할 재산이 법률의 규정 또는 당사자의 의사표시에 의하여 공유로 된 경우에 각자의 지분이 정하여지지 아니하거나 불명인 때에는 그 지분이 균등한 것으로 추정하여 압류한다. (「민법」 제262조 제2항 참조) (2024. 3. 15. 개정)

34-0…1【수색한 경우】(2024. 3. 15. 번호개정)

압류를 수색에 의하여 한 경우에는 압류조서에 법 제35조(수색)의 규정에 의하여 수색한 뜻과 수색의 목적 및 장소를 부기하여야 한다. (2024. 3. 15. 개정)

34-0…2【압류조서 작성과 압류의 효력】(2024. 3. 15. 번호개정)
압류조서는 압류의 사실을 기록증명하는 것으로 그 작성이 압류처분의 효력발생 요건인 것은 아니다. (2024. 3. 15. 개정)

34-0…3【동산 또는 유가증권】(2024. 3. 15. 번호개정)
① 법 제34조 제2항 제1호의 동산은 「민법」 제99조 제2항(동산)에 따른 동산 중 법 제45조(부동산 등의 압류절차) 제1항에 따른 선박과 동조 제2항에 따른 자동차, 선박, 항공기, 건설기계 등을 제외한 것으로 한다. (2024. 3. 15. 개정)
② 법 제34조 제2항 제1호의 유가증권은 재산권을 표시하는 증권으로 그 권리의 행사 또는 이전이 증권에 의하여 행하여지는 것을 말한다. (2024. 3. 15. 개정)

34-0…4【보전압류의 경우】(2024. 3. 15. 번호개정)
법 제31조 제2항의 규정에 의하여 보전압류를 하는 경우에는 이 규정에 의하여 납세의무가 있다고 인정되는 자 또는 납세자를 체납자로 보아 압류조서를 작성하는 것으로 한다. (2024. 3. 15. 개정)

35-0…1【그 밖의 장소】(2024. 3. 15. 번호개정)
법 제35조 제1항에서 수색을 할 수 있는 "그 밖의 장소"에는 체납자 또는 제3자가 사용하거나 사용하고 있다고 인정되는 사무실, 영업소, 공장, 헛간 등의 건물 외에 숙박중의 여관방, 건물의 부지 등을 포함한다. (2024. 3. 15. 개정)

35-0…2【폐쇄된 문등을 여는 것】(2024. 3. 15. 번호개정)
세무공무원은 수색에 임하였을 때는 체납자 또는 제3자가 사용하거나 사용하고 있다고 인정되는 폐쇄된 문, 금고 또는 기구를 사용자에게 열게 하거나 세무공무원 자신이 열 수 있다. 그러나 세무공무원 자신이 열 경우에는 체납자등이 세무공무원의 요구에 따르지 않거나 수색장소에 없는 등 부득이할 때에 한한다. (2024. 3. 15. 개정)

35-0…3【체납자의 재산을 점유·보관하는 제3자】(2024. 3. 15. 번호개정)
법 제35조 제2항 제2호에서 "체납자의 재산을 점유·보관하는 제3자"라 함은 정당한 권한의 유무에 관계없이 체납자의 재산을 자기의 점유로 이전, 사실상 지배하는 제3자를 말한다. (2024. 3. 15. 개정)

35-0…4【인도 또는 이전을 거부한 때】(2024. 3. 15. 제목·번호개정)

법 제35조 제2항 제2호에서 "인도 또는 이전을 거부한 때"에는 법 제48조 제2항의 규정에 의하여 인도요구를 받은 자 또는 법 제49조 제1항의 규정에 의하여 보관하는 자가 인도를 하지 아니한 때를 포함한다. (2024. 3. 15. 개정)

35-0…5【수색시간 제한】(2024. 3. 15. 번호개정)
법 제35조 제3항에서 "해뜰 때부터 해질 때까지"는 역에 따른 지방별 해의 일출·일몰시간을 기준으로 한다. (2024. 3. 15. 개정)

35-0…6【시효의 중단】(2024. 3. 15. 번호개정)
압류하기 위하여 수색을 하였으나 압류할 재산이 없어 압류할 수 없는 경우에도 그 수색을 착수했을 때에 시효중단의 효력이 발생한다. 이 경우에 그 수색이 제3자의 주거 등에 대하여 행하여진 경우에는 수색한 취지를 수색조서의 등본 등에 의거 체납자에게 통지하여야 시효중단의 효력이 발생한다. (「국세기본법」 제27조 제2항, 「민법」 제176조 참조) (2024. 3. 15. 개정)

36-0…1【질 문】(2024. 3. 15. 번호개정)
법 제36조의 "질문"은 구두 또는 서면에 의하여 할 수 있으며, 구두에 의한 질문의 내용이 중요한 사항인 때에는 그 전말을 기록하여야 하고, 전말을 기록한 서류에는 답변자의 서명날인을 받아야 하며, 답변자가 서명날인을 거부할 때는 그 뜻을 부기하여야 한다. (2024. 3. 15. 개정)

36-0…2【체납자가 주주 또는 사원인 법인】
법 제36조 제1항 제5호의 "체납자가 주주 또는 사원인 법인"이란 체납자가 주주 또는 사원인 다음의 법인을 말한다. (2024. 3. 15. 개정)
1. 주식회사 (2004. 2. 19. 개정)
2. 합명회사 (2004. 2. 19. 개정)
3. 합자회사 (2004. 2. 19. 개정)
4. 유한회사 (2004. 2. 19. 개정)
5. 「민법」에 의한 비영리사단법인 (2004. 2. 19. 개정)
6. 특별법에 의한 법인 (2004. 2. 19. 개정)
7. 법인격 없는 사단 (2004. 2. 19. 개정)

37-0…1【성 인】(2024. 3. 15. 제목·번호개정)
법 제37조에서 "성인"란 「민법」 제4조(성년)에 따른 19세 이상인 자 외에 동법 제826조의 2(성년의제)에 따른 혼인한 미성년자를 포함한다. (2024. 3. 15. 개정)

37-0…2【공무원】(2024. 3. 15. 번호개정)
법 제37조 제2항에서 "공무원"은 수색 또는 검사하는 장소를 관할하는 특별시·광역시·특별자치시·특별자치도·시·군·자치구에 근무

하는 공무원을 말한다. (2024. 3. 15. 개정)

37－0…3【경찰공무원】 (2024. 3. 15. 번호개정)

법 제37조 제2항에서 "경찰공무원"은 가능한 한 수색 또는 검사하는 장소를 관할하는 경찰관서의 경찰공무원으로 한다. (2024. 3. 15. 개정)

38－0…1【관계자의 범위】 (2024. 3. 15. 번호개정)

법 제38조에서 세무공무원이 신분을 나타내는 증표를 제시하여야 하는 "관계자"라 함은 법 제31조(압류의 요건 등), 제35조(수색), 제36조(질문·검사) 등의 규정에 의하여 재산의 압류를 당하는 자 및 수색 또는 질문·검사를 받는 자와 법 제37조(참여자)의 규정에 의한 수색·검사에의 참여자 등을 말한다. (2024. 3. 15. 개정)

40－0…1【우선권자】 (2024. 3. 15. 번호개정)

법 제40조 제2항에서 "국세에 대하여 우선권을 가진 저당권자등"이라 함은 국세기본법 제35조 제1항 제3호 각 목에 해당하는 권리자를 말한다. (2024. 3. 15. 개정)

41－0…1【압류금지】 (2024. 3. 15. 번호개정)

압류금지재산인 것이 외관상으로 명백한 것을 압류한 때에는 그 압류는 무효가 된다. 다만, 외관상 명백하지 아니한 것을 압류한 때에는 세무공무원의 인정착오로서 취소의 원인이 될 수 있는 것이다. (2024. 3. 15. 개정)

41－0…2【특별법에 의한 압류제한】 (2024. 3. 15. 번호개정)

법 이외의 압류를 제한한 특별법의 규정으로 다음과 같은 것이 있다. (2024. 3. 15. 개정)

1. 「국가유공자등예우 및 지원에 관한 법률」 제19조(권리의 보호) (2024. 3. 15. 개정)
2. 「선원법」 제152조(양도 또는 압류의 금지) (2024. 3. 15. 개정)
3. 「산업재해보상 보험법」 제88조(수급권의 보호) (2024. 3. 15. 개정)
4. 「국민기초생활 보장법」 제35조(압류금지) (2024. 3. 15. 개정)
5. 「우편법」 제8조(우편물의 압류거부권) (2024. 3. 15. 개정)
6. 「국민건강보험법」 제59조(수급권의 보호) (2024. 3. 15. 개정)
7. 「자동차 손해배상 보장법」 제40조(압류 등의 금지) (2024. 3. 15. 개정)
8. 「형사보상 및 명예회복에 관한 법률」 제23조(보상청구권의 양도 및 압류의 금지) (2024. 3. 15. 개정)
9. 「상법」 제744조(선박의 압류·가압류) (2024. 3. 15. 개정)
10. 「채무자 회생 및 파산에 관한 법률」 제58조(다른 절차의 중지 등) (2024. 3. 15. 개정)
11. 「공장 및 광업재단 저당법」 제14조(공장재단 구성물의 양도 등 금지) (2024. 3. 15. 개정)
12. 「의료법」 제13조(의료기재 압류 금지) (2024. 3. 15. 개정)
13. 「국민연금법」 제58조(수급권 보호) (2024. 3. 15. 개정)
14. 「건설산업 기본법」 제88조(임금에 대한 압류의 금지) (2024. 3. 15. 개정)
15. 「공무원연금법」 제39조(권리의 보호) (2024. 3. 15. 개정)
16. 「우체국예금·보험에 관한 법률」 제45조(수급권의 보호) (2024. 3. 15. 개정)
17. 「근로자퇴직급여보장법」 제7조(수급권의 보호) (2024. 3. 15. 개정)
18. 「중소기업협동조합법」 제119조(수급권의 보호) (2024. 3. 15. 개정)

41－0…3【3월간의 식료품 또는 연료】 (2024. 3. 15. 번호개정)

법 제41조 제2호에서 "체납자 또는 그 동거가족에게 필요한 3개월간의 식료품 또는 연료"라 함은 식료품은 기본적인 주·부식품과 조미료를 말하며, 연료는 취사용 및 난방용, 연탄, 유류, 가스 등의 연료를 말한다. 그 소요량에 있어서는 보통의 건강유지에 필요한 범위로 한다. (2024. 3. 15. 개정)

41－0…4【실인 기타 직업에 필요한 인장】 (2024. 3. 15. 번호개정)

법 제41조 제3호에서 "직업에 필요한 도장"이라 함은 회사의 사인, 공무원·회사원·변호사·공증인·공인회계사·세무사 등이 직무상 사용하는 인장 및 화가·서예가의 낙관 등 직업 및 생활에 필요불가결한 도장으로 현재 사용하고 있는 것을 말한다. (2024. 3. 15. 개정)

41－0…5【제사 또는 예배에 필요한 물건】 (2024. 3. 15. 제목·번호개정)

법 제41조 제4호에서 "제사 또는 예배에 필요한 물건"이라 함은 체납자 또는 그 동거가족의 제사 또는 예배에 실제로 사용되는 제구 등을 말하며, 단순히 상품 또는 골동품으로서 소장하고 있는 것은 제외된다. (2024. 3. 15. 개정)

41－0…6【족보·일기 등 체납자 또는 그 동거가족에게 필요한 장부 또는 서류】 (2024. 3. 15. 번호개정)

법 제41조 제6호에서 "족보·일기 등 체납자 또는 그 동거가족에게 필요한 장부 또는 서류"에는 예술품 또는 골동품등으로서 가지고 있는 것을 제외한다. (2024. 3. 15. 개정)

41－0…7【훈장이나 그 밖의 명예의 증표】 (2024. 3. 15. 번호개정)

법 제41조 제8호에서 "훈장이나 그 밖의 명예의 증표"라 함은 체납자 또는 그 동거가족이 받은 것으로 훈장은 국내외 것을 불문하고 약장 등도 포함하며, 기타 명예의 증표는 경기, 학예, 기예 등의 표창으로서 수여된 상패, 상배, 메달 등을 말한다. (2024. 3. 15. 개정)

41－0…8【학업에 필요한 서적과 기구】

법 제41조 제9호에서 "학업에 필요한 서적과 기구"란 「초·중등교육법」 제2조 「고등교육법」 제2조에 따른 학교에서 수학하거나 이와 동등 정도의 수학을 하는데 필요한 교과서, 참고서, 사전 등의 서적과 책상, 서가, 문방구 등 기구를 말한다. (2024. 3. 15. 개정)

41－0…9【발명 또는 저작에 관한 것으로서 공표되지 아니한 것】 (2024. 3. 15. 번호개정)

법 제41조 제10호에서 "발명"이란 자연법칙을 이용한 기술적 사상의 창작으로서 고도(高度)의 것을 말하며, "저작"이란 표현의 방법 또는 형식의 여하를 막론하고 문서, 연술, 회화, 조각, 공예, 건축, 지도, 도형, 모형, 사진, 악보, 연주, 가창, 무보, 각본, 연출, 음반, 녹음필름, 영화와 기타 학문 또는 예술의 범위에 속하는 일체의 물건을 말한다. 발명의 특허를 받거나 발명 또는 저작한 것을 간행흥업 또는 전람에 공한 때에는 공표된 것이 된다. (「특허법」 제2조, 「저작권법」 제2조 참조) (2024. 3. 15. 개정)

41－0…10【농업 등에 필요한 재산】 (2024. 3. 15. 번호개정)

법 제41조 제11호에서 "농업을 하는 사람에게 없어서는 아니 될 기구", 제12호에서 "어업을 하는 사람에게 없어서는 아니 될 어망", 제13호에서 "직업 또는 사업에 종사하는 사람에게 없어서는 아니 될 기구" 등이라 함은 현실적으로 당해 사업을 영위하는 자가 그 기구 등 재산을 압류당함으로써 당해 사업의 현재 정도의 계속유지에 지장을 초래한다고 인정될 정도로 당해 사업에 관계가 있는 기계 등을 말한다. 따라서 당해 사업에 필요불가결한 것에 한정되는 것은 아니다. (2024. 3. 15. 개정)

41－0…11【법령에 따라 지급되는 사망급여금과 상이급여금】 (2024. 3. 15. 제목·번호개정)

법 제41조 제16호의 사망급여금과 상이급여금의 지급을 규정하는 법령으로는 다음과 같은 것이 있다. (2024. 3. 15. 개정)

1. 「국가유공자등예우 및 지원에 관한 법률」: 제12조(보상금), 제14조(생활조정수당), 제15조(간호수당), 제17조(사망일시금) (2011. 3. 21. 개정)
2. 「근로기준법」: 제78조(요양보상), 제79조(휴업보상), 제80조(장해보상), 제82조(유족보상), 제83조(장례비) (2024. 3. 15. 개정)
3. 「선원법」: 제94조(요양보상), 제96조(상병보상), 제97조(장해보상), 제99조(유족보상), 제100조(장제비) (2019. 12. 23. 개정)

4. 「산업재해 보상보험법」: 제40조(요양급여), 제52조(휴업급여), 제57조(장해급여), 제62조(유족급여), 제71조(장례비), 제78조(장해특별급여), 제79조(유족특별급여) (2024. 3. 15. 개정)

42 - 0…1【그 밖에 이와 비슷한 성질을 가진 급여채권】 (2024. 3. 15. 제목 · 번호개정)

법 제42조 제1항의 "그 밖에 이와 비슷한 성질을 가진 급여채권"이라 함은 일직료 · 숙직료 · 통근수당 및 현물급여를 포함하는 것으로 한다. (2024. 3. 15. 개정)

44 - 0…1【수취의 방법과 비용】 (2024. 3. 15. 번호개정)

천연과실을 수취하는 경우에는 징수직원이 스스로 수취하거나 제3자 또는 체납자로 하여금 수취하게 할 수 있으며, 수취에 필요한 비용은 강제징수비로서 징수할 수 있다. (2024. 3. 15. 개정)

44 - 0…2【법정과실에 대한 압류】 (2024. 3. 15. 번호개정)

① 관할 세무서장은 압류의 효력이 법정과실에 미치는 경우 원본에 대한 압류와 동시에 그 과실의 지급의무를 지는 제3채무자에 대하여 압류의 통지를 하여야 한다. (2024. 3. 15. 개정)

② 원본에 대한 압류의 효력은 그 압류 후에 생긴 법정과실에도 미치는 것이나 압류시까지 이미 발생한 법정과실에 대하여는 별도의 압류를 하지 아니하는 한 압류의 효력이 미치지 아니한다. (2024. 3. 15. 개정)

45 - 0…1【부동산의 범위】

법 제45조에서 "부동산"이란 토지와 그 정착물을 말하며(「민법」제99조 제1항 참조), 다음에 유의하여야 한다. (2024. 3. 15. 개정)

1. 건축중인 건물은 건물의 사용목적으로 보아 사용가능한 정도로 완성되지 아니한 때에는 동산으로 압류하고, 사용가능한 정도로 완성한 때에는 법 제45조 제4항에 따른 보존등기 후 부동산으로 압류한다. (2024. 3. 15. 개정)

2. 부동산에 관한 소유권 이외의 용익물권(지상권, 전세권 등)과 광업권 · 입어권 등은 법 제55조의 그 밖의 재산권 압류절차를 밟아 압류한다. (법 제34조 제2항 제3호 참조) (2024. 3. 15. 개정)

3. 토지에 부착한 수목의 집단으로 「입목에 관한 법률」에 따라 소유권 보존의 등기를 한 입목에 대하여는 건물과 같이 토지와 독립된 부동산으로 압류한다. (2011. 3. 21. 개정)

45 - 0…2【공장재단】

법 제45조에서 "공장재단"이라 함은 「공장 및 광업재단 저당법」 제2조(정의)에 따라 기업용 재산으로 동법 제11조(공장재단의 소유권 보존등기)에 따라 소유권보존등기를 한 것을 말한다. (2011. 3. 21. 개정)

45 - 0…3【광업재단】

법 제45조에서 "광업재단"이라 함은 「공장 및 광업재단 저당법」 제2조에 따른 기업용 재산으로서 동법 제54조(공장재단 규정의 준용)에 따라 소유권보존등기를 한 것을 말한다. (2011. 3. 21. 개정)

45 - 0…4【선 박】

법 제45조에서 "선박"이란 「상법」 제740조(선박의 의의)에 따른 선박으로서 「선박법」 제8조(등기와 등록)에 따라 등기 또는 등록한 것을 말한다. (2011. 3. 21. 개정)

47 - 0…1【가치가 현저하게 줄어들 우려】

법 제47조 제1항에서 "가치가 현저하게 줄어들 우려가 있다고 인정할 경우"라 함은 압류부동산을 그 본래의 사용목적에 따라 사용 · 수익하거나 달리 사용 · 수익하는 경우를 포함하여 압류 당시의 그 재산의 가치를 감소시킴으로써 체납액징수에 지장을 줄 것으로 인정되는 때를 말한다. (2024. 3. 15. 개정)

47 - 0…2【제3자】 (2024. 3. 15. 번호개정)

법 제47조 제2항에서 압류된 부동산등을 사용 · 수익할 권리를 가진 "제3자"라 함은 당해 부동산 등에 대한 지상권자와 임차권자 등을 말한다. (2024. 3. 15. 개정)

47 - 0…3【출항준비의 완료】 (2024. 3. 15. 번호개정)

법 제47조 제3항에서 "출항준비를 마친"이라 함은 화객의 수송에 필요한 정비, 화물의 적재, 여객의 승선 · 탑승 등 제반사정으로 보아 발항준비를 사실상 완료한 것을 말한다. (2024. 3. 15. 개정)

47 - 0…4【감시와 보존에 필요한 처분】 (2024. 3. 15. 번호개정)

법 제47조 제4항에서 "감시와 보존에 필요한 처분"이라 함은 관리인을 선정하거나 격납고에 격납하거나 계류하는 등 압류한 선박, 항공기, 건설기계 또는 자동차의 보존을 위하여 필요한 처분을 하는 것을 말한다. (2024. 3. 15. 개정)

48 - 0…1【미완성의 건물】 (2024. 3. 15. 번호개정)

건물의 사용목적에 상응하는 사용가능한 정도로 완성되지 아니한 건축 중의 건물은 부동산이라 할 수 없으므로 동산으로서 압류한다. (2024. 3. 15. 개정)

48 - 0…2【등기되지 아니한 선박등】 (2024. 3. 15. 번호개정)

법 제45조(부동산 등의 압류절차) 제1항의 규정을 적용받지 아니하는 선박과 제2항의 규정을 적용받지 아니하는 등록되지 아니한 자동차 · 선박 · 항공기 · 건설기계 등은 동산으로서 압류한다. (2024. 3. 15. 개정)

48 - 0…3【공장저당목적물, 재단소속물과의 관계】

① 압류할 동산이 「공장 및 광업재단 저당법」에 의하여 공장저당의 목적이 되고 있는 토지 또는 건물에 설치되어 있는 기계 · 기구 기타 공장의 용에 공하여지고 있는 동산인 때에는 동법의 규정에 의하여 원칙으로는 토지 또는 건물과 별개로 압류하지 못한다. (2024. 3. 15. 개정)

② 공장재단, 광업재단에 속하는 동산은 원칙으로 각각의 동산으로서 압류하지 못한다. (2024. 3. 15. 개정)

48 - 0…4【화물상환증등이 발행된 물건】 (2024. 3. 15. 번호개정)

화물상환증, 창고증권 또는 선화증권이 발행된 물건에 대하여는 동산으로 압류할 수 없고, 이들 증권을 유가증권으로서 압류하여야 한다. (「상법」 제129조 내지 제133조, 제156조, 제157조 참조) (2024. 3. 15. 개정)

48 - 0…5【유가증권이 아닌 것의 압류】 (2024. 3. 15. 번호개정)

유가증권이란 재산권을 표시하는 증권으로서 그 권리의 행사 또는 이전을 증권으로써 하는 것을 말하는 것으로 재산권을 표시하는 것이 아닌 차용증서 또는 수취증권과 같은 증거증권은 유가증권이 아니므로 채권의 압류절차에 따라 압류한다. (2024. 3. 15. 개정)

48 - 0…6【유가증권의 종류】

유가증권에는 어음, 수표, 국채증권, 지방채증권, 사채권, 주권, 출자증권, 신탁의 무기명 수익증권, 창고증권, 화물상환증, 선화증권, 상품권 등이 있다. (2024. 3. 15. 개정)

48 - 0…7【압류재산의 보관과 책임】 (2024. 3. 15. 번호개정)

압류한 동산 또는 유가증권(법 제49조 제1항의 규정에 의하여 체납자 또는 제3자가 보관하는 것은 제외)은 관할 세무서장이 선량한 관리자의 주의로서 관리하여야 하며, 관할 세무서장이 그 직무를 행함에 있어서 고의 또는 과실에 의하여 위법하게 압류한 재산을 망실하거나 훼손하여 체납자 등에게 손해를 끼친 경우에는 국가는 국가배상법이 정하는 바에 따라 체납자 등에 대하여 그 손해를 배상할 책임을 진다. (2024. 3. 15. 개정)

49 - 0…1【운반하기 곤란한 동산】 (2024. 3. 15. 번호개정)

법 제49조 제1항에서 압류물건을 체납자 또는 제3자에게 보관하게 할 수 있는 사유가 되는 "운반하기 곤란한 동산"이란 다음 각호의 재산을 말하는 것으로 한다. (2024. 3. 15. 개정)

1. 압류물건이 상당히 중량물인 것, 그 기초가 견고하게 부착되어 분리하기 곤란한 것, 대형물인 것, 산간벽지의 공장현장 등에 있는 것, 분량이 많은 것 등 운반에 곤란함이 있다고 인정되는 것 (2004. 2. 19. 개정)

2. 압류물건을 체납자와의 계약에 의한 임차권, 사용대차권, 기타 동산의 사용·수익할 권리에 기하여 제3자가 점유하는 경우로서 법 제49조(압류동산의 사용·수익)의 규정에 의하여 사용·수익을 허가할 필요가 있다고 인정하는 것 (2024. 3. 15. 개정)

49-0…2【봉인이나 그 밖의 방법】 (2024. 3. 15. 제목·번호개정)
법 제49조 제1항에서 "봉인"이라 함은 압류재산임을 표지하는 표식을 말하고 "그 밖의 방법"이라 함은 공시문, 입찰, 목찰, 새끼치기 등에 의하여 압류재산임을 명백히 하는 방법을 말한다. (2024. 3. 15. 개정)

49-0…3【봉인등의 효과】 (2024. 3. 15. 번호개정)
봉인이나 그 밖의 방법에 의한 압류의 표시가 된 때에는 그 재산의 양수로써 압류에 대항할 수 없다. (2024. 3. 15. 개정)

49-0…4【보관증의 제출】
법 제49조 제1항의 규정에 의하여 운반하기 곤란한 동산을 체납자 또는 제3자에게 보관하게 할 경우에는 원칙으로 보관자로부터 보관증을 제출하게 하여야 하며, 이 보관증은 압류조서의 여백을 사용하여 작성하게 할 수 있다. (2024. 3. 15. 개정)

49-0…5【사용 또는 수익】 (2024. 3. 15. 번호개정)
법 제49조 제2항에서 "압류한 동산을 사용하거나 수익할 권리를 가진 제3자"라 함은 대체로 체납자와의 계약에 의한 임차권, 사용대차권, 기타 동산의 사용 또는 수익을 할 권리[예를 들면 수치인이 임치인(체납자)의 동의를 얻어 임치물을 사용하는 경우 등]를 가진 자를 말한다. (2024. 3. 15. 개정)

49-0…6【강제징수에 지장이 없는 경우】 (2024. 3. 15. 제목·번호개정)
법 제49조 제2항에서 "강제징수에 지장"이라고 함은 압류동산을 본래의 용법과 다르게 사용 또는 수익함으로써 징수에 지장이 있는 경우와 그 재산을 본래의 용법에 따라 사용 또는 수익함으로써 압류 당시의 가치를 현저히 감소시키는 경우를 포함하나 그 판정에 있어서는 동산의 종류, 성질, 체납처분의 긴급도, 납세자의 성실성 등을 참작한다. (2024. 3. 15. 개정)

49-0…7【허가의 내용】 (2024. 3. 15. 번호개정)
압류한 동산의 사용·수익은 통상의 용법에 따라 종래의 사용 또는 수익을 계속하는 정도의 범위 안에서 허가한다. (2024. 3. 15. 개정)

50-0…1【추심하는 유가증권】 (2024. 3. 15. 번호개정)
법 제50조 제2항에 따른 "금전의 급부를 목적으로 한 채권"이라 함은 압류한 유가증권에 기하여 행사할 수 있는 채권 중 금전의 급부를 목적으로 하는 것을 말한다. 따라서 금전의 급부를 목적으로 하는 채권 이외의 재산권을 표시하는 유가증권(창고증권등)에 있어서는 동조의 규정을 적용하지 아니하고 직접 그 유가증권을 매각한다. (2024. 3. 15. 개정)

50-0…2【추심하는 경우】 (2024. 3. 15. 번호개정)
법 제50조 제2항의 규정에 의하여 추심을 하는 유가증권은 그 유가증권에 관한 금전채권의 이행기일이 이미 도래하였거나 가까운 장래에 도래하는 것으로서 매각하는 것보다 추심하는 것이 징수상 유리하다고 인정되는 것에 한한다. (2024. 3. 15. 개정)

51-0…1【채　권】 (2024. 3. 15. 번호개정)
① 법 제51조에서 "채권"이란 금전 또는 매각할 수 있는 재산의 지급을 목적으로 하는 것을 말하며, 장래 발생하는 채권이라도 압류 당시에 그 원인이 확정되어 있고 그 발생이 확실하다고 인정하는 것(예를 들면 장래 발생하는 급료채권 등) 및 당사자 간에 양도금지의 특약이 있는 것도 압류할 수 있다. (2024. 3. 15. 개정)
② 추심할 수 없는 권리는 법 제55조의 압류절차를 밟아 압류한다. (2024. 3. 15. 개정)

51-0…2【채무자의 범위】 (2024. 3. 15. 번호개정)
법 제51조 제1항의 "제3채무자"란 체납자에 대하여 금전 또는 매각할 수 있는 재산의 지급을 목적으로 하는 채무를 부담하는 자를 말한다. (2024. 3. 15. 개정)

51-0…3【연대채무자가 있는 채권】 (2024. 3. 15. 번호개정)
2인 이상의 채무자가 있는 채권으로 이들 채무자가 연대채무를 지고 있는 것을 압류하는 경우에는 모든 채무자를 제3채무자로 하여 압류절차를 밟아야 한다. 이 경우에 제3채무자가 임의로 이행을 하지 아니할 때에는 어느 채무자에 대하여도 「민사집행법」에 따라 강제집행을 할 수가 있다. (「민법」 제414조 참조) (2024. 3. 15. 개정)

51-0…4【보증인이 있는 채권】 (2024. 3. 15. 번호개정)
① 보증인이 있는 채권을 압류한 경우에는 주된 채권의 압류와 동시에 보증인을 제3채무자로 하여 그 보증인에 대한 채권을 별개로 압류한다. (2024. 3. 15. 개정)
② 보증인이 있는 채권을 압류한 경우 그 보증인은 「민법」에 따른 최고의 항변권과 검색의 항변권을 가진다. 다만, 연대보증인의 경우에 있어서는 그러하지 아니하다. (「민법」 제437조 참조) (2024. 3. 15. 개정)

51-0…5【저당권에 의하여 담보되는 채권의 압류】 (2024. 3. 15. 번호개정)
저당권에 의하여 담보된 채권을 압류한 경우에는 관할 세무서장은 그 채권의 압류의 등기를 관계기관에 촉탁할 수 있다(「민법」 제348조, 「부동산등기법」 제3조 제5호, 제5조, 제52조 참조). 이 경우 그 촉탁을 한 관할 세무서장은 그 저당권을 설정한 재산의 권리자(제3채무자를 제외한다)에게 압류한 사실을 통지하여야 한다. (2024. 3. 15. 개정)

51-0…6【보증금에 대한 압류】 (2024. 3. 15. 번호개정)
물건의 임대차인 경우에 임대료, 기타 임대차계약상의 채무를 담보할 목적으로 임차인이 임대인에게 교부하는 보증금의 압류에 관하여는 다음에 유의한다. (2024. 3. 15. 개정)
1. 임대차계약이 계속중인 기간에는 임차인은 보증금의 반환청구권을 갖지 아니하고 또 계약종료시에 임차인에게 채무불이행이 있으면 보증금은 당연히 손해배상금으로 충당된다. 따라서 보증금은 장차 임대차관계 종료시에 생기는 반환청구권으로서 압류한다. (2004. 2. 19. 개정)
2. 임대인이 임대차의 목적물을 양도한 경우에는 특약이 있는 경우를 제외하고 보증금반환채무는 새 임대인에게 인계되는 것으로, 임차인은 임대차 종료시에 새 임대인에 대하여 보증금반환청구권을 갖는다. (2004. 2. 19. 개정)

51-0…7【기한의 정함이 없는 채권의 압류】 (2024. 3. 15. 번호개정)
채무이행기간의 정함이 없는 채권을 압류한 경우에는 세무공무원이 기한을 지정(「민법」 제387조 제2항 참조)함과 동시에 그 기한까지 세무공무원에게 이행을 할 것을 채권압류통지서에 기재하여야 한다. (2024. 3. 15. 개정)

51-0…8【추심한 금전 이외의 물건의 압류】 (2024. 3. 15. 번호개정)
관할 세무서장이 체납자를 대위하여 제3채무자로부터 추심한 것이 금전 이외의 것인 경우에는 그 재산의 종류별로 각각의 압류절차를 밟아야 한다. (2024. 3. 15. 개정)

51-0…9【채권증서의 점유】 (2024. 3. 15. 번호개정)
관할 세무서장은 채권의 압류를 위하여 필요하다고 인정하는 때에는 동산의 압류절차에 관한 규정을 준용하여 채권에 관한 증서를 점유할 수 있다. (2024. 3. 15. 개정)

51-0…10【채무변제를 위하여 어음, 수표가 교부된 경우의 채권압류】
기존채무에 관하여 어음이나 수표가 교부된 경우 그것이 채무변제에

"갈음하여" 교부되었다는 당사자의 명백한 의사표시가 없으면 그것은 채무변제를 "위하여" 교부된 것으로 추정되므로(대물변제가 아님) 당해 채권에 대해서 압류할 수 있다. (2024. 3. 15. 개정)

51 - 0…11【주권발행전 주식에 대한 압류】(2024. 3. 15. 번호개정)
법인이 주권을 발행하지 아니한 경우에는 체납자인 주주가 회사에 대하여 갖는 주주권을 압류하고 일정기간 내에 주권을 발행하여 세무공무원에게 인도하라는 뜻을 해당 법인에게 통지하여야 하며, 그 기간 내에 주권을 발행하지 아니하고 「상법」 제335조 제3항 후단(회사성립후 또는 신주의 납입기일후 6월이 경과한 때)의 규정에 해당하는 때에는 주식에 대하여 매각절차를 진행하여야 한다. (2024. 3. 15. 개정)

52 - 0…1【추심의 책임】(2024. 3. 15. 번호개정)
세무공무원이 피압류채권에 대하여 추심절차를 태만히 하여 시효가 완성하는 등 추심권의 행사에 있어서 고의 또는 과실로 위법하게 체납자에게 손해를 끼친 때에는 국가는 「국가배상법」에 따라 체납자에게 그 손해를 배상하여야 한다. (2024. 3. 15. 개정)

52 - 0…2【채권의 대위행사】 (2024. 3. 15. 번호개정)
법 제52조 제2항의 관할 세무서장이 "채권자를 대위한다"라 함은 관할 세무서장이 피압류채권의 채권자인 체납자의 지위에서 그 채권을 자기의 이름으로 제3채무자로부터 추심하는 것을 말한다. (2024. 3. 15. 개정)

52 - 0…3【대위의 범위】(2024. 3. 15. 번호개정)
관할 세무서장이 채권자를 대위하여 추심할 수 있는 범위는 국세와 체납처분비를 한도로 하는 것이 원칙이나 우선채권이 있는 채권이나 불가분급부를 목적으로 하는 채권을 압류한 경우 등 체납액의 징수를 위하여 불가피한 경우에는 압류한 채권의 전액에 대하여 대위할 수 있다. (2024. 3. 15. 개정)

52 - 0…4【효력발생의 시기】
채권 압류의 효력은 채권 압류 통지서가 채무자에게 송달된 때에 발생하며, 압류조서등본의 교부는 압류의 효력발생요건이 되지 아니한다. (2024. 3. 15. 개정)

52 - 0…5【이행의 금지】(2024. 3. 15. 번호개정)
제3채무자는 채권의 압류통지서(규칙 별지 제46호 서식(갑))를 받은 때에 그 범위에 있어서 채권자에 대한 이행이 금지된다. 따라서 채권압류통지서의 송달을 받은 후에 제3채무자가 체납자에 대하여 이행을 한 경우에 그 채무이행으로서 압류채권자인 국가에 대항할 수 없다. (2024. 3. 15. 개정)

52 - 0…6【상계의 금지】(2024. 3. 15. 번호개정)
채권이 압류된 경우 제3채무자가 가지는 반대채권과 피압류채권과의 상계에 관하여는 다음에 유의한다. (2024. 3. 15. 개정)
1. 제3채무자는 수동채권이 압류된 후에 취득한 채권을 자동채권으로 하여 상계할 수 없다. (「민법」 제498조 참조) (2011. 3. 21. 개정)
2. 제3채무자가 압류 전에 자동채권을 취득한 경우에도 압류시에 상계적상(相計適狀)에 있지 아니하면 상계로써 국가에 대항하지 못한다. (2011. 3. 21. 개정)
3. 제3채무자가 가지는 자동채권은 수동채권의 압류 전에 변제기가 도래하였으나 수동채권은 변제기가 도래하지 아니한 경우에도 수동채권에 관하여 제3채무자가 기한의 이익을 포기할 수 있는 때에는 압류 후에 있어서도 상계할 수 있다. (대판 79. 6. 12 선고, 79다 662 사건 참조) (2004. 2. 19. 개정)

52 - 0…7【채권의 양도등】(2024. 3. 15. 번호개정)
제3채무자가 채권의 압류를 받은 때에는 체납자가 그 채권의 양도, 면제, 기한유예 또는 상계를 하여도 제3채무자는 이들 행위에 관계없이 압류채권자에 이행을 하여야 한다. (2024. 3. 15. 개정)

52 - 0…8【동시이행의 항변권 또는 선택권의 행사】(2024. 3. 15. 번호개정)
제3채무자가 동시이행항변권을 갖는 경우(「민법」 제536조 참조) 또는 제3채무자 혹은 제3자가 선택권을 갖는 경우(「민법」 제380조 내지 제386조 참조)에는 압류 후에도 이러한 권리를 행사할 수 있다. (2024. 3. 15. 개정)

52 - 0…9【전부명령과 채권압류】(2024. 3. 15. 번호개정)
① 관할 세무서장이 압류하기 전에 법원의 압류명령과 동시 또는 뒤따른 유효한 전부명령(轉付命令)이 제3채무자에게 송달(「민사집행법」 제227조 제2항 및 제3항에 의한 통지절차)되면 압류채권은 지급에 갈음하여 압류채권자에게 이전되므로 채권이 소멸되어 압류대상이 될 수 없다. (2024. 3. 15. 개정)
② 관할 세무서장의 채권 압류 통지서가 제3채무자에게 송달되면 그 후 그 채권과 관련된 제3채무자에 대한 전부명령은 세무서장의 채권압류에 영향을 미치지 아니한다. (2024. 3. 15. 개정)

52 - 42…1【제3채무자에 대한 제소절차】(2024. 3. 15. 번호개정)
압류한 채권의 추심을 위하여 영 제42조 제2항에 따라 제3채무자를 상대로 소송을 제기하고자 할 경우에는 「국가를 당사자로 하는 소송에 관한 법률」 제3조(소송수행자의 지정 및 소송대리인의 선임) 및 동법 제13조(권한의 위임)에 따라 법무부장관(검찰총장·고등검찰청검사장 또는 지방검찰청검사장)의 지휘를 받아야 한다. (2024. 3. 15. 개정)

53 - 0…1【필요하다고 인정되는 경우】(2024. 3. 15. 제목·번호개정)
법 제53조에서 "필요하다고 인정되는 경우"라 함은 당해 채권에 대한 채무자의 자력상태가 그 이행이 확실하다고 인정할 수 없는 경우 또는 당해 채권에 대하여 국세보다 우선하는 질권이 설정된 경우 등으로서 압류에 관련된 국세의 징수가 확실하지 아니한 것으로 인정되어 세무공무원이 채권의 전부를 압류할 필요가 있다고 인정하는 때로 한다. (2024. 3. 15. 개정)

54 - 0…1【그 밖에 계속적 거래관계에서 발생하는 이와 유사한 채권】(2024. 3. 15. 제목·번호개정)
법 제54조에서 "그 밖에 계속적 거래관계에서 발생하는 이와 유사한 채권"이란 계속적 지급을 목적으로 하는 계약에 의하여 발생하는 수입을 청구할 수 있는 권리, 예를 들면 임대차계약에 따른 토지임대료, 가임의 청구권 등을 말한다. (2024. 3. 15. 개정)

54 - 0…2【압류된 계속수입이 증액된 경우】(2024. 3. 15. 번호개정)
관할 세무서장이 체납자의 계속수입을 압류한 경우에는 겸임, 승급 등으로 증액된 수입의 부분에도 당초의 압류의 효력이 미친다. (2024. 3. 15. 개정)

55 - 0…1【그 밖의 재산권의 압류】(2024. 3. 15. 제목·번호개정)
① 법 제55조에서 "그 밖의 재산권"이라 함은 채권과 소유권을 제외한 재산권으로(법 제34조 제2항 제3호 참조) 지상권, 전세권, 광업권, 입어권 등을 포함하는 것으로 한다. (2024. 3. 15. 개정)
② 그 밖의 재산권 중에서 지상권, 전세권, 합명회사의 사원의 지분 등 제3채무자 또는 이에 준하는 자가 있는 재산을 압류한 때에는 이들 제3채무자 등에게 압류의 통지를 하여야 한다. (2024. 3. 15. 개정)
※ 기타 제3채무자 등이 있는 재산의 예 (2004. 2. 19. 개정)
　가. 합자회사, 유한회사 등의 사원지분 (2004. 2. 19. 개정)
　나. 공유동산의 지분 (2004. 2. 19. 개정)
　다. 특허권 등에 있어서의 실시권 (2004. 2. 19. 개정)
　라. 상표권에 있어서의 사용권 (2004. 2. 19. 개정)
　마. 출판권 (2004. 2. 19. 개정)
　바. 환매권 등 (2004. 2. 19. 개정)

55 - 0…2【권리증서의 점유】(2024. 3. 15. 번호개정)
관할 세무서장은 그 밖의 재산권의 압류에 있어서 필요하다고 인정하는 때에는 동산의 압류절차에 관한 규정을 준용하여 당해 권리에 관한 권리증, 기타 증서 등을 점유한다. (2024. 3. 15. 개정)

56-0…1【국가 또는 지방자치단체에 대한 권리】 (2024. 3. 15. 제목·번호개정)

법 제56조 제1항에서 "국가 또는 지방자치단체에 대한 권리"라 함은 그 국가 또는 지방자치단체의 재산에 대하여 그 매수대금을 일시불 또는 연부 등으로 납부할 것을 조건으로 매수계약이 성립되어 있는 경우 장래 그 매수대금 완납시에 그 재산의 소유권을 이전받을 수 있는 권리를 말한다. (2024. 3. 15. 개정)

56-0…2【분납 중 압류관계】 (2024. 3. 15. 번호개정)

체납자가 국가 또는 지방자치단체가 소유하는 재산에 대하여 매매계약을 체결하고 그 매수대금을 분납 중에 있는 때에는 당해 계약의 해제, 기타 사유 등에 의한 기납부금반환청구권을 조건부채권으로서 당해 기관을 제3채무자로 하여 채권압류절차를 취할 수 있다. (2024. 3. 15. 개정)

56-0…3【완납 후 소유권을 미이전한 경우】 (2024. 3. 15. 제목·번호개정)

체납자가 매수대금을 완납하였으나 당해 재산에 대한 소유권을 이전하지 아니한 경우에는 관할 세무서장은 체납자를 대위하여 관계기관에서 소유권 이전에 필요한 서류를 발급받아 법 제45조 제4항의 규정을 준용하여 이전등기를 함과 동시에 압류절차를 취한다. (2024. 3. 15. 개정)

57-0…1【그 밖에 제1호부터 제4호까지의 규정에 준하는 사유】 (2024. 3. 15. 번호개정)

법 제57조 제1항 제5호에서 "그 밖에 제1호부터 제4호까지의 규정에 준하는 사유"란 체납액이 다음 각 호의 어느 하나에 해당하는 사유 등으로 인하여 소멸하는 것을 말한다. (2024. 3. 15. 개정)

1. 압류된 타재산을 매각하여 그 대금으로 해당 체납액이 전액 충당된 경우 (2004. 2. 19. 개정)

2. 교부청구에 의하여 교부받은 금액으로 압류에 관계된 체납액을 전액 충당한 경우 (2004. 2. 19. 개정)

3. 기타 법률규정의 변경 등으로 인하여 압류에 관계된 체납액의 전액이 면제된 경우 (2004. 2. 19. 개정)

57-0…2【초과압류관계】 (2024. 3. 15. 번호개정)

법 제57조 제2항 각호에 해당하는 사유로 압류재산 중 일부의 압류를 해제하려고 하는 경우에는 당해 재산이 가분물인 때에는 그 초과하는 가액에 상당하는 부분에 대하여 압류를 해제하고 불가분물인 때에는 압류를 해제하지 않는다. (2024. 3. 15. 개정)

58-0…1【보관중인 재산의 반환】 (2024. 3. 15. 번호개정)

① 압류가 해제된 경우에 압류를 위하여 관할 세무서장 또는 제3자가 보관중인 압류재산은 법 제58조 제3항 내지 제5항의 규정에 의하여 지체없이 반환하여야 한다. 이 경우 반환이란 점유의 이전, 즉 인도를 말하며, 현실의 인도에 한하지 아니하고 간이인도를 포함한다. (「민법」 제188조 제2항 참조) (2024. 3. 15. 개정)

② 압류를 해제하는 경우의 관계재산의 인도는 인도 당시 물건이 소재하는 장소에서 행한다. 다만, 관계국세의 부과취소등 국가의 책임에 속하는 사유에 의하여 관할 세무서장이 압류를 해제하는 경우에는 압류 당시 물건이 존재하였던 장소에서 인도한다(「민법」 제467조 제1항 참조). 그러나 부과의 일부가 취소된 후 잔액의 납부에 의하여 압류를 해제하는 경우에는 그러하지 아니하다. (2024. 3. 15. 개정)

58-0…2【참가압류가 있는 경우의 인도】 (2024. 3. 15. 번호개정)

압류를 해제하는 재산에 타기관으로부터 참가압류가 되어 있는 경우의 재산의 인도는 법 제62조 제3항의 규정에 따라 처리한다. (2024. 3. 15. 개정)

58-0…3【채권증서등의 인도】 (2024. 3. 15. 번호개정)

① 채권 등의 압류를 해제하는 경우에 압류 당시 필요에 의하여 점유한 채권에 관한 증서 또는 권리에 관한 증서 등이 있을 때에는 이를 권리자에게 인도한다. (2024. 3. 15. 개정)

② 동산의 압류를 해제하는 경우 당해 동산에 관하여 법 제49조 제1항 후단의 규정에 의하여 실시한 봉인, 기타 압류재산임을 표시하는 표지가 있을 경우에는 이를 해제한다. (2024. 3. 15. 개정)

59-0…1【교부청구를 할 수 있는 국세】 (2024. 3. 15. 번호개정)

법 제59조의 교부청구를 할 수 있는 국세에는 다음의 것이 포함된다. (2024. 3. 15. 개정)

1. 제2차 납세의무자의 국세 (2024. 3. 15. 개정)

2. 납세보증인의 국세 (2024. 3. 15. 개정)

3. 법 제31조 제2항의 확정전보전압류에 관련된 국세 (2024. 3. 15. 개정)

4. 법 제13조에 따라 지정납부기한이 연장된 국세 (2024. 3. 15. 개정)

5. 법 제105조의 압류·매각 유예와 관련된 국세 (2024. 3. 15. 개정)

59-0…2【교부청구를 할 수 있는 시기】 (2024. 3. 15. 번호개정)

교부청구는 다음 각 호의 어느 하나에 해당하는 시기까지 하여야 한다. (2024. 3. 15. 개정)

1. 「민사집행법」 제189조 제2항의 유체동산에 대한 강제집행 또는 경매의 경우 : 경매기일의 종료시(「민사집행법」 제220조 참조) (2024.

3. 15. 개정)

2. 부동산에 대한 강제집행 또는 경매의 경우 : 첫 매각기일 이전(「민사집행법」 제84조 제1항 참조) (2024. 3. 15. 개정)

3. 금전채권에 대한 강제집행의 경우 : 전부명령이 있는 때에는 전부명령이 제3채무자에게 송달되기 이전(「민사집행법」 제247조 제2항 참조), 추심명령이 있는 때에는 압류채권자가 추심하고 집행법원에 신고하기 이전(「민사집행법」 제247조 제1항 참조) (2024. 3. 15. 개정)

4. 유체동산에 관한 청구에 대한 강제집행의 경우 : 그 동산의 매각대금을 집행관이 영수할 때(「민사집행법」 제243조 제3항, 제220조 제1항 참조) (2024. 3. 15. 개정)

5. 부동산에 관한 청구에 대한 강제집행의 경우 : 첫 매각기일 이전(「민사집행법」 제244조 제2항, 제84조 제1항 참조) (2024. 3. 15. 개정)

6. 상기 재산권 이외에 재산권에 대한 강제집행 또는 경매의 경우 : 그 재산권의 성질 및 그 처분의 방법에 따라 1 내지 5에 준하는 때 (2024. 3. 15. 개정)

59-0…3【교부청구의 제한】 (2024. 3. 15. 번호개정)

관할 세무서장은 교부청구를 함에 있어서 납세자가 따로 매각이 용이한 재산으로 제3자의 권리의 목적으로 되어 있지 아니한 것을 보유하고 있고 그 재산에 의하여 국세의 전액을 징수할 수 있다고 인정될 경우에는 교부청구를 하지 아니할 수 있다. (2024. 3. 15. 개정)

59-0…4【교부청구 후 국세의 증액 및 감액】 (2024. 3. 15. 번호개정)

관할 세무서장은 교부청구 사유 진행중 교부청구한 국세의 증감이 생긴 경우에는 즉시 당해 기관에 그 사실을 통지하여야 한다. (2024. 3. 15. 개정)

59-0…5【교부청구의 효과】 (2024. 3. 15. 번호개정)

교부청구 후 교부청구를 받은 집행기관의 강제징수, 강제집행 또는 경매의 절차가 해제되거나 취소되는 경우에는 교부청구는 그 효력을 상실한다. (2024. 3. 15. 개정)

61-0…1【참가압류의 제한】 (2024. 3. 15. 번호개정)

관할 세무서장은 참가압류를 함에 있어서 납세자가 따로 매각이 용이한 재산으로 제3자의 권리의 목적으로 되어 있지 아니한 것을 보유하고 있고 그 재산에 의하여 국세의 전액을 징수할 수 있다고 인정될 경우에는 참가압류를 하지 아니할 수 있다. (2024. 3. 15. 개정)

61-0…2【참가압류에 관계되는 국세의 증감】 (2024. 3. 15. 번호개정)

참가압류 후 참가압류한 국세에 증감이 생긴 경우에는 그 사유와 증감액을 즉시 선행압류기관에 통지하여야 한다. (2024. 3. 15. 개정)

62-0…1【둘 이상의 참가압류가 있는 경우와 압류해제】(2024. 3. 15. 번호개정)
① 둘 이상의 참가압류가 있는 재산에 대하여 선행압류기관이 그 재산에 대한 압류를 해제하는 경우에는 그 해제에 의하여 압류의 효력이 생기는 선순위참가압류기관에 후순위참가압류기관이 제출한 참가압류통지서를 인도하여야 한다. (2024. 3. 15. 개정)
② 전항의 규정에 의하여 참가압류통지서가 인도되면 당초 참가압류를 한 때에 전항의 선순위참가압류기관에 참가압류를 한 것으로 본다. (2024. 3. 15. 개정)

62-0…2【참가압류의 효력】
참가압류는 선행압류기관에 대하여 교부청구를 한 효력, 즉 배당요구를 한 효력이 있다. (2024. 3. 15. 개정)

63-0…1【해제의 순서】(2024. 3. 15. 번호개정)
선행압류기관에서 당해 재산의 압류를 해제할 때에는 선순위참가압류를 한 행정기관에 통지와 함께 동산, 유가증권 등을 인도한 후에 해제하여야 하며, 후순위참가압류기관에도 그 뜻을 통지하여야 한다. (2024. 3. 15. 개정)

63-0…2【동산 등의 보관비용】(2024. 3. 15. 번호개정)
선행압류기관은 압류를 해제하고 선순위참가압류기관에게 목적물을 인도할 때까지의 보관비용을 부담한다. 이 경우에 있어서 보관 및 인도비용은 강제징수비로 징수할 수 있다. (2024. 3. 15. 개정)

64-0…1【매각의 대상】(2024. 3. 15. 번호개정)
① 압류한 채권 중 그 변제기간이 추심을 하려는 때부터 6개월 내에 도래하지 아니한 것과 추심이 현저히 곤란한 것은 법 제3장 제3절(압류재산의 매각)의 정하는 바에 따라 매각할 수 있다. (2024. 3. 15. 개정)
② 압류한 유가증권 중 법 제50조의 규정에 의하여 관계되는 금전채권을 추심하는 경우에는 이를 매각하지 아니한다. (2024. 3. 15. 개정)

64-0…2【자동차 등의 매각전의 점유】(2024. 3. 15. 번호개정)
자동차 또는 건설기계는 관할 세무서장이 매각에 지장이 없다고 인정하는 경우를 제외하고는 법 제45조 제5항의 규정에 의하여 이를 점유한 후에 매각한다. (2024. 3. 15. 개정)

65-0…1【개별매각과 일괄매각】(2024. 3. 15. 번호개정)
동일의 체납자에 대하여 수개의 압류재산이 있는 경우에는 개별매각을 원칙으로 한다. 다만, 공매재산의 성질 · 용도 등에 의하여 개별매각하

는 경우에는 가격의 저하, 제3자의 권리침해 등이 되어 일괄 매각하는 것이 적당하다고 인정되는 때는 일괄매각을 할 수 있다. (2024. 3. 15. 개정)

66-0…1【심판청구등이 계속 중인 국세와 다른 체납액이 있는 경우의 공매】(2024. 3. 15. 제목 · 번호개정)
「국세기본법」에 따른 이의신청 · 심사청구 · 심판청구, 「감사원법」에 따른 심사청구 또는 「행정소송법」에 따른 행정소송(이하 다음 각호에서 "심판청구등"이라 한다)이 계속 중에 있는 국세와 다른 체납액이 있는 경우의 압류재산의 공매는 다음 각호에 의한다. (2024. 3. 15. 개정)
1. 심판청구등이 계속 중인 국세에 관계되는 압류재산과 기타의 체납액에 관계되는 압류재산이 서로 다른 재산인 때에는 후자만 공매한다. (2024. 3. 15. 개정)
2. 심판청구등이 계속 중인 국세에 관계되는 압류재산과 기타의 체납액에 관계되는 압류재산이 동일한 재산인 경우에는 기타의 체납액 징수를 위하여 필요한 경우에는 매각할 수 있다. (2024. 3. 15. 개정)

66-0…2【공매의 제한】(2024. 3. 15. 번호개정)
세무서장은 법 제66조 제2항, 제4항 및 제5항의 경우 외에도 다음 각호의 1에 해당하는 사유가 있는 때에는 공매를 하지 아니한다. (2024. 3. 15. 개정)
1. 「행정소송법」 제23조(집행정지)에 따라 법원이 강제징수에 대한 집행정지결정을 한 때 (2024. 3. 15. 개정)
2. 삭 제 (2024. 3. 15.)
3. 법 제28조(제3자의 소유권 주장)에 따라 제3자가 압류재산의 소유권을 주장하고 반환을 청구하는 때 (2024. 3. 15. 개정)
4. 「채무자 회생 및 파산에 관한 법률」 제44조(다른 절차의 중지명령 등)에 따라 법원이 체납처분의 중지를 명한 때와 동법 제58조 제2항(다른 절차의 중지)에 따라 체납처분이 중지된 때 (2011. 3. 21. 개정)
5. 「채무자 회생 및 파산에 관한 법률」 제140조(벌금 · 조세 등의 감면)에 따라 회생계획에서 징수유예 또는 환가의 유예가 인가된 때 (2011. 3. 21. 개정)
6. 법 제105조의 규정에 의하여 압류 · 매각의 유예를 한 때 (2024. 3. 15. 개정)

66-0…3【제2차 납세의무자등의 재산에 대한 매각제한】(2024. 3. 15. 번호개정)
제2차 납세의무자, 납세보증인 또는 물적납세의무자의 재산은 주된 납세자의 재산을 매각한 후에 매각한다. 다만, 주된 납세자의 재산의 매

각이 현저히 곤란한 사정이 있거나 제2차 납세의무자등의 재산의 가액이 현저히 감소할 우려가 있는 경우, 기타 세무서장이 부득이하다고 판단하는 경우에는 그러하지 아니하다. (2024. 3. 15. 개정)

67-0…1【수의계약의 의의】(2024. 3. 15. 번호개정)
법 제67조에서 "수의계약"이라 함은 압류재산의 매각을 입찰 · 경매 등의 경쟁방법에 의하지 아니하고 관할 세무서장 또는 한국자산관리공사가 매수인과 가액을 결정하여 매각하는 계약을 말한다. (2024. 3. 15. 개정)

67-0…3【공매보증의 부적용】(2024. 3. 15. 번호개정)
수의계약에 의하여 압류재산을 매각하는 경우에는 법 제71조의 공매보증에 관한 규정은 적용되지 아니한다. (2024. 3. 15. 개정)

67-0…4【재산가액이 줄어들 우려가 있는 때】(2024. 3. 15. 번호개정)
법 제67조 제2호에서 "속히 매각하지 아니하면 재산가액이 줄어들 우려가 있는 경우"란 생선, 채소, 식료품 또는 크리스마스용품 같은 계절용품 등 공매시까지 기다리면 부패 · 변질 · 감량 · 수요격감 등으로 재산가격이 감손될 우려가 있는 경우를 말한다. (2024. 3. 15. 개정)

67-0…5【법령으로 소지 또는 매매가 금지 및 제한된 재산】(2024. 3. 15. 제목 · 번호개정)
법 제67조 제4호에서의 "법령으로 소지 또는 매매가 금지 및 제한된 재산"의 예로는 다음의 것이 있다. (2024. 3. 15. 개정)
1. 「주세법」에 의한 주정 (2011. 3. 21. 개정)
2. 「마약류 관리에 관한 법률」에 의한 마약 (2019. 12. 23. 개정)
3. 「총포 · 도검 · 화약류 등의 안전관리에 관한 법률」에 의한 총포, 화약류 (2019. 12. 23. 개정)
4. 「인삼산업법」에 의한 홍삼포에서 수확한 수삼 (2011. 3. 21. 개정)
5. 「담배사업법」에 의한 잎담배 (2011. 3. 21. 개정)

67-0…6【공매하는 것이 공익을 위하여 적절하지 아니한 경우】(2024. 3. 15. 번호개정)
법 제67조 제6호에서 "공매가 공익을 위하여 적절하지 아니한 경우"란 「공익사업을 위한 토지 등의 취득 및 보상에 관한 법률」, 「국토의 계획 및 이용에 관한 법률」 등에 따라 토지를 수용할 수 있는 자로부터 압류토지를 수용할 뜻이 고지된 때, 「징발법」의 규정에 따라 징발관이 압류물건을 징발할 의사가 있음을 통지한 때 등을 말한다. (2024. 3. 15. 개정)

67-54…1【추산가격】(2024. 3. 15. 번호개정)
법 제67조 제3호 및 영 제54조(수의계약)의 규정에 의한 "추산가격"이

라 함은 압류재산의 매각구분별로 일괄매각가액 또는 개별매각가액을 말한다. (2024. 3. 15. 개정)

68−0···1 【공매예정가격】 (2024. 3. 15. 제목·번호개정)
법 제68조에서의 "공매예정가격"이라 함은 압류재산을 공매할 때에 관할 세무서장이 공매재산의 객관적인 시기를 기준으로 공매의 특수성을 고려하여 예정한 공매재산가격을 말하는 것이며, 공매재산의 최저 공매가격으로서의 의의를 갖는다. (법 제87조 제1항 제1호 참조) (2024. 3. 15. 개정)

68−0···2 【공매예정가격을 정하기 어려운 경우】 (2024. 3. 15. 제목·번호개정)
법 제68조 제2항에서 "공매예정가격을 정하기 어려운 경우"라 함은 재산평가에 특히 정확을 기할 필요가 있거나 가격결정에 분쟁이 예상되는 경우 등을 말한다. (2024. 3. 15. 개정)

68−0···3 【감정인의 평가와 매각예정가격과의 관계】
관할 세무서장이 감정인에게 평가를 의뢰하여 그 가액을 참고로 공매예정가격을 결정하는 경우에는 감정가격을 기준으로 상·하 각각 10% 범위 내에서 결정한다. (2024. 3. 15. 개정)

71−0···2 【공매보증의 반환】
관할 세무서장은 모든 매수신청인의 매수신청가격이 공매예정가격 미만인 경우 법 제71조에 의하여 받은 공매보증을 지체없이 매수신청인에게 반환하여야 한다. (2024. 3. 15. 개정)

73−0···1 【보관하는 데에 많은 비용이 들거나】 (2024. 3. 15. 제목·번호개정)
법 제73조 단서에서 "그 재산을 보관하는 데에 많은 비용이 들거나"란 공매재산의 가액에 비하여 많은 보관비용이 드는 것을 말한다. 예를 들면, 상당량의 훼손품·반제품 등과 같이 보관창고에 보관시킬 경우 많은 보관비용이 소요되는 경우와 생선·식료품, 부패·변질의 우려가 있는 화학약품 등과 같이 특수의 보관설비에 보관하여야 하고, 이를 위하여 상당한 고가의 보관비용을 요하는 경우가 이에 해당한다. (2024. 3. 15. 개정)

73−0···2 【재산의 가액이 현저히 줄어들 우려가 있는 경우】 (2024. 3. 15. 제목·번호개정)
법 제73조 단서에서 "재산의 가액이 현저히 줄어들 우려"가 있는 경우란 공매재산을 신속히 매각하지 아니하면 그 가액이 현저히 줄어들 우려가 있을 때를 말한다. 예를 들면, 선어, 채소, 생선, 식료품 또는 크리스마스용품 같은 계절품목 등과 같은 것을 공매하는 경우가 이에 해당

한다. (2024. 3. 15. 개정)

73−0···3 【공고의 계속】 (2024. 3. 15. 번호개정)
공고는 공고한 날로부터 공매일까지 게시한다. 공고 후 공고에 관한 서류가 훼손된 경우에는 신속히 다시 게시하여야 하며, 이 경우에도 10일의 기간계산은 당초의 공고게시일을 기준으로 하여 계산한다. (2024. 3. 15. 개정)

75−0···1 【그 밖의 권리를 가진 자】 (2024. 3. 15. 번호개정)
법 제75조에서 "그 밖의 권리를 가진 자"에는 지상권·지역권 및 등기된 임차권을 가진 자, 가등기권자와 교부청구를 한 자를 포함한다. (2024. 3. 15. 개정)

75−0···2 【공매통지서의 송달】 (2024. 3. 15. 번호개정)
공매공고로서 공매통지에 갈음할 수 없으므로 공매통지서가 반송된 경우에는 「국세기본법」 제11조(공시송달)의 규정에 의하여 공시송달을 하여야 한다. (대판 63누 156호, 1964. 8. 9 판결 참조) (2024. 3. 15. 개정)

80−0···1 【체납자】 (2024. 3. 15. 번호개정)
법 제80조에서 "체납자"라 함은 공매의 원인이 되는 체납액의 체납자 중 공매재산의 소유권자를 말하며, 「국세기본법」 제42조(양도담보권자의 물적납세 의무)의 규정에 의한 양도담보재산에 대하여 양도담보설정자의 체납액을 징수하기 위하여 매각하는 경우에 있어서 양도담보권자는 제외된다. (2024. 3. 15. 개정)

81−0···1 【형법과의 관계】 (2024. 3. 15. 번호개정)
법 제81조 각호의 1에 해당하는 자에 대하여는 「형법」 제136조(공무집행방해) 및 제315조(경매, 입찰의 방해) 등 형벌규정의 적용에 의한 처벌의 유무에 관계없이 공매참가를 제한할 수 있다. (2024. 3. 15. 개정)

81−0···2 【입찰자 또는 경매인의 신분증명】 (2024. 3. 15. 번호개정)
관할 세무서장은 공매참가자를 제한하기 위하여 필요하다고 인정하는 때에는 공매참가자에 대하여 신분에 관한 증명을 요구할 수 있다. (2024. 3. 15. 개정)

81−0···3 【공매참가를 방해한 사실】 (2024. 3. 15. 번호개정)
법 제81조 제1호에서 "공매참가를 방해한 사실"이라 함은 공매가 중지 또는 연기되었다고 위장진술하여 다른 사람을 공매에 참가하지 못하게 하거나 공매에 참가하면 폭행을 가한다고 협박한 사실 또는 공매장소에의 입장을 압력으로 방해한 사실 등을 말한다. 이 경우 방해의 결과로 방해받은 자가 공매에 참가한지의 여부는 불문한다. (2024. 3. 15.

개정)

81−0···4 【최고가 매수신청인의 결정을 방해한 사실】 (2024. 3. 15. 제목·번호개정)
법 제81조 제1호에서 "최고가 매수신청인의 결정을 방해한 사실"이라 함은 공매담당 직원에게 폭행을 가하여 최고가 매수신청인의 결정을 방해한 사실 또는 최고가 매수신청인의 추첨(법 제82조 제3항 참조)에 참가할 자에게 협박하여 추첨에 참가하지 못하게 한 사실 등을 말한다. (2024. 3. 15. 개정)

81−0···5 【매수대금 납부를 방해한 사실】
법 제81조 제1호에서 "매수대금 납부를 방해한 사실"이라 함은 매수대금의 납부를 못하도록 매수인에게 압력을 가하거나 매수대금을 납부하는 것이 극히 불이익이 된다고 매수인를 속이는 행위 등을 말한다. (2024. 3. 15. 개정)

81−0···6 【부당하게 담합한 사실】 (2024. 3. 15. 번호개정)
법 제81조 제2호에서 "부당하게 가격을 낮출 목적으로 담합한 사실"이라 함은 공매시의 공매가격을 인하하기 위하여 경쟁에 의한 공정한 가격의 형성을 방해할 목적으로 공매참가자 상호간에 어느 가액 이상의 입찰을 하지 아니하여 특정의 자에게 저가로 매수하게 하도록 합의약정한 사실을 말한다. (2024. 3. 15. 개정)

81−0···7 【거짓 명의로 매수신청을 한 사실】 (2024. 3. 15. 번호개정)
법 제81조 제3호에서 "거짓 명의로 매수신청을 한 사실"이라 함은 가공인물의 명의를 사용하는 경우 외에 실재하는 타인 명의를 사용하여 매수신청한 경우를 포함한다. (2024. 3. 15. 개정)

82−0···1 【입찰서의 교환 등의 금지】 (2024. 3. 15. 번호개정)
공매재산의 매수신청인은 이미 제출한 입찰서의 교환·변경 또는 취소를 할 수 없다. (2024. 3. 15. 개정)

82−0···2 【개찰방법】 (2024. 3. 15. 번호개정)
공매를 집행하는 공무원은 입찰서의 제출을 마감한 후 공매공고에 기재한 장소 및 일시에 공개하여 개찰하여야 한다. (2024. 3. 15. 개정)

82−0···3 【개찰의 입회】 (2024. 3. 15. 번호개정)
공매를 집행하는 공무원이 개찰을 하는 경우에는 매수신청인을 입회시켜야 하며, 개찰의 장소에 매수신청인이 없거나 매수신청인이 입회하지 아니한 때에는 입찰사무에 관계없는 세무공무원을 입회시켜야 한다. (2024. 3. 15. 개정)

84−0···1 【매수인 결정의 조건】 (2024. 3. 15. 제목·번호개정)

법 제84조 제1항에 따른 매수인은 다음 각 호의 모든 조건을 충족하는 자로 결정한다. (2024. 3. 15. 개정)
1. 매수인으로 결정하려는 자의 입찰가격이 공매예정가격 이상이고 최고액의 입찰자일 것 (2024. 3. 15. 개정)
2. 공매보증을 받는 경우에는 소정의 공매보증을 납부한 자일 것 (2004. 2. 19. 개정)
3. 법 제80조(매수인의 제한) 및 제81조(공매참가의 제한) 또는 기타 법령에 의하여 매수인이 될 수 없는 자가 아닐 것 (2024. 3. 15. 개정)
4. 공매재산의 매수에 일정한 자격이나 조건을 필요로 하는 경우(예 : 「주세법」에 의한 주정을 공매하는 때)에는 그 자격이나 조건을 구비한 자일 것 (2011. 3. 21. 개정)

84 - 0…2 【매각구분별 최고가 매수신청인의 결정】 (2024. 3. 15. 제목·번호개정)
법 제84조 제1항의 규정에 의한 최고가 매수신청인은 공매재산의 매각구분별로 결정한다. 따라서 일괄입찰을 매각조건으로 한 경우에는 일괄입찰가액에 의하여 최고가 매수신청인을 결정하고 개별매각을 조건으로 한 경우에는 개별입찰가액에 의하여 최고가 매수신청인을 결정한다. (2024. 3. 15. 개정)

84 - 0…3 【매각결정】 (2024. 3. 15. 번호개정)
법 제84조에서 "매각결정"이라 함은 관할 세무서장이 공매에 있어서의 매수인이나 수의계약에 의한 매각에 있어서의 매수인이 될 자에 대하여 그 매수신청을 한 재산을 그들에게 매각하기로 결정하는 처분을 말한다. (2024. 3. 15. 개정)

84 - 0…4 【매각결정의 효과】 (2024. 3. 15. 번호개정)
매각결정은 매각하는 재산에 대하여 체납자(「국세기본법」 제42조의 양도담보권자, 물상보증인 등을 포함한다)와 최고가 매수신청인 등 매수인이 될 자와의 사이에 매매계약이 성립하는 효과를 발생한다. (2024. 3. 15. 개정)

84 - 0…5 【필요하다고 인정하는 경우】 (2024. 3. 15. 제목·번호개정)
법 제84조 제4항에서 "필요하다고 인정하는 경우"라 함은 매각재산가액의 고액, 천재·지변 등의 사유로 매수자가 매수대금을 7일 내에 납부할 수 없다고 인정되거나 기타 납부기한을 연장하는 것이 매각에 유리하다고 세무서장이 인정하는 때를 말한다. (2024. 3. 15. 개정)

86 - 0…1 【매각결정 취소의 통지】 (2024. 3. 15. 번호개정)
법 제86조에 따라 매각결정이 취소된 때에는 매수인에게 통지함과 동시에 이해관계인(체납자 등)에게도 되도록 서면으로 통지한다. (2024. 3. 15. 개정)

87 - 0…1 【재공매와 공매조건의 변경】 (2024. 3. 15. 번호개정)
재공매를 하는 경우에는 직전의 공매상황 등에 따라 공매예정가격, 공매의 장소, 공매방법, 매각구분 등 공매조건을 변경할 수 있다. (2024. 3. 15. 개정)

87 - 0…2 【재공매와 공매예정가격】 (2024. 3. 15. 제목·번호개정)
공매재산에 심한 가격변동이 있어 공매예정가격이 부적당하다고 인정되는 때에는 그 시가에 따라 새로이 공매예정가격을 정하여야 한다. (2024. 3. 15. 개정)

91 - 0…1 【공매재산의 승계취득】 (2024. 3. 15. 제목·번호개정)
법 제91조 제1항의 "공매재산을 취득한다"라 함은 매수인이 체납자로부터 매각재산을 승계적으로 취득함을 말한다. (2024. 3. 15. 개정)

91 - 0…2 【위험부담의 이전시기】 (2024. 3. 15. 번호개정)
공매재산의 매각에 따른 위험부담의 이전시기는 매수대금의 전액을 납부한 때로 한다. 따라서 공매재산의 매수인으로부터 매수대금의 전액을 납부받기 전에 그 재산상에 생긴 위험(예를 들면, 소실·도난 등)은 체납자가 부담하고 매수대금의 납부가 있은 후에 그 재산상에 생긴 위험은 그 재산의 등기절차, 현실의 인도 유무에 불구하고 매수인이 부담한다. (2024. 3. 15. 개정)

91 - 0…3 【징수한 것으로 본다】 (2024. 3. 15. 번호개정)
법 제91조 제2항에서 "징수한 것으로 본다"라 함은 공매를 집행하는 공무원이 매각대금을 영수한 때에 그 매각대금에 관한 위험(예 : 유실·도난 등)의 부담을 체납자가 면하는 것(따라서 매수대금의 영수 후 위험이 발생하여도 체납자의 국세를 소멸시키는 효과에는 영향이 없다)과 당해 체납액에 관한 납부지연가산세의 계산(국세기본법 제47조의 4 참조)이 매각대금을 영수한 시점에서 정지되는 것을 말한다. (2024. 3. 15. 개정)

93 - 0…1 【동산 등의 인도】 (2024. 3. 15. 번호개정)
① 관할 세무서장 또는 한국자산관리공사가 매각한 동산·유가증권 또는 자동차·건설기계로서 보관중의 것은 매수인이 매수대금을 납부한 때에 이를 매수인에게 인도하여야 한다. (2024. 3. 15. 개정)
② 관할 세무서장 또는 한국자산관리공사가 전항의 경우에 그 재산을 법 제49조 제1항 등의 규정에 의하여 체납자 또는 제3자에 보관시키고 있는 경우에는 법 제58조 제3항 및 제4항의 규정을 준용하여 매수인에게 인도한다. (2024. 3. 15. 개정)

93 - 0…2 【유가증권의 배서 등】 (2024. 3. 15. 번호개정)
관할 세무서장 또는 한국자산관리공사가 매각한 유가증권을 매수인에게 인도하는 경우에는 그 증권에 관한 권리의 이전에 대하여 체납자의 배서·명의변경 등 절차가 필요한 때에는 이들 절차의 이행을 체납자에게 요구한다. 다만, 체납자가 이에 응하지 않는 경우에는 그 증권에 관한 권리가 국세 강제징수에 의하여 매수인에게 이전되었음을 표시하는 확인서를 관할 세무서장 또는 한국자산관리공사의 명의로 발급한다. (2024. 3. 15. 개정)

93 - 0…3 【채권 등의 권리이전절차】 (2024. 3. 15. 번호개정)
관할 세무서장 또는 한국자산관리공사는 매각한 채권 또는 제3채무자가 있는 그 밖의 재산권의 매수인이 그 매수대금을 납부한 경우에는 점유한 채권증서, 권리증서 등을 매수인에게 인도하고 매수인의 권리취득을 확실하게 하기 위하여 필요한 조치를 취한다. (2024. 3. 15. 개정)

93 - 0…4 【매수인이 제3취득자인 경우의 권리이전】 (2024. 3. 15. 번호개정)
매각재산의 매수인이 제3취득자(압류의 등기·등록 후 소유권을 취득한 자)인 때에도 매각재산의 권리이전절차를 밟아야 한다. (2024. 3. 15. 개정)

93 - 0…5 【담보책임】 (2024. 3. 15. 번호개정)
「민법」 제578조(경매와 매도인의 담보책임)은 압류재산의 매각의 경우에 준용한다. (2024. 3. 15. 개정)

93 - 63…1 【매각에 수반하여 소멸되는 권리】
영 제63조에서 "매각에 수반하여 소멸되는 권리"에는 다음의 것이 있으며, 이들 권리는 매수인이 매수대금을 납부한 때에 소멸하는 것으로 한다. (2024. 3. 15. 개정)

96 - 0…1 【배분할 금액의 확정】 (2024. 3. 15. 번호개정)
관할 세무서장 또는 한국자산관리공사는 법 제96조의 규정에 의하여 배분의 대상이 될 채권의 금액을 확정하여야 하며, 이를 위하여 필요한 경우에는 체납자 및 채무자에 대하여 질문하거나 그 재산에 관한 장부서류의 제시요구 등 협조를 요청할 수 있다. (2024. 3. 15. 개정)

96 - 0…2 【압류 후에 설정한 전세권·질권·저당권】 (2024. 3. 15. 번호개정)
법 제96조 제1항 제3호의 규정에 의하여 배분을 받는 채권의 범위에는 압류재산에 관계되는 전세권, 질권, 저당권 또는 가등기담보권에 의하여 담보된 채권으로서 압류 후에 설정한 전세권·질권·저당권 또는 가등기담보권 등에 의하여 담보된 채권을 포함한다. (2024. 3. 15. 개정)

96 - 0…3 【배분잔액의 양도담보권자등에의 지급】 (2024. 3. 15. 번호개정)

① 법 제96조 제3항의 규정에 의하여 배분한 금전의 잔액은 체납자에게 지급하여야 하나, 매각한 재산이 양도담보재산 또는 물상보증인에 관한 것인 때에는 배분한 금전의 잔액은 이들 양도담보권자 또는 압류시의 담보물의 소유자에게 지급한다. (2024. 3. 15. 개정)

② 압류재산에 대하여 압류 후 소유권이 이전된 경우에 배분한 금전에 잔액이 있는 때에는 그 잔여의 금전은 최종소유자에게 지급한다. (2024. 3. 15. 개정)

96 - 0…4 【파산관재인 등에 대한 지급】 (2024. 3. 15. 번호개정)

법 제96조 제3항에 따라 배분금전의 잔액은 체납자에게 지급하여야 하나 체납자에게 파산선고가 있는 경우에는 파산관재인(「채무자 회생 및 파산에 관한 법률」 제384조 참조), 체납자에게 회생절차 개시결정이 있는 경우에는 관리인(「채무자 회생 및 파산에 관한 법률」 제56조 참조) 등 타법령에 따라 체납자 이외의 자에게 지급하여야 할 경우가 있음을 유의하여야 한다. (2024. 3. 15. 개정)

96 - 0…5 【가압류ㆍ가처분 재산의 매각대금 잔액배분】 (2024. 3. 15. 번호개정)

관할 세무서장이 체납자의 재산 중 재판상의 가압류 또는 가처분을 받은 재산을 압류하여 공매처분하고 그 매각대금으로 국세에 충당한 후 잔액이 남은 경우 그 잔액은 체납자에게 지급한다. 다만, 압류 후 소유권이 제3자에게 이전된 경우에는 제3자에게 배분한다. (2024. 3. 15. 개정)

96 - 0…6 【배분 순위의 착오】 (2024. 3. 15. 번호개정)

법 제96조 제5항에서 "배분 순위의 착오"라 함은 관할 세무서장이 법 제94조에 규정하는 금전을 배분함에 있어서 국세에 우선하는 채권이 있음에도 불구하고 그러한 채권의 존재를 알지 못하거나 그러한 금액을 잘못 판단하는 것을 말한다. (2024. 3. 15. 개정)

96 - 0…7 【부당한 교부청구】 (2024. 3. 15. 제목ㆍ번호개정)

법 제96조 제5항에서 "부당한 교부청구"라 함은 관할 세무서장이 법 제59조의 규정에 의하여 교부청구를 함에 있어서 국세채권의 금액을 잘못 판단하여 과다하게 청구하였거나 해당 국세가 없음에도 불구하고 착오로 청구하는 것을 말한다. (2024. 3. 15. 개정)

98 - 0…1 【작성시기】 (2024. 3. 15. 번호개정)

공매재산의 매수인이 매수대금을 완납한 때에는 관할 세무서장 또는 한국자산관리공사는 지체없이 배분계산서를 작성한다. (2024. 3. 15. 개정)

107 - 0…1 【납세자】 (2024. 3. 15. 번호개정)

법 제107조에서 "납세자"라 함은 국세를 납부할 의무가 있는 내ㆍ외국인을 말한다. (2024. 3. 15. 개정)

107 - 0…3 【체납액】 (2024. 3. 15. 번호개정)

법 제107조 제2항에서의 "체납액"에는 본래의 납세자로서의 체납액 외에 연대납세의무, 제2차 납세의무 및 납세보증인의 의무에 의하여 부담하는 국세의 체납액이 포함된다. (2024. 3. 15. 개정)

112 - 0…1 【허가등을 받은 사업】 (2024. 3. 15. 제목ㆍ번호개정)

법 제112조에서 "허가등을 받은 사업"이라 함은 허가, 인가, 면허, 등록 등 그 용어에 구애됨이 없이 법령에 의한 일반적인 제한, 금지를 특정한 경우에 해제하거나 권리를 설정하여 적법하게 일정한 사실행위 또는 법률행위를 할 수 있게 하는 행정처분을 거쳐서 영위하는 각종 사업을 말한다. (2024. 3. 15. 개정)

112 - 0…2 【체납횟수 계산방법과 계산시점】 (2024. 3. 15. 번호개정)

법 제112조 제2항에 규정하는 3회 이상의 체납횟수 계산의 기초가 되는 체납에는 허가등을 받은 사업 자체에 관한 것에 국한하지 아니하고 기타의 원인으로 인한 체납과 본래의 납세의무 외에 제2차 납세의무, 납세보증인의 의무, 연대납세의무, 양도담보권자의 물적납세의무 등에 기인하는 체납액이 포함되며, "3회 이상 체납"한 때라 함은 허가등을 받은 사업 제한요구 시점에 3건 이상의 체납국세가 있어야 하는 것으로 한다. (2024. 3. 15. 개정)

통칙 부 칙 (2024. 3. 15.)

① 【시행일】 이 통칙은 2024년 3월 15일부터 시행한다.

② 【일반적 적용례】 이 통칙 시행당시 종전의 규정에 의하여 부과하였거나 부과할 국세에 관하여는 종전의 예에 따른다. 다만, 이 통칙 시행일 이전에 관련법률 등의 개정으로 이미 시행되는 규정은 관련법률 등의 적용례에 따른다.

③ 【종전예규와의 관계】 이 통칙 시행 전의 예규로서 이 통칙과 상치되는 경우에는 이 통칙에 의한다.

부 칙 (2019. 12. 23.)

① 【시행일】 이 통칙은 2019년 12월 23일부터 시행한다. 다만, 제3 - 0…1, 21 - 0…1, 41 - 0…14, 77 - 0…3의 개정규정은 2020년 1월 1일부터 시행한다.

② 【일반적 적용례】 이 통칙 시행당시 종전의 규정에 의하여 부과하였거나 부과할 국세에 관하여는 종전의 예에 의한다. 다만, 이 통칙 시행일 이전에 관련법률 등의 개정으로 이미 시행되는 규정은 관련법률 등의 적용례에 따른다.

③ 【종전예규와의 관계】 이 통칙 시행 전의 예규로서 이 통칙과 상치되는 경우에는 이 통칙에 따른다.

(1981. 9. 1.〜2011. 3. 21.) 생략

조세범처벌법

제1조【목 적】이 법은 세법을 위반한 자에 대한 형벌에 관한 사항을 규정하여 세법의 실효성을 높이고 국민의 건전한 납세의식을 확립함을 목적으로 한다. (2018. 12. 31. 개정)

제2조【정 의】이 법에서 "조세"란 관세를 제외한 국세를 말한다. (2010. 1. 1. 개정)

제3조【조세 포탈 등】① 사기나 그 밖의 부정한 행위로써 조세를 포탈하거나 조세의 환급·공제를 받은 자는 2년 이하의 징역 또는 포탈세액, 환급·공제받은 세액(이하 "포탈세액등"이라 한다)의 2배 이하에 상당하는 벌금에 처한다. 다만, 다음 각 호의 어느 하나에 해당하는 경우에는 3년 이하의 징역 또는 포탈세액등의 3배 이하에 상당하는 벌금에 처한다. (2010. 1. 1. 개정)

1. 포탈세액등이 3억원 이상이고, 그 포탈세액등이 신고·납부하여야 할 세액(납세의무자의 신고에 따라 정부가 부과·징수하는 조세의 경우에는 결정·고지하여야 할 세액을 말한다)의 100분의 30 이상인 경우 (2010. 1. 1. 개정)
2. 포탈세액등이 5억원 이상인 경우 (2010. 1. 1. 개정)

② 제1항의 죄를 범한 자에 대해서는 정상(情狀)에 따라 징역형과 벌금형을 병과할 수 있다. (2010. 1. 1. 개정)

③ 제1항의 죄를 범한 자가 포탈세액등에 대하여 「국세기본법」 제45조에 따라 법정신고기한이 지난 후 2년 이내에 수정신고를 하거나 같은 법 제45조의 3에 따라 법정신고기한이 지난 후 6개월 이내에 기한 후 신고를 하였을 때에는 형을 감경할 수 있다. (2010. 1. 1. 개정)

④ 제1항의 죄를 상습적으로 범한 자는 형의 2분의 1을 가중한다. (2010. 1. 1. 개정)

⑤ 제1항에서 규정하는 범칙행위의 기수(旣遂) 시기는 다음의 각 호의 구분에 따른다. (2010. 1. 1. 개정)

1. 납세의무자의 신고에 의하여 정부가 부과·징수하는 조세 : 해당 세목의 과세표준을 정부가 결정하거나 조사결정한 후 그 납부기한이 지난 때. 다만, 납세의무자가 조세를 포탈할 목적으로 세법에 따른 과세표준을 신고하지 아니함으로써 해당 세목의 과세표준을 정부가 결정하거나 조사결정할 수 없는 경우에는 해당 세목의 과세표준의 신고기한이 지난 때로 한다. (2010. 1. 1. 개정)
2. 제1호에 해당하지 아니하는 조세 : 그 신고·납부기한이 지난 때 (2010. 1. 1. 개정)

편주

① 신고에 의하여 부과징수하는 조세라 함은 상속세·증여세이며,
② 신고에 의하여 납세의무가 확정되는 조세는 법인세·소득세·부가가치세·개별소비세·주세·증권거래세·교육세를 말한다.

⑥ 제1항에서 "사기나 그 밖의 부정한 행위"란 다음 각 호의 어느 하나에 해당하는 행위로서 조세의 부과와 징수를 불가능하게 하거나 현저히 곤란하게 하는 적극적 행위를 말한다. (2010. 1. 1. 개정)

1. 이중장부의 작성 등 장부의 거짓 기장 (2010. 1. 1. 개정)
2. 거짓 증빙 또는 거짓 문서의 작성 및 수취 (2010. 1. 1. 개정)
3. 장부와 기록의 파기 (2010. 1. 1. 개정)
4. 재산의 은닉, 소득·수익·행위·거래의 조작 또는 은폐 (2010. 1. 1. 개정)
5. 고의적으로 장부를 작성하지 아니하거나 비치하지 아니하는 행위 또는 계산서, 세금계산서 또는 계산서합계표, 세금계산서합계표의 조작 (2010. 1. 1. 개정)
6. 「조세특례제한법」 제5조의 2 제1호에 따른 전사적 기업자원 관리설비의 조작 또는 전자세금계산서의 조작 (2015. 12. 29. 개정)
7. 그 밖에 위계(僞計)에 의한 행위 또는 부정한 행위 (2010. 1. 1. 개정)

제4조 【면세유의 부정 유통】 ① 「조세특례제한법」 제106조의 2 제1항 제1호에 따른 석유류를 같은 호에서 정한 용도 외의 다른 용도로 사용·판매하여 조세를 포탈하거나 조세의 환급·공제를 받은 석유판매업자(같은 조 제2항에 따른 석유판매업자를 말한다)는 3년 이하의 징역 또는 포탈세액등의 5배 이하의 벌금에 처한다. (2010. 1. 1. 개정)

② 「개별소비세법」 제18조 제1항 제11호에 따른 외국 무역선 또는 원양어업선박에 사용할 목적으로 개별소비세를 면제받는 석유류를 외국 무역선 또는 원양어업선박 외의 용도로 반출하여 조세를 포탈하거나, 외국 무역선 또는 원양어업선박 외의 용도로 사용된 석유류에 대하여 외국 무역선 또는 원양어업선박에 사용한 것으로 환급·공제받은 자는 3년 이하의 징역 또는 포탈세액 등의 5배 이하의 벌금에 처한다. (2021. 12. 21. 개정 ; 교통·에너지·환경세법 부칙)

④ 제3항에 따른 외국항행선박 또는 원양어업선박 외의 용도로 반출한 석유류를 판매하거나 그 사실을 알면서 취득한 자에게는 판매가액 또는 취득가액의 3배 이하의 과태료를 부과한다. (2010. 1. 1. 개정)
⑤ 제2항 및 제4항에 따른 과태료는 관할 세무서장이 부과·징수한다. (2010. 1. 1. 개정)
④·⑤ 삭 제 (2018. 12. 31.)

제4조의 2 【면세유류 구입카드등의 부정 발급】 「조세특례제한법」 제106조의 2 제11항 제1호의 행위를 한 자는 3년 이하의 징역 또는 3천만원 이하의 벌금에 처한다. (2014. 1. 1. 신설)

제5조 【가짜석유제품의 제조 또는 판매】 (2013. 1. 1. 제목개정)

「석유 및 석유대체연료 사업법」 제2조 제10호에 따른 가짜석유제품을 제조 또는 판매하여 조세를 포탈한 자는 5년 이하의 징역 또는 포탈한 세액의 5배 이하의 벌금에 처한다. (2013. 1. 1. 개정)

제6조 【무면허 주류의 제조 및 판매】 「주류 면허 등에 관한 법률」에 따른 면허를 받지 아니하고 주류, 밑술·술덧을 제조(개인의 자가소비를 위한 제조는 제외한다)하거나 판매한 자는 3년 이하의 징역 또는 3천만원(해당 주세 상당액의 3배의 금액이 3천만원을 초과할 때에는 그 주세 상당액의 3배의 금액) 이하의 벌금에 처한다. 이 경우 밑술과 술덧은 탁주로 본다. (2020. 12. 29. 개정 ; 주류 면허 등에~법률)

제7조 【체납처분 면탈】 ① 납세의무자 또는 납세의무자의 재산을 점유하는 자가 체납처분의 집행을 면탈하거나 면탈하게 할 목적으로 그 재산을 은닉·탈루하거나 거짓 계약을 하였을 때에는 3년 이하의 징역 또는 3천만원 이하의 벌금에 처한다. (2010. 1. 1. 개정)
② 「형사소송법」 제130조 제1항에 따른 압수물건의 보관자 또는 「국세징수법」 제49조 제1항에 따른 압류물건의 보관자가 그 보관한 물건을 은닉·탈루하거나 손괴 또는 소비하였을 때에도 제1항과 같다. (2020. 12. 29. 개정 ; 국세징수법 부칙)
③ 제1항과 제2항의 사정을 알고도 제1항과 제2항의 행위를 방조하거나 거짓 계약을 승낙한 자는 2년 이하의 징역 또는 2천만원 이하의 벌금에 처한다. (2010. 1. 1. 개정)

제8조 【장부의 소각·파기 등】 조세를 포탈하기 위한 증거인멸의 목적으로 세법에서 비치하도록 하는 장부 또는 증빙서류(「국세기본법」 제85조의 3 제3항에 따른 전산조직을 이용하여 작성한 장부 또는 증빙서류를 포함한다)를 해당 국세의 법정신고기한이 지난 날부터 5년 이내에 소각·파기 또는 은닉한 자는 2년 이하의 징역 또는 2천만원 이하의 벌금에 처한다. (2010. 1. 1. 개정)

제9조 【성실신고 방해 행위】 ① 납세의무자를 대리하여 세무신고를 하는 자가 조세의 부과 또는 징수를 면하게 하기 위하여 타인의 조세에 관하여 거짓으로 신고를 하였을 때에는 2년 이하의 징역 또는 2천만원 이하의 벌금에 처한다. (2010. 1. 1. 개정)
② 납세의무자로 하여금 과세표준의 신고(신고의 수정을 포함한다. 이하 "신고"라 한다)를 하지 아니하게 하거나 거짓으로 신고하게 한 자 또는 조세의 징수나 납부를 하지 않을 것을 선동하거나 교사한 자는 1년 이하의 징역 또는 1천만원 이하의 벌금에 처한다. (2010. 1. 1. 개정)

제10조【세금계산서의 발급의무 위반 등】① 다음 각 호의 어느 하나에 해당하는 행위를 한 자는 1년 이하의 징역 또는 공급가액에 부가가치세의 세율을 적용하여 계산한 세액의 2배 이하에 상당하는 벌금에 처한다. (2018. 12. 31. 개정)
1. 「부가가치세법」에 따라 세금계산서(전자세금계산서를 포함한다. 이하 이 조에서 같다)를 발급하여야 할 자가 세금계산서를 발급하지 아니하거나 거짓으로 기재하여 발급한 행위 (2018. 12. 31. 개정)
2. 「소득세법」 또는 「법인세법」에 따라 계산서(전자계산서를 포함한다. 이하 이 조에서 같다)를 발급하여야 할 자가 계산서를 발급하지 아니하거나 거짓으로 기재하여 발급한 행위 (2018. 12. 31. 개정)
3. 「부가가치세법」에 따라 매출처별 세금계산서합계표를 제출하여야 할 자가 매출처별 세금계산서합계표를 거짓으로 기재하여 제출한 행위 (2018. 12. 31. 신설)
4. 「소득세법」 또는 「법인세법」에 따라 매출처별 계산서합계표를 제출하여야 할 자가 매출처별 계산서합계표를 거짓으로 기재하여 제출한 행위 (2018. 12. 31. 신설)
② 다음 각 호의 어느 하나에 해당하는 행위를 한 자는 1년 이하의 징역 또는 공급가액에 부가가치세의 세율을 적용하여 계산한 세액의 2배 이하에 상당하는 벌금에 처한다. (2018. 12. 31. 개정)
1. 「부가가치세법」에 따라 세금계산서를 발급받아야 할 자가 통정하여 세금계산서를 발급받지 아니하거나 거짓으로 기재한 세금계산서를 발급받은 행위 (2018. 12. 31. 개정)
2. 「소득세법」 또는 「법인세법」에 따라 계산서를 발급받아야 할 자가 통정하여 계산서를 발급받지 아니하거나 거짓으로 기재한 계산서를 발급받은 행위 (2018. 12. 31. 개정)
3. 「부가가치세법」에 따라 매입처별 세금계산서합계표를 제출하여야 할 자가 통정하여 매입처별 세금계산서합계표를 거짓으로 기재하여 제출한 행위 (2018. 12. 31. 신설)
4. 「소득세법」 또는 「법인세법」에 따라 매입처별 계산서합계표를 제출하여야 할 자가 통정하여 매입처별 계산서합계표를 거짓으로 기재하여 제출한 행위 (2018. 12. 31. 신설)
③ 재화 또는 용역을 공급하지 아니하거나 공급받지 아니하고 다음 각 호의 어느 하나에 해당하는 행위를 한 자는 3년 이하의 징역 또는 공급가액에 부가가치세의 세율을 적용하여 계산한 세액의 3배 이하에 상당하는 벌금에 처한다. (2018. 12. 31. 개정)
1. 「부가가치세법」에 따른 세금계산서를 발급하거나 발급받은 행위 (2010. 1. 1. 개정)
2. 「소득세법」 및 「법인세법」에 따른 계산서를 발급하거나 발급받은 행위 (2010. 1. 1. 개정)
3. 「부가가치세법」에 따른 매출·매입처별 세금계산서합계표를 거짓으로 기재하여 제출한 행위 (2018. 12. 31. 개정)
4. 「소득세법」 및 「법인세법」에 따른 매출·매입처별계산서합계표를 거짓으로 기재하여 제

출한 행위 (2018. 12. 31. 개정)
④ 제3항의 행위를 알선하거나 중개한 자도 제3항과 같은 형에 처한다. 이 경우 세무를 대리하는 세무사·공인회계사 및 변호사가 제3항의 행위를 알선하거나 중개한 때에는 「세무사법」 제22조 제2항에도 불구하고 해당 형의 2분의 1을 가중한다. (2010. 1. 1. 개정)
⑤ 제3항의 죄를 범한 자에 대해서는 정상(情狀)에 따라 징역형과 벌금형을 병과할 수 있다. (2010. 1. 1. 개정)

제11조【명의대여행위 등】① 조세의 회피 또는 강제집행의 면탈을 목적으로 타인의 성명을 사용하여 사업자등록을 하거나 타인 명의의 사업자등록을 이용하여 사업을 영위한 자는 2년 이하의 징역 또는 2천만원 이하의 벌금에 처한다. (2015. 12. 29. 개정)
② 조세의 회피 또는 강제집행의 면탈을 목적으로 자신의 성명을 사용하여 타인에게 사업자등록을 할 것을 허락하거나 자신 명의의 사업자등록을 타인이 이용하여 사업을 영위하도록 허락한 자는 1년 이하의 징역 또는 1천만원 이하의 벌금에 처한다. (2015. 12. 29. 개정)

제12조【납세증명표지의 불법사용 등】다음 각 호의 어느 하나에 해당하는 자는 2년 이하의 징역 또는 2천만원 이하의 벌금에 처한다. (2010. 1. 1. 개정)
1. 「주류 면허 등에 관한 법률」 제22조에 따른 납세증명표지(이하 이 조에서 "납세증명표지"라 한다)를 재사용하거나 정부의 승인을 받지 아니하고 이를 타인에게 양도한 자 (2020. 12. 29. 개정 ; 주류 면허~법률)
2. 납세증명표지를 위조하거나 변조한 자 (2010. 1. 1. 개정)
3. 위조하거나 변조한 납세증명표지를 소지 또는 사용하거나 타인에게 교부한 자 (2010. 1. 1. 개정)
4. 「인지세법」 제8조 제1항 본문에 따라 첨부한 종이문서용 전자수입인지를 재사용한 자 (2018. 12. 31. 개정)

제13조【원천징수의무자의 처벌】① 조세의 원천징수의무자가 정당한 사유 없이 그 세금을 징수하지 아니하였을 때에는 1천만원 이하의 벌금에 처한다. (2010. 1. 1. 개정)
② 조세의 원천징수의무자가 정당한 사유 없이 징수한 세금을 납부하지 아니하였을 때에는 2년 이하의 징역 또는 2천만원 이하의 벌금에 처한다. (2010. 1. 1. 개정)

제14조【거짓으로 기재한 근로소득 원천징수영수증의 발급 등】① 타인이 근로장려금(「조세특례제한법」 제2장 제10절의 2에 따른 근로장려금을 말한다)을 거짓으로 신청할 수 있도록 근로를 제공받지 아니하고 다음 각 호의 어느 하나에 해당하는 행위를 한 자는 2년

이하의 징역 또는 그 원천징수영수증 및 지급명세서에 기재된 총급여·총지급액의 100분의 20 이하에 상당하는 벌금에 처한다. (2018. 12. 31. 개정)
1. 근로소득 원천징수영수증을 거짓으로 기재하여 타인에게 발급한 행위 (2010. 1. 1. 개정)
2. 근로소득 지급명세서를 거짓으로 기재하여 세무서에 제출한 행위 (2010. 1. 1. 개정)
② 제1항의 행위를 알선하거나 중개한 자도 제1항과 같은 형에 처한다. (2010. 1. 1. 개정)

제15조【해외금융계좌정보의 비밀유지 의무 등의 위반】(2018. 12. 31. 제목개정)
① 「국제조세조정에 관한 법률」 제38조 제2항부터 제4항까지 및 제57조를 위반한 사람은 5년 이하의 징역 또는 3천만원 이하의 벌금에 처한다. (2020. 12. 22. 개정 ; 국제조세조정~부칙)
② 제1항의 죄를 범한 자에 대해서는 정상(情狀)에 따라 징역형과 벌금형을 병과할 수 있다. (2018. 12. 31. 개정)

제16조【해외금융계좌 신고의무 불이행】(2018. 12. 31. 제목개정)
① 「국제조세조정에 관한 법률」 제53조 제1항에 따른 계좌신고의무자로서 신고기한 내에 신고하지 아니한 금액이나 과소 신고한 금액(이하 이 항에서 "신고의무 위반금액"이라 한다)이 50억원을 초과하는 경우에는 2년 이하의 징역 또는 신고의무 위반금액의 100분의 13 이상 100분의 20 이하에 상당하는 벌금에 처한다. 다만, 정당한 사유가 있는 경우에는 그러하지 아니하다. (2020. 12. 22. 개정 ; 국제조세조정~부칙)
② 제1항의 죄를 범한 자에 대해서는 정상에 따라 징역형과 벌금형을 병과할 수 있다. (2018. 12. 31. 개정)

제17조【명령사항위반 등에 대한 과태료 부과】관할 세무서장은 다음 각 호의 어느 하나에 해당하는 자에게는 2,000만원 이하의 과태료를 부과한다. (2014. 1. 1. 개정)
1. 다음 각 목의 어느 하나에 해당하는 명령사항을 위반한 자 (2010. 1. 1. 개정)
　가. 「개별소비세법」 제25조 및 「교통·에너지·환경세법」 제21조에 따른 납세보전을 위한 명령 (2010. 1. 1. 개정)
　나. 「부가가치세법」 제74조 제2항에 따른 납세보전 또는 조사를 위한 명령 (2013. 6. 7. 개정 ; 부가가치세법 부칙)
　다. 「소득세법」 제162조의 2 제5항 또는 「법인세법」 제117조 제5항에 따른 신용카드가맹점에 대한 명령 (2010. 1. 1. 개정)
　라. 「소득세법」 제162조의 3 제8항 또는 「법인세법」 제117조의 2 제8항에 따른 현금영수증가맹점에 대한 명령 (2015. 12. 29. 개정)
　마. 「주세법」 제40조에 따른 주세보전명령 (2010. 1. 1. 개정)
　바. 「주세법」 제44조에 따른 납세증명표지에 관한 명령 (2010. 1. 1. 개정)
2. 「주세법」을 위반하여 검정을 받지 아니한 기계 또는 용기를 사용한 자 (2010. 1. 1. 개정)
3. 「주세법」에 따른 납세증명표지가 붙어 있지 아니한 주류, 정부의 면허 없이 제조한 주류 또는 면세한 주류를 판매의 목적으로 소지하거나 판매한 자 (2010. 1. 1. 개정)
4. 인지를 붙일 때 「인지세법」 제10조에 따라 소인하지 아니한 자 (2010. 1. 1. 개정)
5. 「소득세법」·「법인세법」 등 세법의 질문·조사권 규정에 따른 세무공무원의 질문에 대하여 거짓으로 진술을 하거나 그 직무집행을 거부 또는 기피한 자 (2010. 1. 1. 개정)

제17조【명령사항위반 등에 대한 과태료 부과】삭　제 (2018. 12. 31.)

제18조【양벌 규정】법인(「국세기본법」 제13조에 따른 법인으로 보는 단체를 포함한다. 이하 같다)의 대표자, 법인 또는 개인의 대리인, 사용인, 그 밖의 종업원이 그 법인 또는 개인의 업무에 관하여 이 법에서 규정하는 범칙행위(「국제조세조정에 관한 법률」 제57조를 위반한 행위는 제외한다)를 하면 그 행위자를 벌할 뿐만 아니라 그 법인 또는 개인에게도 해당 조문의 벌금형을 과(科)한다. 다만, 법인 또는 개인이 그 위반행위를 방지하기 위하여 해당 업무에 관하여 상당한 주의와 감독을 게을리하지 아니한 경우에는 그러하지 아니하다. (2020. 12. 22. 개정 ; 국제조세조정~부칙)

제19조【몰　취】지방국세청장 또는 세무서장은 다음 각 호의 어느 하나에 해당하는 것으로서 제조자나 판매자가 소지하는 물품을 몰취할 수 있다. (2010. 1. 1. 개정)
1. 「주세법」에 따른 면허를 받지 아니하고 제조한 물품 (2010. 1. 1. 개정)
2. 제1호에 따른 물품제조에 사용된 기계, 기구 또는 용기 (2010. 1. 1. 개정)
3. 「주세법」에 따른 납세필증인의 압날(押捺) 또는 납세 사실을 증명하는 일정한 표시를 하지 아니한 물품 (2010. 1. 1. 개정)

제19조【몰　취】삭　제 (2018. 12. 31.)

제20조【「형법」 적용의 일부 배제】제3조부터 제6조까지, 제10조, 제12조부터 제14조까지의 범칙행위를 한 자에 대해서는 「형법」 제38조 제1항 제2호 중 벌금경합에 관한 제한가중규정을 적용하지 아니한다. (2010. 1. 1. 개정)

제21조【고　발】이 법에 따른 범칙행위에 대해서는 국세청장, 지방국세청장 또는 세무서장의 고발이 없으면 검사는 공소를 제기할 수 없다. (2010. 1. 1. 개정)

제22조【공소시효 기간】제3조부터 제14조까지에 규정된 범칙행위의 공소시효는 7년이 지나면 완성된다. 다만, 제18조에 따른 행위자가 「특정범죄가중처벌 등에 관한 법률」 제8조의 적용을 받는 경우에는 제18조에 따른 법인에 대한 공소시효는 10년이 지나면 완성된다. (2015. 12. 29. 개정)

부 칙 (2020. 12. 29. 법률 제17761호 ; 주류 면허 등에 관한 법률 부칙)

제1조【시행일】이 법은 2021년 1월 1일부터 시행한다.

제2조~제9조 생 략

제10조【다른 법률의 개정】①~⑨ 생 략

⑩ 조세범처벌법 일부를 다음과 같이 개정한다.

제6조 전단 중 “「주세법」”을 “「주류 면허 등에 관한 법률」”로 한다.

제12조 제1호 중 “「주세법」 제44조”를 “「주류 면허 등에 관한 법률」 제22조”로 한다.

⑪ 생 략

제11조 생 략

부 칙 (2020. 12. 29. 법률 제17758호 ; 국세징수법 부칙)

제1조【시행일】이 법은 2021년 1월 1일부터 시행한다.

제2조~제23조 생 략

제24조【다른 법률의 개정】①~⑱ 생 략

⑲ 조세범 처벌법 일부를 다음과 같이 개정한다.

제7조 제2항 중 “「국세징수법」 제39조 제1항’을 “「국세징수법」 제49조 제1항”으로 한다.

⑳~㉒ 생 략

제25조 · 제26조 생 략

부 칙 (2020. 12. 22. 법률 제17651호 ; 국제조세조정에 관한 법률 부칙)

제1조【시행일】이 법은 2021년 1월 1일부터 시행한다. (단서 생략)

제2조~제30조 생 략

제31조【다른 법률의 개정】① · ② 생 략

③ 조세범 처벌법 일부를 다음과 같이 개정한다.

제15조 제1항 중 “「국제조세조정에 관한 법률」 제31조 제6항부터 제8항까지 및 제36조”를 “「국제조세조정에 관한 법률」 제38조 제2항부터 제4항까지 및 제57조”로 한다.

제16조 제1항 본문 중 “「국제조세조정에 관한 법률」 제34조 제1항에 따른 해외금융계좌정보의 신고의무자”를 “「국제조세조정에 관한 법률」 제53조 제1항에 따른 계좌신고의무자’로 한다.

제18조 본문 중 “「국제조세조정에 관한 법률」 제36조”를 “「국제조세조정에 관한 법률」 제57조”로 한다.

④~⑦ 생 략

제32조 생 략

(1951. 5. 7. 법률 제199호~2018. 12. 31. 법률 제16108호) 생략

조세범처벌절차법

개정 2023. 1. 17. 법률 제19212호
(조세범 처벌법 부칙) 2018. 12. 31. 법률 제16108호
2016. 3. 29. 법률 제14099호
전면개정 2011. 12. 31. 법률 제11132호

제 1 장 총   칙

  제1조【목 적】 이 법은 조세범칙사건(犯則事件)을 공정고 효율적으로 처리하기 위하여 조세범칙사건의 조사 및 그 처분에 관한 사항을 정함을 목적으로 한다. (2011. 12. 31. 개정)

  제2조【정 의】 이 법에서 사용하는 용어의 뜻은 다음과 같다. (2011. 12. 31. 개정)
1. "조세범칙행위"란 「조세범 처벌법」 제3조부터 제16조까지의 죄에 해당하는 위반행위를 말한다. (2018. 12. 31. 개정 ; 조세범 처벌법 부칙)
2. "조세범칙사건"이란 조세범칙행위의 혐의가 있는 사건을 말한다. (2011. 12. 31. 개정)
3. "조세범칙조사"란 세무공무원이 조세범칙행위 등을 확정하기 위하여 조세범칙사건에 대하여 행하는 조사활동을 말한다. (2011. 12. 31. 개정)
4. "세무공무원"이란 세무에 종사하는 공무원으로서 다음 각 목의 구분에 따라 지명된 공무원을 말한다. (2011. 12. 31. 개정)
  가. 지방국세청 소속 공무원의 경우 : 소속 지방국세청장의 제청으로 해당 지방국세청의 소재지를 관할하는 지방검찰청의 검사장이 지명하는 공무원 (2011. 12. 31. 개정)
  나. 세무서 소속 공무원의 경우 : 소속 지방국세청장의 제청으로 해당 세무서의 소재지를 관할하는 지방검찰청의 검사장이 지명하는 공무원 (2011. 12. 31. 개정)

  제3조【조세범칙사건의 관할】 ① 조세범칙사건은 해당 조세범칙사건의 납세지를 관할하는 세무서장의 관할로 한다. 다만, 대통령령으로 정하는 중요한 사건의 경우에는 지방국세

개정 2023. 2. 28. 대통령령 제33277호
2019. 2. 12. 대통령령 제29539호
2016. 12. 5. 대통령령 제27652호
(장애인 비하 법령용어~일부 개정령) 2014. 6. 30. 대통령령 제25435호
2014. 2. 21. 대통령령 제25203호
(부가가치세법 시행령 부칙) 2013. 6. 28. 대통령령 제24638호
전면개정 2012. 2. 2. 대통령령 제23601호

제 1 장 총   칙

  제1조【목 적】 이 영은 「조세범 처벌절차법」에서 위임된 사항과 그 시행에 필요한 사항을 규정함을 목적으로 한다. (2012. 2. 2. 개정)

  제2조【지방국세청장 관할 조세범칙사건】 ① 「조세범 처벌절차법」(이하 "법"이라 한다) 제3조 제1항 단서에서 "대통령령으로 정하는 중요한 사건"이란 다음 각 호의 어느 하나

청장의 관할로 할 수 있다. (2011. 12. 31. 개정)

② 제1항에서 규정한 사항 외에 조세범칙사건의 관할에 필요한 사항은 국세청장이 정한다. (2011. 12. 31. 개정)

　제4조【조세범칙사건의 인계】 지방국세청 또는 세무서 외의 행정기관과 그 소속 공무원이 입수한 조세범칙사건에 관한 증거 등은 국세청장이나 관할 지방국세청장 또는 세무서장에게 지체 없이 인계하여야 한다. (2011. 12. 31. 개정)

　제5조【조세범칙조사심의위원회】 ① 조세범칙사건에 관한 다음 각 호의 사항을 심의하기 위하여 지방국세청에 조세범칙조사심의위원회(이하 "위원회"라 한다)를 둔다. (2011. 12. 31. 개정)

1. 「조세범 처벌법」 제3조에 해당하는 조세범칙사건에 대한 조세범칙조사의 실시 (2011. 12. 31. 개정)

1의 2. 제13조에 따른 조세범칙처분 없이 조세범칙조사를 종결하려는 경우 그 종결에 관한 사항 (2023. 1. 17. 신설)

2. 제14조 제1항에 따른 조세범칙처분의 결정 (2011. 12. 31. 개정)

3. 조세범칙조사의 기간 연장 및 조사범위 확대 (2011. 12. 31. 개정)

4. 「조세범 처벌법」 제18조에 따른 양벌규정의 적용 (2011. 12. 31. 개정)

5. 그 밖에 조세범칙조사와 관련하여 위원장이 필요하다고 인정하는 사항 (2023. 1. 17. 신설)

② 위원회는 위원장 1명을 포함하여 20명 이내의 위원으로 구성한다. (2016. 3. 29. 개정)

③ 제2항에서 규정한 사항 외에 위원회의 구성 및 운영 등에 필요한 사항은 대통령령으로 정한다. (2011. 12. 31. 개정)

④ 위원회의 위원 중 공무원이 아닌 사람은 「형법」이나 그 밖의 법률에 따른 벌칙을 적용할 때에는 공무원으로 본다. (2016. 3. 29. 신설)

　제6조【국가기관에 대한 협조 요청】 ① 국세청장·지방국세청장 또는 세무서장은 조세범칙조사를 실시하기 위하여 필요한 경우에는 다른 국가기관에 협조를 요청할 수 있다. (2011. 12. 31. 개정)

② 제1항에 따라 협조 요청을 받은 국가기관은 특별한 사유가 없으면 요청에 따라야 한다. (2011. 12. 31. 개정)

에 해당하는 사건을 말한다. (2012. 2. 2. 개정)

1. 지방국세청장이 세무조사를 한 조세범칙사건 (2012. 2. 2. 개정)

2. 그 밖에 조세범칙조사 대상자가 경영하는 사업의 종류 및 규모, 조세포탈 혐의금액 등을 고려하여 지방국세청장이 직접 조사할 필요가 있다고 인정하는 사건

② 지방국세청장은 세무서장이 조세범칙조사를 시작한 조세범칙사건에 대하여 제1항 제2호에 따라 조세범칙조사를 하려는 경우에는 이를 세무서장과 조세범칙조사 대상자에게 알려야 한다. (2012. 2. 2. 개정)

　제3조【조세범칙조사심의위원회의 구성】 ① 법 제5조에 따른 조세범칙조사심의위원회(이하 "위원회"라 한다)의 위원장(이하 "위원장"이라 한다)은 지방국세청장이 되고, 위원은 다음 각 호의 사람이 된다. (2012. 2. 2. 개정)

1. 지방국세청 소속 공무원 중에서 위원장이 지명하는 6명 이내의 사람 (2012. 2. 2. 개정)

2. 법률, 회계 또는 세무에 관한 학식과 경험이 풍부한 사람 중에서 위원장이 위촉하는 13명 이내의 사람 (2016. 12. 5. 개정)

② 위촉위원의 임기는 2년으로 한다. (2012. 2. 2. 개정)

③ 위원장은 위촉위원이 금고(禁錮) 이상의 형을 선고받는 등의 사유로 직무수행에 지장이 있다고 인정하는 경우에는 임기 중이라도 위촉을 해제할 수 있다. (2012. 2. 2. 개정)

　제4조【위원회의 운영】 ① 위원장은 위원회의 회의를 소집하고, 그 의장이 된다. (2012. 2. 2. 개정)

② 위원장이 부득이한 사유로 직무를 수행할 수 없는 경우에는 제3조 제1항 제1호의 위원 중에서 위원장이 미리 지명한 위원이 그 직무를 대행한다. (2012. 2. 2. 개정)

③ 위원회의 회의는 위원장과 위원장이 회의마다 지정하는 6명의 위원으로 구성하되, 제3조 제1항 제2호의 위원이 4명 이상이 되도록 하여야 한다. (2023. 2. 28. 개정)

④ 제3항에도 불구하고 「조세범 처벌법」 제3조에 해당하는 조세범칙사건 외의 조세범칙사건에 대한 다음 각 호의 사항에 대해서는 위원장이 회의마다 지정하는 3명의 위원으로 구성한다. 이 경우 위원회의 의장은 위원장이 지정하는 위원이 된다. (2012. 2. 2. 개정)

1. 조세범칙조사의 기간 연장 및 조사범위 확대 (2012. 2. 2. 개정)

2. 「조세범 처벌법」 제18조에 따른 양벌규정의 적용 (2012. 2. 2. 개정)

⑤ 위원장은 회의를 소집하려는 경우에는 회의 개최 5일 전까지 회의의 일시·장소 및 안건을 제3항 및 제4항에 따라 지정된 위원에게 통지하여야 한다. 다만, 긴급히 개최하여야 하거나 부득이한 사유가 있는 경우에는 회의 개최 전일까지 통지할 수 있다. (2012. 2. 2. 개정)

⑥ 위원회의 회의는 제3항 및 제4항에 따른 구성원 3분의 2 이상의 출석으로 개의(開議)하고, 출석위원 과반수의 찬성으로 의결한다.

⑦ 위원회의 회의는 공개하지 아니한다. 다만, 위원장이 필요하다고 인정하는 경우에는 공개할 수 있다. (2012. 2. 2. 개정)

⑧ 제1항부터 제7항까지에서 규정한 사항 외에 위원회의 운영에 필요한 사항은 국세청장이 정한다. (2012. 2. 2. 개정)

제5조【위원의 제척·회피】① 위원회의 위원 중 다음 각 호의 어느 하나에 해당하는 위원은 그 조세범칙사건의 심의·의결에서 제척(除斥)된다. (2012. 2. 2. 개정)

1. 위원이나 그 배우자 또는 그 배우자였던 사람이 해당 사건의 기초사실이 되는 사건의 당사자이거나 그 사건에 관하여 공동권리자 또는 공동의무자의 관계에 있는 경우 (2012. 2. 2. 개정)

2. 위원이 해당 사건의 기초사실이 되는 사건의 당사자와 친족이거나 친족이었던 경우 (2012. 2. 2. 개정)

3. 위원이 해당 사건의 기초사실이 되는 사건에 관하여 증언이나 감정을 한 경우 (2012. 2. 2. 개정)

4. 위원이 해당 사건의 기초사실이 되는 사건의 당사자의 대리인으로서 관여하거나 관여하였던 경우 (2012. 2. 2. 개정)

② 제1항 각 호의 어느 하나에 해당하는 위원은 스스로 그 조세범칙사건의 심의·의결을 회피(回避)할 수 있다. (2012. 2. 2. 개정)

제 2 장 조세범칙조사

제7조【조세범칙조사 대상의 선정】① 지방국세청장 또는 세무서장은 다음 각 호의 어느 하나에 해당하는 경우에는 조세범칙조사를 실시하여야 한다. (2011. 12. 31. 개정)

1. 조세범칙행위의 혐의가 있는 자(이하 "조세범칙행위 혐의자"라 한다)를 처벌하기 위하여 증거수집 등이 필요한 경우 (2011. 12. 31. 개정)

2. 연간 조세포탈 혐의금액 등이 대통령령으로 정하는 금액 이상인 경우 (2011. 12. 31. 개정)

② 지방국세청장 또는 세무서장은 「조세범 처벌법」 제3조에 해당하는 조세범칙사건에 대하여 조세범칙조사를 실시하려는 경우에는 위원회의 심의를 거쳐야 한다. 다만, 제9조 제1항 각 호

제 2 장 조세범칙조사

제6조【조세범칙조사 대상의 선정】① 법 제7조 제1항 제2호에서 "연간 조세포탈 혐의금액 등이 대통령령으로 정하는 금액 이상인 경우"란 다음 각 호의 어느 하나에 해당하는 경우를 말한다. (2012. 2. 2. 개정)

의 어느 하나에 해당하는 경우에는 지방국세청장은 국세청장의 승인을, 세무서장은 관할 지방국세청장의 승인을 받아 위원회의 심의를 거치지 아니할 수 있다. (2011. 12. 31. 개정)

1. 연간 조세포탈 혐의금액 또는 연간 조세포탈 혐의비율이 다음 표의 구분에 따른 연간 조세포탈 혐의금액 또는 연간 조세포탈 혐의비율 이상인 경우 (2012. 2. 2. 개정)

연간 신고수입금액	연간 조세포탈 혐의금액	연간 조세포탈 혐의비율
가. 100억원 이상	20억원 이상	15% 이상
나. 50억원 이상 100억원 미만	15억원 이상	20% 이상
다. 20억원 이상 50억원 미만	10억원 이상	25% 이상
라. 20억원 미만	5억원 이상	

2. 조세포탈 예상세액이 연간 5억원 이상인 경우 (2012. 2. 2. 개정)

② 제1항 제1호를 적용할 때 다음 각 호의 어느 하나에 해당하는 경우에는 연간 신고수입금액을 20억원 미만으로 본다. (2012. 2. 2. 개정)

1. 「국세기본법」 제2조 제15호에 따른 과세표준신고서를 제출하지 아니한 경우(「부가가치세법」 제69조에 따라 납부의무가 면제된 경우는 제외한다) (2013. 6. 28. 개정 ; 부가가치세법 시행령 부칙)

2. 「부가가치세법」 제8조 또는 「소득세법」 제168조에 따른 등록을 하지 아니한 경우 (2013. 6. 28. 개정 ; 부가가치세법 시행령 부칙)

③ 제1항에 따른 신고수입금액은 개별 세법에 따른 법정신고기한 이내에 신고(「국세기본법」 제2조 제15호에 따른 과세표준신고서의 제출을 말한다)하거나 「국세기본법」 제45조의 3에 따라 기한 후 신고한 수입금액으로 한다. (2012. 2. 2. 개정)

④ 제1항에 따른 조세포탈 혐의금액은 「조세범 처벌법」 제3조 제6항에 따른 사기나 그 밖의 부정한 행위로써 조세를 포탈하거나 조세의 환급·공제를 받은 혐의가 있는 금액으로 한다. (2012. 2. 2. 개정)

⑤ 제1항에 따른 조세포탈 혐의비율은 조세포탈 혐의금액을 신고수입금액으로 나눈 비율로 한다. (2012. 2. 2. 개정)

⑥ 제1항에 따른 조세포탈 예상세액은 조세포탈 혐의금액에 대하여 세법에 따라 산정한 포탈세액(가산세는 제외한다)으로 한다. (2012. 2. 2. 개정)

⑦ 제2항부터 제6항까지의 규정에 따른 연간 신고수입금액 등의 산정 기준 및 방법은 국세청장이 정하여 고시한다. (2012. 2. 2. 개정)

제8조 【조세범칙행위 혐의자 등에 대한 심문·압수·수색】 세무공무원은 조세범칙조사를 하기 위하여 필요한 경우에는 조세범칙행위 혐의자 또는 참고인을 심문하거나 압수 또는 수색할 수 있다. 이 경우 압수 또는 수색을 할 때에는 대통령령으로 정하는 사람을 참여하

제7조 【압수·수색의 참여인】 법 제8조 후단에서 "대통령령으로 정하는 사람"이란 다음 각 호의 어느 하나에 해당하는 사람을 말한다. (2012. 2. 2. 개정)

1. 조세범칙행위 혐의자 (2012. 2. 2. 개정)

게 하여야 한다. (2011. 12. 31. 개정)

　　제9조【압수·수색영장】① 세무공무원이 제8조에 따라 압수 또는 수색을 할 때에는 근무지 관할 검사에게 신청하여 검사의 청구를 받은 관할 지방법원판사가 발부한 압수·수색영장이 있어야 한다. 다만, 다음 각 호의 어느 하나에 해당하는 경우에는 해당 조세범칙행위 혐의자 및 그 밖에 대통령령으로 정하는 자에게 그 사유를 알리고 영장 없이 압수 또는 수색할 수 있다. (2011. 12. 31. 개정)
1. 조세범칙행위가 진행 중인 경우 (2011. 12. 31. 개정)
2. 장기 3년 이상의 형에 해당하는 조세범칙행위 혐의자가 도주하거나 증거를 인멸할 우려가
　있어 압수·수색영장을 발부받을 시간적 여유가 없는 경우 (2023. 1. 17. 개정)

편주 ▶ ···
법 9조 1항 2호의 개정규정은 2023. 1. 17. 이후 압수 또는 수색을 하는 경우부터 적용함. (법
부칙(2023. 1. 17.) 2조)
··

② 제1항 단서에 따라 영장 없이 압수 또는 수색한 경우에는 압수 또는 수색한 때부터 48시간 이내에 관할 지방법원판사에게 압수·수색영장을 청구하여야 한다. (2011. 12. 31. 개정)
③ 세무공무원은 압수·수색영장을 발부받지 못한 경우에는 즉시 압수한 물건을 압수당한 자에게 반환하여야 한다. (2011. 12. 31. 개정)
④ 세무공무원은 압수한 물건의 운반 또는 보관이 곤란한 경우에는 압수한 물건을 소유자, 소지자 또는 관공서(이하 "소유자등"이라 한다)로 하여금 보관하게 할 수 있다. 이 경우 소유자등으로부터 보관증을 받고 봉인(封印)이나 그 밖의 방법으로 압수한 물건임을 명백히 하여야 한다. (2011. 12. 31. 개정)

2. 조세범칙행위와 관련된 물건의 소유자 또는 소지자 (2012. 2. 2. 개정)
3. 변호사, 세무사 또는 「세무사법」 제20조의 2 제1항에 따라 등록한 공인회계사로서 조세범
　칙행위 혐의자의 대리인 (2012. 2. 2. 개정)
4. 제1호 및 제2호에 해당하는 사람의 동거인, 사용인 또는 그 밖의 종업원으로서 사리를 분
　별할 수 있는 성년인 사람(제1호부터 제3호까지의 규정에 해당하는 사람이 참여할 수 없
　거나 참여를 거부하는 경우에만 해당한다) (2012. 2. 2. 개정)
5. 관할 시·군·구의 공무원 또는 경찰공무원(제1호부터 제4호까지의 규정에 해당하는 사
　람이 참여할 수 없거나 참여를 거부하는 경우에만 해당한다) (2012. 2. 2. 개정)

　　제8조【영장에 의하지 아니한 압수·수색】법 제9조 제1항 각 호 외의 부분 단서에서 "대통령령으로 정하는 자"란 제7조 제2호부터 제4호까지의 규정에 해당하는 자를 말한다. (2012. 2. 2. 개정)

　　제9조【압수물건의 공매】지방국세청장 또는 세무서장은 「형사소송법」 제132조에 따라 압수물건을 공매하는 경우에는 물건의 품명, 수량, 공매 사유, 공매 장소와 그 일시, 그 밖에 필요한 사항을 공고하여야 한다. (2012. 2. 2. 개정)

　　제10조【세무공무원의 압수물건 등 매수 금지】세무공무원은 압수물건, 몰취물건 또는 몰수물건을 직접 또는 간접으로 매수(買收)할 수 없다. (2012. 2. 2. 개정)

제10조【「형사소송법」의 준용】이 법에서 규정한 사항 외에 압수 또는 수색과 압수·수색영장에 관하여는 「형사소송법」 중 압수 또는 수색과 압수·수색영장에 관한 규정을 준용한다. (2011. 12. 31. 개정)

제11조【심문조서 등의 작성】세무공무원은 심문하거나 압수 또는 수색을 하였을 때에는 조서에 그 경위(經緯)를 기록하여 심문을 받은 사람 또는 제8조 후단에 따른 참여자에게 확인하게 한 후 그와 함께 서명날인을 하여야 한다. 이 경우 서명날인을 하지 아니하거나 할 수 없을 때에는 그 사유를 조서에 기록하여야 한다. (2011. 12. 31. 개정)

제12조【보　고】세무공무원은 조세범칙조사를 마쳤을 때에는 국세청장·지방국세청장 또는 세무서장에게 보고하여야 한다. (2011. 12. 31. 개정)

제 3 장　조세범칙처분

제13조【조세범칙처분의 종류】조세범칙사건에 대한 처분의 종류는 다음 각 호와 같다. (2011. 12. 31. 개정)
1. 통고처분 (2011. 12. 31. 개정)
2. 고발 (2011. 12. 31. 개정)
3. 무혐의 (2011. 12. 31. 개정)

제14조【조세범칙처분에 대한 위원회 심의】① 지방국세청장 또는 세무서장은 제7조 제2항에 따라 위원회의 심의를 거치거나 국세청장 또는 관할 지방국세청장의 승인을 받아 조세범칙조사를 실시한 조세범칙사건에 대하여 조세범칙처분을 하려는 경우에는 위원회의 심의를 거쳐야 한다. 다만, 제9조 제1항 제2호의 사유가 있는 경우에는 지방국세청장은 국세청장의 승인을, 세무서장은 관할 지방국세청장의 승인을 받아 위원회의 심의를 거치지 아니할 수 있다. (2011. 12. 31. 개정)
② 지방국세청장 또는 세무서장은 제1항에 따라 위원회에 심의를 요청한 때에는 즉시 그 사실을 제13조 각 호에 따른 처분의 대상자에게 통지하여야 한다. (2011. 12. 31. 개정)
③ 제2항에 따른 통지를 받은 자는 대통령령으로 정하는 바에 따라 위원회에 의견을 제출할

제 3 장　조세범칙처분

제11조【조세범칙처분 대상자의 의견 제출】법 제14조 제3항에 따라 위원회에 의견을

수 있다. (2011. 12. 31. 개정)

　제15조【통고처분】① 지방국세청장 또는 세무서장은 조세범칙행위의 확증을 얻었을 때에는 대통령령으로 정하는 바에 따라 그 대상이 되는 자에게 그 이유를 구체적으로 밝히고 다음 각 호에 해당하는 금액이나 물품을 납부할 것을 통고하여야 한다. 다만, 몰수 또는 몰취(沒取)에 해당하는 물품에 대해서는 그 물품을 납부하겠다는 의사표시(이하 "납부신청"이라 한다)를 하도록 통고할 수 있다. (2011. 12. 31. 개정)
1. 벌금에 해당하는 금액(이하 "벌금상당액"이라 한다) (2011. 12. 31. 개정)
2. 몰수 또는 몰취에 해당하는 물품 (2011. 12. 31. 개정)
3. 추징금에 해당하는 금액 (2011. 12. 31. 개정)
② 제1항 단서에 따른 통고를 받은 자가 그 통고에 따라 납부신청을 하고 몰수 또는 몰취에 해당하는 물품을 가지고 있는 경우에는 공매나 그 밖에 필요한 처분을 할 때까지 그 물품을 보관하여야 한다. (2011. 12. 31. 개정)
③ 제1항에 따른 통고처분을 받은 자가 통고대로 이행하였을 때에는 동일한 사건에 대하여 다시 조세범칙조사를 받거나 처벌받지 아니한다. (2011. 12. 31. 개정)
④ 제1항에 따른 벌금상당액의 부과기준은 대통령령으로 정한다. (2011. 12. 31. 개정)
⑤ 제1항에 따른 벌금상당액은 「국세징수법」 제12조 제1항 각 호의 방법으로 납부한다. (2023. 1. 17. 신설)

　제16조【공소시효의 정지】(2023. 1. 17. 제목개정)
제15조 제1항에 따른 통고처분이 있는 경우에는 통고일부터 고발일까지의 기간 동안 공소시효는 정지된다. (2023. 1. 17. 개정)

······································

　제17조【고　발】① 지방국세청장 또는 세무서장은 다음 각 호의 어느 하나에 해당하는 경우에는 통고처분을 거치지 아니하고 그 대상자를 즉시 고발하여야 한다. (2011. 12. 31. 개정)
1. 정상(情狀)에 따라 징역형에 처할 것으로 판단되는 경우 (2011. 12. 31. 개정)
2. 제15조 제1항에 따른 통고대로 이행할 자금이나 납부 능력이 없다고 인정되는 경우 (2011.

제출하려는 자는 서면으로 하여야 한다. (2012. 2. 2. 개정)

　제12조【통고처분】① 지방국세청장 또는 세무서장은 법 제15조 제1항에 따라 통고처분을 하는 경우 조세범칙조사를 마친 날(위원회의 심의를 거친 조세범칙사건의 경우에는 위원회의 의결이 있은 날을 말한다)부터 10일 이내에 조세범칙행위자 및 「조세범 처벌법」 제18조에 따른 법인 또는 개인별로 통고서를 작성하여 통고하여야 한다. (2012. 2. 2. 개정)

② 법 제15조 제4항에 따른 벌금상당액의 부과기준은 별표와 같다. (2012. 2. 2. 개정)

　제13조【문서의 작성과 송달】세무공무원은 「형사소송법」에 준하여 문서를 작성하고 직접 또는 등기우편으로 송달하여야 한다. (2012. 2. 2. 개정)

12. 31. 개정)
3. 거소가 분명하지 아니하거나 서류의 수령을 거부하여 통고처분을 할 수 없는 경우 (2011.
   12. 31. 개정)
4. 도주하거나 증거를 인멸할 우려가 있는 경우 (2011. 12. 31. 개정)
② 지방국세청장 또는 세무서장은 제15조 제1항에 따라 통고처분을 받은 자가 통고서를 송
달받은 날부터 15일 이내에 통고대로 이행하지 아니한 경우에는 고발하여야 한다. 다만, 15
일이 지났더라도 고발되기 전에 통고대로 이행하였을 때에는 그러하지 아니 하다. (2011. 12.
31. 개정)

　제18조【압수물건의 인계】① 지방국세청장 또는 세무서장은 제17조에 따라 고발한 경
우 압수물건이 있을 때에는 압수목록을 첨부하여 검사에게 인계하여야 한다. (2011. 12. 31.
개정)
② 지방국세청장 또는 세무서장은 제1항의 압수물건으로서 제9조 제4항에 따라 소유자등이
보관하는 것에 대해서는 검사에게 보관증을 인계하고, 소유자등에게 압수물건을 검사에게 인
계하였다는 사실을 통지하여야 한다. (2011. 12. 31. 개정)

　제19조【무혐의 통지 및 압수의 해제】지방국세청장 또는 세무서장은 조세범칙조사를
하여 조세범칙행위의 확증을 갖지 못하였을 때에는 그 뜻을 조세범칙행위 혐의자에게 통지하
고 물건을 압수하였을 때에는 그 해제를 명하여야 한다. (2011. 12. 31. 개정)

제1조【시행일】이 법은 공포한 날부터 시행한다.

제2조【압수수색영장에 관한 적용례】제9조 제1항 제2호의 개정규정은 이 법 시행 이후 압수 또는 수색을 하는 경우부터 적용한다.

제3조【공소시효의 정지에 관한 적용례】제16조의 개정규정은 이 법 시행 이후 통고처분을 하는 경우부터 적용한다.

제1조【시행일】이 법은 2019년 1월 1일부터 시행한다.

제2조 생 략

제3조【다른 법률의 개정】조세범 처벌절차법 일부를 다음과 같이 개정한다.

제2조 제1호 중 "「조세범 처벌법」 제3조부터 제14조"를 "「조세범 처벌법」 제3조부터 제16조"로 한다.

제4조 생 략

(1951. 5. 7. 법률 제200호～2016. 3. 29. 법률 제14099호) 생략

이 영은 공포한 날부터 시행한다.

이 영은 공포한 날부터 시행한다.

(1966. 3. 11. 대통령령 제2455호～2016. 12. 5. 대통령령 제27652호) 생략

【별 표】 (2019. 2. 12. 개정)

벌금상당액 부과기준(제12조 제2항 관련)

1. 일반기준
   가. 제2호의 개별기준에 따른 조세범칙행위의 위반횟수에 따른 벌금상당액의 부과기준은 해당 조세범칙행위가 있은 날 이전 최근 3년간 같은 조세범칙행위로 통고처분이나 유죄의 확정판결을 받은 경우에 적용한다.
   나. 「조세범 처벌법」 제3조에 따른 조세범칙행위를 상습적으로 범한 경우에는 제2호의 개별기준에 따른 벌금상당액의 100분의 50을 가중한다.
   다. 「조세범 처벌법」 제3조에 따른 조세범칙행위를 한 자가 세무공무원이 세무조사 또는 조세범칙조사를 시작하기 전에 「국세기본법」 제45조에 따른 수정신고(이하 "수정신고"라 한다)를 하거나 같은 법 제45조의 3에 따른 기한 후 신고(이하 "기한 후 신고"라 한다)를 한 경우(추가납부할 세액을 납부하지 않은 경우는 제외한다)에는 제2호의 개별기준에 따른 벌금상당액을 다음의 기준에 따라 감경한다.
   1) 법정신고기한의 다음 날부터 6개월이 되는 날 이전에 수정신고를 하거나 법정신고기한의 다음 날부터 1개월이 되는 날 이전에 기한 후 신고를 한 경우: 제2호의 개별기준에 따른 벌금상당액의 100분의 50
   2) 법정신고기한의 다음 날부터 6개월 초과 1년 이전에 수정신고를 하거나 1개월 초과 6개월 이내에 기한 후 신고를 한 경우: 제2호의 개별기준에 따른 벌금상당액의 100분의 20
   3) 법정신고기한의 다음 날부터 1년 초과 2년 이내에 수정신고를 한 경우: 제2호의 개별기준에 따른 벌금상당액의 100분의 10
   라. 다른 사람의 조세범칙행위를 방조한 자는 조세범칙행위에의 가담 정도에 따라 제2호의 개별기준에 따른 벌금상당액을 감경할 수 있다.
   마. 조세범칙행위자가 심신장애로 인하여 사물을 분별하거나 의사를 결정할 능력이 미약한 사람이거나 청각 및 언어 장애인인 경우에는 제2호의 개별기준에 따른 벌금상당액의 100분의 50에 해당하는 금액을 감경한다. (2014. 6. 30. 개정 ; 장애인 비하~일부개정령)
   바. 조세범칙행위가 경합하는 경우에는 다음의 기준에 따라 벌금상당액을 산정한다.
   1) 「조세범 처벌법」 제7조부터 제9조까지, 제11조, 제15조 및 제16조에 따른 조세범칙행위가 경합하는 경우에는 각 조세범칙행위에 대한 벌금상당액 중 가장 무거운 벌금상당액에 그 2분의 1을 가중한다. 다만, 가중하는 경우에도 각 조세범칙행위에 대한 벌금상당액을 합산한 금액을 초과할 수 없다. (2019. 2. 12. 개정)
   2) 「조세범 처벌법」 제3조부터 제6조까지, 제10조 및 제12조부터 제14조까지의 규정에 따른 조세범칙행위가 경합하는 경우에는 각 조세범칙행위에 대한 벌금상당액을 합산한다.
   3) 1)에 따른 조세범칙행위와 2)에 따른 조세범칙행위가 경합하는 경우에는 각 조세범칙행위에 대한 벌금상당액을 산정하여 합산한다.
   사. 가목부터 바목까지의 규정에 따른 가중ㆍ감경사유가 경합하는 경우에는 다음의 순서에 따라 제2호의 개별기준에 따른 벌금상당액을 가중하거나 감경한다.
   1) 가목의 위반 횟수에 의한 가중
   2) 나목의 상습에 의한 가중
   3) 다목의 수정신고에 의한 감경
   4) 라목의 가담정도에 의한 감경
   5) 마목의 심신미약 등에 의한 감경
   6) 바목의 조세범칙행위 경합에 의한 가중
   아. 가목부터 사목까지의 규정에 따라 벌금상당액을 산정한 결과 10원 미만의 끝수가 있으면 이를 버린다.
   자. 가목부터 사목까지의 규정에 따라 산정된 벌금상당액이 「조세범 처벌법」에 따라 산정된 벌금액의 상한을 초과하는 경우에는 같은 법에 따라 산정된 벌금액의 상한을 벌금상당액으로 본다.

2. 개별기준

조세범칙행위	벌금상당액		
	1차 위반	2차 위반	3차 이상 위반
가. 「조세범 처벌법」 제3조 제1항의 조세범칙행위를 한 경우			
1) 「조세범 처벌법」 제3조 제1항 본문에 해당하는 경우	포탈세액 또는 환급ㆍ공제받은 세액의 0.5배의 금액	포탈세액 또는 환급ㆍ공제받은 세액의 1배의 금액	포탈세액 또는 환급ㆍ공제받은 세액의 2배의 금액
2) 「조세범 처벌법」 제3조 제1항 단서에 해당하는 경우	포탈세액 또는 환급ㆍ공제받은 세액의 0.5배의 금액	포탈세액 또는 환급ㆍ공제받은 세액의 2배의 금액	포탈세액 또는 환급ㆍ공제받은 세액의 3배의 금액

조세범칙행위	벌금상당액		
	1차 위반	2차 위반	3차 이상 위반
나. 「조세범 처벌법」 제4조 제1항의 조세범칙행위를 한 경우			
1) 연간 포탈세액 또는 환급·공제받은 세액이 1억원 이하인 경우	포탈세액 또는 환급·공제받은 세액	포탈세액 또는 환급·공제받은 세액의 2배	포탈세액 또는 환급·공제받은 세액의 2배
2) 연간 포탈세액 또는 환급·공제받은 세액이 1억원 초과인 경우	1억원 + (1억원 초과 포탈세액 또는 환급·공제받은 세액 × 3)	[1억원 + (1억원 초과 포탈세액 또는 환급·공제받은 세액 × 3)]×2	[1억원 + (1억원 초과 포탈세액 또는 환급·공제받은 세액 × 3)]×2
다. 「조세범 처벌법」 제4조 제2항의 조세범칙행위를 한 경우 (2019. 2. 12. 개정)			
1) 연간 포탈세액 또는 환급·공제받은 세액이 1억원 이하인 경우	포탈세액 또는 환급·공제받은 세액	포탈세액 또는 환급·공제받은 세액의 2배	포탈세액 또는 환급·공제받은 세액의 2배
2) 연간 포탈세액 또는 환급·공제받은 세액이 1억원 초과인 경우	1억원 + (1억원 초과 포탈세액 또는 환급·공제받은 세액 × 3)	[1억원 + (1억원 초과 포탈세액 또는 환급·공제받은 세액 × 3)]×2	[1억원 + (1억원 초과 포탈세액 또는 환급·공제받은 세액 × 3)]×2
라. 「조세범 처벌법」 제4조의 2의 조세범칙행위를 한 경우	500만원	1천만원	3천만원

조세범칙행위	벌금상당액		
	1차 위반	2차 위반	3차 이상 위반
마. 「조세범 처벌법」 제5조의 조세범칙행위를 한 경우	포탈세액의 1배의 금액	포탈세액의 3배의 금액	포탈세액의 5배의 금액
바. 「조세범 처벌법」 제6조의 조세범칙행위를 한 경우	비고 제1호에 따른 금액	비고 제1호에 따른 금액의 2배의 금액	비고 제1호에 따른 금액의 2배의 금액
사. 「조세범 처벌법」 제7조 제1항 또는 제2항의 조세범칙행위를 한 경우	체납액. 다만, 재산가액(「상속세 및 증여세법」 제60조부터 제66조까지의 규정에 따라 평가한 가액)이 체납액보다 적은 경우에는 그 재산가액을 벌금상당액으로 하되, 벌금상당액이 3천만원을 초과하는 경우에는 3천만원을 벌금상당액으로 한다.	체납액의 2배에 해당하는 금액. 다만, 재산가액(「상속세 및 증여세법」 제60조부터 제66조까지의 규정에 따라 평가한 가액)이 체납액보다 적은 경우에는 그 재산가액을 벌금상당액으로 하되, 벌금상당액이 3천만원을 초과하는 경우에는 3천만원을 벌금상당액으로 한다.	체납액의 2배에 해당하는 금액. 다만, 재산가액(「상속세 및 증여세법」 제60조부터 제66조까지의 규정에 따라 평가한 가액)이 체납액보다 적은 경우에는 그 재산가액을 벌금상당액으로 하되, 벌금상당액이 3천만원을 초과하는 경우에는 3천만원을 벌금상당액으로 한다.
아. 「조세범 처벌법」 제7조 제3항의 조세범칙행위를 한 경우	사목의 1차 위반에 따른 금액의 3분의 2에 해당하는 금액. 다만, 그 금액이 2천만원을 초과하는 경우에는 2천만원을 벌금상당액으로 한다.	사목의 1차 위반에 따른 금액의 3분의 4에 해당하는 금액. 다만, 그 금액이 2천만원을 초과하는 경우에는 2천만원을 벌금상당액으로 한다.	사목의 1차 위반에 따른 금액의 3분의 4에 해당하는 금액. 다만, 그 금액이 2천만원을 초과하는 경우에는 2천만원을 벌금상당액으로 한다.
자. 「조세범 처벌법」 제8조의 조세범칙행위를 한 경우	소각·파기하거나 은닉한 장부의 연도 및 그 직전 연도의 부가가치세 과세표준금액 또는 이에 준하는 금	소각·파기하거나 은닉한 장부의 연도 및 그 직전 연도의 부가가치세 과세표준금액 또는 이에 준하는 금	소각·파기하거나 은닉한 장부의 연도 및 그 직전 연도의 부가가치세 과세표준금액 또는 이에 준하는 금

조세범칙행위	벌금상당액		
	1차 위반	2차 위반	3차 이상 위반
	액의 1년간 평균액의 100분의 10에 해당하는 금액. 다만, 그 금액이 500만원 미만인 경우에는 500만원을 벌금상당액으로 하고, 2천만원을 초과하는 경우에는 2천만원을 벌금상당액으로 한다.	액의 1년간 평균액의 100분의 20에 해당하는 금액. 다만, 그 금액이 500만원 미만인 경우에는 500만원을 벌금상당액으로 하고, 2천만원을 초과하는 경우에는 2천만원을 벌금상당액으로 한다.	액의 1년간 평균액의 100분의 20에 해당하는 금액. 다만, 그 금액이 500만원 미만인 경우에는 500만원을 벌금상당액으로 하고, 2천만원을 초과하는 경우에는 2천만원을 벌금상당액으로 한다.
차. 「조세범 처벌법」 제9조 제1항의 조세범칙행위를 한 경우	1천만원	2천만원	2천만원
카. 「조세범 처벌법」 제9조 제2항의 조세범칙행위를 한 경우	500만원	1천만원	1천만원
타. 「조세범 처벌법」 제10조 제1항의 조세범칙행위를 한 경우	공급가액에 부가가치세의 세율을 적용하여 산출한 세액의 0.5배의 금액	공급가액에 부가가치세의 세율을 적용하여 산출한 세액의 1배의 금액	공급가액에 부가가치세의 세율을 적용하여 산출한 세액의 2배의 금액
파. 「조세범 처벌법」 제10조 제2항의 조세범칙행위를 한 경우 (2019. 2. 12. 개정)	공급가액에 부가가치세의 세율을 적용하여 계산한 세액의 0.5배의 금액 (2019. 2. 12. 개정)	공급가액에 부가가치세의 세율을 적용하여 계산한 세액의 1배의 금액 (2019. 2. 12. 개정)	공급가액에 부가가치세의 세율을 적용하여 계산한 세액의 2배의 금액 (2019. 2. 12. 개정)
하. 「조세범 처벌법」 제10조 제3항의 조세범칙행위를 한 경우 (2019. 2. 12. 개정)	공급가액에 부가가치세의 세율을 적용하여 계산한 세액의 1배의 금액 (2019. 2. 12. 개정)	공급가액에 부가가치세의 세율을 적용하여 계산한 세액의 2배의 금액 (2019. 2. 12. 개정)	공급가액에 부가가치세의 세율을 적용하여 계산한 세액의 3배의 금액
거. 「조세범 처벌법」 제10조 제4항의 조세범칙행위를 한 경우 (2019. 2. 12. 개정)	하목의 1차 위반에 따른 금액. 다만, 세무를 대리하는 세무사·공인회계사 또는 변호사가 「조세범 처벌법」 제10조 제3항의 행위를 알선하거나 중개한 경우에는 하목의 1차 위반에 따른 금액의 1.5배에 해당하는 금액을 벌금상당액으로 한다.	하목의 1차 위반에 따른 금액의 2배에 해당하는 금액. 다만, 세무를 대리하는 세무사·공인회계사 또는 변호사가 「조세범 처벌법」 제10조 제3항의 행위를 알선하거나 중개한 경우에는 하목의 1차 위반에 따른 금액의 3배에 해당하는 금액을 벌금상당액으로 한다.	하목의 1차 위반에 따른 금액의 3배에 해당하는 금액. 다만, 세무를 대리하는 세무사·공인회계사 또는 변호사가 「조세범 처벌법」 제10조 제3항의 행위를 알선하거나 중개한 경우에는 하목의 1차 위반에 따른 금액의 4.5배에 해당하는 금액을 벌금상당액으로 한다.
너. 「조세범 처벌법」 제11조 제1항의 조세범칙행위를 한 경우	조세를 회피하거나 강제집행을 면탈한 세액의 0.5배의 금액. 다만, 그 금액이 50만원 미만이거나 조세를 회피하거나 강제집행을 면탈한 세액이 없는 경우에는 50만원을 벌금상당액으로 하고, 2천만원을 초과하는 경우에는 2천만원을 벌금상당액으로 한다.	조세를 회피하거나 강제집행을 면탈한 세액. 다만, 그 금액이 50만원 미만이거나 조세를 회피하거나 강제집행을 면탈한 세액이 없는 경우에는 50만원을 벌금상당액으로 하고, 2천만원을 초과하는 경우에는 2천만원을 벌금상당액으로 한다.	조세를 회피하거나 강제집행을 면탈한 세액. 다만, 그 금액이 50만원 미만이거나 조세를 회피하거나 강제집행을 면탈한 세액이 없는 경우에는 50만원을 벌금상당액으로 하고, 2천만원을 초과하는 경우에는 2천만원을 벌금상당액으로 한다.
더. 「조세범 처벌법」 제11조 제2항의 조세범칙행위를 한 경우	너목의 1차 위반에 따른 벌금상당액의 2분의 1에 해당하는 금액. 다만, 그 금액이 50만원 미만이거나 조세를 회피하거나 강제	너목의 1차 위반에 따른 벌금상당액. 다만, 그 금액이 50만원 미만이거나 조세를 회피하거나 강제집행을 면탈한 세액이 없는 경	너목의 1차 위반에 따른 벌금상당액. 다만, 그 금액이 50만원 미만이거나 조세를 회피하거나 강제집행을 면탈한 세액이 없는

조세범칙행위	벌금상당액		
	1차 위반	2차 위반	3차 이상 위반
	집행을 면탈한 세액이 없는 경우에는 50만원을 벌금상당액으로 하고, 1천만원을 초과하는 경우에는 1천만원을 벌금상당액으로 한다.	우에는 50만원을 벌금상당액으로 하고, 1천만원을 초과하는 경우에는 1천만원을 벌금상당액으로 한다.	경우에는 50만원을 벌금상당액으로 하고, 1천만원을 초과하는 경우에는 1천만원을 벌금상당액으로 한다.
러. 「조세범 처벌법」 제12조 제1호부터 제3호까지의 어느 하나에 해당하는 조세범칙행위를 한 경우	2천만원	2천만원	2천만원
머. 「조세범 처벌법」 제12조 제4호의 조세범칙행위를 한 경우	재사용한 인지세액의 5배와 100만원 중 큰 금액. 다만, 그 금액이 2천만원을 초과하는 경우에는 2천만원을 벌금상당액으로 한다.	재사용한 인지세액의 10배와 200만원 중 큰 금액. 다만, 그 금액이 2천만원을 초과하는 경우에는 2천만원을 벌금상당액으로 한다.	재사용한 인지세액의 10배와 200만원 중 큰 금액. 다만, 그 금액이 2천만원을 초과하는 경우에는 2천만원을 벌금상당액으로 한다.
버. 「조세범 처벌법」 제13조 제1항의 조세범칙행위를 한 경우	징수하지 않은 세액. 다만, 그 금액이 50만원 미만인 경우에는 50만원, 1천만원을 초과하는 경우에는 1천만원을 벌금상당액으로 한다.	징수하지 않은 세액의 2배에 해당하는 금액. 다만, 그 금액이 50만원 미만인 경우에는 50만원, 1천만원을 초과하는 경우에는 1천만원을 벌금상당액으로 한다.	징수하지 않은 세액의 2배에 해당하는 금액. 다만, 그 금액이 50만원 미만인 경우에는 50만원, 1천만원을 초과하는 경우에는 1천만원을 벌금상당액으로 한다.
서. 「조세범 처벌법」 제13조 제2항의 조세범칙행위를 한	납부하지 않은 세액. 다만, 그 금액이 100만원 미만인 경우에는	납부하지 않은 세액의 2배에 해당하는 금액. 다만, 그 금액이 100	납부하지 않은 세액의 2배에 해당하는 금액. 다만, 그 금액이 100

조세범칙행위	벌금상당액		
	1차 위반	2차 위반	3차 이상 위반
경우	100만원, 2천만원을 초과하는 경우에는 2천만원을 벌금상당액으로 한다.	만원 미만인 경우에는 100만원, 2천만원을 초과하는 경우에는 2천만원을 벌금상당액으로 한다.	만원 미만인 경우에는 100만원, 2천만원을 초과하는 경우에는 2천만원을 벌금상당액으로 한다.
어. 「조세범 처벌법」 제14조 제1항 또는 제2항의 조세범칙행위를 한 경우	근로소득원천징수영수증 및 지급명세서에 적힌 총급여·총지급액의 100분의 10에 상당하는 금액	근로소득원천징수영수증 및 지급명세서에 적힌 총급여·총지급액의 100분의 20에 상당하는 금액	근로소득원천징수영수증 및 지급명세서에 적힌 총급여·총지급액의 100분의 20에 상당하는 금액
저. 「조세범 처벌법」 제15조 제1항의 조세범칙행위를 한 경우 (2019. 2. 12. 신설)	1천만원 (2019. 2. 12. 신설)	2천만원 (2019. 2. 12. 신설)	3천만원 (2019. 2. 12. 신설)
처. 「조세범 처벌법」 제16조 제1항의 조세범칙행위를 한 경우 (2019. 2. 12. 신설)	신고의무 위반금액의 100분의 13 (2019. 2. 12. 신설)	신고의무 위반금액의 100분의 16 (2019. 2. 12. 신설)	신고의무 위반금액의 100분의 20 (2019. 2. 12. 신설)

비고

1. 위 제2호 바목에 따른 벌금상당액은 다음 각 목의 구분에 따른다. 다만, 주세상당액의 3배의 금액이 3천만원을 초과하는 경우에는 그 3배의 금액을 벌금상당액으로 한다. (2014. 2. 21. 개정)

　　가. 주류·밑술·술덧을 무면허로 제조한 경우 및 무면허로 제조된 주류를 도매행위를 한 경우

주류별 제조하거나 판매한 양	탁 주	위스키 및 브랜디	그 밖의 주류
50ℓ 이하	50만원	200만원	100만원
50ℓ 초과　　100ℓ 이하	100만원	300만원	200만원

주류별 제조하거나 판매한 양	탁 주	위스키 및 브랜디	그 밖의 주류
100 ℓ 초과 500 ℓ 이하	200만원	700만원	400만원
500 ℓ 초과 1,000 ℓ 이하	300만원	1천만원	600만원
1,000 ℓ 초과 3,000 ℓ 이하	500만원	2천만원	1천만원
3,000 ℓ 초과 5,000 ℓ 이하	1천만원	3천만원	2천만원
5,000 ℓ 초과 10,000 ℓ 이하	2천만원	3천만원	3천만원
10,000 ℓ 초과	3천만원	3천만원	3천만원

　　나. 주류제조면허자가 제조한 주류를 매입하여 주류도매면허 없이 도매행위를 한 경우: 가목
　　　에 따른 금액의 100분의 50에 상당하는 금액

　　다. 주류소매면허(의제판매면허를 포함한다)를 받지 않고 소매행위를 한 경우: 가목에 따른
　　　금액의 100분의 30에 상당하는 금액

2. 주류제조자가 직매장, 하치장, 그 밖의 명칭으로 직접 경영·관리하는 주류판매자에 대해서는
　　주류제조자에 대한 벌금상당액의 부과기준을 적용한다.

폐지 2006. 3. 24. 법률 제7877호
제정 1961. 7. 29. 법률 제 666호

　제1조【목　적】본법은 조세범에 대하여 특별조치를 함으로써 국민의 기업의욕을 촉구하여 국가경제의 정상화를 기함을 목적으로 한다. (2006. 3. 24. 폐지)

　제2조【공소시효】1960년 12월 31일 이전의 조세범처벌법 제8조 내지 제14조에 규정된 범칙행위의 공소시효는 조세범처벌법 제17조의 규정에 불구하고 1961년 7월 31일로써 완성한다. 단, 부정축재처리법의 적용을 받은 조세범에 대하여는 예외로 한다. (2006. 3. 24. 폐지)

　제3조【탈루 및 포탈액에 대한 조치】1960년 12월 31일 이전에 탈루 및 포탈한 세액으로서 1961년 7월 31일까지 조사결정하지 아니한 것에 대하여는 이를 과징하지 아니한다.

　제4조【적용특례】전 2조의 규정은 지방세에 관한 범칙행위에 대하여도 이를 적용한다. (2006. 3. 24. 폐지)

부　칙 (2006. 3. 24. 법률 제7877호)
이 법은 공포한 날부터 시행한다.

부　칙 (1961. 7. 29 법률 제666호)
본법은 공포한 날로부터 시행한다.

제정 1961. 8. 1. 각령 제75호

　제1조【1960년 12월 31일 이전의 탈루 및 포탈의 의의】조세범에 관한 특별조치법(이하 "법"이라 한다) 제3조에 규정한 1960년 12월 31일 이전의 탈루 및 포탈이라 함은 그 기수시기가 1960년 12월 31일 이전인 조세의 탈루 또는 포탈한 행위를 말한다.

　제2조【기수시기】전조의 기수시기는 다음에 의한다.
1. 법인세에 있어서는 법인세법 제18조 제1항과 제2항의 규정에 의한 법정신고기간이 경과된 때
2. 전호의 경우에 있어서 법정기간이 경과하지 아니하더라도 소정의 신고가 제출된 때
3. 납세의무자의 신고에 의하여 부과징수하는 소득세, 영업세, 교육세, 주세, 물품세, 유흥음식세, 입장세, 전기가스세에 있어서는 소정기간이 경과된 때
4. 전 각호의 규정에 해당하지 아니한 조세에 있어서는 그 납부기한이 경과된 때

　제3조【탈루 및 포탈의 한계】법 제3조에 규정된 탈루 및 포탈은 소득금액 기타 과세표준금액의 결정 후 발견된 것에 한한다.

부　칙 (1961. 8. 1 각령 제75호)
본영은 조세범에 관한 특별조치법 시행일로부터 적용한다.

지방세법

지방법 부칙

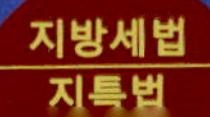

제 3 절   부과 · 징수

제 3 절   부과 · 징수

제 3 절   부과 · 징수

제 3 장　등록면허세

제 1 절　통　칙

제 2 절　등록에 대한 등록면허세

제 3 절　면허에 대한 등록면허세

제 3 장　등록면허세

제 1 절　통　칙

제 2 절　등록에 대한 등록면허세

제 3 절　면허에 대한 등록면허세

제 3 장　등록면허세

제 1 절　등록에 대한 등록면허세

제 2 절　면허에 대한 등록면허세

제 10 장   자동차세

제 1 절   자동차 소유에 대한 자동차세

제 10 장   자동차세

제 1 절   자동차 소유에 대한 자동차세

제 10 장   자동차세

제 1 절   자동차 소유에 대한 자동차세

제 2 절   자동차 주행에 대한 자동차세

제 2 절   자동차 주행에 대한 자동차세

제 2 절   자동차 주행에 대한 자동차세

<table>
<tr><td>

지방세법

개정 2024. 12. 13. 법률 제20630호
(채무자 회생~부칙) 2024. 2. 13. 법률 제20264호
2023. 12. 29. 법률 제19860호
(행정기관소속~부칙) 2023. 8. 16. 법률 제19634호
(지방자치분권~부칙) 2023. 6. 9. 법률 제19430호
2023. 3. 14. 법률 제19230호
(수상레저기구의~부칙) 2022. 6. 10. 법률 제18957호
2021. 12. 28. 법률 제18655호
2021. 12. 7. 법률 제18544호
2021. 7. 8. 법률 제18294호
(지방자치법 부칙) 2021. 1. 12. 법률 제17893호
2020. 12. 29. 법률 제17769호
(소득세법 부칙) 2020. 12. 29. 법률 제17757호
(국제조세조정~부칙) 2020. 12. 22. 법률 제17651호
2020. 8. 12. 법률 제17473호
2019. 12. 31. 법률 제16855호
2019. 12. 3. 법률 제16663호
(양식산업발전법 부칙) 2019. 8. 27. 법률 제16568호
2018. 12. 31. 법률 제16194호
2018. 12. 31. 법률 제16113호
(법인세법 부칙) 2018. 12. 24. 법률 제16008호
2017. 12. 30. 법률 제15335호
2017. 12. 26. 법률 제15292호
(정부조직법 부칙) 2017. 7. 26. 법률 제14839호
(빈집 및~특례법 부칙) 2017. 2. 8. 법률 제14569호
(도시 및 주거환경정비법 부칙) 2017. 2. 8. 법률 제14567호
(지방세징수법 부칙) 2016. 12. 27. 법률 제14476호
(지방세기본법 부칙) 2016. 12. 27. 법률 제14474호
2016. 12. 27. 법률 제14475호
(항공안전법 부칙) 2016. 3. 29. 법률 제14116호
(상표법 부칙) 2016. 2. 29. 법률 제14033호
(주택법 부칙) 2016. 1. 19. 법률 제13805호
(부동산 거래신고에~법률 부칙) 2016. 1. 19. 법률 제13797호
(부동산 가격공시~법률 부칙) 2016. 1. 19. 법률 제13796호
2015. 12. 29. 법률 제13636호
2015. 7. 24. 법률 제13427호
(전투경찰대 설치법 부칙) 2015. 7. 24. 법률 제13425호
2014. 12. 31. 법률 제12954호
2014. 12. 23. 법률 제12855호

</td><td>

지방세법 시행령

개정 2025. 2. 18. 대통령령 제35266호
2024. 12. 31. 대통령령 제35177호
(근현대 문화유산의~부칙) 2024. 9. 10. 대통령령 제34881호
(계량에 관한 법률 시행령 부칙) 2024. 7. 9. 대통령령 제34683호
(벤처기업 육성에~부칙) 2024. 7. 2. 대통령령 제34657호
2024. 5. 28. 대통령령 제34528호
(매장문화재 보호~ 부칙) 2024. 5. 7. 대통령령 제34491호
(문화재수리 등에~부칙) 2024. 5. 7. 대통령령 제34494호
(문화재보호법 시행령 부칙) 2024. 5. 7. 대통령령 제34488호
(국가유산기본법 시행령 부칙) 2024. 5. 7. 대통령령 제34487호
2024. 3. 26. 대통령령 제34353호
(해상교통~부칙) 2024. 1. 16. 대통령령 제34153호
2023. 12. 29. 대통령령 제34080호
(벤처투자~부칙) 2023. 12. 19. 대통령령 제34011호
(지방자치분권~부칙) 2023. 7. 7. 대통령령 제33621호
2023. 6. 30. 대통령령 제33609호
(수상레저~부칙) 2023. 6. 7. 대통령령 제33518호
2023. 5. 30. 대통령령 제33489호
(동물보호법 시행령 부칙) 2023. 4. 27. 대통령령 제33435호
(오존층보호를~부칙) 2023. 4. 18. 대통령령 제33417호
2023. 3. 14. 대통령령 제33325호
2023. 2. 28. 대통령령 제33308호
(수산업법 시행령 부칙) 2023. 1. 10. 대통령령 제33225호
(화재예방~시행령 부칙) 2022. 11. 29. 대통령령 제33004호
(국민건강보험법 시행령 부칙) 2022. 8. 31. 대통령령 제32894호
2022. 6. 30. 대통령령 제32747호
(댐건설 및 주변지역~부칙) 2022. 6. 14. 대통령령 제32697호
(위치정보의 보호~부칙) 2022. 4. 19. 대통령령 제32598호
2022. 2. 28. 대통령령 제32511호
(금융회사부실자산~부칙) 2022. 2. 17. 대통령령 제32449호
(근로자직업능력~부칙) 2022. 2. 17. 대통령령 제32447호
2021. 12. 31. 대통령령 제32293호
(환경부와 그 소속기관 직제 부칙) 2021. 12. 28. 대통령령 제32251호
(자본시장과~시행령 부칙) 2021. 10. 21. 대통령령 제32091호
(건설기술 진흥법 시행령 부칙) 2021. 9. 14. 대통령령 제31986호
(한국광해광업공단법 시행령 부칙) 2021. 8. 31. 대통령령 제31961호
(건축법 시행령 부칙) 2021. 8. 10. 대통령령 제31941호
(먹는물관리법 시행령 부칙) 2021. 7. 13. 대통령령 제31889호
(산업집적활성화~시행령 부칙) 2021. 6. 8. 대통령령 제31741호

</td><td>

지방세법 시행규칙

개정 2024. 12. 31. 행정안전부령 제539호
2024. 5. 28. 행정안전부령 제485호
2024. 3. 26. 행정안전부령 제474호
2024. 1. 22. 행정안전부령 제457호
2023. 12. 29. 행정안전부령 제448호
2023. 6. 30. 행정안전부령 제413호
2023. 5. 3. 행정안전부령 제400호
2023. 3. 28. 행정안전부령 제388호
2023. 3. 14. 행정안전부령 제385호
2022. 6. 7. 행정안전부령 제334호
2022. 3. 31. 행정안전부령 제325호
2021. 12. 31. 행정안전부령 제300호
(어려운 법령용어~행정안전부령)
2021. 9. 7. 행정안전부령 제274호
2021. 5. 27. 행정안전부령 제252호
2021. 4. 29. 행정안전부령 제250호
2020. 12. 31. 행정안전부령 제228호
2020. 8. 20. 행정안전부령 제196호
2020. 8. 18. 행정안전부령 제197호
2019. 12. 31. 행정안전부령 제152호
2019. 5. 31. 행정안전부령 제122호
2019. 2. 8. 행정안전부령 제100호
2018. 12. 31. 행정안전부령 제 93호
2018. 3. 30. 행정안전부령 제 53호
2017. 12. 29. 행정안전부령 제 27호
(행정안전부와~시행규칙 부칙)
2017. 7. 26. 행정안전부령 제 1호
2016. 12. 30. 행정자치부령 제104호
2015. 12. 31. 행정자치부령 제 55호
(농어촌도로의 구조·시설기준에 관한 규칙 등 일부개정령)
2015. 11. 16. 행정자치부령 제 43호
2015. 7. 24. 행정자치부령 제 31호
2015. 6. 1. 행정자치부령 제 28호
2015. 1. 15. 행정자치부령 제 18호
(행정자치부와~시행규칙 부칙)
2014. 11. 19. 행정자치부령 제 1호
2014. 8. 8. 안전행정부령 제 88호
2014. 3. 14. 안전행정부령 제 62호
2014. 1. 1. 안전행정부령 제 48호

</td></tr>
</table>

(정부조직법 부칙) 2014. 11. 19. 법률 제12844호
2014. 10. 15. 법률 제12801호
(측량ㆍ수로조사~법률 부칙) 2014. 6. 3. 법률 제12738호
2014. 5. 20. 법률 제12602호
2014. 3. 24. 법률 제12505호
2014. 1. 1. 법률 제12153호
2013. 12. 26. 법률 제12118호
(부가가치세법 부칙) 2013. 6. 7. 법률 제11873호
(정부조직법 부칙) 2013. 3. 23. 법률 제11690호
2013. 1. 1. 법률 제11617호
2011. 12. 31. 법률 제11137호
(국세기본법 부칙) 2011. 12. 31. 법률 제11124호
(저작권법 부칙) 2011. 12. 2. 법률 제11110호
2011. 12. 2. 법률 제11108호
(신탁법 부칙) 2011. 7. 25. 법률 제10924호
2011. 3. 29. 법률 제10469호
2010. 12. 27. 법률 제10416호
전면개정 2010. 3. 31. 법률 제10221호

(국가균형발전 특별법 시행령 부칙) 2021. 6. 8. 대통령령 제31740호
2021. 4. 27. 대통령령 제31646호
(전기안전관리법 시행령 부칙) 2021. 3. 30. 대통령령 제31576호
(수산식품산업의~시행령 부칙) 2021. 2. 19. 대통령령 제31472호
2021. 2. 17. 대통령령 제31463호
(주류 면허~시행령 부칙) 2021. 2. 17. 대통령령 제31450호
(해양조사와~시행령 부칙) 2021. 2. 9. 대통령령 제31438호
(어려운 법령용어~대통령령) 2021. 1. 5. 대통령령 제31380호
2020. 12. 31. 대통령령 제31343호
(전자문서 및~시행령 부칙) 2020. 12. 10. 대통령령 제31252호
(한국감정원법 시행령 부칙) 2020. 12. 8. 대통령령 제31243호
(전자서명법 시행령 부칙) 2020. 12. 8. 대통령령 제31222호
(소프트웨어~시행령 부칙) 2020. 12. 8. 대통령령 제31221호
(해양폐기물~시행령 부칙) 2020. 12. 1. 대통령령 제31212호
(친환경농어업~시행령 부칙) 2020. 8. 26. 대통령령 제30975호
2020. 8. 12. 대통령령 제30939호
(벤처투자~시행령 부칙) 2020. 8. 11. 대통령령 제30934호
(신용정보의~시행령 부칙) 2020. 8. 4. 대통령령 제30893호
2020. 6. 2. 대통령령 제30728호
(문화재보호법 시행령 부칙) 2020. 5. 26. 대통령령 제30704호
(산업집적활성화~시행령 부칙) 2020. 5. 12. 대통령령 제30672호
2020. 4. 28. 대통령령 제30633호

(2010. 9. 20. 대통령령 제22395호 전면개정
~2019. 12. 31. 대통령령 제30318호 개정) 생략

(안전행정부와~시행규칙 부칙)
2013. 3. 23. 안전행정부령 제 1호
2013. 1. 14. 행정안전부령 제336호
2012. 4. 10. 행정안전부령 제292호
2011. 12. 31. 행정안전부령 제272호
2011. 5. 30. 행정안전부령 제221호
2010. 12. 31. 행정안전부령 제185호
전면개정 2010. 12. 23. 행정안전부령 제177호

운영 예규

개정 2023. 7. 1. 행정안전부예규 제249호
2022. 10. 25. 행정안전부예규 제223호
제정 2019. 5. 31. 행정안전부예규 제 74호

제1조【목 적】이 법은 지방자치단체가 과세하는 지방세 각 세목의 과세요건 및 부과·징수, 그 밖에 필요한 사항을 규정함을 목적으로 한다. (2010. 3. 31. 개정)

제2조【정 의】이 법에서 사용하는 용어의 뜻은 별도의 규정이 없으면 「지방세기본법」 및 「지방세징수법」에서 정하는 바에 따른다. (2016. 12. 27. 개정 ; 지방세징수법 부칙)

제3조【과세 주체】이 법에 따른 지방세를 부과·징수하는 지방자치단체는 「지방세기본법」 제8조 및 제9조의 지방자치단체의 세목 구분에 따라 해당 지방세의 과세 주체가 된다. (2010. 3. 31. 개정)

제4조【부동산 등의 시가표준액】① 이 법에서 적용하는 토지 및 주택에 대한 시가표준액은 「부동산 가격공시에 관한 법률」에 따라 공시된 가액(價額)으로 한다. 다만, 개별공시지가 또는 개별주택가격이 공시되지 아니한 경우에는 특별자치시장·특별자치도지사·시장·군수 또는 구청장(자치구의 구청장을 말한다. 이하 같다)이 같은 법에 따라 국토교통부장관이 제공한 토지가격비준표 또는 주택가격비준표를 사용하여 산정한 가액으로 하고, 공동주택가격이 공시되지 아니한 경우에는 대통령령으로 정하는 기준에 따라 특별자치시장·특별자치도지사·시장·군수 또는 구청장이 산정한 가액으로 한다. (2016. 12. 27. 단서개정)

② 제1항 외의 건축물(새로 건축하여 건축 당시 개별주택가격 또는 공동주택가격이 공시되지 아니한 주택으로서 토지부분을 제외한 건축물을 포함한다), 선박, 항공기 및 그 밖의 과세대상에 대한 시가표준액은

제1조【목 적】이 영은 「지방세법」에서 위임된 사항과 그 시행에 필요한 사항을 규정함을 목적으로 한다. (2010. 9. 20. 개정)

제2조【토지 및 주택의 시가표준액】「지방세법」(이하 "법"이라 한다) 제4조 제1항 본문에 따른 토지 및 주택의 시가표준액은 「지방세기본법」 제34조에 따른 세목별 납세의무의 성립시기 당시에 「부동산 가격공시에 관한 법률」에 따라 공시된 개별공시지가, 개별주택가격 또는 공동주택가격으로 한다. (2016. 8. 31. 개정 ; 부동산 가격공시~시행령 부칙)

제3조【공시되지 아니한 공동주택가격의 산정가액】법 제4조 제1항 단서에서 "대통령령으로 정하는 기준"이란 지역별·단지별·면적별·층별 특성 및 거래가격 등을 고려하여 행정안전부장관이 정하는 기준을 말한다. 이 경우 행정안전부장관은 미리 관계 전문가의 의견을 들어야 한다. (2017. 7. 26. 직제개정 ; 행정안전부와~직제 부칙)

제4조【건축물 등의 시가표준액 산정기준】(2021. 12. 31. 제목개정)
① 법 제4조 제2항에서 "대통령령으로 정하는 기준"이란 매년 1월 1일 현

제1조【목 적】이 규칙은 「지방세법」 및 같은 법 시행령에서 위임된 사항과 그 시행에 필요한 사항을 규정함을 목적으로 한다. (2010. 12. 23. 개정)

제2조【건축물의 시가표준액 결정 절차】(2023. 3. 28. 제목개정)
① 특별자치시장·특별자치도지사·시장·군수 또는 구청장(구청장은 자치구의 구청장을 말하며, 이하 "시장·군수·구청장"이라 한다)은 「지방세법 시행령」(이하 "영"이라 한다) 제4조의 2 제1항에 따라 산정된 건축물 시가표준액에 대해 그 소유자와 이해관계인(이하 이 조에서 "소유자등"이라 한다)의 의견을 들으려는 경우에는 다음 각 호의 사항을 「지방세기본법」에 따른 지방세통합정보통신망(이하 "지방세통합정보통신망"이라 한다)에 게재해야 한다. (2023. 3. 28. 개정)
1. 건축물의 시가표준액 (2023. 3. 28. 개정)
2. 의견제출 방법 (2023. 3. 28. 개정)
3. 의견제출 기한 (2023. 3. 28. 개정)
4. 의견제출 서식 (2023. 3. 28. 개정)
5. 그 밖에 소유자등의 의견청취를 위해 행정안전부장관이 필요하다고 인정하는 사항 (2023. 3. 28. 개정)
② 시장·군수·구청장(특별자치시장 및 특별자치도지사는 제외한다)은 영 제4조

거래가격, 수입가격, 신축·건조·제조가격 등을 고려하여 정한 기준가격에 종류, 구조, 용도, 경과연수 등 과세대상별 특성을 고려하여 대통령령으로 정하는 기준에 따라 지방자치단체의 장이 결정한 가액으로 한다. (2010. 3. 31. 개정)

③ ☞ P.3878

재를 기준으로 과세대상별 구체적 특성을 고려하여 다음 각 호의 방식에 따라 행정안전부장관이 정하는 기준을 말한다. (2021. 12. 31. 개정)

1. 오피스텔 : 행정안전부장관이 고시하는 표준가격기준액에 다음 각 목의 사항을 적용한다. (2020. 12. 31. 신설)

　가. 오피스텔의 용도별·층별 지수 (2020. 12. 31. 신설)

　나. 오피스텔의 규모·형태·특수한 부대설비 등의 유무 및 그 밖의 여건에 따른 가감산율(加減算率) (2020. 12. 31. 신설)

1의 2. 제1호 외의 건축물 : 건설원가 등을 고려하여 행정안전부장관이 산정·고시하는 건물신축가격기준액에 다음 각 목의 사항을 적용한다. (2021. 12. 31. 개정)

　가. 건물의 구조별·용도별·위치별 지수 (2010. 9. 20. 개정)

　나. 건물의 경과연수별 잔존가치율 (2010. 9. 20. 개정)

　다. 건물의 규모·형태·특수한 부대설비 등의 유무 및 그 밖의 여건에 따른 가감산율 (2020. 12. 31. 개정)

2. 선박 : 선박의 종류·용도 및 건조가격을 고려하여 톤수 간에 차등을 둔 단계별 기준가격에 해당 톤수를 차례대로 적용하여 산출한 가액의 합계액에 다음 각 목의 사항을 적용한다. (2010. 9. 20. 개정)

　가. 선박의 경과연수별 잔존가치율 (2010. 9. 20. 개정)

　나. 급랭시설 등의 유무에 따른 가감산율 (2010. 9. 20. 개정)

3. 차량 : 차량의 종류별·승차정원별·최대적재량별·제조연도별 제조가격(수입하는 경우에는 수입가격을 말한다) 및 거래가격 등을 고려하여 정한 기준가격에 차량의 경과연수별 잔존가치율을 적용한다. (2010. 9. 20. 개정)

4. 기계장비 : 기계장비의 종류별·톤수별·형식별·제조연도별 제조가격(수입하는 경우에는 수입가격을 말한다) 및 거래가격 등을 고려하여 정한 기준가격에 기계장비의 경과연수별 잔존가치율을 적용한다. (2010. 9. 20. 개정)

5. 입목(立木) : 입목의 종류별·수령별 거래가격 등을 고려하여 정한 기준가격에 입목의 목재 부피, 그루 수 등을 적용한다. (2010. 9. 20. 개정)

6. 항공기 : 항공기의 종류별·형식별·제작회사별·정원별·최대이륙중량별·제조연도별 제조가격 및 거래가격(수입하는 경우에는 수

☞ p.3877 3단 연결

의 2 제3항·제4항 및 제5항 후단에 따라 특별시장·광역시장 또는 도지사(이하 이 조에서 "시·도지사"라 한다)의 시가표준액 승인을 받으려는 경우에는 행정안전부장관이 정하는 바에 따라 승인에 필요한 자료를 시·도지사에게 제출해야 한다. (2023. 3. 28. 개정)

③ 시·도지사는 정당한 사유가 없는 한 제2항에 따라 승인 신청을 받은 날부터 50일 이내에 시장·군수·구청장(특별자치시장 및 특별자치도지사는 제외한다)에게 그 결과를 통보해야 한다. (2023. 3. 28. 개정)

④ 제1항부터 제3항까지에서 규정한 사항 외에 소유자등의 의견청취 및 시가표준액 승인의 절차·방법 등에 필요한 사항은 행정안전부장관이 정한다. (2023. 3. 28. 개정)

2. 그 밖에 시가표준액의 기준 산정에 관한 전문성이 있는 것으로 행정안전부장관이 인정하여 고시하는 기관 (2020. 12. 31. 개정)
3. 삭 제 (2020. 12. 31.)
③∼⑨ 삭 제 (2021. 12. 31.)
⑩ 행정안전부장관은 제9항 제2호 또는 제3호에 해당하는 기관이 제1항 각 호(제1호는 제외한다)의 과세대상에 대한 시가표준액 기준을 산정하기 위하여 조사·연구를 수행하게 하려는 경우에는 제9항 제1호의 기관과 공동으로 조사·연구를 수행하게 하여야 한다. (2017. 7. 26. 직제개정 ; 행정안전부와∼직제 부칙)
⑩ 삭 제 (2020. 12. 31.)

　　제4조의 2 【건축물의 시가표준액 결정 절차 등】 ① 특별자치시장·특별자치도지사·시장·군수 또는 구청장(구청장은 자치구의 구청장을 말하며, 이하 "시장·군수·구청장"이라 한다)은 제4조 제1항 제1호 및 제1호의 2의 방식에 따라 관할 구역 내 건축물의 시가표준액을 산정한다. (2021. 12. 31. 신설)
② 시장·군수·구청장은 제1항에 따라 산정한 건축물의 시가표준액에 대하여 행정안전부령으로 정하는 절차에 따라 10일 이상 건축물의 소유자와 이해관계인(이하 이 조에서 "소유자등"이라 한다)의 의견을 들어야 한다. (2023. 12. 29. 개정)
③ 시장·군수·구청장은 다음 각 호의 어느 하나에 해당하는 경우에는 제1항에 따라 산정한 시가표준액을 행정안전부장관이 정하는 기준에 따라 변경할 수 있다. 이 경우 시장·군수·구청장(특별자치시장 및 특별자치도지사는 제외한다)은 그 변경 전에 특별시장·광역시장 또는 도지사(이하 이 조 및 제4조의3에서 "시·도지사"라 한다)의 승인을 받아야 한다. (2023. 6. 30. 개정)
1. 제2항에 따라 소유자등이 제출한 의견에 상당한 이유가 있다고 인정되는 경우 (2023. 6. 30. 신설)
2. 시가의 변동이나 그 밖의 사유로 해당 시가표준액을 그대로 적용하는 것이 불합리하다고 인정되는 경우 (2023. 6. 30. 신설)
④ 시장·군수·구청장은 제3항에도 불구하고 이미 산정된 시가표준액의 100분의 20을 초과하여 시가표준액을 변경하려는 경우에는 다음 각 호의 구분에 따른 절차를 거쳐야 한다. (2021. 12. 31. 신설)

☞ p.3878 2단 연결

고려하여 정한 기준가격에 시설물의 용도·형태·성능 및 규모 등을 고려하여 가액을 산출한 후, 그 가액에 다시 시설물의 경과연수별 잔존가치율을 적용한다. (2010. 9. 20. 개정)
② 제1항 제11호에 따른 건축물에 딸린 시설물(이하 이 항에서 "시설물"이라 한다)의 시가표준액을 적용할 때 그 시설물이 주거와 주거 외의 용도로 함께 쓰이고 있는 건축물의 시설물인 경우에는 그 건축물의 연면적 중 주거와 주거 외의 용도 부분의 점유비율에 따라 제1항 제11호에 따른 시가표준액을 나누어 적용한다. (2010. 9. 20. 개정)
③ 법 제4조 제2항에 따른 건축물, 선박, 항공기 및 그 밖의 과세대상에 대한 시가표준액은 매년 1월 1일 현재 특별자치시장·특별자치도지사·시장·군수 또는 구청장(자치구의 구청장을 말한다. 이하 "시장·군수·구청장"이라 한다)이 제1항의 행정안전부장관이 정하는 기준에 따라 산정하여 특별자치시장 및 특별자치도지사는 직접 결정하고, 시장·군수·구청장(특별자치시장 및 특별자치도지사는 제외한다)은 특별시장·광역시장 또는 도지사(이하 이 조에서 "도지사"라 한다)의 승인을 받아 결정한다. 다만, 시가의 변동 또는 그 밖의 사유로 이미 결정한 시가표준액을 그대로 적용하는 것이 불합리하다고 인정되는 경우에는 도지사·특별자치시장 또는 특별자치도지사는 행정안전부장관의 승인을 받아 해당 시가표준액을 변경결정할 수 있다. (2017. 7. 26. 직제개정 ; 행정안전부와∼직제 부칙)
④ 도지사·특별자치시장 또는 특별자치도지사는 제3항에 따라 시가표준액을 승인하거나 변경결정할 때 필요하다고 인정되는 경우에는 관할 지방국세청장과 협의할 수 있다. (2016. 12. 30. 개정)
⑤ 행정안전부장관은 제3항 본문에 따라 결정된 시가표준액에 대하여 조정이 필요하다고 인정되는 경우에는 국세청장과 협의하여 조정기준을 정한 후 해당 도지사·특별자치시장 또는 특별자치도지사에게 통보할 수 있다. (2017. 7. 26. 직제개정 ; 행정안전부와∼직제 부칙)
⑥ 도지사·특별자치시장 또는 특별자치도지사는 제3항에 따라 승인하거나 변경결정한 시가표준액을 관할 지방법원장에게 통보하여야 한다. (2016. 12. 30. 개정)
⑦ 제3항 본문에 따라 결정된 시가표준액은 시장·군수·구청장이 고시하고, 같은 항 단서에 따라 변경결정된 시가표준액은 도지사·특별자치시장 또는 특별자치도지사가 고시하여 일반인이 열람할 수 있도록 하여야 한다. (2016. 12. 30. 개정)
⑧ 행정안전부장관은 제1항·제3항 또는 제5항에 따라 시가표준액에 관한 기준을 정하거나 승인을 할 때에는 미리 관계 전문가의 의견을 들어야 한다. (2017. 7. 26. 직제개정 ; 행정안전부와∼직제 부칙)
⑨ 법 제4조 제3항에서 "대통령령으로 정하는 관련 전문기관"이란 다음 각 호의 어느 하나에 해당하는 기관을 말한다. (2020. 12. 31. 개정)
1. 「지방세기본법」 제151조에 따른 지방세연구원 (2017. 3. 27. 개정 ; 지방세기본법 시행령 부칙)

입가격을 말한다)을 고려하여 정한 기준가격에 항공기의 경과연수별 잔존가치율을 적용한다. (2010. 9. 20. 개정)
7. 광업권 : 광구의 광물매장량, 광물의 톤당 순 수입가격, 광업권 설정비, 광산시설비 및 인근 광구의 거래가격 등을 고려하여 정한 기준가격에서 해당 광산의 기계 및 시설취득비, 기계설비 이전비 등을 뺀다. (2010. 9. 20. 개정)
8. 어업권·양식업권 : 인근 같은 종류의 어장·양식장의 거래가격과 어구 설치비 등을 고려하여 정한 기준가격에 어업·양식업의 종류, 어장·양식장의 위치, 어구 또는 장치, 어업·양식업의 방법, 채취물 또는 양식물 및 면허의 유효기간 등을 고려한다. (2020. 12. 31. 개정)
9. 골프회원권, 승마회원권, 콘도미니엄 회원권, 종합체육시설 이용회원권 및 요트회원권 : 분양 및 거래가격을 고려하여 정한 기준가격에 「소득세법」에 따른 기준시가 등을 고려한다. (2014. 3. 14. 개정)
10. 토지에 정착하거나 지하 또는 다른 구조물에 설치하는 시설 : 종류별 신축가격 등을 고려하여 정한 기준가격에 시설의 용도·구조 및 규모 등을 고려하여 가액을 산출한 후, 그 가액에 다시 시설의 경과연수별 잔존가치율을 적용한다. (2010. 9. 20. 개정)
11. 건축물에 딸린 시설물 : 종류별 제조가격(수입하는 경우에는 수입가격을 말한다), 거래가격 및 설치가격 등을

〈제4조〉
③ 행정안전부장관은 제2항에 따른 시가표준액의 적정한 기준을 산정하기 위하여 조사·연구가 필요하다고 인정하는 경우에는 대통령령으로 정하는 관련 전문기관에 의뢰하여 이를 수행하게 할 수 있다. (2017. 7. 26. 직제개정 ; 정부조직법 부칙)
④ 제1항과 제2항에 따른 시가표준액의 결정은 「지방세기본법」 제147조에 따른 지방세심의위원회에서 심의한다. (2016. 12. 27. 개정 ; 지방세기본법 부칙)

제5조 【「지방세기본법」 및 「지방세징수법」의 적용】 (2016. 12. 27. 제목개정 ; 지방세징수법 부칙)
지방세의 부과·징수에 관하여 이 법 및 다른 법령에서 규정한 것을 제외하고는 「지방세기본법」 및 「지방세징수법」을 적용한다. (2016. 12. 27. 개정 ; 지방세징수법 부칙)

1. 특별자치시장 및 특별자치도지사 : 행정안전부장관과 협의 (2021. 12. 31. 신설)
2. 시장·군수·구청장(특별자치시장 및 특별자치도지사는 제외한다) : 시·도지사의 승인. 이 경우 시·도지사는 그 승인 전에 미리 행정안전부장관과 협의해야 한다. (2021. 12. 31. 신설)
⑤ 시장·군수·구청장은 제1항, 제3항 및 제4항에 따라 산정(변경산정을 포함한다)한 시가표준액을 결정하여 매년 6월 1일까지 고시해야 한다. 이 경우 시장·군수·구청장(특별자치시장 및 특별자치도지사는 제외한다)은 그 결정 전에 시·도지사의 승인을 받아야 한다. (2021. 12. 31. 신설)
⑥ 시장·군수·구청장(특별자치시장 및 특별자치도지사는 제외한다)은 제5항에 따라 결정한 시가표준액을 시·도지사에게 제출해야 한다. (2021. 12. 31. 신설)
⑦ 특별자치시장, 특별자치도지사나 시·도지사는 제5항에 따라 결정한 시가표준액이나 제6항에 따라 제출받은 시가표준액을 관할 지방법원장에게 통보해야 한다. (2021. 12. 31. 신설)

제4조의 3 【건축물 외 물건의 시가표준액 결정 절차 등】 ① 시장·군수·구청장은 제4조 제1항 제2호부터 제11호까지에서 규정한 방식에 따라 건축물 외 물건의 시가표준액을 산정하여 결정·고시해야 한다. (2021. 12. 31. 신설)
② 시장·군수·구청장은 해당 연도 1월 1일 이후 제4조 제1항 각 호에서 규정한 사항 외에 신규 물건이 발생하거나 같은 조 제1항 제2호부터 제11호까지에서 규정한 시가표준액 산정방식에 변경이 필요하다고 인정되는 경우에는 행정안전부장관에게 시가표준액 산정기준의 신설 또는 변경을 요청할 수 있다. (2021. 12. 31. 신설)
③ 행정안전부장관은 제2항에 따른 요청이 있는 경우 시가표준액 산정기준의 신설 또는 변경 필요성을 검토한 후 검토결과에 따라 제4조 제1항 제2호부터 제11호까지에서 규정한 시가표준액의 산정방식을 신설하거나 변경할 수 있다. (2021. 12. 31. 신설)
④ 행정안전부장관은 제3항에 따라 시가표준액의 산정기준을 신설하거나 변경하려는 경우에는 미리 관계 전문가의 의견을 들어야 한다.

(2021. 12. 31. 신설)
⑤ 시장·군수·구청장은 제3항에 따라 변경 산정한 시가표준액을 변경 결정·고시해야 한다. (2021. 12. 31. 신설)
⑥ 시장·군수·구청장(특별자치시장 및 특별자치도지사는 제외한다)은 제1항 또는 제5항에 따라 결정하거나 변경 결정한 시가표준액을 시·도지사에게 제출해야 한다. (2021. 12. 31. 신설)
⑦ 특별자치시장, 특별자치도지사나 시·도지사는 제1항 또는 제5항에 따라 결정하거나 변경 결정한 시가표준액이나 제6항에 따라 제출받은 시가표준액을 관할 지방법원장에게 통보해야 한다. (2021. 12. 31. 신설)

제4조의 4 【시가표준액 조사·연구 전문기관】 법 제4조 제3항에서 "대통령령으로 정하는 관련 전문기관"이란 다음 각 호의 기관을 말한다. (2021. 12. 31. 신설)
1. 「지방세기본법」 제151조 제1항에 따른 지방세연구원 (2021. 12. 31. 신설)
2. 그 밖에 시가표준액의 기준 산정에 관한 전문성이 있는 것으로 행정안전부장관이 인정하여 고시하는 기관 (2021. 12. 31. 신설)

제4조의 5 【시가표준액심의위원회의 설치 등】 ① 다음 각 호의 사항을 심의하기 위하여 행정안전부장관 소속으로 시가표준액심의위원회(이하 "시가표준액

☞ p.3879 2단 연결

심의위원회'라 한다)를 둔다. (2021. 12. 31. 신설)

1. 제4조 제1항 각 호의 시가표준액 산정방식 (2021. 12. 31. 신설)

2. 제4조의 2 제4항에 따른 건축물의 시가표준액 변경 협의 (2021. 12. 31. 신설)

3. 제4조의 3 제3항에 따른 시가표준액 산정기준의 신설 (2021. 12. 31. 신설)

4. 그 밖에 시가표준액의 산정기준 마련과 관련하여 시가표준액심의위원회의 심의가 필요하다고 행정안전부장관이 인정하는 사항 (2021. 12. 31. 신설)

② 시가표준액심의위원회는 위원장 1명과 부위원장 1명을 포함하여 10명 이내의 위원으로 구성한다. (2021. 12. 31. 신설)

③ 시가표준액심의위원회의 위원장은 행정안전부에서 지방세 관련 업무를 담당하는 고위공무원단에 속하는 일반직공무원 중에서 행정안전부장관이 지명한다. (2021. 12. 31. 신설)

④ 시가표준액심의위원회의 위원은 다음 각 호의 사람 중에서 행정안전부장관이 임명하거나 위촉한다. (2021. 12. 31. 신설)

1. 행정안전부 소속 4급 이상 공무원 또는 고위공무원단에 속하는 공무원 (2021. 12. 31. 신설)

2. 변호사, 공인회계사, 세무사 또는 감정평가사의 직(職)에 5년 이상 종사한 사람 (2021. 12. 31. 신설)

3. 「고등교육법」에 따른 대학에서 법률·회계·조세·부동산 등을 가르치는 부교수 이상으로 재직하고 있거나 재직했던 사람 (2021. 12. 31. 신설)

4. 그 밖에 지방세에 관하여 전문지식과 경험이 풍부한 사람 (2021. 12. 31. 신설)

⑤ 제4항 제2호부터 제4호까지의 규정에 따른 위원의 임기는 2년으로 한다. (2021. 12. 31. 신설)

⑥ 시가표준액심의위원회 회의는 재적위원 과반수 출석으로 개의(開議)하고, 출석위원 과반수 찬성으로 의결한다. (2021. 12. 31. 신설)

⑦ 제1항부터 제6항까지에서 규정한 사항 외에 시가표준액심의위원회의 구성 및 운영에 필요한 사항은 행정안전부장관이 정한다. (2021. 12. 31. 신설)

제 2 장 취 득 세 (2010. 3. 31. 개정)

제 1 절 통 칙 (2010. 3. 31. 개정)

제6조 【정　의】 취득세에서 사용하는 용어의 뜻은 다음 각 호와 같다. (2010. 3. 31. 개정)

1. "취득"이란 매매, 교환, 상속, 증여, 기부, 법인에 대한 현물출자, 건축, 개수(改修), 공유수면의 매립, 간척에 의한 토지의 조성 등과 그 밖에 이와 유사한 취득으로서 원시취득(수용재결로 취득한 경우 등 과세대상이 이미 존재하는 상태에서 취득하는 경우는 제외한다), 승계취득 또는 유상·무상의 모든 취득을 말한다. (2016. 12. 27. 개정)

2. "부동산"이란 토지 및 건축물을 말한다. (2010. 3. 31. 개정)

3. "토지"란 「공간정보의 구축 및 관리 등에 관한 법률」에 따라 지적공부(地籍公簿)의 등록대상이 되는 토지와 그 밖에 사용되고 있는 사실상의 토지를 말한다. (2014. 6. 3. 개정 ; 측량·수로조사~법률 부칙)

4. "건축물"이란 「건축법」 제2조 제1항 제2호에 따른 건축물(이와 유사한 형태의 건축물을 포함한다)과 토지에 정착하거나 지하 또는 다른 구조물에 설치하는 레저시설, 저장시설, 도크(dock)시설, 접안시설, 도관시설, 급수·배수시설, 에너지 공급시설 및 그 밖에 이와 유사한 시설(이에 딸린 시설을 포함한다)로서 대통령령으로 정하는 것을 말한다. (2010. 3. 31. 개정)

5. "건축"이란 「건축법」 제2조 제1항 제8호에 따른 건축을 말한다. (2010. 3. 31. 개정)

6. "개수"란 다음 각 목의 어느 하나에 해당하는 것을 말한다. (2014. 1. 1. 개정)

　가. 「건축법」 제2조 제1항 제9호에 따른 대수선 (2014. 1. 1. 개정)

　나. 건축물 중 레저시설, 저장시설, 도크(dock)시설, 접안시설, 도관시설, 급수·배수시설, 에너지 공급시설 및 그 밖에 이와 유사한 시설(이에 딸린 시설을 포함한다)로서 대통령령으로 정하는 것을 수선하는 것 (2014. 1. 1. 개정)

제 2 장 취 득 세 (2010. 9. 20. 개정)

제 1 절 통 칙 (2010. 9. 20. 개정)

운영예규 법6-8 【취득의 의미】

「지방세법」 제6조 제1호에서 「취득」이라 함은 취득자가 소유권이전등기·등록 등 완전한 내용의 소유권을 취득하는가의 여부에 관계없이 사실상의 취득행위(잔금지급, 연부금 완납 등) 그 자체를 말하는 것이다.

제5조 【시설의 범위】 ① 법 제6조 제4호 및 같은 조 제6호 나목에 따른 레저시설, 저장시설, 독(dock)시설, 접안시설, 도관시설, 급수·배수시설 및 에너지 공급시설은 다음 각 호에서 정하는 시설로 한다. (2021. 1. 5. ; 어려운 법령용어~대통령령)

1. 레저시설 : 수영장, 스케이트장, 골프연습장(「체육시설의 설치·이용에 관한 법률」에 따라 골프연습장업으로 신고된 20타석 이상의 골프연습장만 해당한다), 전망대, 옥외스탠드, 유원지의 옥외오락시설(유원지의 옥외오락시설과 비슷한 오락시설로서 건물 안 또는 옥상에 설치하여 사용하는 것을 포함한다) (2010. 9. 20. 개정)

2. 저장시설 : 수조, 저유조, 저장창고, 저장조(저장용량이 1톤 이하인 액화석유가스 저장조는 제외한다) 등의 옥외저장시설(다른 시설과 유기적으로 관련되어 있고 일시적으로 저장기능을 하는 시설을 포함한다) (2021. 12. 31. 개정)

3. 독시설 및 접안시설 : 독, 조선대(造船臺) (2021. 1. 5. 개정 ; 어려운 법령용어~대통령령)

제 2 장 취 득 세
(2010. 12. 23. 개정)

제 1 절 통 칙
(2010. 12. 23. 개정)

4. 도관시설(연결시설을 포함한다) : 송유관, 가스관, 열수송관 (2010.
   9. 20. 개정)
5. 급수 · 배수시설 : 송수관(연결시설을 포함한다), 급수 · 배수시설,
   복개설비 (2010. 9. 20. 개정)
6. 에너지 공급시설 : 주유시설, 가스충전시설, 환경친화적 자동차 충전
   시설, 송전철탑(전압 20만 볼트 미만을 송전하는 것과 주민들의 요
   구로 「전기사업법」 제72조에 따라 이전 · 설치하는 것은 제외한다)
   (2019. 12. 31. 개정)
② 법 제6조 제4호 및 같은 조 제6호 나목에서 "대통령령으로 정하는
것"이란 각각 잔교(棧橋)(이와 유사한 구조물을 포함한다), 기계식 또
는 철골조립식 주차장, 차량 또는 기계장비 등을 자동으로 세차 또는
세척하는 시설, 방송중계탑(「방송법」 제54조 제1항 제5호에 따라 국가
가 필요로 하는 대외방송 및 사회교육방송 중계탑은 제외한다) 및 무선
통신기지국용 철탑을 말한다. (2014. 8. 12. 개정)

제6조 【시설물의 종류와 범위】 법 제6조 제6호 다목에서 "대통령
령으로 정하는 시설물"이란 다음 각 호의 어느 하나에 해당하는 시설
물을 말한다. (2014. 1. 1. 개정)
1. 승강기(엘리베이터, 에스컬레이터, 그 밖의 승강시설) (2010. 9. 20.
   개정)
2. 시간당 20킬로와트 이상의 발전시설 (2010. 9. 20. 개정)
3. 난방용 · 욕탕용 온수 및 열 공급시설 (2014. 8. 12. 개정)
4. 시간당 7천560킬로칼로리급 이상의 에어컨(중앙조절식만 해당한다)
   (2010. 9. 20. 개정)
5. 부착된 금고 (2010. 9. 20. 개정)
6. 교환시설 (2010. 9. 20. 개정)
7. 건물의 냉난방, 급수 · 배수, 방화, 방범 등의 자동관리를 위하여 설
   치하는 인텔리전트 빌딩시스템 시설 (2010. 9. 20. 개정)
8. 구내의 변전 · 배전시설 (2010. 9. 20. 개정)

다. 건축물에 딸린 시설물 중 대통령령으로 정하는 시설물을 한 종
   류 이상 설치하거나 수선하는 것 (2014. 1. 1. 개정)

7. "차량"이란 원동기를 장치한 모든 차량과 피견인차 및 궤도로 승객
   또는 화물을 운반하는 모든 기구를 말한다. (2010. 3. 31. 개정)

제7조 【원동기를 장치한 차량의 범위】 ① 법 제6조 제7호에서
"원동기를 장치한 모든 차량"이란 원동기로 육상을 이동할 목적으로

운영예규 법6-1【차량의 범위】
「지방세법」 제6조 제7호의 「차량」에는 태양열, 배터리 등 기타 전원을 이용하는 기구와 디젤기관차, 광차 및 축전차 등이 포함된다.

법6-2【궤 도】
「지방세법」 제6조 제7호에서 「궤도」라 함은 공중에 설치한 밧줄 등에 운반기를 달아 여객 또는 화물을 운송하는 것과 지상에 설치한 선로에 의하여 여객 또는 화물을 운송하는 것을 말한다.

8. "기계장비"란 건설공사용, 화물하역용 및 광업용으로 사용되는 기계장비로서 「건설기계관리법」에서 규정한 건설기계 및 이와 유사한 기계장비 중 행정안전부령으로 정하는 것을 말한다. (2017. 7. 26. 직제개정 ; 정부조직법 부칙)

9. "항공기"란 사람이 탑승·조종하여 항공에 사용하는 비행기, 비행선, 활공기(滑空機), 회전익(回轉翼) 항공기 및 그 밖에 이와 유사한 비행기구로서 대통령령으로 정하는 것을 말한다. (2010. 3. 31. 개정)

운영예규 법6-6【항공기의 범위】
「지방세법」 제6조 제9호의 「항공기」에는 사람이 탑승, 조정하지 아니하는 원격조정장치에 의한 항공기(농약살포 항공기 등)는 제외된다.

10. "선박"이란 기선, 범선, 부선(艀船) 및 그 밖에 명칭에 관계없이 모든 배를 말한다. (2013. 1. 1. 개정)

11. "입목"이란 지상의 과수, 임목과 죽목(竹木)을 말한다. (2010. 3. 31. 개정)

12. "광업권"이란 「광업법」에 따른 광업권을 말한다. (2010. 3. 31. 개정)

13. "어업권"이란 「수산업법」 또는 「내수면어업법」에 따른 어업권을 말한다. (2010. 3. 31. 개정)

13의 2. "양식업권"이란 「양식산업발전법」에 따른 양식업권을 말한다. (2019. 8. 27. 신설 ; 양식산업발전법 부칙)

14. "골프회원권"이란 「체육시설의 설치·이용에 관한 법률」에 따른 회원제 골프장의 회원으로서 골프장을 이용할 수 있는 권리를 말한다. (2010. 3. 31. 개정)

제작된 모든 용구(총 배기량 50시시 미만이거나 최고정격출력 4킬로와트 이하인 이륜자동차는 제외한다)를 말한다. (2019. 12. 31. 개정)
② 법 제6조 제7호에서 "궤도"란 「궤도운송법」 제2조 제1호에 따른 궤도를 말한다. (2010. 9. 20. 개정)

운영예규 법6-3【기계장비의 범위】
「지방세법」 제6조 제8호의 「기계장비」에는 단순히 생산설비에 고정부착되어 제조공정 중에 사용되는 공기압축기, 천정크레인, 호이스트, 컨베이어 등은 제외한다.

운영예규 법6-7【선박의 범위】
「지방세법」 제6조 제10호의 「선박」에는 해저관광 또는 학술연구를 위한 잠수캡슐의 모선으로 이용하는 부선과 석유시추선도 포함한다.

운영예규 법6-4【입목의 범위】
「지방세법」 제6조 제11호의 「입목」에는 집단적으로 생육되고 있는 지상의 과수·임목·죽목을 말한다. 다만, 묘목 등 이식을 전제로 잠정적으로 생립하고 있는 것은 제외한다.

운영예규 법6-5【골프회원권 등】
「지방세법」 제6조 제14호, 제15호, 제16호, 제17호, 제18호에서 골프회원권, 콘도

제3조【기계장비의 범위】「지방세법」(이하 "법"이라 한다) 제6조 제8호에서 "행정안전부령으로 정하는 것"이란 별표 1에 규정된 것을 말한다. (2023. 3. 28. 개정)

15. “승마회원권”이란 「체육시설의 설치·이용에 관한 법률」에 따른 회원제 승마장의 회원으로서 승마장을 이용할 수 있는 권리를 말한다. (2010. 3. 31. 개정)

16. “콘도미니엄 회원권”이란 「관광진흥법」에 따른 콘도미니엄과 이와 유사한 휴양시설로서 대통령령으로 정하는 시설을 이용할 수 있는 권리를 말한다. (2010. 3. 31. 개정)

17. “종합체육시설 이용회원권”이란 「체육시설의 설치·이용에 관한 법률」에 따른 회원제 종합 체육시설업에서 그 시설을 이용할 수 있는 회원의 권리를 말한다. (2010. 3. 31. 개정)

18. “요트회원권”이란 「체육시설의 설치·이용에 관한 법률」에 따른 회원제 요트장의 회원으로서 요트장을 이용할 수 있는 권리를 말한다. (2014. 1. 1. 신설)

19. “중과기준세율”이란 제11조 및 제12조에 따른 세율에 가감하거나 제15조 제2항에 따른 세율의 특례 적용기준이 되는 세율로서 1천분의 20을 말한다. (2015. 12. 29. 신설)

20. “연부(年賦)”란 매매계약서상 연부계약 형식을 갖추고 일시에 완납할 수 없는 대금을 2년 이상에 걸쳐 일정액씩 분할하 여 지급하는 것을 말한다. (2015. 12. 29. 신설)

제7조 【납세의무자 등】 ① 취득세는 부동산, 차량, 기계장비, 항공기, 선박, 입목, 광업권, 어업권, 양식업권, 골프회원권, 승마회원권, 콘도미니엄 회원권, 종합체육시설 이용회원권 또는 요트회원권(이하 이 장에서 “부동산등”이라 한다)을 취득한 자에게 부과한다. (2019. 8. 27. 개정 ; 양식산업발전법 부칙)

② 부동산등의 취득은 「민법」, 「자동차관리법」, 「건설기계관리법」, 「항공안전법」, 「선박법」, 「입목에 관한 법률」, 「광업법」, 「수산업법」 또는 「양식산업발전법」 등 관계 법령에 따른 등기·등록 등을 하지 아니한 경우라도 사실상 취득하면 각각 취득한 것으로 보고 해당 취득물건의 소유자 또는 양수인을 각각 취득자로 한다. 다만, 차량, 기계장비, 항공기 및 주문을 받아 건조하는 선박은 승계취득인 경우에만 해당한다. (2019. 8. 27. 개정 ; 양식산업발전법 부칙)

③ 건축물 중 조작(造作) 설비, 그 밖의 부대설비에 속하는 부분으로서

미니엄회원권, 승마회원권, 종합체육시설이용회원권 및 요트회원권의 가액에는 보증금, 입회비가 포함된다.

제8조 【콘도미니엄과 유사한 휴양시설의 범위】 법 제6조 제16호에서 “대통령령으로 정하는 시설”이란 「관광진흥법 시행령」 제23조 제1항에 따라 휴양·피서·위락·관광 등의 용도로 사용되는 것으로서 회원제로 운영하는 시설을 말한다. (2010. 9. 20. 개정)

제9조 【납세의무자】 삭 제 (2010. 12. 30.)

 법7 - 2 【취득의 시기】

1. 금융회사로부터 융자금을 받아 건축한 주택을 승계취득하는 경우에는 금융회사의 융자금이 건축주로부터 분양받은 자의 명의로 대환되는 때를 취득시기로 보며, 그 이전에 등기한 경우에는 이전등기일이 취득시기가 된다.

2. 차량·기계장비를 할부로 취득하는 경우는 할부금지급시기와 관계없이 실수요자가 인도받는 날과 등록일 중 빠른 날이 취득시기가 된다.

3. 현물출자를 통해 법인 설립을 하는 경우 재산의 취득시기는 법인설립 등기일이다.

4. 「지방세법 시행령」 제20조 제10항에서 지목이 사실상 변경이란 건축공사 등과 병행되는 경우로서 토지의 형질변경을 수반하는 경우에는 건축 등 그 원인되는 공사가 완료된 때를 취득의 시기로 본다.

5. 건축주가 임시사용승인일, 사실상 사용일, 사용승인서교부일 이전에 입주자로부터 잔금을 받은 경우에는 임시사용승인일, 사실상 사용일, 사용승인서교부일이 건축주의 원시취득일과 분양받은 자의 승계취득일이 된다.

6. 취득세 과세물건을 취득함에 있어 그 대금을 약속어음으로 받은 경우에는 대물

 법7 - 1 【납세의무】

1. 양도담보계약해제, 명의신탁해지로 취득하는 경우에는 그 취득의 방법·절차에 불구하고 그 권리의 인수자가 취득하는 경우로 보아 취득세의 납세의무가 있다.

2. 유상 및 무상취득을 불문하고 적법하게 취득한 다음에는 그 후 합의에 의하여 계약을 해제하고 그 재산을 반환하는 경우에도 이미 성립한 조세채권의 행사에 영향을 줄 수 없다. (무상 취득 및 개인간 유상 취득에 있어 60일 이내 계약해제 사실을 입증하는 경우는 제외. 다만, 소유권이전등기를 경료되지 않은 경우에 한한다.)

법7 - 4 【건설중인 골프장회원권 등의 취득 시기】

골프회원권, 콘도미니엄회원권, 승마회원권 및 종합체육시설이용회원권을 사업자로부터 최초로 취득하는 경우의 취득시기는 회원권에 대한 대금완납 후에 당첨자결정이 된 때에는 당첨자결정일이, 당첨자결정 후에 대금을 납입하는 때에는 잔금지급일이 된다.

법7 - 5 【연부취득】

일시취득 조건으로 취득한 부동산에 대한 대금지급방법을 연부계약형식으로 변경한 경우에는 계약변경 시점에 그 이전에 지급한 대금에 대한 취득세의 납세의무가 발생하며, 그 이후에는 사실상 매 연부금지급일마다 취득세를 납부하여야 한다.

법7 - 6 【대위등기 납세의무자 등】

1. “갑”소유의 미등기건물에 대하여 “을”이 채권확보를 위하여 법원의 판결에 의한 소유권보존등기를 “갑”의 명의로 등기할 경우의 취득세 납세의무는 “갑”에게 있다.

2. 법원의 가압류결정에 의한 가압류등기의 촉탁에 의하여 그 전제로 소유권보존등기가 선행된 경우 취득세 미납부에 대한 가산세납세의무자는 소유권보존등기자이다.

그 주체구조부(主體構造部)와 하나가 되어 건축물로서의 효용가치를 이루고 있는 것에 대하여는 주체구조부 취득자 외의 자가 가설(加設)한 경우에도 주체구조부의 취득자가 함께 취득한 것으로 본다. (2013. 1. 1. 개정)

④ 선박, 차량과 기계장비의 종류를 변경하거나 토지의 지목을 사실상 변경함으로써 그 가액이 증가한 경우에는 취득으로 본다. 이 경우 「도시개발법」에 따른 도시개발사업(환지방식만 해당한다)의 시행으로 토지의 지목이 사실상 변경된 때에는 그 환지계획에 따라 공급되는 환지는 조합원이, 체비지 또는 보류지는 사업시행자가 각각 취득한 것으로 본다. (2023. 3. 14. 후단신설)

⑤ 법인의 주식 또는 지분을 취득함으로써 「지방세기본법」 제46조 제2호에 따른 과점주주 중 대통령령으로 정하는 과점주주(이하 "과점주주"라 한다)가 되었을 때에는 그 과점주주가 해당 법인의 부동산등(법인이 「신탁법」에 따라 신탁한 재산으로서 수탁자 명의로 등기·등록이 되어 있는 부동산등을 포함한다)을 취득(법인설립 시에 발행하는 주식 또는 지분을 취득함으로써 과점주주가 된 경우에는 취득으로 보지 아니한다)한 것으로 본다. 이 경우 과점주주의 연대납세의무에 관하여는 「지방세기본법」 제44조를 준용한다. (2023. 3. 14. 개정)

⬤운⬤영⬤예⬤규 법7-3【과점주주의 납세의무】

1. 과점주주에 대한 취득세를 과세함에 있어 대도시 내 법인 본점 또는 주사무소의 사업용부동산 등에 대하여는 중과세를 하지 아니한다.

2. 과점주주의 납세의무성립 당시 당해 법인의 취득시기가 도래되지 아니한 물건에 대하여는 과점주주에게 납세의무가 없으며, 연부취득 중인 물건에 대하여는 연부 취득시기가 도래된 부분에 한하여 납세의무가 있다.

3. 과점주주 집단내부 및 특수관계자간의 주식거래가 발생하여 과점주주가 소유

변제일, 어음결제일과 소유권이전등기일 중 빠른 날이 취득시기가 된다.

7. 아파트·상가 등 구분등기대상 건축물을 원시취득함에 있어 1동의 건축물 중 그 일부에 대하여 임시사용승인을 받거나 사실상 사용하는 경우에는 그 임시사용승인을 받은 부분 또는 사실상 사용하는 부분과 그렇지 않은 부분을 구분하여 취득시기를 각각 판단한다.

8. 주택조합 등이 조합원으로부터 신탁받은 금전으로 매수하는 부동산에 대하여는 사실상의 잔금지급일 또는 등기일 중 빠른 날에 이를 취득한 것으로 본다.

법7-8【신탁재산 지목변경에 따른 납세의무자】

「신탁법」에 따라 신탁 등기가 되어 있는 토지의 지목이 변경된 경우 지목변경에 따른 취득세 납세의무는 수탁자에게 있다.

제10조【재산세 과세대장에의 등재】 법 제7조 제4항에 따라 토지의 지목변경에 대하여 취득세를 과세한 시장·군수·구청장은 재산세 과세대장에 지목변경 내용을 등재하고 관계인에게 통지하여야 한다. (2016. 12. 30. 개정)

제10조의 2【과점주주의 범위】 ① 법 제7조 제5항 전단에서 "대통령령으로 정하는 과점주주"란 「지방세기본법」 제46조 제2호에 따른 과점주주 중 주주 또는 유한책임사원(이하 "본인"이라 한다) 1명과 그의 특수관계인 중 다음 각 호의 어느 하나에 해당하는 특수관계인을 말한다. (2023. 3. 14. 신설)

1. 「지방세기본법 시행령」 제2조 제1항 각 호의 사람 (2023. 3. 14. 신설)

2. 「지방세기본법 시행령」 제2조 제2항 제1호의 사람으로서 다음 각 목의 어느 하나에 해당하는 사람 (2023. 3. 14. 신설)

　가. 주주 (2023. 3. 14. 신설)

　나. 유한책임사원 (2023. 3. 14. 신설)

3. 「지방세기본법 시행령」 제2조 제3항 제1호 가목에 따른 법인 중 본인이 직접 해당 법인의 경영에 대하여 지배적인 영향력을 행사하고 있는 경우 그 법인 (2023. 3. 14. 신설)

4. 「지방세기본법 시행령」 제2조 제3항 제2호 가목에 따른 개인·법인 중 해당 개인·법인이 직접 본인인 법인의 경영에 대하여 지배

법7-7【상속에 따른 납세의무자】

매매계약 체결 후 잔금지급이 이루어지기 전에 매도인이 사망하고 매수인에게 소유권이전등기가 되는 경우에도 매도인의 상속인에게 상속에 따른 취득세 납세의무가 있다.

한 총주식의 비율에 변동이 없다면 과점주주 간주취득세의 납세의무는 없다.

예시1. 과점주주 집단 내부에서 주식이 이전되는 경우

예시2. 당해 법인의 주주가 아니었던 자가 기존의 과점주주와 친족 기타 특수관계에 있거나 그러한 특수관계를 형성하면서 기존의 과점주주로부터 그 주식의 일부 또는 전부를 이전받아 새로이 과점주주가 되는 경우

⑥ 외국인 소유의 취득세 과세대상 물건(차량, 기계장비, 항공기 및 선박만 해당한다)을 직접 사용하거나 국내의 대여시설 이용자에게 대여하기 위하여 임차하여 수입하는 경우에는 수입하는 자가 취득한 것으로 본다. (2010. 3. 31. 개정)

⑥ 외국인 소유의 취득세 과세대상 물건(차량, 기계장비, 항공기 및 선박만 해당한다)을 직접 사용하거나 국내의 대여시설 이용자에게 대여하기 위하여 소유권을 이전 받는 조건으로 임차하여 수입하는 경우에는 수입하는 자가 취득한 것으로 본다. (2023. 12. 29. 개정)

⑦ 상속(피상속인이 상속인에게 한 유증 및 포괄유증과 신탁재산의 상속을 포함한다. 이하 이 장과 제3장에서 같다)으로 인하여 취득하는 경우에는 상속인 각자가 상속받는 취득물건(지분을 취득하는 경우에는 그 지분에 해당하는 취득물건을 말한다)을 취득한 것으로 본다. 이 경우 상속인의 납부의무에 관하여는 「지방세기본법」 제44조 제1항 및 제5항을 준용한다. (2010. 12. 27. 개정)

적인 영향력을 행사하고 있는 경우 그 개인·법인 (2023. 3. 14. 신설)

5. 「지방세기본법 시행령」 제2조 제3항 제2호 나목에 따른 법인 중 본인이 직접 또는 제4호에 해당하는 자를 통해 어느 법인의 경영에 대하여 지배적인 영향력을 행사하고 있는 경우 그 법인 (2023. 3. 14. 신설)

② 제1항 제3호부터 제5호까지에 따른 법인의 경영에 대한 지배적인 영향력의 기준에 관하여는 「지방세기본법 시행령」 제2조 제4항 제1호 가목 및 같은 항 제2호를 적용한다. 이 경우 같은 항 제1호 가목 및 제2호 나목 중 "100분의 30"은 각각 "100분의 50"으로 본다. (2023. 3. 14. 신설)

제11조 【과점주주의 취득 등】 ① 법인의 과점주주(제10조의 2에 따른 과점주주를 말한다. 이하 이 조에서 같다)가 아닌 주주 또는 유한책임사원이 다른 주주 또는 유한책임사원의 주식 또는 지분(이하 "주식등"이라 한다)을 취득하거나 증자 등으로 최초로 과점주주가 된 경우에는 최초로 과점주주가 된 날 현재 해당 과점주주가 소유하고 있는 법인의 주식등을 모두 취득한 것으로 보아 법 제7조 제5항에 따라 취득세를 부과한다. (2023. 3. 14. 개정)

② 이미 과점주주가 된 주주 또는 유한책임사원이 해당 법인의 주식등을 취득하여 해당 법인의 주식등의 총액에 대한 과점주주가 가진 주식등의 비율(이하 이 조에서 "주식등의 비율"이라 한다)이 증가된 경우에는 그 증가분을 취득으로 보아 법 제7조 제5항에 따라 취득세를 부과한다. 다만, 증가된 후의 주식등의 비율이 해당 과점주주가 이전에 가지고 있던 주식등의 최고비율보다 증가되지 아니한 경우에는 취득세를 부과하지 아니한다. (2015. 12. 31. 단서개정)

③ 과점주주였으나 주식등의 양도, 해당 법인의 증자 등으로 과점주주에 해당되지 아니하는 주주 또는 유한책임사원이 된 자가 해당 법인의 주식등을 취득하여 다시 과점주주가 된 경우에는 다시 과점주주가 된 당시의 주식등의 비율이 그 이전에 과점주주가 된 당시의 주식등의 비율보다 증가된 경우에만 그 증가분만을 취득으로 보아 제2항의 예에 따라 취득세를 부과한다. (2017. 12. 29. 개정)

④ 법 제7조 제5항에 따른 과점주주의 취득세 과세자료를 확인한 시

제4조 【과점주주 과세자료의 통보】

⑧ 「주택법」 제11조에 따른 주택조합과 「도시 및 주거환경정비법」 제35조 제3항 및 「빈집 및 소규모주택 정비에 관한 특례법」 제23조에 따른 재건축조합 및 소규모재건축조합(이하 이 장에서 "주택조합등"이라 한다)이 해당 조합원용으로 취득하는 조합주택용 부동산(공동주택과 부대시설ㆍ복리시설 및 그 부속토지를 말한다)은 그 조합원이 취득한 것으로 본다. 다만, 조합원에게 귀속되지 아니하는 부동산(이하 이 장에서 "비조합원용 부동산"이라 한다)은 제외한다. (2017. 2. 8. 개정 ; 빈집 및 소규모주택~부칙)

⑨ 「여신전문금융업법」에 따른 시설대여업자가 건설기계나 차량의 시설대여를 하는 경우로서 같은 법 제33조 제1항에 따라 대여시설이용자의 명의로 등록하는 경우라도 그 건설기계나 차량은 시설대여업자가 취득한 것으로 본다. (2010. 12. 27. 신설)

⑩ 기계장비나 차량을 기계장비대여업체 또는 운수업체의 명의로 등록하는 경우(영업용으로 등록하는 경우로 한정한다)라도 해당 기계장비나 차량의 구매계약서, 세금계산서, 차주대장(車主臺帳) 등에 비추어 기계장비나 차량의 취득대금을 지급한 자가 따로 있음이 입증되는 경우 그 기계장비나 차량은 취득대금을 지급한 자가 취득한 것으로 본다. (2015. 7. 24. 개정)

⑪ 배우자 또는 직계존비속의 부동산등을 취득하는 경우에는 증여로 취득한 것으로 본다. 다만, 다음 각 호의 어느 하나에 해당하는 경우에는 유상으로 취득한 것으로 본다. (2014. 1. 1. 신설)

1. 공매(경매를 포함한다. 이하 같다)를 통하여 부동산등을 취득한 경우 (2014. 1. 1. 신설)

2. 파산선고로 인하여 처분되는 부동산등을 취득한 경우 (2014. 1. 1.

장ㆍ군수ㆍ구청장은 그 과점주주에게 과세할 과세물건이 다른 특별자치시ㆍ특별자치도ㆍ시ㆍ군 또는 구(자치구를 말한다. 이하 "시ㆍ군ㆍ구"라 한다)에 있을 경우에는 지체 없이 그 과세물건을 관할하는 시장ㆍ군수ㆍ구청장에게 과점주주의 주식등의 비율, 과세물건, 가격명세 및 그 밖에 취득세 부과에 필요한 자료를 통보하여야 한다. (2016. 12. 30. 개정)

　　제11조의 2 【비조합원용 부동산의 취득】법 제7조 제8항 단서에 따른 비조합원용 부동산의 취득 면적은 다음 계산식에 따라 산출한 면적으로 한다. (2021. 12. 31. 신설)

$$\text{일반분양분 토지의 면적} \times \frac{\text{법 제7조 제8항에 따른 주택조합등이 사업 추진 중에 조합원으로부터 신탁받은 토지의 면적}}{\text{전체 토지의 면적}}$$

영 제11조 제4항에 따른 과점주주의 취득세 부과에 필요한 자료의 통보는 별지 제1호 서식에 따른다. (2010. 12. 23. 개정)

신설)

3. 권리의 이전이나 행사에 등기 또는 등록이 필요한 부동산등을 서로 교환한 경우 (2014. 1. 1. 신설)
4. 해당 부동산등의 취득을 위하여 그 대가를 지급한 사실이 다음 각 목의 어느 하나에 의하여 증명되는 경우 (2015. 12. 29. 개정)
　가. 그 대가를 지급하기 위한 취득자의 소득이 증명되는 경우 (2015. 12. 29. 신설)
　나. 소유재산을 처분 또는 담보한 금액으로 해당 부동산을 취득한 경우 (2015. 12. 29. 신설)
　다. 이미 상속세 또는 증여세를 과세(비과세 또는 감면받은 경우를 포함한다)받았거나 신고한 경우로서 그 상속 또는 수증 재산의 가액으로 그 대가를 지급한 경우 (2015. 12. 29. 신설)
　라. 가목부터 다목까지에 준하는 것으로서 취득자의 재산으로 그 대가를 지급한 사실이 입증되는 경우 (2015. 12. 29. 신설)
⑫ 증여자의 채무를 인수하는 부담부(負擔附) 증여의 경우에는 그 채무액에 상당하는 부분은 부동산등을 유상으로 취득하는 것으로 본다. 다만, 배우자 또는 직계존비속으로부터의 부동산등의 부담부 증여의 경우에는 제11항을 적용한다. (2017. 12. 26. 단서신설)
⑬ 상속개시 후 상속재산에 대하여 등기·등록·명의개서(名義改書) 등(이하 "등기등"이라 한다)에 의하여 각 상속인의 상속분이 확정되어 등기등이 된 후, 그 상속재산에 대하여 공동상속인이 협의하여 재분할한 결과 특정 상속인이 당초 상속분을 초과하여 취득하게 되는 재산가액은 그 재분할에 의하여 상속분이 감소한 상속인으로부터 증여받아 취득한 것으로 본다. 다만, 다음 각 호의 어느 하나에 해당하는 경우에는 그러하지 아니하다. (2014. 1. 1. 신설)
1. 제20조 제1항에 따른 신고·납부기한 내에 재분할에 의한 취득과 등기등을 모두 마친 경우 (2018. 12. 31. 개정)
2. 상속회복청구의 소에 의한 법원의 확정판결에 의하여 상속인 및 상속재산에 변동이 있는 경우 (2014. 1. 1. 신설)
3. 「민법」 제404조에 따른 채권자대위권의 행사에 의하여 공동상속인들의 법정상속분대로 등기등이 된 상속재산을 상속인사이의 협의분할에 의하여 재분할하는 경우 (2014. 1. 1. 신설)

⑭ 「공간정보의 구축 및 관리 등에 관한 법률」 제67조에 따른 대(垈) 중 「국토의 계획 및 이용에 관한 법률」 등 관계 법령에 따른 택지공사가 준공된 토지에 정원 또는 부속시설물 등을 조성·설치하는 경우에는 그 정원 또는 부속시설물 등은 토지에 포함되는 것으로서 토지의 지목을 사실상 변경하는 것으로 보아 토지의 소유자가 취득한 것으로 본다. 다만, 건축물을 건축하면서 그 건축물에 부수되는 정원 또는 부속시설물 등을 조성·설치하는 경우에는 그 정원 또는 부속시설물 등은 건축물에 포함되는 것으로 보아 건축물을 취득하는 자가 취득한 것으로 본다. (2019. 12. 31. 개정)

☞ p.3888 1단 연결

⑮ 「신탁법」 제10조에 따라 신탁재산의 위탁자 지위의 이전이 있는 경우에는 새로운 위탁자가 해당 신탁재산을 취득한 것으로 본다. 다만, 위탁자 지위의 이전에도 불구하고 신탁재산에 대한 실질적인 소유권 변동이 있다고 보기 어려운 경우로서 대통령령으로 정하는 경우에는 그러하지 아니하다. (2015. 12. 29. 신설)

⑯ 「도시개발법」에 따른 도시개발사업과 「도시 및 주거환경정비법」에 따른 정비사업의 시행으로 해당 사업의 대상이 되는 부동산의 소유자(상속인을 포함한다)가 환지계획 또는 관리처분계획에 따라 공급받거나 토지상환채권으로 상환받는 건축물은 그 소유자가 원시취득한 것으로 보며, 토지의 경우에는 그 소유자가 승계취득한 것으로 본다. 이 경우 토지는 당초 소유한 토지 면적을 초과하는 경우로서 그 초과한 면적에 해당하는 부분에 한정하여 취득한 것으로 본다. (2023. 3. 14. 신설)

제8조 【납세지】 ① 취득세의 납세지는 다음 각 호에서 정하는 바에 따른다. (2010. 3. 31. 개정)

1. 부동산 : 부동산 소재지 (2010. 3. 31. 개정)
2. 차량 : 「자동차관리법」에 따른 등록지. 다만, 등록지가 사용본거지와 다른 경우에는 사용본거지를 납세지로 하고, 철도차량의 경우에는 해당 철도차량의 청소, 유치(留置), 조성, 검사, 수선 등을 주로 수행하는 철도차량기지의 소재지를 납세지로 한다. (2016. 12. 27. 개정)
3. 기계장비 : 「건설기계관리법」에 따른 등록지 (2010. 3. 31. 개정)
4. 항공기 : 항공기의 정치장(定置場) 소재지 (2010. 3. 31. 개정)
5. 선박: 선적항 소재지. 다만, 「수상레저기구의 등록 및 검사에 관한 법률」 제3조 각 호에 해당하는 동력수상레저기구의 경우에는 같은 법 제6조 제1항에 따른 등록지로 하고, 그 밖에 선적항이 없는 선박의 경우에는 정계장 소재지(정계장이 일정하지 아니한 경우에는 선박 소유자의 주소지)로 한다. (2023. 3. 14. 단서개정)
6. 입목 : 입목 소재지 (2010. 3. 31. 개정)
7. 광업권 : 광구 소재지 (2010. 3. 31. 개정)
8. 어업권·양식업권 : 어장 소재지 (2019. 8. 27. 개정 ; 양식산업발전법 부칙)
9. 골프회원권, 승마회원권, 콘도미니엄 회원권, 종합체육시설 이용회

제11조의 3 【소유권 변동이 없는 위탁자 지위의 이전 범위】 (2021. 12. 31. 조번개정)

법 제7조 제15항 단서에서 "대통령령으로 정하는 경우"란 다음 각 호의 어느 하나에 해당하는 경우를 말한다. (2015. 12. 31. 신설)

1. 「자본시장과 금융투자업에 관한 법률」에 따른 부동산집합투자기구의 집합투자업자가 그 위탁자의 지위를 다른 집합투자업자에게 이전하는 경우 (2015. 12. 31. 신설)
2. 제1호에 준하는 경우로서 위탁자 지위를 이전하였음에도 불구하고 신탁재산에 대한 실질적인 소유권의 변동이 없는 경우 (2015. 12. 31. 신설)
2. 삭　제 (2021. 12. 31.)

원권 또는 요트회원권 : 골프장·승마장·콘도미니엄·종합체육
시설 및 요트 보관소의 소재지 (2014. 1. 1. 개정)
② 제1항에 따른 납세지가 분명하지 아니한 경우에는 해당 취득물건의
소재지를 그 납세지로 한다. (2010. 3. 31. 개정)
③ 같은 취득물건이 둘 이상의 지방자치단체에 걸쳐 있는 경우에는 대
통령령으로 정하는 바에 따라 소재지별로 안분(按分)한다. (2010. 3.
31. 개정)

제9조【비과세】(2014. 1. 1. 제목개정)
① 국가 또는 지방자치단체(다른 법률에서 국가 또는 지방자치단체
로 의제되는 법인은 제외한다. 이하 같다), 「지방자치법」 제176조 제
1항에 따른 지방자치단체조합(이하 "지방자치단체조합"이라 한다),
외국정부 및 주한국제기구의 취득에 대해서는 취득세를 부과하지 아
니한다. 다만, 대한민국 정부기관의 취득에 대하여 과세하는 외국정부
의 취득에 대해서는 취득세를 부과한다. (2021. 1. 12. 개정 ; 지방자치
법 부칙)
② 국가, 지방자치단체 또는 지방자치단체조합(이하 이 항에서 "국가
등"이라 한다)에 귀속 또는 기부채납(「사회기반시설에 대한 민간투자
법」 제4조 제3호에 따른 방식으로 귀속되는 경우를 포함한다. 이하 이
항에서 "귀속등"이라 한다)을 조건으로 취득하는 부동산 및 「사회기반
시설에 대한 민간투자법」 제2조 제1호 각 목에 해당하는 사회기반시설
에 대해서는 취득세를 부과하지 아니한다. 다만, 다음 각 호의 어느 하
나에 해당하는 경우 그 해당 부분에 대해서는 취득세를 부과한다.
(2015. 12. 29. 단서개정)
[농특비]
1. 국가등에 귀속등의 조건을 이행하지 아니하고 타인에게 매각·증여
   하거나 귀속등을 이행하지 아니하는 것으로 조건이 변경된 경우
   (2015. 12. 29. 신설)
2. 국가등에 귀속등의 반대급부로 국가등이 소유하고 있는 부동산 및
   사회기반시설을 무상으로 양여받거나 기부채납 대상물의 무상사용
   권을 제공받는 경우 (2015. 12. 29. 신설)
③ 신탁(「신탁법」에 따른 신탁으로서 신탁등기가 병행되는 것만 해당
한다)으로 인한 신탁재산의 취득으로서 다음 각 호의 어느 하나에 해당

제12조【취득세 안분 기준】법 제8조 제3항에 따라 같은 취득물
건이 둘 이상의 시·군·구에 걸쳐 있는 경우 각 시·군·구에 납부
할 취득세를 산출할 때 그 과세표준은 취득 당시의 가액을 취득물건의
소재지별 시가표준액 비율로 나누어 계산한다. (2016. 12. 30. 개정)

 법9-2【형식적 소유권취득에 대한 비과세등】
「지방세법」 제9조 제3항의 규정에 의한 「신탁」은 「신탁법」에 의한 신탁으로서
신탁등기가 병행되는 것을 말하므로 명의신탁해지를 원인으로 하는 취득은 과세
대상이다.
법9-3【비과세대상인 신탁의 범위】
「지방세법」 제9조 제3항에서 규정한 「신탁」이라 함은 「신탁법」에 의하여 위탁
자가 수탁자에 신탁등기를 하거나 신탁해지로 수탁자가 위탁자에게 이전되거나
수탁자가 변경되는 경우를 말하며, 명의신탁해지로 인한 취득 등은 「신탁법」에 의
한 신탁이 아니므로 이에 해당되지 아니한다.

하는 경우에는 취득세를 부과하지 아니한다. 다만, 신탁재산의 취득 중 주택조합등과 조합원 간의 부동산 취득 및 주택조합등의 비조합원용 부동산 취득은 제외한다. (2010. 3. 31. 개정) 농특비

1. 위탁자로부터 수탁자에게 신탁재산을 이전하는 경우 (2010. 3. 31. 개정)

2. 신탁의 종료로 인하여 수탁자로부터 위탁자에게 신탁재산을 이전하는 경우 (2011. 7. 25. 개정 ; 신탁법 부칙)

3. 수탁자가 변경되어 신수탁자에게 신탁재산을 이전하는 경우 (2010. 3. 31. 개정)

④ 「징발재산정리에 관한 특별조치법」 또는 「국가보위에 관한 특별조치법 폐지법률」 부칙 제2항에 따른 동원대상지역 내의 토지의 수용·사용에 관한 환매권의 행사로 매수하는 부동산의 취득에 대하여는 취득세를 부과하지 아니한다. (2010. 3. 31. 개정) 농특비

⑤ 임시흥행장, 공사현장사무소 등(제13조 제5항에 따른 과세대상은 제외한다) 임시건축물의 취득에 대하여는 취득세를 부과하지 아니한다. 다만, 존속기간이 1년을 초과하는 경우에는 취득세를 부과한다. (2010. 12. 27. 개정) 농특비

⑥ 「주택법」 제2조 제3호에 따른 공동주택의 개수(「건축법」 제2조 제1항 제9호에 따른 대수선은 제외한다)로 인한 취득 중 대통령령으로 정하는 가액 이하의 주택과 관련된 개수로 인한 취득에 대해서는 취득세를 부과하지 아니한다. (2016. 1. 19. 개정 ; 주택법 부칙)

⑦ 다음 각 호의 어느 하나에 해당하는 차량에 대해서는 상속에 따른 취득세를 부과하지 아니한다. (2021. 12. 28. 개정)

1. 상속개시 이전에 천재지변·화재·교통사고·폐차·차령초과(車齡超過) 등으로 사용할 수 없게 된 차량으로서 대통령령으로 정하는 차량 (2021. 12. 28. 개정)

2. 차령초과로 사실상 차량을 사용할 수 없는 경우 등 대통령령으로 정하는 사유로 상속으로 인한 이전등록을 하지 아니한 상태에서 폐차함에 따라 상속개시일이 속하는 달의 말일부터 6개월(외국에 주소를 둔 상속인이 있는 경우에는 9개월) 이내에 말소등록된 차량 (2024. 12. 31. 개정)

운영예규 법9-1【임시용건축물】

임시용 건축물에 대한 "존속기간 1년 초과" 판단의 기산점은 「건축법」 제20조 규정에 의하여 시장·군수에게 신고한 가설건축물 축조신고서상 존치기간의 시기(그 이전에 사실상 사용한 경우에는 그 사실상 사용일)가 되고, 신고가 없는 경우에는 사실상 사용일이 된다.

☞

제12조의 2【공동주택 개수에 대한 취득세의 면제 범위】 법 제9조 제6항에서 "대통령령으로 정하는 가액 이하의 주택"이란 개수로 인한 취득 당시 법 제4조에 따른 주택의 시가표준액이 9억원 이하인 주택을 말한다. (2013. 1. 1. 개정)

제12조의 3【취득세 비과세 대상 차량의 범위】 ① 법 제9조 제7항 제1호에서 "대통령령으로 정하는 차량"이란 제121조 제2항 제4호·제5호 또는 제8호에 해당하는 자동차를 말한다. (2021. 12. 31. 개정)

② 법 제9조 제7항 제2호에서 "차령초과로 사실상 차량을 사용할 수 없는 경우 등 대통령령으로 정하는 사유"란 상속개시일 현재 「자동차등록령」 제31조 제2항 각 호의 사유를 말한다. (2021. 12. 31. 신설)

③ 법 제9조 제7항에 따라 비과세를 받으려는 자는 그 사유를 증명할 수 있는 서류를 갖추어 시장·군수·구청장에게 신청하여야 한다. (2021. 12. 31. 항번개정)

제4조의 2【비과세 신청】 영 제12조의 3 제3항에 따른 비과세 신청은 별지 제1호의 2 서식의 자동차 상속 취득세 비과세

편주 ▶ ·············· 개정

법 9조 7항 2호의 개정규정은 2025. 1. 1. 전에 상속이 개시되어 2025. 1. 1. 당시 상속개시일이 속하는 달의 말일부터 6개월(외국에 주소를 둔 상속인이 있는 경우에는 9개월)이 지나지 아니한 경우에도 적용함. (법 부칙 (2024. 12. 31.) 2조)

신청서에 따른다. (2021. 12. 31. 개정)

제 2 절 과세표준과 세율 (2010. 3. 31. 개정)

제10조【과세표준의 기준】 (2021. 12. 28. 제목개정) 취득세의 과세표준은 취득 당시의 가액으로 한다. 다만, 연부로 취득하는 경우 취득세의 과세표준은 연부금액(매회 사실상 지급되는 금액을 말하며, 취득금액에 포함되는 계약보증금을 포함한다. 이하 이 장에서 같다)으로 한다. (2021. 12. 28. 개정)

운영예규 법10-1【과세표준】

1. 임시사용승인을 받아 사용하는 신축건물에 대한 취득세 과세표준은 임시사용승인일을 기준으로 그 이전에 당해 건물취득을 위하여 지급하였거나 지급하여야 할 비용을 포함한다.
2. 신축건물의 과세표준에는 분양을 위한 선전광고비(신문, TV, 잡지 등 분양광고비)는 제외하고 건축물의 주체구조부와 일체가 된 것은 과세표준으로 포함한다.
3. 사실상 취득가격의 범위에는 지목변경에 수반되는 농지전용부담금, 대체농지조성비, 대체산림조림비는 과세표준에 포함되지만, 취득일 이후 발생하는 「개발이익 환수에 관한 법률」에 따른 개발부담금(공사가 완료되어 발생하는 수익을 전제로 부담함)은 제외한다.
4. 분양하는 건축물의 취득시기 이전에 당해 건축물과 빌트인(Built-in) 등을 선택품목으로 일체로 취득하는 경우 취득가액에 포함한다.

제10조의 2【무상취득의 경우 과세표준】 ① 부동산등을 무상취득하는 경우 제10조에 따른 취득 당시의 가액(이하 "취득당시가액"이라 한다)은 취득시기 현재 불특정 다수인 사이에 자유롭게 거래가 이루어지는 경우 통상적으로 성립된다고 인정되는 가액(매매사례가액, 감정가액, 공매가액 등 대통령령으로 정하는 바에 따라 시가로 인정되는

제 2 절 과세표준과 세율 (2010. 9. 20. 개정)

제13조【취득 당시의 현황에 따른 부과】 부동산, 차량, 기계장비 또는 항공기는 이 영에서 특별한 규정이 있는 경우를 제외하고는 해당 물건을 취득하였을 때의 사실상의 현황에 따라 부과한다. 다만, 취득하였을 때의 사실상 현황이 분명하지 아니한 경우에는 공부(公簿)상의 등재 현황에 따라 부과한다. (2010. 9. 20. 개정)

제14조【시가인정액의 산정 및 평가기간의 판단 등】 ① 법 제10조의 2 제1항에서 "매매사례가액, 감정가액, 공매가액 등 대통령령으로 정하는 바에 따라 시가로 인정되는 가액"(이하 "시가인정액"이라 한다)이란 취득일 전 6개월부터 취득일 후 3개월 이내의 기간(이하 이 절에서 "평가기간"이라 한다)에 취득 대상이 된 법 제7조 제1항에 따

제 2 절 과세표준과 세율
(2010. 12. 23. 개정)

제4조의 3【시가인정액의 산정 기준 및 절차 등】 ① 영 제14조 제1항 제2호 각 목 외의 부분 본문에서 "행정안전부령으로 정하는 공신력 있는 감정기관"이란 「감정평가 및 감정평가사에 관한 법률」에 따른 감정

가액을 말하며, 이하 "시가인정액"이라 한다)으로 한다. (2021. 12. 28. 신설)

② 제1항에도 불구하고 다음 각 호의 경우에는 해당 호에서 정하는 가액을 취득당시가액으로 한다. (2021. 12. 28. 신설)

1. 상속에 따른 무상취득의 경우 : 제4조에 따른 시가표준액 (2021. 12. 28. 신설)

2. ☞ p.3894

른 부동산 등(이하 이 장에서 "부동산등"이라 한다)에 대하여 매매, 감정, 경매(「민사집행법」에 따른 경매를 말한다. 이하 이 장에서 같다) 또는 공매(이하 이 조에서 "매매등"이라 한다)한 사실이 있는 경우의 가액으로서 다음 각 호의 구분에 따라 해당 호에서 정하는 가액을 말한다. (2023. 6. 30. 개정)

편주 ▶ ···

영 14조 1항 2호 각 목 외의 부분 단서의 개정규정은 2024. 1. 1. 이후 취득하는 부동산등에 대해 시가인정액을 산정하는 경우부터 적용함. (영 부칙(2023. 12. 29.) 2조)

··

1. 취득한 부동산등의 매매사실이 있는 경우 : 그 거래가액. 다만, 「소득세법」 제101조 제1항 또는 「법인세법」에 따른 특수관계인(이하 "특수관계인"이라 한다)과의 거래 등으로 그 거래가액이 객관적으로 부당하다고 인정되는 경우는 제외한다. (2021. 12. 31. 신설)

2. 취득한 부동산등에 대하여 둘 이상의 감정기관(행정안전부령으로 정하는 공신력 있는 감정기관을 말한다. 이하 같다)이 평가한 감정가액이 있는 경우 : 그 감정가액의 평균액. 다만, 다음 각 목의 가액은 제외하며, 해당 감정가액이 법 제4조에 따른 시가표준액에 미달하는 경우나 시가표준액 이상인 경우에도 「지방세기본법」 제147조 제1항에 따른 지방세심의위원회(이하 "지방세심의위원회"라 한다)의 심의를 거쳐 감정평가 목적 등을 고려하여 해당 감정가액이 부적정하다고 인정되는 경우에는 지방자치단체의 장이 다른 감정기관에 의뢰하여 감정한 가액으로 하며, 그 가액이 납세자가 제시한 감정가액보다 낮은 경우에는 납세자가 제시한 감정가액으로 한다. (2023. 12. 29. 단서개정)

　가. 일정한 조건이 충족될 것을 전제로 해당 부동산등을 평가하는 등 취득세의 납부 목적에 적합하지 않은 감정가액 (2021. 12. 31. 신설)

　나. 취득일 현재 해당 부동산등의 원형대로 감정하지 않은 경우 그 감정가액 (2021. 12. 31. 신설)

3. 취득한 부동산등의 경매 또는 공매 사실이 있는 경우 : 그 경매가액 또는 공매가액 (2021. 12. 31. 신설)

② 제1항 각 호의 가액이 평가기간 이내의 가액인지에 대한 판단은

평가법인등을 말한다. (2023. 3. 14. 신설)

② 납세자 또는 지방자치단체의 장은 영 제14조 제3항에 따라 「지방세기본법」 제147조 제1항에 따른 지방세심의위원회(이하 "지방세심의위원회"라 한다)에 시가인정액(법 제10조의 2 제1항에 따른 시가인정액을 말한다. 이하 같다)에 대해 심의요청하는 경우 다음 각 호의 구분에 따른 기한까지 심의요청해야 한다. (2023. 3. 14. 신설)

1. 취득일 전 2년 이내의 기간 중 평가기간(영 제14조 제1항 각 호 외의 부분에 따른 평가기간을 말한다. 이하 같다)에 해당하지 않는 기간 동안의 매매, 감정, 경매 또는 공매(이하 이 조에서 "매매등"이라 한다)의 가액에 대해 심의요청하는 경우: 법 제20조 제1항의 무상취득에 따른 취득세 신고ㆍ납부기한 만료일 전 70일까지 (2023. 3. 14. 신설)

2. 평가기간이 지난 후로서 법 제20조 제1항에 따른 신고ㆍ납부기한의 만료일부터 6개월 이내의 기간 중의 매매등의 가액에 대해 심의요청하는 경우: 해당 매매등이 있은 날부터 6개월 이내 (2023. 3. 14. 신설)

③ 지방세심의위원회는 영 제14조 제3항에 따라 시가인정액에 대해 심의요청을 받은 경우 다음 각 호의 구분에 따른 기한까지 그 심의 결과를 서면으로 통지해야 한다. (2023. 3. 14. 신설)

1. 제2항 제1호에 따른 심의요청의 경우: 심의요청을 받은 날부터 50일 이내 (2023. 3. 14. 신설)

다음 각 호의 구분에 따른 날을 기준으로 하며, 시가인정액이 둘 이상인 경우에는 취득일 전후로 가장 가까운 날의 가액(그 가액이 둘 이상인 경우에는 평균액을 말한다)을 적용한다. (2021. 12. 31. 신설)

1. 제1항 제1호의 경우 : 매매계약일 (2021. 12. 31. 신설)
2. 제1항 제2호의 경우 : 가격산정기준일과 감정가액평가서 작성일 (2021. 12. 31. 신설)
3. 제1항 제3호의 경우 : 경매가액 또는 공매가액이 결정된 날 (2021. 12. 31. 신설)

③ 제1항에도 불구하고 납세자 또는 지방자치단체의 장은 취득일 전 2년 이내의 기간 중 평가기간에 해당하지 않는 기간에 매매등이 있거나 평가기간이 지난 후에도 법 제20조 제1항에 따른 신고·납부기한의 만료일부터 6개월 이내의 기간 중에 매매등이 있는 경우에는 행정안전부령으로 정하는 바에 따라 지방세심의위원회에 해당 매매등의 가액을 제1항 각 호의 가액으로 인정하여 줄 것을 심의요청할 수 있다. (2023. 3. 14. 개정)

④ 제3항에 따른 심의요청을 받은 지방세심의위원회는 취득일부터 제2항 각 호의 날까지의 기간 중에 시간의 경과와 주위환경의 변화 등을 고려할 때 가격변동의 특별한 사정이 없다고 인정하는 경우에는 제3항에 따른 기간 중의 매매등의 가액을 제1항 각 호의 가액으로 심의·의결할 수 있다. (2023. 3. 14. 개정)

⑤ 제1항부터 제4항까지의 규정에 따라 시가인정액으로 인정된 가액이 없는 경우에는 취득한 부동산등의 면적, 위치, 종류 및 용도와 법 제4조에 따른 시가표준액이 동일하거나 유사하다고 인정되는 다른 부동산등(이하 "유사부동산등"이라 한다)의 제1항 각 호에 따른 가액[취득일 전 1년부터 법 제20조 제1항에 따른 신고·납부기한의 만료일까지(이하 "유사부동산등 평가기간"이라 한다)의 가액으로 한정한다]을 해당 부동산등의 시가인정액으로 본다. (2024. 12. 31. 개정)

⑥ 제5항에도 불구하고 납세자 또는 지방자치단체의 장은 부동산등의 취득일 전 2년부터 법 제20조 제1항에 따른 신고·납부기한의 만료일까지의 기간 중 유사부동산등 평가기간에 해당하지 않는 기간에 유사부동산등의 매매등이 있는 경우에는 행정안전부령으로 정하는 바에 따라 지방세심의위원회에 해당 매매등의 가액을 제1항 각 호의 가액으로 인정하여 줄 것을 심의요청할 수 있다. (2024. 12. 31. 신설)

⑦ 제6항에 따른 심의요청을 받은 지방세심의위원회는 부동산등의 취득일부터 유사부동산등의 제2항 각 호의 날까지의 기간 중에 시간의 경과와 주위환경의 변화 등을 고려할 때 가격변동의 특별한 사정이 없다고 인정하는 경우에는 제6항에 따른 기간 중의 유사부동산등의 매매등의 가액을 제1항 각 호의 가액으로 심의·의결할 수 있다. (2024. 12. 31. 신설)

⑧ 유사부동산등에 대한 판단기준은 행정안전부령으로 정한다. (2024. 12. 31. 개정)

⑨ 시가인정액을 산정할 때 제2항 각 호의 날이 부동산등의 취득일 전인 경우로서 같은 항 같은 호의 날부터 취득일까지 해당 부동산등에 대한 자본적지출액(「소득세법 시행령」 제163조 제3항에 따른 자본적지출액을 말한다. 이하 이 조에서 같다)이 확인되는 경우에는 그 자본적지출액을 제1항 각 호의 가액에 더할 수 있다. (2024. 12. 31. 항번개정)

2. 제2항 제2호에 따른 심의요청의 경우: 심의요청을 받은 날부터 3개월 이내 (2023. 3. 14. 신설)

④ 영 제14조 제5항에 따라 법 제4조에 따른 시가표준액이 동일하거나 유사하다고 인정되는 다른 부동산등에 대한 판단기준은 다음 각 호의 구분에 따른다. (2023. 3. 14. 신설)

1. 「부동산 가격공시에 관한 법률」에 따른 공동주택가격(새로운 공동주택가격이 고시되기 전에는 직전의 공동주택가격을 말한다. 이하 이 항에서 같다)이 있는 공동주택의 경우: 다음 각 목의 요건을 모두 충족하는 다른 공동주택. 다만, 다음 각 목의 요건을 모두 충족하는 다른 공동주택이 둘 이상인 경우에는 산정대상 공동주택과 공동주택가격 차이가 가장 적은 다른 공동주택으로 한다. (2023. 3. 14. 신설)

가. 산정대상 공동주택과 동일한 공동주택단지(「공동주택관리법」에 따른 공동주택단지를 말한다) 내에 있을 것 (2023. 3. 14. 신설)
나. 산정대상 공동주택과의 주거전용면적(「주택법」에 따른 주거전용면적을 말한다. 이하 이 항에서 같다) 차이가 산정대상 공동주택의 주거전용면적을 기준으로 100분의 5 이내일 것 (2023. 3. 14. 신설)
다. 산정대상 공동주택과의 공동주택가격 차이가 산정대상 공동주택의 공동주택가격을 기준으로 100분의 5

〈제10조의 2 ②〉

2. 대통령령으로 정하는 가액 이하의 부동산등을 무상취득(제1호의 경우는 제외한다)하는 경우 : 시가인정액과 제4조에 따른 시가표준액 중에서 납세자가 정하는 가액 (2021. 12. 28. 신설)

3. 제1호 및 제2호에 해당하지 아니하는 경우 : 시가인정액으로 하되, 시가인정액을 산정하기 어려운 경우에는 제4조에 따른 시가표준액 (2021. 12. 28. 신설)

③ 납세자가 제20조 제1항에 따른 신고를 할 때 과세표준으로 제1항에 따른 감정가액을 신고하려는 경우에는 대통령령으로 정하는 바에 따라 둘 이상의 감정기관(대통령령으로 정하는 가액 이하의 부동산 등의 경우에는 하나의 감정기관으로 한다)에 감정을 의뢰하고 그 결과를 첨부하여야 한다. (2021. 12. 28. 신설)

④ 제3항에 따른 신고를 받은 지방자치단체의 장은 감정기관이 평가한 감정가액이 다른 감정기관이 평가한 감정가액의 100분의 80에 미달하는 등 대통령령으로 정하는 사유에 해당하는 경우에는 1년의 범위에서 기간을 정하여 해당 감정기관을 시가불인정 감정기관으로 지정할 수 있다. (2021. 12. 28. 신설)

⑤ 제4항에 따라 시가불인정 감정기관으로 지정된 감정기관이 평가한 감정가액은 그 지정된 기간 동안 시가인정액으로 보지 아니한다. (2021. 12. 28. 신설)

제14조의 2 【시가인정액 적용 예외 부동산등】 법 제10조의 2 제2항 제2호에서 "대통령령으로 정하는 가액 이하의 부동산등"이란 취득물건에 대한 시가표준액이 1억원 이하인 부동산등을 말한다. (2021. 12. 31. 신설)

제14조의 3 【시가불인정 감정기관의 지정절차 등】 ① 법 제10조의 2 제3항에서 "대통령령으로 정하는 가액 이하의 부동산 등"이란 다음 각 호의 부동산등을 말한다. (2021. 12. 31. 신설)

1. 시가표준액이 10억원 이하인 부동산등 (2021. 12. 31. 신설)

2. 법 제10조의 5 제3항 제2호의 법인 합병·분할 및 조직 변경을 원인으로 취득하는 부동산등 (2021. 12. 31. 신설)

② 법 제10조의 2 제4항에서 "감정기관이 평가한 감정가액이 다른 감정기관이 평가한 감정가액의 100분의 80에 미달하는 등 대통령령으로 정하는 사유에 해당하는 경우"란 납세자가 제시한 감정가액(이하 이 조에서 "원감정가액"이라 한다)이 지방자치단체의 장이 다른 감정기관에 의뢰하여 평가한 감정가액(이하 이 조에서 "재감정가액"이라 한다)의 100분의 80에 미달하는 경우를 말한다. (2021. 12. 31. 신설)

③ 지방자치단체의 장은 감정가액이 제2항의 사유에 해당하는 경우에는 부실감정의 고의성과 원감정가액이 재감정가액에 미달하는 정도 등을 고려하여 1년의 범위에서 행정안전부령으로 정하는 기간 동안 원감정가액을 평가한 감정기관을 법 제10조의 2 제4항에 따른 시가불인정 감정기관(이하 이 장에서 "시가불인정감정기관"이라 한다)으로 지정할 수 있다. 이 경우 지방세심의위원회의 심의를 거쳐야 한다. (2021. 12. 31. 신설)

④ 제3항에 따른 지정 기간은 지방자치단체의 장으로부터 시가불인정감정기관 지정 결과를 통지받은 날부터 기산한다. (2021. 12. 31. 신설)

⑤ 지방자치단체의 장은 제3항 후단에 따라 지방세심의위원회의 회의를 개최하기 전에 다음 각 호의 내용을 해당 감정기관에 통지하고, 의견을 청취해야 한다. (2021. 12. 31. 신설)

이내일 것 (2023. 3. 14. 신설)

2. 제1호에 따른 공동주택 외의 부동산등의 경우: 다음 각 목의 요건을 모두 충족하는 다른 부동산등 (2023. 3. 14. 신설)

　가. 산정대상 부동산등과 면적·위치·용도가 동일 또는 유사할 것 (2023. 3. 14. 신설)

　나. 산정대상 부동산등과의 시가표준액 차이가 산정대상 부동산등의 시가표준액을 기준으로 100분의 5 이내일 것 (2023. 3. 14. 신설)

⑤ 납세자 또는 지방자치단체의 장은 영 제14조 제6항에 따라 지방세심의위원회에 같은 조 제5항에 따른 유사부동산등의 매매등의 가액을 같은 조 제1항 각 호의 가액으로 인정하여 줄 것을 심의요청하는 경우에는 법 제20조 제1항의 무상취득에 따른 취득세 신고·납부기한 만료일 전 70일까지 심의요청해야 한다. (2024. 12. 31. 신설)

⑥ 지방세심의위원회는 제5항에 따라 심의요청을 받은 경우에는 심의요청을 받은 날부터 50일 이내에 그 심의 결과를 서면으로 통지해야 한다. (2024. 12. 31. 신설)

⑦ 제1항부터 제6항까지에서 규정한 사항 외에 시가인정액의 산정 기준 및 절차 등에 필요한 세부사항은 행정안전부장관이 정하여 고시한다. (2024. 12. 31. 개정)

제4조의 4 【시가불인정 감정기관의 지정 기간 등】 ① 영 제14조의 3 제3항 전단에서 "행정안전부령으로 정하는 기

1. 시가불인정감정기관 지정 내용 및 법적 근거 (2021. 12. 31. 신설)
2. 제1호에 대하여 의견을 제출할 수 있다는 뜻과 의견을 제출하지 않는 경우의 처리 방법 (2021. 12. 31. 신설)
3. 의견제출기한 (2021. 12. 31. 신설)
4. 그 밖에 의견제출에 필요한 사항 (2021. 12. 31. 신설)
⑥ 법 제10조의 2 제7항에 따라 지방자치단체의 장은 시가불인정감정기관을 지정하는 경우에는 다음 각 호의 사항을 행정안전부령으로 정하는 바에 따라 지방세통합정보통신망에 게재해야 한다. (2021. 12. 31. 신설)
1. 시가불인정감정기관의 명칭(상호), 성명(법인인 경우 대표자 성명과 법인등록번호) 및 사업자등록번호 (2021. 12. 31. 신설)
2. 시가불인정감정기관 지정 기간 (2021. 12. 31. 신설)
3. 시가불인정감정기관 지정 사유 (2021. 12. 31. 신설)
4. 시가불인정감정기관 지정 처분이 해제된 경우 그 해제 사실 (2021. 12. 31. 신설)
⑦ 제3항부터 제6항까지에서 규정한 사항 외에 시가불인정감정기관의 지정 및 통지 등에 필요한 사항은 행정안전부령으로 정한다. (2021. 12. 31. 신설)

제14조의 4 【부담부증여시 취득가격】 ① 법 제10조의 2 제6항에 따른 부담부증여의 경우 유상으로 취득한 것으로 보는 채무액에 상당하는 부분(이하 이 조에서 "채무부담액"이라 한다)의 범위는 시가인정액을 그 한도로 한다. (2021. 12. 31. 신설)
② 채무부담액은 취득자가 부동산등의 취득일이 속하는 달의 말일부터 3개월 이내에 인수한 것을 입증한 채무액으로서 다음 각 호의 금액으로 한다. (2021. 12. 31. 신설)
1. 등기부 등본으로 확인되는 부동산등에 대한 저당권, 가압류, 가처분 등에 따른 채무부담액 (2021. 12. 31. 신설)
2. 금융기관이 발급한 채무자 변경 확인서 등으로 확인되는 금융기관의 금융채무액 (2021. 12. 31. 신설)
3. 임대차계약서 등으로 확인되는 부동산등에 대한 임대보증금액 (2021. 12. 31. 신설)

간"이란 다음 각 호의 구분에 따른 기간을 말한다. 이 경우 감정기관이 제1호 및 제2호에 모두 해당할 때에는 해당 기간 중 가장 긴 기간으로 한다. (2023. 3. 14. 신설)
1. 고의 또는 중대한 과실로 다음 각 목의 어느 하나에 해당하는 부실감정을 한 경우 : 1년 (2023. 3. 14. 신설)
　가. 산정대상 부동산의 위치·지형·이용상황·주변환경 등 객관적 가치에 영향을 미치는 요인을 사실과 다르게 조사한 경우 (2023. 3. 14. 신설)
　나. 「감정평가 및 감정평가사에 관한 법률」 제2조 및 제25조 제2항을 위반한 경우 (2023. 3. 14. 신설)
　다. 납세자와 담합하여 취득세를 부당하게 감소시킬 목적으로 감정가액을 평가한 경우 (2023. 3. 14. 신설)
2. 납세자가 제시한 감정가액이 지방자치단체의 장이 다른 감정기관에 의뢰하여 평가한 감정가액과 비교해서 다음 각 목의 수준으로 미달하는 경우 : 해당 각 목에서 정하는 기간 (2023. 3. 14. 신설)
　가. 100분의 70 이상 100분의 80 미만인 경우 : 6개월 (2023. 3. 14. 신설)
　나. 100분의 60 이상 100분의 70 미만인 경우 : 9개월 (2023. 3. 14. 신설)
　다. 100분의 60 미만인 경우 : 1년 (2023. 3. 14. 신설)
② 지방자치단체의 장은 영 제14조의 3 제6항에 따라 시가불인정 감정기관의 지정에 관한 사항을 지방세통합정보통신망에 지체 없이 게재해야 한다. (2023. 3. 14. 신설)

⑥ 제7조 제11항 및 제12항에 따라 증여자의 채무를 인수하는 부담부증여의 경우 유상으로 취득한 것으로 보는 채무액에 상당하는 부분(이하 이 조에서 "채무부담액"이라 한다)에 대해서는 제10조의 3에서 정하는 유상승계취득에서의 과세표준을 적용하고, 취득물건의 시가인정액에서 채무부담액을 뺀 잔액에 대해서는 이 조에서 정하는 무상취득에서의 과세표준을 적용한다. (2021. 12. 28. 신설)
⑦ 제4항에 따른 시가불인정 감정기관의 지정기간·지정절차와 제6항에 따라 유상승계취득에서의 과세표준을 적용하는 채무부담액의 범위, 유상승계취득에서 과세표준이 되는 가액과 그 적용 등에 관하여 필요한 사항은 대통령령으로 정한다. (2021. 12. 28. 신설)

제10조의 3 【유상승계취득의 경우 과세표준】① 부동산등을 유상거래(매매 또는 교환 등 취득에 대한 대가를 지급하는 거래를 말한다. 이하 이 장에서 같다)로 승계취득하는 경우 취득당시가액은 취득시

4. 그 밖에 판결문, 공정증서 등 객관적 입증자료로 확인되는 취득자의 채무부담액 (2021. 12. 31. 신설)

제15조 【선박ㆍ차량 등의 종류 변경】법 제10조 제3항 전단에 따른 선박ㆍ차량 및 기계장비의 종류 변경은 선박의 선질(船質)ㆍ용도ㆍ기관ㆍ정원 또는 최대적재량의 변경이나 차량 및 기계장비의 원동기ㆍ승차정원ㆍ최대적재량 또는 차체의 변경으로 한다. (2010. 9. 20. 개정)
제15조 【선박ㆍ차량 등의 종류 변경】삭　제 (2021. 12. 31.)

제16조 【증축 등의 과세표준】법 제10조 제3항 후단에서 "대통령령으로 정하는 시가표준액"이란 다음 각 호의 구분에 따른 가액을 말한다. (2010. 9. 20. 개정)
1. 취득세 납세의무자나 그 취득물건에 관하여 그와 거래관계가 있었던 자가 관련 장부나 그 밖의 증명서류를 갖추고 있는 경우에는 이에 따라 계산한 가액 (2010. 9. 20. 개정)
2. 제1호에 따른 관련 장부나 증명서류를 갖추고 있지 아니하거나 그 내용 중 취득경비 등의 금액이 해당 취득물건과 유사한 물건을 취득하는 경우에 일반적으로 드는 것으로 인정되는 자재비, 인건비, 그 밖에 취득에 필요한 경비 등을 기준으로 시장ㆍ군수ㆍ구청장이 산정한 가액보다 부족한 경우에는 시장ㆍ군수ㆍ구청장이 산정한 가액 (2016. 12. 30. 개정)
3. 제1호 및 제2호에도 불구하고 토지의 지목변경의 경우에는 제17조에 따른 가액 (2010. 9. 20. 개정)
제16조 【증축 등의 과세표준】삭　제 (2021. 12. 31.)

제17조 【토지의 지목변경에 대한 과세표준】법 제10조 제3항 전단에 따른 과세표준 중 토지의 지목변경에 대한 과세표준은 토지의 지목이 사실상 변경된 때를 기준으로 제1호의 가액에서 제2호의 가액을 뺀 가액으로 한다. 다만, 제18조 제3항에 따른 판결문 또는 법인장부로 토지의 지목변경에 든 비용이 입증되는 경우에는 그 비용으로 한다. (2010. 9. 20. 개정)
1. 지목변경 이후의 토지에 대한 시가표준액(해당 토지에 대한 개별공시지가의 공시기준일이 지목변경으로 인한 취득일 전인 경우에는 인근 유사토지의 가액을 기준으로 「부동산 가격공시에 관한 법률」에 따라 국토교통부장관이 제공한 토지가격비준표를 사용하여 시장ㆍ군수ㆍ구청장이 산정한 가액을 말한다) (2016. 12. 30. 개정)
2. 지목변경 전의 시가표준액(지목변경 공사착공일 현재 공시된 법 제4조 제1항에 따른 시가표준액을 말한다) (2010. 9. 20. 개정)
제17조 【토지의 지목변경에 대한 과세표준】삭　제 (2021. 12. 31.)

제18조 【사실상취득가격의 범위 등】(2021. 12. 31. 제목개정)
① 법 제10조의 3 제1항 각 호 외의 부분에서 "대통령령으로 정하는 사실상의 취득가격"(이하 "사실상취득가격"이라 한다)이란 해당 물건

③ 제1항 및 제2항에서 규정한 사항 외에 시가불인정감정기관의 지정 절차 및 방법 등에 필요한 세부 사항은 행정안전부장관이 정하여 고시한다. (2023. 3. 14. 신설)

기 이전에 해당 물건을 취득하기 위하여 다음 각 호의 자가 거래 상대 방이나 제3자에게 지급하였거나 지급하여야 할 일체의 비용으로서 대통령령으로 정하는 사실상의 취득가격(이하 "사실상취득가격"이라 한다)으로 한다. (2023. 12. 29. 개정)

편주 ▶ ···

법 10조의 3의 개정규정은 2024. 4. 1.부터 시행함. (법 부칙(2023. 12. 29.) 1조 단서)

···

1. 납세의무자 (2023. 12. 29. 신설)
2. 「신탁법」에 따른 신탁의 방식으로 해당 물건을 취득하는 경우에는 같은 법에 따른 위탁자 (2023. 12. 29. 신설)
3. 그 밖에 해당 물건을 취득하기 위하여 비용을 지급하였거나 지급하여야 할 자로서 대통령령으로 정하는 자 (2023. 12. 29. 신설)

② ☞ p.3899

을 취득하기 위하여 거래 상대방 또는 제3자에게 지급했거나 지급해야 할 직접비용과 다음 각 호의 어느 하나에 해당하는 간접비용의 합계액을 말한다. 다만, 취득대금을 일시급 등으로 지급하여 일정액을 할인받은 경우에는 그 할인된 금액으로 하고, 법인이 아닌 자가 취득한 경우에는 제1호, 제2호 또는 제7호의 금액을 제외한 금액으로 한다. (2024. 3. 26. 개정)

1. 건설자금에 충당한 차입금의 이자 또는 이와 유사한 금융비용 (2010. 9. 20. 개정)
2. 할부 또는 연부(年賦) 계약에 따른 이자 상당액 및 연체료. (2021. 12. 31. 단서삭제)
3. 「농지법」에 따른 농지보전부담금, 「문화예술진흥법」 제9조 제3항에 따른 미술작품의 설치 또는 문화예술진흥기금에 출연하는 금액, 「산지관리법」에 따른 대체산림자원조성비 등 관계 법령에 따라 의무적으로 부담하는 비용 (2019. 12. 31. 개정)
4. 취득에 필요한 용역을 제공받은 대가로 지급하는 용역비 · 수수료 (건축 및 토지조성공사로 수탁자가 취득하는 경우 위탁자가 수탁자에게 지급하는 신탁수수료를 포함한다) (2021. 12. 31. 개정)
5. 취득대금 외에 당사자의 약정에 따른 취득자 조건 부담액과 채무인수액 (2010. 9. 20. 개정)
6. 부동산을 취득하는 경우 「주택도시기금법」 제8조에 따라 매입한 국민주택채권을 해당 부동산의 취득 이전에 양도함으로써 발생하는 매각차손. 이 경우 행정안전부령으로 정하는 금융회사 등(이하 이 조에서 "금융회사등"이라 한다) 외의 자에게 양도한 경우에는 동일한 날에 금융회사등에 양도하였을 경우 발생하는 매각차손을 한도로 한다. (2017. 7. 26. 직제개정 ; 행정안전부와~직제 부칙)
7. 「공인중개사법」에 따른 공인중개사에게 지급한 중개보수 (2021. 12. 31. 단서삭제)
8. 붙박이 가구 · 가전제품 등 건축물에 부착되거나 일체를 이루면서 건축물의 효용을 유지 또는 증대시키기 위한 설비 · 시설 등의 설치비용 (2019. 12. 31. 신설)
9. 정원 또는 부속시설물 등을 조성 · 설치하는 비용 (2019. 12. 31. 신설)

제4조의 5 【금융회사 등】 (2023. 3. 14. 조번개정)

영 제18조 제1항 제6호 후단에서 "행정안전부령으로 정하는 금융회사 등"이란 「자본시장과 금융투자업에 관한 법률」에 따른 투자매매업자 또는 투자중개업자 및 「은행법」에 따른 인가를 받아 설립된 은행을 말한다. (2017. 7. 26. 직제개정 ; 행정안전부와~시행규칙 부칙)

10. 제1호부터 제9호까지의 비용에 준하는 비용 (2019. 12. 31. 개정)
② 제1항에도 불구하고 다음 각 호의 어느 하나에 해당하는 비용은 사실상취득가격에 포함하지 않는다. (2021. 12. 31. 개정)
1. 취득하는 물건의 판매를 위한 광고선전비 등의 판매비용과 그와 관련한 부대비용 (2010. 9. 20. 개정)
2. 「전기사업법」, 「도시가스사업법」, 「집단에너지사업법」, 그 밖의 법률에 따라 전기·가스·열 등을 이용하는 자가 분담하는 비용 (2010. 9. 20. 개정)
3. 이주비, 지장물 보상금 등 취득물건과는 별개의 권리에 관한 보상 성격으로 지급되는 비용 (2010. 9. 20. 개정)
4. 부가가치세 (2010. 9. 20. 개정)
5. 제1호부터 제4호까지의 비용에 준하는 비용 (2010. 9. 20. 개정)
③ 법 제10조의 3 제1항 제3호에서 "대통령령으로 정하는 자"란 다음 각 호의 어느 하나에 해당하는 자를 말한다. (2024. 3. 26. 신설)
1. 납세의무자의 특수관계인 (2024. 3. 26. 신설)
2. 납세의무자의 해당 물건 취득을 지원하기 위하여 보조금 등 그 밖의 명칭과 관계없이 비용을 지급한 자 (2024. 3. 26. 신설)
3. 건축물의 준공 전에 건축주의 지위를 양도한 자 (2024. 3. 26. 신설)
4. 그 밖에 납세의무자를 대신하여 해당 물건을 취득하기 위해 비용을 지급했거나 지급해야 할 자 (2024. 3. 26. 신설)
④ 부동산을 취득할 수 있는 권리를 타인으로부터 이전받은 자가 법 제10조 제5항 각 호의 어느 하나에 해당하는 방법으로 부동산을 취득하는 경우로서 해당 부동산 취득을 위하여 지출하였거나 지출할 금액의 합(이하 이 항에서 "실제 지출금액"이라 한다)이 분양·공급가격(분양자 또는 공급자와 최초로 분양계약 또는 공급계약을 체결한 자 간 약정한 분양가격 또는 공급가격을 말한다)보다 낮은 경우에는 부동산 취득자의 실제 지출금액을 기준으로 제1항 및 제2항에 따라 산정한 취득가액을 과세표준으로 한다. 다만, 「소득세법」 제101조 제1항 또는 「법인세법」 제2조 제12호에 따른 특수관계인과의 거래로 인한 취득인 경우에는 그러하지 아니하다. (2019. 2. 12. 단서개정 ; 법인세법 시행령 부칙)
⑤ 법 제10조 제6항에서 "대통령령으로 정하는 바에 따라 계산한 취득가격"이란 다음 각 호의 금액을 합한 금액을 말한다. (2016. 4. 26. 항번개정)
1. 제3항 제2호에 따른 법인장부로 증명된 금액 (2010. 9. 20. 개정)
2. 제3항 제2호에 따른 법인장부로 증명되지 아니하는 금액 중 「소득세법」 제163조에 따른 계산서 또는 「부가가치세법」 제32조에 따른 세금계산서로 증명된 금액 (2013.

편주 ▶
영 18조 3항의 개정규정은 2024. 4. 1.부터 시행함. (영 부칙(2024. 3. 26.) 1조 단서)

④~⑤ 삭 제 (2021. 12. 31.)

　　제18조의 2【부당행위계산의 유형】법 제10조의 3 제2항에 따른 부당행위계산은 특수관계인으로부터 시가인정액보다 낮은 가격으로 부동산을 취득한 경우로서 시가인정액과 사실상취득가격의 차액이 3억원 이상이거나 시가인정액의 100분의 5에 상당하는 금액 이상인 경우로 한다. (2021. 12. 31. 신설)

〈제10조의 3〉
② 지방자치단체의 장은 특수관계인 간의 거래로 그 취득에 대한 조세부담을 부당하게 감소시키는 행위 또는 계산을 한 것으로 인정되는 경우(이하 이 장에서 "부당행위계산"이라 한다)에는 제1항에도 불구하고 시가인정액을 취득당시가액으로 결정할 수 있다. (2021. 12. 28. 신설)
③ 부당행위계산의 유형은 대통령령으로 정한다. (2021. 12. 28. 신설)

　　제10조의 4【원시취득의 경우 과세표준】① 부동산등을 원시취득하는 경우 취득당시가액은 사실상취득가격으로 한다. (2021. 12. 28. 신설)
② 제1항에도 불구하고 법인이 아닌 자가 건축물을 건축하여 취득하는 경우로서 사실상취득가격을 확인할 수 없는 경우의 취득당시가액은 제4조에 따른 시가표준액으로 한다. (2021. 12. 28. 신설)

　　제10조의 5【무상취득·유상승계취득·원시취득의 경우 과세표준에 대한 특례】① 제10조의 2 및 제10조의 3에도 불구하고 차량 또는 기계장비를 취득하는 경우 취득당시가액은 다음 각 호의 구분에 따른 가격 또는 가액으로 한다.　(2021. 12. 28. 신설)
1. 차량 또는 기계장비를 무상취득하는 경우 : 제4조 제2항에 따른 시가표준액 (2021. 12. 28. 신설)
2. 차량 또는 기계장비를 유상승계취득하는 경우 : 사실상취득가격. 다만, 사실상취득가격에 대한 신고 또는 신고가액의 표시가 없거나 그 신고가액이 제4조 제2항에 따른 시가표준액보다 적은 경우 취득당시가액은 같은 항에 따른 시가표준액으로 한다. (2021. 12. 28. 신설)
3. 차량 제조회사가 생산한 차량을 직접 사용하는 경우 : 사실상취득가

격 (2021. 12. 28. 신설)

② 제1항에도 불구하고 천재지변으로 피해를 입은 차량 또는 기계장비를 취득하여 그 사실상취득가격이 제4조 제2항에 따른 시가표준액보다 낮은 경우 등 대통령령으로 정하는 경우 그 차량 또는 기계장비의 취득 당시가액은 대통령령으로 정하는 바에 따라 달리 산정할 수 있다. (2021. 12. 28. 신설)

③ 제10조의 2부터 제10조의 4까지의 규정에도 불구하고 다음 각 호의 경우 취득당시가액의 산정 및 적용 등은 대통령령으로 정한다. (2021. 12. 28. 신설)

1. 대물변제, 교환, 양도담보 등 유상거래를 원인으로 취득하는 경우 (2021. 12. 28. 신설)

2. 법인의 합병ㆍ분할 및 조직변경을 원인으로 취득하는 경우 (2021.

제18조의 3【차량 등의 취득가격】 ① 법 제10조의 5 제2항에서 "천재지변으로 피해를 입은 차량 또는 기계장비를 취득하여 그 사실상 취득가격이 제4조 제2항에 따른 시가표준액보다 낮은 경우 등 대통령령으로 정하는 경우"란 다음 각 호의 어느 하나에 해당하는 경우를 말한다. (2023. 6. 30. 개정)

1. 천재지변, 화재, 교통사고 등으로 중고 차량이나 중고 기계장비의 가액이 시가표준액보다 낮은 것으로 시장ㆍ군수ㆍ구청장이 인정하는 경우 (2023. 6. 30. 신설)

2. 국가, 지방자치단체 또는 지방자치단체조합으로부터 취득하는 경우 (2023. 6. 30. 신설)

3. 수입으로 취득하는 경우 (2023. 6. 30. 신설)

4. 민사소송 및 행정소송의 확정 판결(화해ㆍ포기ㆍ인낙 또는 자백간주에 의한 것은 제외한다)에 따라 취득가격이 증명되는 경우 (2023. 6. 30. 신설)

5. 법인장부(금융회사의 금융거래 내역서 또는 「감정평가 및 감정평가사에 관한 법률」 제6조에 따른 감정평가서 등 객관적 증거서류에 따라 법인이 작성한 원장ㆍ보조장ㆍ출납전표 또는 결산서를 말한다)에 따라 취득가격이 증명되는 경우 (2023. 6. 30. 신설)

6. 경매 또는 공매로 취득하는 경우 (2023. 6. 30. 신설)

② 차량 또는 기계장비의 취득이 제1항에 해당하는 경우 법 제10조에 따른 취득 당시의 가액(이하 "취득당시가액"이라 한다)은 사실상취득가액으로 한다. 다만, 제1항 제5호에 따른 중고 차량 또는 중고 기계장비로서 그 취득가격이 시가표준액보다 낮은 경우(제1호의 경우는 제외한다)에는 해당 시가표준액을 취득당시가액으로 한다. (2023. 6. 30. 단서신설)

제18조의 4【유상ㆍ무상ㆍ원시취득의 경우 과세표준에 대한 특례】 ① 법 제10조의 5 제3항 각 호에 따른 취득의 경우 취득당시가액은 다음 각 호의 구분에 따른 가액으로 한다. (2023. 3. 14. 항번개정)

1. 법 제10조의 5 제3항 제1호의 경우 : 다음 각 목의 구분에 따른 가액. 다만, 특수관계인으로부터 부동산등을 취득하는 경우로서 법 제10조의 3 제2항에 따른 부당행위계산을 한 것으로 인정되는 경우

3. 「도시 및 주거환경정비법」 제2조 제8호의 사업시행자, 「빈집 및 소규모주택 정비에 관한 특례법」 제2조 제1항 제5호의 사업시행자 및 「주택법」 제2조 제11호의 주택조합이 취득하는 경우 (2021. 12. 28. 신설)

4. 그 밖에 제1호부터 제3호까지의 규정에 준하는 경우로서 대통령령으로 정하는 취득에 해당하는 경우 (2021. 12. 28. 신설)

제10조의 6 【취득으로 보는 경우의 과세표준】 ① 다음 각 호의 경우 취득 당시가액은 그 변경으로 증가한 가액에 해당하는 사실상취득가격으로 한다. (2021. 12. 28. 신설)

1. 토지의 지목을 사실상 변경한 경우 (2021. 12. 28. 신설)

취득당시가액은 시가인정액으로 한다. (2021. 12. 31. 신설)

가. 대물변제 : 대물변제액(대물변제액 외에 추가로 지급한 금액이 있는 경우에는 그 금액을 포함한다). 다만, 대물변제액이 시가인정액보다 적은 경우 취득당시가액은 시가인정액으로 한다. (2023. 12. 29. 단서개정)

나. 교환 : 교환을 원인으로 이전받는 부동산등의 시가인정액과 이전하는 부동산등의 시가인정액(상대방에게 추가로 지급하는 금액과 상대방으로부터 승계받는 채무액이 있는 경우 그 금액을 더하고, 상대방으로부터 추가로 지급받는 금액과 상대방에게 승계하는 채무액이 있는 경우 그 금액을 차감한다) 중 높은 가액 (2021. 12. 31. 신설)

다. 양도담보 : 양도담보에 따른 채무액(채무액 외에 추가로 지급한 금액이 있는 경우 그 금액을 포함한다). 다만, 그 채무액이 시가인정액보다 적은 경우 취득당시가액은 시가인정액으로 한다. (2023. 12. 29. 단서개정)

2. 법 제10조의 5 제3항 제2호의 경우 : 시가인정액. 다만, 시가인정액을 산정하기 어려운 경우 취득당시가액은 시가표준액으로 한다. (2021. 12. 31. 신설)

3. 법 제10조의 5 제3항 제3호에 따른 사업시행자 또는 주택조합이 법 제7조 제8항 단서에 따른 비조합원용 부동산 또는 체비지·보류지를 취득한 경우: 다음 계산식에 따라 산출한 가액 (2023. 3. 14. 개정)

가액 = A × [B − (C × B / D)]
A: 해당 토지의 제곱미터당 분양가액
B: 해당 토지의 면적
C: 사업시행자 또는 주택조합이 해당 사업 진행 중 취득한 토지면적(조합원으로부터 신탁받은 토지는 제외한다)
D: 해당 사업 대상 토지의 전체 면적

4. 법 제10조의 5 제3항 제4호의 경우: 다음 각 목의 구분에 따른 가액 (2023. 3. 14. 신설)

가. 제2항 제1호에 해당하는 경우: 다음 계산식에 따라 산출한 가액 (2023. 3. 14. 신설)

☞

편주 ▶ ··

2023. 3. 14. 전에 「도시개발법」 29조에 따른 환지계획 인가 또는 「도시 및 주거환경정비법」 74조에 따른 관리처분계획 인가를 받은 사업의 시행으로 영 18조의 4 제2항 2호에 따른 조합원(재개발사업 또는 도시개발사업에 따른 조합원의 경우에는 2023. 1. 1.부터 2023. 3. 14. 전까지 환지계획 인가 또는 관리처분계획인가를 받은 경우로 한정함)이 2023. 3. 14. 이후 취득하는 토지에 대해서는 같은 조 1항 4호 나목의 개정규정에도 불구하고 취득당시가액은 다음 계산식에 따라 산출한 가액으로 함. 다만, 다음 계산식에 따라 산출한 가액이 같은 조 1항 4호 나목의 개정규정에 따라 산출한 가액보다 높은 경우에는 그렇지 않음. (영 부칙(2023. 3. 14.) 3조의 2 제3항) (2024. 12. 31. 신설)

> 가액 = (A × B) − C
> A: 해당 토지의 제곱미터당 공시지가
> B: 해당 토지 면적
> C: 법 7조 4항 후단에 따른 토지의 지목 변경에 따른 취득가액

··

2. 선박, 차량 또는 기계장비의 용도 등 대통령령으로 정하는 사항을 변경한 경우 (2021. 12. 28. 신설)

② 제1항에도 불구하고 법인이 아닌 자가 제1항 각 호의 어느 하나에 해당하는 경우로서 사실상취득가격을 확인할 수 없는 경우 취득당시가액은 제4조에 따른 시가표준액을 대통령령으로 정하는 방법에 따라 계산한 가액으로 한다. (2021. 12. 28. 신설)

③ 건축물을 개수하는 경우 취득당시가액은 제10조의 4에 따른다.

> 가액 = A × [B − (C × B / D)] − E
> A: 해당 토지의 제곱미터당 분양가액
> B: 해당 토지의 면적
> C: 사업시행자가 해당 사업 진행 중 취득한 토지면적
> D: 해당 사업 대상 토지의 전체 면적
> E: 법 제7조 제4항 후단에 따른 토지의 지목 변경에 따른 취득가액

나. 제2항 제2호에 해당하는 경우: 다음 계산식에 따라 산출한 가액 (2023. 3. 14. 신설)

> 가액 = (A × B) − C
> A: 해당 토지의 제곱미터당 분양가액
> B: 해당 토지 면적
> C: 법 제7조 제4항 후단에 따른 토지의 지목 변경에 따른 취득가액

② 법 제10조의 5 제3항 제4호에서 "대통령령으로 정하는 취득"이란 다음 각 호의 취득을 말한다. (2023. 3. 14. 신설)

1. 「도시개발법」에 따른 도시개발사업의 시행으로 인한 사업시행자의 체비지 또는 보류지의 취득 (2023. 3. 14. 신설)

2. 법 제7조 제16항 후단에 따른 조합원의 토지 취득 (2023. 3. 14. 신설)

제18조의 5 【선박ㆍ차량 등의 종류 변경】 법 제10조의 6 제1항 제2호에서 "선박, 차량 또는 기계장비의 용도 등 대통령령으로 정하는 사항"이란 선박의 선질(船質)ㆍ용도ㆍ기관ㆍ정원ㆍ최대적재량이나 차량 또는 기계장비의 원동기ㆍ승차정원ㆍ최대적재량ㆍ차체를 말한다. (2021. 12. 31. 신설)

제18조의 6 【취득으로 보는 경우의 과세표준】 법 제10조의 6

출한 가액보다 높은 경우에는 그렇지 않음. (영 부칙(2023. 3. 14.) 3조의 2 제1항) (2024. 12. 31. 신설)

> 가액 = A × [B − (C × B / D)]
> A: 해당 토지의 제곱미터당 공시지가
> B: 해당 토지의 면적
> C: 사업시행자 또는 주택조합이 해당 사업 진행 중 취득한 토지면적(조합원으로부터 신탁받은 토지는 제외함)
> D: 해당 사업 대상 토지의 전체 면적

(2021. 12. 28. 신설)

④ 제7조 제5항 전단에 따라 과점주주가 취득한 것으로 보는 해당 법인의 부동산등의 취득당시가액은 해당 법인의 결산서와 그 밖의 장부 등에 따른 그 부동산등의 총가액을 그 법인의 주식 또는 출자의 총수로 나눈 가액에 과점주주가 취득한 주식 또는 출자의 수를 곱한 금액으로 한다. 이 경우 과점주주는 조례로 정하는 바에 따라 취득당시가액과 그 밖에 필요한 사항을 신고하여야 한다. (2021. 12. 28. 신설)

　　제10조의 7 【취득의 시기】 제10조의 2부터 제10조의 6까지의 규정을 적용하는 경우 취득물건의 취득유형별 취득시기 등에 관하여 필요한 사항은 대통령령으로 정한다. (2021. 12. 28. 신설)

제1항 각 호의 어느 하나에 해당하는 경우로서 사실상취득가격을 확인할 수 없는 경우의 취득당시가액은 다음 각 호의 구분에 따른 가액으로 한다. (2021. 12. 31. 신설)

1. 법 제10조의 6 제1항 제1호의 경우 : 토지의 지목이 사실상 변경된 때를 기준으로 가목의 가액에서 나목의 가액을 뺀 가액 (2021. 12. 31. 신설)

　가. 지목변경 이후의 토지에 대한 시가표준액(해당 토지에 대한 개별공 시지가의 공시기준일이 지목변경으로 인한 취득일 전인 경우에는 인근 유사토지의 가액을 기준으로 「부동산 가격공시에 관한 법률」에 따라 국토교통부장관이 제공한 토지가격비준표를 사용하여 시장·군수·구청장이 산정한 가액을 말한다) (2021. 12. 31. 신설)

　나. 지목변경 전의 토지에 대한 시가표준액(지목변경으로 인한 취득일 현재 해당 토지의 변경 전 지목에 대한 개별공시지가를 말한다. 다만, 변경 전 지목에 대한 개별공시지가가 없는 경우에는 인근 유사토지의 가액을 기준으로 「부동산 가격공시에 관한 법률」에 따라 국토교통부장관이 제공한 토지가격비준표를 사용하여 시장·군수·구청장이 산정한 가액을 말한다) (2021. 12. 31. 신설)

2. 법 제10조의 6 제1항 제2호의 경우 : 법 제4조 제2항에 따른 시가표준액 (2021. 12. 31. 신설)

　　제19조 【부동산등의 일괄취득】 (2018. 12. 31. 제목개정)
① 부동산등을 한꺼번에 취득하여 각 과세물건의 취득 당시의 가액이 구분되지 않는 경우에는 한꺼번에 취득한 가격을 각 과세물건별 시가표준액 비율로 나눈 금액을 각각의 취득 당시의 가액으로 한다. (2021. 12. 31. 개정)
② 제1항에도 불구하고 주택, 건축물과 그 부속토지를 한꺼번에 취득한 경우에는 다음 각 호의 계산식에 따라 주택 부분과 주택 외 부분의 취득 당시의 가액을 구분하여 산정한다. (2021. 12. 31. 개정)
1. 주택 부분 :

제20조 【취득의 시기 등】 ① 무상취득의 경우에는 그 계약일(상속 또는 유증으로 인한 취득의 경우에는 상속 또는 유증 개시일을 말한다)에 취득한 것으로 본다. 다만, 해당 취득물건을 등기·등록하지 않고 다음 각 호의 어느 하나에 해당하는 서류로 계약이 해제된 사실이 입증되는 경우에는 취득한 것으로 보지 않는다. (2021. 12. 31. 개정)

1. 화해조서·인낙조서(해당 조서에서 취득일부터 취득일이 속하는 달의 말일부터 3개월 이내에 계약이 해제된 사실이 입증되는 경우만 해당한다) (2023. 12. 29. 개정)

▶편주◀ ··
영 20조 1항 1호부터 3호까지의 개정규정은 2024. 1. 1. 전에 무상취득한 경우로서 2024. 1. 1. 당시 그 취득일부터 60일이 경과되지 않은 경우에도 적용함. (영 부칙(2023. 12. 29.) 4조 1항)
··

2. 공정증서(공증인이 인증한 사서증서를 포함하되, 취득일부터 취득일이 속하는 달의 말일부터 3개월 이내에 공증받은 것만 해당한다) (2023. 12. 29. 개정)

3. 행정안전부령으로 정하는 계약해제신고서(취득일부터 취득일이 속하는 달의 말일부터 3개월 이내에 제출된 것만 해당한다) (2023. 12. 29. 개정)

② 유상승계취득의 경우에는 사실상의 잔금지급일(신고인이 제출한 자료로 사실상의 잔금지급일을 확인할 수 없는 경우에는 계약상의 잔금지급일을 말하고, 계약상 잔금 지급일이 명시되지 않은 경우에는 계약일부터 60일이 경과한 날을 말한다)에 취득한 것으로 본다. 다만, 해당 취득물건을 등기·등록하지 않고 다음 각 호의 어느 하나에 해당하는 서류로 계약이 해제된 사실이 입증되는 경우에는 취득한 것으로 보지 않는다. (2023. 12. 29. 개정)

1. 화해조서·인낙조서(해당 조서에서 취득일부터 60일 이내에 계약이 해제된 사실이 입증되는 경우만 해당한다) (2023. 12. 29. 개정)

2. 공정증서(공증인이 인증한 사서증서를 포함하되, 취득일부터 60일 이내에 공증받은 것만 해당한다) (2023. 12. 29. 개정)

☞ p.3905 2단 연결

$$\text{전체 취득 당시의 가액} \times \frac{[\text{건축물 중 주택 부분의 시가표준액(법 제4조 제2항에 따른 시가표준액을 말한다. 이하 이 항에서 같다)}] + [\text{부속토지 중 주택 부분의 시가표준액(법 제4조 제1항에 따른 토지 시가표준액을 말한다. 이하 이 항에서 같다)}]}{\text{건축물과 부속토지 전체의 시가표준액}}$$

(2021. 12. 31. 개정)

2. 주택 외 부분 :

$$\text{전체 취득 당시의 가액} \times \frac{(\text{건축물 중 주택 외 부분의 시가표준액}) + (\text{부속토지 중 주택 외 부분의 시가표준액})}{\text{건축물과 부속토지 전체의 시가표준액}}$$

(2021. 12. 31. 개정)

③ 제1항 및 제2항에도 불구하고 신축 또는 증축으로 주택과 주택 외의 건축물을 한꺼번에 취득한 경우에는 다음 각 호의 계산식에 따라 주택 부분과 주택 외 부분의 취득 당시의 가액을 구분하여 산정한다. (2021. 12. 31. 개정)

1. 주택 부분 :

$$\text{전체 취득 당시의 가액} \times \frac{\text{건축물 중 주택 부분의 연면적}}{\text{건축물 전체의 연면적}}$$

(2021. 12. 31. 신설)

2. 주택 외 부분 :

$$\text{전체 취득 당시의 가액} \times \frac{\text{건축물 중 주택 외 부분의 연면적}}{\text{건축물 전체의 연면적}}$$

(2021. 12. 31. 개정)

④ 제1항의 경우에 시가표준액이 없는 과세물건이 포함되어 있으면 부동산등의 감정가액 등을 고려하여 시장·군수·구청장이 결정한 비율로 나눈 금액을 각각의 취득 당시의 가액으로 한다. (2021. 12. 31. 개정)

제4조의 6 【계약해제 신고】 (2023. 3. 14. 조번개정)
영 제20조 제1항 제3호 및 같은 조 제2항 제3호에서 "행정안전부령으로 정하는 계약해제신고서"란 별지 제1호의 3 서식의 계약해제신고서를 말한다. (2024. 12. 31. 개정)

「정비법 시행령」제74조에 따른 준공인가증 및 그 밖에 건축 관계 법령에 따른 사용승인서에 준하는 서류를 포함한다. 이하 이 항에서 같다)를 내주는 날(사용승인서를 내주기 전에 임시사용승인을 받은 경우에는 그 임시사용승인일을 말하고, 사용승인서 또는 임시사용승인서를 받을 수 없는 건축물의 경우에는 사실상 사용이 가능한 날을 말한다)과 사실상의 사용일 중 빠른 날을 취득일로 본다. (2019. 5. 31. 개정)

⑦ 「주택법」제11조에 따른 주택조합이 주택건설사업을 하면서 조합원으로부터 취득하는 토지 중 조합원에게 귀속되지 아니하는 토지를 취득하는 경우에는 「주택법」제49조에 따른 사용검사를 받은 날에 그 토지를 취득한 것으로 보고, 「도시 및 주거환경정비법」제35조 제3항에 따른 재건축조합이 재건축사업을 하거나 「빈집 및 소규모주택 정비에 관한 특례법」제23조 제2항에 따른 소규모재건축조합이 소규모재건축사업을 하면서 조합원으로부터 취득하는 토지 중 조합원에게 귀속되지 아니하는 토지를 취득하는 경우에는 「도시 및 주거환경정비법」제86조 제2항 또는 「빈집 및 소규모주택 정비에 관한 특례법」제40조 제2항에 따른 소유권이전 고시일의 다음 날에 그 토지를 취득한 것으로 본다. (2018. 2. 9. 개정 ; 빈집 및~시행령 부칙)

⑧ 관계 법령에 따라 매립·간척 등으로 토지를 원시취득하는 경우에는 공사준공인가일을 취득일로 본다. 다만, 공사준공인가일 전에 사용승낙·허가를 받거나 사실상 사용하는 경우에는 사용승낙일·허가일 또는 사실상 사용일 중 빠른 날을 취득일로 본다. (2014. 8. 12. 단서 개정)

⑨ 차량·기계장비 또는 선박의 종류변경에 따른 취득은 사실상 변경한 날과 공부상 변경한 날 중 빠른 날을 취득일로 본다. (2010. 9. 20. 개정)

⑩ 토지의 지목변경에 따른 취득은 토지의 지목이 사실상 변경된 날과 공부상 변경된 날 중 빠른 날을 취득일로 본다. 다만, 토지의 지목변경일 이전에 사용하는 부분에 대해서는 그 사실상의 사용일을 취득일로 본다. (2010. 9. 20. 개정)

⑪ 골프회원권, 승마회원권, 콘도미니엄 회원권, 종합체육시설 이용회원권 및 요트회원권의 존속기한 또는 입회기간을 연장하는 경우에는 기간이 새로 시작되는 날을 취득일로 본다. (2014. 8. 12. 신설)

⑪ 삭 제 (2017. 12. 29.)

☞ p.3906 2단 연결

3. 행정안전부령으로 정하는 계약해제신고서(취득일부터 60일 이내에 제출된 것만 해당한다) (2023. 12. 29. 개정)

4. 부동산 거래신고 관련 법령에 따른 부동산거래계약 해제등 신고서(취득일부터 60일 이내에 등록관청에 제출한 경우만 해당한다) (2023. 12. 29. 개정)

편주 ●●

영 20조 2항의 개정규정은 2024. 1. 1. 이후 유상승계취득하는 경우(사실상의 잔금지급일을 확인할 수 있는 경우로 한정함)부터 적용함. (영 부칙(2023. 12. 29.) 4조 2항)

●●●

③ 차량·기계장비·항공기 및 선박(이하 이 조에서 "차량등"이라 한다)의 경우에는 다음 각 호에 따른 날을 최초의 취득일로 본다. (2021. 12. 31. 개정)

1. 주문을 받거나 판매하기 위하여 차량등을 제조·조립·건조하는 경우 : 실수요자가 차량등을 인도받는 날과 계약서 상의 잔금지급일 중 빠른 날 (2021. 12. 31. 개정)

2. 차량등을 제조·조립·건조하는 자가 그 차량등을 직접 사용하는 경우 : 차량등의 등기 또는 등록일과 사실상의 사용일 중 빠른 날 (2021. 12. 31. 개정)

④ 수입에 따른 취득은 해당 물건을 우리나라에 반입하는 날(보세구역을 경유하는 것은 수입신고필증 교부일을 말한다)을 취득일로 본다. 다만, 차량등의 실수요자가 따로 있는 경우에는 실수요자가 차량등을 인도받는 날과 계약상의 잔금지급일 중 빠른 날을 승계취득일로 보며, 취득자의 편의에 따라 수입물건을 우리나라에 반입하지 않거나 보세구역을 경유하지 않고 외국에서 직접 사용하는 경우에는 그 수입물건의 등기 또는 등록일을 취득일로 본다. (2021. 12. 31. 단서개정)

⑤ 연부로 취득하는 것(취득가액의 총액이 법 제17조의 적용을 받는 것은 제외한다)은 그 사실상의 연부금 지급일을 취득일로 본다. (2010. 9. 20. 개정)

⑥ 건축물을 건축 또는 개수하여 취득하는 경우에는 사용승인서(「도시개발법」제51조 제1항에 따른 준공검사 증명서, 「도시 및 주거환경

제11조【부동산 취득의 세율】① 부동산에 대한 취득세는 제10조의 2부터 제10조의 6까지의 규정에 따른 과세표준에 다음 각 호에 해당하는 표준세율을 적용하여 계산한 금액을 그 세액으로 한다. (2021. 12. 28. 개정)

1. 상속으로 인한 취득 (2010. 12. 27. 개정)

　가. 농지 : 1천분의 23 (2010. 3. 31. 개정)

　나. 농지 외의 것 : 1천분의 28 (2010. 3. 31. 개정)

2. 제1호 외의 무상취득 : 1천분의 35. 다만, 대통령령으로 정하는 비영리사업자의 취득은 1천분의 28로 한다. (2010. 12. 27. 개정)

운영예규 법11-4【합유자 소유권 이전시 세율】
부동산 합유자 중 일부가 사망하여 잔존 합유재산의 변동이 있는 경우에는 「지방세법」 제11조 제1항 제2호의 세율을 적용한다.

3. 원시취득 : 1천분의 28 (2010. 3. 31. 개정)

4. 삭　제 (2014. 1. 1.)

5. 공유물의 분할 또는 「부동산 실권리자명의 등기에 관한 법률」 제2조 제1호 나목에서 규정하고 있는 부동산의 공유권 해소를 위한 지분이전으로 인한 취득(등기부등본상 본인 지분을 초과하는 부분의 경우에는 제외한다) : 1천분의 23 (2010. 12. 27. 신설)

⑫ 「민법」 제245조 및 제247조에 따른 점유로 인한 취득의 경우에는 취득물건의 등기일 또는 등록일을 취득일로 본다. (2021. 12. 31. 신설)

⑬ 「민법」 제839조의 2 및 제843조에 따른 재산분할로 인한 취득의 경우에는 취득물건의 등기일 또는 등록일을 취득일로 본다. (2021. 12. 31. 항번개정)

⑭ 제1항, 제2항 및 제5항에 따른 취득일 전에 등기 또는 등록을 한 경우에는 그 등기일 또는 등록일에 취득한 것으로 본다. (2021. 12. 31. 항번개정)

제21조【농지의 범위】법 제11조 제1항 제1호 각 목 및 같은 항 제7호 각 목에 따른 농지는 각각 다음 각 호의 토지로 한다. (2010. 12. 30. 개정)

1. 취득 당시 공부상 지목이 논, 밭 또는 과수원인 토지로서 실제 농작물의 경작이나 다년생식물의 재배지로 이용되는 토지. 이 경우 농지 경영에 직접 필요한 농막(農幕)·두엄간·양수장·못·늪·농도(農道)·수로 등이 차지하는 토지 부분을 포함한다. (2010. 9. 20. 개정)

2. 취득 당시 공부상 지목이 논, 밭, 과수원 또는 목장용지인 토지로서 실제 축산용으로 사용되는 축사와 그 부대시설로 사용되는 토지, 초지 및 사료밭 (2013. 1. 1. 개정)

제22조【비영리사업자의 범위】법 제11조 제1항 제2호 단서에서 "대통령령으로 정하는 비영리사업자"란 각각 다음 각 호의 어느 하나에 해당하는 자를 말한다. (2014. 1. 1. 개정)

1. 종교 및 제사를 목적으로 하는 단체 (2010. 9. 20. 개정)

2. 「초·중등교육법」 및 「고등교육법」에 따른 학교, 「경제자유구역 및 제주국제자유도시의 외국교육기관 설립·운영에 관한 특별법」 또는 「기업도시개발 특별법」에 따른 외국교육기관을 경영하는 자 및 「평생교육법」에 따른 교육시설을 운영하는 평생교육단체 (2010. 9. 20. 개정)

3. 「사회복지사업법」에 따라 설립된 사회복지법인 (2010. 9. 20. 개정)

4. 「지방세특례제한법」 제22조 제1항에 따른 사회복지법인등 (2019. 12. 31. 개정)

운영예규 법11…시행령21-1【농지의 범위】
토지에 일시적·잠정적으로 농작물 등을 심어 둔 경우에는 농지의 범위에 포함하지 아니한다.

운영예규 법11-3【공유토지를 단독소유로 취득시 세율】

공유로 되어 있는 부동산을 분할등기하는 경우 자기 소유지분에 대하여는 「지방세법」 제11조 제1항 제5호의 세율을 적용하고, 자기 소유지분 초과분에 대하여는 「지방세법」 제11조 제1항 제7호의 세율을 적용한다.

6. 합유물 및 총유물의 분할로 인한 취득 : 1천분의 23 (2010. 12. 27. 개정)

7. 그 밖의 원인으로 인한 취득 (2010. 12. 27. 호번개정)

　가. 농지 : 1천분의 30 (2010. 3. 31. 개정)

　나. 농지 외의 것 : 1천분의 40 (2010. 3. 31. 개정)

8. 제7호 나목에도 불구하고 유상거래를 원인으로 주택[「주택법」 제2조 제1호의 주택으로서 「건축법」에 따른 건축물대장·사용승인서·임시사용승인서나 「부동산등기법」에 따른 등기부에 주택으로 기재{「건축법」(법률 제7696호로 개정되기 전의 것을 말한다)에 따라 건축허가 또는 건축신고 없이 건축이 가능하였던 주택(법률 제7696호 건축법 일부개정법률 부칙 제3조에 따라 건축허가를 받거나 건축신고가 있는 것으로 보는 경우를 포함한다)으로서 건축물대장에 기재되어 있지 아니한 주택의 경우에도 건축물대장에 주택으로 기재된 것으로 본다}된 주거용 건축물과 그 부속토지를 말한다. 이하 이 조에서 같다]을 취득하는 경우에는 다음 각 목의 구분에 따른 세율을 적용한다. 이 경우 지분으로 취득한 주택의 취득당시가액(제10조의 3 및 제10조의 5 제3항에서 정하는 취득당시가액으로 한정한다. 이하 이 호에서 같다)은 다음 계산식에 따라 산출한 전체 주택의 취득당시가액으로 한다. (2023. 3. 14. 개정)

$$\text{전체 주택의 취득당시가액} = \text{취득 지분의 취득당시가액} \times \frac{\text{전체 주택의 시가표준액}}{\text{취득 지분의 시가표준액}}$$

　가. 취득당시가액이 6억원 이하인 주택 : 1천분의 10 (2019. 12. 31. 개정)

　나. 취득당시가액이 6억원을 초과하고 9억원 이하인 주택 : 다음 계산식에 따라 산출한 세율. 이 경우 소수점이하 다섯째자리에서 반올림하여 소수점 넷째자리까지 계산한다. (2019. 12. 31. 개정)

5. 「정당법」에 따라 설립된 정당 (2010. 9. 20. 개정)

운영예규 법11-1【부동산 취득의 세율】

1. 명의신탁해지의 판결에 의하여 소유권을 이전한 경우 소유권 취득대가로 법원의 반대급부지급명령을 받거나 사실상 반대급부를 지급한 사실이 입증되는 경우에는 「지방세법」 제11조 제1항 제7호의 세율이 적용되며, 반대급부를 지급하지 않은 경우에는 「지방세법」 제11조 제1항 제2호의 세율이 적용된다.

2. 법인의 흡수합병으로 인하여 피합병법인의 부동산을 합병법인의 명의로 하는 소유권이전은 「지방세법」 제11조 제1항 제2호의 규정에 따라 1,000분의 35의 세율이 적용된다.

3. 「민법」상의 사단법인이 존립기간의 만료, 정관에 정한 해산사유의 발생, 설립허가의 취소(행정관청 등) 등의 사유로 인하여 동 법인을 해산하고 법인격이 다른 새로운 법인을 설립하여 해산법인소유의 부동산을 취득하는 경우에는 「지방세법」 제11조 제1항 제2호에 해당하는 세율을 적용한다.

운영예규 법11-2【부동산 교환 취득의 세율】

부동산을 상호교환하여 소유권이전등기를 하는 것은 유상승계취득에 해당하므로 「지방세법」 제11조 제1항 제7호의 세율을 적용하여야 한다.

$$\left(\text{해당 주택의 취득당시가액} \times \frac{2}{3억원} - 3\right) \times \frac{1}{100}$$

다. 취득당시가액이 9억원을 초과하는 주택 : 1천분의 30 (2019. 12. 31. 개정)

② 제1항 제1호·제2호·제7호 및 제8호의 부동산이 공유물일 때에는 그 취득지분의 가액을 과세표준으로 하여 각각의 세율을 적용한다. (2013. 12. 26. 개정)

③ 제10조의 4 및 제10조의 6 제3항에 따라 건축(신축과 재축은 제외한다) 또는 개수로 인하여 건축물 면적이 증가할 때에는 그 증가된 부분에 대하여 원시취득으로 보아 제1항 제3호의 세율을 적용한다. (2021. 12. 28. 개정)

④ 주택을 신축 또는 증축한 이후 해당 주거용 건축물의 소유자(배우자 및 직계존비속을 포함한다)가 해당 주택의 부속토지를 취득하는 경우에는 제1항 제8호를 적용하지 아니한다. (2020. 8. 12. 개정)

1. 주택을 신축 또는 증축한 이후 해당 주거용 건축물의 소유자(배우자 및 직계존비속을 포함한다)가 해당 주택의 부속토지를 취득하는 경우 (2019. 12. 31. 신설)
2. 대통령령으로 정하는 1세대 4주택 이상에 해당하는 주택을 취득하는 경우 (2019. 12. 31. 신설)

1.~2. 삭 제 (2020. 8. 12.)

⑤ 법인이 합병 또는 분할에 따라 부동산을 취득하는 경우에는 제1항 제7호의 세율을 적용한다. (2023. 3. 14. 신설)

제12조 【부동산 외 취득의 세율】 ① 다음 각 호에 해당하는 부동산등에 대한 취득세는 제10조의 2부터 제10조의 6까지의 규정에 따른 과세표준에 다음 각 호의 표준세율을 적용하여 계산한 금액을 그 세액으로 한다. (2021. 12. 28. 개정)

1. 선박 (2010. 12. 27. 개정)

　가. 등기·등록 대상인 선박(나목에 따른 소형선박은 제외한다) (2010. 12. 27. 개정)

　　1) 상속으로 인한 취득 : 1천분의 25 (2010. 12. 27. 개정)

　　2) 상속으로 인한 취득 외의 무상취득 : 1천분의 30 (2010. 12. 27. 개정)

제22조의 2 【1세대 4주택 이상 주택의 범위】 ① 법 제11조 제4항 제2호에서 "대통령령으로 정하는 1세대 4주택 이상에 해당하는 주택"이란 국내에 주택(법 제11조 제1항 제8호에 따른 주택을 말한다. 이하 이 조에서 같다)을 3개 이상 소유하고 있는 1세대가 추가로 취득하는 모든 주택을 말한다. 이 경우 주택의 공유지분이나 부속토지만을 소유하거나 취득하는 경우에도 주택을 소유하거나 취득한 것으로 본다. (2019. 12. 31. 신설)

② 제1항을 적용할 때 1세대란 주택을 취득하는 자와 「주민등록법」 제7조에 따른 세대별 주민등록표(이하 이 조에서 "세대별 주민등록표"라 한다) 또는 「출입국관리법」 제34조 제1항에 따른 등록외국인기록표 및 외국인등록표(이하 이 조에서 "등록외국인기록표등"이라 한다)에 함께 기재되어 있는 가족(동거인은 제외한다)으로 구성된 세대를 말한다. 다만, 주택을 취득하는 자의 배우자, 미혼인 30세 미만의 직계비속 또는 부모(주택을 취득하는 자가 미혼이고 30세 미만인 경우로 한정한다)는 주택을 취득하는 자와 같은 세대별 주민등록표 또는 등록외국인기록표등에 기재되어 있지 않더라도 1세대에 속한 것으로 본다. (2019. 12. 31. 신설)

제22조의 2 【1세대 4주택 이상 주택의 범위】 삭 제 (2020. 8. 12.)

3) 원시취득 : 1천분의 20.2 (2010. 12. 27. 개정)

4) 수입에 의한 취득 및 주문 건조에 의한 취득 : 1천분의 20.2 (2010. 12. 27. 개정)

5) 삭 제 (2014. 1. 1.)

6) 그 밖의 원인으로 인한 취득 : 1천분의 30 (2010. 12. 27. 개정)

나. 소형선박 (2010. 12. 27. 개정)

1) 「선박법」 제1조의 2 제2항에 따른 소형선박 : 1천분의 20.2 (2010. 12. 27. 개정)

2) 「수상레저기구의 등록 및 검사에 관한 법률」 제3조에 따른 동력수상레저기구 : 1천분의 20.2 (2022. 6. 10. 개정 ; 수상레저기구의~법률 부칙)

다. 가목 및 나목 외의 선박 : 1천분의 20 (2010. 12. 27. 개정)

2. 차량 (2010. 3. 31. 개정)

가. 대통령령으로 정하는 비영업용 승용자동차: 1천분의 70. 다만, 대통령령으로 정하는 경자동차(이하 이 조에서 "경자동차"라 한다)의 경우에는 1천분의 40으로 한다. (2020. 12. 29. 개정)

나. 「자동차관리법」에 따른 이륜자동차로서 대통령령으로 정하는 자동차: 1천분의 20 (2019. 12. 31. 신설)

다. 가목 및 나목 외의 자동차 (2019. 12. 31. 개정)

1) 대통령령으로 정하는 비영업용 : 1천분의 50. 다만, 경자동차의 경우에는 1천분의 40으로 한다. (2020. 12. 29. 개정)

2) 대통령령으로 정하는 영업용 : 1천분의 40 (2020. 12. 29. 개정)

3) 「자동차관리법」에 따른 이륜자동차로서 대통령령으로 정하는 자동차 : 1천분의 20 (2010. 3. 31. 개정)

3) 삭 제 (2019. 12. 31.)

라. 가목부터 다목까지의 자동차 외의 차량: 1천분의 20 (2020. 12. 29. 개정)

3. 기계장비 : 1천분의 30. 다만, 「건설기계관리법」에 따른 등록대상이 아닌 기계장비는 1천분의 20으로 한다. (2010. 12. 27. 개정)

4. 항공기 (2010. 3. 31. 개정)

가. 「항공안전법」 제7조 단서에 따른 항공기 : 1천분의 20 (2016. 3. 29. 개정 ; 항공안전법 부칙)

운영예규 법12-1 【부동산 외 취득의 세율】

「지방세법」 제12조 제1항 제2호에서 규정한 자동차란 「자동차관리법」 제2조에 따른 자동차를 말하며, 영업용이란 「지방세법 시행령」 제122조 제1항에 따른 영업용을 말한다.

☞

제23조 【비영업용 승용자동차 등의 범위】 ① 법 제12조 제1항 제2호 가목에서 "대통령령으로 정하는 비영업용 승용자동차"란 개인 또는 법인이 「여객자동차 운수사업법」에 따라 면허를 받거나 등록을 하고 일반의 수요에 제공하는 것 외의 용도에 제공하는 「자동차관리법」 제3조 제1항 제1호에 따른 승용자동차를 말한다. 다만, 「자동차관리법 시행령」 제7조 제1항 제11호 또는 제12호에 따라 임시운행허가를 받은 승용자동차는 제외한다. (2020. 12. 31. 개정)

② 법 제12조 제1항 제2호 가목 단서에서 "대통령령으로 정하는 경자동차"란 「자동차관리법」 제3조에 따른 자동차의 종류 중 경형자동차를 말한다. (2020. 12. 31. 개정)

③ 법 제12조 제1항 제2호 나목에서 "대통령령으로 정하는 자동차"란 총 배기량 125시시 이하이거나 최고정격출력 12킬로와트 이하인 이륜자동차를 말한다. (2019. 12. 31. 개정)

④ 법 제12조 제1항 제2호 다목 1)에 따른 비영업용 자동차는 개인 또는 법인이 「여객자동차 운수사업법」 또는 「화물자동차 운수사업법」에 따라 면허를 받거나 등록을 하고 일반의 수요에 제공하는 것 외의 용도에 제공하는 「자동차관리법」 제2조 제1호에 따른 자동차로 한다. 다만, 「자동차관리법 시행령」 제7조 제1항 제11호 또는 제12호에 따라 임시운행허가를 받은 자동차는 제외한다. (2020. 12. 31. 신설)

나. 그 밖의 항공기 : 1천분의 20.2. 다만, 최대이륙중량이 5,700킬로
　그램 이상인 항공기는 1천분의 20.1로 한다. (2010. 3. 31. 개정)
5. 입목 : 1천분의 20 (2010. 3. 31. 개정)
6. 광업권·어업권 또는 양식업권 : 1천분의 20 (2019. 8. 27. 개정 ;
　양식산업발전법 부칙)
7. 골프회원권, 승마회원권, 콘도미니엄 회원권, 종합체육시설 이용회
　원권 또는 요트회원권 : 1천분의 20 (2014. 1. 1. 개정)
② 제1항 제1호의 선박 및 같은 항 제3호의 기계장비가 공유물일 때에
는 그 취득지분의 가액을 과세표준으로 하여 세율을 적용한다. (2010.
12. 27. 개정)

　제13조 【과밀억제권역 안 취득 등 중과】 ① 「수도권정비계획법」
제6조에 따른 과밀억제권역에서 대통령령으로 정하는 본점이나 주사무소
의 사업용으로 신축하거나 증축하는 건축물(「신탁법」에 따른 수탁자가
취득한 신탁재산 중 위탁자가 신탁기간 중 또는 신탁종료 후 위탁자의
본점이나 주사무소의 사업용으로 사용하기 위하여 신축하거나 증축하는
건축물을 포함한다)과 그 부속토지를 취득하는 경우와 같은 조에 따른 과
밀억제권역(「산업집적활성화 및 공장설립에 관한 법률」을 적용받는 산업
단지·유치지역 및 「국토의 계획 및 이용에 관한 법률」을 적용받는 공업
지역은 제외한다)에서 공장을 신설하거나 증설하기 위하여 사업용 과세
물건을 취득하는 경우의 취득세율은 제11조 및 제12조의 세율에 중과기
준세율의 100분의 200을 합한 세율을 적용한다. (2019. 12. 31. 개정)
② 다음 각 호의 어느 하나에 해당하는 부동산(「신탁법」에 따른 수탁
자가 취득한 신탁재산을 포함한다)을 취득하는 경우의 취득세는 제11
조 제1항의 표준세율의 100분의 300에서 중과기준세율의 100분의
200을 뺀 세율(제11조 제1항 제8호에 해당하는 주택을 취득하는 경우
에는 제13조의 2 제1항 제1호에 해당하는 세율)을 적용한다. 다만, 「수
도권정비계획법」 제6조에 따른 과밀억제권역(「산업집적활성화 및 공
장설립에 관한 법률」을 적용받는 산업단지는 제외한다. 이하 이 조 및
제28조에서 "대도시"라 한다)에 설치가 불가피하다고 인정되는 업종으
로서 대통령령으로 정하는 업종(이하 이 조에서 "대도시 중과 제외 업
종"이라 한다)에 직접 사용할 목적으로 부동산을 취득하는 경우의 취

⑤ 법 제12조 제1항 제2호 다목 2)에 따른 영업용 자동차는 개인 또는
법인이 「여객자동차 운수사업법」 또는 「화물자동차 운수사업법」에 따
라 면허를 받거나 등록을 하고 일반의 수요에 제공하는 용도에 제공되
는 「자동차관리법」 제2조 제1호에 따른 자동차로 한다. (2020. 12. 31.
개정)

　제24조 【소형선박의 범위】 삭 제 (2010. 12. 30.)

　제25조 【본점 또는 주사무소의 사업용 부동산】 법 제13조 제1항
에서 "대통령령으로 정하는 본점이나 주사무소의 사업용 부동산"이란
법인의 본점 또는 주사무소의 사무소로 사용하는 부동산과 그 부대시
설용 부동산(기숙사, 합숙소, 사택, 연수시설, 체육시설 등 복지후생시
설과 예비군 병기고 및 탄약고는 제외한다)을 말한다. (2016. 11. 29.
개정 ; 향토예비군 설치법 시행령 부칙)

　제26조 【대도시 법인 중과세의 예외】 ① 법 제13조 제2항 각 호
외의 부분 단서에서 "대통령령으로 정하는 업종"이란 다음 각 호에 해
당하는 업종을 말한다. (2010. 9. 20. 개정)
1. 「사회기반시설에 대한 민간투자법」 제2조 제3호에 따른 사회기반시
　설사업(같은 조 제9호에 따른 부대사업을 포함한다) (2020. 12. 31.
　개정)
2. 「한국은행법」 및 「한국수출입은행법」에 따른 은행업 (2010. 9. 20.
　개정)
3. 「해외건설촉진법」에 따라 신고된 해외건설업(해당 연도에 해외건설
　실적이 있는 경우로서 해외건설에 직접 사용하는 사무실용 부동산

득세는 제11조에 따른 해당 세율을 적용한다. (2020. 8. 12. 개정)

1. 대도시에서 법인을 설립[대통령령으로 정하는 휴면(休眠)법인(이하 "휴면법인"이라 한다)을 인수하는 경우를 포함한다. 이하 이 호에서 같다]하거나 지점 또는 분사무소를 설치하는 경우 및 법인의 본점·주사무소·지점 또는 분사무소를 대도시 밖에서 대도시로 전입(「수도권정비계획법」 제2조에 따른 수도권의 경우에는 서울특별시 외의 지역에서 서울특별시로의 전입도 대도시로의 전입으로 본다. 이하 이 항 및 제28조 제2항에서 같다)함에 따라 대도시의 부동산을 취득(그 설립·설치·전입 이후의 부동산 취득을 포함한다)하는 경우 (2016. 12. 27. 개정)

2. 대도시(「산업집적활성화 및 공장설립에 관한 법률」을 적용받는 유치지역 및 「국토의 계획 및 이용에 관한 법률」을 적용받는 공업지역은 제외한다)에서 공장을 신설하거나 증설함에 따라 부동산을 취득하는 경우 (2010. 3. 31. 개정)

 법13-2【중과세 대상 본점에 해당하는지 여부 예시】

1. 중과대상에 해당하는 경우
    ① 도시형공장을 영위하는 공장의 구내에서 본점용사무실을 증축하는 경우
    ② 본점의 사무소전용 주차타워를 신·증축하는 경우
    ③ 임대한 토지에 공장을 신설하여 운영하다가 같은 토지 내에 본점 사업용 건축물을 신·증축하는 경우
    ④ 대도시 밖에 본점을 둔 법인이 대도시에 건축물을 신·증축한 후 5년 이내에 법인의 경영에 필수적이고 중요한 본점의 부서 중 일부 부서가 입주하여 사무를 처리하는 경우
    ⑤ 대도시내에 본점을 가지고 있던 법인이 대도시내에 건축물을 신·증축하여 기존 본점을 이전하는 경우
2. 중과대상에 해당하지 않는 경우
    ① 병원의 병실을 증축 취득하는 경우
    ② 운수업체가 「자동차운수사업법」에 의한 차고용 토지만을 취득하는 경우
    ③ 임대업자가 임대하기 위하여 취득한 부동산과 당해 건축물을 임차하여 법인의 본점용으로 사용하는 경우

법13-4【중과세 대상에 해당되는 지점】
1. 설립 후 5년이 경과된 법인이 임차하여 사용하던 본점을 이전하고 그 임차건물에 지점을 설치한 후 그 임차건물을 취득한 경우 취득세 중과대상에 해당된다.

만 해당한다) 및 「주택법」 제4조에 따라 국토교통부에 등록된 주택건설사업(주택건설용으로 취득한 후 3년 이내에 주택건설에 착공하는 부동산만 해당한다) (2016. 8. 11. 개정 ; 주택법 시행령 부칙)

4. 「전기통신사업법」 제5조에 따른 전기통신사업 (2010. 9. 20. 개정)

5. 「산업발전법」에 따라 산업통상자원부장관이 고시하는 첨단기술산업과 「산업집적활성화 및 공장설립에 관한 법률 시행령」 별표 1의 2 제2호 마목에 따른 첨단업종 (2020. 5. 12. 개정 ; 산업집적활성화~부칙)

6. 「유통산업발전법」에 따른 유통산업, 「농수산물유통 및 가격안정에 관한 법률」에 따른 농수산물도매시장·농수산물공판장·농수산물종합유통센터·유통자회사 및 「축산법」에 따른 가축시장 (2010. 12. 30. 후단삭제)

7. 「여객자동차 운수사업법」에 따른 여객자동차운송사업 및 「화물자동차 운수사업법」에 따른 화물자동차운송사업과 「물류시설의 개발 및 운영에 관한 법률」 제2조 제3호에 따른 물류터미널사업 및 「물류정책기본법 시행령」 제3조 및 별표 1에 따른 창고업 (2010. 12. 30. 개정)

8. 정부출자법인 또는 정부출연법인(국가나 지방자치단체가 납입자본금 또는 기본재산의 100분의 20 이상을 직접 출자 또는 출연한 법인만 해당한다)이 경영하는 사업 (2013. 1. 1. 개정)

9. 「의료법」 제3조에 따른 의료업 (2010. 9. 20. 개정)

10. 개인이 경영하던 제조업(「소득세법」 제19조 제1항 제3호에 따른 제조업을 말한다). 다만, 행정안전부령으로 정하는 바에 따라 법인으로 전환하는 기업만 해당하며, 법인전환에 따라 취득한 부동산의 가액(법 제4조에 따른 시가표준액을 말한다)이 법인 전환 전의 부동산가액을 초과하는 경우에 그 초과부분과 법인으로 전환한 날 이후에 취득한 부동산은 법 제13조 제2항 각 호 외의 부분 본문을 적용한다. (2017. 7. 26. 직제개정 ; 행정안전부와~직제 부칙)

11. 「산업집적활성화 및 공장설립에 관한 법률 시행령」 별표 1의 2 제3호 가목에 따른 자원재활용업종 (2020. 5. 12. 개정 ; 산업집적활성화~부칙)

12. 「소프트웨어 진흥법」 제2조 제3호에 따른 소프트웨어사업 및 같은 법 제61조에 따라 설립된 소프트웨어공제조합이 소프트웨어산업을

제5조【법인전환 기업】 영 제26조 제1항 제10호 단서에서 "행정안전부령으로 정하는 바에 따라 법인으로 전환하는 기업"이란 법 제13조 제2항 각 호 외의 부분 단서에 따른 대도시(이하 이 조에서 "대도시"라 한다)에서 「부가가치세법」 또는 「소득세법」에 따른 사업자등록을 하고 5년 이상 제조업을 경영한 개인기업이 그 대도시에서 법인으로 전환하는 경우의 해당 기업을 말한다. (2017. 7. 26. 직제개정 ; 행정안전부와~시행규칙 부칙)

2. 법인이 자연인으로부터 영업 일체를 양수하여 그 사업장 위에 지점을 설치한 후 종전과 동일한 사업을 영위하는 경우 그 지점과 관련한 부동산 취득은 취득세 중과대상에 해당된다.

법13 - 5【중과세 대상에 해당되지 않는 지점】

1. 본점 이외의 장소에서 경리, 인사, 연구, 연수, 재산관리업무 등 대외적인 거래와 직접적인 관련이 없는 내부적 업무만을 처리하고 있는 경우는 지점이 아닌 본점에 해당된다.

2. 공유 부동산을 분할함에 따른 취득은 중과세 대상에 해당되지 아니한다.(당초 지분을 초과하는 부분은 제외)

위하여 수행하는 사업 (2020. 12. 8. 개정 ; 소프트웨어산업 진흥법 시행령 부칙)

13. 「공연법」에 따른 공연장 등 문화예술시설운영사업 (2010. 9. 20. 개정)

14. 「방송법」 제2조 제2호 · 제5호 · 제8호 · 제11호 및 제13호에 따른 방송사업 · 중계유선방송사업 · 음악유선방송사업 · 전광판방송사업 및 전송망사업 (2010. 9. 20. 개정)

15. 「과학관의 설립 · 운영 및 육성에 관한 법률」에 따른 과학관시설운영사업 (2013. 4. 22. 개정 ; 과학관육성법 시행령 부칙)

16. 「산업집적활성화 및 공장설립에 관한 법률」 제28조에 따른 도시형공장을 경영하는 사업 (2011. 12. 31. 개정)

17. 「벤처투자 촉진에 관한 법률」 제37조에 따라 등록한 벤처투자회사 중소기업창업 지원을 위하여 수행하는 사업. 다만, 법인설립 후 1개월 이내에 같은 법에 따라 등록하는 경우만 해당한다. (2023. 12. 19. 개정 ; 벤처투자~부칙)

18. 「한국광해광업공단법」에 따른 한국광해광업공단이 석탄산업합리화를 위하여 수행하는 사업 (2021. 8. 31. 개정 ; 한국광해광업공단법 시행령 부칙)

19. 「소비자기본법」 제33조에 따라 설립된 한국소비자원이 소비자 보호를 위하여 수행하는 사업 (2010. 9. 20. 개정)

20. 「건설산업기본법」 제54조에 따라 설립된 공제조합이 건설업을 위하여 수행하는 사업 (2010. 9. 20. 개정)

21. 「엔지니어링산업 진흥법」 제34조에 따라 설립된 공제조합이 그 설립 목적을 위하여 수행하는 사업 (2010. 9. 20. 개정)

22. 「주택도시기금법」에 따른 주택도시보증공사가 주택건설업을 위하여 수행하는 사업 (2015. 6. 30. 개정 ; 주택도시기금법 시행령 부칙)

23. 「여신전문금융업법」 제2조 제12호에 따른 할부금융업 (2010. 9. 20. 개정)

24. 「통계법」 제22조에 따라 통계청장이 고시하는 한국표준산업분류(이하 "한국표준산업분류"라 한다)에 따른 실내경기장 · 운동장 및 야구장 운영업 (2021. 4. 27. 개정)

25. 「산업발전법」(법률 제9584호 산업발전법 전부 개정법률로 개정되

기 전의 것을 말한다) 제14조에 따라 등록된 기업구조조정전문회사가 그 설립 목적을 위하여 수행하는 사업. 다만, 법인 설립 후 1개월 이내에 같은 법에 따라 등록하는 경우만 해당한다. (2010. 9. 20. 개정)

26. 「지방세특례제한법」 제21조 제1항에 따른 청소년단체, 같은 법 제45조에 따른 학술단체 · 장학법인 및 같은 법 제52조에 따른 문화예술단체 · 체육단체가 그 설립 목적을 위하여 수행하는 사업 (2019. 12. 31. 개정)

27. 「중소기업진흥에 관한 법률」 제69조에 따라 설립된 회사가 경영하는 사업 (2010. 9. 20. 개정)

28. 「도시 및 주거환경정비법」 제35조 또는 「빈집 및 소규모주택 정비에 관한 특례법」 제23조에 따라 설립된 조합이 시행하는 「도시 및 주거환경정비법」 제2조 제2호의 정비사업 또는 「빈집 및 소규모주택 정비에 관한 특례법」 제2조 제1항 제3호의 소규모주택정비사업 (2018. 2. 9. 개정 ; 빈집 및 소규모~시행령 부칙)

29. 「방문판매 등에 관한 법률」 제38조에 따라 설립된 공제조합이 경영하는 보상금지급책임의 보험사업 등 같은 법 제37조 제1항 제3호에 따른 공제사업 (2012. 7. 10. 개정 ; 방문판매 등에 관한 법률 시행령 부칙)

☞ p.3913 2단 연결

30. 「한국주택금융공사법」에 따라 설립된 한국주택금융공사가 같은 법 제22조에 따라 경영하는 사업 (2010. 9. 20. 개정)

31. 「민간임대주택에 관한 특별법」 제5조에 따라 등록을 한 임대사업자 또는 「공공주택 특별법」 제4조에 따라 지정된 공공주택사업자가 경영하는 주택임대사업 (2016. 8. 11. 단서삭제 ; 주택법 시행령 부칙)

32. 「전기공사공제조합법」에 따라 설립된 전기공사공제조합이 전기공사업을 위하여 수행하는 사업 (2010. 9. 20. 개정)

33. 「소방산업의 진흥에 관한 법률」 제23조에 따른 소방산업공제조합이 소방산업을 위하여 수행하는 사업 (2010. 9. 20. 개정)

34. 「중소기업 기술혁신 촉진법」 제15조 및 같은 법 시행령 제13조에 따라 기술혁신형 중소기업으로 선정된 기업이 경영하는 사업. 다만, 법인의 본점·주사무소·지점·분사무소를 대도시 밖에서 대도시로 전입하는 경우는 제외한다. (2017. 12. 29. 신설)

35. 「주택법」에 따른 리모델링주택조합이 시행하는 같은 법 제66조 제1항 및 제2항에 따른 리모델링사업 (2021. 12. 31. 신설)

36. 「공공주택 특별법」에 따른 공공매입임대주택(같은 법 제4조 제1항 제2호 및 제3호에 따른 공공주택사업자와 공공매입임대주택을 건설하는 사업자가 공공매입임대주택을 건설하여 양도하기로 2022년 12월 31일까지 약정을 체결하고 약정일부터 3년 이내에 건설에 착공하는 주거용 오피스텔로 한정한다)을 건설하는 사업 (2021. 12. 31. 신설)

37. 「공공주택 특별법」 제4조 제1항에 따라 지정된 공공주택사업자가 같은 법에 따른 지분적립형 분양주택이나 이익공유형 분양주택을 공급·관리하는 사업 (2022. 2. 28. 신설)

② 법 제13조 제2항 각 호 외의 부분 단서에서 "대통령령으로 정하는 주거용 부동산"이란 1구(1세대가 독립하여 구분 사용할 수 있도록 구획된 부분을 말한다. 이하 같다)의 건축물의 연면적(전용면적을 말한다)이 60제곱미터 이하인 공동주택 및 그 부속토지를 말한다. (2010. 12. 30. 개정)

② 삭 제 (2020. 8. 12.)

③ 법 제13조 제3항 제1호 각 목 외의 부분 단서에서 "대통령령으로 정하는 업종"이란 제1항 제3호의 주택건설사업을 말하고, 법 제13조 제3항 제1호 각 목에도 불구하고 직접 사용하여야 하는 기한 또는 다

───

③ 제2항 각 호 외의 부분 단서에도 불구하고 다음 각 호의 어느 하나에 해당하는 경우 그 해당 부분에 대하여는 제2항 본문을 적용한다. (2010. 12. 27. 신설)

1. 제2항 각 호 외의 부분 단서에 따라 취득한 부동산이 다음 각 목의 어느 하나에 해당하는 경우. 다만, 대도시 중과 제외 업종 중 대통령령으로 정하는 업종에 대하여는 직접 사용하여야 하는 기한 또는 다

───

른 업종이나 다른 용도에 사용·겸용이 금지되는 기간은 3년으로 한다. (2010. 12. 30. 개정)

④ 법 제13조 제4항에서 "대통령령으로 정하는 임대가 불가피하다고 인정되는 업종"이란 다음 각 호의 어느 하나에 해당하는 업종을 말한다. (2010. 12. 30. 신설)

1. 제1항 제4호의 전기통신사업(「전기통신사업법」에 따른 전기통신사업자가 같은 법 제41조에 따라 전기통신설비 또는 시설을 다른 전기통신사업자와 공동으로 사용하기 위하여 임대하는 경우로 한정한다) (2010. 12. 30. 신설)

2. 제1항 제6호의 유통산업, 농수산물도매시장·농수산물공판장·농수산물종합유통센터·유통자회사 및 가축시장(「유통산업발전법」 등 관계 법령에 따라 임대가 허용되는 매장 등의 전부 또는 일부를 임대하는 경우 임대하는 부분에 한정한다) (2010. 12. 30. 신설)

제27조【대도시 부동산 취득의 중과세 범위와 적용기준】 ① 법 제13조 제2항 제1호에서 "대통령령으로 정하는 휴면(休眠)법인"이란 다음 각 호의 어느 하나에 해당하는 법인을 말한다. (2010. 9. 20. 개정)

1. 「상법」에 따라 해산한 법인(이하 "해산법인"이라 한다) (2010. 9. 20. 개정)

2. 「상법」에 따라 해산한 것으로 보는 법인(이하 "해산간주법인"이라 한다) (2010. 9. 20. 개정)

☞ p.3914 2단 연결

른 업종이나 다른 용도에 사용·겸용이 금지되는 기간을 3년 이내의 범위에서 대통령령으로 달리 정할 수 있다. (2010. 12. 27. 신설)

가. 정당한 사유 없이 부동산 취득일부터 1년이 경과할 때까지 대도시 중과 제외 업종에 직접 사용하지 아니하는 경우 (2010. 12. 27. 신설)

나. 부동산 취득일부터 1년 이내에 다른 업종이나 다른 용도에 사용·겸용하는 경우 (2020. 8. 20. 목번개정)

2. 제2항 각 호 외의 부분 단서에 따라 취득한 부동산이 다음 각 목의 어느 하나에 해당하는 경우 (2010. 12. 27. 신설)

가. 부동산 취득일부터 2년 이상 해당 업종 또는 용도에 직접 사용하지 아니하고 매각하는 경우 (2010. 12. 27. 신설)

나. 부동산 취득일부터 2년 이상 해당 업종 또는 용도에 직접 사용하지 아니하고 다른 업종이나 다른 용도에 사용·겸용하는 경우 (2010. 12. 27. 신설)

④ 제3항을 적용할 때 대통령령으로 정하는 임대가 불가피하다고 인정되는 업종에 대하여는 직접 사용하는 것으로 본다. (2010. 12. 27. 신설)

운영예규 법13…시행령27 - 1 【채권보전용 부동산의 범위】
1. 채권자가 채권의 담보·변제·실행을 하기 위하여 채권보전용 부동산을 취득하는 경우는 다음과 같다.
① 채권에 대한 양도담보로 제공받는 등 채권자가 그 채권의 담보를 위하여 취득하는 경우
② 채권에 대한 대물변제로 취득하는 등 채권자가 그 변제를 받는 일환으로 취득하는 경우
③ 담보목적물의 부동산에 대한 경매절차에서 채권자가 직접 경락받는 등 채권자가 그 채권의 담보권을 실행하는 과정에서 취득하는 경우
④ 제1호부터 제3호와 유사한 사유로 취득하는 경우
2. 채권보전용 부동산을 취득하여 소유권 이전등기를 한 후 일시적으로 사용·수익하는 경우라도 채권 보전·행사용 부동산 소유권 이전으로 보아 중과대상에서 제외한다.

3. 「부가가치세법 시행령」 제13조에 따라 폐업한 법인(이하 "폐업법인"이라 한다) (2013. 6. 28. 개정 ; 부가가치세법 시행령 부칙)

4. 법인 인수일 이전 1년 이내에 「상법」 제229조, 제285조, 제521조의2 및 제611조에 따른 계속등기를 한 해산법인 또는 해산간주법인 (2010. 9. 20. 개정)

5. 법인 인수일 이전 1년 이내에 다시 사업자등록을 한 폐업법인 (2010. 9. 20. 개정)

6. 법인 인수일 이전 2년 이상 사업 실적이 없고, 인수일 전후 1년 이내에 인수법인 임원의 100분의 50 이상을 교체한 법인 (2010. 9. 20. 개정)

② 법 제13조 제2항 제1호에 따른 휴면법인의 인수는 제1항 각 호의 어느 하나에 해당하는 법인에서 최초로 그 법인의 과점주주(「지방세기본법」 제46조 제2호에 따른 과점주주를 말한다)가 된 때 이루어진 것으로 본다. (2023. 3. 14. 개정)

③ 법 제13조 제2항 제1호에 따른 대도시에서의 법인 설립, 지점·분사무소 설치 및 법인의 본점·주사무소·지점·분사무소의 대도시 전입에 따른 부동산 취득은 해당 법인 또는 행정안전부령으로 정하는 사무소 또는 사업장(이하 이 조에서 "사무소등"이라 한다)이 그 설립·설치·전입 이전에 법인의 본점·주사무소·지점 또는 분사무소의 용도로 직접 사용하기 위한 부동산 취득(채권을 보전하거나 행사할 목적으로 하는 부동산 취득은 제외한다. 이하 이 조에서 같다)으로 하고, 같은 호에 따른 그 설립·설치·전입 이후의 부동산 취득은 법인 또는 사무소등이 설립·설치·전입 이후 5년 이내에 하는 업무용·비업무용 또는 사업용·비사업용의 모든 부동산 취득으로 한다. 이 경우 부동산 취득에는 공장의 신설·증설, 공장의 승계취득, 해당 대도시에서의 공장 이전 및 공장의 업종변경에 따르는 부동산 취득을 포함한다. (2019. 12. 31. 개정)

④ 법 제13조 제2항 제1호를 적용할 때 분할등기일 현재 5년 이상 계속하여 사업을 한 대도시의 내국법인이 법인의 분할(「법인세법」 제46조 제2항 제1호 가목부터 다목까지의 요건을 갖춘 경우만 해당한다)로 법인을 설립하는 경우에는 중과세 대상으로 보지 아니한다. (2013. 1. 1. 개정)

제6조 【사무소 등의 범위】 영 제27조 제3항 전단에서 "행정안전부령으로 정하는 사무소 또는 사업장"이란 「법인세법」 제111조·「부가가치세법」 제8조 또는 「소득세법」 제168조에 따른 등록대상 사업장(「법인세법」·「부가가치세법」 또는 「소득세법」에 따른 비과세 또는 과세면제 대상 사업장과 「부가가치세법 시행령」 제11조 제2항에 따라 등록된 사업자단위 과세 적용 사업장의 종된 사업장을 포함한다)으로서 인적 및 물적 설비를 갖추고 계속하여 사무 또는 사업이 행하여지는 장소를 말한다. 다만, 다음 각 호의 장소는 제외한다. (2017. 7. 26. 직제개정 ; 행정안전부와~ 시행규칙 부칙)

1. 영업행위가 없는 단순한 제조·가공장소 (2010. 12. 23. 개정)

2. 물품의 보관만을 하는 보관창고 (2010.

⑤ 다음 각 호의 어느 하나에 해당하는 부동산등을 취득하는 경우(고급주택 등을 구분하여 그 일부를 취득하는 경우를 포함한다)의 취득세는 제11조 및 제12조의 세율과 중과기준세율의 100분의 400을 합한 세율을 적용하여 계산한 금액을 그 세액으로 한다. 이 경우 골프장은 그 시설을 갖추어 「체육시설의 설치ㆍ이용에 관한 법률」에 따라 체육시설업의 등록(시설을 증설하여 변경등록하는 경우를 포함한다. 이하 이 항에서 같다)을 하는 경우뿐만 아니라 등록을 하지 아니하더라도 사실상 골프장으로 사용하는 경우에도 적용하며, 고급주택ㆍ고급오락장에 부속된 토지의 경계가 명확하지 아니할 때에는 그 건축물 바닥면적의 10배에 해당하는 토지를 그 부속토지로 본다. (2023. 3. 14. 개정)

1. 별장 : 주거용 건축물로서 늘 주거용으로 사용하지 아니하고 휴양ㆍ피서ㆍ놀이 등의 용도로 사용하는 건축물과 그 부속토지(「지방자치법」 제3조 제3항 및 제4항에 따른 읍 또는 면에 있는, 대통령령으로 정하는 범위와 기준에 해당하는 농어촌주택과 그 부속토지는 제외한다. 이 경우 별장의 범위와 적용기준은 대통령령으로 정한다. (2010. 3. 31. 개정)

1. 삭 제 (2023. 3. 14.)
2. 골프장 : 「체육시설의 설치ㆍ이용에 관한 법률」에 따른 회원제 골프장용 부동산 중 구분등록의 대상이 되는 토지와 건축물 및 그 토지 상(上)의 입목 (2010. 3. 31. 개정)

⑤ 법 제13조 제2항 제1호를 적용할 때 대도시에서 설립 후 5년이 경과한 법인(이하 이 항에서 "기존법인"이라 한다)이 다른 기존법인과 합병하는 경우에는 중과세 대상으로 보지 아니하며, 기존법인이 대도시에서 설립 후 5년이 경과되지 아니한 법인과 합병하여 기존법인 외의 법인이 합병 후 존속하는 법인이 되거나 새로운 법인을 신설하는 경우에는 합병 당시 기존법인에 대한 자산비율에 해당하는 부분을 중과세 대상으로 보지 아니한다. 이 경우 자산비율은 자산을 평가하는 때에는 평가액을 기준으로 계산한 비율로 하고, 자산을 평가하지 아니하는 때에는 합병 당시의 장부가액을 기준으로 계산한 비율로 한다. (2010. 9. 20. 개정)
⑥ 법 제13조 제2항을 적용할 때 「신탁법」에 따른 수탁자가 취득한 신탁재산의 경우 취득 목적, 법인 또는 사무소등의 설립ㆍ설치ㆍ전입 시기 등은 같은 법에 따른 위탁자를 기준으로 판단한다. (2019. 12. 31. 신설)

제28조 【골프장 등의 범위와 적용기준】 (2023. 12. 29. 제목개정)
① 법 제13조 제5항 각 호 외의 부분 전단에 따른 골프장 등을 구분하여 그 일부를 취득하는 경우는 골프장ㆍ고급주택ㆍ고급오락장 또는 고급선박을 2명 이상이 구분하여 취득하거나 1명 또는 여러 명이 시차를 두고 구분하여 취득하는 경우로 한다. (2023. 12. 29. 개정)
② 법 제13조 제5항 제1호 전단에서 "대통령령으로 정하는 범위와 기준에 해당하는 농어촌주택과 그 부속토지"란 다음 각 호의 요건을 갖춘 농어촌주택과 그 부속토지를 말한다. (2010. 12. 30. 개정)
1. 대지면적이 660제곱미터 이내이고 건축물의 연면적이 150제곱미터 이내일 것 (2010. 9. 20. 개정)
2. 건축물의 가액(제4조 제1항 제1호의 2를 준용하여 산출한 가액을 말한다. 이하 이 조에서 같다)이 6천500만원 이내일 것 (2020. 12. 31. 개정)
3. 다음 각 목의 어느 하나에 해당하는 지역에 있지 아니할 것 (2010. 9. 20. 개정)
가. 광역시에 소속된 군지역 또는 「수도권정비계획법」 제2조 제1호에 따른 수도권지역. 다만, 「접경지역지원법」 제2조 제1호에 따른 접경지역과 「수도권정비계획법」에 따른 자연보전권역 중 행정안전부령으로 정하는 지역은 제외한다. (2017. 7. 26. 직제개정 ; 행정안전부와~직제 부칙)
나. 「국토의 계획 및 이용에 관한 법률」 제6조에 따른 도시지역 및 「부동산 거래신고 등에 관한 법률」 제10조에 따른 허가구역 (2017. 12. 29. 개정)
다. 「소득세법」 제104조의 2 제1항에 따라 기획재정부장관이 지정하는 지역 (2010. 9. 20. 개정)
라. 「조세특례제한법」 제99조의 4 제1항 제1호 가목 5)에 따라 정하는 지역 (2017. 12.

12. 23. 개정)
3. 물품의 적재와 반출만을 하는 하치장 (2010. 12. 23. 개정)

3. 고급주택 : 주거용 건축물 또는 그 부속토지의 면적과 가액이 대통령령으로 정하는 기준을 초과하거나 해당 건축물에 67제곱미터 이상의 수영장 등 대통령령으로 정하는 부대시설을 설치한 주거용 건축물과 그 부속토지. 다만, 주거용 건축물을 취득한 날부터 60일[상속으로 인한 경우는 상속개시일이 속하는 달의 말일부터, 실종으로 인한 경우는 실종선고일이 속하는 달의 말일부터 각각 6개월(납세자가 외국에 주소를 둔 경우에는 각각 9개월)] 이내에 주거용이 아닌 용도로 사용하거나 고급주택이 아닌 용도로 사용하기 위하여 용도변경공사를 착공하는 경우는 제외한다. (2018. 12. 31. 단서개정)

4. 고급오락장 : 도박장, 유흥주점영업장, 특수목욕장, 그 밖에 이와 유사한 용도에 사용되는 건축물 중 대통령령으로 정하는 건축물과 그 부속토지. 다만, 고급오락장용 건축물을 취득한 날부터 60일[상속으로 인한 경우는 상속개시일이 속하는 달의 말일부터, 실종으로 인한 경우는 실종선고일이 속하는 달의 말일부터 각각 6개월(납세자가 외국에 주소를 둔 경우에는 각각 9개월)] 이내에 고급오락장이 아닌 용도로 사용하거나 고급오락장이 아닌 용도로 사용하기 위하여 용도변경공사를 착공하는 경우는 제외한다. (2018. 12. 31. 단서개정)

5. 고급선박 : 비업무용 자가용 선박으로서 대통령령으로 정하는 기준을 초과하는 선박 (2010. 3. 31. 개정)

⑥ 제1항과 제2항이 동시에 적용되는 과세물건에 대한 취득세율은 제16조 제5항에도 불구하고 제11조 제1항에 따른 표준세율의 100분의 300으로 한다. (2010. 12. 27. 항번개정)

⑦ 제2항과 제5항이 동시에 적용되는 과세물건에 대한 취득세율은 제16조 제5항에도 불구하고 제11조에 따른 표준세율의 100분의 300에 중과기준세율의 100분의 200을 합한 세율을 적용한다. 다만, 제11조 제1항 제8호에 따른 주택을 취득하는 경우에는 해당 세율에 중과기준세율

29. 개정)

③ 법 제13조 제5항 제1호 후단에 따른 별장 중 개인이 소유하는 별장은 본인 또는 그 가족 등이 사용하는 것으로 하고, 법인 또는 단체가 소유하는 별장은 그 임직원 등이 사용하는 것으로 하며, 주거와 주거 외의 용도로 겸용할 수 있도록 건축된 오피스텔 또는 이와 유사한 건축물로서 사업장으로 사용하고 있음이 사업자등록증 등으로 확인되지 아니하는 것은 별장으로 본다. (2010. 12. 30. 개정)

② · ③ 삭　제 (2023. 12. 29.)

④ 법 제13조 제5항 제3호에 따라 고급주택으로 보는 주거용 건축물과 그 부속토지는 다음 각 호의 어느 하나에 해당하는 것으로 한다. 다만, 제1호 · 제2호 · 제2호의 2 및 제4호에서 정하는 주거용 건축물과 그 부속토지 또는 공동주택과 그 부속토지는 법 제4조 제1항에 따른 취득 당시의 시가표준액이 9억원을 초과하는 경우만 해당한다. (2020. 12. 31. 단서개정)

1. 구(1세대가 독립하여 구분 사용할 수 있도록 구획된 부분을 말한다. 이하 같다)의 건축물의 연면적(주차장면적은 제외한다)이 331제곱미터를 초과하는 주거용 건축물과 그 부속토지 (2020. 8. 12. 개정 ; 2020. 12. 31. 개정)

운영예규 법13…시행령28－1 【전용면적에 포함되는 발코니 범위】
「건축법」상 발코니 및 노대가 접한 면의 길이가 가장 긴 외벽(거실 등)으로부터 1.5미터를 초과하는 발코니 및 노대 부분은 주거전용 면적으로 산입하여 연면적을 판단하여야 한다. (2022. 10. 25. 개정)

2. 1구의 건축물의 대지면적이 662제곱미터를 초과하는 주거용 건축물과 그 부속토지 (2020. 12. 31. 개정)

2의 2. 1구의 건축물에 엘리베이터(적재하중 200킬로그램 이하의 소형 엘리베이터는 제외한다)가 설치된 주거용 건축물과 그 부속토지(공동주택과 그 부속토지는 제외한다) (2011. 12. 31. 신설)

3. 1구의 건축물에 에스컬레이터 또는 67제곱미터 이상의 수영장 중 1개 이상의 시설이 설치된 주거용 건축물과 그 부속토지(공동주택과 그 부속토지는 제외한다) (2011. 12. 31. 개정)

4. 1구의 공동주택(여러 가구가 한 건축물에 거주할 수 있도록 건축된 다가구용 주택을 포함하되, 이 경우 한 가구가 독립하여 거주할 수 있도록 구획된 부분을 각각 1구의 건축물로 본다)의 건축물 연면적(공용면

의 100분의 600을 합한 세율을 적용한다. (2015. 12. 29. 단서신설)

⑧ 제2항에 따른 중과세의 범위와 적용기준, 그 밖에 필요한 사항은 대통령령으로 정하고, 제1항과 제2항에 따른 공장의 범위와 적용기준은 행정안전부령으로 정한다. (2017. 7. 26. 직제개정 : 정부조직법 부칙)

 법13-1 【별장, 고급주택 등】

1. 주거용으로 사용할 수 있는 오피스텔 등의 건축물을 상시 업무용으로 활용하지 않으면서, 휴양·피서·위락 등의 용도로 사용하는 경우 별장에 해당된다.

2. 주거용 건축물의 부속토지라 함은 당해 주택과 경제적 일체를 이루고 있는 토지로서 사회통념상 주거생활공간으로 인정되는 대지를 뜻하므로 이 경우 당해 토지의 필지수 또는 사용자수가 다수인지의 여부와는 무관하다.

3. 소유자 이외의 자가 주택을 임차하여 별장으로 사용하는 경우에는 중과세대상이다.

4. "구내의 토지"라 함은 통상 담장 또는 울타리 등으로 경계가 구획된 토지를 의미하며, 고급오락장 등이 건물의 일부에 소재하고 있는 경우 중과세율을 적용할 공용면적은 다음 산식에 의한다.

중과대상 공용면적 = 전체 공용면적 × {중과대상 전용면적 / (중과대상 전용면적 + 중과제외대상 전용면적)}

법13-3 【중과세 대상 공장에 해당하는지 여부 예시】

1. 중과대상에 해당하는 경우

① 기존 공장의 승계취득시 기계설비를 제외한 공장대지 및 건물과 동력장치만을 양수한 경우(포괄승계취득으로 보지 아니한다)

② 동일 대도시권 내에서 기존 공장의 시설 일체를 매각하고 이전하는 경우(이전지역에서는 공장의 신설로 본다)

2. 중과대상에 해당하지 않는 경우

① 기존 공장의 토지, 건축물, 생산설비를 포괄적으로 그대로 승계하거나 시설규모를 축소하여 승계취득하는 경우

② 타인소유의 토지와 건축물에 설치된 공장을 그 토지와 건축물은 임대인으로부터, 그 기계장치는 소유자로부터 취득한 경우

적은 제외한다)이 245제곱미터(복층형은 274제곱미터로 하되, 한 층의 면적이 245제곱미터를 초과하는 것은 제외한다)를 초과하는 공동주택과 그 부속토지 (2010. 9. 20. 개정)

⑤ 법 제13조 제5항 제4호 본문에서 "대통령령으로 정하는 건축물과 그 부속토지"란 다음 각 호의 어느 하나에 해당하는 용도에 사용되는 건축물과 그 부속토지를 말한다. 이 경우 고급오락장이 건축물의 일부에 시설되었을 때에는 해당 건축물에 부속된 토지 중 그 건축물의 연면적에 대한 고급오락장용 건축물의 연면적 비율에 해당하는 토지를 고급오락장의 부속토지로 본다. (2010. 12. 30. 개정)

1. 당사자 상호간에 재물을 걸고 우연한 결과에 따라 재물의 득실을 결정하는 카지노장(「관광진흥법」에 따라 허가된 외국인전용 카지노장은 제외한다) (2010. 9. 20. 개정)

2. 사행행위 또는 도박행위에 제공될 수 있도록 자동도박기[파친코, 슬롯머신 (slot machine), 아케이드 이퀴프먼트(arcade equipment) 등을 말한다]를 설치한 장소 (2010. 9. 20. 개정)

3. 머리와 얼굴에 대한 미용시설 외에 욕실 등을 부설한 장소로서 그 설비를 이용하기 위하여 정해진 요금을 지급하도록 시설된 미용실 (2010. 9. 20. 개정)

4. 「식품위생법」 제37조에 따른 허가 대상인 유흥주점영업으로서 다음 각 목의 어느 하나에 해당하는 영업장소(공용면적을 포함한 영업장의 면적이 100제곱미터를 초과하는 것만 해당한다) (2014. 12. 30. 개정)

가. 손님이 춤을 출 수 있도록 객석과 구분된 무도장을 설치한 영업장소(카바레·나이트클럽·디스코클럽 등을 말한다) (2010. 9. 20. 개정)

나. 유흥접객원(남녀를 불문하며, 임시로 고용된 사람을 포함한다)을 두는 경우로, 별도로 반영구적으로 구획된 객실의 면적이 영업장 전용면적의 100분의 50 이상이거나 객실 수가 5개 이상인 영업장소(룸살롱, 요정 등을 말한다) (2017. 12. 29. 개정)

⑥ 법 제13조 제5항 제5호에서 "대통령령으로 정하는 기준을 초과하는 선박"이란 시가표준액이 3억원을 초과하는 선박을 말한다. 다만, 실험·실습 등의 용도에 사용할 목적으로 취득하는 것은 제외한다. (2016. 12. 30. 개정)

제7조 【공장의 범위와 적용기준】 ① 법 제13조 제8항에 따른 공장의 범위는 별표 2에 규정된 업종의 공장(「산업집적활성화 및 공장설립에 관한 법률」 제28조에 따른 도시형 공장은 제외한다)으로서 생산설비를 갖춘 건축물의 연면적(옥외에 기계장치 또는 저장시설이 있는 경우에는 그 시설의 수평투영면적을 포함한다)이 500제곱미터 이상인 것을 말한다. 이 경우 건축물의 연면적에는 해당 공장의 제조시설을 지원하기 위하여 공장 경계 구역 안에 설치되는 부대시설(식당, 휴게실, 목욕실, 세탁장, 의료실, 옥외 체육시설 및 기숙사 등 종업원의 후생복지증진에 제공되는 시설과 대피소, 무기고, 탄약고 및 교육시설은 제외한다)의 연면적을 포함한다. (2011. 5. 30. 개정)

② 법 제13조 제8항에 따른 공장의 중과세 적용기준은 다음 각 호와 같다. (2011. 5. 30. 개정)

1. 공장을 신설하거나 증설하는 경우 중과세할 과세물건은 다음 각 목의 어느 하나에 해당하는 것으로 한다. (2010. 12. 23. 개정)

가. 「수도권정비계획법」 제6조 제1항 제1호에 따른 과밀억제권역(「산업집적활성화 및 공장설립에 관한 법률」의 적용을 받는 산업단지 및 유치지역과 「국토의 계획 및 이용에 관한 법률」의 적용을 받는 공업지역은 제외한다. 이하 이 항에서 "과

제13조의 2 【법인의 주택 취득 등 중과】 ① 주택(제11조 제1항 제8호에 따른 주택을 말한다. 이 경우 주택의 공유지분이나 부속토지만을 소유하거나 취득하는 경우에도 주택을 소유하거나 취득한 것으로 본다. 이하 이 조 및 제13조의 3에서 같다)을 유상거래를 원인으로 취득하는 경우로서 다음 각 호의 어느 하나에 해당하는 경우에는 제11조 제1항 제8호에도 불구하고 다음 각 호에 따른 세율을 적용한다. (2020. 8. 12. 신설)

1. 법인(「국세기본법」 제13조에 따른 법인으로 보는 단체, 「부동산등기법」 제49조 제1항 제3호에 따른 법인 아닌 사단·재단 등 개인이 아닌 자를 포함한다. 이하 이 조 및 제151조에서 같다)이 주택을 취득하는 경우 : 제11조 제1항 제7호 나목의 세율을 표준세율로 하여 해당 세율에 중과기준세율의 100분의 400을 합한 세율 (2020. 8. 12. 신설)

2. 1세대 2주택(대통령령으로 정하는 일시적 2주택은 제외한다)에 해당하는 주택으로서 「주택법」 제63조의 2 제1항 제1호에 따른 조정대상지역(이하 이 장에서 "조정대상지역"이라 한다)에 있는 주택을 취득하는 경우 또는 1세대 3주택에 해당하는 주택으로서 조정대상지역 외의 지역에 있는 주택을 취득하는 경우: 제11조 제1항 제7호 나목의 세율을 표준세율로 하여 해당 세율에 중과기준세율의 100분의 200을 합한 세율 (2020. 8. 12. 신설)

3. 1세대 3주택 이상에 해당하는 주택으로서 조정대상지역에 있는 주택을 취득하는 경우 또는 1세대 4주택 이상에 해당하는 주택으로서 조정대상지역 외의 지역에 있는 주택을 취득하는 경우: 제11조 제1항 제7호 나목의 세율을 표준세율로 하여 해당 세율에 중과기준세율의 100분의 400을 합한 세율 (2020. 8. 12. 신설)

② 조정대상지역에 있는 주택으로서 대통령령으로 정하는 일정가액 이상의 주택을 제11조 제1항 제2호에 따른 무상취득(이하 이 조에서 "무상취득"이라 한다)을 원인으로 취득하는 경우에는 제11조 제1항 제2호에도 불구하고 같은 항 제7호 나목의 세율을 표준세율로 하여 해당 세율에 중과기준세율의 100분의 400을 합한 세율을 적용한다. 다만, 1세대 1주택자가 소유한 주택을 배우자 또는 직계존비속이 무상취득하는 등 대통령령으로 정하는 경우는 제외한다. (2020. 8. 12. 신설)

③ 제1항 또는 제2항과 제13조 제5항이 동시에 적용되는 과세물건에

제28조의 2 【주택 유상거래 취득 중과세의 예외】 법 제13조의 2 제1항을 적용할 때 같은 항 각 호 외의 부분에 따른 주택(이하 이 조 및 제28조의 3부터 제28조의 6까지에서 "주택"이라 한다)으로서 다음 각 호의 어느 하나에 해당하는 주택은 중과세 대상으로 보지 않는다. (2020. 8. 12. 신설)

1. 법 제4조에 따른 시가표준액(지분이나 부속토지만을 취득한 경우에는 전체 주택의 시가표준액을 말한다)이 1억원 이하인 주택. 다만, 「도시 및 주거환경정비법」 제2조 제1호에 따른 정비구역(종전의 「주택건설촉진법」에 따라 설립인가를 받은 재건축조합의 사업부지를 포함한다)으로 지정·고시된 지역 또는 「빈집 및 소규모주택 정비에 관한 특례법」 제2조 제1항 제4호에 따른 사업시행구역에 소재하는 주택은 제외한다. (2020. 8. 12. 신설)

2. 「공공주택 특별법」 제4조 제1항에 따라 지정된 공공주택사업자가 다음 각 목의 어느 하나에 해당하는 주택을 공급(가목의 경우 신축·개축하여 공급하는 경우를 포함한다)하기 위하여 취득하는 주택 (2022. 2. 28. 개정)

가. 「공공주택 특별법」 제43조 제1항에 따라 공급하는 공공매입임대주택. 다만, 정당한 사유 없이 그 취득일부터 2년이 경과할 때까지 공공매입임대주택으로 공급하지 않거나 공공매입임대주택으로 공급한 기간이 3년 미만인 상태에서 매각·증여하거나 다른 용도로 사용하는 경우는 제외한다. (2022. 2. 28. 개정)

나. 「공공주택 특별법」에 따른 지분적립형 분양주택이나 이익공유형 분양주택 (2022. 2. 28. 개정)

2의 2. 「공공주택 특별법」 제4조 제1항에 따라 지정된 공공주택사업자가 제2호 나목의 주택을 분양받은 자로부터 환매하여 취득하는 주택 (2022. 2. 28. 개정)

2의 3. 「공공주택 특별법」 제40조의 7 제2항 제2호에 따른 토지등소유자가 같은 법 제40조의 10 제3항에 따라 공공주택사업자로부터 현물보상으로 공급받아 취득하는 주택 (2022. 2. 28. 개정)

3. 「노인복지법」 제32조 제1항 제3호에 따른 노인복지주택으로 운영하기 위하여 취득하는 주택. 다만, 정당한 사유 없이 그 취득일부터 1년이 경과할 때까지 해당 용도에 직접 사용하지 않거나 해당 용도

밀억제권역"이라 한다)에서 공장을 신설하거나 증설하는 경우에는 신설하거나 증설하는 공장용 건축물과 그 부속토지 (2010. 12. 23. 개정)

나. 과밀억제권역에서 공장을 신설하거나 증설(건축물 연면적의 100분의 20 이상을 증설하거나 건축물 연면적 330제곱미터를 초과하여 증설하는 경우만 해당한다)한 날부터 5년 이내에 취득하는 공장용 차량 및 기계장비 (2010. 12. 23. 개정)

2. 다음 각 목의 어느 하나에 해당하는 경우에는 제1호에도 불구하고 중과세 대상에서 제외한다. (2010. 12. 23. 개정)

가. 기존 공장의 기계설비 및 동력장치를 포함한 모든 생산설비를 포괄적으로 승계취득하는 경우 (2010. 12. 23. 개정)

나. 해당 과밀억제권역에 있는 기존 공장을 폐쇄하고 해당 과밀억제권역의 다른 장소로 이전한 후 해당 사업을 계속 하는 경우. 다만, 타인 소유의 공장을 임차하여 경영하던 자가 그 공장을 신설한 날부터 2년 이내에 이전하는 경우 및 서울특별시 외의 지역에서 서울특별시로 이전하는 경우에는 그러하지 아니하다. (2010. 12. 23. 개정)

다. 기존 공장(승계취득한 공장을 포함한다)의 업종을 변경하는 경우 (2010. 12. 23. 개정)

라. 기존 공장을 철거한 후 1년 이내에

대한 취득세율은 제16조 제5항에도 불구하고 제1항 각 호의 세율 및 제2항의 세율에 중과기준세율의 100분의 400을 합한 세율을 적용한다. (2020. 8. 12. 신설)

④ 제1항부터 제3항까지를 적용할 때 조정대상지역 지정고시일 이전에 주택에 대한 매매계약(공동주택 분양계약을 포함한다)을 체결한 경우(다만, 계약금을 지급한 사실 등이 증빙서류에 의하여 확인되는 경우에 한정한다)에는 조정대상지역으로 지정되기 전에 주택을 취득한 것으로 본다. (2020. 8. 12. 신설)

⑤ 제1항부터 제4항까지 및 제13조의 3을 적용할 때 주택의 범위 포함 여부, 세대의 기준, 주택 수의 산정방법 등 필요한 세부 사항은 대통령령으로 정한다. (2020. 8. 12. 신설)

　제13조의 3【주택 수의 판단 범위】제13조의 2를 적용할 때 다음 각 호의 어느 하나에 해당하는 경우에는 다음 각 호에서 정하는 바에 따라 세대별 소유 주택 수에 가산한다. (2020. 8. 12. 신설)

1. 「신탁법」에 따라 신탁된 주택은 위탁자의 주택 수에 가산한다. (2020. 8. 12. 신설)

2. 「도시 및 주거환경정비법」 제74조에 따른 관리처분계획의 인가 및 「빈집 및 소규모주택 정비에 관한 특례법」 제29조에 따른 사업시행계획인가로 인하여 취득한 입주자로 선정된 지위[「도시 및 주거환경정비법」에 따른 재건축사업 또는 재개발사업, 「빈집 및 소규모주택 정비에 관한 특례법」에 따른 소규모재건축사업을 시행하는 정비사업조합의 조합원으로서 취득한 것(그 조합원으로부터 취득한 것을 포함한다)으로 한정하며, 이에 딸린 토지를 포함한다. 이하 이 조에서 "조합원입주권"이라 한다]는 해당 주거용 건축물이 멸실된 경우라도 해당 조합원입주권 소유자의 주택 수에 가산한다. (2020. 8. 12. 신설)

3. 「부동산 거래신고 등에 관한 법률」 제3조 제1항 제2호에 따른 "부동산에 대한 공급계약"을 통하여 주택을 공급받는 자로 선정된 지위(해당 지위를 매매 또는 증여 등의 방법으로 취득한 것을 포함한다. 이하 이 조에서 "주택분양권"이라 한다)는 해당 주택분양권을 소유한 자의 주택 수에 가산한다. (2020. 8. 12. 신설)

로 직접 사용한 기간이 3년 미만인 상태에서 매각·증여하거나 다른 용도로 사용하는 경우는 제외한다. (2020. 8. 12. 신설)

3의 2. 「도시재생 활성화 및 지원에 관한 특별법」 제55조의 3에 따른 토지등소유자가 같은 법 제45조 제1호에 따른 혁신지구사업시행자로부터 현물보상으로 공급받아 취득하는 주택 (2022. 2. 28. 신설)

4. 다음 각 목의 어느 하나에 해당하는 주택 (2024. 5. 7. 개정 ; 문화재~부칙)

　가. 「문화유산의 보존 및 활용에 관한 법률」에 따른 지정문화유산 (2024. 5. 7. 개정 ; 문화재~부칙)

　나. 「근현대문화유산의 보존 및 활용에 관한 법률」에 따른 등록문화유산 (2024. 5. 7. 개정 ; 문화재~부칙, 2024. 9. 10. 개정 ; 근현대문화유산의~부칙)

　다. 「자연유산의 보존 및 활용에 관한 법률」에 따른 천연기념물등 (2024. 5. 7. 개정 ; 문화재~부칙)

5. 「민간임대주택에 관한 특별법」 제2조 제7호에 따른 임대사업자가 같은 조 제4호에 따른 공공지원민간임대주택으로 공급하기 위하여 취득하는 주택. 다만, 정당한 사유 없이 그 취득일부터 2년이 경과할 때까지 공공지원민간임대주택으로 공급하지 않거나 공공지원민간임대주택으로 공급한 기간이 3년 미만인 상태에서 매각·증여하거나 다른 용도로 사용하는 경우는 제외한다. (2020. 8. 12. 신설)

6. 「영유아보육법」 제10조 제5호에 따른 가정어린이집으로 운영하기 위하여 취득하는 주택. 다만, 정당한 사유 없이 그 취득일부터 1년이 경과할 때까지 해당 용도에 직접 사용하지 않거나 해당 용도로 직접 사용한 기간이 3년 미만인 상태에서 매각·증여하거나 다른 용도로 사용하는 경우는 제외하되, 가정어린이집을 「영유아보육법」 제10조 제1호에 따른 국공립어린이집으로 전환한 경우는 당초 용도대로 직접 사용하는 것으로 본다. (2021. 12. 31. 단서개정)

7. 「주택도시기금법」 제3조에 따른 주택도시기금과 「한국토지주택공사법」에 따라 설립된 한국토지주택공사가 공동으로 출자하여 설립한 부동산투자회사 또는 「한국자산관리공사 설립 등에 관한 법률」에 따라 설립된 한국자산관리공사가 출자하여 설립한 부동산투자회사가 취득하는 주택으로서 취득 당시 다음 각 목의 요건을 모두 갖

같은 규모로 재축(건축공사에 착공한 경우를 포함한다)하는 경우 (2010. 12. 23. 개정)

마. 행정구역변경 등으로 새로 과밀억제권역으로 편입되는 지역은 편입되기 전에 「산업집적활성화 및 공장설립에 관한 법률」 제13조에 따른 공장설립 승인 또는 건축허가를 받은 경우 (2010. 12. 23. 개정)

바. 부동산을 취득한 날부터 5년 이상 경과한 후 공장을 신설하거나 증설하는 경우 (2010. 12. 23. 개정)

사. 차량 또는 기계장비를 노후 등의 사유로 대체취득하는 경우. 다만, 기존의 차량 또는 기계장비를 매각하거나 폐기처분하는 날을 기준으로 그 전후 30일 이내에 취득하는 경우만 해당한다. (2010. 12. 23. 개정)

3. 제1호 및 제2호를 적용할 때 공장의 증설이란 다음 각 목의 어느 하나에 해당하는 경우를 말한다. (2010. 12. 23. 개정)

가. 공장용으로 쓰는 건축물의 연면적 또는 그 공장의 부속토지 면적을 확장하는 경우 (2010. 12. 23. 개정)

나. 해당 과밀억제권역 안에서 공장을 이전하는 경우에는 종전의 규모를 초과하여 시설하는 경우 (2010. 12. 23. 개정)

다. 레미콘제조공장 등 차량 또는 기계장비 등을 주로 사용하는 특수업종은 기존 차량 및 기계장비의 100분

4. 제105조에 따라 주택으로 과세하는 오피스텔은 해당 오피스텔을 소유한 자의 주택 수에 가산한다. (2020. 8. 12. 신설)

제14조 【조례에 따른 세율 조정】 지방자치단체의 장은 조례로 정하는 바에 따라 취득세의 세율을 제11조와 제12조에 따른 세율의 100분의 50의 범위에서 가감할 수 있다. (2010. 3. 31. 개정)

춘 주택 (2020. 8. 12. 신설)

가. 해당 주택의 매도자(이하 이 호에서 "매도자"라 한다)가 거주하고 있는 주택으로서 해당 주택 외에 매도자가 속한 세대가 보유하고 있는 주택이 없을 것 (2020. 8. 12. 신설)

나. 매도자로부터 취득한 주택을 5년 이상 매도자에게 임대하고 임대기간 종료 후에 그 주택을 재매입할 수 있는 권리를 매도자에게 부여할 것 (2020. 8. 12. 신설)

다. 법 제4조에 따른 시가표준액(지분이나 부속토지만을 취득한 경우에는 전체 주택의 시가표준액을 말한다)이 5억원 이하인 주택일 것 (2020. 8. 12. 신설)

8. 다음 각 목의 어느 하나에 해당하는 주택으로서 멸실시킬 목적으로 취득하는 주택. 다만, 나목 5)의 경우에는 정당한 사유 없이 그 취득일부터 2년이 경과할 때까지 해당 주택을 멸실시키지 않거나 그 취득일부터 6년이 경과할 때까지 주택을 신축하지 않은 경우는 제외하고, 나목 6)의 경우에는 정당한 사유 없이 그 취득일부터 1년이 경과할 때까지 해당 주택을 멸실시키지 않거나 그 취득일부터 3년이 경과할 때까지 주택을 신축하지 않은 경우 또는 그 취득일부터 5년이 경과할 때까지 신축 주택을 판매하지 않은 경우는 제외하며, 나목 5) 및 6) 외의 경우에는 정당한 사유 없이 그 취득일부터 3년이 경과할 때까지 해당 주택을 멸실시키지 않거나 그 취득일부터 7년이 경과할 때까지 주택을 신축하지 않은 경우는 제외한다. (2024. 12. 31. 개정)

편주 ▶ ....

영 28조의 2 제8호 각 목 외의 부분 단서의 개정규정은 2021. 4. 27.부터 2024. 12. 31.까지의 기간 동안 멸실시킬 목적으로 취득한 주택에 대해서도 적용함. (영 부칙(2024. 12. 31.) 2조 1항)
....

가. 「공공기관의 운영에 관한 법률」 제4조에 따른 공공기관 또는 「지방공기업법」 제3조에 따른 지방공기업이 「공익사업을 위한 토지 등의 취득 및 보상에 관한 법률」 제4조에 따른 공익사업을 위하여 취득하는 주택 (2020. 8. 12. 신설)

나. 다음 중 어느 하나에 해당하는 자가 주택건설사업을 위하여 취득하는 주택. 다만, 해당 주택건설 사업이 주택과 주택이 아닌

의 20 이상을 증가하는 경우 (2010. 12. 23. 개정)

③ 시장·군수·구청장은 공장의 신설 또는 증설에 따른 중과세 상황부를 갖추어 두어야 한다. (2016. 12. 30. 개정)

제7조의 2 【주택 유상거래 취득 중과세의 예외】 영 제28조의 2 제8호 나목 본문에 따른 주택건설사업이 주택과 주택이 아닌 건축물을 한꺼번에 신축하는 사업인 경우 다음 각 호의 구분에 따라 산정한 부분에 대해서는 중과세 대상으로 보지 않는다. (2020. 12. 31. 신설)

1. 「도시 및 주거환경정비법」 제2조 제2호에 따른 정비사업 중 주거환경을 개선하기 위한 사업, 「주택법」 제2조 제11호 가목에 따른 지역주택조합 및 같은 호 나목에 따른 직장주택조합이 시행하는 사업 : 해당 주택건설사업을 위하여 취득하는 주택의 100분의 100에 해당하는 부분 (2020. 12. 31. 신설)

2. 「도시 및 주거환경정비법」 제2조 제2호 나목에 따른 재개발사업 중 도시환경을 개선하기 위한 사업 : 해당 주택건설사업을 위하여 취득하는 주택 중 다음의 비율에 해당하는 부분 (2020. 12. 31. 신설)

신축하는 주택의 연면적
―――――――――――――
신축하는 주택 및 주택이 아닌
건축물 전체의 연면적

어느 하나에 해당하는 자로부터 해당 주택의 공사대금으로 취득한 미분양 주택(「주택법」 제54조에 따른 사업주체가 같은 조에 따라 공급하는 주택으로서 입주자모집공고에 따른 입주자의 계약일이 지난 주택단지에서 취득일 현재까지 분양계약이 체결되지 않아 선착순의 방법으로 공급하는 주택을 말한다. 이하 이 조 및 제28조의 6에서 같다). 다만, 가목의 자로부터 취득한 주택으로서 자기 또는 임대계약 등 권원을 불문하고 타인이 거주한 기간이 1년 이상인 경우는 제외한다. (2020. 12. 31. 개정)

가. 「건축법」 제11조에 따른 허가를 받은 자 (2020. 8. 12. 신설)

나. 「주택법」 제15조에 따른 사업계획승인을 받은 자 (2020. 8. 12. 신설)

10. 다음 각 목의 어느 하나에 해당하는 자가 저당권의 실행 또는 채권변제로 취득하는 주택. 다만, 취득일부터 3년이 경과할 때까지 해당 주택을 처분하지 않은 경우는 제외한다. (2020. 8. 12. 신설)

가. 「농업협동조합법」에 따라 설립된 조합 (2020. 8. 12. 신설)

나. 「산림조합법」에 따라 설립된 산림조합 및 그 중앙회(2020. 8. 12. 신설)

다. 「상호저축은행법」에 따른 상호저축은행 (2020. 8. 12. 신설)

라. 「새마을금고법」에 따라 설립된 새마을금고 및 그 중앙회 (2020. 8. 12. 신설)

마. 「수산업협동조합법」에 따라 설립된 조합 (2020. 8. 12. 신설)

바. 「신용협동조합법」에 따라 설립된 신용협동조합 및 그 중앙회 (2020. 8. 12. 신설)

사. 「은행법」에 따른 은행 (2020. 8. 12. 신설)

11. 다음 각 목의 요건을 갖춘 농어촌주택 (2023. 12. 29. 개정)

가. 「지방자치법」 제3조 제3항 및 제4항에 따른 읍 또는 면에 있을 것 (2023. 12. 29. 개정)

나. 대지면적이 660제곱미터 이내이고 건축물의 연면적이 150제곱미터 이내일 것 (2023. 12. 29. 개정)

다. 건축물의 가액(제4조 제1항 제1호의 2를 준용하여 산출한 가액

☞ p.3922 3단 연결

건축물을 한꺼번에 신축하는 사업인 경우에는 신축하는 주택의 건축면적 등을 고려하여 행정안전부령으로 정하는 바에 따라 산정한 부분으로 한정한다. (2021. 4. 27. 개정)

1) 「도시 및 주거환경정비법」 제2조 제8호에 따른 사업시행자 (2021. 4. 27. 개정)

2) 「빈집 및 소규모주택 정비에 관한 특례법」 제2조 제1항 제5호에 따른 사업시행자 (2021. 4. 27. 개정)

3) 「주택법」 제2조 제11호에 따른 주택조합(같은 법 제11조 제2항에 따른 "주택조합설립인가를 받으려는 자"를 포함한다) (2021. 4. 27. 개정)

4) 「주택법」 제4조에 따라 등록한 주택건설사업자 (2021. 4. 27. 개정)

5) 「민간임대주택에 관한 특별법」 제23조에 따른 공공지원민간임대주택 개발사업 시행자 (2021. 4. 27. 개정)

6) 주택신축판매업[한국표준산업분류에 따른 주거용 건물 개발 및 공급업과 주거용 건물 건설업(자영건설업으로 한정한다)을 말한다]을 영위할 목적으로 「부가가치세법」 제8조 제1항에 따라 사업자 등록을 한 자 (2021. 4. 27. 개정)

다. 「공공주택 특별법」 제2조 제1호의 3의 공공매입임대주택을 건설하려는 자(같은 법 제4조에 따른 공공주택사업자와 공공매입임대주택을 건설하여 양도하기로 약정을 체결한 자로 한정한다)가 해당 공공매입임대주택을 건설하기 위하여 취득하는 주택. 다만, 그 약정이 해제·해지된 경우 또는 그 약정에 따라 공공매입임대주택을 건설하지 않거나 양도하지 않은 경우는 제외한다. (2024. 12. 31. 신설)

편주 ▶ ··
영 28조의 2 제8호 다목의 개정규정은 2025. 1. 1. 이후 멸실시킬 목적으로 주택을 취득하는 경우부터 적용함. (영 부칙(2024. 12. 31.) 2조 2항)
··

9. 주택의 시공자(「주택법」 제33조 제2항에 따른 시공자 및 「건축법」 제2조 제16호에 따른 공사시공자를 말한다)가 다음 각 목의

3. 그 밖의 주택건설사업 : 다음 각 목의 구분에 따라 산정한 부분 (2020. 12. 31. 신설)

가. 신축하는 주택의 연면적이 신축하는 주택 및 주택이 아닌 건축물 전체 연면적의 100분의 50 이상인 경우 : 해당 주택건설사업을 위하여 취득하는 주택의 100분의 100에 해당하는 부분 (2020. 12. 31. 신설)

나. 신축하는 주택의 연면적이 신축하는 주택 및 주택이 아닌 건축물 전체 연면적의 100분의 50 미만인 경우 : 해당 주택건설사업을 위하여 취득하는 주택 중 제2호의 비율에 해당하는 부분 (2020. 12. 31. 신설)

편주 ▶
영 28조의 2 제13호의 2의 개정규정은 2025. 1. 1. 이후 납세의무가 성립하는 경우부터 적용함. (영 부칙(2024. 12. 31.) 2조 3항)

13의 3. 법 제15조 제1항 제3호에 따른 세율의 특례가 적용되는 법인의 합병으로 취득하는 주택 (2024. 12. 31. 신설)

편주 ▶
영 28조의 2 제13호의 3의 개정규정은 2025. 1. 1. 이후 납세의무가 성립하는 경우부터 적용함. (영 부칙(2024. 12. 31.) 2조 3항)

14. 「주택법」에 따른 리모델링주택조합이 같은 법 제22조 제2항에 따라 취득하는 주택 (2021. 12. 31. 신설)

15. 「주택법」 제2조 제10호 나목의 사업주체가 취득하는 다음 각 목의 주택 (2022. 2. 28. 신설)

　가. 「주택법」에 따른 토지임대부 분양주택을 공급하기 위하여 취득하는 주택 (2022. 2. 28. 신설)

　나. 「주택법」에 따른 토지임대부 분양주택을 분양받은 자로부터 환매하여 취득하는 주택 (2022. 3. 28. 신설)

　다. 「주택법」 제57조의 2 제3항에 따른 거주의무자등의 매입신청을 받거나 거주의무자등의 거주의무 위반으로 취득하는 분양가상한제 적용주택 및 토지임대부 분양주택 (2024. 12. 31. 신설)

편주 ▶
영 28조의 2 제15호 다목부터 마목까지의 개정규정은 2025. 1. 1. 이후 납세의무가 성립하는 경우부터 적용함. (영 부칙(2024. 12. 31.) 2조 3항)

　라. 「주택법」 제64조 제2항 단서에 따라 우선 매입하는 분양가상한제 적용주택, 같은 조 제3항에 따라 전매제한 위반으로 취득하는 주택 및 같은 법 제78조의 2 제3항에 따라 취득한 것으로 보는 토지임대부 분양주택 (2024. 12. 31. 신설)

☞ p.3923 3단 연결

른 다가구주택으로서 「건축법」 제38조에 따른 건축물대장에 호수별로 전용면적이 구분되어 기재되어 있는 다가구주택을 포함한다). 다만, 다음 각 목의 어느 하나에 해당하는 주택은 제외한다. (2023. 3. 14. 개정)

　가. 취득하는 자가 개인인 경우로서 「지방세기본법 시행령」 제2조 제1항 각 호의 어느 하나에 해당하는 관계인 사람에게 제공하는 주택 (2020. 8. 12. 신설)

　나. 취득하는 자가 법인인 경우로서 「지방세기본법」 제46조 제2호에 따른 과점주주에게 제공하는 주택 (2020. 8. 12. 신설)

　다. 정당한 사유 없이 그 취득일부터 1년이 경과할 때까지 해당 용도에 직접 사용하지 않거나 해당 용도로 직접 사용한 기간이 3년 미만인 상태에서 매각·증여하거나 다른 용도로 사용하는 주택 (2020. 8. 12. 신설)

13. 물적분할(「법인세법」 제46조 제2항 각 호의 요건(같은 항 제2호의 경우 전액이 주식등이어야 한다)을 갖춘 경우로 한정한다]로 인하여 분할신설법인이 분할법인으로부터 취득하는 미분양 주택 및 분양계약을 체결한 주택. 다만, 분할등기일부터 3년 이내에 「법인세법」 제47조 제3항 각 호의 어느 하나에 해당하는 사유가 발생한 경우(같은 항 각 호 외의 부분 단서에 해당하는 경우는 제외한다)는 제외한다. (2024. 12. 31. 개정)

편주 ▶
영 28조의 2 제13호의 개정규정은 2025. 1. 1. 이후 납세의무가 성립하는 경우부터 적용함. (영 부칙(2024. 12. 31.) 2조 3항)

13의 2. 「법인세법」 제46조 제2항에 따른 적격분할로 인하여 분할신설법인이 분할법인으로부터 취득하는 미분양 주택 및 분양계약을 체결한 주택. 다만, 분할등기일부터 3년 이내에 「법인세법」 제46조의 3 제3항 각 호의 어느 하나에 해당하는 사유가 발생하는 경우(같은 항 각 호 외의 부분 단서에 해당하는 경우는 제외한다)는 제외한다. (2024. 12. 31. 신설)

을 말한다)이 6천500만원 이내일 것 (2023. 12. 29. 개정)

라. 다음의 어느 하나에 해당하는 지역에 있지 아니할 것 (2023. 12. 29. 개정)

　1) 광역시에 소속된 군지역 또는 「수도권정비계획법」 제2조 제1호에 따른 수도권지역. 다만, 「접경지역 지원 특별법」 제2조 제1호에 따른 접경지역과 「수도권정비계획법」에 따른 자연보전권역 중 행정안전부령으로 정하는 지역은 제외한다. (2023. 12. 29. 개정)

　2) 「국토의 계획 및 이용에 관한 법률」 제6조에 따른 도시지역 및 「부동산 거래신고 등에 관한 법률」 제10조에 따른 허가구역 (2023. 12. 29. 개정)

　3) 「소득세법」 제104조의 2 제1항에 따라 기획재정부장관이 지정하는 지역 (2023. 12. 29. 개정)

　4) 「조세특례제한법」 제99조의 4 제1항 제1호 가목 5)에 따라 정하는 지역 (2023. 12. 29. 개정)

12. 사원에 대한 임대용으로 직접 사용할 목적으로 취득하는 주택으로서 1구의 건축물의 연면적(전용면적을 말한다)이 60제곱미터 이하인 공동주택(「건축법 시행령」 별표 1 제1호 다목에 따

호 및 제3호를 적용할 때 세율 적용의 기준이 되는 1세대의 주택 수는 주택 취득일 현재 취득하는 주택을 포함하여 1세대가 국내에 소유하는 주택, 법 제13조의 3 제2호에 따른 조합원입주권(이하 "조합원입주권"이라 한다), 같은 조 제3호에 따른 주택분양권(이하 "주택분양권"이라 한다) 및 같은 조 제4호에 따른 오피스텔(이하 "오피스텔"이라 한다)의 수를 말한다. 이 경우 조합원입주권 또는 주택분양권에 의하여 취득하는 주택의 경우에는 조합원입주권 또는 주택분양권의 취득일(분양사업자로부터 주택분양권을 취득하는 경우에는 분양계약일을 말하고, 주택분양권의 매매·교환 및 증여를 통하여 1세대 내에서 동일한 주택분양권에 대한 취득일이 둘 이상이 되는 경우에는 가장 빠른 주택분양권의 취득일을 말한다)을 기준으로 해당 주택 취득 시의 세대별 주택 수를 산정한다. (2024. 12. 31. 후단개정)

② 제1항 전단에도 불구하고 법 제13조의 2 제1항 제2호 및 제3호를 적용할 때 다음 각 호의 어느 하나에 해당하는 주택을 취득하는 경우 세율 적용의 기준이 되는 1세대의 주택 수는 주택 취득일 현재 취득하는 주택을 제외하고 1세대가 국내에 소유하는 주택, 조합원입주권, 주택분양권 및 오피스텔의 수를 말한다. (2024. 3. 26. 신설)

1. 2024년 1월 10일부터 2027년 12월 31일까지 「주택법」 제49조에 따른 사용검사 또는 「건축법」 제22조에 따른 사용승인(임시사용승인을 포함한다)을 받은 신축 주택을 같은 기간 내에 최초로 유상승
☞ p.3924 3단 연결

"세대별 주민등록표"라 한다) 또는 「출입국관리법」 제34조 제1항에 따른 등록외국인기록표 및 외국인등록표(이하 이 조에서 "등록외국인기록표 등"이라 한다)에 함께 기재되어 있는 가족(동거인은 제외한다)으로 구성된 세대를 말하며 주택을 취득하는 사람의 배우자(사실혼은 제외하며, 법률상 이혼을 했으나 생계를 같이 하는 등 사실상 이혼한 것으로 보기 어려운 관계에 있는 사람을 포함한다. 이하 제28조의 6에서 같다), 취득일 현재 미혼인 30세 미만의 자녀 또는 부모(주택을 취득하는 사람이 미혼이고 30세 미만인 경우로 한정한다)는 주택을 취득하는 사람과 같은 세대별 주민등록표 또는 등록외국인기록표등에 기재되어 있지 않더라도 1세대에 속한 것으로 본다. (2024. 12. 31. 개정)

② 제1항에도 불구하고 다음 각 호의 어느 하나에 해당하는 경우에는 각각 별도의 세대로 본다. (2020. 8. 12. 신설)

1. 부모와 같은 세대별 주민등록표에 기재되어 있지 않은 30세 미만의 자녀로서 주택 취득일이 속하는 달의 직전 12개월 동안 발생한 소득으로서 행정안전부장관이 정하는 소득이 「국민기초생활 보장법」에 따른 기준 중위소득을 12개월로 환산한 금액의 100분의 40 이상이고, 소유하고 있는 주택을 관리·유지하면서 독립된 생계를 유지할 수 있는 경우. 다만, 미성년자인 경우는 제외한다. (2021. 12. 31. 개정)

2. 취득일 현재 65세 이상의 직계존속(배우자의 직계존속을 포함하며, 직계존속 중 어느 한 사람이 65세 미만인 경우를 포함한다)을 동거봉양(同居奉養)하기 위하여 30세 이상의 직계비속, 혼인한 직계비속 또는 제1호에 따른 소득요건을 충족하는 성년인 직계비속이 합가(合家)한 경우 (2023. 3. 14. 개정)

3. 취학 또는 근무상의 형편 등으로 세대전원이 90일 이상 출국하는 경우로서 「주민등록법」 제10조의 3 제1항 본문에 따라 해당 세대가 출국 후에 속할 거주지를 다른 가족의 주소로 신고한 경우 (2020. 8. 12. 신설)

4. 별도의 세대를 구성할 수 있는 사람이 주택을 취득한 날부터 60일 이내에 세대를 분리하기 위하여 그 취득한 주택으로 주소지를 이전하는 경우 (2021. 12. 31. 신설)

제28조의 4 【주택 수의 산정방법】 ① 법 제13조의 2 제1항 제2

마. 「주택법」 제65조 제3항에 따라 취득한 것으로 보는 주택 (2024. 12. 31. 신설)
16. 「부동산투자회사법」 제2조 제1호 다목에 따른 기업구조조정 부동산투자회사가 2024년 3월 28일부터 2025년 12월 31일까지 최초로 유상승계취득하는 「주택법 시행령」 제3조 제1항 제1호에 따른 아파트(이하 이 조 및 제28조의 4에서 "아파트"라 한다)로서 다음 각 목의 요건을 모두 갖춘 아파트 (2024. 5. 28. 신설)
가. 「수도권정비계획법」 제2조 제1호에 따른 수도권 외의 지역에 있을 것 (2024. 5. 28. 신설)
나. 「주택법」 제54조 제1항에 따른 사업주체가 같은 법 제49조에 따른 사용검사 또는 「건축법」 제22조에 따른 사용승인(임시사용승인을 포함한다)을 받은 후 분양되지 않은 아파트일 것 (2024. 5. 28. 신설)

제28조의 3 【세대의 기준】 ① 법 제13조의 2 제1항부터 제4항까지의 규정을 적용할 때 1세대란 주택 취득일 현재 주택을 취득하는 사람과 「주민등록법」 제7조에 따른 세대별 주민등록표(이하 이 조에서

• 영 28조의 4 제2항 3호의 개정규정은 2024. 1. 10. 이후 취득하는 아파트부터 적용함. (영 부칙(2024. 5. 28.) 3조)

가. 「수도권정비계획법」 제2조 제1호에 따른 수도권 외의 지역에 있을 것 (2024. 3. 26. 신설)

나. 전용면적 85제곱미터 이하이고 취득당시가액이 6억원 이하일 것 (2024. 3. 26. 신설)

③ 제1항 및 제2항을 적용할 때 주택, 조합원입주권, 주택분양권 또는 오피스텔을 동시에 2개 이상 취득하는 경우에는 납세의무자가 정하는 바에 따라 순차적으로 취득하는 것으로 본다. (2024. 3. 26. 개정)

④ 제1항 및 제2항을 적용할 때 1세대 내에서 1개의 주택, 조합원입주권, 주택분양권 또는 오피스텔을 세대원이 공동으로 소유하는 경우에는 1개의 주택, 조합원입주권, 주택분양권 또는 오피스텔을 소유한 것으로 본다. (2024. 3. 26. 개정)

⑤ 제1항 및 제2항을 적용할 때 상속으로 여러 사람이 공동으로 1개의 주택, 조합원입주권, 주택분양권 또는 오피스텔을 소유하는 경우 지분이 가장 큰 상속인을 그 주택, 조합원입주권, 주택분양권 또는 오피스텔의 소유자로 보고, 지분이 가장 큰 상속인이 두 명 이상인 경우에는 그 중 다음 각 호의 순서에 따라 그 주택, 조합원입주권, 주택분양권 또는 오피스텔의 소유자를 판정한다. 이 경우, 미등기 상속 주택 또는 오피스텔의 소유지분이 종전의 소유지분과 변경되어 등기되는 경우에는 등기상 소유지분을 상속개시일에 취득한 것으로 본다. (2024. 3. 26. 개정)

1. 그 주택 또는 오피스텔에 거주하는 사람 (2020. 8. 12. 신설)

2. 나이가 가장 많은 사람 (2020. 8. 12. 신설)

⑥ 제1항부터 제5항까지의 규정에 따라 1세대의 주택 수를 산정할 때 다음 각 호의 어느 하나에 해당하는 주택, 조합원입주권, 주택분양권 또는 오피스텔은 소유주택(주택 취득일 현재 취득하는 주택을 포함하지 아니한 소유주택을 말한다) 수에서 제외한다. (2024. 3. 26. 개정)

☞ p.3925 3단 연결

후 최초로 유상승계취득한 주택은 제외한다)으로서 다음 각 목의 요건을 모두 갖춘 주택. 다만, 「민간임대주택에 관한 특별법」 제2조 제7호에 따른 임대사업자(이하 이 조에서 "임대사업자"라 한다)가 같은 법 제43조 제1항에 따른 임대의무기간에 가목에 해당하는 주택을 임대 외의 용도로 사용하는 경우 또는 매각·증여하는 경우나 같은 조 제4항 각 호의 경우가 아닌 사유로 같은 법 제6조에 따라 임대사업자 등록이 말소된 경우 해당 주택은 본문에 따른 다음 각 목의 요건을 모두 갖춘 주택에서 제외한다. (2024. 12. 31. 개정)

가. 다가구주택, 연립주택, 다세대주택 또는 도시형 생활주택 중 어느 하나에 해당할 것 (2024. 3. 26. 신설)

나. 전용면적이 60제곱미터 이하이고 취득당시가액이 3억원(「수도권정비계획법」 제2조 제1호에 따른 수도권에 소재하는 경우에는 6억원으로 한다) 이하일 것 (2024. 3. 26. 신설)

다. 임대사업자가 해당 주택을 취득한 날부터 60일 이내에 「민간임대주택에 관한 특별법」 제5조에 따라 임대주택으로 등록하거나 임대사업자가 아닌 자가 해당 주택을 취득한 날부터 60일 이내에 같은 조에 따라 임대사업자로 등록하고 그 주택을 임대주택으로 등록할 것 (2024. 3. 26. 신설)

편주 ▶
영 28조의 4 제2항 2호의 개정규정은 2028. 12. 31.까지 효력을 가짐. (영 부칙(2024. 3. 26.) 2조 1항) (2024. 12. 31. 개정)

---

3. 「주택법」 제54조 제1항에 따른 사업주체가 같은 법 제49조에 따른 사용검사 또는 「건축법」 제22조에 따른 사용승인(임시사용승인을 포함한다)을 받은 후 분양되지 않은 아파트를 2024년 1월 10일부터 2025년 12월 31일까지 최초로 유상승계취득하는 아파트로서 다음 각 목의 요건을 모두 갖춘 아파트 (2024. 5. 28. 개정)

편주 ▶
• 영 28조의 4 제2항 3호의 개정규정은 2026. 12. 31.까지 효력을 가짐. (영 부칙(2024. 3. 26.) 2조 2항) (2024. 12. 31. 개정)

계취득하는 주택으로서 다음 각 목의 요건을 모두 갖춘 주택 (2024. 12. 31. 개정)

편주 ▶
영 28조의 4 제2항 1호의 개정규정은 2028. 12. 31.까지 효력을 가짐. (영 부칙(2024. 3. 26.) 2조 1항) (2024. 12. 31. 개정)

가. 「주택법 시행령」 제2조 제3호에 따른 다가구주택(「건축법」 제38조에 따른 건축물대장에 호수별로 전용면적이 구분되어 기재되어 있는 다가구주택으로 한정한다. 이하 이 조에서 "다가구주택"이라 한다), 같은 영 제3조 제1항 제2호에 따른 연립주택(이하 이 조에서 "연립주택"이라 한다), 같은 항 제3호에 따른 다세대주택(이하 이 조에서 "다세대주택"이라 한다) 또는 「주택법」 제2조 제20호에 따른 도시형 생활주택(이하 이 조에서 "도시형 생활주택"이라 한다) 중 어느 하나에 해당할 것 (2024. 3. 26. 신설)

나. 전용면적이 60제곱미터 이하이고 취득당시가액이 3억원(「수도권정비계획법」 제2조 제1호에 따른 수도권에 소재하는 경우에는 6억원으로 한다) 이하일 것 (2024. 3. 26. 신설)

2. 2024년 1월 10일부터 2027년 12월 31일까지 유상승계취득하는 주택(신축

- 영 28조의 4 제6항 7호부터 9호까지의 개정규정은 2024. 1. 10. 이후 취득하는 주택 또는 오피스텔부터 적용함. (영 부칙(2024. 3. 26.) 3조 1항)
- 영 28조의 4 제6항 7호(같은 조 2항 2호에 따른 주택으로 한정함)·9호의 개정규정에도 불구하고 2024. 1. 10.부터 2024. 3. 26. 전까지 취득한 다음 각 호의 구분에 따른 주택 또는 오피스텔에 대해서는 다음 각 호에서 정하는 바에 따름. (영 부칙(2024. 3. 26.) 3조 2항)
  1. 임대사업자가 취득한 주택 또는 오피스텔: 2024. 3. 26. 이후 60일 이내에 「민간임대주택에 관한 특별법」 5조에 따라 임대주택으로 등록한 경우 영 28조의 4 제2항 2호 다목 또는 같은 조 6항 9호 나목의 요건을 갖춘 것으로 봄.
  2. 임대사업자가 아닌 자가 취득한 주택 또는 오피스텔: 2024. 3. 26. 이후 60일 이내에 「민간임대주택에 관한 특별법」 5조에 따라 임대사업자로 등록하고 그 주택 또는 오피스텔을 임대주택으로 등록한 경우 영 28조의 4 제2항 2호 다목 또는 같은 조 6항 9호 나목의 요건을 갖춘 것으로 봄.

---

8. 2024년 1월 10일부터 2027년 12월 31일까지 「건축법」 제22조에 따른 사용승인(임시사용승인을 포함한다)을 받은 신축 오피스텔을 같은 기간 내에 최초로 유상승계취득하는 오피스텔로서 전용면적이 60제곱미터 이하이고 취득당시가액이 3억원(「수도권정비계획법」 제2조 제1호에 따른 수도권에 소재하는 경우에는 6억원으로 한다) 이하에 해당하는 오피스텔 (2024. 12. 31. 개정)

영 28조의 4 제6항 8호의 개정규정은 2028. 12. 31.까지 효력을 가짐. (영 부칙(2024. 3. 26.) 2조 1항) (2024. 12. 31. 개정)

---

9. 2024년 1월 10일부터 2027년 12월 31일까지 유상승계취득하는 오피스텔(신축 후 최초로 유상승계취득한 오피스텔은 제외한다)로서 다음 각 목의 요건을 모두 갖춘 오피스텔. 다만, 임대사업자가 「민간임대주택에 관한 특별법」 제43조 제1항에 따른 임대의무기간에
☞ p.3926 3단 연결

영 28조의 4 제6항 2호의 개정규정은 2025. 1. 1. 이후 납세의무가 성립하는 경우부터 적용함. (영 부칙(2024. 12. 31.) 4조)

---

3. 상속을 원인으로 취득한 주택, 조합원입주권, 주택분양권 또는 오피스텔로서 상속개시일부터 5년이 지나지 않은 주택, 조합원입주권, 주택분양권 또는 오피스텔 (2020. 8. 12. 신설)

2020. 8. 12. 전에 상속을 원인으로 취득한 주택, 조합원입주권, 주택분양권 또는 오피스텔에 대해서는 영 28조의 4 제5항 3호의 개정규정에도 불구하고 2020. 8. 12. 이후 5년 동안 주택 수 산정 시 소유주택 수에서 제외함. (영 부칙(2020. 8. 12.) 3조)

---

4. 주택 수 산정일 현재 법 제4조에 따른 시가표준액(지분이나 부속토지만을 취득한 경우에는 전체 건축물과 그 부속토지의 시가표준액을 말한다)이 1억원 이하인 오피스텔 (2020. 8. 12. 신설)
5. 주택 수 산정일 현재 법 제4조에 따른 시가표준액이 1억원 이하인 부속토지만을 소유한 경우 해당 부속토지 (2023. 3. 14. 신설)
6. 혼인한 사람이 혼인 전 소유한 주택분양권으로 주택을 취득하는 경우 다른 배우자가 혼인 전부터 소유하고 있는 주택 (2023. 3. 14. 신설)
7. 제2항 제1호부터 제3호까지의 규정에 해당하는 주택 (2024. 3. 26. 신설)

- 영 28조의 4 제6항 7호(같은 조 2항 1호·2호의 규정에 해당하는 주택에 한정함)의 개정규정은 2028. 12. 31.까지 효력을 가짐. (영 부칙(2024. 3. 26.) 2조 1항) (2024. 12. 31. 개정)
- 영 28조의 4 제6항 7호(같은 조 2항 3호의 규정에 해당하는 주택에 한정함)의 개정규정은 2026. 12. 31.까지 효력을 가짐. (영 부칙(2024. 3. 26.) 2조 2항) (2024. 12. 31. 개정)

---

1. 다음 각 목의 어느 하나에 해당하는 주택 (2020. 8. 12. 신설)
   가. 제28조의 2 제1호에 해당하는 주택으로서 주택 수 산정일 현재 같은 호에 따른 해당 주택의 시가표준액 기준을 충족하는 주택 (2020. 8. 12. 신설)
   나. 제28조의 2 제3호·제5호·제6호 및 제12호에 해당하는 주택으로서 주택 수 산정일 현재 해당 용도에 직접 사용하고 있는 주택 (2020. 8. 12. 신설)
   다. 제28조의 2 제4호에 해당하는 주택 (2020. 8. 12. 신설)
   라. 제28조의 2 제8호 및 제9호에 해당하는 주택. 다만, 제28조의 2 제9호에 해당하는 주택의 경우에는 그 주택의 취득일부터 3년 이내의 기간으로 한정한다. (2020. 8. 12. 신설)
   마. 제28조의 2 제11호에 해당하는 주택으로서 주택 수 산정일 현재 같은 호 다목의 요건을 충족하는 주택 (2024. 3. 26. 개정)
2. 「통계법」 제22조에 따라 통계청장이 고시하는 산업에 관한 표준분류에 따른 주거용 건물 건설업 또는 주거용 건물 개발 및 공급업을 영위하는 자가 신축하여 보유하는 주택. 다만, 자기 또는 임대계약 등 권원을 불문하고 타인이 거주한 기간이 1년 이상인 주택은 제외한다. (2024. 12. 31. 개정)

전체 주택의 시가표준액을 말한다)이 3억원 이상인 주택을 말한다. (2020. 8. 12. 신설)

② 법 제13조의 2 제2항 단서에서 "1세대 1주택자가 소유한 주택을 배우자 또는 직계존비속이 무상취득하는 등 대통령령으로 정하는 경우"란 다음 각 호의 어느 하나에 해당하는 경우를 말한다. (2020. 8. 12. 신설)

1. 1세대 1주택을 소유한 사람으로부터 해당 주택을 배우자 또는 직계존비속이 법 제11조 제1항 제2호에 따른 무상취득을 원인으로 취득하는 경우 (2020. 8. 12. 신설)

2. 법 제15조 제1항 제16호에 따른 세율의 특례 적용대상에 해당하는 경우 (2024. 12. 31. 개정)

3. 「법인세법」 제46조 제2항에 따른 적격분할로 인하여 분할신설법인이 분할법인으로부터 취득하는 미분양 주택. 다만, 분할등기일부터 3년 이내에 「법인세법」 제46조의 3 제3항 각 호의 어느 하나에 해당하는 사유가 발생하는 경우(같은 항 각 호 외의 부분 단서에 해당하는 경우는 제외한다)는 제외한다. (2020. 12. 31. 신설)

3. 삭 제 (2024. 12. 31.)

☞ p.3927 2단 연결

령으로 정하는 일시적 2주택"이란 국내에 주택, 조합원입주권, 주택분양권 또는 오피스텔을 1개 소유한 1세대가 그 주택, 조합원입주권, 주택분양권 또는 오피스텔(이하 이 조 및 제36조의 3에서 "종전 주택등"이라 한다)을 소유한 상태에서 이사·학업·취업·직장이전 및 이와 유사한 사유로 다른 1주택(이하 이 조 및 제36조의 3에서 "신규 주택"이라 한다)을 추가로 취득한 후 3년(이하 이 조에서 "일시적 2주택 기간"이라 한다) 이내에 종전 주택등(신규 주택이 조합원입주권 또는 주택분양권에 의한 주택이거나 종전 주택등이 조합원입주권 또는 주택분양권인 경우에는 신규 주택을 포함한다)을 처분하는 경우 해당 신규 주택을 말한다. (2023. 2. 28. 개정)

편주 ▶ 영 28조의 5 제1항의 개정규정은 2023. 1. 12. 이후 영 28조의 5 및 영 36조의 3에 따른 종전 주택등을 처분하여 같은 개정규정에 따른 요건에 해당하게 된 경우에도 적용함. (영 부칙(2023. 2. 28.) 2조)

② 제1항을 적용할 때 조합원입주권 또는 주택분양권을 1개 소유한 1세대가 그 조합원입주권 또는 주택분양권을 소유한 상태에서 신규 주택을 취득한 경우에는 해당 조합원입주권 또는 주택분양권에 의한 주택을 취득한 날부터 일시적 2주택 기간을 기산한다. (2020. 8. 12. 신설)

③ 제1항을 적용할 때 종전 주택등이 「도시 및 주거환경정비법」 제74조 제1항에 따른 관리처분계획의 인가 또는 「빈집 및 소규모주택 정비에 관한 특례법」 제29조 제1항에 따른 사업시행계획인가를 받은 주택인 경우로서 관리처분계획인가 또는 사업시행계획인가 당시 해당 사업구역에 거주하는 세대가 신규 주택을 취득하여 그 신규 주택으로 이주한 경우에는 그 이주한 날에 종전 주택등을 처분한 것으로 본다. (2020. 12. 31. 신설)

제28조의 6 【중과세 대상 무상취득 등】 ① 법 제13조의 2 제2항에서 "대통령령으로 정하는 일정가액 이상의 주택"이란 취득 당시 법 제4조에 따른 시가표준액(지분이나 부속토지만을 취득한 경우에는

가목에 해당하는 오피스텔을 임대 외의 용도로 사용하는 경우 또는 매각·증여하는 경우나 같은 조 제4항 각 호의 경우가 아닌 사유로 같은 법 제6조에 따라 임대사업자 등록이 말소된 경우 해당 오피스텔은 본문에 따른 다음 각 목의 요건을 모두 갖춘 오피스텔에서 제외한다. (2024. 12. 31. 개정)

편주 ▶ 영 28조의 4 제6항 9호의 개정규정은 2028. 12. 31.까지 효력을 가짐. (영 부칙(2024. 3. 26.) 2조 1항) (2024. 12. 31. 개정)

가. 전용면적이 60제곱미터 이하이고 취득당시가액이 3억원(「수도권정비계획법」 제2조 제1호에 따른 수도권에 소재하는 경우에는 6억원으로 한다) 이하일 것 (2024. 3. 26. 신설)

나. 임대사업자가 해당 오피스텔을 취득한 날부터 60일 이내에 「민간임대주택에 관한 특별법」 제5조에 따라 임대주택으로 등록하거나 임대사업자가 아닌 자가 해당 오피스텔을 취득한 날부터 60일 이내에 같은 조에 따라 임대사업자로 등록하고 그 오피스텔을 임대주택으로 등록할 것 (2024. 3. 26. 신설)

제28조의 5 【일시적 2주택】 ① 법 제13조의 2 제1항 제2호에 따른 "대통령

제15조【세율의 특례】① 다음 각 호의 어느 하나에 해당하는 취득에 대한 취득세는 제11조 및 제12조에 따른 세율에서 중과기준세율을 뺀 세율로 산출한 금액을 그 세액으로 하되, 제11조 제1항 제8호에 따른 주택의 취득에 대한 취득세는 해당 세율에 100분의 50을 곱한 세율을 적용하여 산출한 금액을 그 세액으로 한다. 다만, 취득물건이 제13조 제2항에 해당하는 경우에는 이 항 각 호 외의 부분 본문의 계산방법으로 산출한 세율의 100분의 300을 적용한다. (2015. 7. 24. 개정)

1. 환매등기를 병행하는 부동산의 매매로서 환매기간 내에 매도자가 환매한 경우의 그 매도자와 매수자의 취득 (2010. 3. 31. 개정) [농특비]

2. 상속으로 인한 취득 중 다음 각 목의 어느 하나에 해당하는 취득 (2010. 3. 31. 개정) [농특비]
   가. 대통령령으로 정하는 1가구 1주택의 취득 (2015. 7. 24. 개정)
   나. 「지방세특례제한법」 제6조 제1항에 따라 취득세의 감면대상이 되는 농지의 취득 (2010. 3. 31. 개정)

3. 「법인세법」 제44조 제2항 또는 제3항에 해당하는 법인의 합병으로 인한 취득. 다만, 법인의 합병으로 인하여 취득한 과세물건이 합병 후에 제16조에 따른 과세물건에 해당하게 되는 경우 또는 합병등기일부터 3년 이내에 「법인세법」 제44조의 3 제3항 각 호의 어느 하나에 해당하는 사유가 발생하는 경우(같은 항 각 호 외의 부분 단서에 해당하는 경우는 제외한다)에는 그러하지 아니하다. (2015. 12. 29. 개정) [농특비]

운영예규 법15-1【공유물 분할 합병】
1. 공유물의 분할은 공유권 중 자기지분을 분리하는 것이므로 이때 자기지분을 초과하여 분할등기하는 경우 그 초과분에 대해서도 취득세 납세의무가 있다.
2. 합병으로 인하여 존속하는 법인이 취득하는 소멸법인소유의 과세물건 중 고급오락장 등 합병 전부터 중과세대상에 해당하는 물건인 경우에는 「지방세법」 제15조 제1항 제3호 단서규정에 해당되지 않는다.

제29조【1가구 1주택의 범위】① 법 제15조 제1항 제2호 가목에서 "대통령령으로 정하는 1가구 1주택"이란 상속인(「주민등록법」 제6조 제1항 제3호에 따른 재외국민은 제외한다. 이하 이 조에서 같다)과 같은 법에 따른 세대별 주민등록표(이하 이 조에서 "세대별 주민등록표"라 한다)에 함께 기재되어 있는 가족(동거인은 제외한다)으로 구성된 1가구(상속인의 배우자, 상속인의 미혼인 30세 미만의 직계비속 또는 상속인이 미혼이고 30세 미만인 경우 그 부모는 각각 상속인과 같은 세대별 주민등록표에 기재되어 있지 아니하더라도 같은 가구에 속한 것으로 본다)가 국내에 1개의 주택[주택(법 제11조 제1항 제8호에 따른 주택을 말한다)으로 사용하는 건축물과 그 부속토지를 말하되, 제28조 제4항에 따른 고급주택은 제외한다]을 소유하는 경우를 말한다. (2018. 12. 31. 개정)
② 제1항을 적용할 때 1주택을 여러 사람이 공동으로 소유하는 경우에도 공동소유자가 각각 1주택을 소유하는 것으로 보고, 주택의 부속토지만을 소유하는 경우에도 주택을 소유하는 것으로 본다. (2015. 7. 24. 신설)
③ 제1항 및 제2항을 적용할 때 1주택을 여러 사람이 공동으로 상속받는 경우에는 지분이 가장 큰 상속인을 그 주택의 소유자로 본다. 이 경우 지분이 가장 큰 상속인이 두 명 이상일 때에는 지분이 가장 큰 상속

인 중 다음 각 호의 순서에 따라 그 주택의 소유자를 판정한다. (2015.
7. 24. 개정)
1. 그 주택에 거주하는 사람 (2010. 9. 20. 개정)
2. 나이가 가장 많은 사람 (2010. 9. 20. 개정)

제29조의 2 【분할된 부동산에 대한 과세표준】 법 제15조 제1항
제4호를 적용할 때 공유물을 분할한 후 분할된 부동산에 대한 단독 소
유권을 취득하는 경우의 과세표준은 단독 소유권을 취득한 그 분할된
부동산 전체의 시가표준액으로 한다. (2017. 12. 29. 신설)

제30조 【세율의 특례 대상】 ① 법 제15조 제1항 제7호에서 "그
밖의 형식적인 취득 등 대통령령으로 정하는 취득"이란 벌채하여 원목
을 생산하기 위한 입목의 취득을 말한다. (2015. 12. 31. 신설)
② 법 제15조 제2항 제8호에서 "레저시설의 취득 등 대통령령으로 정
하는 취득"이란 다음 각 호의 어느 하나에 해당하는 취득을 말한다.
(2019. 12. 31. 개정)
1. 제5조에서 정하는 시설의 취득 (2010. 9. 20. 개정)
2. 무덤과 이에 접속된 부속시설물의 부지로 사용되는 토지로서 지적
   공부상 지목이 묘지인 토지의 취득 (2010. 9. 20. 개정)
3. 법 제9조 제5항 단서에 해당하는 임시건축물의 취득 (2010. 9. 20.
   개정)
4. 「여신전문금융업법」 제33조 제1항에 따라 건설기계나 차량을 등록
   한 대여시설이용자가 그 시설대여업자로부터 취득하는 건설기계 또
   는 차량의 취득 (2010. 12. 30. 신설)
5. 건축물을 건축하여 취득하는 경우로서 그 건축물에 대하여 법 제28
   조 제1항 제1호 가목 또는 나목에 따른 소유권의 보존 등기 또는
   소유권의 이전 등기에 대한 등록면허세 납세의무가 성립한 후 제20
   조에 따른 취득시기가 도래하는 건축물의 취득 (2010. 12. 30. 신설)

4. 공유물·합유물의 분할 또는 「부동산 실권리자명의 등기에 관한 법
   률」 제2조 제1호 나목에서 규정하고 있는 부동산의 공유권 해소를
   위한 지분이전으로 인한 취득(등기부등본상 본인 지분을 초과하는
   부분의 경우에는 제외한다) (2017. 12. 26. 개정)　　[농특비]
5. 건축물의 이전으로 인한 취득. 다만, 이전한 건축물의 가액이 종전
   건축물의 가액을 초과하는 경우에 그 초과하는 가액에 대하여는 그
   러하지 아니하다. (2010. 12. 27. 호번개정)
6. 「민법」 제834조, 제839조의 2 및 제840조에 따른 재산분할로 인한
   취득 (2015. 7. 24. 개정)
7. 그 밖의 형식적인 취득 등 대통령령으로 정하는 취득 (2010. 12. 27.
   호번개정)　　[농특비]
② 다음 각 호의 어느 하나에 해당하는 취득에 대한 취득세는 중과기
준세율을 적용하여 계산한 금액을 그 세액으로 한다. 다만, 취득물건이
제13조 제1항에 해당하는 경우에는 중과기준세율의 100분의 300을,
같은 조 제5항에 해당하는 경우에는 중과기준세율의 100분의 500을
각각 적용한다. (2010. 12. 27. 단서개정)
1. 개수로 인한 취득(제11조 제3항에 해당하는 경우는 제외한다). 이 경
   우 과세표준은 제10조의 6 제3항에 따른다. (2021. 12. 28. 후단개정)
2. 제7조 제4항에 따른 선박·차량과 기계장비 및 토지의 가액 증가.
   이 경우 과세표준은 제10조의 6 제1항에 따른다. (2021. 12. 28. 후
   단개정)
3. 제7조 제5항에 따른 과점주주의 취득. 이 경우 과세표준은 제10조의
   6 제4항에 따른다. (2021. 12. 28. 후단개정)
4. 제7조 제6항에 따라 외국인 소유의 취득세 과세대상 물건(차량, 기
   계장비, 항공기 및 선박만 해당한다)의 소유권을 이전 받는 조건으
   로 임차하여 수입하는 경우의 취득(연부로 취득하는 경우로 한정한
   다) (2023. 12. 29. 개정)

5. 제7조 제9항에 따른 시설대여업자의 건설기계 또는 차량 취득 (2010. 12. 27. 신설)
6. 제7조 제10항에 따른 취득대금을 지급한 자의 기계장비 또는 차량 취득. 다만, 기계장비 또는 차량을 취득하면서 기계장비대여업체 또는 운수업체의 명의로 등록하는 경우로 한정한다. (2015. 7. 24. 단서신설)
7. 제7조 제14항 본문에 따른 토지의 소유자의 취득 (2019. 12. 31. 신설)
8. 그 밖에 레저시설의 취득 등 대통령령으로 정하는 취득 (2019. 12. 31. 호번개정)

제16조 【세율 적용】 ① 토지나 건축물을 취득한 후 5년 이내에 해당 토지나 건축물이 다음 각 호의 어느 하나에 해당하게 된 경우에는 해당 각 호에서 인용한 조항에 규정된 세율을 적용하여 취득세를 추징한다. (2010. 3. 31. 개정)
1. 제13조 제1항에 따른 본점이나 주사무소의 사업용 부동산(본점 또는 주사무소용 건축물을 신축하거나 증축하는 경우와 그 부속토지만 해당한다) (2010. 3. 31. 개정)
2. 제13조 제1항에 따른 공장의 신설용 또는 증설용 부동산 (2010. 3. 31. 개정)
3. 제13조 제5항에 따른 골프장, 고급주택 또는 고급오락장 (2023. 3. 14. 개정)
② 고급주택, 골프장 또는 고급오락장용 건축물을 증축·개축 또는 개수한 경우와 일반건축물을 증축·개축 또는 개수하여 고급주택 또는 고급오락장이 된 경우에 그 증가되는 건축물의 가액에 대하여 적용할 취득세의 세율은 제13조 제5항에 따른 세율로 한다. (2023. 3. 14. 개정)
③ 제13조 제1항에 따른 공장 신설 또는 증설의 경우에 사업용 과세물건의 소유자와 공장을 신설하거나 증설한 자가 다를 때에는 그 사업용 과세물건의 소유자가 공장을 신설하거나 증설한 것으로 보아 같은 항의 세율을 적용한다. 다만, 취득일부터 공장 신설 또는 증설을 시작한 날까지의 기간이 5년이 지난 사업용 과세물건은 제외한다. (2010. 3. 31. 개정)
④ 취득한 부동산이 대통령령으로 정하는 기간에 제13조 제2항에 따른 과세대상이 되는 경우에는 같은 항의 세율을 적용하여 취득세를 추

제31조 【대도시 부동산 취득의 중과세 추징기간】 법 제16조 제4항에서 "대통령령으로 정하는 기간"이란 부동산을 취득한 날부터 5년

징한다. (2010. 3. 31. 개정)

⑤ 같은 취득물건에 대하여 둘 이상의 세율이 해당되는 경우에는 그중 높은 세율을 적용한다. (2010. 3. 31. 개정)

⑥ 취득한 부동산이 다음 각 호의 어느 하나에 해당하는 경우에는 제5항에도 불구하고 다음 각 호의 세율을 적용하여 취득세를 추징한다. (2020. 8. 12. 개정)

1. 제1항 제1호 또는 제2호와 제4항이 동시에 적용되는 경우 : 제13조 제6항의 세율 (2020. 8. 12. 개정)

2. 제1항 제3호와 제13조의 2 제1항 또는 같은 조 제2항이 동시에 적용되는 경우 : 제13조의 2 제3항의 세율 (2020. 8. 12. 개정)

제17조 【면세점】 ① 취득가액이 50만원 이하일 때에는 취득세를 부과하지 아니한다. (2010. 3. 31. 개정)

② 토지나 건축물을 취득한 자가 그 취득한 날부터 1년 이내에 그에 인접한 토지나 건축물을 취득한 경우에는 각각 그 전후의 취득에 관한 토지나 건축물의 취득을 1건의 토지 취득 또는 1구의 건축물 취득으로 보아 제1항을 적용한다. (2010. 3. 31. 개정)

제 3 절 　 부과 · 징수 (2010. 3. 31. 개정)

제18조 【징수방법】 취득세의 징수는 신고납부의 방법으로 한다. (2010. 3. 31. 개정)

제19조 【통보 등】 다음 각 호의 자는 취득세 과세물건을 매각(연부로 매각한 것을 포함한다)하면 매각일부터 30일 이내에 대통령령으로 정하는 바에 따라 그 물건 소재지를 관할하는 지방자치단체의 장에게 통보하거나 신고하여야 한다. (2010. 3. 31. 개정)

1. 국가, 지방자치단체 또는 지방자치단체조합 (2010. 3. 31. 개정)

2. 국가 또는 지방자치단체의 투자기관(재투자기관을 포함한다) (2010. 3. 31. 개정)

3. 삭　제 (2015. 7. 24.)

이내를 말한다. (2010. 9. 20. 개정)

제 3 절 　 부과 · 징수 (2010. 9. 20. 개정)

제32조 【매각 통보 등】 ① 법 제19조에 따른 매각 통보 또는 신고는 행정안전부령으로 정하는 서식에 따라 물건의 소재지를 관할하는 시장 · 군수 · 구청장에게 통보하거나 신고하여야 한다. (2017. 7. 26. 직제개정 ; 행정안전부와~직제 부칙)

② 시장 · 군수 · 구청장이 제10조의 2에 따른 과점주주에 대한 취득세를 부과하기 위하여 관할 세무서장에게 「법인세법 시행령」 제161조 제6항에 따른 법인의 주식등변동상황명세서에 관한 자료의 열람을 요청하거나 구체적으로 그 대상을 밝혀 관련 자료를 요청하는 경우에는

제 3 절 　 부과 · 징수 (2010. 12. 23. 개정)

제8조 【매각통보】 영 제32조 제1항에 따른 취득세 과세물건의 매각 통보 또는 신고는 별지 제2호 서식에 따른다. (2010. 12. 23. 개정)

4. 그 밖에 제1호 및 제2호에 준하는 기관 및 단체로서 대통령령으로 정하는 자 (2015. 7. 24. 개정)

제20조【신고 및 납부】 ① 취득세 과세물건을 취득한 자는 그 취득한 날(「부동산 거래신고 등에 관한 법률」 제10조 제1항에 따른 토지거래계약에 관한 허가구역에 있는 토지를 취득하는 경우로서 같은 법 제11조에 따른 토지거래계약에 관한 허가를 받기 전에 거래대금을 완납한 경우에는 그 허가일이나 허가구역의 지정 해소일 또는 축소일을 말한다)부터 60일[무상취득(상속은 제외한다) 또는 증여자의 채무를 인수하는 부담부 증여로 인한 취득의 경우는 취득일이 속하는 달의 말일부터 3개월, 상속으로 인한 경우는 상속개시일이 속하는 달의 말일부터, 실종으로 인한 경우는 실종선고일이 속하는 달의 말일부터 각각 6개월(외국에 주소를 둔 상속인이 있는 경우에는 각각 9개월)] 이내에 그 과세표준에 제11조부터 제13조까지, 제13조의 2, 제13조의 3, 제14조 및 제15조의 세율을 적용하여 산출한 세액을 대통령령으로 정하는 바에 따라 신고하고 납부하여야 한다. (2023. 12. 29. 개정)

 법20−1【신고 및 납부】
토지거래 허가구역내에서 토지를 취득한 경우 사실상 잔금지급일을 취득일로 본다. 다만, 그 신고·납부는 토지거래 허가 및 해제 등의 사유로 그 매매계약이 확정적으로 유효하게 된 날로부터 60일 이내로 한다.

② 취득세 과세물건을 취득한 후에 그 과세물건이 제13조 제1항부터 제7항까지의 세율의 적용대상이 되었을 때에는 대통령령으로 정하는 날부터 60일 이내에 제13조 제1항부터 제7항까지의 세율(제16조 제6항 제2호에 해당하는 경우에는 제13조의 2 제3항의 세율)을 적용하여 산출한 세액에서 이미 납부한 세액(가산세는 제외한다)을 공제한 금액을 세액으로 하여 대통령령으로 정하는 바에 따라 신고하고 납부하여

관할 세무서장은 특별한 사유가 없으면 그 요청에 따라야 한다. (2023. 3. 14. 개정)
③ 시장·군수·구청장이 법 제13조 제2항에 따라 취득세를 중과하기 위하여 관할 세무서장에게 「부가가치세법 시행령」 제11조에 따른 법인의 지점 또는 분사무소의 사업자등록신청 관련 자료의 열람을 요청하거나 구체적으로 그 대상을 밝혀 관련 자료를 요청하는 경우에는 관할 세무서장은 특별한 사유가 없으면 그 요청에 따라야 한다. (2016. 12. 30. 개정)

제33조【신고 및 납부】 ① 법 제20조 제1항부터 제3항까지의 규정에 따라 취득세를 신고하려는 자는 행정안전부령으로 정하는 신고서에 취득물건, 취득일 및 용도 등을 적어 납세지를 관할하는 시장·군수·구청장에게 신고하여야 한다. (2017. 7. 26. 직제개정 ; 행정안전부와~직제 부칙)
② 삭 제 (2011. 12. 31.)
③ 지방자치단체의 금고 또는 지방세수납대행기관(「지방회계법 시행령」 제49조 제1항 및 제2항에 따라 지방자치단체 금고업무의 일부를 대행하는 금융회사 등을 말한다. 이하 같다)은 취득세를 납부받으면 납세자 보관용 영수필 통지서, 취득세 영수필 통지서(등기·등록관서의 시·군·구 통보용) 및 취득세 영수필 확인서 각 1부를 납세자에게 내주고, 지체 없이 취득세 영수필 통지서(시·군·구 보관용) 1부를 해당 시·군·구의 세입징수관에게 송부하여야 한다. 다만, 「전자정부법」 제36조 제1항에 따라 행정기관 간에 취득세 납부사실을 전자적으로 확인할 수 있는 경우에는 납세자에게 납세자 보관용 영수필 통지서를 교부하는 것으로 갈음할 수 있다. (2016. 12. 30. 개정)

제34조【중과세 대상 재산의 신고 및 납부】 법 제20조 제2항에서 "대통령령으로 정하는 날"이란 다음 각 호의 구분에 따른 날을 말한다. (2010. 9. 20. 개정)
1. 법 제13조 제1항에 따른 본점 또는 주사무소의 사업용 부동산을 취득한 경우 : 사무소로 최초로 사용한 날 (2010. 9. 20. 개정)
2. 법 제13조 제1항에 따른 공장의 신설 또는 증설을 위하여 사업용

제9조【신고 및 납부】 ① 영 제33조 제1항에 따라 취득세를 신고하려는 자는 별지 제3호 서식의 취득세신고서(주택 취득을 원인으로 신고하려는 경우에는 부표를 포함한다)에 제1호의 서류 및 제2호부터 제6호까지의 서류 중 해당되는 서류를 첨부하여 납세지를 관할하는 시장·군수·구청장에게 신고해야 한다. (2024. 3. 26. 개정)
1. 매매계약서, 증여계약서, 부동산거래계약 신고필증 또는 법인 장부 등 취득가액 및 취득일 등을 증명할 수 있는 서류 사본 1부 (2020. 8. 18. 개정)
2. 「지방세특례제한법 시행규칙」 별지 제1호 서식의 지방세 감면 신청서 1부 (2020. 8. 18. 개정)
3. 별지 제4호 서식의 취득세 납부서 납세자 보관용 영수증 사본 1부 (2020. 8. 18. 개정)
4. 별지 제8호 서식의 취득세 비과세 확인서 1부 (2020. 8. 18. 개정)
5. 근로소득 원천징수영수증 또는 소득금액증명원 1부 (2020. 8. 18. 개정)
6. 사실상의 잔금지급일을 확인할 수 있는

야 한다. (2020. 8. 12. 개정)

③ 이 법 또는 다른 법령에 따라 취득세를 비과세, 과세면제 또는 경감
받은 후에 해당 과세물건이 취득세 부과대상 또는 추징대상이 되었을
때에는 제1항에도 불구하고 그 사유 발생일부터 60일 이내에 해당 과
세표준에 제11조부터 제15조까지의 세율을 적용하여 산출한 세액[경
감받은 경우에는 이미 납부한 세액(가산세는 제외한다)을 공제한 세액
을 말한다]을 대통령령으로 정하는 바에 따라 신고하고 납부하여야 한
다. (2018. 12. 31. 개정)

과세물건을 취득하거나 같은 조 제2항 제2호에 따른 공장의 신설 또
는 증설에 따라 부동산을 취득한 경우 : 그 생산설비를 설치한 날.
다만, 그 이전에 영업허가 · 인가 등을 받은 경우에는 영업허가 · 인
가 등을 받은 날로 한다. (2010. 9. 20. 개정)

3. 법 제13조 제2항 제1호에 따른 부동산 취득이 다음 각 목의 어느
하나에 해당하는 경우 : 해당 사무소 또는 사업장을 사실상 설치한
날 (2010. 9. 20. 개정)

　가. 대도시에서 법인을 설립하는 경우 (2010. 9. 20. 개정)

　나. 대도시에서 법인의 지점 또는 분사무소를 설치하는 경우 (2010.
　　9. 20. 개정)

　다. 대도시 밖에서 법인의 본점 · 주사무소 · 지점 또는 분사무소를
　　대도시로 전입하는 경우 (2010. 9. 20. 개정)

4. 법 제13조 제2항 각 호 외의 부분 단서에 따라 대도시 중과 제외
업종에 직접 사용할 목적으로 부동산을 취득하거나, 법인이 사원에
대한 분양 또는 임대용으로 직접 사용할 목적으로 사원 주거용 목적
부동산을 취득한 후 법 제13조 제3항 각 호의 어느 하나에 해당하는
사유가 발생하여 법 제13조 제2항 각 호 외의 부분 본문을 적용받게
되는 경우에는 그 사유가 발생한 날 (2010. 12. 30. 개정)

5. 법 제13조 제5항에 따른 골프장 · 고급주택 · 고급오락장 및 고급선박
을 취득한 경우 : 다음 각 목의 구분에 따른 날 (2023. 12. 29. 개정)

　가. 건축물을 증축하거나 개축하여 고급주택이 된 경우 : 그 증축 또는
　　개축의 사용승인서 발급일. 다만, 그 밖의 사유로 고급주택이 된경
　　우에는 그 사유가 발생한 날로 한다. (2023. 12. 29. 개정)

　나. 골프장 : 「체육시설의 설치 · 이용에 관한 법률」에 따라 체육시
　　설업으로 등록(변경등록을 포함한다)한 날. 다만, 등록을 하기
　　전에 사실상 골프장으로 사용하는 경우 그 부분에 대해서는 사
　　실상 사용한 날로 한다. (2010. 9. 20. 개정)

　다. 건축물의 사용승인서 발급일 이후에 관계 법령에 따라 고급오락
　　장이 된 경우 : 그 대상 업종의 영업허가 · 인가 등을 받은 날.
　　다만, 영업허가 · 인가 등을 받지 아니하고 고급오락장이 된 경
　　우에는 고급오락장 영업을 사실상 시작한 날로 한다. (2010. 9.
　　20. 개정)

서류(사실상의 잔금지급일과 계약상의
잔금지급일이 다른 경우만 해당한다) 1부
(2024. 3. 26. 신설)

② 법 제20조 제1항에 따른 취득세의 납
부는 별지 제4호 서식에 따른다. (2011.
12. 31. 개정)

③ 「부동산등기법」 제28조에 따라 채권자
대위권에 의한 등기신청을 하려는 채권자
가 법 제20조 제5항 전단에 따라 납세의무
자를 대위하여 부동산의 취득에 대한 취득
세를 신고납부한 경우에는 「지방세징수법
시행규칙」 별지 제20호 서식의 취득세(등
록면허세) 납부확인서를 발급받을 수 있
다. (2020. 12. 31. 신설)

제9조의 2 【분할납부 신청】 삭　제
(2011. 12. 31.)

④ 제1항부터 제3항까지의 신고·납부기한 이내에 재산권과 그 밖의 권리의 취득·이전에 관한 사항을 공부(公簿)에 등기하거나 등록[등재(登載)를 포함한다. 이하 같다]하려는 경우에는 등기 또는 등록 신청서를 등기·등록관서에 접수하는 날까지 취득세를 신고·납부하여야 한다. (2018. 12. 31. 개정)

⑤ 「부동산등기법」 제28조에 따라 채권자대위권에 의한 등기신청을 하려는 채권자(이하 이 조 및 제30조에서 "채권자대위자"라 한다)는 납세의무자를 대위하여 부동산의 취득에 대한 취득세를 신고납부할 수 있다. 이 경우 채권자대위자는 행정안전부령으로 정하는 바에 따라 납부확인서를 발급받을 수 있다. (2020. 12. 29. 신설)

⑥ 지방자치단체의 장은 제5항에 따른 채권자대위자의 신고납부가 있는 경우 납세의무자에게 그 사실을 즉시 통보하여야 한다. (2020. 12. 29. 신설)

　　　제20조의 2【분할납부】삭　제 (2015. 7. 24.)

라. 선박의 종류를 변경하여 고급선박이 된 경우 : 사실상 선박의 종류를 변경한 날 (2010. 9. 20. 개정)

제35조【등기·등록 시의 취득세 납부기한】법 제20조 제4항에 따른 등기 또는 등록을 하기 전까지는 등기 또는 등록의 신청서를 등기·등록관서에 접수하는 날까지로 한다. (2010. 9. 20. 개정)

제35조【등기·등록 시의 취득세 납부기한】삭　제 (2019. 2. 8.)

　　　제35조의 2【분할납부 금액 및 신청】삭　제 (2015. 7. 24.)

　　　제36조【취득세 납부 확인 등】① 납세자는 취득세 과세물건을 등기 또는 등록하려는 때에는 등기 또는 등록 신청서에 취득세 영수필 통지서(등기·등록관서의 시·군·구 통보용) 1부와 취득세 영수필 확인서 1부를 첨부하여야 한다. 다만, 「전자정부법」 제36조 제1항에 따라 행정기관 간에 취득세 납부사실을 전자적으로 확인할 수 있는 경우에는 그러하지 아니하다. (2016. 12. 30. 개정)

② 제1항에도 불구하고 「부동산등기법」 제24조 제1항 제2호에 따라 전산정보처리조직을 이용하여 등기를 하려는 때에는 취득세 영수필 통지서(등기·등록관서의 시·군·구 통보용)와 취득세 영수필 확인서를 전자적 이미지 정보로 변환한 자료를 첨부하여야 한다. 다만, 「전자정부법」 제36조 제1항에 따라 행정기관 간에 취득세 납부사실을 전자적으로 확인할 수 있는 경우에는 그러하지 아니하다. (2016. 12. 30. 개정)

③ 납세자는 선박의 취득에 따른 등기 또는 등록을 신청하려는 때에는 등기 또는 등록 신청서에 제1항에 따른 취득세 영수필 통지서(등기·등록관서의 시·군·구 통보용) 1부와 취득세 영수필 확인서 1부를 첨부하여야 한다. 이 경우 등기·등록관서는 「전자정부법」 제36조 제1항에 따른 행정정보의 공동이용을 통하여 선박국적증서를 확인하여야 하며, 신청인이 확인에 동의하지 아니하면 그 사본을 첨부하도록 하여야 한다. (2016. 12. 30. 개정)

④ 등기·등록관서는 등기·등록을 마친 때에는 제1항부터 제3항까지의 규정에 따른 취득세 영수필 확인서 금액란에 반드시 확인도장을 찍어야 하며, 첨부된 취득세 영수필 통지서(등기·등록관서의 시·군·구 통보용)를 등기 또는 등록에 관한 서류와 대조하여 기재내용을 확인하고 접수인을 날인하여 접수번호를 붙인 다음 납세지를 관할하는 시·군·구의 세입징수관에게 7일 이내에 송부해야 한다. (2021. 12. 31. 개정)

⑤ 등기·등록관서는 제4항에도 불구하고 취득세 영수필 통지서(등기·등록관서의 시·군·구 통보용)를 시·군·구의 세입징수관에게 송부하려는 경우 시·군·구의 세입징수관이 「전자정부법」 제36조 제1항에 따른 행정정보의 공동이용을 통하여 취득세 영수필 통지서(등기·등록관서의 시·군·구 통보용)에 해당하는 정보를 확인할 수 있는 때에는 전자적 방법으로 그 정보를 송부할 수 있다. (2016. 12. 30. 개정)

☞ p.3934 2단 연결

제21조 【부족세액의 추징 및 가산세】 ① 다음 각 호의 어느 하나에 해당하는 경우에는 제10조의 2부터 제10조의 7까지, 제11조부터 제13조까지, 제13조의 2, 제13조의 3, 제14조 및 제15조의 규정에 따라 산출한 세액(이하 이 장에서 "산출세액"이라 한다) 또는 그 부족세액에 「지방세기본법」 제53조부터 제55조까지의 규정에 따라 산출한 가산세를 합한 금액을 세액으로 하여 보통징수의 방법으로 징수한다. (2021. 12. 28. 개정)
1. 취득세 납세의무자가 제20조에 따른 신고 또는 납부의무를 다하지 아니한 경우 (2019. 12. 31. 신설)
2. 제10조 제5항부터 제7항까지의 규정에 따른 과세표준이 확인된 경우 (2019. 12. 31. 신설)
2. 삭　제 (2021. 12. 28.)
3. 제13조의 2 제1항 제2호에 따라 일시적 2주택으로 신고하였으나 그 취득일로부터 대통령령으로 정하는 기간 내에 대통령령으로 정하는 종전 주택을 처분하지 못하여 1주택으로 되지 아니한 경우 (2020. 8. 12. 신설)

⑥ 시장·군수·구청장은 제4항 및 제5항에 따라 등기·등록관서로부터 취득세 영수필 통지서(등기·등록관서의 시·군·구 통보용) 또는 그에 해당하는 정보를 송부받은 때에는 취득세 신고 및 수납사항 처리부를 작성하고, 취득세의 과오납 및 누락 여부를 확인하여야 한다. (2016. 12. 30. 개정)

제36조의 2 【촉탁등기에 따른 취득세 납부영수증서의 처리】 ① 국가기관 또는 지방자치단체는 등기·가등기 또는 등록·가등록을 등기·등록관서에 촉탁하려는 경우에는 취득세를 납부하여야 할 납세자에게 제33조 제3항에 따른 취득세 영수필 통지서(등기·등록관서의 시·군·구 통보용) 1부와 취득세 영수필 확인서 1부를 제출하게 하고, 촉탁서에 이를 첨부하여 등기·등록관서에 송부하여야 한다. 다만, 「전자정부법」 제36조 제1항에 따라 행정기관 간에 취득세 납부사실을 전자적으로 확인할 수 있는 경우에는 그러하지 아니하다. (2016. 12. 30. 개정)
② 제1항에도 불구하고 「부동산등기법」 제24조 제1항 제2호에 따른 전산정보처리조직을 이용하여 등기를 촉탁하려는 때에는 취득세를 납부하여야 할 납세자로부터 제출받은 취득세 영수필 통지서(등기·등록관서의 시·군·구 통보용)와 취득세 영수필 확인서를 전자적 이미지 정보로 변환한 자료를 첨부하여야 한다. 다만, 「전자정부법」 제36조 제1항에 따라 행정기관 간에 취득세 납부사실을 전자적으로 확인할 수 있는 경우에는 그러하지 아니하다. (2016. 12. 30. 개정)

제36조의 3 【일시적 2주택에 해당하는 기간 등】 ① 법 제21조 제1항 제3호에 따른 "그 취득일로부터 대통령령으로 정하는 기간"이란 신규 주택(종전 주택등이 조합원입주권 또는 주택분양권인 경우에는 해당 입주권 또는 주택분양권에 의한 주택)을 취득한 날부터 3년을 말한다. (2023. 2. 28. 개정)
② 법 제21조 제1항 제3호에 따른 "대통령령으로 정하는 종전 주택"이란 종전 주택등을 말한다. 이 경우 신규 주택이 조합원입주권 또는 주택분양권에 의한 주택이거나 종전 주택등이 조합원입주권 또는 주택분양권인 경우에는 신규 주택을 포함한다. (2020. 8. 12. 신설)

제10조 【취득세 신고 및 수납사항 처리부】 영 제36조 제6항에 따른 취득세 신고 및 수납사항 처리부는 별지 제6호 서식에 따른다. (2016. 12. 30. 개정)

② 납세의무자가 취득세 과세물건을 사실상 취득한 후 제20조에 따른 신고를 하지 아니하고 매각하는 경우에는 제1항 및 「지방세기본법」 제53조, 제55조에도 불구하고 산출세액에 100분의 80을 가산한 금액을 세액으로 하여 보통징수의 방법으로 징수한다. 다만, 등기·등록이 필요하지 아니한 과세물건 등 대통령령으로 정하는 과세물건에 대하여는 그러하지 아니하다. (2016. 12. 27. 개정 ; 지방세기본법 부칙)

③ 제1항에도 불구하고 납세의무자가 제20조에 따른 신고기한까지 취득세를 시가인정액으로 신고한 후 지방자치단체의 장이 세액을 경정하기 전에 그 시가인정액을 수정신고한 경우에는 「지방세기본법」 제53조 및 제54조에 따른 가산세를 부과하지 아니한다. (2021. 12. 28. 신설)

제22조 【등기자료의 통보】 ① 등기·등록관서의 장은 취득세가 납부되지 아니하였거나 납부부족액을 발견하였을 때에는 대통령령으로 정하는 바에 따라 납세지를 관할하는 지방자치단체의 장에게 통보하여야 한다. (2010. 3. 31. 개정)

② 등기·등록관서의 장이 등기·등록을 마친 경우에는 취득세의 납세지를 관할하는 지방자치단체의 장에게 그 등기·등록의 신청서 부본(副本)에 접수연월일 및 접수번호를 기재하여 등기·등록일부터 7일 내에 통보하여야 한다. 다만, 등기·등록사업을 전산처리하는 경우에는 전산처리된 등기·등록자료를 행정안전부령으로 정하는 바에 따라 통보하여야 한다. (2017. 7. 26. 직제개정 ; 정부조직법 부칙)

③ 「자동차관리법」 제5조에 따라 자동차의 사용본거지를 관할하지 아니하는 지방자치단체의 장이 자동차의 등록사무(신규등록, 변경등록 및 이전등록을 말한다)를 처리한 경우에는 자동차의 취득가격 등 행정안전부령으로 정하는 사항을 다음 달 10일까지 자동차의 사용본거지를 관할하는 지방자치단체의 장에게 통보하여야 한다. (2017. 7. 26. 직제개정 ; 정부조직법 부칙)

제22조의 2 【장부 등의 작성과 보존】 ① 취득세 납세의무가 있는 법인은 대통령령으로 정하는 바에 따라 취득당시가액을 증명할 수 있는 장부와 관련 증거서류를 작성하여 갖춰 두어야 한다. 이 경우 다음 각 호의 장부 및 증거서류를 포함하여야 한다. (2023. 12. 29. 개정)

제37조 【중가산세에서 제외되는 재산】 법 제21조 제2항 단서에서 "등기·등록이 필요하지 아니한 과세물건 등 대통령령으로 정하는 과세물건"이란 다음 각 호의 어느 하나에 해당하는 것을 말한다. (2010. 9. 20. 개정)

1. 삭 제 (2013. 1. 1.)
2. 취득세 과세물건 중 등기 또는 등록이 필요하지 아니하는 과세물건 (골프회원권, 승마회원권, 콘도미니엄 회원권, 종합체육시설 이용회원권 및 요트회원권은 제외한다) (2014. 3. 14. 개정)
3. 지목변경, 차량·기계장비 또는 선박의 종류 변경, 주식등의 취득 등 취득으로 보는 과세물건 (2010. 9. 20. 개정)

제38조 【취득세 미납부 및 납부부족액에 대한 통보】 등기·등록관서의 장은 등기 또는 등록 후에 취득세가 납부되지 아니하였거나 납부부족액을 발견하였을 때에는 다음 달 10일까지 납세지를 관할하는 시장·군수·구청장에게 통보하여야 한다. (2016. 12. 30. 개정)

제38조의 2 【장부 등의 작성과 보존】 취득세 납세의무가 있는 법인은 법 제22조의 2 제1항에 따라 취득당시가액을 증명할 수 있는 다음 각 호의 장부와 증거서류를 작성하여 갖춰 두어야 한다. (2024. 3. 26. 신설)

제11조 【취득세 미납부 및 납부부족액에 대한 통보】 영 제38조에 따른 취득세 미납부 및 납부부족액에 대한 통보는 별지 제7호 서식에 따른다. (2010. 12. 23. 개정)

제11조의 2 【차량 취득세 과세자료의 통보】 ① 법 제22조 제3항에서 "행정안전부령으로 정하는 사항"이란 다음 각 호의 사항을 말한다. (2017. 7. 26. 직제개정 ; 행정안전부와~시행규칙 부칙)

1. 취득자의 인적사항 (2014. 1. 1. 신설)
2. 차량번호 (2014. 1. 1. 신설)
3. 취득일 및 취득가격 (2014. 1. 1. 신설)
4. 그 밖에 차량 취득세 과세내역을 파악하는데 필요한 사항 (2014. 1. 1. 신설)

② 법 제22조 제3항에 따른 차량 취득세

편주 ▶ ···
법 22조의 2의 개정규정은 2024. 4. 1.부터 시행함. (법 부칙(2023. 12. 29.) 1조 단서)
···

1. 사업의 재산 상태와 그 거래내용의 변동을 기록한 장부 및 증거서류 (2023. 12. 29. 신설)
2. 「신탁법」에 따른 수탁자가 위탁자로부터 취득세 과세대상 물건의 취득과 관련하여 지급받은 신탁수수료와 그 밖의 대가가 있는 경우 이를 종류·목적·용도별로 구분하여 기록한 장부 및 증거서류 (2023. 12. 29. 신설)
② 지방자치단체의 장은 취득세 납세의무가 있는 법인이 제1항에 따른 의무를 이행하지 아니하는 경우에는 산출된 세액 또는 부족세액의 100분의 10에 상당하는 금액을 징수하여야 할 세액에 가산한다. (2013. 1. 1. 신설)

　제22조의 3 【가족관계등록 전산정보 등의 공동이용】 ① 행정안전부장관 또는 지방자치단체의 장은 주택소유관계 확인 및 취득세 납세의무자의 세대원 확인 등의 업무처리를 위하여 필요한 경우에는 전산매체를 이용하여 법원행정처장에게 「가족관계의 등록 등에 관한 법률」 제11조 제6항에 따른 가족관계 등록사항에 대한 등록전산정보자료의 제공을 요청할 수 있다. 이 경우 요청을 받은 법원행정처장은 특별한 사유가 없으면 이에 협조하여야 한다. (2020. 8. 12. 신설)
② 행정안전부장관 또는 지방자치단체의 장은 취득세 납세의무자의 주택 수 확인 등의 업무를 처리하기 위하여 대통령령으로 정하는 바에 따라 국가기관 또는 다른 지방자치단체에게 정보제공 등의 협조를 요청할 수 있다. 이 경우 요청을 받은 자는 정당한 사유가 없으면 협조하여야 한다. (2020. 8. 12. 신설)
③ 행정안전부장관은 제1항 및 제2항에 따라 제공받은 등록전산정보자료를 대통령령으로 정하는 바에 따라 지방자치단체의 장에게 제공할 수 있다. (2020. 8. 12. 신설)

1. 사업의 재산 상태와 그 거래내용의 변동을 기록한 장부 및 증거서류 (「법인세법 시행령」 제31조 제2항에 따른 자본적 지출을 확인할 수 있는 서류를 포함한다) (2024. 3. 26. 신설)
2. 「신탁법」에 따른 수탁자가 위탁자로부터 취득세 과세대상 물건의 취득과 관련하여 지급받은 신탁수수료와 그 밖의 대가가 있는 경우 이를 종류·목적·용도별로 구분하여 기록한 장부 및 증거서류 (2024. 3. 26. 신설)
3. 「지방세기본법」 제46조에 따른 법인의 주주 변동사항을 확인할 수 있는 서류 (2024. 3. 26. 신설)
4. 「도시개발법」 제11조 제1항 제6호에 따른 조합이 시행하는 도시개발사업이나 「도시 및 주거환경정비법」 제35조에 따른 조합이 시행하는 재개발사업 또는 재건축사업을 통하여 취득한 부동산(토지와 건물을 구분한다)의 취득일, 소재지, 면적, 지목, 용도, 사실상취득가격 산정을 위한 분양가액을 확인할 수 있는 서류 (2024. 3. 26. 신설)
5. 법 제10조의 3 제1항 제2호에 따른 위탁자 및 제18조 제3항 각 호의 자가 납세의무자를 대신하여 해당 물건을 취득하기 위하여 지급했거나 지급해야 할 비용을 확인할 수 있는 서류 (2024. 3. 26. 신설)

편주 ▶ ···
영 38조의 2의 개정규정은 2024. 4. 1.부터 시행함. (영 부칙(2024. 3. 26.) 1조 단서)
···

　제38조의 3 【정보 제공 요청 등】 (2024. 3. 26. 조번개정)
① 행정안전부장관 또는 지방자치단체의 장은 법 제22조의 3 제2항에 따라 세대별 보유하고 있는 주택, 조합원입주권, 주택분양권 또는 오피스텔 수의 확인 등을 위하여 필요한 경우에는 국토교통부장관에게 「민간임대주택에 관한 특별법」 제60조에 따른 임대주택정보체계에 포함된 자료, 「부동산 거래신고 등에 관한 법률」 제24조에 따른 정보 및 「주택법」 제88조에 따른 주택 관련 정보의 제공을 요청할 수 있다. (2020. 8. 12. 신설)
② 행정안전부장관은 법 제22조의 3 제3항에 따라 자료를 지방자치

과세자료의 통보는 별지 제7호의 2 서식에 따른다. (2014. 1. 1. 신설)

　제12조 【취득세 비과세 등 확인】 ① 법, 「지방세특례제한법」 또는 「조세특례제한법」에 따라 취득세의 비과세 또는 감면으로 법 제7조에 따른 부동산등을 취득하여 등기하거나 등록하려는 경우에는 그 부동산등의 납세지를 관할하는 시장·군수·구청장의 취득세 비과세 또는 감면 확인을 받아야 한다. (2016. 12. 30. 개정)
② 제1항에 따른 취득세 비과세 또는 감면에 대한 시장·군수·구청장의 확인은 별지 제8호 서식에 따른다. (2016. 12. 30. 개정)

단체의 장에게 제공하는 경우에는 지방세통합정보통신망을 통하여 제공해야 한다. (2024. 3. 26. 개정)

　　제22조의 4【증여세 관련 자료의 통보】세무서장 또는 지방국세청장은 「국세기본법」 또는 「상속세 및 증여세법」에 따른 부동산에 대한 증여세의 부과·징수 등에 관한 자료를 대통령령으로 정하는 바에 따라 행정안전부장관 또는 지방자치단체의 장에게 통보하여야 한다. (2021. 12. 28. 신설)

　　제38조의 4【증여세 관련 자료의 통보】(2024. 3. 26. 조번개정) 세무서장 또는 지방국세청장은 법 제22조의 4에 따라 행정안전부령으로 정하는 통보서에 「상속세 및 증여세법」 제76조에 따른 부동산 증여세 결정 또는 경정에 관한 자료를 첨부하여 결정 또는 경정한 날이 속하는 달의 다음 달 말일까지 행정안전부장관 또는 지방자치단체의 장에게 통보해야 한다. (2021. 12. 31. 신설)

　　제12조의 2【부동산 증여 납부 및 징수에 관한 자료】영 제38조의 4에서 "행정안전부령으로 정하는 통보서"란 별지 제7호의 3 서식에 따른 통보서를 말한다. (2024. 12. 31. 개정)

제 3 장　등록면허세 (2010. 3. 31. 개정)

제 1 절　통　　칙 (2010. 3. 31. 개정)

　　제23조【정　의】등록면허세에서 사용하는 용어의 뜻은 다음과 같다. (2010. 3. 31. 개정)
1. "등록"이란 재산권과 그 밖의 권리의 설정·변경 또는 소멸에 관한 사항을 공부에 등기하거나 등록하는 것을 말한다. 다만, 제2장에 따른 취득을 원인으로 이루어지는 등기 또는 등록은 제외하되, 다음 각 목의 어느 하나에 해당하는 등기나 등록은 포함한다. (2010. 12. 27. 단서개정)

⊙운영예규 법23-1【재산권 등의 정의】
「지방세법」 제23조 제1호에서 「재산권」이라 함은 금전적 가치가 있는 물권·채권·무체재산권 등을 지칭하는 것이며, 「그 밖의 권리」라 함은 재산이외의 권리로서 「부동산등기본법」등 기타 관계법령의 규정에 의하여 등기·등록하는 것을 말한다.

　가. 광업권·어업권 및 양식업권의 취득에 따른 등록 (2019. 8. 27. 개정 ; 양식산업발전법 부칙)
　나. 제15조 제2항 제4호에 따른 외국인 소유의 취득세 과세대상 물

제 3 장　등록면허세 (2010. 9. 20. 개정)

제 1 절　통　　칙 (2010. 9. 20. 개정)

⊙운영예규 법23-2【납세의무가 있는 경우】
1. 등기·등록이 된 이후 법원의 판결 등에 의해 그 등기 또는 등록이 무효 또는 취소가 되어 등기·등록이 말소된다 하더라도 이미 납부한 등록면허세는 과오납으로 환급할 수 없다.
2. 지방세 체납처분으로 그 소유권을 국가 또는 지방자치단체명의로 이전하는 경우에 이미 그 물건에 전세권, 가등기, 압류등기 등으로 되어 있는 것을 말소하는 대위적 등기와 성명의 복구나 소유권의 보존 등 일체의 채권자 대위적 등기에 대하여는 그 소유자가 등록면허세를 납부하여야 한다.

제 3 장　등록면허세

(2010. 12. 23. 개정)

건(차량, 기계장비, 항공기 및 선박만 해당한다)의 연부 취득에
　따른 등기 또는 등록 (2010. 12. 27. 신설)
다. 「지방세기본법」 제38조에 따른 취득세 부과제척기간이 경과한
　물건의 등기 또는 등록 (2017. 12. 26. 신설)
라. 제17조에 해당하는 물건의 등기 또는 등록 (2017. 12. 26. 신설)
2. "면허"란 각종 법령에 규정된 면허・허가・인가・등록・지정・검
　사・검열・심사 등 특정한 영업설비 또는 행위에 대한 권리의 설정,
　금지의 해제 또는 신고의 수리(受理) 등 행정청의 행위(법률의 규정
　에 따라 의제되는 행위를 포함한다)를 말한다. 이 경우 면허의 종별
　은 사업의 종류 및 규모 등을 고려하여 제1종부터 제5종까지 구분하
　여 대통령령으로 정한다. (2015. 12. 29. 개정)

제24조【납세의무자】다음 각 호의 어느 하나에 해당하는 자는
등록면허세를 납부할 의무를 진다. (2010. 3. 31. 개정)
1. 등록을 하는 자 (2010. 3. 31. 개정)
2. 면허를 받는 자(변경면허를 받는 자를 포함한다). 이 경우 납세의무
　자는 그 면허의 종류마다 등록면허세를 납부하여야 한다. (2010. 3.
　31. 개정)

제25조【납세지】① 등기 또는 등록에 대한 등록면허세의 납세지
는 다음 각 호에서 정하는 바에 따른다. (2015. 12. 29. 개정)
1. 부동산 등기 : 부동산 소재지 (2010. 3. 31. 개정)
2. 선박 등기 또는 등록 : 선적항 소재지 (2015. 12. 29. 개정)
3. 자동차 등록 : 「자동차관리법」에 따른 등록지. 다만, 등록지가 사용
　본거지와 다른 경우에는 사용본거지를 납세지로 한다. (2010. 12.
　27. 단서신설)
4. 건설기계 등록 : 「건설기계관리법」에 따른 등록지 (2010. 3. 31. 개정)
5. 항공기 등록 : 정치장 소재지 (2010. 3. 31. 개정)
6. 법인 등기 : 등기에 관련되는 본점・지점 또는 주사무소・분사무소
　등의 소재지 (2010. 3. 31. 개정)
7. 상호 등기 : 영업소 소재지 (2010. 3. 31. 개정)
8. 광업권 및 조광권 등록 : 광구 소재지 (2011. 12. 31. 개정)

제39조【면허의 종류와 종별 구분】법 제23조 제2호에 따른 면
허의 종류와 종별 구분은 별표 1과 같다. (2019. 12. 31. 개정)

운영예규 법24-1【납세의무자】
「지방세법」 제24조 제1호 「등록을 하는 자」란 재산권 기타 권리의 설정・변경
또는 소멸에 관한 사항을 공부에 등기 또는 등록을 받는 등기・등록부상에 기재
된 명의자(등기권리자)를 말한다.
법24-2【납세의무】
1. 당해연도 1월 1일이 지나 면허가 말소된 경우에도 당해연도의 등록면허세의
　납세의무가 있으며, 당해연도 1월 1일이 지나 면허의 명의가 변경되는 경우에
　는 종전의 명의자는 정기분 등록면허세를, 새로운 명의자는 신규 등록면허세를
　납부하여야 한다.
2. 등록면허세는 면허의 효력이 존속하는 한 일시적인 휴업 등의 사유가 있을지라
　도 등록면허세 납세의무를 지는 것이므로 휴업 중에도 매년 1월에 정기분 등록
　면허세를 납부하여야 한다.
3. 등록면허세의 납세의무는 면허증서를 교부받거나 도달된 때에 납세의무가 발
　생하는 것이므로 면허증서를 교부받기 전에 면허가 취소된 경우에는 등록면허
　세 납세의무가 발생하지 아니한다.

편주 ▶ ⋯⋯⋯⋯⋯⋯⋯⋯⋯⋯
영 별표 1의 개정규정은 2024. 1. 1. 이후
납세의무가 성립하는 분부터 적용함. (영 부
칙(2023. 12. 29.) 8조)
⋯⋯⋯⋯⋯⋯⋯⋯⋯⋯

제15조【등록면허세 비과세 등 확인】
① 법, 「지방세특례제한법」 또는 「조세특
례제한법」에 따라 등록면허세의 비과세
또는 감면으로 등기 또는 등록하려는 경우
에는 법 제25조 제1항에 따른 등록 면허세
의 납세지를 관할하는 시장・군수・구청
장의 비과세 또는 감면 확인을 받아야 한
다. (2016. 12. 30. 개정)
② 제1항에 따른 등록면허세 비과세 또는
감면에 대한 시장・군수・구청장의 확인
은 별지 제8호 서식에 따른다. (2016. 12.
30. 개정)

9. 어업권, 양식업권 등록 : 어장 소재지 (2019. 8. 27. 개정 ; 양식산업
   발전법 부칙)
10. 저작권, 출판권, 저작인접권, 컴퓨터프로그램 저작권, 데이터베이
   스 제작자의 권리 등록 : 저작권자, 출판권자, 저작인접권자, 컴퓨
   터프로그램 저작권자, 데이터베이스 제작권자 주소지 (2010. 3.
   31. 개정)
11. 특허권, 실용신안권, 디자인권 등록 : 등록권자 주소지 (2010. 3.
   31. 개정)
12. 상표, 서비스표 등록 : 주사무소 소재지 (2010. 3. 31. 개정)
13. 영업의 허가 등록 : 영업소 소재지 (2010. 3. 31. 개정)
14. 지식재산권담보권 등록 : 지식재산권자 주소지 (2011. 12. 31. 신설)
15. 그 밖의 등록 : 등록관청 소재지 (2011. 12. 31. 호번개정)
16. 같은 등록에 관계되는 재산이 둘 이상의 지방자치단체에 걸쳐 있
   어 등록면허세를 지방자치단체별로 부과할 수 없을 때에는 등록관
   청 소재지를 납세지로 한다. (2011. 12. 31. 호번개정)
17. 같은 채권의 담보를 위하여 설정하는 둘 이상의 저당권을 등록하
   는 경우에는 이를 하나의 등록으로 보아 그 등록에 관계되는 재산
   을 처음 등록하는 등록관청 소재지를 납세지로 한다. (2011. 12.
   31. 호번개정)

1. 동일한 채권담보를 위하여 "갑"지역에 있는 부동산과 "을"지역에 있는 부
   동산에 대하여 저당권을 설정하는 경우 먼저 설정한 지역에서 채권금액 전
   체에 대하여 과세하고 "을"지역에 있는 담보물을 나중에 등기할 때에는
   "을" 지역에서 등록면허세를 과세할 수 없다.
2. 동일채권에 대한 담보물을 추가하는 경우에는 추가로 담보하는 매 담보물건별
   로 과세하여야 한다.

18. 제1호부터 제14호까지의 납세지가 분명하지 아니한 경우에는 등
   록관청 소재지를 납세지로 한다. (2011. 12. 31. 개정)
② 면허에 대한 등록면허세의 납세지는 다음 각 호에서 정하는 바에
따른다. (2010. 3. 31. 개정)
1. 해당 면허에 대한 영업장 또는 사무소가 있는 면허 : 영업장 또는

사무소 소재지 (2010. 3. 31. 개정)
2. 해당 면허에 대한 별도의 영업장 또는 사무소가 없는 면허 : 면허를
   받은 자의 주소지 (2010. 3. 31. 개정)
3. 제1호 및 제2호에 따른 납세지가 분명하지 아니하거나 납세지가 국
   내에 없는 경우에는 면허부여기관 소재지를 납세지로 한다. (2015.
   12. 29. 신설)

제26조【비과세】① 국가, 지방자치단체, 지방자치단체조합, 외
국정부 및 주한국제기구가 자기를 위하여 받는 등록 또는 면허에 대하
여는 등록면허세를 부과하지 아니한다. 다만, 대한민국 정부기관의 등
록 또는 면허에 대하여 과세하는 외국정부의 등록 또는 면허의 경우에
는 등록면허세를 부과한다. (2010. 3. 31. 개정)
② 다음 각 호의 어느 하나에 해당하는 등기 · 등록 또는 면허에 대하
여는 등록면허세를 부과하지 아니한다. (2015. 12. 29. 개정)
1. 「채무자 회생 및 파산에 관한 법률」 제6조 제3항, 제25조 제1항부
   터 제3항까지, 제26조 제1항, 같은 조 제3항, 제27조, 제76조 제4항,
   제362조 제3항, 제578조의 5 제3항, 제578조의 8 제3항 및 제578
   조의 9 제3항에 따른 등기 또는 등록 (2023. 12. 29. 개정)
   농특비

2024. 1. 1. 당시 「채무자 회생 및 파산에 관한 법률」에 따라 회생절차 ·
간이회생절차가 진행 중이거나 회생계획 · 간이회생계획을 수행 중인 경우
와 2024. 1. 1. 이후 회생절차, 간이회생절차, 파산절차, 개인회생절차가
신청된 사건의 경우에는 「채무자 회생 및 파산에 관한 법률」 등에 따라
법원, 법원사무관등이 촉탁하여 이루어진 등기 또는 등록은 법 26조 2항
1호의 개정규정에 따른 등기 또는 등록으로 봄. (법 부칙(2023. 12. 29.)
3조) (2024. 2. 13. 개정 ; 채무자 회생 및 파산에 관한 법률 부칙)

재외국민 주민등록제 시행에 따라 외부적인 사유로 국내거소신고번호를 주민등
록번호로 변경함에 따른 자동차등록원부 등의 단순한 표시변경에 대하여는 등록
면허세를 비과세한다.

2. 행정구역의 변경, 주민등록번호의 변
   경, 지적(地籍) 소관청의 지번 변경, 계
   량단위의 변경, 등기 또는 등록 담당
   공무원의 착오 및 이와 유사한 사유로
   인한 등기 또는 등록으로서 주소, 성명,
   주민등록번호, 지번, 계량단위 등의 단
   순한 표시변경 · 회복 또는 경정 등기
   또는 등록 (2015. 12. 29. 개정)
   농특비

1. 지방세의 체납으로 인하여 압류의 등기 또는
   등록을 한 재산에 대하여 압류해제의 등기
   또는 등록 등을 할 경우에는 「지방세법」 제
   26조에 의하여 등록면허세가 비과세되는 것
   이다.
2. 국가와 지방자치단체가 공익사업을 위한 토
   지 등의 취득 및 보상에 관한 법률에 따라
   공공사업(도로신설 및 도로확장 등)에 필요
   한 토지를 수용하여 공공용지에 편입하기
   위해 행하는 분필등기, 공유물분할등기는
   국가와 지방자치단체가 자기를 위하여 하는
   등기에 해당하므로 등록면허세가 비과세되
   는 것이다.

☞ p.3940 1단 연결

3. 그 밖에 지목이 묘지인 토지 등 대통령령으로 정하는 등록 (2010. 3. 31. 개정)

4. 면허의 단순한 표시변경 등 등록면허세의 과세가 적합하지 아니한 것으로서 대통령령으로 정하는 면허 (2010. 3. 31. 개정)

☞

<운><영><예><규> 법26－2【면허분 등록면허세 비과세】
1월 1일 현재 「총포·도검·화약류 등 단속법」 제47조 제2항에 따라 총포 또는 총포의 부품이 보관된 경우 그 총포 등의 소지 면허에 대하여는 등록면허세를 부과하지 아니하되, 같은 과세기간 중 총포 등을 반환받은 기간이 있는 경우에는 최초로 반환받는 때에 해당연도의 등록면허세를 부과한다.

제40조【비과세】 ① 법 제26조 제2항 제3호에서 "지목이 묘지인 토지 등 대통령령으로 정하는 등록"이란 무덤과 이에 접속된 부속시설물의 부지로 사용되는 토지로서 지적공부상 지목이 묘지인 토지에 관한 등기를 말한다. (2010. 9. 20. 개정)
② 법 제26조 제2항 제4호에서 "대통령령으로 정하는 면허"란 다음 각 호의 어느 하나에 해당하는 면허를 말한다. (2010. 9. 20. 개정)
1. 변경하는 내용이 다음 각 목의 경우에 해당하지 아니하는 변경면허 (2010. 9. 20. 개정)
　가. 면허를 받은 자가 변경되는 경우(사업주체의 변경 없이 단순히 대표자의 명의를 변경하는 경우는 제외한다) (2010. 9. 20. 개정)
　나. 해당 면허에 대한 제39조에 따른 면허의 종별 구분이 상위의 종으로 변경되는 경우 (2010. 9. 20. 개정)
　다. 법 제35조 제2항에 따라 면허가 갱신되는 것으로 보는 경우 (2010. 9. 20. 개정)
2. 「의료법」 및 「수의사법」에 따라 의료업 및 동물진료업을 개설한 자의 다음 각 목의 어느 하나에 해당하는 면허 (2010. 9. 20. 개정)
　가. 「농어촌 등 보건의료를 위한 특별조치법」에 따라 종사명령을 이행하기 위하여 휴업하는 기간 중의 해당 면허와 종사명령기간 중에 개설하는 병원·의원(조산원을 포함한다)의 면허 (2010. 9. 20. 개정)
　나. 「수의사법」에 따라 공수의로 위촉된 수의사의 동물진료업의 면허 (2010. 9. 20. 개정)
3. 「총포·도검·화약류 등의 안전관리에 관한 법률」 제47조 제2항에 따라 총포 또는 총포의 부품이 보관된 경우 그 총포의 소지 면허. 다만, 같은 과세기간 중에 반환받은 기간이 있는 경우는 제외한다. (2016. 1. 6. 개정 ; 총포·도검·화학류~시행령 부칙)
4. 매년 1월 1일 현재 「부가가치세법」에 따른 폐업신고(같은 연도 1월 25일까지 같은 법 시행령 제13조 제1항·제3항 또는 제5항에 따라 폐업신고를 한 경우를 포함한다)를 하고 폐업 중인 해당 업종의 면허 (2024. 12. 31. 개정)
5. 매년 1월 1일 현재 1년 이상 사실상 휴업 중인 사실이 증명되는 해당 업종의 면허 (2010. 9. 20. 개정)

6. 마을주민의 복지증진 등을 도모하기 위하여 마을주민만으로 구성된 조직의 주민공동체 재산 운영을 위하여 필요한 면허 (2010. 12. 30. 신설)

제2절 등록에 대한 등록면허세 (2010. 3. 31. 개정)

제27조【과세표준】① 부동산, 선박, 항공기, 자동차 및 건설기계의 등록에 대한 등록면허세(이하 이 절에서 "등록면허세"라 한다)의 과세표준은 등록 당시의 가액으로 한다. (2010. 3. 31. 개정)
② 제1항에 따른 과세표준은 조례로 정하는 바에 따라 등록자의 신고에 따른다. 다만, 신고가 없거나 신고가액이 제4조에 따른 시가표준액보다 적은 경우에는 시가표준액을 과세표준으로 한다. (2010. 3. 31. 개정)

③ 제2항에도 불구하고 제23조 제1호 각 목에 따른 취득을 원인으로 하는 등록의 경우 다음 각 호의 구분에 따른 가액을 과세표준으로 한다. 다만, 등록 당시에 자산재평가 또는 감가상각 등의 사유로 그 가액이 달라진 경우에는 변경된 가액을 과세표준으로 한다. (2023. 12. 29. 개정)
1. 제23조 제1호 가목·나목 및 라목에 따른 취득을 원인으로 하는 등록의 경우: 제10조의 2부터 제10조의 6까지에서 정하는 취득당시가액 (2023. 12. 29. 신설)
2. 제23조 제1호 다목에 따른 취득을 원인으로 하는 등록의 경우: 제1항에 따른 등록 당시의 가액과 제10조의 2부터 제10조의 6까지에서 정하는 취득당시가액 중 높은 가액 (2023. 12. 29. 신설)
④ 채권금액으로 과세액을 정하는 경우에 일정한 채권금액이 없을 때에는 채권의 목적이 된 것의 가액 또는 처분의 제한의 목적이 된 금액을 그 채권금액으로 본다. (2010. 3. 31. 개정)
⑤ 제1항부터 제4항까지의 규정에 따른 과세표준이 되는 가액의 범위 및 그 적용에 필요한 사항은 대통령령으로 정한다. (2010. 3. 31. 개정)

제2절 등록에 대한 등록면허세 (2010. 9. 20. 개정)

제41조【정 의】이 절에서 사용하는 용어의 뜻은 다음과 같다. (2010. 9. 20. 개정)
1. "부동산"이란 법 제6조 제3호 및 제4호에 따른 토지와 건축물을 말한다. (2010. 9. 20. 개정)
2. "선박"이란 법 제6조 제10호에 따른 선박을 말한다. (2010. 9. 20. 개정)
3. "한 건"이란 등기 또는 등록대상 건수마다를 말한다.「부동산등기법」등 관계 법령에 따라 여러 개의 등기·등록대상을 한꺼번에 신청하여 등기·등록하는 경우에도 또한 같다. (2010. 9. 20. 개정)

제42조【과세표준의 적용】① 법 제27조 제3항 각 호 외의 부분 단서에 따라 자산재평가 또는 감가상각 등의 사유로 변경된 가액을 과세표준으로 할 경우에는 등기일 또는 등록일 현재의 법인장부 또는 결산서 등으로 증명되는 가액을 과세표준으로 한다. (2023. 12. 29. 개정)
② 주택의 토지와 건축물을 한꺼번에 평가하여 토지나 건축물에 대한 과세표준이 구분되지 아니하는 경우에는 한꺼번에 평가한 개별주택가격을 토지나 건축물의 가액 비율로 나눈 금액을 각각 토지와 건축물의 과세표준으로 한다. (2010. 9. 20. 개정)

제1절 등록에 대한 등록면허세
(2010. 12. 23. 개정)

●운영예규 법27 - 1 【과세표준의 범위】
등록면허세 신고서상의 금액과 공부상의 금액이 다를 경우에는 공부상의 금액을 과세표준으로 한다.

　　제28조 【세　율】 ① 등록면허세는 등록에 대하여 제27조의 과세표준에 다음 각 호에서 정하는 세율을 적용하여 계산한 금액을 그 세액으로 한다. 다만, 제1호부터 제5호까지 및 제5호의 2의 규정에 따라 산출한 세액이 해당 각 호의 그 밖의 등기 또는 등록 세율보다 적을 때에는 그 밖의 등기 또는 등록 세율을 적용한다. (2015. 12. 29. 단서 신설)
1. 부동산 등기 (2010. 3. 31. 개정)

●운영예규 법28 - 3 【가등기 등에 대한 세율】
1. 소유권이전 등의 청구권을 보존하기 위한 가등기에 해당하는 경우에는 「지방세법」 제28조 제1항 제1호 라목의 2) 규정을 적용하며, 「가등기담보 등에 관한 법률」에 의한 담보가등기는 저당권등기의 일종으로서 「지방세법」 제28조 제1항 제1호 다목의 2) 세율을 적용한다.
2. 전세권 등에 대해 저당권을 설정하는 경우에는 「지방세법」 제28조 제1항 제1호 다목의 2) 세율을 적용한다.

　가. 소유권의 보존 등기 : 부동산 가액의 1천분의 8 (2015. 12. 29. 개정)
　나. 소유권의 이전 등기 (2010. 12. 27. 신설)
　　1) 유상으로 인한 소유권 이전 등기 : 부동산 가액의 1천분의 20. 다만, 제11조 제1항 제8호에 따른 세율을 적용받는 주택의 경우에는 해당 주택의 취득세율에 100분의 50을 곱한 세율을 적용하여 산출한 금액을 그 세액으로 한다. (2017. 12. 26. 개정)
　　2) 무상으로 인한 소유권 이전 등기 : 부동산 가액의 1천분의 15. 다만, 상속으로 인한 소유권 이전 등기의 경우에는 부동산 가액의 1천분의 8로 한다. (2010. 12. 27. 신설)
　다. 소유권 외의 물권과 임차권의 설정 및 이전 (2010. 12. 27. 목번개정)

　　1) 지상권 : 부동산 가액의 1천분의 2. 다만, 구분지상권의 경우에는 해당 토지의 지하 또는 지상 공간의 사용에 따른 건축물의 이용저해율(利用沮害率), 지하 부분의 이용저해율 및 그 밖의 이용저해율 등을 고려하여 행정안전부장관이 정하는 기준에 따라 특별자치시장·특별자치도지사·시장·군수 또는 구청장이 산정한 해당 토지 가액의 1천분의 2로 한다. (2017. 7. 26. 직제개정 ; 정부조직법 부칙)
　　2) 저당권(지상권·전세권을 목적으로 등기하는 경우를 포함한다) : 채권금액의 1천분의 2 (2015. 7. 24. 개정)
　　3) 지역권 : 요역지(要役地) 가액의 1천분의 2 (2010. 3. 31. 개정)

●운영예규 법28 - 1 【요역지, 승역지】
"요역지"란 지역권 설정시 편익을 받은 토지를 말하며, "승역지"는 편익을 제공하는 토지를 말한다.

　　4) 전세권 : 전세금액의 1천분의 2 (2010. 3. 31. 개정)
　　5) 임차권 : 월 임대차금액의 1천분의 2 (2010. 3. 31. 개정)
　라. 경매신청·가압류·가처분 및 가등기 (2015. 7. 24. 개정)
　　1) 경매신청 : 채권금액의 1천분의 2 (2015. 7. 24. 개정)
　　2) 가압류(부동산에 관한 권리를 목적으로 등기하는 경우를 포함한다) : 채권금액의 1천분의 2 (2015. 7. 24. 개정)
　　3) 가처분(부동산에 관한 권리를 목적으로 등기하는 경우를 포함한다) : 채권금액의 1천분의 2 (2015. 7. 24. 개정)
　　4) 가등기(부동산에 관한 권리를 목적으로 등기하는 경우를 포함한다) : 부동산 가액 또는 채권금액의 1천분의 2 (2015. 7. 24. 개정)
　마. 그 밖의 등기 : 건당 6천원 (2014. 1. 1. 개정)

●운영예규 법28 - 2 【저당권의 채무자 명의변경시 세율】
저당권설정등기상 채무자변경은 단순한 표시변경등기로서 「지방세법」 제28조 제1항 제1호 마목, 제2호 다목, 제3호 라목, 제4호 라목의 규정에 의한 세율이 적용된다.

●운영예규 법28 - 12 【부동산등기의 세율】
1. 취득시효를 원인으로 소유권에 관한 등기를 하는 경우에는 「지방세법」 제11조 제1항 제2호의 규정을 적용하나, 자기소유 미등기 부동산에 대한 취득시효에 따른 소유권보존등기를 하는 경우에는 「지방세법」 제28조 제1항 제1호 가목의 세율을 적용한다.
2. 피합병 법인명의로 된 근저당권자를 합병법인 명의로 근저당권자 변경등기하는 경우는 「지방세법」 제28조 제1항 제1호 다목의 세율이 적용된다.
3. 주택건설사업자가 주택건설용 토지에 대한 소유권이전등기를 필한 후 이를 다시 주택건설사업자가 자기명의로 주택 동호별로 지분등기를 경료하는 경우에는 「지방세법」 제28조 제1항 제1호 마목의 규정에 의한 세율이 적용된다.
4. 건축물의 개수로 인하여 건축물면적의 증가 없이 이미 등기된 주요 구조부사항의 표시를 위한 변경등기를 하는 경우에는 「지방세법」 제28조 제1항 제1호 마목 규정에 의한 세율을 적용한다.
5. 등기당시에 착오로 인하여 실제상의 건물 등 표시를 잘못 등기하였다가 다시 정정등기함이 판결에 의하여 명백하게 입증될 경우에는 「지방세법」 제28조 제1항 제1호 마목 규정에 의한 세율을 적용한다.

2. 선박 등기 또는 등록(「선박법」 제1조의 2 제2항에 따른 소형선박을 포함한다) (2015. 7. 24. 개정)
　가. 소유권의 등기 또는 등록 : 선박 가액의 1천분의 0.2 (2015. 7. 24. 개정)

☞ p.3943 1단 연결

나. 저당권 설정 등기 또는 등록, 저당권 이전 등기 또는 등록 : 채권
　　금액의 1천분의 2 (2015. 12. 29. 개정)
다. 그 밖의 등기 또는 등록 : 건당 1만5천원 (2015. 7. 24. 개정)
3. 차량의 등록 (2010. 12. 27. 개정)
　가. 소유권의 등록 (2010. 12. 27. 개정)
　　1) 비영업용 승용자동차 : 1천분의 50. 다만, 경자동차의 경우
　　　에는 1천분의 20으로 한다. (2010. 12. 27. 개정)
　　2) 그 밖의 차량 (2010. 12. 27. 개정)
　　　가) 비영업용 : 1천분의 30. 다만, 경자동차의 경우에는 1천
　　　　분의 20으로 한다. (2010. 12. 27. 개정)
　　　나) 영업용 : 1천분의 20 (2010. 12. 27. 개정)
　나. 저당권 설정 등록 또는 이전 등록 : 채권금액의 1천분의 2
　　(2015. 12. 29. 개정)
　다. 제7조 제10항에 따른 취득대금을 지급한 자 또는 운수업체의 등
　　록 (2015. 7. 24. 신설)
　　1) 운수업체의 명의를 다른 운수업체의 명의로 변경하는 경우
　　　: 건당 1만5천원 (2015. 7. 24. 신설)
　　2) 운수업체의 명의를 취득대금을 지급한 자의 명의로 변경하
　　　는 경우 : 건당 1만5천원 (2015. 7. 24. 신설)
　　3) 취득대금을 지급한 자의 명의를 운수업체의 명의로 변경하
　　　는 경우 : 건당 1만5천원 (2015. 7. 24. 신설)
　라. 그 밖의 등록 : 건당 1만5천원 (2015. 7. 24. 목번개정)
4. 기계장비 등록 (2010. 12. 27. 개정)
　가. 소유권의 등록 : 1천분의 10 (2010. 12. 27. 신설)
　나. 저당권 설정 등록 또는 이전 등록 : 채권금액의 1천분의 2
　　(2015. 12. 29. 개정)
　다. 제7조 제10항에 따른 취득대금을 지급한 자 또는 기계장비대여
　　업체의 등록 (2015. 7. 24. 신설)
　　1) 기계장비대여업체의 명의를 다른 기계장비대여업체의 명의
　　　로 변경하는 경우 : 건당 1만원 (2015. 7. 24. 신설)
　　2) 기계장비대여업체의 명의를 취득대금을 지급한 자의 명의로
　　　변경하는 경우 : 건당 1만원 (2015. 7. 24. 신설)

제42조의 2【비영업용 승용자동차 등】① 법 제28조 제1항 제3
호 각 목 외의 부분에서의 "차량"에는 총 배기량 125시시 이하이거나
최고정격출력 12킬로와트 이하인 이륜자동차는 포함하지 않는다.
(2019. 12. 31. 개정)
② 법 제28조 제1항 제3호 가목 1)에 따른 비영업용 승용자동차는 제
122조 제1항에 따른 비영업용으로서 제123조 제1호 및 제2호에 해당
하는 승용자동차로 한다. (2011. 5. 30. 신설)
③ 법 제28조 제1항 제3호 가목 1) 단서 및 같은 목 2) 가) 단서에 따른
경자동차는 각각 「자동차관리법」 제3조에 따른 자동차의 종류 중 경형
자동차로 한다. (2011. 5. 30. 신설)

④ 법 제28조 제1항 제3호 라목 및 제4호 라목에 따른 등록에는 「자
동차등록령」 제22조 제4항 제4호에 따른 등록 및 「건설기계관리법 시
행령」 제6조 제1항에 따른 등록은 포함하지 아니한다. (2015. 7. 24.
개정)

3) 취득대금을 지급한 자의 명의를 기계장비대여업체의 명의로
변경하는 경우 : 건당 1만원 (2015. 7. 24. 신설)
라. 그 밖의 등록 : 건당 1만원 (2015. 7. 24. 목번개정)
5. 공장재단 및 광업재단 등기 (2010. 3. 31. 개정)
　가. 저당권 설정 등기 또는 이전 등기 : 채권금액의 1천분의 1
　　(2015. 12. 29. 개정)
　나. 그 밖의 등기 또는 등록 : 건당 9천원 (2014. 1. 1. 개정)
5의 2. 동산담보권 및 채권담보권 등기 또는 지식재산권담보권 등록
　(2011. 12. 31. 신설)
　가. 담보권 설정 등기 또는 등록, 담보권 이전 등기 또는 등록 : 채권
　　금액의 1천분의 1 (2015. 12. 29. 개정)
　나. 그 밖의 등기 또는 등록 : 건당 9천원 (2014. 1. 1. 개정)
6. 법인 등기 (2010. 3. 31. 개정)
　가. 상사회사, 그 밖의 영리법인의 설립 또는 합병으로 인한 존속법
　　인 (2010. 3. 31. 개정)
　　1) 설립과 납입 : 납입한 주식금액이나 출자금액 또는 현금 외
　　　의 출자가액의 1천분의 4(세액이 11만2천5백원 미만인 때
　　　에는 11만2천5백원으로 한다. 이하 이 목부터 다목까지에서
　　　같다) (2014. 1. 1. 개정)
　　2) 자본증가 또는 출자증가 : 납입한 금액 또는 현금 외의 출자
　　　가액의 1천분의 4 (2013. 1. 1. 개정)
　나. 비영리법인의 설립 또는 합병으로 인한 존속법인 (2010. 3. 31.
　　개정)
　　1) 설립과 납입 : 납입한 출자총액 또는 재산가액의 1천분의 2
　　　(2013. 1. 1. 개정)
　　2) 출자총액 또는 재산총액의 증가 : 납입한 출자 또는 재산가
　　　액의 1천분의 2 (2013. 1. 1. 개정)

운영예규 법28-7 【법인등기의 세율】
1. 「민법」 또는 특별법의 규정에 의하여 설립된 법인이 해산절차를 거치지 아니하
고 법인격의 동질성을 유지하면서 수개의 법인이 1개의 법인으로 변경등기를
하거나, 단순 명칭변경등기를 하는 경우에는 「지방세법」 제28조 제1항 제6호

☞
운영예규 법28-8 【납입한 출자금액】
「납입한 주식금액이나 출자금액 또는 현금 이외의 출자금액」이라 함은 법인장부
상의 금액으로 하지 아니하고 법인등기시의 법인등기부상 자본금란의 금액으로
한다.

　제43조 【법인등기에 대한 세율】 ① 법 제28조 제1항 제6호 나목
1) 2)외의 부분에 따른 비영리법인은 다음 각 호의 어느 하나에 해당하
는 법인으로 한다. (2015. 7. 24. 신설)
1. 「민법」 제32조에 따라 설립된 법인 (2015. 7. 24. 신설)
2. 「사립학교법」 제2조 제2호에 따른 학교법인 (2019. 2. 8. 개정)
3. 그 밖의 특별법에 따라 설립된 법인으로서 「민법」 제32조에 규정된
　목적과 유사한 목적을 가진 법인[주주(株主)·사원·조합원 또는
　출자자(出資者)에게 이익을 배당할 수 있는 법인은 제외한다]
　(2015. 7. 24. 신설)

바목의 규정에 의한 세율을 적용한다.

2. 법인이 다른 등기소의 관할구역 내로 본점 또는 사무소를 이전하는 경우 본점 또는 주사무소의 신소재지에서는 「지방세법」 제28조 제1항 제6호 라목의 세율을 적용하고, 구소재지에서는 같은 법 제28조 제1항 제6호 바목의 세율이 적용되며, 동일등기소의 관할구역 내에서 본점 또는 주사무소를 이전하는 경우에는 같은 법 제28조 제1항 제6호 라목의 규정에 의한 세율이 적용된다.

　다. 자산재평가적립금에 의한 자본 또는 출자금액의 증가 및 출자총액 또는 자산총액의 증가(「자산재평가법」에 따른 자본전입의 경우는 제외한다) : 증가한 금액의 1천분의 1 (2010. 3. 31. 개정)

　라. 본점 또는 주사무소의 이전 : 건당 11만2천5백원 (2014. 1. 1. 개정)
　마. 지점 또는 분사무소의 설치 : 건당 4만2백원 (2014. 1. 1. 개정)
　바. 그 밖의 등기 : 건당 4만2백원 (2014. 1. 1. 개정)
7. 상호 등 등기 (2010. 3. 31. 개정)
　가. 상호의 설정 또는 취득 : 건당 7만8천7백원 (2014. 1. 1. 개정)
　나. 지배인의 선임 또는 대리권의 소멸 : 건당 1만2천원 (2014. 1. 1. 개정)
　다. 선박관리인의 선임 또는 대리권의 소멸 : 1만2천원 (2014. 1. 1. 개정)
8. 광업권 등록 (2010. 3. 31. 개정)
　가. 광업권 설정(광업권의 존속기간 만료 전에 존속기간을 연장한 경우를 포함한다) : 건당 13만5천원 (2014. 1. 1. 개정)
　나. 광업권의 변경 (2010. 3. 31. 개정)
　　1) 증구(增區) 또는 증감구(增減區) : 건당 6만6천5백원 (2014. 1. 1. 개정)
　　2) 감구(減區) : 건당 1만5천원 (2014. 1. 1. 개정)
　다. 광업권의 이전 (2010. 3. 31. 개정)
　　1) 상속 : 건당 2만6천2백원 (2014. 1. 1. 개정)
　　2) 그 밖의 원인으로 인한 이전 : 건당 9만원 (2014. 1. 1. 개정)
　라. 그 밖의 등록 : 건당 1만2천원 (2014. 1. 1. 개정)

운영예규 법28 - 6 【법인등기에 대한 정의】
「지방세법」 제28조에서 규정한 법인은 민법상의 법인·상법상의 법인·기타 각 특별법상 법인 등 모든 법인을 말하고, 이 때 「상사회사 기타 영리법인」이라 함은 상법의 규정에 의하여 설립된 법인과 기타 법인 중 주주 또는 사원에게 이익을 배분할 수 있도록 정관 등에 규정되어 있는 법인을 말한다.

운영예규 법28 - 10 【자본증가 등의 범위】
「자본, 출자 및 자산의 총액증가」라 함은 발행주식의 총수, 그 종류와 각종 주식의 내용과 수, 자본·출자 및 재산의 총액 등이 변경된 경우 증가분을 말한다.

② 법인이 본점이나 주사무소를 이전하는 경우 신(新) 소재지에 법 제28조 제1항 제6호 라목에 따라 법 제3장 제2절의 등록에 대한 등록면허세(이하 이 절에서 "등록면허세"라 한다)를 납부하여야 한다. (2024. 12. 31. 개정)

③ 법인이 지점이나 분사무소를 설치하는 경우 지점 또는 분사무소의 소재지에 법 제28조 제1항 제6호 마목에 따라 등록면허세를 납부해야 한다. (2024. 12. 31. 개정)

④ 법 제28조 제1항 제6호 바목에 해당하는 등기로서 같은 사항을 본점과 지점 또는 주사무소와 분사무소에서 등기하여야 하는 경우에는 각각 한 건으로 본다. (2015. 7. 24. 항번개정)

④ 삭 제 (2024. 12. 31.)

⑤ 「상법」 제606조에 따라 주식회사에서 유한회사로 조직변경의 등기를 하는 경우 또는 같은 법 제607조 제5항에 따라 유한회사에서 주식회사로 조직변경의 등기를 하는 경우에는 법 제28조 제1항 제6호 바목에 따른 등록면허세를 납부하여야 한다. (2015. 7. 24. 신설)

편주
영 43조 2항의 개정규정은 2025. 1. 31. 이후 납세의무가 성립하는 경우부터 적용함. (영 부칙(2024. 12. 31.) 5조).

편주
영 43조 3항의 개정규정은 2025. 1. 31. 이후 납세의무가 성립하는 경우부터 적용함. (영 부칙(2024. 12. 31.) 5조)

편주
영 43조 4항의 개정규정은 2025. 1. 31. 이후 납세의무가 성립하는 경우부터 적용함. (영 부칙(2024. 12. 31.) 5조)

8의 2. 조광권 등록 (2011. 12. 31. 신설)

　가. 조광권 설정(조광권의 존속기간 만료 전에 존속기간을 연장한 경우를 포함한다) : 건당 13만5천원 (2014. 1. 1. 개정)

　나. 조광권의 이전 (2011. 12. 31. 신설)

　　1) 상속 : 건당 2만6천2백원 (2014. 1. 1. 개정)

　　2) 그 밖의 원인으로 하는 이전 : 건당 9만원 (2014. 1. 1. 개정)

　다. 그 밖의 등록 : 건당 1만2천원 (2014. 1. 1. 개정)

9. 어업권·양식업권 등록 (2019. 8. 27. 개정 ; 양식산업발전법 부칙)

　가. 어업권·양식업권의 이전 (2019. 8. 27. 개정 ; 양식산업발전법 부칙)

　　1) 상속 : 건당 6천원 (2014. 1. 1. 개정)

　　2) 그 밖의 원인으로 인한 이전 : 건당 4만2백원 (2014. 1. 1. 개정)

　나. 어업권·양식업권 지분의 이전 (2019. 8. 27. 개정 ; 양식산업발전법 부칙)

　　1) 상속 : 건당 3천원 (2014. 1. 1. 개정)

　　2) 그 밖의 원인으로 인한 이전 : 건당 2만1천원 (2014. 1. 1. 개정)

　다. 어업권·양식업권 설정을 제외한 그 밖의 등록 : 건당 9천원 (2019. 8. 27. 개정 ; 양식산업발전법 부칙)

10. 저작권, 배타적발행권(「저작권법」 제88조 및 제96조에 따라 준용되는 경우를 포함한다), 출판권, 저작인접권, 컴퓨터프로그램 저작권 또는 데이터베이스 제작자의 권리(이하 이 호에서 "저작권등"이라 한다) 등록 (2011. 12. 2. 개정 ; 저작권법 부칙)

　가. 저작권등의 상속 : 건당 6천원 (2014. 1. 1. 개정)

　나.「저작권법」 제54조(제90조 및 제98조에 따라 준용되는 경우를 포함한다)에 따른 등록 중 상속 외의 등록(프로그램, 배타적발행권, 출판권 등록은 제외한다) : 건당 42백원 (2014. 1. 1. 개정)

　다.「저작권법」 제54조(제90조 및 제98조에 따라 준용되는 경우를 포함한다)에 따른 프로그램, 배타적발행권, 출판권 등록 중 상속 외의 등록 : 건당 2만원 (2014. 1. 1. 개정)

　라. 그 밖의 등록 : 건당 3천원 (2014. 1. 1. 개정)

11. 특허권·실용신안권 또는 디자인권(이하 이 호에서 "특허권등"이라 한다) 등록 (2010. 3. 31. 개정)

　가. 상속으로 인한 특허권등의 이전 : 건당 1만2천원 (2014. 1. 1. 개정)

　나. 그 밖의 원인으로 인한 특허권등의 이전 : 건당 1만8천원 (2014. 1. 1. 개정)

12. 상표 또는 서비스표 등록 (2010. 3. 31. 개정)

　가.「상표법」 제82조 및 제84조에 따른 상표 또는 서비스표의 설정 및 존속기간 갱신 : 건당 7천6백원 (2016. 2. 29.개정 ; 상표법 부칙)

　나. 상표 또는 서비스표의 이전(「상표법」 제196조 제2항에 따른 국제등록기초상표권의 이전은 제외한다) (2016. 2. 29. 개정 ; 상표법 부칙)

　　1) 상속 : 건당 1만2천원 (2014. 1. 1. 개정)

　　2) 그 밖의 원인으로 인한 이전 : 건당 1만8천원 (2014. 1. 1. 개정)

13. 항공기의 등록 (2011. 3. 29. 신설)

　가. 최대이륙중량 5,700킬로그램 이상의 등록 : 그 가액의 1천분의 0.1 (2011. 3. 29. 신설)

　나. 가목 이외의 등록 : 그 가액의 1천분의 0.2 (2011. 3. 29. 신설)

14. 제1호부터 제7호까지의 등기 외의 등기 : 건당 1만2천원 (2014. 1. 1. 개정)

☞ p.3947 1단 연결

② 다음 각 호의 어느 하나에 해당하는 등기를 할 때에는 그 세율을 제1항 제1호 및 제6호에 규정한 해당 세율(제1항 제1호 가목부터 라목까지의 세율을 적용하여 산정된 세액이 6천원 미만일 때에는 6천원을, 제1항 제6호 가목부터 다목까지의 세율을 적용하여 산정된 세액이 11만2천500원 미만일 때에는 11만2천500원으로 한다)의 100분의 300으로 한다. 다만, 대도시에 설치가 불가피하다고 인정되는 업종으로서 대통령령으로 정하는 업종(이하 이 조에서 "대도시 중과 제외 업종"이라 한다)에 대해서는 그러하지 아니하다. (2016. 12. 27. 단서개정)

1. 대도시에서 법인을 설립(설립 후 또는 휴면법인을 인수한 후 5년 이내에 자본 또는 출자액을 증가하는 경우를 포함한다)하거나 지점이나 분사무소를 설치함에 따른 등기 (2010. 3. 31. 개정)

2. 대도시 밖에 있는 법인의 본점이나 주사무소를 대도시로 전입(전입 후 5년 이내에 자본 또는 출자액이 증가하는 경우를 포함한다)함에 따른 등기. 이 경우 전입은 법인의 설립으로 보아 세율을 적용한다. (2010. 3. 31. 개정)

③ 제2항 각 호 외의 부분 단서에도 불구하고 대도시 중과 제외 업종으로 법인등기를 한 법인이 정당한 사유 없이 그 등기일부터 2년 이내에 대도시 중과 제외 업종 외의 업종으로 변경하거나 대도시 중과 제외 업종 외의 업종을 추가하는 경우 그 해당 부분에 대하여는 제2항 본문을 적용한다. (2010. 12. 27. 신설)

④ 제2항은 제1항 제6호 바목의 경우에는 적용하지 아니한다. (2010. 12. 27. 항번개정)

⑤ 제2항에 따른 등록면허세의 중과세 범위와 적용기준, 그 밖에 필요

제44조【대도시 법인 중과세의 예외】 법 제28조 제2항 각 호 외의 부분 단서에서 "대통령령으로 정하는 업종"이란 제26조 제1항 각 호의 어느 하나에 해당하는 업종을 말한다. (2010. 9. 20. 개정)

제45조【대도시 법인 중과세의 범위와 적용기준】 ① 법 제28조 제2항 제1호에 따른 법인의 등기로서 관계 법령의 개정으로 인하여 면허나 등록의 최저기준을 충족시키기 위한 자본 또는 출자액을 증가하는 경우에는 그 최저기준을 충족시키기 위한 증가액은 중과세 대상으로 보지 아니한다. (2010. 9. 20. 개정)

② 법 제28조 제2항을 적용할 때 다음 각 호의 어느 하나에 해당하는 경우에는 중과세 대상으로 보지 않는다. (2018. 12. 31. 개정)

1. 분할등기일 현재 5년 이상 계속하여 사업을 경영한 대도시 내의 내국법인이 법인의 분할(「법인세법」 제46조 제2항 제1호 가목부터 다목까지의 요건을 모두 갖춘 경우로 한정한다)로 인하여 법인을 설립하는 경우 (2018. 12. 31. 신설)

2. 「조세특례제한법」 제38조 제1항 각 호의 요건을 모두 갖추어 「상법」 제360조의 2에 따른 주식의 포괄적 교환 또는 같은 법 제360조의 15에 따른 주식의 포괄적 이전에 따라 「금융지주회사법」에 따른 금융지주회사를 설립하는 경우. 이 경우 「조세특례제한법」 제38조 제1항 제2호 및 제3호를 적용할 때 법령에 따라 불가피하게 주식을 처분하는 경우 등 같은 법 시행령 제35조의 2 제13항 각 호의 어느 하나에 해당하는 경우에는 주식을 보유하거나 사업을 계속하는 것으로 본다. (2018. 12. 31. 신설)

3. 「방위산업 발전 및 지원에 관한 법률」 제20조에 따른 방위산업 공제조합을 설립하는 경우 (2021. 4. 27. 신설)

③ 법 제28조 제2항을 적용할 때 대도시에서 설립 후 5년이 경과한 법인(이하 이 항에서 "기존법인"이라 한다)이 다른 기존법인과 합병하

는 경우에는 중과세 대상으로 보지 아니하며, 기존법인이 대도시에서 설립 후 5년이 경과되지 아니한 법인과 합병하여 기존법인 외의 법인이 합병 후 존속하는 법인이 되거나 새로운 법인을 신설하는 경우에는 합병 당시 기존법인에 대한 자산비율에 해당하는 부분을 중과세 대상으로 보지 아니한다. 이 경우 자산비율은 자산을 평가하는 때에는 평가액을 기준으로 계산한 비율로 하고, 자산을 평가하지 아니하는 때에는 합병 당시의 장부가액을 기준으로 계산한 비율로 한다. (2010. 9. 20. 개정)

④ 삭 제 (2016. 12. 30.)

⑤ 법 제28조 제2항을 적용할 때 법인이 다음 각 호의 어느 하나에 해당하는 경우로서 법 제28조 제2항 각 호의 등기에 대한 등록면허세의 과세표준이 구분되지 아니한 경우 해당 법인에 대한 등록면허세는 직전 사업연도(직전 사업연도의 매출액이 없는 경우에는 해당 사업연도, 해당 사업연도에도 매출액이 없는 경우에는 그 다음 사업연도)의 총 매출액에서 제26조 제1항 각 호에 따른 업종(이하 이 항에서 "대도시 중과 제외 업종"이라 한다)과 그 외의 업종(이하 이 항에서 "대도시 중과 대상 업종"이라 한다)의 매출액이 차지하는 비율을 다음 계산식에 따라 가목 및 나목과 같이 산출한 후 그에 따라 안분하여 과세한다. 다만, 그 다음 사업연도에도 매

☞ p.3948 2단 연결

한 사항은 대통령령으로 정한다. (2010. 12. 27. 항번개정)

⑥ 지방자치단체의 장은 조례로 정하는 바에 따라 등록면허세의 세율을 제1항 제1호에 따른 표준세율의 100분의 50의 범위에서 가감할 수 있다. (2010. 12. 27. 항번개정)

운영예규 법28-4【매 1건의 범위】

1. 저당권말소 등기시 동일한 채권액에 대해 수개의 필지, 차량, 기계장비 등에 근저당 설정되어 있을 경우는 매 필지별 또는 대상물건 건별로 과세하여야 한다.

2. 동일인이 소유한 토지 및 단독주택의 주소변경 등기시 토지등기부와 건물등기부가 분리되어 있는 경우는 그 밖의 등기 2건으로 과세하여야 한다.

3. 상호·목적·임원 등기 등 각종 변경등기신청을 하나의 등기부에 동시 신청하는 경우에도 변경사항 별로 각각의 등록면허세를 합산하여 납부한다. 다만, 동일한 변경사항 수개를 동일 등기부에 동시에 신청하는 경우에는 1건의 등록면허세만 납부한다.

4. 토지 1필지가 분할되어 2필지가 되는 경우와 2필지가 합병되어 1필지로 되는 경우 각각 2건의 기타 등기로 과세하여야 한다.

　　제29조【같은 채권의 두 종류 이상의 등록】 같은 채권을 위하여 종류를 달리하는 둘 이상의 저당권에 관한 등기 또는 등록을 받을 경우에 등록면허세의 부과방법은 대통령령으로 정한다. (2010. 3. 31. 개정)

출액이 없는 경우에는 유형고정자산가액의 비율에 따른다. (2010. 12. 30. 개정)

1. 대도시 중과 제외 업종과 대도시 중과 대상 업종을 겸업하는 경우 (2010. 12. 30. 개정)

2. 대도시 중과 제외 업종을 대도시 중과 대상 업종으로 변경하는 경우 (2010. 12. 30. 개정)

3. 대도시 중과 제외 업종에 대도시 중과 대상 업종을 추가하는 경우 (2010. 12. 30. 개정)

<대도시 중과 제외 업종과 대도시 중과 대상 업종의 매출액이 차지하는 비율의 계산식>

가. 해당 법인 중과 대상 업종 매출비율(퍼센트) (2010. 12. 30. 개정)

$$\text{해당 법인 중과 대상 업종 매출비율(퍼센트)} = \frac{\text{해당 법인 중과 대상 업종 산정 매출액}^*}{(\text{해당 법인 중과 제외 업종 산정 매출액}^{**} + \text{해당 법인 중과 대상 업종 산정 매출액}^*)} \times 100$$

* 해당 법인 중과 대상 업종 산정 매출액 = (해당 법인 중과 대상 업종 매출액 × 365일) / 해당 법인 중과 대상 업종 운영일수

**해당 법인 중과 제외 업종 산정 매출액 = (해당 법인 중과 제외 업종 매출액 × 365일) / 해당 법인 중과 제외 업종 운영일수

나. 해당 법인 중과 제외 업종 매출비율(퍼센트) (2010. 12. 30. 개정)

$$\text{해당 법인 중과 제외 업종 매출비율(퍼센트)} = 100 - \text{해당 법인 중과 대상 업종 매출비율(퍼센트)}$$

　　제46조【같은 채권등기에 대한 목적물이 다를 때의 징수방법】
① 같은 채권을 위한 저당권의 목적물이 종류가 달라 둘 이상의 등기 또는 등록을 하게 되는 경우에 등기·등록관서가 이에 관한 등기 또는 등록 신청을 받았을 때에는 채권금액 전액에서 이미 납부한 등록면허세의 산출기준이 된 금액을 뺀 잔액을 그 채권금액으로 보고 등록면

허세를 부과한다. (2010. 9. 20. 개정)

② 제1항의 경우에 그 등기 또는 등록 중 법 제28조 제1항 제5호에 해당하는 것과 그 밖의 것이 포함될 때에는 먼저 법 제28조 제1항 제5호에 해당하는 등기 또는 등록에 대하여 등록면허세를 부과한다. (2010. 9. 20. 개정)

　　제47조【같은 채권등기에 대한 담보물 추가 시의 징수방법】 같은 채권을 위하여 담보물을 추가하는 등기 또는 등록에 대해서는 법 제28조 제1항 제1호 마목·제2호 다목·제3호 라목·제5호 나목·제8호 라목·제9호 다목 및 제10호 라목에 따라 등록면허세를 각각 부과한다. (2015. 7. 24. 개정)

제30조【신고 및 납부】 ① 등록을 하려는 자는 제27조에 따른 과세표준에 제28조에 따른 세율을 적용하여 산출한 세액을 대통령령으로 정하는 바에 따라 등록을 하기 전까지 납세지를 관할하는 지방자치단체의 장에게 신고하고 납부하여야 한다. (2010. 3. 31. 개정)
② 등록면허세 과세물건을 등록한 후에 해당 과세물건이 제28조 제2항에 따른 세율의 적용대상이 되었을 때에는 대통령령으로 정하는 날부터 60일 이내에 제28조 제2항에 따른 세율을 적용하여 산출한 세액에서 이미 납부한 세액(가산세는 제외한다)을 공제한 금액을 세액으로 하여 납세지를 관할하는 지방자치단체의 장에게 대통령령으로 정하는 바에 따라 신고하고 납부하여야 한다. (2018. 12. 31. 개정)
③ 이 법 또는 다른 법령에 따라 등록면허세를 비과세, 과세면제 또는 경감받은 후에 해당 과세물건이 등록면허세 부과대상 또는 추징대상이 되었을 때에는 제1항에도 불구하고 그 사유 발생일부터 60일 이내에 해당 과세표준에 제28조에 따른 세율을 적용하여 산출한 세액[경감받은 경우에는 이미 납부한 세액(가산세는 제외한다)을 공제한 세액을 말한다]을 납세지를 관할하는 지방자치단체의 장에게 대통령령으로 정하는 바에 따라 신고하고 납부하여야 한다. (2018. 12. 31. 개정)
④ 제1항부터 제3항까지의 규정에 따른 신고의무를 다하지 아니한 경우에도 등록면허세 산출세액을 등록을 하기 전까지(제2항 또는 제3항의 경우에는 해당 항에 따른 신고기한까지) 납부하였을 때에는 제1항부터 제3항까지의 규정에 따라 신고를 하고 납부한 것으로 본다. 이 경우 제32조에도 불구하고 「지방세기본법」 제53조 및 제54조에 따른 가산세를 부과하지 아니한다. (2016. 12. 27. 후단개정 ; 지방세기본법 부칙)
⑤ 채권자대위자는 납세의무자를 대위하여 부동산의 등기에 대한 등록면허세를 신고납부할 수 있다. 이 경우 채권자대위자는 행정안전부령으로 정하는 바에 따라 납부확인서를 발급받을 수 있다. (2020. 12. 29. 신설)
⑥ 지방자치단체의 장은 제5항에 따른 채권자대위자의 신고납부가 있는 경우 납세의무자에게 그 사실을 즉시 통보하여야 한다. (2020. 12. 29. 신설)

제31조【특별징수】 ① 특허권, 실용신안권, 디자인권 및 상표권

제48조【신고 및 납부기한 등】 ① 법 제30조 제1항에서 "등록을 하기 전까지"란 등기 또는 등록 신청서를 등기·등록관서에 접수하는 날까지를 말한다. 다만, 특허권·실용신안권·디자인권 및 상표권의 등록에 대한 등록면허세의 경우에는 「특허법」, 「실용신안법」, 「디자인보호법」 및 「상표법」에 따른 특허료·등록료 및 수수료의 납부기한까지를 말한다. (2010. 9. 20. 개정)
② 법 제30조 제2항에서 "대통령령으로 정하는 날"이란 다음 각 호의 구분에 따른 날을 말한다. (2010. 12. 30. 개정)
1. 다음 각 목의 어느 하나에 해당하는 경우에는 해당 사무소나 사업장이 사실상 설치된 날 (2010. 12. 30. 개정)
  가. 법 제28조 제2항 제1호에 따른 대도시에서 법인을 설립하는 경우 (2010. 12. 30. 개정)
  나. 법 제28조 제2항 제1호에 따른 대도시에서 법인의 지점이나 분사무소를 설치하는 경우 (2010. 12. 30. 개정)
  다. 법 제28조 제2항 제2호에 따른 대도시 밖에 있는 법인의 본점이나 주사무소를 대도시로 전입하는 경우 (2010. 12. 30. 개정)
2. 법 제28조 제2항 각 호 외의 부분 단서에 따라 법인등기를 한 후 법 제28조 제3항에 따른 사유가 발생하여 법 제28조 제2항 각 호 외의 부분 본문을 적용받게 되는 경우에는 그 사유가 발생한 날 (2010. 12. 30. 개정)
③ 법 제30조 제1항부터 제3항까지의 규정에 따라 등록면허세를 신고하려는 자는 행정안전부령으로 정하는 신고서로 납세지를 관할하는 시장·군수·구청장에게 신고하여야 한다. (2017. 7. 26. 직제개정 ; 행정안전부와~직제 부칙)
④ 삭 제 (2011. 12. 31.)
⑤ 지방자치단체의 금고 또는 지방세수납대행기관은 등록면허세를 납부받으면 납세자 보관용 영수증, 등록면허세 영수필 통지서(등기·등록관서의 시·군·구 통보용) 및 등록면허세 영수필 확인서 각 1부를 납세자에게 내주고, 지체 없이 등록면허세 영수필 통지서(시·군·구 보관용) 1부를 해당 시·군·구의 세입징수관에게 송부하여야 한다. 다만, 「전자정부법」 제36조 제1항에 따라 행정기관 간에 등록면허세 납부사실을 전자적으로 확인할 수 있는 경우에는 납세자에게 납세자 보관용

제13조【신고 및 납부】 ① 영 제48조 제3항에 따라 등록에 대한 등록면허세(이하 이 절에서 "등록면허세"라 한다)를 신고하려는 자는 별지 제9호 서식의 등록에 대한 등록면허세 신고서에 다음 각 호의 서류를 첨부하여 납세지를 관할하는 시장·군수·구청장에게 신고해야 한다. (2020. 12. 31. 개정)
1. 전세계약서 등 등록가액 등을 증명할 수 있는 서류 사본 1부 (2020. 12. 31. 개정)
2. 「지방세특례제한법 시행규칙」 별지 제1

등록(「표장의 국제등록에 관한 마드리드협정에 대한 의정서」에 따른 국제상표등록출원으로서 「상표법」 제197조에 따른 상표권 등록을 포함한다)의 경우에는 특허청장이 제28조 제1항 제11호 및 제12호에 따라 산출한 세액을 특별징수하여 그 등록일이 속하는 달의 다음 달 말일까지 행정안전부령으로 정하는 서식에 따라 해당 납세지를 관할하는 지방자치단체의 장에게 그 내용을 통보하고 해당 등록면허세를 납부하여야 한다. (2017. 7. 26. 직제개정 ; 정부조직법 부칙)

② 「저작권법」에 따른 등록에 대하여는 해당 등록기관의 장이 제28조 제1항 제10호에 따라 산출한 세액을 특별징수하여 그 등록일이 속하는 달의 다음 달 말일까지 행정안전부령으로 정하는 서식에 따라 해당 납세지를 관할하는 지방자치단체의 장에게 그 내용을 통보하고 해당 등록면허세를 납부하여야 한다. (2017. 7. 26. 직제개정 ; 정부조직법 부칙)

③ 특별징수의무자가 제1항과 제2항에 따라 특별징수한 등록면허세를 납부하기 전에 해당 권리가 등록되지 아니하였거나 잘못 징수하거나 더 많이 징수한 사실을 발견하였을 경우에는 특별징수한 등록면허세를 직접 환급할 수 있다. 이 경우 「지방세기본법」 제62조에 따른 지방세환급가산금을 적용하지 아니한다. (2016. 12. 27. 후단개정 ; 지방세기본법 부칙)

④ 특별징수의무자가 징수하였거나 징수할 세액을 제1항 또는 제2항에 따른 기한까지 납부하지 아니하거나 부족하게 납부하더라도 특별징수의무자에게 「지방세기본법」 제56조에 따른 가산세는 부과하지 아니한다. (2016. 12. 27. 개정 ; 지방세기본법 부칙)

제32조 【부족세액의 추징 및 가산세】 등록면허세 납세의무자가 제30조 제1항부터 제3항까지의 규정에 따른 신고 또는 납부의무를 다하지 아니하면 제27조 및 제28조에 따라 산출한 세액 또는 그 부족세액에 「지방세기본법」 제53조부터 제55조까지의 규정에 따라 산출한 가산세를 합한 금액을 세액으로 하여 보통징수의 방법으로 징수한다. (2016. 12. 27. 개정 ; 지방세기본법 부칙)
1.·2. 삭 제 (2013. 1. 1.)

제33조 【등록자료의 통보】 등록면허세의 등록자료 통보에 관하

영수증을 교부하는 것으로 갈음할 수 있다. (2016. 12. 30. 개정)

제49조 【등록면허세 납부 확인 등】 ① 납세자는 등기 또는 등록하려는 때에는 등기 또는 등록 신청서에 등록면허세 영수필 통지서(등기·등록관서의 시·군·구 통보용) 1부와 등록면허세 영수필 확인서 1부를 첨부하여야 한다. 다만, 「전자정부법」 제36조 제1항에 따라 행정기관 간에 등록면허세 납부사실을 전자적으로 확인할 수 있는 경우에는 그러하지 아니하다. (2016. 12. 30. 개정)

② 제1항에도 불구하고 「부동산등기법」 제24조 제1항 제2호에 따른 전산정보처리조직을 이용하여 등기를 하려는 때에는 등록면허세 영수필 통지서(등기·등록관서의 시·군·구 통보용)와 등록면허세 영수필 확인서를 전자적 이미지 정보로 변환한 자료를 첨부하여야 한다. 다만, 「전자정부법」 제36조 제1항에 따라 행정기관 간에 등록면허세 납부사실을 전자적으로 확인할 수 있는 경우에는 그러하지 아니하다. (2016. 12. 30. 개정)

③ 납세자는 선박의 등기 또는 등록을 신청하려는 때에는 등기 또는 등록 신청서에 제1항에 따른 등록면허세 영수필 통지서(등기·등록관서의 시·군·구 통보용) 1부와 등록면허세 영수필 확인서 1부를 첨부하여야 한다. 이 경우 등기·등록관서는 「전자정부법」 제36조 제1항에 따른 행정정보의 공동이용을 통하여 선박국적증서를 확인하여야 하며, 신청인이 확인에 동의하지 아니하면 그 사본을 첨부하도록 하여야 한다. (2016. 12. 30. 개정)

④ 등기·등록관서는 등기·등록을 마친 때에는 제1항부터 제3항까지의 규정에 따른 등록면허세 영수필 확인서 금액란에 반드시 확인도장을 찍어야 하며, 첨부된 등록면허세 영수필 통지서(등기·등록관서의 시·군·구 통보용)를 등기 또는 등록에 관한 서류와 대조하여 기재내용을 확인하고 접수인을 날인하여 접수번호를 붙인 다음 납세지를 관할하는 시·군·구의 세입징수관에게 7일 이내에 송부해야 한다. 다만, 광업권·조광권 등록의 경우에는 등록면허세 영수필 통지서(등기·등록관서의 시·군·구 통보용)의 송부를 생략하고, 광업권·조광권 등록현황을 분기별로 그 분기말의 다음 달 10일까지 관할 시장·군수·구청장에게 송부할 수 있다. (2021. 12. 31. 개정)

호 서식의 지방세 감면 신청서 1부 (2020. 12. 31. 개정)
3. 별지 제8호 서식의 취득세 비과세 확인서 1부 (2020. 12. 31. 개정)
4. 별지 제10호 서식의 등록면허세(등록) 납부서 납세자 보관용 영수증 사본 1부 (2020. 12. 31. 개정)

② 법 제30조 제1항부터 제3항까지에 따른 등록면허세의 납부는 별지 제10호 서식에 따른다. (2011. 12. 31. 개정)

③ 법 제31조 제1항 또는 제2항에 따른 등록면허세 특별징수 내용의 통보는 각각 별지 제13호 서식에 따른다. (2010. 12. 23. 개정)

④ 법 제31조 제1항 또는 제2항에 따라 특별징수한 등록면허세의 납부는 각각 별지 제14호 서식에 따른다. (2010. 12. 23. 개정)

⑤ 영 제49조 제6항에 따른 등록면허세 신고 및 수납사항처리부의 작성에 관하여는 별지 제6호 서식을 준용한다. (2016. 12. 30. 개정)

⑥ 「부동산등기법」 제28조에 따라 채권자 대위권에 의한 등기신청을 하려는 채권자가 법 제30조 제5항 전단에 따라 납세의무자를 대위하여 부동산의 등기에 대한 등록면허세를 신고납부한 경우에는 「지방세징수법 시행규칙」 별지 제20호 서식의 취득세(등록면허세) 납부확인서를 발급받을 수 있다. (2020. 12. 31. 신설)

여는 제22조를 준용한다. (2010. 3. 31. 개정)

⑤ 등기·등록관서는 제4항 본문에도 불구하고 등록면허세 영수필 통지서(등기·등록관서의 시·군·구 통보용)를 시·군·구의 세입징수관에게 송부하려는 경우 시·군·구의 세입징수관이 「전자정부법」제36조 제1항에 따른 행정정보의 공동이용을 통하여 등록면허세 영수필 통지서(등기·등록관서의 시·군·구 통보용)에 해당하는 정보를 확인할 수 있는 때에는 전자적 방법으로 그 정보를 송부할 수 있다. (2016. 12. 30. 개정)

⑥ 시장·군수·구청장은 제4항 본문 및 제5항에 따라 등기·등록관서로부터 등록면허세 영수필 통지서(등기·등록관서의 시·군·구 통보용) 또는 그에 해당하는 정보를 송부받은 때에는 등록면허세 신고 및 수납사항 처리부를 작성하고, 등록면허세의 과오납 및 누락 여부를 확인하여야 한다. (2016. 12. 30. 개정)

　　제49조의 2【촉탁등기에 따른 등록면허세 납부영수증서의 처리】① 국가기관 또는 지방자치단체는 등기·가등기 또는 등록·가등록을 등기·등록관서에 촉탁하려는 경우에는 등록면허세를 납부하여야 할 납세자에게 제48조 제5항에 따른 등록면허세 영수필 통지서(등기·등록관서의 시·군·구 통보용) 1부와 등록면허세 영수필 확인서 1부를 제출하게 하고, 촉탁서에 이를 첨부하여 등기·등록관서에 송부하여야 한다. 다만, 「전자정부법」제36조 제1항에 따라 행정기관 간에 등록면허세 납부사실을 전자적으로 확인할 수 있는 경우에는 그러하지 아니하다. (2016. 12. 30. 개정)

② 제1항에도 불구하고 「부동산등기법」제24조 제1항 제2호에 따른 전산정보처리조직을 이용하여 등기를 촉탁하려는 때에는 등록면허세를 납부하여야 할 납세자로부터 제출받은 등록면허세 영수필 통지서(등기·등록관서의 시·군·구 통보용)와 등록면허세 영수필 확인서를 전자적 이미지 정보로 변환한 자료를 첨부하여야 한다. 다만, 「전자정부법」제36조 제1항에 따라 행정기관 간에 등록면허세 납부사실을 전자적으로 확인할 수 있는 경우에는 그러하지 아니하다. (2016. 12. 30. 개정)

　　제50조【등록면허세의 미납부 및 납부부족액에 대한 통보 등】① 등기·등록관서의 장은 등기 또는 등록 후에 등록면허세가 납부되

　　제14조【등록면허세 미납부 및 납부부족액 통보】영 제50조 제1항에 따른 등

제 3 절　면허에 대한 등록면허세
(2010. 3. 31. 개정)

제34조 【세 율】 ① 면허에 대한 등록면허세(이하 이 절에서 "등록면허세"라 한다)의 세율은 다음의 구분에 따른다. (2014. 1. 1. 개정)

구 분	인구 50만 명 이상 시	그 밖의 시	군
제1종	67,500원	45,000원	27,000원
제2종	54,000원	34,000원	18,000원
제3종	40,500원	22,500원	12,000원
제4종	27,000원	15,000원	9,000원
제5종	18,000원	7,500원	4,500원

② 특별자치시 및 도농복합형태의 시에 제1항을 적용할 때 해당 시의 동(洞)지역(시에 적용되는 세율이 적합하지 아니하다고 조례로 정하는 동지역은 제외한다)은 시로 보고, 읍·면지역(시에 적용되는 세율이 적합하지 아니하다고 조례로 정하는 동지역을 포함한다)은 군으로 보며, "인구 50만 이상 시"란 동지역의 인구가 50만 이상인 경우를 말한다. (2013. 1. 1. 개정)

③ 제1항을 적용할 때 특별시·광역시는 인구 50만 이상 시로 보되, 광역시의 군지역은 군으로 본다. (2010. 3. 31. 개정)

④ 제1항부터 제3항까지의 규정에서 "인구"란 매년 1월 1일 현재 「주

제 3 절　면허에 대한 등록면허세
(2010. 9. 20. 개정)

지 아니하였거나 납부부족액을 발견한 경우에는 다음 달 10일까지 납세지를 관할하는 시장·군수·구청장에게 통보하여야 한다. (2016. 12. 30. 개정)

② 시장·군수·구청장이 법 제28조 제2항에 따라 대도시 법인등기 등에 대한 등록면허세를 중과하기 위하여 관할 세무서장에게 「부가가치세법 시행령」 제11조에 따른 법인의 지점 또는 분사무소의 사업자등록신청 관련 자료의 열람을 요청하거나 구체적으로 그 대상을 밝혀 관련 자료를 요청하는 경우에는 관할 세무서장은 특별한 사유가 없으면 그 요청에 따라야 한다. (2016. 12. 30. 개정)

제 2 절　면허에 대한 등록면허세
(2010. 12. 23. 개정)

록면허세 미납부 및 납부부족액에 대한 통보는 별지 제7호 서식에 따른다. (2010. 12. 23. 개정)

민등록법」에 따라 등록된 주민의 수를 말하며, 이하 이 법에서 같다. (2010. 3. 31. 개정)

⑤ 제1항을 적용할 경우 「지방자치법」 제5조 제1항에 따라 둘 이상의 지방자치단체가 통합하여 인구 50만 이상 시에 해당하는 지방자치단체가 되는 경우 해당 지방자치단체의 조례로 정하는 바에 따라 통합 지방자치단체가 설치된 때부터 5년의 범위(기산일은 통합 지방자치단체가 설치된 날이 속하는 해의 다음 연도 1월 1일로 한다)에서 해당 통합 이전의 세율을 적용할 수 있다. (2021. 1. 12. 개정 ; 지방자치법 부칙)

제35조 【신고납부 등】 ① 새로 면허를 받거나 그 면허를 변경받는 자는 면허증서를 발급받거나 송달받기 전까지 제25조 제2항의 납세지를 관할하는 지방자치단체의 장에게 그 등록면허세를 신고하고 납부하여야 한다. 다만, 유효기간이 정하여져 있지 아니하거나 그 기간이 1년을 초과하는 면허를 새로 받거나 그 면허를 변경받은 자는 「지방세기본법」 제34조에도 불구하고 새로 면허를 받거나 면허를 변경받은 때에 해당 면허에 대한 그 다음 연도분의 등록면허세를 한꺼번에 납부할 수 있다. (2020. 12. 29. 단서개정)

② 면허의 유효기간이 정하여져 있지 아니하거나 그 기간이 1년을 초과하는 면허에 대하여는 매년 1월 1일에 그 면허가 갱신된 것으로 보아 제25조 제2항에 따른 납세지를 관할하는 해당 지방자치단체의 조례로 정하는 납기에 보통징수의 방법으로 매년 그 등록면허세를 부과하고, 면허의 유효기간이 1년 이하인 면허에 대하여는 면허를 할 때 한 번만 등록면허세를 부과한다. (2010. 3. 31. 개정)

③ 다음 각 호의 어느 하나에 해당하는 면허에 대하여는 제2항에도 불구하고 면허를 할 때 한 번만 등록면허세를 부과한다. (2010. 3. 31. 개정)

1. 제조·가공 또는 수입의 면허로서 각각 그 품목별로 받는 면허 (2010. 3. 31. 개정)

2. 건축허가 및 그 밖에 이와 유사한 면허로서 대통령령으로 정하는 면허 (2010. 3. 31. 개정)

④ 등록면허세 납세의무자가 제1항에 따른 신고 또는 납부의무를 다하지 아니한 경우에는 제34조 제1항에 따라 산출한 세액에 「지방세기본법」 제53조부터 제55조까지에 따라 산출한 가산세를 합한 금액을 세

운영예규 법35-1 【과세대상】

1. 관계법령 규정에 의하여 기존면허(면허·허가·등록 및 신고 등)를 변경하는 경우에는 그 변경이 「지방세법 시행령」 제40조 제2항 제1호 각 목의 어느 하나에 해당하는 경우만 등록면허세 과세대상이다.

2. 면허를 승계받은 경우에도 해당 면허에 포함되는 의제면허도 승계된 것으로 보아 면허의 종별 구분에 따라 각각 등록면허세를 부과한다.

3. 1구의 토지 내에 각각 독립된 여러 동의 건축물을 신축하는 경우 건축허가를 1건으로 받았다 하더라도 각 동별로 건축허가를 받은 것으로 보아 각각 등록면허세를 부과하여야 한다.

제51조 【건축허가와 유사한 면허의 범위】 법 제35조 제3항 제2호에서 "대통령령으로 정하는 면허"란 다음 각 호의 어느 하나에 해당하는 면허를 말한다. (2010. 9. 20. 개정)

1. 매장유산 발굴 (2024. 5. 7. 개정 ; 국가유산~부칙)

2. 국가유산의 국외 반출 (2024. 5. 7. 개정 ; 국가유산~부칙)

제16조 【신규 면허에 대한 등록면허세의 신고 및 납부】 ① 법 제35조 제1항에 따른 면허에 대한 등록면허세(이하 이 절에서 "등록면허세"라 한다)의 신고는 별지 제15호 서식에 따른다. (2010. 12. 23. 개정)

② 법 제35조 제1항에 따라 등록면허세를 납부하려는 자는 별지 제14호 서식의 납부서를 이용하여 납부하여야 한다. (2011. 12. 31. 개정)

③ 법 제35조 제2항에 따라 등록면허세를 보통징수하는 경우에는 별지 제17호 서식에 따른다. (2010. 12. 23. 개정)

액으로 하여 보통징수의 방법으로 징수한다. 다만, 제1항에 따른 신고
를 하지 아니한 경우에도 등록면허세를 납부기한까지 납부하였을 때에
는 「지방세기본법」 제53조 또는 제54조에 따른 가산세를 부과하지 아
니한다. (2016. 12. 27. 개정 ; 지방세기본법 부칙)

　　제36조 【납세의 효력】 피상속인이 납부한 등록면허세는 상속인
이 납부한 것으로 보고, 합병으로 인하여 소멸한 법인이 납부한 등록면
허세는 합병 후 존속하는 법인 또는 합병으로 인하여 설립된 법인이
납부한 것으로 본다. (2010. 3. 31. 개정)

　　제37조 【이미 납부한 등록면허세에 대한 조치】 ① 지방자치단체
의 장은 제35조에 따라 면허증서를 발급받거나 송달받기 전에 등록면
허세를 신고납부한 자가 면허신청을 철회하거나 그 밖의 사유로 해
당 면허를 받지 못하게 된 경우에는 「지방세기본법」 제60조에 따
른 지방세환급금의 처리절차에 따라 신고납부한 등록면허세를 환급하
여야 한다. 이 경우 같은 법 제62조는 적용하지 아니한다. (2016. 12.
27. 개정 ; 지방세기본법 부칙)
② 면허를 받은 후에 면허유효기간의 종료, 면허의 취소, 그 밖에 이
와 유사한 사유로 면허의 효력이 소멸한 경우에는 이미 납부한 등록
면허세를 환급하지 아니한다. (2010. 3. 31. 개정)

　　제38조 【면허 시의 납세확인】 ① 면허의 부여기관이 면허를 부
여하거나 변경하는 경우에는 제35조에 따른 등록면허세의 납부 여부를
확인한 후 그 면허증서를 발급하거나 송달하여야 한다. (2010. 3. 31.
개정)
② 제1항에 따른 등록면허세의 납부 여부를 확인하는 방법 등에 관한
사항은 대통령령으로 정한다. (2010. 3. 31. 개정)

　　제38조의 2 【면허에 관한 통보】 ① 면허부여기관은 면허를 부
여·변경·취소 또는 정지하였을 때에는 면허증서를 교부 또는 송
달하기 전에 행정안전부령으로 정하는 바에 따라 그 사실을 관할 특
별자치시장·특별자치도지사·시장·군수 또는 구청장에게 통보하여

3. 「폐기물의 국가 간 이동 및 그 처리에 관한 법률」 제6조, 제10조
　또는 제18조의 2에 따른 폐기물의 수출·수입 허가 또는 신고
　(2017. 10. 17. 개정 ; 폐기물의 국가간 이동~시행령 부칙)
4. 「농지법」에 따른 농지전용 및 농지전용의 용도변경 (2011. 12. 31.
　개정)
5. 토지의 형질 변경 (2010. 9. 20. 개정)
6. 「장사 등에 관한 법률」에 따른 사설묘지 설치 및 사설자연장지 조성
　(재단법인이 설치 또는 조성한 경우는 제외한다) (2018. 12. 31. 개정)
7. 사설도로 개설 (2010. 9. 20. 개정)
8. 계량기기의 형식승인 및 특정열사용기자재의 검사 (2010. 9. 20. 개정)
9. 「산림자원의 조성 및 관리에 관한 법률」 제36조에 따른 입목벌채
　(2011. 12. 31. 개정)
10. 「먹는물관리법」 제9조에 따른 샘물 또는 염지하수의 개발허가
　(2014. 12. 30. 개정)
11. 건설기계의 형식승인 (2010. 9. 20. 개정)
12. 보세구역 외 장치의 허가 (2010. 9. 20. 개정)
13. 공유수면의 매립 (2010. 9. 20. 개정)
14. 초지 조성 및 전용 (2010. 9. 20. 개정)
15. 가축분뇨 배출시설의 설치 허가 또는 신고 (2010. 9. 20. 개정)
16. 「전파법」 제58조의 2에 따른 방송통신기자재등의 적합성평가
　(2014. 12. 30. 개정)
17. 화약류 사용 (2010. 9. 20. 개정)
18. 비산(飛散) 먼지 발생사업의 신고 (2010. 9. 20. 개정)
19. 특정공사(「소음·진동관리법」 제22조에 따른 특정공사를 말한다)
　의 사전 신고 (2010. 9. 20. 개정)
20. 「소방시설 설치 및 관리에 관한 법률」 제37조에 따른 소방용품의
　형식승인 (2022. 11. 29. 개정 ; 화재예방~시행령 부칙)
21. 「종자산업법」 제38조 제1항에 따른 종자의 수입 판매신고 다만,
　같은 법 제15조에 따라 국가품종목록에 등재할 수 있는 작물의 종자
　에 대한 수입 판매신고로 한정한다. (2014. 1. 1. 개정)
22. 선박 및 선박용 물건의 형식승인 및 검정 (2010. 9. 20. 개정)
23. 「산지관리법」에 따른 산지전용 및 산지전용의 용도변경 (2011. 12.

　　제18조 【면허에 관한 통보】 법 제38
조의 2 제1항에 따른 면허의 부여·변경·
취소 또는 정지에 관한 통보는 별지 제19호
서식에 따른다. (2010. 12. 31. 개정)

야 한다. (2017. 7. 26. 직제개정 ; 정부조직법 부칙)
② 면허부여기관은 제1항에 따른 면허의 부여·변경·취소 또는 정지
에 관한 사항을 전산처리하는 경우에는 그 전산자료를 특별자치시장·
특별자치도지사·시장·군수 또는 구청장에게 통보함으로써 제1항에
따른 통보를 갈음할 수 있다. (2016. 12. 27. 개정)

　　제38조의 3【면허 관계 서류의 열람】 세무공무원이 등록면허세
의 부과·징수를 위하여 면허의 부여·변경·취소 또는 정지에 대한
관계 서류를 열람하거나 복사할 것을 청구하는 경우에는 관계 기관은
이에 따라야 한다. (2013. 1. 1. 개정)

　　제39조【면허의 취소 등】 ① 지방자치단체의 장은 등록면허세를
납부하지 아니한 자에 대하여는 면허부여기관에 대하여 그 면허의 취
소 또는 정지를 요구할 수 있다. (2010. 3. 31. 개정)
② 면허부여기관은 제1항에 따른 요구가 있을 때에는 즉시 취소 또는
정지하여야 한다. (2010. 3. 31. 개정)
③ 면허부여기관이 제2항 또는 그 밖의 사유로 면허를 취소 또는 정지
하였을 때에는 즉시 관할 지방자치단체의 장에게 통보하여야 한다.
(2010. 3. 31. 개정)

31. 개정)
24. 임산물의 굴취·채취 (2010. 9. 20. 개정)
25. 「자동차관리법」 제30조에 따른 자동차의 자기인증을 위한 제작자
　　등의 등록(자가사용 목적으로 자동차를 자기인증하기 위한 제작자
　　등의 등록으로 한정한다) (2015. 12. 31. 개정)
26. 사행기구의 제작 또는 수입품목별 검사 (2010. 9. 20. 개정)
27. 유료도로의 신설 또는 개축 (2010. 9. 20. 개정)
28. 지하수의 개발·이용 (2010. 9. 20. 개정)
29. 골재 채취 (2010. 9. 20. 개정)
30. 환경측정기기의 형식승인 (2010. 9. 20. 개정)
31. 건축 및 대수선 (2010. 9. 20. 개정)
32. 공작물의 설치 허가 또는 축조 신고 (2014. 12. 30. 개정)
33. 총포·도검·화약류·분사기·전자충격기 또는 석궁의 수출 또는
　　수입 허가 (2010. 9. 20. 개정)
34. 개발행위허가 중 녹지지역·관리지역 또는 자연환경보전지역에 물
　　건을 1개월 이상 쌓아 놓는 행위 허가 (2010. 9. 20. 개정)
35. 가설건축물의 건축 또는 축조 (2010. 9. 20. 개정)
36. 「농지법」 제36조에 따른 농지의 타용도 일시사용 (2011. 12. 31.
　　신설)
37. 「산지관리법」 제15조의 2에 따른 산지일시사용 (2011. 12. 31. 신설)
38. 「하수도법」 제34조에 따른 개인하수처리시설의 설치 (2011. 12.
　　31. 신설)
39. 「지하수법」 제9조의 4에 따른 지하수에 영향을 미치는 굴착행위
　　(2011. 12. 31. 신설)
40. 도검·화약류·분사기·전자충격기 또는 석궁의 소지허가 (2012.
　　4. 10. 신설)
41. 「내수면어업법」 제19조 단서에 따른 유해어법의 사용허가 (2014.
　　12. 30. 신설)
42. 「항공안전법」 제27조 제1항에 따른 기술표준품에 대한 형식승인
　　(2017. 3. 29. 개정 ; 항공안전법 시행령 부칙)
43. 「산업집적활성화 및 공장설립에 관한 법률」 제28조의 2 제2항에
　　따른 지식산업센터의 설립완료신고 (2014. 12. 30. 신설)

　　**제17조【면허의 취소 또는 정지 요
구】** 법 제39조 제1항에 따른 면허의 취소
또는 정지 요구는 별지 제18호 서식에 따
른다. (2010. 12. 23. 개정)

44.「화학물질관리법」제18조에 따른 금지물질 취급 허가 및 같은 법 제19조에 따른 허가물질 제조·수입·사용 허가 (2014. 12. 30. 신설)
45.「마약류 관리에 관한 법률」제18조 제2항 제1호에 따른 마약류 수출의 품목별 허가 또는 같은 법 제51조 제1항에 따른 원료물질 수출입의 승인 (2015. 12. 31. 신설)

제52조【면허 시의 납세 확인】① 면허부여기관이 면허를 부여하거나 면허를 변경하는 경우에는 그 면허에 대한 등록면허세(이하 이 절에서 "등록면허세"라 한다)가 납부되었음을 확인하고 면허증서 발급대장의 비고란에 등록면허세의 납부처·납부금액·납부일 및 면허종별 등을 적은 후 면허증서를 발급하거나 송달하여야 한다. (2010. 9. 20. 개정)
② 면허부여기관은 제1항에 따른 등록면허세의 납부 확인을 위하여 필요한 경우에는 시장·군수·구청장에게 등록면허세의 납부처·납부금액 및 납부일에 관한 정보(이하 이 조에서 "등록면허세 납부정보"라 한다)의 제공을 요청할 수 있다. 이 경우 요청을 받은 시장·군수·구청장은 특별한 사유가 없으면 이에 협조해야 한다. (2024. 12. 31. 신설)
③ 제2항에 따른 등록면허세 납부정보의 요청 및 그에 따른 제공은 정보통신망 또는 전자우편 등 전자적 방식을 사용할 수 있다. (2024. 12. 31. 신설)

제53조【면허에 관한 통보】①·② 삭　제 (2010. 12. 30.)
③ 시장·군수·구청장은 제40조 제2항 제5호에 해당하여 등록면허세를 비과세하는 경우에는 그 사실을 면허부여기관에 통보하여야 한다. (2016. 12. 30. 개정)

제54조【면허 관계 서류의 열람】삭　제 (2010. 12. 30.)

제55조【과세대장의 비치】시장·군수·구청장은 등록면허세의 과세대장을 갖추어 두고, 필요한 사항을 등재하여야 한다. 이 경우 해당 사항을 전산처리하는 경우에는 과세대장을 갖춘 것으로 본다. (2016. 12. 30. 개정)

제19조【과세대장의 비치】① 영 제55조에 따른 등록면허세의 과세대장은 별지 제20호 서식에 따른다. (2010. 12. 23. 개정)
② 시장·군수·구청장은 제1항에 따른 등록면허세의 과세대장에 준하여 등록면허

세 비과세 및 과세면제대장을 갖추어 두고, 필요한 사항을 등재하여야 한다. (2016. 12. 30. 개정)

제4장 레 저 세 (2010. 3. 31. 개정)

　제40조【과세대상】레저세의 과세대상은 다음 각 호와 같다. (2010. 3. 31. 개정)
1. 「경륜·경정법」에 따른 경륜 및 경정 (2010. 3. 31. 개정)
2. 「한국마사회법」에 따른 경마 (2010. 3. 31. 개정)
3. 그 밖의 법률에 따라 승자투표권, 승마투표권 등을 팔고 투표적중자에게 환급금 등을 지급하는 행위로서 대통령령으로 정하는 것 (2010. 3. 31. 개정)

　제41조【납세의무자】제40조에 따른 과세대상(이하 이 장에서 "경륜등"이라 한다)에 해당하는 사업을 하는 자는 레저세를 납부할 의무가 있다. (2021. 12. 28. 개정)

　제42조【과세표준 및 세율】① 레저세의 과세표준은 승자투표권, 승마투표권 등의 발매금총액으로 한다. (2010. 3. 31. 개정)
② 레저세의 세율은 100분의 10으로 한다. (2010. 3. 31. 개정)

　제43조【신고 및 납부】납세의무자는 승자투표권, 승마투표권 등의 발매일이 속하는 달의 다음 달 10일까지 제42조 제1항에 따른 과세표준에 제42조 제2항에 따른 세율을 곱하여 산출한 세액(이하 이 장에서 "산출세액"이라 한다)을 대통령령으로 정하는 바에 따라 안분계산하여 다음 각 호의 구분에 따른 지방자치단체의 장에게 신고하고 납부하여야 한다. (2021. 12. 28. 개정)
1. 경륜등의 사업장(이하 이 장에서 "경륜장등"이라 한다)에서 발매하는 승자투표권, 승마투표권 등의 경우 : 해당 경륜장등이 소재하는

제4장 레 저 세 (2010. 9. 20. 개정)

　제56조【과세대상】법 제40조 제3호에서 "대통령령으로 정하는 것"이란 「전통 소싸움경기에 관한 법률」에 따른 소싸움을 말한다. (2010. 9. 20. 개정)

　제57조【안분기준】① 법 제43조에 따라 레저세를 신고납부하는 경우에는 다음 각 호의 구분에 따라 나누어 계산하여 납부하여야 한다. (2021. 12. 31. 항번개정)
1. 법 제40조에 따른 과세대상 사업장(이하 이 장에서 "경륜장등"이라 한다)에서 직접 발매한 승자투표권·승마투표권 등에 대한 세액은 그 경륜장등 소재지를 관할하는 시장·군수·구청장에게 모두 신고납부한다. (2016. 12. 30. 개정)
2. 장외발매소에서 발매한 승자투표권·승마투표권 등에 대한 세액은

제4장 레 저 세

(2010. 12. 23. 개정)

지방자치단체의 장 (2021. 12. 28. 신설)

2. 장외발매소에서 발매하는 승자투표권, 승마투표권 등의 경우 : 해당 경륜장등이 소재하는 지방자치단체의 장과 해당 장외발매소가 소재하는 지방자치단체의 장 (2021. 12. 28. 신설)

3. 대통령령으로 정하는 정보통신망을 이용하여 발매하는 승자투표권, 승마투표권 등의 경우 : 해당 경륜장등이 소재하는 지방자치단체의 장과 모든 지방자치단체(해당 경륜장등이 소재한 지방자치단체를 포함한다)의 장 (2021. 12. 28. 신설)

제44조 【장부 비치의 의무】 납세의무자는 조례로 정하는 바에 따라 경륜등의 시행에 관한 사항을 장부에 기재하고 필요한 사항을 지방자치단체의 장에게 신고하여야 한다. (2010. 3. 31. 개정)

그 경륜장등 소재지와 그 장외발매소 소재지를 관할하는 시장·군수·구청장에게 각각 100분의 50을 신고납부한다. (2021. 12. 31. 단서삭제)

3. 법 제43조 제3호에 따른 승자투표권·승마투표권 등에 대한 세액은 그 경륜장등의 소재지를 관할하는 시장·군수·구청장에게 100분의 50을 신고납부하고, 100분의 50은 발매일이 속하는 해의 1월 1일 현재 「주민등록법」에 따른 19세 이상의 인구통계를 기준으로 하여 다음의 계산식에 따라 안분한 세액을 각 시장·군수·구청장에게 신고납부한다. (2021. 12. 31. 신설)

> 시·군·구별 안분세액 = A × B
> A : 법 제43조 제3호의 승자투표권·승마투표권 등에 대한 세액 × 100분의 50
> B : 각 시·군·구의 안분비율
>
> $$\frac{\text{각 시·군·구의 19세 이상 인구}}{\text{전국 19세 이상 인구}}$$

4. 제2호 및 제3호에도 불구하고 경륜장등이 신설된 경우에는 신설 이후 행정안전부령으로 정하는 기간까지 다음 각 목의 비율에 따른 세액을 각 시장·군수·구청장에게 신고납부한다. (2021. 12. 31. 신설)

　가. 장외발매소에서 발매한 승자투표권·승마투표권 등에 대한 세액은 그 경륜장등 소재지를 관할하는 시장·군수·구청장에게 100분의 80을 신고납부하고, 100분의 20은 그 장외발매소 소재지를 관할하는 시장·군수·구청장에게 신고납부한다. (2021. 12. 31. 신설)

　나. 법 제43조 제3호에 따른 승자투표권·승마투표권 등에 대한 세액은 그 경륜장등 소재지를 관할하는 시장·군수·구청장에게 100분의 80을 신고납부하고, 100분의 20은 발매일이 속하는 해의 1월 1일 현재 「주민등록법」에 따른 19세 이상의 인구통계를 기준으로 하여 다음의 계산식에 따라 안분한 세액을 각 시장·군수·구청장에게 신고납부한다. (2021. 12. 31. 신설)

제20조 【안분기준을 달리하는 기간】 영 제57조 제1항 제4호에서 "행정안전부령으로 정하는 기간"이란 5년을 말한다. (2021. 12. 31. 개정)

$$\text{시·군·구별 안분세액} = A \times B$$

A : 법 제43조 제3호의 승자투표권·승마투표권 등에 대한 세액 × 100분의 20

B : 각 시·군·구의 안분비율

$$\dfrac{\text{각 시·군·구의 19세 이상 인구}}{\text{전국 19세 이상 인구}}$$

② 법 제43조 제3호에서 "대통령령으로 정하는 정보통신망"이란 경륜장등이나 장외발매소 외의 장소에서 이용하는 「정보통신망 이용촉진 및 정보보호 등에 관한 법률」에 따른 정보통신망을 말한다. (2021. 12. 31. 신설)

제58조 【신고 및 납부】 ① 법 제43조에 따라 레저세를 신고하려는 자는 행정안전부령으로 정하는 신고서로 제57조 제1항 각 호에 따라 시장·군수·구청장에게 신고해야 한다. (2021. 12. 31. 개정)
② 법 제43조에 따라 레저세를 납부하려는 자는 행정안전부령으로 정하는 납부서로 납부해야 한다. (2021. 12. 31. 개정)

제45조 【부족세액의 추징 및 가산세】 ① 납세의무자가 제43조에 따른 신고 또는 납부의무를 다하지 아니하면 산출세액 또는 그 부족세액에 「지방세기본법」 제53조부터 제55조까지의 규정에 따라 산출한 가산세를 합한 금액을 세액으로 하여 보통징수의 방법으로 징수한다. (2016. 12. 27. 개정 ; 지방세기본법 부칙)
1.·2. 삭　제 (2013. 1. 1.)
② 납세의무자가 제44조에 따른 의무를 이행하지 아니한 경우에는 산출세액의 100분의 10에 해당하는 금액을 징수하여야 할 세액에 가산하여 보통징수의 방법으로 징수한다. (2010. 3. 31. 개정)

제46조 【징수사무의 보조 등】 ① 지방자치단체의 장은 대통령령으로 정하는 바에 따라 납세의무자에게 징수사무의 보조를 명할 수 있

제59조 【징수에 필요한 사항의 명령 등】 ① 시장·군수·구청장은 납세의무자에게 법 제46조에 따라 징수에 필요한 사항의 이행을 명

제21조 【신고 및 납부】 ① 영 제58조 제1항에 따른 레저세의 신고는 별지 제21호 서식에 따른다. (2010. 12. 23. 개정)
② 영 제58조 제2항에 따른 레저세의 납부는 별지 제14호 서식에 따른다. (2011. 12. 31. 개정)

제22조 【보통징수】 법 제45조 제1항 및 제2항에 따라 레저세의 산출세액, 부족세액, 가산세 등을 보통징수의 방법으로 징수할 경우에는 별지 제22호 서식에 따른다. (2010. 12. 23. 개정)

다. (2010. 3. 31. 개정)

② 제1항의 경우에 지방자치단체의 장은 납세의무자에게 대통령령으로 정하는 바에 따라 교부금을 교부할 수 있다. (2010. 3. 31. 개정)

제 5 장　담배소비세 (2010. 3. 31. 개정)

제47조【정　의】담배소비세에서 사용하는 용어의 뜻은 다음과 같다. (2010. 3. 31. 개정)

1. "담배"란 다음 각 목의 어느 하나에 해당하는 것을 말한다. (2020. 12. 29. 개정)

　가. 「담배사업법」 제2조에 따른 담배 (2020. 12. 29. 개정)

　나. 가목과 유사한 것으로서 연초(煙草)의 잎이 아닌 다른 부분을 원료의 전부 또는 일부로 하여 피우거나, 빨거나, 증기로 흡입하거나, 씹거나, 냄새 맡기에 적합한 상태로 제조한 것 (2020. 12. 29. 개정)

　다. 그 밖에 가목과 유사한 것으로서 대통령령으로 정하는 것 (2020. 12. 29. 개정)

2. "수입" 또는 "수출"이란 「관세법」 제2조에 따른 수입 또는 수출을 말한다. (2010. 3. 31. 개정)

3. "보세구역"이란 「관세법」 제154조에 따른 보세구역을 말한다. (2010. 3. 31. 개정)

4. "제조자"란 다음 각 목의 어느 하나에 해당하는 자를 말한다. (2020. 12. 29. 개정)

　가. 「담배사업법」 제11조에 따른 담배제조업허가를 받아 제1호 가목에 따른 담배를 제조하는 자 (2020. 12. 29. 개정)

　나. 제1호 나목 또는 다목에 따른 담배를 판매할 목적으로 제조하는 자 (2020. 12. 29. 개정)

령할 수 있다. (2016. 12. 30. 개정)

② 시장·군수·구청장은 납세의무자가 레저세를 납부하면 납세의무자에게 그 징수납부에 든 경비를 교부금으로 지급할 수 있다. (2016. 12. 30. 개정)

③ 납세의무자가 제1항에 따른 명령을 위반한 경우에는 교부금의 전부 또는 일부를 지급하지 아니할 수 있다. (2010. 9. 20. 개정)

제 5 장　담배소비세 (2010. 9. 20. 개정)

제 5 장　담배소비세
(2010. 12. 23. 개정)

5. "제조장"이란 담배를 제조하는 제조자의 공장을 말한다. (2010. 3. 31. 개정)
6. "수입판매업자"란 다음 각 목의 어느 하나에 해당하는 자를 말한다. (2020. 12. 29. 개정)
　가. 「담배사업법」 제13조에 따라 담배수입판매업의 등록을 하고 제1호 가목에 따른 담배를 수입하여 판매하는 자 (2020. 12. 29. 개정)
　나. 제1호 나목 또는 다목에 따른 담배를 수입하여 판매하는 자 (2020. 12. 29. 개정)
7. "소매인"이란 다음 각 목의 어느 하나에 해당하는 자를 말한다. (2020. 12. 29. 개정)
　가. 「담배사업법」 제16조에 따라 담배소매인의 지정을 받은 자 (2020. 12. 29. 개정)
　나. 제1호 나목 또는 다목에 따른 담배를 소비자에게 판매하는 자 (2020. 12. 29. 개정)
8. "매도"란 담배를 제조자·수입판매업자 또는 도매업자가 소매인에게 파는 것을 말한다. (2010. 3. 31. 개정)
9. "판매"란 담배를 소매인이 소비자에게 파는 것을 말한다. (2010. 3. 31. 개정)
8.～9. 삭　제 (2020. 12. 29.)

　제48조【과세대상】 ① 담배소비세의 과세대상은 담배로 한다. (2010. 3. 31. 개정)
② 제1항에 따른 담배는 다음과 같이 구분한다. (2010. 3. 31. 개정)
1. 피우는 담배 (2010. 3. 31. 개정)
　가. 제1종 궐련 (2010. 3. 31. 개정)
　나. 제2종 파이프담배 (2010. 3. 31. 개정)
　다. 제3종 엽궐련 (2010. 3. 31. 개정)
　라. 제4종 각련 (2010. 3. 31. 개정)
　마. 제5종 전자담배 (2010. 12. 27. 신설)
　바. 제6종 물담배 (2014. 5. 20. 신설)
2. 씹는 담배 (2010. 3. 31. 개정)
3. 냄새 맡는 담배 (2010. 3. 31. 개정)
4. 머금는 담배 (2014. 5. 20. 신설)
③ 제2항의 담배의 구분에 관하여는 담배의 성질과 모양, 제조과정 등

　제60조【담배의 구분】 법 제48조 제3항에 따른 담배의 구분은 다

을 기준으로 하여 대통령령으로 정한다. (2010. 3. 31. 개정)

제49조【납세의무자】① 제조자는 제조장으로부터 반출(搬出)한 담배에 대하여 담배소비세를 납부할 의무가 있다. (2010. 3. 31. 개정)

② 수입판매업자는 보세구역으로부터 반출한 담배에 대하여 담배소비세를 납부할 의무가 있다. (2010. 3. 31. 개정)

③ 외국으로부터 입국(「남북교류협력에 관한 법률」 제2조 제1호에 따른 출입장소를 이용하여 북한으로부터 들어오는 경우를 포함한다. 이하 이 장에서 같다)하는 사람(이하 이 장에서 "입국자"라 한다)의 휴대품·탁송품(託送品)·별송품(別送品)으로 반입하는 담배 또는 외국으로부터 탁송(託送)의 방법으로 국내로 반입하는 담배에 대해서는 그 반입한 사람이 담배소비세를 납부할 의무가 있다. 다만, 입국자 또는 수입판매업자가 아닌 사람이 외국으로부터 우편으로 반입하는 담배에 대해서는 그 수취인이 담배소비세를 납부할 의무가 있다. (2015. 12. 29. 개정)

④ 제1항부터 제3항까지의 방법 외의 방법으로 담배를 제조하거나 국내로 반입하는 경우에는 그 제조자 또는 반입한 사람이 각각 담배소비세를 납부할 의무가 있다. (2010. 3. 31. 개정)

⑤ 제54조에 따른 면세담배를 반출한 후 제54조 제1항 각 호의 구분에 따른 해당 용도에 사용하지 아니하고 판매, 소비, 그 밖의 처분을 한 경우에는 제1항부터 제4항까지의 규정에도 불구하고 그 처분을 한 자가 담배소비세를 납부할 의무가 있다. (2020. 12. 29. 개정)

제50조【납세지】① 제49조 제1항과 제2항의 경우 담배소비세의 납세지는 담배가 판매된 소매인의 영업장 소재지로 한다. (2020. 12. 29. 개정)

② 제49조 제3항의 경우 담배소비세의 납세지는 담배가 국내로 반입되는 세관 소재지로 한다. (2015. 12. 29. 개정)

③ 제49조 제4항의 경우 납세지는 다음과 같다. (2010. 3. 31. 개정)

1. 담배를 제조한 경우 : 담배를 제조한 장소 (2010. 3. 31. 개정)

2. 담배를 국내로 반입하는 경우 : 국내로 반입하는 자의 주소지(법인의 경우에는 본점이나 주사무소 소재지) (2023. 12. 29. 개정)

음 각 호와 같다. (2020. 12. 31. 개정)

1. 궐련 : 연초에 향료 등을 첨가하여 일정한 폭으로 썬 후 궐련제조기를 이용하여 궐련지로 말아서 피우기 쉽게 만들어진 담배 및 이와 유사한 형태의 담배 (2020. 12. 31. 개정)

2. 파이프담배 : 고급 특수 연초를 중가향(重加香) 처리하고 압착·열처리 등 특수가공을 하여 각 폭을 비교적 넓게 썰어서 파이프를 이용하여 피울 수 있도록 만든 담배 및 이와 유사한 형태의 담배 (2020. 12. 31. 개정)

3. 엽궐련 : 흡연 맛의 주체가 되는 전충엽을 체제와 형태를 잡아 주는 중권엽으로 싸고 겉모습을 아름답게 하기 위하여 외권엽으로 만 잎말음 담배 및 이와 유사한 형태의 담배 (2020. 12. 31. 개정)

4. 각련 : 하급 연초를 경가향(輕加香)하거나 다소 고급인 연초를 가향하여 가늘게 썰어, 담뱃대를 이용하거나 흡연자가 직접 궐련지로 말아 피울 수 있도록 만든 담배 및 이와 유사한 형태의 담배 (2020. 12. 31. 개정)

5. 전자담배 : 니코틴이 포함된 용액, 연초 또는 연초고형물을 전자장치를 이용하여 호흡기를 통하여 체내에 흡입함으로써 흡연과 같은 효과를 낼 수 있도록 만든 담배 및 이와 유사한 형태의 담배 (2020. 12. 31. 개정)

5의 2. 물담배 : 장치를 이용하여 담배연기를 물로 거른 후 흡입할 수 있도록 만든 담배 및 이와 유사한 형태의 담배 (2020. 12. 31. 개정)

6. 씹는 담배 : 입에 넣고 씹음으로써 흡연과 같은 효과를 낼 수 있도록 가공처리된 담배 및 이와 유사한 형태의 담배 (2020. 12. 31. 개정)

7. 냄새 맡는 담배 : 특수 가공된 담배 가루를 코 주위 등에 발라 냄새를 맡음으로써 흡연과 같은 효과를 낼 수 있도록 만든 가루 형태의 담배 및 이와 유사한 형태의 담배 (2020. 12. 31. 개정)

8. 머금는 담배 : 입에 넣고 빨거나 머금으면서 흡연과 같은 효과를 낼 수 있도록 특수가공하여 포장된 담배가루, 니코틴이 포함된 사탕 및 이와 유사한 형태로 만든 담배 (2014. 7. 18. 신설)

편주 ▶ 법 50조 3항 2호의 개정규정은 2024. 1. 1. 이후 담배를 국내로 반입하는

④ 제49조 제5항의 경우 담배소비세의 납세지는 같은 항에 따른 처분을 한 자의 영업장 소재지로 하되, 영업장 소재지가 분명하지 아니한 경우에는 그 처분을 한 장소로 한다. (2010. 3. 31. 개정)

제51조【과세표준】 담배소비세의 과세표준은 담배의 개비수, 중량 또는 니코틴 용액의 용량으로 한다. (2010. 12. 27. 개정)

제52조【세　율】① 담배소비세의 세율은 다음 각 호와 같다. (2010. 3. 31. 개정)
1. 피우는 담배 (2010. 3. 31. 개정)
　가. 제1종 궐련 : 20개비당 1,007원 (2014. 12. 23. 개정)
　나. 제2종 파이프담배 : 1그램당 36원 (2014. 12. 23. 개정)
　다. 제3종 엽궐련 : 1그램당 103원 (2014. 12. 23. 개정)
　라. 제4종 각련 : 1그램당 36원 (2014. 12. 23. 개정)
　마. 제5종 전자담배 (2016. 12. 27. 개정)
　　1) 니코틴 용액을 사용하는 경우 : 니코틴 용액 1밀리리터당 628원 (2016. 12. 27. 개정)
　　2) 연초 및 연초고형물을 사용하는 경우 (2017. 12. 26. 개정)
　　　가) 궐련형 : 20개비당 897원 (2017. 12. 26. 개정)
　　　나) 기타유형 : 1그램당 88원 (2017. 12. 26. 개정)
　바. 제6종 물담배 : 1그램당 715원 (2014. 12. 23. 개정)
2. 씹거나 머금는 담배 : 1그램당 364원 (2014. 12. 23. 개정)
3. 냄새 맡는 담배 : 1그램당 26원 (2014. 12. 23. 개정)
4. 삭　제 (2014. 12. 23.)
② 제1항에 따른 세율은 그 세율의 100분의 30의 범위에서 대통령령으로 가감할 수 있다. (2010. 3. 31. 개정)

제53조【미납세 반출】① 다음 각 호의 어느 하나에 해당하는 담배에 대하여는 담배소비세를 징수하지 아니한다. (2023. 3. 14. 항번개정)
1. 담배 공급의 편의를 위하여 제조장 또는 보세구역에서 반출하는 것으로서 다음 각 목의 어느 하나에 해당하는 것 (2015. 12. 29. 개정)
　가. 제54조 제1항에 따른 과세면제 담배를 제조장에서 다른 제조장

경우부터 적용함. (법 부칙(2023. 12. 29.) 4조)
··

제61조【조정세율】 법 제52조 제2항에 따라 조정한 담배소비세의 세율은 다음 각 호와 같다. (2010. 9. 20. 개정)
1. 피우는 담배 (2010. 9. 20. 개정)
　가. 제1종 궐련 : 20개비당 1,007원 (2014. 12. 30. 개정)
　나. 제2종 파이프담배 : 1그램당 36원 (2014. 12. 30. 개정)
　다. 제3종 엽궐련 : 1그램당 103원 (2014. 12. 30. 개정)
　라. 제4종 각련 : 1그램당 36원 (2014. 12. 30. 개정)
　마. 제5종 전자담배 (2016. 12. 30. 개정)

으로 반출하는 것 (2015. 12. 29. 개정)

나. 「관세법」 제2조 제4호에 따른 외국물품인 담배를 보세구역에서 다른 보세구역으로 반출하는 것 (2015. 12. 29. 개정)

다. 제조장 또는 보세구역에서 반출할 때 담배소비세 납세의무가 성립된 담배를 다른 제조장 또는 보세구역에서 반출하는 것 (2015. 12. 29. 개정)

다. 삭　제 (2023. 3. 14.)

2. 담배를 다른 담배의 원료로 사용하기 위하여 반출하는 것 (2010. 3. 31. 개정)

3. 그 밖에 제조장을 이전하기 위하여 담배를 반출하는 등 대통령령으로 정하는 바에 따라 반출하는 것 (2010. 3. 31. 개정)

② 제1항에 따라 반입된 담배에 대해서는 그 반입장소를 제조장 또는 보세구역으로 보고, 반입자를 제조자 또는 수입판매업자로 보아 담배소비세의 부과 또는 면제에 관한 규정을 적용한다. (2023. 3. 14. 신설)

제54조【과세면제】① 제조자 또는 수입판매업자가 담배를 다음 각 호의 어느 하나의 용도에 제공하는 경우에는 담배소비세를 면제한다. (2010. 3. 31. 개정)

1. 수출(수출 상담을 위한 견본용 담배를 포함한다) (2015. 7. 24. 개정)

2. 주한외국군의 관할 구역에서 다음 각 목의 사람에 대한 판매 (2015. 7. 24. 개정)

　가. 주한외국군의 군인 (2015. 7. 24. 개정)

　나. 외국 국적을 가진 민간인으로서 주한외국군대에서 근무하는 사람 (2015. 7. 24. 개정)

　다. 가목 또는 나목에 해당하는 사람의 가족 (2015. 7. 24. 개정)

3. 보세구역에서의 판매 (2010. 3. 31. 개정)

4. 외항선 또는 원양어선의 선원에 대한 판매 (2010. 3. 31. 개정)

1) 니코틴 용액을 사용하는 경우: 니코틴 용액 1밀리리터당 628원 (2016. 12. 30. 개정)

2) 연초 및 연초 고형물을 사용하는 경우 (2018. 3. 27. 개정)

　가) 궐련형 : 20개비당 897원 (2018. 3. 27. 개정)

　나) 기타유형 : 1그램당 88원 (2018. 3. 27. 개정)

바. 제6종 물담배 : 1그램당 715원 (2014. 12. 30. 개정)

2. 씹거나 머금는 담배 : 1그램당 364원 (2014. 12. 30. 개정)

3. 냄새 맡는 담배 : 1그램당 26원 (2014. 12. 30. 개정)

4. 삭　제 (2014. 12. 30.)

제62조【미납세 반출】법 제53조 제1항 제3호에서 "제조장을 이전하기 위하여 담배를 반출하는 등 대통령령으로 정하는 바에 따라 반출하는 것"이란 다음 각 호의 어느 하나에 해당하는 것을 말한다. (2023. 3. 14. 개정)

1. 제조장을 이전하기 위하여 담배를 반출하는 것 (2010. 9. 20. 개정)

2. 수출할 담배를 제조장으로부터 다른 장소에 반출하는 것 (2010. 9. 20. 개정)

3. 담배를 폐기하기 위하여 제조장 또는 수입판매업자의 담배보관장소로부터 폐기장소로 반출하는 것 (2015. 12. 31. 신설)

제63조【과세면제】법 제54조 제1항 제8호에서 "대통령령으로 정하는 용도"란 다음 각 호의 어느 하나에 해당하는 용도를 말한다. (2015. 7. 24. 개정)

1. 해외 함상훈련에 참가하는 해군사관생도 및 승선장병에게 공급하는 용도 (2015. 7. 24. 개정)

2. 외국에 주류(駐留)하는 장병에게 공급하는 용도 (2015. 7. 24. 개정)

제22조의 2【과세면제의 표시】제조자 또는 수입판매업자는 법 제54조 제1항 제2호부터 제8호까지 및 영 제63조의 규정에 따라 담배소비세가 면제되는 담배를 제조·판매할 경우에는 담뱃갑 포장지에 가로 1센티미터, 세로 3센티미터의 사각형 안에 "면세용, Duty Free"라고 표시하여야 한다. (2015. 12. 31. 신설)

5. 국제항로에 취항하는 항공기 또는 여객선의 승객에 대한 판매 (2010. 3. 31. 개정)
6. 담배의 제품개발·품질개선·품질검사·성분분석이나 이에 준하는 시험분석 또는 연구활동 (2023. 3. 14. 개정)
7. 「남북교류협력에 관한 법률」 제13조에 따라 반출승인을 받은 담배로서 북한지역에서 취업 중인 근로자 및 북한지역 관광객에게 판매하는 담배 (2015. 7. 24. 개정)
8. 제1호부터 제7호까지의 담배용도와 유사한 것으로서 대통령령으로 정하는 용도 (2015. 7. 24. 신설)
② 입국자가 반입하는 담배로서 대통령령으로 정하는 범위의 담배에 대해서는 담배소비세를 면제한다. (2015. 7. 24. 개정)

③ 우리나라에서 수출된 담배가 포장 또는 품질의 불량, 판매부진, 그 밖의 부득이한 사유로 다시 수입되어 제조장 또는 수입판매업자의 담배보관장소로 반입할 목적으로 보세구역으로부터 반출된 경우에는 담배소비세를 면제한다. (2015. 7. 24. 신설)

제64조 【입국자가 반입하는 담배에 대한 면세범위】 (2015. 7. 24. 제목개정)
① 법 제54조 제2항에서 "입국자가 반입하는 담배"란 여행자의 휴대품·별송품·탁송품으로 반입되는 담배를 말한다. (2015. 7. 24. 개정)
② 법 제54조 제2항에서 "대통령령으로 정하는 범위의 담배"란 다음과 같다. (2018. 3. 27. 개정)

담배종류	수 량
궐 련	200개비
엽궐련	50개비
전자담배	니코틴용액 20밀리리터
	궐련형 200개비
	기타유형 110그램
그 밖의 담배	250그램

제64조의 2 【재수입 면세담배의 반입 확인】 법 제54조 제3항에 따라 담배소비세를 면제받은 자는 행정안전부령으로 정하는 확인서에 해당 담배가 제조장 또는 수입판매업자의 담배보관장소로 반입된 사실을 증명하는 서류를 첨부하여 반입된 날의 다음 날까지 제조장 또는 주사무소 소재지를 관할하는 특별시장·광역시장·특별자치시장·특별자치도지사·시장 및 군수(이하 이 장에서 "시장·군수"라 한다)에게 제출하여야 한다. (2017. 7. 26. 직제개정 ; 행정안전부와~직제 부칙)

제23조 【재수입 면세담배의 반입 확인】 (2015. 7. 24. 제목개정)
영 제64조의 2에서 "행정안전부령으로 정하는 확인서"는 별지 제22호의 2 서식에 따른다. (2017. 7. 26. 직제개정 ; 행정안전부와~시행규칙 부칙)

제55조【담배의 반출신고】제조자 또는 수입판매업자는 담배를 제조장 또는 보세구역에서 반출(제53조에 따른 미납세 반출 및 제54조에 따른 과세면제를 위한 반출을 포함한다)하였을 때에는 대통령령으로 정하는 바에 따라 지방자치단체의 장에게 신고하여야 한다. (2015. 12. 29. 개정)

제56조【제조장 또는 보세구역에서의 반출로 보는 경우】다음 각 호의 어느 하나에 해당하는 경우에는 제조자 또는 수입판매업자가 담배를 제조장 또는 보세구역에서 반출한 것으로 본다. (2010. 3. 31. 개정)
1. 담배가 그 제조장 또는 보세구역에서 소비되는 경우. 다만, 제54조 제1항 제6호의 용도로 소비되는 경우는 제외한다. (2023. 3. 14. 개정)
2. 제조장에 있는 담배가 공매, 경매 또는 파산절차 등에 따라 환가(換價)되는 경우 (2010. 3. 31. 개정)

제57조【개업ㆍ폐업 등 신고사항 통보】(2016. 12. 27. 제목개정)
① 기획재정부장관은 다음 각 호의 어느 하나에 해당하는 경우에는 그 사실을 제조장 소재지를 관할하는 지방자치단체의 장에게 통보하여야 한다. (2016. 12. 27. 개정)
1. 「담배사업법」 제11조에 따라 담배제조업의 허가 또는 변경허가를 한 경우 (2016. 12. 27. 개정)
2. 「담배사업법」 제11조의 3에 따라 양도ㆍ양수ㆍ합병 또는 상속의 신고를 받은 경우 (2016. 12. 27. 개정)
3. 「담배사업법」 제11조의 4에 따라 담배제조업의 허가취소를 한 경우 (2016. 12. 27. 개정)
② 특별시장ㆍ광역시장ㆍ특별자치시장ㆍ도지사 또는 특별자치도지사는 다음 각 호의 어느 하나에 해당하는 경우 그 사실을 수입판매업자의 주사무소 소재지를 관할하는 지방자치단체의 장에게 통보하여야 한다. (2016. 12. 27. 개정)
1. 「담배사업법」 제13조에 따라 담배수입판매업의 등록 또는 변경등록을 한 경우 (2016. 12. 27. 개정)

제65조【담배의 반출신고】① 법 제55조에 따른 반출신고는 반출한 날이 속하는 달의 다음 달 5일까지 행정안전부령으로 정하는 신고서에 지난 달 특별시ㆍ광역시ㆍ특별자치시ㆍ특별자치도ㆍ시 및 군(이하 이 장에서 “시ㆍ군”이라 한다)별 판매량을 적은 자료를 첨부하여 제조장 또는 주사무소 소재지를 관할하는 시장ㆍ군수에게 해야 한다. 다만, 제68조 제2항 각 호 외의 부분 단서에 따른 수입판매업자의 경우에는 지난 달 시ㆍ군별 판매량을 적은 자료를 첨부하지 않을 수 있다. (2019. 12. 31. 개정)
② 제1항에 따른 반출신고는 과세대상 담배와 미납세 반출대상 담배 및 면세대상 담배의 반출이 각각 구분될 수 있도록 하여야 한다. (2010. 9. 20. 개정)
③ 제1항 및 제2항에 따른 신고는 업무의 편의를 위하여 행정안전부령으로 정하는 바에 따라 일정 기간의 신고서를 한꺼번에 제출하게 할 수 있다. (2017. 7. 26. 직제개정 ; 행정안전부와～ 직제 부칙)
③ 삭 제 (2019. 12. 31.)

제66조【통보사항】(2016. 12. 30. 제목개정)
① 법 제57조 제1항에 따라 기획재정부장관은 제조장 소재지를 관할하는 지방자치단체의 장에게 다음 각 호의 구분에 따른 사항을 통보하여야 한다. (2016. 12. 30. 개정)
1. 법 제57조 제1항 제1호의 경우 (2016. 12. 30. 개정)
　가. 명칭 또는 상호와 주소 (2016. 12. 30. 개정)
　나. 대표자와 관리자의 성명과 주소 (2016. 12. 30. 개정)
　다. 생산하는 담배의 품종 (2016. 12. 30. 개정)
　라. 연간 생산규모 (2016. 12. 30. 개정)
　마. 영업개시일 (2016. 12. 30. 개정)
　바. 담배 보관창고의 지번 및 소유권자와 사용권자 현황 (2016. 12. 30. 개정)
　사. 변경내용(변경허가인 경우만 해당한다) (2016. 12. 30. 개정)
　아. 그 밖의 참고사항 (2016. 12. 30. 개정)
2. 법 제57조 제1항 제2호의 경우 (2016. 12. 30. 개정)
　가. 양도인ㆍ양수인의 명칭 또는 상호와 주소(양도ㆍ양수인 경우만

제24조【반출신고】① 영 제65조 제1항에 따라 담배의 반출신고를 하려는 자는 별지 제23호 서식의 담배 반출신고서에 담배 수불(受拂)상황표 및 담배의 반출사실을 증명하는 전표 또는 수입신고필증을 첨부하여 제조장 또는 주사무소 소재지를 관할하는 특별시장ㆍ광역시장ㆍ특별자치시장ㆍ특별자치도지사ㆍ시장 또는 군수(이하 이 장에서 “시장ㆍ군수”라 한다)에게 제출해야 한다. (2019. 12. 31. 개정)
② 제1항에 따라 담배의 반출신고를 받은 제조장 소재지를 관할하는 시장ㆍ군수는 매월 월말집계표를 다음 달 15일까지 제조자의 주사무소 소재지를 관할하는 시장ㆍ군수에게 통보해야 한다. (2019. 12. 31. 개정)

제25조【반출사항의 일괄신고】① 영 제65조 제3항에 따라 담배의 반출신고서를 한꺼번에 제출하는 기간은 다음 각 호의 구분에 따른다. (2010. 12. 23. 개정)
1. 매월 1일부터 10일까지의 신고서 : 그 달 15일까지 (2010. 12. 23. 개정)
2. 매월 11일부터 20일까지의 신고서 : 그 달 25일까지 (2010. 12. 23. 개정)
3. 매월 21일부터 말일까지의 신고서 : 다음 달 5일까지 (2010. 12. 23. 개정)
② 제1항 각 호에 따른 담배의 반출신고서에는 반출사실을 증명하는 전표 또는 수입면장 사본을 첨부하여야 하며, 같은 항 제3호에 따라 신고서를 제출할 때에는 월말집계표를 함께 제출하여야 한다. (2010. 12. 23. 개정)
제25조【반출사항의 일괄신고】 삭 제 (2019. 12. 31.)

2. 「담배사업법」 제15조에 따라 담배수입판매업의 등록을 취소한 경우 (2016. 12. 27. 개정)
3. 「담배사업법」 제22조의 2에 따른 휴업 또는 폐업 신고를 받은 경우 (2016. 12. 27. 개정)

제58조 【폐업 시의 재고담배 사용계획서 제출】 제조자 또는 수입판매업자는 다음 각 호의 구분에 따라 정하여진 날부터 3일 이내에 그가 보유하고 있는 재고담배의 사용계획서를 제조장 소재지 또는 주사무소 소재지(수입판매업의 경우에 한정한다)를 관할하는 지방자치단체의 장에게 제출하여야 한다. (2020. 12. 29. 개정)
1. 제조자 : 사실상 휴업 또는 폐업한 날 (2020. 12. 29. 개정)
2. 제47조 제6호 가목에 해당하는 수입판매업자 : 「담배사업법」 제22조의 2에 따라 휴업 또는 폐업 신고를 한 날 (2020. 12. 29. 개정)
3. 제47조 제6호 나목에 해당하는 수입판매업자 : 사실상 휴업 또는 폐업한 날 (2020. 12. 29. 신설)

해당한다) (2016. 12. 30. 개정)
나. 양도인·양수인, 상속인·피상속인 또는 피합병인·합병 후 존속(설립)법인의 대표자와 관리자의 성명과 주소 (2016. 12. 30. 개정)
다. 양도·양수일, 상속개시일 또는 합병일 (2016. 12. 30. 개정)
라. 양도·양수 또는 합병 사유 (2016. 12. 30. 개정)
마. 그 밖의 참고사항 (2016. 12. 30. 개정)
3. 법 제57조 제1항 제3호의 경우 (2016. 12. 30. 개정)
가. 명칭 또는 상호와 주소 (2016. 12. 30. 개정)
나. 대표자와 관리자의 성명과 주소 (2016. 12. 30. 개정)
다. 허가취소일 (2016. 12. 30. 개정)
라. 허가취소 사유 (2016. 12. 30. 개정)
마. 그 밖의 참고사항 (2016. 12. 30. 개정)
② 법 제57조 제2항에 따라 특별시장·광역시장·특별자치시장·도지사 또는 특별자치도지사는 수입판매업자의 주사무소 소재지를 관할하는 지방자치단체의 장에게 다음 각 호의 구분에 따른 사항을 통보하여야 한다. (2016. 12. 30. 개정)
1. 법 제57조 제2항 제1호의 경우 (2016. 12. 30. 개정)
가. 명칭 또는 상호와 주소 (2016. 12. 30. 개정)
나. 대표자와 관리자의 성명과 주소 (2016. 12. 30. 개정)
다. 수입하는 담배의 품종 (2016. 12. 30. 개정)
라. 제조(공급)업체명 (2016. 12. 30. 개정)
마. 변경내용(변경등록인 경우만 해당한다) (2016. 12. 30. 개정)
바. 그 밖의 참고사항 (2016. 12. 30. 개정)
2. 법 제57조 제2항 제2호의 경우 (2016. 12. 30. 개정)
가. 명칭 또는 상호와 주소 (2016. 12. 30. 개정)
나. 대표자와 관리자의 성명과 주소 (2016. 12. 30. 개정)
다. 등록취소일 (2016. 12. 30. 개정)
라. 등록취소 사유 (2016. 12. 30. 개정)
마. 그 밖의 참고사항 (2016. 12. 30. 개정)
3. 법 제57조 제2항 제3호의 경우 (2016. 12. 30. 개정)
가. 명칭 또는 상호와 주소 (2016. 12. 30. 개정)

제26조 【개업 신고 등】 삭 제 (2016. 12. 30.)

제27조 【폐업 시의 재고담배 사용계획서 제출】 (2016. 12. 30. 제목개정) 법 제58조에 따른 재고담배 사용계획서는 별지 제26호 서식의 재고담배의 사용계획서에 따른다. (2016. 12. 30. 개정)

제59조 【기장의무】 제조자 또는 수입판매업자는 담배의 제조·수입·판매 등에 관한 사항을 대통령령으로 정하는 바에 따라 장부에 기장하고 보존하여야 한다. (2020. 12. 29. 개정)

나. 대표자와 관리자의 성명과 주소 (2016. 12. 30. 개정)
다. 휴업기간 또는 폐업일 (2016. 12. 30. 개정)
라. 휴업 또는 폐업의 사유 (2016. 12. 30. 개정)
마. 그 밖의 참고사항 (2016. 12. 30. 개정)

제67조 【휴업·폐업의 신고】 삭　제 (2016. 12. 30.)

제68조 【기장 의무】 ① 법 제59조에 따라 담배의 제조자가 장부에 적어야 할 사항은 다음 각 호와 같다. (2010. 9. 20. 개정)
1. 매입한 담배의 원재료의 종류와 종류별 수량 및 가액(그 원료가 담배인 경우에는 그 담배의 품종별 수량 및 가액을 말한다. 이하 이 조에서 같다), 매입연월일 및 판매자의 성명(법인의 경우에는 법인의 명칭과 대표자의 성명을 말한다)·주소 (2010. 9. 20. 개정)
2. 담배의 제조를 위하여 사용한 원재료의 종류별 수량 및 가격, 사용연월일 (2010. 9. 20. 개정)
3. 도매업자와 소매인에게 판매한 담배의 해당 시·군별, 품종별 수량 (2020. 12. 31. 개정)
4. 제조한 담배의 품종별 수량 및 제조연월일 (2010. 9. 20. 개정)
5. 보관되어 있는 담배의 품종별 수량 (2010. 9. 20. 개정)
6. 반출하거나 반입(법 제63조 제1항 제2호에 따른 반입을 포함한다)한 담배(면세·미납세·과세로 구분한다)의 품종별 수량 및 가액, 반출 또는 반입연월일 및 반입자의 성명(법인의 경우에는 법인의 명칭과 대표자의 성명을 말한다)·주소 (2010. 9. 20. 개정)
② 법 제59조에 따라 수입판매업자가 장부에 적어야 할 사항은 다음 각 호와 같다. 다만, 행정안전부령으로 정하는 수입판매업자의 경우에는 제2호의 사항을 적지 않을 수 있다. (2020. 12. 31. 단서개정)
1. 보세구역으로부터 반출되는 담배의 품종별 수량 (2010. 9. 20. 개정)
2. 도매업자와 소매인에게 판매한 담배의 해당 시·군별, 품종별 수량 (2020. 12. 31. 개정)
3. 보관되어 있는 담배의 보관 장소별, 품종별 수량 (2010. 9. 20. 개정)
4. 훼손·멸실된 담배의 품종별 수량 (2010. 9. 20. 개정)
5. 보세구역 내에서 소비된 담배의 품종별 수량 (2010. 9. 20. 개정)

제28조 【기장 의무가 없는 수입판매업자】 영 제68조 제2항 각 호 외의 부분 단서에서 "행정안전부령으로 정하는 수입판매업자"란 다음 각 호의 어느 하나에 해당하는 자를 말한다. (2017. 7. 26. 직제개정 ; 행정안전부와~시행규칙 부칙)
1. 사업개시 후 1년이 경과되지 아니한 수입판매업자 (2010. 12. 23. 개정)
2. 직전 연도의 월평균 담배소비세 납부액

　제60조【신고 및 납부 등】① 제조자는 매월 1일부터 말일까지 제조장에서 반출한 담배에 대한 제51조와 제52조에 따른 과세표준과 세율에 따라 산출한 세액(이하 이 장에서 "산출세액"이라 한다)을 대통령령으로 정하는 안분기준에 따라 다음 달 20일까지 각 지방자치단체의 장에게 신고납부하여야 한다. (2019. 12. 31. 개정)

② 수입판매업자는 매월 1일부터 말일까지 보세구역에서 반출한 담배에 대한 산출세액을 다음 달 20일까지 대통령령으로 정하는 바에 따라 각 지방자치단체의 장에게 신고납부하여야 한다. (2019. 12. 31. 개정)

③ 제2항의 특별징수의무자는 징수한 담배소비세를 대통령령으로 정하는 안분기준에 따라 다음 달 10일까지 각 지방자치단체의 장에게 납부하여야 한다. 이 경우 특별징수의무자는 담배소비세의 징수·납부에 따른 사무처리비 등을 행정안전부령으로 정하는 바에 따라 해당 지방자치단체의 장에게 납부하여야 할 세액에서 공제할 수 있다. (2017. 7. 26. 직제개정 ; 정부조직법 부칙)
④ 제2항의 특별징수의무자가 징수하였거나 징수할 세액을 제3항에 따른 기한까지 납부하지 아니하거나 부족하게 납부하더라도 특별징수의무자에게 「지방세기본법」 제56조에 따른 가산세는 부과하지 아니한다. (2016. 12. 27. 개정 ; 지방세기본법 부칙)
③～④ 삭　제 (2020. 12. 29.)

6. 그 밖에 담배의 수량 확인 등에 필요한 재고 및 사용수량 등 (2010. 9. 20. 개정)

　제69조【신고 및 납부와 안분기준 등】① 법 제60조 제1항에 따라 담배소비세를 신고하고 납부하려는 제조자는 다음 각 호의 사항을 명확히 하여 행정안전부령으로 정하는 신고서로 관할 시장·군수에게 신고하고, 행정안전부령으로 정하는 납부서로 시·군별 산출세액을 납부하여야 한다. (2017. 7. 26. 직제개정 ; 행정안전부와～직제 부칙)
1. 지난해 해당 시·군에서 팔린 담배의 품종별 과세표준과 세율에 따라 산출한 세액 (2019. 12. 31. 개정)
2. 전월 중 제조장에서 반출된 담배의 품종별 과세표준과 세율에 따라 산출한 세액에서 법 제63조에 따라 공제하거나 환급한 세액을 빼고, 법 제61조에 따른 가산세를 합한 총세액 (2010. 9. 20. 개정)
3. 지난해 전 시·군지역(시·군 지역을 말한다. 이하 같다)에서 실제 소매인에게 팔린 담배의 품종별 과세표준과 세율에 따라 산출한 총세액 (2019. 12. 31. 개정)
4. 다음 계산방식에 따라 해당 시·군이 실제로 받을 세액 (2019. 12. 31. 개정)

$$\text{해당 시·군이 실제로 받을 세액} = \text{제2호에 따른 총세액} \times \frac{\text{제1호에 따른 산출세액}}{\text{제3호에 따른 총세액}}$$

② 법 제60조 제2항에 따라 담배소비세를 신고하고 납부하려는 수입판매업자는 다음 각 호의 사항을 명확히 하여 행정안전부령으로 정하는 신고서로 관할 시장·군수에게 신고하고, 행정안전부령으로 정하는 납부서로 시·군별 산출세액을 납부해야 한다. (2019. 12. 31. 개정)
1. 지난해 각 시·군에서 소매인에게 팔린 외국산담배의 품종별 과세표준과 세율에 따라 산출한 세액 (2019. 12. 31. 개정)
2. 전월 중 보세구역에서 반출(법 제53조 제1항 각 호에 따른 반출은 제외한다)된 외국산담배의 품종별 과세표준과 세율에 따라 산출한 세액에서 법 제63조에 따라 공제하거나 환급한 세액을 빼고, 법 제61조에 따른 가산세를 합한 총세액 (2023. 3. 14. 개정)

이 5억원 이하인 수입판매업자 (2010. 12. 23. 개정)

　제29조【신고 및 납부】① 영 제69조 제1항에 따라 담배소비세를 신고하고 납부하려는 제조자는 별지 제27호 서식의 담배소비세 신고서(제조자용)에 별지 제30호 서식의 담배소비세액 공제·환급증명서(공제·환급세액이 있는 경우로 한정한다) 또는 별지 제30호의 2 서식의 담배소비세액 공제·환급증명서 총괄표(공제·환급세액이 있는 경우로 한정한다)를 첨부하여 관할 시장·군수에게 제출하고, 별지 제14호 서식의 납부서로 납부해야 한다. (2024. 3. 26. 개정)
② 영 제69조 제2항에 따라 담배소비세를 신고하고 납부하려는 수입판매업자는 별지 제28호 서식의 담배소비세 신고서(수입판매업자용)에 별지 제30호 서식의 담배소비세액 공제·환급증명서(공제·환급세액이 있는 경우로 한정한다) 또는 별지 제30호의 2 서식의 담배소비세액 공제·환급증명서 총괄표(공제·환급세액이 있는 경우로 한정한다)를 첨부하여 관할 시장·군수에게 제출하고, 별지 제14호 서식의 납부서로 납부해야 한다. (2024. 3. 26. 개정)
③ 영 제69조 제5항에 따른 징수내역서는 별지 제28호의 2 서식의 담배소비세 징수내역서에 따른다. (2015. 12. 31. 개정)

⑤ 제49조 제3항에 따른 납세의무자는 세관장에게 대통령령으로 정하는 바에 따라 담배소비세를 신고하고 납부하여야 한다. (2015. 12. 29. 개정)

⑥ 세관장은 「관세법」 제39조에 따라 관세를 부과고지할 때에 담배소비세를 함께 부과고지할 수 있다. (2015. 12. 29. 신설)

⑦ 제5항 및 제6항에 따라 담배소비세를 징수하는 세관장은 지방자치단체의 장의 위탁을 받아 담배소비세를 징수하는 것으로 보며, 세관장은 징수한 담배소비세를 다음 달 10일까지 세관 소재지를 관할하는 지방자치단체의 장에게 징수내역을 첨부하여 납입하여야 한다. 다만, 세관장은 「지방세기본법」 제2조 제28호에 따른 지방세통합정보통신망을 이용하여 같은 조 제30호에 따른 전자납부의 방법으로 징수할 수 있다. (2023. 12. 29. 단서개정)

⑧ 제5항 및 제6항에 따른 담배소비세의 징수에 관하여 이 법에 특별한 규정이 있는 경우를 제외하고는 「관세법」을 준용한다. (2015. 12. 29. 신설)

제61조【부족세액의 추징 및 가산세】(2013. 1. 1. 제목개정)

3. 지난해 전 시·군지역별로 소매인에게 실제로 팔린 외국산담배의 품종별 과세표준과 세율에 따라 산출한 총세액 (2019. 12. 31. 개정)

4. 다음 계산방식으로 각 시·군이 실제로 받을 세액 (2019. 12. 31. 개정)

$$
\text{해당 시·군이 실제로 받을 세액} = \text{제2호에 따른 총세액} \times \frac{\text{제1호에 따른 출세액}}{\text{제3호에 따른 총세액}}
$$

③ 제1항 제1호 및 제3호 또는 제2항 제1호 및 제3호에 따른 세액이 없어 제조자 또는 수입판매업자가 판매한 담배에 대한 시·군별 담배소비세액을 산출할 수 없거나 제68조 제2항 각 호 외의 부분 단서에 따라 시·군별, 품종별 수량을 장부에 적지 아니한 수입판매업자의 경우에는 전전 연도 1월부터 12월까지 각 시·군별로 징수된 담배소비세액(이하 제7항 및 제8항에서 “징수실적”이라 한다)의 비율에 따라 나눈다. (2019. 12. 31. 개정)

④ 법 제60조 제5항에 따라 담배소비세를 신고하고 납부하려는 자는 「관세법」 제96조 제2항에 따라 기획재정부령으로 정하는 신고서 또는 같은 법 제241조 제2항에 따라 기획재정부령이나 관세청장이 정하는 신고서에 담배의 품종·수량 등을 적어 세관장에게 신고하고, 「관세법 시행령」 제287조에 따라 관세청장이 정하는 납부서로 납부하여야 한다. (2015. 12. 31. 개정)

⑤ 법 제60조 제7항에 따라 세관장이 첨부하는 징수내역서에는 다음 각 호의 사항이 포함되어야 한다. (2015. 12. 31. 개정)

1. 납세의무자의 성명 (2015. 12. 31. 개정)

2. 과세대상 담배의 품종·수량·세율·세액 (2015. 12. 31. 개정)

3. 신고일 또는 부과일 및 납부일 (2015. 12. 31. 개정)

4. 체납 여부 (2015. 12. 31. 개정)

⑥ 제2항에 따라 수입판매업자가 신고 또는 납부하였거나 신고 또는 납부하여야 할 담배소비세에 대하여 착오 등이 있는지에 대한 조사는 주사무소 소재지를 관할하는 시·군의 세무공무원이 하고, 착오 등이 확인된 경우에는 해당 시장·군수에게 통보하여야 한다. (2010. 9. 20. 개정)

① 다음 각 호의 어느 하나에 해당하는 경우에는 그 산출세액 또는 부족세액의 100분의 10에 해당하는 가산세(제4호 또는 제5호의 경우에는 「지방세기본법」 제53조 또는 제54조에 따른 가산세를 말한다)를 징수하여야 할 세액에 가산하여 징수한다. 다만, 제4호 및 제5호의 경우로서 산출세액을 납부하지 아니하거나 산출세액보다 적게 납부하였을 때에는 「지방세기본법」 제55조에 따른 가산세를 추가로 가산하여 징수한다. (2016. 12. 27. 개정 ; 지방세기본법 부칙)

1. 삭 제 (2016. 12. 27.)
2. 제58조에 따른 사용계획서를 제출하지 아니한 경우 (2016. 12. 27. 개정)
3. 제59조에 따른 기장의무를 이행하지 아니하거나 거짓으로 기장한 경우 (2010. 3. 31. 개정)
4. 제60조에 따라 신고하지 아니하였거나 신고한 세액이 산출세액보다 적은 경우 (2010. 3. 31. 개정)
5. 제60조에 따른 지방자치단체별 담배에 대한 산출세액을 거짓으로 신고한 경우 (2020. 12. 29. 개정)

② 다음 각 호의 어느 하나에 해당하는 경우에는 그 산출세액 또는 부족세액의 100분의 30에 해당하는 금액을 징수하여야 할 세액에 가산하여 징수한다. (2010. 3. 31. 개정)

1. 제53조에 따라 반출된 담배를 해당 용도에 사용하지 아니하고 판매, 소비, 그 밖의 처분을 한 경우 (2020. 12. 29. 개정)
2. 제54조 제1항에 따라 담배소비세가 면제되는 담배를 같은 항 각 호의 구분에 따른 해당 용도에 사용하지 아니하고 판매, 소비, 그 밖의 처분을 한 경우 (2020. 12. 29. 개정)
3. 제조자 또는 수입판매업자가 제55조에 따른 신고를 하지 아니한 경우 (2010. 3. 31. 개정)
4. 부정한 방법으로 제63조에 따른 세액의 공제 또는 환급을 받은 경우 (2010. 3. 31. 개정)
5. 과세표준의 기초가 될 사실의 전부 또는 일부를 은폐하거나 위장한 경우 (2010. 3. 31. 개정)

③ 제1항 및 제2항의 산출세액 및 부족세액은 해당 행위에 의한 담배수량에 대하여 과세표준과 세율을 적용하여 산출한다. (2010. 3. 31. 개정)

⑦ 시·군의 경계가 변경되거나 폐지·설치·분리·병합이 있는 경우에는 다음 각 호의 구분에 따라 징수실적을 보정한다. (2013. 1. 1. 신설)

1. 시·군의 경계가 변경되는 구역[종전의 시·군(폐지되는 시·군을 포함한다)의 구역에서 신설되는 시·군 또는 다른 시·군에 편입되는 구역을 말한다. 이하 "변경구역"이라 한다]이 종전에 속하였던 시·군의 징수실적은 해당 시·군의 징수실적에서 변경구역의 징수실적을 차감한다. (2013. 1. 1. 신설)
2. 변경구역이 편입되어 새로 설치되는 시·군의 징수실적은 편입되는 변경구역의 징수실적을 합산한다. (2013. 1. 1. 신설)
3. 변경구역이 편입되어 존속하는 시·군의 징수실적은 해당 시·군의 징수실적에 편입되는 변경구역의 징수실적을 가산한다. (2013. 1. 1. 신설)

⑧ 변경구역의 징수실적은 매년 1월 1일 현재 「주민등록법」에 따른 주민등록표에 따라 조사한 인구 통계를 기준으로 하여 다음의 계산식에 따라 산출한다. (2013. 1. 1. 신설)

$$\text{변경구역의 징수실적} = \text{변경구역이 종전에 속하였던 시·군의 징수실적} \times \frac{\text{변경구역의 인구}}{\text{변경구역이 종전에 속하였던 시·군의 전체 인구}}$$

제62조【수시부과】① 지방자치단체의 장은 다음 각 호의 어느 하나에 해당하는 경우에는 제60조에도 불구하고 관계 증거자료에 따라 수시로 그 세액을 결정하여 부과·징수할 수 있다. (2010. 3. 31. 개정)
1. 제49조 제1항 및 제2항에 따른 납세의무자가 사업 부진이나 그 밖의 사유로 휴업 또는 폐업의 상태에 있는 경우 (2010. 3. 31. 개정)
2. 제61조에 따라 담배소비세를 징수하는 경우 (2010. 3. 31. 개정)
② 제49조 제4항 및 제5항의 경우에는 해당 사실이 발견되거나 확인되는 때에 그 세액을 결정하여 부과·징수한다. (2010. 3. 31. 개정)

제62조의 2【특별징수】① 제61조 제1항 제4호·제5호 또는 같은 조 제2항 제3호·제5호의 위반행위를 한 제조자 또는 수입판매업자에 대하여 세액을 부과·징수하는 경우에는 제62조 제1항 제2호에도 불구하고 해당 제조자 또는 수입판매업자의 주소지(법인의 경우에는 본점 또는 주사무소 소재지)를 관할하는 지방자치단체의 장이 대통령령으로 정하는 바에 따라 세액을 부과·징수하여야 한다. 이 경우 전단에 따른 지방자치단체의 장을 각 지방자치단체가 부과·징수할 담배소비세의 특별징수의무자(이하 이 조에서 "특별징수의무자"라 한다)로 한다. (2023. 12. 29. 신설)
② 특별징수의무자는 제1항 전단에 따라 징수한 담배소비세 및 그 이자를 다음 달 20일까지 대통령령으로 정하는 바에 따라 납세지를 관할하는 각 지방자치단체에 납입하여야 한다. 이 경우 특별징수의무자는 징수·납입에 따른 사무처리비 등을 행정안전부령으로 정하는 바에 따라 지방자치단체에 납입하여야 할 세액에서 공제할 수 있다. (2023. 12. 29. 신설)
③ 특별징수의무자가 징수하였거나 징수할 세액을 제2항에 따른 기한까지 납입하지 아니하거나 부족하게 납입하더라도 해당 특별징수의무자에게 「지방세기본법」 제56조에 따른 가산세를 부과하지 아니한다. (2023. 12. 29. 신설)
④ 제1항 전단에 따른 담배소비세의 부과·징수에 대하여 불복하려는 경우에는 특별징수의무자를 그 처분청으로 본다. (2023. 12. 29. 신설)

제63조【세액의 공제 및 환급】① 다음 각 호의 어느 하나에 해

편주 ▶ ··
법 62조의 2의 개정규정은 2024. 1. 1. 이후 발생하는 법 61조 1항 4호·5호 또는 같은 조 2항 3호·5호의 위반행위에 대하여 세액을 특별징수하는 경우부터 적용함. (법 부칙(2023. 12. 29.) 5조)
··
☞

제69조의 2【특별징수의무자의 납입과 안분기준 등】① 법 제62조의 2 제1항 후단에 따른 특별징수의무자(이하 이 조에서 "특별징수의무자"라 한다)는 같은 항 전단에 따라 세액을 부과·징수하는 경우 납세지를 관할하는 각 지방자치단체의 장에게 세액을 부과·징수한다는 사실을 통보해야 한다. (2024. 3. 26. 신설)
② 특별징수의무자는 법 제62조의 2 제2항 전단에 따라 징수한 담배소비세 및 그 이자에서 같은 항 후단에 따른 사무처리비 등을 공제한 금액을 제69조 제1항 각 호, 같은 조 제2항 각 호 및 같은 조 제3항의 기준에 따라 납세지를 관할하는 각 지방자치단체에 안분하여 납입해야 한다. (2024. 3. 26. 신설)
③ 특별징수의무자는 제2항에 따른 금액을 납세지를 관할하는 각 지방자치단체에 안분하여 납입한 경우 행정안전부령으로 정하는 담배소비세 납입명세서 및 사무처리비 등 공제명세서를 납세지를 관할하는 각 지방자치단체의 장에게 통보해야 한다. (2024. 3. 26. 신설)

제70조【세액의 공제·환급의 대상 및 범위】① 법 제63조 제1

제30조【사무처리비 등】① 법 제62조의 2 제2항 후단에 따라 공제할 수 있는 사무처리비 등은 다음 각 호의 구분에 따른 금액 또는 비용으로 한다. (2024. 3. 26. 신설)
1. 사무처리비 : 법 제62조의 2 제1항 전단에 따라 징수한 담배소비세 징수세액의 1만분의 5에 해당하는 금액 (2024. 3. 26. 신설)
2. 그 밖의 비용 : 법 제62조의 2 제1항 후단에 따른 특별징수의무자가 같은 항 전단에 따른 세액의 부과·징수에 관한 소송으로 인하여 지출한 비용으로서 행정안전부장관이 정하는 비용(「법인세법」 제121조, 「부가가치세법」 제32조·제36조 또는 「소득세법」 제163조에 따른 계산서·세금계산서 또는 영수증 등으로 그 지출사실이 객관적으로 증명되는 경우로 한정한다) (2024. 3. 26. 신설)
② 영 제69조의 2 제3항에 따른 담배소비세 납입명세서 및 사무처리비 등 공제명세서 통보는 별지 제29호 서식에 따른다. (2024. 3. 26. 신설)

당하는 경우에는 세액을 공제하거나 환급한다. 다만, 납세의무자가 이미 납부하였거나 납부하여야 할 가산세는 공제하거나 환급하지 아니한다. (2023. 3. 14. 단서신설)

편주 ▶
법 63조 1항 각 호 외의 부분 단서의 개정규정은 2023. 3. 14. 전에 납세의무자가 납부하였거나 납부하여야 할 가산세에 대해서도 적용함. (법 부칙 (2023. 3. 14.) 5조)

1. 제조장 또는 보세구역에서 반출된 담배가 천재지변이나 그 밖의 부득이한 사유로 멸실되거나 훼손된 경우 (2010. 3. 31. 개정)
2. 제조장 또는 보세구역에서 반출된 담배가 포장 또는 품질의 불량, 판매부진, 그 밖의 부득이한 사유로 제조장 또는 수입판매업자의 담배보관 장소로 반입된 경우 또는 같은 사유로 제조장 또는 수입판매업자의 담배보관 장소로 반입되지 않고 대통령령으로 정하는 바에 따라 폐기된 경우 (2024. 12. 31. 개정)
3. 이미 신고납부한 세액이 초과 납부된 경우 (2010. 3. 31. 개정)
4. 제64조 제4항에 따라 보세구역으로부터 반출하기 전에 담배소비세를 미리 신고납부한 이후 멸실, 훼손 또는 폐기 등의 사유로 담배를 보세구역으로부터 반출하지 못하게 된 경우 (2016. 12. 27. 신설)
② 제1항에 따른 공제·환급의 대상 및 범위에 관하여는 대통령령으로 정한다. (2010. 3. 31. 개정)
③ 제1항 제2호에 따라 반입된 담배에 대해서는 그 반입장소를 제조장 또는 보세구역으로 보고, 반입자를 제조자 또는 수입판매업자로 보아 담배소비세의 부과 또는 면제에 관한 규정을 적용한다. (2023. 3. 14. 신설)

운영예규 법63-1【제조담배의 포장 또는 품질불량의 판단 및 처리】
1. 제조담배의 포장 또는 품질불량 여부를 확인할 때 궐련은 "갑" 단위로, 기타 담배는 "최소포장" 단위로 하여야 한다.
2. 제조담배가 물리적으로 손상된 경우에는 사유발생지역의 시장·군수의 확인을

항 각 호에 해당하는 사유로 세액의 공제 또는 환급을 받으려는 자는 행정안전부령으로 정하는 신청서에 해당 사유의 발생 사실을 증명하는 서류를 첨부하고 사유 발생지역을 관할하는 시장·군수에게 제출하여 공제 또는 환급증명을 발급받아야 한다. (2017. 7. 26. 직제개정 ; 행정안전부와~직제 부칙)
② 제1항에 따른 공제 및 환급증명을 받은 제조자 및 수입판매업자는 다음 달 세액신고 시 납부하여야 할 세액에서 공제받도록 하되, 폐업이나 그 밖의 사유로 다음 달에 신고·납부할 세액이 없는 경우에는 행정안전부령으로 정하는 바에 따라 환급을 신청한다. (2017. 7. 26. 직제개정 ; 행정안전부와~직제 부칙)

제70조의 2【세액의 공제·환급의 사후관리】① 제조자 또는 수입판매업자가 법 제63조 제1항 제1호 또는 제2호의 사유로 반입된 담배를 폐기하는 경우에는 폐기하려는 날의 3일 전까지 행정안전부령으로 정하는 신고서에 다음 각 호의 사항을 기재하여 제조장 또는 수입판매업자의 담배보관장소(이 조에서 "보관장소"라 한다)와 폐기장소의 소재지를 관할하는 시장·군수에게 각각 제출하여야 한다. (2017. 7. 26. 직제개정 ; 행정안전부와~직제 부칙)
1. 제조자 또는 수입판매업자의 명칭 또는 상호와 주소 (2015. 12. 31. 신설)
2. 폐기대상 담배의 품종별 수량 (2015. 12. 31. 신설)
3. 폐기장소 및 폐기예정일 (2015. 12. 31. 신설)
4. 법 제63조 제1항 제1호 또는 제2호에 따른 반입일 (2015. 12. 31. 신설)
② 제조자 또는 수입판매업자는 법 제63조 제1항 제2호의 사유로 보관장소로 반입되지 않은 담배를 폐기하는 경우에는 폐기하려는 날의 3일 전까지 행정안전부령으로 정하는 신고서에 제1항 제1호부터 제3호까지의 규정에 따른 사항을 기재하여 사유 발생지역과 폐기장소의 소재지를 관할하는 시장·군수에게 각각 제출하여야 한다. (2024. 12. 31. 신설)
③ 제조자와 수입판매업자는 담배의 폐기를 종료한 날이 속하는 달의 다음 달 말일까지 행정안전부령으로 정하는 확인서에 다음 각 호의 사항을 기재하여 보관장소를 관할하는 시장·군수(제2항에 따라 폐기하는 경우

제31조【세액의 공제·환급증명의 발급 신청】① 영 제70조 제1항에 따른 담배소비세액의 공제·환급증명 발급신청서 및 공제·환급증명서는 각각 별지 제30호 서식에 따른다. (2019. 12. 31. 개정)
② 제1항에 따른 담배소비세액 공제·환급증명서를 발급한 시장·군수는 주사무소 소재지를 관할하는 시장·군수에게 지방세종합정보통신망을 통하여 담배소비세액 공제·환급증명서의 발급 사실을 통보해야 한다. (2024. 3. 26. 신설)
③ 제조자 및 수입판매업자는 영 제70조 제1항에 따라 사유발생지역을 관할하는 시장·군수로부터 발급받은 담배소비세액 공제·환급증명서 전체를 일괄하여 증명할 수 있는 서류를 발급받으려는 경우에는 주사무소 소재지를 관할하는 시장·군수에게 담배소비세액 공제·환급증명서 총괄표의 발급을 신청하고, 담배소비세액 공제·환급증명서 총괄표를 발급받을 수 있다. 이 경우 담배소비세액 공제·환급증명 총괄표 신청서 및 담배소비세액 공제·환급증명서 총괄표는 별지 제30호의 2 서식에 따른다. (2024. 3. 26. 신설)
④ 제조자 및 수입판매업자는 영 제70조 제2항에 따라 세액을 환급받으려면 별지 제31호 서식의 담배소비세액 환급신청서에 별지 제30호 서식의 담배소비세액 공제·환급증명서 또는 별지 제30호의 2 서식의 담배소비세액 공제·환급증명서 총괄표를 첨부하여 주사무소 소재지를 관할하는 시장·군수에게 제출해야 한다. (2024.

받아야 하나, 화학적으로 변질되어 육안으로 식별이 불가능한 때에는 전문기관에 의뢰하여 검정을 받아 사유발생지역의 시장·군수에게 신고하여 손상물량을 확정받은 후 규칙 제31조의 규정에 의거 처리하여야 한다.

제64조【납세담보】① 제조자 또는 수입판매업자의 주사무소 소재지를 관할하는 지방자치단체의 장은 담배소비세의 납세보전을 위하여 대통령령으로 정하는 바에 따라 제조자 또는 수입판매업자에게 담보의 제공을 요구할 수 있다. (2010. 3. 31. 개정)
② 지방자치단체의 장은 제1항에 따라 담보제공을 요구받은 제조자 또는 수입판매업자가 담보를 제공하지 아니하거나 부족하게 제공한 경우 담배의 반출을 금지하거나 세관장에게 반출금지를 요구할 수 있다. (2010. 3. 31. 개정)
③ 제2항에 따라 담배의 반출금지 요구를 받은 세관장은 요구에 따라야 한다. (2010. 3. 31. 개정)
④ 제1항에 따라 담보제공을 요구받은 수입판매업자는 제60조 제2항에도 불구하고 보세구역으로부터 담배를 반출하기 전에 미리 담배소비세를 신고납부하여 담보를 제공하지 아니할 수 있다. 이 경우「지방세기본법」제34조 제1항 제4호에도 불구하고 담배소비세를 신고하는 때 납세의무가 성립한다. (2016. 12. 27. 신설)

는 제외한다)와 세액의 공제 또는 환급을 받았거나 받을 시장·군수에게 각각 제출하여야 한다. (2024. 12. 31. 개정)

편주 ▶
영 70조의 2 제2항의 개정규정은 2024. 3. 26. 전에 담배를 폐기하였으나 종전의 70조의 2 제2항에 따른 기간이 경과하지 않은 경우에도 적용함. (영 부칙(2024. 3. 26.) 4조)

1. 제1항 제1호부터 제4호까지의 규정에 따른 사항(제2항에 따라 폐기하는 경우에는 제1항 제4호의 규정에 따른 사항은 제외한다) (2024. 12. 31. 개정)
2. 폐기업체의 명칭 또는 상호와 주소 (2015. 12. 31. 신설)

제71조【납세 담보】① 법 제64조에 따라 제조자 또는 수입판매업자로부터 제공받을 수 있는 납세 담보액은 다음 각 호에서 정하는 금액 이상으로 한다. (2010. 9. 20. 개정)
1. 제조자 : 제조장에서 반출한 담배에 대한 산출세액과 제조장에서 반출하는 담배에 대한 산출세액의 합계액에서 이미 납부한 세액의 합계액을 뺀 세액에 해당하는 금액 (2010. 9. 20. 개정)
2. 수입판매업자 : 수입신고를 받은 담배에 대한 산출세액과 수입신고를 받는 담배에 대한 산출세액의 합계액에서 이미 납부한 세액의 합계액을 뺀 세액에 해당하는 금액 (2013. 1. 1. 개정)
② 수입판매업자가 수입한 담배를 통관할 때에는 행정안전부령으로 정하는 바에 따라 주사무소 소재지 관할 시장·군수가 발행한 납세담보확인서 또는 납부영수증을 통관지 세관장에게 제출하여야 하며, 세관장은 납세담보확인서에 적힌 담보물량 또는 납부영수증에 적힌 반출물량의 범위에서 통관을 허용하여야 한다. 다만,「전자정부법」제36조 제1항에 따른 행정정보의 공동이용을 통하여 제출서류에 대한 정보를 확인할 수 있는 경우에는 그 확인으로 서류제출을 갈음할 수 있다. (2017. 7. 26. 직제개정 ; 행정안전부와~직제 부칙)
③ 제조자 또는 수입판매업자의 주사무소 소재지를 관할하는 지방자치단체의 장은 제1항에도 불구하고 담배를 제조장 또는 보세구역에서 반

3. 26. 개정)
⑤ 제4항에 따라 환급신청서를 제출받은 시장·군수는 모든 시장·군수에게 환급신청을 받은 사실을 통보해야 하며, 해당 통보를 받은 시장·군수는 환급신청을 받은 시장·군수에게 해당 시·군이 받은 세액 중 환급해야 하는 세액을 즉시 납입해야 한다. (2024. 3. 26. 개정)

제31조의 2【담배의 폐기 신고】영 제70조의 2 제1항 각 호 외의 부분 및 같은 조 제2항에서 "행정안전부령으로 정하는 신고서"와 같은 조 제3항 각 호 외의 부분에서 "행정안전부령으로 정하는 확인서"란 별지 제31호의 2 서식의 담배 폐기 신고서 및 담배 폐기 확인서를 말한다. (2024. 12. 31. 개정)

제32조【납세담보확인서】영 제71조 제2항 본문에 따른 담배소비세의 납세담보확인서의 발급 신청은 별지 제32호 서식에 따르고, 담배소비세의 납세담보확인서는 별지 제33호 서식에 따른다. (2010. 12. 23. 개정)

출한 날부터 3년간 담배소비세를 체납하거나 고의로 회피한 사실이 없는 제조자 또는 담배수입업자에 대하여 조례로 정하는 바에 따라 납세담보금액을 감면할 수 있다. (2014. 8. 12. 신설)

제72조【담보에 의한 담배소비세 충당】 법 제64조 제1항에 따라 담보를 제공한 자가 기한 내에 담배소비세를 납부하지 아니하거나 부족하게 납부하였을 때에는 그 담보물을 체납처분비 및 담배소비세액에 충당할 수 있다. 이 경우 부족액이 있으면 징수하며, 잔액이 있으면 환급한다. (2024. 3. 26. 개정)

제 6 장   지방소비세 (2010. 3. 31. 개정)

제65조【과세대상】 지방소비세의 과세대상은 「부가가치세법」 제4조를 준용한다. (2013. 6. 7. 개정 ; 부가가치세법 부칙)

제66조【납세의무자】 지방소비세는 제65조에 따른 재화와 용역을 소비하는 자의 주소지 또는 소재지를 관할하는 특별시·광역시·특별자치시·도 또는 특별자치도에서 「부가가치세법」 제3조에 따라 부가가치세를 납부할 의무가 있는 자에게 부과한다. (2016. 12. 27. 개정)

제67조【납세지】 지방소비세의 납세지는 「부가가치세법」 제6조에 따른 납세지로 한다. (2013. 6. 7. 개정 ; 부가가치세법 부칙)

제68조【특별징수의무자】 제67조에 따른 납세지를 관할하는 세무서장 또는 「부가가치세법」 제58조 제2항에 따라 재화의 수입에 대한 부가가치세를 징수하는 세관장을 지방소비세의 특별징수의무자로 한다. (2013. 6. 7. 개정 ; 부가가치세법 부칙)

제69조【과세표준 및 세액】 ① 지방소비세의 과세표준은 「부가가치세법」에 따른 부가가치세의 납부세액에서 「부가가치세법」 및 다른 법률에 따라 부가가치세의 감면세액 및 공제세액을 빼고 가산세를

제 6 장   지방소비세 (2010. 9. 20. 개정)

제 6 장   지방소비세
(2010. 12. 23. 개정)

더하여 계산한 세액으로 한다. (2010. 3. 31. 개정)
② 지방소비세의 세액은 제1항의 과세표준에 1천분의 253을 적용하여 계산한 금액으로 한다. (2021. 12. 7. 개정)

제70조【신고 및 납부 등】① 지방소비세와 부가가치세를 신고·납부·경정 및 환급할 경우에는 제69조 제2항에도 불구하고 같은 항에 따른 지방소비세와 「부가가치세법」 제72조에 따른 부가가치세가 합쳐진 금액으로 신고·납부·경정 및 환급하여야 한다. (2013. 6. 7. 개정 ; 부가가치세법 부칙)
② 「부가가치세법」 제48조부터 제50조까지, 제52조, 제66조 및 제67조에 따라 부가가치세를 신고·납부한 경우에는 지방소비세도 신고·납부한 것으로 본다. (2013. 6. 7. 개정 ; 부가가치세법 부칙)

제71조【납 입】① 특별징수의무자는 징수한 지방소비세를 다음 달 20일까지 관할구역의 인구 또는 납입관리의 효율성과 전문성 등을 고려하여 대통령령으로 정하는 특별시장·광역시장·특별자치시장·도지사·특별자치도지사 또는 「지방세기본법」 제151조의 2에 따라 설립된 지방자치단체조합의 장 중에서 행정안전부장관이 지정하는 자(이하 “납입관리자”라 한다)에게 행정안전부령으로 정하는 징수명세서와 함께 납입하여야 한다. (2020. 12. 29. 개정)
② 제1항의 특별징수의무자가 징수하였거나 징수할 세액을 같은 항에 따른 기한까지 납입하지 아니하거나 부족하게 납입하더라도 특별징수의무자에게 「지방세기본법」 제56조에 따른 가산세는 부과하지 아니한다. (2016. 12. 27. 개정 ; 지방세기본법 부칙)
③ 납입관리자는 제1항에 따라 납입된 지방소비세를 다음 각 호에 따라 대통령령으로 정하는 기간 이내에 납입하여야 한다. (2019. 12. 31. 개정)
1. 제69조 제2항에 따라 계산한 세액의 253분의 50에 해당하는 부분은 지역별 소비지출 등을 고려하여 대통령령으로 정하는 바에 따라 특별시장·광역시장·특별자치시장·도지사 및 특별자치도지사에게 안분하여 납입한다. (2021. 12. 7. 개정)
2. 제69조 제2항에 따라 계산한 세액의 253분의 60에 해당하는 부분은 법률 제12118호 지방세법 일부개정법률 제11조 제1항 제8호의 개

제73조【납입관리자】법 제71조 제1항에서 “대통령령으로 정하는 특별시장·광역시장·특별자치시장·도지사 또는 특별자치도지사”란 인구대비 지방소비세 비율 등을 고려하여 행정안전부장관이 지정하는 특별시장·광역시장·특별자치시장·도지사 또는 특별자치도지사를 말한다. (2021. 12. 31. 개정)

제74조【특별징수의무자의 납입】법 제71조 제1항에 따라 특별징수의무자가 징수한 지방소비세를 납입하는 경우 납입업무의 효율적 처리를 위하여 국세청장을 통하여 법 제71조 제1항에 따른 납입관리자(이하 “납입관리자”라 한다)에게 일괄 납입할 수 있다. (2021. 12. 31. 개정)

운영예규 법71…시행령74 - 1【일괄 납입】
「지방세법 시행령」 제74조에서 규정하고 있는 「일괄 납입」이란 각 세무서장 또는 세관장이 납입할 지방소비세를 국세청장이 납입관리자에게 일괄 정산한 후 납입하는 것을 말한다.

제75조【지방소비세액의 안분기준 등】(2019. 12. 31. 제목개정)
① 이 조에서 사용하는 용어의 뜻은 다음과 같다. (2021. 12. 31. 개정)
1. “소비지수”란 「통계법」 제17조에 따라 통계청에서 확정·발표하는 민간최종소비지출(매년 1월 1일 현재 발표된 것을 말하며, 이하 이

제33조【특별징수의무자의 납입】법 제71조 제1항에 따른 지방소비세의 징수명세서는 별지 제34호 서식에 따른다. (2010. 12. 23. 개정)

제33조의 2【안분기준 통보】(2021. 12. 31. 조번개정)
① 행정안전부장관은 영 제75조 제1항 제1호에 따른 특별시·광역시·특별자치

정규정에 따라 감소되는 취득세, 지방교육세, 지방교부세, 지방교육재정교부금 등을 보전하기 위하여 대통령령으로 정하는 바에 따라 지방자치단체의 장과 특별시·광역시·특별자치시·도 및 특별자치도의 교육감에게 안분하여 납입한다. (2021. 12. 7. 개정)
3. 제69조 제2항에 따라 계산한 세액의 253분의 100에 해당하는 부분은 다음 각 목의 구분에 따라 납입한다. (2021. 12. 7. 개정)
  가. 납입관리자는 국가에서 지방으로 전환되는 지역균형발전특별회계 사업 등(이하 "전환사업"이라 한다)의 비용을 보전하기 위하여 대통령령으로 정하는 금액을 「지방자치단체 기금관리기본법」 제17조 제2항에 따라 설립된 조합의 장(이하 "조합의 장"이라 한다)에게 납입한다. 이 경우 조합의 장은 납입 받은 세액을 같은 법 제18조 제1항 제5호에 따라 지방자치단체의 장에게 안분하여 배분한다. (2023. 6. 9. 개정 ; 지방자치분권~부칙)

편주 ▶
법 71조 3항 3호 가목 및 나목의 개정규정은 2020. 1. 1.부터 2026. 12. 31.까지 효력을 가짐. (법 부칙(2019. 12. 31.) 2조) (2021. 12. 7. 개정)

  나. 가목에 따라 시·도 전환사업을 보전함으로써 감소하는 「지방재정법」 제29조에 따른 시·군 조정교부금, 같은 법 제29조의2에 따른 자치구 조정교부금, 「지방교육재정교부금법」 제11조 제2항 및 「세종특별자치시 설치 등에 관한 특별법」 제14조 제5항에 따른 시·도 교육비특별회계 전출금을 보전하기 위하여 대통령령으로 정하는 바에 따라 지방자치단체의 장과 특별시·광역시·특별자치시·도 및 특별자치도의 교육감에게 안분하여 납입한다. (2019. 12. 31. 개정)
  다. 가목 및 나목에 따라 납입한 부분을 제외한 세액은 지역별 소비지출 등을 고려하여 대통령령으로 정하는 바에 따라 특별시장·광역시장·특별자치시장·도지사 및 특별자치도지사에게 안분하여 납입한다. (2019. 12. 31. 개정)
4. 제69조 제2항에 따라 계산한 세액의 253분의 43에 해당하는 부분은 다음 각 목의 구분에 따라 납입한다. (2021. 12. 7. 신설)

조에서 "민간최종소비지출"이라 한다)을 백분율로 환산한 각 시·도별 지수를 말한다. (2021. 12. 31. 개정)
2. "가중치"란 지역 간 재정격차를 해소하기 위하여 소비지수에 적용하는 지역별 가중치로서 「수도권정비계획법」에 따른 수도권은 100분의 100을, 수도권 외의 광역시는 100분의 200을, 특별자치시·수도권 외의 도와 특별자치도는 100분의 300을 말한다. (2021. 12. 31. 개정)
3. "해당 시·도의 취득세 감소분의 보전비율"이란 해당 시·도의 주택 유상거래별 취득세 감소분의 총합계액이 전국의 주택 유상거래별 취득세 감소분의 총합계액에서 차지하는 비율을 말한다. (2021. 12. 31. 개정)
4. "인구"란 매년 1월 1일 현재 「주민등록법」에 따른 주민등록표에 따라 조사한 인구 통계를 말한다. (2021. 12. 31. 개정)
5. "재정자주도"란 다음의 계산식에 따라 산출한 비율로 매년 1월 1일 현재 행정안전부장관이 확정·발표하는 것을 말한다. (2023. 3. 14. 개정)

$$재정자주도(\%) = \frac{A + B}{C} \times 100$$

  A: 전전년도 결산자료에 따른 자체수입(지방세 및 지방세외수입의 합계액을 말한다)
  B: 전전년도 결산자료에 따른 자주재원(지방교부세와 조정교부금의 합계액을 말한다)
  C: 전전년도 결산자료에 따른 일반회계 세입결산 규모

6. "역재정자주도"란 다음의 계산식에 따라 산출한 비율을 말한다. (2021. 12. 31. 개정)

$$역재정자주도(\%) = 100\% - 재정자주도(\%)$$

② 법 제71조에 따라 납입된 지방소비세는 다음 각 호의 구분에 따라 안분한다. 다만, 제2호 가목에 따라 산출한 해당 특별시·광역시·특별자치시·도 또는 특별자치도(이하 이 조, 제76조 및 제77조에서 "시·도"라 한다)의 안분액 합계액의 100분의 2에 해당하는 금액은 사

시·도 또는 특별자치도(이하 이 조에서 "시·도"라 한다)별 소비지수를 매년 1월 31일까지 별지 제35호 서식에 따라 각 특별시장·광역시장·특별자치시장·도지사 또는 특별자치도지사(이하 이 조에서 "시·도지사"라 한다)에게 통보해야 한다. (2021. 12. 31. 개정)
② 교육부장관은 영 제75조 제7항에 따라 시·도 교육청별 보통교부금 배분비율을 매년 1월 31일까지 별지 제35호의 2 서식에 따라 행정안전부장관, 시·도지사 및 시·도의 교육감에게 통보해야 한다. (2021. 12. 31. 개정)
③ 행정안전부장관은 영 제75조 제8항에 따른 시·군·구의 안분비율과 주택 유상거래별 취득세 감소분의 보전비율을 매년 1월 31일까지 각각 별지 제35호의 3 서식 및 별지 제35호의 4 서식에 따라 시장·군수·구청장과 시·도지사 및 시·도교육감에게 통보해야 한다. (2021. 12. 31. 개정)

제34조 【취득세 감소분 산정기간 및 방법 등】 (2021. 12. 31. 조변개정)
① 영 제75조 제2항 각 호 외의 부분 단서에 따른 사회복지수요 등을 고려하여 취득

가. 납입관리자는 전환사업의 비용을 보전하기 위하여 대통령령으로 정하는 금액을 조합의 장에게 납입한다. 이 경우 조합의 장은 납입 받은 세액을 「지방자치단체 기금관리기본법」 제18조 제1항 제5호에 따라 지방자치단체의 장에게 안분하여 배분한다. (2021. 12. 7. 신설)

▶편주◀ ··
법 71조 3항 4호 가목 및 나목의 개정규정은 2022. 1. 1.부터 2026. 12. 31.까지 효력을 가짐. (법 부칙(2021. 12. 7.) 2조)
··

나. 가목에 따라 보전하는 시·도 전환사업의 총비용에 해당하는 금액을 제3항 제1호에 따라 안분하여 산정한 「지방재정법」 제29조에 따른 시·군 조정교부금(세종특별자치시와 제주특별자치도의 경우에는 대통령령으로 정하는 금액을 말한다), 같은 법 제29조의 2에 따른 자치구 조정교부금, 「지방교육재정교부금법」 제11조 제2항 및 「세종특별자치시 설치 등에 관한 특별법」 제14조 제5항에 따른 시·도 교육비특별회계 전출금을 보전하기 위하여 대통령령으로 정하는 바에 따라 지방자치단체의 장과 특별시·광역시·특별자치시·도 및 특별자치도의 교육감에게 안분하여 납입한다. (2021. 12. 7. 신설)

다. 가목 및 나목에 따라 납입한 부분을 제외한 세액의 100분의 60은 지역별 소비지출 등을 고려하여 대통령령으로 정하는 바에 따라 특별시장·광역시장·특별자치시장·도지사 및 특별자치도지사에게 안분하여 납입하고, 나머지 100분의 40은 지역별 소비지출·인구 등을 고려하여 대통령령으로 정하는 바에 따라 특별자치시장·특별자치도지사·시장·군수 및 구청장에게 안분하여 납입한다. (2021. 12. 7. 신설)

④ 특별징수의무자는 제70조 제1항에 따라 지방소비세를 환급하는 경우에는 납입관리자에게 납입하여야 할 금액에서 환급금 중 지방소비세에 해당하는 금액(이하 이 항에서 "지방소비세환급금"이라 한다)을 공제한다. 다만, 지방소비세환급금이 납입하여야 할 금액을 초과하는 경우에는 초과된 지방소비세환급금은 그 다음 달로 이월한다. (2013. 1.

회복지수요 등을 고려하여 행정안전부령으로 정하는 바에 따라 그 안분액을 달리 산출할 수 있다. (2021. 12. 31. 개정)

1. 법 제71조 제3항 제1호에 해당하는 안분액 : 다음의 계산식에 따라 산출한 금액 (2019. 12. 31. 개정)

$$\text{해당 시·도의 안분액} = \text{지방소비세의 과세표준} \times 5\% \times \frac{\text{해당 시·도의 소비지수} \times \text{해당 시·도의 가중치}}{\text{각 시·도별 소비지수와 가중치를 곱한 값의 전국 합계액}}$$

2. 법 제71조 제3항 제2호에 해당하는 안분액 : 다음 각 목의 계산식에 따라 산출한 금액 (2019. 12. 31. 개정)

가. 취득세의 보전에 충당하는 안분액 계산식 (2019. 12. 31. 개정)

$$\text{해당 시·도의 안분액} = \{[A - (A \times B) - (A \times C)] - D\} \times E$$

A : 지방소비세의 과세표준 × 6%

B : 법 제71조 제3항 제2호에 따라 감소되는 지방교부세액의 비율(19.24%)

C : 법 제71조 제3항 제2호에 따라 감소되는 지방교육재정교부금액의 비율(20.27%)

D : 법 제71조 제3항 제2호에 따라 감소되는 지방교육세{[A − (A×B) − (A×C)]÷11}

E : 해당 시·도의 취득세 감소분의 보전비율

나. 지방교육세의 보전에 충당하는 안분액 계산식 (2016. 12. 30. 개정)

$$\text{해당 시·도의 안분액} = \text{가목에 따라 산출한 금액} \times 10\%$$

다. 지방교부세의 보전에 충당하는 안분액 계산식 (2019. 12. 31. 개정)

$$\text{해당 지방자치단체의 안분액} = (A \times B) \times C$$

A : 지방소비세의 과세표준 × 6%

B : 법 제71조 제3항 제2호에 따라 감소되는 지방교부세액의 비

세의 보전에 충당하는 안분액은 다음 계산식에 따라 산출한다. (2021. 12. 31. 개정)

$$\text{해당 시·도의 안분액} = \{[A \times (1 - B - C)] - D\} \times 2/100 \times E$$

A : 지방소비세의 과세표준 × 6%

B : 법 제71조 제3항 제2호에 따라 감소되는 지방교부세액의 비율(19.24%)

C : 법 제69조 제2항에 따라 감소되는 지방교육재정교부금액의 비율(20.27%)

D : 법 제69조 제2항에 따라 감소되는 지방교육세{[A×(1 − B − C)]÷11}

E : 매년 1월 1일 현재 「주민등록법」에 따른 인구통계를 기준으로 해당 시·도의 5세 이하의 인구 및 65세 이상의 인구가 전국에서 차지하는 비율

② 영 제75조 제6항에 따른 주택 유상거래별 취득세 감소분을 산출하는데 필요한 기간 및 방법 등은 별표 3과 같다. (2016. 12. 30. 개정)

1. 항번개정)

  제72조【부과·징수 등의 특례】 지방소비세의 부과·징수 및 불복절차 등에 관하여는 국세의 예를 따른다. 이 경우 제68조에 따른 특별징수의무자를 그 처분청으로 본다. (2010. 3. 31. 개정)

  제73조【「부가가치세법」의 준용】 지방소비세와 관련하여 이 장에 규정되어 있지 아니한 사항에 관하여는 「부가가치세법」을 준용한다. (2010. 3. 31. 개정)

율(19.24%)

C : 해당 지방자치단체의 해당 연도 보통교부세 배분비율

라. 지방교육재정교부금의 보전에 충당하는 안분액 계산식 (2019. 12. 31. 개정)

> 해당 시·도 교육청의 안분액 = (A × B) × C − D
>
> A : 지방소비세의 과세표준 × 6%
> B : 법 제71조 제3항 제2호에 따라 감소되는 지방교육재정교부금액의 비율(20.27%)
> C : 교육부장관이 정하는 해당 시·도 교육청의 보통교부금 배분비율
> D : 지방교육재정교부금 보전에 충당되는 부분에서 공제되어 해당 시·도에 충당되는 안분액

마. 지방교육재정교부금 보전에 충당되는 부분에서 공제되어 해당 시·도에 충당되는 안분액 계산식 (2021. 12. 31. 개정)

> 해당 시·도의 안분액 = (A + B) × C
>
> A : 나목에 따른 시·도별 지방교육세 보전금액
> B : 다목에 따른 시·도별 지방교부세 보전금액
> C : 「지방교육재정교부금법」 제11조 제2항 제3호 및 「세종특별자치시 설치 등에 관한 특별법」 제14조 제5항에 따른 전입비율(3.6%~10%)

3. 법 제71조 제3항 제3호 가목에 해당하는 안분액: 3조 5천680억 6천230만원 (2019. 12. 31. 신설)

4. 법 제71조 제3항 제3호 나목에 해당하는 안분액: 다음 각 목의 구분에 따른 금액 (2019. 12. 31. 신설)

  가. 각 시·군·구의 안분액: 별표 2에 따른 금액 (2019. 12. 31. 신설)

  나. 각 시·도 교육청의 안분액: 별표 3에 따른 금액 (2019. 12. 31. 신설)

$$\text{해당 시 · 도의 안분액} = \left[(\text{지방소비세의 과세표준} \times 4.3\%) - (\text{제6호의 금액} + \text{제7호 각 목의 금액의 합})\right] \times 60\% \times \frac{\text{해당 시 · 도의 소비지수} \times \text{해당 시 · 도의 가중치}}{\text{각 시 · 도별 소비지수와 가중치를 곱한 값의 전국 합계액}}$$

(2021. 12. 31. 신설)

나. 시 · 군 · 구의 안분액 : 다음의 구분에 따른 계산식에 따라 산출한 금액. 다만, 세종특별자치시와 제주특별자치도는 A에 해당하는 금액으로 한다. (2021. 12. 31. 신설)

1) 2022년 1월 1일부터 2022년 12월 31일까지 :

$$\text{해당 시 · 군 · 구의 안분액} = A \times B$$

A : 해당 시 · 군 · 구가 속한 시 · 도의 할당액

$$\left[(\text{지방소비세의 과세표준} \times 2.7\%) - (\text{제6호의 금액} + \text{제7호 각 목의 금액의 합})\right] \times 40\% \times \frac{\text{해당 시 · 도의 소비지수} \times \text{해당 시 · 도의 가중치}}{\text{각 시 · 도별 소비지수와 가중치를 곱한 값의 전국 합계액}}$$

B : 해당 시 · 군 · 구의 안분비율

$$\left[(\text{해당 시 · 군 · 구 인구} \div \text{해당 시 · 군 · 구가 속한 시 · 도 내 시 · 군 · 구 인구의 합}) + (\text{해당 시 · 군 · 구의 역재정자주도} \div \text{해당 시 · 군 · 구가 속한 시 · 도 내 시 · 군 · 구의 역재정자주도의 합})\right] \times \frac{1}{2}$$

(2021. 12. 31. 신설)

2) 2023년 1월 1일부터 :

☞ p.3981 2단 연결

5. 법 제71조 제3항 제3호 다목에 해당하는 안분액 : 다음의 계산식에 따라 산출한 금액 (2021. 12. 31. 개정)

$$\text{해당 시 · 도의 안분액} = \left[(\text{지방 소비세의 과세표준} \times 10\%) - (\text{제3호의 금액} + \text{제4호 각 목의 금액의 합})\right] \times \frac{\text{해당 시 · 도의 소비지수} \times \text{해당 시 · 도의 가중치}}{\text{각 시 · 도별 소비지수와 가중치를 곱한 값의 전국 합계액}}$$

6. 법 제71조 제3항 제4호 가목에 해당하는 안분액 : 2조 2,521억 1,681만 1천원 (2021. 12. 31. 신설)

7. 법 제71조 제3항 제4호 나목에 해당하는 안분액 : 다음 각 목의 구분에 따른 금액 (2021. 12. 31. 신설)

가. 각 시 · 군 · 구의 안분액 : 별표 4에서 정하는 금액 (2021. 12. 31. 신설)

나. 각 시 · 도 교육청의 안분액 : 별표 5에서 정하는 금액 (2021. 12. 31. 신설)

8. 법 제71조 제3항 제4호 다목에 해당하는 안분액 : 다음 각 목의 구분에 따른 금액 (2021. 12. 31. 신설)

가. 각 시 · 도의 안분액 : 다음의 구분에 따른 계산식에 따라 산출한 금액 (2021. 12. 31. 신설)

1) 2022년 1월 1일부터 2022년 12월 31일까지 :

$$\text{해당 시 · 도의 안분액} = \left[(\text{지방소비세의 과세표준} \times 2.7\%) - (\text{제6호의 금액} + \text{제7호 각 목의 금액의 합})\right] \times 60\% \times \frac{\text{해당 시 · 도의 소비지수} \times \text{해당 시 · 도의 가중치}}{\text{각 시 · 도별 소비지수와 가중치를 곱한 값의 전국 합계액}}$$

(2021. 12. 31. 신설)

2) 2023년 1월 1일부터 :

$$\begin{array}{c}
\text{변경구역의} \\
\text{지방소비세액}
\end{array} = \begin{array}{c}
\text{변경구역이} \\
\text{종래 속하였던} \\
\text{지방자치단체의} \\
\text{지방소비세액}
\end{array} \times \frac{\text{변경구역의 인구}}{\begin{array}{c}\text{변경구역이 종래} \\ \text{속하였던 지방자치단체의} \\ \text{전체 인구}\end{array}}$$

2. 제1호 외의 경우: 변경구역이 발생한 해당 연도까지 다음 각 목의 사항 등을 고려하여 행정안전부장관이 정하여 고시하는 기준에 따를 것 (2022. 2. 28. 개정)

　가. 변경구역의 주택 유상거래 실적과 사회복지 수요 (2022. 2. 28. 개정)

　나. 「지방교부세법」 제12조에 따라 조정된 교부세액 (2022. 2. 28. 개정)

　다. 「지방교육재정교부금법」 제10조에 따라 조정된 교부금액 (2022. 2. 28. 개정)

　라. 「지방교육재정교부금법」 제11조 및 「세종특별자치시 설치 등에 관한 특별법」 제14조에 따른 교육비특별회계 전출금액 (2022. 2. 28. 개정)

　마. 「지방재정법」 제29조 또는 제29조의2에 따른 시·군이나 자치구의 조정교부금액 (2022. 2. 28. 개정)

⑤ 제1항 제2호 가목에 따른 계산식에서 "해당 시·도의 취득세 감소분의 보전비율"이란 해당 시·도의 주택 유상거래별 취득세 감소분의 총 합계액이 전국의 주택 유상거래별 취득세 감소분의 총 합계액에서 차지하는 비율을 말한다. (2016. 12. 30. 개정)

⑤ 삭　제 (2021. 12. 31.)

⑥ 제1항 제3호에 따른 해당 시·도의 주택 유상거래별 취득세 감소분은 행정안전부령으로 정하는 기간 및 방법 등에 따라 산출한다. (2021. 12. 31. 개정)

⑦ 교육부장관은 매년 제2항 제2호 라목에 따른 시·도 교육청별 보통교부금 배분비율을 산출하여 납입관리자에게 통보해야 한다. (2021. 12. 31. 개정)

⑧ 행정안전부장관은 매년 제2항 제8호 나목의 계산식 중 해당 시·

☞ p.3982 2단 연결

$$\text{해당 시·군·구의 안분액} = A \times B$$

A : 해당 시·군·구가 속한 시·도의 할당액

$$\begin{array}{c} \text{[(지방소비세의} \\ \text{과세표준} \times 4.3\%) - \\ \text{(제6호의 금액} + \text{제7호} \\ \text{각 목의 금액의 합)]} \times \\ 40\% \end{array} \times \frac{\begin{array}{c}\text{해당 시·도의 소비지수} \times \\ \text{해당 시·도의 가중치}\end{array}}{\begin{array}{c}\text{각 시·도별 소비지수와} \\ \text{가중치를 곱한 값의 전국} \\ \text{합계액}\end{array}}$$

B : 해당 시·군·구의 안분비율

$$\begin{array}{c}
\text{[(해당 시·군·구 인구} \div \text{해당 시·군·구가} \\
\text{속한 시·도 내 시·군·구 인구의 합)} + \\
\text{(해당 시·군·구의 역재정자주도} \\
\div \text{해당 시·군·구가 속한 시·도 내} \\
\text{시·군·구의 역재정자주도의 합)]}
\end{array} \times \frac{1}{2}$$

(2021. 12. 31. 신설)

③ 제1항 제1호에 따른 계산식과 같은 항 제5호에 따른 계산식에서 "가중치"란 지역 간 재정격차를 해소하기 위하여 소비지수에 적용하는 지역별 가중치로서 「수도권정비계획법」 제2조 제1호에 따른 수도권은 100분의 100을, 수도권 외의 광역시는 100분의 200을, 특별자치시, 수도권 외의 도 및 특별자치도는 100분의 300을 말한다. (2019. 12. 31. 개정)

③ 삭　제 (2021. 12. 31.)

④ 지방자치단체의 관할 구역을 변경하거나 지방자치단체를 폐지하거나 설치하거나 나누거나 합치는 경우 변경구역(관할하는 지방자치단체가 변경된 구역을 말한다. 이하 이 항에서 같다)이 종래 속하였던 지방자치단체와 변경구역이 새로 편입하게 된 지방자치단체의 지방소비세액은 다음 각 호의 기준에 따라 보정한다. (2022. 2. 28. 개정)

1. 제2항 제1호 및 제5호와 같은 항 제8호 가목의 경우: 변경구역이 반영된 민간최종소비지출이 확정·발표되는 해까지 다음의 계산식에 따라 산출한 변경구역의 지방소비세액을 가감할 것 (2022. 2. 28. 개정)

군·구의 안분비율과 제6항에 따른 주택 유상거래별 취득세 감소분의 보전비율을 산출하여 납입관리자에게 통보해야 한다. (2021. 12. 31. 개정)

　제76조【납입관리자의 납입 등】① 법 제71조 제3항 각 호 외의 부분에서 "대통령령으로 정하는 기간 이내"란 납입관리자가 지방소비세를 납입받은 날부터 5일 이내를 말한다. (2019. 12. 31. 개정)
② 납입관리자는 법 제71조 제3항 각 호에 따라 지방소비세를 안분하여 납입하는 경우 같은 조 제1항에 따른 징수명세서 및 행정안전부령으로 정하는 안분명세서를 첨부해야 한다. (2019. 12. 31. 개정)

　제77조【지방소비세환급금의 처리】① 제74조에 따라 특별징수의무자가 징수한 지방소비세액을 국세청장을 통하여 일괄 납입하는 경우 특별징수의무자가 납입관리자에게 납입하여야 할 금액을 초과하여 지방소비세를 환급한 경우에는 국세청장은 초과한 환급금액에 해당하는 금액을 다른 특별징수의무자의 납입금에서 이체(移替)해 줄 수 있다. 이 경우 다른 특별징수의무자의 납입금으로 이체하고도 환급한 금액이 초과할 때에는 그 초과한 금액은 그 다음 달로 이월한다. (2010. 9. 20. 개정)
② 제1항 후단에도 불구하고 부가가치세 회계연도 마지막 월분에 대해서는 특별징수의무자 또는 국세청장은 납입관리자에게 지방소비세환급금의 부족액에 대한 이체를 신청하여야 한다. (2010. 9. 20. 개정)
③ 제2항에 따른 이체신청을 받은 납입관리자는 해당 금액을 제75조에 따라 시·도별로 나누어 각 시·도(납입관리자를 포함한다)로부터 환급받아 특별징수의무자가 지정하는 계좌로 이체하여야 한다. (2016. 12. 30. 개정)

　제35조【납입 통보】영 제76조 제2항에 따른 안분명세서는 별지 제36호 서식에 따른다. (2019. 12. 31. 개정)

제 1 절 통 칙 (2010. 3. 31. 개정)

제74조 【정 의】 주민세에서 사용하는 용어의 뜻은 다음 각 호와 같다. (2010. 3. 31. 개정)

1. "개인분"이란 지방자치단체에 주소를 둔 개인에 대하여 부과하는 주민세를 말한다. (2020. 12. 29. 개정)
2. "사업소분"이란 지방자치단체에 소재한 사업소 및 그 연면적을 과세표준으로 하여 부과하는 주민세를 말한다. (2020. 12. 29. 개정)
3. "종업원분"이란 지방자치단체에 소재한 사업소 종업원의 급여총액을 과세표준으로 하여 부과하는 주민세를 말한다. (2020. 12. 29. 개정)
4. "사업소"란 인적 및 물적 설비를 갖추고 계속하여 사업 또는 사무가 이루어지는 장소를 말한다. (2014. 1. 1. 호번개정)

〔운영예규〕 법74 - 4 【파견·위탁업의 경우 사업소 판단기준】

1. 아파트 경비 인력공급업은 입주자대표회의를 통하여 사무실을 제공받아 경비업을 수행하는 경비원들이 독립적으로 사용하는 경우, 해당 사무실은 독립된 물적설비로 보아 종업원분·재산분 주민세 과세시 파견업자의 사업소로 보되 본사와는 독립적인 사업소로 본다.
2. 학교 경비 인력공급업은 야간 및 휴일 경비업무를 수행하면서 당직실에 설치된 경비시설(CCTV 및 모니터, 책상, 전화 등)을 사용하는 경우, 당직실은 학교 경비 인력공급업자의 물적설비가 아닌 것으로 본다.
3. 판촉서비스 인력공급업은 사무실 또는 매장을 임차하여 자기책임하에 운영하는 것이 아니라 단지 대형할인매장, 백화점 등에 종업원을 파견하여 근무하고 직매입거래 또는 특약매입거래 계약을 맺고 물품의 공급만을 하는 경우, 해당 판매대 및 재고자산은 판촉서비스 인력공급업자의 물적설비가 아닌 것으로 본다.
4. 제1항부터 제3항까지의 인력공급업 외의 경우, 파견인력(인적설비)이 해당 물적설비를 목적이 되는 사업에 자기 책임하에 독립적으로 사용하는지 등을 종합적으로 고려하여 해당 물적설비가 파견업체의 독립된 사업소에 해당하는지 여부를 판단하여야 한다.

〔운영예규〕 법74 - 1 【인적 설비, 물적 설비】

1. 「지방세법」 제74조 제4호에서 규정하고 있는 「인적설비」란 그 계약형태나 형식에 불구하고 당해 장소에서 그 사업에 종사 또는 근로를 제공하는 자를 말한다.
2. 「지방세법」 제74조 제4호에서 규정하고 있는 「물적설비」란 허가와 관계없이 현실적으로 사업이 이루어지고 있는 건축물 기계장치 등이 있고, 이러한 설비들이 지상에 고착되어 현실적으로 사무·사업에 이용되는 것을 말한다.

〔운영예규〕 법74 - 2 【계속의 의미】

「지방세법」 제74조 제4호에서 규정한 「계속」의 의미는 최소한 1개월 이상의 기간 동안 지속되는 것을 말한다. 이 경우 과세기준일 현재는 1개월이 되지 않았더라도 전체 지속기간이 1개월 이상이면 이에 해당된다.

법74 - 3 【동일건물 내 두 개 이상의 사업장이 있는 경우 사업소 판단기준】

같은 건물 안이나 인접한 장소에서 같은 사업주에 속하지만 기능과 조직을 달리하는 두 개 이상의 사업장이 있는 경우 각 사업장을 별개의 사업소로 볼 것인지의 여부는 장소적 인접성과 각 설비의 사용관계, 사업 상호간의 관련성과 사업수행방법, 사업조직의 구조와 종업원에 대한 감독구조 등 사업장 운영의 실질 내용에 관한 제반사정을 고려하여 각 사업 또는 사무 부문간 인적·물적 설비에 독립성이 있는지 여부에 따라 판단하여야 한다.

5. 사업의 위·수탁계약시 해당 물적설비의 소유자가 위탁자이더라도 사업 자체를 위·수탁하는 경우 사업소에 설치된 물적설비는 수탁자의 소유권과 관계없이 수탁자의 물적설비에 해당한다.

5. "사업주"란 지방자치단체에 사업소를 둔 자를 말한다. (2018. 12. 31. 개정)

6. "사업소 연면적"이란 대통령령으로 정하는 사업소용 건축물의 연면적을 말한다. (2014. 1. 1. 호번개정)

☞

⊙운⊙영⊙예⊙규 법74…시행령78-1 【연수관의 범위】

「지방세법 시행령」 제78조 제1항 제1호의 「연수관」이란 종업원의 자유의사에 따라 자신의 교양증진 등을 위해 항시 사용할 수 있도록 제공되고 있는 종업원후생복지시설로서의 건축물을 말한다. 따라서 업무능력향상이나 업무연찬을 위한 종업원훈련시설인 연수원이나 교육원은 과세대상이 된다.

☞

⊙운⊙영⊙예⊙규 법74…시행령78-2 【기계장치】

「지방세법 시행령」 제78조 제1항 제2호의 「기계장치」란 동력장치를 부착, 작업하는 도구로써 특정장소에 고착된 것을 말한다. 이 경우 그 기계의 작동에 필수적인 부대설비를 포함한다.

법74…시행령78-3 【수조 등의 의미】

「지방세법 시행령」 제78조 제1항 제2호의 「수조·저유조·저장조」란 밑면과 둘레, 벽면이 하나로 연결된 큰통으로서 물이나 기름 기타 물체를 보관할 수 있는 설비를 말한다.

제78조 【사업소용 건축물의 범위】 ① 법 제74조 제6호에서 "대통령령으로 정하는 사업소용 건축물의 연면적"이란 다음 각 호의 어느 하나에 해당하는 사업소용 건축물 또는 시설물의 연면적을 말한다. (2015. 7. 24. 개정)

1. 「건축법」 제2조 제1항 제2호에 따른 건축물(이와 유사한 형태의 건축물을 포함한다. 이하 이 조에서 같다)의 연면적. 다만, 다음 각 목의 어느 하나에 해당하는 건축물의 연면적은 제외한다. (2024. 12. 31. 단서개정)

　가. 종업원의 보건·후생·교양 등에 직접 사용하는 「영유아보육법」에 따른 직장어린이집, 기숙사, 사택, 구내식당, 의료실, 도서실, 박물관, 과학관, 미술관, 대피시설, 체육관, 도서관, 연수관, 오락실 및 휴게실용 건축물 (2024. 12. 31. 신설)

　나. 실제 가동하는 「폐기물관리법」에 따른 폐기물처리시설, 「하수도법」에 따른 분뇨처리시설 및 개인하수처리시설, 「가축분뇨의 관리 및 이용에 관한 법률」에 따른 처리시설, 「대기환경보전법」에 따른 대기오염방지시설, 「물환경보전법」에 따른 수질오염방지시설 및 「소음·진동관리법」에 따른 소음·진동방지시설용 건축물 (2024. 12. 31. 신설)

　다. 그 밖에 행정안전부령으로 정하는 건축물 (2024. 12. 31. 신설)

2. 제1호에 따른 건축물 없이 기계장치 또는 저장시설(수조, 저유조, 저장창고 및 저장조 등을 말한다)만 있는 경우에는 그 수평투영면적 (2010. 9. 20. 개정)

② 제1항에 따른 건축물 또는 시설물을 둘 이상의 사업소가 공동으로 사용하는 경우에는 그 사용면적을 사업소용 건축물의 연면적으로 하되, 사용면적의 구분이 명백하지 아니할 경우에는 전용면적의 비율로 나눈 면적을 사업소용 건축물의 연면적으로 한다. (2010. 9. 20. 개정)

제36조 【과세대상에서 제외되는 건축물】 영 제78조 제1항 제1호 다목에서 "행정안전부령으로 정하는 건축물"이란 다음 각 호의 어느 하나에 해당하는 것을 말한다. (2024. 12. 31. 개정)

1. 구내 목욕실 및 탈의실 (2010. 12. 23. 개정)

2. 구내이발소 (2010. 12. 23. 개정)

3. 탄약고 (2010. 12. 23. 개정)

☞

⊙운⊙영⊙예⊙규 법74…시행령78-4 【건축물 없이 '기계장치'만 있는 경우 사업소용 건축물의 범위】

태양광발전소의 태양전지판이 동력장치 없이 단순구축물일 경우 사업소용 건축물의 연면적에 포함하지 아니한다.

7. "종업원의 급여총액"이란 사업소의 종업원에게 지급하는 봉급, 임금, 상여금 및 이에 준하는 성질을 가지는 급여로서 대통령령으로 정하는 것을 말한다. (2014. 1. 1. 신설)

8. "종업원"이란 사업소에 근무하거나 사업소로부터 급여를 지급받는 임직원, 그 밖의 종사자로서 대통령령으로 정하는 사람을 말한다. (2014. 1. 1. 신설)

　　제75조【납세의무자】① 개인분의 납세의무자는 과세기준일 현재 지방자치단체에 주소(외국인의 경우에는 「출입국관리법」에 따른 체류지를 말한다. 이하 이 장에서 같다)를 둔 개인으로 한다. 다만, 다음 각 호의 어느 하나에 해당하는 사람은 제외한다. (2020. 12. 29. 개정)
1. 「국민기초생활 보장법」에 따른 수급자 (2020. 12. 29. 개정)
2. 「민법」에 따른 미성년자(그 미성년자가 성년자와 「주민등록법」상 같은 세대를 구성하고 있는 경우는 제외한다) (2020. 12. 29. 개정)
3. 「주민등록법」에 따른 세대원 및 이에 준하는 개인으로서 대통령령으로 정하는 사람 (2020. 12. 29. 개정)
4. 「출입국관리법」 제31조에 따른 외국인등록을 한 날부터 1년이 경과되지 아니한 외국인 (2020. 12. 29. 개정)

　　제78조의 2【종업원의 급여총액 범위】법 제74조 제7호에서 "대통령령으로 정하는 것"이란 사업주가 그 종업원에게 지급하는 급여로서 「소득세법」 제20조 제1항에 따른 근로소득에 해당하는 급여의 총액을 말한다. 다만, 다음 각 호의 어느 하나에 해당하는 급여는 제외한다. (2019. 12. 31. 단서개정)
1. 「소득세법」 제12조 제3호에 따른 비과세 대상 급여 (2019. 12. 31. 신설)
1의 2. 「근로기준법」 제74조 제1항에 따른 출산전후휴가를 사용한 종업원이 그 출산전후휴가 기간 동안 받는 급여 (2020. 12. 31. 신설)
2. 「남녀고용평등과 일ㆍ가정 양립 지원에 관한 법률」 제19조에 따른 육아휴직(이하 이 조에서 "육아휴직"이라 한다)을 한 종업원이 그 육아휴직 기간 동안 받는 급여 (2019. 12. 31. 신설)
3. 6개월 이상 계속하여 육아휴직을 한 종업원이 직무 복귀 후 1년 동안 받는 급여 (2019. 12. 31. 신설)

　　제78조의 3【종업원의 범위】① 법 제74조 제8호에서 "대통령령으로 정하는 사람"이란 제78조의 2에 따른 급여의 지급 여부와 상관없이 사업주 또는 그 위임을 받은 자와의 계약에 따라 해당 사업에 종사하는 사람을 말한다. 다만, 국외근무자는 제외한다. (2014. 3. 14. 신설)
② 제1항에 따른 계약은 그 명칭ㆍ형식 또는 내용과 상관없이 사업주 또는 그 위임을 받은 자와 한 모든 고용계약으로 하고, 현역 복무 등의 사유로 해당 사업소에 일정 기간 사실상 근무하지 아니하더라도 급여를 지급하는 경우에는 종업원으로 본다. (2014. 3. 14. 신설)

　　제79조【납세의무자 등】① 법 제75조 제1항 제3호에서 "대통령령으로 정하는 사람"이란 다음 각 호의 어느 하나에 해당하는 사람을 말한다. (2020. 12. 31. 개정)
1. 납세의무자의 주소지(외국인의 경우에는 「출입국관리법」에 따른 체류지를 말한다)와 체류지가 동일한 외국인으로서 「가족관계의 등록

등에 관한 법률」 제9조에 따른 가족관계등록부 또는 「출입국관리법」 제34조 제1항에 따른 외국인등록표에 따라 가족관계를 확인할 수 있는 사람 (2019. 12. 31. 개정)
2. 「주민등록법」상 세대주의 직계비속으로서 같은 법에 따라 단독으로 세대를 구성하고 있는 미혼인 30세 미만의 사람 (2021. 12. 31. 개정)
② 법 제75조 제2항 제1호에서 "대통령령으로 정하는 규모 이상의 사업소를 둔 개인"이란 사업소를 둔 개인 중 직전 연도의 「부가가치세법」에 따른 부가가치세 과세표준액(부가가치세 면세사업자의 경우에는 「소득세법」에 따른 총수입금액을 말한다)이 8천만원 이상인 개인으로서 다음 각 호의 어느 하나에 해당하지 않는 사람을 말한다. 다만, 다음 각 호의 어느 하나에 해당하는 사람으로서 다른 업종의 영업을 겸업하는 사람은 제외한다. (2023. 3. 14. 개정)
1. 담배소매인 (2010. 9. 20. 개정)
2.ㆍ3. 삭　제 (2015. 12. 31.)
4. 연탄ㆍ양곡소매인 (2010. 9. 20. 개정)
5. 노점상인 (2010. 9. 20. 개정)
6. 「유아교육법」 제2조 제2호에 따른 유치원의 경영자 (2010. 9. 20. 개정)
7. 「영유아보육법」 제2조 제3호에 따른 어린이집의 경영자 (2024. 12. 31. 신설)
③ 세무서장은 제2항에 따라 직전 연도의

☞ p.3986 2단 연결

② 사업소분의 납세의무자는 과세기준일 현재 다음 각 호의 어느 하나에 해당하는 사업주(과세기준일 현재 1년 이상 계속하여 휴업하고 있는 자는 제외한다)로 한다. 다만, 사업소용 건축물의 소유자와 사업주가 다른 경우에는 대통령령으로 정하는 바에 따라 건축물의 소유자에게 제2차 납세의무를 지울 수 있다. (2020. 12. 29. 개정)
1. 지방자치단체에 대통령령으로 정하는 규모 이상의 사업소를 둔 개인 (2020. 12. 29. 신설)
2. 지방자치단체에 사업소를 둔 법인(법인세의 과세대상이 되는 법인격 없는 사단·재단 및 단체를 포함한다. 이하 이 장에서 같다) (2020. 12. 29. 신설)
③ 종업원분의 납세의무자는 종업원에게 급여를 지급하는 사업주로 한다. (2014. 1. 1. 신설)

●운●영●예●규● 법75 - 1 【택배운송업 개인사업자에 대한 주민세 사업소분 납세의무】 (2022. 10. 25. 제목개정)
위·수탁계약을 통하여 개인사업자가 운송 사업을 운영함에 있어서 별도로 지상에 고착되어 사무·사업에 이용되는 물적설비가 존재하지 않는다면 개인사업자에 대한 주민세 사업소분의 납세의무는 없는 것으로 본다. (2022. 10. 25. 개정)

제76조 【납세지】 ① 개인분의 납세지는 과세기준일 현재 주소지로 한다. (2020. 12. 29. 개정)
② 사업소분의 납세지는 과세기준일 현재 각 사업소 소재지로 한다. (2020. 12. 29. 개정)
③ 종업원분의 납세지는 급여를 지급한 날(월 2회 이상 급여를 지급하

부가가치세 과세표준액(부가가치세 면세사업자의 경우에는 「소득세법」에 따른 총수입금액을 말한다)이 8천만원 이상인 사업자로서 사업소를 둔 개인사업자의 자료를 해당 개인사업자의 사업소 소재지를 관할하는 시장·군수·구청장에게 통보해야 한다. (2023. 3. 14. 개정)

▶편주◀ 영 79조 2항 7호의 개정규정은 2025. 1. 1. 이후 납세의무가 성립하는 경우부터 적용함. (영 부칙(2024. 12. 31.) 6조)

제80조 【건축물 소유자의 제2차 납세의무】 ① 법 제75조 제2항 단서에 따라 건축물의 소유자에게 사업소분의 제2차 납세의무를 지울 수 있는 경우는 이미 부과된 사업소분을 사업주의 재산으로 징수해도 부족액이 있는 경우로 한정한다. (2020. 12. 31. 개정)
② 사업소용 건축물의 소유자가 법 제77조에 따른 비과세대상자인 경우에도 제2차 납세의무를 지울 수 있다. (2010. 9. 20. 개정)
③ 제2차 납세의무자인 건축물의 소유자로부터 사업소분을 징수하는 데에 필요한 사항에 관하여는 「지방세징수법」 제15조 및 제32조 제2항·제3항을 준용한다. (2020. 12. 31. 개정)

제81조 【납세지】 ① 사업소용 건축물이 둘 이상의 시·군·구에 걸쳐 있는 경우 사업소분은 건축물의 연면적에 따라 나누어 해당 지방자치단체의 장에게 각각 납부하여야 한다. (2020. 12. 31. 개정)
② 종업원분의 납세구분이 곤란한 경우에는 종업원분의 총액을 제1항에 따라 산출한 주민세 사업소분의 비율에 따라 안분하여 해당 지방자

는 경우에는 마지막으로 급여를 지급한 날을 말한다) 현재의 사업소 소재지(사업소를 폐업하는 경우에는 폐업하는 날 현재의 사업소 소재지를 말한다)로 한다. (2020. 12. 29. 개정)

　제77조【비과세】① 다음 각 호의 어느 하나에 해당하는 자 대하여는 주민세를 부과하지 아니한다. (2010. 3. 31. 개정)
1. 국가, 지방자치단체 및 지방자치단체조합 (2010. 3. 31. 개정)
2. 주한외국정부기관·주한국제기구·「외국 민간원조단체에 관한 법률」에 따른 외국 민간원조단체(이하 "주한외국원조단체"라 한다) 및 주한외국정부기관·주한국제기구에 근무하는 외국인. 다만, 대한민국의 정부기관·국제기구 또는 대한민국의 정부기관·국제기구에 근무하는 대한민국의 국민에 게 주민세와 동일한 성격의 조세를 부과하는 국가와 그 국적을 가진 외국인 및 그 국가의 정부 또는 원조단체의 재산에 대하여는 주민세를 부과한다. (2010. 3. 31. 개정)
② 다음 각 호의 어느 하나에 해당하는 자에게는 제78조 제1항 제1호 가목에 따른 균등분을 부과하지 아니한다. (2018. 12. 31. 개정)
1. 「국민기초생활 보장법」에 따른 수급자 (2018. 12. 31. 개정)
2. 「출입국관리법」 제31조에 따른 외국인등록을 한 날부터 과세기준일 현재 1년이 경과되지 아니한 외국인 (2018. 12. 31. 개정)
3. 「민법」에 따른 미성년자(그 미성년자가 미성년자가 아닌 자와 「주민등록법」상 같은 세대를 구성하고 있는 경우는 제외한다) (2018. 12. 31. 개정)
② 삭　제 (2019. 12. 31.)
③ 「출입국관리법」 제31조에 따른 외국인등록을 한 날부터 과세기준일 현재 1년이 경과되지 아니한 외국인에 대해서는 제78조 제1항 제1호 가목에 따른 균등분을 부과하지 아니한다. (2016. 12. 27. 신설)
③ 삭　제 (2018. 12. 31.)

제 2 절　개 인 분 (2020. 12. 29. 제목개정)

　제78조【세　율】① 개인분의 세율은 1만원을 초과하지 아니하는 범위에서 지방자치단체의 장이 조례로 정한다. (2021. 12. 28. 항번개정)
② 제1항에도 불구하고 주민의 청구가 있는 경우에는 개인분의 세율을 1만5천원을 초과하지 아니하는 범위에서 조례로 읍·면·동별로 달리

치단체의 장에게 각각 납부하여야 한다. (2020. 12. 31. 개정)

정할 수 있다. (2021. 12. 28. 신설)

③ 제2항에 따른 주민청구의 요건, 대상, 방법 및 절차 등에 관하여 필요한 사항은 조례로 정한다. (2021. 12. 28. 신설)

제79조【징수방법 등】 ① 개인분은 납세지를 관할하는 지방자치단체의 장이 보통징수의 방법으로 징수한다. (2020. 12. 29. 개정)

② 개인분의 과세기준일은 매년 7월 1일로 한다. (2020. 12. 29. 개정)

③ 개인분의 납기는 매년 8월 16일부터 8월 31일까지로 한다. (2020. 12. 29. 개정)

제79조의 2【주민세 과세자료의 제공】 ① 행정안전부장관 또는 지방자치단체의 장은 개인분 납세의무자의 세대원 확인 등을 위하여 필요한 경우에는 법원행정처장에게 「가족관계의 등록 등에 관한 법률」 제11조 제6항에 따른 등록전산정보자료의 제공을 요청할 수 있다. 이 경우 요청을 받은 법원행정처장은 특별한 사유가 없으면 이에 협조하여야 한다. (2020. 12. 29. 개정)

② 행정안전부장관은 제1항에 따라 제공받은 등록전산정보자료를 대통령령으로 정하는 바에 따라 지방자치단체의 장에게 제공할 수 있다. (2019. 12. 31. 신설)

제 3 절　사업소분 (2020. 12. 29. 제목개정)

제80조【과세표준】 사업소분의 과세표준은 과세기준일 현재의 사업소 및 그 연면적으로 한다. (2020. 12. 29. 개정)

제81조【세　율】 ① 사업소분의 세율은 다음 각 호의 구분에 따른다. (2020. 12. 29. 개정)

1. 기본세율 (2020. 12. 29. 개정)

　가. 사업주가 개인인 사업소 : 5만원 (2020. 12. 29. 개정)

　나. 사업주가 법인인 사업소 (2020. 12. 29. 개정)

　　1) 자본금액 또는 출자금액이 30억원 이하인 법인 : 5만원

제81조의 2【등록전산정보자료의 제공】 행정안전부장관은 법 제79조의 2 제2항에 따라 등록전산정보자료를 지방자치단체의 장에게 제공하는 경우에는 지방세통합정보통신망을 통하여 제공해야 한다. (2024. 3. 26. 개정)

제82조【과세표준의 계산방법】 법 제80조에 따른 사업소분의 과세표준을 계산할 때에는 사업소용 건축물의 연면적 중 1제곱미터 미만은 계산하지 아니한다. (2020. 12. 31. 개정)

🖐 **운영예규** 법78-1【자본금액 또는 출자금액】

(2020. 12. 29. 개정)

2) 자본금액 또는 출자금액이 30억원 초과 50억원 이하인 법인
: 10만원 (2020. 12. 29. 개정)

3) 자본금액 또는 출자금액이 50억원을 초과하는 법인 : 20만원
(2020. 12. 29. 개정)

4) 그 밖의 법인 : 5만원 (2020. 12. 29. 개정)

2. 연면적에 대한 세율 : 사업소 연면적 1제곱미터당 250원. 다만, 폐수 또는 「폐기물관리법」 제2조 제3호에 따른 사업장폐기물 등을 배출하는 사업소로서 대통령령으로 정하는 오염물질 배출 사업소에 대해서는 1제곱미터당 500원으로 한다. (2020. 12. 29. 개정)

② 지방자치단체의 장은 조례로 정하는 바에 따라 제1항 제1호 및 같은 항 제2호 본문의 세율을 각각 100분의 50 범위에서 가감할 수 있다. (2020. 12. 29. 개정)

③ 폐수 또는 「폐기물관리법」 제2조 제3호에 따른 사업장폐기물 등을 배출하는 사업소로서 대통령령으로 정하는 오염물질 배출 사업소에 대하여는 제1항의 세율의 100분의 200으로 한다. (2017. 12. 26. 개정)

③ 삭　제 (2020. 12. 29.)

제82조 【세액계산】 (2020. 12. 29. 제목개정)

사업소분의 세액은 제81조 제1항 제1호 및 제2호의 세율에 따라 각각 산출한 세액을 합산한 금액으로 한다. 다만, 사업소 연면적이 330제곱미터 이하인 경우에는 제81조 제1항 제2호에 따른 세액을 부과하지 아니한다. (2020. 12. 29. 개정)

운영예규 **법82 - 1 【면세점】**
「지방세법」 제82조에서 「사업소의 연면적이 330제곱미터 이하」라 함은 사업소 전체면적에서 같은 법 시행령 제78조 제1항 제1호에 규정된 「과세대상에서 제외되는 건축물」 면적을 차감한 면적이 330제곱미터 이하인 경우를 말한다.

제83조 【징수방법과 납기 등】 ① 사업소분의 징수는 신고납부의 방법으로 한다. (2020. 12. 29. 개정)

② 사업소분의 과세기준일은 7월 1일로 한다. (2020. 12. 29. 개정)

「지방세법」 제81조 제1항 제1호 나목 규정의 「자본금액 또는 출자금액」이라 함은 당해 법인의 법인등기부상의 납입자본금 또는 출자금을 적용한다. 다만, 자본금이나 출자금이 없는 법인은 기타 법인으로 분류된다. (2022. 10. 22. 개정)

　제83조 【오염물질 배출 사업소】 법 제81조 제1항 제2호 단서에서 "대통령령으로 정하는 오염물질 배출 사업소"란 다음 각 호의 어느 하나에 해당하는 사업소로서 「지방세기본법」 제34조 제1항에 따른 납세의무 성립일 이전 최근 1년 내에 행정기관으로부터 「물환경보전법」, 「대기환경보전법」 또는 「환경오염시설의 통합관리에 관한 법률」에 따른 개선명령 · 조업정지명령 · 사용중지명령 또는 폐쇄명령(이하 이 조에서 "개선명령등"이라 한다)을 받은 사업소(해당 법률에 따라 개선명령등을 갈음하여 과징금이 부과된 사업소를 포함한다)를 말한다. (2023. 6. 30. 개정)

1. 「물환경보전법」 제33조에 따른 폐수배출시설 설치의 허가 또는 신고 대상 사업소로서 같은 법에 따라 배출시설 설치의 허가를 받지 아니하였거나 신고를 하지 아니한 사업소 (2018. 1. 16. 개정 ; 수질 및 수생태계~시행령 부칙)

2. 「물환경보전법」 제33조에 따른 폐수배출시설 설치의 허가를 받거나 신고를 한 사업소로서 해당 사업소에 대한 점검 결과 부적합 판정을 받은 사업소 (2021. 12. 31. 개정)

3. 「대기환경보전법」 제23조에 따른 대기오염물질배출시설 설치의 허가 또는 신고 대상 사업소로서 같은 법에 따라 배출시설 설치의 허가를 받지 아니하였거나 신고를 하지 아니한 사업소 (2017. 12. 29. 신설)

4. 「대기환경보전법」 제23조에 따른 대기오염물질배출시설 설치의 허가를 받거나 신고를 한 사업소로서 해당 사업소에 대한 점검 결과 부적합 판정을 받은 사업소 (2021. 12. 31. 개정)

5. 「환경오염시설의 통합관리에 관한 법률」 제6조에 따른 배출시설등(같은 법 제2조 제2호 나목 및 사목의 배출시설로 한정한다. 이하 이 조에서 같다)의 설치 · 운영 허가 대상 사업소로서 해당 배출시설 설치 · 운영 허가를 받지 않은 사업소 (2023. 6. 30. 신설)

③ 사업소분의 납세의무자는 매년 납부할 세액을 8월 1일부터 8월 31일까지를 납기로 하여 납세지를 관할하는 지방자치단체의 장에게 대통령령으로 정하는 바에 따라 신고하고 납부하여야 한다. (2020. 12. 29. 개정)

〔편주〕
주민세 사업소분의 납세의무자가 법 83조 3항에 따른 신고 또는 납부의무를 다하지 아니한 경우에 법 81조 1항 1호에 따라 산출한 세액 또는 그 부족세액에 대해서는 법 83조 6항의 개정규정에도 불구하고 2026. 12. 31.까지는 「지방세기본법」 53조, 54조 및 55조 1항 1호·2호에 따른 가산세를 부과하지 아니함. (법 부칙(2020. 12. 29.) 12조) (2024. 12. 31. 개정)

④ 제1항 및 제3항에도 불구하고 납세지 관할 지방자치단체의 장은 사업소분의 납세의무자에게 행정안전부령으로 정하는 납부서(이하 이 조에서 "납부서"라 한다)를 발송할 수 있다. (2020. 12. 29. 신설)
⑤ 제4항에 따라 납부서를 받은 납세의무자가 납부서에 기재된 세액을 제3항에 따른 기한까지 납부한 경우에는 같은 항에 따라 신고를 하고 납부한 것으로 본다. (2020. 12. 29. 신설)
⑥ 사업소분의 납세의무자가 제3항에 따른 신고 또는 납부의무를 다하지 아니하면 제80조와 제81조에 따라 산출한 세액 또는 그 부족세액에 「지방세기본법」 제53조부터 제55조까지의 규정에 따라 산출한 가산세를 합한 금액을 세액으로 하여 보통징수의 방법으로 징수한다. (2020. 12. 29. 개정)
1.~2. 삭 제 (2013. 1. 1.)

제84조【신고의무】① 사업소분의 납세의무자 또는 그 사업소용 건축물의 소유자는 조례로 정하는 바에 따라 필요한 사항을 신고하여야 한다. (2020. 12. 29. 개정)
② 납세의무자가 제1항에 따른 신고를 하지 아니할 경우에는 세무공

6. 「환경오염시설의 통합관리에 관한 법률」 제6조에 따른 배출시설등의 설치·운영 허가를 받은 사업소로서 해당 배출시설에 대한 점검 결과 부적합 판정을 받은 사업소 (2023. 6. 30. 신설)

제84조【신고 및 납부】① 법 제83조 제3항에 따라 사업소분을 신고하려는 자는 행정안전부령으로 정하는 신고서에 건축물의 연면적, 세액, 그 밖의 필요한 사항을 적은 명세서를 첨부하여 관할 시장·군수·구청장에게 신고해야 한다. (2020. 12. 31. 개정)
② 법 제83조 제3항에 따라 사업소분을 납부하려는 자는 행정안전부령으로 정하는 납부서로 납부해야 한다. (2020. 12. 31. 개정)

〔편주〕
• 주민세 사업소분의 납세의무자가 법 83조 3항에 따른 신고 또는 납부의무를 다하지 아니한 경우에 법 81조 1항 1호에 따라 산출한 세액 또는 그 부족세액에 대해서는 법 83조 6항의 개정규정에도 불구하고 2026. 12. 31.까지는 「지방세기본법」 53조, 54조 및 55조 1항 1호·2호에 따른 가산세를 부과하지 아니함. (법 부칙(2020. 12. 29.) 12조) (2024. 12. 31. 개정)
• 법 부칙(2020. 12. 29.) 12조의 개정규정은 2023. 1. 1.부터 적용함. (법 부칙(2023. 3. 14.) 9조)

제85조【과세대장 비치 등】시장·군수·구청장은 개인분과 사업소분 과세대장을 갖추어 두고, 필요한 사항을 등재해야 한다. 이 경우 해당 사항을 전산처리하는 경우에는 과세대장을 갖춘 것으로 본다. (2020. 12. 31. 개정)

제37조【주민세 사업소분의 신고 및 납부】(2020. 12. 31. 제목개정)
① 영 제84조 제1항에 따른 사업소분의 신고는 별지 제37호 서식에 따른다. (2020. 12. 31. 개정)
② 법 제83조 제4항 및 영 제84조 제2항에서 "행정안전부령으로 정하는 납부서"란 각각 별지 제14호 서식의 납부서를 말한다. (2020. 12. 31. 개정)

제38조【과세대장 비치 등】① 영 제85조에 따른 주민세 개인분 과세대장은 별지 제37호의 2 서식에 따른다. (2020. 12. 31. 개정)
② 영 제85조에 따른 주민세 사업소분 과세대장은 별지 제38호 서식에 따른다. (2020. 12. 31. 개정)
③ 영 제85조 제2항에 따른 주민세 재산분 과세대장에의 직권등재 사실의 통지는 별지 제39호 서식에

제 4 절 종업원분 (2014. 1. 1. 신설)

제84조의 2【과세표준】 종업원분의 과세표준은 종업원에게 지급한 그 달의 급여 총액으로 한다. (2014. 1. 1. 신설)

제84조의 3【세 율】 ① 종업원분의 표준세율은 종업원 급여총액의 1천분의 5로 한다. (2014. 1. 1. 신설)
② 지방자치단체의 장은 조례로 정하는 바에 따라 종업원분의 세율을 제1항에 따른 표준세율의 100분의 50의 범위에서 가감할 수 있다. (2014. 1. 1. 신설)

제84조의 4【면세점】 ① 「지방세기본법」 제34조에 따른 납세의무 성립일이 속하는 달부터 최근 1년간 해당 사업소 종업원 급여총액의 월평균금액이 대통령령으로 정하는 금액에 50을 곱한 금액 이하인 경우에는 종업원분을 부과하지 아니한다. (2015. 12. 29. 개정)
② 제1항에 따른 종업원 급여총액의 월평균금액 산정방법 등 필요한 사항은 대통령령으로 정한다. (2015. 12. 29. 개정)

제84조의 5【중소기업 고용지원】 ① 「중소기업기본법」 제2조에 따른 중소기업(이하 "중소기업"이라 한다)의 사업주가 종업원을 추가로 고용한 경우(해당 월의 종업원 수가 50명을 초과하는 경우만 해당한다)에는 다음의 계산식에 따라 산출한 금액을 종업원분의 과세표

제85조의 2【종업원 급여총액의 월평균금액 산정기준 등】 (2015. 12. 31. 제목개정)
① 법 제84조의 4 제1항에 따른 종업원 급여총액의 월평균금액은 「지방세기본법」 제34조에 따른 납세의무 성립일이 속하는 달을 포함하여 최근 12개월간(사업기간이 12개월 미만인 경우에는 납세의무성립일이 속하는 달부터 개업일이 속하는 달까지의 기간을 말한다) 해당 사업소의 종업원에게 지급한 급여총액을 해당 개월 수로 나눈 금액을 기준으로 한다. 이 경우 개업 또는 휴·폐업 등으로 영업한 날이 15일 미만인 달의 급여총액과 그 개월 수는 종업원 급여총액의 월평균금액 산정에서 제외한다. (2015. 12. 31. 개정)
② 법 제84조의 4 제1항에서 "대통령령으로 정하는 금액"이란 <u>360만원</u>을 말한다. (2024. 12. 31. 개정)

제85조의 3【종업원 수 산정기준】 법 제84조의 5에 따른 종업원 수의 산정은 종업원의 월 통상인원을 기준으로 한다. 이 경우 월 통상인원의 산정 방법은 행정안전부령으로 정한다. (2017. 7. 26. 직제개정 ; 행정안전부와~직제 부칙)

편주 ▶ 영 85조의 2 제2항의 개정규정은 2025. 1. 1. 이후 납세의무가 성립하는 경우부터 적용함. (영 부칙(2024. 12. 31.) 7조)

☞

제38조의 2【월 통상 인원의 산정방법】 영 제85조의 3에 따른 월 통상인원은 다음 계산식에 따라 산정한다. (2015. 12. 31. 개정)

준에서 공제한다. 이 경우 직전 연도의 월평균 종업원 수가 50명 이하인 경우에는 50명으로 간주하여 산출한다. (2016. 12. 27. 개정)

공제액 = (신고한 달의 종업원 수 - 직전 연도의 월평균 종업원 수) × 월 적용급여액

② 다음 각 호의 어느 하나에 해당하는 중소기업에 대해서는 다음 각 호에서 정하는 달부터 1년 동안(해당 월의 종업원 수가 50명을 초과하는 달만 해당한다) 월평균 종업원 수 50명에 해당하는 월 적용급여액을 종업원분의 과세표준에서 공제한다. (2024. 12. 31. 개정)

1. 사업소를 신설하면서 50명을 초과하여 종업원을 고용하는 경우 : 종업원분을 최초로 신고하여야 하는 달 (2015. 12. 29. 개정)

2. 해당 월의 1년 전(해당 월의 과거 1년 내에 사업소를 신설한 경우에는 신설한 달을 말한다)부터 계속하여 매월 종업원 수가 50명 이하인 사업소가 추가 고용으로 그 종업원 수가 50명을 초과하는 경우(해당 월부터 과거 5년 내에 종업원 수가 1회 이상 50명을 초과한 사실이 있는 사업소의 경우는 제외한다) : 해당 월의 종업원분을 신고하여야 하는 달 (2024. 12. 31. 개정)

③ 제1항 및 제2항을 적용할 때 월 적용급여액은 해당 월의 종업원 급여 총액을 해당 월의 종업원 수로 나눈 금액으로 한다. (2019. 12. 31. 개정)

④ 제1항을 적용할 때 휴업 등의 사유로 직전 연도의 월평균 종업원 수를 산정할 수 없는 경우에는 사업을 재개한 후 종업원분을 최초로 신고한 달의 종업원 수를 직전 연도의 월평균 종업원 수로 본다. (2019. 12. 31. 개정)

⑤ 제1항부터 제4항까지의 규정에 따른 종업원 수의 산정기준 등은 대통령령으로 정한다. (2015. 12. 29. 신설)

　제84조의 6【징수방법과 납기 등】① 종업원분의 징수는 신고납부의 방법으로 한다. (2014. 1. 1. 신설)

② 종업원분의 납세의무자는 매월 납부할 세액을 다음 달 10일까지 납세지를 관할하는 지방자치단체의 장에게 대통령령으로 정하는 바에 따라 신고하고 납부하여야 한다. (2014. 1. 1. 신설)

③ 종업원분의 납세의무자가 제2항에 따른 신고 또는 납부의무를 다하

⚫운⚫영⚫예⚫규 법84의 5…시행령85의 3-1【시간제 고용 종업원의 종업원 수 포함 여부】

시간제 고용 종업원이 근로계약에 따라 3개월 이상 계속하여 동일 사업소에 고용되어 해당 사업에 종사하고, 관련 법에 따른 4대 보험을 적용받는 경우, 상시 고용 종업원에 해당된다.

⚫운⚫영⚫예⚫규 법84의 5-1【사업 승계 등의 경우 신설 사업소 공제 적용 여부】

실질적 고용 창출 효과가 없는 개인사업자의 법인전환 및 사업의 승계·양도(종업원의 승계)의 경우 「지방세법」 제84조의 5 제2항 제1호를 적용하지 아니한다.

편주 ▶ ···

법 84조의 5 제2항 2호의 개정규정은 2025. 1. 1. 이후 납세의무가 성립하는 경우부터 적용함. 다만, 2025. 1. 1. 전에 같은 개정규정에 따른 요건을 갖춘 경우 그 공제를 할 수 있는 기간은 2025. 1. 1.이 속한 달의 종업원분을 신고하여야 하는 달부터 1년까지로 함. (법 부칙(2024. 12. 31.) 3조)

···

　제85조의 4【종업원분의 신고 및 납부 등】(2015. 12. 31. 조번개정)

① 법 제84조의 6 제2항에 따라 종업원분을 신고하려는 자는 행정안전부령으로 정하는 신고서에 종업원 수, 급여 총액, 세액, 그 밖에 필요한

$$\text{월 통상 인원} = \text{해당 월의 상시 고용 종업원 수} + \frac{\text{해당 월의 수시 고용종업원의 연인원}}{\text{해당 월의 일수}}$$

　제38조의 3【종업원분의 신고 및 납부】① 영 제85조의 4 제1항에 따른 종업원분의 신고는 별지 제39호의 2 서식에 따른다. (2015. 12. 31. 개정)

지 아니하면 제84조의 2 및 제84조의 3조에 따라 산출한 세액 또는 그 부족세액에 「지방세기본법」 제53조부터 제55조까지의 규정에 따라 산출한 가산세를 합한 금액을 세액으로 하여 보통징수의 방법으로 징수한다. (2016. 12. 27. 개정 ; 지방세기본법 부칙)

제84조의 7 【신고의무】 ① 종업원분의 납세의무자는 조례로 정하는 바에 따라 필요한 사항을 신고하여야 한다. (2014. 1. 1. 신설) ② 납세의무자가 제1항에 따른 신고를 하지 아니할 경우에는 세무공무원은 직권으로 조사하여 과세대장에 등재할 수 있다. (2014. 1. 1. 신설)

제 8 장　지방소득세 (2010. 3. 31. 개정)

제 1 절 통　　칙 (2014. 1. 1. 개정)

제85조 【정　의】 ① 지방소득세에서 사용하는 용어의 뜻은 다음과 같다. (2014. 1. 1. 개정)
1. "개인지방소득"이란 「소득세법」 제3조 및 제4조에 따른 거주자 또는 비거주자의 소득을 말한다. (2014. 1. 1. 개정)
2. "법인지방소득"이란 「법인세법」 제4조에 따른 내국법인 또는 외국법인의 소득을 말한다. (2018. 12. 24. 개정 ; 법인세법 부칙)
3. "거주자"란 「소득세법」 제1조의 2 제1항 제1호에 따른 거주자를 말한다. (2015. 7. 24. 개정)
4. "비거주자"란 거주자가 아닌 개인을 말한다. (2014. 1. 1. 개정)
5. "내국법인"이란 국내에 본점이나 주사무소 또는 사업의 실질적 관리장소를 둔 법인을 말한다. (2014. 1. 1. 개정)
6. "비영리내국법인"이란 내국법인 중 다음 각 목의 어느 하나에 해당하는 법인을 말한다. (2014. 1. 1. 개정)
　가. 「민법」 제32조에 따라 설립된 법인 (2014. 1. 1. 개정)
　나. 「사립학교법」이나 그 밖의 특별법에 따라 설립된 법인으로서

사항을 적은 명세서를 첨부하여 지방자치단체의 장에게 제출하여야 한다. (2017. 7. 26. 직제개정 ; 행정안전부와~직제 부칙)
② 법 제84조의 6 제2항에 따라 종업원분을 납부하려는 자는 행정안전부령으로 정하는 납부서로 납부하여야 한다. (2017. 7. 26. 직제개정 ; 행정안전부와~직제 부칙)

제85조의 5 【과세대장의 비치 등】 지방자치단체의 장은 종업원분 과세대장을 갖추어 두고, 필요한 사항을 등재해야 한다. 이 경우 해당 사항을 전산처리하는 경우에는 과세대장을 갖춘 것으로 본다. (2019. 2. 8. 개정)

제 8 장　지방소득세 (2010. 9. 20. 개정)

제 1 절 통　　칙 (2010. 9. 20. 개정)

제86조 【비영리내국법인 및 외국법인의 범위】 (2014. 3. 14. 제

---

② 영 제85조의 4 제2항에 따른 종업원분의 납부는 별지 제14호 서식에 따른다. (2015. 12. 31. 개정)

제38조의 4 【종업원분 과세대장의 비치 등】 영 제85조의 5 제1항에 따른 종업원분 과세대장은 별지 제39호의 3서식에 따른다. (2019. 2. 8. 개정)

제 8 장　지방소득세

(2010. 12. 23. 개정)

「민법」 제32조에 규정된 목적과 유사한 목적을 가진 법인(대통령령으로 정하는 조합법인 등이 아닌 법인으로서 그 주주(株主)·사원 또는 출자자(出資者)에게 이익을 배당할 수 있는 법인은 제외한다) (2014. 1. 1. 개정)

　다. 「국세기본법」 제13조 제4항에 따른 법인으로 보는 단체(이하 "법인으로 보는 단체"라 한다) (2014. 1. 1. 개정)

7. "외국법인"이란 외국에 본점 또는 주사무소를 둔 단체(국내에 사업의 실질적 관리장소가 소재하지 아니하는 경우만 해당한다)로서 대통령령으로 정하는 기준에 해당하는 법인을 말한다. (2014. 1. 1. 개정)

8. "비영리외국법인"이란 외국법인 중 외국의 정부·지방자치단체 및 영리를 목적으로 하지 아니하는 법인(법인으로 보는 단체를 포함한다)을 말한다. (2014. 1. 1. 개정)

9. "사업자"란 사업소득이 있는 거주자를 말한다. (2014. 1. 1. 개정)

10. "사업장"이란 인적 설비 또는 물적 설비를 갖추고 사업 또는 사무가 이루어지는 장소를 말한다. (2014. 1. 1. 개정)

운영예규 법85 - 1 【인적 설비, 물적 설비】

1. 「지방세법」 제85조 제1항 제10호의 「인적설비」란 계약의 형태나 형식에 불구하고 당해 장소에서 그 사업에 종사 또는 근로를 제공하는 자를 말한다. (2022. 10. 25. 개정)

2. 「지방세법」 제85조 제1항 제10호의 「물적설비」란 허가와 관계없이 현실적으로 사업이 이루어지고 있는 건축물 기계장치 등이 있고, 이러한 설비들이 지상에 고착되어 현실적으로 사무·사업에 이용되는 것을 말한다. (2022. 10. 25. 개정)

11. "사업연도"란 법인의 소득을 계산하는 1회계기간을 말한다. (2014. 1. 1. 개정)

12. "연결납세방식"이란 둘 이상의 내국법인을 하나의 과세표준과 세액을 계산하는 단위로 하여 제7절에 따라 법인지방 소득세를 신고·납부하는 방식을 말한다. (2014. 1. 1. 개정)

13. "연결법인"이란 연결납세방식을 적용받는 내국법인을 말한다. (2014. 1. 1. 개정)

목개정)

① 법 제85조 제1항 제6호 나목에서 "대통령령으로 정하는 조합법인 등"이란 「법인세법 시행령」 제2조 제1항 각 호에 따른 법인을 말한다. (2019. 2. 12. 개정 ; 법인세법 시행령 부칙)

② 법 제85조 제7호에서 "대통령령으로 정하는 기준에 해당하는 법인"이란 「법인세법 시행령」 제2조 제2항에 따른 단체를 말한다. (2019. 2. 12. 개정 ; 법인세법 시행령 부칙)

제87조 【납세지 등】 (2014. 3. 14. 제목개정)

① 법인이 사업장을 이전한 경우 해당 법인지방소득세의 납세지는 해당 법인의 사업연도 종료일 현재 그 사업장 소재지로 한다. (2014. 3. 14. 개정)

② 근무지를 변경하거나 둘 이상의 사용자로부터 근로소득을 받는 근로자에 대한 개인지방소득세를 연말정산하여 개인지방소득세를 환급하거나 추징해야 하는 경우 개인지방소득세의 납세지는 다음 각 호의 구분에 따른다. (2019. 12. 31. 개정)

1. 근무지를 변경한 근로자 : 연말정산 대상 과세기간의 종료일 현재 근무지 (2019. 12. 31. 신설)

2. 둘 이상의 사용자로부터 근로소득을 받는 근로자 : 연말정산 대상 과세기간의 종료일 현재 주된 근무지 (2019. 12. 31. 신설)

③ 「소득세법 시행령」 제5조 제6항에 따른 사람의 개인지방소득세의 납세지는 「지방세기본법」 제34조에 따른 납세의무 성립 당시 소속기관의 소재지로 한다. (2019. 12. 31. 신설)

④ 법 제89조 제3항 제4호 다목에서 "대통령령으로 정하는 해당 계좌"란 다음 각 호의 구분에 따른 계좌를 말한다. (2023. 3. 14. 신설)

1. 법 제103조의 13 제3항에 따라 특별징수세액 상당액의 인출을 제한한 계좌(이하 이 조에서 "인출제한계좌"라 한다)가 1개인 경우 : 해당 인출제한계좌 (2023. 3. 14. 신설)

2. 인출제한계좌가 2개 이상인 경우 : 법 제103조의 13 제1항에 따라 특별징수한 날을 기준으로 특별징수세액 상당액이 가장 큰 인출제한계좌. 다만, 특별징수세액 상당액이 같은 경우에는 가장 최근에 개설한 인출제한계좌로 한다. (2023. 3. 14. 신설)

④ 삭 제 (2024. 12. 31.)

편주 ▶

영 87조 4항의 개정규정은 2025. 1. 1.부터 시행함. (법 부칙(2023. 3. 14.) 1조 단서)

14. "연결집단"이란 연결법인 전체를 말한다. (2014. 1. 1. 개정)
15. "연결모법인"(連結母法人)이란 연결집단 중 다른 연결법인을 연결지배(「법인세법」에 따른 연결지배를 말한다. 이하 같다)하는 연결법인을 말하고, "연결자법인"(連結子法人)이란 연결모법인의 연결지배를 받는 연결법인을 말한다. (2023. 3. 14. 개정)

편주 ▶ ··
법 85조 1항 15호의 개정규정은 2024. 1. 1. 이후 개시하는 사업연도부터 적용함. (법 부칙(2023. 3. 14.) 6조)
··

16. "연결사업연도"란 연결집단의 소득을 계산하는 1회계기간을 말한다. (2014. 1. 1. 개정)
② 이 장에서 사용하는 용어의 뜻은 제1항에서 정하는 것을 제외하고 「소득세법」 및 「법인세법」에서 정하는 바에 따른다. (2014. 1. 1. 개정)

제86조 【납세의무자 등】 (2014. 1. 1. 제목개정)

① 「소득세법」에 따른 소득세 또는 「법인세법」에 따른 법인세의 납세의무가 있는 자는 지방소득세를 납부할 의무가 있다. (2014. 1. 1. 개정)
② 제1항에 따른 지방소득세 납부의무의 범위는 「소득세법」과 「법인세법」에서 정하는 바에 따른다. (2014. 1. 1. 개정)

제87조 【지방소득의 범위 및 구분 등】 (2014. 1. 1. 제목개정)

① 거주자의 개인지방소득은 다음 각 호와 같이 구분한다. 이 경우 각 호의 소득의 범위는 「소득세법」 제16조부터 제22조까지, 제94조 및 제95조에서 정하는 바에 따르고, 신탁의 이익의 구분에 대해서는 같은 법 제4조 제2항에 따른다. (2024. 12. 31. 개정)

편주 ▶ ··
법 87조 1항의 개정규정은 2025. 1. 1.부터 시행함. (법 부칙(2023. 3. 14.) 1조 3호)
··

1. 종합소득 (2014. 1. 1. 개정)
   이 법에 따라 과세되는 개인지방소득에서 제2호 및 제3호에 따른 소득을 제외한 소득으로서 다음 각 목의 소득을 합산한 것 (2024. 12. 31. 개정)
   가. 이자소득 (2014. 1. 1. 개정)
   나. 배당소득 (2014. 1. 1. 개정)
   다. 사업소득 (2014. 1. 1. 개정)
   라. 근로소득 (2014. 1. 1. 개정)
   마. 연금소득 (2014. 1. 1. 개정)
   바. 기타소득 (2014. 1. 1. 개정)
2. 퇴직소득 (2014. 1. 1. 개정)
2의 2. 금융투자소득 (2023. 3. 14. 신설)
2의 2. 삭   제 (2024. 12. 31.)
3. 양도소득 (2014. 1. 1. 개정)
② 비거주자의 개인지방소득은 「소득세법」 제119조에 따라 구분한다. (2014. 1. 1. 개정)
③ 내국법인 및 외국법인의 법인지방소득은 다음 각 호와 같이 구분하고, 법인의 종류에 따른 각 호의 소득의 범위는 「법인세법」 제4조에서 정하는 바에 따른다. (2018. 12. 24. 개정 ; 법인세법 부칙)
1. 각 사업연도의 소득 (2014. 1. 1. 개정)
2. 청산소득(淸算所得) (2014. 1. 1. 개정)
3. 「법인세법」 제55조의 2 및 제95조의 2에 따른 토지등 양도소득 (2018. 12. 31. 개정)
4. 「조세특례제한법」 제100조의 32에 따른 미환류소득 (2018. 12. 24. 개정 ; 법인세법 부칙)

제88조 【과세기간 및 사업연도】 (2014. 1. 1. 제목개정)

① 개인지방소득에 대한 지방소득세(이하 "개인지방소득세"라한다)의 과세기간은 「소득세법」 제5조에 따른 기간으로 한다. (2014. 1. 1. 개정)
② 법인지방소득에 대한 지방소득세(이하 "법인지방소득세"라 한다)의 각 사업연도는 「법인세법」 제6조부터 제8조까지에 따른 기간으로 한다. (2014. 1. 1. 개정)

제38조의 5 【법인지방소득세 안분 적용방법】 영 제88조 제2항에 따른 종업원 수와 건축물 연면적 기준은 별표 4의 법인지방소득세 안분계산 시 세부 적용

제89조【납세지 등】(2014. 1. 1. 제목개정)

① 지방소득세의 납세지는 다음 각 호와 같다. (2014. 1. 1. 개정)

1. 개인지방소득세 : 「지방세기본법」 제34조에 따른 납세의무 성립 당시의 「소득세법」 제6조 및 제7조에 따른 납세지 (2019. 12. 31. 개정)

2. 법인지방소득세 : 사업연도 종료일 현재의 「법인세법」 제9조에 따른 납세지. 다만, 법인 또는 연결법인이 둘 이상의 지방자치단체에 사업장이 있는 경우에는 각각의 사업장 소재지를 납세지로 한다. (2017. 12. 26. 개정)

② 제1항 제2호 단서에 따라 둘 이상의 지방자치단체에 법인의 사업장이 있는 경우 또는 각 연결법인의 사업장이 있는 경우에는 대통령령으로 정하는 기준에 따라 법인지방소득세를 안분하여 그 소재지를 관할하는 지방자치단체의 장에게 각각 신고납부하여야 한다. (2016. 12. 27. 개정)

③ 제1항 및 제2항에도 불구하고 제103조의 13, 제103조의 29, 제103조의 52에 따라 특별징수하는 지방소득세 중 다음 각 호의 지방소득세는 해당 각 호에서 정하는 납세지를 관할하는 지방자치단체의 장이 부과한다. (2014. 1. 1. 개정)

1. 근로소득 및 퇴직소득에 대한 지방소득세 : 납세의무자의 근무지. 다만, 퇴직 후 연금계좌(연금신탁ㆍ보험을 포함한다)에서 연금외수령의 방식으로 인출하는 퇴직소득의 경우에는 그 소득을 지급받는 사람의 주소지로 한다. (2016. 12. 27. 단서신설)

⊙운영예규 법89 - 1【근로소득세분 지방소득세 납세지】

「지방세법」 제89조 제3항 제1호에서 규정하고 있는 「근무지」라 함은 본래의 소속된 근무지를 말하나 파견근무의 경우에는 급여 등을 본래의 소속된 근무지에서 지급하더라도 그 파견지를 근무지로 본다.

2. 「소득세법」 제20조의 3 제1항 제1호 및 제2호에 따른 연금소득에 대한 지방소득세 : 그 소득을 지급받는 사람의 주소지 (2021. 12. 28. 호번개정)

3. 「국민건강보험법」에 따른 국민건강보험공단이 지급하는 사업소득에 대한 지방소득세 : 그 소득을 지급받는 사람의 사업장 소재지

제88조【법인지방소득세의 안분방법】① 법 제89조 제2항에서 "대통령령으로 정하는 기준"이란 다음의 계산식에 따라 산출한 비율(이하 이 장에서 "안분율"이라 한다)을 말한다. (2015. 12. 31. 개정)

$$\left[\left(\frac{\text{관할 지방자치단체 안 종업원수}}{\text{법인의 총 종업원수}} \right) + \left(\frac{\text{관할 지방자치단체 안 건축물 연면적}}{\text{법인의 총 건축물 연면적}} \right) \right] \div 2$$

② 제1항에 따른 종업원 수와 건축물 연면적의 계산은 각 사업연도 종료일 현재 다음 각 호에서 정하는 기준에 따른다. 이 경우 사업장으로 직접 사용하는 건축물이 둘 이상의 지방자치단체에 걸쳐있는 경우에는 해당 지방자치단체별 건축물 연면적 비율에 따라 종업원 수와 건축물의 연면적을 계산하며, 구체적 안분방법에 관한 사항은 행정안전부령으로 정한다. (2017. 7. 26. 직제개정 ; 행정안전부와~직제 부칙)

1. 종업원 수 : 법 제74조 제8호에 따른 종업원의 수 (2015. 12. 31. 개정)

2. 건축물 연면적 : 사업장으로 직접 사용하는 「건축법」 제2조 제1항 제2호에 따른 건축물(이와 유사한 형태의 건축물을 포함한다)의 연면적. 다만, 구조적 특성상 연면적을 정하기 곤란한 기계장치 또는 시설물(수조ㆍ저유조ㆍ저장창고ㆍ저장조ㆍ송유관ㆍ송수관 및 송전철탑만 해당한다)의 경우에는 그 수평투영면적을 연면적으로 한다. (2015. 12. 31. 개정)

③ 지방자치단체의 장이 법 제103조의 20 제2항에 따라 법인지방소득세의 세율을 표준세율에서 가감한 경우 납세의무자는 다음의 계산식에 따라 산출한 금액을 법인지방소득세에 가감하여 납부하여야 한다.

기준을 적용하여 계산한다. (2016. 12. 30. 신설)

⊙운영예규 법89…시행령88 - 1【임대용건축물】

「지방세법 시행령」 제88조 제2항 제2호에 따른 "사업장으로 직접 사용하는 「건축법」 제2조 제1항 제2호에 따른 건축물"에는 법인이 타인에게 임대하고 있는 건축물은 이에 포함되지 아니한다. (2022. 10. 25. 개정)

(2021. 12. 28. 호번개정)

4. 제1호부터 제3호까지에서 규정한 소득 외의 소득에 대한 소득세 및 법인세의 원천징수사무를 본점 또는 주사무소에서 일괄처리하는 경우 그 소득에 대한 지방소득세 : 그 소득의 지급지. 다만, 다음 각 목의 지방소득세는 해당 각 목에서 정하는 납세지로 한다. (2023. 3. 14. 단서개정)

　가. 「복권 및 복권기금법」에 따른 당첨금 중 일정 등위별 당첨금을 본점 또는 주사무소에서 한꺼번에 지급하는 경우 그 당첨금에 대한 지방소득세: 해당 복권의 판매지 (2023. 3. 14. 신설)

　나. 「국민체육진흥법」 제27조에 따른 체육진흥투표권의 환급금 중 일정 등위별 환급금을 본점 또는 주사무소에서 한꺼번에 지급하는 경우 그 환급금에 대한 지방소득세: 해당 체육진흥투표권의 판매지 (2023. 3. 14. 신설)

　다. 제103조의 13 제1항 후단에 따른 특별징수의무자가 같은 조 제3항에 따라 계좌소유자의 인출을 제한한 경우 그 금융투자소득에 대한 지방소득세 : 대통령령으로 정하는 해당 계좌의 개설지 (2023. 3. 14. 신설)

　다. 삭 제 (2024. 12. 31.)

제90조 【비과세】 (2014. 1. 1. 제목개정)

「소득세법」, 「법인세법」 및 「조세특례제한법」에 따라 소득세 또는 법인세가 비과세되는 소득에 대하여는 지방소득세를 과세하지 아니한다. (2014. 1. 1. 개정)

제 2 절　거주자의 종합소득 · 퇴직소득에 대한 지방소득세 (2014. 1. 1. 신설)

제91조 【과세표준】 (2014. 1. 1. 제목개정)

① 거주자의 종합소득에 대한 개인지방소득세 과세표준은 「소득세법」 제14조 제2항부터 제5항까지에 따라 계산한 소득세의 과세표준(「조세특례제한법」 및 다른 법률에 따라 과세표준 산정과 관련된 조세감면 또는 중과세 등의 조세특례가 적용되는 경우에는 이에 따라 계산한 소

(2015. 12. 31. 개정)

$$\frac{\text{법 제103조의 19에 따른 과세표준}}{} \times \frac{\text{법 제103조의 20 제1항의 세율}}{} \times \text{안분율} \times \left(\frac{\text{해당 지방자치단체의 법인지방소득세 세율}}{\text{법인지방소득세 표준세율}} - 1 \right)$$

④ 같은 특별시 · 광역시 안의 둘 이상의 구에 사업장이 있는 법인은 해당 특별시 · 광역시에 납부할 법인지방소득세를 본점 또는 주사무소의 소재지(연결법인의 경우에는 모법인의 본점 또는 주사무소)를 관할하는 구청장에게 일괄하여 신고 · 납부하여야 한다. 다만, 특별시 · 광역시 안에 법인의 본점 또는 주사무소가 없는 경우에는 행정안전부령으로 정하는 주된 사업장의 소재지를 관할하는 구청장에게 신고 · 납부한다. (2017. 7. 26. 직제개정 ; 행정안전부와~직제 부칙)

편주 ▶ ··
법 89조 3항 4호의 개정규정은 2025. 1. 1.부터 시행함. (법 부칙(2023. 3. 14.) 1조 3호)
···

제 2 절　거주자의 종합소득 · 퇴직소득에 대한 지방소득세 (2014. 3. 14. 신설)

제39조 【주된 사업장】 영 제88조 제4항 단서에서 "행정안전부령으로 정하는 주된 사업장"이란 해당 특별시 또는 광역시 안에 소재하는 사업장 중 영 제78조의 3에 따른 종업원의 수가 가장 많은 사업장을 말한다. 다만, 종업원 수가 가장 많은 사업장이 둘 이상인 경우에는 그 중 영 제88조 제1항에 따른 안분율이 가장 큰 사업장을 말한다. (2017. 7. 26. 직제개정 ; 행정안전부와~시행규칙 부칙)

득세의 과세표준)과 동일한 금액으로 한다. (2019. 12. 31. 개정)
② 거주자의 퇴직소득에 대한 개인지방소득세 과세표준은 「소득세법」 제14조 제6항에 따라 계산한 소득세의 과세표준(「조세특례제한법」 및 다른 법률에 따라 과세표준 산정과 관련된 조세감면 또는 중과세 등의 조세특례가 적용되는 경우에는 이에 따라 계산한 소득세의 과세표준)과 동일한 금액으로 한다. (2019. 12. 31. 개정)

제92조【세　율】(2014. 1. 1. 제목개정)

① 거주자의 종합소득에 대한 개인지방소득세의 표준세율은 다음 표와 같다. (2023. 3. 14. 개정)

과세표준	세율
1천400만원 이하	과세표준의 1천분의 6
1천400만원 초과 5천만원 이하	8만4천원 + (1천400만원을 초과하는 금액의 1천분의 15)
5천만원 초과 8천800만원 이하	62만4천원 + (5천만원을 초과하는 금액의 1천분의 24)
8천800만원 초과 1억5천만원 이하	153만6천원 + (8천800만원을 초과하는 금액의 1천분의 35)
1억5천만원 초과 3억원 이하	370만6천원 + (1억5천만원을 초과하는 금액의 1천분의 38)
3억원 초과 5억원 이하	940만6천원 + (3억원을 초과하는 금액의 1천분의 40)
5억원 초과 10억원 이하	1천740만6천원 + (5억원을 초과하는 금액의 1천분의 42)
10억원 초과	3천840만6천원 + (10억원을 초과하는 금액의 1천분의 45)

② 지방자치단체의 장은 조례로 정하는 바에 따라 종합소득에 대한 개인지방소득세의 세율을 제1항에 따른 표준세율의 100분의 50의 범위에서 가감할 수 있다. (2014. 1. 1. 개정)
③ 거주자의 종합소득에 대한 개인지방소득세 산출세액은 해당 연도의 과세표준에 제1항 및 제2항의 세율을 적용하여 산출한 금액으로 한다. (2014. 1. 1. 개정)
④ 거주자의 퇴직소득에 대한 개인지방소득세 산출세액은 다음 각 호의 순서에 따라 계산한 금액으로 한다. (2014. 1. 1. 개정)
1. 해당 과세기간의 제91조 제2항에 따른 과세표준에 제1항 및 제2항의 세율을 적용하여 계산한 금액 (2015. 12. 29. 개정)
2. 제1호의 금액을 12로 나눈 금액에 근속연수를 곱한 금액 (2015. 12. 29. 개정)
3. 삭　제 (2015. 12. 29.)
⑤ 삭　제 (2016. 12. 27.)

제93조【세액계산의 순서 및 특례】(2014. 1. 1. 제목개정)

① 거주자의 종합소득 및 퇴직소득에 대한 개인지방소득세는 이 법에 특별한 규정이 있는 경우를 제외하고는 다음 각 호에 따라 계산한다. (2014. 1. 1. 개정)
1. 제92조 제3항 및 제4항에 따라 종합소득 및 퇴직소득에 대한 개인지방소득세 산출세액은 각각 구분하여 계산한다. (2017. 12. 26. 개정)
2. 제1호에 따라 계산한 산출세액에 제94조에 따른 세액공제 및 세액감면을 적용하여 종합소득 및 퇴직소득에 대한 개인지방소득세 결정세액을 각각 계산한다. (2014. 1. 1. 개정)
3. 제2호에 따라 계산한 결정세액에 제99조 및 「지방세기본법」 제53조부터 제55조까지에 따른 가산세를 더하여 종합소득 및 퇴직소득에 대한 개인지방소득세 총결정세액을 각각 계산한다. (2016. 12. 27. 개정 ; 지방세기본법 부칙)
② 거주자의 종합소득에 대한 개인지방소득세 과세표준에 포함된 이자소득과 배당소득(이하 이 조에서 "이자소득등"이라 한다)이 「소득세법」 제14조 제3항 제6호에 따른 이자소득등의 종합과세기준금액(이하 이 조에서 "종합과세기준금액"이라 한다)을 초과하는 경우에는 그 거주자의 종합소득에 대한 개인지방소득세 산출세액은 다음 각 호의 금액 중 큰 금액으로 하고, 종합과세기준금액을 초과하지 않는 경우에는 제2호의 금액으로 한다. 이 경우 「소득세법」 제17조 제1항 제8호

☞ p.3999 1단 연결

에 따른 배당소득이 있는 경우에는 그 배당소득금액은 이자소득등으로 보지 아니한다. (2014. 1. 1. 개정)

1. 다음 각 목의 세액을 더한 금액 (2014. 1. 1. 개정)

  가. 이자소득등의 금액 중 종합과세기준금액을 초과하는 금액과 이자소득등을 제외한 다른 종합소득금액을 더한 금액에 대한 개인지방소득세 산출세액 (2014. 1. 1. 개정)

  나. 종합과세기준금액에 「소득세법」 제129조 제1항 제1호 라목의 세율의 100분의 10을 적용하여 계산한 세액. 다만, 「조세특례제한법」 제104조의 27에 따른 배당소득이 있는 경우 그 배당소득에 대해서는 같은 조 제1항에 따른 세율의 100분의 10을 적용한다. (2015. 7. 24. 단서신설)

2. 다음 각 목의 세액을 더한 금액 (2016. 12. 27. 개정)

  가. 이자소득등에 대하여 「소득세법」 제129조 제1항 제1호·제2호 및 「조세특례제한법」 제104조의 27 제1항의 세율의 100분의 10을 적용하여 계산한 세액. 다만, 「소득세법」 제127조에 따라 원천징수되지 아니하는 소득에 대해서는 「소득세법」 제129조 제1항 제1호 나목 또는 라목의 세율의 100분의 10을 적용한다. (2016. 12. 27. 단서개정)

  나. 이자소득등을 제외한 다른 종합소득금액에 대한 개인지방소득세 산출세액. 다만, 그 세액이 「소득세법」 제17조 제1항 제8호에 따른 배당소득에 대하여 「소득세법」 제129조 제1항 제1호 라목의 세율의 100분의 10을 적용하여 계산한 세액과 이자소득등 및 「소득세법」 제17조 제1항 제8호에 따른 배당소득을 제외한 다른 종합소득금액에 대한 개인지방소득세 산출세액을 합산한 금액(이하 이 목에서 "종합소득 비교세액"이라 한다)에 미달하는 경우 종합소득 비교세액으로 한다. (2014. 1. 1. 개정)

③ 「소득세법」 제16조 제1항 제10호에 따른 직장공제회 초과반환금(이하 이 조에서 "직장공제회 초과반환금"이라 한다)에 대해서는 그 금액에서 「소득세법」 제63조 제1항 각 호의 금액을 순서대로 공제한 금액을 납입연수(1년 미만인 경우에는 1년으로 한다. 이하 같다)로 나눈 금액에 제92조에 따른 세율을 적용하여 계산한 세액에 납입연수를 곱한 금액을 그 산출세액으로 한다. 다만, 직장공제회 초과반환금을 분할

제88조의 2 【직장공제회 초과반환금에 대한 세액계산의 특례】 법 제93조 제3항 단서에 따라 직장공제회 초과반환금을 분할하여 지급하는 경우 그 계산은 「소득세법 시행령」 제120조에 따른다. (2018. 3. 27. 개정)

하여 지급받는 경우의 세액의 계산 방법 등은 대통령령으로 정한다. (2017. 12. 26. 개정)

④ 대통령령으로 정하는 부동산매매업(이하 "부동산매매업"이라 한다)을 경영하는 거주자(이하 "부동산매매업자"라 한다)로서 종합소득금액에 「소득세법」 제104조 제1항 제1호의 분양권·제8호·제10호 또는 같은 조 제7항 각 호의 어느 하나에 해당하는 자산의 매매차익(이하 이 조에서 "주택등매매차익"이라 한다)이 있는 자의 종합소득에 대한 개인지방소득세 산출세액은 다음 각 호의 세액 중 많은 것으로 한다. 이 경우 부동산매매업자에 대한 주택등매매차익의 계산과 그 밖에 종합소득에 대한 개인지방소득세 산출세액의 계산에 필요한 사항은 대통령령으로 정한다. (2020. 8. 12. 개정)

1. 종합소득에 대한 개인지방소득세 산출세액 (2014. 1. 1. 개정)

2. 다음 각 목에 따른 세액의 합계액 (2014. 1. 1. 개정)

　가. 주택등매매차익에 제103조의 3에 따른 세율을 적용하여 산출한 세액의 합계액 (2014. 1. 1. 개정)

　나. 종합소득에 대한 개인지방소득세 과세표준에서 주택등매매차익의 해당 과세기간 합계액을 공제한 금액을 과세표준으로 하고 이에 제92조에 따른 세율을 적용하여 산출한 세액 (2014. 1. 1. 개정)

⑤ 부동산매매업자가 「소득세법」 제69조 제1항에 따른 토지등 매매차익예정신고를 하는 경우에는 토지 또는 건물(이하 이 조에서 "토지등"이라 한다)의 매매차익과 그 세액을 매매일이 속하는 달의 말일부터 2개월이 되는 날까지 대통령령으로 정하는 바에 따라 납세지 관할 지방자치단체의 장에게 신고하여야 한다. 토지등의 매매차익이 없거나 매매차손이 발생하였을 때에도 또한 같다. (2019. 12. 31. 개정)

⑥ 제5항에 따른 부동산매매업자의 토지등의 매매차익에 대한 산출세액은 그 매매가액에서 「소득세법」 제97조를 준용하여 계산한 필요경비를 공제한 금액에 제103조의 3에서 규정하는 세율을 곱하여 계산한 금액으로 한다. 다만, 토지등의 보유기간이 2년 미만인 경우에는 제103조의 3 제1항 제2호 및 제3호에도 불구하고 같은 항 제1호에 따른 세율을 곱하여 계산한 금액으로 한다. (2023. 3. 14. 개정)

⑦ 부동산매매업자는 제6항에 따른 산출세액을 제5항에 따른 신고기한까지 대통령령으로 정하는 바에 따라 납세지 관할 지방자치단체에

제89조【부동산매매업자에 대한 세액계산의 특례】(2014. 3. 14. 제목개정)

① 법 제93조 제4항 각 호 외의 부분 전단에 따른 부동산매매업은 「소득세법 시행령」 제122조 제1항·제3항 및 제4항을 따른다. (2014. 3. 14. 개정)

② 법 제93조 제4항 각 호 외의 부분 후단에 따른 부동산매매업자에 대한 주택등매매차익의 계산은 「소득세법 시행령」 제122조 제2항을 따른다. (2014. 3. 14. 개정)

제90조【부동산매매업자의 토지등 매매차익예정신고와 납부】(2014. 3. 14. 제목개정)

① 법 제93조 제5항에 따라 토지등 매매차익예정신고를 하려는 자는 행정안전부령으로 정하는 토지등매매차익예정신고 및 납부계산서를 납세지 관할 지방자치단체의 장에게 제출해야 한다. (2019. 12. 31. 개정)

② 부동산매매업자는 법 제93조 제7항 전단에 따라 토지등의 매매차익에 대한 산출세액을 납부할 때에는 행정안전부령으로 정하는 납부서

제40조【부동산매매업자의 토지등 매매차익예정신고와 납부】(2014. 8. 8. 제목개정)

① 영 제90조 제1항에 따라 토지등매매차익예정신고를 하려는 자는 별지 제39호의 5 서식의 토지등 매매차익에 대한 개인지방소득세 예정신고 및 납부계산서에 다음 각 호의 서류를 첨부하여 납세지 관할 지방자치단체의 장에게 제출해야 한다. (2019. 12. 31. 개정)

1. 「소득세법 시행규칙」 별지 제16호 서식 부표의 토지등 매매차익 계산명세서 1부 (2019. 12. 31. 개정)

2. 매매계약서 및 필요경비 증명 서류 각

납부하여야 한다. 이 경우 납부할 세액이 100만원을 초과하는 자는 대통령령으로 정하는 바에 따라 그 납부할 세액의 일부를 납부기한이 지난 후 2개월 이내에 분할납부할 수 있다. (2023. 3. 14. 후단신설)
⑧ 토지등의 매매차익에 대한 산출세액의 계산, 결정·경정 및 환산취득가액 적용에 따른 가산세에 관하여는 제103조의 6 제2항 및 제103조의 9를 준용한다. (2019. 12. 31. 개정)

⑨ 제5항부터 제8항까지의 토지등의 매매차익과 그 세액의 계산 등에 관하여 필요한 사항은 대통령령으로 정한다. (2014. 1. 1. 개정)
⑩ 「소득세법」 제14조 제3항 제7호의 분리과세 주택임대소득(이하 이 조에서 "분리과세 주택임대소득"이라 한다)이 있는 거주자의 종합소득에 대한 개인지방소득세 결정세액은 다음 각 호의 세액 중 하나를 선택하여 적용한다. (2015. 7. 24. 신설)
1. 「소득세법」 제14조 제3항 제7호를 적용하기 전의 종합소득에 대한 개인지방소득세 결정세액 (2015. 7. 24. 신설)
2. 다음 각 목의 세액을 더한 금액 (2015. 7. 24. 신설)
　가. 분리과세 주택임대소득에 대한 사업소득금액에 1천분의 14를 곱하여 산출한 금액. 다만, 「조세특례제한법」 제96조 제1항에 해당하는 거주자가 같은 항에 따른 임대주택을 임대하는 경우에는 해당 임대사업에서 발생한 분리과세 주택임대소득에 대한 사업소득금액에 1천분의 14를 곱하여 산출한 금액에서 같은 항에 따라 감면받는 세액의 100분의 10을 차감한 금액으로 한다. (2019. 12. 31. 단서개정)
　나. 가목 외의 종합소득에 대한 개인지방소득세 결정세액 (2015. 7. 24. 신설)
⑪ 제10항 제2호 가목에 따른 분리과세 주택임대소득에 대한 사업소득금액은 총수입금액에서 필요경비(총수입금액의 100분의 50으로 한다)를 차감한 금액으로 하되, 분리과세 주택임대소득을 제외한 해당 과세기간의 종합소득금액이 2천만원 이하인 경우에는 추가로 200만원을 차감한 금액으로 한다. 다만, 대통령령으로 정하는 임대주택을 임대하

로 납부하여야 한다. (2023. 3. 14. 개정)
③ 법 제93조 제7항 후단에 따라 부동산매매업자가 토지등의 매매차익에 대한 산출세액을 분할납부하는 경우 분할납부할 수 있는 세액은 다음 각 호의 구분에 따른다. (2023. 3. 14. 신설)
1. 납부할 세액이 100만원 초과 200만원 이하인 경우: 100만원을 초과하는 금액 (2023. 3. 14. 신설)
2. 납부할 세액이 200만원을 초과하는 경우: 해당 세액의 100분의 50 이하의 금액 (2023. 3. 14. 신설)

제91조【토지등 매매차익】 (2014. 3. 14. 제목개정)
법 제93조 제9항에 따른 토지등의 매매차익과 그 계산 등은 「소득세법 시행령」 제128조 및 제129조를 따른다. (2023. 3. 14. 개정)

제91조의 2【분리과세 주택임대소득에 대한 종합소득 결정세액 등 계산의 특례】 (2019. 5. 31. 제목개정)
① 법 제93조 제11항 단서에서 "대통령령으로 정하는 임대주택"이란 다음 각 호의 요건을 모두 갖춘 임대주택(이하 이 조에서 "등록임대주택"이라 한다)을 말한다. (2019. 5. 31. 개정)

1부 (2019. 12. 31. 개정)
② 영 제90조 제2항에 따른 개인지방소득세의 납부서는 별지 제14호 서식 또는 별지 제40호 서식에 따른다. (2014. 8. 8. 개정)

는 경우에는 해당 임대사업에서 발생한 사업소득금액은 총수입금액에서 필요경비(총수입금액의 100분의 60으로 한다)를 차감한 금액으로 하되, 분리과세 주택임대소득을 제외한 해당 과세기간의 종합소득금액이 2천만원 이하인 경우에는 추가로 400만원을 차감한 금액으로 한다. (2018. 12. 31. 개정)

⑫ 다음 각 호의 어느 하나에 해당하는 경우에는 그 사유가 발생한 날이 속하는 과세기간의 과세표준신고를 할 때 다음 각 호의 구분에 따른 금액을 개인지방소득세로 납부하여야 한다. 다만, 「민간임대주택에 관한 특별법」 제6조 제1항 제11호에 해당하여 등록이 말소되는 경우 등 대통령령으로 정하는 경우에는 그러하지 아니하다. (2020. 12. 29. 단서신설)

1. 제10항 제2호 가목 단서에 따라 세액을 감면받은 사업자가 해당 임대주택을 4년(「민간임대주택에 관한 특별법」 제2조 제4호에 따른 공공지원민간임대주택 또는 같은 법 제2조 제5호에 따른 장기일반민간임대주택의 경우에는 10년) 이상 임대하지 아니하는 경우 : 제10항 제2호 가목 단서에 따라 감면받은 세액 (2020. 12. 29. 개정)

2. 제11항 단서를 적용하여 세액을 계산한 사업자가 해당 임대주택을 10년 이상 임대하지 아니하는 경우 : 제11항 단서를 적용하지 아니하고 계산한 세액과 당초 신고한 세액과의 차액 (2020. 12. 29. 개정)

⑬ 제12항 각 호에 따라 개인지방소득세를 납부하는 경우에는 「소득세법」 제64조의 2 제4항 본문에 따라 계산한 이자 상당 가산액의 100분의 10을 추가하여 납부하여야 한다. 다만, 대통령령으로 정하는 부득이한 사유가 있는 경우에는 그러하지 아니하다. (2018. 12. 31. 신설)

⑭ 분리과세 주택임대소득에 대한 종합소득 결정세액의 계산 및 임대주택 유형에 따른 사업소득금액의 산출방법 등에 필요한 사항은 대통령령으로 정한다. (2018. 12. 31. 신설)

⑮ 제5항에 따라 부동산매매업자가 토지등의 매매차익(매매차익이 없는 경우와 매매차손을 포함한다)과 그 세액을 신고하는 경우에 납세지 관할 지방자치단체의 장 외의 지방자치단체의 장에게 신고한 경우에도 그 신고의 효력에는 영향이 없다. (2019. 12. 31. 신설)

1. 다음 각 목의 어느 하나에 해당하는 주택일 것 (2020. 12. 31. 개정)

　가. 「민간임대주택에 관한 특별법」 제5조에 따른 임대사업자등록을 한 자가 임대 중인 같은 법 제2조 제4호에 따른 공공지원민간임대주택 (2020. 12. 31. 개정)

　나. 「민간임대주택에 관한 특별법」 제5조에 따른 임대사업자등록을 한 자가 임대 중인 같은 법 제2조 제5호에 따른 장기일반민간임대주택[아파트를 임대하는 민간매입임대주택의 경우에는 2020년 7월 10일 이전에 종전의 「민간임대주택에 관한 특별법」(법률 제17482호 민간임대주택에 관한 특별법 일부개정법률에 따라 개정되기 전의 것을 말한다. 이하 같다) 제5조에 따라 등록을 신청(임대할 주택을 추가하기 위해 등록사항의 변경 신고를 한 경우를 포함한다. 이하 이 항에서 같다)한 것으로 한정한다] (2020. 12. 31. 개정)

　다. 종전의 「민간임대주택에 관한 특별법」 제5조에 따른 임대사업자등록을 한 자가 임대 중인 같은 법 제2조 제6호에 따른 단기민간임대주택(2020년 7월 10일 이전에 등록을 신청한 것으로 한정한다) (2020. 12. 31. 개정)

2. 「소득세법」 제168조에 따른 사업자의 임대주택일 것 (2019. 5. 31. 개정)

3. 임대보증금 또는 임대료(이하 이 호에서 "임대료등"이라 한다)의 증가율이 100분의 5를 초과하지 않을 것. 이 경우 임대료등의 증액 청구는 임대차계약의 체결 또는 약정한 임대료등의 증액이 있은 후 1년 이내에는 하지 못하고, 임대사업자가 임대료등의 증액을 청구하면서 임대보증금과 월임대료를 상호 간에 전환하는 경우에는 「민간임대주택에 관한 특별법」 제44조 제4항의 전환 규정을 준용한다. (2020. 4. 28. 개정)

② 제1항을 적용할 때 종전의 「민간임대주택에 관한 특별법」 제5조에 따라 등록한 같은 법 제2조 제6호에 따른 단기민간임대주택을 같은 법 제5조 제3항에 따라 2020년 7월 11일 이후 「민간임대주택에 관한 특별법」 제2조 제4호 또는 제5호에 따른 공공지원민간임대주택 또는 장기일반민간임대주택으로 변경 신고한 주택은 등록임대주택에서 제외한다. (2020. 12. 31. 신설)

⑯ 「소득세법」 제14조에 따라 거주자의 종합소득과세표준을 계산할 때 합산하지 아니하는 같은 법 제127조 제1항 제6호 나목의 소득에 대한 개인지방소득세 결정세액은 같은 법 제21조 제3항에 따라 계산한 해당 기타소득금액에 같은 법 제129조 제1항 제6호 라목에 따른 세율의 100분의 10을 적용하여 계산한 금액으로 한다. (2020. 12. 29. 신설)

⑰ 「소득세법」 제20조의 3 제1항 제2호 및 제3호에 따른 연금소득 중 같은 법 제14조 제3항 제9호에 따른 분리과세연금소득 외의 연금소득이 있는 거주자의 종합소득에 대한 개인지방소득세 결정세액은 다음 각 호의 세액 중 어느 하나를 선택하여 적용한다. (2023. 3. 14. 신설)

1. 종합소득에 대한 개인지방소득세 결정세액 (2023. 3. 14. 신설)
2. 다음 각 목의 세액을 더한 금액 (2023. 3. 14. 신설)
    가. 「소득세법」 제20조의 3 제1항 제2호 및 제3호에 따른 연금소득 중 같은 법 제14조 제3항 제9호에 따른 분리과세연금소득 외의 연금소득에 1천분의 15를 곱하여 산출한 금액 (2023. 3. 14. 신설)
    나. 가목 외의 종합소득에 대한 개인지방소득세 결정세액 (2023. 3. 14. 신설)

⑱ 「소득세법」 제21조 제1항 제27호에 따른 가상자산소득에 대한 개인지방소득세 결정세액은 같은 조 제3항에 따라 계산한 해당 기타소득금액에서 250만원을 뺀 금액에 1천분의 20을 적용하여 계산한 금액으로 한다. (2023. 3. 14. 항번개정)

> **편주** ▶ ●●●●●●●●●●●●●●●●●●●●●●●●●●●●●●●●●●●●●●
> 법 93조 18항의 개정규정은 2027. 1. 1.부터 시행함. (법 부칙(2023. 3. 14.) 1조 4호) (2024. 12. 31. 신설)
> ●●●

제94조 【세액공제 및 세액감면】 (2014. 1. 1. 제목개정)

종합소득 또는 퇴직소득에 대한 개인지방소득세의 세액공제 및 세액감면에 관한 사항은 「지방세특례제한법」에서 정한다. 다만, 종합소득 또

③ 법 제93조 제12항 각 호 외의 부분 단서에서 "「민간임대주택에 관한 특별법」 제6조 제1항 제11호에 해당하여 등록이 말소되는 경우 등 대통령령으로 정하는 경우"란 「소득세법 시행령」 제122조의 2 제3항에 해당하는 경우를 말한다. (2021. 4. 27. 신설)

④ 법 제93조 제12항 제1호를 적용할 때 임대기간의 산정은 「소득세법 시행령」 제122조의 2 제4항 제1호에 따른다. (2021. 4. 27. 신설)

⑤ 법 제93조 제12항 제2호를 적용할 때 임대기간의 산정은 「소득세법 시행령」 제122조의 2 제4항 제2호에 따른다. (2021. 4. 27. 신설)

⑥ 법 제93조 제12항 제1호에 해당하여 납부해야 하는 개인지방소득세액은 같은 조 제10항 제2호 가목 단서에 따라 감면받은 세액에 「조세특례제한법 시행령」 제96조 제6항에 따라 임대기간에 따른 감면율을 적용한 금액으로 한다. (2021. 4. 27. 신설)

⑦ 법 제93조 제13항 단서에서 "대통령령으로 정하는 부득이한 사유"란 다음 각 호의 어느 하나에 해당하는 경우를 말한다. (2021. 4. 27. 항번개정)

1. 파산 또는 강제집행에 따라 임대주택을 처분하거나 임대할 수 없는 경우 (2019. 5. 31. 개정)
2. 법령상 의무를 이행하기 위해 임대주택을 처분하거나 임대할 수 없는 경우 (2019. 5. 31. 개정)
3. 「채무자 회생 및 파산에 관한 법률」에 따른 회생절차에 따라 법원의 허가를 받아 임대주택을 처분한 경우(2019. 5. 31. 개정)

⑧ 법 제93조 제14항에 따른 주택임대소득의 계산은 다음 각 호에 따른다. (2021. 4. 27. 항번개정)

1. 제1항을 적용할 때 과세기간 중 일부 기간 동안 등록임대주택을 임대한 경우 등록임대주택의 임대사업에서 발생하는 수입금액은 월수로 계산한다. 이 경우 해당 임대기간의 개시일 또는 종료일이 속하는 달의 등록임대주택을 임대한 기간이 15일 이상인 경우에는 1개월로 본다. (2019. 5. 31. 개정)
2. 해당 과세기간 중에 임대주택을 등록한 경우 주택임대소득금액은 다음의 계산식에 따라 계산한다. (2019. 5. 31. 개정)

는 퇴직소득에 대한 개인지방소득세의 공제세액 또는 감면세액이 산출세액을 초과하는 경우에는 그 초과금액은 없는 것으로 한다. (2014. 1. 1. 개정)

제95조 【과세표준 및 세액의 확정신고와 납부】 (2014. 1. 1. 제목개정)

① 거주자가 「소득세법」에 따라 종합소득 또는 퇴직소득에 대한 과세표준확정신고를 하는 경우에는 해당 신고기한까지 종합소득 또는 퇴직소득에 대한 개인지방소득세 과세표준과 세액을 대통령령으로 정하는 바에 따라 납세지 관할 지방자치단체의 장에게 확정신고·납부하여야 한다. 이 경우 거주자가 종합소득 또는 퇴직소득에 대한 개인지방소득세 과세표준과 세액을 납세지 관할 지방자치단체의 장 외의 지방자치단체의 장에게 신고한 경우에도 그 신고의 효력에는 영향이 없다. (2019. 12. 31. 후단신설)

② 제1항은 해당 과세기간 동안 종합소득 또는 퇴직소득에 대한 개인지방소득세 과세표준이 없거나 종합소득에 대한 결손금액이 있는 때에도 적용한다. 다만, 제103조의 13에 따라 퇴직소득에 대한 개인지방소득세를 납부한 자에 대하여는 그러하지 아니하다. (2017. 12. 26. 개정)

③ 제1항에 따른 확정신고·납부를 할 때에는 해당 과세기간의 종합소득 또는 퇴직소득에 대한 개인지방소득세 산출세액에서 해당 과세기간의 다음 각 호의 세액을 공제하고 납세지 관할 지방자치단체에 납부한다. (2014. 1. 1. 개정)

$$[\text{등록한 기간에 발생한 수입금액} \times (1 - 0.6)] + [\text{등록하지 않은 기간에 발생한 수입금액} \times (1 - 0.5)]$$

3. 해당 과세기간 동안 등록임대주택과 등록임대주택이 아닌 주택에서 수입금액이 발생한 경우 법 제93조 제11항에 따라 해당 과세기간의 종합소득금액이 2천만원 이하인 경우에 추가로 차감하는 금액은 다음의 계산식에 따라 계산한다. (2019. 5. 31. 개정)

$$\left(\frac{\text{등록임대주택에서 발생한 수입금액}}{\text{총 주택임대 수입금액}} \times 400\text{만원} \right)$$

$$+ \left(\frac{\text{등록임대주택이 아닌 주택에서 발생한 수입금액}}{\text{총 주택임대 수입금액}} \times 200\text{만원} \right)$$

제92조 【과세표준 및 세액의 확정신고와 납부】 (2014. 3. 14. 제목개정)

① 법 제95조 제1항에 따라 확정신고·납부를 하려는 자는 행정안전부령으로 정하는 종합소득 또는 퇴직소득에 대한 개인지방소득세 과세표준확정신고 및 납부계산서와 첨부서류를 납세지 관할 지방자치단체의 장에게 제출하여야 한다. (2017. 7. 26. 직제개정 ; 행정안전부와~직제 부칙)

② 법 제95조 제3항에 따라 종합소득 또는 퇴직소득에 대한 개인지방소득세를 납부하려는 자는 행정안전부령으로 정하는 납부서로 납부하여야 한다. (2017. 7. 26. 직제개정 ; 행정안전부와~직제 부칙)

제41조 【종합소득 및 퇴직소득에 대한 개인지방소득세 신고·납부】 (2019. 12. 31. 제목개정)

① 영 제92조 제1항에 따른 종합소득 또는 퇴직소득에 대한 개인지방소득세 과세표준확정신고 및 납부계산서는 다음 각 호의 서식에 따른다. (2019. 12. 31. 개정)

1. 종합소득에 대한 개인지방소득세 과세표준확정신고 및 납부계산서 : 별지 제40호의 2 서식. 다만, 영 제92조 제3항에 따른 사업자, 「소득세법」 제14조 제3항 제7호에 따른 분리과세 주택임대소득만 있는 사람 및 같은 법 제21조 제1항 제26호에 따른 종교인소득만 있는 사람의 경우에는 각각 별지 제40호의 3 서식부터 별지 제40호의 5 서식까지로 별지 제40호의 2 서식을 갈음할 수 있다. (2019. 12. 31. 개정)

1. 제93조 제5항부터 제8항까지에 따른 토지등 매매차익예정신고 산출세액 또는 그 결정·경정한 세액 (2014. 1. 1. 개정)
2. 제94조에 따른 공제·감면세액 (2014. 1. 1. 개정)
3. 제98조에 따른 수시부과세액 (2014. 1. 1. 개정)
4. 제103조의 13에 따른 특별징수세액 (2014. 1. 1. 개정)
5. 제103조의 17에 따른 납세조합의 징수세액 (2014. 1. 1. 개정)
④ 제3항에 따라 납부할 세액이 100만원을 초과하는 거주자는 대통령령으로 정하는 바에 따라 그 납부할 세액의 일부를 납부기한이 지난 후 2개월 이내에 분할납부할 수 있다. (2023. 3. 14. 신설)

⑤ 제1항에도 불구하고 납세지 관할 지방자치단체의 장은 소규모사업자 등 대통령령으로 정하는 거주자에게 제1항에 따른 과세표준과 세액을 기재한 행정안전부령으로 정하는 납부서(이하 이 조에서 "납부서"라 한다)를 발송할 수 있다. (2023. 3. 14. 항번개정)
⑥ 제5항에 따라 납부서를 받은 자가 납부서에 기재된 세액을 신고기한까지 납부한 경우에는 제1항에 따라 확정신고를 하고 납부한 것으로 본다. (2023. 3. 14. 개정)

　　제96조 【수정신고 등】 (2014. 1. 1. 제목개정)
① 제95조에 따른 개인지방소득세 확정신고를 한 거주자가 「국세기본법」 제45조 및 제45조의 2에 따라 「소득세법」에 따른 신고내용에 대하여 수정신고 또는 경정 등의 청구를 할 때에는 대통령령으로 정하는 바에 따라 납세지를 관할하는 지방자치단체의 장에게 「지방세기본법」 제49조 및 제50조에 따른 수정신고 또는 경정 등의 청구를 하여야 한다. 이 경우 거주자가 납세지를 관할하는 지방자치단체의 장 외의 지방자치단체의 장에게 「지방세기본법」 제49조 및 제50조에 따른 수정신고 또는 경정 등의 청구를 한 경우에도 그 신고 또는 청구의 효력에는 영향이 없다. (2019. 12. 31. 개정)
② 제95조에 따라 확정신고를 한 거주자가 신고납부한 개인지방소득세의 납세지에 오

③ 법 제95조 제4항에 따라 거주자가 종합소득 또는 퇴직소득에 대한 개인지방소득세액을 분할납부하는 경우 분할납부할 수 있는 세액은 다음 각 호의 구분에 따른다. (2023. 3. 14. 신설)
1. 납부할 세액이 100만원 초과 200만원 이하인 경우: 100만원을 초과하는 금액 (2023. 3. 14. 신설)
2. 납부할 세액이 200만원을 초과하는 경우: 해당 세액의 100분의 50 이하의 금액 (2023. 3. 14. 신설)
④ 법 제95조 제5항에서 "소규모사업자 등 대통령령으로 정하는 거주자"란 「소득세법」 제70조에 따른 종합소득 과세표준확정신고를 위하여 과세표준, 세액 등이 임시 산정된 과세표준확정신고 및 납부계산서를 국세청장으로부터 송달받은 자를 말한다. (2023. 3. 14. 개정)

　　제93조 【수정신고납부】 (2014. 3. 14. 제목개정)
① 법 제96조 제1항에 따라 거주자가 수정신고를 할 때에는 수정신고와 함께 소득세의 수정신고 내용을 증명하는 서류를 납세지 관할 지방자치단체의 장에게 제출하여야 한다. (2014. 3. 14. 개정)

2. 퇴직소득에 대한 개인지방소득세 과세표준확정신고 및 정산계산서 : 별지 제40호의 6 서식 (2019. 12. 31. 개정)
② 영 제92조 제2항에 따른 종합소득 또는 퇴직소득에 대한 개인지방소득세의 납부서는 별지 제14호 서식 또는 별지 제40호 서식에 따른다. (2014. 8. 8. 개정)
③ 법 제95조 제5항에 따른 납부서는 별지 제40호의 7 서식에 따른다. (2023. 3. 28. 개정)

류가 있음을 발견하였을 때에는 제97조에 따라 지방자치단체의 장이 보통징수의 방법으로 부과고지를 하기 전까지 관할 지방자치단체의 장에게 「지방세기본법」 제49조 및 제50조에 따른 수정신고납부 또는 경정 등의 청구를 할 수 있다. (2016. 12. 27. 개정 ; 지방세기본법 부칙)

② 삭　제 (2019. 12. 31.)

③ 제1항에 따른 수정신고를 통하여 추가납부세액이 발생하는 경우에는 이를 납부하여야 한다. (2019. 12. 31. 개정)

④ 제2항에 따른 경정 등의 청구를 통하여 환급세액이 발생하는 경우 환급받는 세액에 대하여는 「지방세기본법」 제62조에 따른 지방세환급가산금을 지급하지 아니한다. (2016. 12. 27. 개정 ; 지방세기본법 부칙)

④ 삭　제 (2019. 12. 31.)

　　제97조【결정과 경정】(2014. 1. 1. 제목개정)

① 납세지 관할 지방자치단체의 장은 거주자가 제95조에 따른 신고를 하지 아니하거나 신고 내용에 오류 또는 누락이 있는 경우에는 해당 과세기간의 과세표준과 세액을 결정 또는 경정한다. (2014. 1. 1. 개정)

② 납세지 관할 지방자치단체의 장은 개인지방소득세의 과세표준과 세액을 결정 또는 경정한 후 그 결정 또는 경정에 오류나 누락이 있는 것을 발견한 경우에는 즉시 이를 다시 경정한다. (2014. 1. 1. 개정)

③ 납세지 관할 지방자치단체의 장은 제1항과 제2항에 따라 개인지방소득세의 과세표준과 세액을 결정 또는 경정하는 경우에는 소득세법에 따라 납세지 관할 세무서장 또는 관할 지방국세청장이 결정 또는 경정한 자료, 장부나 그 밖의 증명서류를 근거로 하여야 한다. 다만, 대통령령으로 정하는 사유로 장부나 그 밖의 증명서류에 의하여 소득금액을 계산할 수 없는 경우에는 대통령령으로 정하는 바에 따라 추계(推計)할 수 있다. (2014. 1. 1. 개정)

④ 지방자치단체의 장이 개인지방소득세의 과세표준과 세액을 결정 또는 경정한 때에는 그 내용을 해당 거주자에게 대통령령으로 정하는 바에 따라 서면으로 통지하여야 한다. (2014. 1. 1. 개정)

② 법 제96조 제3항에 따른 수정신고를 통하여 추가납부세액이 발생하는 경우에는 행정안전부령으로 정하는 납부서로 납부하여야 한다. (2017. 7. 26. 직제개정 ; 행정안전부와~직제 부칙)

　　제94조【과세표준과 세액의 결정 및 경정】(2014. 3. 14. 제목개정)

① 법 제97조에 따른 과세표준과 세액의 결정 또는 경정은 「소득세법」에 따라 납세지 관할 세무서장 또는 관할 지방국세청장이 결정 또는 경정한 자료, 과세표준확정신고서 및 그 첨부서류에 의하거나 실지조사(實地調査)에 따름을 원칙으로 한다. (2014. 3. 14. 개정)

② 법 제97조 제3항 단서에서 "대통령령으로 정하는 사유"란 「소득세법 시행령」 제143조 제1항 각 호의 어느 하나에 해당하는 경우를 말한다. (2014. 3. 14. 개정)

③ 법 제97조 제3항 단서에 따른 소득금액을 추계하여 결정하거나 경정하는 경우는 「소득세법 시행령」 제143조 제2항·제3항·제9항, 제144조 및 제145조 제2항에서 정한 방법에 따른다. (2014. 3. 14. 개정)

　　제95조【과세표준과 세액의 통지】(2014. 3. 14. 제목개정)

① 납세지 관할 지방자치단체의 장은 법 제97조 제4항에 따라 과세표준과 세액을 통지할 때에는 과세표준과 세율·세액, 그 밖에 필요한 사항을 서면으로 통지하여야 한다. 이 경우 납부할 세액이 없을 때에도 또한 같다. (2014. 3. 14. 개정)

② 납세지 관할 지방자치단체의 장은 피상속인의 소득금액에 대한 개인지방소득세를 2명 이상의 상속인에게 과세하는 경우에는 과세표준

　　제42조【수정신고　납부】(2014. 8. 8. 제목개정)

영 제93조 제2항에 따른 종합소득 또는 퇴직소득에 대한 개인지방소득세 추가납부세액의 납부서는 별지 제14호 서식 또는 별지 제40호 서식에 따른다. (2014. 8. 8. 개정)

제98조【수시부과결정】(2014. 1. 1. 제목개정)

① 납세지 관할 지방자치단체의 장은 거주자가 과세기간 중에 다음 각 호의 어느 하나에 해당하면 수시로 그 거주자에 대한 개인지방소득세를 부과(이하 이 조에서 "수시부과"라 한다)할 수 있다. (2014. 1. 1. 개정)

1. 사업부진이나 그 밖의 사유로 장기간 휴업 또는 폐업 상태에 있는 때로서 개인지방소득세를 포탈(逋脫)할 우려가 있다고 인정되는 경우 (2014. 1. 1. 개정)

2. 그 밖에 조세를 포탈할 우려가 있다고 인정되는 상당한 이유가 있는 경우 (2014. 1. 1. 개정)

② 제1항은 해당 과세기간 개시일부터 수시부과사유가 발생한 날까지를 수시부과기간으로 하여 적용한다. 이 경우 수시부과사유가 제95조에 따른 신고기한 이전에 발생한 경우로서 거주자가 직전 과세기간에 대하여 과세표준확정신고를 하지 아니한 경우에는 직전 과세기간을 수시부과기간에 포함한다. (2014. 1. 1. 개정)

③ 제1항에 따라 개인지방소득세를 수시부과하는 경우 해당 세액에 대하여는 「지방세기본법」 제53조 및 제54조을 적용하지 아니한다. (2016. 12. 27. 개정 ; 지방세기본법 부칙)

④ 제1항 및 제2항에 따른 수시부과에 필요한 사항은 대통령령으로 정한다. (2014. 1. 1. 개정)

제99조【가산세】(2014. 1. 1. 제목개정)

① 「소득세법」 제81조, 제81조의 2부터 제81조의 14까지의 규정에 따라 소득세 결정세액에 가산세를 더하는 경우에는 그 더하는 금액의 100분의 10에 해당하는 금액을 개인지방소득세 결정세액에 더한다. 다만, 「소득세법」 제81조의 5에 따라 더해지는 가산세의 100분의 10에 해당하는 개인지방소득세 가산세와 「지방세기본법」 제53조 또는 제54조에 따른 가산세가 동시에 적용되는 경우에는 그 중 큰 가산세액만 적용하고, 가산세액이 같은 경우에는 「지방세기본법」 제53조 또는 제54조에 따른 가산세만 적용한다. (2021. 12. 28. 개정)

과 세액을 그 지분에 따라 배분하여 상속인별로 통지하여야 한다. (2014. 3. 14. 개정)

제96조【수시부과】(2014. 3. 14. 제목개정)

① 법 제98조에 따른 과세표준 및 세액의 결정은 제94조 제1항을 준용하여 납세지 관할 지방자치단체의 장이 한다. (2015. 7. 24. 개정)

② 지방자치단체의 장은 사업자가 주한국제연합군 또는 외국기관으로부터 수입금액을 외국환은행을 통하여 외환증서 또는 원화로 영수할 때에는 법 제98조에 따라 그 영수할 금액에 대한 과세표준 및 세액을 결정할 수 있다. (2014. 3. 14. 개정)

③ 법 제98조에 따른 수시부과의 경우에 그 세액계산에 필요한 사항은 행정안전부령으로 정한다. (2017. 7. 26. 직제개정 ; 행정안전부와~직제 부칙)

제97조【가산세】삭 제 (2015. 7. 24.)

제43조【수시부과】(2014. 8. 8. 제목개정)

영 제96조 제3항에 따른 수시부과 세액은 「소득세법 시행규칙」 제69조 각 호의 계산식에 따라 계산한 금액으로 한다. 이 경우 기본세율은 법 제92조 제1항의 표준세율을 말한다. (2014. 8. 8. 개정)

② 「소득세법」 제70조 제4항 각 호 외의 부분 후단에 따라 종합소득
과세표준확정신고를 하지 아니한 것으로 보는 경우에 해당하여 가산세
부과대상이 되는 때에는 이 법 제95조에 따른 종합소득에 대한 개인지
방소득세 과세표준확정신고를 하지 아니한 것으로 본다. (2021. 12.
28. 신설)

제100조【징수와 환급】(2014. 1. 1. 제목개정)
① 납세지를 관할하는 지방자치단체의 장은 거주자가 제95조에 따라
해당 과세기간의 개인지방소득세로 납부하여야 할 세액의 전부 또는
일부를 납부하지 아니한 경우에는 그 미납된 부분의 개인지방소득세
세액을 「지방세기본법」 및 「지방세징수법」에 따라 징수한다. (2016.
12. 27. 개정 ; 지방세징수법 부칙)
② 납세지를 관할하는 지방자치단체의 장은 제98조에 따라 수시부과
하거나 제103조의 13에 따른 특별징수한 세액이 개인지방소득세 총결
정세액을 초과하는 경우에는 「지방세기본법」 제60조에 따라 이를 환
급하거나 지방세에 충당하는 등의 조치를 취하여야 한다. (2016. 12.
27. 개정 ; 지방세기본법 부칙)

제101조【결손금소급공제에 따른 환급】(2014. 1. 1. 제목개정)
① 거주자가 「소득세법」 제85조의 2에 따라 결손금소급공제에 의한
환급을 신청하는 경우 해당 이월결손금에 대하여 직전 과세기간 사업
소득에 부과된 개인지방소득세액을 한도로 대통령령으로 정하는 바에
따라 계산한 금액(이하 이 조에서 "결손금 소급공제세액"이라 한다)을
환급신청할 수 있다. 다만, 2021년 12월 31일이 속하는 과세기간에 이
월결손금이 발생한 경우로서 「조세특례제한법」 제8조의 4에 따라 환
급신청을 하는 경우에는 직전 과세기간과 직전전 과세기간의 사업소득
에 부과된 개인지방소득세액을 한도로 결손금 소급공제세액을 환급신
청할 수 있다. (2021. 12. 28. 개정)
② 결손금 소급공제세액을 환급받으려는 자는 제95조에 따른 과세표
준확정신고기한까지 대통령령으로 정하는 바에 따라 납세지 관할 지방
자치단체의 장에게 환급을 신청하여야 한다. 다만, 거주자가 납세지 관
할 세무서장 또는 지방국세청장에게 「소득세법」 제85조의 2 및 「조세

제98조【결손금 소급공제에 따른 환급세액의 계산】(2022. 2.
28. 제목개정)
① 법 제101조 제1항 본문에서 "대통령령으로 정하는 바에 따라 계산
한 금액"이란 제1호의 금액에서 제2호의 금액을 뺀 것(이하 이 조에서
"결손금소급공제세액"이라 한다)을 말한다. (2022. 2. 28. 개정)
1. 직전 과세기간의 해당 중소기업의 종합소득에 대한 개인지방소득세
　산출세액 (2014. 3. 14. 개정)
2. 직전 과세기간의 종합소득에 대한 개인지방소득세 과세표준에서
　「소득세법」 제45조 제3항의 이월결손금으로서 같은 법 제85조의 2
　에 따라 소급공제를 받은 금액(직전 과세기간의 종합소득에 대한 개
　인지방소득세 과세표준을 한도로 한다)을 뺀 금액에 직전 과세기간
　의 세율을 적용하여 계산한 해당 중소기업에 대한 종합소득에 대한
　개인지방소득세 산출세액 (2021. 12. 31. 개정)
② 법 제101조 제1항 단서에 따라 결손금소급공제세액을 환급신청하

특례제한법」 제8조의 4에 따른 결손금소급공제 환급을 신청한 경우에는 제1항에 따른 환급을 신청한 것으로 보며, 이 경우 환급가산금의 기산일은 대통령령으로 정한다. (2021. 12. 28. 단서개정)

③ 납세지 관할 지방자치단체의 장이 제2항에 따라 개인지방소득세의 환급신청을 받은 경우에는 지체 없이 환급세액을 결정하여 「지방세기본법」 제60조 및 제62조에 따라 환급하거나 충당하여야 한다. (2016. 12. 27. 개정 ; 지방세기본법 부칙)

④ 제1항부터 제3항까지의 규정은 해당 거주자가 결손금이 발생한 과세기간에 대한 과세표준 및 세액을 신고한 경우로서 그 직전 과세기간(제1항 단서를 적용하는 경우에는 직전전 과세기간을 포함한다)의 소득에 대한 개인지방소득세의 과세표준 및 세액을 각각 신고하였거나 지방자치단체의 장이 부과한 경우에만 적용한다. (2021. 12. 28. 개정)

⑤ 납세지 관할 지방자치단체의 장은 제3항에 따라 개인지방소득세를 환급받은 자가 다음 각 호의 어느 하나에 해당하는 경우에는 그 환급세액(제1호 및 제2호의 경우에는 과다하게 환급된 세액 상당액을 말한다)을 대통령령으로 정하는 바에 따라 그 이월결손금이 발생한 과세기간의 개인지방소득세로서 징수한다. (2014. 1. 1. 개정)

1. 결손금이 발생한 과세기간에 대한 개인지방소득세의 과세표준과 세액을 경정함으로써 이월결손금이 감소된 경우 (2014. 1. 1. 개정)
2. 결손금이 발생한 과세기간의 직전 과세기간(제1항 단서에 따라 환급받은 경우에는 직전전 과세기간을 포함한다)의 종합소득에 대한 개인지방소득세 과세표준과 세액을 경정함으로써 환급세액이 감소된 경우 (2021. 12. 28. 개정)
3. 「소득세법」 제85조의 2에 따른 중소기업 요건을 갖추지 아니하고 환급을 받은 경우 (2014. 1. 1. 개정)

⑥ 결손금의 소급공제에 의한 환급세액의 계산 및 신청 절차와 그 밖에 필요한 사항은 대통령령으로 정한다. (2014. 1. 1. 개정)

제101조의 2【중소기업 고용지원】삭 제 (2014. 1. 1.)

제102조【공동사업장에 대한 과세특례】(2014. 1. 1. 제목개정)
① 「소득세법」 제43조에 따른 공동사업장에서 발생한 소득금액에 대하

는 경우 제1항 및 제7항을 적용할 때에는 "직전 과세기간"은 각각 "직전 또는 직전전 과세기간"으로, "같은 법 제85조의2"는 "「조세특례제한법」 제8조의 4"로 보며, 직전 과세기간과 직전전 과세기간의 개인지방소득세 산출세액이 모두 있는 경우에는 직전전 과세기간의 과세표준에서 결손금을 먼저 공제한다. (2022. 2. 28. 신설)

③ 법 제101조 제2항에 따라 결손금소급공제세액을 환급받으려는 자는 행정안전부령으로 정하는 결손금소급공제세액환급신청서를 납세지 관할 지방자치단체의 장에게 제출하여야 한다. (2022. 2. 28. 항번개정)

④ 법 제101조 제2항 단서에 따라 결손금소급공제세액을 환급하는 경우 환급가산금 기산일은 「지방세기본법 시행령」 제43조 제1항 제5호 단서에 따른다. (2022. 2. 28. 항번개정)

⑤ 법 제101조 제5항에 따라 이월결손금이 감소됨에 따라 징수하는 개인지방소득세 환급세액은 다음의 계산식에 따라 산출한다. 이 경우 「소득세법」 제45조 제3항에 따른 이월결손금 중 그 일부 금액만을 소급공제받은 경우에는 소급공제받지 않은 결손금이 먼저 감소된 것으로 본다. (2022. 2. 28. 항번개정)

$$
\text{법 제101조 제3항에 따른 환급세액(이하 이 조에서 "당초환급세액" 이라 한다)} \times \frac{\text{감소된 결손금액으로서 소급공제받지 않은 결손금을 초과하는 금액}}{\text{소급공제 결손금액}}
$$

⑥ 법 제101조 제5항에 따라 환급세액을 징수하는 경우에는 제1호의 금액에 제2호의 율을 곱하여 계산한 금액을 환급세액에 가산하여 징수한다. (2022. 2. 28. 항번개정)

1. 법 제101조 제5항에 따른 환급세액 (2021. 12. 31. 신설)
2. 당초환급세액의 통지일의 다음 날부터 법 제101조 제5항에 따라 징수하는 개인지방소득세액의 고지일까지의 기간에 대한 「지방세기본법 시행령」 제34조 제1항에 따른 이자율. 다만, 납세자가 개인지방소득세액을 과다하게 환급받은 데 정당한 사유가 있는 경우에는 같은 영 제43조 제2항 본문에 따른 이자율을 적용한다. (2023. 12. 29. 개정)

⑦ 납세지 관할 지방자치단체의 장은 결손금소급공제세액 계산의 기초가 된 직전 과세기간의 종합소득에 대한 개인지방소득세 과세표준이나

제43조의 2【결손금소급공제세액 환급 신청】영 제98조 제3항에 따른 결손금소급공제세액환급신청서는 다음 각 호의 구분에 따른 서식에 따른다. (2022. 3. 31. 개정)

1. 법 제101조 제1항 본문에 따라 결손금소급공제세액을 환급신청하는 경우 : 별지 제40호의 8 서식에 따른 결손금소급공제세액 환급신청서 (2022. 3. 31. 신설)
2. 법 제101조 제1항 단서에 따라 결손금소급공제세액을 환급신청하는 경우 : 별지 제40호의 9 서식에 따른 결손금소급공제세액 환급특례신청서 (2022. 3. 31. 신설)

여 특별징수된 세액과 제99조 및 「지방세기본법」 제56조에 따른 가산세로서 공동사업장에 관련되는 세액은 각 공동사업자의 손익분배비율에 따라 배분한다. (2016. 12. 27. 개정 ; 지방세기본법 부칙)
② 공동사업장에 대한 소득금액의 신고, 결정, 경정 또는 조사 등 공동사업장에 대한 과세에 필요한 사항은 「소득세법」 제87조에서 정하는 바에 따른다. (2014. 1. 1. 개정)

제 2 절의 2 거주자의 금융투자소득에 대한 지방소득세 (2023. 3. 14. 신설)

제102조의 2【과세표준】① 금융투자소득에 대한 개인지방소득세 과세표준은 종합소득, 퇴직소득 및 양도소득에 대한 개인지방소득세 과세표준과 구분하여 계산한다. (2023. 3. 14. 신설)
② 금융투자소득에 대한 개인지방소득세 과세표준은 「소득세법」 제87조의 4에 따라 계산한 소득세의 과세표준(「조세특례제한법」 및 다른 법률에 따라 과세표준 산정과 관련된 조세감면 또는 중과세 등의 조세특례가 적용되는 경우에는 이에 따라 계산한 소득세의 과세표준을 말한다)과 동일한 금액으로 한다. (2023. 3. 14. 신설)

제102조의 3【세　율】① 금융투자소득에 대한 개인지방소득세의 표준세율은 다음 표와 같다. (2023. 3. 14. 신설)

과세표준	세율
3억원 이하	과세표준의 1천분의 20
3억원 초과	600만원 + (3억원을 초과하는 금액의 1천분의 25)

개인지방소득세액이 경정 등으로 변경되는 경우에는 즉시 당초환급세액을 재결정하여 결손금소급공제세액으로 환급한 세액과 재결정한 환급세액의 차액을 환급하거나 징수해야 한다. (2022. 2. 28. 항번개정)
⑧ 결손금소급공제에 의한 환급세액의 계산과 그 밖에 필요한 사항은 행정안전부령으로 정한다. (2022. 2. 28. 항번개정)

제99조【공동사업자별 분배명세서의 제출】(2014. 3. 14. 제목개정)
공동사업자가 과세표준확정신고를 하는 경우 대표공동사업자는 과세표준확정신고와 함께 해당 공동사업장에서 발생한 소득금액과 가산세액 및 특별징수된 세액을 적은 행정안전부령으로 정하는 공동사업자별 분배명세서를 납세지 관할 지방자치단체의 장에게 제출하여야 한다. 다만, 공동사업자가 「소득세법 시행령」 제150조 제6항에 따라 납세지 관할 세무서장에게 공동사업자별 분배명세서를 제출한 경우에는 납세지 관할 지방자치단체의 장에게 제출하지 않을 수 있다. (2019. 12. 31. 단서신설)

제44조【공동사업자별 분배명세서】
(2014. 8. 8. 제목개정)
영 제99조에 따른 공동사업자별 분배명세서는 별지 제40호의 10 서식에 따른다. (2022. 3. 31. 개정)

② 지방자치단체의 장은 조례로 정하는 바에 따라 금융투자소득에 대한 개인지방소득
세의 세율을 제1항에 따른 표준세율의 100분의 50의 범위에서 가감할 수 있다. (2023.
3. 14. 신설)

제102조의 4【세액계산의 순서】금융투자소득에 대한 개인지방소득세는 이 법
에 특별한 규정이 있는 경우를 제외하고는 다음 각 호의 순서에 따라 계산한다. (2023.
3. 14. 신설)
1. 제102조의 2에 따른 과세표준에 제102조의 3에 따른 세율을 적용하여 금융투자소득
   에 대한 개인지방소득세 산출세액을 계산한다. (2023. 3. 14. 신설)
2. 제1호에 따라 계산한 산출세액에서 제102조의 5에 따라 공제되거나 감면되는 세액
   이 있을 때에는 이를 차감하여 금융투자소득에 대한 개인지방소득세 결정세액을 계
   산한다. (2023. 3. 14. 신설)
3. 제2호에 따라 계산한 결정세액에「지방세기본법」제53조부터 제55조까지에 따른 가
   산세를 각각 더하여 금융투자소득에 대한 개인지방소득세 총결정세액을 계산한다.
   (2023. 3. 14. 신설)

제102조의 5【세액공제 및 세액감면】금융투자소득에 대한 개인지방소득세의
세액공제 및 세액감면에 관한 사항은「지방세특례제한법」에서 정한다. 다만, 금융투자
소득에 대한 개인지방소득세의 공제세액 또는 감면세액이 산출세액을 초과하는 경우에
는 그 초과금액은 없는 것으로 한다. (2023. 3. 14. 신설)

제102조의 6【예정신고와 납부】① 거주자가「소득세법」제87조의 21에 따라
금융투자소득 예정신고를 할 때에는 같은 조 제2항에 따른 신고기한에 2개월을 더한
날까지 금융투자소득금액 또는 금융투자결손금과 금융투자소득에 대한 개인지방소득세
액을 대통령령으로 정하는 바에 따라 납세지 관할 지방자치단체의 장에게 신고하여야
한다. 이 경우 거주자가 납세지 관할 지방자치단체의 장 외의 지방자치단체의 장에게
금융투자소득에 대한 개인지방소득세 예정신고를 한 경우에도 그 신고의 효력에는 영
향이 없다. (2023. 3. 14. 신설)
② 거주자가 제1항에 따라 금융투자소득에 대한 개인지방소득세 예정신고를 한 때에는
대통령령으로 정하는 예정신고 산출세액에서 다음 각 호의 세액을 공제한 금액을 제1
항에 따른 신고기한까지 대통령령으로 정하는 바에 따라 납세지 관할 지방자치단체에
납부하여야 한다. (2023. 3. 14. 신설)
1. 제102조의 5에 따른 공제세액 및 감면세액 (2023. 3. 14. 신설)
2. 제98조 및 제102조의 8에 따른 수시부과세액 (2023. 3. 14. 신설)

제102조의 7【과세표준 확정신고와 납부】① 거주자가「소득세법」제87조의
23 제1항에 따라 금융투자소득과세표준 확정신고를 할 때에는 해당 신고기한에 2개월
을 더한 날까지 금융투자소득에 대한 개인지방소득세 과세표준과 세액을 대통령령으로
정하는 바에 따라 납세지 관할 지방자치단체의 장에게 신고하여야 한다. 이 경우 거주
자가 납세지 관할 지방자치단체의 장 외의 지방자치단체의 장에게 금융투자소득에 대

제2절의 2 거주자의 금융투자소득에 대한 지방소득세 (2023. 3. 14. 신설)

제99조의 2【예정신고 및 산출세액의 계산】① 법 제102조의 6 제1항에 따라
금융투자소득에 대한 개인지방소득세 예정신고를 하려는 자는 행정안전부령으로 정하
는 신고서를 납세지 관할 지방자치단체의 장에게 제출해야 한다. (2023. 3. 14. 신설)
② 법 제102조의 6 제2항에서 "대통령령으로 정하는 예정신고 산출세액"이란 다음 계
산식에 따라 산출한 세액을 말한다. (2023. 3. 14. 신설)

> 예정신고 산출세액 = (A − B) × C
>
> A :「소득세법 시행령」제150조의 28 제1항의 계산식에 따른 금융투자소득금액
> B :「소득세법 시행령」제150조의 28 제1항의 계산식에 따른 금융투자소득 기본
>   공제금액(같은 영 제203조의 2 제5항에 따라 금융투자소득 기본공제를 신청
>   하지 않은 경우로 한정한다)
> C : 법 제102조의 3에 따른 세율

③ 제2항에도 불구하고 해당 과세기간에 금융투자소득에 대한 개인지방소득세 예정신
고를 2회 이상 하고 누진세율이 적용되는 경우로서 거주자가 이미 신고한 금융투자소
득금액과 합산하여 금융투자소득에 대한 개인지방소득세 예정신고를 하려는 경우 해당
거주자의 예정신고 산출세액은 다음 계산식에 따라 산출한 금액으로 한다. (2023. 3.
14. 신설)

> 예정신고 산출세액 = [(A + B − C) × D] − E
>
> A :「소득세법 시행령」제150조의 28 제2항의 계산식에 따른 이미 신고한 금융투
>   자소득금액

한 개인지방소득세 확정신고를 한 경우에도 그 신고의 효력에는 영향이 없다. (2023. 3. 14. 신설)
② 「소득세법」 제87조의 23 제3항에 따라 금융투자소득과세표준 확정신고를 하지 아니한 거주자는 제1항에 따른 금융투자소득에 대한 개인지방소득세 확정신고를 하지 아니한다. (2023. 3. 14. 신설)
③ 거주자가 제1항에 따른 금융투자소득에 대한 개인지방소득세 확정신고를 한 때에는 금융투자소득에 대한 개인지방소득세 산출세액에서 다음 각 호의 세액을 공제한 금액을 제1항에 따른 신고기한까지 대통령령으로 정하는 바에 따라 납세지 관할 지방자치단체에 납부하여야 한다. (2023. 3. 14. 신설)
1. 제102조의 5에 따른 공제세액 및 감면세액 (2023. 3. 14. 신설)
2. 제102조의 6에 따른 예정신고 산출세액 또는 제97조 및 제102조의 8에 따라 결정·경정한 세액 (2023. 3. 14. 신설)
3. 제98조 및 제102조의 8에 따른 수시부과세액 (2023. 3. 14. 신설)
4. 제103조의 13에 따른 특별징수세액 (2023. 3. 14. 신설)

제102조의 8 【수정신고·결정·경정·수시부과·징수·환급 등】 금융투자소득에 대한 개인지방소득세의 수정신고·결정·경정·수시부과·징수 및 환급 등에 관하여는 제96조부터 제98조까지 및 제100조의 규정을 준용한다. (2023. 3. 14. 신설)

제 2 절의 2 거주자의 금융투자소득에 대한 지방소득세 삭 제 (2024. 12. 31.)

제 3 절   거주자의 양도소득에 대한 지방소득세
(2014. 1. 1. 신설)

제103조 【과세표준】 (2014. 1. 1. 제목개정)
① 거주자의 양도소득에 대한 개인지방소득세 과세표준은 종합소득 및 퇴직소득에 대한 개인지방소득세 과세표준과 구분하여 계산한다. (2024. 12. 31. 개정)
② 양도소득에 대한 개인지방소득세 과세표준은 「소득세법」 제92조에 따라 계산한 소득세의 과세표준(「조세특례제한법」 및 다른 법률에 따라 과세표준 산정과 관련된 조세감면 또는 중과세 등의 조세특례가 적용되는 경우에는 이에 따라 계산한 소득세의 과세표준)과 동일한 금액으로 한다. (2019. 12. 31. 개정)
③ 제2항에도 불구하고 거주자의 국외자산 양도소득에 대한 개인지방

B : 「소득세법 시행령」 제150조의 28 제2항의 계산식에 따른 2회 이후 신고하는 금융투자소득금액
C : 「소득세법 시행령」 제150조의 28 제2항의 계산식에 따른 금융투자소득 기본공제금액(같은 영 제203조의 2 제5항에 따라 금융투자소득 기본공제를 신청하지 않은 경우로 한정한다)
D : 법 제102조의 3에 따른 세율
E : 이미 신고한 금융투자소득에 대한 개인지방소득세 예정신고 산출세액

제99조의 3 【예정신고에 따른 세액 납부】 법 제102조의 6 제2항에 따라 금융투자소득에 대한 개인지방소득세액을 납부하려는 자는 행정안전부령으로 정하는 납부서로 납부해야 한다. (2023. 3. 14. 신설)

제99조의 4 【확정신고·납부】① 법 제102조의 7 제1항에 따라 금융투자소득에 대한 개인지방소득세 과세표준과 세액을 신고하려는 자는 행정안전부령으로 정하는 신고서를 납세지 관할 지방자치단체의 장에게 제출해야 한다. (2023. 3. 14. 신설)
② 법 제102조의 7 제3항에 따라 금융투자소득에 대한 개인지방소득세액을 납부하려는 자는 행정안전부령으로 정하는 납부서로 납부해야 한다. (2023. 3. 14. 신설)

제 2 절의 2 거주자의 금융투자소득에 대한 지방소득세 삭 제 (2024. 12. 31.)

제 3 절   거주자의 양도소득에 대한 지방소득세
(2014. 3. 14. 신설)

소득세 과세표준은 「소득세법」 제118조의 3, 제118조의 4 및 제118조
의 6부터 제118조의 8까지의 규정에 따라 계산한 소득세의 과세표준
(「조세특례제한법」 및 다른 법률에 따라 과세표준 산정과 관련된 조세
감면 또는 중과세 등의 조세특례가 적용되는 경우에는 이에 따라 계산
한 소득세의 과세표준)과 동일한 금액으로 한다. (2019. 12. 31. 개정)
④ 「소득세법」 제118조의 9에 따른 국외전출자의 양도소득에 대한 개
인지방소득세 과세표준은 같은 제118조의 10에 따라 계산한 소득세의
과세표준(「조세특례제한법」 및 다른 법률에 따라 과세표준 산정과 관
련된 조세감면 또는 중과세 등의 조세특례가 적용되는 경우에는 이에
따라 계산한 소득세의 과세표준)과 동일한 금액으로 한다. (2023. 3.
14. 개정)

   제103조의 2 【세액계산의 순서】 (2023. 3. 14. 제목개정)
양도소득에 대한 개인지방소득세는 이 법에 특별한 규정이 있는 경우를
제외하고는 다음 각 호에 따라 계산한다. (2014. 1. 1. 신설)
1. 제103조에 따른 과세표준에 제103조의 3에 따른 세율을 적용하여
   양도소득에 대한 개인지방소득세 산출세액을 계산한다. (2014. 1. 1.
   신설)
2. 제1호에 따라 계산한 산출세액에서 제103조의 4에 따라 감면되는
   세액이 있을 때에는 이를 공제하여 양도소득에 대한 개인지방소득
   세 결정세액을 계산한다. (2014. 1. 1. 신설)
3. 제2호에 따라 계산한 결정세액에 제103조의 8, 제103조의 9 제2항 및
   「지방세기본법」 제53조부터 제55조까지에 따른 가산세를 더하여 양
   도소득에 대한 개인지방소득세 총결정세액을 계산한다. (2024. 12. 31.
   개정)

   제103조의 3 【세 율】 ① 거주자의 양도소득에 대한 개인지방
소득세는 해당 과세기간의 양도소득과세표준에 다음 각 호의 표준세율
을 적용하여 계산한 금액을 그 세액으로 한다. 이 경우 하나의 자산이
다음 각 호에 따른 세율 중 둘 이상에 해당할 때에는 해당 세율을 적용
하여 계산한 양도소득에 대한 개인지방소득세 산출세액 중 큰 것을 그
세액으로 한다. (2016. 12. 27. 후단개정)

1. 「소득세법」 제94조 제1항 제1호·제2호 및 제4호에 해당하는 자산 : 제92조 제1항에 따른 세율(분양권의 경우에는 양도소득에 대한 개인지방소득세 과세표준의 1천분의 60) (2020. 8. 12. 개정)
2. 「소득세법」 제94조 제1항 제1호 및 제2호에서 규정하는 자산으로서 그 보유기간이 1년 이상 2년 미만인 것 : 양도소득에 대한 개인지방소득세 과세표준의 1천분의 40(주택, 조합원입주권 및 분양권의 경우에는 1천분의 60) (2020. 8. 12. 개정)
3. 「소득세법」 제94조 제1항 제1호 및 제2호에서 규정하는 자산으로서 그 보유기간이 1년 미만인 것 : 양도소득에 대한 개인지방소득세 과세표준의 1천분의 50(주택, 조합원입주권 및 분양권의 경우에는 1천분의 70) (2020. 8. 12. 개정)
4. 「소득세법」 제94조 제1항 제2호에 따른 자산 중 「주택법」 제63조의 2 제1항 제1호에 따른 조정대상지역(이하 이 조에서 "조정대상지역"이라 한다)에서 공급하는 주택의 입주자로 선정된 지위(조합원입주권은 제외한다): 양도소득에 대한 개인지방소득세 과세표준의 1천분의 50. 다만, 1세대가 보유하고 있는 주택이 없는 경우로서 대통령령으로 정하는 경우는 적용하지 아니한다. (2017. 12. 30. 신설)
4. 삭 제 (2020. 8. 12.)
5.~7. 삭 제 (2014. 3. 24.)
8. 「소득세법」 제104조의 3에 따른 비사업용 토지(제5항 제3호 단서에 해당하는 경우를 포함한다) (2023. 3. 14. 개정)

과세표준	세율
1천400만원 이하	과세표준의 1천분의 16
1천400만원 초과 5천만원 이하	22만4천원 + (1천400만원을 초과하는 금액의 1천분의 25)
5천만원 초과 8천800만원 이하	112만4천원 + (5천만원을 초과하는 금액의 1천분의 34)
8천800만원 초과 1억5천만원 이하	241만6천원 + (8천800만원을 초과하는 금액의 1천분의 45)
1억5천만원 초과 3억원 이하	520만6천원 + (1억5천만원을 초과하는 금액의 1천분의 48)
3억원 초과 5억원 이하	1천240만6천원 + (3억원을 초과하는 금액의 1천분의 50)

제100조 【세 율】 (2014. 3. 14. 제목개정)
① 삭 제 (2016. 12. 30.)
② 법 제103조의 3 제1항 제2호에서 "대통령령으로 정하는 토지"란 「소득세법」 제89조 제1항 제3호에 따른 주택부수토지를 말한다. (2015. 12. 31. 항번개정)
③~⑤ 삭 제 (2014. 8. 12.)

⑥ 법 제103조의 3 제1항 제4호 단서에서 "대통령령으로 정하는 경우"란 「소득세법 시행령」 제167조의 6에 따른 경우를 말한다. (2018. 3. 27. 신설)
⑥ 삭 제 (2020. 12. 31.)

과세표준	세율
5억원 초과 10억원 이하	2천240만6천원 + (5억원을 초과하는 금액의 1천분의 52)
10억원 초과	4천840만6천원 + (10억원을 초과하는 금액의 1천분의 55)

9. 「소득세법」 제94조 제1항 제4호 다목 및 라목에 따른 자산 중 대통령령으로 정하는 자산 (2023. 3. 14. 개정)

과세표준	세 율
1천400만원 이하	과세표준의 1천분의 16
1천400만원 초과 5천만원 이하	22만4천원 + (1천400만원을 초과하는 금액의 1천분의 25)
5천만원 초과 8천800만원 이하	112만4천원 + (5천만원을 초과하는 금액의 1천분의 34)
8천800만원 초과 1억5천만원 이하	241만6천원 + (8천800만원을 초과하는 금액의 1천분의 45)
1억5천만원 초과 3억원 이하	520만6천원 + (1억5천만원을 초과하는 금액의 1천분의 48)
3억원 초과 5억원 이하	1천240만6천원 + (3억원을 초과하는 금액의 1천분의 50)
5억원 초과 10억원 이하	2천240만6천원 + (5억원을 초과하는 금액의 1천분의 52)
10억원 초과	4천840만6천원 + (10억원을 초과하는 금액의 1천분의 55)

10. 「소득세법」 제104조 제3항에 따른 미등기양도자산 : 양도소득에 대한 개인지방소득세 과세표준의 1천분의 70 (2014. 1. 1. 신설)

11. 「소득세법」 제94조 제1항 제3호 가목 및 나목에 따른 자산 (2019. 12. 31. 개정)

　가. 「소득세법」 제104조 제1항 제11호 가목에 따른 대주주(이하 이 절에서 "대주주"라 한다)가 양도하는 「소득세법」 제88조 제2호에 따른 주식등(이하 "주식등"이라 한다) (2017. 12. 30. 개정)

⑦ 법 제103조의 3 제1항 제9호에서 "대통령령으로 정하는 자산"이란 「소득세법 시행령」 제167조의 7에 따른 자산을 말한다. (2014. 3. 14. 개정)

1) 1년 미만 보유한 주식등으로서 대통령령으로 정하는 중소기업(이하 이 절에서 "중소기업"이라 한다) 외의 법인의 주식등 : 양도소득에 대한 개인지방소득세 과세표준의 1천분의 30 (2017. 12. 30. 개정)

2) 1)에 해당하지 아니하는 주식 등 (2017. 12. 30. 개정)

과세표준	세　율
3억원 이하	1천분의 20
3억원 초과	600만원 + (3억원 초과액 × 1천분의 25)

나. 대주주가 아닌 자가 양도하는 주식 등 (2017. 12. 30. 개정)

1) 중소기업의 주식등 : 양도소득에 대한 개인지방소득세 과세표준의 1천분의 10 (2017. 12. 30. 개정)

2) 1)에 해당하지 아니하는 주식등 : 양도소득에 대한 개인지방소득세 과세표준의 1천분의 20 (2017. 12. 30. 개정)

다. 가목 및 나목 외의 주식 등 : 양도소득에 대한 개인지방소득세 과세표준의 1천분의 20 (2014. 1. 1. 신설)

다. 삭　제 (2017. 12. 30.)

12. 「소득세법」 제94조 제1항 제3호 다목에 따른 자산 (2024. 12. 31. 신설)

가. 중소기업의 주식등: 양도소득에 대한 개인지방소득세 과세표준의 1천분의 10 (2024. 12. 31. 신설)

나. 가목에 해당하지 아니하는 주식등: 양도소득에 대한 개인지방소득세 과세표준의 1천분의 20 (2024. 12. 31. 신설)

13. 「소득세법」 제94조 제1항 제5호에 따른 파생상품등: 양도소득에 대한 개인지방소득세 과세표준의 1천분의 20 (2024. 12. 31. 신설)

14. 「소득세법」 제94조 제1항 제6호에 따른 신탁 수익권 (2020. 12. 29. 신설)

과세표준	세　율
3억원 이하	1천분의 20
3억원 초과	600만원 + (3억원을 초과하는 금액의 1천분의 25)

② 제1항 제2호·제3호 및 제11호 가목의 보유기간의 산정은 「소득세

⑧ 법 제103조의 3 제1항 제11호 가목 1)에서 "대통령령으로 정하는 중소기업"이란 주식등의 양도일 현재 「중소기업기본법」 제2조에 따른 중소기업을 말한다. (2018. 3. 27. 개정)

⑨ 법 제103조의 3 제5항 제1호에서 "대통령령으로 정하는 1세대3주택 이상에 해당하는 주택"이란 「소득세법 시행령」 제167조의 3에 따른 주택을 말한다. (2014. 8. 12. 신설)

⑩ 법 제103조의 3 제5항 제2호에서 "대통령령으로 정하는 1세대"란 「소득세법」 제88조 제6호에 따른 1세대를 말한다. (2016. 12. 30. 개정)

⑪ 법 제103조의 3 제5항 제2호에서 1세대가 보유한 주택(주택에 딸린 토지를 포함한다)과 조합원입주권의 수를 계산할 때에는 「소득세법 시행령」 제167조의 4 제2항부터 제5항까지의 규정에 따른다. (2014. 8. 12. 신설)

⑨~⑪ 삭　제 (2018. 3. 27.)

⑫ 법 제103조의 3 제7항에 따라 같은 조 제1항 제13호에 따른 파생상품 등의 양도소득에 대한 개인지방소득세의 세율은 1천분의 10으로 한다. (2024. 12. 31. 신설)

법」 제104조 제2항에서 정하는 바에 따른다. (2017. 12. 30. 개정)

③ 거주자의 「소득세법」 제118조의 2 제1호·제2호 및 제5호에 따른 자산의 양도소득에 대한 개인지방소득세의 표준세율은 제92조 제1항에 따른 세율과 같다. (2019. 12. 31. 개정)

1. 「소득세법」 제118조의 2 제1호·제2호 및 제5호에 따른 자산 (2015. 7. 24. 개정)
   제92조 제1항에 따른 세율
2. 「소득세법」 제118조의 2 제3호에 따른 자산 (2014. 1. 1. 신설)
   가. 중소기업의 주식등 (2014. 1. 1. 신설)
      양도소득에 대한 개인지방소득세 과세표준의 1천분의 10
   나. 그 밖의 주식등 (2014. 1. 1. 신설)
      양도소득에 대한 개인지방소득세 과세표준의 1천분의 20
1. · 2. 삭 제 (2019. 12. 31.)
3. 「소득세법」 제118조의 2 제4호에 따른 파생상품 등 : 제103조의 3 제1항 제12호에 따른 세율 (2015. 7. 24. 신설)
3. 삭 제 (2017. 12. 30.)

④ 지방자치단체의 장은 조례로 정하는 바에 따라 양도소득에 대한 개인지방소득세의 세율을 제1항에 따른 표준세율의 100분의 50의 범위에서 가감할 수 있다. (2014. 1. 1. 신설)

⑤ 다음 각 호의 어느 하나에 해당하는 부동산을 양도하는 경우 제92조 제1항에 따른 세율(제3호의 경우에는 제1항 제8호에 따른 세율)에 1천분의 10을 더한 세율을 적용한다. 이 경우 해당 부동산 보유기간이 2년 미만인 경우에는 전단에 따른 세율을 적용하여 계산한 양도소득에 대한 개인지방소득세 산출세액과 제1항 제2호 또는 제3호의 세율을 적용하여 계산한 양도소득에 대한 개인지방소득세 산출세액 중 큰 세액을 양도소득에 대한 개인지방소득세 산출세액으로 한다. (2017. 12. 30. 개정)

1. 「소득세법」 제104조의 2 제2항에 따른 지정지역에 있는 부동산으로서 대통령령으로 정하는 1세대 3주택 이상에 해당하는 주택(이에 딸린 토지를 포함한다. 이하 이 항에서 같다) (2014. 3. 24. 신설)
2. 「소득세법」 제104조의 2 제2항에 따른 지정지역에 있는 부동산으로서 대통령령으로 정하는 1세대가 주택과 조합원입주권을 보유한 경우로서 그 수의 합이 3 이상인 경우의 해당 주택 (2014. 3. 24. 신설)
1. · 2. 삭 제 (2017. 12. 30.)
3. 「소득세법」 제104조의 2 제2항에 따른 지정지역에 있는 부동산으

로서 같은 법 제104조의 3에 따른 비사업용 토지. 다만, 지정지역의 공고가 있은 날 이전에 토지를 양도하기 위하여 매매계약을 체결하고 계약금을 지급받은 사실이 증명서류에 의하여 확인되는 경우는 제외한다. (2019. 12. 31. 단서신설)

4. 그 밖에 부동산 가격이 급등하였거나 급등할 우려가 있어 부동산 가격의 안정을 위하여 필요한 경우에 대통령령으로 정하는 부동산 (2014. 3. 24. 신설)

⑥ 해당 과세기간에 「소득세법」 제94조 제1항 제1호·제2호 및 제4호에서 규정한 자산을 둘 이상 양도하는 경우 양도소득에 대한 개인지방소득세 산출세액은 다음 각 호의 금액 중 큰 것(제103조의 4에 따른 양도소득에 대한 개인지방소득세의 감면세액이 있는 경우에는 해당 감면세액을 차감한 세액이 더 큰 경우의 산출세액을 말한다)으로 한다. 이 경우 제2호의 금액을 계산할 때 제1항 제8호 및 제9호의 자산은 동일한 자산으로 보고, 한 필지의 토지가 「소득세법」 제104조의 3에 따른 비사업용 토지와 그 외의 토지로 구분되는 경우에는 각각을 별개의 자산으로 보아 양도소득에 대한 개인지방소득세 산출세액을 계산한다. (2019. 12. 31. 개정)

1. 해당 과세기간의 양도소득과세표준 합계액에 대하여 제92조 제1항에 따른 세율을 적용하여 계산한 양도소득에 대한 개인지방소득세 산출세액 (2015. 7. 24. 신설)
2. 제1항부터 제5항까지 및 제10항의 규정에 따라 계산한 자산별 양도소득에 대한 개인지방소득세 산출세액 합계액. 다만, 둘 이상의 자산에 대하여 제1항 각 호, 제5항 각 호 및 제10항 각 호에 따른 세율 중 동일한 호의 세율이 적용되고, 그 적용세율이 둘 이상인 경우 해당 자산에 대해서는 각 자산의 양도소득과세표준을 합산한 것에 대하여 제1항·제5항 또는 제10항의 각 해당 호별 세율을 적용하여 산출한 세액 중에서 큰 산출세액의 합계액으로 한다. (2019. 12. 31. 개정)

⑦ 제1항 제13호에 따른 세율은 자본시장 육성 등을 위하여 필요한 경우 그 세율의 100분의 75의 범위에서 대통령령으로 정하는 바에 따라 인하할 수 있다. (2024. 12. 31. 신설)

☞ p.4018 1단 연결

⑧ 「소득세법」 제118조의 9에 따라 양도소득으로 보는 국내주식 등의 평가이익에 대한 세율은 다음 표와 같다. (2023. 3. 14. 개정)

과세표준	세　율
3억원 이하	1천분의 20
3억원 초과	600만원 + (3억원 초과액 × 1천분의 25)

⑨ 제3항에 따른 세율에 대해서는 제5항을 준용하여 가중할 수 있다. (2017. 12. 30. 개정)

⑩ 다음 각 호의 어느 하나에 해당하는 주택(이에 딸린 토지를 포함한다. 이하 이 항에서 같다)을 양도하는 경우 제92조 제1항에 따른 세율에 1천분의 20(제3호 또는 제4호에 해당하는 주택은 1천분의 30)을 더한 세율을 적용한다. 이 경우 해당 주택 보유기간이 2년 미만인 경우에는 제92조 제1항에 따른 세율에 1천분의 20(제3호 또는 제4호에 해당하는 주택은 1천분의 30)을 더한 세율을 적용하여 계산한 양도소득에 대한 개인지방소득세 산출세액과 제1항 제2호 또는 제3호의 세율을 적용하여 계산한 양도소득에 대한 개인지방소득세 산출세액 중 큰 세액을 양도소득에 대한 개인지방소득세 산출세액으로 한다. (2020. 8. 12. 개정)

1. 조정대상지역에 있는 주택으로서 대통령령으로 정하는 1세대 2주택에 해당하는 주택 (2017. 12. 30. 신설)
2. 조정대상지역에 있는 주택으로서 1세대가 1주택과 조합원입주권 또는 분양권을 1개 보유한 경우의 해당 주택. 다만, 대통령령으로 정하는 장기임대주택 등은 제외한다. (2020. 8. 12. 개정)
3. 조정대상지역에 있는 주택으로서 대통령령으로 정하는 1세대 3주택 이상에 해당하는 주택 (2017. 12. 30. 신설)
4. 조정대상지역에 있는 주택으로서 1세대가 주택과 조합원입주권 또는 분양권을 보유한 경우로서 그 수의 합이 3 이상인 경우 해당 주택. 다만, 대통령령으로 정하는 장기임대주택 등은 제외한다. (2020. 8. 12. 개정)

　제103조의 4 【세액공제 및 세액감면】 양도소득에 대한 개인지방소득세의 세액공제 및 세액감면에 관한 사항은 「지방세특례제한법」에서 정한다. 다만, 양도소득에 대한 개인지방소득세의 공제세액 또는

⑬ 법 제103조의 3 제10항 제1호에서 "대통령령으로 정하는 1세대 2주택에 해당하는 주택"이란 「소득세법 시행령」 제167조의 10에 따른 주택을 말한다. (2018. 3. 27. 신설)
⑭ 법 제103조의 3 제10항 제2호 단서에서 "대통령령으로 정하는 장기임대주택 등"이란 「소득세법 시행령」 제167조의 11에 따른 주택을 말한다. (2018. 3. 27. 신설)
⑮ 법 제103조의 3 제10항 제3호에서 "대통령령으로 정하는 1세대 3주택 이상에 해당하는 주택"이란 「소득세법 시행령」 제167조의 3에 따른 주택을 말한다. (2018. 3. 27. 신설)
⑯ 법 제103조의 3 제10항 제4호 단서에서 "대통령령으로 정하는 장기임대주택 등"이란 「소득세법 시행령」 제167조의 4에 따른 주택을 말한다. (2018. 3. 27. 신설)

감면세액이 산출세액을 초과하는 경우에는 그 초과금액은 없는 것으로 한다. (2014. 1. 1. 신설)

　제103조의 5【과세표준 예정신고와 납부】① 거주자가 「소득세법」 제105조에 따라 양도소득과세표준 예정신고를 하는 경우에는 해당 신고기한에 2개월을 더한 날(이하 이 조에서 "예정신고기한"이라 한다)까지 양도소득에 대한 개인지방소득세 과세표준과 세액을 대통령령으로 정하는 바에 따라 납세지 관할 지방자치단체의 장에게 신고(이하 이 절에서 "예정신고"라 한다)하여야 한다. 이 경우 거주자가 양도소득에 대한 개인지방소득세 과세표준과 세액을 납세지 관할 지방자치단체의 장 외의 지방자치단체의 장에게 신고한 경우에도 그 신고의 효력에는 영향이 없다. (2019. 12. 31. 개정)
② 제1항은 양도차익이 없거나 양도차손이 발생한 경우에도 적용한다. (2014. 1. 1. 신설)
③ 거주자가 예정신고를 할 때에는 제103조의 6에 따른 양도소득에 대한 개인지방소득세 예정신고 산출세액에서 「지방세특례제한법」이나 조례에 따른 감면세액과 제98조 및 제103조의 9에 따른 수시부과세액을 공제한 세액을 대통령령으로 정하는 바에 따라 납세지 관할 지방자치단체의 장에게 납부(이하 이 절에서 "예정신고납부"라 한다)하여야 한다. (2014. 1. 1. 신설)
④ 제1항에도 불구하고 납세지 관할 지방자치단체의 장은 거주자에게 제1항에 따른 과세표준과 세액을 기재한 행정안전부령으로 정하는 납부서(이하 이 조에서 "납부서"라 한다)를 발송할 수 있다. (2019. 12. 31. 신설)
⑤ 제4항에 따라 납부서를 받은 자가 납부서에 기재된 세액을 예정신고기한까지 납부한 경우에는 제1항에 따라 예정신고를 하고 납부한 것으로 본다. (2019. 12. 31. 신설)

　제103조의 6【예정신고 산출세액의 계산】① 예정신고납부를 할 때 납부할 세액은 양도소득에 대한 개인지방소득세 과세표준에 제103조의 3의 세율을 적용하여 계산한 금액으로 한다. (2014. 1. 1. 신설)

　제100조의 2【예정신고납부】① 법 제103조의 5 제1항에 따라 예정신고를 하려는 자는 행정안전부령으로 정하는 양도소득에 대한 개인지방소득세 과세표준예정신고 및 납부계산서를 납세지 관할 지방자치단체의 장에게 제출하여야 한다. (2017. 7. 26. 직제개정 ; 행정안전부와~직제 부칙)

② 법 제103조의 5 제3항에 따라 양도소득에 대한 개인지방소득세를 납부하려는 자는 행정안전부령으로 정하는 납부서로 납부하여야 한다. (2017. 7. 26. 직제개정 ; 행정안전부와~직제 부칙)

　제45조【양도소득에 대한 개인지방소득세 예정신고와 납부】(2014. 8. 8. 제목개정)
① 영 제100조의 2 제1항에 따른 양도소득에 대한 개인지방소득세 과세표준예정신고 및 납부계산서는 별지 제40호의 11 서식에 따른다. (2022. 3. 31. 개정)

② 영 제100조의 2 제2항에 따른 양도소득에 대한 개인지방소득세의 납부서는 별지 제14호 서식 또는 별지 제40호 서식에 따른다. (2014. 8. 8. 개정)

③ 법 제103조의 5 제4항에 따른 양도소득에 대한 개인지방소득세 과세표준 예정신고 납부서는 별지 제40호의 12 서식에 따른다. (2022. 3. 31. 개정)

② 해당 과세기간에 누진세율 적용대상 자산에 대한 예정신고를 2회 이상 하는 경우로서 거주자가 이미 신고한 양도소득금액과 합산하여 신고하려는 경우에는 「소득세법」 제107조 제2항의 산출세액 계산방법을 준용하여 계산한다. 이 경우 세율은 다음 각 호의 구분에 따른 세율로 한다. (2016. 12. 27. 후단개정)

1. 「소득세법」 제107조 제2항 제1호에 따라 계산하는 경우: 제103조의 3 제1항 제1호에 따른 세율 (2016. 12. 27. 신설)

2. 「소득세법」 제107조 제2항 제2호에 따라 계산하는 경우: 제103조의 3 제1항 제8호 또는 제9호에 따른 세율 (2016. 12. 27. 신설)

3. 「소득세법」 제107조 제2항 제3호에 따라 계산하는 경우 : 제103조의 3 제1항 제11호 가목 2)에 따른 세율 (2017. 12. 30. 신설)

4. 「소득세법」 제107조 제2항 제4호에 따라 계산하는 경우: 제103조의 3 제1항 제14호에 따른 세율 (2020. 12. 29. 신설)

제103조의 7 【과세표준 확정신고와 납부】① 거주자가 「소득세법」 제110조에 따라 양도소득과세표준 확정신고를 하는 경우에는 해당 신고기한에 2개월을 더한 날(이하 이 조에서 "확정신고기한"이라 한다)까지 양도소득에 대한 개인지방소득세 과세표준과 세액을 대통령령으로 정하는 바에 따라 납세지 관할 지방자치단체의 장에게 확정신고·납부하여야 한다. 이 경우 거주자가 양도소득에 대한 개인지방소득세 과세표준과 세액을 납세지 관할 지방자치단체의 장 외의 지방자치단체의 장에게 신고한 경우에도 그 신고의 효력에는 영향이 없다. (2019. 12. 31. 개정)

② 제1항은 해당 과세기간의 과세표준이 없거나 결손금액이 있는 경우에도 적용한다. (2014. 1. 1. 신설)

③ 예정신고를 한 자는 제1항에도 불구하고 해당소득에 대한 확정신고를 하지 아니할 수 있다. 다만, 해당 과세기간에 누진세율 적용대상 자산에 대한 예정신고를 2회 이상 하는 경우 등으로서 대통령령으로 정하는 경우에는 그러하지 아니하다. (2014. 1. 1. 신설)

제100조의 3 【양도소득에 대한 개인지방소득세 과세표준 확정신고】① 법 제103조의 7 제1항 및 제6항에 따라 확정신고·납부를 하려는 자는 행정안전부령으로 정하는 양도소득에 대한 개인지방소득세 과세표준확정신고 및 납부계산서를 납세지 관할 지방자치단체의 장에게 제출하여야 한다. (2017. 12. 29. 개정)

② 법 제103조의 7 제3항 단서에서 "대통령령으로 정하는 경우"란 다음 각 호의 어느 하나에 해당하는 경우를 말한다. (2014. 3. 14. 신설)

1. 해당 연도에 누진세율의 적용대상 자산에 대한 예정신고를 2회 이상 한 자가 법 제103조의 6 제2항에 따라 이미 신고한 양도소득금액과 합산하여 신고하지 아니한 경우 (2014. 3. 14. 신설)

2. 「소득세법」 제94조 제1항 제1호·제2호·제4호 및 제6호에 따른 토지, 건물, 부동산에 관한 권리, 기타자산 및 신탁 수익권을 2회 이

제46조 【양도소득에 대한 개인지방소득세 확정신고와 납부】① 영 제100조의 3 제1항에 따른 양도소득에 대한 개인지방소득세 과세표준확정신고 및 납부계산서는 별지 제40호의 11 서식에 따른다. (2022. 3. 31. 개정)

상 양도한 경우로서 같은 법 제103조 제2항을 적용할 경우 당초 신고한 양도소득에 대한 개인지방소득세 산출세액이 달라지는 경우 (2023. 3. 14. 개정)

3. 「소득세법」 제94조 제1항 제1호·제2호 및 제4호에 따른 토지, 건물, 부동산에 관한 권리 및 기타자산을 둘 이상 양도한 경우로서 법 제103조의 3 제6항을 적용할 경우 당초 신고한 양도소득에 대한 개인지방소득세 산출세액이 달라지는 경우 (2020. 4. 28. 신설)

4. 「소득세법」 제94조 제1항 제3호 가목 및 나목에 해당하는 주식등을 2회 이상 양도한 경우로서 같은 법 제103조 제2항을 적용할 경우 당초 신고한 양도소득에 대한 개인지방소득세 산출세액이 달라지는 경우 (2020. 4. 28. 개정)

④ 거주자는 해당 과세기간의 양도소득에 대한 개인지방소득세 산출세액에서 제103조의 4에 따라 감면되는 세액을 공제한 금액을 확정신고기한까지 대통령령으로 정하는 바에 따라 납세지 관할 지방자치단체에 납부하여야 한다. (2019. 12. 31. 개정)

⑤ 제1항에 따른 확정신고·납부를 하는 경우 제103조의 6에 따른 예정신고 산출세액, 제103조의 9에 따라 결정·경정한 세액 또는 제98조·제103조의 9에 따른 수시부과세액이 있을 때에는 이를 공제하여 납부한다. (2014. 1. 1. 신설)

⑥ 「소득세법」 제118조의 9에 따른 국외전출자(이하 이 조에서 "국외전출자"라 한다)는 같은 법 제118조의 15 제2항에 따라 양도소득 과세표준을 신고하는 경우에는 해당 신고기한까지 양도소득에 대한 개인지방소득세과세표준과 세액을 대통령령으로 정하는 바에 따라 납세지 관할 지방자치단체의 장에게 신고납부하여야 한다. (2023. 3. 14. 개정)

⑦ 국외전출자는 「소득세법」 제118조의 16에 따라 소득세 납부를 유예받은 경우로서 납세지를 관할하는 지방자치단체의 장에게 「지방세기본법」 제65조에 따른 납세담보를 제공하는 경우에는 이 법에 따른 개인지방소득세의 납부를 유예받을 수 있다. 이 경우 개인지방소득세의 납부를 유예받은 경우에는 대통령령으로 정하는 바에 따라 납부유예기간에 대한 이자상당액을 가산하여 개인지방소득세를 납부하여야 한다. (2023. 3. 14. 개정)

③ 법 제103조의 7 제4항부터 제6항까지에 따라 양도소득에 대한 개인지방소득세를 납부하려는 자는 행정안전부령으로 정하는 납부서로 납부하여야 한다. (2017. 12. 29. 개정)

④ 법 제103조의 7 제7항 후단에 따른 이자상당액은 다음의 계산식에 따라 산출된 금액으로 한다. (2017. 12. 29. 신설)

이자상당액 = 법 제103조의 7 제7항에 따라 납부유예 받은 금액 × 신고기한의 다음 날부터 납부일까지의 일수 × 납부유예 신청일 현재 「지방세기본법 시행령」 제43조에 따른 이자율

② 영 제100조의 3 제3항에 따른 양도소득에 대한 개인지방소득세의 납부는 별지 제14호 서식 또는 별지 제40호 서식에 따른다. (2014. 8. 8. 신설)

⑧ 납세지 관할 지방자치단체의 장은 「소득세법」 제118조의 17에 따라 국외전출자가 납부한 세액이 환급되거나 납부유예 중인 세액이 취소된 경우에는 국외전출자가 납부한 개인지방소득세를 환급하거나 납부유예 중인 세액을 취소하여야 한다. 이 경우 「지방세기본법」 제62조에 따른 지방세환급가산금을 지방세환급금에 가산하지 아니한다. (2023. 3. 14. 개정)
⑨ 제1항에도 불구하고 납세지 관할 지방자치단체의 장은 거주자에게 제1항에 따른 과세표준과 세액을 기재한 행정안전부령으로 정하는 납부서(이하 이 조에서 "납부서"라 한다)를 발송할 수 있다. (2019. 12. 31. 신설)
⑩ 제9항에 따라 납부서를 받은 자가 납부서에 기재된 세액을 확정신고기한까지 납부한 경우에는 제1항에 따라 확정신고를 하고 납부한 것으로 본다. (2019. 12. 31. 신설)

　제103조의 8 【기장 불성실가산세】 「소득세법」 제115조에 따라 소득세 산출세액에 가산세를 더하는 경우에는 그 더하는 금액의 100분의 10에 해당하는 금액을 양도소득에 대한 개인지방소득세 산출세액에 더한다. 다만, 「소득세법」 제115조에 따라 더해지는 가산세의 100분의 10에 해당하는 양도소득에 대한 개인지방소득세 가산세와 「지방세기본법」 제53조 또는 제54조에 따른 가산세가 동시에 적용되는 경우에는 그 중 큰 가산세액만 적용하고, 가산세액이 같은 경우에는 「지방세기본법」 제53조 또는 제54조에 따른 가산세만 적용한다. (2024. 12. 31. 신설)

　제103조의 9 【수정신고 · 결정 · 경정 · 수시부과 · 징수 · 환급 · 환산취득가액 등】 (2019. 12. 31. 제목개정)
① 양도소득에 대한 개인지방소득세의 수정신고 · 결정 · 경정 · 수시부과 · 징수 및 환급에 관하여는 제96조부터 제98조까지 및 제100조의 규정을 준용한다. (2017. 12. 30. 항번개정)
② 거주자가 건물을 신축 또는 증축(증축한 부분의 바닥면적의 합계가 85제곱미터를 초과하는 경우로 한정한다)하고 그 건물의 취득일(증축의 경우에는 증축한 부분의 취득일을 말한다)부터 5년 이내에 양도하는 경우로서 「소득세법」 제97조 제1항 제1호 나목에 따른 감

③ 법 제103조의 7 제9항에 따른 양도소득에 대한 개인지방소득세 과세표준 확정신고 납부서는 별지 제40호의 12 서식에 따른다. (2022. 3. 31. 개정)

정가액 또는 환산취득가액을 그 취득가액으로 하는 경우에는 해당 건물분(증축의 경우에는 증축한 부분으로 한정한다) 감정가액 또는 환산취득가액의 1천분의 5에 해당하는 금액을 제103조의 2 제2호에 따른 양도소득에 대한 개인지방소득세결정세액에 더한다. (2020. 12. 29. 개정)

③ 제2항은 양도소득에 대한 개인지방소득세 산출세액이 없는 경우에도 적용한다. (2017. 12. 30. 신설)

제 4 절 비거주자의 소득에 대한 지방소득세
(2014. 1. 1. 신설)

제103조의 10【비거주자에 대한 과세방법】① 비거주자에 대하여 과세하는 개인지방소득세는 해당 국내원천소득을 종합하여 과세하는 경우와 분류하여 과세하는 경우 및 그 국내원천소득을 분리하여 과세하는 경우로 구분하여 계산한다. (2014. 1. 1. 신설)

② 비거주자의 국내사업장 및 국내원천소득의 종류에 따른 구체적인 과세방법은 「소득세법」 제120조, 제121조 제2항부터 제6항까지의 규정에서 정하는 바에 따른다. (2014. 1. 1. 신설)

제103조의 11【비거주자에 대한 종합과세】① 「소득세법」 제121조 제2항 또는 제5항에서 규정하는 비거주자의 국내원천소득에 대한 개인지방소득세의 과세표준과 세액의 계산에 관하여는 이 법 중 거주자에 대한 개인지방소득세의 과세표준과 세액의 계산에 관한 규정을 준용한다. 다만, 과세표준을 계산할 때 「소득세법」 제51조 제3항에 따른 인적공제 중 비거주자 본인 외의 자에 대한 공제와 같은 법 제52조에 따른 특별소득공제, 「지방세특례제한법」 제97조의 2에 따른 자녀세액공제 및 같은 법 제97조의 4에 따른 특별세액공제는 하지 아니한다. (2016. 12. 27. 단서개정)

② 제1항에 따라 개인지방소득세의 과세표준과 세액을 계산하는 비거주자의 신고와 납부에 관하여는 이 법 중 거주자의 신고와 납부에 관한 규정을 준용한다. 다만, 제1항에 따른 과세표준에 제103조의 18에 따

제 4 절 비거주자의 소득에 대한 지방소득세
(2014. 3. 14. 신설)

라 특별징수된 소득의 금액이 포함되어 있는 경우에는 그 특별징수세액은 제95조 제3항 제4호에 따라 공제되는 세액으로 본다. (2014. 1. 1. 신설)

③ 제2항에도 불구하고 법인으로 보는 단체 외의 법인 아닌 단체 중 「소득세법」 제2조 제3항 각 호 외의 부분 단서 또는 같은 조 제4항 제1호에 따라 단체의 구성원별로 납세의무를 부담하는 단체의 비거주자인 구성원(이하 이 항에서 "비거주자구성원"이라 한다)이 국내원천소득(비거주자구성원의 국내원천소득이 해당 단체의 구성원으로서 얻는 소득만 있는 경우로 한정한다)에 대하여 같은 법 제121조 제5항에 따라 종합소득 과세표준확정신고를 하는 경우로서 같은 법 제124조 제2항에 따라 해당 단체의 거주자인 구성원 1명(이하 이 항에서 "대표신고자"라 한다)이 비거주자구성원을 대신하여 비거주자구성원의 종합소득 과세표준을 일괄하여 신고하는 경우 그 대표신고자는 대통령령으로 정하는 바에 따라 비거주자구성원의 지방소득세 과세표준도 일괄하여 신고할 수 있다. (2021. 12. 28. 신설)

④ 비거주자의 국내원천소득을 종합하여 과세하는 경우에 이에 관한 결정 및 경정과 징수 및 환급에 관하여는 이 법 중 거주자에 대한 개인지방소득세의 결정 및 경정과 징수 및 환급에 관한 규정을 준용한다. 다만, 제1항에 따른 과세표준에 제103조의 18에 따라 특별징수된 소득의 금액이 포함되어 있는 경우에는 그 특별징수세액은 제95조 제3항 제4호에 따라 공제되는 세액으로 본다. (2021. 12. 28. 항번개정)

⑤ 비거주자에 대한 종합과세와 관련하여 이 법에서 특별한 규정이 있는 경우를 제외하고는 「소득세법」에 따른 비거주자에 대한 종합과세에 관한 규정을 준용한다. (2021. 12. 28. 항번개정)

제103조의 12 【비거주자에 대한 분리과세】 ① 「소득세법」 제121조 제3항 및 제4항에서 규정하는 비거주자의 국내원천소득(「소득세법」 제119조 제7호 및 제8호의 2는 제외한다)에 대한 개인지방소득세의 과세표준은 「소득세법」 제126조 제1항에서 정하는 바에 따른다. (2014. 1. 1. 신설)

② 제1항에 따른 국내원천소득에 대한 세액은 제103조의 18에 따라 계산한 금액으로 한다. (2014. 1. 1. 신설)

제100조의 4 【비거주자의 개인지방소득세 신고ㆍ납부의 특례】 (2022. 2. 28. 제목개정)

① 법 제103조의 11 제3항에 따라 대표신고자가 비거주자구성원의 지방소득세 과세표준을 일괄하여 신고하는 경우에는 행정안전부령으로 정하는 신고서류를 자신의 납세지 관할 지방자치단체의 장에게 제출해야 한다. 다만, 대표신고자가 「소득세법 시행령」 제182조 제2항 단서에 해당하는 경우에는 그 소속 단체의 납세지 관할 지방자치단체의 장에게 제출해야 한다. (2022. 2. 28. 신설)

② 법 제103조의 12 제4항에 따라 지방소득세를 신고ㆍ납부하려는 비거주자가 「소득세법」 제126조의 2 제1항 또는 제2항에 해당되는 때에는 해당 유가증권을 발행한 내국법인의 소재지 관할 지방자치단체의 장에게 행정안전부령으로 정하는 비거주자유가증권양도소득정산신고서를 제출하여야 한다. (2022. 2. 28. 항번개정)

③ 법 제103조의 12 제4항에 따라 지방소득세를 신고ㆍ납부하려는 비거주자가 「소득세법」 제126조의 2 제3항 본문에 해당되는 때에는 해당 유가증권을 발행한 내국법인의 소재지 관할 지방자치단체의 장에게 행정안전부령으로 정하는 비거주자유가증권양도소득신고서를 제출하여야 한다. (2022. 2. 28. 항번개정)

제47조 【비거주자의 개인지방소득세 신고ㆍ납부】 (2022. 3. 31. 제목개정)

① 영 제100조의 4 제1항 본문에서 "행정안전부령으로 정하는 신고서류"란 다음 각 호의 서류를 말한다. (2022. 3. 31. 신설)

1. 「소득세법 시행규칙」 제87조 제2항 제1호에 따른 대표신고자 일괄신고 동의서 (2022. 3. 31. 신설)

2. 법 제103조의 11 제2항에서 비거주자의 신고 및 납부에 관해 준용되는 규정에 따라 개인지방소득세의 과세표준 신고 시 제출해야 하는 서류 (2022. 3. 31. 신설)

② 영 제100조의 4 제2항에 따른 비거주자유가증권양도소득정산신고서는 별지 제40호의 13 서식에 따른다. (2022. 3. 31. 개정)

③ 영 제100조의 4 제3항에 따른 비거주자유가증권양도소득신고서는 별지 제40호의 14 서식에 따른다. (2022. 3. 31. 개정)

④ 영 제100조의 4 제2항 및 제3항에 따른 양도소득에 대한 개인지방소득세의 납부서는 별지 제14호 서식 또는 별지 제40호 서식에 따른다. (2022. 3. 31. 개정)

③「소득세법」제121조 제3항 및 제4항에서 규정하는 비거주자의 국내원천소득 중 「소득세법」제119조 제7호 및 제8호의 2에 따른 국내원천소득의 과세표준과 세액의 계산, 신고와 납부, 결정·경정 및 징수와 환급에 대해서는 이 법 중 거주자에 대한 개인지방소득세의 과세표준과 세액의 계산 등에 관한 규정을 준용한다. 다만,「소득세법」제51조 제3항에 따른 인적공제 중 비거주자 본인 외의 자에 대한 공제와 같은 법 제52조에 따른 특별소득공제,「지방세특례제한법」제97조의 2에 따른 자녀세액공제 및 같은 법 제97조의 4에 따른 특별세액공제는 하지 아니한다. (2016. 12. 27. 단서개정)

④ 비거주자가 「소득세법」제126조의 2에 따라 유가증권 양도소득에 대한 소득세를 신고·납부하는 경우에는 그 납부하는 소득세의 10분의 1에 해당하는 금액을 같은 조에서 규정하는 신고·납부기한까지 납세지 관할 지방자치단체에 지방소득세로 신고·납부하여야 한다. 이 경우 지방소득세의 신고·납부 등에 관하여 필요한 사항은 대통령령으로 정한다. (2014. 1. 1. 신설)

⑤ 제4항에 따라 비거주자가 유가증권 양도소득에 대한 개인지방소득세의 세액을 신고하는 경우에 납세지 관할 지방자치단체의 장 외의 지방자치단체의 장에게 신고한 경우에도 그 신고의 효력에는 영향이 없다. (2019. 12. 31. 신설)

⑥ 비거주자에 대한 분리과세와 관련하여 이 법에서 특별한 규정이 있는 경우를 제외하고는 「소득세법」에 따른 비거주자에 대한 분리과세에 관한 규정을 준용한다. (2019. 12. 31. 항번개정)

제 5 절 개인지방소득에 대한 특별징수
(2014. 1. 1. 신설)

제103조의 13 【특별징수의무】 ①「소득세법」또는「조세특례제한법」에 따른 원천징수의무자가 거주자로부터 소득세를 원천징수하는 경우에는 대통령령으로 정하는 바에 따라 원천징수하는 소득세(「조세특례제한법」및 다른 법률에 따라 조세감면 또는 중과세 등의 조세특례가 적용되는 경우에는 이를 적용한 소득세)의 100분의 10에 해당

제 5 절 개인지방소득에 대한 특별징수
(2014. 3. 14. 신설)

제100조의 5 【특별징수의무】 ① 법 제103조의 13 제1항 후단에 따른 특별징수의무자(이하 이 절에서 "특별징수의무자"라 한다)는 법 제103조의 13 제2항에 따라 징수한 특별징수세액을 납부하는 경우에는 납부서에 계산서와 명세서를 첨부하여야 한다. (2014. 3. 14. 신설)

② 제1항에도 불구하고 개인지방소득세의 특별징수의무자가 징수한

제48조 【특별징수세액의 납부 등】 ① 영 제100조의 5 제1항에 따른 특별징수세액의 납부서는 별지 제42호 서식에 따르고, 같은 항에 따른 계산서와 명세서는 별지 제42호의 2 서식에 따른다. (2014. 8.

하는 금액을 소득세 원천징수와 동시에 개인지방소득세로 특별징수하여야 한다. 이 경우 같은 법에 따른 원천징수의무자는 개인지방소득세의 특별징수의무자(이하 이 절에서 "특별징수의무자"라 한다)로 한다. (2014. 1. 1. 신설)

② 특별징수의무자가 제1항에 따라 개인지방소득세를 특별징수하였을 경우에는 그 징수일이 속하는 달의 다음 달 10일까지 납세지를 관할하는 지방자치단체에 납부하여야 한다. 다만, 「소득세법」 제128조 제2항에 따라 원천징수한 소득세를 반기(半期)별로 납부하는 경우에는 반기의 마지막 달의 다음 달 10일까지 반기의 마지막 달 말일 현재의 납세지 관할 지방자치단체에 납부할 수 있다. (2024. 12. 31. 단서개정)

1. 「소득세법」 제128조 제2항에 따라 원천징수한 소득세를 반기(半期)별로 납부하는 경우에는 반기의 마지막 달의 다음 달 10일까지 반기의 마지막 달 말일 현재의 납세지를 관할하는 지방자치단체에 납부한다. (2023. 3. 14. 신설)

2. 금융투자소득에 대한 개인지방소득세의 경우 해당 과세기간의 반기 중에 계좌가 해지된 경우에는 그 반기 종료일이 속하는 달의 다음 달 10일까지 반기의 마지막 달 말일 현재의 납세지를 관할하는 지방자치단체에 납부한다. (2023. 3. 14. 신설)

1.~2. 삭 제 (2024. 12. 31.)

③ 특별징수의무자가 제1항에 따라 금융투자소득에 대한 개인지방소득세를 특별징수하는 경우에는 각 계좌보유자별 특별징수세액 상당액에 대해서는 「소득세법」 제148조의 2 제1항 각 호의 기간 중 그 인출을 제한할 수 있다. (2023. 3. 14. 신설)

④ 「소득세법」 또는 다른 법률에 따라 비과세되는 금융투자소득이 있는 사람이 「소득세법」 제148조의 2 제5항에 따라 금융투자소득에 대한 원천징수배제신청서를 제출한 경우에는 해당 금융투자소득에 대한 개인지방소득세의 특별징수배제도 함께 신청한 것으로 본다. (2023. 3. 14. 신설)

③~④ 삭 제 (2024. 12. 31.)

③ 제1항에 따른 개인지방소득세의 특별징수의무자가 제89조 제3항 제2호·제3호 및 같은 항 제4호 단서에 따라 납부한 지방자치단체별 특별징수세액에 오류가 있음을 발견하였을 때에는 그 과부족분을 대통령령으로 정하는 바에 따라 해당 지방자치단체에 납부하여야 할 특별징수세액에서 가감하여야 한다. 이 경우 가감으로 인하여 추가로 납부하는 특별징수세액에 대해서는 「지방세기본법」 제56조에 따른 가산세를 부과하지 아니하며, 환급하는 세액에 대해서는 지방세환급가산금을 지급하지 아니한다. (2024. 12. 31. 항번개정)

④ 개인지방소득세의 특별징수에 관하여 이 법에 특별한 규정이 있는

특별징수세액을 납부할 때에는 근로소득, 이자소득, 「소득세법」 제20조의 3 제1항 제1호 및 제2호에 따른 연금소득과 「국민건강보험법」에 따른 국민건강보험공단이 지급하는 사업소득에 대해서는 그 명세서를 첨부하지 아니할 수 있다. 다만, 과세권자가 납세증명 발급 등 민원처리를 위하여 개인별 납세실적 파악이 필요하여 명세서 제출을 요구하는 경우에는 첨부하여야 한다. (2014. 3. 14. 신설)

③ 개인지방소득세의 특별징수의무자가 법 제103조의 13 제3항 전단에 따라 해당 지방자치단체별 특별징수세액에서 오류를 발견하였을 때에는 그 과부족분(過不足分)을 오류를 발견한 날의 다음 달 10일까지 관할 지방자치단체에 납부하여야 할 특별징수세액에서 가감하여야 한다. 이 경우 그 남는 부분이 관할 지방자치단체에 납부하여야 할 다음 달의 특별징수세액을 초과하는 경우에는 그 다음 달의 특별징수세액에서 조정할 수 있다. (2024. 12. 31. 개정)

8. 신설)

② 법 제103조의 13 제1항 후단에 따른 특별징수의무자(이하 이 조 및 제48조의 2에서 "특별징수의무자"라 한다)는 같은 항에 따라 특별징수하여 납부한 지방소득세액 중 과오납된 세액이 있는 경우에는 그 특별징수의무자가 특별징수하여 납부할 지방소득세에서 조정하여 환급한다. (2014. 8. 8. 신설)

③ 제2항에 따라 조정·환급할 지방소득세 그 달에 특별징수하여 납부할 지방소득세를 초과하는 경우에는 다음 달 이후에 특별징수하여 납부할 지방소득세에서 조정하여 환급한다. 다만, 다음 각 호의 어느 하나에 해당하는 경우에는 조정·환급하지 아니하고 해당 지방소득세가 과오납된 지방자치단체에서 환급한다. (2014. 8. 8. 신설)

1. 다음 달 이후에도 특별징수하여 납부할 지방소득세가 없는 경우 (2014. 8. 8. 신설)

2. 납세자가 조정·환급을 원하지 아니하여 납세자가 특별징수의무자를 경유하여 지방자치단체의 장에게 환급을 신청하거나 해당 특별징수의무자가 지방자치단체의 장에게 환급을 신청하는 경우 (2014. 8. 8. 신설)

경우를 제외하고는 「소득세법」에 따른 원천징수에 관한 규정을 준용한다. (2024. 12. 31. 항번개정)

제103조의 14【특별징수 의무불이행 가산세】특별징수의무자가 특별징수하였거나 특별징수하여야 할 세액을 제103조의 13 제2항에 따른 기한까지 납부하지 아니하거나 부족하게 납부한 경우에는 그 납부하지 아니한 세액 또는 부족한 세액에 「지방세기본법」 제56조에 따라 산출한 금액을 가산세로 부과하며, 특별징수의무자가 특별징수를 하지 아니한 경우로서 다음 각 호의 어느 하나에 해당하는 경우에는 특별징수의무자에게 그 가산세액만을 부과한다. 다만, 국가 또는 지방자치단체와 그 밖에 대통령령으로 정하는 자가 특별징수의무자인 경우에는 의무불이행을 이유로 하는 가산세는 부과하지 아니한다. (2018. 12. 31. 개정)
1. 납세의무자가 신고납부한 과세표준금액에 특별징수하지 아니한 특별징수대상 개인지방소득금액이 이미 산입된 경우 (2018. 12. 31. 신설)
2. 특별징수하지 아니한 특별징수대상 개인지방소득금액에 대하여 납세의무자의 관할 지방자치단체의 장이 제97조에 따라 그 납세의무자에게 직접 개인지방소득세를 부과·징수하는 경우 (2018. 12. 31. 신설)

제103조의 15【특별징수에 대한 연말정산 환급 등】① 특별징수의무자가 「소득세법」에 따라 연말정산을 하는 경우에는 그 결정세액의 100분의 10을 개인지방소득세로 하여 해당 과세기간에 이미 특별징수하여 납부한 지방소득세를 차감하고 그 차액을 특별징수하거나 대통령령으로 정하는 바에 따라 그 소득자에게 환급하여야 한다. (2015. 7. 24. 개정)
1.~2. 삭 제 (2015. 7. 24.)
② 삭 제 (2015. 7. 24.)

제103조의 16【퇴직소득에 대한 지방소득세 특별징수의 환급 등】① 거주자의 퇴직소득이 「소득세법」 제146조 제2항 각 호의 어느

제100조의 6【의무불이행 가산세의 예외】법 제103조의 14 단서에서 "대통령령으로 정하는 자"란 주한 미국군을 말한다. (2014. 3. 14. 신설)

제100조의 7【개인지방소득세의 환급 등】(2020. 12. 31. 제목개정)
① 법 제103조의 15 제1항에 따라 소득자에게 환급하는 경우에는 특별징수의무자가 특별징수하여 납부할 지방소득세에서 그 차액을 조정하여 환급한다. 다만, 특별징수의무자가 특별징수하여 납부할 지방소득세가 없을 때에는 행정안전부령으로 정하는 바에 따라 환급한다. (2017. 7. 26. 직제개정 ; 행정안전부와~직제 부칙)
② 법 제103조의 13에 따라 특별징수의무자가 이미 특별징수하여 납부한 지방소득세에 과오납이 있어 환급하는 경우에도 제1항을 준용한다. (2015. 7. 24. 개정)
③ 법 제103조의 16 제1항에 따른 환급신청을 받은 특별징수의무자는 「소득세법 시행령」 제202조의 2 제1항의 계산식에 따라 계산한 세액

제48조의 2【개인지방소득세 연말정산 시의 환급】① 영 제100조의 7 제1항 단서를 적용할 때 특별징수의무자가 환급할 개인지방소득세가 연말정산하는 달에 특별징수하여 납부할 개인지방소득세를 초과하는 경우에는 다음 달 이후에 특별징수하여 납부할 개인지방소득세에서 조정하여 환급한다. 다만, 해당 특별징수의무자의 환급신청이 있는 경우에는 특별징수 관할 지방자치단체의 장이 그 초과액을 환급한다. (2015. 12. 31. 개정)
② 제1항 단서에 따라 환급신청을 하려는

하나에 해당하는 경우에는 제103조의 13 제1항에도 불구하고 해당 퇴직소득에 대한 개인지방소득세를 연금외수령하기 전까지 특별징수하지 아니한다. 이 경우 같은 조항에 따라 개인지방소득세가 이미 특별징수된 경우 해당 거주자는 특별징수세액에 대한 환급을 신청할 수 있다. (2014. 1. 1. 신설)

② 제1항에 따른 퇴직소득의 특별징수와 환급절차 등에 관하여 필요한 사항은 대통령령으로 정한다. (2014. 1. 1. 신설)

제103조의 17 【납세조합의 특별징수】 ① 「소득세법」 제149조에 따른 납세조합이 같은 법 제150조 및 제151조에 따라 소득세를 징수·납부하는 경우에는 징수·납부하는 소득세의 100분의 10에 해당하는 금액을 그 조합원으로부터 개인지방소득세로 특별징수하여 그 징수일이 속하는 달의 다음 달 10일까지 납세지를 관할하는 지방자치단체에 납부하여야 한다. (2014. 1. 1. 신설)

② 납세지 관할 지방자치단체의 장은 해당 납세조합이 징수하였거나 징수하여야 할 세액을 납부기한까지 납부하지 아니하거나 과소납부한 경우에는 「지방세기본법」 제56조에 따라 산출한 금액을 가산세로 부과한다. (2016. 12. 27. 개정 ; 지방세기본법 부칙)

③ 납세지 관할 지방자치단체의 장은 제1항에 따라 개인지방소득세를 특별징수하여 납부한 납세조합에 대하여 대통령령으로 정하는 바에 따라 교부금을 교부할 수 있다. (2014. 1. 1. 신설)

제103조의 18 【비거주자의 국내원천소득에 대한 특별징수의 특례】 ① 「소득세법」에 따른 원천징수의무자가 비거주자의 국내원천소득에 대하여 소득세를 원천징수하는 경우에는 원천징수할 소득세의 100분의 10을 적용하여 산정한 금액을 개인지방소득세로 특별징수하여야 한다. (2014. 1. 1. 신설)

② 제1항에 따른 비거주자의 국내원천소득에 대한 개인지방소득세 특별징수에 관한 사항은 거주자의 개인지방소득에 대한 특별징수에 관한 사항을 준용한다. (2014. 1. 1. 신설)

의 10분의 1을 환급할 세액으로 하되, 환급할 개인지방소득세가 환급하는 달에 특별징수하여 납부할 개인지방소득세를 초과하는 경우에는 다음 달 이후에 특별징수하여 납부할 개인지방소득세에서 조정하여 환급한다. 다만, 해당 특별징수의무자의 환급신청이 있는 경우에는 특별징수 관할 지방자치단체의 장이 그 초과액을 환급한다. (2020. 12. 31. 신설)

④ 법 제103조의 13 제6항에 따라 특별징수의무자가 「소득세법 시행령」 제203조의 3에 따른 초과액을 거주자에게 환급하는 경우에는 제1항을 준용하여 개인지방소득세 특별징수세액에서 「소득세법 시행령」 제203조의 3에 따른 초과액의 10분의 1에 해당하는 금액을 해당 거주자에게 환급해야 한다. (2023. 3. 14. 신설)

④ 삭 제 (2024. 12. 31.)

제100조의 8 【징수교부금】 (2020. 12. 31. 조번개정)

① 법 제103조의 17 제3항에 따라 납세조합에 교부하는 징수교부금은 그 납세조합이 납부한 세액의 100분의 2로 한다. (2018. 12. 31. 개정)

② 제1항에 따른 징수교부금을 받으려는 납세조합은 매월 청구서를 그 다음 달 20일까지 납세지 관할 지방자치단체의 장에게 제출하여야 한다. 다만, 해당 과세기간 동안 발생한 징수교부금을 청구하려는 경우 한꺼번에 다음 연도 2월 말일까지 제출할 수 있다. (2018. 12. 31. 단서신설)

③ 제1항에 따라 납세조합에 징수교부금을 교부한 후 그 납세조합이 납부한 세액 중에서 환급금이 발생한 경우에는 환급금을 제외하고 계산된 징수교부금과의 차액을 그 환급금이 발생한 날 이후에 청구하는 징수교부금에서 조정하여 교부한다. (2018. 3. 27. 신설)

제100조의 9 【비거주자에 대한 특별징수세액의 납부】 (2020. 12. 31. 조번개정)

특별징수의무자는 「지방세기본법 시행규칙」 별지 제23호 서식에 따른 지방소득세(특별징수분, 신고·고지분) 환급청구서를 특별징수 관할 지방자치단체의 장에게 제출해야 한다. (2021. 12. 31. 신설)

③ 제2항에도 불구하고 「소득세법 시행규칙」 제93조 제2항 단서에 따라 원천징수 관할세무서장으로부터 환급액을 지급받은 해당 근로소득이 있는 사람은 개인지방소득세 환급액의 지급을 직접 신청할 수 있다. 이 경우 해당 근로소득이 있는 사람은 별지 제41호의 2 서식에 따른 폐업·부도기업 특별징수세액환급금 지급 신청서를 특별징수 관할 지방자치단체의 장에게 제출해야 한다. (2021. 12. 31. 신설)

④ 특별징수의무자가 특별징수하여 납부한 개인지방소득세액 중 잘못 특별징수한 세액이 있는 경우 그 환급에 관하여는 제1항부터 제3항까지의 규정을 준용한다. (2021. 12. 31. 개정)

제48조의 3 【징수교부금 교부 청구】

영 제100조의 8 제2항에 따른 납세조합의 징수교부금 청구서는 별지 제42호의 3 서식에 따른다. (2020. 12. 31. 개정)

특별징수의무자가 국내에 주소·거소·본점·주사무소 또는 국내사업장(외국법인의 국내사업장을 포함한다)이 없는 경우에는 「지방세기본법」 제139조에 따른 납세관리인을 정하여 관할 지방자치단체의 장에게 신고하여야 한다. 다만, 「소득세법 시행령」 제207조 제1항 단서에 따라 관할 세무서장에게 신고한 경우에는 이를 관할 지방자치단체의 장에게 신고한 것으로 본다. (2017. 3. 27. 개정 ; 지방세기본법 시행령 부칙)

제6절 내국법인의 각 사업연도의 소득에 대한 지방소득세 (2014. 1. 1. 신설)

제103조의 19 【과세표준】 ① 내국법인의 각 사업연도의 소득에 대한 법인지방소득세의 과세표준은 「법인세법」 제13조에 따라 계산한 법인세의 과세표준(「조세특례제한법」 및 다른 법률에 따라 과세표준 산정과 관련된 조세감면 또는 중과세 등의 조세특례가 적용되는 경우에는 이에 따라 계산한 법인세의 과세표준)과 동일한 금액으로 한다. (2020. 12. 29. 항번개정)

② 제1항에도 불구하고 내국법인의 각 사업연도의 소득에 대한 법인세 과세표준에 국외원천소득이 포함되어 있는 경우로서 「법인세법」 제57조에 따라 외국 납부 세액공제를 하는 경우에는 같은 조 제1항에 따른 외국법인세액(이하 "외국법인세액"이라 한다)을 이 조 제1항에 따른 금액에서 차감한 금액을 법인지방소득세 과세표준으로 한다. 이 경우 해당 사업연도의 과세표준에 「법인세법」 제57조 제2항 단서에 따라 손금에 산입한 외국법인세액이 있는 경우에는 그 금액을 이 조 제1항에 따른 금액에 가산한 이후에 전단의 규정을 적용한다. (2020. 12. 29. 신설)

③ 제2항 전단에 따라 차감하는 외국법인세액이 해당 사업연도의 제1항에 따른 금액을 초과하는 경우에 그 초과하는 금액은 해당 사업연도의 다음 사업연도 개시일부터 15년 이내에 끝나는 각 사업연도로 이월하여 그 이월된 사업연도의 법인지방소득세 과세표준을 계산할 때 차감할 수 있다. (2020. 12. 29. 신설)

④ 제2항 및 제3항을 적용할 때 차감액의 계산 방법, 이월 방법 및 그 밖에 필요한 사항은 대통령령으로 정한다. (2020. 12. 29. 신설)

제6절 내국법인의 각 사업연도의 소득에 대한 지방소득세 (2014. 3. 14. 신설)

제100조의 10 【외국법인세액의 과세표준 차감】 ① 법 제103조의 19 제2항에 따라 「법인세법」 제57조 제1항에 따른 외국법인세액(이하 "외국법인세액"이라 한다)을 차감한 금액을 법인지방소득세 과세표준으로 하려는 내국법인은 법 제103조의 23에 따라 법인지방소득세의 과세표준과 세액을 납세지 관할 지방자치단체의 장에게 신고할 때 행정안전부령으로 정하는 바에 따라 외국법인세액 과세표준 차감 명세서를 함께 제출해야 한다. (2020. 12. 31. 신설)

② 내국법인은 외국정부의 국외원천소득에 대한 법인세의 결정·통지의 지연, 과세기간의 상이 등의 사유로 법 제103조의 23에 따라 법인지방소득세의 과세표준과 세액을 신고할 때 제1항에 따른 외국법인세액 과세표준 차감 명세서를 제출할 수 없는 경우에는 외국정부의 국외원천소득에 대한 법인세결정통지를 받은 날부터 3개월 이내에 제1항에 따른 외국법인세액 과세표준 차감 명세서에 지연 사유에 대한 증명서류를 첨부하여 제출할 수 있다. (2020. 12. 31. 신설)

③ 제2항의 규정은 외국정부가 국외원천소득에 대하여 결정한 법인세

제103조의 20 【세 율】 ① 내국법인의 각 사업연도의 소득에 대한 법인지방소득세의 표준세율은 다음 각 호의 구분에 따른 표와 같다. (2024. 12. 31. 개정)

편주 ▶ ··
법 103조의 20 제1항의 개정규정은 2025. 1. 1. 이후 개시하는 사업연도의 소득에 대한 법인지방소득세 세액을 계산하는 경우부터 적용함. (법 부칙(2024. 12. 31.) 4조)
··

1. 내국법인(「법인세법」 제60조의 2 제1항 제1호에 해당하는 내국법인은 제외한다)의 경우 (2024. 12. 31. 개정)

과세표준	세 율
2억원 이하	과세표준의 1천분의 9
2억원 초과 200억원 이하	180만원 + (2억원을 초과하는 금액의 1천분의 19)
200억원 초과 3천억원 이하	3억7천800만원 + (200억원을 초과하는 금액의 1천분의 21)
3천억원 초과	62억5천800만원 + (3천억원을 초과하는 금액의 1천분의 24)

2. 「법인세법」 제60조의 2 제1항 제1호에 해당하는 내국법인의 경우 (2024. 12. 31. 개정)

과세표준	세 율
200억원 이하	과세표준의 1천분의 19
200억원 초과 3천억원 이하	3억 8천만원 + (200억원을 초과하는 금액의 1천분의 21)
3천억원 초과	62억6천만원 + (3천억원을 초과하는 금액의 1천분의 24)

② 지방자치단체의 장은 조례로 정하는 바에 따라 각 사업연도의 소득에 대한 법인지방소득세의 세율을 제1항에 따른 표준세율의 100분의 50의 범위에서 가감할 수 있다. (2014. 1. 1. 신설)

액을 경정함으로써 외국법인세액에 변동이 생긴 경우에 준용한다. (2020. 12. 31. 신설)

④ 제3항에 따른 외국법인세액의 변동으로 환급세액이 발생하면 「지방세기본법」 제60조에 따라 충당하거나 환급할 수 있다. (2020. 12. 31. 신설)

⑤ 법 제103조의 19 제3항에 따라 외국법인세액을 이월하여 그 이월된 사업연도의 법인지방소득세 과세표준을 계산할 때 차감하는 경우 먼저 발생한 이월금액부터 차감한다. (2020. 12. 31. 신설)

⑥ 내국법인의 본점 또는 주사무소의 소재지를 관할하는 지방자치단체의 장은 법 제103조의 19 제2항에 따라 차감하는 외국법인세액을 확인하기 위하여 필요한 경우 해당 내국법인, 납세지 관할 세무서장 또는 관할 지방국세청장에게 외국법인세액 신고명세, 영수증, 경정내용 및 그 밖에 필요한 자료의 제출을 요구할 수 있다. (2020. 12. 31. 신설)

제103조의 21【세액계산】① 내국법인의 각 사업연도의 소득에 대한 법인지방소득세는 제103조의 19에 따라 계산한 과세표준에 제103조의 20에 따른 세율을 적용하여 계산한 금액(제103조의 31에 따른 토지등 양도소득에 대한 법인지방소득세 세액,「조세특례제한법」제100조의 32에 따른 투자ㆍ상생협력 촉진을 위한 과세특례를 적용하여 계산한 법인지방소득세 세액이 있으면 이를 합한 금액으로 한다. 이하 "법인지방소득세 산출세액"이라 한다)을 그 세액으로 한다. (2018. 12. 24. 개정 ; 법인세법 부칙)

② 제1항에도 불구하고, 사업연도가 1년 미만인 내국법인의 각 사업연도의 소득에 대한 법인지방소득세는 그 사업연도의 「법인세법」제13조에 따라 계산한 법인세의 과세표준(「조세특례제한법」및 다른 법률에 따라 과세표준 산정과 관련된 조세감면 또는 중과세 등의 조세특례가 적용되는 경우에는 이에 따라 계산한 법인세의 과세표준)과 동일한 금액을 그 사업연도의 월수로 나눈 금액에 12를 곱하여 산출한 금액을 과세표준으로 하여 제103조의 20 제1항 및 제2항에 따라 계산한 세액에 그 사업연도의 월수를 12로 나눈 수를 곱하여 산출한 세액을 그 세액으로 한다. 이 경우 월수의 계산은 대통령령으로 정하는 방법으로 한다. (2019. 12. 31. 개정)

제103조의 22【세액공제 및 세액감면】① 내국법인의 각 사업연도의 소득에 대한 법인지방소득세의 세액공제 및 세액감면에 관한 사항은 「지방세특례제한법」에서 정한다. 이 경우 공제 및 감면되는 세액은 법인지방소득세 산출세액(제103조의 31에 따른 토지등 양도소득, 「조세특례제한법」제100조의 32 제2항에 따른 미환류소득에 대한 법인지방소득세 세액을 제외한 법인지방소득세 산출세액을 말한다. 이하 이 조에서 같다)에서 공제한다. (2018. 12. 24. 후단개정 ; 법인세법 부칙)

② 제1항에 따른 각 사업연도의 소득에 대한 법인지방소득세의 공제세액 또는 감면세액이 법인지방소득세 산출세액을 초과하는 경우에는 그 초과금액은 없는 것으로 한다. (2014. 1. 1. 신설)

제103조의 23【과세표준 및 세액의 확정신고와 납부】① 「법인

제100조의 11【월수의 계산】법 제103조의 21 제2항에 따른 월수는 역(曆)에 따라 계산하되, 1월 미만의 일수는 1월로 한다. (2014. 3. 14. 신설)

제100조의 12【과세표준의 신고】① 법 제103조의 23 제1항

세법」 제60조에 따른 신고의무가 있는 내국법인은 각 사업연도의 종료일이 속하는 달의 말일부터 4개월 이내에 대통령령으로 정하는 바에 따라 그 사업연도의 소득에 대한 법인지방소득세의 과세표준과 세액을 납세지 관할 지방자치단체의 장에게 신고하여야 한다. (2014. 1. 1. 신설)

② 제1항에 따른 신고를 할 때에는 그 신고서에 다음 각 호의 서류를 첨부하여야 한다. (2014. 1. 1. 신설)

1. 기업회계기준을 준용하여 작성한 개별 내국법인의 재무상태표ㆍ포괄손익계산서 및 이익잉여금처분계산서(또는 결손금처리계산서) (2014. 1. 1. 신설)

2. 대통령령으로 정하는 바에 따라 작성한 세무조정계산서 (2014. 1. 1. 신설)

3. 대통령령으로 정하는 법인지방소득세 안분명세서. 다만, 하나의 특별자치시ㆍ특별자치도ㆍ시ㆍ군 또는 자치구에만 사업장이 있는 법인의 경우는 제외한다. (2016. 12. 27. 단서신설)

4. 그 밖에 대통령령으로 정하는 서류 (2015. 12. 29. 호번개정)

③ 내국법인은 각 사업연도의 소득에 대한 법인지방소득세 산출세액에서 다음 각 호의 법인지방소득세 세액(가산세는 제외한다)을 공제한 금액을 각 사업연도에 대한 법인지방소득세로서 제1항에 따른 신고기한까지 납세지 관할 지방자치단체에 납부하여야 한다. 다만, 「조세특례제한법」 제104조의 10제1항 제1호에 따라 과세표준 계산의 특례를 적용받은 경우에는 제3호에 해당하는 세액을 공제하지 아니한다. (2016. 12. 27. 단서신설)

1. 제103조의 22에 따른 해당 사업연도의 공제ㆍ감면 세액 (2014. 1. 1. 신설)

2. 제103조의 26에 따른 해당 사업연도의 수시부과세액 (2014. 1. 1. 신설)

3. 제103조의 29에 따른 해당 사업연도의 특별징수세액 (2014. 1. 1. 신설)

4. 제103조의 32 제5항에 따른 해당 사업연도의 예정신고납부세액 (2017. 12. 26. 신설)

및 제2항에 따른 신고를 할 때에 그 신고서에는 「법인세법」 제112조에 따른 기장(記帳)에 따라 같은 법 제2장 제1절(제13조는 제외한다)에 따라 계산한 각 사업연도의 소득에 대한 법인지방소득세의 과세표준과 세액(법 제103조의 31에 따른 토지등 양도소득 및 기업의 미환류소득에 대한 법인지방소득세를 포함한다)과 그 밖에 필요한 사항을 적어야 한다. (2015. 12. 31. 개정)

② 제1항에 따른 신고서는 행정안전부령으로 정하는 법인지방소득세 과세표준 및 세액신고서로 한다. (2017. 7. 26. 직제개정 ; 행정안전부와~직제 부칙)

③ 법 제103조의 23 제2항 제2호에 따른 세무조정계산서는 행정안전부령으로 정하는 법인지방소득세 과세표준 및 세액조정계산서로 한다. (2017. 7. 26. 직제개정 ; 행정안전부와~직제 부칙)

④ 법 제103조의 23 제2항 제3호에서 "대통령령으로 정하는 법인지방소득세 안분명세서"란 지방자치단체별 안분내역 등이 포함된 행정안전부령으로 정하는 안분명세서를 말한다. (2017. 7. 26. 직제개정 ; 행정안전부와~직제 부칙)

⑤ 법 제103조의 23 제2항 제4호에서 "대통령령으로 정하는 서류"란 「법인세법 시행령」 제97조 제5항 각 호에 따른 서류를 말한다. 이 경우 "기획재정부령"은 "행정안전부령"으로 본다. (2017. 7. 26. 직제개정 ; 행정안전부와~직제 부칙)

⑥ 법인은 「지방세기본법」 제2조 제1항 제29호에 따른 전자신고를 통하여 법인지방소득세 과세표준 및 세액을 신고할 수 있다. 이 경우 재무제표의 제출은 표준재무상태표, 표준손익계산서, 표준손익계산부속명세서를 제출하는 것으로 갈음할 수 있다. (2021. 1. 5. 후단개정 ; 어려운 법령용어~대통령령)

제100조의 13【법인지방소득세의 안분 신고 및 납부】 ① 법 제103조의 23 제1항에 따라 법인지방소득세를 신고하려는 내국법인은 제100조의 12 제2항에 따른 법인지방소득세 과세표준 및 세액신고서에 법인지방소득세의 총액과 제88조에 따른 본점 또는 주사무소와 사업장별 법인지방소득세의 안분계산내역 등을 적은 제100조의 12 제4항에 따른 법인지방소득세 안분명세서를 첨부하여 해당 지방자치단체의 장

제48조의 4【법인지방소득세 과세표준의 신고】 ① 영 제100조의 12 제2항에 따른 법인지방소득세 과세표준 및 세액신고서는 별지 제43호 서식에 따른다. (2016. 12. 30. 개정)

② 영 제100조의 12 제3항에 따른 법인지방소득세 과세표준 및 세액조정계산서는 별지 제43호의 2 서식에 따른다. (2014. 8. 8. 신설)

③ 영 제100조의 12 제4항에서 "행정안전부령으로 정하는 안분명세서"란 별지 제44호의 6 서식의 법인지방소득세 안분명세서를 말한다. (2017. 7. 26. 직제개정 ; 행정안전부와~시행규칙 부칙)

④ 본점 또는 주사무소 소재지 관할 지방자치단체의 장은 법 제103조의 23 제2항에 따라 납세자가 제출한 첨부서류를 확정신고기한의 다음 달 마지막날까지 지방세통합정보통신망에 입력해야 한다. (2023. 3. 28. 개정)

⑤ 영 제100조의 12 제5항에 따른 세무조정계산서 부속서류는 다음 각 호의 서류 중 해당 법인과 관련된 서류로 한다. (2015. 12. 31. 개정)

1. 별지 제43호의 3 서식에 따른 공제세액 및 추가납부세액합계표 (2014. 8.

④ 제3항에 따라 납부할 세액이 100만원을 초과하는 내국법인은 대통령령으로 정하는 바에 따라 그 납부할 세액의 일부를 납부기한이 지난 후 1개월(「조세특례제한법」 제6조 제1항에 따른 중소기업의 경우에는 2개월) 이내에 분할납부할 수 있다. (2023. 12. 29. 신설)
⑤ 제1항은 내국법인으로서 각 사업연도의 소득금액이 없거나 결손금이 있는 법인의 경우에도 적용한다. (2023. 12. 29. 항번개정)
⑥ 둘 이상의 지방자치단체에 법인의 사업장이 있는 경우에는 본점 소재지를 관할하는 지방자치단체의 장에게 제2항 각 호의 첨부서류를 제출하면 법인의 각 사업장 소재지 관할 지방자치단체의 장에게도 이를 제출한 것으로 본다. (2023. 12. 29. 항번개정)
⑦ 제1항에 따른 신고를 할 때 그 신고서에 제2항 제1호부터 제3호까지의 서류를 첨부하지 아니하면 이 법에 따른 신고로 보지 아니한다. 다만, 「법인세법」 제4조 제3항 제1호 및 제7호에 따른 수익사업을 하지 아니하는 비영리내국법인은 그러하지 아니하다. (2023. 12. 29. 항번개정)
⑧ 납세지 관할 지방자치단체장은 제1항 및 제2항에 따라 제출된 신고서 또는 그 밖의 서류에 미비한 점이 있거나 오류가 있는 경우에는 보정을 요구할 수 있다. (2023. 12. 29. 항번개정)

　　제103조의 24【수정신고 등】① 제103조의 23에 따라 신고를 한 내국법인이 「국세기본법」에 따라 「법인세법」에 따른 신고내용을 수정신고할 때에는 대통령령으로 정하는 바에 따라 납세지를 관할하는 지방자치단체의 장에게도 해당 내용을 신고하여야 한다. (2014. 1. 1. 신설)
② 제103조의 23에 따라 신고를 한 내국법인이 신고납부한 법인지방소득세의 납세지 또는 지방자치단체별 안분세액에 오류가 있음을 발견하였을 때에는 제103조의 25에 따라 지방자치단체의 장이 보통징수의 방법으로 부과고지를 하기 전까지 관할 지방자치단체의 장에게 「지방세기본법」 제49조부터 제51조까지에 따른 수정신고, 경정 등의 청구 또는 기한 후 신고를 할 수 있다. (2017. 12. 26. 개정)
③ 제1항 또는 제2항에 따른 수정신고 또는 기한 후 신고를 통하여 추가납부세액이 발생하는 경우에는 이를 납부하여야 한다. 이 경우 제2항에 따라 발생하는 추가납부세액에 대해서는 「지방세기본법」 제53조

에게 서면으로 제출하여야 한다. 다만, 지방세통합정보통신망에 전자신고를 한 경우에는 이를 제출한 것으로 본다. (2024. 3. 26. 단서개정)
② 내국법인은 법 제103조의 23 제3항에 따라 법인지방소득세를 납부할 때에는 행정안전부령으로 정하는 서식에 따라 해당 지방자치단체에 납부하여야 한다. (2017. 7. 26. 직제개정 ; 행정안전부와~직제 부칙)
③ 법 제103조의 23 제4항에 따라 내국법인이 법인지방소득세액을 분할납부하는 경우 분할납부할 수 있는 세액은 다음 각 호의 구분에 따른다. (2023. 12. 29. 신설)
1. 납부할 세액이 100만원 초과 200만원 이하인 경우 : 100만원을 초과하는 금액 (2023. 12. 29. 신설)
2. 납부할 세액이 200만원을 초과하는 경우 : 해당 세액의 100분의 50 이하의 금액 (2023. 12. 29. 신설)

　　제100조의 14【법인지방소득세의 수정신고 등】(2019. 12. 31. 제목개정)
① 법 제103조의 24 제1항에 따라 수정신고를 하려는 내국법인은 수정신고와 함께 법인세의 수정신고 내용을 증명하는 서류를 관할 지방자치단체의 장에게 제출하여야 한다. (2014. 8. 12. 항번개정)

② 법 제103조의 24 제3항에 따라 수정신고를 통하여 발생한 추가납부세액을 납부하려는 자는 행정안전부령으로 정하는 납부서로 납부하여야 한다. (2017. 7. 26. 직제개정 ; 행정안전부와~직제 부칙)

8. 신설)
2. 별지 제43호의 4 서식에 따른 법인지방소득세 가산세액계산서 (2014. 8. 8. 신설)
3. 별지 제43호의 5 서식에 따른 법인지방소득세 특별징수세액명세서 (2014. 8. 8. 신설)
4. 삭　제 (2016. 12. 30.)
5. 별지 제43호의 9 서식에 따른 소급공제 법인지방소득세액환급신청서 (2014. 8. 8. 신설)
5의 2. 별지 제43호의 10 서식에 따른 소급공제 법인지방소득세액 환급특례신청서 (2022. 3. 31. 신설)
6. 별지 제43호의 12 서식에 따른 사실과 다른 회계처리로 인하여 과다 납부한 세액의 차감액 명세서 (2022. 3. 31. 개정)
7. 별지 제43호의 14 서식에 따른 재해손실세액 차감신청서 (2023. 3. 28. 신설)
⑥ 「법인세법」 제57조 제1항에 따른 외국법인세액(이하 "외국법인세액"이라 한다)을 차감한 금액을 법인지방소득세 과세표준으로 하려는 내국법인은 영 제100조의 10 제1항에 따라 별지 제43호의 13 서식의 외국법인세액 과세표준 차감 명세서에 다음 각 호의 서류를 첨부하여 납세지 관할 지방자치단체의 장에게 제출해야 한다. (2022. 3. 31. 개정)
1. 외국법인세액 증명서류 (2020. 12. 31. 신설)
2. 「법인세법 시행규칙」 별지 제8호 서식

부터 제55조까지에 따른 가산세를 부과하지 아니한다. (2017. 12. 26. 개정)

④ 제2항에 따른 경정 등의 청구를 통하여 환급세액이 발생하는 경우에는 「지방세기본법」 제62조에 따른 지방세환급가산금을 지급하지 아니한다. (2017. 12. 26. 개정)

⑤ 둘 이상의 지방자치단체에 사업장이 있는 법인은 제103조의 23에 따라 신고한 과세표준에 대하여 해당 사업연도의 종료일 현재 본점 또는 주사무소의 소재지를 관할하는 지방자치단체의 장에게 일괄하여 「지방세기본법」 제50조에 따른 경정 등의 청구를 할 수 있다. 이 경우 본점 또는 주사무소의 소재지를 관할하는 지방자치단체의 장은 해당 법인이 청구한 내용을 다른 사업장의 소재지를 관할하는 지방자치단체의 장에게 통보하여야 한다. (2017. 12. 26. 개정)

⑥ 둘 이상의 지방자치단체에 사업장이 있는 법인이 제89조 제2항에 따라 사업장 소재지를 관할하는 지방자치단체의 장에게 각각 신고납부하지 아니하고 하나의 지방자치단체의 장에게 일괄하여 과세표준 및 세액을 확정신고(수정신고를 포함한다)한 경우 그 법인에 대해서는 제3항 후단을 적용하지 아니하되, 제4항을 적용한다. 이 경우 제3항 후단을 적용하지 아니함에 따라 「지방세기본법」 제53조 제1항에 따른 가산세를 부과하는 경우 해당 가산세의 금액은 같은 법 제53조 제1항에 따른 무신고납부세액의 100분의 10에 상당하는 금액으로 한다. (2023. 12. 29. 후단신설)

⑦ 그 밖에 법인지방소득세의 수정신고·납부 및 경정 등의 청구에 관하여 필요한 사항은 대통령령으로 정한다. (2019. 12. 31. 개정)

제103조의 25 【결정과 경정】 ① 납세지 관할 지방자치단체의 장은 다음 각 호의 어느 하나에 해당하는 경우에는 해당 사업연도의 과세표준과 세액을 결정 또는 경정한다. (2016. 12. 27. 개정)

1. 내국법인이 제103조의 23에 따른 신고를 하지 아니한 경우 (2016. 12. 27. 개정)

2. 제103조의 23에 따른 신고를 한 내국법인의 신고 내용에 오류 또는 누락이 있는 경우 (2017. 12. 26. 개정)

② 납세지 관할 지방자치단체의 장은 법인지방소득세의 과세표준과 세

③ 법 제103조의 24 제5항에 따라 「지방세기본법」 제50조에 따른 경정 등의 청구를 하려는 법인은 같은 법 시행령 제31조에 따른 결정 또는 경정 청구서를 납세지별로 각각 작성하여 해당 사업연도의 종료일 현재 본점 또는 주사무소의 소재지를 관할하는 지방자치단체의 장에게 일괄하여 제출해야 한다. (2019. 12. 31. 신설)

제100조의 15 【결정과 경정】 ① 납세지 관할 지방자치단체의 장은 법 제103조의 25에 따라 법인지방소득세의 과세표준과 세액을 결정 또는 경정하는 경우에는 「법인세법」에 따라 납세지 관할 세무서장 또는 관할 지방국세청장이 결정 또는 경정한 자료, 과세표준확정신고서 및 그 첨부서류에 의하거나 장부나 그 밖에 증명서류에 의한 실지조사에 따름을 원칙으로 한다. (2014. 3. 14. 신설)

② 법 제103조의 25 제1항 제2호 나목에서 "대통령령으로 정하는 경고·주의 등의 조치"란 「법인세법 시행령」 제103조의 2 각 호의 어느 하나에 해당하는 조치를 말한다.

부표 5 (2020. 12. 31. 신설)

3. 「법인세법 시행규칙」 별지 제8호 서식 부표 5의 3 (2020. 12. 31. 신설)

제48조의 5 【안분 신고 및 납부】

① 삭 제 (2016. 12. 30.)

② 영 제100조의 13 제2항에 따른 법인지방소득세의 납부서는 별지 제14호 서식 또는 별지 제43호의 8 서식에 따른다. (2014. 8. 8. 신설)

제48조의 6 【수정신고 납부】 영 제100조의 14 제2항에 따른 법인지방소득세 추가납부세액의 납부서는 별지 제14호 서식 또는 별지 제43호의 8 서식에 따른다. (2014. 8. 8. 신설)

액을 결정 또는 경정한 후 그 결정 또는 경정에 오류나 누락이 있는 것을 발견한 경우에는 즉시 이를 다시 경정한다. (2014. 1. 1. 신설)
③ 납세지 관할 지방자치단체의 장은 제1항과 제2항에 따라 법인지방소득세의 과세표준과 세액을 결정 또는 경정하는 경우에는 「법인세법」에 따라 납세지 관할 세무서장 또는 관할 지방국세청장이 결정 또는 경정한 자료, 장부나 그 밖의 증명서류를 근거로 하여야 한다. 다만, 대통령령으로 정하는 사유로 장부나 그 밖의 증명서류에 의하여 소득금액을 계산할 수 없는 경우에는 대통령령으로 정하는 바에 따라 추계(推計)할 수 있다. (2014. 1. 1. 신설)
④ 지방자치단체의 장이 법인지방소득세의 과세표준과 세액을 결정 또는 경정한 때에는 그 내용을 해당 내국법인에게 대통령령으로 정하는 바에 따라 서면으로 통지하여야 한다. (2014. 1. 1. 신설)

제103조의 26【수시부과결정】① 납세지 관할 지방자치단체의 장은 내국법인이 그 사업연도 중에 대통령령으로 정하는 사유(이하 이 조에서 "수시부과사유"라 한다)로 법인지방소득세를 포탈(逋脫)할 우려가 있다고 인정되는 경우에는 수시로 그 법인에 대한 법인지방소득세를 부과할 수 있다. 이 경우에도 각 사업연도의 소득에 대하여 제103조의 23에 따른 신고를 하여야 한다. (2014. 1. 1. 신설)
② 제1항은 그 사업연도 개시일부터 수시부과사유가 발생한 날까지를 수시부과기간으로 하여 적용한다. 다만, 직전 사업연도에 대한 제103조의 23에 따른 신고기한 이전에 수시부과사유가 발생한 경우(직전 사업연도에 대한 과세표준신고를 한 경우는 제외한다)에는 직전 사업연도 개시일부터 수시부과사유가 발생한 날까지를 수시부과기간으로 한다. (2014. 1. 1. 신설)
③ 제1항 및 제2항에 따른 수시부과에 필요한 사항은 대통령령으로 정한다. (2014. 1. 1. 신설)

제103조의 27【징수와 환급】① 납세지를 관할하는 지방자치단체의 장은 내국법인이 제103조의 23에 따라 각 사업연도의 법인지

② 삭 제 (2018. 3. 27.)
③ 법 제103조의 25 제3항 단서에서 "대통령령으로 정하는 사유"란 「법인세법 시행령」 제104조 제1항 각 호의 어느 하나에 해당하는 경우를 말한다. (2016. 12. 30. 항번개정)
④ 법 제103조의 25 제3항 단서에 따라 소득금액을 추계하여 결정 또는 경정하는 경우는 「법인세법 시행령」 제104조 제2항·제3항 및 제105조에서 정한 방법에 따른다. (2016. 12. 30. 항번개정)

제100조의 16【통 지】지방자치단체의 장은 법 제103조의 25 제4항에 따라 과세표준과 세액을 통지하는 경우에는 납세고지서에 그 과세표준과 세액의 계산명세를 첨부하여 통지하여야 하고, 각 사업연도의 과세표준이 되는 금액이 없거나 납부할 세액이 없는 경우에는 그 결정된 내용을 통지하여야 한다. (2014. 3. 14. 신설)

제100조의 17【수시부과결정】① 법 제103조의 26 제1항 전단에서 "대통령령으로 정하는 사유"란 「법인세법 시행령」 제108조 제1항 각 호의 어느 하나에 해당하는 경우를 말한다. (2014. 3. 14. 신설)
② 납세지 관할 지방자치단체의 장은 제1항에 따른 사유가 발생한 법인에 대하여 법 제103조의 26 제1항에 따라 수시부과를 하는 경우에는 제100조의 15 제1항·제4항 및 법 제103조의 21 제2항을 준용하여 그 과세표준 및 세액을 결정한다. (2016. 12. 30. 개정)
③ 납세지 관할 지방자치단체의 장은 법인이 주한 국제연합군 또는 외국기관으로부터 사업수입금액을 외국환은행을 통하여 외환증서 또는 원화로 영수할 때에는 법 제103조의 26에 따라 그 영수할 금액에 대한 과세표준을 결정할 수 있다. (2014. 3. 14. 신설)
④ 제3항에 따라 수시부과를 하는 경우에는 제100조의 15 제4항에 따라 계산한 금액에 법 제103조의 20에 따른 세율을 곱하여 산출한 금액을 그 세액으로 한다. (2016. 12. 30. 개정)

방소득세로 납부하여야 할 세액의 전부 또는 일부를 납부하지 아니한 경우에는 그 미납된 부분의 법인지방소득세 세액을 「지방세기본법」 및 「지방세징수법」에 따라 징수한다. (2016. 12. 27. 개정 ; 지방세징수법 부칙)

② 납세지를 관할하는 지방자치단체의 장은 제103조의 26에 따라 수시부과하거나 제103조의 29에 따른 특별징수한 세액이 제1호부터 제5호까지의 금액을 합한 금액(이하 "법인지방소득세 총부담세액"이라 한다)을 초과하는 경우에는 「지방세기본법」 제60조에 따라 이를 환급하거나 지방세에 충당하는 등의 조치를 취하여야 한다. (2016. 12. 27. 개정 ; 지방세기본법 부칙)

1. 법인지방소득세 산출세액에서 제103조의 22에 따른 세액공제 및 세액감면을 적용한 금액 (2016. 12. 27. 신설)

2. 이 법 및 「지방세기본법」에 따른 가산세 (2016. 12. 27. 신설)

3. 이 법 및 「지방세특례제한법」에 따른 추가납부세액 (2016. 12. 27. 신설)

4. 「지방세특례제한법」 제2조 제14호에 따른 이월과세액(그 이자 상당액을 포함한다) (2016. 12. 27. 신설)

5. 제103조의 51에 따른 외국법인의 신고기한 연장에 따른 이자상당가산액 (2016. 12. 27. 신설)

제103조의 28 【결손금 소급공제에 따른 환급】 (2015. 12. 29. 제목개정)

① 내국법인이 「법인세법」 제72조에 따라 결손금 소급 공제에 따른 환급을 신청하는 경우 해당 결손금에 대하여 직전 사업연도의 소득에 대하여 과세된 법인지방소득세액(대통령령으로 정하는 법인지방소득세액을 말한다)을 한도로 대통령령으로 정하는 바에 따라 계산한 금액(이하 이 조에서 "결손금 소급공제세액"이라 한다)을 환급신청할 수 있다. 다만, 2021년 12월 31일이 속하는 사업연도에 결손금이 발생한 경우로서 「조세특례제한법」 제8조의 4에 따라 환급신청을 하는 경우에는 직전 사업연도와 직전전 사업연도의 소득에 과세된 법인지방소득세액을 한도로 결손금 소급공제세액을 환급신청할 수 있다. (2021. 12. 28. 개정)

제100조의 18 【결손금 소급공제에 따른 환급세액의 계산】 (2022. 2. 28. 제목개정)

① 법 제103조의 28 제1항 본문에서 "대통령령으로 정하는 법인지방소득세액"이란 직전 사업연도의 법인지방소득세 산출세액(법 제103조의 31에 따른 토지등 양도소득에 대한 법인지방소득세는 제외한다. 이하 이 조에서 같다)에서 직전 사업연도의 소득에 대한 법인지방소득세로서 공제 또는 감면된 법인지방소득세액(이하 "감면세액"이라 한다)을 뺀 금액(이하 이 조에서 "직전 사업연도의 법인지방소득세액"이라 한다)을 말한다. (2022. 2. 28. 개정)

② 법 제103조의 28 제1항 본문에서 "대통령령으로 정하는 바에 따라 계산한 금액"이란 제1호의 금액에서 제2호의 금액을 뺀 것(이하 이 조에서 "결손금소급공제세액"이라 한다)을 말한다. (2022. 2. 28. 개정)

② 결손금 소급공제세액을 환급받으려는 내국법인은 제103조의 23에 따른 신고기한까지 대통령령으로 정하는 바에 따라 납세지 관할 지방자치단체의 장에게 환급을 신청하여야 한다. 다만, 내국법인이 납세지 관할 세무서장 또는 지방국세청장에게 「법인세법」 제72조 및 「조세특례제한법」 제8조의 4에 따른 결손금 소급공제 환급을 신청한 경우에는 제1항에 따른 환급을 신청한 것으로 보며, 이 경우 환급가산금의 기산일은 대통령령으로 정한다. (2021. 12. 28. 단서개정)

③ 납세지 관할 지방자치단체의 장이 제2항에 따라 법인지방소득세의 환급신청을 받은 경우에는 지체 없이 환급세액을 결정하여 「지방세기본법」 제60조 및 제62조에 따라 환급하거나 충당하여야 한다. 다만, 제89조 제2항에 따라 법인지방소득세를 둘 이상의 지방자치단체에서 부과한 경우에는 대통령령으로 정하는 바에 따라 각각의 납세지 관할 지방자치단체에서 환급하거나 충당하여야 한다. (2016. 12. 27. 개정 ; 지방세기본법 부칙)

④ 제1항부터 제3항까지의 규정은 해당 내국법인이 결손금이 발생한 사업연도에 대한 과세표준 및 세액을 신고한 경우로서 그 직전 사업연도(제1항 단서를 적용하는 경우에는 직전전 사업연도를 포함한다)의 소득에 대한 법인지방소득세의 과세표준 및 세액을 각각 신고하였거나 지방자치단체의 장이 부과한 경우에만 적용한다. (2021. 12. 28. 개정)

⑤ 납세지 관할 지방자치단체의 장은 제3항에 따라 법인지방소득세를 환급받은 내국법인이 다음 각 호의 어느 하나에 해당하는 경우에는 그 환급세액(제1호 및 제2호의 경우에는 과다하게 환급된 세액 상당액을 말한다)을 대통령령으로 정하는 바에 따라 그 이월결손금이 발생한 사업연도의 법인지방소득세로서 징수한다. (2014. 1. 1. 신설)

1. 결손금이 발생한 사업연도에 대한 법인지방소득세의 과세표준과 세액을 경정함으로써 결손금이 감소된 경우 (2014. 1. 1. 신설)
2. 결손금이 발생한 사업연도의 직전 사업연도(제1항 단서에 따라 환급받은 경우에는 직전전 사업연도를 포함한다)의 법인지방소득세 과세표준과 세액을 경정함으로써 환급세액이 감소된 경우 (2021. 12. 28. 개정)
3. 제1항에 따른 내국법인이 중소기업에 해당하지 않는 경우로서 법인지방소득세를 환급 받은 경우 (2014. 1. 1. 신설)

1. 직전 사업연도의 법인지방소득세 산출세액 (2014. 3. 14. 신설)
2. 직전 사업연도의 과세표준에서 「법인세법」 제14조 제2항에 따른 해당 사업연도의 결손금으로서 같은 법 제72조에 따라 소급공제를 받은 금액(직전 사업연도의 과세표준을 한도로 하고, 이하 이 조에서 "소급공제 결손금액"이라 한다)을 뺀 금액에 직전 사업연도의 세율을 적용하여 계산한 금액 (2020. 12. 31. 개정)

③ 법 제103조의 28 제1항 단서에 따라 결손금소급공제세액을 환급신청하는 경우 제1항, 제2항 및 제8항을 적용할 때에는 "직전 사업연도"는 각각 "직전 또는 직전전 사업연도"로, "같은 법 제72조"는 "「조세특례제한법」 제8조의 4"로 보며, 직전 사업연도와 직전전 사업연도의 법인지방소득세 산출세액이 모두 있는 경우에는 직전전 사업연도의 과세표준에서 결손금을 먼저 공제한다. (2022. 2. 28. 신설)

④ 법 제103조의 28 제2항에 따라 환급을 받으려는 법인은 법 제103조의 23 제1항에 따른 신고기한까지 행정안전부령으로 정하는 소급공제법인지방소득세액환급신청서를 납세지 관할 지방자치단체의 장에게 제출하여야 한다. (2022. 2. 28. 항번개정)

⑤ 법 제103조의 28 제2항 단서에 따라 결손금소급공제세액을 환급하는 경우 환급가산금 기산일은 「지방세기본법 시행령」 제43조 제1항 제5호 단서에 따른다. (2022. 2. 28. 항번개정)

⑥ 법 제103조의 28 제5항에 따라 결손금이 감소됨에 따라 징수하는 법인지방소득세 환급세액은 다음의 계산식에 따라 산출한다. 이 경우 「법인세법」 제14조 제2항의 결손금 중 그 일부 금액만을 소급 공제받은 경우에는 소급 공제받지 않은 결손금이 먼저 감소된 것으로 본다. (2022. 2. 28. 항번개정)

$$\text{법 제103조의 28 제3항에 따른 환급세액(이하 이조에서 "당초환급세액"이라 한다)} \times \frac{\text{감소된 결손금액으로서 소급공제받지 않은 결손금을 초과하는 금액}}{\text{소급공제 결손금액}}$$

⑦ 법 제103조의 28 제5항에 따라 환급세액을 징수하는 경우에는 제1호의 금액에 제2호의 율을 곱하여 계산한 금액을 환급세액에 가산하여 징수한다. (2022. 2. 28. 항번개정)

제48조의 7 【결손금소급공제세액 환급 신청】 (2022. 3. 31. 제목개정)
영 제100조의 18 제4항에 따른 소급공제 법인지방소득세액환급신청서는 다음 각 호의 구분에 따른 서식에 따른다. (2022. 3. 31. 개정)

1. 법 제103조의 28 제1항 본문에 따라 결손금 소급공제세액을 환급신청하는 경우 : 별지 제43호의 9 서식에 따른 소급공제 법인지방소득세액 환급신청서 (2022. 3. 31. 신설)
2. 법 제103조의 28 제1항 단서에 따라 결손금 소급공제세액을 환급신청하는 경우 : 별지 제43호의 10 서식에 따른 소급공제 법인지방소득세액 환급특례신청서 (2022. 3. 31. 신설)

⑥ 결손금 소급 공제에 따른 환급세액의 계산과 그 밖에 필요한 사항은 대통령령으로 정한다. (2014. 1. 1. 신설)

　제103조의 29【특별징수의무】① 「법인세법」 제73조 및 제73조의 2에 따른 원천징수의무자가 내국법인으로부터 법인세를 원천징수하는 경우에는 원천징수하는 법인세(「조세특례제한법」 및 다른 법률에 따라 조세감면 또는 중과세 등의 조세특례가 적용되는 경우에는 이를 적용한 법인세)의 100분의 10에 해당하는 금액을 법인지방소득세로 특별징수하여야 한다. (2018. 12. 24. 개정 ; 법인세법 부칙)

② 제1항에 따라 특별징수를 하여야 하는 자를 "특별징수의무자"라 한다. (2014. 1. 1. 신설)
③ 특별징수의무자는 특별징수한 지방소득세를 그 징수일이 속하는 달의 다음 달 10일까지 대통령령으로 정하는 바에 따라 관할 지방자치단체에 납부하여야 한다. (2014. 1. 1. 신설)
④ 특별징수의무자가 징수하였거나 징수하여야 할 세액을 제3항에 따른 납부기한까지 납부하지 아니하거나 과소납부한 경우에는 「지방세기본법」 제56조에 따라 산출한 금액을 가산세로 부과하며, 특별징수의무자가 징수하지 아니한 경우로서 납세의무자가 그 법인지방소득세액을 이미 납부한 경우에는 특별징수의무자에게 그 가산세액만을 부과한다. 다만, 국가 또는 지방자치단체와 그 밖에 대통령령으로 정하는 자가 특별징수의무자인 경우에는 특별징수 의무불이행을 이유로 하는 가산세는 부과하지 아니한다. (2018. 12. 31. 개정)
⑤ 법인지방소득세의 특별징수에 관하여 이 법에 특별한 규정이 있는 경우를 제외하고는 「법인세법」에 따른 원천징수에 관한 규정을 준용한다. (2014. 1. 1. 신설)

1. 법 제103조의 28 제5항에 따른 환급세액 (2014. 3. 14. 신설)
2. 당초환급세액의 통지일의 다음 날부터 법 제101조 제5항에 따라 징수하는 개인지방소득세액의 고지일까지의 기간에 대한 「지방세기본법 시행령」 제34조 제1항에 따른 이자율. 다만, 납세자가 개인지방소득세액을 과다하게 환급받은 데 정당한 사유가 있는 경우에는 같은 영 제43조 제2항 본문에 따른 이자율을 적용한다. (2023. 12. 29. 개정)
⑧ 납세지 관할 지방자치단체의 장은 당초환급세액을 결정한 후 해당 환급세액의 계산의 기초가 된 직전 사업연도의 법인지방소득세액 또는 과세표준금액이 달라진 경우에는 즉시 당초환급세액을 재결정하여 추가로 환급하거나 과다하게 환급한 세액 상당액을 징수해야 한다. (2022. 2. 28. 항번개정)
⑨ 제8항에 따라 당초환급세액을 재결정할 때에 소급공제 결손금액이 과세표준금액을 초과하는 경우에는 그 초과 결손금액은 소급공제 결손금액으로 보지 않는다. (2022. 2. 28. 개정)

　제100조의 19【특별징수의무】① 법 제103조의 29 제2항에 따른 특별징수의무자(이하 이 조에서 "특별징수의무자"라 한다)는 같은 조 제3항에 따라 징수한 특별징수세액을 행정안전부령으로 정하는 납부서로 납부하여야 한다. (2017. 7. 26. 직제개정 ; 행정안전부와~직제 부칙)
② 특별징수의무자는 납세의무자별로 행정안전부령으로 정하는 법인지방소득세 특별징수명세서를 특별징수일이 속하는 해의 다음 해 2월 말일(특별징수의무자가 휴업, 폐업 및 해산한 경우에는 휴업, 폐업 및 해산일이 속하는 달 말일의 다음 날부터 2개월이 되는 날)까지 특별징수의무자 소재지 관할 지방자치단체의 장에게 제출하여야 한다. 이 경우 특별징수의무자 소재지 관할 지방자치단체의 장은 특별징수의무자의 소재지와 납세의무자의 사업장 소재지가 다른 경우 납세의무자의 사업장 소재지 관할 지방자치단체의 장에게 해당 지방법인소득세 특별징수명세서를 통보하여야 한다. (2018. 12. 31. 개정)
③ 특별징수의무자는 제2항 전단에 따른 법인지방소득세 특별징수명세서를 다음 각 호의 어느 하나에 해당하는 방법으로 제출하여야 한다. (2015. 6. 1. 신설)

　제48조의 8【법인지방소득세 특별징수세액의 납부 등】① 영 제100조의 19 제1항에 따른 특별징수세액의 납부서는 별지 제42호 서식에 따른다. (2015. 6. 1. 개정)
② 영 제100조의 19 제2항에 따른 법인지방소득세 특별징수명세서 및 같은 조 제4항에 따른 법인지방소득세 특별징수영수증은 별지 제42호의 4 서식에 따른다. (2015. 6. 1. 개정)

　　제103조의 30【가산세】① 납세지 관할 지방자치단체의 장은 납세지 관할 세무서장이 「법인세법」 제74조의 2, 제75조 및 제75조의 2부터 제75조의 9까지의 규정에 따라 법인세 가산세를 징수하는 경우에는 그 징수하는 금액의 100분의 10에 해당하는 금액을 법인지방소득세 가산세로 징수한다. 다만, 「법인세법」 제75조의 3에 따라 징수하는 가산세의 100분의 10에 해당하는 법인지방소득세 가산세와 「지방세기본법」 제53조 또는 제54조에 따른 가산세가 동시에 적용되는 경우에는 그 중 큰 가산세액만 적용하고, 가산세액이 같은 경우에는 「지방세기본법」 제53조 또는 제54조에 따른 가산세만 적용한다. (2021. 12. 28. 개정)
② 법인의 사업장 소재지가 둘 이상의 지방자치단체에 있어 각 사업장 소재지 관할 지방자치단체의 장이 제89조 제2항에 따라 안분하여 부과·징수하는 경우에는 제1항에 따라 징수하려는 법인지방소득세 가산세도 안분하여 징수한다. (2015. 7. 24. 개정)

　　제103조의 31【토지등 양도소득 및 기업의 미환류소득에 대한 법인지방소득세 특례 등】(2021. 12. 28. 제목개정)
① 내국법인이 「법인세법」 제55조의 2에 따른 토지 및 건물(건물에 부속된 시설물과 구축물을 포함한다), 주택을 취득하기 위한 권리로서 「소득세법」 제88조 제9호의 조합원입주권 및 같은 조 제10호의 분양권(이하 이 조 및 제103조의 49에서 "토지등"이라 한다)을 양도한 때에는 해당 각 호에 따라 계산한 세액을 토지등 양도소득에 대한 법인지방소득세로 하여 각 사업연도의 소득에 대한 법인지방소득세에 추가하여 납부하여야 한다. 이 경우 하나의 자산이 다음 각 호의 규정 중 둘 이상에 해당할 때에는 그 중 가장 높은 세액을 적용한다. (2020. 8. 12. 개정)
1. 대통령령으로 정하는 주택(이에 부수되는 토지를 포함한다) 및 주거용 건축물로서 상시 주거용으로 사용하지 아니하고 휴양·피서·위락 등의 용도로 사용하는 건축물을 양도한 경우에는 토지등의 양도소득에 1천분의 20(미등기 토지등의 양도소득에 대하여는 1천분의 40)을 곱하여 산출한 세액. 다만, 「지방자치법」 제3조 제3항 및 제4항에 따른 읍 또는 면에 있으면서 대통령령으로 정하는 범위 및 기

1. 출력하거나 디스켓 등 전자적 정보저장매체에 저장하여 인편 또는 우편으로 제출 (2015. 6. 1. 신설)
2. 지방세통합정보통신망으로 제출 (2024. 3. 26. 개정)
④ 특별징수의무자는 납세의무자로부터 법인지방소득세를 특별징수한 경우에는 그 납세의무자에게 행정안전부령으로 정하는 법인지방소득세 특별징수영수증을 발급하여야 한다. 다만, 「법인세법」 제73조 및 제73조의 2에 따른 원천징수의무자가 같은 법 제74조에 따른 원천징수영수증을 발급할 때 법인지방소득세 특별징수액과 그 납세지 정보를 포함하여 발급하는 경우에는 해당 법인지방소득세 특별징수영수증을 발급한 것으로 본다. (2019. 2. 12. 단서개정 ; 법인세법 시행령 부칙)
⑤ 제4항 본문에도 불구하고 「법인세법」 제73조 및 제73조의 2에 따른 이자소득금액 또는 배당소득금액이 계좌별로 1년간 1백만원 이하로 발생한 경우에는 법인지방소득세 특별징수영수증을 발급하지 아니할 수 있다. 다만, 납세의무자가 법인지방소득세 특별징수영수증의 발급을 요구하는 경우에는 이를 발급하여야 한다. (2019. 2. 12. 개정 ; 법인세법 시행령 부칙)
⑥ 법 제103조의 29 제4항 단서에서 "대통령령으로 정하는 자"란 주한 미국군을 말한다. (2019. 2. 8. 신설)

　　제100조의 20【가산세의 적용】삭　제 (2015. 7. 24.)

　　제100조의 21【토지등 양도소득에 대한 과세특례】① 법 제103조의 31 제1항 제1호에서 "대통령령으로 정하는 주택"이란 「법인세법 시행령」 제92조의 2 제2항에 따른 주택을 말한다. (2014. 3. 14. 신설)
② 법 제103조의 31 제1항 제1호 단서에서 "대통령령으로 정하는 범위 및 기준에 해당하는 농어촌주택(그 부속토지를 포함한다)"이란 「법

준에 해당하는 농어촌주택(그 부속토지를 포함한다)은 제외한다.
(2020. 8. 12. 개정)
2. 비사업용 토지(「법인세법」 제55조의 2 제2항 및 제3항에서 정하는 비사업용토지를 말한다)를 양도한 경우에는 토지등의 양도소득에 1천분의 10(미등기 토지등의 양도소득에 대하여는 1천분의 40)을 곱하여 산출한 세액 (2014. 3. 24. 개정)
3. 주택을 취득하기 위한 권리로서 「소득세법」 제88조 제9호의 조합원입주권 및 같은 조 제10호의 분양권을 양도한 경우에는 토지등의 양도소득에 1천분의 20을 곱하여 산출한 세액 (2020. 8. 12. 신설)
② 「법인세법」 제55조의 2 제4항 각 호의 어느 하나에 해당하는 토지등 양도소득에 대하여는 제1항을 적용하지 아니한다. 다만, 미등기 토지등(「법인세법」 제55조의 2 제5항에서 정하는 미등기 토지등을 말한다)에 대한 토지등 양도소득에 대하여는 그러하지 아니하다. (2014. 1. 1. 신설)
③ 토지등 양도소득은 토지등의 양도금액에서 양도 당시의 장부가액을 뺀 금액으로 한다. (2014. 1. 1. 신설)
④ 제1항부터 제3항까지의 규정을 적용할 때 농지·임야·목장용지의 범위, 주된 사업의 판정기준, 해당 사업연도의 토지등의 양도에 따른 손실이 있는 경우 등의 양도소득 계산방법, 토지등의 양도에 따른 손익의 귀속사업연도 등에 관하여 필요한 사항은 대통령령으로 정한다. (2014. 1. 1. 신설)
⑤ 「조세특례제한법」 제100조의 32 제2항에 따라 내국법인(연결법인을 포함한다)이 미환류소득에 대한 법인세를 납부하는 경우에는 그 납부하는 세액의 100분의 10에 해당하는 금액을 제103조의 19에 따른 과세표준에 제103조의 20에 따른 세율을 적용하여 계산한 법인지방소득세액에 추가하여 납부하여야 한다. (2018. 12. 24. 개정 ; 법인세법 부칙)
⑥ 다음 각 호의 조합은 제85조 제1항 제6호에도 불구하고 비영리내국법인으로 보아 법인지방소득세 과세표준과 세액을 계산한다. 이 경우 과세소득의 범위에서 제외되는 사업의 범위 등은 「조세특례제한법」 제104조의 7 제5항에 따른다. (2021. 12. 28. 신설)
1. 2003년 6월 30일 이전에 「주택건설촉진법」(법률 제6852호로 개정

인세법 시행령」 제92조의 10에 따른 주택 및 그 부속토지를 말한다. (2020. 12. 31. 신설)
③ 법 제103조의 31에 따른 토지등 양도소득의 귀속연도, 양도시기 및 취득시기는 「법인세법 시행령」 제92조의 2 제6항을 따른다. (2020. 12. 31. 항번개정)
④ 법인이 각 사업연도에 법 제103조의 31을 적용받는 둘 이상의 토지등을 양도하는 경우 토지등 양도소득은 「법인세법 시행령」 제92조의 2 제9항에 따라 산출한 금액으로 한다. (2020. 12. 31. 항번개정)

되기 전의 것을 말한다) 제44조 제1항에 따라 조합설립의 인가를 받은 재건축조합으로서 「도시 및 주거환경정비법」 제38조에 따라 법인으로 등기한 조합 중 「조세특례제한법」 제104조의 7 제1항 단서에 따라 「법인세법」의 적용을 받는 조합 (2021. 12. 28. 신설)
2. 「도시 및 주거환경정비법」 제35조에 따른 조합 (2021. 12. 28. 신설)
3. 「빈집 및 소규모주택 정비에 관한 특례법」 제23조에 따른 조합 (2021. 12. 28. 신설)

제103조의 32 【비영리내국법인에 대한 과세특례】 ① 비영리내국법인은 「법인세법」 제4조 제3항 제2호에 따른 이자·할인액 및 이익(「소득세법」 제16조 제1항 제11호의 비영업대금의 이익은 제외하고, 투자신탁의 이익을 포함하며, 이하 이 조에서 "이자소득"이라 한다)으로서 제103조의 29에 따라 특별징수된 이자소득에 대하여는 제103조의 23에도 불구하고 과세표준 신고를 하지 아니할 수 있다. 이 경우 과세표준 신고를 하지 아니한 이자소득은 제103조의 19에 따라 각 사업연도의 소득금액을 계산할 때 포함하지 아니한다. (2018. 12. 24. 개정 ; 법인세법 부칙)
② 제1항에 따른 비영리내국법인의 이자소득에 대한 법인지방소득세의 과세표준 신고와 징수에 필요한 사항은 대통령령으로 정한다. (2014. 1. 1. 신설)
③ 「법인세법」 제62조의 2 제2항에 따라 비영리내국법인이 자산양도소득에 대하여 법인세를 납부하는 경우에는 제103조에 따라 계산한 과세표준에 제103조의 3에 따른 세율을 적용하여 산출한 금액을 법인지방소득세로 납부하여야 한다. 이 경우 제103조의 3 제5항에 따라 가중된 세율을 적용하는 경우에는 제103조의 31 제1항을 적용하지 아니한다. (2023. 3. 14. 후단신설)
④ 제3항에 따른 법인지방소득세의 과세표준에 대한 신고·납부·결정·경정 및 징수에 관하여는 자산 양도일이 속하는 각 사업연도의 소득에 대한 법인지방소득세의 과세표준의 신고·납부·결정·경정 및 징수에 과한 규정을 준용하되, 그 밖의 법인지방소득세액에 합산하여 신고·납부·결정·경정 및 징수한다. (2015. 7. 24. 후단삭제)
⑤ 제3항에 따라 계산한 법인지방소득세는 제103조의 5 및 제103조의

제100조의 22 【비영리내국법인의 과세표준 신고의 특례】 ① 법 제103조의 32 제1항을 적용할 때에 비영리내국법인은 특별징수된 이자소득 중 일부에 대해서도 과세표준 신고를 하지 아니할 수 있다. (2014. 3. 14. 신설)
② 법 제103조의 32 제1항에 따라 과세표준 신고를 하지 아니한 이자소득에 대해서는 수정신고, 기한 후 신고 또는 경정 등을 통하여 이를 과세표준에 포함시킬 수 없다. (2014. 3. 14. 신설)

③ 법 제103조의 32 제5항에 따라 양도소득과세표준 예정신고를 하려

제48조의 9 【비영리내국법인의 과세표준 신고의 특례】 ① 법 제103조의 32 제1항에 따른 이자소득만 있는 비영리내국법인의 과세표준신고는 다음 각 호의 서식에 따른다. (2016. 12. 30. 개정)
1. 별지 제43호의 5 서식의 법인지방소득세 특별징수세액명세서(부표를 포함한다) (2016. 12. 30. 개정)
2. 별지 제43호의 6 서식의 법인지방소득세 과세표준(조정계산) 및 세액신고서(부표를 포함한다) (2016. 12. 30. 개정)
3. 별지 제44호의 6 서식의 법인지방소득세 안분명세서 (2016. 12. 30. 개정)
② 영 제100조의 22 제3항에 따른 법인지방소득에 대한 양도소득과세표준 예정신고서는 별지 제43호의 11 서식에 따른다. (2022. 3. 31. 개정)

6을 준용하여 양도소득과세표준 예정신고 및 자진납부를 하여야 한다. (2015. 7. 24. 신설)

⑥ 비영리내국법인이 제5항에 따른 양도소득과세표준 예정신고를 한 경우에는 제4항에 따른 과세표준에 대한 신고를 한 것으로 본다. 다만, 제103조의 7 제3항 단서에 해당하는 경우에는 제4항에 따른 과세표준 신고를 하여야 한다. (2015. 7. 24. 신설)

⑦ 제3항부터 제6항까지 규정한 사항 외에 비영리내국법인의 자산양도소득에 대한 과세특례에 관하여는 「법인세법」 제62조의 2를 준용한다. (2015. 7. 24. 개정)

제 7 절　내국법인의 각 연결사업연도의 소득에 대한 지방소득세 (2014. 1. 1. 신설)

제103조의 33 【연결납세방식의 적용 등】 ① 「법인세법」 제76조의 8에 따라 연결납세방식을 적용받는 내국법인은 법인지방소득세에 관하여 연결납세방식을 적용할 수 있다. (2014. 1. 1. 신설)

② 연결납세방식의 적용, 연결납세방식의 취소와 포기, 연결자법인의 추가와 배제 등에 관하여는 「법인세법」 제76조의 8부터 제76조의 12까지의 규정을 준용한다. (2014. 1. 1. 신설)

제103조의 34 【과세표준】 ① 각 연결사업연도의 소득에 대한 법인지방소득세 과세표준은 「법인세법」 제76조의 13에 따라 계산한 법인세의 과세표준(「조세특례제한법」 및 다른 법률에 따라 과세표준 산정과 관련된 조세감면 또는 중과세 등의 조세특례가 적용되는 경우에는 이에 따라 계산한 법인세의 과세표준)과 동일한 금액으로 한다. (2020. 12. 29. 항번개정)

② 제1항에도 불구하고 각 연결사업연도의 소득에 대한 법인세 과세표준에 국외원천소득이 포함되어 있는 경우로서 「법인세법」 제57조에 따라 외국 납부 세액공제를 하는 경우 해당 연결사업연도의 법인지방소득세 과세표준의 계산에 관하여는 제103조의 19 제2항 및 제3항을 준용한다. 이 경우 차감액의 계산 방법, 이월 방법과 그 밖에 필요한

는 경우에는 행정안전부령으로 정하는 법인지방소득에 대한 양도소득과세표준 예정신고서를 제출하여야 한다. (2017. 7. 26. 직제개정 ; 행정안전부와〜직제 부칙)

④ 비영리내국법인이 법 제103조의 32 제5항에 따라 양도소득과세표준 예정신고 및 자진납부를 한 경우에도 법 제103조의 23 제1항에 따라 과세표준의 신고를 할 수 있다. 이 경우 예정신고 납부세액은 법 제103조의 23 제3항에 따른 납부할 세액에서 공제한다. (2015. 7. 24. 개정)

제 7 절　내국법인의 각 연결사업연도의 소득에 대한 지방소득세 (2014. 3. 14. 신설)

제100조의 23 【연결법인별 법인지방소득세의 과세표준 및 산출세액의 계산】 (2021. 12. 31. 제목개정)

① 법 제103조의 34 제2항에 따라 외국법인세액을 차감하려는 경우 각 연결법인의 「법인세법 시행령」 제120조의 22 제2항 제1호에 따른 과세표준 개별귀속액(이하 이 장에서 "과세표준개별귀속액"이라 한다)

사항은 대통령령으로 정한다. (2021. 12. 28. 개정)

제103조의 35【연결산출세액】① 각 연결사업연도의 소득에 대한 법인지방소득세 연결산출세액은 제103조의 34에 따른 과세표준에 제103조의 20에 따른 세율을 적용하여 계산한 금액으로 한다. (2014. 1. 1. 신설)
② 연결법인이 제103조의 31 제1항에 따른 토지등을 양도한 경우(해당 토지등을 다른 연결법인이 양수하여 「법인세법」 제76조의 14 제1항 제3호가 적용되는 경우를 포함한다) 또는 같은 조 제5항에 따른 미환류소득이 있는 경우에는 해당 토지등의 양도소득 또는 해당 미환류소득에 대한 법인지방소득세를 합산한 금액을 연결산출세액으로 한다. (2017. 12. 30. 개정)
③ 각 연결사업연도의 소득에 대한 법인지방소득세를 계산하는 경우에는 제103조의 21 제2항을 준용한다. (2014. 1. 1. 신설)
④ 연결산출세액 중 각 연결법인에 귀속되는 금액(이하 이 장에서 "연결법인별 법인지방소득세 산출세액"이라 한다)의 계산방법은 대통령령으로 정한다. (2014. 1. 1. 신설)

제103조의 36【세액공제 및 세액감면】① 연결법인의 연결사

에서 차감한다. 이 경우 차감하는 외국법인세액은 그 연결법인에서 발생한 외국법인세액으로 한정한다. (2021. 12. 31. 신설)
② 제1항에 따라 차감하는 외국법인세액은 각 연결법인의 과세표준개별귀속액을 한도로 하고, 과세표준개별귀속액을 초과하는 금액은 법 제103조의 19 제3항에 따라 이월하여 차감할 수 있다. (2021. 12. 31. 신설)
③ 제2항에 따라 각 연결법인별 외국법인세액을 이월하여 그 이월된 연결사업연도의 법인지방소득세 과세표준을 계산하는 경우에는 먼저 발생한 이월금액부터 차감한다. (2021. 12. 31. 신설)
④ 법 제103조의 34 제2항에 따라 외국법인세액을 차감한 금액을 해당 연결사업연도의 법인지방소득세 과세표준으로 하려는 연결법인은 법 제103조의 37 제1항에 따라 법인지방소득세 과세표준 및 산출세액을 납세지 관할 지방자치단체의 장에게 신고할 때 행정안전부령으로 정하는 외국법인세액 과세표준 차감 명세서를 각 연결법인별로 작성하여 함께 제출해야 한다. (2021. 12. 31. 신설)
⑤ 제1항부터 제4항까지에서 규정한 사항 외에 연결법인의 외국법인세액 과세표준 차감에 관하여는 제100조의 10 제2항부터 제4항까지와 같은 조 제6항을 준용한다. (2021. 12. 31. 신설)
⑥ 법 제103조의 35 제4항에 따른 연결법인별 법인지방소득세 산출세액은 제1호의 금액에 제2호의 비율을 곱하여 계산한 금액으로 한다. 이 경우 연결법인에 법 제103조의 31에 따른 토지등 양도소득에 대한 법인지방소득세가 있는 경우에는 이를 가산한다. (2021. 12. 31. 항번개정)
1. 과세표준개별귀속액(제1항에 따라 외국법인세액을 차감하는 경우에는 해당 연결법인의 과세표준개별귀속액에서 법 제103조의 34 제2항에 따라 외국법인세액을 차감한 후의 법인지방소득세 과세표준으로 한다) (2021. 12. 31. 개정)
2. 법 제103조의 34에 따른 연결사업연도의 소득에 대한 과세표준에 대한 법 제103조의 35 제1항의 연결산출세액(법 제103조의 31에 따른 토지등 양도소득에 대한 법인지방소득세는 제외한다)의 비율(이하 이 장에서 "연결세율"이라 한다) (2014. 3. 14. 신설)
② 삭 제 (2015. 7. 24.)

제100조의 24【연결법인의 감면세액】법 제103조의 36 제1항

제48조의 10【연결세액의 신고 및 납부】① 영 제100조의 23 제4항에 따른 연결법인은 각 연결법인별로 작성한 별지 제43호의 13 서식의 외국법인세액 과세표준 차감 명세서에 다음 각 호의 서류를 첨부하여 납세지 관할 지방자치단체의 장에게 제출해야 한다. (2022. 3. 31. 개정)
1. 외국법인세액 증명서류 (2021. 12. 31. 신설)
2. 「법인세법 시행규칙」 별지 제8호 서식 부표 5 (2021. 12. 31. 신설)
3. 「법인세법 시행규칙」 별지 제8호 서식 부표 5의 3 (2021. 12. 31. 신설)
② 영 제100조의 25 제1항에 따른 각 연결사업연도의 소득에 대한 법인지방소득세 과세표준 및 세액신고서는 별지 제44호 서식에 따른다. (2021. 12. 31. 항번개정)
③ 영 제100조의 25 제2항에 따른 연결집단 법인지방소득세 과세표준 및 세액조정계산서는 별지 제44호의 2 서식에 따른다. (2021. 12. 31. 항번개정)
④ 영 제100조의 25 제2항에 따른 세액조정계산서 부속서류는 다음 각 호의 서류 중 각 연결법인과 관련된 서류로 한다.

업연도의 소득에 대한 법인지방소득세의 세액공제 및 세액감면에 관한 사항은 「지방세특례제한법」에서 정한다. 이 경우 공제 및 감면되는 세액은 법인지방소득세 연결산출세액에서 공제한다. (2014. 1. 1. 신설)
② 제1항을 적용할 때 각 연결법인의 공제 및 감면 세액은 연결법인별 법인지방소득세 산출세액을 제103조의 21의 법인지방소득세 산출세액으로 보아 「지방세특례제한법」에 따른 세액공제와 세액감면을 적용하여 계산한 금액으로 한다. (2014. 1. 1. 신설)
③ 각 연결법인의 공제 및 감면 세액을 계산할 때 세액의 계산 등에 필요한 사항은 대통령령으로 정한다. (2014. 1. 1. 신설)

제103조의 37 【연결과세표준 및 연결법인지방소득세액의 신고 및 납부】 ① 연결모법인은 각 연결사업연도의 종료일이 속하는 달의 말일부터 5개월 이내에 제103조의 34에 따른 각 연결사업연도의 소득에 대한 법인지방소득세 과세표준과 제103조의 35 제4항에 따른 각 연결사업연도의 소득에 대한 연결법인별 법인지방소득세 산출세액을 대통령령으로 정하는 신고서에 따라 연결법인별 납세지 관할 지방자치단체의 장에게 다음 각호의 서류를 첨부하여 신고하여야 한다. 이 경우 제103조의 23 제5항을 준용한다. (2023. 12. 29. 후단개정)
1. 각 연결법인의 제103조의 23 제2항 제1호부터 제3호까지의 서류 (2015. 12. 29. 신설)
2. 대통령령으로 정하는 세액조정계산서 첨부서류 (2015. 12. 29. 신설)
② 각 지방자치단체의 연결법인별 법인지방소득세 산출세액은 제89조 제2항에서 정하는 바에 따른다. (2014. 1. 1. 신설)
③ 연결법인의 사업장이 둘 이상의 지방자치단체에 있는 경우에는 제89조 제1항에 따른 납세지 관할 지방자치단체의 장에게 각각 신고하여야 한다. (2014. 1. 1. 신설)
④ 연결모법인은 연결법인별 법인지방소득세 산출세액에서 제103조의 36에 따라 공제 및 감면되는 세액 및 제103조의 29에 따라 특별징수한 세액을 공제한 금액을 제1항에 따른 신고기한까지 제89조 제1항에 따른 납세지 관할 지방자치단체에 납부하여야 한다. (2014. 1. 1. 신설)
⑤ 제4항에 따라 납부할 세액이 100만원을 초과하는 연결모법인은 대통령령으로 정하는 바에 따라 그 납부할 세액의 일부를 납부기한이 지

및 제2항을 적용할 때 각 연결법인의 감면 또는 면제되는 세액은 감면 또는 면제되는 소득에 연결세율을 곱한 금액(감면의 경우에는 그 금액에 해당 감면율을 곱하여 산출한 금액)으로 한다. 이 경우 감면 또는 면제되는 소득은 과세표준 개별귀속액을 한도로 한다. (2014. 3. 14. 신설)

제100조의 25 【연결세액의 신고 및 납부】 ① 법 제103조의 37 제1항에 따른 신고는 행정안전부령으로 정하는 각 연결사업연도의 소득에 대한 법인지방소득세 과세표준 및 세액신고서로 한다. (2017. 7. 26. 직제개정 ; 행정안전부와～직제 부칙)

② 법 제103조의 37 제1항 제2호에서 "대통령령으로 정하는 세액조정계산서 첨부서류"란 행정안전부령으로 정하는 연결집단 법인지방소득세 과세표준 및 세액조정계산서와 부속서류를 말한다. (2017. 7. 26. 직제개정 ; 행정안전부와～직제 부칙)
③ 법 제103조의 37 제3항 및 제4항에 따른 법인지방소득세의 안분 신고 및 납부에 관하여는 제100조의 13을 준용한다. (2014. 3. 14. 신설)
④ 법 제103조의 37 제5항에 따라 연결모법인이 각 연결사업연도의 소득에 대한 법인지방소득세액을 분할납부하는 경우 분할납부할 수 있는 세액은 다음 각 호의 구분에 따른다. (2023. 12. 29. 신설)
1. 납부할 세액이 100만원 초과 200만원 이하인 경우 : 100만원을 초과하는 금액 (2023. 12. 29. 신설)
2. 납부할 세액이 200만원을 초과하는 경우: 해당 세액의 100분의 50

(2021. 12. 31. 항번개정)
1. 별지 제44호의 3 서식에 따른 연결법인 법인지방소득세 가산세액 계산서 (2014. 8. 8. 신설)
2. 별지 제44호의 4 서식에 따른 연결법인별 기본사항 및 법인지방소득세 신고서 (2014. 8. 8. 신설)
3. 별지 제44호의 5 서식에 따른 연결법인별 법인지방소득세 과세표준 및 세액조정계산서 (2014. 8. 8. 신설)
4. 각 연결법인의 법 제103조의 23 제2항 각 호의 서류 (2014. 8. 8. 신설)
5. 별지 제43호의 12 서식에 따른 사실과 다른 회계처리로 인하여 과다 납부한 세액의 차감액 명세서 (2022. 3. 31. 개정)
⑤ 본점 또는 주사무소 소재지 관할 지방자치단체의 장은 법 제103조의 37 제1항에 따라 납세자가 제출한 첨부서류를 확정신고기한의 다음 달 마지막날까지 지방세통합정보통신망에 입력해야 한다. (2023. 3. 28. 개정)

난 후 1개월(「조세특례제한법」 제6조 제1항에 따른 중소기업의 경우
에는 2개월) 이내에 분할납부할 수 있다. (2023. 12. 29. 신설)

⑥ 제1항에 따라 연결모법인이 지방소득세를 신고납부하는 경우에는
각 연결자법인은 제89조 제2항에 따라 연결법인별로 계산된 지방소득
세 상당액을 연결모법인에게 지급하여야 한다. 다만, 해당 지방소득세
상당액이 음의 수인 경우 연결모법인은 음의 부호를 뗀 금액을 연결자
법인에 지급하여야 한다. (2023. 12. 29. 항번개정)

⑦ 제103조의 35 제1항에 따른 법인지방소득세 연결산출세액이 없는
경우로서 다음 각 호의 어느 하나에 해당하는 경우에는 각 연결법인의
결손금 이전에 따른 손익을 정산한 금액(이하 "정산금"이라 한다)을 해
당 호에서 정하는 바에 따라 연결법인별로 배분하여야 한다. (2023.
12. 29. 신설)

1. 「법인세법」 제76조의 19 제5항 제1호 각 목의 어느 하나에 해당하
   는 연결자법인이 있는 경우 : 해당 연결자법인이 대통령령으로 정하
   는 바에 따라 계산한 정산금을 제1항의 기한까지 연결모법인에 지
   급 (2023. 12. 29. 신설)

2. 「법인세법」 제76조의 19 제5항 제2호 각 목의 어느 하나에 해당하
   는 연결자법인이 있는 경우 : 연결모법인이 대통령령으로 정하는 바
   에 따라 계산한 정산금을 제1항의 기한까지 해당 연결자법인에 지
   급 (2023. 12. 29. 신설)

⑧ 제1항에 따른 첨부서류를 연결모법인 본점 소재지를 관할하는 지방
자치단체의 장에게 제출한 경우에는 연결법인별 납세지 관할 지방자치
단체의 장에게도 이를 제출한 것으로 본다. (2023. 12. 29. 항번개정)

⑨ 제1항에 따른 신고를 할 때 그 신고서에 제1항 제1호의 서류를 첨
부하지 아니하면 이 법에 따른 신고로 보지 아니한다. (2023. 12. 29.
항번개정)

⑩ 납세지 관할 지방자치단체장은 제1항 및 제3항에 따라 제출된 신고
서 또는 그 밖의 서류에 미비한 점이 있거나 오류가 있을 때에는 보정
할 것을 요구할 수 있다. (2023. 12. 29. 항번개정)

　　제103조의 38 【수정신고 · 결정 · 경정 및 징수 등】(2015. 7.
24. 제목개정)

이하의 금액 (2023. 12. 29. 신설)

편주

법 103조의 37 제5항 단서의 개정규정은 2024. 1. 1. 이후 개시하는 사업
연도부터 적용함. (법 부칙(2023. 3. 14.) 6조)

편주

법 103조의 37 제7항의 개정규정은 2024. 1. 1. 이후 개시하는 사업연도
부터 적용함. (법 부칙(2023. 12. 29.) 9조)

각 연결사업연도의 소득에 대한 법인지방소득세의 수정신고·결정·경정·징수 및 환급에 관하여는 제103조의 24, 제103조의 25 및 제103조의 27을 준용한다. (2015. 7. 24. 개정)

제103조의 39 【가산세】 연결법인은 제103조의 30을 준용하여 계산한 금액을 각 연결사업연도의 소득에 대한 법인지방소득세 세액에 더하여 납부하여야 한다. (2014. 1. 1. 신설)

제103조의 40 【중소기업 관련 규정의 적용】 각 연결사업연도의 소득에 대한 법인지방소득세 세액을 계산할 때 중소기업 관련 규정의 적용에 관하여는 「법인세법」 제76조의 22를 준용한다.

제 8 절　내국법인의 청산소득에 대한 지방소득세
(2014. 1. 1. 신설)

제103조의 41 【과세표준】 내국법인의 청산소득에 대한 법인지방소득세의 과세표준은 「법인세법」 제79조에 따른 해산에 의한 청산소득의 금액(「조세특례제한법」 및 다른 법률에 따라 청산소득 금액 산정과 관련된 과세특례가 적용되는 경우에는 이에 따라 산출한 해산에 의한 청산소득의 금액)과 동일한 금액으로 한다. (2019. 12. 31. 개정)

제103조의 42 【세　율】 내국법인의 청산소득에 대한 법인지방소득세는 제103조의 41에 따른 과세표준에 제103조의 20에 따른 세율을 적용하여 계산한 금액을 그 세액으로 한다. (2014. 1. 1. 신설)

제103조의 43 【과세표준 및 세액의 신고와 납부】 (2015. 7. 24. 제목개정)
① 「법인세법」 제84조 및 제85조에 따른 확정신고의무 및 중간신고의무가 있는 내국법인은 해당 신고기한까지 대통령령으로 정하는 바에 따라 청산소득에 대한 법인지방소득세의 과세표준과 세액을 납세지 관할 지방자치단체의 장에게 신고하여야 한다. (2015. 7. 24. 개정)

제 8 절　내국법인의 청산소득에 대한 지방소득세
(2014. 3. 14. 신설)

제100조의 26 【신　고】 (2015. 7. 24. 제목개정)
내국법인은 법 제103조의 43에 따라 신고하는 경우에는 법 제103조의 41에 따라 계산한 청산소득의 금액을 적은 행정안전부령으로 정하는 청산소득에 대한 법인지방소득세과세표준, 세액신고서 및 「법인세법」 제84조 제2항 제1호에 따른 재무상태표(중간신고의 경우 같은 법 제85조 제2항에 따른 재무상태표를 말한다)를 납세지 관할 지방자치단체의

제48조의 11 【청산소득에 대한 법인지방소득세 과세표준의 신고】 ① 영 제100조의 26에 따른 청산소득에 대한 법인지방소득세과세표준 및 세액신고서는 별지 제45호 서식에 따른다. (2014. 8. 8. 신설)

② 제1항에 따른 신고를 한 내국법인은 해당 신고기한까지 청산소득에 대한 법인지방소득세를 납세지 관할 지방자치단체에 납부하여야 한다. (2014. 1. 1. 신설)

제103조의 44【결정과 경정】① 납세지 관할 지방자치단체의 장은 내국법인이 제103조의 43에 따른 신고를 하지 아니하거나 신고 내용에 오류 또는 누락이 있는 경우에는 해당 청산소득에 대한 과세표준과 세액을 결정 또는 경정한다. (2014. 1. 1. 신설)
② 납세지 관할 지방자치단체의 장은 청산소득에 대한 법인지방소득세의 과세표준과 세액을 결정 또는 경정한 후 그 결정 또는 경정에 오류나 누락이 있는 것을 발견한 경우에는 즉시 이를 다시 경정한다. (2014. 1. 1. 신설)
③ 납세지 관할 지방자치단체의 장이 청산소득에 대한 법인지방소득세의 과세표준과 세액을 결정 또는 경정한 때에는 그 내용을 해당 내국법인이나 청산인에게 알려야 한다. 다만, 그 법인이나 청산인에게 알릴 수 없는 경우에는 공시(公示)로써 이를 갈음할 수 있다. (2014. 1. 1. 신설)

제103조의 45【징　수】① 납세지 관할 지방자치단체의 장은 내국법인이 제103조의 43에 따라 납부하여야 할 청산소득에 대한 법인지방소득세의 전부 또는 일부를 납부하지 아니하면 「지방세기본법」 및 「지방세징수법」에 따라 징수한다. (2016. 12. 27. 개정 ; 지방세징수법 부칙)
② 납세지 관할 지방자치단체의 장은 제103조의 43에 따라 납부하였거나 제1항에 따라 징수한 법인지방소득세액이 제103조의 44에 따라 납세지 관할 지방자치단체의 장이 결정하거나 경정한 법인지방소득세보다 적으면 그 부족한 금액에 상당하는 법인지방소득세를 징수하여야 한다. (2014. 1. 1. 신설)

제103조의 46【청산소득에 대한 과세특례】① 청산소득에 대한 법인지방소득세를 징수할 때에는 「지방세기본법」 제55조 제1항 제3호 및 제4호에 따른 납부지연가산세를 징수하지 아니한다. (2020. 12. 29. 개정)

장에게 제출하여야 한다. (2017. 7. 26. 직제개정 ; 행정안전부와~직제 부칙)

② 법 제103조의 43 제2항에 따른 법인지방소득세의 납부서는 별지 제14호 서식 또는 별지 제43호의 8 서식에 따른다. (2014. 8. 8. 신설)

② 내국법인이 「법인세법」 제78조 각 호에 따른 조직변경이 있는 경우
에는 청산소득에 대한 법인지방소득세를 과세하지 아니한다. (2014. 1.
1. 신설)

제 9 절　외국법인의 각 사업연도의 소득에 대한 지방소득세 (2014. 1. 1. 신설)

　제103조의 47【과세표준】① 국내사업장을 가진 외국법인과
「법인세법」 제93조 제3호에 따른 소득이 있는 외국법인의 각 사업연
도의 소득에 대한 법인지방소득세의 과세표준은 「법인세법」 제91조
제1항에 따라 계산한 법인세의 과세표준(「조세특례제한법」 및 다른 법
률에 따라 과세표준 산정과 관련된 조세감면 또는 중과세 등의 조세특
례가 적용되는 경우에는 이에 따라 계산한 법인세의 과세표준)과 동일
한 금액으로 한다. (2019. 12. 31. 개정)
② 제1항에 해당하지 아니하는 외국법인의 각 사업연도의 소득에 대한
법인지방소득세의 과세표준은 「법인세법」 제91조 제2항에 따라 계산
한 법인세의 과세표준(「조세특례제한법」 및 다른 법률에 따라 과세표
준 산정과 관련된 조세감면 또는 중과세 등의 조세특례가 적용되는 경
우에는 이에 따라 계산한 법인세의 과세표준)과 동일한 금액으로 한다.
(2019. 12. 31. 개정)
③ 제1항에 해당하는 외국법인의 원천소득으로서 「법인세법」 제98조
제1항, 제98조의 3, 제98조의 5 또는 제98조의 6에 따라 원천징수되는
소득에 대한 법인지방소득세의 과세표준은 「법인세법」 제91조 제3항
에 따라 계산한 법인세의 과세표준(「조세특례제한법」 및 다른 법률에
따라 과세표준 산정과 관련된 조세감면 또는 중과세 등의 조세특례가
적용되는 경우에는 이에 따라 계산한 법인세의 과세표준)과 동일한 금
액으로 한다. (2019. 12. 31. 개정)
④ 「법인세법」 제91조 제1항 제3호는 국내사업장을 가지고 있지 아니
하는 외국법인에 대하여도 적용한다. (2014. 1. 1. 신설)
⑤ 외국법인의 국내원천소득 금액의 계산, 국내원천소득의 구분 및 외
국법인의 국내사업장에 관한 사항은 「법인세법」 제92조부터 제94조까

제 9 절　외국법인의 각 사업연도의 소득에 대한 지방소득세 (2014. 3. 14. 신설)

지의 규정에서 정하는 바에 따른다. (2014. 1. 1. 신설)

제103조의 48 【세 율】 제103조의 47 제1항에 따른 외국법인과 같은 조 제2항 및 제3항에 따른 외국법인으로서 「법인세법」 제93조 제7호에 따른 국내원천소득이 있는 외국법인의 각 사업연도의 소득에 대한 법인지방소득세는 제103조의 47에 따른 과세표준의 금액에 제103조의 20에 따른 세율을 적용하여 계산한 금액(제103조의 49에 따른 토지등의 양도소득에 대한 법인지방소득세액이 있는 경우에는 이를 합한 금액으로 한다)으로 한다. (2014. 1. 1. 신설)

제103조의 49 【외국법인의 토지등 양도소득에 대한 과세특례】 제103조의 47 제1항에 따른 외국법인 및 같은 조 제2항에 따른 외국법인의 토지등의 양도소득에 대한 법인지방소득세의 납부에 관하여는 제103조의 31을 준용한다. 이 경우 제103조의 47 제2항에 따른 외국법인의 토지등 양도소득은 「법인세법」 제92조 제3항을 준용하여 계산한 금액으로 한다. (2014. 1. 1. 신설)

제103조의 50 【외국법인의 국내사업장에 대한 과세특례】 외국법인(비영리외국법인은 제외한다)의 국내사업장은 「법인세법」 제96조에 따라 계산하여 추가로 납부하여야 할 세액의 10분의 1을 제103조의 48에 따른 법인지방소득세에 추가하여 납부하여야 한다. (2014. 1. 1. 신설)

제103조의 51 【신고·납부·결정·경정·징수 및 특례】 ① 제103조의 47 제1항에 따른 외국법인과 같은 조 제2항 및 제3항에 해당하는 외국법인으로서 「법인세법」 제93조 제7호에 따른 국내원천 부동산등양도소득이 있는 외국법인의 각 사업연도의 소득에 대한 법인지방소득세의 신고·납부·결정·경정 및 징수에 대하여는 이 절에서 규정하는 것을 제외하고는 제6절 및 「법인세법」 제97조를 준용한다. 이 경우 제103조의 23 제3항을 준용할 때 제103조의 47 제1항에 따른 외국법인과 같은 조 제2항 및 제3항에 해당하는 외국법인으로서 「법인세법」 제93조 제7호에 따른 국내원천 부동산등양도소득이 있는

외국법인의 각 사업연도의 소득에 대한 법인지방소득세 과세표준에 같은 법 제98조 제1항 제5호 및 같은 조 제8항에 따라 원천징수된 소득이 포함되어 있는 경우에는 그 원천징수세액의 100분의 10에 해당하는 특별징수세액을 제103조의 23 제3항 제3호에 따라 공제되는 세액으로 본다. (2020. 12. 29. 개정)

☞ p.4050 1단 연결

② 제1항에 따라 각 사업연도의 소득에 대한 법인지방소득세의 과세표준을 신고하여야 할 외국법인이 대통령령으로 정하는 사유로 그 신고기한까지 신고서를 제출할 수 없는 경우에는 제1항에도 불구하고 대통령령으로 정하는 바에 따라 납세지 관할 지방자치단체의 장의 승인을 받아 그 신고기한을 연장할 수 있다. (2014. 1. 1. 신설)
③ 제2항에 따라 신고기한의 연장승인을 받은 외국법인이 신고세액을 납부할 때에는 기한 연장일수에 금융회사 등의 이자율을 고려하여 대통령령으로 정하는 이율을 적용하여 계산한 금액을 가산하여 납부하여야 한다. (2014. 1. 1. 신설)
④ 제3항에 따라 가산할 금액을 계산할 때의 기한 연장일수는 제103조의 23에 따른 신고기한의 다음 날부터 연장승인을 받은 날까지의 일수로 한다. 다만, 연장승인 기한에 신고 및 납부가 이루어진 경우에는 그 날까지의 일수로 한다. (2014. 1. 1. 신설)

⑤ 「법인세법」 제98조의 2에 따라 유가증권 양도소득 등에 대한 신고·납부를 하여야 하는 외국법인은 그 신고·납부할 금액의 100분의 10에 해당하는 금액을 같은 조에서 정한 각 신고·납부기한의 1개월 이내까지 납세지 관할 지방자치단체의 장에게 신고·납부하여야 한다. (2014. 1. 1. 신설)

⑥ 「법인세법」 제93조 제6호에 따른 소득이 특별징수되는 외국법인은 같은 법 제99조 제1항에 따라 산정되는 과세표준에 제103조의 48을

제100조의 27 【외국법인의 신고】 ① 법 제103조의 51 제2항에 따라 각 사업연도의 소득에 대한 법인지방소득세의 과세표준을 신고하여야 할 외국법인으로서 「법인세법 시행령」 제7조 제6항 제2호에 따른 본점등의 결산이 확정되지 아니하거나 그 밖에 부득이한 사유로 법 제103조의 23에 따른 신고서를 제출할 수 없는 외국법인은 해당 사업연도의 종료일부터 60일 이내에 사유서를 갖추어 납세지 관할 지방자치단체의 장에게 신고기한 연장승인을 신청할 수 있다. 다만, 「법인세법 시행령」 제136조에 따라 세무서장에게 신고기한 연장승인을 신청한 경우에는 법인지방소득세에 대한 신고기한 연장승인도 함께 신청한 것으로 본다. (2019. 2. 12. 개정 ; 법인세법 시행령 부칙)
② 법 제103조의 51 제3항에서 "대통령령으로 정하는 이율"이란 「지방세기본법 시행령」 제43조 제2항 본문에 따른 이자율을 말한다. (2021. 12. 31. 개정)

제100조의 28 【외국법인의 유가증권 양도소득 등에 대한 신고·납부의 특례】 법 제103조의 51 제5항에 따라 유가증권 양도소득 등에 대한 신고·납부를 하려는 외국법인은 다음 각 호의 구분에 따른 신고서를 작성하여 신고·납부하여야 한다. (2014. 3. 14. 신설)
1. 「법인세법」 제98조의 2 제1항에 따라 주식 또는 출자증권의 양도소득 중 특별징수되지 아니한 소득의 특별징수세액 상당액을 신고·납부하는 경우 : 외국법인유가증권양도소득정산신고서 (2014. 3. 14. 신설)
2. 「법인세법」 제98조의 2 제3항에 따라 주식·출자증권 또는 그 밖의 유가증권의 양도소득에 대한 세액을 신고·납부하는 경우 : 외국법인유가증권양도소득신고서 (2014. 3. 14. 신설)
3. 「법인세법」 제98조의 2 제4항에 따라 국내에 있는 자산을 증여받아 생긴 소득에 대한 세액을 신고·납부하는 경우 : 외국법인증여소득신고서 (2014. 3. 14. 신설)

제100조의 29 【외국법인의 인적용역소득에 대한 신고·납부 특례】 법 제103조의 51 제6항에 따라 외국법인의 인적용역소득에 대

제48조의 12 【외국법인의 유가증권 양도소득 등에 대한 신고·납부 특례】
① 영 제100조의 28 제1호에 따른 외국법인유가증권양도소득정산신고서는 별지 제45호의 2 서식에 따른다. (2014. 8. 8. 신설)
② 영 제100조의 28 제2호에 따른 외국법인유가증권양도소득신고서는 별지 제45호의 3 서식에 따른다. (2014. 8. 8. 신설)
③ 영 제100조의 28 제3호에 따른 외국법인증여소득신고서는 별지 제45호의 4 서식에 따른다. (2014. 8. 8. 신설)

제48조의 13 【외국법인의 인적용역소득에 대한 신고·납부 특례】 영 제100

적용하여 산출한 세액을 용역 제공기간 종료일부터 4개월 이내에 특별징수의무자의 납세지 관할 지방자치단체의 장에게 신고·납부할 수 있다. 이 경우 과세표준에 이미 특별징수된 소득이 포함되어 있으면 특별징수세액은 이미 납부한 세액으로 공제한다. (2014. 1. 1. 신설)

제103조의 52【외국법인에 대한 특별징수 또는 징수의 특례】 ① 외국법인의 국내원천소득에 대하여 「법인세법」 제98조 및 제98조의 2부터 제98조의 8까지에 따라 법인세를 원천징수하는 경우에는 원천징수하는 법인세의 100분의 10에 해당하는 금액을 법인지방소득세로 특별징수하여야 한다. 이 경우 「법인세법」에 따른 원천징수의무자를 법인지방소득세의 특별징수의무자로 한다. (2023. 12. 29. 개정)
② 제1항에 따른 특별징수의무자의 납부 등에 관하여는 제103조의 29 제3항 및 제4항을 준용하고, 그 밖에 외국법인에 대한 특별징수 또는 징수의 특례에 관하여 이 법에서 정하지 아니한 사항은 「법인세법」 제98조 및 제98조의 2부터 제98조의 8까지를 준용한다. (2023. 12. 29. 개정)

제 10 절 동업기업에 대한 과세특례 (2014. 1. 1. 신설)

제103조의 53【동업기업 및 동업자의 납세의무】 ① 「조세특례제한법」 제100조의 15 제1항 및 제2항에 따라 동업기업과세특례를 적용받는 동업기업(이하 "동업기업"이라 한다)과 동업자(이하 "동업자"라 한다) 중 동업자는 같은 법 제100조의 18에 따라 배분받은 동업기업의 소득에 대하여 개인지방소득세 또는 법인지방소득세를 납부할 의무를 지며, 같은 법 제100조의 16 제3항에 따른 동업기업 전환법인은 같은 조항에 따라 계산한 과세표준에 지방세법 제103조의 20 제1항에 따른 세율을 적용하여 계산한 금액을 법인지방소득세(이하 "준청산소득에 대한 법인지방소득세"라 한다)로 납부할 의무가 있다. (2023. 12. 29. 개정)
② 준청산소득에 대한 법인지방소득세의 신고 납부절차 및 기타 필요한 사항은 대통령령으로 정한다. (2014. 1. 1. 신설)
③ 동업기업과세특례에 관하여 이 법에서 정하지 아니한 사항은 「조세

한 신고·납부를 하려는 외국법인은 행정안전부령으로 정하는 외국법인인적용역소득신고서에 그 소득과 관련된 비용을 증명하는 서류를 첨부하여 신고·납부하여야 한다. (2017. 7. 26. 직제개정 ; 행정안전부와~직제 부칙)

제 10 절 동업기업에 대한 과세특례 (2014. 3. 14. 신설)

제100조의 30【준청산소득에 대한 법인지방소득세 신고】 법 제103조의 53 제2항에 따라 준청산소득에 대한 법인지방소득세를 신고·납부하려는 동업기업 전환법인은 동업기업과세특례를 적용받는

조의 29에 따른 외국법인인적용역소득신고서는 별지 제45호의 5 서식에 따른다. (2014. 8. 8. 신설)

제48조의 14【준청산소득에 대한 법인지방소득세의 신고】 영 제100조의 30에 따른 준청산소득에 대한 법인지방소

특례제한법」 제100조의 14부터 제100조의 26까지의 규정을 준용한다. (2020. 12. 29. 신설)

제103조의 54 【동업기업의 배분 등】 ① 동업기업과 관련된 다음 각 호의 금액은 각 과세연도의 종료일에 대통령령으로 정하는 동업자 간의 손익배분비율에 따라 동업자에게 배분한다. 다만, 제4호의 금액은 내국법인 및 외국법인인 동업자에게만 배분한다. (2023. 12. 29. 개정)
1. 「지방세특례제한법」에 따른 세액공제 및 세액감면금액 (2014. 1. 1. 신설)
2. 동업기업에서 발생한 소득에 대하여 제103조의 29에 따라 특별징수된 세액 (2014. 1. 1. 신설)
3. 제103조의 30에 따른 가산세 및 제103조의 57에 따른 가산세 (2014. 1. 1. 신설)
4. 제103조의 31에 따른 토지등 양도소득에 대한 법인지방소득세 (2019. 12. 31. 개정)

② 동업자는 동업기업의 과세연도의 종료일이 속하는 과세연도의 지방소득세를 신고·납부할 때 제1항에 따라 배분받은 금액 중 같은 항 제1호 및 제2호의 금액은 해당 동업자의 지방소득세에서 공제하고, 같은 항 제3호 및 제4호의 금액은 해당 동업자의 지방소득세에 가산한다. (2023. 12. 29. 개정)

제103조의 55 【동업기업 지분의 양도】 「조세특례제한법」 제100조의 21 제1항에 따라 양도소득세 또는 법인세를 과세하는 경우 이 법에 따른 양도소득에 대한 개인지방소득세 또는 법인지방소득세를 과세한다. (2014. 1. 1. 신설)

제103조의 56 【비거주자 또는 외국법인인 동업자에 대한 특별징수】 「조세특례제한법」 제100조의 24 제1항에 따라 동업기업이 비

최초 사업연도의 직전 사업연도 종료일 이후 3개월이 되는 날까지 행정안전부령으로 정하는 준청산소득에 대한 법인지방소득세 과세표준 및 세액신고서에 준청산일 현재의 재무상태표를 첨부하여 납세지 관할 지방자치단체의 장에게 신고하고 납부하여야 한다. (2017. 7. 26. 직제개정 ; 행정안전부와~직제 부칙)

제100조의 31 【손익배분비율】 법 제103조의 54 제1항 각 호 외의 부분 본문에서 "대통령령으로 정하는 동업자 간의 손익배분비율"이란 다음 각 호의 구분에 따른 배분 비율을 말한다. (2023. 12. 29. 개정)
1. 「조세특례제한법」 제100조의 15 제1항에 따른 동업자의 경우 : 같은 법 시행령 제100조의 17에 따른 손익배분비율 (2023. 12. 29. 개정)
2. 「조세특례제한법」 제100조의 15 제2항 및 제3항에 따른 동업자의 경우 : 같은 법 제100조의 18 제5항 후단에 따라 상위 동업기업의 동업자에게 배분하는 비율 (2023. 12. 29. 개정)

제100조의 32 【동업기업 세액의 계산 및 배분】 ① 법 제103조의 54 제1항 각 호의 금액은 동업기업을 하나의 내국법인으로 보아 계산한다. (2014. 3. 14. 신설)
② 법 제103조의 54 제2항을 적용할 때 같은 조 제1항에 따라 동업자가 배분받은 금액은 다음 각 호의 방법에 따라 공제하거나 가산한다. (2014. 3. 14. 신설)
1. 세액공제·세액감면금액 : 지방소득세 산출세액에서 공제하는 방법 (2014. 3. 14. 신설)
2. 특별징수세액 : 기납부세액으로 공제하는 방법 (2014. 3. 14. 신설)
3. 가산세 : 지방소득세 산출세액에 합산하는 방법 (2014. 3. 14. 신설)
4. 토지등 양도소득에 대한 법인지방소득세에 상당하는 세액 : 법인지방소득세 산출세액에 합산하는 방법. 이 경우 토지등 양도소득에 대한 법인지방소득세에 상당하는 세액은 동업기업을 하나의 내국법인으로 보아 산출한 금액에 내국법인 및 외국법인인 동업자의 손익배분비율의 합계를 곱한 금액으로 한다. (2014. 3. 14. 신설)
③ 삭 제 (2016. 12. 30.)

득세 과세표준 및 세액신고서는 별지 제45호의 6 서식에 따른다. (2014. 8. 8. 신설)

거주자 또는 외국법인인 동업자에게 배분된 소득에 대하여 소득세 또는 법인세를 원천징수하는 경우에는 원천징수하는 소득세 또는 법인세의 100분의 10에 해당하는 금액을 지방소득세로 특별징수하여 같은 법 제100조의 23 제1항에 따른 신고기한까지 납세지 관할 지방자치단체의 장에게 납부하여야 한다. (2015. 7. 24. 개정)

　제103조의 57【동업기업에 대한 가산세】「조세특례제한법」제100조의 25에 따라 동업기업으로부터 가산세를 징수하는 경우에는 그 징수하여야 할 금액의 100분의 10에 해당하는 금액을 지방소득세의 가산세로 징수하여야 한다. (2014. 1. 1. 신설)

제 11 절　법인과세 신탁재산의 각 사업연도의 소득에 대한 지방소득세 (2020. 12. 29. 신설)

　제103조의 58【법인과세 신탁재산에 대한 법인지방소득세】(2020. 12. 29. 제목개정)
① 「법인세법」 제5조 제2항에 따라 내국법인으로 보는 신탁재산(이하 "법인과세 신탁재산"이라 한다) 및 법인세를 납부하는 신탁의 수탁자(이하 "법인과세 수탁자"라 한다)에 대해서는 이 절의 규정을 제1절 및 제6절에 우선하여 적용한다. (2020. 12. 29. 개정)
② 법인과세 신탁재산에 대한 법인지방소득세의 사업연도는 법인과세 수탁자가 「법인세법」 제75조의 12 제3항에 따라 신고하는 기간으로 한다. (2020. 12. 29. 개정)
③ 법인과세 신탁재산의 법인지방소득세 납세지는 그 법인과세 수탁자의 납세지로 한다. (2020. 12. 29. 개정)
④ 제1항부터 제3항까지에서 규정한 사항 외에 법인과세 신탁재산에 대한 법인지방소득세 과세방식의 적용 및 제2차 납세의무 등에 관하여는 「법인세법」 제75조의 11부터 제75조의 18까지의 규정을 준용한다. (2020. 12. 29. 개정)

제12절　보　칙 (2020. 12. 29. 절번개정)

제103조의 59 【지방소득세 관련 세액 등의 통보】 ① 세무서장 또는 지방국세청장(이하 이 조에서 "세무서장등"이라 한다)은 소득세의 부과·징수 등에 관한 자료를 행정안전부령으로 정하는 바에 따라 다음 각 호의 구분에 따른 기한까지 대통령령으로 정하는 지방자치단체의 장에게 통보하여야 한다. (2021. 12. 28. 개정)
1. 「국세기본법」 또는 「소득세법」에 따라 소득세 과세표준과 세액을 신고(기한 후 신고는 제외한다) 받은 경우 : 신고를 받은 날이 속하는 달의 다음 달 15일. 다만, 다음 각 목의 어느 하나에 해당하는 경우에는 해당 목에서 정하는 기한 내로 한다. (2019. 12. 31. 개정)
　가. 「소득세법」 제14조 제2항에 따른 종합소득과세표준, 같은 조 제6항에 따른 퇴직소득과세표준, 같은 법 제69조에 따른 토지등의 매매차익 또는 같은 법 제92조에 따른 양도소득과세표준을 「국세기본법」 제2조 제19호에 따른 전자신고 방식으로 신고 받은 경우 : 신고를 받은 즉시 (2024. 12. 31. 개정)
　나. 「소득세법」 제70조, 제71조, 제74조 및 제110조에 따른 과세표준 확정신고와 같은 법 제69조에 따른 토지등 매매차익예정신고 및 같은 법 제105조에 따른 양도소득과세표준 예정신고의 경우 : 신고를 받은 날이 속하는 달의 다음 달 1일부터 2개월이 되는 날 (2024. 12. 31. 개정)
　다. 「국세기본법」 제45조에 따른 수정신고를 받은 경우 : 신고를 받은 날이 속하는 달의 다음달 1일부터 3개월이 되는 날 (2019. 12. 31. 개정)
2. 「국세기본법」 또는 「소득세법」에 따라 소득세 과세표준과 세액을 결정 또는 경정한 경우 : 결정 또는 경정한 날이 속하는 달의 다음 달 15일 (2021. 12. 28. 개정)
3. 「소득세법」에 따라 원천징수한 소득세를 납부받은 경우 : 납부한 날이 속하는 달의 다음 달 15일. 다만, 제4호에 따른 납세고지에 따라

제11절　보　칙 (2014. 3. 14. 신설)

제100조의 33 【지방소득세 관련 세액 등의 통보】 ① 법 제103조의 59 제1항 각 호 외의 부분 및 같은 조 제2항 각 호 외의 부분에서 "대통령령으로 정하는 지방자치단체의 장"이란 소득세 및 법인세의 납세지를 관할하는 지방자치단체의 장을 말한다. (2014. 3. 14. 신설)
② 법 제103조의 59 제1항 및 제2항에 따라 세무서장등이 지방자치단체의 장에게 통보하는 자료를 전산처리하였을 때에는 전자문서로 통보할 수 있다. (2014. 3. 14. 신설)
③ 제1항에 따른 통보를 받은 지방자치단체의 장은 법인의 본점 또는 주사무소와 사업장의 소재지가 다른 경우에는 해당 법인의 사업장 관할 지방자치단체의 장에게 해당 법인의 법인세 과세표준 등을 지체 없이 통보하여야 한다. (2014. 3. 14. 신설)

제100조의 34 【지방세환급금의 환급과 충당】 지방소득세의 환급금은 법 제89조에 따른 납세지를 관할하는 지방자치단체에서 환급하거나 충당해야 한다. (2020. 4. 28. 개정)

제48조의 15 【과세표준 및 세액 등의 통보】 ① 법 제103조의 59 제1항에 따른 소득세의 신고·결정·경정·징수 및 환급과 관련된 자료의 통보는 다음 각 호의 구분에 따른다. (2014. 8. 8. 신설)
1. 법 제103조의 59 제1항 제1호 및 제2호에 따른 통보 : 별지 제46호 서식부터 별지 제48호 서식까지 및 별표 5에서 정하는 자료 (2014. 8. 8. 신설)
2. 법 제103조의 59 제1항 제3호 및 제4호에 따른 통보 : 별지 제49호 서식 (2014. 8. 8. 신설)
3. 법 제103조의 59 제1항 제5호에 따른 통보 : 별지 제50호 서식부터 별지 제53호 서식까지 (2014. 8. 8. 신설)
② 법 제103조의 59 제2항에 따른 법인세의 신고·결정·경정·징수 및 환급과 관련된 자료의 통보는 다음 각 호의 구분에 따른다. (2014. 8. 8. 신설)
1. 법 제103조의 59 제2항 제1호 및 제2호에 따른 통보 : 별지 제54호 서식 (2014. 8. 8. 신설)
2. 법 제103조의 59 제2항 제3호 및 제4호에 따른 통보 : 별지 제49호 서식 (2014. 8. 8. 신설)
3. 법 제103조의 59 제2항 제5호에 따른 통보 : 별지 제50호 서식 및 별지 제55호 서식 (2014. 8. 8. 신설)
4. 법 제103조의 59 제2항 제6호에 따른

납부받은 원천징수세액에 관하여는 그 통보를 생략할 수 있다. (2014. 1. 1. 신설)
4. 「소득세법」에 따른 원천징수의무자가 원천징수하였거나 원천징수 하여야 할 소득세를 그 기한까지 납부하지 아니하였거나 미달하여 납부한 경우로서 세무서장등이 원천징수의무자로부터 그 금액을 징수하기 위하여 납세고지를 한 경우 : 고지한 날이 속하는 달의 다음 달 15일 (2014. 1. 1. 신설)
5. 「국세기본법」 또는 「소득세법」에 따라 소득세를 환급한 경우 : 환급한 날이 속하는 달의 다음 달 15일. 다만 「소득세법」 제70조, 제71조, 제74조 및 제110조에 따른 과세표준 확정신고에 따라 소득세를 환급하는 경우에는 신고를 받은 날이 속하는 달의 다음 달 1일부터 2개월 (2024. 12. 31. 단서개정)
② 세무서장등은 법인세의 부과ㆍ징수 등에 관한 자료를 행정안전부령으로 정하는 바에 따라 다음 각 호의 구분에 따른 기한까지 대통령령으로 정하는 지방자치단체의 장에게 통보하여야 한다. (2021. 12. 28. 개정)
1. 「국세기본법」 또는 「법인세법」에 따라 법인세 과세표준과 세액을 신고 또는 수정신고 받은 경우 : 신고를 받은 날이 속하는 달의 다음 달 1일부터 2개월 (2014. 1. 1. 신설)
2. 「국세기본법」 또는 「법인세법」에 따라 법인세 과세표준과 세액을 결정 또는 경정한 경우 : 결정 또는 경정한 날이 속하는 달의 다음 달 15일 (2021. 12. 28. 개정)
3. 「법인세법」에 따라 원천징수한 법인세를 납부받은 경우 : 납부한 날이 속하는 달의 다음 달 15일. 다만, 제4호에 따른 납세고지에 따라 납부받은 원천징수세액에 관하여는 그 통보를 생략할 수 있다. (2014. 1. 1. 신설)
4. 「법인세법」에 따른 원천징수의무자가 원천징수하였거나 원천징수 하여야 할 법인세를 그 기한까지 납부하지 아니하였거나 미달하여 납부한 경우로서 세무서장등이 원천징수의무자로부터 그 금액을 징수하기 위하여 납세고지를 한 경우 : 고지한 날이 속하는 달의 다음 달 15일 (2014. 1. 1. 신설)

제100조의 35 【과세관리대장 비치】 (2015. 12. 31. 제목개정)
지방자치단체의 장은 다음 각 호의 과세관리대장을 갖추어 두고, 필요한 사항을 등재하여야 한다. 이 경우 해당 사항을 전산처리하는 경우에는 과세관리대장을 갖춘 것으로 본다. (2015. 12. 31. 개정)
1. 지방소득세 과세대장 (2015. 12. 31. 신설)
2. 법인지방소득세 특별징수세액 정산대장 (2015. 12. 31. 신설)

통보: 별지 제55호의 2 서식 (2016. 12. 30. 신설)
③ 영 제100조의 33 제3항에 따른 통보는 별지 제56호 서식으로 한다. (2014. 8. 8. 신설)

제48조의 16 【과세대장의 비치】
영 제100조의 35에 따른 지방소득세 과세대장은 별지 제57호 서식에 따른다. (2014. 8. 8. 신설)

5. 「국세기본법」 또는 「법인세법」에 따라 법인세를 환급한 경우 : 환급한 날이 속하는 달의 다음 달 15일 (2014. 1. 1. 신설)

6. 「조세특례제한법」 제100조의 23에 따라 동업기업 소득의 계산 및 배분명세 신고를 받은 경우 : 신고를 받은 날이 속하는 달의 다음 달 15일 (2016. 12. 27. 신설)

③ 지방자치단체의 장은 제1항 제5호 또는 제2항 제5호에 따른 통보를 받은 경우 해당 소득세 또는 법인세와 동일한 과세표준에 근거하여 산출한 지방소득세를 다시 계산하여 환급세액이 발생하는 경우 이를 환급하여야 한다. (2021. 12. 28. 개정)

④ 「지방세기본법」 제64조 제1항에도 불구하고 이 조 제3항에 따른 환급의 경우(「지방세기본법」 제38조 제2항에 따라 경정결정이나 그 밖에 필요한 처분을 하는 경우는 제외한다) 지방세환급금에 관한 소멸시효는 이 조 제1항 제5호 또는 제2항 제5호에 따른 통보를 받은 날부터 기산한다. (2021. 12. 28. 신설)

제103조의 60 【소액 징수면제】 (2018. 12. 31. 제목개정)
지방소득세로 징수할 세액이 고지서 1장당 2천원 미만인 경우에는 그 지방소득세를 징수하지 아니한다. (2018. 12. 31. 개정)

제103조의 61 【가산세 적용의 특례】 ① 「국제조세조정에 관한 법률」 제17조 제1항에 따라 「국세기본법」 제47조의 3에 따른 과소신고가산세를 부과하지 아니할 때에는 「지방세기본법」 제54조에 따른 과소신고가산세를 부과하지 아니한다. (2020. 12. 22. 개정 ; 국제조세조정에 관한 법률 부칙)

② 2021년부터 2024년까지의 각 과세기간 및 2022년 과세기간에 발생한 소득에 대하여 「소득세법」 제70조 제1항에 따른 신고기한 내에 같은 조 제3항에 따른 종합소득 과세표준 확정신고를 한 거주자 또는 같은 법 제71조 제1항에 따른 신고기한 내에 같은 조 제3항에 따른 퇴직소득 과세표준 확정신고를 한 거주자가 제95조에 따른 신고의무를 다하지 아니한 경우로서 해당 신고기한이 지난 후 1개월 이내에 종합소득 또는 퇴직소득에 대한 개인지방소득세를 제96조에 따라 수정신고하거나 「지방세기본법」 제51조에 따라 기한 후 신고하는 경우에는 같은 법 제53조 또는 제54조에 따른 가산세를 부과하지 아니한다. (2023. 12. 29. 개정)

제103조의 62 【법인지방소득세 특별징수세액 정산을 위한 특례】 ① 제103조의 23 제3항 제3호에 따라 해당 사업연도의 특별징수세액을 공제할 때 이 법에 따른 특별징수한 법인지방소득세의 납세지(이하 “특별징수지”라 한다)와 확정신고할 때의 납세지(이하 “신고지”라 한다)가 다른 경우 해당 특별징수세액은 신고지 관할 지방자치단체의 장에게 납부하는 법인지방소득세로 본다. (2015. 12. 29. 신설)

② 제1항의 경우에 특별징수지 관할 지방자치단체의 장은 해당 특별징수세액의 감액경정을 하여 해당 법인의 본점 또는 주사무소 소재지(연결법인의 경우 연결모법인의 본점 또는 주사무소 소재지를 말하며, 이하 이 조에서 “본점 소재지”라 한다)를 관할하는 지방자치단체의 장에게 지급하여야 한다. (2015. 12. 29. 신설)

☞ p.4057 1단 연결

③ 제2항에 따라 특별징수 세액을 지급받은 본점 소재지 관할 지방자치단체의 장은 제89조 제2항에 따라 신고법인이 안분신고한 내역을 근거로 대통령령으로 정하는 정산금액을 신고지 관할 지방자치단체에 배분하고, 그 내역을 통보하여야 한다. 이 경우 신고지 관할 지방자치단체의 장은 해당 배분액을 납세의무자가 납부한 법인지방소득세로 보아 징수하여야 한다. (2015. 12. 29. 신설)

④ 제3항에 따라 정산 금액을 배분할 때 본점 소재지 관할 지방자치단체의 장은 제103조의 29에 따라 특별징수된 세액이 법인지방소득세 총부담세액을 초과하여 환급세액이 발생한 경우 그 환급세액을 대통령령으로 정하는 바에 따라 납세의무자에게 환급하거나 지방세에 충당한다. 이 경우 체납된 징수금이 2건 이상인 경우에는 신고지 관할 지방자치단체의 체납된 징수금 중 소멸시효가 먼저 도래하는 것부터 충당하여야 한다. (2016. 12. 27. 개정)

⑤ 지방자치단체의 장은 제1항부터 제4항까지의 규정에 따른 정산을 위하여 지방자치단체간 협약을 체결할 수 있다. 이 경우 협약서에는 정산사무의 내용과 범위, 방법 및 절차 등에 관한 사항을 정하여야 한다. (2015. 12. 29. 신설)

⑥ 「지방세기본법」에 따른 충당과 환급은 제2항부터 제5항까지의 절차에 따른 정산이 완료된 후에 적용한다. (2015. 12. 29. 신설)

제103조의 63 【법인지방소득세 추가납부 등】 ① 법인세 또는 소득세 과세표준 산정시 「조세특례제한법」 및 다른 법률에 따라 과세표준 산정에 관한 조세특례가 적용되어 법인세 또는 소득세(이자상당가산액을 포함한다)를 추가 납부하는 경우 그 추가납부하는 세액의 100분의 10에 상당하는 금액을 지방소득세로 추가하여 납부하여야 하며 그 대상 및 세액계산에 필요한 사항은 대통령령으로 정한다. (2015. 12. 29. 신설)

② 「법인세법」 제27조 및 제28조에 따라 업무와 관련 없는 비용 및 지급이자를 손금에 산입하지 아니하여 그 양도한 날이 속하는 법인세

제100조의 36 【법인지방소득세 특별징수세액 정산 등】 ① 법 제103조의 62 제3항에서 "대통령령으로 정하는 정산금액"이란 해당 납세지에 제88조 제1항에 따라 사업장 소재지별로 안분하여 납부할 법인지방소득세를 계산한 금액을 말한다. (2015. 12. 31. 신설)

② 법 제103조의 62 제2항에 따른 본점 소재지(이하 "본점 소재지"라 한다) 관할 지방자치단체의 장은 같은 조 제4항에 따라 환급세액을 납세의무자에게 환급하는 경우에는 같은 조 제1항에 따른 신고지(이하 "신고지"라 한다)를 관할하는 지방자치단체의 장에게 배분할 금액의 지급을 유보하고 환급금을 해당 법인에 일괄 환급(해당 지방자치단체의 장이 납세의무자에게 환급할 금액에 한정한다)을 하여야 한다. 이 경우에 해당 법인에 환급하고 남은 금액은 그 신고지를 관할하는 지방자치단체의 장에게 교부하여야 한다. (2015. 12. 31. 신설)

③ 납세자는 법 제103조의 62에 따라 법인지방소득세 특별징수세액의 정산을 받으려면 행정안전부령으로 정하는 서류를 본점 소재지를 관할하는 지방자치단체의 장에게 제출하여야 한다. (2017. 7. 26. 직제개정 ; 행정안전부와~직제 부칙)

④ 본점 소재지를 관할하는 지방자치단체의 장은 법 제103조의 62에 따른 정산 등의 처리를 완료하면 다음 각 호의 구분에 따라 해당 사항을 통보하여야 한다. (2015. 12. 31. 신설)

1. 납세의무자 : 환급 또는 충당 내역 (2015. 12. 31. 신설)

2. 지점 소재지 관할 지방자치단체의 장 : 교부·환급·충당 내역 (2015. 12. 31. 신설)

제100조의 37 【지방소득세 추가납부 대상 등】 (2016. 12. 30. 제목개정)

① 법 제103조의 63 제1항에 따라 지방소득세를 추가 납부하여야 하는 대상과 그 세액의 계산은 다음 각 호와 같다. (2019. 5. 31. 항번개정)

1. 「법인세법」 제29조 제7항 및 제30조 제3항에 따라 익금에 산입하고 이자상당가산액을 법인세로 추가납부하는 경우 : 법인세로 추가납부하는 이자상당가산액의 100분의 10 (2019. 2. 12. 개정 ; 법인세법 시행령 부칙)

2. 「조세특례제한법」 제9조 제4항, 제10조의 2 제4항, 제33조 제3항,

제48조의 17 【법인지방소득세 특별징수세액 정산 등】 영 제100조의 36 제3항에서 "행정안전부령으로 정하는 서류"란 별지 제42호의 4 서식의 법인지방소득세 특별징수명세서 및 법인지방소득세 특별징수영수증을 말한다. (2017. 7. 26. 직제개정 ; 행정안전부와~시행규칙 부칙)

에 가산하여 납부하는 경우 그 납부하는 세액의 100분의 10에 상당하는 금액을 법인지방소득세로 추가하여 납부하여야 한다. (2015. 12. 29. 신설)

③ 「소득세법」 제46조 제1항에 따른 채권등에서 발생하는 이자, 할인액 및 투자신탁의 이익의 계산기간 중에 해당 채권등을 매도하는 경우로서 대통령령으로 정하는 경우에 해당하여 「법인세법」 제73조의 2에 따라 법인세를 추가납부하는 경우 그 추가납부하는 세액의 100분의 10에 상당하는 금액을 법인지방소득세로 추가하여 납부하여야 하며, 그 세액의 계산에 필요한 사항은 대통령령으로 정한다. (2018. 12. 31. 신설)

제103조의 64 【사실과 다른 회계처리로 인한 경정 특례】① 내국법인이 「법인세법」 제58조의 3 제1항 각 호의 요건을 모두 충족하는 사실과 다른 회계처리를 하여 과세표준 및 세액을 과다하게 계상함으로써 경정을 받은 경우에는 과다 납부한 세액을 환급하지 아니하고 그 경정일이 속하는 사업연도부터 각 사업연도의 법인지방소득세액에서 과다 납부한 세액을 차감한다. 이 경우 각 사업연도별로 차감하는 금액은 과다 납부한 세액의 100분의 20(제2항을 적용한 경우에는 차감 후 남은 금액을 말한다)을 한도로 하고, 차감 후 남아 있는 과다 납부한 세액은 이후 사업연도에 이월하여 차감한다. (2018. 12. 31. 개정)

② 제1항을 적용할 때 내국법인이 해당 사실과 다른 회계처리와 관련하여 그 경정일이 속하는 사업연도 이전의 사업연도에 「지방세기본법」 제49조에 따른 수정신고를 하여 납부할 세액이 있는 경우에는 그 납부할 세액에서 제1항에 따른 과다 납부한 세액의 100분의 20을 먼저

제34조 제2항, 제38조의 2 제3항, 제39조 제3항, 제40조 제5항, 제46조 제3항, 제46조의 4 제2항, 제47조의 4 제2항, 제60조 제4항, 제61조 제5항, 제62조 제2항, 제85조의 2 제2항, 제85조의 7 제2항, 제85조의 8 제2항, 제85조의 9 제2항, 제97조의 6 제3항 및 제104조의 11 제3항에 따라 익금에 산입하고 이자상당가산액을 법인세 또는 소득세로 추가납부하는 경우 : 법인세 또는 소득세로 추가납부하는 이자상당가산액의 100분의 10 (2016. 12. 30. 개정)

② 법 제103조의 63 제3항에서 "대통령령으로 정하는 경우"란 법인이 「소득세법 시행령」 제190조 제1호에 따른 날에 원천징수하는 「소득세법」 제46조 제1항에 따른 채권등을 취득한 후 사업연도가 종료되어 원천징수된 세액을 전액 공제하여 법인세를 신고하였으나 그 후의 사업연도 중 해당 채권등의 만기상환일이 도래하기 전에 이를 매도함으로써 해당 사업연도 전에 공제한 원천징수세액이 「법인세법 시행령」 제113조 제2항에 따라 계산한 금액에 대한 세액을 초과하는 경우를 말한다. (2019. 5. 31. 신설)

③ 법 제103조의 63 제3항에 따라 법인지방소득세로 추가하여 납부하는 금액은 제2항에 따른 채권등을 매도한 날이 속하는 사업연도의 법인지방소득세에 가산한다. (2019. 5. 31. 신설)

제100조의 38 【사실과 다른 회계처리로 인한 경정에 따른 환급 특례의 적용 방법】 법 제103조의 64를 적용할 때 동일한 사업연도에 같은 조 제1항 전단에 따른 경정청구의 사유 외에 다른 경정청구의 사유가 함께 경정청구된 경우 다음의 계산식에 따라 계산한 금액을 그 차감할 세액으로 한다. (2018. 3. 27. 개정)

$$\text{과다납부한 세액} \times \frac{\text{사실과 다른 회계처리로 인하여 과다계상한 과세표준}}{\text{과다계상한 과세표준의 합계액}}$$

차감한다. (2017. 12. 26. 개정)

③ 제1항 및 제2항에 따라 과다 납부한 세액을 차감받은 내국법인으로서 과다 납부한 세액이 남아 있는 내국법인이 해산하는 경우에는 다음 각 호에 따른다. (2017. 12. 26. 신설)

1. 합병 또는 분할에 따라 해산하는 경우 : 합병법인 또는 분할신설법인(분할합병의 상대방 법인을 포함한다)이 남아 있는 과다 납부한 세액을 승계하여 제1항에 따라 차감한다. (2017. 12. 26. 신설)
2. 제1호 외의 방법에 따라 해산하는 경우 : 납세지 관할 지방자치단체의 장은 남아 있는 과다 납부한 세액에서 제103조의 41에 따른 청산소득에 대한 법인지방소득세 납부세액을 빼고 남은 금액을 즉시 환급하여야 한다. (2017. 12. 26. 신설)

④ 제1항부터 제3항까지에 따른 과다 납부 세액의 차감 방법 및 절차는 대통령령으로 정한다. (2017. 12. 26. 개정)

제103조의 65 【재해손실에 대한 세액계산 특례】 ① 내국법인이 「법인세법」 제58조에 따라 재해손실에 대한 세액공제를 받은 경우에는 다음 각 호의 법인지방소득세액에 같은 법 제58조에 따른 자산상실 비율을 곱하여 계산한 금액을 법인지방소득세액에서 차감한다. (2023. 3. 14. 신설)

1. 재해 발생일을 기준으로 부과되지 아니한 법인지방소득세액과 부과된 법인지방소득세액으로서 미납된 법인지방소득세액 (2023. 3. 14. 신설)
2. 재해 발생일이 속하는 사업연도의 소득에 대한 법인지방소득세액 (2023. 3. 14. 신설)

② 제1항에 따라 세액을 차감받으려는 내국법인은 대통령령으로 정하는 바에 따라 납세지 관할 지방자치단체의 장에게 신청하여야 한다. (2023. 3. 14. 신설)

③ 제1항 및 제2항에 따른 법인지방소득세의 세액차감 신청 및 결정에 필요한 사항은 대통령령으로 정한다. (2023. 3. 14. 신설)

제100조의 39 【재해손실에 대한 법인지방소득세액 계산의 기준】 법 제103조의 65 제1항 각 호에 따른 법인지방소득세액에는 법 제103조의 30에 따른 가산세(「법인세법」 제75조의 3에 따른 가산세가 적용되는 경우로 한정한다)와 「지방세기본법」 제53조부터 제56조까지의 규정에 따른 가산세가 포함되는 것으로 한다. (2023. 3. 14. 신설)

제100조의 40 【재해손실에 대한 세액계산 특례의 적용 신청 및 결정】 ① 법 제103조의 65 제1항에 따라 재해손실에 대한 법인지방소득세액의 차감을 받으려는 내국법인은 다음 각 호의 구분에 따른 기간에 행정안전부령으로 정하는 신청서를 납세지 관할 지방자치단체의 장에게 제출해야 한다. (2023. 3. 14. 신설)

1. 재해 발생일을 기준으로 부과되지 않은 법인지방소득세액과 부과된 법인지방소득세액으로서 미납된 법인지방소득세액의 경우: 재해 발생일부터 4개월 이내 (2023. 3. 14. 신설)
2. 재해 발생일이 속하는 사업연도의 소득에 대한 법인지방소득세액: 법 제103조의 23 제1항에 따른 신고기한. 다만, 재해 발생일부터 신고기한까지의 기간이 4개월 미만인 경우에는 재해 발생일부터 4개월 이내로 한다. (2023. 3. 14. 신설)

제48조의 18 【재해손실에 대한 세액계산 특례】 영 제100조의 40 제1항에서 "행정안전부령으로 정하는 신청서"란 별지 제43호의 14 서식에 따른 재해손실 세액 차감신청서를 말한다. (2023. 3. 28. 신설)

② 납세지 관할 지방자치단체의 장은 제1항 제1호에 따라 법인지방소득세액(신고기한이 지나지 않은 세액은 제외한다) 차감 신청을 받은 경우 그 차감세액을 결정하여 해당 내국법인에 알려야 한다. (2023. 3. 14. 신설)

③ 납세지 관할 지방자치단체의 장은 내국법인이 법 제103조의 65 제1항에 따라 차감받을 법인지방소득세에 대해 해당 세액차감이 확인될 때까지 「지방세징수법」에 따라 그 법인지방소득세의 납부기한을 다시 정하여 징수를 유예하거나 납세고지를 유예할 수 있다. (2023. 3. 14. 신설)

제 9 장　재 산 세 (2010. 3. 31. 개정)

제 1 절　통　칙 (2010. 3. 31. 개정)

제104조【정　의】재산세에서 사용하는 용어의 뜻은 다음과 같다. (2010. 3. 31. 개정)

1. "토지"란 「공간정보의 구축 및 관리 등에 관한 법률」에 따라 지적공부의 등록대상이 되는 토지와 그 밖에 사용되고 있는 사실상의 토지를 말한다. (2014. 6. 3. 개정 ; 측량·수로조사~법률 부칙)
2. "건축물"이란 제6조 제4호에 따른 건축물을 말한다. (2010. 3. 31. 개정)
3. "주택"이란 「주택법」 제2조 제1호에 따른 주택을 말한다. 이 경우 토지와 건축물의 범위에서 주택은 제외한다. (2010. 3. 31. 개정)
4. "항공기"란 제6조 제9호에 따른 항공기를 말한다. (2010. 3. 31. 개정)
5. "선박"이란 제6조 제10호에 따른 선박을 말한다. (2010. 3. 31. 개정)
6. 삭　제 (2010. 12. 27.)

제105조【과세대상】재산세는 토지, 건축물, 주택, 항공기 및 선박(이하 이 장에서 "재산"이라 한다)을 과세대상으로 한다. (2010. 3. 31. 개정)

제 9 장　재 산 세 (2010. 9. 20. 개정)

제 1 절　통　칙 (2010. 9. 20. 개정)

운영예규 법104-1【사실상의 토지】
「지방세법」 제104조 제1호의 「사실상의 토지」라 함은 매립·간척 등으로 준공인가 전에 사용승낙 또는 허가를 받거나 사실상으로 사용하는 토지 등 토지대장에 등재되어 있지 않는 토지를 포함한다.

법104-2【오피스텔을 주거용으로 사용하는 경우 재산세 과세방법】
오피스텔은 「건축법」 상 일반 업무시설에 해당하므로 일반적으로 건축물로 과세하나, 현황과세의 원칙에 따라 주거용(주민등록, 취학여부, 임대주택 등록 여부 등)으로 사용하는 경우에 한해 주택으로 과세한다. 이 경우 해당 건물부분과 그 부속토지부분을 각각 구분하여 산출한 시가표준액의 합을 주택의 시가표준액으로 보아 이 금액에 주택분 공정시장가액 비율을 적용한 금액을 과세표준으로 한다.

법104-3【주택에 설치된 영유아보육시설의 재산세 과세방법】
영유아보육시설이 설치된 주택이 주택법에 따른 주택의 구조를 유지하는 경우, 주택분 과세대상에 해당된다.

제 9 장　재 산 세
(2010. 12. 23. 개정)

제106조【과세대상의 구분 등】(2014. 1. 1. 제목개정)

① 토지에 대한 재산세 과세대상은 다음 각 호에 따라 종합합산과세대상, 별도합산과세대상 및 분리과세대상으로 구분한다. (2010. 3. 31. 개정)

1. 종합합산과세대상 : 과세기준일 현재 납세의무자가 소유하고 있는 토지 중 별도합산과세대상 또는 분리과세대상이 되는 토지를 제외한 토지 (2019. 12. 3. 단서삭제)

> 가. 이 법 또는 관계 법령에 따라 재산세가 비과세되거나 면제되는 토지 (2010. 3. 31. 개정)
> 나. 이 법 또는 다른 법령에 따라 재산세가 경감되는 토지의 경감비율에 해당하는 토지 (2010. 3. 31. 개정)

   가. ~ 나. 삭 제 (2019. 12. 3.)

2. 별도합산과세대상 : 과세기준일 현재 납세의무자가 소유하고 있는 토지 중 다음 각 목의 어느 하나에 해당하는 토지 (2019. 12. 3. 단서삭제)

   가. 공장용 건축물의 부속토지 등 대통령령으로 정하는 건축물의 부속토지 (2010. 12. 27. 개정)

   나. 차고용 토지, 보세창고용 토지, 시험·연구·검사용 토지, 물류단지시설용 토지 등 공지상태(空地狀態)나 해당 토지의 이용에 필요한 시설 등을 설치하여 업무 또는 경제활동에 활용되는 토지로서 대통령령으로 정하는 토지 (2010. 12. 27. 개정)

   다. ☞ p.4065

운영예규 법106 - 1【과세기준일 현재 소유자】

「지방세법」 제106조 및 제114조에 따른 과세기준일 현재 과세대상물건의 소유권이 양도·양수된 때에는 양수인을 당해연도의 납세의무자로 본다.

제101조【별도합산과세대상 토지의 범위】① 법 제106조 제1항 제2호 가목에서 "공장용 건축물의 부속토지 등 대통령령으로 정하는 건축물의 부속토지"란 다음 각 호의 어느 하나에 해당하는 건축물의 부속토지를 말한다. 다만, 「건축법」 등 관계 법령에 따라 허가 등을 받아야 할 건축물로서 허가 등을 받지 아니한 건축물 또는 사용승인을 받아야 할 건축물로서 사용승인(임시사용승인을 포함한다)을 받지 아니하고 사용 중인 건축물의 부속토지는 제외한다. (2010. 12. 30. 개정)

1. 특별시·광역시(군 지역은 제외한다)·특별자치시·특별자치도 및 시지역(다음 각 목의 어느 하나에 해당하는 지역은 제외한다)의 공장용 건축물의 부속토지로서 공장용 건축물의 바닥면적(건축물 외의 시설의 경우에는 그 수평투영면적을 말한다)에 제2항에 따른 용도지역별 적용배율을 곱하여 산정한 범위의 토지 (2016. 12. 30. 개정)

   가. 읍·면 지역 (2010. 9. 20. 개정)

   나. 「산업입지 및 개발에 관한 법률」에 따라 지정된 산업단지 (2010. 9. 20. 개정)

   다. 「국토의 계획 및 이용에 관한 법률」에 따라 지정된 공업지역 (2010. 9. 20. 개정)

운영예규 법106…시행령101 - 1【부속토지의 필지별 가액이 다를 경우의 과세표준산출】

「지방세법 시행령」 제101조 제1항의 규정에 의하여 용도지역별 적용배율을 곱하여 기준면적을 산출하는 경우 등에 있어서 부속토지가 여러 필지로서 필지별 과세표준이 다를 경우에는 총과표를 산정한 후 기준면적 이내의 토지와 기준면적 초과토지의 각 필지별 면적에 따라 비례안분하여 각각 과세표준을 산출한다.

2. 건축물(제1호에 따른 공장용 건축물은 제외한다)의 부속토지 중 다음 각 목의 어느 하나에 해당하는 건축물의 부속토지를 제외한 건축물의 부속토지로서 건축물의 바닥면적(건축물 외의 시설의 경우에는 그 수평투영면적을 말한다)에 제2항에 따른 용도지역별 적용배율을 곱하여 산정한 면적 범위의 토지 (2010. 9. 20. 개정)

　가. 법 제106조 제1항 제3호 다목에 따른 토지 안의 건축물 의 부속토지 (2010. 9. 20. 개정)

　나. 건축물의 시가표준액이 해당 부속토지의 시가표준액의 100분의 2에 미달하는 건축물의 부속토지 중 그 건축물의 바닥면적을 제외한 부속토지 (2010. 9. 20. 개정)

② 제1항에 적용할 용도지역별 적용배율은 다음과 같다. (2010. 9. 20. 개정)

용도지역별		적용배율
도시지역	1. 전용주거지역	5배
	2. 준주거지역 · 상업지역	3배
	3. 일반주거지역 · 공업지역	4배
	4. 녹지지역	7배
	5. 미계획지역	4배
도시지역 외의 용도지역		7배

③ 법 제106조 제1항 제2호 나목에서 "대통령령으로 정하는 토지"란 다음 각 호의 어느 하나에 해당하는 토지를 말한다. (2010. 12. 30. 개정)

1. 「여객자동차 운수사업법」 또는 「화물자동차 운수사업법」에 따라 여객자동차운송사업 또는 화물자동차 운송사업의 면허 · 등록 또는 자동차대여사업의 등록을 받은 자가 그 면허 · 등록조건에 따라 사용하는 차고용 토지로서 자동차운송 또는 대여사업의 최저보유차고면적기준의 1.5배에 해당하는 면적 이내의 토지 (2010. 9. 20. 개정)

2. 「건설기계관리법」에 따라 건설기계사업의 등록을 한 자가 그 등록조건에 따라 사용하는 건설기계대여업, 건설기계정비업, 건설기계매매업 또는 건설기계해체재활용업의 등록기준에 맞는 주기장 또는

제49조【건축물　시가표준액의　기준】영 제101조 제1항 제2호 나목에서 "건축물의 시가표준액"이란 해당건축물이 과세기준일 현재 신축된 것으로 보아 계산한 시가표준액을 말한다. (2010. 12. 23. 개정)

여 정하는 토지 (2017. 7. 26. 직제개정 ; 행정안전부와~직제 부칙)
8. 특별시, 광역시(군 지역은 제외한다)·특별자치시·특별자치도 및 시지역(읍·면 지역은 제외한다)에 위치한 「산업집적활성화 및 공장설립에 관한 법률」의 적용을 받는 레미콘 제조업용 토지(「산업입지 및 개발에 관한 법률」에 따라 지정된 산업단지 및 「국토의 계획 및 이용에 관한 법률」에 따라 지정된 공업지역에 있는 토지는 제외한다)로서 제102조 제1항 제1호에 따른 공장입지기준면적 이내의 토지 (2016. 12. 30. 개정)
9. 경기 및 스포츠업을 경영하기 위하여 「부가가치세법」 제8조에 따라 사업자등록을 한 자의 사업에 이용되고 있는 「체육시설의 설치·이용에 관한 법률 시행령」 제2조에 따른 체육시설용 토지(골프장의 경우에는 「체육시설의 설치·이용에 관한 법률」 제10조의 2 제2항에 따른 대중형 골프장용 토지로 한정한다)로서 사실상 운동시설에 이용되고 있는 토지 (2023. 5. 30. 개정)

⊙운⊙영⊙예⊙규 법106…시행령101 – 2【별도합산 과세대상인 체육시설용 토지의 범위】

10. 「관광진흥법」에 따른 관광사업자가 「박물관 및 미술관 진흥법」에 따른 시설기준을 갖추어 설치한 박물관·미술관·동물원·식물원의 야외전시장용 토지 (2010. 9. 20. 개정)
11. 「주차장법 시행령」 제6조에 따른 부설주차장 설치기준면적 이내의 토지(법 제106조 제1항 제3호 다목에 따른 토지 안의 부설주차장은 제외한다). 다만, 「관광진흥법 시행령」 제2조 제1항 제3호 가목·나목에 따른 전문휴양업·종합휴양업 및 같은 항 제5호에 따른 유원시설업에 해당하는 시설의 부설주차장으로서 「도시교통정비 촉진법」 제15조 및 제17조에 따른 교통영향평가서의 심의 결과에 따라 설치된 주차장의 경우에는 해당 검토 결과에 규정된 범위

☞ p.4064 2단 연결

옥외작업장용 토지로서 그 시설의 최저면적기준의 1.5배에 해당하는 면적 이내의 토지 (2024. 5. 28. 개정)
3. 「도로교통법」에 따라 등록된 자동차운전학원의 자동차운전학원용 토지로서 같은 법에서 정하는 시설을 갖춘 구역 안의 토지 (2010. 9. 20. 개정)
4. 「항만법」에 따라 해양수산부장관 또는 시·도지사가 지정하거나 고시한 야적장 및 컨테이너 장치장용 토지와 「관세법」에 따라 세관장의 특허를 받는 특허보세구역 중 보세창고용 토지로서 해당 사업연도 및 직전 2개 사업연도 중 물품 등의 보관·관리에 사용된 최대면적의 1.2배 이내의 토지 (2013. 3. 23. 직제개정 ; 안전행정부와 그 소속기관 직제 부칙)
5. 「자동차관리법」에 따라 자동차관리사업의 등록을 한 자가 그 시설기준에 따라 사용하는 자동차관리사업용 토지(자동차정비사업장용, 자동차해체재활용사업장용, 자동차매매사업장용 또는 자동차경매장용 토지만 해당한다)로서 그 시설의 최저면적기준의 1.5배에 해당하는 면적 이내의 토지 (2010. 9. 20. 개정)
6. 「한국교통안전공단법」에 따른 한국교통안전공단이 같은 법 제6조 제6호에 따른 자동차의 성능 및 안전도에 관한 시험·연구의 용도로 사용하는 토지 및 「자동차관리법」 제44조에 따라 자동차검사대행자로 지정된 자, 같은 법 제44조의 2에 따라 자동차 종합검사대행자로 지정된 자, 같은 법 제45조에 따라 지정정비사업자로 지정된 자 및 제45조의 2에 따라 종합검사 지정정비사업자로 지정된 자, 「건설기계관리법」 제14조에 따라 건설기계 검사대행 업무의 지정을 받은 자 및 「대기환경보전법」 제64조에 따라 운행차 배출가스 정밀검사 업무의 지정을 받은 자가 자동차 또는 건설기계 검사용 및 운행차 배출가스 정밀검사용으로 사용하는 토지 (2019. 2. 8. 개정 ; 교통안전공단법 시행령 부칙)
7. 「물류시설의 개발 및 운영에 관한 법률」 제22조에 따른 물류단지 안의 토지로서 같은 법 제2조 제7호 각 목의 어느 하나에 해당하는 물류단지시설용 토지 및 「유통산업발전법」 제2조 제16호에 따른 공동집배송센터로서 행정안전부장관이 산업통상자원부장관과 협의하

이내의 주차장용 토지를 말한다. (2016. 1. 22. 개정 ; 도시교통정비
촉진법 시행령 부칙)

12. 「장사 등에 관한 법률」 제14조 제4항에 따른 설치·관리허가를 받
은 법인묘지용 토지로서 지적공부상 지목이 묘지인 토지 (2024. 5.
28. 개정)

13. 다음 각 목에 규정된 임야 (2019. 12. 31. 단서삭제)

　가. 「체육시설의 설치·이용에 관한 법률 시행령」 제12조에 따른
　　　스키장 및 골프장용 토지 중 원형이 보전되는 임야 (2010. 9.
　　　20. 개정)

　나. 「관광진흥법」 제2조 제7호에 따른 관광단지 안의 토지와 「관광
　　　진흥법 시행령」 제2조 제1항 제3호 가목·나목 및 같은 항 제5
　　　호에 따른 전문휴양업·종합휴양업 및 유원시설업용 토지 중 「
　　　환경영향평가법」 제22조 및 제27조에 따른 환경영향평가의 협
　　　의 결과에 따라 원형이 보전되는 임야 (2012. 7. 20. 개정 ; 환경
　　　영향평가법 시행령 부칙)

　다. 「산지관리법」 제4조 제1항 제2호에 따른 준보전산지에 있는 토
　　　지 중 「산림자원의 조성 및 관리에 관한 법률」 제13조에 따른
　　　산림경영계획의 인가를 받아 실행 중인 임야. 다만, 도시지역의
　　　임야는 제외한다. (2010. 9. 20. 개정)

14. 「종자산업법」 제37조 제1항에 따라 종자업 등록을 한 종자업자가
소유하는 농지로서 종자연구 및 생산에 직접 이용되고 있는 시험·
연구·실습지 또는 종자생산용 토지 (2013. 5. 31. 개정 ; 종자산업
법 시행령 부칙)

15. 「양식산업발전법」에 따라 면허·허가를 받은 자 또는 「수산종자
산업육성법」에 따라 수산종자생산업의 허가를 받은 자가 소유하는
토지로서 양식어업 또는 수산종자생산업에 직접 이용되고 있는 토
지 (2020. 12. 31. 개정)

16. 「도로교통법」에 따라 견인된 차를 보관하는 토지로서 같은 법에서
정하는 시설을 갖춘 토지 (2010. 9. 20. 개정)

17. 「폐기물관리법」 제25조 제3항에 따라 폐기물 최종처리업 또는
폐기물 종합처리업의 허가를 받은 자가 소유하는 토지 중 폐기물
매립용에 직접 사용되고 있는 토지 (2011. 5. 30. 신설)

<제106조 ① 2.>
　다. 철거·멸실된 건축물 또는 주택의 부속토지로서 대통령령으로
　　　정하는 부속토지 (2015. 12. 29. 신설)
3. 분리과세대상 : 과세기준일 현재 납세의무자가 소유하고 있는 토
　지 중 국가의 보호·지원 또는 중과가 필요한 토지로서 다음 각
　목의 어느 하나에 해당하는 토지 (2017. 12. 26. 개정)

　가. 공장용지·전·답·과수원 및 목장용지로서 대통령령으로 정
　　　하는 토지 (2010. 3. 31. 개정)
　나. ☞ p.4067

제103조의 2 【철거·멸실된 건축물 또는 주택의 범위】법 제
106조 제1항 제2호 다목에서 "대통령령으로 정하는 부속토지"란 과세
기준일 현재 다음 각 호의 어느 하나에 해당하는 건축물 또는 주택의
부속토지를 말한다. 이 경우 「건축법」 등 관계 법령에 따라 허가 등을
받아야 하는 건축물 또는 주택으로서 허가 등을 받지 않은 건축물 또는
주택이거나 사용승인을 받아야 하는 건축물 또는 주택으로서 사용승인
(임시사용승인을 포함한다)을 받지 않은 건축물 또는 주택의 부속토지
는 제외한다. (2024. 5. 28. 개정)
1. 건축물 또는 주택이 사실상 철거·멸실된 날(사실상 철거·멸실된
　날을 알 수 없는 경우에는 공부상 철거·멸실된 날을 말한다)부터
　6개월이 지나지 않은 건축물 또는 주택의 부속토지(건축물 또는 주
　택의 건축을 위한 용도 외의 다른 용도로 사용하는 부속토지는 제외
　한다). 이 경우 건축물의 부속토지는 철거·멸실되기 전 건축물의
　바닥면적(건축물 외의 시설의 경우에는 그 수평투영면적을 말한다)
　에 제101조 제2항에 따른 용도지역별 적용배율을 곱하여 산정한 면
　적 범위의 토지를 말한다. (2024. 5. 28. 개정)
2. 「빈집 및 소규모주택 정비에 관한 특례법」에 따른 빈집정비사업 또
　는 「농어촌정비법」에 따른 생활환경정비사업(빈집의 정비에 관한
　사업만 해당한다)의 시행으로 빈집이 사실상 철거된 날(사실상 철거
　된 날을 알 수 없는 경우에는 공부상 철거된 날을 말한다)부터 3년
　이 지나지 않은 빈집의 부속토지[건축물 또는 주택의 건축을 위한
　용도 외의 다른 용도로 사용하는 부속토지는 제외하되, 국가, 지방
　자치단체 또는 지방자치단체조합이 1년 이상 공용 또는 공공용으로
　사용(1년 이상 사용할 것이 계약서 등에 의하여 입증되는 경우를 포
　함한다)하는 부속토지로서 법 제109조 제2항 단서에 따른 재산세의
　부과 대상이 되는 부속토지를 포함한다] (2024. 5. 28. 개정)

제102조 【분리과세대상 토지의 범위】① 법 제106조 제1항 제3
호 가목에서 "대통령령으로 정하는 토지"란 다음 각 호에서 정하는 것
을 말한다. (2010. 9. 20. 개정)
1. 공장용지 : 제101조 제1항 제1호 각 목에서 정하는 지역에 있는 공장

편추 ▶ 영 103조의 2 제2호의 개정규정은 2024. 5.
28. 이후 납세의무가 성립하는 분부터 적용
함. (영 부칙(2024. 5. 28.) 4조)

제50조 【공장입지기준면적】영 제102

다. 「한국농어촌공사 및 농지관리기금법」에 따라 설립된 한국농어촌공사가 같은 법에 따라 농가에 공급하기 위하여 소유하는 농지 (2010. 9. 20. 개정)

라. 관계 법령에 따른 사회복지사업자가 복지시설이 소비목적으로 사용할 수 있도록 하기 위하여 소유하는 농지 (2010. 9. 20. 개정)

마. 법인이 매립·간척으로 취득한 농지로서, 과세기준일 현재 실제 영농에 사용되고 있는 해당 법인 소유농지. 다만, 특별시·광역시(군 지역은 제외한다)·특별자치시·특별자치도 및 시지역(읍·면 지역은 제외한다)의 도시지역의 농지는 개발제한구역과 녹지지역에 있는 것으로 한정한다. (2016. 12. 30. 단서개정)

바. 종중(宗中)이 소유하는 농지 (2010. 9. 20. 개정)

3. 목장용지 : 개인이나 법인이 축산용으로 사용하는 도시지역 안의 개발제한구역·녹지지역과 도시지역 밖의 목장용지로서 과세기준일이 속하는 해의 직전 연도를 기준으로 다음 표에서 정하는 축산용 토지 및 건축물의 기준을 적용하여 계산한 토지면적의 범위에서 소유하는 토지 (2010. 9. 20. 개정)

<축산용 토지 및 건축물의 기준>

구분	사업	가축 마릿수 (연중 최고 마릿수를 말한다)	축사 및 부대시설		초지 또는 사료밭		비고
			축사 (제곱미터)	부대시설 (제곱미터)	초지 (헥타르)	사료밭 (헥타르)	
1. 한우 (육우)	사육 사업	1마리당	7.5	5	0.5	0.25	말·노새·당나귀 사육을 포함한다.
2. 한우 (육우)	비육 사업	1마리당	7.5	5	0.2	0.1	

☞ p.4067 2단 연결

용 건축물(제103조 제1항 제2호 및 제3호의 건축물을 포함한다)의 부속토지로서 행정안전부령으로 정하는 공장입지기준면적 범위의 토지. 다만, 「건축법」 등 관계 법령에 따라 허가 등을 받아야 하는 건축물로서 허가 등을 받지 않은 공장용 건축물이나 사용승인을 받아야 하는 건축물로서 사용승인(임시사용승인을 포함한다)을 받지 않고 사용 중인 공장용 건축물의 부속토지는 제외한다. (2021. 12. 31. 개정)

운영예규 법106…시행령102-1【공장입지기준면적】
「지방세법 시행령」 제102조 제1항 제1호에 정한 입지기준면적을 산정하는 데 있어서 공장구내의 토지인 경우 필지수 또는 지목에 불구하고 공장구내의 전체 토지면적을 기준으로 입지기준면적을 계산한다.

2. 전·답·과수원 (2010. 9. 20. 개정)

가. 전·답·과수원(이하 이 조에서 "농지"라 한다)으로서 과세기준일 현재 실제 영농에 사용되고 있는 개인이 소유하는 농지. 다만, 특별시·광역시(군 지역은 제외한다)·특별자치시·특별자치도 및 시지역(읍·면 지역은 제외한다)의 도시지역의 농지는 개발제한구역과 녹지지역(「국토의 계획 및 이용에 관한 법률」 제6조 제1호에 따른 도시지역 중 같은 법 제36조 제1항 제1호 각 목의 구분에 따른 세부 용도지역이 지정되지 않은 지역을 포함한다. 이하 이 항에서 같다)에 있는 것으로 한정한다. (2016. 12. 30. 단서개정)

운영예규 법106…시행령102-3【수목원으로 이용되는 토지의 과세구분】
개인이 소유한 공부상 지목이 전·답(농지)으로서 일반 사람들이 수목을 관람하면서 휴식을 취하는 용도로 이용되는 토지는 개인이 소유한 분리과세 대상 농지에 해당하지 않는다.

나. 「농지법」 제2조 제3호에 따른 농업법인이 소유하는 농지로서 과세기준일 현재 실제 영농에 사용되고 있는 농지. 다만, 특별시·광역시(군 지역은 제외한다)·특별자치시·특별자치도 및 시지역(읍·면 지역은 제외한다)의 도시지역의 농지는 개발제한구역과 녹지지역에 있는 것으로 한정한다. (2016. 12. 30. 단서개정)

조 제1항 제1호에서 "행정안전부령으로 정하는 공장입지기준면적"이란 별표 6에 따른 공장입지기준면적을 말한다. (2017. 7. 26. 직제개정 ; 행정안전부와～시행규칙 부칙)

구분	사업	가축 마릿수 (연중 최고 마릿수를 말한다)	축사 및 부대시설		초지 또는 사료밭		비고
			축사 (제곱미터)	부대시설 (제곱미터)	초지 (헥타르)	사료밭 (헥타르)	
3. 젖소	목장 사업	1마리당	11	7	0.5	0.25	
4. 양	목장 사업	10 마리당	8	3	0.5	0.25	
5. 사슴	목장 사업	10 마리당	66	16	0.5	0.25	
6. 토끼	사육 사업	100 마리당	33	7	0.2	0.1	친칠라 사육을 포함한다.
7. 돼지	양돈 사업	5마리당	50	13	–	–	개 사육을 포함한다.
8. 가금	양계 사업	100 마리당	33	16	–	–	
9. 밍크	사육 사업	5마리당	7	7	–	–	여우 사육을 포함한다.

〈제106조 ① 3.〉

나. 산림의 보호육성을 위하여 필요한 임야 및 종중 소유 임야로서 대통령령으로 정하는 임야 (2010. 3. 31. 개정)

② 법 제106조 제1항 제3호 나목에서 "대통령령으로 정하는 임야"란 다음 각 호에서 정하는 임야를 말한다. (2010. 9. 20. 개정)

1. 「산림자원의 조성 및 관리에 관한 법률」 제28조에 따라 특수산림사업지구로 지정된 임야와 「산지관리법」 제4조 제1항 제1호에 따른 보전산지에 있는 임야로서 「산림자원의 조성 및 관리에 관한 법률」 제13조에 따른 산림경영계획의 인가를 받아 실행 중인 임야. 다만, 도시지역의 임야는 제외하되, 도시지역으로 편입된 날부터 2년이 지나지 아니한 임야와 「국토의 계획 및 이용에 관한 법률 시행령」 제30조에 따

른 보전녹지지역(「국토의 계획 및 이용에 관한 법률」 제6조 제1호에 따른 도시지역 중 같은 법 제36조 제1항 제1호 각 목의 구분에 따른 세부 용도지역이 지정되지 않은 지역을 포함한다)의 임야로서 「산림자원의 조성 및 관리에 관한 법률」 제13조에 따른 산림경영계획의 인가를 받아 실행 중인 임야를 포함한다. (2014. 1. 1. 단서개정)

2. 다음 각 목의 어느 하나에 해당하는 임야 (2024. 5. 7. 개정 ; 문화재~부칙)

　가. 「문화유산의 보존 및 활용에 관한 법률」에 따른 지정문화유산 안의 임야 (2024. 5. 7. 개정 ; 문화재~부칙)

　나. 「문화유산의 보존 및 활용에 관한 법률」에 따른 보호구역 안의 임야 (2024. 5. 7. 개정 ; 문화재~부칙)

　다. 「자연유산의 보존 및 활용에 관한 법률」에 따른 천연기념물등 안의 임야 (2024. 5. 7. 개정 ; 문화재~부칙)

　라. 「자연유산의 보존 및 활용에 관한 법률」에 따른 보호구역 안의 임야 (2024. 5. 7. 개정 ; 문화재~부칙)

3. 「자연공원법」에 따라 지정된 공원자연환경지구의 임야 (2010. 9. 20. 개정)

4. 종중이 소유하고 있는 임야 (2010. 9. 20. 개정)

5. 다음 각 목의 어느 하나에 해당하는 임야 (2010. 9. 20. 개정)

　가. 「개발제한구역의 지정 및 관리에 관한 특별조치법」에 따른 개발제한구역의 임야 (2010. 9. 20. 개정)

　나. 「군사기지 및 군사시설 보호법」에 따른 군사기지 및 군사시설 보호구역 중 제한보호구역의 임야 및 그 제한보호구역에서 해제된 날부터 2년이 지나지 아니한 임야 (2010. 9. 20. 개정)

　다. 「도로법」에 따라 지정된 접도구역의 임야 (2010. 9. 20. 개정)

　라. 「철도안전법」 제45조에 따른 철도보호지구의 임야 (2010. 9. 20. 개정)

　마. 「도시공원 및 녹지 등에 관한 법률」 제2조 제3호에 따른 도시공원의 임야 (2010. 9. 20. 개정)

　바. 「국토의 계획 및 이용에 관한 법률」 제38조의 2에 따른 도시자연공원구역의 임야 (2010. 9. 20. 개정)

　사. 「하천법」 제12조에 따라 홍수관리구역으로 고시된 지역의 임야

다. 제13조 제5항에 따른 골프장용 토지와 같은 항에 따른 고급오락
   장용 토지로서 대통령령으로 정하는 토지 (2016. 12. 27. 개정)
라. 「산업집적활성화 및 공장설립에 관한 법률」 제2조 제1호에 따
   른 공장의 부속토지로서 개발제한구역의 지정이 있기 이전에 그
   부지취득이 완료된 곳으로서 대통령령으로 정하는 토지 (2010.
   3. 31. 개정)
마. 국가 및 지방자치단체 지원을 위한 특정목적 사업용 토지로서
   대통령령으로 정하는 토지 (2017. 12. 26. 개정)
바. 에너지·자원의 공급 및 방송·통신·교통 등의 기반시설용 토
   지로서 대통령령으로 정하는 토지 (2017. 12. 26. 신설)
사. 국토의 효율적 이용을 위한 개발사업용 토지로서 대통령령으로
   정하는 토지 (2017. 12. 26. 신설)
아. 그 밖에 지역경제의 발전, 공익성의 정도 등을 고려하여 분리과
   세하여야 할 타당한 이유가 있는 토지로서 대통령령으로 정하는
   토지 (2017. 12. 26. 신설)
② ☞ p.4076

(2010. 9. 20. 개정)
6. 「수도법」에 따른 상수원보호구역의 임야 (2010. 9. 20. 개정)
③ 법 제106조 제1항 제3호 다목에서 "대통령령으로 정하는 토지"란
법 제13조 제5항 제4호에 따른 고급오락장의 부속토지를 말한다.
(2010. 12. 30. 개정)
④ 법 제106조 제1항 제3호 라목에서 "대통령령으로 정하는 토지"란
제1항 제1호에서 행정안전부령으로 정하는 공장입지기준면적 범위의
토지를 말한다. (2017. 7. 26. 직제개정 ; 행정안전부와~직제 부칙)
⑤ 법 제106조 제1항 제3호 마목에서 "대통령령으로 정하는 토지"란
다음 각 호에서 정하는 토지(법 제106조 제1항 제3호 다목에 따른 토
지는 제외한다)를 말한다. (2017. 12. 29. 개정)
1. 국가나 지방자치단체가 국방상의 목적 외에는 그 사용 및 처분 등을
   제한하는 공장 구내의 토지 (2017. 12. 29. 개정)
2. 「국토의 계획 및 이용에 관한 법률」, 「도시개발법」, 「도시 및 주거
   환경정비법」, 「주택법」 등(이하 이 호에서 "개발사업 관계법령"이
   라 한다)에 따른 개발사업의 시행자가 개발사업의 실시계획승인을
   받은 토지로서 개발사업에 제공하는 토지 중 다음 각 목의 어느 하
   나에 해당하는 토지 (2017. 12. 29. 개정)
   가. 개발사업 관계법령에 따라 국가나 지방자치단체에 무상귀속되
      는 공공시설용 토지 (2017. 12. 29. 개정)
   나. 개발사업의 시행자가 국가나 지방자치단체에 기부채납하기로
      한 기반시설(「국토의 계획 및 이용에 관한 법률」 제2조 제6호의
      기반시설을 말한다)용 토지 (2017. 12. 29. 개정)
3. 「방위사업법」 제53조에 따라 허가받은 군용화약류시험장용 토지(허
   가받은 용도 외의 다른 용도로 사용하는 부분은 제외한다)와 그 허
   가가 취소된 날부터 1년이 지나지 아니한 토지 (2017. 12. 29. 개정)
4. 「한국농어촌공사 및 농지관리기금법」에 따라 설립된 한국농어촌공
   사가 「혁신도시 조성 및 발전에 관한 특별법」 제43조 제3항에 따라
   국토교통부장관이 매입하게 함에 따라 타인에게 매각할 목적으로
   일시적으로 취득하여 소유하는 같은 법 제2조 제6호에 따른 종전 부
   동산 (2018. 2. 27. 개정 ; 공공기관 지방이전에~시행령 부칙)
☞ p.4070 3단 연결

의 석유저장 및 석유수송을 위한 송유설비에 직접 사용하고 있는 토지 및 「액화석유가스의 안전관리 및 사업법」 제20조에 따른 비축의무자의 액화석유가스 비축시설용 토지 (2017. 12. 29. 신설)

10. 「한국철도공사법」에 따라 설립된 한국철도공사가 같은 법 제9조 제1항 제1호부터 제3호까지 및 제6호의 사업(같은 항 제6호의 경우에는 철도역사 개발사업만 해당한다)에 직접 사용하기 위하여 소유하는 철도용지 (2017. 12. 29. 신설)

11. 「항만공사법」에 따라 설립된 항만공사가 소유하고 있는 항만시설(「항만법」 제2조 제5호에 따른 항만시설을 말한다)용 토지 중 「항만공사법」 제8조 제1항에 따른 사업에 사용하거나 사용하기 위한 토지. 다만, 「항만법」 제2조 제5호다목부터 마목까지의 규정에 따른 시설용 토지로서 제107조에 따른 수익사업(이하 이 조에서 "수익사업"이라 한다)에 사용되는 부분은 제외한다. (2020. 6. 2. 단서개정)

12. 「한국공항공사법」에 따른 한국공항공사가 소유하고 있는 「공항시설법 시행령」 제3조 제1호 및 제2호의 공항시설용 토지로서 같은 조 제1호 바목 중 공항 이용객을 위한 주차시설(유료주차장으로 한정한다)용 토지와 같은 조 제2호의 지원시설용 토지 중 수익사업에 사용되는 부분을 제외한 토지로서 2022년부터 2025년까지 재산세 납부의무가 성립하는 토지 (2021. 12. 31. 신설)

⑦ 법 제106조 제1항 제3호 사목에서 "대통령령으로 정하는 토지"란 다음 각 호에서 정하는 토지(법 제106조 제1항 제3호 다목에 따른 토지는 제외한다)를 말한다. 다만 제9호 및 제11호에 따른 토지 중 취득일로부터 5년이 지난 토지로서 용지조성사업 또는 건축을 착공하지 않은 토지는 제외한다. (2020. 12. 31. 개정)

1. 「공유수면 관리 및 매립에 관한 법률」에 따라 매립하거나 간척한 토지로서 공사준공인가일(공사준공인가일 전에 사용승낙이나 허가를 받은 경우에는 사용승낙일 또는 허가일을 말한다)부터 4년이 지나지 아니한 토지 (2017. 12. 29. 신설)

2. 「한국자산관리공사 설립 등에 관한 법률」에 따른 한국자산관리공사 또는 「농업협동조합의 구조개선에 관한 법률」 제29조에 따라

☞ p.4071 3단 연결

3. 「방송법」에 따라 설립된 한국방송공사의 소유 토지로서 같은 법 제54조 제1항 제5호에 따른 업무에 사용되는 중계시설의 부속토지 (2017. 12. 29. 신설)

4. 「여객자동차 운수사업법」 및 「물류시설의 개발 및 운영에 관한 법률」에 따라 면허 또는 인가를 받은 자가 계속하여 사용하는 여객자동차터미널 및 물류터미널용 토지 (2017. 12. 29. 신설)

5. 「전기사업법」에 따른 전기사업자가 「전원개발촉진법」 제5조 제1항에 따른 전원개발사업 실시계획에 따라 취득한 토지 중 발전시설 또는 송전·변전시설에 직접 사용하고 있는 토지(「전원개발촉진법」 시행 전에 취득한 토지로서 담장·철조망 등으로 구획된 경계구역 안의 발전시설 또는 송전·변전시설에 직접 사용하고 있는 토지를 포함한다) (2017. 12. 29. 신설)

6. 「전기통신사업법」 제5조에 따른 기간통신사업자가 기간통신역무에 제공하는 전기통신설비(「전기통신사업 회계정리 및 보고에 관한 규정」 제8조에 따른 전기통신설비를 말한다)를 설치·보전하기 위하여 직접 사용하는 토지(대통령령 제10492호 한국전기통신공사법 시행령 부칙 제5조에 따라 한국전기통신공사가 1983년 12월 31일 이전에 등기 또는 등록을 마친 것만 해당한다) (2017. 12. 29. 신설)

7. 「집단에너지사업법」에 따라 설립된 한국지역난방공사가 열생산설비에 직접 사용하고 있는 토지 (2017. 12. 29. 신설)

7의 2. 「집단에너지사업법」에 따른 사업자 중 한국지역난방공사를 제외한 사업자가 직접 사용하기 위하여 소유하고 있는 공급시설용 토지로서 2022년부터 2025년까지 재산세 납부의무가 성립하는 토지 (2021. 12. 31. 신설)

8. 「한국가스공사법」에 따라 설립된 한국가스공사가 제조한 가스의 공급을 위한 공급설비에 직접 사용하고 있는 토지 (2017. 12. 29. 신설)

9. 「한국석유공사법」에 따라 설립된 한국석유공사가 정부의 석유류비축계획에 따라 석유를 비축하기 위한 석유비축시설용 토지와 「석유 및 석유대체연료 사업법」 제17조에 따른 비축의무자의 석유비축시설용 토지, 「송유관 안전관리법」 제2조 제3호에 따른 송유관설치자

5. 「한국수자원공사법」에 따라 설립된 한국수자원공사가 「한국수자원공사법」 및 「댐건설·관리 및 주변지역지원 등에 관한 법률」에 따라 환경부장관이 수립하거나 승인한 실시계획에 따라 취득한 토지로서 「댐건설·관리 및 주변지역지원 등에 관한 법률」 제2조 제1호에 따른 특정용도 중 발전·수도·공업 및 농업 용수의 공급 또는 홍수조절용으로 직접 사용하고 있는 토지 (2022. 6. 14. 개정 ; 댐건설 및~부칙)

⑥ 법 제106조 제1항 제3호 바목에서 "대통령령으로 정하는 토지"란 다음 각 호에서 정하는 토지(법 제106조 제1항 제3호 다목에 따른 토지는 제외한다)를 말한다. 이 경우 제5호 및 제7호부터 제9호까지의 토지는 같은 호에 따른 시설 및 설비공사를 진행 중인 토지를 포함한다. (2017. 12. 29. 신설)

1. 과세기준일 현재 계속 염전으로 실제 사용하고 있거나 계속 염전으로 사용하다가 사용을 폐지한 토지. 다만, 염전 사용을 폐지한 후 다른 용도로 사용하는 토지는 제외한다. (2017. 12. 29. 신설)

2. 「광업법」에 따라 광업권이 설정된 광구의 토지로서 산업통상자원부장관으로부터 채굴계획 인가를 받은 토지(채굴 외의 용도로 사용되는 부분이 있는 경우 그 부분은 제외한다) (2017. 12. 29. 신설)

☞ p.4072 3단 연결

2) 토지 공급 완료일 (2020. 12. 31. 개정)

6. 「산업집적활성화 및 공장설립에 관한 법률」 제45조의 17에 따라 설립된 한국산업단지공단이 타인에게 공급할 목적으로 소유하고 있는 토지(임대한 토지를 포함한다) (2021. 6. 8. 개정 ; 산업집적활성화~부칙)

7. 「주택법」에 따라 주택건설사업자 등록을 한 주택건설사업자(같은 법 제11조에 따른 주택조합 및 고용자인 사업주체와 「도시 및 주거환경정비법」 제24조부터 제28조까지 또는 「빈집 및 소규모주택 정비에 관한 특례법」 제17조부터 제19조까지의 규정에 따른 사업시행자를 포함한다)가 주택을 건설하기 위하여 같은 법에 따른 사업계획의 승인을 받은 토지로서 주택건설사업에 제공되고 있는 토지(「주택법」 제2조 제11호에 따른 지역주택조합·직장주택조합이 조합원이 납부한 금전으로 매수하여 소유하고 있는 「신탁법」에 따른 신탁재산의 경우에는 사업계획의 승인을 받기 전의 토지를 포함한다) (2018. 2. 9. 개정 ; 빈집~시행령 부칙)

8. 「중소기업진흥에 관한 법률」에 따라 설립된 중소벤처기업진흥공단이 같은 법에 따라 중소기업자에게 분양하거나 임대할 목적으로 소유하고 있는 토지 (2019. 4. 2. 개정 ; 중소기업진흥에~시행령 부칙)

9. 「지방공기업법」 제49조에 따라 설립된 지방공사가 같은 법 제2조 제1항 제7호 및 제8호에 따른 사업용 토지로서 타인에게 주택이나 토지를 분양하거나 임대할 목적으로 소유하고 있는 토지(임대한 토지를 포함한다) (2017. 12. 29. 신설)

10. 「한국수자원공사법」에 따라 설립된 한국수자원공사가 소유하고 있는 토지 중 다음 각 목의 어느 하나에 해당하는 토지(임대한 토지는 제외한다) (2017. 12. 29. 신설)

　가. 「한국수자원공사법」 제9조 제1항 제5호에 따른 개발 토지 중 타인에게 공급할 목적으로 소유하고 있는 토지 (2017. 12. 29. 신설)

　나. 「친수구역 활용에 관한 특별법」 제2조 제2호에 따른 친수구역 내의 토지로서 친수구역조성사업 실시계획에 따라 주택건설에

채납 할 예정인 경우 그 부속토지는 주택건설용 토지로 본다.

　가. 도시개발사업 실시계획을 고시한 날부터 「도시개발법」에 따른 도시개발사업으로 조성된 토지가 공급 완료(매수자의 취득일을 말한다)되거나 같은 법 제51조에 따른 공사 완료 공고가 날 때까지 (2017. 12. 29. 신설)

　나. 토지구획정리사업의 시행인가를 받은 날 또는 사업계획의 공고일(토지구획정리사업의 시행자가 국가인 경우로 한정한다)부터 종전의 「토지구획정리사업법」에 따른 토지구획정리사업으로 조성된 토지가 공급 완료(매수자의 취득일을 말한다)되거나 같은 법 제61조에 따른 공사 완료 공고가 날 때까지 (2017. 12. 29. 신설)

　다. 경제자유구역개발사업 실시계획 승인을 고시한 날부터 「경제자유구역의 지정 및 운영에 관한 특별법」에 따른 경제자유구역개발사업으로 조성된 토지가 공급 완료(매수자의 취득일을 말한다)되거나 같은 법 제14조에 따른 준공검사를 받을 때까지 (2017. 12. 29. 신설)

5. 「산업입지 및 개발에 관한 법률」 제16조에 따른 산업단지개발사업의 시행자가 같은 법에 따른 산업단지개발실시계획의 승인을 받아 산업단지조성공사에 제공하는 토지. 다만, 다음 각 목의 기간으로 한정한다. (2020. 12. 31. 개정)

　가. 사업시행자가 직접 사용하거나 산업단지조성공사 준공인가 전에 분양·임대 계약이 체결된 경우 : 산업단지조성공사 착공일부터 다음의 날 중 빠른 날까지 (2020. 12. 31. 개정)

　　1) 준공인가일 (2020. 12. 31. 개정)

　　2) 토지 공급 완료일(매수자의 취득일, 임대차 개시일 또는 건축공사 착공일 등 해당 용지를 사실상 사용하는 날을 말한다. 이하 이 호에서 같다) (2020. 12. 31. 개정)

　나. 산업단지조성공사 준공인가 후에도 분양·임대 계약이 체결되지 않은 경우 : 산업단지조성공사 착공일부터 다음의 날 중 빠른 날까지 (2020. 12. 31. 개정)

　　1) 준공인가일 후 5년이 경과한 날 (2020. 12. 31. 개정)

설립된 농업협동조합자산관리회사가 타인에게 매각할 목적으로 일시적으로 취득하여 소유하고 있는 토지 (2022. 2. 17. 개정 ; 금융회사부실자산~부칙)

3. 「농어촌정비법」에 따른 농어촌정비사업 시행자가 같은 법에 따라 다른 사람에게 공급할 목적으로 소유하고 있는 토지 (2017. 12. 29. 신설)

4. 「도시개발법」 제11조에 따른 도시개발사업의 시행자가 그 도시개발사업에 제공하는 토지(주택건설용 토지와 산업단지용 토지로 한정한다)와 종전의 「토지구획정리사업법」(법률 제6252호 토지구획정리사업법폐지법률에 의하여 폐지되기 전의 것을 말한다. 이하 이 호에서 같다)에 따른 토지구획정리사업의 시행자가 그 토지구획정리사업에 제공하는 토지(주택건설용 토지와 산업단지용 토지로 한정한다) 및 「경제자유구역의 지정 및 운영에 관한 특별법」 제8조의 3에 따른 경제자유구역 또는 해당 단위개발사업지구에 대한 개발사업시행자가 그 경제자유구역개발사업에 제공하는 토지(주택건설용 토지와 산업단지용 토지로 한정한다). 다만, 다음 각 목의 기간 동안만 해당한다. (2017. 12. 29. 신설)

⬤운⬤영⬤예⬤규 법106…시행령102 - 2 【기부채납용토지의 과세구분】
주택건설에 수반되는 시설인 공공시설 또는 기반시설로서 도시개발사업 시행자에 의하여 기부

의 필지별로 다음 각 호에 따른 과세연도별 비율을 곱하여 계산한 면적은 분리과세대상 토지로 봄. (영 부칙(2021. 12. 31.) 6조 1항)

1. 영 101조 1항 각 호의 어느 하나에 해당하는 토지

과세연도	2022	2023	2024	2025	2026	2027
분리과세 적용비율	100/100	90/100	80/100	60/100	40/100	20/100

2. 제1호 외의 토지

과세연도	2022~2026	2027	2028	2029
분리과세 적용비율	100/100	70/100	40/100	10/100

② 위 1항에도 불구하고 과세구분이 변경되는 토지 중 「체육시설의 설치·이용에 관한 법률」10조 1호에 따른 골프장용 토지, 「관광진흥법」 3조 2호의 관광숙박업에 사용하는 토지와 「유통산업발전법」에 따른 대규모점포에 사용하는 토지에 대해서는 위 1항의 특례를 적용하지 않음. (영 부칙(2021. 12. 31.) 6조 2항)

2. 「농업협동조합법」에 따라 설립된 조합, 농협경제지주회사 및 그 자회사, 「수산업협동조합법」에 따라 설립된 조합, 「산림조합법」에 따라 설립된 조합 및 「엽연초생산협동조합법」에 따라 설립된 조합(조합의 경우 해당 조합의 중앙회를 포함한다)이 과세기준일 현재 구판사업에 직접 사용하는 토지와 「농수산물 유통 및 가격안정에 관한 법률」 제70조에 따른 유통자회사에 농수산물 유통시설로 사용하게 하는 토지 및 「한국농수산식품유통공사법」에 따라 설립된 한국농수산식품유통공사가 농수산물 유통시설로 직접 사용하는 토지. 다만, 「유통산업발전법」 제2조 제3호에 따른 대규모점포(「농수산물 유통 및 가격안정에 관한 법률」 제2조 제12호에 따른 농수산물종합유통센터 중 대규모점포의 요건을 충족하는 것을 포함한다)로 사용하는 토지는 제외한다. (2020. 6. 2. 단서신설)

3. 「부동산투자회사법」 제49조의 3 제1항에 따른 공모부동산투자회사(같은 법 시행령 제12조의 3 제27호, 제29호 또는 제30호에 해당하는 자가 발행주식 총수의 100분의 100을 소유하고 있는 같은 법

☞ p.4073 3단 연결

다. 「혁신도시 조성 및 발전에 관한 특별법」 제43조 제3항에 따라 국토교통부장관이 매입하게 함에 따라 매입한 같은 법 제2조 제6호에 따른 종전부동산 (2018. 2. 27. 개정 ; 공공기관 지방이전에~시행령 부칙)

라. 「부동산 거래신고 등에 관한 법률」 제15조 및 제16조에 따라 매수한 토지 (2017. 12. 29. 신설)

마. 「공익사업을 위한 토지 등의 취득 및 보상에 관한 법률」 제4조에 따른 공익사업(이하 이 목 및 바목에서 "공익사업"이라 한다)을 위하여 취득하였으나 해당 공익사업의 변경 또는 폐지로 인하여 비축용으로 전환된 토지 (2017. 12. 29. 신설)

바. 비축용 토지로 매입한 후 공익사업에 편입된 토지 및 해당 공익사업의 변경 또는 폐지로 인하여 비축용으로 다시 전환된 토지 (2017. 12. 29. 신설)

사. 국가·지방자치단체 또는 「지방자치분권 및 지역균형발전에 관한 특별법」 제2조 제14호에 따른 공공기관으로부터 매입한 토지 (2023. 7. 7. 개정 ; 지방자치분권~부칙)

아. 2005년 8월 31일 정부가 발표한 부동산제도 개혁방안 중 토지시장 안정정책을 수행하기 위하여 매입한 비축용 토지 (2017. 12. 29. 신설)

자. 1997년 12월 31일 이전에 매입한 토지 (2017. 12. 29. 신설)

⑧ 법 제106조 제1항 제3호 아목에서 "대통령령으로 정하는 토지"란 다음 각 호에서 정하는 토지(법 제106조 제1항 제3호 다목에 따른 토지는 제외한다)를 말한다. (2017. 12. 29. 신설)

1. 제22조 제2호에 해당하는 비영리사업자가 소유하고 있는 토지로서 교육사업에 직접 사용하고 있는 토지. 다만, 수익사업에 사용하는 토지는 제외한다. (2021. 12. 31. 개정)

편주 ▶

① 영 102조 8항 1호의 개정규정에 따라 분리과세대상에서 종합합산과세대상 또는 별도합산과세대상으로 과세구분이 변경되는 토지 중 2022. 1. 1. 전에 소유하여 2022. 1. 1. 이후에도 계속하여 소유하고 있는 토지의 경우에는 같은 개정규정에도 불구하고 과세대상 구분이 변경되는 토지

제공되는 토지 또는 친수구역조성사업 실시계획에 따라 공업지역(「국토의 계획 및 이용에 관한 법률」 제36조 제1항 제1호 다목의 공업지역을 말한다)으로 결정된 토지 (2017. 12. 29. 신설)

11. 「한국토지주택공사법」에 따라 설립된 한국토지주택공사가 같은 법에 따라 타인에게 토지나 주택을 분양하거나 임대할 목적으로 소유하고 있는 토지(임대한 토지를 포함한다) 및 「자산유동화에 관한 법률」에 따라 설립된 유동화전문회사가 한국토지주택공사가 소유하던 토지를 자산유동화 목적으로 소유하고 있는 토지 (2017. 12. 29. 신설)

12. 「한국토지주택공사법」에 따라 설립된 한국토지주택공사가 소유하고 있는 비축용 토지 중 다음 각 목의 어느 하나에 해당하는 토지 (2017. 12. 29. 신설)

가. 「공공토지의 비축에 관한 법률」 제14조 및 제15조에 따라 공공개발용으로 비축하는 토지 (2017. 12. 29. 신설)

나. 「한국토지주택공사법」 제12조 제4항에 따라 국토교통부장관이 우선 매입하게 함에 따라 매입한 토지(「자산유동화에 관한 법률」 제3조에 따른 유동화전문회사등에 양도한 후 재매입한 비축용 토지를 포함한다) (2017. 12. 29. 신설)

6. 「산업집적활성화 및 공장설립에 관한 법률」 제28조의 4에 따라 지식산업센터를 신축하거나 증축하여 설립한 자로부터 최초로 해당 지식산업센터를 분양받은 입주자(「중소기업기본법」 제2조에 따른 중소기업을 영위하는 자로 한정한다)로서 같은 법 제28조의 5 제1항 제1호 및 제2호에 규정된 사업에 직접 사용(재산세 과세기준일 현재 60일 이상 휴업 중인 경우와 타인에게 임대한 부분은 제외한다)하는 토지(지식산업센터를 분양받은 후 최초로 재산세 납세의무가 성립한 날부터 5년 이내로 한정한다) (2017. 12. 29. 신설)

7. 「연구개발특구의 육성에 관한 특별법」 제34조에 따른 특구관리계획에 따라 원형지로 지정된 토지 (2017. 12. 29. 신설)

8. 「인천국제공항공사법」에 따라 설립된 인천국제공항공사가 소유하고 있는 공항시설(「공항시설법」 제2조 제7호에 따른 공항시설을 말한다)용 토지 중 「인천국제공항공사법」 제10조 제1항의 사업에 사용하거나 사용하기 위한 토지. 다만, 다음 각 목의 어느 하나에 해당하는 토지는 제외한다. (2020. 6. 2. 단서개정)

☞ p.4074 2단 연결

2조에 따른 지식산업·문화산업·정보통신산업·자원비축시설용 토지 및 이와 직접 관련된 교육·연구·정보처리·유통시설용 토지 (2017. 12. 29. 신설)

나. 「산업집적활성화 및 공장설립에 관한 법률 시행령」 제6조 제5항에 따른 폐기물 수집운반·처리 및 원료재생업, 폐수처리업, 창고업, 화물터미널이나 그 밖의 물류시설을 설치·운영하는 사업, 운송업(여객운송업은 제외한다), 산업용기계장비임대업, 전기업, 농공단지에 입주하는 지역특화산업용 토지, 「도시가스사업법」 제2조 제5호에 따른 가스공급시설용 토지 및 「집단에너지사업법」 제2조 제6호에 따른 집단에너지공급시설용 토지 (2017. 12. 29. 신설)

다. 「산업기술단지 지원에 관한 특례법」에 따른 연구개발시설 및 시험생산시설용 토지 (2017. 12. 29. 신설)

라. 「산업집적활성화 및 공장설립에 관한 법률」 제30조 제2항에 따른 관리기관이 산업단지의 관리, 입주기업체 지원 및 근로자의 후생복지를 위하여 설치하는 건축물의 부속토지(수익사업에 사용되는 부분은 제외한다) (2020. 6. 2. 개정)

5. 「산업집적활성화 및 공장설립에 관한 법률」 제28조의 2에 따라 지식산업센터의 설립승인을 받은 자의 토지로서 다음 각 목의 어느 하나에 해당하는 토지. 다만, 지식산업센터의 설립승인을 받은 후 최초로 재산세 납세의무가 성립한 날부터 5년 이내로 한정하고, 증축의 경우에는 증축에 상당하는 토지 부분으로 한정한다. (2019. 5. 31. 개정)

가. 같은 법 제28조의 5 제1항 제1호 및 제2호에 따른 시설용(이하 이 조에서 "지식산업센터 입주시설용"이라 한다)으로 직접 사용하거나 분양 또는 임대하기 위해 지식산업센터를 신축 또는 증축 중인 토지 (2019. 5. 31. 개정)

나. 지식산업센터를 신축하거나 증축한 토지로서 지식산업센터 입주시설용으로 직접 사용(재산세 과세기준일 현재 60일 이상 휴업 중인 경우는 제외한다)하거나 분양 또는 임대할 목적으로 소유하고 있는 토지(임대한 토지를 포함한다) (2021. 4. 27. 개정)

제2조 제1호에 따른 부동산투자회사를 포함한다)가 목적사업에 사용하기 위하여 소유하고 있는 토지 (2020. 6. 2. 개정)

4. 「산업입지 및 개발에 관한 법률」에 따라 지정된 산업단지와 「산업집적활성화 및 공장설립에 관한 법률」에 따른 유치지역 및 「산업기술단지 지원에 관한 특례법」에 따라 조성된 산업기술단지에서 다음 각 목의 어느 하나에 해당하는 용도에 직접 사용되고 있는 토지 (2017. 12. 29. 신설)

가. 「산업입지 및 개발에 관한 법률」 제

따른 공익사업의 구역에 있는 토지로서 같은 법에 따라 사업시행자에게 협의 또는 수용에 의하여 매각이 예정된 토지 중 「택지개발촉진법」 등 관계 법률에 따라 「국토의 계획 및 이용에 관한 법률」에 따른 도시·군관리계획 결정이 의제되어 용도지역이 변경되거나 개발제한구역에서 해제된 경우 : 그 토지가 매각되기 전(「공익사업을 위한 토지 등의 취득 및 보상에 관한 법률」 제40조 제2항에 따라 보상금을 공탁한 경우에는 공탁금 수령일 전을 말한다)까지 (2015. 12. 31. 개정)

2. 제1호에 따라 매각이 예정되었던 토지 중 「공공주택 특별법」 제6조의 2에 따라 특별관리지역으로 변경된 경우 : 그 토지가 특별관리지역에서 해제되기 전까지 (2019. 12. 31. 개정)

☞ p.4075 2단 연결

9. 「자본시장과 금융투자업에 관한 법률」 제229조 제2호에 따른 부동산집합투자기구[집합투자재산의 100분의 80을 초과하여 같은 호에서 정한 부동산에 투자하는 같은 법 제9조 제19항 제2호에 따른 일반 사모집합투자기구(투자자가 「부동산투자회사법 시행령」 제12조의 3 제27호, 제29호 또는 제30호에 해당하는 자로만 이루어진 사모집합투자기구로 한정한다)를 포함한다] 또는 종전의 「간접투자자산 운용업법」에 따라 설정·설립된 부동산간접투자기구가 목적사업에 사용하기 위하여 소유하고 있는 토지 중 법 제106조 제1항 제2호에 해당하는 토지 (2021. 10. 21. 개정 ; 자본시장과~부칙)

10. 「전시산업발전법 시행령」 제3조 제1호 및 제2호에 따른 토지 (2017. 12. 29. 신설)

11. 「전통사찰의 보존 및 지원에 관한 법률」 제2조 제3호에 따른 전통사찰보존지 및 「향교재산법」 제2조에 따른 향교재산 중 토지. 다만, 수익사업에 사용되는 부분은 제외한다. (2021. 12. 31. 단서개정)

⑨ 제1항 제2호 라목·바목 및 제2항 제4호·제6호에 따른 농지와 임야는 1990년 5월 31일 이전부터 소유(1990년 6월 1일 이후에 해당 농지 또는 임야를 상속받아 소유하는 경우와 법인합병으로 인하여 취득하여 소유하는 경우를 포함한다)하는 것으로 한정하고, 제1항 제3호에 따른 목장용지 중 도시지역의 목장용지 및 제2항 제5호 각 목에서 규정하는 임야는 다음 각 호의 어느 하나에 해당하는 것으로 한정한다. (2023. 3. 14. 개정)

1. 1989년 12월 31일 이전부터 소유(1990년 1월 1일 이후에 해당 목장용지 및 임야를 상속받아 소유하는 경우와 법인합병으로 인하여 취득하여 소유하는 경우를 포함한다)하는 것 (2023. 3. 14. 신설)

2. 농업협동조합중앙회가 1989년 12월 31일 이전부터 소유한 것으로서 법률 제10522호 농업협동조합법 일부개정법률 부칙 제6조에 따라 농협경제지주회사가 농업협동조합중앙회로부터 취득하여 소유하는 것 (2024. 5. 28. 개정)

⑩ 제1항 및 제2항을 적용할 때 다음 각 호의 경우에는 각 호의 시기까지 계속하여 분리과세 대상 토지로 한다. (2017. 12. 29. 항번개정)

1. 「공익사업을 위한 토지 등의 취득 및 보상에 관한 법률」 제4조에

「지방세법 시행령」 제102조 제8항 제11호에 해당하는 토지 중 그 고유의 사업목적을 위하여 임대 중인 농지로서 연간 임대료가 다음 각 호 어느 하나에 미치지 못 할 경우에는 「법인세법 시행령」 제3조 제1항 제7호에 해당하는 것으로 보아 수익사업의 범위에서 제외한다. (2022. 10. 25. 신설)

1. 「국유재산법 시행령」 제29조 제1항 단서에 따라 산정한 농지의 연간 최소 사용료 (2022. 10. 25. 신설)

2. 「농지법」 제20조 제4항에 따른 유휴농지의 연간 임대료 (2022. 10. 25. 신설)

☞ 편주 ▶

영 102조 9항 2호의 개정규정은 2024. 5. 28. 이후 납세의무가 성립하는 분부터 적용함. (영 부칙(2024. 5. 28.) 4조)

⑪ 과세기준일 현재 납세의무자가 소유하고 있는 토지 중 용도 및 면적 등 현황이 변경되어 제1항부터 제8항까지의 분리과세대상 토지의 범위에 포함되거나 제외되는 토지의 경우에는 그 납세의무자가 과세기준일부터 15일 이내에 그 소재지를 관할하는 지방자치단체의 장에게 분리과세대상 토지 적용을 신청할 수 있다. (2021. 12. 31. 신설)
⑫ 제11항에 따른 신청에 필요한 서식과 관련 증빙자료 등 신청 방법과 절차는 행정안전부령으로 정한다. (2021. 12. 31. 신설)

제103조【건축물의 범위 등】① 제101조 제1항에 따른 건축물의 범위에는 다음 각 호의 건축물을 포함한다. (2014. 1. 1. 개정)
1. 삭 제 (2015. 12. 31.)
2. 건축허가를 받았으나 「건축법」 제18조에 따라 착공이 제한된 건축물 (2014. 1. 1. 개정)
3. 「건축법」에 따른 건축허가를 받거나 건축신고를 한 건축물로서 같은 법에 따른 공사계획을 신고하고 공사에 착수한 건축물[개발사업 관계법령에 따른 개발사업의 시행자가 소유하고 있는 토지로서 같은 법령에 따른 개발사업 실시계획의 승인을 받아 그 개발사업에 제공하는 토지(법 제106조 제1항 제3호에 따른 분리과세대상이 되는 토지는 제외한다)로서 건축물의 부속토지로 사용하기 위하여 토지조성공사에 착수하여 준공검사 또는 사용허가를 받기 전까지의 토지에 건축이 예정된 건축물(관계 행정기관이 허가 등으로 그 건축물의 용도 및 바닥면적을 확인한 건축물을 말한다)을 포함한다]. 다만, 과세기준일 현재 정당한 사유 없이 6개월 이상 공사가 중단된 경우는 제외한다. (2019. 12. 31. 개정)
4. 가스배관시설 등 행정안전부령으로 정하는 지상정착물 (2017. 7. 26. 직제개정 ; 행정안전부와~직제 부칙)

제50조의 2【분리과세대상 토지 적용의 신청】영 제102조 제11항에 따른 분리과세대상 토지 적용의 신청은 별지 제58호의 2 서식에 따른다. (2021. 12. 31. 신설)

제51조【지상정착물의 범위】영 제103조 제1항 제4호에서 "행정안전부령으로 정하는 지상정착물"이란 다음 각호의 시설을 말한다. (2017. 7. 26. 직제개정 ; 행정안전부와~시행규칙 부칙)
1. 가스배관시설 및 옥외배전시설 (2010. 12. 23. 개정)

〈제106조〉

② 주거용과 주거 외의 용도를 겸하는 건물 등에서 주택의 범위를 구분하는 방법, 주택 부속토지의 범위 산정은 다음 각 호에서 정하는 바에 따른다. (2021. 12. 28. 개정)

1. 1동(棟)의 건물이 주거와 주거 외의 용도로 사용되고 있는 경우에는 주거용으로 사용되는 부분만을 주택으로 본다. 이 경우 건물의 부속토지는 주거와 주거 외의 용도로 사용되는 건물의 면적비율에 따라 각각 안분하여 주택의 부속토지와 건축물의 부속토지로 구분한다. (2010. 3. 31. 개정)

2. 1구(構)의 건물이 주거와 주거 외의 용도로 사용되고 있는 경우에는 주거용으로 사용되는 면적이 전체의 100분의 50 이상인 경우에는 주택으로 본다. (2010. 3. 31. 개정)

2의 2. 건축물에서 허가 등이나 사용승인(임시사용승인을 포함한다. 이하 이 항에서 같다)을 받지 아니하고 주거용으로 사용하는 면적이 전체 건축물 면적(허가 등이나 사용승인을 받은 면적을 포함한다)의 100분의 50 이상인 경우에는 그 건축물 전체를 주택으로 보지 아니하고, 그 부속토지는 제1항 제1호에 해당하는 토지로 본다. (2021. 12. 28. 신설)

3. 주택 부속토지의 경계가 명백하지 아니한 경우 주택 부속토지의 범위 산정에 필요한 사항은 대통령령으로 정한다. (2010. 3. 31. 개정)

③ 재산세의 과세대상 물건이 토지대장, 건축물대장 등 공부상 등재되지 아니하였거나 공부상 등재현황과 사실상의 현황이 다른 경우에는 사실상의 현황에 따라 재산세를 부과한다. 다만, 재산세의 과세대상 물건을 공부상 등재현황과 달리 이용함으로써 재산세 부담이 낮아지는 경우 등 대통령령으로 정하는 경우에는 공부상 등재현황에 따라 재산세를 부과한다. (2021. 12. 28. 신설)

---

② 제101조 및 제102조에 따른 공장용 건축물의 범위에 관한 사항은 행정안전부령으로 정한다. (2017. 7. 26. 직제개정 ; 행정안전부와~직제 부칙)

제104조 【도시지역】 제101조 및 제102조에서 "도시지역"이란 「국토의 계획 및 이용에 관한 법률」 제6조에 따른 도시지역을 말한다. (2010. 9. 20. 개정)

제105조 【주택 부속토지의 범위 산정】 법 제106조 제2항 제3호에 따라 주택의 부속토지의 경계가 명백하지 아니한 경우에는 그 주택의 바닥면적의 10배에 해당하는 토지를 주택의 부속토지로 한다. (2010. 9. 20. 개정)

제105조의 2 【공부상 등재현황에 따른 부과】 법 제106조 제3항 단서에서 "재산세의 과세대상 물건을 공부상 등재현황과 달리 이용함으로써 재산세 부담이 낮아지는 경우 등 대통령령으로 정하는 경우"란 다음 각 호의 경우를 말한다. (2021. 12. 31. 신설)

1. 관계 법령에 따라 허가 등을 받아야 함에도 불구하고 허가 등을 받지 않고 재산세의 과세대상 물건을 이용하는 경우로서 사실상 현황에 따라 재산세를 부과하면 오히려 재산세 부담이 낮아지는 경우 (2021. 12. 31. 신설)

2. 재산세 과세기준일 현재의 사용이 일시적으로 공부상 등재현황과

---

2. 「전파법」에 따라 방송전파를 송수신하거나 전기통신역무를 제공하기 위한 무선국 허가를 받아 설치한 송수신시설 및 중계시설 (2010. 12. 23. 개정)

제52조 【공장용 건축물의 범위】 영 제103조 제2항에 따른 공장용 건축물은 영업을 목적으로 물품의 제조·가공·수선이나 인쇄 등의 목적에 사용할 수 있도록 생산설비를 갖춘 제조시설용 건축물, 그 제조시설을 지원하기 위하여 공장 경계구역 안에 설치되는 다음 각 호의 부대시설용 건축물 및 「산업집적활성화 및 공장설립에 관한 법률」 제33조에 따른 산업단지관리기본계획에 따라 공장경계구역 밖에 설치된 종업원의 주거용 건축물을 말한다. (2010. 12. 23. 개정)

1. 사무실, 창고, 경비실, 전망대, 주차장, 화장실 및 자전거 보관시설 (2010. 12. 23. 개정)

2. 수조, 저유조, 저장창고, 저장조 등 저장용 옥외구축물 (2010. 12. 23. 개정)

3. 송유관, 옥외 주유시설, 급수·배수시설 및 변전실 (2010. 12. 23. 개정)

4. 폐기물 처리시설 및 환경오염 방지시설 (2010. 12. 23. 개정)

5. 시험연구시설 및 에너지이용 효율 증대를 위한 시설 (2010. 12. 23. 개정)

6. 공동산업안전시설 및 보건관리시설 (2010. 12. 23. 개정)

7. 식당, 휴게실, 목욕실, 세탁장, 의료실, 옥외 체육시설 및 기숙사 등 종업원의

제106조의 2【분리과세대상 토지 타당성 평가 등】① 행정안전부장관은 제106조 제1항 제3호에 따른 분리과세대상 토지(이하 이 조에서 "분리과세대상토지"라 한다)를 축소·정비 등을 하려는 경우 또는 분리과세대상토지를 확대·추가하려는 경우에는 분리과세의 목적, 과세 형평성, 지방자치단체의 재정여건 및 다른 지원제도와의 중복 여부 등을 종합적으로 고려하여 분리과세의 타당성을 평가할 수 있다. (2019. 12. 31. 신설)

② 제1항에 따른 타당성 평가 결과에 따라 분리과세대상 토지를 확대·추가하려는 경우에는 「지방재정법」 제27조의 2에 따른 지방재정관리위원회의 심의를 거쳐야 한다. (2023. 8. 16. 개정 ; 행정기관~부칙)

③ 제1항에 따른 타당성 평가의 평가대상, 분리과세 적용의 필요성 등 평가기준, 분리과세 확대·추가 요청방법 등 평가절차 및 그 밖에 필요한 사항은 대통령령으로 정한다. (2019. 12. 31. 신설)

제107조【납세의무자】① 재산세 과세기준일 현재 재산을 사실상 소유하고 있는 자는 재산세를 납부할 의무가 있다. 다만, 다음 각 호의 어느 하나에 해당하는 경우에는 해당 각 호의 자를 납세의무자로 본다. (2014. 1. 1. 개정)

1. 공유재산인 경우 : 그 지분에 해당하는 부분(지분의 표시가 없는 경우에는 지분이 균등한 것으로 본다)에 대해서는 그 지분권자 (2014. 1. 1. 개정)

2. 주택의 건물과 부속토지의 소유자가 다를 경우 : 그 주택에 대한 산출세액을 제4조 제1항 및 제2항에 따른 건축물과 그 부속토지의 시

제105조의 3【분리과세대상 토지 타당성 평가 등】(2021. 12. 31. 조번개정)

① 법 제106조의 2 제1항에 따른 분리과세의 타당성 평가(이하 이 조에서 "타당성평가"라 한다) 대상은 다음 각 호와 같다. (2019. 12. 31. 신설)

1. 행정안전부장관이 법 제106조 제1항 제3호에 따른 분리과세대상 토지(이하 이 조에서 "분리과세대상토지"라 한다)에서 제외하거나 그 범위를 <u>축소하려는 토지</u> 및 분리과세대상토지에 추가하거나 그 범위를 확대하려는 토지 (2024. 5. 28. 개정)

2. 중앙행정기관의 장이 분리과세대상토지에 추가하거나 그 범위를 확대할 것을 요청한 토지 (2019. 12. 31. 신설)

② 중앙행정기관의 장은 행정안전부장관에게 분리과세대상토지의 확대 또는 추가를 요청하는 경우에는 다음 각 호의 사항이 포함된 자료를 제출해야 한다. (2019. 12. 31. 신설)

1. 분리과세대상토지의 확대 또는 추가 필요성 (2019. 12. 31. 신설)

2. 확대 또는 추가되는 분리과세대상토지의 규모 (2019. 12. 31. 신설)

3. 분리과세 적용에 따라 예상되는 경제적 효과 (2019. 12. 31. 신설)

4. 감소되는 지방세 규모 및 재원보전대책 (2019. 12. 31. 신설)

5. 그 밖에 관련 사업계획서, 예산서 및 사업 수지 분석서 등 타당성평가에 필요한 자료 (2019. 12. 31. 신설)

③ 행정안전부장관은 타당성평가와 관련하여 필요한 경우 관계 행정기관의 장 등에게 의견 또는 자료의 제출을 요구할 수 있다. 이 경우 관계 행정기관의 장 등은 특별한 사유가 있는 경우를 제외하고는 이에 따라야 한다. (2019. 12. 31. 신설)

④ 행정안전부장관은 다음 각 호의 사항을 고려하여 타당성평가 기준을 마련해야 한다. (2019. 12. 31. 신설)

1. 분리과세 적용의 필요성 및 그 대상의 적절성 등 분리과세의 타당성에 관한 사항 (2019. 12. 31. 신설)

2. 분리과세로 인한 경제적 효과 및 지방자치단체 재정에 미치는 영향 등에 관한 사항 (2019. 12. 31. 신설)

복지후생 증진에 필요한 시설 (2010. 12. 23. 개정)

가표준액 비율로 안분계산(按分計算)한 부분에 대해서는 그 소유자 (2014. 1. 1. 개정)

3. 「신탁법」에 따라 수탁자 명의로 등기·등록된 신탁재산의 경우 : 위탁자별로 구분된 재산에 대해서는 그 수탁자. 이 경우 위탁자별로 구분된 재산에 대한 납세의무자는 각각 다른 납세의무자로 본다. (2014. 1. 1. 개정)

3. 삭　제 (2020. 12. 29.)

② 제1항에도 불구하고 재산세 과세기준일 현재 다음 각 호의 어느 하나에 해당하는 자는 재산세를 납부할 의무가 있다. (2010. 3. 31. 개정)

⚫운영예규 법107-8【미등기 신탁재산에 대한 재산세 납세의무자】
재산세 과세기준일 현재 위탁자 지위 변경 계약을 체결하였으나 신탁원부에 등재되지 않은 경우에는 신탁원부의 기재에 따른다. (2022. 10. 25. 개정)

1. 공부상의 소유자가 매매 등의 사유로 소유권이 변동되었는데도 신고하지 아니하여 사실상의 소유자를 알 수 없을 때에는 공부상 소유자 (2010. 3. 31. 개정)

2. 상속이 개시된 재산으로서 상속등기가 이행되지 아니하고 사실상의 소유자를 신고하지 아니하였을 때에는 행정안전부령으로 정하는 주된 상속자 (2017. 7. 26. 직제개정 ; 정부조직법 부칙)

⚫운영예규 법107-7【상속재산에 대한 납세의무자】
상속은 「민법」 제997조의 규정에 의하여 피상속자의 사망으로 인하여 개시되며, 상속등기가 되지 아니한 때에는 상속자가 지분에 따라 신고하면 신고된 지분에 따른 납세의무가 성립하고 신고가 없으면 「지방세법 시행규칙」 제53조에 따른 주된 상속자에게 납세의무가 있다.

3. 공부상에 개인 등의 명의로 등재되어 있는 사실상의 종중재산으로서 종중소유임을 신고하지 아니하였을 때에는 공부상 소유자 (2010. 3. 31. 개정)

4. 국가, 지방자치단체, 지방자치단체조합과 재산세 과세대상 재산을 연부(年賦)로 매매계약을 체결하고 그 재산의 사용권을 무상으로 받은 경우에는 그 매수계약자 (2010. 3. 31. 개정)

⚫운영예규 법107-2【연부취득시 납세의무자】
「지방세법」 제107조 제2항 제4호에서 연부취득에 의하여 무상사용권을 부여받은

---

⑤ 제1항부터 제4항까지에서 규정한 사항 외에 타당성평가의 세부 평가 기준, 평가 절차 등에 관하여 필요한 사항은 행정안전부장관이 정한다. (2019. 12. 31. 신설)

제106조【납세의무자의 범위 등】① 법 제107조 제1항 제3호에 따른 납세의무자(위탁자별로 구분된 재산에 대한 수탁자를 말한다. 이하 이 항에서 같다)는 그 납세의무자의 성명 또는 상호(법인의 명칭을 포함한다. 이하 이 항에서 같다) 다음에 괄호를 하고, 그 괄호 안에 위탁자의 성명 또는 상호를 적어 구분한다. (2014. 1. 1. 신설)

제106조【납세의무자의 범위 등】① 삭　제 (2021. 4. 27.)

② 국가, 지방자치단체 및 지방자치단체조합이 선수금을 받아 조성하는 매매용 토지로서 사실상 조성이 완료된 토지의 사용권을 무상으로 받은 자가 있는 경우에는 그 자를 법 제107조 제2항 제4호에 따른 매수계약자로 본다. (2014. 1. 1. 항번개정)

☞

⚫운영예규 법107-3【공부상 소유자】
「지방세법」 제107조 제2항의 「공부상의 소유자」라 함은 등기된 경우에는 「부동산등기법」, 「선박등기법」 등 등기에 관한 법률에 따라 등기된 소유자를, 미등기인 경우에는 토지대장, 임야대장, 건축물대장 등 관계법령에 따라 등록·생성된 문서에 기재된 소유자를 말한다. (2022. 10. 25. 개정)

☞

⚫운영예규 법107-4【종중의 의미】
「지방세법」 제107조 제2항 제3호의 「종중」이라 함은 공동선조의 분묘수호와 제사 및 종중원 상호간의 친목을 목적으로 하는 자연 발생적인 종족 집단체를 말하며, 종중원 개인명의로 등기된 종중재산은 같은 법 제120조 제1항의 규정에 의하여 신고한 경우에만 인정한다.

제53조【주된 상속자의 기준】법 제107조 제2항 제2호에서 "행정안전부령으로 정하는 주된 상속자"란 「민법」상 상속지분이 가장 높은 사람으로 하되, 상속지분이 가장 높은 사람이 두 명 이상이면 그 중 나이가 가장 많은 사람으로 한다. (2017. 7. 26. 직제개정 ; 행정안전부와~ 시행규칙 부칙)

「지방세법」 제105조에 따른 재산세 과세대상은 국가ㆍ지방자치단체ㆍ지방자치단체조합(이하 이 조에서 '국가등'이라 한다) 등으로 부터 연부취득한 것에 한하므로 국가등 이외의 자로부터 연부취득 중인 때에는 매수인이 무상사용권을 부여받았다 하더라도 국가등 이외의 자가 납세의무자가 된다. (2022. 10. 25. 개정)

5. 「신탁법」 제2조에 따른 수탁자(이하 이 장에서 "수탁자"라 한다)의 명의로 등기 또는 등록된 신탁재산의 경우에는 제1항에도 불구하고 같은 조에 따른 위탁자(「주택법」 제2조 제11호 가목에 따른 지역주택조합 및 같은 호 나목에 따른 직장주택조합이 조합원이 납부한 금전으로 매수하여 소유하고 있는 신탁재산의 경우에는 해당 지역주택조합 및 직장주택조합을 말하며, 이하 이 장에서 "위탁자"라 한다). 이 경우 위탁자가 신탁재산을 소유한 것으로 본다. (2020. 12. 29. 신설)

6. 「도시개발법」에 따라 시행하는 환지(換地) 방식에 의한 도시개발사업 및 「도시 및 주거환경정비법」에 따른 정비사업(재개발사업만 해당한다)의 시행에 따른 환지계획에서 일정한 토지를 환지로 정하지 아니하고 체비지 또는 보류지로 정한 경우에는 사업시행자 (2017. 2. 8. 개정 ; 도시 및 주거환경정비법 부칙)

7. 외국인 소유의 항공기 또는 선박을 임차하여 수입하는 경우에는 수입하는 자 (2018. 12. 31. 신설)

8. 「채무자 회생 및 파산에 관한 법률」에 따른 파산선고 이후 파산종결의 결정까지 파산재단에 속하는 재산의 경우 공부상 소유자 (2021. 12. 28. 신설)

③ 재산세 과세기준일 현재 소유권의 귀속이 분명하지 아니하여 사실상의 소유자를 확인할 수 없는 경우에는 그 사용자가 재산세를 납부할 의무가 있다. (2010. 3. 31. 개정)

 법107 - 6 【사실상의 소유자를 알 수 없는 때】
「지방세법」 제107조 제3항의 「소유권의 귀속이 분명하지 아니하여 사실상의 소유자를 확인할 수 없는 경우」라 함은 소유권의 귀속 자체에 분쟁이 생겨 소송 중에 있거나 공부상 소유자의 행방불명 또는 생사불명으로 장기간 그 소유자가 관리하고 있지 않는 경우 등을 의미한다.

 법107 - 5 【신탁토지의 범위】
「지방세법」 제107조 제2항 제5호의 「신탁재산」은 「신탁법」에 의한 경우를 의미하므로 명의신탁은 이에 해당되지 아니한다. (2022. 10. 25. 개정)

③ 법 제107조 제3항에 따라 소유권의 귀속이 분명하지 아니한 재산에 대하여 사용자를 납세의무자로 보아 재산세를 부과하려는 경우에는 그 사실을 사용자에게 미리 통지하여야 한다. (2014. 1. 1. 항번개정)

제54조 【납세의무 통지】 영 제106조 제3항에 따른 사용자에 대한 납세의무 통지는 별지 제58호 서식에 따른다. (2014. 1. 1. 개정)

제108조 【납세지】 재산세는 다음 각 호의 납세지를 관할하는 지방자치단체에서 부과한다. (2010. 3. 31. 개정)

1. 토지 : 토지의 소재지 (2010. 3. 31. 개정)

2. 건축물 : 건축물의 소재지 (2010. 3. 31. 개정)

3. 주택 : 주택의 소재지 (2010. 3. 31. 개정)

4. 선박 : 「선박법」에 따른 선적항의 소재지. 다만, 선적항이 없는 경우에는 정계장(定繫場) 소재지(정계장이 일정하지 아니한 경우에는 선박 소유자의 주소지)로 한다. (2010. 3. 31. 개정)

5. 항공기 : 「항공안전법」에 따른 등록원부에 기재된 정치장의 소재지(「항공법」에 따라 등록을 하지 아니한 경우에는 소유자의 주소지) (2016. 3. 29. 개정 ; 항공안전법 부칙)

제109조 【비과세】 ① 국가, 지방자치단체, 지방자치단체조합, 외국정부 및 주한국제기구의 소유에 속하는 재산에 대하여는 재산세를 부과하지 아니한다. 다만, 다음 각 호의 어느 하나에 해당하는 재산에 대하여는 재산세를 부과한다. (2010. 3. 31. 개정)

1. 대한민국 정부기관의 재산에 대하여 과세하는 외국정부의 재산 (2010. 3. 31. 개정)

2. 제107조 제2항 제4호에 따라 매수계약자에게 납세의무가 있는 재산 (2010. 3. 31. 개정)

② 국가, 지방자치단체 또는 지방자치단체조합이 1년 이상 공용 또는 공공용으로 사용(1년 이상 사용할 것이 계약서 등에 의하여 입증되는 경우를 포함한다)하는 재산에 대하여는 재산세를 부과하지 아니한다. 다만, 다음 각 호의 어느 하나에 해당하는 경우에는 재산세를 부과한다. (2018. 12. 31. 개정)

1. 유료로 사용하는 경우 (2018. 12. 31. 신설)

2. 소유권의 유상이전을 약정한 경우로서 그 재산을 취득하기 전에 미리 사용하는 경우 (2018. 12. 31. 신설)

③ 다음 각 호에 따른 재산(제13조 제5항에 따른 과세대상은 제외한다)에 대하여는 재산세를 부과하지 아니한다. 다만, 대통령령으로 정하는 수익사업에 사용하는 경우와 해당 재산이 유료로 사용되는 경우의 그 재산(제3호 및 제5호의 재산은 제외한다) 및 해당 재산의 일부가 그

운영예규 법109 - 2 【유료로 사용하는 경우】

「지방세법」 제109조 제2항 제1호 「유료로 사용하는 경우」라 함은 당해 재산사용에 대하여 대가가 지급되는 것을 말하고, 그 사용이 대가적 의미를 갖는다면 사용기간의 장단이나, 대가의 지급이 1회적인지 또는 정기적이거나 반복적인 것인지, 대가의 다과 혹은 대가의 산출방식 여하를 묻지 아니한다.

제107조 【수익사업의 범위】 법 제109조 제3항 각 호 외의 부분 단서에서 "대통령령으로 정하는 수익사업"이란 「법인세법」 제4조 제3항에 따른 수익사업을 말한다. (2019. 2. 12. 개정 ; 법인세법 시행령 부칙)

목적에 직접 사용되지 아니하는 경우의 그 일부 재산에 대하여는 재산세를 부과한다. (2010. 12. 27. 개정)

1. 대통령령으로 정하는 도로·하천·제방·구거·유지 및 묘지 (2010. 3. 31. 개정)

2. 「산림보호법」 제7조에 따른 산림보호구역, 그 밖에 공익상 재산세를 부과하지 아니할 타당한 이유가 있는 것으로서 대통령령으로 정하는 토지 (2010. 3. 31. 개정)

3. 임시로 사용하기 위하여 건축된 건축물로서 재산세 과세기준일 현재 1년 미만의 것 (2010. 3. 31. 개정)

4. 비상재해구조용, 무료도선용, 선교(船橋) 구성용 및 본선에 속하는 전마용(傳馬用) 등으로 사용하는 선박 (2010. 3. 31. 개정)

제108조 【비과세】 ① 법 제109조 제3항 제1호에서 "대통령령으로 정하는 도로·하천·제방·구거·유지 및 묘지"란 다음 각 호에서 정하는 토지를 말한다. (2010. 9. 20. 개정)

1. 도로 : 「도로법」에 따른 도로(같은 법 제2조 제2호에 따른 도로의 부속물 중 도로관리시설, 휴게시설, 주유소, 충전소, 교통·관광안내소 및 도로에 연접하여 설치한 연구시설은 제외한다)와 그 밖에 일반인의 자유로운 통행을 위하여 제공할 목적으로 개설한 사설 도로. 다만, 「건축법 시행령」 제80조의 2에 따른 대지 안의 공지는 제외한다. (2019. 12. 31. 개정)

2. 하천 : 「하천법」에 따른 하천과 「소하천정비법」에 따른 소하천 (2010. 9. 20. 개정)

3. 제방 : 「공간정보의 구축 및 관리 등에 관한 법률」에 따른 제방. 다만, 특정인이 전용하는 제방은 제외한다. (2015. 6. 1. 개정 ; 측량·수로조사 및~시행령 부칙)

4. 구거(溝渠) : 농업용 구거와 자연유수의 배수처리에 제공하는 구거 (2010. 9. 20. 개정)

5. 유지(溜池) : 농업용 및 발전용에 제공하는 댐·저수지·소류지와 자연적으로 형성된 호수·늪 (2010. 9. 20. 개정)

6. 묘지 : 무덤과 이에 접속된 부속시설물의 부지로 사용되는 토지로서 지적공부상 지목이 묘지인 토지 (2010. 9. 20. 개정)

② 법 제109조 제3항 제2호에서 "대통령령으로 정하는 토지"란 다음 각 호에서 정하는 토지를 말한다. (2010. 9. 20. 개정)

1. 「군사기지 및 군사시설 보호법」에 따른 군사기지 및 군사시설 보호구역 중 통제보호구역에 있는 토지. 다만, 전·답·과수원 및 대지는 제외한다. (2010. 9. 20. 개정)

2. 「산림보호법」에 따라 지정된 산림보호구역 및 「산림자원의 조성 및 관리에 관한 법률」에 따라 지정된 채종림·시험림 (2010. 9. 20. 개정)

3. 「자연공원법」에 따른 공원자연보존지구의 임야 (2010. 9. 20. 개정)

5. 행정기관으로부터 철거명령을 받은 건축물 등 재산세를 부과하는
　것이 적절하지 아니한 건축물 또는 주택(「건축법」 제2조 제1항 제2
　호에 따른 건축물 부분으로 한정한다)으로서 대통령령으로 정하는
　것 (2010. 12. 27. 개정)

제 2 절　과세표준과 세율 (2010. 3. 31. 개정)

제110조【과세표준】① 토지·건축물·주택에 대한 재산세의
과세표준은 제4조 제1항 및 제2항에 따른 시가표준액에 부동산 시장의
동향과 지방재정 여건 등을 고려하여 다음 각 호의 어느 하나에서 정한
범위에서 대통령령으로 정하는 공정시장가액비율을 곱하여 산정한 가
액으로 한다. (2010. 3. 31. 개정)
1. 토지 및 건축물 : 시가표준액의 100분의 50부터 100분의 90까지
　(2010. 3. 31. 개정)
2. 주택 : 시가표준액의 100분의 40부터 100분의 80까지. 다만, 제111
　조의 2에 따른 1세대 1주택은 100분의 30부터 100분의 70까지
　(2023. 3. 14. 개정)
② 선박 및 항공기에 대한 재산세의 과세표준은 제4조 제2항에 따른
시가표준액으로 한다. (2010. 3. 31. 개정)

4. 「백두대간 보호에 관한 법률」 제6조에 따라 지정된 백두대간보호지
　역의 임야 (2010. 9. 20. 개정)
③ 법 제109조 제3항 제5호에서 "대통령령으로 정하는 것"이란 재산
세를 부과하는 해당 연도에 철거하기로 계획이 확정되어 재산세 과세
기준일 현재 행정관청으로부터 철거명령을 받았거나 철거보상계약이
체결된 건축물 또는 주택(「건축법」 제2조 제1항 제2호에 따른 건축물
부분으로 한정한다. 이하 이 항에서 같다)을 말한다. 이 경우 건축물
또는 주택의 일부분을 철거하는 때에는 그 철거하는 부분으로 한정한
다. (2010. 12. 30. 개정)

제 2 절　과세표준과 세율 (2010. 9. 20. 개정)

제109조【공정시장가액비율】① 법 제110조 제1항 각 호 외의
부분에서 "대통령령으로 정하는 공정시장가액비율"이란 다음 각 호의
구분에 따른 비율을 말한다. (2023. 3. 14. 항번개정)
1. 토지 및 건축물 : 시가표준액의 100분의 70 (2010. 9. 20. 개정)
2. 주택 : 시가표준액의 100분의 60. 다만, 2024년도에 납세의무가 성
　립하는 재산세의 과세표준을 산정하는 경우 제110조의 2 에 따라
　1세대 1주택으로 인정되는 주택(시가표준액이 9억원을 초과하는 주
　택을 포함한다)에 대해서는 다음 각 목의 구분에 따른다. (2024. 5.
　28. 단서개정)
　가. 시가표준액이 3억원 이하인 주택: 시가표준액의 100분의 43
　　(2023. 6. 30. 신설)
　나. 시가표준액이 3억원을 초과하고 6억원 이하인 주택: 시가표준액
　　의 100분의 44 (2023. 6. 30. 신설)
　다. 시가표준액이 6억원을 초과하는 주택: 시가표준액의 100분의
　　45 (2023. 6. 30. 신설)
② 행정안전부장관은 제1항에 따른 공정시장가액비율의 점검·평가를
위하여 필요한 경우 관계 전문기관에 조사·연구를 의뢰할 수 있다.
(2023. 3. 14. 신설)

③ 제1항에 따라 산정한 주택의 과세표준이 다음 계산식에 따른 과세표준상한액보다 큰 경우에는 제1항에도 불구하고 해당 주택의 과세표준은 과세표준상한액으로 한다. (2023. 3. 14. 신설)

> 과세표준상한액 = 대통령령으로 정하는 직전 연도 해당 주택의 과세표준 상당액 + (과세기준일 당시 시가표준액으로 산정한 과세표준 × 과세표준상한율)
>
> 과세표준상한율 = 소비자물가지수, 주택가격변동률, 지방재정 여건 등을 고려하여 0에서 100분의 5 범위 이내로 대통령령으로 정하는 비율

편주

법 110조 3항의 개정규정은 2024. 1. 1.에 시행함. (법 부칙(2023. 3. 14.) 1조 2호)

제111조【세 율】 ① 재산세는 제110조의 과세표준에 다음 각 호의 표준세율을 적용하여 계산한 금액을 그 세액으로 한다. (2010. 3. 31. 개정)

1. 토지 (2010. 3. 31. 개정)

　　가. 종합합산과세대상 (2010. 3. 31. 개정)

과세표준	세 율
5,000만원 이하	1,000분의 2
5,000만원 초과　1억원 이하	10만원＋5,000만원 초과금액의 1,000분의 3
1억원 초과	25만원＋1억원 초과금액의 1,000분의 5

　　나. 별도합산과세대상 (2010. 3. 31. 개정)

과세표준	세 율
2억원 이하	1,000분의 2
2억원 초과　10억원 이하	40만원＋2억원 초과금액의 1,000분의 3
10억원 초과	280만원＋10억원 초과금액의 1,000분의 4

　　제109조의 2【과세표준상한액】 ① 법 제110조 제3항의 계산식에서 "대통령령으로 정하는 직전 연도 해당 주택의 과세표준 상당액"이란 해당 주택에 대한 과세기준일이 속하는 해의 직전 연도의 법 제4조에 따른 시가표준액(직전 연도의 시가표준액이 없는 경우에는 해당 연도의 시가표준액을 말한다)에 과세기준일 현재 해당 주택에 대한 제109조 제1항 제2호에 따른 공정시장가액비율을 곱하여 계산한 금액을 말한다. (2024. 5. 28. 신설)
② 법 제110조 제3항의 계산식에서 "대통령령으로 정하는 비율"이란 100분의 5를 말한다. (2024. 5. 28. 신설)

다. 분리과세대상 (2010. 3. 31. 개정)

　　1) 제106조 제1항 제3호 가목에 해당하는 전·답·과수원·목
　　　장용지 및 같은 호 나목에 해당하는 임야 : 과세표준의 1천
　　　분의 0.7 (2019. 12. 31. 개정)

　　2) 제106조 제1항 제3호 다목에 해당하는 골프장용 토지 및 고급
　　　오락장용 토지 : 과세표준의 1천분의 40 (2019. 12. 31. 개정)

　　3) 그 밖의 토지 : 과세표준의 1천분의 2 (2010. 3. 31. 개정)

2. 건축물 (2010. 3. 31. 개정)

　가. 제13조 제5항에 따른 골프장, 고급오락장용 건축물 : 과세표준
　　의 1천분의 40 (2016. 12. 27. 개정)

　나. 특별시·광역시(군 지역은 제외한다)·특별자치시(읍·면지역
　　은 제외한다)·특별자치도(읍·면지역은 제외한다) 또는 시
　　(읍·면지역은 제외한다) 지역에서 「국토의 계획 및 이용에 관
　　한 법률」과 그 밖의 관계 법령에 따라 지정된 주거지역 및 해당
　　지방자치단체의 조례로 정하는 지역의 대통령령으로 정하는 공
　　장용 건축물 : 과세표준의 1천분의 5 (2016. 12. 27. 개정)

　다. 그 밖의 건축물 : 과세표준의 1천분의 2.5 (2010. 3. 31. 개정)

3. 주택 (2010. 3. 31. 개정)

　가. 제13조 제5항 제1호에 따른 별장 : 과세표준의 1천분의 40 (2010. 12. 27. 개정)

　가. 삭 제 (2023. 3. 14.)

　나. 그 밖의 주택 (2010. 3. 31. 개정)

과세표준	세 율
6천만원 이하	1,000분의 1
6천만원 초과 1억5천만원 이하	60,000원＋6천만원 초과금액의 1,000분의 1.5
1억5천만원 초과 3억원 이하	195,000원＋1억5천만원 초과금액의 1,000분의 2.5
3억원 초과	570,000원＋3억원 초과금액의 1,000분의 4

4. 선박 (2010. 3. 31. 개정)

　가. 제13조 제5항 제5호에 따른 고급선박 : 과세표준의 1천분의 50
　　(2010. 12. 27. 개정)

운영예규 법111-1【회원제골프장에 대중골프장이 병설된 경우 재산세
　　　　　　부과방법】

「지방세법」 제111조 제1항 제2호 가목에 따라 재산세가 중과되는 회원제골프장
에 대중골프장을 병설 운영하는 경우의 골프장용 건축물에 대한 재산세 부과는
회원제골프장과 대중골프장으로 사업승인된 각각의 토지의 면적에 따라 안분하여
중과세율과 일반세율을 적용한다.

☞

제110조【공장용 건축물】법 제111조 제1항 제2호 나목에서 "대
통령령으로 정하는 공장용 건축물"이란 제조·가공·수선이나 인쇄
등의 목적에 사용하도록 생산설비를 갖춘 것으로서 행정안전부령으로
정하는 공장용 건축물을 말한다. (2017. 7. 26. 직제개정 ; 행정안전부
와~직제 부칙)

제55조【공장용 건축물의 범위】영
제110조에서 "행정안전부령으로 정하는
공장용 건축물"이란 별표 2에 규정된 업종
의 공장으로서 생산설비를 갖춘 건축물의
연면적(옥외에 기계장치 또는 저장시설이
있는 경우에는 그 시설물의 수평투영면적
을 포함한다)이 500제곱미터 이상인 것을
말한다. 이 경우 건축물의 연면적에는 해
당 공장의 제조시설을 지원하기 위하여 공
장 경계구역 안에 설치되는 부대시설(식
당, 휴게실, 목욕실, 세탁장, 의료실, 옥외
체육시설 및 기숙사 등 종업원의 후생복지
증진에 제공되는 시설과 대피소, 무기고,
탄약고 및 교육시설은 제외한다)의 연면적
을 포함한다. (2017. 7. 26. 직제개정 ; 행
정안전부와~시행규칙 부칙)

제56조【공장의 범위와 적용기준】
① 법 제111조 제2항에 따른 공장의 범위
와 적용기준에 대해서는 제7조를 준용한
다. 이 경우 같은 조 제1항 전단 및 제2항
각 호 외의 부분 중 "법 제13조 제8항"은

나. 그 밖의 선박 : 과세표준의 1천분의 3 (2010. 3. 31. 개정)
5. 항공기 : 과세표준의 1천분의 3 (2010. 3. 31. 개정)
② 「수도권정비계획법」 제6조에 따른 과밀억제권역(「산업집적활성화
및 공장설립에 관한 법률」을 적용받는 산업단지 및 유치지역과 「국토
의 계획 및 이용에 관한 법률」을 적용받는 공업지역은 제외한다)에서
행정안전부령으로 정하는 공장 신설·증설에 해당하는 경우 그 건축물
에 대한 재산세의 세율은 최초의 과세기준일부터 5년간 제1항 제2호
다목에 따른 세율의 100분의 500에 해당하는 세율로 한다. (2017. 7.
26. 직제개정 ; 정부조직법 부칙)
③ 지방자치단체의 장은 특별한 재정수요나 재해 등의 발생으로 재산
세의 세율 조정이 불가피하다고 인정되는 경우 조례로 정하는 바에 따
라 제1항의 표준세율의 100분의 50의 범위에서 가감할 수 있다. 다만,
가감한 세율은 해당 연도에만 적용한다. (2010. 3. 31. 개정)

　　제111조의 2【1세대 1주택에 대한 주택 세율 특례】① 제111
조 제1항 제3호 나목에도 불구하고 대통령령으로 정하는 1세대 1주택
(제4조 제1항에 따른 시가표준액이 9억원 이하인 주택에 한정한다)에
대해서는 다음의 세율을 적용한다. (2021. 7. 8. 개정)

과세표준	세 율
6천만원 이하	1,000분의 0.5
6천만원 초과 1억5천만원 이하	30,000원＋6천만원 초과금액의 1,000분의 1
1억5천만원 초과 3억원 이하	120,000원＋1억5천만원 초과금액의 1,000분의 2
3억원 초과	420,000원＋3억원 초과금액의 1,000분의 3.5

　　제110조의 2【재산세 세율 특례 대상 1세대 1주택의 범위】①
법 제111조의 2 제1항에서 "대통령령으로 정하는 1세대 1주택"이란
과세기준일 현재 「주민등록법」 제7조에 따른 세대별 주민등록표(이하
이 조에서 "세대별 주민등록표"라 한다)에 함께 기재되어 있는 가족(동
거인은 제외한다)으로 구성된 1세대가 국내에 다음 각 호의 주택이 아
닌 주택을 1개 소유하는 경우 그 주택(이하 이 조에서 "1세대 1주택"이
라 한다)을 말한다. (2021. 2. 17. 신설)
1. 종업원에게 무상이나 저가로 제공하는 사용자 소유의 주택으로서 과
　세기준일 현재 다음 각 목의 어느 하나에 해당하는 주택. 다만, 「지방
　세기본법 시행령」 제2조 제1항 각 호의 어느 하나에 해당하는 관계
　에 있는 사람에게 제공하는 주택은 제외한다. (2021. 2. 17. 신설)
　가. 법 제4조 제1항에 따른 시가표준액이 3억원 이하인 주택 (2021.
　　2. 17. 신설)
　나. 면적이 「주택법」 제2조 제6호에 따른 국민주택규모 이하인 주
　　택 (2021. 2. 17. 신설)
2. 「건축법 시행령」 별표 1 제2호 라목의 기숙사 (2021. 2. 17. 신설)
3. 과세기준일 현재 사업자등록을 한 다음 각 목의 어느 하나에 해당하
　는 자가 건축하여 소유하는 미분양 주택으로서 재산세 납세의무가 최

각각 "법 제111조 제2항"으로 본다. (2011.
5. 30. 후단개정)
② 법 제111조 제2항에 따른 최초의 과세
기준일은 공장용 건축물로 건축허가를 받
아 건축하였거나 기존의 공장용 건축물을
공장용으로 사용하기 위하여 양수한 경우
에는 영 제20조에 따른 취득일, 그 밖의
경우에는 공장시설의 설치를 시작한 날 이
후에 최초로 도래하는 재산세 과세기준일
로 한다. (2010. 12. 23. 개정)

　　제56조의 2【재산세 세율 특례 적용
을 위한 신청】(2023. 5. 3. 제목개정)
영 제110조의 2 제1항 각 호에 따른 주택
을 소유 주택 수 산정에서 제외하려는 자
는 별지 제58호의 3 서식에 따른 신청서를
지방자치단체의 장에게 제출해야 한다.
(2023. 5. 3. 개정)

조) (2023. 12. 29. 개정)

② 제1항에 따른 1세대 1주택의 해당여부를 판단할 때 「신탁법」에 따라 신탁된 주택은 위탁자의 주택 수에 가산한다. (2020. 12. 29. 신설)

③ 제1항에도 불구하고 제111조 제3항에 따라 지방자치단체의 장이 조례로 정하는 바에 따라 가감한 세율을 적용한 세액이 제1항의 세율을 적용한 세액보다 적은 경우에는 제1항을 적용하지 아니한다. (2020. 12. 29. 신설)

④ 「지방세특례제한법」에도 불구하고 동일한 주택이 제1항과 「지방세특례제한법」에 따른 재산세 경감 규정(같은 법 제92조의 2에 따른 자동이체 등 납부에 대한 세액공제는 제외한다)의 적용 대상이 되는 경우에는 중복하여 적용하지 아니하고 둘 중 경감 효과가 큰 것 하나만을 적용한다. (2020. 12. 29. 신설)

초로 성립한 날부터 5년이 경과하지 않은 주택. 다만, 가목의 자가 건축하여 소유하는 미분양 주택으로서 「주택법」 제54조에 따라 공급하지 않은 주택인 경우에는 자기 또는 임대계약 등 권원을 불문하고 타인이 거주한 기간이 1년 이상인 주택은 제외한다. (2021. 2. 17. 신설)

　가. 「건축법」 제11조에 따른 허가를 받은 자 (2021. 2. 17. 신설)

　나. 「주택법」 제15조에 따른 사업계획승인을 받은 자 (2021. 2. 17. 신설)

4. 세대원이 「영유아보육법」 제13조에 따라 인가를 받고 「소득세법」 제168조 제5항에 따른 고유번호를 부여받은 이후 「영유아보육법」 제10조 제5호에 따른 가정어린이집으로 운영하는 주택(가정어린이집을 「영유아보육법」 제10조 제1호에 따른 국공립어린이집으로 전환하여 운영하는 주택을 포함한다) (2021. 12. 31. 개정)

5. 주택의 시공자(「주택법」 제33조 제2항에 따른 시공자 및 「건축법」 제2조 제16호에 따른 공사시공자를 말한다)가 제3호 가목 또는 나목의 자로부터 해당 주택의 공사대금으로 받은 제3호에 해당하는 주택(과세기준일 현재 해당 주택을 공사대금으로 받은 날 이후 해당 주택의 재산세의 납세의무가 최초로 성립한 날부터 5년이 경과하지 않은 주택으로 한정한다). 다만, 제3호 가목의 자로부터 받은 주택으로서 「주택법」 제54조에 따라 공급하지 않은 주택인 경우에는 자기 또는 임대계약 등 권원을 불문하고 다른 사람이 거주한 기간이 1년 이상인 주택은 제외한다. (2021. 2. 17. 신설)

6. 다음 각 목의 어느 하나에 해당하는 주택 (2024. 5. 7. 개정 ; 문화재~부칙)

　가. 「문화유산의 보존 및 활용에 관한 법률」에 따른 지정문화유산 (2024. 5. 7. 개정 ; 문화재~부칙)

　나. 「근현대문화유산의 보존 및 활용에 관한 법률」에 따른 등록문화유산 (2024. 5. 7. 개정 ; 문화재~부칙, 2024. 9. 10. 개정 ; 근현대문화유산~부칙)

　다. 「자연유산의 보존 및 활용에 관한 법률」에 따른 천연기념물등 (2024. 5. 7. 개정 ; 문화재~부칙)

7. 「노인복지법」 제32조 제1항 제3호에 따른 노인복지주택으로서 같은 법 제33조 제2항에 따라 설치한 사람이 소유한 해당 노인복지주

택 (2021. 2. 17. 신설)

8. 상속을 원인으로 취득한 주택(조합원입주권 또는 주택분양권을 상속받아 취득한 신축주택을 포함한다)으로서 과세기준일 현재 상속개시일부터 5년이 경과하지 않은 주택 (2023. 3. 14. 개정)

9. 혼인 전부터 소유한 주택으로서 과세기준일 현재 혼인일로부터 5년이 경과하지 않은 주택. 다만, 혼인 전부터 각각 최대 1개의 주택만 소유한 경우로서 혼인 후 주택을 추가로 취득하지 않은 경우로 한정한다. (2021. 2. 17. 신설)

10. 세대원이 소유하고 있는 토지 위에 토지를 사용할 수 있는 정당한 권원이 없는 자가 「건축법」에 따른 허가·신고 등(다른 법률에 따라 의제되는 경우를 포함한다)을 받지 않고 건축하여 사용(건축한 자와 다른 자가 사용하고 있는 경우를 포함한다) 중인 주택(부속토지만을 소유하고 있는 자로 한정한다) (2023. 3. 14. 신설)

11. 2024년 1월 4일부터 2026년 12월 31일까지 유상승계취득 또는 원시취득한 주택으로서 과세기준일 현재 다음 각 목의 요건을 모두 갖춘 주택 중 1개의 주택 (2024. 5. 28. 신설)

편주 ▶

영 110조의 2 제1항 11호의 개정규정은 2024. 1. 4. 이후 취득하는 주택부터 적용함. (영 부칙(2024. 5. 28.) 5조)

☞ p.4087 3단 연결

출국 후에 속할 거주지를 다른 가족의 주소로 신고한 경우 (2021. 2. 17. 신설)

④ 제1항 및 제2항을 적용할 때 주택의 공유지분이나 부속토지만을 소유한 경우에도 각각 1개의 주택으로 보아 주택 수를 산정한다. 다만, 1개의 주택을 같은 세대 내에서 공동소유하는 경우에는 1개의 주택으로 본다. (2021. 2. 17. 신설)

⑤ 제4항 본문에도 불구하고 상속이 개시된 재산으로서 상속등기가 이행되지 않은 공동소유 상속 주택(상속개시일부터 5년이 경과한 상속 주택으로 한정한다)의 경우 법 제107조 제2항 제2호에 따른 납세의무자가 그 상속 주택을 소유한 것으로 본다. (2021. 12. 31. 개정)

개의 주택으로 한다. (2023. 3. 14. 신설)

2. 제1항 제9호에 해당하는 주택을 소유하고 있는 경우 2주택 중 시가표준액이 높은 주택. 다만, 시가표준액이 같은 경우에는 납세의무자가 선택하는 1개의 주택으로 한다. (2023. 3. 14. 개정)

3. 과세기준일 현재 제1항 제11호에 해당하는 주택의 경우에는 다음 각 목의 구분에 따른다. (2024. 5. 28. 신설)

영 110조의 2 제2항 3호의 개정규정은 2024. 1. 4. 이후 취득하는 주택부터 적용함. (영 부칙(2024. 5. 28.) 5조)

가. 해당 주택을 1개만 소유하고 있는 경우: 해당 주택 (2024. 5. 28. 신설)

나. 해당 주택을 2개만 소유하고 있는 경우: 시가표준액이 가장 높은 주택. 다만, 시가표준액이 같은 경우에는 납세의무자가 선택하는 1개의 주택으로 한다. (2024. 5. 28. 신설)

③ 제1항에도 불구하고 제1항 및 제2항을 적용할 때 배우자, 과세기준일 현재 미혼인 19세 미만의 자녀 또는 부모(주택의 소유자가 미혼이고 19세 미만인 경우로 한정한다)는 주택 소유자와 같은 세대별 주민등록표에 기재되어 있지 않더라도 1세대에 속한 것으로 보고, 다음 각 호의 어느 하나에 해당하는 경우에는 각각 별도의 세대로 본다. (2021. 2. 17. 신설)

1. 과세기준일 현재 65세 이상의 직계존속(배우자의 직계존속을 포함하며, 직계존속 중 어느 한 사람이 65세 미만인 경우를 포함한다)를 동거봉양하기 위하여 19세 이상의 직계비속 또는 혼인한 직계비속이 합가한 경우 (2023. 3. 14. 개정)

영 110조의 2의 개정규정은 2023. 3. 14. 이후 납세의무가 성립하는 분부터 적용함. (영 부칙(2023. 3. 14.) 2조)

2. 취학 또는 근무상의 형편 등으로 세대 전원이 90일 이상 출국하는 경우로서 「주민등록법」 제10조의 3 제1항 본문에 따라 해당 세대가

가. 「지방자치분권 및 지역균형발전에 관한 특별법」 제2조 제12호에 따른 인구감소지역 중 「수도권정비계획법」 제2조 제1호에 따른 수도권(「접경지역 지원 특별법」 제2조 제1호에 따른 접경지역은 제외한다), 광역시(군 지역은 제외한다) 및 특별자치시를 제외한 지역에 소재하는 주택일 것 (2024. 5. 28. 신설)

나. 1세대1주택에 해당하는 주택과 동일한 시·군·구의 관할구역에 소재하는 주택이 아닐 것 (2024. 5. 28. 신설)

다. 법 제4조에 따른 시가표준액(지분이나 부속토지만을 취득한 경우에는 전체 주택의 시가표준액을 말한다)이 4억원 이하일 것 (2024. 5. 28. 신설)

② 제1항에도 불구하고 다음 각 호의 어느 하나에 해당하는 경우에는 해당 주택을 1세대 1주택으로 본다. (2021. 2. 17. 신설)

1. 과세기준일 현재 제1항 제6호 또는 제8호에 해당하는 주택의 경우에는 다음 각 목의 구분에 따른다. (2023. 3. 14. 개정)

가. 해당 주택을 1개만 소유하고 있는 경우 : 해당 주택 (2023. 3. 14. 신설)

나. 해당 주택을 2개 이상 소유하고 있는 경우 : 시가표준액이 가장 높은 주택. 다만, 시가표준액이 같은 경우에는 납세의무자가 선택하는 1

제112조【재산세 도시지역분】 (2013. 1. 1. 제목개정)

① 지방자치단체의 장은 「국토의 계획 및 이용에 관한 법률」 제6조 제1호에 따른 도시지역 중 해당 지방의회의 의결을 거쳐 고시한 지역(이하 이 조에서 "재산세 도시지역분 적용대상 지역"이라 한다) 안에 있는 대통령령으로 정하는 토지, 건축물 또는 주택(이하 이 조에서 "토지등"이라 한다)에 대하여는 조례로 정하는 바에 따라 제1호에 따른 세액에 제2호에 따른 세액을 합산하여 산출한 세액을 재산세액으로 부과할 수 있다. (2013. 1. 1. 개정)

1. 제110조의 과세표준에 제111조의 세율 또는 제111조의 2 제1항의 세율을 적용하여 산출한 세액 (2020. 12. 29. 개정)

편주 ●●●●●●●●●●●●●●●●●●●●●●●●●●●●●●●●●●●●

• 법 112조의 개정규정은 2020. 12. 29.부터 시행함. (법 부칙(2020. 12. 29.) 1조 단서)

• 법 112조의 개정규정은 2026. 12. 28.까지 성립한 납세의무에 한정하여 적용함. (법 부칙(2020. 12. 29.) 2조) (2023. 12. 29. 개정)

●●●●●●●●●●●●●●●●●●●●●●●●●●●●●●●●●●●●

2. 제110조에 따른 토지등의 과세표준에 1천분의 1.4를 적용하여 산출한 세액 (2010. 12. 27. 개정)

② 지방자치단체의 장은 해당 연도분의 제1항 제2호의 세율을 조례로 정하는 바에 따라 1천분의 2.3을 초과하지 아니하는 범위에서 다르게 정할 수 있다. (2010. 3. 31. 개정)

③ 제1항에도 불구하고 재산세 도시지역분 적용대상 지역 안에 있는 토지 중 「국토의 계획 및 이용에 관한 법률」에 따라 지형도면이 고시된 공공시설용지 또는 개발제한구역으로 지정된 토지 중 지상 건축물, 골프장, 유원지, 그 밖의 이용시설이 없는 토지는 제1항 제2호에 따른 과세대상에서 제외한다. (2013. 1. 1. 개정)

제113조【세율적용】 ① 토지에 대한 재산세는 다음 각 호에서 정하는 바에 따라 세율을 적용한다. 다만, 이 법 또는 관계 법령에 따라 재산세를 경감할 때에는 다음 각 호의 과세표준에서 경감대상 토지의 과세표준액에 경감비율(비과세 또는 면제의 경우에는 이를 100분의

제111조【토지 등의 범위】 법 제112조 제1항 각 호 외의 부분에서 "대통령령으로 정하는 토지, 건축물 또는 주택"이란 다음 각 호에 열거하는 것을 말한다. (2010. 9. 20. 개정)

1. 토지 : 법 제9장에 따른 재산세 과세대상 토지 중 전·답·과수원·목장용지·임야를 제외한 토지와 「도시개발법」에 따라 환지 방식으로 시행하는 도시개발구역의 토지로서 환지처분의 공고가 된 모든 토지(혼용방식으로 시행하는 도시개발구역 중 환지방식이 적용되는 토지를 포함한다) (2010. 9. 20. 개정)

2. 건축물 : 법 제9장에 따른 재산세 과세대상 건축물 (2010. 9. 20. 개정)

3. 주택 : 법 제9장에 따른 재산세 과세대상 주택. 다만, 「국토의 계획 및 이용에 관한 법률」에 따른 개발제한구역에서는 법 제13조 제5항 제3호에 따른 고급주택(과세기준일 현재의 시가표준액을 기준으로 판단한다)만 해당한다. (2023. 12. 29. 단서개정)

제112조【주택의 구분】 「건축법 시행령」 별표 1 제1호 다목에 따른 다가구주택은 1가구가 독립하여 구분사용할 수 있도록 분리된 부분을 1구의 주택으로 본다. 이 경우 그 부속토지는 건물면적의 비율에 따라 각각 나눈 면적을 1구의 부속토지로 본다. (2010. 9. 20. 개정)

운영예규 법111…시행령112-1【1구의 주택】

「지방세법 시행령」 제112조 규정의 「1구의 주택」이라 함은 소유상의 기준이 아니고 점유상의 독립성을 기준으로 판단하되 합숙소·기숙사 등의 경우에는 방 1개를 1구의 주택으로 보며, 다가구주택은 침실, 부엌, 출입문이 독립되어 있어야 1구의 주택으로 본다.

운영예규 법112…시행령111-1【환지처분의 공고가 된 도시개발구역】

「도시개발법」에 따라 환지방식으로 시행하는 도시개발구역의 토지로서 환지처분의 공고가 되지 않은 환지예정지의 경우에는 그 환지예정지의 지목, 용도 등 현황을 기준으로 과세한다.

제57조【재산세 도시지역분 과세대상 토지의 범위】 (2013. 1. 14. 제목개정)

법 제112조 제1항 제2호 및 영 제111조 제1호에 따른 재산세 도시지역분 과세대상 토지는 다음 각 호의 어느 하나에 해당하는 토지로 한다. (2013. 1. 14. 개정)

1. 「도시개발법」에 따라 환지 방식으로 시행하는 도시개발구역(혼용방식으로 시행하는 도시개발구역 중 환지 방식이 적용되는 토지를 포함한다. 이하 이 조에서 같다) 외의 지역 및 환지처분의 공고가 되지 아니한 도시개발구역 : 전·답·과수원·목장용지 및 임야를 제외한 모든 토지 (2010. 12. 23. 개정)

2. 환지처분의 공고가 된 도시개발구역 : 전·답·과수원·목장용지 및 임야를 포함한 모든 토지 (2010. 12. 23. 개정)

100으로 본다)을 곱한 금액을 공제하여 세율을 적용한다. (2019. 12.
3. 단서신설)

1. 종합합산과세대상 : 납세의무자가 소유하고 있는 해당 지방자치단
   체 관할구역에 있는 종합합산과세대상이 되는 토지의 가액을 모두
   합한 금액을 과세표준으로 하여 제111조 제1항 제1호 가목의 세율
   을 적용한다. (2010. 3. 31. 개정)
2. 별도합산과세대상 : 납세의무자가 소유하고 있는 해당 지방자치단
   체 관할구역에 있는 별도합산과세대상이 되는 토지의 가액을 모두
   합한 금액을 과세표준으로 하여 제111조 제1항 제1호 나목의 세율
   을 적용한다. (2010. 3. 31. 개정)
3. 분리과세대상 : 분리과세대상이 되는 해당 토지의 가액을 과세표준으로
   하여 제111조 제1항 제1호 다목의 세율을 적용한다. (2010. 3. 31. 개정)

② 주택에 대한 재산세는 주택별로 제111조 제1항 제3호의 세율 또는
제111조의 2 제1항의 세율을 적용한다. 이 경우 주택별로 구분하는 기준
등에 관하여 필요한 사항은 대통령령으로 정한다. (2020. 12. 29. 개정)
③ 주택을 2명 이상이 공동으로 소유하거나 토지와 건물의 소유자가
다를 경우 해당 주택에 대한 세율을 적용할 때 해당 주택의 토지와 건
물의 가액을 합산한 과세표준에 제111조 제1항 제3호의 세율 또는 제
111조의 2 제1항의 세율을 적용한다. (2020. 12. 29. 개정)
④ 삭 제 (2016. 12. 27.)
⑤ 「지방자치법」 제5조 제1항에 따라 둘 이상의 지방자치단체가 통합
된 경우에는 통합 지방자치단체의 조례로 정하는 바에 따라 5년의 범
위에서 통합 이전 지방자치단체 관할구역별로 제1항 제1호 및 제2호를
적용할 수 있다. (2021. 1. 12. 개정 ; 지방자치법 부칙)

제 3 절 부과 · 징수 (2010. 3. 31. 개정)

제114조 【과세기준일】 재산세의 과세기준일은 매년 6월 1일로
한다. (2010. 3. 31. 개정)

제115조 【납 기】 ① 재산세의 납기는 다음 각 호와 같다. (2010.

3. 「국토의 계획 및 이용에 관한 법률」에
   따른 개발제한구역 : 지상건축물, 영 제
   28조에 따른 고급주택, 골프장, 유원지,
   그 밖의 이용시설이 있는 토지 (2023.
   12. 29. 개정)

제 3 절 부과 · 징수 (2010. 9. 20. 개정)

[편주]
• 법 제113조의 개정규정은 2020. 12. 29.부터 시행함. (법 부칙(2020.
  12. 29.) 1조 단서)
• 법 113조의 개정규정은 2026. 12. 28.까지 성립한 납세의무에 한정하
  여 적용함. (법 부칙(2020.12. 29.) 2조) (2023. 12. 29. 개정)

3. 31. 개정)
1. 토지 : 매년 9월 16일부터 9월 30일까지 (2010. 3. 31. 개정)
2. 건축물 : 매년 7월 16일부터 7월 31일까지 (2010. 3. 31. 개정)
3. 주택 : 해당 연도에 부과·징수할 세액의 2분의 1은 매년 7월 16일부터 7월 31일까지, 나머지 2분의 1은 9월 16일부터 9월 30일까지. 다만, 해당 연도에 부과할 세액이 20만원 이하인 경우에는 조례로 정하는 바에 따라 납기를 7월 16일부터 7월 31일까지로 하여 한꺼번에 부과·징수할 수 있다. (2017. 12. 26. 단서개정)
4. 선박 : 매년 7월 16일부터 7월 31일까지 (2010. 3. 31. 개정)
5. 항공기 : 매년 7월 16일부터 7월 31일까지 (2010. 3. 31. 개정)
② 제1항에도 불구하고 지방자치단체의 장은 과세대상 누락, 위법 또는 착오 등으로 인하여 이미 부과한 세액을 변경하거나 수시부과하여야 할 사유가 발생하면 수시로 부과·징수할 수 있다. (2010. 3. 31. 개정)

　제116조【징수방법 등】① 재산세는 관할 지방자치단체의 장이 세액을 산정하여 보통징수의 방법으로 부과·징수한다. (2010. 3. 31. 개정)
② 재산세를 징수하려면 토지, 건축물, 주택, 선박 및 항공기로 구분한 납세고지서에 과세표준과 세액을 적어 늦어도 납기개시 5일 전까지 발급하여야 한다. (2010. 3. 31. 개정)
③ 재산세의 과세대상별 종합합산방법·별도합산방법, 세액산정 및 그 밖에 부과절차와 징수방법 등에 관하여 필요한 사항은 행정안전부령으로 정한다. (2017. 7. 26. 직제개정 ; 정부조직법 부칙)

　제117조【물　납】지방자치단체의 장은 재산세의 납부세액이 1천만원을 초과하는 경우에는 납세의무자의 신청을 받아 해당 지방자치단체의 관할구역에 있는 부동산에 대하여만 대통령령으로 정하는 바에 따라 물납을 허가할 수 있다. (2010. 3. 31. 개정)

운영예규 법117-1【지방세 물납범위와 방법】
1. 지방세물납대상이 되는 납부세액이 1천만원 초과 범위 판단은 다음과 같다.
　① 동일 시·군·구 안에서 재산세의 납부세액을 합산하여 1천만원 초과 여부를 판단한다. 이 경우 동일 시·군·구의 범위는 지방자치법 제2조의 규정에 의한다.

　제113조【물납의 신청 및 허가】① 법 제117조에 따라 재산세를 물납(物納)하려는 자는 행정안전부령으로 정하는 서류를 갖추어 그 납부기한 10일 전까지 납세지를 관할하는 시장·군수·구청장에게 신청하여야 한다. (2017. 7. 26. 직제개정 ; 행정안전부와~직제 부칙)
② 제1항에 따라 물납신청을 받은 시장·군수·구청장은 신청을 받은 날부터 5일 이내에 납세의무자에게 그 허가 여부를 서면으로 통지하여야 한다. (2016. 12. 30. 개정)
③ 제2항에 따라 물납허가를 받은 부동산을 행정안전부령으로 정하는 바에 따라 물납하였을 때에는 납부기한 내에 납부한 것으로 본다.

　제58조【재산세의 합산 및 세액산정 등】법 제116조 제3항에 따른 재산세의 과세대상 조사, 과세대상별 합산방법, 세액산정, 그 밖의 부과절차와 징수방법 등은 다음 각 호에 따른다. (2010. 12. 23. 개정)
1. 시장·군수·구청장은 법 제120조 제1항 각 호의 어느 하나에 해당하는 자의 신고, 영 제102조 제11항에 따른 분리과세대상 토지 적용의 신청이나 직권으로 매년 과세기준일 현재 모든 재산을 조사하고, 과세대상 또는 비과세·감면대상으로 구분하여 재산세 과세대장에 등재해야 한다. (2021. 12. 31. 개정)

② 1천만원 초과 여부는 재산세액(「지방세법」 제112조에 따른 도시지역분을 포함한 금액을 말한다)에 병기 고지되는 지역자원시설세·지방교육세를 제외한다.
2. 물납허가시 관리·처분에 부적당한 부동산의 범위를 예시하면 다음과 같다.
① 당해 부동산에 저당권 등의 우선순위 물권이 설정되어 처분하여도 배당의 실익이 없는 경우
② 당해 부동산에 임차인이 거주하고 있어 부동산 인도 등에 어려움이 있는 경우
③ 물납에 제공된 부동산이 소송 등 다툼의 소지가 있는 경우 등

(2017. 7. 26. 직제개정 ; 행정안전부와~직제 부칙)

제114조【관리·처분이 부적당한 부동산의 처리】① 시장·군수·구청장은 제113조 제1항에 따라 물납신청을 받은 부동산이 관

2. 시장·군수·구청장은 제1호에 따라 조사한 재산 중 토지는 종합합산과세대상 토지, 별도합산과세대상 토지와 분리과세대상 토지로 구분하고 납세의무자별로 합산하여 세액을 산출하여야 한다. (2016. 12. 30. 개정)
3. 시장·군수·구청장은 납기개시 5일 전까지 토지, 건축물 및 주택에 대한 재산세 납세의무자에게 다음 각 목에서 정하는 서식의 납세고지서를 발급하여 재산세를 징수해야 한다. (2021. 12. 31. 개정)
가. 토지 : 별지 제59호 서식 (2021. 12. 31. 신설)
나. 건축물 : 별지 제59호의 2 서식 (2021. 12. 31. 신설)
다. 주택 : 별지 제59호의 3 서식 (2021. 12. 31. 신설)
4. 제3호에 따라 납세고지서를 발급하는 경우 토지에 대한 재산세는 한 장의 납세고지서로 발급하며, 토지 외의 재산에 대한 재산세는 건축물·주택·선박 및 항공기로 구분하여 과세대상 물건마다 각각 한 장의 납세고지서로 발급하거나, 물건의 종류별로 한 장의 고지서로 발급할 수 있다. (2010. 12. 23. 개정)
5. 시장·군수·구청장은 별지 제58호의 2 서식의 신청서를 받은 경우 사실 확인과 재산세 과세대장 등재 등 필요한 조치를 해야 한다. (2021. 5. 27. 신설)

제59조【재산세의 물납 절차 등】① 영 제113조 및 제114조에 따른 물납 허가

제118조 【분할납부】 지방자치단체의 장은 재산세의 납부세액이 250만원을 초과하는 경우에는 대통령령으로 정하는 바에 따라 납부할 세액의 일부를 납부기한이 지난 날부터 3개월 이내에 분할납부하게 할 수 있다. (2023. 12. 29. 개정)

운영예규 법118-1 【지방세 분납범위와 방법】
1. 지방세 분납대상이 되는 납부세액이 250만원을 초과하는 범위는 다음과 같다.

리·처분하기가 부적당하다고 인정되는 경우에는 허가하지 아니할 수 있다. (2016. 12. 30. 개정)

② 시장·군수·구청장은 제1항 및 제113조 제2항에 따라 불허가 통지를 받은 납세의무자가 그 통지를 받은 날부터 10일 이내에 해당 시·군·구의 관할구역에 있는 부동산으로서 관리·처분이 가능한 다른 부동산으로 변경 신청하는 경우에는 변경하여 허가할 수 있다. (2016. 12. 30. 개정)

③ 제2항에 따라 허가한 부동산을 행정안전부령으로 정하는 바에 따라 물납하였을 때에는 납부기한 내에 납부한 것으로 본다. (2017. 7. 26. 직제개정 ; 행정안전부와~직제 부칙)

제115조 【물납허가 부동산의 평가】 ① 제113조 제2항 및 제114조 제2항에 따라 물납을 허가하는 부동산의 가액은 재산세 과세기준일 현재의 시가로 한다. (2010. 9. 20. 개정)

② 제1항에 따른 시가는 다음 각 호의 어느 하나에서 정하는 가액에 따른다. 다만, 수용·공매가액 및 감정가액 등으로서 행정안전부령으로 정하는 바에 따라 시가로 인정되는 것은 시가로 본다. (2017. 7. 26. 직제개정 ; 행정안전부와~직제 부칙)

1. 토지 및 주택 : 법 제4조 제1항에 따른 시가표준액 (2010. 9. 20. 개정)

2. 제1호 외의 건축물 : 법 제4조 제2항에 따른 시가표준액 (2010. 9. 20. 개정)

③ 제2항을 적용할 때 「상속세 및 증여세법」 제61조 제1항 제3호에 따른 부동산의 평가방법이 따로 있어 국세청장이 고시한 가액이 증명되는 경우에는 그 고시가액을 시가로 본다. (2010. 9. 20. 개정)

제116조 【분할납부세액의 기준 및 분할납부신청】 ① 법 제118조에 따라 분할납부하게 하는 경우의 분할납부세액은 다음 각 호의 기준에 따른다. (2010. 9. 20. 개정)

1. 납부할 세액이 500만원 이하인 경우 : 250만원을 초과하는 금액 (2019. 12. 31. 개정)

2. 납부할 세액이 500만원을 초과하는 경우 : 그 세액의 100분의 50

신청, 물납부동산 변경 허가 신청 및 그 허가 통지는 다음 각 호의 구분에 따른다. (2010. 12. 23. 개정)

1. 물납 허가 신청 또는 물납부동산 변경 허가 신청 : 별지 제61호 서식 (2010. 12. 23. 개정)

2. 물납 허가 또는 물납부동산 변경허가 통지 : 별지 제62호 서식 (2010. 12. 23. 개정)

② 물납 허가 또는 물납부동산 변경허가를 받은 납세의무자는 그 통지를 받은 날부터 10일 이내에 「부동산등기법」에 따른 부동산 소유권이전등기에 필요한 서류를 시장·군수·구청장에게 제출하여야 하며, 해당 시장·군수·구청장은 그 서류를 제출받은 날부터 5일 이내에 관할 등기소에 부동산소유권이전등기를 신청하여야 한다. (2016. 12. 30. 개정)

③ 영 제113조 제3항 및 제114조 제3항에서 "행정안전부령으로 정하는 바에 따라 물납하였을 때"란 각각 제2항에서 정하는 절차에 따라 해당 시장·군수·구청장이 물납대상 부동산의 소유권이전등기필증을 발급받은 때를 말한다. (2017. 7. 26. 직제개정 ; 행정안전부와~시행규칙 부칙)

제60조 【시가로 인정되는 부동산가액】 ① 영 제115조 제2항 각 호 외의 부분 단서에서 "행정안전부령으로 정하는 바에 따라 시가로 인정되는 것"이란 재산세의 과세기준일 전 6개월부터 과세기준일 현재까지의 기간 중에 확정된 가액으로서 다음 각 호의 어느 하나에 해당하는 것

(2022. 10. 25. 개정)

① "동일 시·군·구"별로 납세자가 납부할 재산세의 세액이 250만원 초과 여부로 판단하되, 초과 여부는 재산세액(「지방세법」 제112조에 따른 도시지역분을 포함한 금액을 말한다)만을 기준으로 한다. (2022. 10. 25. 개정)

② 재산세가 분납대상에 해당할 경우 지방교육세도 함께 분납 처리한다.

2. 분납신청에 의거 지방세를 분납 처리할 경우에는 다음과 같이 한다.

① 납부할 세액이 5백만원 이하인 경우에는 250만원은 납기 내 납부, 250만원 초과금액은 분납기한 내 납부하도록 한다. (2022. 10. 25. 개정)

② 납부할 세액이 5백만원을 초과하는 때에는 분납세액 이외의 세액에 해당하는 금액은 납기 내에, 나머지 금액은 분납기한 내에 각각 납부하도록 한다. (2022. 10. 25. 개정)

③ 재산세를 분납 처리함에 있어서 이미 고지한 납세고지서는 "납기 내 납부할 납세고지서"와 "분납기간 내 납부할 납세고지서"를 구분하여 수정 고지하되, 이 경우 이미 고지한 납세고지서를 회수하며, 기고지한 부과결정을 조정 결정하여야 한다. 따라서, 분납기한 내 납부할 세액을 그 기간 내에 납부할 경우에는 가산금이 가산되지 아니한다. (2022. 10. 25. 개정)

법118-2【분할납부 납부기한의 기산일】
「지방세기본법」 제24조에 따라 납부기한연장의 특례가 적용된 경우 연장된 납부기한의 다음날을 분할납부 납부기한의 기산일로 한다.

제118조의 2【납부유예】 ① 지방자치단체의 장은 다음 각 호의 요건을 모두 충족하는 납세의무자가 제111조의 2에 따른 1세대 1주택(제4조 제1항에 따른 시가표준액이 9억원을 초과하는 주택을 포함한다)의 재산세액(해당 재산세를 징수하기 위하여 함께 부과하는 지방세를 포함하며, 이하 이 조에서 "주택 재산세"라 한다)의 납부유예를 그 납부기한 만료 3일 전까지 신청하는 경우 이를 허가할 수 있다. 이 경우 납부유예를 신청한 납세의무자는 그 유예할 주택 재산세에 상당하는 담보를 제공하여야 한다. (2023. 12. 29. 개정)

이하의 금액 (2019. 12. 31. 개정)

② 법 제118조에 따라 분할납부하려는 자는 재산세의 납부기한까지 행정안전부령으로 정하는 신청서를 시장·군수·구청장에게 제출하여야 한다. (2017. 7. 26. 직제개정 ; 행정안전부와~직제 부칙)

③ 시장·군수·구청장은 제2항에 따라 분할납부신청을 받았을 때에는 이미 고지한 납세고지서를 납부기한 내에 납부하여야 할 납세고지서와 분할납부기간 내에 납부하여야 할 납세고지서로 구분하여 수정 고지하여야 한다. (2016. 12. 30. 개정)

제116조의 2【주택 재산세의 납부유예】 ① 납세의무자가 법 제118조의 2 제1항에 따른 주택 재산세(이하 이 조에서 "주택 재산세"라 한다)의 납부유예를 신청하려는 경우에는 행정안전부령으로 정하는 납부유예 신청서에 행정안전부령으로 정하는 서류를 첨부하여 관할 지방자치단체의 장에게 제출해야 한다. (2023. 6. 30. 신설)

② 관할 지방자치단체의 장은 법 제118조의 2 제2항에 따라 주택 재산세 납부유예 허가 여부를 통지하는 경우 행정안전부령으로 정하는 서면으로 통지해야 한다. (2023. 6. 30. 신설)

을 말한다. (2017. 7. 26. 직제개정 ; 행정안전부와~시행규칙 부칙)

1. 해당 부동산에 대하여 수용 또는 공매 사실이 있는 경우 : 그 보상가액 또는 공매가액 (2010. 12. 23. 개정)

2. 해당 부동산에 대하여 둘 이상의 감정평가법인등(「감정평가 및 감정평가사에 관한 법률」 제2조 제4호에 따른 감정평가법인등을 말한다)이 평가한 감정가액이 있는 경우: 그 감정가액의 평균액 (2020. 12. 31. 개정)

3. 법 제10조 제5항 제1호 및 제3호에 따른 취득으로서 그 사실상의 취득가격이 있는 경우 : 그 취득가격 (2010. 12. 23. 개정)

② 제1항에 따라 시가로 인정되는 가액이 둘 이상인 경우에는 재산세의 과세기준일부터 가장 가까운 날에 해당하는 가액에 의한다. (2010. 12. 23. 개정)

제61조【분할납부신청】 영 제116조 제2항에 따른 재산세의 분할납부 신청은 별지 제63호 서식에 따른다. (2010. 12. 23. 개정)

제61조의 4【주택 재산세액의 납부유예】 ① 영 제116조의 2 제1항에서 "행정안전부령으로 정하는 납부유예 신청서"란 별지 제63호의 5 서식을 말하며, "행정안전부령으로 정하는 서류"란 다음 각 호의 서류를 말한다. (2023. 6. 30. 신설)

1. 「지방세기본법 시행규칙」 별지 제29호 서식의 납세담보제공서 (2023. 6. 30.

1. 과세기준일 현재 제111조의 2에 따른 1세대 1주택의 소유자일 것 (2023. 3. 14. 신설)
2. 과세기준일 현재 만 60세 이상이거나 해당 주택을 5년 이상 보유하고 있을 것 (2023. 3. 14. 신설)
3. 다음 각 목의 어느 하나에 해당하는 소득 기준을 충족할 것 (2023. 3. 14. 신설)
　　가. 직전 과세기간의 총급여액이 7천만원 이하일 것(직전 과세기간에 근로소득만 있거나 근로소득 및 종합소득과세표준에 합산되지 아니하는 종합소득이 있는 자로 한정한다) (2023. 3. 14. 신설)
　　나. 직전 과세기간의 종합소득과세표준에 합산되는 종합소득금액이 6천만원 이하일 것(직전 과세기간의 총급여액이 7천만원을 초과하지 아니하는 자로 한정한다) (2023. 3. 14. 신설)
4. 해당 연도의 납부유예 대상 주택에 대한 재산세의 납부세액이 100만원을 초과할 것 (2023. 3. 14. 신설)

운영예규 법118의 2 - 1 【납부유예】
「지방세법」 제118조의 2 제1항 제4호에서 정한 재산세의 납부세액 100만원 초과 여부는 재산세액(「지방세법」 제112조에 따른 도시지역분을 포함한 금액을 말한다)만을 기준으로 판단하고, 병기 고지되는 지역자원 시설세·지방교육세는 제외한다. (2023. 7. 1. 신설)

5. 지방세, 국세 체납이 없을 것 (2023. 3. 14. 신설)
② 지방자치단체의 장은 제1항에 따른 신청을 받은 경우 납부기한 만료일까지 대통령령으로 정하는 바에 따라 납세의무자에게 납부유예 허가 여부를 통지하여야 한다. (2023. 3. 14. 신설)
③ 지방자치단체의 장은 제1항에 따라 주택 재산세의 납부가 유예된 납세의무자가 다음 각 호의 어느 하나에 해당하는 경우에는 그 납부유예 허가를 취소하여야 한다. (2023. 3. 14. 신설)
1. 해당 주택을 타인에게 양도하거나 증여하는 경우 (2023. 3. 14. 신설)
2. 사망하여 상속이 개시되는 경우 (2023. 3. 14. 신설)
3. 제1항 제1호의 요건을 충족하지 아니하게 된 경우 (2023. 3. 14.

③ 관할 지방자치단체의 장은 법 제118조의 2 제3항 각 호에 따른 납부유예 허가를 취소한 경우 해당 납세의무자(납세의무자가 사망한 경우에는 그 상속인 또는 상속재산관리인을 말한다)에게 다음 각 호의 금액을 더한 금액을 징수해야 한다. (2023. 6. 30. 신설)
1. 법 제118조의 2 제1항에 따라 납부유예를 허가한 세액에서 실제 납부한 세액을 뺀 금액 (2023. 6. 30. 신설)
2. 제1호에 따라 계산한 금액에 가목의 기간과 나목의 이자율을 각각 곱하여 계산한 금액 (2023. 6. 30. 신설)
　　가. 당초 납부기한 만료일의 다음 날부터 법 제118조의 2 제3항 각 호에 따른 납부유예 허가 취소 사유가 발생한 날까지의 기간 (2023. 6. 30. 신설)
　　나. 「지방세기본법 시행령」 제43조 제2항 본문에 따른 이자율 (2023. 6. 30. 신설)
④ 제1항부터 제3항까지에서 규정한 사항 외에 주택 재산세 납부유예에 필요한 세부사항은 행정안전부장관이 정하여 고시한다. (2023. 6. 30. 신설)

신설)
2. 「국세징수법 시행규칙」 별지 제94호 서식의 납세증명서 (2023. 6. 30. 신설)
3. 「지방세징수법 시행규칙」 별지 제1호 서식의 지방세 납세증명서 (2023. 6. 30. 신설)
4. 관할 세무서장이 확인·발급한 소득금액 증명원 (2023. 6. 30. 신설)
② 영 제116조의 2 제2항에서 "행정안전부령으로 정하는 서면"이란 별지 제63호의 6 서식을 말한다. (2023. 6. 30. 신설)
③ 법 제118조의 2 제4항에 따른 납부유예 허가 취소 사실의 통보는 별지 제63호의 7 서식에 따른다. (2023. 6. 30. 신설)
④ 법 제118조의 2 제5항 및 영 제116조의 2 제3항에 따른 납부유예 세액과 이자 상당가산액의 징수는 별지 제63호의 8 서식에 따른다. (2023. 6. 30. 신설)

신설)

4. 담보의 변경 또는 그 밖에 담보 보전에 필요한 지방자치단체의 장의
   명령에 따르지 아니한 경우 (2023. 3. 14. 신설)

5. 「지방세징수법」 제22조 제1항 각 호의 어느 하나에 해당되어 그 납
   부유예와 관계되는 세액의 전액을 징수할 수 없다고 인정되는 경우
   (2023. 3. 14. 신설)

6. 납부유예된 세액을 납부하려는 경우 (2023. 3. 14. 신설)

④ 지방자치단체의 장은 제3항에 따라 주택 재산세의 납부유예 허가를
취소하는 경우 납세의무자(납세의무자가 사망한 경우에는 그 상속인
또는 상속재산관리인을 말한다. 이하 이 조에서 같다)에게 그 사실을
즉시 통지하여야 한다. (2023. 3. 14. 신설)

⑤ 지방자치단체의 장은 제3항에 따라 주택 재산세의 납부유예 허가를
취소한 경우에는 대통령령으로 정하는 바에 따라 해당 납세의무자에게
납부를 유예받은 세액과 이자상당가산액을 징수하여야 한다. 다만, 상
속인 또는 상속재산관리인은 상속으로 받은 재산의 한도에서 납부를
유예받은 세액과 이자상당가산액을 납부할 의무를 진다. (2023. 3. 14.
신설)

⑥ 지방자치단체의 장은 제1항에 따라 납부유예를 허가한 날부터 제5
항에 따라 징수할 세액의 고지일까지의 기간 동안에는 「지방세기본법」
제55조에 따른 납부지연가산세를 부과하지 아니한다. (2023. 3. 14.
신설)

⑦ 제1항부터 제6항까지에서 규정한 사항 외에 납부유예에 필요한 절
차 등에 관한 사항은 대통령령으로 정한다. (2023. 3. 14. 신설)

　　제119조 【소액 징수면제】 고지서 1장당 재산세로 징수할 세액이
2천원 미만인 경우에는 해당 재산세를 징수하지 아니한다. (2010. 3.
31. 개정)

　　제119조의 2 【신탁재산 수탁자의 물적납세의무】 (2020. 12.
29. 제목개정)

① 신탁재산의 위탁자가 다음 각 호의 어느 하나에 해당하는 재산세ㆍ
가산금 또는 체납처분비(이하 이 조에서 "재산세등"이라 한다)를 체납

운영예규 법119-1 【소액 징수면제】
「지방세법」 제119조에서 규정하고 있는 「고지서 1장당 재산세로 징수할 세액이
2,000원 미만」이라 함은 재산세 고지서상에 병기고지된 세액을 제외한 재산세만
을 지칭한다.

한 경우로서 그 위탁자의 다른 재산에 대하여 체납처분을 하여도 징수
할 금액에 미치지 못할 때에는 해당 신탁재산의 수탁자는 그 신탁재산
으로써 위탁자의 재산세등을 납부할 의무가 있다. (2020. 12. 29. 개정)
1. 신탁 설정일 이후에 「지방세기본법」 제71조 제1항에 따른 법정기일
　이 도래하는 재산세 또는 가산금(재산세에 대한 가산금으로 한정한
　다)으로서 해당 신탁재산과 관련하여 발생한 것. 다만, 제113조 제1
　항 제1호 및 제2호에 따라 신탁재산과 다른 토지를 합산하여 과세하
　는 경우에는 신탁재산과 관련하여 발생한 재산세 등을 제4조에 따
　른 신탁재산과 다른 토지의 시가표준액 비율로 안분계산한 부분 중
　신탁재산 부분에 한정한다. (2020. 12. 29. 개정)
2. 제1호의 금액에 대한 체납처분 과정에서 발생한 체납처분비 (2020.
　12. 29. 개정)
② 제1항에 따라 수탁자로부터 납세의무자의 재산세등을 징수하려는
지방자치단체의 장은 다음 각 호의 사항을 적은 납부통지서를 수탁자
에게 고지하여야 한다. (2020. 12. 29. 개정)
1. 재산세등의 과세표준, 세액 및 그 산출 근거 (2020. 12. 29. 개정)
2. 재산세등의 납부기한 (2020. 12. 29. 개정)
3. 그 밖에 재산세등의 징수를 위하여 필요한 사항 (2020. 12. 29. 개정)
③ 제2항에 따른 고지가 있은 후 납세의무자인 위탁자가 신탁의 이익
을 받을 권리를 포기 또는 이전하거나 신탁재산을 양도하는 등의 경우
에도 제2항에 따라 고지된 부분에 대한 납세의무에는 영향을 미치지
아니한다. (2020. 12. 29. 개정)
④ 신탁재산의 수탁자가 변경되는 경우에 새로운 수탁자는 제2항에
따라 이전의 수탁자에게 고지된 납세의무를 승계한다. (2020. 12. 29.
개정)
⑤ 지방자치단체의 장은 최초의 수탁자에 대한 신탁 설정일을 기준으
로 제1항에 따라 그 신탁재산에 대한 현재 수탁자에게 납세의무자의
재산세등을 징수할 수 있다. (2020. 12. 29. 개정)
⑥ 신탁재산에 대하여 「지방세징수법」에 따라 체납처분을 하는 경우
「지방세기본법」 제71조 제1항에도 불구하고 수탁자는 「신탁법」 제48
조 제1항에 따른 신탁재산의 보존 및 개량을 위하여 지출한 필요비 또
는 유익비의 우선변제를 받을 권리가 있다. (2020. 12. 29. 개정)

　제116조의 3 【신탁재산 수탁자의 물적 납세의무】 (2023. 6. 30.
조번개정)
법 제119조의 2 제1항 제1호에 따른 신탁 설정일은 「신탁법」 제4조에
따라 해당 재산이 신탁재산에 속한 것임을 제3자에게 대항할 수 있게
된 날로 한다. 다만, 다른 법률에서 제3자에게 대항할 수 있게 된 날을
「신탁법」과 달리 정하고 있는 경우에는 그 달리 정하고 있는 날로 한
다. (2021. 4. 27. 신설)

　제61조의 2 【신탁재산 물적납세의
무 납부통지서】 지방자치단체의 장은 신
탁재산의 수탁자에게 법 제119조의 2 제
2항에 따라 고지를 하려는 경우에는 별
지 제63호의 2 서식의 납부통지서에 제
58조 제3호 각 목의 납세고지서를 첨부
해야 한다. (2021. 12. 31. 신설)

⑦ 제1항부터 제6항까지에서 규정한 사항 외에 물적납세의무의 적용에 필요한 사항은 대통령령으로 정한다. (2020. 12. 29. 개정)

제119조의 3【향교 및 종교단체에 대한 특례】 ① 대통령령으로 정하는 개별 향교 또는 개별 종교단체(이하 이 조에서 "개별단체"라 한다)가 소유한 토지로서 개별단체가 속하는 「향교재산법」에 따른 향교재단 또는 대통령령으로 정하는 종교단체(이하 이 조에서 "향교재단 등"이라 한다)의 명의로 조세 포탈을 목적으로 하지 아니하고 등기한 토지의 경우에는 제113조 제1항에도 불구하고 개별단체별로 합산한 토지의 가액을 과세표준으로 하여 토지에 대한 재산세를 과세할 수 있다. (2019. 12. 31. 신설)
② 개별단체 또는 향교재단등이 제1항에 따라 토지에 대한 재산세를 개별단체별로 합산하여 납부하려는 경우에는 대통령령으로 정하는 바에 따라 해당 토지의 소재지를 관할하는 지방자치단체의 장에게 신청하여야 한다. (2019. 12. 31. 신설)

제120조【신고의무】 ① 다음 각 호의 어느 하나에 해당하는 자는 과세기준일부터 15일 이내에 그 소재지를 관할하는 지방자치단체의 장에게 그 사실을 알 수 있는 증거자료를 갖추어 신고하여야 한다. (2021. 12. 28. 개정)

1. 재산의 소유권 변동 또는 과세대상 재산의 변동 사유가 발생하였으나 과세기준일까지 그 등기·등록이 되지 아니한 재산의 공부상 소유자 (2021. 12. 28. 개정)
2. 상속이 개시된 재산으로서 상속등기가 되지 아니한 경우에는 제107조 제2항 제2호에 따른 주된 상속자 (2010. 3. 31. 개정)
3. 사실상 종중재산으로서 공부상에는 개인 명의로 등재되어 있는 재

제116조의 4【향교 및 종교단체에 대한 재산세 특례 대상 및 신청 등】 (2023. 6. 30. 조번개정)
① 법 제119조의 3 제1항에서 "대통령령으로 정하는 개별 향교 또는 개별 종교단체"란 「부동산 실권리자명의 등기에 관한 법률 시행령」 제5조 제1항 제3호에 따른 개별 향교 또는 같은 항 제2호에 따른 소속종교단체를 말한다. (2019. 12. 31. 신설)
② 법 제119조의 3 제1항에서 "대통령령으로 정하는 종교단체"란 「부동산 실권리자명의 등기에 관한 법률 시행령」 제5조 제1항 제1호에 따른 종단을 말한다. (2019. 12. 31. 신설)
③ 법 제119조의 3 제2항에 따라 토지에 대한 재산세를 개별단체별로 합산하여 납부할 것을 신청하려는 자는 행정안전부령으로 정하는 토지분 재산세 합산배제 신청서에 다음 각 호의 서류를 첨부하여 법 제115조에 따른 납기개시 20일 전까지 해당 토지의 소재지를 관할하는 지방자치단체의 장에게 제출해야 한다. (2019. 12. 31. 신설)
1. 「향교재산법」에 따른 향교재단 또는 「부동산 실권리자명의 등기에 관한 법률 시행령」 제5조 제1항 제1호에 따른 종단(이하 이 조에서 "향교재단등"이라 한다)의 정관(정관이 변경된 경우에는 「민법」 제45조 제3항에 따른 향교재단등에 대한 주무관청의 정관 변경허가서를 포함한다) (2019. 12. 31. 신설)
2. 향교재단등의 이사회 회의록 (2019. 12. 31. 신설)
3. 대상토지의 사실상 소유자가 「부동산 실권리자명의 등기에 관한 법률 시행령」 제5조 제1항 제3호에 따른 개별 향교 또는 같은 항 제2호에 따른 소속종교단체임을 입증할 수 있는 서류 (2019. 12. 31. 신설)
④ 제3항에 따른 신청을 받은 지방자치단체의 장은 개별단체별 합산 여부를 결정하여, 신청한 내용이 사실과 다를 경우 세액이 추징될 수 있다는 내용과 함께 그 결과를 서면으로 통지해야 한다. 이 경우 상대방이 전자적 통지를 요청할 경우에는 전자적 방법으로 통지할 수 있다. (2019. 12. 31. 신설)

제61조의 3【향교 및 종교단체에 대한 재산세 특례 신청】 (2021. 12. 31. 조번개정)
① 영 제116조의 4 제3항에 따른 행정안전부령으로 정하는 토지분 재산세 합산배제 신청서는 별지 제63호의 3 서식에 따른다. (2023. 6. 30. 개정)
② 영 제116조의 4 제4항에 따른 신청 결과의 통지는 별지 제63호의 4 서식에 따른다. (2023. 6. 30. 개정)

제62조【재산세 납세의무자의 신고 등】 ① 재산의 공부상 소유자가 법 제120조 제1항 제1호에 따라 재산의 소유권 변동 등에 따른 납세의무자의 변동신고 또는 과세대상 재산의 변동신고를 하는 경우에는 별지 제64호 서식에 따른다. (2010. 12.

산의 공부상 소유자 (2010. 3. 31. 개정)
4. 수탁자 명의로 등기·등록된 신탁재산의 수탁자 (2021. 12. 28. 개정)
5. 1세대가 둘 이상의 주택을 소유하고 있음에도 불구하고 제111조의 2 제1항에 따른 세율을 적용받으려는 경우에는 그 세대원 (2021. 12. 28. 신설)
6. 공부상 등재현황과 사실상의 현황이 다르거나 사실상의 현황이 변경된 경우에는 해당 재산의 사실상 소유자 (2021. 12. 28. 신설)
② 제1항에 따른 신고 절차 및 방법에 관하여는 행정안전부령으로 정한다. (2017. 7. 26. 직제개정 ; 정부조직법 부칙)

③ 제1항에 따른 신고가 사실과 일치하지 아니하거나 신고가 없는 경우에는 지방자치단체의 장이 직권으로 조사하여 과세대장에 등재할 수 있다. (2010. 3. 31. 개정)

제121조 【재산세 과세대장의 비치 등】 ① 지방자치단체는 재산세 과세대장을 비치하고 필요한 사항을 기재하여야 한다. 이 경우 해당 사항을 전산처리하는 경우에는 과세대장을 갖춘 것으로 본다. (2015. 12. 29. 후단신설)
② 재산세 과세대장은 토지, 건축물, 주택, 선박 및 항공기 과세대장으로 구분하여 작성한다. (2010. 3. 31. 개정)

제122조 【세 부담의 상한】 해당 재산에 대한 재산세의 산출세액(제112조 제1항 각 호 및 같은 조 제2항에 따른 각각의 세액을 말한다)이 대통령령으로 정하는 방법에 따라 계산한 직전 연도의 해당 재산에 대한 재산세액 상당액의 100분의 150을 초과하는 경우에는 100분의 150에 해당하는 금액을 해당 연도에 징수할 세액으로 한다. 다만, 주택의 경우에는 적용하지 아니한다. (2023. 3. 14. 단서개정)

⑤ 제3항에 따른 신청을 하여 토지에 대한 재산세를 개별단체별로 합산하여 납부한 경우에는 다음 연도부터 해당 토지의 소유관계가 변동하기 전까지는 제3항의 신청을 다시 하지 않아도 된다. (2019. 12. 31. 신설)

제117조 【과세대장 등재 통지】 시장·군수·구청장은 법 제120조 제3항에 따라 무신고 재산을 과세대장에 등재한 때에는 그 사실을 관계인에게 통지하여야 한다. (2016. 12. 30. 개정)

제118조 【세 부담 상한의 계산방법】 법 제122조 각 호 외의 부분 본문에서 "대통령령으로 정하는 방법에 따라 계산한 직전 연도의 해당 재산에 대한 재산세액 상당액"이란 법 제112조 제1항 제1호에 따른 산출세액과 같은 항 제2호 및 같은 조 제2항에 따른 산출세액 각각에 대하여 다음 각 호의 방법에 따라 각각 산출한 세액 또는 산출세액 상당액을 말한다. (2021. 2. 17. 개정)

23. 개정)
② 법 제107조 제2항 제2호에 따른 주된 상속자 또는 법 제120조 제1항 제3호에 따른 사실상 종중재산의 공부상 소유자가 법 제120조 제1항에 따른 신고를 하는 경우에는 별지 제64호 서식에 따른다. (2010. 12. 23. 개정)
③ 법 제120조 제1항 제4호에 따른 신탁재산의 수탁자가 법 제120조 제1항에 따른 신고를 하는 경우에는 별지 제64호의 2 서식에 따른다. (2014. 8. 8. 신설)

제63조 【과세대장 직권등재】 시장·군수·구청장은 법 제120조 제3항에 따라 직권으로 재산세 과세대장에 등재한 때에는 그 재산의 납세의무자에게 별지 제65호 서식에 따라 직권등재 사실을 통지해야 한다. (2021. 12. 31. 개정)

제64조 【과세대장 비치】 ① 법 제121조에 따른 재산세 과세대장은 별지 제67호 서식, 별지 제68호 서식 및 별지 제69호 서식에 따른다. (2010. 12. 23. 개정)
② 시장·군수·구청장은 제1항의 재산세 과세대장에 준하여 재산세 비과세 및 과세면제 대장을 갖추고 정리하여야 한다. (2016. 12. 30. 개정)

1. 제4조 제1항에 따른 주택공시가격(이하 이 조에서 "주택공시가격"이라 한다) 또는 특별자치시장·특별자치도지사·시장·군수 또는 구청장이 산정한 가액이 3억원 이하인 주택의 경우 : 해당 주택에 대한 재산세의 산출세액이 직전 연도의 해당 주택에 대한 재산세액 상당액의 100분의 105를 초과하는 경우에는 100분의 105에 해당하는 금액 (2016. 12. 27. 개정)

2. 주택공시가격 또는 특별자치시장·특별자치도지사·시장·군수 또는 구청장이 산정한 가액이 3억원 초과 6억원 이하인 주택의 경우 : 해당 주택에 대한 재산세의 산출세액이 직전 연도의 해당 주택에 대한 재산세액 상당액의 100분의 110을 초과하는 경우에는 100분의 110에 해당하는 금액 (2016. 12. 27. 개정)

3. 주택공시가격 또는 특별자치시장·특별자치도지사·시장·군수 또는 구청장이 산정한 가액이 6억원을 초과하는 주택의 경우 : 해당 주택에 대한 재산세의 산출세액이 직전연도의 해당 주택에 대한 재산세액 상당액의 100분의 130을 초과하는 경우에는 100분의 130에 해당하는 금액 (2016. 12. 27. 개정)

1. ~3. 삭 제 (2023. 3. 14.)

편주

- 법 122조의 개정규정은 2024. 1. 1.에 시행함. (법 부칙(2023. 3. 14.) 1조 2호)
- 2024. 1. 1. 전에 주택 재산세가 과세된 주택에 대해서는 법 122조의 개정규정에도 불구하고 2028. 12. 31.까지는 종전의 규정에 따름. (법 부칙(2023. 3. 14.) 15조)

제123조 【부동산 과세자료분석 전담기구의 설치 등】 (2020. 12. 29. 제목개정)

① 재산세 및 종합부동산세 과세에 필요한 과세자료와 그 밖의 과세기초자료 등의 수집·처리 및 제공을 위하여 행정안전부에 부동산 과세자료분석 전담기구(이하 이 조에서 "전담기구"라 한다)를 설치한다. (2020. 12. 29. 개정)

② 행정안전부장관은 1세대 1주택자 판단 등 재산세 및 종합부동산세 부과에 필요한 과세자료 수집과 재산세 제도의 개편을 위하여 다음 각 호의 자료를 관계 중앙행정기관의 장, 법원행정처장 및 지방자치단체의 장(이하 이 항에서 "관련 기관의 장"이라 한다)에게 요청할 수 있으며, 자료의 제출을 요청받은 관련 기관의 장은 특별한 사유가 없으면 이에 따라야 한다. (2020. 12. 29. 개정)

1. 토지에 대한 세액 상당액 (2010. 9. 20. 개정)

가. 해당 연도의 과세대상 토지에 대한 직전 연도의 과세표준(법 제112조 제1항 제1호에 따른 산출세액의 경우에는 법 제110조에 따른 과세표준을 말하고, 법 제112조 제1항 제2호 및 같은 조 제2항에 따른 산출세액의 경우에는 법 제110조에 따른 토지 등의 과세표준을 말한다. 이하 이 조에서 같다)이 있는 경우 : 과세대상 토지별로 직전 연도의 법령과 과세표준 등을 적용하여 산출한 세액. 다만, 해당 연도의 과세대상별 토지에 대한 납세의무자 및 토지현황이 직전 연도와 일치하는 경우에는 직전 연도에 해당 토지에 과세된 세액으로 한다. (2010. 9. 20. 개정)

나. 토지의 분할·합병·지목변경·신규등록·등록전환 등으로 해당 연도의 과세대상 토지에 대한 직전 연도의 과세표준이 없는 경우 : 해당 연도 과세대상 토지가 직전 연도 과세기준일 현재 존재하는 것으로 보아 과세대상 토지별로 직전 연도의 법령과 과세표준(직전 연도의 법령을 적용하여 산출한 과세표준을 말한다) 등을 적용하여 산출한 세액. 다만, 토지의 분할·합병으로 해당 연도의 과세대상 토지에 대한 직전 연도의 과세표준이 없는 경우에는 다음의 구분에 따른 세액으로 한다. (2010. 9. 20. 개정)

1) 분할·합병 전의 과세대상 토지에 비하여 면적 또는 지분의 증가가 없는 경우 : 직전 연도에 분할·합병 전의 토지에 과세된 세액 중 해당 연도에 소유하고 있는 면적 또는 지분에 해당되는 세액 (2010. 9. 20. 개정)

2) 분할·합병 전의 과세대상 토지에 비하여 면적 또는 지분의 증가가 있는 경우 : 분할·합병 전의 과세대상 토지의 면적 또는 지분에 대하여 1)에 따라 산출한 세액과 분할·합병 후에 증가된 과세대상 토지의 면적 또는 지분에 대하여 1) 및 2) 외의 부분 본문에 따라 산출한 세액의 합계액 (2010. 9. 20. 개정)

다. 가목 및 나목에도 불구하고, 해당 연도 과세대상 토지에 대하여

법 제106조 제1항에 따른 과세대상 구분의 변경이 있는 경우에는 해당 연도의 과세대상의 구분이 직전 연도 과세대상 토지에 적용되는 것으로 보아 해당 연도 과세대상 토지별로 직전 연도의 법령과 과세표준(직전 연도의 법령을 적용하여 산출한 과세표준을 말한다) 등을 적용하여 산출한 세액 (2010. 9. 20. 개정)

라. 가목부터 다목까지의 규정에도 불구하고 해당 연도 과세대상 토지가 다음의 구분에 따른 정비사업의 시행으로 주택이 멸실되어 토지로 과세되는 경우로서 주택을 건축 중 [주택 멸실 후 주택 착공 전이라도 최초로 도래하는 재산세 과세기준일부터 1)의 경우에는 3년 동안, 2)의 경우에는 5년 동안 주택을 건축 중인 것으로 본다. 다만, 주택의 건축을 위한 용도 외의 다른 용도로 사용하는 경우는 주택을 건축 중인 것으로 보지 않되, 2)의 경우로서 국가, 지방자치단체 또는 지방자치단체조합이 1년 이상 공용 또는 공공용으로 사용(1년 이상 사용할 것이 계약서 등에 의하여 입증되는 경우를 포함한다)하는 경우(법 제109조 제2항 단서에 따른 재산세의 부과 대상이 되는 경우로 한정

☞ p.4100 2단 연결

1. 「가족관계의 등록 등에 관한 법률」 제11조 제6항에 따른 가족관계
등록사항에 대한 등록전산정보자료 (2020. 12. 29. 개정)
2. 「민간임대주택에 관한 특별법」 제60조에 따른 임대주택정보체계에
포함된 자료, 「부동산 거래신고 등에 관한 법률」 제24조에 따른 정
보 및 「주택법」 제88조에 따른 주택 관련 정보 (2020. 12. 29. 개정)
3. 재산세 및 종합부동산세 과세자료 (2020. 12. 29. 개정)
4. 제111조의 2에 따른 1세대 1주택 세율 특례 적용대상 선정을 위하
여 필요한 자료로서 법률에 따라 인가·허가·특허·등기·등록·
신고 등을 하거나 받는 경우 그에 관한 자료 (2020. 12. 29. 개정)
5. 재산세 제도의 개편을 위하여 필요한 자료로서 관계 중앙행정기관
및 지방자치단체가 보유한 부동산 관련 자료 (2020. 12. 29. 개정)
③ 제1항에 따른 전담기구의 조직·운영 및 제2항에 따른 과세자료의
요청·처리·분석·통보 등에 필요한 사항은 대통령령으로 정한다.
(2020. 12. 29. 개정)

한다)는 주택을 건축 중인 것으로 본다]인 경우에는 다음 1) 또
는 2)의 계산식에 따라 산출한 세액 상당액(해당 토지에 대하여
나목에 따라 산출한 직전 연도 세액 상당액이 더 적을 때에는
나목에 따른 세액 상당액을 말한다) (2024. 5. 28. 개정)

편주 ▶
영 118조 1호 라목의 개정규정은 2024. 5. 28. 이후 납세의무가 성립하는
분부터 적용함. (영 부칙(2024. 5. 28.) 4조)

편주 ▶
영 118조 1호 라목의 개정규정은 2024. 1. 1. 이후 재산세 납세의무가 성
립하는 경우부터 적용함. 이 경우 「농어촌정비법」에 따른 생활환경정비사
업(빈집의 정비에 관한 사업만 해당함)의 시행으로 주택이 멸실되는 토지에
대해서는 2024. 1. 1. 이후 주택이 멸실되는 경우로 한정함. (영 부칙
(2023. 12. 29.) 7조)

1) 「도시 및 주거환경정비법」에 따른 정비사업 또는 「빈집 및
소규모주택 정비에 관한 특례법」에 따른 소규모주택정비사
업의 경우 (2023. 12. 29. 개정)

$$\text{멸실 전 주택에 실제 과세한 세액} \times (130/100)^n$$
$$n = (\text{과세 연도} - \text{멸실 전 주택에 실제 과세한 연도} - 1)$$

2) 「빈집 및 소규모주택 정비에 관한 특례법」에 따른 빈집정
비사업 또는 「농어촌정비법」에 따른 생활환경정비사업(빈
집의 정비에 관한 사업만 해당한다)의 경우 (2023. 12. 29.
개정)

$$\text{멸실 전 주택에 실제 과세한 세액} \times (105/100)^n$$
$$n = (\text{과세 연도} - \text{멸실 전 주택에 실제 과세한 연도} - 1)$$

2. 주택 및 건축물에 대한 세액 상당액 (2010. 9. 20. 개정)
가. 해당 연도의 주택 및 건축물에 대한 직전 연도의 과세표준이 있
는 경우 : 직전 연도의 법령과 과세표준 등을 적용하여 과세대

법 제111조의 2에 따른 세율 특례가 적용되지 않거나 적용된 경우에는 직전 연도에도 해당 규정이 적용되지 않거나 적용된 것으로 보아 법 제112조 제1항 제1호에 따른 세액 상당액과 같은 항 제2호 및 같은 조 제2항에 따른 세액 상당액을 계산한다. (2021. 2. 17. 개정)
4. 제3호에도 불구하고 직전 연도에 법 제111조의 2 제1항에 따른 세율 특례를 적용받은 주택이 해당 연도에 그 시가표준액이 9억원을 초과하여 법 제111조 제1항 제3호 나목에 따른 세율이 적용되는 경우(납세의무자가 동일한 경우로 한정한다)에는 제2호 가목 단서에 따라 직전 연도에 해당 주택에 과세된 세액으로 한다. (2022. 2. 28. 신설)

제119조【재산세의 현황부과】삭 제 (2021. 12. 31.)

제119조의 2【부동산 과세자료분석 전담기구의 조직·운영 및 자료통보 등】(2021. 2. 17. 제목개정)
① 법 제123조 제1항에 따른 부동산 과세자료분석 전담기구는 「행정안전부와 그 소속기관 직제」 제15조 제3항 제30호에 따른 업무를 처리하는 기구로서 행정안전부령으로 정하는 기구로 한다. (2021. 2. 17. 개정)
② 법 제123조 제2항 제3호에 따른 재산세 및 종합부동산세 과세자료는 다음 각 호의 자료로 한다. (2021. 2. 17. 개정)
1. 법 제116조에 따른 주택분·건축물분 및 토지분 재산세 부과자료, 세액변경 자료 및 수시부과 자료 (2014. 4. 22. 신설)
2. 「종합부동산세법」 제21조 제2항 및 제3항에 따른 주택 및 토지에 대한 종합부동산세의 납세의무자별 과세표준과 세액에 관한 계산자료 (2014. 4. 22. 신설)
3. 「종합부동산세법」 제21조 제4항에 따른 주택 또는 토지에 대한 재산세 및 종합부동산세 과세표준과 세액에 관한 재계산자료 (2014. 4. 22. 신설)
☞ p.4102 2단 연결

상별로 산출한 세액. 다만, 직전 연도에 해당 납세의무자에 대하여 해당 주택 및 건축물에 과세된 세액이 있는 경우에는 그 세액으로 한다. (2010. 9. 20. 개정)
나. 주택 및 건축물의 신축·증축 등으로 해당 연도의 과세대상 주택 및 건축물에 대한 직전 연도의 과세표준이 없는 경우 : 해당 연도 과세대상 주택 및 건축물이 직전 연도 과세기준일 현재 존재하는 것으로 보아 직전연도의 법령과 과세표준(직전 연도의 법령을 적용하여 산출한 과세표준을 말한다) 등을 적용하여 과세대상별로 산출한 세액 (2010. 9. 20. 개정)
다. 해당 연도의 과세대상 주택 및 건축물에 대하여 용도변경 등으로 법 제111조 제1항 제2호 다목 및 같은 항 제3호 나목 외의 세율이 적용되거나 적용되지 아니한 경우 : 가목 및 나목에도 불구하고 직전 연도에도 해당 세율이 적용되거나 적용되지 아니한 것으로 보아 직전 연도의 법령과 과세표준(직전 연도의 법령을 적용하여 산출한 과세표준을 말한다) 등을 적용하여 산출한 세액 (2010. 9. 20. 개정)
라. 주택의 경우에는 가목 본문, 나목 및 다목에도 불구하고 가목 본문, 나목 및 다목에 따라 산출한 세액 상당액이 해당 주택과 주택가격(「부동산 가격공시에 관한 법률」에 따라 공시된 주택가격을 말한다)이 유사한 인근 주택의 소유자에 대하여 가목 단서에 따라 직전 연도에 과세된 세액과 현저한 차이가 있는 경우: 그 과세된 세액을 고려하여 산출한 세액 상당액 (2016. 8. 31. 개정 ; 부동산~부칙)

운영예규 법122…시행령118-1【세부담 상한제 적용시 유사한 인근주택의 범위】
「지방세법 시행령」 제118조 제2호 라목에서 '유사한 인근 주택'에 해당하는지 여부는 주택공시가격뿐만 아니라 주택의 면적, 규모, 형태, 구조, 위치, 경과연수, 단위 면적당 시가 등의 유사성을 종합적으로 고려하여 판단하여야 한다.

3. 제1호 및 제2호를 적용할 때 해당 연도의 토지·건축물 및 주택에 대하여 비과세·감면규정, 법 제111조 제3항에 따른 가감 세율 및

제64조의 2【직전 연도의 재산세액 상당액 계산식】① 주택에 대해 영 제118

4. 「종합부동산세법」 제21조 제6항에 따른 종합부동산세 납세의무자의 세대원 확인 등을 위한 가족관계등록전산자료 (2014. 4. 22. 신설)
5. 재산세 및 종합부동산세의 납세의무자별 세액산출에 필요한 자료로서 「종합부동산세법 시행령」 제17조 제1항·제2항·제4항·제5항 및 제6항에 따른 자료 (2014. 4. 22. 신설)

제119조의 3 【종합부동산세 과세자료 관련 정보시스템】
(2021. 2. 17. 제목개정)
① 행정안전부장관은 법 제123조 제2항 제3호에 따른 과세자료 중 종합부동산세 과세자료의 수집·처리 및 제공 등에 필요한 정보시스템을 구축·운영해야 한다. (2021. 2. 17. 개정)
② 행정안전부장관은 「종합부동산세법」 제21조 제2항부터 제5항까지의 규정에 따라 국세청장에게 자료를 통보하는 경우에는 제1항에 따른 정보시스템과 국세청에서 운영하는 정보시스템을 연계하여 통보하는 방안을 강구하여야 한다. (2017. 7. 26. 직제개정 ; 행정안전부와~직제 부칙)

조 제3호를 계산할 때 다음 계산식을 따른다. (2021. 5. 27. 신설)

주택에 대한 직전 연도의 재산세액 상당액 = A × B
A : 직전 연도의 법령을 적용하여 산출한 과세표준 × 해당 연도에 적용되는 세율 × (1 − 해당 연도의 법령을 적용한 감면율)
B : 직전 연도에 과세된 세액 ÷ [직전 연도의 법령을 적용한 과세표준 × 직전 연도에 적용된 세율 × (1 − 직전 연도의 법령을 적용한 감면율)]

② 제1항에 따라 A를 계산할 때 "해당 연도에 적용되는 세율"이 법 제111조의 2 제1항에 따른 특례 세율(이하 이 항에서 "특례 세율"이라 한다)이 적용되는 경우 "해당 연도의 법령을 적용한 감면율"은 '0'으로 보고, B를 계산할 때 "직전 연도에 적용된 세율"이 특례 세율이 적용된 경우 "직전 연도의 법령을 적용한 감면율"은 '0'으로 본다. (2021. 5. 27. 신설)
③ 제1항에 따라 주택에 대한 직전 연도의 재산세액 상당액을 계산할 때 직전 연도에 비과세 또는 면제가 적용됐거나 해당 연도에 주택이 신축된 경우에는 B를 '1'로 본다. (2021. 5. 27. 신설)

제 1 절   자동차 소유에 대한 자동차세

(2010. 3. 31. 개정)

제124조【자동차의 정의】 _{농특비}
이 절에서 "자동차"란 「자동차관리법」에 따라 등록되거나 신고된 차량과 「건설기계관리법」에 따라 등록된 건설기계 중 차량과 유사한 것으로서 대통령령으로 정하는 것을 말한다. (2010. 3. 31. 개정)

제125조【납세의무자】 ① 자동차 소유에 대한 자동차세(이하 이 절에서 "자동차세"라 한다)는 지방자치단체 관할구역에 등록되어 있거나 신고되어 있는 자동차를 소유하는 자에게 부과한다. (2010. 3. 31. 개정)
② 과세기준일 현재 상속이 개시된 자동차로서 사실상의 소유자 명의로 이전등록을 하지 아니한 경우에는 다음 각 호의 순위에 따라 자동차세를 납부할 의무를 진다. (2010. 3. 31. 개정)
1. 「민법」상 상속지분이 가장 높은 자 (2010. 3. 31. 개정)
2. 연장자 (2010. 3. 31. 개정)
③ 과세기준일 현재 공매되어 매수대금이 납부되었으나 매수인 명의로 소유권 이전등록을 하지 아니한 자동차에 대하여는 매수인이 자동차세를 납부할 의무를 진다. (2010. 3. 31. 개정)

제126조【비과세】 다음 각 호의 어느 하나에 해당하는 자동차를 소유하는 자에 대하여는 자동차세를 부과하지 아니한다. (2010. 3. 31. 개정)
1. 국가 또는 지방자치단체가 국방·경호·경비·교통순찰 또는 소방을 위하여 제공하는 자동차 (2010. 3. 31. 개정)
2. 국가 또는 지방자치단체가 환자수송·청소·오물제거 또는 도로공사를 위하여 제공하는 자동차 (2010. 3. 31. 개정)

제 1 절   자동차 소유에 대한 자동차세

(2010. 9. 20. 개정)

제120조【자동차로 보는 건설기계의 범위】 법 제124조에서 "대통령령으로 정하는 것"이란 「건설기계관리법」에 따라 등록된 덤프트럭 및 콘크리트믹서트럭을 말한다. (2010. 9. 20. 개정)

운영예규 법125 - 1【납세의무자】
자동차의 소유 여부는 자동차등록원부상의 등록 여부로 결정되는 것이므로 과세기준일에 그 등록원부상 소유자로 등재된 자가 납세의무자가 되며, 자동차의 소유자가 이를 도난당하거나 폐차업소에 입고함에 따라 그 운행이익을 향유하지 못하고 있다고 하더라도 자동차세의 납세의무가 있다. 다만, 도난당한 후 말소등록을 하거나 시장·군수·구청장이 사실조사를 통하여 폐차업소에 입고하여 사실상 회수하거나 사용할 수 없는 것으로 인정하는 경우에는 도난신고접수일 또는 폐차업소 입고일 이후의 자동차세를 부과하지 않는다.

제121조【비과세】 ① 법 제126조 제1호 및 제2호에 따른 자동차는 다음 각 호의 어느 하나에 해당하는 것으로 한다. (2010. 9. 20. 개정)
1. 국방을 위하여 제공하는 자동차 : 「자동차관리법」 제70조 제6호에 따라 군용 특수자동차로 등록되어 그 용도에 직접 사용하는 자동차 (2010. 9. 20. 개정)
2. 경호·경비·교통순찰을 위하여 제공하는 자동차 : 다음 각 목의 자

제 1 절   자동차 소유에 대한 자동차세

(2010. 12. 23. 개정)

---

3. 그 밖에 주한외교기관이 사용하는 자동차 등 대통령령으로 정하는 자동차 (2010. 3. 31. 개정)	동차를 말한다. (2010. 9. 20. 개정) 가. 경호용 자동차 : 대통령, 외국원수, 그 밖의 요인의 신변 보호에 사용되는 자동차 (2010. 9. 20. 개정) 나. 경비용 자동차 : 경찰관서의 경비용 자동차 (2010. 9. 20. 개정) 다. 교통순찰용 자동차 : 교통의 안전과 순찰을 목적으로 특수표지를 하였거나 특수구조를 가진 자동차로서 교통순찰에 사용되는 자동차 (2010. 9. 20. 개정) 3. 소방, 청소, 오물 제거를 위하여 제공하는 자동차 : 국가 또는 지방자치단체가 화재의 진압 또는 예방, 구조, 청소, 오물 제거를 위한 특수구조를 가지고 그 용도의 표지를 한 자동차로서 그 용도에 직접 사용하는 자동차 (2010. 9. 20. 개정) 4. 환자 수송을 위하여 제공하는 자동차 : 환자를 수송하기 위한 특수구조와 그 표지를 가진 자동차로서 환자 수송 외의 용도에 사용하지 아니하는 자동차 (2010. 9. 20. 개정) 5. 도로공사를 위하여 제공하는 자동차 : 도로의 보수 또는 신설과 이에 딸린 공사에 사용하기 위한 것으로서 화물운반용이 아닌 작업용 특수구조를 가진 자동차 (2010. 9. 20. 개정) ② 법 제126조 제3호에서 "주한외교기관이 사용하는 자동차 등 대통령령으로 정하는 자동차"란 다음 각 호의 어느 하나에 해당하는 것을 말한다. (2010. 9. 20. 개정) 1. 정부가 우편 · 전파관리에만 사용할 목적으로 특수한 구조로 제작한 것으로서 그 용도의 표지를 한 자동차 (2010. 9. 20. 개정) 2. 주한외교기관과 국제연합기관 및 주한외국원조기관(민간원조기관을 포함한다)이 사용하는 자동차 (2010. 9. 20. 개정) 3. 「관세법」에 따라 세관장에게 수출신고를 하고 수출된 자동차 (2010. 9. 20. 개정) 4. 천재지변 · 화재 · 교통사고 등으로 소멸 · 멸실 또는 파손되어 해당 자동차를 회수하거나 사용할 수 없는 것으로 시장 · 군수 · 구청장이 인정하는 자동차 (2016. 12. 30. 개정) 5. 「자동차관리법」에 따른 자동차해체재활용업자에게 폐차되었음이 증명되는 자동차 (2010. 9. 20. 개정) 6. 공매 등 강제집행절차가 진행 중인 자동차로서 집행기관 인도일 이	🖙 운영예규 법126…시행령121 - 1【비과세 전환시 세액계산】 「지방세법 시행령」 제121조 제2항 제3호부터 제5호 규정의 비과세 해당 자동차의 세액계산은 다음 각호의 날 이후 분을 일할계산하여 산출한 세액을 당해 기분의 자동차세에서 감액하여 과세한다. 1. 수출된 자동차는 선적일 2. 소멸 · 멸실 자동차는 그 소멸 · 멸실일 3. 폐차대상자동차는 폐차인수증명서를 발급받은 날

후부터 경락대금 납부일 전까지의 자동차 (2010. 9. 20. 개정)

7. 삭 제 (2019. 2. 8.)

8. 「자동차등록령」 제31조 제2항에 해당하는 자동차로서 같은 조 제5항 제7호에 해당하는 자동차 (2022. 2. 28. 개정)

③ 제2항 제3호부터 제5호까지의 규정에 따라 비과세받으려는 자는 그 사유를 증명할 수 있는 서류를 갖추어 시장·군수·구청장에게 신청하여야 한다. (2016. 12. 30. 개정)

제122조【영업용과 비영업용의 구분 및 차령 계산】 ① 법 제127조에서 "영업용"이란 「여객자동차 운수사업법」 또는 「화물자동차 운수사업법」에 따라 면허(등록을 포함한다)를 받거나 「건설기계관리법」에 따라 건설기계대여업의 등록을 하고 일반의 수요에 제공하는 것을 말하고, "비영업용"이란 개인 또는 법인이 영업용 외의 용도에 제공하거나 국가 또는 지방공공단체가 공용으로 제공하는 것을 말한다. (2010. 9. 20. 개정)

② 법 제127조 제1항 제2호에서 "대통령령으로 정하는 차령"이란 「자동차관리법 시행령」 제3조에 따른 자동차의 차령기산일(이하 이 항에서 "기산일"이라 한다)에 따라 다음 각 호의 계산식으로 산정한 자동차의 사용연수를 말한다. (2010. 9. 20. 개정)

1. 기산일이 1월 1일부터 6월 30일까지의 기간 중에 있는 자동차의 차령 = 과세연도 − 기산일이 속하는 연도 + 1 (2010. 9. 20. 개정)

2. 기산일이 7월 1일부터 12월 31일까지의 기간 중에 있는 자동차의 차령 (2010. 9. 20. 개정)

　가. 제1기분 차령 = 과세연도 − 기산일이 속하는 연도 (2010. 9.

제65조【비과세 신청】 영 제121조 제3항에 따른 비과세 신청은 별지 제70호 서식에 따른다. (2010. 12. 23. 개정)

제127조【과세표준과 세율】 ① 자동차세의 표준세율은 다음 각 호의 구분에 따른다. (2010. 3. 31. 개정)

1. 승용자동차 (2011. 12. 2. 개정)

다음 표의 구분에 따라 배기량에 시시당 세액을 곱하여 산정한 세액을 자동차 1대당 연세액(年稅額)으로 한다.

영업용		비영업용	
배기량	시시당 세액	배기량	시시당 세액
1,000시시 이하	18원		
1,600시시 이하	18원	1,000시시 이하	80원
2,000시시 이하	19원	1,600시시 이하	140원
2,500시시 이하	19원	1,600시시 초과	200원
2,500시시 초과	24원		

2. 제1호에 따른 비영업용 승용자동차 중 대통령령으로 정하는 차령(이하 이 호에서 "차령"이라 한다)이 3년 이상인 자동차에 대하여는 제1호에도 불구하고 다음의 계산식에 따라 산출한 해당 자동차에 대한 제1기분(1월부터 6월까지) 및 제2기분(7월부터 12월까지) 자동차세액을 합산한 금액을 해당 연도의 그 자동차의 연세액으로 한다. 이 경우 차령이 12년을 초과하는 자동차에 대하여는 그 차령을 12년으로 본다. (2010. 3. 31. 개정)

자동차 1대의 각 기분세액 = A/2 − (A/2 × 5/100)(n − 2)

A : 제1호에 따른 연세액

n : 차령(2 ≤ n ≤ 12)

3. 그 밖의 승용자동차 (2010. 3. 31. 개정)

다음의 세액을 자동차 1대당 연세액으로 한다.

영업용	비영업용
20,000원	100,000원

4. 승합자동차 (2010. 3. 31. 개정)

다음의 세액을 자동차 1대당 연세액으로 한다.

구 분	영업용	비영업용
고속버스	100,000원	–
대형전세버스	70,000원	–
소형전세버스	50,000원	–
대형일반버스	42,000원	115,000원
소형일반버스	25,000원	65,000원

5. 화물자동차 (2010. 3. 31. 개정)

다음의 세액을 자동차 1대당 연세액으로 한다. 다만, 적재정량 1만킬로그램 초과 자동차에 대하여는 적재정량 1만킬로그램 이하의 세액에 1만킬로그램을 초과할 때마다 영업용은 1만원, 비영업용은 3만원을 가산한 금액을 1대당 연세액으로 한다.

구 분	영업용	비영업용
1,000킬로그램 이하	6,600원	28,500원
2,000킬로그램 이하	9,600원	34,500원
3,000킬로그램 이하	13,500원	48,000원
4,000킬로그램 이하	18,000원	63,000원
5,000킬로그램 이하	22,500원	79,500원
8,000킬로그램 이하	36,000원	130,500원
1만킬로그램 이하	45,000원	157,500원

6. 특수자동차 (2010. 3. 31. 개정)

다음의 세액을 자동차 1대당 연세액으로 한다.

20. 개정)

나. 제2기분 차령 = 과세연도 − 기산일이 속하는 연도 + 1

(2010. 9. 20. 개정)

구 분	영업용	비영업용
대형특수자동차	36,000원	157,500원
소형특수자동차	13,500원	58,500원

7. 3륜 이하 소형자동차 (2010. 3. 31. 개정)

　다음의 세액을 자동차 1대당 연세액으로 한다.

영업용	비영업용
3,300원	18,000원

② 제1항 각 호에 규정된 자동차의 영업용과 비영업용 및 종류의 구분 등에 관하여 필요한 사항은 대통령령으로 정한다. (2010. 3. 31. 개정)

③ 지방자치단체의 장은 제1항에도 불구하고 조례로 정하는 바에 따라 자동차세의 세율을 배기량 등을 고려하여 제1항의 표준세율의 100분의 50까지 초과하여 정할 수 있다. (2010. 3. 31. 개정)

제123조【자동차의 종류】 법 제127조 제2항에 따른 자동차 종류의 구분은 다음 각 호와 같다. (2010. 9. 20. 개정)

1. 승용자동차 : 「자동차관리법」 제3조에 따른 승용자동차 (2010. 9. 20. 개정)

2. 그 밖의 승용자동차 : 제1호의 승용자동차 중 전기·태양열 및 알코올을 이용하는 자동차 (2010. 9. 20. 개정)

3. 승합자동차 (2010. 9. 20. 개정)

　가. 고속버스 : 「여객자동차 운수사업법 시행령」 제3조에 따른 시외버스운송사업용 고속운행버스 (2010. 9. 20. 개정)

　나. 대형전세버스 : 「여객자동차 운수사업법 시행령」 제3조에 따른 전세버스운송사업용 버스로서 「자동차관리법」 제3조에 따른 대형승합자동차 (2010. 9. 20. 개정)

　다. 소형전세버스 : 「여객자동차 운수사업법 시행령」 제3조에 따른 전세버스운송사업용 버스로서 나목의 대형 전세버스 외의 버스 (2010. 9. 20. 개정)

　라. 대형일반버스 : 「여객자동차 운수사업법 시행령」 제3조에 따른 시내버스운송사업용 버스, 농어촌버스운송사업용 버스, 마을버스운송사업용 버스 및 시외버스운송사업용 버스(가목의 고속버스는 제외한다)와 비영업용 버스로서 「자동차관리법」 제3조에 따른 대형승합자동차 (2010. 9. 20. 개정)

　마. 소형일반버스 : 「여객자동차 운수사업법 시행령」 제3조에 따른 시내버스운송사업용 버스, 농어촌버스운송사업용 버스, 마을버스운송사업용 버스 및 시외버스운송사업용 버스(가목의 고속버스는 제외한다)와 비영업용 버스로서 라목의 대형일반버스 외의

버스 (2010. 9. 20. 개정)

4. 화물자동차 : 「자동차관리법」 제3조에 따른 화물자동차(최대적재량이 8톤을 초과하는 피견인차는 제외한다)와 「건설기계관리법」에 따라 등록된 덤프트럭 및 콘크리트믹서트럭. 이 경우 콘크리트믹서트럭은 최대적재량이 1만킬로그램을 초과하는 화물자동차로 본다. (2010. 9. 20. 개정)

5. 특수자동차 (2013. 1. 1. 개정)

　가. 대형특수자동차란 다음의 자동차를 말한다. (2013. 1. 1. 개정)

　　1) 최대 적재량이 8톤을 초과하는 피견인차 (2013. 1. 1. 개정)

　　2) 「자동차관리법」 제3조에 따른 특수자동차 중 총중량이 10톤 이상이거나 최대적재량이 4톤을 초과하는 자동차 (2013. 1. 1. 개정)

　　3) 「여객자동차 운수사업법 시행령」 제3조에 따른 특수여객자동차운송사업용 자동차 중 배기량이 4,000시시를 초과하는 자동차 (2013. 1. 1. 개정)

　　4) 최대적재량이 4톤을 초과하거나 배기량이 4,000시시를 초과하는 자동차로서 제1호부터 제4호까지 및 제6호에 해당하지 아니하는 자동차 (2013. 1. 1. 개정)

　나. 소형특수자동차란 다음의 자동차를 말한다. (2013. 1. 1. 개정)

　　1) 「자동차관리법」 제3조에 따른 특수자동차와 「여객자동차 운수사업법 시행령」 제3조에 따른 특수여객자동차운송사업용 자동차 중 가목에 해당하지 아니하는 자동차 (2013. 1. 1. 개정)

　　2) 최대적재량이 4톤 이하이고, 배기량이 4,000시시 이하인 자동차로서 제1호부터 제4호까지 및 제6호에 해당하지 아니하는 자동차 (2013. 1. 1. 개정)

6. 3륜 이하 소형자동차 (2010. 9. 20. 개정)

　가. 3륜 자동차 : 3륜의 자동차로서 사람 또는 화물을 운송하는 구조로 되어 있는 소형자동차 (2010. 9. 20. 개정)

　나. 이륜자동차: 총 배기량 125시시를 초과하거나 최고정격출력 12킬로와트를 초과하는 이륜자동차로서 등록되거나 신고된 자동차 (2019. 12. 31. 개정)

제128조【납기와 징수방법】① 자동차세는 1대당 연세액을 2분의 1의 금액으로 분할한 세액(비영업용 승용자동차의 경우에는 제127조 제1항 제2호에 따라 산출한 각 기분세액)을 다음 각 기간 내에 그 납기가 있는 달의 1일 현재의 자동차 소유자로부터 자동차 소재지를 관할하는 지방자치단체에서 징수한다. 다만, 납세의무자가 연세액을 4분의 1의 금액(비영업용 승용자동차의 경우에는 각 기분세액의 2분의 1의 금액)으로 분할하여 납부하려고 신청하는 경우에는 제1기분 세액의 2분의 1은 3월 16일부터 3월 31일까지, 제2기분 세액의 2분의 1은 9월 16일부터 9월 30일까지 각각 분할하여 징수할 수 있다. 이 경우 지방자치단체에서 납기 중에 징수할 세액은 이미 분할하여 징수한 세액을 공제한 금액으로 한다. (2010. 3. 31. 개정)

기 분	기 간	납 기
제1기분	1월부터 6월까지	6월 16일부터 6월 30일까지
제2기분	7월부터 12월까지	12월 16일부터 12월 31일까지

② 지방자치단체의 장은 제1항에 따른 납기마다 늦어도 납기개시 5일 전에 그 기분의 납세고지서를 발급하여야 한다. 다만, 다음 각 호의 어느 하나에 해당하는 경우에는 제1항에도 불구하고 수시로 부과할 수 있다. (2010. 3. 31. 개정)
1. 자동차를 신규등록 또는 말소등록하는 경우 (2016. 12. 27. 개정)
2. 과세대상 자동차가 비과세 또는 감면대상이 되거나, 비과세 또는 감면대상 자동차가 과세대상이 되는 경우 (2010. 3. 31. 개정)
3. 영업용 자동차가 비영업용이 되거나, 비영업용 자동차가 영업용이 되는 경우 (2010. 3. 31. 개정)
4. 자동차를 승계취득함으로써 일할계산(日割計算)하여 부과·징수하는 경우 (2016. 12. 27. 개정)

제124조【자동차의 종류 결정】자동차의 종류를 결정할 때 해당 자동차가 제123조에 규정된 종류에 둘 이상 해당하는 경우에는 주된 종류에 따르고, 주된 종류를 구분하기 곤란한 것은 시장·군수·구청장이 결정하는 바에 따른다. (2016. 12. 30. 개정)

제125조【자동차 소재지 및 신고·납부】① 법 제128조 제1항 본문에 따른 자동차 소재지는 해당 자동차 또는 건설기계의 등록원부상 사용본거지로 한다. 다만, 등록원부상의 사용본거지가 분명하지 아니한 경우에는 그 소유자의 주소지를 자동차 소재지로 본다. (2010. 9. 20. 개정)

제66조【납세고지서의 발급 등】① 법 제128조 제2항에 따른 납세고지서는 별지 제71호 서식에 따른다. (2010. 12. 23. 개정)

5. 삭　제 (2016. 12. 27.)

③ 납세의무자가 연세액을 한꺼번에 납부하려는 경우에는 제1항 및 제2항에도 불구하고 다음 각 호의 기간 중에 대통령령으로 정하는 바에 따라 연세액(한꺼번에 납부하는 납부기한 이후의 기간에 해당하는 세액을 말한다)의 100분의 10의 범위에서 다음의 계산식에 따라 산출한 금액을 공제한 금액을 연세액으로 신고납부할 수 있다. (2019. 12. 31. 개정)

연세액 신고납부기간	계 산 식
1월 16일부터 1월 31일까지	연세액 × 연세액 납부기한의 다음 날부터 12월 31일까지의 기간에 해당하는 일수/365(윤년의 경우에는 366) × 금융회사 등의 예금이자율 등을 고려하여 대통령령으로 정하는 이자율
3월 16일부터 3월 31일까지	
6월 16일부터 6월 30일까지	
9월 16일부터 9월 30일까지	제2기분 세액 × 연세액 납부기한의 다음 날부터 12월 31일까지의 기간에 해당하는 일수/184 × 금융회사 등의 예금이자율 등을 고려하여 대통령령으로 정하는 이자율

1. 1월 중에 신고납부하는 경우: 1월 16일부터 1월 31일까지 (2019. 12. 31. 개정)
2. 제1기분 납기 중에 신고납부하는 경우: 6월 16일부터 6월 30일까지 (2019. 12. 31. 개정)
3. 제1항 단서에 따른 분할납부기간에 신고납부하는 경우: 3월 16일부터 3월 31일까지 또는 9월 16일부터 9월 30일까지 (2019. 12. 31. 개정)

④ 연세액이 10만원 이하인 자동차세는 제1항 및 제2항에도 불구하고 제1기분을 부과할 때 전액을 부과·징수할 수 있다. 이 경우 제2기분 세액의 100분의 10의 범위에서 다음의 계산식에 따라 산출한 금액을 공제한 금액을 연세액으로 한다. (2019. 12. 31. 개정)

② 법 제128조 제3항에 따라 연세액을 한꺼번에 납부하려는 자는 납부서에 과세물건, 과세표준, 산출세액 및 납부액을 적어 시장·군수·구청장에게 같은 항 각 호에 따른 기간 중에 신고납부하여야 한다. 이 경우 시장·군수·구청장은 법 제128조 제3항에 따라 연세액을 한꺼번에 신고납부한 자에 대해서는 그 다음 연도의 1월 중에 연세액 납부서를 송달할 수 있다. (2023. 12. 29. 후단개정)

③ 법 제128조 제3항에서 "한꺼번에 납부하는 납부기한 이후의 기간에 해당하는 세액"이란 1월 16일부터 1월 31일까지의 기간 중에 신고납부하는 경우에는 연세액을, 제1기분 납기 중에 신고납부하는 경우에는 제2기분에 해당하는 세액을, 분할납부기간에 신고납부하는 경우에는 그 분할납부기한 이후의 기간에 해당하는 세액을 말한다. (2013. 1. 1. 개정)

④ 법 제128조 제3항 및 제4항에 따른 연세액을 신고납부하거나 부과징수하는 경우에는 제1항에 따른 자동차 소재지를 납세지로 하며, 연세액을 신고납부 또는 부과징수한 후에 자동차 소재지가 변경된 경우에도 그 변경된 자동차 소재지에서는 해당 연도의 자동차 소유에 대한 자동차세(이하 이 절에서 "자동차세"라 한다)를 부과하지 아니한다. (2010. 9. 20. 개정)

⑤ 법 제128조 제1항 단서에 따라 납세의무자가 연세액을 4분의 1의 금액으로 분할하여 납부하는 경우에는 제1기분의 분할납부분은 3월 16일, 제2기분의 분할납부분은 9월 16일 현재의 자동차 소재지를 관할하는 시·군·구에서 징수한다. (2016. 12. 30. 개정)

⑥ 법 제128조 제3항 및 제4항의 계산식에서 "대통령령으로 정하는 이자율"이란 각각 100분의 5를 말한다. (2024. 12. 31. 개정)

편주 ▶ 영 125조 6항의 개정규정은 2025. 1. 1. 이후 납세의무가 성립하는 경우부터 적용함. (영 부칙(2024. 12. 31.) 8조)

② 법 제128조 제3항 및 영 제125조 제2항에 따라 자동차 소유에 대한 자동차세(이하 이 절에서 "자동차세"라 한다) 연세액을 한꺼번에 신고납부할 경우에는 별지 제71호의 2 서식 및 별지 제14호 서식에 따른다. (2013. 1. 14. 개정)

③ 법 제128조 제5항에 따라 자동차세를 신고납부할 경우에는 별지 제71호의 3 서식 및 별지 제14호 서식에 따른다. (2013. 1. 14. 신설)

④ 법 제130조 제3항 단서에 따른 자동차세의 일할계산신청 및 연세액 일시납부를 양수인이 한 것으로 보는 양도인의 동의는 별지 제72호 서식에 따른다. (2013. 1. 14. 항번개정)

<table>
<tr><th colspan="2">계 산 식</th></tr>
<tr><td>연세액 × 연세액 납부기한의 다음 날부터 12월 31일까지의 기간에 해당하는 일수/365(윤년의 경우에는 366) × 금융회사 등의 예금이 자율 등을 고려하여 대통령령으로 정하는 이자율</td></tr>
</table>

⑤ 자동차를 이전등록하거나 말소등록하는 경우 그 양도인 또는 말소등록인은 제1항 및 제2항에도 불구하고 해당 기분(期分)의 세액을 이전등록일 또는 말소등록일을 기준으로 대통령령으로 정하는 바에 따라 일할 계산하여 그 등록일에 신고납부할 수 있다. (2016. 12. 27. 개정)

제129조【승계취득 시의 납세의무】 제128조 제1항에 따른 과세기간 중에 매매·증여 등으로 인하여 자동차를 승계취득한 자가 자동차 소유권 이전 등록을 하는 경우에는 같은 항에도 불구하고 그 소유기간에 따라 자동차세를 일할계산하여 양도인과 양수인에게 각각 부과·징수한다. (2010. 3. 31. 개정)

제130조【수시부과 시의 세액계산】 ① 자동차를 신규등록하거나 말소등록한 경우에는 지방자치단체는 그 <u>신규등록한 날 또는 말소등록한 날</u>이 속하는 기분의 자동차세액을 대통령령으로 정하는 바에 따라 일할계산한 금액을 각각 징수하여야 한다. (2024. 12. 31. 개정)

② 과세대상 자동차가 비과세 또는 감면대상으로 되거나, 비과세 또는 감면대상 자동차가 과세대상이 되는 경우 및 영업용 자동차가 비영업용이 되거나, 비영업용 자동차가 영업용이 되는 경우에는 해당 기분의 자동차세를 대통령령으로 정하는 바에 따라 일할계산한 금액을 징수하여야 한다. (2010. 3. 31. 개정)

③ 제129조에 따라 자동차세를 소유기간에 따라 일할계산하는 경우에는 소유권 이전 등록일을 기준으로 대통령령으로 정하는 바에 따라 일

제126조【과세기간 중 소유권변동 등의 일할계산방법】 법 제128조 제5항 및 제130조 제1항부터 제3항까지의 규정에 따른 일할계산 금액은 해당 자동차의 연세액에 과세대상기간의 일수를 곱한 금액을 해당 연도의 총일수로 나누어 산출한 금액으로 한다. 다만, 제122조 제2항에 따른 사용연수가 3년 이상인 비영업용 승용자동차의 경우에는 법 제127조 제1항 제2호에 따라 계산한 소유권이전등록일(법 제130조 제3항 단서의 경우에는 양도일을 말한다)이 속하는 해당 기분(期分)의 세액에 과세대상기간의 일수를 곱한 금액을 해당 기분의 총일수로 나누어 산출한 금액으로 한다. (2013. 1. 1. 개정)

제127조【자동차의 용도 또는 종류변경 시의 세액】 자동차의 용도 또는 종류를 변경하였을 때에는 변경 전후의 해당 자동차의 종류에 따라 제126조에 준하여 산정한 금액의 합계액을 그 세액으로 한다. (2010. 9. 20. 개정)

운영예규 법130 - 1 【신규등록시의 세액계산】

할계산한 금액을 징수하여야 한다. 다만, 양도인 또는 양수인이 행정안전부령으로 정하는 신청서에 소유권 변동사실을 증명할 수 있는 서류를 첨부하여 일할계산신청을 하는 경우에는 그 서류에 의하여 증명된 양도일을 기준으로 일할계산하며, 양도인 또는 피상속인이 연세액을 한꺼번에 납부한 경우에는 이를 양수인(양도인이 동의한 경우만 해당한다) 또는 상속인이 납부한 것으로 본다. (2017. 7. 26. 직제개정 ; 정부조직법 부칙)

④ 제1항부터 제3항까지의 규정에 따라 계산한 세액이 2천원 미만이면 자동차세를 징수하지 아니한다. (2010. 3. 31. 개정)

　　제131조【자동차등록번호판의 영치 등】(2017. 12. 26. 제목개정)
① 시장·군수·구청장은 자동차세의 납부의무를 이행하지 아니한 자가 있을 때에는 특별시장·광역시장·도지사에게 대통령령으로 정하는 바에 따라 그 자동차등록증을 발급하지 아니하거나 해당 자동차의 등록번호판의 영치(領置)를 요청하여야 한다. 다만, 특별자치시·특별자치도의 경우와 자동차등록업무가 시장·군수·구청장에게 위임되어 있는 경우에는 특별자치시장·특별자치도지사·시장·군수 또는 구청장은 그 자동차등록증을 발급하지 아니하거나 해당 자동차의 등록번호판을 영치할 수 있다. (2017. 12. 26. 개정)
② 특별자치시장·특별자치도지사·시장·군수 또는 구청장은 제1항에 따라 자동차등록번호판이 영치된 납세의무자가 해당 자동차를 직접적인 생계유지 목적으로 사용하고 있어 자동차등록번호판을 영치하게 되면 납세의무자의 생계유지가 곤란할 것으로 인정되는 경우 자동차등록번호판을 내주고 영치를 일시 해제하거나 특별시장·광역시장 또는 도지사에게 이를 요청할 수 있다. (2018. 12. 31. 신설)
③ 제1항 및 제2항에 따른 시장·군수·구청장의 요청이 있을 때에는 특별시장·광역시장·도지사는 협조하여야 한다. (2018. 12. 31. 개정)
④ 자동차등록번호판의 영치방법 및 영치 일시 해제의 기간·요건 등에 관하여 필요한 사항은 대통령령으로 정한다. (2018. 12. 31. 개정)

　　제132조【납세증명서 등의 제시】 다음 각 호의 어느 하나에 해당하는 자는 해당 등록관청에 해당 자동차에 대한 자동차세 영수증 등

신규등록 자동차의 자동차세를 계산할 때에는 신규등록일부터 사용일수를 계산한다.

　　제128조【자동차등록번호판의 영치 등】 (2019. 2. 8. 제목개정)
① 특별시장·광역시장 또는 도지사는 법 제131조 제1항 본문에 따라 시장·군수·구청장(특별자치시장 및 특별자치도지사는 제외한다. 이하 이 항에서 같다)의 요청을 받았을 때에는 자동차등록증을 발급하지 아니하거나 자동차등록번호판을 영치하며, 그 결과를 시장·군수·구청장에게 통보하여야 한다. (2019. 2. 8. 개정)
② 시장·군수·구청장은 납세의무자가 독촉기간 내에 체납된 자동차세를 납부하지 아니하는 경우에는 그 자동차등록증을 발급하지 아니하거나 자동차등록번호판을 영치하여야 한다. (2019. 2. 8. 개정)
③ 제2항에 따라 자동차등록증을 발급하지 아니하거나 자동차등록번호판을 영치하였을 때에는 납세의무자에게 그 사실을 통지하여야 한다. (2019. 2. 8. 개정)
④ 납세의무자가 체납된 자동차세를 납부한 경우에는 시장·군수·구청장은 영치한 자동차등록번호판을 즉시 내주거나 특별시장·광역시장 또는 도지사에게 영치한 자동차등록번호판을 즉시 내주도록 요청(특별자치시장 및 특별자치도지사는 제외한다)하여야 한다. (2019. 2. 8. 개정)
⑤ 제1항부터 제4항까지에서 규정한 사항 외에 자동차등록번호판의 영치에 필요한 사항은 행정안전부령으로 정한다. (2019. 2. 8. 개정)

　　제128조의 2【자동차등록번호판의 영치 일시 해제】① 납세의무자는 법 제131조 제2항에 따른 자동차등록번호판의 영치 일시 해제

　　제67조【자동차등록증 등의 영치증 교부】① 시장·군수·구청장은 영 제128조 제1항 및 제2항에 따라 자동차등록번호판을 영치한 경우에는 자동차 소유주의 주소, 성명, 자동차의 종류, 등록번호 및 영치일시 등을 적은 별지 제73호 서식의 영치증을 교부하여야 하며, 그 영치사실을 문서로 자동차등록부서에 지체 없이 통보하여야 한다. (2019. 2. 8. 개정)
② 시장·군수·구청장은 영 제128조 제1항 및 제2항에 따라 자동차등록번호판을 영치한 자동차 소유자의 소재가 불분명하거나 그 밖에 영치증을 교부하는 것이 곤란하다고 인정되는 경우에는 해당 자동차에 영치증을 부착하는 것으로 제1항에 따른 교부를 갈음할 수 있다. (2024. 1. 22. 개정)

　　제67조의 2【자동차등록번호판 영치 일시 해제 신청】① 영 제128조의 2

자동차세를 납부한 증명서를 제출하거나 내보여야 한다. 다만, 「전자정부법」 제36조 제1항에 따른 행정정보의 공동이용을 통하여 해당 자동차의 자동차세의 납부사실을 확인할 수 있는 경우에는 그러하지 아니하다. (2015. 7. 24. 개정)
1. 「자동차관리법」 제12조에 따른 이전등록을 하려는 자 (2015. 7. 24. 신설)
2. 「자동차관리법」 제13조 제1항에 따른 말소등록을 하려는 자 (2015. 7. 24. 신설)
3. 「건설기계관리법」 제5조에 따른 변경신고(건설기계의 소유권 이전으로 인한 변경신고만 해당한다)를 하려는 자 (2015. 7. 24. 신설)
4. 「건설기계관리법」 제6조에 따른 말소등록(시·도지사가 직권으로 등록을 말소하는 경우는 제외한다)을 하려는 자 (2015. 7. 24. 신설)

　　제133조【체납처분】 제127조부터 제130조까지에서 규정된 자동차에 관한 지방자치단체의 징수금을 납부하지 아니하거나 납부한 금액이 부족할 때에는 해당 자동차에 대하여 독촉(督促)절차 없이 즉시 체납처분을 할 수 있다. (2010. 3. 31. 개정)

운영예규 법133-1【즉시 체납처분의 의미】
「지방세법」 제133조에서 「즉시 체납처분」이라 함은 「지방세기본법」 제61조 제1항에 규정된 독촉절차를 거치지 않고 납부기간종료 즉시 압류 등 징세조치를 하는 것을 말한다.

　　제134조【면세규정의 배제】 「지방세특례제한법」을 제외한 다른 법률 중에 규정된 조세의 면제에 관한 규정은 자동차세에 관한 지방자치단체의 징수금에 대하여는 적용하지 아니한다. (2010. 3. 31. 개정)

를 신청하려는 경우 행정안전부령으로 정하는 신청서에 같은 항에 따른 일시 해제의 사유가 있음을 증명하는 자료를 첨부하여 시장·군수·구청장에게 제출해야 한다. 자동차등록번호판 영치 일시 해제 기간의 연장을 신청하려는 경우에도 또한 같다. (2019. 5. 31. 신설)
② 특별시장·광역시장·도지사 또는 시장·군수·구청장은 법 제131조 제2항에 따라 자동차등록번호판의 영치를 일시 해제하는 경우 그 기간을 6개월 이내로 해야 한다. 이 경우 그 기간이 만료될 때까지 법 제131조 제2항에 따른 일시 해제의 사유가 해소되지 않은 경우에는 1회에 한정하여 3개월의 범위에서 그 기간을 연장할 수 있다. (2019. 5. 31. 신설)
③ 특별시장·광역시장·도지사 또는 시장·군수·구청장은 제2항에 따라 자동차등록번호판의 영치를 일시 해제하거나 일시 해제 기간을 연장하는 경우 필요한 때에는 체납된 자동차세를 분할납부할 것을 조건으로 붙일 수 있다. 이 경우 분할납부의 기간은 자동차등록번호판의 영치 일시 해제 기간 또는 일시 해제 기간을 연장한 기간으로 하고, 분할납부의 횟수는 납세의무자의 자동차사용목적과 생계유지의 관련성 등을 고려하여 해당 특별시장·광역시장·도지사 또는 시장·군수·구청장이 정한다. (2019. 5. 31. 신설)
④ 특별시장·광역시장·도지사 또는 시장·군수·구청장은 다음 각 호의 어느 하나에 해당하는 경우에는 자동차등록번호판의 영치 일시 해제를 취소하고, 자동차등록번호판을 다시 영치할 수 있다. (2019. 5. 31. 신설)
1. 납세의무자가 다른 지방세를 체납하고 있는 경우 (2019. 5. 31. 신설)
2. 강제집행, 경매의 개시, 파산선고 등 납세의무자로부터 체납된 자동차세를 징수할 수 없다고 인정되는 경우 (2019. 5. 31. 신설)
3. 납세의무자가 제3항에 따른 분할납부 조건을 이행하지 않은 경우 (2019. 5. 31. 신설)
4. 그 밖에 납세의무자에게 체납된 자동차세의 납부를 기대하기 어려운 사정이 발생한 경우 (2019. 5. 31. 신설)
⑤ 특별시장·광역시장·도지사 또는 시장·군수·구청장이 제2항에 따라 자동차등록번호판의 영치 일시 해제 또는 일시 해제 기간의 연장

제1항 전단에서 "행정안전부령으로 정하는 신청서"란 별지 제73호의 2 서식의 자동차등록번호판 영치 일시 해제 신청서를 말한다. (2019. 5. 31. 신설)
② 영 제128조의 2 제1항 후단에 따라 자동차등록번호판 영치 일시 해제 기간의 연장을 신청하려는 경우에는 별지 제73호의 2 서식의 자동차등록번호판 영치 일시 해제 기간 연장 신청서를 시장·군수·구청장에게 제출해야 한다. (2019. 5. 31. 신설)

제 2 절　자동차 주행에 대한 자동차세
(2010. 3. 31. 개정)

제135조【납세의무자】자동차 주행에 대한 자동차세(이하 이 절에서 "자동차세"라 한다)는 비영업용 승용자동차에 대한 이 장 제1절에 따른 자동차세의 납세지를 관할하는 지방자치단체에서 휘발유, 경유 및 이와 유사한 대체유류(이하 이 절에서 "과세물품"이라 한다)에 대한 교통·에너지·환경세의 납세의무가 있는 자(「교통·에너지·환경세법」 제3조 및 제11조에 따른 납세의무자를 말한다)에게 부과한다. (2014. 1. 1. 개정)

제136조【세　율】① 자동차세의 세율은 과세물품에 대한 교통·에너지·환경세액의 1천분의 360으로 한다. (2010. 3. 31. 개정)

을 하거나 제4항에 따라 자동차등록번호판을 다시 영치한 때에는 납세의무자에게 그 사실을 통지해야 한다. (2019. 5. 31. 신설)

제129조【과세자료 통보】지방자치단체의 장은 다음 각 호에 열거한 사항이 발생하였을 때에는 납세지 관할 시장·군수·구청장에게 통보하여야 한다. (2016. 12. 30. 개정)
1. 자동차의 취득 또는 소유권의 이전 (2010. 9. 20. 개정)
2. 사용본거지의 변경 (2010. 9. 20. 개정)
3. 자동차의 용도변경 (2010. 9. 20. 개정)
4. 자동차의 사용 폐지 (2010. 9. 20. 개정)
5. 자동차의 원동기, 차체, 승차정원 또는 최대적재량의 변경 (2010. 9. 20. 개정)

제130조【과세대장 비치】시장·군수·구청장은 자동차세 과세대장을 갖추어 두고, 필요한 사항을 등재하여야 한다. 이 경우 해당 사항을 전산처리하는 경우에는 과세대장을 갖춘 것으로 본다. (2016. 12. 30. 개정)

제 2 절　자동차 주행에 대한 자동차세
(2010. 9. 20. 개정)

제68조【자동차 이동사항 통보】지방자치단체의 장이 영 제129조 각 호의 사항을 납세지 관할 시장·군수·구청장에게 통보할 때에는 별지 제74호 서식에 따른다. (2016. 12. 30. 개정)

제69조【자동차세　과세대장의　비치】영 제130조에 따른 자동차세 과세대장은 별지 제75호 서식에 따른다. (2010. 12. 23. 개정)

제 2 절　자동차 주행에 대한 자동차세
(2010. 12. 23. 개정)

② 제1항에 따른 세율은 교통·에너지·환경세율의 변동 등으로 조정이 필요하면 그 세율의 100분의 30의 범위에서 대통령령으로 정하는 바에 따라 가감하여 조정할 수 있다. (2010. 3. 31. 개정)

제137조【신고납부 등】① 자동차세의 납세의무자는 「교통·에너지·환경세법」 제8조에 따른 과세물품에 대한 교통·에너지·환경세 납부기한까지 교통·에너지·환경세의 납세지를 관할하는 지방자치단체의 장에게 자동차세의 과세표준과 세액을 대통령령으로 정하는 바에 따라 신고하고 납부하여야 한다. 이 경우 교통·에너지·환경세의 납세지를 관할하는 지방자치단체의 장을 각 지방자치단체가 부과할 자동차세의 특별징수의무자(이하 이 절에서 "특별징수의무자"라 한다)로 한다. (2014. 10. 15. 후단개정)
② 납세의무자가 제1항에 따른 신고 또는 납부의무를 다하지 아니하면 해당 특별징수의무자가 제136조에 따라 산출한 세액 또는 그 부족세액에 「지방세기본법」 제53조부터 제55조까지의 규정에 따라 산출한 가산세를 합한 금액을 세액으로 하여 보통징수의 방법으로 징수한다. 다만, 자동차세로 징수할 세액이 고지서 1장당 2천원 미만인 경우에는 그 자동차세를 징수하지 아니한다. (2023. 12. 29. 단서신설)
1·2. 삭 제 (2013. 1. 1.)
③ 특별징수의무자는 징수한 자동차세(그 이자를 포함한다)를 다음 달 25일까지 이 장 제1절에 따른 지방자치단체별 자동차세의 징수세액 등을 고려하여 대통령령으로 정하는 안분기준 및 방법에 따라 각 지방자치단체에 납부하여야 한다. 이 경우 특별징수의무자는 징수·납부에 따른 사무처리비 등을 행정안전부령으로 정하는 바에 따라 해당 지방자치단체에 납부하여야 할 세액에서 공제할 수 있다. (2017. 7. 26. 직제개정 ; 정부조직법 부칙)
④ 특별징수의무자가 징수하였거나 징수할 세액을 제3항에 따른 기한까지 납부하지 아니하거나 부족하게 납부하더라도 특별징수의무자에게 「지방세기본법」 제56조에 따른 가산세는 부과하지 아니한다. (2016. 12. 27. 개정 ; 지방세기본법 부칙)
⑤ 과세물품을 「관세법」에 따라 수입신고 수리 전에 반출하려는 자는 특별징수의무자에게 해당 자동차세액에 상당하는 담보를 제공하여야

제131조【조정세율】법 제136조 제2항에 따른 조정세율은 법 제135조에 따른 과세물품(이하 이 절에서 "과세물품"이라 한다)에 대한 교통·에너지·환경세액의 1천분의 260으로 한다. (2014. 12. 30. 개정)

제132조【신고 및 납부】법 제137조 제1항에 따라 자동차 주행에 대한 자동차세(이하 이 절에서 "자동차세"라 한다)를 신고하려는 자는 행정안전부령으로 정하는 신고서에 다음 각 호에서 정하는 서류를 첨부하여 법 제137조 제1항 후단에 따른 특별징수의무자(이하 "특별징수의무자"라 한다)에게 신고하고, 행정자치부령으로 정하는 납부서로 납부하여야 한다. (2017. 7. 26. 직제개정 ; 행정안전부와~직제 부칙)
1. 「교통·에너지·환경세법」 제7조 제1항 및 같은 법 제8조에 따라 교통·에너지·환경세를 신고납부하는 경우 : 과세물품과세표준신고서 사본 (2014. 12. 30. 개정)
2. 「교통·에너지·환경세법」 제7조 제2항 또는 제3항 및 같은 법 제8조에 따라 교통·에너지·환경세를 신고납부하는 경우 : 「관세법」 제248조에 따른 신고필증 사본 (2010. 9. 20. 개정)

제133조【안분기준 및 방법】① 법 제137조 제3항 전단에 따른 자동차세 징수액의 안분은 다음 각 호에 따른 금액을 기준으로 한다. (2010. 9. 20. 개정)
1. 법 제10장 제1절에 따른 특별시·광역시·특별자치시·특별자치도·시 및 군(이하 이 절에서 "시·군"이라 한다)별 비영업용 승용자동차의 자동차세 징수세액. 이 경우 1월부터 6월까지는 전전연도 결산세액으로 하고, 7월부터 12월까지는 직전 연도 결산세액으로 한다. (2016. 12. 30. 개정)
2. 유류에 대한 세금의 인상에 따라 운송업에 지급되는 유류세 보조금. 이 경우 그 총액은 국토교통부장관이 행정안전부장관과 협의하여 정하는 지급연도의 액수로 한다. (2017. 7. 26. 직제개정 ; 행정안전부와~직제 부칙)
② 제1항의 기준에 따른 자동차세액의 시·군별 안분액은 다음 각 호

제70조【신고 및 납부】① 영 제132조에 따른 자동차 주행에 대한 자동차세(이하 이 절에서 "자동차세"라 한다)의 신고는 별지 제76호 서식에 따른다. (2010. 12. 23. 개정)
② 영 제132조에 따른 자동차세의 납부는 별지 제77호 서식에 따른다. (2010. 12. 23. 개정)

제72조【사무처리비 등】① 법 제137조 제3항 후단에 따라 공제할 수 있는 사무처리비 등은 다음 각 호의 구분에 따른 금액 또는 비용으로 한다. (2024. 3. 26. 개정)
1. 사무처리비 : 자동차세 징수세액의 1만분의 5에 해당하는 금액 (2024. 3. 26. 개정)

한다. (2013. 1. 1. 항번개정)

의 금액을 합계한 금액으로 한다. (2010. 9. 20. 개정)

1.

$$\frac{9,830억원}{12} \times \frac{\text{해당 시 · 군의 전전연도 또는 직전 연도의}}{\text{전국의 전전연도 또는 직전 연도의}}$$

　해당 시 · 군의 전전연도 또는 직전 연도의 법 제10장 제1절에 따른 자동차세 징수세액 / 전국의 전전연도 또는 직전 연도의 법 제10장 제1절에 따른 자동차세 징수세액 (2011. 12. 31. 개정)

2. 해당 월의 자동차세 징수총액에서 (9,830억원/12)을 뺀 금액을 국토교통부장관이 행정안전부장관과 협의하여 정한 해당 월분의 시 · 군별 유류세 보조금 (2017. 7. 26. 직제개정 ; 행정안전부와~ 직제 부칙)

　　제134조【특별징수의무자의 납부 등】① 자동차세를 징수한 특별징수의무자는 자동차세를 징수한 날이 속하는 달의 다음 달 10일까지 징수세액을 울산광역시장(이하 이 절에서 "주된 특별징수의무자"라 한다)에게 송금함과 동시에 그 송금내역과 제132조 각 호에 따른 서류의 사본을 보내야 한다. (2024. 3. 26. 개정)

② 주된 특별징수의무자는 제1항에 따라 특별징수의무자로부터 송금받은 자동차세액과 자체 징수한 전월분 자동차세액을 합한 세액에서

---

2. 그 밖의 비용 : 특별징수의무자가 자동차세의 부과 또는 징수에 관한 소송으로 인하여 지출한 비용으로서 행정안전부장관이 정하는 비용(「법인세법」 제121조, 「부가가치세법」 제32조 · 제36조 또는 「소득세법」 제163조에 따른 계산서 · 세금계산서 또는 영수증 등으로 그 지출사실이 객관적으로 증명되는 경우로 한정한다) (2024. 3. 26. 개정)

② 제1항 제1호에 따른 사무처리비의 안분비율은 다음 각 호의 구분에 따른다. (2024. 3. 26. 개정)

1. 주된 특별징수의무자 : 100분의 90 (2024. 3. 26. 개정)

2. 주된 특별징수의무자를 제외한 특별징수의무자 : 100분의 10 (2024. 3. 26. 개정)

③ 제2항 제2호에 따른 100분의 10에 해당하는 사무처리비는 특별징수의무자의 자동차세 부과 · 징수 · 환급 등 사무처리 건수를 기준으로 계산하여 특별징수의무자에게 안분한다. (2024. 3. 26. 신설)

④ 영 제134조 제2항에 따른 안분명세서 및 사무처리비 등 공제명세서 통보는 별지 제79호 서식에 따른다. (2024. 3. 26. 신설)

　　제71조【주된 특별징수의무자에 대한 송금내역 통보】법 제137조 제1항 후단에 따른 특별징수의무자(이하 이 절에서 "특별징수의무자"라 한다)가 영 제134조 제1항에 따라 같은 항에 따른 주된 특별징수의무자(이하 이 절에서 "주된 특별징수의무자"라 한다)에게 징수세액에 대한 송

제137조의 3 후단에 따른 사무처리비 등을 공제한 금액을 제133조에 따라 시·군별로 안분하고, 그 안분한 자동차세를 법 제137조 제3항 전단에서 정한 기한까지 각 시·군 금고에 납부하고 행정안전부령으로 정하는 안분명세서 및 사무처리비 등 공제명세서를 각 시·군에 통보하여야 한다. (2024. 3. 26. 개정)

제137조의 2 【납세담보 등】 ① 특별징수의무자는 자동차세의 납세보전을 위하여 대통령령으로 정하는 바에 따라 「교통·에너지·환경세법」 제3조에 따른 납세의무자에게 담보의 제공을 요구할 수 있다. (2014. 10. 15. 신설)
② 특별징수의무자는 제1항에 따라 담보제공을 요구받은 납세의무자가 담보를 제공하지 아니하거나 부족하게 제공한 경우 제조장 또는 보세구역으로부터 과세물품의 반출을 금지하거나 세관장에게 반출금지를 요구할 수 있다. (2014. 10. 15. 신설)
③ 제2항에 따라 과세물품의 반출금지 요구를 받은 세관장은 그 요구에 따라야 한다. (2014. 10. 15. 신설)

제138조 【이의신청 등의 특례】 ① 자동차세의 부과·징수에 대하여 이의신청 등을 하려는 경우에는 특별징수의무자를 그 처분청으로 본다. (2014. 10. 15. 개정)
② 자동차세의 지방세환급금이 발생한 경우에는 특별징수의무자가 환급하고 해당 지방자치단체에 납부하여야 할 세액에서 이를 공제한다. (2010. 3. 31. 개정)

제139조 【「교통·에너지·환경세법」의 준용】 자동차세의 부과·징수와 관련하여 이 절에 규정되어 있지 아니한 사항에 관하여는 「교통·에너지·환경세법」을 준용한다. 이 경우 「교통·에너지·환경세법」에 따른 세무서장 또는 세관장 등은 특별징수의무자로 본다. (2014. 10. 15. 후단개정)

법 제137조 제3항 후단에 따른 사무처리비 등을 공제한 금액을 제133조에 따라 시·군별로 안분하고, 그 안분한 자동차세를 법 제137조 제3항 전단에서 정한 기한까지 각 시·군 금고에 납부하고 행정안전부령으로 정하는 안분명세서 및 사무처리비 등 공제명세서를 각 시·군에 통보하여야 한다. (2024. 3. 26. 개정)

제134조의 2 【납세담보 등】 ① 법 제137조의 2에 따라 특별징수의무자가 「교통·에너지·환경세법」 제3조에 따른 납세의무자로부터 제공받을 수 있는 납세담보액은 다음 각 호에서 정하는 금액 이상으로 한다. (2014. 12. 30. 신설)
1. 제조자 : 제조장에서 반출한 과세물품에 대한 산출세액과 제조장에서 반출하는 과세물품에 대한 산출세액의 합계액에서 이미 납부한 세액의 합계액을 뺀 세액에 해당하는 금액 (2014. 12. 30. 신설)
2. 수입판매업자 : 수입신고를 받은 과세물품에 대한 산출세액과 수입신고를 받는 과세물품에 대한 산출세액의 합계액에서 이미 납부한 세액의 합계액을 뺀 세액에 해당하는 금액 (2014. 12. 30. 신설)
② 제1항에도 불구하고 특별징수의무자는 과세물품을 제조장 또는 보세구역에서 반출한 날 이전 3년간 해당사업을 영위하고, 자동차세를 체납하거나 고의로 회피한 사실이 없는 제조자 또는 수입판매업자에 대하여 납세담보액을 면제할 수 있다. 이 경우 면제받은 제조자 또는 수입판매업자는 과세물품을 제조장 또는 보세구역으로부터 반출할 때 행정안전부령으로 정하는 납세담보면제확인서를 통관지 세관장에게 제출하여야 한다. (2017. 7. 26. 직제개정 ; 행정안전부와~직제 부칙)
③ 수입판매업자는 수입한 과세물품을 통관할 때에는 행정안전부령으로 정하는 납세담보확인서를 통관지 세관장에게 제출하여야 한다. 다만, 「전자정부법」 제36조 제1항에 따른 행정정보의 공동이용을 통하여 제출서류에 대한 정보를 확인할 수 있는 경우에는 그 확인으로 서류제출을 갈음할 수 있다. (2017. 7. 26. 직제개정 ; 행정안전부와~직제 부칙)
④ 제3항에 따라 납세담보확인서를 제출받은 통관지 세관장은 납세담보확인서에 적힌 납세담보액의 범위에서 통관을 허용하여야 한다. (2014. 12. 30. 신설)

금내역을 통보할 경우에는 별지 제78호 서식에 따른다. (2024. 3. 26. 개정)

제72조의 2 【납세담보확인서 등】
① 영 제134조의 2 제2항 후단에 따른 자동차세의 납세담보면제확인서의 발급 신청은 별지 제82호 서식에 따르고, 자동차세의 납세담보면제확인서는 별지 제83호 서식에 따른다. (2015. 1. 15. 신설)
② 영 제134조의 2 제3항 본문에 따른 자동차세의 납세담보확인서의 발급 신청은 별지 제84호 서식에 따르고, 자동차세의 납세담보확인서는 별지 제85호 서식에 따른다. (2015. 1. 15. 신설)

☞

편주 ▶
2024. 1. 1. 전에 납세의무가 성립된 분에 대해서는 영 134조의 3의 개정 규정에도 불구하고 종전의 규정에 따름. (영 부칙(2024. 3. 26.) 6조)

제140조【세액 통보】세무서장 또는 세관장이 교통·에너지·환경세액을 결정 또는 경정하거나 신고 또는 납부받았을 때에는 그 세액을 다음 달 말일까지 교통·에너지·환경세의 납세지를 관할하는 지방자치단체의 장에게 대통령령으로 정하는 바에 따라 통보하여야 한다. (2010. 3. 31. 개정)

제 11 장　지역자원시설세 (2010. 3. 31. 개정)

제 1 절　통　　칙 (2010. 3. 31. 개정)

제141조【목　적】지역자원시설세는 지역의 부존자원 보호·보전, 환경보호·개선, 안전·생활편의시설 설치 등 주민생활환경 개선사업 및 지역개발사업에 필요한 재원을 확보하고 소방사무에 소요되는 제반비용에 충당하기 위하여 부과한다. (2019. 12. 31. 개정)

제142조【과세대상】① 지역자원시설세는 주민생활환경 개선사업 및 지역개발사업에 필요한 재원을 확보하기 위하여 부과하는 특정자원분 지역자원시설세 및 특정시설분 지역자원시설세와 소방사무에 소요되는 제반비용에 충당하기 위하여 부과하는 소방분 지역자원시설

제134조의 3【담보에 의한 자동차세 충당】법 제137조의 2 제1항에 따라 담보를 제공한 자가 기한 내에 자동차세를 납부하지 아니하거나 부족하게 납부하였을 때에는 그 담보물을 체납처분비 및 자동차세액에 충당할 수 있다. 이 경우 부족액이 있으면 자동차세를 징수하고, 잔액이 있으면 환급한다. (2024. 3. 26. 개정)

제135조【세액통보】법 제140조에 따라 세무서장 또는 세관장이 「교통·에너지·환경세법」 제7조 및 제8조에 따라 교통·에너지·환경세액을 신고 또는 납부받거나 같은 법 제9조에 따라 교통·에너지·환경세액을 결정 또는 경정하였을 때에는 그 세액을 행정안전부령으로 정하는 서식으로 교통·에너지·환경세의 납세지를 관할하는 특별시장·광역시장·특별자치시장·특별자치도지사·시장 및 군수에게 통보하여야 한다. 이 경우 세무서장 또는 세관장이 관련 자료를 전산처리한 때에는 전자문서로 통보할 수 있다. (2017. 7. 26. 직제개정 ; 행정안전부와~직제 부칙)

제 11 장　지역자원시설세 (2010. 9. 20. 개정)

제 1 절　통　　칙 (2010. 9. 20. 개정)

제73조【세액자료 통보】① 영 제135조에 따라 교통·에너지·환경세액을 신고 또는 납부받거나 결정한 세액자료의 통보는 별지 제80호 서식에 따른다. (2010. 12. 23. 개정)
② 영 제135조에 따라 교통·에너지·환경세액을 경정한 세액자료의 통보는 별지 제81호 서식에 따른다. (2010. 12. 23. 개정)

제 11 장　지역자원시설세
(2010. 12. 23. 개정)

세로 구분한다. (2019. 12. 31. 개정)

② 제1항의 구분에 따른 지역자원시설세의 과세대상은 다음 각 호와 같다. (2019. 12. 31. 개정)

1. 특정자원분 지역자원시설세: 다음 각 목의 것 (2019. 12. 31. 개정)

　가. 발전용수(양수발전용수는 제외한다)로서 대통령령으로 정하는 것(이하 이 장에서 "발전용수"라 한다) (2019. 12. 31. 개정)

　나. 지하수(용천수를 포함한다)로서 대통령령으로 정하는 것(이하 이 장에서 "지하수"라 한다) (2019. 12. 31. 개정)

　다. 지하자원으로서 대통령령으로 정하는 것(이하 이 장에서 "지하자원"이라 한다) (2019. 12. 31. 개정)

2. 특정시설분 지역자원시설세: 다음 각 목의 것 (2019. 12. 31. 개정)

　가. 컨테이너를 취급하는 부두를 이용하는 컨테이너로서 대통령령으로 정하는 것(이하 이 장에서 "컨테이너"라 한다) (2019. 12. 31. 개정)

　나. 원자력발전으로서 대통령령으로 정하는 것(이하 이 장에서 "원자력발전"이라 한다) (2019. 12. 31. 개정)

　다. 화력발전으로서 대통령령으로 정하는 것(이하 이 장에서 "화력발전"이라 한다) (2019. 12. 31. 개정)

3. 소방분 지역자원시설세: 소방시설로 인하여 이익을 받는 자의 건축물(주택의 건축물 부분을 포함한다. 이하 이 장에서 같다) 및 선박(납세지를 관할하는 지방자치단체에 소방선이 없는 경우는 제외한다. 이하 이 장에서 같다) (2019. 12. 31. 개정)

제143조【납세의무자】지역자원시설세의 납세의무자는 다음 각 호와 같다. (2019. 12. 31. 개정)

1. 특정자원분 지역자원시설세의 납세의무자: 다음 각 목의 자 (2019. 12. 31. 개정)

　가. 발전용수: 흐르는 물을 이용하여 직접 수력발전(양수발전은 제외한다)을 하는 자 (2019. 12. 31. 개정)

　나. 지하수: 지하수를 이용하기 위하여 채수(採水)하는 자 (2019. 12. 31. 개정)

　다. 지하자원: 지하자원을 채광(採鑛)하는 자 (2019. 12. 31. 개정)

제136조【과세대상】① 법 제142조 제2항 제1호에 따른 특정자원분 지역자원시설세의 과세대상은 다음 각 호와 같다. (2020. 12. 31. 개정)

1. 발전용수 : 직접 수력발전에 이용되는 흐르는 물. 다만, 발전시설용량이 시간당 1만킬로와트 미만인 소규모 발전사업을 하는 사업자가 직접 수력발전에 이용하는 흐르는 물로서 해당 발전소의 시간당 발전가능 총발전량 중 3천킬로와트 이하의 전기를 생산하는데에 드는 흐르는 물은 제외한다. (2010. 9. 20. 개정)

2. 지하수 (2010. 9. 20. 개정)

　가. 먹는 물: 먹는 물로 판매하기 위하여 퍼 올린 지하수(먹는 물로 판매하기 위한 과정에서 사용되는 지하수를 포함한다) (2019. 2. 8. 개정)

　나. 목욕용수 : 목욕용수로 이용하기 위하여 퍼 올린 온천수 (2010. 9. 20. 개정)

　다. 그 밖의 용수 : 가목 및 나목 외의 퍼 올린 지하수. 다만, 다음의 지하수는 제외한다. (2010. 9. 20. 개정)

　　1) 「농어촌정비법」 제2조 제3호에 따른 농어촌용수 중 행정안전부령으로 정하는 생활용수 및 공업용수 외의 지하수 (2017. 7. 26. 직제개정 ; 행정안전부와~직제 부칙)

　　2) 「지하수법」 제7조 제1항 단서 및 제8조 제1항 제1호부터 제5호까지의 규정(같은 항 제5호의 경우 안쪽지름이 32밀리미터 이하인 토출관을 사용하면서 1일 양수능력이 30톤 미만인 가정용 우물로 한정한다)에 따른 지하수 (2013. 1. 1. 개정)

3. 지하자원: 채광된 광물. 다만, 석탄과 「광업법 시행령」 제58조에 따른 광산 중 납세의무 성립일이 속하는 달부터 최근 1년간 매출액(사업이 시작한 달부터 납세의무 성립일이 속하는 달까지의 기간이 12개월 미만인 경우에는 해당 기간 동안의 매출액)이 10억원 이하인 광산에서 채광된 광물은 제외한다. (2020. 12. 31. 단서개정)

4. 컨테이너 : 컨테이너를 취급하는 부두를 이용하여 입항·출항하는 컨테이너. 다만,

제74조【과세대상 용수】(2015. 7. 24. 제목개정)

영 제136조 제2호 다목 1)에서 "행정안전부령으로 정하는 생활용수 및 공업용수"는 다음 각 호의 용수를 말한다. (2017. 7. 26. 직제개정 ; 행정안전부와~시행규칙 부칙)

1. 영업용으로 사용되는 생활용수(「농어촌정비법」 제2조 제4호 라목에 따른 농어촌 관광휴양자원 개발사업 및 「도시와 농어촌 간의 교류촉진에 관한 법률」 제2조 제5호에 따른 농어촌체험·휴양마을사업에 사용되는 생활용수는 제외한다) (2014. 1. 1. 개정)

2. 특정시설분 지역자원시설세의 납세의무자: 다음 각 목의 자 (2019. 12. 31. 개정)

　가. 컨테이너: 컨테이너를 취급하는 부두를 이용하여 컨테이너를 입항·출항시키는 자 (2019. 12. 31. 개정)

　나. 원자력발전: 원자력을 이용하여 발전을 하는 자 (2019. 12. 31. 개정)

　다. 화력발전: 연료를 연소하여 발전을 하는 자 (2019. 12. 31. 개정)

3. 소방분 지역자원시설세의 납세의무자: 건축물 또는 선박에 대한 재산세 납세의무자 (2023. 12. 29. 개정)

운영예규 법143-1【납세의무 등 성립시기】

1. 온천수를 채수한 자로부터 물을 공급받아 온천탕영업을 하는 경우는 채수한 자가 납세의무가 있는 것이다.

2. 컨테이너에 부과되는 지역자원시설세 납세의무의 성립시기는 컨테이너를 선적한 선박이 입·출항하는 때에 성립하나 「선박의 입항 및 출항 등에 관한 법률」 제4조 및 같은 법 시행령 제2조의 규정에 의하여 신고된 입·출항일자와 실제 입·출항일자가 다를 경우에는 실제 입·출항일자를 기준으로 하여야 한다.

※ 화력발전 추가부분은 2014년부터 시행

제144조【납세지】 지역자원시설세는 다음 각 호에서 정하는 납세지를 관할하는 지방자치단체의 장이 부과한다. (2019. 12. 31. 개정)

1. 특정자원분 지역자원시설세 : 다음 각 목의 납세지 (2019. 12. 31. 개정)

　가. 발전용수 : 발전소의 소재지 (2019. 12. 31. 개정)

　나. 지하수 : 채수공(採水孔)의 소재지 (2019. 12. 31. 개정)

　다. 지하자원 : 광업권이 등록된 토지의 소재지. 다만, 광업권이 등록된 토지가 둘 이상의 지방자치단체에 걸쳐 있는 경우에는 광업권이 등록된 토지의 면적에 따라 안분한다. (2019. 12. 31. 개정)

2. 특정시설분 지역자원시설세 : 다음 각 목의 납세지 (2019. 12. 31. 개정)

　가. 컨테이너 : 컨테이너를 취급하는 부두의 소재지 (2019. 12. 31. 개정)

　나. 원자력발전 : 발전소의 소재지 (2019. 12. 31. 개정)

환적 컨테이너, 연안수송 컨테이너 및 화물을 싣지 아니한 컨테이너는 제외한다. (2010. 9. 20. 개정)

5. 원자력발전 : 원자력발전소에서 생산된 전력 (2010. 9. 20. 개정)

6. 화력발전 : 발전시설용량이 시간당 1만킬로와트 이상인 화력발전소에서 생산된 전력. 다만, 다음 각 목의 어느 하나에 해당하는 전력(「전기사업법」 제2조 제10호에 따른 전기판매사업자에게 판매되지 아니하는 전력으로 한정한다)은 제외한다. (2014. 8. 12. 단서개정)

　가. 「농어촌 전기공급사업 촉진법」 제2조 제1호에 따른 자가발전시설에서 생산된 전력 (2011. 12. 31. 신설)

　나. 「전기사업법」 제2조 제12호에 따른 구역전기사업자가 생산한 전력 (2011. 12. 31. 신설)

　다. 「전기사업법」 제2조 제19호에 따른 자가용전기설비에서 생산된 전력 (2011. 12. 31. 신설)

　라. 「집단에너지사업법」 제9조에 따라 허가받은 사업자가 생산한 전력 (2011. 12. 31. 신설)

4. ~6. 삭 제 (2020. 12. 31.)

② 법 제142조 제2항 제2호에 따른 특정시설분 지역자원시설세의 과세대상은 다음 각 호와 같다. (2020. 12. 31. 신설)

1. 컨테이너 : 컨테이너를 취급하는 부두를 이용하여 입항·출항하는 컨테이너. 다만, 환적 컨테이너, 연안수송 컨테이너 및 화물을 싣지 아니한 컨테이너는 제외한다. (2020. 12. 31. 신설)

2. 원자력발전 : 원자력발전소에서 생산된 전력 (2020. 12. 31. 신설)

3. 화력발전 : 발전시설용량이 시간당 1만킬로와트 이상인 화력발전소에서 생산된 전력. 다만, 다음 각 목의 어느 하나에 해당하는 전력은 제외한다. (2020. 12. 31. 신설)

　가. 다음 중 어느 하나에 해당하는 것으로서 「전기사업법」 제2조 제10호에 따른 전기판매사업자에게 판매되지 않은 전력 (2020. 12. 31. 신설)

　　1) 「농어촌 전기공급사업 촉진법」 제2조 제1호에 따른 자가발전시설에서 생산된 전력 (2020. 12. 31. 신설)

　　2) 「전기사업법」 제2조 제12호에 따른 구역전기사업자가 생산한 전력 (2020. 12. 31. 신설)

　　3) 「전기사업법」 제2조 제19호에 따른 자가용전기설비에서 생산된 전력 (2020. 12. 31. 신설)

2. 별표 2 제2호 "음료 제조업"에 사용되는 공업용수 (2015. 7. 24. 개정)

다. 화력발전 : 발전소의 소재지 (2019. 12. 31. 개정)
3. 소방분 지역자원시설세 : 다음 각 목의 납세지 (2019. 12. 31. 개정)
　가. 건축물: 건축물의 소재지 (2019. 12. 31. 개정)
　나. 선박 :「선박법」에 따른 선적항의 소재지. 다만, 선적항이 없는 경우에는 정계장 소재지(정계장이 일정하지 아니한 경우에는 선박 소유자의 주소지) (2019. 12. 31. 개정)

제145조【비과세】① 다음 각 호의 어느 하나에 해당하는 경우에는 특정자원분 지역자원시설세 및 특정시설분 지역자원시설세를 부과하지 아니한다. (2019. 12. 31. 개정)
1. 국가, 지방자치단체 및 지방자치단체조합이 직접 개발하여 이용하는 경우 (2019. 12. 31. 개정)
2. 국가, 지방자치단체 및 지방자치단체조합에 무료로 제공하는 경우 (2019. 12. 31. 개정)
② 제109조에 따라 재산세가 비과세되는 건축물과 선박에 대해서는 소방분 지역자원시설세를 부과하지 아니한다. (2019. 12. 31. 개정)

제 2 절　과세표준과 세율 (2010. 3. 31. 개정)

제146조【과세표준과 세율】① 특정자원분 지역자원시설세의 과세표준과 표준세율은 다음 각 호와 같다. (2019. 12. 31. 개정)
1. 발전용수 : 발전에 이용된 물 10세제곱미터당 2원 (2010. 3. 31. 개정)
2. 지하수 (2010. 3. 31. 개정)
　가. 먹는 물로 판매하기 위하여 채수된 물 : 세제곱미터당 200원 (2010. 3. 31. 개정)
　나. 목욕용수로 이용하기 위하여 채수된 온천수 : 세제곱미터당 100원 (2010. 3. 31. 개정)
　다. 가목 및 나목 외의 용도로 이용하거나 목욕용수로 이용하기 위하여 채수된 온천수 외의 물 : 세제곱미터당 20원 (2010. 3. 31. 개정)

4)「집단에너지사업법」제9조에 따라 허가받은 사업자가 생산한 전력 (2020. 12. 31. 신설)
　나.「신에너지 및 재생에너지 개발·이용·보급 촉진법 시행령」제2조 제2항에 따른 바이오에너지로 생산한 전력 (2020. 12. 31. 신설)

제137조【비과세】① 제5조에 따른 시설(제138조 제1항 제2호 및 같은 조 제2항 제2호에 해당하는 건축물과 그 건축물의 일부로 설치된 시설은 제외한다)에 대해서는 법 제142조 제2항 제3호에 따른 소방분 지역자원시설세를 부과하지 않는다. (2020. 12. 31. 개정)
② 소방분 지역자원시설세를 부과하는 해당 연도 내에 철거하기로 계획이 확정되어 행정관청으로부터 철거명령을 받았거나 보상철거계약이 체결된 건축물 또는 주택(「건축법」제2조 제1항 제2호에 따른 건축물 부분으로 한정한다. 이하 이 항에서 같다)에 대해서는 지역자원시설세를 부과하지 않는다. 이 경우 건축물 또는 주택의 일부분을 철거하는 때에는 그 철거하는 부분에 대해서만 지역자원시설세를 부과하지 않는다. (2020. 12. 31. 개정)

제 2 절　과세표준과 세율 (2010. 9. 20. 개정)

3. 지하자원 : 채광된 광물가액의 1천분의 5 (2010. 3. 31. 개정)

4. 컨테이너 : 컨테이너 티이유(TEU)당 1만5천원 (2010. 3. 31. 개정)

5. 원자력발전 : 발전량 킬로와트시(kWh)당 1원 (2014. 12. 31. 개정)

6. 화력발전 : 발전량 킬로와트시(kWh)당 0.3원 (2014. 12. 31. 신설)

4.~6. 삭 제 (2019. 12. 31.)

② 특정시설분 지역자원시설세의 과세표준과 표준세율은 다음 각 호와 같다. (2019. 12. 31. 신설)

1. 컨테이너 : 컨테이너 티이유(TEU)당 1만5천원 (2019. 12. 31. 신설)

2. 원자력발전 : 발전량 킬로와트시(kWh)당 1원 (2019. 12. 31. 신설)

3. 화력발전 : 발전량 킬로와트시(kWh)당 0.6원 (2021. 12. 28. 개정)

③ 소방분 지역자원시설세의 과세표준과 표준세율은 다음 각 호에서 정하는 바에 따른다. (2019. 12. 31. 개정)

1. 건축물 또는 선박의 가액 또는 시가표준액을 과세표준으로 하여 다음 표의 표준세율을 적용하여 산출한 금액을 세액으로 한다. (2019. 12. 31. 개정)

과세표준	세　율
600만원 이하	10,000분의 4
600만원 초과 1,300만원 이하	2,400원 + 600만원 초과금액의 10,000분의 5
1,300만원 초과 2,600만원 이하	5,900원 + 1,300만원 초과금액의 10,000분의 6
2,600만원 초과 3,900만원 이하	13,700원 + 2,600만원 초과금액의 10,000분의 8
3,900만원 초과 6,400만원 이하	24,100원 + 3,900만원 초과금액의 10,000분의 10
6,400만원 초과	49,100원 + 6,400만원 초과금액의 10,000분의 12

2. 저유장, 주유소, 정유소, 유흥장, 극장 및 4층 이상 10층 이하의 건축물 등 대통령령으로 정하는 화재위험 건축물에 대해서는 제1호에 따라 산출한 금액의 100분의 200을 세액으로 한다. (2014. 1. 1. 개정)

2의 2. 대형마트, 복합상영관(제2호에 따른 극장은 제외한다), 백화점,

☞

편주 ▶ ···
법 146조 2항 3호의 개정규정은 2024. 1. 1.부터 시행함. (법 부칙(2021. 12. 28.) 1조 2호)
···

제138조【화재위험 건축물 등】(2014. 1. 1. 제목개정)

① 법 제146조 제3항 제2호에서 "저유장, 주유소, 정유소, 유흥장, 극장 및 4층 이상 10층 이하의 건축물 등 대통령령으로 정하는 화재위험 건축물"이란 다음 각 호의 어느 하나에 해당하는 건축물을 말한다. 다만, 제2항 각 호의 어느 하나에 해당하는 건축물은 제외한다. (2020.

운영예규 법146…시행령138 - 1【4층 이상의 건축물】

「지방세법 시행령」제138조 제1항 제1호에 규정된 「4층 이상의 건축물」이라 함은 지하층과 옥탑을 제외한 층수가 4층 이상인 건물을 말하며, 이 경우 4층 이상 건물의 일부를 주거용으로 사용하는 경우에는 그 주거용으로 사용하는 부분을 제

호텔, 11층 이상의 건축물 등 대통령령으로 정하는 대형 화재위험 건축물에 대해서는 제1호에 따라 산출한 금액의 100분의 300을 세액으로 한다. (2014. 1. 1. 신설)

3. 오물처리시설, 수리시설, 그 밖의 공공시설에 충당하는 지역자원시설세는 토지 및 건축물의 전부 또는 일부에 대한 가액을 과세표준으로 하여 부과하되, 그 표준세율은 토지 또는 건축물 가액의 1만분의 2.3으로 한다. (2010. 3. 31. 개정)

3. 삭 제 (2019. 12. 31.)

④ 제3항의 건축물 및 선박은 제104조 제2호, 제3호 및 제5호에 따른 건축물 및 선박으로 하며, 그 과세표준은 제110조에 따른 가액 또는 시가표준액으로 한다. 다만, 주택의 건축물 부분에 대한 과세표준은 제4조 제2항을 준용하여 지방자치단체의 장이 산정한 가액에 제110조 제1항 제2호에 따른 공정시장가액비율을 곱하여 산정한 가액으로 한다. (2019. 12. 31. 개정)

⑤ 지방자치단체의 장은 조례로 정하는 바에 따라 지역자원시설세의 세율을 제1항부터 제3항까지의 규정에 따른 표준세율의 100분의 50의 범위에서 가감할 수 있다. 다만, 제2항 제2호 및 제3호는 세율을 가감할 수 없다. (2019. 12. 31. 개정)

☞

 법146…시행령138 - 2 【영업용 창고】
「지방세법 시행령」 제138조 제1항 제2호 아목 규정의 「영업용 창고」란 사업자등록증에 따른 업태 및 해당 건축물의 소유 주체와 관계없이 그 건축물이 실질적인 "창고업(상법 및 한국표준산업 분류표 참조)"에 따른 용도로 사용되는 것을 말한다.

12. 31. 개정)

1. 주거용이 아닌 4층 이상 10층 이하의 건축물. 이 경우 지하층과 옥탑은 층수로 보지 아니한다. (2014. 1. 1. 개정)

2. 「소방시설 설치 및 관리에 관한 법률 시행령」 별표 2에 따른 특정소방대상물 중 다음 각 목의 어느 하나에 해당하는 것 (2022. 11. 29. 개정 ; 화재예방 ~ 시행령 부칙)

가. 근린생활시설 중 학원, 비디오물감상실, 비디오물소극장 및 노래연습장. 다만, 바닥면적의 합계가 200제곱미터 미만인 것은 제외한다. (2010. 9. 20. 개정)

나. 위락시설. 다만, 바닥면적의 합계가 무도장 또는 무도학원은 200제곱미터 미만, 유흥주점은 33제곱미터 미만, 단란주점은 150제곱미터 미만인 것은 제외한다. (2010. 9. 20. 개정)

다. 문화 및 집회시설 중 극장, 영화상영관, 비디오물감상실, 비디오물소극장 및 예식장 (2011. 4. 6. 개정 ; 소방시설 설치유지 및 안전관리에 관한 법률 시행령 부칙)

라. 판매시설 중 도매시장·소매시장·상점, 운수시설 중 여객자동차터미널 (2018. 12. 31. 개정)

마. 숙박시설. 다만, 객실로 사용되는 부분의 바닥면적 합계가 60제곱미터 미만인 경우는 제외한다. (2015. 12. 31. 개정)

바. 장례식장(의료시설의 부수시설인 장례식장을 포함한다) (2011. 4. 6. 개정 ; 소방시설 설치유지 및 안전관리에 관한 법률 시행령 부칙)

사. 공장 중 행정안전부령으로 정하는 것(이하 이 조에서 "공장"이라 한다) (2020. 12. 31. 개정)

아. 창고시설 중 창고(영업용 창고만 해당한다), 물류터미널, 하역장 및 집배송시설 (2018. 12. 31. 개정)

자. 항공기 및 자동차 관련 시설 중 주차용 건축물 (2011. 4. 6. 개정 ; 소방시설 설치유지 및~시행령 부칙)

차. 위험물 저장 및 처리 시설 (2011. 4. 6. 개정 ; 소방시설 설치유지 및~시행령 부칙)

카. 의료시설 중 「의료법」 제3조 제2항 제3호에 따른 병원급 의료기관, 「감염병의 예방 및 관리에 관한 법률」 제36조에 따른 감

제75조 【다른 용도와 겸용되거나 구분 사용되는 화재위험 건축물의 세액 산정 방법 등】 (2019. 5. 31. 제목개정)

① 1구 또는 1동의 건축물(주거용이 아닌 4층 이상의 것은 제외한다)이 영 제138조 제1항 제2호 및 같은 조 제2항 제2호에 따른 용도(이하 이 조에서 "화재위험 건축물 중과대상 용도"라 한다)와 그 밖의 용도에 겸용되고 있을 때에는 그 건축물의 주된 용도에 따라 해당 건축물의 용도를 결정한다. 이 경우 화재위험 건축물 중과대상 용도로 사용하는 건축물에 대한 세율은 그 건축물의 주된 용도에 따라 법 제146조 제3항 제2호 또는 같은 항 제2호의 2의 세율을 각각 적용한다. (2020. 12. 31. 후단개정)

② 1구 또는 1동의 건축물이 화재위험 건축물 중과대상 용도와 그 밖의 용도로 구분 사용되는 경우에는 1구의 건축물을 기준으로 하여 그 밖의 용도로 사용되는 부분을 제외한 부분만을 화재위험 건축물 및 대형 화재위험 건축물로 보아 법 제146조 제3항 제2호 및 같은 항 제2호의 2의 세율을 각각 적용한다. 다만, 1동의 건축물이 2 이상의 구로 구성되어 있는 경우에는 1동의 건축물을 기준으로 하여 그 밖의 용도로 사용되는 부분을 제외한 부분만을 화재위험 건축물 및 대형 화재위험 건축물로 보아 법 제146조 제3항 제2호 및 같은 항 제2호의 2의 세율을 각각 적용한다.

마. 공장 및 창고시설 중 1구 또는 1동의 건축물로서 연면적 1만5천제곱미터 이상의 공장 및 창고[창고시설의 경우 건축물의 벽이 샌드위치 패널(「건축법」 제52조의 4 제1항에 따른 복합자재를 말한다)로 된 물류창고 또는 냉동·냉장창고에 한정한다] (2021. 8. 10. 개정 ; 건축법 시행령 부칙)

바. 위험물 저장 및 처리 시설 중 「위험물안전관리법 시행령」 제3조 및 별표 1에서 규정한 지정수량의 3천배 이상의 위험물을 저장·취급하는 위험물 저장 및 처리 시설 (2014. 1. 1. 신설)

사. 연면적 3만제곱미터 이상의 복합건축물. 이 경우 주상복합 건축물(하나의 건축물이 근린생활시설, 판매시설, 업무시설, 숙박시설 또는 위락시설의 용도와 주택의 용도로 함께 사용되는 것을 말한다)에 대해서는 주택부분의 면적을 제외하고, 주택부분과 그 외의 용도로 사용되는 부분이 계단을 함께 사용하는 경우에는 계단부분의 면적은 주택부분의 면적으로 보아 연면적을 산정한다. (2014. 1. 1. 신설)

아. 「정신건강증진 및 정신질환자 복지서비스 지원에 관한 법률」 제3조 제5호에 따른 정신의료기관으로서 병상이 100개 이상인 의료기관 및 「의료법」 제3조 제2항 제3호에 따른 병원급 의료기관 중 5층 이상의 종합병원·한방병원·요양병원으로서 병상이 100개 이상인 의료기관 (2018. 12. 31. 신설)

③ 1구 또는 1동의 건축물이 제1항 제2호 및 제2항 제2호에 따른 용도와 그 밖의 용도에 겸용되거나 구분사용되는 경우의 과세표준과 세액 산정방법 등에 대해서는 행정안전부령으로 정한다. (2017. 7. 26. 직제개정 ; 행정안전부와~직제 부칙)

 법146…시행령138 - 3 【겸용과 구분사용】
1동의 건물이 3층 이하이면서 중과대상인 용도와 기타 용도로 겸용되는 경우에는 주된 용도에 따라 판단하는 것이나, 구분사용되는 경우에는 그 사용용도대로 각각 적용한다. 여기서 「겸용」이란 동일한 장소를 2가지 이상의 용도로 사용하는 것을 말하며, 「구분사용」이란 같은 건물일지라도 각각의 용도에 따라 구획하여 사용하는 것을 말한다.

염병관리기관, 「정신건강증진 및 정신질환자 복지서비스 지원에 관한 법률」 제3조 제5호에 따른 정신의료기관, 「장애인복지법」 제58조 제1항 제4호에 따른 장애인 의료재활시설 (2018. 12. 31. 신설)

타. 교육연구시설 중 학원 (2018. 12. 31. 신설)

② 법 제146조 제3항 제2호의 2에서 "대형마트, 복합상영관(제2호에 따른 극장은 제외한다), 백화점, 호텔, 11층 이상의 건축물 등 대통령령으로 정하는 대형 화재위험 건축물"이란 다음 각 호의 어느 하나에 해당하는 건축물을 말한다. (2020. 12. 31. 개정)

1. 주거용이 아닌 11층 이상의 고층 건축물 (2014. 1. 1. 신설)

2. 「소방시설 설치 및 관리에 관한 법률 시행령」 별표 2에 따른 특정소방대상물 중 다음 각 목의 어느 하나에 해당하는 것 (2022. 11. 29. 개정 ; 화재예방~시행령 부칙)

가. 위락시설 중 바닥면적의 합계가 500제곱미터 이상인 유흥주점. 다만, 지하 또는 지상 5층 이상의 층에 유흥주점이 설치된 경우에는 그 바닥면적의 합계가 330제곱미터 이상 (2015. 12. 31. 개정)

나. 문화 및 집회시설 중 다음 어느 하나에 해당하는 영화상영관 (2014. 1. 1. 신설)
  1) 상영관 10개 이상인 영화상영관 (2014. 1. 1. 신설)
  2) 관람석 500석 이상의 영화상영관 (2014. 1. 1. 신설)
  3) 지하층에 설치된 영화상영관 (2014. 1. 1. 신설)

다. 연면적 1만제곱미터 이상인 다음 어느 하나에 해당하는 판매시설 (2014. 1. 1. 신설)
  1) 도매시장 (2014. 1. 1. 신설)
  2) 소매시장 (2014. 1. 1. 신설)
  3) 상점 (2014. 1. 1. 신설)

라. 숙박시설 중 5층 이상으로 객실이 50실 이상(동일한 건물 내에 「다중이용업소의 안전관리에 관한 특별법」 제2조 제1항에 따른 다중이용업소가 있는 경우는 객실 30실 이상을 말한다)인 숙박시설 (2014. 8. 12. 개정)

(2020. 12. 31. 개정)

③ 제2항에 따른 건축물에 대하여 소방시설에 충당하는 지역자원시설세를 과세하는 경우의 세액 산정은 각 구별로 다음 계산식에 따른다. (2020. 12. 31. 개정)

$$\text{소방시설에 충당하는 지역자원시설세 액} = X + Y + Z$$

$X = $ 1구의 건축물의 과세표준 × 법 제146조 제3항 제1호에 따른 세율

$$Y = X \times \frac{\text{화재위험 건축물의 과세표준}}{\text{1구의 건축물의 과세표준}}$$

$$Z = 2X \times \frac{\text{대형 화재위험 건축물의 과세표준}}{\text{1구의 건축물의 과세표준}}$$

④ 영 제138조 제1항 제2호 사목에서 "행정안전부령으로 정하는 것"이란 제55조에 따른 공장용 건축물을 말한다. (2020. 12. 31. 개정)

제147조【부과 · 징수】① 특정자원분 지역자원시설세 및 특정시설분 지역자원시설세의 납기와 징수방법은 다음 각 호에서 정하는 바와 같다. (2019. 12. 31. 개정)

1. 특정자원분 지역자원시설세 및 특정시설분 지역자원시설세는 신고납부의 방법으로 징수한다. 다만, 제146조 제1항 제2호에 따른 지하수에 대한 지역자원시설세의 경우 조례로 정하는 바에 따라 보통징수의 방법으로 징수할 수 있다. (2019. 12. 31. 개정)

2. 제1호 본문에 따라 지역자원시설세를 신고납부하는 경우 납세의무자는 제146조에 따라 산출한 세액(이하 이 조에서 "산출세액"이라 한다)을 납세지를 관할하는 지방자치단체의 장에게 조례로 정하는 바에 따라 신고하고 납부하여야 한다. (2010. 3. 31. 개정)

3. 납세의무자가 제2호에 따른 신고 또는 납부의무를 다하지 아니하면 산출세액 또는 그 부족세액에 「지방세기본법」 제53조부터 제55조까지의 규정에 따라 산출한 가산세를 합한 금액을 세액으로 하여 보통징수의 방법으로 징수한다. (2016. 12. 27. 개정 ; 지방세기본법 부칙)

가 · 나. 삭　제 (2013. 1. 1.)

② 소방분 지역자원시설세는 재산세의 규정 중 제114조, 제115조, 제118조(같은 조에 따라 재산세를 분할납부하는 경우에만 해당한다) 및 제122조(제122조의 경우는 각 호 외의 부분 본문만 해당한다)를 준용한다. (2021. 12. 28. 개정)

③ 소방분 지역자원시설세는 관할 지방자치단체의 장이 세액을 산정하여 보통징수의 방법으로 부과 · 징수한다. (2019. 12. 31. 개정)

④ 소방분 지역자원시설세를 징수하려면 건축물 또는 선박으로 구분한 납세고지서에 과세표준과 세액을 적어 늦어도 납기개시 5일 전까지 발급하여야 한다. (2019. 12. 31. 개정)

⑤ 특정부동산에 대한 지역자원시설세의 과세대상별 세액산정 및 그 밖에 부과절차와 징수방법 등에 관하여 필요한 사항은 행정안전부령으로 정한다. (2018. 12. 31. 신설)

⑤ 삭　제 (2019. 12. 31.)

제139조【납세고지】소방분 지역자원시설세의 납기와 재산세의 납기가 같을 때에는 재산세의 납세고지서에 나란히 적어 고지할 수 있다. (2020. 12. 31. 개정)

⑥ 지역자원시설세를 부과할 지역과 부과·징수에 필요한 사항은 해당 지방자치단체의 조례로 정하는 바에 따른다. (2018. 12. 31. 항번개정)

⑦ 제6항의 경우에 컨테이너에 관한 지역자원시설세의 부과·징수에 대한 사항을 정하는 조례에는 특별징수의무자의 지정 등에 관한 사항을 포함할 수 있다. (2018. 12. 31. 개정)

⑧ 특정부동산에 대한 지역자원시설세는 그 시설종목을 표시하여 부과하여야 한다. (2018. 12. 31. 항번개정)

⑧ 삭　제 (2019. 12. 31.)

제148조【소액 징수면제】지역자원시설세로 징수할 세액이 고지서 1장당 2천원 미만인 경우에는 그 지역자원시설세를 징수하지 아니한다. (2010. 3. 31. 개정)

제 12 장　지방교육세 (2010. 3. 31. 개정)

제149조【목　적】지방교육세는 지방교육의 질적 향상에 필요한 지방교육재정의 확충에 드는 재원을 확보하기 위하여 부과한다. (2010. 3. 31. 개정)

제150조【납세의무자】지방교육세의 납세의무자는 다음 각 호와 같다. (2010. 3. 31. 개정)

1. 부동산, 기계장비(제124조에 해당하는 자동차는 제외한다), 항공기 및 선박의 취득에 대한 취득세의 납세의무자 (2010. 3. 31. 개정)

2. 등록에 대한 등록면허세(제124조에 해당하는 자동차에 대한 등록면허세는 제외한다)의 납세의무자 (2010. 3. 31. 개정)

3. 레저세의 납세의무자 (2010. 3. 31. 개정)

4. 담배소비세의 납세의무자 (2010. 3. 31. 개정)

5. 주민세 개인분 및 사업소분의 납세의무자 (2020. 12. 29. 개정)

6. 재산세(제112조 제1항 제2호 및 같은 조 제2항에 따른 재산세액은 제외한다)의 납세의무자 (2010. 12. 27. 개정)

제 12 장　지방교육세 (2010. 9. 20. 개정)

제140조【과세표준의 계산】지방교육세를 납부하여야 할 자가 지방교육세의 과세표준이 되는 지방세를 납부하지 아니하거나 부족하게 납부함으로써 해당 세액에 가산세가 가산되었을 때에는 그 가산세액은 지방교육세의 과세표준에 산입하지 아니한다. (2010. 9. 20. 개정)

7. 제127조 제1항 제1호 및 제3호의 비영업용 승용자동차에 대한 자
동차세[국가, 지방자치단체 및 「초·중등교육법」에 따라 학교를 경
영하는 학교법인(목적사업에 직접 사용하는 자동차에 한정한다)을
제외한다]의 납세의무자 (2010. 3. 31. 개정)

제151조【과세표준과 세율】 ① 지방교육세는 다음 각 호에 따
라 산출한 금액을 그 세액으로 한다. (2010. 3. 31. 개정)
1. 취득물건(제15조 제2항에 해당하는 경우는 제외한다)에 대하여 제
   10조의 2부터 제10조의 6까지의 규정에 따른 과세표준에 제11조
   제1항 제1호부터 제7호까지와 제12조의 세율(제14조에 따라 조례
   로 세율을 달리 정하는 경우에는 그 세율을 말한다. 이하 같다)에서
   1천분의 20을 뺀 세율을 적용하여 산출한 금액(제11조 제1항 제8호
   의 경우에는 해당 세율에 100분의 50을 곱한 세율을 적용하여 산출
   한 금액)의 100분의 20. 다만, 다음 각 목의 어느 하나에 해당하는
   경우에는 해당 목에서 정하는 금액으로 한다. (2021. 12. 28. 개정)
   가. 제13조 제2항·제3항·제6항 또는 제7항에 해당하는 경우: 이
       호 각 목 외의 부분 본문의 계산방법으로 산출한 지방교육세액
       의 100분의 300. 다만, 법인이 제11조 제1항 제8호에 따른 주
       택을 취득하는 경우에는 나목을 적용한다. (2020. 8. 12. 개정)
   나. 제13조의 2에 해당하는 경우: 제11조 제1항 제7호 나목의 세율
       에서 중과기준세율을 뺀 세율을 적용하여 산출한 금액의 100분
       의 20 (2020. 8. 12. 신설)
   다. 「지방세특례제한법」, 「조세특례제한법」 및 지방세감면조례(이
       하 "지방세감면법령"이라 한다)에서 취득세를 감면하는 경우
       (2020. 8. 12. 목번개정)
   1) 지방세감면법령에서 취득세의 감면율을 정하는 경우 : 이 호
      각 목 외의 부분 본문의 계산방법으로 산출한 지방교육세액
      을 해당 취득세 감면율로 감면하고 남은 금액 (2010. 3. 31.
      개정)
   2) 지방세감면법령에서 취득세의 감면율을 정하면서 이 법 제
      13조 제2항 본문 및 같은 조 제3항의 세율을 적용하지 아니

하도록 정하는 경우 : 이 호 각 목 외의 부분 본문의 계산방
법으로 산출한 지방교육세액을 해당 취득세 감면율로 감면
하고 남은 금액 (2015. 7. 24. 개정)
   3) 1)과 2) 외에 지방세감면법령에서 이 법과 다른 취득세율을
      정하는 경우 : 해당 취득세율에도 불구하고 이 호 각 목 외
      의 부분 본문의 계산방법으로 산출한 지방교육세액. 다만,
      세율을 1천분의 20으로 정하는 경우에는 과세대상에서 제외
      한다. (2015. 7. 24. 신설)
   라. 가목 또는 나목과 다목 1)이 동시에 적용되는 경우 : 가목을 적
       용하여 산출한 지방교육세액을 해당 취득세 감면율로 감면하고
       남은 금액 (2020. 8. 12. 개정)
2. 이 법 및 지방세감면법령에 따라 납부하여야 할 등록에 대한 등록
   면허세액의 100분의 20 (2013. 1. 1. 개정)
3. 이 법 및 지방세감면법령에 따라 납부하여야 할 레저세액의 100분
   의 40 (2013. 1. 1. 개정)
4. 이 법 및 지방세감면법령에 따라 납부하여야 할 담배소비세액의 1
   만분의 4,399 (2014. 12. 23. 개정)
5. 이 법 및 지방세감면법령에 따라 납부하여야 할 주민세 개인분 세
   액 및 사업소분 세액(제81조 제1항 제1호에 따라 부과되는 세액으
   로 한정한다)의 각 100분의 10. 다만, 인구 50만 이상 시의 경우에
   는 100분의 25로 한다. (2020. 12. 29. 개정)
6. 이 법 및 지방세감면법령에 따라 납부하여야 할 재산세액 (제112
   조 제1항 제2호 및 같은 조 제2항에 따른 재산세액은 제외한다)의
   100분의 20 (2013. 1. 1. 개정)
7. 이 법 및 지방세감면법령에 따라 납부하여야 할 자동차세액의 100
   분의 30 (2013. 1. 1. 개정)
② 지방자치단체의 장은 지방교육투자재원의 조달을 위하여 필요한
경우에는 해당 지방자치단체의 조례로 정하는 바에 따라 지방교육세
의 세율을 제1항(같은 항 제3호는 제외한다)의 표준세율의 100분의
50의 범위에서 가감할 수 있다. (2010. 3. 31. 개정)

☞ p.4128 1단 연결

편주 ····················
법 151조 1항 4호의 개정규정은 2026. 12.
31.까지 효력을 가짐. (법 부칙(2010. 3.
31.) 1조의 2) (2024. 12. 31. 개정)
····················

③ 도농복합형태의 시에 대하여 제1항 제5호를 적용할 때 "인구 50만 이상 시"란 동지역의 인구가 50만 이상인 경우를 말하며, 해당 시의 읍·면지역에 대하여는 그 세율을 100분의 10으로 한다. (2010. 3. 31. 개정)

④ 제1항 제5호를 적용할 경우 「지방자치법」 제5조 제1항에 따라 둘 이상의 지방자치단체가 통합하여 인구 50만 이상 시에 해당하는 지방자치단체가 되는 경우 해당 지방자치단체의 조례로 정하는 바에 따라 5년의 범위에서 통합 이전의 세율을 적용할 수 있다. (2021. 1. 12. 개정 ; 지방자치법 부칙)

제152조 【신고 및 납부와 부과·징수】 ① 지방교육세 납세의무자가 이 법에 따라 취득세, 등록에 대한 등록면허세, 레저세, 담배소비세 및 주민세 사업소분을 신고하고 납부하는 때에는 그에 대한 지방교육세를 함께 신고하고 납부하여야 한다. 이 경우 담배소비세 납세의무자(제조자 또는 수입판매업자에 한정한다)의 주사무소 소재지를 관할하는 지방자치단체의 장이 제64조 제1항에 따라 담보 제공을 요구하는 경우에는 담배소비세분 지방교육세에 대한 담보 제공도 함께 요구할 수 있다. (2020. 12. 29. 개정)

② 지방자치단체의 장이 이 법에 따라 납세의무자에게 주민세 개인분·재산세 및 자동차세를 부과·징수하거나 제60조 제6항 및 제7항에 따라 세관장이 담배소비세를 부과·징수·납입하는 때에는 그에 대한 지방교육세를 함께 부과·징수·납입한다. (2023. 12. 29. 개정)

편주 ▶ 법 152조 2항 및 6항의 개정규정은 2024. 1. 1. 이후 지방교육세를 부과·징수하는 경우부터 적용함. (법 부칙(2023. 12. 29.) 12조)

③ 제62조의 2에 따른 특별징수의무자가 같은 조 제1항 전단에 따라 담배소비세를 특별징수하는 경우에는 그에 대한 지방교육세를 함께 부과·징수·납입한다. (2023. 12. 29. 신설)

④ 제3항에 따른 지방교육세의 부과·징수·납입에 대하여 불복하려는 경우에는 특별징수의무자를 그 처분청으로 본다. (2023. 12. 29. 신설)

제141조 【신고납부와 부과·징수】 ① 법 제152조 제1항에 따라 납세의무자가 지방교육세를 신고납부할 때에는 그 과세표준이 되는 지방세의 신고서 및 납부서에 해당 지방세액과 지방교육세액을 나란히 적고 그 합계액을 적어야 한다. (2010. 9. 20. 개정)

② 시장·군수·구청장은 법 제152조 제2항에 따라 지방교육세를 부과·징수할 때에는 그 과세표준이 되는 지방세의 납세고지서에 해당 지방세액과 지방교육세액 및 그 합계액을 적어 고지하여야 한다. (2016. 12. 30. 개정)

③ 시장·군수·구청장은 불가피한 사유로 지방교육세만을 부과·징수할 때에는 납세고지서에 지방교육세액만을 고지하되, 해당 지방교육세의 과세표준이 되는 세목과 세액을 적어야 한다. (2016. 12. 30. 개정)

편주 ▶ 법 152조 3항부터 5항까지의 개정규정은 2024. 1. 1. 이후 발생하는 법 61조 1항 4호·5호 또는 같은 조 2항 3호·5호의 위반행위에 대하여 세액을 특별징수하는 경우부터 적용함. (법 부칙(2023. 12. 29.) 5조)

⑤ 지방교육세의 특별징수, 납입 및 가산세 면제 등에 관하여는 제62조의 2 제2항 및 제3항을 준용한다. (2023. 12. 29. 신설)
⑥ 지방교육세의 납세고지 등 부과·징수·납입에 관하여 필요한 사항은 대통령령으로 정한다. (2023. 12. 29. 개정)

　제153조【부족세액의 추징 및 가산세】① 제152조 제1항에 따라 지방교육세를 신고하고 납부하여야 하는 자가 신고의무를 다하지 아니한 경우에도 「지방세기본법」 제53조 또는 제54조에 따른 가산세를 부과하지 아니한다. (2016. 12. 27. 개정 ; 지방세기본법 부칙)
② 제152조 제1항에 따라 지방교육세를 신고하고 납부하여야 하는 자가 납부의무를 다하지 아니한 경우에는 제151조 제1항에 따라 산출한 세액 또는 그 부족세액에 「지방세기본법」 제55조에 따라 산출한 가산세를 합한 금액을 세액으로 하여 보통징수(제152조 제3항에 따라 징수하는 경우에는 특별징수)의 방법으로 징수한다. (2023. 12. 29. 개정)

　제154조【환　급】지방교육세의 지방세환급금은 해당 지방자치단체의 장 또는 그 위임을 받은 공무원이 지방교육세의 과세표준이 되는 세목별 세액의 환급의 예에 따라 환급한다. (2010. 3. 31. 개정)

편주 ▶ 법 153조 2항의 개정규정은 2024. 1. 1. 이후 발생하는 법 61조 1항 4호·5호 또는 같은 조 2항 3호·5호의 위반행위에 대하여 세액을 특별징수하는 경우부터 적용함. (법 부칙(2023. 12. 29.) 5조)

부 칙 (2024. 12. 31. 법률 제20630호)

제1조【시행일】이 법은 2025년 1월 1일부터 시행한다.

제2조【상속 차량에 대한 취득세 비과세에 관한 적용례】제9조 제7항 제2호의 개정규정은 이 법 시행 전에 상속이 개시되어 이 법 시행 당시 상속개시일이 속하는 달의 말일부터 6개월(외국에 주소를 둔 상속인이 있는 경우에는 9개월)이 지나지 아니한 경우에도 적용한다.

제3조【중소기업 주민세 종업원분 공제에 관한 적용례】제84조의 5 제2항 제2호의 개정규정은 이 법 시행 이후 납세의무가 성립하는 경우부터 적용한다. 다만, 이 법 시행 전에 같은 개정규정에 따른 요건을 갖춘 경우 그 공제를 할 수 있는 기간은 이 법 시행일이 속한 달의 종업원분을 신고하여야 하는 달부터 1년까지로 한다.

제4조【법인지방소득세 세율에 관한 적용례】제103조의 20 제1항의 개정규정은 이 법 시행 이후 개시하는 사업연도의 소득에 대한 법인지방소득세 세액을 계산하는 경우부터 적용한다.

제5조【자동차세 소유분 수시부과 과세기준일에 관한 적용례】제130조 제1항의 개정규정은 이 법 시행 이후 납세의무가 성립하는 경우부터 적용한다.

부 칙 (2024. 2. 13. 법률 제20264호, ; 채무자 회생 및 파산에 관한 법률 부칙)

제1조【시행일】이 법은 공포한 날부터 시행한다. (단서 생략)

제2조 생 략

제3조【다른 법률의 개정】지방세법 일부를 다음과 같이 개정한다.

법률 제19860호 지방세법 일부개정법률 부칙 제3조를 다음과 같이 한다.

제3조 (법원의 촉탁에 따른 등록면허세 비과세에 관한 특례) 제26조 제2항 제1호의 개정규정 시행 당시 「채무자 회생 및 파산에 관한 법률」에 따라 회생절차·간이회생절차가 진행 중이거나 회생계획·간이회생계획을 수행 중인 경우와 같은 개정규정 시행 이후 회생절차, 간이회생절차, 파산절차, 개인회생절차가 신청된 사건의 경우에는 「채무자 회생 및 파산에 관한 법률」 등에 따라 법원, 법원사무관등이 촉탁하여 이루어진 등기 또는 등록은 제26조 제2항 제1호의 개정규정에 따른 등기 또는 등록으로 본다.

부 칙 (2023. 12. 29. 법률 제19860호)

제1조【시행일】이 법은 2024년 1월 1일부터 시행한다. 다만, 제10조의 3 및 제22조의 2의 개정규정은 2024년 4월 1일부터 시행한다.

제2조【일반적 적용례】이 법은 이 법 시행 이후 납세의무가 성립하는 경우부터 적용한다.

부 칙 (2025. 2. 18. 대통령령 제35266호)

제1조【시행일】이 영은 공포한 날부터 시행한다.

제2조【지방소비세에 관한 적용례】별표 2부터 별표 5까지의 개정규정은 2025년 1월 1일 이후 「부가가치세법」에 따라 납부 또는 환급하는 분부터 적용한다.

부 칙 (2024. 12. 31. 대통령령 제35177호)

제1조【시행일】이 영은 2025년 1월 1일부터 시행한다. 다만, 제43조 제2항부터 제4항까지의 개정규정은 2025년 1월 31일부터 시행한다.

제2조【주택 유상거래 취득 중과세의 예외에 관한 적용례】① 제28조의 2 제8호 각 목 외의 부분 단서의 개정규정은 2021년 4월 27일부터 2024년 12월 31일까지의 기간 동안 멸실시킬 목적으로 취득한 주택에 대해서도 적용한다.

② 제28조의 2 제8호 다목의 개정규정은 이 영 시행 이후 멸실시킬 목적으로 주택을 취득하는 경우부터 적용한다.

③ 제28조의 2 제13호·제13호의 2·제13호의 3 및 같은 조 제15호 다목부터 마목까지의 개정규정은 이 영 시행 이후 납세의무가 성립하는 경우부터 적용한다.

제3조【주택분양권에 의하여 취득하는 주택에 관한 적용례】제28조의 4 제1항 후단의 개정규정은 이 영 시행 이후 1세대에 속하지 않은 자로부터 해당 주택분양권을 취득하는 경우부터 적용한다.

제4조【주택 수의 산정방법에 관한 적용례】제28조의 4 제6항 제2호의 개정규정은 이 영 시행 이후 납세의무가 성립하는 경우부터 적용한다.

제5조【법인등기에 대한 세율에 관한 적용례】제43조 제2항부터 제4항까지의 개정규정은 2025년 1월 31일 이후 납세의무가 성립하는 경우부터 적용한다.

제6조【주민세 사업소분 납세의무자에 관한 적용례】제79조 제2항 제7호의 개정규정은 이 영 시행 이후 납세의무가 성립하는 경우부터 적용한다.

제7조【주민세 종업원분 면세점에 관한 적용례】제85조의 2 제2항의 개정규정은 이 영 시행 이후 납세의무가 성립하는 경우부터 적용한다.

제8조【자동차세 연세액 공제 금액의 계산식에 관한 적용례】제125조 제6항의 개정규정은 이 영 시행 이후 납세의무가 성립하는 경우부터 적용한다.

부 칙 (2024. 12. 31. 행정안전부령 제539호)

이 규칙은 2025년 1월 1일부터 시행한다.

부 칙 (2024. 5. 28. 행정안전부령 제485호)

이 규칙은 공포한 날부터 시행한다.

부 칙 (2024. 3. 26. 행정안전부령 제474호)

이 규칙은 공포한 날부터 시행한다.

부 칙 (2024. 1. 22. 행정안전부령 제457호)

제1조【시행일】이 규칙은 공포한 날부터 시행한다.

제2조【사무처리비 공제 상한 상향 조정에 따른 적용례】제72조 제1항 제1호의 개정규정은 이 규칙 시행 이후 특별징수의무자가 사무처리비를 공제하는 경우부터 적용한다.

부 칙 (2023. 12. 29. 행정안전부령 제448호)

이 규칙은 2024년 1월 1일부터 시행한다. 다만, 제57조 제3호 및 별지 제3호 서식 부표의 개정규정은 공포한 날부터 시행한다.

부 칙 (2023. 6. 30. 행정안전부령 제413호)

이 규칙은 공포한 날부터 시행한다.

부 칙 (2023. 5. 3. 행정안전부령 제400호)

이 규칙은 공포한 날부터 시행한다.

부 칙 (2023. 3. 28. 행정안전부령 제388호)

이 규칙은 공포한 날부터 시행한다.

부 칙 (2023. 3. 14. 행정안전부령 제385호)

이 규칙은 공포한 날부터 시행한다.

부 칙 (2022. 6. 7. 행정안전부령 제334호)

제1조【시행일】이 규칙은 2022년 6월 7일부

제3조【법원의 촉탁에 따른 등록면허세 비과세에 관한 특례】 제26조 제2항 제1호의 개정규정 시행 당시 「채무자 회생 및 파산에 관한 법률」에 따라 회생절차·간이회생절차가 진행 중이거나 회생계획·간이회생계획을 수행 중인 경우와 같은 개정규정 시행 이후 회생절차, 간이회생절차, 파산절차, 개인회생절차가 신청된 사건의 경우에는 「채무자 회생 및 파산에 관한 법률」 등에 따라 법원, 법원사무관등이 촉탁하여 이루어진 등기 또는 등록은 제26조 제2항 제1호의 개정규정에 따른 등기 또는 등록으로 본다. (2024. 2. 13. 개정 ; 채무자 회생~부칙)

제4조【담배소비세의 납세지 변경에 관한 적용례】 제50조 제3항 제2호의 개정규정은 이 법 시행 이후 담배를 국내로 반입하는 경우부터 적용한다.

제5조【담배소비세 등의 특별징수에 관한 적용례】 제62조의 2, 제152조 제3항부터 제5항까지 및 제153조 제2항의 개정규정은 이 법 시행 이후 발생하는 제61조 제1항 제4호·제5호 또는 같은 조 제2항 제3호·제5호의 위반행위에 대하여 세액을 특별징수하는 경우부터 적용한다.

제6조【법인지방소득세 분할납부에 관한 적용례】 제103조의 23 제4항의 개정규정은 2023년 1월 1일 이후 개시한 사업연도의 법인지방소득세를 신고·납부하는 경우부터 적용한다.

제7조【법인지방소득세의 무신고가산세 특례에 관한 적용례】 제103조의 24 제6항 후단의 개정규정은 2023년 1월 1일 이후 개시한 사업연도의 법인지방소득세를 신고·납부하는 경우부터 적용한다.

제8조【연결법인별 법인지방소득세 분할납부에 관한 적용례】 법률 제19230호 지방세법 일부개정법률 제103조의 37 제5항의 개정규정은 2023년 1월 1일 이후 개시한 사업연도의 연결법인별 법인지방소득세를 신고·납부하는 경우부터 적용한다.

제9조【연결산출세액의 부재에 따른 정산금 배분에 관한 적용례】 법률 제19230호 지방세법 일부개정법률 제103조의 37 제7항의 개정규정은 이 법 시행 이후 개시하는 사업연도부터 적용한다.

제10조【외국법인에 대한 특별징수 또는 징수의 특례에 관한 적용례】 제103조의 52 제1항 및 제2항의 개정규정은 이 법 시행 이후 외국법인에 국내원천소득을 지급하는 경우부터 적용한다.

제11조【동업기업과세특례의 확대에 관한 적용례】 제103조의 53 제1항 및 제103조의 54 제1항의 개정규정은 2023년 12월 31일이 속하는 과세연도부터 적용한다.

제12조【지방교육세 납입 방법 신설에 관한 적용례】 제152조 제2항 및 제6항의 개정규정은 이 법 시행 이후 지방교육세를 부과·징수하는 경우부터 적용한다.

부 칙 (2023. 8. 16. 법률 제19634호 ; 행정기관 소속 위원회 정비를 위한 기부금품의 모집 및 사용에 관한 법률 등 6개 법률의 일부개정에 관한 법률 부칙)

제9조【등록면허세에 관한 적용례】 별표 1의 개정규정은 이 영 시행 이후 납세의무가 성립하는 분부터 적용한다.

부 칙 (2024. 9. 10. 대통령령 제34881호 ; 근현대문화유산의 보존 및 활용에 관한 법률 시행령 부칙)

제1조【시행일】 이 영은 2024년 9월 15일부터 시행한다.

제2조【다른 법령의 개정】 ①~⑱ 생 략

⑲ 지방세법 시행령 일부를 다음과 같이 개정한다.

제28조의 2 제4호 나목 중 "「문화유산의 보존 및 활용에 관한 법률」"을 "「근현대문화유산의 보존 및 활용에 관한 법률」"로 한다.

제110조의 2 제1항 제6호 나목 중 "「문화유산의 보존 및 활용에 관한 법률」"을 "「근현대문화유산의 보존 및 활용에 관한 법률」"로 한다.

별표 1 제2종 제115호 중 "문화유산의 국외반출의 허가"를 "국보, 보물 또는 국가민속문화유산의 국외반출의 허가, 「근현대문화유산의 보존 및 활용에 관한 법률」 제27조에 따른 국가등록문화유산의 국외반출의 허가"로 한다.

⑳~㉒ 생 략

제3조 생 략

부 칙 (2024. 7. 9. 대통령령 제34683호 ; 계량에 관한 법률 시행령 부칙)

제1조【시행일】 이 영은 2024년 7월 10일부터 시행한다.

제2조【다른 법령의 개정】 ① 생 략

② 지방세법 시행령 일부를 다음과 같이 개정한다.

별표 1 제2종 제163호를 삭제한다.

부 칙 (2024. 7. 2. 대통령령 제34657호 ; 벤처기업육성에 관한 특별조치법 시행령 부칙)

제1조【시행일】 이 영은 2024년 7월 10일부터 시행한다. (단서 생략)

제2조【다른 법령의 개정】 ①~㊶ 생 략

㊷ 지방세법 시행령 일부를 다음과 같이 개정한다.

별표 1 제2종 제192호 중 "「벤처기업육성에 관한 특별조치법」"을 "「벤처기업육성에 관한 특별법」"으로 한다.

㊸~㊺ 생 략

터 시행한다.

제2조【서식에 관한 적용례】 법 제55조에 따른 납부지연가산세의 적용 이자율에 관한 별지 제4호 서식(전산용 2), 별지 제42호 서식, 별지 제43호의 4 서식, 별지 제43호의 6 서식 부표, 별지 제43호의 11 서식, 별지 제44호의 3 서식(갑), 별지 제44호의 3 서식(을) 및 별지 제45호 서식 부표의 개정규정은 이 규칙 시행 이후 신고, 납부 또는 통지 등을 하는 경우부터 적용한다.

부 칙 (2022. 3. 31. 행정안전부령 제325호)

제1조【시행일】 이 규칙은 공포한 날부터 시행한다. 다만, 별지 제40호의 4 서식의 개정규정은 2023년 1월 1일부터 시행한다.

제2조【서식에 관한 적용례】 서식에 관한 개정규정은 이 규칙 시행 이후 신고, 신청, 제출, 통지, 통보 또는 납부 등을 하는 경우부터 적용한다.

(2010. 12. 23. 행정안전부령 제177호~
2021. 12. 31. 행정안전부령 제300호)
생략

제1조【시행일】이 법은 공포 후 6개월이 경과한 날부터 시행한다.

제2조~제6조 생 략

제7조【다른 법률의 개정】① 생 략

② 지방세법 일부를 다음과 같이 개정한다.

제106조의 2 제2항 중 "지방재정부담심의위원회"를 "지방재정관리위원회"로 한다.

③ 생 략

부 칙 (2023. 6. 9. 법률 제19430호 ; 지방자치분권 및 지역균형발전에 관한 특별법 부칙)

제1조【시행일】이 법은 공포 후 1개월이 경과한 날부터 시행한다. 다만, 다음 각 호의 사항은 해당 호에서 정하는 날부터 시행한다.

1.~3. 생 략

제2조~제20조 생 략

제21조【다른 법률의 개정】①~㊺ 생 략

㊻ 지방세법 일부를 다음과 같이 개정한다.

제71조 제3항 제3호 가목 전단 중 "국가균형발전특별회계"를 "지역균형발전특별회계"로 한다.

㊼~㊾ 생 략

제22조 생 략

부 칙 (2023. 3. 14. 법률 제19230호)

제1조【시행일】이 법은 공포한 날부터 시행한다. 다만, 다음 각 호의 개정규정은 각 호의 구분에 따른 날부터 시행한다.

1. 제8조 제1항 제5호의 개정규정: 2023년 6월 11일

2. 제85조 제1항 제15호, 제103조의 37 제5항 단서, 제110조 제3항 및 제122조의 개정규정: 2024년 1월 1일

3. 제87조 제1항, 제89조 제3항 제4호, 제102조의 2부터 제102조의 8까지, 제103조 제1항, 제103조의 2 제3호, 제103조의 3 제1항 제12호·제13호, 같은 조 제7항, 제103조의 8, 제103조의 13 제2항부터 제6항까지, 제103조의 59 제1항 제1호 가목·나목 및 같은 항 제5호의 개정규정 : 2025년 1월 1일 (2024. 12. 31. 개정)

4. 제93조 제18항의 개정규정 : 2027년 1월 1일 (2024. 12. 31. 신설)

제2조【일반적 적용례】이 법은 이 법 시행 이후 납세의무가 성립하는 경우부터 적용한다. 다만, 제7조 제4항 후단, 같은 조 제16항, 제92조 제1항, 제93조 제17항, 제103조의 3 제1항 제8호·제9호, 제103조의 20 제1항의 개정규정은 2023년 1월 1일 이후 납세의무가 성립되는 분부터 적용한다.

제3조【과점주주 부동산등 취득에 관한 적용례】제7조 제5항 전단의 개정규정은 이 법 시행 이후 법인의 주식 또는 지분을 취득하는 경우부터 적용한다.

제4조【법인의 합병 또는 분할에 따른 부동산 취득의 세율에 관한 적용례】제11

제3조 생 략

부 칙 (2024. 5. 28. 대통령령 제34528호)

제1조【시행일】이 영은 공포한 날부터 시행한다.

제2조【주택 유상거래 취득 중과세의 예외에 관한 적용례】제28조의 2 제16호의 개정규정은 2024년 3월 28일 이후 취득하는 아파트부터 적용한다.

제3조【주택 수의 산정방법에 관한 적용례】제28조의 4 제2항 제3호의 개정규정은 2024년 1월 10일 이후 취득하는 아파트부터 적용한다.

제4조【분리과세대상 토지의 범위 등에 관한 적용례】제102조 제9항 제2호, 제103조의 2 제2호 및 제118조 제1호 라목의 개정규정은 이 영 시행 이후 납세의무가 성립하는 분부터 적용한다.

제5조【재산세 세율 특례 대상 1세대 1주택의 범위에 관한 적용례】제110조의 2 제1항 제11호 및 같은 조 제2항 제3호의 개정규정은 2024년 1월 4일 이후 취득하는 주택부터 적용한다.

부 칙 (2024. 5. 7. 대통령령 제34494호 ; 문화재수리 등에 관한 법률 시행령 부칙)

제1조【시행일】이 영은 2024년 5월 17일부터 시행한다.

제2조【다른 법령의 개정】①~⑨ 생 략

⑩ 지방세법 시행령 일부를 다음과 같이 개정한다.

별표 1 제1종 제78호 본문 중 "「문화재수리 등에 관한 법률」제14조에 따른 문화재수리업, 문화재실측설계업 또는 문화재감리업"을 "「국가유산수리 등에 관한 법률」제14조에 따른 국가유산수리업, 국가유산실측설계업 또는 국가유산감리업"으로 하고, 같은 표 제2종 제78호 본문 중 "「문화재수리 등에 관한 법률」제14조에 따른 문화재수리업, 문화재실측설계업 또는 문화재 감리업"을 "「국가유산수리 등에 관한 법률」제14조에 따른 국가유산수리업, 국가유산실측설계업 또는 국가유산감리업"으로 하며, 같은 표 제3종 제79호 본문 중 "「문화재수리 등에 관한 법률」제14조에 따른 문화재수리업, 문화재실측설계업 또는 문화재 감리업"을 "「국가유산수리 등에 관한 법률」제14조에 따른 국가유산수리업, 국가유산실측설계업 또는 국가유산감리업"으로 하고, 같은 표 제4종 제78호 본문 중 "「문화재수리 등에 관한 법률」제14조에 따른 문화재수리업, 문화재실측설계업 또는 문화재 감리업"을 "「국가유산수리 등에 관한 법률」제14조에 따른 국가유산수리업, 국가유산실측설계업 또는 국가유산감리업"으로 한다.

운영예규 부 칙 (2023. 7. 1. 행정안전부예규 제249호)

제1조【시행일】이 예규는 2023년 7월 1일부터 시행한다.

제2조【재검토기한】행정안전부장관은 「훈령·예규 등의 발령 및 관리에 관한 규정」에 따라 이 예규에 대하여 2023년 7월 1일 기준으로 매 3년이 되는 시점(매 3년째의 6월 30일까지를 말한다)마다 그 타당성을 검토하여 개선 등의 조치를 하여야 한다.

부 칙 (2019. 5. 31.)

제1조【시행일】이 예규는 2019년 6월 1일부터 시행한다.

제2조【재검토기한】행정안전부장관은 「훈령·예규 등의 발령 및 관리에 관한 규정」에 따라 이 예규에 대하여 2019년 7월 1일 기준으로 매 3년이 되는 시점(매 3년째의 6월 30일까지를 말한다)마다 그 타당성을 검토하여 개선 등의 조치를 하여야 한다.

조 제5항의 개정규정은 이 법 시행 이후 법인이 합병 또는 분할에 따라 부동산을 취득하는 경우부터 적용한다.

　제5조【담배소비세에 부가된 가산세의 공제 및 환급에 관한 적용례】제63조 제1항 각 호 외의 부분 단서의 개정규정은 이 법 시행 전에 납세의무자가 납부하였거나 납부하여야 할 가산세에 대해서도 적용한다.

　제6조【연결법인지방소득세액에 관한 적용례】제85조 제1항 제15호 및 제103조의 37 제5항 단서의 개정규정은 2024년 1월 1일 이후 개시하는 사업연도부터 적용한다.

　제7조【개인지방소득세의 분할납부에 관한 적용례】제93조 제7항 후단 및 제95조 제4항의 개정규정은 2023년 1월 1일 이후 토지등의 매매차익을 신고(수정신고는 제외한다)하거나 종합소득·퇴직소득을 확정신고(수정신고는 제외한다)하는 분부터 적용한다.

　제8조【법인지방소득세의 재해손실세액 차감에 관한 적용례】제103조의 65의 개정규정은 2023년 1월 1일 이후 법인지방소득세 과세표준을 신고(수정신고는 제외한다)하는 경우부터 적용한다.

　제9조【주민세 사업소분 가산세 부과에 대한 특례에 관한 적용례】법률 제17769호 지방세법 일부개정법률 부칙 제12조의 개정규정은 2023년 1월 1일부터 적용한다.

　제10조【미납세 반출된 담배의 담배소비세 징수에 관한 경과조치】이 법 시행 전에 종전의 제53조 제1호 다목에 해당되어 반출된 담배를 이 법 시행 이후 다른 제조장 또는 보세구역에서 반출할 때에는 제53조 제1항 제1호 다목의 개정규정에도 불구하고 종전의 규정에 따른다.

　제11조【종합소득에 대한 개인지방소득세율의 변경에 관한 경과조치】2023년 1월 1일 전에 개시한 과세기간의 종합소득에 대한 개인지방소득세의 세율(제92조 제4항, 제93조 제3항, 같은 조 제4항 제2호 나목, 제103조의 3 제1항 제1호, 같은 조 제3항·제5항, 같은 조 제6항 제1호 및 같은 조 제10항에 따라 개인지방소득세율이 적용되는 경우를 포함한다)에 관하여는 제92조 제1항의 개정규정에도 불구하고 종전의 규정에 따른다.

　제12조【주식 및 파생상품 등의 양도에 따른 세액 계산에 관한 경과조치】2025년 1월 1일 전에 주식 및 파생상품 등을 양도한 경우 그 양도소득에 대한 개인지방소득세의 세액 계산에 관하여는 제103조 제1항, 제103조의 2 제3호, 제103조의 3 제1항 제12호 및 제13호, 같은 조 제7항 및 제103조의 8의 개정규정에도 불구하고 종전의 규정에 따른다.

　제13조【양도소득에 대한 개인지방소득세율의 변경에 관한 경과조치】2023년 1월 1일 전에 발생한 양도소득에 대한 개인지방소득세의 세율에 관하여는 제103조의 3 제1항 제8호 및 제9호의 개정규정에도 불구하고 종전의 규정에 따른다.

　제14조【사업연도 소득에 대한 법인지방소득세율의 변경에 관한 경과조치】2023년 1월 1일 전에 개시한 내국법인의 사업연도 소득에 대한 법인지방소득세의 세율(제103조의 48에 따라 법인지방소득세율이 적용되는 경우를 포함한다)에 관하여는 제103조의 20 제1항의 개정규정 및 부칙 제2조 단서에도 불구하고 종전의 규정에 따른다.

　제15조【주택 세부담상한제 폐지에 관한 경과조치】제122조의 개정규정 시행 전

⑪~⑬ 생　략

제3조　생　략

부 칙 (2024. 5. 7. 대통령령 제34491호 ; 매장문화재 보호 및 조사에 관한 법률 시행령 부칙)

제1조【시행일】이 영은 2024년 5월 17일부터 시행한다.

제2조【다른 법령의 개정】①~⑬ 생　략

⑭ 지방세법 시행령 일부를 다음과 같이 개정한다.

　별표 1 제2종 제114호를 다음과 같이 한다.

114.「매장유산 보호 및 조사에 관한 법률」제11조에 따른 매장유산 발굴의 허가

⑮~⑰ 생　략

제3조　생　략

부 칙 (2024. 5. 7. 대통령령 제34488호 ; 문화재보호법 시행령 부칙)

제1조【시행일】이 영은 2024년 5월 17일부터 시행한다.

제2조 · 제3조 생　략

제4조【다른 법령의 개정】①~⑬ 생　략

⑭ 지방세법 시행령 일부를 다음과 같이 개정한다.

　제28조의 2 제4호를 다음과 같이 한다.

4. 다음 각 목의 어느 하나에 해당하는 주택

　가.「문화유산의 보존 및 활용에 관한 법률」에 따른 지정문화유산

　나.「문화유산의 보존 및 활용에 관한 법률」에 따른 등록문화유산

　다.「자연유산의 보존 및 활용에 관한 법률」에 따른 천연기념물등

　제102조 제2항 제2호를 다음과 같이 한다.

2. 다음 각 목의 어느 하나에 해당하는 임야

　가.「문화유산의 보존 및 활용에 관한 법률」에 따른 지정문화유산 안의 임야

　나.「문화유산의 보존 및 활용에 관한 법률」에 따른 보호구역 안의 임야

　다.「자연유산의 보존 및 활용에 관한 법률」에 따른 천연기념물등 안의 임야

　라.「자연유산의 보존 및 활용에 관한 법률」에 따른 보호구역 안의 임야

　제110조의 2 제1항 제6호를 다음과 같이 한다.

6. 다음 각 목의 어느 하나에 해당하는 주택

　가.「문화유산의 보존 및 활용에 관한 법률」에 따른 지정문화유산

　나.「문화유산의 보존 및 활용에 관한 법률」에 따른 등록문화유산

　다.「자연유산의 보존 및 활용에 관한 법률」에 따른 천연기념물등

별표 1 제1종 제108호 중 “「문화재보호법」”을 “「문화유산의 보존 및 활용에 관한 법률」”로, “문화재매매업”을 “문화유산매매업”으로 하고, 같은 표 제2종 제115호를 다음과 같이 한다.

115.「문화유산의 보존 및 활용에 관한 법률」제39조에 따른 문화유산의 국외반출의 허가 및 「자연유산의 보존 및 활용에 관한 법률」제20조에 따른 천연기념물의 국외반출의 허가

⑮~⑤ 생　략

제5조　생　략

부 칙 (2024. 5. 7. 대통령령 제34487호 ; 국가유산기본법 시행령 부칙)

제1조【시행일】이 영은 2024년 5월 17일부터 시행한다.

제2조【다른 법령의 개정】①~⑯ 생　략

⑰ 지방세법 시행령 일부를 다음과 같이 개정한다.

　제51조 제1호 중 “매장문화재”를 “매장유산”으로 하고, 같은 조 제2호 중 “문화재”를 “국가유산”으로 한다.

⑱~⑰ 생　략

제3조　생　략

부 칙 (2024. 3. 26. 대통령령 제34353호)

제1조【시행일】이 영은 공포한 날부터 시행

에 주택 재산세가 과세된 주택에 대해서는 제122조의 개정규정에도 불구하고 2028년 12월 31일까지는 종전의 규정에 따른다.

제16조 【다른 법률의 개정】 ① 지방세특례제한법 일부를 다음과 같이 개정한다.
제177조 제1호를 삭제한다.

② 종합부동산세법 일부를 다음과 같이 개정한다.
제2조 제3호 단서를 삭제한다.

(2010. 3. 31. 법률 제10221호~
2022. 6. 10. 법률 제18957호) 생략

한다. 다만, 제18조 제3항 및 제38조의 2의 개정규정은 2024년 4월 1일부터 시행한다.

제2조 【유효기간】 제28조의 4 제2항 제1호·제2호 및 같은 조 제6항 제7호(같은 조 제2항 제1호·제2호의 규정에 해당하는 주택에 한정한다)부터 제9호까지의 개정규정은 2028년 12월 31일까지 효력을 가진다. (2024. 12. 31. 개정)

② 제28조의 4 제2항 제3호 및 같은 조 제6항 제7호(같은 조 제2항 제3호의 규정에 해당하는 주택에 한정한다)의 개정규정은 2026년 12월 31일까지 효력을 가진다. (2024. 12. 31. 개정)

제3조 【주택 수 산정 제외에 관한 적용례 등】 ① 제28조의 4 제2항부터 제5항까지 및 같은 조 제6항 제7호부터 제9호까지의 개정규정은 2024년 1월 10일 이후 취득하는 주택 또는 오피스텔부터 적용한다.

② 제28조의 4 제2항 제2호 및 같은 조 제6항 제7호(같은 조 제2항 제2호에 따른 주택으로 한정한다)·제9호의 개정규정에도 불구하고 2024년 1월 10일부터 이 영 시행일 전까지 취득한 다음 각 호의 구분에 따른 주택 또는 오피스텔에 대해서는 다음 각 호에서 정하는 바에 따른다.

1. 임대사업자가 취득한 주택 또는 오피스텔: 이 영 시행 이후 60일 이내에 「민간임대주택에 관한 특별법」 제5조에 따라 임대주택으로 등록한 경우 제28조의 4 제2항 제2호 다목 또는 같은 조 제6항 제9호 나목의 요건을 갖춘 것으로 본다.

2. 임대사업자가 아닌 자가 취득한 주택 또는 오피스텔: 이 영 시행 이후 60일 이내에 「민간임대주택에 관한 특별법」 제5조에 따라 임대사업자로 등록하고 그 주택 또는 오피스텔을 임대주택으로 등록한 경우 제28조의 4 제2항 제2호 다목 또는 같은 조 제6항 제9호 나목의 요건을 갖춘 것으로 본다.

제4조 【확인서 제출에 관한 적용례】 제70조의 2 제2항의 개정규정은 이 영 시행 전에 담배를 폐기하였으나 종전의 제70조의 2 제2항에 따른 기간이 경과하지 않은 경우에도 적용한다.

제5조 【지방소비세에 관한 적용례】 별표 2부터 별표 5까지의 개정규정은 2024년 1월 1일 이후 「부가가치세법」에 따라 납부 또는 환급하는 분부터 적용한다.

제6조 【담배소비세 등의 충당에 관한 경과조치】 2024년 1월 1일 전에 납세의무가 성립된 분에 대해서는 제72조 및 제134조의 3의 개정규정에도 불구하고 종전의 규정에 따른다.

부 칙 (2024. 1. 16. 대통령령 제34153호 ; 해상교통안전법 시행령 부칙)

제1조 【시행일】 이 영은 2024년 1월 26일부터 시행한다. (단서 생략)

제2조~제5조 생 략

제6조 【다른 법령의 개정】 ①~④ 생 략

⑤ 지방세법 시행령 일부를 다음과 같이 개정한다.

별표 1 제2종 제90호 중 "「해사안전법」 제51조에 따른 선박안전관리대행업"을 "「해상교통안전법」 제53조에 따른 안전관리대행업"으로 하고, 같은 표 제2종 제151호 중 "「해사안전법」 제19조"를 "「해상교통안전법」 제18조"로 한다.

⑥~⑨ 생 략

제7조 생 략

부 칙 (2023. 12. 29. 대통령령 제34080호)

제1조 【시행일】 이 영은 2024년 1월 1일부터 시행한다.

제2조 【감정가액에 따른 시가인정액의 산정 등에 관한 적용례】 제14조 제1항 제2호 각 목 외의 부분 단서 및 같은 조 제5항의 개정규정은 이 영 시행 이후 취득하는 부동산등에 대해 시가인정액을 산정하는 경우부터 적용한다.

제3조 【대물변제 및 양도담보로 취득한 과세물건의 과세표준에 관한 적용례】 제18조의 4 제1항 제1호 가목 단서 및 같은 호 다목 단서의 개정규정은 이 영 시행 이후 취득하는 경우부터 적용한다.

제4조 【무상취득 등으로 보지 않는 계약해제 기간의 변경에 관한 적용례】 ① 제20조 제1항 제1호부터 제3호까지의 개정규정은 이 영 시행 전에 무상취득한 경우로서 이 영 시행 당시 그 취득일부터 60일이 경과되지 않은 경우에도 적용한다.

② 제20조 제2항의 개정규정은 이 영 시행 이후 유상승계취득하는 경우(사실상의 잔금지급일을 확인할 수 있는 경우로 한정한다)부터 적용한다.

제5조 【주택 유상거래 취득 중과세의 예외에 관한 적용례】 제28조의 2 제8호 각 목 외의 부분 단서의 개정규정[같은 호 나목 6) 외의 개정사항만 해당한다]은 이 영 시행 이후 멸실시킬 목적으로 주택을 취득하는 경우부터 적용한다.

제6조 【철거 빈집의 부속토지에 대한 별도합산과세에 관한 적용례】 제103조의 2 전단의 개정규정은 이 영 시행 이후 재산세 납세의무가 성립하는 경우부터 적용한다.

제7조 【철거 빈집에 대한 재산세 세 부담 상한에 관한 적용례】 제118조 제1호 라목의 개정규정은 이 영 시행 이후 재산세 납세의무가 성립하는 경우부터 적용한다. 이 경우 「농어촌정비법」에 따른 생활환경정비사업(빈집의 정비에 관한 사업만 해당한다)의 시행으로 주택이 멸실되는 토지에 대해서는 이 영 시행 이후 주택이 멸실되는 경우로 한정한다.

제8조【등록면허세에 관한 적용례】별표 1의 개정규정은 이 영 시행 이후 납세의무가 성립하는 분부터 적용한다.

부 칙 (2023. 12. 19. 대통령령 제34011호 ; 벤처투자 촉진에 관한 법률 시행령 부칙)

제1조【시행일】이 영은 2023년 12월 21일부터 시행한다.

제2조【다른 법령의 개정】①~⑱ 생 략

⑲ 지방세법 시행령 일부를 다음과 같이 개정한다.

　제26조 제1항 제17호 본문 중 "중소기업창업투자회사"를 "벤처투자회사"로 한다.

⑳~㉑ 생 략

제3조 생 략

부 칙 (2023. 7. 7. 대통령령 제33621호 ; 지방자치분권 및 지역균형발전에 관한 특별법 시행령 부칙)

제1조【시행일】이 영은 2023년 7월 10일부터 시행한다.

제2조~제11조 생 략

제12조【다른 법령의 개정】①~㉙ 생 략

㉚ 지방세법 시행령 일부를 다음과 같이 개정한다.

　제102조 제7항 제12호 사목 중 "「국가균형발전 특별법」 제2조 제10호"를 "「지방자치분권 및 지역균형발전에 관한 특별법」 제2조 제14호"로 한다.

㉛~㊴ 생 략

제13조 · 제14조 생 략

부 칙 (2023. 6. 30. 대통령령 제33609호)

제1조【시행일】이 영은 공포한 날부터 시행한다.

제2조【차량 또는 기계장비의 취득당시가액에 관한 적용례】제18조의 3 제1항 각 호 및 제2항 단서의 개정규정은 2023년 1월 1일 이후 차량 또는 기계장비를 취득한 경우에 대해서도 적용한다.

부 칙 (2023. 6. 7. 대통령령 제33518호 ; 수상레저안전법 시행령 부칙)

제1조【시행일】이 영은 2023년 6월 11일부터 시행한다.

제2조~제10조 생 략

제11조【다른 법령의 개정】①~④ 생 략

⑤ 지방세법 시행령 일부를 다음과 같이 개정한다.

　별표 1 <제2종> 제133호 중 "「수상레저안전법」 제39조"를 "「수상레저안전법」 제37조"로 한다.

제12조 생 략

부 칙 (2023. 5. 30. 대통령령 제33489호)

제1조【시행일】이 영은 공포한 날부터 시행한다.

제2조【별도합산과세대상 토지의 범위에 관한 적용례】제101조 제3항의 개정규정은 이 영 시행 이후 납세의무가 성립하는 분부터 적용한다.

부 칙 (2023. 4. 27. 대통령령 제33435호 ; 동물보호법 시행령 부칙)

제1조【시행일】이 영은 공포한 날부터 시행한다. (단서 생략)

제2조~제7조 생 략

제8조【다른 법령의 개정】①~⑤ 생 략

⑥ 지방세법 시행령 일부를 다음과 같이 개정한다.

　별표 1 <제3종> 제29호를 다음과 같이 한다.

29. 「동물보호법」 제69조 제1항 및 제4항에 따른 동물생산업 · 동물수입업 · 동물판매업 · 동물장묘업의 허가 및 신고, 같은 법 제73조 제1항 및 제4항에 따른 동물전시업 · 동물위탁관리업 · 동물미용업 · 동물운송업의 등록 및 신고

⑦ 생 략

제9조 생 략

부 칙 (2023. 4. 18. 대통령령 제33417호 : 오존층 보호를 위한 특정물질의 제조규제 등에 관한 법률 시행령 부칙)

제1조【시행일】이 영은 2023년 4월 19일부터 시행한다.

제2조 생 략

제3조【다른 법령의 개정】① 생 략

② 지방세법 시행령 일부를 다음과 같이 개정한다.

　별표 1 <제1종> 제152호 중 "「오존층 보호를 위한 특정물질의 제조규제 등에 관한 법률」"을 "「오존층 보호 등을 위한 특정물질의 관리에 관한 법률」"로 한다.

부 칙 (2023. 3. 14. 대통령령 제33325호)

제1조【시행일】이 영은 공포한 날부터 시행한다. 다만, 제87조 제4항, 제99조의 2부터 제99조의 4까지, 제100조 제12항, 제100조의 5 제3항 전단 및 제100조의 7 제4항의 개정규정은 2025년 1

월 1일부터 시행한다.

　제2조【주택 유상거래 취득 중과세의 예외 등에 관한 적용례】제28조의 2부터 제28조의 4까지, 제79조 제2항·제3항, 제100조의 3 제2항, 제102조 제9항, 제110조의 2, 제118조 및 별표 1의 개정규정은 이 영 시행 이후 납세의무가 성립하는 분부터 적용한다.

　제3조【지방소비세에 관한 적용례】제75조 및 별표 2부터 별표 5까지의 개정규정은 2023년 1월 1일 이후 「부가가치세법」에 따라 납부 또는 환급하는 분부터 적용한다.

　제3조의 2【재개발사업 등으로 취득한 부동산에 대한 과세표준에 관한 특례】① 2023년 3월 14일 전에 「도시 및 주거환경정비법」 제74조에 따른 관리처분계획 인가, 「빈집 및 소규모주택 정비에 관한 특례법」 제29조에 따른 사업시행계획인가 또는 「주택법」 제15조에 따른 사업계획 승인을 받은 사업의 시행으로 법 제10조의 5 제3항 제3호에 따른 사업시행자 또는 주택조합이 2023년 3월 14일 이후 취득하는 비조합원용 부동산 또는 체비지·보류지에 대해서는 제18조의 4 제1항 제3호의 개정규정에도 불구하고 취득당시가액은 다음 계산식에 따라 산출한 가액으로 한다. 다만, 다음 계산식에 따라 산출한 가액이 제18조의 4 제1항 제3호의 개정규정에 따라 산출한 가액보다 높은 경우에는 그렇지 않다. <u>(2024. 12. 31. 신설)</u>

$$가액 = A × [B - (C × B / D)]$$

　A: 해당 토지의 제곱미터당 공시지가
　B: 해당 토지의 면적
　C: 사업시행자 또는 주택조합이 해당 사업진행 중 취득한 토지면적(조합원으로부터 신탁받은 토지는 제외한다)
　D: 해당 사업 대상 토지의 전체 면적

② 2023년 3월 14일 전에 「도시개발법」 제29조에 따른 환지계획 인가를 받은 사업의 시행으로 제18조의 4 제2항 제1호에 따른 사업시행자가 2023년 3월 14일 이후 취득하는 체비지·보류지에 대해서는 같은 조 제1항 제4호 가목의 개정규정에도 불구하고 취득당시가액은 다음 계산식에 따라 산출한 가액으로 한다. 다만, 다음 계산식에 따라 산출한 가액이 같은 조 제1항 제4호 가목의 개정규정에 따라 산출한 가액보다 높은 경우에는 그렇지 않다. (2024. 12. 31. 신설)

$$가액 = A × [B - (C × B / D)] - E$$

　A: 해당 토지의 제곱미터당 공시지가
　B: 해당 토지의 면적
　C: 사업시행자가 해당 사업 진행 중 취득한 토지면적
　D: 해당 사업 대상 토지의 전체 면적
　E: 법 제7조 제4항 후단에 따른 토지의 지목변경에 따른 취득가액

③ 2023년 3월 14일 전에 「도시개발법」 제29조에 따른 환지계획 인가 또는 「도시 및 주거환경정비법」 제74조에 따른 관리처분계획 인가를 받은 사업의 시행으로 제18조의 4 제2항 제2호에 따른 조합원(재개발사업 또는 도시개발사업에 따른 조합원의 경우에는 2023년 1월 1일부터 2023년 3월 14일 전까지 환지계획 인가 또는 관리처분계획인가를 받은 경우로 한정한다)이 2023년 3월 14일 이후 취득하는 토지에 대해서는 같은 조 제1항 제4호 나목의 개정규정에도 불구하고 취득당시가액은 다음 계산식에 따라 산출한 가액으로 한다. 다만, 다음 계산식에 따라 산출한 가액이 같은 조 제1항 제4호 나목의 개정규정에 따라 산출한 가액보다 높은 경우에는 그렇지 않다. (2024. 12. 31. 신설)

$$가액 = (A × B) - C$$

　A: 해당 토지의 제곱미터당 공시지가
　B: 해당 토지 면적
　C: 법 제7조 제4항 후단에 따른 토지의 지목변경에 따른 취득가액

　제4조【과점주주의 부동산 취득에 관한 경과조치】이 영 시행 전에 종전의 제11조 제1항에 따라 최초로 과점주주가 된 경우(같은 조 제2항 본문에 따라 주식등의 비율이 증가된 경우를 포함한다)의 취득세 부과에 관하여는 같은 조 제1항의 개정규정에도 불구하고 종전의 규정에 따른다.

　제5조【다른 법령의 개정】개별소비세법 시행령 일부를 다음과 같이 개정한다.

　제20조 제2항 제5호 가목 중 "「지방세법」 제53조 각 호"를 "「지방세법」 제53조 제1항 각 호"로 한다.

부　칙 (2023. 2. 28. 대통령령 제33308호)

　제1조【시행일】이 영은 공포한 날부터 시행한다.

　제2조【조정대상지역의 일시적 2주택에 대한 취득세 중과 배제 요건에 관한 적용례】제28조의 5 제1항 및 제36조의 3 제1항의 개정규정은 2023년 1월 12일 이후 제28조의 5 및 제36조의 3에 따른 종전 주택등을 처분하여 같은 개정규정에 따른 요건에 해당하게 된 경우에도 적용한다.

부　칙 (2023. 1. 10. 대통령령 제33225호 ; 수산업법 시행령 부칙)

제1조【시행일】이 영은 2023년 1월 12일부터 시행한다.

제2조～제9조 생　략

제10조【다른 법령의 개정】①～㊲ 생　략

㊳ 지방세법 시행령 일부를 다음과 같이 개정한다.

별표 1 <제1종>의 제53호 본문 및 같은 표 <제2종>의 제53호 본문 중 "「수산업법」 제8조, 제41조 및 제47조"를 각각 "「수산업법」 제7조, 제40조 및 제48조"로 하고, 같은 표 <제3종>의 제54호 본문 중 "「수산업법」 제8조, 제41조 및 제47조"를 "「수산업법」 제7조, 제40조 및 제48조"로, 제183호 중 "「수산업법」 제57조"를 "「수산업법」 제51조"로 하며, 같은 표 <제4종>의 제53호 본문 중 "「수산업법」 제8조, 제41조 및 제47조"를 "「수산업법」 제7조, 제40조 및 제48조"로, 제94호 중 "「수산업법」 제65조"를 "「수산업법」 제62조"로 한다.

㊴～㊽ 생　략

제11조 생　략

(2010. 9. 20. 대통령령 제22395호～
2022. 11. 29. 대통령령 제33004호) 생략

지방세특례제한법

지특법 부칙

<table>
<tr><td>

법 률

</td><td>

시행령

</td><td>

시행규칙

</td></tr>
</table>

제 6 절　고용지원을 위한 특례

제 7 절　기업구조조정을 위한 특례

<table>
<tr><td>지방세특례제한법</td><td>지방세특례제한법 시행령</td><td>지방세특례제한법
시행규칙</td></tr>
</table>

지방세특례제한법	지방세특례제한법 시행령	지방세특례제한법 시행규칙
개정 (공공주택특별법 부칙) 2025. 1. 31. 법률 제20754호	개정 2024. 12. 31. 대통령령 제35178호	개정 2024. 12. 31. 행정안전부령 제540호
(기업부설~부칙) 2025. 1. 31. 법률 제20727호	(전북특별자치도~부칙) 2024. 12. 24. 대통령령 제35089호	2024. 2. 29. 행정안전부령 제465호
2024. 12. 31. 법률 제20632호	(무역조정지원~부칙) 2024. 12. 10. 대통령령 제35053호	2023. 3. 14. 행정안전부령 제384호
(조세특례제한법 부칙) 2024. 12. 31. 법률 제20617호	(근현대문화유산~부칙) 2024. 9. 10. 대통령령 제34881호	2021. 12. 31. 행정안전부령 제302호
(전세사기~부칙) 2024. 9. 10. 법률 제20429호	(벤처기업육성에~부칙) 2024. 7. 2. 대통령령 제34657호	2021. 4. 20. 행정안전부령 제248호
(관광진흥법 부칙) 2024. 2. 27. 법률 제20357호	(강원특별자치도~부칙) 2024. 6. 4. 대통령령 제34550호	2020. 12. 31. 행정안전부령 제225호
(무역조정~부칙) 2024. 2. 20. 법률 제20320호	(문화재~부칙) 2024. 5. 7. 대통령령 제34488호	2020. 1. 17. 행정안전부령 제157호
(녹색건축물~부칙) 2024. 2. 20. 법률 제20337호	(농산물의~부칙) 2024. 3. 26. 대통령령 제34356호	2018. 12. 31. 행정안전부령 제 95호
(관광진흥법 부칙) 2024. 2. 27. 법률 제20357호	2023. 12. 29. 대통령령 제34079호	2017. 12. 29. 행정안전부령 제 28호
(녹색건축물~부칙) 2024. 2. 20. 법률 제20337호	2023. 5. 16. 대통령령 제33470호	(행정안전부와~시행규칙 부칙)
(무역조정~부칙) 2024. 2. 20. 법률 제20320호	(국가보훈부와~부칙) 2023. 4. 11. 대통령령 제33382호	2017. 7. 26. 행정안전부령 제 1호
(벤처기업육성~부칙) 2024. 1. 9. 법률 제19990호	2023. 3. 14. 대통령령 제33324호	2016. 12. 30. 행정자치부령 제101호
2023. 12. 29. 법률 제19862호	(도서관법 시행령 부칙) 2022. 12. 6. 대통령령 제33023호	2015. 12. 31. 행정자치부령 제 57호
(근현대문화유산의~부칙) 2023. 9. 14. 법률 제19702호	(지역중소기업~부칙) 2022. 1. 25. 대통령령 제32370호	2014. 12. 31. 행정자치부령 제 15호
(행정기관소속위원회~법률) 2023. 8. 16. 법률 제19634호	2021. 12. 31. 대통령령 제32292호	2014. 12. 31. 행정자치부령 제 12호
(문화재보호법 부칙) 2023. 8. 8. 법률 제19590호	(연구산업진흥법 시행령 부칙) 2021. 10. 19. 대통령령 제32063호	(행정자치부와~직제 시행규칙 부칙)
2023. 6. 1. 법률 제19422호	(5·18민주유공자예우~시행령 부칙) 2021. 4. 6. 대통령령 제31614호	2014. 11. 19. 행정자치부령 제 1호
(자연유산의~부칙) 2023. 3. 21. 법률 제19251호	(부가가치세법 시행령 부칙) 2021. 2. 17. 대통령령 제31445호	(안전행정부와~직제 시행규칙 부칙)
(지방세징수법 부칙) 2023. 3. 14. 법률 제19231호	(어려운 법령용어~대통령령) 2021. 1. 5. 대통령령 제31380호	2013. 3. 23. 안전행정부령 제 1호
(지방세법 부칙) 2023. 3. 14. 법률 제19230호	2020. 12. 31. 대통령령 제31344호	2011. 12. 31. 행정안전부령 제273호
(정부조직법 부칙) 2023. 3. 4. 법률 제19228호	(양식산업발전법 시행령 부칙) 2020. 8. 26. 대통령령 제30977호	제정 2010. 12. 23. 행정안전부령 제178호
2023. 3. 14. 법률 제19232호	(문화재보호법 시행령 부칙) 2020. 5. 26. 대통령령 제30704호	
(수산업법 부칙) 2022. 1. 11. 법률 제18755호	(농업소득의~시행령 부칙) 2020. 4. 28. 대통령령 제30640호	
(비상대비자원 관리법 부칙) 2022. 1. 4. 법률 제18682호	2020. 1. 15. 대통령령 제30355호	
(중소기업~부칙) 2021. 12. 28. 법률 제18661호	(문화재보호법 시행령 부칙) 2019. 12. 31. 대통령령 제30285호	
2021. 12. 28. 법률 제18656호	(법인세법 시행령 부칙) 2019. 2. 12. 대통령령 제29529호	
(화재예방, 소방시설~부칙) 2021. 11. 30. 법률 제18522호	(장애인복지법 시행령 부칙) 2018. 12. 31. 대통령령 제29450호	
(자유무역협정 체결에~법률 부칙) 2021. 10. 19. 법률 제18503호	2018. 12. 31. 대통령령 제29438호	
(한국자산관리공사~법률 부칙) 2021. 8. 17. 법률 제18437호	(공공기관 지방이전~시행령 부칙) 2018. 2. 27. 대통령령 제28686호	
(근로자직업능력 개발법 부칙) 2021. 8. 17. 법률 제18425호	2017. 12. 29. 대통령령 제28525호	
(지역중소기업~법률 부칙) 2021. 7. 27. 법률 제18358호	(행정안전부와 그 소속기관 직제 부칙) 2017. 7. 26. 대통령령 제28211호	

2021. 6. 8. 법률 제18209호
(자본시장과 금융투자업에 관한 법률 부칙) 2021. 4. 20. 법률 제18128호
(연구산업진흥법 부칙) 2021. 4. 20. 법률 제18075호
2021. 4. 20. 법률 제18091호
(한국광해광업공단법 부칙) 2021. 3. 9. 법률 제17919호
(지방자치법 부칙) 2021. 1. 12. 법률 제17893호
(5·18민주유공자~부칙) 2021. 1. 5. 법률 제17883호
(독점규제 및~부칙) 2020. 12. 29. 법률 제17799호
2020. 12. 29. 법률 제17771호
(국제조세조정에 관한 법률 부칙) 2020. 12. 22. 법률 제17651호
(산업집적활성화~부칙) 2020. 12. 8. 법률 제17598호
2020. 8. 12. 법률 제17474호
(한국철도시설공단법 부칙) 2020. 6. 9. 법률 제17460호
(후계농어업인~부칙) 2020. 5. 19. 법률 제17278호
(수산업협동조합의~부칙) 2020. 2. 18. 법률 제17039호
2020. 1. 15. 법률 제16865호
(금융회사부실자산~법률 부칙) 2019. 11. 26. 법률 제16652호
(문화재보호법 부칙) 2019. 11. 26. 법률 제16596호
(양식산업발전법 부칙) 2019. 8. 27. 법률 제16568호
(파견근로자보호~부칙) 2019. 4. 30. 법률 제16413호
(첨단의료복합단지~부칙) 2019. 4. 30. 법률 제16407호
(중소기업진흥~부칙) 2018. 12. 31. 법률 제16172호
(환경친화적~부칙) 2018. 12. 31. 법률 제16133호
(문화재보호법 부칙) 2018. 12. 24. 법률 제16057호
2018. 12. 24. 법률 제16041호
(법인세법 부칙) 2018. 12. 24. 법률 제16008호
(노인장기요양보험법 부칙) 2018. 12. 11. 법률 제15881호
(국립공원관리공단법 부칙) 2018. 10. 16. 법률 제15830호
(공무원연금법 부칙) 2018. 3. 20. 법률 제15523호
(철도건설법 부칙) 2018. 3. 13. 법률 제15460호
(민간임대주택에~부칙) 2018. 1. 16. 법률 제15356호
(공공기관 지방이전에 따른~부칙) 2017. 12. 26. 법률 제15309호
2017. 12. 26. 법률 제15295호
(해양환경관리법 부칙) 2017. 10. 31. 법률 제15012호
(교통안전공단법 부칙) 2017. 10. 24. 법률 제14939호

(지방세징수법 시행령 부칙) 2017. 3. 27. 대통령령 제27959호
(지방세기본법 시행령 부칙) 2017. 3. 27. 대통령령 제27958호
2016. 12. 30. 대통령령 제27711호
2016. 11. 30. 대통령령 제27648호
(중소기업진흥에~시행령 부칙) 2016. 9. 29. 대통령령 제27524호
(서민의 금융생활~시행령 부칙) 2016. 9. 22. 대통령령 제27511호
(기초연구진흥 및~시행령 부칙) 2016. 9. 22. 대통령령 제27506호
(주택법 시행령 부칙) 2016. 8. 11. 대통령령 제27444호
(물류시설의 개발~시행령 부칙) 2016. 6. 28. 대통령령 제27285호
2016. 5. 3. 대통령령 제27118호
2015. 12. 31. 대통령령 제26837호
(임대주택법 시행령 부칙) 2015. 12. 28. 대통령령 제26763호
(수산업·어촌~시행령 부칙) 2015. 12. 22. 대통령령 제26754호
(신에너지 및 재생에너지~시행령 부칙) 2015. 6. 15. 대통령령 제26316호
(조세특례제한법 시행령 부칙) 2015. 2. 3. 대통령령 제26070호
2014. 12. 31. 대통령령 제25958호
(농업소득의 보전에 관한 법률 시행령 부칙) 2014. 12. 30. 대통령령 제25918호
(행정자치부와~직제 부칙) 2014. 11. 19. 대통령령 제25751호
2014. 8. 20. 대통령령 제25556호
2014. 3. 14. 대통령령 제25253호
2014. 1. 1. 대통령령 제25060호
(부가가치세법 시행령 부칙) 2013. 6. 28. 대통령령 제24638호
(과학관육성법 시행령 부칙) 2013. 4. 22. 대통령령 제24502호
(안전행정부와~직제 부칙) 2013. 3. 23. 대통령령 제24425호
2013. 1. 1. 대통령령 제24297호
(고엽제후유의증 등~시행령 부칙) 2012. 12. 21. 대통령령 제24247호
(고엽제후유의증 환자지원~시행령 부칙) 2012. 4. 17. 대통령령 제23734호
2011. 12. 31. 대통령령 제23484호
(기초과학연구 진흥법 시행령 부칙) 2011. 6. 24. 대통령령 제22977호
2011. 3. 29. 대통령령 제22762호
2010. 12. 30. 대통령령 제22587호
제정 2010. 9. 20. 대통령령 제22396호

(정부조직법 부칙) 2017. 7. 26. 법률 제14839호
(빈집 및 소규모주택~부칙) 2017.   2. 8. 법률 제14569호
(도시 및 주거환경정비법 부칙) 2017.   2.   8. 법률 제14567호

(2010. 3. 31. 법률 제10220호 제정~2016. 12. 27. 법률 제14481호 개정) 생략

운영 예규

개정 2022. 10. 25. 행정안전부예규 제223호
제정 2019.   5. 31. 행정안전부예규 제 74호

제1조【목　적】이 법은 지방세 감면 및 특례에 관한 사항과 이의 제한에 관한 사항을 규정하여 지방세 정책을 효율적으로 수행함으로써 건전한 지방재정 운영 및 공평과세 실현에 이바지함을 목적으로 한다. (2010. 3. 31. 제정)

제2조【정　의】① 이 법에서 사용하는 용어의 뜻은 다음과 같다. (2010. 3. 31. 제정)

1. "고유업무"란 법령에서 개별적으로 규정한 업무와 법인등기부에 목적사업으로 정하여진 업무를 말한다. (2010. 3. 31. 제정)
2. "수익사업"이란 「법인세법」 제4조 제3항에 따른 수익사업을 말한다. (2018. 12. 24. 개정 ; 법인세법 부칙)
2의 2. "주택"이란 「지방세법」 제104조 제3호에 따른 주택을 말한다. (2015. 12. 29. 신설)
3. "공동주택"이란 「주택법」 제2조 제3호에 따른 공동주택을 말하되 기숙사는 제외한다. (2016. 1. 19. 개정 ; 주택법 부칙)
4. "수도권"이란 「수도권정비계획법」 제2조 제1호에 따른 수도권을 말한다. (2010. 3. 31. 제정)
5. "과밀억제권역"이란 「수도권정비계획법」 제6조 제1항 제1호에 따른 과밀억제권역을 말한다. (2010. 3. 31. 제정)
6. "지방세 특례"란 세율의 경감, 세액감면, 세액공제, 과세표준 공제(중과세 배제, 재산세 과세대상 구분전환을 포함한다) 등을 말한다. (2010. 3. 31. 제정)
7. "재산세"란 「지방세법」 제111조에 따라 부과된 세액을 말한다. (2010. 3. 31. 제정)
8. "직접 사용"이란 부동산·차량·건설기계·선박·항공기 등의 소유자(「신탁법」 제2조에 따른 수탁자를 포함하며, 신탁등기를 하는 경우만 해당한다)가 해당 부동산·차량·건설기계·선박·항공기 등을 사업 또는 업무의 목적이나 용도에 맞게 사용(이 법에서 임대를 목적 사업 또는 업무로 규정한 경우 외에는 임대하여 사용하는

제1조【목　적】이 영은 「지방세특례제한법」에서 위임된 사항과 그 시행에 필요한 사항을 규정함을 목적으로 한다. (2010. 9. 20. 제정)

경우는 제외한다)하는 것을 말한다. (2023. 3. 14. 개정)

8의 2. "매각·증여"란 이 법에 따라 지방세를 감면받은 자가 해당 부동산, 차량, 선박 등을 매매, 교환, 증여 등 유상이나 무상으로 소유권을 이전하는 것을 말한다. 다만, 대통령령으로 정하는 소유권 이전은 제외한다. (2021. 12. 28. 신설)

9. "내국인"이란 「지방세법」에 따른 거주자 및 내국법인을 말한다. (2014. 1. 1. 신설)

10. "과세연도"란 「지방세법」에 따른 과세기간 또는 사업연도를 말한다. (2014. 1. 1. 신설)

11. "과세표준신고"란 「지방세법」 제95조, 제103조의 5 및 제103조의 23에 따른 과세표준의 신고를 말한다. (2016. 12. 27. 개정)

12. "익금(益金)"이란 「소득세법」 제24조에 따른 총수입금액 또는 「법인세법」 제14조에 따른 익금을 말한다. (2014. 1. 1. 신설)

13. "손금(損金)"이란 「소득세법」 제27조에 따른 필요경비 또는 「법인세법」 제14조에 따른 손금을 말한다. (2014. 1. 1. 신설)

14. "이월과세(移越課稅)"란 개인이 해당 사업에 사용되는 사업용고정자산 등(이하 이 호에서 "종전사업용고정자산등"이라 한다)을 현물출자(現物出資) 등을 통하여 법인에 양도하는 경우 이를 양도하는 개인에 대해서는 「지방세법」 제103조에 따른 양도소득에 대한 개인지방소득세(이하 "양도소득분 개인지방소득세"라 한다)를 과세하지 아니하고, 그 대신 이를 양수한 법인이 그 사업용고정자산 등을 양도하는 경우 개인이 종전사업용고정자산등을 그 법인에 양도한 날이 속하는 과세기간에 다른 양도자산이 없다고 보아 계산한 같은 법 제103조의 3에 따른 양도소득에 대한 개인지방소득세 산출세액(이하 "양도소득분 개인지방소득 산출세액"이라 한다) 상당액을 법인지방소득세로 납부하는 것을 말한다. (2014. 1. 1. 신설)

② 이 법에서 사용하는 용어의 뜻은 특별한 규정이 없으면 「지방세기본법」, 「지방세징수법」 및 「지방세법」에서 정하는 바에 따른다. 다만, "제3장 지방소득세 특례"에서 사용하는 용어의 뜻은 「지방세기본법」, 「지방세징수법」 및 「지방세법」에서 정하는 경우를 제외하고 「조세특례제한법」 제2조에서 정하는 바에 따른다. (2016. 12. 27. 개정 ; 지방세기본법 부칙)

제1조의 2 【매각·증여의 예외】 법 제2조 제1항 제8호의 2 단서에서 "대통령령으로 정하는 소유권 이전"이란 다음 각 호의 어느 하나에 해당하는 소유권 이전을 말한다. (2023. 3. 14. 신설)

1. 상속으로 인한 소유권 이전 (2023. 3. 14. 신설)

2. 「공익사업을 위한 토지 등의 취득 및 보상에 관한 법률」 등 다른 법률에 따른 부동산의 수용으로 인한 소유권 이전. 다만, 같은 법 제22조에 따른 사업인정의 고시(다른 법률에 따라 해당 사업인정의 고시가 준용되거나 간주되는 경우를 포함한다) 또는 다른 법률에 따라 해당 사업인정의 고시에 준하는 행정기관의 고시 등이 있은 이후에 부동산을 취득하여 수용되는 경우는 제외한다. (2023. 3. 14. 신설)

3. 「지방세법」 제9조 제3항에 따라 취득세가 부과되지 않는 신탁재산의 소유권 이전 (2023. 3. 14. 신설)

제2조의 2 【지방세 특례의 원칙】 행정안전부장관 및 지방자치단체는 지방세 특례를 정하려는 경우에는 다음 각 호의 사항 등을 종합적으로 고려하여야 한다. (2020. 1. 15. 개정)
1. 지방세 특례 목적의 공익성 및 지방자치단체 사무와의 연계성 (2020. 1. 15. 신설)
2. 국가의 경제·사회정책에 따른 지역발전효과 및 지역균형발전에의 기여도 (2020. 1. 15. 신설)
3. 조세의 형평성 (2020. 1. 15. 신설)
4. 지방세 특례 적용 대상자의 조세부담능력 (2020. 1. 15. 신설)
5. 지방세 특례 대상·적용 대상자 및 세목의 구체성·명확성 (2020. 1. 15. 신설)
6. 지방자치단체의 재정여건 (2020. 1. 15. 신설)
7. 국가 및 지방자치단체의 보조금 등 예산 지원과 지방세 특례의 중복 최소화 (2020. 1. 15. 신설)
8. 지역자원시설세 등 특정 목적을 위하여 부과하는 지방세에 대한 지방세 특례 설정 최소화 (2020. 1. 15. 신설)

제3조 【지방세 특례의 제한】 ① 이 법,「지방세기본법」,「지방세징수법」,「지방세법」,「조세특례제한법」 및 조약에 따르지 아니하고는 「지방세법」에서 정한 일반과세에 대한 지방세 특례를 정할 수 없다. (2016. 12. 27. 개정 ; 지방세기본법 부칙)
② 관계 행정기관의 장은 이 법에 따라 지방세 특례를 받고 있는 법인 등에 대한 특례 범위를 변경하려고 법률을 개정하려면 미리 행정안전부장관과 협의하여야 한다. (2017. 7. 26. 직제개정 ; 정부조직법 부칙)

제4조 【조례에 따른 지방세 감면】 (2010. 12. 27. 제목개정)
① 지방자치단체는 주민의 복리 증진 등 효율적인 정책 추진을 위하여 필요하다고 인정될 경우 제2조의 2에 따라 3년의 기간 이내에서 지방세의 세율경감, 세액감면 및 세액공제(이하 이 조 및 제182조에서 "지방세 감면"이라 한다)를 할 수 있다. (2023. 12. 29. 개정)

운영예규 법4 - 1 【공 익】
「지방세특례제한법」 제4조 제1항 제1호의 「공익」이라 함은 사회생활을 해 나가는 데 있어서 누구에게나 보편적으로 납득될 만한 보편화된 가치규범, 공동체자체의 권익, 사회 전체의 생존이나 발전에 요구되는 미래의 이익이나 효용성, 사회적 약자의 이익, 불특정다수인의 이익을 도모하는 사유를 의미한다.

② 지방자치단체는 제1항에도 불구하고 다음 각 호의 어느 하나에 해당하는 지방세 감면을 할 수 없다. 다만, 국가 및 지방자치단체의 경제적 상황, 긴급한 재난관리 필요성, 세목의 종류 및 조세의 형평성 등을 고려하여 대통령령으로 정하는 경우에는 제1호에 해당하는 지방세 감면을 할 수 있다. (2020. 1. 15. 단서신설)
1. 이 법에서 정하고 있는 지방세 감면을 확대(지방세 감면율·감면액을 확대하거나 지방세 감면 적용 대상자·세목·기간을 확대하는 것을 말한다)하는 지방세 감면 (2023. 3. 14. 개정)
2. 「지방세법」 제13조 및 제28조 제2항에 따른 중과세의 배제를 통한 지방세 감면 (2020. 1. 15. 호번개정)
3. 「지방세법」 제106조 제1항 각 호에 따른 토지에 대한 재산세 과세대상의 구분 전환을 통한 지방세 감면 (2020. 1. 15. 호번개정)
4. 제177조에 따른 감면 제외대상에 대한 지방세 감면. 다만, 다음 각 목의 어느 하나에 해당하는 경우에는 지방세 감면을 할 수 있다. (2023. 12. 29. 단서개정)
　가. 「감염병의 예방 및 관리에 관한 법률」 제49조 제1항 제2호에 따른 집합 제한 또는 금지로 인하여 영업이 금지되는 경우 (2023. 12. 29. 신설)
　나. 「재난 및 안전관리 기본법」 제60조에 따른 특별재난지역으로 선포된 경우로서 해당 재난으로 입은 중대한 재산상 피해로 영업이 현저히 곤란하다고 인정되는 경우 (2023. 12. 29. 신설)
5. 과세의 형평을 현저하게 침해하거나 국가의 경제시책에 비추어 합당하지 아니한 지방세 감면으로서 대통령령으로 정하는 사항 (2023. 12. 29. 개정)

제2조 【지방세 감면규모 등】 (2010. 12. 30. 제목개정)
① 「지방세특례제한법」(이하 "법"이라 한다) 제4조 제2항 각 호 외의 부분 단서에서 "대통령령으로 정하는 경우"란 다음 각 호의 어느 하나에 해당하는 경우로서 지방세 감면(법 제4조 제1항에 따른 지방세 감면을 말한다. 이하 이 조에서 같다)이 필요한 것으로 행정안전부장관이 인정하는 경우를 말한다. (2020. 1. 15. 신설)
1. 「재난 및 안전관리 기본법」 제3조 제1호에 따른 재난의 대응 및 복구를 위해 필요한 경우 (2020. 1. 15. 신설)
2. 경기침체, 대량실업 등 국가 및 지방자치단체의 경제위기 극복을 위해 필요한 경우 (2020. 1. 15. 신설)
3. 장애인 등 사회적 취약계층 보호를 위해 필요한 경우 (2020. 1. 15. 신설)
4. 법 제3장 지방소득세 특례의 적용 대상자로서 법 제2장 감면의 적용 대상자가 아닌 자에 대해 감면 세목(지방소득세는 제외한다)을 추가하려는 경우 (2020. 1. 15. 신설)
5. 해당 지방자치단체의 주요 역점사업 추진을 위해 필요한 경우 (2023. 3. 14. 신설)

② 법 제4조 제2항 제5호에서 "대통령령으로 정하는 사항"이란 다음 각 호의 어느 하나에 해당하는 사항을 말한다. (2023. 12. 29. 개정)
1. 「지방세기본법」, 「지방세징수법」 또는 「지방세법」에 따른 지방세의 납부기한이 경과된 사항 (2023. 12. 29. 개정)
2. 「지방세기본법」, 「지방세징수법」, 「지방세법」, 「조세특례제한법」 또는 법에 따른 지방세 과세정책에 중대한 영향을 미치는 사항 (2023. 12. 29. 개정)
3. 토지 등 부동산정책, 사회적 취약계층의 보호 등 사회복지정책이나 그 밖의 주요 국가시책에 반하는 사항 (2023. 12. 29. 개정)
4. 그 밖에 지방자치단체 주민 간 지방세 부담의 현저한 형평성 침해 등 지방세 과세정책 추진에 저해되는 사항 (2023. 12. 29. 개정)

③ 지방자치단체는 지방세 감면(이 법 또는 「조세특례제한법」의 위임에 따른 감면은 제외한다)을 하려면 「지방세기본법」 제47조에 따른 지방세심의위원회의 심의를 거쳐 조례로 정하여야 한다. 이 경우 대통령령으로 정하는 일정 규모 이상의 지방세 감면을 신설 또는 연장하거나 변경하려는 경우에는 대통령령으로 정하는 조세 관련 전문기관이나 법인 또는 단체에 의뢰하여 감면의 필요성, 성과 및 효율성 등을 분석·평가하여 심의자료로 활용하여야 한다. (2016. 12. 27. 개정 ; 지방세기본법 부칙)

④ 제1항과 제3항에도 불구하고 지방자치단체의 장은 천재지변이나 그 밖에 대통령령으로 정하는 특수한 사유로 지방세 감면이 필요하다고 인정되는 자에 대해서는 해당 지방의회의 의결을 얻어 지방세 감면을 할 수 있다. (2015. 12. 29. 개정)　　　　　　　　[농특비]

[운영예규] 법4-2 【천재·지변 등으로 인한 지방세감면범위】
지방자치단체는 풍·수해 등으로 인한 천재·지변, 화재, 전화(戰禍) 등 기타 재해 등이 발생한 경우에는 납세자의 자력복구를 지원하기 위하여 다음과 같이 지방

③ 법 제4조 제3항 후단에서 "대통령령으로 정하는 일정 규모 이상"이란 지방세 감면을 신설하는 경우에는 해당 조례안의 지방세 감면 조문별로 그 감면기간 동안 발생할 것으로 예상되는 지방세 감면 추계액이 30억원(시·군·자치구의 경우에는 10억원) 이상인 경우를 말하며, 지방세 감면을 연장하거나 변경하려는 경우에는 해당 조례의 감면기한이 도래하는 날 또는 지방세 감면의 변경에 관한 조례안을 해당 지방자치단체의 장이 정하는 날이 속하는 해의 직전 3년간(지방세 감면을 신설한 지 3년이 지나지 않은 경우에는 그 기간)의 연평균 지방세 감면액이 30억원(시·군·자치구의 경우에는 10억원) 이상인 경우를 말한다. (2023. 12. 29. 개정)

④ 법 제4조 제3항 후단에서 "대통령령으로 정하는 조세 관련 전문기관이나 법인 또는 단체"란 다음 각 호의 어느 하나에 해당하는 기관이나 법인 또는 단체를 말한다. (2020. 1. 15. 항번개정)

1. 「지방세기본법」 제151조에 따른 지방세연구원 (2017. 3. 27. 개정 ; 지방세기본법 시행령 부칙)
2. 「민법」 외의 다른 법률에 따라 설립된 조세 관련 기관이나 법인 (2010. 12. 30. 개정)
3. 「민법」에 따라 설립된 조세 관련 학회 등 법인 (2010. 12. 30. 개정)
4. 조세 관련 교육과정이 개설된 「고등교육법」 제2조에 따른 학교 (2010. 12. 30. 개정)
5. 조세에 관한 사무에 근무한 경력이 15년 이상인 사람이 2명 이상 속해 있는 법인 또는 단체 (2010. 12. 30. 개정)
6. 그 밖에 행정안전부장관이 정하여 고시하는 기관이나 법인 또는 단체 (2017. 7. 26. 직제개정 ; 행정안전부와~직제 부칙)

⑤ 법 제4조 제4항에서 "대통령령으로 정하는 특수한 사유"란 지진, 풍수해, 벼락, 전화(戰禍) 또는 이와 유사한 재해를 말한다. (2021. 1. 5. 개정 ; 어려운 법령용어~대통령령)

⑥ 법 제4조 제4항에 따라 지방세 감면을 받으려는 자는 그 사유가 발생한 날부터 30일 이내에 그 사유를 증명할 수 있는 서류를 갖추어 관할 특별자치시장·특별자치도지사(관할 구역 안에 지방자치단체인 시·군이 없는 특별자치도의 도지사를 말한다)·시장·군수·구청장(구청장은 자치구의 구청장을 말한다. 이하 "시장·군수·구청장"이라 한

편주 ▶
2024. 1. 1. 전에 법 4조 3항 후단에 따라 지방세 감면의 신설·연장·변경에 관한 분석·평가를 의뢰한 경우에는 영 2조 3항의 개정규정에도 불구하고 종전의 규정에 따라 분석·평가한 후 지방세심의위원회의 심의자료로 활용해야 함. (영 부칙(2023. 12. 29.) 2조)

　제2조 【감면 신청】① 「지방세특례제한법 시행령」(이하 "영"이라 한다) 제2조 제6항 및 제126조 제1항에 따른 지방세 감면 신청은 별지 제1호 서식에 따른다. (2020. 12. 31. 개정)

세를 조속히 감면조치 하여야 한다.
1. 지방세기본·관계법상 근거규정
　① 감면 : 「지방세특례제한법」 제4조 제4항(지방의회 의결사항)
　② 대체취득 감면
　　가. 건축물·선박·자동차·기계장비파손, 멸실 : 「지방세특례제한법」 제
　　　92조 제1항 제3호
　　나. 멸실건축물 복구시 건축허가 : 「지방세특례제한법」 제92조 제2항
　　다. 자동차소멸·멸실·파손 : 「지방세특례제한법」 제92조 제3항
　③ 기한의 연장 : 「지방세기본법」 제26조, 영 제6조
　④ 징수유예 등 : 「지방세징수법」 제25조 및 제25조의 2, 영 제31조 (2022.
　　10. 25. 개정)
2. 피해대상별 지원내역(예시)
　① 주택 등 건축물의 피해: 멸실 또는 파손된 건축물을 복구하기 위하여 2년
　　이내에 신축 또는 개축하는 건축물에 대하여 취득세·등록면허세 감면
　② 자동차·기계장비 피해: 소멸·멸실·파손자동차의 대체취득시 취득세를
　　감면하고 소멸·멸실·파손된 자동차를 회수하거나 사용할 수 없는 것으
　　로 인정할 경우에는 자동차세를 감면
　③ 사망·실종·중상자가 발생된 경우에는 기한의 연장, 징수유예 등 조치

⑤ 지방자치단체는 지방세 감면에 관한 사항을 정비하여야 하며, 지방
자치단체의 장은 정비 결과를 행정안전부장관에게 제출하여야 한다.
이 경우 행정안전부장관은 그 정비 결과를 지방세 감면에 관한 정책
수립 등에 활용할 수 있다. (2017. 7. 26. 직제개정 ; 정부조직법 부칙)
⑥ 지방자치단체는 제1항부터 제3항까지의 규정에 따라 지방세 감면
을 하는 경우에는 전전년도 지방세징수 결산액에 대통령령으로 정하는
일정비율을 곱한 규모(이하 이 조에서 "지방세 감면규모"라 한다) 이내
에서 조례로 정하여야 한다. (2010. 12. 27. 신설) _{농특비}
⑦ 지방자치단체는 제6항의 조례에 따라 감면된 지방세액이 지방세
감면규모를 초과한 경우 그 다음 다음 연도의 지방세 감면은 대통령
령으로 정하는 바에 따라 축소·조정된 지방세 감면규모 이내에서
조례로 정할 수 있다. 다만, 지방세 감면규모를 초과하여 정하려는 경
우로서 행정안전부장관의 허가를 받아 조례로 정한 지방세 감면에 대
해서는 지방세 감면규모 축소·조정 대상에서 제외한다. (2023. 12.
29. 개정)

다)에게 지방세 감면을 신청하여야 한다. (2024. 12. 31. 개정)
⑦ 시장·군수·구청장은 법 제4조 제4항에 따라 지방세 감면을 할
필요가 있다고 인정할 경우에는 직권으로 지방세 감면 대상자를 조사
할 수 있다. (2020. 1. 15. 항번개정)

⑧ 법 제4조 제6항에서 "대통령령으로 정하는 일정비율"이란 지방자
치단체의 재정상황 및 지방세 수입 규모 등을 고려하여 100분의 5의
범위에서 행정안전부장관이 정하여 고시하는 비율을 말한다. 이 경우
행정안전부장관은 법 제4조 제2항 각 호 외의 부분 단서에 따른 지방
세 감면(행정안전부장관이 별도로 정하는 지방세 감면으로 한정한다)
과 다음 각 호의 어느 하나에 해당하는 경우로서 지방자치단체가 행정
안전부장관과 협의하여 조례로 정하는 지방세 감면이 있는 경우에는
해당 감면규모를 반영한 비율을 전단에 따라 고시하는 비율에 별도로
추가하여 고시(각 비율의 합은 100분의 5를 초과할 수 없다)할 수 있
다. (2020. 1. 15. 개정)
1. 「재난 및 안전관리 기본법」 제3조 제1호에 따른 재난의 대응 및 복

② 제1항에 따른 지방세 감면 신청을 받은
특별자치시장·특별자치도지사·시장·
군수 또는 구청장(자치구의 구청장을 말하
며, 이하 "시장·군수·구청장"이라 한다)
은 지방세 감면을 신청한 자 또는 그 위임
을 받은 자(이하 이 항에서 "감면신청인"
이라 한다)에게 지방세 감면 관련 사항을
별지 제2호 서식에 따라 직접 또는 우편발
송 등의 방법으로 안내해야 한다. 이 경우
감면신청인이 요청하는 경우에는 전자적
방법으로 안내할 수 있다. (2020. 12. 31.
개정)

편주 ▶ ······························
지방세 감면조례 총량비율 (행정자치부고시
제2022-26호, 2022. 3. 25.)
···

⑧ 제1항에 따른 지방세 감면을 조례로 정하는 경우 제주특별자치도에 대해서는 제2항(단서 및 제1호는 제외한다)·제6항 및 제7항을 적용하지 아니한다. (2020. 1. 15. 개정)

운영예규 법4-3【행정안전부장관 허가의 목적】
「지방세특례제한법」 제4조의 규정에서 행정안전부장관의 허가를 얻도록 하는 것은 헌법 제117조 및 「지방자치법」 제9조 제1항 및 제2항 제1호 나목 및 제39조 제1항 제1호에 저촉되는 것으로 볼 수가 없는 것이고, 당해 지방자치단체의 감면 조례를 제정할 때 지방자치단체의 합리성 없는 과세면제의 남용을 억제하여 지방자치단체 상호간 균형을 맞추게 함으로써 조세평등주의를 실천함과 아울러 건전한 지방세제도를 확립하고 안정된 지방재정운영에 기여하는 데 그 목적이 있다.

제5조【지방세지출보고서의 작성】① 지방자치단체의 장은 지방세 감면 등 지방세 특례에 따른 재정 지원의 직전 회계연도의 실적과 해당 회계연도의 추정 금액에 대한 보고서(이하 "지방세지출보고서"라 한다)를 작성하여 지방의회에 제출하여야 한다. (2010. 3. 31. 제정)
② 지방세지출보고서의 작성방법 등에 관하여는 행정안전부장관이 정한다. (2017. 7. 26. 직제개정 ; 정부조직법 부칙)

제 2 장 감 면 (2010. 3. 31. 제정)

제 1 절 농어업을 위한 지원 (2010. 3. 31. 제정)

제6조【자경농민의 농지 등에 대한 감면】① 대통령령으로 정하는 바에 따라 농업을 주업으로 하는 사람으로서 2년 이상 영농에 종사한 사람 또는 「후계농어업인 및 청년농어업인 육성·지원에 관한 법률」 제8조에 따른 후계농업경영인 및 청년창업형 후계농업경영인(이하 이 조에서 "자경농민"이라 한다)이 대통령령으로 정하는 기준에 따라 직접 경작할 목적으로 취득하는 대통령령으로 정하는 농지(이하 이 절에서 "농지"라 한다) 및 관계 법령에 따라 농지를 조성하기 위하여 취득하는 임야에 대해서는 취득세의 100분의 50을 2026년 12월 31일까지 경감

구를 위해 필요한 경우 (2020. 1. 15. 신설)
2. 여러 지방자치단체에 영향을 미치는 국가적 현안의 해결을 위해 필요한 경우 (2020. 1. 15. 신설)
3. 특정 지역에 소재한 국가기반시설의 지원을 위해 필요한 경우 (2020. 1. 15. 신설)
4. 특정 산업의 육성을 목적으로 제정된 법률에 따라 지정된 특구나 단지 등의 지원을 위해 필요한 경우 (2020. 1. 15. 신설)
5. 그 밖에 제1호부터 제4호까지의 경우와 유사한 것으로 행정안전부장관이 인정하는 경우 (2020. 1. 15. 신설)
⑨ 법 제4조 제6항의 조례에 따라 감면된 지방세액이 해당 연도의 지방세 감면규모(법 제4조 제6항에 따른 지방세 감면규모를 말한다. 이하 이 항에서 같다)를 초과한 경우에는 법 제4조 제7항 본문에 따라 그 초과한 금액의 2배에 해당하는 금액을 그 다음 다음 연도의 지방세 감면규모에서 차감한다. (2023. 12. 29. 개정)

제 2 장 감 면 (2010. 9. 20. 제정)

제 1 절 농어업을 위한 지원 (2010. 9. 20. 제정)

제3조【자경농민 및 직접 경작농지의 기준 등】① 법 제6조 제1항 각 호 외의 부분 본문에서 "대통령령으로 정하는 바에 따라 농업을 주업으로 하는 사람으로서 2년 이상 영농에 종사한 사람"이란 본인 또는 배우자[「주민등록법」 제7조에 따른 세대별 주민등록표(이하 "세대별 주민등록표"라 한다)에 함께 기재되어 있는 경우로 한정한다. 이하 이 조에서 같다] 중 1명 이상이 취득일 현재 다음 각 호의 요건을 모두 갖추고 있는 사람을 말한다. (2020. 1. 15. 개정)
1. 농지(「지방세법 시행령」 제21조에 따른 농지를 말한다. 이하 같다)

운영예규 법6-1【자경농민 및 직접 경작농지의 기준 등】
「지방세특례제한법 시행령」 제3조 제1항 제2호에서 자경농민이 「거주한다」 함은 농지 취득일 현재 농지의 소재지인 특별자치시·특별자치도·시·군·구(자치구를 말한다. 이하 "시·군·구"라 한다) 또는 그와 잇닿아 있는 시·군·구에 주소지를 두고 거주하거나 해당농지 소

한다. 다만, 다음 각 호의 어느 하나에 해당하는 경우 그 해당 부분에 대해서는 경감된 취득세를 추징한다. (2023. 12. 29. 개정)

[농특비]

1. 정당한 사유 없이 그 취득일부터 2년이 경과할 때까지 자경농민으로서 농지를 직접 경작하지 아니하거나 농지조성을 시작하지 아니하는 경우 (2015. 12. 29. 개정)
2. 직접 경작한 기간이 2년 미만인 상태에서 매각·증여하거나 다른 용도로 사용하는 경우 (2023. 12. 29. 개정)

[편주] ▶ ···
2024. 1. 1. 전에 자경농민 및 귀농인이 경감받은 취득세의 추징에 관하여는 법 6조 1항 2호의 개정규정에도 불구하고 종전의 규정에 따름. (법 부칙 (2023. 12. 29.) 11조)
···

② 자경농민이 다음 각 호의 어느 하나에 해당하는 시설로서 대통령령으로 정하는 기준에 적합한 시설을 농업용으로 직접 사용하기 위하여 취득하는 경우 해당 농업용 시설에 대해서는 취득세의 100분의 50을 2026년 12월 31일까지 경감한다. (2023. 12. 29. 개정) [농특비]

1. 양잠(養蠶) 또는 버섯재배용 건축물, 고정식 온실 (2014. 12. 31. 개정)
2. 「축산법」 제2조 제1호에 따른 가축을 사육하기 위한 시설 및 그 부속시설로서 대통령령으로 정하는 시설 (2020. 12. 29. 개정)
3. 창고[저온창고, 상온창고(常溫倉庫) 및 농기계보관용 창고만 해당한다] 및 농산물 선별처리시설 (2014. 12. 31. 개정)

③ 자경농민이 경작할 목적으로 받는 도로점용, 하천점용 및 공유수면 점용의 면허에 대해서는 등록면허세를 2021년 12월 31일까지 면제한다. (2018. 12. 24. 개정)

④ 대통령령으로 정하는 바에 따라 「농업·농촌 및 식품산업 기본법」 제3조 제5호에 따른 농촌지역으로 이주하는 귀농인(이하 이 항에서 "귀농인"이라 한다)이 대통령령으로 정하는 기준에 따라 직접 경작 또는 직접 사용할 목적으로 대통령령으로 정하는 귀농일(이하 이 항에서 "귀농일"이라 한다)부터 3년 이내에 취득하는 농지, 「농지법」 등 관계

를 소유하거나 임차하여 경작하는 방법으로 직접 2년 이상 계속하여 농업에 종사할 것 (2014. 8. 20. 개정)

2. 제1호에 따른 농지의 소재지인 특별자치시·특별자치도(관할 구역 안에 지방자치단체인 시·군이 없는 특별자치도를 말한다)·시·군·구(자치구를 말한다. 이하 "시·군·구"라 한다) 또는 그와 잇닿아 있는 시·군·구에 거주하거나 해당 농지의 소재지로부터 30킬로미터 이내의 지역에 거주할 것 (2024. 12. 31. 개정)

3. 직전 연도 농업 외의 종합소득금액(「소득세법」 제4조 제1항 제1호에 따른 종합소득에서 농업·임업에서 발생하는 소득, 같은 법 제45조 제2항에 따른 부동산임대업에서 발생하는 소득 및 같은 법 시행령 제9조에 따른 농가부업소득을 제외한 금액을 말한다)이 「농업·농촌 공익기능 증진 직접지불제도 운영에 관한 법률」 제9조 제3항 제1호 및 같은 법 시행령 제6조 제1항에 따른 금액 미만일 것 (2024. 12. 31. 개정)

② 법 제6조 제1항 각 호 외의 부분 본문 및 같은 조 제4항 각 호 외의 부분 본문에서 "대통령령으로 정하는 기준"이란 각각 다음 각 호의 요건을 모두 갖춘 경우를 말한다. (2021. 12. 31. 개정)

1. 농지 및 임야의 소재지가 「국토의 계획 및 이용에 관한 법률」에 따른 도시지역(개발제한구역과 녹지지역은 제외한다. 이하 이 항 및 제4항에서 "도시지역"이라 한다) 외의 지역일 것 (2023. 3. 14. 개정)
2. 농지 및 임야를 취득하는 사람의 주소지가 농지 및 임야의 소재지인 시·군·구 또는 그 지역과 잇닿아 있는 시·군·구 지역이거나 농지 및 임야의 소재지로부터 30킬로미터 이내의 지역일 것 (2020. 12. 31. 개정)
3. 본인 또는 배우자가 소유하고 있는 농지 및 임야(도시지역 안의 농지 및 임야를 포함한다)와 본인 또는 배우자가 새로 취득하는 농지 및 임야를 모두 합한 면적이 논, 밭, 과수원은 3만제곱미터(「농지법」에 따라 지정된 농업진흥지역 안의 논, 밭, 과수원은 20만제곱미터로 한다), 목장용지는 25만제곱미터, 임야는 30만제곱미터 이내일 것. 이 경우 초과부분이 있을 때에는 그 초과부분만을 경감대상에서 제외한다. (2016. 12. 30. 개정)

재지로부터 30킬로미터 이내의 지역에 주소지를 두고 거주하는 것을 말한다. (2022. 10. 25. 개정)
[☞]

　　제2조의 2 【자경농민 농지 감면 및 자영어민 어업용 토지 감면 소득기준 등의 범위】 (2017. 12. 29. 제목개정)

① 영 제3조 제1항 제3호에 따른 직전 연도 농업 외의 종합소득금액과 같은 조 제8항에 따른 과세연도별 농업 외의 종합소득금액은 각각 다음 각 호의 금액을 합산한 것으로 한다. (2024. 12. 31. 개정)

1. 「소득세법」 제19조에 따른 사업소득금액 (2017. 12. 29. 개정)
2. 「소득세법」 제20조 제1항에 따른 근로소득에서 같은 법 제12조에 따른 비과세소득을 차감한 금액 (2014. 12. 31. 신설)
3. 「소득세법」 제16조, 제17조, 제20조의 3 및 제21조에 따른 이자소득금액, 배당소득금액, 연금소득금액 및 기타소득금액 (2014. 12. 31. 신설)

② 제1항에 따른 직전 연도 농업 외의 종합소득금액은 다음 각 호의 구분에 따른 연도의 소득금액으로 한다. (2014. 12. 31. 신설)

1. 「소득세법」 제70조에 따른 종합소득 과세표준이 확정된 경우 : 「지방세특례제한법」(이하 "법"이라 한다) 제6조에 따

법령에 따라 농지를 조성하기 위하여 취득하는 임야 및 제2항에 따른 농업용 시설(농지, 임야 및 농업용 시설을 취득한 사람이 그 취득일부터 60일 이내에 귀농인이 되는 경우 그 농지, 임야 및 농업용 시설을 포함한다)에 대해서는 취득세의 100분의 50을 2027년 12월 31일까지 경감한다. 다만, 귀농인이 다음 각 호의 어느 하나에 해당하는 경우에는 경감된 취득세를 추징하되, 제3호 및 제4호의 경우에는 그 해당 부분에 한정하여 경감된 취득세를 추징한다. (2024. 12. 31. 개정)

[농특비]

1. 정당한 사유 없이 귀농일부터 3년 이내에 주민등록 주소지를 취득 농지 및 임야 소재지 특별자치시 · **특별자치도**(관할 구역 안에 지방자치단체인 시 · 군이 없는 특별자치도를 말한다) · 시 · 군 · 구(구의 경우에는 자치구를 말한다. 이하 같다), 그 지역과 연접한 시 · 군 · 구 또는 농지 및 임야 소재지로부터 30킬로미터 이내의 지역 외의 지역으로 이전하는 경우 (2024. 12. 31. 개정)
2. 정당한 사유 없이 농지, 임야 또는 농업용 시설의 취득일이 속하는 과세연도의 다음 과세연도 개시일부터 3년 이내에 과세연도별로 「농업 · 농촌 및 식품산업 기본법」 제3조 제1호에 따른 농업 외의 산업에 종사하여 발생하는 소득으로서 대통령령으로 정하는 소득이 대통령령으로 정하는 금액 이상인 경우 (2024. 12. 31. 개정)

[편주] ▶ ··
2025. 1. 1. 전에 감면받은 취득세의 추징에 관하여는 법 6조 4항 2호의 개정규정에도 불구하고 종전의 규정에 따름. (법 부칙(2024. 12. 31.) 9조)
··

3. 정당한 사유 없이 다음 각 목의 어느 하나에 해당하는 경우 (2023. 12. 29. 개정)

[편주] ▶ ··
2024. 1. 1. 전에 자경농민 및 귀농인이 경감받은 취득세의 추징에 관하여는 법 6조 4항 3호의 개정규정에도 불구하고 종전의 규정에 따름. (법 부칙(2023. 12. 29.) 11조)
··

③ 법 제6조 제1항 각 호 외의 부분 본문에서 "대통령령으로 정하는 농지"란 「지방세법 시행령」 제21조에 따른 농지를 말한다. (2021. 12. 31. 신설)

④ 법 제6조 제2항 각 호 외의 부분에서 "대통령령으로 정하는 기준에 적합한 시설"이란 다음 각 호의 요건을 모두 갖춘 농업용 시설을 말한다. (2021. 12. 31. 항번개정)
1. 농업용 시설의 소재지가 도시지역 외의 지역일 것 (2018. 12. 31. 신설)
2. 농업용 시설을 취득하는 사람의 주소지가 해당 농업용 시설의 소재지인 시 · 군 · 구 또는 그 지역과 잇닿아 있는 시 · 군 · 구 지역이거나 그 농업용 시설의 소재지로부터 30킬로미터 이내의 지역일 것. 다만, 법 제6조 제2항 제1호에 따른 고정식 온실과 같은 항 제2호에 따른 시설은 소재지에 관한 제한을 받지 않는다. (2020. 12. 31. 개정)

⑤ 법 제6조 제2항 제2호에서 "대통령령으로 정하는 시설"이란 다음 각 호의 시설을 말한다. (2021. 12. 31. 항번개정)
1. 사육시설, 소독 및 방역 시설, 착유실, 집란실 (2020. 12. 31. 신설)
2. 「가축분뇨의 관리 및 이용에 관한 법률」 제2조 제3호에 따른 배출시설 (2020. 12. 31. 신설)
3. 「가축분뇨의 관리 및 이용에 관한 법률」 제2조 제7호에 따른 정화시설 (2020. 12. 31. 신설)

⑥ 법 제6조 제4항 각 호 외의 부분 본문에서 "대통령령으로 정하는 바에 따라 「농업 · 농촌 및 식품산업 기본법」 제3조 제5호에 따른 농촌지역으로 이주하는 귀농인"이란 다음 각 호의 요건을 모두 갖춘 사람을 말한다. (2021. 12. 31. 항번개정)
1. 농촌(「농업 · 농촌 및 식품산업 기본법」 제3조 제5호에 따른 지역을 말한다. 이하 이 조에서 같다) 외의 지역에서 제7항에 따른 귀농일을 기준으로 1년 이전부터 「주민등록법」 제16조에 따른 전입신고를 하고 계속하여 실제 거주한 사람일 것 (2021. 12. 31. 개정)
2. 제7항에 따른 귀농일 전까지 계속하여 1년 이상 「농업 · 농촌 및 식품산업 기본법」 제3조 제1호에 따른 농업에 종사하지 않은 사람일 것 (2021. 12. 31. 개정)
3. 농촌에 「주민등록법」에 따른 전입신고를 하고 실제 거주하는 사람

른 농지 취득일이 속하는 연도의 직전 연도 (2014. 12. 31. 신설)
2. 「소득세법」 제70조에 따른 종합소득 과세표준이 확정되지 아니한 경우 : 법 제6조에 따른 농지 취득일이 속하는 연도의 전전 연도 (2014. 12. 31. 신설)

③ 법 제6조에 따라 취득세를 경감받으려는 자(이하 이 항에서 "감면신청인"이라 한다)는 제2조 제1항에도 불구하고 별지 제1호의 2 서식에 따른 감면신청서에 제2항에 따른 소득금액을 확인할 수 있는 다음 각 호의 서류를 첨부하여 관할 지방자치단체의 장에게 제출해야 한다. 이 경우 감면신청인이 「전자정부법」 제36조 제1항에 따른 행정정보의 공동이용을 통한 주민등록등본 등의 확인에 동의하는 경우에는 그 확인으로 주민등록등본 등의 제출을 갈음할 수 있다. (2020. 12. 31. 개정)
1. 주민등록등본 (2017. 12. 29. 개정)
2. 소득금액증명원, 그 밖의 종합소득금액을 확인하는 서류로서 행정안전부장관이 정하여 고시하는 서류 (2017. 12. 29. 개정)
3. 2년 이상 영농에 종사하고 있음을 확인하는 서류로서 행정안전부장관이 정하여 고시하는 서류 (2017. 12. 29. 개정)

④ 영 제5조 제1항 제2호 단서에 따른 직전 연도 어업 외의 종합소득금액은 제1항 각 호의 금액을 합산한 것으로 한다. (2024. 12. 31. 개정)

⑤ 제4항에 따른 직전 연도 어업 외의 종합소득금액의 산정은 다음 각 호의 구분에

가. 농지의 취득일부터 2년 이내에 직접 경작하지 아니하는 경우 (2023. 12. 29. 개정)

나. 임야의 취득일부터 2년 이내에 농지의 조성을 시작하지 아니하는 경우 (2023. 12. 29. 개정)

다. 농업용 시설의 취득일부터 1년 이내에 해당 용도로 직접 사용하지 아니하는 경우 (2023. 12. 29. 개정)

4. 직접 경작 또는 직접 사용한 기간이 3년 미만인 상태에서 매각·증여하거나 다른 용도로 사용하는 경우 (2023. 12. 29. 개정)

[편주] ▶ ···

2024. 1. 1. 전에 자경농민 및 귀농인이 경감받은 취득세의 추징에 관하여는 법 6조 4항 4호의 개정규정에도 불구하고 종전의 규정에 따름. (법 부칙 (2023. 12. 29.) 11조)

···

제7조【농기계류 등에 대한 감면】 [농특비]

① 농업용(영농을 위한 농산물 등의 운반에 사용하는 경우를 포함한다)에 직접 사용하기 위한 자동경운기 등 「농업기계화 촉진법」에 따른 농업기계에 대해서는 2026년 12월 31일까지 면제한다. (2023. 12. 29. 개정)

② 농업용수의 공급을 위한 관정시설(管井施設)에 대해서는 취득세 및 재산세를 각각 2026년 12월 31일까지 면제한다. (2023. 12. 29. 개정)

제8조【농지확대개발을 위한 면제 등】 [농특비]

① 「농어촌정비법」에 따른 농업생산기반 개량사업의 시행으로 인하여 취득하는 농지 및 같은 법에 따른 농지확대 개발사업의 시행으로 인하여 취득하는 개간농지에 대해서는 취득세를 2025년 12월 31일까지 면제한다. 다만, 「한국농어촌공사 및 농지관리기금법」에 따라 설립된 한국농어촌공사(이하 이 조 및 제13조에서 "한국농어촌공사"라 한다)가 취득하는 경우에는 취득세를 면제하지 아니한다. (2023. 3. 14. 개정)

② 「농어촌정비법」이나 「한국농어촌공사 및 농지관리기금법」에 따라 교환·분합하는 농지, 농업진흥지역에서 교환·분합하는 농지에 대해서는 취득세를 2025년 12월 31일까지 면제한다. 다만, 한국농어촌공사

일 것 (2015. 12. 22. 개정 ; 수산업·어촌~시행령 부칙)

⑦ 법 제6조 제6항 각 호 외의 부분 본문에서 "대통령령으로 정하는 귀농일"이란 제4항에 따른 귀농인이 새로 이주한 해당 농촌으로 전입신고를 하고 거주를 시작한 날을 말한다. (2021. 12. 31. 개정)

⑧ 법 제6조 제4항 제2호에서 "대통령령으로 정하는 소득"이란 과세연도별 농업 외의 종합소득금액(「소득세법」 제4조 제1항 제1호에 따른 종합소득에서 농업·임업에서 발생하는 소득, 같은 법 제45조 제2항에 따른 부동산임대업에서 발생하는 소득 및 같은 법 시행령 제9조에 따른 농가부업소득을 제외한 금액을 말한다)을 말한다. (2024. 12. 31. 신설)

⑨ 법 제6조 제4항 제2호에서 "대통령령으로 정하는 금액"이란 3,700만원을 말한다. (2024. 12. 31. 신설)

⑩ 제1항에 따른 직전 연도 농업 외의 종합소득금액, 2년 이상 농업에 종사하는 사람을 확인하는 세부적인 기준, 제8항에 따른 과세연도별 농업 외의 종합소득금액, 감면신청 절차 및 그 밖에 필요한 사항은 행정안전부령으로 정한다. (2024. 12. 31. 개정)

따른 연도의 소득금액을 기준으로 한다. (2017. 12. 29. 신설)

1. 「소득세법」 제70조에 따른 종합소득 과세표준이 확정된 경우 : 법 제9조 제1항에 따른 양어장인 토지 및 영 제5조 제3항에 따른 수조의 취득일이 속하는 연도의 직전 연도 (2017. 12. 29. 신설)

2. 「소득세법」 제70조에 따른 종합소득 과세표준이 확정되지 아니한 경우 : 법 제9조 제1항에 따른 양어장인 토지 및 영 제5조 제3항에 따른 수조의 취득일이 속하는 연도의 전전 연도 (2017. 12. 29. 신설)

⑥ 법 제9조에 따라 취득세를 경감받으려는 자(이하 이 항에서 "감면신청인"이라 한다)는 제2조 제1항에도 불구하고 별지 제1호의 3 서식에 따른 감면신청서에 제4항에 따른 소득금액을 확인할 수 있는 다음 각 호의 서류를 첨부하여 관할 지방자치단체의 장에게 제출해야 한다. 이 경우 감면신청인이 「전자정부법」 제36조 제1항에 따른 행정정보의 공동이용을 통한 주민등록등본 등의 확인에 동의하는 경우에는 그 확인으로 주민등록등본 등의 제출을 갈음할 수 있다. (2020. 12. 31. 개정)

1. 주민등록등본 (2017. 12. 29. 신설)

2. 소득금액증명원, 그 밖의 종합소득금액을 확인하는 서류로서 행정안전부장관이 정하여 고시하는 서류 (2017. 12. 29. 신설)

3. 어업에 종사하고 있음을 확인하는 서류로서 행정안전부장관이 정하여 고시하

가 교환·분합하는 경우에는 취득세를 면제하지 아니한다. (2023. 3. 14. 개정)

③ 대통령령으로 정하는 바에 따라 임업을 주업으로 하는 사람 또는 임업후계자가 직접 임업을 하기 위하여 교환·분합하는 임야의 취득에 대해서는 취득세를 2025년 12월 31일까지 면제하고, 임업을 주업으로 하는 사람 또는 임업후계자가 「산지관리법」에 따라 지정된 보전산지를 취득(99만제곱미터 이내의 면적을 취득하는 경우로 한정하되, 보전산지를 추가적으로 취득하는 경우에는 기존에 소유하고 있는 보전산지의 면적과 합산하여 99만제곱미터를 초과하지 아니하는 분에 한정한다)하는 경우에는 취득세의 100분의 50을 2025년 12월 31일까지 경감한다. (2023. 3. 14. 개정)

④ 「공유수면 관리 및 매립에 관한 법률」에 따른 공유수면의 매립 또는 간척으로 인하여 취득하는 농지에 대한 취득세는 「지방세법」 제11조 제1항 제3호의 세율에도 불구하고 2021년 12월 31일까지 1천분의 8을 적용하여 과세한다. 다만, 취득일부터 2년 이내에 다른 용도에 사용하는 경우 그 해당 부분에 대해서는 경감된 취득세를 추징한다. (2018. 12. 24. 개정)

제9조 【자영어민 등에 대한 감면】 <농특비>

① 어업(양식업을 포함한다. 이하 같다)을 주업으로 하는 사람 중 대통령령으로 정하는 사람 또는 「후계농어업인 및 청년농어업인 육성·지원에 관한 법률」 제8조에 따른 후계어업경영인 및 청년창업형 후계어업경영인이 대통령령으로 정하는 기준에 따라 직접 어업을 하기 위하여 취득하는 어업권·양식업권, 어선(제2항의 어선은 제외한다), 다음 각 호의 어느 하나에 해당하는 어업용으로 사용하기 위하여 취득하는 토지(「공간정보의 구축 및 관리 등에 관한 법률」 제67조에 따라 공부상 지목이 양어장인 토지를 말한다) 및 대통령령으로 정하는 건축물에 대해서는 취득세의 100분의 50을 2026년 12월 31일까지 경감한다. (2023. 12. 29. 개정)

1. 「양식산업발전법」 제43조 제1항 제1호에 따른 육상해수양식어업 (2022. 1. 11. 개정 ; 수산업법 부칙)
2. 「내수면어업법」 제11조 제2항에 따른 육상양식어업 (2017. 12. 26.

는 서류 (2017. 12. 29. 신설)

제4조 【임업을 주업으로 하는 사람 등】

법 제8조 제3항에서 "대통령령으로 정하는 바에 따라 임업을 주업으로 하는 사람 또는 임업후계자"란 「임업 및 산촌 진흥촉진에 관한 법률」 제2조 제5호에 따른 독림가(篤林家) 또는 같은 조 제4호에 따른 임업후계자를 말한다. (2010. 9. 20. 제정)

제5조 【어업을 주업으로 하는 사람 및 그 기준】

① 법 제9조 제1항에서 "대통령령으로 정하는 사람"이란 다음 각 호의 사람을 말한다. (2017. 12. 29. 개정)

1. 어업권·양식업권 또는 어선을 취득하여 그 취득세를 경감받으려는 사람으로서 어선 선적지(船籍地) 및 어장·양식장에 잇닿아 있는 연안이 속하는 특별자치시·특별자치도·시·군·구(자치구가 아닌 구를 포함한다. 이하 이 조에서 같다) 지역(그 지역과 잇닿아 있는 다른 시·군·구 지역을 포함한다. 이하 이 조에서 같다)에 거주하며 어선 또는 어장을 소유하는 사람과 그 배우자(동일한 세대별 주민등록표에 기재되어 있는 경우로 한정한다. 이하 이 조에서 같다) 중에서 1명 이상이 직접 어업(양식업을 포함한다. 이하 같다)에 종사하는 사람 (2020. 8. 26. 개정 ; 양식산업발전법 시행령 부칙)

2. 지목이 양어장인 토지 또는 제3항에 따른 수조를 취득하여 그 취득세를 경감받으려는 사람으로서 해당 토지 또는 수조가 소재한 특별

신설)

3. 「수산종자산업육성법」에 따른 육상 수조식(水槽式) 수산종자생산업 및 육상 축제식(築堤式) 수산종자생산업 (2017. 12. 26. 신설)

② 20톤 미만의 소형어선에 대해서는 취득세와 재산세 및 「지방세법」 제146조 제3항에 따른 지역자원시설세를 2025년 12월 31일까지 면제한다. (2023. 3. 14. 개정)

③ 출원에 의하여 취득하는 어업권·양식업권에 대해서는 취득세를 어업권·양식업권에 관한 면허 중 설정을 제외한 등록에 해당하는 면허로 새로 면허를 받거나 그 면허를 변경하는 경우에는 면허에 대한 등록면허세를 2025년 12월 31일까지 각각 면제한다. (2023. 3. 14. 개정)

제10조【농어업인 등에 대한 융자관련 감면 등】① 다음 각 호의 조합 및 그 중앙회 등이 「농어업경영체 육성 및 지원에 관한 법률」 제4조 제1항에 따라 농어업경영정보를 등록한 농어업인[영농조합법인, 영어조합법인(營漁組合法人) 및 농업회사법인을 포함한다. 이하 이 조에서 같다]에게 융자할 때에 제공받는 담보물에 관한 등기(20톤 미만 소형어선에 대한 담보물 등록을 포함한다)에 대해서는 등록면허세의 100분의 50를 2025년 12월 31일까지 경감한다. 다만, 중앙회, 농협은행 및 수협은행에 대해서는 영농자금·영어자금·영림자금(營林資金) 또는 축산자금을 융자하는 경우로 한정한다. (2023. 3. 14. 개정)

1. 「농업협동조합법」에 따라 설립된 조합 및 농협은행 (2011. 12. 31. 개정)

2. 「수산업협동조합법」에 따라 설립된 조합(어촌계를 포함한다) 및 수협은행 (2016. 12. 27. 개정)

3. 「산림조합법」에 따라 설립된 산림조합 및 그 중앙회 (2011. 12. 31. 개정)

4. 「신용협동조합법」에 따라 설립된 신용협동조합 및 그 중앙회 (2011. 12. 31. 개정)

5. 「새마을금고법」에 따라 설립된 새마을금고 및 그 중앙회(2011. 12. 31. 개정)

② 농어업인이 영농, 영림, 가축사육, 양식, 어획 등에 직접 사용하는 자치시·특별자치도·시·군·구 지역에 거주하면서 지목이 양어장인 토지를 소유하거나 임차한 사람과 그 배우자 중에서 1명 이상이 직접 법 제9조 제1항 각 호에 따른 어업을 전업으로 하는 사람. 다만, 직전 연도 어업 외의 종합소득금액(「소득세법」 제4조 제1항 제1호에 따른 종합소득에서 어업에서 발생하는 소득, 같은 법 제45조 제2항에 따른 부동산임대업에서 발생하는 소득 및 같은 법 시행령 제9조에 따른 농가부업소득을 제외한 금액을 말한다)이 「조세특례제한법 시행령」 제64조 제11항에 따른 금액 이상인 사람은 제외한다. (2024. 12. 31. 단서개정)

② 법 제9조 제1항에서 "대통령령으로 정하는 기준"이란 다음 각 호의 요건을 갖춘 경우를 말한다. (2010. 9. 20. 제정)

1. 어업권·양식업권 또는 어선을 취득하는 사람의 주소지가 어선 선적지 및 어장·양식장에 잇닿아 있는 연안이 속하는 특별자치시·특별자치도·시·군·구 지역일 것 (2020. 8. 26. 개정 ; 양식산업발전법 시행령 부칙)

1의 2. 지목이 양어장인 토지 또는 제3항에 따른 수조를 취득하는 사람의 주소지가 해당 토지 또는 수조가 소재한 특별자치시·특별자치도·시·군·구 지역일 것 (2017. 12. 29. 신설)

2. 어업권·양식업권은 새로 취득하는 어장·양식장과 소유 어장·양식장의 면적을 합하여 10헥타르 이내, 어선은 새로 취득하는 어선과 소유 어선의 규모를 합하여 30톤 이내, 지목이 양어장인 토지는 새로 취득하는 지목이 양어장인 토지와 기존에 소유하고 있던 지목이 양어장인 토지의 면적을 합하여 1만 제곱미터 이내일 것. 이 경우 초과부분이 있을 때에는 그 초과부분만을 경감대상에서 제외한다. (2020. 8. 26. 개정 ; 양식산업발전법 시행령 부칙)

③ 법 제9조 제1항에서 "대통령령으로 정하는 건축물"이란 「지방세법 시행령」 제5조 제1항 제2호에 따른 수조를 말한다. (2017. 12. 29. 신설)

④ 제1항 제2호 단서에 따른 직전 연도 어업 외의 종합소득금액, 감면신청 절차 및 그 밖에 필요한 사항은 행정안전부령으로 정한다. (2017. 12. 29. 신설)

사업소에 대해서는 주민세 사업소분(「지방세법」 제81조 제1항 제2호에 따라 부과되는 세액으로 한정한다) 및 종업원분을 2027년 12월 31일까지 면제한다. (2024. 12. 31. 개정)

(운영예규) 법10 - 1【농어업인 융자관련감면】
농업협동조합이 농민에게 융자할 때 제공받는 담보물등기에는 지상권설정등기를 포함한다.

제11조【농업법인에 대한 감면】 농특비

① 다음 각 호의 어느 하나에 해당하는 법인 중 경영상황을 고려하여 대통령령으로 정하는 법인(이하 이 조에서 "농업법인"이라 한다)이 대통령령으로 정하는 기준에 따라 영농에 사용하기 위하여 법인설립등기일부터 2년 이내(대통령령으로 정하는 청년농업법인의 경우에는 4년 이내)에 취득하는 농지, 관계 법령에 따라 농지를 조성하기 위하여 취득하는 임야 및 제6조 제2항 각 호의 어느 하나에 해당하는 시설에 대해서는 취득세의 100분의 75를 2026년 12월 31일까지 경감한다. (2023. 12. 29. 개정)
1. 「농어업경영체 육성 및 지원에 관한 법률」 제16조에 따른 영농조합법인 (2017. 12. 26. 신설)
2. 「농어업경영체 육성 및 지원에 관한 법률」 제19조에 따른 농업회사법인 (2017. 12. 26. 신설)
② 농업법인이 영농·유통·가공에 직접 사용하기 위하여 취득하는 부동산에 대해서는 취득세의 100분의 50을, 과세기준일 현재 해당 용도에 직접 사용하는 부동산에 대해서는 재산세의 100분의 50을 각각 2026년 12월 31일까지 경감한다. (2023. 12. 29. 개정)
③ 제1항 및 제2항에 대한 감면을 적용할 때 다음 각 호의 어느 하나에 해당하는 경우 그 해당 부분에 대해서는 감면된 취득세를 추징한다. (2014. 12. 31. 신설)
1. 정당한 사유 없이 그 취득일부터 1년이 경과할 때까지 해당 용도로 직접 사용하지 아니하는 경우 (2014. 12. 31. 신설)
2. 해당 용도로 직접 사용한 기간이 3년 미만인 상태에서 매각·증여하거나 다른 용도로 사용하는 경우 (2014. 12. 31. 신설)
3. 해당 용도로 직접 사용한 기간이 5년 미만인 상태에서 「농어업경영

제5조의 2【농업법인의 기준 등】

① 법 제11조 제1항 각 호 외의 부분에서 "대통령령으로 정하는 법인"이란 「농어업경영체 육성 및 지원에 관한 법률」 제4조 제1항에 따라 농업경영정보를 등록한 법인(설립등기일부터 90일 이내에 등록한 법인을 포함한다)을 말한다. (2023. 12. 29. 개정)
② 법 제11조 제1항 각 호 외의 부분에서 "대통령령으로 정하는 기준"이란 농지, 임야 및 농업용 시설의 소재지가 「국토의 계획 및 이용에 관한 법률」에 따른 도시지역(개발제한구역과 녹지지역은 제외한다) 외의 지역인 것을 말한다. (2020. 1. 15. 신설)
③ 법 제11조 제1항 각 호 외의 부분에서 "대통령령으로 정하는 청년농업법인"이란 대표자가 다음 각 호의 요건을 모두 갖춘 농업법인을 말한다. (2020. 1. 15. 신설)
1. 법인 설립 당시 15세 이상 34세 이하인 사람. 다만, 「조세특례제한법 시행령」 제27조 제1항 제1호 각 목의 어느 하나에 해당하는 병역을 이행한 경우에는 그 기간(6년을 한도로 한다)을 법인 설립 당시 연령에서 빼고 계산한 연령이 34세 이하인 사람을 포함한다. (2020. 1. 15. 신설)
2. 「법인세법 시행령」 제43조 제7항에 따른 지배주주등으로서 해당 법인의 최대주주 또는 최대출자자일 것 (2020. 1. 15. 신설)

체 육성 및 지원에 관한 법률」 제20조의 3에 따라 해산명령을 받은 경우 (2016. 12. 27. 신설)

④ 농업법인의 설립등기에 대해서는 등록면허세를 2020년 12월 31일까지 면제한다. (2017. 12. 26. 신설)

제12조 【어업법인에 대한 감면】　　농특비

① 다음 각 호의 어느 하나에 해당하는 법인 중 경영상황을 고려하여 대통령령으로 정하는 법인(이하 이 조에서 "어업법인"이라 한다)이 영어·유통·가공에 직접 사용하기 위하여 취득하는 부동산에 대해서는 취득세의 100분의 50을, 과세기준일 현재 해당 용도에 직접 사용하는 부동산에 대해서는 재산세의 100분의 50을 각각 2026년 12월 31일까지 경감한다. (2023. 12. 29. 개정)

1. 「농어업경영체 육성 및 지원에 관한 법률」 제16조에 따른 영어조합법인 (2017. 12. 26. 신설)

2. 「농어업경영체 육성 및 지원에 관한 법률」 제19조에 따른 어업회사법인 (2017. 12. 26. 신설)

② 어업법인의 설립등기에 대해서는 2020년 12월 31일까지 등록면허세를 면제한다. (2017. 12. 26. 개정)

③ 제1항에 대한 감면을 적용할 때 다음 각 호의 어느 하나에 해당하는 경우 그 해당 부분에 대해서는 감면된 취득세를 추징한다. (2016. 12. 27. 신설)

1. 정당한 사유 없이 그 취득일부터 1년이 경과할 때까지 해당 용도로 직접 사용하지 아니하는 경우 (2016. 12. 27. 신설)

2. 해당 용도로 직접 사용한 기간이 3년 미만인 상태에서 매각·증여하거나 다른 용도로 사용하는 경우 (2016. 12. 27. 신설)

3. 해당 용도로 직접 사용한 기간이 5년 미만인 상태에서 「농어업경영체 육성 및 지원에 관한 법률」 제20조의 3에 따라 해산명령을 받은 경우 (2016. 12. 27. 신설)

제13조 【한국농어촌공사의 농업 관련 사업에 대한 감면】 ① 한국농어촌공사가 하는 다음 각 호의 등기에 대해서는 해당 호에서 정한 날까지 각각 등록면허세를 면제한다. (2020. 1. 15. 개정)

제5조의 3 【어업법인의 기준】 법 제12조 제1항 각 호 외의 부분에서 "대통령령으로 정하는 법인"이란 「농어업경영체 육성 및 지원에 관한 법률」 제4조 제1항에 따라 어업경영정보를 등록한 법인(설립등기일부터 90일 이내에 등록한 법인을 포함한다)을 말한다. (2023. 12. 29. 신설)

편주 ▶

종전의 법 12조 1항에 따른 어업법인(법 12조 1항 각 호 외의 부분의 개정규정에 따른 어업법인은 제외함)이 영어·유통·가공에 직접 사용하기 위하여 취득하는 부동산과 과세기준일 현재 해당 용도에 직접 사용하는 부동산에 대해서는 법 12조 1항의 개정규정에도 불구하고 취득세 및 재산세의 100분의 50을 각각 2024. 12. 31.까지 경감함. 이 경우 경감된 취득세의 추징에 관하여는 법 12조 3항을 적용함. (법 부칙(2023. 12. 29.) 9조)

1. 한국농어촌공사가 「한국농어촌공사 및 농지관리기금법」에 따라 농
   민(영농조합법인 및 농업회사법인을 포함한다. 이하 이항에서 같
   다)에게 농지관리기금을 융자할 때 제공받는 담보물에 관한 등기
   및 같은 법 제19조에 따라 임차(賃借)하는 토지에 관한 등기 :
   2014년 12월 31일까지 (2013. 1. 1. 개정)
2. 한국농어촌공사가 「자유무역협정 체결에 따른 농어업인 등의 지원
   에 관한 특별법」 제5조 제1항 제1호에 따른 농업경영 규모의 확대
   사업을 지원하기 위하여 농민에게 자유무역협정이행지원기금을 융
   자할 때 제공받는 담보물에 관한 등기 및 임차하는 농지에 관한 등
   기 : 2015년 12월 31일까지 (2013. 1. 1. 개정)
② 한국농어촌공사가 취득하는 부동산에 대해서는 다음 각 호에서 정
하는 바에 따라 지방세를 2025년 12월 31일까지 감면한다. 다만, 제1
호, 제1호의 2, 제1호의 3, 제2호, 제3호 및 제5호의 경우에는 그 취득
일부터 2년 이내에 다른 용도로 사용하거나 농업인, 농업법인 및 「한
국농어촌공사 및 농지관리기금법」 제18조 제1항 제1호에 따른 전업농
육성 대상자 외의 자에게 매각·증여하는 경우 그 해당 부분에 대해
서는 경감된 취득세를 추징(제4호 및 제4호의 2는 제외한다)한다.
(2023. 3. 14. 개정)

1. 한국농어촌공사가 「한국농어촌공사 및 농지관리기금법」 제18조·
   제20조, 「농지법」 제11조·제15조 및 「공유수면 관리 및 매립에
   관한 법률」 제46조에 따라 취득하는 농지에 대해서는 취득세의
   100분의 50을 각각 경감한다. (2023. 3. 14. 개정) 농특비
1의 2. 한국농어촌공사가 「농어촌정비법」에 따른 국가 또는 지방자치
   단체의 농업생산기반 정비계획에 따라 취득·소유하는 농업기반시
   설용 토지와 그 시설물에 대해서는 취득세의 100분의 50과 재산세
   의 100분의 75를 각각 경감한다. (2023. 3. 14. 개정)
1의 3. 한국농어촌공사가 「한국농어촌공사 및 농지관리기금법」 제44
   조에 따라 취득하는 부동산에 대해서는 취득세의 100분의 50을 경
   감한다. (2023. 3. 14. 신설)
2. 한국농어촌공사가 「한국농어촌공사 및 농지관리기금법」 제24조의
   3 제1항에 따라 취득[같은 법 제24조의 3 제3항에 따라 해당 농지
를 매도할 당시 소유자 또는 포괄승계인이 환매(還買)로 취득하는
경우(이하 "환매취득"이라 한다. 이하 이 호에서 같다)를 포함한다]
하는 부동산에 대해서는 취득세의 100분의 50(환매취득의 경우에
는 취득세의 100분의 100)을, 과세기준일 현재 같은 법 제24조의
3 제1항에 따라 임대하는 부동산에 대해서는 재산세의 100분의 50
을 각각 경감한다. (2016. 12. 27. 개정)
3. 한국농어촌공사가 「자유무역협정 체결에 따른 농어업인 등의 지
   원에 관한 특별법」 제5조 제1항 제1호에 따라 취득·소유하는 농
   지에 대해서는 취득세의 100분의 50을 경감한다. (2016. 12. 27.
   개정)
4. 한국농어촌공사가 국가 또는 지방자치단체의 계획에 따라 제3자에
   게 공급할 목적으로 「농어촌정비법」 제2조 제10호에 따른 생활환
   경정비사업에 직접 사용하기 위하여 일시 취득하는 부동산에 대해
   서는 취득세의 100분의 25를 경감한다. (2020. 1. 15. 개정)
4의 2. 한국농어촌공사가 「한국농어촌공사 및 농지관리기금법」 제24
   조 제2항 각 호에 따른 사업에 직접 사용하기 위하여 취득하는 부
   동산에 대해서는 취득세의 100분의 25를 경감한다. (2023. 3. 14.
   신설)
5. 한국농어촌공사가 「한국농어촌공사 및 농지관리기금법」 제24조의
   2 제2항에 따라 취득하는 농지에 대해서는 취득세의 100분의 50을
   경감한다. (2016. 12. 27. 개정) 농특비

☞ p.4202 1단 연결

③ 제2항 제4호에 따라 취득하는 부동산 중 택지개발사업지구 및 단지조성사업지구에 있는 부동산으로서 관계 법령에 따라 국가 또는 지방자치단체에 무상으로 귀속될 공공시설물 및 그 부속토지와 공공시설용지(이하 이 조에서 "공공시설물등"이라 한다)에 대해서는 재산세를 2027년 12월 31일까지 면제한다. 다만, 국가 또는 지방자치단체에 무상으로 귀속될 공공시설물등의 반대급부로 국가 또는 지방자치단체가 소유하고 있는 부동산 또는 사회기반시설을 무상으로 양여받거나 해당 공공시설물등의 무상사용권을 제공받는 경우에는 재산세의 100분의 50을 2027년 12월 31일까지 경감한다. (2024. 12. 31. 개정)

편주 ▶

법 13조 3항의 개정규정은 2025. 1. 1. 이후 납세의무가 성립하는 경우부터 적용함. (법 부칙(2024. 12. 31.) 2조)

④ 제3항을 적용할 때 공공시설물등의 범위는 대통령령으로 정한다. (2024. 12. 31. 신설)

편주 ▶

법 13조 4항의 개정규정은 2025. 1. 1. 이후 납세의무가 성립하는 경우부터 적용함. (법 부칙(2024. 12. 31.) 2조)

제14조 【농업협동조합 등의 농어업 관련 사업 등에 대한 감면】
① 농업협동조합중앙회(제3호만 해당한다), 수산업협동조합중앙회, 산림조합중앙회가 구매·판매 사업 등에 직접 사용하기 위하여 취득하는 다음 각 호의 부동산(「농수산물유통 및 가격안정에 관한 법률」 제70조 제1항에 따른 유통자회사에 농수산물 유통시설로 사용하게 하는 부동산을 포함한다. 이하 이 항에서 같다)에 대해서는 취득세의 100분의 25를, 과세기준일 현재 그 사업에 직접 사용하는 부동산에 대해서는 재산세의 100분의 25를 각각 2026년 12월 31일까지 경감한다. (2023. 12. 29. 개정)
농특비
1. 구매·판매·보관·가공·무역 사업용 토지와 건축물 (2010. 3. 31. 제정)

제6조 【공공시설물 등의 범위】 (2024. 12. 31. 제목개정)
법 제13조 제3항에 따른 공공시설물 및 그 부속토지와 공공시설용지는 공용청사·도서관·박물관·미술관 등의 건축물과 그 부속토지 및 도로·공원 등으로 한다. 이 경우 공공시설용지의 범위는 해당 사업지구의 실시계획 승인 등으로 공공시설용지가 확정된 경우에는 확정된 면적으로 하고, 확정되지 아니한 경우에는 해당 사업지구 총면적의 100분의 45(산업단지조성사업의 경우에는 100분의 35로 한다)에 해당하는 면적으로 한다. (2024. 12. 31. 개정)

2. 생산 및 검사 사업용 토지와 건축물 (2010. 3. 31. 제정)

3. 농어민 교육시설용 토지와 건축물 (2010. 3. 31. 제정)

② 농업협동조합중앙회, 수산업협동조합중앙회, 산림조합중앙회, 엽연초생산협동조합중앙회가 회원의 교육·지도·지원사 업과 공동이용시설사업에 직접 사용하기 위하여 취득하는 부동산에 대해서는 취득세의 100분의 25를 2016년 12월 31일까지 경감한다. (2023. 3. 14. 개정)

<농특비>

1.~2. 삭 제 (2014. 12. 31.)

③ 「농업협동조합법」에 따라 설립된 조합(조합공동사업법인을 포함한다), 「수산업협동조합법」에 따라 설립된 조합(어촌계 및 조합공동사업법인을 포함한다), 「산림조합법」에 따라 설립된 산림조합(산림계 및 조합공동사업법인을 포함한다) 및 엽연초생산협동조합이 고유업무에 직접 사용하기 위하여 취득하는 부동산에 대해서는 취득세를, 과세기준일 현재 고유업무에 직접 사용하는 부동산에 대해서는 재산세를 각각 2026년 12월 31일까지 면제한다. (2023. 12. 29. 개정)

<농특비>

④ 「농업협동조합법」에 따라 설립된 조합(조합공동사업법인을 포함한다), 「수산업협동조합법」에 따라 설립된 조합, 「산림조합법」에 따라 설립된 산림조합 및 엽연초생산협동조합에 대하여는 2014년 12월 31일까지 주민세 사업소분(「지방세법」 제81조 제1항 제2호에 따라 부과되는 세액으로 한정한다) 및 종업원분의 100분의 50을 경감한다. (2020. 12. 29. 개정)

⑤ 제3항 및 제4항에서 정하는 각 조합들의 중앙회에 대해서는 해당 감면 규정을 적용하지 아니한다. (2015. 12. 29. 개정)

제14조의 2 【농협경제지주회사 등의 구매·판매 사업 등에 대한 감면】 (2016. 12. 27. 제목개정)
「농업협동조합법」 제161조의 2에 따라 설립된 농협경제지주회사와 법률 제10522호 농업협동조합법 일부개정법률 부칙 제6조에 따라 설립된 자회사가 구매·판매 사업 등에 직접 사용하기 위하여 취득하는 다음 각 호의 부동산(「농수산물 유통 및 가격안정에 관한 법률」 제70조 제1항에 따른 유통자회사에 농수산물 유통시설로 사용하게 하는 부동산을 포함한다. 이하 이항에서 같다)에 대해서는 취득세의 100분의 25를, 과세기준일 현재 그 사업에 직접 사용하는 부동산에 대해서는 재산세의 100분의 25를

각각 2017년 12월 31일까지 경감한다. (2016. 12. 27. 개정 ; 농업협동조합법 부칙)

1. 구매·판매·보관·가공·무역 사업용 토지와 건축물 (2014. 12. 31. 신설)

2. 생산 및 검사 사업용 토지와 건축물 (2014. 12. 31. 신설)

3. 농어민 교육시설용 토지와 건축물 (2014. 12. 31. 신설)

제14조의 2 【농협경제지주회사 등의 구매·판매 사업 등에 대한 감면】 삭 제 (2023. 12. 29.)

제14조의 3 【농협경제지주회사의 구매·판매 사업 등에 대한 감면】 「농업협동조합법」 제161조의 2에 따라 설립된 농협경제지주회사가 구매·판매 사업 등에 직접 사용하기 위하여 취득하는 다음 각 호의 부동산(「농수산물 유통 및 가격안정에 관한 법률」 제70조 제1항에 따른 유통자회사에 농수산물 유통시설로 사용하게 하는 부동산을 포함한다. 이하 이 조에서 같다)에 대해서는 취득세의 100분의 25를, 과세기준일 현재 그 사업에 직접 사용하는 부동산에 대해서는 재산세의 100분의 25를 각각 2026년 12월 31일까지 경감한다. (2023. 12. 29. 신설)

1. 구매·판매·보관·가공·무역 사업용 토지와 건축물 (2023. 12. 29. 신설)

2. 생산 및 검사 사업용 토지와 건축물 (2023. 12. 29. 신설)

제15조 【한국농수산식품유통공사 등의 농어업 관련 사업 등에 대한 감면】 (2011. 7. 25. 제목개정 ; 농수산물유통공사법 부칙)

① 「한국농수산식품유통공사법」에 따라 설립된 한국농수산식품유통공사와 「농수산물유통 및 가격안정에 관한 법률」 제70조 제1항에 따른 유통자회사가 농수산물종합직판장 등의 농수산물 유통시설과 농수산물유통에 관한 교육훈련시설에 직접 사용(「농수산물 유통 및 가격안정에 관한 법률」 제2조 제7호부터 제9호까지의 규정에 따른 도매시장법인, 시장도매인, 중도매인 및 그 밖의 소매인이 해당 부동산을 그 고유업무에 사용하는 경우를 포함한다. 이하 이 조에서 같다)하기 위하여 취득하는 부동산에 대해서는 취득세의 100분의 50을, 과세기준일 현재 그 시설에 직접 사용하는 부동산에 대해서는 재산세의 100분의 50을 각각 2025년 12월 31일까지 경감한다. (2023. 3. 14. 개정)

② 「지방공기업법」 제49조에 따른 지방공사로서 농수산물의 원활한 유통 및 적정한 가격의 유지를 목적으로 설립된 지방공사(이하 이조에서 "지방농수산물공사"라 한다)에 대해서는 다음 각 호에서 정하는 바에 따라 지방세를 2025년 12월 31일까지 감면한다. (2023. 3. 14. 개정)

☞ p.4204 1단 연결

1. 지방농수산물공사가 도매시장의 관리 및 농수산물의 유통사업에 직접 사용하기 위하여 취득하는 부동산에 대해서는 취득세의 100분의 100(100분의 100의 범위에서 조례로 따로 정하는 경우에는 그 율)에 대통령령으로 정하는 지방자치단체 투자비율(이하 이 조에서 "지방자치단체 투자비율"이라 한다)을 곱한 금액을 감면한다. (2020. 1. 15. 개정)

2. 지방농수산물공사의 법인 등기에 대해서는 등록면허세의 100분의 100(100분의 100의 범위에서 조례로 따로 정하는 경우에는 그 율)에 지방자치단체 투자비율을 곱한 금액을 감면한다. (2020. 1. 15. 개정)

2. 삭　제 (2023. 3. 14.)

3. 지방농수산물공사가 과세기준일 현재 도매시장의 관리 및 농수산물의 유통사업에 직접 사용하는 부동산에 대해서는 재산세(「지방세법」 제112조에 따른 부과액을 포함한다)의 100분의 100(100분의 100의 범위에서 조례로 따로 정하는 경우에는 그 율)에 지방자치단체 투자비율을 곱한 금액을 감면한다. (2020. 1. 15. 개정)

제16조 【농어촌 주택개량에 대한 감면】　농록비

① 대통령령으로 정하는 사업의 계획에 따라 주택개량 대상자로 선정된 사람이 주택개량 사업계획에 따라 본인과 그 가족이 상시 거주(본인이 「주민등록법」에 따른 전입신고를 하고 계속하여 거주하는 것을 말한다. 이하 이 조에서 같다)할 목적으로 취득하는 연면적 150제곱미터 이하의 주거용 건축물(증축하여 취득하는 경우에는 기존에 소유하고 있는 주거용 건축물 연면적과 합산하여 150제곱미터 이하인 경우로 한정한다. 이하 이 조에서 같다)에 대해서는 취득세를 다음 각 호에서 정하는 바에 따라 2027년 12월 31일까지 감면한다. 다만, 과밀억제권역에서 주택개량 사업계획에 따라 주거용 건축물을 취득하는 경우에는 취득일 현재까지 해당 시·군·구에 1년 이상 계속하여 거주한 사실이 「주민등록법」에 따른 주민등록표 등에 따라 증명되는 사람으로 한정한다. (2024. 12. 31. 개정)

1. 취득세액이 280만원 이하인 경우: 전액 면제 (2018. 12. 24. 개정)

2. 취득세액이 280만원을 초과하는 경우: 280만원을 공제 (2018. 12. 24. 개정)

제6조의 2 【지방농수산물공사에 대한 지방자치단체 투자비율】

법 제15조 제2항 제1호에서 "대통령령으로 정하는 지방자치단체 투자비율"이란 「지방공기업법」 제49조에 따른 지방공사로서 농수산물의 원활한 유통 및 적정한 가격의 유지를 목적으로 설립된 지방공사(이하 이 조에서 "지방농수산물공사"라 한다)의 자본금에 대한 지방자치단체의 출자금액(둘 이상의 지방자치단체가 공동으로 설립한 경우에는 각 지방자치단체의 출자금액을 합한 금액)의 비율을 말한다. 다만, 지방농수산물공사가 「지방공기업법」 제53조 제3항에 따라 주식을 발행한 경우에는 해당 발행 주식 총수에 대한 지방자치단체의 소유 주식(같은 조 제4항에 따라 지방자치단체가 출자한 것으로 보는 주식을 포함한다) 수(둘 이상의 지방자치단체가 주식을 소유하고 있는 경우에는 각 지방자치단체의 소유 주식 수를 합한 수)의 비율을 말한다. (2020. 1. 15. 신설)

제7조 【주택개량사업의 범위】 (2018. 12. 31. 제목개정)

법 제16조 제1항 각 호 외의 부분 본문에서 "대통령령으로 정하는 사업"이란 「농어촌정비법」 제2조 제10호에 따른 생활환경정비사업을 말한다. (2021. 12. 31. 개정)

② 제1항을 적용할 때 다음 각 호의 어느 하나에 해당하는 경우에는 그 해당 부분에 대해서는 감면된 취득세를 추징한다. (2018. 12. 24. 개정)
1. 정당한 사유 없이 그 취득일부터 3개월이 지날 때까지 해당 주택에 상시 거주를 시작하지 아니한 경우 (2018. 12. 24. 개정)
2. 해당 주택에 상시 거주를 시작한 날부터 2년이 되기 전에 상시 거주하지 아니하게 된 경우 (2018. 12. 24. 개정)
3. 해당 주택에 상시 거주한 기간이 2년 미만인 상태에서 해당 주택을 매각·증여하거나 다른 용도(임대를 포함한다)로 사용하는 경우 (2018. 12. 24. 개정)

제 2 절 사회복지를 위한 지원 (2010. 3. 31. 제정)

제17조【장애인용 자동차에 대한 감면】 농특비
① 대통령령으로 정하는 장애인(제29조 제4항에 따른 국가유공자등은 제외하며, 이하 이 조에서 "장애인"이라 한다)이 보철용·생업활동용으로 사용하기 위하여 취득하여 등록하는 다음 각 호의 어느 하나에 해당하는 자동차로서 취득세 또는 「지방세법」 제125조 제1항에 따른 자동차세(이하 "자동차세"라 한다) 중 어느 하나의 세목(稅目)에 대하여 먼저 감면을 신청하는 1대에 대해서는 취득세 및 자동차세를 각각 2027년 12월 31일까지 면제한다. (2024. 12. 31. 개정)
1. 다음 각 목의 어느 하나에 해당하는 승용자동차 (2010. 3. 31. 제정)
  가. 배기량 2천시시 이하인 승용자동차 (2010. 3. 31. 제정)
  나. 승차 정원 7명 이상 10명 이하인 대통령령으로 정하는 승용자동차. 이 경우 장애인의 이동편의를 위하여 「자동차관리법」에 따라 구조를 변경한 승용자동차의 승차 정원은 구조변경 전의 승차 정원을 기준으로 한다. (2017. 12. 26. 개정)
  다. 「자동차관리법」에 따라 자동차의 구분기준이 화물자동차에서 2006년 1월 1일부터 승용자동차에 해당하게 되는 자동차(2005년 12월 31일 이전부터 승용자동차로 분류되어 온 것은 제외한다) (2010. 3. 31. 제정)

제 2 절 사회복지를 위한 지원 (2010. 9. 20. 제정)

제8조【장애인의 범위 등】① 법 제17조 제1항 각 호 외의 부분에서 "대통령령으로 정하는 장애인"이란 「장애인복지법」에 따른 장애인으로서 장애의 정도가 심한 장애인(이하 이 조에서 "장애인"이라 한다)을 말한다. (2018. 12. 31. 개정 ; 장애인복지법 시행령 부칙)
1.~4. 삭 제 (2015. 12. 31.)
② 법 제17조 제1항 제1호 나목에서 "대통령령으로 정하는 승용자동차"란 「자동차관리법」에 따라 승용자동차로 분류된 자동차 중 승차 정원이 7명 이상 10명 이하인 승용자동차를 말한다. (2020. 1. 15. 개정)
③ 법 제17조 제1항 및 제2항에 따라 취득세 및 자동차세를 면제하는 자동차는 장애인이 본인 명의로 등록하거나 그 장애인과 동일한 세대별 주민등록표에 기재되어 있고 「가족관계의 등록 등에 관한 법률」 제9조에 따른 가족관계등록부(이하 "가족관계등록부"라 한다)에 따라 다음 각 호의 어느 하나에 해당하는 관계가 있는 것이 확인(취득세의 경우에는 해당 자동차 등록일에 세대를 함께 하는 것이 확인되는 경우로 한정한다)되는 사람이 공동명의로 등록하는 자동차를 말한다. (2020. 1. 15. 개정)
1. 장애인의 배우자·직계혈족·형제자매 (2020. 1. 15. 개정)
2. 장애인의 직계혈족의 배우자 (2020. 1. 15. 개정)

2. 승차 정원 15명 이하인 승합자동차 (2010. 3. 31. 제정)
3. 최대적재량 1톤 이하인 화물자동차 (2010. 3. 31. 제정)
4. 배기량 250시시 이하인 이륜자동차 (2015. 12. 29. 개정)

② 장애인이 대통령령으로 정하는 바에 따라 대체취득을 하는 경우 해당 자동차에 대해서는 제1항의 방법에 따라 취득세와 자동차세를 면제한다. (2018. 12. 24. 개정)
③ 제1항 및 제2항을 적용할 때 장애인 또는 장애인과 공동으로 등록한 사람이 자동차 등록일부터 1년 이내에 사망, 혼인, 해외이민, 운전면허취소, 그 밖에 이와 유사한 부득이한 사유 없이 소유권을 이전하거나 세대를 분가하는 경우에는 면제된 취득세를 추징한다. 다만, 장애인과 공동 등록할 수 있는 사람의 소유권을 장애인이 이전받은 경우, 장애인과 공동 등록할 수 있는 사람이 그 장애인으로부터 소유권의 일부를 이전받은 경우 또는 공동 등록할 수 있는 사람 간에 등록 전환하는 경우는 제외한다. (2016. 12. 27. 개정)

●운●영●예●규 법17-1【장애인용 자동차】
법 제17조(장애인용 자동차에 대한 감면) 및 제29조(국가유공자 등에 대한 감면) 적용 시 「자동차관리법」에 따라 구조를 변경한 캠핑용 승용자동차의 승차 정원은 구조변경 전의 승차 정원을 기준으로 적용한다. (2022. 10. 25. 신설)

제17조의 2【한센인 및 한센인정착마을 지원을 위한 감면】
(2024. 12. 31. 제목개정)　　　　　　　　　　　　　　　[농특비]
① 한센병에 걸린 사람 또는 한센병에 걸렸다가 치료가 종결된 사람

3. 장애인의 배우자의 직계혈족 · 형제자매 (2020. 1. 15. 개정)
④ 제3항을 적용할 때 장애인 및 같은 항 각 호의 어느 하나에 해당하는 사람이 모두 「출입국관리법」 제31조에 따라 외국인등록을 하고 같은 법 제10조의 3에 따른 영주자격을 가진 사람인 경우에는 같은 법 제34조 제1항에 따른 등록외국인기록표 및 외국인등록표(이하 "등록외국인기록표등"이라 한다)로 가족관계등록부와 세대별 주민등록표를 갈음할 수 있다. (2020. 1. 15. 신설)
⑤ 법 제17조 제2항에 따른 대체취득을 하는 경우는 법 제17조에 따라 취득세 또는 자동차세를 면제받은 자동차를 말소등록하거나 이전등록(장애인과 공동명의로 등록한 자가 아닌 자에게 이전등록하는 경우를 말한다. 이하 이 항에서 같다)하고 다른 자동차를 다시 취득하는 경우(취득하여 등록한 날부터 60일 이내에 취득세 또는 자동차세를 면제받은 종전 자동차를 말소등록하거나 이전등록하는 경우를 포함한다)로 한다. (2020. 1. 15. 항번개정)
⑥ 법 제17조 제1항 및 제2항에 따라 취득세와 자동차세를 면제받은 자동차가 다음 각 호의 어느 하나에 해당하는 경우에는 장부상 등록 여부에도 불구하고 자동차를 소유하지 아니한 것으로 본다. (2020. 1. 15. 항번개정)
1. 「자동차관리법」에 따른 자동차매매업자가 중고자동차 매매의 알선을 요청받은 사실을 증명하는 자동차. 다만, 중고자동차가 매도(賣渡)되지 아니하고 그 소유자에게 반환되는 경우에는 그 자동차를 소유한 것으로 본다.
2. 천재지변 · 화재 · 교통사고 등으로 소멸 · 멸실 또는 파손되어 해당 자동차를 회수할 수 없거나 사용할 수 없는 것으로 해당 시장 · 군수 · 구청장이 인정하는 자동차 (2016. 12. 30. 개정)
3. 「자동차관리법」에 따른 자동차해체재활용업자가 폐차되었음을 증명하는 자동차
4. 「관세법」에 따라 세관장에게 수출신고를 하고 수출된 자동차

제8조의 2【한센인정착마을의 범위】(2024. 12. 31. 제목개정)
법 제17조의 2 제1항 각 호 외의 부분에서 "대통령령으로 정하는 지역"이란 별표 1에 따른 지역을 말한다. (2024. 12. 31. 개정)

(이하 이 조에서 "한센인"이라 한다)이 한센인의 치료·재활·자활 등을 위하여 집단으로 정착하여 거주하는 지역으로서 거주목적, 거주형태 등을 고려하여 대통령령으로 정하는 지역(이하 이 조에서 "한센인정착마을"이라 한다) 내의 다음 각 호의 부동산을 취득하는 경우에는 취득세를 2027년 12월 31일까지 면제한다. (2024. 12. 31. 개정)
1. 주택(전용면적이 85제곱미터 이하인 경우로 한정한다) (2015. 12. 29. 개정)
2. 축사용 부동산 (2011. 12. 31. 신설)
3. 한센인의 재활사업에 직접 사용하기 위한 부동산(한센인정착마을의 대표자나 한센인이 취득하는 경우로 한정한다) (2024. 12. 31. 개정)
② 한센인이 과세기준일 현재 소유하는 한센인정착마을 내의 부동산(제1항 각 호의 부동산을 말한다)에 대해서는 재산세(「지방세법」 제112조에 따른 부과액을 포함한다) 및 「지방세법」 제146조 제3항에 따른 지역자원시설세를 각각 2027년 12월 31일까지 면제한다. (2024. 12. 31. 개정)

제18조【한국장애인고용공단에 대한 감면】「장애인고용촉진 및 직업재활법」에 따른 한국장애인고용공단이 같은 법 제43조 제2항 제1호부터 제11호까지의 사업에 직접 사용하기 위하여 취득하는 부동산(수익사업용 부동산은 제외한다)에 대해서는 취득세의 100분의 25를 과세기준일 현재 그 사업에 직접 사용하는 부동산에 대해서는 재산세의 100분의 25를 각각 2025년 12월 31일까지 경감한다. (2023. 3. 14. 개정)

제19조【어린이집 및 유치원에 대한 감면】(2015. 12. 29. 제목개정)
농특비
① 「영유아보육법」에 따른 어린이집 및 「유아교육법」에 따른 유치원(이하 이 조에서 "유치원등"이라 한다)으로 직접 사용하기 위하여 취득하는 부동산 및 「영유아보육법」 제10조 제4호에 따른 직장어린이집을 법인·단체 또는 개인에게 위탁하여 운영(대통령령으로 정하는 사업주가 직장어린이집을 설치하는 경우로서 해당 직장어린이집을 법인·단체 또는 개인에게 위탁하여 운영하는 경우를 포함한다)하기 위하여 취득하는 부동산에 대해서는 취득세를 2027년 12월 31일까지 면제한다.

편주 ▶ ··
영 8조의 2의 개정규정은 2025. 1. 1. 이후 납세의무가 성립하는 경우부터 적용함. (영 부칙(2024. 12. 31.) 2조)
··

제8조의 3【영유아어린이집 등에 사용하는 부동산의 범위 등】(2024. 12. 31. 제목개정)
① 법 제19조 제1항에서 "대통령령으로 정하는 사업주"란 「영유아보육법 시행령」 제20조 제5항에 따른 사업주를 말한다. (2024. 12. 31. 신설)

(2024. 12. 31. 개정)

편주 ▶
법 19조 1항의 개정규정은 2025. 1. 1. 이후 납세의무가 성립하는 경우부터 적용함. (법 부칙(2024. 12. 31.) 2조)

② 다음 각 호의 부동산에 대해서는 재산세(「지방세법」 제112조에 따른 부과액을 포함한다)를 2027년 12월 31일까지 면제한다. (2024. 12. 31. 개정)

1. 해당 부동산 소유자가 과세기준일 현재 유치원등에 직접 사용하는 부동산 (2011. 12. 31. 개정)
2. 과세기준일 현재 유치원등에 사용하는 부동산으로서 해당 부동산 소유자와 사용자의 관계 등을 고려하여 대통령령으로 정하는 부동산 (2011. 12. 31. 개정)

③ 제1항에 따라 취득세를 감면받은 자가 다음 각 호의 구분에 따른 사유에 해당하는 경우 그 해당 부분에 대해서는 감면된 취득세를 추징한다. (2023. 12. 29. 신설)

1. 유치원등으로 직접 사용하기 위하여 부동산을 취득한 경우: 다음 각 목의 어느 하나에 해당하는 경우 (2023. 12. 29. 신설)
　가. 정당한 사유 없이 그 취득일부터 1년이 경과할 때까지 해당 용도로 직접 사용하지 아니하는 경우 (2023. 12. 29. 신설)
　나. 해당 용도로 직접 사용한 기간이 2년 미만인 상태에서 매각·증여하거나 다른 용도로 사용하는 경우 (2023. 12. 29. 신설)
2. 직장어린이집을 위탁하여 운영하기 위하여 부동산을 취득한 경우 : 다음 각 목의 어느 하나에 해당하는 경우 (2023. 12. 29. 신설)

편주 ▶
법 19조 3항 2호의 개정규정은 2024. 1. 1. 이후 직장어린이집의 위탁 운영을 위하여 취득하는 부동산에 대하여 그 취득세를 감면받는 경우부터 적용함. (법 부칙(2023. 12. 29.) 4조)

　가. 정당한 사유 없이 그 취득일부터 1년이 경과할 때까지 해당 용

② 법 제19조 제2항 제2호에서 "대통령령으로 정하는 부동산"이란 다음 각 호의 어느 하나에 해당하는 부동산을 말한다. (2024. 12. 31. 항번개정)

1. 해당 부동산의 소유자가 해당 부동산을 영유아어린이집 또는 유치원으로 사용하는 자(이하 "사용자"라 한다)의 배우자 또는 직계혈족으로서 그 운영에 직접 종사하는 경우의 해당 부동산 (2011. 12. 31. 신설)
2. 해당 부동산의 사용자가 그 배우자 또는 직계혈족과 공동으로 해당 부동산을 소유하는 경우의 해당 부동산 (2011. 12. 31. 신설)
3. 해당 부동산의 소유자가 종교단체이면서 사용자가 해당 종교단체의 대표자이거나 종교법인인 경우의 해당 부동산 (2011. 12. 31. 신설)
4. 「영유아보육법」 제14조 제1항 단서에 따라 사업주가 공동으로 설치·운영하는 직장어린이집 또는 같은 조 제1항 및 같은 법 시행령 제20조 제5항에 따라 설치한 직장어린이집으로서 법인·단체 또는 개인에게 위탁하여 운영하는 직장어린이집의 경우 해당 부동산 (2024. 12. 31. 개정)

편주 ▶
영 8조의 3 제2항 4호의 개정규정은 2025. 1. 1. 이후 납세의무가 성립하는 경우부터 적용함. (영 부칙(2024. 12. 31.) 3조)

도로 위탁하여 운영하지 아니하는 경우 (2023. 12. 29. 신설)
나. 해당 용도로 위탁하여 운영한 기간이 2년 미만인 상태에서 매
　　각·증여하거나 다른 용도로 사용하는 경우 (2023. 12. 29. 신설)

제19조의 2【아동복지시설에 대한 감면】「아동복지법」제52조
제1항 제8호에 따른 지역아동센터로 직접 사용하기 위하여 취득하는
부동산에 대해서는 취득세를, 과세기준일 현재 지역아동센터로 직접
사용하는 부동산에 대해서는 재산세(「지방세법」제112조에 따른 부과
액을 포함한다)를 각각 2026년 12월 31일까지 면제한다. (2023. 12.
29. 개정)

제20조【노인복지시설에 대한 감면】　　　　　　　　농특비
① 「노인복지법」제31조에 따른 노인복지시설로 직접 사용하기 위하
여 취득하는 부동산에 대해서는 다음 각 호에서 정하는 바에 따라 지방세
를 2026년 12월 31일까지 감면한다. (2024. 12. 31. 항번개정)
1. 대통령령으로 정하는 무료 노인복지시설로 직접 사용하기 위하여
　　취득하는 부동산에 대해서는 취득세를 면제하고, 과세기준일 현재
　　노인복지시설로 직접 사용(종교단체의 경우 해당 부동산의 소유자
　　가 아닌 그 대표자 또는 종교법인이 해당 부동산을 노인복지시설로
　　사용하는 경우를 포함한다)하는 부동산에 대해서는 재산세의 100분
　　의 50을 경감한다. 다만, 노인의 여가선용을 위하여 과세기준일 현
　　재 경로당으로 사용하는 부동산(부대시설을 포함한다)에 대해서는
　　재산세(「지방세법」제112조에 따른 부과액을 포함한다) 및 같은 법
　　제146조 제3항에 따른 지역자원시설세를 각각 면제한다. (2023. 12.
　　29. 개정)
2. 제1호 외의 노인복지시설로 직접 사용하기 위하여 취득하는 부동산
　　에 대해서는 취득세의 100분의 25를 경감하고, 과세기준일 현재
　　제1호 외의 노인복지시설로 직접 사용(종교단체의 경우 해당 부동
　　산의 소유자가 아닌 그 대표자 또는 종교법인이 해당 부동산을 노인
　　복지시설로 사용하는 경우를 포함한다)하는 부동산에 대해서는 재
　　산세의 100분의 25를 경감한다. (2023. 12. 29. 개정)
② 제1항에 따라 취득세를 감면받은 자가 다음 각 호의 어느 하나에

제8조의 4【무료 노인복지시설의 범위】법 제20조 제1항 제1호
에서 "대통령령으로 정하는 무료 노인복지시설"이란 「노인복지법」제
31조에 따른 노인여가복지시설·노인보호전문기관·노인일자리지원
기관·노인주거복지시설·노인의료복지시설 또는 재가노인복지시설로
서 다음 각 호의 어느 하나에 해당하는 시설을 말한다. (2024. 12. 31.
개정)
1. 입소자의 입소비용(이용비용을 포함한다)을 국가 또는 지방자치단
　　체가 전액 부담하는 시설 (2015. 12. 31. 신설)
2. 노인복지시설 이용자 중 「노인장기요양보험법」에 따른 재가급여 또
　　는 시설급여를 지급받는 사람과 「국민기초생활 보장법」제7조 제1
　　항 제1호부터 제3호까지의 규정에 따른 급여를 지급받는 사람이 연
　　평균 입소 인원의 100분의 80 이상인 시설로서 행정안전부령으로
　　정하는 기준에 적합한 시설 (2017. 7. 26. 직제개정 ; 행정안전부
　　와~직제 부칙)

편주 ··
법 20조 2항의 개정규정은 2025. 1. 1. 이후 지방세를 감면받는 경우부터
적용함. (법 부칙(2024. 12. 31.) 3조)
··

**제2조의 3【연평균 입소 인원의 계
산】**영 제8조의 4 제2호에서 "행정안전부
령으로 정하는 기준"이란 다음의 계산식
에 따라 계산한 연평균 입소 인원 비율이
100분의 80 이상인 경우를 말한다. (2017.
7. 26. 직제개정 ; 행정안전부와~시행규
칙 부칙)

(연평균 입소 인원 비율)

$$= \frac{(A+B+C)}{(A+B+C+D)}$$

A : 「국민기초생활 보장법」제7조 제1호
　　부터 제3호에 따른 급여를 지급받는
　　사람의 입소일수의 합

해당하는 경우 그 해당 부분에 대해서는 감면된 취득세를 추징한다. (2024. 12. 31. 신설)
1. 정당한 사유 없이 부동산의 취득일부터 1년(「건축법」에 따른 신축·증축 또는 대수선을 하는 경우 해당 토지에 대해서는 3년)이 경과할 때까지 해당 용도로 직접 사용하지 아니하는 경우 (2024. 12. 31. 신설)
2. 해당 용도로 직접 사용한 기간이 2년 미만인 상태에서 부동산을 매각·증여하거나 다른 용도로 사용하는 경우 (2024. 12. 31. 신설)

제21조 【청소년단체 등에 대한 감면】 ① 다음 각 호의 법인 또는 단체가 그 고유업무에 직접 사용하기 위하여 취득하는 부동산에 대해서는 취득세의 100분의 75를 2026년 12월 31일까지 경감하고, 과세기준일 현재 그 고유업무에 직접 사용하는 부동산에 대해서는 재산세를 2026년 12월 31일까지 면제한다. (2023. 12. 29. 개정) 농특비
1. 「스카우트활동 육성에 관한 법률」에 따른 스카우트주관단체 (2010. 3. 31. 제정)
2. 「한국청소년연맹 육성에 관한 법률」에 따른 한국청소년연맹 (2010. 3. 31. 제정)
3. 「한국해양소년단연맹 육성에 관한 법률」에 따른 한국해양소년단연맹 (2010. 3. 31. 제정)
4. 제1호부터 제3호까지의 단체 등과 유사한 청소년단체로서 대통령령으로 정하는 단체 (2010. 3. 31. 제정)
② 「청소년활동 진흥법」에 따라 청소년수련시설의 설치허가를 받은 비영리법인이 청소년수련시설을 설치하기 위하여 취득하는 부동산에 대해서는 취득세를 2023년 12월 31일까지 면제하고, 과세기준일 현재 그 시설에 직접 사용하는 부동산에 대해서는 재산세의 100분의 50을 2026년 12월 31일까지 경감한다. (2023. 12. 29. 개정)

제22조 【사회복지법인등에 대한 감면】 (2011. 12. 31. 제목개정)
① 「사회복지사업법」에 따른 사회복지사업(이하 이 조에서 “사회복지사업”이라 한다)을 목적으로 하는 법인 또는 단체가 해당 사회복지사업에 직접 사용하기 위하여 취득하는 부동산에 대해서는 다음 각 호에

제9조 【청소년단체의 범위】 법 제21조 제1항 제4호에서 “대통령령으로 정하는 단체”란 다음 각 호의 어느 하나에 해당하는 청소년단체를 말한다. (2010. 9. 20. 제정)
1. 정부로부터 허가 또는 인가를 받거나 「민법」 외의 법률에 따라 설립되거나 그 적용을 받는 청소년단체 (2010. 9. 20. 제정)
2. 행정안전부장관이 여성가족부장관과 협의하여 고시하는 단체 (2017. 7. 26. 직제개정 ; 행정안전부와~직제 부칙)

B : 「노인장기요양보험법」에 따른 급여를 지급받는 사람의 입소일수의 합
C : 무료로 입소한 사람의 입소일수의 합
D : 「국민기초생활 보장법」 제7조 제1호부터 제3호에 따른 급여를 지급받는 사람과 「노인장기요양보험법」에 따른 급여를 지급받는 사람 및 무료로 입소한 사람을 제외한 사람의 입소일수의 합

서 정하는 바에 따라 취득세를 2025년 12월 31일까지 감면한다.
(2023. 3. 14. 개정) 농특비
1. 「사회복지사업법」에 따른 사회복지법인(이하 이 조에서 "사회복지
   법인"이라 한다) 또는 한센인 권익·복지의 증진·개선 등을 목적
   으로 설립된 법인·단체로서 대통령령으로 정하는 법인·단체에 대
   해서는 취득세를 면제한다. (2023. 3. 14. 개정)
2. 「사회복지사업법」에 따른 사회복지시설(이하 이 조에서 "사회복지
   시설"이라 한다)을 설치·운영하는 법인 또는 단체 중 대통령령으
   로 정하는 법인 또는 단체에 대해서는 취득세의 100분의 25를 경감
   한다. 다만, 사회복지시설의 입소자 및 이용자가 입소 및 이용에 대
   한 비용을 부담하지 아니하는 사회복지시설의 경우에는 취득세를
   면제한다. (2023. 3. 14. 개정)
② 제1항에 따라 취득세를 감면받은 법인 또는 단체가 다음 각 호의
어느 하나에 해당하는 경우 그 해당 부분에 대해서는 감면된 취득세를
추징한다. (2023. 3. 14. 신설)
1. 부동산을 취득한 날부터 5년 이내에 수익사업에 사용하는 경우
   (2023. 3. 14. 신설)
2. 정당한 사유 없이 부동산의 취득일부터 3년이 경과할 때까지 해당
   용도로 직접 사용하지 아니하는 경우 (2023. 3. 14. 신설)
3. 해당 용도로 직접 사용한 기간이 2년 미만인 상태에서 부동산을 매
   각·증여하거나 다른 용도로 사용하는 경우 (2023. 3. 14. 신설)
③ 제1항 각 호에 해당하는 법인 또는 단체(이하 이 조에서 "사회복지
법인등"이라 한다)가 과세기준일 현재 해당 사회복지사업에 직접 사용
(종교단체의 경우 해당 부동산의 소유자가 아닌 그 대표자 또는 종교법
인이 해당 부동산을 사회복지사업의 용도로 사용하는 경우를 포함한
다. 이하 이 조에서 같다)하는 부동산(대통령령으로 정하는 건축물의
부속토지를 포함한다)에 대해서는 다음 각 호에서 정하는 바에 따라 지
방세를 2025년 12월 31일까지 각각 감면한다. 다만, 수익사업에 사용
하는 경우와 해당 재산이 유료로 사용되는 경우의 그 재산 및 해당 재
산의 일부가 그 목적에 직접 사용되지 아니하는 경우의 그 일부 재산에
대해서는 감면하지 아니한다. (2023. 3. 14. 개정)
1. 제1항 제1호에 해당하는 법인 또는 단체에 대해서는 재산세(「지방

제10조【사회복지법인등의 면제대상 사업의 범위 등】① 법 제
22조 제1항 제1호에서 "대통령령으로 정하는 법인·단체"란 「민법」
제32조에 따라 설립된 사단법인 한국한센복지협회를 말한다. (2023. 3.
14. 개정)
② 법 제22조 제1항 제2호에서 "대통령령으로 정하는 법인 또는 단체"
란 다음 각 호의 법인 또는 단체를 말한다. (2023. 3. 14. 신설)
1. 「민법」 제32조에 따라 설립된 비영리법인 (2023. 3. 14. 신설)
2. 다음 각 목의 요건을 모두 갖춘 단체 (2023. 3. 14. 신설)
   가. 단체의 조직과 운영에 관한 일반 규정(規程)이 있을 것 (2023.
      3. 14. 신설)
   나. 단체의 대표자나 관리인이 있을 것 (2023. 3. 14. 신설)
   다. 단체 자신의 명의와 계산으로 수익과 재산을 독립적으로 소
      유·관리하고 있을 것 (2023. 3. 14. 신설)
   라. 단체의 수익을 구성원에게 분배하지 않을 것 (2023. 3. 14. 신설)

③ 법 제22조 제3항 본문에서 "대통령령으로 정하는 건축물의 부속토
지"란 해당 사업에 직접 사용할 건축물을 건축 중인 경우와 건축허가
후 행정기관의 건축규제조치로 건축에 착공하지 못한 경우의 건축 예
정 건축물의 부속토지를 말한다. (2023. 3. 14. 개정)
④ 법 제22조 제5항 본문에서 "사회복지법인등이 그 사업에 직접 사
용하기 위한 면허"란 법 제22조 제3항 각 호 외의 부분 본문에 따른
사회복지법인등이 그 비영리사업의 경영을 위하여 필요한 면허 또는
그 면허로 인한 영업 설비나 행위에서 발생한 수익금의 전액을 그 비
영리사업에 사용하는 경우의 면허를 말한다. (2023. 3. 14. 개정)
⑤ 법 제22조 제5항 본문에서 "대통령령으로 정하는 법인·단체"란 제
2항 각 호의 법인·단체를 말한다. (2023. 3. 14. 신설)

세법」 제112조에 따른 부과액을 포함한다) 및 「지방세법」 제146조 제3항에 따른 지역자원시설세를 각각 면제한다. (2023. 3. 14. 신설)

2. 제1항 제2호에 해당하는 법인 또는 단체에 대해서는 재산세의 100분의 25를 경감한다. 다만, 사회복지시설의 입소자 및 이용자가 입소 및 이용에 대한 비용을 부담하지 아니하는 사회복지시설의 경우에는 재산세의 100분의 50을 경감한다. (2023. 3. 14. 신설)

편주 ▶

2023. 1. 1. 전에 종전의 법 22조 2항에 따라 2022년도 재산세(「지방세법」 112조에 따른 부과액을 포함함. 이하 이 항에서 같음) 및 「지방세법」 146조 3항에 따른 소방분 지역자원시설세를 면제받은 경우(2022. 6. 2.부터 12. 31.까지 부동산을 취득하여 종전의 법 22조 1항에 따라 취득세를 면제받은 부동산이 해당 사회복지사업에 직접 사용되는 경우를 포함함)에는 법 22조 3항의 개정규정에도 불구하고 2024. 12. 31.까지 종전의 법 22조 2항에 따라 재산세 및 소방분 지역자원시설세를 면제함. (법 부칙(2023. 3. 14.) 9조 2항)

④ 지방자치단체의 장은 제1항 또는 제3항에 따라 취득세 또는 재산세를 감면하는 경우 해당 지역의 재정 여건 등을 고려하여 100분의 50의 범위에서 조례로 정하는 율을 추가로 경감할 수 있다. (2023. 3. 14. 신설)

⑤ 사회복지법인등이 그 사회복지사업에 직접 사용하기 위한 면허에 대해서는 등록면허세를, 사회복지법인등(「장애인활동 지원에 관한 법률」에 따른 활동지원기관을 설치 · 운영하는 법인 · 단체 중 대통령령으로 정하는 법인 · 단체를 포함한다)에 대해서는 주민세 사업소분(「지방세법」 제81조 제1항 제2호에 따라 부과되는 세액으로 한정한다. 이하 이 항에서 같다) 및 종업원분을 각각 2025년 12월 31일까지 면제한다. 다만, 수익사업에 관계되는 대통령령으로 정하는 주민세 사업소분 및 종업원분은 면제하지 아니한다. (2023. 3. 14. 개정)

⑥ 사회복지법인등에 생산된 전력 등을 무료로 제공하는 경우 그 부분에 대해서는 「지방세법」 제146조 제1항 및 제2항에 따른 지역자원시설세를 2019년 12월 31일까지 면제한다. (2023. 3. 14. 항번개정)

⑦ 사회복지법인의 설립등기 및 합병등기에 대한 등록면허세와 사회복

⑥ 법 제22조 제3항 단서에서 "수익사업에 관계되는 대통령령으로 정하는 주민세 사업소분 및 종업원분"이란 수익사업에 제공되고 있는 사업소와 종업원을 기준으로 부과하는 주민세 사업소분(「지방세법」 제81조 제1항 제2호에 따라 부과되는 세액으로 한정한다)과 종업원분을 말한다. 이 경우 면제대상 사업과 수익사업에 건축물이 겸용되거나 종업원이 겸직하는 경우에는 주된 용도 또는 직무에 따른다. (2023. 3. 14. 개정)

지시설을 경영하는 자에 대하여 해당 사회복지시설 사업장에 과세되는 주민세 사업소분(「지방세법」 제81조 제1항 제1호에 따라 부과되는 세액으로 한정한다)을 각각 2025년 12월 31일까지 면제한다. (2023. 3. 14. 개정) 농특비

⑧ 제1항부터 제7항까지의 규정에도 불구하고 사회복지법인이 의료기관을 경영하기 위하여 취득하거나 사용하는 부동산에 대해서는 다음 각 호에 따라 취득세와 재산세를 각각 경감한다. (2023. 3. 14. 개정) 농특비

1. 의료업에 직접 사용하기 위하여 취득하는 부동산에 대해서는 2027년 12월 31일까지 취득세의 100분의 30[「감염병의 예방 및 관리에 관한 법률」 제8조의 2에 따라 지정된 감염병전문병원(이하 "감염병전문병원"이라 한다)의 경우에는 100분의 40]을 경감한다. (2024. 12. 31. 개정)

2. 과세기준일 현재 의료업에 직접 사용하는 부동산에 대해서는 2027년 12월 31일까지 재산세의 100분의 50(감염병전문병원의 경우에는 100분의 60)을 경감한다. (2024. 12. 31. 개정)

3. 2021년 1월 1일부터 2021년 12월 31일까지 취득하는 부동산에 대해서는 다음 각 목의 구분에 따라 취득세 및 재산세를 각각 경감한다. (2018. 12. 24. 신설)
가. 의료업에 직접 사용하기 위하여 취득하는 부동산에 대해서는 취득세의 100분의 30을 경감한다. (2018. 12. 24. 신설)
나. 해당 부동산 취득일 이후 해당 부동산에 대한 재산세 납세의무가 최초로 성립한 날부터 5년간 재산세의 100분의 50을 경감(과세기준일 현재 의료업에 직접 사용하고 있지 아니하는 경우는 제외한다)한다. (2018. 12. 24. 신설)

편주 ▶
법 22조 6항 3호 나목의 개정규정은 2020. 12. 31.까지 취득한 부동산으로서 2021. 1. 1. 당시 그 부동산에 대한 재산세 납세의무가 최초로 성립한 날부터 5년이 지나지 아니한 경우에도 적용함. 이 경우 재산세의 경감기간은 2021. 1. 1.을 기준으로 해당 부동산에 대한 재산세 납세의무가 최초로 성립한 날부터 5년이 지나지 아니한 잔여기간으로 함. (법 부칙(2018. 12. 24.) 5조 1항)

3. 삭 제 (2021. 12. 28.)

제22조의 2【출산 및 양육 지원을 위한 감면】① 18세 미만의 자녀(가족관계등록부 기록을 기준으로 하고, 양자 및 배우자의 자녀를 포함하되, 입양된 자녀는 친생부모의 자녀 수에는 포함하지 아니한다. 이하 이 항 및 제2항에서 같다) 2명 이상을 양육하는 자(이하 이 조에서 "다자녀 양육자"라 한다) 중 18세 미만의 자녀 3명 이상을 양육하는 자가 양육을 목적으로 2027년 12월 31일까지 취득하여 등록하는 자동차로서 다음 각 호의 어느 하나에 해당하는 자동차(자동차의 종류 구분은 「자동차관리법」 제3조에 따른다) 중 먼저 감면 신청하는 1대에 대해서는 취득세를 면제하되, 제1호 나목에 해당하는 승용자동차는 「지방세법」 제12조 제1항 제2호에 따라 계산한 취득세가 140만원 이하인 경우는 면제하고 140만원을 초과하면 140만원을 공제한다. 다만, 다자녀 양육자로서 18세 미만의 자녀 3명 이상을 양육하는 자 중 1명 이상이 종전에 감면받은 자동차를 소유하고 있거나 배우자 및 자녀(자녀와의 공동등록은 제3항 제3호의 경우로 한정한다) 외의 자와 공동등록을 하는 경우에는 그러하지 아니하다. (2024. 12. 31. 개정) 농특비
1. 다음 각 목의 어느 하나에 해당하는 승용자동차 (2010. 12. 27. 신설)
가. 승차정원이 7명 이상 10명 이하인 승용자동차 (2010. 12. 27. 신설)
나. 가목 외의 승용자동차 (2010. 12. 27. 신설)
2. 승차정원이 15명 이하인 승합자동차 (2010. 12. 27. 신설)
3. 최대적재량이 1톤 이하인 화물자동차 (2010. 12. 27. 신설)
4. 배기량 250시시 이하인 이륜자동차 (2015. 12. 29. 개정)

② 다자녀 양육자 중 18세 미만의 자녀 2명을 양육하는 자가 양육을 목적으로 2027년 12월 31일까지 취득하여 등록하는 자동차로서 제1항 각 호의 어느 하나에 해당하는 자동차(자동차의 종류 구분은 「자동차관리법」 제3조에 따른다) 중 먼저 감면 신청하는 1대에 대해서는 취득세의 100분의 50을 경감하되, 제1항 제1호 나목에 해당하는 승용자동차는 「지방세법」 제12조 제1항 제2호에 따라 계산한 취득세가 140만원 이하인 경우는 100분의 50을 경감하고 140만원을 초과하면 70만원을 공제한다. 다만, 다자녀 양육자로서 18세 미만의 자녀 2명을 양육하는 자 중 1명 이상이 종전에 감면받은 자동차를 소유하고 있거나

배우자 및 자녀(자녀와의 공동등록은 제3항 제3호의 경우로 한정한다) 외의 자와 공동등록을 하는 경우에는 그러하지 아니하다. (2024. 12. 31. 신설)

편주 ▶
법 22조의 2 제2항의 개정규정은 2025. 1. 1. 이후 납세의무가 성립하는 경우부터 적용함. (법 부칙(2024. 12. 31.) 2조)

③ 다자녀 양육자가 제1항 각 호의 어느 하나에 해당하는 자동차를 2027년 12월 31일까지 다음 각 호의 어느 하나의 방법으로 취득하여 등록하는 경우 해당 자동차에 대해서는 제1항 또는 제2항의 방법에 따라 취득세를 감면한다. (2024. 12. 31. 개정) 농특비

 p.4214 1단 연결

1. 대통령령으로 정하는 바에 따라 대체취득하여 등록하는 경우 (2018. 12. 24. 개정)
2. 다자녀 양육자가 감면받은 자동차의 소유권을 해당 다자녀 양육자의 배우자에게 이전하여 등록하는 경우 (2016. 12. 27. 개정)
3. 다자녀 양육자의 사망으로 해당 다자녀 양육자가 취득세를 감면받은 자동차의 소유권을 그 배우자와 자녀가 「민법」 제1009조에 따라 법정상속분대로 이전받아 등록하는 경우 (2023. 3. 14. 신설)
④ 제1항부터 제3항까지에 따라 취득세를 감면받은 자가 자동차 등록일부터 1년 이내에 사망, 혼인, 해외이민, 운전면허 취소, 그 밖에 이와 유사한 사유 없이 해당 자동차의 소유권을 이전하는 경우에는 감면된 취득세를 추징한다. 다만, 제1항 본문 또는 제2항 본문에 따라 취득세를 감면받은 다자녀 양육자가 해당 자동차의 소유권을 해당 다자녀 양육자의 배우자에게 이전하는 경우에는 감면된 취득세를 추징하지 아니한다. (2024. 12. 31. 개정)
⑤ 제1항부터 제3항까지에 따라 감면을 받은 자동차가 다음 각 호의 어느 하나에 해당되는 경우에는 장부상 등록 여부에도 불구하고 자동차를 소유하지 아니한 것으로 보아 제1항부터 제3항까지에 따른 취득세 감면 규정을 적용한다. (2024. 12. 31. 개정)
1. 「자동차관리법」에 따른 자동차매매업자가 중고자동차 매매의 알선을 요청한 사실을 증명하는 자동차(매도되지 아니하고 그 소유자에게 반환되는 중고자동차는 제외한다) (2010. 12. 27. 신설)
2. 천재지변, 화재, 교통사고 등으로 소멸, 멸실 또는 파손되어 해당 자동차를 회수할 수 없거나 사용할 수 없는 것으로 특별자치시장·특별자치도지사·시장·군수 또는 구청장(구청장의 경우에는 자치구의 구청장을 말하며, 이하 "시장·군수"라 한다)이 인정하는 자동차 (2016. 12. 27. 개정)
3. 「자동차관리법」에 따른 자동차해체재활용업자가 폐차되었음을 증명하는 자동차 (2010. 12. 27. 신설)
4. 「관세법」에 따라 세관장에게 수출신고를 하고 수출된 자동차 (2010. 12. 27. 신설)

제22조의 3 【휴면예금관리재단에 대한 면제】 농특비

제10조의 2 【다자녀 양육자의 대체취득 범위】 법 제22조의 2 제3항 제1호에 따른 대체취득을 하는 경우는 법 제22조의 2에 따라 취득세를 감면받은 자동차를 말소등록하거나 이전등록(배우자 간 이전하는 경우는 제외한다. 이하 이 조에서 같다)하고 다른 자동차를 다시 취득하는 경우(취득하여 등록한 날부터 60일 이내에 취득세를 감면받은 종전의 자동차를 말소등록하거나 이전등록하는 경우를 포함한다)로 한다. (2024. 12. 31. 개정)

제10조의 3 【등록면허세 면제 대상이 되는 휴면예금관리재단의

「서민의 금융생활 지원에 관한 법률」에 따라 설립된 휴면예금관리재단
[같은 법 제2조 제6호에 따른 사업수행기관(대통령령으로 정하는 자로
한정한다) 중 2008년 8월 1일 이후에 같은 법 제2조 제5호에 따른 서
민금융생활 지원사업만을 목적으로 금융위원회의 허가를 받아 설립하
는 법인인 사업수행기관을 포함한다]의 법인설립의 등기(출자의 총액
또는 재산의 총액을 증가하기 위한 등기를 포함한다)에 대해서는 등록
면허세를 2016년 12월 31일까지 면제한다. (2016. 3. 22. 개정 ; 서민
의~부칙)

　　제22조의 4 【사회적기업에 대한 감면】「사회적기업 육성법」제
2조 제1호에 따른 사회적기업(「상법」에 따른 회사인 경우에는 「중소
기업기본법」제2조 제1항에 따른 중소기업으로 한정한다)에 대해서는
다음 각 호에서 정하는 바에 따라 지방세를 2027년 12월 31일까지 경
감한다. (2024. 12. 31. 개정)
1. 그 고유업무에 직접 사용하기 위하여 취득하는 부동산에 대해서는
　　취득세의 100분의 50을 경감한다. 다만, 다음 각목의 어느 하나에
　　해당하는 경우 그 해당 부분에 대해서는 경감된 취득세를 추징한다.
　　(2011. 12. 31. 신설)
　　가. 그 취득일부터 3년 이내에 「사회적기업 육성법」제18조에 따라
　　　　사회적기업의 인증이 취소되는 경우 (2011. 12. 31. 신설)
　　나. 정당한 사유 없이 그 취득일부터 1년이 경과할 때까지 해당 용
　　　　도로 직접 사용하지 아니하는 경우 (2011. 12. 31. 신설)
　　다. 해당 용도로 직접 사용한 기간이 2년 미만인 상태에서 매각·증
　　　　여하거나 다른 용도로 사용하는 경우 (2011. 12. 31. 신설)
2. 그 법인등기에 대해서는 등록면허세의 100분의 50을 경감한다. (2011. 12. 31. 신설)
2. 삭　제 (2021. 12. 28.)
3. 과세기준일 현재 그 고유업무에 직접 사용하는 부동산에 대해서
　　는 재산세의 100분의 25를 경감한다. (2011. 12. 31. 신설)

　　제23조 【권익 증진 등을 위한 감면】　　　　　　농특비
① 「법률구조법」에 따른 법률구조법인이 그 고유업무에 직접 사용하

범위】 (2018. 12. 31. 조번개정)
법 제22조의 3에서 "대통령령으로 정하는 자"란 「서민의 금융생활 지
원에 관한 법률」제2조 제6호에 따른 사업수행기관을 말한다. (2016.
9. 22. 개정 ; 서민의 금융생활~시행령 부칙)

기 위하여 취득하는 부동산에 대해서는 취득세의 100분의 25를, 과세기준일 현재 그 고유업무에 직접 사용하는 부동산에 대해서는 재산세의 100분의 25를 2025년 12월 31일까지 각각 경감한다. (2023. 3. 14. 개정)

② 「소비자기본법」에 따른 한국소비자원이 그 고유업무에 직접 사용하기 위하여 취득하는 부동산에 대해서는 취득세의 100분의 25를, 과세기준일 현재 그 고유업무에 직접 사용하는 부동산에 대해서는 재산세의 100분의 25를 2025년 12월 31일까지 각각 경감한다. (2023. 3. 14. 개정)

제24조【연금공단 등에 대한 감면】① 「국민연금법」에 따른 국민연금공단이 같은 법 제25조에 따른 업무에 직접 사용하기 위하여 취득하는 부동산에 대하여는 다음 각 호에서 정하는 바에 따라 2014년 12월 31일까지 지방세를 감면한다. (2013. 1. 1. 개정)
1. 「국민연금법」 제25조 제4호에 따른 복지증진사업을 위한 부동산에 대하여는 취득세 및 재산세를 면제한다. (2010. 3. 31. 제정)
2. 「국민연금법」 제25조 제7호에 따라 위탁받은 그 밖의 국민연금사업을 위한 부동산에 대하여는 취득세 및 재산세의 100분의 50을 경감한다. (2010. 3. 31. 제정)
② 「공무원연금법」에 따른 공무원연금공단이 같은 법 제17조에 따른 사업에 직접 사용하기 위하여 취득하는 부동산에 대하여는 다음 각 호에서 정하는 바에 따라 2014년 12월 31일까지 지방세를 감면한다. (2018. 3. 20. 개정 ; 공무원연금법 부칙)
1. 「공무원연금법」 제17조 제4호 및 제5호의 사업을 위한 부동산에 대하여는 취득세 및 재산세를 면제한다. (2018. 3. 20. 개정 ; 공무원연금법 부칙)
2. 「공무원연금법」 제17조 제3호 및 제6호의 사업을 위한 부동산에 대하여는 취득세 및 재산세의 100분의 50을 경감한다. (2018. 3. 20. 개정 ; 공무원연금법 부칙)
③ 「사립학교교직원 연금법」에 따른 사립학교교직원연금공단이 같은 법 제4조에 따른 사업에 직접 사용하기 위하여 취득하는 부동산

에 대하여는 다음 각 호에서 정하는 바에 따라 2014년 12월 31일까지 지방세를 감면한다. (2013. 1. 1. 개정)
1. 「사립학교교직원 연금법」 제4조 제4호의 사업을 위한 부동산에 대하여는 취득세 및 재산세를 면제한다. (2010. 3. 31. 제정)
2. 「사립학교교직원 연금법」 제4조 제3호 · 제5호의 사업을 위한 부동산에 대하여는 취득세 및 재산세의 100분의 50을 경감한다. (2010. 3. 31. 제정)

☞ p.4217 1단 연결

제25조【근로자 복지를 위한 감면】① 다음 각 호의 법인이 대통령령으로 정하는 회원용 공동주택을 건설하기 위하여 취득하는 부동산에 대하여는 2014년 12월 31일까지 취득세의 100분의 50을 경감한다. (2013. 1. 1. 개정)
1. 「군인공제회법」에 따라 설립된 군인공제회 (2010. 3. 31. 제정)
2. 「경찰공제회법」에 따라 설립된 경찰공제회 (2010. 3. 31. 제정)
3. 「대한지방행정공제회법」에 따라 설립된 대한지방행정공제회 (2010. 3. 31. 제정)
4. 「한국교직원공제회법」에 따라 설립된 한국교직원공제회(2010. 3. 31. 제정)
② 「근로복지기본법」에 따른 기금법인의 설립등기 및 변경등기에 대하여는 2016년 12월 31일까지 등록면허세를 면제한다. (2015. 12. 29. 개정)

제26조【노동조합에 대한 감면】「노동조합 및 노동관계조정법」에 따라 설립된 노동조합이 그 고유업무에 직접 사용하기 위하여 취득하는 부동산(수익사업용 부동산은 제외한다. 이하 이 조에서 같다)에 대해서는 취득세를, 과세기준일 현재 그 고유업무에 직접 사용하는 부동산에 대해서는 재산세를 각각 <u>2027년 12월 31일</u>까지 면제한다. (2024. 12. 31. 개정)

제27조【근로복지공단 지원을 위한 감면】① 「산업재해보상보험법」에 따른 근로복지공단(이하 이 조에서 "근로복지공단"이라 한다)이 같은 법 제11조 제1항 제1호부터 제5호까지, 제6호 및 제7호의 사업에 직접 사용하기 위하여 취득하는 부동산에 대해서는 취득세의 100분의 25를 2025년 12월 31일까지 경감한다. (2023. 3. 14. 개정)
② 근로복지공단이 「산업재해보상보험법」 제11조 제1항 제5호의 2, 제5호의 3 및 같은 조 제2항에 따른 의료사업 및 재활사업에 직접 사용하기 위하여 취득하는 부동산에 대해서는 취득세를, 과세기준일 현재 그 업무에 직접 사용하는 부동산에 대해서는 재산세를 다음 각 호에서 정하는 바에 따라 각각 경감한다. (2018. 12. 24. 개정)
1. <u>2027년 12월 31일</u>까지 취득세 및 재산세의 100분의 50(감염병전

제11조【회원용 공동주택의 범위】법 제25조 제1항 각 호 외의 부분에서 "대통령령으로 정하는 회원용 공동주택"이란 전용면적 85제곱미터 이하의 회원용 공동주택을 말한다. (2010. 9. 20. 제정)

문병원의 경우에는 100분의 60)을 각각 경감한다. (2024. 12. 31. 개정)

2. 2021년 1월 1일부터 2021년 12월 31일까지 취득하는 부동산에 대해서는 다음 각 목의 구분에 따라 취득세 및 재산세를 각각 경감한다. (2018. 12. 24. 신설)
　가. 해당 부동산에 대해서는 취득세의 100분의 50을 경감한다. (2018. 12. 24. 신설)
　나. 해당 부동산 취득일 이후 해당 부동산에 대한 재산세 납세의무가 최초로 성립한 날부터 5년간 재산세의 100분의 50을 경감한다. (2018. 12. 24. 신설)

[편주 ▶]
법 27조 2항 2호 나목의 개정규정은 2020. 12. 31.까지 취득한 부동산으로서 2021. 1. 1. 당시 그 부동산에 대한 재산세 납세의무가 최초로 성립한 날부터 5년이 지나지 아니한 경우에도 적용함. 이 경우 재산세의 경감기간은 2021. 1. 1.을 기준으로 해당 부동산에 대한 재산세 납세의무가 최초로 성립한 날부터 5년이 지나지 아니한 잔여기간으로 함. (법 부칙(2018. 12. 24.) 5조 1항)

2. 삭　제 (2021. 12. 28.)

　제28조【산업인력 등 지원을 위한 감면】① 「국민 평생 직업능력 개발법」에 따른 직업능력개발훈련시설(숙박시설을 포함한다. 이하 이 항에서 같다)에 직접 사용하기 위하여 취득하는 토지(건축물 바닥면적의 10배 이내의 것으로 한정한다)와 건축물에 대하여는 2014년 12월 31일까지 취득세의 100분의 50을 경감하고, 과세기준일 현재 직업능력개발훈련시설에 직접 사용하는 부동산에 대하여는 2014년 12월 31일까지 재산세를 면제한다. (2021. 8. 17. 개정 ; 근로자직업능력개발법 부칙)

[농특비]
② 「한국산업안전보건공단법」에 따라 설립된 한국산업안전보건공단이 같은 법 제6조 제2호 및 제6호의 사업에 직접 사용하기 위하여 취득하는 부동산에 대해서는 취득세의 100분의 25를, 과세기준일 현재 그 사업에 직접 사용하는 부동산에 대해서는 재산세의 100분의 25를 각각 2025년 12월 31일까지 경감한다. (2023. 3. 14. 개정)
③ 「한국산업인력공단법」에 따라 설립된 한국산업인력공단이 같은 법 제6조 제1호의 사업에 직접 사용하기 위하여 취득하는 부동산에 대해서는 취득세의 100분의 25를 2025년 12월 31일까지 경감한다.

(2023. 3. 14. 개정)

　제29조【국가유공자 등에 대한 감면】　[농특비]
① 「국가유공자 등 예우 및 지원에 관한 법률」, 「보훈보상대상자 지원에 관한 법률」, 「5ㆍ18민주유공자예우 및 단체설립에 관한 법률」 및 「특수임무유공자 예우 및 단체설립에 관한 법률」에 따른 대부금을 받은 사람이 취득(부동산 취득일부터 60일 이내에 대부금을 수령하는 경우를 포함한다)하는 다음 각 호의 부동산에 대해서는 취득세를 2026년 12월 31일까지 면제한다. (2023. 12. 29. 개정)
1. 전용면적 85 제곱미터 이하인 주택(대부금을 초과하는 부분을 포함한다) (2015. 12. 29. 개정)
2. 제1호 외의 부동산(대부금을 초과하는 부분은 제외한다) (2010. 3. 31. 제정)
② 제1호 각 목의 단체에 대해서는 제2호 각 목의 지방세를 2026년 12월 31일까지 면제한다. (2023. 12. 29. 개정)
1. 대상 단체 (2011. 12. 31. 개정)
　가. 「국가유공자 등 단체 설립에 관한 법률」에 따라 설립된 대한민국상이군경회, 대한민국전몰군경유족회, 대한 민국전몰군경미망인회, 광복회, 4ㆍ19민주혁명회, 4ㆍ19혁명희생자유족회, 4ㆍ19혁명공로자회, 재일학도의용군동지회 및 대한민국무공수훈자회 (2011. 12. 31. 개정)
　나. 「특수임무유공자 예우 및 단체설립에 관한 법률」에 따라 설립된 대한민국특수임무유공자회 (2011. 12. 31. 개정)
　다. 「고엽제후유의증 등 환자지원 및 단체설립에 관한 법률」에 따라 설립된 대한민국고엽제전우회 (2015. 12. 22. 개정; 고엽제후유의증 등~법률 부칙)
　라. 「참전유공자 예우 및 단체설립에 관한 법률」에 따라 설립된 대한민국6ㆍ25참전유공자회 및 대한민국월남전참전자회 (2015. 12. 22. 개정 ; 참전유공자예우 및~법률 부칙)
　마. 「5ㆍ18민주유공자예우 및 단체설립에 관한 법률」에 따라 설립된 5ㆍ18민주화운동부상자회, 5ㆍ18민주유공자유족회 및 5ㆍ18민주

화운동공로자회 (2023. 12. 29. 신설)
2. 면제 내용 (2011. 12. 31. 개정)
　가. 그 고유업무에 직접 사용하기 위하여 취득하는 부동산에 대한 취득세 (2011. 12. 31. 개정)
　나. 그 고유업무에 직접 사용하기 위한 면허에 대한 등록면허세 (2011. 12. 31. 개정)
　다. 과세기준일 현재 그 고유업무에 직접 사용하는 부동산에 대한 재산세(「지방세법」 제112조 제1항 제2호에 따른 재산세를 포함한다) 및 「지방세법」 제146조 제3항에 따른 지역자원시설세 (2020. 1. 15. 개정)
　라. 해당 단체에 대한 주민세 사업소분(「지방세법」 제81조 제1항 제2호에 따라 부과되는 세액으로 한정한다) 및 종업원분 (2020. 12. 29. 개정)

☞ p.4219 1단 연결

③ 대통령령으로 정하는 바에 따라 상이등급 1급을 판정받은 사람들로 구성되어 국가보훈부장관이 지정한 국가유공자 자활용사촌에 거주하는 중상이자(重傷痍者)와 그 유족 또는 그 중상이자와 유족으로 구성된 단체가 취득·소유하는 자활용사촌 안의 부동산에 대해서는 취득세와 재산세(「지방세법」 제112조에 따른 부과액을 포함한다) 및 「지방세법」 제146조 제3항에 따른 지역자원시설세를 각각 2026년 12월 31일까지 면제한다. (2023. 12. 29. 개정)

④ 「국가유공자 등 예우 및 지원에 관한 법률」에 따른 국가유공자(「보훈보상대상자 지원에 관한 법률」 제2조 제1항 각 호의 어느 하나에 해당하는 보훈보상대상자 및 법률 제11041호 국가유공자 등 예우 및 지원에 관한 법률 일부개정법률 부칙 제19조에 해당하는 사람을 포함한다)로서 상이등급 1급부터 7급까지의 판정을 받은 사람 또는 그 밖에 대통령령으로 정하는 사람(이하 "국가유공자등"이라 한다)이 보철용·생업활동용으로 사용하기 위하여 취득하여 등록하는(대통령령으로 정하는 바에 따라 대체취득하는 경우를 포함한다) 다음 각 호의 어느 하나에 해당하는 자동차로서 취득세 또는 자동차세 중 어느 하나의 세목(稅目)에 대하여 먼저 감면 신청하는 1대에 대해서는 취득세 및 자동차세를 각각 2027년 12월 31일까지 면제(「보훈보상대상자 지원에 관한 법률」 제2조 제1항 각 호의 어느 하나에 해당하는 보훈보상대상자 및 법률 제11041호 국가유공자 등 예우 및 지원에 관한 법률 일부개정법률 부칙 제19조에 해당하는 사람으로서 상이등급 1급부터 7급까지의 판정을 받은 사람의 경우에는 취득세 및 자동차세의 100분의 50을 각각 경감)한다. 다만, 제17조에 따른 장애인용 자동차에 대한 감면을 받은 경우는 제외한다. (2024. 12. 31. 개정)
1. 다음 각 목의 어느 하나에 해당하는 승용자동차 (2015. 12. 29. 신설)
　가. 배기량 2천시시 이하인 승용자동차 (2015. 12. 29. 신설)
　나. 승차 정원 7명 이상 10명 이하인 대통령령으로 정하는 승용자동차 (2015. 12. 29. 신설)
　다. 「자동차관리법」에 따라 자동차의 구분기준이 화물자동차에서 2006년 1월 1일부터 승용자동차에 해당하게 되는 자동차(2005년 12월 31일 이전부터 승용자동차로 분류되어 온 것은 제외한다) (2015. 12. 29. 신설)

제12조【자활용사촌의 정의】법 제29조 제3항에서 "대통령령으로 정하는 바에 따라 상이등급 1급을 판정받은 사람들로 구성되어 국가보훈부장관이 지정한 국가유공자 자활용사촌"이란 「국가유공자 등 예우 및 지원에 관한 법률 시행령」 제88조의 4 제1항에 따라 지정된 자활용사촌(自活勇士村)을 말한다. (2023. 4. 11. 직제개정 ; 국가보훈부와~부칙)

제12조의 2【국가유공자 등의 범위 등】① 법 제29조 제4항에서 "대통령령으로 정하는 사람"이란 다음 각 호의 어느 하나에 해당하는 사람을 말한다. (2015. 12. 31. 신설)
1. 「5·18민주유공자예우 및 단체설립에 관한 법률」에 따라 등록된 5·18민주화운동부상자로서 신체장해등급 1급부터 14급까지의 판정을 받은 사람 (2021. 4. 6. 개정 ; 5·18민주유공자~부칙)
2. 「고엽제후유의증 등 환자지원 및 단체설립에 관한 법률」에 따른 고엽제후유의증환자로서 경도(輕度) 장애 이상의 장애등급 판정을 받은 사람 (2015. 12. 31. 신설)

② 법 제29조 제4항 제1호 나목에서 "대통령령으로 정하는 승용자동차"란 「자동차관리법」에 따라 승용자동차로 분류된 자동차 중 승차 정원이 7명 이상 10명 이하인 승용자동차를 말한다. 다만, 법 제29조 제4항에 따른 국가유공자등(이하 이 조에서 "국가유공자등"이라 한다)의 이동편의를 위하여 구조를 변경한 자동차의 경우 그 승차 정원은 구조변경 전의 승차 정원을 기준으로 한다. (2015. 12. 31. 신설)

2. 승차 정원 15명 이하인 승합자동차 (2015. 12. 29. 신설)

3. 최대적재량 1톤 이하인 화물자동차 (2015. 12. 29. 신설)

4. 배기량 250시시 이하인 이륜자동차 (2015. 12. 29. 신설)

⑤ 제4항을 적용할 때 국가유공자등 또는 국가유공자등과 공동으로 등록한 사람이 자동차 등록일부터 1년 이내에 사망, 혼인, 해외이민, 운전면허취소, 그 밖에 이와 유사한 부득이한 사유 없이 소유권을 이전하거나 세대를 분가하는 경우에는 감면된 취득세를 추징한다. 다만, 국가유공자등과 공동 등록할 수 있는 사람의 소유권을 국가유공자등이 이전받은 경우, 국가유공자등과 공동 등록할 수 있는 사람이 그 국가유공자등으로부터 소유권의 일부를 이전받은 경우 또는 공동 등록할 수 있는 사람 간에 등록 전환하는 경우는 제외한다. (2023. 12. 29. 개정)

　　제30조 【한국보훈복지의료공단 등에 대한 감면】 ① 「한국보훈복지의료공단법」에 따라 설립된 한국보훈복지의료공단이 같은 법 제6조 제2호부터 제9호까지의 사업에 직접 사용하기 위하여 취득하는 부동산에 대해서는 취득세의 100분의 25를, 과세기준일 현재 해당 사업에 직접 사용하는 부동산에 대해서는 재산세의 100분의 25를 각각 2025년 12월 31일까지 경감한다. (2023. 3. 14. 개정)

② 「한국보훈복지의료공단법」 제7조 제1항에 따른 보훈병원이 의료업에 직접 사용하기 위하여 취득하는 부동산에 대해서는 취득세를, 과세기준일 현재 해당 사업에 직접 사용하는 부동산에 대해서는 재산세를 다음 각 호에서 정하는 바에 따라 각각 경감한다. (2018. 12. 24. 개정)

1. 2027년 12월 31일까지 취득세 및 재산세의 100분의 50(감염병전문병원의 경우에는 100분의 60)을 각각 경감한다. (2024. 12. 31. 개정)

2. 2021년 1월 1일부터 2021년 12월 31일까지 취득하는 부동산에 대해서는 다음 각 목의 구분에 따라 취득세 및 재산세를 각각 경감한다. (2018. 12. 24. 신설)

　가. 해당 부동산에 대해서는 취득세의 100분의 50을 경감한다. (2018. 12. 24. 신설)

　나. 해당 부동산 취득일 이후 해당 부동산에 대한 재산세 납세의무가 최초로 성립한 날부터 5년간 재산세의 100분의 50을 경감한다. (2018. 12. 24. 신설)

편주 ▶
법 30조 2항 2호 나목의 개정규정은 2020. 12. 31.까지 취득한 부동산으로서 2021. 1. 1. 당시 그 부동산에 대한 재산세 납세의무가 최초로 성립한

③ 법 제29조 제4항에 따라 취득세 및 자동차세를 면제하는 자동차는 국가유공자등이 본인 명의로 등록하거나 그 국가유공자등과 동일한 세대별 주민등록표에 기재되어 있고 가족관계등록부에 따라 다음 각 호의 어느 하나에 해당하는 관계가 있는 것이 확인(취득세의 경우에는 해당 자동차 등록일에 세대를 함께 하는 것이 확인되는 경우로 한정한다)되는 사람이 공동명의로 등록하는 자동차를 말한다. (2020. 1. 15. 개정)

1. 국가유공자등의 배우자 · 직계혈족 · 형제자매 (2020. 1. 15. 개정)

2. 국가유공자등의 직계혈족의 배우자 (2020. 1. 15. 개정)

3. 국가유공자등의 배우자의 직계혈족 · 형제자매 (2020. 1. 15. 개정)

④ 제3항을 적용할 때 국가유공자등 및 같은 항 각 호의 어느 하나에 해당하는 사람이 모두 「출입국관리법」 제31조에 따라 외국인등록을 하고 같은 법 제10조의 3에 따른 영주자격을 가진 사람인 경우에는 등록외국인기록표등으로 가족관계등록부와 세대별 주민등록표를 갈음할 수 있다. (2020. 1. 15. 신설)

⑤ 법 제29조 제4항 각 호 외의 부분 본문에 따른 대체취득을 하는 경우는 법 제29조에 따라 취득세 또는 자동차세를 면제받은 자동차를 말소등록하거나 이전등록(국가유공자등과 공동명의로 등록한 자가 아닌 자에게 이전등록하는 경우를 말한다. 이하 이 항에서 같다)하고 다른 자동차를 다시 취득하는 경우(다른 자동차를 취득하여 등록한 날부터 60일 이내에 취득세 또는 자동차세를 면제받은 종전의 자동차를 말소등록하거나 이전등록하는 경우를 포함한다)로 한다. (2020. 1. 15. 항번개정)

⑥ 법 제29조 제4항에 따라 취득세와 자동차세를 면제받은 자가 소유한 자동차가 다음 각 호의 어느 하나에 해당하는 경우에는 자동차등록원부의 기재 여부와 관계없이 그 날부터 해당 자동차를 소유하지 아니한 것으로 본다. (2020. 1. 15. 항번개정)

1. 「자동차관리법」에 따른 자동차매매업자에게 해당 자동차의 매매 알선을 요청한 경우. 다만, 자동차를 매도(賣渡)하지 아니하고 반환받는 경우에는 자동차를 소유한 것으로 본다. (2015. 12. 31. 신설)

2. 천재지변 · 화재 · 교통사고 등으로 자동차가 소멸 · 멸실 또는 파손되어 해당 자동차를 회수할 수 없거나 사용할 수 없는 것으로 해당 시장 · 군수 · 구청장이 인정한 경우 (2016. 12. 30. 개정)

날부터 5년이 지나지 아니한 경우에도 적용함. 이 경우 재산세의 경감기간
은 2021. 1. 1.을 기준으로 해당 부동산에 대한 재산세 납세의무가 최초로
성립한 날부터 5년이 지나지 아니한 잔여기간으로 함. (법 부칙(2018. 12.
24.) 5조 1항)

2. 삭 제 (2021. 12. 28.)
③ 「독립기념관법」에 따라 설립된 독립기념관이 같은 법 제6조 제1
항의 업무에 직접 사용하기 위하여 취득하는 부동산에 대해서는 취
득세를, 과세기준일 현재 해당 업무에 직접 사용하는 부동산(해당 부
동산을 다른 용도로 함께 사용하는 경우 그 부분은 제외한다)에 대해
서는 재산세(「지방세법」 제112조에 따른 부과액을 포함한다)를, 해
당 법인에 대해서는 주민세 사업소분(「지방세법」 제81조 제1항 제2
호에 따라 부과되는 세액으로 한정한다)을 각각 2027년 12월 31일
까지 면제한다. (2024. 12. 31. 개정)　　　　　　　　　　　　농특비

　　제31조 【공공임대주택 등에 대한 감면】 (2024. 12. 31. 제목개정)
① 「공공주택 특별법」에 따른 공공주택사업자(이하 이 조에서 "공공주
택사업자"라 한다)가 임대할 목적으로 임대형기숙사[「주택법」 제2조
제4호에 따른 준주택 중 임대형기숙사로서 「건축법」 제38조에 따른
건축물대장에 호수별로 전용면적이 구분되어 기재되어 있는 임대형기
숙사(그 부속토지를 포함하며, 전용면적 40제곱미터 이하인 호수 등 대
통령령으로 정하는 부분으로 한정한다)를 말한다. 이하 이 조 및 제31
조의 3에서 같다] 또는 공동주택(해당 공동주택의 부대시설 및 임대수
익금 전액을 임대주택관리비로 충당하는 임대용 복리시설을 포함한다.
이하 이 조 및 제31조의 3에서 같다)을 건축하기 위하여 취득하는 토
지와 임대할 목적으로 건축하여 취득하는 임대형기숙사 또는 공동주택
에 대해서는 다음 각 호에서 정하는 바에 따라 취득세를 2027년 12월
31일까지 감면한다. (2024. 12. 31. 개정)

편주 ▶
법 31조 1항의 개정규정은 2025. 1. 1. 이후 납세의무가 성립하는 경우부
터 적용함. (법 부칙(2024. 12. 31.) 4조 1항)

3. 「자동차관리법」에 따른 자동차해체재활용업자가 폐차한 경우
(2015. 12. 31. 신설)
4. 「관세법」에 따라 세관장에게 수출신고를 하고 수출된 경우 (2015.
12. 31. 신설)

　　제13조 【임대형기숙사의 범위 등】 (2024. 12. 31. 제목개정)
① 법 제31조 제1항 각 호 외의 부분에서 "전용면적 40제곱미터 이하
인 호수 등 대통령령으로 정하는 부분"이란 다음 각 호의 부분을 말한
다. (2024. 12. 31. 개정)
1. 전용면적 40제곱미터 이하인 호수와 그 부속토지 (2024. 12. 31. 개정)
2. 거주자가 공동으로 사용하는 거실, 주방, 욕실, 복도 및 계단 등의
　부분 중 전용면적 40제곱미터 이하인 호수의 전용면적 합계를 전
　체 호수의 전용면적 합계로 나눈 비율에 해당하는 부분과 그 부속토
　지 (2024. 12. 31. 개정)
② 법 제31조 제3항 제2호에서 "대통령령으로 정하는 경우"란 「공공
주택 특별법 시행령」 제54조 제2항 제1호 및 제2호에서 정하는 경우를
말한다. (2024. 12. 31. 개정)
③ ☞ p.4224

1. 다음 각 목의 경우에는 취득세를 면제한다. (2024. 12. 31. 개정)
   가. 임대형기숙사 또는 전용면적 60제곱미터 이하인 공동주택을 건축하기 위하여 토지를 취득하는 경우 (2024. 12. 31. 개정)
   나. 임대형기숙사 또는 전용면적 60제곱미터 이하인 공동주택을 건축하여 취득하는 경우 (2024. 12. 31. 개정)
2. 다음 각 목의 경우에는 취득세의 100분의 50을 경감한다. (2024. 12. 31. 개정)
   가. 「공공주택 특별법」에 따라 10년 이상의 장기임대 목적으로 전용면적 60제곱미터 초과 85제곱미터 이하인 임대주택(이하 이 조에서 "장기임대주택"이라 한다)을 20호(戶) 이상 건축하기 위하여 토지를 취득하는 경우 (2024. 12. 31. 개정)
   나. 장기임대주택을 20호 이상 건축하여 취득하는 경우 (2024. 12. 31. 개정)
   다. 20호 이상의 장기임대주택을 보유한 공공주택사업자가 추가로 장기임대주택을 건축하기 위하여 토지를 취득하는 경우(추가로 취득한 결과로 20호 이상을 건축하기 위한 토지를 보유하게 되었을 때에는 그 20호부터 초과분까지를 건축하기 위한 토지를 포함한다) (2024. 12. 31. 개정)
   라. 20호 이상의 장기임대주택을 보유한 공공주택사업자가 추가로 장기임대주택을 건축하여 취득하는 경우(추가로 취득한 결과로 20호 이상을 보유하게 되었을 때에는 그 20호부터 초과분까지를 포함한다) (2024. 12. 31. 개정)
② 공공주택사업자가 임대할 목적으로 건축주로부터 실제 입주한 사실이 없는 임대형기숙사, 공동주택 또는 오피스텔(「주택법」 제2조 제4호에 따른 준주택 중 오피스텔을 말하며, 그 부속토지를 포함한다. 이하 이 조 및 제31조의 3에서 같다)을 최초로 유상거래(부담부증여는 제외한다)로 취득하는 경우에는 다음 각 호에서 정하는 바에 따라 취득세를 2027년 12월 31일까지 감면한다. 다만, 「지방세법」 제10조의 3에 따른 취득 당시의 가액이 3억원(수도권은 6억원으로 한다)을 초과하는 공동주택과 오피스텔은 감면 대상에서 제외한다. (2024. 12. 31. 개정)
1. 다음 각 목의 경우에는 취득세를 면제한다. (2024. 12. 31. 개정)

   가. 임대형기숙사를 취득하는 경우 (2024. 12. 31. 개정)
   나. 전용면적 60제곱미터 이하인 공동주택 또는 오피스텔을 취득하는 경우 (2024. 12. 31. 개정)
2. 다음 각 목의 경우에는 취득세의 100분의 50을 경감한다. (2024. 12. 31. 개정)
   가. 장기임대주택을 20호 이상 취득하는 경우 (2024. 12. 31. 개정)
   나. 20호 이상의 장기임대주택을 보유한 공공주택사업자가 추가로 장기임대주택을 취득하는 경우(추가로 취득한 결과로 20호 이상을 보유하게 되었을 때에는 그 20호부터 초과분까지를 포함한다) (2024. 12. 31. 개정)

[편주] 법 31조 2항의 개정규정은 2025. 1. 1. 이후 납세의무가 성립하는 경우부터 적용함. (법 부칙(2024. 12. 31.) 4조 1항)

③ 제1항 및 제2항을 적용할 때 다음 각 호의 어느 하나에 해당하는 경우에는 감면된 취득세를 추징한다. (2024. 12. 31. 개정)
1. 해당 토지를 취득한 날부터 정당한 사유 없이 2년 이내에 임대형기숙사 또는 공동주택을 착공하지 아니한 경우 (2024. 12. 31. 개정)
2. 「공공주택 특별법」 제50조의 2 제1항에 따른 임대의무기간에 대통령령으로 정하는 경우가 아닌 사유로 임대형기숙사, 공동주택 또는 오피스텔을 임대 외의 용도로 사용하거나 매각·증여하는 경우 (2024. 12. 31. 개정)

[편주] 2025. 1. 1. 전에 감면받은 지방세의 추징에 관하여는 법 31조 3항의 개정규정에도 불구하고 종전의 법 31조 3항·5항 및 31조의 3 제2항에 따름. (법 부칙(2024. 12. 31.) 4조 2항)

④ 공공주택사업자가 과세기준일 현재 임대 목적의 임대형기숙사 또는 2세대 이상의 공동주택·오피스텔을 건축 중인 토지와 임대 목적으로 직접 사용하는 임대형기숙사 또는 2세대 이상의 공동주택·오피스텔에 대해서는 다음 각 호에서 정하는 바에 따라 재산세를 2027년 12월 31일까지 감면한다. 다만, 「지방세법」 제4조 제1항에 따라 공시된 가액 또는 시장·군수가 산정한 가액이 3억원[수도권은 6억원(「공공주택 특별법」 제2조 제1호의 2에 따른 공공건설임대주택인 경우에는 9억원)으로 한다]을 초과하는 공동주택과 「지방세법」 제4조에 따른 시가표준액이 2억원(수도권은 4억원으로 한다)을 초과하는 오피스텔은 감면 대상에서 제외한다. (2024. 12. 31. 개정)
1. 다음 각 목의 어느 하나에 해당하는 토지와 임대형기숙사 또는 공동주택에 대해서는 재산세(「지방세법」 제112조에 따른 부과액을 포함한다)를 면제한다. (2024. 12. 31. 개정)
   가. 「공공주택 특별법」 제50조의 2 제1항에 따른 임대의무기간이 30년 이상인 임대형기숙사를 건축 중인 토지 (2024. 12. 31. 개정)
   나. 「공공주택 특별법」 제50조의 2 제1항에 따른 임대의무기간이 30년 이상이고 전용면적이 40제곱미터 이하인 공동주택을 건축 중인 토지 (2024. 12. 31. 개정)
   다. 「공공주택 특별법」 제50조의 2 제1항에 따른 임대의무기간이 30년 이상인 임대형기숙사 (2024. 12. 31. 개정)

☞ p.4223 1단 연결

라. 「공공주택 특별법」 제50조의 2 제1항에 따른 임대의무기간이 30년 이상이고 전용면적이 40제곱미터 이하인 공동주택 (2024. 12. 31. 개정)
2. 다음 각 목의 어느 하나에 해당하는 토지와 임대형기숙사, 공동주택 또는 오피스텔에 대해서는 재산세(「지방세법」 제112조에 따른 부과액을 포함한다)의 100분의 50을 경감한다. (2024. 12. 31. 개정)
　가. 임대형기숙사(제1호에 따른 임대형기숙사는 제외한다)를 건축 중인 토지 (2024. 12. 31. 개정)
　나. 전용면적 60제곱미터 이하인 공동주택(제1호에 따른 공동주택은 제외한다) 또는 오피스텔을 건축 중인 토지 (2024. 12. 31. 개정)
　다. 임대형기숙사(제1호에 따른 임대형기숙사는 제외한다) (2024. 12. 31. 개정)
　라. 전용면적 60제곱미터 이하인 공동주택(제1호에 따른 공동주택은 제외한다) 또는 오피스텔 (2024. 12. 31. 개정)
3. 다음 각 목의 어느 하나에 해당하는 토지와 공동주택 또는 오피스텔에 대해서는 재산세의 100분의 25를 경감한다. (2024. 12. 31. 개정)
　가. 전용면적 60제곱미터 초과 85제곱미터 이하인 공동주택 또는 오피스텔을 건축 중인 토지 (2024. 12. 31. 개정)
　나. 전용면적 60제곱미터 초과 85제곱미터 이하인 공동주택 또는 오피스텔 (2024. 12. 31. 개정)

편주 ▶

- 법 31조 4항의 개정규정은 2025. 1. 1. 이후 납세의무가 성립하는 경우부터 적용함. (법 부칙(2024. 12. 31.) 4조 1항)
- 2020. 7. 11. 전에 「민간임대주택에 관한 특별법」(법률 17482호로 개정되기 전의 것을 말함) 5조에 따른 임대사업자등록 신청(임대할 주택을 추가하기 위하여 등록사항의 변경 신고를 한 경우를 포함함)을 한 단기민간임대주택(종전의 법 31조 4항에 따른 임대용 공동주택 또는 오피스텔로 한정함. 이하 이 조에서 "단기민간임대주택"이라 함)의 재산세 감면에 관하여는 법 31조의 개정규정에도 불구하고 종전의 법 31조 4항에 따름. 이 경우 재산세의 감면기간은 종전의 법 31조 4항에도 불구

하고 해당 단기민간임대주택의 임대기간 종료일까지로 함. (법 부칙(2024. 12. 31.) 4조 3항)

⑤ 제4항을 적용할 때 다음 각 호의 어느 하나에 해당하는 경우에는 그 감면 사유 소멸일부터 소급하여 5년 이내에 감면된 재산세를 추징한다. (2024. 12. 31. 개정)
1. 「주택법」 제49조에 따른 사용검사 또는 「건축법」 제22조에 따른 사용승인(임시사용승인을 포함한다)을 받기 전에 임대형기숙사, 공동주택 또는 오피스텔을 건축 중인 토지를 매각·증여하는 경우 (2024. 12. 31. 개정)
2. 「공공주택 특별법」 제50조의 2 제1항에 따른 임대의무기간에 임대형기숙사, 공동주택 또는 오피스텔을 매각·증여하는 경우 (2024. 12. 31. 개정)

편주 ▶

- 2025. 1. 1. 전에 감면받은 지방세의 추징에 관하여는 법 31조 5항의 개정규정에도 불구하고 종전의 법 31조 3항·5항 및 31조의 3 제2항에 따름. (법 부칙(2024. 12. 31.) 4조 2항)
- 법 부칙(2024. 12. 31.) 4조 3항 및 종전의 법 31조 4항에 따라 감면받은 단기민간임대주택에 대한 재산세의 추징에 관하여는 법 31조의 개정규정에도 불구하고 종전의 법 31조 5항에 따름. (법 부칙(2024. 12. 31.) 4조 4항)

☞ p.4224 1단 연결

⑥ 「한국토지주택공사법」에 따라 설립된 한국토지주택공사(이하 “한국토지주택공사”라 한다) 또는 「지방공기업법」 제49조에 따른 지방공사로서 주택사업을 목적으로 설립된 지방공사가 「공공주택 특별법」 제43조 제1항에 따라 매입하여 공급하는 것으로서 대통령령으로 정하는 주택 및 건축물에 대해서는 취득세의 100분의 25와 재산세의 100분의 50을 각각 2027년 12월 31일까지 경감한다. 다만, 다음 각 호의 어느 하나에 해당하는 경우 그 해당 부분에 대해서는 경감된 취득세 및 재산세를 추징한다. (2024. 12. 31. 개정)

편주 ▶ ···
법 31조 6항 각 호 외의 부분 본문의 개정규정은 2025. 1. 1. 이후 납세의무가 성립하는 경우부터 적용함. (법 부칙(2024. 12. 31.) 4조 1항)
···

1. 정당한 사유 없이 그 매입일부터 1년이 경과할 때까지 해당 용도로 직접 사용하지 아니하는 경우 (2024. 12. 31. 개정)
2. 해당 용도로 직접 사용한 기간이 2년 미만인 상태에서 매각·증여하거나 다른 용도로 사용하는 경우 (2024. 12. 31. 개정)
⑦ 제6항에 따른 재산세 경감 대상에는 한국토지주택공사가 「공공주택 특별법」 제43조 제1항에 따라 매입하여 세대수·구조 등을 변경하거나 철거 후 신축하여 공급하는 주택 및 건축물을 포함한다. (2024. 12. 31. 개정)
⑧ 공공주택사업자가 취득한 주택을 「공공주택 특별법」 제2조 제1호의 4에 따른 지분적립형 분양주택(이하 이 항에서 “지분적립형주택”이라 한다)으로 최초로 공급하는 경우로서 공공주택사업자가 그 주택을 공급받은 자와 2025년 1월 1일부터 2026년 12월 31일까지의 기간 동안 소유권을 공유하게 되는 경우 해당 주택(공공주택사업자 소유 지분에 한정한다)에 대해서는 재산세 납세의무가 최초로 성립하는 날부터 3년간 재산세의 100분의 25를 경감한다. 다만, 해당 주택이 과세기준일 현재 지분적립형주택에 해당하지 아니하는 경우는 제외한다. (2024. 12. 31. 개정)

〈제13조〉

③ 법 제31조 제6항 각 호 외의 부분 본문에서 “대통령령으로 정하는 주택 및 건축물”이란 다음 각 호의 것을 말한다. (2024. 12. 31. 개정)
1. 「건축법 시행령」 별표 1 제1호 가목부터 다목까지의 규정에 따른 단독주택, 다중주택 및 다가구주택과 그 부속토지 (2024. 12. 31. 개정)
2. 「건축법 시행령」 별표 1 제2호 가목부터 다목까지의 규정에 따른 아파트, 연립주택 및 다세대주택(「주택법」 제2조 제6호에 따른 국민주택규모 이하인 아파트, 연립주택 및 다세대주택으로 한정한다)과 그 부속토지 (2024. 12. 31. 개정)
3. 「건축법 시행령」 별표 1 제2호 라목에 따른 기숙사(전용면적이 85제곱미터 이하인 것으로 한정한다) 및 그 부속토지 (2024. 12. 31. 개정)
4. 다음 각 목의 요건을 모두 갖춘 「건축법 시행령」 별표 1 제14호 나목 2)에 따른 오피스텔과 그 부속토지 (2024. 12. 31. 개정)
　가. 전용면적이 85제곱미터 이하일 것 (2024. 12. 31. 개정)
　나. 상·하수도 시설이 갖추어진 전용 입식 부엌, 전용 수세식 화장실 및 목욕시설(전용 수세식 화장실에 목욕시설을 갖춘 경우를 포함한다)을 갖출 것 (2024. 12. 31. 개정)

임대용 공동주택을 단기숙박시설 기준인 임차사용 기간(국제표준산업분류표상 30일)이내로 계약하고, 숙박시설과 비품 등을 갖춘 형태로 사용하는 경우에는 임대용 공동주택이 아닌 숙박용 숙박시설에 해당한다.

제31조의 2 【준공 후 미분양 주택에 대한 감면】 ① 「주택법」 제54조 제1항에 따른 사업주체가 분양하는 다음 각 호의 요건을 모두 갖춘 주택(이하 이 조에서 "준공 후 미분양 주택"이라 한다)을 2016년 12월 31일까지 최초로 취득하는 경우 취득세의 100분의 25를 경감한다. (2016. 1. 19. 개정 ; 주택법 부칙)

1. 「주택법」 제49조 또는 「건축법」 제22조에 따른 사용검사 또는 임시사용승인을 받은 후에도 분양되지 아니한 주택일 것 (2016. 1. 19. 개정 ; 주택법 부칙)

2. 「주택법」에 따른 입주자 모집공고에 공시된 분양가격이 6억원 이하이며, 전용면적이 149제곱미터 이하의 주택(주거용 건축물 및 그 부속토지를 포함한다)으로서 실제 입주한 사실이 없을 것 (2011. 3. 29. 신설)

3. 2011년 12월 31일까지 임대차계약을 체결하고 2년 이상 임대하였을 것 (2011. 3. 29. 신설)

② 제1항 제1호 및 제2호의 요건을 갖춘 준공 후 미분양 주택을 5년 이상 임대할 목적으로 2011년 12월 31일까지 취득하는 경우 취득세의 100분의 25를 경감한다. 다만, 정당한 사유 없이 임대한 기간이 5년 미만인 상태에서 매각·증여하거나 다른 용도로 사용하는 경우에는 경감된 취득세를 추징한다. (2011. 12. 31. 단서개정)

③ 제1항 또는 제2항을 적용할 때 준공 후 미분양 주택, 임대기간 등의 확인절차 및 방법 등에 대해서는 행정안전부장관이 정한다. (2017. 7. 26. 직제개정 ; 정부조직법 부칙)

④ 지방자치단체는 제1항 제2호의 요건에도 불구하고 해당 지역의 주택시장 동향 및 재정여건 등에 따라 조례로 분양가격 및 전용면적을 달리 정하는 경우를 포함하여 준공 후 미분양 주택에 대한 취득세를 100분의 25의 범위에서 추가 경감할 수 있다. 이 경우 조례로 정하는 분양가격 및 전용면적의 요건이 제1항 제2호의 요건에 해당

하지 아니하는 경우에는 제1항 또는 제2항의 감면율이 없는 것으로 본다. (2011. 3. 29. 신설)

⑤ 제4항에 따라 지방자치단체가 지방세 감면을 조례로 정하는 경우 제4조 제1항 각 호 외의 부분·제3항 후단·제6항 및 제7항을 적용하지 아니한다. (2011. 3. 29. 신설)

제31조의 3 【장기일반민간임대주택 등에 대한 감면】 ① 「민간임대주택에 관한 특별법」에 따른 임대사업자[임대용 부동산 취득일부터 60일 이내에 「민간임대주택에 관한 특별법」 제2조 제4호에 따른 공공지원민간임대주택{「민간임대주택에 관한 특별법」(법률 제17482호로 개정되기 전의 것을 말한다) 제5조에 따라 등록한 같은 법 제2조 제6호에 따른 단기민간임대주택(이하 이 항에서 "단기민간임대주택"이라 한다)을 같은 법 제5조 제3항에 따라 2020년 7월 11일 이후 공공지원민간임대주택으로 변경 신고한 주택은 제외한다. 이하 이 조에서 "공공지원민간임대주택"이라 한다} 또는 같은 법 제2조 제5호에 따른 장기일반민간임대주택{2020년 7월 11일 이후 「민간임대주택에 관한 특별법」(법률 제17482호로 개정되기 전의 것을 말한다) 제5조에 따른 임대사업자등록 신청(임대할 주택을 추가하기 위하여 등록사항의 변경 신고를 한 경우를 포함한다)을 한 장기일반민간임대주택 중 아파트를 임대하는 민간매입임대주택이거나 단기민간임대주택을 같은 조 제3항에 따라 2020년 7월 11일 이후 장기일반민간임대주택으로 변경 신고한 주택은 제외한다. 이하 이 조에서 "장기일반민간임대주택"이라 한다}을 임대용 부동산으로 하여 임대사업자로 등록한 경우를 말하되, 토지에 대해서는 「주택법」 제15조에 따른 사업계획승인을 받은 날 또는 「건축법」 제11조에 따른 건축허가를 받은 날부터 60일 이내로서 토지 취득일부터 1년 6개월 이내에 공공지원민간임대주택 또는 장기일반민간임대주택을 임대용 부동산으로 하여 임대사업자로 등록한 경우를 포함한다. 이하 이 항 및 제2항에서 "임대사업자"라 한다]가 임대할 목적으로 임대형기숙사 또는 공동주택을 건축하기 위하여 취득하는 토지와 임대할 목적으로 건축하여 취득하는 임대형기숙사 또는 공동주택에 대해서는 다음 각 호에서 정하는 바에 따라 취득세를 2027년 12월 31일까지 감면한다. (2024. 12. 31. 개정)

편주

법 31조의 3 제1항의 개정규정은 2025. 1. 1. 이후 납세의무가 성립하는 경우부터 적용함. (법 부칙(2024. 12. 31.) 4조 1항)

1. 다음 각 목의 경우에는 취득세를 면제한다. (2024. 12. 31. 개정)

가. 임대형기숙사 또는 전용면적 60제곱미터 이하인 공동주택을 건축하기 위하여 토지를 취득하는 경우 (2024. 12. 31. 개정)

나. 임대형기숙사 또는 전용면적 60제곱미터 이하인 공동주택을 건축하여 취득하는 경우 (2024. 12. 31. 개정)

2. 다음 각 목의 경우에는 취득세의 100분의 50을 경감한다. (2024. 12. 31. 개정)

가. 「민간임대주택에 관한 특별법」에 따라 10년 이상의 장기임대 목적으로 전용면적 60제곱미터 초과 85제곱미터 이하인 임대주택(이하 이 조에서 "장기임대주택"이라 한다)을 20호 이상 건축하기 위하여 토지를 취득하는 경우 (2024. 12. 31. 개정)

나. 장기임대주택을 20호 이상 건축하여 취득하는 경우 (2024. 12. 31. 개정)

다. 20호 이상의 장기임대주택을 보유한 임대사업자가 추가로 장기임대

☞ p.4226 1단 연결

주택을 건축하기 위하여 토지를 취득하는 경우(추가로 취득한 결과로 20호 이상을 건축하기 위한 토지를 보유하게 되었을 때에는 그 20호부터 초과분까지를 건축하기 위한 토지를 포함한다) (2024. 12. 31. 개정)

　라. 20호 이상의 장기임대주택을 보유한 임대사업자가 추가로 장기임대주택을 건축하여 취득하는 경우(추가로 취득한 결과로 20호 이상을 보유하게 되었을 때에는 그 20호부터 초과분까지를 포함한다) (2024. 12. 31. 개정)

② 임대사업자가 임대할 목적으로 건축주로부터 실제 입주한 사실이 없는 임대형기숙사, 공동주택 또는 오피스텔을 최초로 유상거래(부담부증여는 제외한다)로 취득하는 경우에는 다음 각 호에서 정하는 바에 따라 취득세를 2027년 12월 31일까지 감면한다. 다만, 「지방세법」 제10조의 3에 따른 취득 당시의 가액이 3억원(수도권은 6억원으로 한다)을 초과하는 공동주택과 오피스텔은 감면 대상에서 제외한다. (2024. 12. 31. 개정)

1. 다음 각 목의 경우에는 취득세를 면제한다. (2024. 12. 31. 개정)

　가. 임대형기숙사를 취득하는 경우 (2024. 12. 31. 개정)

　나. 전용면적 60제곱미터 이하인 공동주택 또는 오피스텔을 취득하는 경우 (2024. 12. 31. 개정)

2. 다음 각 목의 경우에는 취득세의 100분의 50을 경감한다. (2024. 12. 31. 개정)

　가. 장기임대주택을 20호 이상 취득하는 경우 (2024. 12. 31. 개정)

　나. 20호 이상의 장기임대주택을 보유한 임대사업자가 추가로 장기임대주택을 취득하는 경우(추가로 취득한 결과로 20호 이상을 보유하게 되었을 때에는 그 20호부터 초과분까지를 포함한다) (2024. 12. 31. 개정)

③ 제1항 및 제2항을 적용할 때 다음 각 호의 어느 하나에 해당하는 경우에는 감면된 취득세를 추징한다. (2024. 12. 31. 개정)

1. 해당 토지를 취득한 날부터 정당한 사유 없이 2년 이내에 임대형기숙사 또는 공동주택을 착공하지 아니한 경우 (2024. 12. 31. 개정)

2. 「민간임대주택에 관한 특별법」 제43조 제1항에 따른 임대의무기간에 대통령령으로 정하는 경우가 아닌 사유로 다음 각 목의 어느 하

편주 ▶ 법 31조의 3 제2항의 개정규정은 2025. 1. 1. 이후 납세의무가 성립하는 경우부터 적용함. (법 부칙(2024. 12. 31.) 4조 1항)

제13조의 2 【다가구주택의 범위 등】 ① 법 제31조의 3 제3항 제2호 각 목 외의 부분에서 "대통령령으로 정하는 경우"란 「민간임대

나에 해당하는 경우 (2024. 12. 31. 개정)

　가. 임대형기숙사, 공동주택 또는 오피스텔을 임대 외의 용도로 사용하거나 매각·증여하는 경우 (2024. 12. 31. 개정)

　나. 「민간임대주택에 관한 특별법」 제6조에 따라 임대사업자 등록이 말소되는 경우 (2024. 12. 31. 개정)

④ 「민간임대주택에 관한 특별법」에 따른 임대사업자(공공지원민간임대주택 또는 장기일반민간임대주택을 임대용 부동산으로 하여 임대사업자로 등록한 경우를 말한다)가 과세기준일 현재 임대 목적의 임대형기숙사, 대통령령으로 정하는 다가구주택(모든 호수의 전용면적이 40제곱미터 이하인 경우를 말하며, 이하 이 조에서 "다가구주택"이라 한다) 또는 2세대 이상의 공동주택·오피스텔을 건축 중인 토지와 임대 목적으로 직접 사용하는 임대형기숙사, 다가구주택 또는 2세대 이상의 공동주택·오피스텔에 대해서는 다음 각 호에서 정하는 바에 따라 재산세를 2027년 12월 31일까지 감면한다. 다만, 「지방세법」 제4조 제1항에 따라 공시된 가액 또는 시장·군수가 산정한 가액이 3억원[수도권은 6억원(「민간임대주택에 관한 특별법」 제2조 제2호에 따른 민간건설임대주택인 경우에는 9억원)으로 한다]을 초과하는 공동주택과 「지방세법」 제4조에 따른 시가표준액이 2억원(수도권은 4억원으로 한다)을 초과하는 오피스텔은 감면 대상에서 제외한다. (2024. 12. 31. 개정)

1. 다음 각 목의 어느 하나에 해당하는 토지와 임대형기숙사, 다가구주택, 공동주택 또는 오피스텔에 대해서는 재산세(「지방세법」 제112조에 따른 부과액을 포함한다)를 면제한다. (2024. 12. 31. 개정)

　가. 임대형기숙사, 다가구주택, 전용면적 40제곱미터 이하인 공동주택 또는 오피스텔을 건축 중인 토지 (2024. 12. 31. 개정)

　나. 임대형기숙사, 다가구주택, 전용면적 40제곱미터 이하인 공동주택 또는 오피스텔 (2024. 12. 31. 개정)

주택에 관한 특별법」 제43조 제4항에서 정하는 경우를 말한다. (2024. 12. 31. 개정)

② 법 제31조의 3 제4항 각 호 외의 부분 본문에서 "대통령령으로 정하는 다가구주택"이란 다가구주택(「민간임대주택에 관한 특별법 시행령」 제2조의 2에 따른 일부만을 임대하는 다가구주택은 임대 목적으로 제공하는 부분만 해당한다)으로서 「건축법」 제38조에 따른 건축물대장에 호수별로 전용면적이 구분되어 기재되어 있는 다가구주택을 말한다. (2024. 12. 31. 개정)

2. 다음 각 목의 어느 하나에 해당하는 토지와 공동주택 또는 오피스텔에 대해서는 재산세(「지방세법」 제112조에 따른 부과액을 포함한다)의 100분의 75를 경감한다. (2024. 12. 31. 개정)

　가. 전용면적 40제곱미터 초과 60제곱미터 이하인 공동주택 또는 오피스텔을 건축 중인 토지 (2024. 12. 31. 개정)

　나. 전용면적 40제곱미터 초과 60제곱미터 이하인 공동주택 또는 오피스텔 (2024. 12. 31. 개정)

3. 다음 각 목의 어느 하나에 해당하는 토지와 공동주택 또는 오피스텔에 대해서는 재산세의 100분의 50을 경감한다. (2024. 12. 31. 개정)

　가. 전용면적 60제곱미터 초과 85제곱미터 이하인 공동주택 또는 오피스텔을 건축 중인 토지 (2024. 12. 31. 개정)

　나. 전용면적 60제곱미터 초과 85제곱미터 이하인 공동주택 또는 오피스텔 (2024. 12. 31. 개정)

⑤ 제4항을 적용할 때 다음 각 호의 어느 하나에 해당하는 경우에는 그 감면 사유 소멸일부터 소급하여 5년 이내에 감면된 재산세를 추징한다. 다만, 「민간임대주택에 관한 특별법」 제43조 제1항에 따른 임대의무기간이 경과한 후 등록이 말소되거나 그 밖에 대통령령으로 정하는 경우에는 추징에서 제외한다. (2024. 12. 31. 개정)

1. 「주택법」 제49조에 따른 사용검사 또는 「건축법」 제22조에 따른 사용승인(임시사용승인을 포함한다)을 받기 전에 임대형기숙사, 다가구주택, 공동주택 또는 오피스텔을 건축 중인 토지를 매각·증여하는 경우 (2024. 12. 31. 개정)

2. 「민간임대주택에 관한 특별법」 제6조에 따라 임대사업자 등록이 말소되는 경우 (2024. 12. 31. 개정)

3. 「민간임대주택에 관한 특별법」 제43조 제1항에 따른 임대의무기간에 임대형기숙사, 다가구주택, 공동주택 또는 오피스텔을 매각·증여하는 경우 (2024. 12. 31. 개정)

제31조의 4 【주택임대사업에 투자하는 부동산투자회사에 대한 감면】 농특비

① 「부동산투자회사법」 제2조 제1호 나목에 따른 위탁관리 부동산투자회사(해당 부동산투자회사의 발행주식 총수에 대한 국가, 지방자치

③ 법 제31조의 3 제5항 각 호 외의 부분 단서에서 "대통령령으로 정하는 경우"란 「민간임대주택에 관한 특별법」 제43조 제4항의 사유로 임대사업자 등록이 말소된 경우를 말한다. (2024. 12. 31. 개정)

편주 ▶

• 2025. 1. 1. 전에 감면받은 지방세의 추징에 관하여는 법 31조의 3 제5항의 개정규정에도 불구하고 종전의 법 31조 3항·5항 및 31조의 3 제2항에 따름. (법 부칙(2024. 12. 31.) 4조 2항)

• 법 부칙(2024. 12. 31.) 4조 3항 및 종전의 법 31조 4항에 따라 감면받은 단기민간임대주택에 대한 재산세의 추징에 관하여는 법 31조의 3의 개정규정에도 불구하고 종전의 법 31조 5항에 따름. (법 부칙(2024. 12. 31.) 4조 4항)

단체, 한국토지주택공사 및 지방공사가 단독 또는 공동으로 출자한 경우 그 소유주식 수의 비율이 100분의 50을 초과하는 경우를 말한다)가 임대할 목적으로 취득하는 부동산[「주택법」 제2조 제3호에 따른 공동주택(같은 법 제2조 제4호에 따른 준주택 중 오피스텔을 포함한다. 이하 이 조에서 같다)을 건축 또는 매입하기 위하여 취득하는 경우의 부동산으로 한정한다]에 대해서는 취득세의 100분의 20을 2021년 12월 31일까지 경감한다. 이 경우 「지방세법」 제13조 제2항 본문 및 같은 조 제3항의 세율을 적용하지 아니한다. (2018. 12. 24. 개정)
② 제1항에 따른 부동산투자회사가 과세기준일 현재 국내에 2세대 이상의 해당 공동주택을 임대 목적에 직접 사용(「부동산투자회사법」 제22조의 2 또는 제35조에 따라 위탁하여 임대하는 경우를 포함한다)하는 경우에는 다음 각 호에서 정하는 바에 따라 지방세를 2021년 12월 31일까지 감면한다. (2018. 12. 24. 개정)
1. 전용면적 60제곱미터 이하인 임대 목적의 공동주택에 대해서는 재산세(「지방세법」 제112조에 따른 부과액을 포함한다)의 100분의 40을 경감한다. (2018. 12. 24. 개정)
2. 전용면적 85제곱미터 이하인 임대 목적의 공동주택에 대해서는 재산세의 100분의 15를 경감한다. (2018. 12. 24. 개정)
③ 제1항을 적용할 때 다음 각 호의 어느 하나에 해당하는 경우에는 경감받은 취득세를 추징한다. (2014. 12. 31. 신설)
1. 토지를 취득한 날부터 정당한 사유 없이 2년 이내에 착공하지 아니한 경우 (2014. 12. 31. 신설)
2. 정당한 사유 없이 해당 부동산의 매입일부터 1년이 경과할 때까지 해당 용도로 직접 사용하지 아니하는 경우 (2014. 12. 31. 신설)
3. 해당 용도로 직접 사용한 기간이 2년 미만인 상태에서 매각ㆍ증여하거나 다른 용도로 사용하는 경우 (2014. 12. 31. 신설)

　제31조의 5【공공주택사업자의 임대 목적으로 주택 등을 매도하기로 약정을 체결한 자에 대한 감면】(2024. 12. 31. 제목개정)
① 「공공주택 특별법」에 따른 공공주택사업자(이하 이 조에서 "공공주택사업자"라 한다)의 임대가 목적인 대통령령으로 정하는 주택 및 건축물(이하 이 조에서 "주택등"이라 한다)을 건축하여 공공주택사업자

　제13조의 3【공공주택사업자의 임대가 목적인 주택 및 건축물의 범위】법 제31조의 5 제1항에서 "대통령령으로 정하는 주택 및 건축물"이란 제13조 제3항 각 호의 것을 말한다. (2024. 12. 31. 신설)

에게 매도하기로 약정을 체결한 자(주택등을 건축하기 위하여 부동산을 취득한 날부터 60일 이내에 공공주택사업자에게 매도하기로 약정을 체결한 자를 포함한다)가 해당 주택등을 건축하기 위하여 취득하는 부동산에 대해서는 취득세의 100분의 15를 2027년 12월 31일까지 경감한다. (2024. 12. 31. 개정)

② 공공주택사업자의 임대가 목적인 주택등을 건축하여 공공주택사업자에게 매도하기로 약정을 체결한 자가 해당 주택등을 건축하여 최초로 취득하는 경우에는 취득세의 100분의 15를 2027년 12월 31일까지 경감한다. (2024. 12. 31. 개정)

③ 다음 각 호의 어느 하나에 해당하는 경우에는 제1항 및 제2항에 따라 경감받은 취득세를 추징한다. (2021. 12. 28. 신설)

1. 제1항에 따라 부동산을 취득한 날부터 1년 이내에 공공주택사업자의 임대가 목적인 주택등을 착공하지 아니한 경우 (2024. 12. 31. 개정)

2. 제2항에 따라 최초로 취득한 주택등을 6개월 이내에 공공주택사업자에게 매도하지 아니한 경우 (2024. 12. 31. 개정)

　제32조【한국토지주택공사의 소규모 공동주택 취득에 대한 감면 등】 ① 한국토지주택공사가 임대를 목적으로 취득하여 소유하는 대통령령으로 정하는 소규모 공동주택(이하 이 조에서 "소규모 공동주택"이라 한다)용 부동산에 대해서는 취득세 및 재산세의 100분의 25을 각각 2027년 12월 31일까지 경감한다. (2024. 12. 31. 개정)

② 한국토지주택공사가 분양을 목적으로 취득하는 소규모 공동주택용 부동산에 대해서는 취득세의 100분의 25를 2016년 12월 31일까지 경감한다. (2014. 12. 31. 개정)

③ 제1항 또는 제2항을 적용할 때 토지를 취득한 후 대통령령으로 정하는 기간에 소규모 공동주택의 건축을 착공하지 아니하거나 소규모 공동주택이 아닌 용도에 사용하는 경우 그 해당 부분에 대해서는 감면된 취득세 및 재산세를 추징한다. (2015. 12. 29. 개정)

　제32조의 2【한국토지주택공사의 방치건축물 사업재개에 대한 감면】 「공사중단 장기방치 건축물의 정비 등에 관한 특별조치법」 제6조에 따른 공사중단 건축물 정비계획(건축물 완공으로 인한 수익금이

편주 ▶ 법 31조의 5 제1항의 개정규정은 2025. 1. 1. 이후 납세의무가 성립하는 경우부터 적용함. (법 부칙(2024. 12. 31.) 2조)

편주 ▶ 법 31조의 5 제2항의 개정규정은 2025. 1. 1. 이후 납세의무가 성립하는 경우부터 적용함. (법 부칙(2024. 12. 31.) 2조)

　제14조【소규모 공동주택의 범위 등】 ① 법 제32조 제1항에 따른 소규모 공동주택용 부동산은 1구(1세대가 독립하여 구분 사용할 수 있도록 구획된 부분을 말한다. 이하 같다)당 건축면적(전용면적을 말한다)이 60제곱미터 이하인 공동주택(해당 공동주택의 입주자가 공동으로 사용하는 부대시설 및 공공용으로 사용하는 토지와 영구임대주택단지 안의 복리시설 중 임대수익금 전액을 임대주택 관리비로 충당하는 시설을 포함한다) 및 그 부속토지(관계 법령에 따라 국가 또는 지방자치단체에 무상으로 귀속될 공공시설용지를 포함한다)를 말한다. (2010. 9. 20. 제정)

② 법 제32조 제3항에서 "대통령령으로 정하는 기간"이란 제1항에 따른 소규모 공동주택용 토지를 취득한 날(토지를 일시에 취득하지 아니하는 경우에는 최종 취득일을 말하며, 최종 취득일 이전에 사업계획을 승인받은 경우에는 그 사업계획승인일을 말한다)부터 4년을 말한다. (2010. 9. 20. 제정)

같은 법 제13조에 따른 공사중단 건축물 정비기금에 납입되는 경우에
한정한다)에 따라 한국토지주택공사가 공사 재개를 위하여 취득하는
부동산에 대해서는 취득세의 100분의 35를, 과세기준일 현재 해당 사
업에 직접 사용하는 부동산에 대해서는 재산세의 100분의 25를 각각
2021년 12월 31일까지 경감한다. (2018. 12. 24. 개정)

제33조【주택 공급 확대를 위한 감면】 _{농특비}

① 대통령령으로 정하는 주택건설사업자가 공동주택(해당 공동주택의
부대시설 및 복리시설을 포함하되, 분양하거나 임대하는 복리시설은
제외한다. 이하 이 조에서 같다)을 분양할 목적으로 건축한 전용면적
60제곱미터 이하인 5세대 이상의 공동주택(해당 공동주택의 부속토지
를 제외한다. 이하 이 항에서 같다)과 그 공동주택을 건축한 후 미분양
등의 사유로 제31조에 따른 임대용으로 전환하는 경우 그 공동주택에
대해서는 2014년 12월 31일까지 취득세를 면제한다. (2014. 1. 1. 개정)
② 상시거주(취득일 이후 「주민등록법」에 따른 전입신고를 하고 계속
하여 거주하거나 취득일 전에 같은 법에 따른 전입신고를 하고 취득일
부터 계속하여 거주하는 것을 말한다. 이하 이 조에서 같다)할 목적으
로 대통령령으로 정하는 서민주택을 취득[상속·증여로 인한 취득 및
원시취득(原始取得)은 제외한다]하여 대통령령으로 정하는 1가구 1주
택에 해당하는 경우(해당 주택을 취득한 날부터 60일 이내에 종전 주택
을 증여 외의 사유로 매각하여 1가구 1주택이 되는 경우를 포함한다)에
는 취득세를 <u>2027년 12월 31일</u>까지 면제한다. (2024. 12. 31. 개정)
③ 제2항을 적용할 때 다음 각 호의 어느 하나에 해당하는 경우에는
면제된 취득세를 추징한다. (2018. 12. 24. 신설)
1. 정당한 사유 없이 그 취득일부터 3개월이 지날 때까지 해당 주택에
   상시 거주를 시작하지 아니한 경우 (2018. 12. 24. 신설)
2. 해당 주택에 상시 거주를 시작한 날부터 2년이 되기 전에 상시 거주
   하지 아니하게 된 경우 (2018. 12. 24. 신설)
3. 해당 주택에 상시 거주한 기간이 2년 미만인 상태에서 해당 주택을
   매각·증여하거나 다른 용도(임대를 포함한다)로 사용하는 경우
   (2018. 12. 24. 신설)

제15조【주택건설사업자의 범위 등】

① 법 제33조 제1항에서
"대통령령으로 정하는 주택건설사업자"란 다음 각 호의 어느 하나에
해당하는 자를 말한다. (2010. 9. 20. 제정)
1. 해당 건축물의 사용승인서를 내주는 날 이전에 「부가가치세법」 제8
   조에 따라 건설업 또는 부동산매매업의 사업자등록증을 교부받거나
   같은 법 시행령 제8조에 따라 고유번호를 부여받은 자 (2013. 6. 28.
   개정 ; 부가가치세법 시행령 부칙)
2. 「주택법」 제4조 제1항 제6호에 따른 고용자 (2016. 8. 11. 개정 ;
   주택법 시행령 부칙)
② 법 제33조 제2항에서 "대통령령으로 정하는 서민주택"이란 연면적
또는 전용면적이 40제곱미터 이하인 주택[「주택법」 제2조 제1호에 따
른 주택으로서 「건축법」에 따른 건축물대장·사용승인서·임시사용승
인서 또는 「부동산등기법」에 따른 등기부에 주택으로 기재{「건축법」
(법률 제7696호로 개정되기 전의 것을 말한다)에 따라 건축허가 또는
건축신고 없이 건축이 가능했던 주택(법률 제7696호 건축법 일부개정
법률 부칙 제3조에 따라 건축허가를 받거나 건축신고가 있는 것으로
보는 경우를 포함한다)으로서 건축물대장에 기재되어 있지 않은 주택
의 경우에도 건축물대장에 주택으로 기재된 것으로 본다}된 주거용 건
축물과 그 부속토지를 말한다. 이하 이 조에서 같다]으로서 취득가액이
1억원 미만인 것을 말한다. (2020. 1. 15. 개정)
③ 법 제33조 제2항에서 "대통령령으로 정하는 1가구 1주택"이란 취
득일 현재 취득자와 같은 세대별 주민등록표에 기재되어 있는 가족
(동거인은 제외한다)으로 구성된 1가구(취득자의 배우자, 취득자의
미혼인 30세 미만의 직계비속 또는 취득자가 미혼이고 30세 미만인
경우 그 부모는 각각 취득자와 같은 세대별 주민등록표에 기재되어
있지 아니하더라도 같은 가구에 속한 것으로 본다)가 국내에 1개의

제33조의 2【소형주택 공급 확대를 위한 감면】① 매각 또는 임대할 목적으로 신축하여 2024년 1월 10일부터 2025년 12월 31일까지 취득하는 다음 각 호의 어느 하나에 해당하는 주택에 대해서는 취득세의 100분의 25를 경감한다. (2024. 12. 31. 신설)

1. 전용면적이 60제곱미터 이하인 공동주택(아파트는 제외한다) (2024. 12. 31. 신설)

2. 전용면적이 60제곱미터 이하인 「주택법」 제2조 제20호에 따른 도시형 생활주택 (2024. 12. 31. 신설)

3. 「주택법」 제2조 제2호에 따른 단독주택 중 다가구주택으로서 「건축법」 제38조에 따른 건축물대장에 호수별로 전용면적이 구분되어 기재되어 있는 다가구주택(전용면적이 60제곱미터 이하인 호수 부분으로 한정한다) (2024. 12. 31. 신설)

② 지방자치단체의 장은 제1항에 따라 취득세를 경감하는 경우 해당 지역의 재정 여건 등을 고려하여 100분의 25의 범위에서 조례로 정하는 율을 추가로 경감할 수 있다. (2024. 12. 31. 신설)

③ 제1항 및 제2항을 적용할 때 그 취득일부터 5년 이내에 매각 또는 임대하지 아니하고 다른 용도로 사용하는 경우에는 경감된 취득세를 추징한다. (2024. 12. 31. 신설)

편주 ▶
법 33조의 2의 개정규정은 2024. 1. 10. 이후 주택을 취득하는 경우부터 적용함. (법 부칙(2024. 12. 31.) 5조)

제33조의 3【지방 소재 준공 후 미분양 아파트에 대한 감면】① 「주택법」 제54조 제1항에 따른 사업주체가 다음 각 호의 요건을 모두 갖춘 아파트를 신축하여 2024년 1월 10일부터 2025년 12월 31일까지 취득하는 경우에는 취득세의 100분의 25를 경감한다. (2024. 12. 31. 신설)

1. 「주택법」 제49조에 따른 사용검사 또는 「건축법」 제22조에 따른 사용승인(임시사용승인을 포함한다)을 받은 후 분양되지 아니한 아파트일 것 (2024. 12. 31. 신설)

2. 수도권 외의 지역에 있을 것 (2024. 12. 31. 신설)

주택을 소유하는 것을 말하며, 주택의 부속토지만을 소유하는 경우에도 주택을 소유한 것으로 본다. 이 경우 65세 이상인 직계존속, 「국가유공자 등 예우 및 지원에 관한 법률」에 따른 국가유공자(상이등급 1급부터 7급까지의 판정을 받은 국가유공자만 해당한다)인 직계존속 또는 「장애인복지법」에 따라 등록한 장애인(장애의 정도가 심한 장애인만 해당한다)인 직계존속을 부양하고 있는 사람은 같은 세대별 주민등록표에 기재되어 있더라도 같은 가구에 속하지 아니하는 것으로 본다. (2018. 12. 31. 후단개정 ; 장애인복지법 시행령 부칙)

편주 ▶
법 33조의 3의 개정규정은 2024. 1. 10. 이후 아파트를 취득하는 경우부터 적용함. (법 부칙(2024. 12. 31.) 6조)

3. 전용면적이 85제곱미터 이하이고 「지방세법」 제10조의 4에 따른 취득 당시의 가액이 3억원 이하일 것 (2024. 12. 31. 신설)
4. 2025년 12월 31일까지 임대차계약을 체결하고 2년 이상 임대할 것 (2024. 12. 31. 신설)
② 지방자치단체의 장은 제1항에 따라 취득세를 경감하는 경우 해당 지역의 재정 여건 등을 고려하여 100분의 25의 범위에서 조례로 정하는 율을 추가로 경감할 수 있다. (2024. 12. 31. 신설)
③ 제1항 및 제2항을 적용할 때 임대한 기간이 2년 미만인 상태에서 매각·증여하거나 다른 용도로 사용하는 경우에는 경감된 취득세를 추징한다. (2024. 12. 31. 신설)

제34조【주택도시보증공사의 주택분양보증 등에 대한 감면】
(2015. 1. 6. 제목개정 ; 주택도시기금법 부칙)

농특비

① 「주택도시기금법」에 따른 주택도시보증공사(이하 "주택도시보증공사"라 한다)가 같은 법 제26조 제1항 제2호에 따른 주택에 대한 분양보증을 이행하기 위하여 취득하는 건축물로서 분양계약이 된 주택에 대해서는 취득세의 100분의 50을 2016년 12월 31일까지 경감한다. (2016. 12. 27. 개정)
②~③ 삭 제 (2014. 1. 1.)
④ 「부동산투자회사법」 제2조 제1호 가목 및 나목에 따른 부동산투자회사(이하 이 조에서 "부동산투자회사"라 한다)가 임대목적으로 2014년 12월 31일까지 취득하는 주택에 대하여는 취득세를 면제하고, 취득한 주택에 대한 재산세는 2014년 12월 31일까지 「지방세법」 제111조 제1항 제3호 나목의 세율에도 불구하고 1천분의 1을 적용하여 과세한다. 다만, 취득세를 면제받거나 재산세를 감면받은 후 정당한 사유 없이 제5항에 따른 계약조건을 유지하지 아니하거나 위반한 경우에는 감면된 취득세와 재산세를 추징한다. (2013. 5. 10. 신설)
⑤ 제4항에 따라 취득세를 면제받거나 재산세를 감면받으려면 다음 각 호의 계약을 모두 체결하여야 한다. (2013. 5. 10. 신설)
1. 부동산투자회사와 임차인 간의 계약 (2013. 5. 10. 신설)
　가. 부동산투자회사가 전용면적 85제곱미터 이하의 1가구[주택 취

득일 현재 세대별 주민등록표에 기재되어 있는 세대주와 그 세대원(배우자, 직계존속 또는 직계비속으로 한정한다)으로 구성된 가구를 말한다] 1주택자의 주택을 매입(주택지분의 일부를 매입하는 경우를 포함한다)하여 해당 주택의 양도인(이하 이 조에서 "양도인"이라 한다)에게 임대하되, 그 임대기간을 5년 이상으로 하는 계약 (2013. 5. 10. 신설)
　나. 가목에 따른 임대기간 종료 후 양도인이 해당 주택을 우선적으로 재매입(임대기간 종료 이전이라도 양도인이 재매입하는 경우를 포함한다)할 수 있는 권리를 부여하는 계약 (2013. 5. 10. 신설)
2. 부동산투자회사와 한국토지주택공사 간의 계약 : 양도인이 제1호 나목에 따른 우선매입권을 행사하지 아니하는 경우 한국토지주택공사가 해당 주택의 매입을 확약하는 조건의 계약 (2013. 5. 10. 신설)
⑥ 삭 제 (2014. 1. 1.)
⑦ 「부동산투자회사법」 제2조 제1호 다목에 따른 기업구조조정 부동산투자회사 또는 「자본시장과 금융투자업에 관한 법률」 제229조 제2호에 따른 부동산집합투자기구(집합투자재산의 100분의 80을 초과하여 같은 법 제229조 제2호에서 정한 부동산에 투자하는 같은 법 제9조 제19항 제2호에 따른 일반 사모집합투자기구를 포함한다. 이하 같다)가 2016년 12월 31일까지 「주택법」에 따른 사업주체로부터 직접 취득하는 미분양주택 및 그 부속토지(이하 이 항에서 "미분양주택등"이라 한다)에 대해서는 취득세의 100분의 50을 경감하고, 취득한 미분양주택등에 대한 재산세는 2016년 12월 31일까지 「지방세법」 제111조 제1항 제3호 나목의 세율에도 불구하고 1천분의 1을 적용하여 과세한다. (2021. 4. 20. 개정 ; 자본시장과~부칙)

제35조【주택담보노후연금보증 대상 주택에 대한 감면】
① 「한국주택금융공사법」에 따른 연금보증을 하기 위하여 같은 법에 따라 설립된 한국주택금융공사와 같은 법에 따라 연금을 지급하는 금융회사가 같은 법 제9조 제1항에 따라 설치한 주택금융운영위원회가 같은

☞ p.4234 1단 연결

법 35조 1항의 개정규정은 2025. 1. 1. 이후 납세의무가 성립하는 경우부터 적용함. (법 부칙(2024. 12. 31.) 2조)

조 제2항 제5호에 따라 심의·의결한 연금보증의 보증기준에 해당되는 주택(「주택법」 제2조 제4호의 준주택 중 주거목적으로 사용되는 오피스텔을 포함한다. 이하 이 조에서 같다)을 담보로 하는 등기에 대하여 그 담보의 대상이 되는 주택을 제공하는 자가 등록면허세를 부담하는 경우에는 다음 각 호의 구분에 따라 등록면허세를 2027년 12월 31일까지 감면한다. (2024. 12. 31. 개정)　　농특비

1. 「지방세법」 제4조에 따른 시가표준액(이하 이 조에서 "시가표준액"이라 한다)이 5억원 이하인 주택으로서 대통령령으로 정하는 1가구 1주택(이하 이 조에서 "1가구 1주택"이라 한다) 소유자의 주택을 담보로 하는 등기에 대해서는 등록면허세의 100분의 50을 경감한다. (2024. 12. 31. 개정)

2. 제1호 외의 등기 : 다음 각 목의 구분에 따라 감면 (2020. 1. 15. 신설)

　가. 등록면허세액이 300만원 이하인 경우에는 등록면허세의 100분의 50을 경감한다. (2024. 12. 31. 개정)

　나. 등록면허세액이 300만원을 초과하는 경우에는 150만원을 공제한다. (2024. 12. 31. 개정)

② 제1항에 따른 주택담보노후연금보증을 위하여 담보로 제공된 주택(「한국주택금융공사법」 제2조 제8호의 2에 따른 신탁등기를 한 주택을 포함하며, 1가구 1주택인 경우로 한정한다)에 대해서는 다음 각 호의 구분에 따라 재산세를 2027년 12월 31일까지 감면한다. (2024. 12. 31. 개정)

편주 ▶
법 35조 2항의 개정규정은 2025. 1. 1. 이후 납세의무가 성립하는 경우부터 적용함. (법 부칙(2024. 12. 31.) 2조)

1. 시가표준액이 5억원 이하인 주택의 경우에는 재산세의 100분의 25를 경감한다. (2021. 12. 28. 개정)

2. 시가표준액이 5억원을 초과하는 경우에는 해당 연도 시가표준액이 5억원에 해당하는 재산세액의 100분의 25를 공제한다. (2021. 12. 28. 개정)

③ 「한국주택금융공사법」 제2조 제11호에 따른 금융기관으로부터 연

제16조 【주택담보노후연금보증 대상 주택의 1가구 1주택 범위】

① 법 제35조 제1항 제1호에서 "대통령령으로 정하는 1가구 1주택"이란 과세기준일 현재 주택 소유자와 같은 세대별 주민등록표에 기재되어 있는 가족(동거인은 제외한다)으로 구성된 1가구(소유자의 배우자, 소유자의 미혼인 30세 미만의 직계비속은 각각 소유자와 같은 세대별 주민등록표에 기재되어 있지 않더라도 같은 가구에 속한 것으로 본다)가 국내에 1개의 주택을 소유하는 것을 말하며, 주택의 부속토지만을 소유하는 경우에도 주택을 소유한 것으로 본다. (2020. 1. 15. 개정)

② 제1항을 적용할 때 주택담보노후연금보증을 위해 담보로 제공하는 주택 외에 소유하고 있는 주택이 다음 각 호의 어느 하나에 해당하는 주택인 경우에는 그 주택을 소유하지 않는 것으로 본다. (2018. 12. 31. 신설)

1. 「국토의 계획 및 이용에 관한 법률」 제6조에 따른 도시지역(과세기준일 현재 도시지역을 말한다)이 아닌 지역에 건축되어 있거나 면의 행정구역(수도권은 제외한다)에 건축되어 있는 주택으로서 다음 각 목의 어느 하나에 해당하는 주택 (2018. 12. 31. 신설)

　가. 사용 승인 후 20년 이상 경과된 「건축법 시행령」 별표 1 제1호 가목에 따른 단독주택(이하 "단독주택"이라 한다) (2018. 12. 31. 신설)

　나. 85제곱미터 이하인 단독주택 (2018. 12. 31. 신설)

　다. 상속으로 취득한 주택 (2018. 12. 31. 신설)

2. 전용면적이 20제곱미터 이하인 주택. 다만, 전용면적이 20제곱미터 이하인 주택을 둘 이상 소유하는 경우는 제외한다. (2018. 12. 31. 신설)

3. 「문화유산의 보존 및 활용에 관한 법률」에 따른 지정문화유산, 「근현대문화유산의 보존 및 활용에 관한 법률」에 따른 국가등록문화유산 또는 「자연유산의 보존 및 활용에 관한 법률」에 따른 천연기념물

금 방식으로 생활자금 등을 지급받기 위하여 장기주택저당대출에 가입한 사람이 담보로 제공하는 주택(1가구 1주택인 경우로 한정한다)에 대해서는 다음 각 호의 구분에 따라 재산세를 2021년 12월 31일까지 감면한다. (2020. 1. 15. 개정)
1. 주택공시가격등이 5억원 이하인 주택의 경우에는 재산세의 100분의 25를 경감한다. (2013. 1. 1. 신설)
2. 주택공시가격등이 5억원을 초과하는 경우에는 해당 연도 주택공시가격등이 5억원에 해당하는 재산세액의 100분의 25를 공제한다. (2013. 1. 1. 신설)

제35조의 2 【농업인의 노후생활안정자금대상 농지에 대한 감면】 「한국농어촌공사 및 농지관리기금법」 제24조의 5에 따른 노후생활안정자금을 지원받기 위하여 담보로 제공된 농지에 대해서는 다음 각 호의 구분에 따라 재산세를 2027년 12월 31일까지 감면한다. (2024. 12. 31. 개정)
1. 「지방세법」 제4조 제1항에 따라 공시된 가액 또는 시장·군수가 산정한 가액(이하 이 조에서 "토지공시가격등"이라 한다)이 6억원 이하인 농지의 경우에는 재산세를 면제한다. (2013. 1. 1. 신설)
2. 토지공시가격등이 6억원을 초과하는 경우에는 해당연도 토지공시가격등이 6억원에 해당하는 재산세액의 100분의 100을 공제한다. (2013. 1. 1. 신설)

제35조의 3 【임차인의 전세자금 마련 지원을 위한 주택담보대출 주택에 대한 재산세액 공제】① 재산세 과세기준일 현재 임대인과 임차인 간에 임대차계약을 체결하고 임대주택으로 사용하는 경우로서 그 주택을 보유한 자에 대해서는 다음 각 호에서 정하는 요건을 모두 충족하는 경우 「지방세법」 제111조 제1항 제3호 나목의 세율을 적용하여 산출한 재산세액에서 주택담보대출금액의 100분의 60에 1천분의 1을 적용하여 산출한 세액을 2016년 12월 31일까지 공제한다. 다만, 임대차계약 기간 동안 다음 각 호의 요건 중 어느 하나를 위반하는 경우 공제된 재산세액을 추징한다. (2015. 12. 29. 개정)
1. 임차인이 계약일 현재 무주택세대주이면서 직전 연도 소득(그

등 (2024. 5. 7. 개정 ; 문화재~부칙, 2024. 9. 10. 개정 ; 근현대문화유산~부칙)

배우자의 소득을 포함한다)이 6천만원 이하인 경우 (2013. 8. 6. 신설)

2. 임차주택의 전세보증금이 2억원(수도권은 3억원) 이하인 경우 (2013. 8. 6. 신설)

3. 주택담보대출금액이 3천만원(수도권은 5천만원) 이하인 경우 (2013. 8. 6. 신설)

4. 제2호에 따른 전세보증금의 전부 또는 일부를 임대인의 주택담보대출로 조달하고 그 대출이자는 임차인이 부담하는 방식으로 하고, 국토교통부장관이 정하는 임대차계약서 서식에 따라 「금융실명거래 및 비밀보장에 관한 법률」 제2조 제1호에 따른 금융회사등(이하 이 조에서 "금융회사 등"이라 한다)과 주택담보대출 계약을 체결하는 경우 (2013. 8. 6. 신설)

5. 금융회사등이 취급하는 주택담보대출로서 목돈 안드는 전세 대출임이 표시된 통장으로 거래하는 경우 (2013. 8. 6. 신설)

② 제1항에 따라 재산세액을 공제하는 경우에는 산출한 재산세액 중 공제되는 세액이 차지하는 비율(백분율로 계산한 비율이 소수점 이하일 경우에는 절상한다)에 해당하는 부분 만큼을 재산세 감면율로 본다. (2013. 8. 6. 신설)

③ 제1항을 적용할 때 무주택세대주 및 직전 연도 소득을 확인하는 방법은 제36조의 2 제4항에 따라 행정안전부장관이 정하는 기준을 준용한다. (2017. 7. 26. 직제개정 ; 정부조직법 부칙)

제36조【무주택자 주택공급사업 지원을 위한 감면】 농톡비 「공익법인의 설립·운영에 관한 법률」에 따라 설립된 공익법인으로서 대통령령으로 정하는 법인이 무주택자에게 분양할 목적으로 취득하는 주택건축용 부동산에 대해서는 취득세를, 과세기준일 현재 그 업무에 직접 사용하는 부동산에 대해서는 재산세(「지방세법」 제112조에 따른 부과액을 포함한다)를 각각 2027년 12월 31일까지 면제한다. 다만, 그 취득일부터 2년 이내에 정당한 사유 없이 주택건축을 착공하지 아니하거나 다른 용도에 사용하는 경우 그 해당 부분에 대해서는 면제된 취득세를 추징한다. (2024. 12. 31. 개정)

제17조【공익법인의 범위】 법 제36조 본문에서 "대통령령으로 정하는 법인"이란 「주택법」 제4조 제1항 제4호를 적용받는 사단법인 한국해비타트를 말한다. (2024. 12. 31. 개정)

　제36조의 2【생애최초 주택 구입 신혼부부에 대한 취득세 경감】① 혼인한 날(「가족관계의 등록 등에 관한 법률」에 따른 혼인신고일을 기준으로 한다)부터 5년 이내인 사람과 주택 취득일부터 3개월 이내에 혼인할 예정인 사람(이하 이 조에서 "신혼부부"라 한다)으로서 다음 각 호의 요건을 갖춘 사람이 거주할 목적으로 주택(「지방세법」 제11조 제1항 제8호에 따른 주택을 말한다. 이하 이 조에서 같다)을 유상거래(부담부증여는 제외한다)로 취득한 경우에는 취득세의 100분의 50을 2020년 12월 31일까지 경감한다. (2020. 1. 15. 개정)

1. 주택 취득일 현재 신혼부부로서 본인과 배우자(배우자가 될 사람을 포함한다. 이하 이 조에서 같다) 모두 주택 취득일까지 주택을 소유한 사실이 없을 것. 이 경우 본인 또는 배우자가 주택 취득 당시 대통령령으로 정하는 주택을 소유하였거나 소유하고 있는 경우에는 주택을 소유한 사실이 없는 것으로 본다. (2018. 12. 24. 신설)
2. 주택 취득 연도 직전 연도의 신혼부부의 합산 소득이 7천만원(「조세특례제한법」 제100조의 3 제5항 제2호 가목에 따른 홑벌이 가구는 5천만원)을 초과하지 아니할 것 (2018. 12. 24. 신설)
3. 「지방세법」(법률 제18655호로 개정되기 전의 것을 말한다) 제10조에 따른 취득 당시의 가액이 3억원(「수도권정비계획법」 제2조 제1호에 따른 수도권은 4억원으로 한다) 이하이고 전용면적이 60제곱미터 이하인 주택을 취득할 것 (2021. 12. 28. 개정)

② 제1항에 따라 취득세를 경감받은 사람이 다음 각 호의 어느 하나에 해당하는 경우에는 경감된 취득세를 추징한다. (2018. 12. 24. 신설)
1. 혼인할 예정인 신혼부부가 주택 취득일부터 3개월 이내에 혼인하지 아니한 경우 (2018. 12. 24. 신설)
2. 주택을 취득한 날부터 3개월 이내에 대통령령으로 정하는 1가구 1주택이 되지 아니한 경우 (2018. 12. 24. 신설)
3. 정당한 사유 없이 취득일부터 3년 이내에 경감받은 주택을 매각·증여하거나 다른 용도(임대를 포함한다)로 사용하는 경우 (2018. 12. 24. 신설)

③ 제1항을 적용할 때 신혼부부의 직전 연도 합산 소득은 신혼부부의 소득을 합산한 것으로서 급여·상여 등 일체의 소득을 합산한 것으로 한다. (2018. 12. 24. 신설)

　제17조의 2【생애최초 주택 구입 신혼부부 취득세 감면대상이 되는 주택의 범위 등】① 법 제36조의 2 제1항 제1호 후단에서 "대통령령으로 정하는 주택을 소유하였거나 소유하고 있는 경우"란 다음 각 호의 어느 하나에 해당하는 경우를 말한다. (2018. 12. 31. 신설)

1. 상속으로 주택의 공유지분을 소유(주택 부속토지의 공유지분만을 소유하는 경우를 포함한다)하였다가 그 지분을 모두 처분한 경우 (2018. 12. 31. 신설)
2. 「국토의 계획 및 이용에 관한 법률」 제6조에 따른 도시지역(취득일 현재 도시지역을 말한다)이 아닌 지역에 건축되어 있거나 면의 행정구역(수도권은 제외한다)에 건축되어 있는 주택으로서 다음 각 목의 어느 하나에 해당하는 주택을 소유한 자가 그 주택 소재지역에 거주하다가 다른 지역(해당 주택 소재지역인 특별시·광역시·특별자치시·특별자치도 및 시·군 이외의 지역을 말한다)으로 이주한 경우. 이 경우 그 주택을 감면대상 주택 취득일 전에 처분했거나 감면대상 주택 취득일부터 3개월 이내에 처분한 경우로 한정한다. (2018. 12. 31. 신설)
　가. 사용 승인 후 20년 이상 경과된 단독주택 (2018. 12. 31. 신설)
　나. 85제곱미터 이하인 단독주택 (2018. 12. 31. 신설)
　다. 상속으로 취득한 주택 (2018. 12. 31. 신설)
3. 전용면적 20제곱미터 이하인 주택을 소유하고 있거나 처분한 경우. 다만, 전용면적 20제곱미터 이하인 주택을 둘 이상 소유했거나 소유하고 있는 경우는 제외한다. (2018. 12. 31. 신설)
4. 취득일 현재 「지방세법」 제4조 제2항에 따라 산출한 시가표준액이 100만원 이하인 주택을 소유하고 있거나 처분한 경우 (2018. 12.

④ 제1항 및 제3항을 적용할 때 신혼부부의 직전 연도 소득 및 주택 소유사실 확인 등에 관한 세부적인 기준은 행정안전부장관이 정하여 고시한다. (2018. 12. 24. 신설)

⑤ 행정안전부장관 또는 지방자치단체의 장은 제3항에 따른 신혼부부 합산소득의 확인을 위하여 필요한 자료의 제공을 관계 기관의 장에게 요청할 수 있다. 이 경우 요청을 받은 관계 기관의 장은 특별한 사유가 없으면 이에 따라야 한다. (2018. 12. 24. 신설)

제36조의 3【생애최초 주택 구입에 대한 취득세 감면】① 주택 취득일 현재 본인 및 배우자(「가족관계의 등록 등에 관한 법률」에 따른 가족관계등록부에서 혼인이 확인되는 외국인 배우자를 포함한다. 이하 이 조 및 제36조의 5에서 같다)가 주택(「지방세법」 제11조 제1항 제8호에 따른 주택을 말한다. 이하 이 조 및 제36조의 5에서 같다)을 소유한 사실이 없는 경우로서 「지방세법」 제10조의 3에 따른 취득당시가액(이하 이 조에서 "취득당시가액"이라 한다)이 12억원 이하인 주택을 유상거래(부담부증여는 제외한다)로 취득하는 경우에는 다음 각 호의 구분에 따라 2025년 12월 31일까지 지방세를 감면(이 경우 「지방세법」 제13조의 2의 세율을 적용하지 아니한다)한다. 다만, 취득자가 미성년자인 경우는 제외한다. (2024. 12. 31. 개정)

1. 다음 각 목의 어느 하나에 해당하는 주택에 대해서는 「지방세법」 제11조 제1항 제8호의 세율을 적용하여 산출한 취득세액(이하 이 조 및 제36조의 5에서 "산출세액"이라 한다)이 300만원 이하인 경우에는 취득세를 면제하고, 산출세액이 300만원을 초과하는 경우에는 산출세액에서 300만원을 공제한다. (2024. 12. 31. 개정)

　가. 전용면적이 60제곱미터 이하이고 취득당시가액이 3억원(수도권은 6억원으로 한다) 이하인 공동주택(아파트는 제외한다) (2024. 12. 31. 개정)

　나. 전용면적이 60제곱미터 이하이고 취득당시가액이 3억원(수도권은 6억원으로 한다) 이하인 「주택법」 제2조 제20호에 따른 도시형 생활주택 (2024. 12. 31. 개정)

　다. 취득당시가액이 3억원(수도권은 6억원으로 한다) 이하인 「주택법」 제2조 제2호에 따른 단독주택 중 다가구주택으로서 「건축

31. 신설)

② 법 제36조의 2 제2항 제2호에서 "대통령령으로 정하는 1가구 1주택"이란 주택 취득자와 같은 세대별 주민등록표에 기재되어 있는 가족(동거인은 제외한다)으로 구성된 1가구(취득자의 배우자, 취득자의 미혼인 30세 미만의 직계비속은 각각 취득자와 같은 세대별 주민등록표에 기재되어 있지 않더라도 같은 가구에 속한 것으로 본다)가 국내에 1개의 주택을 소유하는 것을 말하며, 주택의 부속토지만을 소유하는 경우에도 주택을 소유한 것으로 본다. (2018. 12. 31. 신설)

편주 ▶ 법 36조의 3 제1항의 개정규정은 2025. 1. 1. 이후 납세의무가 성립하는 경우부터 적용함. (법 부칙(2024. 12. 31.) 2조)

법」 제38조에 따른 건축물대장에 호수별로 전용면적이 구분되
어 기재되어 있는 다가구주택(전용면적이 60제곱미터 이하인
호수 부분으로 한정한다) (2024. 12. 31. 개정)
2. 제1호 외의 주택에 대해서는 산출세액이 200만원 이하인 경우에는
취득세를 면제하고, 산출세액이 200만원을 초과하는 경우에는 산출
세액에서 200만원을 공제한다. (2024. 12. 31. 개정)
② 2인 이상이 공동으로 주택을 취득하는 경우에는 해당 주택에 대한
제1항 제1호에 따른 총 감면액은 300만원 이하로 하고, 제1항 제2호에
따른 총 감면액은 200만원 이하로 한다. (2024. 12. 31. 개정)
③ 제1항에서 "주택을 소유한 사실이 없는 경우"란 다음 각 호의 어느
하나에 해당하는 경우를 말한다. (2021. 12. 28. 개정)
1. 상속으로 주택의 공유지분을 소유(주택 부속토지의 공유지분만을
소유하는 경우를 포함한다)하였다가 그 지분을 모두 처분한 경우
(2020. 8. 12. 신설)
2. 「국토의 계획 및 이용에 관한 법률」 제6조에 따른 도시지역(취득일 현재
도시지역을 말한다)이 아닌 지역에 건축되어 있거나 면의 행정구역(수도
권은 제외한다)에 건축되어 있는 주택으로서 다음 각 목의 어느 하나에
해당하는 주택을 소유한 자가 그 주택 소재지역에 거주하다가 다른 지역
[해당 주택 소재지역인 특별시 · 광역시 · 특별자치시 · 특별자치도
(관할 구역 안에 지방자치단체인 시 · 군이 없는 특별자치도를 말한
다) 및 시 · 군 이외의 지역을 말한다]으로 이주한 경우. 이 경우 그
주택을 감면대상 주택 취득일 전에 처분했거나 감면대상 주택 취득일부
터 3개월 이내에 처분한 경우로 한정한다. (2024. 12. 31. 개정)
   가. 사용 승인 후 20년 이상 경과된 단독주택 (2020. 8. 12. 신설)
   나. 85제곱미터 이하인 단독주택 (2020. 8. 12. 신설)
   다. 상속으로 취득한 주택 (2020. 8. 12. 신설)
3. 전용면적 20제곱미터 이하인 주택을 소유하고 있거나 처분한 경
우. 다만, 전용면적 20제곱미터 이하인 주택을 둘 이상 소유했거
나 소유하고 있는 경우는 제외한다. (2020. 8. 12. 신설)
4. 취득일 현재 「지방세법」 제4조 제2항에 따라 산출한 시가표준액이 100
만원 이하인 주택을 소유하고 있거나 처분한 경우 (2020. 8. 12. 신설)
5. 제36조의 4 제1항에 따라 전세사기피해주택을 소유하고 있거나 처

편주) ···
법 36조의 3 제2항의 개정규정은 2025. 1. 1. 이후 납세의무가 성립하는
경우부터 적용함. (법 부칙(2024. 12. 31.) 2조)
···

분한 경우 (2023. 6. 1. 신설)

6. 제1항 제1호 각 목의 주택 중 취득당시가액이 2억원(수도권은 3억원으로 한다) 이하이고 임차인으로서 1년 이상 상시 거주(「주민등록법」에 따른 전입신고를 하고 계속하여 거주하는 것을 말한다)한 주택을 2024년 1월 1일부터 2025년 12월 31일까지의 기간 중에 취득하여 제1항에 따른 감면을 받은 경우. 다만, 제4항에 따라 추징된 경우는 제외한다. (2024. 12. 31. 신설)

④ 제1항에 따라 취득세를 감면받은 사람이 다음 각 호의 어느 하나에 해당하는 경우에는 감면된 취득세를 추징한다. (2020. 8. 12. 신설)

1. 대통령령으로 정하는 정당한 사유 없이 주택을 취득한 날부터 3개월 이내에 상시 거주(취득일 이후 「주민등록법」에 따른 전입신고를 하고 계속하여 거주하거나 취득일 전에 같은 법에 따른 전입신고를 하고 취득일부터 계속하여 거주하는 것을 말한다. 이하 이 조 및 제36조의 5에서 같다)를 시작하지 아니하는 경우 (2023. 12. 29. 개정)

2. 주택을 취득한 날부터 3개월 이내에 추가로 주택을 취득(주택의 부속토지만을 취득하는 경우를 포함한다)하는 경우. 다만, 상속으로 인한 추가 취득은 제외한다. (2021. 12. 28. 개정)

3. 해당 주택에 상시 거주한 기간이 3년 미만인 상태에서 해당 주택을 매각·증여(배우자에게 지분을 매각·증여하는 경우는 제외한다)하거나 다른 용도(임대를 포함한다)로 사용하는 경우 (2021. 12. 28. 개정)

⑤ 제3항을 적용할 때 무주택자 여부 등을 확인하는 세부적인 기준은 행정안전부장관이 정하여 고시한다. (2023. 3. 14. 개정)

⑥ 행정안전부장관 또는 지방자치단체의 장은 제2항에 따른 합산소득의 확인을 위하여 필요한 자료의 제공을 관계 기관의 장에게 요청할 수 있다. 이 경우 요청을 받은 관계 기관의 장은 특별한 사유가 없으면 이에 따라야 한다. (2020. 8. 12. 신설)

⑥ 삭　제 (2023. 3. 14.)

제36조의 4 【전세사기피해자 지원을 위한 감면】 ① 「전세사기피해자 지원 및 주거안정에 관한 특별법」에 따른 전세사기피해자(이하 이 조에서 "전세사기피해자"라 한다)가 같은 법에 따른 전세사기피해주택(이하 이 조에서 "전세사기피해주택"이라 한다)을 취득하는 경우에는 다음 각 호의 구분에 따라 2026년 12월 31일까지 취득세를 감면한다. (2023. 6. 1. 신설)

제17조의 3 【상시 거주 지연의 정당한 사유】 법 제36조의 3 제4항 제1호에서 "대통령령으로 정하는 정당한 사유"란 다음 각 호의 어느 하나에 해당하는 경우를 말한다. (2021. 12. 31. 신설)

1. 기존 거주자의 퇴거가 지연되어 주택을 취득한 자가 법원에 해당 주택의 인도명령을 신청하거나 인도소송을 제기한 경우 (2021. 12. 31. 신설)

2. 주택을 취득한 자가 기존에 거주하던 주택에 대한 임대차 기간이 만료되었으나 보증금 반환이 지연되어 대항력을 유지하기 위하여 기존 거주지에 「주민등록법」에 따른 주소를 유지하는 경우(「주택임대차보호법」 제3조의 3에 따른 임차권등기가 이루어진 경우는 제외한다) (2021. 12. 31. 신설)

3. 주택을 취득한 사람이 「주택임대차보호법」 제3조 제4항에 따라 임대인의 지위를 승계한 경우로서 해당 주택의 임대차계약(같은 법 제6조 및 제6조의 3에 따라 임대차계약이 갱신된 경우를 포함한다)에 따른 임차인이 그 주택에 계속 거주하고 있는 경우(해당 주택의 취득일을 기준으로 남아 있는 임대차기간이 1년 이내인 경우로 한정한다) (2023. 5. 16. 신설)

1. 「지방세법」에 따라 산출한 취득세액(이하 이 조에서 "산출세액"이라 한다)이 200만원 이하인 경우에는 취득세를 면제한다. (2023. 6. 1. 신설)

2. 산출세액이 200만원을 초과하는 경우에는 산출세액에서 200만원을 공제한다. (2023. 6. 1. 신설)

② 전세사기피해자가 전세사기피해주택을 보유하고 있는 경우에는 재산세 납세의무가 최초로 성립하는 날부터 3년간 다음 각 호에서 정하는 바에 따라 재산세를 경감한다. (2023. 6. 1. 신설)

1. 전용면적 60제곱미터 이하인 전세사기피해주택에 대해서는 재산세의 100분의 50을 경감한다. (2023. 6. 1. 신설)

2. 전용면적 60제곱미터 초과인 전세사기피해주택에 대해서는 재산세의 100분의 25를 경감한다. (2023. 6. 1. 신설)

③ 전세사기피해자가 본인의 임차권 보호를 위하여 신청한 임차권등기명령의 집행에 따른 임차권등기에 대해서는 등록면허세를 2026년 12월 31일까지 면제한다. (2023. 6. 1. 신설)

④ 「공공주택 특별법」 제4조에 따른 공공주택사업자가 「전세사기피해자 지원 및 주거안정에 관한 특별법」 제25조 제4항에 따라 전세사기피해주택을 취득하는 경우에는 해당 전세사기피해주택에 대한 취득세의 100분의 50을 2026년 12월 31일까지 경감한다. (2024. 9. 10. 개정 ; 전세사기~부칙)

제36조의 5【출산·양육을 위한 주택 취득에 대한 취득세 감면】 ① 2025년 12월 31일까지 자녀를 출산한 부모(미혼모 또는 미혼부를 포함한다)가 해당 자녀와 상시 거주할 목적으로 출산일부터 5년 이내에 「지방세법」 제10조에 따른 취득 당시의 가액이 12억원 이하인 1주택을 취득하는 경우(출산일 전 1년 이내에 주택을 취득한 경우를 포함한다)로서 다음 각 호의 요건을 모두 충족하는 경우에는 그 산출세액이 500만원 이하인 경우에는 취득세를 면제하고, 500만원을 초과하는 경우에는 산출세액에서 500만원을 공제한다. (2023. 12. 29. 신설)

1. 가족관계등록부에서 자녀의 출생 사실이 확인될 것 (2023. 12. 29. 신설)

2. 해당 주택이 대통령령으로 정하는 1가구 1주택에 해당할 것(해당 주

제17조의 4【출산·양육을 위한 주택 취득세 감면 요건 및 추징

택을 취득한 날부터 3개월 이내에 1가구 1주택이 되는 경우를 포함한다) (2023. 12. 29. 신설)

② 제1항에 따라 취득세를 감면받은 사람이 다음 각 호의 어느 하나에 해당하는 경우에는 감면된 취득세를 추징한다. (2023. 12. 29. 신설)

1. 대통령령으로 정하는 정당한 사유 없이 주택의 취득일(출산일 전에 취득한 경우에는 출산일)부터 3개월 이내에 해당 자녀와 상시 거주를 시작하지 아니하는 경우 (2023. 12. 29. 신설)

2. 해당 자녀와의 상시 거주 기간이 3년 미만인 상태에서 주택을 매각·증여(배우자에게 지분을 매각·증여하는 경우는 제외한다)하거나 다른 용도(임대를 포함한다)로 사용하는 경우 (2023. 12. 29. 신설)

제37조 【국립대병원 등에 대한 감면】 (2018. 12. 24. 제목개정)

농특비

① 다음 각 호의 법인이 고유업무에 직접 사용하기 위하여 취득하는 부동산에 대해서는 취득세의 100분의 50(감염병전문병원의 경우에는 100분의 60)을, 과세기준일 현재 그 고유업무에 직접 사용하는 부동산에 대해서는 재산세의 100분의 50(감염병전문병원의 경우에는 100분의 60)을 2027년 12월 31일까지 각각 경감한다. (2024. 12. 31. 개정)

1. 「서울대학교병원 설치법」에 따라 설치된 서울대학교병원 (2010. 3. 31. 제정)

2. 「서울대학교치과병원 설치법」에 따라 설치된 서울대학교치과병원 (2010. 3. 31. 제정)

3. 「국립대학병원 설치법」에 따라 설치된 국립대학병원 (2010. 3. 31. 제정)

4. 「암관리법」에 따라 설립된 국립암센터 (2010. 5. 31. 개정 ; 암관리법 부칙)

5. 「국립중앙의료원의 설립 및 운영에 관한 법률」에 따라 설립 (2010. 12. 27. 신설)

6. 「국립대학치과병원 설치법」에 따라 설립된 국립대학치과병원 (2014. 1. 1. 신설)

7. 「방사선 및 방사성동위원소 이용진흥법」에 따라 설립된 한국원자력의학원 (2020. 1. 15. 신설)

예외 사유】 ① 법 제36조의 5 제1항 제2호에서 "대통령령으로 정하는 1가구 1주택"이란 주택 취득자와 같은 세대별 주민등록표에 기재되어 있는 가족(동거인은 제외한다)으로 구성된 1가구(취득자의 배우자, 취득자의 미혼인 30세 미만의 직계비속은 각각 취득자와 같은 세대별 주민등록표에 기재되어 있지 않더라도 같은 가구에 속한 것으로 본다)가 국내에 1개의 주택을 소유하는 것을 말한다. 이 경우 주택의 부속토지만을 소유하고 있는 경우에도 주택을 소유한 것으로 본다. (2023. 12. 29. 신설)

② 법 제36조의 5 제2항 제1호에서 "대통령령으로 정하는 정당한 사유"란 제17조의 3 각 호의 어느 하나에 해당하는 경우를 말한다. (2023. 12. 29. 신설)

편주 ▸ ┄┄┄┄┄┄┄┄┄┄┄┄┄┄┄┄┄┄┄┄┄┄┄┄┄┄┄┄┄

법 37조 1항 7호의 개정규정에 따른 한국원자력의학원이 그 고유업무에 직접 사용하기 위하여 2020. 12. 31.까지 취득하는 부동산으로서 2021. 1. 1. 당시 그 부동산에 대한 재산세 납세의무가 최초로 성립한 날부터 5년이 지나지 아니한 부동산에 대해서는 해당 부동산 취득일 이후 해당 부동산에 대한 재산세 납세의무가 최초로 성립한 날부터 5년간 재산세의 100분의 50을 2021. 1. 1.부터 경감(과세기준일 현재 그 고유업무에 직접 사용하고 있지 아니하는 경우는 제외함)함. 이 경우 재산세의 경감기간은 2021. 1. 1.을 기준으로 해당 부동산에 대한 재산세 납세의무가 최초로 성립한 날부터 5년이 지나지 아니한 잔여기간으로 함. (법 부칙(2020. 1. 15.) 9조)

┄┄┄┄┄┄┄┄┄┄┄┄┄┄┄┄┄┄┄┄┄┄┄┄┄┄┄┄┄┄┄┄┄

② 제1항 각 호의 법인이 2021년 1월 1일부터 2021년 12월 31일까지 취득하는 부동산에 대해서는 다음 각 호의 구분에 따라 취득세 및 재산세를 각각 경감한다. (2018. 12. 24. 신설)

1. 그 고유업무에 직접 사용하기 위하여 취득하는 부동산에 대해서는 취득세의 100분의 50을 경감한다. (2018. 12. 24. 신설)

2. 해당 부동산 취득일 이후 해당 부동산에 대한 재산세 납세의무가 최초로 성립한 날부터 5년간 재산세의 100분의 50을 경감(과세기준일 현재 그 고유업무에 직접 사용하고 있지 아니하는 경우는 제외한다)한다. (2018. 12. 24. 신설)

법 37조 2항 2호의 개정규정은 2020. 12. 31.까지 취득한 부동산으로서 2021. 1. 1. 당시 그 부동산에 대한 재산세 납세의무가 최초로 성립한 날부터 5년이 지나지 아니한 경우에도 적용함. 이 경우 재산세의 경감기간은 2021. 1. 1.을 기준으로 해당 부동산에 대한 재산세 납세의무가 최초로 성립한 날부터 5년이 지나지 아니한 잔여기간으로 함. (법 부칙(2018. 12. 24.) 5조 1항)

② 삭   제 (2021. 12. 28.)

제38조【의료법인 등에 대한 과세특례】① 「의료법」 제48조에 따라 설립된 의료법인이 의료업에 직접 사용하기 위하여 취득하는 부동산에 대해서는 취득세를, 과세기준일 현재 의료업에 직접 사용하는 부동산에 대해서는 재산세를 다음 각 호에서 정하는 바에 따라 각각 경감한다. (2018. 12. 24. 개정)

1. 2027년 12월 31일까지 취득세의 100분의 30(감염병전문병원의 경우에는 100분의 40)을, 재산세의 100분의 50(감염병전문병원의 경우에는 100분의 60)을 각각 경감한다. (2024. 12. 31. 개정)

2. 2021년 1월 1일부터 2021년 12월 31일까지 취득하는 부동산에 대해서는 다음 각 목의 구분에 따라 취득세 및 재산세를 각각 경감한다. (2018. 12. 24. 개정)
가. 해당 부동산에 대해서는 취득세의 100분의 30을 경감한다. (2018. 12. 24. 개정)
나. 해당 부동산 취득일 이후 재산세 납세의무가 최초로 성립한 날부터 5년간 재산세의 100분의 50을 경감한다. (2018. 12. 24. 개정)

법 38조 1항 2호 나목의 개정규정은 2020. 12. 31.까지 취득한 부동산으

로서 2021. 1. 1. 당시 그 부동산에 대한 재산세 납세의무가 최초로 성립한 날부터 5년이 지나지 아니한 경우에도 적용함. 이 경우 재산세의 경감기간은 2021. 1. 1.을 기준으로 해당 부동산에 대한 재산세 납세의무가 최초로 성립한 날부터 5년이 지나지 아니한 잔여기간으로 함. (법 부칙(2018. 12. 24.) 5조 1항)

2. 삭   제 (2021. 12. 28.)

② 「고등교육법」 제4조에 따라 설립된 의과대학(한의과대학, 치과대학 및 수의과대학을 포함한다)의 부속병원에 대하여는 주민세 사업소분(「지방세법」 제81조 제1항 제2호에 따라 부과되는 세액으로 한정한다) 및 종업원분을 2014년 12월 31일까지 면제한다. (2020. 12. 29. 개정)

③ 「지방의료원의 설립 및 운영에 관한 법률」에 따라 설립된 지방의료원에 대해서는 다음 각 호의 지방세를 2016년 12월 31일까지는 100분의 100(2017년 1월 1일부터 2018년 12월 31일까지는 100분의 75)을 각각 경감한다. (2014. 12. 31. 개정)

1. 의료업에 직접 사용하기 위하여 취득하는 부동산에 대한 취득세 (2011. 12. 31. 신설)

2. 삭   제 (2014. 12. 31.)

3. 과세기준일 현재 의료업에 직접 사용하는 부동산에 대한 재산세(「지방세법」 제112조에 따른 부과액을 포함한다) (2011. 12. 31. 신설)

③ 삭   제 (2018. 12. 24.)

④ 「민법」 제32조에 따라 설립된 재단법인이 「의료법」에 따른 의료기관 개설을 통하여 의료업에 직접 사용할 목적으로 취득하는 부동산에 대해서는 취득세의 100분의 30(감염병전문병원의 경우에는 100분의 40)을, 과세기준일 현재 의료업에 직접 사용하는 부동산에 대해서는 재산세의 100분의 50(감염병전문병원의 경우에는 100분의 60)을 2027년 12월 31일까지 각각 경감한다. (2024. 12. 31. 개정)

법 38조 4항의 개정규정은 2025. 1. 1. 이후 납세의무가 성립하는 경우부터 적용함. (법 부칙(2024. 12. 31.) 2조)

1. 2024년 12월 31일까지 취득세의 100분의 30(감염병전문병원의 경우에는 100분의 40)을, 재산세의 100분의 50(감염병전문병원의 경우에는 100분의 60)을 각각 경감한다. (2021. 12. 28. 개정)

1. 삭   제 (2023. 12. 29.)

2. 2021년 1월 1일부터 2021년 12월 31일까지 취득하는 부동산에 대해서는 다음 각 목의 구분에 따라 취득세 및 재산세를 각각 경감한다. (2018. 12. 24. 개정)
가. 해당 부동산에 대해서는 취득세의 100분의 30을 경감한다. (2018. 12. 24. 개정)
나. 해당 부동산 취득일 이후 해당 부동산에 대한 재산세 납세의무가 최초로 성립한 날부터 5년간 재산세의 100분의 50을 경감한다. (2018. 12. 24. 개정)

2. 삭   제 (2021. 12. 28.)

법 38조 4항 2호 나목의 개정규정은 2020. 12. 31.까지 취득한 부동산으로서 2021. 1. 1. 당시 그 부동산에 대한 재산세 납세의무가 최초로 성립한 날부터 5년이 지나지 아니한 경우에도 적용함. 이 경우 재산세의 경감기간은 2021. 1. 1.을 기준으로 해당 부동산에 대한 재산세 납세의무가 최초로 성립한 날부터 5년이 지나지 아니한 잔여기간으로 함. (법 부칙(2018. 12. 24.) 5조 1항)

⑤ 「지방자치법」 제5조 제1항에 따라 둘 이상의 시·군이 통합되어 도청 소재지인 시가 된 경우 종전의 시(도청 소재지인 시는 제외한다)·군 지역에 대해서는 제1항 및 제4항에도 불구하고 통합 지방자치단체의 조례로 정하는 바에 따라 통합 지방자치단체가 설치된 때부터 5년의 범위에서 통합되기 전의 감면율을 적용할 수 있다. (2021. 1. 12. 개정 ; 지방자치법 부칙)

제38조의 2 【지방의료원에 대한 감면】 「지방의료원의 설립 및 운영에 관한 법률」에 따라 설립된 지방의료원이 의료업에 직접 사용하기 위하여 취득하는 부동산에 대해서는 취득세를, 과세기준일 현재 의료업에 직접 사용하는 부동산에 대해서는 재산세를 다음 각 호에서 정하는 바에 따라 각각 경감한다. (2018. 12. 24. 신설)

1. 2027년 12월 31일까지 취득세 및 재산세의 100분의 75(감염병전문병원의 경우에는 100분의 85)를 각각 경감한다. (2024. 12. 31. 개정)

2. 2021년 1월 1일부터 2021년 12월 31일까지 취득하는 부동산에 대해서는 다음 각 목의 구분에 따라 취득세 및 재산세를 각각 경감한다. (2018. 12. 24. 신설)
　가. 해당 부동산에 대해서는 취득세의 100분의 75를 경감한다. (2018. 12. 24. 신설)
　나. 해당 부동산 취득일 이후 해당 부동산에 대한 재산세 납세의무가 최초로 성립한 날부터 5년간 재산세의 100분의 75를 경감한다. (2018. 12. 24. 신설)

편주 ▶
법 38조의 2 제2호 나목의 개정규정은 2020. 12. 31.까지 취득한 부동산으로서 2021. 1. 1. 당시 그 부동산에 대한 재산세 납세의무가 최초로 성립한 날부터 5년이 지나지 아니한 경우에도 적용함. 이 경우 재산세의 경감기간은 2021. 1. 1.을 기준으로 해당 부동산에 대한 재산세 납세의무가 최초로 성립한 날부터 5년이 지나지 아니한 잔여기간으로 함. (법 부칙(2018. 12. 24.) 5조 1항)

2. 삭　제 (2021. 12. 28.)

제39조 【국민건강보험사업 지원을 위한 감면】 ① 「국민건강보험법」에 따른 국민건강보험공단이 고유업무에 직접 사용하기 위하여 취득하는 부동산에 대하여는 다음 각 호에서 정하는 바에 따라 2014년 12월 31일까지 지방세를 감면한다. (2013. 1. 1. 개정)

1. 국민건강보험공단이 「국민건강보험법」 제14조 제1항 제1호부터 제3호까지, 제7호 및 제8호의 업무에 직접 사용하기 위하여 취득하는 부동산에 대하여는 취득세를 면제하고, 과세기준일 현재 그 업무에 직접 사용하는 부동산에 대하여는 재산세의 100분의 50을 경

감한다. (2011. 12. 31. 개정 ; 국민건강보험법 부칙)

2. 국민건강보험공단이 「국민건강보험법」 제14조 제1항 제6호의 업무에 사용하기 위하여 취득하는 부동산에 대하여는 취득세의 100분의 50을 경감하고, 과세기준일 현재 그 업무에 직접 사용하는 부동산에 대하여는 재산세의 100분의 50을 경감한다. (2011. 12. 31. 개정 ; 국민건강보험법 부칙)

② 「국민건강보험법」에 따른 건강보험심사평가원이 고유업무에 직접 사용하기 위하여 취득하는 부동산에 대하여는 다음 각 호에서 정하는 바에 따라 2014년 12월 31일까지 지방세를 감면한다. (2013. 1. 1. 개정)

1. 건강보험심사평가원이 「국민건강보험법」 제63조 제1항 제1호의 업무에 직접 사용하기 위하여 취득하는 부동산에 대하여는 취득세를 면제하고, 과세기준일 현재 그 업무에 직접 사용하는 부동산에 대하여는 재산세의 100분의 50을 경감한다. (2011. 12. 31. 개정 ; 국민건강보험법 부칙)

2. 건강보험심사평가원이 「국민건강보험법」 제63조 제1항 제2호의 업무에 직접 사용하기 위하여 취득하는 부동산에 대하여는 취득세의 100분의 50을 경감하고, 과세기준일 현재 그 업무에 직접 사용하는 부동산에 대하여는 재산세의 100분의 25를 경감한다. (2011. 12. 31. 개정 ; 국민건강보험법 부칙)

제40조 【국민건강 증진사업자에 대한 감면】 ① 다음 각 호의 법인이 그 고유업무에 직접 사용하기 위하여 취득하는 부동산에 대해서는 취득세의 100분의 50을, 과세기준일 현재 그 고유업무에 직접 사용하는 부동산에 대해서는 재산세의 100분의 50을 2027년 12월 31일까지 각각 경감한다. (2024. 12. 31. 개정)

1. 「모자보건법」에 따른 인구보건복지협회 (2010. 3. 31. 제정)
2. 「감염병의 예방 및 관리에 관한 법률」에 따른 한국건강관리협회 (2010. 3. 31. 제정)
3. 「결핵예방법」에 따른 대한결핵협회 (2010. 3. 31. 제정)

② 제1항 각 호의 법인이 2021년 1월 1일부터 2021년 12월 31일까지 취득하는 부동산에 대해서는 다음 각 호의 구분에 따라 취득세 및 재산세를 각각 경감한다. (2018. 12.

24. 신설)
1. 그 고유업무에 직접 사용하기 위하여 취득하는 부동산에 대해서는 취득세의 100분의 50을 경감한다. (2018. 12. 24. 신설)
2. 해당 부동산 취득일 이후 해당 부동산에 대한 재산세 납세의무가 최초로 성립한 날부터 5년간 재산세의 100분의 50을 경감(과세기준일 현재 그 고유업무에 직접 사용하고 있지 아니하는 경우는 제외한다)한다. (2018. 12. 24. 신설)

편주 ▶
법 40조 2항 2호의 개정규정은 2020. 12. 31.까지 취득한 부동산으로서 2021. 1. 1. 당시 그 부동산에 대한 재산세 납세의무가 최초로 성립한 날부터 5년이 지나지 아니한 경우에도 적용함. 이 경우 재산세의 경감기간은 2021. 1. 1.을 기준으로 해당 부동산에 대한 재산세 납세의무가 최초로 성립한 날부터 5년이 지나지 아니한 잔여기간으로 함. (법 부칙(2018. 12. 24.) 5조 1항)

② 삭　제 (2021. 12. 28.)

제40조의 2 【주택거래에 대한 취득세의 감면】 ① 유상거래를 원인으로 2013년 1월 1일부터 2013년 6월 30일까지 「지방세법」(법률 제18655호로 개정되기 전의 것을 말한다) 제10조에 따른 취득 당시의 가액이 9억원 이하인 주택을 취득하여 다음 각 호의 어느 하나에 해당하게 된 경우에는 같은 법 제11조 제1항 제7호 나목의 세율을 적용하여 산출한 취득세의 100분의 75를, 9억원 초과 12억원

☞ p.4245 1단 연결

이하의 주택을 취득하여 다음 각 호의 어느 하나에 해당하는 경우나 12억원 이하의 주택을 취득하여 제2호 외의 다주택자가 되는 경우에는 같은 법 제11조 제1항 제7호 나목의 세율을 적용하여 산출한 취득세의 100분의 50을, 12억원 초과 주택을 취득하는 경우에는 같은 법 제11조 제1항 제7호 나목의 세율을 적용하여 산출한 취득세의 100분의 25를 각각 경감한다. 다만, 9억원 이하의 주택을 제2호의 경우로 취득하여 취득세를 경감받고 정당한 사유 없이 그 취득일부터 3년 이내에 1주택으로 되지 아니한 경우에는 경감된 취득세의 3분의 1을 추징한다. (2021. 12. 28. 개정)
1. 1주택이 되는 경우 (2013. 3. 23. 개정)
2. 대통령령으로 정하는 일시적 2주택이 되는 경우 (2013. 3. 23. 개정)
② 유상거래를 원인으로 2013년 7월 1일부터 2013년 12월 31일까지 「지방세법」(법률 제18655호로 개정되기 전의 것을 말한다) 제10조에 따른 취득 당시의 가액이 9억원 이하인 주택을 취득하여 다음 각 호의 어느 하나에 해당하게 된 경우에는 같은 법 제11조 제1항 제7호 나목의 세율을 적용하여 산출한 취득세의 100분의 50을 경감한다. 다만, 제2호의 경우로 취득하여 취득세를 경감받고 정당한 사유 없이 그 취득일부터 3년 이내에 1주택으로 되지 아니한 경우에는 경감된 취득세를 추징한다. (2021. 12. 28. 개정)
1. 1주택이 되는 경우 (2013. 3. 23. 개정)
2. 대통령령으로 정하는 일시적 2주택이 되는 경우 (2013. 3. 23. 개정)

　　제40조의 3【대한적십자사에 대한 감면】「대한적십자사 조직법」에 따른 대한적십자사가 그 고유업무에 직접 사용하기 위하여 취득하는 부동산에 대해서는 취득세를, 과세기준일 현재 그 고유업무에 직접 사용하는 부동산에 대해서는 재산세를 다음 각 호에서 정하는 바에 따라 각각 경감한다. (2023. 3. 14. 개정)
1. 같은 법 제7조 제4호 중 의료사업(간호사업 및 혈액사업을 포함한다. 이하 이 조에서 "의료사업"이라 한다)에 직접 사용하기 위하여 취득하는 부동산에 대해서는 취득세의 100분의 50(감염병전문병원의 경우에는 100분의 60)을, 과세기준일 현재 의료사업에 직접 사용하는 부동산에 대해서는 재산세의 100분의 50(감염병전문병원의 경

　　제17조의 5【취득세 감면 대상이 되는 일시적 2주택의 범위】(2023. 12. 29. 조번개정)
법 제40조의 2 제2호에서 "대통령령으로 정하는 일시적으로 2주택이 되는 경우"란 이사, 근무지의 이동, 본인이나 가족의 취학, 질병의 요양, 그 밖의 사유로 인하여 다른 주택을 취득하였으나 종전의 주택을 처분하지 못한 경우를 말한다. (2010. 12. 30. 신설)

우에는 100분의 60)을 각각 2027년 12월 31일까지 경감한다. (2024. 12. 31. 개정)

2. 2021년 1월 1일부터 2021년 12월 31일까지 취득하는 부동산에 대해서는 다음 각 목의 구분에 따라 취득세 및 재산세를 각각 경감한다. (2018. 12. 24. 신설)
　가. 의료사업에 직접 사용하기 위하여 취득하는 부동산에 대해서는 취득세의 100분의 50을 경감한다. (2018. 12. 24. 신설)
　나. 해당 부동산 취득일 이후 해당 부동산에 대한 재산세 납세의무가 최초로 성립한 날부터 5년간 재산세의 100분의 50을 경감한다. (2018. 12. 24. 신설)

2. 삭 제 (2021. 12. 28.)

3. 제1호의 의료사업 외의 사업(이하 이 조에서 "의료외사업"이라 한다)에 직접 사용하기 위하여 취득하는 부동산에 대해서는 취득세의 100분의 50을, 과세기준일 현재 의료외사업에 직접 사용하는 부동산에 대해서는 재산세의 100분의 50을 각각 2026년 12월 31일까지 경감한다. (2023. 12. 29. 개정)

제 3 절　교육 및 과학기술 등에 대한 지원
(2010. 3. 31. 제정)

제41조【학교 및 외국교육기관에 대한 면제】① 「초·중등교육법」 및 「고등교육법」에 따른 학교, 「경제자유구역 및 제주국제자유도시의 외국교육기관 설립·운영에 관한 특별법」 또는 「기업도시개발 특별법」에 따른 외국교육기관을 경영하는 자(이하 이 조에서 "학교등"이라 한다)가 해당 사업에 직접 사용하기 위하여 취득하는 부동산(대통령령으로 정하는 기숙사는 제외한다)에 대해서는 취득세를 2027년 12월 31일까지 면제한다. 다만, 다음 각 호의 어느 하나에 해당하는 경우 그 해당 부분에 대해서는 면제된 취득세를 추징한다. (2024. 12. 31. 개정)

<농특비>

1. 해당 부동산을 취득한 날부터 5년 이내에 수익사업에 사용하는 경우 (2016. 12. 27. 개정)

2. 정당한 사유 없이 그 취득일부터 3년이 경과할 때까지 해당 용도로 직접 사용하지 아니하는 경우 (2013. 1. 1. 호번개정)

3. 해당 용도로 직접 사용한 기간이 2년 미만인 상태에서 매각·증여

☞
편주 ▶
법 40조의 3 제2호 나목의 개정규정은 2020. 12. 31.까지 취득한 부동산으로서 2021. 1. 1. 당시 그 부동산에 대한 재산세 납세의무가 최초로 성립한 날부터 5년이 지나지 아니한 경우에도 적용함. 이 경우 재산세의 경감기간은 2021. 1. 1.을 기준으로 해당 부동산에 대한 재산세 납세의무가 최초로 성립한 날부터 5년이 지나지 아니한 잔여기간으로 함. (법 부칙(2018. 12. 24.) 5조 1항)

제 3 절　교육 및 과학기술 등에 대한 지원
(2010. 9. 20. 제정)

제18조【학교등 면제대상 사업의 범위 등】① 법 제41조 제1항 각 호 외의 부분 본문에서 "대통령령으로 정하는 기숙사"란 제18조의2에 따른 기숙사를 말한다. (2017. 12. 29. 신설)
② 법 제41조 제2항 본문에서 "대통령령으로 정하는 건축물의 부속토지"란 해당 사업에 직접 사용할 건축물을 건축 중인 경우와 건축허가 후 행정기관의 건축규제조치로 건축에 착공하지 못한 경우의 건축 예정 건축물의 부속토지를 말한다. (2017. 12. 29. 항번개정)
③ 법 제41조 제3항 본문에서 "학교등이 그 사업에 직접 사용하기 위한 면허"란 법 제41조 제1항에 따른 학교등이 그 비영리사업의 경영을 위하여 필요한 면허 또는 그 면허로 인한 영업 설비나 행위에서 발생한 수익금의 전액을 그 비영리사업에 사용하는 경우의 면허를 말한다. (2017. 12. 29. 항번개정)
④ 법 제41조 제3항 단서에서 "수익사업에 관계되는 대통령령으로 정하는 주민세 사업소분 및 종업원분"이란 수익사업에 제공되고 있는 사

☞
운영예규
법41-1【학교 등에 사용하지 아니하는 재산】
학교 경영에 필요한 경비를 마련하기 위하여 경영하는 수익용 재산은 교육에 직접 사용하고 있는 재산(교사, 교지, 실습장, 운동장 등)으로 볼 수 없으므로 재산세 과세대상에 해당한다.

법41-2【학교명의 취득 면제】
「초·중등교육법」 및 「고등교육법」에 의한 각종 학교를 경영하는 자가 그 사업에 사용하기 위한 부동산 취득의 경우에는 취득세가 면제되나, 이 경우 타인명의로 취득한 경우는 과세대상이다.

법41-3【학교 등에 대한 취득세 면제】
「지방세특례제한법」 제41조 제1항의 취득세 감면대상이 되는 외국교육기관을 경영하는 자에는 개인사업자도 포함한다.

하거나 다른 용도로 사용하는 경우 (2013. 1. 1. 호번개정)

② 학교등이 과세기준일 현재 해당 사업에 직접 사용하는 부동산(대통령령으로 정하는 건축물의 부속토지를 포함한다)에 대해서는 재산세(「지방세법」 제112조에 따른 부과액을 포함한다) 및 「지방세법」 제146조 제3항에 따른 지역자원시설세를 각각 2027년 12월 31일까지 면제한다. 다만, 수익사업에 사용하는 경우와 해당 재산이 유료로 사용되는 경우의 그 재산 및 해당 재산의 일부가 그 목적에 직접 사용되지 아니하는 경우의 그 일부 재산에 대해서는 면제하지 아니한다. (2024. 12. 31. 개정)

③ 학교등이 그 사업에 직접 사용하기 위한 면허에 대한 등록면허세와 학교등에 대한 주민세 사업소분(「지방세법」 제81조 제1항 제2호에 따라 부과되는 세액으로 한정한다. 이하 이 항에서 같다) 및 종업원분을 각각 2027년 12월 31일까지 면제한다. 다만, 수익사업에 관계되는 대통령령으로 정하는 주민세 사업소분 및 종업원분은 면제하지 아니한다. (2024. 12. 31. 개정)

④ 학교등에 생산된 전력 등을 무료로 제공하는 경우 그 부분에 대해서는 「지방세법」 제146조 제1항 및 제2항에 따른 지역자원시설세를 2021년 12월 31일까지 면제한다. (2020. 1. 15. 개정)

⑤ 「사립학교법」에 따른 학교법인과 국가가 국립대학법인으로 설립하는 국립학교의 설립등기, 합병등기 및 국립대학법인에 대한 국유재산이나 공유재산의 양도에 따른 변경등기에 대해서는 등록면허세를, 그 학교에 대해서는 주민세 사업소분(「지방세법」 제81조 제1항 제1호에 따라 부과되는 세액으로 한정한다)을 각각 2027년 12월 31일까지 면제한다. (2024. 12. 31. 개정) 농특비

⑥ 국립대학법인 전환 이전에 기부채납받은 부동산으로서 국립대학법인 전환 이전에 체결한 계약에 따라 기부자에게 무상사용을 허가한 부동산에 대해서는 그 무상사용기간 동안 재산세(「지방세법」 제112조에 따른 부과액을 포함한다) 및 「지방세법」 제146조 제3항에 따른 지역자원시설세를 각각 2021년 12월 31일까지 면제한다. (2020. 1. 15. 개정)

⑦ 제1항부터 제6항까지의 규정에도 불구하고 「고등교육법」 제4조에 따라 설립된 의과대학(한의과대학, 치과대학 및 수의과대학을 포함한다)의 부속병원이 의료업에 직접 사용하기 위하여 취득하는 부동산에 대해서는 취득세를, 과세기준일 현재 의료업에 직접 사용하는 부동산

업소와 종업원을 기준으로 부과하는 주민세 사업소분(「지방세법」 제81조 제1항 제2호에 따라 부과되는 세액으로 한정한다)과 종업원분을 말한다. 이 경우 면제대상 사업과 수익사업에 건축물이 겸용되거나 종업원이 겸직하는 경우에는 주된 용도 또는 직무에 따른다. (2020. 12. 31. 개정)

⑤ 법 제41조 제8항 각 호 외의 부분 본문에서 "대통령령으로 정하는 수익용기본재산"이란 「대학설립·운영 규정」 제7조 제1항에 따른 수익용기본재산을 말한다. (2023. 12. 29. 신설)

에 대해서는 재산세를 다음 각 호에서 정하는 바에 따라 각각 경감한다. (2018. 12. 24. 개정)
1. 2027년 12월 31일까지 취득세의 100분의 30(감염병전문병원의 경우에는 100분의 40)을, 재산세의 100분의 50(감염병전문병원의 경우에는 100분의 60)을 각각 경감한다. (2024. 12. 31. 개정)
2. 2021년 1월 1일부터 2021년 12월 31일까지 취득하는 부동산에 대해서는 다음 각 목의 구분에 따라 취득세 및 재산세를 각각 경감한다. (2018. 12. 24. 개정)
　가. 해당 부동산에 대해서는 취득세의 100분의 30을 경감한다. (2018. 12. 24. 개정)
　나. 해당 부동산 취득일 이후 해당 부동산에 대한 재산세 납세의무가 최초로 성립한 날부터 5년간 재산세의 100분의 50을 경감한다. (2018. 12. 24. 개정)
2. 삭　제 (2021. 12. 28.)
⑧ 「지방대학 및 지역균형인재 육성에 관한 법률」에 따른 지방대학을 경영하는 자(이하 이 조에서 "지방대학법인"이라 한다)가 대통령령으로 정하는 수익용기본재산(이하 이 조에서 "수익용기본재산"이라 한다)으로 직접 사용(임대하는 경우를 포함한다. 이하 이 항에서 같다)하기 위하여 취득하는 다음 각 호의 어느 하나에 해당하는 부동산에 대해서는 취득세의 100분의 50을 경감하고(제2호의 경우 매각대금의 범위 내로 한정한다), 과세기준일 현재 해당 용도에 직접 사용하는 부동산에 대해서는 재산세 납세의무가 최초로 성립한 날부터 5년간 재산세의 100분의 50을 경감한다(제2호의 경우 매각대금의 범위 내로 한정한다). 다만, 해당 부동산을 취득한 날부터 2년 이내에 매각·증여하거나 다른 용도로 사용하는 경우에는 경감된 취득세를 추징한다. (2023. 12. 29. 신설)
1. 해당 지방대학법인의 수익용기본재산인 토지 위에 2024년 1월 1일부터 2026년 12월 31일까지의 기간 동안 신축 및 소유권 보존등기를 경료한 건축물 (2023. 12. 29. 신설)
2. 해당 지방대학법인이 2024년 1월 1일부터 2026년 12월 31일까지 수익용기본재산인 토지를 매각한 경우로서 그 매각일부터 3년 이내에 취득하는 건축물 및 그 부속토지 (2023. 12. 29. 신설)

제42조 【기숙사 등에 대한 감면】 ① 「초·중등교육법」 및 「고등교육법」에 따른 학교, 「경제자유구역 및 제주국제자유도시의 외국교육기관 설립·운영에 관한 특별법」 또는 「기업도시개발 특별법」에 따른

법 41조 7항 2호 나목의 개정규정은 2020. 12. 31.까지 취득한 부동산으로서 2021. 1. 1. 당시 그 부동산에 대한 재산세 납세의무가 최초로 성립한 날부터 5년이 지나지 아니한 경우에도 적용함. 이 경우 재산세의 경감기간은 2021. 1. 1.을 기준으로 해당 부동산에 대한 재산세 납세의무가 최초로 성립한 날부터 5년이 지나지 아니한 잔여기간으로 함. (법 부칙(2018. 12. 24.) 5조 1항)

제18조의 2 【민간투자사업 방식으로 설립·운영되는 면제대상 기숙사의 범위】 법 제42조 제1항 본문에서 "대통령령으로 정하는 기숙사"란 다음 각 호의 어느 하나에 해당하는 방식으로 설립·운영되는

외국교육기관을 경영하는 자(이하 이 조에서 "학교등"이라 한다)가 대통령령으로 정하는 기숙사(「한국사학진흥재단법」 제19조 제4호 및 제4호의 2에 따른 기숙사로 한정한다)로 사용하기 위하여 취득하는 부동산에 대해서는 취득세를, 과세기준일 현재 해당 용도로 사용하는 부동산에 대해서는 재산세 및 주민세 사업소분(「지방세법」 제81조 제1항 제2호에 따라 부과되는 세액으로 한정한다. 이하 이 조에서 같다)을 각각 2027년 12월 31일까지 면제한다. 다만, 다음 각 호의 어느 하나에 해당하는 경우 그 해당 부분에 대해서는 면제된 취득세를 추징한다. (2024. 12. 31. 개정)

1. 정당한 사유 없이 그 취득일부터 3년이 경과할 때까지 해당 용도로 직접 사용하지 아니하는 경우 (2011. 12. 31. 신설)

2. 해당 용도로 직접 사용한 기간이 2년 미만인 상태에서 매각·증여하거나 다른 용도로 사용하는 경우 (2011. 12. 31. 신설)

② 「교육기본법」 제11조에 따른 학교를 설치·경영하는 자가 학생들의 실험·실습용으로 사용하기 위하여 취득하는 차량·기계장비·항공기·입목(立木) 및 선박에 대해서는 취득세를, 과세기준일 현재 학생들의 실험·실습용으로 사용하는 항공기와 선박에 대해서는 재산세를 각각 2027년 12월 31일까지 면제한다. 다만, 다음 각 호의 어느 하나에 해당하는 경우 면제된 취득세를 추징한다. (2024. 12. 31. 개정) 농특비

1. 정당한 사유 없이 그 취득일부터 1년이 경과할 때까지 해당 용도로 직접 사용하지 아니하는 경우 (2011. 12. 31. 신설)

2. 해당 용도로 직접 사용한 기간이 2년 미만인 상태에서 매각·증여하거나 다른 용도로 사용하는 경우 (2011. 12. 31. 신설)

③ 「산업교육진흥 및 산학연협력촉진에 관한 법률」 제25조에 따라 설립·운영하는 산학협력단이 그 고유업무에 직접 사용하기 위하여 취득하는 부동산에 대해서는 취득세의 100분의 75를, 과세기준일 현재 그 고유업무에 직접 사용하는 부동산에 대해서는 재산세의 100분의 75를 2026년 12월 31일까지 각각 경감한다. (2023. 12. 29. 개정) 농특비

④ 제3항에 따른 산학협력단에 대하여는 2014년 12월 31일까지 주민세 사업소분 및 종업원분을 면제한다. 다만, 수익사업에 관계되는 대통령령으로 정하는 주민세 사업소분 및 종업원분은 면제하지 아니한다.

기숙사를 말한다. (2014. 12. 31. 신설)

1. 법 제42조 제1항에 따른 학교등(이하 이 조에서 "학교등"이라 한다)이 사용하는 기숙사를 건설하는 사업시행자(이하 이 조에서 "사업시행자"라 한다)에게 준공 후 학교등과의 협약에서 정하는 기간 동안 해당 시설의 소유권이 인정되며, 그 기간이 만료되면 시설소유권이 학교등에 귀속되는 방식 (2014. 12. 31. 신설)

2. 준공 후 해당 시설의 소유권이 학교등에 귀속되며, 학교등과의 협약에서 정하는 기간 동안 사업시행자에게 시설관리운영권을 인정하는 방식(제3호에 해당하는 경우는 제외한다) (2014. 12. 31. 신설)

3. 준공 후 해당 시설의 소유권이 학교등에 귀속되며, 학교등과의 협약에서 정하는 기간 동안 사업시행자에게 시설관리운영권을 인정하되, 그 시설을 협약에서 정하는 기간 동안 임차하여 사용·수익하는 방식 (2014. 12. 31. 신설)

제19조 【산학협력단 면제대상 사업의 범위】 법 제42조 제4항 단서에서 "수익사업에 관계되는 대통령령으로 정하는 주민세 사업소분 및 종업원분"이란 수익사업에 제공되고 있는 사업소와 종업원을 기준

(2020. 12. 29. 개정)
⑤ 삭　제 (2011. 12. 31.)

　제43조【평생교육단체 등에 대한 면제】①「평생교육법」에 따른 교육시설을 운영하는 평생교육단체(이하 이 조에서 "평생교육단체"라 한다)가 해당 사업에 직접 사용하기 위하여 취득하는 부동산에 대해서는 취득세를 2019년 12월 31일까지 면제한다. (2018. 12. 24. 개정)
[농특비]

② 평생교육단체가 과세기준일 현재 해당 사업에 직접 사용하는 부동산(대통령령으로 정하는 건축물의 부속토지를 포함한다)에 대해서는 재산세를 2019년 12월 31일까지 면제한다. 다만, 수익사업에 사용하는 경우와 해당 재산이 유료로 사용되는 경우의 그 재산 및 해당 재산의 일부가 그 목적에 직접 사용되지 아니하는 경우의 그 일부 재산에 대해서는 면제하지 아니한다. (2018. 12. 24. 개정)
③ 평생교육단체가 2020년 1월 1일부터 2027년 12월 31일까지 해당 사업에 직접 사용하기 위하여 취득하는 부동산에 대해서는 취득세를, 같은 기간에 취득한 부동산으로서 과세기준일 현재 해당 사업에 직접 사용하는 부동산(대통령령으로 정하는 건축물의 부속토지를 포함한다)에 대해서는 재산세를 다음 각 호의 구분에 따라 각각 경감한다. (2024. 12. 31. 개정)
1. 해당 부동산에 대해서는 취득세의 100분의 50을 경감한다. (2018. 12. 24. 개정)
2. 해당 부동산 취득일 이후 해당 부동산에 대한 재산세 납세의무가 최초로 성립한 날부터 5년간 재산세의 100분의 50을 경감한다. 다만, 수익사업에 사용하는 경우와 해당 재산이 유료로 사용되는 경우의 그 재산 및 해당 재산의 일부가 그 목적에 직접 사용되지 아니하는 경우의 그 일부 재산에 대해서는 경감하지 아니한다. (2018. 12. 24. 개정)
④ 제1항 및 제3항 제1호를 적용할 때 다음 각 호의 어느 하나에 해당하는 경우 감면된 취득세를 추징한다. (2018. 12. 24. 개정)
1. 해당 부동산을 취득한 날부터 5년 이내에 수익사업에 사용하는 경우 (2018. 12. 24. 개정)

으로 부과하는 주민세 사업소분(「지방세법」 제81조 제1항 제2호에 따라 부과되는 세액으로 한정한다)과 종업원분을 말한다. 이 경우 면제대상 사업과 수익사업에 건축물이 겸용되거나 종업원이 겸직하는 경우에는 주된 용도 또는 직무에 따른다. (2020. 12. 31. 개정)

　제20조【평생교육단체 면제대상 사업의 범위】① 법 제43조 제2항 본문 및 같은 조 제3항 각 호 외의 부분에서 "대통령령으로 정하는 건축물의 부속토지"란 각각 해당 사업에 직접 사용할 건축물을 건축 중인 경우와 건축허가 후 행정기관의 건축규제조치로 건축에 착공하지 못한 경우의 건축 예정 건축물의 부속토지를 말한다. (2018. 12. 31. 개정)
② 법 제43조 제3항 본문에서 "평생교육단체가 그 사업에 직접 사용하기 위한 면허"란 법 제43조 제1항에 따른 평생교육단체가 그 비영리사업의 경영을 위하여 필요한 면허 또는 그 면허로 인한 영업 설비나 행위에서 발생한 수익금의 전액을 그 비영리사업에 사용하는 경우의 면허를 말한다. (2010. 9. 20. 제정)
③ 법 제43조 제3항 단서에서 "수익사업에 관계되는 대통령령으로 정하는 주민세 재산분 및 종업원분"이란 수익사업에 제공되고 있는 사업소와 종업원을 기준으로 부과하는 주민세 재산분과 종업원분을 말한다. 이 경우 면제대상 사업과 수익사업에 건축물이 겸용되거나 종업원이 겸직하는 경우에는 주된 용도 또는 직무에 따른다. (2014. 3. 14. 개정)
②～③ 삭　제 (2018. 12. 31.)

[편주] ·····································
법 43조 3항 2호의 개정규정은 2019. 12. 31.까지 취득한 부동산으로서 2020. 1. 1. 당시 그 부동산에 대한 재산세 납세의무가 최초로 성립한 날부터 5년이 지나지 아니한 경우에도 적용함. 이 경우 재산세의 경감기간은 2020. 1. 1.을 기준으로 해당 부동산에 대한 재산세 납세의무가 최초로 성립한 날부터 5년이 지나지 아니한 잔여기간으로 함. (법 부칙(2018. 12. 24.) 5조 2항)
·····································

2. 정당한 사유 없이 그 취득일부터 3년이 지날 때까지 해당 용도로 직접 사용하지 아니하는 경우 (2018. 12. 24. 개정)
3. 해당 용도로 직접 사용한 기간이 2년 미만인 상태에서 매각·증여하거나 다른 용도로 사용하는 경우 (2018. 12. 24. 개정)

제44조 【평생교육시설 등에 대한 감면】 (2020. 12. 29. 제목개정)

[농특비]

① 대통령령으로 정하는 평생교육시설에 사용하기 위하여 취득하는 부동산에 대해서는 취득세를, 과세기준일 현재 평생교육시설에 직접 사용하는 부동산(해당 시설을 다른 용도로 함께 사용하는 경우 그 부분은 제외한다)에 대해서는 재산세를 다음 각 호에서 정하는 바에 따라 각각 감면한다. (2018. 12. 24. 개정)
1. 2019년 12월 31일까지는 취득세 및 재산세를 각각 면제한다. (2018. 12. 24. 신설)
2. 2020년 1월 1일부터 2027년 12월 31일까지 취득하는 부동산에 대해서는 다음 각 목의 구분에 따라 취득세 및 재산세를 각각 경감한다. (2024. 12. 31. 개정)
   가. 해당 부동산에 대해서는 취득세의 100분의 50을 경감한다. (2018. 12. 24. 신설)
   나. 해당 부동산 취득일 이후 해당 부동산에 대한 재산세 납세의무가 최초로 성립한 날부터 5년간 재산세의 100분의 50을 경감한다. (2018. 12. 24. 신설)

[편주] ●━━━━━━━━━━━━━━━━━━━━━━━

법 44조 1항 2호 나목의 개정규정은 2019. 12. 31.까지 취득한 부동산으로서 2020. 1. 1. 당시 그 부동산에 대한 재산세 납세의무가 최초로 성립한 날부터 5년이 지나지 아니한 경우에도 적용함. 이 경우 재산세의 경감기간은 2020. 1. 1.을 기준으로 해당 부동산에 대한 재산세 납세의무가 최초로 성립한 날부터 5년이 지나지 아니한 잔여기간으로 함. (법 부칙(2018. 12. 24.) 5조 2항)

●━━━━━━━━━━━━━━━━━━━━━━━

② 제1항에 따른 평생교육시설로서 「평생교육법」 제31조 제4항에

제21조 【평생교육시설의 범위】 법 제44조 제1항 각 호 외의 부분에서 "대통령령으로 정하는 평생교육시설"이란 「평생교육법」에 따라 보고·인가·등록·신고된 평생교육시설로서 다음 각 호에서 정하는 것을 말한다. (2018. 12. 31. 개정)
1. 「평생교육법」 제30조에 따른 학교 부설 평생교육시설 (2015. 12. 31. 개정)
2. 「평생교육법」 제31조에 따른 학교형태의 평생교육시설 (2015. 12. 31. 개정)
3. 「평생교육법」 제32조에 따른 사내대학형태의 평생교육시설 (2015. 12. 31. 개정)
4. 「평생교육법」 제33조에 따른 원격대학형태의 평생교육시설 (2015. 12. 31. 개정)
5. 「평생교육법」 제35조에 따른 사업장 부설 평생교육시설 (2015. 12. 31. 신설)
6. 「평생교육법」 제36조에 따른 시민사회단체 부설 평생교육시설 (2015. 12. 31. 신설)
7. 「평생교육법」 제37조에 따른 언론기관 부설 평생교육시설 (2015. 12. 31. 신설)
8. 「평생교육법」 제38조에 따른 지식·인력개발사업 관련 평생교육시설 (2015. 12. 31. 신설)

따라 전공대학 명칭을 사용할 수 있는 평생교육시설(이하 이 조에서 "전공대학"이라 한다)에 대해서는 다음 각 호에서 정하는 바에 따라 지방세를 2027년 12월 31일까지 면제한다. (2024. 12. 31. 개정)

1. 전공대학이 해당 사업에 직접 사용하기 위하여 취득하는 부동산에 대한 취득세. 다만, 다음 각 목의 어느 하나에 해당하는 경우 그 해당 부분에 대해서는 면제된 취득세를 추징한다. (2023. 3. 14. 신설)

　가. 해당 부동산을 취득한 날부터 5년 이내에 수익사업에 사용하는 경우 (2023. 3. 14. 신설)

　나. 정당한 사유 없이 그 취득일부터 3년이 경과할 때까지 해당 용도로 직접 사용하지 아니하는 경우 (2023. 3. 14. 신설)

　다. 해당 용도로 직접 사용한 기간이 2년 미만인 상태에서 매각·증여하거나 다른 용도로 사용하는 경우 (2023. 3. 14. 신설)

2. 전공대학이 과세기준일 현재 해당 사업에 직접 사용하는 부동산(제41조 제2항 본문에 따른 건축물의 부속토지를 포함한다)에 대한 재산세(「지방세법」 제112조에 따른 부과액을 포함한다) 및 「지방세법」 제146조 제3항에 따른 지역자원시설세. 다만, 수익사업에 사용하는 경우와 해당 재산이 유료로 사용되는 경우의 그 재산 및 해당 재산의 일부가 그 목적에 직접 사용되지 아니하는 경우의 그 일부 재산에 대해서는 면제하지 아니한다. (2023. 3. 14. 신설)

3. 전공대학이 그 사업에 직접 사용하기 위한 면허에 대한 등록면허세와 전공대학에 대한 주민세 사업소분(「지방세법」 제81조 제1항 제2호에 따라 부과되는 세액으로 한정한다. 이하 이 호에서 같다) 및 종업원분. 다만, 수익사업에 관계되는 주민세 사업소분 및 종업원분(수익사업 관계 여부는 제41조 제3항 단서에 따른다)은 면제하지 아니한다. (2023. 3. 14. 신설)

③ 전공대학의 운영과 관련하여 「산업교육진흥 및 산학연협력촉진에 관한 법률」 제25조에 따라 설립·운영하는 산학협력단이 그 고유업무에 직접 사용하기 위하여 취득하는 부동산에 대해서는 취득세의 100분의 75를, 과세기준일 현재 그 고유업무에 직접 사용하는 부동산에 대해서는 재산세 100분의 75를 2026년 12월 31일까지 각각 경

감한다. (2023. 12. 29. 개정)

④ 「국민 평생 직업능력 개발법」 제2조 제3호 가목에 따른 공공직업훈련시설에 직접 사용하기 위하여 취득하는 부동산에 대해서는 2024년 12월 31일까지 취득세의 100분의 50을 경감하고, 과세기준일 현재 공공직업훈련시설에 직접 사용하는 부동산(해당 시설을 다른 용도로 함께 사용하는 경우 그 부분은 제외한다)에 대해서는 2027년 12월 31일까지 재산세의 100분의 50을 경감한다. (2024. 12. 31. 개정)

⑤ 제1항에 따른 평생교육시설 중 「평생교육법」 제31조 제2항에 따라 고등학교졸업 이하의 학력이 인정되는 시설로 지정된 학교형태의 평생교육시설(이하 이 항에서 "학력인정 평생교육시설"이라 한다)에 대해서는 다음 각 호에서 정하는 바에 따라 지방세를 2027년 12월 31일까지 면제한다. (2024. 12. 31. 신설)

편주 ▶ ··
법 44조 5항의 개정규정은 2025. 1. 1. 이후 납세의무가 성립하는 경우부터 적용함. (법 부칙(2024. 12. 31.) 2조)
··

1. 학력인정 평생교육시설에 직접 사용하기 위하여 취득하는 부동산에 대해서는 취득세를 면제한다. 다만, 다음 각 목의 어느 하나에 해당하는 경우 그 해당 부분에 대해서는 면제된 취득세를 추징한다. (2024. 12. 31. 신설)

　가. 정당한 사유 없이 그 취득일부터 3년이 지날 때까지 해당 용도로 직접 사용하지 아니하는 경우 (2024. 12. 31. 신설)

　나. 해당 용도로 직접 사용한 기간이 2년 미만인 상태에서 매각·증여하거나 다른 용도로 사용하는 경우 (2024. 12. 31. 신설)

2. 과세기준일 현재 학력인정 평생교육시설에 직접 사용하는 부동산(해당 시설을 다른 용도로 함께 사용하는 경우 그 부분은 제외한다)에 대해서는 재산세(「지방세법」 제112조에 따른 부과액을 포함한다) 및 「지방세법」 제146조 제3항에 따른 지역자원시설세를 각각 면제한다. (2024. 12. 31. 신설)

3. 학력인정 평생교육시설이 그 사업에 직접 사용하기 위한 면허에 대한 등록면허세와 주민세 사업소분(「지방세법」 제81조 제1항 제2호

에 따라 부과되는 세액으로 한정한다) 및 종업원분을 각각 면제한다. (2024. 12. 31. 신설)

⑥ 제1항 및 제4항을 적용할 때 다음 각 호의 어느 하나에 해당하는 경우 그 해당 부분에 대해서는 감면된 취득세 및 재산세를 추징한다. (2024. 12. 31. 항번개정)

1. 해당 부동산을 취득한 날부터 5년 이내에 수익사업에 사용하는 경우 (2018. 12. 24. 신설)

2. 정당한 사유 없이 그 취득일부터 3년이 지날 때까지 해당 용도로 직접 사용하지 아니하는 경우 (2018. 12. 24. 신설)

3. 해당 용도로 직접 사용한 기간이 2년 미만인 상태에서 매각·증여하거나 다른 용도로 사용하는 경우 (2018. 12. 24. 신설)

☞ p.4253 1단 연결

제44조의 2 【박물관 등에 대한 감면】 ① 대통령령으로 정하는 박물관 또는 미술관으로 직접 사용하기 위하여 취득하는 부동산에 대해서는 취득세를, 과세기준일 현재 해당 박물관 또는 미술관으로 직접 사용하는 부동산(해당 시설을 다른 용도로 함께 사용하는 경우에는 그 부분은 제외한다)에 대해서는 해당 부동산 취득일 이후 해당 부동산에 대한 재산세를 2027년 12월 31일까지 각각 면제한다. (2024. 12. 31. 개정)

② 대통령령으로 정하는 도서관 또는 과학관으로 직접 사용하기 위하여 취득하는 부동산에 대해서는 취득세를, 과세기준일 현재 해당 도서관 또는 과학관으로 직접 사용하는 부동산(해당 시설을 다른 용도로 함께 사용하는 경우에는 그 부분은 제외한다)에 대해서는 재산세를 각각 2027년 12월 31일까지 면제한다. (2024. 12. 31. 개정)

③ 제1항 및 제2항을 적용할 때 다음 각 호의 어느 하나에 해당하는 경우 그 해당 부분에 대해서는 면제된 취득세를 추징한다. (2024. 12. 31. 신설)

1. 정당한 사유 없이 그 취득일부터 1년이 경과할 때까지 해당 용도로 직접 사용하지 아니하는 경우 (2024. 12. 31. 신설)

2. 해당 용도로 직접 사용한 기간이 2년 미만인 상태에서 매각·증여하거나 다른 용도로 사용하는 경우 (2024. 12. 31. 신설)

3. 취득일부터 3년 이내에 관계 법령에 따라 등록취소되는 등 대통령령으로 정하는 사유에 해당하는 경우 (2024. 12. 31. 신설)

▶ **편주** ••

법 44조의 2 제3항의 개정규정은 2025. 1. 1. 이후 지방세를 감면받는 경우부터 적용함. (법 부칙(2024. 12. 31.) 3조)

•••

제45조 【학술단체 및 장학법인에 대한 감면】 (2020. 1. 15. 제목개정)

① 대통령령으로 정하는 학술단체가 학술연구사업에 직접 사용하기 위하여 취득하는 부동산에 대해서는 취득세를, 과세기준일 현재 학술연구사업에 직접 사용하는 부동산에 대해서는 재산세를 각각 2027년 12월 31일까지 면제한다. 다만, 제45조의 2에 따른 단체는 제외한다. (2024. 12. 31. 개정)

`농특비`

제21조의 2 【박물관 등의 범위 등】 (2024. 12. 31. 제목개정)

① 법 제44조의 2 제1항에서 "대통령령으로 정하는 박물관 또는 미술관"이란 「박물관 및 미술관 진흥법」 제16조에 따라 등록된 박물관 또는 미술관을 말한다. (2018. 12. 31. 개정)

② 법 제44조의 2 제2항에서 "대통령령으로 정하는 도서관 또는 과학관"이란 다음 각 호에 따른 도서관 또는 과학관을 말한다. (2018. 12. 31. 개정)

1. 「도서관법」 제36조에 따라 등록된 공공도서관[2024년 12월 31일까지는 종전의 「도서관법」(법률 제18547호로 개정되기 전의 것을 말한다) 제40조에 따라 등록된 전문도서관을 포함한다] (2022. 12. 6. 개정 ; 도서관법 시행령 부칙)

2. 「과학관의 설립·운영 및 육성에 관한 법률」 제6조에 따라 등록된 과학관 (2018. 12. 31. 개정)

③ 법 제44조의 2 제3항 제3호에서 "관계 법령에 따라 등록취소되는 등 대통령령으로 정하는 사유"란 다음 각 호의 어느 하나에 해당하는 경우를 말한다. (2024. 12. 31. 신설)

1. 「박물관 및 미술관 진흥법」 제22조에 따라 폐관신고되거나 같은 법 제29조에 따라 등록취소된 경우 (2024. 12. 31. 신설)

2. 「도서관법」 제36조 제5항에 따라 폐관신고되거나 같은 법 제38조에 따라 등록취소된 경우 (2024. 12. 31. 신설)

3. 「과학관의 설립·운영 및 육성에 관한 법률」 제12조에 따라 등록취소되거나 같은 법 제14조에 따라 폐관통보된 경우 (2024. 12. 31. 신설)

제22조 【학술단체의 정의 등】 (2020. 1. 15. 제목개정)

① 법 제45조 제1항 본문에서 "대통령령으로 정하는 학술단체"란 「학술진흥법」 제2조 제1호에 따른 학술의 연구·발표활동 등을 목적으로 하는 법인 또는 단체로서 다음 각 호의 어느 하나에 해당하는 법인 또는 단체를 말한다. 다만, 「공공기관의 운영에 관한 법률」 제4조에 따른 공공기관은 제외한다. (2023. 12. 29. 단서개정)

② 「공익법인의 설립 · 운영에 관한 법률」에 따라 설립된 장학법인(이하 이 조에서 "장학법인"이라 한다)에 대해서는 다음 각 호에서 정하는 바에 따라 지방세를 2027년 12월 31일까지 감면한다. (2024. 12. 31. 개정)

1. 장학법인이 장학사업에 직접 사용하기 위하여 취득하는 부동산에 대해서는 취득세를, 과세기준일 현재 장학사업에 직접 사용하는 부동산에 대해서는 재산세를 각각 면제한다. (2020. 1. 15. 개정)

2. 장학법인이 장학금을 지급할 목적으로 취득하는 임대용 부동산에 대해서는 취득세의 100분의 80을, 과세기준일 현재 해당 임대용으로 사용하는 부동산에 대해서는 재산세의 100분의 80을 각각 경감한다. (2020. 1. 15. 개정)

③ 제1항 및 제2항에 따라 취득세를 면제 또는 경감받은 후 다음 각 호의 어느 하나에 해당하는 경우 그 해당 부분에 대해서는 면제 또는 경감된 취득세를 추징한다. (2020. 1. 15. 신설)

1. 정당한 사유 없이 그 취득일부터 1년이 경과할 때까지 해당 용도로 직접 사용하지 아니하는 경우 (2020. 1. 15. 신설)

2. 해당 용도로 직접 사용한 기간이 2년 미만인 상태에서 매각 · 증여하거나 다른 용도로 사용하는 경우 (2020. 1. 15. 신설)

3. 취득일부터 3년 이내에 관계 법령에 따라 설립허가가 취소되는 등 대통령령으로 정하는 사유에 해당하는 경우 (2020. 1. 15. 신설)

제45조의 2 【기초과학연구 지원을 위한 연구기관 등에 대한 감면】 (2023. 12. 29. 제목개정)

다음 각 호의 법인이 연구사업에 직접 사용하기 위하여 취득하는 부동산에 대해서는 취득세의 100분의 50을, 과세기준일 현재 연구사업에 직접 사용하는 부동산에 대해서는 재산세의 100분의 50을 각각 2026년 12월 31일까지 경감한다. (2023. 12. 29. 개정)

1. 「과학기술분야 정부출연연구기관 등의 설립 · 운영 및 육성에 관한 법률」에 따른 과학기술분야 정부출연연구기관 (2023. 12. 29. 개정)

2. 「국방과학연구소법」에 따른 국방과학연구소 (2023. 12. 29. 개정)

3. 「국제과학비즈니스벨트 조성 및 지원에 관한 특별법」에 따른 기초과학연구원 (2023. 12. 29. 개정)

4. 「정부출연연구기관 등의 설립 · 운영 및 육성에 관한 법률」에 따른

1. 「공익법인의 설립 · 운영에 관한 법률」 제4조에 따라 설립된 공익법인 (2020. 1. 15. 개정)

2. 「민법」 제32조에 따라 설립된 비영리법인 (2020. 1. 15. 개정)

3. 「민법」 및 「상법」 외의 법령에 따라 설립된 법인 (2020. 1. 15. 개정)

4. 「비영리민간단체 지원법」 제4조에 따라 등록된 비영리민간단체 (2020. 1. 15. 개정)

② 법 제45조 제3항 제3호에서 "관계 법령에 따라 설립허가가 취소되는 등 대통령령으로 정하는 사유"란 다음 각 호의 어느 하나에 해당하는 경우를 말한다. (2020. 1. 15. 개정)

1. 「공익법인의 설립 · 운영에 관한 법률」 제16조에 따라 공익법인의 설립허가가 취소된 경우 (2020. 1. 15. 개정)

2. 「민법」 제38조에 따라 비영리법인의 설립허가가 취소된 경우 (2020. 1. 15. 개정)

3. 「비영리민간단체 지원법」 제4조의 2에 따라 비영리민간단체의 등록이 말소된 경우 (2020. 1. 15. 개정)

정부출연연구기관 (2023. 12. 29. 개정)
5. 「한국국방연구원법」에 따른 한국국방연구원 (2023. 12. 29. 개정)
6. 「한국해양과학기술원법」에 따른 한국해양과학기술원 (2023. 12. 29. 개정)

제46조 【연구개발 지원을 위한 감면】　농특비
① 기업이 대통령령으로 정하는 기업부설연구소(이하 이 조에서 "기업부설연구소"라 한다)에 직접 사용하기 위하여 취득하는 부동산(부속토지는 건축물 바닥면적의 7배 이내인 것으로 한정한다. 이하 이 조에서 같다)에 대해서는 취득세의 100분의 35[대통령령으로 정하는 신성장동력 또는 원천기술 분야를 연구하기 위한 기업부설연구소(이하 이 조에서 "신성장동력·원천기술 관련 기업부설연구소"라 한다)의 경우에는 100분의 50]를, 과세기준일 현재 기업부설연구소에 직접 사용하는 부동산에 대해서는 재산세의 100분의 35(신성장동력·원천기술 관련 기업부설연구소의 경우에는 100분의 50)를 각각 2025년 12월 31일까지 경감한다. (2023. 3. 14. 개정)
② 제1항에도 불구하고 「독점규제 및 공정거래에 관한 법률」 제31조 제1항에 따른 상호출자제한기업집단등이 「수도권정비계획법」 제6조 제1항 제1호에 따른 과밀억제권역 외에 설치하는 기업부설연구소에 직접 사용하기 위하여 취득하는 부동산에 대해서는 취득세의 100분의 35(신성장동력·원천기술 관련 기업부설연구소의 경우에는 100분의 50)를, 과세기준일 현재 기업부설연구소에 직접 사용하는 부동산에 대해서는 재산세의 100분의 35(신성장동력·원천기술 관련 기업부설연구소의 경우에는 100분의 50)를 각각 2025년 12월 31일까지 경감한다. (2023. 3. 14. 개정)
③ 제1항에도 불구하고 「조세특례제한법」 제10조 제1항 제3호 가목에 따른 중견기업이 기업부설연구소에 직접 사용하기 위하여 취득하는 부동산에 대해서는 취득세의 100분의 50(신성장동력·원천기술 관련 기업부설연구소의 경우에는 100분의 65)을, 과세기준일 현재 기업부설연구소에 직접 사용하는 부동산에 대해서는 재산세의 100분의 50(신성장동력·원천기술 관련 기업부설연구소의 경우에는 100분의 65)을 각각 2025년 12월 31일까지 경감한다. (2024. 12. 31. 개정 ; 조세특례~부칙)

제23조 【기업부설연구소】 ① 법 제46조 제1항에서 "대통령령으로 정하는 기업부설연구소"란 「기초연구진흥 및 기술개발지원에 관한 법률」 제14조의 2 제1항에 따라 인정받은 기업부설연구소를 말한다. 다만, 「독점규제 및 공정거래에 관한 법률」 제14조 제1항에 따른 상호출자제한기업집단등이 「수도권정비계획법」 제6조 제1항 제1호에 따른 과밀억제권역 내에 설치하는 기업부설연구소는 제외한다. (2017. 12. 29. 개정)
② 법 제46조 제1항에서 "대통령령으로 정하는 신성장동력 또는 원천기술 분야를 연구하기 위한 기업부설연구소"란 제1항에 따른 기업부설연구소로서 다음 각 호의 요건을 모두 갖춘 기업의 부설 연구소를 말한다. (2020. 1. 15. 신설)
1. 「연구산업진흥법」 제2조 제1호 가목 또는 나목의 산업을 영위하는 국내 소재 기업으로서 「조세특례제한법 시행령」 제9조 제2항 제1호 가목에 따른 신성장·원천기술연구개발업무(이하 이 조에서 "신성장·원천기술연구개발업무"라 한다)를 수행(신성장·원천기술연구개발업무와 그 밖의 연구개발을 모두 수행하는 경우를 포함한다)하는 기업일 것 (2021. 10. 19. 개정 ; 연구산업진흥법 시행령 부칙)
2. 「기초연구진흥 및 기술개발지원에 관한 법률」 제14조의 2 제1항에 따라 기업부설연구소로 인정받은 날부터 3년 이내에 「조세특례제한법 시행령」 제9조 제12항에 따른 신성장·원천기술심의위회로부터 해당 기업이 지출한 신성장·원천기술연구개발비의 연구개발 대상 기술이 같은 영 별표 7에 해당된다는 심의 결과를 통지받은 기업일 것 (2020. 12. 31. 개정)

④ 제1항에도 불구하고 「중소기업기본법」 제2조 제1항에 따른 중소기업(이하 이 장에서 "중소기업"이라 한다)이 기업부설연구소에 직접 사용하기 위하여 취득하는 부동산에 대해서는 취득세의 100분의 60(신성장동력ㆍ원천기술 관련 기업부설연구소의 경우에는 100분의 75)을, 과세기준일 현재 기업부설연구소에 직접 사용하는 부동산에 대해서는 재산세의 100분의 50(신성장동력ㆍ원천기술 관련 기업부설연구소의 경우에는 100분의 65)을 각각 2025년 12월 31일까지 경감한다. (2023. 3. 14. 개정)

⑤ 제1항부터 제4항까지의 규정을 적용할 때 다음 각 호의 어느 하나에 해당하는 경우 그 해당 부분에 대해서는 경감된 취득세 및 재산세를 추징한다. (2021. 12. 28. 개정)

1. 토지 또는 건축물을 취득한 후 1년(「건축법」에 따른 신축ㆍ증축 또는 대수선을 하는 경우에는 2년) 이내에 「기업부설연구소등의 연구개발 지원에 관한 법률」 제7조 제1항에 따라 인정받은 기업부설연구소로 인정받지 못한 경우 (2025. 1. 31. 개정 ; 기업부설〜부칙)

2. 기업부설연구소로 인정받은 날부터 3년 이내에 「조세특례제한법 시행령」 제9조 제11항에 따른 신성장동력ㆍ원천기술심의위원회로부터 해당 기업이 지출한 신성장동력ㆍ원천기술연구개발비의 연구개발 대상 기술이 같은 영 별표 7에 해당된다는 심의 결과를 받지 못한 경우(신성장동력ㆍ원천기술 분야 기업부설연구소로 추가 감면된 부분에 한정한다) (2020. 1. 15. 신설)

3. 기업부설연구소 설치 후 4년 이내에 정당한 사유 없이 연구소를 폐쇄하거나 다른 용도로 사용하는 경우 (2020. 1. 15. 호번개정)

제47조 【한국환경공단에 대한 감면】 (2014. 12. 31. 제목개정)
「한국환경공단법」에 따라 설립된 한국환경공단이 같은 법 제17조 제1항의 사업에 직접 사용하기 위하여 취득하는 부동산에 대해서는 다음 각 호에서 정하는 바에 따라 취득세를 2025년 12월 31일까지 경감하고, 과세기준일 현재 그 사업에 직접 사용하는 부동산에 대해서는 재산세의 100분의 25를 2026년 12월 31일까지 경감한다. (2023. 3. 14. 개정)

1. 「한국환경공단법」 제17조 제1항 제2호 및 제5호의 사업을 위한 부동산 : 취득세의 100분의 25 (2016. 12. 27. 개정)

📎 운영예규 법46 - 1 【연구개발 지원을 위한 감면】
「지방세특례제한법」 제46조 제5항 제3호에서 규정한 「기업부설연구소를 설치한 날」은 「기초연구진흥 및 기술개발지원에 관한 법률」 제14조의 2에 따라 과학기술정보통신부장관으로부터 인정을 받은 날을 말한다.

2. 「한국환경공단법」 제17조 제1항 제11호·제21호 및 제22호의 사업을 위한 부동산 : 취득세의 100분의 25 (2021. 12. 28. 개정)

제47조의 2【녹색건축 인증 건축물에 대한 감면】 ① 신축(증축 또는 개축을 포함한다. 이하 이 조에서 같다)하는 건축물(「건축법」 제2조 제1항 제2호에 따른 건축물 부분으로 한정한다. 이하 이 조에서 같다)로서 다음 각 호의 요건을 모두 갖춘 건축물(취득일부터 70일 이내에 다음 각 호의 요건을 모두 갖춘 건축물을 포함한다)에 대해서는 취득세를 100분의 3부터 100분의 10까지의 범위에서 대통령령으로 정하는 바에 따라 2026년 12월 31일까지 경감한다. (2023. 12. 29. 개정)

1. 「녹색건축물 조성 지원법」 제16조에 따른 녹색건축의 인증(이하 이 조에서 "녹색건축의 인증"이라 한다) 등급이 대통령령으로 정하는 기준 이상일 것 (2017. 12. 26. 개정)

2. 「녹색건축물 조성 지원법」 제17조에 따라 인증받은 건축물 에너지효율등급(이하 이 조에서 "에너지효율등급"이라 한다)이 대통령령으로 정하는 기준 이상일 것 (2017. 12. 26. 개정)

2. 삭   제 (2024. 2. 20. ; 녹색건축물~부칙)

편주 ▶ ··

법 47조의 2 제1항 2호의 개정규정은 2025. 1. 1.부터 시행함. (녹색건축물 조성 지원법 부칙(2024. 2. 20.) 1조)

··

② 신축하는 건축물로서 「녹색건축물 조성 지원법」 제17조에 따라 제로에너지건축물 인증(이하 이 조에서 "제로에너지건축물 인증"이라 한다)을 받은 건축물(취득일부터 100일 이내에 제로에너지건축물 인증을 받는 건축물을 포함한다)에 대해서는 취득세를 100분의 15부터 100분의 20까지의 범위에서 대통령령으로 정하는 바에 따라 2026년 12월 31일까지 경감한다. (2023. 12. 29. 개정)

③ 신축하는 주거용 건축물로서 대통령령으로 정하는 에너지절약형 친환경주택에 대해서는 취득세의 100분의 10을 2026년 12월 31일까지 경감한다. (2023. 12. 29. 개정)

제24조【친환경건축물 등의 감면】 ① 법 제47조의 2 제1항 각 호 외의 부분에 따른 취득세의 경감률은 다음 각 호와 같다. (2014. 12. 31. 개정)

1. 「녹색건축물 조성 지원법」 제16조에 따라 인증받은 녹색건축 인증등급(이하 이 조에서 "녹색건축 인증등급"이라 한다) <u>최우수</u> 건축물 : 100분의 10 (2024. 12. 31. 개정)

    가. 「녹색건축물 조성 지원법」 제17조에 따라 인증받은 건축물 에너지효율 인증 등급(이하 이 조에서 "에너지효율등급"이라 한다)이 1+등급 이상인 건축물 : 100분의 10 (2017. 12. 29. 개정)
    나. 에너지효율등급이 1등급인 건축물 : 100분의 5 (2017. 12. 29. 개정)

    가·나. 삭   제 (2020. 12. 31.)

2. 녹색건축 인증등급 <u>우수</u> 건축물 : 100분의 5 (2024. 12. 31. 개정)

② 법 제47조의 2 제1항 제1호에서 "대통령령으로 정하는 기준 이상"이란 녹색건축 인증등급이 우수 등급 이상인 경우를 말한다. (2016. 12. 30. 개정)

③ 법 제47조의 2 제1항 제2호에서 "대통령령으로 정하는 기준 이상"이란 에너지효율등급이 1+등급 이상인 경우를 말한다. (2020. 12. 31. 개정)

③ 삭   제 (2025. 1. ×.)

④ 법 제47조의 2 제2항에 따른 취득세의 경감률은 다음 각 호의 구분에 따른다. (2020. 12. 31. 개정)

1. 「녹색건축물 조성 지원법」 제17조에 따라 인증받은 제로에너지건축물 인증 등급(이하 이 조에서 "제로에너지건축물 인증등급"이라 한다)이 <u>플러스등급 및 1등급부터 3등급까지</u>에 해당하는 건축물 : 100분의 20 (2024. 12. 31. 개정)

2. 제로에너지건축물 인증등급이 4등급인 건축물: 100분의 18 (2020. 12. 31. 개정)

3. 제로에너지건축물 인증등급이 5등급인 건축물: 100분의 15 (2020. 12. 31. 개정)

⑤ 법 제47조의 2 제3항에서 "대통령령으로 정하는 에너지절약형 친환경주택"이란 「주택건설기준 등에 관한 규정」 제64조에 따른 주택(이

④ 제1항 및 제2항에 따라 취득세를 경감받은 건축물 중 다음 각 호의 어느 하나에 해당하는 건축물에 대해서는 경감된 취득세를 추징한다. (2018. 12. 24. 개정)
1. 취득일부터 70일 이내에 제1항 각 호의 요건을 갖출 것을 요건으로 취득세를 경감받은 경우에는 그 요건을 70일 이내에 갖추지 못한 경우 (2018. 12. 24. 개정)
2. 취득일부터 100일 이내에 제로에너지건축물 인증을 받을 것을 요건으로 취득세를 경감받은 경우에는 100일 이내에 제로에너지건축물 인증을 받지 못한 경우 (2018. 12. 24. 개정)
3. 취득일부터 3년 이내에 녹색건축의 인증 또는 제로에너지건축물 인증이 취소된 경우 (2024. 2. 20. 개정 ; 녹색건축물~부칙)
⑤ 녹색건축의 인증을 받거나 에너지효율등급 인증을 받은 건축물로서 대통령령으로 정하는 기준 이상인 건축물인 경우에는 한 차례에 한정하여 2018년 12월 31일까지 그 인증을 받은 날(건축물 준공일 이전에 인증을 받은 경우에는 준공일)부터 5년간 대통령령으로 정하는 바에 따라 재산세를 100분의 3부터 100분의 15까지의 범위에서 경감한다. 다만, 재산세 과세기준일 현재 녹색건축의 인증 또는 에너지효율등급 인증이 취소된 경우는 제외한다. (2018. 12. 24. 개정)

⑥ 제5항을 적용할 때 녹색건축의 인증을 받은 날과 에너지효율등급 인증을 받은 날이 서로 다른 경우에는 2개의 인증 중 먼저 인증을 받은 날을 기준으로 경감 기간을 산정하며, 그 구체적인 경감세액의 산정방법은 대통령령으로 정한다. (2017. 12. 26. 개정)

하 이 조에서 "친환경 주택"이라 한다) 중 총 에너지 절감율 또는 총 이산화탄소 저감율(이하 이 조에서 "에너지 절감율 등"이라 한다)이 65퍼센트 이상임을 「주택법」 제49조에 따른 사용검사권자로부터 확인을 받은 주택을 말한다. (2020. 12. 31. 개정)

편주 ▶
법 47조의 2 제4항 3호의 개정규정은 2025. 1. 1.부터 시행함. (녹색건축물 조성 지원법 부칙(2024. 2. 20.) 1조)

☞

⑥ 법 제47조의 2 제5항 본문에 따른 재산세 경감률은 다음 각 호와 같다. (2017. 12. 29. 개정)
1. 녹색건축 인증등급이 최우수인 경우 (2014. 1. 1. 개정)
　가. 에너지효율등급이 1+등급 이상인 경우 : 100분의 10 (2017. 12. 29. 개정)
　나. 에너지효율등급이 1등급인 경우 : 100분의 7 (2017. 12. 29. 개정)
　다. 가목 및 나목 외의 경우 : 100분의 3 (2011. 12. 31. 신설)
　다. 삭　제 (2017. 12. 29.)
2. 녹색건축 인증등급이 우수인 경우 (2014. 1. 1. 개정)
　가. 에너지효율등급이 1+등급 이상인 경우 : 100분의 7 (2017. 12. 29. 개정)
　나. 에너지효율등급이 1등급인 경우 : 100분의 3 (2017. 12. 29. 개정)
3. 제1호 또는 제2호에 해당하지 않는 경우로서 에너지효율등급이 1등급 이상인 경우 : 100분의 3 (2014. 1. 1. 개정)
3. 삭　제 (2017. 12. 29.)
⑦ 법 제47조의 2 제6항에 따른 주택에 대한 재산세 경감액은 다음의 계산식에 따라 산정한다. (2017. 12. 29. 개정)
○ 감면액 = 산출세액 × $\dfrac{건물시가표준액}{건물시가표준액 + 토지시가표준액}$ × 감면율

※ 산출세액 : 「지방세법」 제104조 제3호에 따른 주택으로서 그 부속토지를 포함한 산출세액

제47조의 3 【신재생에너지 인증 건축물에 대한 감면】 ① 신축하는 업무용 건축물로서 「신에너지 및 재생에너지 개발·이용·보급 촉진법」 제12조의 2 제1항에 따른 신·재생에너지 이용 건축물인증을 받은 건축물에 대해서는 2015년 12월 31일까지 취득세의 100분의 5부터 100분의 15까지의 범위에서 신·재생에너지 공급률 등을 고려하여 대통령령으로 정하는 율을 경감한다. (2014. 12. 31. 신설)
② 제1항에 따라 취득세를 경감받은 건축물 중 그 취득일부터 3년 이내에 신·재생에너지 이용 건축물 인증이 취소된 건축물에 대해서는 경감된 취득세를 추징한다. (2014. 12. 31. 신설)

제47조의 4 【내진성능 확보 건축물에 대한 감면 등】 (2024. 12. 31. 제목개정)
① 「지진·화산재해대책법」 제14조 제1항에 따른 내진설계기준의 적용 대상이 아니거나 건축 당시 내진설계기준의 적용 대상이 아니었던 건축물(「건축법」 제2조 제1항 제2호에 따른 건축물 부분으로 한정한다. 이하 이 조에서 같다)을 건축(「건축법」 제2조 제1항 제8호에 따른 건축을 말한다. 이하 이 조에서 같다) 또는 대수선(「건축법」 제2조 제1항 제9호에 따른 대수선을 말한다. 이하 이 조에서 같다)하는 경우로서 「지진·화산재해대책법」 제16조의 2에 따라 내진성능 확인을 받은 건축물에 대해서는 2027년 12월 31일까지 취득세를 면제하고, 그 건축물에 대한 재산세 납세의무가 최초로 성립하는 날부터 2년간 재산세를 면제하며 그 다음 3년간은 재산세의 100분의 50을 경감한다. 다만, 그 건축물에 대한 소유권이 이전된 이후의 재산세는 그러하지 아니하다. (2024. 12. 31. 개정)
② 제1항을 적용할 때 재산세 경감세액의 산정방법은 제47조의 2 제6항을 준용한다. (2018. 12. 24. 개정)
③ 건축 또는 대수선하는 건축물로서 「지진·화산재해대책법」 제16조의 3 제1항에 따라 지진안전 시설물의 인증을 받은 건축물(취득일부터 180일 이내에 지진안전 시설물의 인증을 받은 경우를 포함한다)에 대해서는 취득세의 100분의 5부터 100분의 10까지의 범위에서 대통령령으로 정하는 율을 2027년 12월 31일까지 경감한다. (2024. 12. 31. 개정)

⑧ 법 제47조의 3 제1항에 따른 취득세 경감률은 다음 각 호와 같다. (2014. 12. 31. 개정)
1. 신·재생에너지 공급률(건축물의 총에너지사용량 중 「신에너지 및 재생에너지 개발·이용·보급 촉진법」 제2조 제1호 및 제2호에 따른 신에너지 및 재생에너지를 이용하여 공급되는 에너지의 비율을 말한다. 이하 이 항에서 같다)이 20퍼센트를 초과하는 건축물 : 100분의 15 (2015. 6. 15. 개정 ; 신에너지 및~시행령 부칙)
2. 신·재생에너지 공급률이 20퍼센트 이하이고 15퍼센트를 초과하는 건축물 : 100분의 10 (2011. 12. 31. 신설)
3. 신·재생에너지 공급률이 15퍼센트 이하이고 10퍼센트를 초과하는 건축물 : 100분의 5 (2011. 12. 31. 신설)

편주 ▶ ···
• 법 47조의 4 제1항의 개정규정은 2025. 1. 1. 이후 건축물을 취득하는 경우부터 적용함. (법 부칙(2024. 12. 31.) 7조 1항)
• 종전의 법 47조의 4 제1항에 따라 취득세가 감면된 건축물로서 2025. 1. 1. 당시 그 건축물 취득 후 재산세의 납세의무가 최초로 성립하는 날부터 5년이 지나지 아니한 건축물에 대한 재산세의 감면에 대해서는 법 47조의 4 제1항의 개정규정에도 불구하고 종전의 규정에 따름. (법 부칙(2024. 12. 31.) 7조 2항)
···

제24조의 2 【지진안전 시설물의 인증을 받은 건축물의 감면】 법 제47조의 4 제3항 본문에서 "대통령령으로 정하는 율"이란 100분의 5를 말한다. (2020. 12. 31. 신설)

편주 ▶ ···
법 47조의 4 제3항의 개정규정은 2025. 1. 1. 이후 건축물을 취득하는 경

④ 제3항에 따라 취득세를 경감받은 건축물 중 취득일부터 3년 이내에 「지진·화산재해대책법」 제16조의 3 제5항에 따라 지진안전 시설물의 인증이 취소된 건축물에 대해서는 경감된 취득세를 추징한다. (2024. 12. 31. 신설)

편주 ▶
법 47조의 4 제4항의 개정규정은 2025. 1. 1. 이후 취득세를 감면받는 경우부터 적용함. (법 부칙(2024. 12. 31.) 7조 3항)

제47조의 5 【환경친화적 자동차 충전시설에 대한 감면】① 환경친화적 자동차 충전시설을 설치하는 자(「환경친화적 자동차의 개발 및 보급 촉진에 관한 법률」 제11조의 2에 따른 설치 의무가 없는 자로 한정한다)가 지방세법 제6조 제4호에 따른 에너지 공급시설 중 환경친화적 자동차 충전시설을 설치하는 경우 그 시설에 대하여 취득세의 100분의 25를 2026년 12월 31일까지 경감한다. (2023. 12. 29. 신설)
② 제1항에 따라 취득세를 경감받은 경우로서 다음 각 호의 어느 하나에 해당하는 경우에는 경감된 취득세를 추징한다. (2023. 12. 29. 신설)
1. 정당한 사유 없이 그 취득일부터 1년이 경과할 때까지 해당 용도로 직접 사용하지 아니하는 경우 (2023. 12. 29. 신설)
2. 해당 용도로 직접 사용한 기간이 2년 미만인 상태에서 매각·증여하거나 다른 용도로 사용하는 경우 (2023. 12. 29. 신설)

제48조 【국립공원관리사업에 대한 감면】「국립공원공단법」에 따른 국립공원공단이 공원시설의 설치·유지·관리 등의 공원관리사업에 직접 사용하기 위하여 취득하는 부동산에 대해서는 취득세의 100분의 25를, 과세기준일 현재 그 사업에 직접 사용하는 부동산에 대해서는 재산세의 100분의 25를 각각 2025년 12월 31일까지 경감한다. (2023. 3. 14. 개정)

제49조 【해양오염방제 등에 대한 감면】「해양환경관리법」에 따른 해양환경공단이 같은 법 제97조에 따른 사업에 직접 사용하기 위하여 취득하는 부동산(수익사업용 부동산은 제외한다. 이하 이 조에서

우부터 적용함. (법 부칙(2024. 12. 31.) 7조 1항)

같다)과 해양오염방제용 및 해양환경관리용에 제공하기 위하여 취득하는 선박에 대해서는 다음 각 호에서 정하는 바에 따라 2025년 12월 31일까지 지방세를 경감한다. (2023. 3. 14. 개정)

1. 「해양환경관리법」 제97조 제1항 제3호 가목 및 나목의 사업을 위한 부동산에 대해서는 취득세의 100분의 25를, 과세기준일 현재 해당 사업에 직접 사용하는 부동산에 대해서는 재산세의 100분의 25를 각각 경감한다. (2016. 12. 27. 개정)

2. 「해양환경관리법」 제97조 제1항 제2호 나목 및 같은 항 제6호의 사업을 위한 부동산에 대해서는 취득세의 100분의 25를, 과세기준일 현재 해당 사업에 직접 사용하는 부동산에 대해서는 재산세의 100분의 25를 각각 경감한다. (2016. 12. 27. 개정)

3. 해양오염방제설비를 갖춘 선박에 대해서는 취득세 및 재산세의 100분의 25를 각각 경감한다. (2016. 12. 27. 개정)

제49조의 2【5세대 이동통신 무선국에 대한 감면】 내국법인이 아이엠티이천이십(IMT－2020, 5세대 이동통신) 서비스 제공을 위하여 과밀억제권역 외의 지역에 개설한 무선국의 면허에 대해서는 등록면허세의 100분의 50을 2023년 12월 31일까지 경감한다. (2020. 12. 29. 신설)

제 4 절 문화 및 관광 등에 대한 지원
(2010. 3. 31. 제정)

제50조【종교단체 또는 향교에 대한 면제】 (2015. 12. 29. 제목개정)
① 종교단체 또는 향교가 종교행위 또는 제사를 목적으로 하는 사업에 직접 사용하기 위하여 취득하는 부동산에 대해서는 취득세를 면제한다. 다만, 다음 각 호의 어느 하나에 해당하는 경우 그 해당 부분에 대해서는 면제된 취득세를 추징한다. (2015. 12. 29. 개정) 농특비
1. 해당 부동산을 취득한 날부터 5년 이내에 수익사업에 사용하는 경우

제 4 절 문화 및 관광 등에 대한 지원
(2010. 9. 20. 제정)

운영예규 **법50－1【종교 및 제사단체에 대한 면제】**
종중은 「지방세특례제한법」 제50조 제1항에서 말하는 종교단체 또는 향교에 해당되지 않는다. (2022. 10. 25. 개정)

운영예규 **법50－2【정당한 사유 판단요건】**
취득 당시부터 법령상·사실상에 의한 사용의 제한 또는 금지로 인하여 유예기간이내 사용치 못한 경우는 정당한 사유로 볼 수 없다. (2022. 10. 25. 개정)

(2016. 12. 27. 개정)

2. 정당한 사유 없이 그 취득일부터 3년이 경과할 때까지 해당 용도로 직접 사용하지 아니하는 경우 (2011. 12. 31. 신설)

3. 해당 용도로 직접 사용한 기간이 2년 미만인 상태에서 매각·증여하거나 다른 용도로 사용하는 경우 (2011. 12. 31. 신설)

② 제1항의 종교단체 또는 향교가 과세기준일 현재 해당 사업에 직접 사용(종교단체 또는 향교가 제3자의 부동산을 무상으로 해당 사업에 사용하는 경우를 포함한다)하는 부동산(대통령령으로 정하는 건축물의 부속토지를 포함한다)에 대해서는 재산세(「지방세법」 제112조에 따른 부과액을 포함한다) 및 「지방세법」 제146조 제3항에 따른 지역자원시설세를 각각 면제한다. 다만, 수익사업에 사용하는 경우와 해당 재산이 유료로 사용되는 경우의 그 재산 및 해당 재산의 일부가 그 목적에 직접 사용되지 아니하는 경우의 그 일부 재산에 대해서는 면제하지 아니한다. (2020. 1. 15. 개정)

운영예규 법50-3【제사에 직접 사용하는 부동산】
「지방세특례제한법」 제50조 제2항에서 규정하고 있는 「해당 사업에 직접 사용하는 부동산」이라 함은 제사에 사용하는 제실 등의 시설이 위치한 부지로서 현실적으로 제사에 직접 사용되고 있는 부동산을 말하며, 분묘토지 및 금양림이나 위토로 사용하는 사유만으로는 제사에 직접 사용하는 부동산이라고 볼 수 없다.

③ 제1항의 종교단체 또는 향교가 그 사업에 직접 사용하기 위한 면허에 대해서는 등록면허세를 면제하고, 해당 단체에 대해서는 주민세 사업소분(「지방세법」 제81조 제1항 제2호에 따라 부과되는 세액으로 한정한다. 이하 이 항에서 같다) 및 종업원분을 면제한다. 다만, 수익사업에 관계되는 대통령령으로 정하는 주민세 사업소분 및 종업원분은 면제하지 아니한다. (2020. 12. 29. 개정)

④ 종교단체 또는 향교에 생산된 전력 등을 무료로 제공하는 경우 그 부분에 대해서는 「지방세법」 제146조 제1항 및 제2항에 따른 지역자원시설세를 면제한다. (2020. 1. 15. 개정)

⑤ 사찰림(寺刹林)과 「전통사찰의 보존 및 지원에 관한 법률」 제2조 제1호에 따른 전통사찰이 소유하고 있는 경우로서 같은 조 제3호에 따른 전통사찰보존지에 대해서는 재산세(「지방세법」 제112조에 따른 부과액

제25조【종교 및 제사를 목적으로 하는 단체에 대한 면제대상 사업의 범위 등】① 법 제50조 제2항 본문에서 "대통령령으로 정하는 건축물의 부속토지"란 해당 사업에 직접 사용할 건축물을 건축 중인 경우와 건축허가 후 행정기관의 건축규제조치로 건축에 착공하지 못한 경우의 건축 예정 건축물의 부속토지를 말한다. (2010. 9. 20. 제정)

② 법 제50조 제3항 본문에서 "제1항의 단체가 그 사업에 직접 사용하기 위한 면허"란 법 제50조 제1항에 따른 종교 및 제사를 목적으로 하는 단체가 그 비영리사업의 경영을 위하여 필요한 면허 또는 그 면허로 인한 영업 설비나 행위에서 발생한 수익금의 전액을 그 비영리사업에 사용하는 경우의 면허를 말한다. (2010. 9. 20. 제정)

③ 법 제50조 제3항 단서에서 "수익사업에 관계되는 대통령령으로 정하는 주민세 사업소분 및 종업원분"이란 수익사업에 직접 제공되고 있는 사업소와 종업원을 기준으로 부과하는 주민세 사업소분(「지방세법」 제81조 제1항 제2호에 따라 부과되는 세액으로 한정한다)과 종업원분을 말한다. 이 경우 면제대상 사업과 수익사업에 건축물이 겸용되거나 종업원이 겸직하는 경우에는 주된 용도 또는 직무에 따른다. (2020. 12. 31. 개정)

을 포함한다)를 면제한다. 다만, 수익사업에 사용하는 경우와 해당 재산
이 유료로 사용되는 경우의 그 재산 및 해당 재산의 일부가 그 목적에
직접 사용되지 아니하는 경우의 그 일부 재산에 대해서는 면제하지 아니
한다. (2017. 12. 26. 개정)
⑥ 법인의 사업장 중 종교의식을 행하는 교회·성당·사찰·불당·향
교 등에 대해서는 주민세 사업소분(「지방세법」 제81조 제1항 제1호에
따라 부과되는 세액으로 한정한다)을 면제한다. (2020. 12. 29. 개정)

　　제51조【신문·통신사업 등에 대한 감면】「신문 등의 진흥에 관
한 법률」을 적용받는 신문·통신 사업을 수행하는 사업소에 대해서는
주민세 사업소분(「지방세법」 제81조 제1항 제2호에 따라 부과되는 세
액으로 한정한다) 및 종업원분의 100분의 50을 각각 2027년 12월 31
일까지 경감한다. (2024. 12. 31. 개정)

　　제52조【문화·예술 지원을 위한 과세특례】　　농특비
① 대통령령으로 정하는 문화예술단체가 문화예술사업에 직접 사용하
기 위하여 취득하는 부동산에 대해서는 취득세를, 과세기준일 현재
문화예술사업에 직접 사용하는 부동산에 대해서는 재산세를 각각
2027년 12월 31일까지 면제한다. (2024. 12. 31. 개정)

② 대통령령으로 정하는 체육단체가 체육진흥사업에 직접 사용하기 위
하여 취득하는 부동산에 대해서는 취득세를, 과세기준일 현재 체육진
흥사업에 직접 사용하는 부동산에 대해서는 재산세를 각각 2027년 12
월 31일까지 면제한다. (2024. 12. 31. 개정)
③ 제1항 및 제2항에 따라 취득세를 면제받은 후 다음 각 호의 어느

　　제26조【문화예술단체 및 체육단체의 정의 등】(2020. 1. 15. 제
목개정)
① 법 제52조 제1항에서 "대통령령으로 정하는 문화예술단체"란 「문화
예술진흥법」 제2조 제1항 제1호에 따른 문화예술의 창작·진흥활동 등
을 목적으로 하는 법인 또는 단체로서 다음 각 호의 어느 하나에 해당하
는 법인 또는 단체를 말한다. 다만, 「공공기관의 운영에 관한 법률」 제4
조에 따른 공공기관은 제외한다. (2023. 12. 29. 단서개정)
1. 「공익법인의 설립·운영에 관한 법률」 제4조에 따라 설립된 공익법
　인 (2020. 1. 15. 개정)
2. 「민법」 제32조에 따라 설립된 비영리법인 (2020. 1. 15. 개정)
3. 「민법」 및 「상법」 외의 법령에 따라 설립된 법인 (2020. 1. 15. 개정)
4. 「비영리민간단체 지원법」 제4조에 따라 등록된 비영리민간단체
　(2020. 1. 15. 개정)
② 법 제52조 제2항에서 "대통령령으로 정하는 체육단체"란 「국민체
육진흥법」 제2조 제1호에 따른 체육에 관한 활동이나 사업을 목적으로
하는 법인 또는 단체로서 제1항 각 호의 어느 하나에 해당하는 법인
또는 단체를 말한다. 다만, 「공공기관의 운영에 관한 법률」 제4조에 따
른 공공기관은 제외한다. (2023. 12. 29. 단서개정)

하나에 해당하는 경우 그 해당 부분에 대해서는 면제된 취득세를 추징한다. (2020. 1. 15. 신설)
1. 정당한 사유 없이 그 취득일부터 1년이 경과할 때까지 해당 용도로 직접 사용하지 아니하는 경우 (2020. 1. 15. 신설)
2. 해당 용도로 직접 사용한 기간이 2년 미만인 상태에서 매각·증여하거나 다른 용도로 사용하는 경우 (2020. 1. 15. 신설)
3. 취득일부터 3년 이내에 관계 법령에 따라 설립허가가 취소되는 등 대통령령으로 정하는 사유에 해당하는 경우 (2020. 1. 15. 신설)

　　제52조의 2 【체육진흥기관 등에 대한 감면】 다음 각 호의 법인이 체육진흥사업 또는 문화예술사업에 직접 사용하기 위하여 취득하는 부동산에 대해서는 취득세의 100분의 50을, 과세기준일 현재 해당 사업에 직접 사용하는 부동산에 대해서는 재산세의 100분의 50을 각각 2026년 12월 31일까지 경감한다. (2023. 12. 29. 신설)
1. 「국민체육진흥법」에 따른 대한체육회, 대한장애인체육회 및 서울올림픽기념국민체육진흥공단 (2023. 12. 29. 신설)
2. 「문화산업진흥 기본법」에 따른 한국콘텐츠진흥원 (2023. 12. 29. 신설)
3. 「문화예술진흥법」에 따른 예술의 전당 (2023. 12. 29. 신설)
4. 「영화 및 비디오물의 진흥에 관한 법률」에 따른 영화진흥위원회 및 한국영상자료원 (2023. 12. 29. 신설)
5. 「태권도 진흥 및 태권도공원 조성 등에 관한 법률」에 따른 태권도진흥재단 (2023. 12. 29. 신설)

　　제53조 【사회단체 등에 대한 감면】 농특비
「문화유산과 자연환경자산에 관한 국민신탁법」에 따른 국민신탁법인이 그 고유업무에 직접 사용하기 위하여 취득하는 부동산에 대해서는 취득세를, 과세기준일 현재 그 고유업무에 직접 사용하는 부동산에 대해서는 재산세를 각각 <u>2027년 12월 31일</u>까지 면제한다. (2024. 12. 31. 개정)

　　제54조 【관광단지 등에 대한 과세특례】 ① 「관광진흥법」 제55조 제1항에 따른 관광단지개발 사업시행자가 관광단지개발사업을 시행하기 위하여 취득하는 부동산에 대해서는 취득세의 100분의 25를 2025

③ 법 제52조 제3항 제3호에서 "관계 법령에 따라 설립허가가 취소되는 등 대통령령으로 정하는 사유"란 다음 각 호의 어느 하나에 해당하는 경우를 말한다. (2020. 1. 15. 개정)
1. 「공익법인의 설립·운영에 관한 법률」 제16조에 따라 공익법인의 설립허가가 취소된 경우 (2020. 1. 15. 개정)
2. 「민법」 제38조에 따라 비영리법인의 설립허가가 취소된 경우 (2020. 1. 15. 개정)
3. 「비영리민간단체 지원법」 제4조의 2에 따라 비영리민간단체의 등록이 말소된 경우 (2020. 1. 15. 개정)

년 12월 31일까지 경감하며, 해당 지역의 관광단지 조성 여건, 재정 여건 등을 고려하여 100분의 25의 범위에서 조례로 정하는 율을 추가로 경감할 수 있다. 다만, 다음 각 호의 어느 하나에 해당하는 경우에는 경감된 취득세를 추징하되, 제2호부터 제4호까지의 경우에는 그 해당 부분에 한정하여 추징한다. (2023. 3. 14. 개정)

1. 「관광진흥법」 제56조 제2항 및 제3항에 따라 조성계획의 승인이 실효되거나 취소되는 경우 (2023. 3. 14. 신설)

2. 그 취득일부터 3년 이내에 정당한 사유 없이 「관광진흥법」 제58조의 2에 따른 준공검사를 받지 아니한 경우 (2023. 3. 14. 신설)

3. 「관광진흥법」 제58조의 2에 따른 준공검사를 받은 날부터 3년 이내에 정당한 사유 없이 해당 용도로 분양·임대하지 아니하거나 직접 사용하지 아니한 경우 (2023. 3. 14. 신설)

4. 해당 용도로 직접 사용한 기간이 2년 미만인 상태에서 매각·증여하거나 다른 용도로 사용하는 경우 (2023. 3. 14. 신설)

② 「관광진흥법」에 따른 호텔업을 경영하는 자가 외국인투숙객 비율 등 대통령령으로 정하는 기준에 해당되는 경우에는 과세기준일 현재 「관광진흥법」 제3조 제1항 제2호 가목에 따른 호텔업에 직접 사용하는 토지(「지방세법」 제106조 제1항 제2호가 적용되는 경우로 한정한다) 및 건축물에 대해서는 2014년 12월 31일까지 재산세의 100분의 50(「관광진흥법」 제19조에 따른 관광숙박업의 등급이 특1등급 및 특2등급인 경우에는 100분의 25)을 경감한다. (2014. 1. 1. 개정)

③ 「관광진흥법」 제3조 제1항 제2호 가목에 따른 호텔업을 하기 위하여 취득하는 부동산에 대해서는 2014년 12월 31일까지 취득세를 과세할 때에는 제4조 제2항 제1호에도 불구하고 지방자치단체의 조례로 표준세율을 적용하도록 규정하는 경우에 한정하여 「지방세법」 제13조 제1항부터 제4항까지의 세율을 적용하지 아니하며, 법인등기(설립 후 5년 이내에 자본 또는 출자액을 증가하는 경우를 포함한다)에 대하여 2014년 12월 31일까지 등록면허세를 과세할 때에는 제4조 제2항 제1호에도 불구하고 지방자치단체의 조례로 표준세율을 적용하도록 규정하는 경우에 한정하여 「지방세법」 제28조 제2항 및 제3항의 세율을 적용하지 아니한다. 다만, 다음 각 호의 어느 하나에 해당하는 경우 그 해당 부분에 대해서는 경감된 취득세를 추징한다. (2014. 1. 1. 개정)

제27조【외국인투숙객 비율 등의 범위】법 제54조 제2항에서 "외국인투숙객 비율 등 대통령령으로 정하는 기준"이란 다음 각 호와 같다. (2010. 9. 20. 제정)

1. 「부가가치세법」에 따라 신고된 직전 연도 숙박용역 공급가액(객실요금만 해당한다) 중에서 다음 각 목의 요건을 모두 충족하는 용역의 공급가액이 차지하는 비율이 수도권 지역은 100분의 30 이상, 수도권이 아닌 지역은 100분의 20 이상일 것 (2010. 9. 20. 제정)

가. 「외국인관광객 등에 대한 부가가치세 및 개별소비세 특례 규정」 제2조에 따른 외국인관광객 등(이하 이 조에서 "외국인관광객"이라 한다)에게 공급하는 용역일 것 (2010. 9. 20. 제정)

나. 숙박인의 성명·국적·여권번호·입국일 및 입국 장소 등이 적힌 외국인 숙박 및 음식매출 기록표에 의하여 외국인관광객과의 거래임이 표시될 것 (2010. 9. 20. 제정)

다. 대금(代金)이 거주자 또는 내국법인의 부담으로 지급되지 아니할 것 (2010. 9. 20. 제정)

2. 외국인관광객에게 조례로 정하는 객실요금 인하율에 따라 숙박용역을 제공할 것(해당 지방자치단체에서 조례로 그 인하율을 정한 경우만 해당한다) (2010. 9. 20. 제정)

제3조【외국인관광객 투숙 실적 신고서】법 제54조 제2항 및 영 제27조에 따라 재산세를 경감받으려는 자는 별지 제3호 서식의 외국인관광객 투숙 실적 신고서에 다음 각 호의 서류를 첨부하여 관할 시장·군수·구청장에게 제출하여야 한다. (2016. 12. 30. 개정)

1. 부가가치세 확정신고서(부가가치세 확정신고를 하지 아니한 경우에는 부가가치세 예정신고서를 말한다) 1부 (2010. 12. 23. 제정)

2. 영 제27조 제1호 가목에 따른 외국인관광객(이하 "외국인관광객"이라 한다)에 대한 직전 연도 숙박용역 공급가액(객실요금만 해당한다) 1부 (2010. 12. 23. 제정)

3. 별지 제4호 서식의 외국인관광객 숙박 및 음식 매출기록표 1부 (2010. 12. 23.

1. 정당한 사유 없이 그 취득일부터 3년이 경과할 때까지 해당 용도로 직접 사용하지 아니하는 경우 (2011. 12. 31. 신설)
2. 해당 용도로 직접 사용한 기간이 2년 미만인 상태에서 매각·증여 하거나 다른 용도로 사용하는 경우 (2011. 12. 31. 신설)

④ 삭 제 (2014. 1. 1.)

⑤ 다음 각 호의 재단, 기업 및 사업시행자가 그 고유업무에 직접 사용하기 위하여 취득하는 부동산에 대해서는 취득세를, 과세기준일 현재 그 고유업무에 직접 사용하는 부동산에 대해서는 재산세(「지방세법」 제112조에 따른 부과액을 포함한다)를 지방자치단체가 조례로 정하는 바에 따라 각각 2019년 12월 31일까지 감면할 수 있다. 이 경우 감면율은 100분의 50(제1호의 경우에는 100분의 100) 범위에서 정하여야 한다. (2016. 12. 27. 개정) 농특비

1. 「여수세계박람회 기념 및 사후활용에 관한 특별법」 제4조에 따라 설립된 2012여수세계박람회재단 (2014. 1. 1. 개정)
2. 「여수세계박람회 기념 및 사후활용에 관한 특별법」 제15조 제1항에 따라 지정·고시된 해양박람회특구에서 창업하거나 사업장을 신설(기존 사업장을 이전하는 경우는 제외한다)하는 기업 (2014. 1. 1. 개정)
3. 「여수세계박람회 기념 및 사후활용에 관한 특별법」 제17조에 따른 사업시행자 (2014. 1. 1. 개정)

⑥ 「2018 평창 동계올림픽대회 및 동계패럴림픽대회 지원 등에 관한 특별법」 제2조 제2호 나목에 따른 선수촌에 대해서는 다음 각 호에서 정하는 바에 따라 지방세를 감면한다. (2016. 5. 29. 개정 ; 2018 평창~특별법 부칙)

1. 평창군에 위치한 대회직접관련시설 중 선수촌을 건축하여 취득하는 경우에 취득세를 2017년 12월 31일까지 면제한다. (2015. 12. 29. 신설)
2. 제1호에 해당하는 시설이 대회 이후에 「지방세법」 제13조 제5항 제1호에 해당하는 경우에는 같은 법 제111조 제1항 제3호 가목 및 이 법 제177조에도 불구하고 2022년 12월 31일까지 「지방세법」 제111조 제1항 제3호 나목을 적용한다. (2015. 12. 29. 신설)

제55조【문화유산 등에 대한 감면】(2023. 8. 8. 제목개정 ; 문화

재보호법 부칙)

① 「문화유산의 보존 및 활용에 관한 법률」에 따라 사적지로 지정된 토지(소유자가 사용·수익하는 사적지는 제외한다)에 대해서는 재산세(「지방세법」 제112조에 따른 부과액을 포함한다)를 면제한다. 다만, 수익사업에 사용하는 경우와 해당 재산이 유료로 사용되는 경우의 그 재산 및 해당 재산의 일부가 그 목적에 직접 사용되지 아니하는 경우의 그 일부 재산에 대해서는 면제하지 아니한다. (2023. 8. 8. 개정 ; 문화재보호법 부칙)

② 「문화유산의 보존 및 활용에 관한 법률」 및 「근현대문화유산의 보존 및 활용에 관한 법률」에 따른 문화유산, 「자연유산의 보존 및 활용에 관한 법률」에 따른 자연유산에 대해서는 다음 각 호에 따라 재산세를 감면한다. (2023. 8. 8. 개정 ; 문화재보호법 부칙, 2023. 9. 14. 개정 ; 근현대문화유산의~부칙)

1. 「문화유산의 보존 및 활용에 관한 법률」 제2조 제3항에 따른 지정문화유산 및 「자연유산의 보존 및 활용에 관한 법률」 제2조 제5호에 따른 천연기념물등으로 지정된 부동산에 대해서는 재산세(「지방세법」 제112조에 따른 부과액을 포함한다. 이하 이 항에서 같다)를 면제하고, 「문화유산의 보존 및 활용에 관한 법률」 제27조 및 「자연유산의 보존 및 활용에 관한 법률」 제13조에 따라 지정된 보호구역에 있는 부동산에 대해서는 재산세의 100분의 50을 경감한다. 이 경우 지방자치단체의 장이 해당 보호구역의 재정여건 등을 고려하여 100분의 50의 범위에서 조례로 정하는 율을 추가로 경감할 수 있다. (2023. 8. 8. 개정 ; 문화재보호법 부칙)
2. 「근현대문화유산의 보존 및 활용에 관한 법률」 제6조 제1항에 따른 국가등록문화유산과 그 부속토지에 대해서는 재산세의 100분의 50을 경감한다. (2023. 8. 8. 개정 ; 문화재보호법 부칙, 2023. 9. 14. 개정 ; 근현대문화유산의~부칙)

☞ p.4267 1단 연결

제정)

4. 외국인관광객에 대한 객실요금 인하율표(해당 지방자치단체에서 조례로 그 인하율을 정한 경우만 해당한다) 1부 (2010. 12. 23. 제정)

제56조【기업의 신용보증 지원을 위한 감면】① 「신용보증기금법」에 따른 신용보증기금이 같은 법 제23조 제1항 제2호의 신용보증 업무에 직접 사용하기 위하여 취득하는 부동산에 대하여는 2014년 12월 31일까지 취득세의 100분의 50을 경감한다. (2013. 1. 1. 개정)
② 「기술보증기금법」에 따라 설립된 기술보증기금이 같은 법 제28조 제1항 제2호 및 제3호의 신용보증 업무에 직접 사용하기 위하여 취득하는 부동산에 대하여는 2014년 12월 31일까지 취득세의 100분의 50을 경감한다. (2016. 3. 29. 개정 ; 기술신용보증기금법 부칙)
③ 「지역신용보증재단법」에 따라 설립된 신용보증재단에 대해서는 다음 각 호에서 정하는 바에 따라 2025년 12월 31일까지 지방세를 경감한다. (2023. 3. 14. 개정)
1. 「지역신용보증재단법」 제17조 제2호에 따른 신용보증업무(이하 이 조에서 "신용보증업무"라 한다)에 직접 사용하기 위하여 취득하는 부동산에 대해서는 취득세의 100분의 50을 경감한다. (2011. 12. 31. 신설)
2. 삭 제 (2016. 12. 27.)
3. 과세기준일 현재 신용보증업무에 직접 사용하는 부동산에 대해서는 재산세의 100분의 50을 경감한다. (2011. 12. 31. 신설)

제57조【기업구조조정 등 지원을 위한 감면】삭 제 (2014. 12. 31.)

제57조의 2【기업합병·분할 등에 대한 감면】① 「법인세법」 제44조 제2항 또는 제3항에 해당하는 합병으로서 대통령령으로 정하는 합병 중 법인으로서 「중소기업기본법」에 따른 중소기업 간 합병 및 법인이 대통령령으로 정하는 기술혁신형사업법인과의 합병에 따라 양수(讓受)하는 사업용 재산을 2027년 12월 31일까지 취득하는 경우에는 「지방세법」 제15조 제1항에 따라 산출한 취득세의 100분의 60을

제28조【법인 합병의 범위 등】삭 제 (2014. 12. 31.)

제28조의 2【법인 합병의 범위 등】① 법 제57조의 2 제1항 본문에서 "대통령령으로 정하는 합병"이란 합병일 현재 「조세특례제한법 시행령」 제29조 제3항에 따른 소비성서비스업(소비성서비스업과 다른 사업을 겸영하고 있는 경우로서 합병일이 속하는 사업연도의 직전 사업연도의 소비성서비스업의 사업별 수입금액이 가장 큰 경우를 포함하며, 이하 이 항에서 "소비성서비스업"이라 한다)을 제외한 사업

경감한다. 다만, 「지방세법」 제15조 제1항 제3호 단서에 해당하는 경우에는 경감된 취득세를 추징한다. (2024. 12. 31. 개정)　[농특비]

[편주] ▶ ⋯⋯⋯⋯⋯⋯⋯⋯⋯⋯⋯⋯⋯⋯⋯⋯⋯⋯⋯⋯⋯⋯
- 법 57조의 2 제1항 본문의 개정규정은 2025. 1. 1. 이후 사업용 재산 또는 사업용 고정자산을 취득하는 경우부터 적용함. (법 부칙(2024. 12. 31.) 8조 1항)
- 2025. 1. 1. 전에 감면받은 취득세의 추징에 관하여는 법 57조의 2 제1항 단서의 개정규정에도 불구하고 종전의 규정에 따름. (법 부칙(2024. 12. 31.) 8조 2항)
- 2025. 1. 1. 전에 합병계약 또는 분할계획에 대한 주주총회·사원총회의 승인결의나 총사원의 동의가 있었던 경우로서 2025. 1. 1. 이후 해당 합병 또는 분할에 따라 사업용 재산을 2027. 1. 31.까지 취득하는 경우 그 사업용 재산에 대한 취득세의 감면·추징에 관하여는 법 57조의 2 제1항의 개정규정에도 불구하고 종전의 규정에 따름. (법 부칙(2024. 12. 31.) 8조 3항)

⋯⋯⋯⋯⋯⋯⋯⋯⋯⋯⋯⋯⋯⋯⋯⋯⋯⋯⋯⋯⋯⋯⋯⋯⋯⋯⋯⋯

1. 「지방세법」 제13조 제1항에 따른 취득 재산에 대해서는 같은 조에 따른 중과기준세율(이하 "중과기준세율"이라 한다)의 100분의 300을 적용하여 산정한 금액 (2014. 12. 31. 신설)
2. 「지방세법」 제13조 제5항에 따른 취득 재산에 대해서는 중과기준세율의 100분의 500을 적용하여 산정한 금액 (2014. 12. 31. 신설)
② 다음 각 호에서 정하는 법인이 「법인세법」 제44조 제2항에 따른 합병으로 양수받은 사업용 재산에 대해서는 취득세를 2027년 12월 31일까지 면제하고, 합병으로 양수받아 3년 이내에 등기하는 재산에 대해서는 2027년 12월 31일까지 등록면허세의 100분의 50을 경감한다. 다만, 합병등기일부터 3년 이내에 「법인세법」 제44조의 3 제3항 각 호의 어느 하나에 해당하는 사유가 발생하는 경우(같은 항 각 호 외의 부분 단서에 해당하는 경우는 제외한다)에는 면제된 취득세를 추징한다. (2024. 12. 31. 개정)　[농특비]
1. 「농업협동조합법」, 「수산업협동조합법」 및 「산림조합법」에 따라 설립된 조합 간의 합병 (2014. 12. 31. 신설)
2. 「새마을금고법」에 따라 설립된 새마을금고 간의 합병 (2014. 12.

을 1년 이상 계속하여 영위한 법인(이하 이 항에서 "합병법인"이라 한다) 간의 합병을 말한다. 이 경우 소비성서비스업을 1년 이상 영위한 법인이 합병으로 인하여 소멸하고 합병법인이 소비성서비스업을 영위하지 아니하는 경우에는 해당 합병을 포함한다. (2024. 12. 31. 개정)
② 법 제57조의 2 제1항 본문에서 "대통령령으로 정하는 기술혁신형 사업법인"이란 다음 각 호의 어느 하나에 해당하는 법인을 말한다. (2024. 12. 31. 개정)
1. 합병등기일까지 「벤처기업육성에 관한 특별법」 제25조에 따라 벤처기업으로 확인받은 법인 (2024. 7. 2. 개정 ; 벤처기업~부칙)
2. 합병등기일까지 「중소기업 기술혁신 촉진법」 제15조와 같은 법 시행령 제13조에 따라 기술혁신형 중소기업으로 선정된 법인 (2018. 12. 31. 개정)
3. 합병등기일이 속하는 사업연도의 직전 사업연도의 「조세특례제한법」 제10조 제1항 각 호 외의 부분 전단에 따른 연구·인력개발비가 매출액의 100분의 5 이상인 중소기업 (2020. 12. 31. 개정)
4. 합병등기일까지 다음 각 목의 어느 하나에 해당하는 인증 등을 받은 중소기업 (2018. 12. 31. 개정)
　가. 「보건의료기술 진흥법」 제8조 제1항에 따른 보건신기술 인증 (2018. 12. 31. 개정)
　나. 「산업기술혁신 촉진법」 제15조의 2 제1항에 따른 신기술 인증 (2018. 12. 31. 개정)
　다. 「산업기술혁신 촉진법」 제16조 제1항에 따른 신제품 인증 (2018. 12. 31. 개정)
　라. 「제약산업 육성 및 지원에 관한 특별법」 제7조 제2항에 따른 혁신형 제약기업 인증 (2018. 12. 31. 개정)
　마. 「중견기업 성장촉진 및 경쟁력 강화에 관한 특별법」 제18조 제1항에 따른 중견기업등의 선정 (2018. 12. 31. 개정)

31. 신설)

3. 「신용협동조합법」에 따라 설립된 신용협동조합 간의 합병 (2014.
   12. 31. 신설)

4. 삭   제 (2018. 12. 24.)

③ 다음 각 호의 어느 하나에 해당하는 사업용 재산을 2027년 12월 31일까지 취득하는 경우에는 취득세의 100분의 50을 경감한다. 다만, 제7호의 경우에는 취득세를 면제한다. (2024. 12. 31. 개정)

> **편주** ▶ ┈┈┈┈┈┈┈┈┈┈┈┈┈┈┈┈┈┈┈┈┈┈┈┈┈┈┈┈
>
> 법 57조의 2 제3항 각 호 외의 부분 본문의 개정규정은 2025. 1. 1. 이후 사업용 재산 또는 사업용 고정자산을 취득하는 경우부터 적용함. (법 부칙 (2024. 12. 31.) 8조 1항)
>
> ┈┈┈┈┈┈┈┈┈┈┈┈┈┈┈┈┈┈┈┈┈┈┈┈┈┈┈┈┈┈┈┈┈

1. 삭   제 (2024. 12. 31.)

2. 「법인세법」 제46조 제2항 각 호(물적분할의 경우에는 같은 법 제47조 제1항을 말한다)의 요건을 갖춘 분할(같은 법 제46조 제3항에 해당하는 경우는 제외한다)로 인하여 취득하는 사업용 재산. 다만, 분할등기일부터 3년 이내에 같은 법 제46조의 3 제3항(물적분할의 경우에는 같은 법 제47조 제3항을 말한다) 각 호의 어느 하나에 해당하는 사유가 발생하는 경우(같은 항 각 호 외의 부분 단서에 해당하는 경우는 제외한다)에는 경감받은 취득세를 추징한다. (2024. 12. 31. 개정)   [농특비]

3. 「법인세법」 제47조의 2에 따른 현물출자에 따라 취득하는 사업용 재산. 다만, 취득일부터 3년 이내에 같은 법 제47조의 2 제3항 각 호의 어느 하나에 해당하는 사유가 발생하는 경우(같은 항 각 호 외의 부분 단서에 해당하는 경우는 제외한다)에는 경감받은 취득세를 추징한다. (2024. 12. 31. 개정)   [농특비]

> **편주** ▶ ┈┈┈┈┈┈┈┈┈┈┈┈┈┈┈┈┈┈┈┈┈┈┈┈┈┈┈┈┈┈┈┈┈┈┈┈┈
>
> 2025. 1. 1. 전에 합병계약 또는 분할계획에 대한 주주총회 · 사원총회의 승인결의나 총사원의 동의가 있었던 경우로서 2025. 1. 1. 이후 해당 합병 또는 분할에 따라 사업용 재산을 2027. 1. 31.까지 취득하는 경우 그 사업용 재산에 대한 취득세의 감면 · 추징에 관하여는 법 57조의 2 제3항 2호의 개정규정에도 불구하고 종전의 규정에 따름. (법 부칙(2024. 12. 31.) 8조 3항)
>
> ┈┈┈┈┈┈┈┈┈┈┈┈┈┈┈┈┈┈┈┈┈┈┈┈┈┈┈┈┈┈┈┈┈┈┈┈┈

4. 삭　제 (2021. 12. 28.)

5. 「조세특례제한법」 제31조에 따른 중소기업 간의 통합에 따라 설립되거나 존속하는 법인이 양수하는 해당 사업용 재산(「통계법」 제22조에 따라 통계청장이 고시하는 한국표준산업분류에 따른 부동산 임대 및 공급업에 해당하는 중소기업이 양수하는 재산은 제외한다). 다만, 사업용 재산을 취득한 날부터 5년 이내에 같은 조 제7항 각 호의 어느 하나에 해당하는 사유가 발생하는 경우에는 경감받은 취득세를 추징한다. (2021. 12. 28. 개정)

6. 「조세특례제한법」 제37조 제1항 각 호의 요건을 모두 갖춘 자산의 포괄적 양도(讓渡)로 인하여 취득하는 재산. 다만, 취득일부터 3년 이내에 같은 법 제37조 제6항 각 호의 어느 하나에 해당하는 사유가 발생하는 경우(같은 조 제7항에 해당하는 경우는 제외한다)에는 면제받은 취득세를 추징한다. (2016. 12. 30. 단서개정)

6. 삭　제 (2018. 12. 24.)

7. 특별법에 따라 설립된 법인 중 「공공기관의 운영에 관한 법률」 제2조 제1항에 따른 공공기관이 그 특별법의 개정 또는 폐지로 인하여 「상법」 상의 회사로 조직 변경됨에 따라 취득하는 사업용 재산 (2014. 12. 31. 신설)

④ 「조세특례제한법」 제32조에 따른 현물출자 또는 사업 양도·양수에 따라 2027년 12월 31일까지 취득하는 사업용 고정자산(「통계법」 제22조에 따라 통계청장이 고시하는 한국표준산업분류에 따른 부동산 임대 및 공급업에 대해서는 제외한다)에 대해서는 취득세의 100분의 50을 경감한다. 다만, 취득일부터 5년 이내에 대통령령으로 정하는 정당한 사유 없이 해당 사업을 폐업하거나 해당 재산을 처분(임대를 포함한다) 또는 주식을 처분하는 경우에는 경감받은 취득세를 추징한다. (2024. 12. 31. 개정)

[편주 ▶] ···
법 57조의 2 제4항 본문의 개정규정은 2025. 1. 1. 이후 사업용 재산 또는 사업용 고정자산을 취득하는 경우부터 적용함. (법 부칙(2024. 12. 31.) 8조 1항)
···

⑤ 다음 각 호의 어느 하나에 해당하는 경우에는 「지방세법」 제7조 제5항에 따라 과점주주가 해당 법인의 부동산등(같은 조 제1항에 따른

③ 법 제57조의 2 제4항 단서에서 "대통령령으로 정하는 정당한 사유"란 다음 각 호의 어느 하나에 해당하는 경우를 말한다. (2014. 12. 31. 신설)

1. 해당 사업용 재산이 「공익사업을 위한 토지 등의 취득 및 보상에 관한 법률」 또는 그 밖의 법률에 따라 수용된 경우 (2014. 12. 31. 신설)

2. 법령에 따른 폐업·이전명령 등에 따라 해당 사업을 폐지하거나 사업용 재산을 처분하는 경우 (2014. 12. 31. 신설)

3. 「조세특례제한법 시행령」 제29조 제7항 각 호의 어느 하나에 해당하는 경우 (2018. 12. 31. 신설)

4. 「조세특례제한법」 제32조 제1항에 따른 법인전환으로 취득한 주식의 100분의 50 미만을 처분하는 경우 (2018. 12. 31. 신설)

부동산등을 말한다)을 취득한 것으로 보아 부과하는 취득세를 <u>2027년 12월 31일까지</u> 면제한다. (2024. 12. 31. 개정)

1. 「금융산업의 구조개선에 관한 법률」 제10조에 따른 제3자의 인수, 계약이전에 관한 명령 또는 같은 법 제14조 제2항에 따른 계약이전 결정을 받은 부실금융기관으로부터 주식 또는 지분을 취득하는 경우 (2014. 12. 31. 신설)

2. 금융기관이 법인에 대한 대출금을 출자로 전환함에 따라 해당 법인의 주식 또는 지분을 취득하는 경우 (2014. 12. 31. 신설)

3. 「독점규제 및 공정거래에 관한 법률」에 따른 지주회사(「금융지주회사법」에 따른 금융지주회사를 포함하되, 지주회사가 「독점규제 및 공정거래에 관한 법률」 제2조 제12호에 따른 동일한 기업집단 내 계열회사가 아닌 회사의 과점주주인 경우를 제외한다. 이하 이 조에서 "지주회사"라 한다)가 되거나 지주회사가 같은 법 또는 「금융지주회사법」에 따른 자회사의 주식을 취득하는 경우. 다만, 해당 지주회사의 설립·전환일부터 3년 이내에 「독점규제 및 공정거래에 관한 법률」에 따른 지주회사의 요건을 상실하게 되는 경우에는 면제받은 취득세를 추징한다. (2020. 12. 29. 개정 ; 독점규제 및~부칙) 농특비

4. 「예금자보호법」 제3조에 따른 예금보험공사 또는 같은 법 제36조의3에 따른 정리금융회사가 같은 법 제36조의 5 제1항 및 제38조에 따라 주식 또는 지분을 취득하는 경우 (2015. 12. 22. 개정 ; 예금자보호법 부칙)

5. 한국자산관리공사가 「한국자산관리공사 설립 등에 관한 법률」 제26조 제1항 제1호 가목에 따라 인수한 채권을 출자전환함에 따라 주식 또는 지분을 취득하는 경우 (2021. 8. 17. 개정 ; 한국자산관리공사~부칙)

6. 「농업협동조합의 구조개선에 관한 법률」에 따른 농업협동조합자산관리회사가 같은 법 제30조 제3호 다목에 따라 인수한 부실자산을 출자전환함에 따라 주식 또는 지분을 취득하는 경우 (2014. 12. 31. 신설)

7. 「조세특례제한법」 제38조 제1항 각 호의 요건을 모두 갖춘 주식의 포괄적 교환·이전으로 완전자회사의 주식을 취득하는 경우. 다만,

같은 법 제38조 제2항에 해당하는 경우에는 면제받은 취득세를 추징한다. (2024. 12. 31. 단서개정 ; 조세특례~부칙)

8. 「자본시장과 금융투자업에 관한 법률」에 따른 증권시장으서 대통령령으로 정하는 증권시장에 상장한 법인의 주식을 취득한 경우 (2014. 12. 31. 신설)

8. 삭　제 (2024. 12. 31.)

⑥ 「농업협동조합법」에 따라 설립된 농업협동조합중앙회(이하 이 조에서 "중앙회"라 한다)가 같은 법에 따라 사업구조를 개편하는 경우 제1호 및 제2호의 구분에 따른 등기에 대해서는 2017년 12월 31일까지 등록면허세를 면제하고, 제3호의 경우에는 취득세를 면제한다. (2016. 12. 27. 개정)　농특비

1. 법률 제10522호 농업협동조합법 일부개정법률 부칙 제3조에 따라 자본지원이 이루어지는 경우 그 자본증가에 관한 등기 (2014. 12. 31. 신설)

2. 법률 제10522호 농업협동조합법 일부개정법률 부칙 제6조에 따라 경제사업을 이관하는 경우 다음 각 목의 어느 하나에 해당하는 등기 (2014. 12. 31. 신설)

　가. 중앙회에서 분리되는 경제자회사의 법인설립등기 (2014. 12. 31. 신설)

　나. 「농업협동조합법」 제161조의 2에 따라 설립된 농협경제지주회사가 중앙회로부터 경제사업을 이관(「상법」 제360조의 2에 따른 주식의 포괄적 교환을 포함한다)받아 자본이 증가하는 경우 그 자본증가에 관한 등기 (2016. 12. 27. 개정 ; 농업협동조합법 부칙)

3. 「농업협동조합법」 제134조의 2에 따라 설립된 농협경제지주회사가 이 조 제3항 제3호에 따라 중앙회로부터 경제사업을 이관받아 취득하는 재산 (2016. 12. 27. 신설)

⑦ 법률 제12663호 한국산업은행법 전부개정법률 부칙 제3조 제1항에 따라 한국산업은행이 산은금융지주주식회사 및 「한국정책금융공사법」에 따른 한국정책금융공사와 합병하는 경우 그 자본증가에 관한 등기에 대해서는 2015년 12월 31일까지 등록면허세의 100분의 90을 경감한다. (2014. 12. 31. 신설)

⑧ 「기업 활력 제고를 위한 특별법」 제4조 제1항에 해당하는 내국법인

④ 법 제57조의 2 제5항 제8호에서 "대통령령으로 정하는 증권시장"이란 대통령령 제24697호 자본시장과 금융투자업에 관한 법률 시행령 일부개정령 부칙 제8조에 따른 코스닥시장을 말한다. (2015. 12. 31. 개정)

④ 삭　제 (2024. 12. 31.)

⑤ 삭　제 (2016. 12. 30.)

이 같은 법 제10조 또는 제12조에 따라 주무부처의 장이 승인 또는 변경승인한 사업재편계획에 의해 합병 등 사업재편을 추진하는 경우 해당 사업재편에 따라 설립 또는 변경되는 법인에 대한 법인등기에 대하여 등록면허세의 100분의 50을 2027년 12월 31일까지 경감한다. 다만, 같은 법 제13조에 따라 사업재편계획 승인이 취소된 경우에는 경감된 등록면허세를 추징한다. (2024. 12. 31. 개정)

⑨ 「수산업협동조합법」에 따라 설립된 수산업협동조합중앙회(이하 이 항에서 "중앙회"라 한다)가 대통령령으로 정하는 바에 따라 분할한 경우에는 다음 각 호에서 정하는 바에 따라 지방세를 면제한다. (2015. 12. 29. 신설)　

1. 대통령령으로 정하는 바에 따른 분할로 신설된 자회사(이하 이 항에서 "수협은행"이라 한다)가 그 분리로 인하여 취득하는 재산에 대해서는 취득세를 2016년 12월 31일까지 면제한다. (2015. 12. 29. 신설)

2. 수협은행의 법인설립등기에 대해서는 등록면허세를 2016년 12월 31일까지 면제한다. (2015. 12. 29. 신설)

⑩ 「금융산업의 구조개선에 관한 법률」 제4조에 따른 금융위원회의 인가를 받고 「법인세법」 제44조 제2항에 해당하는 금융회사 간의 합병을 하는 경우 금융기관이 합병으로 양수받은 사업용 재산에 대해서는 취득세의 100분의 50을 2027년 12월 31일까지 경감한다. 다만, 합병등기일부터 3년 이내에 「법인세법」 제44조의 3 제3항 각 호의 어느 하나에 해당하는 사유가 발생하는 경우(같은 항 각 호 외의 부분 단서에 해당하는 경우는 제외한다)에는 경감된 취득세를 추징한다. (2024. 12. 31. 개정)

제57조의 3 【기업 재무구조 개선 등에 대한 감면】 ① 다음 각 호에 해당하는 재산의 취득에 대해서는 취득세를 2027년 12월 31일까지 면제한다. (2024. 12. 31. 개정)

1. 「금융산업의 구조개선에 관한 법률」 제2조 제1호에 따른 금융기관, 한국자산관리공사, 예금보험공사, 정리금융회사가 같은 법 제10조 제2항에 따른 적기시정조치(영업의 양도 또는계약이전에 관한 명령으로 한정한다) 또는 같은 법 제14조 제2항에 따른 계약이전결정을 받은 부실금융기관으로부터 양수 한 재산 (2015. 12. 22. 개정 ; 예

⑥ 법 제57조의 2 제9항 각 호 외의 부분에서 "대통령령으로 정하는 바에 따라 분할한 경우"란 「수산업협동조합법」 제2조 제5호에 따른 수산업협동조합중앙회가 같은 법 제141조의 4 제1항에 따라 신용사업을 분리하여 수협은행을 설립한 경우를 말한다. (2016. 11. 30. 신설)

⑦ 법 제57조의 2 제9항 제1호에서 "대통령령으로 정하는 바에 따른 분할로 실설된 자회사"란 「수산업협동조합법」 제141조의 4 제1항에 따라 설립된 수협은행을 말한다. (2016. 11. 30. 신설)

편주 ▶

2022. 1. 1. 전에 금융회사 간의 합병이 이루어진 경우 합병일부터 3년 이내에 등기하는 재산의 등록면허세의 경감에 관하여는 법 57조의 2 제10항 본문의 개정규정에도 불구하고 종전의 규정에 따름. (법 부칙(2021. 12. 28.) 13조)

금자보호법 부칙)

2. 「농업협동조합법」에 따른 조합, 「농업협동조합의 구조개선에 관한 법률」에 따른 상호금융예금자보호기금 및 농업협동조합자산관리회 사가 같은 법 제4조에 따른 적기시정조치(사업양도 또는 계약이전 에 관한 명령으로 한정한다) 또는 같은 법 제6조 제2항에 따른 계 약이전결정을 받은 부실조합으로부터 양수한 재산 (2014. 12. 31. 신설)　농특비

3. 「수산업협동조합법」에 따른 조합 및 「수산업협동조합의 부실예방 및 구조개선에 관한 법률」에 따른 상호금융예금자보호기금이 같은 법 제4조의 2에 따른 적기시정조치(사업양도 또는 계약이전에 관한 명령으로 한정한다) 또는 같은 법 제10조 제2항에 따른 계약이전결 정을 받은 부실조합으로부터 양수한 재산 (2020. 2. 18. 개정 ; 수산 업협동조합의~법률 부칙)　농특비

4. 「산림조합법」에 따른 조합 및 「산림조합의 구조개선에 관한 법률」 에 따른 상호금융예금자보호기금이 같은 법 제4조에 따른 적기시정 조치(사업양도 또는 계약이전에 관한 명령으로 한정한다) 또는 같은 법 제10조 제2항에 따른 계약이전결정을 받은 부실조합으로부터 양 수한 재산 (2014. 12. 31. 신설)

5. 「신용협동조합법」에 따른 조합이 같은 법 제86조의 4에 따른 계약 이전의 결정을 받은 부실조합으로부터 양수한 재산 (2015. 12. 29. 신설)

6. 「새마을금고법」에 따른 금고가 같은 법 제80조의 2에 따른 계약이 전의 결정을 받은 부실금고로부터 양수한 재산 (2015. 12. 29. 신설)

② 한국자산관리공사가 「한국자산관리공사 설립 등에 관한 법률」 제 26조 제1항 제3호 가목 및 나목에 따라 취득하는 재산에 대해서는 취 득세를 2027년 12월 31일까지 면제한다. (2024. 12. 31. 개정)

③ 한국자산관리공사가 「한국자산관리공사 설립 등에 관한 법률」 제 26조 제1항 제2호 라목에 따라 중소기업이 보유한 자산을 취득하는 경 우에는 취득세의 100분의 50을 2026년 12월 31일까지 경감한다. (2023. 12. 29. 개정)

④ 제3항에 따라 한국자산관리공사에 자산을 매각한 중소기업이 매각 일부터 10년 이내에 그 자산을 취득하는 경우에는 2026년 12월 31일

편주 ▶ 2024. 1. 1. 전에 한국자산관리공사에 자산을 매각한 중소기업이 2024. 1. 1. 이후 한국자산관리공사로부터 그 자산을 취득하는 경우의 취득세 면제 에 관하여는 2026. 12. 31.까지 법 57조의 3 제4항 본문의 개정규정에 따 라 면제함. (법 부칙(2023. 12. 29.) 10조)

까지 취득세를 면제한다. 다만, 취득한 가액이 한국자산관리공사에 매각한 가액을 초과하는 경우 그 초과부분에 대해서는 취득세를 부과한다. (2023. 12. 29. 개정)

⑤ 한국자산관리공사가 중소기업의 경영 정상화를 지원하기 위하여 대통령령으로 정하는 요건을 갖추어 중소기업의 자산을 임대조건부로 2026년 12월 31일까지 취득하여 과세기준일 현재 해당 중소기업에 임대중인 자산에 대해서는 해당 자산에 대한 납세의무가 최초로 성립하는 날부터 5년간 재산세의 100분의 50을 경감한다. (2023. 12. 29. 개정)

제57조의 4 【주거안정 지원에 대한 감면】「한국자산관리공사 설립 등에 관한 법률」에 따라 설립된 한국자산관리공사가 주택담보대출 상환을 연체하는 자(이하 이 조에서 "연체자"라 한다)의 채무 상환 및 주거 안정을 지원하기 위하여 해당 연체자가 그 주택에 계속 거주하는 내용의 임대차계약을 체결하는 것을 조건으로 취득하는 해당 연체자의 주택에 대해서는 취득세의 100분의 50을 2026년 12월 31일까지 경감하고, 2021년 1월 1일 이후 취득하는 주택으로서 과세기준일 현재 해당 연체자에게 임대 중인 주택에 대해서는 해당 주택에 대한 재산세 납세의무가 최초로 성립하는 날부터 5년간 재산세의 100분의 50을 경감한다. (2023. 12. 29. 개정)

제57조의 5 【프로젝트금융투자회사의 사업 정상화 지원을 위한 감면】① 「조세특례제한법」 제104조의 31제1항에 해당하는 회사(이하 이 조에서 "프로젝트금융투자회사"라 한다)가 다른 프로젝트금융투자회사의 사업을 정상화하기 위하여 다른 프로젝트금융투자회사 사업장의 부동산을 취득하는 경우 해당 부동산(「자본시장과 금융투자업에 관한 법률」에 따른 집합투자기구로서 한국자산관리공사가 100분의 40 이상을 출자·투자한 집합투자기구의 자금으로 취득하는 부분에 한정한다)에 대해서는 2025년 12월 31일까지 취득세의 100분의 50을 경감한다. 이 경우 「지방세법」 제13조 제2항 본문 및 같은 조 제3항의 세율을 적용하지 아니한다. (2024. 12. 31. 신설)
② 제1항에 따라 취득세를 경감받은 프로젝트금융투자회사가 정당한

제28조의 3 【한국자산관리공사의 자산매입 및 임대 요건】법 제57조의 3 제5항에서 "대통령령으로 정하는 요건"이란 다음 각 호의 요건을 모두 갖출 것을 말한다. (2021. 12. 31. 개정)
1. 해당 중소기업으로부터 금융회사 채무내용 및 상환계획이 포함된 재무구조개선계획을 제출받을 것 (2017. 12. 29. 신설)
2. 해당 중소기업의 보유자산을 매입하면서 해당 중소기업이 그 자산을 계속 사용하는 내용의 임대차계약을 체결할 것 (2017. 12. 29. 신설)

편주 ▶ ··
법 57조의 5 제1항의 개정규정은 2025. 1. 1. 이후 납세의무가 성립하는 경우부터 적용함. (법 부칙(2024. 12. 31.) 2조)
··

사유 없이 부동산의 취득일부터 2년이 경과할 때까지 해당 부동산을 그 고유업무에 사용하지 아니하는 경우에는 경감된 취득세를 추징한다. (2024. 12. 31. 신설)

제58조【벤처기업 등에 대한 과세특례】① 「벤처기업육성에 관한 특별법」에 따라 지정된 벤처기업집적시설 또는 신기술창업집적지역을 개발·조성하여 분양 또는 임대하거나 직접 사용[「벤처기업육성에 관한 특별법」에 따른 벤처기업(이하 이 절에서 "벤처기업"이라 한다)이 벤처기업집적시설을 직접 사용하는 경우로 한정한다]할 목적으로 취득(「산업집적활성화 및 공장설립에 관한 법률」 제41조에 따른 환수권의 행사로 인한 취득을 포함한다)하는 부동산에 대해서는 취득세 및 재산세(벤처기업이 직접 사용하는 경우는 과세기준일 현재 직접 사용하는 부동산으로 한정한다)의 100분의 35(수도권 외의 지역에 소재하는 부동산의 재산세는 100분의 60)를 각각 2026년 12월 31일까지 경감한다. 다만, 그 취득일부터 3년 이내에 정당한 사유 없이 벤처기업집적시설 또는 신기술창업집적지역을 개발·조성하지 아니하는 경우 또는 부동산의 취득일부터 5년 이내에 벤처기업집적시설 또는 신기술창업집적지역의 지정이 취소되거나 「벤처기업육성에 관한 특별법」 제17조의 3 또는 제18조 제2항에 따른 요건을 갖춘 날부터 5년 이내에 부동산을 다른 용도로 사용하는 경우에 해당 부분에 대해서는 경감된 취득세와 재산세를 추징한다. (2023. 12. 29. 개정, 2024. 1. 9. 개정 ; 벤처기업~부칙)
② 「벤처기업육성에 관한 특별법」에 따라 지정된 벤처기업집적시설에 입주하는 벤처기업이 해당 사업에 직접 사용하기 위하여 취득하는 부동산에 대해서는 취득세의 100분의 50을, 과세기준일 현재 해당 사업에 직접 사용하는 부동산에 대해서는 재산세의 100분의 50(수도권 외의 지역에 소재하는 부동산의 경우에는 100분의 60)을 각각 2026년 12월 31일까지 경감한다. (2023. 12. 29. 개정, 2024. 1. 9. 개정 ; 벤처기업~부칙)
농특비
③ 「벤처기업육성에 관한 특별법」 제17조의 2에 따라 지정된 신기술창업집적지역에서 산업용 건축물·연구시설 및 시험생산용 건축물로서 대통령령으로 정하는 건축물(이하 이 조에서 "산업용 건축물등"이

제29조【산업용 건축물 등의 범위】① 법 제58조 제3항 각 호 외의 부분 본문에서 "대통령령으로 정하는 건축물"이란 다음 각 호의 어느 하나에 해당하는 건축물을 말한다. (2017. 12. 29. 항번개정)

라 한다)을 신축하거나 증축하려는 자(대통령령으로 정하는 공장용 부동산을 중소기업자에게 임대하려는 자를 포함한다)가 취득하는 부동산에 대해서는 2026년 12월 31일까지 취득세의 100분의 50을 경감하고, 그 부동산에 대한 재산세의 납세의무가 최초로 성립하는 날부터 3년간 재산세의 100분의 50(수도권 외의 지역에 소재하는 부동산의 경우에는 100분의 60)을 경감한다. 다만, 다음 각 호의 어느 하나에 해당하는 경우 그 해당 부분에 대해서는 경감된 취득세 및 재산세를 추징한다. (2023. 12. 29. 개정, 2024. 1. 9. 개정 ; 벤처기업~부칙)

법 58조 3항 각 호 외의 부분 본문의 개정규정(재산세 경감에 관한 사항만 해당함)은 2024. 1. 1. 전에 수도권 외의 지역에서 종전의 법 58조 3항에 따른 부동산을 취득한 경우로서 2024. 1. 1. 당시 재산세 납세의무가 최초로 성립한 날부터 3년이 경과하지 아니한 재산세 분에 대해서도 적용함. 이 경우 해당 부동산에 대한 재산세 경감기간은 2024. 1. 1. 당시 재산세 납세의무가 최초로 성립한 날부터 3년이 지나지 아니한 잔여기간으로 함. (법 부칙(2023. 12. 29.) 6조)

1. 정당한 사유 없이 그 취득일부터 3년이 경과할 때까지 해당 용도로 직접 사용하지 아니하는 경우 (2011. 12. 31. 신설)
2. 해당 용도로 직접 사용한 기간이 2년 미만인 상태에서 매각·증여하거나 다른 용도로 사용하는 경우 (2011. 12. 31. 신설)

④ 벤처기업 대해서는 다음 각 호에서 정하는 바에 따라 지방세를 경감한다. (2023. 12. 29. 개정, 2024. 1. 9. 개정 ; 벤처기업~부칙)

1. 「벤처기업육성에 관한 특별법」 제18조의 4에 따른 벤처기업육성촉진지구에서 그 고유업무에 직접 사용하기 위하여 취득하는 부동산에 대해서는 취득세의 100분의 50을 2025년 12월 31일까지 경감한다. (2024. 1. 9. 개정 ; 벤처기업~부칙)
2. 과세기준일 현재 제1호에 따른 벤처기업육성촉진지구에서 그 고유업무에 직접 사용하는 부동산에 대해서는 재산세의 100분의 35를 2025년 12월 31일까지 경감한다. 이 경우 지방자치단체의 장은 해당 지역의 재정 여건 등을 고려하여 100분의 15의 범위에서 조례로 정하는 율을 추가로 경감할 수 있다. (2023. 3. 14. 개정)

1. 「도시가스사업법」 제2조 제5호에 따른 가스공급시설용 건축물[「벤처기업육성에 관한 특별법」에 따른 신기술창업집적지역에 설치된 「지방세법 시행령」 제5조 제1항 제4호의 도관시설(연결시설을 포함한다. 이하 같다)의 경우에는 해당 지역에 가스를 공급하기 위한 도관시설로 한정한다] (2024. 7. 2. 개정 ; 벤처기업~부칙)
2. 「산업기술단지 지원에 관한 특례법」에 따른 연구개발시설 및 시험생산시설용 건축물 (2016. 12. 30. 개정)
3. 「산업입지 및 개발에 관한 법률」 제2조에 따른 공장·지식산업·문화산업·정보통신산업·자원비축시설용 건축물과 이와 직접 관련된 교육·연구·정보처리·유통시설용 건축물 (2016. 12. 30. 개정)
4. 「산업집적활성화 및 공장설립에 관한 법률」 제30조 제2항에 따른 관리기관이 산업단지의 관리, 입주기업체 지원 및 근로자의 후생복지를 위하여 설치하는 건축물(수익사업용으로 사용되는 부분은 제외한다) (2016. 12. 30. 개정)
5. 「집단에너지사업법」 제2조 제6호에 따른 공급시설용 건축물(「벤처기업육성에 관한 특별법」에 따른 신기술창업집적지역에 설치된 「지방세법 시행령」 제5조 제1항 제4호의 도관시설의 경우에는 해당 지역에 집단에너지를 공급하기 위한 도관시설로 한정한다) (2024. 7. 2. 개정 ; 벤처기업~부칙)
6. 「산업집적활성화 및 공장설립에 관한 법률 시행령」 제6조 제5항 제1호부터 제5호까지, 제7호 및 제8호에 해당하는 산업용 건축물 (2016. 12. 30. 개정)

② 법 제58조 제3항 각 호 외의 부분 본문에서 "대통령령으로 정하는 공장용 부동산"이란 「산업집적활성화 및 공장설립에 관한 법률」 제2조 제1호에 따른 공장을 말한다. (2017. 12. 29. 신설)

제58조의 2 【지식산업센터 등에 대한 감면】　농특비

① 「산업집적활성화 및 공장설립에 관한 법률」 제28조의 2에 따라 지식산업센터를 설립하는 자에 대해서는 다음 각 호에서 정하는 바에 따라 2025년 12월 31일까지 지방세를 경감한다. (2023. 3. 14. 개정)

1. 「산업집적활성화 및 공장설립에 관한 법률」 제28조의 5 제1항 제1호 및 제2호에 따른 시설용(이하 이 조에서 "사업시설용"이라 한다)으로 직접 사용하기 위하여 신축 또는 증축하여 취득하는 부동산(신축 또는 증축한 부분에 해당하는 부속토지를 포함한다. 이하 이 조에서 같다)과 사업시설용으로 분양 또는 임대(「중소기업기본법」 제2조에 따른 중소기업을 대상으로 분양 또는 임대하는 경우로 한정한다. 이하 이 조에서 같다)하기 위하여 신축 또는 증축하여 취득하는 부동산에 대해서는 취득세의 100분의 35를 경감한다. 다만, 다음 각 목의 어느 하나에 해당하는 경우 그 해당 부분에 대해서는 경감된 취득세를 추징한다. (2016. 12. 27. 개정)

　가. 직접 사용하기 위하여 부동산을 취득하는 경우로서 다음의 어느 하나에 해당하는 경우 (2023. 3. 14. 개정)

　　1) 정당한 사유 없이 그 취득일부터 1년이 경과할 때까지 착공하지 아니한 경우 (2023. 3. 14. 개정)

　　2) 정당한 사유 없이 그 취득일부터 1년이 경과할 때까지 사업시설용으로 직접 사용하지 아니한 경우 (2023. 3. 14. 개정)

　　3) 해당 용도로 직접 사용한 기간이 4년 미만인 상태에서 매각·증여하거나 다른 용도로 사용하는 경우 (2023. 3. 14. 개정)

　나. 분양 또는 임대하기 위하여 부동산을 취득하는 경우로서 다음의 어느 하나에 해당하는 경우 (2023. 3. 14. 개정)

　　1) 정당한 사유 없이 그 취득일부터 1년이 경과할 때까지 착공하지 아니한 경우 (2023. 3. 14. 개정)

　　2) 그 취득일부터 5년 이내에 사업시설용으로 분양·임대하지 아니하거나 다른 용도로 사용하는 경우 (2023. 3. 14. 개정)

2. 과세기준일 현재 사업시설용으로 직접 사용하거나 그 사업시설용으로 분양 또는 임대 업무에 직접 사용하는 부동산에 대해서는 해당 부동산에 대한 재산세 납세의무가 최초로 성립한 날부터 5년간 재산세의 100분의 35를 경감한다. (2023. 3. 14. 개정)

② 「산업집적활성화 및 공장설립에 관한 법률」 제28조의 4에 따라 지식산업센터를 신축하거나 증축하여 설립한 자로부터 최초로 해당 지식산업센터를 분양받은 입주자(「중소기업기본법」 제2조에 따른 중소기업을 영위하는 자로 한정한다)에 대해서는 다음 각 호에서 정하는 바에 따라 지방세를 경감한다. (2016. 12. 27. 개정)

1. 2025년 12월 31일까지 사업시설용으로 직접 사용하기 위하여 취득하는 부동산에 대해서는 취득세의 100분의 35를 경감한다. 다만, 다음 각 목의 어느 하나에 해당하는 경우 그 해당 부분에 대해서는 경감된 취득세를 추징한다. (2023. 3. 14. 개정)

　가. 정당한 사유 없이 그 취득일부터 1년이 경과할 때까지 해당 용도로 직접 사용하지 아니하는 경우 (2011. 12. 31. 신설)

　나. 해당 용도로 직접 사용한 기간이 4년 미만인 상태에서 매각·증여하거나 다른 용도로 사용하는 경우 (2023. 3. 14. 개정)

2. 과세기준일 현재 사업시설용으로 직접 사용하는 부동산에 대해서는 해당 부동산에 대한 재산세 납세의무가 최초로 성립한 날부터 5년간 재산세의 100분의 35를 2025년 12월 31일까지 경감한다. (2023. 3. 14. 개정)

편주 ▶

2023. 1. 1. 전에 종전의 법 58조의 2 제2항 2호에 따른 부동산을 취득한 경우에는 법 58조의 2 제2항 2호의 개정규정에도 불구하고 2023. 1. 1.부터 5년간 재산세의 100의 35를 경감함. (법 부칙(2023. 3. 14.) 8조)

제58조의 3【창업중소기업 등에 대한 감면】① 2026년 12월 31일까지 과밀억제권역 외의 지역에서 창업하는 중소기업(이하 이 조에서 "창업중소기업"이라 한다)이 대통령령으로 정하는 날(이하 이 조에서 "창업일"이라 한다)부터 4년 이내(대통령령으로 정하는 청년창업기업의 경우에는 5년 이내)에 취득하는 부동산에 대해서는 다음 각 호에서 정하는 바에 따라 지방세를 경감한다. (2023. 12. 29. 개정)
농특비

1. 창업일 당시 업종의 사업을 계속 영위하기 위하여 취득하는 부동산에 대해서는 취득세의 100분의 75를 경감한다. (2020. 12. 29. 개정)
2. 창업일 당시 업종의 사업에 과세기준일 현재 직접 사용하는 부동산(건축물 부속토지인 경우에는 대통령령으로 정하는 공장입지기준면적 이내 또는 대통령령으로 정하는 용도지역별 적용배율 이내의 부분만 해당한다)에 대해서는 창업일부터 3년간 재산세를 면제하고, 그 다음 2년간은 재산세의 100분의 50을 경감한다. (2023. 3. 14. 개정)

② 2026년 12월 31일까지 창업하는 벤처기업 중 대통령령으로 정하는 기업으로서 창업일부터 3년 이내에 같은 법 제25조에 따라 벤처기업으로 확인받은 기업(이하 이 조에서 "창업벤처중소기업"이라 한다)이 최초로 확인받은 날(이하 이 조에서 "확인일"이라 한다)부터 4년 이내(대통령령으로 정하는 청년창업벤처기업의 경우에는 5년 이내)에 취득하는 부동산에 대해서는 다음 각 호에서 정하는 바에 따라 지방세를 경감한다. (2024. 1. 9. 개정 ; 벤처기업~부칙)

1. 창업일 당시 업종의 사업을 계속 영위하기 위하여 취득하는 부동산에 대해서는 취득세의 100분의 75를 경감한다. (2020. 12. 29. 개정)
2. 창업일 당시 업종의 사업에 과세기준일 현재 직접 사용하는 부동산(건축물 부속토지인 경우에는 대통령령으로 정하는 공장입지기준면적 이내 또는 대통령령으로 정하는 용도지역별 적용배율 이내의 부분만 해당한다)에 대해서는 확인일부터 3년간 재산세를 면제하고, 그 다음 2년간은 재산세의 100분의 50을 경감한다. (2023. 3. 14. 개정)

③ 다음 각 호의 어느 하나에 해당하는 등기에 대해서는 등록면허세를 면제한다. (2014. 12. 31. 신설)
농특비

제29조의 2【창업중소기업 등의 범위】① 법 제58조의 3 제1항 각 호 외의 부분 전단에서 "대통령령으로 정하는 날"이란 다음 각 호의 어느 하나에 해당하는 날을 말한다. (2016. 12. 30. 신설)
1. 법인이 창업하는 경우: 설립등기일 (2016. 12. 30. 신설)
2. 개인이 창업하는 경우:「부가가치세법」제8조에 따른 사업자등록일 (2016. 12. 30. 신설)

② 법 제58조의 3 제1항 각 호 외의 부분에서 "대통령령으로 정하는 청년창업기업"이란 같은 항 각 호 외의 부분에 따른 창업중소기업으로서 대표자(「소득세법」제43조 제1항에 따른 공동사업장의 경우에는 같은 조 제2항에 따른 손익분배비율이 더 큰 사업자를 말한다. 이하 이 조에서 같다)가 다음 각 호의 구분에 따른 요건을 충족하는 기업을 말한다. (2020. 12. 31. 개정)
1. 개인사업자로 창업하는 경우 : 창업 당시 15세 이상 34세 이하인 사람. 다만, 「조세특례제한법 시행령」제27조 제1항 제1호 각 목의 어느 하나에 해당하는 병역을 이행한 경우에는 그 기간(6년을 한도로 한다)을 창업 당시 연령에서 빼고 계산한 연령이 34세 이하인 사람을 포함한다. (2018. 12. 31. 신설)
2. 법인으로 창업하는 경우 : 다음 각 목의 요건을 모두 갖춘 사람 (2018. 12. 31. 신설)
   가. 제1호의 요건을 갖출 것 (2018. 12. 31. 신설)
   나. 「법인세법 시행령」제43조 제7항에 따른 지배주주등으로서 해당 법인의 최대주주 또는 최대출자자일 것 (2018. 12. 31. 신설)

③ 법 제58조의 3 제1항 제2호 및 제2항 제2호에서 "대통령령으로 정하는 공장입지기준면적"이란 각각 「지방세법 시행령」제102조 제1항 제1호에 따른 공장입지기준면적을 말하고, "대통령령으로 정하는 용도지역별 적용배율"이란 각각 「지방세법 시행령」제101조 제2항에 따른 용도지역별 적용배율을 말한다. (2020. 12. 31. 개정)

④ 법 제58조의 3 제2항 각 호 외의 부분에서 "대통령령으로 정하는 기업"이란 다음 각 호의 어느 하나에 해당하는 기업을 말한다. (2020. 12. 31. 개정)
1. 「벤처기업육성에 관한 특별법」제2조의 2의 요건을 갖춘 중소기업(같은 조 제1항 제2호 나목에 해당하는 중소기업은 제외한다)

1. 2020년 12월 31일까지 창업하는 창업중소기업의 법인설립 등기(창업일부터 4년 이내에 자본 또는 출자액을 증가하는 경우를 포함한다) (2017. 12. 26. 개정)
2. 2020년 12월 31일까지 「벤처기업육성에 관한 특별법」 제2조의 2 제1항 제2호 다목에 따라 창업 중에 벤처기업으로 확인받은 중소기업이 그 확인일부터 1년 이내에 하는 법인설립 등기 (2024. 1. 9. 개정 ; 벤처기업~부칙)
④ 창업중소기업과 창업벤처중소기업의 범위는 다음 각 호의 업종을 경영하는 중소기업으로 한정한다. 이 경우 제1호부터 제8호까지의 규정에 따른 업종은 「통계법」 제22조에 따라 통계청장이 고시하는 한국표준산업분류에 따른 업종으로 한다. (2020. 12. 29. 개정)
1. 광업 (2020. 12. 29. 개정)
2. 제조업 (2020. 12. 29. 개정)
3. 건설업 (2020. 12. 29. 개정)
4. 정보통신업. 다만, 다음 각 목의 어느 하나에 해당하는 업종은 제외한다. (2020. 12. 29. 개정)
　가. 비디오물 감상실 운영업 (2020. 12. 29. 개정)
　나. 뉴스 제공업 (2020. 12. 29. 개정)
　다. 「통계법」 제22조에 따라 통계청장이 고시하는 블록체인기술 산업분류에 따른 블록체인 기반 암호화 자산 매매 및 중개업 (2020. 12. 29. 개정)
　다. 가상자산 매매 및 중개업 (2024. 12. 31. 개정)
5. 다음 각 목의 어느 하나에 해당하는 전문, 과학 및 기술 서비스업(대통령령으로 정하는 엔지니어링사업을 포함한다) (2020. 12. 29. 개정)
　가. 연구개발업 (2020. 12. 29. 개정)
　나. 광고업 (2020. 12. 29. 개정)
　다. 기타 과학기술서비스업 (2020. 12. 29. 개정)
　라. 전문 디자인업 (2020. 12. 29. 개정)
　마. 시장조사 및 여론조사업 (2020. 12. 29. 개정)
6. 다음 각 목의 어느 하나에 해당하는 사업시설 관리, 사업지원 및 임대서비스업 (2020. 12. 29. 개정)
　가. 사업시설 관리 및 조경 서비스업 (2020. 12. 29. 개정)
　나. 고용알선 및 인력공급업 (2020. 12. 29. 개정)

---

2. 연구개발 및 인력개발을 위한 비용으로서 「조세특례제한법 시행령」 별표 6의 비용이 해당 과세연도의 수입금액의 100분의 5(「벤처기업육성에 관한 특별법」 제25조에 따라 벤처기업 해당 여부에 대한 확인을 받은 날이 속하는 과세연도부터 연구개발 및 인력개발을 위한 비용의 비율이 100분의 5 이상을 유지하는 경우로 한정한다) 이상인 중소기업 (2024. 7. 2. 개정 ; 벤처기업~부칙)
⑤ 법 제58조의 3 제2항 각 호 외의 부분에서 "대통령령으로 정하는 청년창업벤처기업"이란 같은 항 각 호 외의 부분에 따른 창업벤처중소기업으로서 대표자가 제2항 각 호의 요건을 충족하는 기업을 말한다. (2020. 12. 31. 신설)
⑥ 법 제58조의 3 제4항 제5호 각 목 외의 부분에서 "대통령령으로 정하는 엔지니어링사업"이란 「엔지니어링산업 진흥법」 제21조에 따라 엔지니어링사업자의 신고를 하거나 「기술사법」 제5조의 7에 따라 기술사의 등록(등록 갱신을 포함한다)을 한 경우로서 「엔지니어링산업 진흥법」 제2조 제1호에 따른 엔지니어링활동을 제공하는 사업을 말한다. (2024. 12. 31. 개정)
⑦ 법 제58조의 3 제4항 제9호에서 "대통령령으로 정하는 물류산업"이란 「조세특례제한법 시행령」 제5조 제7항에 따른 물류산업을 말한다. (2020. 12. 31. 개정)
⑧ 법 제58조의 3 제4항 제11호에서 "대통령령으로 정하는 관광객이용시설업"이란 「관광진흥법 시행령」 제2조 제1항 제3호 가목 및 나목에 따른 전문휴양업과 종합휴양업을 말한다. (2020. 12. 31. 개정)
⑨ 법 제58조의 3 제6항 제1호 단서에서 "토지·건물 및 기계장치 등 대통령령으로 정하는 사업용자산"이란 토지와 「법인세법 시행령」 제24조에 따른 감가상각자산을 말한다. (2020. 12. 31. 항번개정)
⑩ 법 제58조의 3 제6항 제1호 단서에서 "대통령령으로 정하는 비율"이란 100분의 30을 말한다. (2020. 12. 31. 항번개정)
⑪ 법 제58조의 3 제6항 제1호 및 제3호에 따른 같은 종류의 사업은 「통계법」 제22조에 따라 통계청장이 고시하는 산업에 관한 표준분류(이하 "한국표준산업분류"라 한다)에 따른 세분류가 동일한 사업으로 한다. (2020. 12. 31. 항번개정)

다. 경비 및 경호 서비스업 (2020. 12. 29. 개정)

라. 보안시스템 서비스업 (2020. 12. 29. 개정)

마. 전시, 컨벤션 및 행사대행업 (2020. 12. 29. 개정)

7. 창작 및 예술관련 서비스업(자영예술가는 제외한다) (2020. 12. 29. 개정)

8. 수도, 하수 및 폐기물 처리, 원료 재생업 (2020. 12. 29. 개정)

9. 대통령령으로 정하는 물류산업 (2020. 12. 29. 개정)

10. 「학원의 설립·운영 및 과외교습에 관한 법률」에 따른 직업기술 분야를 교습하는 학원을 운영하는 사업 또는 「국민 평생 직업능력 개발법」에 따른 직업능력개발훈련시설을 운영하는 사업(직업능력개 발훈련을 주된 사업으로 하는 경우로 한정한다) (2021. 8. 17. 개정 ; 근로자직업능력 개발법 부칙)

11. 「관광진흥법」에 따른 관광숙박업, 국제회의업, 테마파크업 또는 대 통령령으로 정하는 관광객이용시설업 (2024. 2. 27. 개정 ; 관광진흥 법 부칙)

12. 「전시산업발전법」에 따른 전시산업 (2020. 12. 29. 개정)

⑤ 제1항부터 제4항까지의 규정을 적용할 때 창업중소기업으로 지방 세를 감면받은 경우에는 창업벤처중소기업에 대한 감면은 적용하지 아 니한다. (2016. 12. 27. 신설)

⑥ 제1항부터 제4항까지의 규정을 적용할 때 다음 각 호의 어느 하나 에 해당하는 경우는 창업으로 보지 아니한다. (2016. 12. 27. 신설)

1. 합병·분할·현물출자 또는 사업의 양수를 통하여 종전의 사 업을 승계하거나 종전의 사업에 사용되던 자산을 인수 또는 매 입하여 같은 종류의 사업을 하는 경우. 다만, 종전의 사업에 사 용되던 자산을 인수하거나 매입하여 같은 종류의 사업을 하는 경우 그 자산가액의 합계가 「부가가치세법」 제5조 제2항에 따 른 사업개시 당시 토지·건물 및 기계장치 등 대통령령으로 정 하는 사업용자산의 총가액에서 차지하는 비율이 100분의 50 미 만으로서 대통령령으로 정하는 비율 이하인 경우는 제외한다. (2016. 12. 27. 신설)

2. 거주자가 하던 사업을 법인으로 전환하여 새로운 법인을 설립하는 경우 (2016. 12. 27. 신설)

⑫ 법 제58조의 3 제6항 제5호에서 "대통령령으로 정하는 경우"란 다 음 각 호의 어느 하나에 해당하는 경우를 말한다. (2023. 12. 29. 신설)

1. 개인사업자가 동종 사업을 영위하는 법인인 중소기업을 새로 설립 하여 과점주주(「지방세기본법」 제46조 제2호에 따른 과점주주를 말 한다. 이하 이 조에서 같다)가 되는 경우 (2023. 12. 29. 신설)

2. 해당 법인 또는 해당 법인의 과점주주가 신설되는 법인인 중소기업 의 과점주주가 되는 경우(해당 법인과 신설되는 법인인 중소기업이 동종의 사업을 영위하는 경우로 한정한다) (2023. 12. 29. 신설)

3. 법인인 중소기업이 회사의 형태를 변경한 이후에도 변경 전의 사업 과 동종의 사업을 영위하는 경우 (2023. 12. 29. 신설)

3. 폐업 후 사업을 다시 개시하여 폐업 전의 사업과 같은 종류의 사업을 하는 경우 (2016. 12. 27. 신설)

4. 사업을 확장하거나 다른 업종을 추가하는 경우 (2023. 12. 29. 개정)

5. 그 밖에 새로운 사업을 최초로 개시하는 것으로 보기 곤란한 경우로서 대통령령으로 정하는 경우 (2023. 12. 29. 신설)

⑦ 다음 각 호의 어느 하나에 해당하는 경우에는 제1항 제1호 및 제2항 제1호에 따라 경감된 취득세를 추징한다. 다만, 「조세특례제한법」 제31조 제1항에 따른 통합(이하 이 조에서 "중소기업간 통합"이라 한다)을 하는 경우와 같은 법 제32조 제1항에 따른 법인전환(이하 이 조에서 "법인전환"이라 한다)을 하는 경우는 제외한다. (2020. 12. 29. 개정)

1. 정당한 사유 없이 취득일부터 3년 이내에 그 부동산을 해당 사업에 직접 사용하지 아니하는 경우 (2016. 12. 27. 신설)

2. 취득일부터 3년 이내에 다른 용도로 사용하거나 매각·증여하는 경우 (2016. 12. 27. 신설)

3. 최초 사용일부터 계속하여 2년간 해당 사업에 직접 사용하지 아니하고 다른 용도로 사용하거나 매각·증여하는 경우 (2016. 12. 27. 신설)

⑧ 창업중소기업 및 창업벤처중소기업이 제1항 제2호 및 제2항 제2호에 따른 경감기간이 지나기 전에 중소기업간 통합 또는 법인전환을 하는 경우 그 법인은 대통령령으로 정하는 바에 따라 남은 감면기간에 대하여 제1항 제2호 및 제2항 제2호를 적용받을 수 있다. 다만, 중소기업간 통합 및 법인전환 전에 취득한 사업용재산에 대해서만 적용한다. (2020. 12. 29. 개정)

⑨ 제1항부터 제4항까지의 규정에 따른 창업중소기업 및 창업벤처중소기업 감면을 적용받으려는 경우에는 행정안전부령으로 정하는 감면신청서를 관할 지방자치단체의 장에게 제출하여야 한다. (2017. 7. 26. 직제개정 ; 정부조직법 부칙)

　　제59조 【중소벤처기업진흥공단 등에 대한 감면】 (2018. 12. 31. 제목개정 ; 중소기업진흥~부칙)

① 「중소기업진흥에 관한 법률」에 따른 중소벤처기업진흥공단이 중소기업 전문기술인력 양성을 위하여 취득하는 교육시설용 부동산에 대해서는 취득세의 100분의 25를 2025년 12월 31일까지 경감한다. (2023. 3. 14. 개정)

② 「중소기업진흥에 관한 법률」에 따른 중소벤처기업진흥공단이 중소기업자에게 분양 또는 임대할 목적으로 취득하는 부동산에 대해서는 취득세의 100분의 50을, 과세기준일 현재 해당사업에 직접 사용하는 부동산에 대해서는 재산세의 100분의 50을 각각 2025년 12월 31일까지 경감한다. 다만, 그 취득일부터 5년 이내에 중소기업자에게 분양 또는 임대하지 아니한 경우 그 해당 부분에 대해서는 경감된 취득세를 추징한다. (2023. 3. 14. 개정)

③ 「중소기업진흥에 관한 법률」 제29조에 따라 협동화실천계획의 승인을 받은 자(과밀억제권역 및 광역시는 「산업집적 활성화 및 공장설립에 관한 법률」에 따른 산업단지에서 승인을 받은 경우로 한정한다)가 해당 사업에 직접 사용하기 위하여 최초로 취득하는 공장용 부동산(이미 해당 사업용으로 사용하던 부동산을 승계하여 취득한 경우 및 과세기준일 현재 60일 이상 휴업하고 있는 경우는 제외한다)에 대해서는 취득세의 100분의 50을 2025년 12월 31일까지 경감하고, 그 공장용 부동산을 과세기준일 현재 해당 사업에 직접 사용하는 경우에는 그 공장용 부동산에 대한 재산세의 납세의무가 최초로 성립하는 날부터 3년간 재산세의 100분의 50을 경감한다. 다만, 그 취득일부터 1년 이내에 정당한 사유 없이 공장용으로 직접 사용하지 아니하는 경우 또는 그 취득일부터 5년 이내에 공장용 외의 용도로 양도하거나 다른 용도로 사용하는 경우 해당 부분에 대해서는 감면된 취득세를 추징한다. (2023. 3. 14. 개정)

④ 제2항 또는 제3항을 적용할 때 그 취득일부터 1년 이내에 정당한 사유 없이 공장용으로 직접 사용하지 아니하는 경우 및 그 취득일부터 5년 이내에 공장용 외의 용도로 양도하거나 다른 용도로 사용하는 경우에 해당 부분에 대해서는 감면된 취득세와 재산세를 각각 추징한다. (2015. 12. 29. 개정)

④ 삭 제 (2020. 12. 29.)

　　제3조의 2 【창업중소기업 지방세 감면신청】 ① 법 제58조의 3 제9항에 따라 창업중소기업 및 창업벤처중소기업이 지방세를 경감받으려는 경우에는 제2조 제1항에도 불구하고 별지 제1호의 4 서식의 창업중소기업 지방세 감면 신청서를 관할 지방자치단체의 장에게 제출해야 한다. (2020. 12. 31. 개정)

제60조【중소기업협동조합 등에 대한 과세특례】① 「중소기업협동조합법」에 따라 설립된 중소기업협동조합(사업협동조합, 연합회 및 중앙회를 포함한다)이 제품의 생산·가공·수주·판매·보관·운송을 위하여 취득하는 공동시설용 부동산에 대해서는 취득세의 100분의 50을 2025년 12월 31일까지 경감한다. 다만, 「전통시장 및 상점가 육성을 위한 특별법」에 따른 전통시장의 상인이 조합원으로서 설립한 협동조합 또는 사업협동조합과 그 밖에 대통령령으로 정하는 사업자가 조합원으로 설립하는 협동조합과 사업협동조합의 경우에는 취득세의 100분의 75를 2025년 12월 31일까지 경감한다. (2023. 3. 14. 개정)
② 「중소기업협동조합법」에 따라 설립된 중소기업중앙회가 그 중앙회 및 회원 등에게 사용하게 할 목적으로 신축한 건축물의 취득에 대한 취득세는 「지방세법」 제11조 제1항 제3호의 세율에도 불구하고 1천분의 20을 적용하여 2022년 12월 31일까지 과세한다. 다만, 다음 각 호의 어느 하나에 해당하는 경우 그 해당 부분에 대해서는 경감된 취득세를 추징한다. (2020. 1. 15. 개정)
1. 해당 부동산을 취득한 날부터 5년 이내에 수익사업에 사용하는 경우 (2016. 12. 27. 개정)
2. 정당한 사유 없이 그 등기일부터 1년이 경과할 때까지 해당 용도로 직접 사용하지 아니하는 경우 (2011. 12. 31. 신설)
3. 해당 용도로 직접 사용한 기간이 2년 미만인 상태에서 매각·증여하거나 다른 용도로 사용하는 경우 (2011. 12. 31. 신설)
③ 「중소기업창업 지원법」에 따른 창업보육센터에 대해서는 다음 각 호에서 정하는 바에 따라 지방세를 감면한다. (2014. 12. 31. 개정)
1. 창업보육센터사업자의 지정을 받은 자가 창업보육센터용으로 직접 사용하기 위하여 취득하는 부동산에 대해서는 취득세의 100분의 50을, 과세기준일 현재 창업보육센터용으로 직접 사용하는 부동산에 대해서는 재산세의 100분의 50(수도권 외의 지역에 소재하는 부동산의 경우에는 100분의 60)을 각각 2026년 12월 31일까지 경감한다. (2023. 12. 29. 개정)
1의 2. 제41조 제1항에 따른 학교등이 창업보육센터사업자의 지정을 받고 창업보육센터용으로 직접 사용하기 위하여 취득하는 부동산 (학교등이 취득한 부동산을 「산업교육진흥 및 산학연협력촉진에 관

제29조의 3【취득세 경감대상 협동조합과 사업협동조합의 범위】법 제60조 제1항 단서에서 "대통령령으로 정하는 사업자가 조합원으로 설립하는 협동조합과 사업협동조합"이란 한국표준산업분류에 따른 슈퍼마켓 또는 기타 음·식료품 위주 종합 소매업의 사업자가 조합원으로서 설립한 협동조합과 사업협동조합을 말한다. (2016. 12. 30. 개정)

② 제1항에 따라 신청서를 제출받은 관할 지방자치단체의 장은 「전자정부법」 제36조 제1항에 따른 행정정보의 공동이용을 통하여 다음 각 호의 서류를 확인해야 한다. 다만, 제1호 및 제3호의 서류는 신청인이 확인에 동의하지 않는 경우에는 이를 제출하도록 해야 한다. (2020. 12. 31. 개정)
1. 사업자등록증명 (2024. 12. 31. 개정)
2. 법인등기사항증명서 (2020. 12. 31. 개정)
3. 벤처기업확인서(창업벤처중소기업의 경우만 해당한다) (2020. 12. 31. 개정)

한 법률」에 따른 산학협력단이 운영하는 경우의 부동산을 포함한다. 이하 이 호에서 같다)에 대해서는 취득세의 100분의 75를, 과세기준일 현재 창업보육센터용으로 직접 사용하는 부동산에 대해서는 재산세(「지방세법」 제112조에 따른 부과액을 포함한다)의 100분의 100을 각각 2026년 12월 31일까지 감면한다. (2023. 12. 29. 개정)

2. 창업보육센터에 입주하는 자가 해당 창업보육센터용으로 직접 사용하기 위하여 취득하는 부동산에 대하여 취득세, 등록면허세 및 재산세를 과세할 때에는 2023년 12월 31일까지 「지방세법」 제13조 제1항부터 제4항까지, 제28조 제2항·제3항 및 제111조 제2항의 세율을 적용하지 아니한다. (2020. 12. 29. 개정)

④ 특별시장·광역시장·특별자치시장·도지사 또는 특별자치도지사가 「지역중소기업 육성 및 혁신촉진 등에 관한 법률」 제2조 제1호에 따른 지역중소기업에 대하여 경영·산업기술·무역정보의 제공 등 종합적인 지원을 하게 할 목적으로 설치하는 법인으로서 대통령령으로 정하는 법인에 대해서는 다음 각 호에서 정하는 바에 따라 2025년 12월 31일까지 지방세를 경감한다. (2023. 3. 14. 개정)　농특비

1. 그 고유업무에 직접 사용하기 위하여 취득하는 부동산에 대해서는 취득세의 100분의 50을 경감한다. (2011. 12. 31. 신설)

2. 삭　제 (2016. 12. 27.)

3. 과세기준일 현재 그 고유업무에 직접 사용하는 부동산에 대해서는 재산세의 100분의 50을 경감한다. (2016. 12. 27. 개정)

제61조 【도시가스사업 등에 대한 감면】 ① 「한국가스공사법」에 따라 설립된 한국가스공사 또는 「도시가스사업법」 제3조에 따라 허가를 받은 도시가스사업자가 도시가스사업에 직접 사용하기 위하여 취득하는 가스관에 대해서는 취득세 및 재산세의 100분의 50를 각각 2016년 12월 31일까지 경감한다. 다만, 특별시·광역시에 있는 가스관에 대해서는 경감하지 아니한다. (2015. 12. 29. 개정)

② 「집단에너지사업법」에 따라 설립된 한국지역난방공사 또는 「집단에너지사업법」 제9조에 따라 허가를 받은 지역난방사업자가 열공급사업에 직접 사용하기 위하여 취득하는 열수송관에 대해서는 취득세 및 재산세의 100분의 50를 각각 2016년 12월 31일까지 경감한다. 다만,

제29조의 4 【지방중소기업 육성사업 등에 대한 감면】 (2014. 12. 31. 조번개정)

법 제60조 제4항 각 호 외의 부분에서 "대통령령으로 정하는 법인"이란 「지역중소기업 육성 및 혁신촉진에 관한 법률 시행령」 제20조에 따른 지역중소기업 종합지원센터를 말한다. (2022. 1. 25. 개정 ; 지역중소기업~부칙)

특별시·광역시에 있는 열수송관에 대해서는 경감하지 아니한다.
(2015. 12. 29. 개정)

　제62조【광업 지원을 위한 감면】① 광업권의 설정·변경·이전, 그 밖의 등록에 해당하는 면허로서 면허를 새로 받거나 변경받는 경우에는 면허에 대한 등록면허세를 2024년 12월 31일까지 면제한다. (2021. 12. 28. 개정)
② 출원에 의하여 취득하는 광업권과 광산용에 사용하기 위하여 취득하는 지상임목에 대해서는 취득세를 <u>2027년 12월 31일까지</u> 면제한다. (2024. 12. 31. 개정)
③ 「한국광해광업공단」에 따라 설립된 한국광해광업공단이 과세기준일 현재 석재기능공 훈련시설과 「광산안전법」 제5조 제1항 제5호에 따른 광산근로자의 위탁교육시설에 직접 사용하는 건축물 및 그 부속토지(건축물 바닥면적의 7배 이내인 것으로 한정한다)에 대해서는 재산세의 100분의 25를 2019년 12월 31일까지 경감한다. (2021. 3. 9. 개정 ; 한국광해광업공단법 부칙)

　제62조의 2【석유판매업 중 주유소에 대한 감면】「석유 및 석유대체연료 사업법」 제10조에 따른 석유판매업 중 주유소가 「한국석유공사법」에 따른 한국석유공사와 석유제품 구매 계약을 체결하고, 한국석유공사로부터 구매하는 석유제품의 의무구매 비율 등 대통령령으로 정하는 조건을 충족하는 경우 석유제품 판매에 직접 사용하는 부동산에 대해서는 <u>2017년 12월 31일까지</u> 재산세의 100분의 50을 경감한다. (2024. 12. 31. 개정)

제 6 절　수송 및 교통에 대한 지원 (2010. 3. 31. 제정)

　제63조【철도시설 등에 대한 감면】　　　　`농특비`
① 「국가철도공단법」에 따라 설립된 국가철도공단(이하 이 조에서 "국가철도공단"이라 한다)이 「철도산업발전기본법」 제3조 제2호에 따른 철도시설(같은 호 마목 및 바목에 따른 시설은 제외하며, 이하 이 항에

　제29조의 5【재산세 경감대상 주유소의 조건】(2014. 12. 31. 조번개정)
법 제62조의 2에서 "대통령령으로 정하는 조건을 충족하는 경우"란 다음 각 호의 조건을 모두 충족하는 경우를 말한다. (2013. 1. 1. 신설)
1. 판매하는 석유제품의 50퍼센트 이상을 「한국석유공사법」에 따른 한국석유공사로부터 의무적으로 구매할 것 (2013. 1. 1. 신설)
2. 알뜰주유소 상표로 영업할 것 (2013. 1. 1. 신설)

제 6 절　수송 및 교통에 대한 지원 (2010. 9. 20. 제정)

서 "철도시설"이라 한다)용으로 직접 사용하기 위하여 취득하는 부동
산에 대해서는 취득세의 100분의 25를 2025년 12월 31일까지 경감한
다. (2023. 3. 14. 개정)

1.·2. 삭　제 (2016. 12. 27.)

② 국가철도공단이 다음 각 호의 어느 하나에 해당하는 재산을 취득하
는 경우에는 취득세 및 재산세(「지방세법」 제112조에 따른 부과액을
포함한다)를 각각 2025년 12월 31일까지 면제한다. (2023. 3. 14. 개정)

1. 국가, 지방자치단체 또는 「지방자치법」 제176조 제1항에 따른 지방
　자치단체조합(이하 "지방자치단체조합"이라 한다)에 귀속 또는 기
　부채납하는 것을 조건으로 취득하는 「철도산업발전기본법」 제3조
　제4호에 따른 철도차량 (2021. 1. 12. 개정 ; 지방자치법 부칙)

2. 「철도의 건설 및 철도시설 유지관리에 관한 법률」 제17조 제1항 또는
　제3항에 따라 국가로 귀속되는 부동산(사업시행자가 국가철도공단인
　경우에 한정한다) (2020. 6. 9. 개정 ; 한국철도시설공단법 부칙)

③ 「한국철도공사법」에 따라 설립된 한국철도공사에 대해서는 다음
각 호에서 정하는 바에 따라 2025년 12월 31일까지 지방세를 경감한
다. (2023. 3. 14. 개정)

1. 「한국철도공사법」 제9조 제1항 제1호부터 제3호까지 및 제6호(같은
　호의 사업 중 철도역사 개발사업으로 한정한다)의 사업(이하 이 항에
　서 "해당사업"이라 한다)에 직접 사용하기 위하여 취득하는 부동산에
　대해서는 취득세의 100분의 25를, 과세기준일 현재 해당사업에 직접
　사용되는 부동산에 대해서는 재산세(「지방세법」 제112조에 따른 부
　과액을 포함한다)의 100분의 50을 각각 경감한다. (2020. 1. 15. 개정)

2. 해당사업에 직접 사용하기 위하여 취득하는 「철도산업발전기본법」
　제3조 제4호에 따른 철도차량에 대해서는 취득세의 100분의 50(「철
　도사업법」 제4조의 2 제1호에 따른 고속철도차량의 경우에는 취득
　세의 100분의 25)을 경감한다. (2020. 1. 15. 개정)

④ 철도건설사업으로 인하여 철도건설부지로 편입된 토지의 확정·분
할에 따른 토지의 취득에 대해서는 취득세를 면제하고, 분할등기에 대
해서는 등록면허세를 면제한다. (2016. 12. 27. 항번개정)

⑤ 「지방공기업법」 제49조에 따른 지방공사로서 「도시철도법」 제2조
제4호에 따른 도시철도사업(이하 이 항에서 "도시철도사업"이라 한다)

을 수행하는 것을 목적으로 설립된 지방공사(이하 이 조에서 "도시철
도공사"라 한다)에 대해서는 다음 각 호에서 정하는 바에 따라 2025년
12월 31일까지 지방세를 감면한다. (2023. 3. 14. 개정)
1. 도시철도공사가 도시철도사업에 직접 사용하기 위하여 취득하는 부
   동산 및 철도차량에 대해서는 취득세의 100분의 100(100분의 100
   의 범위에서 조례로 따로 정하는 경우에는 그 율)에 대통령령으로
   정하는 지방자치단체 투자비율(이하 이 조에서 "지방자치단체 투자
   비율"이라 한다)을 곱한 금액을 감면한다. (2020. 1. 15. 개정)
2. 도시철도공사의 법인등기 및 구분지상권설정등기에 대해서는 등록
   면허세의 100분의 100(100분의 100의 범위에서 조례로 따로 정하
   는 경우에는 그 율)에 지방자치단체 투자비율을 곱한 금액을 감면한
   다. (2020. 1. 15. 개정)
3. 도시철도공사가 과세기준일 현재 도시철도사업에 직접 사용하는 부
   동산에 대해서는 재산세(「지방세법」 제112조에 따른 부과액을 포함
   한다)의 100분의 100(100분의 100의 범위에서 조례로 따로 정하는
   경우에는 그 율)에 지방자치단체 투자비율을 곱한 금액을 감면한다.
   (2020. 1. 15. 개정)
⑥ 「공공기관의 운영에 관한 법률」 제4조에 따른 공공기관으로서 「철
도사업법」 제5조에 따라 철도사업면허를 받은 자가 해당 사업에 직접
사용하기 위하여 같은 법 제4조의 2 제1호에 따른 고속철도차량을 취
득하는 경우에는 취득세의 100분의 25를 2025년 12월 31일까지 경감
한다. (2023. 3. 14. 신설)

　　　제64조 【해운항만 등 지원을 위한 과세특례】 ① 「국제선박등록
법」에 따른 국제선박으로 등록하기 위하여 취득하는 선박에 대해서는
2027년 12월 31일까지 「지방세법」 제12조 제1항 제1호의 세율에서 1
천분의 20을 경감하여 취득세를 과세하고, 과세기준일 현재 국제선박으
로 등록되어 있는 선박에 대해서는 재산세의 100분의 50을 2024년 12월
31일까지 경감한다. 다만, 선박의 취득일부터 6개월 이내에 국제선박으
로 등록하지 아니하는 경우에는 감면된 취득세를 추징한다. (2024. 12.
31. 개정)
　　　　　　　　　　　　　　　　　　　　　　　　　　　　[농특비]
② 연안항로에 취항하기 위하여 취득하는 대통령령으로 정하는 여객

　　　제29조의 6 【도시철도공사에 대한 지방자치단체 투자비율】 법
제63조 제5항 제1호에서 "대통령령으로 정하는 지방자치단체 투자비
율"이란 「지방공기업법」 제49조에 따른 지방공사로서 「도시철도법」
제2조 제4호에 따른 도시철도사업을 수행하는 것을 목적으로 설립된
지방공사(이하 이 조에서 "도시철도공사"라 한다)의 자본금에 대한 지
방자치단체 출자금액(둘 이상의 지방자치단체가 공동으로 설립한 경우
에는 각 지방자치단체의 출자금액을 합한 금액)의 비율을 말한다. 다
만, 도시철도공사가 「지방공기업법」 제53조 제3항에 따라 주식을 발행
한 경우에는 해당 발행 주식 총수에 대한 지방자치단체의 소유 주식(같
은 조 제4항에 따라 지방자치단체가 출자한 것으로 보는 주식을 포함
한다) 수(둘 이상의 지방자치단체가 주식을 소유하고 있는 경우에는 각
지방자치단체의 소유 주식 수를 합한 수)의 비율을 말한다. (2020. 1.
15. 신설)

 법64-1 【선박 등에 대한 감면】
「지방세특례제한법」 제64조 및 같은 법 시행령 제30조 규정에 의하여 「여
신전문금융업법」에 의한 시설대여회사가 외국항로에 전용할 조건으로 대여한 선
박에 대하여는 취득세를 경감하는 것이며, 이 경우 시설대여회사는 「해운법」에 의
한 선박대여업의 면허를 보유하고 있지 않는다 하더라도 취득세 경감대상이다.

　　　제30조 【화물운송용 선박 등의 범위 등】 ① 법 제64조 제2항 각

및 화물운송용 선박과 외국항로에만 취항하기 위하여 취득하는 대통령령으로 정하는 외국항로취항용 선박에 대해서는 2027년 12월 31일까지 「지방세법」 제12조 제1항 제1호의 세율에서 1천분의 10을 경감하여 취득세를 과세하고, 과세기준일 현재 여객 및 화물운송용에 사용하는 선박에 대해서는 재산세의 100분의 50을 경감하며, 외국항로취항용에 사용하는 선박에 대해서는 해당 선박의 취득일 이후 해당 선박에 대한 재산세 납세의무가 최초로 성립하는 날부터 5년간 재산세의 100분의 50을 경감한다. 다만, 다음 각 호의 어느 하나에 해당하는 경우 그 해당 부분에 대해서는 경감된 취득세를 추징한다. (2024. 12. 31. 개정)

편주 ▶ ···
• 법 64조 2항의 개정규정은 2025. 1. 1. 이후 납세의무가 성립하는 경우부터 적용함. (법 부칙(2024. 12. 31.) 2조)
• 2025. 1. 1. 전에 법 64조 3항에 따른 선박에 대하여 매매 계약을 체결한 경우에는 그 계약을 체결한 당사자의 해당 선박의 취득에 대하여 종전의 규정에 따름. 다만, 해당 계약이 계약금을 지급한 사실 등이 증빙서류에 의하여 확인되는 경우에 한정함. (법 부칙(2024. 12. 31.) 10조)
···

1. 정당한 사유 없이 그 취득일부터 1년이 경과할 때까지 해당 용도로 직접 사용하지 아니하는 경우 (2011. 12. 31. 신설)
2. 해당 용도로 직접 사용한 기간이 2년 미만인 상태에서 매각·증여하거나 다른 용도로 사용하는 경우 (2011. 12. 31. 신설)
③ 연안항로에 취항하기 위하여 대통령령으로 정하는 화물운송용 선박 중 천연가스를 연료로 사용하는 선박을 취득하는 경우에는 2024년 12월 31일까지 「지방세법」 제12조 제1항 제1호의 세율에서 1천분의 20을 경감하여 취득세를 과세한다. 다만, 다음 각 호의 어느 하나에 해당하는 경우 그 해당 부분에 대해서는 경감된 취득세를 추징한다. (2021. 12. 28. 개정)
1. 정당한 사유 없이 그 취득일부터 1년이 경과할 때까지 해당 용도로 직접 사용하지 아니하는 경우 (2020. 1. 15. 신설)
2. 해당 용도로 직접 사용한 기간이 2년 미만인 상태에서 매각·증여하거나 다른 용도로 사용하는 경우 (2020. 1. 15. 신설)
④ 「환경친화적 선박의 개발 및 보급 촉진에 관한 법률」 제6조에 따라

호 외의 부분 본문에서 "연안항로에 취항하기 위하여 취득하는 대통령령으로 정하는 여객 및 화물운송용 선박과 외국항로에만 취항하기 위하여 취득하는 대통령령으로 정하는 외국항로취항용 선박"이란 다음 각 호의 어느 하나에 해당하는 선박을 말한다. (2024. 12. 31. 개정)
1. 「해운법」 제4조에 따라 내항 여객운송사업의 면허를 받거나 같은 법 제24조에 따라 내항 화물운송사업을 등록한 자(취득일부터 30일 이내에 내항 여객운송사업의 면허를 받거나 내항 화물운송사업을 등록하는 자를 포함한다) 또는 같은 법 제33조에 따라 선박대여업을 등록한 자(취득일부터 30일 이내에 선박대여업을 등록하는 자와 「여신전문금융업법」에 따른 시설대여업자로서 선박을 대여하는 자를 포함하며, 이하 이 항에서 "선박대여업의 등록을 한 자"라 한다)가 취득하는 내항 여객 및 화물운송용 선박 (2024. 12. 31. 개정)
2. 다음 각 목의 어느 하나에 해당하는 선박으로서 「국제선박등록법」에 따라 등록되지 아니한 선박 (2010. 9. 20. 제정)
　가. 「해운법」 제4조에 따라 외항 여객운송사업의 면허를 받거나 같은 법 제24조에 따라 외항 화물운송사업을 등록한 자(취득일부터 30일 이내에 외항 여객운송사업의 면허를 받거나 외항 화물운송사업을 등록하는 자를 포함한다)가 외국항로에 전용하는 선박 (2024. 12. 31. 개정)
　나. 선박대여업의 등록을 한 자가 외국항로에 전용할 것을 조건으로 대여한 선박 (2010. 9. 20. 제정)
　다. 원양어업선박(취득일부터 3개월 이내에 「원양산업발전법」 제6조에 따라 허가를 받는 경우를 포함한다) (2010. 9. 20. 제정)
② 법 제64조 제3항에서 "대통령령으로 정하는 화물운송용 선박"이란 제1항 제1호에 따른 선박을 말한다. (2016. 12. 30. 신설)

편주 ▶ ···
영 30조 1항 1호의 개정규정은 2025. 1. 1. 이후 납세의무가 성립하는 경우부터 적용함. (영 부칙(2024. 12. 31.) 4조)
···

편주 ▶ ···
영 30조 1항 2호 가목의 개정규정은 2025. 1. 1. 이후 납세의무가 성립하는 경우부터 적용함. (영 부칙(2024. 12. 31.) 4조)
···

환경친화적 선박의 인증등급(이하 "친환경선박 인증등급"이라 한다)이
3등급 이상인 선박을 취득하는 경우(선박 취득일부터 60일 이내에 친
환경선박 인증등급 3등급 이상으로 인증을 받은 경우를 포함한다)에는
2026년 12월 31일까지 「지방세법」 제12조 제1항 제1호의 세율에서
다음 각 호의 구분에 따른 율을 경감하여 취득세를 과세한다. 다만, 그
취득일부터 5년 이내에 환경친화적 선박의 인증이 취소되는 경우에는
경감된 취득세를 추징한다. (2023. 12. 29. 신설)
1. 친환경선박 인증등급이 1등급인 경우 : 1천분의 20 (2023. 12. 29.
   신설)
2. 친환경선박 인증등급이 2등급인 경우 : 1천분의 15 (2023. 12. 29.
   신설)
3. 친환경선박 인증등급이 3등급인 경우 : 1천분의 10 (2023. 12. 29.
   신설)

　제64조의 2 【지능형 해상교통정보서비스 무선국에 대한 감면】
선박의 소유자가 「지능형 해상교통정보서비스의 제공 및 이용 활성화
에 관한 법률」 제18조 제1항에 따라 같은 법 제2조 제3호에 따른 지능
형 해상교통정보서비스를 송신·수신할 수 있는 설비를 선박에 설치하
여 무선국을 개설한 경우에 해당 무선국의 면허에 대해서는 등록면허
세를 2023년 12월 31일까지 면제한다. (2020. 12. 29. 신설)

　제65조 【항공운송사업 등에 대한 과세특례】 「항공사업법」에 따
라 면허를 받거나 등록을 한 자가 국내항공운송사업, 국제항공운송사
업, 소형항공운송사업 또는 항공기사용사업에 사용하기 위하여 취득하
는 항공기에 대해서는 2027년 12월 31일까지 「지방세법」 제12조 제1
항 제4호의 세율에서 1천분의 12를 경감하여 취득세를 과세하고, 과세
기준일 현재 그 사업에 직접 사용하는 항공기에 대해서는 해당 항공기
취득일 이후 재산세 납세의무가 최초로 성립한 날부터 5년간 재산세의
100분의 50을 경감한다. 다만, 자산총액이 대통령령으로 정하는 금액
이상인 자가 취득하는 항공기는 해당 항공기 취득일 이후 재산세 납세
의무가 최초로 성립한 날부터 5년간 재산세의 100분의 50을 2027년
12월 31일까지 경감한다. (2024. 12. 31. 개정)

　제30조의 2 【항공운송사업 등의 과세특례 제외 기준】 법 제65
조 단서에서 "대통령령으로 정하는 금액 이상인 자"란 「자본시장과 금
융투자업에 관한 법률」 제159조에 따라 사업보고서를 제출해야 하는
법인으로서 직전사업연도 재무상태표의 자산총액(새로 설립된 회사로
서 직전사업연도의 재무상태표가 없는 경우에는 「지방세기본법」 제34
조에 따른 납세의무 성립시기의 납입자본금으로 한다)의 합계액이 5조
원 이상인 자를 말한다. (2018. 12. 31. 신설)

제66조 【교환자동차 등에 대한 감면】　농특비

① 자동차(기계장비를 포함한다. 이하 이 항에서 "자동차등"이라 한다)의 제작 결함으로 인하여 「소비자기본법」에 따른 소비자분쟁해결기준 또는 「자동차관리법」에 따른 자동차안전·하자심의위원회의 중재에 따라 반납한 자동차등과 같은 종류의 자동차등(자동차의 경우에는 「자동차관리법」 제3조에 따른 같은 종류의 자동차를 말한다)으로 교환받는 자동차등에 대해서는 취득세를 면제한다. 다만, 교환으로 취득하는 자동차등에 부과되어야 할 세액이 종전의 자동차등의 취득으로 납부한 세액을 초과하는 경우에는 그 초과분을 취득세로 부과한다. (2021. 12. 28. 단서개정)

② 「자동차관리법」 제13조 제7항 또는 「건설기계관리법」 제6조 제1항 제7호에 따라 말소된 자동차 또는 건설기계를 다시 등록하기 위한 등록면허세는 면제한다. (2020. 1. 15. 개정)

③ 「환경친화적 자동차의 개발 및 보급촉진에 관한 법률」 제2조 제5호에 따른 하이브리드자동차로서 같은 조 제2호에 따라 고시된 자동차를 취득하는 경우에는 다음 각 호에서 정하는 바에 따라 취득세를 감면한다. (2018. 12. 24. 개정)

1. 취득세액이 40만원 이하인 경우에는 2024년 12월 31일까지 취득세를 면제한다. (2023. 3. 14. 개정)
2. 취득세액이 40만원을 초과하는 경우에는 2024년 12월 31일까지 취득세액에서 40만원을 공제한다. (2023. 3. 14. 개정)

④ 「환경친화적 자동차의 개발 및 보급 촉진에 관한 법률」 제2조 제3호에 따른 전기자동차로서 같은 조 제2호에 따라 고시된 자동차를 취득하는 경우에는 2026년 12월 31일까지 취득세액이 140만원 이하인 경우 취득세를 면제하고, 취득세액이 140만원을 초과하는 경우 취득세액에서 140만원을 공제한다. (2024. 12. 31. 신설)

⑤ 「환경친화적 자동차의 개발 및 보급 촉진에 관한 법률」 제2조 제6호에 따른 수소전기자동차로서 같은 조 제2호에 따라 고시된 자동차(제6항에 따른 화물자동차는 제외한다)를 취득하는 경우에는 2027년 12월 31일까지 취득세액이 140만원 이하인 경우 취득세를 면제하고, 취득세액이 140만원을 초과하는 경우 취득세액에서 140만원을 공제

한다. (2024. 12. 31. 개정)

1. 2018년 12월 31일까지는 취득세액이 200만원 이하인 경우에는 취득세를 전액 면제하고, 취득세액이 200만원을 초과하는 경우에는 산출세액에서 200만원을 공제한다. (2016. 12. 27. 개정)
2. 2019년 1월 1일부터 2019년 12월 31일까지는 취득세액이 140만원 이하인 경우에는 취득세를 전액 면제하고, 취득세액이 140만원을 초과하는 경우에는 산출세액에서 140만원을 공제한다. (2016. 12. 27. 개정)

1.~2. 삭 제 (2020. 1. 15.)

⑥ 「환경친화적 자동차의 개발 및 보급 촉진에 관한 법률」 제2조 제6호에 따른 수소전기자동차로서 같은 조 제2호에 따라 고시된 자동차 중 「화물자동차 운수사업법」 제2조 제1호에 따른 화물자동차를 취득하는 경우에는 취득세의 100분의 50을 2025년 12월 31일까지 경감한다. (2024. 12. 31. 항번개정)

운영예규 법66 - 1 【교환받는 자동차】
교환받는 자동차의 범위에 자동차회사로부터 금전으로 환급받아 취득하는 자동차는 포함되지 아니한다.

제66조의 2 【노후경유자동차 교체에 대한 취득세 감면】

① 「자동차관리법」에 따라 2006년 12월 31일 이전에 신규등록된 경유를 원료로 하는 승합자동차 또는 화물자동차(「자동차관리법」에 따라 자동차매매업으로 등록한 자가 매매용으로 취득한 중고자동차는 제외한다. 이하 이 항에서 "노후경유자동차"라 한다)를 2017년 1월 1일 현재 소유(등록일을 기준으로 한다)하고 있는 자가 노후경유자동차를 폐차하고 말소등록한 이후 승합자동차 또는 화물자동차[신조차(新造車)에 한정한다. 이하 이 항에서 "신조차"라 한다]를 2017년 6월 30일까지 본인의 명의로 취득하여 신규등록하는 경우에는 취득세의 100분의 50을 경감한다. 이 경우 노후경유자동차 1대당 신조차 1대만 취득세를 경감한다. (2016. 12. 27. 신설)

② 제1항에 따른 1대당 취득세 경감액이 100만원 이하인 경우에는 산출세액 전액을, 취득세 경감액이 100만원을 초과하는 경우에는 산출세액에서 100만원을 공제한다. (2016. 12. 27. 신설)

제67조【경형자동차 등에 대한 과세특례】① 「자동차관리법」 제3조 제1항에 따른 승용자동차 중 대통령령으로 정하는 규모의 자동차를 대통령령으로 정하는 비영업용 승용자동차로 취득하는 경우에는 다음 각 호에서 정하는 바에 따라 취득세를 2027년 12월 31일까지 감면한다. 다만, 취득일부터 1년 이내에 영업용으로 사용하는 경우에는 감면된 취득세를 추징한다. (2024. 12. 31. 개정) <농특비>

1. 취득세액이 75만원 이하인 경우 취득세를 면제한다. (2021. 12. 28. 개정)

2. 취득세액이 75만원을 초과하는 경우 취득세액에서 75만원을 공제한다. (2021. 12. 28. 개정)

② 「자동차관리법」 제3조 제1항에 따른 승합자동차 또는 화물자동차(같은 법 제3조에 따른 자동차의 유형별 세부기준이 특수용도형 화물자동차로서 피견인형 자동차는 제외한다) 중 대통령령으로 정하는 규모의 자동차를 취득하는 경우에는 취득세를 2027년 12월 31일까지 면제한다. (2024. 12. 31. 개정) <농특비>

③ 승차 정원 7명 이상 10명 이하 비영업용 승용자동차로서 행정안전부령으로 정하는 자동차에 대한 자동차세는 「지방세법」 제127조 제1항 제1호에도 불구하고 2027년 12월 31일까지 같은 항 제4호에 따른 소형일반버스 세율을 적용하여 과세한다. 이 경우 2007년 12월 31일 이전에 「자동차관리법」에 따라 신규등록 또는 신규로 신고된 차량으로 한정한다. (2024. 12. 31. 개정)

제68조【매매용 및 수출용 중고자동차 등에 대한 감면】① 다음 각 호에 해당하는 자가 매매용으로 취득(「지방세법」 제7조 제4항에 따른 취득은 제외한다. 이하 이 조에서 같다)하는 중고자동차 또는 중고건설기계(이하 이 조에서 "중고자동차등"이라 한다)에 대해서는 취득세와 자동차세를 각각 2027년 12월 31일까지 면제한다. 이 경우 자동차세는 다음 각 호에 해당하는 자의 명의로 등록된 기간에 한정하여 면제한다. (2024. 12. 31. 개정) <농특비>

1. 「자동차관리법」 제53조에 따라 자동차매매업을 등록한 자 (2010. 3. 31. 제정)

2. 「건설기계관리법」 제21조 제1항에 따라 건설기계매매업을 등록한

제31조【비영업용 승용자동차의 구분 등】① 법 제67조 제1항 및 제2항에서 "대통령령으로 정하는 규모의 자동차"란 각각 배기량 1천시시 미만으로서 길이 3.6미터, 너비 1.6미터, 높이 2.0미터 이하인 승용자동차·승합차 및 화물자동차를 말한다. 다만, 동력원으로 전기만 사용하는 자동차의 경우에는 길이·너비 및 높이 기준만 적용한다. (2010. 9. 20. 제정)

② 법 제67조 제1항 각 호 외의 부분에서 "대통령령으로 정하는 비영업용 승용자동차"란 「지방세법 시행령」 제122조 제1항에 따른 비영업용으로 이용되는 승용자동차를 말한다. (2018. 12. 31. 개정)

☞

<운영예규> 법68-1【매매용 중고자동차 등의 범위】
매매용으로 제시신고를 하고 자동차매매업자 명의로 이전된 차량의 경우 중고자동차에 해당한다.

제4조【전방조종자동차에 대한 과세특례】법 제67조 제3항 전단에서 "행정안전부령으로 정하는 자동차"란 「자동차 및 자동차부품의 성능과 기준에 관한 규칙」 제2조 제23호에 따른 전방조종자동차를 말한다. (2017. 7. 26. 직제개정 ; 행정안전부와~시행규칙 부칙)

자 (2010. 3. 31. 제정)

② 제1항에 따라 취득한 중고자동차등을 그 취득일부터 2년(「자동차관리법」 제3조 제1항에 따른 승합자동차, 화물자동차 또는 특수자동차의 경우에는 3년) 이내에 매각하지 아니하거나 수출하지 아니하는 경우에는 면제된 취득세를 추징한다. 다만, 중고자동차로서 다음 각 호의 어느 하나에 해당하여 「자동차관리법」 제2조 제5호 및 「건설기계관리법」 제2조 제1항 제2호에 따라 폐차 또는 폐기한 경우에는 감면된 취득세를 추징하지 아니한다. (2023. 12. 29. 개정)

1. 취득일부터 1년이 경과한 중고자동차로서 「자동차관리법」 제43조 제1항 제2호 또는 제4호에 따른 자동차 검사에서 부적합 판정을 받은 경우 (2023. 12. 29. 신설)

2. 「재난 및 안전관리 기본법」 제3조 제1호에 따른 재난으로 인하여 피해를 입은 경우 (2023. 12. 29. 신설)

③ 「대외무역법」에 따른 무역을 하는 자가 수출용으로 취득하는 중고선박, 중고기계장비 및 중고항공기에 대해서는 「지방세법」 제12조 제1항 제1호·제3호 및 제4호의 세율에서 각각 1천분의 20을 경감하여 취득세를 2027년 12월 31일까지 과세하고, 「대외무역법」에 따른 무역을 하는 자가 수출용으로 취득하는 중고자동차에 대해서는 취득세를 2027년 12월 31일까지 면제한다. (2024. 12. 31. 개정)

④ 제3항에 따른 중고선박, 중고기계장비, 중고항공기 및 중고자동차를 취득일부터 2년 이내에 수출하지 아니하는 경우에는 감면된 취득세를 추징한다. 다만, 중고자동차로서 「재난 및 안전관리 기본법」 제3조 제1호에 따른 재난으로 인하여 피해를 입어 「자동차관리법」 제2조 제5호 및 「건설기계관리법」 제2조 제1항 제2호에 따라 폐차 또는 폐기한 경우에는 감면된 취득세를 추징하지 아니한다. (2023. 12. 29. 단서신설)

　제69조 【교통안전 등을 위한 감면】 「한국교통안전공단법」에 따라 설립된 한국교통안전공단이 같은 법 제6조 제6호의 사업을 위한 부동산을 취득하는 경우 및 「자동차관리법」 제44조에 따른 지정을 받아 자동차검사업무를 대행하는 자동차검사소용 부동산을 취득하는 경우에는 취득세의 100분의 25를 2025년 12월 31일까지 경감한다. (2023. 3. 14. 개정)

　제32조 【여객자동차운송사업의 범위】 법 제70조 제1항에서 "시내버스운송사업·마을버스운송사업 등 대통령령으로 정하는 사업"이란 「여객자동차 운수사업법 시행령」 제3조에 따른 시내버스운송사업, 농어촌버스운송사업, 마을버스운송사업, 시외버스운송사업, 일반택시운송사업 및 개인택시운송사업을 말한다. (2010. 9. 20. 제정)

제70조【운송사업 지원을 위한 감면】① 「여객자동차 운수사업법」 제4조에 따라 여객자동차운송사업 면허를 받거나 등록을 한 자가 같은 법 제3조에 따른 여객자동차운송사업 중 다음 각 호의 어느 하나에 해당하는 사업에 직접 사용하기 위하여 취득하는 자동차에 대해서는 취득세의 100분의 50을 <u>2027년 12월 31일</u>까지 경감한다. (2024. 12. 31. 개정)

1. 시내버스운송사업·농어촌버스운송사업·마을버스운송사업 또는 시외버스운송사업 (2018. 12. 24. 개정)

2. 일반택시운송사업 또는 개인택시운송사업 (2018. 12. 24. 개정)

② 삭 제 (2014. 12. 31.)

③ 「여객자동차 운수사업법」 제4조에 따라 여객자동차운송사업 면허를 받거나 등록을 한 자가 같은 법 제3조에 따른 여객자동차운송사업에 직접 사용하기 위하여 천연가스 버스를 취득하는 경우에는 2020년 12월 31일까지 취득세를 면제하고, 2021년 1월 1일부터 2024년 12월 31일까지 취득세의 100분의 75를 경감한다. (2021. 12. 28. 개정)

④ 「여객자동차 운수사업법」 제4조에 따라 여객자동차운송사업 면허를 받거나 등록을 한 자가 같은 법 제3조에 따른 여객자동차운송사업에 직접 사용하기 위하여 「환경친화적 자동차의 개발 및 보급 촉진에 관한 법률」 제2조 제3호에 따른 전기자동차 또는 같은 조 제6호에 따른 수소전기자동차로서 같은 조 제2호에 따라 고시된 전기버스 또는 수소전기버스를 취득하는 경우에는 <u>2027년 12월 31일</u>까지 취득세를 면제한다. (2024. 12. 31. 개정)

제71조【물류단지 등에 대한 감면】① 「물류시설의 개발 및 운영에 관한 법률」 제27조에 따른 물류단지개발사업의 시행자가 같은 법 제22조 제1항에 따라 지정된 물류단지(이하 이 조에서 "물류단지"라 한다)를 개발하기 위하여 취득하는 부동산에 대해서는 취득세의 100분의 35를, 과세기준일 현재 해당 사업에 직접 사용하는 부동산에 대해서는 재산세의 100분의 25를 각각 2025년 12월 31일까지 경감하며, 지방자치단체의 장은 재산세에 대해서는 해당 지역의 재정 여건 등을 고려하여 100분의 10의 범위에서 조례로 정하는 율을 추가로 경감할 수 있다. 다만, 다음 각 호의 어느 하나에 해당하는 경우에는 경감된 취득

제32조【여객자동차운송사업의 범위】삭 제 (2018. 12. 31.)

편주 ▶
법 71조 1항 각 호 외의 부분 단서의 개정규정은 2025. 1. 1. 이후 지방세를 감면받는 경우부터 적용함. (법 부칙(2024. 12. 31.) 3조)

세와 재산세를 추징하되, 제2호부터 제4호까지의 경우에는 그 해당 부분에 한정하여 추징한다. (2024. 12. 31. 개정)

1. 「물류시설의 개발 및 운영에 관한 법률」 제26조 제1항 및 제2항 제1호에 따라 물류단지의 지정이 해제되는 경우 (2024. 12. 31. 개정)

2. 그 취득일부터 3년 이내에 정당한 사유 없이 「물류시설의 개발 및 운영에 관한 법률」 제46조에 따른 준공인가를 받지 아니한 경우 (2024. 12. 31. 개정)

3. 「물류시설의 개발 및 운영에 관한 법률」 제46조에 따른 준공인가를 받은 날부터 3년 이내에 정당한 사유 없이 해당 용도로 분양·임대하지 아니하거나 직접 사용하지 아니한 경우 (2024. 12. 31. 개정)

4. 해당 용도로 직접 사용한 기간이 2년 미만인 상태에서 매각·증여하거나 다른 용도로 사용하는 경우 (2024. 12. 31. 개정)

② 물류단지에서 대통령령으로 정하는 물류사업(이하 이 항에서 "물류사업"이라 한다)을 직접 하려는 자가 물류사업에 직접 사용하기 위해 취득하는 대통령령으로 정하는 물류시설용 부동산(이하 이 항에서 "물류시설용 부동산"이라 한다)에 대해서는 2025년 12월 31일까지 취득세의 100분의 50을 경감하고, 2025년 12월 31일까지 취득하여 과세기준일 현재 물류사업에 직접 사용하는 물류시설용 부동산에 대해서는 그 물류시설용 부동산을 취득한 날부터 5년간 재산세의 100분의 35를 경감한다. (2023. 3. 14. 개정)

③ 「물류시설의 개발 및 운영에 관한 법률」 제7조에 따라 복합물류터미널사업(「사회기반시설에 대한 민간투자법」 제2조 제5호에 따른 민간투자사업 방식의 사업으로 한정한다. 이하 이 항에서 같다)의 등록을 한 자(이하 이 항에서 "복합물류터미널사업자"라 한다)가 사용하는 부동산에 대해서는 다음 각 호에서 정하는 바에 따라 지방세를 경감한다. (2020. 1. 15. 개정)

1. 복합물류터미널사업자가 「물류시설의 개발 및 운영에 관한 법률」 제9조 제1항에 따라 인가받은 공사계획을 시행하기 위하여 취득하는 부동산에 대해서는 2025년 12월 31일까지 취득세의 100분의 25를 경감한다. 다만, 그 취득일부터 3년이 경과할 때까지 정당한 사유 없이 그 사업에 직접 사용하지 아니하는 경우에는 경감된 취득세를 추징한다. (2023. 3. 14. 개정)

제33조【물류사업의 범위 등】 (2020. 1. 15. 제목개정)

① 법 제71조 제2항에서 "대통령령으로 정하는 물류사업"이란 「물류정책기본법」 제2조 제1항 제2호에 따른 물류사업을 말한다. (2020. 1. 15. 개정)

② 법 제71조 제2항에서 "대통령령으로 정하는 물류시설용 부동산"이란 「물류시설의 개발 및 운영에 관한 법률」 제2조 제7호에 따른 일반물류단지시설(「유통산업발전법」 제2조 제3호에 따른 대규모점포는 제외한다)을 설치하기 위해 「물류시설의 개발 및 운영에 관한 법률」 제27조에 따른 물류단지개발사업의 시행자로부터 취득하는 토지와 그 토지 취득일부터 5년 이내에 해당 토지에 신축하거나 증축하여 취득하는 건축물(토지 취득일 전에 신축하거나 증축한 건축물을 포함한다)을 말한다. (2020. 1. 15. 개정)

2. 복합물류터미널사업자가 과세기준일 현재 복합물류터미널사업에 직접 사용하는 부동산에 대해서는 2022년 12월 31일까지 재산세의 100분의 25를 경감한다. (2020. 1. 15. 개정)
④·⑤ 삭 제 (2016. 12. 27.)

  제71조의 2【도시첨단물류단지에 대한 감면】① 「물류시설의 개발 및 운영에 관한 법률」 제22조의 2 제1항에 따라 지정된 도시첨단물류단지(이하 이 조에서 "도시첨단물류단지"라 한다) 개발에 직접 사용하기 위하여 취득하는 토지 및 물류시설(「물류시설의 개발 및 운영에 관한 법률」 제2조 제1호 가목부터 다목까지의 시설을 말한다. 이하 이 조에서 "물류시설"이라 한다)용 건축물에 대해서는 취득세의 100분의 15를 2025년 12월 31일까지 경감한다. 다만, 다음 각 호의 어느 하나에 해당하는 경우 그 해당 부분에 대해서는 경감된 취득세를 추징한다. (2023. 12. 29. 신설)
1. 정당한 사유 없이 그 취득일부터 2년이 경과할 때까지 해당 용도로 직접 사용하지 아니하는 경우 (2023. 12. 29. 신설)
2. 「물류시설의 개발 및 운영에 관한 법률」 제46조에 따른 준공인가를 받은 날부터 3년 이내에 정당한 사유 없이 물류시설용으로 분양 또는 임대하지 아니하거나 직접 사용하지 아니한 경우 (2023. 12. 29. 신설)
3. 해당 용도로 직접 사용한 기간이 2년 미만인 상태에서 매각·증여하거나 다른 용도로 사용하는 경우 (2023. 12. 29. 신설)
② 도시첨단물류단지에서 제71조 제2항에 따른 물류사업을 직접 하려는 자가 물류사업에 직접 사용하기 위해 취득하는 물류시설용 부동산에 대해서는 취득세의 100분의 40(제1항에 따른 자가 직접 사용하는 경우에는 100분의 15)을 2025년 12월 31일까지 경감한다. 다만, 다음 각 호의 어느 하나에 해당하는 경우 그 해당 부분에 대해서는 경감된 취득세를 추징한다. (2023. 12. 29. 신설)
1. 정당한 사유 없이 그 취득일부터 2년이 경과할 때까지 해당 용도로 직접 사용하지 아니하는 경우 (2023. 12. 29. 신설)
2. 해당 용도로 직접 사용한 기간이 2년 미만인 상태에서 매각·증여하거나 다른 용도로 사용하는 경우 (2023. 12. 29. 신설)

③ 제1항 및 제2항을 적용할 때 지방자치단체의 장은 해당 지역의 재정 여건 등을 고려하여 100분의 10의 범위에서 조례로 정하는 율을 추가로 경감할 수 있다. (2023. 12. 29. 신설)

제72조【별정우체국에 대한 과세특례】① 「별정우체국법」 제3조에 따라 과학기술정보통신부장관의 지정을 받은 사람(같은 법 제3조의 3에 따라 별정우체국의 지정을 승계한 사람을 포함한다. 이하 이 조에서 "피지정인"이라 한다)이 별정우체국사업에 직접 사용(같은 법 제4조 제2호에 해당하는 사람을 별정우체국의 국장으로 임용하는 경우에도 피지정인이 직접 사용하는 것으로 본다. 이하 이 조에서 같다)하기 위하여 취득하는 부동산에 대한 취득세는 2025년 12월 31일까지 「지방세법」 제11조 제1항의 세율에서 1천분의 20을 경감하여 과세한다. 다만, 다음 각 호의 어느 하나에 해당하는 경우 그 해당 부분에 대해서는 경감된 취득세를 추징한다. (2023. 3. 14. 개정)　[농특비]

1. 해당 부동산을 취득한 날부터 5년 이내에 수익사업에 사용하는 경우 (2016. 12. 27. 개정)
2. 정당한 사유 없이 그 취득일부터 1년이 경과할 때까지 해당 용도로 직접 사용하지 아니하는 경우 (2011. 12. 31. 신설)
3. 해당 용도로 직접 사용한 기간이 2년 미만인 상태에서 매각·증여하거나 다른 용도로 사용하는 경우 (2011. 12. 31. 신설)

② 피지정인이 과세기준일 현재 별정우체국 사업에 직접 사용하는 부동산(「별정우체국법」 제3조의 3에 따라 별정우체국의 지정을 승계한 경우로서 피승계인 명의의 부동산을 무상으로 직접 사용하는 경우를 포함한다)에 대해서는 재산세(「지방세법」 제112조에 따른 부과액을 포함한다)를 2025년 12월 31일까지 면제하고, 별정우체국에 대한 주민세 사업소분(「지방세법」 제81조 제1항 제2호에 따라 부과되는 세액으로 한정한다) 및 종업원분을 2025년 12월 31일까지 각각 면제한다. 다만, 수익사업에 사용하는 경우와 해당 재산이 유료로 사용되는 경우의 그 재산 및 해당 재산의 일부가 그 목적에 직접 사용되지 아니하는 경우의 그 일부 재산에 대해서는 면제하지 아니한다. (2023. 3. 14. 개정)

③ 「별정우체국법」에 따라 설립된 별정우체국 연금관리단이 같은 법 제16조 제1항의 업무에 직접 사용하기 위하여 취득하는 부동산에 대하

☞
[운영예규] 법72-1【별정우체국】
「지방세특례제한법」 제72조의 「별정우체국」이라 함은 「별정우체국법」 제3조의 규정에 의하여 과학기술정보통신부장관으로부터 별정우체국으로 지정을 받아 자기의 부담으로 청사 기타 시설을 갖추고 국가로부터 위임받은 체신업무를 자기 계산 하에 운영하는 우체국을 말한다.

여는 다음 각 호에서 정하는 바에 따라 2014년 12월 31일까지 지방세를 감면한다. (2013. 1. 1. 개정)

1. 「별정우체국법」 제16조 제1항 제4호의 복리증진사업을 위한 부동산에 대하여는 취득세 및 재산세를 각각 면제한다. (2010. 3. 31. 제정)

2. 「별정우체국법」 제16조 제1항 제3호 및 제5호의 업무를 위한 부동산에 대하여는 취득세 및 재산세의 100분의 50을 각각 경감한다. (2010. 3. 31. 제정)

제 7 절 국토 및 지역개발에 대한 지원
(2010. 3. 31. 제정)

제73조 【토지수용 등으로 인한 대체취득에 대한 감면】 `농특비` ① 「공익사업을 위한 토지 등의 취득 및 보상에 관한 법률」, 「국토의 계획 및 이용에 관한 법률」, 「도시개발법」 등 관계 법령에 따라 토지 등을 수용할 수 있는 사업인정을 받은 자(「관광진흥법」 제55조 제1항에 따른 조성계획의 승인을 받은 자 및 「농어촌정비법」 제56조에 따른 농어촌정비사업 시행자를 포함한다)에게 부동산(선박·어업권·양식업권 및 광업권을 포함한다. 이하 이 조에서 "부동산등"이라 한다)이 매수, 수용 또는 철거된 자(「공익사업을 위한 토지 등의 취득 및 보상에 관한 법률」이 적용되는 공공사업에 필요한 부동산등을 해당 공공사업의 시행자에게 매도한 자 및 같은 법 제78조 제1항부터 제4항까지 및 제81조에 따른 이주대책의 대상이 되는 자를 포함한다)가 계약일 또는 해당 사업인정 고시일(「관광진흥법」에 따른 조성계획 고시일 및 「농어촌정비법」에 따른 개발계획 고시일을 포함한다) 이후에 대체취득할 부동산등에 관한 계약을 체결하거나 건축허가를 받고, 그 보상금을 마지막으로 받은 날(사업인정을 받은 자의 사정으로 대체취득이 불가능한 경우에는 취득이 가능한 날을 말하고, 「공익사업을 위한 토지 등의 취득 및 보상에 관한 법률」 제63조 제1항에 따라 토지로 보상을 받는 경우에는 해당 토지에 대한 취득이 가능한 날을 말하며, 같은 법 제63조 제6항 및 제7항에 따라 보상금을 채권으로 받는 경우에는 채권상환기간 만료일을 말한다)부터 1년 이내(제6조 제1항에 따른 농지의 경

제 7 절 국토 및 지역개발에 대한 지원
(2010. 9. 20. 제정)

제34조 【수용 시의 초과액 산정기준】 ① 법 제73조 제1항 각 호 외의 부분 단서에 따른 초과액의 산정 기준과 산정 방법은 다음 각 호와 같다. (2010. 9. 20. 제정)

1. 법 제73조 제1항 각 호 외의 부분 본문에 따른 부동산등(이하 이 조에서 "부동산등"이라 한다)의 대체취득이 다음 각 목에 따른 취득에 해당하는 경우의 초과액 : 대체취득한 부동산등의 사실상의 취득 가격에서 매수·수용·철거된 부동산등의 보상금액을 뺀 금액 (2021. 12. 31. 개정)

가. 국가, 지방자치단체 또는 「지방자치법」 제176조 제1항에 따른 지방자치단체조합으로부터의 취득 (2021. 12. 31. 신설)

나. 외국으로부터의 수입에 의한 취득 (2021. 12. 31. 신설)

다. 민사소송 및 행정소송에 의하여 확정된 판결문(화해·포기·인낙 또는 자백간주에 의한 것은 제외한다), 금융회사의 금융거래 내역 또는 「감정평가 및 감정평가사에 관한 법률」 제6조에 따른 감정평가서 등 객관적 증거서류에 의하여 법인이 작성한 원장·보조장·출납전표·결산서 등 법인장부[법인장부의 기재사항 중 중고자동차 또는 중고기계장비의 취득가액이 「지방세법」 제4조 제2항에서 정하는 시가표준액보다 낮은 경우에는 그 취득 가액 부분(중고자동차 또는 중고기계장비가 천재지변, 화재, 교통사고 등으로 그 가액이 시가표준액보다 하락한 것으로

제5조 【부동산등의 수용 등 확인서】 법 제73조 제1항에 따른 부동산등(이하 이 조에서 "부동산등"이라 한다)이 매수, 수용 또는 철거된 자가 종전의 부동산등을 대체할 부동산등을 취득함에 따라 취득세를 면제받으려는 경우에는 별지 제5호 서식의 부동산등 매수, 수용 또는 철거 확인서를 관할 시장·군수·구청장에게 제출하여야 한다. (2016. 12. 30. 개정)

우는 2년 이내)에 다음 각 호의 구분에 따른 지역에서 종전의 부동산등을 대체할 부동산등을 취득하였을 때(건축 중인 주택을 분양받는 경우에는 분양계약을 체결한 때를 말한다)에는 그 취득에 대한 취득세를 면제한다. 다만, 새로 취득한 부동산등의 가액 합계액이 종전의 부동산등의 가액 합계액을 초과하는 경우에 그 초과액에 대해서는 취득세를 부과하며, 초과액의 산정 기준과 방법 등은 대통령령으로 정한다. (2019. 8. 27. 개정 ; 양식산업발전법 부칙)

1. 농지 외의 부동산등 (2010. 3. 31. 제정)

　가. 매수·수용·철거된 부동산등이 있는 특별시·광역시·특별자치시·도·특별자치도 내의 지역 (2016. 12. 27. 개정)

　나. 가목 외의 지역으로서 매수·수용·철거된 부동산등이 있는 특별자치시·시·군·구와 잇닿아 있는 특별자치시·시·군·구 내의 지역 (2016. 12. 27. 개정)

　다. 매수·수용·철거된 부동산등이 있는 특별시·광역시·특별자치시·도·특별자치도와 잇닿아 있는 특별시·광역시·특별자치시·도·특별자치도 내의 지역. 다만, 「소득세법」 제104조의 2 제1항에 따른 지정지역은 제외한다. (2024. 12. 31. 개정)

2. 농지(제6조 제1항에 따른 자경농민이 농지 경작을 위하여 총 보상금액의 100분의 50 미만의 가액으로 취득하는 주택을 포함한다) (2015. 12. 29. 개정)

　가. 제1호에 따른 지역 (2010. 3. 31. 제정)

　나. 가목 외의 지역으로서 「소득세법」 제104조의 2 제1항에 따른 지정지역을 제외한 지역 (2010. 3. 31. 제정)

② 제1항에도 불구하고 「지방세법」 제13조 제5항에 따른 과세대상을 취득하는 경우와 대통령령으로 정하는 부재부동산 소유자가 부동산을 대체취득하는 경우에는 취득세를 부과한다. (2010. 12. 27. 개정)

③ 「공익사업을 위한 토지 등의 취득 및 보상에 관한 법률」에 따른 환매권을 행사하여 매수하는 부동산에 대해서는 취득세를 면제한다. (2015. 12. 29. 개정)

운영예규 법73-1 【대체취득 감면 기간】
대체취득 감면 적용기간은 사업인정고시일(사업인정고시일 이전에 사업인정을 받

시장·군수·구청장이 인정한 경우는 제외한다)은 객관적 증거서류에 의하여 취득가액이 증명되는 법인장부에서 제외한다]에 따라 취득가격이 증명되는 취득 (2021. 12. 31. 신설)

　라. 공매방법에 의한 취득 (2021. 12. 31. 신설)

　마. 「부동산 거래신고 등에 관한 법률」 제3조에 따른 신고서를 제출하여 같은 법 제5조에 따라 검증이 이루어진 취득 (2021. 12. 31. 신설)

2. 부동산등의 대체취득이 제1호 각 목에 따른 취득 외의 취득에 해당하는 경우의 초과액 : 대체취득한 부동산등의 취득세 과세표준(「지방세법」 제10조의 2부터 제10조의 6까지의 규정에 따른 과세표준을 말한다)에서 매수·수용·철거된 부동산등의 매수·수용·철거 당시의 보상금액을 뺀 금액 (2021. 12. 31. 개정)

편주 ▶
법 73조 1항 1호 다목 본문의 개정규정은 2025. 1. 1. 이후 납세의무가 성립하는 경우부터 적용함. (법 부칙(2024. 12. 31.) 2조)

② 법 제73조 제2항에서 "대통령령으로 정하는 부재부동산 소유자"란 「공익사업을 위한 토지 등의 취득 및 보상에 관한 법률」 등 관계 법령에 따른 사업고시지구 내에 매수·수용 또는 철거되는 부동산을 소유하는 자로서 다음 각 호에 따른 지역에 계약일(사업인정고시일 전에 체결된 경우로 한정한다) 또는 사업인정고시일 현재 1년 전부터 계속하여 주민등록 또는 사업자등록을 하지 아니하거나 1년 전부터 계속하여 주민등록 또는 사업자등록을 한 경우라도 사실상 거주 또는 사업을 하고 있지 아니한 거주자 또는 사업자(법인을 포함한다)를 말한다. 이 경우 상속으로 부동산을 취득하였을 때에는 상속인과 피상속인의 거주

은 자에게 협의매수된 경우에는 그 협의매수 계약일)이 시기(始期)이고, 마지막 보상금을 받은 날로부터 1년 이내가 종기(終期)이다.

법73-2【대체취득 부재부동산 소유자의 범위】
농지의 소재지로부터 30킬로미터 이내의 지역이라 함은 해당 농지 소재지로부터 농지소유자가 거주하는 시·군·구의 경계선까지의 거리가 아닌 농지소유자의 거주지까지의 거리가 30킬로미터 이내의 지역을 의미한다. (2022. 10. 25. 개정)

제73조의 2【기부채납용 부동산 등에 대한 감면】 ① 「지방세법」 제9조 제2항에 따른 부동산 및 사회기반시설 중에서 국가, 지방자치단체 또는 지방자치단체조합(이하 이 조에서 "국가등"이라 한다)에 귀속되거나 기부채납(이하 이 조에서 "귀속등"이라 한다)한 것의 반대급부로 국가등이 소유하고 있는 부동산 또는 사회기반시설을 무상으로 양여받거나 기부채납 대상물의 무상사용권을 제공받는 조건으로 취득하는 부동산 또는 사회기반시설에 대해서는 다음 각 호의 구분에 따라 감면한다. (2021. 12. 28. 개정)
1. 2020년 12월 31일까지 취득세를 면제한다. (2018. 12. 24. 신설)
2. 2021년 1월 1일부터 2027년 12월 31일까지는 취득세의 100분의 50을 경감한다. (2024. 12. 31. 개정)
② 제1항의 경우 국가등에 귀속등의 조건을 이행하지 아니하고 타인에게 매각·증여하거나 국가등에 귀속등을 이행하지 아니하는 것으로 조건이 변경된 경우에는 그 감면된 취득세를 추징한다. (2018. 12. 24. 개정)

제74조【도시개발사업 등에 대한 감면】
① 「도시개발법」 제2조 제1항 제2호에 따른 도시개발사업(이하 이 조에서 "도시개발사업"이라 한다)과 「도시 및 주거환경정비법」 제2조 제2호 나목에 따른 재개발사업(이하 이 조에서 "재개발사업"이라 한다)의 시행으로 해당 사업의 대상이 되는 부동산의 소유자(상속인을 포함한다. 이하 이 조에서 같다)가 환지계획 및 토지상환채권에 따라 취득하는 토지, 관리처분계획에 따라 취득하는 토지 및 건축물(이하 이 항에서 "환지계획 등에 따른 취득부동산"이라 한다)에 대해서는 취득세를 2022년 12월 31일까지 면제한다. 다만, 다음 각 호에 해당하는 부동산에 대해서는 취득세를 부과한다. (2020. 1. 15. 개정)
농특비
1. 환지계획 등에 따른 취득부동산의 가액 합계액이 종전의 부동산 가액의 합계액을

기간을 합한 것을 상속인의 거주기간으로 본다. (2017. 12. 29. 개정)
1. 매수 또는 수용된 부동산이 농지인 경우 : 그 소재지 시·군·구 및 그와 잇닿아 있는 시·군·구 또는 농지의 소재지로부터 30킬로미터 이내의 지역 (2020. 12. 31. 개정)
2. 매수·수용 또는 철거된 부동산이 농지가 아닌 경우 : 그 소재지 구[자치구가 아닌 구를 포함하며, 도농복합형태의 시의 경우에는 동(洞) 지역만 해당한다. 이하 이 호에서 같다]·시(자치구가 아닌 구를 두지 아니한 시를 말하며, 도농복합형태의 시의 경우에는 동 지역만 해당한다. 이하 이 호에서 같다)·읍·면 및 그와 잇닿아 있는 구·시·읍·면 지역 (2010. 9. 20. 제정)

제35조【환지계획 등에 따른 취득부동산의 초과액 산정기준 등】
① 법 제74조 제1항의 환지계획 등에 따른 취득부동산은 그 토지의 지목이 사실상 변경되는 부동산을 포함한다. (2010. 9. 20. 제정)
② 법 제74조 제2항에 따른 초과액은 같은 조 제1항의 환지계획 등에 따른 취득부동산의 과세표준(제34조 제1항 제1호 각 목의 취득에 대하여 「지방세법」 제10조의 3부터 제10조의 6까지의 규정에 따른 사실상의 취득가격이 증명되는 경우에는 사실상의 취득가격을 말한다)에서 환지 이전의 부동산의 과세표준(승계취득할 당시의 취득세 과세표준을 말한다)을 뺀 금액으로 한다. (2021. 12. 31. 개정)
①·② 삭 제 (2023. 3. 14.)

초과하여「도시 및 주거환경정비법」등 관계 법령에 따라 청산금을 부담하는 경우에는 그 청산금에 상당하는 부동산 (2010. 3. 31. 제정)
2. 환지계획 등에 따른 취득부동산의 가액 합계액이 종전의 부동산 가액 합계액을 초과하는 경우에는 그 초과액에 상당하는 부동산. 이 경우 사업시행인가(승계취득일 현재 취득부동산 소재지가「소득세법」제104조의 2 제1항에 따른 지정지역으로 지정된 경우에는 도시개발구역 지정 또는 정비구역 지정) 이후 환지 이전에 부동산을 승계취득한 자로 한정한다. (2010. 3. 31. 제정)
② 제1항 제2호의 초과액의 산정 기준과 방법 등은 대통령령으로 정한다. (2010. 3. 31. 제정)

①·② 삭　제 (2023. 3. 14.)
③「도시개발법」에 따른 도시개발사업의 사업시행자가 해당 도시개발사업의 시행으로 취득하는 체비지 또는 보류지에 대해서는 취득세의 100분의 75를 2025년 12월 31일까지 경감한다. (2023. 3. 14. 개정)
④「도시 및 주거환경정비법」제2조 제2호 가목에 따른 주거환경개선사업(이하 이 조에서 "주거환경개선사업"이라 한다)의 시행에 따라 취득하는 주택에 대해서는 다음 각 호의 구분에 따라 취득세를 2025년 12월 31일까지 감면한다. 다만, 그 취득일부터 5년 이내에「지방세법」제13조 제5항 제1호부터 제4호까지의 규정에 해당하는 부동산이 되거나 관계 법령을 위반하여 건축한 경우에는 감면된 취득세를 추징한다. (2023. 3. 14. 개정)
1. 주거환경개선사업의 시행자가 주거환경개선사업의 대지조성을 위하여 취득하는 주택에 대해서는 취득세의 100분의 75를 경감한다. (2020. 1. 15. 신설)
2. 주거환경개선사업의 시행자가「도시 및 주거환경정비법」제74조에 따라 해당 사업의 시행으로 취득하는 체비지 또는 보류지에 대해서는 취득세의 100분의 75를 경감한다. (2020. 1. 15. 신설)
3.「도시 및 주거환경정비법」에 따른 주거환경개선사업의 정비구역지정 고시일 현재 부동산의 소유자가 같은 법 제23조 제1항 제1호에 따라 스스로 개량하는 방법으로 취득하는 주택 또는 같은 항 제4호에 따른 주거환경개선사업의 시행으로 취득하는 전용면적 85제곱미터 이하의 주택에 대해서는 취득세를 면제한다. (2020. 1. 15. 신설)
⑤「도시 및 주거환경정비법」에 따른 재개발사업(이하 이 조에서 "재개발사업"이라 한다)의 시행에 따라 취득하는 부동산에 대해서는 다음

편주 ▶

• 2023. 1. 1. 전에「도시개발법」29조에 따른 환지계획 인가 또는「도시 및 주거환경정비법」74조에 따른 관리처분계획 인가를 받은 도시개발사업 또는 재개발사업의 시행으로 해당 사업의 대상이 되는 부동산의 소유자가 2023. 1. 1. 이후 취득(토지상환채권으로 취득하는 경우를 포함함)하는 부동산에 대해서는 법 74조 1항 및 2항의 개정규정에도 불구하고 종전의 법 74조 1항 및 2항에 따라 취득세를 면제하거나 부과함. 이 경우 종전의 법 74조 1항 각 호 외의 부분 본문 중 "2022년 12월 31일"은 "2025년 12월 31일"로 봄. (법 부칙(2023. 3. 14.) 11조 1항)
• 법 부칙(2023. 3. 14.) 11조 1항에 따라 취득세가 부과되는 자에 대해서는 종전의 법 74조 5항 3호에 따라 2025. 12. 31.까지 그 취득세를 경감함. (법 부칙(2023. 3. 14.) 11조 2항)
• 2023. 1. 1. 전에 종전의 법 74조 5항 3호에 따라 청산금에 상당하는 부동산을 취득하여 해당 부동산에 대한 취득세를 경감받았거나 법 부칙(2023. 3. 14.) 11조 2항에 따라 취득세를 경감받는 경우 그 경감 취득세에 관하여는 법 74조 5항 각 호 외의 부분 단서에 따라 추징함. (법 부칙(2023. 3. 14.) 11조 3항)

③ 법 제74조 제5항 각 호 외의 부분 단서에서 "대통령령으로 정하는 일시적 2주택자"란 취득일 현재 같은 항 제3호에 따른 재개발사업의

각 호의 구분에 따라 취득세를 2025년 12월 31일까지 경감한다. 다만, 그 취득일부터 5년 이내에 「지방세법」 제13조 제5항 제1호부터 제4호까지의 규정에 해당하는 부동산이 되거나 관계 법령을 위반하여 건축한 경우 및 제3호에 따라 대통령령으로 정하는 일시적 2주택자에 해당하여 취득세를 경감받은 사람이 그 취득일부터 3년 이내에 대통령령으로 정하는 1가구 1주택이 되지 아니한 경우에는 감면된 취득세를 추징한다. (2023. 3. 14. 개정)

1. 재개발사업의 시행자가 재개발사업의 대지 조성을 위하여 취득하는 부동산에 대해서는 취득세의 100분의 50을 경감한다. (2020. 1. 15. 신설)
2. 재개발사업의 시행자가 「도시 및 주거환경정비법」 제74조에 따른 해당 사업의 관리처분계획에 따라 취득하는 주택에 대해서는 취득세의 100분의 50을 경감한다. (2020. 1. 15. 신설)
3. 재개발사업의 정비구역지정 고시일 현재 부동산의 소유자가 재개발사업의 시행으로 주택을 취득함으로써 대통령령으로 정하는 1가구 1주택이 되는 경우(취득 당시 대통령령으로 정하는 일시적으로 2주택이 되는 경우를 포함한다)에는 다음 각 목에서 정하는 바에 따라 취득세를 경감한다. (2023. 3. 14. 개정)
   가. 전용면적 60제곱미터 이하의 주택을 취득하는 경우에는 취득세의 100분의 75를 경감한다. (2020. 1. 15. 신설)
   나. 전용면적 60제곱미터 초과 85제곱미터 이하의 주택을 취득하는 경우에는 취득세의 100분의 50을 경감한다. (2020. 1. 15. 신설)

제74조의 2【도심 공공주택 복합사업 등에 대한 감면】① 「공공주택 특별법」 제2조 제3호 마목에 따른 도심 공공주택 복합사업(이하 이 조에서 "복합사업"이라 한다) 및 「도시재생 활성화 및 지원에 관한 특별법」 제2조 제1항 제7호 나목에 따른 혁신지구재생사업(「도시재생 활성화 및 지원에 관한 특별법」 제2조 제1항 제6호의 3에 따른 주거재생혁신지구에서 시행하는 사업에 한정한다. 이하 이 조에서 "주거혁신지구재생사업"이라 한다)의 시행으로 해당 사업의 대상이 되는 부동산의 소유자(상속인을 포함한다. 이하 이 조에서 같다)가 「공공주택 특별법」 제40조의 10 및 「도시재생 활성화 및 지원에 관한 특별법」

시행으로 취득하는 주택을 포함하여 2개의 주택을 소유한 자를 말한다. 이 경우 주택의 부속토지만을 소유하는 경우에도 주택을 소유한 것으로 보며, 상속으로 인하여 주택의 공유지분을 소유한 경우(주택 부속토지의 공유지분만을 소유하는 경우를 포함한다)에는 주택을 소유한 것으로 보지 않는다. (2020. 1. 15. 신설)

④ 법 제74조 제5항 각 호 외의 부분 단서 및 같은 항 제3호 각 목 외의 부분에서 "대통령령으로 정하는 1가구 1주택"이란 각각 주택 취득자와 같은 세대별 주민등록표에 기재되어 있는 가족(동거인은 제외한다)으로 구성된 1가구(취득자의 배우자, 취득자의 미혼인 30세 미만의 직계비속은 각각 취득자와 같은 세대별 주민등록표에 기재되어 있지 않더라도 같은 가구에 속한 것으로 본다)가 국내에 1개의 주택을 소유하고, 그 소유한 주택이 「도시 및 주거환경정비법」 제2조 제2호 나목에 따른 재개발사업의 시행에 따라 취득한 주택일 것을 말한다. 이 경우 주택의 부속토지만을 소유하는 경우에도 주택을 소유한 것으로 본다. (2020. 1. 15. 신설)

⑤ 법 제74조 제5항 제3호 각 목 외의 부분에서 "대통령령으로 정하는 일시적으로 2주택이 되는 경우"란 제3항에 해당하게 되는 경우를 말한다. (2020. 1. 15. 신설)

제35조의 2【현물보상에 따라 취득하는 건축물의 초과액 산정 기준 등】① 법 제74조의 2 제1항 단서에 따른 초과액은 다음 각 호의 구분에 따라 산정한다. (2023. 3. 14. 신설)

1. 「공공주택 특별법」 제40조의 10 제3항에 따른 현물보상에 따라 취득하는 건축물(건축물에 부속된 토지를 포함한다. 이하 이 호 및 제2호에서 같다)의 경우 : 같은 법 시행령 제35조의 9 제6항 전단에 따라 현물보상한 건축물의 분양가격에서 지급을 유보한 금액을 뺀 금액 (2023. 3. 14. 신설)
2. 「도시재생 활성화 및 지원에 관한 특별법」 제55조의 3 제1항에 따

제55조의 3 제1항에 따른 현물보상(이하 이 조에서 "현물보상"이라 한다)에 따라 취득하는 건축물(건축물에 부속된 토지를 포함한다. 이하 이 조에서 같다)에 대해서는 취득세를 2027년 12월 31일까지 면제한다. 다만, 현물보상에 따라 취득하는 건축물의 가액 합계액이 종전의 부동산 가액의 합계액을 초과하는 경우에는 그 초과액에 상당하는 부동산에 대해서는 취득세를 부과한다. (2024. 12. 31. 개정)

② 제1항 단서에 따른 초과액의 산정 기준과 방법 등은 대통령령으로 정한다. (2025. 10. 31. 개정 ; 공공주택~부칙)

③ 복합사업 및 주거혁신지구재생사업(이하 이 항에서 "복합사업등"이라 한다)의 시행에 따라 취득하는 부동산에 대해서는 다음 각 호의 구분에 따라 취득세를 2027년 12월 31일까지 감면한다. 다만, 그 취득일부터 5년 이내에 「지방세법」 제13조 제5항 제1호부터 제4호까지의 규정에 해당하는 부동산이 되거나 관계 법령을 위반하여 건축한 경우 및 제3호에 따라 대통령령으로 정하는 일시적 2주택자에 해당하여 취득세를 경감받은 사람이 그 취득일부터 3년 이내에 대통령령으로 정하는 1가구 1주택자가 되지 아니한 경우에는 감면된 취득세를 추징한다. (2024. 12. 31. 개정)

1. 복합사업등의 시행자가 사업 시행을 위하여 취득하는 부동산에 대해서는 다음 각 목의 구분에 따른다. (2021. 12. 28. 신설)

　가. 현물보상의 약정을 체결한 소유자의 부동산을 취득하는 경우에는 취득세를 면제한다. (2021. 12. 28. 신설)

　나. 현물보상의 약정을 체결하지 아니한 소유자의 부동산을 취득하는 경우에는 취득세의 100분의 50을 경감한다. (2021. 12. 28. 신설)

2. 복합사업등의 시행자가 사업계획에 따라 건축하여 취득하는 주택에 대해서는 취득세의 100분의 50을 경감한다. (2021. 12. 28. 신설)

3. 「공공주택 특별법」에 따른 복합사업의 복합지구 지정 고시일 또는 「도시재생 활성화 및 지원에 관한 특별법」에 따른 혁신지구재생사업의 주거재생혁신지구 지정 고시일 현재 부동산의 소유자가 복합사업등의 시행으로 주택을 취득함으로써 대통령령으로 정하는 1가구 1주택자가 되는 경우(취득 당시 대통령령으로 정하는 일시적 2주택자가 되는 경우를 포함한다)에는 다음 각 목에서 정하는 바에 따

른 현물보상에 따라 취득하는 건축물의 경우 : 같은 법 시행령 제53조의 5 제8항 전단에 따라 현물보상한 건축물의 분양가격에서 지급을 유보한 금액을 뺀 금액 (2023. 3. 14. 신설)

② 법 제74조의 2 제3항 각 호 외의 부분 단서에서 "대통령령으로 정하는 일시적 2주택자"란 제35조 제3항에 따른 일시적 2주택자를 말한다. 이 경우 제35조 제3항 전단의 "같은 항 제3호에 따른 재개발사업"은 "법 제74조의 2 제3항에 따른 복합사업 및 주거혁신지구재생사업"으로 본다. (2023. 3. 14. 신설)

③ 법 제74조의 2 제3항 각 호 외의 부분 단서에서 "대통령령으로 정하는 1가구 1주택자"란 제35조 제4항에 따른 1가구 1주택을 소유한 자를 말한다. 이 경우 제35조 제4항 전단의 "「도시 및 주거환경정비법」 제2조 제2호 나목에 따른 재개발사업"은 "법 제74조의 2 제3항에 따른 복합사업 및 주거혁신지구재생사업"으로 본다. (2023. 3. 14. 신설)

④ 법 제74조의 2 제3항 제3호 각 목 외의 부분에서 "대통령령으로 정하는 1가구 1주택자"란 제35조 제4항에 따른 1가구 1주택을 소유한 자를 말한다. 이 경우 제35조 제4항 전단의 "「도시 및 주거환경정비법」 제2조 제2호 나목에 따른 재개발사업"은 "법 제74조의 2 제3항에 따른 복합사업 및 주거혁신지구재생사업"으로 본다. (2023. 3. 14. 신설)

⑤ 법 제74조의 2 제3항 제3호 각 목 외의 부분에서 "대통령령으로 정하는 일시적 2주택자"란 제35조 제3항에 따른 일시적 2주택자를 말한다. 이 경우 제35조 제3항 전단의 "같은 항 제3호에 따른 재개발사업"은 "법 제74조의 2 제3항에 따른 복합사업 및 주거혁신지구재생사업"으로 본다. (2023. 3. 14. 신설)

라 취득세를 경감한다. (2021. 12. 28. 신설)

　가. 전용면적 60제곱미터 이하의 주택을 취득하는 경우에는 취득세의 100분의 75를 경감한다. (2021. 12. 28. 신설)

　나. 전용면적 60제곱미터 초과 85제곱미터 이하의 주택을 취득하는 경우에는 취득세의 100분의 50을 경감한다. (2021. 12. 28. 신설)

제75조【지역개발사업에 대한 감면】「지역균형개발 및 지방중소기업 육성에 관한 법률」 제9조에 따라 개발촉진지구로 지정된 지역에서 사업시행자로 지정된 자가 같은 법에 따라 고시된 개발사업을 시행하기 위하여 취득하는 부동산에 대하여는 2015년 12월 31일까지 취득세를 면제하고, 그 부동산에 대한 재산세의 납세의무가 최초로 성립하는 날부터 5년간 재산세의 100분의 50을 경감한다. 다만, 그 취득일부터 3년 이내에 정당한 사유 없이 그 사업에 직접 사용하지 아니하거나 매각·증여하는 경우에 해당 부분에 대하여는 감면된 취득세와 재산세를 추징한다. (2013. 1. 1. 개정)

제75조의 2【기업도시개발구역 및 지역개발사업구역 내 창업기업 등에 대한 감면】① 다음 각 호의 어느 하나에 해당하는 사업을 영위하기 위하여 취득하는 부동산으로서 그 업종, 투자금액 및 고용인원이 대통령령으로 정하는 기준에 해당하는 경우에 대해서는 취득세 및 재산세의 100분의 50의 범위에서 조례로 정하는 경감률을 각각 2025년 12월 31일까지 적용한다. (2023. 3. 14. 개정)

1. 「기업도시개발 특별법」 제2조 제2호에 따른 기업도시개발구역에 2025년 12월 31일까지 창업하거나 사업장을 신설(기존 사업장을 이전하는 경우는 제외한다)하는 기업이 그 구역의 사업장에서 하는 사업 (2023. 3. 14. 개정)

2. 「기업도시개발 특별법」 제10조에 따라 지정된 사업시행자가 하는 사업으로서 같은 법 제2조 제3호에 따른 기업도시개발사업 (2015. 12. 29. 신설)

3. 「지역 개발 및 지원에 관한 법률」 제11조에 따라 지정된 지역개발사업구역(같은 법 제7조 제1항 제1호에 해당하는 지역개발사업으로 한정한다)에 2025년 12월 31일까지 창업하거나 사업장을 신설(기존

제35조의 3【기업도시 및 지역개발사업구역 내 창업기업 등】 (2023. 3. 14. 조번개정)
① 법 제75조의 2 제1항 각 호 외의 부분 본문에서 "대통령령으로 정하는 기준"이란 다음 각 호의 구분에 따른 기준을 말한다. (2020. 1. 15. 개정)

1. 법 제75조의 2 제1항 제1호 및 제3호에 따라 취득세 또는 재산세를 감면하는 사업 : 다음 각 목의 어느 하나에 해당하는 사업일 것 (2020. 1. 15. 개정)

　가. 「조세특례제한법 시행령」 제116조의 2 제17항 제1호·제4호 또는 제5호에 해당하는 사업으로서 투자금액이 20억원 이상이고 상시근로자 수가 30명 이상일 것 (2020. 1. 15. 개정)

　나. 「조세특례제한법 시행령」 제116조의 2 제17항 제2호에 해당하는 사업으로서 투자금액이 5억원 이상이고 상시근로자 수가 10명 이상일 것 (2020. 1. 15. 개정)

　다. 「조세특례제한법 시행령」 제116조의 2 제17항 제3호에 해당하는 사업으로서 투자금액이 10억원 이상이고 상시근로자 수가

사업장을 이전하는 경우는 제외한다)하는 기업(법률 제12737호 지역 개발 및 지원에 관한 법률 부칙 제4조에 따라 의제된 지역개발사업구역 중 「폐광지역 개발 지원에 관한 특별법」에 따라 지정된 폐광지역진흥지구에 개발사업시행자로 선정되어 입주하는 경우에는 「관광진흥법」에 따른 관광숙박업 및 종합휴양업과 축산업을 경영하는 내국인을 포함한다)이 그 구역 또는 지역의 사업장에서 하는 사업 (2023. 3. 14. 개정)

4. 「지역 개발 및 지원에 관한 법률」 제11조(같은 법 제7조 제1항 제1호에 해당하는 지역개발사업으로 한정한다)에 따른 지역개발사업구역에서 같은 법 제19조에 따라 지정된 사업시행자가 하는 지역개발사업 (2016. 12. 27. 개정)

② 제1항에 따른 지방세 감면세액은 대통령령으로 정하는 바에 따라 추징할 수 있다. (2015. 12. 29. 신설)

　　　제75조의 3 【위기지역 내 중소기업 등에 대한 감면】 ① 다음 각 호의 지역(이하 이 조에서 "위기지역"이라 한다)에서 제58조의 3 제4항 각 호의 업종을 경영하는 중소기업이 위기지역으로 지정된 기간 내에 「중소기업 사업전환 촉진에 관한 특별법」 제2조 제2호에 따른 사업전환을 위하여 같은 법 제8조에 따라 2024년 12월 31일까지 사업전환계획 승인을 받고 사업전환계획 승인일부터 3년 이내에 그 전환한 사업에 직접 사용하기 위하여 취득하는 부동산에 대해서는 취득세의 100분의 50(100분의 50 범위에서 조례로 따로 정하는 경우에는 그 율)을 경감하고, 2027년 12월 31일까지 사업전환계획 승인을 받은 중소기업이 과세기준일 현재 전환한 사업에 직접 사용하는 부동산에 대해서는 사업전환일 이후 재산세 납세의무가 최초로 성립하는 날부터 5년간 재산세의 100분의 50(100분의 50 범위에서 조례로 따로 정하는 경우에는 그 율)을 경감한다. (2024. 12. 31. 개정)

15명 이상일 것 (2020. 1. 15. 개정)

2. 법 제75조의 2 제1항 제2호 및 제4호에 따라 취득세 또는 재산세를 감면하는 사업 : 다음 각 목의 어느 하나에 해당하는 경우로서 총 개발사업비가 500억원 이상인 사업일 것 (2020. 1. 15. 개정)

가. 「기업도시개발 특별법」 제11조에 따른 기업도시개발계획에 따라 같은 법 제2조 제2호에 따른 기업도시개발구역(이하 이 조에서 "기업도시개발구역"이라 한다)을 개발하는 경우 (2015. 12. 31. 신설)

나. 「지역 개발 및 지원에 관한 법률」 제19조에 따라 지정된 사업시행자가 같은 법 제11조에 따라 지정된 지역개발사업구역(이하 이 조에서 "지역개발사업구역"이라 한다)을 개발하기 위한 지역개발사업을 하는 경우 (2015. 12. 31. 신설)

다. 「지역 개발 및 지원에 관한 법률」 제19조에 따라 지정된 사업시행자가 같은 법 제67조에 따른 지역활성화지역(이하 이 조에서 "지역활성화지역"이라 한다)을 개발하기 위한 지역개발사업을 하는 경우 (2015. 12. 31. 신설)

② 다음 각 호의 어느 하나에 해당하는 경우에는 법 제75조의 2 제2항에 따라 그 감면된 취득세 또는 재산세를 각 호에서 정하는 바에 따라 추징한다. (2015. 12. 31. 신설)

1. 다음 각 목의 어느 하나에 해당하는 경우에는 그 사유가 발생한 날부터 소급하여 5년 이내에 감면받은 세액 전액을 추징한다. (2015. 12. 31. 신설)

가. 「기업도시개발 특별법」 제7조에 따라 기업도시개발구역의 지정이 해제된 경우 (2015. 12. 31. 신설)

나. 기업도시개발구역에 창업한 기업이 폐업하거나 신설한 사업장을 폐쇄한 경우 (2015. 12. 31. 신설)

다. 「지역 개발 및 지원에 관한 법률」 제18조에 따라 지역개발사업구역의 지정이 해제되거나 같은 법 제69조에 따라 지역활성화지역의 지정이 해제된 경우 (2015. 12. 31. 신설)

라. 지역개발사업구역과 지역활성화지역에 창업한 기업이 폐업하거나 신설한 사업장을 폐쇄한 경우 (2015. 12. 31. 신설)

2. 다음 각 목의 어느 하나에 해당하는 경우에는 감면받은 세액 전액

을 추징한다. (2015. 12. 31. 신설)

가. 해당 감면대상사업에서 최초로 소득이 발생한 과세연도(사업개시일부터 3년이 되는 날이 속하는 과세연도까지 해당 사업에서 소득이 발생하지 아니한 경우에는 사업개시일부터 3년이 되는 날이 속하는 과세연도를 말한다. 이하 이 목에서 같다)의 종료일부터 2년 이내에 제1항에 따른 감면기준을 충족하지 못한 경우. 다만, 제1항 제1호 각 목의 기준 중 상시근로자 수의 경우 해당 감면대상사업에서 최초로 소득이 발생한 과세연도의 종료일 이후 2년 이내의 과세연도 종료일까지의 기간 중 하나 이상의 과세연도에 해당 기준을 충족하는 경우에는 추징하지 않는다. (2020. 1. 15. 개정)

나. 정당한 사유 없이 부동산 취득일부터 3년이 경과할 때까지 취득한 부동산을 해당 용도로 직접 사용하지 아니하거나 해당 용도로 직접 사용한 기간이 2년 미만인 상태에서 그 부동산을 매각·증여하거나 다른 용도로 사용하는 경우 (2015. 12. 31. 신설)

③ 제1항 제1호를 적용할 때 상시근로자의 범위 및 상시근로자 수의 계산에 관하여는 「조세특례제한법 시행령」 제11조의 2 제5항부터 제7항까지의 규정을 준용한다. (2020. 1. 15. 신설)

1. 「고용정책 기본법」 제32조 제1항에 따라 지원할 수 있는 지역으로서 대통령령으로 정하는 지역 (2018. 12. 24. 신설)
2. 「고용정책 기본법」 제32조의 2 제2항에 따라 선포된 고용재난지역 (2018. 12. 24. 신설)
3. 「지역 산업위기 대응 및 지역경제 회복을 위한 특별법」 제10조 제1항에 따라 지정된 산업위기대응특별지역 (2023. 3. 14. 개정)
4. 「인구감소지역 지원 특별법」에 따라 지정된 인구감소지역 (2023. 3. 14. 신설)
② 다음 각 호의 어느 하나에 해당하는 경우에는 제1항에 따라 경감된 취득세를 추징한다. (2018. 12. 24. 신설)
1. 정당한 사유 없이 취득일부터 3년이 지날 때까지 그 부동산을 해당 사업에 직접 사용하지 아니하는 경우 (2018. 12. 24. 신설)
2. 취득일부터 3년 이내에 다른 용도로 사용하거나 매각·증여하는 경우 (2018. 12. 24. 신설)
3. 최초 사용일부터 계속하여 2년 이상 해당 사업에 직접 사용하지 아니하고 매각·증여하거나 다른 용도로 사용하는 경우 (2023. 3. 14. 개정)
③ 제58조의 3에 따라 감면받은 중소기업이 제1항에 따른 경감 대상에 해당하는 경우에는 제58조의 3 제7항 본문에 따른 추징을 하지 아니한다. (2018. 12. 24. 신설)

제75조의 4【반환공여구역 등에 대한 감면】 ① 「주한미군 공여구역주변지역 등 지원 특별법」 제2조에 따른 반환공여구역 및 반환공여구역주변지역에 대통령령으로 정하는 업종을 창업하기 위하여 취득하는 사업용 재산이나 대통령령으로 정하는 사업장을 신설(기존 사업장을 이전하는 경우를 포함한다)하기 위하여 취득하는 부동산에 대해서는 2025년 12월 31일까지 취득세를 면제한다. 다만, 다음 각 호의 어느 하나에 해당하는 경우 그 해당 부분에 대해서는 면제된 취득세를 추징한다. (2023. 12. 29. 단서개정)

제35조의 4【고용위기지역의 범위】 (2023. 3. 14. 조번개정)
법 제75조의 3 제1항 제1호에서 "대통령령으로 정하는 지역"이란 「고용정책 기본법 시행령」 제29조 제1항에 따라 고용노동부장관이 지정·고시하는 지역을 말한다. (2018. 12. 31. 신설)

제35조의 5【반환공여구역등에 대한 감면 등】 ① 법 제75조의 4 제1항 본문에서 "대통령령으로 정하는 업종"이란 법 제58조의 3 제4항 각 호의 업종을 말한다. (2023. 3. 14. 신설)
② 법 제75조의 4 제1항 본문에서 "대통령령으로 정하는 사업장"이란 「중소기업기본법」에 따른 중소기업이 제1항의 업종을 영위하기 위해 신설(기존 사업장을 이전하는 경우를 포함한다)하는 사업장을 말한다. 이 경우 기존 사업장을 이전하여 설치하는 사업장은 과밀억제권역(「산업집적활성화 및 공장설립에 관한 법률」을 적용받는 산업단지는 제외한다)에서 이전하는 사업장으로 한정한다. (2023. 3. 14. 신설)

사업장을 신설함에 따라 감면받은 부동산 취득세의 추징에 관하여는 법 75조의 4 제1항 각 호 외의 부분 단서 및 같은 항 각 호의 개정규정에도 불구하고 종전의 법 75조의 4 제1항 단서에 따름. (법 부칙(2023. 12. 29.) 12조)

....

1. 정당한 사유 없이 그 취득일부터 3년이 경과할 때까지 해당 용도로 직접 사용하지 아니하는 경우 (2023. 12. 29. 신설)
2. 해당 용도로 직접 사용한 기간이 2년 미만인 상태에서 매각·증여하거나 다른 용도로 사용하는 경우 (2023. 12. 29. 신설)
② 제1항을 적용받으려는 자는 대통령령으로 정하는 바에 따라 그 감면신청을 하여야 한다. (2021. 12. 28. 신설)

제75조의 5 【인구감소지역에 대한 감면】 ① 「인구감소지역 지원 특별법」에 따라 지정된 인구감소지역에서 대통령령으로 정하는 업종을 창업하기 위하여 취득하는 부동산이나 대통령령으로 정하는 사업장을 신설(기존 사업장을 이전하는 경우를 포함한다)하기 위하여 취득하는 부동산에 대해서는 다음 각 호에서 정하는 바에 따라 지방세를 감면한다. (2023. 3. 14. 신설)
1. 2025년 12월 31일까지 취득세를 면제한다. (2023. 3. 14. 신설)
2. 과세기준일 현재 해당 용도로 직접 사용하는 부동산(2023년 1월 1일부터 2025년 12월 31일까지 취득한 부동산만 해당한다)에 대해서는 재산세 납세의무가 최초로 성립한 날부터 5년간 재산세를 면제하며, 그 다음 3년간은 재산세의 100분의 50을 경감한다. (2023. 3. 14. 신설)
② 제1항에 따라 지방세를 감면받은 자가 다음 각 호의 어느 하나에 해당하는 경우 그 해당 부분에 대해서는 감면된 취득세 및 재산세를 추징한다. (2023. 3. 14. 신설)
1. 정당한 사유 없이 그 취득일부터 1년이 경과할 때까지 해당 용도로 직접 사용하지 아니하는 경우 (2023. 3. 14. 신설)
2. 해당 용도로 직접 사용한 기간이 2년 미만인 상태에서 매각·증여하거나 다른 용도로 사용하는 경우 (2023. 3. 14. 신설)
③ 무주택자 또는 대통령령으로 정하는 1가구 1주택을 소유한 자가 「인구감소지역 지원 특별법」에 따라 지정된 인구감소지역에서 「지방

제35조의 6 【인구감소지역에 대한 감면 등】 ① 법 제75조의 5 제1항 각 호 외의 부분에서 "대통령령으로 정하는 업종"이란 법 제58조의 3 제4항 각 호의 업종을 말한다. (2023. 3. 14. 신설)
② 법 제75조의 5 제1항 각 호 외의 부분에서 "대통령령으로 정하는 사업장"이란 제1항의 업종을 영위하기 위해 신설(기존 사업장을 이전하는 경우를 포함한다)하는 사업장을 말한다. 이 경우 기존 사업장을 이전하여 설치하는 사업장은 과밀억제권역(「산업집적활성화 및 공장설립에 관한 법률」을 적용받는 산업단지는 제외한다)에서 이전하는 사업장으로 한정한다. (2023. 3. 14. 신설)
③ 법 제75조의 5 제3항 전단에서 "대통령령으로 정하는 1가구 1주택"이란 취득일 현재 취득자와 같은 세대별 주민등록표에 기재되어 있는 가족(동거인은 제외한다)으로 구성된 1가구(취득자의 배우자, 취득자의 미혼인 30세 미만의 직계비속 또는 취득자가 미혼이고 30세 미만인 경우 그 부모는 각각 취득자와 같은 세대별 주민등록표에 기재되어 있지 아니하더라도 같은 가구에 속한 것으로 본다)가 국내에 1개의 주택을 소유하는 것을 말하며, 주택의 부속토지만을 소유하거나 「지방세법」 제13조의 3 제2호에 따른 조합원입주권 또는 같은 조 제3호에 따른 주택분양권을 소유하는 경우에도 주택을 소유한 것으로 본다. (2024. 12. 31. 신설)
④ 법 제75조의 5 제3항 전단에서 "대통령령으로 정하는 주택"이란 다음 각 호의 요건을 모두 갖춘 주택을 말한다. (2024. 12. 31. 신설)

세법」 제11조 제1항 제8호에 따른 주택으로서 대통령령으로 정하는 주택을 유상거래(부담부증여는 제외한다)로 취득하는 경우에는 취득세의 100분의 25를 2026년 12월 31일까지 경감한다. 이 경우 지방자치단체의 장은 해당 지역의 재정 여건 등을 고려하여 100의 25의 범위에서 조례로 정하는 율을 추가로 경감할 수 있다. (2024. 12. 31. 신설)

편주 ▶
법 75조의 5 제3항의 개정규정은 2025. 1. 1. 이후 납세의무가 성립하는 경우부터 적용함. (법 부칙(2024. 12. 31.) 2조)

④ 제3항에 따라 취득세를 경감받은 자가 해당 주택을 취득일부터 3년 이내에 매각·증여하는 경우에는 경감된 취득세를 추징한다. (2024. 12. 31. 신설)

제76조【택지개발용 토지 등에 대한 감면】 ① 한국토지주택공사가 국가 또는 지방자치단체의 계획에 따라 제3자에게 공급할 목적으로 대통령령으로 정하는 사업에 사용하기 위하여 일시 취득하는 부동산에 대해서는 취득세의 100분의 20을 2019년 12월 31일까지 경감한다. (2016. 12. 27. 개정)

농특비

② 한국토지주택공사가 국가 또는 지방자치단체의 계획에 따라 제3자에게 공급할 목적으로 대통령령으로 정하는 사업에 직접 사용하기 위하여 취득하는 부동산 중 택지개발사업지구 및 단지조성사업지구에 있는 부동산으로서 관계 법령에 따라 국가 또는 지방자치단체에 무상으로 귀속될 공공시설물 및 그 부속토지와 공공시설용지(이하 이 항 및 제3항에서 "공공시설물등"이라 한다)에 대해서는 재산세를 2027년 12월 31일까지 면제한다. 다만, 국가 또는 지방자치단체에 무상으로 귀속될 공공시설물등의 반대급부로 국가 또는 지방자치단체가 소유하고 있는 부동산 또는 사회기반시설을 무상으로 양여받거나 해당 공공시설물등의 무상사용권을 제공받는 경우에는 재산세의 100분의 50을 2027년 12월 31일까지 경감한다. (2024. 12. 31. 개정)

1. 「지방세법」 제10조의 3에 따른 취득당시가액이 3억원 이하인 주택일 것 (2024. 12. 31. 신설)
2. 「인구감소지역 지원 특별법」에 따라 지정된 인구감소지역 중 「수도권정비계획법」 제2조 제1호에 따른 수도권(「접경지역 지원 특별법」 제2조 제1호에 따른 접경지역은 제외한다), 광역시(군 지역은 제외한다) 및 특별자치시를 제외한 지역에 소재하는 주택일 것 (2024. 12. 31. 신설)
3. 제3항에 따른 1가구 1주택을 소유한 자의 경우 해당 1가구 1주택과 동일한 시·군·구의 관할구역에 소재하는 주택이 아닐 것 (2024. 12. 31. 신설)

제36조【공급목적사업의 범위 등】 ① 법 제76조 제1항 및 같은 조 제2항 본문에서 "대통령령으로 정하는 사업"이란 각각 다음 각 호의 어느 하나에 해당하는 사업을 말한다. (2024. 12. 31. 개정)
1. 「한국토지주택공사법」 제8조 제1항 제1호(국가 또는 지방자치단체가 매입을 지시하거나 의뢰한 것으로 한정한다)에 따른 사업 (2015. 12. 31. 개정)
2. 「한국토지주택공사법」 제8조 제1항 제2호 가목부터 라목까지의 사업 (2015. 12. 31. 신설)
3. 「한국토지주택공사법」 제8조 제1항 제3호·제7호에 따른 사업. 다만, 「주택법」 제2조 제14호 가목에 따른 근린생활시설 또는 같은 호 나목에 따른 공동시설을 건설·개량·매입·비축·공급·임대 및 관리하는 사업은 제외한다. (2017. 12. 29. 개정)
4. 「한국토지주택공사법」 제8조 제1항 제10호(공공기관으로부터 위탁받은 사업은 제외한다)에 따른 사업 (2015. 12. 31. 신설)
5. 제1호부터 제3호까지의 규정에 따른 사업 및 「한국토지주택공사법」 제8조 제1항 제4호·제5호의 사업에 따라 같은 법 시행령 제11조 각 호의 공공복리시설을 건설·공급하는 사업 (2015. 12. 31. 신설)

편주 ▶
법 76조 2항의 개정규정은 2025. 1. 1. 이후 납세의무가 성립하는 경우부터 적용함. (법 부칙(2024. 12. 31.) 2조)

③ 제2항을 적용할 때 공공시설물등의 범위는 대통령령으로 정한다. (2024. 12. 31. 신설)

편주 ▶
법 76조 3항의 개정규정은 2025. 1. 1. 이후 납세의무가 성립하는 경우부터 적용함. (법 부칙(2024. 12. 31.) 2조)

제77조 【수자원공사의 단지조성용 토지에 대한 감면】 ① 「한국수자원공사법」에 따라 설립된 한국수자원공사가 국가 또는 지방자치단체의 계획에 따라 분양의 목적으로 취득하는 단지조성용 토지에 대해서는 취득세의 100분의 30을 2019년 12월 31일까지 경감한다. (2016. 12. 27. 개정)
② 「한국수자원공사법」에 따라 설립된 한국수자원공사가 국가 또는 지방자치단체의 계획에 따라 분양의 목적으로 취득하는 부동산 중 택지개발사업지구 및 단지조성사업지구에 있는 부동산으로서 관계 법령에 따라 국가 또는 지방자치단체에 무상으로 귀속될 공공시설물 및 그 부속토지와 공공시설용지(이하 이 조에서 "공공시설물등"이라 한다)에 대해서는 재산세를 2027년 12월 31일까지 면제한다. 다만, 국가 또는 지방자치단체에 무상으로 귀속될 공공시설물등의 반대급부로 국가 또는 지방자치단체가 소유하고 있는 부동산 또는 사회기반시설을 무상으로 양여받거나 해당 공공시설물등의 무상사용권을 제공받는 경우에는 재산세의 100분의 50을 2027년 12월 31일까지 경감한다. (2024. 12. 31. 개정)
③ 제2항을 적용할 때 공공시설물등의 범위는 대통령령으로 정한다. (2024. 12. 31. 신설)

6. 「공공토지의 비축에 관한 법률」 제14조 및 제15조에 따른 공공개발용 토지의 비축사업 (2015. 12. 31. 호번개정)
② 법 제76조 제2항에 따른 공공시설물 및 그 부속토지와 공공시설용지의 범위는 제6조에 따른다. (2024. 12. 31. 개정)

제37조 【공공시설물 등의 범위】 (2024. 12. 31. 제목개정)
법 제77조 제2항에 따른 공공시설물 및 그 부속토지와 공공시설용지의 범위는 제6조에 따른다. (2024. 12. 31. 개정)

편주 ▶
법 77조 2항의 개정규정은 2025. 1. 1. 이후 납세의무가 성립하는 경우부터 적용함. (법 부칙(2024. 12. 31.) 2조)

편주 ▶
법 77조 3항의 개정규정은 2025. 1. 1. 이후 납세의무가 성립하는 경우부터 적용함. (법 부칙(2024. 12. 31.) 2조)

제78조【산업단지 등에 대한 감면】① 「산업입지 및 개발에 관한 법률」 제16조에 따른 산업단지개발사업의 시행자 또는 「산업기술단지 지원에 관한 특례법」 제4조에 따른 사업시행자가 산업단지 또는 산업기술단지를 조성하기 위하여 취득하는 부동산에 대해서는 취득세의 100분의 35를, 조성공사가 시행되고 있는 토지에 대해서는 재산세의 100분의 35(수도권 외의 지역에 있는 산업단지의 경우에는 100분의 60)를 각각 2025년 12월 31일까지 경감한다. 다만, 다음 각 호의 어느 하나에 해당하는 경우에는 경감된 취득세 및 재산세를 추징한다. (2023. 3. 14. 개정)

1. 산업단지 또는 산업기술단지를 조성하기 위하여 취득한 부동산의 취득일부터 3년 이내에 정당한 사유 없이 산업단지 또는 산업기술단지를 조성하지 아니하는 경우에 해당 부분에 대해서는 경감된 취득세를 추징한다. (2020. 1. 15. 신설)

2. 산업단지 또는 산업기술단지를 조성하기 위하여 취득한 토지의 취득일(「산업입지 및 개발에 관한 법률」 제19조의 2에 따른 실시계획의 승인 고시 이전에 취득한 경우에는 실시계획 승인 고시일)부터 3년 이내에 정당한 사유 없이 산업단지 또는 산업기술단지를 조성하지 아니하는 경우에 해당 부분에 대해서는 경감된 재산세를 추징한다. (2020. 1. 15. 신설)

② 제1항에 따른 사업시행자가 산업단지 또는 산업기술단지를 개발·조성한 후 대통령령으로 정하는 산업용 건축물등(이하 이 조에서 "산업용 건축물등"이라 한다)의 용도로 분양 또는 임대할 목적으로 취득·보유하는 부동산에 대해서는 다음 각 호에서 정하는 바에 따라 지방세를 경감한다. (2017. 12. 26. 개정)

1. 제1항에 따른 사업시행자가 신축 또는 증축으로 2025년 12월 31일까지 취득하는 산업용 건축물등에 대해서는 취득세의 100분의 35를, 그 산업용 건축물등에 대한 재산세의 100분의 35(수도권 외의 지역에 있는 산업단지에 대해서는 100분의 60)를 각각 경감한다. 다만, 그 취득일부터 3년 이내에 정당한 사유 없이 해당 용도로 분양 또는 임대하지 아니하는 경우에 해당 부분에 대해서는 경감된 지방세를 추징한다. (2023. 3. 14. 개정)

2. 제1항에 따른 사업시행자가 2025년 12월 31일까지 취득하여 보유

제38조【산업용 건축물 등의 범위】법 제78조 제2항 각 호 외의 부분에서 "대통령령으로 정하는 산업용 건축물등"이란 다음 각 호의 어느 하나에 해당하는 건축물을 말한다. (2023. 3. 14. 개정)

1. 「도시가스사업법」 제2조 제5호에 따른 가스공급시설용 건축물(「산업입지 및 개발에 관한 법률」에 따른 산업단지에 설치된 「지방세법 시행령」 제5조 제1항 제4호의 도관시설의 경우에는 해당 지역에 가스를 공급하기 위한 도관시설로 한정한다) (2023. 3. 14. 신설)

2. 「산업기술단지 지원에 관한 특례법」에 따른 연구개발시설 및 시험생산시설용 건축물 (2023. 3. 14. 신설)

3. 「산업입지 및 개발에 관한 법률」 제2조에 따른 공장·지식산업·문화산업·정보통신산업·자원비축시설용 건축물과 이와 직접 관련된 교육·연구·정보처리·유통시설용 건축물. 다만, 공장용 건축물은 행정안전부령으로 정하는 업종 및 면적기준 등을 갖추어야 한

제6조【산업단지 등 입주 공장의 범위】영 제38조 제3호 단서에 따른 공장의 범위는 「지방세법 시행규칙」 별표 2에서 규정하는 업종의 공장으로서 생산설비를

하는 조성공사가 끝난 토지(사용승인을 받거나 사실상 사용하는 경우를 포함한다)에 대해서는 재산세 납세의무가 최초로 성립하는 날부터 5년간 재산세의 100분의 35(수도권 외의 지역에 있는 산업단지의 경우에는 100분의 60)를 경감한다. 다만, 조성공사가 끝난 날부터 3년 이내에 정당한 사유 없이 해당 용도로 분양 또는 임대하지 아니하는 경우에 해당 부분에 대해서는 경감된 재산세를 추징한다. (2023. 3. 14. 개정)

③ 제1항에 따른 사업시행자가 산업단지 또는 산업기술단지를 개발·조성한 후 직접 사용하기 위하여 취득·보유하는 부동산에 대해서는 다음 각 호에서 정하는 바에 따라 지방세를 경감한다. (2016. 12. 27. 개정)

1. 제1항에 따른 사업시행자가 신축 또는 증축으로 2025년 12월 31일까지 취득하는 산업용 건축물등에 대해서는 취득세의 100분의 35를, 그 산업용 건축물등에 대한 재산세의 납세의무가 최초로 성립하는 날부터 5년간 재산세의 100분의 35(수도권 외의 지역에 있는 산업단지의 경우에는 100분의 60)를 각각 경감한다. 다만, 다음 각 목의 어느 하나에 해당하는 경우 그 해당 부분에 대해서는 경감된 지방세를 추징한다. (2023. 3. 14. 개정)

　가. 정당한 사유 없이 그 취득일부터 3년 이내에 해당 용도로 직접 사용하지 아니하는 경우 (2016. 12. 27. 개정)

　나. 해당 용도로 직접 사용한 기간이 2년 미만인 상태에서 매각·증여하거나 다른 용도로 사용하는 경우 (2016. 12. 27. 개정)

2. 제1항에 따른 사업시행자가 2025년 12월 31일까지 취득하여 보유하는 조성공사가 끝난 토지(사용승인을 받거나 사실상 사용하는 경우를 포함한다)에 대해서는 재산세의 납세의무가 최초로 성립하는 날부터 5년간 재산세의 100분의 35(수도권 외의 지역에 있는 산업단지의 경우에는 100분의 60)를 경감한다. 다만, 다음 각 목의 어느 하나에 해당하는 경우 그 해당 부분에 대해서는 경감된 재산세를 추징한다. (2023. 3. 14. 개정)

　가. 정당한 사유 없이 그 조성공사가 끝난 날부터 3년 이내에 해당 용도로 직접 사용하지 아니하는 경우 (2016. 12. 27. 개정)

　나. 해당 용도로 직접 사용한 기간이 2년 미만인 상태에서 매각·증여하거나 다른 용도로 사용하는 경우 (2016. 12. 27. 개정)

다. (2023. 3. 14. 신설)

4. 「산업집적활성화 및 공장설립에 관한 법률」 제30조 제2항에 따른 관리기관이 산업단지의 관리, 입주기업체 지원 및 근로자의 후생복지를 위하여 설치하는 건축물(수익사업용으로 사용되는 부분은 제외한다) (2023. 3. 14. 신설)

5. 「집단에너지사업법」 제2조 제6호에 따른 공급시설용 건축물(「산업기술단지 지원에 관한 특례법」에 따른 산업기술단지에 설치된 「지방세법 시행령」 제5조 제1항 제4호의 도관시설의 경우에는 해당 지역에 집단에너지를 공급하기 위한 도관시설로 한정한다) (2023. 3. 14. 신설)

6. 「산업집적활성화 및 공장설립에 관한 법률 시행령」 제6조 제5항 제1호부터 제5호까지, 제7호 및 제8호에 해당하는 산업용 건축물 (2023. 3. 14. 신설)

갖춘 건축물의 연면적(옥외에 기계장치 또는 저장시설이 있는 경우에는 그 시설물의 수평투영면적을 포함한다)이 200제곱미터 이상인 것으로 한다. 이 경우 건축물의 연면적에는 그 제조시설을 지원하기 위하여 공장 경계구역 안에 설치되는 종업원의 후생복지시설 등 각종 부대시설(수익사업용으로 사용되는 부분은 제외한다)을 포함한다. (2023. 3. 14. 개정)

④ 제1항에 따른 사업시행자 외의 자가 제1호 각 목의 지역(이하 "산업단지등"이라 한다)에서 취득하는 부동산에 대해서는 제2호 각 목에서 정하는 바에 따라 지방세를 경감한다. (2015. 12. 29. 개정)

1. 대상 지역 (2011. 12. 31. 개정)

　가. 「산업입지 및 개발에 관한 법률」에 따라 지정된 산업단지 (2011. 12. 31. 개정)

　나. 「산업집적활성화 및 공장설립에 관한 법률」에 따른 유치지역 (2011. 12. 31. 개정)

　다. 「산업기술단지 지원에 관한 특례법」에 따라 조성된 산업기술단지 (2011. 12. 31. 개정)

2. 경감 내용 (2014. 12. 31. 개정)

　가. 산업용 건축물등을 신축하기 위하여 취득하는 토지와 신축 또는 증축하여 취득(취득하여 중소기업자에게 임대하는 경우를 포함한다)하는 산업용 건축물등에 대해서는 취득세의 100분의 50을 2025년 12월 31일까지 경감한다. (2023. 3. 14. 개정)

　나. 산업단지등에서 대수선(「건축법」 제2조 제1항 제9호에 해당하는 경우로 한정한다)하여 취득하는 산업용 건축물등에 대해서는 취득세의 100분의 25를 2025년 12월 31일까지 경감한다. (2023. 3. 14. 개정)

　다. 가목의 부동산에 대해서는 해당 납세의무가 최초로 성립하는 날부터 5년간 재산세의 100분의 35를 경감(수도권외의 지역에 있는 산업단지의 경우에는 100분의 75를 경감)한다. (2015. 12. 29. 개정)

⑤ 다음 각 호의 어느 하나에 해당하는 경우 그 해당 부분에 대해서는 제4항에 따라 감면된 취득세 및 재산세를 추징한다. (2011. 12. 31. 신설)

1. 정당한 사유 없이 그 취득일부터 3년(2019년 1월 1일부터 2020년 12월 31일까지의 기간 동안 취득한 경우에는 4년)이 경과할 때까지 해당 용도로 직접 사용하지 아니하는 경우 (2021. 12. 28. 개정)

2. 해당 용도로 직접 사용한 기간이 2년 미만인 상태에서 매각(해당 산업단지관리기관 또는 산업기술단지관리기관이 환매하는 경우는

제외한다)·증여하거나 다른 용도로 사용하는 경우 (2011. 12. 31. 신설)

⑥ 「산업집적활성화 및 공장설립에 관한 법률」에 따른 한국산업단지공단(이하 이 항에서 "한국산업단지공단"이라 한다)이 같은 법 제45조의 13 제1항 제3호 및 제5호의 사업을 위하여 취득하는 부동산(같은 법 제41조에 따른 환수권의 행사로 인한 취득하는 경우를 포함한다)에 대해서는 취득세의 100분의 35, 재산세의 100분의 50(수도권 외의 지역에 있는 산업단지의 재산세에 대해서는 100분의 75)를 각각 2019년 12월 31일까지 경감한다. 다만, 취득일부터 3년 이내에 정당한 사유 없이 한국산업단지공단이 「산업집적활성화 및 공장설립에 관한 법률」 제45조의 13 제1항 제3호 및 제5호의 사업에 사용하지 아니하는 경우에 해당 부분에 대해서는 경감된 취득세 및 재산세를 추징한다. (2016. 12. 27. 개정)

⑥ 삭　제 (2020. 1. 15.)

⑦ 제2항부터 제4항까지의 규정에 따른 공장의 업종 및 그 규모, 감면 등의 적용기준은 행정안전부령으로 정한다. (2017. 7. 26. 직제개정 ; 정부조직법 부칙)

⑦ 삭　제 (2021. 12. 28.)

⑧ 제4항에 따라 취득세를 경감하는 경우 지방자치단체의 장은 해당 지역의 재정여건 등을 고려하여 100분의 25(같은 항 제2호 나목에 따라 취득세를 경감하는 경우에는 100분의 15)의 범위에서 조례로 정하는 율을 추가로 경감할 수 있다. (2024. 12. 31. 후단삭제)

⑨ 「산업기술단지 지원에 관한 특례법」에 따라 조성된 산업기술단지에 입주하는 자에 대하여 취득세, 등록면허세 및 재산세를 과세할 때에는 2025년 12월 31일까지 「지방세법」 제13조 제1항부터 제4항까지, 제28조 제2항·제3항 및 제111조 제2항의 세율을 적용하지 아니한다. (2023. 12. 29. 신설)

　　제78조의 2 【한국산업단지공단에 대한 감면】 「산업집적활성화 및 공장설립에 관한 법률」에 따른 한국산업단지공단(이하 이 조에서 "한국산업단지공단"이라 한다)이 같은 법 제45조의 21 제1항 제3호 및 제5호의 사업을 위하여 취득하는 부동산(같은 법 제41조에 따른 환수권의 행사로 취득하는 경우를 포함한다)에 대해서는 취득세의 100분의 35, 재산세의 100분의 50을 각각 2025년 12월 31일까지 경감한다. 다만, 취득일부터 3년 이내에 정당한 사유 없이 한국산업단지공단이 「산업집적활성화 및 공장설립에 관한 법률」 제45조의 21

제1항 제3호 및 제5호의 사업에 사용하지 아니하는 경우에 해당 부분에 대해서는 경감된 취득세 및 재산세를 추징한다. (2023. 3. 14. 개정)

　　제78조의 3 【외국인투자자에 대한 감면】 ① 「외국인투자 촉진법」 제2조 제1항 제6호에 따른 외국인투자기업이나 출연을 한 비영리법인(이하 이 조에서 "외국인투자기업"이라 한다)이 「조세특례제한법」 제121조의 2 제1항에 해당하는 외국인투자(이하 이 조에서 "외국인투자"라 한다)에 대해서 2025년 12월 31일까지 같은 법 제121조의 2 제6항에 따른 감면신청(이하 이 조에서 "조세감면신청"이라 한다)을 하여 같은 조 제8항에 따라 감면결정(이하 이 조에서 "조세감면결정"이라 한다)을 받은 경우에는 다음 각 호에서 정하는 바에 따라 지방세를 감면한다. 다만, 지방자치단체가 조례로 정하는 바에 따라 감면기간을 15년까지 연장하거나 감면율을 높인 경우에는 다음 각 호에도 불구하고 조례로 정한 기간 및 비율에 따른다. (2023. 3. 14. 개정)

☞ p.4312 1단 연결

1. 외국인투자기업이 「외국인투자 촉진법」 제5조 제1항 또는 제2항에 따라 신고한 사업(이하 이 조에서 "외국인투자신고사업"이라 한다)에 직접 사용하기 위하여 대통령령으로 정하는 사업개시일(이하 이 조에서 "사업개시일"이라 한다)부터 5년(「조세특례제한법」 제121조의 2 제1항 제2호의 2부터 제2호의 9까지 및 제3호에 따른 감면대상이 되는 사업의 경우 3년) 이내에 취득하는 부동산에 대해서는 「지방세법」에 따른 취득세 산출세액에 대통령령으로 정하는 외국인투자비율(이하 이 조에서 "외국인투자비율"이라 한다)을 곱한 세액(이하 이 조에서 "취득세 감면대상세액"이라 한다)의 100분의 100을 감면하고, 그 다음 2년 이내에 취득하는 부동산에 대해서는 취득세 감면대상세액의 100분의 50을 경감한다. (2020. 1. 15. 신설)
2. 외국인투자기업이 과세기준일 현재 외국인투자신고사업에 직접 사용하는 부동산에 대해서는 사업개시일 이후 최초로 재산세 납세의무가 성립하는 날부터 5년(「조세특례제한법」 제121조의 2 제1항 제2호의 2부터 제2호의 9까지 및 제3호에 따른 감면대상이 되는 사업의 경우 3년) 동안은 「지방세법」에 따른 재산세 산출세액에 외국인투자비율을 곱한 세액(이하 이 조에서 "재산세 감면대상세액"이라 한다)의 100분의 100을 감면하고, 그 다음 2년 동안은 재산세 감면대상세액의 100분의 50을 경감한다. (2020. 1. 15. 신설)
② 2025년 12월 31일까지 외국인투자에 대해서 조세감면신청을 하여 조세감면결정을 받은 외국인투자기업이 사업개시일 전에 「조세특례제한법」 제121조의 2 제1항 각 호의 사업에 직접 사용하기 위하여 취득하거나 과세기준일 현재 직접 사용하는 부동산에 대해서는 제1항에도 불구하고 다음 각 호에서 정하는 바에 따라 지방세를 감면한다. 다만, 지방자치단체가 조례로 정하는 바에 따라 감면기간을 15년까지 연장하거나 감면율을 높인 경우에는 제2호에도 불구하고 조례로 정한 기간 및 비율에 따른다. (2023. 3. 14. 개정)
1. 조세감면결정을 받은 날 이후 취득하는 부동산에 대해서는 취득세 감면대상세액의 100분의 100을 감면한다. (2020. 1. 15. 신설)
2. 제1호에 따라 해당 부동산을 취득한 후 최초로 재산세 납세의무가 성립하는 날부터 5년(「조세특례제한법」 제121조의 2 제1항 제2호

제38조의 2 【외국인투자기업의 사업개시일 등】 ① 법 제78조의 3 제1항 제1호에서 "대통령령으로 정하는 사업개시일"이란 「부가가치세법」 제8조 제1항에 따른 사업개시일을 말한다. (2020. 1. 15. 신설)
② 법 제78조의 3 제1항 제1호에서 "대통령령으로 정하는 외국인투자비율"이란 「외국인투자 촉진법」 제5조 제3항에 따른 외국인투자비율을 말한다. 다만, 회사정리계획인가를 받은 내국법인의 채권금융기관이 그 회사정리계획에 따라 출자하여 새로 설립한 내국법인(이하 이 항에서 "신설법인"이라 한다)에 대해 「외국인투자 촉진법」 제2조 제1항 제5호에 따른 외국투자가(이하 이 조 및 제38조의 4에서 "외국투자가"라 한다)가 2002년 12월 31일까지 같은 항 제4호에 따른 외국인투자를 개시하여 해당 기한까지 출자목적물의 납입을 완료한 경우로서 해당 신설법인의 부채가 출자전환(2002년 12월 31일까지 출자전환된 분으로 한정한다)됨으로써 우선주가 발행된 때에는 다음 각 호의 비율 중 높은 비율을 그 신설법인의 외국인투자비율로 한다. (2020. 1. 15. 신설)
1. 우선주를 포함하여 「외국인투자 촉진법」 제5조 제3항에 따라 계산한 외국인투자비율 (2020. 1. 15. 신설)
2. 우선주를 제외하고 「외국인투자 촉진법」 제5조 제3항에 따라 계산한 외국인투자비율 (2020. 1. 15. 신설)

의 2부터 제2호의 9까지 및 제3호에 따른 감면대상이 되는 사업의 경우 3년) 동안은 재산세 감면대상세액의 100분의 100을 감면하고, 그 다음 2년 동안은 재산세 감면대상세액의 100분의 50을 경감한다. (2020. 1. 15. 신설)

③ 「조세특례제한법」 제121조의 2 제1항 제1호의 사업에 대한 외국인투자 중 사업의 양수 등 대통령령으로 정하는 방식에 해당하는 외국인투자에 대해서는 제1항 및 제2항에도 불구하고 다음 각 호에서 정하는 바에 따라 지방세를 감면한다. 다만, 지방자치단체가 조례로 정하는 바에 따라 감면기간을 10년까지 연장하거나 감면율을 높인 경우에는 다음 각 호에도 불구하고 조례로 정한 기간 및 비율에 따른다. (2020. 1. 15. 신설)

1. 2025년 12월 31일까지 조세감면신청을 하여 조세감면결정을 받은 외국인투자기업이 「조세특례제한법」 제121조의 2 제1항 제1호의 사업에 직접 사용하기 위하여 취득하는 부동산 및 과세기준일 현재 해당 사업에 직접 사용하는 부동산에 대해서는 다음 각 목의 구분에 따라 지방세를 감면한다. (2023. 3. 14. 개정)
  가. 사업개시일부터 3년 이내에 취득하는 부동산에 대해서는 취득세 감면대상세액의 100분의 50을, 그 다음 2년 이내에 취득하는 부동산에 대해서는 취득세 감면대상세액의 100분의 30을 경감한다. (2020. 1. 15. 신설)
  나. 사업개시일 이후 최초로 재산세 납세의무가 성립하는 날부터 3년 동안은 재산세 감면대상세액의 100분의 50을, 그 다음 2년 동안은 재산세 감면대상세액의 100분의 30을 경감한다. (2020. 1. 15. 신설)

2. 2025년 12월 31일까지 조세감면신청을 하여 조세감면결정을 받은 외국인투자기업이 사업개시일 전에 「조세특례제한법」 제121조의 2 제1항 제1호의 사업에 직접 사용하기 위하여 취득하는 부동산 및 과세기준일 현재 해당 사업에 직접 사용하는 부동산에 대해서는 다음 각 목의 구분에 따라 지방세를 감면한다. (2023. 3. 14. 개정)
  가. 조세감면결정을 받은 날 이후 취득하는 부동산에 대해서는 취득세 감면대상세액의 100분의 50을 경감한다. (2020. 1. 15. 신설)
  나. 해당 부동산을 취득한 후 최초로 재산세 납세의무가 성립하는

③ 법 제78조의 3 제3항 각 호 외의 부분 본문에서 "사업의 양수 등 대통령령으로 정하는 방식에 해당하는 외국인투자"란 그 사업에 관한 권리와 의무를 포괄적 또는 부분적으로 승계하는 것을 말한다. (2020. 1. 15. 신설)

날부터 3년 동안은 재산세 감면대상세액의 100분의 50을, 그 다음 2년 동안은 재산세 감면대상세액의 100분의 30을 경감한다. (2020. 1. 15. 신설)

④ 「외국인투자 촉진법」 제2조 제1항 제8호 사목 또는 같은 항 제4호 가목 2), 제5조 제2항 제1호 및 제6조에 따른 외국인투자에 대해서는 제1항부터 제3항까지의 규정을 적용하지 아니한다. (2020. 1. 15. 신설)

⑤ 외국인투자기업이 조세감면신청 기한이 지난 후 감면신청을 하여 조세감면결정을 받은 경우에는 조세감면결정을 받은 날 이후의 남은 감면기간에 대해서만 제1항부터 제3항까지의 규정을 적용한다. 이 경우 외국인투자기업이 조세감면결정을 받기 이전에 이미 납부한 세액이 있을 때에는 그 세액은 환급하지 아니한다. (2020. 1. 15. 신설)

⑥ 제1항부터 제3항까지의 규정을 적용할 때 다음 각 호의 어느 하나에 해당하는 외국인투자의 경우 대통령령으로 정하는 바에 따라 계산한 주식 또는 출자지분(이하 이 조에서 "주식등"이라 한다)의 소유비율(소유비율이 100분의 5 미만인 경우에는 100분의 5로 본다) 상당액, 대여금 상당액 또는 외국인투자금액에 대해서는 조세감면대상으로 보지 아니한다. (2020. 1. 15. 신설)

1. 외국법인 또는 외국기업(이하 이 항에서 "외국법인등"이라 한다)이 외국인투자를 하는 경우로서 다음 각 목의 어느 하나에 해당하는 경우 (2020. 1. 15. 신설)

　가. 대한민국 국민(외국에 영주하고 있는 사람으로서 거주지국의 영주권을 취득하거나 영주권을 갈음하는 체류허가를 받은 사람은 제외한다) 또는 대한민국 법인(이하 이 항에서 "대한민국국민등"이라 한다)이 해당 외국법인등의 의결권 있는 주식등의 100분의 5 이상을 직접 또는 간접으로 소유하고 있는 경우 (2020. 1. 15. 신설)

　나. 대한민국국민등이 단독으로 또는 다른 주주와의 합의·계약 등에 따라 해당 외국법인등의 대표이사 또는 이사의 과반수를 선임한 주주에 해당하는 경우 (2020. 1. 15. 신설)

2. 다음 각 목의 어느 하나에 해당하는 자가 「외국인투자 촉진법」 제2조 제1항 제5호에 따른 외국투자가(이하 이 조에서 "외국투자가"라 한다)에게 대여한 금액이 있는 경우 (2020. 1. 15. 신설)

④ 법 제78조의 3 제6항에 따라 조세감면대상으로 보지 않는 주식 또는 출자지분(이하 이 조에서 "주식등"이라 한다)의 소유비율 상당액 또는 대여금 상당액은 다음 각 호의 구분에 따라 계산한 금액으로 한다. (2020. 1. 15. 신설)

1. 법 제78조의 3 제6항 제1호에 해당하는 경우 : 외국법인 또는 외국기업(이하 이 조에서 "외국법인등"이라 한다)의 외국인투자금액에 해당 외국법인등의 주식등을 같은 호 가목에 따른 대한민국국민등(이하 이 조 및 제38조의 4에서 "대한민국국민등"이라 한다)이 직접 또는 간접으로 소유하고 있는 비율(그 비율이 100분의 5 미만인 경우에는 100분의 5로 한다)을 곱하여 계산한 금액. 이 경우 주식등의 직접 또는 간접 소유비율은 법 제78조의 3 제1항부터 제3항까지 및 제7항에 따라 지방세 감면 또는 면제의 대상이 되는 해당 지방세의 납세의무 성립일을 기준으로 산출한다. (2020. 1. 15. 신설)

2. 법 제78조의 3 제6항 제2호에 해당하는 경우 : 외국인투자금액 중 같은 호 각 목의 어느 하나에 해당하는 자가 외국투자가에게 대여한 금액 상당액 (2020. 1. 15. 신설)

⑤ 제4항 제1호를 적용할 때 주식등의 간접소유비율은 다음 각 호의 구분에 따라 계산한다. 다만, 외국법인등의 주주 또는 출자자인 법인(이하 이 조에서 "주주법인"이라 한다)이 둘 이상인 경우에는 다음 각 호에 따라 각 주주법인별로 계산한 비율을 더한 비율을 대한민국국민등의 해당 외국법인등에 대한 간접소유비율로 한다. (2020. 1. 15. 신설)

가. 외국인투자기업 (2020. 1. 15. 신설)
나. 외국인투자기업의 의결권 있는 주식등을 100분의 5 이상 직접 또
　는 간접으로 소유하고 있는 대한민국국민등 (2020. 1. 15. 신설)
다. 단독으로 또는 다른 주주와의 합의·계약 등에 따라 외국인투
　자기업의 대표이사 또는 이사의 과반수를 선임한 주주인 대한민
　국국민등 (2020. 1. 15. 신설)

3. 외국인이 「국제조세조정에 관한 법률」 제2조 제1항 제7호에 따른
　조세조약 또는 투자보장협정을 체결하지 아니한 국가 또는 지역 중
　대통령령으로 정하는 국가 또는 지역을 통하여 외국인투자를 하는
　경우 (2020. 12. 22. 개정 ; 국제조세조정에 관한 법률 부칙)
⑦ 외국인투자기업이 증자하는 경우에 그 증자분에 대한 취득세 및 재
산세 감면에 대해서는 제1항부터 제6항까지의 규정을 준용하며, 이 경
우 제1항부터 제3항까지의 규정에 따른 사업개시일은 자본증가에 관한
변경등기를 한 날로 본다. 다만, 대통령령으로 정하는 기준에 해당하는
조세감면신청에 대해서는 「조세특례제한법」 제121조의 2 제8항에 따
른 행정안전부장관 또는 지방자치단체의 장과의 협의를 생략할 수 있
다. (2020. 1. 15. 신설)
⑧ 제7항에 따라 외국인투자기업에 대한 취득세 감면대상세액 및 재산
세 감면대상세액을 계산하는 경우 다음 각 호의 주식등에 대해서는 그
발생근거가 되는 주식등에 대한 감면의 예에 따라 그 감면기간의 남은
기간과 남은 기간의 감면비율에 따라 감면한다. (2020. 1. 15. 신설)
1. 「외국인투자 촉진법」 제5조 제2항 제2호에 따라 준비금·재평가적
　립금과 그 밖에 다른 법령에 따른 적립금이 자본으로 전입됨으로써
　외국투자가가 취득한 주식등 (2020. 1. 15. 신설)
2. 「외국인투자 촉진법」 제5조 제2항 제5호에 따라 외국투자가가 취득
　한 주식등으로부터 생긴 과실(주식등으로 한정한다)을 출자하여 취
　득한 주식등 (2020. 1. 15. 신설)

1. 대한민국국민등이 외국법인등의 주주법인의 의결권 있는 주식의
　100분의 50 이상을 소유하고 있는 경우에는 주주법인이 소유하고
　있는 해당 외국법인등의 의결권 있는 주식이 그 외국법인등이 발행
　한 의결권 있는 주식의 총수에서 차지하는 비율(이하 이 조에서 “주
　주법인의 주식소유비율”이라 한다) (2020. 1. 15. 신설)
2. 대한민국국민등이 외국법인등의 주주법인의 의결권 있는 주식의
　100분의 50 미만을 소유하고 있는 경우에는 그 소유비율에 주주법
　인의 주식소유비율을 곱한 비율 (2020. 1. 15. 신설)
⑥ 제5항에 따른 주식등의 간접소유비율의 계산방법은 외국법인등의 주
주법인과 대한민국국민등 사이에 하나 이상의 법인이 주식소유관계를
통하여 연결되어 있는 경우에 대해서도 준용한다. (2020. 1. 15. 신설)
⑦ 법 제78조의 3 제6항 제3호에서 “대통령령으로 정하는 국가 또는
지역”이란 「조세특례제한법 시행령」 제116조의 2 제13항에 따른 국가
또는 지역을 말한다. (2020. 1. 15. 신설)

　제38조의 3 【외국인투자기업 증자 시의 감면 적용 방법 등】 ①
법 제78조의 3 제7항에 따라 외국인투자기업의 증자분에 대하여 지
방세를 감면하는 경우 해당 증자분과 관계된 감면대상사업과 그 밖
의 사업을 구분경리하여 해당 증자분 감면대상 사업을 기준으로 같
은 조 제1항 제1호에 따른 외국인투자비율(이하 이 조에서 “외국인
투자비율”이라 한다)을 계산한다. 이 경우 구분경리에 관하여는 「조
세특례제한법」 제143조를 준용한다. (2020. 1. 15. 신설)
② 법 제78조의 3 제7항에 따라 외국인투자기업의 증자분에 대하여 지
방세를 감면하는 경우 외국인투자기업이 유상감자(주식 또는 출자지분
의 유상소각, 자본감소액의 반환 등에 따라 실질적으로 자산이 감소되
는 경우를 말한다)를 한 후 5년 이내에 증자하여 조세감면신청을 하는
경우에는 그 유상감자 전보다 순증가하는 부분에 대한 외국인투자비율
에 대해서만 지방세를 감면한다. (2020. 1. 15. 신설)
③ 법 제78조의 3 제7항 단서에서 “대통령령으로 정하는 기준”이란 법
제78조의 3 제1항부터 제3항까지의 규정 또는 「조세특례제한법」 제
121조의 2에 따라 지방세 감면을 받고 있는 사업을 위하여 증액투자하
는 것을 말한다. (2020. 1. 15. 신설)

⑨ 제7항에 따라 외국인투자기업에 대한 취득세 감면대상세액 및 재산세 감면대상세액을 계산하는 경우 제1항부터 제3항까지의 규정에 따른 감면기간이 종료된 사업의 사업용 고정자산을 제7항에 따른 증자분에 대한 조세감면을 받는 사업(이하 이 항에서 "증자분사업"이라 한다)에 계속 사용하는 경우 등 대통령령으로 정하는 사유가 있는 경우에는 다음 계산식에 따라 계산한 금액을 증자분사업에 대한 취득세 감면대상세액 및 재산세 감면대상세액으로 한다. (2020. 1. 15. 신설)

취득세 감면대상 세액 및 재산세 감면대상세액	×	자본증가에 관한 변경등기를 한 날 이후 새로 취득·설치되는 사업용 고정자산의 가액 증자분사업의 사업용 고정자산의 총가액

⑩ 제7항에도 불구하고 외국인투자신고 후 최초의 조세감면결정 통지일부터 3년이 되는 날 이전에 외국인투자기업이 조세감면결정 시 확인된 외국인투자신고금액의 범위에서 증자하는 경우에는 조세감면신청을 하지 아니하는 경우에도 그 증자분에 대하여 조세감면결정을 받은 것으로 본다. (2020. 1. 15. 신설)

⑪ 외국인투자신고 후 최초의 조세감면결정 통지일부터 3년이 경과한 날까지 최초의 출자(증자를 포함한다. 이하 이 항에서 같다)를 하지 아니하는 경우에는 조세감면결정의 효력이 상실되며, 외국인투자신고 후 최초의 조세감면결정 통지일부터 3년 이내에 최초의 출자를 한 경우로서 최초의 조세감면결정 통지일부터 5년이 되는 날까지 사업을 개시하지 아니한 경우에는 최초의 조세감면결정 통지일부터 5년이 되는 날을 그 사업을 개시한 날로 보아 제1항부터 제3항까지의 규정을 적용한다. (2020. 1. 15. 신설)

⑫ 지방자치단체의 장은 다음 각 호의 어느 하나에 해당하는 경우에는

④ 법 제78조의 3 제7항에 따라 증자분에 대한 지방세의 감면결정을 받은 외국인투자기업이 해당 증자 후 7년 내에 유상감자를 하는 경우에는 해당 유상감자를 하기 직전의 증자분(「외국인투자 촉진법」 제5조 제2항 제2호에 따른 준비금·재평가적립금 및 그 밖의 다른 법령에 따른 적립금의 자본전입으로 인하여 주식이 발행되는 형태의 증자를 제외한다)부터 역순으로 감자한 것으로 보아 감면세액을 계산한다. (2020. 1. 15. 신설)

⑤ 법 제78조의 3 제9항 계산식 외의 부분에서 "대통령령으로 정하는 사유"란 다음 각 호의 요건을 모두 갖춘 경우를 말한다. (2020. 1. 15. 신설)

1. 외국인투자기업이 증자 전에 「조세특례제한법」 제121조의 2 제1항 각 호에 따른 사업(이하 이 항에서 "증자전감면사업"이라 한다)에 대해 법 제78조의 3 제1항부터 제3항까지의 규정 또는 「조세특례제한법」 제121조의 2에 따른 지방세 감면을 받고 그 감면기간이 종료된 경우로서 법 제78조의 3 제7항에 따라 증자를 통하여 「조세특례제한법」 제121조의 2 제1항 각 호에 따른 사업(이하 이 항에서 "증자분감면사업"이라 한다)에 대한 감면결정을 받았을 것 (2020. 1. 15. 신설)

2. 법 제78조의 3 제1항부터 제3항까지의 규정 또는 「조세특례제한법」 제121조의 2에 따른 감면기간이 종료된 증자전감면사업의 사업용 고정자산을 증자분감면사업에 계속 사용하는 경우로서 자본증가에 관한 변경등기를 한 날 현재 해당 증자전감면사업의 사업용 고정자산의 가액이 증자분감면사업의 사업용 고정자산의 총가액에서 차지하는 비율이 100분의 30 이상일 것 (2020. 1. 15. 신설)

제38조의 4 【외국인투자기업 감면세액의 추징 등】 ① 법 제78

제1항부터 제3항까지의 규정에 따라 감면된 취득세 및 재산세를 추징한다. 이 경우 추징할 세액의 범위 및 여러 추징사유에 해당하는 경우의 추징 방법 등 그 밖에 필요한 사항은 대통령령으로 정한다. (2020. 1. 15. 신설)

1. 제1항 및 제3항에 따라 취득세 또는 재산세가 감면된 후 외국투자가가 이 법에 따라 소유하는 주식등을 대한민국 국민 또는 대한민국 법인에 양도하는 경우 (2020. 1. 15. 신설)

2. 제2항 및 제3항에 따라 취득세 또는 재산세가 감면된 후 외국투자가의 주식등의 비율이 감면 당시의 주식등의 비율에 미달하게 된 경우 (2020. 1. 15. 신설)

3. 「외국인투자 촉진법」에 따라 등록이 말소된 경우 (2020. 1. 15. 신설)

4. 해당 외국인투자기업이 폐업하는 경우 (2020. 1. 15. 신설)

5. 외국인투자기업이 외국인투자신고 후 5년(고용 관련 조세감면기준은 3년) 이내에 출자목적물의 납입, 「외국인투자 촉진법」 제2조 제1항 제4호 나목에 따른 장기차관의 도입 또는 고용인원이 「조세특례제한법」 제121조의 2 제1항에 따른 조세감면기준에 미달하는 경우 (2020. 1. 15. 신설)

6. 정당한 사유 없이 그 취득일부터 3년이 경과할 때까지 해당 용도로 직접 사용하지 아니하는 경우 (2020. 1. 15. 신설)

7. 해당 용도로 직접 사용한 기간이 2년 미만인 상태에서 매각·증여하거나 다른 용도로 사용하는 경우 (2020. 1. 15. 신설)

⑬ 제12항에도 불구하고 다음 각 호의 어느 하나에 해당하는 경우에는 대통령령으로 정하는 바에 따라 그 감면된 세액을 추징하지 아니할 수 있다. (2020. 1. 15. 신설)

1. 외국인투자기업이 합병으로 인하여 해산됨으로써 외국인투자기업의 등록이 말소된 경우 (2020. 1. 15. 신설)

2. 「조세특례제한법」 제121조의 3에 따라 관세 등을 면제받고 도입되어 사용 중인 자본재를 천재지변이나 그 밖의 불가항력적인 사유, 감가상각, 기술의 진보, 그 밖에 경제여건의 변동 등으로 그 본래의 목적에 사용할 수 없게 되어 기획재정부장관의 승인을 받아 본래의 목적 외의 목적에 사용하거나 처분하는 경우 (2020. 1. 15. 신설)

3. 「자본시장과 금융투자업에 관한 법률」에 따라 해당 외국인투자기업

조의 3 제12항에 따른 취득세 및 재산세의 추징은 다음 각 호의 구분에 따른다. (2020. 1. 15. 신설)

1. 법 제78조의 3 제12항 제1호 및 제2호의 경우 : 주식등의 양도일 또는 주식등의 비율의 미달일부터 소급하여 5년 이내에 감면된 취득세 및 재산세의 세액에 그 양도비율 또는 미달비율을 곱하여 산출한 세액을 각각 추징 (2020. 1. 15. 신설)

2. 법 제78조의 3 제12항 제3호 및 제4호의 경우 : 등록 말소일 또는 폐업일(「부가가치세법」 제8조 제8항 및 제9항에 따른 폐업일과 말소일 중 빠른 날을 말한다)부터 소급하여 5년 이내에 감면된 취득세 및 재산세를 각각 추징 (2021. 2. 17. 개정 ; 부가가치세법 시행령 부칙)

3. 법 제78조의 3 제12항 제5호의 경우 : 외국인투자신고 후 5년(고용과 관련된 조세감면기준에 미달하는 경우에는 3년)이 경과한 날부터 소급하여 5년(고용과 관련된 조세감면기준에 미달하는 경우에는 3년) 이내에 감면된 취득세 및 재산세를 각각 추징 (2020. 1. 15. 신설)

4. 법 제78조의 3 제12항 제6호 및 제7호의 경우 : 해당 추징사유가 발생한 날부터 소급하여 5년 이내에 감면된 취득세 및 재산세의 세액을 각각 추징. 이 경우 추징하는 세액은 해당 추징사유가 발생한 부분으로 한정한다. (2020. 1. 15. 신설)

② 법 제78조의 3 제12항 각 호의 사유가 동시에 발생하는 경우에는 제1항 각 호에 따른 추징하는 세액이 큰 사유를 적용하고, 법 제78조의 3 제12항 각 호의 사유가 순차적으로 발생하는 경우에는 감면받은 세액의 범위에서 발생순서에 따라 먼저 발생한 사유부터 순차적으로 적용한다. (2020. 1. 15. 신설)

③ 법 제78조의 3 제13항 제1호 및 제3호부터 제5호까지에 해당하는 경우에는 감면된 취득세 및 재산세를 추징하지 않는다. (2020. 1. 15. 신설)

④ 법 제78조의 3 제13항 제5호에서 "대통령령으로 정하는 경우"란 다음 각 호의 어느 하나에 해당하는 경우를 말한다. (2020. 1. 15. 신설)

1. 「경제자유구역의 지정 및 운영에 관한 특별법」 제8조의 3 제1항 및 제2항에 따른 개발사업시행자가 같은 법 제2조 제1호에 따른 경제자유구역의 개발사업을 완료한 후 법 제78조의 3 제12항에 따른

취득세 및 재산세의 추징사유가 발생한 경우 (2020. 1. 15. 신설)

2. 「기업도시개발 특별법」 제10조 제1항에 따라 지정된 기업도시 개발사업시행자가 같은 법 제2조 제2호에 따른 기업도시개발구역의 개발사업을 완료한 후 법 제78조의 3 제12항에 따른 취득세 및 재산세의 추징사유가 발생한 경우 (2020. 1. 15. 신설)

3. 「새만금사업 추진 및 지원에 관한 특별법」 제8조 제1항에 따라 지정된 사업시행자가 같은 법 제2조 제1호에 따른 새만금사업지역의 개발사업을 완료한 후 법 제78조의 3 제12항에 따른 취득세 및 재산세의 추징사유가 발생한 경우 (2020. 1. 15. 신설)

4. 「제주특별자치도 설치 및 국제자유도시 조성을 위한 특별법」 제162조에 따라 지정되는 제주투자진흥지구의 개발사업시행자가 제주투자진흥지구의 개발사업을 완료한 후 법 제78조의 3 제12항에 따른 취득세 및 재산세의 추징사유가 발생한 경우 (2020. 1. 15. 신설)

5. 「조세특례제한법」 제121조의 2 제1항 제1호에 따른 신성장동력산업기술을 수반하는 사업에 투자한 외국투자가가 그 감면사업 또는 소유주식등을 대한민국국민등에게 양도한 경우로서 해당 기업이 그 신성장동력산업기술을 수반하는 사업에서 생산되거나 제공되는

☞ p.4318 2단 연결

을 공개하기 위하여 주식등을 대한민국 국민 또는 대한민국 법인에 양도하는 경우 (2020. 1. 15. 신설)
4. 「외국인투자 촉진법」에 따라 시·도지사가 연장한 이행기간 내에 출자목적물을 납입하여 해당 조세감면기준을 충족한 경우 (2020. 1. 15. 신설)
5. 그 밖에 조세감면의 목적을 달성하였다고 인정되는 경우로서 대통령령으로 정하는 경우 (2020. 1. 15. 신설)

⑭ 조세감면결정을 받은 외국인투자기업이 제12항 제3호부터 제7호까지의 어느 하나에 해당하는 경우에는 대통령령으로 정하는 바에 따라 해당 과세연도와 남은 감면기간 동안 제1항부터 제3항까지의 규정 및 제7항에 따른 감면을 적용하지 아니한다. (2020. 1. 15. 신설)
⑮ 제1항부터 제14항까지의 규정에 따른 조세감면신청 및 조세감면결정에 관한 절차 등에 대해서는 「조세특례제한법」 제121조의 2 제6항부터 제8항까지의 규정에 따른다. (2020. 1. 15. 신설)

제79조【법인의 지방 이전에 대한 감면】 〔농특비〕
① 대통령령으로 정하는 대도시(이하 이 절에서 "대도시"라 한다)에 본점 또는 주사무소를 설치하여 사업을 직접 하는 법인이 해당 본점 또는 주사무소를 매각하거나 임차를 종료하고 과밀억제권역 외의 지역으로 본점 또는 주사무소를 이전하는 경우에 해당 사업을 직접 하기 위하여 취득하는 부동산에 대해서는 취득세를 <u>2027년 12월 31일까지</u> 면제하고, 재산세의 경우 그 부동산에 대한 재산세의 납세의무가 최초로 성립하는 날부터 5년간 면제하며 그 다음 3년간 재산세의 100분의 50을 경감한다. 다만, 다음 각 호의 어느 하나에 해당하는 경우에는 감면한 취득세 및 재산세를 추징한다. (2024. 12. 31. 개정)

제품 또는 서비스를 국내에서 자체적으로 생산하는 데 지장이 없다고 기획재정부장관이 확인하는 경우 (2020. 1. 15. 신설)
6. 외국투자가가 소유하는 주식등을 다른 법령이나 정부의 시책에 따라 대한민국국민등에게 양도한 경우로서 기획재정부장관이 확인하는 경우 (2020. 1. 15. 신설)
7. 외국투자가가 소유하는 주식등을 대한민국국민등에게 양도한 후 양도받은 대한민국 국민등이 7일 이내에 해당 주식등을 다시 다른 외국투자가에게 양도한 경우로서 당초 사업을 계속 이행하는 데 지장이 없다고 기획재정부장관이 확인하는 경우 (2020. 1. 15. 신설)
⑤ 제4항 제5호부터 제7호까지의 규정에 따른 확인 절차에 관하여는 「조세특례제한법 시행령」 제116조의 10 제3항부터 제5항까지의 규정을 따른다. (2020. 1. 15. 신설)
⑥ 법 제78조의 3 제14항을 적용할 때 같은 조 제12항 제3호부터 제7호까지의 어느 하나에 해당하는 사유가 발생한 경우 해당 사유가 발생한 날 이후의 남은 감면기간(재산세 과세기준일 이전에 사유가 발생한 경우 해당 과세연도를 포함한다)에 대해서는 같은 조 제1항부터 제3항까지의 규정 및 제7항에 따른 취득세 및 재산세 감면을 적용하지 않는다. 이 경우 법 제78조의 3 제12항 제3호부터 제7호까지의 어느 하나에 해당하는 사유가 발생한 날 이후의 남은 감면기간 중에 같은 조 제1항 및 「조세특례제한법」 제121조의 2 제1항 각 호 외의 부분에 따른 조세감면기준을 다시 충족하는 경우에도 또한 같다. (2020. 1. 15. 신설)

제39조【대도시의 범위】 법 제79조 제1항 본문에서 "대통령령으로 정하는 대도시"란 과밀억제권역(「산업집적활성화 및 공장설립에 관한 법률」을 적용받는 산업단지는 제외한다)을 말한다. (2010. 9. 20. 제정)

제7조【과밀억제권역 외의 지역으로 이전하는 본점 또는 주사무소에 대한 감면 등의 적용기준】 (2021. 12. 31. 제목개정)
① 법 제79조 제1항 각 호 외의 부분 본문에 따라 과밀억제권역 외의 지역으로 본점 또는 주사무소를 이전(移轉)하여 해당 사업을 직접 하기 위하여 취득하는 부동산의 범위는 법인의 본점 또는 주사무소로 사용하는 부동산과 그 부대시설용 부동산으로서 다음 각 호의 요건을 모두 갖춘 것으로

1. 법인을 이전하여 5년 이내에 법인이 해산된 경우(합병·분할 또는 분할합병으로 인한 경우는 제외한다)와 법인을 이전하여 과세감면을 받고 있는 기간에 과밀억제권역에서 이전 전에 생산하던 제품을 생산하는 법인을 다시 설치한 경우 (2015. 12. 29. 신설)
2. 해당 사업에 직접 사용한 기간이 2년 미만인 상태에서 매각·증여하거나 다른 용도로 사용하는 경우 (2015. 12. 29. 신설)
② 대도시에 등기되어 있는 법인이 과밀억제권역 외의 지역으로 본점 또는 주사무소를 이전하는 경우에 그 이전에 따른 법인등기 및 부동산 등기에 대해서는 2027년 12월 31일까지 등록면허세를 면제한다. (2024. 12. 31. 개정)
③ 제1항 및 제2항에 따른 과밀억제권역 외의 지역으로 이전하는 본점 또는 주사무소의 범위와 감면 등의 적용기준은 행정안전부령으로 정한다. (2021. 12. 28. 개정)

제79조의 2 【해외진출기업의 국내복귀에 대한 감면】 ① 「해외진출기업의 국내복귀 지원에 관한 법률」 제7조 제3항에 따라 선정된 지원대상 국내복귀기업(이하 "지원대상 국내복귀기업"이라 한다)으로서 다음 각 호의 요건을 모두 충족하는 지원대상 국내복귀기업이 제3호에 따른 업종(「통계법」 제22조에 따라 통계청장이 고시하는 한국표준산업분류에 따른 세분류를 기준으로 한 업종을 말한다. 이하 이 조에서 같다)을 영위하기 위하여 취득하는 사업용 부동산에 대해서는 취득세의 100분의 50을 2026년 12월 31일까지 경감하고, 과세기준일 현재 해당 용도로 직접 사용하는 부동산에 대해서는 재산세 납세의무가 최초로 성립한 날부터 5년간 재산세의 100분의 75를 경감한다. (2023. 12. 29. 신설)

편주 ▶ 법 79조의 2 제1항의 개정규정은 2024. 1. 1. 이후 지원대상 국내복귀기업을 선정하는 경우부터 적용함. (법 부칙(2023. 12. 29.) 7조)

1. 해외 사업장을 청산·양도할 것 (2023. 12. 29. 신설)
2. 과밀억제권역 외의 지역에서 사업장을 신설 또는 증설할 것 (2023.

---

12. 29. 신설)
3. 해외 사업장에서 영위하던 업종과 동일한 업종을 영위할 것 (2023. 12. 29. 신설)
② 지방자치단체의 장은 제1항에 따라 취득세를 경감하는 경우 해당 지역의 재정여건 등을 고려하여 100분의 50의 범위에서 조례로 정하는 율을 추가로 경감할 수 있다. (2023. 12. 29. 신설)

편주 ▶ 법 79조의 2 제2항의 개정규정은 2024. 1. 1. 이후 지원대상 국내복귀기업을 선정하는 경우부터 적용함. (법 부칙(2023. 12. 29.) 7조)

③ 제1항 및 제2항에 따라 지방세를 경감받은 자가 다음 각 호의 어느 하나에 해당하는 경우 그 해당 부분에 대해서는 경감된 취득세 및 재산세를 추징한다. (2023. 12. 29. 신설)
1. 정당한 사유 없이 그 취득일부터 1년이 경과할 때까지 해당 용도로 직접 사용하지 아니하는 경우 (2023. 12. 29. 신설)
2. 해당 용도로 직접 사용한 기간이 2년 미만인 상태에서 매각·증여하거나 다른 용도로 사용하는 경우 (2023. 12. 29. 신설)
3. 지원대상 국내복귀기업으로 선정된 날부터 4년 이내에 해외 사업장을 청산·양도하지 아니하는 경우 (2023. 12. 29. 신설)
4. 지원대상 국내복귀기업으로 선정된 날부터 5년 이내에 국내 사업장 신설 또는 증설을 완료하지 아니하는 경우 (2023. 12. 29. 신설)
5. 해당 사업용 부동산의 취득일부터 5년 이내에 지원대상 국내복귀기업 선정이 취소된 경우 (2023. 12. 29. 신설)

제80조 【공장의 지방 이전에 따른 감면】 `농특비`
① 대도시에서 공장시설을 갖추고 사업을 직접 하는 자가 그 공장을 폐쇄하고 과밀억제권역 외의 지역으로서 공장 설치가 금지되거나 제한되지 아니한 지역으로 이전한 후 해당 사업을 계속하기 위하여 취득하는 부동산에 대해서는 취득세를 2027년 12월 31일까지 면제하고, 재산세의 경우 그 부동산에 대한 납세의무가 최초로 성립하는 날부터

☞ p.4320 1단 연결

한다. (2021. 12. 31. 개정)
1. 과밀억제권역 외의 지역으로 이전하기 위하여 취득한 본점 또는 주사무소용 부동산으로서 사업을 시작하기 이전에 취득한 것일 것 (2021. 12. 31. 개정)
2. 대도시(영 제39조에 따른 대도시를 말한다. 이하 같다) 내의 본점 또는 주사무소를 과밀억제권역 외의 지역으로 이전하기 위하여 사업을 중단한 날까지 6개월(임차한 경우에는 2년을 말한다) 이상 사업을 한 실적이 있을 것 (2021. 12. 31. 개정)
3. 과밀억제권역 외의 지역에서 그 사업을 시작한 날부터 6개월 이내에 대도시 내에 있는 종전의 본점 또는 주사무소를 폐쇄할 것 (2021. 12. 31. 개정)
4. 과밀억제권역 외의 지역에서 본점 또는 주사무소용 부동산을 취득한 날부터 6개월 이내에 건축공사를 시작하거나 직접 그 용도에 사용할 것. 다만, 정당한 사유가 있는 경우에는 6개월 이내에 건축공사를 시작하지 않거나 직접 그 용도에 사용하지 않을 수 있다. (2021. 12. 31. 개정)
② 제1항에 따른 감면대상이 되는 본점 또는 주사무소용 부동산 가액의 합계액이 이전하기 전의 본점 또는 주사무소용 부동산 가액의 합계액을 초과하는 경우 그 초과액에 대해서는 취득세를 과세한다. 이 경우 그 초과액의 산정방법과 적용기준은 다음 각 호와 같다. (2010. 12. 23. 제정)
1. 이전한 본점 또는 주사무소용 부동산의

5년간 면제하고 그 다음 3년간 재산세의 100분의 50을 경감한다. 다만, 다음 각 호의 어느 하나에 해당하는 경우에는 감면한 취득세 및 재산세를 추징한다. (2024. 12. 31. 개정)
1. 공장을 이전하여 지방세를 감면받고 있는 기간에 대도시에서 이전 전에 생산하던 제품을 생산하는 공장을 다시 설치한 경우 (2015. 12. 29. 신설)
2. 해당 사업에 직접 사용한 기간이 2년 미만인 상태에서 매각·증여하거나 다른 용도로 사용하는 경우 (2015. 12. 29. 신설)
② 제1항에 따른 공장의 업종 및 그 규모, 감면 등의 적용기준은 행정안전부령으로 정한다. (2017. 7. 26. 직제개정 ; 정부조직법 부칙)

　제80조의 2【기회발전특구로의 이전 등에 대한 감면】① 「지방자치분권 및 지역균형발전에 관한 특별법」 제23조에 따라 지정된 기회발전특구(이하 이 조에서 "기회발전특구"라 한다)에서 대통령령으로 정하는 업종을 창업하는 기업에 대해서는 다음 각 호에서 정하는 바에 따라 지방세를 감면한다. (2024. 12. 31. 개정)

편주 ▸ ··
법 80조의 2 제1항 각 호 외의 부분의 개정규정은 2025. 1. 1. 이후 납세의무가 성립하는 경우부터 적용함. (법 부칙(2024. 12. 31.) 2조)
··

1. 창업하기 위하여 취득하는 사업용 부동산에 대해서는 2026년 12월 31일까지 취득세의 100분의 50을 경감하고, 과세기준일 현재 해당 용도로 직접 사용하는 그 사업용 부동산에 대해서는 재산세 납세의무가 최초로 성립한 날부터 5년간 재산세를 면제(수도권 지역에 있는 기회발전특구의 경우에는 3년간 재산세를 면제하며, 그 다음 2년간은 재산세의 100분의 50을 경감)한다. 다만, 다음 각 목의 어느 하나에 해당하는 경우 감면한 취득세를 추징한다. (2023. 12. 29. 신설)
　가. 정당한 사유 없이 부동산 취득일부터 3년이 경과할 때까지 해당 사업에 직접 사용하지 아니하거나 다른 용도로 사용하는 경우 (2023. 12. 29. 신설)
　나. 해당 사업에 직접 사용한 기간이 2년 미만인 상태에서 매각·증

　제39조의 2【기회발전특구 창업 기업의 범위】법 제80조의 2 제1항 각 호 외의 부분에서 "대통령령으로 정하는 업종을 창업하는 기업"이란 법 제58조의 3 제6항 각 호에 해당하지 않는 경우로서 별표 2에 따른 업종을 창업하는 기업을 말한다. 이 경우 별표 2 제1호부터 제8호까지 및 같은 표 제9호 가목부터 사목까지의 규정에 따른 업종은 한국표준산업분류에 따른 업종으로 한다. (2024. 12. 31. 신설)

가액과 이전하기 전의 본점 또는 주사무소용 부동산의 가액이 각각 영 제34조 제1항 제1호 각 목의 취득에 대하여 「지방세법」 제10조의 3부터 제10조의 6까지의 규정에 따른 사실상의 취득가격 및 연부금액으로 증명되는 경우에는 그 차액 (2021. 12. 31. 개정)
2. 제1호 외의 경우에는 이전한 본점 또는 주사무소용 부동산의 시가표준액(「지방세법」 제4조에 따른 시가표준액을 말한다. 이하 같다)과 이전하기 전의 본점 또는 주사무소용 부동산의 시가표준액의 차액 (2010. 12. 23. 제정)

　제8조【과밀억제권역 외의 지역으로 이전하는 공장의 범위와 적용기준】(2021. 12. 31. 제목개정)
① 법 제80조 제1항에 따른 공장의 범위는 「지방세법 시행규칙」 별표 2에서 규정하는 업종의 공장으로서 생산설비를 갖춘 건축물의 연면적(옥외에 기계장치 또는 저장시설이 있는 경우에는 그 시설물의 수평투영면적을 포함한다)이 200제곱미터 이상인 것을 말한다. 이 경우 건축물의 연면적에는 그 제조시설을 지원하기 위하여 공장 경계구역 안에 설치되는 종업원의 후생복지시설 등 각종 부대시설(수익사업용으로 사용되는 부분은 제외한다)을 포함한다. (2018. 12. 31. 후단개정)
② 법 제80조 제1항에 따라 감면 대상이 되는 공장용 부동산은 다음 각 호의 요건을 모두 갖춘 것이어야 한다. (2016. 12.

여하거나 다른 용도로 사용하는 경우 (2023. 12. 29. 신설)

2. 지방자치단체의 장은 해당 지역의 재정 여건 등을 고려하여 제1호에 따라 취득세를 감면하는 경우에는 100분의 50(수도권 지역에 있는 기회발전특구의 경우에는 100분의 25) 범위에서 조례로 정하는 율을 추가로 경감할 수 있고, 재산세를 감면하는 경우에는 5년간 감면기간을 연장하여 100분의 50(수도권 지역에 있는 기회발전특구는 제외한다)의 범위에서 조례로 정하는 율에 따라 경감할 수 있다. (2023. 12. 29. 신설)

② 수도권(제75조의 5에 따른 인구감소지역 또는 「접경지역 지원 특별법」 제2조 제1호에 따른 접경지역을 제외한다)에서 본점 또는 주사무소를 설치하거나 공장시설을 갖추고 사업을 영위하는 기업이 해당 본점이나 주사무소 또는 공장을 폐쇄하고 수도권 외의 기회발전특구로 이전하는 경우 다음 각 호에서 정하는 바에 따라 지방세를 감면한다. 이 경우 이전하는 본점 또는 주사무소의 범위 및 공장의 범위, 업종, 규모 및 공장용 부동산의 요건은 행정안전부령으로 정한다. (2023. 12. 29. 신설)

1. 해당 사업에 직접 사용하기 위하여 취득하는 사업용 부동산에 대해서는 2026년 12월 31일까지 취득세의 100분의 50을 경감하고, 과세기준일 현재 해당 용도로 직접 사용하는 그 사업용 부동산에 대해서는 재산세 납세의무가 최초로 성립한 날부터 5년간 재산세를 면제한다. 다만, 다음 각 목의 어느 하나에 해당하는 경우 감면한 취득세와 재산세를 추징한다. (2023. 12. 29. 신설)

   가. 본점이나 주사무소 또는 공장을 이전하여 지방세를 감면받고 있는 기간에 수도권에서 이전하기 전에 하던 사업과 동일한 사업을 수행하는 본점, 주사무소, 공장을 수도권에 다시 설치하는 경우 (2023. 12. 29. 신설)

   나. 본점이나 주사무소 또는 공장을 이전하여 취득한 날부터 5년 이내에 해당 사업을 폐업한 경우 (2023. 12. 29. 신설)

   다. 정당한 사유 없이 부동산 취득일부터 3년이 경과할 때까지 해당 사업에 직접 사용하지 아니하거나 다른 용도로 사용하는 경우 (2023. 12. 29. 신설)

라. 해당 사업에 직접 사용한 기간이 2년 미만인 상태에서 매각·증여하거나 다른 용도로 사용하는 경우 (2023. 12. 29. 신설)

2. 지방자치단체의 장은 해당 지역의 재정 여건 등을 고려하여 제1호에 따라 취득세를 감면하는 경우에는 100분의 50의 범위에서 조례로 정하는 율을 추가로 경감할 수 있고, 재산세를 감면하는 경우에는 5년간 감면기간을 연장하여 100분의 50의 범위에서 조례로 정하는 율에 따라 경감할 수 있다. (2023. 12. 29. 신설)

③ 기회발전특구에서 공장을 신·증설하는 기업에 대해서는 다음 각 호에서 정하는 바에 따라 지방세를 감면한다. 이 경우 공장의 범위, 업종, 요건 등은 행정안전부령으로 정한다. (2023. 12. 29. 신설)

1. 해당 사업에 직접 사용하기 위하여 취득하는 사업용 부동산에 대해서는 2026년 12월 31일까지 취득세의 100분의 50을 경감하고, 과세기준일 현재 해당 용도로 직접 사용하는 그 사업용 부동산에 대해서는 재산세 납세의무가 최초로 성립한 날부터 5년간 재산세의 100분의 75(수도권 지역에 있는 기회발전특구의 경우에는 100분의 35)를 경감한다. 다만, 다음 각 목의 어느 하나에 해당하는 경우 감면한 취득세 및 재산세를 추징한다. (2023. 12. 29. 신설)

   가. 공장을 신·증설하여 취득한 날부터 5년 이내에 해당 사업을 폐업한 경우 (2023. 12. 29. 신설)

   나. 정당한 사유 없이 부동산 취득일부터 3년이 경과할 때까지 해당 사업에 직접 사용하지 아니하거나 다른 용도로 사용하는 경우 (2023. 12. 29. 신설)

   다. 해당 사업에 직접 사용한 기간이 2년 미만인 상태에서 매각·증여하거나 다른 용도로 사용하는 경우 (2023. 12. 29. 신설)

2. 지방자치단체의 장은 해당 지역의 재정 여건 등을 고려하여 제1호에 따라 취득세를 경감하는 경우 100분의 25의 범위에서 조례로 정하는 율을 추가로 경감할 수 있다. (2023. 12. 29. 신설)

제81조 【이전공공기관 등 지방이전에 대한 감면】 (2011. 12. 31. 제목개정)

☞ p.4322 1단 연결

30. 개정)

1. 이전한 공장의 사업을 시작하기 이전에 취득한 부동산일 것 (2010. 12. 23. 제정)

2. 공장시설(제조장 단위별로 독립된 시설을 말한다. 이하 같다)을 이전하기 위하여 대도시 내에 있는 공장의 조업을 중단한 날까지 6개월(임차한 공장의 경우에는 2년을 말한다) 이상 계속하여 조업한 실적이 있을 것. 이 경우 「물환경보전법」 또는 「대기환경보전법」에 따라 폐수배출시설 또는 대기오염물질배출시설 등의 개선명령·이전명령·조업정지나 그 밖의 처분을 받아 조업을 중단하였을 때의 그 조업 중지기간은 조업한 기간으로 본다. (2020. 12. 31. 후단개정)

3. 과밀억제권역 외에서 그 사업을 시작한 날부터 6개월(시운전 기간은 제외한다) 이내에 대도시 내에 있는 해당 공장시설을 완전히 철거하거나 폐쇄할 것 (2021. 12. 31. 개정)

4. 토지를 취득하였을 때에는 그 취득일부터 6개월 이내에 공장용 건축물 공사를 시작하여야 하며, 건축물을 취득하거나 토지와 건축물을 동시에 취득하였을 때에는 그 취득일부터 6개월 이내에 사업을 시작할 것. 다만, 정당한 사유가 있을 때에는 6개월 이내에 공장용 건축물 공사를 시작하지 아니하거나 사업을 시작하지 아니할 수 있다. (2010. 12. 23. 제정)

③ 제2항에 따른 감면대상이 되는 공장용

① 「혁신도시 조성 및 발전에 관한 특별법」에 따른 이전공공기관(이하 이 조에서 "이전공공기관"이라 한다)이 같은 법 제4조에 따라 국토교통부장관의 지방이전계획 승인을 받아 이전할 목적으로 취득하는 부동산에 대해서는 취득세의 100분의 50을 2025년 12월 31일까지 경감하고, 재산세의 경우 그 부동산에 대한 납세의무가 최초로 성립하는 날부터 5년간 재산세의 100분의 50을 경감한다. (2023. 3. 14. 개정) [농특비]

② 이전공공기관의 법인등기에 대해서는 2025년 12월 31일까지 등록면허세를 면제한다. (2023. 3. 14. 개정) [농특비]

③ 제1호 각 목의 자가 해당 지역에 거주할 목적으로 주택을 취득함으로써 대통령령으로 정하는 1가구 1주택이 되는 경우에는 제2호 각 목에서 정하는 바에 따라 취득세를 2025년 12월 31일까지 감면한다. (2023. 3. 14. 개정)

1. 감면 대상자 (2011. 12. 31. 개정)

　가. 이전공공기관을 따라 이주하는 소속 임직원 (2011. 12. 31. 개정)

　나. 「신행정수도 후속대책을 위한 연기 · 공주지역 행정중심복합도시 건설을 위한 특별법」 제16조에 따른 이전계획에 따라 행정중심복합도시로 이전하는 중앙행정기관 및 그 소속기관(이전계획에 포함되어 있지 않은 중앙행정기관의 소속기관으로서 행정중심복합도시로 이전하는 소속기관을 포함하며, 이하 이 조에서 "중앙행정기관등"이라 한다)을 따라 이주하는 공무원(1년 이상 근무한 기간제근로자로서 해당 소속기관이 이전하는 날까지 계약이 유지되는 종사자 및 「국가공무원법」 제26조의 4에 따라 수습으로 근무하는 자를 포함한다. 이하 이 조에서 같다) (2015. 5. 18. 개정 ; 국가공무원법 부칙)

　다. 행정중심복합도시건설청 소속 공무원(2019년 12월 31일 이전에 소속된 경우로 한정한다) (2020. 1. 15. 개정)

2. 감면 내용 (2011. 12. 31. 개정)

　가. 전용면적 85제곱미터 이하의 주택 : 면제 (2015. 12. 29. 개정)

　나. 전용면적 85제곱미터 초과 102제곱미터 이하의 주택 : 1천분의 750을 경감 (2015. 12. 29. 개정)

　다. 전용면적 102제곱미터 초과 135제곱미터 이하의 주택 : 1천분의 625를 경감 (2015. 12. 29. 개정)

제40조 【1가구 1주택의 범위】 법 제81조 제3항 각 호 외의 부분에서 "대통령령으로 정하는 1가구 1주택"이란 취득일 현재 취득자와 같은 세대별 주민등록표에 기재되어 있는 가족(동거인은 제외한다)으로 구성된 1가구(취득자의 배우자와 취득자의 미혼인 30세 미만의 직계비속은 각각 취득자와 같은 세대별 주민등록표에 기재되어 있지 아니하더라도 같은 가구에 속한 것으로 본다)가 다음 각 호의 구분에 따른 지역에서 해당 기관에 대한 「신행정수도 후속대책을 위한 연기 · 공주지역 행정중심복합도시 건설을 위한 특별법」 제16조 제5항에 따른 이전계획의 고시일이나 「혁신도시 조성 및 발전에 관한 특별법」 제4조 제4항에 따른 지방이전계획의 승인일 또는 업무개시일(법 제81조 제3항 제1호 다목의 경우에만 해당한다) 이후 1개의 주택을 최초로 취득하는 것을 말한다. 이 경우 주택의 부속토지만을 소유하는 경우에도 주택을 소유한 것으로 본다. (2018. 2. 27. 개정 ; 공공기관 지방이전~시행령 부칙)

1. 법 제81조 제3항 제1호 가목의 감면대상자의 경우 : 다음 각 목의 지역 (2011. 12. 31. 개정)

　가. 법 제81조 제1항에 따른 이전공공기관(이하 이 조에서 "이전공공기관"이라 한다)이 「혁신도시 조성 및 발전에 관한 특별법」 제31조에 따른 공동혁신도시로 이전하는 경우 : 그 혁신도시를 공동으로 건설한 광역시 · 도 또는 특별자치도 내 (2018. 2. 27. 개정 ; 공공기관 지방이전~시행령 부칙)

　나. 가목 외의 경우 : 다음의 구분에 따른 지역 (2011. 12. 31. 개정)

　　1) 2012년 6월 30일까지 : 이전공공기관의 소재지 특별시 · 광역시 · 도 · 특별자치도 또는 「신행정수도 후속대책을 위한 연

부동산 가액의 합계액이 이전하기 전의 공장용 부동산가액의 합계액을 초과하는 경우 그 초과액에 대해서는 취득세를 과세한다. 이 경우 초과액의 산정기준은 다음 각 호와 같다. (2010. 12. 23. 제정)

1. 이전한 공장용 부동산의 가액과 이전하기 전의 공장용 부동산의 가액이 각각 영 제34조 제1항 제1호 각 목의 취득에 대하여 「지방세법」 제10조의 3부터 제10조의 6까지의 규정에 따른 사실상의 취득가격 및 연부금액으로 증명되는 경우에는 그 차액 (2021. 12. 31. 개정)

2. 제1호 외의 경우에는 이전한 공장용 부동산의 시가표준액과 이전하기 전의 공장용 부동산의 시가표준액의 차액 (2010. 12. 23. 제정)

④ 제3항에 따른 부동산의 초과액에 대하여 과세하는 경우에는 이전한 공장용 토지와 건축물 가액의 비율로 나누어 계산한 후 각각 과세한다. (2010. 12. 23. 제정)

⑤ 법 제80조 제1항에 따라 공장의 지방이전에 따른 지방세 감면을 신청하려는 자는 제2조 제1항에도 불구하고 별지 제6호서식에 다음 각 호의 서류를 첨부하여 시장 · 군수 · 구청장에게 제출해야 한다. (2020. 12. 31. 신설)

1. 이전하기 전의 공장 규모와 조업실적을 증명할 수 있는 서류 (2020. 12. 31. 신설)

2. 이전하기 전의 공장용 토지의 지목이 둘 이상이거나 그 토지가 두 필지 이상인 경우 또는 건물이 여러 동일 경우에는 그 명세서 (2020. 12. 31. 신설)

④ 제3항에 따라 취득세를 감면받은 사람이 사망, 혼인, 정년퇴직 또는 파견근무로 인한 근무지역의 변동 등의 정당한 사유 없이 다음 각 호의 어느 하나에 해당하는 경우에는 감면된 취득세를 추징한다. 다만, 파견근무의 경우에는 제1호와 제3호(해당 주택을 매각·증여하는 경우로 한정한다)의 경우에만 감면된 취득세를 추징한다. (2023. 3. 14. 개정)

1. 이전공공기관 또는 중앙행정기관등의 이전일(이전공공기관의 경우에는 이전에 따른 등기일 또는 업무개시일 중 빠른 날을 말하며, 중앙행정기관등의 경우에는 업무개시일을 말한다. 이하 이 조에서 같다) 전에 주택을 매각·증여한 경우 (2017. 12. 26. 개정)
2. 주택을 취득한 날(이전일이 취득일보다 늦은 경우에는 해당 이전일을 말한다)부터 3개월 이내에 상시거주(「주민등록법」에 따른 전입신고를 하고 계속하여 거주하는 것을 말한다. 이하 이 조에서 같다)를 시작하지 아니한 경우 (2023. 3. 14. 개정)
3. 상시거주한 기간이 3년 미만인 상태에서 해당 주택을 매각·증여하거나 다른 용도(임대를 포함한다)로 사용하는 경우 (2023. 3. 14. 신설)

⑤ 제3항 제1호에 따른 이전공공기관, 중앙행정기관등, 행정중심복합도시건설청 및 세종청사관리소(이하 이 항에서 "감면대상기관"이라 한다)의 소속 임직원 또는 공무원(소속기관의 장이 인정하여 주택특별공급을 받은 사람을 포함한다)으로서 해당 지역에 거주할 목적으로 주택을 취득하기 위한 계약을 체결하였으나 취득 시에 인사발령으로 감면대상기관 외의 기관에서 근무하게 되어 제3항에 따른 취득세 감면을 받지 못한 사람이 3년 이내의 근무기간을 종료하고 감면대상기관으로 복귀하였을 때에는 이미 납부한 세액에서 제3항 제2호에 따른 감면을 적용하였을 경우의 납부세액을 뺀 금액을 환급한다. (2015. 12. 29. 개정)

⑥ 제5항에 따라 환급받은 사람이 제4항 각 호의 어느 하나에 해당하는 경우 환급받은 세액을 추징한다. 이 경우 제4항 제2호의 "주택을 취득한 날"은 "감면대상기관으로 복귀한 날"로 본다. (2023. 3. 14. 신설)

제81조의 2【주한미군 한국인 근로자 평택이주에 대한 감면】
① 「대한민국과 미합중국간의 미합중국군대의 서울지역으로부터의

기·공주지역 행정중심복합도시 건설을 위한 특별법」 제2조 제1호에 따른 예정지역(이하 이 조에서 "예정지역"이라 한다) 내 (2011. 12. 31. 개정)
　　2) 2012년 7월 1일 이후 : 이전공공기관의 소재지 특별시·광역시·특별자치시·도 또는 특별자치도 내 (2011. 12. 31. 개정)
2. 법 제81조 제3항 제1호 나목 및 다목의 감면대상자의 경우 : 다음 각 목의 구분에 따른 지역 (2011. 12. 31. 개정)
　가. 2012년 6월 30일까지 : 법 제81조 제3항에 따른 중앙행정기관등(이하 이 조에서 "중앙행정기관등"이라 한다)의 소재지 특별시·광역시·도·특별자치도 또는 예정지역 내 (2011. 12. 31. 개정)
　나. 2012년 7월 1일 이후 : 중앙행정기관등의 소재지 특별시·광역시·특별자치시 또는 특별자치도 내 (2011. 12. 31. 개정)

제40조의 2【주한미군 한국인 근로자 1가구 1주택의 범위】법
제81조의 2 제1항 각 호 외의 부분에서 "대통령령으로 정하는 1가구

3. 이전한 공장용 토지의 지목이 둘 이상이거나 그 토지가 두 필지 이상인 경우 또는 건물이 여러 동일 경우에는 그 명세서 (2020. 12. 31. 신설)

제8조의 2【기회발전특구로 이전하는 본점 또는 주사무소 등에 대한 감면 등의 적용기준】
① 법 제80조의 2 제2항 각 호 외의 부분 후단에 따라 「지방자치분권 및 지역균형발전에 관한 특별법」 제23조에 따라 지정된 기회발전특구(이하 이 조에서 "기회발전특구"라 한다)로 본점 또는 주사무소를 이전한 기업이 해당 사업에 직접 사용하기 위하여 취득하는 부동산의 범위는 법인의 본점 또는 주사무소로 사용하는 부동산과 그 부대시설용 부동산으로서 다음 각 호의 요건을 모두 갖춘 것으로 한다. (2024. 2. 29. 신설)
1. 수도권 외의 기회발전특구로 이전하기 위하여 취득한 본점 또는 주사무소용 부동산으로서 사업을 시작하기 이전에 취득한 것일 것 (2024. 2. 29. 신설)
2. 수도권(법 제75조의 5에 따른 인구감소지역 또는 「접경지역 지원 특별법」 제2조 제1호에 따른 접경지역을 제외한다) 내의 본점 또는 주사무소를 수도권 외의 기회발전특구로 이전하기 위하여 사업을 중단한 날까지 6개월(임차한 경우에는 2년을 말한다) 이상 사업을 한 실적이 있을 것 (2024. 2. 29. 신설)
3. 수도권 외의 기회발전특구에서 그 사업을 시작한 날부터 6개월 이내에 수도권

이전에 관한 협정」 및 「대한민국과 미합중국간의 연합토지관리계획협정」에 따른 주한미군기지 이전(평택시 외의 지역에서 평택시로 이전하는 경우로 한정한다)에 따라 제1호 각 목의 자가 평택시에 거주할 목적으로 주택(해당 지역에서 최초로 취득하는 주택으로 한정한다)을 취득함으로써 대통령령으로 정하는 1가구 1주택이 되는 경우에는 제2호 각 목에서 정하는 바에 따라 취득세를 <u>2027년 12월 31일</u>까지 감면한다. (2024. 12. 31. 개정)

1. 감면대상자 (2018. 12. 24. 신설)

　가. 「대한민국과 아메리카합중국 간의 상호방위조약 제4조에 의한 시설과 구역 및 대한민국에서의 합중국 군대의 지위에 관한 협정」 제17조에 따른 미합중국군대의 민간인 고용원 및 같은 협정 제15조에 따른 법인인 초청 계약자의 민간인 고용원 중 주한미군기지 이전에 따라 평택시로 이주하는 한국인 근로자 (2018. 12. 24. 신설)

　나. 「대한민국과 미합중국간의 한국노무단의 지위에 관한 협정」 제1조에 따른 민간인 고용원 중 주한미군기지를 따라 평택시로 이주하는 한국인 근로자 (2018. 12. 24. 신설)

2. 감면내용 (2018. 12. 24. 신설)

　가. 전용면적 85제곱미터 이하인 주택 : 면제 (2018. 12. 24. 신설)

　나. 전용면적 85제곱미터 초과 102제곱미터 이하인 주택 : 1천분의 750을 경감 (2018. 12. 24. 신설)

　다. 전용면적 102제곱미터 초과 135제곱미터 이하인 주택 : 1천분의 625를 경감 (2018. 12. 24. 신설)

② 제1항에 따라 취득세를 감면받은 사람이 사망, 혼인, 해외이주, 정년퇴직, 파견근무 등의 정당한 사유 없이 주택 취득일부터 2년 이내에 주택을 매각·증여하거나 다른 용도로 사용(임대를 포함한다)하는 경우에는 감면된 취득세를 추징한다. (2018. 12. 24. 신설)

제82조【개발제한구역에 있는 주택의 개량에 대한 감면】「개발제한구역의 지정 및 관리에 관한 특별조치법」 제3조에 따른 개발제한구역에 거주하는 사람(과밀억제권역에 거주하는 경우에는 1년 이상 거주한 사실이 「주민등록법」에 따른 세대별 주민등록표 등에 따

1주택이 되는 경우"란 취득일 현재 취득자와 같은 세대별 주민등록표에 기재되어 있는 가족(동거인은 제외한다)으로 구성된 1가구(취득자의 배우자, 취득자의 미혼인 30세 미만의 직계비속은 각각 취득자와 같은 세대별 주민등록표에 기재되어 있지 않더라도 같은 가구에 속한 것으로 본다)가 평택시에 1개의 주택을 소유하는 경우를 말하며, 주택의 부속토지만을 소유하는 경우에도 주택을 소유한 것으로 본다. (2018. 12. 31. 신설)

(법 제75조의 5에 따른 인구감소지역 또는 「접경지역 지원 특별법」 제2조 제1호에 따른 접경지역을 제외한다) 내에 있는 종전의 본점 또는 주사무소를 폐쇄할 것 (2024. 2. 29. 신설)

② 법 제80조의 2 제2항 각 호 외의 부분 후단에 따른 기회발전특구로 이전하는 공장의 범위, 업종, 규모는 「지방세법 시행규칙」 별표 2에서 규정하는 업종의 공장으로서 생산설비를 갖춘 건축물의 연면적(옥외에 기계장치 또는 저장시설이 있는 경우에는 그 시설물의 수평투영면적을 포함한다. 이하 이 조에서 같다)이 200제곱미터 이상인 것으로 한다. 이 경우 건축물의 연면적에는 그 제조시설을 지원하기 위하여 공장 경계구역 안에 설치되는 종업원의 후생복지시설 등 각종 부대시설(수익사업용으로 사용되는 부분은 제외한다)을 포함한다. (2024. 2. 29. 신설)

③ 법 제80조의 2 제2항에 따라 감면 대상이 되는 공장용 부동산은 다음 각 호의 요건을 모두 갖춘 것이어야 한다. (2024. 2. 29. 신설)

1. 이전한 공장의 사업을 시작하기 이전에 취득한 부동산일 것 (2024. 2. 29. 신설)

2. 공장시설을 이전하기 위하여 수도권(법 제75조의 5에 따른 인구감소지역 또는 「접경지역 지원 특별법」 제2조 제1호에 따른 접경지역을 제외한다) 내에 있는 공장의 조업을 중단한 날까지 6개월(임차한 공장의 경우에는 2년을 말한다) 이상 계속하여 조업한 실적이 있을

라 입증되는 사람으로 한정한다) 및 그 가족이 해당 지역에 상시 거주할 목적으로 취득하는 취락지구 지정대상 지역에 있는 주택으로서 취락정비계획에 따라 개량하는 전용면적 100 제곱미터 이하인 주택(그 부속토지는 주거용 건축물 바닥면적의 7배를 초과하지 아니하는 부분으로 한정한다)에 대해서는 2027년 12월 31일까지 주거용 건축물 취득 후 납세의무가 최초로 성립하는 날부터 5년간 재산세를 면제한다. (2024. 12. 31. 개정)

　제83조【시장정비사업에 대한 감면】① 「전통시장 및 상점가 육성을 위한 특별법」 제37조에 따라 승인된 시장정비구역에서 같은 법 제41조에 따른 사업시행자(이하 이 조에서 "시장정비사업시행자"라 한다)가 시장정비사업의 시행에 따라 취득하는 다음 각 호의 부동산에 대해서는 취득세의 100분의 50을, 시장정비사업에 관한 공사가 시행되고 있는 토지에 대해서는 재산세의 100분의 50을 각각 2027년 12월 31일까지 경감한다. 다만, 재산세에 대한 경감은 해당 공사의 착공일부터 적용한다. (2024. 12. 31. 개정)　　　　　　　　　　　[농특비]
1. 시장정비사업의 대지 조성을 위하여 취득하는 부동산 (2024. 12. 31. 개정)
2. 「전통시장 및 상점가 육성을 위한 특별법」 제4조 및 「도시 및 주거환경정비법」 제74조에 따른 관리처분계획에 따라 취득하는 부동산 (2024. 12. 31. 개정)
② 제1항을 적용할 때 다음 각 호의 어느 하나에 해당하는 경우 그 해당 부분에 대해서는 경감된 취득세를 추징한다. (2024. 12. 31. 신설)
1. 「전통시장 및 상점가 육성을 위한 특별법」 제38조에 따라 사업추진계획의 승인이 취소되는 경우 (2024. 12. 31. 신설)
2. 정당한 사유 없이 그 취득일부터 3년이 경과할 때까지 해당 용도로 직접 사용하지 아니하는 경우 (2024. 12. 31. 신설)
③ 제1항에 따른 시장정비구역에서 대통령령으로 정하는 자가 시장정비사업시행자로부터 시장정비사업시행에 따른 부동산을 최초로 취득하는 경우 해당 부동산(주택은 제외한다)에 대해서는 취득세를 2027년 12월 31일까지 면제하고, 시장정비사업 시행으로 인하여 취득하는 건축물에 대해서는 재산세의 납세의무가 최초로 성립하는 날부터 5년간 재산세의

📌 편주 ▶ ··
2025. 1. 1. 전에 「전통시장 및 상점가 육성을 위한 특별법」 39조 1항에 따른 사업시행인가를 받은 경우에 대한 지방세의 감면·추징에 관하여는 법 83조의 개정규정에도 불구하고 종전의 규정에 따름. (법 부칙(2024. 12. 31.) 11조)
···

　제41조【입점한 상인 등 감면대상자】법 제83조 제3항에서 "대통령령으로 정하는 자"란 시장정비사업 시행인가일 현재 기존의 전통시장(「전통시장 및 상점가 육성을 위한 특별법」 제2조 제1호에 따른 전통시장을 말한다. 이하 이 조에서 같다)에서 3년 전부터 계속하여 입점한 상인 또는 시장정비사업 시행인가일 현재 전통시장에서 부동산을

것. 이 경우 「물환경보전법」 또는 「대기환경보전법」에 따라 폐수배출시설 또는 대기오염물질배출시설 등의 개선명령·이전명령·조업정지나 그 밖의 처분을 받아 조업을 중단하였을 때의 그 조업 중지기간은 조업한 기간으로 본다. (2024. 2. 29. 신설)
3. 기회발전특구에서 그 사업을 시작한 날부터 6개월(시운전 기간은 제외한다) 이내에 수도권(법 제75조의 5에 따른 인구감소지역 또는 「접경지역 지원 특별법」 제2조 제1호에 따른 접경지역을 제외한다) 내에 있는 해당 공장시설을 완전히 철거하거나 폐쇄할 것 (2024. 2. 29. 신설)
④ 법 제80조의 2 제3항 각 호 외의 부분 후단에 따른 공장의 범위, 업종, 요건 등은 「지방세법 시행규칙」 별표 2에서 규정하는 업종의 공장으로서 생산설비를 갖춘 건축물의 연면적 200제곱미터 이상을 신설하거나 증설(증설 후 건축물의 연면적이 200제곱미터 이상이 된 경우의 증설을 말한다)한 것으로 한다. 이 경우 건축물의 연면적에는 그 제조시설을 지원하기 위하여 공장 경계구역 안에 설치되는 종업원의 후생복지시설 등 각종 부대시설(수익사업용으로 사용되는 부분은 제외한다)을 포함한다. (2024. 2. 29. 신설)
⑤ 제4항에 따른 증설의 경우 법 제80조의 3 제3항에 따른 지방세의 감면은 증설하여 취득하는 공장을 대상으로 한다. (2024. 2. 29. 신설)

100분의 50을 경감한다. (2024. 12. 31. 개정)

④ 제3항을 적용할 때 다음 각 호의 어느 하나에 해당하는 경우 그 해당 부분에 대해서는 면제된 취득세를 추징한다. (2024. 12. 31. 개정)

1. 정당한 사유 없이 그 취득일부터 1년이 경과할 때까지 해당 용도로 직접 사용하지 아니하는 경우 (2024. 12. 31. 개정)

2. 해당 용도로 직접 사용한 기간이 2년 미만인 상태에서 매각 · 증여 하거나 다른 용도로 사용하는 경우 (2024. 12. 31. 개정)

　제84조 【사권 제한토지 등에 대한 감면】 ① 「국토의 계획 및 이용에 관한 법률」 제2조 제7호에 따른 도시 · 군계획시설로서 같은 법 제32조에 따라 지형도면이 고시된 후 10년 이상 장기간 미집행된 토지, 지상건축물, 「지방세법」 제104조 제3호에 따른 주택(각각 그 해당 부분으로 한정한다)에 대해서는 2027년 12월 31일까지 재산세의 100분의 50을 경감하고, 「지방세법」 제112조에 따라 부과되는 세액을 면제한다. (2024. 12. 31. 개정)

② 「국토의 계획 및 이용에 관한 법률」 제2조 제13호에 따른 공공시설을 위한 토지(주택의 부속토지를 포함한다)로서 같은 법 제30조 및 제32조에 따라 도시 · 군관리계획의 결정 및 도시 · 군관리계획에 관한 지형도면의 고시가 된 후 과세기준일 현재 미집행된 토지의 경우 해당 부분에 대해서는 재산세의 100분의 50을 2027년 12월 31일까지 경감한다. (2024. 12. 31. 개정)

③ 「철도안전법」 제45조에 따라 건축 등이 제한된 토지의 경우 해당 부분에 대해서는 재산세의 100분의 50을 2027년 12월 31일까지 경감한다. (2024. 12. 31. 개정)

제 8 절　공공행정 등에 대한 지원 (2010. 3. 31. 제정)

　제85조 【한국법무보호복지공단 등에 대한 감면】 ① 「보호관찰 등에 관한 법률」에 따른 한국법무보호복지공단 및 같은 법에 따라 갱생보호사업의 허가를 받은 비영리법인이 갱생보호사업에 직접 사용하기 위하여 취득하는 부동산에 대해서는 취득세의 100분의 25를, 과세

소유한 자를 말한다. (2024. 12. 31. 개정)

제 8 절　공공행정 등에 대한 지원 (2010. 9. 20. 제정)

---

⑥ 제3항에 따라 공장의 기회발전특구 이전에 따른 지방세 감면을 신청하려는 자는 제2조 제1항에도 불구하고 별지 제6호 서식에 다음 각 호의 서류를 첨부하여 시장 · 군수 · 구청장에게 제출해야 한다. (2024. 2. 29. 신설)

1. 이전하기 전의 공장 규모와 조업실적을 증명할 수 있는 서류 (2024. 2. 29. 신설)

2. 이전하기 전의 공장용 토지의 지목이 둘 이상이거나 그 토지가 두 필지 이상인 경우 또는 건물이 여러 동일 경우에는 그 명세서 (2024. 2. 29. 신설)

3. 이전한 공장용 토지의 지목이 둘 이상이거나 그 토지가 두 필지 이상인 경우 또는 건물이 여러 동일 경우에는 그 명세서 (2024. 2. 29. 신설)

기준일 현재 그 사업에 직접 사용하는 부동산에 대해서는 재산세의 100분의 25를 2025년 12월 31일까지 각각 경감한다. (2023. 3. 14. 개정)

[농특비]

② 「민영교도소 등의 설치·운영에 관한 법률」 제2조 제4호에 따른 민영교도소등을 설치·운영하기 위하여 취득하는 부동산에 대해서는 취득세의 100분의 50을, 과세기준일 현재 민영교도소등에 직접 사용하는 부동산에 대해서는 재산세의 100분의 50을 각각 2014년 12월 31일까지 경감한다. (2014. 1. 1. 개정)

제85조의 2【지방공기업 등에 대한 감면】　[농특비]

① 「지방공기업법」 제49조에 따라 설립된 지방공사(이하 이 조에서 "지방공사"라 한다)에 대해서는 다음 각 호에서 정하는 바에 따라 2025년 12월 31일(제4호의 경우에는 2027년 12월 31일)까지 지방세를 감면한다. (2024. 12. 31. 개정)

1. 지방공사가 그 설립 목적과 직접 관계되는 사업(그 사업에 필수적으로 부대되는 사업을 포함한다. 이하 이 조에서 "목적사업"이라 한다)에 직접 사용하기 위하여 취득하는 부동산에 대해서는 취득세의 100분의 50(100분의 50의 범위에서 조례로 따로 정하는 경우에는 그 율)에 대통령령으로 정하는 지방자치단체 투자비율(이하 이 조에서 "지방자치단체 투자비율"이라 한다)을 곱한 금액을 경감한다. (2020. 1. 15. 개정)

2. 그 법인등기에 대해서는 등록면허세의 100분의 50(100분의 50 범위에서 조례로 따로 정하는 경우에는 그 율)에 지방자치단체의 주식소유비율을 곱한 금액을 경감한다. (2014. 1. 1. 개정)

2. 삭 제 (2020. 1. 15.)

3. 지방공사가 과세기준일 현재 그 목적사업에 직접 사용하는 부동산(「지방공기업법」 제2조 제1항 제7호 및 제8호에 따른 사업용 부동산은 제외한다)에 대해서는 재산세의 100분의 50(100분의 50의 범위에서 조례로 따로 정하는 경우에는 그 율)에 지방자치단체 투자비율을 곱한 금액을 경감한다. (2020. 1. 15. 개정)

4. 「지방공기업법」 제2조 제1항 제7호 및 제8호에 따른 사업용 부동산 중 택지개발사업지구 및 단지조성사업지구에 있는 부동산으로서 관계 법령에 따라 국가 또는 지방자치단체에 무상으로 귀속될 공공시

제41조의 2【지방공기업 등에 대한 지방자치단체 투자비율 및 공공시설물의 범위】(2020. 1. 15. 제목개정)

① 법 제85조의 2 제1항 제1호에서 "대통령령으로 정하는 지방자치단체 투자비율"이란 다음 각 호의 구분에 따른 비율을 말한다. (2020. 1. 15. 개정)

1. 「지방공기업법」 제49조에 따라 설립된 지방공사(이하 이 조에서 "지방공사"라 한다)에 대한 투자비율 : 지방공사의 자본금에 대한 지방자치단체의 출자금액(둘 이상의 지방자치단체가 공동으로 설립한 경우에는 각 지방자치단체의 출자금액을 합한 금액)의 비율. 다만, 지방공사가 「지방공기업법」 제53조 제3항에 따라 주식을 발행한 경우에는 해당 발행 주식 총수에 대한 지방자치단체의 소유 주식(같은 조 제4항에 따라 지방자치단체가 출자한 것으로 보는 주식을 포함한다) 수(둘 이상의 지방자치단체가 주식을 소유하고 있는 경우에는 각 지방자치단체의 소유 주식 수를 합한 수)의 비율을 말한다. (2020. 1. 15. 개정)

2. 「지방자치단체 출자·출연 기관의 운영에 관한 법률」 제5조에 따라 지정·고시된 출자·출연기관(이하 이 조에서 "지방출자·출연기관"이라 한다)에 대한 투자비율 : 지방출자·출연기관의 자본금 또

설물 및 그 부속토지와 공공시설용지(이하 이 호 및 제5호에서 "공공시설물등"이라 한다)에 대해서는 재산세를 면제한다. 다만, 국가 또는 지방자치단체에 무상으로 귀속될 공공시설물등의 반대급부로 국가 또는 지방자치단체가 소유하고 있는 부동산 또는 사회기반시설을 무상으로 양여받거나 해당 공공시설물등의 무상사용권을 제공받는 경우에는 재산세의 100분의 50을 경감한다. (2024. 12. 31. 개정)

편주 ▶

법 85조의 2 제1항 4호의 개정규정은 2025. 1. 1. 이후 납세의무가 성립하는 경우부터 적용함. (법 부칙(2024. 12. 31.) 2조)

5. 제4호를 적용할 때 공공시설물등의 범위는 대통령령으로 정한다. (2024. 12. 31. 신설)

편주 ▶

법 85조의 2 제1항 5호의 개정규정은 2025. 1. 1. 이후 납세의무가 성립하는 경우부터 적용함. (법 부칙(2024. 12. 31.) 2조)

② 「지방공기업법」 제76조에 따라 설립된 지방공단(이하 이 조에서 "지방공단"이라 한다)에 대해서는 다음 각 호에서 정하는 바에 따라 2025년 12월 31일까지 지방세를 감면한다. (2023. 3. 14. 개정)
1. 지방공단이 그 목적사업에 직접 사용하기 위하여 취득하는 부동산에 대해서는 취득세의 100분의 100(100분의 100의 범위에서 조례로 따로 정하는 경우에는 그 율)을 감면한다. (2020. 1. 15. 개정)
2. 그 법인등기에 대해서는 등록면허세의 100분의 100(100분의 100의 범위에서 조례로 따로 정하는 경우에는 그 율)을 감면한다. (2011. 12. 31. 신설)
2. 삭　제 (2020. 1. 15.)
3. 지방공단이 과세기준일 현재 그 목적사업에 직접 사용하는 부동산에 대해서는 재산세의 100분의 100(100분의 100의 범위에서 조례로 따로 정하는 경우에는 그 율)을 감면한다. (2020. 1. 15. 개정)
③ 「지방자치단체 출자·출연 기관의 운영에 관한 법률」 제5조에 따라 지정·고시된 출자·출연기관(이하 이 항에서 "지방출자·출연기관"이라 한다)에 대해서는 다음 각 호에서 정하는 바에 따라 2025

는 출연금에 대한 지방자치단체의 출자·출연금액(같은 법 제4조 제2항에 따라 지방자치단체가 출자하거나 출연한 것으로 보는 금액을 포함하며, 둘 이상의 지방자치단체가 출자·출연한 경우 각 지방자치단체의 출자·출연금액을 합한 금액)의 비율 (2020. 1. 15. 개정)
② 법 제85조의 2 제1항 제4호에 따른 공공시설물 및 그 부속토지와 공공시설용지의 범위는 제6조에 따른다. (2024. 12. 31. 개정)

년 12월 31일까지 지방세를 경감한다. (2023. 3. 14. 개정)

1. 지방출자 · 출연기관이 그 목적사업에 직접 사용하기 위하여 취득하는 부동산에 대해서는 취득세의 100분의 50(100분의 50의 범위에서 조례로 따로 정하는 경우에는 그 율)에 지방자치단체 투자비율을 곱한 금액을 경감한다. (2020. 1. 15. 개정)
2. 지방출자 · 출연기관이 과세기준일 현재 그 목적사업에 직접 사용하는 부동산에 대해서는 재산세의 100분의 50(100분의 50의 범위에서 조례로 따로 정하는 경우에는 그 율)에 지방자치단체 투자비율을 곱한 금액을 경감한다. (2020. 1. 15. 개정)

④ 「전자정부법」 제72조에 따른 한국지역정보개발원이 그 고유업무에 직접 사용하기 위하여 취득하는 부동산에 대해서는 취득세의 100분의 25를 2016년 12월 31일까지 경감한다. (2014. 12. 31. 개정)

④ 삭   제 (2020. 1. 15.)

제86조 【주한미군 임대용 주택 등에 대한 감면】 한국토지주택공사가 주한미군에 임대하기 위하여 취득하는 임대주택용 부동산에 대해서는 취득세를 2016년 12월 31일까지 면제하고, 과세기준일 현재 임대주택용으로 사용되는 부동산에 대해서는 재산세의 100분의 50을 2016년 12월 31일까지 경감한다. (2015. 12. 29. 개정)

제87조 【새마을금고 등에 대한 감면】 ① 「신용협동조합법」에 따라 설립된 신용협동조합(중앙회는 제외하며, 이하 제1호 및 제2호에서 "신용협동조합"이라 한다)에 대해서는 다음 각 호에서 정하는 바에 따라 지방세를 각각 감면한다. (2017. 12. 26. 개정)

1. 신용협동조합이 「신용협동조합법」 제39조 제1항 제1호의 업무에 직접 사용하기 위하여 취득하는 부동산에 대해서는 취득세를, 과세기준일 현재 그 업무에 직접 사용하는 부동산에 대해서는 재산세를 각각 2026년 12월 31일까지 면제한다. (2023. 12. 29. 개정)
2. 신용협동조합이 「신용협동조합법」 제39조 제1항 제2호 및 제4호의 업무에 직접 사용하기 위하여 취득하는 부동산에 대해서는 취득세를, 과세기준일 현재 그 업무에 직접 사용하는 부동산에 대해서는 재산세를 각각 2026년 12월 31일까지 면제한다. (2023. 12.

29. 개정)

3. 「신용협동조합법」에 따라 설립된 신용협동조합중앙회가 같은 법 제78조 제1항 제1호 및 제2호의 업무에 직접 사용하기 위하여 취득하는 부동산에 대해서는 취득세의 100분의 25를, 과세기준일 현재 그 사업에 직접 사용하는 부동산에 대해서는 재산세의 100분의 25를 각각 2017년 12월 31일까지 경감한다. (2017. 12. 26. 호번개정)

② 「새마을금고법」에 따라 설립된 새마을금고(중앙회는 제외하며, 이하 제1호 및 제2호에서 "새마을금고"라 한다)에 대해서는 다음 각 호에서 정하는 바에 따라 지방세를 각각 감면한다. (2017. 12. 26. 개정)

1. 새마을금고가 「새마을금고법」 제28조 제1항 제1호의 업무에 직접 사용하기 위하여 취득하는 부동산에 대해서는 취득세를, 과세기준일 현재 그 업무에 직접 사용하는 부동산에 대해서는 재산세를 각각 2026년 12월 31일까지 면제한다. (2023. 12. 29. 개정)
2. 새마을금고가 「새마을금고법」 제28조 제1항 제2호부터 제4호까지의 업무에 직접 사용하기 위하여 취득하는 부동산에 대해서는 취득세를, 과세기준일 현재 그 업무에 직접 사용하는 부동산에 대해서는 재산세를 각각 2026년 12월 31일까지 면제한다. (2023. 12. 29. 개정)
3. 「새마을금고법」에 따라 설립된 새마을금고중앙회가 같은 법 제67조 제1항 제1호 및 제2호의 업무에 직접 사용하기 위하여 취득하는 부동산에 대해서는 취득세의 100분의 25를, 과세기준일 현재 그 사업에 직접 사용하는 부동산에 대해서는 재산세의 100분의 25를 각각 2017년 12월 31일까지 경감한다. (2017. 12. 26. 호번개정)

제88조 【새마을운동조직 등에 대한 감면】 농특비
① 「새마을운동 조직육성법」을 적용받는 새마을운동조직이 그 고유업무에 직접 사용하기 위하여 취득하는 부동산에 대하여는 취득세를, 과세기준일 현재 그 고유업무에 직접 사용하는 부동산에 대하여는 재산세를 각각 2025년 12월 31일까지 면제한다. (2023. 3. 14. 개정)

☞ p.4330 1단 연결

② 「한국자유총연맹 육성에 관한 법률」에 따른 한국자유총연맹이 그 고유업무에 직접 사용하기 위하여 취득하는 부동산에 대해서는 취득세를, 과세기준일 현재 그 고유업무에 직접 사용하는 부동산에 대해서는 재산세를 각각 2025년 12월 31일까지 면제한다. (2023. 3. 14. 개정)
1. 「한국자유총연맹 육성에 관한 법률」에 따른 한국자유총연맹 (2010. 3. 31. 제정)
2. 「대한민국재향군인회법」에 따른 대한민국재향군인회 (2010. 3. 31. 제정)

제89조 【정당에 대한 면제】 농특비
① 「정당법」에 따라 설립된 정당(이하 이 조에서 "정당"이라 한다)이 해당 사업에 직접 사용하기 위하여 취득하는 부동산에 대해서는 취득세를 2025년 12월 31일까지 면제한다. 다만, 다음 각 호의 어느 하나에 해당하는 경우 그 해당 부분에 대해서는 면제된 취득세를 추징한다. (2023. 3. 14. 개정)
1. 해당 부동산을 취득한 날부터 5년 이내에 수익사업에 사용하는 경우 (2016. 12. 27. 개정)
2. 정당한 사유 없이 그 취득일부터 3년이 경과할 때까지 해당 용도로 직접 사용하지 아니하는 경우 (2011. 12. 31. 신설)
3. 해당 용도로 직접 사용한 기간이 2년 미만인 상태에서 매각·증여하거나 다른 용도로 사용하는 경우 (2011. 12. 31. 신설)
② 정당이 과세기준일 현재 해당 사업에 직접 사용하는 부동산(대통령령으로 정하는 건축물의 부속토지를 포함한다)에 대해서는 재산세(「지방세법」 제112조에 따른 부과액을 포함한다) 및 「지방세법」 제146조 제3항에 따른 지역자원시설세를 각각 2025년 12월 31일까지 면제한다. 다만, 수익사업에 사용하는 경우와 해당 재산이 유료로 사용되는 경우의 그 재산 및 해당 재산의 일부가 그 목적에 직접 사용되지 아니하는 경우의 그 일부 재산에 대해서는 면제하지 아니한다. (2023. 3. 14. 개정)
③ 정당이 그 사업에 직접 사용하기 위한 면허에 대해서는 등록면허세

제42조 【정당에 대한 면제대상 사업의 범위 등】 ① 법 제89조 제2항 본문에서 "대통령령으로 정하는 건축물의 부속토지"란 해당 사업에 직접 사용할 건축물을 건축 중인 경우와 건축허가 후 행정기관의 건축규제조치로 건축에 착공하지 못한 경우의 건축 예정 건축물의 부속토지를 말한다. (2010. 9. 20. 제정)
② 법 제89조 제3항 본문에서 "정당이 그 사업에 직접 사용하기 위한 면허"란 법 제89조 제1항에 따른 정당이 그 비영리사업의 경영을 위하여 필요한 면허 또는 그 면허로 인한 영업 설비나 행위에서 발생한 수익금의 전액을 그 비영리사업에 사용하는 경우의 면허를 말한다. (2010. 9. 20. 제정)
③ 법 제89조 제3항 단서에서 "수익사업에 관계되는 대통령령으로 정

를, 정당에 대해서는 주민세 사업소분(「지방세법」 제81조 제1항 제2호
에 따라 부과되는 세액으로 한정한다. 이하 이 항에서 같다) 및 종업원
분을 각각 2025년 12월 31일까지 면제한다. 다만, 수익사업에 관계되
는 대통령령으로 정하는 주민세 사업소분 및 종업원분은 면제하지 아
니한다. (2023. 3. 14. 개정)
④ 정당에 생산된 전력 등을 무료로 제공하는 경우 해당 부분에 대해
서는 「지방세법」 제146조 제1항 및 제2항에 따른 지역자원시설세를
2019년 12월 31일까지 면제한다. (2020. 1. 15. 개정)

　　제90조 【마을회 등에 대한 감면】 ① 대통령령으로 정하는 마을
회 등 주민공동체(이하 "마을회등"이라 한다)의 주민 공동소유를 위한
부동산 및 선박을 취득하는 경우 취득세를 2025년 12월 31일까지 면
제한다. 다만, 다음 각 호의 어느 하나에 해당하는 경우 그 해당 부분에
대해서는 면제된 취득세를 추징한다. (2023. 3. 14. 개정)　　[농특비]
1. 해당 부동산을 취득한 날부터 5년 이내에 수익사업에 사용하는 경우
　　(2016. 12. 27. 개정)
2. 정당한 사유 없이 그 취득일부터 1년이 경과할 때까지 해당 용도
　　로 직접 사용하지 아니하는 경우 (2011. 12. 31. 신설)
3. 해당 용도로 직접 사용한 기간이 2년 미만인 상태에서 매각·증여(해당
　　용도로 사용하기 위하여 국가나 지방자치단체에 기부채납하는 경우는
　　제외한다)하거나 다른 용도로 사용하는 경우 (2017. 12. 26. 개정)
② 마을회등이 소유한 부동산에 대해서는 재산세(「지방세법」 제112조
에 따른 부과액을 포함한다) 및 「지방세법」 제146조 제3항에 따른 지
역자원시설세를, 마을회등에 대해서는 주민세 사업소분(「지방세법」 제
81조 제1항 제2호에 따라 부과되는 세액으로 한정한다) 및 종업원분을
2025년 12월 31일까지 각각 면제한다. 다만, 수익사업에 사용하는 경
우와 해당 재산이 유료로 사용되는 경우의 그 재산 및 해당 재산의 일
부가 그 목적에 직접 사용되지 아니하는 경우의 그 일부 재산에 대해서
는 면제하지 아니한다. (2023. 3. 14. 개정)

　　제91조 【재외 외교관 자녀 기숙사용 부동산에 대한 과세특례】
사단법인 한국외교협회의 재외 외교관 자녀 기숙사용 토지 및 건축

하는 주민세 사업소분 및 종업원분"이란 수익사업에 직접 제공되고 있
는 사업소와 종업원을 기준으로 부과하는 주민세 사업소분(「지방세법」
제81조 제1항 제2호에 따라 부과되는 세액으로 한정한다)과 종업원분
을 말한다. 이 경우 면제대상 사업과 수익사업에 건축물이 겸용되거나
종업원이 겸직하는 경우에는 주된 용도 또는 직무에 따른다. (2020.
12. 31. 개정)

　　제43조 【마을회등의 정의】 법 제90조 제1항 각 호 외의 부분 본
문에서 "대통령령으로 정하는 마을회 등 주민공동체"란 마을주민의 복
지증진 등을 도모하기 위하여 마을주민만으로 구성된 조직을 말한다.
(2011. 12. 31. 개정)

　　제44조 【불가항력의 의의 등】 삭　제 (2015. 12. 31.)

물에 대한 취득세는 「지방세법」 제11조 제1항의 세율에도 불구하고 2025년 12월 31일까지 1천분의 20을 적용하여 과세하고, 그 부동산의 등기에 대하여는 등록면허세를 2022년 12월 31일까지 면제한다. 다만, 다음 각 호의 어느 하나에 해당하는 경우 그 해당 부분에 대해서는 감면된 취득세 및 등록면허세를 추징한다. (2023. 3. 14. 개정)

1. 해당 부동산을 취득한 날부터 5년 이내에 수익사업에 사용하는 경우 (2016. 12. 27. 개정)
2. 정당한 사유 없이 그 취득일부터 1년이 경과할 때까지 해당 용도로 직접 사용하지 아니하는 경우 (2011. 12. 31. 신설)
3. 해당 용도로 직접 사용한 기간이 2년 미만인 상태에서 매각·증여하거나 다른 용도로 사용하는 경우 (2011. 12. 31. 신설)

제92조 【천재지변 등으로 인한 피해에 대한 감면】 (2023. 12. 29. 제목개정) 농특비

① 천재지변, 그 밖의 불가항력으로 멸실 또는 파손된 건축물·선박·자동차 및 기계장비를 그 멸실일 또는 파손일부터 2년 이내에 다음 각 호의 어느 하나에 해당하는 취득을 하는 경우에는 취득세를 면제한다. 다만, 새로 취득한 건축물의 연면적이 종전의 건축물의 연면적을 초과하거나 새로 건조, 종류 변경 또는 대체취득한 선박의 톤수가 종전의 선박의톤수를 초과하는 경우 및 새로 취득한 자동차 또는 기계장비의 가액이 종전의 자동차 또는 기계장비의 가액(신제품구입가액을 말한다)을 초과하는 경우에 그 초과부분에 대해서는 취득세를 부과한다. (2018. 12. 24. 개정)

1. 복구를 위하여 건축물을 건축 또는 개수하는 경우 (2010. 3. 31. 제정)
2. 선박을 건조하거나 종류 변경을 하는 경우 (2010. 3. 31. 제정)
3. 건축물·선박·자동차 및 기계장비를 대체취득하는 경우 (2010. 3. 31. 제정)

② 천재지변, 그 밖의 불가항력으로 멸실 또는 파손된 건축물·선박·자동차·기계장비의 말소등기 또는 말소등록과 멸실 또는 파손된 건축물을 복구하기 위하여 그 멸실일 또는 파손일부터 2년 이내에 신축 또는 개축을 위한 건축허가 면허에 대해서는 등록면허세를 면제

한다. (2018. 12. 24. 개정)

③ 천재지변·화재·교통사고 등으로 소멸·멸실 또는 파손되어 해당 자동차를 회수하거나 사용할 수 없는 것으로 시장·군수가 인정하는 자동차에 대해서는 자동차세를 면제한다. (2015. 12. 29. 개정)

③ 삭 제 (2023. 12. 29.)

④ 지방자치단체는 「재난 및 안전관리 기본법」 제60조에 따른 특별재난지역 내의 재산(부동산·차량·건설기계·선박·항공기를 말하며, 이하 이 항에서 같다)으로서 같은 법 제3조 제1호에 따른 재난으로 피해를 입은 재산에 대해서는 그 피해가 발생한 날이 속하는 회계연도의 지방세를 100분의 100의 범위에서 조례로 정하거나 해당 지방의회의 의결을 얻어 감면할 수 있다. (2023. 12. 29. 신설)

편주

법 92조 4항의 개정규정은 2024. 1. 1. 이후 「재난 및 안전관리 기본법」 60조에 따라 특별재난지역을 선포하는 경우부터 적용함. (법 부칙(2023. 12. 29.) 8조)

⑤ 「재난 및 안전관리 기본법」 제60조에 따른 특별재난지역의 선포와 관련된 재난으로 인하여 사망한 자(이하 이 항에서 "사망자"라 한다) 또는 사망자의 부모, 배우자 및 자녀(이하 이 항에서 "유족"이라 한다)에 대해서는 다음 각 호에서 정하는 바에 따라 지방세를 면제한다. (2023. 12. 29. 신설)

1. 사망자의 경우에는 다음 각 목의 지방세(사망일이 속하는 회계연도로 한정한다)를 면제한다. (2023. 12. 29. 신설)
　가. 주민세[개인분 및 사업소분(사업소분의 경우에는 「지방세법」 제81조 제1항 제1호 가목에 따라 부과되는 세액으로 한정한다)] (2023. 12. 29. 신설)
　나. 자동차세(「지방세법」 제125조 제1항에 따른 자동차세로 한정한다) (2023. 12. 29. 신설)
　다. 재산세(「지방세법」 제112조에 따른 부과액을 포함한다) (2023. 12. 29. 신설)

☞ p.4333 1단 연결

라. 지역자원시설세(「지방세법」 제146조 제3항에 따른 지역자원시
　　설세로 한정한다) (2023. 12. 29. 신설)
2. 유족의 경우에는 다음 각 목의 지방세를 면제한다. (2023. 12. 29.
　신설)
　가. 제1호 가목부터 라목까지의 규정에 따른 지방세(사망자의 사망
　　일이 속하는 회계연도로 한정한다) (2023. 12. 29. 신설)
　나. 취득세[당해 재난으로 인한 사망자 소유의 부동산등(「지방세법」
　　제7조에 따른 부동산등을 말한다)을 상속으로 취득하는 경우로
　　한정한다] (2023. 12. 29. 신설)

　제92조의 2【자동이체 등 납부에 대한 세액공제】(2017. 12.
26. 제목개정)
① 「지방세기본법」 제35조 제1항 제3호에 따른 지방세(수시로 부과하
여 징수하는 지방세는 제외한다)에 대하여 그 납부기한이 속하는 달의
전달 말일까지 같은 법 제30조 제1항에 따른 전자송달 방식(이하 이
조에서 "전자송달 방식"이라 한다) 및 「지방세징수법」 제23조 제2항에
따른 자동납부 방식(이하 이 조에서 "자동납부 방식"이라 한다)에 따른
납부를 신청하는 납세의무자에 대해서는 다음 각 호의 구분에 따른 금
액을 「지방세법」에 따라 부과할 해당 지방세의 세액에서 공제한다.
(2023. 3. 14. 개정 ; 지방세징수법 부칙)
1. 전자송달 방식에 따른 납부만을 신청하거나 자동납부 방식에 따른
　납부만을 신청한 경우 : 고지서 1장당 250원부터 800원까지의 범위에서
　조례로 정하는 금액 (2023. 3. 14. 개정 ; 지방세징수법 부칙)
2. 전자송달 방식과 자동납부 방식에 의한 납부를 모두 신청한 경우 :
　고지서 1장당 500원부터 1천600원까지의 범위에서 조례로 정하는
　금액 (2023. 3. 14. 개정 ; 지방세징수법 부칙)
② 제1항에 따른 세액의 공제는 「지방세법」에 따라 부과할 해당 지방
세의 세액에서 같은 법에 따른 지방세의 소액 징수면제 기준금액을 한
도로 한다. (2010. 12. 27. 신설)
③ 제1항에 따라 세액공제를 받은 자가 그 납부기한까지 그 지방세를
납부하지 아니한 경우에는 그 공제받은 세액을 추징한다. (2010. 12.
27. 신설)

편주 ▶ 전자송달 방식 및 자동이체 방식에 따른 지방세의 납부를 신청하는 납세의
무자에 대한 세액의 공제는 법 92조의 2 제1항 1호 및 2호의 개정규정에
따라 조례가 제정·개정되기 전까지는 종전의 규정에 따름. (법 부칙
(2021. 12. 28.) 16조)

제 3 장　지방소득세 특례 (2014. 1. 1. 신설)

제 1 절　종합소득 세액공제와 세액감면
(2014. 1. 1. 신설)

제93조【기장세액공제】① 「소득세법」 제160조 제3항에 따른 간편장부대상자가 「지방세법」 제95조에 따른 과세표준확정신고를 할 때 복식부기에 따라 기장(記帳)하여 소득금액을 계산하고 「소득세법」 제70조 제4항 제3호에 따른 서류를 제출하는 경우에는 해당 장부에 의하여 계산한 사업소득금액이 종합소득금액에서 차지하는 비율을 종합소득에 대한 개인지방소득세 산출세액(이하 "종합소득분 개인지방소득 산출세액"이라 한다)에 곱하여 계산한 금액의 100분의 20에 해당하는 금액을 종합소득분 개인지방소득 산출세액에서 공제한다. 다만, 공제세액이 10만원을 초과하는 경우에는 10만원을 공제한다. (2014. 1. 1. 신설)

② 다음 각 호의 어느 하나에 해당하는 경우에는 제1항에 따른 공제[이하 "기장세액공제"(記帳稅額控除)라 한다]를 적용하지 아니한다. (2014. 1. 1. 신설)

1. 비치·기록한 장부에 의하여 신고하여야 할 소득금액의 100분의 20 이상을 누락하여 신고한 경우 (2014. 1. 1. 신설)

2. 기장세액공제와 관련된 장부 및 증명서류를 해당 과세표준확정신고기간 종료일부터 5년간 보관하지 아니한 경우. 다만, 천재지변 등 대통령령으로 정하는 부득이한 사유에 해당하는 경우에는 그러하지 아니하다. (2014. 1. 1. 신설)

③ 기장세액공제에 관하여 필요한 사항은 대통령령으로 정한다. (2014. 1. 1. 신설)

제94조【근로소득세액공제】① 근로소득이 있는 거주자 또는 비거주자에 대해서는 그 근로소득에 대한 종합소득분 개인지방소득 산출세액에서 다음의 금액을 공제한다. (2016. 12. 27. 개정)

제 3 장　지방소득세 특례 (2014. 3. 14. 신설)

제 1 절　종합소득 세액공제와 세액감면
(2014. 3. 14. 신설)

제45조【기장세액공제】① 법 제93조 제2항 제2호 단서에서 "천재지변 등 대통령령으로 정하는 부득이한 사유"란 「소득세법 시행령」 제116조의 3 제2항 각 호의 어느 하나에 해당하는 경우를 말한다. (2014. 3. 14. 신설)

② 법 제93조에 따른 기장세액공제를 받으려는 자는 과세표준확정신고서에 행정안전부령으로 정하는 기장세액공제신청서를 첨부하여 납세지 관할 지방자치단체의 장에게 신청하여야 한다. 다만, 「소득세법 시행령」 제116조의 3 제3항에 따라 납세지 관할 세무서장에게 소득세 공제를 신청하는 경우에는 법 제93조에 따른 개인지방소득세에 대한 세액공제도 함께 신청한 것으로 본다. (2017. 7. 26. 직제개정 ; 행정안전부와~직제 부칙)

근로소득에 대한 종합소득분 개인지방소득 산출세액	공제액
13만원 이하	산출세액의 100분의 55
13만원 초과	7만1,500원＋(13만원을 초과하는 금액의 100분의 30)

② 제1항에도 불구하고 공제세액이 다음 각 호의 구분에 따른 금액을 초과하는 경우에 그 초과하는 금액은 없는 것으로 한다. (2014. 3. 24. 신설)

1. 총급여액이 3천300만원 이하인 경우 : 7만4천원 (2016. 12. 27. 개정)
2. 총급여액이 3천300만원 초과 7천만원 이하인 경우 : 7만4천원 － [(총급여액 － 3천300만원) × 8/10,000]. 다만, 위 금액이 6만6천원보다 적은 경우에는 6만6천원으로 한다. (2016. 12. 27. 개정)
3. 총급여액이 7천만원을 초과하는 경우 : 6만6천원 － [(총급여액 － 7천만원) × 1/20]. 다만, 위 금액이 5만원보다 적은 경우에는 5만원으로 한다. (2016. 12. 27. 개정)

제95조【배당세액공제】① 거주자 또는 비거주자의 종합소득금액에 「소득세법」 제17조 제3항 각 호 외의 부분 단서가 적용되는 배당소득금액이 합산되어 있는 경우에는 같은 항 각 호 외의 부분 단서에 따라 해당 과세기간의 총수입금액에 더한 금액에 해당하는 금액의 100분의 10에 상당하는 금액을 종합소득분 개인지방소득 산출세액에서 공제한다. (2014. 12. 31. 개정)

② 제1항에 따른 공제를 "배당세액공제"라 한다. (2014. 1. 1. 신설)

③ 제1항을 적용할 때 배당세액공제의 대상이 되는 배당소득금액은 「소득세법」 제14조 제2항의 종합소득과세표준에 포함된 배당소득금액으로서 이자소득등의 종합과세기준금액을 초과하는 것으로 한다. (2014. 1. 1. 신설)

④ 배당세액공제액의 계산 등에 필요한 사항은 대통령령으로 정한다. (2014. 1. 1. 신설)

제96조【재해손실세액공제】① 사업자가 해당 과세기간에 천재

제46조【배당세액공제대상 배당소득금액의 계산방법】법 제95조를 적용할 때 같은 조 제3항에서 정하는 이자소득등의 종합과세기준금액을 초과하는 배당소득금액의 계산은 「소득세법 시행령」 제116조의 2에 따른다. (2014. 3. 14. 신설)

제47조【재해손실세액공제】① 법 제96조 제1항 각 호 외의 부

지변이나 그 밖의 재해(이하 "재해"라 한다)로 대통령령으로 정하는 자산총액(이하 이 항에서 "자산총액"이라 한다)의 100분의 20 이상에 해당하는 자산을 상실하여 납세가 곤란하다고 인정되는 경우에는 다음 각 호의 개인지방소득세액(사업소득에 대한 개인지방소득세액을 말한다. 이하 이 조에서 같다)에 그 상실된 가액이 상실 전의 자산총액에서 차지하는 비율(이하 이 조에서 "자산상실비율"이라 한다)을 곱하여 계산한 금액(상실된 자산의 가액을 한도로 한다)을 그 세액에서 공제한다. 이 경우 자산의 가액에는 토지의 가액을 포함하지 아니한다. (2014. 1. 1. 신설)

1. 재해 발생일 현재 부과되지 아니한 소득세와 부과된 소득세로서 미납된 개인지방소득세액(가산금을 포함한다) (2014. 1. 1. 신설)

2. 재해 발생일이 속하는 과세기간의 소득에 대한 개인지방소득세액 (2014. 1. 1. 신설)

② 제1항의 경우에 제93조 · 제95조 및 제97조에 따라 공제할 세액이 있을 때에는 이를 공제한 후의 세액을 개인지방소득세액으로 하여 제1항을 적용한다. (2014. 1. 1. 신설)

③ 제1항에 따른 공제를 "재해손실세액공제"라 한다. (2014. 1. 1. 신설)

④ 재해손실세액공제를 적용받으려는 자는 대통령령으로 정하는 바에 따라 납세지 관할 지방자치단체의 장에게 신청할 수 있다. 다만, 「소득세법」 제58조에 따라 납세지 관할 세무서장에게 소득세 재해손실세액공제를 신청하는 경우에는 개인지방소득세에 대한 세액공제도 함께 신청한 것으로 본다. (2014. 1. 1. 신설)

⑤ 납세지 관할 지방자치단체의 장이 제4항의 신청을 받았을 때에는 그 공제할 세액을 결정하여 신청인에게 알려야 한다. (2014. 1. 1. 신설)

⑥ 제4항의 신청이 없는 경우에도 제1항을 적용한다. (2014. 1. 1. 신설)

⑦ 집단적으로 재해가 발생한 경우에는 대통령령으로 정하는 바에 따라 납세지 관할 지방자치단체의 장이 조사결정한 자산상실비율에 따라 제1항을 적용한다. (2014. 1. 1. 신설)

⑧ 재해손실세액공제에 관하여 필요한 사항은 대통령령으로 정한다. (2014. 1. 1. 신설)

제97조 【종합소득 외국납부세액공제 등】 ① 거주자의 종합소득

분 전단에서 "대통령령으로 정하는 자산"이란 「소득세법 시행령」 제118조 제1항 각 호의 어느 하나에 해당하는 것을 말한다. (2014. 3. 14. 신설)

② 법 제96조 제1항을 적용할 때 재해발생 비율의 계산은 「소득세법 시행령」 제118조 제2항에 따른다. (2014. 3. 14. 신설)

③ 법 제96조 제1항에 따라 재해손실세액공제를 받으려는 자는 다음 각 호의 구분에 따른 기한 내에 행정안전부령으로 정하는 재해손실세액공제신청서를 납세지 관할 지방자치단체의 장에게 제출하여야 한다. (2017. 7. 26. 직제개정 ; 행정안전부와~직제 부칙)

1. 과세표준확정신고기한이 경과되지 아니한 개인지방소득세의 경우 : 그 신고기한. 다만, 재해 발생일부터 신고기한까지의 기간이 1개월 미만인 경우에는 재해 발생일부터 1개월이 지난 날로 한다. (2014. 3. 14. 신설)

2. 제1호 외의 재해 발생일 현재 미납된 개인지방소득세와 납부하여야 할 개인지방소득세의 경우 : 재해 발생일부터 1개월 (2014. 3. 14. 신설)

편주 ▶ ....

법 96조 4항 단서 규정은 2014. 1. 1. 이후 2016. 12. 31.까지 적용함. (법 부칙(2014. 1. 1.) 2조)
....

④ 법 제96조 제7항에 따른 자산상실비율의 계산은 「소득세법 시행령」 제118조 제4항에 따른다. (2014. 3. 14. 신설)

제48조 【종합소득 외국납부세액공제 등】 ① 법 제97조 제1항

금액 또는 퇴직소득금액에 국외원천소득이 합산되어 있는 경우에 그 국외원천소득에 대하여 외국에서 대통령령으로 정하는 외국소득세액을 납부하였거나 납부할 것이 있어 「소득세법」 제57조 제1항 제1호에 따라 종합소득 산출세액 또는 퇴직소득 산출세액에서 공제한 경우 그 공제액의 100분의 10에 상당하는 금액을 종합소득분 개인지방소득 산출세액 또는 퇴직소득에 대한 개인지방소득세 산출세액에서 공제받을 수 있다. 다만, 거주자가 「소득세법」 제57조 제1항 제2호에 따라 처리한 경우에는 본문을 적용하지 아니한다. (2014. 1. 1. 신설)

② 제1항을 적용할 때 외국정부에 납부하였거나 납부할 외국소득세액의 100분의 10에 상당하는 금액이 「소득세법」 제57조 제1항 제1호의 공제한도의 100분의 10을 초과하는 경우 그 초과하는 금액은 해당 과세기간의 다음 과세기간부터 5년 이내에 끝나는 과세기간으로 이월하여 그 이월된 과세기간의 공제한도 범위에서 공제받을 수 있다. (2014. 1. 1. 신설)

③ 국외자산의 양도소득에 대하여 해당 외국에서 과세를 하는 경우 그 양도소득에 대하여 「소득세법」 제118조의 6 제1항 제1호에 따라 납부세액을 공제한 경우 그 공제금액의 100분의 10에 상당하는 금액을 양도소득분 개인지방소득 산출세액에서 공제받을 수 있다. (2014. 1. 1. 신설)

④ 제1항부터 제3항까지의 규정에 따른 세액공제 등에 필요한 사항은 대통령령으로 정한다. (2014. 1. 1. 신설)

　제97조의 2 【자녀세액공제】 ① 종합소득이 있는 거주자의 기본공제대상자에 해당하는 자녀(입양자 및 위탁아동을 포함한다)에 대해서는 다음 각 호의 구분에 따른 금액을 종합소득분 개인지방소득 산출세액에서 공제한다. (2016. 12. 27. 항번개정)

1. 1명인 경우 : 연 1만5천원 (2014. 3. 24. 신설)

2. 2명인 경우 : 연 3만원 (2014. 3. 24. 신설)

3. 3명 이상인 경우 : 연 3만원과 2명을 초과하는 1명당 연 3만원을 합한 금액 (2016. 12. 27. 개정)

② 6세 이하의 공제대상자녀가 2명 이상인 경우 1명을 초과하는 1명당 연 1만5천원을 종합소득분 개인지방소득 산출세액에서 공제한다.

본문에서 "대통령령으로 정하는 외국소득세액"이란 「소득세법 시행령」 제117조 제1항에 따른 세액을 말한다. (2014. 3. 14. 신설)

② 법 제97조 제1항에 따른 외국납부세액의 공제를 받으려는 사람은 국외 원천소득이 산입된 과세기간의 과세표준확정신고 또는 연말정산을 할 때에 행정안전부령으로 정하는 외국납부세액공제신청서를 납세지 관할 지방자치단체의 장 또는 특별징수의무자에게 제출하여야 한다. 다만, 「소득세법 시행령」 제117조 제3항에 따라 납세지 관할 세무서장에게 소득세 공제를 신청하는 경우에는 법 제97조에 따른 개인지방소득세에 대한 세액공제도 함께 신청한 것으로 본다. (2017. 7. 26. 직제개정 ; 행정안전부와~직제 부칙)

(2016. 12. 27. 신설)

③ 해당 과세기간에 출생하거나 입양 신고한 공제대상자녀가 있는 경우 다음 각호의 구분에 따른 금액을 종합소득분 개인지방소득 산출세액에서 공제한다. (2016. 12. 27. 신설)

1. 출생하거나 입양 신고한 공제대상자녀가 첫째인 경우 : 연 3만원 (2016. 12. 27. 신설)
2. 출생하거나 입양 신고한 공제대상자녀가 둘째인 경우 : 연 5만원 (2016. 12. 27. 신설)
3. 출생하거나 입양 신고한 공제대상자녀가 셋째 이상인 경우 : 연 7만원 (2016. 12. 27. 신설)

④ 제1항부터 제3항까지의 규정에 따른 공제를 "자녀세액공제"라 한다. (2016. 12. 27. 신설)

제97조의 3 【연금계좌세액공제】 ① 종합소득이 있는 거주자 또는 비거주자가 연금계좌에 납입한 금액 중 다음 각 호에 해당하는 금액을 제외한 금액(이하 "연금계좌 납입액"이라 한다)의 1,000분의 12에 해당하는 금액을 해당 과세기간의 종합소득분 개인지방소득 산출세액에서 공제한다. 다만, 연금계좌 중 연금저축계좌에 납입한 금액이 연 400만원을 초과하는 경우에는 그 초과하는 금액은 없는 것으로 하고, 연금저축계좌에 납입한 금액 중 400만원 이내의 금액과 퇴직연금계좌에 납입한 금액을 합한 금액이 연 700만원을 초과하는 경우에는 그 초과하는 금액은 없는 것으로 한다. (2014. 12. 31. 개정)

1. 「소득세법」 제146조 제2항에 따라 소득세가 원천징수되지 아니한 퇴직소득 등 과세가 이연된 소득 (2014. 3. 24. 신설)
2. 연금계좌에서 다른 연금계좌로 계약을 이전함으로써 납입되는 금액 (2014. 3. 24. 신설)

② 제1항에 따른 공제를 "연금계좌세액공제"라 한다. (2014. 3. 24. 신설)

③ 삭 제 (2014. 12. 31.)

④ 연금계좌세액공제의 신청 절차 등에 관하여 필요한 사항은 대통령령으로 정한다. (2014. 3. 24. 신설)

제97조의 4 【특별세액공제】 ① 근로소득이 있는 거주자(일용근

제48조의 2 【연금계좌세액공제】 ① 법 제97조의 3 제1항에 따라 연금계좌세액공제를 받으려는 자는 「소득세법 시행령」 제118조의 2 제1항에 따른 연금납입확인서를 같은 법 시행령 제113조 제1항 각 호에 따른 날까지 특별징수의무자, 납세조합 또는 납세지 관할 지방자치단체의 장에게 제출하여야 한다. 다만, 「소득세법 시행령」 제118조의 2 제1항에 따라 납세지 관할 세무서장에게 연금납입확인서를 제출한 경우에는 납세지 관할 지방자치단체의 장에게도 함께 제출한 것으로 본다. (2014. 8. 20. 신설)

② 제1항을 적용하는 경우 「소득세법 시행령」 제216조의 3에 따라 세액공제 증명서류가 국세청장에게 제출된 경우에는 같은 법 시행령 제118조의 2 제2항에 따른 서류를 같은 법 시행령 제113조 제1항 각 호에 따른 날까지 납세지 관할 지방자치단체의 장에게 제출할 수 있다. 다만, 「소득세법 시행령」 제118조의 2 제2항에 따라 납세지 관할 세무서장에게 제출한 경우에는 납세지 관할 지방자치단체의 장에게도 함께 제출한 것으로 본다. (2014. 8. 20. 신설)

③ 연금계좌 가입자가 이전 과세기간에 연금계좌에 납입한 연금보험료 중 법 제97조의 3에 따른 연금계좌세액공제를 받지 아니한 금액이 있는 경우로서 그 금액의 전부 또는 일부를 해당 과세기간에 연금계좌에 납입한 연금보험료로 전환하여 줄 것을 연금계좌 취급자에게 신청한

🖐 편주 ▶

영 48조의 2 제1항 단서 및 2항 단서의 개정규정은 2016. 12. 31.까지 효력을 가짐. (영 부칙(2014. 8. 20.) 2조)

로자는 제외한다. 이하 이 조에서 같다)가 해당 과세기간에 만기에 환급되는 금액이 납입보험료를 초과하지 아니하는 보험의 보험계약에 따라 지급하는 다음 각 호의 보험료를 지급한 경우 그 금액의 1,000분의 12(제1호의 경우에는 1,000분의 15)에 해당하는 금액을 해당 과세기간의 종합소득분 개인지방소득 산출세액에서 공제한다. 다만, 다음 각 호의 보험료별로 그 합계액이 각각 연 100만원을 초과하는 경우 그 초과하는 금액은 각각 없는 것으로 한다. (2016. 12. 27. 개정)

1. 기본공제대상자 중 장애인을 피보험자 또는 수익자로 하는 장애인전용보험으로서 대통령령으로 정하는 장애인전용보장성보험료 (2014. 3. 24. 신설)
2. 기본공제대상자를 피보험자로 하는 대통령령으로 정하는 보험료(제1호에 따른 장애인전용보장성보험료는 제외한다) (2014. 3. 24. 신설)

② 근로소득이 있는 거주자가 기본공제대상자(나이 및 소득의 제한을 받지 아니한다)를 위하여 해당 과세기간에 대통령령으로 정하는 의료비를 지급한 경우 다음 각 호의 금액의 1,000분의 15에 해당하는 금액을 해당 과세기간의 종합소득분 개인지방소득 산출세액에서 공제한다. (2014. 3. 24. 신설)
1. 기본공제대상자를 위하여 지급한 의료비(제2호에 따른 의료비는 제외한다)로서 총급여액에 100분의 3을 곱하여 계산한 금액을 초과하는 금액. 다만, 그 금액이 연 700만원을 초과하는 경우에는 연 700만원으로 한다. (2014. 12. 31. 개정)
2. 해당 거주자, 과세기간 종료일 현재 65세 이상인 사람과 장애인을 위하여 지급한 의료비와 대통령령으로 정하는 난임시술비. 다만, 제1호의 의료비가 총급여액에 100분의 3을 곱하여 계산한 금액에 미달하는 경우에는 그 미달하는 금액을 뺀다. (2014. 12. 31. 개정)

경우에는 법 제97조의 3을 적용할 때 그 전환을 신청한 금액을 연금계좌에서 가장 먼저 인출하여 그 신청을 한 날에 다시 해당 연금계좌에 납입한 연금보험료로 본다. 이 경우 전환을 신청한 금액은 그 신청한 날에 연금계좌에 납입한 연금보험료로 보아「소득세법 시행령」제40조의 2 제2항 각 호의 요건을 충족하여야 한다. (2014. 8. 20. 신설)
④ 제3항에 따른 납입한 연금보험료의 전환 신청 등에 필요한 사항은「소득세법 시행령」제118조의 3에 따른다. (2014. 8. 20. 신설)

　　제48조의 3 【보험료세액공제】 ① 법 제97조의 4 제1항 제1호에서 "대통령령으로 정하는 장애인전용보장성보험료"란「소득세법 시행령」제118조의 4 제1항에 따른 보험료·공제료를 말한다. (2014. 8. 20. 신설)
② 법 제97조의 4 제1항 제2호에서 "대통령령으로 정하는 보험료"란「소득세법 시행령」제118조의 4 제2항에 따른 보험료·공제료를 말한다. (2014. 8. 20. 신설)

　　제48조의 4 【의료비 세액공제】 ① 법 제97조의 4 제2항 각 호 외의 부분에서 "대통령령으로 정하는 의료비"란「소득세법 시행령」제118조의 5 제1항 각 호의 어느 하나에 해당하는 의료비를 말한다. (2014. 8. 20. 신설)
② 제1항에 따른 의료비에는「소득세법 시행령」제118조의 5 제2항에 따른 비용은 포함하지 아니한다. (2014. 8. 20. 신설)
③ 특별징수의무자는「지방세법」제103조의 15에 따른 근로소득세액 연말정산을 할 때 특별세액공제 대상이 되는 의료비가 있는 근로자에 대해서는「소득세법 시행령」제215조 제2항에 따른 근로소득지급명세서를 제출할 때에 해당 근로자의 의료비지급명세서가 전산처리된 테이프 또는 디스켓을 납세지 관할 지방자치단체의 장에게 제출하여야 한다. 다만,「소득세법 시행령」제118조의 5 제3항에 따라 납세지 관할 세무서장에게 해당 근로자의 의료비지급명세서가 전산처리된 테이프 또는 디스켓을 제출한 경우에는 납세지 관할 지방자치단체의 장에게도 함께 제출한 것으로 본다. (2014. 8. 20. 신설)

③ 근로소득이 있는 거주자가 그 거주자와 기본공제대상자(나이의 제한을 받지 아니하되, 제3호 나목의 기관에 대해서는 과세기간 종료일 현재 18세 미만인 사람만 해당한다)를 위하여 해당 과세기간에 대통령령으로 정하는 교육비를 지급한 경우 다음 각 호의 금액의 1,000분의 15에 해당하는 금액을 해당 과세기간의 종합소득분 개인지방소득 산출세액에서 공제한다. 다만, 소득세 또는 증여세가 비과세되는 대통령령으로 정하는 교육비는 공제하지 아니한다. (2016. 12. 27. 단서개정)

1. 기본공제대상자인 배우자·직계비속·형제자매·입양자 및 위탁아동을 위하여 지급한 다음 각 목의 교육비를 합산한 금액. 다만, 대학원에 지급하거나 제2호 라목의 학자금 대출을 받아 지급하는 교육비는 제외하며, 대학생인 경우에는 1명당 연 900만원, 초등학교 취학 전 아동과 초·중·고등학생인 경우에는 1명당 연 300만원을 한도로 한다. (2016. 12. 27. 단서개정)

　가.「유아교육법」,「초·중등교육법」,「고등교육법」 및 특별법에 따른 학교에 지급한 교육비 (2014. 3. 24. 신설)

　나. 다음의 평생교육시설 또는 과정을 위하여 지급한 교육비 (2014. 12. 31. 개정)

　　1)「평생교육법」 제31조 제2항에 따라 고등학교졸업 이하의 학력이 인정되는 학교형태의 평생교육시설 (2014. 12. 31. 개정)

　　2)「평생교육법」 제31조 제4항에 따라 전공대학의 명칭을 사용할 수 있는 평생교육시설(이하 "전공대학"이라 한다) (2014. 12. 31. 개정)

　　3)「평생교육법」 제33조에 따른 원격대학 형태의 평생교육시설(이하 "원격대학"이라 한다) 중 대통령령으로 정하는 교육과정(이하 이 항에서 "학위취득과정"이라 한다) (2014. 12. 31. 개정)

　　4)「학점인정 등에 관한 법률」 제3조에 따른 평가인정을 받은 학습과정과「독학에 의한 학위취득에 관한 법률」 제5조 제1항에 따른 과정 중 대통령령으로 정하는 교육과정(이하 이 항에서 "학위취득과정"이라 한다) (2014. 12. 31. 개정)

　다. 대통령령으로 정하는 국외교육기관(국외교육기관의 학생을 위

제48조의 5 【교육비 세액공제】① 법 제97조의 4 제3항 각 호 외의 부분 본문에서 "대통령령으로 정하는 교육비"란「소득세법 시행령」 제118조의 6 제1항 각 호의 어느 하나에 해당하는 교육비를 말한다. (2014. 8. 20. 신설)

② 법 제97조의 4 제3항 제1호 나목에서 "대통령령으로 정하는 교육과정"이란「소득세법 시행령」 제118조의 6 제3항에 따른 교육과정을 말한다. (2014. 8. 20. 신설)

③ 법 제97조의 4 제3항 제1호 다목에서 "대통령령으로 정하는 국외교

하여 교육비를 지급하는 거주자가 국내에서 근무하는 경우에는 대통령령으로 정하는 학생만 해당한다)에 지급한 교육비 (2014. 3. 24. 신설)

  라. 초등학교 취학 전 아동을 위하여 「영유아보육법」에 따른 어린이집, 「학원의 설립·운영 및 과외교습에 관한 법률」에 따른 학원 또는 대통령령으로 정하는 체육시설에 지급한 교육비(학원 및 체육시설에 지급하는 비용의 경우에는 대통령령으로 정하는 금액만 해당한다) (2014. 3. 24. 신설)

2. 해당 거주자를 위하여 지급한 다음 각 목의 교육비를 합산한 금액 (2014. 3. 24. 신설)

  가. 제1호 가목부터 다목까지의 규정에 해당하는 교육비 (2014. 3. 24. 신설)

  나. 대학(전공대학, 원격대학 및 학위취득과정을 포함한다) 또는 대학원의 1학기 이상에 해당하는 교육과정과 「고등교육법」 제36조에 따른 시간제 과정에 지급하는 교육비 (2014. 3. 24. 신설)

  다. 「국민 평생 직업능력 개발법」 제2조에 따른 직업능력개발훈련시설에서 실시하는 직업능력개발훈련을 위하여 지급한 수강료. 다만, 대통령령으로 정하는 지원금 등을 받는 경우에는 이를 뺀 금액으로 한다. (2021. 8. 17. 개정 ; 근로자직업능력 개발법 부칙)

  라. 대통령령으로 정하는 학자금 대출의 원리금 상환액(상환 연체로 인하여 추가로 지급하는 금액은 제외한다) (2016. 12. 27. 신설)

3. 기본공제대상자인 장애인(소득의 제한을 받지 아니한다)을 위하여 다음 각 목의 어느 하나에 해당하는 자에게 지급하는 대통령령으로 정하는 특수교육비 (2014. 3. 24. 신설)

  가. 대통령령으로 정하는 사회복지시설 및 비영리법인 (2014. 3. 24. 신설)

  나. 장애인의 기능향상과 행동발달을 위한 발달재활서비스를 제공하는 대통령령으로 정하는 기관 (2014. 3. 24. 신설)

  다. 가목의 시설 또는 법인과 유사한 것으로서 외국에 있는 시설 또는 법인 (2014. 3. 24. 신설)

④ 거주자(사업소득만 있는 자는 제외하되, 「소득세법」 제73조 제1항 제4호에 따른 자 등 대통령령으로 정하는 자는 포함한다)가 해당 과세

육기관”이란 「소득세법 시행령」 제118조의 6 제4항에 따른 교육기관을 말한다. (2014. 8. 20. 신설)

④ 법 제97조의 4 제3항 제1호 다목에서 “대통령령으로 정하는 학생”이란 「소득세법 시행령」 제118조의 6 제5항에 따른 학생을 말한다. (2014. 8. 20. 신설)

⑤ 법 제97조의 4 제3항 제1호 라목에서 “대통령령으로 정하는 체육시설”이란 「소득세법 시행령」 제118조의 6 제6항 각 호의 어느 하나에 해당하는 체육시설을 말한다. (2014. 8. 20. 신설)

⑥ 법 제97조의 4 제3항 제1호 라목에서 “대통령령으로 정하는 금액”이란 「소득세법 시행령」 제118조의 6 제7항에 따른 수강료를 말한다. (2014. 8. 20. 신설)

⑦ 법 제97조의 4 제3항 제2호 다목 단서에서 “대통령령으로 정하는 지원금 등을 받는 경우”란 「소득세법 시행령」 제118조의 6 제8항에 따른 지원을 받는 경우를 말한다. (2014. 8. 20. 신설)

⑧ 법 제97조의 4 제3항 제3호 각 목 외의 부분에서 “대통령령으로 정하는 특수교육비”란 「소득세법 시행령」 제118조의 6 제9항에 따른 비용을 말한다. (2014. 8. 20. 신설)

⑨ 법 제97조의 4 제3항 제3호 가목에서 “대통령령으로 정하는 사회복지시설 및 비영리법인”이란 「소득세법 시행령」 제118조의 6 제10항 각 호의 시설 및 법인을 말한다. (2014. 8. 20. 신설)

⑩ 법 제97조의 4 제3항 제3호 나목에서 “대통령령으로 정하는 기관”이란 「소득세법 시행령」 제118조의 6 제11항에 따른 기관을 말한다. (2014. 8. 20. 신설)

제48조의 6 【기부금의 세액공제 등】 ① 특별징수의무자는 「지

편주 ▶ ·····························
영 48조의 6 제1항 단서의 개정규정은 2016. 12. 31.까지 효력을 가짐. (영 부칙 (2014. 8. 20.) 2조)
·····························

기간에 지급한 기부금「소득세법」 제50조 제1항 제2호 및 제3호(나이의 제한을 받지 아니한다)에 해당하는 사람(다른 거주자의 기본공제를 적용받은 사람은 제외한다)이 지급한 기부금을 포함한다]이 있는 경우 다음 각 호의 기부금을 합한 금액에서 사업소득금액을 계산할 때 필요경비에 산입한 기부금을 뺀 금액의 1,000분의 15(해당 금액이 2천만원을 초과하는 경우 그 초과분에 대해서는 1,000분의 30)에 해당하는 금액(이하 이 조에서 "기부금 세액공제액"이라 한다)을 해당 과세기간의 합산과세되는 종합소득분 개인지방소득 산출세액(필요경비에 산입한 기부금이 있는 경우 사업소득에 대한 산출세액은 제외한다)에서 공제한다. 이 경우 제1호의 기부금과 제2호의 기부금이 함께 있으면 제1호의 기부금을 먼저 공제하되, 2013년 12월 31일 이전에 지급한 기부금을 2014년 1월 1일 이후에 개시하는 과세기간에 이월하여 소득공제하는 경우에는 해당 과세기간에 지급한 기부금보다 먼저 공제한다. (2016. 12. 27. 개정)

1. 법정기부금 (2016. 12. 27. 신설)
2. 지정기부금. 이 경우 지정기부금의 한도액은 다음 각 목의 구분에 따른다. (2016. 12. 27. 신설)
   가. 종교단체에 기부한 금액이 있는 경우 (2016. 12. 27. 신설)

   한도액 = [종합소득금액(「소득세법」 제62조에 따른 원천징수세율을 적용받는 이자소득 및 배당소득은 제외한다)에서 제1호에 따른 기부금을 뺀 금액을 말하며, 이하 이 항에서 "소득금액"이라 한다] × 100분의 10 + [소득금액의 100분의 20과 종교단체 외에 지급한 금액 중 적은 금액]

   나. 가목 외의 경우 (2016. 12. 27. 신설)

   한도액 = 소득금액의 100분의 30

⑤ 제1항부터 제3항까지의 규정을 적용할 때 과세기간 종료일 이전에 혼인ㆍ이혼ㆍ별거ㆍ취업 등의 사유로 기본공제대상자에 해당되지 아니하게 되는 종전의 배우자ㆍ부양가족ㆍ장애인 또는 과세기간 종료일 현재 65세 이상인 사람을 위하여 이미 지급한 금액이 있는 경우에는 그 사유가 발생한 날까지 지급한 금액에 제1항부터 제3항까지의 규정에 따른 율을 적용한 금액을 해당 과세기간의 종합소득분 개인지방소

방세법」 제103조의 15에 따른 근로소득세액 연말정산 또는 사업소득세액의 연말정산을 할 때 기부금세액공제를 적용받는 거주자에 대해서는 「소득세법」 제164조에 따른 지급명세서를 제출할 때에 해당 거주자의 기부금명세서가 전산처리된 테이프 또는 디스켓을 납세지 관할 지방자치단체의 장에게 제출하여야 한다. 다만, 「소득세법 시행령」 제118조의 7 제2항에 따라 납세지 관할 세무서장에게 해당 근로자의 기부금명세서가 전산처리된 테이프 또는 디스켓을 제출한 경우에는 납세지 관할 지방자치단체의 장에게도 함께 제출한 것으로 본다. (2014. 8. 20. 신설)

② 법 제97조의 4 제7항에서 "대통령령으로 정하는 근로소득에 대한 종합소득분 개인지방소득 산출세액"이란 해당 과세기간의 종합소득산출세액에 근로소득금액이 그 과세기간의 종합소득금액에서 차지하는 비율을 곱하여 산출한 금액을 말한다. (2014. 8. 20. 신설)

③ 제1항에 따라 기부금세액공제를 받은 자가 사망한 이후 유류분(遺留分) 권리자가 「민법」 제1115조에 따라 신탁재산의 반환을 청구하여 이를 반환받은 경우에는 그 유류분 권리자의 주소지 관할 지방자치단체의 장은 제1호의 금액에서 제2호에 해당하는 비율을 곱하여 계산한 금액을 유류분 권리자에게서 추징한다. (2014. 8. 20. 신설)

1. 유류분 권리자가 유류분을 반환받은 날 현재 「지방세기본법」 제38조에 따른 부과의 제척기간 이내에 해당하는 과세기간에 해당 거주자가 기부금세액공제를 받은 금액에 해당하는 개인지방소득세액 (2014. 8. 20. 신설)
2. 유류분 권리자가 반환받은 금액을 유류분 권리자가 유류분을 반환받은 시점의 신탁재산가액으로 나눈 비율 (2014. 8. 20. 신설)

득 산출세액에서 공제한다. (2014. 3. 24. 신설)
⑥ 제1항부터 제4항까지의 규정에 따른 공제는 해당 거주자가 대통령령으로 정하는 바에 따라 신청한 경우에 적용한다. (2014. 3. 24. 신설)
⑦·⑧ 삭 제 (2014. 12. 31.)
⑨ 근로소득이 있는 거주자로서 제6항, 「소득세법」 제52조 제8항, 「조세특례제한법」 제95조의 2 제2항에 따른 소득공제 신청이나 세액공제 신청을 하지 아니한 사람에 대해서는 연 1만3천원을 종합소득분 개인지방소득 산출세액에서 공제하고, 「소득세법」 제160조의 5 제3항에 따른 사업용계좌의 신고 등 대통령령으로 정하는 요건에 해당하는 사업자(이하 "성실사업자"라 한다)로서 「조세특례제한법」 제122조의 3에 따른 세액공제 신청을 하지 아니한 사업자에 대해서는 연 1만2천원을 종합소득분 개인지방소득 산출세액에서 공제하며, 근로소득이 없는 거주자로서 종합소득이 있는 사람(성실사업자는 제외한다)에 대해서는 연 7천원을 종합소득분 개인지방소득 산출세액에서 공제(이하 "표준세액공제"라 한다)한다. (2016. 12. 27. 개정)
⑩ 제1항부터 제6항까지 및 제9항에 따른 공제를 "특별세액공제"라 한다. (2014. 12. 31. 개정)
⑪ 특별세액공제에 관하여 그 밖에 필요한 사항은 대통령령으로 정한다. (2014. 3. 24. 신설)

　　제98조【급여 등에 대한 세액의 감면】① 종합소득금액 중 다음 각 호의 어느 하나의 소득이 있을 때에는 종합소득분 개인지방소득 산출세액에서 그 세액에 해당 근로소득금액 또는 사업소득금액이 종합소득금액에서 차지하는 비율을 곱하여 계산한 금액 상당액을 감면한다. (2014. 1. 1. 신설)
1. 정부 간의 협약에 따라 우리나라에 파견된 외국인이 그 양쪽 또는 한쪽 당사국의 정부로부터 받는 급여 (2014. 1. 1. 신설)

　　제48조의 7【성실사업자의 범위】법 제97조의 4 제9항 본문에서 "사업용계좌의 신고 등 대통령령으로 정하는 요건에 해당하는 사업자"란 「소득세법 시행령」 제118조의 8 제1항 각 호의 요건을 모두 갖춘 사업자를 말한다. (2014. 8. 20. 신설)

　　제49조【근로소득 세액감면】① 법 제98조 제1항 또는 다른 법률에 따라 감면되는 사업과 그 밖의 사업을 겸영(兼營)하는 경우에 감면사업과 그 밖의 사업의 공통필요경비와 공통수입금액은 「소득세법 시행령」 제119조에 따라 구분 계산한다. (2014. 3. 14. 신설)
② 법 제98조 제1항 제1호에 따라 근로소득에 대한 세액을 감면받으려는 자는 행정안전부령으로 정하는 세액감면신청서를 국내에서 근로소득금액을 지급하는 자를 거쳐 그 감면을 받으려는 달의 다음 달 10일까지 특별징수 관할 지방자치단체의 장에게 제출하여야 한다. 다만, 「소득세법 시행령」 제138조 제2항에 따라 납세지 관할 세무서장에게 소득세 감면을 신청하는 경우에는 법 제98조 제1항에 따른 개인지방소득세에 대한 세액감면도 함께 신청한 것으로 본다. (2017. 7. 26. 직제개정 ; 행정안전부와～직제 부칙)

2. 거주자 중 대한민국의 국적을 가지지 아니한 자가 대통령령으로 정하는 선박과 항공기의 외국항행사업으로부터 얻는 소득. 다만, 그 거주자의 국적지국(國籍地國)에서 대한민국 국민이 운용하는 선박과 항공기에 대해서도 동일한 면제를 하는 경우만 해당한다. (2014. 1. 1. 신설)

② 이 법 외의 법률에 따라 개인지방소득세가 감면되는 경우에도 그 법률에 특별한 규정이 있는 경우 외에는 제1항을 준용하여 계산한 개인지방소득세를 감면한다. (2014. 1. 1. 신설)

③ 제1항에 따른 세액감면의 신청 등 필요한 사항은 대통령령으로 정한다. (2014. 3. 24. 신설)

제 2 절　중소기업에 대한 특례
(2014. 1. 1. 신설)

제99조【중소기업 투자 세액공제】① 대통령령으로 정하는 중소기업(이하 "중소기업"이라 한다) 및 2015년 1월 1일부터 2015년 12월 31일까지 「자본시장과 금융투자업에 관한 법률」에 따른 증권시장(이하 이 조에서 "증권시장"이라 한다)에 최초로 신규 상장한 대통령령으로 정하는 중견기업(이하 이 조에서 "신규상장 중견기업"이라 한다)을 경영하는 내국인이 다음 각 호의 어느 하나에 해당하는 자산에 2018년 12월 31일까지[중소기업 중 2015년 1월 1일부터 2015년 12월 31일까지 증권시장에 최초로 신규 상장한 중소기업(이하 이 조에서 "신규상장 중소기업"이라 한다)과 신규상장 중견기업의 경우는 상장일이 속하는 과세연도와 그 다음 과세연도의 개시일부터 3년 이내에 끝나는 과세연도까지] 투자(중고품 및 대통령령으로 정하는 리스에 의한 투자는 제외한다)하는 경우에는 해당 투자금액의 1,000분의 3(신규상장 중소기업과 신규상장 중견기업의 경우는 1,000분의 4)에 상당하는 금액을 그 투자를 완료한 날이 속하는 과세연도의 개인지방소득세[사업소득(「소득세법」 제45조 제2항에 따른 부동산임대업에서 발생하는 소득은

제50조【외국항행소득 세액감면】① 법 제98조 제1항 제2호 본문에서 "대통령령으로 정하는 선박과 항공기의 외국항행사업으로부터 얻는 소득"이란 「소득세법 시행령」 제119조의 2 각 호의 어느 하나에 해당하는 소득을 말한다. (2014. 3. 14. 신설)

② 법 제98조 제1항 제2호에 따라 외국항행사업으로부터 얻는 소득에 대한 세액을 감면받으려는 자는 「지방세법」 제93조 제5항 또는 제95조에 따른 신고와 함께 행정안전부령으로 정하는 세액감면신청서를 납세지 관할 지방자치단체의 장에게 제출하여야 한다. 다만, 「소득세법 시행령」 제138조 제1항에 따라 납세지 관할 세무서장에게 소득세 감면을 신청하는 경우에는 법 제98조 제1항에 따른 개인지방소득세에 대한 세액감면도 함께 신청한 것으로 본다. (2017. 7. 26. 직제개정 ; 행정안전부와～직제 부칙)

제 2 절　중소기업에 대한 특례
(2014. 3. 14. 신설)

제51조【중소기업의 범위】법 제99조 제1항 각 호 외의 부분에 따른 중소기업의 범위는 「조세특례제한법 시행령」 제2조에 따른다. (2014. 3. 14. 신설)

제52조【투자세액공제 제외 대상 리스】법 제99조 제1항 각 호 외의 부분, 제103조 제1항, 제109조 제1항 각 호 외의 부분, 제110조 제1항 각 호 외의 부분 전단, 제111조 제1항, 제112조 제1항 전단, 제113조 제1항 전단 및 제114조 제1항 각 호 외의 부분 본문에서 "대통령령으로 정하는 리스"란 각각 「조세특례제한법 시행령」 제3조에 따른 리스를 말한다. (2014. 3. 14. 신설)

제53조【중소기업 투자 세액공제】① 중소기업이 「조세특례제한법 시행령」 제2조 제1항에 따른 중소기업의 범위에 해당하는 사업과 그 밖의 사업에 공동으로 사용되는 사업용자산, 판매시점정보관리시스템설비 및 정보보호시스템설비를 취득한 경우에는 해당 자산은 그 자

포함하지 아니한다. 제166조 및 제172조를 제외하고 이하에서 같다)에 대한 개인지방소득세만 해당한다]에서 공제한다. (2016. 12. 27. 개정)

1. 기계장치 등 대통령령으로 정하는 사업용자산(이하 "사업용자산"이라 한다) (2014. 1. 1. 신설)

2. 「유통산업발전법」에 따른 판매시점 정보관리 시스템설비(이하 "판매시점 정보관리 시스템설비"라 한다) (2014. 1. 1. 신설)

3. 「국가정보화 기본법」 제3조 제6호에 따른 정보보호시스템에 사용되는 설비로서 감가상각 기간이 2년 이상인 설비(이하 "정보보호 시스템설비"라 한다) (2014. 1. 1. 신설)

② 제1항에 따른 투자가 2개 이상의 과세연도에 걸쳐서 이루어지는 경우에는 그 투자가 이루어지는 과세연도마다 해당 과세연도에 투자한 금액에 대하여 제1항을 적용받을 수 있다. (2014. 1. 1. 신설)

③ 제2항에 따른 투자금액의 계산에 필요한 사항은 대통령령으로 정한다. (2014. 1. 1. 신설)

④ 제1항과 제2항을 적용받으려는 내국인은 대통령령으로 정하는 바에 따라 세액공제신청을 하여야 한다. (2014. 1. 1. 신설)

제100조【창업중소기업 등에 대한 세액감면】 ① 2018년 12월 31일 이전에 수도권과밀억제권역 외의 지역에서 창업한 중소기업(이하 "창업중소기업"이라 한다)과 「중소기업창업 지원법」 제53조 제1항에 따라 창업보육센터사업자로 지정받은 내국인에 대해서는 해당 사업에서 최초로 소득이 발생한 과세연도(사업 개시일부터 5년이 되는 날이 속하는 과세연도까지 해당 사업에서 소득이 발생하지 아니하는 경우에는 5년이 되는 날이 속하는 과세연도)와 그 다음 과세연도의 개시일부터 4년 이내에 끝나는 과세연도까지 해당 사업에서 발생한 소득에 대한 개인지방소득세의 100분의 50에 상당하는 세액을 경감한다. (2021. 12. 28. 개정 ; 중소기업창업 지원법 부칙)

② 「벤처기업육성에 관한 특별법」 제2조 제1항에 따른 벤처기업(이하 "벤처기업"이라 한다) 중 대통령령으로 정하는 기업으로서 창업 후 3년 이내에 같은 법 제25조에 따라 2018년 12월 31일까지 벤처기업으로 확인받은 기업(이하 "창업벤처중소기업"이라 한다)의 경우에는 그 확인받은 날 이후 최초로 소득이 발생한 과세연도(벤처기업으로 확인

산을 주로 사용하는 사업의 자산으로 보아 법 제99조를 적용한다. (2014. 3. 14. 신설)

② 법 제99조 제1항 제1호에서 "대통령령으로 정하는 사업용자산"이란 「조세특례제한법 시행령」 제4조 제2항에 따른 자산을 말한다. (2014. 3. 14. 신설)

③ 법 제99조 제3항에 따른 투자금액의 계산에 필요한 사항은 「조세특례제한법 시행령」 제4조 제3항에 따른다. (2014. 3. 14. 신설)

④ 법 제99조에 따른 투자 세액공제를 받으려는 자는 투자완료일이 속하는 과세연도(같은 조 제2항을 적용받으려는 경우에는 해당 투자가 이루어지는 각 과세연도를 말한다)의 과세표준신고와 함께 행정안전부령으로 정하는 투자세액공제신청서를 납세지 관할 지방자치단체의 장에게 제출하여야 한다. 다만, 「조세특례제한법 시행령」 제4조 제5항에 따라 납세지 관할 세무서장에게 소득세 공제를 신청하는 경우에는 법 제99조에 따른 개인지방소득세에 대한 세액공제도 함께 신청한 것으로 본다. (2017. 7. 26. 직제개정 ; 행정안전부와～직제 부칙)

제54조【창업중소기업 등에 대한 세액감면】 ① 법 제100조 제2항 각 호 외의 부분 본문에서 "대통령령으로 정하는 기업"이란 「조세특례제한법 시행령」 제5조 제4항 및 제5항에 따른 기업을 말한다. (2016. 12. 30. 개정)

②～④ 삭 제 (2016. 12. 30.)

받은 날부터 5년이 되는 날이 속하는 과세연도까지 해당 사업에서 소득이 발생하지 아니하는 경우에는 5년이 되는 날이 속하는 과세연도)와 그 다음 과세연도의 개시일부터 4년 이내에 끝나는 과세연도까지 해당 사업에서 발생한 소득에 대한 개인지방소득세의 100분의 50에 상당하는 세액을 경감한다. 다만, 제1항을 적용받는 경우는 제외하며, 감면기간 중 다음 각 호의 사유가 있는 경우에는 다음 각 호의 구분에 따른 날이 속하는 과세연도부터 감면을 적용하지 아니한다. (2024. 1. 9. 개정 ; 벤처기업~부칙)

1. 벤처기업의 확인이 취소된 경우 : 취소일 (2016. 12. 27. 신설)

2. 「벤처기업육성에 관한 특별법」 제25조 제2항에 따른 벤처기업확인서의 유효기간이 만료된 경우(해당 과세연도 종료일 현재 벤처기업으로 재확인받은 경우는 제외한다): 유효기간 만료일 (2024. 1. 9. 개정 ; 벤처기업~부칙)

③ 창업중소기업과 창업벤처중소기업의 범위는 「조세특례제한법」 제6조 제3항 각 호의 업종을 경영하는 중소기업으로 한다. (2016. 12. 27. 개정)

④ 창업일이 속하는 과세연도와 그 다음 3개 과세연도가 지나지 아니한 중소기업으로서 2015년 12월 31일까지 대통령령으로 정하는 에너지신기술중소기업(이하 "에너지신기술중소기업"이라 한다)에 해당하는 경우에는 그 해당하는 날 이후 최초로 해당 사업에서 소득이 발생한 과세연도(에너지신기술중소기업에 해당하는 날부터 5년이 되는 날이 속하는 과세연도까지 해당 사업에서 소득이 발생하지 아니하는 경우에는 5년이 되는 날이 속하는 과세연도)와 그 다음 과세연도의 개시일부터 4년 이내에 끝나는 과세연도까지 해당 사업에서 발생한 소득에 대한 개인지방소득세의 100분의 50에 상당하는 세액을 감면한다. 다만, 제1항 및 제2항을 적용받는 경우는 제외하며, 감면기간 중 에너지신기술중소기업에 해당하지 않게 되는 경우에는 그 날이 속하는 과세연도부터 감면하지 아니한다. (2014. 1. 1. 신설)

⑤ 제4항을 적용할 때 해당 사업에서 발생한 소득의 계산은 대통령령으로 정한다. (2014. 1. 1. 신설)

⑥ 제1항부터 제5항까지의 규정을 적용할 때 다음 각 호의 어느 하나에 해당하는 경우는 창업으로 보지 아니한다. 다만, 「조세특례제한법」

⑤ 법 제100조 제4항 본문에서 "대통령령으로 정하는 에너지신기술중소기업"이란 「조세특례제한법 시행령」 제5조 제10항 각 호의 제품을 제조하는 중소기업을 말한다. (2014. 3. 14. 신설)

⑥ 법 제100조 제5항에 따른 해당 사업에서 발생한 소득의 계산은 「조세특례제한법 시행령」 제5조 제11항 및 제12항에 따른다. (2014. 3. 14. 신설)

제99조의 6 제1항에 따른 재기중소기업인이 2018년 12월 31일까지 이 조에 따른 창업, 지정 또는 확인을 받은 경우에는 제3호를 적용하지 아니한다. (2016. 12. 27. 단서신설)

1. 합병·분할·현물출자 또는 사업의 양수를 통하여 종전의 사업을 승계하거나 종전의 사업에 사용되던 자산을 인수 또는 매입하여 같은 종류의 사업을 하는 경우. 다만, 종전의 사업에 사용되던 자산을 인수하거나 매입하여 같은 종류의 사업을 하는 경우 그 자산가액의 합계가 사업 개시 당시 토지·건물 및 기계장치 등 대통령령으로 정하는 사업용자산의 총가액에서 차지하는 비율이 100분의 50 미만으로서 대통령령으로 정하는 비율 이하인 경우는 제외한다. (2014. 1. 1. 신설)

2. 거주자가 하던 사업을 법인으로 전환하여 새로운 법인을 설립하는 경우 (2014. 1. 1. 신설)

3. 폐업 후 사업을 다시 개시하여 폐업 전의 사업과 같은 종류의 사업을 하는 경우 (2014. 1. 1. 신설)

4. 사업을 확장하거나 다른 업종을 추가하는 경우 등 새로운 사업을 최초로 개시하는 것으로 보기 곤란한 경우 (2014. 1. 1. 신설)

⑦ 제1항, 제2항 및 제4항에 따라 감면을 적용받은 기업이 「중소기업기본법」에 따른 중소기업이 아닌 기업과 합병하는 등 대통령령으로 정하는 사유에 따라 중소기업에 해당하지 아니하게 된 경우에는 해당 사유 발생일이 속하는 과세연도부터 감면하지 아니한다. (2016. 12. 27. 개정)

⑧ 제1항, 제2항 및 제4항을 적용받으려는 내국인 및 제6항 단서를 적용받으려는 재기중소기업인은 대통령령으로 정하는 바에 따라 세액감면신청을 하여야 한다. (2016. 12. 27. 개정)

　　제101조【중소기업에 대한 특별세액감면】① 중소기업 중 다음 제1호의 감면 업종을 경영하는 기업에 대해서는 2017년 12월 31일 이전에 끝나는 과세연도까지 해당 사업장에서 발생한 소득에 대한 개인지방소득세에 제2호의 감면 비율을 곱하여 계산한 세액상당액을 감면한다. (2016. 12. 27. 개정)

1. 감면 업종 (2014. 1. 1. 신설)
　가. 작물재배업 (2014. 1. 1. 신설)

⑦ 법 제100조 제6항 제1호 단서에서 "토지·건물 및 기계장치 등 대통령령으로 정하는 사업용자산"이란 토지와 「법인세법 시행령」 제24조에 따른 감가상각자산을 말한다. (2014. 3. 14. 신설)

⑧ 법 제100조 제6항 제1호 단서에서 "대통령령으로 정하는 비율"이란 100분의 30을 말한다. (2014. 3. 14. 신설)

⑨ 법 제100조 제6항을 적용할 때 같은 종류의 사업의 분류는 한국표준산업분류에 따른 세분류를 따른다. (2014. 3. 14. 신설)

⑩ 법 제100조 제1항·제2항·제4항 및 제7항에 따라 개인지방소득세를 감면받으려는 자는 과세표준신고와 함께 행정안전부령으로 정하는 세액감면신청서를 납세지 관할 지방자치단체의 장에게 제출하여야 한다. 다만, 「조세특례제한법 시행령」 제5조 제16항 및 제99조의 6 제11항에 따라 납세지 관할 세무서장에게 소득세 감면을 신청하는 경우에는 법 제100조에 따른 개인지방소득세에 대한 세액감면도 함께 신청한 것으로 본다. (2017. 7. 26. 직제개정 ; 행정안전부와~직제 부칙)

나. 축산업 (2014. 1. 1. 신설)

다. 어업 (2014. 1. 1. 신설)

라. 광업 (2014. 1. 1. 신설)

마. 제조업 (2014. 1. 1. 신설)

바. 하수·폐기물 처리(재활용을 포함한다), 원료재생 및 환경복원
업 (2014. 1. 1. 신설)

사. 건설업 (2014. 1. 1. 신설)

아. 도매 및 소매업 (2014. 1. 1. 신설)

자. 운수업 중 여객운송업 (2014. 1. 1. 신설)

차. 출판업 (2014. 1. 1. 신설)

카. 영화·비디오물 및 방송프로그램 제작업, 영화·비디오물 및
방송프로그램 제작 관련 서비스업, 영화·비디오물 및 방송프로
그램 배급업, 오디오물 출판 및 원판녹음업 (2014. 1. 1. 신설)

타. 방송업 (2014. 1. 1. 신설)

파. 전기통신업 (2014. 1. 1. 신설)

하. 컴퓨터프로그래밍, 시스템 통합 및 관리업 (2014. 1. 1. 신설)

거. 정보서비스업 (2014. 1. 1. 신설)

너. 연구개발업 (2014. 1. 1. 신설)

더. 광고업 (2014. 1. 1. 신설)

러. 그 밖의 과학기술서비스업 (2014. 1. 1. 신설)

머. 포장 및 충전업 (2014. 1. 1. 신설)

버. 전문디자인업 (2014. 1. 1. 신설)

서. 창작 및 예술관련 서비스업(자영예술가는 제외한다) (2014. 1.
1. 신설)

어. 대통령령으로 정하는 주문자상표부착방식에 따른 수탁생산업
(受託生産業) (2014. 1. 1. 신설)

저. 엔지니어링사업 (2014. 1. 1. 신설)

처. 물류산업 (2014. 1. 1. 신설)

커. 「학원의 설립·운영 및 과외교습에 관한 법률」에 따른 직업기
술 분야를 교습하는 학원을 운영하는 사업 또는 「국민 평생 직
업능력 개발법」에 따른 직업능력개발훈련시설을 운영하는 사업
(직업능력개발훈련을 주된 사업으로 하는 경우에 한한다)

제55조【중소기업에 대한 특별세액감면】 ① 법 제101조 제1항
제1호 어목에서 "대통령령으로 정하는 주문자상표부착방식에 따른 수
탁생산업"이란 「조세특례제한법 시행령」 제6조 제1항에 따른 사업을
말한다. (2014. 3. 14. 신설)

(2021. 8. 17. 개정 ; 근로자직업능력 개발법 부칙)

터. 대통령령으로 정하는 자동차정비공장을 운영하는 사업 (2014.
   1. 1. 신설)

퍼. 「해운법」에 따른 선박관리업 (2014. 1. 1. 신설)

허. 「의료법」에 따른 의료기관을 운영하는 사업(의원·치과의원 및
   한의원은 제외한다. 이하 이 조에서 의료업"이라 한다) (2014.
   1. 1. 신설)

고. 「관광진흥법」에 따른 관광사업(카지노, 관광유흥음식점 및 외국
   인전용유흥음식점업은 제외한다) (2014. 1. 1. 신설)

노. 「노인복지법」에 따른 노인복지시설을 운영하는 사업 (2014. 1. 1.
   신설)

도. 「전시산업발전법」에 따른 전시산업 (2014. 1. 1. 신설)

로. 인력공급 및 고용알선업(농업노동자 공급업을 포함한다) (2014.
   1. 1. 신설)

모. 콜센터 및 텔레마케팅 서비스업 (2014. 1. 1. 신설)

보. 「에너지이용 합리화법」 제25조에 따른 에너지절약전문기업이 하
   는 사업 (2014. 1. 1. 신설)

소. 「노인장기요양보험법」 제31조에 따른 장기요양기관 중 재가급
   여를 제공하는 장기요양기관을 운영하는 사업 (2018. 12. 11.
   개정 ; 노인장기요양보험법 부칙)

오. 건물 및 산업설비 청소업 (2014. 1. 1. 신설)

조. 경비 및 경호 서비스업 (2014. 1. 1. 신설)

초. 시장조사 및 여론조사업 (2014. 1. 1. 신설)

코. 사회복지 서비스업 (2014. 1. 1. 신설)

토. 무형재산권 임대업(「지식재산 기본법」 제3조 제1호에 따른 지
   식재산을 임대하는 경우에 한정한다) (2014. 1. 1. 신설)

포. 「연구산업진흥법」 제2조 제1호 나목의 산업 (2021. 4. 20. 개정
   ; 연구산업진흥법 부칙)

호. 개인 간병인 및 유사 서비스업, 사회교육시설, 직원훈련기관,
   기타 기술 및 직업훈련 학원, 도서관·사적지 및 유사 여가관
   련 서비스업(독서실 운영업을 제외한다) (2014. 1. 1. 신설)

구. 「민간임대주택에 관한 특별법」에 따른 주택임대관리업 (2016.

② 법 제101조 제1항 제1호 터목에서 "대통령령으로 정하는 자동차정
비공장"이란 「조세특례제한법 시행령」 제54조 제1항에 따른 자동차정
비공장을 말한다. (2014. 3. 14. 신설)

　12. 27. 신설)
　누. 「신에너지 및 재생에너지 개발·이용·보급 촉진법」에 따른
　　　신·재생에너지 발전사업 (2016. 12. 27. 신설)
　두. 보안시스템 서비스 (2016. 12. 27. 신설)
　루. 임업 (2016. 12. 27. 신설)
2. 감면 비율 (2014. 1. 1. 신설)
　가. 대통령령으로 정하는 소기업(이하 이 조에서 "소기업"이라 한
　　　다)이 도매 및 소매업, 의료업(이하 이 조에서 "도매업등"이라
　　　한다)을 경영하는 사업장 : 100분의 10 (2014. 1. 1. 신설)
　나. 소기업이 수도권에서 제1호에 따른 감면 업종 중 도매업등을 제
　　　외한 업종을 경영하는 사업장 : 100분의 20 (2014. 1. 1. 신설)
　다. 소기업이 수도권 외의 지역에서 제1호에 따른 감면 업종 중 도
　　　매업등을 제외한 업종을 경영하는 사업장 : 100분의 30 (2014.
　　　1. 1. 신설)
　라. 소기업을 제외한 중소기업(이하 이 조에서 "중기업"이라 한다)
　　　이 수도권 외의 지역에서 도매업등을 경영하는 사업장 : 100분
　　　의 5 (2014. 1. 1. 신설)
　마. 중기업의 사업장으로서 수도권에서 대통령령으로 정하는 지식
　　　기반산업을 경영하는 사업장 : 100분의 10 (2014. 1. 1. 신설)
　바. 중기업이 수도권 외의 지역에서 제1호에 따른 감면 업종 중 도
　　　매업등을 제외한 업종을 경영하는 사업장 : 100분의 15 (2014.
　　　1. 1. 신설)
② 「여객자동차 운수사업법」 제28조에 따라 자동차대여사업의 등록을
한 중소기업이 그 사업용 자동차 총대수 중 「환경친화적 자동차의 개
발 및 보급 촉진에 관한 법률」 제2조 제3호에 따른 전기자동차를 100
분의 50 이상 보유한 경우에는 제1항의 규정에도 불구하고 2019년 12
월 31일까지 해당 자동차대여사업에서 발생하는 소득에 대한 개인지방
소득세의 100분의 30을 경감한다. (2016. 12. 27. 신설)
③ 제1항 및 제2항을 적용받으려는 내국인은 대통령령으로 정하는 바
에 따라 감면신청을 하여야 한다. (2016. 12. 27. 개정)

제101조의 2 【상생결제 지급금액에 대한 세액공제】 ① 중소기

③ 법 제101조 제1항 제2호 가목에서 "대통령령으로 정하는 소기업"
이란 「조세특례제한법 시행령」 제6조 제5항에 따른 기업을 말한다.
(2014. 3. 14. 신설)

④ 법 제101조 제1항 제2호 마목에서 "대통령령으로 정하는 지식기반
산업"이란 「조세특례제한법 시행령」 제6조 제6항 각 호의 어느 하나에
해당하는 사업을 말한다. (2014. 3. 14. 신설)
⑤ 법 제101조에 따라 개인지방소득세를 감면받으려는 자는 과세
표준신고와 함께 행정안전부령으로 정하는 세액감면신청서를 납
세지 관할 지방자치단체의 장에게 제출하여야 한다. 다만, 「조세
특례제한법 시행령」 제6조 제8항에 따라 납세지 관할 세무서장에게 소
득세 감면을 신청하는 경우에는 법 제101조에 따른 개인지방소득세에
대한 세액감면도 함께 신청한 것으로 본다. (2017. 7. 26. 직제개정 ;
행정안전부와~직제 부칙)

업을 경영하는 내국인이 2022년 12월 31일까지 중소기업에 지급한 구매대금(「조세특례제한법」 제7조의 2 제3항 제1호에 따른 구매대금을 말한다. 이하 이 조에서 같다) 중 대통령령으로 정하는 상생결제제도(이하 이 조에서 "상생결제제도"라 한다)를 통하여 지급한 금액이 있는 경우로서 다음 각 호의 요건을 모두 충족하는 경우에는 제2항에 따라 계산한 금액을 개인지방소득세(사업소득에 대한 소득세만 해당한다)에서 공제한다. 다만, 공제받는 금액이 해당 과세연도의 개인지방소득세의 100분의 10을 초과하는 경우에는 100분의 10을 한도로 한다. (2020. 12. 29. 개정)

1. 해당 과세연도에 지급한 구매대금 중 대통령령으로 정하는 현금성 결제 금액이 차지하는 비율이 직전 과세연도보다 낮아지지 아니할 것 (2016. 12. 27. 신설)

2. 해당 과세연도에 구매대금을 지급하기 위하여 결제한 약속어음의 금액이 직전 과세연도보다 증가하지 아니할 것 (2016. 12. 27. 신설)

② 제1항에 따라 공제할 금액은 제1호의 금액에 제2호의 금액을 합하여 계산한 금액으로 한다. (2016. 12. 27. 신설)

1. 상생결제제도를 통한 지급금액 중 지급기한이 세금계산서등(「조세특례제한법」 제7조의 2 제1항 제2호에 따른 세금계산서등을 말한다. 이하 이 조에서 같다)의 작성일부터 15일 이내인 금액 × 1만분의 2 (2016. 12. 27. 신설)

2. 상생결제제도를 통한 지급금액 중 지급기한이 세금계산서등의 작성일부터 15일 초과 60일 이내인 금액 × 1만분의 1 (2016. 12. 27. 신설)

③ 제1항과 제2항을 적용받으려는 내국인은 대통령령으로 정하는 바에 따라 감면신청을 하여야 한다. (2016. 12. 27. 신설)

제 3 절 연구 및 인력개발에 대한 특례
(2014. 1. 1. 신설)

제102조【연구ㆍ인력개발비에 대한 세액공제】 ① 내국인이 각 과세연도에 연구ㆍ인력개발비가 있는 경우에는 다음 각 호의 금액을 합한 금액의 100분의 10을 해당 과세연도의 개인지방소득세(사업소득

제 3 절 연구 및 인력개발에 대한 특례
(2014. 3. 14. 신설)

에 대한 개인지방소득세만 해당한다)에서 공제한다. 이 경우 제1호는 2018년 12월 31일까지 발생한 해당 연구·인력개발비에 대해서만 적용한다. (2016. 12. 27. 후단개정)

1. 연구·인력개발비 중 대통령령으로 정하는 신성장동력 분야의 연구개발비 또는 원천기술을 얻기 위한 연구개발비(이하 이 조에서 "신성장동력·원천기술연구개발비"라 한다)에 대해서는 해당 과세연도에 발생한 신성장동력·원천기술연구개발비에 다음 각 목의 구분에 따른 비율을 곱하여 계산한 금액 (2016. 12. 27. 개정)

　가. 중소기업의 경우 : 100분의 30 (2016. 12. 27. 개정)

　나. 중소기업에 해당하지 아니하는 경우 : 다음의 계산식에 따른 비율(100분의 30을 한도로 한다) (2016. 12. 27. 개정)

　　100분의 20 + (해당 과세연도의 수입금액에서 신성장동력·원천기술연구개발비 비율 × 대통령령으로 정하는 일정 배수)

2. 삭　제 (2016. 12. 27.)

3. 제1호에 해당하지 아니하거나 제1호를 선택하지 아니한 내국인의 연구·인력개발비(이하 이 조에서 "일반연구·인력개발비"라 한다)의 경우에는 다음 각 목 중에서 선택하는 어느 하나에 해당하는 금액. 다만, 해당 과세연도의 개시일부터 소급하여 4년간 일반연구·인력개발비가 발생하지 아니하거나 직전 과세연도에 발생한 일반연구·인력개발비가 해당 과세연도의 개시일부터 소급하여 4년간 발생한 일반연구·인력개발비의 연평균 발생액보다 적은 경우에는 나목에 해당하는 금액 (2016. 12. 27. 개정)

　가. 해당 과세연도에 발생한 일반연구·인력개발비가 직전 과세연도에 발생한 일반연구·인력개발비를 초과하는 경우 그 초과하는 금액의 100분의 40(중소기업의 경우에는 100분의 50)에 상당하는 금액 (2014. 1. 1. 신설)

　나. 해당 과세연도에 발생한 일반연구·인력개발비에 다음의 구분에 따른 비율을 곱하여 계산한 금액 (2014. 1. 1. 신설)

　　1) 중소기업인 경우 : 100분의 25 (2014. 1. 1. 신설)

　　2) 중소기업이 대통령령으로 정하는 바에 따라 최초로 중소기업에 해당하지 아니하게 된 경우 : 다음의 구분에 따른 비율 (2014. 1. 1. 신설)

　　제56조【연구 및 인력개발비에 대한 세액공제】① 법 제102조 제1항 제1호 각 목 외의 부분에서 "대통령령으로 정하는 신성장동력산업 분야의 연구개발비"란 「조세특례제한법 시행령」 제9조 제1항에 따른 비용을 말한다. (2016. 12. 30. 개정)

② 삭　제 (2016. 12. 30.)

③ 법 제102조 제1항 제3호 나목 2)에서 "대통령령으로 정하는 바에 따라 최초로 중소기업에 해당하지 아니하게 된 경우"란 「조세특례제한법 시행령」 제9조 제3항에 따른 경우를 말하고, 같은

가) 최초로 중소기업에 해당하지 아니하게 된 과세연도의 개시일부터 3년 이내에 끝나는 과세연도까지 : 100분의 15 (2014. 1. 1. 신설)

나) 가)의 기간 이후부터 2년 이내에 끝나는 과세연도까지 : 100분의 10 (2014. 1. 1. 신설)

3) 대통령령으로 정하는 중견기업(이하 "중견기업"이라 한다)이 2)에 해당하지 아니하는 경우 : 100분의 8 (2014. 1. 1. 신설)

4) 1)부터 3)까지의 어느 하나에 해당하지 아니하는 경우 : 다음 계산식에 따른 비율(100분의 3을 한도로 한다) (2014. 12. 31. 개정)

100분의 2 + 해당 과세연도의 수입금액에서 일반연구·인력개발비가 차지하는 비율 × 2분의 1

② 제1항 제3호에 따른 4년간의 일반연구·인력개발비의 연평균 발생액의 구분 및 계산과 그 밖에 필요한 사항은 대통령령으로 정한다. (2014. 1. 1. 신설)

③ 제1항을 적용받으려는 내국인은 대통령령으로 정하는 바에 따라 세액공제신청을 하여야 한다. (2014. 1. 1. 신설)

④ 제1항 제1호를 적용받으려는 내국인은 일반연구·인력개발비와 신성장동력·원천기술연구개발비를 대통령령이 정하는 바에 따라 구분경리(區分經理)하여야 한다. (2016. 12. 27. 개정)

제103조【연구 및 인력개발을 위한 설비투자에 대한 세액공제】
① 내국인이 2018년 12월 31일까지 연구 및 인력개발을 위한 시설에 투자(중고품 및 대통령령으로 정하는 리스에 의한 투자는 제외한다)하는 경우에는 해당 투자금액의 1,000분의 1(대통령령으로 정하는 중견기업의 경우에는 1,000분의 3, 중소기업의 경우에는 1,000분의 6)에 상당하는 금액을 그 투자를 완료한 날이 속하는 과세연도의 개인지방소득세(사업소득에 대한 개인지방소득세만 해당한다)에서 공제한다. (2016. 12. 27. 개정)

② 제1항에서 "연구 및 인력개발을 위한 시설"이란 다음 각 호의 어느 하나에 해당하는 것을 말한다. (2016. 12. 27. 개정)

1. 연구시험용 시설로서 대통령령으로 정하는 시설 (2014. 1. 1. 신설)

목 3)에서 "대통령령으로 정하는 중견기업"이란 「조세특례제한법 시행령」 제9조 제4항 각 호의 요건을 모두 갖춘 기업을 말한다. (2014. 3. 14. 신설)

④ 법 제102조 제2항에 따른 4년간의 일반연구·인력개발비의 연평균 발생액의 계산은 「조세특례제한법 시행령」 제9조 제5항부터 제7항까지의 규정에 따른다. (2014. 3. 14. 신설)

⑤ 법 제102조 제1항 제1호를 적용받으려는 내국인은 신성장동력연구개발비, 원천기술연구개발비 및 일반연구·인력개발비를 각각 별개의 회계로 구분경리하여야 한다. 이 경우 신성장동력연구개발비 또는 원천기술연구개발비가 일반연구·인력개발비와 공통되는 경우에는 해당 비용 전액을 일반연구·인력개발비로 한다. (2016. 12. 30. 개정)

⑥ 법 제102조 제1항을 적용받으려는 내국인은 과세표준신고를 할 때 행정안전부령으로 정하는 세액공제신청서, 연구및인력개발비명세서 및 연구개발계획서 등 증거서류를 납세지 관할 지방자치단체의 장에게 제출하여야 한다. 다만, 「조세특례제한법 시행령」 제9조 제9항에 따라 납세지 관할 세무서장에게 소득세 공제를 신청하는 경우에는 법 제102조에 따른 개인지방소득세에 대한 세액공제도 함께 신청한 것으로 본다. (2017. 7. 26. 직제개정 ; 행정안전부와~직제 부칙)

제57조【연구시험용시설의 범위 등】 ① 법 제103조 제1항에서 "대통령령으로 정하는 중견기업"이란 「조세특례제한법 시행령」 제10조 제1항 각 호의 요건을 모두 갖춘 기업을 말한다. (2014. 8. 20. 신설)

② 법 제103조 제2항 제1호에서 "대통령령으로 정하는 시설"이란 「조세특례제한법 시행령」 제10조 제2항에 따른 시설을 말하고, 같은 항 제2호에서 "대통령령으로 정하는 시설"은 「조세특례제한법 시행령」 제10조 제3항에 따른 시설을 말한다. (2014. 8. 20. 항번개정)

③ 삭 제 (2016. 12. 30.)

④ 법 제103조 제3항 및 제4항에 따른 투자금액 계산은 「조세특례제한법 시행령」 제4조 제3항에 따른다. (2014. 8. 20. 항번개정)

⑤ 법 제103조에 따른 투자세액공제를 받으려는 자는 투자완료일이

2. 직업훈련용 시설로서 대통령령으로 정하는 시설 (2014. 1. 1. 신설)

3. 삭　제 (2016. 12. 27.)

③ 제1항에 따른 투자가 2개 이상의 과세연도에 걸쳐서 이루어지는 경우에는 그 투자가 이루어지는 과세연도마다 해당 과세연도에 투자한 금액에 대하여 제1항을 적용받을 수 있다. (2014. 1. 1. 신설)

④ 제3항에 따른 투자금액의 계산에 필요한 사항은 대통령령으로 정한다. (2014. 1. 1. 신설)

⑤ 제1항이나 제3항을 적용받으려는 내국인은 대통령령으로 정하는 바에 따라 세액공제신청을 하여야 한다. (2014. 1. 1. 신설)

제104조 【기술이전소득등에 대한 과세특례】 ① 중소기업 및 대통령령으로 정하는 중견기업이 대통령령으로 정하는 자체 연구·개발한 특허권 및 실용신안권, 기술비법 또는 기술(이하 이 조에서 "특허권등"이라 한다)을 2018년 12월 31일까지 내국인에게 이전(대통령령으로 정하는 특수관계인에게 이전한 경우는 제외한다)함으로써 발생하는 소득에 대하여는 해당 소득에 대한 개인지방소득세의 100분의 50에 상당하는 세액을 경감한다. (2016. 12. 27. 개정)

② 내국인이 특허권등을 자체 연구·개발한 내국인으로부터 2018년 12월 31일까지 특허권등을 취득(대통령령으로 정하는 특수관계인으로부터 취득한 경우는 제외한다)한 경우에는 취득금액에 다음 각 호의 구분에 따른 비율을 곱하여 계산한 금액을 해당 과세연도의 개인지방소득세(사업소득에 대한 개인지방소득세만 해당한다)에서 공제한다. 이 경우 공제받을 수 있는 금액은 해당 과세연도의 개인지방소득세의 100분의 10을 한도로 한다. (2016. 12. 27. 개정)

1. 중소기업이 취득하는 경우 : 100분의 10 (2016. 12. 27. 신설)

2. 중소기업에 해당하지 아니하는 자가 취득하는 경우 : 100분의 5(중소기업으로부터 특허권등을 취득한 경우에 한정한다) (2016. 12. 27. 신설)

③ 중소기업이 특허권등을 2018년 12월 31일까지 대여(대통령령으로 정하는 특수관계인에게 대여한 경우는 제외한다)함으로써 발생하는 소득에 대해서는 해당 소득에 대한 개인지방소득세의 100분의 25를 경감한다. (2016. 12. 27. 신설)

속하는 과세연도(같은 조 제3항을 적용받으려는 경우에는 해당 투자가 이루어지는 각 과세연도를 말한다. 이하 제62조 제2항, 제63조 제2항, 제64조 제2항, 제65조 제2항 및 제66조 제2항에서 같다)의 과세표준신고와 함께 행정안전부령으로 정하는 세액공제신청서를 납세지 관할 지방자치단체의 장에게 제출하여야 한다. 다만, 「조세특례제한법 시행령」 제10조 제7항에 따라 납세지 관할 세무서장에게 소득세 공제를 신청하는 경우 법 제103조에 따른 개인지방소득세에 대한 세액공제도 함께 신청한 것으로 본다. (2017. 7. 26. 직제개정 ; 행정안전부와~직제 부칙)

제58조 【기술비법의 범위 등】 ① 법 제104조 제1항 및 제2항에서 "대통령령으로 정하는 특수관계인"이란 「소득세법 시행령」 제98조 제1항에 따른 특수관계인을 말한다. (2014. 3. 14. 신설)

② 법 제104조 제1항에서 "대통령령으로 정하는 기술비법"이란 「조세특례제한법 시행령」 제11조 제3항에 따른 기술비법을 말하고, "대통령령으로 정하는 기술"이란 「조세특례제한법 시행령」 제11조 제4항에 따른 기술을 말한다. (2015. 2. 3. 개정 ; 조세특례제한법 시행령 부칙)

③ 법 제104조 제3항을 적용받으려는 자는 과세표준신고와 함께 행정안전부령으로 정하는 세액감면신청서 또는 세액공제신청서를 납세지 관할 지방자치단체의 장에게 제출하여야 한다. 다만, 「조세특례제한법 시행령」 제11조 제6항에 따라 납세지 관할 세무서장에게 소득세 감면

④ 제1항부터 제3항까지의 규정을 적용받으려는 내국인은 대통령령으로 정하는 바에 따라 세액감면 또는 세액공제신청을 하여야 한다. (2016. 12. 27. 개정)

제105조【연구개발특구에 입주하는 첨단기술기업 등에 대한 개인지방소득세 등의 감면】 ① 「연구개발특구의 육성에 관한 특별법」 제2조 제1호에 따른 연구개발특구에 입주한 기업으로서 다음 각 호의 어느 하나에 해당하는 기업이 해당 구역의 사업장(이하 이 조에서 "감면대상사업장"이라 한다)에서 생물산업ㆍ정보통신산업 등 대통령령으로 정하는 사업(이하 이 조에서 "감면대상사업"이라 한다)을 하는 경우에는 제2항부터 제6항까지의 규정에 따라 개인지방소득세를 감면한다. (2014. 1. 1. 신설)
1. 「연구개발특구의 육성에 관한 특별법」 제9조 제1항에 따라 2018년 12월 31일까지 지정을 받은 첨단기술기업 (2016. 12. 27. 개정)
2. 「연구개발특구의 육성에 관한 특별법」 제9조의 3 제2항에 따라 2018년 12월 31일까지 등록한 연구소기업 (2016. 12. 27. 개정)
② 제1항에 따른 요건을 갖춘 기업의 감면대상사업에서 발생한 소득에 대해서는 해당 감면대상사업에서 최초로 소득이 발생한 과세연도(지정을 받은 날 또는 등록한 날부터 5년이 되는 날이 속하는 과세연도까지 해당 감면대상사업에서 소득이 발생하지 아니한 경우에는 5년이 되는 날이 속하는 과세연도)의 개시일부터 3년 이내에 끝나는 과세연도의 경우에는 개인지방소득세의 100분의 100에 상당하는 세액을 감면하고, 그 다음 2년 이내에 끝나는 과세연도의 경우에는 개인지방소득세의 100분의 50에 상당하는 세액을 감면한다. (2014. 1. 1. 신설)
③ 제2항이 적용되는 감면기간 동안 감면받는 개인지방소득세의 총합계액이 제1호와 제2호의 금액을 합한 금액을 초과하는 경우에는 그 합한 금액을 한도(이하 이 조에서 "감면한도"라 한다)로 하여 세액을 감면한다. 다만, 대통령령으로 정하는 서비스업(이하 이 조에서 "서비스업"이라 한다)을 영위하는 경우로서해당 서비스업에서 발생한 소득에 대하여 제2항이 적용되는 감면기간 동안 감면받는 소득세 또는 법인세 총합계액이 제1호와제2호의 금액을 합한 금액과 제3호의 금액 중 큰

또는 공제를 신청하는 경우에는 법 제104조에 따른 개인지방소득세에 대한 세액감면 또는 세액공제도 함께 신청한 것으로 본다. (2017. 7. 26. 직제개정 ; 행정안전부와~직제 부칙)

제59조【연구개발특구에 입주하는 첨단기술기업 등에 대한 개인지방소득세의 감면】 ① 법 제105조 제1항에서 "생물산업ㆍ정보통신산업 등 대통령령으로 정하는 사업"이란 「조세특례제한법 시행령」 제11조의 2 제1항 각 호의 산업을 하는 사업을 말한다. (2014. 3. 14. 신설)

금액을 초과하는 경우에는 그 큰 금액을 한도로 하여 세액을 감면할
수 있다. (2016. 12. 27. 개정)
1. 대통령령으로 정하는 투자누계액의 100분의 5 (2014. 1. 1. 신설)
2. 다음 각 목의 금액 중 적은 금액 (2014. 1. 1. 신설)
　　가. 해당 과세연도의 감면대상사업장의 상시근로자 수 × 100만원
　　　　(2014. 1. 1. 신설)
　　나. 제1호의 투자누계액의 100분의 2 (2014. 1. 1. 신설)
3. 다음 각 목의 금액 중 적은 금액 (2016. 12. 27. 신설)
　　가. 해당 과세연도의 감면대상사업장의 상시근로자 수 × 2백만원
　　　　(2016. 12. 27. 신설)
　　나. 제1호의 투자누계액의 100분의 10 (2016. 12. 27. 신설)
④ 제2항에 따라 각 과세연도에 감면받을 개인지방소득세에 대하여 감
면한도를 적용할 때에는 제3항 제1호의 금액을 먼저 적용한 후 같은
항 제2호의 금액을 적용한다. (2014. 1. 1. 신설)
⑤ 제3항 제2호 및 제3호를 적용받아 개인지방소득세를 감면받은 기
업이 감면받은 과세연도 종료일부터 2년이 되는 날이 속하는 과세연도
종료일까지의 기간 중 각 과세연도의 감면대상사업장의 상시근로자수
가 감면받은 과세연도의 상시근로자 수보다 감소한 경우에는 대통령령
으로 정하는 바에 따라 감면받은 세액에 상당하는 금액의 개인지방소
득세를 납부하여야 한다. (2016. 12. 27. 개정)
⑥ 제3항 및 제5항을 적용할 때 상시근로자의 범위, 상시근로자 수의
계산방법, 그 밖에 필요한 사항은 대통령령으로 정한다. (2014. 1. 1.
신설)
⑦ 제2항을 적용받으려는 자는 대통령령으로 정하는 바에 따라 감면신
청을 하여야 한다. (2014. 1. 1. 신설)
⑧ 제3항 각 호 외의 부분 단서에 따라 감면한도를 적용하는 경우에는
「조세특례제한법」 제143조를 준용하여 서비스업과 그 밖의 업종을 각
각 구분하여 경리하여야 한다. (2016. 12. 27. 신설)

　　　제106조 【외국인기술자에 대한 개인지방소득세의 감면】 ① 대
통령령으로 정하는 외국인기술자가 국내에서 내국인에게 근로를 제공
하고 받는 근로소득으로서 그 외국인기술자가 국내에서 최초로 근로를

② 법 제105조 제3항 제1호에서 "대통령령으로 정하는 투자누계액"이
란 「조세특례제한법 시행령」 제11조의 2 제2항에 따른 투자 합계액을
말한다. (2014. 3. 14. 신설)
③ 법 제105조 제5항에 따라 납부하여야 할 개인지방소득세액은 다음
의 계산식에 따라 계산한 금액(그 수가 음수이면 영으로 보고, 감면받
은 과세연도 종료일 이후 2개 과세연도 연속으로 상시근로자 수가 감
소한 경우에는 두 번째 과세연도에는 첫 번째 과세연도에 납부한 금액
을 뺀 금액을 말한다)으로 하고, 이를 상시근로자 수가 감소된 과세연
도의 과세표준을 신고할 때 개인지방소득세로 납부하여야 한다. (2014.
3. 14. 신설)

> 해당 기업의 상시근로자 수가 감소된 과세연도의 직전 2년 이내 과
> 세연도에 법 제105조 제3항 제2호에 따라 감면받은 세액의 합계액
> 　－ (상시근로자 수가 감소된 과세연도의 감면대상사업장의 상시근
> 로자 수 × 1백만원)

④ 법 제105조 제6항에 따른 상시근로자의 범위 및 상시근로자 수
의 계산방법은 「조세특례제한법 시행령」 제23조 제10항부터 제12
항까지의 규정에 따른다. (2015. 2. 3. 개정 ; 조세특례제한법 시행
령 부칙)
⑤ 법 제105조 제7항에 따라 개인지방소득세를 감면받으려는 자는 과
세표준신고와 함께 행정안전부령으로 정하는 세액감면신청서를 납세
지 관할 지방자치단체의 장에게 제출하여야 한다. 다만, 「조세특례제한
법 시행령」 제11조의 2 제5항에 따라 납세지 관할 세무서장에게 소득
세 감면을 신청하는 경우에는 법 제105조에 따른 개인지방소득세에 대
한 세액감면도 함께 신청한 것으로 본다. (2017. 7. 26. 직제개정 ; 행
정안전부와~직제 부칙)

　　　제60조 【외국인기술자의 범위 등】 ① 법 제106조 제1항에서 "대
통령령으로 정하는 외국인기술자"란 대한민국의 국적을 가지지 아니한
사람으로서 「조세특례제한법 시행령」 제16조 제1항 각 호의 어느 하

제공한 날(2018년 12월 31일 이전인 경우만 해당한다)부터 2년이 되는 날이 속하는 달까지 발생한 근로소득에 대해서는 개인지방소득세의 100분의 50에 상당하는 세액을 감면한다. (2014. 12. 31. 개정)
② 삭 제 (2014. 12. 31.)
③ 제1항을 적용받으려는 자는 대통령령으로 정하는 바에 따라 그 감면신청을 하여야 한다. (2014. 12. 31. 개정)

　제106조의 2【외국인근로자에 대한 과세특례】「조세특례제한법」 제18조의 2 제2항을 적용(법률 제12173호 조세특례제한법 일부개정법률 부칙 제59조에 따른 경과조치를 포함한다)받는 외국인근로자에 대하여는 「지방세법」 제92조 제1항에도 불구하고 「조세특례제한법」 제18조의 2 제2항에서 규정하는 소득세 세율의 100분의 10에 해당하는 세율을 적용한다. 이 경우 이 법에 따른 개인지방소득세와 관련된 세액공제·감면에 관한 규정은 적용하지 아니한다. (2014. 3. 24. 신설)

제 4 절　국제자본거래에 대한 특례
(2014. 1. 1. 신설)

　제107조【공공차관 도입에 따른 과세특례】①「공공차관의 도입 및 관리에 관한 법률」제2조 제6호에 따른 공공차관의 도입과 관련하여 외국인에게 지급되는 기술 또는 용역의 대가에 대해서는 해당 공공차관협약(「공공차관의 도입 및 관리에 관한 법률」제2조 제7호에 따른 공공차관협약을 말한다)에서 정하는 바에 따라 개인지방소득세를 감면한다. (2014. 1. 1. 신설)
② 제1항에 따른 개인지방소득세 감면은 「공공차관의 도입 및 관리에 관한 법률」제2조 제10호에 따른 대주 또는 기술제공자의 신청에 의하여 감면하지 아니할 수 있다. (2014. 1. 1. 신설)

　제108조【국제금융거래에 따른 이자소득 등에 대한 개인지방소득세 면제】① 다음 각 호의 어느 하나의 소득을 받는 자(거주자의 국내 사업장은 제외한다)에 대해서는 개인지방소득세를 면제한다. (2014. 1. 1. 신설)

나에 해당하는 사람을 말한다. (2014. 3. 14. 신설)
② 법 제106조 제2항에서 "대통령령으로 정하는 고도기술"이란 「조세특례제한법 시행령」 제16조 제2항에 따른 기술을 말한다. (2014. 3. 14. 신설)
③ 법 제106조 제1항 및 제2항에 따라 개인지방소득세를 감면받으려는 사람은 근로를 제공한 날이 속하는 달의 다음 달 10일까지 행정안전부령으로 정하는 바에 따라 특별징수의무자를 거쳐 특별징수 관할 지방자치단체의 장에게 세액감면신청서를 제출하여야 한다. 다만, 「조세특례제한법 시행령」 제16조 제3항에 따라 원천징수 관할 세무서장에게 소득세 감면을 신청하는 경우에는 법 제106조에 따른 개인지방소득세에 대한 세액감면도 함께 신청한 것으로 본다. (2017. 7. 26. 직제개정 ; 행정안전부와∼직제 부칙)

제 4 절　국제자본거래에 대한 특례
(2014. 3. 14. 신설)

1. 국가·지방자치단체 또는 내국법인이 국외에서 발행하는 외화표시 채권의 이자 및 수수료 (2014. 1. 1. 신설)
2. 「외국환거래법」에 따른 외국환업무취급기관이 같은 법에 따른 외국 환업무를 하기 위하여 외국금융기관으로부터 차입하여 외화로 상환 하여야 할 외화채무에 대하여 지급하는 이자 및 수수료 (2014. 12. 31. 개정)
3. 대통령령으로 정하는 금융회사 등이 「외국환거래법」에서 정하는 바 에 따라 국외에서 발행하거나 매각하는 외화표시어음과 외화예금증 서의 이자 및 수수료 (2014. 1. 1. 신설)

② 국가·지방자치단체 또는 내국법인이 발행한 대통령령으로 정하는 유가증권을 비거주자가 국외에서 양도함으로써 발생하는 소득에 대한 개인지방소득세를 면제한다. (2014. 1. 1. 신설)

제 5 절　투자촉진을 위한 특례
(2014. 1. 1. 신설)

제109조【생산성향상시설 투자 등에 대한 세액공제】① 내국인 이 생산성 향상을 위하여 다음 각 호의 어느 하나에 해당하는 시설에 2017년 12월 31일까지 투자(중고품 및 대통령령으로 정하는 리스에 의한 투자는 제외한다)하는 경우에는 그 투자금액의 1,000분의 3(대통 령령으로 정하는 중견기업의 경우에는 1,000분의 5, 중소기업의 경우 에는 1,000분의 7)에 상당하는 금액을 개인지방소득세(사업소득에 대 한 개인지방소득세만 해당한다)에서 공제한다. (2016. 12. 27. 개정)
1. 공정(工程) 개선 및 자동화 시설 중 대통령령으로 정하는 시설 (2014. 1. 1. 신설)
2. 첨단기술설비 중 대통령령으로 정하는 설비 (2014. 1. 1. 신설)
3. 자재조달·생산계획·재고관리 등 공급망을 전자적 형태로 관리하 기 위하여 사용되는 컴퓨터와 그 주변기기, 소프트웨어, 통신설비, 그 밖의 유형·무형의 설비로서 감가상각기간이 2년 이상인 설비 (이하 "공급망관리 시스템설비"라 한다) (2014. 1. 1. 신설)

제61조【국제금융거래에 따른 이자소득 등에 대한 개인지방소득 세 면제】① 법 제108조 제1항 제3호에서 "대통령령으로 정하는 금융 회사 등"이란 「조세특례제한법 시행령」 제18조 제2항 각 호의 어느 하 나에 해당하는 금융회사 등을 말한다. (2014. 3. 14. 신설)
② 법 제108조 제2항에서 "대통령령으로 정하는 유가증권"이란 「조세 특례제한법 시행령」 제18조 제4항 각 호의 어느 하나에 해당하는 것을 말한다. (2014. 3. 14. 신설)

제 5 절　투자촉진을 위한 특례
(2014. 3. 14. 신설)

제62조【생산성향상시설투자의 범위】① 법 제109조 제1항 제1 호에서 "대통령령으로 정하는 시설"이란 「조세특례제한법 시행령」 제 21조 제2항에 따른 시설을 말하고, 같은 항 제2호에서 "대통령령으로 정하는 설비"란 「조세특례제한법 시행령」 제21조 제3항에 따른 설비 를 말하며, 같은 항 제6호에서 "대통령령으로 정하는 시스템"이란 「조 세특례제한법 시행령」 제21조 제4항에 따른 시스템을 말한다. (2015. 2. 3. 개정 ; 조세특례제한법 시행령 부칙)

4. 고객자료의 통합·분석, 마케팅 등 고객관계를 전자적 형태로 관리하기 위하여 사용되는 컴퓨터와 그 주변기기, 소프트웨어, 통신설비, 그 밖의 유형·무형의 설비로서 감가상각기간이 2년 이상인 설비(이하 "고객관계관리 시스템설비"라 한다) (2014. 1. 1. 신설)
5. 구매·주문관리·수송·생산·창고운영·재고관리·유통망 등 물류 프로세스를 전략적으로 관리하고 효율화하기 위하여 사용되는 컴퓨터와 그 주변기기, 소프트웨어, 통신설비, 그 밖의 유형·무형의 설비로서 감가상각 기간이 2년 이상인 설비 (2014. 1. 1. 신설)
6. 내국인이 고용하고 있는 임원 또는 사용인이 보유하고 있는 지식을 체계화하고 공유하기 위한 지식관리시스템 등 대통령령으로 정하는 시스템 (2014. 1. 1. 신설)
② 중소기업이 생산성 향상을 위하여 타인이 보유한 제1항 제3호 및 제4호에 해당하는 설비를 2017년 12월 31일까지 인터넷을 통하여 이용하는 경우에는 그 이용비용의 1,000분의 7에 상당하는 금액을 개인지방소득세(사업소득에 대한 개인지방소득세만 해당한다)에서 공제한다. (2016. 12. 27. 개정)
③ 제1항 또는 제2항에 따른 세액공제의 방법에 관하여는 제103조 제1항·제3항 및 제4항을 준용한다. (2014. 1. 1. 신설)
④ 제1항 및 제2항을 적용받으려는 내국인은 대통령령으로 정하는 바에 따라 세액공제신청을 하여야 한다. (2014. 1. 1. 신설)

제110조【안전설비 투자 등에 대한 세액공제】① 내국인이 다음 각 호의 어느 하나에 해당하는 시설(제1호의 경우에는 물품을 포함한다. 이하 이 조에서 같다) 중 산업정책 및 안전정책상 필요하다고 인정하여 대통령령으로 정하는 시설에 2017년 12월 31일까지 투자(중고품 및 대통령령으로 정하는 리스에 의한 투자는 제외한다)하는 경우에는 그 투자금액의 1,000분의 3[대통령령으로 정하는 중견기업의 경우에는 1,000분의 5, 중소기업의 경우에는 1,000분의 7(중소기업이 제7호의 설비에 투자하는 경우에는 1,000분의 10)]에 상당하는 금액을 개인지방소득세(사업소득에 대한 개인지방소득세만 해당한다)에서 공제한다. 이 경우 세액공제의 방법에 관하여는 제103조 제1항·제3항 및 제4항을 준용한다. (2016. 12. 27. 개정)

② 법 제109조 제1항을 적용받으려는 자는 투자완료일이 속하는 과세연도의 과세표준신고와 함께 행정안전부령으로 정하는 세액공제신청서를 납세지 관할 지방자치단체의 장에게 제출하여야 한다. 다만, 「조세특례제한법 시행령」 제21조 제5항에 따라 납세지 관할 세무서장에게 소득세 공제를 신청하는 경우에는 법 제109조에 따른 개인지방소득세에 대한 세액공제도 함께 신청한 것으로 본다. (2017. 7. 26. 직제개정 ; 행정안전부와~직제 부칙)

제63조【안전설비 투자 등의 범위】① 법 제110조 제1항 각 호 외의 부분 전단에서 "대통령령으로 정하는 시설"이란 「조세특례제한법 시행령」 제22조 제1항 각 호의 어느 하나에 해당하는 시설을 말한다. (2014. 3. 14. 신설)
② 법 제110조 제1항을 적용받으려는 자는 투자완료일이 속하는 과세연도의 과세표준신고와 함께 행정안전부령으로 정하는 세액공제신청서를 납세지 관할 지방자치단체의 장에게 제출하여야 한다. 다만, 「조세특례제한법 시행령」 제22조 제4항에 따라 납세지 관할 세무서장에게 소득세 공제를 신청하는 경우에는 법 제110조에 따른 개인지방소득세에 대한 세액공제도 함께 신청한 것으로 본다. (2017. 7. 26. 직제개정 ; 행정안전부와~직제 부칙)

1. 「유통산업발전법」에 따라 시행되는 유통사업을 위한 시설 (2014. 1. 1. 신설)
1의 2. 「소방시설 설치 및 관리에 관한 법률」 제2조에 따른 소방시설 (같은 법 제12조에 따라 특정소방대상물에 설치하여야 하는 소방시설은 제외한다)과 그 밖에 대통령령으로 정하는 소방 관련 물품 (2021. 11. 30. 개정 ; 화재예방~부칙)
1의 3. 내진보강 설비 (2016. 12. 27. 신설)
2. 「대·중소기업 상생협력 촉진에 관한 법률」에 따라 위탁기업체가 수탁기업체에 설치하는 시설 (2014. 1. 1. 신설)
3. 산업재해 예방시설 (2014. 1. 1. 신설)
4. 광산보안시설 (2014. 1. 1. 신설)
5. 「비상대비에 관한 법률」에 따라 중점관리대상으로 지정된 자가 정부의 시설 보강 및 확장 명령에 따라 비상대비업무를 수행하기 위하여 보강하거나 확장한 시설 (2022. 1. 4. 개정 ; 비상대비자원 관리법 부칙)
6. 「축산물 위생관리법」 제9조에 따라 안전관리인증기준을 적용받거나 「식품위생법」 제48조에 따라 위해요소중점관리기준을 적용받는 영업자 등이 설치하는 위해요소 방지시설 (2014. 1. 1. 신설)
7. 기술유출 방지설비 (2014. 1. 1. 신설)
8. 해외자원 개발설비 (2014. 1. 1. 신설)
② 제1항을 적용받으려는 내국인은 대통령령으로 정하는 바에 따라 세액공제신청을 하여야 한다. (2014. 1. 1. 신설)

제111조 【에너지절약시설 투자에 대한 세액공제】 ① 내국인이 대통령령으로 정하는 에너지절약시설에 2019년 12월 31일까지 투자(중고품 및 대통령령으로 정하는 리스에 의한 투자는 제외한다)하는 경우에는 그 투자금액의 1,000분의 1(대통령령으로 정하는 중견기업의 경우에는 1,000분의 3, 중소기업의 경우에는 1,000분의 6)에 상당하는 금액을 개인지방소득세(사업소득에 대한 개인지방소득세만 해당한다)에서 공제한다. (2016. 12. 27. 개정)
② 제1항을 적용할 때 세액공제의 방법에 관하여는 제103조 제1항·제3항 및 제4항을 준용한다. (2014. 1. 1. 신설)

제64조 【에너지절약시설의 범위】 ① 법 제111조 제1항에서 "대통령령으로 정하는 에너지절약시설"이란 「조세특례제한법 시행령」 제22조의 2 제1항 각 호의 어느 하나에 해당하는 시설을 말한다. (2014. 3. 14. 신설)
② 법 제111조 제1항에 따른 중견기업은 「조세특례제한법 시행령」 제10조 제1항에 따른 중견기업으로 한다. (2014. 8. 20. 신설)
③ 법 제111조 제1항을 적용받으려는 자는 투자완료일이 속하는 과세연도의 과세표준신고와 함께 행정안전부령으로 정하는 세액공제신청서를 납세지 관할 지방자치단체의 장에게 제출하여야 한다. 다

③ 제1항을 적용받으려는 내국인은 대통령령으로 정하는 바에 따라 세액공제신청을 하여야 한다. (2014. 1. 1. 신설)

　제112조【환경보전시설 투자에 대한 세액공제】① 내국인이 대통령령으로 정하는 환경보전시설에 2019년 12월 31일까지 투자(중고품 및 대통령령으로 정하는 리스에 의한 투자는 제외한다)하는 경우에는 그 투자금액의 1,000분의 3(중견기업의 경우에는 1,000분의 5, 중소기업의 경우에는 1,000분의 10)에 상당하는 금액을 개인지방소득세(사업소득에 대한 개인지방소득세만 해당한다)에서 공제한다. 이 경우 세액공제의 방법은 제103조 제1항·제3항 및 제4항을 준용한다. (2016. 12. 27. 개정)
② 제1항을 적용받으려는 내국인은 대통령령으로 정하는 바에 따라 세액공제신청을 하여야 한다. (2014. 1. 1. 신설)

　제113조【의약품 품질관리 개선시설투자에 대한 세액공제】① 내국인이 대통령령으로 정하는 의약품 품질관리 개선시설에 2019년 12월 31일까지 투자(중고품 및 대통령령으로 정하는 리스에 의한 투자는 제외한다)하는 경우에는 그 투자금액의 1,000분의 3(중견기업의 경우에는 1,000분의 5, 중소기업의 경우에는 1,000분의 7)에 상당하는 금액을 개인지방소득세(사업소득에 대한 개인지방소득세만 해당한다)에서 공제한다. 이 경우 세액공제의 방법은 제103조 제1항·제3항 및 제4항을 준용한다. (2016. 12. 27. 개정)
② 제1항을 적용받으려는 내국인은 대통령령으로 정하는 바에 따라 세액공제신청을 하여야 한다. (2014. 1. 1. 신설)

　제113조의 2【신성장기술 사업화를 위한 시설투자에 대한 세액공제】① 내국인이 대통령령으로 정하는 신성장기술의 사업화를 위한

만, 「조세특례제한법 시행령」 제22조의 2 제3항에 따라 납세지 관할 세무서장에게 소득세 공제를 신청하는 경우에는 법 제111조에 따른 개인지방소득세에 대한 세액공제도 함께 신청한 것으로 본다. (2017. 7. 26. 직제개정 ; 행정안전부와~직제 부칙)

　제65조【환경보전설비의 범위 등】① 법 제112조 제1항 전단에서 "대통령령으로 정하는 환경보전시설"이란 「조세특례제한법 시행령」 제22조의 3 제1항 각 호의 어느 하나에 해당하는 시설을 말한다. (2014. 3. 14. 신설)
② 법 제112조 제1항 전단에 따른 중견기업은 「조세특례제한법 시행령」 제10조 제1항에 따른 중견기업으로 한다. (2014. 8. 20. 신설)
③ 법 제112조 제1항을 적용받으려는 자는 투자완료일이 속하는 과세연도에 과세표준신고와 함께 행정안전부령으로 정하는 세액공제신청서를 납세지 관할 지방자치단체의 장에게 제출하여야 한다. 다만, 「조세특례제한법 시행령」 제22조의 3 제2항에 따라 납세지 관할 세무서장에게 소득세 공제를 신청하는 경우에는 법 제112조에 따른 개인지방소득세에 대한 세액공제도 함께 신청한 것으로 본다. (2017. 7. 26. 직제개정 ; 행정안전부와~직제 부칙)

　제66조【의약품 품질관리 개선시설의 범위 등】① 법 제113조 제1항 전단에서 "대통령령으로 정하는 의약품 품질관리 개선시설"이란 「조세특례제한법 시행령」 제22조의 4 제1항에 따른 시설을 말한다. (2014. 3. 14. 신설)
② 법 제113조 제1항 전단에 따른 중견기업은 「조세특례제한법 시행령」 제10조 제1항에 따른 중견기업으로 한다. (2014. 8. 20. 신설)
③ 법 제113조 제1항을 적용받으려는 자는 투자완료일이 속하는 과세연도에 과세표준 신고와 함께 행정안전부령으로 정하는 세액공제신청서를 납세지 관할 지방자치단체의 장에게 제출하여야 한다. 다만, 「조세특례제한법 시행령」 제22조의 4 제3항에 따라 납세지 관할 세무서장에게 소득세 공제를 신청하는 경우에는 법 제113조에 따른 개인지방소득세에 대한 세액공제도 함께 신청한 것으로 본다. (2017. 7. 26. 직제개정 ; 행정안전부와~직제 부칙)

시설에 2018년 12월 31일까지 투자(중고품 및 대통령령으로 정하는 리스에 의한 투자는 제외한다)하는 경우로서 다음 각 호의 요건을 모두 충족하는 경우에는 그 투자금액의 1,000분의 7(대통령령으로 정하는 중견기업의 경우에는 1,000분의 8, 중소기업의 경우에는 1,000분의 10)에 상당하는 금액을 개인지방소득세(사업소득에 대한 개인지방소득세만 해당한다)에서 공제한다. (2016. 12. 27. 신설)

1. 해당 투자를 개시하는 날이 속하는 과세연도의 직전 과세연도의 수입금액에서 연구·인력개발비가 차지하는 비율이 100분의 5 이상이고, 신성장동력·원천기술연구개발비 등이 대통령령으로 정하는 요건을 충족할 것 (2016. 12. 27. 신설)

2. 해당 과세연도의 상시근로자 수가 직전 과세연도의 상시근로자 수보다 감소하지 아니할 것. 다만, 중소기업의 경우에는 해당 과세연도의 상시근로자 수가 직전 과세연도의 상시근로자 수보다 감소한 경우에도 세액 공제대상으로 하되, 공제대상 세액에서 감소한 상시근로자 1명당 1천만원씩 뺀 금액을 공제[해당 금액이 음수(陰數)인 경우에는 영으로 한다]한다. (2016. 12. 27. 신설)

② 제1항 또는 제174조 제4항에 따라 개인지방소득세를 공제받은 자가 그 공제받은 과세연도종료일부터 2년이 되는 날이 속하는 과세연도종료일까지의 기간 중 각 과세연도의 상시근로자 수가 공제받은 과세연도의 상시근로자 수보다 감소할 경우에는 대통령령으로 정하는 바에 따라 공제받은 세액에 상당하는 금액을 개인지방소득세로 납부하여야 한다. (2016. 12. 27. 신설)

③ 제1항을 적용받으려는 내국인은 대통령령으로 정하는 바에 따라 세액공제 신청을 하여야 한다. (2016. 12. 27. 신설)

④ 제1항부터 제3항까지의 규정을 적용하거나 제174조 제4항을 적용할 때의 해당 신성장기술·원천기술 등의 판정방법, 상시근로자의 범위, 상시근로자 수, 그 밖에 필요한 사항은 대통령령으로 정한다. (2016. 12. 27. 신설)

제113조의 3【영상콘텐츠 제작비용에 대한 세액공제】① 대통령령으로 정하는 내국인이 2019년 12월 31일이 속하는 과세연도까지 다음 각 호의 어느 하나에 해당하는 것으로서 대통령령으로 정하는 방

송프로그램 또는 영화(이하 이 조에서 "영상콘텐츠"라 한다)의 제작을 위하여 국내에서 발생한 비용 중 대통령령으로 정하는 비용(이하 이 조에서 "영상콘텐츠 제작비용"이라 한다)이 있는 경우에는 해당 영상콘텐츠 제작비용의 1,000분의 7(중소기업의 경우에는 1,000분의 10)에 상당하는 금액을 대통령령으로 정하는 바에 따라 해당 영상콘텐츠가 처음으로 방송되거나 영화관에서 상영된 과세연도의 개인지방소득세(사업소득에 대한 개인지방소득세만 해당한다)에서 공제한다. (2016. 12. 27. 신설)

1. 「방송법」 제2조에 따른 방송프로그램 (2016. 12. 27. 신설)
2. 「영화 및 비디오물의 진흥에 관한 법률」 제2조에 따른 영화 (2016. 12. 27. 신설)
② 제1항을 적용받으려는 내국인은 대통령령으로 정하는 바에 따라 세액공제 신청을 하여야 한다. (2016. 12. 27. 신설)
③ 제1항을 적용할 때 영상콘텐츠의 범위, 제작비용의 계산방법과 그 밖에 필요한 사항은 대통령령으로 정한다. (2016. 12. 27. 신설)

제114조 【고용창출투자세액공제】 ① 내국인이 2017년 12월 31일까지 대통령령으로 정하는 투자(중고품 및 대통령령으로 정하는 리스에 의한 투자와 수도권과밀억제권역 내에 투자하는 경우는 제외한다. 이하 이 조에서 같다)를 하는 경우로서 해당 과세연도의 상시근로자 수가 직전 과세연도의 상시근로자 수보다 감소하지 아니한 경우에는 다음 각 호의 구분에 따라 계산한 금액을 더한 금액을 해당 투자가 이루어지는 각 과세연도의 개인지방소득세(사업소득에 대한 개인지방소득세만 해당한다)에서 공제한다. 다만, 중소기업의 경우에는 해당 과세연도의 상시근로자 수가 직전 과세연도의 상시근로자 수보다 감소한 경우에도 제1호를 적용한다. 이 경우 제1호의 금액에서 감소한 상시근로자 1명당 100만원씩 뺀 금액으로 하며, 해당 금액이 음수인 경우에는 영으로 한다. (2016. 12. 27. 개정)
1. 기본공제금액 : 중소기업의 경우 해당 투자금액의 1,000분의 3에 상당하는 금액으로 하고, 대통령령으로 정하는 중견기업(이하 이 조에서 "중견기업"이라 한다)의 경우 다음 각 목에서 정한 바에 따른다. (2016. 12. 27. 개정)

제67조 【고용창출투자세액공제】 ① 법 제114조 제1항 각 호 외의 부분 전단에서 "대통령령으로 정하는 투자"란 「조세특례제한법 시행령」 제23조 제1항에 따른 투자를 말한다. (2014. 3. 14. 신설)
② 법 제114조 제1항에 따른 투자금액은 「조세특례제한법 시행령」 제23조 제2항에 따른 금액으로 한다. (2014. 3. 14. 신설)
③ 법 제114조 제1항 제1호 가목에 따른 중견기업은 「조세특례제한법 시행령」 제10조 제1항에 따른 중견기업으로 한다. (2014. 8. 20. 신설)
④ 법 제114조 제1항 제2호 가목에서 "대통령령으로 정하는 학교"란 「조세특례제한법 시행령」 제23조 제5항 각 호의 어느 하나에 해당하는 학교를 말한다. (2015. 2. 3. 개정 ; 조세특례제한법 시행령 부칙)
⑤ 법 제114조 제1항 제2호 가목에 따른 산업수요맞춤형고등학교등의 졸업생 수는 「조세특례제한법 시행령」 제23조 제7항에 따른 졸업생 수로 한다. (2015. 2. 3. 개정 ; 조세특례제한법 시행령 부칙)
⑥ 법 제114조 제1항 제2호 나목에 따른 청년근로자 수, 장애인근로자 수 및 60세 이상인 근로자 수는 「조세특례제한법 시행령」 제23조 제8항 각 호에 따른 청년근로자 수, 장애인근로자 수 및 60세 이상인 근로

가. 「수도권정비계획법」 제6조 제1항 제2호의 성장관리권역 또는
　　같은 항 제3호의 자연보전권역 내에 투자하는 경우에는 해당
　　투자금액의 1,000분의 1에 상당하는 금액 (2016. 12. 27. 개정)
나. 수도권 밖의 지역에 투자하는 경우에는 해당 투자금액의 1,000
　　분의 2에 상당하는 금액 (2016. 12. 27. 개정)
2. 추가공제금액 : 해당 투자금액의 1,000분의 3(중소기업 및 중견기업
　　은 1,000분의 4)에 상당하는 금액으로 하고, 수도권 밖의 지역에 투
　　자하는 경우에는 해당 투자금액의 1,000분의 4(중소기업 및 중견기
　　업은 1,000분의 5)에 상당하는 금액으로 하되, 대통령령으로 정하는
　　서비스업을 영위하는 경우에는 각각 해당 투자금액의 1,000분의 1
　　에 상당하는 금액을 가산한 금액으로 한다. 다만, 그 금액이 가목부
　　터 다목까지의 금액을 순서대로 더한 금액에서 라목의 금액을 뺀 금
　　액을 초과하는 경우에는 그 초과하는 금액은 없는 것으로 한다.
　　(2016. 12. 27. 개정)
가. 해당 과세연도에 최초로 근로계약을 체결한 상시근로자 중
　　「초·중등교육법」 제2조에 따른 학교로서 산업계의 수요에
　　직접 연계된 맞춤형 교육과정을 운영하는 고등학교 등 직업교
　　육훈련을 실시하는 대통령령으로 정하는 학교(이하 "산업수요
　　맞춤형고등학교등"이라 한다)의 졸업생 수 × 200만원(중소기
　　업의 경우는 250만원) (2016. 12. 27. 개정)
나. 해당 과세연도에 최초로 근로계약을 체결한 가목 외의 상시
　　근로자 중 청년근로자, 장애인근로자, 60세 이상인 근로자 수
　　× 150만원(중소기업의 경우는 200만원) (2016. 12. 27. 개정)
다. (해당 과세연도의 상시근로자 수 - 직전 과세연도의 상시근
　　로자 수 - 가목에 따른 졸업생 수 - 나목에 따른 청년근로
　　자, 장애인근로자, 60세 이상인 근로자 수) × 100만원(중소기
　　업의 경우는 150만원) (2016. 12. 27. 개정)
라. 해당 과세연도에 제174조 제3항에 따라 이월공제받는 금액의
　　100분의 10 (2014. 1. 1. 신설)
② 제1항에 따라 개인지방소득세를 공제받은 자가 그 공제받은 과세연
도 종료일부터 2년이 되는 날이 속하는 과세연도 종료일까지의 기간
중 각 과세연도의 상시근로자 수가 공제받은 과세연도의 상시근로자

자 수로 한다. (2015. 2. 3. 개정 ; 조세특례제한법 시행령 부칙)
⑦ 법 제114조 제2항에 따라 납부하여야 할 개인지방소득세액은 「조
세특례제한법 시행령」 제23조 제9항에 따라 산출한 금액의 100분의
10으로 한다. (2015. 2. 3. 개정 ; 조세특례제한법 시행령 부칙)
⑧ 제5항부터 제7항까지의 규정을 적용할 때 상시근로자는 「조세특례
제한법 시행령」 제23조 제10항에 따른 상시근로자로 한다. (2015. 2.
3. 개정 ; 조세특례제한법 시행령 부칙)
⑨ 제5항 및 제6항을 적용할 때 상시근로자 수는 「조세특례제한법 시
행령」 제23조 제11항 및 제12항에 따른 상시근로자 수로 한다. (2015.
2. 3. 개정 ; 조세특례제한법 시행령 부칙)
⑩ 제5항 및 제6항을 적용할 때 해당 과세연도에 창업 등을 한 내국인
의 경우에는 「조세특례제한법 시행령」 제23조 제13항 각 호의 구분에
따른 수를 직전 또는 해당 과세연도의 상시근로자 수로 본다. (2015.
2. 3. 개정 ; 조세특례제한법 시행령 부칙)
⑪ 제1항 및 제2항을 적용할 때 투자의 개시 시기는 「조세특례제한법
시행령」 제23조 제14항 각 호의 어느 하나에 해당하는 때로 한다.
(2015. 2. 3. 개정 ; 조세특례제한법 시행령 부칙)
⑫ 법 제114조 제1항에 따라 세액공제를 받으려는 자는 과세표준신고
와 함께 행정안전부령으로 정하는 세액공제신청서 및 공제세액계산서
를 납세지 관할 지방자치단체의 장에게 제출하여야 한다. 다만, 「조세
특례제한법 시행령」 제23조 제15항에 따라 납세지 관할 세무서장에게
소득세 공제를 신청하는 경우에는 법 제114조에 따른 개인지방소득세
에 대한 세액공제도 함께 신청한 것으로 본다. (2017. 7. 26. 직제개정
; 행정안전부와~직제 부칙)
⑬ 「개성공업지구 지원에 관한 법률」 제2조 제1호에 따른 개성공업지
구에 제1항에 따른 투자를 하는 경우에도 제2항부터 제12항까지의 규
정을 준용한다. (2014. 8. 20. 개정)

수보다 감소한 경우에는 대통령령으로 정하는 바에 따라 공제받은 세액에 상당하는 금액을 개인지방소득세로 납부하여야 한다. (2014. 1. 1. 신설)

③ 제1항·제2항 및 제174조 제3항을 적용할 때 상시근로자 및 청년근로자, 장애인근로자, 60세 이상인 근로자의 범위와 상시근로자, 산업수요맞춤형고등학교등의 졸업생 및 청년근로자, 장애인근로자, 60세 이상인 근로자 수의 계산방법, 그 밖에 필요한 사항은 대통령령으로 정한다. (2014. 1. 1. 신설)

④ 제1항의 규정을 적용받으려는 내국인은 대통령령으로 정하는 바에 따라 세액공제신청을 하여야 한다. (2014. 1. 1. 신설)

제6절 고용지원을 위한 특례
(2014. 1. 1. 신설)

제115조 【산업수요맞춤형고등학교등 졸업자를 병역 이행후 복직시킨 중소기업에 대한 세액공제】① 중소기업이 산업수요맞춤형고등학교등을 졸업한 사람 중 대통령령으로 정하는 사람을 고용한 경우 그 근로자가 대통령령으로 정하는 병역을 이행한 후 2017년 12월 31일까지 복직된 경우(병역을 이행한 후 1년 이내에 복직된 경우만 해당한다)에는 해당 복직자에게 복직일 이후 2년 이내에 지급한 대통령령으로 정하는 인건비의 100분의 1에 상당하는 금액을 해당 과세연도의 개인지방소득세(사업소득에 대한 개인지방소득세만 해당한다)에서 공제한다. (2014. 1. 1. 신설)

② 제1항을 적용받으려는 중소기업은 대통령령으로 정하는 바에 따라 세액공제신청을 하여야 한다. (2014. 1. 1. 신설)

제115조의 2 【경력단절 여성 재고용 중소기업에 대한 세액공제】① 중소기업이 다음 각 호의 요건을 모두 충족하는 여성(이하 이 조 및 제118조 제1항 제1호에서 "경력단절 여성"이라 한다)과 2017년 12월 31일까지 1년 이상의 근로계약을 체결(이하이 조에서 "재고용"이라 한다)하는 경우에는 재고용한 날부터 2년이 되는 날이 속하는 달

제6절 고용지원을 위한 특례
(2014. 3. 14. 신설)

제68조 【산업수요맞춤형고등학교등 졸업자를 병역 이행 후 복직시킨 중소기업에 대한 세액공제】① 법 제115조 제1항에서 "대통령령으로 정하는 사람"이란 「조세특례제한법 시행령」 제26조의 2 제1항에 따른 사람을 말하고, "대통령령으로 정하는 병역"이란 「조세특례제한법 시행령」 제27조 제1항 제1호 각 목의 어느 하나에 해당하는 병역을 말하며, "대통령령으로 정하는 인건비"란 「조세특례제한법 시행령」 제26조의 2 제1항에 따른 인건비를 말한다. (2014. 3. 14. 신설)

② 법 제115조 제1항에 따라 세액공제를 받으려는 자는 과세표준신고와 함께 행정안전부령으로 정하는 세액공제신청서를 납세지 관할 지방자치단체의 장에게 제출하여야 한다. 다만, 「조세특례제한법 시행령」 제26조의 2 제2항에 따라 납세지 관할 세무서장에게 소득세 공제를 신청하는 경우에는 법 제115조에 따른 개인지방소득세에 대한 세액공제도 함께 신청한 것으로 본다. (2017. 7. 26. 직제개정 ; 행정안전부와~직제 부칙)

까지 해당 경력단절 여성에게 지급한 대통령령으로 정하는 인건비의 100분의 1에 상당하는 금액을 해당 과세연도의 개인지방소득세(사업소득에 대한 개인지방소득세만 해당한다)에서 공제한다. (2016. 12. 27. 신설)

1. 해당 중소기업에서 1년 이상 근무하였을 것(대통령령으로 정하는 바에 따라 해당 중소기업이 경력단절 여성의 근로소득세를 원천징수하였던 사실이 확인되는 경우로 한정한다) (2016. 12. 27. 신설)

2. 대통령령으로 정하는 임신·출산·육아의 사유로 해당 중소기업에서 퇴직하였을 것 (2016. 12. 27. 신설)

3. 해당 중소기업에서 퇴직한 날부터 3년 이상 10년 미만의 기간이 지났을 것 (2016. 12. 27. 신설)

4. 해당 중소기업의 최대주주 또는 최대출자자(개인사업자의 경우에는 대표자를 말한다)나 그와 대통령령으로 정하는 특수관계인이 아닐 것 (2016. 12. 27. 신설)

② 제1항을 적용받으려는 중소기업은 대통령령으로 정하는 바에 따라 세액공제 신청을 하여야 한다. (2016. 12. 27. 신설)

제115조의 3【근로소득을 증대시킨 기업에 대한 세액공제】
① 내국인이 다음 각 호의 요건을 모두 충족하는 경우에는 2017년 12월 31일이 속하는 과세연도까지 직전 3년 평균 초과 임금증가분의 1,000분의 5(중소기업과 대통령령으로 정하는 중견기업의 경우에는 100분의 1)에 상당하는 금액을 해당 과세연도의 개인지방소득세(사업소득에 대한 개인지방소득세만 해당한다)에서 공제한다. (2016. 12. 27. 신설)

1. 대통령령으로 정하는 상시근로자(이하 이 조에서 "상시근로자"라 한다)의 해당 과세연도의 평균임금 증가율이 직전 3개 과세연도의 평균임금 증가율의 평균(이하 이 조에서 "직전 3년 평균임금 증가율의 평균"이라 한다)보다 클 것 (2016. 12. 27. 신설)

2. 해당 과세연도의 상시근로자 수가 직전 과세연도의 상시근로자 수보다 크거나 같을 것 (2016. 12. 27. 신설)

② 제1항에 따른 직전 3년 평균 초과 임금증가분은 다음의 계산식에

따라 계산한 금액으로 한다. (2016. 12. 27. 신설)
직전 3년 평균 초과 임금증가분 = [해당 과세연도 상시근로자의 평균임금 − 직전 과세연도 상시근로자의 평균임금 × (1 + 직전 3년 평균임금 증가율의 평균)] × 직전 과세연도 상시근로자 수

③ 내국인이 다음 각 호의 요건을 모두 충족하는 경우에는 2017년 12월 31일이 속하는 과세연도까지 근로기간 및 근로형태 등 대통령령으로 정하는 요건을 충족하는 정규직 전환 근로자(이하 이 조에서 "정규직 전환 근로자"라 한다)에 대한 임금증가분 합계액의 1,000분의 5(대통령령으로 정하는 중견기업의 경우에는 100분의 1, 중소기업의 경우에는 100분의 2)에 상당하는 금액을 해당 과세연도의 개인지방소득세(사업소득에 대한 개인지방소득세만 해당한다)에서 공제한다. (2016. 12. 27. 신설)

1. 해당 과세연도에 정규직 전환 근로자가 있을 것 (2016. 12. 27. 신설)

2. 해당 과세연도의 상시근로자 수가 직전 과세연도의 상시근로자 수보다 크거나 같을 것 (2016. 12. 27. 신설)

④ 제3항에 따라 개인지방소득세를 공제받은 내국인이 공제를 받은 과세연도 종료일부터 1년이 되는 날이 속하는 과세연도의 종료일까지의 기간 중 정규직 전환 근로자와 근로관계를 끝내는 경우에는 근로관계가 끝나는 날이 속하는 과세연도의 과세표준신고를 할 때 대통령령으로 정하는 바에 따라 계산한 세액을 개인지방소득세로 납부하여야 한다. (2016. 12. 27. 신설)

⑤ 제1항에도 불구하고 중소기업이 다음 각 호의 요건을 모두 충족하는 경우에는 2017년 12월 31일이 속하는 과세연도까지 전체 중소기업의 평균임금증가분을 초과하는 임금증가분의 1,000분의 10에 상당하는 금액을 제1항에 따른 금액 대신 해당 과세연도의 개인지방소득세(사업소득에 대한 개인지방소득세만 해당한다)에서 공제할 수 있다. (2016. 12. 27. 신설)

1. 상시근로자의 해당 과세연도의 평균임금 증가율이 전체 중소기업 임금증가율을 고려하여 대통령령으로 정하는 비율보다 클 것 (2016. 12. 27. 신설)

2. 해당 과세연도의 상시근로자 수가 직전 과세연도의 상시근로자 수보

다 크거나 같을 것 (2016. 12. 27. 신설)

3. 직전 과세연도의 평균임금 증가율이 음수가 아닐 것 (2016. 12. 27. 신설)

⑥ 제5항에 따른 전체 중소기업의 임금증가분을 초과하는 임금 증가분은 다음의 계산식에 따라 계산한 금액으로 한다. (2016. 12. 27. 신설)
전체 중소기업의 평균임금증가분을 초과하는 임금증가분 = [해당 과세연도 상시근로자의 평균임금 − 직전 과세연도 상시근로자의 평균임금 × (1 + 전체 중소기업 임금증가율을 고려하여 대통령령으로 정하는 비율)] × 직전 과세연도 상시근로자 수

⑦ 제1항 또는 제3항을 적용받으려는 내국인은 대통령령으로 정하는 바에 따라 세액공제신청을 하여야 한다. (2016. 12. 27. 신설)

⑧ 제1항부터 제4항까지의 규정을 적용할 때 임금의 범위, 평균임금 증가율 및 직전 3년 평균임금 증가율의 평균의 계산 방법, 정규직 전환 근로자의 임금 증가분 합계액과 그 밖에 필요한 사항은 대통령령으로 정한다. (2016. 12. 27. 신설)

제115조의 4【청년고용을 증대시킨 기업에 대한 세액공제】① 내국인(소비성서비스업 등 대통령령으로 정하는 업종을 경영하는 내국인은 제외한다)의 2017년 12월 31일이 속하는 과세연도까지의

☞ p.4367 1단 연결

기간 중 해당 과세연도의 대통령령으로 정하는 청년 정규직 근로자의 수(이하 이 조에서 "청년 정규직 근로자 수"라 한다)가 직전 과세연도의 청년 정규직 근로자 수보다 증가한 경우에는 증가한 인원 수[대통령령으로 정하는 정규직 근로자(이하 이 조에서 "전체 정규직 근로자"라 한다)의 증가한 인원 수와 대통령령으로 정하는 상시근로자(이하 이 조에서 "상시근로자"라 한다)의 증가한 인원 수 중 작은 수를 한도로 한다]에 20만원(중소기업 또는 대통령령으로 정하는 중견기업의 경우에는 50만원)을 곱한 금액을 해당 과세연도의 개인지방소득세(사업소득에 대한 개인지방소득세만 해당한다)에서 공제한다. (2016. 12. 27. 신설)

② 제1항에 따라 개인지방소득세를 공제받은 내국인이 공제를 받은 과세연도의 종료일부터 2년이 되는 날이 속하는 과세연도의 종료일까지의 기간 중 각 과세연도의 청년 정규직 근로자 수, 전체 정규직 근로자 수 또는 상시근로자 수가 공제를 받은 과세연도보다 감소한 경우에는 대통령령으로 정하는 바에 따라 공제받은 세액에 상당하는 금액을 개인지방소득세로 납부하여야 한다. (2016. 12. 27. 신설)

③ 제1항을 적용받으려는 내국인은 대통령령으로 정하는 바에 따라 세액공제신청을 하여야 한다. (2016. 12. 27. 신설)

④ 제1항 및 제2항을 적용할 때 청년 정규직 근로자, 전체 정규직 근로자 및 상시근로자 수의 계산방법과 그 밖에 필요한 사항은 대통령령으로 정한다. (2016. 12. 27. 신설)

제115조의 5【중소기업 핵심인력 성과보상기금 수령액에 대한 개인지방소득세 감면 등】 ① 「중소기업 인력지원 특별법」 제2조 제6호에 따른 중소기업 핵심인력(해당 기업의 최대주주 등 대통령령으로 정하는 사람은 제외하며, 이하 이 조에서 "핵심인력"이라 한다)이 같은 법 제35조의 2에 따른 중소기업 핵심인력 성과보상기금(이하 이 조에서 "성과보상기금"이라 한다)의 공제사업에 2018년 12월 31일까지 가입하여 공제납입금을 5년 이상 납입하고 그 성과보상기금으로부터 공제금을 수령하는 경우에 해당 공제금 중 같은 법 제35조의 3 제1호에 따라 중소기업이 부담한 기여금(이하 이 조에서 "기여금"이라 한다) 부분에 대해서는 「소득세법」 제20조에 따른 근로소득으로 보아 개인지방소득세를 부과하되, 개인지방소득세의 100분의 50에 상당하는 세액을 경감한다. (2016. 12. 27. 신설)

② 공제금 중 핵심인력이 납부한 공제납입금과 기여금을 제외한 금액은 「소득세법」 제16조 제1항의 이자소득으로 보아 개인지방소득세를 부과한다. (2016. 12. 27. 신설)

③ 제1항에서 규정한 사항 외에 개인지방소득세 감면의 계산방법, 신청절차 및 그 밖에 필요한 사항은 대통령령으로 정한다. (2016. 12. 27. 신설)

제116조【중소기업에 취업하는 취업자에 대한 개인지방소득세 감면】 ① 대통령령으로 정하는 청년(이하 이 항에서 "청년"이라 한다), 60세 이상의 사람 및 장애인이 「중소기업기본법」 제2조에 따른 중소기업(비영리기업을 포함한다)으로서 대통령령으로 정하는 기업(이하 이 조에서 "중소기업체"라 한다)에 2012년 1월 1일(60세 이상의 사람 또는 장애인의 경우 2014년 1월 1일)부터 2018년 12월 31일까지 취업하는 경우 그 중소기업체로부터 받는 근로소득으로서 취업일부터 3년이 되는 날(청년으로서 대통령령으로 정하는 병역을 이행한 후 1년 이내에 병역 이행 전에 근로를 제공한 중소기업체에 복직하는 경우에는 복직한 날부터 2년이 되는 날을 말하며, 그 복직한 날이 최초 취업일부터 3년이 지나지 아니한 경우에는 최초 취업일부터 5년이 되는 날을 말한다)이 속하는 달까지 발생한 소득에 대해서는 개인지방소득세의 100분의 70에 상당하는 세액을 감면(과세기간별로 15만원을 한도로 한다)한다. 이 경우 개인지방소득세 감면기간은 개인지방소득세를 감면받은 사람이 다른 중소기업체에 취업하거나 해당 중소기업체에 재취업하는 경우에 관계없이 개인지방소득세를 감면받은 최초 취업일부터 계산한다. (2016. 12. 27. 개정)
② 제1항을 적용받으려는 근로자는 대통령령으로 정하는 바에 따라 신청을 하여야 한다. (2014. 1. 1. 신설)
③ 제1항에 따라 감면 신청을 한 근로자가 제1항의 요건을 갖추지 못한 사실을 안 특별징수의무자는 해당 근로자가 퇴직하여 제1항을 적용받음에 따라 과소징수된 금액을 특별징수할 수 없는 경우에는 그 사실을 납세지 관할 지방자치단체의 장에게 통지하여야 하며 납세지 관할 지방자치단체의 장은 제1항을 적용받음에 따라 과소징수된 금액에 100분의 105를 곱한 금액을 해당 근로자에게 개인지방소득세로 즉시 부과·징수하여야 한다. (2014. 1. 1. 신설)
④ 제1항부터 제3항까지 규정한 사항 외에 개인지방소득세 감면의 신청절차, 제출서류, 그 밖의 필요한 사항은 대통령령으로 정한다. (2014. 1. 1. 신설)

제117조【정규직 근로자로의 전환에 따른 세액공제】 ① 중소기업이 2016년 6월 30일 당시 고용하고 있는 「기간제 및 단시간근로자 보호

제69조【중소기업 취업자에 대한 개인지방소득세 감면】 ① 법 제116조 제1항 전단에서 "대통령령으로 정하는 청년, 60세 이상의 사람 및 장애안"이란 「조세특례제한법 시행령」 제27조 제1항 각 호의 구분에 따른 사람을 말한다. (2014. 3. 14. 신설)
② 제1항을 적용할 때 「조세특례제한법 시행령」 제27조 제2항 각 호의 어느 하나에 해당하는 사람은 제외한다. (2014. 3. 14. 신설)
③ 법 제116조 제1항 전단에서 "대통령령으로 정하는 기업"이란 「조세특례제한법 시행령」 제27조 제3항에 따른 기업을 말한다. (2014. 3. 14. 신설)
④ 법 제116조 제1항을 적용받으려는 근로자는 행정안전부령으로 정하는 감면신청서에 병역복무기간을 증명하는 서류 등을 첨부하여 취업일이 속하는 달의 다음 달 말일까지 특별징수의무자에게 제출하여야 한다. 다만, 「조세특례제한법 시행령」 제27조 제5항에 따라 원천징수의무자에게 소득세 감면을 신청한 경우에는 법 제116조에 따른 개인지방소득세에 대한 세액감면도 함께 신청한 것으로 본다. (2017. 7. 26. 직제개정 ; 행정안전부와~직제 부칙)
⑤ 특별징수의무자는 「조세특례제한법 시행령」 제27조 제6항 및 제7항에 따라 원천징수 관할 세무서장에게 제출한 자료를 특별징수 관할 지방자치단체의 장에게도 제출하여야 한다. (2015. 2. 3. 개정 ; 조세특례제한법 시행령 부칙)
⑥ 법 제116조 제1항에 따른 중소기업체로부터 받는 근로소득(이하 이 조에서 "감면소득"이라 한다)과 그 외의 종합소득이 있는 경우에 해당 과세기간의 감면세액은 「조세특례제한법 시행령」 제27조 제8항에 따른 감면세액의 100분의 10으로 한다. (2015. 2. 3. 개정 ; 조세특례제한법 시행령 부칙)
⑦ 법 제94조에 따른 근로소득세액공제를 할 때 감면소득과 다른 근로소득이 있는 경우(감면소득 외에 다른 근로소득이 없는 경우를 포함한다)에는 다음 계산식에 따라 계산한 금액을 근로소득세액공제액으로 한다. (2014. 3. 14. 신설)

세액공제액 = 법 제94조에 따라 계산한 근로소득세액공제액 × (1 – 법 제116조 제1항에 따른 중소기업체로부터 받는 총급여액이 해당 근로자의 총급여액에서 차지하는 비율)

등에 관한 법률」에 따른 기간제근로자 및 단시간근로자와 「파견근로자 보호 등에 관한 법률」에 따른 파견근로자, 「하도급거래 공정화에 관한 법률」에 따른 수급사업자에게 고용된 기간제근로자 및 단시간근로자를 2017년 12월 31일까지 기간의 정함이 없는 근로계약을 체결한 근로자로 전환하거나 「파견근로자 보호 등에 관한 법률」에 따라 사용사업주가 직접 고용하거나 「하도급거래 공정화에 관한 법률」 제2조 제2항 제2호에 따른 원사업자가 기간의 정함이 없는 근로계약을 체결하여 직접 고용하는 경우(이하 이 조에서 "정규직 근로자로의 전환"이라 한다)에는 정규직 근로자로의 전환에 해당하는 인원에 20만원을 곱한 금액을 해당 과세연도의 개인지방소득세(사업소득에 대한 개인지방소득세만 해당한다)에서 공제한다. (2019. 4. 30. 개정 ; 파견근로자보호~법률 부칙)
② 제1항에 따라 개인지방소득세를 공제받은 자가 정규직 근로자로의 전환을 한 날부터 1년이 지나기 전에 해당 정규직 근로자와의 근로관계를 끝내는 경우에는 근로관계가 끝나는 날이 속하는 과세연도의 과세표준신고를 할 때 공제받은 세액상당액에 대통령령으로 정하는 바에 따라 계산한 이자상당액을 가산하여 개인지방소득세로 납부하여야 한다. (2014. 1. 1. 신설)

③ 제1항의 적용을 위한 세액공제 신청 등에 관해 필요한 사항은 대통령령으로 정한다. (2014. 1. 1. 신설)

제118조【중소기업 고용증가 인원에 대한 사회보험료 세액 공제】① 중소기업이 2018년 12월 31일이 속하는 과세연도까지의 기간 중 해당 과세연도의 상시 근로자 수가 직전 과세연도의 상시근로자 수보다 증가한 경우에는 다음 각 호의 따른 금액을 더한 금액을 해당 과세연도의 개인지방소득세(사업소득에 대한 소득세만 해당한다)에서 공제한다. (2016. 12. 27. 개정)

제70조【정규직 근로자로의 전환에 따른 세액공제】① 법 제117조 제2항에서 "대통령령으로 정하는 바에 따라 계산한 이자상당액"이란 법 제117조 제1항에 따라 공제받은 세액에 제1호의 기간과 제2호의 율을 곱하여 계산한 금액을 말한다. (2014. 3. 14. 신설)
1. 공제받은 과세연도의 종료일의 다음 날부터 납부사유가 발생한 날이 속하는 과세연도의 종료일까지의 기간 (2014. 3. 14. 신설)
2. 1일 1만분의 3 (2014. 3. 14. 신설)
② 법 제117조 제3항에 따라 세액공제를 받으려는 자는 과세표준신고와 함께 행정안전부령으로 정하는 세액공제신청서를 납세지 관할 지방자치단체의 장에게 제출하여야 한다. 다만, 「조세특례제한법」 제30조의 2 제3항에 따라 납세지 관할 세무서장에게 소득세 공제를 신청하는 경우에는 법 제117조에 따른 개인지방소득세에 대한 세액공제도 함께 신청한 것으로 본다. (2017. 7. 26. 직제개정 ; 행정안전부와~직제 부칙)

제71조【중소기업 고용증가 인원에 대한 사회보험료 세액 공제 적용 시 상시근로자의 범위 등】① 법 제118조 제1항에 따른 상시근로자는 「조세특례제한법 시행령」 제27조의 4 제1항에 따른 근로자로 한다. (2014. 3. 14. 신설)

1. 청년 및 경력단절 여성(이하 이 조에서 "청년등"이라 한다) 상시근로자 고용증가인원에 대하여 사용자가 부담하는 사회보험료 상당액 : 청년등 상시근로자 고용증가인원으로서 대통령령으로 정하는 인원 × 청년등 상시근로자 고용증가 인원에 대한 사용자의 사회보험료 부담금액으로서 대통령령으로 정하는 금액 × 100분의 10 (2016. 12. 27. 개정)
2. 청년등 외 상시근로자 고용증가 인원에 대하여 사용자가 부담하는 사회보험료 상당액 : 청년등 외 상시근로자 고용증가인원으로서 대통령령으로 정하는 인원 × 청년등 외 상시근로자 외의 상시근로자고용증가인원에 대한 사용자의 사회보험료 부담금액으로서 대통령령으로 정하는 금액 × 100분의 5(대통령령으로 정하는 신성장 서비스업을 영위하는 중소기업의 경우 1,000분의 75) (2016. 12. 27. 개정)
② 제1항에 따른 사회보험이란 다음 각 호의 것을 말한다. (2014. 1. 1. 신설)
1. 「국민연금법」에 따른 국민연금 (2014. 1. 1. 신설)
2. 「고용보험법」에 따른 고용보험 (2014. 1. 1. 신설)
3. 「산업재해보상보험법」에 따른 산업재해보상보험 (2014. 1. 1. 신설)
4. 「국민건강보험법」에 따른 국민건강보험 (2014. 1. 1. 신설)
5. 「노인장기요양보험법」에 따른 장기요양보험 (2014. 1. 1. 신설)
③ 제1항을 적용할 때 세액공제 신청, 상시근로자, 청년등 상시근로자의 범위 및 제115조의 2에 따른 세액공제를 적용받은 경우 청년등 상시근로자 고용증가인원의 계산방법과 그 밖에 필요한 사항은 대통령령으로 정한다. (2016. 12. 27. 개정)

② 법 제118조 제1항 제1호에 따른 청년 상시근로자 및 같은 항 제2호에 따른 청년 외 상시근로자는 「조세특례제한법 시행령」 제27조의 4 제2항에 따른다. (2014. 3. 14. 신설)
③ 법 제118조 제1항 제1호에서 "대통령령으로 정하는 인원"이란 「조세특례제한법 시행령」 제27조의 4 제3항에 따른 상시근로자 수를 말하고, 법 제118조 제1항 제2호에서 "대통령령으로 정하는 인원"이란 「조세특례제한법 시행령」 제27조의 4 제4항에 따른 상시근로자 수를 말한다. (2014. 3. 14. 신설)
④ 제3항에 따른 상시근로자와 청년 상시근로자의 수에 대한 계산은 「조세특례제한법 시행령」 제27조의 4 제5항 및 제6항에 따른다. (2014. 3. 14. 신설)
⑤ 법 제118조 제1항 제1호에서 "대통령령으로 정하는 금액"이란 「조세특례제한법 시행령」 제27조의 4 제7항에 따라 계산한 금액을 말하고, 같은 항 제2호에서 "대통령령으로 정하는 금액"이란 「조세특례제한법 시행령」 제27조의 4 제8항에 따라 계산한 금액을 말한다. (2014. 3. 14. 신설)
⑥ 법 제118조 제1항을 적용받으려는 중소기업은 해당 과세연도의 과세표준신고를 할 때 행정안전부령으로 정하는 세액공제신청서 및 공제세액계산서를 납세지 관할 지방자치단체의 장에게 제출하여야 한다. 다만, 「조세특례제한법」 제30조의 4 제3항에 따라 납세지 관할 세무서장에게 소득세 공제를 신청하는 경우에는 법 제118조 제1항에 따른 개인지방소득세에 대한 세액공제도 함께 신청한 것으로 본다. (2017. 7. 26. 직제개정 ; 행정안전부와~직제 부칙)

제 7 절　기업구조조정을 위한 특례
(2014. 1. 1. 신설)

제119조【중소기업 간의 통합에 대한 양도소득분 개인지방소득세의 이월과세 등】① 대통령령으로 정하는 업종을 경영하는 중소기업 간의 통합으로 인하여 소멸되는 중소기업이 대통령령으로 정하는 사업용고정자산(이하 "사업용고정자산"이라 한다)을 통합에 의하여 설

제 7 절　기업구조조정을 위한 특례
(2014. 3. 14. 신설)

제72조【중소기업 간의 통합에 대한 양도소득분 개인지방소득세의 이월과세 등】① 법 제119조 제1항에서 "대통령령으로 정하는 업종을 경영하는 중소기업 간의 통합"이란 「조세특례제한법 시행령」 제28조 제1항에 따른 통합을 말하고, "대통령령으로 정하는 사업용고정

립된 법인 또는 통합 후 존속하는 법인(이하 이 조에서 "통합법인"이라 한다)에 양도하는 경우 그 사업용고정자산에 대해서는 이월과세를 적용받을 수 있다. (2014. 1. 1. 신설)

② 제1항의 적용대상이 되는 중소기업 간 통합의 범위 및 요건에 관하여는 대통령령으로 정한다. (2014. 1. 1. 신설)

③ 제1항을 적용받으려는 내국인은 대통령령으로 정하는 바에 따라 이월과세 적용신청을 하여야 한다. (2014. 1. 1. 신설)

④ 제1항을 적용받은 내국인이 사업용고정자산을 양도한 날부터 5년 이내에 다음 각 호의 어느 하나에 해당하는 사유가 발생하는 경우에는 해당 내국인은 사유발생일이 속하는 달의 말일부터 2개월 이내에 제1항에 따른 이월과세액(통합법인이 이미 납부한 세액을 제외한 금액을 말한다)을 양도소득분 개인지방소득세로 납부하여야 한다. 이 경우 사업 폐지의 판단기준 등에 관하여 필요한 사항은 대통령령으로 정한다. (2014. 12. 31. 개정)

1. 통합법인이 소멸되는 중소기업으로부터 승계받은 사업을 폐지하는 경우 (2014. 1. 1. 신설)

2. 제1항을 적용받은 내국인이 통합으로 취득한 통합법인의 주식 또는 출자지분의 100분의 50 이상을 처분하는 경우 (2014. 1. 1. 신설)

제120조 【법인전환에 대한 양도소득분 개인지방소득세의 이월과세】 ① 거주자가 사업용고정자산을 현물출자하거나 대통령령으로 정하는 사업 양도·양수의 방법에 따라 법인(대통령령으로 정하는 소비성서비스업을 경영하는 법인은 제외한다)으로 전환하는 경우 그 사업용고정자산에 대해서는 이월과세를 적용받을 수 있다. (2014. 1. 1. 신설)

② 제1항은 새로 설립되는 법인의 자본금이 대통령령으로 정하는 금액 이상인 경우에만 적용한다. (2014. 1. 1. 신설)

③ 제1항을 적용받으려는 거주자는 대통령령으로 정하는 바에 따라 이월과세 적용신청을 하여야 한다. (2014. 1. 1. 신설)

④ 제1항에 따라 설립된 법인의 설립일부터 5년 이내에 다음 각 호의 어느 하나에 해당하는 사유가 발생하는 경우에는 제1항을 적용받은 거주자가 사유발생일이 속하는 달의 말일부터 2개월 이내에 제1항에 따

자산"이란 「조세특례제한법 시행령」 제28조 제2항에 따른 자산을 말한다. (2014. 3. 14. 신설)

② 법 제119조 제1항에 따라 양도소득분 개인지방소득세의 이월과세를 적용받으려는 자는 통합일이 속하는 과세연도의 과세표준신고 시 통합법인과 함께 행정안전부령으로 정하는 이월과세적용신청서를 납세지 관할 지방자치단체의 장에게 제출하여야 한다. 다만, 「조세특례제한법」 제28조 제3항에 따라 납세지 관할 세무서장에게 양도소득세 이월과세를 신청하는 경우에는 법 제119조에 따른 개인지방소득세에 대한 이월과세도 함께 신청한 것으로 본다. (2017. 7. 26. 직제개정 ; 행정안전부와~직제 부칙)

③ 법 제119조 제4항 각 호 외의 부분 후단에 따른 사업 폐지의 판단기준 등에 관하여는 「조세특례제한법 시행령」 제28조 제9항부터 제11항까지의 규정을 준용한다. (2020. 1. 15. 개정)

제73조 【법인전환에 대한 양도소득분 개인지방소득세의 이월과세】 ① 법 제120조 제1항에서 "대통령령으로 정하는 사업 양도·양수의 방법"이란 「조세특례제한법 시행령」 제29조 제2항에 따른 방법을 말하고, "대통령령으로 정하는 소비성서비스업"이란 「조세특례제한법 시행령」 제29조 제3항 각 호의 어느 하나에 해당하는 사업을 말한다. (2014. 3. 14. 신설)

② 법 제120조 제2항에서 "대통령령으로 정하는 금액"이란 「조세특례제한법 시행령」 제29조 제5항에 따라 계산한 금액을 말한다. (2014. 3. 14. 신설)

③ 법 제120조 제1항에 따라 양도소득분 개인지방소득세의 이월과세를 적용받으려는 자는 현물출자 또는 사업 양도·양수를 한 날이 속하는 과세연도의 과세표준신고 시 새롭게 설립되는 법인과 함께 행정안전부령으로 정하는 이월과세적용신청서를 납세지 관할 지방자치단체

른 이월과세액(해당 법인이 이미 납부한 세액을 제외한 금액을 말한다)에 대해서는 양도소득분 개인지방소득세로 납부하여야 한다. 이 경우 사업 폐지의 판단기준 등에 관하여 필요한 사항은 대통령령으로 정한다. (2014. 12. 31. 개정)

1. 제1항에 따라 설립된 법인이 제1항을 적용받은 거주자로부터 승계받은 사업을 폐지하는 경우 (2014. 1. 1. 신설)
2. 제1항을 적용받은 거주자가 법인전환으로 취득한 주식 또는 출자지분의 100분의 50 이상을 처분하는 경우 (2014. 1. 1. 신설)

제121조【사업전환 통상변화대응지원기업에 대한 세액감면】
(2024. 2. 20. 제목개정 ; 무역조정~부칙)

① 「통상환경변화 대응 및 지원 등에 관한 법률」 제6조에 따른 통상변화대응지원기업(이하 이 조 및 제122조에서 "통상변화대응지원기업"이라 한다)이 경영하던 사업(이하 이 조에서 "전환전사업"이라 한다)을 「조세특례제한법」 제6조 제3항 각 호의 어느 하나에 해당하는 사업(이하 이 조에서 "전환사업"이라 한다)으로 전환하기 위하여 해당 전환전사업에 직접 사용하는 사업용고정자산(이하 이 조에서 "전환전사업용고정자산"이라 한다)을 2018년 12월 31일까지 양도하고 양도일부터 1년 이내에 전환사업에 직접 사용할 사업용고정자산을 취득하는 경우로써 그 전환전사업의 사업장 건물 및 그 부속토지의 양도가액(이하 이 조에서 "전환전사업양도가액"이라 한다)으로 전환사업의 기계장치를 취득한 경우에는 대통령령으로 정하는 바에 따라 양도소득분 개인지방소득세의 100분의 50에 상당하는 세액을 감면받을 수 있다. 다만, 거주자가 「조세특례제한법」 제33조 제2항에 의한 과세이연을 받은 경우에는 본문을 적용하지 아니한다. (2024. 2. 20. 개정 ; 무역조정~부칙)

편주 ▶ 법 121조의 개정규정은 2025. 1. 1.부터 시행함. (무역조정 지원 등에 관한 법률 부칙(2024. 2. 20.) 1조)

② 제1항을 적용받은 내국인이 사업전환을 하지 아니하거나 전환사업 개시일부터 3년 이내에 해당 사업을 폐업하거나 해산한 경우에는 그

의 장에게 제출하여야 한다. 다만, 「조세특례제한법 시행령」 제29조 제4항에 따라 납세지 관할 세무서장에게 양도소득세 이월과세를 신청하는 경우에는 법 제120조에 따른 개인지방소득세에 대한 이월과세도 함께 신청한 것으로 본다. (2017. 7. 26. 직제개정 ; 행정안전부와~직제 부칙)

④ 법 제120조 제4항 각 호 외의 부분 후단에 따른 사업 폐지의 판단기준 등에 관하여 필요한 사항은 「조세특례제한법 시행령」 제29조 제6항부터 제8항까지의 규정을 준용한다. (2020. 1. 15. 개정)

제74조【사업전환 통상변화대응지원기업에 대한 세액감면】
(2024. 12. 10. 제목개정 ; 무역조정~부칙)

① 법 제121조 제1항 본문에 따른 사업용고정자산은 「조세특례제한법 시행령」 제30조 제2항에 따른 자산으로 한다. (2014. 3. 14. 신설)

② 법 제121조 제1항의 적용대상이 되는 사업전환은 「조세특례제한법 시행령」 제30조 제3항에 따른 사업전환으로 한다. (2014. 3. 14. 신설)

③ 법 제121조 제1항에 따라 감면하는 세액은 다음 계산식에 따라 계산한 금액으로 한다. (2014. 3. 14. 신설)

$$\text{전환전사업의 사업장 건물 및 그 부속토지의 양도에 따른 「지방세법」 제103조 및 제103조의 2에 따른 양도소득분 개인지방소득세 산출세액} \times \frac{\text{전환전사업의 양도가액 중 전환사업의 기계장치 취득가액이 차지하는 비율}}{1} \times \frac{50}{100}$$

④ 제3항을 적용할 때 전환전사업용고정자산의 양도일이 속하는 사업연도 종료일까지 전환사업용고정자산, 전환사업의 기계장치ㆍ사업장 건물 및 그 부속토지를 취득하지 아니한 경우 해당 취득가액은 사업전환(예정)명세서상의 예정가액으로 한다. (2014. 3. 14. 신설)

⑤ 법 제121조 제2항 전단에 따라 납부할 세액은 다음 각 호의 금액으로 한다. (2014. 3. 14. 신설)

사유가 발생한 날이 속하는 사업연도의 소득금액을 계산할 때 감면받은 세액을 양도소득분 개인지방소득세로 납부하여야 한다. 이 경우 대통령령으로 정하는 바에 따라 계산한 이자 상당 가산액을 양도소득분 개인지방소득세에 가산하여 납부하여야 하며 해당 세액은 「지방세법」 제103조의 7에 따라 납부하여야 할 세액으로 본다. (2014. 1. 1. 신설)

③ 제1항부터 제2항까지의 규정을 적용하는 경우 사업전환의 범위, 사업용고정자산의 범위, 세액감면신청서 및 사업용고정자산 양도차익명세서의 제출, 그 밖에 필요한 사항은 대통령령으로 정한다. (2014. 1. 1. 신설)

1. 제3항에 따라 양도소득분 개인지방소득세를 감면받은 경우 : 감면받은 세액 전액 (2014. 3. 14. 신설)

2. 제4항에 따른 예정가액에 따라 세액감면을 받은 경우 : 실제 가액을 기준으로 제3항에 따라 계산한 금액을 초과하여 적용받은 금액 (2014. 3. 14. 신설)

⑥ 법 제121조 제2항 후단에서 "대통령령으로 정하는 바에 따라 계산한 이자 상당 가산액"이란 제5항에 따라 납부하여야 할 감면세액에 대하여 제1호에 따른 기간과 제2호에 따른 율을 곱하여 계산한 금액을 말한다. (2014. 3. 14. 신설)

1. 감면을 받은 과세연도 종료일의 다음 날부터 납부사유가 발생한 과세연도 종료일까지의 기간 (2014. 3. 14. 신설)

2. 1일 1만분의 3 (2014. 3. 14. 신설)

⑦ 법 제121조를 적용하는 경우 사업의 분류는 한국표준산업분류에 따른 세세분류를 따른다. (2014. 3. 14. 신설)

⑧ 법 제121조 제1항에 따라 양도소득분 개인지방소득세 감면을 적용받으려는 거주자는 전환전사업용고정자산의 양도일이 속하는 과세연도의 과세표준신고와 함께 행정안전부령으로 정하는 세액감면신청서와 사업전환(예정)명세서를 납세지 관할 지방자치단체의 장에게 제출하여야 한다. 다만, 「조세특례제한법 시행령」 제30조 제12항에 따라 납세지 관할 세무서장에게 소득세 감면을 신청하는 경우에는 법 제121조에 따른 개인지방소득세에 대한 세액감면도 함께 신청한 것으로 본다. (2017. 7. 26. 직제개정 ; 행정안전부와~직제 부칙)

⑨ 제4항을 적용받은 후 전환사업을 개시한 경우에는 그 사업개시일이 속하는 과세연도의 과세표준신고와 함께 행정안전부령으로 정하는 사업전환완료보고서를 납세지 관할 지방자치단체의 장에게 제출하여야 한다. 다만, 「조세특례제한법 시행령」 제30조 제13항에 따라 납세지 관할 세무서장에게 사업전환완료보고서를 제출한 경우에는 납세지 관할 지방자치단체의 장에게도 함께 제출한 것으로 본다. (2017. 7. 26. 직제개정 ; 행정안전부와~직제 부칙)

제122조【사업전환 중소기업 및 통상변화대응지원기업에 대한 세액감면】(2024. 2. 20. 제목개정 ; 무역조정~부칙)

제75조【사업전환 중소기업에 대한 세액감면】① 법 제122조 제1항 각 호 외의 부분에서 "대통령령으로 정하는 사업전환일"이란 「조

① 중소기업을 경영하는 내국인이 5년 이상 계속하여 경영하던 사업 및 통상변화대응지원기업이 경영하던 사업(이하 이 조에서 "전환전사업"이라 한다)을 다음 각 호에 따라 2018년 12월 31일(공장을 신설하는 경우에는 2020년 12월 31일)까지 수도권과밀억제권역 밖(통상변화대응지원기업은 수도권과밀억제권역에서 사업을 전환하는 경우를 포함한다)에서 「조세특례제한법」 제6조 제3항 각 호의 어느 하나에 해당하는 사업(이하 이 조에서 "전환사업"이라 한다)으로 전환하는 경우에는 대통령령으로 정하는 사업전환일(이하 이 조에서 "사업전환일"이라 한다) 이후 최초로 소득이 발생한 날이 속하는 과세연도(사업전환일부터 5년이 되는 날이 속하는 과세연도까지 해당 사업에서 소득이 발생하지 아니하는 경우에는 5년이 되는 날이 속하는 과세연도)와 그 다음 과세연도의 개시일부터 3년 이내에 끝나는 과세연도까지 해당 전환사업에서 발생하는 소득에 대한 개인지방소득세의 100분의 50에 상당하는 세액을 감면한다. (2024. 2. 20. 개정 ; 무역조정~부칙)

[편주▶] 법 122조의 개정규정은 2025. 1. 1.부터 시행함. (무역조정 지원 등에 관한 법률 부칙(2024. 2. 20.) 1조)

1. 전환전사업을 양도하거나 폐업하고 양도하거나 폐업한 날부터 1년(공장을 신설하는 경우에는 3년) 이내에 전환사업으로 전환하는 경우 (2014. 1. 1. 신설)
2. 대통령령으로 정하는 바에 따라 전환전사업의 규모를 축소하고 전환사업을 추가하는 경우 (2014. 1. 1. 신설)

② 제1항 제2호를 적용하는 경우 감면기간 중 대통령령으로 정하는 과세연도에 대해서는 같은 항에 따른 감면을 적용하지 아니한다. (2014. 1. 1. 신설)

③ 제1항을 적용받은 내국인이 사업전환을 하지 아니하거나 사업전환일부터 3년 이내에 해당 사업을 폐업하거나 해산한 경우에는 그 사유가 발생한 날이 속하는 과세연도의 소득금액을 계산할 때 감면받은 세액을 개인지방소득세로 납부하여야 한다. (2014. 1. 1. 신설)

④ 제1항에 따라 감면받은 개인지방소득세액을 제3항에 따라 납부하

세특례제한법 시행령」 제30조의 2 제2항 각 호의 어느 하나에 해당하는 날을 말한다. (2014. 3. 14. 신설)

② 법 제122조 제1항 제2호에 따른 사업전환은 「조세특례제한법 시행령」 제30조의 2 제3항에 따른 사업전환으로 한다. (2014. 3. 14. 신설)

③ 법 제122조 제2항에서 "대통령령으로 정하는 과세연도"란 「조세특례제한법 시행령」 제30조의 2 제4항에 따른 과세연도를 말한다. (2014. 3. 14. 신설)

④ 법 제122조를 적용하는 경우 사업의 분류는 한국표준산업분류에 따른 세세분류를 따른다. (2014. 3. 14. 신설)

⑤ 법 제122조 제4항에서 "대통령령으로 정하는 바에 따라 계산한 이자 상당 가산액"이란 같은 조 제3항에 따라 납부하여야 할 세액에 상당하는 금액에 제1호에 따른 기간과 제2호에 따른 율을 곱하여 계산한 금액을 말한다. (2014. 3. 14. 신설)

1. 감면을 받은 과세연도의 종료일 다음 날부터 법 제122조 제3항에 해당하는 사유가 발생한 과세연도의 종료일까지의 기간 (2014. 3. 14. 신설)
2. 1일 1만분의 3 (2014. 3. 14. 신설)

⑥ 법 제122조 제1항에 따라 개인지방소득세를 감면받으려는 내국인은 사업전환일이 속하는 과세연도의 과세표준신고와 함께 행정안전부령으로 정하는 세액감면신청서를 납세지 관할 지방자치단체의 장에게 제출하여야 한다. 다만, 「조세특례제한법 시행령」 제30조의 2 제7항에 따라 납세지 관할 세무서장에게 소득세 감면을 신청하는 경우에는 법 제122조에 따른 개인지방소득세에 대한 세액감면도 함께 신청한 것으로 본다. (2017. 7. 26. 직제개정 ; 행정안전부와~직제 부칙)

는 경우에는 대통령령으로 정하는 바에 따라 계산한 이자 상당 가산액을 개인지방소득세에 가산하여 납부하여야 하며 해당 세액은 「지방세법」 제95조에 따라 납부하여야 할 세액으로 본다. (2014. 1. 1. 신설)
⑤ 제1항을 적용받으려는 내국인은 대통령령으로 정하는 바에 따라 세액감면신청을 하여야 한다. (2014. 1. 1. 신설)

제123조【주주등의 자산양도에 관한 개인지방소득세 과세특례】 ① 「조세특례제한법」 제40조 제1항에 따라 주주등이 법인에 자산을 증여할 때 거주자인 주주등이 소유하던 자산을 양도하고 2018년 12월 31일 이전에 그 양도대금을 해당 법인에 증여하는 경우에는 해당 자산을 양도함으로써 발생하는 양도차익 중 대통령령으로 정하는 증여금액에 상당하는 금액(이하 이 조에서 "양도차익상당액"이라 한다)에 대한 양도소득분 개인지방소득세를 면제한다. (2016. 12. 27. 개정)
② 제1항에 따라 자산을 증여받은 법인이 「조세특례제한법」 제40조 제4항 각 호의 어느 하나에 해당하는 경우에는 제1항에 따라 감면한 세액을 해당 법인이 납부할 법인지방소득세액에 가산하여 징수한다. (2014. 3. 24. 신설)
③ 제2항에 따라 법인이 납부할 세액에는 대통령령으로 정하는 바에 따라 계산한 이자상당가산액을 가산하며 해당 세액은 「지방세법」 제103조의 23 제3항에 따라 납부하여야 할 세액으로 본다. 다만, 「조세특례제한법」 제40조 제4항 제3호 단서에 해당하는 경우에는 그러하지 아니하다. (2014. 3. 24. 신설)
④ 제1항부터 제3항까지의 규정을 적용할 때 세액감면의 신청 등 필요한 사항은 대통령령으로 정한다. (2014. 3. 24. 개정)

제76조【주주등의 자산양도에 관한 개인지방소득세 과세특례】
① 법 제123조 제1항에서 "대통령령으로 정하는 증여금액에 상당하는 금액"이란 「조세특례제한법 시행령」 제37조 제12항에 따라 계산한 금액을 말한다. (2014. 3. 14. 신설)
② 법 제123조 제1항에 따라 주주등이 감면받은 세액 중 같은 조 제2항에 따라 해당 법인이 납부하여야 할 법인지방소득세액에 가산하여 징수하는 금액은 「조세특례제한법 시행령」 제37조 제15항 제1호 각 목에서 계산한 금액의 100분의 10에 해당하는 금액으로 한다. (2014. 8. 20. 신설)
③ 법 제123조 제3항 본문에서 "대통령령으로 정하는 바에 따라 계산한 이자상당가산액"이란 제2항에 따른 세액에 제1호에 따른 기간과 제2호에 따른 율을 곱하여 계산한 금액을 말한다. (2014. 8. 20. 신설)
1. 제2항에 따른 세액을 납부하지 아니한 사업연도 종료일의 다음 날부터 제2항에 따른 세액을 납부하는 사업연도 종료일까지의 기간 (2014. 8. 20. 신설)
2. 1일 1만분의 3 (2014. 8. 20. 신설)
④ 법 제123조 제1항을 적용받으려는 주주등은 같은 항에 따라 자산을 양도한 날이 속하는 과세연도의 과세표준신고와 함께 자산매매계약서, 증여계약서, 행정안전부령으로 정하는 채무상환(예정)명세서 및 세액감면신청서를 납세지 관할 지방자치단체의 장에게 제출하여야 한다. 다만, 「조세특례제한법 시행령」 제37조 제25항에 따라 납세지 관할 세무서장에게 소득세 감면을 신청하는 경우에는 법 제123조에 따른 개인지방소득세에 대한 세액감면도 함께 신청한 것으로 본다. (2017. 7. 26. 직제개정 ; 행정안전부와~직제 부칙)

제8절　지역 간의 균형발전을 위한 특례
(2014. 1. 1. 신설)

제124조【수도권과밀억제권역 밖으로 이전하는 중소기업에 대한 세액감면】① 수도권과밀억제권역에서 2년 이상 계속하여 공장시설을 갖추고 사업을 하는 중소기업(내국인만 해당한다)이 대통령령으로 정하는 바에 따라 수도권과밀억제권역 밖으로 그 공장시설을 전부 이전(본점이나 주사무소가 수도권과밀억제권역에 있는 경우에는 해당 본점이나 주사무소도 함께 이전하는 경우만 해당한다)하여 2017년 12월 31일까지 사업을 개시한 경우에는 이전 후의 공장에서 발생하는 소득에 대하여 이전일 이후 해당 공장에서 최초로 소득이 발생한 과세연도(이전일부터 5년이 되는 날이 속하는 과세연도까지 소득이 발생하지 아니한 경우에는 이전일부터 5년이 되는 날이 속하는 과세연도)와 그 다음 과세연도 개시일부터 6년(「수도권정비계획법」 제6조 제1항 제2호의 성장관리권역, 같은 항 제3호의 자연보전권역, 수도권 외 지역에 소재하는 광역시 및 대통령령으로 정하는 지역으로 이전하는 경우에는 4년) 이내에 끝나는 과세연도에는 개인지방소득세의 100분의 100에 상당하는 세액을 감면하고, 그 다음 3년(「수도권정비계획법」 제6조 제1항 제2호의 성장관리권역, 같은 항 제3호의 자연보전권역, 수도권 외 지역에 소재하는 광역시 및 대통령령으로 정하는 지역으로 이전하는 경우에는 2년) 이내에 끝나는 과세연도에는 개인지방소득세의 100분의 50에 상당하는 세액을 감면한다. (2016. 12. 27. 개정)
② 제1항에 따라 감면을 적용받은 중소기업이 다음 각 호의 어느 하나에 해당하는 경우에는 그 사유가 발생한 과세연도의 개인지방소득 과세표준신고를 할 때 대통령령으로 정하는 바에 따라 계산한 세액을 개인지방소득세로 납부하여야 한다. (2014. 1. 1. 신설)
1. 공장을 이전하여 사업을 개시한 날부터 3년 이내에 그 사업을 폐업하는 경우. 다만, 합병·분할 또는 분할합병으로 인한 경우에는 그러하지 아니하다. (2014. 1. 1. 신설)
2. 대통령령으로 정하는 바에 따라 공장을 수도권과밀억제권역 밖으로

제8절　지역 간의 균형발전을 위한 특례
(2014. 3. 14. 신설)

제77조【수도권과밀억제권역 밖으로 이전하는 중소기업에 대한 세액감면】① 법 제124조 제1항에 따라 세액을 감면받을 수 있는 경우는 「조세특례제한법 시행령」 제60조 제1항에 따른 경우로 하고, 법 제124조 제1항에서 "대통령령으로 정하는 지역"이란 「조세특례제한법 시행령」 제60조 제2항에 따른 지역을 말한다. (2014. 3. 14. 신설)
② 법 제124조 제2항 각 호 외의 부분에서 "대통령령으로 정하는 바에 따라 계산한 세액"이란 공장의 이전일 이후 법 제124조 제1항에 따라 감면받은 개인지방소득세를 말한다. 이 경우 수도권과밀억제권역 밖으로 이전한 공장이 둘 이상인 경우로서 법 제124조 제2항 제3호에 해당하는 때(본사를 설치한 때는 제외한다)에는 수도권 과밀억제권역 안에 설치된 공장의 제품과 동일한 제품을 생산하는 공장의 이전으로 감면받은 분으로 한정한다. (2014. 3. 14. 신설)
③ 법 제124조 제2항 제2호에서 "대통령령으로 정하는 바에 따라 공장을 수도권과밀억제권역 밖으로 이전하여 사업을 개시한 경우"란 제1항에서 정하는 바에 따라 공장을 이전하여 사업을 개시한 경우를 말한다. (2014. 3. 14. 신설)
④ 법 제124조 제1항을 적용받으려 자는 과세표준신고와 함께 행정안전부령으로 정하는 세액감면신청서 및 감면세액계산서를 납세지 관할 지방자치단체의 장에게 제출하여야 한다. 다만, 「조세특례제한법 시행령」 제60조 제5항에 따라 납세지 관할 세무서장에게 소득세 감면을 신청하는 경우에는 법 제124조에 따른 개인지방소득세에 대한 세액감면도 함께 신청한 것으로 본다. (2017. 7. 26. 직제개정 ; 행정안전부와~ 직제 부칙)

이전하여 사업을 개시한 경우에 해당하지 아니하는 경우 (2014. 1. 1. 신설)

3. 제1항에 따라 감면을 받는 기간에 수도권과밀억제권역에 제1항에 따라 이전한 공장에서 생산하는 제품과 같은 제품을 생산하는 공장을 설치하거나 본사를 설치한 경우 (2014. 1. 1. 신설)

③ 제1항에 따라 감면받은 개인지방소득세를 제2항에 따라 납부하는 경우에는 제122조 제4항의 이자 상당 가산액에 관한 규정을 준용한다. (2014. 1. 1. 신설)

④ 제1항을 적용받으려는 자는 대통령령으로 정하는 바에 따라 세액감면신청을 하여야 한다. (2014. 1. 1. 신설)

⑤ 제1항을 적용받으려는 중소기업은 대통령령으로 정하는 분류를 기준으로 이전 전의 공장에서 영위하던 업종과 이전 후의 공장에서 영위하는 업종이 같아야 한다. (2014. 1. 1. 신설)

⑥ 제1항에 따라 감면을 적용받은 기업이 「중소기업기본법」에 따른 중소기업이 아닌 기업과 합병 등 대통령령으로 정하는 사유에 따라 중소기업에 해당하지 아니하게 된 경우에는 해당 사유 발생일이 속하는 과세연도부터 감면하지 아니한다. (2016. 12. 27. 신설)

제125조【농공단지 입주기업 등에 대한 세액감면】① 다음 각 호의 어느 하나에 해당하는 자에 대해서는 제100조 제1항을 준용하여 해당 사업에서 발생한 소득에 대한 개인지방소득세를 감면한다. (2014. 1. 1. 신설)

1. 2018년 12월 31일까지 「산업입지 및 개발에 관한 법률」에 따른 농공단지 중 대통령령으로 정하는 농공단지에 입주하여 농어촌소득원개발사업을 하는 내국인 (2016. 12. 27. 개정)

2. 2018년 12월 31일까지 「지역중소기업 육성 및 혁신촉진 등에 관한 법률」 제23조에 따른 중소기업특별지원지역으로서 대통령령으로 정하는 지역에 입주하여 사업을 하는 중소기업 (2021. 7. 27. 개정 ; 지역중소기업〜부칙)

② 제1항을 적용받으려는 자는 대통령령으로 정하는 바에 따라 세액감면신청을 하여야 한다. (2014. 1. 1. 신설)

⑤ 법 제124조 제5항에서 "대통령령으로 정하는 분류"란 한국표준산업분류상의 세분류를 말한다. (2014. 3. 14. 신설)

제78조【농공단지 입주기업 등에 대한 세액감면】① 법 제125조 제1항 제1호에서 "대통령령으로 정하는 농공단지"란 「조세특례제한법 시행령」 제61조 제1항에 따른 농공단지를 말하고, 같은 항 제2호에서 "대통령령으로 정하는 지구·지역"이란 「조세특례제한법 시행령」 제61조 제2항에 따른 지역을 말한다. (2014. 3. 14. 신설)

② 법 제125조 제1항을 적용받으려는 자는 과세표준신고와 함께 행정안전부령으로 정하는 세액감면신청서를 납세지 관할 지방자치단체의 장에게 제출하여야 한다. 다만, 「조세특례제한법 시행령」 제61조 제3항에 따라 납세지 관할 세무서장에게 소득세 감면을 신청하는 경우에는 법 제125조에 따른 개인지방소득세에 대한 세액감면도 함께 신청한

제126조【영농조합법인의 조합원에 대한 개인지방소득세의 면제】① 「농어업경영체 육성 및 지원에 관한 법률」에 따른 영농조합법인(이하 "영농조합법인"이라 한다)의 조합원이 영농조합법인으로부터 2018년 12월 31일까지 받는 배당소득 중 곡물 및 기타 식량작물 재배업에서 발생하는 소득(이하 "식량작물재배업소득"이라 한다)에서 발생한 배당소득 전액과 식량작물재배업소득 외의 소득에서 발생한 배당소득 중 대통령령으로 정하는 범위의 금액에 대해서는 개인지방소득세를 면제한다. 이 경우 식량작물재배업소득에서 발생한 배당소득과 식량작물재배업소득 외의 소득에서 발생한 배당소득의 계산은 대통령령으로 정하는 바에 따른다. (2016. 12. 27. 개정)
② 대통령령으로 정하는 농업인이 2018년 12월 31일 이전에 농지 또는 「초지법」 제5조에 따른 초지조성허가를 받은 초지(이하 "초지"라 한다)를 영농조합법인에 현물출자함으로써 발생하는 소득에 대해서는 양도소득분 개인지방소득세의 100분의 100에 상당하는 세액을 감면한다. 다만, 해당 농지 또는 초지가 「국토의 계획 및 이용에 관한 법률」에 따른 주거지역·상업지역 또는 공업지역(이하 이 조부터 제131조까지에서 "주거지역등"이라 한다)에 편입되거나 「도시개발법」 또는 그 밖의 법률에 따라 환지처분 전에 농지 또는 초지 외의 토지로 환지예정지 지정을 받은 경우에는 주거지역등에 편입되거나, 환지예정지 지정을 받은 날까지 발생한 소득으로서 대통령령으로 정하는 소득에 대해서만 양도소득분 개인지방소득세의 100분의 100에 상당하는 세액을 감면한다. (2016. 12. 27. 개정)
③ 제2항에 따라 양도소득분 개인지방소득세를 감면받은 자가 그 출자지분을 출자일부터 3년 이내에 다른 사람에게 양도하는 경우에는 그 양도일이 속하는 과세연도의 개인지방소득 과세표준신고를 할 때 대통령령으로 정하는 바에 따라 계산한 세액을 양도소득분 개인지방소득세로 납부하여야 한다. 다만, 대통령령으로 정하는 경우에는 그러하지 아니하다. (2014. 12. 31. 개정)
④ 제2항에 따라 감면받은 양도소득분 개인지방소득세를 제3항 본문에 따라 납부하는 경우에는 대통령령으로 정하는 바에 따라 계산한 이

제79조【영농조합법인의 조합원에 대한 개인지방소득세의 면제】① 법 제126조 제1항 전단에 따라 면제되는 배당소득은 「조세특례제한법 시행령」 제63조 제2항에 따라 소득세가 면제되는 배당소득으로 한다. (2014. 3. 14. 신설)
② 법 제126조 제1항 후단에 따른 배당소득의 계산은 「조세특례제한법 시행령」 제63조 제3항에 따른다. (2014. 3. 14. 신설)
③ 법 제126조 제2항에서 "대통령령으로 정하는 농업인"이란 「조세특례제한법」 제66조 제4항 및 「조세특례제한법 시행령」 제63조 제4항에 따른 농업인을 말한다. (2014. 3. 14. 신설)
④ 법 제126조 제5항, 제128조 제1항 전단 및 같은 조 제2항에서 "대통령령으로 정하는 농업인"이란 「조세특례제한법」 제66조 제7항, 제68조 제2항 전단, 같은 조 제3항 및 「조세특례제한법 시행령」 제63조 제4항에 따른 농업인을 말한다. (2014. 3. 14. 신설)
⑤ 법 제126조 제2항 및 제128조 제1항에 따라 현물출자함으로써 발생한 소득에 대하여 양도소득분 개인지방소득세가 면제되는 농지는 「조세특례제한법 시행령」 제63조 제5항에 따른 농지로 한다. (2014. 3. 14. 신설)
⑥ 법 제126조 제3항에 따른 세액의 납부에 관하여는 「조세특례제한법 시행령」 제63조 제6항을 준용하되, 그 세액은 같은 항에서 산출한 금액의 100분의 10에 해당하는 금액으로 한다. (2014. 3. 14. 신설)
⑦ 법 제126조 제1항에 따라 배당소득에 대한 개인지방소득세를 면제받으려는 자는 해당 배당소득을 지급받는 때에 행정안전부령으로 정하는 세액면제신청서를 영농조합법인에 제출하여야 하고, 영농조합법인은 배당금을 지급한 날이 속하는 달의 다음 달 말일까지 조합원이 제출한 세액면제신청서를 특별징수 관할 지방자치단체의 장에게 제출하여야 한다. 다만, 「조세특례제한법 시행령」 제63조 제8항에 따라 원천징수 관할 세무서장에게 소득세 면제를 신청하는 경우에는 법 제126조 제1항에 따른 개인지방소득세에 대한 면제도 함께 신청한 것으로 본다. (2017. 7. 26. 직제개정 ; 행정안전부와~직제 부칙)

것으로 본다. (2017. 7. 26. 직제개정 ; 행정안전부와~직제 부칙)

⑧ 법 제126조 제4항 및 제8항에서 "대통령령으로 정하는 바에 따라 계산한 이자 상당액"이란 법 제126조 제3항 및 제7항에 따라 납부하여야 할 세액에 상당하는 금액에 제1호의 기간과 제2호의 율을 곱하여 계산한 금액을 말한다. (2014. 3. 14. 신설)
1. 당초 현물출자한 농지등에 대한 양도소득분 개인지방소득세 예정신고 납부기한의 다음 날부터 법 제126조 제3항 또는 제7항에 따른 납부일까지의 기간 (2014. 3. 14. 신설)
2. 1일 1만분의 3 (2014. 3. 14. 신설)
⑨ 법 제126조 제2항 또는 제5항에 따라 양도소득분 개인지방소득세를 면제받거나 이월과세를 적용받으려는 자는 과세표준신고와 함께 행정안전부령으로 정하는 세액면제신청서 또는 이월과세적용신청서에 현물출자계약서 사본을 첨부하여 납세지 관할 지방자치단체의 장에게 제출하되, 이월과세적용신청서는 영농조합법인과 함께 제출하여야 한다. 다만, 「조세특례제한법 시행령」 제63조 제10항에 따라 납세지 관할 세무서장에게 양도소득세 면제 또는 이월과세를 신청하는 경우에는 법 제126조 제2항 또는 제5항에 따른 개인지방소득세에 대한 면제 또는 이월과세도 함께 신청한 것으로 본다. (2017. 7. 26. 직제개정 ; 행정안전부와~직제 부칙)

☞ p.4379 2단 연결

자 상당액을 가산한다. (2014. 12. 31. 개정)
⑤ 대통령령으로 정하는 농업인이 2018년 12월 31일 이전에 영농조합
법인에 「농업·농촌 및 식품산업 기본법」 제3조 제1호에 따른 농작물
재배업·축산업 및 임업에 직접 사용되는 부동산(제2항에 따른 농지
및 초지는 제외한다)을 현물출자하는 경우에는 이월과세를 적용받을
수 있다. (2016. 12. 27. 개정)
⑥ 제1항·제2항 및 제5항을 적용받으려는 자는 대통령령으로 정하는
바에 따라 신청을 하여야 한다. (2014. 1. 1. 신설)
⑦ 제5항을 적용받은 농업인이 현물출자로 취득한 주식 또는 출자지분
의 100분의 50 이상을 출자일부터 3년 이내에 처분하는 경우에는 처분
일이 속하는 달의 말일부터 2개월 이내에 제7항에 따른 이월과세액(해
당 영농조합법인이 이미 납부한 세액을 제외한 금액을 말한다)을 대통
령령으로 정하는 바에 따라 양도소득분 개인지방소득세로 납부하여야
한다. (2014. 12. 31. 개정)
⑧ 제5항에 따른 이월과세액을 제7항에 따라 납부하는 경우 주식 또는
출자지분의 100분의 50 이상을 처분하는 경우의 판단기준 등에 관하
여 필요한 사항은 대통령령으로 정하며, 대통령령으로 정하는 바에 따
라 계산한 이자상당액을 가산한다. (2014. 1. 1. 신설)

　　　제127조 【영어조합법인의 조합원에 대한 개인지방소득세의 면
제】① 「농어업경영체 육성 및 지원에 관한 법률」에 따른 영어조합법
인(이하 "영어조합법인"(營漁組合法人)이라 한다)의 조합원이 영어조
합법인으로부터 2018년 12월 31일까지 받는 배당소득 중 대통령령으
로 정하는 범위의 금액에 대해서는 개인지방소득세를 면제한다. (2016.
12. 27. 개정)
② 대통령령으로 정하는 어업인이 2018년 12월 31일 이전에 대통령령
으로 정하는 어업용 토지 등(이하 이 조에서 "어업용 토지등"이라 한
다)을 영어조합법인과 「농어업경영체 육성 및 지원에 관한 법률」에 따
른 어업회사법인에 현물출자함으로써 발생하는 소득에 대해서는 양도
소득분 개인지방소득세의 100분의 100에 상당하는 세액을 감면한다.
다만, 해당 어업용 토지등이 주거지역등에 편입되거나 「도시개발법」

⑩ 법 제126조 제7항을 적용할 때 현물출자로 취득한 주식 또는 출자
지분의 100분의 50 이상을 처분하는 경우의 판단기준은 「조세특례제
한법 시행령」 제28조 제10항에 따른다. (2014. 3. 14. 신설)
⑪ 법 제126조 제7항에 따른 세액의 납부는 해당 부동산을 현물출자하
기 전에 직접 사용하였던 기간과 현물출자 후 주식 또는 출자지분 처분
일까지의 기간을 합한 기간이 8년 미만인 경우에 한한다. 이 경우 상속받
은 부동산의 사용기간을 계산할 때 피상속인이 사용한 기간은 상속인
이 이를 사용한 기간으로 본다. (2014. 3. 14. 신설)
⑫ 법 제126조에 따른 면제에 관하여는 제1항부터 제11항까지에서 규
정한 사항 외에는 「조세특례제한법 시행령」 제63조를 준용한다. (2014.
3. 14. 신설)

　　　제80조 【영어조합법인의 조합원에 대한 개인지방소득세의 면
제】① 법 제127조 제1항에서 "대통령령으로 정하는 범위의 금액"이
란 「조세특례제한법 시행령」 제64조 제2항에 따른 금액을 말한다.
(2014. 3. 14. 신설)
② 법 제127조 제2항에서 "대통령령으로 정하는 어업인"이란 「조세
특례제한법 시행령」 제64조 제3항에 따른 자를 말한다. (2014. 3. 14.
신설)
③ 법 제127조 제2항에서 "대통령령으로 정하는 어업용 토지 등"이란
「조세특례제한법 시행령」 제64조 제4항에 따른 토지 및 건물을 말한
다. (2014. 3. 14. 신설)
④ 법 제127조 제3항에 따라 납부하여야 하는 세액은 「조세특례제한
법 시행령」 제64조 제5항에 따라 산출한 금액의 100분의 10에 해당하

또는 그 밖의 법률에 따라 환지처분 전에 어업용 토지등 외의 토지로 환지예정지 지정을 받은 경우에는 주거지역등에 편입되거나, 환지예정지 지정을 받은 날까지 발생한 소득으로서 대통령령으로 정하는 소득에 대해서만 양도소득분 개인지방소득세의 100분의 100에 상당하는 세액을 감면한다. (2016. 12. 27. 개정)

③ 제2항에 따라 양도소득분 개인지방소득세를 감면받은 자가 그 출자지분을 출자일부터 3년 이내에 다른 사람에게 양도하는 경우에는 그 양도일이 속하는 과세연도의 개인지방소득 과세표준신고를 할 때 대통령령으로 정하는 바에 따라 계산한 세액을 양도소득분 개인지방소득세를 납부하여야 한다. 다만, 대통령령으로 정하는 경우에는 그러하지 아니하다. (2014. 12. 31. 개정)

④ 제1항 및 제2항에 따른 감면신청과 제3항 본문에 따른 세액의 납부에 관하여는 제126조 제4항 및 제6항을 준용한다. (2014. 12. 31. 개정)

제128조 【농업인 등에 대한 양도소득분 개인지방소득세의 면제 등】 ① 대통령령으로 정하는 농업인이 2018년 12월 31일 이전에 농지 또는 초지를 「농어업경영체 육성 및 지원에 관한 법률」에 따른 농업회사법인(이하 “농업회사법인”이라 한다. 본 항에서 농업회사법인은 「농지법」에 따른 농업법인의 요건을 갖춘 경우만 해당한다)에 현물출자함으로써 발생하는 소득에 대해서는 양도소득분 개인지방소득세의 100분의 100에 상당하는 세액을 감면한다. 다만, 해당 농지 또는 초지가 주거지역등에 편입되거나 「도시개발법」 또는 그 밖의 법률에 따라 환지처분 전에 농지 또는 초지 외의 토지로 환지예정지 지정을 받은 경우에는 주거지역등에 편입되거나, 환지예정지 지정을 받은 날까지 발생한 소득으로서 대통령령으로 정하는 소득에 대해서만 양도소득분 개인지방소득세의 100분의 100에 상당하는 세액을 감면한다. (2016. 12. 27. 개정)

② 대통령령으로 정하는 농업인이 2018년 12월 31일 이전에 농업회사법인에 「농업·농촌 및 식품산업 기본법」 제3조 제1호에 따른 농작물재배업·축산업 및 임업에 직접 사용되는 부동산(제1항에 따른 농지 및 초지는 제외한다)을 현물출자하는 경우에는 이월과세를 적용받을 수 있다. 이 경우 제126조 제7항 및 제8항을 준용한다. (2016. 12.

는 금액으로 한다. (2014. 3. 14. 신설)

⑤ 법 제127조 제3항 단서에서 “대통령령으로 정하는 경우”란 「해외이주법」에 따른 해외이주에 의하여 세대전원이 출국하는 경우를 말한다. (2014. 3. 14. 신설)

⑥ 법 제127조 제1항에 따라 배당소득에 대한 개인지방소득세를 면제받으려는 자는 해당 배당소득을 지급받는 때에 행정안전부령으로 정하는 세액면제신청서를 영어조합법인에 제출하여야 하고, 영어조합법인은 배당금을 지급한 날이 속하는 달의 다음 달 말일까지 조합원이 제출한 세액면제신청서를 특별징수 관할 지방자치단체의 장에게 제출하여야 한다. 다만, 「조세특례제한법 시행령」 제64조 제8항에 따라 원천징수 관할 세무서장에게 소득세 면제를 신청하는 경우에는 법 제127조 제1항에 따른 개인지방소득세에 대한 면제도 함께 신청한 것으로 본다. (2017. 7. 26. 직제개정 ; 행정안전부와~직제 부칙)

⑦ 법 제127조 제1항 및 제2항에 따라 양도소득분 개인지방소득세의 면제신청을 하려는 자는 해당 어업용 토지 등을 양도한 날이 속하는 과세연도의 과세표준신고와 함께 행정안전부령으로 정하는 세액면제신청서에 현물출자계약서 사본 1부를 첨부하여 납세지 관할 지방자치단체의 장에게 제출하여야 한다. 다만, 「조세특례제한법 시행령」 제64조 제9항에 따라 납세지 관할 세무서장에게 양도소득세 면제를 신청하는 경우에는 법 제127조 제1항 및 제2항에 따른 개인지방소득세에 대한 면제도 함께 신청한 것으로 본다. (2017. 7. 26. 직제개정 ; 행정안전부와~직제 부칙)

개정)

③ 농업회사법인에 출자한 거주자가 2018년 12월 31일까지 받는 배당소득 중 식량작물재배업소득에서 발생한 배당소득 전액에 대해서는 개인지방소득세를 면제한다. (2016. 12. 27. 개정)

④ 제1항부터 제3항까지를 적용받으려는 자는 대통령령으로 정하는 바에 따라 신청을 하여야 한다. (2014. 1. 1. 신설)

⑤ 제1항에 따른 양도소득분 개인지방소득세의 감면에 관하여는 제126조 제3항·제4항 및 제6항을 준용한다. (2016. 12. 27. 신설)

제129조【자경농지에 대한 양도소득분 개인지방소득세의 감면】 ① 농지 소재지에 거주하는 대통령령으로 정하는 거주자가 8년 이상[대통령령으로 정하는 경영이양 직접지불보조금의 지급대상이 되는 농지를 「한국농어촌공사 및 농지관리기금법」에 따른 한국농어촌공사 또는 농업을 주업으로 하는 법인으로서 대통령령으로 정하는 법인(이하 이 조에서 "농업법인"이라 한다)에 2018년 12월 31일까지 양도하는 경우에는 3년 이상] 대통령령으로 정하는 방법으로 직접 경작한 토지 중 대통령령으로 정하는 토지의 양도로 인하여 발생하는 양도소득분 개인지방소득세를 면제한다. 다만, 해당 토지가 주거지역등에 편

제81조【농업인 등에 대한 개인지방소득세의 감면 등】 ① 법 제128조 제3항에 따른 농업소득에서 발생한 배당소득은 「조세특례제한법 시행령」 제65조 제2항 제1호에 따라 계산한 금액을 말한다. (2014. 3. 14. 신설)

② 법 제128조 제2항에 따라 양도소득분 개인지방소득세 이월과세를 적용받으려는 자는 과세표준신고와 함께 행정안전부령으로 정하는 이월과세적용신청서를 납세지 관할 지방자치단체의 장에게 제출하되, 이월과세적용신청서는 농업회사법인과 함께 제출하여야 한다. 다만, 「조세특례제한법 시행령」 제65조 제5항에 따라 납세지 관할 세무서장에게 양도소득세 이월과세를 신청하는 경우에는 법 제128조 제1항에 따른 개인지방소득세에 대한 이월과세도 함께 신청한 것으로 본다. (2020. 1. 15. 단서개정)

③ 법 제128조 제3항에 따라 배당소득에 대한 개인지방소득세를 면제받으려는 자는 해당 배당소득을 지급받는 때에 행정안전부령으로 정하는 세액면제신청서를 영농조합법인에 제출하여야 하고, 영농조합법인은 배당금을 지급한 날이 속하는 달의 다음 달 말일까지 조합원이 제출한 세액면제신청서를 특별징수 관할 지방자치단체의 장에게 제출하여야 한다. 다만, 「조세특례제한법 시행령」 제65조 제5항에 따라 원천징수 관할 세무서장에게 소득세 면제를 신청하는 경우에는 법 제128조 제3항에 따른 개인지방소득세에 대한 면제도 함께 신청한 것으로 본다. (2017. 7. 26. 직제개정 ; 행정안전부와～직제 부칙)

제82조【자경농지에 대한 양도소득분 개인지방소득세의 감면】 ① 법 제129조 제1항 본문에서 "농지 소재지에 거주하는 대통령령으로 정하는 거주자"란 「조세특례제한법 시행령」 제66조 제1항 및 제6항에 따른 자를 말한다. (2014. 3. 14. 신설)

② 법 제129조 제1항 본문에서 "대통령령으로 정하는 경영이양 직접지불보조금"이란 「농산물의 생산자를 위한 직접지불제도 시행규정」 제4조에 따른 <u>농지이양은퇴보조금</u>을 말하고, "대통령령으로 정하는 법인"이란 「조세특례제한법 시행령」 제66조 제2항에 따른 법인을 말한다. (2024. 3. 26. 개정 ; 농산물의～부칙)

입되거나 「도시개발법」 또는 그 밖의 법률에 따라 환지처분 전에 농지 외의 토지로 환지예정지 지정을 받은 경우에는 주거지역등에 편입되거나, 환지예정지 지정을 받은 날까지 발생한 소득으로서 대통령령으로 정하는 소득에 대해서만 양도소득분 개인지방소득세를 면제한다. (2016. 12. 27. 개정)

② 농업법인이 해당 토지를 취득한 날부터 3년 이내에 그 토지를 양도하거나 대통령령으로 정하는 사유가 발생한 경우에는 그 법인이 그 사유가 발생한 과세연도의 과세표준신고를 할 때 제1항에 따라 감면된 세액에 상당하는 금액을 법인지방소득세로 납부하여야 한다. (2014. 1. 1. 신설)

③ 제1항을 적용받으려는 자는 대통령령으로 정하는 바에 따라 감면신청을 하여야 한다. (2014. 1. 1. 신설)

제130조 【축사용지에 대한 양도소득분 개인지방소득세의 감면】 ① 축산에 사용하는 축사와 이에 딸린 토지(이하 이 조에서 "축사용지"라 한다) 소재지에 거주하는 대통령령으로 정하는 거주자가 8년 이상 대통령령으로 정하는 방법으로 직접 축산에 사용한 대통령령으로 정하는 축사용지(1명당 1,650제곱미터를 한도로 한다)를 폐업을 위하여 2017년 12월 31일까지 양도함에 따라 발생하는 소득에 대해서는 양도소득분 개인지방소득세를 면제한다. 다만, 해당 토지가 주거지역 등에 편입되거나 「도시개발법」 또는 그 밖의 법률에 따라 환지처분 전

③ 법 제129조 제1항 본문에서 "대통령령으로 정하는 방법으로 직접 경작"이란 「조세특례제한법 시행령」 제66조 제13항에 따른 경작 또는 재배를 말하고, "대통령령으로 정하는 토지"란 「조세특례제한법 시행령」 제66조 제4항·제5항·제11항 및 제12항에 따른 농지를 말한다. (2014. 3. 14. 신설)

④ 법 제129조 제1항 단서에서 "대통령령으로 정하는 소득"이란 「조세특례제한법 시행령」 제66조 제7항에 따라 계산한 금액을 말한다. (2014. 3. 14. 신설)

⑤ 법 제129조 제2항에서 "대통령령으로 정하는 사유가 발생한 경우"란 「조세특례제한법 시행령」 제66조 제8항 각 호의 어느 하나에 해당하는 경우를 말한다. (2014. 3. 14. 신설)

⑥ 법 제129조 제3항에 따라 양도소득분 개인지방소득세의 감면신청을 하려는 자는 해당 농지를 양도한 날이 속하는 과세연도의 과세표준신고와 함께 행정안전부령으로 정하는 세액감면신청서를 납세지 관할 지방자치단체의 장에게 제출하되, 제2항에 따른 법인에게 양도한 경우에는 해당 양수인과 함께 세액감면신청서를 제출하여야 한다. 다만, 「조세특례제한법 시행령」 제66조 제9항에 따라 납세지 관할 세무서장에게 양도소득세 감면을 신청하는 경우에는 법 제129조에 따른 개인지방소득세에 대한 감면도 함께 신청한 것으로 본다. (2017. 7. 26. 직제개정 ; 행정안전부와~직제 부칙)

⑦ 제6항에 따른 세액감면신청서를 접수한 해당 지방자치단체의 장은 제2항에 따른 법인의 납세지 관할 지방자치단체의 장에게 이를 즉시 통지하여야 한다. (2014. 3. 14. 신설)

제83조 【축사용지에 대한 양도소득분 개인지방소득세의 감면】 ① 법 제130조 제1항 본문에서 "대통령령으로 정하는 거주자"란 「조세특례제한법 시행령」 제66조의 2 제1항에 따른 자를 말하고, "대통령령으로 정하는 방법으로 직접 축산"이란 「조세특례제한법 시행령」 제66조의 2 제2항에 따른 것을 말하며, "대통령령으로 정하는 축사용지"란 「조세특례제한법 시행령」 제66조의 2 제3항부터 제7항까지의 규정에 따른 축사용지를 말한다. (2014. 3. 14. 신설)

② 법 제130조 제1항 본문에 따른 폐업은 「조세특례제한법 시행령」

에 해당 축사용지 외의 토지로 환지예정지 지정을 받은 경우에는 주거지역등에 편입되거나, 환지예정지 지정을 받은 날까지 발생한 소득으로서 대통령령으로 정하는 소득에 대하여만 양도소득분 개인지방소득세를 면제한다. (2016. 12. 27. 개정)

② 제1항에 따라 양도소득분 개인지방소득세를 감면받은 거주자가 해당 축사용지 양도 후 5년 이내에 축산업을 다시 하는 경우에는 감면받은 세액을 추징한다. 다만, 상속 등 대통령령으로 정하는 경우에는 그러하지 아니한다. (2014. 1. 1. 신설)
③ 제1항을 적용받으려는 자는 대통령령으로 정하는 바에 따라 감면신청을 하여야 한다. (2014. 1. 1. 신설)
④ 제1항부터 제3항까지의 규정을 적용하는 경우 축사용지의 보유기간, 폐업의 범위, 감면세액의 계산방법 및 그 밖에 필요한 사항은 대통령령으로 정한다. (2014. 1. 1. 신설)

　　제131조 【농지대토에 대한 양도소득분 개인지방소득세 감면】
① 농지 소재지에 거주하는 대통령령으로 정하는 거주자가 대통령령으로 정하는 방법으로 직접 경작한 토지를 경작상의 필요에 의하여 대통령령으로 정하는 경우에 해당하는 농지로 대토(代土)함으로써 발생하는 소득에 대해서는 양도소득분 개인지방소득세를 면제한다. 다만, 해당 토지가 주거지역등”에 편입되거나 「도시개발법」 또는 그 밖의 법률에 따라 환지처분 전에 농지 외의 토지로 환지예정지 지정을 받은 경우에는 주거지역등에 편입되거나, 환지예정지 지정을 받은 날까지 발생한

제66조의 2 제8항에 따라 축산기간 및 폐업 확인서에 폐업임을 확인받은 경우로 한다. (2014. 3. 14. 신설)
③ 법 제130조 제1항에 따라 감면하는 세액은 다음 계산식에 따라 계산한다. (2014. 3. 14. 신설)

$$\text{감면세액} = \text{양도소득분 개인지방소득세 산출세액} \times \frac{\text{축사용지면적(다만, 990제곱미터를 초과하는 경우 990제곱미터로 한다)}}{\text{총 양도면적}}$$

④ 법 제130조 제1항 단서에서 “대통령령으로 정하는 소득”이란 「조세특례제한법 시행령」 제66조의 2 제10항에 따라 계산한 금액을 말한다. (2014. 3. 14. 신설)
⑤ 법 제130조 제2항 단서에서 “상속 등 대통령령으로 정하는 경우”란 「조세특례제한법 시행령」 제66조의 2 제11항에 따른 경우를 말한다. (2014. 3. 14. 신설)
⑥ 법 제130조 제3항에 따라 양도소득분 개인지방소득세 감면신청을 하려는 사람은 해당 축사용지를 양도한 날이 속하는 과세기간의 과세표준신고와 함께 행정안전부령으로 정하는 세액감면신청서 및 제2항에 따른 축산기간 및 폐업 확인서를 납세지 관할 지방자치단체의 장에게 제출하여야 한다. 다만, 「조세특례제한법 시행령」 제66조의 2 제12항에 따라 납세지 관할 세무서장에게 양도소득세 감면을 신청하는 경우에는 법 제130조에 따른 개인지방소득세에 대한 감면도 함께 신청한 것으로 본다. (2017. 7. 26. 직제개정 ; 행정안전부와~직제 부칙)

　　제84조 【농지대토에 대한 양도소득분 개인지방소득세 감면요건 등】① 법 제131조 제1항 본문에서 “대통령령으로 정하는 거주자”란 「조세특례제한법 시행령」 제67조 제1항에 따른 자를 말하고, “대통령령으로 정하는 방법으로 직접 경작”이란 「조세특례제한법 시행령」 제67조 제2항에 따른 경작 또는 재배를 말하며, “대통령령으로 정하는 경우”란 「조세특례제한법 시행령」 제67조 제3항부터 제6항까지의 규정에 해당하는 경우를 말한다. (2014. 8. 20. 개정)
② 법 제131조 제1항 단서에서 “대통령령으로 정하는 소득”이란 「조

소득으로서 대통령령으로 정하는 소득에 대해서만 양도소득분 개인지방소득세를 면제한다. (2016. 12. 27. 단서개정)

② 제1항에 따라 양도하거나 취득하는 토지가 주거지역등에 편입되거나 「도시개발법」 또는 그 밖의 법률에 따라 환지처분 전에 농지 외의 토지로 환지예정지 지정을 받은 토지로서 대통령령으로 정하는 토지의 경우에는 제1항을 적용하지 아니한다. (2016. 12. 27. 개정)

③ 제1항에 따라 감면을 받으려는 자는 대통령령으로 정하는 바에 따라 감면신청을 하여야 한다. (2014. 1. 1. 신설)

④ 제1항에 따라 양도소득분 개인지방소득세의 감면을 적용받은 거주자가 대통령령으로 정하는 사유가 발생하여 제1항에서 정하는 요건을 충족하지 못하는 경우에는 그 사유가 발생한 날이 속하는 달의 말일부터 2개월 이내에 감면받은 양도소득분 개인지방소득세를 납부하여야 한다. (2014. 1. 1. 신설)

⑤ 제1항에 따라 감면받은 양도소득분 개인지방소득세를 제4항에 따라 납부하는 경우에는 대통령령으로 정하는 바에 따라 계산한 이자상당액을 가산한다. (2014. 1. 1. 신설)

제131조의 2 【경영회생 지원을 위한 농지 매매 등에 대한 양도소득분 개인지방소득세 과세특례】 ① 「농지법」 제2조에 따른 농업인(이하 이 조에서 "농업인"이라 한다)이 「한국농어촌공사 및 농지관리기금법」 제24조의 3 제1항에 따라 직접 경작한 농지 및 그 농지에 딸린 농업용시설(이하 이 조에서 "농지등"이라 한다)을 같은 법 제3조에 따른 한국농어촌공사(이하 이 조에서 "한국농어촌공사"라 한다)에 양도한 후 같은 법 제24조의 3 제3항에 따라 임차하여 직접 경작한 경우로서 해당 농지등을 같은 법 제24조의 3 제3항에 따른 임차기간 내에 환매한 경우 대통령령으로 정하는 바에 따라 해당 농지등의 양도소득에 대하여 납부한 양도소득분 개인지방소득세를 환급받을 수 있다. (2014. 3. 24. 신설)

② 제1항에 따라 양도소득분 개인지방소득세를 환급받은 농업인이 환매한 해당 농지등을 다시 양도하는 경우 그 취득가액과 취득시기는 「조세특례제한법」 제70조의 2 제2항을 준용한다. (2014. 3. 24. 신설)

세특례제한법 시행령」 제67조 제7항에 따라 계산한 금액을 말한다. (2014. 3. 14. 신설)

③ 법 제131조 제2항에서 "대통령령으로 정하는 토지"란 「조세특례제한법 시행령」 제67조 제8항 각 호의 어느 하나에 해당하는 농지를 말한다. (2014. 3. 14. 신설)

④ 법 제131조 제3항에 따라 양도소득분 개인지방소득세의 감면신청을 하려는 자는 해당 농지를 양도한 날이 속하는 과세연도의 과세표준 신고와 함께 행정안전부령으로 정하는 세액감면신청서를 납세지 관할 지방자치단체의 장에게 제출하여야 한다. 다만, 「조세특례제한법 시행령」 제67조 제9항에 따라 납세지 관할 세무서장에게 양도소득세 감면을 신청하는 경우에는 법 제131조에 따른 개인지방소득세에 대한 감면도 함께 신청한 것으로 본다. (2017. 7. 26. 직제개정 ; 행정안전부와~직제 부칙)

⑤ 법 제131조 제4항에서 "대통령령으로 정하는 사유"란 「조세특례제한법 시행령」 제67조 제10항 각 호의 어느 하나에 해당하는 경우를 말한다. (2014. 3. 14. 신설)

⑥ 법 제131조 제5항에서 "대통령령으로 정하는 바에 따라 계산한 이자상당액"이란 법 제131조 제4항에 따라 납부하여야 할 세액에 상당하는 금액에 제1호의 기간과 제2호의 율을 곱하여 계산한 금액으로 한다. (2014. 3. 14. 신설)

1. 종전의 농지에 대한 양도소득분 개인지방세 예정신고 납부기한의 다음 날부터 법 제131조 제4항에 따른 양도소득분 개인지방세 납부일까지의 기간 (2014. 3. 14. 신설)

2. 1일 1만분의 3 (2014. 3. 14. 신설)

③ 제1항에 따라 환급받으려는 자는 대통령령으로 정하는 바에 따라 환급신청을 하여야 한다. (2014. 3. 24. 신설)
④ 제1항 및 제2항을 적용함에 있어 환매한 농지등을 다시 양도하는 경우 제129조에 따른 자경농지에 대한 양도소득분 개인지방소득세의 감면의 적용방법 등 그 밖에 필요한 사항은 대통령령으로 정한다. (2014. 3. 24. 신설)

제84조의 2 【경영회생 지원을 위한 농지 매매 등에 대한 양도소득분 개인지방소득세 과세특례】 ① 법 제131조의 2 제3항에 따라 환급을 받으려는 자는 행정안전부령으로 정하는 환급신청서에 「조세특례제한법 시행령」 제67조의 2 제1항 각 호의 서류를 첨부하여 납세지 관할 지방자치단체의 장에게 제출하여야 한다. 다만, 「조세특례제한법 시행령」 제67조의 2 제1항에 따라 납세지 관할 세무서장에게 양도소득세 환급을 신청하는 경우에는 법 제131조의 2에 따른 양도소득분 개인지방소득세에 대한 환급도 함께 신청한 것으로 본다. (2017. 7. 26. 직제개정 ; 행정안전부와~직제 부칙)
② 제1항에 따라 환급신청서를 제출받은 납세지 관할 지방자치단체의 장이 환급을 하는 경우에 관하여는 「지방세기본법」 제60조를 준용한다. 이 경우 「지방세기본법」 제62조의 지방세환급가산금에 관한 규정은 적용하지 아니한다. (2017. 3. 27. 개정 ; 지방세기본법 시행령 부칙)
③ 법 제131조의 2 제1항에 따라 양도소득분 개인지방소득세를 환급받은 농업인이 환매한 농지등을 다시 양도하는 경우 「한국농어촌공사 및 농지관리기금법」 제24조의 3 제3항에 따른 임차기간 내에 경작한 기간은 해당 농업인이 직접 농지등을 경작한 것으로 보아 제82조를 적용한다. (2014. 8. 20. 신설)
④ 「한국농어촌공사 및 농지관리기금법 시행령」 제19조의 6 제2항에 따라 농지등의 일부에 대하여 환매를 신청한 경우 제2항에 따른 환급세액은 환매한 농지등에 대하여 납부한 양도소득분 개인지방소득세에 상당하는 금액으로 한다. (2014. 8. 20. 신설)

영 84조의 2 제1항 단서의 개정규정은 2016. 12. 31.까지 효력을 가짐. (영 부칙 (2014. 8. 20.) 2조)

제 9 절   공익사업지원을 위한 특례
(2014. 1. 1. 신설)

제132조 【공익사업용 토지 등에 대한 양도소득분 개인지방소득세의 감면】 ① 다음 각 호의 어느 하나에 해당하는 소득으로서 해당 토지등이 속한 사업지역에 대한 사업인정고시일(사업인정고시일 전에 양도하는 경우에는 양도일)부터 소급하여 2년 이전에 취득한 토지등을 2018년 12월 31일 이전에 양도함으로써 발생하는 소득에 대해서는 양

제 9 절   공익사업지원을 위한 특례
(2014. 3. 14. 신설)

제85조 【공익사업용 토지 등에 대한 양도소득분 개인지방소득세의 감면】 ① 법 제132조 제1항 각 호 외의 부분에서 "대통령령으로 정하는 채권"이란 「조세특례제한법 시행령」 제72조 제1항에 따른 보상채권을 말하고, "「보금자리주택 건설 등에 관한 특별법」 등 대통령령으로 정하는 법률"이란 「조세특례제한법 시행령」 제72조 제2항 각

도소득분 개인지방소득세의 100분의 10[토지등의 양도대금을 대통령령으로 정하는 채권으로 받는 부분에 대해서는 100분의 15으로 하되, 「공공주택 특별법」 등 대통령령으로 정하는 법률에 따라 협의매수 또는 수용됨으로써 발생하는 소득으로서 대통령령으로 정하는 방법으로 해당 채권을 3년 이상의 만기까지 보유하기로 특약을 체결하는 경우에는 100분의 30(만기가 5년 이상인 경우에는 100분의 40)]에 상당하는 세액을 감면한다. (2016. 12. 27. 개정)

1. 「공익사업을 위한 토지 등의 취득 및 보상에 관한 법률」이 적용되는 공익사업에 필요한 토지등을 그 공익사업의 시행자에게 양도함으로써 발생하는 소득 (2014. 1. 1. 신설)

2. 「도시 및 주거환경정비법」에 따른 정비구역(정비기반시설을 수반하지 아니하는 정비구역은 제외한다)의 토지등을 같은 법에 따른 사업시행자에게 양도함으로써 발생하는 소득 (2014. 1. 1. 신설)

3. 「공익사업을 위한 토지 등의 취득 및 보상에 관한 법률」이나 그 밖의 법률에 따른 토지등의 수용으로 인하여 발생하는 소득 (2014. 1. 1. 신설)

② 거주자가 제1항 제1호에 따른 공익사업의 시행자 및 같은 항 제2호에 따른 사업시행자(이하 이 조에서 "사업시행자"라 한다)로 지정되기 전의 사업자(이하 이 항에서 "지정 전 사업자"라 한다)에게 2년 이상 보유한 토지등(제1항 제1호의 공익사업에 필요한 토지등 또는 같은 항 제2호에 따른 정비구역의 토지등을 말한다. 이하 이 항에서 같다)을 2015년 12월 31일 이전에 양도하고 해당 토지등을 양도한 날이 속하는 과세기간의 개인지방소득 과세표준신고(예정신고를 포함한다)를 법정신고기한까지 한 경우로서 지정 전 사업자가 그 토지등의 양도일부터 5년 이내에 사업시행자로 지정받은 경우에는 대통령령으로 정하는 바에 따라 제1항에 따른 양도소득분 개인지방소득세 감면을 받을 수 있다. 이 경우 감면할 양도소득분 개인지방소득세의 계산은 감면율 등이 변경되더라도 양도 당시 법률에 따른다. (2014. 1. 1. 신설)

③ 다음 각 호의 어느 하나에 해당하는 경우 해당 사업시행자는 제1항 또는 제2항에 따라 감면된 세액에 상당하는 금액을 그 사유가 발생한 과세연도의 과세표준신고를 할 때 지방소득세로 납부하여야 한다. (2014. 12. 31. 개정)

호의 어느 하나에 해당하는 법률을 말하며, "대통령령으로 정하는 방법"이란 「조세특례제한법 시행령」 제72조 제3항에 따른 방법을 말한다. (2014. 3. 14. 신설)

② 법 제132조 제2항에 따라 공익사업용 토지등을 양도한 자가 양도소득분 개인지방소득세를 감면받으려는 경우에는 법 제132조 제1항 제1호에 따른 공익사업의 시행자 및 같은 항 제2호에 따른 사업시행자(이하 이 조에서 "사업시행자"라 한다)가 해당 사업시행자로 지정받은 날부터 2개월 이내에 행정안전부령으로 정하는 세액감면신청서에 해당 사업시행자임을 확인할 수 있는 서류를 첨부하여 양도자의 납세지 관할 지방자치단체의 장에게 제출하여야 한다. 다만, 「조세특례제한법 시행령」 제72조 제4항에 따라 양도자의 납세지 관할 세무서장에게 소득세 감면을 신청하는 경우에는 법 제132조 제2항에 따른 개인지방소득세에 대한 세액감면도 함께 신청한 것으로 본다. (2017. 7. 26. 직제개정 ; 행정안전부와~직제 부칙)

1. 제1항 제1호에 따른 공익사업의 시행자가 사업시행인가 등을 받은 날부터 3년 이내에 그 공익사업에 착수하지 아니하는 경우 (2014. 1. 1. 신설)
2. 제1항 제2호에 따른 사업시행자가 대통령령으로 정하는 기한까지 「도시 및 주거환경정비법」에 따른 사업시행계획인가를 받지 아니하거나 그 사업을 완료하지 아니하는 경우 (2017. 2. 8. 개정 ; 도시 및 주거환경정비법 부칙)

④ 제1항에 따라 해당 채권을 만기까지 보유하기로 특약을 체결하고 양도소득분 개인지방소득세의 100분의 30(만기가 5년 이상인 경우에는 100분의 40)에 상당하는 세액을 감면받은 자가 그 특약을 위반하게 된 경우에는 즉시 감면받은 세액 중 양도소득분 개인지방소득세의 100분의 10(만기가 5년 이상인 경우에는 100분의 20)에 상당하는 금액을 징수한다. (2014. 3. 24. 개정)

⑤ 제1항 제1호·제2호 또는 제2항에 따라 감면받은 세액을 제3항에 따라 납부하는 경우에는 제122조 제4항의 이자 상당 가산액에 관한 규정을 준용하고 제1항에 따라 감면받은 세액을 제4항에 따라 징수하는 경우에는 제126조 제4항을 준용한다. (2014. 1. 1. 신설)

⑥ 제1항 제1호 또는 제2호에 따라 세액을 감면받으려면 해당 사업시행자가 대통령령으로 정하는 바에 따라 감면신청을 하여야 한다. (2014. 1. 1. 신설)

⑦ 제1항 제3호에 따른 감면을 받으려는 자는 대통령령으로 정하는 바에 따라 감면신청을 하여야 한다. (2014. 1. 1. 신설)

⑧ 제1항과 제4항을 적용하는 경우 채권을 만기까지 보유하기로 한 특약의 내용, 그 밖에 필요한 사항은 대통령령으로 정한다. (2014. 1. 1. 신설)

③ 법 제132조 제3항 제2호에서 "대통령령으로 정하는 기한"이란 「조세특례제한법 시행령」 제72조 제5항에 따른 기한을 말한다. (2014. 3. 14. 신설)

④ 사업시행자는 법 제132조 제1항에 따라 보상채권을 만기까지 보유하기로 특약을 체결한 자(이하 이 조에서 "특약체결자"라 한다)가 있으면 그 특약체결자에 대한 보상명세를, 특약체결자가 그 특약을 위반하는 경우 그 위반사실을 다음 달 말일까지 납세지 관할 지방자치단체의 장에게 통보하여야 한다. 다만, 「조세특례제한법 시행령」 제72조 제6항에 따라 납세지 관할 세무서장에게 위반사실을 통보한 경우에는 납세지 관할 지방자치단체의 장에게도 함께 통보한 것으로 본다. (2014. 3. 14. 신설)

⑤ 법 제132조 제6항에 따른 감면신청을 하려는 사업시행자는 해당 토지등을 양도한 날이 속하는 과세연도의 과세표준신고와 함께 행정안전부령으로 정하는 세액감면신청서에 해당 사업시행자임을 확인할 수 있는 서류(특약체결자의 경우에는 특약체결 사실 및 보상채권 예탁사실을 확인할 수 있는 서류를 포함한다)를 첨부하여 양도자의 납세지 관할 지방자치단체의 장에게 제출하여야 한다. 다만, 「조세특례제한법 시행령」 제72조 제7항에 따라 사업시행자가 양도자의 납세지 관할 세무서장에게 소득세 감면을 신청하는 경우에는 법 제132조 제6항에 따른 개인지방소득세에 대한 감면도 함께 신청한 것으로 본다. (2017. 7. 26. 직제개정 ; 행정안전부와~직제 부칙)

⑥ 법 제132조 제7항에 따른 감면신청을 하려는 자는 해당 토지등을 양도한 날이 속하는 과세연도의 과세표준신고(예정신고를 포함한다)와 함께 행정안전부령으로 정하는 세액감면신청서에 수용된 사실을 확인할 수 있는 서류(특약체결자의 경우에는 특약체결 사실 및 보상채권 예탁사실을 확인할 수 있는 서류를 포함한다)를 첨부하여 납세지 관할 지

⑨ 제1항 및 제2항을 적용하는 경우 상속받거나 「소득세법」 제97조의 2 제1항이 적용되는 증여받은 토지등은 피상속인 또는 증여자가 해당 토지등을 취득한 날을 해당 토지등의 취득일로 본다. (2014. 1. 1. 신설)

제133조【개발제한구역 지정에 따른 매수대상 토지등에 대한 양도소득분 개인지방소득세의 감면】① 「개발제한구역의 지정 및 관리에 관한 특별조치법」 제3조에 따라 지정된 개발제한구역(이하 이 조에서 "개발제한구역"이라 한다) 내의 해당 토지등을 같은 법 제17조에 따른 토지매수의 청구 또는 같은 법 제20조에 따른 협의매수를 통하여 2017년 12월 31일까지 양도함으로써 발생하는 소득에 대해서는 다음 각 호에 따른 세액을 감면한다. (2014. 12. 31. 개정)
1. 개발제한구역 지정일 이전에 해당 토지등을 취득하여 취득일부터 매수청구일 또는 협의매수일까지 해당 토지등의 소재지에서 거주하는 대통령령으로 정하는 거주자가 소유한 토지등 : 양도소득분 개인지방소득세의 100분의 40에 상당하는 세액 (2014. 3. 24. 개정)
2. 매수청구일 또는 협의매수일부터 20년 이전에 취득하여 취득일부터 매수청구일 또는 협의매수일까지 해당 토지등의 소재지에서 거주하는 대통령령으로 정하는 거주자가 소유한 토지등 : 양도소득분 개인지방소득세의 100분의 25에 상당하는 세액 (2014. 3. 24. 개정)
② 개발제한구역에서 해제된 해당 토지등을 「공익사업을 위한 토지 등의 취득 및 보상에 관한 법률」 및 그 밖의 법률에 따른 협의매수 또는 수용을 통하여 2017년 12월 31일까지 양도함으로써 발생하는 소득에 대해서는 다음 각 호에 따른 세액을 감면한다. 다만, 개발제한구역 해제일부터 1년(개발제한구역 해제 이전에 「경제자유구역의 지정 및 운영에 관한 법률」에 따른 경제자유구역의 지정 등 대통령령으로 정하는 지역으로 지정이 된 경우에는 5년) 이내에 「공익사업을 위한 토지 등의 취득 및 보상에 관한 법률」 및 그 밖의 법률에 따라 사업인정고시가 된 경우에 한정한다. (2014. 12. 31. 개정)
1. 개발제한구역 지정일 이전에 해당 토지등을 취득하여 취득일부터 사업인정고시일까지 해당 토지등의 소재지에서 거주하는 대통령령으로 정하는 거주자가 소유한 토지등 : 양도소득분 개인지방소득세

방자치단체의 장에게 제출하여야 한다. 다만, 「조세특례제한법 시행령」 제72조 제8항에 따라 납세지 관할 세무서장에게 양도소득세 감면을 신청하는 경우에는 법 제132조 제7항에 따른 개인지방소득세에 대한 감면도 함께 신청한 것으로 본다. (2017. 7. 26. 직제개정 ; 행정안전부와~직제 부칙)

제86조【개발제한구역 지정에 따른 매수대상 토지등에 대한 양도소득분 개인지방소득세의 감면】① 법 제133조 제1항 제1호·제2호 및 같은 조 제2항 제1호·제2호에서 "해당 토지등의 소재지에서 거주하는 대통령령으로 정하는 거주자"란 각각 「조세특례제한법 시행령」 제74조 제1항 각 호의 어느 하나에 해당하는 지역(거주 시작 당시에는 해당 지역에 해당하였으나 행정구역의 개편 등으로 이에 해당하지 아니하게 된 지역을 포함한다)에 거주한 자를 말한다. (2014. 3. 14. 신설)
② 법 제133조 제2항 각 호 외의 부분 단서에서 "「경제자유구역의 지정 및 운영에 관한 특별법」에 따른 경제자유구역의 지정 등 대통령령으로 정하는 지역"이란 「조세특례제한법 시행령」 제74조 제2항 각 호의 어느 하나에 해당하는 지역을 말한다. (2014. 3. 14. 신설)
③ 법 제133조 제4항에 따라 양도소득분 개인지방소득세의 감면신청을 하려는 자는 해당 토지등을 양도한 날이 속하는 과세연도의 과세표준신고(예정신고를 포함한다)와 함께 행정안전부령으로 정하는 세액감면신청서에 토지매수 청구 또는 협의매수된 사실을 확인할 수 있는 서류를 첨부하여 납세지 관할 지방자치단체의 장에게 제출하여야 한다. 다만, 「조세특례제한법 시행령」 제74조 제3항에 따라 납세지 관할 세무서장에게 양도소득세 감면을 신청하는 경우에는 법 제133조에 따른 개인지방소득세에 대한 감면도 함께 신청한 것으로 본다. (2017. 7. 26.

의 100분의 40에 상당하는 세액 (2014. 3. 24. 개정)
2. 사업인정고시일부터 20년 이전에 취득하여 취득일부터 사업인정
고시일까지 해당 토지등의 소재지에서 거주하는 대통령령으로 정
하는 거주자가 소유한 토지등 : 양도소득분 개인지방소득세의 100
분의 25에 상당하는 세액 (2014. 3. 24. 개정)
③ 제1항 및 제2항을 적용하는 경우 상속받은 토지등은 피상속인이 해
당 토지등을 취득한 날을 해당 토지등의 취득일로 본다. (2014. 1. 1.
신설)
④ 제1항 및 제2항을 적용할 때 감면신청, 거주기간의 계산, 그 밖에
필요한 사항은 대통령령으로 정한다. (2014. 1. 1. 신설)

　　제134조【행정중심복합도시·혁신도시 개발예정지구 내 공장의
지방 이전에 대한 세액감면】① 「신행정수도 후속대책을 위한 연기·
공주지역 행정중심복합도시 건설을 위한 특별법」에 따른 행정중심복
합도시 예정지역 또는 「혁신도시 조성 및 발전에 관한 특별법」에 따른
혁신도시개발예정지구(이하 이 조에서 "행정중심복합도시등"이라 한
다)에서 공장시설을 갖추고 사업을 하던 내국인이 대통령령으로 정하
는 행정중심복합도시등 밖(이하 이 조에서 "지방"이라 한다)으로 이전
하여 사업을 개시하는 경우 이전사업에서 발생하는 소득에 대해서는
이전일 이후 최초로 소득이 발생한 날이 속하는 과세연도(이전일부터
5년이 되는 날이 속하는 과세연도까지 해당 사업에서 소득이 발생하지
아니하는 경우에는 5년이 되는 날이 속하는 과세연도)와 그 다음 과세
연도의 개시일부터 3년 이내에 끝나는 과세연도까지 이전사업에서 발
생하는 소득에 대한 개인지방소득세의 100분의 50에 상당하는 세액을
감면한다. (2017. 12. 26. 개정 ; 공공기관 지방이전~부칙)
② 제1항을 적용받으려는 내국인은 해당 과세연도의 과세표준신고와
함께 대통령령으로 정하는 바에 따라 감면신청을 하여야 한다. (2014.
1. 1. 신설)

　　제135조【사회적기업 및 장애인 표준사업장에 대한 개인지방소
득세 등의 감면】① 「사회적기업 육성법」 제2조 제1호에 따라 2019
년 12월 31일까지 사회적기업으로 인증받은 내국인은 해당 사업에서

직제개정 ; 행정안전부와~직제 부칙)

④ 법 제133조 제4항에 따라 거주기간을 계산하는 경우에는 「조세특
례제한법 시행령」 제74조 제4항에 따른다. (2014. 3. 14. 신설)

　　제87조【행정중심복합도시·혁신도시 개발예정지구 내 공장의
지방 이전에 대한 세액감면】① 법 제134조 제1항에서 "대통령령으로
정하는 행정중심복합도시 등 밖"이란 「조세특례제한법 시행령」 제79
조의 3 제1항에 따른 지역을 말하고, 법 제134조 제1항에 따른 공장은
「조세특례제한법 시행령」 제54조 제1항에 따른 공장으로 한다. (2014.
3. 14. 신설)
② 법 제134조 제1항이 적용되는 지방 이전은 「조세특례제한법 시행
령」 제79조의 3 제5항에 따른 지방 이전으로 한다. (2014. 3. 14. 신설)

③ 법 제134조 제2항에 따른 감면신청을 하려는 자는 지방공장을 취득
하여 사업을 개시한 때에 그 사업개시일이 속하는 과세연도의 과세표준
신고와 함께 행정안전부령으로 정하는 세액감면신청서를 납세지 관할
지방자치단체의 장에게 제출하여야 한다. 다만, 「조세특례제한법」 제85
조의 2 제5항에 따라 납세지 관할 세무서장에게 소득세 감면을 신청하
는 경우에는 법 제134조에 따른 개인지방소득세에 대한 감면도 함께 신
청한 것으로 본다. (2017. 7. 26. 직제개정 ; 행정안전부와~직제 부칙)

최초로 소득이 발생한 과세연도(인증을 받은 날부터 5년이 되는 날이 속하는 과세연도까지 해당 사업에서 소득이 발생하지 아니한 경우에는 5년이 되는 날이 속하는 과세연도)와 그 다음 과세연도의 개시일부터 2년 이내에 끝나는 과세연도까지 해당 사업에서 발생한 소득에 대한 개인지방소득세의 100분의 100에 상당하는 세액을 감면하고, 그 다음 2년 이내에 끝나는 과세연도의 경우에는 개인지방소득세의 100분의 50에 상당하는 세액을 경감한다. (2016. 12. 27. 개정)

② 2019년 12월 31일까지 「장애인고용촉진 및 직업재활법」 제2조 제8호에 따른 장애인 표준사업장으로 인정받은 내국인은 해당 사업에서 최초로 소득이 발생한 과세연도(인정을 받은 날부터 5년이 되는 날이 속하는 과세연도까지 해당 사업에서 소득이 발생하지 아니한 경우에는 5년이 되는 날이 속하는 과세연도)와 그 다음 과세연도의 개시일부터 2년 이내에 끝나는 과세연도까지 해당 사업에서 발생한 소득에 대한 개인지방소득세의 100분의 100에 상당하는 세액을 감면하고, 그 다음 2년 이내에 끝나는 과세연도의 경우에는 개인지방소득세의 100분의 50에 상당하는 세액을 경감한다. (2016. 12. 27. 개정)

③ 제1항을 적용할 때 세액감면기간 중 다음 각 호의 어느 하나에 해당하여 「사회적기업 육성법」 제18조에 따라 사회적기업의 인증이 취소되었을 때에는 해당 과세연도부터 제1항에 따른 개인지방소득세를 감면받을 수 없다. (2014. 1. 1. 신설)

1. 거짓이나 그 밖의 부정한 방법으로 인증을 받은 경우 (2014. 1. 1. 신설)

2. 「사회적기업 육성법」 제8조의 인증요건을 갖추지 못하게 된 경우 (2014. 1. 1. 신설)

④ 제2항을 적용할 때 세액감면기간 중 해당 장애인 표준사업장이 다음 각 호의 어느 하나에 해당하는 경우에는 해당 과세연도부터 제2항에 따른 개인지방소득세를 감면받을 수 없다. (2014. 1. 1. 신설)

1. 「장애인고용촉진 및 직업재활법」 제21조 또는 제22조에 따른 융자 또는 지원을 거짓이나 그 밖의 부정한 방법으로 받은 경우 (2014. 1. 1. 신설)

2. 사업주가 「장애인고용촉진 및 직업재활법」 제21조 또는 제22조에 따라 받은 융자금 또는 지원금을 같은 규정에 따른 용도에 사용하지

아니한 경우 (2014. 1. 1. 신설)

3. 「장애인고용촉진 및 직업재활법」 제2조 제8호에 따른 기준에 미달하게 된 경우 (2014. 1. 1. 신설)

⑤ 제1항 및 제2항에 따라 세액을 감면받은 내국인이 제3항 제1호 또는 제4항 제1호에 해당하는 경우에는 그 사유가 발생한 과세연도의 과세표준신고를 할 때 감면받은 세액에 대통령령으로 정하는 이자상당가산액을 계산한 금액을 가산하여 개인지방소득세로 납부하여야 한다. (2014. 1. 1. 신설)

⑥ 제1항 및 제2항을 적용받으려는 자는 대통령령으로 정하는 바에 따라 감면신청을 하여야 한다. (2014. 1. 1. 신설)

제136조【국가에 양도하는 산지에 대한 양도소득분 개인지방소득세의 감면】① 거주자가 「산지관리법」에 따른 산지(「국토의 계획 및 이용에 관한 법률」에 따른 도시지역에 소재하는 산지를 제외하며, 이하 이 항에서 "산지"라 한다)로서 2년 이상 보유한 산지를 2017년 12월 31일 이전에 「국유림의 경영 및 관리에 관한 법률」 제18조에 따라 국가에 양도함으로써 발생하는 소득에 대해서는 양도소득분 개인지방소득세의 100분의 10에 상당하는 세액을 감면한다. (2016. 12. 27. 개정)

② 제1항을 적용받으려는 자는 대통령령으로 정하는 바에 따라 감면신청을 하여야 한다. (2014. 1. 1. 신설)

제88조【사회적기업 및 장애인 표준사업장에 대한 개인지방소득세 등의 감면】① 법 제135조 제5항에서 "대통령령으로 정하는 이자상당가산액을 계산한 금액"이란 제75조 제4항을 준용하여 계산한 금액을 말한다. (2014. 3. 14. 신설)

② 법 제135조 제6항에 따른 감면신청을 하려는 자는 과세표준신고와 함께 행정안전부령으로 정하는 세액감면신청서를 납세지 관할 지방자치단체의 장에게 제출하여야 한다. 다만, 「조세특례제한법 시행령」 제79조의 7에 따라 납세지 관할 세무서장에게 소득세 감면을 신청하는 경우에는 법 제135조에 따른 개인지방소득세에 대한 감면도 함께 신청한 것으로 본다. (2017. 7. 26. 직제개정 ; 행정안전부와~직제 부칙)

제89조【국가에 양도하는 산지에 대한 양도소득분 개인지방소득세의 감면신청】법 제136조 제2항에 따른 감면신청을 하려는 자는 해당 산지를 양도한 날이 속하는 과세연도의 과세표준신고(예정신고를 포함한다)를 할 때 행정안전부령으로 정하는 세액감면신청서에 「국유림의 경영 및 관리에 관한 법률」 제18조 제2항에 따라 산림청장이 매수한 사실을 확인할 수 있는 매매계약서 사본을 첨부하여 납세지 관할 지방자치단체의 장에게 제출하여야 한다. 다만, 「조세특례제한법 시행령」 제79조의 11에 따라 납세지 관할 세무서장에게 양도소득세 감면을 신청하는 경우에는 법 제136조에 따른 개인지방소득세에 대한 감면도 함께 신청한 것으로 본다. (2017. 7. 26. 직제개정 ; 행정안전부와~직제 부칙)

제 10 절　국민생활의 안정을 위한 특례
(2014. 1. 1. 신설)

제137조 【근로자복지 증진을 위한 시설투자에 대한 세액공제】
① 대통령령으로 정하는 내국인이 그 종업원의 주거 안정 등 복지 증진을 위하여 다음 각 호의 어느 하나에 해당하는 시설을 2018년 12월 31일까지 취득(신축, 증축, 개축 또는 구입을 포함한다. 이하 이 조에서 같다)한 경우에는 해당 시설의 취득금액(해당 시설에 딸린 토지의 매입대금은 제외한다)의 1,000분의 7(취득주체가 중소기업인 경우와 제1호 또는 제2호의 시설로서 수도권 밖의 지역에 있는 대통령령으로 정하는 주택과 제3호의 시설을 취득한 경우에는 1,000분의 10)에 상당하는 금액을 취득일이 속하는 과세연도의 개인지방소득세(사업소득에 대한 개인지방소득세로 한정한다)에서 공제한다. (2016. 12. 27. 개정)
1. 무주택 종업원(출자자인 임원은 제외한다)에게 임대하기 위한 국민주택 (2014. 1. 1. 신설)
2. 종업원용 기숙사 (2014. 1. 1. 신설)
3. 「영유아보육법」에 따른 직장어린이집 (2014. 1. 1. 신설)
4. 장애인·노인·임산부 등의 편의 증진을 위한 시설로서 대통령령으로 정하는 시설 (2014. 1. 1. 신설)
5. 종업원의 휴식 또는 체력단련 등을 위한 시설로서 대통령령으로 정하는 시설 (2014. 1. 1. 신설)
6. 종업원의 건강관리를 위하여 「의료법」 제35조에 따라 개설한 부속 의료기관 (2014. 12. 31. 신설)
② 제1항 제1호의 국민주택과 그 밖의 주택을 함께 취득하는 경우 또는 제1항 제2호의 기숙사와 그 밖의 건물을 함께 취득하는 경우에 공제세액의 계산에 필요한 사항은 대통령령으로 정한다. (2014. 1. 1. 신설)
③ 제1항을 적용받으려는 내국인은 대통령령으로 정하는 바에 따라 세액공제신청을 하여야 한다. (2014. 1. 1. 신설)
④ 제1항 및 제2항에 따라 개인지방소득세를 공제받은 자가 해당 자산의 준공일 또는 구입일부터 5년 이내에 그 자산을 다른 목적에 전용한

제 10 절　국민생활의 안정을 위한 특례
(2014. 3. 14. 신설)

제90조 【근로자복지 증진을 위한 시설투자에 대한 세액공제】 ①
법 제137조 제1항 각 호 외의 부분에서 "대통령령으로 정하는 내국인"이란 「조세특례제한법 시행령」 제94조 제1항 각 호의 어느 하나에 해당하는 시설을 신축하거나 구입하는 자를 말하고, "대통령령으로 정하는 미분양주택"이란 「조세특례제한법 시행령」 제94조 제2항에 따른 주택을 말하며, 법 제137조 제1항 제4호에서 "대통령령으로 정하는 시설"이란 「조세특례제한법 시행령」 제94조 제3항에 따른 시설을 말하고, 법 제137조 제1항 제5호에서 "대통령령으로 정하는 시설"이란 「조세특례제한법 시행령」 제94조 제4항에 따른 시설을 말한다. (2014. 3. 14. 신설)
② 법 제137조 제2항에 따른 공제세액은 「조세특례제한법 시행령」 제94조 제5항에 따라 계산한 공제세액의 100분의 10에 상당하는 금액으로 한다. (2014. 3. 14. 신설)
③ 법 제137조 제1항을 적용받으려는 자는 해당 시설의 취득일이 속하는 과세연도의 과세표준신고와 함께 행정안전부령으로 정하는 세액공제신청서를 납세지 관할 지방자치단체의 장에게 제출하여야 한다. 다만, 「조세특례제한법 시행령」 제94조 제6항에 따라 납세지 관할 세무서장에게 소득세 공제를 신청하는 경우에는 법 제137조에 따른 개인지방소득세에 대한 세액공제도 함께 신청한 것으로 본다. (2017. 7. 26. 직제개정 ; 행정안전부와~직제 부칙)
④ 제1항에 따른 미분양주택을 취득한 경우 관련 증명서류의 제출에 관하여는 제97조 제3항을 준용하고, 관련 증명서류의 작성·보관은 「조세특례제한법 시행령」 제98조의 4 제8항에 따른다. (2014. 3. 14. 신설)
⑤ 법 제137조 제4항에서 "대통령령으로 정하는 바에 따라 계산한 이자 상당 가산액"이란 공제받은 세액에 제1호의 기간 및 제2호의 율을

경우에는 전용한 날이 속하는 과세연도의 개인지방소득 과세표준신고
를 할 때 그 자산에 대한 세액공제액 상당액에 대통령령으로 정하는
바에 따라 계산한 이자 상당 가산액을 가산하여 개인지방소득세로 납
부하여야 하며, 해당 세액은 「지방세법」 제95조에 따라 납부하여야 할
세액으로 본다. (2014. 12. 31. 개정)

　　제137조의 2 【월세액에 대한 세액공제】「조세특례제한법」 제
95조의 2 제1항에 따라 월세액 지급금액을 종합소득산출세액에서 공
제하는 경우 그 공제금액의 100분의 12에 해당하는 금액을 해당 과세
기간의 종합소득분 개인지방소득산출세액에서 공제한다. (2016. 12.
27. 개정)

　　제138조 【소형주택 임대사업자에 대한 세액감면】 ① 대통령령
으로 정하는 내국인이 대통령령으로 정하는 임대주택(이하 이 조에서
"임대주택"이라 한다)을 3호 이상 임대하는 경우에는 2019년 12월 31
일 이전에 끝나는 과세연도까지 해당 임대사업에서 발생한 소득에 대
한 개인지방소득세의 100분의 30 [임대주택 중 「민간임대주택에 관한
특별법」 제2조 제4호에 따른 공공지원민간임대주택 또는 같은 법 제2
조 제5호에 따른 장기일반민간임대주택(이하 이 조에서 "장기일반민간
임대주택등"이라 한다)의 경우에는 100분의 75]에 상당하는 세액을 경
감한다. (2018. 1. 16. 개정 ; 민간인임대주택~부칙)
② 제1항 따라 개인지방소득세를 감면받은 내국인이 대통령령으로 정
하는 바에 따라 3호 이상의 임대주택을 4년(장기일반민간임대주택등의
경우에는 8년) 이상 임대하지 아니하는 경우 그 사유가 발생한 날이
속하는 과세연도의 과세표준신고를 할 때 감면받은 세액을 개인지방소
득세로 납부하여야 한다. (2018. 1. 16. 개정 ; 민간인임대주택~부칙)
③ 제1항에 따라 감면받은 개인지방소득세액을 제2항에 따라 납부하
는 경우에는 제122조 제4항의 이자 상당 가산액에 관한 규정을 준용한
다. 다만, 대통령령으로 정하는 부득이한 사유가 있는 경우에는 그러하
지 아니하다. (2014. 1. 1. 신설)
④ 제1항에 따라 개인지방소득세를 감면받으려는 자는 대통령령으로
정하는 바에 따라 세액의 감면을 신청하여야 한다. (2014. 1. 1. 신설)

곱하여 계산한 금액을 말한다. (2014. 3. 14. 신설)
1. 공제받은 과세연도의 과세표준신고일의 다음 날부터 법 제137조 제
　4항의 사유가 발생한 날이 속하는 과세연도의 과세표준신고일까지
　의 기간 (2014. 3. 14. 신설)
2. 1일 1만분의 3 (2014. 3. 14. 신설)

　　제91조 【소형주택 임대사업자에 대한 세액감면】 ① 법 제138조
제1항에서 "대통령령으로 정하는 내국인"이란 「조세특례제한법 시행
령」 제96조 제1항 각 호의 요건을 모두 충족하는 내국인을 말한다.
(2014. 3. 14. 신설)
② 법 제138조 제1항에서 "대통령령으로 정하는 임대주택"이란 제1항
에 따른 내국인이 임대주택으로 등록한 「민간임대주택에 관한 특별법」
제2조에 따른 민간임대주택과 「공공주택 특별법」 제2조 제1호 가목에
따른 공공임대주택으로서 「조세특례제한법 시행령」 제96조 제2항 각
호의 요건을 모두 충족하는 임대주택을 말한다. (2015. 12. 28. 개정
; 임대주택법 시행령 부칙)
③ 법 제138조 제1항 및 제2항에 따른 3호 이상의 임대주택을 5년 이
상 임대하는지를 판단하는 기준은 「조세특례제한법 시행령」 제96조
제3항 각 호에 따른다. (2014. 3. 14. 신설)

④ 법 제138조 제3항 단서에서 "대통령령으로 정하는 부득이한 사유
가 있는 경우"란 「조세특례제한법 시행령」 제96조 제5항 각 호의 어느
하나에 해당하는 경우를 말한다. (2015. 2. 3. 개정 ; 조세특례제한법
시행령 부칙)
⑤ 법 제138조 제1항을 적용받으려는 자는 해당 과세연도의 과세표준
신고와 함께 행정안전부령으로 정하는 세액감면신청서에 「조세특례제

⑤ 제1항부터 제4항까지의 규정을 적용할 때 임대주택의 수, 세액감면의 신청 등 그 밖에 필요한 사항은 대통령령으로 정한다. (2014. 1. 1. 신설)

제139조【장기임대주택에 대한 양도소득분 개인지방소득세의 감면】① 대통령령으로 정하는 거주자가 다음 각 호의 어느 하나에 해당하는 국민주택(이에 딸린 해당 건물 연면적의 2배 이내의 토지를 포함한다)을 2000년 12월 31일 이전에 임대를 개시하여 5년 이상 임대한 후 양도하는 경우에는 그 주택(이하 "임대주택"이라 한다)을 양도함으로써 발생하는 소득에 대한 양도소득분 개인지방소득세의 100분의 50을 감면한다. 다만, 「민간임대주택에 관한 특별법」 또는 「공공주택 특별법」에 따른 건설임대주택 중 5년 이상 임대한 임대주택과 같은 법에 따른 매입임대주택 중 1995년 1월 1일 이후 취득 및 임대를 개시하여 5년 이상 임대한 임대주택(취득 당시 입주된 사실이 없는 주택만 해당한다) 및 10년 이상 임대한 임대주택의 경우에는 양도소득분 개인지방소득세를 면제한다. (2015. 8. 28. 단서개정 ; 임대주택법 부칙)
1. 1986년 1월 1일부터 2000년 12월 31일까지의 기간 중 신축된 주택 (2014. 1. 1. 신설)
2. 1985년 12월 31일 이전에 신축된 공동주택으로서 1986년 1월 1일 현재 입주된 사실이 없는 주택 (2014. 1. 1. 신설)
② 「소득세법」 제89조 제1항 제3호를 적용할 때 임대주택은 그 거주자의 소유주택으로 보지 아니한다. (2014. 1. 1. 신설)
③ 제1항에 따라 양도소득분 개인지방소득세를 감면받으려는 자는 대통령령으로 정하는 바에 따라 주택임대에 관한 사항을 신고하고 세액의 감면신청을 하여야 한다. (2014. 1. 1. 신설)
④ 제1항에 따른 임대주택에 대한 임대기간의 계산과 그 밖에 필요한 사항은 대통령령으로 정한다. (2014. 1. 1. 신설)

제140조【신축임대주택에 대한 양도소득분 개인지방소득세의 면제】① 대통령령으로 정하는 거주자가 다음 각 호의 어느 하나에 해

한법 시행령」 제96조 제6항 각 호의 서류를 첨부하여 납세지 관할 지방자치단체의 장에게 제출하여야 한다. 다만, 「조세특례제한법 시행령」 제96조 제6항에 따라 납세지 관할 세무서장에게 소득세 감면을 신청하는 경우에는 법 제138조에 따른 개인지방소득세에 대한 감면도 함께 신청한 것으로 본다. (2017. 7. 26. 직제개정 ; 행정안전부와~직제 부칙)

제92조【장기임대주택에 대한 양도소득분 개인지방소득세의 감면】① 법 제139조 제1항 각 호 외의 부분 본문에서 "대통령령으로 정하는 거주자"란 임대주택을 5호 이상 임대하는 거주자를 말한다. (2014. 3. 14. 신설)
② 법 제139조 제1항 단서에 따른 건설임대주택의 일부 또는 동일한 지번상에 상가 등 다른 목적의 건물이 설치된 경우의 주택으로 보는 범위 및 필요경비 계산은 「소득세법 시행령」 제122조 제4항 및 제5항에 따른다. (2014. 3. 14. 신설)
③ 법 제139조 제3항에 따라 세액의 감면신청을 하려는 자는 해당 임대주택을 양도한 날이 속하는 과세연도의 과세표준신고와 함께 행정안전부령으로 정하는 세액감면신청서에 「조세특례제한법 시행령」 제97조 제4항 각 호의 서류를 첨부하여 납세지 관할 지방자치단체의 장에게 제출하여야 한다. 다만, 「조세특례제한법 시행령」 제97조 제4항에 따라 납세지 관할 세무서장에게 양도소득세 감면을 신청하는 경우에는 법 제139조에 따른 개인지방소득세에 대한 감면도 함께 신청한 것으로 본다. (2017. 7. 26. 직제개정 ; 행정안전부와~직제 부칙)
④ 법 제139조 제4항에 따른 임대주택에 대한 임대기간의 계산은 「조세특례제한법 시행령」 제97조 제5항에 따른다. (2014. 3. 14. 신설)
⑤ 법 제139조 제3항에 따라 세액의 감면신청을 받은 납세지 관할 지방자치단체의 장은 「전자정부법」 제36조 제1항에 따른 행정정보의 공동이용을 통하여 임대주택에 대한 등기부등본 또는 토지 및 건축물대장 등본을 확인하여야 한다. (2014. 3. 14. 신설)

제93조【신축임대주택에 대한 양도소득분 개인지방소득세의 면제】① 법 제140조 제1항 각 호 외의 부분에서 "대통령령으로 정하는

당하는 국민주택(이에 딸린 해당 건물 연면적의 2배 이내의 토지를 포함한다)을 5년 이상 임대한 후 양도하는 경우에는 그 주택(이하 이 조에서 "신축임대주택"이라 한다)을 양도함으로써 발생하는 소득에 대한 양도소득분 개인지방소득세를 면제한다. (2014. 1. 1. 신설)

1. 다음 각 목의 어느 하나에 해당하는 「민간임대주택에 관한 특별법」 또는 「공공주택 특별법」에 따른 건설임대주택 (2015. 8. 28. 개정 ; 임대주택법 부칙)

　　가. 1999년 8월 20일부터 2001년 12월 31일까지의 기간 중에 신축된 주택 (2014. 1. 1. 신설)

　　나. 1999년 8월 19일 이전에 신축된 공동주택으로서 1999년 8월 20일 현재 입주된 사실이 없는 주택 (2014. 1. 1. 신설)

2. 다음 각 목의 어느 하나에 해당하는 「민간임대주택에 관한 특별법」 또는 「공공주택 특별법」에 따른 매입임대주택 중 1999년 8월 20일 이후 취득(1999년 8월 20일부터 2001년 12월 31일까지의 기간 중에 매매계약을 체결하고 계약금을 지급한 경우만 해당한다) 및 임대를 개시한 임대주택(취득 당시 입주된 사실이 없는 주택만 해당한다) (2015. 8. 28. 개정 ; 임대주택법 부칙)

　　가. 1999년 8월 20일 이후 신축된 주택 (2014. 1. 1. 신설)

　　나. 제1호 나목에 해당하는 주택 (2014. 1. 1. 신설)

② 신축임대주택에 관하여는 제139조 제2항부터 제4항까지의 규정을 준용한다. (2014. 1. 1. 신설)

　제140조의 2【장기일반민간임대주택등에 대한 양도소득분 개인지방소득세 세액감면】(2018. 1. 16. 제목개정 ; 민간임대~부칙) 거주자가 「조세특례제한법」 제97조의 5 제1항에 따라 양도소득세를 감면받는 경우에는 그 감면금액의 100분의 10에 해당하는 금액을 양도소득분 개인지방소득세로 감면한다. (2014. 12. 31. 신설)

　제140조의 3【임대사업자에게 양도한 토지에 대한 과세특례】(2018. 1. 16. 제목개정 ; 민간임대주택에~부칙) ① 거주자가 공공지원민간임대주택을 300호 이상 건설하려는 「민간임대주택에 관한 특별법」 제2조 제7호에 따른 임대사업자(이하 이 조에

거주자"란 「조세특례제한법 시행령」 제97조의 2 제1항에 따른 거주자를 말한다. (2014. 3. 14. 신설)

② 법 제140조 제1항에 따른 신축임대주택의 주택임대사항의 신고, 세액감면의 신청 및 임대기간의 계산 등에 관하여는 제92조 제2항부터 제5항까지를 준용하되, 법 제140조 제1항 제2호에 따른 매입임대주택의 경우에는 제92조 제3항 각 호의 서류 외에 매매계약서 사본과 계약금 지급일을 증명할 수 있는 증명서류를 첨부하여 납세지 관할 지방자치단체의 장에게 제출하여야 한다. 다만, 「조세특례제한법 시행령」 제97조의 2 제2항에 따라 납세지 관할 세무서장에게 양도소득세 감면 특례를 신청하는 경우에는 법 제140조에 따른 개인지방소득세에 대한 면제도 함께 신청한 것으로 본다. (2014. 3. 14. 신설)

서 "임대사업자"라 한다)에게 2018년 12월 31일까지 토지를 양도함으로써 발생하는 소득에 대해서는 양도소득분 개인지방소득세의 100분의 10에 상당하는 세액을 경감한다. (2018. 1. 16. 개정 ; 민간임대주택에~부칙)

② 제1항에 따라 세액감면을 적용받으려는 자는 대통령령으로 정하는 바에 따라 세액감면 신청을 하여야 한다. (2016. 12. 27. 신설)

③ 임대사업자가 다음 각 호의 어느 하나에 해당하는 경우 제1항에 따라 감면된 세액에 상당하는 금액을 그 사유가 발생한 과세연도의 과세표준을 신고할 때 양도소득분 개인지방소득세로 납부하여야 한다. (2018. 1. 16. 개정 ; 민간임대주택에~부칙)

1. 「민간임대주택에 관한 특별법」 제23조에 따라 공공지원민간임대주택 개발사업의 시행자로 지정받은 자인 경우 : 토지 양도일부터 대통령령으로 정하는 기간 이내에 해당 토지가 「민간임대주택에 관한 특별법」 제22조에 따른 공급촉진지구로 지정을 받지 못하거나, 공급촉진지구로 지정을 받았으나 공급촉진지구 지정일로부터 대통령령으로 정한 기간 내에 공급촉진지구 내 유상공급면적의 100분의 50 이상을 공공지원민간임대주택으로 건설하여 취득하지 아니하는 경우 (2018. 1. 16. 개정 ; 민간임대주택에~부칙)

2. 제1호 외의 임대사업자의 경우 : 토지 양도일부터 대통령령으로 정하는 기간 이내에 해당 토지에 공공지원민간임대주택 건설을 위한 「주택법」 제15조에 따른 사업계획승인 또는 「건축법」 제11조에 따른 건축허가(이하 이 조에서 "사업계획승인등"이라 한다)를 받지 못하거나, 사업계획승인등을 받았으나 사업계획승인등을 받은 날부터 대통령령으로 정하는 기간 내에 사업부지 내 전체 건축물 연면적 대비 공공지원민간임대주택 연면적의 비율이 100분의 50 이상이 되지 아니하는 경우 (2018. 1. 16. 개정 ; 민간임대주택에~부칙)

④ 제1항에 따라 감면받은 세액을 제3항에 따라 납부하는 경우에는 제121조 제2항의 이자 상당 가산액에 관한 규정을 준용한다. (2016. 12. 27. 신설)

제141조 【미분양주택에 대한 과세특례】 ① 거주자가 대통령령으로 정하는 미분양 국민주택(이하 이 조에서 "미분양주택"이라 한다)

제94조 【미분양 국민주택에 대한 과세특례】 ① 법 제141조 제1항 각 호 외의 부분에서 "대통령령으로 정하는 미분양 국민주택"이란

을 1995년 11월 1일부터 1997년 12월 31일까지의 기간 중에 취득(1997년 12월 31일까지 매매계약을 체결하고 계약금을 납부한 경우를 포함한다)하여 5년 이상 보유·임대한 후에 양도하는 경우 그 주택을 양도함으로써 발생하는 양도소득분 개인지방소득세에 대해서는 다음 각 호의 방법 중 하나를 선택하여 적용받을 수 있다. (2014. 1. 1. 신설)
1. 「지방세법」에 따른 양도소득분 개인지방소득세의 과세표준과 세액을 계산하여 양도소득분 개인지방소득세를 납부하는 방법. 이 경우 양도소득분 개인지방소득세의 세율은 「지방세법」 제103조의 3에도 불구하고 1,000분의 20으로 한다. (2014. 1. 1. 신설)
2. 「지방세법」에 따라 종합소득에 대한 개인지방소득세의 과세표준과 세액을 계산하여 종합소득에 대한 개인지방소득세를 납부하는 방법. 이 경우 해당 주택을 양도함으로써 발생하는 소득금액의 계산에 관하여는 「소득세법」 제19조 제2항을 준용한다. (2014. 1. 1. 신설)
② 제1항을 적용할 때 「소득세법」 제89조 제1항 제3호 각 목의 어느 하나에 해당하는 주택에 따른 1세대1주택의 판정, 과세특례 적용의 신청 등 미분양주택에 대한 과세특례에 관하여 필요한 사항은 대통령령으로 정한다. (2014. 3. 24. 개정)

③ 거주자가 대통령령으로 정하는 미분양 국민주택을 1998년 3월 1일부터 1998년 12월 31일까지의 기간 중에 취득(1998년 12월 31일까지 매매계약을 체결하고 계약금을 납부한 경우를 포함한다)하여 5년 이상 보유·임대한 후에 양도하는 경우 그 주택을 양도함으로써 발생하는 소득에 대한 개인지방소득세는 제1항을 준용한다. (2014. 1. 1. 신설)

「조세특례제한법 시행령」 제98조 제1항 각 호의 요건을 모두 갖춘 국민주택규모 이하의 주택으로서 서울특별시 외의 지역에 소재하는 것을 말한다. (2014. 3. 14. 신설)
② 1995년 11월 1일부터 1997년 12월 31일 사이에 취득(1997년 12월 31일까지 매매계약을 체결하고 계약금을 납부한 경우를 포함한다)한 제1항에 따른 미분양 국민주택 외의 주택을 소유하고 있는 거주자가 그 주택을 양도할 경우에는 해당 미분양 국민주택 외의 주택만을 기준으로 하여 「소득세법」 제89조 제1항 제3호의 1세대 1주택에 관한 규정을 적용한다. (2014. 3. 14. 신설)
③ 법 제141조 제1항에 따른 미분양 국민주택 보유기간의 계산은 「소득세법」 제95조 제4항에 따른다. (2014. 3. 14. 신설)
④ 법 제141조 제1항에 따라 과세특례 적용을 신청하려는 자는 해당 주택을 양도한 날이 속하는 과세연도의 과세표준확정신고(같은 항 제1호의 방법을 선택한 경우에는 예정신고를 포함한다)와 함께 행정안전부령으로 정하는 미분양국민주택과세특례적용신고서에 다음 각 호의 서류를 첨부하여 납세지 관할 지방자치단체의 장에게 제출하여야 한다. 다만, 「조세특례제한법 시행령」 제98조 제4항에 따라 납세지 관할 세무서장에게 양도소득세 과세특례를 신청하는 경우에는 법 제141조에 따른 개인지방소득세에 대한 과세특례도 함께 신청한 것으로 본다. (2017. 7. 26. 직제개정 ; 행정안전부와~직제 부칙)
1. 시장·군수·구청장이 발행한 미분양국민주택확인서 사본 (2016. 12. 30. 개정)
2. 미분양 국민주택 취득 시의 매매계약서 사본(1998년 1월 1일 이후 취득등기하는 분에 한정한다) (2014. 3. 14. 신설)
⑤ 법 제141조 제3항에서 "대통령령으로 정하는 미분양 국민주택"이란 「조세특례제한법 시행령」 제98조 제5항 각 호의 요건을 모두 갖춘 국민주택규모 이하의 주택으로서 서울특별시 외의 지역에 소재하는 것을 말한다. (2014. 3. 14. 신설)
⑥ 1998년 3월 1일부터 1998년 12월 31일 사이에 취득(1998년 12월 31일까지 매매계약을 체결하고 계약금을 납부한 경우를 포함한다)한 제5항에 따른 미분양 국민주택 외의 주택을 소유하고 있는 거주자가 그 주택을 양도할 경우에는 해당 미분양 국민주택 외의 주택만을 기준

제142조【지방 미분양주택 취득에 대한 양도소득분 개인지방소득세 등 과세특례】① 거주자가 2008년 11월 3일부터 2010년 12월 31일까지의 기간 중에 취득(2010년 12월 31일까지 매매계약을 체결하고 계약금을 납부한 경우를 포함한다)한 수도권 밖에 있는 대통령령으로 정하는 미분양주택(이하 이 조에서 "지방 미분양주택"이라 한다)을 양도함으로써 발생하는 소득에 대해서는 「지방세법」 제103조의 3 제1항 제3호에도 불구하고 같은 항 제1호에 따른 세율을 적용한다. (2014. 3. 24. 개정)
② 「지방세법」 제90조를 적용할 때 제1항을 적용받는 지방 미분양주택은 해당 거주자의 소유주택으로 보지 아니한다. (2014. 3. 24. 개정)
③ 제1항부터 제2항까지 규정을 적용할 때 과세표준확정신고와 그 밖에 필요한 사항은 대통령령으로 정한다. (2014. 1. 1. 신설)

제143조【미분양주택의 취득자에 대한 양도소득분 개인지방소득세의 과세특례】① 거주자 또는 「소득세법」 제120조에 따른 국내사

으로 하여 「소득세법」 제89조 제1항 제3호의 1세대 1주택에 관한 규정을 적용한다. (2014. 3. 14. 신설)
⑦ 법 제141조 제3항에 따른 과세특례 적용의 신청에 관하여는 제4항을 준용하고, 미분양 국민주택 보유기간의 계산은 「소득세법」 제95조 제4항에 따른다. (2014. 3. 14. 신설)

제95조【지방 미분양주택 취득에 대한 양도소득분 개인지방소득세 등 과세특례】① 법 제142조 제1항에서 "대통령령으로 정하는 미분양주택"이란 「조세특례제한법 시행령」 제98조의 2 제1항 각 호의 어느 하나에 해당하는 주택(이하 이 조에서 "미분양주택"이라 한다)을 말한다. (2014. 3. 14. 신설)
② 법 제142조에 따라 과세특례를 적용받으려는 자는 해당 주택을 양도하는 날이 속하는 과세연도의 과세표준확정신고 또는 과세표준예정신고와 함께 시장·군수·구청장으로부터 「조세특례제한법 시행령」 제98조의 2 제2항에 따라 미분양주택임을 확인하는 날인을 받은 매매계약서 사본 또는 다음 각 호의 서류를 납세지 관할 지방자치단체의 장에게 제출하여야 한다. 다만, 「조세특례제한법 시행령」 제98조의 2 제2항에 따라 납세지 관할 세무서장에게 양도소득세 과세표준신고와 함께 매매계약서 사본 등을 제출한 경우에는 납세지 관할 지방자치단체의 장에게도 함께 제출한 것으로 본다. (2016. 12. 30. 개정)
1. 「조세특례제한법 시행령」 제98조의 2 제1항 제1호의 주택 : 시장·군수·구청장이 확인한 미분양주택 확인서 및 매매계약서 사본 (2016. 12. 30. 개정)
2. 「조세특례제한법 시행령」 제98조의 2 제1항 제2호의 주택 : 시장·군수·구청장이 확인한 사업계획승인 사실·사업계획승인신청 사실을 확인할 수 있는 서류 및 매매계약서 사본 (2016. 12. 30. 개정)
③ 법 제142조에 따른 과세특례의 적용에 관하여는 제1항 및 제2항에서 규정한 사항 외에는 「조세특례제한법 시행령」 제98조의 2를 준용한다. (2014. 3. 14. 신설)

제96조【미분양주택 취득자에 대한 양도소득분 개인지방소득세의 과세특례】① 법 제143조 제1항 각 호 외의 부분에서 "대통령령으

업장이 없는 비거주자가 서울특별시 밖의 지역(「소득세법」 제104조의
2 제1항에 따른 지정지역은 제외한다)에 있는 대통령령으로 정하는 미
분양주택(이하 이 조에서 "미분양주택"이라 한다)을 다음 각 호의 기간
중에 「주택법」 제54조에 따라 주택을 공급하는 해당 사업주체(20호 미
만의 주택을 공급하는 경우 해당 주택건설사업자를 포함한다)와 최초
로 매매계약을 체결하고 취득(2010년 2월 11일까지 매매계약을 체결
하고 계약금을 납부한 경우를 포함한다)하여 그 취득일부터 5년 이내
에 양도함으로써 발생하는 소득에 대해서는 양도소득분 개인지방소득
세의 100분의 100(수도권과밀억제권역인 경우에는 100분의 60)에 상
당하는 세액을 감면한다. (2016. 1. 19. 개정 ; 주택법 부칙)
1. 거주자인 경우 : 2009년 2월 12일부터 2010년 2월 11일까지의 기간
   (2014. 1. 1. 신설)
2. 비거주자인 경우 : 2009년 3월 16일부터 2010년 2월 11일까지의
   기간 (2014. 1. 1. 신설)
② 제1항을 적용할 때 자기가 건설한 신축주택으로서 2009년 2월 12
일부터 2010년 2월 11일까지의 기간 중에 공사에 착공(착공일이 불분
명한 경우에는 착공신고서 제출일을 기준으로 한다)하고, 사용승인 또
는 사용검사(임시사용승인을 포함한다)를 받은 주택을 포함한다. 다만,
다음 각 호의 경우에는 이를 적용하지 아니한다. (2014. 1. 1. 신설)
1. 「도시 및 주거환경정비법」에 따른 재개발사업 또는 재건축사업, 「빈
   집 및 소규모주택 정비에 관한 특례법」에 따른 소규모재건축사업을
   시행하는 정비사업조합의 조합원이 해당 관리처분계획에 따라 취득
   하는 주택 (2017. 2. 8. 개정 ; 빈집 및 소규모주택~부칙)
2. 거주하거나 보유하는 중에 소실·붕괴·노후 등으로 인하여 멸실되
   어 재건축한 주택 (2014. 1. 1. 신설)
③ 「지방세법」 제90조를 적용할 때 제1항 및 제2항을 적용받는 지방
미분양주택은 해당 거주자의 소유주택으로 보지 아니한다. (2014. 3.
24. 개정)
④ 제1항 및 제2항을 적용받는 주택을 양도함으로써 발생하는 소득에
대해서는 「지방세법」 제103조의 3 제1항 제3호에도 불구하고 같은 항
제1호에 따른 세율을 적용한다. (2014. 3. 24. 개정)
⑤ 제1항 및 제2항을 적용할 때 과세특례의 신청 및 그 밖에 필요한

로 정하는 미분양주택"이란 「조세특례제한법 시행령」 제98조의 3 제1
항 및 제2항에 따른 주택을 말한다. (2014. 3. 14. 신설)
② 법 제143조에 따라 과세특례를 적용받으려는 자는 해당 주택의 양
도소득분 개인지방소득세 과세표준예정신고 또는 과세표준확정신고와
함께 시장·군수·구청장으로부터 「조세특례제한법 시행령」 제98조
의 3 제5항에 따라 미분양주택임을 확인하는 날인을 받은 매매계약서
사본을 납세지 관할 지방자치단체의 장에게 제출하여야 하고, 법 제
143조 제2항 각 호 외의 부분에 따른 주택에 대해서는 시장·군수·
구청장에게 제출한 건축착공신고서 사본과 사용검사 또는 사용승인
(임시사용승인을 포함한다) 사실을 확인할 수 있는 서류를 납세지 관할
지방자치단체의 장에게 제출하여야 한다. 다만, 「조세특례제한법 시행
령」 제98조의 3 제5항에 따라 납세지 관할 세무서장에게 양도소득세
과세표준신고와 함께 매매계약서 사본 등을 제출한 경우에는 납세지
관할 지방자치단체의 장에게도 함께 제출한 것으로 본다. (2016. 12.
30. 개정)
③ 법 제143조에 따른 과세특례의 적용에 관하여는 제1항 및 제2항에
서 규정한 사항 외에는 「조세특례제한법 시행령」 제98조의 3을 준용
한다. (2014. 3. 14. 신설)

사항은 대통령령으로 정한다. (2014. 1. 1. 신설)

제144조 【비거주자의 주택취득에 대한 양도소득분 지방소득세의 과세특례】 「소득세법」 제120조에 따른 국내사업장이 없는 비거주자가 2009년 3월 16일부터 2010년 2월 11일까지의 기간 중에 제143조 제1항에 따른 미분양주택 외의 주택을 취득(2010년 2월 11일까지 매매계약을 체결하고 계약금을 납부한 경우를 포함한다)하여 양도함으로써 발생하는 소득에 대해서는 양도소득분 개인지방소득세의 100분의 10에 상당하는 세액을 감면한다. (2014. 1. 1. 신설)

제145조 【수도권 밖의 지역에 있는 미분양주택의 취득자에 대한 양도소득분 개인지방소득세의 과세특례】 ① 거주자 또는 「소득세법」 제120조에 따른 국내사업장이 없는 비거주자가 2010년 2월 11일 현재 수도권 밖의 지역에 있는 대통령령으로 정하는 미분양주택(이하 이 조에서 "미분양주택"이라 한다)을 2011년 4월 30일까지 「주택법」 제38조에 따라 주택을 공급하는 해당 사업주체 등과 최초로 매매계약을 체결하고 취득(2011년 4월 30일까지 매매계약을 체결하고 계약금을 납부한 경우를 포함한다)하여 그 취득일부터 5년 이내에 양도함으로써 발생하는 소득에 대하여는 양도소득분 개인지방소득세에 다음 각 호의 분양가격(「주택법」에 따른 입주자 모집공고안에 공시된 분양가격을 말한다. 이하 이 조에서 같다) 인하율에 따른 감면율을 곱하여 계산한 세액을 감면한다. (2014. 1. 1. 신설)
1. 분양가격 인하율이 100분의 10 이하인 경우 : 100분의 60 (2014. 1. 1. 신설)
2. 분양가격 인하율이 100분의 10을 초과하고 100분의 20 이하인 경우 : 100분의 80 (2014. 1. 1. 신설)
3. 분양가격 인하율이 100분의 20을 초과하는 경우 : 100분의 100 (2014. 1. 1. 신설)
② 「지방세법」 제90조를 적용할 때 제1항을 적용받는 미분양주택은 해당 거주자의 소유주택으로 보지 아니한다. (2014. 3. 24. 개정)
③ 제1항을 적용받는 미분양주택을 양도함으로써 발생하는 소득에 대하여는 「지방세법」 제103조의 3 제1항 제3호에도 불구하고 같은 항

제97조 【수도권 밖의 지역에 있는 미분양주택의 취득자에 대한 양도소득분 개인지방소득세의 과세특례】 ① 법 제145조 제1항 각 호 외의 부분에서 "대통령령으로 정하는 미분양주택"이란 「조세특례제한법 시행령」 제98조의 4 제1항 및 제2항에 따른 주택을 말한다. (2014. 3. 14. 신설)
② 법 제145조 제1항에 따른 분양가격 인하율은 「조세특례제한법 시행령」 제98조의 4 제4항에 따라 산정한 것으로 한다. (2014. 3. 14. 신설)
③ 법 제145조에 따라 과세특례를 적용받으려는 자는 해당 미분양주택의 양도소득분 개인지방소득세 과세표준예정신고 또는 과세표준확정신고와 함께 시장·군수·구청장으로부터 「조세특례제한법 시행령」 제98조의 4 제5항에 따라 미분양주택임을 확인하는 날인을 받은 매매계약서 사본을 납세지 관할 지방자치단체의 장에게 제출하여야 한다. 다만, 「조세특례제한법 시행령」 제98조의 4 제5항에 따라 납세지 관할 세무서장에게 양도소득세 과세표준신고와 함께 매매계약서 사본 등을 제출한 경우에는 납세지 관할 지방자치단체의 장에게도 함께 제출한 것으로 본다. (2016. 12. 30. 개정)
④ 법 제145조에 따른 과세특례의 적용에 관하여는 제1항부터 제3항까지에서 규정한 사항 외에는 「조세특례제한법 시행령」 제98조의 4를 준용한다. (2014. 3. 14. 신설)

제1호에 따른 세율을 적용한다. (2014. 3. 24. 개정)

④ 제1항을 적용할 때 미분양주택의 분양가격 인하율의 산정방법과 그 밖에 필요한 사항은 대통령령으로 정한다. (2014. 1. 1. 신설)

제146조【준공후미분양주택의 취득자에 대한 양도소득분 개인지방소득세의 과세특례】 ① 거주자 또는 「소득세법」 제120조에 따른 국내사업장이 없는 비거주자(이하 이 조에서 "비거주자"라 한다)가 다음 각 호의 어느 하나에 해당하는 주택을 양도하는 경우에는 해당 주택의 취득일부터 5년 이내에 양도함으로써 발생하는 소득에 대하여는 양도소득분 개인지방소득세의 100분의 50에 상당하는 세액을 감면(제1호의 요건을 갖춘 주택에 한정한다)한다. (2014. 1. 1. 신설)

1. 「주택법」 제54조에 따라 주택을 공급하는 사업주체 및 그 밖에 대통령령으로 정하는 사업자(이하 이 조에서 "사업주체등"이라 한다)가 대통령령으로 정하는 준공후미분양주택(이하 이 조에서 "준공후미분양주택"이라 한다)을 2011년 12월 31일까지 임대계약을 체결하여 2년 이상 임대한 주택으로서 거주자 또는 비거주자가 해당 사업주체등과 최초로 매매계약을 체결하고 취득한 주택 (2016. 1. 19. 개정 ; 주택법 부칙)

2. 거주자 또는 비거주자가 준공후미분양주택을 사업주체등과 최초로 매매계약을 체결하여 취득하고 5년 이상 임대한 주택(거주자 또는 비거주자가 「소득세법」 제168조에 따른 사업자등록과 「민간임대주택에 관한 특별법」 제5조에 따른 임대사업자등록을 하고 2011년 12월 31일 이전에 임대계약을 체결한 경우에 한정한다) (2015. 8. 28. 개정 ; 임대주택법 부칙)

② 「지방세법」 제90조를 적용할 때 제1항을 적용받는 주택은 해당 거주자의 소유주택으로 보지 아니한다. (2014. 3. 24. 개정)

③ 제1항을 적용받는 주택을 양도함으로써 발생하는 소득에 대하여는 「지방세법」 제103조의 3 제1항 제3호에도 불구하고 같은 항 제1호에 따른 세율을 적용한다. (2014. 3. 24. 개정)

④ 제1항을 적용할 때 준공후미분양주택·임대기간의 확인절차 및 그 밖에 필요한 사항은 대통령령으로 정한다. (2014. 1. 1. 신설)

제98조【준공후미분양주택의 취득자에 대한 양도소득분 개인지방소득세의 과세특례】 ① 법 제146조 제1항 제1호에서 "대통령령으로 정하는 사업자"란 「조세특례제한법 시행령」 제98조의 5 제1항 각 호의 어느 하나에 해당하는 자를 말하고, "대통령령으로 정하는 준공후미분양주택"이란 「조세특례제한법 시행령」 제98조의 5 제2항 및 제3항에 따른 주택을 말한다. (2014. 3. 14. 신설)

② 법 제146조 제1항을 적용할 때 해당 준공후미분양주택의 임대기간은 「조세특례제한법 시행령」 제98조의 5 제5항에 따라 계산한 기간을 말한다. (2014. 3. 14. 신설)

③ 법 제146조에 따라 과세특례를 적용받으려는 자는 해당 준공후미분양주택의 양도소득분 개인지방소득세 과세표준예정신고 또는 과세표준확정신고와 함께 「조세특례제한법 시행령」 제98조의 5 제6항 각 호의 서류를 납세지 관할 지방자치단체의 장에게 제출하여야 한다. 다만, 「조세특례제한법 시행령」 제98조의 5 제6항에 따라 납세지 관할 세무서장에게 양도소득세 과세표준신고와 함께 매매계약서 사본 등을 제출한 경우에는 납세지 관할 지방자치단체의 장에게도 함께 제출한 것으로 본다. (2014. 3. 14. 신설)

④ 법 제146조에 따른 과세특례의 적용에 관하여는 제1항부터 제3항까지에서 규정한 사항 외에는 「조세특례제한법 시행령」 제98조의 5를 준용한다. (2014. 3. 14. 신설)

제147조 【미분양주택의 취득자에 대한 양도소득분 개인지방소득세의 과세특례】 ① 내국인이 2012년 9월 24일 현재 대통령령으로 정하는 미분양주택으로서 취득가액이 9억원 이하인 주택(이하 이 조에서 "미분양주택"이라 한다)을 2012년 9월 24일부터 2012년 12월 31일까지 「주택법」 제54조에 따라 주택을 공급하는 해당 사업주체 또는 그 밖에 대통령령으로 정하는 사업자와 최초로 매매계약(계약금을 납부한 경우에 한정한다)을 체결하거나 그 계약에 따라 취득한 경우에는 취득일부터 5년 이내에 양도함으로써 발생하는 소득에 대하여는 양도소득분 개인지방소득세를 면제한다. (2016. 1. 19. 개정 ; 주택법 부칙)

② 「지방세법」 제103조의 3 제1항 제3호를 적용할 때 제1항을 적용받는 미분양주택은 해당 거주자의 소유주택으로 보지 아니한다. (2014. 3. 24. 개정)

③ 제1항을 적용할 때 과세특례 신청 및 그 밖에 필요한 사항은 대통령령으로 정한다. (2014. 1. 1. 신설)

제148조 【신축주택 등 취득자에 대한 양도소득분 개인지방소득세의 과세특례】 ① 거주자 또는 비거주자가 대통령령으로 정하는 신축주택, 미분양주택 또는 1세대 1주택자의 주택으로서 취득가액이 6억원 이하이거나 주택의 연면적(공동주택의 경우에는 전용면적)이 85제곱미터 이하인 주택을 2013년 4월 1일부터 2013년 12월 31일까지 「주택법」 제54조에 따라 주택을 공급하는 사업주체 등 대통령령으로 정하는 자와 최초로 매매계약을 체결하여 그 계약에 따라 취득(2013년 12월 31일까지 매매계약을 체결하고 계약금을 지급한 경우를 포함한다)한 경우에 해당 주택을 취득일부터 5년 이내에 양도함으로써 발생하는 양도소득에 대하여는 양도소득분 개인지방소득세를 면제한다. (2016. 1. 19. 개정 ; 주택법 부칙)

② 「지방세법」 제103조의 3 제1항 제3호를 적용할 때 제1항을 적용받는 주택은 해당 거주자의 소유주택으로 보지 아니한다. (2014. 3. 24. 개정)

제99조 【미분양주택의 취득자에 대한 양도소득분 개인지방소득세의 과세특례】 ① 법 제147조 제1항에서 "대통령령으로 정하는 미분양주택"이란 「조세특례제한법 시행령」 제98조의 6 제1항 및 제2항에 따른 주택을 말하고, "대통령령으로 정하는 사업자"란 「조세특례제한법 시행령」 제98조의 6 제3항 각 호의 어느 하나에 해당하는 자를 말한다. (2014. 3. 14. 신설)

② 법 제147조에 따라 과세특례를 적용받으려는 사람은 해당 미분양주택의 양도소득분 개인지방소득세 과세표준예정신고 또는 과세표준확정신고와 함께 「조세특례제한법 시행령」 제98조의 6 제8항에 따라 사업주체등으로부터 교부받은 매매계약서 사본을 납세지 관할 지방자치단체의 장에게 제출하여야 한다. 다만, 「조세특례제한법 시행령」 제98조의 6 제5항에 따라 납세지 관할 세무서장에게 양도소득세 과세표준신고와 함께 매매계약서 사본 등을 제출한 경우에는 납세지 관할 지방자치단체의 장에게도 함께 제출한 것으로 본다. (2014. 3. 14. 신설)

③ 법 제147조에 따른 과세특례의 적용에 관하여는 제1항 및 제2항에서 규정한 사항 외에는 「조세특례제한법 시행령」 제98조의 6을 준용한다. (2014. 3. 14. 신설)

제100조 【신축주택 등 취득자에 대한 양도소득분 개인지방소득세의 과세특례】 ① 법 제148조 제1항에서 "대통령령으로 정하는 신축주택, 미분양주택 또는 1세대 1주택자의 주택"이란 다음 각 호의 구분에 따른 주택을 말한다. (2014. 3. 14. 신설)

1. 신규주택 또는 미분양주택 : 「조세특례제한법 시행령」 제99조의 2 제1항 및 제2항에 따른 주택 (2014. 3. 14. 신설)

2. 1세대 1주택자의 주택 : 「조세특례제한법 시행령」 제99조의 2 제3항부터 제5항까지의 규정에 ·따른 주택 (2014. 3. 14. 신설)

② 법 제148조 제1항에서 "대통령령으로 정하는 자"란 「조세특례제한법 시행령」 제99조의 2 제6항 각 호의 구분에 따른 자를 말한다. (2014. 3. 14. 신설)

③ 법 제148조에 따라 과세특례를 적용받으려는 자는 해당 주택의 양도소득 과세표준예정신고 또는 과세표준확정신고와 함께 「조세특례제한법 시행령」 제99조의 2 제11항 또는 제12항에 따라 신축주택, 미분

③ 제1항은 전국 소비자물가상승률 및 전국 주택매매가격상승률을 고려하여 부동산 가격이 급등하거나 급등할 우려가 있는 지역으로서 대통령령으로 정하는 지역에는 적용하지 아니한다. (2014. 1. 1. 신설)
④ 제1항을 적용받으려는 자는 대통령령으로 정하는 바에 따라 감면신청을 하여야 한다. (2014. 1. 1. 신설)
⑤ 제1항을 적용할 때 과세특례 신청 및 그 밖에 필요한 사항은 대통령령으로 정한다. (2014. 1. 1. 신설)

양주택 또는 1세대 1주택자의 주택임을 확인하는 날인을 받아 교부받은 매매계약서 사본을 납세지 관할 지방자치단체의 장에게 제출하여야 한다. 다만, 「조세특례제한법 시행령」 제99조의 2 제8항에 따라 납세지 관할 세무서장에게 양도소득세 과세표준신고와 함께 매매계약서 사본 등을 제출한 경우에는 납세지 관할 지방자치단체의 장에게도 함께 제출한 것으로 본다. (2014. 3. 14. 신설)
④ 법 제148조에 따른 과세특례의 적용에 관하여는 제1항 및 제2항에서 규정한 사항 외에는 「조세특례제한법 시행령」 제99조의 2를 준용한다. (2014. 3. 14. 신설)

제 11 절 그 밖의 지방소득세 특례
(2014. 1. 1. 신설)

제149조【산림개발소득에 대한 세액감면】① 내국인이 「산림자원의 조성 및 관리에 관한 법률」에 따른 산림경영계획 또는 특수산림사업지구사업(법률 제4206호 산림법중개정법률의 시행 전에 종전의 「산림법」에 따라 지정된 지정개발지역으로서 같은 개정법률 부칙 제2조에 해당하는 지정개발지역에서의 지정개발사업을 포함한다)에 따라 새로 조림(造林)한 산림과 채종림, 「산림보호법」 제7조에 따른 산림보호구역으로서 그가 조림한 기간이 10년 이상인 것을 2018년 12월 31일까지 벌채(伐採) 또는 양도함으로써 발생한 소득에 대해서는 개인지방소득세의 100분의 50에 상당하는 세액을 감면한다. (2016. 12. 27. 개정)
② 제1항을 적용받으려는 자는 대통령령으로 정하는 바에 따라 그 감면신청을 하여야 한다. (2014. 1. 1. 신설)

제150조【제3자물류비용에 대한 세액공제】① 제조업을 경영하는 내국인이 다음 각 호의 요건을 모두 갖추어 2018년 12월 31일 이전에 끝나는 과세연도까지 각 과세연도에 지출한 물류비용 중 제3자물류비용이 직전 과세연도에 지출한 제3자물류비용을 초과하는 경우 그 초과하는 금액의 1,000분의 3(중소기업의 경우에는 1,000분의 5)에 상당하는 금액을 개인지방소득세(사업소득에 대한 개인지방소득세만 해당

제 11 절 그 밖의 지방소득세 특례
(2014. 3. 14. 신설)

제101조【산림개발소득에 대한 세액감면신청】법 제149조 제1항을 적용받으려는 내국인은 과세표준신고와 함께 행정안전부령으로 정하는 세액감면신청서를 납세지 관할 지방자치단체의 장에게 제출하여야 한다. 다만, 「조세특례제한법 시행령」 제102조에 따라 납세지 관할 세무서장에게 소득세 감면을 신청하는 경우에는 법 제149조에 따른 개인지방소득세에 대한 세액감면도 함께 신청한 것으로 본다. (2017. 7. 26. 직제개정 ; 행정안전부와~직제 부칙)

제102조【제3자물류비용에 대한 세액공제신청】법 제150조 제1항 및 제2항에 따라 개인지방소득세를 공제받으려는 자는 과세표준신고와 함께 행정안전부령으로 정하는 세액공제신청서를 납세지 관할 지방자치단체의 장에게 제출하여야 한다. 다만, 「조세특례제한법」 제104조의 14에 따라 납세지 관할 세무서장에게 소득세 공제를 신청하는 경우에는 법 제150조에 따른 개인지방소득세에 대한 세액공제도 함께 신

한다)에서 공제한다. 다만, 공제받는 금액이 해당 과세연도의 개인지방소득세의 100분의 10을 초과하는 경우에는 100분의 10을 한도로 한다. (2016. 12. 27. 개정)
1. 각 과세연도에 지출한 제3자물류비용이 각 과세연도에 지출한 물류비용의 100분의 30 이상일 것 (2014. 1. 1. 신설)
2. 해당 과세연도에 지출한 물류비용 중 제3자물류비용이 차지하는 비율이 직전 과세연도보다 낮아지지 아니할 것 (2014. 1. 1. 신설)
② 직전 과세연도에 지출한 제3자물류비용이 직전 과세연도에 지출한 물류비용의 100분의 30 미만이거나 없는 경우로서 해당 과세연도에 지출한 제3자물류비용이 해당 과세연도에 지출한 물류비용의 100분의 30을 초과하는 경우에는 제1항에도 불구하고 그 초과금액의 1,000분의 3(중소기업의 경우에는 1,000분의 5)에 상당하는 금액을 개인지방소득세(사업소득에 대한 개인지방소득세만 해당한다)에서 공제한다. 다만, 공제받는 금액이 해당 과세연도의 개인지방소득세의 100분의 10을 초과하는 경우에는 100분의 10을 한도로 한다. (2016. 12. 27. 개정)
③ 제1항 및 제2항을 적용받으려는 내국인은 대통령령으로 정하는 바에 따라 세액공제신청을 하여야 한다. (2014. 1. 1. 신설)

　제151조【대학 맞춤형 교육비용 등에 대한 세액공제】① 「고등교육법」 제2조에 따른 학교(이하 이 조에서 "대학교"라 한다)가 산업교육을 실시하는 학교로서 대통령령으로 정하는 학교 또는 산업수요맞춤형고등학교등이 「산업교육진흥 및 산학연협력촉진에 관한 법률」 제8조에 따라 내국인과 계약으로 직업교육훈련과정 또는 학과 등을 설치·운영하고, 해당 내국인이 그 운영비로 비용(이하 이 조에서 "맞춤형 교육비용"이라 한다)을 2019년 12월 31일까지 지급하는 경우에는 제102조를 준용한다. 이 경우 "일반연구·인력개발비"를 "맞춤형 교육비용"으로 본다. (2016. 12. 27. 개정)
② 내국인이 대학교 또는 산업수요맞춤형고등학교등에 대통령령으로 정하는 연구 및 인력개발을 위한 시설을 2019년 12월 31일까지 기부하는 경우에는 제103조를 준용한다. (2016. 12. 27. 개정)
③ 제1항 및 제2항을 적용할 때 내국인이 수도권에 있는 대학교에 지급하거나 기부하는 경우에는 해당 금액의 100분의 5를 곱한 금액을 지

청한 것으로 본다. (2017. 7. 26. 직제개정 ; 행정안전부와~직제 부칙)

　제103조【대학 맞춤형 교육비용 등에 대한 세액공제】① 법 제151조 제2항에서 "대통령령으로 정하는 연구 및 인력개발을 위한 시설"이란 「조세특례제한법 시행령」 제104조의 17 제1항에 따른 시설을 말한다. (2014. 3. 14. 신설)

급하거나 기부한 것으로 본다. (2014. 1. 1. 신설)

④ 산업수요맞춤형고등학교등과 대통령령으로 정하는 사전 취업계약
등을 체결한 내국인이 해당 산업수요맞춤형고등학교등의 재학생에게
직업교육훈련을 실시하고 현장훈련수당 등 대통령령으로 정하는 비용
(이하 이 조에서 "현장훈련수당등"이라 한다)을 2019년 12월 31일까
지 지급하는 경우에는 제102조를 준용한다. 이 경우 "일반연구·인력
개발비"는 "현장훈련수당등"으로 본다. (2016. 12. 27. 개정)

　　제152조【해외진출기업의 국내복귀에 대한 세액감면】 ① 대한
민국 국민 등 대통령령으로 정하는 자가 다음 각 호의 어느 하나에 해
당하는 경우로서 2018년 12월 31일까지 국내(수도권은 제외한다. 이하
이 조에서 같다)에서 창업하거나 사업장을 신설하는 경우에는 제2항
또는 제3항에 따라 개인지방소득세를 감면한다. (2016. 12. 27. 개정)
1. 국외에서 2년 이상 계속하여 경영하던 사업장을 대통령령으로 정하
　 는 바에 따라 국내로 이전하는 경우 (2014. 1. 1. 신설)
2. 국외에서 2년 이상 계속하여 경영하던 사업장을 부분 축소 또는 유
　 지하면서 국내로 복귀하는 중소기업 및 대통령령으로 정하는 중견
　 기업(생산량 축소 등 대통령령으로 정하는 부분 축소인 경우에는 국
　 내에 사업장이 있는 경우를 포함한다)으로서 국내에 사업장이 없는
　 경우 (2016. 12. 27. 개정)
② 제1항 제1호의 경우에는 이전 후의 사업장에서 발생하는 소득에 대
하여 이전일 이후 해당 사업장에서 최초로 소득이 발생한 과세연도(이
전일부터 5년이 되는 날이 속하는 과세연도까지 소득이 발생하지 아니
한 경우에는 이전일부터 5년이 되는 날이 속하는 과세연도)와 그 다음
과세연도 개시일부터 4년 이내에 끝나는 과세연도에는 개인지방소득
세의 100분의 100에 상당하는 세액을 감면하고, 그 다음 2년 이내에
끝나는 과세연도에는 개인지방소득세의 100분의 50에 상당하는 세액
을 감면한다. (2016. 12. 27. 개정)
③ 제1항 제2호의 경우에는 복귀 후의 사업장에서 발생하는 소득에 대
하여 복귀일 이후 해당 사업장에서 최초로 소득이 발생한 과세연도(복
귀일부터 5년이 되는 날이 속하는 과세연도까지 소득이 발생하지 아니
한 경우에는 복귀일부터 5년이 되는 날이 속하는 과세연도)와 그 다음

② 법 제151조 제4항 전단에서 "대통령령으로 정하는 사전 취업계약
등"이란 「조세특례제한법 시행령」 제104조의 17 제2항 각 호의 어느
하나에 해당하는 계약을 말한다. (2014. 3. 14. 신설)
③ 법 제151조 제4항 전단에서 "대통령령으로 정하는 비용"이란 「조
세특례제한법 시행령」 제104조의 17 제3항에 따른 비용을 말한다.
(2014. 3. 14. 신설)

　　제104조【해외진출기업의 국내복귀에 대한 세액감면】 ① 법 제
152조 제1항 각 호 외의 부분에서 "대한민국 국민 등 대통령령으로 정
하는 자"란 「조세특례제한법 시행령」 제104조의 21 제1항에 따른 대
한민국 국민을 말한다. (2014. 3. 14. 신설)
② 법 제152조 제1항에 따라 사업장을 국내로 이전 또는 복귀하는 경
우에는 한국표준산업분류에 따른 세분류를 기준으로 이전 또는 복귀
전의 사업장에서 영위하던 업종과 이전 또는 복귀 후의 사업장에서 영
위하는 업종이 동일하여야 한다. (2014. 3. 14. 신설)

과세연도 개시일부터 2년 이내에 끝나는 과세연도에는 개인지방소득세의 100분의 100에 상당하는 세액을 감면하고, 그 다음 2년 이내에 끝나는 과세연도에는 개인지방소득세의 100분의 50에 상당하는 세액을 감면한다. (2016. 12. 27. 개정)

④ 제1항에 따라 개인지방소득세를 감면받은 내국인이 다음 각 호의 어느 하나에 해당하는 경우에는 그 사유가 발생한 과세연도의 과세표준신고를 할 때 대통령령으로 정하는 바에 따라 계산한 세액을 개인지방소득세로 납부하여야 한다. (2014. 1. 1. 신설)

1. 사업장을 이전 또는 복귀하여 사업을 개시한 날부터 3년 이내에 그 사업을 폐업하거나 법인이 해산한 경우. 다만, 합병·분할 또는 분할합병으로 인한 경우는 제외한다. (2014. 1. 1. 신설)

2. 대통령령으로 정하는 바에 따라 사업장을 국내로 이전 또는 복귀하여 사업을 개시하지 아니한 경우 (2014. 1. 1. 신설)

⑤ 제1항에 따라 감면받은 개인지방소득세액을 제4항에 따라 납부하는 경우 이자 상당 가산액에 관하여는 제122조 제4항을 준용한다. (2014. 1. 1. 신설)

⑥ 제1항부터 제5항까지의 규정을 적용할 때 세액감면 신청, 그 밖에 필요한 사항은 대통령령으로 정한다. (2014. 1. 1. 신설)

제153조【외국인투자에 대한 개인지방소득세 등의 감면】① 「조세특례제한법」 제121조의 2 제1항 각 호의 어느 하나에 해당하는 사업을 하기 위한 외국인투자(「외국인투자촉진법」 제2조 제1항 제4호에 따른 외국인투자를 말한다. 이하 이 조에서 같다)로서 대통령령으로 정하는 기준에 해당하는 외국인투자에 대해서는 제2항부터 제5항까지 및 제12항에 따라 개인지방소득세를 각각 감면한다. (2014. 1. 1. 신설)

③ 법 제152조 제4항 제2호에서 "대통령령으로 정하는 바에 따라 사업장을 국내로 이전 또는 복귀하여 사업을 개시하지 아니한 경우"란 「조세특례제한법 시행령」 제104조의 21 제1항 각 호의 요건을 갖추지 아니한 경우를 말한다. (2014. 3. 14. 신설)

④ 법 제152조 제4항에 따라 납부하여야 하는 세액은 법 제152조 제2항 및 제3항에 따라 감면받은 개인지방소득세 전액으로 한다. (2014. 3. 14. 신설)

⑤ 법 제152조 제1항부터 제3항까지의 규정을 적용받으려는 자는 과세표준신고와 함께 행정안전부령으로 정하는 세액감면신청서 및 감면세액계산서를 납세지 관할 지방자치단체의 장에게 제출하여야 한다. 다만, 「조세특례제한법 시행령」 제104조의 21 제5항에 따라 납세지 관할 세무서장에게 소득세 감면을 신청하는 경우에는 법 제152조에 따른 개인지방소득세에 대한 세액감면도 함께 신청한 것으로 본다. (2017. 7. 26. 직제개정 ; 행정안전부와~직제 부칙)

제105조【외국인투자에 대한 개인지방소득세 감면의 기준 등】① 법 제153조 제1항에 따른 외국인투자기준은 「조세특례제한법 시행령」 제116조의 2 제1항부터 제10항까지 및 같은 조 제16항부터 제21항까지의 규정에 따른다. (2014. 3. 14. 신설)

② 「외국인투자 촉진법」 제2조 제1항 제6호에 따른 외국인투자기업
(이하 이 조에서 “외국인투자기업”이라 한다)에 대한 개인지방소득세
는 제1항에 따라 감면대상이 되는 사업을 함으로써 발생한 소득(「조세
특례제한법」 제121조의 2 제1항 제1호에 따른 사업의 감면대상이 되
는 소득은 대통령령으로 정한다)에 대해서만 감면하되, 감면기간 및 감
면대상이 되는 세액은 다음 각 호와 같다. 이 경우 감면대상이 되는 세
액을 산정할 때 외국인투자기업이 감면기간 중에 내국법인(감면기간
중인 외국인투자기업은 제외한다)과 합병하여 해당 합병법인의 외국인
투자비율(외국인투자기업이 발행한 주식의 종류 등을 고려하여 대통령
령으로 정하는 바에 따라 계산한 외국인투자비율을 말한다. 이하 이 장
에서 같다)이 감소한 경우에는 합병 전 외국인투자기업의 외국인투자
비율을 적용한다. (2016. 12. 27. 개정)

1. 「조세특례제한법」 제121조의 2 제1항 제1호 및 제2호에 따라 감면
   대상이 되는 사업을 함으로써 발생한 소득에 대해서는 해당 사업을
   개시한 후 그 사업에서 최초로 소득이 발생한 과세연도(사업개시일
   부터 5년이 되는 날이 속하는 과세연도까지 그 사업에서 소득이 발
   생하지 아니한 경우에는 5년이 되는 날이 속하는 과세연도)의 개시
   일부터 5년 이내에 끝나는 과세연도까지 해당 사업소득에 대한 개
   인지방소득세 상당금액(총산출세액에 제1항 각 호의 사업을 함으로
   써 발생한 소득이 총과세표준에서 차지하는 비율을 곱한 금액을 말
   한다)에 외국인투자비율을 곱한 금액(이하 이 항 및 제8항에서 “감
   면대상세액”이라 한다)의 전액을, 그 다음 2년 이내에 끝나는 과세
   연도까지는 감면대상세액의 100분의 50에 상당하는 세액을 각각 감
   면한다. (2016. 12. 27. 개정)

2. 「조세특례제한법」 제121조의 2 제1항 제2호의 2부터 제2호의 9까
   지 및 제3호에 따라 감면대상이 되는 사업을 함으로써 발생한 소득
   에 대해서는 해당 사업을 개시한 후 그 사업에서 최초로 소득이 발
   생한 과세연도(사업개시일부터 5년이 되는 날이 속하는 과세연도까
   지 그 사업에서 소득이 발생하지 아니한 경우에는 5년이 되는 날
   이 속하는 과세연도)의 개시일부터 3년 이내에 끝나는 과세연도까
   지는 감면대상세액의 전액을, 그 다음 2년 이내에 끝나는 과세연도
   까지는 감면대상세액의 100분의 50에 상당하는 세액을 각각 경감

② 법 제153조 제2항 본문에서 “대통령령으로 정하는 바에 따라 계
산한 외국인투자비율”이란 「조세특례제한법 시행령」 제116조의 2
제14항에 따른 외국인투자비율을 말한다. (2014. 3. 14. 신설)
③ 법 제153조 제7항을 적용할 때 조세감면의 대상으로 보지 아니하는
주식등 소유비율 상당액 또는 대여금 상당액은 「조세특례제한법 시행
령」 제116조의 2 제11항 및 제12항에 따라 계산한 금액으로 한다.
(2014. 3. 14. 신설)
④ 법 제153조 제8항에서 “사업의 양수 등 대통령령으로 정하는 방식
에 해당하는 외국인투자”란 「조세특례제한법 시행령」 제116조의 2 제
15항에 따른 외국인투자를 말한다. (2014. 3. 14. 신설)
⑤ ☞ p.4409

한다. (2016. 12. 27. 개정)

③ 외국인투자기업이 제2항 및 제8항에 따른 감면을 받으려면 그 외국인투자기업의 사업개시일이 속하는 과세연도의 종료일까지 해당 지방자치단체의 장에게 감면신청을 하여야 하고, 제4항에 따라 개인지방소득세 감면결정을 받은 사업내용을 변경한 경우 그 변경된 사업에 대한 감면을 받으려면 해당 변경사유가 발생한 날부터 2년이 되는 날까지 해당 지방자치단체의 장에게 조세감면내용 변경신청을 하여야 하며, 이에 따른 조세감면내용 변경결정이 있는 경우 그 변경결정의 내용은 당초 감면기간의 남은 기간에 대해서만 적용된다. 다만, 「조세특례제한법」 제121조의 2에 따라 기획재정부장관에게 감면신청한 자는 지방자치단체의 장에게 감면신청한 것으로 본다. (2014. 1. 1. 신설)

④ 지방자치단체의 장은 제3항에 따른 개인지방소득세 감면신청 또는 개인지방소득세 감면내용 변경신청을 받은 경우 관계 중앙관서의 장과 협의하여 그 감면·감면내용변경·감면대상 해당여부를 결정하고 이를 신청인에게 알려야 한다. 다만, 제3항 단서에 따라 기획재정부장관에게 감면신청한 자에 대해서는 그러하지 아니하다. (2016. 12. 27. 개정)

⑤ 「외국인투자촉진법」 제2조 제1항 제8호 사목 또는 같은 법 제2조 제1항 제4호 가목 2), 제5조 제2항 제1호 및 제6조에 따른 외국인투자에 대해서는 제2항 및 제8항을 적용하지 아니한다. (2016. 1. 27. 개정 ; 외국인투자 촉진법 부칙)

⑥ 외국인투자기업이 제3항에 따른 감면신청기한이 지난 후 감면신청을 하여 제4항에 따라 감면결정을 받은 경우에는 그 감면신청일이 속하는 과세연도와 그 후의 남은 감면기간에 대해서만 제1항, 제2항 및 제8항을 적용한다. 이 경우 외국인투자기업이 제4항에 따라 감면결정을 받기 이전에 이미 납부한 세액이 있을 때에는 그 세액은 환급하지 아니한다. (2014. 1. 1. 신설)

⑦ 이 조를 적용할 때 다음 각 호의 어느 하나에 해당하는 외국인투자의 경우 대통령령으로 정하는 바에 따라 계산한 주식 또는 출자지분(이하 이 장에서 "주식등"이라 한다)의 소유비율(소유비율이 100분의 5 미만인 경우에는 100분의 5로 본다) 상당액, 대여금 상당액 또는 외국인투자금액에 대해서는 조세감면대상으로 보지 아니한다. (2016. 12. 27. 개정)

1. 외국법인 또는 외국기업(이하 이 항에서 "외국법인등"이라 한다)이 외국인투자를 하는 경우로서 다음 각 목의 어느 하나에 해당하는 경우 (2016. 12. 27. 개정)

　가. 대한민국 국민(외국에 영주하고 있는 사람으로서 거주지국의 영주권을 취득하거나 영주권을 갈음하는 체류허가를 받은 사람은 제외한다) 또는 대한민국 법인(이하 이 항에서 "대한민국국민등"이라 한다)이 해당 외국법인등의 의결권 있는 주식등의 100분의 5 이상을 직접 또는 간접으로 소유하고 있는 경우 (2016. 12. 27. 개정)

　나. 대한민국국민등이 단독으로 또는 다른 주주와의 합의·계약 등에 따라 해당 외국법인등의 대표이사 또는 이사의 과반수를 선임한 주주에 해당하는 경우 (2016. 12. 27. 개정)

2. 다음 각 목의 어느 하나에 해당하는 자가 「외국인투자 촉진법」 제2조 제1항 제5호에 따른 외국투자가에게 대여한 금액이 있는 경우 (2016. 12. 27. 개정)

　가. 외국인투자기업 (2016. 12. 27. 개정)

　나. 외국인투자기업의 의결권 있는 주식등을 100분의 5 이상 직접 또는 간접으로 소유하고 있는 대한민국국민등 (2016. 12. 27. 개정)

　다. 단독으로 또는 다른 주주와의 합의·계약 등에 따라 외국인투자기업의 대표이사 또는 이사의 과반수를 선임한 주주인 대한민국국민등 (2016. 12. 27. 개정)

3. 외국인이 「국제조세조정에 관한 법률」 제2조 제1항 제7호에 따른 조세조약 또는 투자보장협정을 체결하지 아니한 국가 또는 지역 중 대통령령으로 정하는 국가 또는 지역을 통하여 외국인투자를 하는 경우 (2020. 12. 22. 개정 ; 국제조세조정에 관한 법률 부칙)

⑧ 「조세특례제한법」 제121조의 2 제1항 제1호에서 규정하는 사업에 대한 외국인투자 중 사업의 양수 등 대통령령으로 정하는 방식에 해당하는 외국인투자에 대해서는 제2항의 규정에 따른 감면기간 및 감면비율에도 불구하고 외국인투자기업에 대한 개인지방소득세는 같은 조 제1항 제1호에 따라 감면대상이 되는 사업을 함으로써 발생한 소득에 대해서만 감면하되, 그 사업을 개시한 후 그 사업에서 최초로 소득이 발생한 과세연도(사업개시일부터 5년이 되는 날이 속하는 과세연도까지 그 사업에서 소득이 발생하지 아니한 경우에는 5년이 되는 날이 속하는 과세연도)의 개시일부터 3년 이내에 끝나는 과세연도에는 감면대상세액의 100분의 50을, 그 다음 2년 이내에 끝나는 과세연도에는 감면대상세액의 100분의 30에 상당하는 세액을 각각 경감한다. (2016. 12. 27. 개정)

⑨ 외국인투자신고 후 최초의 개인지방소득세 감면결정 통지일로부터 3년이 지나는 날까지 최초의 출자(증자를 포함한다)가 없는 경우에는 제4항에 따른 개인지방소득세 감면결정의 효력은 상실되며, 외국인투자신고 후 최초의 조세감면결정 통지일부터 3년 이내에 최초의 출자를 한 경우로서 최초의 조세감면결정 통지일부터 5년이 되는 날까지 사업을 개시하지 아니한 경우에는 최초의 조세감면결정 통지일부터 5년이 되는 날을 그 사업을 개시한 날로 보아 이 조 제2항, 제8항 및 제15항을 적용한다. (2016. 12. 27. 개정)

⑩ 제2항 및 제8항이 적용되는 감면기간 동안 감면받는 개인지방소득세의 총합계액이 다음 각 호의 금액을 합한 금액을 초

☞ p.4409 1단 연결

과하는 경우에는 그 합한 금액을 한도(이하 이 조에서 "감면한도"라 한다)로 하여 세액을 감면한다. (2014. 1. 1. 신설)
1. 투자금액을 기준으로 한 한도로서 다음 각 목의 구분에 따른 금액
   (2014. 1. 1. 신설)
   가. 「조세특례제한법」 제121조의 2 제1항 제1호 및 제2호의 경우
       : 대통령령으로 정하는 외국인투자누계액(이하 이 항에서 "외국
       인투자누계액"이라 한다)의 1,000분의 50 (2016. 12. 27. 개정)
   나. 「조세특례제한법」 제121조의 2 제1항 제2호의 2부터 제2호의
       9까지, 제3호 및 제10항 제1호의 경우 : 외국인투자누계액의
       1,000분의 40 (2016. 12. 27. 개정)
2. 고용을 기준으로 한 다음 각 목의 금액을 합한 금액. 다만, 외국인투
   자누계액의 100분의 20에 상당하는 금액을 한도로 하되, 「조세특례
   제한법」 제121조의 2 제1항 제1호 및 제2호의 경우에는 외국인투자
   누계액의 100분의 40에 상당하는 금액을 한도로 하고, 같은 조 제1
   항 제2호의 2부터 제2호의 9까지 및 제3호, 같은 조 제12항 제1호의
   경우에는 외국인투자누계액의 100분의 30에 상당하는 금액을 한도
   로 한다. (2016. 12. 27. 개정)
   가. 해당 과세연도의 해당 외국인투자기업의 상시근로자 중 산업수요
       맞춤형고등학교등의 졸업생 수 × 200만원 (2016. 12. 27. 개정)
   나. 해당 과세연도의 해당 외국인투자기업의 가목 외의 상시근로자
       중 청년근로자, 장애인근로자 및 60세 이상인 근로자 수 × 150
       만원 (2016. 12. 27. 개정)
   다. (해당 과세연도의 상시근로자 수 − 가목에 따른 졸업생 수 −
       나목에 따른 청년근로자, 장애인근로자 및 60세 이상인 근로자
       수) × 100만원 (2016. 12. 27. 신설)
⑪ 제2항 및 제8항에 따라 각 과세연도에 감면받을 개인지방소득세에 대하여 감면한도를 적용할 때에는 제10항 제1호의 금액을 먼저 적용한 후 같은 항 제2호의 금액을 적용한다. (2014. 1. 1. 신설)
⑫ 제10항 제2호를 적용받아 개인지방소득세를 감면받은 외국인투자기업이 감면받은 과세연도 종료일부터 2년이 되는 날이 속하는 과세연도 종료일까지의 기간 중 각 과세연도의 상시근로자 수가 감면받은 과세연도의 상시근로자 수보다 감소한 경우에는 대통령령으로 정하는 바

〈제105조〉
⑤ 법 제153조 제10항 제1호 가목에서 "대통령령으로 정하는 외국인투자누계액"이란 「조세특례제한법 시행령」 제116조의 2 제22항에 따른 외국인 투자누계액을 말한다. (2014. 3. 14. 신설)

⑥ 법 제153조 제12항에 따라 납부하여야 할 개인지방소득세액은 다음 계산식에 따라 계산한 금액(그 수가 음수이면 영으로 보고, 감면받은 과세연도 종료일 이후 2개 과세연도 연속으로 상시근로자 수가 감소한 경우에는 두 번째 과세연도에는 첫 번째 과세연도에 납부한 금액

에 따라 감면받은 세액에 상당하는 금액을 개인지방소득세로 납부하여야 한다. (2014. 1. 1. 신설)

⑬ 제10항 및 제12항을 적용할 때 상시근로자의 범위, 상시근로자 수의 계산방법, 그 밖에 필요한 사항은 대통령령으로 정한다. (2014. 1. 1. 신설)

⑭ 외국인투자기업이 동일한 사업장에서 「조세특례제한법」 제121조의 2 제1항 각 호의 사업 중 같은 항 제1호의 사업과 같은 항 제1호 외의 사업을 같은 법 제143조를 준용하여 각각 구분하여 경리하는 경우에는 각각의 사업에 대하여 이 조 제2항에 따른 감면을 적용한다. 다만, 각각의 사업에 대한 감면기간은 해당 사업장에서 최초로 감면 대상 소득이 발생한 과세연도(사업개시일부터 5년이 되는 날이 속하는 과세연도까지는 소득이 발생하지 아니한 경우에는 5년이 되는 날이 속하는 과세연도)의 개시일부터 기산한다. (2016. 12. 27. 신설)

⑮ 제2항 및 제8항이 적용되는 감면기간 동안 감면받는 개인지방소득세의 총합계액이 「조세특례제한법」 제121조의 2 제14항 각 호의 금액을 합한 금액의 100분의 10을 초과하는 경우에는 그 합한 금액의 100분의 10을 한도(이하 이 조에서 "감면한도"라 한다)로 하여 개인지방소득세 세액을 경감하고, 감면한도 적용에 대해서는 같은 조 제15항부터 제17항까지의 규정에 따른다. (2016. 12. 27. 신설)

⑯ 제2항 및 제8항에 따라 개인지방소득세를 감면받은 외국인투자기업은 「조세특례제한법」 제121조의 5 제1항 각 호의 어느 하나에 해당하는 사유가 발생한 경우 사유가 발생한 날이 속하는 과세연도의 과세표준신고를 할 때 대통령령으로 정하는 바에 따라 계산한 세액에 대통령령으로 정하는 바에 따라 계산한 이자 상당 가산액을 가산하여 개인지방소득세로 납부하여야 하며, 해당 세액은 「지방세법」 제95조에 따라 납부하여야 할 세액으로 본다. (2016. 12. 27. 항번개정)

제154조 【제주첨단과학기술단지 입주기업에 대한 개인지방소득세의 감면】 ① 「제주특별자치도 설치 및 국제자유도시 조성을 위한 특별법」 제161조에 따라 지정된 제주첨단과학기술단지(이하 이 장에서 "제주첨단과학기술단지"라 한다)에 2018년 12월 31일까지 입주한 기업이 생물산업, 정보통신산업 등 대통령령으로 정하는 사업(이하 이

을 뺀 금액을 말한다)으로 하고, 이를 상시근로자 수가 감소된 과세연도의 과세표준을 신고할 때 개인지방소득세로 납부하여야 한다. (2014. 3. 14. 신설)

> 해당 기업의 상시근로자 수가 감소된 과세연도의 직전 2년 이내의 과세연도에 법 제153조 제10항 제2호에 따라 감면받은 세액의 합계액 － (상시근로자 수가 감소된 과세연도의 감면대상사업장의 상시근로자 수 × 1백만원)

⑦ 법 제153조 제13항에 따른 상시근로자의 범위 및 상시근로자 수의 계산은 「조세특례제한법 시행령」 제23조 제10항부터 제12항까지의 규정에 따른다. (2015. 2. 3. 개정 ; 조세특례제한법 시행령 부칙)

⑧ 법 제153조 제14항에서 "대통령령으로 정하는 바에 따라 계산한 세액"이란 「조세특례제한법 시행령」 제116조의 7 제1항·제4항 및 제5항에 따른 세액을 말하고, "대통령령으로 정하는 바에 따라 계산한 이자 상당 가산액"이란 「조세특례제한법 시행령」 제116조의 7 제3항에 따라 계산한 금액을 말한다. (2014. 3. 14. 신설)

제106조 【제주첨단과학기술단지 입주기업에 대한 개인지방소득세의 감면】 ① 법 제154조 제1항에서 "생물산업, 정보통신산업 등 대통령령으로 정하는 사업"이란 「조세특례제한법 시행령」 제116조의 14 제1항 각 호의 산업을 영위하는 사업을 말한다. (2014. 3. 14. 신설)

② 법 제154조 제2항 제1호에서 "대통령령으로 정하는 투자누계액"이

조에서 "감면대상사업"이라 한다)을 하는 경우 감면대상사업에서 발생한 소득에 대하여 사업개시일 이후 그 사업에서 최초로 소득이 발생한 과세연도(사업개시일부터 5년이 되는 날이 속하는 과세연도까지 해당 사업에서 소득이 발생하지 아니한 경우에는 5년이 되는 날이 속하는 과세연도)의 개시일부터 3년 이내에 끝나는 과세연도에는 개인지방소득세의 100분의 100에 상당하는 세액을 감면하고, 그 다음 2년 이내에 끝나는 과세연도에는 개인지방소득세의 100분의 50에 상당하는 세액을 감면한다. (2016. 12. 27. 개정)

② 제1항이 적용되는 감면기간 동안 감면받는 개인지방소득세의 총합계액이 제1호와 제2호의 금액을 합한 금액을 초과하는 경우에는 그 합한 금액을 한도(이하 이 조에서 "감면한도"라 한다)로 하여 세액을 감면한다. 다만, 대통령령으로 정하는 서비스업(이하 이 조에서 "서비스업"이라 한다)을 영위하는 경우로서 해당 서비스업에서 발생한 소득에 대하여 제1항이 적용되는 감면기간 동안 감면받은 개인지방소득세 총합계액이 제1호와 제2호의 금액을 합한 금액과 제3호의 금액 중 큰 금액을 초과하는 경우에는 그 큰 금액을 한도로 하여 세액을 감면할 수 있다. (2016. 12. 27. 개정)

1. 대통령령으로 정하는 투자누계액의 100분의 5 (2014. 1. 1. 신설)
2. 다음 각 목의 금액 중 적은 금액 (2014. 1. 1. 신설)
   가. 해당 과세연도의 제주첨단과학기술단지 사업장(이하 이 조에서 "감면대상사업장"이라 한다)의 상시근로자 수 × 1백만원 (2014. 1. 1. 신설)
   나. 제1호의 투자누계액의 100분의 2 (2014. 1. 1. 신설)
3. 다음 각 목의 금액 중 적은 금액 (2016. 12. 27. 신설)
   가. 해당 과세연도의 감면대상사업장의 상시근로자 수 × 2백만원 (2016. 12. 27. 신설)
   나. 제1호의 투자누계액의 100분의 10 (2016. 12. 27. 개정) (2016. 12. 27. 신설)

③ 제1항에 따라 각 과세연도에 감면받을 개인지방소득세에 대하여 감면한도를 적용할 때에는 제2항 제1호의 금액을 먼저 적용한 후 같은 항 제2호의 금액을 적용한다. (2014. 1. 1. 신설)

④ 제2항 제2호 또는 제3호를 적용받아 개인지방소득세를 감면받은

란 「조세특례제한법 시행령」 제116조의 14 제2항에 따른 투자 합계액을 말한다. (2014. 3. 14. 신설)

③ 법 제154조 제4항에 따라 납부하여야 할 개인지방소득세액은 다음 계산식에 따라 계산한 금액(그 수가 음수이면 영으로 보고, 감면받은 과세연도 종료일 이후 2개 과세연도 연속으로 상시근로자 수가 감소한 경우에는 두 번째 과세연도에는 첫 번째 과세연도에 납부한 금액을 뺀 금액을 말한다)으로 하고, 이를 상시근로자 수가 감소된 과세연도의 과세표준을 신고할 때 개인지방소득세로 납부하여야 한다. (2014. 3. 14. 신설)

> 해당 기업의 상시근로자 수가 감소된 과세연도의 직전 2년 이내의 과세연도에 법 제154조 제2항 제2호에 따라 감면받은 세액의 합계액 − (상시근로자 수가 감소된 과세연도의 감면대상사업장의 상시근로자 수 × 1백만원)

④ 법 제154조 제5항에 따른 상시근로자의 범위 및 상시근로자 수의 계산은 「조세특례제한법 시행령」 제23조 제10항부터 제12항까지의 규정에 따른다. (2015. 2. 3. 개정 ; 조세특례제한법 시행령 부칙)

⑤ 법 제154조 제1항에 따라 개인지방소득세를 감면받으려는 자는 과세표준신고와 함께 행정안전부령으로 정하는 세액감면신청서를 납세지 관할 지방자치단체의 장에게 제출하여야 한다. 다만, 「조세특례제한법 시행령」 제116조의 14 제5항에 따라 납세지 관할 세무서장에게 소득세 감면을 신청하는 경우에는 법 제154조에 따른 개인지방소득세에 대한 세액감면도 함께 신청한 것으로 본다. (2017. 7. 26. 직제개정 ; 행정안전부와~직제 부칙)

기업이 감면받은 과세연도 종료일부터 2년이 되는 날이 속하는 과세연도 종료일까지의 기간 중 각 과세연도의 감면대상사업장의 상시근로자 수가 감면받은 과세연도의 상시근로자 수보다 감소한 경우에는 대통령령으로 정하는 바에 따라 감면받은 세액에 상당하는 금액을 개인지방소득세로 납부하여야 한다. (2016. 12. 27. 개정)

⑤ 제2항 및 제4항을 적용할 때 상시근로자의 범위, 상시근로자 수의 계산방법, 그 밖에 필요한 사항은 대통령령으로 정한다. (2014. 1. 1. 신설)

⑥ 제1항을 적용받으려는 자는 대통령령으로 정하는 바에 따라 그 감면신청을 하여야 한다. (2014. 1. 1. 신설)

⑦ 제2항에 따라 서비스업에 대한 감면한도를 적용받는 기업은 「조세특례제한법」 제143조를 준용하여 서비스업과 그 밖의 업종을 각각 구분하여 경리하여야 한다. (2016. 12. 27. 신설)

제155조【제주투자진흥지구 또는 제주자유무역지역 입주기업에 대한 개인지방소득세의 감면】① 다음 각 호의 어느 하나에 해당하는 사업(이하 이 조 에서 "감면대상사업"이라 한다)을 하기 위한 투자로서 대통령령으로 정하는 기준에 해당하는 투자의 경우에 대해서는 제2항부터 제6항까지의 규정에 따라 개인지방소득세를 감면한다. (2014. 1. 1. 신설)

1. 「제주특별자치도 설치 및 국제자유도시 조성을 위한 특별법」 제162조에 따라 지정되는 제주투자진흥지구(이하 이 조에서 "제주투자진흥지구"라 한다)에 2018년 12월 31일까지 입주하는 기업이 해당 구역의 사업장에서 하는 사업 (2016. 12. 27. 개정)

2. 「자유무역지역의 지정 및 운영에 관한 법률」 제4조에 따라 제주특별자치도에 지정되는 자유무역지역(이하 이 장에서 "제주자유무역지역"이라 한다)에 2018년 12월 31일까지 입주하는 기업이 해당 구역의 사업장에서 하는 사업 (2016. 12. 27. 개정)

3. 제주투자진흥지구의 개발사업시행자가 제주투자진흥지구를 개발하기 위하여 기획, 금융, 설계, 건축, 마케팅, 임대, 분양 등을 일괄적으로 수행하는 개발사업 (2014. 1. 1. 신설)

② 제1항 각 호의 어느 하나에 해당하는 감면대상사업에서 발생한 소

제107조【제주투자진흥지구 또는 제주자유무역지역 입주기업에 대한 개인지방소득세의 감면】① 법 제155조 제1항 각 호 외의 부분에서 "대통령령으로 정하는 기준에 해당하는 투자"란 다음 각 호의 구분에 따른 투자를 말한다. (2014. 3. 14. 신설)

1. 법 제155조 제1항 제 1호에 따른 사업 : 「조세특례제한법 시행령」 제116조의 15 제1항에 따른 투자 (2014. 3. 14. 신설)

2. 법 제155조 제1항 제2호에 따른 사업 : 「조세특례제한법 시행령」 제116조의 15 제2항에 따른 투자 (2014. 3. 14. 신설)

3. 법 제155조 제1항 제3호에 따른 사업 : 「조세특례제한법 시행령」 제116조의 15 제3항에 따른 투자 (2014. 3. 14. 신설)

득에 대해서는 사업개시일 이후 그 감면대상사업에서 최초로 소득이 발생한 과세연도(사업개시일부터 5년이 되는 날이 속하는 과세연도까지 그 사업에서 소득이 발생하지 아니한 경우에는 5년이 되는 날이 속하는 과세연도)의 개시일부터 3년 이내에 끝나는 과세연도에 있어서 제1항 제1호 및 제2호의 경우에는 개인지방소득세의 100분의 100에 상당하는 세액을, 제1항 제3호의 경우에는 개인지방소득세의 100분의 50에 상당하는 세액을 각각 감면하고, 그 다음 2년 이내에 끝나는 과세연도에 있어서 제1항 제1호 및 제2호의 경우에는 개인지방소득세의 100분의 50에 상당하는 세액을, 제1항 제3호의 경우에는 개인지방소득세의 100분의 25에 상당하는 세액을 각각 감면한다. (2014. 1. 1. 신설)
③ 제2항이 적용되는 감면기간 동안 감면받는 개인지방소득세의 총합계액이 제1호와 제2호의 금액을 합한 금액을 초과하는 경우에는 그 합한 금액을 한도(이하 이 조에서 "감면한도"라 한다)로 하여 세액을 감면한다. 다만, 대통령령으로 정하는 서비스업(이하 이 조에서 "서비스업"이라 한다)을 영위하는 경우로서 해당 서비스업에서 발생한 소득에 대하여 제2항이 적용되는 감면기간 동안 감면받은 개인지방소득세 총합계액이 제1호와 제2호의 금액을 합한 금액과 제3호의 금액 중 큰 금액을 초과하는 경우에는 그 큰 금액을 한도로 하여 세액을 감면할 수 있다. (2016. 12. 27. 개정)
1. 대통령령으로 정하는 투자누계액의 100분의 5 (2014. 1. 1. 신설)
2. 다음 각 목의 금액 중 적은 금액 (2014. 1. 1. 신설)
　가. 해당 과세연도의 제1항 각 호의 어느 하나에 해당하는 사업장 (이하 이 조에서 "감면대상사업장"이라 한다)의 상시근로자 수 × 1백만원 (2014. 1. 1. 신설)
　나. 제1호의 투자누계액의 100분의 2 (2014. 1. 1. 신설)
3. 다음 각 목의 금액 중 적은 금액 (2016. 12. 27. 신설)
　가. 해당 과세연도의 감면대상사업장의 상시근로자 수 × 2백만원 (2016. 12. 27. 신설)
　나. 제1호의 투자누계액의 100분의 10 (2016. 12. 27. 신설)
④ 제2항에 따라 각 과세연도에 감면받을 개인지방소득세에 대하여 감면한도를 적용할 때에는 제3항 제1호의 금액을 먼저 적용한 후 같은 항 제2호의 금액을 적용한다. (2014. 1. 1. 신설)

② 법 제155조 제3항 제1호에서 "대통령령으로 정하는 투자누계액"이란 「조세특례제한법 시행령」 제116조의 15 제4항에 따른 투자 합계액을 말한다. (2014. 3. 14. 신설)

⑤ 제3항 제2호 또는 제3호를 적용받아 개인지방소득세를 감면받은 기업이 감면받은 과세연도 종료일부터 2년이 되는 날이 속하는 과세연도 종료일까지의 기간 중 각 과세연도의 감면대상사업장의 상시근로자 수가 감면받은 과세연도의 상시근로자 수보다 감소한 경우에는 대통령령으로 정하는 바에 따라 감면받은 세액에 상당하는 금액을 개인지방소득세로 납부하여야 한다. (2016. 12. 27. 개정)

⑥ 제3항 및 제5항을 적용할 때 상시근로자의 범위, 상시근로자 수의 계산방법, 그 밖에 필요한 사항은 대통령령으로 정한다. (2014. 1. 1. 신설)
⑦ 제2항을 적용받으려는 자는 대통령령으로 정하는 바에 따라 그 감면신청을 하여야 한다. (2014. 1. 1. 신설)

⑧ 제3항 각 호 외의 부분 단서에 따라 서비스업에 대한 감면한도를 적용받는 기업은 「조세특례제한법」 제143조를 준용하여 서비스업과 그 밖의 업종을 각각 구분하여 경리하여야 한다. (2016. 12. 27. 신설)
⑨ 제주투자진흥지구 또는 제주자유무역지역 입주기업이 「조세특례제한법」 제121조의 12 제1항 각 호의 어느 하나에 해당하는 사유가 발생한 경우 대통령령이 정하는 바에 따라 제주투자진흥지구 또는 제주자유무역지역 입주기업에 대한 개인지방소득세의 감면세액을 추징한다. (2016. 12. 27. 항번개정)

제156조【기업도시개발구역 등의 창업기업 등에 대한 개인지방

③ 법 제155조 제5항에 따라 납부하여야 할 개인지방소득세액은 다음 계산식에 따라 계산한 금액(그 수가 음수이면 영으로 보고, 감면받은 과세연도 종료일 이후 2개 과세연도 연속으로 상시근로자 수가 감소한 경우에는 두 번째 과세연도에는 첫 번째 과세연도에 납부한 금액을 뺀 금액을 말한다)으로 하고, 이를 상시근로자 수가 감소된 과세연도의 과세표준을 신고할 때 개인지방소득세로 납부하여야 한다. (2014. 3. 14. 신설)

> 해당 기업의 상시근로자 수가 감소된 과세연도의 직전 2년 이내의 과세연도에 법 제155조 제3항 제2호에 따라 감면받은 세액의 합계액 － (상시근로자 수가 감소된 과세연도의 감면대상사업장의 상시근로자 수 × 1백만원)

④ 법 제155조 제6항에 따른 상시근로자의 범위 및 상시근로자 수의 계산은 「조세특례제한법 시행령」 제23조 제10항부터 제12항까지의 규정에 따른다. (2015. 2. 3. 개정 ; 조세특례제한법 시행령 부칙)
⑤ 법 제155조 제2항에 따라 개인지방소득세를 감면받으려는 자는 과세표준신고와 함께 행정안전부령으로 정하는 세액감면신청서를 납세지 관할 지방자치단체의 장에게 제출하여야 한다. 다만, 「조세특례제한법 시행령」 제116조의 15 제7항에 따라 납세지 관할 세무서장에게 소득세 감면을 신청하는 경우에는 법 제155조에 따른 개인지방소득세에 대한 세액감면도 함께 신청한 것으로 본다. (2017. 7. 26. 직제개정 ; 행정안전부와~직제 부칙)
⑥ 법 제155조 제8항에 따른 제주투자진흥지구 또는 제주자유무역지역 입주기업에 대한 개인지방소득세의 감면세액의 추징은 「조세특례제한법 시행령」 제116조의 17 제1항 각 호의 기준에 따른다. (2014. 3. 14. 신설)

제108조【기업도시개발구역 등의 창업기업 등에 대한 개인지방

소득세의 감면】① 다음 각 호의 어느 하나에 해당하는 사업(이하 이 조에서 "감면대상사업"이라 한다)을 하기 위한 투자로서 업종 및 투자 금액이 대통령령으로 정하는 기준에 해당하는 투자에 대해서는 제2항 부터 제8항까지의 규정에 따라 개인지방소득세를 감면한다. (2014. 1. 1. 신설)

1. 기업도시개발구역에 2018년 12월 31일까지 창업하거나 사업장을 신설(기존 사업장을 이전하는 경우는 제외한다)하는 기업이 그 구역 의 사업장에서 하는 사업 (2016. 12. 27. 개정)
2. 기업도시개발사업 시행자가 하는 사업으로서 「기업도시개발 특별법」 제2조 제3호에 따른 기업도시개발사업 (2014. 1. 1. 신설)
3. 「지역 개발 및 지원에 관한 법률」 제11조에 따라 지정된 지역개발 사업구역(같은 법 제7조 제1항 제1호에 해당하는 지역개발사업으로 한정한다) 또는 같은 법 제67조에 따른 지역활성화지역에 2018년 12월 31일까지 창업하거나 사업장을 신설(기존 사업장을 이전하는 경우는 제외한다)하는 기업(법률 제12737호 「지역 개발 및 지원에 관한 법률」 부칙 제4조에 따라 의제된 지역개발사업구역 중 「폐광 지역 개발 지원에 관한 특별법」에 따라 지정된 폐광지역진흥지구에 개발사업시행자로 선정되어 입주하는 경우에는 「관광진흥법」에 따 른 관광숙박업 및 종합휴양업과 축산업을 경영하는 내국인을 포함 한다)이 그 구역 또는 지역 안의 사업장에서 하는 사업 (2016. 12. 27. 개정)
4. 「지역 개발 및 지원에 관한 법률」 제11조(같은 법 제7조 제1항 제1 호에 해당하는 지역개발사업으로 한정한다)에 따른 지역개발사업구 역과 같은 법 제67조에 따른 지역활성화지역에서 같은 법 제19조에 따라 지정된 사업시행자가 하는 지역개발사업 (2014. 12. 31. 개정)
5. 「여수세계박람회 기념 및 사후활용에 관한 특별법」 제15조에 따라 지정·고시된 해양박람회특구에 2018년 12월 31일까지 창업하거나 사업장을 신설(기존 사업장을 이전하는 경우는 제외한다)하는 기업 이 그 구역 안의 사업장에서 하는 사업 (2016. 12. 27. 개정)
6. 「여수세계박람회 기념 및 사후활용에 관한 특별법」 제17조에 따라 지정된 사업시행자가 박람회 사후활용에 관하여 시행하는 사업 (2014. 3. 24. 개정)

소득세의 감면】① 법 제156조 제1항 각 호 외의 부분에서 "대통령령 으로 정하는 기준에 해당하는 투자"란 다음 각 호의 구분에 따른 투자 를 말한다. (2014. 3. 14. 신설)

1. 법 제156조 제1항 제1호·제3호 및 제5호에 따른 사업 : 「조세특례제 한법 시행령」 제116조의 21 제1항에 따른 투자 (2014. 3. 14. 신설)
2. 법 제156조 제1항 제2호·제4호 및 제6호에 따른 사업 : 「조세특례제 한법 시행령」 제116조의 21 제2항에 따른 투자 (2014. 3. 14. 신설)
② 법 제156조 제1항 제1호·제3호 및 제5호에 해당하는 기업도시개 발구역, 신발전지역발전촉진지구, 신발전지역투자촉진지구 및 박람회 장 조성사업구역에 창업하거나 사업장을 신설하는 기업이 그 구역에 있는 사업장에서 경영하는 사업의 감면대상소득은 제1항 제1호에 따른 감면대상사업을 경영하기 위하여 그 구역에 투자한 시설에서 직접 발 생한 소득으로 한다. (2014. 3. 14. 신설)

7. 「새만금사업 추진 및 지원에 관한 특별법」 제8조 제1항에 따른 사
　업시행자에 해당하는 기업이 같은 법 제2조에 따른 사업의 시행자
　가 되어 실시하는 새만금사업 (2016. 12. 27. 신설)

② 제1항에 해당하는 기업의 감면대상사업에서 발생한 소득에 대해서
는 사업개시일 이후 그 감면대상사업에서 최초로 소득이 발생한 과세
연도(사업개시일부터 5년이 되는 날이 속하는 과세연도까지 그 사업에
서 소득이 발생하지 아니한 경우에는 5년이 되는 날이 속하는 과세연
도)의 개시일부터 3년 이내에 끝나는 과세연도에는 제1항 제1호·제3
호·제5호의 경우 개인지방소득세의 100분의 100에 상당하는 세액을,
제1항 제2호·제4호·제6호·제7호의 경우 개인지방소득세의 100분
의 50에 상당하는 세액을 각각 경감하고, 그 다음 2년 이내에 끝나는
과세연도에는 제1항 제1호·제3호·제5호의 경우 개인지방소득세의
100분의 50에 상당하는 세액을, 제1항 제2호·제4호·제6호·제7호
의 경우 개인지방소득세의 100분의 25에 상당하는 세액을 각각 경감
한다. (2016. 12. 27. 개정)

③ 제2항이 적용되는 감면기간 동안 감면받는 개인지방소득세의 총합
계액이 제1호와 제2호의 금액을 합한 금액을 초과하는 경우에는 그 합
한 금액을 한도(이하 이 조에서 "감면한도"라 한다)로 하여 세액을 감
면한다. 다만, 대통령령으로 정하는 서비스업(이하 이 조에서 "서비스
업"이라 한다)을 영위하는 경우로서 해당 서비스업에서 발생한 소득에
대하여 제2항이 적용되는 감면기간 동안 감면받은 개인지방소득세 총
합계액이 제1호와 제2호의 금액을 합한 금액과 제3호의 금액 중 큰 금
액을 초과하는 경우에는 그 큰 금액을 한도로 하여 세액을 감면할 수
있다. (2016. 12. 27. 개정)

1. 대통령령으로 정하는 투자누계액의 100분의 5 (2014. 1. 1. 신설)

2. 다음 각 목의 금액 중 적은 금액 (2014. 1. 1. 신설)

　가. 해당 과세연도의 제1항 각 호의 어느 하나에 해당하는 사업을
　　　하는 사업장(이하 이 조에서 "감면대상사업장"이라 한다)의 상
　　　시근로자 수 × 1백만원 (2014. 1. 1. 신설)

　나. 제1호의 투자누계액의 100분의 2 (2014. 1. 1. 신설)

3. 다음 각 목의 금액 중 적은 금액 (2016. 12. 27. 신설)

　가. 해당 과세연도의 감면대상사업장의 상시근로자 수 × 2백만원

③ 법 제156조 제3항 제1호에서 "대통령령으로 정하는 투자누계액"이
란 「조세특례제한법 시행령」 제116조의 21 제4항에 따른 투자 합계액
을 말한다. (2014. 3. 14. 신설)

(2016. 12. 27. 신설)

나. 제1호의 투자누계액의 100분의 10 (2016. 12. 27. 신설)

④ 제2항에 따라 각 과세연도에 감면받을 개인지방소득세에 대하여 감면한도를 적용할 때에는 제3항 제1호의 금액을 먼저 적용한 후 같은 항 제2호의 금액을 적용한다. (2014. 1. 1. 신설)

⑤ 제3항 제2호 또는 제3호를 적용받아 개인지방소득세를 감면받은 기업이 감면받은 과세연도 종료일부터 2년이 되는 날이 속하는 과세연도 종료일까지의 기간 중 각 과세연도의 감면대상사업장의 상시근로자 수가 감면받은 과세연도의 상시근로자 수보다 감소한 경우에는 대통령령으로 정하는 바에 따라 감면받은 세액에 상당하는 금액을 개인지방소득세로 납부하여야 한다. (2016. 12. 27. 개정)

⑥ 제3항 및 제5항을 적용할 때 상시근로자의 범위, 상시근로자 수의 계산방법, 그 밖에 필요한 사항은 대통령령으로 정한다. (2014. 1. 1. 신설)

⑦ 제1항부터 제6항까지의 규정을 적용할 때 창업의 범위에 관하여는 제100조 제6항을 준용한다. (2014. 1. 1. 신설)

⑧ 제2항을 적용받으려는 자는 대통령령으로 정하는 바에 따라 감면신청을 하여야 한다. (2014. 1. 1. 신설)

⑨ 제3항 각 호 외의 부분 단서에 따라 서비스업에 대한 감면한도를 적용받는 기업은 「조세특례제한법」 제143조를 준용하여 서비스업과 그 밖의 업종을 각각 구분하여 경리하여야 한다. (2016. 12. 27. 신설)

⑩ 제2항 및 제3항에 따라 개인지방소득세를 감면받은 기업도시개발구역 등의 창업기업 등이 「조세특례제한법」 제121조의 19 제1항 각 호의 어느 하나에 해당하는 경우에는 감면받은 개인지방소득세를 추징하며, 같은 항 제3호에 해당하는 경우에는 해당 과세연도와 남은 감면기간 동안 제2항을 적용하지 아니한다. (2016. 12. 27. 항번개정)

④ 법 제156조 제5항에 따라 납부하여야 할 개인지방소득세는 다음의 계산식에 따라 계산한 금액(그 수가 음수이면 영으로 보고, 감면받은 과세연도 종료일 이후 2개 과세연도 연속으로 상시근로자 수가 감소한 경우에는 두 번째 과세연도에는 첫 번째 과세연도에 납부한 금액을 뺀 금액을 말한다)으로 하고, 이를 상시근로자 수가 감소된 과세연도의 과세표준을 신고할 때 개인지방소득세로 납부하여야 한다. (2014. 3. 14. 신설)

> 해당 기업의 상시근로자 수가 감소된 과세연도의 직전 2년 이내의 과세연도에 법 제156조 제3항 제2호에 따라 감면받은 세액의 합계액 − (상시근로자 수가 감소된 과세연도의 감면대상사업장의 상시근로자 수 × 1백만원)

⑤ 법 제156조 제6항에 따른 상시근로자의 범위 및 상시근로자 수의 계산은 「조세특례제한법 시행령」 제23조 제10항부터 제12항까지의 규정에 따른다. (2015. 2. 3. 개정 ; 조세특례제한법 시행령 부칙)

⑥ 법 제156조 제2항에 따라 개인지방소득세를 감면받으려는 자는 과세표준신고와 함께 행정안전부령으로 정하는 세액감면신청서를 납세지 관할 지방자치단체의 장에게 제출하여야 한다. 다만, 「조세특례제한법 시행령」 제116조의 21 제7항에 따라 납세지 관할 세무서장에게 소득세 감면을 신청하는 경우에는 법 제156조에 따른 개인지방소득세에 대한 세액감면도 함께 신청한 것으로 본다. (2017. 7. 26. 직제개정 ; 행정안전부와~직제 부칙)

제157조 【아시아문화중심도시 투자진흥지구 입주기업 등에 대한 개인지방소득세의 감면 등】 ① 「아시아문화중심도시 조성에 관한 특별법」 제16조에 따른 투자진흥지구에 2018년 12월 31일까지 입주하는 기업이 그 지구에서 사업을 하기 위한 투자로서 업종 및 투자금액이 대통령령으로 정하는 기준에 해당하는 투자에 대해서는 제2항부터 제6항까지의 규정에 따라 개인지방소득세를 감면한다. (2016. 12. 27. 개정)

② 제1항에 따른 기업의 감면대상사업에서 발생한 소득에 대해서는 사업개시일 이후 해당 감면대상사업에서 최초로 소득이 발생한 과세연도(사업개시일부터 5년이 되는 날이 속하는 과세연도까지 해당 사업에서 소득이 발생하지 아니한 때에는 5년이 되는 날이 속하는 과세연도)의 개시일부터 3년 이내에 끝나는 과세연도의 개인지방소득세의 100분의 100에 상당하는 세액을, 그 다음 2년 이내에 끝나는 과세연도의 개인지방소득세의 100분의 50에 상당하는 세액을 감면한다. (2014. 1. 1. 신설)

③ 제2항이 적용되는 감면기간 동안 감면받는 개인지방소득세의 총합계액이 제1호와 제2호의 금액을 합한 금액을 초과하는 경우에는 그 합한 금액을 한도(이하 이 조에서 "감면한도"라 한다)로 하여 세액을 감면한다. 다만, 대통령령으로 정하는 서비스업(이하 이 조에서 "서비스업"이라 한다)을 영위하는 경우로서 해당 서비스업에서 발생한 소득에 대하여 제2항이 적용되는 감면기간 동안 감면받은 개인지방소득세 총합계액이 제1호와 제2호의 금액을 합한 금액과 제3호의 금액 중 큰 금액을 초과하는 경우에는 그 큰 금액을 한도로 하여 세액을 감면할 수 있다. (2016. 12. 27. 개정)

1. 대통령령으로 정하는 투자누계액의 100분의 5 (2014. 1. 1. 신설)
2. 다음 각 목의 금액 중 적은 금액 (2014. 1. 1. 신설)
　가. 해당 과세연도의 제1항에 따른 투자진흥지구의 사업장(이하 이 조에서 "감면대상사업장"이라 한다)의 상시근로자 수 × 1백만원 (2014. 1. 1. 신설)
　나. 제1호의 투자누계액의 100분의 2 (2014. 1. 1. 신설)
3. 다음 각 목의 금액 중 적은 금액 (2016. 12. 27. 신설)
　가. 해당 과세연도의 감면대상사업장의 상시근로자 수 × 2백만원

제109조 【아시아문화중심도시 투자진흥지구 입주기업 등에 대한 개인지방소득세의 감면】 ① 법 제157조 제1항에 따라 개인지방소득세를 감면하는 투자는 「조세특례제한법 시행령」 제116조의 25 제1항에 따른 투자로 한다. (2014. 3. 14. 신설)

② 법 제157조 제3항 제1호에서 "대통령령으로 정하는 투자누계액"이란 「조세특례제한법 시행령」 제116조의 25 제2항에 따른 투자 합계액을 말한다. (2014. 3. 14. 신설)

(2016. 12. 27. 신설)

나. 제1호의 투자누계액의 100분의 10 (2016. 12. 27. 신설)

④ 제2항에 따라 각 과세연도에 감면받을 개인지방소득세에 대하여 감면한도를 적용할 때에는 제3항 제1호의 금액을 먼저 적용한 후 같은 항 제2호의 금액을 적용한다. (2014. 1. 1. 신설)

⑤ 제3항 제2호 또는 제3호를 적용받아 개인지방소득세를 감면받은 기업이 감면받은 과세연도 종료일부터 2년이 되는 날이 속하는 과세연도 종료일까지의 기간 중 각 과세연도의 감면대상사업장의 상시근로자 수가 감면받은 과세연도의 상시근로자 수보다 감소한 경우에는 대통령령으로 정하는 바에 따라 감면받은 세액에 상당하는 금액을 개인지방소득세로 납부하여야 한다. (2016. 12. 27. 개정)

⑥ 제3항 및 제5항을 적용할 때 상시근로자의 범위, 상시근로자 수의 계산방법, 그 밖에 필요한 사항은 대통령령으로 정한다. (2014. 1. 1. 신설)

⑦ 지방자치단체의 장은 해당 감면대상사업에서 최초로 소득이 발생한 과세연도(사업개시일부터 3년이 되는 날이 속하는 과세연도까지 해당 사업에서 소득이 발생하지 아니한 경우에는 3년이 되는 날이 속하는 과세연도) 종료일 이후 2년 이내에 제1항에 따른 개인지방소득세감면기준에 해당하는 투자가 이루어지지 아니한 경우에는 대통령령으로 정하는 바에 따라 제1항부터 제6항까지의 규정에 따라 감면된 개인지방소득세를 추징한다. (2014. 1. 1. 신설)

⑧ 제7항에 해당하는 경우에는 해당 과세연도와 남은 감면기간 동안 제2항을 적용하지 아니한다. (2014. 1. 1. 신설)

⑨ 제2항에 따라 개인지방소득세를 감면받으려는 자는 대통령령으로 정하는 바에 따라 그 감면신청을 하여야 한다. (2014. 1. 1. 신설)

⑩ 제3항 각 호 외의 부분 단서에 따라 서비스업에 대한 감면한도를

③ 법 제157조 제5항에 따라 납부하여야 할 개인지방소득세액은 다음 계산식에 따라 계산한 금액(그 수가 음수이면 영으로 보고, 감면받은 과세연도 종료일 이후 2개 과세연도 연속으로 상시근로자 수가 감소한 경우에는 두 번째 과세연도에는 첫 번째 과세연도에 납부한 금액을 뺀 금액을 말한다)으로 하고, 이를 상시근로자 수가 감소된 과세연도의 과세표준을 신고할 때 개인지방소득세로 납부하여야 한다. (2014. 3. 14. 신설)

> 해당 기업의 상시근로자 수가 감소된 과세연도의 직전 2년 이내의 과세연도에 법 제157조 제3항 제2호에 따라 감면받은 세액의 합계액 − (상시근로자 수가 감소된 과세연도의 감면대상사업장의 상시근로자 수 × 1백만원)

④ 법 제157조 제6항에 따른 상시근로자의 범위 및 상시근로자 수의 계산은 「조세특례제한법 시행령」 제23조 제10항부터 제12항까지의 규정에 따른다. (2015. 2. 3. 개정 ; 조세특례제한법 시행령 부칙)

⑤ 법 제157조 제7항에 따라 추징하는 개인지방소득세액은 감면받은 세액 전액으로 한다. (2014. 3. 14. 신설)

⑥ 법 제157조 제9항에 따라 개인지방소득세 감면신청을 하려는 자는 과세표준신고와 함께 행정안전부령으로 정하는 세액감면신청서를 납세지 관할 지방자치단체의 장에게 제출하여야 한다. 다만, 「조세특례제

적용받는 기업은 「조세특례제한법」 제143조를 준용하여 서비스업과 그 밖의 업종을 각각 구분하여 경리하여야 한다. (2016. 12. 27. 신설)

　제158조【금융중심지 창업기업 등에 대한 개인지방소득세의 감면 등】① 「금융중심지의 조성과 발전에 관한 법률」 제5조 제5항에 따라 지정된 금융중심지(수도권과밀억제권역 안의 금융중심지는 제외한다)에 2018년 12월 31일까지 창업하거나 사업장을 신설(기존 사업장을 이전하는 경우는 제외한다)하여 해당 구역 안의 사업장(이하 이 조에서 "감면대상사업장"이라 한다)에서 대통령령으로 정하는 기준을 충족하는 금융 및 보험업(이하 이 조에서 "감면대상사업"이라 한다)을 영위하는 경우에는 제2항부터 제6항까지의 규정에 따라 개인지방소득세를 감면한다. (2016. 12. 27. 개정)
② 제1항의 금융중심지 구역 안 사업장의 감면대상사업에서 발생한 소득에 대하여는 사업개시일 이후 해당 감면대상사업에서 최초로 소득이 발생한 과세연도(사업개시일부터 5년이 되는 날이 속하는 과세연도까지 해당 사업에서 소득이 발생하지 아니한 때에는 5년이 되는 날이 속하는 과세연도)의 개시일부터 3년 이내에 종료하는 과세연도의 개인지방소득세의 100분의 100에 상당하는 세액을 감면하고, 그 다음 2년 이내에 종료하는 과세연도의 개인지방소득세의 100분의 50에 상당하는 세액을 감면한다. (2014. 1. 1. 신설)
③ 제2항이 적용되는 감면기간 동안 감면받는 개인지방소득세의 총합계액이 제1호와 제2호의 금액을 합한 금액을 초과하는 경우에는 그 합한 금액을 한도(이하 이 조에서 "감면한도"라 한다)로 하여 세액을 감면한다. 다만, 대통령령으로 정하는 서비스업(이하 이 조에서 "서비스업"이라 한다)을 영위하는 경우로서 해당 서비스업에서 발생한 소득에 대하여 제2항이 적용되는 감면기간 동안 감면받은 개인지방소득세 총합계액이 제1호와 제2호의 금액을 합한 금액과 제3호의 금액 중 큰 금액을 초과하는 경우에는 그 큰 금액을 한도로 하여 세액을 감면할 수 있다. (2016. 12. 27. 개정)
1. 대통령령으로 정하는 투자누계액의 100분의 5 (2014. 1. 1. 신설)

한법 시행령」 제116조의 25 제6항에 따라 납세지 관할 세무서장에게 소득세 감면을 신청하는 경우에는 법 제157조에 따른 개인지방소득세에 대한 세액감면도 함께 신청한 것으로 본다. (2017. 7. 26. 직제개정 ; 행정안전부와~직제 부칙)

　제110조【금융중심지 창업기업 등에 대한 개인지방소득세의 감면】① 법 제158조 제1항에서 "대통령령으로 정하는 기준"이란 「조세특례제한법 시행령」 제116조의 26 제1항에 따른 기준을 말한다. (2014. 3. 14. 신설)

② 법 제158조 제2항에 따른 금융중심지 구역 안 사업장의 감면대상사업에서 발생한 소득은 「조세특례제한법 시행령」 제116조의 26 제2항에 따른 소득으로 한다. (2014. 3. 14. 신설)

③ 법 제158조 제3항 제1호에서 "대통령령으로 정하는 투자누계액"이

2. 다음 각 목의 금액 중 적은 금액 (2014. 1. 1. 신설)
　　가. 해당 과세연도의 감면대상사업장의 상시근로자 수 × 1백만원
　　　(2014. 1. 1. 신설)
　　나. 제1호의 투자누계액의 100분의 2 (2014. 1. 1. 신설)
3. 다음 각 목의 금액 중 적은 금액 (2016. 12. 27. 신설)
　　가. 해당 과세연도의 감면대상사업장의 상시근로자 수 × 2백만원
　　　(2016. 12. 27. 신설)
　　나. 제1호의 투자누계액의 100분의 10 (2016. 12. 27. 신설)
④ 제2항에 따라 각 과세연도에 감면받을 개인지방소득세에 대하여 감면한도를 적용할 때에는 제3항 제1호의 금액을 먼저 적용한 후 같은 항 제2호의 금액을 적용한다. (2014. 1. 1. 신설)
⑤ 제3항 제2호 또는 제3호를 적용받아 개인지방소득세를 감면받은 기업이 감면받은 과세연도 종료일부터 2년이 되는 날이 속하는 과세연도 종료일까지의 기간 중 각 과세연도의 감면대상사업장의 상시근로자 수가 감면받은 과세연도의 상시근로자 수보다 감소한 경우에는 대통령령으로 정하는 바에 따라 감면받은 세액에 상당하는 금액을 개인지방소득세로 납부하여야 한다. (2016. 12. 27. 개정)
⑥ 제3항 및 제5항을 적용할 때 상시근로자의 범위, 상시근로자 수의 계산방법, 그 밖에 필요한 사항은 대통령령으로 정한다. (2014. 1. 1. 신설)
⑦ 지방자치단체의 장은 해당 감면대상사업에서 최초로 소득이 발생한 과세연도(사업개시일부터 3년이 되는 날이 속하는 과세연도까지 해당 사업에서 소득이 발생하지 아니한 경우에는 3년이 되는 날이 속하는 과세연도) 종료일 이후 2년 이내에 제1항에 따른 조세감면기준에 해당하는 투자가 이루어지지 아니한 경우에는 대통령령으로 정하는 바에 따라 제1항부터 제6항까지의 규정에 따라 감면된 개인지방소득세를 추징한다. (2014. 1. 1. 신설)
⑧ 제7항에 해당하는 경우에는 해당 과세연도와 남은 감면기간 동안 제2항을 적용하지 아니한다. (2014. 1. 1. 신설)
⑨ 제2항에 따라 개인지방소득세를 감면받고자 하는 자는 대통령령으로 정하는 바에 따라 그 감면신청을 하여야 한다. (2014. 1. 1. 신설)
⑩ 제3항 각 호 외의 부분 단서에 따라 서비스업에 대한 감면한도를

란 「조세특례제한법 시행령」 제116조의 26 제3항에 따른 투자 합계액을 말한다. (2014. 3. 14. 신설)

④ 법 제158조 제5항에 따라 납부하여야 할 개인지방소득세액은 다음 계산식에 따라 계산한 금액(그 수가 음수이면 영으로 보고, 감면받은 과세연도 종료일 이후 2개 과세연도 연속으로 상시근로자 수가 감소한 경우에는 두 번째 과세연도에는 첫 번째 과세연도에 납부한 금액을 뺀 금액을 말한다)으로 하고, 이를 상시근로자 수가 감소된 과세연도의 과세표준을 신고할 때 개인지방소득세로 납부하여야 한다. (2014. 3. 14. 신설)

> 해당 기업의 상시근로자 수가 감소된 과세연도의 직전 2년 이내의 과세연도에 법 제158조 제3항 제2호에 따라 감면받은 세액의 합계액 － (상시근로자 수가 감소된 과세연도의 감면대상사업장의 상시근로자 수 × 1백만원)

⑤ 법 제158조 제6항에 따른 상시근로자의 범위 및 상시근로자 수의 계산은 「조세특례제한법 시행령」 제23조 제10항부터 제12항까지의 규정에 따른다. (2015. 2. 3. 개정 ; 조세특례제한법 시행령 부칙)
⑥ 법 제158조 제7항에 따라 추징하는 개인지방소득세액은 감면받은 세액 전액으로 한다. (2014. 3. 14. 신설)
⑦ 법 제158조 제9항에 따라 개인지방소득세 감면신청을 하려는 자는 과세표준신고와 함께 행정안전부령으로 정하는 세액감면신청서를 납세지 관할 지방자치단체의 장에게 제출하여야 한다. 다만, 「조세특례제한법 시행령」 제116조의 26 제9항에 따라 납세지 관할 세무서장에게

적용받는 기업은 「조세특례제한법」 제143조를 준용하여 서비스업과 그 밖의 업종을 각각 구분하여 경리하여야 한다. (2016. 12. 27. 신설)

제159조【첨단의료복합단지 입주기업에 대한 개인지방소득세의 감면】① 「첨단의료복합단지 육성에 관한 특별법」 제6조에 따라 지정된 첨단의료복합단지에 2019년 12월 31일까지 입주한 기업이 첨단의료복합단지에 위치한 사업장(이하 이 조에서 "감면대상사업장"이라 한다)에서 보건의료기술사업 등 대통령령으로 정하는 사업(이하 이 조에서 "감면대상사업"이라 한다)을 하는 경우에는 제2항부터 제6항까지의 규정에 따라 개인지방소득세를 감면한다. (2019. 4. 30. 개정 ; 첨단의료복합단지~특별법 부칙)

② 제1항의 감면대상사업장의 감면대상사업에서 발생한 소득에 대하여는 사업개시일 이후 해당 감면대상사업에서 최초로 소득이 발생한 과세연도(사업개시일부터 5년이 되는 날이 속하는 과세연도까지 해당 사업에서 소득이 발생하지 아니한 때에는 5년이 되는 날이 속하는 과세연도)의 개시일부터 3년 이내에 끝나는 과세연도의 개인지방소득세의 100분의 100에 상당하는 세액을 감면하고, 그 다음 2년 이내에 끝나는 과세연도의 개인지방소득세의 100분의 50에 상당하는 세액을 감면한다. (2014. 1. 1. 신설)

③ 제2항이 적용되는 감면기간 동안 감면받는 개인지방소득세의 총합계액이 제1호와 제2호의 금액을 합한 금액을 초과하는 경우에는 그 합한 금액을 한도(이하 이 조에서 "감면한도"라 한다)로 하여 세액을 감면한다. 다만, 대통령령으로 정하는 서비스업(이하 이 조에서 "서비스업"이라 한다)을 영위하는 경우로서 해당 서비스업에서 발생한 소득에 대하여 제2항이 적용되는 감면기간 동안 감면받은 개인지방소득세 또는 법인세 총 합계액이 제1호와 제2호의 금액을 합한 금액과 제3호의 금액 중 큰 금액을 초과하는 경우에는 그 큰 금액을 한도로 하여 세액을 감면할 수 있다. (2016. 12. 27. 개정)

1. 대통령령으로 정하는 투자누계액의 100분의 5 (2014. 1. 1. 신설)
2. 다음 각 목의 금액 중 적은 금액 (2014. 1. 1. 신설)
　가. 해당 과세연도의 감면대상사업장의 상시근로자 수 × 1백만원

소득세 감면을 신청하는 경우에는 법 제158조에 따른 개인지방소득세에 대한 세액감면도 함께 신청한 것으로 본다. (2017. 7. 26. 직제개정 ; 행정안전부와~직제 부칙)

제111조【첨단의료복합단지에 입주하는 의료연구개발기관 등에 대한 개인지방소득세의 감면】① 법 제159조 제1항에서 "대통령령으로 정하는 사업"이란 「보건의료기술 진흥법」 제2조 제1항 제1호에 따른 보건의료기술과 관련된 사업을 말한다. (2014. 3. 14. 신설)

② 법 제159조 제3항 제1호에서 "대통령령으로 정하는 투자누계액"이란 「조세특례제한법 시행령」 제116조의 27 제2항에 따른 투자합계액을 말한다. (2014. 3. 14. 신설)

(2014. 1. 1. 신설)

　나. 제1호의 투자누계액의 100분의 2 (2014. 1. 1. 신설)

3. 다음 각 목의 금액 중 적은 금액 (2016. 12. 27. 신설)

　가. 해당 과세연도의 감면대상사업장의 상시근로자 수 × 2백만원 (2016. 12. 27. 신설)

　나. 제1호의 투자누계액의 100분의 10 (2016. 12. 27. 신설)

④ 제2항에 따라 각 과세연도에 감면받을 개인지방소득세에 대하여 감면한도를 적용할 때에는 제3항 제1호의 금액을 먼저 적용한 후 같은 항 제2호의 금액을 적용한다. (2014. 1. 1. 신설)

⑤ 제3항 제2호 또는 제3호를 적용받아 개인지방소득세를 감면받은 기업이 감면받은 과세연도 종료일부터 3년이 되는 날이 속하는 과세연도 종료일까지의 기간 중 각 과세연도의 감면대상사업장의 상시근로자 수가 감면받은 과세연도의 상시근로자 수보다 감소한 경우에는 대통령령으로 정하는 바에 따라 감면받은 세액에 상당하는 금액을 개인지방소득세로 납부하여야 한다. (2016. 12. 27. 개정)

⑥ 제3항 및 제5항을 적용할 때 상시근로자의 범위, 상시근로자 수의 계산방법, 그 밖에 필요한 사항은 대통령령으로 정한다. (2014. 1. 1. 신설)

⑦ 제2항에 따라 개인지방소득세를 감면받고자 하는 자는 대통령령으로 정하는 바에 따라 감면신청을 하여야 한다. (2014. 1. 1. 신설)

⑧ 제3항 각 호 외의 부분 단서에 따라 서비스업에 대한 감면한도를 적용받는 기업은 「조세특례제한법」 제143조를 준용하여 서비스업과 그 밖의 업종을 각각 구분하여 경리하여야 한다. (2016. 12. 27. 신설)

③ 법 제159조 제5항에 따라 납부하여야 할 개인지방소득세액은 다음 계산식에 따라 계산한 금액(그 수가 음수이면 영으로 보고, 감면받은 과세연도 종료일 이후 3개 과세연도 연속으로 상시근로자 수가 감소한 경우에는 세 번째 과세연도에는 첫 번째 과세연도에 납부한 금액과 두 번째 과세연도에 납부한 금액의 합을 뺀 금액을 말하고, 2개 과세연도 연속으로 상시근로자 수가 감소한 경우에는 두 번째 과세연도에는 첫 번째 과세연도에 납부한 금액을 뺀 금액을 말한다)으로 하고, 이를 상시근로자 수가 감소된 과세연도의 과세표준을 신고할 때 개인지방소득세로 납부하여야 한다. (2014. 3. 14. 신설)

> 해당 기업의 상시근로자 수가 감소된 과세연도의 직전 3년 이내의 과세연도에 법 제159조 제3항 제2호에 따라 감면받은 세액의 합계액 − (상시근로자 수가 감소된 과세연도의 감면대상사업장의 상시근로자 수 × 1백만원)

④ 법 제159조 제6항에 따른 상시근로자의 범위 및 상시근로자 수의 계산은 「조세특례제한법 시행령」 제23조 제10항부터 제12항까지의 규정에 따른다. (2015. 2. 3. 개정 ; 조세특례제한법 시행령 부칙)

⑤ 법 제159조 제7항에 따라 개인지방소득세를 감면받으려는 자는 과세표준신고와 함께 행정안전부령으로 정하는 세액감면신청서를 납세지 관할 지방자치단체의 장에게 제출하여야 한다. 다만, 「조세특례제한법 시행령」 제116조의 27 제5항에 따라 납세지 관할 세무서장에게 소득세 감면을 신청하는 경우에는 법 제159조에 따른 개인지방소득세에 대한 세액감면도 함께 신청한 것으로 본다. (2017. 7. 26. 직제개정 ;

제160조【금사업자와 스크랩등사업자의 수입금액의 증가 등에 대한 세액공제】 (2016. 12. 27. 제목개정)

① 금사업자(「조세특례제한법」 제106조의 4 제1항 제3호의 제품을 공급하거나 공급받으려는 사업자 또는 수입하려는 사업자로 한정한다) 또는 스크랩등사업자가 과세표준신고를 할 때 신고한 사업장별 익금 및 손금(이하 이 항에서 "익금 및 손금"이라 한다)에 각각 같은 법 제106조의 4 또는 제106조의 9에 따라 금거래계좌나 스크랩등거래계좌를 사용하여 결제하거나 결제받은 익금 및 손금(이하 이 항에서 "매입자납부 익금 및 손금"이라 한다)이 포함되어 있는 경우에는 2018년 12월 31일 이전에 끝나는 과세연도까지 다음 각 호의 어느 하나를 선택하여 그 금액을 해당 과세연도의 개인지방소득세에서 공제받을 수 있다. 이 경우 공제세액은 해당 과세연도의 종합소득분 개인지방소득 산출세액에서 직전 과세연도의 종합소득분 개인지방소득산출세액을 공제한 금액을 한도로 한다. (2016. 12. 27. 개정)

1. 과세표준신고를 할 때 신고한 사업장별 매입자납부 익금 및 손금을 합친 금액이 직전 과세연도의 매입자납부 익금 및 손금을 합친 금액을 초과하는 경우에는 그 초과금액(사업장별 익금 및 손금을 합친 금액의 증가분을 한도로 한다)의 100분의 50에 상당하는 금액이 익금 및 손금을 합친 금액에서 차지하는 비율을 종합소득분 개인지방소득 산출세액에 곱하여 계산한 금액. 이 경우 직전 과세연도의 매입자납부 익금 및 손금을 합친 금액이 없는 경우에는 직전 과세연도의 익금 및 손금을 합친 금액을 직전 과세연도의 매입자납부 익금 및 손금을 합친 금액으로 한다. (2014. 1. 1. 신설)

2. 과세표준신고를 할 때 신고한 사업장별 매입자납부 익금 및 손금을 합친 금액의 100분의 5에 상당하는 금액이 익금 및 손금을 합친 금액에서 차지하는 비율을 종합소득분 개인지방소득 산출세액에 곱하여 계산한 금액 (2014. 1. 1. 신설)

② 제1항을 적용할 때 공제세액의 계산 등에 관하여 필요한 사항은 대통령령으로 정한다. (2014. 1. 1. 신설)

③ 제1항을 적용받으려는 자는 대통령령으로 정하는 바에 따라 세액공제신청을 하여야 한다. (2014. 1. 1. 신설)

행정안전부와~직제 부칙)

제112조【구리 스크랩등사업자의 수입금액의 증가 등에 대한 세액공제】 ① 법 제160조 제1항 제1호는 세액공제를 받으려는 과세연도의 직전 과세연도 종료일부터 소급하여 1년 이상 계속하여 해당 사업을 영위한 자에 한정하여 적용한다. (2014. 3. 14. 신설)

② 법 제160조 제1항에 따른 매입자납부 익금 및 손금의 합계액이 변경되는 경우 또는 해당 과세연도의 과세표준과 세액이 경정됨에 따라 세액공제액이 감소되는 경우에는 이를 다시 계산한다. (2014. 3. 14. 신설)

③ 법 제160조 제1항에 따른 세액공제를 받으려는 자는 종합소득분 개인지방소득세 과세표준신고와 함께 행정안전부령으로 정하는 수입증가등세액공제신청서, 매입자납부익금 및 손금명세서를 납세지 관할 지방자치단체의 장에게 제출하여야 한다. 다만, 「조세특례제한법 시행령」 제117조의 4 제3항에 따라 납세지 관할 세무서장에게 소득세 공제를 신청하는 경우에는 법 제160조에 따른 개인지방소득세에 대한 세액공제도 함께 신청한 것으로 본다. (2017. 7. 26. 직제개정 ; 행정안전부와~직제 부칙)

　제161조【현금영수증가맹점에 대한 세액공제】① 신용카드단말
기 등에 현금영수증발급장치를 설치한 사업자(이하 이 조에서 "현금영
수증가맹점"이라 한다)가 제2항에 따른 현금영수증(거래건별 5천원 미
만의 거래만 해당하며, 발급승인 시 전화망을 사용한 것을 말한다)을
발급하는 경우 해당 과세기간별 현금영수증 발급건수에 대통령령으로
정하는 금액을 곱한 금액(이하 이 조에서 "공제세액"이라 한다)을 해당
과세기간의 개인지방소득세 산출세액에서 공제받을 수 있다. 이 경우
공제세액은 산출세액을 한도로 한다. (2014. 1. 1. 신설)
② 제1항에 따른 "현금영수증"이란 현금영수증가맹점이 재화 또는 용
역을 공급하고 그 대금을 현금으로 받는 경우 해당 재화 또는 용역을
공급받는 자에게 현금영수증 발급장치에 의해 발급하는 것으로서 거래
일시ㆍ금액 등 결제내용이 기재된 영수증을 말한다. (2014. 1. 1. 신설)
③ 제1항에 따른 세액공제의 방법과 절차 등은 대통령령으로 정한다.
(2014. 1. 1. 신설)

　제162조【금 현물시장에서 거래되는 금지금에 대한 세액공제】
① 대통령령으로 정하는 금지금(이하 이 조에서 "금지금"이라 한다)을
공급하는 대통령령으로 정하는 사업자(이하 이 조에서 "금지금공급사
업자"라 한다)가 대통령령으로 정하는 보관기관에 임치된 금지금을 대
통령령으로 정하는 금 현물시장(이하 이 조에서 "금 현물시장"이라 한
다)을 통하여 2015년 12월 31일까지 공급하거나 금 현물시장에서 금
지금을 매수한 사업자(이하 이 항에서 "금지금매수사업자"라 한다)가
해당 금지금을 보관기관에서 2015년 12월 31일까지 인출하는 경우 해
당 공급가액 및 매수금액(이하 이 항에서 "금 현물시장 이용금액"이라
하되, 금지금공급사업자와 금지금매수사업자가 대통령령으로 정하는
특수관계에 있는 경우 해당 금액은 제외한다)에 대해서는 다음 각 호
중에서 선택하는 어느 하나에 해당하는 금액을 공급일 또는 매수일
(「부가가치세법」 제15조에 따른 재화의 공급 시기를 말한다)이 속하는
과세연도의 개인지방소득세(사업소득에 대한 개인지방소득세만 해당
한다. 이하 이 항에서 같다)에서 공제한다. 다만, 직전 과세연도의 금
현물시장 이용금액이 전전 과세연도의 이용금액 보다 적은 경우 제2호
를 적용하여 계산한 금액을 해당 과세연도의 개인지방소득세에서 공제

　제113조【현금영수증가맹점에 대한 세액공제】① 법 제161조
제1항에서 "대통령령으로 정하는 금액"이란 2원을 말한다. (2014. 3.
14. 신설)
② 현금영수증의 발급방법ㆍ기재내용ㆍ양식 및 현금영수증 결제내역
의 보관ㆍ제출 등 현금영수증제도의 원활한 운영을 위하여 필요한 사
항은 「조세특례제한법 시행령」 제121조의 3 제3항에 따른다. (2014.
3. 14. 신설)
③ 법 제161조에 따른 세액공제의 적용에 관하여는 제1항 및 제2항에
서 규정한 사항 외에는 「조세특례제한법 시행령」 제121조의 3을 준용
한다. (2014. 3. 14. 신설)

　제114조【금 현물시장에서 거래되는 금지금에 대한 세액공제】
① 법 제162조 제1항 각 호 외의 부분 본문에서 "대통령령으로 정하는
금지금"이란 「조세특례제한법 시행령」 제121조의 7 제1항에 따른 금
지금을 말한다. (2014. 8. 20. 개정)
② 법 제162조 제1항 각 호 외의 부분 본문에서 "대통령령으로 정하는
사업자"란 「조세특례제한법 시행령」 제121조의 7 제2항에 따른 사업
자를 말한다. (2014. 8. 20. 신설)
③ 법 제162조 제1항 각 호 외의 부분 본문에서 "대통령령으로 정하는
보관기관"이란 「조세특례제한법 시행령」 제121조의 7 제3항에 따른
보관기관을 말한다. (2014. 8. 20. 신설)
④ 법 제162조 제1항 각 호 외의 부분 본문에서 "대통령령으로 정하는
금 현물시장"이란 「조세특례제한법 시행령」 제121조의 7 제4항에 따
른 시장을 말한다. (2014. 8. 20. 신설)
⑤ 제1항에 따른 금지금을 보관기관에서 인출하는 경우 법 제162조 제
1항 각 호 외의 부분 본문에 따른 금 현물시장 이용금액은 「조세특례
제한법 시행령」 제121조의 7 제14항에 따라 평가한 금액으로 한다.
(2014. 8. 20. 항번개정)

한다. (2014. 3. 24. 개정)

1. 금 현물시장 이용금액이 직전 과세연도의 금 현물시장 이용금액을 초과하는 경우 그 초과금액(이하 이 호에서 "이용금액 초과분"이라 한다)이 해당 과세연도의 매출액에서 차지하는 비율을 종합소득분 개인지방소득 산출세액에 곱하여 계산한 금액. 다만, 직전 과세연도 금 현물시장 이용금액이 없는 경우로서 금 현물시장을 최초로 이용한 경우에는 해당 과세연도의 금 현물시장 이용금액을 이용금액 초과분으로 본다. (2014. 1. 1. 신설)

2. 해당 과세연도 금 현물시장 이용금액의 100분의 5에 상당하는 금액이 해당 과세연도 매출액에서 차지하는 비율을 종합소득분 개인지방소득 산출세액에 곱하여 계산한 금액 (2014. 1. 1. 신설)

② 제1항의 규정을 적용할 때 공제세액의 계산 등에 관하여 필요한 사항과 세액공제신청에 관한 사항은 대통령령으로 정한다. (2014. 1. 1. 신설)

　　제163조【양도소득에 대한 개인지방소득세액의 감면】「소득세법」 제95조에 따른 양도소득금액에 이 법에서 규정하는 감면대상소득금액이 있는 때에는 「소득세법」 제90조 제1항에서 규정하는 계산방법을 준용하여 계산한 금액을 감면한다. 이 경우 양도소득과세표준에 적용하는 세율은 「지방세법」 제103조의 3에 따른 세율로 한다. (2014. 12. 31. 개정)

　　제164조【정치자금의 세액공제】거주자가 「정치자금법」에 따라 정당(같은 법에 따른 후원회 및 선거관리위원회를 포함한다)에 기부한 정치자금은 이를 지출한 해당 과세연도의 개인지방소득세 산출세액에서 「조세특례제한법」 제76조 제1항에서 세액공제하는 금액의 100분의 10에 해당하는 금액을 세액공제한다. (2014. 3. 24. 개정)

　　제165조【석유제품 전자상거래에 대한 세액공제】① 「석유 및 석유대체연료 사업법」 제2조 제7호에 따른 석유정제업자 등 대통령령으로 정하는 자가 대통령령으로 정하는 전자결제망을 이용하여 「석유 및 석유대체연료 사업법」 제2조 제2호에 따른 석유제품을 2019년 12

⑥ 법 제162조 제1항 각 호 외의 부분 본문에서 "대통령령으로 정하는 특수관계"란 「소득세법 시행령」 제98조 제1항에 따른 특수관계인의 관계를 말한다. (2014. 8. 20. 항번개정)

⑦ 법 제162조에 따른 세액공제의 적용에 관하여는 제1항부터 제6항까지에서 규정한 사항 외에는 「조세특례제한법 시행령」 제121조의 7을 준용한다. (2014. 8. 20. 신설)

　　제115조【석유제품 전자상거래에 대한 세액공제】① 법 제165조 제1항 본문에서 "대통령령으로 정하는 전자결제망"이란 「조세특례제한법 시행령」 제104조의 22 제1항에 따른 석유제품 전자결제망을 말한다. (2014. 3. 14. 신설)

월 31일까지 공급하거나 공급받는 경우 다음 각 호의 구분에 따른 금액을 공급일 또는 공급받은 날(「부가가치세법」 제15조에 따른 재화의 공급시기를 말한다)이 속하는 과세연도의 개인지방소득세(사업소득에 대한 소득세만 해당한다)에서 공제한다. 다만, 공제받는 금액이 해당 과세연도의 개인지방소득세의 100분의 10을 초과하는 경우에는 그 초과하는 금액은 없는 것으로 한다. (2016. 12. 27. 개정)
1. 석유제품을 공급하는 자: 공급가액(「부가가치세법」 제29조에 따른 공급가액을 말한다. 이하 이 항에서 같다)의 1만분의 1에 상당하는 금액 (2016. 12. 27. 신설)
2. 석유제품을 공급받는 자: 공급가액의 1만분의 2에 상당하는 금액 (2016. 12. 27. 신설)
② 제1항을 적용받으려는 내국인은 대통령령으로 정하는 바에 따라 세액공제신청을 하여야 한다. (2014. 1. 1. 신설)

제166조【성실신고 확인비용에 대한 세액공제】① 「조세특례제한법」 제126조의 6에 따라 성실신고 확인비용에 대한 세액공제를 받는 사업자는 같은 법 제1항에 따라 세액공제 받는 금액의 100분의 10에 해당하는 금액을 해당 과세연도의 개인지방소득세에서 공제하며, 같은 법 제2항에 따라 공제받은 금액을 추징하는 경우에는 개인지방소득세에서 공제받은 금액에 상당하는 세액도 추징한다. (2014. 1. 1. 신설)
② 제1항을 적용받으려는 자는 대통령령으로 정하는 바에 따라 세액공제신청을 하여야 한다. (2014. 1. 1. 신설)

제167조【조합법인 등에 대한 법인지방소득세 과세특례】「조세특례제한법」 제72조 제1항을 적용받는 법인에 대해서는 2025년 12월 31일 이전에 끝나는 사업연도까지 「지방세법」 제103조의 20에서 규정하는 법인지방소득세의 표준세율에도 불구하고 「조세특례제한법」 제72조 제1항에서 규정하는 법인세 세율의 100분의 10에 해당하는 세율을 법인지방소득세의 세율로 한다. (2023. 3. 14. 개정)

제167조의 2【개인지방소득세의 세액공제·감면 등】(2020. 1. 15. 제목개정)

② 법 제165조에 따라 개인지방소득세를 공제받으려는 자는 과세표준신고와 함께 행정안전부령으로 정하는 세액공제신청서를 납세지 관할 지방자치단체의 장에게 제출하여야 한다. 다만, 「조세특례제한법 시행령」 제104조의 22 제2항에 따라 납세지 관할 세무서장에게 소득세 공제를 신청하는 경우에는 법 제165조에 따른 개인지방소득세에 대한 세액감면도 함께 신청한 것으로 본다. (2017. 7. 26. 직제개정 ; 행정안전부와~직제 부칙)

제116조【성실신고 확인비용에 대한 세액공제】법 제166조 제1항을 적용받으려는 자는 「소득세법」 제70조의 2 제1항에 따른 성실신고확인서를 제출할 때 행정안전부령으로 정하는 성실신고확인비용세액공제신청서를 납세지 관할 지방자치단체의 장에게 제출하여야 한다. 다만, 「조세특례제한법 시행령」 제121조의 6 제2항에 따라 소득세 공제를 신청하는 경우에는 법 제166조에 따른 개인지방소득세에 대한 세액공제도 함께 신청한 것으로 본다. (2017. 7. 26. 직제개정 ; 행정안전부와~직제 부칙)

편주 ···
법 167조의 2 제1항 및 2항의 개정규정은 2026.12.31.까지 적용함. (법 부칙(2014. 12. 31.) 2조) (2023. 12. 29. 개정)
···

① 「소득세법」 또는 「조세특례제한법」에 따라 소득세가 세액공제 · 감면이 되는 경우(「조세특례제한법」 제144조에 따른 세액공제액의 이월공제를 포함하며, 같은 법 제104조의 8 제1항에 따른 세액공제는 제외한다)에는 이 장에서 규정하는 개인지방소득세 세액공제 · 감면 내용과 이 법 제180조에도 불구하고 그 공제 · 감면되는 금액(「조세특례제한법」 제127조부터 제129조까지, 제132조 및 제133조가 적용되는 경우에는 이를 적용한 최종 금액을 말한다)의 100분의 10에 해당하는 개인지방소득세를 공제 · 감면한다. (2021. 12. 28. 개정)

② 「조세특례제한법」에 따라 소득세가 이월과세를 적용받는 경우에는 이 장에서 규정하는 개인지방소득세의 이월과세 내용에도 불구하고 그에 해당하는 개인지방소득세에 대하여 이월과세를 적용한다. (2020. 1. 15. 신설)

③ 「소득세법」 또는 「조세특례제한법」에 따라 세액공제 · 감면받거나 이월과세를 적용받은 소득세의 추징사유가 발생하여 소득세를 납부하는 경우에는 제1항 및 제2항에 따라 세액공제 · 감면받거나 이월과세를 적용받은 개인지방소득세도 납부하여야 한다. 이 경우 납부하는 소득세에 「소득세법」 또는 「조세특례제한법」에서 이자상당가산액을 가산하는 경우에는 그 가산하는 금액의 100분의 10에 해당하는 금액을 개인지방소득세에 가산한다. (2020. 1. 15. 개정)

제167조의 3 【개인지방소득세의 전자신고 등에 대한 세액공제】 ① 납세자가 직접 「지방세기본법」 제25조에 따른 전자신고(이하 이 조에서 "전자신고"라 한다)의 방법으로 대통령령으로 정하는 개인지방소득세를 신고하는 경우에는 해당 납부세액에서 대통령령으로 정하는 금액을 공제한다. 이 경우 납부할 세액이 음수인 경우에는 이를 없는 것으로 한다. (2021. 12. 28. 신설)

② 「지방세법」 제95조 제4항에 따라 납세지 관할 지방자치단체의 장이 종합소득에 대한 개인지방소득세 납부서를 발송하여 납세자가 신고기한까지 해당 세액을 납부하는 경우에는 제1항에 따른 금액을 공제한다. (2021. 12. 28. 신설)

제167조의 4 【영세개인사업자의 개인지방소득세 체납액 징수

제116조의 2 【개인지방소득세의 전자신고 세액공제】 ① 법 제167조의 3 제1항 전단에서 "대통령령으로 정하는 개인지방소득세"란 「지방세법」 제95조에 따라 과세표준 및 세액을 확정신고하는 종합소득에 대한 개인지방소득세 및 같은 법 제103조의 5에 따라 과세표준 및 세액을 예정신고하는 양도소득에 대한 개인지방소득세를 말한다. (2021. 12. 31. 신설)

② 법 제167조의 3 제1항 전단에서 "대통령령으로 정하는 금액"이란 2천원(「소득세법」 제73조에 따라 과세표준확정신고의 예외에 해당하는 자가 과세표준확정신고를 한 경우에는 추가로 납부하거나 환급받은 결정세액과 1천원 중 적은 금액)을 말한다. (2021. 12. 31. 신설)

특례】(2021. 12. 28. 조번개정)

① 지방자치단체의 장은 「조세특례제한법」 제99조의 10에 따른 종합
소득세 및 부가가치세(이하 이 조에서 "국세"라 한다)의 체납액 징수특
례(이하 이 조에서 "국세 체납액 징수특례"라 한다)를 적용받은 거주자
의 종합소득에 대한 개인지방소득세의 체납액 중 지방세징수권 소멸시
효가 완성되지 아니한 금액에 대해 그 거주자에게 직권으로 다음 각
호에 따른 체납액 징수특례(이하 이 조에서 "개인지방소득세 체납액
징수특례"라 한다)를 적용한다. (2021. 4. 20. 신설)

1. 「조세특례제한법」 제99조의 10 제2항 제1호에 따른 납부지연가산
   세의 납부의무가 면제된 경우의 종합소득에 대한 개인지방소득세
   가산금과 「지방세기본법」 제55조 제1항 제1호에 따른 개인지방소
   득세 납부지연가산세의 납부의무 면제 (2021. 4. 20. 신설, 2021.
   12. 28. 개정)

2. 국세 체납액에 대한 분납이 허가된 경우의 종합소득에 대한 개인지
   방소득세 분납 허가. 이 경우 차수 및 납부기간은 국세와 동일하게
   적용하며, 분납할 금액은 국세와 동일한 비율의 금액을 적용한다.
   (2021. 4. 20. 신설)

② 개인지방소득세 체납액 징수특례의 취소, 강제징수 등에 대해서는
「조세특례제한법」 제99조의 10의 규정을 준용한다. (2021. 4. 20. 신설)

③ 세무서장 또는 지방국세청장은 국세 체납액 징수특례를 결정하거나
취소하는 경우에는 행정안전부령으로 정하는 서식에 따라 납세지 관할
지방자치단체의 장에게 해당 자료를 즉시 통보하여야 한다. (2021. 4.
20. 신설)

④ 납세지 관할 지방자치단체의 장은 개인지방소득세 체납액 징수특
례를 결정하거나 그 결정을 취소하는 경우에는 행정안전부령으로 정
하는 통지서를 해당 거주자에게 즉시 통지하여야 한다. (2021. 4. 20.
신설)

제9조【영세개인사업자의 개인지방소
득세 체납액 징수특례】① 법 제167조의
4 제3항에 따른 국세 체납액 징수특례의
결정 또는 취소의 통보는 별지 제6호의 2
서식에 따른다. (2021. 12. 31. 개정)

② 법 제167조의 4 제4항에 따른 개인지
방소득세 체납액 징수특례의 결정 또는 결
정 취소의 통지는 각각 별지 제6호의 3 서
식 또는 별지 제6호의 4 서식에 따른다.
(2021. 12. 31. 개정)

제12절　지방소득세 특례제한 등
(2014. 1. 1. 신설)

제168조【중복지원의 배제】① 내국인이 이 법에 따라 투자한 자산에 대하여 제99조, 제103조, 제109조부터 제114조까지, 제137조 및 제151조 제2항을 적용받는 경우 다음 각 호의 금액을 투자금액 또는 취득금액에서 차감한다. (2014. 1. 1. 신설)
1. 내국인이 자산에 대한 투자를 목적으로 국가, 지방자치단체, 「공공기관의 운영에 관한 법률」에 따른 공공기관 및 「지방공기업법」에 따른 지방공기업(이하 이 조에서 "국가등"이라 한다)으로부터 출연금 등의 자산을 지급받아 투자에 지출하는 경우 : 출연금 등 중 투자에 지출한 금액에 상당하는 금액 (2014. 1. 1. 신설)
　가. 국가 (2014. 1. 1. 신설)
　나. 지방자치단체 (2014. 1. 1. 신설)
　다. 「공공기관의 운영에 관한 법률」에 따른 공공기관 (2014. 1. 1. 신설)
　라. 「지방공기업법」에 따른 지방공기업 (2014. 1. 1. 신설)
2. 내국인이 자산에 대한 투자를 목적으로 「금융실명거래 및 비밀보장에 관한 법률」 제2조 제1호 각 목의 어느 하나에 해당하는 금융회사등(이하 이 조에서 "금융회사등"이라 한다)으로부터 융자를 받아 투자에 지출하고 금융회사등에 지급해야 할 이자비용의 전부 또는 일부를 국가등이 내국인을 대신하여 지급하는 경우 : 대통령령으로 정하는 바에 따라 계산한 국가등이 지급하는 이자비용에 상당하는 금액 (2014. 1. 1. 신설)
3. 내국인이 자산에 대한 투자를 목적으로 국가등으로부터 융자를 받아 투자에 지출하는 경우 : 대통령령으로 정하는 바에 따라 계산한 국가등이 지원하는 이자지원금에 상당하는 금액 (2014. 1. 1. 신설)
② 내국인이 이 법에 따라 투자한 자산에 대하여 제99조, 제103조, 제109조부터 제114조까지, 제137조, 제151조 제2항이 동시에 적용되는 경우와 동일한 과세연도에 제114조와 제118조가 동시에 적용되는 경우에는 각각 그 중 하나만을 선택하여 적용받을 수 있다. (2014. 1. 1.

제12절　지방소득세 특례제한 등
(2014. 3. 14. 신설)

제117조【투자세액공제 등의 배제】① 법 제168조 제1항 제2호에서 "대통령령으로 정하는 바에 따라 계산한 국가등이 지급하는 이자비용에 상당하는 금액"이란 「조세특례제한법 시행령」 제123조 제1항에 따른 이자비용의 합계액을 말한다. (2014. 3. 14. 신설)

② 법 제168조 제1항 제3호에서 "대통령령으로 정하는 바에 따라 계산한 국가등이 지원하는 이자지원금에 상당하는 금액"이란 「조세특례제한법 시행령」 제123조 제2항에 따라 계산한 금액을 말한다. (2014. 3. 14. 신설)

신설)

③ 내국인에 대하여 동일한 과세연도에 제99조, 제103조, 제109조부터 제114조까지, 제118조, 제137조, 제150조 및 제151조 제2항을 적용할 때 제153조에 따라 개인지방소득세를 감면하는 경우에는 해당 규정에 따라 공제할 세액에 해당 기업의 총주식 또는 총지분에 대한 내국인투자자의 소유주식 또는 지분의 비율을 곱하여 계산한 금액의 100분의 10에 상당하는 금액을 공제한다. (2014. 1. 1. 신설)

④ 내국인이 동일한 과세연도에 제100조, 제101조, 제105조, 제122조, 제124조부터 제128조까지, 제135조 제1항·제2항, 제152조 제1항, 제154조부터 제159조까지에 따라 지방소득세가 감면되는 경우와 제99조, 제103조, 제109조부터 제114조까지, 제118조, 제137조, 제150조, 제151조, 제160조, 제162조 및 제165조에 따라 지방소득세가 공제되는 경우를 동시에 적용받을 수 있는 경우에는 그 중 하나만을 선택하여 적용받을 수 있다. (2014. 12. 31. 개정)

⑤ 내국인의 동일한 사업장에 대하여 동일한 과세연도에 제100조, 제101조, 제105조, 제122조, 제124조, 제125조, 제135조 제1항·제2항, 제152조부터 제159조까지에 따른 지방소득세의 감면규정 중 둘 이상의 규정이 적용될 수 있는 경우에는 그 중 하나만을 선택하여 적용받을 수 있다. (2014. 1. 1. 신설)

⑥ 거주자가 토지등을 양도하여 둘 이상의 양도소득분 개인지방소득세의 감면규정을 동시에 적용받는 경우에는 그 거주자가 선택하는 하나의 감면규정만을 적용한다. 다만, 토지등의 일부에 대하여 특정의 감면규정을 적용받는 경우에는 남은 부분에 대하여 다른 감면규정을 적용받을 수 있다. (2014. 1. 1. 신설)

⑦ 거주자가 주택을 양도하여 이 법 제142조와 제143조가 동시에 적용되는 경우에는 그 중 하나만을 선택하여 적용받을 수 있다. (2014. 1. 1. 신설)

⑧ 제3항과 제4항을 적용할 때「조세특례제한법」제143조에 따라 세액감면을 적용받는 사업과 그 밖의 사업을 구분경리하는 경우로서 그 밖의 사업에 공제규정이 적용되는 경우에는 해당 세액감면과 공제는 중복지원에 해당하지 아니한다. (2014. 1. 1. 신설)

제169조【추계과세 시 등의 감면배제】①「소득세법」제80조 제3항 단서에 따라 추계(推計)를 하는 경우에는 제99조, 제102조, 제103조, 제104조 제2항, 제109조부터 제115조까지, 제117조, 제118조, 제137조, 제150조, 제151조, 제160조, 제162조 및 제165조를 적용하지 아니한다. 다만, 추계를 하는 경우에도 이 법 제99조 및 제114조(투자에 관한 증거서류를 제출하는 경우만 해당한다)는 거주자에 대해서만 적용한다. (2014. 12. 31. 개정)

②「지방세법」제97조에 따라 결정을 하는 경우와「지방세기본법」제51조에 따라 기한 후 신고를 하는 경우에는 제100조, 제101조, 제104조 제1항, 제105조, 제122조, 제124조부터 제128조까지, 제135조 제1항·제2항, 제138조, 제149조, 제152조 제1항, 제154조부터 제159조까지의 세액공제·감면을 적용하지 아니한다. (2016. 12. 27. 개정 ; 지방세기본법 부칙)

☞ p.4432 1단 연결

③「지방세법」 제97조에 따라 경정(제4항 각 호의 어느 하나에 해당되어 경정하는 경우는 제외한다)을 하는 경우와 과세표준 수정신고서를 제출한 과세표준과 세액을 경정할 것을 미리 알고 제출한 경우에는 대통령령으로 정하는 과소신고금액(過少申告金額)에 대하여 제100조, 제101조, 제104조 제1항, 제105조, 제122조, 제124조부터 제128조까지, 제135조 제1항·제2항, 제138조, 제149조, 제152조 제1항, 제154조부터 제159조까지를 적용하지 아니한다. (2014. 1. 1. 신설)

④ 사업자가 다음 각 호의 어느 하나에 해당하는 경우에는 해당 과세기간의 해당 사업장에 대하여 제100조, 제101조, 제104조 제1항, 제105조, 제122조, 제124조부터 제128조까지, 제135조 제1항·제2항, 제149조, 제152조, 제154조부터 제159조의 세액공제·감면을 적용하지 아니한다. 다만, 사업자가 제1호 또는 제2호의 의무 불이행에 대하여 정당한 사유가 있는 경우에는 그러하지 아니하다. (2014. 1. 1. 신설)

1.「소득세법」 제160조의 5 제3항에 따라 사업용계좌를 신고하여야 할 사업자가 이를 이행하지 아니한 경우 (2014. 1. 1. 신설)

2.「소득세법」 제162조의 3 제1항에 따라 현금영수증가맹점으로 가입하여야 할 사업자가 이를 이행하지 아니한 경우 (2014. 1. 1. 신설)

3.「소득세법」 제162조의 2 제2항에 따른 신용카드가맹점으로 가입한 사업자 또는 「소득세법」 제162조의 3 제1항에 따라 현금영수증가맹점으로 가입한 사업자가 다음 각 목의 어느 하나에 해당하는 경우로서 그 횟수·금액 등을 고려하여 대통령령으로 정하는 때에 해당하는 경우 (2014. 1. 1. 신설)

　가. 신용카드에 의한 거래를 거부하거나 신용카드매출전표를 사실과 다르게 발급한 경우 (2014. 1. 1. 신설)

　나. 현금영수증의 발급요청을 거부하거나 사실과 다르게 발급한 경우 (2014. 1. 1. 신설)

제170조【양도소득분 개인지방소득세의 감면 배제 등】①「소득세법」 제94조 제1항 제1호 및 제2호에 따른 자산을 매매하는 거래당사자가 매매계약서의 거래가액을 실지거래가액과 다르게 적어 같은 법 제91조 제2항에 따라 감면이 제한되는 경우에는 양도소득분 개인지방소득세의 감면을 제한하며, 비과세 또는 감면받았거나 받을 세액에서

제118조【과소신고소득금액의 범위】① 법 제169조 제3항에서 "대통령령으로 정하는 과소신고금액"이란 「조세특례제한법 시행령」 제122조 제1항에 따른 금액을 말한다. (2014. 3. 14. 신설)

② 법 제169조 제4항 제3호 각 목외의 부분에서 "대통령령으로 정하는 때에 해당하는 경우"란 「조세특례제한법 시행령」 제122조 제2항에 따른 경우를 말한다. (2014. 3. 14. 신설)

같은 법 제91조 제2항 각호에 따라 배제되는 금액의 100분의 10에 상당하는 금액을 뺀다. (2014. 1. 1. 신설)

② 「소득세법」 제104조 제3항에 따른 미등기양도자산에 대해서는 양도소득세분 개인지방소득세의 감면에 관한 규정을 적용하지 아니한다. (2014. 1. 1. 신설)

제171조【수도권과밀억제권역의 투자에 대한 감면 배제】 ① 1989년 12월 31일 이전부터 수도권과밀억제권역에서 계속하여 사업을 경영하고 있는 내국인과 1990년 1월 1일 이후 수도권과밀억제권역에서 새로 사업장을 설치하여 사업을 개시하거나 종전의 사업장(1989년 12월 31일 이전에 설치한 사업장을 포함한다. 이하 이 조에서 같다)을 이전하여 설치하는 중소기업(이하 이 항에서 "1990년이후중소기업등"이라 한다)이 수도권과밀억제권역에 있는 해당 사업장에서 사용하기 위하여 취득하는 사업용 고정자산(대통령령으로 정하는 디지털방송장비 및 대통령령으로 정하는 정보통신장비는 제외한다)으로서 대통령령으로 정하는 증설투자에 해당하는 것에 대해서는 제99조 제1항 제1호·제2호, 제103조 제2항 제3호, 제109조 제1항 제1호·제2호 및 제110조(같은 조 제1항 제5호 및 제7호는 제외하며 1990년이후중소기업등이 투자한 경우만 해당한다)를 적용하지 아니한다. 다만, 대통령령으로 정하는 산업단지 또는 공업지역에서 증설투자를 하는 경우에는 그러하지 아니하다. (2014. 1. 1. 신설)

② 중소기업이 아닌 자가 1990년 1월 1일 이후 수도권과밀억제권역에서 새로 사업장을 설치하여 사업을 개시하거나 종전의 사업장을 이전하여 설치하는 경우 수도권과밀억제권역에 있는 해당 사업장에서 사용하기 위하여 취득하는 사업용고정자산(대통령령으로 정하는 디지털방송장비 및 대통령령으로 정하는 정보통신장비는 제외한다)에 대해서는 제103조 제2항 제3호, 제109조 제1항 제1호·제2호 및 제110조(같은 조 제1항 제5호 및 제7호는 제외한다)를 적용하지 아니한다. (2014. 1. 1. 신설)

제172조【최저한세액에 미달하는 세액에 대한 감면 등의 배제】 ① 거주자의 사업소득(「조세특례제한법」 제16조를 적용받는 경우에만

제119조【수도권과밀억제권역 안의 투자에 대한 감면배제 등】

① 법 제171조 제1항 본문 및 같은 조 제2항에서 "대통령령으로 정하는 디지털방송장비"란 「조세특례제한법 시행령」 제124조 제3항에 따른 방송장비를 말한다. (2014. 3. 14. 신설)

② 법 제171조 제1항 본문 및 같은 조 제2항에서 "대통령령으로 정하는 정보통신장비"란 「전기통신사업 회계정리 및 보고에 관한 규정」 제8조에 따른 전기통신설비 중 교환설비, 전송설비, 선로설비 및 정보처리설비를 말한다. (2014. 3. 14. 신설)

③ 법 제171조 제1항 본문에서 "대통령령으로 정하는 증설투자"란 「조세특례제한법 시행령」 제124조 제1항 각 호의 구분에 따른 투자를 말한다. (2014. 3. 14. 신설)

④ 법 제171조 제1항 단서에서 "대통령령으로 정하는 산업단지 또는 공업지역"이란 「조세특례제한법 시행령」 제124조 제2항에 따른 산업단지 또는 공업지역을 말한다. (2014. 3. 14. 신설)

제120조【최저한세액에 미달하는 세액에 대한 감면 등의 배제】

① 법 제172조 제1항 각 호 외의 부분에서 "대통령령으로 정하는 추징

해당 부동산임대업에서 발생하는 소득을 포함한다. 이하 이 항에서 같다)과 비거주자의 국내사업장에서 발생한 사업소득에 대한 개인지방소득세(가산세와 대통령령으로 정하는 추징세액은 제외하며 사업소득에 대한 대통령령으로 정하는 세액공제 등을 하지 아니한 개인지방소득세를 말한다)를 계산할 때 다음 각 호의 어느 하나에 해당하는 감면 등을 적용받은 후의 세액이 「조세특례제한법」 제132조 제2항 제1호 및 제2호에 따른 손금산입 및 소득공제 등을 하지 아니한 경우의 사업소득(제1호에 따른 준비금을 관계 규정에 따라 익금에 산입한 금액을 포함한다)에 대한 산출세액에 100분의 45(산출세액이 3백만원 이하인 부분은 100분의 35)를 곱하여 계산한 세액(이하 "개인지방소득세 최저한세액"이라 한다)에 미달하는 경우 그 미달하는 세액에 상당하는 부분에 대해서는 감면 등을 하지 아니한다. (2014. 12. 31. 개정)

1. 제99조, 제102조(중소기업이 아닌 자만 해당한다), 제103조, 제104조 제2항, 제109조부터 제115조까지, 제117조, 제118조, 제137조, 제150조, 제151조, 제160조, 제161조, 제162조 및 제165조에 따른 세액공제금액 (2014. 12. 31. 개정)

2. 제100조, 제101조, 제104조 제1항, 제105조, 제108조, 제122조, 제124조(수도권 밖으로 이전하는 경우는 제외한다), 제125조, 제138조, 제149조 및 제159조에 따른 개인지방소득세의 면제 및 감면 (2014. 1. 1. 신설)

② 이 법을 적용할 때 제1항 각 호에 열거된 감면 등과 그 밖의 감면 등이 동시에 적용되는 경우 그 적용순위는 제1항 각 호에 열거된 감면 등을 먼저 적용한다. (2014. 1. 1. 신설)

③ 제1항에 따른 최저한세의 적용에 필요한 사항은 대통령령으로 정한다. (2014. 1. 1. 신설)

제173조 【양도소득분 개인지방소득세 감면의 종합한도】① 개인이 제121조, 제126조부터 제131조까지, 제132조, 제133조 또는 제136조에 따라 감면받을 양도소득분 개인지방소득세액의 합계액 중에서 다음 각 호의 금액 중 큰 금액은 감면하지 아니한다. 이 경우 감면받는 양도소득분 개인지방소득세액의 합계액은 자산양도의 순서에 따라 합산한다. (2014. 12. 31. 개정)

세액"이란 다음 각 호의 어느 하나에 해당하는 것을 말한다. (2014. 3. 14. 신설)

1. 법에 따라 감면세액을 추징하는 경우(개인지방소득세에 가산하여 자진납부하거나 부과징수하는 경우를 포함한다)의 이자 상당 가산액 (2014. 3. 14. 신설)

2. 법에 따라 개인지방소득세의 감면세액을 추징하는 경우 해당 사업연도에 개인지방소득세에 가산하여 자진납부하거나 부과징수하는 세액 (2014. 3. 14. 신설)

② 법 제172조 제1항 각 호 외의 부분에서 "대통령령으로 정하는 세액공제 등"이란 개인지방소득세의 감면 중 같은 항 제1호 및 제2호에 열거되지 아니한 세액공제, 세액면제 및 감면을 말한다. (2014. 3. 14. 신설)

③ 납세의무자가 신고(「지방세기본법」에 따른 수정신고 및 경정 등의 청구를 포함한다)한 개인지방소득세액이 법 제172조에 따라 계산한 세액에 미달하여 개인지방소득세를 경정하는 경우에는 다음 각 호의 순서(동일한 호에서는 법 제172조 제1항 각 호에 열거된 조문순서에 따른다)에 따라 해당하는 감면을 배제하여 세액을 계산한다. (2014. 3. 14. 신설)

1. 법 제172조 제1항 제1호에 따른 세액공제금액. 이 경우 같은 조문에 따른 감면세액 중 이월된 공제세액이 있는 경우에는 나중에 발생한 것부터 적용배제한다. (2014. 3. 14. 신설)

2. 법 제172조 제1항 제2호에 따른 개인지방소득세의 면제 및 감면 (2014. 3. 14. 신설)

1. 과세기간별로 계산된 다음 각 목의 금액 중 큰 금액 (2014. 1. 1.
신설)

　가. 제121조, 제131조, 제132조(100분의 15 및 100분의 20의 감면
율을 적용받는 경우에 한한다), 제133조 또는 제136조에 따라
감면받을 양도소득분 개인지방소득세액의 합계액이 과세기간
별로 1천만원을 초과하는 경우에는 그 초과하는 부분에 상당하
는 금액 (2014. 3. 24. 개정)

　나. 제121조, 제126조부터 제131조까지, 제132조, 제133조 또는
제136조에 따라 감면 받을 양도소득분 개인지방소득세액의 합
계액이 과세기간별로 2천만원을 초과하는 경우에는 그 초과하
는 부분에 상당하는 금액 (2014. 12. 31. 개정)

2. 5개 과세기간의 합계액으로 계산된 다음 각 목의 금액 중 큰 금액.
이 경우 5개 과세기간의 감면받을 양도소득분 개인지방소득세액의
합계액은 당해 과세기간에 감면받을 양도소득분 개인지방소득세액
과 직전 4개 과세기간에 감면받은 양도소득분 개인지방소득세액을
합친 금액으로 계산한다. (2014. 1. 1. 신설)

　가. 5개 과세기간의 제131조에 따라 감면받을 양도소득세액의 합
계액이 1천만원을 초과하는 경우에는 그 초과하는 부분에 상당
하는 금액 (2014. 1. 1. 신설)

　나. 5개 과세기간의 제131조 및 제132조(100분의 15 및 100분의
20의 감면율을 적용받는 경우에 한한다)에 따라 감면받을 양도
소득분 개인지방소득세액의 합계액이 2천만원을 초과하는 경
우에는 그 초과하는 부분에 상당하는 금액 (2014. 3. 24. 개정)

　다. 5개 과세기간의 제126조부터 제131조까지 및 제132조에 따라
감면받을 양도소득분 개인지방소득세액의 합계액이 3천만원을
초과하는 경우에는 그 초과하는 부분에 상당하는 금액 (2014.
12. 31. 개정)

제174조【세액공제액의 이월공제】① 제99조, 제102조, 제103
조, 제104조 제2항, 제109조부터 제115조까지, 제117조, 제118조, 제
137조, 제150조, 제151조, 제160조, 제162조, 제165조 및 제166조에

따라 지방소득세 공제할 세액 중 해당 과세연도에 납부할 세액이 없거
나 제172조에 따른 개인지방소득세 최저한세액에 미달하여 공제받지
못한 부분에 상당하는 금액은 해당 과세연도의 다음 과세연도 개시일
부터 5년(제99조에 따라 공제할 세액으로서 중소기업이 설립일로부터
5년이 되는 날이 속하는 과세연도까지 공제받지 못한 부분에 상당하
는 금액은 해당 과세연도의 다음 과세연도 개시일부터 7년, 제102조
에 따라 공제할 세액을 중소기업이 설립일부터 5년이 되는 날이 속하
는 과세연도까지 공제받지 못하는 경우는 10년까지) 이내에 끝나는
각 과세연도에 이월하여 그 이월된 각 과세연도의 개인지방소득세[사
업소득(「조세특례제한법」 제126조의 6을 적용하는 경우에는 「소득세
법」 제45조 제2항에 따른 부동산임대업에서 발생하는 소득을 포함한
다)에 대한 개인지방소득세만 해당한다] 에서 공제한다. (2016. 12.
27. 개정)

② 각 과세연도의 개인지방소득세에서 공제할 금액으로서 제99조, 제
102조, 제103조, 제104조 제2항, 제109조부터 제115조까지, 제117조,
제118조, 제137조, 제150조, 제151조, 제160조, 제162조, 제165조 및
제166조에 따라 공제할 금액과 제1항에 따라 이월된 미공제 금액이
중복되는 경우에는 제1항에 따라 이월된 미공제 금액을 먼저 공제하
고 그 이월된 미공제 금액 간에 중복되는 경우에는 먼저 발생한 것부
터 차례대로 공제한다. (2014. 12. 31. 개정)

③ 제1항에도 불구하고 제114조 제1항 제2호 각 목외의 부분 단서에
따라 해당 투자가 이루어진 과세연도에 공제받지 못한 금액과 제114
조 제2항에 따라 개인지방소득세로 납부한 금액은 다음 각 호의 순서
대로 계산한 금액을 더한 금액을 한도로 하여 해당 투자가 이루어진
과세연도의 다음 과세연도 개시일부터 5년 이내에 끝나는 각 과세연
도에 이월하여 그 이월된 각 과세연도의 개인지방소득세(사업소득에
대한 개인지방소득세만 해당한다)에서 공제한다. 이 경우 이월공제 받
는 과세연도의 상시근로자수는 제3호 각 목에 따른 상시근로자 수 중
큰 수를 초과하여야 한다. (2014. 1. 1. 신설)

☞ p.4436 1단 연결

1. 이월공제받는 과세연도에 최초로 근로계약을 체결한 상시근로자 중 산업수요맞춤형고등학교등의 졸업생 수 × 200만원(중소기업의 경우는 250만원) (2016. 12. 27. 개정)
2. 이월공제받는 과세연도에 최초로 근로계약을 체결한 제1호 외의 상시근로자 중 청년근로자, 장애인근로자, 60세 이상인 근로자 수 × 150만원(중소기업의 경우는 200만원) (2016. 12. 27. 개정)
3. (이월공제받는 과세연도의 상시근로자 수 - 제1호에 따른 졸업생 수 - 제2호에 따른 청년근로자, 장애인근로자, 60세 이상인 근로자 수 - 다음 각 목의 수 중 큰 수) × 100만원(중소기업의 경우는 150만원) (2016. 12. 27. 개정)
　　가. 이월공제받는 과세연도의 직전 과세연도의 상시근로자 수 (2014. 1. 1. 신설)
　　나. 이월공제받는 금액의 해당 투자가 이루어진 과세연도의 직전 과세연도의 상시근로자 수 (2014. 1. 1. 신설)
　　다. 제114조 제2항에 따라 상시근로자 수가 감소하여 개인지방소득세를 납부한 경우 그 상시근로자 수가 감소한 과세연도(2개 과세연도 연속으로 상시근로자 수가 감소한 경우에는 두 번째 과세연도)의 상시근로자 수 (2014. 1. 1. 신설)
④ 제1항에도 불구하고 제113조의 2 제2항에 따라 개인지방소득세로 납부한 금액은 해당 투자가 이루어진 과세연도의 다음 과세연도 개시일부터 5년 이내에 끝나는 각 과세연도에 이월하여 그 이월된 각 과세연도의 개인지방소득세(사업소득에 대한 개인지방소득세만 해당한다)에서 공제하되, 이월공제받는 과세연도에 최초로 근로계약을 체결한 상시근로자 수에 100만원을 곱한 금액을 한도로 한다. 이 경우 이월공제받는 과세연도의 상시근로자 수는 제3항 제3호 각 목을 준용하여 산정한 상시근로자 수 중 큰 수를 초과하여야 한다. (2016. 12. 27. 신설)

제175조【감면세액의 추징】제99조, 제103조, 제109조부터 제114조까지, 제137조에 따라 개인지방소득세를 공제받은 자가 같은 조에 따라 투자완료일부터 2년(대통령령으로 정하는 건물과 설비 등의 경우에는 5년)이 지나기 전에 해당 자산을 처분한 경우(임대하는 경우를 포함하며, 대통령령으로 정하는 경우는 제외한다)에는 처분한 날이

제121조【세액공제액의 이월공제】① 법 제174조 제3항 제1호에 따른 산업수요맞춤형고등학교등의 졸업생 수는「조세특례제한법 시행령」제136조의 2 제1항에 따른 졸업생 수로 한다. (2014. 3. 14. 신설)
② 법 제174조 제3항 제2호에 따른 청년근로자 수는「조세특례제한법 시행령」제136조의 2 제2항에 따른 청년근로자 수로 한다. (2014. 3. 14. 신설)
③ 법 제174조 제3항 제2호에 따른 장애인근로자 수는「조세특례제한법 시행령」제136조의 2 제3항에 따른 장애인근로자 수로 한다. (2014. 3. 14. 신설)
④ 법 제174조 제3항 제2호에 따른 60세 이상인 근로자 수는「조세특례제한법 시행령」제136조의 2 제4항에 따른 60세 이상인 근로자 수로 한다. (2014. 3. 14. 신설)
⑤ 제1항부터 제4항까지에서 규정한 상시근로자의 범위 및 상시근로자 수의 계산은「조세특례제한법 시행령」제23조 제10항부터 제13항까지의 규정에 따른다. (2015. 2. 3. 개정 ; 조세특례제한법 시행령 부칙)

제122조【감면세액의 추징】① 법 제175조에서 "대통령령으로 정하는 경우"란「조세특례제한법 시행령」제137조 제1항 각 호의 어느 하나에 해당하는 경우를 말한다. (2014. 3. 14. 신설)
② 법 제175조에 따른 이자 상당 가산액은 공제받은 세액에 제1호의 기간 및 제2호의 율을 곱하여 계산한 금액으로 한다. (2014. 3. 14.

속하는 과세연도의 과세표준신고를 할 때 해당 자산에 대한 세액공제액 상당액에 대통령령으로 정하는 바에 따라 계산한 이자 상당 가산액을 가산하여 개인지방소득세로 납부하여야 하며, 해당 세액은 「지방세법」 제95조에 따라 납부하여야 할 세액으로 본다. (2014. 12. 31. 개정)

　제176조【세액감면 및 세액공제 시 적용순위 등】① 개인지방소득세의 감면에 관한 규정과 세액공제에 관한 규정이 동시에 적용되는 경우 그 적용순위는 다음 각 호의 순서로 한다. (2014. 1. 1. 신설)
1. 해당 과세기간의 소득에 대한 개인지방소득세의 감면 (2014. 1. 1. 신설)
2. 이월공제가 인정되지 아니하는 세액공제 (2014. 1. 1. 신설)
3. 이월공제가 인정되는 세액공제. 이 경우 해당 과세기간 중에 발생한 세액공제액과 이전 과세기간에서 이월된 미공제액이 함께 있을 때에는 이월된 미공제액을 먼저 공제한다. (2014. 1. 1. 신설)
② · ③ 삭　제 (2014. 12. 31.)

　제176조의 2【세액감면액 및 세액공제액이 산출세액 초과 시의 적용방법 등】① 제97조의 2에 따른 자녀세액공제액, 제97조의 3에 따른 연금계좌세액공제액, 제97조의 4에 따른 특별세액공제액의 합계액이 그 거주자의 해당 과세기간의 합산과세되는 종합소득분 개인지방소득 산출세액(「소득세법」 제62조에 따라 원천징수세율을 적용받는 이자소득 및 배당소득에 대한 대통령령으로 정하는 산출세액은 제외하며, 이하 이 조에서 "공제기준산출세액"이라 한다)을 초과하는 경우 그 초과하는 금액은 없는 것으로 한다. 다만, 그 초과한 금액에 기부금 세액공제액이 포함되어 있는 경우 해당 기부금과 「소득세법」 제59조의 4 제4항 제2호에 따라 한도액을 초과하여 공제받지 못한 지정기부금의 100분의 10에 상당하는 금액은 해당 과세기간의 다음 과세기간의 개시일부터 5년 이내에 끝나는 각 과세기간에 이월하여 「소득세법」 제61조 제3항에 따른 세액공제금액의 100분의 10에 상당하는 금액을 공제기준산출세액에서 공제한다. (2014. 12. 31. 신설)
② 제97조의 4 제1항부터 제3항, 제137조의 2 규정에 따른 세액공제액의 합계액이 그 거주자의 해당 과세기간의 대통령령으로 정하는 근로

신설)
1. 공제받은 과세연도의 과세표준신고일의 다음 날부터 법 제175조의 사유가 발생한 날이 속하는 과세연도의 과세표준신고일까지의 기간 (2014. 3. 14. 신설)
2. 1일 1만분의 3 (2014. 3. 14. 신설)

소득에 대한 종합소득분 개인지방소득 산출세액을 초과하는 경우 그 초과하는 금액은 없는 것으로 한다. (2014. 12. 31. 신설)

③ 이 법에 따른 감면액 및 세액공제액의 합계액이 해당 과세기간의 합산과세되는 종합소득분 개인지방소득 산출세액을 초과하는 경우 그 초과하는 금액은 없는 것으로 보고, 그 초과하는 금액을 한도로 연금계좌세액공제를 받지 아니한 것으로 본다. 다만, 제96조에 따른 재해손실 세액공제액이 종합소득분 개인지방소득 산출세액에서 다른 세액감면액 및 세액공제액을 뺀 후 가산세를 더한 금액을 초과하는 경우 그 초과하는 금액은 없는 것으로 본다. (2014. 12. 31. 신설)

제 4 장 보　　칙 (2014. 1. 1. 신설)

제177조【감면 제외대상】 이 법의 감면을 적용할 때 다음 각 호의 어느 하나에 해당하는 부동산등은 감면대상에서 제외한다. (2020. 1. 15. 개정)

1. 별장 : 주거용 건축물로서 늘 주거용으로 사용하지 아니하고 휴양·피서·놀이 등의 용도로 사용하는 건축물과 그 부속토지(「지방자치법」 제3조 제3항 및 제4항에 따른 읍 또는 면에 있는, 「지방세법 시행령」 제28조 제2항에 따른 범위와 기준에 해당하는 농어촌주택과 그 부속토지는 제외한다). 이 경우 별장의 범위와 적용기준은 「지방세법 시행령」 제28조 제3항에 따른다. (2020. 1. 15. 신설)

1. 삭　제 (2023. 3. 14. ; 지방세법 부칙)

2. 골프장 : 「체육시설의 설치·이용에 관한 법률」에 따른 회원제 골프장용 부동산 중 구분등록의 대상이 되는 토지와 건축물 및 그 토지 상(上)의 입목. 이 경우 등록을 하지 아니하고 사실상 골프장으로 사용하는 부동산을 포함한다. (2020. 1. 15. 신설)

3. 고급주택 : 주거용 건축물 또는 그 부속토지의 면적과 가액이 「지방세법 시행령」 제28조 제4항에 따른 기준을 초과하거나 해당 건축물에 67제곱미터 이상의 수영장 등 「지방세법 시행령」 제28조 제4항에 따른 부대시설을 설치한 주거용 건축물과 그 부속토지 (2020. 1. 15. 신설)

제 4 장 보　　칙 (2014. 3. 14. 장번개정)

제123조【직접 사용의 범위】 (2014. 3. 14. 조번개정) 법 또는 다른 법령에서의 토지에 대한 재산세의 감면규정을 적용할 때 직접 사용의 범위에는 해당 감면대상 업무에 사용할 건축물 및 주택을 건축 중인 경우를 포함한다. (2020. 12. 31. 개정)

☞

(운)(영)(예)(규) 법177의 2 - 1【합병에 따라 취득하는 재산이 다수인 경우의 적용 기준】

합병에 따라 취득하는 재산이 부동산, 차량 등으로 다수인 경우 및 합병에 따라 취득하는 재산이 다수의 과세기관에 걸쳐있는 경우, 동일한 합병계약을 원인으로 하여 「지방세특례제한법」에 따라 취득세가 면제되었다면 최소납부세제는 그 합병을 원인으로 하여 면제된 취득세 총액을 기준으로 적용한다.

4. 고급오락장 : 도박장, 유흥주점영업장, 특수목욕장, 그 밖에 이와 유
   사한 용도에 사용되는 건축물 중 「지방세법 시행령」 제28조 제5항
   에 따른 건축물과 그 부속토지 (2020. 1. 15. 신설)
5. 고급선박 : 비업무용 자가용 선박으로서 「지방세법 시행령」 제28조
   제6항에 따른 기준을 초과하는 선박 (2020. 1. 15. 신설)

　　제177조의 2【지방세 감면 특례의 제한】 ① 이 법에 따라 취득
세 또는 재산세가 면제(지방세 특례 중에서 세액감면율이 100분의 100
인 경우와 세율경감률이 「지방세법」에 따른 해당 과세대상에 대한 세
율 전부를 감면하는 것을 말한다. 이하 이 조에서 같다)되는 경우에는
이 법에 따른 취득세 또는 재산세의 면제규정에도 불구하고 100분의
85에 해당하는 감면율(「지방세법」 제13조 제1항부터 제4항까지의 세
율은 적용하지 아니한 감면율을 말한다)을 적용한다. 다만, 다음 각 호
의 어느 하나에 해당하는 경우에는 그러하지 아니하다. (2016. 12. 27.
항번개정)
1. 「지방세법」에 따라 산출한 취득세의 세액(연부로 부동산을 취득하
   는 경우 매회 세액을 합산한 것을 말하며, 1년 이내에 동일한 소유
   자로부터 부동산을 취득하는 경우 또는 1년 이내에 연접한 부동산
   을 취득하는 경우에는 각각의 부동산에 대하여 산출한 취득세의 세
   액을 합산한 것을 말한다) 및 재산세의 세액이 다음 각 목의 어느
   하나에 해당하는 경우 (2021. 12. 28. 개정)
   가. 취득세 : 200만원 이하 (2014. 12. 31. 신설)
   나. 재산세 : 50만원 이하(「지방세법」 제122조에 따른 세 부담의 상
       한을 적용하기 이전의 산출액을 말한다) (2014. 12. 31. 신설)
2. 제7조부터 제9조까지, 제13조 제3항 · 제4항, 제16조, 제17조, 제17
   조의 2, 제20조 제1항 제1호, 제29조, 제30조 제3항, 제33조 제2항,
   제35조의 2, 제36조, 제36조의 3 제1항 제1호, 제36조의 5, 제41조
   제1항부터 제6항까지, 제44조 제2항 · 제5항, 제50조, 제55조, 제57
   조의 2 제2항(2020년 12월 31일까지로 한정한다), 제62조, 제63조
   제2항 · 제4항, 제66조, 제73조, 제74조의 2 제1항, 제76조 제2항 ·
   제3항, 제77조 제2항 · 제3항, 제82조, 제85조의 2 제1항 제4호 · 제
   5호 및 제92조에 따른 감면 (2024. 12. 31. 개정)

편주 ▶ ···
법 177조의 2 제1항의 개정규정은 법 부칙(2014. 12. 31.) 12조, 법 부칙
(2015. 12. 29.) 5조 및 법 부칙(2016. 12. 27.) 9조에도 불구하고 다음
각 호의 구분에 따른 시기부터 적용함. (법 부칙(2017. 12. 26.) 7조)
1. 22조의 2, 42조 2항, 43조, 53조, 57조의 2 제3항 5호 · 7호, 57조의
   2 제4항 · 5항, 60조 3항 1호의 2, 70조 3항, 73조의 2, 74조 3항 4
   호 · 5호, 79조, 80조 및 83조 2항 : 2019. 1. 1.
2. 22조 1항 · 2항, 72조 1항 · 2항, 74조 1항, 85조의 2 제2항, 88조 1항,
   89조 및 90조: 2020. 1. 1. (2020. 1. 15. 개정)
3. 15조 2항, 63조 5항: 2026. 1. 1. (2023. 3. 14. 개정)
4. 위 1호부터 3호까지에서 규정한 면제 외의 면제: 2018. 1. 1. (2020.
   1. 15. 개정)
···

② 제4조에 따라 지방자치단체 감면조례로 취득세 또는 재산세를 면제하는 경우에도 제1항을 따른다. 다만, 「조세특례제한법」의 위임에 따른 감면은 그러하지 아니하다. (2017. 12. 26. 단서신설)
③ 제2항에도 불구하고 제1항의 적용 여부와 그 적용 시기는 해당 지방자치단체의 감면조례로 정할 수 있다. (2016. 12. 27. 신설)

제178조【감면된 취득세의 추징】① 부동산에 대한 감면을 적용할 때 이 법에서 특별히 규정한 경우를 제외하고는 다음 각 호의 어느 하나에 해당하는 경우 그 해당 부분에 대해서는 감면된 취득세를 추징한다. (2020. 1. 15. 항번개정)
1. 정당한 사유 없이 그 취득일부터 1년이 경과할 때까지 해당 용도로 직접 사용하지 아니하는 경우 (2014. 1. 1. 신설)
2. 해당 용도로 직접 사용한 기간이 2년 미만인 상태에서 매각·증여하거나 다른 용도로 사용하는 경우 (2014. 1. 1. 신설)
② 이 법에 따라 부동산에 대한 취득세 감면을 받은 자가 제1항 또는 그 밖에 이 법의 각 규정에서 정하는 추징 사유에 해당하여 그 해당 부분에 대해서 감면된 세액을 납부하여야 하는 경우에는 대통령령으로 정하는 바에 따라 계산한 이자상당액을 가산하여 납부하여야 하며, 해당 세액은 「지방세법」 제20조에 따라 납부하여야 할 세액으로 본다. 다만, 파산 등 대통령령으로 정하는 부득이한 사유가 있는 경우에는 이자상당액을 가산하지 아니한다. (2020. 1. 15. 신설)

제179조【토지에 대한 재산세의 경감율 적용】이 법 또는 다른 법령에서 토지에 대한 재산세의 경감 규정을 둔 경우에는 경감대상 토지의 과세표준액에 해당 경감비율을 곱한 금액을 경감한다. (2014. 1. 1. 신설)

제180조【중복 특례의 배제】(2023. 3. 14. 제목개정)
동일한 과세대상의 동일한 세목에 대하여 둘 이상의 지방세 특례 규정이 적용되는 경우에는 그 중 감면되는 세액이 큰 것 하나만을 적용한다. 다만, 제66조 제1항, 제73조, 제74조의 2 제1항, 제92조 및 제92조의 2와 다른 지방세 특례 규정이 함께 적용되는 경우에는 해당 특례

제123조의 2【감면된 취득세의 추징에 관한 이자상당액의 계산 등】① 법 제178조 제2항 본문에 따라 가산하여 납부해야 하는 이자상당액은 감면된 세액에 제1호의 기간과 제2호의 율을 곱하여 계산한 금액으로 한다. (2020. 1. 15. 신설)
1. 당초 감면받은 부동산에 대한 취득세 납부기한의 다음 날부터 추징사유가 발생한 날까지의 기간. 다만, 「지방세기본법」 제60조에 따라 환급·충당한 후 추징사유가 발생한 경우에는 같은 법 시행령 제43조 제1항 각 호에 따른 날부터 추징사유가 발생한 날까지의 기간으로 한다. (2021. 12. 31. 단서신설)
2. 「지방세기본법 시행령」 제34조 제1항에 따른 이자율 (2023. 12. 29. 개정)
② 법 제178조 제2항 단서에서 "파산 등 대통령령으로 정하는 부득이한 사유"란 다음 각 호의 어느 하나에 해당하는 사유를 말한다. (2020. 1. 15. 신설)
1. 파산선고를 받은 경우 (2020. 1. 15. 신설)
2. 천재지변이나 그 밖에 이에 준하는 불가피한 사유로 해당 부동산을 매각·증여하거나 다른 용도로 사용한 경우 (2020. 1. 15. 신설)

편주 ▶

2024. 1. 1. 전에 부동산에 대한 취득세 감면을 받은 자가 2024. 1. 1. 이후 추징사유가 발생하여 이자상당액을 납부하는 경우 2024. 1. 1. 전일까지의 기간분에 대한 이자상당액 계산 이자율은 종전의 영 123조의 2 제1항 2호에 따르고, 2024. 1. 1. 이후 기간분에 대한 이자상당액 계산 이자율은 영 123조의 2 제1항 2호의 개정규정에 따름.

규정을 모두 적용하되, 제66조 제1항, 제73조, 제74조의 2 제1항 및 제92조 간에 중복되는 경우에는 그 중 감면되는 세액이 큰 것 하나만을 적용한다. (2023. 12. 29. 단서개정)

　　제180조의 2【지방세 중과세율 적용 배제 특례】① 다음 각 호의 어느 하나에 해당하는 부동산의 취득에 대해서는「지방세법」에 따른 취득세를 과세할 때 2027년 12월 31일까지 같은 법 제13조 제2항 본문 및 같은 조 제3항의 세율을 적용하지 아니한다. (2024. 12. 31. 개정)
1.「부동산투자회사법」제2조 제1호에 따른 부동산투자회사가 취득하는 부동산 (2018. 12. 24. 개정)
2.「자본시장과 금융투자업에 관한 법률」제229조 제2호에 따른 부동산집합투자기구의 집합투자재산으로 취득하는 부동산 (2018. 12. 24. 개정)
3.「조세특례제한법」제104조의 31 제1항에 해당하는 회사가 취득하는 부동산 (2021. 12. 28. 개정)
② 다음 각 호의 어느 하나에 해당하는 설립등기(설립 후 5년 이내에 자본 또는 출자액을 증가하는 경우를 포함한다)에 대해서는「지방세법」에 따른 등록면허세를 과세할 때 2027년 12월 31일까지 같은 법 제28조 제2항·제3항의 세율을 적용하지 아니한다. (2024. 12. 31. 개정)
1.「자본시장과 금융투자업에 관한 법률」제9조 제18항 제2호, 같은 조 제19항 제1호 및 제249조의 13에 따른 투자회사, 기관전용 사모집합투자기구 및 투자목적회사 (2021. 4. 20. 개정 ; 자본시장과~부칙)
2.「기업구조조정투자회사법」제2조 제3호에 따른 기업구조조정투자회사 (2014. 12. 31. 신설)
2. 삭　제 (2024. 12. 31.)
3.「부동산투자회사법」제2조 제1호에 따른 부동산투자회사(같은 호 가목에 따른 자기관리 부동산투자회사는 제외한다) (2014. 12. 31. 신설)
4. 대통령령으로 정하는 특수 목적 법인 (2015. 8. 28. 개정 ; 임대주택법 부칙)
5.「조세특례제한법」제104조의 31 제1항에 해당하는 회사 (2021. 12. 28. 개정)

(영 부칙(2023. 12. 29.) 3조)
··

6. 「문화산업진흥 기본법」 제2조 제21호에 따른 문화산업전문회사 (2014. 12. 31. 신설)
7. 「선박투자회사법」 제3조에 따른 선박투자회사 (2014. 12. 31. 신설)

제181조【지방세 특례의 사전·사후관리】① 행정안전부장관은 매년 2월 말일까지 지방세 특례 및 그 제한에 관한 기본계획을 수립하여「지방재정법」제27조의 2에 따른 지방재정관리위원회 및 국무회의의 심의를 거쳐 중앙행정기관의 장에게 통보하여야 한다. (2023. 8. 16. 개정 ; 행정기관~부칙)
② 중앙행정기관의 장은 그 소관 사무로서 지방세를 감면하려는 경우에는 감면이 필요한 사유, 세목 및 세율, 감면기간, 지방세 수입 증감 추계, 관련 사업계획서, 예산서 및 사업 수지 분석서, 감면액을 보충하기 위한 기존 지방세 감면에 대한 축소 또는 폐지방안 및 조세부담능력 등을 적은 지방세 감면건의서(이하 이 조에서 "지방세감면건의서"라 한다)를 매년 3월 31일(제7항에 해당하는 경우에는 2월 20일)까지 행정안전부장관에게 제출하여야 한다. (2018. 12. 24. 개정)
③ 대통령령으로 정하는 지방세 특례 사항에 대하여 중앙행정기관의 장은 지방세 감면으로 인한 효과 분석 및 지방세 감면제도의 존치 여부 등에 대한 의견서(이하 이 조에서 "지방세감면평가서"라 한다)를 매년 3월 31일(제6항 후단에 해당하는 경우에는 2월 20일)까지 행정안전부장관에게 제출하여야 한다. (2017. 12. 26. 개정)
④ 중앙행정기관의 장은 조례에 따른 지방세 감면제도의 신설, 연장 또는 폐지 등을 요청하려는 경우에는 지방세감면건의서 또는 지방세감면평가서를 해당 지방자치단체의 장에게 제출하여야 한다. (2014. 1. 1. 신설)
⑤ 행정안전부장관은 제2항 및 제3항에 따라 제출받은 지방세감면건의서 및 지방세감면평가서에 대하여 각 지방자치단체의 의견을 들어야 한다. (2017. 7. 26. 직제개정 ; 정부조직법 부칙)
⑥ 행정안전부장관은 주요 지방세 특례에 대한 평가를 실시할 수 있다. 이 경우 해당 연도에 적용기한이 종료되는 사항으로서 대통령령으로 정하는 지방세 특례에 대해서는 예산의 범위 내에서 조세 관련 조사·연구기관에 의뢰하여 목표달성도, 경제적 효과, 지방재정에 미치는 영

제124조【지방세감면 의견서 제출】(2014. 3. 14. 조번개정)
① 법 제181조 제3항에서 "대통령령으로 정하는 지방세 특례 사항"이란 다음 각 호의 어느 하나에 해당하는 사항을 말한다. (2015. 12. 31. 항번개정)
1. 해당 과세연도에 기한이 종료되는 지방세 특례 사항 (2010. 9. 20. 제정)
2. 시행 후 2년이 지나지 아니한 지방세 특례 사항 (2010. 9. 20. 제정)
3. 범위를 확대하려는 지방세 특례 사항 (2010. 9. 20. 제정)
4. 법 제181조 제3항에 따른 지방세의 감면과 관련되는 사업계획의 변경 등으로 재검토가 필요한 지방세 특례 사항 (2014. 3. 14. 개정)
5. 행정안전부장관이 다른 중앙행정기관의 장과 협의하여 고시하는 법인 및 단체의 변경 등으로 재검토가 필요한 지방세 특례 사항 (2017. 7. 26. 직제개정 ; 행정안전부와~직제 부칙)
② 법 제181조 제6항 후단에서 "대통령령으로 정하는 지방세 특례"란 다음 각 호의 어느 하나에 해당하는 경우를 말한다. (2018. 12. 31.

향 등에 대하여 평가할 수 있다. (2020. 12. 29. 후단개정)

⑦ 행정안전부장관은 예상 감면액이 대통령령으로 정하는 일정금액 이상인 지방세 특례를 신규로 도입하려는 경우에는 조세 관련 조사·연구기관에 의뢰하여 지방세 특례의 필요성 및 적시성, 기대효과, 지방재정에 미치는 영향 및 예상되는 문제점에 대한 타당성 평가를 실시하여야 한다. (2020. 12. 29. 개정)

⑧ 행정안전부장관은 지방세감면건의서, 지방세감면평가서 및 제6항과 제7항에 따른 평가와 관련하여 전문적인 조사·연구를 수행할 기관을 지정하고 그 운영 등에 필요한 경비를 출연할 수 있다. (2017. 12. 26. 개정)

⑨ 행정안전부장관은 지방세감면평가서 및 제6항과 제7항에 따른 평가와 관련하여 필요하다고 인정할 때에는 관계 행정기관의 장 등에게 의견 또는 자료의 제출을 요구할 수 있다. 이 경우 관계 행정기관의 장 등은 특별한 사유가 있는 경우를 제외하고는 이에 따라야 한다. (2017. 12. 26. 개정)

⑩ 제1항부터 제9항까지의 규정에 따른 지방세 특례 및 그 제한에 관한 기본계획 수립, 지방세감면건의서 및 지방세감면평가서의 제출, 지방자치단체의 의견 청취, 주요 지방세 특례의 범위, 조사·연구기관의 지정과 그 밖에 필요한 사항은 대통령령으로 정한다. (2017. 12. 26. 개정)

개정)

1. 해당 지방세 특례의 적용기한이 종료되는 날이 속하는 해의 직전 3년간(지방세 특례가 신설된 지 3년이 지나지 않은 경우에는 그 기간) 연평균 지방세 감면액이 100억원 이상인 경우 (2018. 12. 31. 개정)

2. 둘 이상의 감면 조문을 분야별로 일괄하여 평가할 필요가 있는 경우 (2018. 12. 31. 개정)

3. 지방세 감면액이 지속적으로 증가할 것으로 예상되어 객관적인 검증을 통해 지방세 지출의 효율화가 필요한 경우 (2018. 12. 31. 개정)

4. 그 밖에 행정안전부장관이 지방세 특례에 대한 평가가 필요하다고 인정하는 경우 (2018. 12. 31. 개정)

③ 법 제181조 제7항에서 "대통령령으로 정하는 일정 금액 이상인 지방세 특례를 신규로 도입하려는 경우"란 해당 특례안의 감면기간 동안 발생할 것으로 예상되는 지방세 감면 추계액이 100억원 이상인 경우(기존 지방세특례의 내용을 변경하는 경우에는 기존 지방세특례 금액에 추가되는 해당 특례안의 감면기간 동안 추가되는 예상 감면액이 100억원 이상인 경우를 말한다)를 말한다. 다만, 경제·사회적 상황에 대응하기 위하여 도입할 필요가 있는 경우로서 행정안전부장관이 인정하는 경우는 제외한다. (2017. 12. 29. 개정)

④ 법 제181조 제6항 후단 및 같은 조 제7항에서 조세 관련 조사·연구기관은 각각 다음 각 호의 어느 하나에 해당하는 기관으로 한다. (2020. 12. 31. 개정)

1. 「지방세기본법」 제151조에 따른 지방세연구원 (2020. 12. 31. 개정)

2. 그 밖에 지방세 특례의 타당성에 대한 평가 등과 관련하여 전문 인력과 조사·연구 능력 등을 갖춘 것으로 행정안전부장관이 정하여 고시하는 기관 (2020. 12. 31. 개정)

2의 2. 제2조 제4항 제3호 또는 제5호에 따른 법인 또는 단체 (2020. 1. 15. 개정)

2의 3. 제2조 제4항 제4호에 따른 학교 (2020. 1. 15. 개정)

3. 그 밖에 지방세 특례의 타당성에 대한 평가 등과 관련하여 전문 인력과 조사·연구 능력 등을 갖춘 것으로 행정안전부장관이 정하여 고시하는 기관 (2017. 7. 26. 직제 개정 ; 행정안전부와~직제 부칙)

2의 2.~3. 삭 제 (2020. 12. 31.)

제182조 【지방자치단체의 감면율 자율 조정】 ① 지방자치단체는 이 법에 따른 지방세 감면 중 지방세 감면 기한이 연장되는 경우에는 지방자치단체의 재정여건, 감면대상자의 조세부담능력 등을 고려하여 해당 조에 따른 지방세 감면율을 100분의 50의 범위에서 조례로 인하하여 조정할 수 있다. 이 경우 면제는 감면율 100분의 100에 해당하는 것으로 본다. (2014. 1. 1. 신설)
② 지방자치단체는 제1항에도 불구하고 사회적 취약계층 보호, 공익목적, 그 밖에 전국적으로 동일한 지방세 감면이 필요한 경우 등으로서 대통령령으로 정하는 사항에 대해서는 지방세 감면율을 인하하여 조정할 수 없다. (2015. 12. 29. 개정)

제183조 【감면신청 등】 ① 지방세의 감면을 받으려는 자는 대통령령으로 정하는 바에 따라 지방세 감면 신청을 하여야 한다. 다만, 지방자치단체의 장이 감면대상을 알 수 있을 때에는 직권으로 감면할 수 있다. (2014. 1. 1. 신설)
② 제1항에 따른 지방세 감면신청을 받은 지방자치단체의 장은 지방세의 감면을 신청한 자(위임을 받은 자를 포함한다)에게 행정안전부령으로 정하는 바에 따라 지방세 감면 관련 사항을 안내하여야 한다. (2020. 12. 29. 개정)

⑤ 법 제181조 제6항 및 제7항에 따른 지방세 특례에 대한 평가의 세부 기준, 절차 및 그 밖에 필요한 사항은 행정안전부장관이 정한다. (2017. 12. 29. 개정)

제125조 【지방자치단체의 감면율 조정 제외 대상】 (2014. 3. 14. 조번개정)
법 제182조 제2항에서 "대통령령으로 정하는 사항"이란 법 제6조, 제17조 및 제29조에 규정된 사항을 말한다. (2014. 3. 14. 개정)

제126조 【감면 신청】 (2014. 3. 14. 조번개정)
① 법 제183조 제1항 본문에 따라 지방세의 감면을 신청하려는 자는 다음 각 호의 구분에 따른 시기에 행정안전부령으로 정하는 감면신청서에 감면받을 사유를 증명하는 서류를 첨부하여 납세지를 관할하는 지방자치단체의 장에게 제출해야 한다. (2020. 12. 31. 개정)
1. 납세의무자가 과세표준과 세액을 지방자치단체의 장에게 신고납부하는 지방세: 해당 지방세의 과세표준과 세액을 신고하는 때. 다만, 「지방세기본법」 제50조 제1항 및 제2항에 따라 결정 또는 경정을 청구하는 경우에는 그 결정 또는 경정을 청구하는 때로 한다. (2020. 12. 31. 개정)
2. 제1호 외의 지방세: 다음 각 목의 구분에 따른 시기로 한다. (2020. 12. 31. 개정)
　가. 주민세 개인분, 재산세(「지방세법」 제112조에 따른 부과액을 포함한다) 및 소방분 지역자원시설세: 과세기준일이 속하는 달의 말일까지 (2020. 12. 31. 개정)
　나. 등록면허세(「지방세법」 제35조 제2항에 따라 보통징수의 방법으로 징수하는 경우로 한정한다), 같은 법 제125조 제1항에 따른 자동차세 및 특정자원분 지역자원시설세(같은 법 제147조 제1항 제1호 단서에 따라 보통징수의 방법으로 징수하는 경우로 한정한다): 납기가 있는 달의 10일까지 (2020. 12. 31. 개정)

② 제1항에도 불구하고 자동차에 대한 취득세 및 등록면허세를 감면하려는 경우에는 해당 자동차의 사용본거지를 관할하지 않는 시장·군수·구청장도 제1항에 따른 업무를 처리할 수 있다. 이 경우 그 업무는 사용본거지를 관할하는 시장·군수·구청장이 처리한 것으로 본다. (2020. 12. 31. 개정)
③ 해당 자동차의 사용본거지를 관할하지 아니하는 시장·군수·구청장이 제2항에 따른 업무를 처리하였을 때에는 관련 서류 전부를 해당 자동차의 사용본거지를 관할하는 시장·군수·구청장에게 즉시 이송하여야 한다. (2016. 12. 30. 개정)

　　제184조【감면자료의 제출】지방세를 감면받은 자는 대통령령으로 정하는 바에 따라 관할 지방자치단체의 장에게 감면에 관한 자료를 제출하여야 한다. (2014. 1. 1. 신설)

　　제127조【감면자료의 제출】(2014. 3. 14. 조번개정)
법 제184조에 따라 지방세의 감면자료를 제출하여야 하는 자는 해당 연도 1월 1일부터 12월 31일까지의 기간 중에 감면대상 및 감면받은 세액 등을 확인할 수 있는 자료를 행정안전부령으로 정하는 바에 따라 다음 연도 1월 31일까지 과세물건 소재지를 관할하는 시장·군수·구청장에게 제출하여야 한다. (2017. 7. 26. 직제개정 ; 행정안전부와~직제 부칙)

　　제10조【지방세 감면자료의 제출】영 제127조에 따라 지방세의 감면자료를 제출하려는 자는 세목별로 각각 별지 제7호 서식에 감면받은 세액 등을 확인할 수 있는 서류를 첨부하여 제출하여야 한다. (2014. 12. 31. 개정)

부 칙 (2025. 1. 31. 법률 제20754호 ; 공공주택 특별법 부칙)

제1조 【시행일】 이 법은 공포 후 6개월이 경과한 날부터 시행한다. (단서 생략)

제2조 ~제11조 생 략

제12조 【다른 법률의 개정】 지방세특례제한법 일부를 다음과 같이 개정한다.

제74조의 2 제1항 본문 중 "「공공주택 특별법」 제40조의 10 제3항"을 "「공공주택 특별법」 제40조의 10"으로 한다.

부 칙 (2025. 1. 31. 법률 제20727호 ; 기업부설연구소등의 연구개발 지원에 관한 법률 부칙)

제1조 【시행일】 이 법은 공포 후 1년이 경과한 날부터 시행한다.

제2조 ~제5조 생 략

제6조 【다른 법률의 개정】 ①~㉗ 생 략

㉘ 지방세특례제한법 일부를 다음과 같이 개정한다.

제46조 제5항 제1호 중 "「기초연구진흥 및 기술개발지원에 관한 법률」 제14조의 2에 따른 기업부설연구소"를 "「기업부설연구소등의 연구개발 지원에 관한 법률」 제7조 제1항에 따라 인정받은 기업부설연구소"로 한다.

㉙~㉟ 생 략

제7조 생 략

부 칙 (2024. 12. 31. 법률 제20632호)

제1조 【시행일】 이 법은 2025년 1월 1일부터 시행한다.

제2조 【지방세 감면에 관한 적용례】 제13조 제3항·제4항, 제19조 제1항, 제22조의 2 제2항, 제31조의 5 제1항·제2항, 제35조 제1항·제2항, 제36조의 3 제1항·제2항, 제38조 제4항, 제44조 제5항, 제57조의 5 제1항, 제64조 제2항, 제73조 제1항 제1호 다목 본문, 제75조의 5 제3항, 제76조 제2항·제3항, 제77조 제2항·제3항, 제80조의 2 제1항 각 호 외의 부분 및 제85조의 2 제1항 제4호·제5호의 개정규정은 이 법 시행 이후 납세의무가 성립하는 경우부터 적용한다.

제3조 【감면 지방세 추징에 관한 적용례】 제20조 제2항, 제44조의 2 제3항 및 제71조 제1항 각 호 외의 부분 단서의 개정규정은 이 법 시행 이후 지방세를 감면받는 경우부터 적용한다.

제4조 【공공임대주택 등에 대한 지방세 감면·추징에 관한 적용례

부 칙 (2024. 12. 31. 대통령령 제35178호)

제1조 【시행일】 이 영은 2025년 1월 1일부터 시행한다.

제2조 【한센인 및 한센인정착마을 지원을 위한 지방세 면제에 관한 적용례】 제8조의 2 및 별표 1의 개정규정은 이 영 시행 이후 납세의무가 성립하는 경우부터 적용한다.

제3조 【영유아어린이집 등에 사용하는 부동산에 대한 재산세 면제에 관한 적용례】 제8조의 3 제2항 제4호의 개정규정은 이 영 시행 이후 납세의무가 성립하는 경우부터 적용한다.

제4조 【화물운송용 선박 등에 대한 지방세 경감에 관한 적용례】 제30조 제1항 제1호 및 같은 항 제2호 가목의 개정규정은 이 영 시행 이후 납세의무가 성립하는 경우부터 적용한다.

부 칙 (2024. 12. 24. 대통령령 제35089호 ; 전북특별자치도 설치 및 글로벌생명경제도시 조성을 위한 특별법 시행령 부칙)

제1조 【시행일】 이 영은 2024년 12월 27일부터 시행한다.

제2조 ~제5조 생 략

제6조 【다른 법령의 개정】 ①~㉖ 생 략

㉗ 지방세특례제한법 시행령 일부를 다음과 같이 개정한다.

별표의 시·도란 및 전라북도의 소재지(일원)란 중 "전라북도"를 각각 "전북특별자치도"로 한다.

㉘~㉞ 생 략

부 칙 (2024. 12. 10. 대통령령 제35053호 ; 무역조정 지원 등에 관한 법률 시행령 부칙)

제1조 【시행일】 이 영은 2025년 1월 1일부터 시행한다.

제2조 생 략

제3조 【다른 법령의 개정】 ①~③ 생 략

④ 지방세특례제한법 시행령 일부를 다음과 같이 개정한다.

제74조의 제목 중 "무역조정지원기업"을 "통상변화대응지원기업"으로 한다.

⑤ 생 략

부 칙 (2024. 9. 10. 대통령령 제34881호 ; 근현대문화유산의 보존 및 활용에 관한 법률 시행령 부칙)

제1조 【시행일】 이 영은 2024년 9월 15일부터 시행한다.

부 칙 (2024. 12. 31. 행정안전부령 제540호)

이 규칙은 2025년 1월 1일부터 시행한다.

부 칙 (2024. 2. 29. 행정안전부령 제465호)

이 규칙은 공포한 날부터 시행한다.

부 칙 (2023. 3. 14. 행정안전부령 제384호)

이 규칙은 공포한 날부터 시행한다.

부 칙 (2021. 12. 31. 행정안전부령 제302호)

이 규칙은 2022년 1월 1일부터 시행한다. 다만, 제7조 제2항 제1호 및 제8조 제3항 제1호의 개정규정은 2023년 1월 1일부터 시행한다.

부 칙 (2021. 4. 20. 행정안전부령 제248호)

이 규칙은 공포한 날부터 시행한다.

(2010. 12. 23. 행정안전부령 제178호~2020. 12. 31. 행정안전부령 제225호) 생략

등】① 제31조 제1항·제2항·제4항, 같은 조 제6항 각 호 외의 부분 본문 및 제31조의 3 제1항·제2항·제4항의 개정규정은 이 법 시행 이후 납세의무가 성립하는 경우부터 적용한다.

② 이 법 시행 전에 감면받은 지방세의 추징에 관하여는 제31조 제3항·제5항 및 제31조의 3 제3항·제5항의 개정규정에도 불구하고 종전의 제31조 제3항·제5항 및 제31조의 3 제2항에 따른다.

③ 2020년 7월 11일 전에 「민간임대주택에 관한 특별법」(법률 제17482호로 개정되기 전의 것을 말한다) 제5조에 따른 임대사업자등록 신청(임대할 주택을 추가하기 위하여 등록사항의 변경 신고를 한 경우를 포함한다)을 한 단기민간임대주택(종전의 제31조 제4항에 따른 임대용 공동주택 또는 오피스텔로 한정한다. 이하 이 조에서 "단기민간임대주택"이라 한다)의 재산세 감면에 관하여는 제31조 및 제31조의 3의 개정규정에도 불구하고 종전의 제31조 제4항에 따른다. 이 경우 재산세의 감면기간은 종전의 제31조 제4항에도 불구하고 해당 단기민간임대주택의 임대기간 종료일까지로 한다.

④ 제3항 및 종전의 제31조 제4항에 따라 감면받은 단기민간임대주택에 대한 재산세의 추징에 관하여는 제31조 및 제31조의 3의 개정규정에도 불구하고 종전의 제31조 제5항에 따른다.

제5조 【소형주택 공급 확대를 위한 취득세 감면·추징에 관한 적용례】 제33조의 2의 개정규정은 2024년 1월 10일 이후 주택을 취득하는 경우부터 적용한다.

제6조 【지방 소재 준공 후 미분양 아파트에 대한 취득세 감면·추징에 관한 적용례】 제33조의 3의 개정규정은 2024년 1월 10일 이후 아파트를 취득하는 경우부터 적용한다.

제7조 【내진성능 확보 건축물 등에 대한 지방세 감면·추징에 관한 적용례 등】 ① 제47조의 4 제1항 및 제3항의 개정규정은 이 법 시행 이후 건축물을 취득하는 경우부터 적용한다.

② 종전의 제47조의 4 제1항에 따라 취득세가 감면된 건축물로서 이 법 시행 당시 그 건축물 취득 후 재산세의 납세의무가 최초로 성립하는 날부터 5년이 지나지 아니한 건축물에 대한 재산세의 감면에 대해서는 제47조의 4 제1항의 개정규정에도 불구하고 종전의 규정에 따른다.

③ 제47조의 4 제4항의 개정규정은 이 법 시행 이후 취득세를 감면받는 경우부터 적용한다.

제8조 【기업합병·분할 등에 대한 취득세 감면·추징에 관한 적용례 등】 ① 제57조의 2 제1항 본문, 같은 조 제3항 각 호 외의 부분 본문 및 같

제2조 【다른 법령의 개정】 ①~⑲ 생 략

⑳ 지방세특례제한법 시행령 일부를 다음과 같이 개정한다.

제16조 제2항 제3호 중 "지정문화유산·국가등록문화유산"을 "지정문화유산, 「근현대문화유산의 보존 및 활용에 관한 법률」에 따른 국가등록문화유산"으로 한다.

㉑·㉒ 생 략

제3조 생 략

부 칙 (2024. 7. 2. 대통령령 제34657호 ; 벤처기업육성에 관한 특별조치법 시행령 부칙)

제1조 【시행일】 이 영은 2024년 7월 10일부터 시행한다. (단서 생략)

제2조 【다른 법령의 개정】 ①~㊷ 생 략

㊸ 지방세특례제한법 시행령 일부를 다음과 같이 개정한다.

제28조의 2 제2항 제1호, 제29조 제1항 제1호·제5호 및 제29조의 2 제4항 제1호·제2호 중 "「벤처기업육성에 관한 특별조치법」"을 각각 "「벤처기업육성에 관한 특별법」"으로 한다.

㊹~㊿ 생 략

제3조 생 략

부 칙 (2024. 6. 4. 대통령령 제34550호 ; 강원특별자치도 설치 및 미래산업글로벌도시 조성을 위한 특별법 시행령 부칙)

제1조 【시행일】 이 영은 2024년 6월 8일부터 시행한다.

제2조 생 략

제3조·제4조 생 략

제5조 【다른 법령의 개정】 ①~㉜ 생 략

㉝ 지방세특례제한법 시행령 일부를 다음과 같이 개정한다.

별표 중 강원도란을 삭제하고, 같은 표의 경기도란 다음에 강원특별자치도란을 다음과 같이 신설한다.

강원특별자치도	대명마을	강원특별자치도 원주시 호저면 하만종 3길 23

㉞~㊹ 생 략

부 칙 (2024. 5. 7. 대통령령 제34488호 ; 문화재보호법 시행령 부칙)

제1조 【시행일】 이 영은 2024년 5월 17일부터 시행한다.

운영예규 **부 칙 (2022. 10. 25. 행정안전부예규 제223호)**

제1조 【시행일】 이 예규는 2022년 10월 31일부터 시행한다.

제2조 【전통사찰보존지 및 향교재산 중 임대농지의 수익사업 판단에 관한 적용례】 법 106…시행령 102-4의 개정규정은 2022년도에 납세의무가 성립한 재산세 분부터 적용한다.

제3조 【재검토기한】 행정안전부장관은 「훈령·예규 등의 발령 및 관리에 관한 규정」에 따라 이 예규에 대하여 2019년 7월 1일 기준으로 매 3년이 되는 시점(매 3년째의 6월 30일까지를 말한다)마다 그 타당성을 검토하여 개선 등의 조치를 하여야 한다.

부 칙 (2019. 5. 31. 행정안전부예규 제74호)

제1조 【시행일】 이 예규는 2019년 6월 1일부터 시행한다.

제2조 【재검토기한】 행정안전부장관은 「훈령·예규 등의 발령 및 관리에 관한 규정」에 따라 이 예규에 대하여 2019년 7월 1일 기준으로 매 3년이 되는 시점(매 3년째의 6월 30일까지를 말한다)마다 그 타당성을 검토하여 개선 등의 조치를 하여야 한다.

은 조 제4항 본문의 개정규정은 이 법 시행 이후 사업용 재산 또는 사업용 고정자산을 취득하는 경우부터 적용한다.

② 이 법 시행 전에 감면받은 취득세의 추징에 관하여는 제57조의 2 제1항 단서의 개정규정에도 불구하고 종전의 규정에 따른다.

③ 이 법 시행 전에 합병계약 또는 분할계획에 대한 주주총회·사원총회의 승인결의나 총사원의 동의가 있었던 경우로서 이 법 시행 이후 해당 합병 또는 분할에 따라 사업용 재산을 2027년 12월 31일까지 취득하는 경우 그 사업용 재산에 대한 취득세의 감면·추징에 관하여는 제57조의 2 제1항 및 같은 조 제3항 제2호의 개정규정에도 불구하고 종전의 규정에 따른다.

제9조【귀농인의 농지 취득 등에 대한 취득세 추징에 관한 경과조치】이 법 시행 전에 감면받은 취득세의 추징에 관하여는 제6조 제4항 제2호의 개정규정에도 불구하고 종전의 규정에 따른다.

제10조【해운항만 등 지원을 위한 과세특례에 대한 경과조치】이 법 시행 전에 제64조 제3항에 따른 선박에 대해 매매 계약을 체결한 경우에는 그 계약을 체결한 당사자의 해당 선박의 취득에 대하여 종전의 규정에 따른다. 다만, 해당 계약이 계약금을 지급한 사실 등이 증빙서류에 의하여 확인되는 경우에 한정한다.

제11조【시장정비사업에 대한 지방세 감면·추징에 관한 경과조치】이 법 시행 전에 「전통시장 및 상점가 육성을 위한 특별법」 제39조 제1항에 따른 사업시행인가를 받은 경우에 대한 지방세의 감면·추징에 관하여는 제83조의 개정규정에도 불구하고 종전의 규정에 따른다.

부　칙 (2024. 12. 31. 법률 제20617호 ; 조세특례제한법 부칙)

제1조【시행일】이 법은 2025년 1월 1일부터 시행한다. (단서 생략)

제2조～제30조 생　략

제31조【다른 법률의 개정】지방세특례제한법 일부를 다음과 같이 개정한다.

제46조 제3항 중 "「조세특례제한법」 제10조 제1항 제1호 가목 2)"를 "「조세특례제한법」 제10조 제1항 제3호 가목"으로 한다.

제57조의 2 제5항 제7호 단서 중 "경우(같은 조 제3항에 해당하는 경우는 제외한다)"를 "경우"로 한다.

부　칙 (2024. 9. 10. 법률 제20429호 ; 전세사기피해자 지원 및 주거 안정에 관한 특별법 부칙)

제2조·제3조 생　략

제4조【다른 법령의 개정】①～㊹ 생　략

㊺ 지방세특례제한법 시행령 일부를 다음과 같이 개정한다.

제16조 제2항 제3호를 다음과 같이 한다.

3. 「문화유산의 보존 및 활용에 관한 법률」에 따른 지정문화유산·국가등록문화유산 또는 「자연유산의 보존 및 활용에 관한 법률」에 따른 천연기념물등

㊻～㊼ 생　략

제5조 생　략

부　칙 (2024. 3. 26. 대통령령 제34356호 ; 농산물의 생산자를 위한 직접지불제도 시행규정 부칙)

제1조【시행일】이 영은 공포한 날부터 시행한다.

제2조·제3조 생　략

제4조【다른 법령의 개정】①·② 생　략

③ 지방세특례제한법 시행령 일부를 다음과 같이 개정한다.

제82조 제2항 중 "경영이양보조금"을 "농지이양은퇴보조금"으로 한다.

부　칙 (2023. 12. 29. 대통령령 제34079호)

제1조【시행일】이 영은 2024년 1월 1일부터 시행한다.

제2조【지방세 감면의 신설 등을 위한 관련 전문기관 등에의 분석·평가 의뢰 기준 변경에 따른 경과조치】이 영 시행 전에 법 제4조 제3항 후단에 따라 지방세 감면의 신설·연장·변경에 관한 분석·평가를 의뢰한 경우에는 제2조 제3항의 개정규정에도 불구하고 종전의 규정에 따라 분석·평가한 후 지방세심의위원회의 심의자료로 활용해야 한다.

제3조【감면 취득세 추징을 위한 이자상당액 계산 이자율 변경에 따른 경과조치】이 영 시행 전에 부동산에 대한 취득세 감면을 받은 자가 이 영 시행 이후 추징사유가 발생하여 이자상당액을 납부하는 경우 이 영 시행일 전일까지의 기간분에 대한 이자상당액 계산 이자율은 종전의 제123조의 2 제1항 제2호에 따르고, 이 영 시행일 이후 기간분에 대한 이자상당액 계산 이자율은 제123조의 2 제1항 제2호의 개정규정에 따른다.

부　칙 (2023. 5. 16. 대통령령 제33470호)

제1조【시행일】이 영은 공포한 날부터 시행한다.

제2조【생애최초 주택 구입에 대한 취득세 감면의 추징 예외에 관한 적용례】제17조의 3 제3호의 개정규정은 이 영 시행 이후 생애최초로 주택을 취득하는 경우부터 적용한다.

제1조【시행일】이 법은 공포한 날부터 시행한다. (단서 생략)

제2조~제5조 생 략

제6조【다른 법률의 개정】지방세특례제한법 일부를 다음과 같이 개정한다.

제36조의 4 제4항 중 "제25조 제3항"을 "제25조 제4항"으로 한다.

부 칙 (2024. 2. 27. 법률 제20357호 ; 관광진흥법 부칙)

제1조【시행일】이 법은 공포 후 1년 6개월이 경과한 날부터 시행한다. 다만, 제7조 제1항 제3호, 제8조 제8항, 제26조의 2 및 제81조의 개정규정은 공포한 날부터 시행하고, 제47조의 3 제1항 및 제69조의 2 의 개정규정은 공포 후 6개월이 경과한 날부터 시행한다.

제2조 생 략

제3조【다른 법률의 개정】①~⑫ 생 략

⑬ 지방세특례제한법 일부를 다음과 같이 개정한다.

제58조의 3 제4항 제11호 중 "유원시설업"을 "테마파크업"으로 한다.

⑭~⑮ 생 략

부 칙 (2024. 2. 20. 법률 제20337호 ; 녹색건축물 조성 지원법 부칙)

제1조【시행일】이 법은 2025년 1월 1일부터 시행한다.

제2조 생 략

제3조【다른 법률의 개정】① 생 략

② 지방세특례제한법 일부를 다음과 같이 개정한다.

제47조의 2 제1항 제2호를 삭제하고, 같은 조 제4항 제3호 중 "녹색건축의 인증, 에너지효율등급 인증 또는 제로에너지건축물 인증이 취소된 경우"를 "녹색건축의 인증 또는 제로에너지건축물 인증이 취소된 경우"로 한다.

부 칙 (2024. 2. 20. 법률 제20320호 ; 무역조정 지원 등에 관한 법률)

제1조【시행일】이 법은 2025년 1월 1일부터 시행한다.

제2조~제5조 생 략

제6조【다른 법률의 개정】① 생 략

② 지방세특례제한법 일부를 다음과 같이 개정한다.

제121조의 제목 중 "무역조정지원기업"을 "통상변화대응지원기업"으로 하고, 같은 조 제1항 본문 중 "「무역조정 지원 등에 관한 법률」"을 "「통상환경변화 대응 및 지원 등에 관한 법률」"로, "무역조정지원기업"을 각각 "통상변화대응지원기업"으로 한다.

제122조의 제목 및 같은 조 제1항 각 호 외의 부분 중 "무역조정지원기업"을 각각 "통상변화대응지원기업"으로 한다.

부 칙 (2024. 1. 9. 법률 제19990호 ; 벤처기업육성에 관한 특별조치법 부칙

제1조【시행일】이 법은 공포 후 6개월이 경과한 날부터 시행한다.

부 칙 (2023. 4. 11. 대통령령 제33382호 ; 국가보훈부와 그 소속기관 직제 부칙)

제1조【시행일】이 영은 2023년 6월 5일부터 시행한다.

제2조~제4조 생 략

제5조【다른 법령의 개정】①~㉜ 생 략

㉝ 지방세특례제한법 시행령 일부를 다음과 같이 개정한다.

제12조 중 "국가보훈처장"을 "국가보훈부장관"으로 한다.

㉞~(73) 생 략

부 칙 (2023. 3. 14. 대통령령 제33324호)

제1조【시행일】이 영은 공포한 날부터 시행한다.

제2조【다른 법령의 개정】농어촌특별세법 시행령 일부를 다음과 같이 개정한다.

제4조 제7항 제5호 중 "제22조 제1항 · 제5항 · 제6항"을 "제22조 제1항 · 제4항 · 제7항 · 제8항"으로 한다.

(2010. 9. 20. 대통령령 제22396호~
2022. 12. 6. 대통령령 제33023호) 생략

제2조【다른 법률의 개정】①~㉟ 생 략

㊱ 지방세특례제한법 일부를 다음과 같이 개정한다.

제58조 제1항 본문·단서, 같은 조 제2항, 같은 조 제3항 각 호 외의 부분 본문, 같은 조 제4항 각 호 외의 부분, 같은 항 제1호, 제58조의 3 제2항 각 호 외의 부분, 같은 조 제3항 제2호, 제100조 제2항 각 호 외의 부분 본문 및 같은 항 제2호 중 "벤처기업육성에 관한 특별조치법"을 각각 "벤처기업육성에 관한 특별법"으로 한다.

제3조 생 략

부 칙 (2023. 12. 29. 법률 제19862호)

제1조【시행일】이 법은 2024년 1월 1일부터 시행한다.

제2조【일반적 적용례】이 법은 이 법 시행 이후 납세의무가 성립하는 경우부터 적용한다.

제3조【지방세 감면규모 초과에 따른 지방세 감면에 관한 적용례】제4조 제7항 본문의 개정규정은 2023년 회계연도에 감면된 지방세액이 지방세 감면규모를 초과한 경우부터 적용한다.

제4조【직장어린이집의 감면 취득세 추징에 관한 적용례】제19조 제3항 제2호의 개정규정은 이 법 시행 이후 직장어린이집의 위탁 운영을 위하여 취득하는 부동산에 대하여 그 취득세를 감면받는 경우부터 적용한다.

제5조【출산양육을 위한 주택의 취득세 감면에 관한 적용례】① 제36조의 5 제1항의 개정규정은 이 법 시행 이후 자녀를 출산한 경우로서 해당 자녀의 부모가 1주택을 취득하는 경우부터 적용한다.

② 제1항에도 불구하고 제36조의 5 제1항의 개정규정 중 자녀의 출산일 전 1년 이내에 주택을 취득한 부분에 대한 개정규정은 이 법 시행 이후 취득하는 1주택의 경우부터 적용한다.

제6조【신기술창업집적지역의 산업용 건축물 등에 대한 재산세 경감에 관한 적용례】제58조 제3항 각 호 외의 부분 본문의 개정규정(재산세 경감에 관한 사항만 해당한다)은 이 법 시행 전에 수도권 외의 지역에서 종전의 제58조 제3항에 따른 부동산을 취득한 경우로서 이 법 시행 당시 재산세 납세의무가 최초로 성립한 날부터 3년이 경과하지 아니한 재산세 분에 대해서도 적용한다. 이 경우 해당 부동산에 대한 재산세 경감 기간은 이 법 시행 당시 재산세 납세의무가 최초로 성립한 날부터 3년이 지나지 아니한 잔여기간으로 한다.

제7조【지원대상 국내복귀기업의 감면에 관한 적용례】제79조의 2 제1항 및 제2항의 개정규정은 이 법 시행 이후 지원대상 국내복귀기업을 선정하는 경우부터 적용한다.

제8조【재난으로 인한 사망자 및 그 유족의 지방세 면제에 관한 적용례】제92조 제4항의 개정규정은 이 법 시행 이후 「재난 및 안전관리 기본법」 제60조에 따라 특별재난지역을 선포하는 경우부터 적용한다.

제9조【종전 어업법인의 감면에 관한 특례】종전의 제12조 제1항에 따른 어업법인(제12조 제1항 각 호 외의 부분의 개정규정에 따른 어업법인은 제외한다)이 영어·유통·가공에 직접 사용하기 위하여 취득하는 부동산과 과세기준일 현재 해당 용도에 직

접 사용하는 부동산에 대해서는 제12조 제1항의 개정규정에도 불구하고 취득세 및 재산세의 100분의 50을 각각 2024년 12월 31일까지 경감한다. 이 경우 경감된 취득세의 추징에 관하여는 제12조 제3항을 적용한다.

제10조【한국자산관리공사에 자산을 매각한 중소기업의 취득세 면제에 관한 특례】이 법 시행 전에 한국자산관리공사에 자산을 매각한 중소기업이 이 법 시행 이후 한국자산관리공사로부터 그 자산을 취득하는 경우의 취득세 면제에 관하여는 2026년 12월 31일까지 제57조의 3 제4항 본문의 개정규정에 따라 면제한다.

제11조【자경농민 등에 대한 경감 취득세의 추징에 관한 경과조치】이 법 시행 전에 자경농민 및 귀농인이 경감받은 취득세의 추징에 관하여는 제6조 제1항 제2호, 같은 조 제4항 제3호 및 제4호의 개정규정에도 불구하고 종전의 규정에 따른다.

제12조【반환공여구역 등에서의 창업 등에 따른 감면 취득세 추징에 관한 경과조치】이 법 시행 전에 반환공여구역 및 반환공여구역주변지역에서의 창업 또는 사업장을 신설함에 따라 감면받은 부동산 취득세의 추징에 관하여는 제75조의 4 제1항 각 호 외의 부분 단서 및 같은 항 각 호의 개정규정에도 불구하고 종전의 제75조의 4 제1항 단서에 따른다.

부 칙 (2023. 9. 14. 법률 제19702호 ; 근현대문화유산의 보존 및 활용에 관한 법률 부칙)

제1조【시행일】이 법은 공포 후 1년이 경과한 날부터 시행한다.

제2조~제7조 생 략

제8조【다른 법률의 개정】①~⑨ 생 략

⑩ 법률 제19590호 지방세특례제한법 일부개정법률 일부를 다음과 같이 개정한다.

제55조 제2항 각 호 외의 부분 및 같은 항 제2호를 각각 다음과 같이 한다.

「문화유산의 보존 및 활용에 관한 법률」 및 「근현대문화유산의 보존 및 활용에 관한 법률」에 따른 문화유산, 「자연유산의 보존 및 활용에 관한 법률」에 따른 자연유산에 대해서는 다음 각 호에 따라 재산세를 감면한다.

2. 「근현대문화유산의 보존 및 활용에 관한 법률」 제6조 제1항에 따른 국가등록문화유산과 그 부속토지에 대해서는 재산세의 100분의 50을 경감한다.

⑪~⑬ 생 략

제9조 생 략

부 칙 (2023. 8. 16. 법률 제19634호 ; 행정기관 소속 위원회 정비를 위한 기부금품의 모집 및 사용에 관한 법률 등 6개 법률의 일부개정에 관한 법률 부칙)

제1조【시행일】이 법은 공포 후 6개월이 경과한 날부터 시행한다.

제2조~제6조 생 략

제7조【다른 법률의 개정】① · ② 생 략

③ 지방세특례제한법 일부를 다음과 같이 개정한다.

제181조 제1항 중 "지방재정부담심의위원회"를 "지방재정관리위원회"로 한다.

부 칙 (2023. 8. 8. 법률 제19590호 ; 문화재보호법 부칙)

제1조【시행일】이 법은 2024년 5월 17일부터 시행한다.

제2조~제8조 생 략

제9조【다른 법률의 개정】①~㊶ 생 략

㊷ 지방세특례제한법 일부를 다음과 같이 개정한다.

제55조의 제목 중 "문화재"를 "문화유산 등"으로 하고, 같은 조 제1항 본문 중 "'문화재보호법」"을 "'문화유산의 보존 및 활용에 관한 법률」"로 한다.

법률 제19251호 지방세특례제한법 일부개정법률 제55조 제2항을 다음과 같이 한다.

② 「문화유산의 보존 및 활용에 관한 법률」에 따른 문화유산, 「자연유산의 보존 및 활용에 관한 법률」에 따른 자연유산에 대해서는 다음 각 호에 따라 재산세를 감면한다.

1. 「문화유산의 보존 및 활용에 관한 법률」 제2조 제3항에 따른 지정문화유산 및 「자연유산의 보존 및 활용에 관한 법률」 제2조 제5호에 따른 천연기념물등으로 지정된 부동산에 대해서는 재산세(「지방세법」 제112조에 따른 부과액을 포함한다. 이하 이 항에서 같다)를 면제하고, 「문화유산의 보존 및 활용에 관한 법률」 제27조 및 「자연유산의 보존 및 활용에 관한 법률」 제13조에 따라 지정된 보호구역에 있는 부동산에 대해서는 재산세의 100분의 50을 경감한다. 이 경우 지방자치단체의 장이 해당 보호구역의 재정여건 등을 고려하여 100분의 50의 범위에서 조례로 정하는 율을 추가로 경감할 수 있다.

2. 「문화유산의 보존 및 활용에 관한 법률」 제53조 제1항에 따른 국가등록문화유산과 그 부속토지에 대해서는 재산세의 100분의 50을 경감한다.

㊸~㊾ 생 략

제10조 생 략

부 칙 (2023. 6. 1. 법률 제19422호)

제1조【시행일】이 법은 공포한 날부터 시행한다.

제2조【전세사기피해자 지원을 위한 감면에 관한 적용례】① 제36조의 3 제3항 제5호 및 제36조의 4 제1항부터 제3항까지의 개정규정은 「전세사기피해자 지원 및 주거안정에 관한 특별법」에 따른 전세사기피해자가 이 법 시행 전에 전세사기피해주택을 취득하였거나 임차권등기를 마친 경우에도 적용한다.

② 제36조의 4 제4항의 개정규정은 「공공주택 특별법」 제4조에 따른 공공주택사업자가 이 법 시행 전에 「전세사기피해자 지원 및 주거안정에 관한 특별법」 제25조 제3항에 따라 전세사기피해주택을 취득한 경우에도 적용한다.

부 칙 (2023. 3. 21. 법률 제19251호 ; 자연유산의 보존 및 활용에 관한 법률 부칙)

제1조【시행일】이 법은 공포 후 1년이 경과한 날부터 시행한다.

제2조~제7조 생 략

제8조【다른 법률의 개정】①~㉜ 생 략

㉝ 지방세특례제한법 일부를 다음과 같이 개정한다.

제55조 제2항 각 호 외의 부분 중 "「문화재보호법」에 따른 문화재"를 "「문화재보호법」, 「자연유산의 보존 및 활용에 관한 법률」에 따른 문화재등"으로 한다.

제55조 제2항 제1호 전단 중 "문화재(국가무형문화재는 제외한다)로"를 "문화재(국가무형문화재는 제외한다) 및 「자연유산의 보존 및 활용에 관한 법률」 제2조 제5호에 따른 천연기념물등으로"로, "같은 법 제27조"를 "「문화재보호법」 제27조 및 「자연유산의 보존 및 활용에 관한 법률」 제13조"로 한다.

㉞~㉧ 생 략

　제9조 생 략

(2010. 3. 31. 법률 제10220호~
2023. 3. 14. 법률 제19232호) 생략

조세법전

定價 : **120,000**원

2025年 4月 1日 印刷
2025年 4月 23日 發行

發 行 人 이 희 태
編   著 **삼일피더블유씨솔루션**
發 行 處 **삼일피더블유씨솔루션**

● 1995年 6月 26日 登錄
● 登錄番號 : 第3-633號

서울특별시 용산구 한강대로 273 용산빌딩 4층
전 화 : (02) 3489-3100
FAX : (02) 3489-3141
ISBN : 979-11-6784-374-6 〈92320〉

삼일총서 조세법전은 정확하고 권위 있는 정보의 제공을 목적으로 하고 있습니다. 다만 그 완전성이 항상 보장되는 것은 아니므로 적용결과에 대해서는 당사가 책임지지 아니합니다. 따라서 실제 적용에 있어서는 충분히 검토하시고, 능력 있는 전문가와 상의하실 것을 권고합니다.